Exklusiv für Buchkäufer!

Ihr eBook zum Download:

- www.haufe.de/ebook
- Buchcode: OAQ-6339

HAUFE
IFRS-KOMMENTAR

HAUFE IFRS-KOMMENTAR

herausgegeben von

NORBERT LÜDENBACH
WOLF-DIETER HOFFMANN
JENS FREIBERG

Haufe Gruppe
Freiburg · München

Zitierweise: *Autoren* in Haufe IFRS-Kommentar § ... Rz ...

> Bibliografische Information der Deutschen Bibliothek
> Die Deutsche Bibliothek verzeichnet diese Publikation in der Deutschen National-
> bibliografie; detaillierte bibliografische Daten sind im Internet über http://dnb.ddb.de
> abrufbar.

HAUFE IFRS-KOMMENTAR

ISBN 978-3-648-06747-5   Bestell-Nr. 01148-0013

13. Auflage 2015, © Haufe-Lexware GmbH & Co. KG

Herausgeber: Dr. Norbert Lüdenbach, Prof. Dr. Wolf-Dieter Hoffmann, Dr. Jens Freiberg
Anschrift
Haufe-Lexware GmbH & Co. KG
Munzinger Straße 9, 79111 Freiburg

Kommanditgesellschaft, Sitz und Registergericht Freiburg, HRA 4408
Komplementäre: Haufe-Lexware Verwaltungs GmbH, Sitz Freiburg,
Registergericht Freiburg, HRB 5557; Martin Laqua

Geschäftsführung: Isabel Blank, Markus Dränert, Jörg Frey, Birte Hackenjos, Randolf Jessl,
Markus Reithwiesner, Joachim Rotzinger, Dr. Carsten Thies
Beiratsvorsitzende: Andrea Haufe

Steuernummer: 06392/11008
Umsatzsteuer-Identifikationsnummer: DE 812398835

Redaktion: Paul Lauer, Jessica Janke, Daniela Niederer
E-Mail: IFRS@haufe.de; Internet: www.haufe.de/finance

Druckvorstufe: Reemers Publishing Services GmbH, Luisenstr. 62, 47799 Krefeld
Druck: Druckerei C.H. Beck, Bergerstraße 3-5, 86720 Nördlingen

Idee und Konzeption: Norbert Lüdenbach, Wolf-Dieter Hoffmann, Michael Bernhard, Freiburg

Die Angaben entsprechen dem Wissensstand bei Redaktionsschluss am 1.1.2015. Alle Angaben/
Daten nach bestem Wissen, jedoch ohne Gewähr für Vollständigkeit und Richtigkeit. Dieses Werk
sowie alle darin enthaltenen einzelnen Beiträge und Abbildungen sind urheberrechtlich geschützt.
Jede Verwertung, die nicht ausdrücklich vom Urheberrechtsschutz zugelassen ist, bedarf der vorherigen Zustimmung des Verlages. Das gilt insbesondere für Vervielfältigungen, Bearbeitungen,
Übersetzungen, Mikroverfilmungen, Auswertungen durch Datenbanken und für die Ein-
speicherung und Verarbeitung in elektronische Systeme.

Zur Herstellung der Bücher wird nur alterungsbeständiges Papier verwendet.

VORWORT zur 13. AUFLAGE

„Philosophen und Hausbesitzer" – so Wilhelm Busch – „haben immer Reparaturen." Auch andere Denkinstanzen – etwa Standardsetter – bleiben davon nicht verschont. So hatte auch der IASB in 2014 einiges an Reparaturaufwand zu leisten. In der 13. Auflage unseres Kommentars wird dies vollständig berücksichtigt. Betroffen sind u. a.:

- *Annual improvements, 2012–2014 cycle* vom 25. September 2014,
- *Disclosure initiative, IAS 1 Amendments* vom 18. Dezember 2014,
- *Clarification of Acceptable Methods of Depreciation and Amortisation, Amendments to IAS 16 and IAS 38* vom 12. Mai 2014,
- *Bearer Plants, Amendments to IAS 16 and IAS 41* vom 30. Juni 2014,
- *Equity Method in Separate Financial Statements, Amendments to IAS 27* vom 12. August 2014,
- *Investment Entities, Applying the Consolidation Exception, Amendments to IFRS 10, IFRS 12 and IAS 28* vom 18. Dezember 2014,
- *Sale or Contribution of Assets between an Investor and its Associate or Joint Venture, Amendments to IFRS 10 and IAS 28* vom 11. September 2014,
- *Accounting for Acquisitions of Interests in Joint Operations, Amendments to IFRS 11* vom 6. Mai 2014,
- *IFRS 14, Regulatory Deferral Accounts* vom 30. Januar 2014.

Ein leichtes Stirnrunzeln mögen dabei vor allem die *Amendments* zu den noch relativ neuen Standards IFRS 10 und IFRS 11 auslösen. Aber auch das kennt der Hausbesitzer: Kaum ist das lange geplante Haus fertig, erweist es sich hier und da schon als reparatur- und nachbesserungsbedürftig.

Neben den kleineren Reparaturen ist – um im Bild zu bleiben – das „House of IFRS" – in 2014 an zwei Stellen grundlegend umgebaut worden.

- IFRS 15, *Revenue from Contracts with Customers,* vom 28. Mai 2014 ersetzt die bisherigen Erlösrealisierungsstandards IAS 11 und IAS 18 durch einen einheitlichen Ansatz.
- IFRS 9, *Financial Instruments,* ist am 24. Juli 2014 finalisiert worden und ersetzt IAS 39.

Die Neuregelungen sind so durchgreifend, dass es bei den betroffenen Kapiteln unseres Kommentars (§ 25 zu Erlösen und § 28 zu Finanzinstrumenten) mit einer Aktualisierung und Erweiterung nicht getan gewesen wäre, sondern beide Kapitel vollständig neu gefasst wurden. Um dem Leser andererseits das vorläufig noch anwendbare alte Recht zugänglich zu halten, ist die alte Fassung von § 25 (Kommentierung zu IAS 18) in der jedem Buchkäufer kostenlos zur Verfügung stehenden Online-Version (ebenda unter dem Haufe-Index 7585757) weiterhin enthalten. Bezüglich der Finanzinstrumente wurde ein anderer Weg gewählt, da die konzeptionelle Übereinstimmung zwischen Alt- und Neuregelungen hier größer ist, in wichtigen Bereichen, etwa bei Ansatz und Ausbuchung *(recogniton and derecognition),* IFRS 9 die bisherigen Regelungen des IAS 39 übernimmt. Die

Neufassung von § 28 orientiert sich daher zwar an IFRS 9, berücksichtigt aber durch Darstellung der wichtigsten Unterschiede und Gemeinsamkeit umfassend auch IAS 39.

Wie alljährlich gilt unser Dank für die redaktionelle Begleitung dem Verlag, vertreten durch das mustergültige Engagement von Herrn Paul Lauer, Frau Jessica Janke und Frau Daniela Niederer.

Düsseldorf und Freiburg i. Br.,   *Norbert Lüdenbach*

im März 2015   *Wolf-Dieter Hoffmann*

                                                   Jens Freiberg

NUTZUNGSTIPPS

Die Übersichten „**Zuordnung der Standards zu den Paragrafen**" (HI1160832) und „**Zuordnung der Paragrafen zu den Standards**" (HI1160837) unterstützen Sie bei Ihrer Recherche im Haufe IFRS Kommentar. Sobald Sie mit deren Hilfe, dem Inhaltsverzeichnis oder dem umfangreichen Stichwortverzeichnis im gebundenen Werk den Sie interessierenden Paragrafen gefunden haben, empfehle ich Ihnen als Erstes die Lektüre des Kapitels „**Zusammenfassende Praxishinweise**". Dort werden die Ergebnisse knapp dargestellt und wie von einer Drehscheibe führen die internen Verweise auf die relevanten Randziffern innerhalb des ausgewählten Paragrafen (Rz ...). Die einzelnen Themen sind konzeptionell und optisch durch Verweise zwischen den verschiedenen Paragrafen (→ § ... Rz ...) vernetzt.

Neben den Erläuterungen in den Paragrafen unterstützt Sie die ausdruck- und abspeicherfähige „Checkliste der IFRS-Abschlussangaben" in der zugehörigen Online-Version beim Erstellen der *notes*. Hinweise zur Anwendung dieser Checkliste finden Sie unter § 5 Rz 8 ff.

Unsere **besonderen Services** für Sie als Kunde des Haufe IFRS Kommentars:

Mit Ihrem Print-Abonnement ist das **Bezugsrecht für die Online-Version des Haufe IFRS Kommentars enthalten.**
Ihre zusätzlichen Vorteile:
- Sie werden zeitnah über alle relevanten Neuerungen informiert.
- Die Standards und Interpretationen werden regelmäßig für Sie aktualisiert.
- Sie erhalten ein ortsunabhängiges Recherche-Medium mit vielfältigen Suchfunktionen, um sich die Inhalte zu erschließen.
- Die Checkliste zu den IFRS-Abschlussangaben ist integriert und unterstützt Sie zusätzlich bei der praktischen Umsetzung.

Sofern Sie die Online-Version nicht bereits bei der Vorauflage genutzt haben, erhalten Sie mit dem beiliegenden Registrierungsformular Ihren Zugang. Die Details zur Freischaltung entnehmen Sie bitte der vorderen inneren Umschlagklappe.

Darüber hinaus erhalten Sie als Käufer des gebundenen Haufe IFRS Kommentars **kostenlos** das **eBook**. Die Adresse zum eBook-Downloadportal finden Sie auf der ersten Seite des Buches. Dort ist auch ein individueller Buchcode eingedruckt, den Sie bitte auf dem Portal in der entsprechenden Maske eingeben. Sie haben dann die Wahl zwischen zwei Download-Varianten: entweder als **ePub**-Datei oder als **PDF**-Datei. Mit dem Code können Sie das eBook maximal auf drei unterschiedliche Datenträger herunterladen. Einen schnellen Zugang zum eBook-Download ermöglicht Ihnen auch der eingedruckte **QR-Code**.

Unser Ziel ist auf laufende Verbesserung ausgerichtet. Ihre Anregungen sind herzlich willkommen. Bitte senden Sie diese über das Mailfach IFRS@Haufe.de an uns.

Viel Erfolg mit dem Haufe IFRS Kommentar!

Freiburg i. Br., März 2015 *Paul Lauer*

AUTORENVERZEICHNIS

Prof. Dr. Christian FINK; Hochschule RheinMain, Wiesbaden.

Dr. Jens FREIBERG; WP; BDO AG Wirtschaftsprüfungsgesellschaft, Düsseldorf.

Dieter GAHLEN; WP; DGRV – Deutscher Genossenschafts- und Raiffeisenverband e. V., Berlin.

Dr. Andreas HAAKER; DGRV – Deutscher Genossenschafts- und Raiffeisenverband e. V., Berlin.

Thomas HAGEMANN; Mercer Deutschland GmbH, Düsseldorf.

Prof. Dr. Wolf-Dieter HOFFMANN; WP/StB; Rüsch Hoffmann Sauter, Honorarprofessor der Universität Freiburg i.Br.

Dr. Christoph HÜTTEN; SAP SE, Walldorf.

Dr. Christian JANZE; WP; M.Sc.; Ernst & Young GmbH Wirtschaftsprüfungsgesellschaft, Hannover.

Dr. Norbert LÜDENBACH; WP/StB; BDO AG Wirtschaftsprüfungsgesellschaft, Düsseldorf.

Günter NEUMEIER, Mercer Deutschland GmbH, München.

Dr. Roman SAUER; Allianz SE, München.

Dipl.-Ök. Daniel SCHUBERT; BDO AG Wirtschaftsprüfungsgesellschaft, Düsseldorf.

INHALT

Vorwort zur 13. Auflage		5
Nutzungstipps		7
Autorenverzeichnis		8
Zuordnung der Standards zu den Paragrafen		11
Zuordnung der Paragrafen zu den Standards		14
Anwendungsübersicht IFRS		16

A Grundlagen der Rechnungslegung

§	1	Rahmenkonzept	27
§	2	Darstellung des Abschlusses	85
§	3	Kapitalflussrechnung	138
§	4	Ereignisse nach dem Bilanzstichtag	205
§	5	Anhang	230
§	6	Erstmalige Anwendung	267
§	7	IFRS-Rechnungslegung nach deutschem Recht	330

B Bewertungsmethoden

§	8	Anschaffungs- und Herstellungskosten, Neubewertung	355
§	8a	Bewertungen zum beizulegenden Zeitwert	402
§	9	Finanzierung der Anschaffung oder Herstellung	459
§	10	Planmäßige Abschreibungen	478
§	11	Außerplanmäßige Abschreibungen, Wertaufholung	503
§	12	Öffentliche Zuwendungen	629

C Bilanzierung der Aktiva

§	13	Immaterielle Vermögenswerte des Anlagevermögens	657
§	14	Sachanlagen	725
§	15	Leasing	741
§	16	Als Finanzinvestitionen gehaltene Immobilien	866
§	17	Vorräte	922
§	18	Fertigungsaufträge	947

D Bilanzierung der Passiva

§	20	Eigenkapital, Eigenkapitalspiegel	993
§	21	Rückstellungen, Verbindlichkeiten	1054
§	22	Leistungen an Arbeitnehmer, Altersversorgung	1155
§	23	Anteilsbasierte Vergütungsformen	1201

E Ergebnisrechnung

§ 24	Stetigkeitsgebot, Änderung Bilanzierungsmethoden und Schätzungen, Bilanzberichtigung	1349
§ 25	Erlöse aus Verträgen mit Kunden	1379
§ 26	Steuern vom Einkommen	1491

F Übergreifende Fragen

§ 27	Währungsumrechnung, Hyperinflation	1609
§ 28	Finanzinstrumente	1668
§ 28a	Bilanzierung von Sicherungsbeziehung	1832
§ 29	Zu veräußerndes langfristiges Vermögen und aufgegebene Geschäftsbereiche	1896
§ 30	Angaben über Beziehungen zu nahestehenden Unternehmen und Personen	1943

G Konzernabschluss

§ 31	Unternehmenszusammenschlüsse	1973
§ 32	Tochterunternehmen im Konzern- und Einzelabschluss	2129
§ 33	Anteile an assoziierten Unternehmen	2229
§ 34	Gemeinsame Vereinbarungen	2284

H Sondervorschriften für börsennotierte Unternehmen

§ 35	Ergebnis je Aktie	2315
§ 36	Segmentberichterstattung	2350
§ 37	Zwischenberichterstattung	2386

I Branchenspezifische Vorschriften

§ 38	Banken	2421
§ 39	Bilanzierung von Versicherungsverträgen	2467
§ 40	Landwirtschaft	2491
§ 41	Pensionskassen und Pensionsfonds als Träger von Altersversorgungsverpflichtungen	2509
§ 42	Erkundung und Evaluierung von mineralischen Vorkommen	2512

J Querschnittsthemen

§ 50	SME-IFRSs für kleine und mittelgroße Unternehmen	2529

Stichwortverzeichnis 2543

ZUORDNUNG DER STANDARDS ZU DEN PARAGRAFEN

IFRS Nr.	Titel	finden Sie in § ... des Kommentars erläutert
1	First-Time Adoption of IFRSs	6
2	Share-based Payment	23
3	Business Combinations	31
4	Insurance Contracts	39
5	Non-current Assets Held for Sale and Discontinued Operations	29
6	Exploration for and Evaluation of Mineral Resources	42
7	Financial Instruments: Disclosure	28, 28a und 38
8	Operating Segments	36
9	Financial Instruments	28, 28a und 38
10	Consolidated Financial Statements	32
11	Joint Arrangements	34
12	Disclosures of Interests in Other Entities	32 und 33
13	Fair Value Measurement	8a
14	Regulatory Deferral Accounts	6 und 13
15	Revenue from Contracts with Customers	18 und 25

IAS Nr.	Titel	finden Sie in § ... des Kommentars erläutert
	Framework	1
1	Presentation of Financial Statements	2, 5, 20, 24 und 38
2	Inventories	17 und 8
7	Statement of Cash Flows	3 und 38
8	Accounting Policies, Changes in Accounting Estimates and Errors	24
10	Events After the Reporting Period	4
11	Construction Contracts	18 und 25
12	Income Taxes	26
16	Property, Plant and Equipment	14 und 8
17	Leases	15
18	Revenue	Online-Version
19	Employee Benefits	22
20	Accounting for Government Grants and Disclosure of Government Assistance	12

21	*The Effects of Changes in Foreign Exchange Rates*	27
23	*Borrowing Costs*	9
24	*Related Party Disclosures*	30
26	*Accounting and Reporting by Retirement Benefit Plans*	38
27	*Separate Financial Statements*	31 und 32
28	*Investments in Associates and Joint Ventures*	33
29	*Financial Reporting in Hyperinflationary Economies*	27
32	*Financial Instruments: Presentation*	20, 28, 28a und 38
33	*Earnings per Share*	35
34	*Interim Financial Reporting*	37
36	*Impairment of Assets*	11
37	*Provisions, Contingent Liabilities and Contingent Assets*	21
38	*Intangible Assets*	8 und 13
39	*Financial Instruments: Recognition and Measurement*	15, 28, 28a und 38
40	*Investment Property*	16
41	*Agriculture*	40

IFRIC Nr.	Titel	finden Sie in § ... des Kommentars erläutert
1	*Changes in Existing Decommissioning, Restoration and Similar Liabilities*	21
2	*Members' Shares in Co-operative Entities and Similar Instrument*	20
4	*Determining Whether an Arrangement contains a Lease*	15
5	*Rights to Interest Arising from Decommissioning, Restoration and Environmental Rehabilitation Funds*	21
6	*Liabilities arising from Participating in a Specific Market – Waste Electrical and Electronic Equipment*	21
7	*Applying the Restatement Approach under IAS 29 Financial Reporting in Hyperinflationary Economies*	27
8	*Scope of IFRS 2 (durch Änderungen an IFRS 2 ersetzt)*	23
9	*Reassessment of Embedded Derivatives (durch IFRS 9 ersetzt)*	28
10	*Interim Financial Reporting and Impairment*	37
12	*Service Concession Arrangements*	18
13	*Customer Loyalty Programmes*	25
14	*IAS 19 – The Limit on a Defined Benefit Asset, Minimal Funding Requirements and their Interaction*	22
15	*Agreements for the Construction of Real Estate*	18
16	*Hedges of a Net Investment in a Foreign Operation*	27

17	*Distributions of Non-cash Assets to Owners*	31
18	*Transfers of Assets from Customers*	25
19	*Extinguishing Financial Liabilities with Equity Instruments*	28
20	*Stripping Costs in the Production Phase of a Surface Mine*	42
21	*Levies*	21

SIC Nr.	Titel	finden Sie in § ... des Kommentars erläutert
10	*Government Assistance – No Specific Relation to Operating Activities*	12
15	*Operating Leases – Incentives*	15
25	*Income Taxes – Changes in the Tax Status of an Enterprise or its Shareholders*	26
27	*Evaluating the Substance of Transactions in the Legal Form of a Lease*	15
29	*Service Concession Arrangements: Disclosures*	18
31	*Revenue – Barter Transactions Involving Advertising Services*	25
32	*Intangible Assets – Web Site Costs*	13

ZUORDNUNG DER PARAGRAFEN ZU DEN STANDARDS

in § ...	Titel	wird ... erläutert
1	Rahmenkonzept	*Framework*, IAS 1, IAS 8
2	Darstellung des Abschlusses	IAS 1
3	Kapitalflussrechnung	IAS 7
4	Ereignisse nach dem Bilanzstichtag	IAS 10
5	Anhang	IAS 1
6	Erstmalige Anwendung	IFRS 1; IFRS 14
7	IFRS-Rechnungslegung nach deutschem Recht	§ 292a HGB, § 315a HGB
8	Anschaffungs- und Herstellungskosten, Neubewertung	IAS 2, IAS 16, IAS 38
8a	Bewertungen zum beizulegenden Zeitwert	IFRS 13
9	Finanzierung der Anschaffung oder Herstellung	IAS 23
10	Planmäßige Abschreibungen	IAS 16, IAS 38
11	Außerplanmäßige Abschreibungen, Wertaufholung	IAS 36
12	Öffentliche Zuwendungen	IAS 20
13	Immaterielle Vermögenswerte des Anlagevermögens	IAS 38; IFRS 14
14	Sachanlagen	IAS 16
15	Leasing	IAS 17
16	Als Finanzinvestitionen gehaltene Immobilien	IAS 40
17	Vorräte	IAS 2
18	Fertigungsaufträge	IAS 11, IFRS 15
20	Eigenkapital, Eigenkapitalspiegel	IAS 1, IAS 32
21	Rückstellungen, Verbindlichkeiten	IAS 37
22	Leistungen an Arbeitnehmer, Altersversorgung	IAS 19
23	Anteilsbasierte Vergütungsformen	IFRS 2
24	Stetigkeitsgebot, Änderung Bilanzierungsmethoden und Schätzungen, Bilanzberichtigung	IAS 1, IAS 8
25	Erlöse aus Verträgen mit Kunden	IFRS 15
26	Steuern vom Einkommen	IAS 12
27	Währungsumrechnung, Hyperinflation	IAS 21, IAS 29
28	Finanzinstrumente	IAS 32, IAS 39, IFRS 7, IFRS 9
28a	Bilanzierung von Sicherungsbeziehungen	IAS 39, IFRS 9, IFRS 7

29	Zu veräußerndes langfristiges Vermögen und aufgegebene Geschäftsbereiche	IFRS 5
30	Angaben über Beziehungen zu nahestehenden Unternehmen und Personen	IAS 24
31	Unternehmenszusammenschlüsse	IFRS 3, IAS 27
32	Tochterunternehmen im Konzern- und Einzelabschluss	IFRS 3, IAS 27, IFRS 10, IFRS 12
33	Anteile an assoziierten Unternehmen	IAS 28
34	Gemeinschaftliche Vereinbarungen	IAS 31, IFRS 11
35	Ergebnis je Aktie	IAS 33
36	Segmentberichterstattung	IFRS 8
37	Zwischenberichterstattung	IAS 34
38	Banken	IAS 1, IAS 7, IAS 39, IFRS 7, IFRS 9
39	Bilanzierung von Versicherungsverträgen	IFRS 4
40	Landwirtschaft	IAS 41
41	Pensionskassen und Pensionsfonds als Träger von Altersversorgungsverpflichtungen	IAS 26
42	Erkundung und Wertbestimmung von mineralischen Vorkommen	IFRS 6
50	IFRS für den Mittelstand	IFRS for SMEs

ANWENDUNGSÜBERSICHT IFRS

Anwendungshinweise
Sofern in Spalte B keine Jahreszahl angegeben ist, ist der betroffene Standard oder die Interpretation im Jahr 2014 verpflichtend anzuwenden. Sofern ein späteres Jahr angegeben ist, besteht die Möglichkeit zur früheren freiwilligen Anwendung. Änderungen von Standards und Interpretationen sind durch den Buchstaben A im Anschluss an die Nummerierung des betreffenden Standards bzw. der Interpretation gekennzeichnet.

Auf Geschäftsjahre, die am oder nach dem 31.12.2013 beginnen, sind die IFRS in folgenden Fassungen verpflichtend anzuwenden:

Bezeichnung	A	B: bei kalendergleichem Geschäftsjahr nicht ab 2014 (oder früher) anzuwenden, sondern erst ab:
International Financial Reporting Standards (IFRS)		
IFRS 1	First-Time Adoption of IFRSs	
IFRS 2	Share-based Payment	
IFRS 3	Business Combinations	
IFRS 4	Insurance Contracts	
IFRS 5	Non-current Assets Held for Sale and Discontinued Operations	
IFRS 6	Exploration for and Evaluation of Mineral Resources	
IFRS 7	Financial Instruments: Disclosures	
IFRS 8	Operating Segments	
IFRS 9	Financial Instruments	2018 (Endorsement voraussichtlich H2/2015)
IFRS 10	Consolidated Financial Statements	
IFRS 10 A	Sale or Contribution of Assets between an Investor and its Associate or Joint Venture	2016 (Endorsement voraussichtlich 4. Quartal 2015)
IFRS 10 A	Investment Entities: Applying the Consolidation Exception	2016 (Endorsement voraussichtlich 4. Quartal 2015)

Auf Geschäftsjahre, die am oder nach dem 31.12.2013 beginnen, sind die IFRS in folgenden Fassungen verpflichtend anzuwenden:

Bezeichnung	A	B
		bei kalendergleichem Geschäftsjahr nicht ab 2014 (oder früher) anzuwenden, sondern erst ab:
IFRS 11	Joint Arrangements	
IFRS 11 A	Accounting for Acquisitions of Interests in Joint Operations	2016 (Endorsement voraussichtlich 1. Quartal 2015)
IFRS 12	Disclosures of Interests in Other Entities	
IFRS 12 A	Investment Entities: Applying the Consolidation Exception	2016 (Endorsement voraussichtlich 4. Quartal 2015)
IFRS 13	Fair Value Measurement	
IFRS 14	Regulatory Deferral Accounts	2016 (Endorsement noch zu entscheiden)
IFRS 15	Revenue from Contracts with Customers	2017 (Endorsement voraussichtlich 2. Quartal 2015)
International Accounting Standards (IAS)		
IAS 1	Presentation of Financial Statements	
IAS 1 A	Disclosure Initiative	2016 (Endorsement voraussichtlich 4. Quartal 2015)

Auf Geschäftsjahre, die am oder nach dem 31.12.2013 beginnen, sind die IFRS in folgenden Fassungen verpflichtend anzuwenden:

Bezeichnung	A	B bei kalendergleichem Geschäftsjahr nicht ab 2014 (oder früher) anzuwenden, sondern erst ab:
IAS 2	Inventories	
IAS 7	Statement of Cash Flow (Cash Flow Statements)	
IAS 8	Accounting Policies, Changes in Accounting Estimates and Errors	
IAS 10	Events after the Balance Sheet Date	
IAS 11	Construction Contracts	
IAS 12	Income Taxes	
IAS 16	Property, Plant and Equipment	
IAS 16 A	Bearer Plants	2016 (Endorsement voraussichtlich 1. Quartal 2015)
IAS 16 A	Clarification of Acceptable Methods of Depreciation and Amortisation	2016 (Endorsement voraussichtlich 1. Quartal 2015)
IAS 17	Leases	
IAS 18	Revenue	
IAS 19	Employee Benefits	
IAS 19 A	Defined Benefit Plans: Employee Contributions	2015
IAS 20	Accounting for Government Grants and Disclosure of Government Assistance	
IAS 21	The Effects of Changes in Foreign Exchange Rates	
IAS 23	Borrowing Costs	

Auf Geschäftsjahre, die am oder nach dem 31.12.2013 beginnen, sind die IFRS in folgenden Fassungen verpflichtend anzuwenden:

Bezeichnung	A	B: bei kalendergleichem Geschäftsjahr nicht ab 2014 (oder früher) anzuwenden, sondern erst ab:
IAS 24	Related Party Disclosures	
IAS 26	Accounting and Reporting by Retirement Benefit Plans	
IAS 27	Separate Financial Statements	
IAS 27 A	Equity Method in Separate Financial Statements	2016 (Endorsement voraussichtlich 3. Quartal 2015)
IAS 28	Investments in Associates and Joint Ventures	
IAS 28 A	Sale or Contribution of Assets between an Investor and its Associate or Joint Venture	2016 (Endorsement voraussichtlich 4. Quartal 2015)
IAS 28 A	Investment Entities: Applying the Consolidation Exception	2016 (Endorsement voraussichtlich 4. Quartal 2015)
IAS 29	Financial Reporting in Hyperinflationary Economies	
IAS 32	Financial Instruments: Presentation	
IAS 33	Earnings per Share	
IAS 34	Interim Financial Reporting	
IAS 36	Impairment of Assets	
IAS 37	Provisions, Contingent Liabilities and Contingent Assets	
IAS 38	Intangible Assets	

Anwendungsübersicht IFRS

Auf Geschäftsjahre, die am oder nach dem 31.12.2013 beginnen, sind die IFRS in folgenden Fassungen verpflichtend anzuwenden:

Bezeichnung	A	B bei kalendergleichem Geschäftsjahr nicht ab 2014 (oder früher) anzuwenden, sondern erst ab:
IAS 38 A	*Clarification of Acceptable Methods of Depreciation and Amortisation*	2016 (Endorsement voraussichtlich 1. Quartal 2015)
IAS 39	*Financial Instruments: Recognition and Measurement*	
IAS 40	*Investment Property*	
IAS 41	*Agriculture*	
IAS 41 A	*Bearer Plants*	2016 (Endorsement voraussichtlich 1. Quartal 2015)
AIP	*Annual Improvements to IFRSs 2006–2008 (May 2008)*	
AIP	*Annual Improvements to IFRSs 2007–2009 (April 2009)*	
AIP	*Annual Improvements to IFRSs 2008–2010 (May 2010)*	
AIP	*Annual Improvements to IFRSs 2009–2011 (May 2012)*	
AIP	*Annual Improvements to IFRSs 2010–2012 (December 2013)*	2015
AIP	*Annual Improvements to IFRSs 2011–2013 (December 2013)*	2015
AIP	*Annual Improvements to IFRSs 2012–2014 (September 2014)*	2016 (Endorsement voraussichtlich 3. Quartal 2015)
Interpretations		
IFRIC 1	*Changes in Existing Decommissioning, Restoration and Similar Liabilities*	

Auf Geschäftsjahre, die am oder nach dem 31.12.2013 beginnen, sind die IFRS in folgenden Fassungen verpflichtend anzuwenden:

Bezeichnung	A	B bei kalendergleichem Geschäftsjahr nicht ab 2014 (oder früher) anzuwenden, sondern erst ab:
IFRIC 2	*Members' Shares in Co-operative Entities and Similar Instruments*	
IFRIC 4	*Determining whether an Arrangement contains a Lease*	
IFRIC 5	*Rights to Interests arising from Decommissioning, Restoration and Environmental Rehabilitation Funds*	
IFRIC 6	*Liabilities arising from Participating in a Specific Market – Waste Electrical and Electronic Equipment*	
IFRIC 7	*Applying the Restatement Approach under IAS 29 Financial Reporting in Hyperinflationary Economies*	
IFRIC 9	*Reassessment of Embedded Derivatives*	
IFRIC 10	*Interim Financial Reporting and Impairment*	
IFRIC 12	*Service Concession Arrangements*	
IFRIC 13	*Customer Loyalty Programmes*	
IFRIC 14	*IAS 19 – The Limit on a Defined Benefit Asset, Minimal Funding Requirements and their Interaction*	
IFRIC 15	*Agreements for the Construction of Real Estate*	
IFRIC 16	*Hedge of a Net Investment in a Foreign Operation*	
IFRIC 17	*Distributions of Non-cash Assets to Owners*	
IFRIC 18	*Transfer of Assets from Customers*	

Auf Geschäftsjahre, die am oder nach dem 31.12.2013 beginnen, sind die IFRS in folgenden Fassungen verpflichtend anzuwenden:

Bezeichnung	A	B bei kalendergleichem Geschäftsjahr nicht ab 2014 (oder früher) anzuwenden, sondern erst ab:
IFRIC 19	*Extinguishing Financial Liabilities with Equity Instruments*	
IFRIC 20	*Stripping Costs in the Production Phase of a Surface Mine*	
IFRIC 21	*Levies*	
SIC 7	*Introduction of the Euro*	
SIC 10	*Government Assistance – No Specific Relation to Operating Activities*	
SIC 15	*Operating Leases – Incentives*	
SIC 25	*Income Taxes – Changes in the Tax Status of an Entity or its Shareholders*	
SIC 27	*Evaluating the Substance of Transactions Involving the Legal Form of a Lease*	
SIC 29	*Disclosure – Service Concession Arrangements*	
SIC 31	*Revenue – Barter Transactions Involving Advertising Services*	
SIC 32	*Intangible Assets – Web Site Costs*	

Grundlagen der Rechnungslegung

§ 1 RAHMENKONZEPT *(FRAMEWORK)*

Inhaltsübersicht	Rz
Vorbemerkung	
1 Zielsetzung, Regelungsinhalt, Begriffe.	1–4
1.1 Das *Framework* als Leitlinie für Regelsetzung und Regelanwendung.	1–3
1.2 Das *Framework* im Kontext von IAS 8 und IAS 1.	4
2 Anforderungen an die Rechnungslegung.	5–50
2.1 Ziele und Bestandteile des Abschlusses.	5–7
2.2 *Framework* und IFRS-Rechnungslegung im Vergleich zum HGB.	8–42
2.2.1 Ebenen eines Vergleichs.	8–9
2.2.2 Konzeptionelle Basis.	10–17
2.2.3 Umsetzung der Basiskonzepte in Einzelregelungen	18–24
2.2.4 Bilanzierungspraxis – Sollen und Sein.	25–42
2.3 *Rule- and principle-based accounting*.	43–50
3 Anwendung des IFRS-Regelwerks in der Praxis.	51–83
3.1 Überblick.	51–52
3.2 Auf einen IFRS-Abschluss anwendbare Regeln.	53–60
3.3 Vorbehalte der Regelanwendung.	61–76
3.3.1 *Materiality*, Kosten-Nutzen-Abwägung, *fast close*.	61–68
3.3.2 *True and fair presentation, faithful presentation*...	69–76
3.4 Regelungslücken, insbesondere Anwendung amerikanischer Vorschriften.	77–80
3.5 *Substance over form*.	81
3.6 *Going-concern*-Prinzip, Bilanzierung und Prüfung in der Insolvenz.	82–83
4 Definitionen, Ansatz und Bewertung von Abschlussposten.	84–131
4.1 Überblick.	84–87
4.2 Die abstrakte Bilanzierungsfähigkeit.	88–101
4.2.1 Vermögenswerte *(assets)*.	88–93
4.2.2 Schulden *(liabilities)*.	94–96
4.2.3 Vergleich zum HGB.	97–101
4.3 Eigenkapital *(equity)*.	102
4.4 Grundlagen der Bewertung.	103–105
4.4.1 Ausgangsgrößen.	103
4.4.2 Sonderbewertungsvorschriften in einzelnen IFRS.	104
4.4.3 Zwischen Anschaffungskosten- und *fair-value*-Konzept.	105
4.5 Erfolgswirksame Posten, Ergebnis.	106–117
4.5.1 Überblick.	106
4.5.2 Definitionen.	107–114
4.5.3 Kapitalerhaltungskonzeptionen.	115–117
4.6 Statische und dynamische Bilanzierung: *asset liability* vs. *revenue expense approach*.	118

4.7	Überlegungen zur Neukonzeption des Rahmenkonzeptes.	119–131
4.7.1	Definition von *asset* und *liability*	119–120
4.7.2	Konditionalität bei Schulden	121–123
4.7.3	Kontrolle bei Vermögenswerten	124
4.7.4	Die Ungewissheit (*uncertainty*)	125–128
4.7.5	Ansatz (recognition)	129
4.7.6	Eigen- versus Fremdkapital	130
4.7.7	Erfolgswirksame Posten	131
5 IFRS für den Mittelstand.		132
6 Rechtsentwicklung		133–134
7 Zusammenfassende Praxishinweise		135

Schrifttum: DOBLER/HETTICH, Geplante Änderungen der Rahmenkonzepte von IASB und FASB – Konzeption, Vergleich, Würdigung IRZ 2007, S. 29 ff.; ERCHINGER/MELCHER: Fehler in der internationalen Rechnungslegung – Bilanzierung, Prüfung und Berichterstattung, KoR, 2008, S. 616 ff.; ESMA, Retrospective Adjustments to Financial Statements Following Rejection Notes Published by the IFRS Interpretations Committee, www.esma.europa.eu/system/files/2011_211.pdf, Abrufdatum 27.11.2014; FISCHER, Der Standardentwurf Conceptual Framework for Financial reporting – The Reporting Entity (ED/2010/2), PiR 2010, S. 112 ff.; HOFFMANN/LÜDENBACH, Beschreiten wir mit der Internationalisierung den Königsweg?, DStR 2002, S. 871 ff.; KLEINMANNS, Die „offene Gesellschaft der IFRS-Interpreten", Über Akteure, Kompetenzen und Bindungswirkungen beim Fehlen ausdrücklich zutreffender IFRS, DB 2014 , S. 1325 ff.; KÜTING/GATTUNG, Der Principle Override nach IFRS – vom Mythos einer fairen Rechnungslegung, PiR 2006, S. 33 ff. und S. 49 ff.; KÜTING/WEBER/BECKER, Fast-close, Beschleunigung der Jahresabschlusserstellung, StuB 2004, S. 1; LÜDENBACH, Zusammenfassung einer Verbindlichkeit und eines Swap zu einem einigen Bilanzierungsobjekt, PiR 2005, S. 95 ff.; LÜDENBACH/HOFFMANN, Enron und die Umkehrung der Kausalität bei der Rechnungslegung, DB 2002, S. 1169 ff.; LÜDENBACH/HOFFMANN, Imparitätische Wahrscheinlichkeit, Zukunftswerte im IAS-Regelwerk, KoR 2003, S. 5 ff.; LÜDENBACH/HOFFMANN, Vom Principle-based zum Objective-oriented Accounting, KoR 2003, S. 387 ff.; PELGER, Entscheidungsnützlichkeit in neuem Gewand: Der Exposure Draft zur Phase A des Conceptual Framework-Projekts, KoR 2009, S. 156 ff.; RUHNKE/NERLICH, Behandlung von Regelungslücken innerhalb der IFRS, DB 2004, S. 389; SUNDER, Regulatory Competition for Low Cost-of-Capital Accounting Rules, Journal of Accounting and Public Policy, 2002, S. 147 ff.

Vorbemerkung
Die folgende Kommentierung bezieht neben dem *Framework* auch IAS 1 und IAS 8 ein, um wesentliche Fragen der Regelanwendung (*materiality, true and fair presentation* usw.), welche die IFRS fragmentiert in diesen Standards behandeln, in ihrem sachlichen Zusammenhang zu erläutern (Rz 51 ff.).
Die Kommentierung berücksichtigt alle bis zum 1.1.2015 verabschiedeten Änderungen, Änderungsentwürfe, Ergänzungen und Interpretationen.
Das *Framework* wird in der im September 2010 verabschiedeten Fassung (Zitat: „F.") kommentiert.

1 Zielsetzung, Regelungsinhalt, Begriffe

1.1 Das *Framework* als Leitlinie für Regelsetzung und Regelanwendung

Das Regelwerk des IASB besteht aus drei Kernelementen (Rz 53): 1
- Die **Einzelstandards** – IAS bzw. IFRS – enthalten die Regeln zu Ansatz, Bewertung, Ausweis und Erläuterung der Posten der Rechnungslegung.
- Diese Standards werden in **Detailfragen** ergänzt durch Interpretationen – SIC bzw. IFRC – sowie ggf. durch *application* und *implementation guidances*.
- Das *Framework* (Rahmenkonzept) enthält übergreifende Überlegungen, etwa zum Zweck und zu Grundanforderungen der Rechnungslegung sowie zur Definition der Gegenstände der Rechnungslegung (Bilanzierungsobjekt usw.).

Die übergreifenden Überlegungen des *Framework* sollen gem. *F.Introduction* in 2
verschiedener Hinsicht als **Leitlinie** dienen:
- dem **Regelgeber** bei der Entwicklung der Einzelstandards,
- dem **Bilanzersteller und Abschlussprüfer** bei der Anwendung der Einzelstandards sowie der Lösung noch ungeregelter Fragen,
- dem **Abschlussadressaten** bei der Interpretation von Abschlüssen.

Im Rahmen dieser Zielsetzung behandelt das *Framework* **2 große Regelungs-** 3
bereiche:
- ausgehend vom Zweck des Jahresabschlusses die **konzeptionelle Basis** der Rechnungslegung, d. h. ihre Ziele, Grundannahmen, Anforderungen (Rz 5 ff.);
- die **Definitions-, Ansatz- und Bewertungskriterien** der Abschlussposten in (Rz 84 ff.).

Im 1. Bereich geht es etwa um das Prinzip der **Entscheidungsnützlichkeit** *(decision usefulness)* oder um die Rolle des **Vorsichtsprinzips**. Der 2. Bereich behandelt z. B. die Frage, was einen **Vermögenswert** oder eine **Schuld** definiert, wann sie konkret **bilanzierungs**fähig sind und welche Maßstäbe für ihre **Bewertung** infrage kommen.

Für beide Bereiche stellt sich das **Verhältnis zu den Einzelregelungen**, d.h. den Standards (IAS/IFRS) und den Interpretationen (SIC/IFRIC/IFRS IC), wie folgt dar:
- Das *Framework* legt **Prinzipien** und **Maximen** fest.
- Die Einzelregelungen **konkretisieren** diese, sie gehen als spezielleres Recht dem *Framework* vor (*F.Introduction*).

1.2 Das *Framework* im Kontext von IAS 8 und IAS 1

Die Anwendung des IFRS-Regelwerks im konkreten Abschluss steht unter 4
zahlreichen Vorbehalten. Regeln brauchen z. B. nicht auf **unwesentliche** Sachverhalte (Rz 63 ff.) angewandt zu werden. Umgekehrt dürfen sie nicht angewendet werden, wenn damit eine tatsachengetreue Darstellung verfehlt würde. Diese Vorbehalte der Regelanwendung werden teils im *Framework*, teils in IAS 1 und in IAS 8 formuliert und konkretisiert. In der Bilanzierungspraxis muss aber der sachliche Zusammenhang beachtet werden. Unsere Kommentierung folgt diesem Sachgedanken und bezieht unter Rz 51 ff. die überlappenden Regelungen aus IAS 1 und IAS 8 ein (→ § 24 Rz 4).

2 Anforderungen an die Rechnungslegung

2.1 Ziele und Bestandteile des Abschlusses

5 Als Zweck bzw. **Zielsetzung von allgemeinen Abschlüssen** (*General Purpose Statements*) wird im *Framework* die Befriedigung von **Informations**bedürfnissen durch **entscheidungsnützliche** Informationen definiert (*decision usefulness*) *F.*OB1 ff. Hierbei wird in der alten Fassung noch ein Gleichklang des Informationsbedürfnisses von Anteilseignern, Darlehensgebern, Öffentlichkeit usw. unterstellt (*F.*10). Die Neufassung ist in dieser Hinsicht etwas differenzierter: Potenzielle und aktuelle Fremd- und Eigenkapitalgeber werden als primäre Adressaten bestimmt. Deren Informationsinteresse sei auf die Fähigkeit des Unternehmens zur Generierung zukünftiger Zahlungsüberschüsse gerichtet. Informationen hierüber **können** auch für weitere Gruppen (etwa Regulatoren) wichtig sein. Allgemeine Abschlüsse sind aber nicht primär für die Interessen solcher sonstigen Gruppen bestimmt (*F.*OB10).

6 Als entscheidungsnützlich gelten Informationen über
- die **Finanzlage**, dargestellt insbesondere in der **Bilanz** (→ § 2),
- die **Ertragslage** (*performance*), dargestellt insbesondere in Gesamtergebnisrechnung und **GuV** (→ § 2), und
- die **Änderung der Finanzlage**, dargestellt insbesondere in der **Kapitalflussrechnung** (→ § 3).

7 Ergänzt werden diese 4 Kernelemente des Jahresabschlusses durch
- die *notes and disclosures* (Anhang; → § 5) sowie
- eine **Eigenkapitalveränderungsrechnung** (→ § 20),

bei **börsennotierten** Unternehmen außerdem durch
- einen **Segmentbericht** (→ § 36) und
- eine **Ergebnis-pro-Aktie**-Darstellung (→ § 35).

2.2 *Framework* und IFRS-Rechnungslegung im Vergleich zum HGB

2.2.1 Ebenen eines Vergleichs

8 Ein **Vergleich** mit den Konzepten der **handelsrechtlichen** Rechnungslegung erlaubt eine Verdeutlichung des Inhalts und der Bedeutung des *Framework*. Ein solcher Vergleich birgt jedoch zugleich die Gefahr in sich, abstrakt zu bleiben. Unterschiedliche Konzepte müssen nicht zu unterschiedlichen Einzelregelungen führen. Die Konzepte können so unbestimmt sein, dass sie alle möglichen Lösungen zulassen, oder umgekehrt kann die Lösung so zwingend sein, dass sie durch mehrere Konzepte zu begründen ist.

Ein **Beispiel** für die 2. Variante wäre das Niederstwertprinzip (*lower of cost or market*) bzw. die Abschreibung im Vorratsvermögen. Sie lässt sich mit Blick auf den **Gläubigerschutz** und einen niedrigen Vermögensausweis in der Bilanz (HGB) ebenso begründen wie mit Blick auf die zutreffende **Periodisierung** von Wertminderungen in der GuV (IFRS). Die Erläuterung und der Vergleich der **konzeptionellen Basis** bedürfen daher einer Ergänzung um die Erläuterung und den Vergleich der **Einzelregelungen**.

Auch dieser Vergleich bezieht sich noch auf die Normebene. Verglichen wird, was sein **soll**. Die Frage, wie sich dazu verhält, was tatsächlich **ist**, eröffnet eine notwendige 3. Möglichkeit der Erläuterung und des Vergleichs.
Die nachfolgenden Überlegungen zum **Vergleich mit dem Handelsrecht** bewegen sich demgemäß auf **3 Ebenen**:
- Ebene 1: **konzeptionelle Basis** des Jahresabschlusses (Rz 10 f.),
- Ebene 2: Umsetzung in konkrete **Einzelregelungen** (exemplarisch; Rz 18 ff.),
- Ebene 3: Bilanzierungspraxis, d. h. **Sein statt Sollen** (Rz 25 ff.).

2.2.2 Konzeptionelle Basis

Die **handelsrechtliche Einzelbilanz** soll u. a. dienen:
- der Ermittlung des ausschüttungsfähigen Gewinns und der Steuern (**Zahlungsbemessungsfunktion**),
- der Information von Gläubigern und Selbstinformation des Managements (**Informationsfunktion**) und
- der Rechenschaftslegung des Managements gegenüber den Aktionären und Gesellschaftern (**Rechenschaftsfunktion**).

Eine Pluralität der Bilanzierungszwecke ist dadurch nicht gegeben. Dominierender Zweck der handelsrechtlichen Einzelbilanz ist die Ermittlung und Begrenzung des **ausschüttungsfähigen Gewinns**. Vor diesem Hintergrund spielen **Gläubigerschutz** und **Vorsichtsprinzip** ihre prägende Rolle. Der Kaufmann soll sich eher zu arm als zu reich rechnen. Der Gewinn und damit jedenfalls bei Kapitalgesellschaften der ausschüttungsfähige Betrag soll eher zu niedrig als zu hoch ausgewiesen werden.

Nach der Auffassung des Gesetzgebers und der herrschenden Meinung im Schrifttum kann nur der handelsrechtliche Einzelabschluss als Bemessungsgrundlage für die Gewinnausschüttung herangezogen werden. Dem IFRS-Abschuss wird diese Kapazität wegen der Möglichkeit des Ausweises unrealisierter Gewinne abgesprochen. Dieser Auffassung soll hier nicht widersprochen werden. Vielmehr geht es um die möglichen Einflüsse eines IFRS-Konzernabschlusses auf die Ausschüttungspolitik kapitalmarkorientierter Unternehmen. Die **Rechts**grundlage ist dabei eindeutig durch Gesellschaftsrecht im § 58 Abs. 3 und 4 AktG geregelt: Der Vorstand darf höchsten die Hälfte des Jahresüberschusses den Aktionären vorenthalten, über den Restbetrag haben die Aktionäre freies Dispositionsrecht. Indes wird in der Praxis nicht die Dividende anhand solcher formaler Rechtskriterien bestimmt, sondern hängt von vielerlei Faktoren ab, die man zusammenfassend als „Erwartungshaltung des Kapitalmarktes" bezeichnen kann. Und diese Erwartungshaltung ist wiederum geprägt vom IFRS-Konzernabschluss. Daraus ergibt sich eine faktische Einflussnahme der IFRS-Rechnungslegung auf die Dividendenpolitik kapitalmarkorientierter Konzerne.[1]

Der **Zusammenhang** zwischen
- Begrenzung des ausschüttungsfähigen Gewinns,
- Gläubigerschutz und
- Vorsichtsprinzip

ist allerdings **nicht zwingend**.

---

[1] Dieser Befund ist bestätigt durch die empirische Untersuchung von WASCHBUSCH/LOEWENS, KoR 2013 S. 252.

Die Aktivierungswahlrechte des § 248 Abs. 2 HGB (immaterielle Anlagen) und des § 274 HGB (aktive latente Steuern) belegen, dass für die Ausschüttungsbemessung nicht notwendig der Bilanzansatz begrenzt werden muss. Werden immaterielle Anlagen und latente Steuern in der Handelsbilanz aktiviert, so ist ein entsprechender Betrag im Eigenkapital gegen **Ausschüttungen zu sperren** (§ 268 Abs. 8 HGB). Analoge Regelungen sind auch für andere Ansatzfälle sowie den Bereich der Bewertung denkbar. Z. B. kann man eine Bewertung bestimmter Wertpapiere zu ihrem über den Anschaffungskosten liegenden Stichtagskurs ohne Gläubigergefährdung erlauben, wenn mit dem Zuschreibungsbetrag eine Ausschüttungssperre einhergeht.

14 Überdies entspringt die Annahme, eine vorsichtige Bewertung würde dem Gläubigerschutz am besten entsprechen, einem substanzwertorientierten, **statischen** Ansatz. Wenn sich nach einem bestimmten Normverständnis der Kaufmann eher zu arm als zu reich rechnen soll, so steht damit die **Vermögenslage** im Brennpunkt des Interesses. Die Diskrepanz zur Theorie und Praxis der Unternehmensbewertung ist offensichtlich. Die Bewertung eines Unternehmens konzentriert sich gerade umgekehrt auf Ertragskraft und **Ertragsaussichten**. Bei Kauf- und Investitionsentscheidungen über ein Unternehmen spielt der Ertrags- oder DCF-Wert die entscheidende Rolle, und *cash-flow*-Betrachtungen dominieren die Kreditvergabepraxis. Ein substanzwertorientiertes Vorsichtsprinzip kann vor diesem Hintergrund kaum noch als Instrument des Gläubigerschutzes favorisiert werden.

15 Bereits **Eugen Schmalenbach** hatte in diesem Sinne argumentiert: Eine **dynamische Bilanz**, die nicht den Vermögensstatus in den Mittelpunkt stelle, sondern einen vergleichbaren **Periodenerfolg**, genüge nicht nur der Selbstinformation des Kaufmanns, sondern auch den Gläubigerschutzerfordernissen am besten. Da nur ein nachhaltiger Periodenerfolg die Liquidität der Unternehmung sichere, diene eine die Erfolgsentwicklung in den Mittelpunkt stellende Bilanzierung auch den Gläubigern in besserer Weise. Sie setze diese und den Kaufmann in die Lage, rechtzeitig zu erkennen, ob der Betrieb in gleicher Weise fortgeführt werden könne oder ob gegensteuernde Maßnahmen einzuleiten seien.[2]

16 Die Grundentscheidungen der **IFRS-Rechnungslegung** fallen stärker zu Gunsten einer so verstandenen **dynamischen Betrachtung** aus. Nicht die Ermittlung und Begrenzung eines ausschüttungsfähigen Gewinns, sondern die Vermittlung **entscheidungsnützlicher Informationen** ist Zweck der IFRS-Rechnungslegung. Die ökonomischen Entscheidungen der Abschlussadressaten setzen bei der Beurteilung der *cash*-Generierung des Unternehmens ein (F.15). Da sich in dieser Hinsicht der Informationsbedarf von (potenziellen) Gläubigern nicht grundlegend von dem von (potenziellen) Eigenkapitalgebern unterscheidet, kann weder der Gläubigerschutz noch das Vorsichtsprinzip ein übergeordneter Gesichtspunkt sein.

17 Stattdessen gibt es zwei **qualitative** Anforderungen an entscheidungsnützliche finanzielle Informationen: Die Informationen sollen
- **relevant** sein, d. h. einen Wert für Vorhersagen und Nachprüfung früherer Einschätzungen (*predictive and confirmatory value*) haben (F.QC6ff.),
- eine **tatsachengetreue** Darstellung (*faithful presentation*) liefern, also eine Darstellung, die vollständig, neutral und – soweit bei Schätzungen und anderen ermessensbehafteten Vorgängen möglich – fehlerfrei ist (F.QC6ff.).

---

[2] SCHMALENBACH, Grundlagen dynamischer Bilanzlehre, ZfHF 1919, S. 1 ff. u. S. 55 ff.

Nur **ergänzend** (*enhancing*) sind gem. *F*.QC4ff. demgegenüber zu berücksichtigen:
- **Vergleichbarkeit** im externen und zeitlichen Abgleich (*comparability*);
- intersubjektive **Nachprüfbarkeit** (*verifiability*);
- **Verständlichkeit** (*understandability*) und
- **Zeitnähe** (*timeliness*).

In der alten Fassung des *Framework* waren diese zuletzt aufgeführten Anforderungen noch als **gleichrangig** zur Relevanz und Verlässlichkeit/Tatsachentreue angeführt (F.25ff.). Die Bedeutung der neuen **Rangordnung** erläutert F.QC31ff. beispielhaft wie folgt:
- Das (durch entsprechende Standards zugelassene) Weglassen von Informationen zu inhärent **komplexen** Phänomenen würde Abschlüsse verständlicher machen, aber auf Kosten der Tatsachentreue.
- Wegen des **Vorrangs** der Tatsachentreue kann daher im Konfliktfall bei der Standardentwicklung und -anwendung auf die Verständlichkeit **keine Rücksicht** genommen werden Der ohnehin als schon kenntnisreich und fleißig unterstellte Bilanzadressat (*users who have a reasonable knowledge and analyse the information diligently*) muss dann eben Rat bei spezialisierten **Beratern** suchen (*may seek the aid of an adviser*).

Zwei weitere **Unterschiede** zwischen den Alt- und Neuregelungen betreffen Folgendes:
- Die glaubwürdige oder **tatsachengetreue** Darstellung war nach F.33 nur ein **Unterbegriff** der Verlässlichkeit (*reliability*). Mit der Hochstufung der tatsachengetreuen Darstellung zur Grundanforderung soll keine wesentliche inhaltliche Änderung verbunden sein, aber der uneinheitlich verwendete Begriff der *reliability* durch einen präziseren ersetzt werden (F.BC3.20ff.). Ob eine größere Präzision tatsächlich gegeben ist, mag man bezweifeln.
- Das in F.37 noch enthaltene **Vorsichtsprinzip** (*principle of prudence*) wird in der Neufassung aufgegeben, da es mit der Anforderung der Neutralität nicht vereinbar sei (F.BC3.27ff.) Die praktischen Konsequenzen für Regelentwicklung und -anwendung scheinen aber derzeit noch gering. Vorräte etwa sind weiterhin mit Anschaffungs-/Herstellungskosten oder mit dem niedrigeren Stichtagswert anzusetzen (→ § 17 Rz 20), ein gestiegener Stichtagswert bleibt als Bewertungsmaßstab unzulässig. Ist eine solche Differenzierung von Wertänderungen nach ihrem Vorzeichen neutral? Welchem anderen Gedanken als dem der Vorsicht könnte sie entspringen?

Das die handelsrechtliche Rechnungslegung dominierende **Vorsichtsprinzip** spielt im IFRS-System nun jedenfalls formell keine Rolle mehr. Praktisch bleibt wie vorher zu untersuchen, ob es nicht auf der Ebene der Einzelstandards (etwa bei der Bewertung von Vorräten) gleichwohl zur Anwendung gelangt.

2.2.3 Umsetzung der Basiskonzepte in Einzelregelungen

Der bisher dargestellte Kontrast von HGB und IFRS bezog sich hauptsächlich auf die **konzeptionelle** Basis. Am Beispiel des Vorsichtsprinzips bzw. der Vorratsbewertung wurde dies schon problematisiert: Verlässt man diese Ebene und richtet das Augenmerk auf die **konkreten** Regelungen, so relativieren sich die Unterschiede weiter. Am deutlichsten wird dies am Umgang mit dem **Imparitätsgedanken**.

19 In der konzeptionell vom Vorsichtsprinzip geprägten **handelsrechtlichen** Rechnungslegung spielt der **Imparitätsgedanke** eine tragende und durchgängige Rolle:
- Verbindlichkeiten sind auch dann zu passivieren, wenn eine Inanspruchnahme ungewiss ist, Forderungen erst dann zu aktivieren, wenn sie gewiss sind.
- Drohende Verluste aus schwebenden Geschäften sind zurückzustellen, Gewinne erst zu berücksichtigen, wenn der Schwebezustand des betreffenden Geschäfts beendet ist.
- Passive latente Steuern unterliegen einem Bilanzierungsgebot, aktive latente Steuern einem Aktivierungswahlrecht, das überdies nur insoweit ausgeübt werden kann, wie die Realisierung der latenten Steuerentlastung in hohem Maße wahrscheinlich ist.

20 Im *Framework* haben das **Vorsichtsprinzip** und der **Imparitäts**gedanke hingegen nur eine **untergeordnete** Bedeutung. In der Frage der konkreten Bilanzierungsfähigkeit wird nicht zwischen Vermögenswerten und Schulden unterschieden. In beiden Fällen kommt es auf die **Wahrscheinlichkeit** (*probable*) des mit dem Vermögenswert oder den Verbindlichkeiten verbundenen *in-* oder *outflow* von **Nutzen** an (F.83). Die Anforderungen des *Framework* an die **Wahrscheinlichkeit** bleiben jedoch **dunkel**. Es wird eher tautologisch darauf hingewiesen, dass Wahrscheinlichkeit etwas mit Ungewissheit zu tun hat: „*The concept of probability is used in the recognition criteria to refer to the degree of uncertainty that the future economic benefits associated with the item will flow to or from the enterprise*" (F.85).

21 Konkreter sind in dieser Hinsicht z.T. die Ausführungen der Einzelstandards, etwa wenn IAS 37.16 die für die Rückstellungsfähigkeit zu fordernde **Wahrscheinlichkeit** in Form einer 51-%-Regel *(more likely than not)* normiert (→ § 21 Rz 38ff.), während für den Ansatz von Vermögenswerten Gewissheit oder Quasi-Gewissheit *(certain or virtually certain)* verlangt wird (IAS 37.33).

In der Konkretisierung der Einzelstandards tritt jedoch an die Stelle der konzeptionell im *Framework* vorgesehenen Gleichbehandlung von Vermögenswerten und Verbindlichkeiten eine differenzierte, **teils widersprüchliche Imparitätsregel**:[3]
- Ein **explizites Imparitätsprinzip** findet sich hinsichtlich der konkreten Bilanzierungsfähigkeit in IAS 37. Dort wird die für eine Aktivierung notwendige Wahrscheinlichkeitsschwelle höher gesetzt als die vergleichbare Schwelle für die Passivierung (→ § 21 Rz 134).
- **Implizite Imparitätsanforderungen** finden sich auf Bewertungsebene, indem gem. IAS 11.32 Verluste aus Fertigungsaufträgen sofort in voller Höhe, Gewinne hingegen nur nach Auftragsfortschritt zu realisieren (→ § 18 Rz 32ff.), passive latente Steuern gem. IAS 12.24 in voller Höhe, aktive hingegen gem. IAS 12.29a nur nach Maßgabe ihrer wahrscheinlichen Realisierung zu erfassen sind (→ § 26 Rz 109).
- Ein **Verzicht auf Imparität** kennzeichnet hingegen die Bilanzierung von schwebenden Finanzgeschäften (Finanzderivaten), indem dort nicht mehr zwischen Aktiva und Passiva differenziert wird (→ § 28 Rz 282f.).

22 Insgesamt liefert das IFRS-Regelwerk **divergierende** Antworten auf die **Imparitätsfragen**, die sich im Umgang mit Ungewissheiten stellen. Dabei mag die

---

3 Vgl. LÜDENBACH/HOFFMANN, KoR 2003, S. 5.

Inkonsistenz zwischen paritätischen *Framework*- und imparitätischen Einzelregelungen ebenso noch angehen wie die Tatsache, dass einer expliziten imparitätischen Behandlung der Rückstellung dem Grunde nach ein nur impliziter imparitätischer Umgang mit dem Ungewissheitsproblem bei der Bewertung von Rückstellungen, latenten Steuern und Fertigungsaufträgen gegenübersteht. Eine konzeptionelle Inkonsistenz auf der Ebene der Einzelregelungen entsteht jedoch, wenn im Falle des *fair value* von Finanzinstrumenten das Imparitätsprinzip aufgegeben und nicht mehr zwischen Aktiva und Passiva differenziert wird.

In **statischer Betrachtung**, also nach Maßgabe des Ist-Zustandes, weist also das IFRS-Regelwerk **Inkonsistenzen** zwischen *Framework* und Einzelregelungen und innerhalb der Einzelregelungen selbst auf. 23

Eine **positive** Interpretation ist nur in **dynamischer Sicht** möglich. Das *Framework* ist keine Beschreibung des Ist-Zustandes des IFRS-Regelwerks. Es enthält i. S. e. **Präambel** Absichten und Richtungsvorgaben, an denen sich der Board bei der Entwicklung weiterer Regeln und die Anwender bei der Lösung noch ungeregelter Fragen im Zweifel orientieren sollen. Die Grenzen einer solchen Orientierung sieht der Board selbst, wenn er auf Konflikte zwischen Einzelstandards und *Framework* hinweist und auf sein Bemühen, „die Zahl der Konfliktpunkte zwischen diesem Rahmenkonzept und den *international accounting standards* mit der Zeit (zu) verringern" (*F*.3). Ob diese Hoffnung erfüllt werden kann, mag dahinstehen.[4] 24

2.2.4 Bilanzierungspraxis – Sollen und Sein

Das *Framework* beschreibt eher Ziel- als Ist-Zustände. Dementsprechend ist auch die Aussage, IFRS sei informations- und kapitalmarktorientiert, das HGB dagegen gläubigerorientiert, zunächst nur ein (möglicher) Befund zu **Regelunterschieden** und nicht notwendigerweise eine Beschreibung der **Rechnungslegungswirklichkeit**. 25

Mit der Qualifizierung der internationalen Rechnungslegung als kapitalmarktorientiert geht implizit oder explizit die **Behauptung** einher, die handelsrechtliche Bilanzierung sei der internationalen Rechnungslegung mindestens insofern unterlegen, als sie dem Kapitalmarkt **weniger** (Quantität) oder **schlechtere** (Qualität) Informationen liefere. Diese Behauptung soll nachfolgend untersucht werden.[5] 26

Die **quantitative** Annahme wird dabei nicht weiterverfolgt. Sie würde u. a. zuverlässige empirische Aussagen über das tatsächliche (nicht das selbst eingeschätzte) Informationsverarbeitungsverhalten der Kapitalmarktteilnehmer voraussetzen. Dabei müsste zwischen verschiedenen Gruppen von Kapitalmarktteilnehmern unterschieden[6] und auch das Problem der Verständlichkeit und des *information overload*[7] (Rz 66) ins Auge gefasst werden. 27

---

[4] Kritisch z. B. seinerzeit ERNST & YOUNG, International GAAP 2008, S. 124, die im Framework hauptsächlich eine Ex-post-facto-Rechtfertigung schon getroffener Entscheidungen sahen.
[5] Vgl. HOFFMANN/LÜDENBACH, StuB 2002, S. 541 ff.
[6] Vgl. FASB, SFAC 2, Qualitative Characteristics of Accounting Information, §§ 40 ff., wo z. B. understandability als user-specific quality beschrieben wird.
[7] Aufschlussreich hinsichtlich der Kontraproduktivität zu vieler Informationen z. B. die Ausführungen in IAS 32.45: „Determination of the level of detail to be disclosed about particular financial instruments is a matter for the exercise of judgement ... It is necessary to strike a balance between overburdening financial statements with excessive detail that may not assist users of financial information and obscuring significant information as a result of too much aggregation." Eine ähnliche Aussage enthält IFRS 6 BC.52b (→ § 42 Rz 29).

28 Hinsichtlich der **Qualität** der Information können die Kriterien aus dem *Framework* herangezogen werden. Die Überlegenheit der internationalen Rechnungslegung müsste darin ihren Ausdruck finden, dass ihre Informationen relevanter, verlässlicher, vergleichbarer sind oder dass – bezogen auf die Bilanzpolitik – die internationale Rechnungslegung stärker die Möglichkeiten des Managements beschränkt, irrelevante, unzuverlässige oder nicht vergleichbare Informationen zu liefern.

29 Dabei scheint das **Relevanzkriterium** allerdings wegen des unvermeidlich hohen Abstraktionsgrades und der zum Teil zirkulären Begriffszüge[8] am wenigsten geeignet, konkrete Qualitätsvergleiche vorzunehmen. Dem Grunde nach handelt es sich eher um eine **Maxime**, einen Leitgedanken jeder ergebnisorientierten Kommunikation, als um eine konkrete Anforderung an die Rechnungslegung Ansichten über das, was konkret als bilanzierungs-, wert- oder ausweisrelevant gilt, unterliegen überdies im Zeitablauf starken Änderungen.

30 Ein Qualitätsvergleich fokussiert sich damit auf die zwei eng verbundenen Kriterien der **Zuverlässigkeit/tatsachengetreuen Darstellung** und **Vergleichbarkeit**. I.S.v. F.31 ff. ist unter Zuverlässigkeit *(reliability)* eine von materiellen Fehlern und Verzerrungen freie Information zu verstehen. Entsprechendes trifft nach F.QC112 ff. für die tatsachengetreue Darstellung zu (Rz 17). Dabei gilt aber auch nach Ansicht des IASB: *„To a large extent financial reports are based on estimates, judgments and models rather than exact depictions. The Conceptual framework establishes the concepts that underlie those estimates, judgments and models. The concepts are the goal, towards which the Board and (!) preparers of financial reports strive. As which most goals the Conceptual Framework's vision of ideal financial reporting is unlikely to be achieved in full …"*[9]

31 Mehr Verlässlichkeit/Tatsachentreue führt i.d.R. zugleich zu mehr **Vergleichbarkeit** von Informationen, d.h. zur schon gleich gerichteten oder jedenfalls gleichnamig zu machenden Abbildung gleichartiger Vorgänge an verschiedenen Bilanzierungszeitpunkten (Konsistenz) oder zwischen verschiedenen Unternehmen.
Identifizierbare Ungleichheiten sind, von Kostengesichtspunkten abgesehen, nicht problematisch: Wendet etwa ein Unternehmen die *fair-value*-Methode für *investment properties* an, ein anderes die Kostenmethode (→ § 16 Rz 40), legen aber beide den Stichtagszeitwert offen, so gilt: Die Nichtvergleichbarkeit kann relativ leicht diagnostiziert und analytisch beseitigt werden.[10] Aus dieser Sicht ist daher nur zu fordern: *„Users need to be able to identify differences between the accounting policies for like transactions and other events by the same enterprise from period to period and by different enterprises. … the disclosure of the accounting policy used by the enterprises, helps to achieve comparability."* (F.40).

32 Zurückbezogen auf die **Bilanzpolitik**[11] (→ § 50 ff.) ergeben sich hieraus zwei Schlüsse:
- **Echte, stichtagsnachverlagerte Wahlrechte** sind, sofern ihre Ausübung für den sachverständigen Bilanzleser erkennbar ist (vgl. z.B. §§ 284 Abs. 1 und 2 Nrn. 1 und 3, 285 Nr. 5 HGB), zunächst eher ein Kosten- als ein Qualitäts-

---

[8] Vgl. z.B. F.26 mit relevance als Voraussetzung von usefulness und usefulness als Begriffsmerkmal von relevance: „To be useful, information must be relevant to the decision-making needs of users. Information has the quality of relevance when it influences the economic decisions of users …"
[9] FASB, SFAC 2, Qualitative Characteristics of Accounting Information, § 59.
[10] Ebenda, § 118.
[11] HOFFMANN/LÜDENBACH, StuB 2002, S. 541.

problem. In arbeitsteiliger Betrachtung wird das Kostenproblem auch in zweiter Linie nicht zum Qualitätsproblem. Zwar würde auch der sachverständige Kleinaktionär eine analytische Aufbereitung zu einer Strukturbilanz usw. aus Kostengründen nicht vornehmen können, die Geschäftszahlen der kapitalmarktorientierten Gesellschaften werden aber regelmäßig von Finanzinstitutionen analysiert und publiziert. In diesem institutionellen Rahmen wirkt der Preis für die Herstellung von Vergleichbarkeit nicht mehr prohibitiv.

- Über die Qualität eines Rechnungslegungssystems für kapitalmarktorientierte Gesellschaften entscheiden deshalb eher das Maß der **unechten Wahlrechte** und die Anreize, die das System für **stichtagsvorverlagerte Wahlrechte** setzt.

Exemplarisch lassen sich diese Schlussfolgerungen wie folgt darstellen:

- Die Ausübung echter Wahlrechte ist **erkennbar** und verfehlt deshalb die gewünschte Informationswirkung. Wer in ertragsschwachen Zeiten dazu übergeht, Aufwendungen für die Erweiterung des Geschäftsbetriebs zu aktivieren oder Anlagegüter nicht mehr degressiv abzuschreiben oder erstmalig von Gliederungserleichterungen Gebrauch zu machen, muss dies in Bilanz und Anhang zeigen. Er bringt bei den Kapitalgebern erst recht die Alarmglocken zum Klingen.
- Wer die Grenze zwischen Instandhaltung und Herstellung anders zieht als in früheren Jahren, die Gemeinkostenzuschläge der Erzeugnisse höher als zuvor einschätzt, notleidende Kundenforderungen gegenüber verbundenen Unternehmen debitorisch ausweist, kann dies hingegen **weitgehend unbemerkt** tun. Lästige Fragen werden vermieden. Mit **unechten Wahlrechten** lässt sich geräuschlose und demzufolge auch **effiziente Bilanzpolitik** betreiben.

Einige für die **Bilanzanalyse** zentrale Elemente des Jahresabschlusses – wie der Entwicklungstrend der Umsätze, die Höhe der Perioden- und Stichtagsliquidität, die EK-Quote usw. – lassen sich stichtagsnachverlagert nur noch in Grenzen beeinflussen. Eine **vorverlagerte** Bilanzpolitik (Sachverhaltsgestaltung), die über Käuferincentives Umsätze vorverlagert, über den Abbau strategischer Vorräte operativen *cash flow* und Stichtagsliquidität schafft, über die Auslagerung von Schulden auf nicht konsolidierungspflichtige *special purpose entities* die Bilanzsumme senkt und damit die Eigenkapital-Quote erhöht, kann diese Grenzen transzendieren, und zwar weitgehend ohne sich als Bilanzpolitik zu erkennen geben und damit die Wirkung konterkarieren zu müssen.

Für den **Vergleich** von HGB und IFRS ist also primär zu fragen, ob das eine System unechte Wahlrechte und stichtagsvorverlagerte Gestaltungen mehr begünstigt als das andere.

Hinsichtlich der **unechten Wahlrechte** ist eine eindeutige Antwort kaum möglich. Zum einen ist jedes rechtliche Regelungssystem, die internationale Rechnungslegung ebenso gut wie die handelsrechtliche, mit dem **Kategorisierungs- und Subsumtionsproblem** konfrontiert.[12] Ob Aktien handelsrechtlich noch Anlagevermögen (gemildertes Niederstwertprinzip) oder schon Umlaufvermögen (strenges Niederstwertprinzip), ob sie nach internationaler Rechnungslegung noch *available for sale* oder schon *trading* sind (→ § 28 Rz 151 und Rz 155), ist wie unzählige andere Fragen ermessensabhängig. Insoweit nehmen sich die Systeme grundsätzlich nichts, und wo sie sich unterscheiden, etwa beim höheren

---

[12] Ausführlich: HOFFMANN/LÜDENBACH, DStR 2002, S. 871 ff.

Detaillierungsgrad der angelsächsischen Regeln, ist dieses Mehr eine zweischneidige Sache, weil mehr Einzelfallgerechtigkeit unter realen, d.h. politisch-lobbyistischen, Bedingungen auch mehr Zufälligkeit der Ergebnisse bedeutet.

37 Neben der allgemeinen **Ermessensproblematik**, die sich wie in jedem rechtlichen Regelungssystem auch bei der Bilanzierung stellt, erwachsen der Rechnungslegung besondere Probleme aus dem Erfordernis der **Bewertung** der subsumierten Sachverhalte. Jedes Rechnungslegungssystem kennt eine Reihe von Bewertungssachverhalten, bei denen ein hoher Grad an Ermessen erforderlich ist. Wie, d.h. mit welchen Methoden und vor allem mit welchen Prämissen, im Falle nicht marktnotierter Aktien der handelsrechtliche Niederstwert oder der IFRS-*fair-value* zu bestimmen ist, entzieht sich weitgehend objektiver Festlegung. Als Objektivitätsvorteil des HGB mag insofern allerdings die Begrenzung nach oben durch das **Anschaffungskostenprinzip** gelten. Auf diese Weise ist das Intervall, in dem Bewertungsmanipulationen vorgenommen werden können, nicht nur nach unten (null), sondern auch nach oben (Anschaffungskosten) eingegrenzt, während es im *fair-value*-Ansatz nach oben offen ist.

38 Deutlicher ist genau in dieser Hinsicht die Begünstigung **stichtagsvorverlagerter Gestaltung** durch die internationale Rechnungslegung. Der methodische Ansatz der internationalen Rechnungslegung ist ein sog. *mixed model* (Rz 105). Einige Sachverhalte, z.B. Sachanlagevermögen wie Pipelines, Stromleitungen usw., unterliegen dem Anschaffungskostenprinzip, andere Sachverhalte, z.B. Derivate, der *fair-value*-Bewertung und damit bei Fehlen notierter Marktpreise der nach oben weit offen Manipulationsgefahr. Aus der Sicht eines Managements, das kurz- bis mittelfristige Erfolge versprochen hat, ist daher das *mixed model* ein System, das bestimmte Gestaltungen (Investments in Derivate usw.) gegenüber anderen Gestaltungen (Investments in Pipelines usw.) prämiert. Im deutschen Rechtskreis sind derartige „Prämierungen" bislang nur auf dem Gebiet der Steuerbilanz bekannt. Wenn West-Immobilien anders bewertet werden als Ost-Immobilien (Prämierung durch Sonderabschreibungen), führt dies zur **Umkehrung der Kausalität**: Nicht der Ort der Immobilieninvestition entscheidet über ihre Bewertung, sondern die Bewertung entscheidet über den Ort der Investition.

39 Der Bundesverband Deutscher Banken erkennt in seiner Stellungnahme zur Umsetzung der EU-*fair-value*-Richtlinie in deutsches Recht ähnliche Gefahren eines *mixed model*. Der Bundesverband wendet sich gegen den *fair-value*-Ansatz auch für Derivate:
„Die bisherigen Erfahrungen mit IAS 39 zeigen, dass dies zu erheblichen Ergebnisverzerrungen und damit zu Verwirrung bei den Kapitalmarktteilnehmern führt. Darüber hinaus entstehen in den Unternehmen bei der Ergebnissteuerung Zielkonflikte, die die Aufgabe der Rechnungslegung, geschäftliche Aktivitäten adäquat abzubilden, infrage stellt. Es entsteht die Gefahr, dass die dienende Funktion der Rechnungslegung in eine Gestaltungsfunktion mutiert, die selbst Realitäten schafft."[13] Etwa in der Weise (wie bei Enron), dass ein Management nicht mehr in bilanzpolitisch-unattraktive Pipelines, sondern in über Volatilitätsannahmen und andere Parameter bilanzpolitisch leicht beeinflussbare Derivate investiert.[14]

---

[13] Das Zitat ist der Stellungnahme auf der Homepage des DRSC entnommen. Ähnlich KLEY, Die Fair Value-Bilanzierung nach IAS, DB 2001, S. 2257ff.
[14] Vgl. LÜDENBACH/HOFFMANN, DB 2002, S. 1169ff.

Die mit dem Begriff der **kapitalmarktorientierten Rechnungslegung** implizit oder explizit einhergehende Behauptung einer **höheren Qualität** der internationalen gegenüber der handelsrechtlichen Bilanzierung ist unbewiesen. In Teilen beruht sie auf einer **Verwechslung von Sollen und Sein**. In Teilen resultiert sie aus einer lehrbuchartigen Fokussierung auf echte und **stichtagsnachverlagerte Wahlrechte**, während die Praxis der Bilanzpolitik von **unechten** und **stichtagsvorverlagerten** Gestaltungen lebt.

In Teilen ergibt sie sich schließlich aus einer Ausklammerung des **menschlichen Faktors**, des zum Eigentümerinteresse in Konflikt stehenden Managerinteresses. Zu diesem **Interessenkonflikt** sind im Gefolge der neoinstitutionalistischen Finanzierungstheorie und der *agency*-Theorie viele gewichtige Konzepte entwickelt worden. Insbesondere die *shareholder-value*-Doktrin hat bis hin zu Änderungen des Aktienrechtes *(stock options)* eine große Wirkung gehabt. Die Implikationen für die Bilanz- und Bilanzpolitiklehre sind bisher eher stiefmütterlich behandelt worden. Tatsächlich aber ist die Bilanz das **Medium**, mit dem das Management unter realen Bedingungen mittelfristige und vorübergehende **Marktwertsteigerung** auf Kosten langfristiger Eigentümerinteressen betreiben kann. Aus der Sicht der neoinstitutionalistischen Finanzierungstheorie wäre daher c. p. jenes Rechnungslegungssystem zu bevorzugen, das den Gestaltungsspielraum des Managements geringer hält, möglichst **wenig subjektive** und möglichst **viele objektive** Bewertungsmaßstäbe vorsieht, z.B. also Investments in Sachanlagen nicht gegenüber Finanzinvestments prämiert.

Gemessen an diesen Kriterien weist die internationale Rechnungslegung im Vergleich zur handelsrechtlichen einige gravierende **Defizite** auf. Eine offene Frage ist, ob diese Defizite durch korrespondierende Vorteile aufgewogen oder gar überkompensiert werden.

2.3 *Rule- and principle-based accounting*

In der Folge von Enron und verschiedenen anderen US-Skandalen ist das stark **kasuistische** System der US-GAAP in Kritik geraten. Wie diese Skandale – ebenso aber beständig z.B. das Steuerrecht – zeigen, laden kasuistische Regeln zur gezielten **Umgehung** ein. Wenn eine *special purpose entity*, die Schulden und Risiken übernommen hat, bei fehlender Mehrheitsbeteiligung nur dann konsolidiert werden musste, wenn die nominellen Mehrheitseigner weniger als 3 % des Gesamtkapitals finanzieren, versuchte man, knapp oberhalb dieser Grenze zu bleiben, um so Verluste und Schulden *off-balance* zu bringen, d.h. im Konzernabschluss nicht mehr zu zeigen.[15]

In der angelsächsischen Diskussion wird in solchen Zusammenhängen kritisch auch von einem *cook book accounting* gesprochen. Einzelverbote, die zeigen, was schädlich ist, legen zugleich nahe, welche Kochrezepte gerade noch verdaulich sind. Der IASB hat die auch in den USA aufkommenden **Zweifel** am Sinn kasuistischer Regelungen zunächst genutzt, um als Gegenentwurf zum *case-* oder *rule-based accounting* ein *principle-based accounting* zu propagieren. Vor

---

[15] Die 3-%-Regel ist – nach Enron – aufgehoben worden. Zu den neuen Vorschriften der FASB Interpretation No. 46, Consolidation of Variable Interest Entities, MELCHER/PENTER, DB 2003, S. 513 ff.

dem *Committee on Banking, Housing and Urban Affairs* des US-Senats hat der IASB-Chairman am 14.2.2002 daher wie folgt argumentiert:[16]

> „The IASB has concluded that a body of detailed guidance (sometimes referred to as bright lines) encourages a rule-book mentality of ‚where does it say I can't do this?'. We take the view that this is counter-productive and helps those who are intent on finding ways around standards more than it helps those seeking to apply standards in a way that gives useful information. Put simply, adding the detailed guidance may obscure, rather than highlight, the underlying principle. The emphasis tends to be on compliance with the letter of the rule rather than on the spirit of the accounting standard."

Das damit propagierte Konzept des *principle-based accounting* hat inzwischen weiten Widerhall gefunden. Sowohl der FASB[17] als amerikanisches Pendant zum IASB, also auch die SEC[18], und der Deutsche Standardisierungsrat[19] haben sich des Themas mit unterschiedlichen Hoffnungen und Befürchtungen angenommen. Die Unterschiede rühren erkennbar auch aus divergierenden Begriffsverständnissen. Die wesentlichen Interpretationen lassen sich anhand von Abbildung 2 kurz wie folgt unterscheiden:

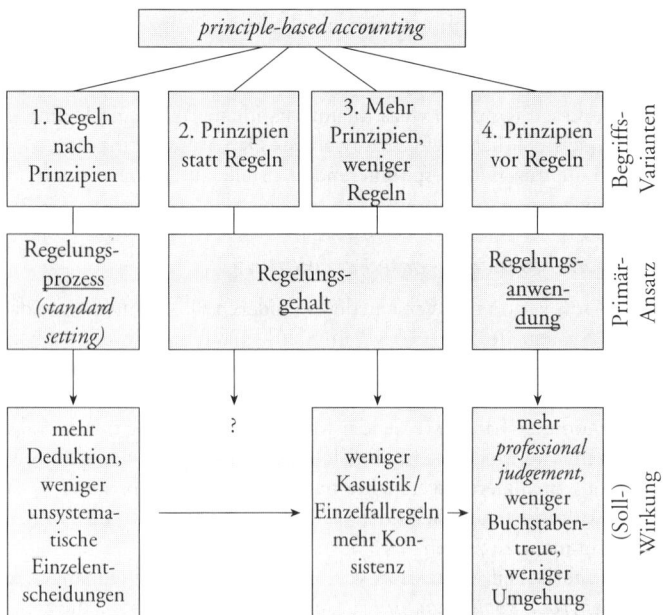

Abb. 1: *Principle-based accounting*[20]

---

16 Siehe unter: www.iasc.org.uk unter Archive 2002/Speeches.
17 FASB, Proposal: Principle-Based Approach to Accounting to U. S. Standard Setting, www.FASB.org.
18 SEC, Study Pursuant to Section 108(d) of the Sarbanes-Oxley Act of 2002, www.sec.gov/news/studies/principlesbasedstand.htm.
19 DSR-E, Grundsätze ordnungsmäßiger Rechnungslegung (Rahmenkonzept).
20 Quelle: LÜDENBACH/HOFFMANN, KoR 2003, S. 387 ff.

Ohne Kasuistik geht es also nicht, aber diese Kasuistik soll nicht „wild" werden. Der hauptsächliche Diskussionsstoff rankt sich daher um den dritten Strang. Hier betont der IASB, dass im Vergleich zum IFRS-Regelwerk die gegenwärtigen „US-GAAP *tends, on the whole, to be more specific in its requirements and includes much more detailed implementation guidance.*"[21] Eine Forderung nach mehr Prinzipien und weniger Einzelregeln hat allerdings etwas Unverbindliches. Die rechte **Mischung** von Prinzip und Regel, das richtige Maß an Detaillierung lässt sich nicht operational beschreiben. Deutlich wird dies, wenn man die folgende Vorhaltung von SUNDER gegenüber dem FASB näher untersucht: 45

> „*Instead of writing a rule, which ‚says, you shall not steal', the FASB has wrapped itself up in the endless case of listing all the acts and circumstances that might constitute ‚stealing'. It is a loosing game for rule writers. Every rule that covers a new contingency creates a new gap. If you write a rule, ‚you can't steal a shirt', sooner or later someone asks, ‚where does it say you can't steal shirt buttons'.*[22]"

Die Problemlage ist zutreffend beschrieben. **Schwieriger**, als es der plastische Vergleich von SUNDER nahelegt, ist allerdings die **Lösung**: So sehr eine fallbasierte Rechnungslegung Gefahr läuft, intelligent umgangen zu werden, so sehr ist andererseits ein prinzipienbasiertes System in Gefahr, unverbindlich zu bleiben und allen alles zu erlauben. Greift man in dieser Hinsicht das Beispiel von SUNDER auf, so könnte man drei Normbereiche zunehmender Konkretisierung unterscheiden: 46

- Obersatz: Schädige und gefährde keinen anderen.
- Mittelsätze: Stiehl nicht. Rase nicht im Verkehr usw.
- Untersätze: Stiehl keine Kleidung, keine Lebensmittel usw., fahre in Ortschaften nicht über 50, auf Landstraßen nicht über 100 usw.

Am Beispiel des Stehlens besteht weder für einen Obersatz noch für einen Untersatz ein Bedarf. Das Prinzip der mittleren Ebene ist klar genug. Das Verkehrsbeispiel ist schon komplizierter. Der Mittelsatz ist noch zu unverbindlich: Es muss definiert werden, was Rasen bedeutet, und dies in Abhängigkeit von bestimmten Fällen, also anders für innerörtliche als für Landstraßen oder für Autobahnen. Andererseits können auch 60 km auf der Landstraße bei dichtem Nebel zu schnell sein, weshalb die Straßenverkehrsordnung ihre Einzelregeln zu Recht durch eine Generalnorm ergänzt. Schließlich berücksichtigen das Diebstahl- und Verkehrsbeispiel noch nicht besondere Ausnahmefälle, etwa den Mundraub oder die mit Blaulicht durch den Ort rasende Feuerwehr. 47

Schon diese kleinen Realitätsausschnitte sind zu komplex, um in ein einfaches Schema von *principle-based* oder *rule-based* gezwängt zu werden. Fast immer ist das eine wie das andere gefordert. Insoweit wird man die beiden Pole nicht als Alternativen denken, sondern nach der richtigen **Mischung** fragen müssen. Wie viel Einzelregelung braucht und wie viel verträgt die Rechnungslegung? Jede allgemeine Antwort scheint falsch, da die richtige Dosis nur fallweise (kasuistisch?) zu finden ist. Hierzu ein Beispiel: 48

---

[21] IASB, ähnlich FASB, Proposal, S. 8.
[22] SUNDER, Regulatory Competition for Low Cost-of-Capital Accounting Rules, Journal of Accounting and Public Policy, 2002, S. 147 ff.

49 | Beispiel
Das *Framework* enthält den Grundsatz „*substance over form*" (F.4.6). Danach ist der wirtschaftliche und nicht der rechtliche Gehalt eines Geschäftsvorfalls zu würdigen, etwa – entsprechend auch dem Handelsrecht – wirtschaftliches Eigentum zu bilanzieren. Damit ist nur die Bilanzierungsmöglichkeit von **Leasing**gegenständen vorentschieden. Wann sie tatsächlich zu bilanzieren sind, bedarf der Konkretisierung.
Das HGB verzichtet auf eine solche Konkretisierung und unterwirft damit die handelsrechtliche Praxis faktisch dem Steuerrecht der einschlägigen BMF-Erlasse (→ § 15 Rz 83).
IAS 17 gibt hingegen Kriterien für die Zurechnung eines Leasinggegenstandes und ist insoweit vordergründig ein Beispiel für eine notwendige Kasuistik. Bei zweiter Betrachtung verzichtet IAS 17 (anders als US-GAAP) auf ganz konkret quantifizierte Kriterien (z. B. der Vertragsdauer relativ zur Nutzungsdauer; → § 15 Rz 37 f.) und liefert stattdessen eher einen Kriterienkatalog, der im Rahmen einer Gesamtwürdigung zu berücksichtigen ist. Der zu beurteilende Einzelfall wird einerseits kaum kasuistisch vorentschieden (Unterschied zu US-GAAP), andererseits aber auch nicht im luftleeren Raum belassen (Unterschied zu HGB), da der Kriterienkatalog die Gesamtwürdigung strukturiert und zeigt, welche Argumente abzuwägen sind.

50 Die Leasingregeln sind eine u. E. relativ gelungene Mischung von Prinzipien und Regeln. Entsprechendes gilt z. B. auch für die *special purpose entities* (→ § 32), bei denen eben nicht (wie bei Enron in den US-GAAP) ein 3 %iges Kochbuch-Rezept geliefert, sondern eine Gesamtwürdigung verlangt wird.
Andere Beispiele aus dem IFRS-Regelwerk sind jedoch **weniger erfreulich**: etwa der von Detailregelungen, Ausnahmen und Rückausnahmen durchsetzte IAS 39 (→ § 28). Viele Regelungen sind zudem in eine *Application Guidance* ausgelagert (Rz 55). Dies macht den Standard selbst übersichtlicher und gibt ihm den Anschein eines stärker *principle-based accounting*, dient aber nicht der Lesbarkeit. Notwendige Erklärungen und Konkretisierungen zu den vielen in IAS 39 enthaltenen abstrakten Definitionen und Regeln finden sich nicht mehr leicht zugänglich an Ort und Stelle, sondern sind nur durch Parallellektüre der *Application Guidance* und zusätzlich einer *Guidance on Implementing* zu finden. Zentrale Definitionen sind außerdem nicht in IAS 39, sondern in IAS 32 enthalten, sodass die Parallellektüre tatsächlich zu einer Mehrfachlektüre mutiert. Es ist eine Aufgabe dieser Kommentierung, auf diese Art Getrenntes wieder zusammen zuführen, weil das eine ohne das andere nicht interpretierbar und anwendbar ist.
Eine **unübersichtliche Arbeitsteilung** von *(principle-based)* Standard und (kasuistischen) Anhängen oder Ergänzungen wird auch in IAS 18 praktiziert. Der IASB hält auch dort an der Selbstinterpretation seines Normenwerkes als *principle-based*, d. h. nichtkasuistisch, fest. Gleichwohl erkannte er in der (ohne materielle Folgewirkung der zwischenzeitlich aufgehobenen) Einleitung zu IAS 18 die Notwendigkeit an, die Fragen der Umsatzrealisierung nicht nur in allgemeiner Weise zu erörtern, sondern „außerdem praktische Hinweise zur Anwendung" zu geben. Diese Hinweise enthält der Appendix (*Illustrative Examples*) zu IAS 18, wo relevante Felder in einer Art „ABC der Zweifelsfälle"

kasuistisch abgehandelt werden. Den drohenden **Widerspruch** zwischen offizieller Prinzipienbasierung und tatsächlicher Kasuistik verdeckte eine Formulierung in der Einleitung des *Appendix* zu IAS 18: „Der Appendix dient lediglich der Veranschaulichung und ist nicht Teil der Vorschriften. Der Appendix konkretisiert die Ertragsrealisierungskriterien der Vorschriften, indem er ihre Bedeutung anhand einiger Geschäftssituationen verdeutlicht."

Ein derartiger Vorbehalt, der das Ziel der Prinzipienbasierung betont, die Praxis aber auf die im *Appendix* oder in den *Application* und *Implementation Guidances* formulierten „regelbasierten" Vorschriften oder „Beispiele" verweist, tendiert zum Leerlauf[23] und dient auch nicht der Verständlichkeit des Regelsystems.

3 Anwendung des IFRS-Regelwerks in der Praxis

3.1 Überblick

Ein IFRS-Abschluss muss nach IAS 1.16 im Anhang eine Erklärung über die Erfüllung aller Anforderungen *(requirements)* der IFRS enthalten. Nur dann darf ein Abschluss als IFRS-Abschluss bezeichnet werden. Welche Anforderungen das IFRS-Regelwerk ausmachen, wird jedoch nicht in IAS 1, sondern in IAS 8.7 ff. erläutert (→ § 24 Rz 3). Die dabei in IAS 8 verwendeten Konzepte *(materiality, true and fair presentation)* etc. werden allerdings nicht in IAS 8, sondern im *Framework* oder wiederum in IAS 1 erläutert. Die enge Verbindung der drei Standards zeigt sich auch bei anderen Aspekten. Nur im Zusammenhang dieser drei Standards findet der Bilanzierende Antworten auf folgende zentrale Fragen: 51

- Welches sind die **auf einen IFRS-Abschluss anwendbaren Regeln** bzw. unter welchen Voraussetzungen darf ein Abschluss als IFRS-Abschluss bezeichnet werden (IAS 1.15 ff., IAS 8.7 ff. und F.2 ff.)?
- Wie sind die Regeln anzuwenden bzw. unter welchen **Vorbehalten** steht die **Regelbefolgung?** Wichtige Vorbehalte sind
  – die Wesentlichkeit *(materiality*; IAS 1.29 ff., IAS 8.8, F.29 f./F.QC11 und 4.39); Rz 63 ff.),
  – die Kosten-Nutzen-Abwägung (F.44/*F.*QC35 ff.; Rz 68 ff.),
  – das Prinzip der *true and fair* bzw. *faithful presentation* (IAS 1.15 ff.; IAS 8.10 ff., F.46/F.QC12 ff.; Rz 70 ff.).
- Wie ist im Falle unspezifischer oder **fehlender Regelung** zu verfahren (IAS 8.10 ff. unter Benutzung von Konzepten, die nur in IAS 1 und im *Framework* erläutert sind)?

Das IFRS-Regelwerk fragmentiert diese Themen, indem es sie an verschiedenen Stellen mit teils gleichen, teils unterschiedlichen Aussagen und Schwerpunkten behandelt. Das kommentierende Schrifttum hat hier die Aufgabe der **Defragmentierung**; es hat zusammenzuführen, was zusammengehört. In diesem Sinne 52

---

[23] Ähnlich BRÜCKS/RICHTER, KoR 2005, S. 407, zum Änderungsentwurf zu IFRS 3 (Business Combination Phase II): „Dabei ist bemerkenswert, dass die Application Guidance umfangreicher ist als der Standard selbst. Die Regelungen eines Standards durch Beispiele zu verdeutlichen ist grundsätzlich sinnvoll. Angesichts des Umfangs der Regelungen ist indes zu befürchten, dass die Regelungen der künftigen Standards – US-amerikanischer Tradition folgend – in den Hintergrund treten und der Standard mehr durch Beispiele als durch die im Standard aufgestellten Regelungen lebt."

behandelt unsere Kommentierung die vorgenannten Punkte einheitlich, und zwar überwiegend in diesem Paragrafen. Es wird deshalb verwiesen
- zu den **anwendbaren Regeln** auf Rz 53,
- zum Vorbehalt der *materiality* und der **Kosten-Nutzen**-Abwägung auf Rz 61 ff.,
- zum Vorbehalt der *true and fair presentation* auf Rz 69 ff.,
- zum Vorgehen bei **Regelungslücken** auf Rz 77.

Das dem ersten Punkt verwandte Thema der Stetigkeit der Regelanwendung wird wegen seiner buchungstechnischen Nähe zur Bilanzkorrektur und zur Revision von Schätzungen behandelt in → § 24 Rz 8 ff.

3.2 Auf einen IFRS-Abschluss anwendbare Regeln

53 IAS 1.7 enthält eine Legaldefinition der IFRS. Diese sind vom IASB angenommene Standards und Interpretationen. Sie enthalten *(comprise):*
- *International Financial Reporting Standards* (**IFRS**),
- *International Accounting Standards (IAS)* und
- Interpretationen des *IFRS Interpretation Committee* (IFRS IC bzw. **IFRIC**) oder des früheren *Standing Interpretations Committee* (**SIC**).

Soweit es im Einzelfall zu Widersprüchen zwischen den IFRS/IAS einerseits und den IFRIC/SIC andererseits kommt, ist nach der Rangordnung der Regeln (**Normenhierarchie**) zu fragen. Zwei Auffassungen sind diskussionswürdig:
- Die IFRIC/SIC **verdrängen** als „lex specialis" die evtl. entgegenstehenden Regelungen der IFRS/IAS.
- Die IFRIC/SIC sind nicht spezialrechtliche Sonderregeln, die etwa branchenspezifische oder sonstige Ausnahmen von den allgemein in den IFRS/IAS niedergelegten Regeln formulieren; sie sind vielmehr entsprechend ihrer Bezeichnung „bloße" **Interpretationen** der vorrangig zu beachtenden Standards.

Im Schrifttum wird dieser Frage nur vereinzelt nachgegangen. Soweit aus den wenigen Stellungnahmen eine herrschende Meinung überhaupt abzuleiten ist, fällt sie zugunsten der zweiten Auffassung aus.[24] Zur praktischen Bedeutung der Frage folgendes Beispiel:

> **Beispiel**
> Die C GmbH ist eine Zweckgesellschaft *(special purpose entity)* mit einem begrenzten Zweck (→ § 32). An ihr sind A mit 51 % und B mit 49 % beteiligt. Die Gesellschaft ist nur über Eigenkapital finanziert. Der Gesellschaftsvertrag sieht für alle wesentlichen Entscheidungen Einstimmigkeit vor. Die Geschäftsführung ist paritätisch mit je einem Vertreter von A und B besetzt. Die Geschäftsführungsordnung verlangt ebenfalls Einstimmigkeit. Der Gesellschaftsvertrag sieht die Gesamtvertretung der Gesellschaft durch beide Geschäftsführer vor.
> - Nach IAS 27 und IAS 31 ist die C GmbH kein Tochterunternehmen der A, sondern ein **Gemeinschaftsunternehmen** von A und B (→ § 34 Rz 29 ff.). B müsste daher keine Vollkonsolidierung vornehmen, sondern könnte zwischen *equity-* und Quoten-Konsolidierung wählen (→ § 34 Rz 29).

---

[24] Vgl. z. B. BOHL, in: BECK'SCHES IFRS-Handbuch, § 1 Tz 18; ZÜLCH, PiR 2005, S. 1 ff.

> - Nach SIC 12 sind jedoch Zweckgesellschaften bei demjenigen **voll zu konsolidieren**, der die Mehrheit der Chancen trägt (→ 32). Im Beispiel wäre dies A, da 51 % der laufenden und Liquidationsergebnisse zu seinen Gunsten bzw. Lasten gehen.
>
> Der insoweit bestehende **Widerspruch** ist alternativ wie folgt zu lösen:
> - In Anwendung der ersten Auffassung würden die in SIC 12 enthaltenen Risiko-Chancen-Kriterien anstelle des allgemeinen Kontrollkriteriums von IAS 27 und IAS 31 treten. Für den Bereich des SPEs würde SIC 12 als „lex specialis" IAS 27 und IAS 31 insoweit verdrängen.
> - In Anwendung der zweiten, von uns vertretenen Auffassung bleibt es beim Vorrang von IAS 27 und IAS 31. Die SIC sind auch ihrer Bezeichnung nach nur Interpretationen und keine spezialrechtlichen Sonderregeln, die Ausnahmen von den allgemeinen Regeln formulieren.

IFRS ist einerseits der **Oberbegriff** für alle Regeln, andererseits die **Bezeichnung** für einzelne Standards, die der IASB nach seiner Neupositionierung in 2002 verabschiedet hat. Die weiterhin gültigen Standards des alten Board sind demgegenüber IAS. Abbildung 2 zeigt das Verhältnis der Begriffe heute und in x Jahren. 54

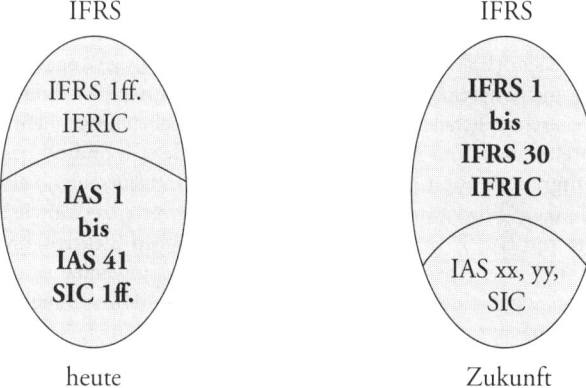

Abb. 2: Verhältnis IFRS zu IAS im Zeitablauf[25]

Die Legaldefinition von IAS 1.7 beantwortet allerdings nicht die Frage, wie mit den „Ergänzungen" umzugehen ist, die im Rahmen des *Improvement Project* sprunghaft zugenommen haben (Rz 50). Wichtige Standards wie IAS 39 kommen nicht mehr ohne *Application Guidances, Implementation Guidances, Illustrative Examples* etc. aus (Rz 50). Die Verbindlichkeit dieser Zusatzregeln ist abgestuft zu beurteilen: 55
- Die *Application Guidances* zu IAS 32, IAS 33 und IAS 39 gelten ausweislich ihrer jeweiligen Einleitung als integraler Bestandteil *(integral part)*.
- Die *Guidances on Implementing* zu IAS 1, IAS 8, IAS 27, IAS 28, IAS 31, IAS 39 und IFRS 1 ergänzen die Standards, sind aber kein Bestandteil *(accompanies but is not part)*.

---

[25] Quelle: LÜDENBACH, IFRS, 7. Aufl. 2013.

- Entsprechendes gilt für die *Illustrative Examples* zu IAS 33, den Appendix zu IFRS 15 usw. sowie
- die *Basis of Conclusions*.[26]

Mit der Unterscheidung zwischen (integralem) Bestandteil und Ergänzung kann die **Praxis** in vielen Fällen nichts anfangen. Ist der zu beurteilende Fall auch im Standard oder der *Application Guidance* selbst behandelt, ergibt sich hieraus auch die Verbindlichkeit der Implementierungsanweisung bzw. der Illustration. Findet sich der Fall nur in den Ergänzungen, wird man für die Schließung der insoweit bestehenden Regelungslücke regelmäßig nicht die eigene Lösung gegenüber derjenigen nach den Vorgaben des IASB als überlegen unterstellen können. Im Sinne dieser faktischen Verbindlichkeit erwähnt auch IAS 8.7 die *Implementation Guidances* (Anwendungsleitlinien) unter den zwar nicht anzuwendenden *(application)*, aber zu berücksichtigenden *(consideration)* Regelungen.

Eine faktische Verbindlichkeit ist auch den sog. **Non-IFRICs** zuzusprechen. Hierbei handelt es sich um Anfragen an das *IFRS Interpretation Committee* (früher IFRIC), das dieses nicht in sein Arbeitsprogramm aufnimmt. Der Begründung der Nichtaufnahme *(Agenda Rejection)* spricht der Vorsitzende selbst einen Status zu, der mit den *Implementation Guidances* zu den IAS/IFRS vergleichbar sei.[27] Im Due Process Handbook des IASB wird unter Abs. 5.22 ausgeführt, dass es sich bei den Non-IFRICs nicht um autoritative IFRS bzw. verpflichtende Anforderungen handelt; sie werden aber als hilfreich, informativ und überzeugend qualifiziert. Die Europäische Wertpapieraufsicht (ESMA) hält für den Fall, dass eine bisher angewandte Rechnungslegungsmethode einem Non-IFRIC widerspricht, eine Methodenänderung i. S. v. IAS 8 einschließlich der einschlägigen Anhangangaben für geboten.[28]

Den Interpretationen (und Nicht-Interpretationen) des Committee gesellen sich noch **Stellungnahmen nationaler Standardsetter** (in Deutschland etwa DRSC und IdW) hinzu.[29] Soweit diese nationale Belange betreffen, etwa wie RIC 2 die Anwendung von IAS 37 und IFRIC 6 auf die deutschen Elektroschrottentsorgungsvorschriften, ergeben sich keine besonderen Kompetenzprobleme. Eine Interpretation allgemeiner, auch in vielen anderen Ländern auftauchender Probleme durch eine nationale Instanz entspricht nicht dem Universalitätsanspruch der IFRS. Der sich ergebenden Gefahr zu großzügiger, zu restriktiver oder grundlegend falscher nationaler Auslegungen könnte theoretisch durch ein Monitoring der nationalen „Standards" durch den IASB bzw. das IFRIC/IFRS ICs begegnet werden. Der IASB sieht sich angesichts der daraus resultierenden „overwhelming workload" nicht zu einer solchen Überwachung in der Lage.[30]

56   Das gleichwohl bestehende Bedürfnis der Praxis nach Eindeutigkeit und Einheitlichkeit der Auslegung von Standards hat in einer immer größer werdenden Zahl von Anfragen an den IASB, speziell das Committee, seinen Ausdruck gefunden. Die meisten Anfragen werden jedoch nicht zuletzt angesichts begrenzter Ressourcen des Committee mit sog. *Agenda Rejections (Non-IFRICs)* bedacht. In

---

26   Zur Hierarchie dieser Normen im Einzelnen ZÜLCH, PiR 2005, S. 1 ff.
27   Vgl. dazu SCHREIBER, BB 2006, S. 1842 ff.
28   ESMA, Retrospective Adjustments to Financial Statements Following Rejection Notes Published by the IFRS Interpretations Committee, www.esma.europa.eu/system/files/2011_211.pdf
29   Vgl. dazu sowie zu weiteren „IFRS-Interpreten" die profunde Darstellung von Kleinmanns, DB 2014, S. 1325 ff.
30   Vgl. IFRIC, Update März 2006.

den letzten Jahren hat das Committee im Durchschnitt jeweils mehr als 20 *Non-IFRICs* pro Jahr veröffentlicht.

Ein wichtiger Teil dieser nicht erledigten Fälle ist jedoch ab 2007 zum Gegenstand eines *Annual-Improvements*-Prozesses geworden. Das offizielle Ziel dieses Prozesses formuliert der IASB in der Einleitung zum ED des ersten, im Oktober 2007 vorgelegten *Annual Improvements Project* wie folgt: „*to provide a streamlined process for dealing efficiently with a collection of miscellaneous, non-urgent but necessary minor amendments to IFRSs*". Kleinere Änderungsnotwendigkeiten sollen gesammelt und einmal jährlich als Entwurf eines Omnibus-Standards *(omnibus exposure draft)* veröffentlicht werden. Der jährliche Standard soll teils klarstellende Änderungen enthalten, teils Inkonsistenzen zwischen bestehenden Regeln beseitigen, dabei aber über redaktionelle Korrekturen *(editorial corrections)* hinausgehen. Änderungen unterliegen daher dem allgemeinen Konsultationsprozess *(due process)*, der zur Beschleunigung der Veröffentlichung jedoch von 120 auf 90 Tage verkürzt ist.

Die Inhalte der *Annual Improvements Projects* werden in den einzelnen Paragrafen dieses Kommentars, die des ED insbesondere in den jeweiligen Unterkapiteln „Anwendungszeitpunkt, Rechtsentwicklung" gewürdigt.[31]

Ein besonderes Problem ergibt sich noch daraus, dass die Anwendungsleitlinien und einige *appendizes* (ebenso wie das *Framework* und die jeweiligen *Basis of Conclusions)* im Rahmen des formellen **EU-Anerkennungsprozesses** *(endorsement)* nicht in europäisches Recht transformiert, z. B. nicht im Amtsblatt der EU in allen Amtssprachen veröffentlicht werden.[32] Die EU-Kommission hält hierzu in einem Arbeitspapier vom November 2003 Folgendes fest:[33]

„*Das Rahmenkonzept als solches ist kein IAS oder eine Interpretation und muss folglich auch nicht in das Gemeinschaftsrecht übernommen werden. Nichtsdestoweniger bildet es die Grundlage für die Urteilsbildung bei der Lösung von Rechnungslegungsproblemen. Dies ist vor allem in Situationen wichtig, in denen es keinen spezifischen Standard ... gibt. In diesen Fällen fordern die IAS von der Unternehmensleitung, ihren Sachverstand bei der Entwicklung und Anwendung von Bilanzierungsgrundsätzen einzusetzen. ... Im Rahmen einer derartigen Urteilsbildung fordern die IAS von der Unternehmensleitung, u. a. die Definitionen, Ansatzkriterien und Bewertungskonzepte des Rahmenkonzepts zu berücksichtigen. Findet ein IAS oder eine Interpretation auf einen Abschlussposten Anwendung, ist die Unternehmensleitung in gleicher Weise gehalten, den auf diesen Posten anzuwendenden Bilanzierungsgrundsatz auszuwählen, indem sie auch die Anhänge zu dem Standard, die nicht Bestandteil des IAS sind (wie die Grundlage für Schlussfolgerungen), und die Anleitung zur Umsetzung berücksichtigt, die für den entsprechenden IAS veröffentlicht wurden. Angesichts seiner Bedeutung bei der*

---

31 Vgl. dazu Semjonow, PiR 2007, S. 281 ff., und Lüdenbach/Freiberg, BB 2007; Bömelburg/Landgraf/Eberhardt, PiR 2008, S. 331; Fink, PiR 2008, S. 281.
32 Zu den Schwierigkeiten der Übersetzung: Niehus, DB 2005, S. 2477.
33 Kommentare zu bestimmten Artikeln der Verordnung (EG) Nr. 1606/2002 des Europäischen Parlaments und des Rates vom 19. Juli 2002, betreffend die Anwendung internationaler Rechnungslegungsstandards, und zur Vierten Richtlinie 78/660/EWG des Rates vom 25. Juli 1978 sowie zur Siebenten Richtlinie 83/349/EWG des Rates vom 13. Juni 1983 über Rechnungslegung. http://europa.eu.int/comm/internal_market/accounting/docs/ias/200311-comments/ias-200311-comments_de.pdf.

Lösung von Rechnungslegungsfragen wurde das IASB-Rahmenkonzept diesem Arbeitspapier [übersetzt] angefügt. Die Anwender von IAS sollten zudem einzelne IAS und Interpretationen einsehen, um sicherzustellen, dass [nicht übersetzte] etwaige Anhänge und Umsetzungsleitlinien bei der Bestimmung der angemessenen Anwendung der IAS entsprechend berücksichtigt werden."

Die Kommission konzedierte angesichts der inhärenten Widersprüche dieses Vorgehens jedoch weiter:

„Die in diesem Arbeitspapier zum Ausdruck gebrachten Auffassungen entsprechen nicht unbedingt denen der Mitgliedstaaten und sollten für diese keinerlei Verpflichtungen darstellen. Auch greifen sie nicht der Interpretation durch den Europäischen Gerichtshof vor, die er – in seiner Funktion als letztverantwortliche Instanz für die Auslegung des Vertrages und des Sekundärrechts – für die betreffenden Fragen vornehmen könnte."

58 In einer schwer durchschaubaren Formulierung gibt IAS 8.7 im Übrigen folgende Anweisung:

„Bezieht sich ein Standard oder eine Interpretation ausdrücklich auf einen Geschäftsvorfall oder auf sonstige Ereignisse oder Bedingungen, so ist bzw. sind die Bilanzierungs- und Bewertungsmethode bzw. -methoden für den entsprechenden Posten zu ermitteln, indem der Standard oder die Interpretation unter Berücksichtigung aller relevanten Umsetzungsleitlinien des IASB für den Standard bzw. die Interpretation zur Anwendung kommt.[34]"

Kürzer formuliert: Wenn es eine Regel für einen Geschäftsvorfall gibt, ist diese anzuwenden. Oder noch kürzer: Regeln sind zu beachten.

59 Für die am Bilanzstichtag **noch nicht** endorsten Standards und Interpretationen gilt nach einer EFRAG-Vorgabe folgende Regel:
- Bis zur Bilanzfreigabe *(issuance;* → § 4) *endorste* Standards etc. sind anzuwenden.
- Umgekehrt bei bis dahin noch nicht *endorsten*.

Wegen der aktuellen Situation des *endorsements* wird verwiesen auf die „Anwendungsübersicht" (S. 17).

60 Einen bedeutenden Einfluss auf die Anwendung der IFRS-Rechnungslegungsregeln üben die in nationaler Hoheit eingerichteten *Enforcement*-Instanzen aus. In Deutschland ist das *Enforcement*-System zweistufig organisiert – zunächst bestehend aus einer privatrechtlichen Organisation (deutsche Prüfstelle für Rechnungslegung, DPR) und einer staatlichen Behörde (Bundesanstalt für Finanzdienstleistungsaufsicht, BaFin). Einstufig sind demgegenüber die *Enforcement*-Systeme in Frankreich (rein staatlich) oder im Vereinigten Königreich (rein privatrechtlich) organisiert. Als eine Art Koordinierungsinstanz für diese nationalen Institutionen agiert die ESMA (*European Securities and Markets Authority*). Dazu fungiert eine Zusammenfassung der europäischen *Enforcement*-Einrichtungen durch sog. *European Enforcers' Co-ordination Sessions* (EECS). Diese soll eine einheitliche Anwendung der *Enforcement*-Aktivitäten in Europa gewährleisten. Dazu dient eine fortlaufende Veröffentlichung von *Enforcement*-

---

[34] Im Original: „When a Standard or an Interpretation specifically applies to a transaction, other event or condition, the accounting policy or policies applied to that item shall be determined by applying the Standard or Interpretation and considering any relevant Implementation Guidance issued by the IASB for the Standard or Interpretation."

Entscheidungen auf nationaler Ebene. Nach deutschem Recht sind allerdings nur wesentliche Teile der Begründung, jedoch nicht der Sachverhalt zur Veröffentlichung bestimmt (§ 37q Abs. 2 WpHG).[35] Die deutschen *Enforcement*-Entscheidungen sind deshalb in der Datenbank des ESMA nicht enthalten.
Die zunehmende Herausstellung der *Enforcement*-Entscheidungen birgt die Gefahr einer Verlagerung von Standardauslegungen auf eine hierfür nicht bestimmte Instanz. Das IDW betont[36] deshalb zu Recht das Erfordernis einer Vorlage von ungeklärten Anwendungsfällen der IFRS-Rechnungslegung an den IASB oder das *International Financial Reporting Standards Interpretation Committee* (IFRS IC).

3.3 Vorbehalte der Regelanwendung

3.3.1 *Materiality*, Kosten-Nutzen-Abwägung, *fast close*

Den bilanzierenden oder prüfenden Anwender soll das *Framework* in zweifacher Weise **unterstützen**:
- bei der **Anwendung** der Einzelstandards,
- bei der Lösung noch **ungeregelter** Fragen.

Der zweite Punkt wird unter Rz 77 behandelt. Der erste Punkt betrifft u. a. die Frage, ob im Einzelfall auf die Anwendung einer Regelung verzichtet werden kann. Das *Framework* hält hierzu als **Beschränkungen** fest:
- **Wesentlichkeit**: „Ein wichtiger Faktor für die Relevanz und Entscheidungsnützlichkeit einer Information ist ihre Wesentlichkeit. Auf unwesentliche Sachverhalte müssen die Regeln nicht angewendet werden" (F.29, weniger dezidert F.QC.11 und 4.39 Rz 63 ff.).
- **Kosten/Nutzen**: „Die Abwägung von Nutzen und Kosten ist weniger eine qualitative Anforderung (an die Rechnungslegung) als vielmehr ein vorherrschender Sachzwang. Der aus einer Information abzuleitende Nutzen muss höher sein als die Kosten für die Bereitstellung der Information" (F.44; ähnlich F.QC 35 ff.; Rz 68).
- **Zeitnähe:** Informationen sind entscheidungsnützlich, wenn sie relevant und verlässlich sind. Berichterstattung vor Klärung aller Sachverhalte gefährdet die Verlässlichkeit, Berichterstattung nach abschließender Klärung kann dazu führen, dass Information durch Zeitablauf ihre Relevanz verloren hat. Eine Abwägung zwischen beiden Kriterien ist im Einzelfall vorzunehmen (F.QC 29). In jüngerer Zeit fällt sie zunehmend zugunsten der Zeitnähe aus *(fast-close*-Abschlüsse) (→ § 4).[37]

Ebenso wie die Norm der *true and fair presentation* (Rz 69 ff.) sind Zeitnähe, Kosten-Nutzen-Kalkül und *materiality* nicht dazu angetan, Einzelregeln nach Belieben außer Kraft zu setzen. Sie erlauben aber andererseits, praxisgerechte Lösungen zu finden, wo das Festhalten am Buchstaben nicht mehr zu vertreten wäre. In diesem Sinne wird man etwa eine einfache Währungsumrechnung von Tochterunternehmen nach der Stichtagsmethode einer sehr kostenintensiven Umrechnung nach der Zeitbezugsmethode jedenfalls dann vorziehen können,

---

[35] Vgl. im Einzelnen SCHUBERT, PiR 2013, S. 384; dort auch eine Übersicht über die veröffentlichten *Enforcement*-Entscheidungen für den Zeitraum von Juli 2012 bis März 2013.
[36] WPg 2013, S. 1067.
[37] KÜTING/WEBER/BOECKER, StuB 2001, S. 1.

wenn der zusätzliche Informationsnutzen gering und/oder das Tochterunternehmen materiell nicht bedeutsam ist (→ § 27 Rz 95 ff.).

Normadressat des Kosten-Nutzen-Gedankens (*cost benefit*) ist nach F.QC38 allerdings zunächst der IASB selbst. Er soll als Regelgeber bei der Entwicklung von Standards Kostenüberlegungen verfolgen („*applying the cost constraint in developing a proposed financial reporting standard*"), d.h. berücksichtigen, ob der voraussichtliche Nutzen der Regeln groß genug ist, um die mit ihrer Anwendung beim Unternehmen und den Bilanzadressaten verbundenen Kosten zu rechtfertigen („*justify the costs incurred to provide and use that information*").

Die anschließende Frage geht dann dahin, ob und inwieweit dieser Gedanke der „Kostenschranke" auch für den Regel**anwender** gültig ist. Aufgegriffen wurde dieses Thema durch die *SME Implementation Group* (SMEIG) im Rahmen eines Draft *questions & answers*, Q&AS.[38] Dort wird diskutiert, wie die an verschiedenen Stellen der SME-IFRS (→ § 50) für Fälle von „*undue cost or effort*" oder „*impracticability*" gewährten Erleichterungen zu interpretieren sind.[39]

U.E. kann dieser Fragenkomplex im Rahmen des Standards für die SMEs **nicht anders** beantwortet werden als für reguläre Standards (*full IFRSs*). Unzweifelhaft ist eine Anwendung von Kosten-Nutzen-Überlegungen dann möglich, , wenn im Standard selbst ein expliziter Praktikabilitätsvorbehalt enthalten ist. So enthält etwa IAS 8.43 eine Ausnahmeerlaubnis zur retrospektiven Korrektur eines Bilanzierungsfehlers, wenn dieser „*impracticable*" ist (→ § 24 Rz 30). Weitere Hinweise auf „*impracticable*" enthalten z.B. IAS 8.50 und IAS 8.23, Letzterer zur Darstellung von Anpassungsbeträgen der Vorjahre bei Wechsel der Bilanzierungsmethoden. Dabei dürfen *impracticable* und die offizielle deutsche Übersetzung „undurchführbar" nicht rein technisch verstanden werden: „Sämtliche Daten der Vergangenheit sind durch Wasserschaden und Computerdesaster verlorengegangen." *Impracticable* ist nicht gleich *impossible*. Einer solchen Interpretation beugt die Definition von *impracticabel* in IAS 8.5 vor, die von einem *reasonable effort* ausgeht. Eine solche vernünftige Vorgehensweise muss im Wirtschaftsleben die Beschränktheit der Ressourcen berücksichtigen und nicht etwa nach dem Motto vorgehen: „Koste es, was es wolle, wir benötigen einfach diese Informationen."

Eine andere Frage ist, ob und wann Kostenbeschränkungen auch dann für den Anwender Gültigkeit haben, wenn der Standard selbst eine explizite Ausführung dazu nicht enthält.

Die Entscheidung über eine sinnvolle kostenmäßige Beschränkung der Anstrengungen muss im Zusammenspiel mit dem **Wesentlichkeitsgedanken** (Rz 63) erfolgen:
- Wenn ein Sachverhalt unwesentlich ist, braucht über Undurchführbarkeit nicht weiter nachgedacht zu werden;
- wenn es sich um einen „ausgesprochen" wesentlichen Tatbestand handelt (hoher *benefit*), kann die Darstellung kaum unter Bezug auf damit verbundene Kosten unterbleiben;
- im Wesentlichkeitsbereich „dazwischen" muss eine Bilanzierungsregel auf den konkreten Sachverhalt umso weniger angewandt werden, je höher die Kosten sind.

---

[38] Draft Q&A Interpretation of „undue cost or effort" and „impracticable". Abrufbar unter der Internetseite des IASB unter „IFRS for SMEs"; http:www.ifrs.org/IFRS+for+SMEs/.
[39] FISCHER, PiR 2011, S. 326.

I.d.R. ist der letztgenannte Fall derjenige, der in der Bilanzierungspraxis zur Entscheidung vorliegt. Hier kommt der Anwender nicht um ermessensabhängige Entscheidungen herum.

Der Grundsatz der Wesentlichkeit *(materiality)* überlagert vor allem die **Ausweis- und Bewertungsvorschriften** zum Jahresabschluss. Er kann es gebieten oder zulassen, 63

- i.d.r. separat auszuweisende, aber im konkreten Fall **unwesentliche Posten** mit anderen Posten **zusammenzufassen (Ausweis;** IAS 1.29 ff.),
- auf eine an sich gebotene, im konkreten Fall aber **unwesentliche Abzinsung** einer Rückstellung zu **verzichten (Bewertung;** IAS 37.46).

Für den Bilanz**ansatz** ist der *materiality*-Grundsatz **nur ausnahmsweise** wichtig. In der Buchhaltung und damit im Jahresabschluss sind sämtliche Geschäftsvorfälle zu berücksichtigen. Das **Vollständigkeitsgebot** lässt keine Ausnahmen („Kleine Beträge buchen wir erst gar nicht.") zu. In der praktischen Arbeit kann es aber vorkommen, dass die Bilanz schon fertiggestellt ist und erst danach eine das alte Jahr betreffende Rechnung eingeht. Ob man hier die Bilanz noch einmal aufrollen, den bisher nicht berücksichtigten Kreditor einbuchen und die Folgewirkungen auf Umsatzsteuerverrechnungskonto, Erfolgstantiemen, Steuerrückstellungen usw. berücksichtigen muss, ist eine Frage der Wesentlichkeit, die individuell beantwortet werden muss.

Die hohe Bedeutung des *materiality*-Grundsatzes für die IFRS-Rechnungslegung zeigte sich bis 2002 auch aus dem einleitenden Hinweis in jedem Standard: „*International Accounting Standards* brauchen nicht auf unwesentliche Sachverhalte angewendet zu werden." Diese Hinweise sind weggefallen und durch IAS 8.8 ersetzt worden: Danach müssen IFRS nicht angewendet werden, *„when the effect of applying them is immaterial."* 64

Der *materiality*-Grundsatz durchzieht die kaufmännische Rechnungslegung jedweder Provenienz. Das gilt für diejenige nach dem HGB – auch wenn das dort nicht so ausgedrückt wird –, insbesondere auch für das Regelungswerk der IFRS. Dementsprechend ist die tägliche Arbeit im Rahmen der Rechnungslegung und der Abschlussprüfung geradezu durchdrungen von der bewussten oder unbewussten Anwendung der *materiality*.

Trotz der Bedeutung des Grundsatzes wird man eine scharfe **Definition** der Wesentlichkeit in den IFRS-Vorschriften vergeblich suchen. Was wesentlich oder unwesentlich ist, ist Sache der **Beurteilung im konkreten Einzelfall** und damit einer abschließenden Regelung nicht zugänglich. Oder mit den Worten des F.QC11: *„Materiality is an entity-specific aspect of relevance based on the nature or the magnitude, or both, of the entity's financial report. Consequently the Board cannot specify a uniform quantitative threshold for materiality or predetermine what could be material in a particular situation."* 65

Diese Beurteilung des Einzelfalls hat sich an den Zwecken der Bilanz und damit an den Bedürfnissen der Bilanzadressaten zu orientieren. „Informationen sind wesentlich, wenn ihr Weglassen oder ihre fehlerhafte Darstellung die auf der Basis des Abschlusses getroffenen Entscheidungen der Adressaten beeinflussen könnten" (F.QC11).

Eine **Quantifizierungsvorgabe** ist hieraus nicht ableitbar. Im Schrifttum sind zaghaft tastende Versuche festzustellen, eine Quantifizierung anhand von Bezugsgrößen (**relative** Quantität) festzuzurren:

- die Größe eines bestimmten Postens der Bilanz oder GuV im Verhältnis zur Bilanzsumme oder den Umsatzerlösen,
- die Größe einer einzelnen Position (z. B. Forderung gegen den Kunden X) im Verhältnis zum entsprechenden Bilanzposten (Forderungen aus Lieferungen und Leistungen),
- die relative Wirkung der Anwendung/Nichtanwendung einer Regel auf das Eigenkapital, den Jahresüberschuss vor oder nach Steuern oder die Bilanzsumme.[40]

Konkrete Ergebnisse, die auch nur annähernd eine Quantifizierung erlauben könnten, sind dem einschlägigen Schrifttum nicht zu entnehmen. Jedenfalls ist bei der Anwendung des *materiality*-Vorbehalts eine **Gesamtbetrachtung** erforderlich.[41]
Aus der deutschen zivilrechtlichen **Rechtsprechung** sind folgende Urteile zum Wesentlichkeitsprinzip ergangen:[42]
- LG Frankfurt/Main:[43] Eine Fehlerrelation zur Bilanzsumme von weniger als 1 % ist unwesentlich.
- LG München („Siemens"):[44] Fehler sind unwesentlich, wenn
  – die Relation zum Jahresüberschuss weniger als 10 % beträgt,
  – die Relation zur Bilanzsumme weniger als 5 % beträgt,
  – auch in Kombination beider Abschlussgrößen die Relation bestimmte Grenzwerte nicht übersteigt.
- OLG Frankfurt/Main:[45] Eine Fehlerrelation zur Bilanzsumme unter 0,5 % mit nicht drohender Auswirkung auf die Liquidität ist unwesentlich.

Fraglich ist, ob aufgrund solcher **quantitativer** Betrachtungen (allein) die Wesentlichkeit im Rahmen von Jahres- oder Konzernabschlüssen beurteilt werden kann oder soll. Die US-amerikanische Justiz verfolgt hier mitunter andere Wege zur Beurteilung des *materiality*-Begriffs, und zwar durch Heranziehung **qualitativer** Beurteilungskriterien auf der Grundlage des Anwendernutzens eines Jahresabschlusses. In einer Reihe von Verfahren vor amerikanischen Gerichten haben sich die Beschuldigten gegen die Vorwürfe der Bilanzfälschung mit den „üblichen" Quantitäten – „nur" 3 % der Umsatzerlöse, „nur" 5 % der Bilanzsumme – verteidigt.[46]
Dem folgten aber die Gerichte regelmäßig unter Bezugnahme auf die in SAB 99 aufgeführten qualitativen Beurteilungskriterien nicht. Soweit eine Abweichung von den Regeln dazu führt (oder bewusst ausgenutzt wird):
- einen Verlust in einen Gewinn **umzukehren**,
- die **Änderung** eines **Trends** zu verschleiern,
- **Analysten-** oder Bank**vorgaben** einzuhalten,
- Zielvorgaben zur Gewährung eines **Bonus** für das Management zu erreichen,

---

[40] Vgl. hierzu und zu empirischen Untersuchungen einschlägiger Art OSSADNIK, Grundsatz und Interpretation der „materiality", WPg 1993, S. 617.
[41] Vgl. hierzu das instruktive Beispiel zur Einbeziehungspflicht von Tochtergesellschaften in einen Konzernabschluss (→ § 32 Rz 104 ff.).
[42] Vgl. hierzu WOLF, StuB 2009, S. 909.
[43] Urteil vom 3.5.2001, DB 2001, S. 1483.
[44] Urteil vom 12.4.2007, BB 2007, S. 2510; bestätigt vom OLG München, BB 2008, S. 440.
[45] Urteil vom 18.3.2008 („Kirch/Deutsche Bank"), NZG 2008, S. 429.
[46] Vgl. hierzu im Einzelnen ZABEL/BENJAMIN, Reviewing Materiality in Accounting Fraud, New York Law Journal 2002, January 15.

ist die Berufung auf fehlende *materiality* nach **quantitativen** Maßstäben unzulässig. Die Begründung ist einsichtig: Auf die Quantität einer Abweichung kommt es dann nicht mehr an, wenn es nicht um ein Mehr oder Weniger, sondern um ein Ja oder Nein (Zielvorgabe erreicht oder nicht erreicht, Trend bestätigt oder nicht bestätigt) geht.

> **Beispiel**
> Die Citizens Utilities Co. hat mehr als 50 Jahre lang hintereinander immer einen Zuwachs an Umsatz ausgewiesen. Um diesen Trend beizubehalten, hat die Gesellschaft die Erfassung von Umsatz von einem Jahr in das nächste verschoben. Es handelte sich um „nur" 1,7 % der Umsatzerlöse. Dadurch sollten aber der Bruch der über 50-jährigen Erfolgsgeschichte verheimlicht und die positiven Analystenerwartungen bestätigt werden.
> Gerichte und SEC haben diese Verstöße als *material* betrachtet.

Die qualitative Beurteilung kann nicht nur eine aus quantitativer Sicht unbedeutsame Unrichtigkeit wesentlich werden lassen. Umgekehrt kann sie auch zu einer großzügigeren Beurteilung führen. „Außerordentliche" Ergebnisse bzw. Ergebnisse aus aufgegebenen Geschäftsbereichen (→ § 29 Rz 18) haben z. B. keine oder nur geringe Bedeutung für die Prognose der zukünftigen Entwicklung eines Unternehmens. Bei gleicher Quantität ist daher eine Unrichtigkeit hier eher zu tolerieren als bei rekurrierenden Posten bzw. fortgeführten Tätigkeiten.[47]

Zur eher großzügigen Auslegung des *materiality*-Grundsatzes im Bereich der Bewertungen (bei der Bilanz und der GuV) und bei Fragen des Konsolidierungskreises kommt entscheidend noch der Bereich der **Angaben** (*notes and disclosures*; → § 5 Rz 16) hinzu. Die gegenüber dem HGB **unglaubliche Fülle** von Angabevorschriften in den verschiedenen Standards gibt erst recht Anlass, die *materiality* als Beurteilungsmaßstab in ökonomisch sinnvoller Weise walten zu lassen, etwa im Einzelfall wegen unwesentlicher Größenordnung der sachlichen und immateriellen Anlagen auf einen Anlagespiegel zu verzichten (→ § 14 Rz 29). Die weiteren Paragrafen dieses Kommentars werden in diesem Sinne Gewichtungen vornehmen und diese an Beispielen aus der Praxis erläutern.

Die aus der (unvermeidlichen) Unschärfe des *materiality*-Begriffs resultierende Rechtsunsicherheit für die Unternehmen und Abschlussprüfer ist im Bereich der **Anhangsangaben** (→ § 5 Rz 71) besonders misslich. Die IFRS kennen unzählige Angabevorschriften, von denen je nach Art der Unternehmenstätigkeit im jeweiligen Geschäftsjahr oft noch 100 oder mehr infrage kommen. Stellt die DPR als *Enforcement*-Stelle nach § 342b HGB dann eine fehlende (oder fehlerhafte) Anhangsangabe fest, ist eine von ihr in **qualitativer** Hinsicht angenommene Wesentlichkeit schwer zu widerlegen. Der **Beweis**, dass die geforderte Information nicht einmal potenzielle Relevanz für (aktuelle und potenzielle) Kapitalgeber haben könnte, ist kaum zu erbringen.

- Die Position des Unternehmens ist dann bez. fehlender oder unzutreffender Anhangsangaben tendenziell schlechter als bei einem Verstoß gegen **Ansatz**- oder **Bewertungs**vorschriften. Hat ein Unternehmen etwa von 100 gleich-

---

[47] Vgl. ERCHINGER/MELCHER, KoR, 2008, S. 616 ff.

artigen Anlagegegenständen 3 nicht oder in zu geringer Höhe angesetzt, ist bei einer Fehlergröße von nicht mehr als 3 % die Wesentlichkeit quantitativ schnell zu verneinen.
- Fehlen bei 100 Anhangsangaben drei Angaben, scheitert wegen der Unmöglichkeit, die Wichtigkeit der Angaben **objektiv** zu quantifizieren, eine entsprechende (quantitative) Argumentation.
- Die stattdessen notwendige qualitative Würdigung führt aber meist und damit auch auf Seiten der Enforcementinstanz zu **subjektiven** Urteilen. **Zurückhaltung** beim Rückschluss vom Fehlen einzelner Anhangsangaben auf die Fehlerhaftigkeit der Rechnungslegung wäre daher u. E. hier geboten.

Die deutsche Prüfstelle für Rechnungslegung (DPR) befasst sich durchaus „offensiv" mit dem Wesentlichkeitsgedanken. Sie fragt nach dem entsprechenden quantitativen Maßstab und verlangt die Liste der ungebuchten Prüfungsdifferenzen. Daran können sich folgende Fragen anschließen:
- Erläutern Sie bitte, warum der Vorstand die kumulierten falschen Darstellungen in Höhe von TEUR XY als unwesentlich erachtete und in der Folge im Bilanzeid die Vermittlung eines den tatsächlichen Verhältnissen entsprechenden Bildes der VFE-Lage versicherte.
- Bitte erläutern Sie, warum die nicht gebuchten Prüfungsdifferenzen unwesentlich sind.

Unabhängig davon, ob der Abschluss einem Enforcement unterliegt, bleibt es dem pflichtgemäßem Ermessen der Rechnungsleger und Abschlussprüfer anvertraut, inwieweit sie „an sich" vorgeschriebene Angaben im Hinblick auf eine vorliegende **Unwesentlichkeit** einfach unterlassen (können). In diesem Zusammenhang muss gebührend der immer bedeutsamer werdende Aspekt des *information overload* beachtet werden (Rz 27), also das Problem der „Fütterung" der Abschlussadressaten mit so vielen Informationen, dass sie vor lauter Bäumen den Wald nicht mehr erkennen können. Hier hat das im Dezember 2014 verabschiedete Amendment zu IAS 1 zwei wichtige Klarstellungen gebracht. 1) Wesentlichkeit ist nicht nur eine Option (Erleichterung für den Bilanzierer), sondern auch ein Gebot. Im Interesse der Adressaten darf die Verständlichkeit des Abschlusses nicht durch ein Übermaß unwesentlicher Informationen gefährdet werden (IAS 1.30A). 2) Auch spezifisch und als sog. „minimum requirements" geforderte Informationen sind bei Unwesentlichkeit wegzulassen (IAS 1.31). Aber gleichwohl sind einer halbwegs tragbaren **Objektivierung** äußerst **enge Grenzen** gesetzt. In der zivilrechtlichen Rechtsprechung ist der durchschnittlich begabte Steuerberater und dessen Verantwortungsbereich mitunter herangezogen worden. Ähnlich verhält es sich mit der Figur eines *average prudent investors (api)* oder mit dem „Otto-Normalanleger" bis hin zum „professionellen Bilanzanalytiker".[48] Die jüngste Entwicklung der internationalen Rechnungslegungsszenerie ist sicherlich nicht mehr auf den „Durchschnittsverbraucher" ausgerichtet. Es bleibt eigentlich nur die Frage offen, ob der genannte „professionelle Bilanzanalytiker" überhaupt noch in der Lage ist, die von den Standardsettern vorgesehenen Informationen einigermaßen zutreffend zu verarbeiten.

67 Der IASB hat sich bisher wenig von der zunehmenden Kritik an dem *information overload* im Anhang beeindrucken lassen. Die Standard-Neuschöpfungen werden

---

[48] Diese Begriffe sind entnommen dem Aufsatz OSSADNIK, Grundsatz und Interpretation der „materiality", WPg 1993, S. 618.

unverändert mit einer Fülle von Angabevorschriften begleitet.[49] Dieses Problems haben sich andere Instanzen bemächtigt, in diesem Fall die EFRAG in Zusammenarbeit mit dem französischen Standardsetter ANC und dem britischen FRC.[50] Sie haben am 12.07.2012 ein Diskussionspapier „*Towards a Disclosure Framework for the Notes*" veröffentlicht. Ähnlich ist eine Aktivität des amerikanischen Standardsetters FASB festzustellen, der ebenfalls ein Diskussionspapier zum Thema „*Disclosure Framework*" veröffentlicht hat. Diese Ansätze wollen nicht in die Einzelheiten der Angabepflichten eingreifen, sondern den Informationsgehalt des Anhangs durch Schaffung eines *Frameworks* (Rahmenkonzepts) erhöhen. Ausgangspunkt ist die Frage nach der Entscheidungsnützlichkeit einer Information im Anhang. Dadurch soll die Checklisten-Mentalität – man könnte auch formulieren: der Vollständigkeitswahn – bekämpft werden. Ob diesen Überlegungen letztlich ein Erfolg vergönnt ist, bleibt abzuwarten, denn die **Entscheidungsnützlichkeit** – Synonym für Wesentlichkeit – harrt unverändert einer operationalen Definition. Andererseits ist bei diesen Diskussionen immer wieder der Hinweis auf das Erfordernis einer **unternehmensspezifischen** Informationspolitik nachzulesen. Die sogenannten *boilerplate information* über alles und jedes im Wirtschaftsleben sollen jedenfalls energisch bekämpft werden. Auf diesem Gedanken setzt das Diskussionspapier des FASB auf, er geht von einem Referenzrahmen in Gestalt eines gut informierten Investors aus, der aus dem Jahresabschluss seine Erwartungen über künftige Zahlungsströme ableitet, ohne vorerst die Anhangangaben zu berücksichtigen. In zweiten Schritt der Modellierung wäre dann zu fragen, ob der Investor durch die Beachtung der Anhangangaben in seiner Einschätzung der künftigen Zahlungsströme beeinflusst wird.

Man mag diesen Überlegungen hochgradigen theoretischen Gehalt entgegenhalten, aber doch sollte man auch jetzt schon bei der konkreten Anwendung des Wesentlichkeitsgedankens die Tendenz zur **Reduzierung** des **Angabevolumens** gebührend berücksichtigen. Vielleicht gelingt es sogar, den IASB bei seinen Produkten in diese Richtung zu lenken.

Im Übrigen ist der *materiality*-Grundsatz sehr stark korreliert mit dem **Kosten-Nutzen-Gedanken** in (Rz 62). Die „*balance between benefit and cost*" kann in ökonomischer Terminologie auf den Grenznutzen zusätzlicher Information durch Einsatz eines weiteren Kostenelementes transformiert werden. Ein Element des Grenznutzens ist auch die **Zeitnähe** (*timeliness*) der Information. Der Rechnungsleger soll eine Balance zwischen Richtigkeit der Abschlussinformationen und Zeitnähe zum Abschlussstichtag finden. Der *fast close*, als herrschende Praxis der Großunternehmen, hat in dieser Abwägung die Gewichte zugunsten der Schnelligkeit verschoben. Wer zu spät informiert, den bestraft die Börse. Aus der nach dem *Framework* alles entscheidenden Sicht der Anleger ist die Verschiebung der Gewichte daher gerechtfertigt.

Dem bewussten Missbrauch des *materiality*-Prinzips will IAS 8.8 einen Riegel vorschieben: Danach sind auch immaterielle Abweichungen von den Standards untersagt, wenn dadurch eine bestimmte Darstellung *(particular presentation)* erreicht werden soll. Ein relevantes Anwendungsfeld können **qualitative** Kriterien bieten (Rz 65).

---

49 Z.B. die neue Version von IFRS 9 inklusive *Hedge-Accounting* vom 19.11.2013.
50 Vgl. hierzu Kirsch/Gimpel-Hennig, KoR 2013, S. 197.

Die ganze Problematik der Anwendung des *materiality*-Grundsatzes in der Praxis scheint den IASB nicht weiter aufzurütteln. In dem im Juli 2013 vorgelegten Diskussionspapier (Rz 133) heißt es: „*concept of materiality is clearly defined in the existing conceptual Framework, the IASB does not propose to amend ... the guidance.*"

3.3.2 True and fair presentation, faithful presentation

69 In der Diskussion um eine prinzipienbasierte und nicht kasuistische Rechnungslegung hat auch die Forderung eine Rolle gespielt, Prinzipien (bedingt) vor Regeln zu setzen, d.h. den Regeln dann nicht mehr zu folgen, wenn gerade dies der Vermittlung eines tatsachengetreuen Bildes entgegenstünde. Angesprochen ist damit ein bedingter Vorrang *(override)* des Prinzips der *true and fair presentation* (F.46) bzw. *faithful presentation* (F.QC12) vor den Einzelregeln (Rz 74).

70 Im F.46 wird zum Prinzip der *true and fair presentation* nur Folgendes ausgesagt: „Abschlüsse verfolgen häufig (sic!) das Konzept, ein den tatsächlichen Verhältnissen entsprechendes Bild der Vermögens-, Finanz- und Ertragslage des Unternehmens ... zu vermitteln *(showing a true and fair view ... or presenting fairly)*. Obwohl sich dieses Rahmenkonzept nicht direkt mit solchen Überlegungen befasst, führt die Anwendung der grundlegenden Anforderungen und der einschlägigen Rechnungslegungsstandards im Regelfall (sic!) zu einem Abschluss, der das widerspiegelt, was im Allgemeinen (sic!) als Vermittlung eines den tatsächlichen Verhältnissen entsprechenden Bildes verstanden wird (sic!)."

Diese sehr zurückhaltende Aussage wird in **IAS 1** deutlich verschärft. 3 Äußerungen stehen im Mittelpunkt:

- „Abschlüsse haben die Vermögens-, Finanz- und Ertragslage sowie die *cash flows* eines Unternehmens den tatsächlichen Verhältnissen entsprechend (im englischen Original: *fairly)* darzustellen" (IAS 1.15).
- „Unter **nahezu allen** Umständen wird ein den tatsächlichen Verhältnissen entsprechendes Bild durch Übereinstimmung mit den anzuwendenden IFRS erreicht" (IAS 1.17).
- „In **äußerst seltenen** Fällen, in denen das Management zu dem Schluss kommt, dass die Einhaltung einer in einem Standard oder einer Interpretation enthaltenen Bestimmung so irreführend wäre, dass es zu einem Konflikt mit dem im Rahmenkonzept geschilderten Zweck der Jahresabschlüsse käme, hat ein Unternehmen von der Anwendung dieser Standardbestimmung etc. nach Maßgabe von IAS 1.20 abzusehen (IAS 1.19). Diese Abweichung ist nach Grund, Art und quantitativer Wirkung im Anhang zu erläutern" (IAS 1.20). Eine Abweichung ist nur dann zulässig, wenn sie nicht durch nationales Recht verboten ist, wobei dieser Gesetzesvorbehalt, anders als in der EU, z.B. für IFRS-Anwender in Kanada und Australien eine Rolle spielt.[51]

Strukturell weist diese Argumentation eine starke Ähnlichkeit mit der vorreformatorischen Verfassung von Normsystemen auf:
- Satz 1 (Allgemeiner Imperativ): „Handle richtig."
- Satz 2 (**Katechismusregel**): „Wenn du alle Einzelgebote befolgst, handelst du in nahezu allen Fällen richtig." Oder umgekehrt: „Richtig ist in fast allen Fällen, was die Einzelgebote vorschreiben."

---

[51] Vgl. KÜTING/GATTUNG, PiR 2006, S. 49ff.

- Satz 3 (**Ausnahmeregel**): „Nur in äußerst seltenen Fällen ist es notwendig und zulässig, nach eigenem Gewissen und Urteil gegen ein Einzelgebot zu handeln."

Aus funktionaler Sicht bringen solche auf Katechismusregeln konzentrierte Normsysteme den **Vorteil** einer höheren **Uniformität** des (öffentlichen) Handelns. **Nachteilig** ist, dass die **Einzelregelfixierung** *(case law)* lediglich zur formellen Regeltreue motiviert und damit Ausweichverhalten, **Umgehung**, Lückenausnutzung usw. begünstigt. Der reformatorische Gegenentwurf zu solchen Katechismussystemen betont deshalb die Notwendigkeit und Überlegenheit **materieller** Prinzipientreue und die Bedeutung des eigenen Urteils. Der Gegenentwurf führt aber tendenziell zu chaotischeren Zuständen, in denen unter Berufung auf Prinzip und eigenes Urteil jeder tun kann, was er will. 71

Vieles spricht daher für die Notwendigkeit einer Katechismusregel. Worauf es dann aber ankommt, ist, **Missverständnisse** über die Rolle des Imperativs, hier *true and fair view/presentation* bzw. *faithful presentation,* zu vermeiden. Qualifizierungen der internationalen Rechnungslegung als im Vergleich zum HGB kapitalmarktorientierter, entscheidungsnützlicher, *„truer and fairer"* usw. beruhen allzu häufig auf einer **Verwechslung von Sollen und Sein** (Rz 25 ff.).⁵² Eindeutig **soll** die internationale Rechnungslegung all dies sein; ob sie es wirklich **ist**, steht auf einem anderen, größtenteils noch unbeschriebenen Blatt. Nach unserer Auffassung gibt es genügend **andere Vorteile** der internationalen Rechnungslegung. Sie konkretisiert wichtige Fragen, welche die EU-Bilanzrichtlinie und HGB nicht oder nur ganz abstrakt behandeln (z. B. wirtschaftliches Eigentum beim Leasing). Sie dient der länderübergreifenden Vereinheitlichung und ist geeignet, eine babylonische Sprachverwirrung zu beenden. Einen darüber hinausgehenden Vorzug in Form einer **höheren Wirklichkeitstreue** muss man hingegen von der Internationalisierung der Rechnungslegung nicht unbedingt erwarten.

In dieser Richtung sind Katechismusregeln u. E. aber auch nicht angelegt, da sie **keinen empirischen Gehalt** haben. Die Aussage in IAS 1.17, der zufolge die korrekte Anwendung der Einzelvorschriften in nahezu allen Fällen zu Abschlüssen führe, die ein den tatsächlichen Verhältnissen entsprechendes Bild vermitteln, hat nicht den Charakter einer Tatsachenbehauptung. Sie ist nicht so zu verstehen, als ob die Befolgung der IFRS **beobachtbar** zu einer wirklichkeitsgetreuen Abbildung führe. Die Aussage hat vielmehr einen **normativen und definitorischen Gehalt**: Als wirklichkeitsgetreue Abbildung ist per Definition anzuerkennen, was in Befolgung der IFRS-Regeln zustande gebracht wird. Diese normative und definitorische Aussage entzieht sich wie jeder derartige Satz einer Widerlegung durch empirische Beobachtung.

Aus dieser grundsätzlichen Sicht hat das Konzept der *true and fair/faithful presentation* nach unserer Auffassung hauptsächlich die Funktion einer **rechtfertigenden Maxime:** 72

- auf **Theorieebene** in der Konkurrenz verschiedener Rechnungslegungssysteme,
- auf der **Anwendungsebene** in der Diskussion über im Einzelfall ausnahmsweise zulässige, notwendige oder zu rechtfertigende Regelbrüche.

Auf der **Theorieebene** wird der Ausgang jeden Vergleichs mit anderen Rechnungslegungssystemen vorentschieden. Wenn das IFRS-Regelwerk, d. h. die Summe der IFRS-Einzelregeln, normativ festlegt, was *true and fair* ist, steht die Antwort, ob 73

---

⁵² Vgl. HOFFMANN/LÜDENBACH, StuB 2002, S. 541 ff.

die Handelsbilanz genauso *true and fair* ist, schon fest: Sie kann dies nur insoweit sein, als sie dem IFRS-Regelwerk nicht widerspricht. Auf diese Weise werden nicht 2 Regelsysteme gegen ein unabhängiges Drittkriterium verglichen, sondern ein System gegen die Regeln des anderen. In einer Religionsanalogie wäre dies etwa so, als ob die Regeln des katholischen Katechismus Christlichkeit definieren würden und anschließend auf dieser Definitionsbasis die Christlichkeit von Katholiken und Protestanten verglichen würde. Man dürfte nicht überrascht sein, wenn Protestanten in einem solchen Vergleich schlechter abschnitten.

74 Auf der **Anwendungsebene** besteht eine latente Gefahr im Missbrauch des *true-and-fair*-Konzeptes durch Einzelne, um Regeln für ihre Zwecke zurechtzubiegen, zu umgehen und zu missachten. Die Gefahr wird dadurch begrenzt, dass das *true-and-fair*-Konzept **kein *overriding principle*** ist, das nach Belieben Vorrang vor den Einzelbestimmungen hat. In fast allen Fällen *("virtually all circumstances")* sind die Einzelregelungen zu beachten, Abweichungen demzufolge nur in äußerst seltenen Fällen *("extremely rare circumstances")* zulässig, und zwar erst dann, wenn die irreführende Wirkung der Regelbefolgung so groß wäre, dass sie nicht schon durch Anhangsangaben geheilt werden könnte. Hierbei begründet gem. IAS 1.22b die mit den Einzelregeln konforme Bilanzierung ähnlicher Sachverhalte durch andere Unternehmen eine widerlegbare Vermutung gegen die Zulässigkeit eines *principle override*.
Soweit ein zulässiger **Ausnahmefall** vorliegt, ist die Abweichung von den Einzelregeln **offenzulegen, zu begründen** und in der Wirkung auf Periodenergebnis, Vermögenswerte, Schulden, Eigenkapital und *cash flow* zu quantifizieren (IAS 1.18). Der missbräuchlichen Verwendung des *true-and-fair*-Arguments wird auch durch diese bilanzpolitischer Verschleierung entgegenwirkende Anforderung der „Schattenbilanzierung" ein relativ stabiler Riegel vorgeschoben.

75 Es bleiben dem Anwender allerdings andere Argumente, insbesondere das der fehlenden **Wesentlichkeit** *(materiality*; Rz 63). Auf unwesentliche Sachverhalte brauchen die Einzelregeln nicht angewendet zu werden. Eine derartige Vorschrift ist sinnvoll und eigentlich unvermeidlich. Sie sorgt jedoch dafür, dass neben der verriegelten *true-and-fair*-Tür eine andere weit geöffnet wird.

76 In Deutschland wurde das *overriding principle* anlässlich des Transformationsprozesses der 4. EG-Richtlinie in das HGB durch das Bilanzrichtlinengesetz im Schrifttum kontrovers und umfassend diskutiert. Die Lösung des deutschen Gesetzgebers bestand darin, die einschlägige *true-and-fair-view*-Vorgabe in Art. 2 Abs. 5 der 4. Richtlinie gerade nicht zu transformieren. Die national-deutsche Lösung nach § 264 Abs. 2 S. 2 HGB besteht in einer Anhangsangabe. IAS 1.19 entspricht demgegenüber den Richtlinienartikeln. Zu den sich daraus ergebenden Unterschieden ein Fallbeispiel:[53]

> **Beispiel**
> Die X-AG bilanziert in ihrem Eigentum befindliche Lizenzen und Patente. Der fortgeführte Buchwert beläuft sich auf 500.000 EUR. Ein speziell beauftragter vereidigter Gutachter ermittelt den aktuellen Verkehrswert mit

---

[53] Angelehnt an einen Praxisfall, den – heute noch lesenswert – SEIFRIED in DB 1990, S. 1473, 1525, vorgestellt hat.

50 Mio. EUR. Im Hinblick auf das anstehende Kreditrating will die AG auf Drängen der Bank ihr Eigenkapital (bisher 0,5 Mio. EUR) erhöhen.

Beurteilung
Es wird eine GmbH & Co KG gegründet, alleinige Kommanditistin ist die AG. Das bar einbezahlte Kommandit-Haft- und Pflichtkapital beträgt 1.000 EUR. Die AG bringt die immateriellen Vermögenswerte zum Verkehrswert von 50 Mio. EUR gegen Gewährung von Gesellschaftsrechten in die Pflichteinlage der KG (Sachkapitalerhöhung) ein. Dadurch werden ein Gewinn und eine entsprechende Eigenkapitalerhöhung von 49,5 Mio. EUR generiert. Im Anlagespiegel erfolgt eine „Umbuchung" von „Immaterielle Vermögenswerte" auf „Anteile an verbundenen Unternehmen". Das ausgewiesene Eigenkapital in der Bilanz der AG erhöht sich von 0,5 auf 50 Mio. EUR.
Aus Sicht der in den einschlägigen deutschen Kommentierungen[54] festgehaltenen handelsrechtlichen Einzelregeln ist die Einbringung von Anlagevermögen gegen Gewährung von Gesellschaftsrechten ein tauschähnliches Gebilde, das eine Gewinnrealisierung rechtfertigt. Im Beispielsfall dient die „Gewinnrealisierung" jedoch ausschließlich der Umgehung des Anschaffungskostenprinzips. Die deutsche Umsetzung des *true-and-fair-view*-Prinzips liefe nun maximal darauf hinaus, die Gestaltung einmalig(!) im Jahr der Durchführung im Anhang zu erläutern. Ein *overriding principle*, wie es etwa IAS 1.17 in *extremely rare circumstances* vorsieht, soll hingegen bei gleicher Wertung die Umgehung des Zuschreibungsverbotes dauerhaft verhindern.

Die unterschiedliche Umsetzung des *principle override* der EU-Richtlinien in England und Kontinentaleuropa wird in der Literatur z.T. als Ausdruck unterschiedlicher Rechtssysteme angesehen, wobei der Anwender **romanischen Rechts** Normen **teleologisch**, nach ihrem Sinn und Zweck, auslegt, der Anwender des angelsächsischen *case* und *common law* zu entsprechenden Überlegungen erst durch den *principle override* angehalten wird. Rückgewendet auf die IFRS könnte auch deren in IAS 1.17 ff. niedergelegter *principle override* als Anleitung verstanden werden, in seltenen Fällen mit Rücksicht auf den Regelungszweck eine Vorschrift gegen den Wortlaut auszulegen. Aus dieser Perspektive soll das *true-and-fair-view*-Prinzip im Übrigen noch eine disziplinierende Wirkung haben: Die Standards dürfen nicht missbräuchlich angewandt und ausgelegt werden. Einer Einstellung „Zeig mir, wo steht, dass ich das nicht darf" soll der Sinn der Vorschriften entgegengehalten werden können.[55]

3.4 Regelungslücken, insbesondere Anwendung amerikanischer Vorschriften

Das **Steuerrecht** lehrt eindrucksvoll, dass auch das **dichteste Netz von Einzelregeln** die Vielfalt der Lebenssachverhalte nur unvollständig einfängt.
Auch der IFRS-Anwender wird – ebenso wie die Kommentatoren dieses Werks – immer wieder Fälle finden, die im IFRS-Regelwerk nicht oder nicht vollständig

---

[54] Z.B. ADLER/DÜRING/SCHMALTZ, 6. Aufl., § 255 HGB Tz 97 m.w.N.
[55] Ausführlich zum Ganzen: KÜTING/GATTUNG, PiR 2006, S. 49 ff.

behandelt sind.[56] Zum Umgang mit solchen Fällen gibt IAS 8.10 einige Hinweise: Soweit für einzelne Bewertungs- oder Bilanzierungsfragen keine speziellen *(specific)* Vorschriften (IFRS, IAS, IFRIC, SIC) existieren, soll die Geschäftsführung eigene Methoden entwickeln, die sicherstellen, dass die Abschlussinformationen relevant bzw. verlässlich sind. Als verlässlich gilt eine Bewertung dann, wenn sie
- die Vermögens-, Finanz- und Ertragslage tatsachengetreu *(faithful)* darstellt,
- dabei den wirtschaftlichen Gehalt widerspiegelt *(substance over form)*,
- neutral bzw. unverzerrt,
- vorsichtig
- und in jeder wesentlichen Hinsicht vollständig ist.

Bei der Beurteilung, ob den Anforderungen der Relevanz und der Verlässlichkeit Genüge getan wird, ist nach folgender **Priorität** vorzugehen:
- **Primär** sind Regelungen in **anderen** Standards zu würdigen (IAS 8.11a),
- **sekundär** die Kriterien des *Framework* (IAS 8.11b).
- **Zusätzlich können** nach IAS 8.12. berücksichtigt werden:
  - die Standards **anderer Standardsetter** (z.B. FASB, IDW, DRS), die auf ähnlicher konzeptioneller Basis ihre Standards entwickeln,
  - das **Schrifttum,**
  - akzeptierte **Branchenpraktiken.**

78 Nicht ganz klar ist, ob bei diesen Ausführungen auch an die Anwendung unscharfer Regeln (faktische Wahlrechte, Ausfüllung unbestimmter Rechtsbegriffe) oder nur an das völlige Fehlen einer Regel gedacht ist.[57] Für die zweite Interpretation spricht, dass IAS 8.11a und 8.12 die Hinzuziehung anderer Standards (nicht anderer Regeln) zu gleichen oder ähnlichen Fragen empfehlen und IAS 8.10 das Fehlen eines spezifisch anwendbaren Standards (nicht einer spezifischen Regel) unterstellt. Die **praktische Bedeutung** dieser Interpretationsfrage ist aber aus zwei Gründen **gering**:
- Die in IAS 8.10f. genannten Kriterien sind selbst unscharf. Einen großen Beitrag zur Lösung des Problems unscharfer Regeln könnten sie daher kaum leisten.
- Die in IAS 8.10 genannten Kriterien entsprechen im Wesentlichen den Anforderungen des *Framework* an die Aufstellung von Abschlüssen (F.26ff. i.V.m. F.1d). Soweit also die wirtschaftliche Betrachtungsweise bei der Anwendung unscharfer Regeln sich nicht aus IAS 8.10b (ii) ergäbe, würde Gleiches aus F.35 folgen.

Beispiel

IAS 17 knüpft die Zurechnung eines Leasinggegenstandes u.a. an die Frage, ob die Vertragsdauer den größten Teil *(major part)* der Nutzungsdauer des Leasingobjektes abdeckt (→ § 15 Rz 41).
Die Bestimmung der Nutzungsdauer ist Schätzungsfrage und als solche in IAS 8.32ff. von der Anwendung der Bilanzierungsmethoden unterschieden. Nach Durchführung dieser Schätzung lässt sich das Verhältnis von Vertrags- zu Nutzungsdauer rechnerisch bestimmen. Angenommen, es betrüge 88%, dann stellt sich die Frage, ob 88% *major part* sind oder nicht. Unterliegt diese

---

[56] Vgl. hierzu aus wissenschaftlicher Sicht RUHNKE/NERLICH, DB 2004, S. 389.
[57] Vgl. RUHNKE/NERLICH, DB 2004, S. 389.

Frage den Regelungen von IAS 8.10 f., ist zu untersuchen, ob eine Qualifizierung von 88 % als *major part* zu relevanteren und tatsachengetreueren Informationen führt als ein gegenteiliger Schluss.
Unterliegt die Frage nicht den Regeln von IAS 8.10 f., sind die gleichen Überlegungen nach F.26 ff. geboten.
Unabhängig von der anzuwendenden Rechtsquelle ist das Ergebnis offen, weil die Frage, was relevant, tatsachengetreu usw. ist, bei der Beantwortung mindestens so viele Ermessensspielräume aufwirft wie die Frage, was einen *major part* darstellt.
Allerdings könnte bei Anwendbarkeit von IAS 8 der Schluss naheliegen, wegen IAS 8.11 auf die analogen amerikanischen Vorschriften zum Leasing zurückzugreifen. Diese sehen eine Zurechnung des Leasingobjektes zum Leasingnehmer bereits bei 75 % vor. IAS 8.11 enthält jedoch keinen **Zwang** zur Berücksichtigung von Vorschriften anderer Standardsetter, sondern nur ein **Wahlrecht** (*may consider*). Die Berufung auf US-GAAP leistet also nur dann eine Lösung, wenn dies vom Bilanzierenden so gewünscht ist. Auch ohne Anwendbarkeit von IAS 8.11 wird dem Bilanzierenden aber niemand verwehren können, sich bei Ermessenfragen in der Welt umzuschauen, um herauszufinden, wie andere es halten, und deren Festlegungen, soweit sie nicht erkennbar inkonsistent sind, zu übernehmen.
Zu einem ähnlichen Problem im Falle der Definition von *investment properties* vgl. → § 16 Rz 18.

Im Umgang mit nicht oder unvollständig geregelten Fällen enthält die **Prioritätenliste** in 8.11 f. wenig mehr als die methodische Empfehlung, allgemeine Verfahren der **Auslegung** und **Lückenfüllung** durch Fallanalogie (IAS 8.11a), Systemanalogie (IAS 8.12) oder wiederum durch Berufung auf allgemeine Prinzipien (IAS 8.11b) zu beachten. Die letztgenannte Variante, die Berufung auf allgemeine Rechtsprinzipien, setzt deren Existenz voraus. Hieran wird wegen des Mangels an ausreichender Rechtsgeschichte der IFRS z. T. gezweifelt.[58]
Dass sich unter Berufung auf Analogfälle und/oder allgemeine Prinzipien vieles und viel Verschiedenes **begründen** lässt, ist ständige Erfahrung bei der Anwendung von Steuerrecht, HGB, Gesellschaftsrecht usw. Für die IFRS kann nichts anderes gelten. Ein methodisches Vorgehen der Lückenschließung führt zu begründeten und vertretbaren, selten zu zwingenden Lösungen.
Im konkreten Vorgehen der Lückenschließung durch Berufung auf Analogie und Prinzipien sind zu unterscheiden:[59]
- **Einzelanalogie:** Die für Tatbestand A geregelte Rechtsfolge wird auf den **verwandten** Tatbestand B übertragen, wobei die Begründung insbesondere auf die Verwandtschaft der Sachverhalte konzentriert ist.
- **Gesamtanalogie:** Aus mehreren Regelungen wird ein **allgemeiner** Rechtssatz abgeleitet, der dann auf den ungeregelten Sachverhalt angewendet wird.

Zu zwingenden Lösungen führt auch nicht die Bezugnahme auf **andere Standardsetter.** Ein Rechnungslegungssystem wäre nicht mehr international, wenn

79

---

[58] So RUHNKE/NERLICH, DB 2004. S. 389.
[59] RUHNKE/NERLICH, DB 2004, S. 389.

es z. B. deutschen Anwendern vorschriebe, deutsche Standardsetter zu beachten, und australischen Unternehmen aufgäbe, ggf. ganz anderen Auffassungen australischer Standardsetter zu folgen.

Theoretisch ebenso wenig gerechtfertigt ist es aber, transnational einen dieser anderen Standardsetter wegen angenommener besonderer konzeptioneller Nähe bevorzugt zu berücksichtigen. Praktisch wird allerdings in Bezug auf **US-GAAP** bzw. die amerikanischen Standardsetter so verfahren, weil dort in gleicher Weise der Informationszweck der Rechnungslegung und der *true-and-fair*-Gedanke gelte. Entsprechende Argumente würdigen nicht, dass – jedenfalls nach eigenem Bekunden des IASB (Rz 43 f.) – sich das

- **IFRS-Regelwerk** konzeptionell durch einen *principle-based-Ansatz* vom
- stärker *rule-based-Ansatz* der **US-GAAP**

unterscheidet.

Würde man die konzeptionelle Nähe an diesem Kriterium bemessen, käme das **HGB** bzw. seine Interpretationen durch den Deutschen Rechnungslegungsstandardisierungsrat **DSR** und durch das Institut der Wirtschaftsprüfer **IDW** eher zum Zuge als die Interpretationen der amerikanischen Standardsetter. Angesichts der meist sehr systematischen und weniger kasuistischen Argumentationen der deutschen Standardsetter wäre dies u. U. auch die bessere Lösung. Tatsächlich sind aber alle derartigen Überlegungen nur optional relevant, da die **Berücksichtigung anderer Standardsetter** in IAS 8.12 nur als **weiches Zusatzkriterium** vorgesehen ist, das festhält, worüber man bei der Urteilsfindung noch nachdenken könnte oder sollte. Erst wenn sich in international operierenden Industrien eine Praxis herausbildet, nicht oder ungenügend in IFRS geregelte Bereiche durch fremde Vorschriften zu ergänzen, wenn die fremde Regelung also den Status einer **Branchenpraxis** gewinnt, wird aus der Übernahmeoption ein faktischer Zwang. Im Hinblick auf die Bedeutung der USA für die Kapitalmärkte sind die so faktische Verbindlichkeit gewinnenden Regelungen meist amerikanischen Ursprungs.

Bei der Anwendung lückenfüllender amerikanischer Regeln besteht dann die Gefahr, dass der **Konsistenzvorbehalt** von IAS 8.12 nicht immer beachtet wird und der amerikanische Regelsatz auch in den nicht mit IFRS kompatiblen Teilen Anwendung erlangt. In → § 25 Rz 90 wird dieses Kompatibilitätsproblem am Beispiel der Erlösrealisierung von Softwareunternehmen diskutiert, in → § 25 Rz 63 am Beispiel der Bilanzierung von Filmrechten.

Von starken Branchenkonventionen abgesehen, muss man aber die **Ausführungen von IAS 8.10 ff. eher als formale denn als inhaltliche Vorgaben** betrachten. Sie zeigen, entlang welcher Überschriften die Argumentation strukturiert werden kann. Wer als **Anwender** also eine bestimmte Lösung favorisiert, muss in erster Linie deren Entscheidungsnützlichkeit und Verlässlichkeit begründen und deren Widerspruchsfreiheit zum *Framework* dartun. Wenn er daneben noch in anderen Systemen fündig wird – in US-GAAP, in UK-GAAP, German-GAAP oder Australian-GAAP –, dann hat er sein Soll erfüllt.

80 Für den **Kommentator** stellt sich im gleichen Kontext noch ein anderes Problem: Soll er **Eindeutigkeit** herstellen, wo Eindeutigkeit nicht gegeben ist? Unter dieser Fragestellung sollen zwei Beispiele betrachtet werden:

> **Beispiel**
> **Leasing**
> Wie unter Rz 78 dargestellt, hängt die Zurechnung eines Leasinggegenstandes u.a. davon ab, ob die Vertragslaufzeit den „**überwiegenden Teil**" der Nutzungsdauer umfasst (→ § 15 Rz 37).
> - Denkbar wäre (in Entsprechung zum deutschen Steuerrecht), einen Wert von mehr als 90 % als überwiegend anzusehen. Die analoge Verwendung der Steuerregeln lässt sich z. B. aus der insoweit gegebenen konzeptionellen Übereinstimmung („wirtschaftliches Eigentum", *substance over form* usw.) rechtfertigen.
> - Andererseits käme aber auch eine 75-%-Grenze in Entsprechung zu US-GAAP in Frage. Auch hier ist das Argument der konzeptionellen Übereinstimmung („*decision usefulness*" etc.) leicht einsetzbar.
>
> **Konzern**
> IFRS 3 behandelt u.a. die Kapitalkonsolidierung (Reserven- und Firmenwertaufdeckung) bei Unternehmenszusammenschlüssen und nimmt **Zusammenschlüsse unter gemeinsamer Kontrolle** (konzerninterne Umstrukturierungen) ausdrücklich aus dem Anwendungsbereich heraus, ohne an anderer Stelle eine Regelung zu treffen (→ § 31 Rz 188).
> - Denkbar wäre, bei der konzerninternen Verschmelzung wie im deutschen Umwandlungsrecht wahlweise Buchwertfortführung oder Aufdeckung von Firmenwert und stillen Reserven des verschmolzenen Unternehmens zuzulassen.
> - Denkbar wäre auch die Vorgabe einer Buchwertfortführung mangels „Drittransaktion" mit außen Stehenden.
> - Denkbar wäre schließlich noch die Aufdeckung stiller Reserven als zwingend anzusehen, und zwar ggf. auch bei der aufnehmenden Gesellschaft (sog. *fresh-start*-Methode).

Der kommentierende Umgang mit derartigen Unbestimmtheiten, Lücken usw. kann vereinfacht dargestellt in drei Formen erfolgen:
- **Eine Lösung** wird als richtig begründet (z.B. Vertragslaufzeit: 90 % der Nutzungsdauer).
- **Mehrere Lösungen** werden als zulässig begründet (ggf. mit Hinweis, welche Lösung der Kommentator aus welchen Gründen subjektiv vorziehen würde).
- Die **Willkürlichkeit** einer **eindeutigen** Lösung wird begründet. Das Lösungsfeld wird ggf. eingegrenzt (z.B. überwiegender Teil der Nutzungsdauer heißt jedenfalls nicht weniger als 51 %), der Anwender ggf. mit Beurteilungsmaßstäben (Argumentationshilfen) versehen, im Übrigen aber zur **Ermessensausübung im Einzelfall** aufgefordert.

Das Vorgehen **in diesem Kommentar** ist überwiegend vom zweiten oder dritten Typ. Es ist getragen von der **Überzeugung, dass der Kommentator sich nicht an die Stelle des Regelgebers setzen sollte**. Wenn das IASC bzw. der IASB eine 90-%-Grenze für die Zurechnung von Leasinggegenständen gewollt hätte, hätte es diese Regel formulieren können. Es hat dies aber (im Übrigen nach der Historie von IAS 17 ganz bewusst) nicht getan und dem Anwender damit Ermessensspielräume gelassen. Sie zu rauben stünde u. E. dem Kommentator nicht zu, da er sich damit in die Rolle des Regelgebers begäbe.

Im Übrigen verfolgt das **IFRS-Regelwerk** auf weiten Strecken bewusst einen **Kriterien- und Indikatorenansatz**, der Umstände benennt, die bei der Beurteilung bzw. Gesamtwürdigung eines Falls eine Rolle spielen können. U. E. widerspräche es diesem Konzept der Gesamt- und Einzelfallwürdigung, wenn derartige Indikatoren durch den Kommentator in eindeutige Vorschriften umgedeutet würden.

Die prüfende – eher als die rechnungslegende – **Praxis** scheint gleichwohl ein starkes Interesse an der einheitlichen Ausübung von Ermessen oder anders ausgedrückt an der Reduzierung der Ermessensspielräume durch **einheitliche Auslegung** zu haben. Seinen Ausdruck findet dieses Interesse in den „**Hausmeinungen**" der großen Prüfungsgesellschaften, die sich häufig bei Abstimmung untereinander zu **hausübergreifenden** Meinungen verfestigen. Der Gleichbehandlung vergleichbarer Sachverhalte dient dieses Vorgehen und wäre aus dieser Sicht zu begrüßen. Aus rechtlicher Sicht bestehen jedoch **Bedenken**:

- Der IASB und andere Standardsetter legen bei der Verabschiedung von Normen großen Wert auf eine breite öffentliche Teilnahme, die insbesondere durch Stellungnahmen zu *Exposure Drafts* zustande kommt. Die Verabschiedung von Hausmeinungen oder hausübergreifenden Meinungen unterliegt hingegen weder **öffentlicher Transparenz**, noch bezieht sie die anderen an der Rechnungslegung Beteiligten und Interessierten (Unternehmen, Analysten, Lehrstühle etc.) mit ein.
- Vorrangige Aufgabe der Abschlussprüfung bleibt die Prüfung der **Ordnungsmäßigkeit** des Jahresabschlusses. Diese ist jedenfalls aus der Sicht des Einzelsachverhalts so lange gegeben, wie die Bilanzierung den Ermessensspielraum nicht überschreitet, also **vertretbar** bleibt. Ob sie innerhalb des Ermessensspielraums die (in der Hausmeinung der Prüfungsgesellschaften) angenommene beste Lösung darstellt, also nicht nur vertretbar, sondern **optimal** ist, entscheidet nicht über die Ordnungsmäßigkeit des Abschlusses.

3.5 Substance over form[60]

81 Nach dem Prinzip der **wirtschaftlichen Betrachtungsweise** – *substance over form* - entscheidet nicht die rechtliche Form, sondern der Gehalt und die wirtschaftliche Realität von Geschäftsvorfällen über deren Bilanzierung (F.4.6). Die Bedeutung dieses Grundsatzes bzw. sein **Verhältnis** zu den **Einzelregeln** wird im Vergleich zum Prinzip der *true and fair presentation* besonders deutlich:

- Hinsichtlich der Forderung nach *true and fair presentation* und derjenigen nach Beachtung der **Einzelregeln** besteht ein potenzielles **Konfliktverhältnis**, das im *Framework* (daneben in IAS 1.13 ff. und IAS 8.10 ff.) zugunsten der Einzelregeln entschieden wird (Rz 69 f.). Es ist daher von seltenen Ausnahmen abgesehen nicht zulässig, unter Berufung auf *true and fair presentation* die Anwendung einer dazu in (vermutetem) Konflikt stehenden Einzelregelung auszuschließen (Rz 69).
- Das Verhältnis von Grundsätzen und Einzelregelungen ist aber **vielschichtiger**: Es erschöpft sich nicht in potenziellen Konflikten, für die Vorrangregelungen zu treffen sind. In anderen Fällen stehen Grundsatz und Einzelregelung

---

[60] Die nachfolgenden Überlegungen sind entnommen aus LÜDENBACH, PiR 2005, S. 95 ff.

vielmehr in einem Verhältnis der **Komplementarität**. Für den Grundsatz *substance over form* gilt dies in besonderer Weise:
- Die Einzelregelungen treffen vor allem **Rechtsfolgen**bestimmungen zum Ansatz und zur Bewertung bestimmter **Geschäftsvorfälle**.
- **Vor** ihrer Anwendung ist aber zu klären, welche **Art** von Geschäftsvorfall oder -vorfällen überhaupt vorliegt. Nach dem Grundsatz *substance over form* ist diese vorgeschaltete Klärung nicht an der rechtlichen Form, sondern am wirtschaftlichen Gehalt festzumachen.

Aus **dieser** Sicht ist eine wirtschaftliche Betrachtungsweise nicht nur zulässig, sondern immer dort, wo die Möglichkeit der Abweichung des formalrechtlichen vom wirtschaftlichen Gehalt besteht, zwingend. Hierzu folgendes Beispiel:

> **Beispiel**
> U schließt mit der Bank B zeitgleich und fristenkonform einen ersten Vertrag über ein variabel verzinsliches Yen-Darlehen und einen zweiten über einen *cross-currency*-Swap ab. In der wirtschaftlichen Gesamtwirkung stellen die Verträge U so, als ob er ein festverzinsliches Euro-Darlehen aufgenommen hätte. Fraglich ist, ob die Bilanzierung dieser wirtschaftlichen Betrachtungsweise folgen kann, also statt 2 Finanzinstrumenten (nach komplizierten Regeln) eines (nach einfachen) zu erfassen ist. Ein Lösungshinweis ergibt sich aus IAS 39.IG.B.6. In dem dort dargestellten Fall ist Unternehmen A Gläubiger eines an B gewährten Euro-Festzinsdarlehens und Schuldner eines von B gewährten variabel verzinslichen Darlehens mit jeweils gleicher Laufzeit und gleichen Beträgen, wobei zugleich eine Aufrechnungsabrede getroffen wird. Der IASB erkennt in dieser Konstruktion nicht 2 Geschäftsvorfälle (2 Darlehensverträge), sondern einen (Zinsswapvertrag). Als Begründung führt er an:
> - gleichzeitiger und abgestimmter Abschluss der Verträge,
> - Identität der Vertragspartner,
> - Fehlen einer substanziellen Geschäftsnotwendigkeit *(substantive business purpose)* für die Aufteilung der Transaktion auf 2 Verträge.
>
> Die Anwendung dieser Kriterien auf den hier zu beurteilenden Fall ergibt:
> - Darlehens- und Swapvertrag werden gleichzeitig und abgestimmt abgeschlossen.
> - Die Vertragspartner beider Geschäfte sind identisch.
> - Das wirtschaftliche Ergebnis – Festzinsdarlehen in Euro – hätte auch durch Abschluss nur eines Geschäftes erreicht werden können.
>
> Der wirtschaftlichen Betrachtungsweise folgend ist daher ein Euro-Festzinsdarlehen zu bilanzieren.

Ähnliche Hinweise zur Zusammenfassung von Verträgen finden sich z.B. in IAS 11 für Fertigungsaufträge (→ § 18 Rz 38) und in SIC 27 für *cross-border*-Leasing (→ § 15 Rz 172). Die Praxis neigt dazu, solchen Überlegungen zur
- Zusammenfassung zivilrechtlich getrennter Vorgänge,
- Segmentierung zivilrechtlich einheitlicher Vorgänge,
- Umdeutung zivilrechtlicher Veräußerungsverträge in wirtschaftliche Nutzungsüberlassungen u. U. (→ § 25 Rz 84ff.)
- und zu vielen anderen Anwendungsfällen des *substance-over-form*-Prinzips

nur dort zu folgen, wo der IASB **konkrete** Vorgaben gibt, im letztgenannten Fall etwa durch IFRIC 4. U. E. ist dieser Grundsatz auch dort ernst zu nehmen, wo es spezielle Regelungen zu seiner Umsetzung (noch) **nicht** gibt.

Bemerkenswert ist in diesem Zusammenhang die im Referentenentwurf des Bilanzrechtsmodernisierungsgesetzes (BilMoG) zunächst vorgesehene Neufassung von § 246 Abs. 1 Satz 1 HGB-E mit der zugehörigen Begründung, die auf die wirtschaftliche Betrachtungsweise mit der Umschreibung „*substance over form*" verweist: „Letztendlich geht es darum, Geschäftsvorfälle und andere Ereignisse nicht allein entsprechend ihrer rechtlichen Form, sondern auch gem. ihrem wirtschaftlichen Gehalt zu beurteilen." Die EU-Jahresabschlussrichtlinie vom 26.06.2013 greift in Art. 6 Abs. 1h diesen Gedanken wieder auf in der Formulierung: „Posten der Gewinn- und Verlustrechnung sowie der Bilanz werden unter Berücksichtigung des wirtschaftlichen Gehaltes des betreffenden Geschäftsvorfalls oder der betreffenden Vereinbarung bilanziert und dargestellt."

3.6 *Going-concern*-Prinzip, Bilanzierung und Prüfung in der Insolvenz

82 In F.4.1 wird das *going-concern*-Prinzip als eine **Basisannahme** (*underlying assumption*) der Rechnungslegung angeführt. Inhaltlich enthalten IAS 1.25 f. 3 Vorgaben zur Fortführungsprämisse:
- **Zeithorizont:** Eine Bilanzierung unter *going concern* ist nur zulässig, wenn mindestens für 12 Monate von der Fortführung des Unternehmens ausgegangen werden kann.
- **Anhangsangabe bei Unsicherheit:** Wenn Prognose und Planung zwar mit (ganz) überwiegender Wahrscheinlichkeit eine Fortsetzung über mehr als 12 Monate belegen, gleichwohl wesentliche Zweifel bleiben, ist dies im Anhang offenzulegen.
- **Andere Rechnungslegungsgrundlage:** Ist nicht mehr mit hinreichender Sicherheit von einer Fortführung auszugehen, ist die dann gebotene Änderung der Bilanzierungsgrundlage inhaltlich offenzulegen. Welche Grundlage hier infrage kommt, lässt der Standard offen. Anders als für den handels- bzw. gesellschaftsrechtlichen Einzelabschluss (§ 71 GmbHG, § 270 AktG) fehlt es an Sonderregeln. Bei freiwilliger Liquidation gelangen aber ohnehin in hohem Maße die Regeln von IFRS 5 zur Anwendung (→ § 29 Rz 1 ff.), sodass ggf. gar nicht auf eine andere Grundlage zurückgegriffen werden muss. Bei Insolvenz kommt es auf die Umstände des Einzelfalls an.

83 In der **Insolvenz** bestehen folgende Besonderheiten: Nach § 155 Abs. 1 Satz 1 InsO berührt die Insolvenz die Rechnungslegungspflichten des Insolvenzschuldners nicht. Mit Übergang der Verwaltungs- und Verfügungsrechte (§ 80 InsO) sind diese Pflichten durch den Insolvenzverwalter und nicht mehr durch die Organe der Gesellschaft zu erfüllen. Sie betreffen i.V.m. § 155 Abs. 2 InsO den letzten Jahres-/Konzernabschluss samt Lagebericht der werbenden Gesellschaft für den Zeitraum bis zum Tag vor Eröffnung des Insolvenzverfahrens, also für ein Rumpfgeschäftsjahr.

Der **Insolvenzverwalter** hat außerdem originär nach § 155 Abs. 1 Satz 1 InsO Rechungslegungspflichten, die die Insolvenzmasse betreffen, zu erfüllen. Er ist i.V.m. § 155 Abs. 2 InsO demnach u.a. verpflichtet,

- auf den Zeitpunkt der Verfahrenseröffnung eine handelsrechtliche Eröffnungsbilanz und
- für den Schluss eines jeden Geschäftsjahres einen Jahres-/Konzernabschluss nebst Lagebericht

aufzustellen.
Die Prüfungspflicht der Abschlüsse in der Insolvenz von Kapitalgesellschaften und KapCo-Gesellschaften richtet sich nach § 155 Abs. 3 InsO i.V.m. § 270 Abs. 3 AktG und § 71 Abs. 3 GmbHG und §§ 316ff. HGB und kann nur in besonderen Fällen durch gerichtliche Entscheidung aufgehoben werden.
Liegen die Voraussetzungen für eine Befreiung nicht vor, stellt sich die Frage nach dem Inhalt des Bestätigungsvermerks. Betroffen ist vor allem die Nennung der materiellen Rechtsgrundlagen des Abschlusses im einleitenden Teil des Bestätigungsvermerks. Im Falle eines auf Liquidation angelegten Verfahrens gilt hier für den IFRS-Konzernabschluss Folgendes:
- Nach IAS 1.25f. ist bei Abkehr von der *going-concern*-Prämisse auf anderer, im Anhang offenzulegender Grundlage zu bilanzieren, wobei die IFRS aber anders als etwa § 270 Abs. 2 AktG und § 71 Abs. 2 GmbHG die andere Grundlage nicht konkretisieren.
- Unter diesen Umständen kann und muss das Unternehmen bzw. der Insolvenzverwalter i.V.m. IAS 8.10 und IAS 1.19 zur Lückenfüllung bzw. tatsachengetreuen Darstellung ggf. von einzelnen Standards abweichen und andere Rechnungslegungsmethoden anwenden. Abstrakt bleibt er dabei in den IFRS, da IAS 1.25 ein solches Vorgehen fordert, konkret wendet er aber gerade nicht mehr alle „IFRS wie von der EU angenommen" an, wobei er die Abweichungen im Anhang erläutern muss.

Für den beschreibenden Teil des Bestätigungsvermerks wäre daher u. E. folgende Formulierung angemessen:
„Die Aufstellung von Konzernabschluss und Konzernlagebericht erfolgte nach den in der EU anzuwendenden IFRS, jedoch mit liquidationsspezifischen, im Einzelnen im Anhang dargestellten Modifikationen, und den ergänzend nach § 315a Abs. 1 HGB anzuwendenden handelsrechtlichen Vorschriften."

4 Definitionen, Ansatz und Bewertung von Abschlussposten

4.1 Überblick

Die vorstehend erläuterte konzeptionelle Grundlage der Rechnungslegung bewegt sich – vergleichbar dem HGB – auf höchstmöglichem **Abstraktionsniveau** (z. B. Entscheidungsrelevanz oder Vorsichtsprinzip) und taugt deshalb selten zur Lösung eines bestimmten Falles in der Praxis.

In seinem zweiten Teil befasst sich das *Framework* zur näheren Konkretisierung mit **Definitionen**, vor allem aber mit Grundvoraussetzungen für den **Ansatz** in der Bilanz und mit der zugehörigen **Bewertung**. Man kann von der **mittleren** Ebene zwischen der Grundkonzeption und den Einzelfallregeln in den Standards sprechen. Dabei geht es um den **Inhalt** von Vermögenswerten und Schulden (Aktiva und Passiva) bzw. Erträgen und Aufwendungen und um deren **Abbildung** im Jahresabschluss unter Heranziehung eines einheitlichen Wertmaßstabes (Währung).

> **Beispiel**
> - Die seit Langem aufgebaute Stammkundenbeziehung stellt einen wirtschaftlichen Wert, aber häufig keinen Vermögenswert *(asset)* dar.
> - Die Belastung aus einer künftigen Werkschließung, die noch nicht bekannt gemacht worden ist (→ § 21 Rz 97), stellt keine Verbindlichkeit *(liability)* dar.

87 Hat man sich auf dieser Grundlage für einen Bilanz- oder GuV-Ansatz entschieden, stellt sich die Frage nach der **Bewertung**.

> **Beispiel**
> - Soll das bebaute Grundstück am Marienplatz in München zu dem seit der Währungsreform 1948 fortgeführten DM-Eröffnungsbilanzwert *(at cost)* mit 100.000 EUR oder zum Verkehrswert *(fair value)* von 25 Mio. EUR in die Bilanz eingestellt werden?
> - Soll die USD-Anleihe zum Anschaffungskurs von 90 USD oder zum aktuellen Kurs *(fair value)* von 103 USD bewertet werden?

4.2 Die abstrakte Bilanzierungsfähigkeit[61]

4.2.1 Vermögenswerte *(assets)*

88 Die abstrakte Bilanzierungsfähigkeit wird im Ausgangspunkt nach 3 Kriterien **definiert** (*F*.4.4a und 4.38). Danach liegt ein **Vermögenswert** *(asset)* vor, wenn
- eine vom betreffenden Unternehmen kontrollierte ökonomische Ressource
- aufgrund früherer Begebenheiten
- künftige wirtschaftliche Nutzenzuflüsse erwarten lässt.

89 Abgesehen von einer kaum vermeidbaren **Abstraktheit** der Begriffe fällt bei dieser Definition ein gewisser **tautologischer** Gehalt auf: Eine (wirtschaftliche) Ressource soll dann vorliegen, wenn künftige Nutzenzuflüsse möglich sind. Dies ist das Kennzeichen jeder (werthaltigen) Ressource. Eher nichts sagend ist auch das Kriterium der **früheren** Begebenheit. Ohne eine solche kann kaum irgendein ökonomischer Effekt entstehen. Insgesamt ist so gesehen die Grundlagendefinition des Vermögenswertes **ohne größere Aussagekraft**.[62]

90 Nach *F*.4.44 sind dann zusätzlich noch folgende Kriterien zu erfüllen, wenn es denn zu einem Bilanzansatz *(recognition)* kommen soll:
- Es muss eine **Wahrscheinlichkeit** *(it is probable)* für den ökonomischen Nutzenzufluss bestehen,
- der Vermögenswert muss **verlässlich bewertet** werden können *(„measured with reliability")*.

91 Das Kriterium der „**Wahrscheinlichkeit**", auf das in diesem Kommentar immer wieder einzugehen ist (→ § 21 Rz 37 ff.), erscheint also bereits im *Framework* mit einer zusätzlichen Erläuterung in *F*.4.40 (Rz 21). Hier wird relativ umfangreich auf die Unsicherheit *(uncertainty)* der ökonomischen Zukunft eingegangen. Es sollen Einschätzungen über den Grad der **Unsicherheit** betreffend die **zukünf-**

---

[61] Siehe hierzu die kompakte Darstellung bei FISCHER, IAS-Abschlüsse von Einzelunternehmungen, 2001, S. 68.
[62] Ähnlich ERNST & YOUNG, International GAAP 2008, S. 120: „The asset definition is completely circular."

tigen wirtschaftlichen Nutzenzuflüsse gemacht werden, und zwar generell bei der Erstellung eines Jahresabschlusses. Konkrete Lösungen für ein Bilanzierungsproblem werden damit nicht geliefert. Auch die Bezugnahme auf Wahrscheinlichkeits**grade** kann praktische Bedeutung nur dann gewinnen, wenn das Gesetz der großen Zahl gilt. Ansonsten sind Aussagen über Wahrscheinlichkeiten ausschließlich subjektive Einschätzungen[63] (→ § 21 Rz 99 ff.).

Für die herkömmliche deutsche Bilanzrechts-Denkschule ungewohnt ist die **zuverlässige Bewertbarkeit** als Ansatzkriterium. Vergleichbares gilt für den Spezialfall des Ansatzes von Rückstellungen gem. IAS 37 (→ § 21 Rz 52). Allerdings geht mit dieser Ansatzvorschrift die Gefahr einher, schon bei nicht allzu großer Interpretation in vielen Fällen von Vermögensgegenständen und Schulden eine Bilanzierung generell auszuschließen. Dem will F.86 vorbeugen, indem er das Erfordernis der **Schätzung** bei der Bilanzierung im Allgemeinen nicht als ansatzhemmend qualifiziert. Wenn nämlich eine verlässliche Schätzung ausnahmsweise unmöglich ist, kommt allenfalls eine Anhangangabe in Betracht. Bemerkenswert ist dabei die **Imparität** des Wahrscheinlichkeitsbegriffes;[64] siehe auch Rz 21, 99 sowie › § 21 Rz 124.

92

Die künftigen wirtschaftlichen Vorteile *(economic benefits)* können nach *F.4.10* in **verschiedener Form** dem Unternehmen zufließen:

93

- durch Produktion von Gütern und Dienstleistungen (und deren anschließendem Verkauf),
- durch Tausch gegen andere Vermögenswerte,
- durch Begleichung von Schulden,
- durch Verteilung (Auskehrung) an die Eigentümer.

4.2.2 Schulden *(liabilities)*

Die Definition und die Ansatzkriterien für die **Schulden** ähneln spiegelbildlich denjenigen für Vermögenswerte. Nach *F.4.4b* liegt eine Schuld *(liability)* vor, wenn

94

- eine (gegenwärtig) vorliegende Verpflichtung *(present obligation)* des Unternehmens,
- beruhend auf Vergangenheitsereignissen *(arising from past events)*,
- zu einem mutmaßlichen *(expected)* Abfluss von Ressourcen führt, mit denen wirtschaftliche Vorteile (für das Unternehmen) verbunden sind *(embodying economic benefits)*.

Nach diesen Definitionsnormen werden dann in *F.4.46* die **Ansatzkriterien** für Schulden weiter erläutert. Danach ist ein Ansatz vorzunehmen,

95

- wenn ein Abfluss von wirtschaftliche Vorteile enthaltenden Ressourcen
- aufgrund der Begleichung der Schuld erfolgen wird und
- der Erfüllungsbetrag *(amount of settlement)* zuverlässig bewertet werden kann.

Negativ bez. des Ansatzes werden Schulden aus **schwebenden Geschäften** *(unperformed contracts)* genannt mit dem Beispiel der Bestellung von noch ungeliefertem Material. Unter besonderen, im *Framework* nicht weiter definierten Umständen kann allerdings auch eine Passivierung solcher Verpflichtungen erfolgen, allerdings mit gegenläufiger Aktivierung der zugehörigen Vermögenswerte oder

96

---

63 LÜDENBACH/HOFFMANN, KoR 2003, S. 5.
64 LÜDENBACH/HOFFMANN, KoR 2003, S. 5.

sonstigen Ausgaben. Mit Letzterem ist das Erfordernis einer **zutreffenden Periodenabgrenzung** (*accrual*) angesprochen.

4.2.3 Vergleich zum HGB

97 Bei einem Vergleich zu den Ansatzkriterien nach dem HGB – und der Definition des Vermögensgegenstandes – kann eine weitere Fassung des *asset*-Begriffs im *Framework* festgestellt werden. Das gilt allerdings nur im Hinblick auf die Begrifflichkeiten und deren Auswertung. Will man diese abstrakten Kriterien in einem konkreten Bilanzierungsfall anwenden, dann versagen regelmäßig die Unterscheidungsmerkmale. Unwillkürlich erinnert man sich an die mit hohem theoretischem und intellektuellem Aufwand im deutschen Bilanzschrifttum ausgebreitete Unterscheidung zwischen **Vermögensgegenstand** (Handelsrecht) einerseits und **Wirtschaftsgut** (Steuerrecht) andererseits. Auch dieser hat zur Lösung eines konkreten Bilanzierungsfalls kaum jemals irgendeine Argumentationshilfe geleistet.

> **Beispiel**
> Ein Werbefeldzug schafft Potenzial zur Generierung zukünftiger ökonomischer Nutzenzuflüsse (Umsatzerlöse). Da jedoch eine verlässliche Bewertung unmöglich erscheint, scheidet eine Bilanzierung aus (so die Begründung für den Nichtansatz nach IFRS). Nach HGB bzw. EStG würde man die mangelnde Verkehrsfähigkeit oder Einzelveräußerbarkeit als Aktivierungshindernis anführen. Das Ergebnis bleibt das Gleiche.

98 Aus der Sicht der Bilanzierungspraxis lässt sich allenfalls ein entscheidender Unterschied zwischen dem *asset*-Begriff der IFRS und dem Vermögensgegenstand des HGB herauskristallisieren: Nach IFRS sind erheblich **mehr Ermessensspielräume** im Hinblick auf das genannte Wahrscheinlichkeitskriterium vorhanden, die im Einzelfall entgegen der HGB-Regel einen Ansatz auf der Aktivseite erlauben und auf der Passivseite entbehrlich machen.

99 Ungewöhnlich für die deutsche Bilanzrechtslehre ist die **Rückkoppelung der Bewertung auf den Ansatz** in den Fällen, in denen der Bewertungsprozess erheblich erschwert ist (*F.4.41 ff.*). Danach ist die Ausübung von vernünftigen **Schätzungen** ein wesentlicher Bestandteil der Erstellung von Jahresabschlüssen. Die Schätzung darf nicht deren Zuverlässigkeit beeinträchtigen. Wenn allerdings eine solche vernünftige Schätzung nicht möglich ist, darf der (aktive oder passive) Gegenstand nicht angesetzt werden. Als Beispiel wird das Ergebnis eines Gerichtsverfahrens genannt, das entweder die abstrakten Bilanzierungsvoraussetzungen eines Vermögenswertes oder einer Schuld erfüllt. Wenn indes – wie häufig der Fall – eine Prognose des Wertes zuverlässig nicht möglich ist, kommt ein Bilanzansatz nicht in Betracht; stattdessen sind Erläuterungen im Anhang zu machen. Diese Regel aus dem *Framework* passt nicht nahtlos zur Spezialvorschrift für Schulden in IAS 37.25 (→ § 21 Rz 52), der zufolge nur in extrem seltenen Fällen eine Einschätzung der künftigen Verpflichtung unmöglich sein soll (vgl. auch Rz 92).

Aus Spezialvorschriften sind folgende **Aktivierungsgebote** zu nennen: 100
- Guthaben aus Steuerlatenz *(deferred tax assets)* gem. IAS 12.24 und 34 (→ § 26 Rz 109).
- Öffentliche Zuwendungen *(government grants)*, die zur Kompensation zugehöriger Aufwendungen bezahlt werden (IAS 20.12; → § 12 Rz 21).
- Der derivative *goodwill* (IFRS 3.32; → § 31 Rz 129).
- Entwicklungskosten *(development costs)* unter bestimmten Voraussetzungen (IAS 38.45; → § 13 Rz 30ff.).

Nicht ansetzbar sind: 101
- Eventualforderungen, die nicht so gut wie sicher sind gem. IAS 37.31 (→ § 21 Rz 125.), allerdings mit der Ausnahme einer Kompensationsforderung bei der Bewertung von Rückstellungen *(reimbursement)* gem. IAS 37.53 (→ § 21 Rz 165 f.).
- Besondere Fälle von Guthaben aus der Steuerlatenz gem. IAS 12.24 (→ § 26 Rz 109).
- Der originäre *goodwill* gem. IAS 38.48 (→ § 13 Rz 67).
- Eigene Forschungskosten *(research costs)* gem. IAS 38.54 (→ § 13 Rz 27).
- Selbst erstellte Marken, Werbekampagnen, Kundenkarteien u.Ä. gem. IAS 38.63 (→ § 13 Rz 33).

4.3 Eigenkapital *(equity)*

Für die deutsche Betrachtungsweise eher ungewöhnlich ist die förmliche Aufnahme des **Eigenkapitals** in den Definitionskatalog (*F.*4.4c): 102
- Das Eigenkapital ist das **restliche Interesse** an den Vermögensgegenständen des Unternehmens nach Abzug aller Verbindlichkeiten.

Im Weiteren (*F.*4.20 ff.) werden/wird die **Aufgliederung** des Eigenkapitals nach den verschiedenen Kriterien (Gewinnrücklagen, Neubewertungsrücklagen etc.) angesprochen, die gesetzlichen oder satzungsmäßigen Gründe für eine Rücklagenbildung abgehandelt und schließlich die Selbstverständlichkeit zum Ausdruck gebracht, dass das Eigenkapital von dem Ansatz und der Bewertung der Vermögensgegenstände und Schulden abhängt. Nur zufällig soll – eine weitere Selbstverständlichkeit – das Eigenkapital mit dem Marktwert des Unternehmens übereinstimmen. Zur Abgrenzung von Eigen- und Fremdkapital vgl. → § 20 Rz 3 ff.

4.4 Grundlagen der Bewertung

4.4.1 Ausgangsgrößen

Gem. *F.*4.55 stehen **4 Bewertungsmaßstäbe** zur Auswahl, und zwar **einheitlich** für Vermögenswerte *(assets)* und Verbindlichkeiten *(liabilities)*.[65] 103

---

[65] Tabelle in Anlehnung an LÜDENBACH, IFRS, 7. Aufl. 2013.

Bewertungs-maßstäbe	Vermögenswerte *(assets)*	Schulden *(liabilities)*
Anschaffungs-, Herstellungskosten *(historical costs)*	Zahlungsbetrag oder bei Tausch Zeitwert *(current value)*	Für das Eingehen der Verpflichtung erhaltener Betrag oder, wenn Gegenleistung fehlt, der Zahlungsbetrag
Aktueller Wiederbeschaffungswert *(current cost)*	Zahlungsbetrag bei einer fiktiven Wiederbeschaffung des Vermögenswertes	Undiskontierter Zahlungsbetrag bei fiktiver aktueller Begleichung der Verpflichtung
Realisierbarer Wert *(realisable value)*	Aktueller Veräußerungswert bei normalem Geschäftsgang	Undiskontierter Zahlungsbetrag zur Erfüllung im normalen Geschäftsgang
Gegenwartswert *(present value)*	Barwert für erwartete, im normalen Geschäftsgang generierte Zahlungseingänge	Barwert der erwarteten, im normalen Geschäftsgang anfallenden Zahlungsausgänge

Überraschenderweise erscheint im *Framework* selbst der in verschiedenen Kontexten (etwa Erstkonsolidierung, Finanzinstrumente, *investment properties*) dominierende Bewertungsparameter „*fair value*" (→ § 8a Rz 1 ff.) nicht.

4.4.2 Sonderbewertungsvorschriften in einzelnen IFRS

104 Allerdings gehen die einzelnen IFRS von **speziellen Vorschriften** für einzelne Vermögenswerte und Schulden aus, sodass die Bewertungsmaßstäbe des *Framework* eher von programmatischer als von praktischer Bedeutung sind.

4.4.3 Zwischen Anschaffungskosten- und *fair-value*-Konzept

105 Außerhalb des *Framework* vollzieht sich eine schleichende Umorientierung der IFRS weg vom **Anschaffungs**kostenkonzept hin zum Konzept der Bilanzierung zu **Zeitwerten**. Als Beleg für dieses schrittweise Vorgehen seien aufgeführt:
- Eher unbeschränkte Zulässigkeit der Neubewertung für Gruppen von sächlichem Anlagevermögen (→ § 8 Rz 70 ff.).
- Wahlrecht zwischen Anschaffungskosten- und *fair-value*-Modell für *investment properties* bei impliziter Bevorzugung des letztgenannten Modells (→ § 16 Rz 40).
- Überwiegende Bewertung von Finanzinstrumenten zum *fair value* (→ § 28 Rz 108).
- Uneingeschränkter *fair-value*-Ansatz für landwirtschaftliche und biologische Vermögenswerte nach IAS 41.12 f. (→ § 40 Rz 2).
- Wahlrecht im Rahmen des Übergangs auf die IFRS-Rechnungslegungswelt (→ § 6 Rz 45).

Diese schrittweise Neuorientierung geht einher mit der kaum widerlegbaren Vermutung *(extremely unlikely)*, der zufolge das Unternehmen den *fair value* immer zuverlässig ermitteln kann (→ § 28 Rz 301).
Die „Philosophie" der IFRS-Rechnungslegung bewegt sich damit hin zu einer **Gesamtunternehmensbewertung**. Das zeigt sich z. B. auch in der
- Ausgestaltung des *impairment*-Tests zum Erfordernis einer außerplanmäßigen Abschreibung unter Bezugnahme auf den Gesamtwert einer *cash generating unit* (→ § 11 Rz 142);
- „schleichenden" Aktivierung eines originären *goodwill* im Rahmen des *impairment-only approach* (→ § 31).

Diese vordergründig sinnvoll erscheinende Entwicklung führt in der aktuellen Ausprägung zu einem *mixed model* (Rz 38), das erhebliche **Anwendungsprobleme** in sich birgt. Im Wesentlichen geht es dabei um folgende Aspekte:
- Die **expliziten** Wahlrechte erschweren trotz Offenlegungspflicht im Anhang den zwischenbetrieblichen Vergleich (Beispiel: *investment properties*; Rz 105).
- Die **tatbestandlichen Subsumtionsmöglichkeiten** schaffen ein Quasi-Wahlrecht für die Anwendung des einen oder anderen Modells (Beispiel: Klassifizierung von Finanzinstrumenten; → § 28 Rz 106 ff.).
- Die **Ermittlung** des *fair value* ist in weiten Bereichen ermessenbehaftet (Beispiel: Anwendung von Optionspreismodellen; → § 28 Rz 284 ff.).
- Dieser Tatsache kann sich das Management elegant und unbeanstandet bedienen, um die **Geschäftspolitik** an den bilanzpolitischen Gestaltungsmöglichkeiten auszurichten (Beispiel: Enron; → § 28 Rz 75).

Jedenfalls bewegt sich die IFRS-Bilanzierung in einer **Mehrfach-Mixtur** (→ § 28 Rz 206) von
- Anschaffungskostenprinzip,
- Marktpreisorientierung,
- *fair-value*-Ermittlung nach Berechnungsmodellen,
- erfolgswirksamer oder -neutraler Verbuchung der *fair-value*-Änderung (→ § 28 Rz 105).

Dieses „System" eröffnet spürbar mehr **bilanzpolitische Gestaltungsspielräume** als das herkömmliche Anschaffungskostenmodell. Die IFRS-Regeln wollen diesem Aspekt u. a. durch umfangreiche **Offenlegungen** im Anhang gegensteuern, sind dabei aber postwendend mit dem Problem der Überforderung der Abschlussadressaten *(information overload)* konfrontiert (Rz 66).
Diese Entwicklungsrichtung der internationalen Rechnungslegungsszene mag man bedauern oder gutheißen. Jedenfalls müssen sich die Anwender *(user)* dieses herrschenden Misch-Systems dessen Implikationen bewusst sein.

4.5 Erfolgswirksame Posten, Ergebnis

4.5.1 Überblick

Wie das HGB kennen die IFRS eine **Gewinn- und Verlustrechnung (GuV), die** nach IFRS entweder selbstständig oder als Teil der Gesamtergebnisrechnung geführt wird. In der Gesamtergebnisrechnung sind auch **erfolgsneutrale Eigenkapitalveränderungen** außerhalb der externen Transaktionen mit gesellschaftlicher Grundlage (Einlage, Gewinnausschüttungen) zu erfassen. Hierzu wird verwiesen auf Rz 118 und → § 20 Rz 96.

106

4.5.2 Definitionen

107 Als **Erträge** *(income)* gelten (F.4.25a):
- Zuwächse an wirtschaftlichen Vorteilen,
- in einer Rechnungslegungsperiode,
- aufgrund von Zuflüssen oder Wertsteigerungen von Vermögenswerten
- oder der Abnahme von Verbindlichkeiten,
- die das Eigenkapital erhöhen.

108 Die **Aufwendungen** *(expenses)* werden gerade spiegelbildlich-negativ definiert.

109 In beiden Fällen sind Transaktionen mit **Anteilseignern** – Dividenden, Einlagen – aus dem Begriffsinhalt ausgeschlossen.

110 Die **Ertrags**definition (Rz 107) umfasst (F.4.29):
- Einnahmen bzw. Umsatzerlöse *(revenue)*, also Zuflüsse aus der normalen Geschäftstätigkeit (→ § 25), sowie
- Gewinne *(gains)*, die nach F.4.30f. wiederum
  - **identisch** sein können mit den *revenues*,
  - aber auch aus dem Abgang von **langfristigen** Vermögenswerten entstehen
  - oder aus **Neubewertungen** resultieren (→ § 8 Rz 70ff.).

111 Die **Aufwands**definition (Rz 108) umfasst (F.4.39):
- (Einmal-)Verluste *(losses)*,
- Aufwendungen *(expenses)* aus laufender Geschäftstätigkeit (Vertriebskosten, Löhne, Abschreibungen), die üblicherweise zu Geldabflüssen führen.

112 **Verluste** *(losses)* umfassen begrifflich auch **Aufwendungen** *(expenses)* und können, müssen aber nicht im üblichen Geschäftsverlauf anfallen.

113 Verluste *(losses)* entstehen aber auch im **außerordentlichen** und im **Langfrist**bereich und können realisiert oder unrealisiert (z.B. Erhöhung des Umrechnungskurses für Verbindlichkeiten in Fremdwährung sein).

114 Aufwendungen werden in der GuV in **unmittelbarer Zuordnung***(direct association)* zu den daraus resultierenden Erträgen erfasst. Man spricht hier gemeinhin von *matching principle* (F.4.53). Danach sollen die Aufwendungen zur Erstellung von Gütern dann ergebniswirksam werden, wenn diese zum Verkauf gelangen. Voraussetzung ist allerdings immer, dass die betreffenden Positionen *(items)* als Vermögenswert oder Schuld ansetzbar sind.

4.5.3 Kapitalerhaltungskonzeptionen

115 Die Rechnungslegungspraxis interpretiert den Gewinn primär als Überschuss der Erträge über die Aufwendungen einer Periode, d.h. aus Sicht der **GuV**. Im Rahmen der Doppik lässt sich der Gewinn jedoch auch aus der Perspektive der **Bilanz** interpretieren, und zwar als die um Entnahmen/Ausschüttungen und Einlagen bereinigte Differenz von Reinvermögen (Kapital) am Periodenende gegenüber dem Periodenanfang (so § 4 Abs. 1 Satz 1 EStG).
Aus der bilanziellen Sicht definiert die Erhaltung des Kapitals die Nulllinie, oberhalb derer Gewinn und unterhalb derer Verlust entstanden ist. Fraglich ist, ob diese Nulllinie bei Preisänderungen **nominal** oder **real** interpretiert werden muss, ob also etwa inflationsbedingte Werterhöhungen Gewinn oder **Scheingewinn** sind.

116 F.4.59ff. treffen im Rahmen dieser Fragestellung folgende **Unterscheidung**:
- **Finanzwirtschaftliches Kapitalerhaltungskonzept:** Gewinn = Zunahme des nominalen Geldkapitals.

- **Leistungswirtschaftliches Kapitalerhaltungskonzept:** Gewinn = Erhaltung der physischen Produktionskapazität bzw. vereinfacht: Gewinn = Erhaltung des Geldkapitals abzüglich zu eliminierender Scheingewinne aus **Preissteigerungen**.

Eine **Präferenz** für ein bestimmtes Kapitalerhaltungskonzept hat der Board nach *F.4.65*, abgesehen von Fällen der **Hochinflations**rechnungslegung (→ § 27 Rz 78 ff.), „derzeit nicht". Diese Aussage ist offenbar programmatisch gemeint. Sie soll Optionen offenhalten. In den Einzelstandards finden sich jedoch mit der genannten Ausnahme keine Regelungen zur Kaufkraftanpassung. Im Übrigen sind selbst die programmatischen Ausführungen eher oberflächlich, da sie sich mit den verschiedenartigen Varianten einer leistungswirtschaftlichen Kapitalerhaltung nicht befassen bzw. das leistungswirtschaftliche Konzept auf eine Preis- und Kaufkraftanpassung reduzieren. In der derzeitigen Form stellen die Überlegungen zur Kapitalerhaltung eher einen überflüssigen **Fremdkörper** im *Framework* dar.

117

4.6 Statische und dynamische Bilanzierung: *asset liability* vs. *revenue expense approach*

Die IFRS enthalten (bislang) **kein durchgängiges System** der Ertrags- und Aufwandsvereinnahmung und der **Definition** der anzusetzenden Vermögenswerte und Schulden:

118

- IAS 20 lässt etwa im Interesse der zutreffenden **Aufwandsverteilung** den Ausweis erhaltener Investitionszuwendungen als Schulden *(liabilities)* auch dort zu, wo keine oder eine nur unwahrscheinliche Rückzahlungsverpflichtung besteht und daher die Definitionskriterien einer Schuld i.S.v. IAS 37 nicht erfüllt sind (→ § 12 Rz 26).
- Erwartete **Gewinne** aus **schwebenden** Geschäften begründen nach IAS 37 (→ § 21) im Allgemeinen keinen Vermögenswert, nach IAS 39 (Finanzderivate; → § 28a Rz 49) und IAS 11 (Fertigungsaufträge; → § 18 Rz 22) sind sie jedoch als Vermögen anzusetzen.

Mit den Begriffen **dynamische** und **statische** Bilanztheorie sind diese Unterschiede nur unvollkommen zu fassen. Eher geht es um die Unterscheidung zwischen

- *revenue expense approach*, der die Änderung von Vermögen/Schulden als sekundäre/abhängige und Ertrag/Aufwand als primäre/unabhängige Variable ansieht, und
- *asset liability approach*, der zunächst Vermögen/Schulden definiert und dann Erträge/Aufwendungen abgeleitet aus der Veränderung von Vermögen/Schulden behandelt.

Das gegenwärtige System folgt in wechselnder Akzentuierung **beiden** Ansätzen:

- Die Aktivierungspflicht für schwebende Gewinne aus Finanzderivaten kann als Ausdruck des *asset liability approach* angesehen werden. Der zum Bilanzstichtag erwartete Vorteil aus einem noch schwebenden Kontrakt ist eine vermögenswerte Position, die bei börsengehandelten Kontrakten besonders deutlich als solche zu erkennen ist, aber auch ohne eine solche Börsennotierung in einer streng stichtagsorientierten Vermögensrechnung angesetzt werden muss. Mit der Entscheidung für einen solchen Ansatz ist nach den Gesetzen der Doppik auch ein Ertrag in der GuV auszuweisen.
- Die Nichtaktivierung von schwebenden Gewinnen aus Warenverkaufsgeschäften ist demgegenüber Ausdruck eines *revenue expense approach*, der im kon-

kreten Fall vorsieht, Erträge erst mit Übergang aller Risiken auf den Käufer anzusetzen und abgeleitet auch erst dann eine Forderung einzubuchen. Ein **Paradigmenwechsel** hin zu einem durchgängigen *asset liability approach* soll durch das *performance project* erreicht werden. In diesem Zusammenhang soll auch die (oben vernachlässigte) Kategorie der „erfolgsneutralen" Erträge und Aufwendungen *(other comprehensive income)* besser als bisher systematisiert werden. Dabei wäre etwa zu klären, ob erfolgsneutral gegen das Eigenkapital gebuchte Ergebnisse spätestens bei Abgang des Vermögenswertes (oder der Schuld) zwingend erfolgswirksam zu behandeln wären (sog. *recycling* über die GuV) oder wie bisher in einigen Fällen (Neubewertung Sachanlagen; → § 8 Rz 70, versicherungsmathematische Gewinne aus Pensionsrückstellungen; → § 22 Rz 50) davon abgesehen, in anderen (bestimmte Finanzinstrumente; → § 28 Rz 298) darauf bestanden wird.[66]

4.7 Überlegungen zur Neukonzeption des Rahmenkonzeptes

4.7.1 Definition von *asset* und *liability*

119 In dem unter Rz 134 im Überblick dargestellten Diskussionspapier (DP) vom 18.07.2013 widmet sich der *Board* u.a. einer Neudefinition des *asset* und der *liability* sowie einer Definition der *economic resource*. Auffällig ist dabei die spiegelbildliche Darstellung von *asset* und *liability*. Die bisherigen und die vorgeschlagenen Definitionen sind synoptisch unter Tz 2.11 wiedergegeben.

Gegenstand	bisherige Definition	vorgeschlagene Änderungen
asset	Eine vom Unternehmen kontrollierte Ressource aufgrund eines Vergangenheitsereignisses, von dem künftige wirtschaftliche Vorteile voraussichtlich (*expected*) dem Unternehmen zufließen werden (Rz 88).	Eine gegenwärtige wirtschaftliche Resource, kontrolliert vom Unternehmen als Ergebnis eines Ereignisses in der Vergangenheit.
liability	Eine aus einem Vergangenheitsereignis entstandene gegenwärtige Verpflichtung des Unternehmens, deren Erfüllung (*settlement*) voraussichtlich (*expected*) zu einem Ausfluss von Ressourcen führt, die wirtschaftliche Vorteile enthalten (Rz 94).	Eine gegenwärtige Verpflichtung des Unternehmens zur Übertragung wirtschaftlicher Ressourcen aufgrund eines Vergangenheitsereignisses.
economic resource	./.	Ein Recht oder eine andere Wertgrundlage, die wirtschaftliche Vorteile zu schaffen in der Lage ist.

---

[66] Vgl. zum Ganzen auch ANTONAKOPOULOS, PiR 2005, S. 104 ff.

Mit diesen Neudefinitionen will der *Board* deutlicher machen, dass (Tz 2.10)
- ein *asset* eine Ressource ist und **nicht** der Zufluss des wirtschaftlichen Nutzens, den die Ressource
- eine *liability* eine Verpflichtung und **nicht** der Ausfluss des wirtschaftlichen Vorteils ist, den die Verpflichtung

generieren mag.

Diese Unterscheidung verdeutlicht der *Board* anhand von Beispielen (Tz 2.14). **120**
- **Bezugsrecht** für ein *asset*: Die Ressource ist das Erwerbsrecht für dieses *asset* und nicht das *asset* selbst.
- **Verkaufsrecht** für ein *asset*: Für den Halter der Verkaufsoption liegt die Ressource im Rechtsanspruch gegenüber dem Stillhalter zur Veräußerung des *assets* und nicht im Verkaufserlös bei Ausübung der Option.
- **Pharmazeutisches Forschungsprojekt**: Die Ressource ist das erarbeitete Know-how und nicht der später vielleicht einmal fließende wirtschaftliche Vorteil.
- **Lotterielos**: Die Ressource ist die Teilnahmeberechtigung an der Lotterie und nicht das Preisgeld.

4.7.2 Konditionalität bei Schulden

Unter Tz 3.63 geht das DP ausführlich auf den Inhalt der gegenwärtigen Verpflichtung (*present obligation*) ein. Thematisiert wird dabei die **Konditionalität** (Tz 3.68) für den Transfer der Ressource (Rz 119), also die Abhängigkeit des Transfers von künftigen Ereignissen. Solche Bedingungen können **außerhalb der Kontrolle** des Unternehmens liegen (*stand-ready obligation*), z. B. **121**
- Versicherungsfall (Schadensereignis),
- Eintritt der Bürgschaftsbedingung,
- Rückkauf eines Finanzinstrumentes, wenn der Besitzer seine entsprechende Option ausübt,
- Zusatzzahlung für ein erworbenes Anlagegut, sobald die bedungene Leistung der (z. B.) Maschine nach der Montage erreicht wird.

Der *Board* wertet solche Verpflichtungen, obwohl deren Eintritt am Bilanzstichtag unvorhersehbar ist, als „*unconditional obligation*", die als *liability* gelten. Das Unternehmen hat keinen Einfluss auf den Eintritt des bedingten Ereignisses. Anders stellt sich das Problem dar, wenn die Erfüllung der Leistungsverpflichtung von zukünftigen Handlungen des Unternehmens selbst abhängt (Tz 3.72). Dann stellt sich die Frage, ob eine Schuld nur vorliegt, wenn sich das Unternehmen der Verpflichtung nicht (mehr) „aus eigener Kraft" entziehen kann. **122**

Zur Beantwortung stellt der *Board* unter Tz 3.73 einen Fragenkatalog anhand von sieben **Beispielen** vor, u. a. folgende:
- (1) Ein Teil der Belegschaft soll einen Bonus nach fünfjähriger Betriebszugehörigkeit erhalten. Am Bilanzstichtag haben diese Mitarbeiter zwei Jahre lang ihren Dienst erbracht. Vor Ablauf der Fünf-Jahres-Frist kann das Unternehmen die Bonusvereinbarung einseitig und ohne Zahlungspflicht aufheben.
- (2) Nach nationalem Recht erhebt die Regierung eine Abgabe von Betreibern des Zugverkehrs auf öffentlichem Streckennetz. Die Abgabe beläuft sich auf 1 % des 500 Mio. übersteigenden Umsatzerlöses; sie wird kalenderjährlich erhoben. Zum Bilanzstichtag 30.06. beträgt der Halbjahresumsatz des Zugbetreibers

450 Mio. Umsatz. Für das gesamte Kalenderjahr rechnet er mit 900 Mio. Umsatz und belastet dem Ergebnis zum 30.06. eine Abgabe von 4 Mio.
- (3) Abgabe nach späterer Marktteilnahme, vgl. → § 21 Rz 91 zum „Elektroschrott" mit Abgabeverpflichtung (Kostenanteil am kollektiven Rücknahmesystem) nach Maßgabe des späteren (nach dem Bilanzstichtag) bestehenden Marktanteils.
- (4) Ein Unternehmen schließt am 31.12.01 (Bilanzstichtag) einen Mietvertrag in einer *shopping mall*. Die Mietverpflichtung enthält einen variablen Vergütungsbestandteil von 1 % der Umsatzerlöse. Er ist erstmals zum 31.01.02 zu ermitteln.

123 In allen Fällen kann sich das Unternehmen, wenigstens theoretisch, der jeweiligen Verpflichtung „aus eigener Kraft" entziehen, **praktisch** ist dies aber u. U. unmöglich.
- Zu (1): Die Erwartungshaltung der betroffenen Mitarbeiter erfordert eine Erfassung der anteiligen Vergütung für die abgelaufenen zwei Jahre.
- Zu (2): In aller Regel wird das Zugverkehrsunternehmen nicht von heute auf morgen, also gleich nach Ende des Erhebungsjahres der Abgabe, seinen Zugverkehr einstellen wollen oder können.
- Zu (3): Hier fehlt es an einer gegenwärtigen Verpflichtung, da die Abgabe vom künftigen Verhalten des Unternehmens abhängig ist.
- Zu (4): Hier kann sich der Mieter nicht der Verpflichtung entziehen, solange er aus Eigeninteresse die Filiale nutzen will.

In der Zusammenschau aller Fälle außer (3) stellen sich nach dieser zweiten Sicht aufgrund der Zwangslage die Verpflichtungen **faktisch** als „*unconditional*" dar, sind demnach als *liability* zu würdigen.

4.7.3 Kontrolle bei Vermögenswerten

124 Ein *asset* muss unter der **Kontrolle** des Unternehmens stehen (Rz 98). Zur Definition bewegt sich der *Board* weitgehend auf dem Boden des Bisherigen, z. B. im IFRS 10 (→ § 32 Rz 6 ff.). Entsprechend wird folgende **Begriffsbestimmung** vorgeschlagen:

> „Ein Unternehmen kontrolliert eine wirtschaftliche Ressource, wenn es die aktuelle Möglichkeit inne hat, durch Nutzung der Ressource wirtschaftliche Vorteile daraus zu ziehen."

Kontrolle ist **nicht identisch** mit einer Garantie über den Zufluss wirtschaftlicher Vorteile. Wenn aber die Ressource solche Vorteile erzeugt, dann erhält diese der Kontrollierende. Öffentlich zugängliche wirtschaftliche Ressourcen – Straßen, frei erhältliche Informationen – können vom Unternehmen nicht kontrolliert werden und stellen deshalb kein *asset* dar.

4.7.4 Die Ungewissheit (*uncertainty*)

125 Zur Bedeutung der Ungewissheit bezieht sich der IASB im DP Tz 2.17 zunächst auf zwei Bereiche der aktuellen Standardisierung:
- Nach der (gültigen) *asset*-Definition ist der **erwartete** Zugang wirtschaftlicher Vorteile zu berücksichtigen.
- Nach den (gültigen) Kriterien bedarf es der **Wahrscheinlichkeit** (*probable*) eines Zugangs (*asset*) bzw. Abgangs (*liability*) von Ressourcen zur Ansatzberechtigung (*recognition*).

Wie verhalten sich die Tatbestandsvoraussetzungen von „*expected*" und „*probable*"? 126
Dazu unterscheidet das DP in Tz 2.20 ff. zwischen Ungewissheit über das **Bestehen**
(*excistance uncertainty*) und Ungewissheit über das **Resultat** (*outcome uncertainty*)
aus dem jeweiligen *asset* bzw. *liability*. Das typische Beispiel für die **Bestehens-
ungewissheit** ist der Passivprozess, in dem eine Schuld des Unternehmens erst noch
festgestellt werden muss und ob ggf. daraus eine Zahlungsverpflichtung entsteht.
Das DP spricht der *existance uncertainty* Seltenheitswert zu („*in some rare cases*").

Ist dagegen das Bestehen eines *assets* oder einer *liability* geklärt, stellt sich die 127
weitere Frage nach dem Resultat (*outcome*) des jeweiligen Bilanzpostens (genannt *outcome uncertainty*). Der Board versucht dies anhand einer Reihe von
Beispielen zu erläutern (Tz 2.32).

- Mit dem **Lotterielos** hält der Inhaber ein *asset* und kennt auch die Wahrscheinlichkeit eines Gewinns. Ob sein Los indes in die Ausschüttung fällt,
  weiß der Inhaber nicht.
- Der Halter einer im Handel befindlichen **Option** erhält Liquiditätszuflüsse
  bei der Ausübung der (dann im Geld befindlichen) Option oder beim Verkauf.
  Der Halter weiß aber nicht, ob er die Option ausüben will.
- Das Investment in eine **Partnerschaft** kann der Investor nicht aus eigenem
  Entschluss auf eine außenstehende Partei übertragen. Einen *cash*-Zufluss
  erhält der Investor nur bei Ausschüttung, Liquidation oder durch Verkauf an
  die anderen Investoren. Ein Liquiditätszufluss aus dem Engagement ist deshalb ungewiss.
- Ein **Forschungs- und Entwicklungsprojekt** stellt ein *asset* dar. Ob es einen
  cash-Zufluss verschafft, ist erst gewiss bei Erfolg des Projekts oder Verkauf
  des Forschungsergebnisses.
- Beim **Passivprozess** ist das Bestehen einer Verbindlichkeit unsicher. Hinzu
  kommt die Ungewissheit, wie viel das Unternehmen im Unterliegensfall bezahlen muss.
- Bei einer Kunden**forderung** oder einem **Vorräte**bestand liegt zweifellos ein
  asset vor; inwieweit dieses zu einem *cash*-Zufluss führt, ist ungewiss.

Der *Board* will mit diesem Hinweis auf die immer vorliegende Ungewissheit des 128
Bestehens und des **Ergebnisses** aus einem vorliegenden *asset* oder einer *liability* die
Eliminierung aus der Definition („*expected*") rechtfertigen[67] (Rz 119). Die vorgeschlagene Definition des wirtschaftlichen Vorteils muss **nicht die Gewissheit**
über dessen Entstehen enthalten. Es genügt die **Möglichkeit** des Entstehens eines
wirtschaftlichen Vorteils. Dazu bedarf es nicht der Bestimmung einer **Wahrscheinlichkeitsschwelle**. Spiegelbildlich gilt dies auch für die *liability*. Eine solche
liegt vor, selbst wenn z. B. die Inanspruchnahme aus einer Bürgschaft hochwahrscheinlich ist. Den Verzicht auf die Wahrscheinlichkeitsschwelle will der *Board*
„korrigieren" (Tz 2.35) durch

- **Detail**regelung in künftigen Standards (also Abkehr von der Prinzipienbasierung).
- Einbeziehung in den **Bewertungsvorgang**[68] (ähnlich im derzeit nicht mehr
  verfolgten ED 2010/1, → § 21 Rz 189).

---

[67] Insoweit unterstützt vom IDW im Schreiben vom 10.12.2013 an das IASB.
[68] So auch das IDW im Schreiben vom 10.12.2013 an das IASB. Letztlich schlägt das IDW die Behandlung der Ungewissheit auf Standardebene vor. Ähnlich das DRSC im Schreiben vom 11.01.2014.

Im Bewertungsteil des DP (Tz 66 ff.) wird das Thema der Ungewissheit und seines Einflusses auf die Bewertung **nicht** aufgegriffen. Der Verzicht auf eine Wahrscheinlichkeitsschwelle und die dort verbundene Loslösung der Erwartung (*expected*) aus den Definitionen von *asset* und *liability* hinterlässt deshalb ein ungutes Gefühl. In der Konsequenz müssten jede Menge *assets* und *liabilities* in die Bilanz (*recognition*) und Ausbuchung (*derecognition*) aufgenommen werden – aber zu welchem Wert?

4.7.5 Ansatz (recognition)

129 Das DP „löst" das zuletzt behandelte Problem durch eine **Ansatzbeschränkung** nach Maßgabe **qualitativer** Kriterien, insbesondere die *faithful representation* (Tz 4.12 ff.) und der *relevance* – beide Begriffe mit sich überschneidendem Inhalt. Wenn die *faithful representation* im Einzelfall nicht erfüllt wird, dürfen entsprechende *assets* und *liabilities* nicht angesetzt werden (Tz 4.20). Dabei ersetzen Anhangangaben nicht den Bilanzansatz. Unter Tz 4.26 listet das DP eine Reihe von Indikatoren auf, die eine relevante Information ausschließen können und deshalb einen Bilanzansatz obsolet machen.

- Die möglichen Ergebnisse bewegen sich in einem extrem **weiten Spektrum** mit entsprechender Schwierigkeit bei der Abschätzung von Wahrscheinlichkeiten – Beispiel Passivprozess. Hier soll bei Relevanz der Information der Adressat der Rechnungslegung über die Möglichkeiten und Wahrscheinlichkeiten des letztendlichen Ausgangs durch Anlageerläuterung informiert werden, auch wenn das betreffende *asset* oder die *liability* nicht angesetzt wird.
- Wenn ein solcher Bilanzposten vorliegt, ein Zu- oder Abfluss eines wirtschaftlichen Vorteils aber **eher unwahrscheinlich** ist, werden die Abschlussadressaten einer entsprechenden Information keine Bedeutung zumessen.
- Die Identifizierung einer Ressource oder einer Verpflichtung kann ungewöhnlich **schwierig** sein, z. B. bei Selbsterstellung immaterieller Vermögenswerte.
- Ein *asset* ist dann nicht anzusetzen, wenn dies nicht dem **Ziel** der **Finanzberichterstattung** dient, nämlich der selbstgeschaffene *goodwill*; der Unternehmenswert, soll durch den Jahresabschluss nicht dargestellt werden (Tz 4.9c).

Insgesamt lässt sich zu Rz 128 ff. feststellen: Der vom *Board* intendierte Verzicht auf eine Wahrscheinlichkeitsschwelle bei unsicheren Erwartungen führt zu Ergebnissen, die nicht mehr auf Prinzipienbasis gelöst werden können. Stattdessen ist das Tor zur **Kasuistik** weit geöffnet.

4.7.6 Eigen- versus Fremdkapital

130 Bezüglich der entscheidenden Frage nach dem **Unterschied** von Eigen- und Fremdkapital ergeht sich das DP in Tz. 5.1 ff in unsicheren Überlegungen über verschiedene Ansätze (*approaches*) zur Unterscheidung des Eigen- vom Fremdkapital. Der *Board* hält sich hier für **weitere Überlegungen** offen. Insbesondere auch bez. **hybrider** Finanzinstrumente ist kein Lösungsvorschlag festzustellen.

4.7.7 Erfolgswirksame Posten

Die unter Rz 108 ff. aufgezählten Kategorien von Aufwendungen und Erträgen werden im DP unter Tz 2.44 f. wiederholt. Die unschöne „Logik" der Verwendung von *expenses* als Haupt- und Unterkategorie wird nicht angesprochen,[69] wie überhaupt keine Bemühung um eine konstruktive Neulösung ersichtlich ist. Stattdessen zieht sich der *Board* auf den Vorschlag zurück (Tz 2.46), das Problem einer Kategorisierung der Aufwands- und Ertragsposten in die Überarbeitung von Standards und die Darstellung des Finanzberichts einzubeziehen. Das *framework* würde dann vom Aufwands- und Ertragsteil der Rechnungslegung freigehalten.

131

5 IFRS für den Mittelstand

Auf → § 50 wird verwiesen.

132

6 Rechtsentwicklung

IASB und der amerikanische FASB verfolgten seit Oktober 2004 gemeinsam ein Projekt zur Überarbeitung ihrer Rahmenkonzepte. Ein einheitliches Konzept sollte Deduktionsbasis für zukünftige, konvergente Rechnungslegungsstandards sein.[70] Das Projekt war in 8 Phasen eingeteilt:

133

- Phase A: Zielsetzung und qualitative Eigenschaften des Jahresabschlusses,
- Phase B: Abschlussposten und deren Ansatz,
- Phase C: Bewertung,
- Phase D: Berichterstattende Einheit,
- Phase E: Darstellung des Abschlusses und Angabepflichten einschließlich Grenzen des Jahresabschlusses,
- Phase F: Zielsetzung und Status des Rahmenkonzepts,
- Phase G: Anwendung auf Non-Profit-Unternehmen,
- Phase H: Sonstiges.

Phase A wurde im September 2010 mit dem *Framework* 2010 beendet. Wesentliche inhaltliche und terminologische Änderungen gegenüber dem *Framework* 1989 sind:

- Festlegung aktueller und potenzieller Eigen- und Fremdkapitalgeber als primäre Adressaten des Jahresabschlusses (Rz 5),
- Ersetzen der qualitativen Anforderung der Verlässlichkeit *(reliability)* durch die der glaubwürdigen Darstellung (Rz 17),
- Streichung des Vorsichtsprinzips (Rz 17),

Phase B betrifft u. a. die abstrakte und konkrete Bilanzierungsfähigkeit, also etwa die Frage, ob Gewinnchancen aus schwebenden Verträgen einen Vermögenswert darstellen, der zu aktivieren ist (Rz 89 und Rz 119 ff.)). Hier ergeben sich nach Maßgabe des *asset-liability*-Ansatzes (Rz 118) unmittelbare Verbindungen zu den Ertragsrealisierungsgrundsätzen.

---

[69] Vgl. IDW im Schreiben vom 10.12.2013 an das IASB.
[70] Vgl. dazu allgemein KAMPMANN/SCHWENDLER, KoR 2006, S. 521 ff., sowie speziell zum Konvergenzaspekt WATRIN/STROHM, KoR 2006, S. 123 ff. Zum neusten Stand des Projektes vgl. IASB update September 2012.

Zu **Phase C** wurde im November 2005 ein Diskussionspapier „*Measurement Basis for Financial Reporting – Measurement on Initital Recognition*" vorgelegt. Hierin wird der verlässlich ermittelbare *fair value* als Maßstab der Zugangsbewertung präferiert (vgl. aber Rz 134). Bei mangelnder Verlässlichkeit sollen Ersatzmaßstäbe (z. B. Anschaffungs-/Herstellungskosten) herangezogen werden, wobei im Approximationsinteresse ggf. wie bei einer *fair-value*-Bewertung Transaktionskosten (Anschaffungsnebenkosten) nicht angesetzt, sondern unmittelbar als Aufwand verbucht würden. Ein Aufwand/Ertrag im Zugangszeitpunkt *(day-one profit or loss)* ergäbe sich im Übrigen auch, wenn der *fair-value*-Ansatz der empfangenen Leistung vom Wert der entrichteten Leistung abweicht.[71]

Phase D betrifft u. a. die Abgrenzung des Konsolidierungskreises, etwa bei Zweckgesellschaften (→ § 32).

Zu Phase E bis **H** liegen noch keine Ergebnisse vor.

Die Phasen B bis E werden nicht mehr gemeinsam verfolgt, die Phasen F und G ruhen derzeit:

Am 18.12.2012 hat der IASB ein „*Feedback Statement*" zur *Agendakonsultation 2011* veröffentlicht. Die aus unserer Sicht wichtigsten Ergebnisse sind (Wünsche der befragten Rechtsanwender):

- Nach 10 Jahren fast ständigen Wechsels sollte eine Periode relativer Ruhe (in Bezug auf die Standardsetzung) einkehren.
- Bei der Standardsetzung sollte eine bessere *cost-benefit*-Analyse erfolgen (Rz 62).

134 Am 18.07.2013 hat der IASB ein umfassendes Diskussionspapier zur Überarbeitung und Ergänzung des Rahmenkonzepts (*Framework*) vorgestellt. Im Einzelnen gilt dabei:[72]

- **Kapitel 1** (Einführung): Das Rahmenkonzept dient in erster Linie dem IASB als Richtschnur bei der Entwicklung seiner Regelungen und geht bei der Rechtsanwendung (Bilanzierung) keiner speziellen Regelung im Rang vor.
- **Kapitel 2** (Elemente). Die Definition von Vermögen und Schulden soll nicht mehr auf die künftigen Zu- oder Abflüsse von Nutzen, sondern unmittelbar auf die zugrundeliegende wirtschaftliche Ressource resp. die Verpflichtung zur Übertragung derselben rekurrieren. Der Wahrscheinlichkeitsbezug soll gestrichen werden (Rz 119 ff).
- **Kapitel 3** (Abgrenzungsmerkmale). Entwicklung von Vorschlägen zur Bilanzierung von Schulden in Abhängigkeit des Bestehens einer gegenwärtigen Verpflichtung (Rz 122).
- **Kapitel 4** (Ansatz). Vorschlag einer konzeptionellen Grundlage für den Ansatz und die Ausbuchung von Vermögenswerten und Schulden basierend auf dem control-Prinzip.
- **Kapitel 5** (Eigenkapital). Die angedachten neuen Abgrenzungen zum Fremdkapital lassen sich nicht generell als restriktiver oder großzügiger qualifizieren. Denkbar ist etwa, dass ewige Anleihen (perpetuals) seltener als bisher zu Eigenkapital führen, während möglicherweise die Einlagen bei Personenunternehmen eher als bisher Eigenkapital darstellen. Zur Aufzeigung von Verwäs-

---

[71] Vgl. zu Einzelheiten des Projekts SCHMIDT, KoR 2006, S. 65 ff.
[72] Nach LÜDENBACH/FREIBERG, BB 2013, S. 3119.

serungseffekten sollen bestimmte Eigenkapitalinstrumente ggf. außerhalb des Gesamtergebnisses folgebewertet werden.
- **Kapitel 6** (Bewertung). Die Verwendung nur eines Bewertungsmaßstabs innerhalb des Regelwerks wird abgelehnt. Die jeweils sachgerechte Bewertung ergibt sich in Abhängigkeit des jeweiligen Einzelfalls.
- **Kapitel 7** (Ausweis und Angaben). Der IASB unternimmt den Versuch die Zwecke der einzelnen Abschlussbestandteile und des Anhangs sowie ihr Verhältnis zueinander zu klären.
- **Kapitel 8** (Gesamtergebnisrechnung). Ohne eine konkrete Definition von Gewinn und Verlust versucht sich der IASB an einer Abgrenzung der Gewinn- und Verlustrechnung von dem sonstigen Gesamtergebnis. Beide Komponenten sollen beibehalten, in der Aufteilung allerdings geändert werden.
- **Kapitel 9** (Sonstiges). Der letzte Abschnitt ist ein Sammelkapitel für höchst unterschiedliche Sachverhalte (Geschäftsmodell, Bilanzierungseinheit, Grundsatz der Unternehmensfortführung, Kapitalerhaltungskonzepte). Wann das Projekt seinen Abschluss findet, lässt sich derzeit nicht vorhersagen.

7 Zusammenfassende Praxishinweise

Zu Einzelheiten zur Zielsetzung, zum Regelungsinhalt und zu den Begrifflichkeiten des *Framework* vgl. Rz 1 ff.   **135**
Die Zielsetzung des Jahres- bzw. Konzernabschlusses nach dem *Framework* liegt in der Bereitstellung entscheidungsnützlicher Informationen durch die einzelnen **Bestandteile** eines solchen Abschlusses (Rz 5 ff.).
In herkömmlicher Betrachtungsweise ist das IFRS-Rechnungslegungssystem eher **dynamisch** als statisch ausgerichtet (Rz 8 ff.).
Zu einzelnen **qualitativen Anforderungen** im *Framework* – Relevanz, Zuverlässigkeit, Verständlichkeit, Vergleichbarkeit, Vorsicht – vgl. Rz 17.
Trotz der angeblichen oder wirklichen Zurückdrängung des **Vorsichtsprinzips** verbleibt gleichwohl im IFRS-Regelwerk eine imparitätische Berücksichtigung von **Unsicherheiten** (Wahrscheinlichkeiten) bei der Beurteilung von Sachverhalten und der Bewertung von Bilanzposten (Rz 18 ff.).
Bei der gängigen Beurteilung der **Qualität** des IFRS-Regelwerks wird häufig nicht zwischen Sollen und Sein unterschieden (Rz 25 ff.). Das zeigt sich insbesondere bei der Fülle von **Ermessensspielräumen**, die dem Management bei der Rechnungslegung eingeräumt werden (Rz 37 ff.).
Der IASB propagiert – insbesondere seit Enron – das *principle-based accounting* in Abgrenzung zum *cookbook accounting* nach US-GAAP (Rz 43 ff.). Dieser Vorgabe kommt der IASB allerdings nur **bedingt** nach. **Beleg** ist etwa IAS 39 mit einer relativ kurzen „Grundsatz"-Regelung, der indes umso ausführlicher Anwendungshilfen beigefügt werden.
Bei der **praktischen** Umsetzung des IFRS-Regelwerks sind folgende Regeln beachtlich (Rz 51 ff.):
- Welches sind die **anwendbaren** Regeln?
- **Wie** sind die Regeln und unter welchen **Vorbehalten** anzuwenden?
- Wie ist bei **fehlender** Regelung zu verfahren?

Die einschlägigen Vorgaben sind teils im *Framework*, teils in IAS 1 und in IAS 8 geregelt. Die vorliegende Kommentierung fügt diese zusammengehörigen Aspekte **zusammen** (Rz 51 ff.).

Wichtige Vorbehalte der Regelanwendung sind das **Wesentlichkeits**prinzip *(materiality)*, der **Kosten-Nutzen-Aspekt** und die **Zeitnähe** (Rz 61 ff.).

Erheblichen Interpretationsbedarf des Regelanwenders erfordern die Vorgabe der *true and fair presentation* (Rz 69 ff.) sowie die Füllung von **Regelungslücken** (Rz 77 ff.).

Eher noch unbestimmter als nach HGB sind die **Ansatz**vorschriften (abstrakte Bilanzierungsfähigkeit) für Vermögenswerte und Schulden (Rz 88 ff.). Wegen der abstrakten Begriffsdefinitionen ist in der Bilanzierungspraxis immer ein Blick auf einschlägige **Spezialregelungen** zum Ansatz von Vermögenswerten und Schulden erforderlich (Rz 100 f.).

Die **Bewertungs**grundlagen der IFRS – Anschaffungs- oder Herstellungskosten, *fair value*, Neubewertung etc. – sind in Rz 103 ff. dargestellt.

Zu den die **Ergebnisrechnung** betreffenden Begriffsinhalten wird auf Rz 106 ff. verwiesen.

§ 2 DARSTELLUNG DES ABSCHLUSSES

Inhaltsübersicht	Rz
Vorbemerkung	
1 Zielsetzung und Regelungsinhalt von IAS 1	1–3
1.1 Anforderungen an Zweck, Inhalt und Gliederung des Jahresabschlusses	1
1.2 Verhältnis von IAS 1 zum *Framework* und zu IAS 8	2–3
2 Grundregeln für den IFRS-Abschluss	4–15
2.1 Abschlussbestandteile	4–5
2.2 Identifizierung der Abschlussbestandteile	6
2.3 Übereinstimmungserklärung *(compliance statement)*	7
2.4 Angabe von Vorjahreswerten	8–12
2.5 Länge der Berichtperiode, Änderung des Geschäftsjahres	13–15
3 Grundregeln der Gliederung der Abschlussbestandteile	16–29
3.1 Überblick	16
3.2 Darstellungsstetigkeit	17–20
3.3 Zusammenfassung und Untergliederung von Posten	21–22
3.4 Saldierung von Posten	23–29
4 Gliederung der Bilanz	30–54
4.1 Gliederung nach Fristigkeit oder nach Liquiditätsnähe	30–32
4.2 Kriterien der Kurz- und Langfristigkeit	33–43
4.3 Mindestgliederung der Bilanz	44–52
4.4 Ergänzungen des Mindestgliederungsschemas	53
4.5 Ausweiswahlrechte	54
5 Gliederung der GuV bzw. des GuV-Teils der Gesamtergebnisrechnung	55–88
5.1 GuV und Gesamtergebnisrechnung	55
5.2 (Faktische) Mindestgliederung	56–64
5.3 Inhalt der operativen Posten im Umsatz- und Gesamtkostenverfahren	65–70
5.4 Ergänzende Posten zu regelmäßigen Erfolgsquellen	71–74
5.4.1 Möglichkeiten und Grenzen der Erweiterung	71
5.4.2 Beurteilung eines separaten FuE-Ausweises nach dem Gesamtkostenverfahren (GKV)	72
5.4.3 Beurteilung des separaten FuE-Ausweises nach dem Umsatzkostenverfahren (UKV)	73
5.4.4 Ergebnis	74
5.5 Ergänzende Posten oder Angaben zu unregelmäßigen Erfolgskomponenten	75–77
5.6 Aufschlüsselung des Beteiligungs-, *equity*- und Finanzergebnisses in der GuV oder im Anhang	78–84
5.7 Die IFRS-Praxis, Pro-forma-*earnings*	85–88
6 Gesamtergebnisrechnung	89–98
6.1 Verhältnis zur Eigenkapitaländerungsrechnung	89–90
6.2 Darstellungswahlrechte im Verhältnis zur GuV	91–94

6.3 *Recycling/reclassification* von sonstigen Ergebnissen,
Aufschlüsselung in GuV oder Anhang.   95–97
6.4 Offenlegung der Steuern auf das sonstige Ergebnis   98
7 Anwendungszeitpunkt, Rechtsentwicklung   99–102
8 Zusammenfassende Praxishinweise.   103–112

Schrifttum: AMSHOFF/JUNGIUS, Neuregelung der Darstellung der Gesamtergebnisrechnung, PiR 2011. S. 245 ff.; FREIBERG, Ausweis von Derivaten im *statement of financial position*, PiR 2010, S. 299 ff.; FREIBERG, Ausweis von Verbindlichkeiten als lang- oder kurzfristig?, PiR 2010, S. 142 ff.; HILLEBRANDT/SELLHORN, Pro-forma-Earnings: Umsatz vor Aufwendungen?, KoR 2002, S. 153 ff.; HOFFMANN/LÜDENBACH, Internationale Rechnungslegung: kapitalmarkt- oder managerorientiert? StuB 2002, S. 541 ff.; KÜTING/REUTER, Erhaltene Anzahlungen in der Bilanzanalyse, KoR 2006, S. 1 ff.; LÜDENBACH, Ausweis von FuE-Kosten in der GuV nach Gesamtkosten- oder Umsatzkostenverfahren, PiR 2007, Heft 3; LÜDENBACH, Offenes Absetzen erhaltener Anzahlungen vom Vorratsvermögen, PiR 2006, S. 28 ff.; LÜDENBACH, Rumpf- oder 18-monatiges Geschäftsjahr bei Änderung des Bilanzstichtags vom Jahres- auf den Halbjahresultimo?, PiR 2007, S. 292 ff.; SELLHORN/HAHN/MÜLLER, Zur Darstellung des Other Comprehensive Income nach IAS 1 rev. 2011, WPg 2011, S. 1013 ff.; URBANCZIK, Presentation of Items of Other Comprehensive Income, Amendments to IAS 1, KoR 2012, S. 269 ff.; VATER, Financial Covenants im IFRS-Abschluss, PiR 2010, S. 128 ff.; ZÜLCH/FISCHER, Die Neuregelungen des überarbeiteten IAS 1, PiR 2007, S. 257 ff.

Vorbemerkung
Die Kommentierung bezieht sich auf IAS 1 und berücksichtigt alle Ergänzungen, Änderungen und Interpretationen, die bis zum 1.1.2015 beschlossen wurden. Einen Überblick über ältere Fassungen sowie diskutierte oder schon als Änderungsentwurf vorgelegte zukünftige Regelungen enthalten Rz 86 ff.
Einen Überblick über die Rechtsentwicklung enthalten Rz 99 ff.

1 Zielsetzung und Regelungsinhalt von IAS 1

1.1 Anforderungen an Zweck, Inhalt und Gliederung des Jahresabschlusses

1   IAS 1 verfolgt das ausdrückliche Ziel, im Interesse der inneren (interperiodischen) und äußeren (zwischenbetrieblichen) Vergleichbarkeit von Abschlüssen Grundregeln für **Inhalt** und **Form** von Jahresabschlüssen festzulegen (IAS 1.1). In diesem Rahmen werden drei Themenschwerpunkte behandelt:
- **Allgemeine** Überlegungen: Zweck des Jahresabschlusses, *fair presentation* (→ § 1 Rz 69).
- **Inhalt des Jahresabschlusses:** Pflichtbestandteile, Darstellungsprinzipien, Darstellungsstetigkeit (Rz 17), Saldierungsverbot (Rz 23), Wesentlichkeit (Rz 21), Vorjahresvergleich.
- **Gliederung** und Inhalt von Bilanz (Rz 30), GuV bzw. Gesamtergebnisrechnung (Rz 56), Eigenkapitalveränderungsrechnung (→ § 20) und Anhang (→ § 5).

1.2 Verhältnis von IAS 1 zum *Framework* und zu IAS 8

Dem in IAS 1.1. festgehaltenen Ziel der **inneren und äußeren Vergleichbarkeit** sind in gleicher Weise auch das *Framework* und IAS 8 verpflichtet (IAS 8.1). Zwischen diesen drei Regelungen bestehen vor allem in der Frage der Anwendung und Auswahl von Bilanzierungsmethoden *(application and selection of accounting policies)* starke **Überlappungen**.

- Welches die **auf einen IFRS-Abschluss anwendbaren Regeln** sind bzw. unter welchen Voraussetzungen ein Abschluss als IFRS-Abschluss bezeichnet werden darf, wird sowohl in IAS 1.15ff. als auch in IAS 8.7ff. und im *Framework* behandelt (→ § 1 Rz 53).
- Jede (ökonomisch sinnvolle) Regelanwendung steht unter dem **Vorbehalt der materiality**. Auf unwesentliche Sachverhalte brauchen komplexe Regeln nicht angewandt zu werden. Ausführungen zur *materiality* finden sich sowohl in IAS 1.29ff. als auch in IAS 8.8 und wiederum im *Framework* (→ § 1 Rz 63).
- Die (sinnvolle) Anwendung der Rechnungslegungsregeln unterliegt weiterhin dem **Vorbehalt der *true and fair presentation***. Ausführungen hierzu finden sich in IAS 1.15ff., IAS 8.10ff. und im *Framework* (→ § 1 Rz 69).
- Schließlich gibt der Zweck der inneren Vergleichbarkeit der Regelanwendung eine **Stetigkeitsvorgabe**. Regeln sollen konsistent angewendet werden. Dieses Problem wird in IAS 1.45 und im *Framework* (→ § 1 Rz 17), hauptsächlich aber in IAS 8.14ff. behandelt (→ § 24 Rz 5ff.).

Diese im Regelwerk fragmentierten Themen sind zusammenzuführen, soweit nicht ausnahmsweise eine ganz unterschiedliche Schwerpunktsetzung die Fragmentierung sachlich rechtfertigt. In diesem Sinne behandelt unsere Kommentierung die vorgenannten Punkte überwiegend einheitlich. Es wird deshalb verwiesen

- zu den anwendbaren Regeln auf → § 1 Rz 53,
- zum Vorbehalt der *materiality* auf → § 1 Rz 63,
- zum Vorbehalt der *true and fair presentation* auf → § 1 Rz 69,
- zu den zulässigen Ausnahmen vom Stetigkeitsgebot auf → § 24 Rz 18.

Hingegen werden in diesem Paragrafen behandelt:
- Grundregeln zu Inhalt und Struktur des Jahresabschlusses, d.h.
  - die notwendigen **Abschlussbestandteile** (Rz 4),
  - die besondere Ausprägung des **Stetigkeitsgebots bei Ausweisfragen** (Rz 17),
  - die **Zusammenfassung und Untergliederung von Posten** der Bilanz und der GuV (Rz 21),
  - das **Saldierungsverbot** (Rz 23),
- die **Mindestgliederung der Bilanz** (Rz 44),
- die **Mindestgliederung der GuV** (Rz 56) bzw. **Gesamtergebnisrechnung** (Rz 89).

Jeweils in einem eigenen Paragrafen werden dagegen dargestellt:
- die in IAS 7 enthaltenen Regelungen zu **Kapitalflussrechnung** (→ § 3),
- die quer über alle Standards vorkommenden Angabepflichten für den **Anhang** (→ § 5),
- im Zusammenhang mit IAS 32 (Definition und Abgrenzung des Eigenkapitals) und IAS 1 (Gliederung des Eigenkapitals) die **Eigenkapitalveränderungsrechnung** (→ § 20).

2 Grundregeln für den IFRS-Abschluss

2.1 Abschlussbestandteile

4 Nach IAS 1.10 besteht der IFRS-Abschluss aus folgenden Bestandteilen:
- **Bilanz** (Rz 30),
- **Gesamtergebnisrechnung** (Rz 89),
- **GuV** (sofern nicht in die Gesamtergebnisrechnung integriert) (Rz 56),
- **Eigenkapitalveränderungsrechnung** (Rz 89),
- **Kapitalflussrechnung** (→ § 3),
- **Anhangsangaben** (→ § 5).

IAS 1 empfiehlt abweichend von älteren Versionen folgende Bezeichnungen:
- statt „**Bilanz**" *(balance sheet)* „**Darstellung der Vermögenslage**" *(statement of financial position)*
- statt „**Kapitalflussrechnung**" *(cash flow statement)* „**Darstellung der Zahlungsströme**" *(statement of cash flows).*
- statt „**Gesamtergebnisrechnung**" *(statement of comprehensive income)* „**Darstellung von Gewinn- oder Verlust und sonstigem Gesamtergebnis**" *(statement of profit or loss and other comprehensive income).*

Die Wahl **anderer**, z.B. der früheren, Bezeichnungen ist aber ausdrücklich **erlaubt** (IAS 1.10).

5 Für **deutsche IFRS-Anwender**, die ihren Konzernabschluss als kapitalmarktorientierte Unternehmen pflichtweise, als nicht börsennotierte Unternehmen wahlweise nach IFRS aufstellen, schreiben § 315a Abs. 1 und 3 HGB i.d.F. d. BilReG zusätzlich die Erstellung eines **Konzernlageberichts** vor. Dieser Abschlussbestandteil unterliegt nicht den IFRS-Regeln (IAS 1.13; → § 7 Rz 15).

2.2 Identifizierung der Abschlussbestandteile

6 Jeder Abschluss**bestandteil** ist unverwechselbar zu bezeichnen. Die folgenden Angaben sind, da für das Verständnis notwendig, in jedem Abschlussbestanteil zu leisten (IAS 1.51):
- Name des berichtenden Unternehmens,
- Bilanzstichtag bzw. Berichtsperiode und
- Berichtswährung und Rundungseinheit (z.B. TEUR oder Mio. EUR).

Für die zusätzlich in IAS 1.51 geforderte Angabe, ob es sich um einen Konzern- oder Einzelabschluss handelt, reicht u.E. ein einmaliger Hinweis im Abschluss aus. Die Bezeichnung des Abschlusses oder des jeweiligen Abschlussbestandteiles kann bei **Non-Profit-Unternehmen** angepasst werden (IAS 1.5). Die Rechnungslegung einer gemeinnützigen, nicht kaufmännischen **Stiftung** könnte etwa als „Jahresrechnung", die Bilanz als „Vermögensrechnung" bezeichnet werden. Sinnvoll erscheint ein solches Vorgehen aber nicht, da die Verwendung besonderer Begriffe den Eindruck fehlender IFRS-Konformität erweckt.

2.3 Übereinstimmungserklärung *(compliance statement)*

7 Der Abschluss und seine Bestandteile müssen nicht schon in ihrer Überschrift **als IFRS-konform identifiziert** werden. Die Bezeichnung *„Konzernabschluss der XY zum 31.12.01"* reicht bspw. aus. Die Bezeichnung *„IFRS-Konzernabschluss der XY zum 31.12.01"* ist weder notwendig noch üblich.

Darstellung des Abschlusses § 2

IAS 1.16 verlangt stattdessen eine ausdrückliche und vorbehaltslose Aussage im Anhang, dass der Abschluss in **Übereinstimmung** (*compliance*) mit den IFRS erstellt wurde. Zur Frage, welche Standards und sonstigen Verlautbarungen des IASB das verbindliche Regelwerk IFRS ausmachen, wird auf → § 1 Rz 53 verwiesen, zu den Folgen einer (fehlenden) *compliance*-Erklärung für die Frage, ob ein Unternehmen Erstanwender *(first-time adopter)* ist, auf → § 6 Rz 5.

Da auf der Basis der EU-IAS-Verordnung und ihrer Umsetzung in § 315a HGB (→ § 7 Rz 9) zur Erfüllung der gesetzlichen Rechnungspflichten IFRS insoweit anzuwenden sind, als die Standards von der **EU anerkannt** (*endorsed*) wurden, empfiehlt das ARC (*Accounting Regulatorys Committee*) folgende Fassung des *compliance statement*: „Dieser Abschluss ist in Übereinstimmung mit den IFRS, soweit diese von der EU angenommen wurden, erstellt." („*This financial statement is prepared in accordance with IFRSs as adopted by the EU.*"[1]).

2.4 Angabe von Vorjahreswerten

Die Angabe von Vorjahreswerten ist abweichend vom HGB für **alle Elemente** des Jahresabschlusses, insbesondere auch für den **Anhang** geboten (IAS 1.38). Hieraus ergibt sich etwa die Notwendigkeit, abweichend vom HGB einen Anlagespiegel auch für das Vorjahr darzustellen (§ 14 Rz 29) oder auch die Pflicht, Angaben zum Impairment Test (WACC, Wachstumsraten usw → § 11 Rz 227 ff.) sowohl für das laufende wie für das Vorjahr zu leisten. 8

Für nichtquantitative Informationen („*narrative information*") gilt IAS 1.38 im Allgemeinen nicht. Lediglich im Einzelfall kann es auch hier sinnvoll oder notwendig sein, beide Jahre in Beziehung zu setzen (IAS 1.38B). 9

> **Beispiel**
> Ende 01 geht eine Klage gegen U ein. Das Risiko des Prozessverlustes wird als außerordentlich gering (*remote*) angesehen, daher wird weder eine Rückstellung passiviert noch eine Anhangsangabe vorgenommen (→ § 21 Rz 125). Ende 02 wird das Risiko immer noch als gering, aber nicht mehr als *remote* angesehen, daher wird im Anhang über das Risiko berichtet (→ § 21 Rz 183). Sinnvollerweise wird dabei darauf verwiesen, dass die Klage schon zum vorherigen Stichtag anhängig war, das Risiko aber damals noch als außerordentlich gering eingestuft werden konnte.

Es gilt für die Rechenwerke des Abschlusses der Grundsatz der Ausweis- bzw. Darstellungsstetigkeit (IAS 1.45). Wird in begründeten Fällen (Rz 17) die Darstellung des Abschlusses geändert, sind auch die Vorjahresbeträge **neu zu gliedern** (IAS 1.41), außer wenn dies *impracticable,* d. h. mit vertretbarem Aufwand nicht durchführbar wäre. In den Fällen, in denen sich die Umgliederung auf die **Bilanz** bezieht, ist ergänzend zu der sonst geforderten Darstellung von zwei Bilanzstichtagen (aktuelles Jahr und Vorjahr) als drittes auch die **Eröffnungsbilanz** des Vorjahres darzustellen (IAS 1.10f. und IAS 1.40A, Rz 19). 10

---

[1] Sitzung vom 30. November 2005: http://europa.eu.int/comm/internal_market/accounting/docs/arc/2005-11-30-summaryrecord_en.pdf.

11 Informationen für mehr als ein Vorjahr können selektiv präsentiert werden. So ist die Aufnahme **nur** der Gesamtergebnisrechnung/GuV des Vorvorjahres samt der darauf bezogenen Anhangsangaben in den Jahresabschluss zulässig; eine Wiedergabe von Bilanz, Kapitalflussrechnung etc. für das Vorvorjahr darf dann unterlassen werden (IAS 1.38D).

12 IAS 1.38 ff. behandelt nur Einschränkungen der Vergleichbarkeit durch Änderungen auf der **Abbildungsebene** (Bilanz usw.). Die Vergleichbarkeit kann aber auch durch Veränderungen auf der **Sachverhaltsebene** leiden. Hierzu folgendes Beispiel:

> **Beispiel**
> Anfang 02 wird ein bedeutendes Tochterunternehmen erworben. Seine Einbeziehung in den Konzernabschluss führt zu gravierenden Änderungen in Umsatz, Materialaufwand usw.
> Die Veränderungen zum Vorjahreswert (Umsatzwachstum usw.) sind unter diesen Umständen wenig aussagekräftig.
> Eine Anpassung der Vorjahresbeträge ist jedoch nicht geboten, da derartige Fälle nicht in den Anwendungsbereich von IAS 1.41 fallen. Gegen zusätzliche Informationen (Pro-forma-Zahlen des Vorjahres) ist hingegen nichts einzuwenden. Sie werden im konkreten Fall der Änderung des Konsolidierungskreises z. B. durch IFRS 3 angeregt (→ § 31 Rz 217).

2.5 Länge der Berichtsperiode, Änderung des Geschäftsjahres[2]

13 Nach IAS 1.36 Satz 1 beträgt der **regelmäßige Berichtszeitraum 12 Monate**. Unter *materiality*-Vorbehalt kann er mit Rücksicht auf Branchenusancen nach IAS 1.50 im Einzelfall auch 52 Wochen umfassen.

Für den Fall einer **Änderung des Geschäftsjahres** trifft IAS 1.36 Satz 2 folgende Regelungen:

„*Wenn sich der Bilanzstichtag eines Unternehmens ändert und der Abschluss für einen Zeitraum aufgestellt wird, der länger oder kürzer als ein Jahr ist, hat ein Unternehmen zusätzlich zur Berichtsperiode, auf die sich der Abschluss bezieht, anzugeben:*
- *a) den Grund für die Verwendung einer längeren bzw. kürzeren Berichtsperiode; und*
- *b) die Tatsache, dass Vergleichsbeträge ... nicht vollständig vergleichbar sind.*"

Im Vordergrund steht die Regelung der Rechtsfolgen (Anhangangaben) einer Umstellung des Geschäftsjahres. Diese Rechtsfolgenregelung erfolgt unter der Prämisse, dass durch die Umstellung des Geschäftsjahres eine **Übergangsperiode** entsteht, deren Dauer
- **weniger** als 12 Monate (Rumpfgeschäftsjahr) oder
- **mehr** als 12 Monate (extralanges Geschäftsjahr)

betragen kann. Eine Präferenz für eine der beiden Alternativen ist nicht zu erkennen. Für einen „reinen", nicht der Erfüllung gesellschaftsrechtlicher Vorgaben oder nationaler Publizitätspflichten dienenden IFRS-Abschluss ergibt sich

---

[2] Vgl. zum Nachfolgenden LÜDENBACH, PiR 2007, S. 292 ff.

somit bei Änderung des Bilanzstichtags ein **Wahlrecht** zwischen Rumpf- und extralangem Geschäftsjahr.
Bei in Erfüllung **nationaler** Aufstellungs- bzw. Publizitätspflichten erstellten Abschlüssen kann dieses Wahlrecht **eingeschränkt** sein. Für eine in der EU ansässige Gesellschaft ist etwa folgende Arbeitsteilung zu beachten (→ § 32 Rz 89f.):

14

- **Ob** die Gesellschaft zur Erstellung eines Konzern- oder Einzelabschlusses verpflichtet ist, bestimmt sich nach dem **einzelstaatlichen Recht**, das infolge der EU-Richtlinie erlassen wurde.
- **Wie** er zu erstellen ist, ergibt sich hingegen aus den **IFRS**, wenn diese pflichtweise (kapitalmarktorientierte Konzerne) oder freiwillig (sonstige Konzerne, je nach EU-Land auch Einzelabschlüsse) anzuwenden sind.

Die IFRS bestimmen dann nur den **Modus**, in dem eine nach nationalem Recht gegebene Rechnungslegungspflicht zu erfüllen ist. Sie werden zum Substitut für einen sonst nach nationalem Recht zu erstellenden Abschluss nach nationalem Recht. Aus dieser **Substitutionsrolle der IFRS** ergibt sich im deutschen Fall Folgendes:

- Die **Beschränkung** des Berichtszeitraums auf maximal 12 Monate ist nicht nur als ein die Konzernrechnungslegungspflicht betreffender GoB anerkannt.[3] Sie ergibt sich i.V.m. § 240 Abs. 2 Satz 2 HGB auch aus der Pflicht, den Konzernabschluss auf den Stichtag des Jahresabschlusses des Mutterunternehmens aufzustellen (§ 299 Abs. 1 HGB).
- Würde nun bei der Umstellung eines bisher kalendergleichen Geschäftsjahres auf ein z.B. jeweils von Juli bis Juni laufendes auf die Bildung eines Rumpfgeschäftsjahres verzichtet und stattdessen der Übergang durch einen 18 Monate umfassenden Berichtszeitraum abgebildet, entspräche dies zwar den IFRS, nicht aber dem Handelsrecht.
- Die handelsrechtlich vor Beginn des neuen Turnus bestehende Pflicht zur Konzernrechnungslegung auf den 31.12. bliebe in diesem Fall unerfüllt.
- Der geforderten Arbeitsteilung zwischen Handelsrecht (Konzernrechnungslegungspflicht) und IFRS (Modus der Erfüllung) würde in diesem Fall nicht Genüge getan, da ein für den 18-monatigen Berichtszeitraum 1.1.X0 bis 30.6.X1 erstellter IFRS-Konzernabschluss **kein Substitut** für einen zum 31.12.X0 zu erstellenden handelsrechtlichen Konzernabschluss darstellen kann.

Wegen der **Überlagerung** der IFRS durch das deutsche Recht ist daher bei Änderung des Bilanzstichtags die Bildung eines **Rumpfgeschäftsjahres** geboten.

> **Beispiel**
> Die X als Mutterunternehmen des X-Konzerns beschließt am 1.11.01 mit Wirkung ab 02/03 an die Stelle des bisherigen kalendergleichen Geschäftsjahres ein vom 1.7. bis 30.6. laufendes zu setzen. Die X ist konzernrechnungslegungspflichtig, jedoch nicht kapitalmarktorientiert. Die Rechnungslegungspflicht wird nach § 315a Abs. 3 HGB auf IFRS-Basis erfüllt. Die X möchte unter Berufung auf IAS 1.36 auf die Bildung eines Rumpfgeschäftsjahres verzichten, stattdessen einen Konzernabschluss für den 18-monatigen Zeitraum 1.1.01 bis 30.6.02 vorlegen.

---

3   Vgl. ADS, 6. Aufl., § 299 HGB, Tz. 15.

> **Beurteilung**
> Der X-Konzern hat zu jedem Bilanzstichtag zu entscheiden, ob er eine durch das Handelsrecht gegebene Konzernrechnungslegungspflicht nach HGB oder wahlweise nach IFRS erfüllt. Erst der nach IFRS aufgestellte Konzernabschluss befreit von der Aufstellung eines handelsrechtlichen Konzernabschlusses. Würde nun auf den 31.12.01 kein IFRS-Konzernabschluss erstellt, träte die Befreiungswirkung nicht ein. Das Unternehmen bliebe in der Pflicht der Erstellung eines handelsrechtlichen Konzernabschlusses gleichen Datums. Ist dies nicht gewollt oder unter dem Gesichtspunkt der Bilanzierungskontinuität nicht zulässig, muss stattdessen ein IFRS-Konzernabschluss auf den 31.12.01 und sodann für das Rumpfgeschäftsjahr 1.1. bis 30.6.02 aufgestellt werden.

15 Das vorstehende Ergebnis ist Folge der handelsrechtlichen Beschränkung des Berichtszeitraums auf maximal 12 Monate. In einigen **angelsächsisch** geprägten Ländern sieht das nationale Recht keine solche Beschränkung vor, sondern präferiert bei Umstellung des Geschäftsjahres eher ein extralanges Übergangsjahr, dem dann auch nach IFRS gefolgt werden kann.

In **Österreich** ist die Lage nicht ganz eindeutig. Für den handelsrechtlichen Konzernabschluss sieht § 251 Abs. 1 UGB durch Verweis auf § 193 Abs. 3 UGB eine Beschränkung auf 12 Monate vor. In § 245a UGB, dem Pendant zum deutschen § 315a HGB, fehlt der Verweis auf § 193 Abs. 3 UGB. Ob aus diesem Fehlen der Schluss zu ziehen ist, dass für einen IFRS-Konzernabschluss die 12-Monats-Beschränkung nicht gilt, hängt von der Interpretation von § 193 Abs. 3 UGB ab.

- Sieht man hierin nur die Deklaration eines ohnehin geltenden GoB, bleibt der fehlende Verweis in § 245a UGB ohne Bedeutung; wie in Deutschland würde eine Beschränkung auf 12 Monate gelten.
- Spricht man der gesetzlichen Regelung konstitutiven Charakter zu, spricht der fehlende Verweis in § 245a UGB für eine Anwendung der „reinen" IFRS.

3 Grundregeln der Gliederung der Abschlussbestandteile

3.1 Überblick

16 Für die Aufbereitung der Abschlussbestandteile gelten folgende gemeinsame **Regeln:**
- **Darstellungsstetigkeit** (IAS 1.45; Rz 17),
- **Zusammenfassung** und **Untergliederung** von Posten nach Maßgabe der Wesentlichkeit (IAS 1.29; Rz 21),
- (eingeschränktes) **Saldierungsverbot** (IAS 1.32; Rz 23),

3.2 Darstellungsstetigkeit

17 Ähnlich wie im Handelsrecht (§ 265 Abs. 1 HGB) gilt für den IFRS-Abschluss ein mit Ausnahmen versehener Grundsatz der Darstellungs- bzw. Ausweisstetigkeit: Die Darstellung und der Ausweis von Posten sind gem. IAS 1.45 beizubehalten. Eine **Abweichung** von der vorjährigen Gliederung ist nur dann **zulässig, wenn** entweder

- ein **IAS/IFRS** eine geänderte Darstellung fordert (IAS 1.45b) oder
- die geänderte Darstellung, insbesondere aufgrund veränderter operativer Sachverhalte, eine **angemessenere Präsentation** verspricht (IAS 1.45a).

Zur Konkretisierung dieser Kriterien wird auf → § 24 Rz 23 ff. verwiesen.

Der Grundsatz der Darstellungsstetigkeit kann auf **verschiedene Ebenen** bezogen werden. Am Beispiel der **Bilanz** wäre Folgendes zu beachten: 18

- Auf der **obersten Ebene** dürfte nicht unbegründet zwischen einer **Bilanzgliederung nach Fristigkeit** (lang- vs. kurzfristige Vermögenswerte bzw. Schulden) und einer nach **Liquiditätsnähe** gewechselt werden (Rz 30 ff.).
- Auf der **mittleren Ebene** dürften z. B. nicht unbegründet in einem Jahr technische und sonstige Anlagen in **einem** Posten und im anderen Jahr unter **verschiedenen** Posten dargestellt werden.
- Auf der **unteren Ebene** wäre ein unbegründeter Ausweis von Transportfahrzeugen in einem Jahr als technische und im anderen Jahr als sonstige Anlagen unzulässig.

Bei zulässigem (begründetem) Wechsel sind auch **die Vergleichsinformationen (Vorjahre) anzupassen** (IAS 1.41). In den Fällen einer Umgliederung der **Bilanz** ist nach IAS 1.40A ergänzend zu der sonst geforderten Darstellung für zwei Bilanzstichtage (aktuelles Jahr und Vorjahr) als drittes Element auch die **Eröffnungsbilanz** des Vorjahres anzugeben (Rz 10). Dies gilt auch dann, wenn die Darstellung nicht freiwillig, sondern als Folge neuer oder ergänzter, pflichtweise retrospektiv anzuwendender Standards geändert wird. Präsentiert das Unternehmen mehr als eine Vergleichsperiode, ist gleichwohl die Eröffnungsbilanz des Vorjahres und nicht die des frühesten präsentierten Jahres anzupassen (IAS 1.10f und IAS 1.40D). Keine einheitliche Auffassung bestand in der Vergangenheit hinsichtlich der Frage, ob bei jeder retrospektiven Änderung einer Rechnungslegungsmethode, also auch bei einer, die nicht die Bilanz, sondern die Gesamtergebnisrechnung, Kapitalflussrechnung, Segmentrechnung oder den Anhang betrifft (IAS 8.14), eine dritte Bilanz erforderlich ist. 19

Nach der **ratio legis** von IAS 1.39(c),Investoren und Gläubigern eine Beurteilung der tatsächlichen Entwicklung des Unternehmens im Zeitablauf auf Basis gleicher Rechnungslegungsmethoden zu ermöglichen (IAS 1.BC31)bestand u. E. deshalb eine Verpflichtung zur Veröffentlichung einer dritten Bilanz auch in der Vergangenheit nur, wenn ein *change in accounting policy* unmittelbar die Darstellung innerhalb der Bilanz (Ansatz, Bewertung oder Ausweis) betraf. Das AIP 2009–11 bestätigt dies. Nur wenn die Änderung/Fehlerkorrektur eine wesentliche Auswirkung auf die Bilanz hat, ist eine dritte Bilanz erforderlich (IAS 1.40A). Bei einer Bilanzänderung oder Korrektur stellt sich die Frage, welche Anhangsangaben zu den geänderten Posten zu leisten sind. U. E. sind die Angaben gefordert, welche die Bilanzposten disaggregieren, also etwa den Posten Vorräte nach seiner Zusammensetzung erläutern. Sonstige Angaben die auf Bilanzposten bezogen sind, etwa eine Aufschlüsselung der Fälligkeit von Verbindlichkeiten nach IFRS 7 (→ § 28 Rz 387) oder des Gesamtvermögens nach Segmenten gem. IFRS 8 (→ § 36 Rz 96), sind hingegen nicht erforderlich (IAS 1.40C).

Für den **Anhang** hat die Darstellungsstetigkeit hauptsächlich auf der obersten Ebene (Struktur des Anhangs) Bedeutung. Die nächsten Ebenen folgen entweder den Rechenwerken (Bilanz, GuV usw.) oder haben ohnehin individuellen Gehalt und entziehen sich damit der Stetigkeitsanforderung. 20

Das Gebot der Darstellungsstetigkeit wandelt sich ausnahmsweise in ein Gebot einer **geänderten** Darstellung, wenn sich die Verhältnisse auf der Sachverhaltsebene so grundlegend gewandelt haben, dass eine Anpassung auf der Abbildungsebene notwendig ist (IAS 1.46).

> **Beispiel**
> Die Stadtwerke AG hat ihren Bereich Personenbeförderung mit Beschluss vom 1.12.02 und Wirkung ab 30.12.02 abgespalten. In den Vorjahren wurde in der Bilanz bei den Sachanlagen zwischen Fahrzeugen, Gebäuden und sonstigen Sachanlagen unterschieden, in der GuV zwischen Erlösen aus Energieversorgung, Transporterlösen und sonstigen Erlösen.
> Mit der Abspaltung des Personenbeförderungsbereichs sinkt das Volumen der Positionen Fahrzeuge bzw. Transporterlöse unter das anderer in den sonstigen Sachanlagen bzw. Erlösen subsumierten Gruppen. Ein separater Ausweis wäre daher irreführend. Die Posten „Fahrzeuge" bzw. „Transporterlöse" sind in die sonstigen Sachanlagen bzw. Erlöse einzubeziehen, die Vorjahresbilanz ist entsprechend umzuklassifizieren.
> Im Abgangsjahr sind die Ergebnisse aus dem abgehenden Bereich als Ergebnis aus *discontinued operations* zu erfassen (→ § 29).

3.3 Zusammenfassung und Untergliederung von Posten

21 Ihrer Art oder Funktion nach **unterschiedliche Gruppen von Geschäftsvorfällen** sind im Abschluss **gesondert** darzustellen, soweit sie wesentlich sind (IAS 1.29). Unwesentliche Beträge können auch dann zusammengefasst werden, wenn sie art- oder funktionsverschieden sind. Die Wesentlichkeit ist abgestuft zu beurteilen (→ § 1 Rz 61 ff.). Ein Betrag, der zu gering ist, um in der **Bilanz** oder der GuV separat ausgewiesen zu werden, kann noch wesentlich genug sein, um im **Anhang** gesondert erläutert zu werden (IAS 1.30).

22 Das **Wesentlichkeitsurteil** ist auf die Verhältnisse des Einzelfalls gerichtet und daher notwendig stark **ermessensbehaftet** (→ § 1 Rz 63). Eine Selbstbindung dieses Ermessens durch Quantifizierung, z. B. durch Festlegung einer 5-%-Grenze im konzerneinheitlichen Bilanzierungshandbuch, ist nur eingeschränkt möglich, da je nach Art des betroffenen Geschäftsvorfalls auch ein höherer oder niedrigerer Wert angezeigt sein kann.

> **Beispiel**
> Das Bilanzierungshandbuch der U gibt die Gliederung des Umlaufvermögens in Vorräte, Kundenforderungen, Zahlungsmittel und sonstige Vermögenswerte vor. Unterpositionen, die weniger als 10 % der sonstigen Vermögenswerte ausmachen, sollen auch im Anhang nicht weiter aufgeschlüsselt werden.
> Die U hat unbedingte *(Forwards)* und bedingte Termingeschäfte (Optionen) abgeschlossen, deren Stichtagswert *(fair value)* jeweils 8 % der Position sonstige Vermögenswerte beträgt.
> Die U sieht im Hinblick auf die Unterschiedlichkeit bedingter und unbedingter Termingeschäfte eine Zusammenfassung beider Posten nicht als geboten an und verzichtet, da jede Position für sich die 10-%-Grenze unterschreitet, auf eine Aufschlüsselung im Anhang.

> **Beurteilung**
> Die Auffassung, bedingte und unbedingte Termingeschäfte seien separat zu würdigen, ist ebenso vertretbar wie die Gegenauffassung.
> Der Bilanzansatz eines Termingeschäftes zum *fair value* sagt indes nur wenig über maximale Gewinnchancen und Verlustrisiken aus. Im Risikoteil des Anhangs sind daher nach IFRS 7 entsprechende Angaben gefordert. Die darin zum Ausdruck kommende besondere Bedeutung von Derivaten wirkt u.E. auf den Erläuterungsteils des Anhangs zurück. Es wäre unangemessen, die Finanzderivate in der Anhangserläuterung der sonstigen Vermögenswerte nicht zu erwähnen und dem durchschnittlich kundigen *(average prudent)* Bilanzadressaten Informationen über die Existenz der Derivate lediglich im Risikoteil zu bieten.

3.4 Saldierung von Posten

Die **Saldierung** von Vermögenswerten und Schulden bzw. Erträgen und Aufwendungen ist nur **ausnahmsweise** erlaubt, wenn eine entsprechende Regelung in einem Einzelstandard getroffen wird (IAS 1.32). Derartige Regelungen sind außerhalb von IAS 1 enthalten in:

- IAS 11 für aus Teilabrechnungen vereinnahmte Zahlungen auf **Fertigungsaufträge** (→ § 18 Rz 72),
- IAS 12 für **Steuer**ansprüche und -schulden (→ § 26 Rz 236),
- IAS 20 für **Investitionszuwendungen** bei Kürzung der Anschaffungs- oder Herstellungskosten (→ § 12 Rz 26),
- IAS 32.42 für aufrechnungsfähige **Forderungen und Verbindlichkeiten** (→ 28 Rz 249).

Indirekt ist eine Saldierung durch IFRS 15.105 vorgeschrieben, indem je nach Verhältnis von erhaltener Kundenzahlung und ausstehender Leistungsverpflichtung des Unternehmens ein vertraglicher Vermögenswert oder eine vertragliche Schuld *(contract asset or liability)* auszuweisen ist (§ 25 Rz 215).

In der **GuV** können bzw. sollen gem. IAS 1.34 und 1.35 saldiert werden:

- Erlöse mit Erlös**minderungen** (→ § 25 Rz 106),
- Erlöse aus dem **Abgang von Anlagevermögen** mit dem Restbuchwert (wegen einer spezifischen Ausnahme vgl. Rz 65),
- Aufwendungen aus rückstellungspflichtigen Geschäftsvorfällen mit Erträgen aus korrespondierenden **Erstattungsansprüchen** gegenüber **Versicherungen,** Subunternehmern usw. (→ § 21 Rz 166).

Nach IAS 1.35 sind außerdem, soweit nicht wesentlich, saldierungsfähige Gewinne und Verluste aus **ähnlichen Aktivitäten**, z.B.

- Wechsel**kursgewinne** mit Wechsel**kursverlusten**,
- Gewinne aus der **Zeitbewertung** von Handelswerten mit entsprechenden Verlusten,
- Verluste aus dem **Abgang von Anlagevermögen** mit entsprechenden Gewinnen,
- Aufwendungen aus der Bildung von **Wertberichtigungen** auf Forderungen mit Erträgen aus der Auflösung von Wertberichtigungen,
- Zuführungen zu **Rückstellungen** mit Auflösungen,

saldiert auszuweisen.

25 Klärungsbedürftig ist der in IAS 1.35 enthaltene **besondere Vorbehalt der Wesentlichkeit**. IAS 8.8 stellt sämtliche Vorschriften des Regelwerks unter den *materiality*-Vorbehalt (→ § 1 Rz 61 ff.). Einer besonderen „Erlaubnis" zur Saldierung unwesentlicher Geschäftsvorfälle bedürfte es insoweit nicht. Wenn IAS 1.35 dennoch die Saldierungsfähigkeit unwesentlicher Vorfälle betont, macht dies unter folgender Lesart Sinn:
- Elementares Gliederungsprinzip der Bilanz und GuV ist die Unterscheidung von Positionen **unterschiedlichen Vorzeichens**, d. h. der Vermögenswerte gegenüber den Schulden, der Erträge gegenüber den Aufwendungen. Die Aggregierung von Posten gleichen Vorzeichens ändert an der Bilanzsumme, an der Höhe der Erträge bzw. Erlöse und an darauf bezogenen **Kennziffern** (Eigenkapitalquote, Umsatzrendite etc.) nichts.
- Eine Saldierung von Vermögenswerten mit Schulden oder von Aufwendungen mit Erträgen **berührt** hingegen die Kerngrößen des Abschlusses und die darauf bezogenen **Kennziffern**.
- Es versteht sich daher nicht von selbst, dass unter ähnlichen Wesentlichkeitsanforderungen, nach denen eine Aggregierung von Geschäftsvorfällen gleichen Vorzeichens zulässig ist, auch eine Saldierung von Vorfällen **unterschiedlichen** Vorzeichens infrage kommt. Es bedarf hierzu einer **besonderen** Vorschrift, die in IAS 1.35 enthalten ist.

Die erweiterte Saldierungsmöglichkeit verdient auch wegen der **Abweichung** vom allgemeinen Handelsrecht[4] besondere Beachtung. Sie öffnet bilanzpolitische **Kompensations**möglichkeiten. Unklar ist, wie weit diese Möglichkeiten reichen, ob etwa Währungsverluste gegenüber dem Yen mit Währungsgewinnen gegenüber dem Dollar saldiert werden können.

An derartigen **Unklarheiten** leidet das Saldierungsverbot allerdings in Bezug auf die **gesamte** GuV. Die in der *Guidance on Implementing IAS 1* enthaltene Beispiel-GuV enthält u. a. folgende Posten:
- **Bestandsänderungen** fertige und unfertige Erzeugnisse: Eine Saldierung von Bestandserhöhungen bei fertigen Erzeugnissen (Ertrag) mit Bestandsminderungen bei unfertigen Erzeugnissen (Aufwand) ist danach zulässig.
- Für den Posten **Steueraufwand** *(income tax expense;* IAS 1.82d) und das
- **Ergebnis aus** *equity-*Beteiligungen (IAS 1.82c) ist u. E. eine Saldierung ebenfalls zulässig.
- **Finanzergebnis** *(finance cost)*: Die herrschende Meinung interpretierte diesen nach IAS 1.82b geforderten Posten in der Vergangenheit als eine Saldogröße, die u. a. Zinsaufwendungen mit Zinserträgen saldiert. Hieran kann nach Änderung von IFRS 7 nicht mehr festgehalten werden (Rz 78).

In Bezug auf die GuV ist im Übrigen die genaue **Reichweite des Saldierungsverbotes unbestimmt**. Wegen der Saldierung für Ergebnisse aus der *fair-value*-Bewertung von **Anlageimmobilien** vgl. → § 16 Rz 129.

26 Die Saldierung von Posten der **Kapitalflussrechnung** wird nicht in IAS 1, sondern in IAS 7.22 geregelt (→ § 3 Rz 40).

---

[4] Für Banken handelsrechtlich allerdings ebenfalls Saldierungsmöglichkeiten und sog. Überkreuzkompensationen nach § 340c HGB.

Keine Saldierung stellt dar und ist damit nicht nur zulässig, sondern u.E. geboten,[5] die „Verrechnung" von
- Forderungskonten mit korrespondierenden **Wertberichtigungs**konten (IAS 1.33),
- zu Anschaffungs-/Herstellungskosten geführten Konten des **Vorrats**vermögens mit Konten, auf denen die **aufgelaufene außerplanmäßige Abschreibung** festgehalten ist (IAS 1.33).

Ein **offenes Absetzen** erhaltener Anzahlungen vom Vorratsvermögen analog § 268 Abs. 5 Satz 2 HGB soll nach vor allem in der deutschen IFRS-Auslegung vertretener Auffassung kein *offsetting* (Tatbestandseite) und damit zulässig (Rechtsfolge) sein.[6] Die angenommene Rechtsfolge steht – unabhängig von der Interpretation der Tatbestandseite bzw. des Saldierungsbegriffs – im Widerspruch zu den Gliederungsvorschriften des IAS 1.60: Danach hat ein (nicht als Finanzinstitution tätiges) Unternehmen „kurzfristige und langfristige Vermögenswerte sowie kurzfristige und langfristige Schulden als getrennte Gliederungsgruppen in der Bilanz darzustellen". Ein offenes Absetzen widerspricht dieser **zwingenden Gliederungsvorschrift**. Es würde kurzfristige Schulden (erhaltene Anzahlungen) mit den Vorräten in einer Gruppe zusammenfassen, somit kurzfristige Vermögenswerte und kurzfristige Schulden nicht mehr wie verlangt in getrennten Gliederungsgruppen ausweisen. Nicht (notwendig) aus Sicht des Saldierungsverbots, dafür aber aus Sicht der Gliederungsgebote der IAS 1.60ff. ist daher ein offenes Absetzen **unzulässig**.[7]

Die ab 2017 anzuwendenden Regelungen von IFRS 15.105ff. sehen für Verträge mit Kunden folgende Differenzierung vor:
- Als Forderungen (*receivables*) sind nicht nur solche aus erbrachten Leistungen, sondern auch solche aus vertraglich vereinbarten und fälligen Anzahlungen auszuweisen.
- Die Differenz zwischen ausstehender Leistungsverpflichtung des Unternehmens und erhaltener oder fälliger Anzahlung ist je nach Vorzeichen als *contract asset* oder *liability* auszuweisen (→ § 25 Rz 215).

4 Gliederung der Bilanz

4.1 Gliederung nach Fristigkeit oder nach Liquiditätsnähe

IAS 1.60 unterscheidet zwei Arten der Bilanzgliederung: nach
- **Fristigkeit** oder
- **Liquidität**snähe

der Vermögenswerte und Schulden.

Die Gliederung nach **Liquiditätsnähe** ist der **Ausnahmefall** (*exception*). Die Beanspruchung des Ausnahmestatus ist an den Nachweis des besseren Informationsgehalts gebunden.

Einen besseren Informationsgehalt erkennt der IASB bei **Banken** und ähnlichen Finanzinstituten an, hingegen regelmäßig nicht bei Unternehmen, die Waren

---

[5] Nach anderer Auffassung besteht ein „Verrechnungs"-Wahlrecht, ADS International, Abschn. 7, Tz. 41.
[6] KÜTING/REUTER, KoR 2006, S. 1ff., sowie ADS International, Abschn. 15, Tz. 14.
[7] Zu Einzelheiten: LÜDENBACH, PiR 2006, S. 28ff.

oder Dienste innerhalb eines klar identifizierbaren Geschäftszyklus *(operation cycle)* anbieten (IAS 1.63). Gem. RIC 1.23 steht neben Banken auch Versicherungen sowie Investment-/Beteiligungsgesellschaften, deren Vermögenswerte und Schulden nahezu vollständig aus Finanzinstrumenten bestehen, die Gliederung nach Liquiditätsnähe offen. Wegen der Gliederung von Bankbilanzen wird auf → § 38 verwiesen.

32 Für Unternehmen **anderer Dienstleistungssektoren, Handelsunternehmen** und **produzierende Unternehmen** ist eine **Fristigkeitsgliederung** geboten. Eine **Mischung** von Liquiditäts- und Fristengliederung *(mixed basis of presentation)* ist zulässig, wenn zum Konsolidierungskreis sowohl Finanzinstitute als auch Produktions- oder Handelsunternehmen gehören (IAS 1.64).

4.2 Kriterien der Kurz- und Langfristigkeit

33 Die Unterscheidung in Kurz- und Langfristigkeit der Vermögenswerte und Schulden verlangt zunächst nach einer **Definition der Kurzfristigkeit**. Für die **Aktivseite** wird diese in IAS 1.66 wie folgt gegeben:
Ein Vermögenswert ist kurzfristig, wenn er
(a) ein **Zahlungsmittel** oder Zahlungsmitteläquivalent ist oder
(b) zum Verkauf oder Verbrauch innerhalb des normalen Verlaufs des *operation cycle* (**Geschäftszyklus**) bestimmt ist oder
(c) für **Handelszwecke** (*trading purposes*) gehalten wird oder
(d) seine Realisation innerhalb von **12 Monaten** nach dem Bilanzstichtag zu erwarten ist.

34 Das Verhältnis der vier Möglichkeiten ist teils durch **Überlappungen**, teils durch **Vorrangigkeiten** gekennzeichnet:

35 (a) **Zahlungsmittel** und (d) **12-Monats-Regel:** Als **Zahlungsmitteläquivalente** sind i.d.R. nur solche Finanzwerte anzusehen, die eine ursprüngliche Laufzeit von **maximal 3 Monaten** haben, also z.B. monatliche oder quartalsmäßig fällige Festgelder, Geldmarktfondsanteile ohne längere Kündigungsfristen usw. (IAS 7.7). Bei mehr als 3-monatiger ursprünglicher Laufzeit, aber unter 12-monatiger Restlaufzeit liegt Kurzfristigkeit i.S.v. (d) vor. Zahlungsmittel oder Zahlungsmitteläquivalente, deren Verfügbarkeit z.B. aufgrund von Verpfändungen über 12 oder mehr Monate **beschränkt** ist, gelten als langfristig (IAS 1.66d).

36 (b) **Geschäftszyklus** und (d) **12-Monats-Regel:** Entscheidend für das Verhältnis dieser beiden Alternativen ist der Begriff des Geschäftszyklus. Er erfasst am Beispiel eines Produktionsunternehmens den Zeitraum zwischen dem Erwerb von Materialien, die in die Herstellung eingehen, und deren Realisation in Geld durch Veräußerung der Erzeugnisse. Insbesondere in Fällen **langfristiger Fertigung**, z.B. bei Bauunternehmen, kann dieser Zyklus mehr als 12 Monate betragen. Aber auch bei „normaler" Fertigung kann die Verbrauchszeit von Vorräten und die Laufzeit von Forderungen aus Lieferung und Leistung über den 12-Monats-Zeitraum hinausreichen. Da die Vorräte bzw. Kundenforderungen aber gerade den *operation cycle* markieren, greift die 12-Monats-Regel in diesen Fällen u.E. nicht.

- **Vorräte** und **Kundenforderungen** gelten folgerichtig auch dann als kurzfristig, wenn die Realisationsperiode **mehr als 12 Monate** beträgt (IAS 1.68). Sie werden daher in der Bilanz insgesamt als kurzfristig ausgewiesen. Im

Anhang ist jedoch offenzulegen, für welche Teile der Vorräte und Forderungen eine Realisierung erst nach 12 Monaten erwartet wird (IAS 1.61 und 1.65). Sind die Forderungen gestundet oder haben sie von Anfang an eine ungewöhnlich lange Laufzeit, kommt ein Ausweis unter den kurzfristigen Vermögenswerten nicht infrage.[8]

- In allen **anderen** relevanten Fällen gelangt hingegen die **12-Monats-Regel** zur Anwendung. Soweit Wertpapiere keine Laufzeit (Aktien) oder zwar eine Laufzeit (Renten) haben, aber nicht bis zur Fälligkeit gehalten werden sollen, ist dabei darauf abzustellen, ob die Realisation innerhalb von 12 Monaten nach dem Bilanzstichtag erwartet wird.

IAS 1.66a spricht im Singular von „**dem** Geschäftszyklus" des Unternehmens. Fraglich könnte daher sein, ob in einem Unternehmen bzw. Konzern mit verschiedenen Geschäftsfeldern und demgemäß mit einer **Mehrzahl** von Geschäftszyklen zwingend die 12-Monats-Regel anzuwenden und demgemäß etwa Teile der Vorräte als langfristig auszuweisen sind. Der deutsche RIC hat zur Klärung eine entsprechende Anfrage an den IFRIC gerichtet, die dieser im Wege einer Non-Interpretation (→ § 1 Rz 55) beantwortet hat: Danach ist IAS 1.66a (und analog IAS 1.69a für Schulden) auch bei einer Mehrzahl von Geschäftszyklen anzuwenden; der sich erst binnen mehr als 12 Monaten umschlagende Teil des Vorratsvermögens ist daher bspw. nicht als langfristig auszuweisen.[9]

(c) Handelszwecke und (d) 12-Monats-Regel: Handelswerte *(held-for-trading assets* bzw. *liabilities)* i.S.v. IAS 39 bzw. IFRS 9 (→ § 28 Rz 155 ff.) waren nach früherem Wortlaut von IAS 1 als kurzfristig einzustufen. Eine solche Klassifizierung war insbesondere bei langlaufenden Derivate-Kontrakten dann nicht sachgerecht, wenn sie ökonomisch der Absicherung langfristiger Positionen (z.B. Absicherung eines lang laufenden Kredits durch einen Zinsswap) dienen, mangels Erfüllung der Voraussetzungen eines *hedge accounting* daher als *held-for-trading* zu klassifizieren sind. Das *Annual Improvements Project* 2008 hat diesen Mangel beseitigt. Nach den geänderten Fassungen von IAS 1.68 und 1.71 sind nur noch manche *(some) held-for-trading assets* oder *liabilities* als kurzfristig einzuordnen, ein langlaufendes, ökonomisch der Sicherung dienendes Derivat hingegen nicht bzw. nicht in vollem Umfang (Rz 38).

Bei **ausgereichten Annuitäten- oder Ratendarlehen** und ähnlichen Finanzanlagen ist eine **Separierung des kurzfristigen Teils** (Fälligkeit in den nächsten 12 Monaten) gegenüber dem langfristigen Teil geboten. Der kurzfristige Teil *(current portion)* wird unter kurzfristigen Vermögenswerten ausgewiesen.

Schulden sind gem. IAS 1.69 als kurzfristig zu klassifizieren, wenn bzw. insoweit sie

- innerhalb des gewöhnlichen Verlaufs des *operation cycle* oder
- innerhalb von **12 Monaten** nach dem Bilanzstichtag fällig sind oder aufgrund von dem Unternehmen nicht kontrollierter Umstände und Handlungen (z.B. ordentliche Kündigung durch Vertragspartner) fällig werden können.
- sie (z.B. als Derivat) für **Handelszwecke** gehalten werden.

Auch auf der **Passivseite** gilt als **Grundregel** die **12-Monats-Frist**. Wichtige **Ausnahmen** sind **Verbindlichkeiten aus Lieferungen und Leistungen** sowie **Rückstellungen** für operative Kosten, z.B. Gewährleistungsrückstellungen oder

---

[8] Vgl. WAWRZINEK, in: BECK'SCHES IFRS-Handbuch, 4. Aufl., 2013, § 2, Tz. 300.
[9] IFRIC, Update Juni 2005.

Urlaubsrückstellungen. Sie werden nach dem Geschäftszyklus und somit unabhängig von den 12 Monaten beurteilt (IAS 1.70). Entsprechend den Regelungen für die operativen Vermögenswerte (vgl. Rz 36) ist jedoch auch für die operativen Schulden eine Aufteilung in den innerhalb von 12 Monaten fälligen Teil sowie den erst danach fälligen Teil im Anhang geboten (IAS 1.61).

38 Wie bei Finanzanlagen (Rz 36) ist bei **Darlehensverbindlichkeiten** gem. IAS 1.71 eine **Aufspaltung** in den Tilgungsanteil der nächsten 12 Monate *(current portion of non-current liability)*, auszuweisen als kurzfristige Verbindlichkeit, und den später zu tilgenden Teil des Darlehens *(non-current portion)* vorzunehmen.

Offen ist, ob diese Aufteilungspflicht auch für derivative Kontrakte gilt.

> **Beispiel**
> Zur Sicherung eines variabel verzinslichen Darlehens mit einer Laufzeit von 5 Jahren und jährlichen Zinszahlungen wird ein fristengleicher Zinsswap (zahle fix, erhalte variabel) abgeschlossen. Der Swap hat am Bilanzstichtag einen negativen *fair value*.
> Fraglich ist, ob die derivative Verbindlichkeit insgesamt als langfristig ausgewiesen werden kann oder ob eine Aufteilung des bilanzierten *fair value* auf den in 12 Monaten fälligen Zinstausch einerseits und die späteren Termine andererseits vorzunehmen ist.

Für eine Aufteilung spricht die allgemeine Vorgabe von IAS 1.71, **gegen** sie IAS 1.BC38c, der bez. Derivaten jeweils nur im Singular von Fälligkeit spricht. Das IFRIC fühlte sich nicht zuständig, da jede Aussage eher Anwendungshilfe *(application guidance)*, damit allgemeiner Natur und somit nicht eine in den Verantwortungsbereich des IFRIC fallende Interpretation sei. Auch eine Klarstellung im Rahmen eines *Annual Improvements Project* wird ausgeschlossen.[10]
Soweit eine Aufteilung vorgenommen wird, ist sie ungleich **komplexer** als bei Annuitäten- oder Ratendarlehen, da nicht auf den Tilgungsanteil der nächsten Periode abgestellt werden kann, sondern der insgesamt bilanzierte *fair value* des Derivats nach Fälligkeiten der Zahlungsströme in seine rechnerischen Bestandteile zu zerlegen ist. Dabei muss ggf. zwischen **bedingten** Vereinbarungen (etwa Zinsbegrenzungen, als *caps* oder *floors*) und **unbedingten** Termingeschäften (etwa *Swaps*) unterschieden werden. Im ersten Fall bedarf es einer Aufteilung des Gesamtwerts über ein **Optionspreismodell**, im zweiten Fall über die **relativen Barwerte** der erwarteten Austauschrelationen.[11]
Für langlaufende **Wandelschuldverschreibungen** und andere *convertible instruments*, die der Inhaber schon binnen der nächsten 12 Monate wandeln könnte, während bei Nichtwandlung die Rückzahlung erst nach 12 Monaten erfolgt, stellte sich folgendes Problem:
- Würde die Wandlung jeder anderen Form der Erfüllung *(settlement)*, insbesondere der durch Geldzahlung, gleichgestellt, müsste der Ausweis unter kurzfristigen Verbindlichkeiten erfolgen;

---

[10] Vgl. IFRIC/IASB, Information for Observer, March 2007, sowie IASB, Information for Observers, March 2008.
[11] Vgl. im Einzelnen FREIBERG, PiR 2010, S. 299 ff.

- würde umgekehrt auf den Abfluss von Zahlungsmitteln oder anderen Vermögenswerten abgestellt, wäre die Verbindlichkeit langfristig.

Das *Annual Improvements Project* 2009 entscheidet sich hier für die zweite Alternative. Durch eine Ergänzung von IAS 1.69d wird klargestellt: Kann der Inhaber eines *convertible instrument* binnen 12 Monaten lediglich die Umwandlung in Eigenkapital, jedoch nicht die Rückzahlung in Geld oder anderen Vermögenswerten verlangen, ist die Verbindlichkeit langfristig.

Bei Darlehen sind außerdem diverse **Sonderregelungen für Prolongations- und Revolvierungsfälle** zu beachten: Ursprünglich langfristige Schulden, deren Tilgung innerhalb von 12 Monaten nach dem Bilanzstichtag ansteht, dürfen ausnahmsweise dann weiterhin als langfristig ausgewiesen werden, wenn eine Vereinbarung über Umschuldung, Revolvierung usw. spätestens bis zum Bilanzstichtag getroffen ist. Eine Vereinbarung nach dem Bilanzstichtag, aber vor Bilanzfertigstellung reicht nicht aus (IAS 1.76). Kann innerhalb einer **Rahmenkreditvereinbarung** eine **Prolongation oder Revolvierung** über 12 Monate einseitig in Anspruch genommen werden und besteht die Absicht, entsprechend zu verfahren, ist ein Kredit trotz kürzerer einzelvertraglicher Restlaufzeit als langfristig zu klassifizieren (IAS 1.73).

Entsprechendes gilt u. E. jedoch nach der bereits in den Vorauflagen vertretenen Auffassung nicht, wenn eine bereits am Stichtag ausgeübte oder in den nächsten 12 Monaten ausübbare Prolongationsoption unter dem Vorbehalt wesentlich (i. S. v. IAS 39.40) **abweichender Konditionen** steht. Hier liegt im eigentlichen Sinne keine Verlängerung, sondern eine **Umschuldung** vor. Die bestehende Verbindlichkeit (mit einer Restlaufzeit von weniger als 12 Monaten am Bilanzstichtag) wird erfüllt, eine neue begründet. Ein Ausweis der am Bilanzstichtag bestehenden Verbindlichkeit als langfristig scheidet aus.[12]

Schulden, die wegen Verletzung bestimmter Bedingungen (*breach of covenants*) **auf erste Anforderung** zu zahlen sind, müssen nur dann nicht als kurzfristig ausgewiesen werden, wenn der Gläubiger spätestens bis zum Bilanzstichtag den Verzicht auf sein Anforderungsrecht erklärt hat (IAS 1.75).[13]

> **Beispiel**
> Die U GmbH nimmt am 31.12.01 ein endfälliges Darlehen mit 5-jähriger Laufzeit auf. Der Darlehensvertrag enthält sog. *financial covenants*, nach denen U die Einhaltung bestimmter Finanzkennzahlen, z. B. einer Mindesteigenkapitalquote, während der Vertragslaufzeit zusichert. Bei Verletzung der Bedingungen (*breach of covenants*) hat der Gläubiger ein außerordentliches Kündigungsrecht, das wie folgt gestaltet ist:
> - Maßgeblich für die Einhaltung/Nichteinhaltung der Kennzahlen ist eine auf den Jahresabschluss und dessen Prüfung aufbauende Bescheinigung des Abschlussprüfers.
> - Nach Zugang dieser Bescheinigung hat der Gläubiger zur Ausübung seines Kündigungsrechtes einen Monat Zeit.
> - Übt er es nicht oder nicht in dieser Frist aus, läuft das Darlehen nach seinen ursprünglichen Bedingungen weiter.

---

12 Vgl. FREIBERG, PiR 2010, S. 142 ff.
13 Vgl. allgemein zu financial covenants: VATER, PiR 2010, S. 128 ff.

> Das Geschäftsjahr 02 bringt einen unerwartet starken Konjunktureinbruch. Bereits Ende Dezember ist das Unterschreiten der zugesicherten Eigenkapitalquote eindeutig. Der proaktive Vorstand geht daher mit ausgereiften und plausiblen Plänen für eine Erholung im Folgejahr unverzüglich auf den Gläubiger zu. Dieser ist von dem Vortrag so überzeugt, dass es schon im Januar 03 und damit noch vor Aufstellung und Prüfung des Jahresabschlusses zu folgender Verzichtserklärung des Gläubigers kommt: Der Gläubiger wird in 03 unter Berufung auf die Verletzung der *covenants* im Jahresabschluss 02 nicht kündigen.
>
> **Beurteilung**
> Die Vereinbarung von *covenants*, also die explizite vertragliche Regelung außerordentlicher Kündigungsrechte, hat noch keinen Einfluss auf die Bestimmung der Restlaufzeit. Solange der Eintritt der zu einer außerordentlichen Kündigung berechtigenden Bedingungen nicht überwiegend wahrscheinlich ist, erfolgt die Beurteilung der Restlaufzeit auf Basis der ordentlichen Kündigungsregeln.
> Sobald der *breach of covenants* überwiegend wahrscheinlich wird oder sogar gewiss ist, entscheidet hingegen die außerordentliche Kündigungsmöglichkeit über die Restlaufzeit.
> Am 31.12.02 ist eine Verletzung der *covenants* gewiss und damit die ordentliche Fälligkeit für die Beurteilung der Restlaufzeit nicht mehr maßgeblich. Der vom Gläubiger nach dem Stichtag ausgesprochene Verzicht auf Ausübung der Kündigungsmöglichkeit ändert hieran nichts. Wie bei Prolongation eines kurzfristigen Kredits oder der mehr als 12-monatigen Verlängerung einer Kontokorrentlinie gilt: Nur wenn die entsprechenden Vereinbarungen vor dem Stichtag getroffen wurden, sind sie im Jahresabschluss bereits zu berücksichtigen. Eine Vereinbarung nach dem Stichtag ist auch dann nicht zu berücksichtigen, wenn sie noch in den Aufstellungszeitraum fällt. Die Ausübung eines einseitigen Rechts oder der Verzicht auf dessen Ausübung ist keine den Wert, Ansatz oder Ausweis erhellende Tatsache, sondern eine ändernde, und damit im Jahresabschluss nicht zu berücksichtigen.
> Vgl. hierzu auch das Beispiel in → § 4 Rz 38.

41 Keine eindeutigen Regelungen bestehen für eine lediglich innerhalb der nächsten 12 Monate zu **erwartende** Verletzung von *covenants*.

> **Beispiel**
> Der Gläubiger eines langfristigen Darlehens hat ein außerordentliches Kündigungsrecht, wenn die Eigenkapitalquote des Unternehmens im Jahres- oder Quartalsabschluss unter 20 % sinkt. Seit dem Zeitpunkt der Darlehensvergabe ist die Eigenkapitalquote kontinuierlich von 25 % auf am Bilanzstichtag 31.12.01 20,1 % gesunken. Bei weiterhin schlechtem Ergebnis ist mit überwiegender Wahrscheinlichkeit damit zu rechnen, dass die vertragliche Eigenkapitalquote zum 31.3.02 erstmals unterschritten wird.

U.E. ist in derartigen Fällen am Bilanzstichtag (im Beispiel 31.12.01) noch keine Umklassifizierung in eine kurzfristige Verbindlichkeit geboten, da die für den

Folgezeitraum erwartete Verletzung der *covenants* Ergebnis der Nachstichtagsentwicklung ist, also **friständernden**, nicht lediglich fristerhellenden Charakter hat. Eine **spiegelbildliche Problemlage** ergibt sich, wenn ein Unternehmen ein von *covenants* abhängiges **Recht** auf **Verlängerung** eines ansonsten kurzfristig fälligen Darlehens hat.

> **Beispiel**
> Das Unternehmen hat als Schuldner eines planmäßig am 1.8.02 fälligen Darlehens ein Recht auf Verlängerung um 24 Monate, wenn die Eigenkapitalquote des Unternehmens per 30.6.02 über 20 % steigt. Seit Darlehensaufnahme vor zwei Jahren ist die Quote kontinuierlich von 15 % auf 19,9 % am Bilanzstichtag 31.12.01 gestiegen. Bei weiterhin gutem Ergebnis wird mit überwiegender Wahrscheinlichkeit die zur Vertragsverlängerung berechtigende Eigenkapitalquote zum 30.6.02 erreicht.

In Anwendung der obigen Überlegungen gilt u. E. hier: Am Bilanzstichtag ist noch keine Umklassifizierung in eine langfristige Verbindlichkeit möglich, da die für den Folgezeitraum erwartete Realisierung der *covenants* **Nachstichtagscharakter** hat. Eindeutige Regelungen fehlen auch für den in der Praxis durchaus üblichen Fall einer nicht nur jährlichen, sondern halbjährlichen bzw. quartalsmäßigen Prüfung der *covenants*.

> **Beispiel**
> Die U GmbH nimmt am 31.12.01 bei Gläubiger G ein endfälliges Darlehen mit einer Laufzeit von 5 Jahren auf. Der Darlehensvertrag berechtigt den Gläubiger zur vorzeitigen sofortigen Kündigung, wenn bestimmte *covenants* entweder im Halbjahresabschluss oder im Jahresabschluss verletzt werden. Außerordentliche Aufwendungen im zweiten Halbjahr 02 bewirken für den Jahresabschluss 02 eine Verletzung der *covenants*. Die U hat diesen Umstand rechtzeitig an G kommuniziert und, erhält vor dem Bilanzstichtag 31.12.02 die Bewilligung des G auf eine Vertragskündigung wegen des Verstoßes zu verzichten. Diese Bewilligung schließt aber eine Kündigung für den Fall nicht aus, dass im Halbjahresabschluss 03 die *covenants* erneut verletzt werden.
>
> **Beurteilung**
> Nach dem Wortlaut von IAS 1.75 verhindert ein vor dem Abschlussstichtag erklärter Verzicht auf das Kündigungsrecht nur dann eine Umklassifizierung in kurzfristige Schulden, wenn eine Nachfrist von mindestens 12 Monaten bewilligt ist, während der die *covenants* wieder eingehalten werden können. Aufgrund der auch für den Halbjahresabschluss bestehenden *covenants* ist diese 12-Monatsfrist nicht gegeben.
> Vertretbar ist u. E aber auch folgende Auffassung: Die Bestimmungen von IAS 1.75 betreffen die mindestens 12-monatige Dauer einer Verzichtserklärung nicht. G verzichtet überhaupt darauf, aus der *covenants*-Verletzung in 02 Konsequenzen zu ziehen, ohne diesen Verzicht mit einer Fristbestimmung zu versehen. Fraglich ist allein, ob er aufgrund anderer Umstände (potentieller Bruch der *covenants* im Halbjahresabschluss 03) binnen 12 Monaten ein neues Kündigungsrecht erwirbt. Dies ist aus Sicht des Jahresabschlusses 02 ein friständerndes Nachstichtagsereignis und daher nicht zu berücksichtigen.

43 Nicht eindeutig geregelt ist die Behandlung der Pensionsrückstellungen und sonstiger Rückstellungen für **Leistungen an Arbeitnehmer** (→ § 22).
- Der Hinweis in IAS 1.70, dass einige Rückstellungen/Abgrenzungen für Personalaufwendungen *(some accruals for employee costs)* Teil des *working capital* und damit des Geschäftszyklus sein könnten, und zwar auch dann, wenn sie nicht binnen 12 Monaten fällig seien, bezieht sich nicht auf kurzfristige Leistungen i.S.v. IAS 19.7 und 8. Diese sind ohnehin als binnen 12 Monaten fällig definiert. Überlegungen zum später fälligen Teil würden daher ins Leere laufen. U. E. zielt die Bemerkung in IAS 1.70 z.B. auf Tantieme- oder Urlaubsrückstellungen mit einer (teilweisen) Restlaufzeit von mehr als 12 Monaten. Sie können (insgesamt) als kurzfristig ausgewiesen werden. Im Anhang, aber nicht auf Bilanzebene ist eine Aufteilung in den kurz- und langfristigen Teil geboten (vgl. Rz 36 und Rz 37).
- Bei **Pensionsrückstellung** stellt sich hingegen die Frage, ob eine Aufteilung in den kurz- und langfristig fälligen Teil wie bei Ratendarlehen schon auf Bilanzebene notwendig ist. IAS 19.133 verzichtet explizit auf eine Regelung dieser Frage *("This standard does not specify whether an entity should distinguish current and non-current portions")* und verweist damit indirekt auf IAS 1. Dort ist die Frage aber konkret nur für Finanzverbindlichkeiten geregelt (IAS 1.71; vgl. Rz 38). Der herrschenden Praxis folgend halten wir daher eine Aufteilung der Pensionsrückstellungen auf Bilanzebene für zwar zulässig, aber nicht geboten (ähnlich RIC 1.32). Hierfür sprechen regelmäßig auch *materiality*-Überlegungen. Aus Wesentlichkeitsgesichtspunkten kann im Übrigen auch eine Aufschlüsselung im Anhang meist unterbleiben, um die ohnehin umfangreichen Angabepflichten zu Pensionen, ihrer Entwicklung in der abgelaufenen Periode und zum Pensionsaufwand gem. IAS 19.120ff. (→ § 22 Rz 86ff.) nicht noch zu erweitern.

4.3 Mindestgliederung der Bilanz

44 IAS 1.54 enthält eine Liste der Posten, die bei Wesentlichkeit zwingend in der **Bilanz selbst** *(on the face of the balance sheet)* auszuweisen sind. Die Systematik der Liste erschließt sich nicht unmittelbar. Da bestimmte Posten, etwa (übrige) Finanzanlagen, in der Liste nicht enthalten sind, könnte man eine unvollständige Auflistung von Bilanzposten annehmen, aus denen sich ein verbindliches Mindestgliederungsschema nicht ableiten ließe. Eine solche Sichtweise halten wir für unzutreffend.[14] Im Zusammenspiel mit IAS 1.60 lässt sich aus IAS 1.54 vielmehr eine für Industrie-, Handels- und Dienstleistungsunternehmen **verbindliche Mindestgliederung** ableiten. Beispielhaft sei dies zunächst an zwei Aspekten dargestellt:
- IAS 1.54 verlangt einen Posten „Finanzielle Vermögenswerte", der jedoch nicht die separat auszuweisenden *at-equity*-Beteiligungen (IAS 1.54e), Forderungen (IAS 1.54h) und Zahlungsmittel (IAS 1.54a) umfassen darf und deshalb den Charakter „übrige finanzielle Vermögenswerte" hat.
- Nach IAS 1.60 sind (mit den genannten Ausnahmen) kurz- und langfristige Vermögenswerte separat auszuweisen. Die „übrigen finanziellen Vermögens-

---

[14] Vgl. LÜDENBACH/HOFFMANN, KoR 2004, S. 89. Die nachfolgenden Ausführungen stützen sich im Wesentlichen auf diesen Beitrag.

werte" sind mithin in „übrige langfristige finanzielle Vermögenswerte/übrige Finanzanlagen" und „übrige finanzielle kurzfristige Vermögenswerte" zu unterteilen.
- IAS 1.55 sieht die Angabe von Überschriften und Zwischensummen vor, wenn eine solche Darstellung relevant für das Verständnis ist. Bei einer Gliederung der Bilanz nach Fristigkeit verdichtet sich u. E. diese Vorgabe zu einem Gebot, langfristige Vermögenswerte unter dieser oder einer gleichwertigen Überschrift (z. B. Anlagevermögen) zusammenzuführen und jeweils eine Zwischensumme der Bilanz zu bilden. Entsprechendes gilt für die kurzfristigen Vermögenswerte bzw. das Umlaufvermögen.
- Im Zusammenspiel der Vorschriften sind daher im finanziellen Anlagevermögen mindestens die Positionen *equity*-Beteiligungen und übrige Finanzanlagen (gesondert) auszuweisen. Freiheiten bestehen dann lediglich noch in der Bezeichnung. Statt von übrigen Finanzanlagen mag von übrigen finanziellen Vermögenswerten des Anlagevermögens oder von übrigen langfristigen finanziellen Vermögenswerten gesprochen werden. Entsprechende Überlegungen lassen sich wiederum auf das kurzfristige Vermögen/Umlaufvermögen übertragen.

Pointiert zusammengefasst können die Regelungen von **IAS 1.51, IAS 1.68 und IAS 1.69** u. E. als eine Art **Gleichungssystem** verstanden werden, das nicht mehr Variable als Gleichungen enthält und deshalb – allgemeine Vorbehalte wie den der *materiality* außen vor gelassen – in seiner **Lösung eindeutig** ist.

Eine nach **Fristigkeit** gegliederte Bilanz muss danach, soweit entsprechende Geschäftsvorfälle vorliegen, **mindestens folgende** Posten enthalten:
- im **langfristigen Vermögen** (*non-current assets*)
    - immaterielle Anlagen (IAS 1.54c)
    - Sachanlagen (IAS 1.54a)
    - *investment properties* (IAS 1.54b)
    - *at-equity*-Beteiligungen (IAS 1.54e)
    - übrige Finanzanlagen (IAS 1.54d i. V. m. IAS 1.60)
    - latente Steuern (IAS 1.54o i. V. m. IAS 1.60 und IAS 1.56)
- im **kurzfristigen Vermögen** (*current assets*)
    - Vorräte (IAS 1.54g)
    - Forderungen (IAS 1.54h)
    - übrige finanzielle Vermögenswerte (IAS 1.54d i. V. m. IAS 1.60)
    - übrige Steuerforderungen (IAS 1.54n)
    - sonstige nichtfinanzielle Vermögenswerte (IAS 1.54g und i. V. m. IAS 1.60)
    - Zahlungsmittel (IAS 1.54i)
- im **Eigenkapital**
    - eingezahltes Kapital und Rücklagen (inkl. noch nicht ausgeschüttete Gewinne; IAS 1.54r)
    - nicht beherrschende Anteile (IAS 1.54q)
- in den **langfristigen Schulden**
    - langfristige finanzielle Verbindlichkeiten (IAS 1.54m i. V. m. IAS 1.60)
    - langfristige Rückstellungen (IAS 1.54l i. V. m. IAS 1.60)
    - latente Steuern (IAS 1.54o i. V. m. IAS 1.60 und IAS 1.56)

- in den **kurzfristigen Schulden**
  - Verbindlichkeiten L+L und sonstige (IAS 1.54k)
  - übrige kurzfristige finanzielle Verbindlichkeiten (IAS 1.54m i.V.m. IAS 1.60)
  - kurzfristige Rückstellungen (IAS 1.54l i.V.m. IAS 1.60)
  - Steuerverbindlichkeiten (IAS 1.54n)

46 **Fehlanzeigen** (Leerposten) sind nicht anzugeben. Zu beachten ist aber die Angabepflicht für das **Vorjahr**.

47 **Latente Steuern** sind nach unserer Interpretation von IAS 1.56 den langfristigen Vermögenswerten/Schulden zuzurechnen (→ § 26 Rz 236). Isoliert betrachtet könnte das in IAS 1.70 enthaltene Verbot eines Ausweises latenter Steuern im kurzfristigen Bereich auch als Rechtfertigung für einen Ausweis außerhalb des Anlage- und Umlaufvermögens bzw. außerhalb der langfristigen/kurzfristigen Schulden verstanden werden. Die Passivseite der Bilanz wäre danach in Eigenkapital, langfristige Schulden, kurzfristige Schulden und latente Steuern zu untergliedern. Die (deutsche) IFRS-Praxis ist bis 2004 häufig in dieser Weise verfahren. Der ab 2005 geltenden Fassung von IAS 1 würde dieses Vorgehen aber widersprechen, da mit den genannten Ausnahmen für Finanzinstitute (Rz 31) keine Abweichung von der Fristigkeitsgliederung vorgesehen ist. Im Rahmen des *convergence project* wird jedoch diskutiert, **zukünftig** entsprechend den amerikanischen Regelungen die kurz- und langfristigen Teile der latenten Steuern ggf. separat auszuweisen (→ § 26 Rz 238).

48 Die aus vorstehenden Überlegungen entwickelte Mindestgliederung der **Passivseite** mit **primärer** Untergliederung der Schulden in lang- und kurzfristig und erst **sekundärer** Untergliederung nach Art der Schuld (Verbindlichkeit, Rückstellung, Steuerschuld) und/oder Liquiditätsnähe hat sich inzwischen auch in der Praxis durchgesetzt.

49 Abgrenzungsprobleme bereitet die Unterscheidung von **Forderungen** (*receivables*) und **Verbindlichkeiten** (*payables*) gegenüber sonstigen **finanziellen** Vermögenswerten und Schulden.
Nach IAS 1.78b gehören zu den Forderungen Vorauszahlungen bzw. **geleistete Anzahlungen** (*prepayments*). Der Begriff der Forderungen wäre danach sehr weit zu interpretieren. Andererseits differenziert IAS 39 zwischen Darlehens-/Kredit-Forderungen *(loans)* und „eigentlichen" Forderungen *(receivables)*. Aus dieser Perspektive ist eine Darlehensforderung im langfristigen Teil „übrige Finanzanlage", im kurzfristigen, innerhalb der nächsten 12 Monate fälligen Teil „übriger finanzieller Vermögenswert".
Eine Analogbewertung auf der Passivseite führt zur Differenzierung zwischen Verbindlichkeiten (aus Lieferungen und Leistungen, aus erhaltenen Anzahlungen und im Voraus vereinnahmten Mieten usw.) und sonstigen finanziellen Schulden (aus Darlehensbeziehungen, Derivaten usw.).

50 Erhaltene und geleistete **Anzahlungen** sind im Einzelnen wie folgt auszuweisen (zur Bewertung und zu Diskontierungsgesichtspunkten vgl. → § 17 Rz 25 und → § 25 Rz 9):
- **Erhaltene** Anzahlungen auf **Fertigungsaufträge** nach IAS 11 sind unter den in → § 18 Rz 72ff. dargelegten Voraussetzungen mit Forderungen aus Fertigungsaufträgen zu saldieren. Ansonsten sind sie als kurzfristige Verbindlichkeiten auszuweisen.

- **Erhaltene** Anzahlungen auf **Vorräte** (Waren oder Erzeugnisse) sind aus den unter Rz 28 dargelegten Gründen weder saldierungsfähig noch offen absetzbar. Sie werden passivisch ausgewiesen, wegen des Zusammenhangs mit dem Geschäftszyklus (Rz 36) ebenfalls unter den kurzfristigen Schulden; wegen der ab 2017 bestehenden Besonderheiten nach IFRS 15 wird auf Rz 29 verwiesen.
- **Geleistete** Anzahlungen auf **Vorräte** sind als kurzfristige Vermögenswerte darzustellen.
- **Geleistete** Anzahlungen auf **Anlagen** sind u.E. unabhängig davon, ob die Anlage binnen 12 Monaten angeschafft wird, im langfristigen Bereich auszuweisen.[15] Offensichtlich hängen sie weder mit dem Geschäftszyklus zusammen, noch dienen sie Handelszwecken. Unklar könnte sein, ob die Verrechnung mit der Kaufpreisverbindlichkeit binnen 12 Monaten eine Realisation i.S.v. IAS 1.66 darstellt. U.E. ist der Realisationsbegriff jedoch enger als Erledigung durch fristgerechte Rückzahlung zu interpretieren.

Vorauszahlungen oder im Voraus getätigte Einnahmen auf Dienstleistungen oder Nutzungsüberlassungen **(Rechnungsabgrenzungsposten** i.S.d. Handelsrechts) gelten nach IFRS als Vermögenswerte oder Schulden. Sie sind jedenfalls dann im **kurzfristigen** Bereich auszuweisen, wenn die Gegenleistung binnen 12 Monaten fällig ist. Bei längerer Frist kann ein (Teil-)Ausweis im **langfristigen** Bereich geboten sein.

Das Ergebnis vorstehender Überlegungen ist im nachfolgenden Gliederungsschema wiedergegeben. Das Eigenkapital ist abweichend vom nicht verbindlichen *Guidance on Implementing IAS 1* nicht in gezeichnetes Kapital, Kapitalrücklagen, Gewinnrücklagen und Jahresergebnis gegliedert. Die **Mindest**gliederung interpretiert „*capital and reserves*" (IAS 1.54r) vielmehr i.S.d. englischen Rechnungslegungspraxis als Summe aller Eigenkapitalpositionen (vor Minderheitenanteil). Interpretiert man „*reserves*" enger als „Rücklagen", müssen Bilanz, Gewinnvortrag und Jahresergebnis (oder Bilanzgewinn) zusätzlich ausgewiesen werden. Zu weiteren Untergliederungsmöglichkeiten wird auf → § 20 verwiesen.

Nicht berücksichtigt sind **besondere Posten** z.B. für Forderungen aus langfristigen **Fertigungsaufträgen** (→ § 18 Rz 72), bzw. für **vertragliche Vermögenswerte** oder Schulden aus Verträgen mit Kunden (§ 25 Rz 213 ff.), **biologische** Vermögenswerte (→ § 40) oder **Investitionszuschüsse** (→ § 12 Rz 26). Insoweit wird auf die Einzeldarstellungen verwiesen. Vertragliche Vermögenswerte können ggfl. s unter das Vorratsvermögen subsumiert und dann nur im Anhang separat erläutert werden (vgl. aber § 18 Rz 64). Besondere Posten für zur Veräußerung bestimmten Anlagen/Anlagengruppen und die mit ihnen verbundene Schulde sind in unserem Schema berücksichtigt. Unter den in → § 29 Rz 6 ff. und Rz 40 f. beschriebenen sachlichen und zeitlichen Voraussetzungen verlangt IFRS 5.38 den separaten Ausweis in der Bilanz, entweder als **Unterposition** der kurzfristigen Vermögenswerte und Schulden oder wie in unserem Schema als **eigenständige** Position. Aufschlüsselungen sind im Anhang vorzunehmen. Abweichend vom nachfolgenden Schema ist ein gesonderter Ausweis auf Bilanzebene dann entbehrlich, wenn nur einzelne, auch in Summe nicht wesentliche Vermögenswerte und Schulden, zum Abgang bestimmt sind.

---

[15] Gl. A. HEUSER/THEILE, IFRS-Handbuch, 5. Aufl., 2012, Tz. 7257.

LANGFRISTIGES VERMÖGEN	
immaterielle Vermögenswerte *(intangible assets)*	xx
Sachanlagen *(property, plant, equipment)*	xx
Finanzimmobilien *(investment properties)*	xx
at-equity-Beteiligungen *(at-equity investments)*	xx
sonstige Finanzanlagen *(other non-current financial assets)*	xx
latente Steuern *(deferred tax assets)*	xx
	XXX
KURZFRISTIGES VERMÖGEN	
Vorräte *(inventories)*	xx
Forderungen L+L *(trade receivables)*	xx
sonstige kurzfristige finanzielle Vermögenswerte *(other current financial assets)*	xx
Steuerforderungen *(current tax assets)*	xx
sonstige nichtfinanzielle Vermögenswerte *(other non-financial assets)*	xx
Zahlungsmittel *(cash and cash equivalents)*	xx
	XX
ZUR VERÄUSSERUNG BESTIMMTE ANLAGEN (non-current assets classified as held for sale)	XXX
SUMME VERMÖGENSWERTE	ZZZ

EIGENKAPITAL	
eingezahltes Kapital und Rücklagen *(issued capital and reserves)*	xx
nicht beherrschende Anteile *(non-controlling interests)*	xx
	XXX
LANGFRISTIGE SCHULDEN	
langfristige finanzielle Verbindlichkeiten *(non-current financial liabilities)*	xx
langfristige Rückstellungen *(non-current provisions)*	xx
abgegrenzte öff. Investitionszuwendungen *(deferred government grants related to assets)*	xx
latente Steuern *(deferred tax liabilities)*	xx
	XXX

Darstellung des Abschlusses § 2

KURZFRISTIGE SCHULDEN	
kurzfristige Verbindlichkeiten L+L und sonstige *(trade and other payables)*	xx
übrige kurzfristige finanzielle Verbindlichkeiten *(other current financial liabilities)*	xx
kurzfristige Rückstellungen *(current provisions)*	xx
Steuerschulden *(current tax liabilities)*	xx
	XXX
SCHULDEN I. V. M. ZUR VERÄUSSERUNG BESTIMMTEN ANLAGEN (liabilities directly associated with non-current assets classified as held for sale)	XXX
SUMME EIGENKAPITAL UND SCHULDEN	ZZZ

Tab. 1: Grundstruktur der Bilanz in Kontoform

Das Schema ist in Kontoform gegliedert. Andere Gliederungsformate, insbesondere eine **Staffelform**, sind ebenfalls zulässig. In Staffelform könnte eine nach Fristigkeit gegliederte Bilanz etwa in folgender Grundstruktur präsentiert werden:

kurzfristige Vermögenswerte	xx	
– kurzfristige Schulden	–xx	
= kurzfristige Vermögenswerte/Schulden (netto)		xxx
+ langfristige Vermögenswerte	yy	
– langfristige Schulden	–yy	yyy
= Eigenkapital		zzz

Tab. 2a: Grundstruktur der Bilanz in Staffelform: Kurzform

langfristige Vermögenswerte		xx
kurzfristige Vermögenswerte	x	
– kurzfristige Verbindlichkeiten	–x	
= kurzfristige Vermögenswerte/Schulden netto *(net current assets* oder *net current liabilities)*		xx
gesamte Vermögenswerte minus kurzfristige Schulden *(total assets less current liabilities)*		xxx
– langfristige Schulden		yyy
= Eigenkapital		zzz

Tab. 2b: Grundstruktur der Bilanz in Staffelform: erweiterte Form

4.4 Ergänzungen des Mindestgliederungsschemas

53 Das **Mindest**gliederungsschema ist nach IAS 1.57f. durch weitere Untergliederung der Posten zu **erweitern**, soweit die zur Zusammenfassung in einem Posten vorgesehenen Geschäftsvorfälle sich nach Größe, Art oder Funktion genügend *(sufficiently)* unterscheiden und deshalb ein separater Ausweis für die Vermögenslage relevant ist. Diese Formulierung eröffnet erhebliche Ermessensspielräume, die von der Praxis zugunsten einer hoch aggregierten Bilanz genutzt werden, die das Mindestgliederungsschema überhaupt nicht oder nur wegen besonderer Eigenheiten des Geschäfts ergänzt. Ein Beispiel für den zweiten Fall ist ein Luftfahrtunternehmen, das sein Sachanlagevermögen wie folgt untergliedert:
- Flugzeuge und Reservetriebwerke
- Reparaturfähige Flugzeugersatzteile
- Übriges Sachanlagevermögen

In den meisten anderen Fällen wird die Untergliederung in den Anhang verlagert. So gilt etwa in Bezug auf Finanzinstrumente eine Untergliederung der lang- und kurzfristigen Finanzposten der Bilanz nach den Bewertungskategorien von IAS 39 zwar als zulässig,[16] ist in der Praxis aber kaum aufzufinden. Diese bevorzugt eine **aggregierte** Bilanz mit einer tabellarischen **Überleitungsrechnung** von den Bewertungskategorien auf die Bilanzposten im **Anhang**. Dies entspricht auch der Zielsetzung von IFRS 7.8. Hierzu wird auf → § 28 Rz 3 ff. verwiesen, für die analoge Problematik in der GuV auf Rz 83.

4.5 Ausweiswahlrechte

54 IAS 1.77ff. enthält Aufgliederungen, die **wahlweise** in der **Bilanz** oder im **Anhang** vorzunehmen sind. Die Praxis entscheidet sich in folgenden Fällen überwiegend für eine Aufgliederung im Anhang:
- **Sachanlagevermögen** (IAS 1.78a; → § 14 Rz 25 ff.),
- **Forderungen** (nach Kundenforderungen, Forderungen gegenüber nahestehenden Personen, geleisteten Anzahlungen bzw. Vorauszahlungen und sonstigen Beträgen; IAS 1.78b),
- **Vorräte** (z.B. nach Waren, fertige und unfertige Erzeugnisse, Roh-, Hilfs- und Betriebsstoffen; IAS 1.78c; → § 17 Rz 43),
- **Rückstellungen** nach solchen gegenüber Arbeitnehmern *(employee benefits)* und sonstigen (IAS 1.78d; → § 21 Rz 178 ff.),
- **Eigenkapital** nach eingezahltem Grundkapital, Kapitalrücklage, Gewinnrücklagen (IAS 1.78e; → § 20 Rz 96 ff.).

5 Gliederung der GuV bzw. des GuV-Teils der Gesamtergebnisrechnung

5.1 GuV und Gesamtergebnisrechnung

55 Bereits durch IAS 1 rev. 2007 ist mit Wirkung ab 2009 (Rz 99) aus dem **Wahlrecht** zur Aufstellung einer Gesamtergebnisrechnung *(statement of comprehen-*

---

[16] Vgl. LÖW, KoR 2006, Beilage 1 zu Heft 3.

sive income) eine **Pflicht** geworden (Rz 89). Diese Pflicht kann nach IAS 1.10A auf zwei Arten erfüllt werden (Rz 91):
- Nach dem *two statement approach* bleibt die GuV ein selbstständiges Rechenwerk, dessen Saldo (Gewinn oder Verlust) in die Gesamtergebnisrechnung übertragen wird.
- Nach dem *one statement approach* ist die GuV ein unselbstständiger Teil der Gesamtergebnisrechnung.

Die **Gliederungsvorschriften** für die selbstständige GuV in der ersten Alternative **entsprechen** jedoch denen für den GuV-Teil in der zweiten Alternative. Insoweit bleibt zunächst die Gliederung der GuV bzw. des GuV-Teils zu kommentieren. Soweit dabei nachfolgend von der „GuV" geredet wird, ist zugleich der „GuV-Teil" der Gesamtergebnisrechnung gemeint. Wegen der Gesamtergebnisrechnung im Übrigen wird auf Rz 89 ff. verwiesen.

5.2 (Faktische) Mindestgliederung

Wie bei der Bilanz bestehen auch für die GuV *(income statement)* erhebliche **Ausweiswahlrechte** zwischen Untergliederung im **Rechenwerk** selbst oder im **Anhang**. Als Minimum muss die GuV gem. IAS 1.82 und 83 nur ausweisen

- im **operativen Bereich**
  - Erlöse und
- im **Finanzbereich**
  - das Ergebnis aus *equity*-Beteiligungen und
  - das übrige Finanzergebnis
- das Ergebnis aus **einzustellenden Geschäftsbereichen**
- den **Steueraufwand**
- den **Jahresüberschuss/Jahresfehlbetrag**
- daran den **Minderheitenanteil** und den **Anteil der Eigenkapitalgeber** der Muttergesellschaft.

In Verbindung mit der in IAS 1.85 geforderten Bildung von verständnisfördernden Zwischensummen wäre ohne materiell bedeutsame *discontinued operations* folgende **Minimalgliederung** denkbar:

56

Erlöse *(revenues)*
– Aufwendungen
= operatives Ergebnis
+/– Ergebnis aus *equity*-Beteiligungen
+ (übrige) Finanzerträge *(financial revenues)*
– (übrige) Finanzaufwendungen *(financial costs)*
= Ergebnis vor Steuern
– Steuern
= Jahresüberschuss
– davon nicht beherrschende Anteile
= den Eigenkapitalgebern der Muttergesellschaft zuzurechnender Gewinn

---

Die Aufgliederung der operativen Aufwendungen, entweder in der Art des **Umsatzkostenverfahrens** oder alternativ des **Gesamtkostenverfahrens** (IAS 1.99)

57

kann formell wahlweise in der **GuV** oder im **Anhang** erfolgen. Der Ausweis innerhalb der GuV selbst wird in IAS 1.100 empfohlen *(encouraged)*. Jedenfalls in der IFRS-Praxis von Publikumsgesellschaften hat sich diese Empfehlung zu einem **faktischen Mindestgliederungsgebot** verdichtet. Die Grundformel – „Erlöse minus Aufwendungen gleich operatives Ergebnis" – ist offenbar zu minimalistisch, als dass man sie den Bilanzadressaten zumuten möchte und könnte.

58 IFRS 15.113 (anzuwenden ab 2017) sieht gleichwohl vor, dass eine Differenzierung zwischen Erlösen aus Kundenverträgen *(revenues from contracts with customers)* und anderen Erlösen *(revenues)* nicht notwendiger Weise in der GuV vorzunehmen ist, sondern eine Aufschlüsselung im Anhang ausreicht (§ 25 Rz 8).

59 Die in der deutschen IFRS-Praxis gewählten Ausweisformulare weisen insgesamt eine **große Ähnlichkeit zum Handelsrecht** aus. Wie im HGB erfolgt eine Aufteilung in den betrieblichen (operativen) Bereich, den Finanzbereich und den (Ertrag-)Steuerbereich. Wie im HGB kann der operative Bereich **umsatzkosten**orientiert oder **kostenarten**orientiert untergliedert werden.

60 Abweichend vom bisherigen Handelsrecht (aber in Übereinstimmung mit BilRUG) ist der Ausweis **außerordentlicher Posten** jedoch nicht zulässig (IAS 1.87).

61 Zu den aus diesen Überlegungen abgeleiteten nachfolgenden *Gliederungen* ist noch Folgendes anzumerken:

- Eine **weitere Untergliederung** kann im Einzelfall ebenso notwendig sein wie eine **Zusammenfassung** von Posten (Rz 53 sowie Rz 71 ff.).
- Die **Zwischensumme operatives Ergebnis** ist im Standard nicht explizit vorgesehen, wird aber in der Praxis häufig verwandt (Rz 63). Die *Basis for Conclusions* haben keine Einwände gegen eine solche Praxis, verlangen aber, in eine entsprechende Zwischensumme auch operative Aufwendungen unregelmäßiger Art oder solche ohne Zahlungsmittelabfluss einzubeziehen. Unzulässig sei es daher, als operatives Ergebnis ein Ergebnis **vor** Restrukturierungsaufwendungen, außerplanmäßigen oder planmäßigen Abschreibungen auszuweisen (IAS 1.BC56).
- IAS 1.82b fordert den separaten Ausweis der *finance cost*. Die amtliche deutsche Übersetzung) spricht von Finanzierungsaufwendungen. Die exemplarischen GuVs in der *Guidance on Implementing IAS 1* enthalten keinen korrespondierenden Posten *financial income* bzw. finanzielle Erträge. Mit *financial cost* ist gleichwohl keine **Saldogröße** gemeint. Finanzerträge und Finanzaufwendungen sind separat auszuweisen (Rz 78).
- IAS 1.82d verlangt den gesonderten Ausweis des **Steueraufwands** (tax expense). Die infrage kommenden Steuerarten sind nicht spezifiziert. Eine Einbeziehung von Substanz- und Verkehrssteuern (z.B. Grundsteuern und Kfz-Steuern) könnte daher zulässig erscheinen. Eine daraus resultierende Vermischung gewinnabhängiger mit sonstigen Steuern ist aber u.E. nicht gewollt.[17] Die exemplarischen GuVs in der *Guidance on Implementing IAS 1* sehen deshalb jeweils nur einen Posten „*income tax expense*", d.h. nur den Ausweis der Gewinnsteuern vor.

62 Hiernach ergeben sich – zunächst unter Ausklammerung der *discontinued operations* (Rz 53) – die beiden nachfolgenden **Gliederungsvorschläge**. Hinsichtlich des Inhalts der Posten wird auf Rz 65 verwiesen.

---

[17] Vgl. HEUSER/THEILE, IFRS-Handbuch, 5. Aufl., 2012, Tz. 7450.

Darstellung des Abschlusses § 2

Gesamtkostenverfahren (*nature of expense method*)	
Umsatzerlöse (*revenue/turnover*)	xx
Bestandsveränderung Erzeugnisse (*changes in inventories of finished goods and work in progress*)	xx
andere aktivierte Eigenleistungen (*work performed by the enterprise and capitalised*)	xx
sonstige betriebliche Erträge (*other income*)	xx
Materialaufwand (*raw material and consumables used*)	xx
Personalaufwand (*employee benefit expense*)	xx
Abschreibungen (*depreciation and amortisation expense*)	xx
sonstige betriebliche Aufwendungen (*other expenses*)	xx
operatives/betriebliches Ergebnis (*results of operating activities*)	**xxx**
Ergebnis aus *at equity* bewerteten Beteiligungen (*share of income of associates and joint ventures accounted for using the equity method*)	xx
übrige Finanzerträge (*other financial revenues*)	xx
übrige Finanzaufwendungen (*other financial costs*)	xx
Ergebnis vor Ertragsteuern (*profit before tax*)	**xxx**
Ertragsteuern (*income tax expense*)	xx
Jahresüberschuss (*profit after tax*)	**xxx**
Gewinnanteil nicht beherrschende Gesellschafter (*profit attributable to non-controlling interest*)	xx
Gewinnanteil Eigenkapitalgeber der Muttergesellschaft (*profit attributable to equity holders of the parent/group profit*)	**xxx**

Tab. 3: Gesamtkostenverfahren

Umsatzkostenverfahren (*cost of sales method*)	
Umsatzerlöse (*revenue/turnover*)	xx
Herstellungskosten der zur Erzielung der Umsatzerlöse erbrachten Leistungen (*cost of sales*)	xx
Bruttoergebnis vom Umsatz (*gross profit*)	**xx**
Vertriebskosten (*distribution costs*)	xx
allgemeine Verwaltungskosten (*administrative expenses*)	xx
sonstige betriebliche Erträge (*other income*)	xx
sonstige betriebliche Aufwendungen (*other expenses*)	xx
operatives/betriebliches Ergebnis (*results of operating activities*)	**xxx**

Umsatzkostenverfahren (*cost of sales method*)	
Ergebnis aus *at equity* bewerteten Finanzanlagen (*share of income of associates and joint ventures accounted for using the equity method*)	xx
übrige Finanzerträge (*other financial revenues*)	xx
übrige Finanzaufwendungen (*other financial costs*)	xx
Jahresüberschuss vor Ertragsteuern (*profit before tax*)	xxx
Ertragsteuern (*income tax expense*)	xx
Jahresüberschuss (*profit after tax*)	xxx
Gewinnanteil nicht beherrschende Gesellschafter (*profit attributable to non-controlling interest*)	xx
Gewinnanteil Eigenkapitalgeber der Muttergesellschaft (*profit attributable to equity holders of the parent/group profit*)	xxx

Tab. 4: Umsatzkostenverfahren

Wegen der funktionalen Gliederung lässt das **Umsatzkostenverfahren** die Höhe der **Personalaufwendungen** und **Abschreibungen** nicht erkennen. IAS 1.104 erkennt ähnlich wie § 285 Nr. 8 HGB die besondere Bedeutung dieser Größen an. Bei Anwendung des Umsatzkostenverfahrens sind daher diese beiden Aufwandsarten zwingend im **Anhang** anzugeben.

63 Die Zwischensumme **operatives Ergebnis** ist in IAS 1 nicht explizit vorgesehen, wird aber in der Praxis häufig verwendet. Die *Basis for Conclusions* haben keine Einwände gegen eine solche Praxis, verlangen aber, in eine entsprechende Zwischensumme auch operative Aufwendungen unregelmäßiger Art oder solche ohne Zahlungsmittelabfluss einzubeziehen. Unzulässig sei es daher, als operatives Ergebnis ein Ergebnis vor Restrukturierungsaufwendungen, außerplanmäßigen oder planmäßigen Abschreibungen auszuweisen (IAS 1.BC56).

Der **Koreanische** Standardsetter (KASB) sieht in K-IFRS 1001, dem Äquivalent zu IAS 1, eine verpflichtende Angabe des „*operating profit or loss*" in der GuV selbst vor und definiert diese Größe (für das Umsatzkostenverfahren) als den Saldo von Umsatzerlösen einerseits und Umsatzkosten, Vertriebskosten sowie Verwaltungskosten andererseits. Sonstige betriebliche Aufwendungen und Erträge sollen also nicht in die Größe eingehen. Darüberhinaus lässt der Standard eine unternehmensspezifische Ermittlung des operativen Ergebnisses (*adjusted operating profit*) für Zwecke des Anhangs zu, verlangt dafür aber eine Überleitung auf den in der GuV selbst dargestellten *operating profit or loss*.

Die ESMA hält es nach der von ihr veröffentlichten Enforcement Entscheidung *Decision ref.* 0211–08 für unzulässig, wenn bei **Immobiliengesellschaften**, die *Investment Properties* erfolgswirksam zum *fair value* bewerten (§ 16 Rz 40), die Wertänderungen der Immobilien außerhalb des operativen Ergebnis gezeigt werden. Bei den betreffenden Wertänderungen handele es sich um einen normalen Teil der Aktivitäten einer Immobiliengesellschaft.

64 Sobald ein Teilbereich eines Unternehmens mit Geschäftsfeldqualität durch Veräußerung oder Aufgabe eingestellt wird, ist gem. IFRS 5.33a und IAS 1.82e in der

GuV eine Unterscheidung zwischen den Ergebnissen aus **fortgeführten Tätigkeiten** und denen aus **aufgegebenen** Bereichen vorzunehmen. Zu den sachlichen und zeitlichen Voraussetzungen im Einzelnen wird auf → § 29 Rz 54 ff. und Rz 15 ff. verwiesen. Es genügt die Darstellung des Gesamterfolges aus den Einstellungen *(post tax profit or loss from discontinued operations)* in einer Zahl bzw. Zeile der GuV. Wahlweise in der GuV oder im Anhang ist diese Größe aufzuschlüsseln. Ein Muster für die Aufschlüsselung ist in → § 29 Rz 54 wiedergegeben. Nachfolgend der Mindestausweis in der GuV:

Umsatzkostenverfahren *(cost of sales method)*	
1. Fortgeführte Bereiche *(continuing operations)*	
Umsatzerlöse *(revenue/turnover)*	xx
....	xx
Ergebnis vor Ertragsteuern *(profit before tax)*	xxx
Ertragsteuern *(income tax expense)*	xx
Ergebnis aus fortgeführten Bereichen *(profit from continuing operations)*	xxx

2. Aufgegebene Bereiche *(discontinued operations)*	
Ergebnis aus aufgegebenen Bereichen *(profit from discontinued operations)*	xxx

3. Ergebnis *(profit for the period)* (= Summen 1 und 2)	XXX
davon Gewinnanteil nicht beherrschende Gesellschafter *(profit attributable to non-controlling interest)*	xx
davon Gewinnanteil Eigenkapitalgeber der Muttergesellschaft *(profit attributable to equity holders of the parent/group profit)*	xx

Tab. 5: GuV-Mindestausweis für aufgegebene Bereiche

5.3 Inhalt der operativen Posten im Umsatz- und Gesamtkostenverfahren

Die Definition der **Umsatzerlöse** *(revenues)* ist schon im englischen Orginaltext der IFRS, erst recht in den deutschen Übersetzungen uneinheitlich (vgl. im Detail → § 18 Rz 1 ff. der Vorauflage). Für Zwecke der GuV-Gliederung lassen sich die Umsatzerlöse unter Rückgriff auf IAS 18.7 als Erlöse aus der „gewöhnlichen Tätigkeit"*(ordinary activities)* des Unternehmens bestimmen. Die deutsche Fassung benutzt den Singular (Tätigkeit) und spricht eher dafür, nur **Kerngeschäftserlöse** als Umsatzerlöse anzusehen, **andere Erlöse** hingegen in den **sonstigen betrieblichen Erträgen** auszuweisen.[18] Die englische Fassung gebraucht den Plural *(activi-*

65

---

[18] So SCHLÜTER/BEIERSDORF, in: BECK'SCHES IFRS-Handbuch, 4. Aufl., 2013, § 15, Tz 77.

ties) und lässt u.E. die Einbeziehung wiederkehrender Erlöse aus Neben- oder Hilfstätigkeiten (z.B. Vermietung) in die Umsatzerlöse als vertretbar zu. Soweit im Rahmen eines „*two business model*" bei Autovermietern und ähnlichen Unternehmen die Veräußerung zuvor (kurzfristig) vermieteter Anlagen gleichwertiger Teil des Geschäftsmodells ist, führen Veräußerungen nicht zu sonstigen betrieblichen Erfolgen, sondern zu Umsatzerlösen, der Buchwertabgang demzufolge zu Umsatzkosten oder Materialaufwand (→ § 17 Rz 4).

66 Der ab 2017 anzuwendende IFRS 15 unterscheidet zwischen Erlösen mit Kunden (*revenues from contracts with customers*) und anderen Erlösen (*revenues*). Als Kunde (*customer*) gelten danach jene Vertragspartner, an die Güter oder Dienste (*services*) erbracht werden, die Ergebnisse der gewöhnlichen Geschäftstätigkeit des Unternehmens (*output of the entity's ordinary activities*) sind. Dies ermöglicht im Wesentlichen einer Beschränkung auf Kerngeschäftserlöse (§ 25 Rz 8).

67 Im **Umsatzkostenverfahren** bestimmen sich die weiteren operativen Posten wie folgt:
- Die **Umsatzkosten** (Herstellungskosten der zur Erzielung der Umsatzerlöse erbrachten Leistungen) umfassen neben den Einzel- auch die produktionsbezogenen Gemeinkosten der in der Periode zu Umsatzerlösen gewordenen Leistungen. Zu den Gemeinkosten zählen in jedem Fall die planmäßigen Abschreibungen auf Sach- und immaterielle Anlagen (darunter z.B. auch Abschreibungen auf in Vorperioden aktivierte Entwicklungskosten; Rz 64f.). Bei außerplanmäßigen Abschreibungen ist ein separater Ausweis vertretbar.
- **Vertriebskosten** umfassen sowohl Einzelkosten (z.B. Handelsvertreterprovisionen) als auch Gemeinkosten (etwa Werbeaufwendungen oder Personal- und Sachkosten der Marketingabteilung usw.).
- **Allgemeine Verwaltungskosten** umfassen die Verwaltungsaufwendungen, die weder einen Produktionsbezug haben (also nicht Umsatzkosten sind) noch Vertriebskosten darstellen.
- **Sonstige betriebliche Aufwendungen** umfassen u.a. nicht den Funktionsbereichen (Produktion, Vertrieb, Verwaltung) zurechenbare Mieten und Leasingraten, Verluste aus dem Abgang von Sach- und immateriellen Anlagen, Dotierungen nicht produktionsbezogener Rückstellungen, nicht aktivierbare Aufwendungen für Forschung und Entwicklung (Rz 64f.). Unscharf ist die Abgrenzung zum **Finanzergebnis**: Währungsverluste oder Verluste aus dem Abgang von Finanzinstrumenten werden daher uneinheitlich z.T. im Finanzergebnis z.T. unter sonstigen betrieblichen Aufwendungen ausgewiesen (Rz 87). Für die Abgrenzung zwischen Zinsaufwendungen und sonstigen betrieblichen Aufwendungen ist der Charakter des Zinses als laufzeitabhängiges Entgelt für Fremdkapitalüberlassung maßgeblich. Avalprovisionen führen daher unabhängig von ihrer Bezeichnung (z.B. als „Avalzinsen") nicht zu Zins-, sondern zu sonstigem Aufwand.
- Entsprechende Probleme stellen sich bei der Abgrenzung **sonstiger betrieblicher Erträge** zu Finanzergebnissen. Avalprovisionen führen beim Bürgen zu sonstigen Erträgen, Währungsgewinne und Gewinne aus dem Abgang von Finanzinstrumenten werden in der Praxis unterschiedlich behandelt. Je nach Interpretation der Umsatzerlöse (Kerngeschäft oder auch revolvierende Neben- und Hilfstätigkeiten; Rz 65) sind unter sonstigen betrieblichen Erträgen auch Mieteinnahmen anzusetzen. Unabhängig davon umfasst der Posten auch

Wertaufholungen auf Sach- und immaterielle Anlagen sowie Erträge aus der Auflösung abgegrenzter Investitionszuwendungen.[19] Das IFRIC-Update Oktober 2004 hat sich mit der Frage befasst, **ob ungewöhnliche Ergebnisse/Aufwendungen**, etwa aus der außerplanmäßigen Abschreibung von Vorräten oder Anlagen oder aus Abfindungen von Arbeitnehmern, in einer nach dem Umsatzkostenverfahren erstellten GuV separat, d. h. nicht den Funktionsbereichen (Herstellung, Vertrieb usw.) zugeordnet, ausgewiesen werden können. Ob eine solche *mixed presentation* mit der **Kombination** von funktionaler Gliederung (Umsatzkostenverfahren) und Kostenartengliederung (Gesamtkostenverfahren) zulässig ist, wurde zunächst offengelassen. Derzeit sind also beide Sichtweisen vertretbar.[20]

Im **Gesamtkostenverfahren** bestimmen sich die den Umsatzerlösen (Rz 65) folgenden operativen Posten wie folgt:

- **Bestandsänderungen Erzeugnisse** sind der Saldo aus der Veränderung des betreffenden Postens in der GuV. Eine Differenzierung nach Veränderungsursache (Wert oder Menge) ist ebenso wenig vorgesehen wie eine nach fertigen und unfertigen Erzeugnissen.

- **Andere aktivierte Eigenleistungen** sind der Gegenposten für Aufwendungen auf selbst erstellte und zur Eigennutzung bestimmten langfristigen Vermögenswerten. Hierunter fallen auch aktivierte Entwicklungsaufwendungen (Rz 72).

- In die **Materialaufwendungen** sind außerplanmäßige Abschreibungen auf Vorräte nicht zwingend einzubeziehen. IAS 1.87a verlangt eine Angabe wesentlicher außerplanmäßiger Abschreibungen in der GuV selbst oder im Anhang. Jedenfalls bei ungewöhnlicher Höhe der außerplanmäßigen Abschreibungen ist die zweite Variante u. E. vorzuziehen, da sie dem Zweck von IAS 1.87a, regelmäßige von wesentlichen unregelmäßigen Aufwendungen zu unterscheiden, am besten entspricht.

- **Personalaufwendungen** umfassen alle Löhne, Gehälter und sozialen Leistungen für das Personal. Der Aufwand aus der Aufzinsung von Pensionsrückstellungen kann alternativ als Teil des Finanzergebnisses ausgewiesen werden (IAS 19.119 i. V. m. IAS 19.120Ag).

- In die **Abschreibungen** sind (wesentliche) außerplanmäßige Abschreibungen auf Sach- und immaterielle Anlagen nicht zwingend einzubeziehen, da IAS 1.87a wahlweise eine separate Angabe in der GuV oder im Anhang vorsieht. Werden die außerplanmäßigen Abschreibungen aus der Position Abschreibungen ausgegliedert, sollte Letztere im Interesse der Klarheit die Bezeichnung „planmäßige Abschreibungen" erhalten.

- Der Posten **sonstige betriebliche Aufwendungen** ist weiter gefasst als im Umsatzkostenverfahren. Im Gesamtkostenverfahren sind hier etwa auch die nicht in Abschreibungen bestehenden Sachkosten des Vertriebs oder der allgemeinen Verwaltung darzustellen. Wie im Umsatzkostenverfahren ergeben sich im Übrigen aber Abgrenzungsprobleme gegenüber dem Finanzergebnis bei Währungsverlusten etc. (Rz 67).

---

19 Vgl. SCHLÜTER/BEIERSDORF, in: BECK'SCHES IFRS-Handbuch, 4. Aufl., 2013, § 15, Tz 100.
20 Restriktiver BRÜCKS/EHRCKE, in: THIELE/KEITZ, VON/BRÜCKS (Hrsg.): Internationales Bilanzrecht, IAS 1, Tz. 296.

- Der Posten **sonstige betriebliche Erträge** entspricht im Wesentlichen dem des Umsatzkostenverfahrens (Rz 67).

69 Nach IAS 23 (→ § 9 Rz 15 ff.) sind **Zinsen**, die im Rahmen der Herstellung qualifizierter Vermögenswerte (insbesondere Sachanlagen) anfallen, zu aktivieren. Für die buchungstechnische Behandlung im **Gesamtkostenformat** kommen zwei Methoden infrage:
- Nach der **Nettomethode** werden die aktivierten Zinsen nicht in der GuV erfasst. I. H. d. zu aktivierende Teils der entstandenen Zinsen ist kein Zinsaufwand zu buchen (per Anlagevermögen an Geld) oder ein insoweit bereits gebuchter Zinsaufwand (per Zinsaufwand an Geld) zu stornieren (per Anlagevermögen an Zinsaufwand).
- Nach der **Bruttomethode** wird der Zinsaufwand ungekürzt im Finanzergebnis ausgewiesen. In Höhe des aktivierten Teils steht ihm jedoch ein Ertrag aus aktivierten Eigenleistungen gegenüber (per Anlagevermögen an aktivierte Eigenleistungen).

Die Nettomethode ist u. E. vorzuziehen. Zu ihren Gunsten kann der **Vergleich zwischen Gesamt- und Umsatzkostenverfahren** angeführt werden: Beide Methoden gliedern den operativen Teil der GuV unterschiedlich, während im Finanzergebnis und unter den Steuern nicht nur gleiche Postenbezeichnungen gewählt werden, sondern im Interesse einer vergleichenden Erfolgsanalyse auch der gleiche Inhalt präsentiert werden sollte.

- Dem **Umsatzkostenverfahren** ist aber die **Nettomethode** immanent. Als Umsatzkosten oder sonstigen operative Kosten werden nur die Aufwendungen in der GuV erfasst, die in der Periode zu Verbrauch geführt haben. Die Neutralisierung der aktivierten Zinsaufwendungen durch einen Gegenposten für aktivierte Eigenleistungen scheidet im Umsatzkostenverfahren daher aus. Hilfsweise könnte zwar ein „technischer" Ertrag unter den sonstigen betrieblichen Erträgen ausgewiesen werden, ein solcher technischer Posten wäre aber dem Umsatzkostenverfahren systemfremd. Somit ist im Umsatzkostenverfahren nur der Nettoausweis sachgerecht.
- **Folgerichtig** ist dann, auch im **Gesamtkostenverfahren** die **Nettomethode** anzuwenden, um zu keinem anderen Inhalt des Postens „Zinsaufwand" zu gelangen.

Dem **analytischen** Interesse des Bilanzadressaten an einer Erfolgsspaltung ist am meisten gedient, wenn in beiden GuV-Varianten aktivierte Zinsen einheitlich nach der Nettomethode behandelt werden.

70 Wegen des Inhalts eines (freiwillig) als Zwischensumme aufgenommenen Postens „**operatives Ergebnis**" wird auf Rz 63 verwiesen.

5.4 Ergänzende Posten zu regelmäßigen Erfolgsquellen[21]

5.4.1 Möglichkeiten und Grenzen der Erweiterung

71 Da IAS 1 im Unterschied zu § 275 HGB keine feste Gliederungsvorgabe für die GuV enthält, verfährt die Praxis uneinheitlich u. a. hinsichtlich der Frage, in welchem Umfang das in Rz 62 dargestellte Grundformat des Umsatz- oder Gesamtkostenverfahrens individuell **erweitert** werden kann. Für die unregel-

---

[21] Nachfolgende Ausführungen überwiegend entnommen aus LÜDENBACH, PiR 2007, Heft 3.

mäßigen Erfolgsquellen (außerplanmäßige Abschreibungen usw.) sind IAS 1.97f. (Rz 75), für die hier interessierenden regelmäßigen Erfolgsquellen IAS 1.85 einschlägig. Danach sind zusätzliche Posten in der GuV darzustellen, wenn eine solche Darstellung für das **Verständnis der Elemente der Ertragskraft** des Unternehmens relevant ist. Das „zusätzlich" bezieht sich vorrangig auf die in IAS 1.82 zunächst zugelassene Beschränkung des operativen Bereichs auf die Umsatzerlöse und das operative Ergebnis. Eine Aufgliederung des betrieblichen Bereichs nach GKV oder UKV (IAS 1.99) stellt daher schon den wichtigsten Anwendungsfall von IAS 1.85 dar. Eine über IAS 1.99ff. hinausgehende **weitere Untergliederung** ist aber nach allgemeiner Auflassung zulässig. Welche **Grenzen** dabei zu beachten sind, soll an folgendem Beispiel dargestellt werden:

> **Beispiel**
> A ist ein forschungs- und entwicklungsintensives Unternehmen der Automobilzulieferindustrie. Mehr als die Hälfte der bei A (hauptsächlich als Gehälter für die FuE-Abteilung) anfallenden FuE-Kosten erfüllt die Aktivierungskriterien von IAS 38.
> Aus Imagegründen möchte A jedermann auf den ersten Blick dartun, wie forschungs- und entwicklungsintensiv das Unternehmen ist.
> Wichtig für ihn ist deshalb ein separater Ausweis der FuE-Aufwendungen in der GuV, wobei in den FuE-Posten möglichst sämtliche FuE-Aufwendungen einfließen sollen. Von der optimalen Umsetzungsmöglichkeit dieses Ziels macht A das GuV-Format (Umsatz- oder Gesamtkostenverfahren) abhängig.

5.4.2 Beurteilung eines separaten FuE-Ausweises nach dem Gesamtkostenverfahren (GKV)

- Bei im Fall der A überwiegend **von eigenen Mitarbeitern** erbrachten FuE-Leistungen stellt sich die Frage, ob die FuE-Kosten hauptsächlich unter sonstigen betrieblichen Aufwendungen oder unter Personalaufwand zu erfassen sind. Eine explizite Auseinandersetzung mit der Abgrenzung beider Aufwandsposten enthält IAS 1 nicht. Da § 275 Abs. 1 HGB im Wesentlichen den Anforderungen von IAS 1 an das GKV entspricht, kann hilfsweise zunächst auf das handelsrechtliche Schrifttum zurückgegriffen werden. Danach stellen die **sonstigen betrieblichen Aufwendungen** einen **Restposten** dar. Vorrangig sind die anderen Posten zu besetzen. Unter dem Posten **Personalaufwand** sind deshalb **sämtliche** Löhne und Gehälter auszuweisen, **unabhängig von den Zwecken**, denen die Arbeitsleistung gedient hat.[22]
- Für IFRS kann u.E. nichts anderes gelten: Nach IAS 1.99 sind die Aufwendungen entweder nach **Kostenarten** (GKV) oder **Funktionsbereichen** (UKV) zu untergliedern. Der Ausweis **einiger** Personalaufwendungen nach ihrer Funktion – hier FuE-Gehälter – und **anderer** ohne Rücksicht auf ihren Zweck käme einer *mixed presentation* gleich. Der IFRIC hat einer solchen *mixed presentation* selbst bei **unregelmäßigen**, nach IAS 1.97f. gesondert anzugebenden Aufwendungen, seine Zustimmung nicht erteilen wollen

72

---

[22] ADS, 6. Aufl., § 275 HGB, Tz. 111 und 140.

(Rz 67). Erst recht muss man daher bei **regelmäßigen** Erfolgsfaktoren Bedenken gegen ein solches Vorgehen haben. Im Beispielsfall würden daher die im jeweiligen Jahr erbrachten FuE-Leistungen zur Hauptsache (**Löhne und Gehälter der FuE-Abteilung**) im **Personalaufwand**, zu einem geringeren Teil im **sonstigen** betrieblichen Aufwand auszuweisen sein, der aktivierte Teil dieser Kosten würde unter anderen aktivierten Eigenleistungen erfasst.

- Daneben wäre noch die **Abschreibung** der in Vorjahren aktivierten Entwicklungsaufwendungen in der GuV enthalten. Aus den gleichen Gründen wie beim Personalaufwand wäre eine funktionale Umgliederung u. E. unzulässig.
- Auch eine Bezugnahme auf die nach IAS 1.85 gebotene Einfügung zum Verständnis der Ertragslage notwendiger **zusätzlicher** Posten kann keine Zusammenfassung sämtlicher FuE-Aufwendungen in einer Position rechtfertigen. Der vorrangige **Regelungszweck** von IAS 1.85 wird bereits durch die Verwendung des GKV- oder UKV-Grundformats erfüllt. Weitergehende Untergliederungen sollten nicht in der Weise erfolgen, aus den jeweiligen Kostenarten einer nach GKV gegliederten GuV die FuE-Teile auszugliedern und als neuen funktionalen Posten darzustellen. Ein solches Vorgehen würde den Inhalt der **Grundposten verfälschen**, etwa weil unter „Personalaufwand" tatsächlich nur noch Teile des Personalaufwands gezeigt würden, unter „Abschreibungen" nur noch bestimmte Abschreibungen.

5.4.3 Beurteilung des separaten FuE-Ausweises nach dem Umsatzkostenverfahren (UKV)

73
- Vorrangige Aufwandsposition des UKV sind die **Umsatzkosten**. Sie enthalten die Herstellungskosten aller in der jeweiligen Periode erbrachten Leistungen. Da zu den Herstellungskosten gem. IAS 2 auch die **Gemeinkosten** rechnen, fließen die planmäßigen **Abschreibungen** auf in der Produktion eingesetzte Anlagegüter in die Umsatzkosten ein. Betroffen hiervon sind nicht nur Maschinen, Produktionsgebäude usw., sondern ebenso die Produktionszwecken dienenden **immateriellen** Anlagen. Die planmäßigen Abschreibungen auf die in den Vorjahren aktivierten Entwicklungsaufwendungen stellen demnach bei der A (Rz 71) Umsatzkosten dar.
- Die im Geschäftsjahr angefallenen, aber **nicht aktivierten FuE-Aufwendungen** wären im Grundformat des UKV als **sonstige betriebliche Aufwendungen** darzustellen, sofern sie nicht ausnahmsweise auf den Verwaltungsbereich (etwa Eigenentwicklung einer Fakturierungssoftware) oder den Vertrieb (etwa Eigenentwicklung einer Vertriebsplanungssoftware) entfallen.
- Sind die FuE-Kosten
  - wie etwa in der **Pharmaindustrie** ganz überwiegend **nicht aktivierungsfähig** (→ § 13 Rz 36), fördert es die Darstellung der Ertragslage, wenn abweichend vom Grundformat eine **separate** Position „FuE-Aufwendungen" eingeführt wird.
  - wie im Beispielsfall **überwiegend aktivierungsfähig**, fließen sie erst mit einem Zeitversatz als Abschreibung in die GuV und dann in die Grundposition Umsatzkosten ein. Ein gesonderter Posten FuE-Aufwendungen würde daher nur den kleinen, nicht aktivierten Teil darstellen und gerade **keinen besseren Einblick** in die Ertragslage gewähren, wie IAS 1.85 für zusätzliche Posten fordert.

- In der **Auto- und Autozulieferindustrie** (→ § 13 Rz 36) wird allerdings in einzelnen Fällen doch eine Zusammenfassung aller FuE-Aufwendungen in einer Position vorgenommen. Diese Position enthält dann die nicht aktivierten FuE-Kosten zuzüglich der Abschreibungen auf in Vorjahren aktivierte Entwicklungskosten. Bei in den genannten Industrien tendenziell hohen Aktivierungsquoten ist der Beitrag dieses Postens zur Erklärung der gegenwärtigen Ertragskraft zweifelhaft, eine Legitimation gem. IAS 1.85 daher nicht gegeben, da der Posten wesentliche Beträge, nämliche die aktivierten Entwicklungsleistungen des Geschäftsjahres, gerade nicht zeigt, dafür umgekehrt in der Vergangenheit erbrachte Entwicklungskosten über die Abschreibung einbezieht.[23] Überdies entspricht das genannte Vorgehen nicht der **Grundanforderung des UKV**, in die Umsatzkosten **alle Herstellungskosten** der im Geschäftsjahr abgesetzten Leistungen, also auch die **planmäßigen Abschreibungen auf aktivierte FuE-Leistungen**, einzubeziehen. Ihre Ausklammerung aus den Umsatzkosten verfälscht die im UKV anzusetzende Zwischensumme „Bruttoergebnis vom Umsatz".

5.4.4 Ergebnis

Aus dem Beispiel ergibt sich folgendes verallgemeinertes **Fazit**:
- Das **GKV** ist nach Kostenarten gegliedert. Eine **Ausgliederung** von Kostenteilen aus den Grundpositionen (Personalaufwand, Abschreibungen) **in einen funktionalen Posten** (z.B. FuE) würde das nicht nach Funktion und Verwendungszweck der jeweiligen Kostenart fragende Schema der GKV **verfälschen**, da die Grundpositionen entgegen ihrer Bezeichnung nur noch Teile des Personalaufwands, der Abschreibungen usw. enthielten.
- Das **UKV** verlangt **vorrangig** den zutreffenden Ausweis der **Umsatzkosten** und des **Bruttoergebnisses** vom Umsatz. Diese Vorgabe wird nicht erfüllt, wenn die planmäßige Abschreibung auf in Vorjahren aktivierten Aufwendungen (im Beispiel Entwicklungskosten) mit funktionsgleichen nicht aktivierungsfähigen Aufwendungen des Geschäftsjahres in einer separaten Position zusammengefasst wird. Der **Inhalt der Umsatzkosten** oder des Bruttoergebnisses vom Umsatz würde **verfälscht**. Belässt man andererseits wie geboten die planmäßigen Abschreibungen in den Umsatzkosten, ist der **individuell eingefügte Zusatzposten irreführend**, weil er nach Ausklammerung der planmäßigen Abschreibungen tatsächlich nur einen Teil der namensgebenden Funktionskosten enthält. Die Ergänzung des Grundformats der UKV um spezielle Funktionsposten ist daher u.E. nur dann angemessen, wenn die betreffenden Kosten nicht in wesentlichem Umfang aktiviert werden und sich daher kein Konflikt zu den Umsatzkosten ergibt.
- Eine *mixed presentation* ist abzulehnen (Rz 72). Dem widerspricht auch IAS 1.IG nicht. Die dort beispielhaft präsentierte rudimentäre GuV nach dem Umsatzkostenverfahren enthält den Gesamtkostenposten „Abschreibungen" u.E. nur im didaktischen Interesse einer einfachen Überleitung von der Beispiel-GuV auf die Beispiel-Kapitalflussrechnung.

---

[23] A. A. SCHLÜTER/BEIERSDORF, in: BECK'SCHES IFRS-Handbuch, 4. Aufl., 2013, § 15, Tz. 89ff.

5.5 Ergänzende Posten oder Angaben zu unregelmäßigen Erfolgskomponenten

75 IAS 1.97 verlangt die Offenlegung materiell **bedeutsamer** (*„material"*) Erträge und Aufwendungen in der GuV selbst oder im Anhang. Die Vorschrift **ergänzt** die nach IAS 1.99 gebotene **Aufschlüsselung** des operativen Bereichs nach dem Umsatz- oder Gesamtkostenverfahren. Während IAS 1.99 auf die strukturierte Darstellung der regelmäßigen Erfolgsquellen ausgerichtet ist, sind Regelungsobjekt von IAS 1.97 die **unregelmäßigen** Erfolgskomponenten. Die beispielhafte Konkretisierung in IAS 1.98 erwähnt demgemäß folgende Fälle:
- **außerplanmäßige** Ab- und Zuschreibungen auf Vorräte und Sachanlagen (→ § 11 Rz 227),
- **Restrukturierungsaufwendungen** (→ § 21 Rz 94),
- Erfolge aus der **Veräußerung von Sachanlagen und Investments** (→ § 14 Rz 26),
- Erfolge aus der Erledigung von **Rechtsstreitigkeiten** (→ § 21 Rz 178),
- Erfolge aus der Auflösung von **Rückstellungen** (→ § 21 Rz 178).

Die Aufzählung hat keinen abschließenden Charakter. Weitere Angabepflichten können sich daher aus **Analogwertungen** ergeben. Betroffen sind u. E. insbesondere:
- außerplanmäßige Ab- und Zuschreibungen sowie Veräußerungserfolge aus **immateriellen** Anlagen,
- außerplanmäßige Abschreibungen und Zuschreibungen auf **Forderungen**.

76 Zur Art der Darstellung in der GuV selbst enthält IAS 1 keine Vorgaben. Eine Ergänzung des Gliederungsschemas durch **zusätzliche** Posten kommt ebenso infrage wie (in der Praxis unüblich) die Aufnahme von **Davon-Angaben**. Wegen Details wird auf die 4. Auflage verwiesen, zur Problematik solcher Posten im Umsatzkostenverfahren auf Rz 67.

77 Eine **saldierte Darstellung** von vergleichbaren Aufwendungen und Erträgen in der **GuV** (z. B. Kursverluste mit Kursgewinnen) ist unter dem Vorbehalt der Wesentlichkeit zulässig (Rz 24).

5.6 Aufschlüsselung des Beteiligungs-, *equity*- und Finanzergebnisses in der GuV oder im Anhang

78 Der Inhalt des Postens **Finanzergebnis** (financial cost) ist nicht definiert. Die zunächst herrschende Meinung hatte den Begriff als eine **Saldogröße** interpretiert. An dieser Auffassung kann seit IFRIC-Update Oktober 2004 nicht mehr festgehalten werden. Das IFRIC interpretiert unter Verweis auf das in IAS 1.32 enthaltene Saldierungsverbot den in IAS 1.81 verlangten Posten *„finance cost"* als *„gross finance cost"* (Finanzaufwendungen) und verlangt daher die **separate** Angabe der *finance revenues* (Finanzerträge). Der Saldo beider Positionen kann bis 2007 zusätzlich als Nettofinanzergebnis *(net finance cost)* angegeben werden. Nach Erlass von IFRS 7 waren wegen einer Bezugnahme in IFRS 7.IG 13 auf das Nettofinanzierungsergebnis erneut Zweifel aufgekommen, ob eine Saldierung nicht doch zulässig sei. Das IFRIC-Update September 2006 und schließlich seine Umsetzung durch die Neufassung von IFRS 7.IG13 im Rahmen des *Annual*

Improvements Project 2008 hat jedoch die frühere Entscheidung bestätigt. Eine Saldierung in der GuV bleibt unzulässig.[24] Ob in der Mindestgliederung für die beiden unsaldierten Positionen der adjektivische Zusatz „übrige" notwendig ist, hängt von der Interpretation der daneben auszuweisenden Ergebnisse aus *equity*-**Beteiligungen** ab.

Drei Lesarten kommen infrage:
- Wie alle anderen Beteiligungsergebnisse (Dividenden und Abschreibungen bei der Anschaffungskostenbewertung, Änderungen des Stichtagswertes bei der *fair-value*-Bewertung) wird auch das Ergebnis aus *equity*-Beteiligungen als **Teil des Finanzergebnisses** interpretiert. Das Finanzergebnis ergäbe sich danach in der **Mindestgliederung** wie folgt:

10a)	+/– Ergebnis aus *equity*-Beteiligungen
10b)	+ übrige Finanzerträge
10c)	– übrige Finanzaufwendungen
10	= Finanzergebnis

- Anders als das Ergebnis aus einfachen Anteilen spiegelt das Ergebnis aus *equity*-Beteiligungen unmittelbar den Periodenerfolg der Untergesellschaften wider. Es ist unabhängig von der Ausschüttungs- und Thesaurierungspolitik und unabhängig von der Marktbewertung der Untergesellschaften. Das **Ergebnis aus** *equity*-**Beteiligungen** ist daher bei der Obergesellschaft nicht als Finanzergebnis, sondern entweder als **operatives Ergebnis oder** als **Ergebnis sui generis** zu interpretieren. Die **Mindestgliederung** wäre danach wie folgt:

10	+/– Ergebnis aus *equity*-Beteiligungen
11a)	+ Finanzerträge
11b)	– Finanzaufwendungen
11	= Finanzergebnis

- Beteiligungen, d. h. Anteile an assoziierten Unternehmen und Gemeinschaftsunternehmen, setzen einen maßgeblichen Einfluss oder eine gemeinschaftliche Kontrolle voraus. Im Unterschied zu einfachen Finanzinvestments i. S. v. IAS 39 wird daher eine Einflussnahme auf die operativen Geschäfte der Untergesellschaft vorausgesetzt. Aus dieser Sicht sind die (übrigen) Beteiligungsergebnisse mit dem Ergebnis aus *equity*-Beteiligungen **Teil des Beteiligungsergebnisses**. Die **Mindestgliederung** sähe danach wie folgt aus:

10a)	+/– Ergebnis aus *equity*-Beteiligungen
10b)	+/– übriges Beteiligungsergebnis
10	= Beteiligungsergebnis
11a)	+ Finanzerträge
11b)	– Finanzaufwendungen
11	= Finanzergebnis

---

[24] Vgl. SCHLÜTER/BEIERSDORF, in: BECK'SCHES IFRS-Handbuch, 4. Aufl., 2013, § 15, Tz. 103.

79 **Negative Einlagenzinsen** sollten nach vorläufiger (später zurückgezogener) Ansicht des IFRS IC[25] weder Zinsertrag (da kein Ressourcenzufluss), noch Zinsaufwand (da nicht für aufgenommenes Kapital), sondern bei Wesentlichkeit unter einem anderen, geeigneten Posten (z. B. sonstige Finanzaufwendungen) zu erfassen.

80 Die Mindestgliederung (Rz 78) lässt in keiner der drei Varianten erkennen, welchen Beitrag das Zinsergebnis (Zinsaufwand und Zinsertrag), die Abschreibungen auf Finanzanlagen, die Erfolge aus der *fair-value*-Bewertung von Finanzinstrumenten usw. zum Finanzergebnis geleistet haben. Der in IAS 1.85 f. und 1.97 enthaltenen Forderung, die Erfolgsquellen *(elements of finanical performance)* in der GuV oder im Anhang offenzulegen, genügt die Mindestgliederung daher noch nicht.[26]

81 Eine **Erweiterung der Gliederung** in der GuV oder im Anhang ist nötig. Folgende **Kriterien** sind u. E. relevant:

- Das Zinsergebnis hat, da es unmittelbar aus laufenden vertraglichen Ansprüchen oder Verpflichtungen resultiert, einen anderen Charakter als Abschreibungen und Zuschreibungen bzw. *fair-value*-Änderungen. Letztere unterscheiden sich wiederum wegen ihres vorläufigen Charakters von endgültig feststehenden Gewinnen oder Verlusten aus der Veräußerung von Finanzvermögen sowie aus Dividendenerträgen. Aus dieser Sicht wäre (hier in verkürzter, saldierter Betrachtung) folgende **Unterteilung nach der Art der Ergebnisse** möglich:

> +/– Ergebnis aus *equity*-Beteiligungen
> +/– Zinsergebnisse
> +/– Ergebnisse aus Ab- und Zuschreibungen sowie aus *fair-value*-Bewertung
> +/– Veräußerungsergebnisse, Dividenden, Darlehens- und Kreditausfälle.

- Diese Unterteilung würde aber andererseits der Unterschiedlichkeit der betroffenen Vermögenswerte nicht Rechnung tragen. In der Position Ab- und Zuschreibungen würden z. B. Wertänderungen von Beteiligungen mit der Wertänderung von Fremdkapitalinstrumenten (Anleihen, Darlehen usw.) und von Derivaten zusammengefasst. Endgültige Ergebnisse aus Beteiligungen, neben Dividenden also Veräußerungsgewinne oder -verluste, würden demgegenüber in der dritten Position mit endgültigen Verlusten aus Darlehen und Krediten vermischt. Eine **Gliederung nach Art des Vermögenswertes** könnte daher als vorzugswürdig erscheinen und würde (hier in verkürzter und saldierter Darstellung) wie folgt aussehen:

> +/– Ergebnis aus *equity*-Beteiligungen
> +/– übriges Beteiligungsergebnis (Abschreibungen, Zuschreibungen, Dividenden, Veräußerungsergebnisse)
> +/– Ergebnis aus übrigen Anteilen
> +/– Zinsergebnis
> +/– übriges Finanzergebnis (Derivate usw.)

---

[25] IFRIC Update Sept. 2012 und Jan. 2013.
[26] Zur Erfolgsstrukturanalyse eines IFRS-Abschlusses: KIRSCH, DB 2002, S. 2449 ff.

Darstellung des Abschlusses § 2

Gegen eine derartige Gliederung könnte wiederum eingewandt werden, dass sie 82
z. B. im Beteiligungsergebnis **vorläufige** Bewertungserfolge mit **endgültigen**
vermischt. Eine **Kombination** beider Systematiken, d. h. die Verwendung eines
primären und eines sekundären Gliederungsformats für die GuV, läge deshalb
nahe, würde aber in ihrer Unübersichtlichkeit der *Framework*-Anforderung
nach Verständlichkeit nicht mehr genügen.[27]

Eine **Zusammenfassung** der vorstehenden Überlegungen führt zu folgendem 83
Befund:
- Das in IAS 1.85f. und IAS 1.97 enthaltene Gebot einer erfolgsquellenorientierten Aufgliederung des Ergebnisses und damit auch des Finanzergebnisses ist zu **abstrakt.**
- **Konkretisierungen** ganz unterschiedlicher Richtung sind begründbar.
- Der hohe Abstraktionsgrad der gegenwärtigen Regelung begünstigt **individuelle** Lösungen.

Im Übrigen gilt für den Ausweis der Finanzerträge und -aufwendungen in der
GuV eine ähnliche Problematik wie für den Ausweis der Finanzinstrumente in der
Bilanz: Die Ausweisvorschriften haben keinen Bezug zu den Bewertungskategorien des IAS 39 und den mit ihnen verbundenen Erfolgswirkungen. Insoweit ist
auch hier eine **Überleitungsrechnung** im Anhang die beste und ab 2007 durch
IFRS 7.20 (als optionale Alternative zu einer unübersichtlichen GuV-Untergliederung) vorgesehene Lösung. Wegen Einzelheiten wird auf → § 28 Rz 374
verwiesen.

Nach Abschaffung der Quoten-Konsolidierung durch IFRS 11 wird diskutiert, 84
ob es möglich ist, das Ergebnis aus *equity*-Beteiligung statt in einer Zeile in
verschiedenen Zeilen, nämlich bei den operativen Beteiligungen (Beteiligungsunternehmen, deren Geschäftstätigkeit eine enge Verbindung zur Geschäftstätigkeit des Konzerns hat) im operativen Ergebnis, bei den Finanzbeteiligungen im
Finanzergebnis auszuweisen. Der französische Standardsetter ANC schlägt etwa
in Recommendation N°2013–01 vom April 2013 folgendes Vorgehen vor:

	Operatives Ergebnis
+	*equity*-Ergebnis aus Unternehmen, deren Tätigkeiten eine enge Verbindung zur Tätigkeit des Konzerns haben
=	operatives Ergebnis incl. *equity*-Ergebnis

U. E. verstößt ein solches Vorgehen nur dann nicht gegen IAS 28.32 und IAS 1.82,
die übereinstimmend den Ausweis aller *equity*-Ergebnisse in einer einzigen Zeile
verlangen, wenn sämtliche *equity*-konsolidierten Unternehmen eine enge Verbindung zur Tätigkeit des Konzerns haben. Unter diesen speziellen Umständen
ist auch folgende Abwandlung des französischen Vorschlags zulässig.

Operatives Ergebnis
+ Ergebnisanteil der *at equity* bewerteten Finanzanlagen
= Operatives Ergebnis nach *equity*-Ergebnis

---

[27] Vgl. hierzu in der 4. Aufl. Rz 73.

Für den allgemeinen Fall, in dem sowohl operative als auch rein finanzinvestive *equity*-Beteiligungen gehalten werden, bleibt beim Wunsch nach einer Differenzierung nur folgende Möglichkeit:

Ergebnisanteil der *at equity*-bewerteten Finanzanlagen
Davon Ergebnis mit Bezug zu den operativen Aktivitäten des Konzerns
Davon Ergebnis ohne Bezug zu den operativen Aktivitäten des Konzerns

Die Verpflichtung zur Erfassung des Ergebnisses aus der *equity*-Bewertung in einer separaten Zeile könnte in Fällen signifikanter außerplanmäßiger Abschreibungen mit der Empfehlung von IAS 1.100 kollidieren, solche unregelmäßigen Erfolgsquellen bevorzugt in der GuV selbst gesondert auszuweisen. Ein Davon- oder Vorspaltenausweis kann diesen „Widerspruch" lösen, da auf diese Weise zum einen die Wertberichtigung gesondert ausgewiesen wird, zum anderen das *equity*-Ergebnis in der Hauptspalte in einer Zeile gezeigt wird.

Wegen des Ausweises sonstiger Ergebnisbestandteile (*other comprehensive income*) aus *equity*-Beteiligungen in der Gesamtergebnisrechnung wird auf Rz 93 verwiesen.

5.7 Die IFRS-Praxis, Pro-forma-*earnings*

85 Die IFRS-Praxis bietet in der Gliederung der GuV ein recht uneinheitliches Bild:
- **Umsatzerlöse**
Als Eingangsgröße der GuV werden nicht immer die Umsatzerlöse verwendet. Verkehrsunternehmen verfahren etwa z. T. wie folgt:

Erlöse aus Verkehrsleistungen
+ andere Betriebserlöse
= Umsatzerlöse

Versorgungsunternehmen wenden z. T. folgendes Schema an:

Umsatzerlöse
– Mineralölsteuer/Erdgassteuer/Stromsteuer
= Umsatzerlöse (ohne Mineralöl-/Erdgas-/Stromsteuer)

Unstrittig zählen Umsatzsteuern aufgrund ihres durchlaufenden Charakters nicht zu den Umsatzerlösen. U. E. reicht die abweichende Ausgestaltung der Verbrauchsteuern (i. d. R. kein offener Rechnungsausweis, statt Preis Mengenabhängigkeit, keine Bindung an den Verkehrsakt) nicht aus, um die unsaldierte Größe vor Abzug der Steuern als Umsatzerlös zu bezeichnen. Eine andere Auffassung mag aber wie im Handelsrecht[28] vertretbar sein.

---

[28] Vgl. Hoffmann/Lüdenbach, NWB Kommentar Bilanzierung, 5. Aufl. 2014, § 277, Tz. 21.

- **Operative Aufwendungen** 86
  Nach einer empirischen Untersuchung[29] wird in 2/3 der Fälle das Gesamtkostenverfahren, in 1/3 das Umsatzkostenverfahren verwendet. Innerhalb des jeweiligen Systems sind die regelmäßigen Untergliederungen relativ einheitlich. Unterschiedliche Bedeutung wird aber der in IAS 1.86 enthaltenen Aufforderung zugemessen, unregelmäßige Ergebnisbestandteile separat aufzuweisen. Außerplanmäßigen Abschreibungen auf Firmenwerte werden etwa regelmäßig gesondert ausgewiesen, z.T. aber innerhalb, z.T. außerhalb des Ergebnisses aus betrieblicher Tätigkeit.

- **Beteiligungs- und Finanzergebnis** 87
  Bei erster Betrachtung hat sich für die Aufgliederung der Beteiligungs- und Finanzergebnisse ein relativ einheitliches Schema herausgebildet. Soweit in der GuV nicht ganz auf die Aufschlüsselung des Finanzergebnisses verzichtet wird (ausnahmsweise), dominiert auf GuV-Ebene folgende Darstellung:

> Ergebnis aus *equity*-Beteiligungen
> übriges Beteiligungsergebnis
> Zinsergebnis
> übriges Finanzergebnis

Der Inhalt des Postens „Finanzergebnis" unterscheidet sich aber. Gewinne und Verluste aus der Veräußerung von Finanzanlagen oder Wertpapieren des Umlaufvermögens werden etwa z.t. aggregiert im Finanzergebnis berücksichtigt, während andere hier nur die Finanzanlagen berücksichtigen und Gewinne und Verluste aus dem Abgang von kurzfristigen Finanzinvestitionen unter den sonstigen betrieblichen Erträgen und Aufwendungen ausweisen.

Das sich insgesamt ergebende disparate Bild hat nur **wenig mit bilanzpolitischen** 88
Erwägungen zu tun. Die bilanzpolitische Aufbereitung des Ergebnisses in nachhaltige und nicht nachhaltige Komponenten, Ergebnisse vor (planmäßigen oder außerplanmäßigen) Abschreibungen und Ergebnisse nach Abschreibungen erfolgt weniger durch Einführungen besonderer Posten oder Zwischensummen in der GuV als in **betriebswirtschaftlichen Nebenrechnungen**, die der Darstellung von sog. **bereinigten Ergebnissen** (Pro-forma-*earnings*) dienen. Die dabei am weitesten verbreiteten Kennzahlen sind das EBIT *(earnings before interest and taxes)* und das EBITDA *(earnings before interest, taxes, depreciation and amortisation)*. Die Grundlagen zur Berechnung dieser Größen werden häufig nicht oder unzureichend erläutert.[30] Die Präsentation **bereinigter** Ergebnisse verbessert regelmäßig nicht die Informationslage der Bilanzadressaten, sondern ist bilanzpolitisch motiviert. Eindrucksvoll ist in dieser Hinsicht die Berichtspraxis der Top-100-NASDAQ-Unternehmen (US-GAAP). Im Jahr 2002 betrug deren Gesamtverlust 82 Mrd. US-Dollar, während ein Pro-forma-Gewinn von 19 Mrd. US-Dollar berichtet wurde.[31]

Im Unterschied zum handelsrechtlichen Abschluss unterliegt die Aufnahme von für sinnvoll erachteten Überschriften, Zwischensummen, Zusatzbezeichnungen

---

[29] GRÜNBERGER, StuB 2002, S. 885 ff.
[30] HILLEBRANDT/SELLHORN, KoR 2002, S. 153 ff.
[31] HEIDEN, in: BRÖSEL/KASPERZAK (Hrsg.), S. 593 ff.

in die IFRS-GuV keinen sehr restriktiven Vorschriften. Gegen die Kennzeichnung des Vorsteuerergebnisses als EBIT oder den Ausweis einer Zwischensumme vor Abschreibung und Steuern als EBITDA innerhalb der GuV selbst ist daher formell nichts einzuwenden. Sachgerecht erscheint ein solches Vorgehen jedoch nicht unbedingt, da es die **Grenzen zwischen Ergebnissen und Pro-Forma-Ergebnissen verwischt.** Im übrigen enthält das Amendment vom Dezember 2014 restriktivere Vorgaben als bisher. Zwischensummen müssen Beiträge enthalten, die nach IFRS bemessen, außerdem klar und verständlich bezeichnet und schließlich nicht „prominenter" dargestellt werden, als von den IFRS selbst verlangte Zwischensummen (IAS 1.85A). Wegen der Zulässigkeit einer Zwischensumme operatives Ergebnis wird auf Rz 61 verwiesen.

6 Gesamtergebnisrechnung

6.1 Verhältnis zur Eigenkapitaländerungsrechnung

89 Zu Änderungen des **Reinvermögens** eines Unternehmens zwischen zwei Stichtagen kommt es – Fehlerkorrekturen und Methodenänderungen ausgeklammert (→ § 24) – durch
- das in der Berichtsperiode erzielte Gesamtergebnis, d. h. die Summe aus **realisierten** (in der GuV berücksichtigten) Erfolgen und (direkt im Eigenkapital verbuchtem) sonstigen **Einkommen** (*other comprehensive income*), und
- **Transaktionen** mit den **Anteilseignern** in der Form von Kapitalzuführungen und -rückzahlungen und von Dividenden.

90 Mit Wirkung **ab 2009** ergibt sich hier tendenziell (vgl. aber → § 20 Rz 67) folgende **Arbeitsteilung** (IAS 1.81):
- In der **Eigenkapitaländerungsrechnung** sind die Transaktionen mit **Gesellschaftern** im Detail darzustellen, während das Gesamtergebnis dort nur noch als Saldo berücksichtigt werden darf.
- Die Aufschlüsselung dieses Saldos ist dann der **pflichtweise** aufzustellenden **Gesamtergebnisrechnung** vorbehalten.

6.2 Darstellungswahlrechte im Verhältnis zur GuV

91 Für die Darstellung der Gesamtergebnisrechnung besteht nach IAS 1.10A die Wahl zwischen zwei **Formaten** (Rz 55):
- Nach dem sog. „*one statement approach*" werden die GuV-wirksamen Aufwendungen und Erträge und die nicht in der GuV berücksichtigten Einkommensbestandteile (*income and expenses recognised directly in equity* bzw. *other comprehensive income*) in einem **einheitlichen** Rechenwerk erfasst, dessen Summe das Gesamtergebnis (*comprehensive income*) ist, oder
- Gem. dem sog. „*two statement approach*" wird in einem ersten Rechenwerk – der GuV – das Periodenergebnis entwickelt, in einem zweiten – der Gesamtergebnisrechnung – die Entwicklung des Gesamtergebnisses aus dem Saldo der GuV und den Einzelposten der nicht in der GuV berücksichtigten Ergebnisse (*other comprehensive income*) dargestellt.

Der in 2010 vorgelegte Entwurf einer Änderung von IAS 1 sah eine Streichung dieses Wahlrechts (Verpflichtung auf den *one statement approach*) vor. Dies wurde aufgrund zahlreicher Kritik in der im Juni 2011 vorgelegten Neufassung von IAS 1 nicht umgesetzt. Das Wahlrecht besteht also weiterhin. IAS 1.10A enthält mit Wirkung für ab 1.7.2012 beginnende Geschäftsjahre aber nunmehr die (ausdrückliche) Verpflichtung, bei Entscheidung für zwei Rechenwerke die Gesamtergebnisrechnung in **unmittelbarem Anschluss** an die GuV zu präsentieren, also nicht etwa der GuV zunächst die Bilanz und/oder den Eigenkapitalspiegel folgen zu lassen und erst danach die Gesamtergebnisrechnung darzustellen.

Das **direkt im Eigenkapital** berücksichtigte Einkommen *(other comprehensive income)* umfasst, nach **Arten** *(nature)* unterschieden, (Rz 85): 92
- die Neubewertung von sachlichem und immateriellem Anlagevermögen (→ § 8 Rz 70),
- versicherungsmathematische Gewinne oder Verluste bei sofortiger erfolgsneutraler Erfassung (§ 22 Rz 50),
- optional erfolgsneutral behandelte Wertänderungen von Eigenkapitalinstrumenten (Anteile), die ohne Handelsabsicht gehalten werden nach IFRS 9 (→ § 28 Rz 286),
- bonitätsbedingte Wertänderungen von Verbindlichkeiten, die gem. IFRS 9 wahlweise zum *fair value* bilanziert werden (→ § 28 Rz 277),
- erfolgsneutrale Wertänderungen von bestimmten, nicht Handelszwecken dienenden Finanzinstrumenten nach IAS 39 (→ § 28 Rz 151),
- erfolgsneutrale Wertänderungen von *cash flow hedges* (→ § 28a Rz 49),
- Währungsumrechnungsdifferenzen aus selbstständigen ausländischen Tochterunternehmen (→ § 27 Rz 55).

Die Komponenten des *other comprehensive income* können wahlweise nach oder vor Steuern gezeigt werden. Im zweiten Fall sind die auf das sonstige Ergebnis entfallenden Steuern – analog zur GuV – in einer Gesamtsumme zu erfassen (IAS 1.91 rev. 2007). Bei Vorsteuerdarstellung der Komponenten des sonstigen Ergebnisses reicht aber eine Zeile für die Steuern nicht aus, vielmehr sind gem. IAS 1.91 zwei Teilbeträge auszuweisen, die nach der auf Steuer *recycling*fähige und **nicht** *recycling*fähige Ergebnisbestandteile (Rz 95) differenzieren.

Tabellen 6 und 7 zeigen den **Aufbau** einer **Gesamtergebnisrechnung** nach dem 93 *one* und *two statement approach* bei Darstellung der Ergebniskomponenten vor Steuern (Rz 92). Dabei sind Komponenten des sonstigen Ergebnisses nicht nur nach ihrer **Art** zu unterscheiden (Rz 91), sondern überdies gem. ihrer Fähigkeit zum *recycling* (Rz 95) in zwei separaten Gruppen darzustellen, nämlich als
- Ergebnisse, die zu keinem späteren Zeitpunkt in die GuV umklassifiziert bzw. *recycled* werden (Neubewertung von Anlagen, erfolgsneutrale Erfassung versicherungsmathematischer Gewinne und Verluste), und
- Ergebnisse, die bei Erfüllung bestimmter Bedingungen in der Zukunft *recycled* werden (bestimme Finanzinstrumente, *cash flow hedges*, Währungsumrechnungsdifferenzen).

§ 2   Darstellung des Abschlusses

Wegen des Formats des Eigenkapitalspiegels wird auf → § 20 Rz 63 verwiesen.

Gesamtergebnisrechnung für das Geschäftsjahr 02
(statement of comprehensive income)

	02	01
I. Gewinn und Verlust		
1. Umsatzerlöse	xx	xx
....		
....		
14. Jahresüberschuss/Jahresfehlbetrag	xx	xx
II. Sonstiges Ergebnis		
II.A. Komponenten, die nicht in die GuV umklassifiziert werden können		
1. +/− Gewinn/Verlust aus Neubewertung Sachanlagen/immaterielle Anlagen	xx	xx
2. +/− Versicherungsmathematische Gewinne/Verluste aus leistungsorientierten Pensionsplänen	xx	xx
3. +/− Wertänderungen von optional erfolgsneutral behandelten Eigenkapitalinstrumenten (IFRS 9)	xx	xx
4. +/− bonitätsbedingte Wertänderungen von nach der *fair-value-* Option bilanzierten Verbindlichkeiten (IFRS 9)	xx	xx
5. +/− Anteil an entsprechenden Gewinnen *equity-*konsolidierter Unternehmen aus (nach Steuern)	xx	xx
6. −/+ Steuern	xx	xx
7. Summe nach Steuern (1 bis 6)	xx	xx
II.B. Komponenten, die in die GuV umklassifiziert werden können		
1. +/− Überschuss/Fehlbetrag aus erfolgsneutral zum *fair value* bewerteten veräußerbaren Finanzinstrumenten	xx	xx
2. +/− Überschuss/Fehlbetrag aus *cash flow hedges*	xx	xx
3. +/− Währungsumrechnungsdifferenz wirtschaftlich selbstständiger ausländischer Einheiten	xx	xx
4. +/− Anteil an entsprechenden Gewinnen *equity-*konsolidierter Unternehmen (nach Steuern)	xx	xx

Darstellung des Abschlusses § 2

Gesamtergebnisrechnung für das Geschäftsjahr 02 *(statement of comprehensive income)*		
	02	01
5. +/– Steuern	–xx	–xx
6. Summe nach Steuern (1 bis 5)	xx	xx
II.C. Sonstiges Ergebnis nach Steuern	xx	xx
III. Gesamtergebnis (Summe I.14 und II.C)	XXX	XXX
vom Jahresüberschuss/-fehlbetrag zuzurechnen		
Eigenkapitalgebern der Muttergesellschaft	xx	xx
Minderheitsgesellschaftern	xx	xx
	xx	xx
vom Gesamtergebnis zuzurechnen		
Eigenkapitalgebern der Muttergesellschaft	xx	xx
nicht beherrschenden Gesellschaftern	xx	xx
	xx	xx

Tab. 6: Gesamtergebnisrechnung *(one statement approach)*

Gesamtergebnisrechnung für das Geschäftsjahr 02 *(statement of comprehensive income)*		
	02	01
I. Jahresüberschuss/Jahresfehlbetrag	xx	xx
II. Sonstiges Ergebnis		
II.A. Komponenten, die nicht in die GuV umklassifiziert werden können		
1. +/– Gewinn/Verlust aus Neubewertung Sachanlagen/immaterielle Anlagen	xx	xx
2. +/– Versicherungsmathematische Gewinne/Verluste aus leistungsorientierten Pensionsplänen	xx	xx
3. +/– Wertänderungen von optional erfolgsneutral behandelten Eigenkapitalinstrumenten (IFRS 9)	xx	xx

131

§ 2　Darstellung des Abschlusses

Gesamtergebnisrechnung für das Geschäftsjahr 02 *(statement of comprehensive income)*		
	02	01
4. +/– bonitätsbedingte Wertänderungen von nach der *fair-value* Option bilanzierten Verbindlichkeiten (IFRS 9)	xx	xx
5. +/– Anteil an entsprechenden Gewinnen *equity*-konsolidierter Unternehmen aus (nach Steuern)	xx	xx
6. –/+ Steuern	xx	xx
7. Summe nach Steuern (1 bis 7)	xx	xx
II.B. Komponenten, die in die GuV umklassifiziert werden können		
1. +/– Überschuss/Fehlbetrag aus erfolgsneutral zum *fair value* bewerteten veräußerbaren Finanzinstrumenten	xx	xx
2. +/– Überschuss/Fehlbetrag aus *cash flow hedges*	xx	xx
3. +/– Währungsumrechnungsdifferenz wirtschaftlich selbstständiger ausländischer Einheiten	xx	xx
4. +/– Anteil an entsprechenden Gewinnen *equity*-konsolidierter Unternehmen (nach Steuern)	xx	xx
5. +/– Steuern	–xx	–xx
6. Summe nach Steuern (1 bis 5)	xx	xx
II.C. Sonstiges Ergebnis nach Steuern	xx	xx
III. Gesamtergebnis (Summen I und II.C)	**XXX**	**XXX**
vom Gesamtergebnis zuzurechnen		
nicht beherrschenden Gesellschaftern	xx	xx
= Eigenkapitalgebern der Muttergesellschaft	xx	xx

Tab. 7: Gesamtergebnisrechnung (*two statement approach*)

Das Gesamtergebnisformat macht durch die Konzentration auf die Einkommensquellen das Verhältnis von **realisierten** zu **unrealisierten** Gewinnen deutlicher als der bisher dominierende und bis 2008 zulässige Ausweis der unrealisierten Gewinne in der Eigenkapitaländerungsrechnung. Sie lässt z. B. auf einen Blick erkennen, ob positive GuV-Ergebnisse durch negative unrealisierte Verluste überkompensiert wurden und somit in Summe ein negatives Einkommen angefallen ist. Fraglich ist aber, ob die Kategorie *other comprehensive income*, in der die ergebnisunwirksamen Vermögensänderungen erfasst werden, schon ausreichend in das Bewusstsein der (deutschen) Bilanzadressaten gedrungen ist.[32]

6.3 Recycling/reclassification von sonstigen Ergebnissen, Aufschlüsselung in GuV oder Anhang

Bei der erfolgsneutralen Berücksichtigung von
- Wertänderungen von bestimmten **Finanzinstrumenten** (→ § 28 Rz 155) und
- cash flow hedges usw. (→ § 28a Rz 49) sowie
- **Währungsumrechnungsdifferenzen** im Konzern (→ § 27 Rz 55)

wird die entsprechende **Rücklage** im Eigenkapital nur als „**Parkposition**" genutzt. Mit
- Abgang der veräußerbaren Wertpapiere,
- Eintritt der durch *cash flow hedges* gesicherten Transaktion,
- Entkonsolidierung des ausländischen Tochterunternehmens

wird die Rücklage erfolgswirksam gegen Ertrags- bzw. Aufwandsposten der GuV aufgelöst. Dieser Vorgang wurde (und wird in der Praxis auch weiterhin) als *recycling* des *other comprehensive income* bezeichnet. IFRS 1.93 kennzeichnet ihn als Umgliederung *(reclassification adjustment)* und verlangt die Offenlegung eines vorgenommenen *recycling* in der Gesamtergebnisrechnung oder im Anhang. Von dieser **vergangenheitsorientierten** Angabe (in der Periode vorgenommenes *recycling*) ist die zukunftsgerichtete Unterscheidung zwischen *recycling*fähigen und nicht *recycling*fähigen Ergebnisbestandteilen zu unterscheiden (in der Periode erfasstes sonstiges Einkommen, das in der Zukunft *recycled* werden kann oder nicht). Die zukunftsgerichtete Separierung ist in der GuV selbst vorzunehmen (Rz 93).

Recycling bedeutet:
- Ein zuvor bereits als **Teil** des sonstigen **Gesamtergebnisses** (und damit auch des „totalen" Gesamtergebnisses) berücksichtigter Vorgang
- wird nunmehr als **Teil** der **GuV** (und damit wiederum des „totalen" Gesamtergebnisses) berücksichtigt.

Hier ist eine **Doppelerfassung** zu vermeiden.

Beispiel
Am 1.1.01 erwirbt U mit mittelfristiger Halteabsicht Aktien (→ § 28 Rz 155) zu 100.
Am 31.12.01 notiert es mit 115 (sonstiges Ergebnis: 15).
In 02 wird es für 125 veräußert (Ertrag lt. GuV 25).
In 01 wird ein Betrag von 15 als sonstiger Teil des Gesamtergebnisses berücksichtigt, in 02 ein Betrag von 25 im GuV-Teil des Gesamtergebnisses. In der Summe beider Perioden beträgt das Gesamtergebnis aber nicht 15−25 = 40, sondern nur 25. Dies ist nur darzustellen, wenn in 02 ein Gesamtergebnis von 10 ausgewiesen, d.h. ein Betrag von -15 als sonstiger Teil des Gesamtergeb-

---

[32] Vgl. empirisch LEIBFRIED/AMANN, KoR 2002, S. 191ff, konzeptionell ZIMMERMANN/VOLMER, PiR 2006, S. 105ff. Danach erzielten die DAX-100-Unternehmen in 2001 in Summe bei positivem GuV-Ergebnis ein insgesamt negatives Gesamteinkommen. Die Autoren sehen jedoch die öffentliche Wahrnehmung eher auf Ergebnis und Umsatzzahlen fokussiert. Die Komponenten des other comprehensive income kämen zu kurz.

nisses berücksichtigt wird. Die Gesamtergebnisrechnung 02 stellt sich somit wie folgt dar:

	vor *recycling*	*recycling*	gesamt
Ertrag GuV 02	+10	+15	+25
sonstiges Ergebnis 02	0	−15	−15
Gesamtergebnis 02	+10	0	+10

Bei Erstellung von **Quartalsabschlüssen** (→ § 37) kann das sonstige Gesamtergebnis vor *recycling* auch Beträge enthalten, die noch im gleichen Geschäftsjahr *recycled* werden. Bei der Währungssicherung von Anschaffungsgeschäften kommt statt (sofortigem) *recycling* auch die Einbuchung der angeschafften Vorräte oder Anlagen zum Sicherungskurs infrage. Diese wird als *basis adjustment* (Buchwertanpassung) bezeichnet (→ § 28a Rz 49) und ist ebenfalls offenzulegen (IFRS 1.IG Part I).[33]

96 Entfallen sonstige Ergebnisse auf einen aufgegebenen Geschäftsbereich (*discontinued operation*) i.S.v. IFRS 5, so ist wie in der GuV auch für das sonstige Ergebnis eine Separierung von der fortgeführten Tätigkeit geboten.[34]

97 Die Offenlegung des *recycling* kann wahlweise in der Gesamtergebnisrechnung oder im Anhang erfolgen. Im Beispiel unter Rz 88 f. erfolgt die Offenlegung in der Gesamtergebnisrechnung durch Einfügen einer Art „Umbuchungsspalte". Die Praxis dürfte im Interesse, die Bilanzadressaten von der ohnehin noch ungewohnten Gesamtergebnisrechnung zu entlasten, eine Offenlegung im **Anhang** bevorzugen. Sie hat beispielhaft folgendes Format:

Komponenten des sonstigen Gesamtergebnisses	02		01	
1. Währungsdifferenzen ausländ. Töchter		6.000		−2.000
2. versicherungsm. Verluste Pensionspläne		−333		−667
3. erfolgsneutral zum *fair value* bewertete Finanzinstrumente				
3a) Gewinn des Jahres vor *recycling*	1.333		30,667	
3b) abzüglich in die GuV umklassifizierter Gewinne (*reclassification adjustments*)	−25.333	−24.000	−4.000	26.667
4. *cash flow hedges*				

---

[33] Gl.A. URBANCZIK, KoR 2012, S. 269 ff.
[34] URBANCZIK, KoR 2012, S. 269 ff.

4a) Verlust des Jahres vor *recycling*	– 4.667		– 4.000	
4b) in die GuV umgegliederte Verluste *(reclassification adjustments)*	3.333		0	
4c) mit Anschaffungskosten verrechnete Verluste *(basis adjustments)*	667	– 667	0	– 4.000
Sonstiges Ergebnis vor Steuern		– 19.000		20.000
Steuern auf sonstiges Ergebnis		+ 6.000		– 6.500
Sonstiges Ergebnis		– 13.000		13.500

Tab. 8: Komponenten des sonstigen Gesamtergebnisses

6.4 Offenlegung der Steuern auf das sonstige Ergebnis

Nach IAS 1.90 ist der auf jede Komponente des sonstigen Gesamtergebnisses entfallende **Steuerertrag oder -aufwand** entweder in der Gesamtergebnisrechnung selbst oder im Anhang auszuweisen. Aus den unter Rz 97 genannten Gründen ist die Offenlegung im **Anhang** vorzuziehen. Nachfolgend ein Beispiel für die Offenlegung im Anhang:

98

	02			01		
	vor Steuern	Steuern	Netto	vor Steuern	Steuern	Netto
Währungsumrechnung ausl. Töchter	5.334	–1.334	4.000	10.667	–2.667	8.000
cash flow hedges	–667	167	–500	–4.000	1.000	–3.000
Versicherungsmathematische Verluste	933	–333	600	3.367	–667	2.700
	5.600	–1.500	4.100	10.034	–2.334	7.700

Tab. 9: Beispiel zur Offenlegung der Steuern auf das sonstige Ergebnis

Der informatorische Sinn einer solchen Offenlegung ist schwer erkennbar. In den Stellungnahmen zum *Exposure Draft* wurde etwa kritisiert, dass hier eine postenbezogene Aufschlüsselung verlangt werde, die in der GuV aus guten Gründen nicht gefordert sei. Der IASB hat dieser Kritik nicht entsprochen, sie vielmehr mit wenig überzeugendem pauschalem Verweis auf Anforderungen der Bilanzadressaten und mögliche Unterschiede zwischen den für GuV und *other comprehensive income* geltenden Steuersätzen zurückgewiesen (IAS 1.BC68).

7 Anwendungszeitpunkt, Rechtsentwicklung

99 IAS 1 in der vorstehend kommentierten Fassung ist für alle Abschlüsse anzuwenden, deren Berichtszeitraum ab dem 1.1.2013 beginnt (IAS 1.139 bis IAS 1.1139L).

100 Gegenüber älteren Fassungen ergeben sich folgende Unterschiede:
- **Eigenkapitaländerungsrechnung/Gesamtergebnisrechnung:** Bis einschließlich 2008 bestand ein Wahlrecht, die Aufgliederung des Gesamtergebnisses nach Jahresergebnis *(profit)* einerseits und den einzelnen Bestandteilen des sonstigen Ergebnisses *(other comprehensive income)* im Eigenkapitalspiegel oder in einer Gesamtergebnisrechnung darzustellen. Ab 2009 ist zwingend eine Gesamtergebnisrechnung aufzustellen. In der Eigenkapitaländerungsrechnung werden dann nur noch die Transaktionen mit Gesellschaftern aufgegliedert (Rz 89 sowie → § 20 Rz 64).
- **Vorjahresvergleichszahlen Bilanz:** Bei Umklassifizierungen sind neben den - Vorjahresbilanzzahlen auch die Anfangsbilanzwerte des Vorjahres (= Schlussbilanzwerte Vorvorjahr) anzugeben (Rz 10).
- **Neubezeichnungen:** Die Neufassung von IAS 1 in 2007 führte zur Umbenennung einiger Abschlussbestandteile, insbesondere des *„balance sheet"* in *„statement of financial position"*, jedoch ohne Verpflichtung zur Verwendung der Neubezeichnungen (Rz 4).[35]

101 Im Juni 2011 hat der IASB *Amendments to IAS 1 Presentation of Items of Other Comprehensive Income* verabschiedet. Das *Amendment* belässt es bei dem Wahlrecht zwischen *two* und *one statement approach* (Rz 55), verlangt aber erstmals die Posten des sonstigen Gesamtergebnisses danach zu gruppieren, ob sie *„recycled"* (umklassifiziert) werden können oder nicht (Rz 93). Bei einer (wahlweise zulässigen) Vorsteuerdarstellung der Posten des sonstigen Gesamtergebnisses sind die Ertragsteuern zwischen den später zu *„recyclenden"* und den anderen Posten aufzuteilen. Im Rahmen des ab 2013 anzuwendenden AIP 2009–11 sind die Regelungen für eine **dritte Bilanz** bei Fehlerkorrektur oder Methodenwechsel geändert worden (Rz 19). Außerdem wurde ein Wahlrecht zur selektiven Ausdehnung der Vergleichszeiträume auf mehr als eine Vorperiode eingeführt (Rz 11).

102 Im Dezember 2014 ist ein Amendment zu IAS 1 zur Verbesserung der Ausweis- und Angabevorschriften erschienen. Das Amendment sieht u. a. folgendes vor:
- Klarstellung der **Reichweite des Wesentlichkeitsgrundsatzes**: Er betrifft nicht nur die primären Abschlussbestandteile, sondern gerade auch den Anhang (IAS 1.31). Auch spezifische von einem IFRS geforderte Anhangangaben können (und sollen) bei Unwesentlichkeit weggelassen werden (IAS 1.31).
- Klarstellung des **Gebotscharakters des Wesentlichkeitsgrundsatzes**: *„An entity shall not ... reduce the understandibility ... by obscuring material information with immaterial information"* (IAS 1.30 A).
- **Struktur des Anhangs**: Die Reihenfolge der Anhangangaben muss sich nicht am bisherigen IAS 1.114 orientieren, wenn eine andere systematische Reihenfolge relevanter und verständlicher ist (z. B. Gruppierung aller Informationen zu Finanzinformationen zusammen mit den entsprechenden *accounting policies*) (IAS 1.113).

---

[35] Zum Unterschied zwischen IAS 1 rev. 2003 und der Neufassung von IAS 1: ZÜLCH/FISCHER, PiR 2007, S. 257 ff.

8 Zusammenfassende Praxishinweise

Ein **vollständiger IFRS-Abschluss** umfasst neben Bilanz, Gesamtergebnisrechnung (mit separater oder integrierter GuV) und Anhang auch eine Eigenkapitaländerungs- und eine Kapitalflussrechnung (Rz 4). Bei deutschen Anwendern ist er um einen **Lagebericht** zu ergänzen (Rz 5). 103

Der IFRS-Abschluss muss eine ausdrückliche und **vorbehaltslose** Erklärung der **Übereinstimmung** mit dem Regelwerk enthalten (Rz 5). 104

Für die Aufbereitung des Abschlusses gelten die Grundsätze der Darstellungsstetigkeit und der Wesentlichkeit. In der **praktischen Arbeit** hat der *materiality*-Aspekt vor allem bei den **Anhangsangaben und beim Ausweis** eine starke **Entlastungswirkung**. Für die meisten Bilanz- und GuV-Posten kommt eine Vielzahl von Anhangsangaben und Aufgliederungen infrage, aber nur wenige sind u.U. wesentlich (Rz 21). 105

Zu beachten ist das **Saldierungsverbot**. Seine Reichweite ist jedoch unbestimmt (Rz 23). 106

Mit wenigen Ausnahmen muss jeder Teil des IFRS-Abschlusses, also auch der Anhang, Vorjahresangaben enthalten. 107

Im Ausweis unterscheidet sich die IFRS-**Bilanz** i.d.R. durch eine deutlich **geringere Untergliederung** von der **Handelsbilanz**. Die meisten Untergliederungen der dritten Ebene (Zusammensetzung der Sachanlagen, Zusammensetzung der Vorräte usw.) können in den Anhang verlagert und dort je nach Wesentlichkeit erläutert werden (Rz 30 und 54). Bei der **GuV** bestehen theoretisch ähnliche Möglichkeiten, die in der Praxis jedoch kaum genutzt werden (Rz 31). 108

Die Bilanz ist – mit Ausnahmen für Finanzinstitute – **nach Fristigkeit zu gliedern** (Rz 30 ff.), der operative Bereich der GuV entweder nach **Umsatzkosten**- oder nach **Gesamtkosten**verfahren (Rz 62). Ein willkürlicher Wechsel ist wie auch bei anderen Gliederungsfragen von GuV und Bilanz wegen des **Gebotes der Darstellungsstetigkeit** (Rz 17) nicht zulässig. 109

Aus dem Zusammenwirken verschiedener Vorschriften ergibt sich eine **verbindliche Mindestgliederung der Bilanz** (Rz 45). 110

In der **GuV** bestehen **mehr Spielräume**. U.E. ist unklar, wie das **Finanzergebnis** aufzugliedern ist (Rz 78 ff.) und in welchem Maße die im Grundformat des Umsatz- oder Gesamtkostenverfahrens (Rz 62) präsentierten Aufwendungen um besondere Posten für regelmäßige (Rz 71) bzw. **unregelmäßige** Aufwendungen (Rz 75) zu ergänzen sind. 111

Die **Zusammenfassung** von GuV-Ergebnis *(profit/loss)* und erfolgsneutralem sonstigem Gesamtergebnis *(other comprehensive income)* zum **Gesamtergebnis** kann **wahlweise** in **zwei** Rechenwerken (GuV und Gesamtergebnisrechnung) oder in einem einheitlichen Rechenwerk (Verzicht auf die GuV) vorgenommen werden (Rz 91). Offenzulegen ist in jedem Fall die **Umqualifizierung** schon als *other comprehensive income* berücksichtigter Beträge in die GuV (etwa der Währungsdifferenzen bei Veräußerung eines Tochterunternehmens) (Rz 88 f.). Offenlegungspflichtig ist auch die auf den Bestandteilen des *other comprehensive income* lastende Steuer (Rz 98). 112

§ 3 KAPITALFLUSSRECHNUNG (*STATEMENT OF CASH FLOWS*)

Inhaltsübersicht Rz
Vorbemerkung
1 Zielsetzung, Regelungsinhalt und Begriffe................. 1–14
   1.1 Wirtschaftlicher Gehalt........................... 1–5
   1.2 Zielsetzung.................................... 6–9
   1.3 Abgrenzung von anderen *cash-flow*-Definitionen....... 10–14
2 Der Finanzmittelfonds............................... 15–34
   2.1 Bestandteile des Finanzmittelfonds.................. 15–28
   2.2 Bewertungsrechnung 29–34
3 Darstellung der Kapitalflussrechnung.................... 35–97
   3.1 Übersicht..................................... 35–45
      3.1.1 Grundstruktur der Kapitalflussrechnung......... 35–39
      3.1.2 Saldierung von *cash flows*................... 40–45
   3.2 *Cash flows* aus der betrieblichen Tätigkeit............. 46–69
      3.2.1 Wesentliche Elemente...................... 46–55
      3.2.2 Direkte Methode.......................... 56–60
      3.2.3 Indirekte Methode......................... 61–69
   3.3 *Cash flows* aus der Investitionstätigkeit............... 70–88
   3.4 *Cash flows* aus der Finanzierungstätigkeit............. 89–97
4 Einzelprobleme..................................... 98–159
   4.1 *Cash flows* in Fremdwährung 98–106
      4.1.1 Grundproblem 98–100
      4.1.2 Wechselkurseffekte in den vier Bereichen der Kapitalflussrechnung....................... 101–102
      4.1.3 Umrechnung selbstständiger Tochterunternehmen. 103
      4.1.4 Abstimmung des wechselkursbedingten Ausgleichspostens......................... 104–106
   4.2 Außerordentliche Posten.......................... 107–108
   4.3 Zins- und Dividendenzahlungen.................... 109–119
      4.3.1 Zinszahlungen............................ 109–114
      4.3.2 Dividendenzahlungen...................... 115–119
   4.4 Ertragsteuern 120–124
   4.5 Anteile an Tochterunternehmen, assoziierten Unternehmen und *joint arrangements* 125–129
   4.6 Änderungen des Konsolidierungskreises.............. 130–147
      4.6.1 Erwerb und Veräußerung von Tochterunternehmen und sonstigen Geschäftseinheiten 130–144
      4.6.2 Erst- bzw. Entkonsolidierung ohne Erwerb bzw. Veräußerung einer Tochter 145–147
   4.7 Nicht zahlungswirksame Transaktionen.............. 148–153
   4.8 *Cash flows* aus öffentlichen (Investitions-)Zuwendungen . 154–159

5 Angaben	160–172
5.1 Besonderheiten für die Kapitalflussrechnung	160–161
5.2 Allgemeine Bilanzierungs- und Bewertungsmethoden	162–164
5.3 Pflichtangaben	165–171
5.4 Freiwillige Angaben	172
6 Gestaltungshinweise	173–175
7 ABC der Kapitalflussrechnung	176
8 Vergleich mit dem HGB	177–180
9 Anwendungszeitpunkt, Rechtsentwicklung	181–184
10 Zusammenfassende Praxishinweise	185–187

Schrifttum: BÖSSER/PILHOFER/LESSEL, Kapitalflussrechnung nach IAS 7 in der Unternehmenspraxis, PiR 2013, S. 356 ff.; LÜDENBACH, Bilanzpolitik hinsichtlich Zinsen in der Kapitalflussrechnung, PiR 2006, S. 76; PILHOFER, Konzeptionelle Grundlagen des neuen DRS 2 zur Kapitalflussrechnung im Vergleich mit den international anerkannten Standards, DStR 2000, S. 292 ff.; SCHEFFLER, Kapitalflussrechnung – Stiefkind in der deutschen Rechnungslegung, BB 2002, S. 295 ff.; SCHEFFLER, Was der DPR aufgefallen ist: Die vernachlässigte Kapitalflussrechnung, DB 2007, S. 2045 ff.; STAHN, Der Deutsche Rechnungslegungsstandard Nr. 2 (DRS 2) zur Kapitalflussrechnung aus praktischer und analytischer Sicht, DB 2000, S. 233 ff.; WULF/NIEMÖLLER, Reagibilität von Ergebnis und Cashflow im Kontext der Finanzmarktkrise, Entwicklung von Ergebnis und Cashflow am Beispiel ausgewählter Automobilhersteller in den Jahren 2006 bis 2012, PiR 2014, Heft 2.; WYSOCKI, DRS 2: Neue Regeln des Deutschen Rechnungslegungs Standards Committee zur Aufstellung von Kapitalflußrechnungen, DB 1999, S. 2373 ff.

Vorbemerkung
Die Kommentierung bezieht sich auf IAS 7 in der aktuellen Fassung und berücksichtigt alle Ergänzungen, Änderungen und Interpretationen, die bis zum 1.1.2015 beschlossen wurden.
Einen Überblick über diskutierte oder schon als Änderungsentwurf vorgelegte zukünftige Regelungen enthalten Rz 181 ff.

1 Zielsetzung, Regelungsinhalt und Begriffe

1.1 Wirtschaftlicher Gehalt

Die Kapitalflussrechnung ist wie Bilanz, Gesamtergebnisrechnung sowie Eigenkapitalveränderungsrechnung bzw. *statement of changes in equity* (→ § 2 Rz 89 ff.) **Pflichtbestandteil** des IFRS-Abschlusses (IAS 1.10d). Der wirtschaftliche Gehalt der Kapitalflussrechnung liegt in der Bereitstellung von Informationen über die Veränderungen der Zahlungsmittel eines Unternehmens, ursächlich getrennt nach den Bereichen
- betriebliche Tätigkeit (*operating activities*),
- Investitionstätigkeit (*investing activities*),
- Finanzierungstätigkeit (*financing activities*),

innerhalb der abgelaufenen Periode.
Die Notwendigkeit zur Aufstellung einer Kapitalflussrechnung ergibt sich aus dem zeitlichen Auseinanderfallen von Erträgen und Aufwendungen einerseits

sowie Einnahmen und Ausgaben andererseits, dessen Grund in der Anwendung des *accrual principle* in Bilanz und Gesamtergebnisrechnung liegt (→ § 1 Rz 17). Diese Problematik verschärft sich durch die Verwendung von **Zeitwerten** (*fair values*), durch die es zum Ausweis von realisierbaren, aber noch nicht endgültig (durch Verkauf etc.) realisierten Ergebnissen kommt, denen regelmäßig kein entsprechender Zahlungsmittelfluss in der gleichen Periode gegenübersteht.[1]

3 In der Kapitalflussrechnung werden die **Bewertungsmaßnahmen zurückgenommen**, weil nur Zahlungsströme (Einnahmen und Ausgaben) betrachtet werden. Unterschiedliche Rechnungslegungssysteme und subjektive Einschätzungen, die zu abweichenden Bilanzierungs- und Bewertungsmaßnahmen führen, haben keinen Einfluss auf diese Zahlungsströme, wie in folgendem Satz treffend zum Ausdruck gebracht wird: „*Profits are someone's opinion ... whereas cash is a fact.*"[2] Die Kapitalflussrechnung ist damit der **einzige Bestandteil des Abschlusses**, der ohne wesentliche Aufbereitungsmaßnahmen **international vergleichbar** ist. Für nach den Vorgaben des deutschen Handelsrechts bilanzierende Unternehmen, die eine Kapitalflussrechnung nach DRS 21 erstellen, besteht beim Übergang auf einen IFRS-Abschluss im Bereich der Kapitalflussrechnung (→ § 6) deshalb **kaum Umstellungsbedarf** (zu verbleibenden Unterschieden siehe Rz 179ff.).

4 Die Kapitalflussrechnung nach IFRS ist **von allen Unternehmen** ungeachtet ihrer Rechtsform, Größe, Branche oder Börsennotierung sowohl für Einzel- als auch Konzernabschluss verpflichtend aufzustellen. Die Aufstellung hat in der **Staffelform** zu erfolgen (IAS 7.App.A).

Branchenspezifische Regelungen hinsichtlich der Gliederung und des Ausweises bei Finanzinstitutionen werden – anders als nach deutschen Standards (Rz 175) – nur vereinzelt im Standard aufgeführt.

Auch im Rahmen der **Zwischenberichterstattung** ist eine Kapitalflussrechnung in verkürzter Form Pflichtbestandteil (IAS 34.8d; → § 37 Rz 9). Eine nur dreizeilige Darstellung in einer verkürzten Kapitalflussrechnung, bei der nur nach den Ursachen der Änderung des Finanzmittelfonds (also nach den Bereichen der betrieblichen, Investitions- und Finanzierungstätigkeit) differenziert wird, entspricht nicht den Anforderungen des IAS 34.[3]

5 Die Kapitalflussrechnung hat die **Herkunft** und **Verwendung** der **liquiden Mittel**, also die Ein- und Auszahlungen, getrennt nach laufender Geschäftstätigkeit, Investitionen und Finanzierung, zu zeigen.

Aus den Anforderungen an den wirtschaftlichen Gehalt der Kapitalflussrechnung ergibt sich unmittelbar die Forderung nach einer **Bruttodarstellung**: Eine Saldierung von Zahlungseingängen und Zahlungsausgängen ist nicht zulässig (für Ausnahmen vgl. Rz 40ff.).

Im Übrigen unterliegt die Kapitalflussrechnung den **allgemeinen Prinzipien** des Abschlusses, also etwa dem „*materiality*"-Prinzip (→ § 1 Rz 62), und dem Stetigkeitsgebot (→ § 2 Rz 2 sowie → § 24 Rz 5ff.). Betroffen von der **Stetigkeitsanforderung** sind u. a. die faktischen oder echten Wahlrechte hinsichtlich

---

[1] Beeindruckendes Beispiel ist das Bilanzierungsverhalten von Enron, vgl. LÜDENBACH/HOFFMANN, DB 2002, S. 1169.
[2] SMITH, Accounting for growth. Stripping the camouflage from company accounts, 1992, S. 200. Dazu empirisch: Wulf/Niemöller, PiR 2014, Heft 2.
[3] Vgl. IFRS IC, IFRIC Update, Juli 2014.

- der Definition des **Finanzmittelfonds** (Rz 15 ff.),
- des Ausweises von **Zinsaufwendungen** im operativen oder finanziellen Bereich (Rz 109 ff.),
- der Darstellung der *cash flows* aus der betrieblichen Tätigkeit nach der **direkten** oder **indirekten** Methode (Rz 55) sowie
- weiterer Ausweis**wahlrechte**.

Soweit im Interesse der besseren Darstellung Ausweis oder Abgrenzung eines Postens **geändert** werden soll (Rz 112), unterliegt dies als *change in accounting policy* den Regelungen von IAS 8.28 ff. Die Anpassung ist, soweit überhaupt zulässig, also retrospektiv unter Änderung der **Vorjahresvergleichszahlen** vorzunehmen (→ § 24 Rz 28). Zum bilanzpolitischen Umgang mit dem Stetigkeitsgebot im Bereich der Kapitalflussrechnung wird auf das Beispiel in Rz 113 verwiesen.

1.2 Zielsetzung

Programmatisches Ziel eines IFRS-Abschlusses ist die *fair presentation* (→ § 1 Rz 69 ff.). Der Abschluss hat die Vermögens-, Finanz- und Ertragslage sowie die Veränderung des Finanzmittelbestandes eines Unternehmens den tatsächlichen Verhältnissen entsprechend darzustellen (IAS 1.15). Die Kapitalflussrechnung als Mittelherkunfts- und Mittelverwendungsrechnung ist das **Hauptinstrument zur Bereitstellung von Informationen zur Finanzlage**. 6

Die Adressaten eines IFRS-Abschlusses sind i. d. R. nicht nur an der Vermögens- und Ertragslage eines Unternehmens interessiert, sondern benötigen ebenfalls ein Bild von der **aktuellen und zukünftigen Finanzlage** eines Unternehmens. Die Kapitalflussrechnung nach IAS 7 ist zwar eine **vergangenheitsorientierte** Darstellung. Neben der Möglichkeit, frühere Beurteilungen und Planungen mit tatsächlichen Werten vergleichen zu können (Plan- bzw. Soll-Ist-Vergleich), sollen durch die Analyse der Vergangenheit jedoch auch **Rückschlüsse auf zukünftige Zahlungsströme** ermöglicht werden. 7

Im Einzelnen werden nach IAS 7 folgende Ziele genannt (IAS 7.4): 8
- Bereitstellung von Informationen bez. von Änderungen des Reinvermögens eines Unternehmens und seiner **Vermögens- und Finanzstruktur (einschließlich Liquidität und Solvenz)**.
- Bewertung der **Fähigkeit** des Unternehmens zur Beeinflussung der **Höhe** und des **zeitlichen Anfalls** von *cash flows*.
- Beurteilung der **Fähigkeit** eines Unternehmens, **Zahlungsmittel** und Zahlungsmitteläquivalente zu **erwirtschaften**.
- Entwicklung von **Modellen** zur Beurteilung und zum Vergleich des Barwertes der **künftigen** *cash flows* verschiedener Unternehmen.
- **Vergleichbarkeit der Darstellung der Ertragskraft** verschiedener Unternehmen durch Eliminierung von Effekten aus der Verwendung unterschiedlicher Bilanzierungs- und Bewertungsmethoden.

Die Kapitalflussrechnung hat somit sowohl **statische** als auch **dynamische** Aspekte. Zum einen bietet sie einen Vergleich zwischen der Liquidität zu Anfang und zu Ende der Periode (**komparativ-statischer Aspekt**). Hauptzweck ist jedoch die Darstellung und Aufgliederung der wesentlichen Zahlungsströme während des Geschäftsjahres (**dynamischer Aspekt**). 9

1.3 Abgrenzung von anderen *cash-flow*-Definitionen

10 IAS 7 kommt mit relativ wenigen Begriffsdefinitionen aus. Der Begriff der *cash flows* wird nachfolgend erläutert, die übrigen Definitionen bei der Besprechung des Finanzmittelfonds (Rz 15ff.) sowie der Bereiche der betrieblichen Tätigkeit, Investitions- und Finanzierungstätigkeit (Rz 46ff.).

11 Der **Begriff der Kapitalflussrechnung** ist nicht sehr glücklich, da es nicht um den Fluss von **Kapital**, sondern von **Zahlungsmitteln** („*cash*") im weitesten Sinne geht. Der englische Begriff „*statement of cash flows*" ist daher aussagekräftiger. Im deutschen Sprachgebrauch finden sich Begriffe wie *cash-flow*-Rechnung, **Geldflussrechnung** oder **Finanzierungsrechnung**[4], die eine zutreffendere Übersetzung des englischen Ausdruckes darstellen. Da jedoch sowohl die offizielle Übersetzung von IAS 7 als auch der deutsche Standard DRS 21 mit dem Wort „Kapitalflussrechnung" übertitelt sind, soll diese Bezeichnung auch im Folgenden Verwendung finden.

12 Der zentrale Begriff der Kapitalflussrechnung ist der „*cash flow*", der als **„Zufluss und Abfluss von Zahlungsmitteln und Zahlungsmitteläquivalenten"** bezeichnet wird (IAS 7.6). Es geht hier also um sämtliche Mehrungen und Minderungen von Bestandteilen des Zahlungsmittelfonds innerhalb einer Periode (Rz 15ff.).

13 Der Begriff des *cash flow* wird einerseits in unterschiedlichen Konzepten einer Kapitalflussrechnung verwendet, spielt andererseits auch über die Kapitalflussrechnung hinaus eine wichtige Rolle, z.B. beim Nutzungswert des *impairment*-Tests (→ § 11 Rz 138ff.) oder bei der Bestimmung von *fair values* nicht börsennotierter Finanzinstrumente (→ § 28 Rz 108ff.). Die in IAS 7 verwendete Definition sollte daher gegen folgende in der Praxis zur Anwendung kommende Größen **abgegrenzt** werden:

- **Überschuss** der einnahmewirksamen Erträge über die ausgabewirksamen Aufwendungen (häufig auch als „**Brutto**-*cash-flow*" bezeichnet): Nach dieser Definition stellt der *cash flow* eine nach der indirekten Methode (siehe Grundschema unter Rz 61) ermittelte Größe dar, indem dem Jahresergebnis die nicht zahlungswirksamen Aufwendungen wieder hinzugerechnet und nicht zahlungswirksame Erträge in Abzug gebracht werden.
- **Jahres-*cash-flow* nach DVFA/SG:**[5] Diese Größe entspricht in der Terminologie von IAS 7 dem *cash flow* aus der betrieblichen Tätigkeit, also nur einem Teilbereich der gesamten *cash flows*.
- *Cash flow* **nach DVFA/SG**: Diese Größe ist aus dem Jahres-*cash-flow* nach DVFA/SG abgeleitet, allerdings um ungewöhnliche zahlungswirksame Aufwendungen und Erträge bereinigt („**normalisierter** *cash flow*" aus betrieblicher Tätigkeit).
- **Netto-*cash-flow***: Diese Definition wird in der Praxis häufig mit dem in IAS 7 verwendeten Begriff der *cash flows* aus der betrieblichen Tätigkeit (Rz 46ff.) gleichgesetzt.
- *Free cash flow*: Dieser umfasst nach einer gängigen Grundkonzeption (*entity*-Konzept) denjenigen Teil der gesamten *cash flows*, über den **frei verfügt**

---

[4] Die an der Ausarbeitung der deutschen Stellungnahme SG/HFA 1/1995 maßgeblich beteiligte Gruppe nannte sich „Arbeitskreis Finanzierungsrechnung". Auch einige größere deutsche Unternehmen verwenden den Begriff „Finanzierungsrechnung" für ihre Kapitalflussrechnung.
[5] Siehe hierzu ausführlich die Veröffentlichung der DVFA und SG, WPg 1993, S. 599ff.

werden kann, ohne die zukünftige Entwicklung des Unternehmens zu beeinträchtigen. Die *free cash flows* stellen insoweit finanzielle Überschüsse nach Investitionen und Unternehmenssteuern, jedoch vor Zinsen dar. Sie sind derjenige Betrag, der zur Bedienung des Kapitaldienstes (Eigen- und Fremdkapitalgeber) zur Verfügung steht. **Unternehmensindividuell** werden häufig Modifikationen vorgenommen, insbesondere eine Bereinigung der *cash flows* aus der Investitionstätigkeit um die Beträge, die für den Erwerb oder die Veräußerung von Tochterunternehmen und sonstigen Geschäftseinheiten (Rz 130 ff.) ausgegeben bzw. eingenommen wurden.

- *Expected* und *traditional cash flow*: Beide Begriffe zielen auf die Abbildung von Unsicherheiten in zukünftigen Zahlungsströmen ab. Im *expected-cash-flow*-Ansatz wird die Mehrwertigkeit unterschiedlicher Annahmen hinsichtlich der zukünftigen Entwicklung berücksichtigt, er stellt den wahrscheinlichkeitsgewichteten *cash flow* dar. Im *traditional-cash-flow*-Ansatz wird als zukünftiger Zahlungsstrom derjenige mit der höchsten Eintrittswahrscheinlichkeit angesetzt. Zur Anwendung kommen zukunftsorientierte *cash-flow*-Rechnungen z. B. beim *impairment*-Test und bei der Bestimmung von *fair values* durch Kapitalwertverfahren.

Im Vergleich zu den vorstehenden Definitionen hat der *cash flow* nach IAS 7 im Wesentlichen zwei Merkmale:

- Er ist vergangenheitsorientiert und stellt die Veränderung der liquiden Mittel für eine abgelaufene Rechnungslegungsperiode dar.
- Er ist ein sich aus drei Teilbereichen (betriebliche Tätigkeit, Investitions- und Finanzierungstätigkeit) ergebender Gesamtwert aller Nettozu- oder -abflüsse der abgelaufenen Periode.

2 Der Finanzmittelfonds

2.1 Bestandteile des Finanzmittelfonds

Die Kapitalflussrechnung ist eine **Stromgrößenrechnung**, bei der für einen **abgegrenzten Vermögensteil** (ein „**Finanzmittelfonds**"[6]) Zu- und Abgänge durch die Veränderung aller Nichtfondspositionen erklärt werden. Der Wahl und Abgrenzung der zu dem Finanzmittelfonds gehörenden Bestandteile kommt somit **zentrale Bedeutung** zu. Innerhalb der verschiedenen Rechnungslegungssysteme (sowohl IFRS, US-GAAP als auch HGB/DRS) wird der Finanzmittelfonds mit der Beschränkung auf **verfügbare liquide Mittel** sehr eng abgegrenzt. Diese Abgrenzung hat den Vorteil einer Vermeidung von Bewertungseinflüssen (Rz 3, 29 ff.) und führt im Ergebnis zu einer hohen Vergleichbarkeit hinsichtlich der Finanzlage verschiedener Unternehmen.

Für die Kapitalflussrechnung ist daher ein Fonds zu verwenden, der nur aus Zahlungsmitteln (*cash*) und Zahlungsmitteläquivalenten (*cash equivalents*) besteht. Diese beiden Bestandteile sind wie folgt definiert (IAS 7.6):

---

[6] Dieser Begriff wird jedoch nicht explizit in IAS 7 verwendet; anders DRS 2.1.9: „*Bestand an Zahlungsmitteln und Zahlungsmitteläquivalenten*".

- Zu den Zahlungsmitteln gehören **Barmittel** und **Sichteinlagen**.
- Als Zahlungsmitteläquivalente gelten solche „**kurzfristigen, äußerst liquiden Finanzinvestitionen**, die jederzeit in bestimmte Zahlungsmittelbeträge umgewandelt werden können und **nur unwesentlichen Wertschwankungen** unterliegen".

Die Qualifizierung von Zahlungsmitteläquivalenten als Teil des Finanzmittelfonds setzt die kumulative Erfüllung der folgenden Eigenschaften voraus (IAS 7.7):
- Sie dienen dazu, kurzfristigen Zahlungsverpflichtungen nachkommen zu können, und werden gewöhnlich nicht zu Investitions- oder anderen **Zwecken** gehalten und
- können ohne Weiteres in einen bestimmten Zahlungsmittelbetrag umgewandelt werden, weil sie nur **unwesentlichen Wertschwankungsrisiken** unterliegen.
- Sie besitzen „im Regelfall" eine **Restlaufzeit** von nicht mehr als etwa 3 Monaten, gerechnet vom Erwerbszeitpunkt.

Besonderheiten in der Abgrenzung des Finanzmittelfonds können sich auch aufgrund von Krisen am Finanzmarkt ergeben (Rz 27).

17 Sofern **Kontokorrentkredite** einen integralen Bestandteil des *cash managements* des Unternehmens bilden, sind auch solche kurzfristigen Verbindlichkeiten dem Finanzmittelfonds (als Negativposten) zuzuordnen („Nettokonzept"; IAS 7.8). Die Abgrenzung der zum *cash management* gehörenden Kredite führt in der Praxis häufig zu Abgrenzungsproblemen; hierunter leidet die Vergleichbarkeit mit anderen Unternehmen.[7]

18 Zahlungsmitteläquivalente zeichnen sich neben der notwendigen Zweckbestimmung (Rz 21) durch zwei Eigenschaften aus: Sie sind zum einen ohne Weiteres in Zahlungsmittel umwandelbar (Kriterium der **Liquidität „1. Grades"**) und unterliegen zum anderen nur geringen Bewertungsschwankungen (Kriterium der **Vermeidung von Bewertungseinflüssen**). Sie beschränken sich daher auf bestimmte monetäre Vermögenswerte im Bereich der Finanzinvestitionen. Bewertungsabhängige monetäre Vermögenswerte, z.B. Forderungen aus Lieferungen und Leistungen, sowie nicht monetäre Vermögenswerte, z.B. Vorräte, scheiden dagegen als Zahlungsmitteläquivalente aus. Entsprechendes gilt für kurz laufende Wechsel, Wertpapiere und Termingelder, die das Kriterium der Liquidität „1. Grades" nicht erfüllen. Voraussetzung für eine Qualifizierung von Zahlungsmitteläquivalenten als Teil des Finanzmittelfonds ist, dass *„the amount of cash that will be received must be known at the time of the initial investment"*.[8] Ein jederzeitiges Umwandlungsrecht in liquide Mittel bedingt wegen des immanenten Wertänderungsrisikos keine automatische Qualifizierung als Teil des Finanzmittelfonds.

Beispiel

U hat frei verfügbare Liquidität in börsennotierte Wertpapiere, für die ein aktiver Markt besteht, gebunden. Es besteht jederzeit die Möglichkeit einer Veräußerung der Wertpapiere zum aktuellen Marktpreis. Eine Zuordnung der Wertpapiere zum Finanzmittelfonds scheidet dennoch wegen des bestehenden Wertänderungsrisikos aus.

---

[7] Aus diesem Grund ist die Einbeziehung von Kontokorrentverbindlichkeiten nach US-GAAP nicht zulässig.
[8] Vgl. IFRIC, Update July 2009.

Als weiteres Abgrenzungskriterium dient die **Restlaufzeit**. Nach der **Regelvermutung** kann eine Finanzinvestition nur dann als Zahlungsmitteläquivalent gelten, wenn sie eine Restlaufzeit von nicht mehr als drei Monaten aufweist (IAS 7.7). Dabei kommt das „statische Restlaufzeitkonzept" zur Anwendung, d.h., abgestellt wird immer auf die Restlaufzeit zum Erwerbszeitpunkt, nicht zum jeweiligen Bilanzstichtag. Dagegen gilt bei der Bestimmung der Restlaufzeiten von Forderungen und Verbindlichkeiten nach HGB das dynamische Restlaufzeitkonzept, das sich an der verbleibenden Restlaufzeit zum jeweiligen Bilanzstichtag orientiert.

Der Begriff „im Regelfall" lässt **Ausnahmen** zu: Längere oder kürzere Restlaufzeiten sind anwendbar, wenn hierdurch unternehmensindividuelle Besonderheiten oder bestimmte Anlageformen besser Berücksichtigung finden können. In diesem Fall sind Bestandteile des Zahlungsmittelfonds im Anhang anzugeben; dazu ist eine Überleitungsrechnung zwischen Zahlungsmittelfonds und den entsprechenden Bilanzposten vorzunehmen (IAS 7.45–47). Für die verbale Beschreibung der Zusammensetzung des Finanzmittelfonds bietet sich im Anhang der Bereich der Bilanzierungs- und Bewertungsmethoden (Rz 162) an (→ § 5 Rz 23), während die Überleitungsrechnung in tabellarischer Form entweder bei den Erläuterungen zu den liquiden Mitteln oder in einer eigenen *note* zur Kapitalflussrechnung vorgenommen werden sollte.

19

In der Praxis ergeben sich bei der zutreffenden Abgrenzung des Finanzmittelfonds regelmäßig Schwierigkeiten. Insbesondere die ermessensbehaftete Ausweitung des Zeitraumes der **Restlaufzeit** einer Finanzinvestition ist einer kritischen Prüfung zu unterziehen.[9]

Anlagekonten mit einer Laufzeit von mehr als drei Monaten erfüllen die laufzeitabhängige Regelvermutung nicht. Auch eine **tägliche** Möglichkeit zur **Verfügung** über die angelegten Mittel ändert nichts an der Verletzung der Regelvermutung. Das Recht auf tägliche Verfügung ist einem jederzeitigen Kündigungsrecht gleichzusetzen. Analog zu bestehenden Kündigungsrechten bei langfristigen Darlehensbeziehungen, die wegen des bestehenden Ermessens hinsichtlich einer Ausübung nicht zu einer Umqualifizierung in den kurzfristigen Bereich der Bilanz führen, bedingt eine tägliche Verfügbarkeit bei einem langfristigen Anlagekonto keine Klassifizierung als Teil des Finanzmittelfonds.

20

Die Formulierung der drei-Monats-Grenze als Regelvermutung impliziert vielmehr Folgendes:[10]

- Auch Geldanlagen mit einer Restlaufzeit **länger** als **drei** Monate können Teil des Finanzmittelfonds sein.
- Eine entsprechende Qualifizierung setzt jedoch die **Widerlegung** der Regelvermutung voraus.
- Aufgrund des bestehenden **Regel-Ausnahme-Verhältnisses** ist eine Widerlegung allerdings nur dann anzuerkennen, wenn deutlich bessere Gründe für als gegen eine Qualifizierung längerfristiger Anlageformen als Finanzmittelfonds sprechen.

---

[9] So führte die Abgrenzung des Finanzmittelfonds in häufigen Fällen zu Fehlerfeststellungen bzw. Hinweisen durch die deutsche „Enforcement"-Stelle DPR; vgl. SCHEFFLER, DB 2007, S. 2046.
[10] Vgl. LÜDENBACH, PiR 2009, S. 180 f.

Maßstab der Widerlegung sind die weiteren kumulativ zu erfüllenden Voraussetzungen an Zahlungsmitteläquivalente. Die Anlage darf insbesondere keinen wesentlichen Wertschwankungsrisiken unterliegen (Rz 16).[11] Unterliegt eine Anlage kurzfristigen Marktwertschwankungen oder verfügt sie nicht über ausgezeichnete Bonität, scheidet eine Qualifizierung als Teil des Finanzmittelfonds unabhängig von der Restlaufzeit aus.

21 Für die Zuordnung von Zahlungsmitteläquivalenten zum Finanzmittelfonds ist das Merkmal der **Zweckbestimmung**, also die Frage, ob die Anlage tatsächlich dazu dienen soll, kurzfristigen Zahlungsverpflichtungen nachzukommen oder nicht umgekehrt zu Finanzinvestitionszwecken gehalten wird, besonders kritisch. Die Zweckbestimmung ist eine **innere Tatsache** (Absicht), die jedoch in möglichst hohem Maße an äußeren Umständen objektiviert werden muss. Zur Objektivierung kann zunächst auf die Planungen des Managements abgestellt werden. Diese sind für den Fall vorzeitig kündbarer, ansonsten aber langlaufender Anlagekonten allerdings nicht eindeutig. Zwar kann das Basisszenario der Liquiditätsplanung eine Verwendung des Anlagebetrags zur Bedienung kurzfristiger Zahlungsverpflichtungen vorsehen; es sind aber auch Alternativszenarien möglich, bei denen dies gerade nicht der Fall ist. Besteht lediglich eine **bedingte Absicht**, den Anlagebetrag als Finanzinvestition länger als 3 Monate stehen zu lassen, scheidet eine Qualifizierung als Finanzmittelfonds aus.
Eine bedingte Absicht zur Alternativverwendung kann auch nicht mit dem Hinweis auf die (angeblich) geringe Wahrscheinlichkeit einer Nichtnutzung der Mittel zur Bedienung kurzfristiger Zahlungsverpflichtungen als unwesentlich qualifiziert werden.

Beispiel[12]
U legt im Dezember 01 eine verfügbare Liquidität von 1 Mio. EUR auf einem sog. Anlagekonto bei seiner Hausbank an. Die Konditionen des Kontos sind wie folgt:
- planmäßige Laufzeit 12 Monate,
- tägliche Verfügungsmöglichkeit, jedoch nur über den Gesamtbetrag,
- Verzinsung 3 %, wenn die planmäßige Laufzeit eingehalten wird,
- keine Verzinsung, wenn bis Ablauf von 3 Monaten verfügt wird,
- Verzinsung von 1,5 %, wenn nach Ablauf von 3 Monaten, aber vor Ablauf der 12 Monate verfügt wird.

Erhöhungen des Anlagebetrags sind während der Laufzeit nicht zulässig. Auf ein bei der gleichen Bank geführtes 3-Monats-Festgeldkonto werden Zinsen von 1,5 % gewährt.
Nach dem Basisszenario (auskunftsgemäße Wahrscheinlichkeit 90 %) der Liquiditätsplanung wird das Unternehmen nach 3 Monaten den angelegten Betrag benötigen. Es besteht aber abhängig von der Umsatzentwicklung eine signifikante Chance (auskunftsgemäß jeweils 5 %), den Anlagebetrag mehr als 3 oder sogar 12 Monate stehen zu lassen (Alternativszenarien). Das Management hat sich für das Anlagekonto entschieden, da es im Vergleich zum Festgeldkonto eine Chance (maximal um 1,5 % höhere Verzinsung)

---

[11] So auch klarstellend IFRIC, Update July 2009.
[12] Entnommen aus LÜDENBACH, PiR 2009, S. 180f.

> bietet. Das Management möchte das Anlagekonto in der Kapitalflussrechnung als Teil des Finanzmittelfonds ausweisen.
> Der Wahrscheinlichkeitseinschätzung des Managements widersprechen die Konditionen des Anlagekontos im Vergleich zum 3-Monats-Festgeld. Bei Kündigung des Anlagekontos binnen 3 Monaten entsteht ein Zinsnachteil von 1,5 % gegenüber dem Festgeld, erst bei voller Ausschöpfung der 12 Monate ein Vorteil von 1,5 %. Bei im Objektivierungsinteresse zu unterstellendem rationalem Verhalten des Managements macht die Investition in das Anlagekonto daher unter den angegebenen Wahrscheinlichkeiten keinen Sinn. Die Widerlegung der 3-Monats-Regel gelingt nicht.

Sofern Bestandteile des Finanzmittelfonds **Verfügungsbeschränkungen** unterliegen, ist ihre Liquidität durchaus als zweifelhaft anzusehen. Zwei alternative Darstellungsformen lassen sich unterscheiden: Die Bestandteile werden 22
- weiterhin dem Finanzmittelfonds zugerechnet oder
- von dem Finanzmittelfonds ausgeschlossen.

Unabhängig von der gewählten Darstellungsform sind im **Anhang** Angaben zu den Verfügungsbeschränkungen zu machen (Rz 166). U. E. ist die zweite Darstellungsvariante, also der Ausschluss aus dem Finanzmittelfonds, wegen der strengen Anforderungen an diesen (Rz 18) vorzuziehen.

> **Beispiel**
> Die Anlagenbau AG hat für die Entwicklung eines neuen Produkts eine besicherte und entwicklungsspezifische Produktfinanzierung über 10.000 EUR bei der Hausbank aufgenommen. Die Gelder werden in einem getrennten Konto gehalten und stehen nur zweckentsprechend zur Verfügung. Bis zum Ende der laufenden Berichtsperiode wurden 3.000 EUR für die Entwicklung verbraucht, auf dem Konto stehen daher zum Stichtag noch 7.000 EUR.
> Werden die liquiden Mittel aus der Produktfinanzierung nicht dem Finanzmittelfonds zugerechnet, sind 3.000 EUR dem operativen *cash flow* (Zahlungsmittelabfluss) und 10.000 EUR dem Finanzierungsbereich (Zahlungsmittelzufluss) zuzuordnen. Es verbleibt eine positive Bilanz von 7.000 EUR als Zahlungsmittelzufluss, die getrennt vom Finanzmittelfonds auszuweisen ist.
> Alternativ kann der verbleibende Finanzierungsbetrag auch dem Finanzmittelfonds zugerechnet werden. Im Rahmen der Überleitung des Finanzmittelfonds vom Periodenbeginn bis zum -ende ist dieses Delta allerdings gesondert darzustellen.

Der Nachteil der zweiten Darstellung liegt in der Verrechnung des Zahlungsmittelzuflusses aus Finanzierungstätigkeit mit dem Finanzmittelfonds. Der Zuwachs an finanziellen Mitteln steht wegen der speziellen Verwendungsabsicht dem Unternehmen aber gerade nicht zur freien Verfügung.

Sind Bestandteile des Finanzmittelfonds verpfändet, unterliegen also besonderen Verfügungsbeschränkungen, scheidet eine Erfassung im Finanzmittelfonds wegen der fehlenden Liquidität aus. Die Zweckbestimmung obliegt nicht mehr dem Management (Rz 21), eine wesentliche Voraussetzung für eine Qualifizierung als Teil des Finanzmittelfonds ist daher verletzt. 23

> **Beispiel**
> Die A AG hat für die zugesagte Altersversorgung ausgewählter Mitarbeiter finanzielle Mittel verpfändet. Eine Zuordnung der verpfändeten Gelder zum Finanzmittelfonds scheidet aus.
> Der Unterschied zwischen dem in der Bilanz gem. IAS 1.54 als Zahlungsmittel und Zahlungsmitteläquivalente ausgewiesenen Betrag (inkl. der verpfändeten Liquidität) und dem in der Kapitalflussrechnung ausgewiesenen Finanzmittelfonds (exkl. der verpfändeten Liquidität) ist im Anhang im Rahmen einer Überleitung gem. IAS 7.45 offenzulegen (Rz 160 ff.).

24 In der Praxis werden in Einzel- oder Teilkonzernabschlüssen häufig auch die Mittelanlagen bei der Konzernobergesellschaft im Rahmen eines sog. *cash pooling* als Bestandteil des Finanzmittelfonds berücksichtigt. Obwohl solche Geldanlagen durchaus einen mit Sichteinlagen vergleichbaren Charakter haben können, ist ihre Einbeziehung kritisch zu würdigen. IAS 7.6 lässt als Zahlungsmitteläquivalent nur solche Mittel gelten, die
- **hoch liquide**, d.h. jederzeit (*readily*) in Geld umtauschbar sind **und**
- nur **unwesentlichen** (*insignificant*) **Wertänderungsrisiken** unterliegen.

Eine jederzeitige Umtauschbarkeit in Geld setzt u.E. voraus, dass eine Forderung ohne Risikoabschlag **an einen Dritten gegen Geld verkauft** werden könnte. Im Allgemeinen ist dies nur bei an aktiven Märkten notierten Forderungen (etwa Geldmarktfondsanteilen) gegeben.

Wertänderungsrisiken lassen sich nur dort negieren, wo Schuldner eine **Mindestbonität** haben, die jede Wertberichtigungsüberlegung von vornherein überflüssig macht. Dies gilt regelmäßig nur für Forderungen gegen eine (gesunde) Bank. Derartige Forderungen (Bankkonten) werden nicht auf Wertberichtigung geprüft und auch in die Pauschalwertberichtigungen nicht einbezogen. Bei Forderungen gegen Nichtbanken ist dies i.d.R. anders.

Beide Voraussetzungen sind u.E. kaum je erfüllt, wobei schon die **Nichterfüllung einer Voraussetzung** die konzerninternen Forderungen aus dem Finanzmittelfonds **ausschließen** würde. Eine großzügigere Betrachtung ist u.E. auch nicht durch Rückgriff auf die allgemeine Aussage von IAS 7.46 gerechtfertigt, wonach eine *„variety of cash management practices"* besteht, die sich in unterschiedlichen Abgrenzungen des Finanzmittelfonds ausdrückt.

25 **Eigenkapitalinstrumente**, also etwa als Aktien verbriefte Anteile am Eigenkapital eines anderen Unternehmens (→ § 28 Rz 20) gehören nicht in den Finanzmittelfonds; hiervon ausgenommen sind in bestimmten Fällen rückzahlbare Aktien (*redeemable shares*) mit kurzer Restlaufzeit und festgelegtem Einlösungszeitpunkt (IAS 7.7). In der deutschen Rechts- und Bilanzpraxis spielen sie kaum eine Rolle.

26 Keine Zahlungsmittelzu- bzw. -abflüsse sind Bewegungen **zwischen** den Komponenten des Finanzmittelfonds, die nur Folge des *cash management* sind. Entsprechendes gilt für Umgliederungen zwischen den Zahlungsmitteln und den Zahlungsmitteläquivalenten (z.B. durch den Erwerb von kurzfristigen, äußerst liquiden Finanzinvestitionen ohne Wertschwankungen durch Bargeld).

27 Anteile an Geldmarktfonds und geldmarktnahen Fonds waren bislang als Zahlungsmitteläquivalente bzw. Teil des Finanzmittelbestands i.S.d. Kapitalflussrechnung akzeptiert. Voraussetzung war und ist nach IAS 7.7, dass die Fonds-

anteile **keinem signifikanten Wertänderungsrisiko** unterliegen (Rz 16). In Abhängigkeit von der Finanzmarktsituation ist diese Voraussetzung kritisch zu überprüfen. Sind danach Fondsanteile aufgrund ihrer Wertschwankungen nicht mehr dem Finanzmittelbestand zuzuordnen, müssen Einzahlungen in und Auszahlungen aus den Fonds als *cash flow* aus **Finanzierungstätigkeit** berücksichtigt werden (IAS 7.16).

Im Zuge einer Finanzmarktkrise kann im Übrigen, wie die Beispiele Lehman Brothers (*chapter 11 filing*) und der Banken Islands (allen voran die Kaupthing Bank) zeigen, auch die Praktikerregel, Forderungen an Banken unterlägen keinen Wertberichtigungsrisiken, nicht mehr ungeprüft angewandt werden. 28

2.2 Bewertungsrechnung

Veränderungen des Zahlungsmittelfonds werden vor allem durch Vorgänge in den Bereichen der betrieblichen, Investitions- und Finanzierungstätigkeit herbeigeführt („Ursachenrechnung"; vgl. Rz 35). Daneben kann sich der Bestand an Zahlungsmitteln und Zahlungsmitteläquivalenten auch aus Gründen verändern, die ihn selbst betreffen und die im Rahmen einer sog. **Bewertungsrechnung** zusammengefasst werden. Hierzu gehören: 29
- Währungsdifferenzen auf den Finanzmittelfonds (IAS 7.28; Rz 98 ff.).
- Sonstige bewertungsbedingte Änderungen des Finanzmittelfonds.
- Bestimmte konsolidierungsbedingte Veränderungen des Finanzmittelfonds (Rz 145 ff.).
- Änderungen in der Zusammensetzung bzw. Abgrenzung des Fonds (Rz 15 ff.).

Währungsdifferenzen entstehen durch das Halten von Beständen des Zahlungsmittelfonds in Währungen, die von der Konzernberichtswährung abweichen. Die exakte Ermittlung der Auswirkungen der Wechselkursschwankungen auf den Zahlungsmittelfonds wirft gewisse praktische Probleme auf; häufig wird daher in diesen Fällen mit Näherungslösungen gearbeitet (Rz 98 ff.).[13] 30

Sonstige **bewertungsbedingte** Änderungen sind im Standard nicht explizit genannt. Trotz der engen Definition des Zahlungsmittelfonds sind (meist negative) Bewertungseinflüsse nicht vollständig auszuschließen. Hierzu gehören z.B. die Einlösungsrisiken bei Schecks und Wechseln sowie die Zahlungsunfähigkeit von Banken oder Wertpapieremittenten, bei denen das Unternehmen entsprechende Geldanlagen getätigt hat. 31

Bei dem Erwerb von vollkonsolidierten **Tochterunternehmen** bzw. dem quotalen Einbezug von Ansprüchen aus *joint operations* werden auch deren jeweilige Bestände des Zahlungsmittelfonds in den Konzernabschluss übernommen. Die damit verbundene Veränderung des Fonds wird allerdings regelmäßig nicht im Bereich der Bewertungsrechnung erfasst; vielmehr werden die übernommenen Fondsbestände von den Auszahlungen für den Erwerb der Tochterunternehmen abgesetzt (Rz 130 ff.). Dagegen sind solche Fälle in die Bewertungsrechnung aufzunehmen, bei denen im Jahr des Erwerbs **zunächst eine Einbeziehung** im Wege der Vollkonsolidierung **unterbleibt**, diese jedoch zu einem späteren Zeitpunkt erfolgt (Rz 145 ff.). 32

---

[13] Siehe z.B. den ausführlichen Vorschlag in MANSCH/WYSOCKI, Finanzierungsrechnung im Konzern, S. 40.

33 Zu nennen sind insbesondere folgende Vorgänge:
- Sukzessiver Anteilserwerb (→ § 31 Rz 153 ff.).
- Kriterien für die Einbeziehung als Tochterunternehmen (IAS 27.13) bzw. als Gemeinschaftsunternehmen (IAS 31.24) werden nicht im Jahr des Erwerbs, sondern erst zu einem späteren Zeitpunkt erfüllt (→ § 31 Rz 28).
- Aus Gründen der Wesentlichkeit (→ § 1 Rz 63 ff.) ist im Jahr des Erwerbs eine Einbeziehung unterblieben.

Entsprechende Vorgänge sind im Falle des Ausscheidens aus dem Konsolidierungskreis zu erfassen.

34 Änderungen der **Definition** des Finanzmittelfonds sind als *change in accounting policy* (→ § 24 Rz 23) anzusehen. Hierzu sind umfangreiche Offenlegungspflichten vorgesehen (IAS 7.47 unter Verweis auf IAS 8).

3 Darstellung der Kapitalflussrechnung

3.1 Übersicht

3.1.1 Grundstruktur der Kapitalflussrechnung

35 Aufgrund der weitgehenden Loslösung von spezifischen **Bewertungs- und Periodisierungskonzepten** („*cash is cash*") und einer Vereinheitlichung der Definition des Finanzmittelfonds (Rz 16) kommt der **Gliederung** der Kapitalflussrechnung (unter Einbeziehung der im Anhang erfolgenden Zusatzangaben) entscheidende Bedeutung für die Aussagefähigkeit einer Kapitalflussrechnung zu. Die Gliederung basiert auf der Unterscheidung zwischen Positionen des Finanzmittelfonds einerseits und Nichtfondspositionen andererseits. Hieraus ergibt sich folgende **Zweiteilung** der Kapitalflussrechnung:
- In einer **Ursachenrechnung** (auch Ursachen- oder Investitions- und Finanzierungsnachweis genannt) werden die Auswirkungen der Veränderungen der Nichtfondspositionen dargestellt, soweit sie zu entsprechenden *cash flows*, d.h. zu einer Veränderung einer Position des Finanzmittelfonds geführt haben. Hierbei sind durch angemessene Untergliederung die wesentlichen Quellen der Zahlungsströme (Mittelherkunft) und die entsprechende Verwendung der Fondsmittel offenzulegen.
- In einer als **Fondsänderungsnachweis** oder **Finanzmittelnachweis** bezeichneten Rechnung werden die Veränderungen der Finanzmittelfondspositionen zwischen Beginn und Ende einer Periode dargestellt. Dabei sind neben den aus der Ursachenrechnung stammenden *cash flows* auch Effekte aus der Umrechnung von Fondsbestandsteilen, die in ausländischer Währung geführt werden, von Bewertungsmaßnahmen im Bereich des Finanzmittelfonds und von Veränderungen des Finanzmittelfonds durch bestimmte Veränderungen des Konsolidierungskreises zu berücksichtigen (s. hierzu ausführlich unter Rz 29 ff.).

36 Nach einhelliger internationaler Praxis, der auch die IFRS folgen, ist für die Ursachenrechnung das „**Aktivitätsformat**" (*activity format*) zu wählen. Dabei erfolgt eine **Aufgliederung** in die drei Bereiche
- betriebliche Tätigkeit,
- Investitionstätigkeit,
- Finanzierungstätigkeit (dazu weiterführend Rz 46 ff.).

Gesondert darzustellen und ggf. zu erläutern ist der Einfluss von unrealisierten Wechselkursänderungen auf den Finanzmittelbestand (Rz 99).

Die Kapitalflussrechnung wird üblicherweise in **Staffelform** unter Gegenüberstellung der **Vorjahresvergleichszahlen** aufgestellt. Eine **Änderung der Gliederung** gegenüber der Vorperiode ist anzugeben und die Darstellung der Vorperiode anzupassen (IAS 1.38).

37

Die **Grundstruktur** der Kapitalflussrechnung ist demnach die folgende:

38

	Jahr 02	Jahr 01
cash flows aus der betrieblichen Tätigkeit	......	......
cash flows aus der Investitionstätigkeit	......	......
cash flows aus der Finanzierungstätigkeit	......	......
Summe der *cash flows*	......	......
Wechselkursbedingte und sonstige Veränderungen des Finanzmittelfonds (Bewertungsrechnung)	......	......
Veränderungen des Finanzmittelfonds gesamt	......	......
Finanzmittelfonds zum Anfang der Periode	......	......
Finanzmittelfonds zum Ende der Periode	......	......

Eine weitere **Untergliederung** der Kapitalflussrechnung ist in allen drei Tätigkeitsbereichen durch die Bildung von **Hauptklassen** an *cash flows* vorgesehen (IAS 7.18 und 7.21). Geschäftsvorfälle, denen *cash flows* aus **mehreren Bereichen** zuzuordnen sind, dürfen dabei aufgeteilt werden (IAS 7.12). Um auf die Bedürfnisse der jeweiligen Unternehmen flexibel eingehen zu können (IAS 7.11), wird jedoch **kein verbindliches Mindestgliederungsschema** vorgegeben (anders etwa der deutsche Standard DRS 21; Rz 176).

39

Durch die in IAS 7 genannten Beispielkataloge hat sich allerdings bei der Mehrzahl der Unternehmen ein gewisses Maß an Einheitlichkeit herausgebildet. Daneben führen verbindliche Zusatzangaben, z. B. bei dem Erwerb und der Veräußerung von Tochterunternehmen (Rz 130ff.), sowie die Möglichkeit, weitere Angaben **wahlweise** direkt in der Kapitalflussrechnung offenzulegen (z. B. Zins- und Dividendenzahlungen sowie Ertragsteuern), zu einer für alle Unternehmen identischen Erweiterung der Kapitalflussrechnung. Gleichwohl ist aufgrund des Fehlens einer verbindlichen Mindestgliederung, aber auch wegen der Vielzahl an Wahlrechten (v. a. Ausweis der Zins- und Dividendenzahlungen in allen drei Bereichen), ein **Vergleich** zwischen verschiedenen Unternehmen häufig nur schwer möglich.

3.1.2 Saldierung von *cash flows*

Die Kapitalflussrechnung ist nach dem **Bruttoprinzip** aufzustellen (Verbot der **Saldierung** von Einzahlungen mit Auszahlungen). Jedoch sind folgende **Ausnahmen** vorgesehen:

40

- Ein- und Auszahlungen **im Namen von Kunden**, wenn die *cash flows* eher auf Aktivitäten des Kunden als auf Aktivitäten des Unternehmens zurückzuführen sind.
- Einzahlungen und Auszahlungen für **Posten mit großer Umschlagshäufigkeit, großen Beträgen und kurzen Laufzeiten**.

41 Die Bezeichnung „im Namen von Kunden" weist auf treuhänderische Tätigkeiten hin, so etwa das beispielhaft aufgeführte Inkasso von Geldern für Grundstückseigentümer. Im Übrigen handelt es sich bei den in IAS 7.23 gegebenen Beispielen überwiegend um Regelungen für **Finanzinstitutionen** im weitesten Sinne (Banken, Kreditkarten- und Anlagegesellschaften). Der erwähnte Fall des Kaufes und Verkaufes von Finanzinvestitionen (Eigenhandel) ist allerdings auch bei Unternehmen außerhalb des Bereiches der Finanzinstitutionen anzutreffen.

42 Daneben werden zusätzlich für Finanzinstitutionen weitere **Ausnahmen** von dem Saldierungsverbot zugelassen (IAS 7.24):

- Einzahlungen und Auszahlungen für die Annahme und die Rückzahlung von Einlagen mit fester Laufzeit.
- Platzierung von Einlagen bei und Rücknahme von Einlagen von anderen Finanzinstitutionen.
- Kredite und Darlehen für Kunden und die Rückzahlung dieser Kredite und Darlehen.

Diese Ausnahmen sind aufgrund der Masse an Geschäftsvorfällen im Bereich der Finanzinstitutionen geboten, ohne die Aussagefähigkeit der Kapitalflussrechnung zu gefährden.

43 Trotz Saldierungsverbot wird bei Anwendung der **indirekten Methode** im Bereich der betrieblichen Tätigkeit (Rz 61 ff.) regelmäßig eine **Saldierung** von Ein- und Auszahlungen vorgenommen. Dies ist durch die bei der indirekten Methode anzuwendende **Ermittlungstechnik** begründet, bei der – unter Bereinigung von Effekten durch Wechselkursschwankungen und Veränderungen des Konsolidierungskreises – lediglich eine Betrachtung der **Netto**veränderung der betroffenen Bilanzpositionen stattfindet.

44 Darüber hinaus ist u. E. in begründeten Fällen eine Durchbrechung des Saldierungsverbots zulässig. Beispielhaft sind hier die Verrechnung von Zahlungen aus dem **Sicherungsgeschäft** mit Zahlungen aus dem Grundgeschäft im Falle von *qualifying hedges* (Rz 86) sowie die Saldierung von Erlösen aus dem **Verkauf** von Vermögenswerten mit den unmittelbar damit zusammenhängenden Ausgaben (Rz 84) zu nennen. In **wesentlichen** Fällen ist allerdings eine Beschreibung dieser Saldierung im Rahmen der Erläuterungen zu den Bilanzierungs- und Bewertungsmethoden (Rz 162) erforderlich.

45 Eine Notwendigkeit zur Saldierung von *cash flows* ergibt sich ggf. auch im Finanzierungsbereich bei kurzfristigen (Re-)Finanzierungen durch **(Sola-)Wechsel** (*promissory notes*), also Zahlungsversprechen des Ausstellers, eine bestimmte Geldsumme zu einem bestimmten Zeitpunkt an den durch die Wechselurkunde Legitimierten zu zahlen, mit einer Laufzeit unter einem Jahr. Werden über die Berichtperiode verteilt mehrere Wechsel begeben und auch wieder beglichen („revolviert"), ist u. E. eine saldierte Darstellung der Zahlungsmittelzu- und -abflüsse geboten, die nur das Delta der Verpflichtung aus (Sola-)Wechseln vom Beginn bis zum Ende der Periode zeigt. Voraussetzung für eine Saldierung ist allerdings eine große Umschlagshäufigkeit, große Beträge und kurze Laufzeiten der Finanzierungsquellen (IAS 7.22(b)).

3.2 Cash flows aus der betrieblichen Tätigkeit

3.2.1 Wesentliche Elemente

Im Bereich der betrieblichen Tätigkeit (*operating activities*) sind solche *cash flows* auszuweisen, 46
- die aus den **wesentlichen erlöswirksamen Tätigkeiten** stammen
- und **nicht** dem Investitions- oder Finanzierungsbereich zuzuordnen sind (IAS 7.6).

Diese Definition lässt zwei wesentliche Bestandteile erkennen: 47
- eine **Positivabgrenzung** für die Einnahmen aus der Umsatztätigkeit und die damit verbundenen Ausgaben (Material, Personal usw.) sowie
- eine **Negativabgrenzung** für alle Vorgänge, die nicht dem Investitions- oder Finanzierungsbereich zuzuordnen sind („Lumpensammlerfunktion").

Im Rahmen des 1. *Annual Improvements Project* (AIP 2008) des IASB wurde eine Klarstellung des IAS 7.14 in Bezug auf die Abgrenzung von *cash flows* aus der Veräußerung von Sachanlagevermögen gem. IAS 16 vorgenommen (als Folge der Änderung von IAS 16.68A). Danach gilt: 48
- Werden vormals eigengenutzte Sachanlagen veräußert, erfolgt eine Klassifizierung des entstehenden Zahlungsmittelzuflusses im Investitionsbereich.
- Anderes gilt für Sachanlagen, die vorher zur Erzielung von Mieteinnahmen verwendet wurden und für die eine Veräußerungsabsicht besteht. Korrespondierend zu den Zahlungsmittelzuflüssen aus der Vermietung sind Zuflüsse aus der Veräußerung dem operativen Bereich zuzurechnen.

Im Rahmen des zweiten *Annual Improvements Project* (AIP 2009) wurde darüber hinaus eine Klarstellung von IAS 7.16 vorgenommen (Rz 71). Zahlungsmittelabflüsse, die nicht zum Zugang eines aktivierungsfähigen Vermögenswerts führen, sind nicht dem Investitionsbereich zuzuordnen. Auszahlungswirksamer Aufwand ist – auch wenn dieser wirtschaftlich als Investition eingestuft wird (z.B. Marketing, Mitarbeiterschulung, Grundlagenforschung etc.) – im Bereich der betrieblichen Tätigkeit auszuweisen. 49

Die in IAS 7.14 genannten Beispiele lassen sich wie folgt **zusammenfassen**: 50
- Einzahlungen aus **betrieblichen Erlösen** (Verkauf von Gütern, Erbringung von Dienstleistungen, Nutzungsentgelte, Honorare, Provisionen und sonstige Erlöse).
- Auszahlungen an **Lieferanten und Beschäftigte**.
- Zahlungen in Zusammenhang mit **Ertragsteuern** (Rz 120ff.).
- Ein- und Auszahlungen für **Handelsverträge** (Rz 53).
- **Sonstige Ein- und Auszahlungen**, die nicht dem Investitions- oder Finanzierungsbereich zuzuordnen sind (z.B. Zahlungen an und von Versicherungsunternehmen für Prämien, Schadensregulierungen, Renten und andere Versicherungsleistungen).

Zahlungen des Unternehmens im Zusammenhang mit der betrieblichen Altersvorsorge (*post employment benefit plans*; → § 22) für einzelne Mitarbeiter sind u.E. ebenfalls den *cash flows* der betrieblichen Tätigkeiten zuzurechnen. Zu einer anderen Beurteilung käme man nur dann, wenn man (entsprechenden Überlegungen in der Unternehmensbewertungslehre folgend) Pensionsverpflichtungen als „*borrowings*" i.S.v. IAS 7.17 interpretieren würde. U.E. sprechen die Konkretisierungen/Beispiele in IAS 7.17 gegen eine solche Inter- 51 pretation. Folgt man unserer Auffassung, sind auch Auszahlungen an einen Fonds oder der Erwerb von Planvermögen (*plan assets*) im operativen Bereich auszuweisen,[14] da sie entweder die nicht als *borrowing* qualifizierte Verpflichtung mindern (Passivüberhang) oder bei einem Aktivüberhang keinen investiven Vermögenswert i. S. v. IAS 7.16 begründen.

52 Nach (vorläufiger) Auffassung der Deutsche Prüfstelle für Rechnungslegung soll eine Zuordnung von Einzahlungen in das Planvermögen zwingend dem operativen Bereich zuzurechnen sein.[15] Eine einheitliche Bilanzierungspraxis lässt sich für Deutschland allerdings nicht feststellen.[16] Wegen der uneinheitlichen Auslegung und Auffassungen erfolgte zur Klarstellung eine Eingabe beim IFRS IC.[17] Bis zu einer abschließenden Positionierung des Standardsetters bleibt somit ein gewisser Spielraum für die Klassifizierung der Zahlungsströme.

53 Als Beispiel für „Handelsverträge", wie der englische Begriff *contracts for dealing or trading purposes* etwas unscharf übersetzt wird, ist der **Handel mit Wertpapieren und Anleihen** genannt (IAS 7.15). Um eine „betriebliche" Tätigkeit handelt es sich allerdings nur dann, wenn die gehaltenen Wertpapiere weder dem Finanzmittelfonds (Rz 15 ff.) noch dem Bereich der Anlage von Finanzmitteln (Investitionsbereich; Rz 76) zuzuordnen sind. Daneben ist im Bereich der betrieblichen Tätigkeit auch der **Handel mit derivativen Finanzinstrumenten** aufzuführen (IAS 7.16g; Rz 86; → § 28 Rz 251).

54 Zu den „**sonstigen**" **Ein- und Auszahlungen** gehören neben Zahlungen in Zusammenhang mit Versicherungen bspw. auch Spenden, Ein- und Auszahlungen in Zusammenhang mit Gerichtsverfahren sowie Auszahlungen für Geldbußen und sonstige Strafen.

55 Für die **Darstellung der** *cash flows* aus der betrieblichen Tätigkeit ist ein **Wahlrecht** vorgesehen, die direkte (Rz 56 ff.) oder die indirekte (Rz 61 ff.) Methode anzuwenden (IAS 7.18). Diese beiden Methoden, die zum gleichen Ergebnis (Mittelzu-/Abfluss) führen müssen, sollen im Folgenden vorgestellt werden.

3.2.2 Direkte Methode

56 Bei der direkten Methode werden **die Hauptklassen** (*major classes*) **der** Bruttoeinzahlungen und Bruttoauszahlungen **gesondert** aufgeführt (IAS 7.18a). Was unter dem Begriff „Hauptklassen" zu verstehen ist, wird im Standard IAS 7 nicht näher definiert. Da in der Praxis bisher nur eine kleine Minderheit der Unternehmen die direkte Methode wählt, bieten sich auch hier nur wenige Anhaltspunkte für eine bevorzugte Auslegung dieses Begriffes. In der Literatur lassen sich unter anderem folgende **Gliederungsmöglichkeiten** finden:
- Gliederung anhand der wesentlichen **Personengruppen und Organisationen**, mit denen das Unternehmen Zahlungsmittelbewegungen hat (Kunden, Lieferanten von Waren und Dienstleistungen, Mitarbeiter, staatliche Behörden).

---

14 Gl. A. IdW, wonach die Einbringung von Zahlungsmitteln oder äquivalenten in den Fonds als „Cash flow aus der betrieblichen Tätigkeit" zu klassifizieren ist, vgl. IDW ERS HFA 2 n. F.
15 So veröffentlicht auf der Internetseite des IDW (www.idw.de) am 25.1.2012.
16 Vgl. ZIMMERMANN et al., DB 2012, S. 1581.
17 IFRS IC, Staff Paper Juli 2012, S. 21–23.

- Gliederung der Auszahlungen nach **Kostenarten** analog zum Gliederungsschema des Gesamtkostenverfahrens in der GuV (z.B. Auszahlungen für Roh-, Hilfs- und Betriebsstoffe, für bezogene Leistungen und Waren, Personal, sonstige Auszahlungen).
- Gliederung der Auszahlungen nach **Funktionsbereichen** analog zum Gliederungsschema des Umsatzkostenverfahrens in der GuV (z.B. Auszahlungen für den Produktions-, Vertriebs- und Verwaltungsbereich, sonstige Auszahlungen).[18]

Besondere praktische Probleme bereitet häufig die Ermittlung der Zahlungsströme, da das Rechnungswesen üblicherweise auf die Erfassung von Aufwendungen und Erträgen, nicht aber von Ein- und Auszahlungen ausgerichtet ist. Neben der **originären** Ermittlung der *cash flows*, bei der die Zu- und Abgänge der Fondsbestandskonten erfasst und den Aktivitätsbereichen zugeordnet werden, wird daher auch eine **derivative** Ermittlung für zulässig erachtet. Bei letzterer Methode werden alle wesentlichen Erträge und Aufwendungen zunächst als ein- bzw. auszahlungswirksam behandelt und anschließend unter Verwendung zusätzlicher Informationen in *cash flows* überführt (IAS 7.19b).

Die Technik der **derivativen** Ermittlung lässt sich am Beispiel der Einzahlungen von Kunden wie folgt darstellen:

Umsatzerlöse	......
Erhöhung (–)/Verminderung (+) der Kundenforderungen	......
Erhöhung (–)/Verminderung (+) der Wertberichtigungen auf Kundenforderungen	......
Erfolgsneutrale Veränderungen der Kundenforderungen (Umgliederungen/Währungsdifferenzen etc.)	......
Einzahlungen von Kunden	......

Die Frage des separaten Ausweises von **Umsatzsteuerein- bzw. -auszahlungen**, die sich i.d.R. bei der direkten Ermittlung des Kapitalflusses innerhalb der betrieblichen Tätigkeit ergibt, wurde an das IFRS IC adressiert.

Das IFRS IC misst der Tatsache einer möglichen unterschiedlichen Behandlung (Bruttoausweis oder Saldierung von Umsatzsteuerzahlungen) nur eine geringe Bedeutung bei („*while different practices may emerge, they are not expected to be widespread*").[19]

Der **geringe praktische** Anwendungsbereich ergibt sich bereits aus der dominierenden Bestimmung des operativen *cash flow* gem. der **indirekten** Methode, nach der geschuldete Umsatzsteuerzahlungen keine Relevanz haben. Für Anwender der **direkten** Ermittlung der *operating cash flows* ergibt sich ein Wahlrecht: Zahlungsmittelzu- bzw. -abflüsse aus Umsatzsteueransprüchen/-verpflichtungen können saldiert dargestellt oder separat ausgewiesen werden.

---

[18] Zu den Gliederungen nach Kostenarten und Funktionsbereichen vgl. das ausführliche Schema bei MANSCH/WYSOCKI (Hrsg.), Finanzierungsrechnung im Konzern, S. 15–19.
[19] IFRIC, Update August 2005.

> **Beispiel**
> Die Feuerwerk AG erzielt ihren Netto-Jahresumsatz i.H.v. 100 Mio. EUR ausschließlich im Dezember. Die Kunden zahlen auf die erworbenen Produkte Umsatzsteuer i.H.v. 19 Mio. EUR. Bei gleichem Umsatz im Vorjahr betrug der Steuersatz 16 %. Der Zahlungseingang aus dem direkten Verkauf von Endverbraucherprodukten erfolgt in der laufenden Periode, eine Weiterleitung der eingenommenen Umsatzsteuer erst in der nächsten Periode nach dem Bilanzstichtag. Für die Erfassung des Geschäftsvorfalls sind folgende Alternativen (in Mio. EUR) zu unterscheiden:
>
> | Direkte Methode (Variante 1) | | Direkte Methode (Variante 2) | |
> |---|---|---|---|
> | Umsatz vor USt 02 | 100 | Umsatz inkl. USt | 119 |
> | erhaltene USt 02 | 19 | | |
> | Abführung der im Dez 01 vereinnahmten Umsatzsteuer in 02 an Finanzamt | –16 | Abführung der im Dez 01 vereinnahmten Umsatzsteuer in 02 an Finanzamt | –16 |
> | Zahlungsmittelveränderung | 103 | Zahlungsmittelveränderung | 103 |

Unter Informationsgesichtspunkten weist keine Methode deutliche Vorteile auf.

59 Die **direkte Methode** wird **in IAS 7.19 empfohlen** (*„Enterprises are encouraged to report cash flows form operating activities using the direct method ..."*). Die direkte Ermittlung liefert Informationen, die die Abschätzung künftiger *cash flows* erleichtern und bei Anwendung der indirekten Darstellungsform nicht verfügbar sind. Die Empfehlung des IASB hat aber de lege lata **keine rechtliche Relevanz**. Die direkte Methode wird nicht in den Status einer *„benchmark"*-Methode erhoben.

Zugunsten einer verpflichtenden Anwendung der direkten Methode de lege ferenda werden Konsistenzargumente angeführt, da die beiden **anderen Bereiche** (Rz 77, Rz 88) der Kapitalflussrechnung zwingend bereits jetzt in der direkten Weise zu erstellen sind. Gegen eine derartige Rechtsänderung spricht aber andererseits der unklare Informationsvorteil. Die indirekte Methode hat informatorisch den Vorzug, zwei Rechenwerke des Jahresabschlusses, nämlich GuV und Kapitalflussrechnung, zu verbinden und etwa im konkreten Fall zu erläutern, warum sich aus einer positiven Ergebnisentwicklung eine negative *cash*-Entwicklung des betrieblichen *cash flow* ergibt.[20]

Aus diesem Grund ist selbst bei Anwendung der direkten Methode nach US-GAAP eine Überleitungsrechnung vom Jahresergebnis zum Mittelzufluss aus laufender Geschäftstätigkeit und damit de facto die zusätzliche Anwendung der indirekten Methode erforderlich (ASC Topic 230.10.45–29); eine vergleichbare Angabepflicht sehen allerdings weder IAS 7 noch DRS 21 vor.

Eine Verpflichtung zur direkten Ableitung des operativen *cash flow* ist allerdings im Rahmen des *„Financial Statement Presentation"*-Projekts des IASB angedacht (Rz 183).

---

[20] So auch SCHEFFLER, DB 2007, S. 2047.

Da in IAS 7 kein verbindliches Gliederungsschema vorgegeben ist, kann i.d.R. für die direkte Methode auf folgende an DRS 21.39 angelehnte Gliederung zurückgegriffen werden: 60

1.		**Einzahlungen von Kunden** für den Verkauf von Erzeugnissen, Waren und Dienstleistungen
2.	–	**Auszahlungen an Lieferanten und Beschäftigte**
3.	+	**Sonstige Einzahlungen**, die nicht der Investitions- oder Finanzierungstätigkeit zuzuordnen sind
4.	–	**Sonstige Auszahlungen**, die nicht der Investitions- oder Finanzierungstätigkeit zuzuordnen sind
5.	=	*Cash flow* aus betrieblicher Tätigkeit

Die Verwendung eines Postens für **außerordentliche** Ein- oder Auszahlungen ist abweichend von DRS 21 gem. IAS 1.87 (vgl. → § 2 Rz 60) nicht zulässig. Hinsichtlich des Ausweises von Ertragssteuerzahlungen entsprechen sich die Vorgaben des DRS 21 und der IFRS, im Regelfall erfolgt eine Erfassung im *cash flow* der betrieblichen Tätigkeit (Rz 122 und DRS 21.18).

3.2.3 Indirekte Methode

Bei der indirekten Methode erfolgt die Ermittlung nicht auf Grundlage originär ermittelter *cash flows*; vielmehr werden die *cash flows* aus anderen im Rechnungswesen verfügbaren Rechengrößen abgeleitet. Die Konzeption geht zunächst von einer unterstellten Übereinstimmung des Periodenergebnisses mit den *cash flows* aus der betrieblichen Tätigkeit aus. Anschließend ist das Jahresergebnis um bestimmte Beträge zu bereinigen. In Form einer **Überleitungsrechnung** wird somit das Periodenergebnis in eine *cash-flow*-Größe überführt. Für die Überleitungsrechnung ist keine verbindliche Gliederung vorgesehen; aus den Ausführungen des Standards lässt sich jedoch folgendes **Grundschema** darstellen (IAS 7.20): 61

Indirekte Methode: Grundschema	
Periodenergebnis	....
Nicht zahlungswirksame Aufwendungen und Erträge	....
Veränderungen des Nettoumlaufvermögens	....
Umgliederungen zu anderen Tätigkeitsbereichen	....
cash flows aus der betrieblichen Tätigkeit	....

Bei der Überleitung sind in einem **ersten Schritt** die Aufwendungen und Erträge zu berücksichtigen, die nicht zu entsprechenden Auswirkungen auf den Zahlungsmittelfonds geführt haben (**finanzmittelfondsneutrale Aufwendungen und Erträge**). Hierzu nennt IAS 7.20 folgende Beispiele: 62

- **Abschreibungen** auf das Anlagevermögen sowie entsprechende **Zuschreibungen** (→ § 10; → § 11).
- Erfolgswirksame **Veränderung latenter Steuern** (→ § 26 Rz 218).

- Veränderung **langfristiger Rückstellungen**, die nicht Bestandteil des Nettoumlaufvermögens sind (→ § 21).
- Ergebnisse aus **assoziierten** Unternehmen und aus Gemeinschaftsunternehmen (*joint ventures*), die nach der *at-equity*-Methode (→ § 33) bilanziert werden (Rz 127).
- Unrealisierte Gewinne und Verluste aus **Währungsdifferenzen** (→ § 27).

63 Unmittelbar als Korrekturposten angesprochen sind – wegen eines Abstellens auf das Periodenergebnis, als Ergebnisgröße der GuV – zahlungsunwirksame Aufwendungen und Erträge, die erfolgswirksam in der GuV (*statement of profit/loss*) erfasst wurden. Fraglich ist, wie mit Änderungen von Bilanzposten (insbesondere **Pensionsrückstellungen**) umzugehen ist, wenn ein Teil der Zuführung (Auflösung) nicht als Aufwand (Ertrag), sondern erfolgsneutral im OCI (*other comprehensive income*) erfasst wurde. Da das Periodenergebnis als Ausgangsgröße nicht um Aufwendungen (Erträge) aus der Zuführung (Auflösung) der Rückstellung gemindert ist, bedarf es auch keiner „korrigierenden" Berücksichtigung in der Überleitung zum betrieblichen *cash flow*.
Zur Darstellung dieser Besonderheiten der Pensionsrückstellungen bei ansonsten weiterhin in der GuV berücksichtigten anderen Rückstellungen sind zwei Darstellungsvarianten zu unterscheiden:
1. **Bruttodarstellung**: Ausweis des „Korrekturpostens" entsprechend der bilanziellen Rückstellungsentwicklung und Gegenkorrektur innerhalb der Kapitalflussrechnung in einer gesonderten Zeile als „Nicht zahlungswirksame und nicht ertragswirksame Veränderung der (Pensions-)Rückstellungen".
2. **Nettodarstellung**: Keine Berücksichtigung der im OCI erfassten Bestandteile von Veränderungen der Rückstellung innerhalb der Kapitalflussrechnung, wobei in diesem Fall durch eine Anhangangabe („Bei der Ableitung des betrieblichen *cash flows* durch Korrektur um Änderungen von Rückstellungen, Forderungen usw. werden nur solche Änderungen berücksichtigt, die in der GuV erfasst wurden") oder die Bezeichnung des Korrekturpostens (z. B. „Zuführung/Auflösung der Rückstellungen ohne erfolgsneutrale Zuführung/Auflösung von Pensionsrückstellungen") deutlich gemacht werden müsste, dass nicht sämtliche Rückstellungsänderungen berücksichtigt werden.
Das Periodenergebnis als Ausgangsgröße für die Ermittlung der *cash flows* (indirekte Methode) aus der betrieblichen Tätigkeit ist eine Ergebnisgröße aus der GuV. Die im OCI erfassten Bestandteile der Pensionsrückstellungen haben keine Auswirkungen auf das Periodenergebnis. Daher liegt es nahe, in der Kapitalflussrechnung nur solche Veränderungen der Rückstellungen zu berücksichtigen, die erfolgswirksam in der GuV erfasst wurden. Die Nettodarstellung ist jedoch nicht zwingend vorzuziehen. Im Interesse der Bilanzklarheit muss u. E. lediglich hinreichend klar sein,
- wie aus der gewählten Ausgangsgröße der betriebliche *cash flow* entwickelt wird und
- aus welchen Gründen die Veränderung der Rückstellung in der Kapitalflussrechnung nicht mit der in der Bilanz übereinstimmt.

64 Daneben sind folgende weitere Beispiele aufzuführen:
- Bildung und Auflösung von **Wertberichtigungen**, z. B. auf Vorräte, Kundenforderungen und Wertpapiere des Umlaufvermögens.

- Nach der *percentage-of-completion*-Methode (→ § 18) realisierte Teilgewinne.
- Auflösung von Passivposten aus der Gewährung **öffentlicher Zuschüsse** (→ § 12 Rz 25 ff.).

In einem **zweiten Schritt** sind die ergebnisneutralen, jedoch zahlungswirksamen **Veränderungen des Nettoumlaufvermögens** *(net working capital)* zu berücksichtigen. Eine ergebnisneutrale Erhöhung der *assets*, z. B. durch Kauf von Vorräten, oder eine Verminderung der *liabilities* durch Schuldentilgung führt zu einem Abfluss von Zahlungsmitteln. Dagegen bewirkt eine Verminderung von *assets* oder eine Erhöhung von *liabilities* einen Zufluss an Zahlungsmitteln. Die Ermittlung der *cash flows* wird üblicherweise im Wege der **Differenzenbildung** durch die Gegenüberstellung von Anfangs- und Endbestand der einzelnen Positionen des *net working capital* vorgenommen. Hierbei sind allerdings folgende **Bereinigungen** zu beachten:

- Die Höhe von Vermögenswerten und Schulden des *net working capital* kann sich durch **ergebniswirksame Bewertungsmaßnahmen** verändert haben, die nicht zahlungswirksam geworden sind (z. B. Abwertung von Vorräten oder Bildung/Auflösung von Wertberichtigungen auf Kundenforderungen). Die hierfür anfallenden Beträge sind nicht in der Zeile „Veränderung des Nettoumlaufvermögens", sondern bei den zahlungsunwirksamen Aufwendungen und Erträgen zu berücksichtigen.
- Veränderungen des *net working capital* aufgrund von **Veränderungen des Konsolidierungskreises** (→ § 32 Rz 96 ff.) sind nicht im Bereich der betrieblichen Tätigkeit, sondern bei der Investitionstätigkeit zu erfassen (Rz 130 ff.).
- Einflüsse aus der **wechselkursbedingten Veränderung** (→ § 27) von Positionen des Nettoumlaufvermögens sind zu eliminieren. Solche Währungsdifferenzen entstehen zum einen durch das Halten monetärer Vermögenswerte und Schulden in Fremdwährung (z. B. Kundenforderungen, Wertpapiere oder Lieferantenverbindlichkeiten), zum anderen durch die Umrechnung von Abschlüssen einbezogener Unternehmen, deren funktionale Währung von derjenigen des Konzernabschlusses abweicht.

In einem **dritten Schritt** sind gewisse Erträge und Aufwendungen, die zwar im Jahresergebnis enthalten, aber deren *cash flows* nicht dem Bereich der betrieblichen Tätigkeit zuzuordnen sind, getrennt zu berücksichtigen. Dies gilt insbesondere für **Erlöse aus dem Abgang von Vermögenswerten des Anlagevermögens**, die im Bereich der Investitionstätigkeit zu erfassen sind. Zu diesem Zweck sind die mit den Abgängen verbundenen Gewinne und Verluste aus dem Bereich der betrieblichen Tätigkeit auszusondern. Gleiches gilt, wenn von dem Wahlrecht des Ausweises von **Zins- und Dividendenzahlungen** im Bereich der Investitions- oder Finanzierungstätigkeit Gebrauch gemacht wird (Rz 109 ff.).

Bei dem in IAS 7.App.A dargestellten Grundschema der indirekten Methode wird als Ausgangsgröße das **Periodenergebnis vor Steuern** (*net income before taxation* bzw. *earnings before taxes*) gewählt. U. E. ist es mangels bindender Definition der Startgröße *profit and loss* (IAS 7.18b) in IAS 7 selbst jedoch auch zulässig, eine andere Ergebnisgröße als Ausgangsbasis für die Überleitungsrechnung zu wählen. Vorziehungswürdig ist allerdings – auch im Sinne eines Analogieschlusses der Definition von profit or loss über IAS 1.82 in Einklang mit IAS 8.11a – ein Abstellen auf das Periodenergebnis als Ausgangsgröße. Letztlich

§ 3 Kapitalflussrechnung

ergeben sich aber folgende Alternativen für die Ausgangsgröße der indirekten Ermittlung des *cash flow* aus der betrieblichen Tätigkeit:
- **Ertragsteuerzahlungen** werden in einer separaten Zeile innerhalb der *cash flows* aus der betrieblichen Tätigkeit ausgewiesen. Als Ausgangsgröße könnte in diesem Fall das **Ergebnis vor Steuern** (*earnings before taxes – EBT*) gewählt werden.
- Werden neben Ertragsteuerzahlungen auch Ein- und Auszahlungen für **Zinsen** im Bereich der betrieblichen Tätigkeit in eigenen Zeilen ausgewiesen, so kann die Überleitungsrechnung mit einem **Ergebnis vor Steuern und Zinsen** (*earnings before interest and taxes – EBIT*) beginnen. Da Abschreibungen ohnehin nicht zahlungswirksam werden, bietet es sich auch an, das **Ergebnis vor Zinsen, Steuern und Abschreibungen** (*earnings before interest, taxes, depreciation and amortisation* – **EBITDA**) zu wählen.
- Bei Handelsunternehmen wird auch die in der Praxis besonders relevante Ergebnisgröße **Rohertrag** als Ausgangsbasis verwendet.
- Im Falle eines **Ergebnisabführungsvertrages** sollte als Ausgangsgröße das Ergebnis **vor** Ergebnisabführung bzw. Verlustübernahme Verwendung finden, um die eigene Finanzkraft des Unternehmens bzw. Teilkonzerns zu verdeutlichen. Eine Gewinnabführung an den Eigenkapitalgeber ist analog zu Dividendenausschüttungen vorzugsweise als *cash flow* aus Finanzierungstätigkeit zu behandeln (Rz 119). Für den Fall der Verlustübernahme dürfte der zutreffende Ausweis umstritten sein (Rz 117).
- Schließlich ist es auch zulässig und u. E. vorziehungswürdig, das Ergebnis **nach** Steuern (*net income*) als Ausgangsgröße zu verwenden.

68 Eine andere Auffassung wird derzeit von der SEC vertreten. Im Rahmen einer Durchsicht von IFRS-Abschlüssen derjenigen Unternehmen,[21] die bislang wegen einer Börsennotierung in den USA zu einer *reconciliation* auf US-GAAP verpflichtet waren, nimmt der *Staff* der SEC folgende Position ein: Gem. IAS 7.18b beginnt die Gewinn- und Verlustrechnung mit der Größe *profit and loss*, welche allerdings in IAS 7 nicht definiert wird. Mangels Konkretisierung in IAS 7 sei nach Ansicht des *Staff* daher über einen **Rückgriff** auf IAS 8.11a **analog** die Definition von *profit and loss* für die Gewinn- und Verlustrechnung aus IAS 1.82 heranzuziehen und somit das Ergebnis **nach** Steuern (*net income*) als Ausgangsgröße zu verwenden.[22]
Unmittelbar von der vorstehenden Auslegung der SEC betroffen sind nur Unternehmen, welche die amerikanische Börse in Anspruch nehmen. Fraglich ist allerdings, inwieweit Auslegungen der SEC Bindungswirkung für die IFRS entfalten können. Mit der Ankündigung, die IFRS (in der englischsprachigen Fassung des IASB) als Zulassungsvoraussetzung für amerikanische Börsen anzuerkennen,[23] drückt die SEC ebenfalls ihr Interesse an der Teilnahme des „*standard setting process*" des IASB aus.
Abstrahiert von der Auslegung der SEC, spricht für einen Rückgriff auf das Ergebnis nach Steuern auch der **Vorteil** der indirekten Ermittlung des *cash flow* aus der operativen Tätigkeit (Rz 59). Soll die Kapitalflussrechnung zwei Rechen-

---
[21] SEC, Staff Observations in the Review of IFRS Financial Statements, 2. Juli 2007.
[22] Gl. A, PwC, IFRS Manual of Accounting 2015, Kap. 30.76.
[23] SEC, Press release 2007–235, vom 15. November 2007.

Kapitalflussrechnung § 3

werke des Jahresabschlusses, nämlich GuV und Kapitalflussrechnung, verbinden und den Zusammenhang von Ergebnisentwicklung und Finanzlage erläutern, bietet sich als Ausgangspunkt für die Kapitalflussrechnung das **Ergebnis** der **GuV** an. Aus dem Beispiel im Anhang zu IAS 7 in Verbindung mit Elementen aus dem Gliederungsschema von DRS 21 – wiederum ohne Berücksichtigung von außerordentlichen Posten (Rz 60) – ergibt sich folgende **detaillierte Darstellungsmöglichkeit**:

69

1.		**Periodenergebnis vor Steuern**
		Anpassungen I
2.	+/–	Abschreibungen/Zuschreibungen auf Vermögenswerte
3.	–/+	Gewinn/Verlust aus dem Abgang von Vermögenswerten
4.	–/+	Wechselkursbedingte Gewinne/Verluste
5.	+/–	Sonstige zahlungsunwirksame Aufwendungen/Erträge (bspw. Abschreibung auf ein aktiviertes Disagio)
	=	*Zwischensumme I*
		Anpassungen II
6.	–/+	Zunahme/Abnahme der Vorräte, der Forderungen aus Lieferungen und Leistungen sowie anderer Aktiva, die nicht der Investitions- oder Finanzierungstätigkeit zuzuordnen sind
7.	+/–	Zunahme/Abnahme der Verbindlichkeiten aus Lieferungen und Leistungen sowie anderer Passiva, die nicht der Investitions- oder Finanzierungstätigkeit zuzuordnen sind
8.	+/–	Zunahme/Abnahme der Rückstellungen
	=	*Zwischensumme II („cash generated from operations")*
9.	–/+	Gezahlte/erhaltene Zinsen
10.	–/+	Gezahlte/erhaltene Steuerzahlungen
11.	=	*Cash flow aus betrieblicher Tätigkeit*

Wird als Ausgangspunkt nicht das Ergebnis vor Steuern, sondern das **Periodenergebnis** gewählt (Rz 81), entfällt die Zeile „Gezahlte/erhaltene Steuerzahlungen" und ist stattdessen eine Zeile Veränderung der Steuerforderung/Schulden notwendig, die dann auch die latenten Steuern einbeziehen muss.

3.3 *Cash flows* aus der Investitionstätigkeit

Investitionstätigkeiten (*investing activities*) umfassen gem. IAS 7.18 den **Erwerb und die Veräußerung** von

70

- **langfristigen Vermögenswerten** (*long term assets*), Sach- und immaterielle Anlagen sowie Finanzanlagen und
- **sonstige Finanzinvestitionen** in Schuld- oder Eigenkapitalinstrumente, die nicht zu den Zahlungsmitteläquivalenten gehören.

In diesem Bereich werden somit aufgeführt:
- Auszahlungen für solche Ressourcen, die zur Erzielung künftiger Erträge und *cash flows* getätigt wurden (**Investitionen**).
- Einzahlungen aus dem späteren Abgang dieser Ressourcen (**Veräußerungserlöse**).

71 Zur Klarstellung des geltenden Rechts erfolgte im Rahmen des *Annual Improvements Projects 2009* eine Änderung von IAS 7.16. Eine Zuordnung eines Zahlungsmittelabflusses zum investiven Bereich ist danach nur zulässig, wenn die Ausgaben als **Vermögenswert** (*asset*) angesetzt und nicht aufwandswirksam (*expense*) verrechnet werden.

> **Beispiel**
> U lässt Anfang 01 eine neue Marke schützen und „investiert" im Verlauf von 01 in erheblichem Maße in die Bekanntheit dieser Marke, Ende 01 ist die Marke gut am Markt etabliert.
> Ökonomisch mag man die Aufwendungen als Investition in und bilanziell (i.S.v. IAS 38) als Herstellungskosten der Marke werten. Herstellungskosten auf eigene Marken sind nach IAS 38.63 jedoch nicht aktivierungsfähig (→ § 13 Rz 33). Daher darf die Investition auch in der Kapitalflussrechnung nicht als investiver *cash out flow* berücksichtigt werden. Vielmehr liegt ein operativer *cash out flow* vor.

72 Die Begrenzung auf aktivierungsfähige Auszahlungen schließt eine Erfassung von **Anschaffungsnebenkosten** im Zuge einer *business combination* zum investiven Bereich aus. Nach IFRS 3.53 sind Anschaffungsnebenkosten nicht Teil der *consideration transferred* und daher aufwandswirksam zu verrechnen (→ § 31 Rz 39). Ein entsprechender Ausschluss gilt hingegen nicht für den Erwerb eines *at equity* bewerteten Anteils. Im Rahmen der Zugangsbewertung sind auch Anschaffungsnebenkosten im Beteiligungsansatz zu aktivieren (→ § 33 Rz 52).

73 Ein Abgrenzungsproblem zwischen operativem und investivem *cash flow* stellt sich auch für Zahlungsmittelabflüsse eines **Konzessionärs** einer **Dienstleistungsvereinbarung** im Anwendungsbereich von IFRIC 12 (→ § 18 Rz 61 ff.). Die Interpretation lässt offen, ob mit der Klassifizierung als *financial* oder *intangible asset* auch eine Rückwirkung für den Ausweis von Auszahlungen innerhalb der Kapitalflussrechnung verbunden ist.
U.E. sind Zahlungsmittelabflüsse des Konzessionärs während der Entwicklungsphase im operativen Teil der Kapitalflussrechnung auszuweisen.[24] Dies entspricht der **Tauschfiktion** für die Erfassung eines *financial* und/oder *intangible asset*. Der Zugang ist nicht oder nur mittelbar Folge eines Zahlungsmittelabflusses, sondern erfolgt gegen Errichtung der Infrastruktur. Der Ausweis von Ausgaben als Teil der *investing activities* setzt den unmittelbaren Ansatz eines Vermögenswerts voraus (IAS 7.16). An einem entsprechenden Zusammenhang fehlt es, was auch an dem betragsmäßigen Auseinanderfallen von Ausgabe und Zugangswert deutlich wird.

---

[24] Vgl. Freiberg, PiR 2010, S. 234 ff.

Der Begriff „**langfristige Vermögenswerte**" bezieht sich auf den Erwerb und die 74
Veräußerung von Sachanlagen. Es ist somit nicht auf die theoretische Nutzungsdauer, sondern die **Zweckbindung** der erworbenen Ressourcen abzustellen. Aus diesem Grund sind zum Beispiel Grundstücke, die zum Zwecke des Weiterverkaufs erworben wurden, als Vorräte anzusehen und die mit dem Erwerb und der Veräußerung solcher Grundstücke verbundenen Zahlungen nicht im Bereich der Investitions-, sondern der betrieblichen Tätigkeit auszuweisen.

Auch die im Zuge einer Kapazitätserweiterung anfallende zusätzliche **Mittel-** 75
bindung im Bereich des kurzfristigen Vermögens (Vorräte, Kundenforderungen) ist im Bereich der **betrieblichen** Tätigkeit auszuweisen.

Die „**sonstigen Finanzinvestitionen**" umfassen alle Anlagen von Zahlungs- 76
mitteln in solchen finanziellen Vermögenswerten, die einerseits nicht unter den Begriff des Zahlungsmittelfonds (Zahlungsmittel und Zahlungsmitteläquivalente) fallen, andererseits jedoch auch nicht den Sachanlagen zuzuordnen sind. Es geht im Wesentlichen um erworbene Eigenkapitaltitel, nicht dem Finanzmittelfonds zuzurechnende Festgeldguthaben, Wertpapiere und sonstige Forderungen mit einer Restlaufzeit von mehr als 3 Monaten. Hierfür kommen insbesondere solche Finanzinstrumente infrage, die als zum Verkauf stehend (*available for sale*) zu klassifizieren sind.

Soweit **Finanzinstrumente** (*trading assets*, Derivate etc.) für Handelszwecke („*for dealing or trading purposes*") gehalten werden, sieht IAS 7.15 die Einbeziehung in den *cash flow* aus betrieblicher Tätigkeit vor.

Dies erklärt sich wie folgt: Werden Finanzinstrumente ausschließlich mit einer **Weiterveräußerungsabsicht** erworben, also gerade keine Investitionen in langfristig dem Unternehmen zur Verfügung stehende Vermögenswerte getätigt, sind Veräußerungserlöse als Spekulations-/Arbitragegewinne des betrieblichen Ergebnisses anzusehen und damit alle Mittelzu- und -abflüsse der betrieblichen Tätigkeit zuzurechnen.

Fraglich ist die Behandlung von Derivaten, die vom Unternehmen als *hedging instruments* eingesetzt werden, aber die formalen Anforderungen an das *hedge accounting* nicht erfüllen und deshalb als „freistehende" derivative Finanzinstrumente zu klassifizieren sind. U. E. ist der in IAS 7.15 verwendete Begriff „*dealing or trading purposes*" **unabhängig** von der Qualifizierung nach den Vorgaben zum *hedge accounting* auszulegen. Wenn die engen Voraussetzungen an ein *hedge accounting* fehlschlagen, schlägt dies u. E. somit nicht zwangsläufig auf die Zuordnung der Zahlungsströme aus dem Derivat durch. Falls das Unternehmen Derivate real zu Sicherungszwecken einsetzt, ohne formal die Voraussetzungen von für ein *hedge accounting* zu erfüllen, ist der Zahlungsstrom aus den Derivaten gleichwohl nicht bzw. nur dann im Ergebnis der betrieblichen Tätigkeit auszuweisen, wenn auch der gesicherte bzw. zu sichernde Zahlungsstrom dort auszuweisen ist. Aus Konsistenzgründen ist daher der Zahlungsstrom aus einem *hedging instrument* unabhängig von einer Designation nach im Einklang mit den Ein-/Auszahlungen des *hedged item* zu erfassen.

Für die Darstellung der *cash flows* aus der Investitionstätigkeit ist zwingend die 77
direkte Methode (Rz 56 ff.) vorgeschrieben (IAS 7.21). Ein Mindestgliederungsschema wird dabei nicht vorgegeben, jedoch sind wesentliche Bestandteile in Form eines (nicht abschließenden) Katalogs aufgeführt (IAS 7.16):

- Beschaffung bzw. Veräußerung von **Sachanlagen, immateriellen und anderen langfristigen Vermögenswerten.**
- **Erwerb** bzw. die Veräußerung von **Eigenkapital- oder Schuldinstrumenten** anderer Unternehmen und von Anteilen an *joint ventures.*
- **Gewährung bzw. Tilgung von Krediten und Darlehen** an Dritte.
- **Termingeschäfte** und andere **derivative Finanzinstrumente.**

78 Bei der Ermittlung der Höhe der Auszahlungen ist regelmäßig auf die zur Bestimmung der **Anschaffungskosten** zu erfassenden Beträge (→ § 8 Rz 11 ff.) abzustellen, auch wenn die erstmalige Erfassung von Anschaffungskosten in der Bilanz und die Darstellung der Auszahlung in der Kapitalflussrechnung durchaus in verschiedenen Perioden erfolgen kann. Im Falle der Gewährung **öffentlicher Investitionszuschüsse** besteht in der Bilanz ein Ausweiswahlrecht. Die Darstellung in der Kapitalflussrechnung ist nicht geregelt (zu den entsprechenden Möglichkeiten siehe → § 12 Rz 32).

79 Bei den Sachanlagen und immateriellen Vermögenswerten sind auch Auszahlungen für **aktivierte Entwicklungskosten** (→ § 13 Rz 27 ff.) sowie für **selbst erstellte Sachanlagen** (aktivierte Eigenleistungen) auszuweisen. Auszahlungen für nicht aktivierungsfähige **Forschungs-und Entwicklungskosten** sowie **Ingangsetzungsaufwendungen** (*start-up costs*) sollten dagegen nicht unter den *cash flows* aus der Investitionstätigkeit aufgeführt, sondern dem Bereich der betrieblichen Tätigkeit zugeordnet werden.

80 Fraglich ist die Berücksichtigung von **Zinsen**, die nach IAS 23 (→ § 9 Rz 15 ff.) aktiviert wurden, bei den Auszahlungen für Sachanlagen und immateriellen Vermögenswerten (Rz 110). Ein Ausweis solcher Zinszahlungen im Bereich der Investitionstätigkeit ist zulässig und aus Konsistenzgründen u. E. auch geboten. Aufgrund der uneinheitlichen Vorgehensweise in der Praxis hat der IASB den Ausweis von Fremdkapitalkosten im AIP 2010–2012 aufgenommen. Nach der geplanten Ergänzung von IAS 7 sollen die Fremdkapitalkosten das Schicksal des qualifizierten Vermögenswerts teilen.
Jedoch entstehen erhebliche **Abgrenzungsprobleme,** wenn die Zinszahlungen nicht eindeutig einem *qualifying asset* zugeordnet werden können (anteilige Verteilung von Zinskosten nach IAS 23.17; → § 9). Insbesondere bei Auseinanderfallen von Zeitpunkt der Aktivierung der Zinsen und Zeitpunkt der entsprechenden Auszahlung besteht die Gefahr einer willkürlichen Zuordnung von Zinsen zu den *qualifying assets* und damit zu Verschiebungen von *cash flows* zwischen dem betrieblichen Bereich und dem Bereich der Investitionstätigkeit.

81 Die im **Anlagespiegel** (→ § 14 Rz 29) ausgewiesenen Zu- und Abgänge weichen im Regelfall von den entsprechenden Aus- bzw. Einzahlungen in der Kapitalflussrechnung der gleichen Periode ab. Diese Problematik wird allerdings in der Praxis, wie in vielen veröffentlichten Kapitalflussrechnungen deutlich wird[25], häufig verkannt. Bei den Zugängen sind insbesondere dann Abweichungen festzustellen, wenn die Auszahlung in anderen Perioden erfolgt, als die entsprechende Aktivierung der Anschaffungskosten oder wenn die Transaktion völlig zahlungsunwirksam durchgeführt wird. Für letzteren Fall ist insbesondere das *finance leasing* (→ § 15) zu nennen, bei dem es zwar zur Aktivierung von Anschaffungskosten, nicht jedoch zum Abfluss von Zahlungsmitteln kommt (s. a. Rz 148).

---

[25] Vgl. Bösser/Pilhofer/Lessel, PiR 2013, S. 359 ff.

82 Bei Aus- und Einzahlungen für den Erwerb von **Eigenkapitalinstrumenten** anderer Unternehmen sind ungeachtet der Konsolidierungsmethode alle Erwerbe und Verkäufe zu berücksichtigen. Für den Erwerb und die Veräußerung von **Tochterunternehmen** sind gesonderte Angabepflichten vorgesehen (Rz 130 ff.), ebenso bei der Veräußerung von Eigenkapitalinstrumenten im Rahmen von *discontinued operations* (Rz 170).
Der Erwerb **eigener Anteile** fällt nicht in den Bereich der Investitionstätigkeit. Dieser Erwerb ist explizit im Katalog der *cash flows* aus der Finanzierungstätigkeit genannt (Rz 90).

83 Als Einzahlungen aus der Veräußerung von Vermögenswerten des **Investitionsbereiches** sind sämtliche in Form von Zahlungsmitteln zufließenden Erlöse zu berücksichtigen. Häufig sind diese Erlöse nur unzureichend im Rechnungswesen erfasst. Hilfsweise kann daher der Erlös (zumindest im Bereich des Anlagevermögens) als Summe aus den abgehenden Restbuchwerten – ausgewiesen im Anlagespiegel – und den aus dem Abgang der Vermögenswerte entstandenen Veräußerungsgewinnen (abzüglich etwaiger Verluste) berechnet werden. Dabei können allerdings Erfassung des Abgangs der Vermögenswerte und die Zahlung des Verkaufserlöses in unterschiedlichen Perioden liegen.

84 Nicht explizit geregelt ist die Behandlung von Ausgaben in Zusammenhang mit der **Veräußerung von Vermögenswerten**, z. B. Verkaufsprovisionen und direkt zurechenbare Beratungskosten. Eine Absetzung von den Verkaufserlösen erscheint zulässig (Rz 44).

85 Die Ein- und Auszahlungen für den Erwerb bzw. die Veräußerung von **Schuldinstrumenten** anderer Unternehmen (Anleihen) sowie für die Gewährung bzw. Tilgung von **Darlehen und Krediten an Dritte** umfassen alle Formen der Vergabe von Fremdkapital an Dritte. Danach ist der Rückerwerb **eigener** Schuldinstrumente oder Kredite nicht im Bereich der Investitions-, sondern bei der Finanzierungstätigkeit darzustellen.

86 Auch die mit dem Erwerb und der Veräußerung von **derivativen Finanzinstrumenten** (→ § 28 Rz 222 ff.) verbundenen Aus- bzw. Einzahlungen sind im Bereich der Investitionstätigkeit auszuweisen. Der in IAS 7.16 aufgestellte Katalog nennt als Beispiele Zahlungen für Termin-, Options- und Swapgeschäfte. Es besteht jedoch ein **Wahlrecht**, solche Ausgaben auch im Bereich der **Finanzierungstätigkeit** darzustellen. Neben diesem allgemeinen Wahlrecht bestehen spezifische Wahlrechte in folgenden Fällen:

- Abschluss von Verträgen zu **Handelszwecken** (Rz 76):
  Werden derivative Finanzinstrumente nicht zur Sicherung von Grundgeschäften abgeschlossen, sondern ist der Handel mit derivativen Finanzinstrumenten Teil der unternehmerischen Tätigkeit (vor allem Kreditinstitute und Versicherungsunternehmen), so sind die mit den derivativen Finanzinstrumenten verbundenen Zahlungen im Bereich der **betrieblichen** Tätigkeit auszuweisen (Rz 53).

- **Sicherung von Grundgeschäften**:
  Wird ein Vertrag als Sicherungsgeschäft für ein bestimmbares Grundgeschäft abgeschlossen, so werden die Zahlungen aufgrund des Vertrages in dem gleichen Bereich ausgewiesen wie das gesicherte Grundgeschäft. U.E. sollte das Sicherungsgeschäft dabei die Voraussetzungen für einen *qualifying hedge* erfüllen (→ § 28a), die Erfüllung ist aber keine zwingende Voraussetzung

(Rz 76). Da mittels eines **Sicherungszusammenhangs** zwischen Grund- und Sicherungsgeschäft eine Bewertungseinheit hergestellt wird, können Ein- und Auszahlungen in saldierter Form in der Kapitalflussrechnung ausgewiesen werden (Rz 44).

87 Unklar bleibt, ob sich der im Zusammenhang mit Sicherungsgeschäften verwendete Begriff „Vertrag" (*contract*) nur auf den Abschluss von Verträgen über **derivative** Finanzinstrumente beziehen soll. Dies legt die englische Originalfassung von IAS 7.16 nahe, da das Wort *contracts* lediglich bei diesen Finanzinstrumenten genannt wird. U. E. sollte dies jedoch auch für **originäre** Finanzinstrumente gelten, die zur Absicherung von Grundgeschäften verwendet werden.

> **Beispiel**
> Ein in EUR bilanzierendes Unternehmen nimmt ein USD-Darlehen (originäres Finanzinstrument) auf, um eine Währungssicherung für eine zukünftige Umsatzeinzahlung in USD vorzunehmen. Liegen die Voraussetzungen für die Bildung eines Sicherungszusammenhangs vor, so sind die bei Tilgung des Darlehens anfallenden Auszahlungen wie folgt aufzuteilen: Der Rückzahlungsbetrag, umgerechnet zu Einstandskursen, wird der Finanzierungstätigkeit zugeordnet, während der Währungsgewinn oder -verlust gemeinsam mit den Einzahlungen aus den Umsatzerlösen im Bereich der betrieblichen Tätigkeit auszuweisen ist.

88 Die Darstellung der *cash flows* aus Investitionstätigkeit erfolgt zwingend nach der **direkten** Methode (Rz 77). Eine Verknüpfung des sehr kurzen Beispiels aus dem Appendix zu IAS 7 mit den in DRS 21.46 enthaltenen Gliederungsgedanken – wiederum ohne Berücksichtigung außerordentlicher Posten (Rz 60) – führt zu folgendem Vorschlag (Rz 70):

1.		Einzahlungen aus Abgängen von Gegenständen des Sachanlagevermögens
2.	–	Auszahlungen für Investitionen in das Sachanlagevermögen
3.	+	Einzahlungen aus Abgängen von Gegenständen des immateriellen Anlagevermögens
4.	–	Auszahlungen für Investitionen in das immaterielle Anlagevermögen
5.	+	Einzahlungen aus Abgängen von Gegenständen des Finanzanlagevermögens
6.	–	Auszahlungen für Investitionen in das Finanzanlagevermögen
7.	+	Einzahlungen aus dem Verkauf von konsolidierten Unternehmen und sonstigen Geschäftseinheiten
8.	–	Auszahlungen aus dem Erwerb von konsolidierten Unternehmen und sonstigen Geschäftseinheiten
9.	+/–	Einzahlungen/Auszahlungen aus Positionen, die nicht der betrieblichen Tätigkeit oder der Finanzierungstätigkeit zuzuordnen sind
10.	=	*Cash flow* aus der Investitionstätigkeit

Soweit einzelne Positionen nur **unwesentliche** Beträge enthalten, etwa kaum in immaterielles Vermögen investiert wurde, scheint die Zusammenfassung in einem Posten „Sonstige Einzahlungen" oder „Sonstige Auszahlungen" sinnvoll.

3.4 Cash flows aus der Finanzierungstätigkeit

Unter **Finanzierungstätigkeiten** (*financing activities*) sind solche Aktivitäten zu verstehen, „die sich auf den Umfang und die Zusammensetzung der **Eigenkapitalposten** und der **Ausleihungen** des Unternehmens auswirken" (IAS 7.6). Der mit „Ausleihungen" übersetzte englische Begriff *borrowings* ist dabei allerdings nach IAS 7 wesentlich weiter zu fassen als in der HGB-Sprachwelt und besser mit dem Begriff „**Finanzschulden**" zu umschreiben. Dabei ist die Verzinslichkeit ein wichtiges Merkmal. Die *cash flows* aus der Finanzierungstätigkeit umfassen somit sämtliche Ein- und Auszahlungen, die das Eigenkapital und die Finanzschulden betreffen. Dieser Bereich wird häufig auch mit „**Außenfinanzierung**" umschrieben, während die Innenfinanzierung in den beiden anderen Bereichen stattfindet. Ebenso wie bei der Investitionstätigkeit sind die *cash flows* aus der Finanzierungstätigkeit nach der **direkten Methode** darzustellen (Rz 77). Eine Mindestgliederung wird innerhalb von IAS 7 (nur beispielhaft im Appendix A) nicht vorgegeben. Folgende Beispiele für *cash flows* sind in dem Beispielkatalog von IAS 7.17 genannt:

89

90

- Einzahlungen aus der Ausgabe von **Anteilen** oder anderen **Eigenkapitalinstrumenten**; dazu gehören Bareinzahlungen aus ordentlichen Kapitalerhöhungen, Einzahlungen in die Kapitalrücklage, Nachschüsse und Ertragszuschüsse. U.E. sind auch die Erlöse aus der Veräußerung eigener Anteile sowie der Emission von **Genussscheinen**, die die Kriterien für die Einordnung als Eigenkapital (→ § 20 Rz 4) erfüllen, hier aufzuführen.
- Auszahlungen an Eigentümer zum **Erwerb** oder Rückerwerb von (**eigenen**) **Anteilen** an dem Unternehmen.
- Einzahlungen aus der Ausgabe von **Schuldverschreibungen**, Schuldscheinen und Rentenpapieren sowie aus der Aufnahme von **Darlehen**.
- Auszahlungen für die Rückzahlung von **Ausleihungen**.
- Auszahlungen von Leasingnehmern zur Tilgung von Verbindlichkeiten aus *financial leases*.

Der **Erwerb eigener Anteile** (*treasury shares*) führt nicht zu einer Aktivierung eines Vermögenswerts, sondern ist als Abzug vom Eigenkapital auszuweisen (IAS 32.33). Der Erwerb solcher Anteile stellt demgemäß eine Reduzierung des Eigenkapitals dar (→ § 20 Rz 85). Entsprechende Auszahlungen sind daher dem *cash flow* der Finanzierungstätigkeit zuzuordnen (IAS 7.17).

91

Eine Besonderheit ergibt sich für die Zuordnung von Zahlungsmittelzu- bzw. -abflüssen aus Transaktionen zwischen **Konzern**unternehmen und **Minderheits**gesellschaftern. Schon im April 2003 beschäftigte sich das IFRS IC mit offenen Fragen der Behandlung innerhalb der Kapitalflussrechnung.[26] Aufgrund der geplanten Änderungen aus dem *Business Combinations Project (Phase II)* hat das IFRS IC die Anfrage zunächst allerdings zurückgestellt (*agenda rejection*).

92

---

[26] Vgl. IFRIC, Update April 2003.

Mangels konkreter Vorgaben in IAS 7 konnten daher nach **bislang** geltendem **Recht** (bis 2009) alle Auszahlungen, die den (Stimmrechts-)Anteil des Konzerns (sowohl durch Aufwärtskonsolidierung als auch durch Aufstockung) erhöhen, dem **Investitionsbereich** zugeordnet werden (IAS 7.39). Im Gegenzug sind alle Einzahlungen, die im Rahmen einer Reduzierung des (Stimmrechts-)Anteils einhergehen, ebenfalls der Investitionstätigkeit zuzuordnen.

Mit Inkrafttreten der geplanten Neuregelungen zu IFRS 3 und IAS 27 ergibt sich – mit Umsetzung der Einheitstheorie[27] – allerdings folgende Unterscheidungsnotwendigkeit:

- Führt ein Zahlungsmittelab- oder -zufluss aus der Veränderung einer Anteilsquote zu einem *change in control*, ist dieser Teil ein *investing cash flow* (IAS 7.39),
- bei Transaktionen unter Eigenkapitalgebern (**ohne Veränderung** der Kontrolle) handelt es sich im Gegenzug um *financing cash flows* (IAS 7.42A).

93 Verbindlichkeiten gegenüber **verbundenen Unternehmen** und sonstigen nahestehenden Personen sollten in Verbindlichkeiten aus Lieferungen und Leistungen (betriebliche Tätigkeit) einerseits und Finanzschulden (Finanzierungstätigkeit) andererseits **aufgespalten** werden. Zum zweiten, dem der Finanzierungstätigkeit zuzurechnenden Bereich gehören etwa langfristig zur Verfügung gestellte Gelder von Gesellschaftern und sonstigen nahestehenden Personen, unabhängig davon, ob diese verzinslich sind.

94 Der Bereich der Außenfinanzierung umfasst üblicherweise auch Auszahlungen für **Dividenden** sowie sonstige Eigenkapitalabflüsse. Bezüglich des Ausweises von Dividenden ist jedoch ein ausdrückliches (u. E. unnötiges) Wahlrecht vorgesehen (IAS 7.31; s. hierzu ausführlich unter Rz 119).

95 Bei der Rückzahlung von **Annuitätendarlehen** und insbesondere bei *zero bonds* enthalten die gezahlten Beträge neben einem Tilgungs- auch einen Zinsanteil. Der Tilgungsanteil ist im Bereich der Finanzierungstätigkeit auszuweisen, für den Zinsanteil besteht ein Wahlrecht (Rz 109 und Rz 114).

96 Auch der Ausweis von **Zinseinzahlungen** darf wahlweise im Bereich der Finanzierungstätigkeit erfolgen (Rz 109). Dies widerspricht dem o.g. Grundverständnis der Finanzierungstätigkeit, die nur die Einzahlungen von Eigenkapital- und Fremdkapitalgebern umfasst.

Dieses Wahlrecht lässt sich (eine Identität von Soll- und Habenzins vorausgesetzt) wie folgt begründen: Bei vorübergehender Anlage überschüssiger Zahlungsmittel erzielen die Zinseinnahmen die gleiche Zahlungswirkung wie die Ersparnis von Zinsausgaben, wenn die Zahlungsmittel stattdessen zur Rückzahlung von verzinslichen Finanzschulden verwendet worden wären. Auch in der Praxis ist die Einbeziehung sowohl von Zinseinnahmen als auch -ausgaben anzutreffen. Der Begriff „**Finanzierungstätigkeit**", der nur den Bereich der Mittelherkunft umfasst, wird folgerichtig von einigen Unternehmen dann durch den Terminus **Finanztätigkeit** ersetzt, um auch die Mittelverwendung (Zinseinnahmen) zu dokumentieren.

97 Das **Gliederungsschema** für die direkte Bestimmung des *cash flow* aus Finanzierungstätigkeit kann aus dem Appendix zu IAS 7 unter Rückgriff auf DRS 21.50 – wiederum ohne außerordentliche Posten (Rz 60) – wie folgt entwickelt werden:

---

[27] Hierzu insbesondere LÜDENBACH/HOFFMANN, DB 2005, S. 1805 ff.

1.		Einzahlungen aus Eigenkapitalzuführungen (Kapitalerhöhungen, Verkauf eigener Anteile etc.)
2.	−	Auszahlungen an beherrschende und nicht-beherrschende Gesellschafter (Dividenden, Erwerb eigener Anteile, Eigenkapitalrückzahlungen, andere Ausschüttungen)
3.	+	Einzahlungen aus der Begebung von Anleihen und der Aufnahme von (Finanz-)Krediten
4.	−	Auszahlungen aus der Tilgung von Anleihen und (Finanz-) Krediten
5.	=	*Cash flow* aus Finanzierungstätigkeit

Anders als nach den Vorgaben des DRS 21 besteht keine Verpflichtung zum Ausweis gezahlter Zinsen innerhalb des *cash flows* aus Finanzierungstätigkeit (DRS 21.48 vs. Rz 109). Darüber hinaus fehlt es nach IAS 7 an konkreten Vorgaben zum Ausweis von Einzahlungen aus erhaltenen Zuwendungen/Zuschüssen (DRS 21.49 vs. Rz 154).

4 Einzelprobleme

4.1 Cash flows in Fremdwährung

4.1.1 Grundproblem

IAS 21 (Auswirkungen von Änderungen der Wechselkurse; → § 27) ist nicht auf die Kapitalflussrechnung anzuwenden (IAS 21.7). Gem. IAS 7.27 sind jedoch Zu- und Abflüsse von Zahlungsmitteln in abweichenden Währungseinheiten unter Berücksichtigung von IAS 21 mittels geeigneter Methoden in die funktionale Währung umzurechnen (→ § 27 Rz 15 ff.). Dies gilt in besonderem Maße für den Konzernabschluss, in den **ausländische Tochterunternehmen** einzubeziehen sind (IAS 7.26). 98

Die Umrechnung von *cash flows* aus einer Fremdwährung in die funktionale Währung nach den Kursen des jeweiligen Zahlungszeitpunkts stößt in der Praxis (bei vielen Fremdwährungstransaktionen) auf große Schwierigkeiten. **Näherungslösungen** sind deshalb zulässig, etwa die Verwendung des **Jahresdurchschnittskurses** bei sehr **stabilem** Wechselkurs oder die Verwendung von **Monats- oder Quartalsdurchschnittskursen** (→ § 27 Rz 54) bei **volatileren** Kursen. 99

Im Rahmen der Kapitalflussrechnung sind **nicht realisierte** Gewinne/Verluste von Wechselkursänderungen des Finanzmittelfonds als **Sonderposten** zu berücksichtigen, um eine Überleitungsrechnung der Zahlungsmittel bzw. -äquivalente vom Periodenbeginn bis zum Periodenende zu ermöglichen. Ein möglicher Ausgleichsbetrag zwischen Durchschnittskurs und Stichtagskurs ist im Anschluss an die *cash flows* aus der betrieblichen Investitions- und Finanzierungstätigkeit gesondert anzugeben (IAS 7.28).

Zum Grundproblem der Währungsdifferenzen im Finanzmittelfonds folgendes Beispiel: 100

> **Beispiel**
> U hat u. a. ein USD-Bankkonto mit 100 TUSD, das in der Periode nicht bewegt wird. Der Wechselkurs USD/EUR hat sich über das Geschäftsjahr zu Gunsten des Euro entwickelt. Galt am Jahresanfang noch ein Kurs von 1,00 EUR = 1,00 USD, verschlechterte sich der Dollarkurs zunehmend bis auf einen Jahresendwert von 0,80 EUR = 1,00 USD. In Euro gerechnet beträgt das Bankguthaben:
> - 100 TEUR zum Jahresanfang,
> - 80 TEUR zum Jahresende.
>
> In der GuV ergibt sich somit ein Wechselkursverlust von 20.
> Unter Vernachlässigung anderer Aktivitäten und Finanzmittel ergibt sich folgende Kapitalflussrechnung:
>
> | in TEUR | indirekte Methode | direkte Methode |
> |---|---|---|
> | Jahresfehlbetrag | –20 | |
> | + Anpassung w/nicht zahlungswirksamer Währungsverlust | 20 | |
> | = CFL aus betrieblicher Tätigkeit | 0 | 0 |
> | + CFL aus Investitionstätigkeit | 0 | 0 |
> | + CFL aus Finanzierungstätigkeit | 0 | 0 |
> | = CFL der Periode | 0 | 0 |
> | + Finanzmittelfonds Jahresanfang | 100 | 100 |
> | – **Währungsbedingte Änderung Finanzmittelfonds** | –20 | –20 |
> | = Finanzmittelfonds Jahresende | 80 | 80 |
>
> Ohne den „Ausgleichsposten" für die währungsbedingte Änderung des Finanzmittelfonds ergäbe sich ein falscher Jahresendbestand der Finanzmittel von 100 TEUR.
> In der **indirekten** Methode sind aus dem als Ausgangspunkt dienenden Jahresergebnis zudem die Währungsverluste zu eliminieren, da sich sonst rechnerisch ein tatsächlich gar nicht vorhandener negativer CFL aus betrieblicher Tätigkeit ergäbe. Bei der direkten Methode ist eine derartige Korrektur nicht notwendig.

4.1.2 Wechselkurseffekte in den vier Bereichen der Kapitalflussrechnung

101 Wie das Beispiel unter Rz 100 zeigt, betreffen Währungsdifferenzen nicht nur den Finanzmittelfonds. Als **Quellen** für Währungsdifferenzen innerhalb der Kapitalflussrechnung sind vielmehr zu unterscheiden:
- Auswirkungen von Wechselkursänderungen auf in fremder Währung gehaltene Zahlungsmittelbestände,
- Wechselkursänderungen im Rahmen der betrieblichen Tätigkeit (indirekte Methode),
- Wechselkursänderungen im Rahmen der Finanzierungstätigkeit,
- Wechselkursänderungen im Rahmen der Investitionstätigkeit.

Den nach der **indirekten** Methode ermittelten *cash flow* aus der betrieblichen Tätigkeit betreffen die Währungsergebnisse in **zweifacher** Weise:
- Der Jahresüberschuss oder die sonstige Ausgangsgröße der indirekten *cash-flow*-Ermittlung enthält Währungsgewinne oder -verluste, die als nicht zahlungswirksame Größen bei der Ermittlung des *cash flow* aus der betrieblichen Tätigkeit ab- bzw. zuzurechnen sind.
- Bei den Anpassungen der Ausgangsgröße um Veränderungen der Vorräte, Debitoren, Kreditoren und Rückstellungen (*working capital*) ist aus Währungssicht Folgendes zu berücksichtigen: Soweit die Posten aus der Umrechnung von Abschlüssen ausländischer Tochterunternehmen herrühren, vermischen sich zahlungsstromkorrigierende Veränderungen (z. B. Erhöhung der Debitoren als Gegenposten zu Umsatz auf Ziel) mit wechselkursbedingten.

Beispiel
Ein Unternehmen hat eine in 24 Monaten fällige, in US-Dollar valutierende Kundenforderung von 100 TUSD, die zum Stichtag erfolgswirksam von 100 TEUR auf 80 TEUR abgewertet wird.

Problem
Wird in der Entwicklung des *cash flow* aus dem Jahresergebnis zunächst ein „Währungsgewinn" als ertrags-, aber nicht zahlungswirksam eliminiert und dann wegen der scheinbaren Verminderung der Forderungen ein weiterer Abzugsposten gebildet, erfährt der gleiche Geschäftsvorfall zweimal eine Neutralisierung.

Mögliche Lösungen
Die Währungsgewinne/Verluste sind hinsichtlich ihrer Ursachen zu untersuchen und dann nur solche Gewinne/Verluste zu neutralisieren, die sich nicht in Beständen des *working capital* widerspiegeln.
Alternativ ist die Veränderung der Debitoren darauf zu untersuchen, ob sie Zahlungsvorgänge widerspiegelt oder nur Währungsbewertungseffekte.

in TEUR	falsch	zutreffend	
Jahresfehlbetrag	−20	−20	−20
+ Anpassung nicht zahlungswirksamer Währungsverlust	20	0	20
+ Anpassung Verminderung Debitoren	20	20	0
= *cash flow* aus betrieblicher Tätigkeit	20	0	0

Zu den Wechselkurseffekten, die (auch) die Investitions- oder Finanzierungstätigkeit betreffen, folgende Beispiele:

Beispiel
Ein in US-Dollar geführtes Konto über 100 TUSD hat zum Jahresanfang in Euro einen Wert von 100 TEUR und zur Jahresmitte wechselkursbedingt nur noch einen Wert von 90 TEUR.

> **Fall 1**
> Das Konto wird zur Jahresmitte für die Anschaffung einer Maschine aus den USA für TUSD 100 = TEUR 90 vollständig verwendet. In der GuV entsteht ein Währungsverlust von TEUR 10 (Abschreibung der Maschine nachfolgend vernachlässigt).
>
> **Fall 2**
> Das Konto wird zur Jahresmitte für die Rückzahlung eines Euro-Darlehens von TEUR 90 vollständig verwendet. In der GuV entsteht ein Währungsverlust von TEUR 10.
> Die *cash-flow*-Rechnungen der beiden Fälle nach der indirekten Methode sind wie folgt:
>
> | in TEUR | Fall 1 | Fall 2 |
> |---|---|---|
> | Jahresfehlbetrag | –10 | –10 |
> | + Anpassung w/nicht zahlungswirksamer Währungsverlust | 10 | 10 |
> | = CFL aus betrieblicher Tätigkeit | 0 | 0 |
> | + CFL aus Investitionstätigkeit | –90 | 0 |
> | + CFL aus Finanzierungstätigkeit | 0 | –90 |
> | = CFL der Periode | –90 | –90 |
> | + Finanzmittelfonds Jahresanfang | 100 | 100 |
> | - **Währungsbedingte Änderung Finanzmittelfonds** | –10 | –10 |
> | = Finanzmittelfonds Jahresende | 0 | 0 |

4.1.3 Umrechnung selbstständiger Tochterunternehmen

103 Die *cash flows* selbstständiger Tochterunternehmen, deren funktionale Währung nicht mit der Währung der Konzernmutter (Euro) übereinstimmt, sind in die Berichtswährung des Konzerns (EUR) umzurechnen. Soweit der Konzern den *cash flow* aus der betrieblichen Tätigkeit nach der indirekten Methode entwickelt und nicht disaggregiert auf den *cash-flow*-Rechnungen der einzelnen Unternehmen des Konzerns aufbaut, sondern aggregiert aus dem Konzernergebnis entwickelt, ergibt sich folgendes Problem:
In der Anpassung des Jahresergebnisses um die Veränderungen des *working capital* gehen Umrechnungseffekte aus den Beständen der ausländischen Tochterunternehmen ein, denen ggf. keine realen Bewegungen des *working capital* entsprechen.

> **Beispiel**
> **Fall 1**
> Ein selbstständiges amerikanisches Tochterunternehmen hat die Vorratshaltung mit TUSD 100 konstant gehalten. Der Wechselkurs USD/EUR hat sich über das Geschäftsjahr zugunsten des Euro entwickelt. Galt am Jahresanfang noch ein Kurs von 1,00 EUR = 1,00 USD, verschlechterte sich der

Dollarkurs zunehmend bis auf einen Jahresendwert von 0,80 EUR = 1,00 USD. In Euro gerechnet betragen die Vorräte somit:
- 100 TEUR zum Jahresanfang,
- 80 TEUR zum Jahresende.

Problem

Da die amerikanische Tochter aus Konzernsicht eine selbstständige Einheit ist, wird die Währungsdifferenz zwischen den Bilanzstichtagen aus Konzernsicht als Teil der erfolgsneutralen Währungsumrechnungsdifferenzen im Eigenkapital erfasst (IAS 21.39c).

Da der Wechselkurseffekt nicht in der GuV enthalten ist, erfolgt keine Neutralisierung innerhalb der Zeile „Nicht zahlungswirksame Währungsergebnisse" in der Entwicklung des *cash flow* aus betrieblicher Tätigkeit (IAS 7.App.A).

Bei einer Betrachtung des Jahresanfangs- und -endbestands innerhalb der Zeile „Veränderung Vorräte" der amerikanischen Tochter in Konzernwährung würde sich scheinbar ein Korrekturbedarf von +20 TEUR (Bestandsminderung, daher Aufwand, aber keine Ausgabe) ergeben. Tatsächlich ist der Bestand in USD konstant geblieben, insoweit überhaupt kein das Jahresergebnis mindernder Aufwand entstand.

Mögliche Lösung

Die das Tochterunternehmen betreffenden währungsinduzierten Veränderungen des *working capital* sind gesondert festzustellen. Nur die sonstigen Veränderungen in der Überleitung vom Jahresergebnis zum *cash flow* aus betrieblicher Tätigkeit sind anzusetzen.

in TEUR	falsch	zutreffend
Jahresergebnis	0	0
+ Anpassung nicht zahlungswirksamer Währungsverlust	0	0
+ Anpassung Verminderung Vorräte	20	0
= *cash flow* aus betrieblicher Tätigkeit	20	0

4.1.4 Abstimmung des wechselkursbedingten Ausgleichspostens

Eine Überleitung des Zahlungsmittelbestands vom **Anfang** bis zum **Ende** der Berichtsperiode kann i. d. R. nur unter Zuhilfenahme eines wechselkursbedingten Ausgleichspostens vorgenommen werden (Rz 38). Um eine Vermengung dieses Postens mit anderen (nicht zugeordneten) Zahlungsmittelzu- bzw. -abflüssen zu vermeiden, ist in den internen Arbeitspapieren eine **Herleitung** des wechselkursbedingten Korrekturbetrags notwendig.

Soweit es nur eine **überschaubare** Zahl wesentlicher Währungsvorgänge gibt (z. B. nur eine wichtige ausländische Tochtergesellschaft, daneben nur einige wenige Währungsvorgänge bei der Mutter), kann eine Einzelanalyse nach den in den vorstehenden Kapiteln wiedergegebenen Beispielen ausreichen. Soweit eine **große Zahl** wesentlicher Währungsvorgänge anfällt, sind komplexere Hilfsrechnungen nötig.

Hierbei lassen sich **zwei Varianten** unterscheiden:
- eine detaillierte Aufschlüsselung der Wechselkursdifferenzen je Tochterunternehmen nach Funktionsbereichen (Rz 105) oder
- eine aggregierte und vereinfachte Überleitung des Finanzmittelbestands anhand der Stichtagskurse zu Periodenbeginn und -ende (Rz 106).

105 Die US-GAAP-Regeln zur Kapitalflussrechnung regen eine detaillierte **Bestimmung** der wechselkursbedingten Wertänderung des Finanzmittelfonds für jede wesentliche in ausländischer Währung operierende Tochtergesellschaft nach folgendem Muster an (ASC Topic 830.230.55–15):

			LW	EUR
1.		Anfangsbestand Finanzmittel in Landeswährung	xxx	
2.	x	Kursänderung des Geschäftsjahres	ww	
3.	=	*Währungsdifferenz Anfangsbestand*		zzz
4.		*Cash flow* aus der betrieblichen Tätigkeit in LW	xxx	
5.	x	Kurs am Schlussbilanztag	yy	
6.	=	*Cash flow* aus der betrieblichen Tätigkeit in EUR, gerechnet zu Jahresendkursen		zzz
7.	–	*Cash flow* aus betrieblicher Tätigkeit lt. Kapitalflussrechnung	–	zzz
8.	=	*Währungseffekt aus betrieblicher Tätigkeit*		zzz
9.		*Cash flow* aus Investitionstätigkeit in LW	xxx	
10.	x	Kurs am Schlussbilanztag	yy	
11.	=	*Cash flow* aus der Investitionstätigkeit in EUR, gerechnet zu Jahresendkursen		zzz
12.	–	*Cash flow* aus Investitionstätigkeit laut Kapitalflussrechnung	–	zzz
13.	=	*Währungseffekt aus Investitionstätigkeit*		zzz
14.		*Cash flow* aus der Finanzierungstätigkeit in LW	xxx	
15.	x	Kurs am Schlussbilanztag	yy	
16.	=	*Cash flow* aus der Finanzierungstätigkeit in EUR, gerechnet zu Jahresendkursen		zzz
17.	–	*Cash flow* aus Finanzierungstätigkeit laut Kapitalflussrechnung		–
18.	=	*Währungseffekt aus Finanzierungstätigkeit*		zzz
19.		**Wechselkursbedingte Änderung Finanzmittelfonds (3 + 8 + 13 + 18)**		xxx

Die Berechnung erfolgt auf Basis einzelner Tochterabschlüsse in Landeswährung. Schwierigkeiten liegen in der Praxis bei der Gewinnung und Aufbereitung der notwendigen Daten. Unter Kosten-Nutzen- und *materiality*-Gesichtspunkten kann eine derartige Abstimmung insbesondere dann entbehrlich sein, wenn die ausländischen Tochterunternehmen zwar wesentlich, die Wechselkursveränderungen der Periode aber nicht signifikant sind.

Zur Überleitung des Anfangsbestands auf den Endbestand des Finanzmittelfonds ist mindestens eine **Verprobung** der Position „Wechselkursbedingte Änderungen des Finanzmittelfonds" anhand einer aggregierten Ermittlung erforderlich. Gesucht ist die **tatsächliche Höhe** der wechselkursbedingten Änderung des Finanzmittelfonds innerhalb einer Rechnungsperiode ohne die Zuordnung anderer nicht wechselkursbedingter Differenzen.

106

Hierzu ist theoretisch eine **Umrechnung** von Zahlungen aus Fremdwährungstransaktionen mit dem Wechselkurs des jeweiligen Zahlungszeitpunktes notwendig. Eine **vereinfachende** Bestimmung der wechselkursbedingten Umrechnungsdifferenz mit einem (oder mehreren) Durchschnittskurs(en) ist aber zulässig, wenn der Verlauf des Wechselkurses vom Periodenbeginn zum -ende keine hohe Volatilität aufweist.

Die Bestimmung der wechselkursbedingten Änderung des Finanzmittelfonds folgt damit der Behandlung von Währungsdifferenzen in der **GuV**, die häufig zu Jahresdurchschnittskursen umgerechnet werden und nur bei stärkeren Schwankungen und/oder saisonalem Verlauf der Geschäfte mit dem Kurs des Transaktionstages oder dem Durchschnittskurs eines kleineren Zeitintervalls umzurechnen sind (→ § 27 Rz 39 und 54).

In der kommentierenden Literatur wird unter Rückgriff auf einen Periodendurchschnittskurs eine **vereinfachte** direkte Berechnung der wechselkursbedingten Veränderung des Finanzmittelfonds vorgeschlagen:[28]

1.	Anfangsbestand Finanzmittel in Landeswährung
2.	x (Periodendurchschnittskurs – Kurs am Periodenbeginn)
3.	= *Wechselkurseffekt des Anfangsbestands*
4.	Endbestand Finanzmittel in Landeswährung
5.	× (Kurs am Periodenende – Periodendurchschnittskurs)
6.	= *Wechselkurseffekt des Endbestands*
7.	**Kursbedingte Wertänderung des Finanzmittelfonds (3 + 6)**

Beispiel
U hat am Jahresanfang bei einem Kurs von 1,00 EUR = 1,00 USD ein Bankguthaben von 100 TUSD = 100 TEUR. Bis zum Jahresende werden hieraus im Rahmen der betrieblichen Tätigkeit 50 TUSD ausgegeben.
- Der Jahresendkurs beträgt 0,80 EUR = 1,00 USD.
- Der Jahresendbestand beträgt somit 50 TUSD = 40 TEUR.

---

[28] MANSCH/STOLBERG/WYSOCKI, WPg 1995, S. 202.

> Die Finanzmittel haben sich in EUR gerechnet um 60 vermindert. Hiervon sind 50 TUSD × 0,9 = 45 TEUR zahlungsbedingt und 15 TEUR währungsbedingt.
> Der währungsbedingte Betrag ermittelt sich wie folgt:
>
> | | |
> |---|---|
> | Anfangsbestand | 100 TUSD |
> | × (Durchschnittskurs − Kurs Jahresanfang) | − 0,1 EUR/USD |
> | = Wechselkurseffekt Jahresanfangsbestand | − 10 TEUR |
> | Endbestand | 50 TUSD |
> | × (Kurs Jahresende − Durchschnittskurs) | − 0,1 EUR/USD |
> | = Wechselkurseffekt Jahresendbestand | − 5 TEUR |
> | Kursbedingte Änderung Finanzmittelfonds | − 15 TEUR |

Bei stärkeren Schwankungen des Fremdwährungskurses und/oder saisonalem Verlauf der Geschäfte ist die wechselkursbedingte Differenz ggf. quartals- oder monatsweise zu bestimmen.

4.2 Außerordentliche Posten

107 In der GuV ist ab 2005 ein gesonderter Ausweis außerordentlicher Posten **nicht mehr zulässig** (→ § 2 Rz 60). Dem folgt IAS 7 bez. der Kapitalflussrechnung durch Streichung von IAS 7.29. Für die Zeit **davor** galt: Die mit den außerordentlichen Posten verbundenen *cash flows* sind den drei Tätigkeitsbereichen zuzuordnen und gesondert anzugeben, um daraus Rückschlüsse auf zukünftig nicht mehr anfallende *cash flows* ziehen zu können. Üblicherweise erfolgt eine gesonderte Angabe je außerordentlichen Posten innerhalb einer eigenen Zeile der Kapitalflussrechnung. Stattdessen kann aber auch im Anhang eine entsprechende Nennung erfolgen.

108 Im Rahmen der GuV sind gem. IAS 1.85 **sonstige wesentliche Posten** gesondert aufzuführen (→ § 2). Eine entsprechende explizite Vorschrift fehlt für den Bereich der Kapitalflussrechnung.[29] Nach dem Prinzip der **Wesentlichkeit** (IAS 1.29) können entsprechende Angaben dennoch notwendig oder sinnvoll sein (→ § 2 Rz 21).

4.3 Zins- und Dividendenzahlungen

4.3.1 Zinszahlungen

109 Sowohl für die Gesamtsumme der erhaltenen als auch der gezahlten **Zinsen** ist eine **gesonderte Angabepflicht** vorgesehen (IAS 7.31). Eine Angabe kann wahlweise in der Kapitalflussrechnung selbst oder im Anhang erfolgen.
Gem. US-GAAP sowie dem in DRS 21 vorgesehenen Regelfall sind sämtliche Zinszahlungen (sowie Dividendeneinnahmen) innerhalb der betrieblichen Tätigkeit auszuweisen (*inclusion concept*). IAS 7 sieht diesen verpflichtenden Ausweis lediglich für **Finanzinstitutionen** vor (IAS 7.33). Dagegen wird allen übrigen Unternehmen ein umfassendes **Wahlrecht** eingeräumt. Theoretisch ist sowohl für Zinseinnahmen als auch für Zinsausgaben ein Ausweis **in allen drei Bereichen** möglich.

---

[29] Anders etwa DRS 2.25 und DRS 2.32.

Kapitalflussrechnung § 3

In der Praxis sind insbesondere folgende **Varianten** anzutreffen: 110
- Ausweis von Zinseinnahmen **und** -ausgaben im Bereich der **betrieblichen** Tätigkeit *(inclusion concept)*.
- Ausweis der **Zinsausgaben** im **Finanzierungs**bereich sowie der **Zinseinnahmen** entweder im Bereich der **betrieblichen** oder der **Investitions**tätigkeit.
- Ausweis von Zinseinnahmen **und** -ausgaben im Bereich der **Finanzierungs**tätigkeit (Rz 96).

Eine Besonderheit ergibt sich allerdings für **Fremdkapitalkosten** im Zusammenhang mit der Anschaffung oder Herstellung von besonderen Vermögenswerten *(qualifying assets)* gem. IAS 23.4 (→ § 9 Rz 10). 111
- Bei einer aufwandswirksamen Verrechnung erfolgt eine Erfassung der Zinszahlungen entweder im operativen Bereich oder im Bereich der Finanzierungstätigkeit,
- wohingegen bei einer Berücksichtigung der Fremdkapitalkosten als Anschaffungs- oder Herstellungskosten ein Ausweis im Investitionsbereich geboten ist.

Unabhängig von der Zuordnung zu den Funktionsbereichen ist der gesamte Betrag an Fremdkapitalkosten als Summe der Zinszahlungen der Periode auszuweisen.

IAS 7.31 verlangt explizit, für Zinsen und erhaltene Dividenden das einmal ausgeübte Wahlrecht auch in Folgeperioden entsprechend fortzuführen. Die Regelung hat deklaratorische Bedeutung. Sie schafft kein neues Recht, sondern betont den allgemeinen **Stetigkeitsgrundsatz** (→ § 2 Rz 7) für die Darstellung des Abschlusses (IAS 1.45) und die zugrunde liegenden Bilanzierungs- und Bewertungsmethoden (IAS 8.6). 112

Eine Durchbrechung der Stetigkeit ist daher nach den allgemeinen Grundsätzen zulässig und geboten, wenn ein Abweichen von der bisherigen Behandlung „dazu führt, dass der Abschluss **zuverlässigere und relevantere Informationen** über die Auswirkungen von Geschäftsvorfällen, sonstigen Ereignissen oder Bedingungen auf die Vermögens-, Finanz- oder Ertragslage oder *cash flows* des Unternehmens vermittelt" (IAS 8.14b).

Der Ausweis der Zinsen in den unterschiedlichen Bereichen der Kapitalflussrechnung darf somit im Einzelfall **geändert** werden. Der Grundsatz der Ausweisstetigkeit verhindert lediglich einen **ständigen Wechsel**:[30]

> **Beispiel** 113
> Die vor 2 Jahren gegründete Ökotec-AG hat bislang keine wesentlichen Umsätze getätigt, aber einige aussichtsreiche Patente entwickelt. Ende 01 geht die AG ohne Belastung der Bilanz mit Finanzschulden an die Börse. Der Emissionserlös aus dem Börsengang von 100 Mio. EUR wird Ende 02 für Investitionen verwendet. Anfang 03 tätigt die AG weitere 100 Mio. EUR Investitionen aus Fremdmittelaufnahmen. Der Sollzins beträgt 8 %, der Habenzins 5 %.

---

30 Zum Ganzen LÜDENBACH, PiR 2006, S. 77 ff.

Das Jahresergebnis der Jahre 01–03 entwickelt sich wie folgt:			
	01	02	03
EBITDA	–5	0	7
Abschreibung	0	–3	–15
Zinsergebnis	0	5	–8
Jahresergebnis	–5	2	–16

Nachhaltig positive Jahresergebnisse werden erst in einigen Jahren erwartet. Die Aktionäre sind allerdings weniger an langfristigen Erwartungen als an der jeweiligen Entwicklung des operativen *cash flow* im Verhältnis zum Vorjahr interessiert. Unter diesen Bedingungen möchte die Ökotec-AG die Darstellung der Kapitalflussrechnung optimieren.

Für den Abschluss 02 werden die folgenden Darstellungsalternativen diskutiert:

	Variante 1: Zinsen als Teil des operativen *cash flow* (cf)		Variante 2: Nichterfassung der Zinsen im operativen *cash flow*	
Abschluss 02	01	02	01	02
Jahresergebnis	–5	2	–5	2
Abschreibung	0	3	0	3
Zinsergebnis	0	0	0	–5
Operativer cf	–5	5	–5	0

Alternative 1 ist bilanzpolitisch vorzugswürdig und wird von der Ökotec-AG genutzt. Für den Abschluss 03 ergibt sich allerdings folgendes Bild:

	Variante 1: Zinsen als Teil des operativen *cash flow* (cf)		Variante 2: Nichterfassung der Zinsen im operativen *cash flow*	
Abschluss 03	02	03	02	03
Jahresergebnis	2	–16	2	–16
Abschreibung	3	15	3	15
Zinsergebnis	0	0	–5	8
Operativer cf	5	–1	0	7

Die 2. Alternative führt zu einer positiveren Darstellung der Finanzlage der Ökotec-AG. Die Ökotec-AG wechselt daher im Jahr 03 und führt im Anhang Folgendes aus: „Im Interesse einer besseren Darstellung der Finanzlage und zur Erhöhung der externen Vergleichbarkeit (*benchmarking*) wird der Branchenpraxis folgend ab 03 das Zinsergebnis im *cash flow* aus Finanzierungstätigkeit ausgewiesen. Die Vorjahreszahlen wurden entsprechend angepasst."

114 Zu den Zinseinnahmen und -ausgaben sind alle *cash flows* zu rechnen, die sich auch in den entsprechenden Positionen der GuV – ggf. phasenverschoben – niederschlagen könnten. Hierzu gehören neben den nominalen Zinsen z.B. auch Zahlungen für **Agios** bzw. **Disagios** sowie Kosten im Zusammenhang mit der Ausgabe von Finanzschulden (*debt issuance costs*). **Kapitalisierte Zinskosten** werden dagegen nicht im Zinsergebnis ausgewiesen; dennoch führen sie zu entsprechenden Zinsausgaben (zur Ausweisproblematik s. Rz 80). Die deutsche IFRS-Rechnungslegungspraxis favorisiert den Ausweis im Bereich der betrieblichen Tätigkeit.[31]

> **Beispiel**
> Die A-AG legt einen 10-jährigen Zerobond mit einem Rückzahlungsbetrag von 200.000 GE auf und erhält bei Ausgabe 101.670 GE. Der effektive Zinssatz der Verbindlichkeit ist 7 % p.a., der Abschlag auf den Rückzahlungsbetrag also 98.330 GE.
> Im Ausgabezeitpunkt ist der Zahlungsmittelzufluss von 101.670 GE als *cash flow* aus Finanzierungstätigkeit zu erfassen. Bis zur Rückzahlung fallen keine weiteren Zahlungsströme an, der Buchwert der Verbindlichkeit wird allerdings erfolgswirksam auf den Rückzahlungsbetrag aufgezinst.
> Bei Fälligkeit erfolgt ein Zahlungsmittelabfluss von 200.000 GE, der sowohl Rückzahlung der erhaltenen Barmittel (i.H.v. 101.670 GE) als auch deren Verzinsung (i.H.v. 98.330 GE) widerspiegelt.

Die Differenz zwischen Zahlungsmittelzu- und -abfluss ist als (endfällige) Zinszahlung anzusehen und daher dem gewählten Bereich zuzuordnen. Die Rückzahlung des erhaltenen Betrages ist hingegen dem Finanzierungsbereich zuzuordnen. Aus der Perspektive des Investors gilt mit der Ausnahme einer Klassifizierung des Ausgabebetrages im *cash flow* der Investitionstätigkeit Entsprechendes.

4.3.2 Dividendenzahlungen

Sowohl für Dividendeneinnahmen als auch für Dividendenauszahlungen besteht eine **gesonderte Angabepflicht** (IAS 7.31), die durch Einfügen separater Zeilen in der Kapitalflussrechnung oder Erläuterung im Anhang erfüllt werden kann. Ebenso wie bei Zinszahlungen ist es dem aufstellenden Unternehmen, sofern es sich nicht um eine Finanzinstitution handelt, **freigestellt**, welchem Tätigkeitsbereich Dividendeneinnahmen und -ausgaben zugeordnet werden sollen. 115

Der **Begriff der** „**Dividende**" ist in IAS 7 nicht näher definiert. Er sollte relativ weit gefasst werden und sämtliche ordentlichen und sonstigen Gewinnausschüttungen bzw. -gutschriften (z.B. bei Personengesellschaften) umfassen. Gleiches gilt für empfangene Einnahmen als Folge von Erträgen aus **Ergebnisabführungsverträgen** und spiegelbildlich für Zahlungen aufgrund von **Gewinnabführungen** an den Gesellschafter (Dividendenauszahlung). 116

Strittig dürfte dagegen sein, ob im Falle einer **Verlustübernahme** negative Dividendeneinnahmen bzw. -ausgaben angenommen werden sollen oder es sich vielmehr um Eigenkapitalzuführungen handelt, die folgerichtig dem Bereich der Investitionstätigkeit (Auszahlungen an Tochterunternehmen) bzw. der Finanzierungstätigkeit (Einzahlungen durch Eigenkapitalgeber) zuzuordnen wären. *Cash flows* aus empfangenen **Liquidationsraten** und Beträgen aus ordentlichen **Kapitalherabsetzungen** sollten u.E. als Einzahlungen im Investitionsbereich ausgewiesen werden. 117

---

31 Vgl. KEITZ, VON, Praxis der IASB-Rechnungslegung, 2. Aufl., 2005, S. 226.

118 Nach dem „*inclusion concept*" (Rz 109) sollten Dividendeneinnahmen dem Bereich der **betrieblichen Tätigkeit** zugeordnet werden. Dies gilt in besonderem Maße für Dividenden aus assoziierten Unternehmen und nicht konsolidierten Tochterunternehmen, da hier aufgrund des maßgeblichen Einflusses bzw. der *control* regelmäßig ein unmittelbarer Bezug zu der eigenen betrieblichen Tätigkeit besteht.[32] Fasst man dagegen das Erzielen von Dividendeneinnahmen lediglich als Ergebnis der **Finanzmitteldisposition** auf, so bietet dies eine Grundlage für die Zuordnung zum Bereich der **Investitionstätigkeit**.

119 **Ausgezahlte Dividenden** sollten dem Bereich der **Finanzierungstätigkeit** zugeordnet werden, da es sich um eine Transaktion mit Eigenkapitalgebern handelt. Dennoch ist alternativ ein Ausweis im Bereich der betrieblichen Tätigkeit möglich (IAS 7.34). Die hierfür gegebene Begründung lautet: Mit diesem Ausweis kann die „Fähigkeit eines Unternehmens, Dividenden aus laufenden *cash flows* zu zahlen, leichter beurteilt werden". Dieses Argument erscheint nicht durchschlagend, da zur Beurteilung der Dividendenfähigkeit alle drei Tätigkeitsbereiche heranzuziehen sind. Ferner ist nicht ersichtlich, warum der **Erwerb eigener Aktien** (z. B. zum Einzug) im Bereich der Finanzierungstätigkeit auszuweisen ist (Rz 90), während für den wirtschaftlich vergleichbaren Vorgang der Dividendenzahlung ein Wahlrecht besteht. Sowohl nach US-GAAP als auch gem. DRS 2 wird daher ein solches Wahlrecht nicht eingeräumt und damit eine bessere zwischenbetriebliche Vergleichbarkeit ermöglicht.

4.4 Ertragsteuern

120 Die in der Kapitalflussrechnung zusammengefassten Transaktionen lassen sich in ergebnis**wirksame** und ergebnis**neutrale** Geschäftsvorfälle gliedern (→ § 20 Rz 2). Die ergebniswirksamen Geschäftsvorfälle führen regelmäßig – wenn auch häufig phasenverschoben - zu entsprechenden Auswirkungen auf steuerliche Ergebnisse. Die daraus resultierenden **Ertragsteuerzahlungen** sind für Zwecke der Kapitalflussrechnung **gesondert anzugeben** (IAS 7.35).

121 Nicht unter die Auszahlungen für Ertragsteuern fallen **für Rechnung Dritter** einbehaltene Kapitalertrag- und Quellensteuern auf Ausschüttungen von Dividenden und sonstige Zahlungen (z. B. Zinsen, Lizenzen). Diese Steuern sind dem Bereich zuzuordnen, in dem auch die korrespondierenden Nettozahlungen ausgewiesen werden.

122 Im Regelfall sind die Ertragsteuerzahlungen bei den *cash flows* aus der betrieblichen Tätigkeit auszuweisen. Theoretisch besteht allerdings die Pflicht der Zuordnung von Ertragsteuerzahlungen auch zu den beiden anderen Bereichen, wenn entsprechende Geschäftsvorfälle identifiziert werden können. In der Praxis ist dies nur schwer möglich, wie der Standard selber ausführt.

123 Neben **praktischen Problemen** der Erfassung, die noch über die Komplexität der Steuerüberleitungsrechnung (*tax rate reconciliation*; → § 26 Rz 243) hinausgehen, bestehen auch **konzeptionelle Schwierigkeiten**. Ungeklärte Fragen betreffen z. B. die Behandlung der Wirkung gespaltener Steuersätze, die Zuordnung der Steuerentlastungswirkung aus den Abschreibungen des Anlagevermögens

---

[32] So auch der englische Standard FRS 1, der alle übrigen Dividendeneinnahmen dem Sonderbereich „*Returns on investment and servicing of finance*" zuordnet.

(Investitionsbereich oder betriebliche Tätigkeit?) oder aus anrechenbarer fiktiver Quellensteuer aus Dividendenzahlungen, die Klassifizierung der Steuermehrbelastung durch nicht anrechenbare Quellensteuern aus im Konzernabschluss eliminierten Dividendenzahlungen oder die Frage, welche Auswirkung die Nutzung von steuerlichen Verlustvorträgen oder die innerjährliche Verlustverrechnung zwischen den Tätigkeitsbereichen auf die Verteilung der Steuerzahlungen haben soll. Die **Praxis** kümmert sich daher zu Recht nicht sehr um die Zuordnung von Ertragsteuern zu den nichtoperativen Bereichen.[33]

Für die gesonderte Angabe der Ertragsteuerzahlungen im Bereich der betrieblichen Tätigkeit bieten sich folgende **Darstellungsmöglichkeiten** an:
- Angabe in einer **eigenen Zeile in der Kapitalflussrechnung**. Diese Möglichkeit ist insbesondere dann empfehlenswert, wenn die indirekte Methode zur Anwendung kommt und mit einem Periodenergebnis vor Steuern (EBT, EBIT oder EBITDA; Rz 67) beginnt.
- Angabe im **Anhang** bei den Erläuterungen zu den **Ertragsteuern** (→ § 26 Rz 239f.).
- Angabe im Anhang bei den **separaten** Erläuterungen zur Kapitalflussrechnung.

124

4.5 Anteile an Tochterunternehmen, assoziierten Unternehmen und *joint arrangements*

Gem. der Darstellung des Konzerns als **wirtschaftliche Einheit** ist die Kapitalflussrechnung so aufzustellen, als ob die einbezogenen Unternehmen insgesamt ein einziges Unternehmen wären. Obwohl in IAS 7 – anders als etwa in DRS 21 – nicht explizit erwähnt, gilt dabei der **Grundsatz der Einheitlichkeit des Konsolidierungskreises** für die Kapitalflussrechnung ebenso wie für den übrigen Konzernabschluss. Für die Kapitalflussrechnung sind somit Zahlungsströme und Zahlungsmittelbestände für die gleichen Unternehmen zu berücksichtigen wie für die übrigen Bestandteile des Konzernabschlusses.

125

Die Mittelherkunfts- und Mittelverwendungsrechnung aus Konzernsicht setzt in der Praxis oftmals auf der bereits konsolidierten Bilanz und GuV auf. Vor allem Bilanz-Bewegungen im Bereich des *working capital* (den *current assets and liabilities*) benötigen noch weitere Informationen aus den Tochterunternehmen (Währungsschwankungen etc.), um den Verlust von Informationen durch Saldierung und falschen Ausweis von Zahlungsmittelzu- oder -abflüssen zu vermeiden (vgl. Rz 98 ff.).

126

Aufgrund der Einheitlichkeit des Konsolidierungskreises richtet sich die Methodik der Einbeziehung in die Konzernkapitalflussrechnung nach der **Form der Konsolidierung** (Voll- (→ § 31), *at-equity*–Konsolidierung (→ § 33) oder nach dem quotalen Einbezug (→ § 34)). Bei der Anwendung der Anschaffungskosten- und der *at-equity*-Methode bleiben die Zahlungsströme und die Zahlungsmittel dieser Unternehmen in der Kapitalflussrechnung des Konzerns **unberücksichtigt**. Lediglich Zahlungsströme zwischen dem Konzern und den assoziierten bzw. sonstigen nicht konsolidierten Tochterunternehmen schlagen sich in der Konzern-Kapitalflussrechnung nieder (z.B. die Zahlung von **Dividenden**). Die

127

---

33 Vgl. KEITZ VON, Praxis der IASB-Rechnungslegung, 2005, S. 226 (nur Zuordnung zum operativen Bereich feststellbar).

aus der Anwendung der *at-equity*-Methode stammenden Ergebnisse werden dagegen mangels Zahlungswirksamkeit ebenso wenig einbezogen wie **Abschreibungen auf Beteiligungsbuchwerte**. Ferner werden Zahlungen im Bereich der Liefer- und Leistungsbeziehungen sowie der Finanzierungstätigkeit (Eigenkapitalein- und -auszahlungen sowie Darlehensgewährungen) wie bei Konzernfremden berücksichtigt.

128 Erfolgt im Falle von *joint operations* ein quotaler Einbezug der (anteiligen) Vermögenswerte und Schulden (→ § 34 Rz 29 ff.), folgt dem auch die Kapitalflussrechnung. Dabei werden sowohl der Zahlungsmittelbestand als auch die für seine Veränderung ursächlichen *cash flows* anteilig in die Konzernkapitalflussrechnung übernommen. I. H. d. (Beteiligungs-)Quote erfolgt somit eine Behandlung wie für voll konsolidierte Tochterunternehmen, während i. H. d. Fremdquote *cash flows* mit Konzernfremden unterstellt werden.

129 Im Bereich der *joint operations* sind **besondere Angabepflichten** im Falle des Erwerbs oder der Veräußerung solcher Unternehmen zu beachten (Rz 134). Ferner ist eine Angabe zu der **beschränkten Verfügungsmöglichkeit** über Zahlungsmittelbestände dieser Unternehmen erforderlich (Rz 166).

4.6 Änderungen des Konsolidierungskreises

4.6.1 Erwerb und Veräußerung von Tochterunternehmen und sonstigen Geschäftseinheiten

130 Der Erwerb und die Veräußerung bedeutender Tochterunternehmen oder Geschäftseinheiten und die damit verbundenen Zahlungsströme können erheblichen Einfluss auf die Darstellung der Kapitalflussrechnung haben. Zur Unterscheidung dieser *cash flows* von den übrigen Zahlungen aus Investitionstätigkeit bestehen daher für diese Vorgänge **umfangreiche Angabepflichten** (IAS 7.40 ff.).

131 Die Unterscheidung zwischen Tochterunternehmen (*subsidiaries*) und sonstigen Geschäftseinheiten (*other business units*) erfolgt nach der **Art des Erwerbs bzw. der Veräußerung**. Bei dem Erwerb bzw. der Veräußerung eines Tochterunternehmens werden gesellschaftsrechtliche Anteile gekauft bzw. verkauft (*share deal*; → § 31 Rz 66). Der Begriff des „Tochterunternehmens" ist dabei in Übereinstimmung mit den Vorschriften zur Vollkonsolidierung auszulegen (IFRS 3 und IFRS 10.A).

132 Die Ausführungen innerhalb von IAS 7.40 ff. zum **Erwerb** von Tochterunternehmen bieten hinsichtlich des Ausweises von Auszahlungen Gestaltungspotenzial. Wird der Begriff *subsidiary* in Übereinstimmung mit den Vorgaben von IFRS 3 ausgelegt, wird auch das Bestehen eines *business* vorausgesetzt (→ § 31 Rz 15). An einer solchen Forderung fehlt es allerdings innerhalb der Definition von IFRS 10. Wird ein Vermögenswert (etwa eine Immobilie) in einem rechtlichen **Mantel** erworben, die *business*-Qualität (i. S. v. IFRS 3) aber verneint, ergeben sich besondere Ausweisfragen in der Kapitalflussrechnung:

- Handelt es sich bei dem Vermögenswert (hinter dem rechtlichen Mantel) um eine für die betriebliche Nutzung vorgesehene Sachanlage, kommt innerhalb des **investiven** Bereichs ein Ausweis als Erwerb eines Vermögenswerts oder eines Tochterunternehmens infrage (Rz 88).

- Wurde der Vermögenswert mit einer Weiterveräußerungsabsicht (etwa ein Grundstück im Vorratsvermögen) erworben, stellt sich überdies die Frage, ob der Ausweis der Auszahlung im **operativen** oder **investiven** Bereich erfolgen soll (Rz 74).

Wir halten eine von der rechtlichen **Ausgestaltung** der Transaktion abstrahierende Klassifizierung der Auszahlung für vorzugswürdig. Auszahlungen für den Erwerb von Anteilen an Unternehmen, die nicht als *business* gem. IFRS 3 qualifizieren, sind als Erwerb von Sachanlagen und nicht als Erwerb von Tochterunternehmen zu behandeln.

Unter dem Begriff des Erwerbs oder der Veräußerung von „sonstigen Geschäftseinheiten" (*other business units*) sind u. E. solche Geschäftsvorfälle zu verstehen, bei denen keine Anteile, sondern eine **Gesamtheit von Vermögenswerten** (und ggf. Schulden) erworben bzw. veräußert werden (*asset deal*; → § 31 Rz 66). Der Übergang vom Erwerb einer Geschäftseinheit zum Erwerb mehrerer einzelner Vermögenswerte ist fließend und dürfte unternehmensindividuell definiert werden. Wird bei der Akquisition ein **Firmenwert** übertragen, so lässt dies auf den Erwerb einer sonstigen Geschäftseinheit schließen.

IAS 7 spricht nur von Tochterunternehmen und sonstigen Geschäftseinheiten, nicht dagegen von **gemeinschaftlichen Tätigkeiten** (*joint arrangements*). Der Wortlaut der Vorschrift legt somit folgenden Schluss nahe: Der Erwerb und die Veräußerung von Anteilen an Unternehmen mit gemeinschaftlichen Tätigkeiten seien unter den „normalen" Aus- und Einzahlungen für Finanzinvestitionen im Bereich des Anlagevermögens (Rz 77) auszuweisen. Andererseits erfolgt die Einbeziehung von *joint operations* in den Konzernabschluss nach der **gleichen Technik** wie auch für voll konsolidierte Tochterunternehmen, allerdings nur **anteilig (entsprechend der Beteiligungsquote)**. Deshalb sollten auch für als *joint operations* zu klassifizierende Beteiligungen an Unternehmen entsprechende Angaben erfolgen.

Im Einzelnen werden folgende Angaben im Zusammenhang mit Unternehmenserwerben und -veräußerungen von IAS 7.40 gefordert:

- Gesamter Kauf- oder Veräußerungs**preis**.
- In Form von Zahlungsmitteln und Zahlungsmitteläquivalenten gezahlter **Teil** des Kauf- bzw. Veräußerungspreises.
- Mit dem Erwerb bzw. der Veräußerung übernommene bzw. abgegebene **Bestände** an Zahlungsmitteln und Zahlungsmitteläquivalenten.
- Beträge der **nach Hauptgruppen gegliederten** Vermögenswerte und Schulden, die erworben bzw. abgegeben wurden.

Die geforderten Angaben gehen über die im Rahmen von *business combinations* (→ § 31 Rz 217 ff.) ohnehin gebotenen Erläuterungen hinaus. Unter gewissen Umständen ist es sinnvoll, diese zusätzlichen Angaben mit den Anhangangaben nach **IFRS 3** zu **verbinden**.

Die für den Bereich der Kapitalflussrechnung verlangten Angaben lassen eine wichtige **konzeptionelle Unterscheidung** zu der in den übrigen Bereichen des Konzernabschlusses geltenden Fiktion des Einzelerwerbs von einzelnen Vermögenswerten und Schuldposten (→ § 31 Rz 11 ff.) erkennen. Im Rahmen der Kapitalflussrechnung sind die für den Erwerb bzw. die Veräußerung geflossenen Zahlungsmittel **in einer Summe** anzugeben und vollständig dem **Investitionsbereich** zuzuordnen.

> **Beispiel**
> Im Rahmen eines Unternehmenserwerbes werden auch Vorräte und Kundenforderungen erworben. Ausgaben für diese Positionen sind im üblichen Geschäftsgang der betrieblichen Tätigkeit zuzuordnen. Im Falle eines Unternehmenserwerbes gehören jedoch auch diese *cash flows* in den Bereich der Investitionstätigkeit.

138 Deshalb sind die bei Anwendung der indirekten Methode zu berücksichtigenden Veränderungen des *net working capital* um Effekte aus der Veränderung des Konsolidierungskreises zu bereinigen (Rz 65). Die Verpflichtung zur Angabe der beizulegenden **Zeitwerte** für die einzelnen Hauptgruppen von Vermögenswerten und Schulden erleichtert dabei dem externen Leser das Nachvollziehen dieser Bereinigungsrechnung.

139 Die Angabe der Beträge aus den Erwerben bzw. Veräußerungen von Tochterunternehmen und sonstigen Geschäftseinheiten hat in einer **gesonderten Zeile** der Kapitalflussrechnung zu erfolgen, da IAS 7.39 ausdrücklich eine gesonderte Darstellung (*presentation*) und nicht lediglich eine Angabe (*disclosure*) fordert.

140 Die **Saldierung** der Beträge für Erwerbe mit denen für Veräußerungen ist als Ausfluss des Bruttoprinzips (Rz 40) explizit **nicht gestattet** (IAS 7.41).

141 Die für den Erwerb bzw. für die Veräußerung geflossenen Beträge stellen Netto-*cash-flows* dar, d. h., sie sind mit den erworbenen bzw. abgegebenen Beständen an Zahlungsmitteln **saldiert** auszuweisen. Keine Saldierung erfolgt allerdings dann, wenn die erworbenen Unternehmen im Jahr des Ersterwerbs nicht vollkonsolidiert oder quotal einbezogen werden. Erfolgt dann in späteren Jahren eine Einbeziehung in den Konsolidierungskreis, so ist die Veränderung der Zahlungsmittelbestände im Rahmen der Bewegungsrechnung unter den **konsolidierungskreisbedingten** Veränderungen des Zahlungsmittelfonds darzustellen (Rz 32f.). Erfolgt der Erwerb im Wege einer **unbaren** Transaktion (Rz 148ff.) oder werden Zahlungen nur in **anderen Perioden** als derjenigen des Erwerbs geleistet, so kann es durch die Übernahme der in den erworbenen Unternehmen enthaltenen Positionen an Zahlungsmitteln im Extremfall sogar zu einem Nettozugang an Zahlungsmitteln kommen, obwohl ein Investitionsvorgang stattgefunden hat. In Veräußerungsfällen sind entsprechende Vorgänge möglich.

- In der Kapitalflussrechnung ist nur der Betrag der erworbenen bzw. abgegebenen Bestände an Zahlungsmitteln darzustellen. Der Teil der Anschaffungskosten eines Unternehmenserwerbs, der im Erwerbszeitpunkt unbar erfolgt (*deferred and other non-cash consideration*), ist nicht zu berücksichtigen. Erfolgt in späteren Perioden eine Zahlung (z. B. bei gestundetem Kaufpreis; → § 31 Rz 38) ist der Zahlungsmittelabfluss in diesen Perioden dem Finanzierungsbereich zuzurechnen.
- Sieht ein Vertrag über einen Anteils- oder Unternehmenserwerb eine Verpflichtung zur evtl. Zahlung nachträglicher Anschaffungskosten vor (*contingent consideration*; → § 31 Rz 58ff.), unterliegt die bedingte Zahlungsverpflichtung einer erfolgswirksamen Fortschreibung. Abweichungen zwischen dem ursprünglich bei der Erstkonsolidierung angesetzten Betrag und dem später tatsächlich gezahlten Betrag sind danach eher dem betrieblichen Bereich zuzuordnen.

- Werden im Rahmen des Unternehmenserwerbs i.S. e. Mehrkomponentengeschäfts (*multi element transaction*; → § 31 Rz 122) auch ausstehende Verpflichtungen des erworbenen Unternehmens erfüllt bzw. Vermögenswerte übernommen, erfolgt eine Klassifizierung des Zahlungsmittelzu- bzw. -abflusses separat, also in von der *business combination* abstrahierter Betrachtung. Werden z. B. Finanzverpflichtungen des erworbenen Unternehmens getilgt, ist der anteilig hierfür aufgewendete Zahlungsmittelabfluss dem Finanzierungsbereich zuzuordnen.

Bei Ausweitung des Konsolidierungskreises im Zuge einer *business combination* gem. IFRS 3 besteht ein Aktivierungsverbot für Anschaffungsneben-/Transaktionskosten (IFRS 3.53). In der Kapitalflussrechnung sind zahlungswirksame Transaktionskosten im Bereich der operativen Tätigkeit zu erfassen (IAS 7.16). 142

Die zusätzliche **Anhangsangabe** für den Erwerb von Tochterunternehmen und sonstigen Geschäftseinheiten könnte wie folgt formuliert werden: 143

Formulierungsbeispiel für Angaben nach IAS 7.40

Im Geschäftsjahr 01 erwarb der Konzern die Anteile an der A-AG und der B-GmbH sowie den Geschäftsbetrieb der C-GmbH im Wege eines *asset deal*. Für die Erwerbe der Anteile und des Geschäftsbetriebes war insgesamt folgender Kaufpreis zu entrichten:

In bar	10.000
Ausgabe neuer Aktien	5.000
Kaufpreis gesamt	15.000

Im Einzelnen wurden folgende Vermögenswerte und Schulden, jeweils bewertet mit ihren Zeitwerten, erworben:

Liquide Mittel	1.000
Kundenforderungen	1.000
Sachanlagen	14.000
Vorräte	10.000
Sonstige Vermögensgegenstände	2.000
Finanzschulden	– 8.000
Lieferantenverbindlichkeiten	– 6.000
Pensionsrückstellungen	– 1.000
	13.000
Firmenwert	2.000
Kaufpreis gesamt	15.000

In der Kapitalflussrechnung sind die Erwerbe im Bereich der Investitionstätigkeit wie folgt berücksichtigt:

In bar zu entrichtender Kaufpreis	10.000
Abzüglich erworbene liquide Mittel	– 1.000
Abfluss von Zahlungsmitteln	9.000

144 Für die **Veräußerung** von Tochterunternehmen und sonstigen Geschäftseinheiten ist eine entsprechende Texturierung möglich. Handelt es sich bei der Veräußerung um einen Fall von *discontinued operations* (→ § 29 Rz 54), so kann sinnvollerweise in diesem Fall die Angabe auch bei den übrigen Erläuterungen zu diesen Vorfällen erfolgen (Rz 170).

4.6.2 Erst- bzw. Entkonsolidierung ohne Erwerb bzw. Veräußerung einer Tochter

145 Der Konsolidierungskreis eines Konzerns kann sich nicht nur durch Zukäufe oder Desinvestitionen verändern (Rz 130 ff.). Auswirkungen auf den Konsolidierungskreis kann auch der **erstmalige** Einbezug eines bisher aus **Wesentlichkeitsgründen** (oder anderen Gründen) nicht konsolidierten Tochterunternehmens innerhalb der laufenden Berichtsperiode haben (Rz 32 f.). Auch diese Fälle sind nach der Theorie des Konzerns als wirtschaftliche Einheit innerhalb der Kapitalflussrechnung zu berücksichtigen.

146 In IAS 7 wird zu der Behandlung von Änderungen des Konsolidierungskreises **ohne** einen Investitions- oder Desinvestitionsvorgang nicht Stellung genommen. Im Jahr der Erstkonsolidierung erscheinen in der Konzernbilanz sämtliche Vermögenswerte und Schulden der Tochter als **Zugänge**. In der Kapitalflussrechnung können diese Zugänge aber nicht der Investitionstätigkeit zugeordnet werden, weil es an einem **Zahlungsstrom** mit einem Dritten fehlt (Rz 70). Zu Veränderungen des Finanzmittelbestandes innerhalb der Periode kommt es durch die dem Tochterunternehmen **zuzurechnenden** Zugänge der Zahlungsmittel und -äquivalente. Diesen steht kein periodenbezogener Zahlungsvorgang entgegen.[34]

147 Die Veränderung des Finanzmittelbestandes einer Konzernunternehmung kann in solchen Fällen ohne einen **weiteren Erläuterungsposten** innerhalb der Kapitalflussrechnung nicht mehr erklärt werden. U. E. ist für Veränderungen des Konsolidierungskreises ohne Investitions- bzw. Desinvestitionsvorgang ein weiterer **Ausgleichsposten** innerhalb der Kapitalflussrechnung (vgl. die Behandlung der Währungsdifferenzen, Rz 98 ff.) zu berücksichtigen. Die Mindestgliederung der Kapitalflussrechnung ist dann wie folgt:[35]

	Jahr 02	Jahr 01
cash flows aus der betrieblichen Tätigkeit	....	....
cash flows aus der Investitionstätigkeit	....	....
cash flows aus der Finanzierungstätigkeit	....	....
Summe der *cash flows*	....	....
Wechselkursbedingte Veränderungen des Finanzmittelfonds	....	....
Konsolidierungskreisbedingte Veränderungen des Finanzmittelfonds	....	....

---

[34] BIEG/REGNERY, BB 1993, Beilage 6.
[35] Vgl. BIEG/REGNERY, BB 1993, Beilage 6, S. 11.

	Jahr 02	Jahr 01
Veränderungen des Finanzmittelfonds gesamt	....	....
Finanzmittelfonds zum Anfang der Periode	....	....
Finanzmittelfonds zum Ende der Periode	....	....

Für eine erstmalige Nichteinbeziehung gilt das Vorstehende spiegelbildlich.

4.7 Nicht zahlungswirksame Transaktionen

In der Kapitalflussrechnung schlagen sich die Geschäftsvorfälle des Geschäftsjahres und der Vorperiode lediglich dann nieder, wenn sie **zahlungsmittelfondswirksam** geworden sind, d. h. unmittelbar zu einer Ein- oder Auszahlung geführt haben. Dieses Vorgehen entspricht der Systematik der Kapitalflussrechnung. So darf z. B. der Erwerb eines Anlagegegenstandes im Wege des *finance lease* (→ § 15 Rz 19 ff.) gedanklich nicht in einen Liquiditätsabfluss für den Erwerb des Vermögenswertes und einen gleichzeitigen Liquiditätszufluss in gleicher Höhe durch Gewährung einer Finanzierung durch den Leasinggeber aufgespalten werden, obwohl wirtschaftlich der *finance lease* regelmäßig die gleichen zukünftigen Bilanzierungs- und Zahlungsauswirkungen hat wie der fremdfinanzierte Kauf desselben Anlagegegenstandes. Zu Gestaltungsmöglichkeiten vgl. Rz 174. 148

Vor dem Hintergrund einer Vielzahl möglicher Sachverhaltsgestaltungen ist es jedoch zur Gewährleistung einer *fair presentation* (→ § 1 Rz 69) erforderlich, **zusätzliche Angaben** über wesentliche nicht **liquiditätswirksame Geschäftsvorfälle** zu machen. Diese Angaben sollen nicht in der Kapitalflussrechnung selbst, sondern **an anderer Stelle des Jahresabschlusses** gemacht werden. Hierzu bieten sich zum einen im Anhang die Erläuterungen zu solchen Bilanzpositionen an, die von nicht liquiditätswirksamen Transaktionen betroffen sind (z. B. beim Leasing in den Erläuterungen zum Sachanlagevermögen oder bei den entsprechenden Verbindlichkeiten gegenüber den Leasinggebern). Zum anderen ist eine gesammelte Angabe sämtlicher wesentlicher unbarer Transaktionen in einer separaten Anhangangabe möglich. Die Darstellung kann **verbal** oder – bei Vorliegen mehrerer Geschäftsvorfälle – auch **in tabellarischer Form** erfolgen. 149

In IAS 7 werden folgende **Beispiele für unbare Transaktionen** aufgeführt: 150
- **Erwerb von Vermögenswerten durch Schuldübernahme** oder durch *finance leases* (→ § 15 Rz 119 ff.).
- **Erwerb eines Unternehmens gegen Ausgabe von Anteilen** (→ § 31 Rz 42 ff.).
- **Umwandlung** von Schulden in Eigenkapital.

Als weitere wesentliche Beispiele sind zu nennen: 151
- **Erwerb/Veräußerung** von Vermögenswerten (z. B. Anlagevermögen, Vorräte) **auf Ziel**, d. h. Zahlung erst in einem zukünftigen Geschäftsjahr.
- **Tausch** von Vermögenswerten (Aktivtausch) oder Schulden (Passivtausch; → § 8 Rz 49 f.).
- Erklärung der **Aufrechnung** von Forderungen mit Verbindlichkeiten.
- **Einlagen** einzelner Vermögenswerte oder die Einbringung von Geschäftsbetrieben mit oder ohne Gewährung zusätzlicher Anteile (→ § 20 Rz 79 f.).
- **Schuldenerlass** durch Gläubiger (→ § 28 Rz 86).

- Ausgabe von *stock options* an Mitarbeiter (→ § 23).
- Umgliederungen zwischen Posten des Eigenkapitals, z.B. bei **Kapitalerhöhung aus Gesellschaftsmitteln** oder vereinfachter Kapitalherabsetzung (→ § 20 Rz 89f.).

152 Ferner können, auch wenn nicht explizit in IAS 7 genannt, neben unbaren Geschäftsvorfällen zum besseren Verständnis der Kapitalflussrechnung auch **wesentliche Umgliederungsvorgänge** Erwähnung finden, so z.b. die Umwidmung von Anlage- zu Umlaufvermögen oder die Umgliederung von kurzfristigen Lieferantenverbindlichkeiten in langfristige Darlehen.

153 Bei **gemischten Transaktionen**, bei denen nur ein Teil des Geschäftsvorfalls zahlungswirksam geworden ist, muss nur der zahlungswirksame Teil in die Kapitalflussrechnung aufgenommen werden, während der unbare Teil lediglich im Anhang offenzulegen ist. Sinnvollerweise sollten allerdings im Anhang aus Gründen der Verständlichkeit sowohl der zahlungswirksame als auch der nicht zahlungswirksame Teil genannt werden, um den Bezug zur Kapitalflussrechnung herstellen zu können.

4.8 Cash flows aus öffentlichen (Investitions-)Zuwendungen

154 Für die Behandlung von Einzahlungen für Investitionen aus öffentlichen Zuwendungen (*government grants*) finden sich weder in dem spezifisch der bilanziellen Behandlung von öffentlichen (Investitions-)Zuwendungen gewidmeten IAS 20 noch in IAS 7 Vorgaben. Nach IAS 20.28 besteht nur eine „Empfehlung", die Auszahlung für die Anschaffung eines Vermögenswerts und die Einzahlung aus einer Investitionszuwendung separat zu erfassen, also nicht zu saldieren. Der Ausweis in der Ursachenrechnung richtet sich daher nach den allgemeinen Definitionen und Abgrenzungen von IAS 7 unter einen der drei Aktivitätsbereiche der Kapitalflussrechnung (Investition, Finanzierung, laufende Geschäftstätigkeit).[36]

155 Als Finanzierungstätigkeit definiert IAS 7.6 zahlungswirksame Aktivitäten, die sich auf den Umfang und die Zusammensetzung des eingebrachten Kapitals und der Fremdkapitalaufnahme des Unternehmens auswirken. Eine öffentliche (Investitions-)Zuwendung stellt weder eingebrachtes Kapital noch eine Fremdkapitalaufnahme dar. Die Anschaffung eines Vermögenswerts wird bezuschusst. Auch zu den in IAS 7.17 genannten Beispielen für *cash flows* aus der Finanzierungstätigkeit (Ausgabe von Anteilen, Dividenden, Aufnahme und Rückzahlung von Darlehen) bestehen keine Parallelen. Eine Erfassung von Einzahlungen aus öffentlichen Zuwendungen im Bereich der Finanzierungstätigkeit scheidet somit aus.

156 Als Investitionstätigkeit definiert IAS 7.6 Auszahlungen für Beschaffung und Einzahlungen aus Veräußerung von langfristigen Vermögenswerten. Investitionszuwendungen stehen zwar im Zusammenhang mit einer Auszahlung für den Erwerb von Sachanlagen, begründen aber selbst gerade keine Auszahlung, sondern eine Einzahlung, dies aber wiederum nicht aus der Veräußerung von Sachanlagen. In das Schema von IAS 7.16 passen die Zuwendungen daher nicht. Lediglich unter Saldierungsgesichtspunkten könnte eine Verrechnung mit den Investitionsaufwendungen in Frage kommen. Einer solchen Saldierung steht jedoch das Saldierungsverbot entgegen (Rz 40 ff.). Einzahlungen aus (Investitions-)Zuwendungen gehören daher nicht zur Investitionstätigkeit.

---

[36] Zum Ganzen Lüdenbach, PiR 2014, S. 259.

Als betriebliche Tätigkeit definiert IAS 7.6 positiv die wesentlichen erlöswirksamen Tätigkeiten des Unternehmens sowie negativ andere Tätigkeiten, die nicht der Investitions- oder Finanzierungstätigkeit zuzuordnen sind. Das negative Definitionselement macht die *cash flows* aus laufender Geschäftstätigkeit systematisch zu einer Restkategorie: Was nicht den beiden anderen Bereichen zuzuordnen ist, fällt unter die laufende Geschäftstätigkeit (Rz 47).

Wegen des bloßen Empfehlungscharakters in IAS 20.28 („*is often disclosed*") zum separaten Ausweis von Auszahlungen für den Erwerb eines Vermögenswerts und Einzahlungen aus einer Investitionszuwendung, kann auch nur die Nettoauszahlung für den „geförderten" Erwerb des Vermögenswerts in der Kapitalflussrechnung gezeigt werden. Bei einer entsprechenden Auslegung wäre IAS 20.28 lex specialis für die Darstellung in der Kapitalflussrechnung mit der Folge einer weiteren Ausnahme vom allgemeinen Saldierungsverbot. Eine Saldierung scheidet allerdings aus, wenn die Einzahlung aus der Investitionszuwendung in einer anderen Periode als die Auszahlung für den Erwerb des Vermögenswerts erfolgt.

Wird hingegen auf eine Saldierung verzichtet, also der Empfehlung des IAS 20.28 gefolgt, scheidet ein Ausweis der Einzahlung aus der Investitionszuwendung im Investitionsbereich, aber auch im Finanzierungsbereich, aus. Aus der Lumpensammlerfunktion folgt eine Ausweispflicht im *cash flow* der betrieblichen Tätigkeit (Rz 47). Wir halten eine separate Erfassung mit einer Erläuterung im Anhang für geboten (Rz 161).

5 Angaben

5.1 Besonderheiten für die Kapitalflussrechnung

Nach der Systematik der meisten IFRS-Standards ist als vorletztes Kapitel ein eigener Abschnitt enthalten, in dem in zusammengefasster Form die erforderlichen Anhangangaben (*disclosures*) aufgelistet werden (→ § 5). Von dieser allgemeinen Systematik weicht IAS 7 ab, in dem Angabepflichten in diversen Abschnitten des Standards genannt werden und lediglich eine **Restposition** „**Sonstige Angaben**" (IAS 7.48ff.) verbleibt. Ursache hierfür ist zum einen die Abhandlung einer Reihe von Einzelproblemen in eigenen Unterkapiteln des Standards und die jeweilige Nennung der Auswirkung auf den Anhang unmittelbar in jedem **Unterkapitel**. Zum anderen darf eine Vielzahl von Angaben **wahlweise** entweder in der Kapitalflussrechnung selbst oder im Anhang gemacht werden.

Im Folgenden wird eine **Systematisierung** der Anhangangaben präsentiert, gegliedert nach den Bereichen allgemeine Bilanzierungs- und Bewertungsmethoden, Pflichtangaben sowie freiwillige Angaben. Über diese Angaben hinaus sollte im Interesse einer *fair presentation* auch eine **Kommentierung** der Kapitalflussrechnung vorgenommen werden, indem z.B. die wesentlichen Beträge näher aufgegliedert und Veränderungen zum Vorjahr erläutert werden. Für diese Kommentierung bietet sich, falls keine Erläuterung in einem Lagebericht erfolgt, ebenfalls der Anhang an.

Auf die **Checkliste** „**Abschlussangaben**" wird verwiesen (→ § 5 Rz 8).

5.2 Allgemeine Bilanzierungs- und Bewertungsmethoden

162 Die Kapitalflussrechnung ist integraler und eigenständiger **Bestandteil** des Jahresabschlusses. Neben den Erläuterungen zu den allgemeinen Bilanzierungs- und Bewertungsmethoden (*accounting policies*; ausführlich → § 5 Rz 27) im Bereich der Bilanz und der GuV ist daher im Anhang auch eine Darstellung der wesentlichen bei der Erstellung der Kapitalflussrechnung angewandten **Grundsätze** erforderlich. Zu den wichtigen Angaben gehören:
- die **Zusammensetzung** der Bestände an Zahlungsmitteln und Zahlungsmitteläquivalenten (IAS 7.45),
- die Nennung der gewählten **Darstellungsform** (direkte oder indirekte Methode im Bereich der betrieblichen Tätigkeit).

Des Weiteren sollte aufgezeigt werden,
- wie die von IAS 7 gewährten **Wahlrechte** von dem aufstellenden Unternehmen ausgeübt wurden,
- nach welcher Methode die **Währungsumrechnung** im Falle von *cash flows* von ausländischen Tochterunternehmen erfolgte,
- welche **Änderungen** der Zusammensetzung des Zahlungsmittelbestandes, der Form der Darstellung oder der Ausübung von Wahlrechten im Vergleich zur Vorperiode vorgenommen worden sind.

163 In der **Praxis** sind Erläuterungen zu den in der Kapitalflussrechnung angewandten *accounting principles* allerdings recht selten zu finden. Eine Musterformulierung könnte wie folgt lauten:

Accounting principles im Bereich der Kapitalflussrechnung
Die Kapitalflussrechnung wird in Übereinstimmung mit den Bestimmungen von IAS 7 erstellt.
Die Kapitalflussrechnung ist in die drei Bereiche der betrieblichen Tätigkeit sowie der Investitions- und Finanzierungstätigkeit unterteilt. Im Falle von gemischten Geschäftsvorfällen wird, soweit erforderlich, eine Zuordnung zu mehreren Tätigkeitsbereichen vorgenommen. Die Darstellung des *cash flow* aus der betrieblichen Tätigkeit erfolgt nach der indirekten Methode.
Der Finanzmittelfonds ist definiert als der Saldo aus den liquiden Mitteln sowie sämtlicher Wertpapiere mit einer Restlaufzeit (zum Erwerbszeitpunkt) von weniger als drei Monaten abzüglich der in den kurzfristigen Finanzschulden enthaltenen Verbindlichkeiten aus Kontokorrent-Verhältnissen, die Bestandteil des unternehmensweiten *cash management* sind.
Als Finanzschulden i.S.d. Finanzierungsrechnung werden sämtliche Verbindlichkeiten gegenüber Kreditinstituten sowie verzinsliche Darlehen, die von Gesellschaftern und Lieferanten gewährt wurden, bezeichnet.
Zins- und Dividendeneinnahmen werden im Bereich der betrieblichen Tätigkeit ausgewiesen, während Zins- und Dividendenzahlungen unter den *cash flows* aus der Finanzierungstätigkeit Berücksichtigung finden.
Steuerzahlungen werden in voller Höhe im Bereich der betrieblichen Tätigkeit ausgewiesen, da eine Zuordnung zu einzelnen Geschäftsbereichen praktisch nicht durchführbar ist.
Cash flows von ausländischen, nicht in Euro bilanzierenden Tochterunternehmen werden zu Jahresdurchschnittskursen in die Konzernberichtswährung umgerechnet.

Kapitalflussrechnung § 3

Die Zusammensetzung des Zahlungsmittelfonds, die allgemeine Darstellungsform der Kapitalflussrechnung sowie die Ausübung der Ausweiswahlrechte blieben im Vergleich zu der Vorperiode unverändert. Verwendet das aufstellende Unternehmen **eigene Definitionen**, so z. B. für die Zwischensumme „*free cash flow*" (Rz 13), sollte das obige Formulierungsbeispiel um unternehmensspezifische Besonderheiten ergänzt werden.

164

5.3 Pflichtangaben

Der Standard IAS 7 sieht eine Reihe von Pflichtangaben vor, die **wahlweise**[37] entweder in der Kapitalflussrechnung selbst oder im Anhang genannt und die der nachfolgenden Auflistung entnommen werden können. Soweit bereits ausführliche Erläuterungen in vorangegangenen Kapiteln gegeben wurden, erfolgt hier lediglich ein entsprechender Verweis:

165

- Erhaltene und gezahlte **Zinsen** (IAS 7.31; Rz 109 ff.).
- Erhaltene und gezahlte **Dividenden** (IAS 7.31; Rz 115 ff.).
- Aus- und Einzahlungen in Zusammenhang mit **Ertragsteuern** (IAS 7.35; Rz 120 ff.).
- Erwerb und Veräußerung von **Tochterunternehmen und sonstigen Geschäftseinheiten** (IAS 7.39; Rz 130 ff.).
- **Nicht zahlungswirksame Transaktionen** (IAS 7.43; Rz 148 ff.).
- Betragsmäßige Angabe der **Zusammensetzung des Finanzmittelfonds** sowie **Überleitung** der Beträge des Zahlungsmittelfonds der Kapitalflussrechnung **zu den entsprechenden Bilanzbeträgen** (IAS 7.45; Rz 15 ff.).
- Betragsmäßige Angabe der **Änderungen der Zusammensetzung des Finanzmittelfonds** (IAS 7.47; Rz 34).
- Angabe über Zahlungsmittelbestände, die **Verfügungsbeschränkungen** unterliegen (IAS 7.48).

Die Pflicht zur Angabe **außerordentlicher** Posten entfällt (Rz 107 ff.).
Explizit im Standard werden Beschränkungen aufgrund von **Devisenverkehrskontrollen** (mangelnde Transferier- oder Konvertierbarkeit) oder anderer **gesetzlicher Beschränkungen** genannt. Des Weiteren sollten hierzu jedoch auch Beschränkungen aufgrund **vertraglicher Restriktionen** oder **faktischer Umstände** gerechnet werden. Verfügungsbeschränkungen über Zahlungsmittel oder Zahlungsmitteläquivalente verhindern einen Einbezug in den Finanzmittelfonds (Rz 16 ff.).
Zu den **vertraglichen** Restriktionen zählen u. a. Klauseln in Darlehensverträgen (sog. *covenants*), die z. B. das Vorhalten eines bestimmten Zahlungsmittelbestandes vorschreiben, sowie Beschränkungen bei Akkreditiven und Lombardkrediten. Im Bereich der **faktischen** Umstände ist die Zusammenfassung aufgrund der Einheitstheorie der Zahlungsmittelbestände sämtlicher einbezogener Tochterunternehmen und der Konzernmutter im Konzernabschluss zu einem einzigen Wert zu berücksichtigen. Dennoch kann die individuelle Situation bei einzelnen Konzerngesellschaften (z. B. Tochterunternehmen in existenzieller Krise) zu einer Einschränkung oder einem Entzug der von diesem Tochterunternehmen gehaltenen Zahlungsmittelbestände führen.

166

---

[37] Das Wahlrecht ergibt sich aus der Formulierung „angeben" *(disclose)*. Dagegen macht der Begriff „darstellen" *(present)* eine Angabe in der Kapitalflussrechnung erforderlich.

Werden **gemeinschaftliche Tätigkeiten** (*joint operations*) in den Konzernabschluss nach der (Beteiligungs-)Quote einbezogen (→ § 34 Rz 33 ff.), so werden die Zahlungsmittelbestände anteilig in der Bilanz und auch der Kapitalflussrechnung berücksichtigt (Rz 128). Aufgrund der gemeinschaftlichen Führung solcher Unternehmen zusammen mit Konzernfremden kann der Konzern nicht alleine über die ausgewiesenen Zahlungsmittelbestände verfügen und sollte daher solche Bestände als verfügungsbeschränkt betrachten.

167 Für die Angabe der vorgenannten Punkte bietet es sich an, eine eigene **Position** „Erläuterungen zu der Kapitalflussrechnung" im Anhang zu schaffen. Alternativ können einige dieser Punkte auch in den Erläuterungen zu einzelnen Positionen der Bilanz (z. B. liquide Mittel, Finanzschulden, Steuerrückstellungen) oder der GuV (z. B. Zins- und Beteiligungsergebnis, Steueraufwand) aufgeführt werden.

168 Neben IAS 7 fordern auch **andere Standards** Angaben in Zusammenhang mit *cash flows* oder regen solche auf freiwilliger Basis an. Hier sind folgende Angabepflichten zu nennen:

169 • **Segmentberichterstattung** (→ § 36)

Eine Angabe von *cash flows* pro Segment könnte dem externen Leser eine Einschätzung geben, welche Segmente zusätzliche Zahlungsmittelbestände generieren (*cash cows*) und welche Bedarf an Zahlungsmitteln haben (*cash users*).

Bei Erstellung der Segmentberichterstattung nach IFRS 8 wird die Offenlegung von Segment-*cash-flows* nicht explizit gefordert. Allerdings sind Angaben zu machen zu:
  • den **Zugängen zum Anlagevermögen** (IFRS 8.24b), die nach IFRS 8 im Zuge einer Negativabgrenzung (nicht Finanzinstrumente, Steuerlatenzposten, Aktivposten aus Pensionsplänen gem. IAS 19.54–58 sowie Ansprüche aus Versicherungsverträgen) zu bestimmen sind,
  • wesentlichen **nicht zahlungswirksamen Aufwendungen** (IFRS 8.23i) sowie
  • den **Abschreibungsbeträgen** pro Segment (IFRS 8.23e) (→ § 36 Rz 87).

Die Angabe der Beträge nach IFRS 8.23–24 erübrigt sich, wenn das Unternehmen auf **freiwilliger Basis** die *cash flows* je Segment offenlegt (vgl. Rz 172). Ein Beispiel für die Darstellung von Segment-*cash-flows* kann Appendix A zu IAS 7 entnommen werden.

170 • *Discontinued operation* (→ § 29 Rz 59)

Die *cash flows* einer *discontinued operation* sind separat anzugeben und den 3 Tätigkeitsbereichen zuzuordnen (IFRS 5.33c). Neben den Angaben für die Berichtsperiode sind dabei auch die Vorperioden entsprechend aufzubereiten (IFRS 5.34). Ein externer Leser hat somit einen Anhaltspunkt dafür, welche Zahlungsströme dem Unternehmen zukünftig nicht mehr zur Verfügung stehen werden.

Die Angabe der *cash flows* der *discontinued operation* darf wahlweise im Anhang oder in der Kapitalflussrechnung selbst erfolgen (IFRS 5.33c). Es bieten sich daher folgende Möglichkeiten an:
  – Im Anhang bei den übrigen Angaben zu den *discontinued operations*,
  – als **Davon-Vermerk** in der Kapitalflussrechnung,
  – im Rahmen der Angaben zur **Segmentberichterstattung** (vgl. Rz 169), falls *discontinued operation* und Segment übereinstimmen.

- **Zwischenberichterstattung** (*interim financial reporting*; → § 37 Rz 9) 171
Sofern Unternehmen aufgrund gesetzlicher Bestimmungen oder freiwillig Zwischenberichte nach IFRS erstellen, müssen diese nach IAS 34.12 i. V. m. IAS 1.111 eine verkürzte Kapitalflussrechnung nach den Grundsätzen von IAS 7 enthalten. Es fehlt allerdings an detaillierten Vorgaben hinsichtlich des **Umfangs** der notwendigen Angaben im Zwischenbericht.

Als **Mindest**angaben sind
- die *cash flows* der **drei Aktivitätsbereiche** (Summenzeilen der ungekürzten Kapitalflussrechnung),
- eine **Zusammensetzung** und Überleitung des **Finanzmittelfonds** vom Beginn bis zum Ende der jeweiligen Berichts- bzw. Vergleichsperiode,
- die währungs- und konsolidierungskreisbedingten, liquiditätsunwirksamen **Veränderungen** des Finanzmittelfonds

anzugeben. Die Mindestangabe der *cash flows* der drei Aktivitätsbereiche ergibt sich verpflichtend aus IAS 34.10.[38] Eine Ausweitung/Erweiterung der Angaben ist geboten, falls eine Verkürzung der Kapitalflussrechnung zu unverständlichen oder gar irreführenden Informationen führt. Das Mindestgliederungsschema stellt sich wie folgt dar:

	Berichts-periode x2	Vergleichs-periode x1
cash flows aus der betrieblichen Tätigkeit	....	....
cash flows aus der Investitionstätigkeit	....	....
cash flows aus der Finanzierungstätigkeit	....	....
Summe der *cash flows*		
Wechselkursbedingte Veränderungen des Finanzmittelfonds	....	....
Konsolidierungskreisbedingte Veränderungen des Finanzmittelfonds	....	....
Veränderungen des Finanzmittelfonds gesamt	....	....
Finanzmittelfonds zum Anfang der Periode	....	....
Finanzmittelfonds zum Ende der Periode	....	....

5.4 Freiwillige Angaben

Der Standard IAS 7 ermutigt die aufstellenden Unternehmen, **auf freiwilliger** 172
Basis Angaben zu folgenden Punkten zu machen:
- Betrag der nicht ausgenutzten **Kreditlinien** unter Angabe aller Beschränkungen dieser Kreditlinien.
- Aufteilung der *cash flows* in solche zur **Erweiterung der Kapazität** und solche zur **Kapazitätserhaltung**.
- *Cash flows* aus den drei Tätigkeitsbereichen, aufgeteilt auf die **Unternehmenssegmente** (Rz 169).

---

[38] So auch Committee of European Securities Regulators (CESR), decision ref.EECS/1209–10: Half-yearly consolidated cash flow statement, vom 19. Juni 2009.

In der Praxis sind die Angaben zu den Kreditlinien sowie zur Kapazitätserhaltung selten zu finden.

6 Gestaltungshinweise

173 Da die Kapitalflussrechnung weitestgehend losgelöst von Bewertungswahlrechten (Rz 3) und subjektiven Einschätzungen ist, bestehen die wesentlichen **Gestaltungsmöglichkeiten** im Bereich der **Gliederung**. Aufgrund des Stetigkeitsgebotes müssen die von IAS 7 zur Verfügung gestellten **Wahlrechte** bereits bei der **erstmaligen Aufstellung** der Kapitalflussrechnung ausgeübt werden. Dabei sind folgende wesentliche Aspekte zu beachten:

- **Umfang der Gliederung:** Da nach IFRS keine Mindestgliederung vorgegeben ist, bestehen Gestaltungsfreiheiten (Rz 176). Zur Herstellung einer besseren Vergleichbarkeit mit anderen Unternehmen könnte es ratsam sein, das nach DRS 21 vorgesehene Mindestschema unter Beachtung der bestehenden Abweichungen (Rz 177 ff.) sowie branchenübliche Ausweise von Mitbewerbern zu beachten.
- **Direkte versus indirekte Methode** (Rz 56 ff.): Im Bereich der betrieblichen Tätigkeit besteht ein Wahlrecht, welche der beiden Methoden zur Anwendung kommt. Die direkte Methode dürfte im Regelfall aufwendiger sein; da sie aus diesem Grund in der Praxis selten verwendet wird, bietet sie andererseits die Möglichkeit, sich von der Mehrheit der Mitbewerber als progressiver Rechnungsleger abzuheben.
- **Ort des Ausweises von Pflichtangaben:** Diverse Angaben können entweder in der Kapitalflussrechnung selbst oder an verschiedenen Stellen im Anhang gemacht werden (Rz 165).
- **Zusammensetzung des Finanzmittelfonds:** Bei der Einbeziehung gewisser Wertpapiere sowie von Verbindlichkeiten in den Finanzmittelfonds sind weitere Gestaltungsspielräume gegeben (Rz 17 und Rz 19).
- **Ausweis von Zins- und Dividendenzahlungen:** Hier ist nach IAS 7 ein umfangreiches Wahlrecht gegeben (Rz 109 ff.). Soll ein möglichst hoher *cash flow* aus der betrieblichen Tätigkeit ausgewiesen werden, so empfiehlt es sich, Zins- und Dividendeneinnahmen im Bereich der betrieblichen Tätigkeit und die entsprechenden Ausgaben im Bereich der Finanzierungstätigkeit auszuweisen. Zur Erlangung eines möglichst niedrigen (regelmäßig) negativen *cash flow* aus der Investitionstätigkeit wären Zins- und Dividendeneinnahmen dagegen vorzugsweise diesem Bereich zuzuordnen.
- **Ermittlungstechnik bei Konzern-Kapitalflussrechnungen:** Konzern-Kapitalflussrechnungen können zum einen originär auf Basis einer reinen Konzernbuchhaltung, bei der nur Vorgänge mit Konzernfremden abgebildet werden, erstellt werden. Diese Methodik ist allerdings in der Praxis bisher kaum anzutreffen. Ferner ist eine derivative Ableitung der Kapitalflussrechnung auf Basis vorliegender Bilanzen und GuV durch Überleitung des Konzernergebnisses zum *cash flow* möglich. Daneben bietet sich die Möglichkeit, Kapitalflussrechnungen originär auf Ebene jeder Konzerngesellschaft zu erstellen und diese anschließend zu einer Konzern-Kapitalflussrechnung zu konsolidieren, indem Zahlungsvorgänge zwischen Unternehmen des Konsolidierungskreises eliminiert werden. Diese Methode ist aufwendiger als die

derivative Methode, bietet allerdings die Möglichkeit, die für die Konzernunternehmen oder sonstigen Teileinheiten erstellten Kapitalflussrechnungen auch für andere Zwecke, z. B. eine marktwertorientierte Unternehmenssteuerung, zu verwenden.

Sachverhaltsgestaltungen sind vor allem im Bereich der **unbaren Transaktionen** möglich (Rz 148 ff.). Hervorstechendes Beispiel ist der *finance lease* (→ § 15 Rz 19 ff.), bei dem - ebenso wie beim Kauf durch Schuldübernahme oder durch Ausgabe neuer Anteile - trotz Anschaffung eines Vermögenswertes keine entsprechende Ausgabe im Bereich der Investitionstätigkeit ausgewiesen wird (Rz 81). Die Leasingraten führen später zu Ausgaben im Bereich der Finanzierungstätigkeit (für den Ausweis des Zinsanteils besteht allerdings ein Wahlrecht; Rz 109 ff.). Im Falle eines **operativen Leasing** (*operating lease*) werden die Leasingraten dagegen im Bereich der **betrieblichen Tätigkeit** als Ausgaben ausgewiesen. Während einerseits von vielen Unternehmen das operative Leasing bevorzugt angestrebt wird, um günstigere Bilanzrelationen darzustellen, Kreditlinien zu schonen und die Investitionsquote gering zu halten, wird andererseits die negative Beeinflussung der für einige Analysten wesentlichen Größe „*cash flows* aus der betrieblichen Tätigkeit" häufig verkannt.

174

Bei **Folgeabschlüssen** ist insbesondere bei Verwendung der indirekten Methode eine Erstellung der Kapitalflussrechnung erst dann möglich, wenn Bilanz sowie GuV bereits aufgestellt sind. Gewisse Tätigkeiten, z. B. die Ermittlung von Angaben zu den Veränderungen im Konsolidierungskreis und zu *discontinued operations* sowie die Erläuterungen zu wesentlichen nicht zahlungswirksamen Vorgängen, können allerdings häufig vorverlagert werden. Ferner muss zur Vermeidung von Verzögerungen das Berichtswesen die Erfassung einer Vielzahl von Informationen zusammen mit den entsprechenden Bilanz- bzw. GuV-Positionen sicherstellen. Dabei ist es häufig empfehlenswert, die Erfassung von Angaben zu Zinsen, Dividenden, Ertragsteuern und Erlösen aus Anlageverkäufen durch Verwendung von **Formularen zur Entwicklung der entsprechenden Bilanzpositionen** (z. B. Eigenkapitalspiegel, Entwicklung der Finanzschulden, Entwicklung der Ertragsteuerrückstellungen unter Einbeziehung der entsprechenden Forderungskonten) zu unterstützen.

175

7 ABC der Kapitalflussrechnung

176

Agien	Zahlungen für Agien gehören zu den Zinseinnahmen und -ausgaben und sind daher wie diese den drei Bereichen der Ursachenrechnung zuzuordnen (Rz 114).
Angaben im Anhang	IAS 7 sieht eine Reihe von Pflichtangaben vor (Rz 165), die entweder in der Kapitalflussrechnung selbst oder im Anhang erledigt werden können.
Außerordentliche Posten	Der Ausweis von außerordentlichen Posten in der Kapitalflussrechnung ist nicht zulässig (Rz 107).

Betriebliche Tätigkeit	Als *operating cash flows* sind Ein- und Auszahlungen auszuweisen (Rz 46 ff.), • die aus den wesentlichen erlöswirksamen Tätigkeiten stammen (positive Abgrenzung) und • nicht den anderen Bereichen zuzuordnen sind (negative Abgrenzung).
cash flow	Im Rahmen der Kapitalflussrechnung gibt der *cash flow* die Veränderungen der Zahlungsmittel eines Unternehmens getrennt nach den Bereichen • betriebliche Tätigkeit (*operating activities*), • Investitionstätigkeit (*investing activities*) und • Finanzierungstätigkeit (*financing activities*) in der abgelaufenen Periode an (Rz 1 und Rz 10 ff.).
Direkte Methode	Während die *cash flows* aus der Investitions- und Finanzierungstätigkeit zwingend nach der direkten Methode (gesonderte Erfassung der Ein- und Auszahlungen) zu erfassen sind, besteht für *operating cash flows* ein Wahlrecht, welches i.d.R. trotz Empfehlung des IASB nicht zugunsten der direkten Methode ausgeübt wird (Rz 56 ff.).
Disagien	Siehe oben Agien.
Discontinued operations	*Cash flows* aus *discontinued operations* sind für jeden der drei Bereiche der Kapitalflussrechnung gesondert anzugeben (Rz 170), in der Kapitalflussrechnung selbst oder im Anhang (→ § 29 Rz 54).
Dividenden	Es besteht eine separate Angabepflicht für alle vereinnahmten und gezahlten Dividenden (Rz 115). Hinsichtlich des Ausweises besteht ein Wahlrecht: • Einnahmen sind entweder der betrieblichen Tätigkeit oder der Investitionstätigkeit (Rz 118) und • Ausgaben der Finanzierungstätigkeit oder der betrieblichen Tätigkeit zuzuordnen (Rz 119).
Eigene Anteile (*treasury shares*)	Auszahlungen für den Erwerb eigener Anteile sind der Finanzierungstätigkeit zuzurechnen (Rz 91).
Ertragsteuern	Ertragsteuerzahlungen sind im Rahmen der Kapitalflussrechnung gesondert anzugeben (Rz 120). Im Regelfall bietet sich eine Zuordnung zum *cash flow* der betrieblichen Tätigkeit an (Rz 122).
Finance lease (Zugang von Vermögen durch)	Der Erwerb eines Anlagegegenstandes im Wege des *finance lease* (→ § 15 Rz 19 ff.) führt nicht (unmittelbar) zu einem Zahlungsmittelabfluss, daher ist keine Ausgabe im Bereich der Investitionstätigkeit auszuweisen (Rz 174).

Kapitalflussrechnung §3

Finanzierungstätigkeit	Der *cash flow* aus Finanzierungstätigkeit enthält Ein- und Auszahlungen an Gesellschafter (EK-Geber) und Gläubiger (FK-Geber) des Unternehmens (Rz 89 ff.).
Finanzmittelfonds	Bestandteile des Finanzmittelfonds sind sowohl Zahlungsmittel (Barmittel und Sichteinlagen) als auch kurzfristige, äußerst liquide Finanzinvestitionen (Zahlungsmitteläquivalente), die jederzeit in Zahlungsmittel umgewandelt werden können und nur geringen Wertschwankungen unterliegen (Rz 15 ff.).
Finanzmittelnachweis	Darstellung der Veränderungen der Finanzmittelfondspositionen von Periodenanfang bis -ende (Rz 35 ff.).
Gliederungsschema	IAS 7 schreibt kein Gliederungsschema vor, enthält aber Beispielformate, die sich in der Praxis weitestgehend durchgesetzt haben (Rz 39).
Indirekte Methode	Nur die *cash flows* aus der betrieblichen Tätigkeit dürfen indirekt, d. h. abgeleitet aus anderen im Rechnungswesen verfügbaren Rechengrößen, bestimmt werden (Rz 61). Ausgangsgröße ist das Periodenergebnis.
Investitionstätigkeit	Im *cash flow* der Investitionstätigkeit werden aufgeführt • Auszahlungen für Ressourcen, die zur Erzielung künftiger Erträge und *cash flows* benötigt werden (Anschaffung von Anlagen) und • Einzahlungen, die aus dem Abgang der Ressourcen entstehen (Veräußerung von Anlagen) (Rz 70 ff.). Besonderheiten ergeben sich im Rahmen des *finance lease*.
Konzern-*cash-flow*	Nach dem Konzept der wirtschaftlichen Einheit ist die Konzernkapitalflussrechnung aufzustellen, als ob die einzeln einbezogenen Unternehmen ein einziges Unternehmen wären (Rz 125 ff.). In der Praxis dominiert für die Erstellung eine (derivative) Ableitung auf Basis der vorliegenden GuVs und Bilanzen durch Überleitung des Konzernergebnisses zum *cash flow* (Rz 126).
Nicht zahlungswirksame Transaktionen	In der Kapitalflussrechnung sind nur zahlungswirksame Transaktionen zu berücksichtigen (Rz 148). Bei gemischten Transaktionen (teils bar, teils unbar) ist nur der zahlungswirksame Teil zu erfassen. Ggf. sind allerdings Anhangsangaben für nicht zahlungswirksame Transaktionen erforderlich (Rz 149 ff.).

Periodenergebnis	Das Periodenergebnis ist Ausgangspunkt der Bestimmung des *cash flow* aus der betrieblichen Tätigkeit, aber in IAS 7 nicht definiert. Daher bieten sich unterschiedliche Auslegungen an (Rz 67ff.). Vereinzelt wird gefordert von dem Ergebnis nach Steuern auszugehen, mangels Festlegung des IASB scheinen auch andere Referenzgrößen vertretbar.
Saldierung	Die Kapitalflussrechnung ist eine Bruttorechnung, Saldierungen von Ein- und Auszahlungen daher verboten. Ausnahmen gelten • für Ein- und Auszahlungen im Namen von Kunden und • für Posten mit großer Umschlaghäufigkeit, großen Beträgen und kurzen Laufzeiten (Rz 40ff.).
Segmentbericht	Eine Segmentkapitalflussrechnung wird nach IFRS 8 nicht gefordert, kann aber freiwillig erstellt werden (Rz 169).
Sonderposten	Im Rahmen des Finanzmittelnachweises sind ggf. Sonderposten für Währungsdifferenzen (Rz 98ff.) und Änderungen des Konsolidierungskreises (Rz 130ff.) erforderlich, um eine Überleitungsrechnung des Finanzmittelfonds von Periodenanfang bis -ende zu gewährleisten.
Stetigkeit	Die Zuordnung von Ein- und Auszahlungen in die drei Bereiche der Ursachenrechnung unterliegt dem Stetigkeitsgrundsatz. Eine Durchbrechung ist nur zulässig, wenn der Abschluss danach zuverlässigere und relevantere Informationen widerspiegelt (Rz 112f.).
Unternehmenszusammenschluss	Im Fall eines Unternehmenszusammenschlusses (*business combination*) ergeben sich besondere Anforderungen an die Kapitalflussrechnung im Zusammenhang mit den Anschaffungskosten und dem übernommenen Finanzmittelfonds (Rz 141).
Ursachenrechnung	Darstellung der Zahlungswirkung von nicht dem Finanzmittelfonds zugeordneten Positionen in der abgelaufenen Periode (Rz 35ff.).
Währungsdifferenzen	Werden Zahlungsmittel in Fremdwährungen gehalten oder Transaktionen in Fremdwährung geschlossen, ergibt sich ggf. die Notwendigkeit zur Berücksichtigung eines Sonderpostens, um eine Überleitungsrechnung des Finanzmittelfonds von Periodenanfang bis -ende zu gewährleisten (Rz 98ff.).

Zahlungsmittel-äquivalente	Zugelassen sind solche Finanzmittel, die • hoch liquide, d. h. jederzeit (*readily*) in Geld umtauschbar sind und • nur unwesentlichen (*insignificant*) Wertänderungsrisiken unterliegen (Rz 18 ff.).
Zinszahlungen	Für die Gesamtsumme der erhaltenen wie auch der gezahlten Zinszahlungen besteht eine separate Angabepflicht (Rz 109). Mit Ausnahme von Finanzinstitutionen ist die Erfassung von Zinszahlungen in allen Bereichen der Ursachenrechnung erlaubt (Rz 110).
Zwischenbericht	Bei der Veröffentlichung von IFRS-Zwischenberichten ist eine verkürzte Kapitalflussrechnung zu veröffentlichen (Rz 171)

8 Vergleich mit dem HGB

Kapitalflussrechnungen wurden in Deutschland bis **Ende der 90er Jahre** nahezu ausschließlich auf **freiwilliger Basis** erstellt. Hierbei sollte die gemeinsame Stellungnahme 1/1995 des Instituts der Wirtschaftsprüfer und der Schmalenbach-Gesellschaft Berücksichtigung finden. Erst das KonTraG verpflichtete erstmals amtlich notierte Gesellschaften, für ihre Konzernabschlüsse auch eine Kapitalflussrechnung aufzustellen. Ab dem Jahr 2003 wurde durch das TransPuG die Verpflichtung zur Aufstellung einer Konzern-Kapitalflussrechnung auf alle börsennotierten Unternehmen ausgedehnt und gleichzeitig die Kapitalflussrechnung zu einem **gleichrangigen Bestandteil des Konzernabschlusses** neben Bilanz, GuV, Eigenkapitalspiegel und Segmentberichterstattung aufgewertet. Aufgrund der Bestimmungen des BilReG müssen auch nichtkapitalmarktorientierte Unternehmen seit dem Jahr 2005 Konzern-Kapitalflussrechnungen aufstellen.

Die Erstellung der Kapitalflussrechnung erfolgt nach handelsrechtlichen Vorschriften auf Grundlage des im April 2014 öffentlich bekannt gemachten Deutscher Rechnungslegungs Standard Nr. 21 (DRS 21) „Kapitalflussrechnung". DRS 21 stellt einen **eigenen deutschen Standard zur Kapitalflussrechnung** dar, der in einzelnen Punkten von den Vorgaben der IFRS abweicht.[39]

Folgende wesentliche Unterschiede zwischen IFRS und den deutschen Regelungen bestehen:

- **Aufstellungspflicht:**
  Im Bereich des HGB ist die Kapitalflussrechnung bislang nur für **Konzernabschlüsse** vorgeschrieben (§ 297 Abs. 1 Satz 1 HGB). Nach IFRS ist eine Kapitalflussrechnung auch für Einzelabschlüsse aufzustellen.
- **Mindestgliederung:**
  DRS 21 sieht für alle drei Tätigkeitsbereiche sowie sowohl für die direkte als auch für die indirekte Methode im Bereich der betrieblichen Tätigkeit eine **verbindliche Mindestgliederung** vor, die gegebenenfalls durch weitere Angaben zu erweitern ist.

---

[39] Ausführlich Hoffmann/Lüdenbach, NWB Kommentar Bilanzierung, 5. Aufl. 2014, § 297.

Im Bereich der IFRS ist dagegen kein obligatorisches Mindestgliederungsschema vorgesehen. Anhaltspunkte ergeben sich lediglich aus den Beispielen im Appendix zu IAS 1 sowie aus dem Katalog an typischen Bestandteilen der einzelnen Tätigkeitsbereiche (IAS 7.14ff.).
- Ausweis von **Dividendenzahlungen:** Gem. DRS 21 sind gezahlte Dividenden als Auszahlungen im Bereich der **Finanzierungstätigkeit** auszuweisen (DRS 21.48). Dagegen ist nach IAS 7.34 **alternativ** eine Zuordnung zu dem Bereich der **betrieblichen Tätigkeit** zulässig (siehe unsere Kritik unter Rz 119).
- Ausweis von erhaltenen **öffentlichen Zuschüssen:** Nach DRS 21.49 sind Einzahlungen aus erhaltenen Zuschüssen zwingend dem Finanzierungsbereich zuzurechnen. Nach IAS 7 besteht keine vergleichbare Pflicht (Rz 154).
- Auszahlungen für den Erwerb oder die Herstellung von **Deckungsvermögen**: Nach DRS 21.45 sind Auszahlungen für den Erwerb oder die Herstellung von Deckungsvermögen zwingend dem Bereich der Investitionstätigkeit zuzurechnen. Ein Interpretationsspielraum besteht daher, anders als für die nach IAS 7 erstellte Kapitalflussrechnung nicht (Rz 51f.)

180 *vorläufig frei*

9 Anwendungszeitpunkt, Rechtsentwicklung

181 Der Standard ist für alle Berichtsperioden ab dem 1.1.1994 anzuwenden (IAS 7.53).
182 Eine grundlegende Revision des Standards ist kurzfristig nicht zu erwarten. Nach wie vor wird diskutiert, ob mittel- bzw. eher langfristig die indirekte Methode für den operativen Bereich (Rz 61ff.) nicht mehr zulässig sein soll. Mit Anwendung von IFRS 3 (rev. 2008) ergaben sich Folgeänderungen (*consequential amendments*) von IAS 7 (betreffend IAS 7.39–42B). Die Veröffentlichung der beiden Meilensteinprojekte IFRS 15 und IFRS 9 führt hingegen nicht zu einem Anpassungsbedarf.
183 Im Oktober 2008 hat der Board ein Diskussionspapier „*Preliminary Views on Financial Statement Presentation*" veröffentlicht. Aufgrund zahlreicher Kritik aus der Praxis und dringenderer anderer Projekte wurden die Arbeiten aber zunächst zurückgestellt. Die im DP noch vorgesehenen Änderungen wurden allerdings in einen am 1.7.2010 veröffentlichten *Staff Draft* (als Vorstufe eines *Exposure Draft*) übertragen.

Im Zuge der Vereinheitlichung der Anforderungen an die Berichterstattung sind auch Änderungen der Kapitalflussrechnung zur Diskussion gestellt:
- **Bereiche der Kapitalflussrechnung**: Das Gliederungsschema der Kapitalflussrechnung soll sich an der Darstellung der Bilanz und der (zukünftigen) Gesamteinkommensrechnung orientieren, daher werden neue Kategorien eingefügt. Folgende Gliederung ist aktuell angedacht:
  – *Business*-**Bereich**:
    – *Operating cash flows*
    – *Investing cash flows*
  – *Financing*-**Bereich:**
    – *Financing asset cash flows*
    – *Financing liability cash flows*
  – *Income taxes*
  – *Discontinued operations*

Aufgrund des veränderten Ausweises ergäben sich auch Rückwirkungen auf die Zuordnung zu den einzelnen Bereichen.
- **Begrenzung des Finanzmittelfonds:** Als Teil des Finanzmittelfonds sollen künftig – im Einklang mit der Anforderung an einen geplanten separaten bilanziellen Ausweis – Zahlungsmitteläquivalente nicht mehr aufgenommen werden. Ausgangspunkt der Kapitalflussrechnung wären somit allein die Barmittel und Sichteinlagen eines Unternehmens.
- **Verpflichtung zur direkten Bestimmung** des operativen *cash flow*: Eine indirekte Bestimmung des operativen *cash flow* (ausgehend von einer Ergebnisgröße) soll künftig nur noch ergänzend zur Bestimmung des direkten operativen *cash flow*. gefordert werden (SD.170).

Der IASB hat Ende 2014 einen Entwurf mit vorgesehenen Änderungen an IAS 7 veröffentlicht (ED/2014/6), der Ausfluss der Arbeiten des Projekts zum Rahmenkonzept ist. Die Änderungen zielen darauf ab, die Informationen zu verbessern, die Abschlussadressaten in Bezug auf die Finanzierungstätigkeiten und die Liquidität eines Unternehmens zur Verfügung gestellt werden. Inhaltlich geht es um eine Erweiterung von IAS 7 zur Verbesserung der Informationen

- zu den **Finanzierungstätigkeiten** eines Unternehmens unter Vernachlässigung von Eigenkapitalposten. Nach dem Vorschlag bedarf es künftig einer Überleitung der Beträge von der Eröffnungs- zur Schlussbilanz – mit Ausnahme der Eigenkapitalposten – für jeden Posten, für den Kapitalflüsse im Bereich der Finanzierungstätigkeit klassifiziert werden oder würden. Die Überleitungsrechnung soll (i) Eröffnungsstände in der Bilanz, (ii) Veränderungen während der Berichtsperiode und (iii) Schlussstände in der Bilanz umfassen.
- über die **Liquidität** eines Unternehmens. Die bislang geforderten Angaben sind um Angaben zu (Verfügungs-)Beschränkungen zu erweitern, die Auswirkungen auf die Entscheidungen eines Unternehmens im Hinblick auf die Verwendung von Zahlungsmitteln und Zahlungsmitteläquivalenten haben. Dies schließt Steuerverbindlichkeiten ein, die sich aus der Repatriierung von Zahlungsmitteln und Zahlungsmitteläquivalenten aus dem Ausland ergeben.

10 Zusammenfassende Praxishinweise

„*Cash is king*" – nach dieser Devise sollte der in der deutschen Rechnungslegung eher **vernachlässigten** Kapitalflussrechnung im Rahmen des IFRS-Abschlusses die gebührende Aufmerksamkeit geschenkt werden. Spektakuläre Unternehmenszusammenbrüche und der Niedergang der *new economy* haben Folgendes deutlich gemacht: Am Ende machen nicht etwa zweifelhafte Bilanzierungspraktiken und *equity stories*, sondern selbst erwirtschaftete Zahlungsüberschüsse den Erfolg eines Unternehmens aus (Rz 3). Zur Erläuterung von Zahlungsströmen der Vergangenheit, aber auch zur Prognose zukünftiger Einnahmeüberschüsse kommt daher der Erstellung einer aussagefähigen Kapitalflussrechnung **gesteigerte Bedeutung** zu.

Die Kapitalflussrechnung ist eine Stromgrößenrechnung, durch die für einen abgegrenzten Vermögensteil („Finanzmittelfonds") die Zu- und Abgänge im Gefolge der Veränderungen aller Nicht-Fondspositionen erklärt werden. Einzelheiten zur Abgrenzung des **Finanzmittel**fonds sind unter Rz 15 ff. dargestellt. Besonderheiten ergeben sich durch eine sog. **Bewertungsrechnung** (Rz 29 ff.).

In der Grundstruktur werden die *cash flows* aus der **betrieblichen**, der **Investitions**- und der **Finanzierungs**tätigkeit unter Gegenüberstellung der Vorjahreszahlen in Staffelform wiedergegeben (Rz 35 ff.).
Zur **Zusammensetzung** der *cash flows* aus der
- betrieblichen Tätigkeit vgl. Rz 46 ff.,
- Investitionstätigkeit vgl. Rz 70 ff.,
- Finanzierungstätigkeit vgl. Rz 89 ff.

Die *cash flows* aus der betrieblichen Tätigkeit können nach der **direkten** (Rz 56) oder **indirekten** Methode (Rz 61 ff.) ermittelt und dargestellt werden.
Besonderheiten ergeben sich aus der Ermittlung der *cash flows* von
- Fremdwährungsfällen (Rz 98 ff.),
- außerordentlichen Posten (Rz 107 ff.) – nicht mehr ab 2005,
- Zinszahlungen (Rz 109 ff.),
- Dividendenzahlungen (Rz 115 ff.),
- Ertragsteuern (Rz 120 ff.),
- Anteilen an Tochterunternehmen, assoziierten Unternehmen und Joint Ventures (Rz 125 ff.),
- Erwerb und Veräußerung von Tochterunternehmen und sonstigen Geschäftseinheiten (Rz 130 ff.),
- nicht zahlungswirksamen Transaktionen (Rz 148 ff.).

Wegen Einzelheiten betreffend die **Angaben** zur Kapitalflussrechnung vgl. Rz 160 ff. Ein **Vergleich** mit den Vorgaben nach dem HGB bzw. dem DRS 21 ist in Rz 177 ff. dargestellt.

187 Aufgrund der Wahlrechte und des fehlenden Mindestgliederungsschemas in IAS 7 werden in der Praxis unterschiedliche Formate von Kapitalflussrechnungen verwendet. Nachfolgend erfolgt die Darstellung eines (an einen DAX-Konzern angelehnten) Beispiels ohne Vorjahreszahlen und ohne *discontinued operations*. Zu Letzterem wird auf → § 29 Rz 59 verwiesen.

			in Mio. EUR	
1.		Periodenergebnis nach Steuern	280	Es ist zulässig, eine beliebige Ergebnisgröße als Ausgangsbasis für die Überleitungsrechnung zu wählen (Rz 67)
		(Anpassungen I)		
2.	+/–	Abschreibungen/Zuschreibungen auf Vermögenswerte	900	nicht zahlungswirksam (Rz 62)
3.	–/+	Gewinn/Verlust aus dem Abgang von Vermögenswerten, die nicht zu Handelszwecken gehalten werden	–50	nicht dem Bereich der betrieblichen Tätigkeit zuzuordnen (Rz 66)
4.	–/+	Wechselkursbedingte Gewinne/Verluste	50	nicht zahlungswirksam oder nicht der betrieblichen Tätigkeit zuzuordnen (Rz 98 ff.)
5.	+/–	Sonstige zahlungsunwirksame Aufwendungen/Erträge	–180	nicht zahlungswirksam (Rz 62)
	=	*Zwischensumme I*	*1.000*	

Kapitalflussrechnung §3

			in Mio. EUR	
		(Anpassungen II)		
6.	–/+	Zunahme/Abnahme der Vorräte, der Forderungen aus Lieferungen und Leistungen sowie anderer Aktiva, die nicht der Investitions- oder Finanzierungstätigkeit zuzuordnen sind	–100	nicht zahlungswirksame Veränderungen des *working capital* (Rz 65)
7.	+/–	Zunahme/Abnahme der Verbindlichkeiten aus Lieferungen und Leistungen sowie anderer Passiva, die nicht der Investitions- oder Finanzierungstätigkeit zuzuordnen sind	200	
8.	+/–	Zunahme/Abnahme der Rückstellungen	150	nicht zahlungswirksame Zuführungen/Auflösungen von Rückstellungen (Rz 62)
	=	*Zwischensumme II ("cash generated from operations")*	1.250	
9.	–/+	Zinsaufwand/Zinsertrag	100	Ausweis alternativ unter Investitions- oder Finanzierungstätigkeit (Rz 109 ff.)
10.	–/+	Gezahlte/erhaltene Steuerzahlungen	0	wenn Ergebnis nach Steuern Ausgangspunkt, entfällt die Zeile „Gezahlte Steuern" (Rz 69)
11.	=	*Cash flow* aus betrieblicher Tätigkeit	1.350	
12.		Einzahlungen aus Abgängen von Gegenständen des Sachanlagevermögens und immateriellen Vermögens	50	Für die Darstellung der *cash flows* aus der Investitionstätigkeit ist zwingend die direkte Methode vorgeschrieben (Rz 77 ff.)
13.	–	Auszahlungen für Investitionen in das Sachanlagevermögen und immaterielle Vermögen	–750	
14.	+	Einzahlungen aus Abgängen von Gegenständen des Finanzanlagevermögens	25	
15.	–	Auszahlungen für Investitionen in das Finanzanlagevermögen	–50	
16.	+	Einzahlungen aus dem Verkauf von konsolidierten Unternehmen und sonstigen Geschäftseinheiten	125	
17.	–	Auszahlungen aus dem Erwerb von konsolidierten Unternehmen und sonstigen Geschäftseinheiten	–100	
18.	+/–	Einzahlungen/Auszahlungen aus Positionen, die nicht der betrieblichen Tätigkeit oder der Finanzierungstätigkeit zuzuordnen sind	–100	
19.	=	*cash flow* aus der Investitionstätigkeit	–800	
20.		Einzahlungen aus Eigenkapitalzuführungen (Kapitalerhöhungen, Verkauf eigener Anteile etc.)	25	Ebenso wie bei der Investitionstätigkeit sind die *cash flows* aus der Finanzierungstätigkeit nach der direkten Methode darzustellen (Rz 90 ff.)
21.	–	Auszahlungen an Unternehmenseigner und Minderheitsgesellschafter (Dividenden, Erwerb eigener Anteile, Eigenkapitalrückzahlungen, andere Ausschüttungen)	–125	
22.	+	Einzahlungen aus der Begebung von Anleihen und der Aufnahme von (Finanz-)Krediten sowie *finance-lease*-Verbindlichkeiten	0	Ebenso wie bei der Investitionstätigkeit sind die *cash flows* aus der Finanzierungstätigkeit nach der direkten Methode darzustellen (Rz 90 ff.)
23.	–	Auszahlungen aus der Tilgung von Anleihen und (Finanz-)Krediten sowie *finance-lease*-Verbindlichkeiten	–400	
24.	=	*Cash flow* aus Finanzierungstätigkeit	–500	
25.		**Zahlungswirksame Veränderung aus Geschäftstätigk. (11 + 19 + 24)**	50	

				in Mio. EUR	
26.	+	Zahlungsmittel 1.1.		540	Anfangsbestand der Periode
27.	+	Veränderung Zahlungsmittel aus erstmaliger Konsolidierung/Nichtkonsolidierung bisher wegen Unwesentlichkeit/Wesentlichkeit nicht/voll konsolidiertes Tochterunternehmen		60	Wertänderung ohne *cash flow* (Rz 145 ff.)
28.	+	Veränderung Zahlungsmittel durch Wechselkursänderungen		−50	Wertänderung ohne *cash flow* (Rz 98 ff.)
29.	=	**Zahlungsmittel 31.12.**		**600**	Endbestand der Periode
30.	**Zusätzliche Angaben**				
a)		Gezahlte Ertragsteuern		100	Der Standard IAS 7 sieht eine Reihe von Pflichtangaben vor, die wahlweise entweder in der Kapitalflussrechnung selbst oder im Anhang genannt und die der Auflistung in Rz 165 entnommen werden können
b)		Gezahlte Zinsen		125	
c)		Einzahlungen aus Zinsen		50	

§ 4 EREIGNISSE NACH DEM BILANZSTICHTAG

Inhaltsübersicht

	Rz
Vorbemerkung	
1 Zielsetzung, Regelungsinhalt, Begriffe	1–4
2 Aufhellungszeitraum	5–16
2.1 Ökonomische Zwangsläufigkeiten, *fast close*	5–7
2.2 Rechtliche Strukturen	8–13
2.3 Praktische Probleme	14–16
2.3.1 Der Erstellungsvorgang	14
2.3.2 Verspätete Erstellung	15
2.3.3 Informationen nach Freigabe (Zweifachdatierung)	16
3 Abgrenzung wertaufhellender und wertbeeinflussender Ereignisse	17–44
3.1 Systematik	17–19
3.2 Kasuistik (Beispiele)	20–44
3.2.1 Lehrbuchfälle	20
3.2.2 Praktische Fälle	21–44
3.2.2.1 Schadensfälle nach dem Bilanzstichtag	21
3.2.2.2 Forderungsausfälle nach dem Bilanzstichtag	22
3.2.2.3 Gerichtsurteile nach dem Bilanzstichtag	23–25
3.2.2.4 Eingänge auf und Wertsteigerungen von Forderungen nach dem Bilanzstichtag	26
3.2.2.5 Preisentwicklung nach dem Bilanzstichtag	27–30
3.2.2.6 Zufallskurse am Bilanzstichtag	31–32
3.2.2.7 Gewinnbeteiligungen	33
3.2.2.8 Strafbare Handlungen	34
3.2.2.9 Vertragsverhandlungen über den Bilanzstichtag hinaus	35–38
3.2.2.10 Dividenden beim leistenden und empfangenden Unternehmen	39–42
3.2.2.11 Sanierungsmaßnahmen	43
3.2.2.12 Behördliche Genehmigungen nach dem Bilanzstichtag	44
4 Abweichen vom Grundsatz der Unternehmensfortführung aufgrund von Ereignissen nach dem Bilanzstichtag	45–48
5 Steuerlatenz	49
6 Angaben	50–54
7 Anwendungszeitpunkt, Rechtsentwicklung	55
8 Zusammenfassende Praxishinweise	56

Schrifttum: HOFFMANN, Die voraussichtlich dauernde Wertminderung bei börsenorientierten Aktien, DB 2008, S. 260; HOMMEL, Schätzungen von Rückstellungen in Fast-Close-Abschlüssen, BB 2004, S. 1671; HOMMEL/BERNDT, Wertaufhellung und funktionales Abschlussstichtagsprinzip, DStR 2000, S. 1745; KÜTING/WEBER/BOECKER, Fast Close – Beschleunigung des Jahresabschlusserstellung: (zu) schnell am Ziel?!, StuB 2003, S. 1; LÜDENBACH, Bilanzierungsfehler bei fast close, PiR 2007, S. 25; LÜDENBACH, Erfolgswirksamkeit und Realisationszeitpunkt empfangener Ausschüttungen?, PiR 2007, S. 233; LÜDENBACH, Im Aufhellungszeitraum ergehendes Urteil im Aktivprozess, PiR 2007, S. 143; LÜDENBACH, Wertberichtigung bei Fertigungsaufträgen, PiR 2007, S. 364; MOXTER, Unterschiede im Wertaufhellungsverständnis zwischen den handelsrechtlichen GoB und den IAS/IFRS, BB 2003, S. 2559.

Vorbemerkung
Die Kommentierung bezieht sich auf IAS 10 in der aktuellen Fassung und berücksichtigt alle Ergänzungen, Änderungen und Interpretationen, die bis zum 1.1.2015 beschlossen wurden. Zur Rechtsentwicklung wird auf Rz 55 verwiesen.

1 Zielsetzung, Regelungsinhalt, Begriffe

1   Der Jahresabschluss nach IFRS ist auf Grundlage der Verhältnisse aufzustellen, wie sie **am** Bilanzstichtag bestehen. IAS 10 regelt die bilanzielle Erfassung und Berichterstattung (Rz 50 ff.) von Ereignissen **nach** dem Bilanzstichtag. Daneben behandelt IAS 10 die Frage, welche Auswirkungen Ereignisse nach dem Bilanzstichtag auf den Grundsatz der **Unternehmensfortführung** haben. Der Regelungsinhalt von IAS 10 wird nach deutscher Sprachregelung mit dem Stichwort „**Wertaufhellung**" charakterisiert, womit auch der Bilanzansatz angesprochen ist (Rz 34).

2   In ökonomischer Betrachtung entspringt der Regelungsgehalt von IAS 10 dem die Bilanzierung durchdringenden Tatbestand der menschlichen **Unsicherheit** über die Entwicklung der Zukunft. Die Zukunft wird jedoch unentwegt durch die Gegenwart eingeholt, d. h., das unsichere **Ereignis** tritt ein oder der **Kenntnisstand** über einen bestimmten Zustand – z. B. Preisentwicklung für Rohstoffe, Zahlungsfähigkeit eines Kunden – wächst im Zeitverlauf.
Andererseits muss die laufende buchmäßige Erfassung der Geschäftsvorfälle eines Unternehmens periodisch **angehalten** werden – monatlich, vierteljährlich, jährlich –, um über das Ergebnis informieren zu können. Dieses „Anhalten" erfolgt zu einem **Stichtag**, bedarf zur Ausfertigung des gewählten Produktes „Jahresabschluss" oder „Zwischenabschluss" (→ § 37 Rz 17) allerdings eines bestimmten Zeitrahmens, des **Wertaufhellungszeitraums** (Rz 5 ff.).

3   Die Stichtagsperspektive provoziert zunächst die Frage, ob das Vorliegen des Ereignisses zu diesem Termin (**objektive** Betrachtung) oder der nach überliefertem deutschem Rechtsverständnis Kenntnisstand oder das Kennenmüssen der Bilanzierenden (**subjektive** Betrachtung) den Maßstab für den Bilanzansatz und die -bewertung liefert. Der Wortlaut von IAS 10 bietet keine Klärung. IAS 8.5 enthält eine Definition des Bilanzierungsfehlers, stellt jedoch auf den Informationsstand ab, der bei Bilanzfreigabe vernünftigerweise verfügbar war, damit also auf das **Kennenmüssen**.

4   Sofern dann Klarheit über das Vorliegen eines Zustandes (z. B. eines schadhaften Produktionsloses) bereits **am** Stichtag oder doch erst **danach** besteht, ist die bilanzielle Abbildung nach IAS 10.3 wie folgt vorzunehmen:

- Vorliegen **am** Stichtag → Einbuchung als *adjusting event*.
- Vorliegen **nach** dem Stichtag → Anhangerläuterung bei Wesentlichkeit als *non-adjusting event*.

2 Aufhellungszeitraum

2.1 Ökonomische Zwangsläufigkeiten, *fast close*

Das Informationsgeschehen generell unterliegt dem **Zeitdruck**. Je früher die Information über einen Sachverhalt vorliegt, desto wertvoller ist sie und umgekehrt. Der „klassische" Kaufmann tut sich keinen Gefallen, wenn er mit der Erstellung des Jahresabschlusses lange zuwartet. Je früher er über das Ergebnis seines Wirtschaftens in der Vergangenheit informiert ist, desto eher kann er die Weichen für die Zukunft stellen.

Viel mehr noch dringen die **Kapitalmärkte** auf schnelle Information. Sie nehmen keine Rücksicht auf rechtliche Strukturen, die die Handlungsabläufe zwischen Bilanzstichtag und „Verabschiedung" des Abschlusses regeln.

Für börsennotierte Unternehmen und ihre Tochtergesellschaften ist die Aufstellung des Jahresabschlusses mit Veröffentlichung in den Medien bereits **wenige Wochen** nach Bilanzstichtag *(fast close)* inzwischen zur Regel geworden. Bei einem mehrstufigen Konzern müssen demzufolge die ersten Teilabschlüsse von Enkel- oder Tochterunternehmen bereits **wenige Tage** nach Schluss des Geschäftsjahres konsolidierungsbereit vorliegen. Zu diesem Zweck wird meistens noch **vor Ende** des alten Geschäftsjahres ein vorläufiger Abschluss aufgestellt *(hard close)*.[1] Endgültige Entscheidungen über den Wertansatz können allerdings nur **nach** dem Bilanzstichtag getroffen werden. Dies gilt insbesondere für folgende Bereiche:

- Bewertung von ausstehenden **Forderungen**,
- Bewertung von **Vorräten**,
- Bemessung der **außerplanmäßigen** Abschreibungen von Beteiligungen,
- Bilanzierung von **Rückstellungen**.[2]

Durch den Trend zum *fast close* wird der Aufhellungszeitraum erheblich **verkürzt**. Damit ist freilich die Gefahr der **Verminderung** der **Qualität** und der **Verlässlichkeit** der Jahresabschlussdaten verbunden. Diese Gefahr kann einerseits durch die Optimierung von Prozessen und durch geeignete Organisationsstrukturen vermindert werden. Andererseits ist der Bilanzierende durch das *framework* ausdrücklich dazu angehalten, den Gesichtspunkt der Zeitnähe *(timeliness)* gebührend zu berücksichtigen (→ § 1 Rz 68). Die **Abwägung** zwischen Verlässlichkeit und Zeitnähe des Jahresabschlusses hat der Bilanzierende nach pflichtgemäßem Ermessen zu treffen. Eine maximale Ausdehnung der Wertaufhellungsfrist wird dabei die Ausnahme sein.

---

1 Vgl. KÜTING/WEBER/BOECKER, StuB 2003, S. 1.
2 Vgl. HOMMEL, BB 2004, S. 1671.

7   Hierzu folgendes Beispiel:

> **Beispiel**[3]
> U organisiert sein Rechnungswesen „kostenorientiert", also auf Sparflamme. Gleichwohl will U der SAP gleichkommen und den Jahresabschluss zum 31.12.01 den Gesellschaftern und der Hausbank am 20.1.02 präsentieren. Eine Forderung aus Warenlieferung vom 30.12.01 wird vom Kunden am 18.1.02 bemängelt; er kündigt eine Kürzung des Rechnungsbetrages bei der Zahlung um 50 % an. Am 25.1.02 wird der Vorgang bei U aufgegriffen und die Berechtigung der Kundenrüge erkannt. Das Ergebnis hätte bei Wesentlichkeit des Betrages entsprechend niedriger ausgewiesen werden müssen. **Unproblematisch** ist der kurze Zeitraum, also der *fast close* an sich. Das lässt sich aus F.43 ableiten (→ § 1 Rz 62). Kritisch ist die fehlende **Sorgfalt** bez. des Umgangs mit Informationen.[4] Der Vorteil der Zeitnähe des Abschlusses darf nicht einseitig zu Lasten der Qualität gehen. Es liegt ein **subjektiver** Fehler vor, der nicht dem Regelungsbereich des IAS 10, sondern des **IAS 8** unterliegt (→ § 24 Rz 34 ff.).

2.2 Rechtliche Strukturen

8   Aufhellende Informationen gehen im Allgemeinen während des **gesamten** Erstellungszeitraums zu. Damit stellt sich die Frage, bis zu welchem Zeitpunkt aufhellende Informationen zu berücksichtigen sind. Nach IAS 10.7 **endet** der Aufhellungszeitraum mit der Freigabe des Jahresabschlusses zur Veröffentlichung (*when the financial statements are authorized for issue*, IAS 10.3). Dieser Zeitpunkt ist im Anhang offenzulegen (Rz 50). Bis dahin müssen sämtliche Informationen über die Verhältnisse des Bilanzstichtags berücksichtigt werden; danach erlangte Informationen sind nach IAS 10 unbeachtlich (Rz 11).

9   Der Zeitpunkt der **Beendigung** der Abschlusserstellung und damit dessen „Freigabe"*(issue)* hängt von den jeweiligen **rechtlichen** Gegebenheiten des einzelnen Unternehmens ab. Bei einer Aktiengesellschaft ist das der Tag, an dem der Gesamtvorstand den Jahresabschluss (§ 170 Abs. 1 AktG) bzw. den Konzernjahresabschluss (§ 377 Abs. 1 Satz 1 AktG) dem Aufsichtsrat zur Prüfung bzw. Billigung vorlegt (§ 171 Abs. 1 Satz 1 AktG). Das Gleiche gilt bei einer mitbestimmten **GmbH** (§ 25 MitbestG) und bei einer GmbH mit einem fakultativen Aufsichtsrat. Der Aufhellungszeitraum nach IFRS endet hier mit der Vorlage des Abschlusses durch den Vorstand an den **Aufsichtsrat** (IAS 10.6). Im Allgemeinen entspricht damit der Zeitpunkt der Freigabe zur Veröffentlichung dem Tag der Unterzeichnung des Jahresabschlusses durch den Vorstand/die Geschäftsführung. Werterhellende und -begründende Ereignisse danach können nicht mehr berücksichtigt worden sein. Unerheblich für das Ende des Aufhellungszeitraumes ist insoweit die Genehmigung des Jahresabschlusses durch den **Aufsichtsrat**.

10 Das Ende des Wertaufhellungszeitraums wird in IAS 10.6 – für das nach deutschem Recht gültige Trennungssystem der Board-Struktur – durch folgendes (leicht verändertes) **Beispiel** für eine Aktiengesellschaft veranschaulicht:

---

[3] Nach LÜDENBACH, PiR 2007, S. 25.
[4] So LÜDENBACH, PiR 2007. S. 26.

(Für die Abläufe bei **anderen** gesellschaftsrechtlichen Strukturen vgl. Rz 11).

> **Beispiel**
>
> 31.12.00 Bilanzstichtag
> 28.2.01   Fertigstellung des Entwurfs des Jahresabschlusses durch den Vorstand
> 16.3.01   Ende der Prüfungshandlungen des Jahresabschlussprüfers
> 18.3.01   Freigabe des Jahresabschlusses durch den Vorstand zur Weiterleitung an den Aufsichtsrat (Unterzeichnung)
> 19.3.01   Testat des Abschlussprüfers
> 01.4.01   Genehmigung durch den Aufsichtsrat
>
> **Lösung**
> Der Aufhellungszeitraum endet hier mit der Unterzeichnung des Jahresabschlusses durch den Gesamtvorstand am 18.3.01.[5] Die Billigung des Abschlusses durch ein anderes Organ der Gesellschaft ist nicht mehr Bestandteil der Abschlusserstellung.

Zu den Besonderheiten für die Bestimmung des Wertaufhellungszeitraums bei der IFRS-**Eröffnungsbilanz** wird auf → § 6 Rz 39 ff. verwiesen.

Die vorstehende Darstellung ist im Wesentlichen an den strukturellen Gegebenheiten einer **deutschen Aktiengesellschaft** ausgerichtet. Je nach Rechtsform können sich Besonderheiten ergeben:[6]

- Bei der **GmbH** ohne pflichtmäßige oder freiwillige Bestellung eines Aufsichtsrates obliegen die Feststellung des Jahresabschlusses und die Billigung des Konzernabschlusses der Gesellschafterversammlung (§ 46 GmbHG). Entsprechend hat die Geschäftsführung diesem Organ die Jahresabschlüsse zuzuleiten.
- Bei **Personenhandelsgesellschaften** obliegt die Erstellung des Jahresabschlusses den geschäftsführenden Gesellschaftern, die Feststellung ist der Gesellschafterversammlung anvertraut. Dies gilt nicht nur für den Einzel-, sondern auch für den Konzernabschluss und den befreienden Einzelabschluss für Zwecke der Handelsregisterpublizität (→ § 7 Rz 11).

Vom vorstehend dargestellten „schulmäßigen" Verlauf wird in der Praxis z.T. abgewichen. Bei wenig formalisierten gesellschaftsrechtlichen Strukturen werden potenzielle Streitpunkte zwischen Geschäftsführung, Aufsichtsrat und Gesellschafterversammlung im Vorfeld auf der Basis vorläufiger Abschlüsse und Berichte („**Korrekturexemplare**") geklärt. Die Geschäftsführung gibt den Abschluss formal (durch Unterschrift) erst nach Rückmeldungen zum Korrekturexemplar frei. Der Aufhellungszeitraum endet u.E. hier erst mit der **formalen**

11

---

5 A. A. WAWRZINEK, in: BECK'SCHES IFRS-Handbuch, 4. Aufl., 2013, § 2, Tz 107: Datum des Bestätigungsvermerks; vermittelnd HEUSER/THEILE, IFRS-Handbuch, 5. Aufl., 2012, Tz 821: Der Vorstand kann nur den testierten Abschluss dem Aufsichtsrat weiterleiten. In der Praxis besteht dieses Problem häufig schon deshalb nicht, weil beide Daten identisch sind.
6 Vgl. hierzu ADS INTERNATIONAL, Abschn. 2, Tz 42 ff.

Freigabe (Unterschriftsleistung) und nicht schon mit der Überlassung des Korrekturexemplars.
- Dies ergibt sich zunächst aus dem Beispiel in IAS 10.5, wonach **Entwurfsexemplare irrelevant** sind.
- Systematisch bestätigt wird dies durch IAS 10.17f. Hiernach ist im **Anhang** anzugeben, wann und von welchem Organ der Abschluss freigegeben wurde (Rz 50). Die Abschlussadressaten sollen dadurch die Reichweite des Aufhellungszeitraums, also den verarbeiteten Informationsstand, ersehen. Wenn die Geschäftsführung bzw. der Vorstand den vorläufigen Abschluss am 1.3. an den Aufsichtsrat weiterleitet, ihn aber mit Datum 15.3. **unterschreibt**, steht sie für die Berücksichtigung aller bis zu diesem Zeitpunkt aufgetretenen wesentlichen Aufhellungsereignisse ein. Der Aufhellungszeitraum kann mithin nicht schon vorher, etwa mit dem Zeitpunkt der Übersendung eines Korrekturexemplars, beendet gewesen sein.

12 Im Falle der angelsächsischen (und schweizerischen) **Board-Struktur** mit internen und externen Mitgliedern *(board of directors)* ist der Board insgesamt für die Beschlussfassung über den Abschluss zuständig. Bis dahin läuft die Aufstellungsfrist. Sofern die Genehmigung der Gesellschafter erforderlich ist, endet die Aufstellung mit Weiterleitung an die Gesellschafter (IAS 10.5).
Nach deutscher Rechtslage bedarf es zur rechtlichen Gültigkeit eines Jahresabschlusses bzw. der Billigung eines Konzernabschlusses immer der entsprechenden **Zustimmung** des zuständigen Organs (Aufsichtsrat oder Gesellschafterversammlung). Bis dahin kann der Vorstand/die Geschäftsführung einen Jahres- bzw. Konzernabschluss förmlich noch **ändern**, die bisherige Unterzeichnung unter Inkaufnahme einer Nachtragsprüfung sozusagen widerrufen.[7] Dies muss auch für die **Konzern**abschlüsse nach den IFRS gelten, die förmlich nicht festgestellt, sondern „nur" gebilligt werden. Die Frage ist dann, ob im Falle einer entsprechenden Neuaufstellung des Jahresabschlusses der Wertaufhellungszeitraum bis zur erneuten Unterzeichnung und Weitergabe an den Aufsichtsrat/die Gesellschafterversammlung erweitert wird. Dafür spricht die rechtliche Struktur nach deutschem Recht,[8] dagegen spricht die dem Regelungsgehalt von IAS 10.5 bzw. 10.6 zugrunde liegende Vorstellung, die das *„Issue"* eher als einmaligen Vorgang ansieht.

13 Durch Auflagen einer *enforcement*-Instanz (SEC oder deutsche Prüfstelle für Rechnungslegung) muss möglicherweise ein fehlerhafter Abschluss zwingend geändert werden *(reissuance)*. Dies kann und wird in der Praxis häufig erst Jahre später erfolgen. In diesem Fall dürfen inzwischen eingetretene **neue Erkenntnisse**, z. B. im Rahmen von Schätzungsverfahren, nicht in den geänderten Jahresabschluss einfließen.[9] Es handelt sich um eine Analogie zu IFRS 1.31 (→ § 6 Rz 39) und fällt **nicht** unter den Wertaufhellungsgedanken und damit nicht unter den Anwendungsbereich von IAS 10.

---

[7] IDW, RS HFA 6, WPg 2001, S. 1085 mit entsprechender Nachtragsprüfung nach § 316 Abs. 3 HGB.
[8] Entsprechend ADS INTERNATIONAL, Abschn. 2, Tz 55f.
[9] ADS INTERNATIONAL, Abschn. 2, Tz 59.

2.3 Praktische Probleme

2.3.1 Der Erstellungsvorgang

Es erscheint nicht praxisgerecht, ansatz- und wertaufhellende Ereignisse **generell** bis zum Tag der Unterzeichnung des Jahresabschlusses zu beachten. Im Allgemeinen wird der Jahresabschluss nicht an einem einzigen Tag aufgestellt; vielmehr erstrecken sich die Jahresabschlussarbeiten in der herkömmlichen Arbeitsweise (vgl. aber Rz 6) über einen Zeitraum von **mehreren Wochen**, in dem die Wertansätze der verschiedenen Jahresabschlussposten sukzessive ermittelt werden. Es ist dem Bilanzierenden nicht zuzumuten, unmittelbar vor der Unterzeichnung des Jahresabschlusses sämtliche Jahresabschlussposten noch einmal im Hinblick auf mögliche Änderungen erneut zu überprüfen. Zumutbar ist nur die Berücksichtigung solcher Informationen, die bis zum Zeitpunkt der Bearbeitung des **jeweiligen Jahresabschlusspostens** tatsächlich erlangt wurden.[10] **Bedeutsame Fälle** sind allerdings bis zu dem Tag im Jahresabschluss zu berücksichtigen, an dem die Aufstellung im Ganzen abgeschlossen ist.[11]

14

2.3.2 Verspätete Erstellung

Die IFRS vermeiden eine exakte zeitliche Begrenzung des Aufhellungszeitraums. Insoweit ist auch explizit nicht geregelt, ob wertaufhellende Umstände auch dann noch zu berücksichtigen sind, wenn der Jahresabschluss **nicht innerhalb** der einem **ordnungsmäßigen Geschäftsgang** entsprechenden Zeit, sondern **verspätet** aufgestellt worden ist.

15

> **Beispiel:**[12]
> Die U GmbH erfüllt ihre Konzernrechnungslegungspflicht nach § 315a Abs. 3 HGB seit Jahren durch einen IFRS-Konzernabschluss. Sie müsste den Abschluss für das Geschäftsjahr 01 gem. § 290 Abs. 1 Satz 1 HGB bis zum 31.5.02 aufstellen. Tatsächlich wird durch eine Verkettung unglücklicher Umstände (Erkrankung des Hauptbuchhalters, Streitigkeiten zwischen den Geschäftsführern usw.) erst Ende Oktober ein zunächst vorläufiger Abschluss erstellt. Die Vorläufigkeit ergibt sich aus folgendem für die Vermögens- und Ertragslage bedeutsamem Vorgang:
> Nachdem X, mit dem bisher eine enge vertragliche Zusammenarbeit bestand, im August den Kooperationsvertrag mit U gekündigt hat, ist ebenso überraschend von X eine Klage über 50 Mio. EUR wegen Patentverletzung in den Jahren bis 01 gegen U eingereicht worden. Die Anwälte von U räumen der Klage des X eine überwiegende Erfolgschance ein. Die Geschäftsführung der U ist sich unsicher, ob für dieses, zum 31.5.02 auch bei gewissenhafter Prüfung noch nicht vorhersehbares, jetzt aber evident gewordenes Risiko eine Rückstellung zu bilden ist.

Beurteilungsrelevant könnte zunächst IFRS 1.14 ff. sein Danach gilt für den **IFRS-Erstanwender**: Werden zwischen dem Zeitpunkt der ursprünglichen,

---

10 Vgl. MOXTER, Bilanzrechtsprechung, 6. Aufl., 2007, S. 283; der BFH ist dieser Vorgabe allerdings nicht gefolgt (Urteil v. 15.9.2004, I R 5/04, DStR 2005, S. 238).
11 Vgl. ADLER/DÜRING/SCHMALTZ, Rechnungslegung und Prüfung, 6. Aufl., § 252, Tz 77.
12 Nach Lüdenbach, PiR 2014 S. 353.

nach nationalem Recht aufgestellten Bilanz und dem Zeitpunkt der Aufstellung der IFRS-Eröffnungsbilanz (auf den gleichen Stichtag) neue Erkenntnisse erlangt, so sind diese i. S. von IAS 10 als nichtberücksichtigungsfähig zu qualifizieren. Der ursprüngliche Aufstellungszeitraum für den nationalen Abschluss limitiert damit den Werterhellungszeitraum für die auf den gleichen Stichtag zu erstellende IFRS-Eröffnungsbilanz.

Fraglich ist aber, ob die Regelungen von IFRS 1.14 ff. für andere Fälle, insbesondere die **verspätete Aufstellung eines „normalen" IFRS-Abschlusses** analogiefähig sind. U. E. ist dies nicht der Fall. Die genannten Regelungen haben vielmehr spezialrechtlichen Charakter. Dies ergibt sich insbesondere auch daraus, dass IFRS 1.13 die Regelungen der IFRS 1.14 ff. explizit als Ausnahmen (*exceptions*) von der sonst gebotenen retrospektiven Anwendung der IFRS deklariert. U. E. endet daher bei „normalen" IFRS-Anwendern der Werterhellungszeitraum erst mit tatsächlicher Freigabe des IFRS Konzernabschlusses.

Diese Lösung wird durch IDW RS HFA 6. Tz. 9 indirekt bestätigt, Danach ist eine **Änderung festgestellter fehlerfreier Abschlüsse** aus gewichtigen Gründen zulässig. Als ein gewichtiger Grund werden dabei auch „erst nachträglich erlangte wertaufhellende Erkenntnisse" genannt. Tz. 13 hält weiter fest: „Zeitliche Grenzen für eine Änderung bestehen nicht, sofern die vorstehenden sachlichen Voraussetzungen erfüllt sind." Danach wäre eine zeitlich unlimitierte Ausdehnung des Wertaufhellungszeitraums durch Änderung eines bereits freigegebenen fehlerfreien Abschlusses zulässig. Im Sinne eines Erst-Recht-Arguments muss dann aber für Fälle, in denen bisher (d. h. innerhalb der gesetzlichen Fristen) gar kein Abschluss festgestellt wurde, ebenfalls der längere Aufhellungszeitraum gelten.

2.3.3 Informationen nach Freigabe (Zweifachdatierung)

16 Fraglich im Einzelfall kann sein, ob anlässlich eines **besonderen** Ereignisses nach der Verabschiedung des Abschlusses (*authorized for issue*, Rz 8) Änderungen erfolgen und veröffentlicht werden dürfen.

> **Beispiel**
> Ein Konzern strebt im Ausland die Börsenzulassung an. In Begleitung des Börsenzulassungsprospekts vom 15.8.02 will der Vorstand den am 15.2.02 verabschiedeten Abschluss zum 31.12.01 in zwei Punkten ändern:
> - Anhangangaben zum Vollzug eines Unternehmenserwerbs am 31.3.02 (*non-adjusting event*).
> - Erfassung einer Rückstellung für eine erst im Mai 02 anhängig gewordene Patentverletzungsklage eines Konkurrenten (*adjusting event*).
>
> **Lösung**
> **Gegen** die Veröffentlichung eines geänderten Abschlusses zum 31.12.01 spricht die Zweckrichtung des IAS 10.18 (Rz 11). Der Adressat des Abschlusses soll nicht zur Weiterverfolgung anderer Abschlüsse auf den gleichen Stichtag gezwungen werden. Plastisch formuliert: Mit dem Bilanzieren als stichtagsbezogenem Vorgang soll es einmal ein Ende haben. Die gewünschten Zusatzinformationen können dann nur als Ergänzung des Jahresabschlusses im Börsenzulassungsprospekt erfolgen.

Allerdings **verbietet** IAS 10 förmlich **nicht** die Veröffentlichung eines geänderten Abschlusses. Dabei muss auf jeden Fall der Änderungsgehalt gegenüber dem „offiziell" verabschiedeten (*„authorized"*) Abschluss dargelegt werden. Beide Varianten unterscheiden sich bez. des Unternehmenserwerbs formal, aber kaum **inhaltlich**, da die Adressaten übereinstimmend informiert werden. Die Angabepflicht nach IAS 3.59b stellt ein *non-adjusting event* dar, der keine Auswirkung auf Bilanz- und Ergebnisrechnung hat. Erst im nächsten Jahresabschluss ist die Erstkonsolidierung abzubilden.

Anders verhält es sich bez. der nach Erkenntnisstand vom 15.2.02 nicht gebildeten Rückstellung. Diese könnte allenfalls dann Berücksichtigung finden, wenn der ursprüngliche Abschluss förmlich aufgehoben (geändert) und an seine Stelle ein anderer mit neuem Verabschiedungsdatum treten würde. Nach IDW RS HFA 6 Tz. 41 soll es zwar zulässig sein, einen fehlerfreien IFRS-Abschluss durch einen geänderten IFRS-Abschluss zu ersetzen, rechtspraktische Gründe sprechen aber i.d.R. gegen ein solches Vorgehen. Überdies spricht das IDW explizit nur Fälle an, in denen eine Bilanzierungsmethode geändert werden soll. Ob durch förmliche Aufhebung des ursprünglichen Abschlusses auch eine Ausdehnung des Aufhellungszeitraums möglich ist, bleibt in RS HFA 6 offen. U.E. liegt IAS 10 die Annahme eines einzigen Aufstellungszeitpunkts zu Grunde. Auch der förmliche Ersatz des ursprünglichen richtigen Abschlusses durch einen neuen verlängert daher den Aufhellungszeitraum u. E. nicht; dies entspricht im Übrigen auch dem Vorgehen nach IFRS 1 (→ § 6 Rz 39). Nach anderer Auffassung ist eine Verlängerung hingegen gegeben.[13]

Als möglicher Ausweg bleibt dann nur noch eine Ergänzung des Anhangs um neue Informationen. In der Folge müsste der Jahresabschluss (im Anhang) aber neben dem ursprünglichen Datum ein weiteres Datum (im Beispiel August 02) haben. Damit wäre der Abschluss **doppelt** datiert (*dual dating*). Diese Lösung stünde u.E. jedoch nicht im Einklang mit der Datierungsvorgabe in IAS 10.17 (Rz 49) und deren Sinngehalt gem. IAS 10.18. Das IFRS IC hat im Mai 2013 in einer Non-Agenda-Entscheidung keine definitive Aussage gemacht, sondern (nur) auf die Inhalte des IAS 10 verwiesen und damit u.U. implizit die Doppeldatierung abgelehnt.[14] U. E. kommt als Informationsmedium für eine z.B. nach Börsenrecht erforderliche Angabe, die nicht im IFRS-Abschluss enthalten ist, nur eine geeignete andere, außerhalb des Abschlusses liegende Stelle des Börsenprospektes in Betracht.

---

13 ERNST & YOUNG, International GAAP 2014 Ch. 34 sCh 2.1.1.
14 So die Interpretation in BAETGE et al., Rechnungslegung nach IFRS, IAS 10 Tz 16.; gegen ein *dual dating* außerdem ERNST & YOUNG, International GAAP 2014 Ch. 34 sCh 2.1.1.

3 Abgrenzung wertaufhellender und wertbeeinflussender Ereignisse

3.1 Systematik

17 Die Erfassung der objektiven Verhältnisse des Bilanzstichtags erfordert eine **Differenzierung** zwischen Ereignissen – einerlei ob wirtschaftlich vor- oder nachteilig –, die
- weitere substanzielle Hinweise zu **Gegebenheiten** (*conditions*, Rz 18) liefern, die bereits am Bilanzstichtag vorgelegen haben (IAS 10.3a und IAS 10.8, *adjusting events, wertaufhellende* Ereignisse) – mögliche Folge: Berücksichtigung im Zahlenwerk;
- **Gegebenheiten** anzeigen, die nach dem Bilanzstichtag eingetreten sind (IAS 10.3b und IAS 10.10, *non-adjusting events, wertbeeinflussende* Ereignisse) – mögliche Folge: **Anhang**sangabe (Rz 50ff.).

Die genannten „Ereignisse" (*events*) müssen **im** Wertaufhellungszeitraum (Rz 8) eingetreten sein. Nach dessen Ende kann es nur noch Berichtigungen von Abschlüssen zur **Fehlerkorrektur** nach IAS 8 geben (→ § 24 Rz 34ff.). „Ereignisse" können auch **Informationen** (Erkenntnisse) sein, die das Management, gleich aus welchen Quellen, erfährt.[15] Der üblicherweise verwendete Begriff „**Wert**aufhellung" umfasst auch den Bilanz**ansatz** (Rz 34).

18 Die in Rz 17 aufgezählten Unterscheidungskriterien enthalten 3 **undefinierte** Begriffe:
- „*conditions*" (Gegebenheiten, Zustände, Verhältnisse, Ereignisse)
- „*provide evidence*" (Klarheit verschaffen)
- „*are indicative*" (anzeigen).

Die beiden letztgenannten Begriffe kann man als Umschreibung für den **Wertaufhellungsvorgang** bezeichnen und sind inhaltlich unproblematisch. Anders kann es sich bei den *conditions* verhalten. Neben eindeutigen Sachverhalten – Abbrennen der Fabrik (Rz 20) – gibt es „Zustände", die sich im Zeitverlauf entwickeln – Preisverfall, Rohstoffknappheit (Rz 27). Bei den letztgenannten „Verhältnissen" sind oft eindeutige Lösungen nicht zu finden (Rz 37). Der Grund liegt letztlich in den physikalischen Gesetzmäßigkeiten des Phänomens „Zeit", das sich mit dem künstlichen Gebilde „Stichtag" logisch-systematisch nicht verträgt (Rz 2).

19 Hier mag letztlich auch der Grund für die mangelnde Konsistenz der BFH-Rechtsprechung zu diesem Bilanzierungsbereich[16] und für den Verzicht des IASB zu einer vertiefenden Systematik liegen. Stattdessen besinnt sich der Standardsetter auf die **Kasuistik** durch Aufzählung von Beispielen für *adjusting events* in IAS 10.9. Dem folgt die nachstehende Kommentierung unter Erweiterung um weitere Beispielsfälle.

---

[15] ADS INTERNATIONAL, Abschn. 2, Tz 70.
[16] HOFFMANN/LÜDENBACH, NWB Kommentar Bilanzierung 5. Aufl. 2014 § 252 Rz 76.

3.2 Kasuistik (Beispiele)

3.2.1 Lehrbuchfälle

Der folgende Sachverhalt stellt einen Standardfall mit Lehrbuchcharakter dar. 20

> **Beispiel**
> Im Holzlager einer Niederlassung hat sich am 30.12.00 ein Brand ereignet. Der Bilanzierende erfährt davon erst am 10.1.01.
> Die nach dem Bilanzstichtag erlangte Information ist durch Abschreibungen auf die beschädigten Holzbestände zum 31.12.00 zu berücksichtigen, da es sich um substanzielle Hinweise zu Gegebenheiten handelt, die bereits am Bilanzstichtag objektiv vorgelegen haben und am Bilanzstichtag bei angemessener Sorgfalt erkennbar waren. Ergebnis: *adjusting*.

Für das gegenteilige Ergebnis steht ein anderer Standardfall, betreffend eine Forderung.

> **Beispiel**
> Auf eine Forderung wurde zum Bilanzstichtag eine Wertberichtigung vorgenommen, weil der Schuldner am 30.12.00 einen Insolvenzantrag gestellt hat. Nach dem Bilanzstichtag wird der Schuldner durch eine Erbschaft oder einen Lotteriegewinn jedoch wieder zahlungsfähig.
> Die Notwendigkeit einer Wertberichtigung auf die Forderung zum 31.12.00 bleibt hiervon unberührt; denn Ereignisse wie z.B. eine Erbschaft oder ein Lotteriegewinn nach dem Bilanzstichtag enthalten nichts, was einen Rückschluss auf den objektiven Wert der Forderung zum Bilanzstichtag des abzuschließenden Geschäftsjahres ermöglichen könnte.

Die Sachverhaltsgestaltung und die Lösung gleichen eher einer Denksportaufgabe als einem Beitrag zur Abbildung der Wirklichkeit des Wirtschaftslebens; denn dort gewinnt ein insolventer Schuldner nie fristgerecht im Lotto oder erbt vom Onkel aus Amerika. Interessanter, weil wirklichkeitsnäher, sind eher zweifelhafte Sachverhalte, deren Zuordnung zu *„adjusting"* und *„non-adjusting"* eine differenzierte, dem Sachverhalt angepasste Beurteilung verlangt.

3.2.2 Praktische Fälle

3.2.2.1 Schadensfälle nach dem Bilanzstichtag

In Fällen von **Produktionsschäden** ist die Feststellung häufig schwierig, ob die Verursachung vor oder nach dem Bilanzstichtag erfolgt ist. 21

> **Beispiel**
> Eine Ende Dezember in Betrieb genommene Fertigungsanlage fällt im Wertaufhellungszeitraum als Totalschaden aus. Die Nachuntersuchung zeigt Konstruktionsfehler, gibt aber auch Bedienungsfehlern eine gewisse Mitschuld.

> **Lösung**
> Aus theoretischer Sicht könnte man versucht sein, zwischen dem Einfluss des Gebrauchs nach dem Bilanzstichtag (wertbeeinflussend) und dem Einfluss der Konstruktionsfehler (werterhellend) zu trennen. Praktisch wird eine solche Aufteilung kaum gelingen.
> Sowohl nach IFRS als auch nach HGB/EStG ist die Zerstörung deshalb nach der für vorrangig erachteten Ursache zu klassifizieren, d. h. entweder insgesamt als wertaufhellendes Ereignis oder insgesamt als wertbeeinflussendes. Eine andere Lösung kann man sich schon aus Vereinfachungsgesichtspunkten nicht vorstellen.

Ein weiteres Beispiel zu einem ähnlichen Sachverhalt ist in → § 21 Rz 132 dargestellt.

3.2.2.2 Forderungsausfälle nach dem Bilanzstichtag

22 Auch bei Forderungsausfällen kann es ungewiss sein, ob der **Insolvenzantrag** eines Kunden nach dem Bilanzstichtag durch wertbeeinflussende Ereignisse hervorgerufen wurde oder ob der Insolvenzantrag lediglich eine wertaufhellende Tatsache ist, weil der Kunde schon am Bilanzstichtag unerkannt zahlungsunfähig war. Mit Recht betonen die IFRS in diesen Fällen den **Vereinfachungs**grundsatz: Eine nach dem Bilanzstichtag eingetretene Insolvenz des Schuldners belegt den Wertverlust der Forderung und damit das Abschreibungserfordernis (IAS 10.9b). Diese Sichtweise entspricht auch derjenigen des HGB.

3.2.2.3 Gerichtsurteile nach dem Bilanzstichtag

23 Nach IAS 10 bestehen keine Bedenken, die nach dem Bilanzstichtag eingetretenen Ereignisse als **Beweisanzeichen** für die Beurteilung der am Bilanzstichtag gegebenen Wertverhältnisse heranzuziehen. Insoweit kann z.B. die **Wahrscheinlichkeitsbeurteilung** bei der Rückstellungshöhe (→ § 21 Rz 134) durch den Hinweis auf nach dem Bilanzstichtag eintretende Ereignisse unterstützt werden (IAS 10.8). Gegebenenfalls sind Rückstellungen mit dem erst nachträglich festgestellten wirklichen Wert anzusetzen, wenn durch die Ereignisse nach dem Bilanzstichtag die Verpflichtung der Höhe nach genau ermittelt wird. Nach wohl herrschender Schrifttumsmeinung[17] gilt dies auch für erst nach dem Bilanzstichtag ergehende rechtskräftige Urteile im Rahmen von **Passivprozessen**. Hinter dieser Sicht verbirgt sich der rechtstheoretische Gehalt eines Gerichtsurteils, das nur **feststellt**, was rechtens ist, nicht aber selbst Recht **schafft**,[18] und damit ein wertaufhellendes Ereignis darstellt (vgl. aber Rz 25).

> **Beispiel**
> Die K-AG produziert und vertreibt seit Juni 02 einen neu entwickelten Kühlschrank, der im Wesentlichen auf der patentrechtlich geschützten Technologie eines Konkurrenten basiert. Im Jahresabschluss zum 31.12.02 hat die K-AG zunächst entsprechend IAS 37.39 eine Rückstellung i. H. v. 600 TEUR

---

[17] Z.B. KPMG, Insights into IFRS, 2014/2015, 2.9.20.20f.
[18] Z.B. BAETGE et al. (Hrsg.), Rechnungslegung nach IFRS, IAS 10 Tz 18.

> gebildet. Am 10.1.03 erhebt der Patentinhaber eine Patentverletzungsklage gegen die K-AG. Am 1.3.03, aber noch vor Aufstellung des Jahresabschlusses, wird die K-AG zur Zahlung von Patentverletzungsansprüchen i. H. v. 900 TEUR rechtskräftig verurteilt.
> Die gebildete Rückstellung ist nach dieser Standardauslegung in der Bilanz zum 31.12.02 auf 900 TEUR zu erhöhen, weil durch die rechtskräftige Verurteilung eine bereits am Bilanzstichtag bestehende Verpflichtung in entsprechender Höhe bestätigt wird, weshalb sich die ursprünglichen Schätzungen der K-AG als unzutreffend herausgestellt haben.

Das vorstehende Beispiel betrifft die Bilanzierung der **Höhe** nach. In gleicher Weise ist für den Bilanz**ansatz** zu verfahren, wenn also durch Gerichtsurteil die Verpflichtung nur dem Grunde nach festgestellt wird.

Die sich anschließende Frage betrifft den spiegelbildlichen **Aktivprozess**: Ist ein vergleichbares rechtskräftiges Urteil, das im Aufhellungszeitraum ergeht, ebenfalls als ansatzbegründend zu werten?[19]

Gegen eine Gleichbehandlung könnten folgende Argumente sprechen:
- In **kasuistischer** Sicht die Beschränkung des Beispielkatalogs in IAS 10.9 auf den Passivprozess.
- In **systematischer** Sicht die unterschiedliche Behandlung von Schulden und Vermögenswerten in IAS 37: Vermögenswerte sind nur anzusetzen, wenn sie so gut wie sicher sind (*vitually certain*, → § 21 Rz 125); umgekehrt sind Schulden bereits bei Erfüllung des *„more likely than not"*-Kriteriums (→ § 21 Rz 37) anzusetzen.

Für die Gleichbehandlung von Aktiv- und Passivprozess spricht:
- Das Beispiel des Passivprozesses in IAS 10.9a legt die Rechtswirkung eines Gerichtsurteils aus: Dieses begründet kein Recht, sondern **bestätigt** einen (hier unterstellt) am Bilanzstichtag bestehenden Rechtsanspruch. Zwischen Aktiv- und Passivprozess kann hier nicht unterschieden werden.
- IAS 37 erlaubt **keinen Analogieschluss**, da die Regelungszusammenhänge mit IAS 10 nicht berücksichtigt werden. Wenn im Wertaufhellungszeitraum die am Bilanzstichtag bestehende Forderung durch rechtskräftiges Urteil nicht nur *virtually certain*, sondern überhaupt *certain* geworden ist, dann besteht kein Ansatzhemmnis mehr.

Der am Bilanzstichtag eine *condition* (Rz 18) darstellende Rechtszustand wird durch das *event*-„Urteil" (Rz 17) als vorhanden bestätigt. Deshalb kann das Urteil nur bessere Erkenntnisse liefern, nicht dagegen die bestehenden Verhältnisse ändern. Oder umgekehrt: Sollte durch ein Gerichtsurteil eine Änderung der Verhältnisse eintreten, müsste dies auch für das Urteil im Passivprozess gelten. Diese Sicht wird durch die Vorgabe in IAS 10.3 bestätigt, derzufolge wirtschaftlich vorteilhafte und nachteilige Ereignisse in gleicher Hinsicht zu berücksichtigen sind (Rz 17).[20]

Voraussetzung ist allerdings die **Rechtskraft** eines Urteils. Ist ein solches bis zum Ende des Wertaufhellungszeitraums noch nicht gegeben, bleibt es bei der Unsicherheit und dann gilt

---

[19] Vgl. hierzu LÜDENBACH, PiR 2007, S. 144.
[20] So auch ADS INTERNATIONAL, Abschn. 2, Tz 78; LÜDENBACH, PiR 2007, S. 145.

- im Passivprozess das Kriterium des *more likely than not*,
- im Aktivprozess das Kriterium des *virtually certain*.

Da der Ausgang von Rechtsprozessen **vor** dem Urteil **nie** so gut wie sicher ist, kommt eine Aktivierung der Forderung nicht Betracht.
Die **BFH**-Rechtsprechung lässt eine Aktivierung am Bilanzstichtag aufgrund eines die Forderung bestätigenden Urteils im Wertaufhellungszeitraum nicht zu. Das Urteil ist also aus Sicht des BFH ansatzbegründend.[21] Das Gleiche wie für das rechtskräftige Urteil gilt für den gerichtlichen oder außergerichtlichen **Vergleich**, eine **Klagerücknahme**[22] oder ein **Schuldanerkenntnis** innerhalb oder außerhalb eines Gerichtsverfahrens.

25 Das Schrifttum wertet praktisch einhellig das rechtskräftige Gerichts**urteil** im Wertaufhellungszeitraum als werterhellend (*„adjusting"*, Rz 23).[23] Es stützt sich dabei auf das Beispiel in IAS 10.9a, wo allerdings von *„settlement ... of a court case"* die Rede ist. *„Settlement"* meint aber nicht Urteil, sondern **Vergleich**.[24] Daran schließt sich die Frage an, ob tatsächlich der Vergleich ein werterhellendes (häufig ansatzerhellendes) Ereignis, eine *condition* (Rz 18), darstellt. Dem Vergleich haftet ein subjektives Element an, während das Urteil eher objektiven, das geltende Recht darstellenden Charakter aufweist. Das Argument der Bestätigung bestehenden Rechts durch ein Urteil (Rz 23) kann beim Vergleich nicht gelten. Vielmehr haben die Vergleichsparteien gerade nicht über bestehendes Recht verfügt, sondern eine neue Vereinbarung über die streitige Rechtsfrage getroffen, die u. E. in prinzipienorientierter Interpretation als ansatz- oder wertbegründend zu werten wäre.[25] IAS 10.9a schreibt aber in davon abweichender Kasuistik die Behandlung des Vergleichs als wert- bzw. ansatzerhellend vor. Hieraus folgt weiter: Wenn der IASB den Vergleich kasuistisch als erhellend wertet, dann muss dies erst recht für ein Urteil gelten.

3.2.2.4 Eingänge auf und Wertsteigerungen von Forderungen nach dem Bilanzstichtag

26 Bei der Forderungsbewertung müssen nach IAS 10.2 auch Ereignisse berücksichtigt werden, welche die Zahlungsfähigkeit des Schuldners am Bilanzstichtag belegen. Nach dem Bilanzstichtag, aber noch vor der Aufstellung des Jahresabschlusses eingegangene **Zahlungen von Schuldnern** können solche wertaufhellenden Ereignisse darstellen. Sofern die Zahlungsfähigkeit nicht ausnahmsweise durch ein nach dem Bilanzstichtag eingetretenes Ereignis wiederhergestellt wurde (Rz 20), lassen sich aus dem Forderungseingang nach Bilanzstichtag **Rückschlüsse** auf das Nichtbestehen eines Risikos am Bilanzstichtag ziehen. Eine Wertberichtigung (Abschreibung) auf diese Forderung kann dann in der Bilanz zum abgeschlossenen Geschäftsjahr nicht vorgenommen werden.

---

[21] Vgl. BFH, Urteil v. 26.4.1989, I R 147/84, BStBl II 1991 S. 213.
[22] So auch ADS INTERNATIONAL, Abschn. 2, Tz 81.
[23] Z.B. Ernst & Young, International GAAP 2014 CH. 34.2.12; KPMG, Insights into IFRS 2014/2015, 2.9.20.20f.; PwC, Manual of Accounting 2014, 22.21; ADS International, IAS 10 Tz 77.
[24] Im vorstehend zitierten Schrifttum wird darauf nicht differenzierend abgehoben, sondern neutral mit *„resolve"* oder *„result"* umschrieben. Ähnlich lautet die amtliche deutsche Übersetzung: „Beilegung".
[25] So auch KÖSTER, in Thiele/v. Keitz/Brücks, Internationales Bilanzrecht, IAS 10 Tz 126; ohne Aussage ADS International, IAS 10 Tz 81.

Umgekehrt stellt ein **nicht** zu berücksichtigendes Ereignis *(non-adjusting event)* die Wiederherstellung der Zahlungsfähigkeit des Schuldners durch Kapitalmaßnahmen **nach** dem Bilanzstichtag dar, ebenso die Beseitigung des Ausfallrisikos durch einen Bürgen:

> **Beispiel**
> U hat am Bilanzstichtag Forderungen gegen die Bank X. Deren Überleben ist zweifelhaft. Nach dem Bilanzstichtag stellt sich die Bank unter den „Risikoschirm" des Staates. Der Staat führt frisches Kapital zu und übernimmt Garantien für die Verbindlichkeiten der X.
> Die Lösung entspricht derjenigen im Beispiel unter Rz 35. Bei der Bewertung zum Bilanzstichtag darf dieser Vorgang nicht berücksichtigt werden.

3.2.2.5 Preisentwicklung nach dem Bilanzstichtag

Die tatsächliche Entwicklung in der Zeit zwischen Bilanzstichtag und dem Tag der Aufstellung des Jahresabschlusses kann auch ein Beweis für eine bereits am Bilanzstichtag gegebene **Wertminderung** von bilanzierten Vermögenswerten sein (IAS 10.9bii). 27

> **Beispiel**
> A hat im Juni 06 modische Ski-Pullover für die Saison 06/07 zu Anschaffungskosten i.H.v. 100 EUR/Stück erworben. Bis zum 31.12.00 konnte nur 1 % der Pullover zum vorgesehenen Preis i.H.v. 150 EUR/Stück verkauft werden. Im Winterschlussverkauf nach dem Bilanzstichtag, aber noch vor dem Tag der Aufstellung des Jahresabschlusses, wurden die restlichen Pullover zum Preis von 20 EUR/Stück veräußert.
>
> **Lösung**
> In der Bilanz zum 31.12.00 sind die auf Lager befindlichen Pullover entsprechend IAS 2.28 (→ § 17 Rz 32) mindestens auf den Nettoveräußerungserlös i.H.v. 20 EUR/Stück abzuschreiben. Die tatsächlich erzielten Preise nach dem Bilanzstichtag dienen insofern als Nachweis für den Nettoveräußerungswert am Bilanzstichtag, da sich die Absatzschwierigkeiten nicht erst durch einen nach dem Bilanzstichtag eingetretenen Modewandel ergeben haben. Vielmehr waren die Pullover bereits am Bilanzstichtag nicht werthaltig.

Das vorstehende Beispiel mit den Pullovern befasst sich mit **inhomogenen** Gütern. Einen vergleichbaren Fall liefert der Verkauf von Eigentumswohnungen im Anwendungsbereich von IAS 2 (→ § 18 Rz 16). 28

> **Beispiel**[26]
> Bauträger B hat im Bestand fertige und unfertige Eigentumswohnungen. Nach den am Bilanzstichtag 31.12.01 gültigen Verkaufsprospekten gibt es praktisch

---

[26] Das Beispiel und die folgenden Ausführungen unter Rz 27 und Rz 28 beruhen auf dem Beitrag von LÜDENBACH, PiR 2010, S. 268.

> keine Nachfrage mehr. Eine Neuauflage der Prospekte im Wertaufhellungszeitraum mit einer Preissenkung von 10 % belebt spürbar die Nachfrage.
>
> **Lösung**
> Auch hier deutet das Kundenverhalten im Erhellungszeitraum auf die überhöhten Preise am Bilanzstichtag hin. Eine Abschreibung auf die jetzigen Angebotspreise (→ § 17 Rz 32) ist geboten.

29 Anders verhält es sich bei Preissenkungen für Rohstoffe und Erzeugnisse mit regelmäßigen Preisnotizen.

> **Beispiel**
> Stahlbieger S hat am Bilanzstichtag einen Bestand an Rohstahl mit einem Einkaufswert von 100 Mio. EUR. Geplant war ein Weiterverkauf zu 105 Mio. EUR. Dies entspricht auch der Preisnotiz der Agenturen am Stichtag. Tatsächlich wird der Bestand danach im Wertaufhellungszeitraum wegen eines Preisrückgangs nur für 95 Mio. EUR veräußert.
>
> **Lösung**
> Bei einem homogenen Gut wie Baustahl gibt die Preisentwicklung nach dem Stichtag für die Bewertung nichts her. Unerheblich ist dabei auch der Grund für die Preisänderung: Einschätzung der Marktteilnehmer oder fundamental geänderte Bedingungen. Der Stichtagswert stellt die beste Objektivierungsgrundlage dar (IAS 10.11). Eine Abschreibung nach IAS 2.28 (→ § 17 Rz 32) ist unzulässig.

30 Der Widerspruch in den Lösungen zwischen Rz 28 und Rz 29 besteht nur scheinbar:
- Bei inhomogenen Gütern ohne Preisnotiz können im Wertaufhellungszeitraum festgestellte Preisanpassungen die Wertverhältnisse am Stichtag erhellen. Im Beispiel ist dies durch die Nachfrageentwicklung vor und nach dem Stichtag belegt.
- Bei homogenen Gütern mit Preisnotizen oder gar Börsenpreisen stellt der objektiv festgestellte Preis am Stichtag die beste Bewertungsgrundlage dar. Vgl. hierzu weiter unter Rz 31.

3.2.2.6 Zufallskurse am Bilanzstichtag

31 Die Bestimmung eines niedrigeren Stichtagswertes scheint unproblematisch, wenn ein **Börsenkurs oder Marktpreis** zum Stichtag existiert. Der Börsen- oder Marktpreis ist „ein objektiver Wert, der nicht auf der persönlichen Auffassung des einzelnen Kaufmanns über die künftige wirtschaftliche Entwicklung, sondern auf der allgemeinen Auffassung beruht, wie sie in der Marktlage am Bilanzstichtag zum Ausdruck kommt".[27] Hat ein Vermögenswert einen Börsen- oder Marktpreis, schlagen sich in ihm regelmäßig alle am Bilanzstichtag vorliegenden den Kurs oder den Preis beeinflussenden Umstände über die künftige Entwick-

---

[27] BFH, Urteil v. 17.7.1956, I 292/55 U, BStBl II 1956 S. 379; bestätigt durch das BFH-Urteil v. 26.9.2007, I R 58/06, BStBl II 2009 S. 294.

lung nieder. Das Sinken von Marktwerten nach dem Bilanzstichtag spiegelt Umstände wider, die nach dem Bilanzstichtag eingetreten sind und infolgedessen nicht auf den Bilanzstichtag zurückbezogen werden dürfen (IAS 10.11). Ähnlich stellt sich die Argumentation in IAS 39.61 dar (→ § 28 Rz 125 ff.).

Im Einzelfall, insbesondere bei auf geringem Niveau noch aktiven Märkten, kann jedoch der Stichtagskurs **Zufallscharakter** haben. Zu fragen ist dann, ob **ausnahmsweise** die Kurs- bzw. Preisentwicklung nach dem Bilanzstichtag für die Bewertung zum Stichtag heranzuziehen ist. IAS 10.22g verneint dies. Außergewöhnlich große Preisschwankungen für Vermögenswerte *(assets)* und Wechselkurse nach dem Bilanzstichtag sind lediglich als „non-adjusting events" im Anhang zu berichten (Rz 14). Von Börsen- oder Marktpreisen ist nicht die Rede. Nach Ansicht des BFH ist der am Bilanzstichtag geltende **Börsen- oder Marktpreis dann nicht maßgebend**, wenn die kurs- bzw. preisbestimmenden Umstände „zwar am Stichtag offenbar schon vorlagen, aber noch nicht allgemein erkennbar waren und deshalb im Stichtagspreis noch keinen Ausdruck finden konnten". Aus diesem Grunde könne die Preisentwicklung kurz vor, insbesondere aber kurz nach dem Bilanzstichtag dann „nicht außer Betracht bleiben ..., wenn sie offenbar nicht erst durch nach dem Bilanzstichtag eingetretene Tatsachen ausgelöst worden ist". Da es freilich schwierig zu erkennen sei, „auf welchen an einem bestimmten Stichtag vorliegenden Tatsachen ein Marktpreis beruht", sei es zulässig „bei Waren, deren Preise stark schwanken, insbesondere bei Importwaren ... die Preisentwicklung an den internationalen Märkten etwa vier bis sechs Wochen vor und nach dem Bilanzstichtag" zu berücksichtigen.[28] Entsprechende Regelungen finden sich für die IFRS z. B. für die Bewertung von anlässlich eines Unternehmenskaufs ausgegeben Anteilen gem. IFRS 3.33 (→ § 31 Rz 43). 32

3.2.2.7 Gewinnbeteiligungen

Vergütungen an Mitarbeiter, die vom Ergebnis des abgelaufenen Geschäftsjahres abhängen – Tantiemen, Boni u. Ä. – sind nach IAS 10.9d noch in alter Rechnung zu berücksichtigen (IAS 19.17; → § 22 Rz 76). 33

3.2.2.8 Strafbare Handlungen

Der Aufhellungsgrundsatz des IAS 10 beschränkt sich wie im HGB nicht auf die **Bewertung** von Vermögenswerten und Schulden; er gilt vielmehr auch für die Frage des **Bestehens** von Vermögenswerten und Schulden. Analog zur Differenzierung zwischen wertaufhellenden und wertbeeinflussenden Ereignissen ist zwischen **bestandsaufhellenden** und **bestandsbeeinflussenden** Umständen zu unterscheiden. Demnach sind solche bis zur Aufstellung des Jahresabschlusses bekannt gewordenen Ereignisse zu berücksichtigen, aus denen Schlüsse über das Bestehen oder Nichtbestehen eines Vermögenswertes oder einer Schuld am Bilanzstichtag gezogen werden können (IAS 10.9a). 34

---

28 BFH, Urteil v. 17.7.1956, I 292/55 U, BStBl III 1956 S. 379. Vgl. hierzu BFH, Urteil v. 26.9.2007, I R 58/06, DB 2008 S. 214, mit Anm. v. Hoffmann, DB 2008, S. 260.

> **Beispiel**
> Ein Pharmaunternehmen hat sich im Verlauf des Jahres 01 der betrügerischen Handlung schuldig gemacht: Ärzte wurden bestochen, damit Produkte des Pharmaunternehmens und nicht die der preisgünstigeren Konkurrenz verschrieben werden. Zum Bilanzstichtag 31.12.01 wurde entsprechend IAS 37.14 keine Rückstellung gebildet, da die Unternehmensleitung von der Nichtentdeckung der strafbaren Handlungen ausgegangen ist. Kurz nach dem Bilanzstichtag wird jedoch der Betrug von den Krankenkassen bemerkt.
>
> **Lösung**
> Im Rahmen der Ansatzaufhellung ist eine entsprechende Rückstellung für Schadenersatzverpflichtungen im Jahresabschluss des abgeschlossenen Geschäftsjahres zu bilden. Die Entdeckung der betrügerischen Handlung ist insoweit ein Ereignis nach dem Bilanzstichtag, das lediglich die objektiven Gegebenheiten am Bilanzstichtag erhellt, ohne sie zu beeinflussen (IAS 10.9e).

3.2.2.9 Vertragsverhandlungen über den Bilanzstichtag hinaus

35 Nach dem Bilanzstichtag eingetretene Ereignisse, die **keinen Rückschluss** auf die Verhältnisse des Bilanzstichtags zulassen, dürfen nicht in der Bilanz zum abgeschlossenen Geschäftsjahr berücksichtigt werden.

> **Beispiel**
> **Sachverhalt**
> Eine Fleischfabrik erteilt im Juli 00 einen Auftrag zum Bau eines Fleisch-Kühllagers. Für den Fall eines Vertragsrücktritts werden Vertragsstrafen i.H.v. 1 Mio. EUR vereinbart. Aufgrund der im September 00 eingetretenen BSE-Krise möchte die auftragerteilende Fleischfabrik den Auftrag stornieren. Es werden mit dem Bauunternehmen entsprechende Verhandlungen aufgenommen. Am Bilanzstichtag (31.12.00) sind diese Verhandlungen noch nicht abgeschlossen. Erst nachdem im Februar 01 andere Bauaufträge erteilt werden, verzichtet das Bauunternehmen auf Berechnung der vertraglich vereinbarten Stornierungskosten.
>
> **Lösung**
> Da das Unternehmen nach den Vertragsbestimmungen bei Vertragskündigung eine Stornierungsgebühr i.H.v. 1 Mio. EUR schuldete, musste es am Bilanzstichtag mit einer Inanspruchnahme der vertraglichen Rechte durch den Auftragnehmer rechnen. Der mit der Erteilung weiterer Bauaufträge verbundene Verzicht auf Berechnung der Stornierungsgebühr ist damit ein Ereignis nach dem Bilanzstichtag, das die objektiv gegebenen Verhältnisse am Bilanzstichtag nicht erhellt, sondern nachträglich verändert hat.

36 Auch insoweit ergibt sich **kein Unterschied** zum handelsrechtlichen Wertaufhellungsgrundsatz. Der BFH hat in einem wirtschaftlich identischen Fall entschieden, eine nach dem Bilanzstichtag erfolgte Vertragsaufhebung sei, „weil

rechtsgestaltend, keine aufhellende Tatsache, die bei Aufstellung der Bilanz zu berücksichtigen wäre".[29]

Ähnlich verhält es sich bez. des Wertaufhellungskriteriums in folgendem Fallbeispiel: 37

> **Beispiel**[30]
> Ein Maschinenbauunternehmen baut im Kundenauftrag eine Spezialmaschine. Vor Fertigstellung verschlechtert sich die wirtschaftliche Situation des Kunden erheblich. Einen anderen Kunden kann der Hersteller mit der schon weit fortgeschrittenen Arbeit nicht bedienen. Die beiden Vertragspartner treten in Verhandlungen ein, die sich über den Bilanzstichtag hinweg hinziehen. Im Ergebnis mindert der Hersteller den Kaufpreis um einen erheblichen Teilbetrag gegenüber dem ursprünglich vereinbarten. Für den daraus resultierenden Restkaufpreis erhält der Hersteller eine Bankbürgschaft am 10.1. nach dem Bilanzstichtag 31.12.
> Die Bürgschaft ist wertbegründend. Am Bilanzstichtag war die Forderung des Herstellers gegenüber dem Kunden (noch) nicht werthaltig.

Ein Ereignis kann nicht nur ansatz- und wertbegründend, sondern auch **ausweis**begründend sein. 38

> **Beispiel**[31]
> Der Darlehensvertrag der S AG mit der B-Bank mit einer Restlaufzeit von 5 Jahren ab dem Bilanzstichtag 31.12.01 enthält sog. *Financial Covenants*. Aufgrund eines massiven Auftragseinbruchs im 2. Halbjahr 01 kann die S AG nach hochgerechneten Zahlen im Abschluss per 31.12.01 die bedungene Eigenkapitalquote nicht einhalten. Der B-Bank steht auf dieser Datenbasis ein außerordentliches Kündigungsrecht zu. Zur Vermeidung der Kündigung tritt der Vorstand der S AG noch vor Weihnachten mit einem Business Plan für das Jahr 02 an die B-Bank heran. Diese verzichtet nach Beratung im Kreditausschuss am 25.1.02 auf die Ausübung des Kündigungsrechts, das allerdings für den Abschluss zum 31.12.02 bei Nichteinhaltung der bedungenen Eigenkapitalquote wieder auflebt.
> Der Abschluss zum 31.12.01 wird am 31.1.02 erstellt. Fraglich ist der Ausweis der Bankschuld als *current* oder *non-current* (→ § 2 Rz 37).
> Das außerordentliche Kündigungsrecht hat in abstrakter Perspektive keinen Einfluss auf den Ausweis. Solange der Bedingungseintritt nicht wahrscheinlich ist, erfolgt die Bestimmung von „*current*" und „*non-current*" auf Basis der vereinbarten (Regel-)Laufzeit. Umgekehrt wird das außerordentliche Kündigungsrecht dann ausweisbestimmend, wenn der *breach of covenants* höchst wahrscheinlich oder gar sicher ist. Letzteres ist im Beispiel der Fall.
> Der Verzicht der Bank auf Ausspruch der außerordentlichen Kündigung nach dem Bilanzstichtag stellt keine **erhellende** Tatsache dar, sie **begründet** vielmehr das bilanzrechtlich verstandene Rechtsverhältnis. Am Stichtag bestand objektiv

---

[29] BFH, Urteil v. 17.11.1987, VIII R 348/82, BStBl II 1988 S. 430.
[30] Anlehnung an LÜDENBACH, PiR 2007, S. 364.
[31] Nach LÜDENBACH, StuB 2009, 621, mit dem dortigen Lösungsvorschlag.

> der Tatbestand des außerplanmäßigen Kündigungsrechts, mit dessen Ausübung der Vorstand der S AG rechnen musste. Der Ausweis des Darlehens ist unter „*current*" vorzunehmen. Vgl. hierzu auch das Beispiel unter → § 2 Rz 40.

3.2.2.10 Dividenden beim leistenden und empfangenden Unternehmen

39 Wenn im Wertaufhellungszeitraum (Rz 8) ein Ausschüttungsbeschluss gefasst wird, darf keine **Dividendenverbindlichkeit** in der Bilanz des ausschüttenden Unternehmens zum abgeschlossenen Geschäftsjahr erfasst werden (IAS 10.12). Der nach dem Bilanzstichtag erfolgte Gewinnverwendungsbeschluss hat insoweit nach IFRS keine ansatzaufhellende Wirkung. Am Bilanzstichtag war noch kein Bilanzposten existent, der durch einen nach dem Bilanzstichtag erfolgten Dividendenbeschluss aufgehellt wird. Der Betrag der nach dem Bilanzstichtag beschlossenen Dividenden ist im Anhang zu nennen (IAS 10.13).

40 Nach IAS 18.30c sind **Dividendenansprüche** – gegen Kapital- und Personengesellschaften (Rz 41) – erst mit Entstehen des Rechtsanspruchs auf Zahlung zu erfassen. Eine phasengleiche Dividendenvereinnahmung kommt damit nach IFRS – einerlei, ob bei Mehrheits- oder Minderheitsbeteiligung[32] – nicht in Betracht (→ § 25 Rz 61).[33] Insoweit ergibt sich ein Unterschied zur handelsrechtlichen Bilanzierung bei Ausschüttung von Tochtergesellschaften: Nach dem EuGH-Urteil im „Tomberger-Fall"[34] verstößt die phasengleiche Dividendenvereinnahmung nicht gegen die Vorschriften der 4. EG-Richtlinie. Der BGH bestätigte daraufhin die handelsrechtliche Verpflichtung zur phasengleichen Vereinnahmung der Dividende unter den folgenden Voraussetzungen:
- Die Muttergesellschaft ist zu 100 % an einer Kapitalgesellschaft beteiligt.
- Das Tochterunternehmen ist ein abhängiges Konzernunternehmen.
- Die Gesellschafterversammlung des abhängigen Tochterunternehmens hat über die Feststellung des Jahresabschlusses und die Gewinnverwendung für das abgelaufene Geschäftsjahr beschlossen, bevor die Prüfung des Jahresabschlusses der Muttergesellschaft beendet ist.
- Mutter- und Tochtergesellschaft haben ein übereinstimmendes Geschäftsjahr.[35]

Dem Mehrheitsgesellschafter wird dadurch allerdings nicht die Möglichkeit genommen, je nach bilanzpolitischem Kalkül die Bilanzerstellung und damit den Gewinnverwendungsbeschluss des Tochterunternehmens zeitlich zu verzögern, um die Erfassung des Dividendenanspruchs in das folgende Jahr zu verlagern. Bei Mehrheitsbeteiligung kommt deshalb der Bestimmung der Dividendenrealisierung der Charakter eines **faktischen Wahlrechts** zu. Das Verbot der phasengleichen Dividendenvereinnahmung entsprechend IAS 18.30c dient der **Ausschaltung** entsprechender Sachverhaltsgestaltungen und der Objektivierung des Gewinnrealisierungszeitpunkts. Dieser Vorgabe folgt auch der BFH für die Steuerbilanz.[36]

---

[32] LÜDENBACH, PiR 2007, S. 233.
[33] So auch IDW in Vorbemerkung zu RS HFA 2 n. F.; vgl. dazu LÜDENBACH, PiR 2007, S. 233.
[34] Vgl. EuGH, Urteil v. 27.6.1996, Rs. C-234/94, BB 1996, S. 1492.
[35] Vgl. BGH, Urteil v. 12.1.1998, II ZR 82/93, DStR 1998, S. 383.
[36] BFH, Beschluss v. 7.8.2000, GrS 2/99, BStBl II 2000 S. 632.

U. E. gelten die vorstehenden Hinweise zur Dividendenvereinnahmung auch für Gewinnausschüttungen von **Personen**gesellschaften. Auch für diese ist nach deutschem Gesellschaftsrecht eine Feststellung des Jahresabschlusses erforderlich. Erst dann liegt für den Gesellschafter ein Rechtsanspruch auf Dividendenauszahlung bzw. -gutschrift vor (→ § 20 Rz 48).[37] 41

Während das Entgelt für die Überlassung von **Fremdkapital** (Zins) bei gegebenem Kapital und Zinssatz ein Produkt der **Zeitdauer** der Kapitalüberlassung ist, kann das Entgelt für **Eigen**kapitalüberlassung (Dividende) dem Zeitraum der Überlassung bzw. der Beteiligung i.d.R. zeitlich **nicht zugeordnet** werden. Gerade deshalb schafft erst die Anknüpfung von IAS 18.30c an einen formalrechtlichen Akt, den **Ausschüttungsbeschluss**, ein verlässliches Kriterium für den Ansatzzeitpunkt der Gewinnausschüttung. Soweit sich der Ertrag nach der **Zeitdauer** richtet, hier Stückzinsen, ist nach IAS 18.32 eine **Aufteilung** zwischen der Vor- und der Nacherwerbsphase vorzunehmen. Nur der Zinsertrag **nach** dem Erwerb des zinstragenden Vermögenswertes ist als Ertrag zu vereinnahmen, der Restbetrag mindert die Anschaffungskosten. 42

3.2.2.11 Sanierungsmaßnahmen

Bilanzielle Sanierungsmaßnahmen für notleidende Unternehmen werden nach der Interessenlage der handelnden Personen stets mit **Rückwirkung** auf einen Bilanzstichtag vereinbart. So soll ein im Wertaufhellungszeitraum förmlich vereinbarter Barzuschuss des Mutterunternehmens zu Gunsten einer Tochtergesellschaft oder ein zur Beseitigung einer Überschuldung ausgesprochener Forderungsverzicht noch „in alter Rechnung" in das Rechenwerk des zu sanierenden Unternehmens eingebucht werden. Eine „Rückwirkung" kann dabei mit dinglicher Wirkung nicht erfolgen, es kann sich lediglich um **schuldrechtliche** Beziehungen handeln, z.B. dem Erlass von Zinsen. Eine Rückwirkung auf den Bilanzstichtag aus Rechtsgründen ist deshalb nicht möglich.[38] 43

Anders muss die Beurteilung ausfallen, wenn zwar förmlich – durch entsprechende Vertragsabschlüsse – erst im Wertaufhellungszeitraum die Sanierungsmaßnahmen im Einzelnen bestimmt werden, vor dem Bilanzstichtag jedoch das Sanierungserfordernis und die -bereitschaft (des Mutterunternehmens) schon vorlagen. Den förmlichen Abschluss im Wertaufhellungszeitraum des neuen Jahres bestätigt dann lediglich die schon am Bilanzstichtag vorliegende Situation. Die bilanzwirksame Sanierungsmaßnahme ist noch in alter Rechnung als *adjusting Event* (Rz 17) zu verbuchen. Umgekehrt kommt u.E. eine so verstandene Rückwirkung in Form eines *adjusting Event* nicht in Betracht, wenn Sanierungsverhandlungen mit Drittgläubigern erst nach dem Bilanzstichtag erfolgreich sind und z.B. zu einem bedingten Forderungserlass einer Bank führen.[39] In der Bilanzierungspraxis wird dieser Vorgabe allerdings eher nicht gefolgt.

3.2.2.12 Behördliche Genehmigungen nach dem Bilanzstichtag

Behördliche Genehmigungen nach dem Bilanzstichtag sind ansatzbegründend *(non-adjusting)*, wenn sie aufgrund von Ermessensentscheidungen der Behörde 44

---

[37] A. A. zum HGB IDW, RS HFA 18, Tz 13.
[38] ADS INTERNATIONAL, Abschn. 2, Tz 110.
[39] So auch ADS INTERNATIONAL, Abschn. 2, Tz 112.

erfolgen und am Bilanzstichtag noch keine „belastbare" Kenntnis über die mutmaßliche Entscheidung der Behörde vorliegt.⁴⁰ Als Beispiel mag die Zustimmung im Rahmen eines Fusionskontrollverfahrens betreffend einen Unternehmenserwerb oder die Ministererlaubnis bei zuvor ergangener Untersagung eines Unternehmenszusammenschlusses gelten.

Anders kann es sich verhalten *(adjusting Event)*, wenn die behördliche Genehmigung nur noch eine Formsache darstellt, da alle Tatbestandsvoraussetzungen am Bilanzstichtag erfüllt sind.⁴¹

4 Abweichen vom Grundsatz der Unternehmensfortführung aufgrund von Ereignissen nach dem Bilanzstichtag

45 Ereignis nach dem Bilanzstichtag können nach IAS 10 auch Auswirkungen auf den Grundsatz der **Unternehmensfortführung** haben: Der Jahresabschluss nach IFRS ist unter der Annahme der Unternehmensfortführung *(going concern)* aufzustellen (F.4.1; → § 1 Rz 83). Von der Fortführungshypothese ist allerdings **abzusehen** (IAS 1.25 f.), wenn die Unternehmensleitung entweder beabsichtigt, das Unternehmen aufzulösen, den Geschäftsbetrieb einzustellen oder keine realistische Alternative hierzu hat (IAS 10.14). Insoweit ergibt sich kein Unterschied zum HGB. Nach Verlassen der *going-concern*-Hypothese gilt eine Bilanzierung nach der *liquidation basis of accounting*. Z. B. sind dann Anlagen nicht mehr zu fortgeführten Anschaffungskosten, sondern zu Liquidationswerten anzusetzen.

46 Die Aufgabe der Fortführungshypothese ist auch bei einer erst **nach** dem Bilanzstichtag festgestellten fundamentalen Verschlechterung der wirtschaftlichen Lage gem. IAS 10.15 erforderlich. Dabei kommt es abweichend von den allgemeinen Regelungen von IAS 10 nicht darauf an, ob die Verschlechterung Folge von Nachstichtagsereignissen (Lehrbuchfall: Das gesamte Fabrikgebäude samt der Maschinen etc. brennt am 10.1. ab) oder Folge von schon vor dem Stichtag eingetretenen Entwicklungen ist. Als Begründung dieser Sonderregelung kann Folgendes dienen: Außerhalb des Lehrbuchs vollzieht sich der Übergang von einer angespannten finanziellen Situation hin zu einer nicht mehr reparablen Entwicklung meist in Form eines **schleichenden** Prozesses.⁴² Dann würde sich die Frage stellen, ob die Einstellung des Geschäftsbetriebes Ende März bereits am Stichtag vorgespurt war *(adjusting event)* oder erst wegen signifikanter weiterer Verschlechterungen im 1. Quartal stattgefunden hat *(non-adjusting event)*. Die Antwort wäre regelmäßig in hohem Maße ermessensabhängig.

Derartige Ermessensentscheidungen über den Jahresabschluss als Ganzes – *going concern* oder *liquidation basis* – sollen durch die **Sonderregelung** überflüssig gemacht werden:⁴³

- Die Fortführungshypothese darf nicht mehr zugrunde gelegt werden, wenn das Management im Wertaufhellungszeitraum, also nach dem Bilanzstichtag,

---

⁴⁰ Im Ergebnis bestätigt durch das BFH-Urteil v. 25.6.2009, IV R 3/07.
⁴¹ So auch ADS INTERNATIONAL, Abschn. 2, Tz 87.
⁴² Nach LÜDENBACH, PiR 2011, S. 147.
⁴³ Nach LÜDENBACH, PiR 2011, S. 147; diesem Zitat sind auch die folgenden Ausführungen entnommen.

entweder selbst die Auflösung beantragt oder keine Alternative mehr zur Unternehmensfortführung sieht (IAS 10.14).
- Das gilt auch **bei** einer erst nach dem Bilanzstichtag eingetretenen Verschlechterung der wirtschaftlichen Situation; dann ist wegen Aufgabe der Fortführungshypothese von den bisherigen Wertansätzen u. U. abzugehen (IAS 10.15).

Dieser Bilanzierungsregel wird implizit durch die konkrete Anweisung zur Anhangsangabe in IAS 10.22(d) widersprochen. Dort wird als Beispiel für ein *non-adjusting event* (Rz 17) das zerstörende Feuer einer Fabrikanlage erwähnt. Wenn man diesen Widerspruch durch Vorrangstellung von IAS10.14ff. auflöst, wären die entsprechenden Anlagen zu Liquidationswerten zu besetzen, dies aber im Gefolge von IAS 10.22(d) im noch intakten Zustand. Der Brand im Februar 02 würde also im Abschluss zum 31.12.01 zu einer Bewertung zu Liquidationswerten führen, dabei aber die unzerstörten statt der abgebrannten Anlagen berücksichtigen. 47

U. E. könnte der Widerspruch auch so aufgelöst werden: Der Anwendungsbereich von IAS 10.14ff. wird auf die ermessensbehafteten Fälle des schleichenden Insolvenzprozesses beschränkt. Umgekehrt wäre ein die unzureichend versicherte Fabrik zerstörender Brand nach dem Bilanzstichtag als wertbegründendes Ereignis bilanziell nicht zu berücksichtigen, sondern lediglich im Anhang nach IAS 10.22(d) zu erwähnen.

Dem IASB zufolge ist in diesem **besonderen** Fall ein Abweichen von der Maßgeblichkeit der objektiven Verhältnisse des Bilanzstichtags unerheblich, da der Jahresabschluss **keinen Informationswert** hätte, wenn er unter der Annahme der Unternehmensfortführung und der Nichtberücksichtigung der Ereignisse nach dem Bilanzstichtag aufgestellt würde.[44] 48

5 Steuerlatenz

Die weitgehend identische Interpretation des Wertaufhellungsgesichtspunkts nach IFRS und HGB/EStG lässt eine Steuerlatenzrechnung regelmäßig vermeiden. 49

6 Angaben

Nach IAS 10 sind im Anhang folgende Angaben zu machen: 50
- **Zeitpunkt** der **Freigabe** des Jahresabschlusses zur Veröffentlichung samt dem dabei handelnden **Organ** (IAS 10.17 S 1);
- Möglichkeit *(power)* zur **Änderung** des freigegebenen Abschlusses (IAS 10.17 S 2);
- Erläuterung von wesentlichen **wertbeeinflussenden** Ereignissen (IAS 10.21);
- **Aktualisierung** der Anhangsangaben aufgrund von wertaufhellenden Ereignissen (IAS 10.19).

---

[44] Ausdrücklich heißt es in IASC Insight, December 1998, 5: „When events indicate that the going concern assumption is not appropriate, it is irrelevant to distinguish whether these events occurred before or after the balance sheet date. Information based on a going concern basis is no longer useful to users of financial statements."

51 Der **Freigabezeitpunkt** ist u. E. identisch mit dem Ende der Wertaufhellungsfrist (Rz 8). Das handelnde Organ nach deutschem Recht ist der Vorstand bzw. die Geschäftsführung, der bzw. die für die Abschlusserstellung verpflichtet sind. Diesen kommt die *authorisation* i.S.d. IAS 10.17 S 1 zu. Die Änderungskompetenz des Aufsichtsrats bzw. der Gesellschafterversammlung ist in IAS 10.17 S 2 berücksichtigt. Diese Organe können die *authorisation* nicht vornehmen, denn sonst wäre IAS 10.17 S 2 ohne Anwendungsbereich.

52 Durch die Angabe des **Unterzeichnungsdatums** wird der Abschlussadressat darüber informiert, welche Ereignisse nach dem Bilanzstichtag berücksichtigt sind und welche Ereignisse nicht bilanziell erfasst wurden (IAS 10.18).

53 **Materiell** bedeutsame ansatz- oder wert**beeinflussende** Ereignisse sind im Anhang zu erläutern, um eine sachgerechte Beurteilung des Jahresabschlusses zu ermöglichen. Dabei sind anzugeben:
- die **Art** des Ereignisses (IAS 10.21a) und
- eine **Schätzung** der finanziellen Auswirkungen oder eine Aussage über die Unmöglichkeit einer solchen Schätzung (IAS 10.21b).

> **Formulierungsbeispiel**
> Unsere Fertigungsanlage in der Niederlassung Süd wurde am 12.1.04 durch eine Überschwemmung erheblich beschädigt. Seitdem liegt diese Produktionslinie still. Der Schaden wird auf 1 Mio. EUR geschätzt. Inwieweit der Schaden versichert ist, lässt sich derzeit nicht zuverlässig abschätzen. Auswirkungen auf die Unternehmensfortführung ergeben sich jedoch nicht.

54 Darüber hinaus fordert IAS 1 (→ § 5) **umfassende** Anhangsangaben, wenn der Jahresabschluss nicht unter der Annahme der **Unternehmensfortführung** erstellt wird oder die Unternehmensleitung erhebliche Zweifel an der Fortführbarkeit hat.
Auf die **Checkliste „Abschlussangaben"** wird verwiesen (→ § 5 Rz 8).

7 Anwendungszeitpunkt, Rechtsentwicklung

55 IAS 10 ist auf Jahresabschlüsse für Geschäftsjahre anzuwenden, die am 1.1.2005 oder später begonnen haben.
Änderungen der Standardfassung sind derzeit nicht geplant.

8 Zusammenfassende Praxishinweise

56 Im Regelfall **endet** der Aufhellungszeitraum mit der Unterzeichnung des Jahresabschlusses durch das hierfür zuständige Organ (Vorstand, Geschäftsführung) und der Weitergabe zur Feststellung bzw. Billigung an den Aufsichtsrat bzw. die Gesellschafterversammlung (Rz 8 ff.).
IAS 10 **unterscheidet** ähnlich dem HGB zwischen (Rz 18)
- wert**aufhellenden** Ereignissen *(adjusting events)* – mögliche Folge: Berücksichtigung im Zahlenwerk – und
- wert**beeinflussenden** Ereignissen – mögliche Folge: Anhangangabe.

Der Aufhellungsgedanke bezieht sich dabei nicht nur auf die **Wert**ermittlung, sondern auch auf den Bilanz**ansatz**. Die Unterscheidung zwischen *adjusting* und *non-adjusting* ist häufig schwierig und kasuistisch vorgespurt (Rz 21 ff.).

Die IFRS regeln nicht, innerhalb welchen **Zeitraums** der Jahresabschluss zu erstellen ist (Rz 15).

Im Hinblick auf den immer mehr um sich greifenden *Fast Close* relativiert sich zunehmend das Problem der Bestimmung eines Wertaufhellungszeitraums (Rz 5).

Wegen der Anhangsangaben vgl. Rz 50 ff.

§ 5 ANHANG *(NOTES AND DISCLOSURES)*

Inhaltsübersicht	Rz
Vorbemerkung	
1 Zielsetzung, Regelungsinhalt, Begriffe..................	1–13
1.1 IAS 1: Der Anhang als fünfter (sechster) Abschlussbestandteil	1–5
1.2 Arbeitsteilung zwischen IAS 1, IFRS 5 und den anderen Standards	6–13
2 Funktion der „Prosa" im Jahresabschluss	14–16
3 Gliederungsstruktur des IFRS-Anhangs	17–22
4 Der allgemeine Teil des Anhangs......................	23–73
4.1 Überblick	23–25
4.2 Allgemeine Angaben zu Bilanzierungs- und Bewertungsmethoden	26–39
4.3 Angaben zur Ausübung des Ermessens	40–66
4.3.1 Überblick	40–44
4.3.2 Auslegungsbedürftige Regeln, unbestimmte Rechtsbegriffe, Regelungslücken	45–50
4.3.3 Schätzungen, Bewertungsunsicherheiten	51–61
4.3.4 Zusammenfassende Beurteilung..............	62–66
4.4 *Information overload* und *materiality*	67–72
4.5 Formulierungsbeispiel für den allgemeinen Teil des Anhangs	73
5 Angaben zu Zahlungspflichten aus schwebenden Geschäften ..	74
6 Besondere Angabepflichten für deutsche IFRS-Anwender	75
7 Unterlassung nachteiliger Angaben – explizite und implizite Schutzklauseln	76–78
8 Anwendungszeitpunkt, Rechtsentwicklung	79–82
9 Zusammenfassende Praxishinweise, Verweis auf Checkliste „Abschlussangaben"	83–87

Schrifttum: FREIBERG, Anhangangaben zu sonstigen finanziellen Verpflichtungen aus schwebenden Verträgen, PiR 2008, S. 273 ff.; HOFFMANN/LÜDENBACH, Die bilanzielle Abbildung der Hypothekenkrise und die Zukunft des Bilanzrechts, DB 2007, S. 2213; HOFFMANN/LÜDENBACH, Zur Offenlegung der Ermessensspielräume bei der Erstellung des Jahresabschlusses – Rechnungslegung in euklidschen Räumen?, DB 2003, S. 1965 ff.; INSTITUTE OF CHARTERED ACCOUNTANTS OF SCOTLAND (ICAS)/NEW ZEALAND INSTITUTE OF CHARTERED ACCOUNTANTS (NZICA), Losing the excess baggage; Reducing disclosures in financial statements to what's important, 2011.; EFRAG Discussion Paper Towards a Disclosure Framework for the Notes, 2012; FASB. Discussion Paper Disclosure Framework" 2012.; KIRSCH/GIMPEL-HENNIG, Zur aktuellen Diskussion um die Einführung eines „Disclosure Framework"; Eine Darstellung der beiden Diskussionspapiere der EFRAG und des FASB, KoR 2013, S. 197; KÜTING/STRAUSS, Die Intensität und Komplexität der Anhangangaben nach HGB und IFRS im Vergleich, StuB 2011, S. 439 ff.; LOITZ/WEBER, Herausforderungen bei der Anhangerstellung nach IFRS, eine empirische Untersuchung, DB 2008, S. 2149ff.; LÜDENBACH, Verzicht auf Anlagespiegel aus materiality-Gründen, PiR 2012 S. 32ff.; PAREDES, Blinded by the Light: Information Overload and its Consequences for Securities Regulation, Washington University Law Quarterly 2003, S. 417ff.; TSAI/KLAYMAN/HASTIE, Effects of Amount of Information on Judgment Accuracy and Confidence, www.chica-gogsb.edu/research/workshops/marketing/archive/WorkshopPapers/S06/Tsai.pdf; ZEYER/MAIER, Pflichtangaben nach § 315a Abs. 1 HGB im IFRS-Abschluss, PiR 2010, S. 189ff.

Vorbemerkung
Die Kommentierung bezieht sich auf IAS 1 und berücksichtigt alle Ergänzungen, Änderungen und Interpretationen, die bis zum 1.1.2015 beschlossen wurden. Einen Überblick über ältere Fassungen sowie diskutierte oder schon als Änderungsentwurf vorgelegte zukünftige Regelungen enthalten Rz 79ff.

1 Zielsetzung, Regelungsinhalt, Begriffe

1.1 IAS 1: Der Anhang als fünfter (sechster) Abschlussbestandteil

IAS 1.10 bestimmt, dass der vollständige IFRS-Abschluss folgende Bestandteile enthalten muss:
- **vier** (ggf. **fünf**) **Rechenwerke** (Bilanz, Kapitalflussrechnung, Eigenkapitalveränderungsrechnung und Gesamtergebnisrechnung sowie – falls nicht in die Gesamtergebnisrechnung integriert – GuV) – die sog. *primary statements*[1]
- einen **Anhang** bzw. **Anhangsangaben** *(notes and disclosures)* als sog. *secondary statement*[2]

Das **deutsche** Bilanzrecht kennt in Ergänzung seiner Rechenwerke (rechtsformabhängig) einen Anhang (und einen Lagebericht). Das **IFRS-Regelwerk** schreibt (rechtsformunabhängig) die Ergänzung um *notes and disclosures* vor. Der erste Begriff verdeutlicht eher die Technik der Verbindung von Rechenwerk und Anhang, der zweite Begriff gibt eher die Funktion des Anhangs wieder:
- **Anmerkungen** *(notes)*: Jeder erläuterungsbedürftige Abschlussposten (aus Bilanz, GuV, Kapitalflussrechnung) ist **technisch** mit einem **Querverweis** *(cross-reference)* zu sämtlichen im Anhang seiner Erläuterung dienenden Informationen zu versehen (IAS 1.113). Werden bspw. die latenten Steuern unter Ziffer 24 des Anhangs erläutert, findet der Bilanzleser sowohl auf der Aktivseite als auch auf der Passivseite der Bilanz in einer zusätzlich zur Textspalte und zur Zahlenspalte eingefügten Anmerkungsspalte die Ziffer 24.
- **Offenlegungen** *(disclosures)*: Dem Anhang kommt die **Funktion** zu, die Zahlen der Rechenwerke, d.h. ihr Zustandekommen (Methoden) und ihren Inhalt (Zusammensetzung), zu erläutern sowie zusätzliche Informationen zu liefern, die nicht Teil der Finanzbuchhaltung bzw. der anderen Abschlussbestandteile sind (IAS 1.112).

1

2

---

[1] Bei börsennotierten Gesellschaften außerdem Segmentrechnung (→ § 36 Rz 5).
[2] Die Begrifflichkeit *primary vs. secondary statement(s)* findet sich z.B. in IASB, Discussion Forum– Financial Reporting Disclosure, Feedback Statement, Mai 2013

3 Der **Wortgebrauch der deutschen IFRS-Praxis** ist uneinheitlich. In Bezug auf die einzelnen Erläuterungen wird teils von „Angaben", teils mit gleicher Bedeutung von „Anhangangaben", teils mit wiederum gleicher Bedeutung von *„notes"* gesprochen. *„notes"* und „Anhangangaben" werden andererseits aber auch für den fünften Teil des Jahresabschlusses, d.h. die Summe der „Angaben" bzw. den „Anhang" benutzt. Die Praxis kann mit derartigen Unschärfen gut leben, da sich i.d.R. ohne weiteres aus dem Kontext ergibt, was gemeint ist.

4 Insoweit ist auch in **diesem Kommentar** kein akademischer Sprachpurismus betrieben worden und eine gewisse Begriffsvielfalt zu finden. Einzig die betreffenden Unterkapitel der einzelnen Paragrafen dieses Kommentars sind im Interesse der schnellen Orientierung einheitlich mit „Angaben" überschrieben. Für die Wahl gerade dieses Begriffes als Kapitelüberschrift sprach auch, dass im IFRS-Regelwerk häufiger als im HGB **zwei Alternativen** bestehen:
- Alternative I: hoch aggregierte Bilanz oder GuV mit Erläuterung der Postenzusammensetzung im Anhang (**Angabe** im **Anhang**),
- Alternative II: stark untergliederte Bilanz oder GuV (**Angabe** in der **Bilanz** oder GuV selbst) mit entsprechend weniger Erläuterungsbedarf für den Anhang.

5 Das IFRS-Regelwerk spricht oder sprach in diesem Zusammenhang von Informationen und Angaben *(informations and disclosures)*, die alternativ *„in the notes"* oder *„in the statement of financial position/income statement"* zu machen sind. In derartigen **Wahlrechtskontexten** sind „Angaben" mithin nicht zwangsläufig zugleich „Anhangangaben", sondern wahlweise auch Untergliederungen der Bilanz, GuV usw. Ein **Beispiel** für ein solches Wahlrecht wäre die Untergliederung der Vorräte. Nach IAS 1.54g reicht ein zusammengefasster Bilanzposten „Vorräte" aus, der dann aber im Anhang i.d.R. nach seinen Bestandteilen („Roh-, Hilfs- und Betriebsstoffe" usw.) zu erläutern wäre (→ § 17 Rz 43). Wird die Untergliederung hingegen schon auf Bilanzebene vorgenommen, besteht für diese Anhangsangaben kein Bedarf mehr.

1.2 Arbeitsteilung zwischen IAS 1, IFRS 5 und den anderen Standards

6 IAS 1 ist der **allgemeine** Standard, der festlegt,
- welche **Posten** zwingend innerhalb der Rechenwerke selbst und welche wahlweise auch im Anhang **aufzuschlüsseln** sind,
- welche **weiteren Mindestangaben** der Anhang geben soll und
- wie der Anhang zweckmäßigerweise zu **gliedern** ist.

7 Die konkreten Anforderungen ergeben sich hingegen zum größten Teil aus den **anderen** Standards. IAS 1 enthält eher die abstrakten Überschriften, die einzelnen Standards eher den Text, der diesen Überschriften zu folgen hat. In diesem Sinne lässt sich beispielsweise
- aus IAS 1.119 entnehmen, **dass** die Bilanzierungsmethoden für Sachanlagen im Anhang anzugeben sind,
- während die Frage, **was** genau anzugeben ist für die Sachanlagen in IAS 16 beantwortet wird.

8 Diese **Arbeitsteilung** macht doppelten Sinn. Sie betont zum einen den integrativen Zusammenhang von Bilanzierung und Erläuterung. Sie hebt sich zum andern von einer falschen **Checklistenpraxis** ab, die zum Abhaken drängt, wo einzel-

fallbezogene *materiality*-Überlegungen (Rz 16) angezeigt wären. Nur im integrativen Arbeitskontext zur Erstellung der Rechenwerke (Bilanz, GuV usw.) und unter dem *materiality*-Vorbehalt kann eine Checkliste sinnvoll eingesetzt werden. Nur so sollte auch die **Checkliste** „Abschlussangaben" in diesem Kommentar verwendet werden.

Im HGB sind die Anhangangaben überwiegend in einem besonderen Abschnitt (§§ 284–288 HGB sowie für den Konzern §§ 313 f. HGB) geregelt. Auch inhaltlich und in der Bilanzierungspraxis führt der handelsrechtliche Anhang in gewisser Weise ein separates Dasein. Er ist so gesehen nicht Anhang, sondern **Anhängsel**. Die Praxis „bilanziert erst einmal", bevor sie sich „noch um den Anhang kümmert". Im IFRS-System sind die spezifischen *notes and disclosures* hingegen dort behandelt, wo auch die spezifischen Bilanzierungs- und Bewertungsfragen geregelt sind, also in den jeweiligen Einzelstandards.[3] Auch inhaltlich besteht ein engerer Zusammenhang zwischen Angaben und Bilanz, da viele Untergliederungen wahlweise hier oder dort vorgenommen werden können. 9

Für die **Praxis** folgt daraus: Eine Arbeitsteilung (bei der Abschlusserstellung oder -prüfung) der Art „erst Bilanz, dann Anhang" oder „Meier Anlagevermögen, Müller Anhang" macht wenig Sinn. Der IFRS-Anhang will ernst genommen und integral mit dem jeweiligen Posten bearbeitet werden. Dieser Logik der Praxis folgt auch der **Aufbau dieses Kommentars**. Die spezifischen Angaben werden nicht in diesem Kapitel, sondern in den postenbezogenen Paragrafen behandelt. An diesen Stellen des Kommentars wird, da die Praxis sich mit Prosa zuweilen schwerer tut als mit Algebra, anhand von **Formulierungsbeispielen** gearbeitet. Das vorliegende Kapitel kann sich demgemäß auf Ausführungen zur Funktion des Anhangs und zu seinen allgemeinen, nicht fallspezifischen Strukturen und Inhalten beschränken. 10

Die Arbeitsteilung zwischen IAS 1 und den speziellen Standards ist allerdings nicht in jeder Hinsicht eindeutig. Als problematisch stellt sich die Vorgabe von IAS 1.112 (c) zur **Vollständigkeit** der Berichterstattung dar. Danach hat der Anhang jede Information zu geben, „die nicht an anderer Stelle des Jahresabschlusses präsentiert wird, aber relevant für das Verstehen *(understanding)* des Jahresabschlusses ist." Die Regelung hat abstrakt den Charakter einer **Auffangvorschrift:** Für das Verständnis der Vermögens-, Finanz- und Ertragslage notwendige Informationen sind danach auch dann zu geben, wenn sie nicht spezifisch in einzelnen Standards verlangt werden. Fraglich bleibt dann konkret allerdings, welche Informationen für das Verständnis relevant sind. 11

- Bei ausufernder Interpretation droht die Gefahr des *information overload* (Rz 67),
- bei restriktiver Interpretation bliebe die Vorschrift ohne Anwendungsbereich.
- Eine mittlere, u. E. sachgerechte Interpretation zielt auf Analogieschlüsse; wo für den zu beurteilenden Sachverhalt keine spezifischen **Angabepflichten** bestehen, wohl aber für **analoge Sachverhalte**, ist IAS 1.112c anzuwenden. Ein Beispiel wird unter Rz 74 gegeben.

---

[3] Eine wichtige Ausnahme sind Finanzinstrumente: Ansatz und Bilanzierung in IAS 39/IFRS 9, Angaben in IFRS 7 (→ § 28).

12   Analoge Abgrenzungs- bzw. Arbeitsteilungsprobleme können sich auch im Verhältnis der speziellen Standards zu IFRS 5 ergeben. Hierzu wird auf → § 29 Rz 61 verwiesen.

13   Die Erweiterung des Anhangs um **freiwillige Angaben** ist u.E. jedenfalls insoweit zulässig, als dadurch Systematik und Verständlichkeit des Anhangs nicht gefährdet werden (IAS 1.113).[4] Hingegen sind umfangreiche „Nebendarstellungen", z.B. in der Form eines Umwelt- oder Sozialberichts, oder auch der von § 315a HGB für deutsche Anwender verlangte **Lagebericht** gem. IAS 1.13f. nicht Bestandteil des IFRS-Abschlusses und sollten daher u.E. auch durch Bezeichnung und Positionierung davon unterschieden werden.

Machen nicht börsennotierte Gesellschaften freiwillige Angaben zu Segmenten (IFRS 8) oder dem Ergebnis pro Aktie (IAS 33), gilt: Soweit diese Angaben den Vorgaben von IFRS 8 bzw. IAS 33 voll entsprechen, sind sie als Teil des IFRS-Abschlusses, ansonsten außerhalb zu präsentieren.[5]

2   Funktion der „Prosa" im Jahresabschluss

14   Der Jahresabschluss besteht primär aus bestimmten Rechenwerken (Bilanz, GuV usw.). Diese *primary statements* (Rz1) enthalten
- Größen, die nach bestimmten Ansatz- und Bewertungs**methoden** zustande gekommen sind,
- dabei in bestimmter Weise zu Posten **aggregiert** wurden und
- insgesamt die Verhältnisse (Lage usw.) des Unternehmens nur unter einschränkenden Prämissen (z.B. **Stichtagsprinzip**, Beschränkung auf in **Geldeinheiten** messbare Größen, *going-concern*-Prinzip) wiedergeben.

15   Aus diesen Eigenschaften und Grenzen der buchhalterischen Abbildung der Unternehmenswirklichkeit ergibt sich die **Hauptfunktion** der Prosa im Jahresabschluss. Der Anhang soll die anderen Abschlussbestandteile **erläutern, entlasten und ergänzen**. Er soll insbesondere Antwort auf folgende Fragen geben:
- Wie sind die Zahlen der Rechenwerke zustande gekommen? (**Methoden und ggf. Prämissen**; IAS 1.112a)
- Was enthalten die Zahlen in den Rechenwerken? (Erläuterung bzw. **Disaggregierung** der Posten; IAS 1.112c)
- Was enthalten die Zahlen der Rechenwerke demgegenüber (noch) nicht? (Ereignisse **nach dem Stichtag**, Eventualverbindlichkeiten, nicht quantifizierbare oder **monetär nicht** quantifizierbare Größen; IAS 1.112b)

---

[4]   Ähnlich KUPSCH, HdJ, IV/4 Tz. 68 für den HGB-Anhang: „Der gesetzlich normierte Informationsgehalt der Berichterstattung darf durch die inhaltliche Ausweitung des Anhangs nicht beeinträchtigt werden. Insoweit steht der Grundsatz der Klarheit und Übersichtlichkeit einer Aufblähung des Anhangs durch freiwillige Zusatzangaben entgegen."
[5]   Gl. A. KPMG, Insights into IFRS, 2014/15, Tz. 5.8.10.70.

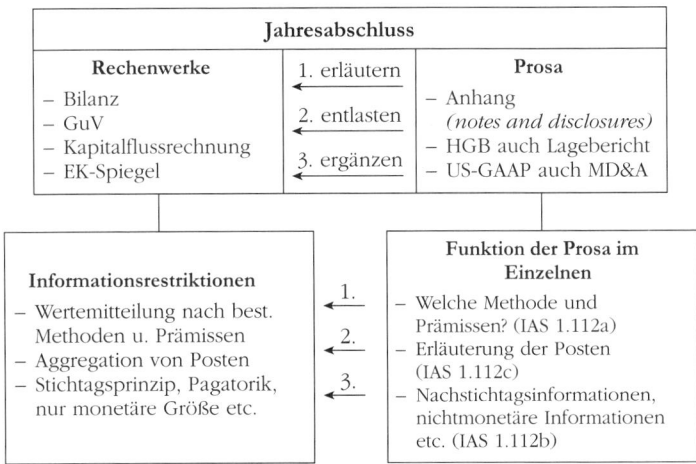

Abb. 1: Rechenwerke und Prosa im Jahresabschluss

Der Anhang hat hingegen **keine Kompensationsfunktion**.[6] Eine falsche, nicht den Einzelregeln der Standards folgende Bilanzierung kann nicht durch korrigierende Anhangsangaben geheilt werden (IAS 1.18). Nur ganz ausnahmsweise ist eine Abweichung von den Einzelregeln zulässig. Die Abweichung ist dann nach Grund, Art und quantitativer Wirkung im Anhang anzugeben (IAS 1.20; → § 1 Rz 70).

Der Anhang ist wegen der Fülle der dem Grunde nach vorgeschriebenen Angaben ein besonders wichtiges Anwendungsobjekt des *materiality*-Gedankens (→ Rz 81). Eine vorrangig quantitative bzw. prozentuale Definition, wie sie bei Bilanz- und GuV-Positionen Sinn machen kann, ist dabei weniger angezeigt als ein qualitatives Verständnis, das auf die Art des Sachverhaltes abstellt, somit einzelfallbezogen, damit aber notwendig auch sehr subjektiv ist.[7] Auf die Erläuterungen in Rz 71 und → § 1 Rz 63ff. wird verwiesen.

3 Gliederungsstruktur des IFRS-Anhangs

In teilweiser Entsprechung zu den vorstehenden theoretischen Überlegungen findet sich bisher in IAS 1.114, ab 2016 in IAS 1.114c eine **Gliederungsempfehlung** für den Anhang. Er trennt im Wesentlichen zwischen
- **allgemeinen Angaben**, darunter
  - eine Angabe der Übereinstimmung mit IFRS (→ § 1 Rz 51ff.) sowie
  - eine Darstellung der wichtigsten Bilanzierungsmethoden *(significant accounting policies)*,
- **Postenerläuterungen** in der Reihenfolge der Rechenwerke und der Posten innerhalb dieser Rechenwerke und

---

[6] So auch ADS International, Abschn. 24, Tz. 3, und KLEEKÄMPER et al., in: BAETGE et al. (Hrsg.), Rechnungslegung nach IAS, 2. Aufl., IAS 1, Tz. 19.
[7] In diesem Sinne HEERING/HEERING, StuB 2004, S. 149ff.

- **sonstigen Angaben**, u.a.
  - zu Eventualschulden und sonstigen finanziellen Verpflichtungen,
  - zum Risikomanagement der Gesellschaft.

18 Unser nachfolgender Vorschlag zur Umsetzung dieser Vorgabe (aus deutscher Sicht um Ausführungen zu § 315a HGB ergänzt; → § 7 Rz 13 ff.) präsentiert entsprechend der angelsächsischen Praxis und der Vorgehensweise deutscher Großunternehmer die GuV bzw. Gesamtergebnisrechnung **vor** der Bilanz. Eine andere Reihenfolge der Rechenwerke ist zulässig, dann aber auch im Anhang zu beachten (IAS 1.105c).

Beispiel

I. ALLGEMEINE ANGABEN
1. Übereinstimmung mit IFRS (Rz 73)
(Ggf. ergänzen um Angaben zur erlaubten vorzeitigen Anwendung eines Standards.)
2. Konsolidierungskreis- und Konsolidierungsmethoden
(→ § 32 Rz 96 ff.)
3. Bilanzierungs- und Bewertungsmethoden
(Rz 24)

II. ERLÄUTERUNG DER ABSCHLUSSPOSTEN
ERLÄUTERUNG DER GESAMTERGEBNISRECHNUNG
4. bis xx
ERLÄUTERUNG DER BILANZ
xx. bis xx.
ERLÄUTERUNG DER KAPITALFLUSSRECHNUNG
xx. bis xx. (→ § 3)

III. SONSTIGE ANGABEN
(Die Reihenfolge der sonstigen Angaben ist nicht vorgeschrieben oder empfohlen. Nachfolgend eine mögliche Variante.)
xx. Ereignisse nach dem Bilanzstichtag, Erfolgsunsicherheiten (→ § 4 Rz 50)
xx. Eventualverbindlichkeiten, sonstige finanzielle Verpflichtungen
  (→ § 21 Rz 183)
xx. Risikomanagement, Derivate (→ § 28 Rz 253 ff.)
xx. Management des wirtschaftlichen Eigenkapitals (Rz 20)
xx. Segmentbericht (falls Gesellschaft börsennotiert) (→ § 36 Rz 89 ff.)
xx. Anzahl der Arbeitnehmer (ggf. bei Erläuterung GuV bzw. Personalaufwand; Rz 75)
xx. Honorierung Abschlussprüfer (Rz 75)
xx. *Compliance*-Erklärung zum *Corporate Governance Codex* (Rz 75)
xx. Beziehungen zu nahestenden Personen (→ § 30)
xx. Vorstand und Aufsichtsrat (Mitglieder und Bezüge)
  (IAS 24, § 314 Abs. 1 Nr. 6 HGB; Rz 75)
xx. Dividendenvorschlag/-beschluss (IAS 1.138)
xx. Sitz, Rechtsform, Geschäftszweck, Mutterunternehmen und oberstes Mutterunternehmen (IAS 1.138)
xx. Aufstellung Beteiligungsbesitz (Rz 75)

Die in IAS 1.138 enthaltenen Angabepflichten zu den **Dividenden** beziehen sich auf bis zur förmlichen Freigabe des Abschlusses vorgeschlagene oder beschlossene Ausschüttungen, die gem. IAS 10.12 in der IFRS-Bilanz noch nicht als Fremdkapital ausweisfähig sind (→ § 4 Rz 39). Der Bilanzadressat soll hier über die am Bilanzstichtag noch nicht feststehende, aber danach konkretisierte zukünftige Minderung des Eigenkapitals informiert werden. 19

Seit 2007 (Rz 79) hat das Unternehmen Angaben zum Management des wirtschaftlichen **Eigenkapitals** zu machen, den angestrebten und erreichten Eigenkapitalquoten etc. der Thesaurierungspolitik usw. (IAS 1.134 ff.) Im Einzelnen wird hierzu auf → § 20 Rz 106 verwiesen. 20

Unser Gliederungsvorschlag enthält keine Position für die Eigenkapitalveränderungsrechnung. Die Erläuterung folgt i.d.R. zusammen mit derjenigen zum Posten „Eigenkapital" (→ § 20 Rz 102 ff.). 21

Ebenfalls nicht vorgesehen ist eine Erläuterungsposition zu **Verfügungsbeschränkungen, gewährten Sicherheiten** usw. Der Grund liegt darin, dass derartige Verfügungsbeschränkungen nicht in Summe, sondern bei den betreffenden Aktivposten anzugeben sind (→ § 14 Rz 26). 22

4 Der allgemeine Teil des Anhangs

4.1 Überblick

Der **allgemeine** Teil des Anhangs umfasst mindestens 23
1. Angaben zum Geschäftsjahr (kalendergleich oder abweichend) und zur Währungseinheit (z.B. „TEUR"),
2. die kurze Versicherung der **Übereinstimmung** des Abschlusses mit den IFRS (IAS 1.14; Rz 73 und → § 1 Rz 51),
3. Angaben über die **erstmalige** Anwendung eines neuen Standards bzw. einer Neufassung eines bestehenden Standards (→ Rz 25),
4. Angaben über die **Nichtanwendung** neuer/geänderter Standards, die pflichtweise noch nicht anzuwenden sind, aber hätten angewandt werden können *(early application;* → § 24 Rz 61),
5. im Konzernabschluss Angaben zu **Konsolidierungskreis** und **Konsolidierungsmethoden** (→ § 32 Rz 195),
6. allgemeine Angaben zu den angewandten **Bilanzierungs- und Bewertungsmethoden** (Rz 27),
7. spezielle Angaben zur Ausübung des **Ermessens** bei der Anwendung der Bilanzierungs- und Bewertungsmethoden (Rz 45),
8. Angaben zu Fehler- bzw. Anpassungsrisiken, die sich aus (zukunftsbezogen) **geschätzten Werten** ergeben (Rz 51).

Hinsichtlich der Punkte 2 und 4 führen die angegebenen Verweisstellen der anderen Paragrafen dieses Kommentars weiter. Nachfolgend werden die Punkte 3 und 5 bis 7 behandelt. Für die Angaben zu Punkt 7 ist eine Positionierung innerhalb des allgemeinen Teils des Anhangs weder empfohlen noch vorgeschrieben. Wegen des sachlichen Zusammenhangs mit Punkt 6 erfolgt jedoch eine zusammengefasste Darstellung. 24

Nach IAS 8.30 sind bereits verabschiedete, aber noch nicht verpflichtend anwendbare und deshalb tatsächlich noch nicht angewandte **neue IFRS** (einschließ- 25 lich revidierter oder ergänzter) zu benennen und – soweit verlässlich einschätzbar – die erwarteten zukünftigen Auswirkungen der Erstanwendung darzustellen. Ohne Beachtung des *materiality*-Prinzips würde die Vielzahl neuer IFRS/IFRICS mehrseitige Erläuterungen bedingen.

U.E. müsste es aber zulässig sein, die Angaben auf Neuerungen in den Standards und Interpretationen zu beschränken, die tatsächlich **wesentliche** Auswirkungen auf Bilanzierung, Bewertung, Ausweis/Angabepflichten haben werden. Die herrschende Praxis verfährt aber restriktiver und zählt die Neuerungen, die keine (wesentlichen) Auswirkungen haben werden, zumindest auf.

Unzulässig ist es jedenfalls, ohne nähere Prüfung **pauschal** zu behaupten, die noch nicht verpflichtend anzuwendenden Standards hätten „keine wesentlichen Auswirkungen."

Unzulässig ist weiterhin, die Angaben auf bereits von der **EU-endorste** Standards zu beschränken.[8]

4.2 Allgemeine Angaben zu Bilanzierungs- und Bewertungsmethoden

26 Nach IAS 1.112a soll der Anhang informieren
- über die **Grundlagen** der Aufstellung des Abschlusses und
- über die **besonderen Bilanzierungs- und Bewertungsmethoden.**

27 IAS 1.117 differenziert in etwas anderer Begrifflichkeit zwischen angewandten „Bewertungsgrundlagen" und „angewandten Bilanzierungs- und Bewertungsmethoden". Die Termini sind wie folgt zu **interpretieren**: Den Begriff „Bewertungsgrundlage" *(measurement basis)* verwendet IAS 1.117 für Anschaffungs- oder Herstellungskosten, Tageswert, Nettoveräußerungswert, beizulegenden Zeitwert oder erzielbaren Betrag. Wenn der Abschluss mehrere dieser Bewertungsgrundlagen enthält (Normalfall), fordert IAS 1.117 einen Hinweis auf die für die einzelnen Kategorien von Vermögenswerten und Schulden angewandten Bewertungsgrundlagen.

28 Zu den Bilanzierungs- und Bewertungsmethoden verweist IAS 1.119 auf die Angabe, ob **Sachanlagen** zu Anschaffungs-/Herstellungskosten oder zum Neuwert angesetzt werden (→ § 8 Rz 70).

Unklar bleibt zunächst, wie **spezifisch** die Informationen über Bilanzierungs- und Bewertungsmethoden in anderen Fällen ausfallen müssen:
- Die Angabe, dass Handelszwecken dienende Finanzinstrumente *(trading assets)* zum beizulegenden Zeitwert erfasst werden, wäre Bewertungs**grundlage**, also nicht Bewertungs**methode**.
- **Spezifisch** wäre demnach die Angabe, dass der beizulegende Zeitwert aus dem Börsenkurs oder im DCF-Verfahren abgeleitet wird.
- **Noch spezifischer** wäre allerdings der Hinweis, in welcher Variante und mit welchen Zins- und Cash-Prämissen das DCF-Verfahren angewandt wurde.

29 Die Angaben zu den Bewertungsgrundlagen und die Methodenangaben sollen gem. IAS 1.114b (und IAS 1.117) im allgemeinen Teil des Anhangs (vor den

---

[8] RSMA, Decision ref EECS/0213-12 – Disclosure of new standards that have been issued but are not yet effective.

Postenerläuterungen) gemacht werden. Diese **Zusammenfassung** allgemeiner und spezifischer Angaben ist wenig schlüssig und **wenig leserfreundlich**. Sie begünstigt folgende **Praxis**:
Auf Seite 1 (des „Musteranhangs") wird „scheinspezifisch" angegeben, dass „Gebäude abgeschrieben" (und zwar „linear über eine Nutzungsdauer von 10–45 Jahren") oder dass „Handelswerte zum beizulegenden Wert" bilanziert werden (und zwar „vorzugsweise zum aktiven Marktpreis, in Ermangelung eines solchen jedoch nach anderen anerkannten Methoden"). Auf Seite 6 bei den Gebäuden bzw. auf Seite 20 bei den Finanzinstrumenten erfolgt dann aber ebenfalls keine wirkliche Spezifizierung. Dort ist stattdessen entweder gar nichts oder noch einmal die gleiche **Nichtinformation** zu lesen (Rz 31).

Da ein solches Vorgehen jedoch Praxis der Großunternehmen und durch IAS 1 begünstigt ist, nach anderer Auffassung sogar verlangt wird, wird unter Rz 73 ein dieser Praxis entsprechendes Formulierungsbeispiel wiedergegeben. 30

Der **informatorische Sinn** der herrschenden Darstellungsweise ist **schwer zu erkennen**. Das Formulierungsbeispiel unter Rz 73 enthält, bis auf die wenigen fett markierten Stellen, im Grunde nur eine einzige Aussage: „**Es wurde bilanziert, und zwar nach IFRS.**" Ein darüber hinausgehender Informationsgehalt ist jedenfalls in Aussagen der Art, 31

- dass Zinsen abgegrenzt wurden (also Bilanz und nicht Einnahmen-Ausgaben-Rechnung),
- dass abnutzbares Anlagevermögen über die Nutzungsdauer abgeschrieben wurde (also Aufwand periodisiert),
- dass Forderungen erforderlichenfalls wertberichtigt wurden (also Stichtagsprinzip),

kaum zu erkennen.

Der **Methodenteil** ist dementsprechend allzu oft **eine Ansammlung von Selbstverständlichkeiten**. Dort, wo (wie im Beispiel an den fettmarkierten Stellen) tatsächliche Informationen bereitgestellt werden könnten, sind die Angaben häufig sehr unbestimmt. Das Publikum erfährt z.B., dass immaterielle Vermögenswerte über 2 bis 10 Jahre abgeschrieben wurden. Auskünfte über die gewichtete durchschnittliche Abschreibungsdauer oder mindestens darüber, ob mehrheitlich eher über vorsichtige 2 oder eher über unvorsichtigere 10 Jahre abgeschrieben wurde, werden hingegen i.d.R. nicht gegeben. 32

Der Anwender hat jedoch mit solchen von DAX-Werten gesetzten Vorbildern, die z.T. als *best practice* gelten, zu leben und dies ggf. recht komfortabel. Analysten, Banken und, sofern vorhanden, das Laienpublikum sind derartige Nichtinformationen gewöhnt. Warum sich also solchen Gewohnheiten widersetzen? Der mittelständische Anwender und sein (durch *peer review* und *enforcement* geplagter) Wirtschaftsprüfer bewegen sich jedenfalls auf der sicheren Seite, wenn sie diesen Gewohnheiten entgegenkommen, zumal die Selbstverständlichkeiten ein eindrucksvolles Berichtsvolumen gewährleisten. Sie machen den Geschäftsbericht opulent, ohne wirklich zu informieren. 33

Ein **systematischeres Vorgehen** könnte sich hingegen an folgenden Überlegungen orientieren: Der Anhang hat u.a. die Funktion, das Zustandekommen der Zahlen im Abschluss, d.h. die Methoden zu erläutern. Hierbei ist zwischen drei Ebenen zu unterscheiden: 34

- Ebene 1: **Zwingende Vorschriften** wurden beachtet.
- Ebene 2: **Echte Wahlrechte** wurden wie folgt ausgeübt.
- Ebene 3: **Ermessen (unechte Wahlrechte)** wurde wie folgt angewendet.

35 **Ebene 1** ist bereits durch die allgemeine Versicherung, dass der Abschluss nach IFRS aufgestellt wurde, abgedeckt. Jede weitere Ausführung ist (für den kundigen Bilanzadressaten) redundant und daher überflüssig bzw. störend. Die so von uns schon seit der 1. Aufl. formulierte Kritik findet neuerdings eine Stütze beim IASB selbst. Dieser hält im *„Discussion Forum – Financial Reporting Disclosure Feedback Statement"* vom Mai 2013 fest: *„Investors also said that the accounting policy section of financial statements is long and unhelpful. It does not distinguish between the important policies and those that are simple descriptions of IFRS (and for which the entity has no choice but to apply the requirements set out in the Standard). The IASB will be asked to consider amending IAS 1 so that it is seen to be less restrictive about how accounting policies should be presented, making it easier for more important accounting policies to be given greater prominence."*

36 **Ebene 2** betrifft Fälle wie die Neubewertung (statt AK-/HK-Bewertung) von Anlagevermögen (→ § 8 Rz 70 ff.) oder die *fair-value*-Bewertung von *investment properties* (→ § 16 Rz 40 ff.). Derartige Wahlrechte sind i.d.R. **einheitlich** innerhalb eines Bilanzpostens anzuwenden. Die gewünschte Neubewertung eines Grundstückes erfordert z.B. die Neubewertung aller Grundstücke (→ § 8 Rz 76). Hingegen können technische Anlagen und Maschinen unabhängig davon, wie bei Grundstücken verfahren wird, weiter zu Anschaffungs- oder Herstellungskosten fortgeführt werden. Wegen des Postenbezugs ist daher die Platzierung von Angaben der Ebene 2 bei den Postenerläuterungen (statt im allgemeinen Teil) die sachgerechte und leserfreundliche Variante.

37 **Ebene 3** betrifft die Anwendung der Methoden auf den konkreten Einzelfall, also bei Sachanlagen etwa die Darstellung, über welchen Zeitraum genau (oder durchschnittlich oder hauptsächlich) die wichtigsten Gebäude, Maschinen usw. abgeschrieben wurden.

38 Nach der hier vertretenen Auffassung besteht für Detailangaben der Ebene 1 mangels Informationsgehalt kein wirklicher Bedarf,[9] während Angaben der Ebenen 2 und 3 postenbezogen und daher bei den Postenerläuterungen erfolgen sollten. Ein allgemeiner Teil „Methoden" wäre daher überflüssig (vgl. auch Rz 81). Unsere Ansicht steht jedoch im Widerspruch zur herrschenden Theorie und Praxis. Dem Anwender kann daher mit Rücksicht auf die herrschenden Verhältnisse bestenfalls eine **mittlere Lösung** wie im folgenden Formulierungsbeispiel empfohlen werden.

---

[9] In der Tendenz ähnlich ERNST & YOUNG, International GAAP 2014, Ch 3. sCh 5.1.1.A: „In deciding whether a particular accounting policy should be disclosed, IAS 1 requires consideration of whether disclosure would assist users in understanding how transactions, other events and conditions are reflected in the reported financial performance and position. Disclosure of particular accounting policy is especially useful to users when those policies are selected from alternatives allowed in standards and interpretations."

Anhang § 5

> **Beispiel**
> **BILANZIERUNGS- UND BEWERTUNGSMETHODEN**
> Erträge und Aufwendungen werden periodengerecht erfasst.
> **Immaterielle und Sachanlagen** werden zu Anschaffungs- oder Herstellungskosten angesetzt und, soweit abnutzbar, linear über die Nutzungsdauer abgeschrieben. Wertminderungen werden durch außerplanmäßige Abschreibungen berücksichtigt.
> **Vorräte** werden zu Anschaffungskosten auf Basis von **Durchschnittspreisen** oder zu Herstellungskosten angesetzt. Auf niedrigere Nettoveräußerungspreise wird abgeschrieben.
> **Finanzvermögen** wird am **Erfüllungstag** zum i.d.R. den Anschaffungskosten entsprechenden *fair value* aktiviert. Für die **Folgebewertung** wird wie folgt unterschieden: Forderungen und Fälligkeitswerte mit den amortisierten Anschaffungskosten oder dem niedrigeren erzielbaren Betrag, veräußerbare Werte (*available-for-sale assets*) und Handelswerte (*trading assets*) mit dem verlässlich zu bestimmenden beizulegenden Zeitwert, Wertänderungen veräußerbarer Werte werden bis zur Veräußerung oder außerplanmäßigen Abschreibung erfolgsneutral, Wertänderungen von Handelswerten sofort erfolgswirksam erfasst.
> Derivative Finanzinstrumente werden ausschließlich zur Sicherung von Zins- und Währungsrisiken eingesetzt. Sie werden zunächst zum i.d.R. den Anschaffungskosten entsprechenden beizulegenden Zeitwert erfasst, in der Folge zum beizulegenden Zeitwert. Im Falle einer wirksamen Absicherung von beizulegenden Zeitwerten gleichen sich die Zeitwertschwankungen des gesicherten Postens und die des Finanzinstrumentes in der GuV aus. Zeitwertschwankungen aus einer wirksamen *cash-flow*-Sicherung werden bis zur Durchführung des Grundgeschäfts erfolgsneutral in den Rücklagen erfasst.
>
> **Rückstellungen**
> **Pensionsrückstellungen** werden nach dem Anwartschaftsbarwertverfahren für leistungsorientierte Versorgungspläne gebildet. Der in den Pensionsaufwendungen enthaltene Zinsanteil wird im Finanzergebnis ausgewiesen. Sonstige Rückstellungen für Verpflichtungen, die voraussichtlich nicht bereits im Folgejahr zu einer Vermögensbelastung führen, werden i.H.d. Barwertes gebildet.
> **Verbindlichkeiten** aus Finanzierungsleasingverträgen werden zum Vertragsabschlusszeitpunkt mit dem Barwert der Leasingraten, übrige Verbindlichkeiten zum Vereinnahmungsbetrag, beide nachfolgend zu fortgeführten Anschaffungskosten angesetzt.
> **Latente Steuern** werden gem. IAS 12 für Bewertungsunterschiede zwischen den Steuerbilanzen der Einzelgesellschaften und dem Konzernabschluss gebildet. Steuerliche Verlustvorträge, die wahrscheinlich zukünftig genutzt werden können, werden i.H.d. latenten Steueranspruchs aktiviert.

Die **spezifischen** Angaben würden in dieser Variante bei den Postenerläuterungen erfolgen, z.B. bei Gebäuden durch Angabe der durchschnittlichen oder

39

hauptsächlichen Nutzungsdauern, bei Handelswerten durch Angabe, ob der beizulegende Zeitwert hauptsächlich aus Marktwerten bestimmt wurde usw.
Die **allgemeinen** Angaben sind in Sonderfällen zu ergänzen. Etwa wäre prominent vorab darzustellen, wenn der Abschluss wegen bevorstehender oder eingeleiteter Liquidation nicht mehr nach Maßgabe der *going-concern*-Prämisse, sondern mit *break-up*-Werten erstellt würde (IAS 1.23).

4.3 Angaben zur Ausübung des Ermessens

4.3.1 Überblick

40 Bilanzierung ist Rechtsanwendung und könnte angesichts der Vielfalt der Lebenssachverhalte auch dann nicht ohne Ermessensentscheidungen auskommen, wenn der Jahresabschluss eine rein **vergangenheitsorientierte** Veranstaltung wäre.

41 Tatsächlich enthält der Jahresabschluss aber sehr viele **zukunftsgerichtete** Werte, etwa Niederstwerte, die auf den geschätzten zukünftigen Nutzwert abstellen, Rückstellungen, die nach der voraussichtlichen zukünftigen Belastung bewertet werden, oder *fair values*, die sich aus der Anwendung von Zukunftserfolgsverfahren (DCF- und Ertragswertmethoden) ergeben.

42 Idealtypisch ist der Jahresabschluss damit von zwei Arten von Ermessensentscheidungen geprägt:
- der **Auslegung** unbestimmter Begriffe und Regeln,
- der Vornahme von (zukunftsgerichteten) **Schätzungen** im Einzelfall.

43 Dieser Einteilung entsprechend verlangt IAS 1 in zweifacher Weise die Offenlegung von Ermessen:
- Nach IAS 1.122 sind in der Zusammenfassung der signifikanten Bilanzierungsmethoden *(in the summary of significant accounting policies)* die wichtigsten Ermessensentscheidungen *(judgements)* offenzulegen, die bei der Anwendung der **Bilanzierungs- und Bewertungsmethoden** vorgenommen wurden (Rz 45).
- Nach IAS 1.125 sind Informationen über die zukunftsbezogenen **Schlüsselprämissen** *(key assumptions)* und über andere Hauptquellen *(key sources)* der Unsicherheit von **Schätzungen** anzugeben (Rz 51).

44 Fraglich ist, wie in dieser Einteilung ein dritter wichtiger Bereich des Ermessens zu berücksichtigen ist, die **Auswahl von Schätzverfahren**. Folgende **Beispiele** sind einschlägig:
- Die Anschaffungskosten eines Anlagegegenstandes sind über die Nutzungsdauer auf systematischer Basis abzuschreiben. Als Schätzverfahren für die systematisch richtige Verteilung kommen infrage: lineare Abschreibung, geometrisch-degressive Abschreibung, arithmetisch-degressive Abschreibung, leistungsabhängige Abschreibung (→ § 10 Rz 27 ff.).
- Der *fair value* einer nicht marktnotierten Option ist zu bestimmen: Als Schätzverfahren kommen u.a. infrage das Black-Scholes-Modell oder das Binomial-Modell.

In beiden Beispielen ist eine zwischen den zwei Grundfällen liegende Art der Ermessensentscheidung gefordert: Einerseits geht es in beiden Beispielen um die **Vornahme einer Schätzung**, deren mathematisches Ergebnis ebenso von den gewählten Prämissen wie von den angewandten Schätzverfahren abhängig ist. Insoweit ist eine Nähe zu den in IAS 1.125 geforderten Angaben gegeben. Für eine entsprechende Einordnung spricht auch, dass in diversen Einzelvorschriften, etwa in IAS 40.75d, die Offenlegung der Schätzverfahren und der Schlüsselprämissen als Einheit begriffen wird. Andererseits geht es in den beiden Beispielen aber gerade nicht mehr um die im Mittelpunkt von IAS 1.125 stehenden Prämissen des Einzelfalls, also etwa die geschätzte Nutzungsdauer des Anlagengegenstandes oder die angenommene Volatilität des Basiswertes der Option, sondern um die **Methode** der Verarbeitung dieser Prämissen. Insoweit ist eine begriffliche Nähe zu den in IAS 1.122 ff. behandelten Bilanzierungs- und Bewertungsmethoden gegeben.

Angesichts dieser Zwischenstellung halten wir die Behandlung der Schätzverfahren im Zusammenhang der Angabepflichten von IAS 1.125 für ebenso zulässig wie eine Behandlung im Kontext der Angaben von IAS 1.122. Die praktische Bedeutung der Zuordnung zu dem einen oder dem anderen Kontext liegt darin, dass IAS 1.125 ff. eher eine quantifizierte Form der Offenlegung des Ermessens verlangt, während nach IAS 1.122 ff. in jedem Fall allgemeine Beschreibungen ausreichen.

4.3.2 Auslegungsbedürftige Regeln, unbestimmte Rechtsbegriffe, Regelungslücken

Als Bestandteil der Angaben zu den Bilanzierungs- und Bewertungsmethoden *(in the summary of significant accounting policies)* sind die bedeutsamsten Ermessensentscheidungen *(judgements with the most significant effect)* anzugeben, die bei der Regelanwendung getroffen wurden (IAS 1.122). Ermessensentscheidungen, die sich auf die Schätzung von Werten beziehen, sind gesondert in IAS 1.125 geregelt. Regelungsinhalt von IAS 1.122 ist demgemäß die Auslegung unbestimmter Rechtsbegriffe incl. der rechtlichen Gesamtwürdigung von Geschäftsvorfällen nach allgemeinen Kriterien wie etwa dem des „wirtschaftlichen Gehalts" einer Transaktion.   45

IAS 1.123 f. führen zur Erläuterung der verlangten Anhangangaben u.a. folgende Beispiele an: 46
- Ausbuchung oder Fortführung veräußerter finanzieller Vermögenswerte je nach Urteil, ob „**so gut wie alle Risiken**" aus dem **finanziellen Vermögenswert** *(substantially all of the risks)* transferiert wurden (→ § 28 Rz 61 ff.),
- wirtschaftliches Eigentum bei Leasing, je nach Urteil, wer „**so gut wie alle Risiken und Chancen**" des **Leasingobjekts** trägt (→ § 15 Rz 22 ff.),
- Vollkonsolidierung von Gesellschaften, deren Stimmrechtsmehrheit bei Konzernfremden liegt, je nach Urteil, ob die „**Substanz der Beziehung**" ein **Kontrollverhältnis** auch ohne Mehrheitsbesitz indiziert (→ § 32).

Angaben sind nur für die Ermessensentscheidungen geboten, die für Bilanz, GuV usw. die **größte Bedeutung** *(most significant effect)* haben. Eine Angabe zu den Leasingverhältnissen ist daher z.B. nur dann erforderlich, wenn sich die Gesellschaft in erheblichem Maße als Leasingnehmer oder Leasinggeber betätigt.   47

Mit der Bindung der Angabepflichten an das **Signifikanzkriterium** entsteht in den Fällen eine gewisse **Zirkularität**, in denen die in ihrer Anwendung zu erläuternden Rechnungslegungsregeln gerade selbst den Begriff der Signifikanz verwenden. U.a. ist dies bei vielen Regeln zum Sachanlagevermögen der Fall: 48

> **Beispiel**
> - Der Tausch von Sachanlagen ist nach IAS 16.25 dann erfolgsneutral zu behandeln, wenn er zu keiner **signifikanten** Änderung der *cash flows* führt (→ § 14 Rz 13f.).
> - Teile eines Vermögenswertes sind nach IAS 16.43 separat abzuschreiben, wenn sie einen **signifikanten** Kostenanteil haben (→ § 10 Rz 7).
> - Eine gewählte planmäßige Abschreibungsmethode kann nach IAS 16.61 dann nicht beibehalten werden, wenn sich das Muster der Abnutzung sich **signifikant** ändert (→ § 10 Rz 42).
> - Ein *impairment*-Test zur Feststellung des außerplanmäßigen Abschreibungsbedarfs ist nach IAS 36.9ff. dann angezeigt, wenn sich Nutzungs- und Umfeldbedingungen **signifikant** ändern (→ § 10 Rz 42).
>
> In allen genannten Fällen ist eine **zweistufige Auseinandersetzung** mit dem **Signifikanzkriterium** geboten.
> - Primär ist bei Anwendung der Regeln aus IAS 16 eine Auslegung erforderlich, was signifikant ist.
> - Nach IAS 1.122 ist sodann auf einer zweiten Stufe zu beurteilen, ob die ermessensbehaftete Auslegung des Signifikanzbegriffs eine signifikante Wirkung auf den Abschluss hat. Auch auf dieser zweiten Stufe ist der Begriff der Signifikanz auslegungsbedürftig.

Stärker verallgemeinert zeigt das Beispiel, dass auch die **Offenlegung des Ermessens selbst ermessensbehaftet** ist. Die unvermeidliche Subjektivität bei der Aufstellung des Jahresabschlusses lässt sich auch auf der Ebene des Anhangs bzw. der Offenlegungen nicht lösen.

49 Regelungszweck von IAS 1.122 kann daher nicht eine **Schattenbilanzierung** sein, die im Anhang zeigt, wie Bilanz, GuV usw. aussähen, wenn Ermessen anders/besser ausgeübt worden wäre.[10] Bescheidener, aber realistischer Zweck ist die **konkretisierte Offenlegung** der Tatsache, **dass** die **Bilanzierung ermessensbehaftet und damit subjektiv** ist.
- Eine solche Offenlegung muss insofern konkret sein, als sie sich nicht mit dem allgemeinen Verweis auf die Ermessensabhängigkeit jeglicher Bilanzierungsbemühungen begnügen darf, sondern sie muss **Stellen** nennen, an denen im fraglichen Abschluss wichtige Ermessensentscheidungen getroffen wurden.
- Diese Offenlegung verlangt aber andererseits **keine Quantifizierungen,** aus denen sich Als-ob-Bilanzierungen ableiten ließen. Wären solche Angaben verlangt, hätte der IASB das in IAS 1.125ff. angewandte quantifizierende Vokabular auch in IAS 1.122 bis 124 eingesetzt. Er hat dies nicht getan, sondern für die geforderte Offenlegung als Teil der *summaries* der *accounting policies* verbale Beschreibungen genügen lassen. Zu Ausnahmen, die sich bei Finanzinstrumenten aus IFRS 7 ergeben, wird auf → § 28a verwiesen.

50 Zu den Methodenangaben gehören u. E. auch Ausführungen zur Ausfüllung von **Regelungslücken** durch Rückgriff auf andere IFRS-Standards, Branchenübung oder Verlautbarungen anderer Standardsetter, z. B. auf US-GAAP (IAS 8.10ff.; → § 2).

---

[10] HOFFMANN/LÜDENBACH, DB 2003, S. 1965ff.

4.3.3 Schätzungen, Bewertungsunsicherheiten

Die Bestimmung der Niederstwerte im Anlage- und Umlaufvermögen, die Festlegung des wahrscheinlichsten Erfüllungsbetrages von Rückstellungen, die Ermittlung eines *fair value* im Ertragswert- oder DCF-Verfahren, die Optionswertbestimmung mit Hilfe des Black-Scholes-Modells und viele andere bilanzielle Bewertungs- und Ansatzentscheidungen sind durch **Schätzunsicherheiten** (*estimation uncertainties*) charakterisiert. IAS 1.125 verlangt die Offenlegung von Informationen über die **Schlüsselprämissen und Hauptunsicherheitsquellen**, die mit derartigen Schätzungen verbunden sind. 51

Die Offenlegungspflicht ist an folgende Voraussetzungen gebunden: 52
- Es gibt ein **signifikantes Risiko**
- einer **wesentlichen Anpassung**
- des von der Schätzung betroffenen **Buchwertes** eines Vermögenswertes oder einer Schuld
- innerhalb des **nächsten Geschäftsjahres**.

Die Beurteilung, wann ein Risiko signifikant bzw. wann eine Wertanpassung als wesentlich gilt, ist selbst in hohem Maße ermessensbehaftet. Insoweit ist wie bei den Offenlegungen nach IAS 1.122 die Ermessensabhängigkeit des Jahresabschlusses lediglich von der Bilanz auf eine andere Ebene transferiert, ohne dort ermessensfrei gelöst werden zu können (Rz 48).

Im Unterschied zu den Angaben über Ermessen bei der Auslegung unbestimmter Rechtsbegriffe sind die Angabepflichten nach IAS 1.125 nicht auf die bedeutsamsten (*most significant*) Fälle beschränkt. Angaben sind vielmehr für **alle** geschätzten Vermögenswerte und Schulden notwendig, die ein signifikantes Anpassungsrisiko haben. Eine allgemeine Einschränkung ergibt sich aus dem in IAS 1.125 betonten *materiality*-Vorbehalt (→ § 1 Rz 63 ff.). Eine spezielle **Einschränkung** wird **in zeitlicher Hinsicht** vorgenommen: Nur das Risiko einer signifikanten Anpassung innerhalb des nächsten Geschäftsjahres (i.d.R. also binnen der nächsten 12 Monate) führt zu einer Offenlegungspflicht. 53

Aus diesem Zeitkriterium ergeben sich sachlich **kaum zu rechtfertigende** Differenzierungen: 54

> **Beispiel**
> U ist wegen Produkthaftung am 1.10.01 verklagt worden. Die Klageschrift legt die Vorwürfe wenig detailliert dar. U hat bis zum Bilanzstichtag eine detaillierte Erwiderungsstrategie ausgearbeitet. U hält eine Verurteilung für sehr unwahrscheinlich (*remote*), passiviert daher zum 31.12.01 keine Rückstellung und leistet auch keine Anhangsangaben nach IAS 37. Angesichts der notorischen Überlastung der Gerichte ist mit einem Urteil nicht vor Mitte 04 zu rechnen.
> Für die Angabepflichten nach IAS 1.116 bedeutet dies Folgendes:
> - Keine Angaben zum 31.12.01 und 31.12.02, da mit einer wesentlichen Änderung der Beurteilung und damit mit einer wesentlichen Buchwertanpassung in den nächsten 12 Monaten nicht zu rechnen ist.
> - Evtl. Angaben zum 31.12.03, da mit einem Urteil in 04 zu rechnen ist und es somit durch einen nicht auszuschließenden negativen Ausgang des Verfahrens innerhalb von 12 Monaten zu einer wesentlichen Anpassung des Buchwertes der Schuld kommen kann.

Der Versuch einer Rechtfertigung des 12-Monats-Kriteriums findet sich in den *Basis of Conclusions* zu IAS 1. Danach solle eine Beschränkung des Zeithorizonts die Zahl der potenziell angabepflichtigen Unsicherheiten limitieren und durch diese Limitierung auf wenige Fälle zu konkreteren *(more specific)* Angaben führen (IAS 1.BC84). Der IASB geht ohnehin vom Schätzerfordernis nur für **einige** Vermögenswerte und Schulden *(some assets and liabilities)* aus (IAS 1.BC80). In Verbindung mit dem 12-Monats-Kritierum würde sich danach der Kreis der angabepflichtigen Unsicherheiten so stark reduzieren, dass keine ermessensbehaftete Auswahl der bedeutsamsten Fälle mehr notwendig wäre.

55 Dieser Versuch des IASB, das Ermessensproblem der zweiten Stufe (Rz 52) zu lösen, kann nicht überzeugen. Die in IAS 1.123 genannten Fälle von Schätzwerten im Sachanlage- und Vorratsvermögen (Niederstwertbestimmung) sowie bei den Rückstellungen sind keine Sonderfälle. Schätzgrößen sind ebenso der Niederstwert immaterieller Anlagen, der Ansatz und die Bewertung aktiver latenter Steuern, der auch bei Fehlen von Marktwerten gebotene oder zulässige *fair-value*-Ansatz von *investment properties*, *financial assets*, Finanzderivaten und *financial liabilties*, die Wertberichtigungen auf Forderungen und weitere Fälle. Schätzungsfrei bleiben nur einige Nominalwerte der Bilanz (Geldkonten, Lieferantenverbindlichkeiten etc.).

56 Bei einer so umfassenden Rolle der Schätzwerte kann nicht mehr begründet werden, dass nur die Bewertung **einiger** *(some)* Vermögenswerte und Schulden das Ergebnis von Schätzungen unter Unsicherheit sei. **Weite Teile der Bilanz** sind vielmehr das Ergebnis von **Bewertungen unter Unsicherheit**. Eine detaillierte und quantifizierte Offenlegung all dieser Unsicherheiten kann weder von den Bilanzierern praktikabel geleistet noch von den Bilanzadressaten praktikabel verarbeitet werden. Eine **Beschränkung auf die wesentlichsten Fälle** wäre notwendig, und zwar unabhängig davon, ob ein Anpassungsrisiko sich innerhalb der nächsten 12 Monate oder erst danach ergibt:[11]

> **Beispiel**
> Größter Anlagewert eines Mobilfunkunternehmens ist eine UMTS-Lizenz, die per 31.12.01 auf die Notwendigkeit einer außerplanmäßigen Abschreibung getestet wird. Das UMTS-Netz soll in 04 in Betrieb gehen.
> Der *value in use* der Lizenz hängt wesentlich von Annahmen über weit in der Zukunft liegendes Nutzungsverhalten der Kunden ab. Frühestens ab 05 werden die diesbezüglichen Planannahmen ihren ersten ernsthaften Realitätstest erfahren.
> Per 31.12.01, 02 und 03 wäre danach kein Risiko einer signifikanten Anpassung des Buchwerte innerhalb der nächsten 12 Monate gegeben. Angaben zu den bei der Bestimmung des *value in use* zugrunde gelegten Prämissen wären nach dem Wortlaut von IAS 1.116 nicht erforderlich.
> Sachgerecht erscheint eine solche Lösung nicht. Wenn die Mobilfunklizenz der wichtigste Anlagegegenstand des Unternehmens ist, sollte im Interesse der viel berufenen *decision usefulness* gerade die Bewertungsunsicherheit bei diesem Vermögenswert einer Offenlegung bedürfen.

---

[11] Ähnlich mit z. T. anderer Begründung KIRSCH, StuB 2004, S. 481.

Zu konkretem **Inhalt und Form** der Offenlegung hält IAS 1.125 Folgendes fest: 57
- Die risikobehafteten Vermögenswerte und Schulden sind in der Weise zu **identifizieren**, dass
  - die **Art der** von signifikanten Anpassungsrisiken betroffenen Vermögenswerte oder Schulden sowie
  - deren **Buchwerte**

  angegeben werden.
- Die bei den identifizierten Vermögenswerten oder Schulden konkret vorliegenden Schätzunsicherheiten können je nach den Umständen *(according to the circumstances)* in verschiedener **Form** präsentiert werden (IAS 1.129), z. B. durch Offenlegung der
  - **Art** der Annahmen und der Unsicherheit,
  - **Sensitivität** der Buchwerte gegenüber den Prämissen,
  - erwarteten **Lösung** der Unsicherheit in den nächsten 12 Monaten,
  - **Änderungen**, die **in den Prämissen** schon zuvor unsicherer Werte vorgenommen wurden.

Die Auflistung hat keinen abschließenden Charakter. Unter den beispielhaft genannten Darstellungsformen ist eine Präferenzreihenfolge nicht erkennbar. 58

IAS 1.130 enthält eine **implizite Schutzklausel**. Offenbar im Interesse der Geheimhaltung betrieblicher Informationen wird eine Offenlegung von Unternehmensplanungen *(budget informations)* und Prognosen nicht verlangt. Insbesondere die Bestimmung des *value in use* des *goodwill* und anderer Anlagegegenstände fußt aber in aller Regel auf Unternehmensplanungen, da der *value in use* regelmäßig nur auf der Ebene der zahlungsmittelgenerierenden Einheit und damit auf der Grundlage von Budgetplanungen für die relevanten Unternehmensbereiche bestimmt werden kann. Die Hauptunsicherheit, nämlich die Annahmen über die zukünftigen Erträge und Aufwendungen, ist dann in diesen Fällen nicht offenlegungspflichtig. Der Regelungszweck von IAS 1.125 wird damit konterkariert. An die Stelle einer konkretisierenden Offenlegung der den Buchwerten zugrunde liegenden Prämissen können verallgemeinerte Aussagen mit zweifelhaftem Informationswert treten. 59

> **Beispiel**
> Die U hat in 01 einen etwa gleich großen Wettbewerber X erworben. Größter Einzelwert in der Bilanz per 31.12.01 ist der aus der Unternehmensakquisition stammende *goodwill*. Er wird per 31.12.01 auf einen außerplanmäßigen Abschreibungsbedarf getestet (→ § 31 Rz 147). Ein Abschreibungsbedarf wird hierbei verneint.
> Grundlage dieses Tests sind die Unternehmensplanungen *(budget informations)* für das erworbene Unternehmen. Sie sind nach IAS 1.130 nicht offenlegungspflichtig.
> Das bestehende Risiko der Anpassung des *goodwill* innerhalb der nächsten 12 Monate könnte daher bei großzügiger Auslegung in Anlehnung an IAS 1.129 im Anhang wie folgt „offengelegt werden":
> „Der *goodwill* wurde auf ein *impairment* getestet. Ein außerplanmäßiger Abschreibungsbedarf ergab sich hierbei nicht. Grundlage des *impairment*-Tests waren Annahmen über die zukünftige Ertrags- und Aufwandsentwicklung des

> Konzernbereichs X. In dem Maße, in dem die tatsächliche Entwicklung hinter diesen Annahmen zurückbleiben sollte, können sich Anpassungsnotwendigkeiten zum nächsten Bilanzstichtag ergeben."

60 Der Gegenpol zu solchen informationsarmen Angaben wäre eine in IAS 1.129b beispielhaft vorgeschlagene **Sensitivitätsanalyse,** die in der Praxis aber nur selten präsentiert wird.[12]

> **Beispiel**
> Das Mobilfunkunternehmen K weist per 31.12.01 noch 15 Mrd. EUR für UMTS-Lizenzen und für Firmenwerte aus Tochterunternehmen aus. In 02 schreibt es 10 Mrd. EUR darauf ab.
> Eine Sensitivitätsanalyse (wie variiert ein Output-Wert mit der Veränderung seiner Input-Werte?) per 31.12.01 hätte dem Publikum zeigen können, wie sich der Wert von Lizenzen und *goodwill* ändert, wenn
> - sich die Inbetriebnahme der UMTS-Netze um 1 Monat, 2 Monate, 3 Monate usw. verzögert,
> - sich der prognostizierte Pro-Kopf-Monats-Absatz um 1 Minute, 2 Minuten, 3 Minuten usw. ändert,
> - dabei der Minutenpreis wettbewerbsbedingt um 1 Cent, 2 Cent, 3 Cent usw. sinkt,
> - sich der Marktzins und damit mittelbar der Diskontierungszins um 0,1 Prozentpunkte, 0,2 Prozentpunkte, 0,3 Prozentpunkte usw. ändert,
> - sich (bei Einkauf von technischem Equipment in den USA) der Wechselkurs gegenüber dem Dollar um 1 Cent, 2 Cent, 3 Cent verschlechtert
> - usw., usw., usw.
>
> Die Grenzen einer solchen Sensitivitätsanalyse liegen in der Verständlichkeit der Darstellung: Jeder einzelne Input-Parameter lässt sich z.B. im zweidimensionalen Diagramm gegen die bilanzielle Bewertung (Output) abtragen. Die zusammengefasste Betrachtung (multiparametrische Sensitivitätsanalyse) führt bei zwei Parametern in den dreidimensionalen Raum, bei drei und mehr in euklidische Räume, die kaum mehr als nachvollziehbare, d.h. verständliche, Erläuterung von Bewertungsunsicherheiten taugen würden.[13]
> Der Gegenpol wäre folgende nichtssagende Alternative als Anhangsangabe:
> „Der Buchwert von 15 Mrd. EUR steht unter der Prämisse bestimmter Inbetriebnahmezeitpunkte, Absatzgrößen, Stückpreise, Marktzinsen und Wechselkurse. Bei gleichzeitiger und gleichgerichteter Änderung mehrerer Prämissen kann der Wert auch gegen null laufen."

IFRS 7 verlangt in bestimmten Fällen eine Sensitivitätsanalyse für **Finanzinstrumente** (→ § 28 Rz 280)

61 Zur **Positionierung** der Angaben zu den Schätzunsicherheiten im Anhang enthält IAS 1 keine Aussage. Infrage kommen

---

[12] Vgl. TEITLER, IRZ 2006, S. 179ff.
[13] Vgl. im Einzelnen HOFFMANN/LÜDENBACH, DB 2003, S. 1965ff.

- eine **zusammengefasste Darstellung** im oder nach dem Methodenteil (Rz 17 ff.) oder
- **Einzeldarstellungen** im Zusammenhang der Erläuterung des jeweiligen Bilanzpostens.

Für die zweite Variante spricht, dass einige auf bestimmte Bilanzpositionen bezogene Einzelstandards in spezifizierter Weise die allgemeinen Anforderungen von IAS 1.125 spezialrechtlich wiederholen. Wichtige Beispiele sind etwa die Angabepflichten, die sich aus IAS 40.75d, IFRS 7.27 und IFRS 2.46f. für die Bestimmung des nicht aus Marktpreisen abgeleiteten *fair value* von *investment properties* (→ § 16 Rz 68 ff.), Finanzinstrumenten (→ § 28 Rz 259) und Aktienoptionen (→ § 23 Rz 235 ff.) ergeben. Aus den unter Rz 38 dargelegten Gründen halten wir eine Positionierung derartiger Angaben bei den jeweiligen Postenerläuterungen für sachgerechter als eine Behandlung im allgemeinen Teil des Anhangs.

Im Verhältnis zu den spezialrechtlichen Vorschriften gilt: IAS 1.125 hat einerseits Auffangcharakter, für Unsicherheiten, deren Offenlegung nicht schon nach Einzelstandards gefordert ist, steht andererseits aber auch in einem Komplementärverhältnis zu den Einzelstandards:

> **Beispiel**
> Soweit Rückstellungen für virtuelle Aktienoptionen eine wesentliche Bedeutung für den Abschluss haben, geht mit der Unsicherheit bei der Bestimmung der Volatilität ein entsprechendes Risiko der Anpassung der Rückstellung in den nächsten 12 Monaten einher. Ergänzend zu der Angabe der Volatilität und deren Herleitung nach IFRS 2 kann dann eine Offenlegung des damit verbundenen Anpassungsrisikos der Rückstellung geboten sein

4.3.4 Zusammenfassende Beurteilung

Die Offenlegung von Ermessensspielräumen ist dem Grunde nach zu **begrüßen**. Sie ist ein notwendiges Korrektiv gegen die plakative Verwendung von Begriffen wie *true and fair presentation*. Bei deren Gebrauch wird zuweilen Sollen mit Sein verwechselt (→ § 1 Rz 25 ff.).[14] Wie *true and fair* eine Rechnungslegung ist, entscheidet sich vor allem daran, welchen Ermessensgebrauch und Ermessensmissbrauch sie zulässt. Hier ist das IFRS-System einerseits gegenüber dem handelsrechtlichen System im Vorteil, weil es sich in Teilen mehr auf Einzelfallregeln und damit weniger auf unbestimmte Rechtsbegriffe verlässt.

62

Andererseits weist das IFRS-System aber auch systematische Nachteile gegenüber dem HGB aus; Letzteres ist mit einer planmäßigen Abschreibung auf den *goodwill* oder mit einer Anschaffungskostenbewertung von Finanzinstrumenten weniger ermessensabhängig und manipulationsanfällig als der *impairment only approach* für den *goodwill* (→ § 31) oder die Zeitbewertung für Finanzinstrumente (→ § 28 Rz 110). Der bessere Einblick in die Ermessensausübung ist für jedes Rechnungslegungssystem sachgerecht, wenn auch die Schwerpunkte diesbezüglich differieren. Allerdings sind diesem Vorhaben **Grenzen** gesetzt. Je vielfältiger Lebenssachverhalte werden, je komplexer die verlangten (oder zuge-

63

---

[14] HOFFMANN/LÜDENBACH, StuB 2002, S. 541 ff.

lassenen) Bewertungsverfahren, je mehr Prämissen sie verlangen, umso wichtiger, aber auch umso schwieriger ist eine nachvollziehbare Darstellung der Ermessensspielräume. Einen Königsweg gibt es nicht. Immer ist eine **Abwägung** nötig zwischen einem Zuviel und einem Zuwenig an Informationen.

Der Altmeister der deutschen Bilanzwissenschaft, WILHELM RIEGER, hat die Bilanzierungspraxis so gekennzeichnet: „Die Jahresbilanz ist also ein Gemisch von Wahrheit und Dichtung. Die ... daraus abzuleitende Konsequenz wäre nicht etwa, dass wir uns nach einer anderen Art des Jahresabschlusses umsehen, sondern das resignierte Bekenntnis, dass es im Leben der Unternehmung eine wahre und richtige Abrechnung überhaupt nicht gibt."[15]

64 Diese Erkenntnis entspricht allerdings nicht den **Erwartungen des breiten Publikums**. Wo Soll und Haben pfenniggenau aufgehen, Bilanz und GuV das gleiche Ergebnis zeigen, die segensreiche Erfindung der Doppik ihres Amtes waltet, neigt das Publikum zu dem Schluss, das Zahlenwerk habe, soweit es denn nicht betrügerisch manipuliert sei, eine absolute Exaktheit. Eine wichtige Aufgabe des Anhangs wäre, immer wieder gegen diese Erwartungshaltung vorzugehen und an prominenter Stelle zu betonen, dass viele Ansätze und Werte das Ergebnis von Interpretationen und Schätzungen sind, die auch deutlich anders hätten ausfallen können.

65 In dieser Hinsicht überzeugt die Lösung von IAS 1 **theoretisch** mehr als die des Handelsrechts, das in § 321 Abs. 2 Satz 4 HGB die Offenlegung der Ermessensspielräume nur für den Prüfungsbericht und damit nur für einen privilegierten Adressatenkreis (Aufsichtsrat, Hausbanken usw.) vorsieht. Eine derartige informationelle Diskriminierung der Anteilseigner ist weder politisch noch kapitalmarkttheoretisch zu rechtfertigen.[16]

66 Eine **praktische Besserstellung** wird der Adressat des IFRS-Abschlusses jedoch nur dann erhalten, wenn das Management sich nicht hinter im Grunde genommen nichtssagenden Wertmaßstäben und Beschreibungen – angemessen, ausreichend und vertretbar[17] – verschanzt, sondern deutlich macht, welche Posten des Abschlusses in besonderem Maße ermessensbehaftet sind, und dass bei einer – vom Regelwerk nicht verlangten – einseitig vorsichtigen Ausübung des Ermessens ein Abschluss statt mit einer schwarzen auch mit einer roten Zahl hätte enden können.

4.4 *Information overload* und *materiality*

67 Der IASB verfährt im Konzert mit anderen Standardsettern nach der Maxime: Immer mehr Informationen in immer **mehr** Berichten – Jahresabschlüssen, Quartalsberichten, Ad-hoc-Mitteilungen usw. – erhöhen die Effizienz der Kapitalmärkte. Empirisch belegen lässt sich diese Wirkungsannahme nicht. Sie vernachlässigt die Restriktionen der **Informationsverarbeitung**. Selbst unter der heroischen Annahme, das Management würde der fairen Information des Kapitalmarktes uneingeschränkten Vorrang vor Eigen- und Unternehmensinteressen geben, also nicht die Gelegenheit nutzen, brisante Informationen zwischen einer Unzahl

---

15 RIEGER, Einführung in die Privatwirtschaftslehre, 2. Aufl., S. 212.
16 Vgl. HOFFMANN/LÜDENBACH, DB 2003, S. 781 ff.
17 Vgl. HOFFMANN, DB 2000, S. 485 ff.

irrelevanter, aber gesetzlich geforderter zu verstecken, kann die **Qualität** von Investorentscheidungen mit der Zahl der Informationen **abnehmen**. Verhaltenswissenschaftliche Studien beschreiben den Zusammenhang zwischen der **Menge** relevanter Informationen und der **Qualität** der Entscheidungen durch eine inverse, nach unten geöffnete U-Kurve.[18] Professionelle Pferdewetter sagen das Ergebnis eines Rennens zunächst besser voraus, wenn ihnen mehr Informationen gegeben werden. Eine weitere **Erhöhung** der Zahl der Informationen – schon über die Zahl von 5 hinaus – **senkt** die Vorhersagequalität. Beinahe ebenso wichtig ist aber: Das Vertrauen in das **eigene** Urteil steigt beständig mit der Zahl der Informationen. Bei großen Informationsmengen ist die Prognose daher objektiv sehr schlecht, das Vertrauen in sie aber umgekehrt sehr hoch.[19] Die Realität und deren Einschätzung driften gefährlich auseinander.[20]

Die Gründe für die nachteilige Wirkung zu großer Informationsmengen lassen sich in komplexen **sozialpsychologischen** Termini ausdrücken, inhaltlich geht es vor allem um Folgendes: Im wahren Leben (außerhalb akademischer oder regulatorischer Modellwelten) sind die Ressourcen der Informationsverarbeitung **beschränkt**. Bei immer mehr Informationen wird daher ein immer größerer Teil ausgeblendet. Nur **zufällig** sind im verbleibenden Teil die Informationen mit der höchsten Relevanz enthalten. Der Verweis auf die ohnehin nur bei einigen großen, regelmäßig von Analysten gecoverten Unternehmen gegebene Arbeitsteiligkeit der Informationsverarbeitung löst das Problem daher nicht. Für Experten mag die inverse U-Kurve zwar erst weiter rechts fallen, am Grundzusammenhang ändert sich nichts. In der informationsarbeitsteiligen Perspektive verschärft sich eher noch das Problem des Auseinanderdriftens von objektiver und subjektiver Qualität der Informationsverarbeitung. Jeder **verlässt** sich auf die Profis, seien diese nun Prüfer, Enforcementinstitutionen oder Ratingagenturen, aber jede dieser Instanzen ist ebenfalls im Dilemma begrenzter Zeit und Ressourcen gefangen.

Die vorgenannten Zusammenhänge sind längst bekannt. Die Politik kritisiert ein Zuviel an Informationen. EU-Kommissar McCreevy outed sich etwa angesichts der Einführung der IFRS in der EU als Nichtmitglied des Clubs der Transparency Freaks:

> „*I wonder whether a flood of information is really the answer. ... Yet often the real problem in the digital age is how best to sift the mass of information that is available. How to find the needle in the haystack. Too much information may mean many investors will have to rely more heavily on professional analysts. ... I am not a fully paid-up member of the Transparency Freaks Club.*[21]"

Auch die Standardsetter selbst nahmen von Zeit zu Zeit das Unwort „*information overload*" in den Mund. Den Zeigefinger richteten sie dabei aber eher auf die Unternehmen. Die Information, dass drei Finger in die eigene Richtung weisen, blieb zumeist unverarbeitet. Während die Postmoderne in allen möglichen anderen Gebieten der Entbürokratisierung das Wort redet, rudert die Prüfungs-, Enforce-

---

[18] PAREDES, 2003, S. 417 ff.
[19] TSAI/KLAYMAN/HASTIE, Workshop Paper, o. J.
[20] Ähnlich: KÜTING/STRAUSS, StuB 2011, S. 439 ff.
[21] MCCREEVY, Rewarding excellence in legibility of accounts: meeting the IFRS challenge. www.iasplus.com/europe/0611mccreevy.pdf.

ment- und Rechnungslegungsszene immer noch mit hohem Tempo in die andere Richtung, teils als Getriebene, teils als Handelnde. Dem Vorwurf, große Unternehmenskrisen seien nicht früh genug im Abschluss evident geworden, mag man nicht die Grenzen des eigenen Tuns entgegenhalten. Wohlfeiler ist das Versprechen immer engmaschiger (und damit immer bürokratischerer) Regulierung.

70 Auch die Aktivitäten des IASB fügten sich bisher nahtlos in dieses Bild. Im Regelwerk, genauer nur in den *Basis for Conclusions*, kommt der Begriff *information overload* ganze dreimal vor, einmal als zitierte, vom IASB aber zurückgewiesene Kritik an neuen Offenlegungspflichten (IAS 19. BC85E), die beiden anderen Male umgekehrt in der Zurückweisung eines Verlangens nach mehr Offenlegung (IFRS 4.BC201c und IFRS 6.BC52c). Es soll an dieser Stelle nicht vertieft werden, warum die beiden Fälle, in denen der IASB sich selbst auf die Gefahr des *information overload* beruft und ein Weniger an Angaben rechtfertigt, gerade Standards betreffen, die für lobbyistisch gut organisierte Branchen (Versicherungen bzw. Öl- und Mineralindustrie) gelten. Wichtiger sind folgende strukturelle Punkte:

- Die Masse der Anhangsangaben ergibt sich nicht aus den allgemeinen Vorschriften von IAS 1, sondern aus den **themenspezifischen** Standards, also aus IFRS 2 bis IFRS 8, IAS 2 bis IAS 41 und IFRIC 1 bis IFRIC 14.
- Aus **isolierter** Perspektive des jeweiligen Standards bzw. Regelungskontextes sprechen immer gute Gründe für eine Vielzahl an Anhangsangaben. Entsprechend nimmt die Zahl der verlangten Angaben mit beinahe jedem neuen oder neu gefassten Standard zu.
- Das **Gesamtbild** *(big picture)* spricht aus den o.g. Gründen aber gerade für eine Beschränkung der Anhangsangaben.
- Diese **Beschränkung** könnte der IASB **selbst** vornehmen.
- In einer moderaten Variante könnte er im **kasuistischen** System bleibend neue Angaben nur dann zulassen und vorschreiben, wenn an anderer Stelle mindestens eine Angabepflicht entfiele.
- In einer radikalen Variante würde er den gesamten kasuistischen Ansatz aufgeben zu Gunsten eines tatsächlich **prinzipienorientierten** Ansatzes, der außer ein paar wenigen Basisangaben nur die Darstellung der für das Verständnis der Rechenwerke des Abschlusses und die Beurteilung der Lage des Unternehmens wichtigsten Informationen im Anhang vorschreiben würde.

71 Zu einer derartigen Selbstbeschränkung konnten sich der IASB aber bisher ebenso wenig wie andere Standardsetter durchringen. Die Durchschnittslänge der Anhänge steigt daher im Zeitablauf immer mehr, bei 13 untersuchten Industrie- und Handelsunternehmen des DAX in 2010 etwa auf 68 Seiten.[22]
Es bleibt bisher dem Anwender überlassen, hier gegenzusteuern und aus einer Unzahl von möglichen Anhangsangaben unter *materiality*-Gesichtspunkten eine Auswahl zu treffen. Hierbei muss der redliche Anwender jedoch mit Prüfungs- und Enforcementinstanzen rechnen, die checklistenorientiert arbeiten und die Berufung auf *materiality* nur ausnahmsweise akzeptieren. Der unredliche Anwender mag dies auch als Chance begreifen, das für das Publikum Brisante unter lauter Nichtssagendem zu verstecken.[23]

---

[22] Vgl. KÜTING/STRAUSS, StuB 2011, S. 439ff.
[23] Vgl. zum Ganzen auch HOFFMANN/LÜDENBACH, DB 2007, S. 2213.

Für den redlichen Anwender besteht bei der **Anwendung des Wesentlichkeitsgrundsatzes** folgende Problemlage:[24]
- Das Schrifttum hält sich bei der Formulierung von Anforderungen an die Wesentlichkeit zurück; fast immer wird die Bedeutung der Umstände des Einzelfalls betont.
- Die daraus für die Unternehmen resultierende Rechtsunsicherheit ist im Bereich der Anhangsangaben zum IFRS-Konzernabschluss besonders misslich. Die IFRS kennen unzählige Angabevorschriften, von denen je nach Art der Unternehmenstätigkeit im jeweiligen Geschäftsjahr oft noch weit mehr als 100 oder mehr infrage kommen.
- Bemängelt dann der Abschlussprüfer oder zu einem späteren Zeitpunkt die DPR als Enforcementstelle eine fehlende (oder fehlerhafte) Anhangsangabe, ist eine von diesen Prüfungsinstanzen in qualitativer Hinsicht angenommene Wesentlichkeit schwer zu widerlegen. Der Beweis, dass die geforderte Information nicht einmal potenzielle Relevanz für (aktuelle und potenzielle) Kapitalgeber haben könnte, ist kaum zu erbringen.
- Die Position des Unternehmens ist dann tendenziell schlechter als bei einem Verstoß gegen Ansatz- oder Bewertungsvorschriften. Hat ein Unternehmen etwa von 100 gleichartigen Anlagegegenständen drei nicht oder in zu geringer Höhe angesetzt, ist bei einer Fehlergröße von nicht mehr als 3 % die Wesentlichkeit quantitativ schnell zu verneinen. Fehlen bei 100 Anhangsangaben deren drei, scheitert wegen der Unmöglichkeit, die Wichtigkeit der Angaben objektiv zu quantifizieren, eine entsprechende (quantitative) Argumentation.
- Die stattdessen notwendige qualitative Würdigung führt aber meist und damit auch auf Seiten der Prüfungsinstanz zu subjektiven Urteilen. Eine große Zurückhaltung der Prüfungsinstanzen beim Schluss vom Fehlen einzelner Anhangsangaben auf die Fehlerhaftigkeit der Rechnungslegung wäre daher u. E. geboten, ist in der Praxis aber nicht unbedingt zu beobachten.

Immerhin hat der **IASB** seit wenigen Jahren selbst das Problem erkannt und deshalb im Oktober 2010 die **Wirtschaftsprüferinstitute Schottlands und Neuseelands** mit einer Untersuchung beauftragt, wie der ständig steigende Umfang der Anhänge zu erklären und dieser Tendenz ggf. entgegenzuwirken ist. Die im Sommer 2011 unter dem Titel *„Losing the excess baggage; Reducing disclosures in financial statements to what's important"* vorgelegte Studie[25] der beiden Institute kommt zu folgenden Ergebnissen:[26]
- **Diagnose:** Die ständige Ausweitung der Anhänge beruht einerseits auf einem **Teilversagen** des **Regelgebers**: *„Many disclosure requirements have been introduced in new or revised international accounting standards over the last ten years without any review of their overall impact on the length or usefulness of the resulting financial statements."* Mindestens ebenso wichtig sind aber Versäumnisse beim **Regelanwender** bzw. dessen **Püfungsinstanzen**: *„It has been difficult to apply with confidence paragraph 31 of IAS 1 Presentation of Financial Statements. That paragraph of IAS 1 states that entities need not*

---

[24] Vgl. zum Nachfolgenden HOFFMANN/LÜDENBACH, NWB Kommentar Bilanzierung, 5. Aufl. 2014, § 342b, Tz. 17.
[25] http://www.nzica.com/reducingdisclosures.
[26] Vgl. LÜDENBACH, PiR 2012 S. 32 ff.

*provide specific disclosures required by an IFRS if the information is not material. However, this important message has been lost, or at least undermined, by the **general lack of emphasis on materiality**."*
- **Therapie:**. Neben einer größeren Zurückhaltung des Regelgebers bei neuen Angabepflichten wird daher ein konsequenterer Umgang mit dem Wesentlichkeitsgrundsatz gefordert. Folgende Beispiele werden angeführt: *„For example, in a power generation business, information on the item **tangible fixed assets** relating to power generation' is likely to be material. In a financial services company, while tangible fixed assets may be disclosed in the statement of financial position, they are likely to be relatively small. Consequently additional information in the notes is likely to be not material in such a business. In both of these businesses, if the **share-based payment** is not material, then further information in the notes will also be not material."*

Die jetzt schon daraus zu ziehende praktische **Folgerung** stellt sich u. E. wie folgt dar:
- Viel stärker als bisher sind die **Spezifika** des jeweiligen Unternehmens zu berücksichtigen; deshalb sind etwa bei wenig anlageintensiven **Dienstleistungsunternehmen** Angaben zur Entwicklung des Sachanlagevermögens (**Anlagespiegel**), zu Abschreibungsmethoden usw. regelmäßig komplett **entbehrlich**.[27]
- Der von den Prüfungsinstanzen gern gebrachte Einwand, bestimmte Sachverhalte, etwa aktienbasierte Vergütungen, Erwerb eigener Anteile, Zusage von Pensionen usw., seien ihrer „**Natur nach**" stets wesentlich und damit im Anhang zu erläutern, ist unzutreffend. Weder bei **aktienbasierten Vergütungen** noch beim **Erwerb eigener Aktien** oder bei **Pensionszusagen** handelt es sich aus heutiger Sicht um ungewöhnliche Vorgänge. Der Generalverdacht der Wesentlichkeit ist daher nicht gerechtfertigt. Vielmehr kommt es auf den Einzelfall an. Bei geringem Umfang entsprechender Transaktionen ist eine Angabe i. d. R. **nicht angezeigt**.

72 Der EFRAG kommt in einem *Discussion Paper „Towards a Disclosure Framework for the Notes"* z. T. zu ähnlichen Überlegungen wie der amerikanische FASB im *Discussion Paper „Disclosure Framework"* (beide aus 2012). Ziel der Papiere ist es, die Effektivität der Anhangangaben – verstanden als Entscheidungsnützlichkeit für Zwecke der Abschlussadressaten – durch ein Framework zu erhöhen, das erstmals eine konzeptionelle Basis für Anhangangaben schafft, dies sowohl für den Standardsetzer (bei der Entwicklung der Regelungen), als auch für die Abschlussersteller (bei der Regelanwendung). Als mögliche Ansätze eines zukünftigen Framework werden u. a. diskutiert:
- *Complete discretion approach*: Verzicht auf Angabevorschriften, stattdessen größtmögliche Freiheiten. Vorgabe von Indikatoren zur eigenverantwortlichen Beurteilung, wann Anhangangaben geboten sind.
- *Disclosure objective approach*: Vorgabe standardspezifischer Informationsziele, aus denen der Anwender ableiten soll, welche Arten von Informationen für die vom speziellen Standard betroffene Transaktion erforderlich sind.
- *Two tier disclosure approach* (FASB): Teilung der Anhangregelungen in zwei Gruppen, nämlich (a) die für die jeweilige Transaktionsart zwingend erforderlichen und (b) die je nach den unternehmensspezifischen Umständen gebotenen Angaben.

---

[27] Vgl. LÜDENBACH, PiR 2012, S. 32.

- *Single standard approach* (ERFAG): Zusammenfassung sämtlicher Angaberegelungen in einem einzigen Standard, um den Umfang und die Art von Informationspflichten über die Grenzen der Einzelstandards hinaus transparent und konsistent zu gestalten.

In beiden Papieren findet sich auch der inzwischen ebenso vom IASB verfolgte Gedanke, dass Anhangangaben vor allem dann wesentlich sind, wenn sie Unternehmensspezifika darstellen. Ein gut informierter Bilanzadressat wird etwa branchenübliche Finanzierungskonditionen unterstellen. Ein Bedürfnis nach einer Anhangangabe besteht dann nur dort, wo eine signifikante Abweichung vom Branchenüblichen gegeben ist.[28]

Wegen moderater Änderungen zum Wesentlichkeitsgrundsatz in IAS 1 wird auf Rz 81 verwiesen.

4.5 Formulierungsbeispiel für den allgemeinen Teil des Anhangs

Wie unter Rz 29ff. und Rz 67 dargestellt, sollte aus systematischer Sicht der Anhang frei von Selbstverständlichkeiten der Art „Abnutzbares Anlagevermögen wurde abgeschrieben" bleiben. Die herrschende Praxis interpretiert die Anforderungen von IAS 1 aber anders. Nachfolgend ein dieser Praxis entsprechendes Formulierungsbeispiel für den allgemeinen Teil des Anhangs, nämlich die Angabe
- der Übereinstimmung mit IFRS (→ § 1 Rz 51),
- der im Geschäftsjahr erstmalig angewandten Standards, Änderungen und Ergänzungen von Standards und der Bedeutung zukünftiger Standards, Änderungen und Ergänzungen (→ § 24 Rz 61), wobei eine Beschränkung auf die Fälle, die das Unternehmen überhaupt potenziell berühren, in der Praxis zwar nicht üblich, unter dem allgemeinen *materiality*-Vorbehalt aber zulässig ist; Angaben zu Änderungen von IFRS 1 sind bspw. unter *materiality*-Gesichtspunkten für ein längst auf IFRS übergegangenes Unternehmen nicht notwendig, ebenso wenig bei einem reinen Handelsunternehmen ohne wesentliches selbst erstelltes Anlagevermögen; Angaben zur Neufassung von IAS 23, betreffend die pflichtweise Aktivierung von Zinsen auf Herstellungsvorgänge;
- zu den Bilanzierungs- und Bewertungsmethoden (Rz 26),
- zu Ermessen bei der Auslegung von Regeln (Rz 45) und der Vornahme von Schätzungen (Rz 51).

Beispiel
1. Übereinstimmung mit IFRS, angewandte Standards, Bedeutung zukünftiger Standards
Der Konzernabschluss wurde nach den *International Financial Reporting Standards* (IFRS), wie sie in der Europäischen Union (EU) anzuwenden sind, und den ergänzend nach § 315a Abs. 1 HGB zu beachtenden handelsrechtlichen Vorschriften aufgestellt. Alle vom *International Accounting Standards Board* (IASB) herausgegebenen, für das Geschäftsjahr geltenden IFRS wurden von der Europäischen Kommission für die Anwendung in der EU übernommen. Der Konzernabschluss entspricht damit auch den IFRS.

---

[28] Vgl. auch Kirsch/Gimpel-Hennig, KoR 2013, S. 197ff.

Für das Geschäftsjahr 2014 waren erstmals folgende Standards bzw. wesentliche Änderungen und Ergänzungen bestehender Standards anzuwenden ......:
Die Neuregelungen haben keine wesentlichen Auswirkungen auf den Abschluss des Unternehmens in 2014
Erst nach 2014 oder später anzuwenden sind ....:
Größere Auswirkungen wird nur IFRS .... haben.

2. Bilanzierungsmethoden
Gliederungsmethoden
Die Bilanz wird nach **Fristigkeit** gegliedert. Die GuV ist nach dem **Umsatzkostenverfahren** aufgebaut. Die *cash flows* aus der betrieblichen Tätigkeit werden nach **der indirekten Methode** ermittelt.

Aufwands- und Ertragsrealisierung
Umsatzerlöse bzw. sonstige betriebliche Erträge werden mit Erbringung der Leistung bzw. mit Übergang der Gefahren auf den Kunden realisiert. Betriebliche Aufwendungen werden mit Inanspruchnahme der Leistung bzw. zum Zeitpunkt ihrer Verursachung ergebniswirksam. Zinserträge und -aufwendungen werden periodengerecht erfasst.

Immaterielle Vermögenswerte
Erworbene immaterielle Vermögenswerte werden zu Anschaffungskosten, selbst erstellte immaterielle Vermögenswerte, aus denen dem Konzern wahrscheinlich ein künftiger Nutzen zufließt und die verlässlich bewertet werden können, mit den Herstellungskosten der Entwicklungsphase aktiviert und jeweils über eine **Nutzungsdauer von zwei bis zehn Jahren** planmäßig linear abgeschrieben. Die Herstellungskosten umfassen dabei alle direkt dem Herstellungsprozess zurechenbaren Kosten sowie angemessene Teile der fertigungsbezogenen Gemeinkosten. Finanzierungskosten werden nicht aktiviert. Geschäftswerte aus der Konsolidierung und der Bewertung nach der *equity*-Methode werden gem. IFRS 3 nicht planmäßig abgeschrieben.

Sachanlagen
Materielle Vermögenswerte, die im Geschäftsbetrieb länger als ein Jahr genutzt werden, sind mit ihren Anschaffungs- bzw. Herstellungskosten, abzüglich planmäßiger linearer Abschreibungen, bewertet. Die Herstellungskosten umfassen alle direkt dem Herstellungsprozess zurechenbaren Kosten sowie angemessene Teile der fertigungsbezogenen Gemeinkosten. Finanzierungskosten werden nicht angesetzt. Die zugrunde gelegten Nutzungsdauern entsprechen den erwarteten Nutzungsdauern im Konzern. Ausschließlich auf steuerlichen Regelungen beruhende Abschreibungen werden nicht angesetzt. Für Gebäude werden Nutzungsdauern zwischen **10 und 45 Jahren** zugrunde gelegt, Bauten und Einbauten auf fremden Grundstücken werden entsprechend der Laufzeit der Mietverträge bzw. einer niedrigeren Nutzungsdauer abgeschrieben. Als Nutzungsdauer für technische Anlagen und Maschinen werden **bis zu 10 Jahre** angesetzt. Betriebs- und Geschäftsausstattung wird bei normaler Beanspruchung über **3 bis 10 Jahre** abgeschrieben.

In den Sachanlagen sind geleaste Objekte aus *finance leases* enthalten. Ihr Erstansatz erfolgt mit dem Zeitwert oder dem niedrigeren Barwert der Mindestleasingzahlungen. Die Fortschreibung entspricht der der übrigen Sachanlagen.

Außerplanmäßige Abschreibung
Immaterielle Vermögenswerte sowie Sachanlagen werden zum Bilanzstichtag außerplanmäßig abgeschrieben, wenn der „erzielbare Betrag" des Vermögenswerts unter den Buchwert gesunken ist. Der „erzielbare Betrag" wird als der jeweils höhere Wert aus Nettozeitwert *(fair value less cost to sell)* und Barwert des erwarteten Mittelzuflusses aus dem Vermögenswert *(value in use)* ermittelt.

Finanzanlagen[29]
Finanzanlagen werden **am Erfüllungstag**, d.h. zum Zeitpunkt des Entstehens bzw. der Übertragung des Vermögenswerts, zum *fair value* aktiviert. Für die weitere Bewertung wird gem. IAS 39 zwischen Forderungen, Fälligkeitsinvestments, veräußerbaren Werten (und im Umlaufvermögen ausgewiesenen Handelswerten) unterschieden. Forderungen und Fälligkeitswerte werden mit den amortisierten Anschaffungskosten oder dem niedrigeren erzielbaren Betrag angesetzt, veräußerbare Werte (und Handelswerte) mit dem beizulegenden Zeitwert, sofern dieser verlässlich bestimmbar ist. Wertschwankungen veräußerbarer Werte zwischen den Bilanzstichtagen werden erfolgsneutral in die Rücklagen eingestellt. Die erfolgswirksame Auflösung der Rücklagen erfolgt entweder mit der Veräußerung oder bei nachhaltigem Absinken des Marktwertes.
Von der Möglichkeit, finanzielle Vermögenswerte bei ihrem erstmaligen Ansatz als erfolgswirksam zum beizulegenden Zeitwert zu bewertende finanzielle Vermögenswerte zu designieren *(fair value option)* wurde weder bei den Finanzanlagen noch bei den kurzfristigen finanziellen Vermögenswerten Gebrauch gemacht.

Vorräte
Der Ansatz der Vorräte erfolgt zu Anschaffungskosten, die auf Basis von **Durchschnittspreisen** ermittelt werden, oder zu Herstellungskosten. Die Herstellungskosten umfassen alle direkt dem Herstellungsprozess zurechenbaren Kosten sowie angemessene Teile der fertigungsbezogenen Gemeinkosten. Finanzierungskosten werden aktiviert. Die Bewertung zum Bilanzstichtag erfolgt zum jeweils niedrigeren Betrag aus Anschaffungs-/Herstellungskosten einerseits und realisierbarem Nettoveräußerungspreis andererseits.

Kurzfristige finanzielle Vermögenswerte[30]
Kurzfristige finanzielle Vermögenswerte umfassen Forderungen, Wertpapiere sowie Bankguthaben und Kassenbestände. Alle kurzfristigen finanziellen Vermögenswerte werden **am Erfüllungstag**, d.h. zum Zeitpunkt des Entstehens der Forderung bzw. der Übertragung des wirtschaftlichen Eigen-

---

[29] I. d. F. IAS 39 vor Verabschiedung des ab 2013 anzuwendenden IFRS 9.
[30] I. d. F. IAS 39 vor Verabschiedung des ab 2015 anzuwendenden IFRS 9.

tums, zunächst mit ihrem *fair value* angesetzt, der i.d.R. den Anschaffungskosten entspricht. Nach IAS 39 werden die finanziellen Vermögenswerte in der Folgezeit unterschieden in Forderungen, zu Handelszwecken gehaltene Vermögenswerte, bis zur Endfälligkeit gehaltene und zur Veräußerung verfügbare Vermögenswerte. Forderungen sowie bis zur Endfälligkeit gehaltene Vermögenswerte werden zu jedem Bilanzstichtag zu fortgeführten Anschaffungskosten bewertet. Zu Handelszwecken und zur Veräußerung verfügbare Vermögenswerte werden dagegen am Bilanzstichtag zum beizulegenden Zeitwert angesetzt, wobei die Wertänderung veräußerbarer Werte erfolgsneutral erfasst wird. Neben den erforderlichen Einzelwertberichtigungen wird erkennbaren Risiken aus dem allgemeinen Kreditrisiko durch Bildung von pauschalierten Einzelwertberichtigungen Rechnung getragen. In Fremdwährung valutierende Forderungen werden zum Mittelkurs am Bilanzstichtag bewertet. Flüssige Mittel sind zu fortgeführten Anschaffungskosten angesetzt. Fremdwährungsbestände sind zum Mittelkurs am Bilanzstichtag bewertet.

Derivate
Derivative Finanzinstrumente werden im Konzern ausschließlich entsprechend einer konzerninternen Richtlinie zur Sicherung von Zins- und Währungsrisiken auf Basis einer vom Vorstand definierten und von einem Gremium überwachten Sicherungspolitik eingesetzt. Gem. IAS 39 werden alle Finanzderivate im Zugangszeitpunkt zum *fair value*, i.d.R. entsprechend den Anschaffungskosten, erfasst und in der Folge zum Bilanzstichtag zum beizulegenden Zeitwert bewertet. Soweit die eingesetzten Finanzinstrumente wirksame Sicherungsgeschäfte im Rahmen einer Sicherungsbeziehung nach den Vorschriften von IAS 39 sind, führen die Zeitwertschwankungen nicht zu Auswirkungen auf das Periodenergebnis während der Laufzeit des Derivates. Sicherungsgeschäfte werden entweder zur Absicherung beizulegender Zeitwerte oder zur Absicherung künftiger *cash flows* abgeschlossen. Im Falle einer wirksamen Absicherung von beizulegenden Zeitwerten gleichen sich die Zeitwertschwankungen des gesicherten Vermögenswertes bzw. der gesicherten Schulden und die des Finanzinstrumentes in der GuV aus. Zeitwertschwankungen aus einer wirksamen *cash-flow*-Sicherung werden erfolgsneutral in der entsprechenden Rücklagenposition erfasst. Ist der gesicherte Zahlungsstrom eine Investition, so wird das Grundgeschäft mit dem Sicherungskurs eingebucht. Soweit die eingesetzten Derivate nicht als wirksame Sicherungsgeschäfte, sondern als Handelsgeschäfte nach IAS 39 qualifiziert werden oder die Sicherung in Teilen ineffektiv ist, sind Zeitwertschwankungen unmittelbar als Gewinn oder Verlust in der GuV zu berücksichtigen.

Rückstellungen
Die Bewertung der Pensionsrückstellungen beruht auf dem in IAS 19 vorgeschriebenen Anwartschaftsbarwertverfahren für leistungsorientierte Altersversorgungspläne. Der in den Pensionsaufwendungen enthaltene Zinsanteil wird als **Zinsaufwand im Finanzergebnis** ausgewiesen. Sonstige Rückstellungen werden gebildet, soweit eine aus einem vergangenen Ereignis resultierende Verpflichtung gegenüber Dritten besteht, die künftig wahrscheinlich zu

einem Vermögensabfluss führt, und sich diese Vermögensbelastung zuverlässig schätzen lässt. Musste die Rückstellungsbildung unterbleiben, weil eines der genannten Kriterien nicht erfüllt ist, sind die entsprechenden Verpflichtungen unter den Eventualschulden ausgewiesen, soweit nicht eine Wahrscheinlichkeit der Inanspruchnahme ganz gering ist. Rückstellungen für Verpflichtungen, die voraussichtlich nicht bereits im Folgejahr zu einer Vermögensbelastung führen, werden i. H. d. Barwertes des erwarteten Vermögensabflusses gebildet. Der Wertansatz der Rückstellungen wird zu jedem Bilanzstichtag überprüft. Rückstellungen in Fremdwährung sind zum Stichtagskurs umgerechnet.

Verbindlichkeiten
Verbindlichkeiten aus Finanzierungsleasing-Verträgen werden zum Vertragsabschlusszeitpunkt mit dem Barwert der Leasingraten, übrige Verbindlichkeiten werden zum Rückzahlungsbetrag bzw. zu fortgeführten Anschaffungskosten angesetzt. In Fremdwährung valutierende Verbindlichkeiten werden zum Mittelkurs am Bilanzstichtag bewertet.

Latente Steuern
Latente Steuern werden gem. IAS 12 für Bewertungsunterschiede zwischen den Steuerbilanzen der Einzelgesellschaften und dem Konzernabschluss gebildet. Steuerliche Verlustvorträge, die wahrscheinlich zukünftig genutzt werden können, werden i. H. d. latenten Steueranspruchs aktiviert.

3. Schätzungen und Beurteilungen des Managements
Bei der Aufstellung des Konzernabschlusses sind zu einem gewissen Grad Annahmen zu treffen und Schätzungen vorzunehmen, die sich auf Höhe und Ausweis der bilanzierten Vermögenswerte und Schulden, der Erträge und Aufwendungen sowie der Eventualverbindlichkeiten der Berichtsperiode auswirken. Durch von den Annahmen abweichende Entwicklungen können die sich tatsächlich einstellenden Beträge von den ursprünglich erwarteten Schätzwerten abweichen. Die auf eine Sicht von 12 Monaten am stärksten von einem entsprechenden Risiko betroffenen Vermögenswerte und Schulden des Konzernabschlusses sind die *goodwills* und die Rückstellungen für Passivprozesse. Hinsichtlich der Prämissen, die bei der Werthaltigkeitsprüfung der *goodwills* zugrunde gelegt wurden, wird auf die Erläuterung des immateriellen Anlagevermögens verwiesen. Den Prozessrückstellungen liegen rechtliche Einschätzungen unserer Anwälte zugrunde. In allen Fällen wurden bis zum Zeitpunkt der Aufstellung des Konzernabschlusses vorliegende werterhellende Umstände berücksichtigt.

5 Angaben zu Zahlungspflichten aus schwebenden Geschäften[31]

IAS 1.114(d)(i) sieht eine Angabe der **nicht bilanzierten vertraglichen Verpflichtungen** vor. Zweck einer solchen Offenlegung ist die Darstellung der

---

[31] Zum Ganzen: FREIBERG, PiR 2008, S. 273 ff.

künftigen Liquiditätslage des Unternehmens. Unklar ist allerdings der **Status** der vorgenannten Vorschrift; platziert ist sie im Kapitel „Struktur des Anhangs".
- Nach einer möglichen Interpretation hält IAS 1.114(d)(i) lediglich fest, an welcher Gliederungsstelle nach anderen Standards geforderte Angaben zu nicht bilanzierten finanziellen Verpflichtungen aus schwebenden Verträgen zu platzieren sind.
- Nach anderer Lesart wären entsprechende Angaben auch dann verlangt, wenn sie nicht explizit in anderen Standards vorgeschrieben sind.

Für die zweite Interpretation spricht die Vorgabe von IAS 1.112(c) zur **Vollständigkeit** der Berichterstattung. Nach ihr hat der Anhang jede Information zu geben, *„that is not presented elsewhere in the financial statements but is relevant to an understanding of them."* U. E. hat i. V. m. dieser Regelung IAS 114(d)(i) den Charakter einer Auffangvorschrift (Rz 11): Soweit Angabepflichten zu Zahlungsverpflichtungen schwebenden Geschäften nicht in anderen Standards enthalten sind, ergeben sie sich aus IAS 1. im Einzelnen ist danach wie folgt zu differenzieren:

Aus den Einzelstandards ergeben sich Angabepflichten für
- *operating leases* beim Leasingnehmer (IAS 17.35a) (→ § 15 Rz 190)
- **schwebende Beschaffungsgeschäfte** über
  - **Sachanlagen** (IAS 16.74c) (→ § 14 Rz 26),
  - *investment properties* (IAS 40.75h) (→ § 16 Rz 130),
  - **Agrarprodukte** (IAS 41.49(b) (→ § 40 Rz 61),
  - **immaterielle Anlagen** (IAS 38.122e) (→ § 13 Rz 102).
- bislang nicht ausgereichte, aber rechtsverbindlich **zugesagte Kredite** (IFRS 7.B10) (→ § 28 Rz 276).

Nicht durch Einzelstandards geregelt sind hingegen Zahlungsverpflichtungen betreffend
- **Bestellungen** auf **Vorräte** im Anwendungsbereich von IAS 2
- **Bestellungen von nicht aktivierungsfähigen** Leistungen.

Nach der hier vertretenen Auffassung kann eine Angabe allerdings auch in den beiden letzten Fällen wegen des Auffangcharakters von IAS 1.114(d)(i) nicht unterbleiben.

6 Besondere Angabepflichten für deutsche IFRS-Anwender

75 Das Bilanzrechtsreformgesetz sieht mit Wirkung ab 2005 eine Befreiung des deutschen IFRS-Anwenders von den **Konzernanhangsvorschriften der §§ 313 und 314 HGB** vor (→ § 7 Rz 8 ff.). Dieser Grundsatz erfährt fünf in § 315a HGB geregelte **Ausnahmen:**
- Soweit nicht schon nach IFRS verlangt, sind im Konzernanhang die nach § 313 Abs. 2 bis 3 HGB geforderten Angaben zu den konsolidierten und nichtkonsolidierten **Beteiligungen** zu machen, d.h., bei Tochterunternehmen, assoziierten Unternehmen und Gemeinschaftsunternehmen sind Name und Sitz sowie Anteil am Kapital anzugeben, bei anderen Beteiligungen (mit mindestens 20 % Anteilsquote) sind zusätzlich die Höhe des Eigenkapitals und das Ergebnis des letzten Geschäftsjahres angabepflichtig.

- Nach § 314 Abs. 1 Nr. 4 HGB ist die **durchschnittliche Zahl der Arbeitnehmer** der in den Konzernabschluss einbezogenen Unternehmen während des Geschäftsjahrs, getrennt nach Gruppen, auszuweisen.
- Nach § 314 Abs. 1 Nr. 6 HGB sind die **Organbezüge** anzugeben (→ § 7 Rz...).
- Für jedes in den Konzernabschluss einbezogene börsennotierte Unternehmen ist gem. § 314 Abs. 1 Nr. 8 HGB anzugeben, ob die nach § 161 des Aktiengesetzes vorgeschriebene **Erklärung zum** Corporate Governance Codex abgegeben und den Aktionären zugänglich gemacht worden ist.
- Nach § 314 Abs. 1 Nr. 9 HGB ist das im Geschäftsjahr als Aufwand erfasste Honorar für den Konzernabschlussprüfer aufzuschlüsseln nach
  – Abschlussprüfungen,
  – sonstigen Bestätigungs- oder Bewertungsleistungen,
  – Steuerberatungsleistungen,
  – sonstigen Leistungen gegenüber Mutter- oder Tochterunternehmen.

Soweit gem. § 325 Abs. 2a HGB für Zwecke der vollen Bundesanzeigerpublizität ein IFRS-Einzelabschluss erstellt wird (→ § 7 Rz 4), finden die Vorschriften des § 285 Satz 1 Nrn. 7, 8 Buchstabe b, 9 bis 11a, 14 bis 17 HGB, des § 286 Abs. 1 und 3 HGB sowie des § 287 HGB Anwendung.

Die vorgenannten Angaben **ergänzen** die nach IAS 1 verlangten Offenlegungen. Fraglich ist ihre Positionierung. Infrage kommt die Darstellung
- in einem gesonderten Teil außerhalb des IFRS-Anhangs, ähnlich dem von deutschen IFRS-Anwendern verlangten Lagebericht, der gem. IAS 1.13 kein Teil des IFRS-Abschlusses ist, oder
- innerhalb des IFRS-Anhangs.

Gegen die Einbeziehung in den Anhang bestehen auch aus Sicht von IAS 1 keine Bedenken, da die ergänzenden Angaben die in IAS 1.113 geforderte Systematik des Anhangs nicht gefährden (Rz 13).

Die nach § 315a HGB geforderten Angaben sind aus Sicht des IFRS-Regelwerks als freiwillig zu werten. Aber auch für freiwillig gegebene Informationen müssen nach IAS 1.38 (→ § 2 Rz 8) nicht nur die Daten der aktuellen Periode, sondern auch die des Vorjahres angegeben werden. In der deutschen IFRS-Praxis wird die Pflicht zu Vorjahreswerten bei den Angaben zum Beteiligungsbesitz zu wenig beachtet.[32]

7 Unterlassung nachteiliger Angaben – explizite und implizite Schutzklauseln

Das Handelsrecht sieht die **Unterlassung** von Angaben vor: 76
- nach einer Generalklausel: Die Unterlassung von Angaben gem. § 286 Abs. 1 HGB ist für das Wohl der Bundesrepublik oder eines ihrer Länder erforderlich (Unterlassung im **öffentlichen Interesse**).
- nach spezifizierten Regeln: Angaben zur Aufgliederung der Umsatzerlöse (§ 286 Abs. 2 HGB) sowie bestimmte Angaben zu Beteiligungsgesellschaften (§ 286 Abs. 3 HGB) bzw. zum Konsolidierungskreis (§ 314 Abs. 3 HGB)

---

[32] Dazu sowie allgemein zu den Pflichtangaben nach § 315a HGB: ZEYER/MAIER, PiR 2010, S. 189 ff.

können unterbleiben, wenn die Offenlegung nach vernünftiger kaufmännischer Beurteilung dem Unternehmen bzw. Konzern erhebliche Nachteile zufügen könnte (Unterlassung im **Unternehmensinteresse**).

77 Die Frage des **öffentlichen Geheimhaltungsinteresses** spielt im IFRS-Regelwerk keine Rolle. Gleichwohl könnte etwa ein für die Bundesrepublik tätiges Rüstungsunternehmen durch die §§ 93 ff. StGB angehalten sein, zur Vermeidung von Landesverrat die durch einen Segmentbericht geforderten Detailangaben zum Produktionsprogramm zu unterlassen. Bei einem derartigen Konflikt zwischen beachtlichem nationalem Recht und den Anforderungen des IFRS-Regelwerks bleibt das nationale Recht u. E. vorrangig.[33] Die nach IFRS erforderlichen Angaben müssen dann unterbleiben und die nach IAS 1.14 verlangte *compliance*-Erklärung (Rz 18 und Rz 27) im Anhang muss entsprechend eingeschränkt werden. Dies gilt jedenfalls für den **pflichtweise** zu erstellenden IFRS-Konzernabschluss kapitalmarktorientierter Konzerne.

Für den **freiwilligen** Konzernabschluss sowie den **freiwilligen** zur Erfüllung der Bundesanzeigerpublizität veröffentlichten **IFRS-Einzelabschluss** (→ § 7 Rz 10 ff.) ist eine andere Wertung denkbar: Landesverrat bzw. die Offenbarung von Staatsgeheimnissen kann insofern auch durch völligen Verzicht auf eine IFRS-Bilanzierung vermieden werden. In diesem Sinne trifft § 325 Abs. 2a Satz 5 HGB folgende Regelung: „Kann wegen der Anwendung des § 286 Abs. 1 HGB auf den Anhang die in Satz 2 Nr. 1 genannte Voraussetzung nicht eingehalten werden, so entfällt das Wahlrecht nach Satz 1." Die Gesetzesbegründung zum Kabinettsentwurf des Bilanzrechtsreformgesetzes führt hierzu noch Folgendes aus: „Steht ausnahmsweise das durch § 286 Abs. 1 HGB geschützte öffentliche Interesse einer nach den IAS erforderlichen Berichterstattung entgegen, so ist die befreiende Offenlegung eines IFRS-Einzelabschlusses nicht möglich. Diese in Satz 5 getroffene Regelung misst einerseits dem öffentlichen Interesse gegenüber dem IFRS-Einzelabschluss das gleiche Gewicht bei wie gegenüber dem (HGB-)Jahresabschluss zu, vermeidet es andererseits, dass ein den IFRS nicht vollständig entsprechender Einzelabschluss nach Absatz 2a Satz 1 in eine Pflichtveröffentlichung des Unternehmens Eingang findet."

Eine § 325 Abs. 2a Satz 5 HGB entsprechende Regelung ist in § 315a HGB (**freiwilliger IFRS-Konzernabschluss**) nicht enthalten. Unmittelbar ist eine derartige Bestimmung auch nicht erforderlich, da die Vorschriften zum Konzernanhang keine Analogregelungen zu § 286 Abs. 1 HGB enthalten. Gleichwohl stellt sich auch in Konzernabschlussfällen die Frage einer Güter- und Rechtsabwägung zwischen Informationspflichten des Rechnungslegungsrechtes einerseits und straf- oder ordnungsrechtlich bewehrten Geheimhaltungspflichten andererseits. In Anwendung des in der Gesetzesbegründung des Bilanzrechtsreformgesetzes zum Ausdruck kommenden Rechtsgedankens wird man auch hier die Inanspruchnahme des Wahlrechtes zur **freiwilligen IFRS-Konzernbilanzierung** gem. § 315a Abs. 3 HGB daran binden müssen, dass Angaben nicht im öffentlichen Interesse unterbleiben.

78 Zur Unterlassung von Angaben im **Unternehmensinteresse** kennt das IFRS-Regelwerk eine explizite und eine implizite Vorschrift:

---

[33] Mit anderer Begründung, aber gleichem Ergebnis HALLER, in: BAETGE et al. (Hrsg.), Rechnungslegung nach IAS, 2. Aufl., IAS 14, Tz. 14.

- Ausdrücklich geregelt ist folgender Fall: Für die aus einem Streit *(dispute)* mit einer anderen Partei resultierenden **Rückstellungen** oder Eventualverbindlichkeiten sind die nach IAS 37.84 ff. verlangten Angaben (z.B. erwartete Belastung) dann nicht zu machen, wenn dadurch die Position des Unternehmens im Streitfall ernsthaft beeinträchtigt werden kann. Die Inanspruchnahme dieser Ausnahmevorschrift ist gem. IAS 1.131 anzugeben.
- Eine implizite Schutzklausel enthält IAS 1.130: Die in IAS 1.125 verlangte Offenlegung von Informationen über die Schlüsselprämissen und Hauptunsicherheitsquellen von **Schätzwerten** wird eingeschränkt. Eine Offenlegung von **Unternehmensplanungen** *(budget informations)* und Prognosen ist nicht verlangt. Insbesondere die Bestimmung des *value in use* des *goodwill* und anderer Anlagegegenstände fußt aber in aller Regel auf Unternehmensplanungen, da der *value in use* regelmäßig nur auf der Ebene der Zahlungsmittel generierenden Einheit und damit auf der Grundlage von Budgetplanungen für die relevanten Unternehmensbereiche bestimmt werden kann (→ § 11 Rz 42). Die Hauptunsicherheit, nämlich die Annahmen über die zukünftigen Erträge und Aufwendungen, ist dann in diesen Fällen nicht offenlegungspflichtig (Rz 59).

Die Möglichkeit, Angaben im Unternehmensinteresse zu unterlassen, wird bereits im **Handelsrecht** restriktiv interpretiert. Soweit es um Beteiligungsverhältnisse und den Konsolidierungskreis geht, wird sie gem. § 313 Abs. 3 Satz 2 HGB und § 286 Abs. 3 Satz 3 HGB kapitalmarktorientierten Unternehmen generell verwehrt. Dieser Ausschluss gilt durch den Verweis in § 315a Abs. 1 HGB auf § 313 HGB auch für die kapitalmarktorientierten Unternehmen, die ab 2005/2007 ihren Konzernabschluss nach IFRS erstellen müssen. Fraglich ist, wie der für den **freiwilligen IFRS-Anwender** in § 315a Abs. 3 HGB i.V.m. § 315 Abs. 1 HGB enthaltene Verweis auf § 313 HGB sowie der in § 325 Abs. 2a HGB enthaltene Verweis auf § 286 Abs. 3 HGB zu interpretieren ist.

- Dem Wortlaut nach könnte es insofern bei der Möglichkeit der Inanspruchnahme der Schutzklausel bleiben. Die IFRS-*compliance*-Erklärung wäre auch hier entsprechend einzuschränken.
- Eine zweite Lesart scheint aber ebenso möglich: Wenn schon die Unterlassung von Angaben im öffentlichen Interesse zum Wegfall des Wahlrechtes zur IFRS-Bilanzierung führt (Rz 77), sollte dies erst recht für die Unterlassung von Angaben im Unternehmensinteresse gelten.

Für die erste und gegen die zweite Lesart spricht u.E., dass das IFRS-Regelwerk zwar das öffentliche Geheimhaltungsinteresse nicht anerkennt, aber punktuell in IAS 37 und allgemein in IAS 1 die Interessen des Unternehmens an einer Nichtveröffentlichung berücksichtigt. Diesem Gedanken würde Rechnung getragen, wenn in Ausnahmefällen Angaben gem. § 314 Abs. 3 HGB und § 286 Abs. 3 HGB unterblieben.

8 Anwendungszeitpunkt, Rechtsentwicklung

IAS 1 in der in 2011 geänderten Fassung ist für alle Abschlüsse anzuwenden, deren Berichtszeitraum ab dem 1.7.2012 beginnt. Eine frühere Anwendung wird empfohlen (IAS 1.139j).

80 Die Neufassung von IAS 1 unterscheidet sich von IAS 1 rev. 2007 bez. der Angabepflichten zum sonstigen Einkommen *(other comprehensive income)* oder der auf diesem Einkommen lastenden Steuer. Wegen Einzelheiten hierzu wird auf → § 2 Rz 55 und § 2 Rz 89 verwiesen.

81 Im Dezember 2014 ist ein ab 2016 anzuwendendes Amendment zu IAS 1 zur Verbesserung der Ausweis- und Angabevorschriften erschienen. Es sieht u.a. Folgendes vor:
- Klarstellung der **Reichweite** des Wesentlichkeitsgrundsatzes: Er betrifft nicht nur die primären Abschlussbestandteile, sondern gerade auch den Anhang (IAS 1.31). Auch spezifische, von einem einzelnen IFRS-Standard geforderte Anhangangaben können (und sollen) bei Unwesentlichkeit weggelassen werden (IAS 1.31)
- Klarstellung des **Gebotscharakters** des Wesentlichkeitsgrundsatzes: „An entity shall not ... reduce the understandability of its financial statements by obscuring material information with immaterial information." (IAS 1.30A)
- **Struktur des Anhangs**: Die Reihenfolge der Anhangangaben muss sich nicht an IAS 1.114 orientieren, wenn eine andere systematische Reihenfolge relevanter und verständlicher ist (z.B. Gruppierung aller Informationen zu Finanzinformationen zusammen mit den entsprechenden *accounting policies*) ((IAS 1.113A)

82 Wegen der im Zeitablauf erweiterten Angabevorschriften nach anderen Standards, etwa IFRS 7 für Finanzinstrumente, wird auf die entsprechenden Paragrafen dieses Kommentars verwiesen.

Wegen der im Zeitablauf erweiterten Angabevorschriften nach anderen Standards, etwa IFRS 7 für Finanzinstrumente, wird auf die entsprechenden Paragrafen dieses Kommentars verwiesen.

9 Zusammenfassende Praxishinweise, Verweis auf Checkliste „Abschlussangaben"

83 Aus den ökonomischen Grenzen des Informationsgehalts von Bilanz und GuV und der anderen Rechenwerke des Jahresabschlusses (Rz 63) ergibt sich die **Hauptfunktion** des Anhangs. Er soll insbesondere Antwort auf folgende Fragen geben (Rz 15):
- Wie sind die Zahlen der Rechenwerke zustande gekommen? (**Methoden und ggf. Prämissen**)
- Was enthalten die Zahlen in den Rechenwerken? (**Disaggregierung der Posten**)
- Was enthalten die Zahlen der Rechenwerke demgegenüber (noch) nicht? (Ereignisse **nach dem Stichtag**, Eventualverbindlichkeiten usw.)

Diesen funktionalen Überlegungen entspricht der in IAS 1.114 enthaltene **Gliederungsvorschlag** für den Anhang (Rz 17). Er trennt im Wesentlichen zwischen
- **allgemeinen Angaben, darunter**
  - eine Angabe der Übereinstimmung mit IFRS (→ § 1 Rz 51 ff.) sowie
  - Methodenangaben,
- **Posterläuterungen** und
- **sonstigen Angaben**.

Die **Postenerläuterungen** und **sonstigen** Angaben sind überwiegend nicht in IAS 1, sondern in den spezifischen Standards geregelt und von uns dort auch kommentiert (Rz 9). 84

Der **allgemeine** Teil des Anhangs umfasst 85
- die kurze Versicherung der Übereinstimmung des Abschlusses mit IFRS sowie Angaben zur Auswirkung im Geschäftsjahr erstmalig angewandter bzw. in zukünftigen Geschäftsjahren erstmalig anzuwendender neuer bzw. revidierter Standards (Rz 73),
- im Konzernabschluss Angaben zu Konsolidierungskreis- und Konsolidierungsmethoden (→ § 32 Rz 195),
- allgemeine Angaben zu den angewandten Bilanzierungs- und Bewertungsmethoden (Rz 27 und Rz 73),
- spezielle Angaben zur Ausübung des Ermessens bei der Anwendung der Bilanzierungs- und Bewertungsmethoden (Rz 45 und Rz 73),
- Angaben zu Fehler- bzw. Anpassungsrisiken, die sich aus (zukunftsbezogenen) geschätzten Werten ergeben (Rz 51 und Rz 73).

Für die **allgemeinen Angaben zu den Bilanzierungs- und Bewertungsmethoden** wird unter Rz 73 ein **Formulierungsbeispiel** gegeben, das der ganz herrschenden Praxis entsprechend viele Selbstverständlichkeiten enthält (Rz 31). Als Bestandteil der Angaben zu den Bilanzierungs- und Bewertungsmethoden *(in the summary of significant accounting policies)* sind die bedeutsamsten Ermessensentscheidungen *(judgements with the most significant effect)* anzugeben, die bei der Regelanwendung getroffen wurden (Rz 45). 86

Im Unterschied zu den Angaben über das Ermessen bei der **Auslegung unbestimmter Rechtsbegriffe** sind die Angaben zum Ermessen bei der Schätzung **unsicherer Werte** nicht auf die bedeutsamsten *(most significant)* Fälle beschränkt. Angaben sind vielmehr für **alle** geschätzten Vermögenswerte und Schulden notwendig, die ein signifikantes Anpassungsrisiko haben (Rz 53). Eine **allgemeine** Einschränkung ergibt sich aus dem *materiality*-Vorbehalt, dem IAS 1.116 wie jede andere Regel unterliegt. Eine **spezielle** Einschränkung wird in **zeitlicher** Hinsicht vorgenommen: Nur das Risiko einer signifikanten Anpassung innerhalb der nächsten 12 Monate führt zu einer Offenlegungspflicht. Aus diesem Zeitkriterium ergeben sich sachlich kaum gerechtfertigte Differenzierungen (Rz 54). 87

Zu konkretem **Inhalt und Form** der für Schätzwerte geforderten Offenlegung hält IAS 1 Folgendes fest (Rz 57):
- Die risikobehafteten Vermögenswerte und Schulden sind in der Weise zu **identifizieren**, dass
  - die **Art** der von signifikanten Anpassungsrisiken betroffenen Vermögenswerte oder Schulden sowie
  - deren **Buchwerte** angegeben werden (IAS 1.116a und b).
- Die bei den identifizierten Vermögenswerten oder Schulden konkret vorliegenden Schätzunsicherheiten können je nach den Umständen *(according to the circumstances)* in verschiedener **Form** präsentiert werden, z. B. durch Offenlegung
  - der **Art** der Annahmen und der Unsicherheit,
  - der **Sensitivität** der Buchwerte gegenüber den Prämissen.

Die Angabepflichten zu den Schätzwerten werden zum Teil durch die in IAS 1.130 implizit enthaltene **Schutzklausel** konterkariert. Die Offenlegung von Budgetinformationen ist danach nicht verlangt. Der wichtige Bereich des nur auf der Ebene der Zahlungsmittel generierenden Einheit durchzuführenden *impairment*-Tests wird auf diese Weise von einer konkretisierten Angabepflicht ausgenommen. Explizite und implizite Schutzklauseln bestehen auch für andere Bereiche (Rz 76).

Für **deutsche Anwender** bestehen einige besondere Angabepflichten, u.a. ist eine Aufstellung des Beteiligungsbesitzes geboten (Rz 75).

Auf die **Checkliste „Abschlussangaben"** wird verwiesen (Rz 8).

§ 6 ERSTMALIGE ANWENDUNG

Inhaltsübersicht   **Rz**
Vorbemerkung

		Rz
1	Zielsetzung, Regelungsinhalt und Begriffe	1–4
2	Persönlicher und zeitlicher Anwendungsbereich von IFRS 1	5–16
3	Die Abbildung des Übergangsprozesses	17–28
	3.1 Die „3-Bilanzen-Periode"	17–21
	3.1.1 Jahresabschluss	17–19
	3.1.2 Zwischenberichterstattung	20–21
	3.2 Der Inhalt der IFRS-Eröffnungsbilanz	22–23
	3.3 Behandlung des Unterschiedsbetrags	24–28
	3.3.1 Einstellungen in das Eigenkapital	24–26
	3.3.2 Steuerlatenz	27–28
4	Die retrospektive Anwendung der IFRS und ihre Grenzen	29–34
	4.1 Das Problem	29–30
	4.2 Die konzeptionellen Grundlagen der Erleichterungen	31–32
	4.3 Zum Begriffsinhalt der rückwirkenden Betrachtung	33–34
5	Verbote der retrospektiven Anwendung (*exceptions*)	35–43
	5.1 Überblick	35
	5.2 Ausbuchung von Finanzinstrumenten	36–37
	5.3 Bilanzierung von Sicherungsbeziehungen	38
	5.4 Schätzungen, Wertaufhellung, Fehlerkorrektur	39–41
	5.5 Nicht beherrschende Anteile im Konzernabschluss	42
	5.6 Öffentlich subventionierte Darlehen	43
6	Optionale Erleichterungen (*exemptions*)	44–113
	6.1 Überblick	44
	6.2 Sachanlagevermögen und immaterielle Vermögenswerte	45–55
	6.3 Beteiligung an Tochterunternehmen im Einzelabschluss der Mutterunternehmung	56
	6.4 Unternehmenszusammenschlüsse	57–82
	6.4.1 Die Ausnahmeregelungen	57–63
	6.4.2 Notwendige Anpassungen	64–79
	6.4.3 Rechenschema	80–82
	6.5 Sonstige Erleichterungen nach IFRS 1	83–106
	6.5.1 Pensionsverpflichtungen	83
	6.5.2 Umrechnungsdifferenzen	84
	6.5.3 Zusammengesetzte Finanzinstrumente	85
	6.5.4 Zeitversetzter Übergang auf IFRS von Konzernunternehmen	86–90
	6.5.5 Aktienbasierte Vergütungen	91
	6.5.6 Bestimmung von Leasingverträgen	92
	6.5.7 Versicherungsverträge	93
	6.5.8 Kategorisierung von Finanzinstrumenten	94–95
	6.5.9 Ersteinbuchung von Finanzinstrumenten zum beizulegenden Zeitwert	96

		6.5.10	Finanzielle oder immaterielle Vermögenswerte bei *public private partnerships*	97
		6.5.11	Fremdkapitalkosten.......................	98
		6.5.12	Mineralvorkommen.......................	99
		6.5.13	Verträge mit Kunden nach IFRS 15	100
		6.5.14	Umschuldungen	101
		6.5.15	Übergang aus hyperinflationären Wirtschaftsräumen	102
		6.5.16	Vorjahresvergleich, insbesondere zu Finanzinstrumenten...........................	103–106
	6.6	Erleichterungen für preisregulierte Unternehmen nach IFRS 14....................................		107–113
		6.6.1	Überblick	107
		6.6.2	Preisregulierungsmechanismen	108
		6.6.3	Anwendungsbereich von IFRS 14	109
		6.6.4	Umsetzung des Wahlrechts	110
		6.6.5	Ausweis...............................	111
		6.6.6	Anwendungsbeispiel	112
		6.6.7	Anhangangaben.........................	113
7	Angaben...			114–121
8	Anwendungszeitpunkt, Rechtsentwicklung			122–124
9	Zusammenfassende Praxishinweise			125

Schrifttum: ANDREJEWSKI/BÖCKEM, Einzelfragen zur Anwendung der Befreiungswahlrechte nach IFRS 1, KoR 2004, S. 332; BECK, Anwendung der IFRS im Rahmen der Zwischenberichterstattung nach § 40 BörsG verpflichtend, DB 2005, S. 1477; BÖCKING/BUSAM/DIETZ, IFRS 1 First-time Adoption of International Financial Reporting Standards vom 19.6.2003, Der Konzern 2003, S. 457; BURGER/SCHÄFER/ULBRICH/ZEIMES, Die Umstellung der Rechnungslegung nach IFRS 1, WPg 2005, S. 1193; HACHMEISTER/KUNATH, Die Bilanzierung des Geschäfts- oder Firmenwerts im Übergang auf IFRS 3, KoR 2005, S. 62; HAYN/BÖSSER/PILHOFER, Erstmalige Anwendung von International Financial Reporting Standards (IFRS 1), BB 2003, S. 1607; LÜDENBACH, Neueinschätzungen und Fehlerkorrekturen in der IFRS-Eröffnungsbilanz, PiR 2006, S. 13; LÜDENBACH/HOFFMANN, Der lange Schatten des Übergangs auf die IAS-Rechnungslegung, DStR 2002, S. 231; LÜDENBACH/HOFFMANN, Der Übergang von der Handels- zur IAS-Bilanz gem. IFRS 1, DStR 2003, S. 1498; PELLENS/DETERT, IFRS 1, First-time Adoption of International Financial Reporting Standards, KoR 2003, S. 369; THEILE, Erstmalige Anwendung der IAS/IFRS, DB 2003, S. 1745; ZEIMES, Zur erstmaligen Anwendung der International Financial Reporting Standards gem. IFRS 1, WPg 2003, S. 982.

Vorbemerkung
Die Kommentierung bezieht sich auf IFRS 1 in der aktuellen Fassung und berücksichtigt alle Ergänzungen, Änderungen und Interpretationen, die bis zum 1.1.2015 beschlossen wurden.
Ein Überblick über die Rechtsentwicklung ist in Rz 123 wiedergegeben.

1 Zielsetzung, Regelungsinhalt und Begriffe

IFRS 1 trifft Regelungen für Bilanzansatz, -bewertung und -ausweis, aber auch für die anderen Rechenwerke des Abschlusses und für den Anhang beim Übergang vom nationalen Recht auf die IFRS. Mit jedem Übergang ist eine Änderung der Rechnungslegungsmethoden verbunden. Solche Änderungen unterliegen, wenn sie sich **innerhalb** der IFRS-Welt vollziehen, den Regelungen des IAS 8.14 ff. Beim Wechsel vom **nationalen** Recht zu den IFRS hat hingegen IFRS 1 als lex specialis Vorrang.

Im Interesse der **weltweiten** Anerkennung der IFRS ist der Standard IFRS 1 ausgerichtet auf die
- Nützlichkeit und Transparenz für die Anwender (IFRS 1.BC 7 ff.);
- Vergleichbarkeit innerhalb der Gruppe von Erstanwendern;
- zwischenperiodische Vergleichbarkeit betreffend den jeweiligen Erstanwender;
- Lieferung eines angemessenen Startpunktes der Rechnungslegung auf der Grundlage der IFRS;
- Vermeidung von **Aufwendungen** des Anwenders, welche den **Nutzen** für den Adressaten (der Rechnungslegung) **übersteigen**.

Der **Hauptteil** der Standards mit der Darstellung der Grundlagen des Übergangsverfahrens auf der Basis der Retrospektion (Rz 33) wird ergänzt durch Anhänge (Rz 31):
- Appendix A: Begriffsdefinitionen
- Appendix B: Ausnahmen von der Retrospektion (Rz 35 ff.)
- Appendix C: Optionale Erleichterung für Unternehmenszusammenschlüsse (Rz 57 ff.)
- Appendix D: Optionale Erleichterungen für andere Standardregeln (Rz 44 ff.)
- Appendix E: Optionale (kurzfristige) Erleichterungen mit Übergangscharakter (derzeit ohne Anwendungsbereich).

Die Appendices sind im weiteren Text zitiert mit dem jeweiligen großgeschriebenen Buchstaben und der betreffenden Nummer.

IFRS 1 ist spürbar vom Bestreben des Board getragen, das Übergangsprocedere im Interesse der weltweiten Verbreitung der IFRS zu **erleichtern**. Die ganze Rechnungslegungswelt wird zum Eintritt in die IFRS-Gesellschaft eingeladen, denn ehrgeiziges Ziel des Board ist es, Lösungen zur Rechnungslegung für jedes Unternehmen auf der ganzen Welt vorzulegen („*to find solutions that will be appropriate for any entity, in any part of the world*", IFRS 1.BC3). Das **generelle** Ziel der IFRS nach Bereitstellung qualitativ hochwertiger Informationen bleibt selbstverständlich unberührt.

Durch die Vielzahl von optionalen Erleichterungen ist die **zwischenbetriebliche** Vergleichbarkeit sowohl zwischen den bisherigen IFRS-Anwendern und den Neueinsteigern als auch zwischen den Neueinsteigern untereinander weitgehend auf der Strecke geblieben.[1]

---

[1] Ähnlich THEILE, DB 2003, S. 1745; HAYN/BÖSSER/PILHOFER, BB 2003, S. 1607, 1612.

2 Persönlicher und zeitlicher Anwendungsbereich von IFRS 1

5   Der Standard ist gem. IFRS 1.2 von einer „*entity*" (Rz 15) anzuwenden auf
- den **erstmaligen** IFRS-Jahres- oder Konzernabschluss (Rz 17) und
- die **Zwischenberichterstattung** gem. IAS 34 (→ § 37), sofern das Unternehmen diese freiwillig oder verpflichtend schon im **erstmaligen** IFRS-Berichtsjahr abliefert (Rz 20).

Zur Auslegung des Kriteriums „**erstmalig**" äußert sich der Board in IFRS 1.3 **eindeutig**: Ohne eine **ausdrückliche** und **vorbehaltslose Aussage** gem. IAS 1.16, derzufolge ein Abschluss – einschließlich der Anhangangaben (IFRS 1.BC5) – den Vorschriften der IFRS entspricht (*compliance statement*, → § 2 Rz 7), gilt er nicht als IFRS-Abschluss. Umgekehrt: Nur mit dieser eindeutigen Aussage kann das/der betreffende Unternehmen/Konzern die IFRS-Rechnungslegungswelt betreten, und zwar durch das Tor der erstmaligen Anwendung nach IFRS 1 (IFRS 1.BC5). Diese Anforderung wirkt zwar sehr formal, aber aus Sicht des Board liefert sie einen **einfachen Prüfmaßstab** *(simple test)* mit einer **unmissverständlichen Antwort**.

6   Zur erstmaligen Anwendung kommt es daher **auch** in folgenden Fällen (beispielhafte Aufzählung in IFRS 1.3):
- Das bisherige Rechenwerk stimmte zwar in allen Belangen mit den IFRS überein, enthielt aber **keine ausdrückliche und vorbehaltslose** Übereinstimmungserklärung;
- die IFRS-Rechnungslegungsregeln sind bislang nur für den **internen Gebrauch** – z.B. die Erarbeitung eines *reporting package* durch ein Konzernunternehmen zur Einbeziehung in einen Konzernabschluss – angewandt worden und standen weder den Unternehmens**eignern** (Aktionären) noch **anderen** Bilanzadressaten zur Verfügung;
- das Unternehmen/der Konzern war börsennotiert und wendete nach nationalem (z.B. deutschem; → § 7 Rz 8) Recht die IFRS-Rechnungslegung an und war dabei auch Erstanwender nach IFRS. Nach Zurücknahme der Börsenzulassung (*delisting*) erfolgt die Rechnungslegung **erneut** nach nationalem Recht, z.B. HGB. **Später** wurde nach nationalem Recht wieder die Rechnungslegung nach IFRS zwingend;
- das Unternehmen hat bislang überhaupt keinen Jahresabschluss erstellt (IFRS 1.3d); vgl. hierzu aber Rz 15.

7   Der **erste** Sachverhalt hat insbesondere in Ländern mit **IFRS-konvergiertem nationalem Recht** (z.B. Brasilien) Diskussionen ausgelöst.

> **Beispiel**
> Eine bisher nicht börsennotierte brasilianische Gesellschaft B wendet seit 2010 pflichtweise das – bis auf die Streichung einiger Wahlrechte (z.B. Neubewertungsmethode bei Sach- und immateriellen Anlagen) – mit den IFRS übereinstimmende brasilianische Recht an, gibt aber keine Erklärungen zu Übereinstimmung mit den IFRS im Anhang ab. Eine solche Erklärung müssen nach brasilianischem Recht nur börsennotierte Gesellschaften abgeben. In 2015 geht die B an die Börse.

Erstmalige Anwendung § 6

> Beurteilung:
> Nach IFRS 1.3 Satz 1 ist die B in 2015 mangels bisherigem *compliance statement* Erstanwender und, kann daher alle Wahlrechte (Erleichterungen) von IFRS 1 in Anspruch nehmen, muss andererseits alle Angabepflichten nach IFRS 1 erfüllen.
> Dagegen spricht nicht das Beispiel *("for example")* in IFRS 1.3(a)(i). Es setzt voraus, dass der bisherige Abschluss nach nationalen Regeln erstellt wurde, die nicht in allen Punkten mit den IFRS übereinstimmen. In „allen Punkten", so z.B. hinsichtlich des *compliance statement* nach IAS 1, oder bez. des Neubewertungswahlrechts besteht eben keine Übereinstimmung.

Die vorstehende Problematik hat nicht nur Bedeutung für Unternehmen aus entsprechenden Ländern, sondern ebenso für **deutsche Konzerne**, die in diesen Ländern ein Tochterunternehmen haben (Rz 86 ff.).

Zum **dritten** Sachverhalt in der Aufzählung aus Rz 6 stellt das *Amendment to IFRS 1* im AIP 2009–11 *Cycle* mit dem (neuen) IFRS 1.4A zwei Darstellungsmöglichkeiten wahlweise zur Verfügung: **8**
- Anwendung von IFRS 1
- retrospektive Anwendung der IFRS nach Maßgabe des IAS 8 (→ § 24 Rz 53), als ob das Unternehmen/der Konzern niemals die Anwendung der IFRSs ausgesetzt hätte.

Wird die zweite Variante gewählt, bedarf es nach IFRS 1.4B zusätzlicher Anhangsangaben folgenden Inhalts:
- Die Gründe für die Unterbrechung der IFRS-Rechnungslegung.
- Die Gründe für die Wiederaufnahme.
- Bei Ausübung des Wahlrechtes zum Verzicht auf die Anwendung von IFRS 1 ist dies ebenfalls zu begründen.

Die vorgenannten neuen Standardregeln sind für Geschäftsjahre mit Beginn nach dem 31.12.2012 anzuwenden. Mit Anhangserläuterung ist auch eine frühere Anwendung zulässig (IFRS 1.39P).

Zweifelhaft kann folgende Fallgestaltung sein: **9**

> **Beispiel**
> **Sachverhalt**
> Eine Konzernmuttergesellschaft erstellt seit Jahren einen HGB-Konzernabschluss und veröffentlicht diesen im elektronischen Bundesanzeiger. Zum 31.12.01 und 02 erstellt sie auf Wunsch der Hausbank zusätzlich IFRS-Konzernabschlüsse, die das *compliance statement* (Rz 5) enthalten. Diese Abschlüsse enthalten jedoch Ergebnisse und Bilanzwerte, die der Öffentlichkeit nicht bekannt gemacht werden sollen. Die IFRS-Abschlüsse werden daher nur der Hausbank und einem Lieferanten zur Verfügung gestellt, nicht dagegen den Gesellschaftern und der Öffentlichkeit. Zum 31.12.03 wird erstmals statt des HGB-Konzernabschlusses ein solcher nach IFRS erstellt und im elektronischen Bundesanzeiger veröffentlicht.
> Die Frage ist, ob dieser IFRS-Konzernabschluss einen Erstanwendungsfall darstellt.

> **Lösung**
> **Dagegen** spricht der Wortlaut von IFRS 1.3b): Die IFRS-Abschlüsse 01 und 02 sind bereits „externen Adressaten" bekannt gemacht worden, der IFRS-Abschluss 03 würde demzufolge keine Erstanwendung mehr darstellen.
> Die Besonderheit des Falles besteht aber in der nur „kleinen", vom Unternehmen selbst bestimmten Publizität der IFRS-Abschlüsse 01 und 02. Demgegenüber ist die „große", gesetzlich vorgesehene Publizität weiter nach HGB erfüllt worden. Würde man nun den IFRS-Abschluss 03 nicht als Erstanwendungsfall werten, käme die ganz überwiegende Zahl der Bilanzadressaten niemals in den Genuss der durch Appendices C und D vorgesehenen Erleichterungen zum Übergang von HGB auf IFRS. Eine solche Umgehung der Erleichterungsvorschriften widerspricht u.E. dem an allererster Stelle von IFRS 1 genannten Regelungszweck der **Transparenz** (IFRS 1.1a).
> Überdies sieht IFRS 1 kein Nebeneinander von nationaler Rechnungslegung und IFRS vor. Das nationale Recht wird vielmehr im Begriff der „vorherigen Rechnungslegungsgrundsätze" (*previous* GAAP) als „die Rechnungslegungsbasis eines erstmaligen Anwenders unmittelbar vor der Anwendung der IFRS" definiert (App. A). IFRS 1 unterstellt mithin die Aufgabe der alten Rechnungslegung mit dem „Datum des Übergangs auf die IFRS"(*„date of transition to IFRSs"*). Wird stattdessen für einige Jahre ein Nebeneinander praktiziert und in Umgehungsabsicht der Übergang zu den IFRS gegenüber dem größeren Teil der Bilanzadressaten erst verzögert vollzogen, liegt eine Erstanwendung erst zu dem Zeitpunkt vor, zu dem der IFRS-Abschluss den nationalen Abschluss in der großen Publizität ersetzt.

10 Umgekehrt liegt **kein** Fall der erstmaligen Anwendung und damit des Regelungsbereichs von IFRS 1 vor, wenn das Unternehmen in verschiedenen Bereichen des Abschlusses gegen IFRS-Rechnungslegungsregeln **verstoßen** hat, aber gleichwohl im Anhang wahrheitswidrig die IFRS-**Übereinstimmung** *(compliance)* behauptet.

11 Insgesamt fährt der Board hinsichtlich der Festlegung des Anwendungsbereichs eine **klare** Linie. Entscheidendes Kriterium für die erstmalige Anwendung ist die ausdrückliche und vorbehaltlose Aussage der IFRS-**Übereinstimmung**.

> **Beispiel**
> Ein Unternehmen plant eine vollständige Umstellung auf IFRS. Die bisherigen Jahresabschlüsse enthalten Abweichungen von den IFRS-Regeln. Gleichwohl sind sie als IFRS-Abschlüsse überschrieben und enthalten im Anhang eine ausdrückliche Bestätigung der Übereinstimmung mit den IFRS.
> Eine Gewichtung der Abweichungen nach ihrer Wesentlichkeit ist nicht erforderlich. Das Unternehmen ist kein Erstanwender. Es muss notwendige Bereinigungen nach IAS 8 als „Fehlerkorrekturen" in der Periode vornehmen und kenntlich machen, in der diese festgestellt werden (IFRS 1.BC6).

Es kommt also entscheidend auf die Sicht und die Aussage des **berichterstattenden** Unternehmens an. Behauptet dieses in einem früheren Jahresabschluss die volle Übereinstimmung desselben mit den IFRS gem. IAS 1.16 (→ § 1), so genügt das für den Ausschluss vom Statut des Erstanwenders nach IFRS 1.[2] Das gilt selbst dann, wenn gerade aus diesem Grund der Abschlussprüfer sein **Testat eingeschränkt** hat (IFRS 1.4(c)).[3] Andererseits führen frühere Abweichungen von einzelnen IFRS im (engen) Rahmen des IAS 1.19 nicht notwendigerweise in den Anwendungsbereich von IFRS 1.[4]

Die Aufzählung in IFRS 1.3 ist nur **beispielhaft**. Nicht förmlich angesprochene Sachverhalte sind nach dem Sinn des Regelungsgehaltes zu lösen. 12

> **Beispiel**
> Eine deutsche Konzernmuttergesellschaft muss erstmals am 31.12.05 einen Konzernabschluss nach IFRS vorlegen. Eine Tochtergesellschaft will sich dem Vorhaben für ihren Teilkonzernabschluss anschließen. Bisher hat sie keinen solchen Abschluss nach HGB erstellt, sondern nur *reporting packages*.
>
> **Lösung**
> IFRS 1.3 reflektiert nur einen Übergang vom bisherigen Abschluss auf den IFRS-Abschluss; der Übergang von einem (rechtlichen) Nichtabschluss auf den IFRS-Abschluss ist insoweit beispielhaft aufgeführt, als (nur) *reporting-packages* nach **IFRS** erstellt wurden.
> Der Fall ist mit dem argumentum de maiore ad minus zu lösen: Wenn schon das Erstellen eines (als höherwertig geltenden) IFRS-*reporting-package* zur erstmaligen Anwendung nach IFRS 1 führt, muss dies erst recht für ein bislang ausschließliches HGB-*package* gelten. Die Tochtergesellschaft ist für ihren Teilkonzernabschluss Erstanwender.

Zu Schwierigkeiten mit der entscheidenden Bezugsgröße des *compliance statements* (Rz 5) kann es bei einem zeitversetzten *Endorsement* in europäisches Recht (z.B. § 315a HGB) kommen (§ 7 Rz 8). Ein solcher Tatbestand lag bez. des „Konsolidierungspaketes" (IFRS10–12, IAS 27 und 28) vor. Das Paket ist nach IASB ab 1.1.2013 pflichtweise anzuwenden. Das *Endorsement* ist am 29.12.2012 erfolgt, allerdings erst für Geschäftsjahre mit Beginn ab 1.1.2014 zwingend zu beachten mit der Möglichkeit der früheren Anwendung ab 1.1.2013 – dann übereinstimmend mit der Pflichtanwendung nach der IFRS-Regelung. Wenn ein Unternehmen das „Konzernpaket" erst ab 2014 beachten will, handelt es in Übereinstimmung mit der europäischen Rechtslage, nicht aber mit den Regeln der IFRS. 13

Die EU-Kommission hat IFRS 1 und IAS 1 (→ § 7 Rz 8) vorbehaltlos „endorst", also dort, wo in den Standards von der (Erklärung einer) „Übereinstimmung mit den IFRS" (*compliance*) die Rede ist, den Originaltext nicht durch die (Erklärung einer) „Übereinstimmung mit den in der EU angenommenen IFRS" ersetzt. Gleichwohl erlaubt sie dem EU-Anwender nur eine Bilanzierung auf Basis der übernommenen IFRS und verlangt eine entsprechende Formulierung des *compliance statement*. Hieraus ergibt sich eine **Widersprüchlichkeit** für den IFRS-Anwender in Europa, der erst ab 2014 das

---

[2] Vgl. ZEIMES, WPg 2003, S. 982, 983.
[3] Kritisch hierzu THEILE, DB 2003, S. 1745, 1746.
[4] ZEIMES, WPg 2002, S. 1002; HAYN/BÖSSER/PILHOFER, BB 2003, S. 1607, 1608.

„Konzernpaket" anwenden will. Er kann bei Ausübung dieser Option für den Abschluss 2013 keine uneingeschränkte Übereinstimmungserklärung mit den IFRS abgeben bzw. auch nicht behaupten, diese sei implizit in der Erklärung der Übereinstimmung mit den EU-IFRS enthalten. Bei formaler Betrachtung wäre er deshalb in 2014 Erstanwender (Rz 6). Hätte die EU-Kommission IFRS 1 und IAS 1 mit der Erweiterung *„as endorsed in the EU"* bestätigt, wäre es nicht zu diesem Problem gekommen. U. E. sollte diese Unterlassung der EU bei ihrer Transformation von privatem in öffentliches Recht nicht zu Lasten der Rechtsanwender gehen. Die endorsten Fassungen von IFRS 1, IAS 1 und IAS 8 sind vielmehr erweiternd im Interesse der Widerspruchsfreiheit als „mit den endorsten IFRS übereinstimmend" auszulegen. Deshalb erkennen wir in dieser Konstellation – Anwendung des „Konzernpaketes" erst ab 2014 – **keinen** den IFRS 1 unterliegenden Erstanwenderfall.

14 Die IFRS-Rechnungslegung soll konzeptionell den **wirtschaftlichen** Gehalt eines Geschäftsvorfalls abbilden (Grundsatz der *substance over form;* → § 1 Rz 49). Auch bei der Bestimmung des IFRS-Erstanwenders darf deshalb nicht die „Rechtsform" allein der Definition zugrunde gelegt werden. Ein typisches Fallbeispiel stellt die Rechtsfigur des umgekehrten Unternehmenserwerbs *(reserve acquisition)* gem. IFRS 3.21 dar (→ § 31 Rz 200ff.). Als Erstanwender gilt in diesen Fällen der „bilanzielle Ersterwerber"*(acquirer for accounting purposes).*[5]

> **Beispiel**
> **Sachverhalt**
> Die A GmbH (EK 3 Mio. EUR, Umsatz 30 Mio. EUR) hat zum 31.12.01 einen IFRS-Abschluss mit Übereinstimmungsvermerk gem. IAS 1.16 veröffentlicht. Im Januar 02 gründen die Gesellschafter der A GmbH die B AG mit einem Grundkapital von 100.000 EUR. Zur Gründung legen sie alle Anteile an der A GmbH in die B AG ein. Diese erstellt zum 31.12.02 erstmals einen IFRS-Konzernabschluss.
>
> **Lösung**
> Die B AG ist zwar rechtlicher Erwerber, wirtschaftlich aber als erworbenes Unternehmen zu betrachten (→ § 31 Rz 200). Die B AG ist trotz des erstmaligen unter ihrem Namen veröffentlichten IFRS-Konzernabschlusses kein Erstanwender i. S. v. IFRS 1.3 und muss die Wertansätze des Tochterunternehmens A GmbH übernehmen.[6]

15 Anders verhält es sich u. E., wenn ein neu gegründetes Unternehmen das bisherige „Geschäft" von einem anderen **übernimmt**, dabei aber der IFRS-Rechnungslegung unterliegt oder diese freiwillig anwendet. Nach dem Regelungsinhalt des IFRS 1 in formaler Betrachtung *(scope)* könnte diese Gesellschaft ebenfalls als IFRS-Erstanwender angesehen werden. So lautet auch bei wörtlicher Lektüre IFRS 1.3D (Rz 7). Allerdings passt diese Falllösung nicht in das ganze Regelwerk von IFRS 1. Vergleichszahlen (Rz 17) nach IFRS 1.21

---

[5] So auch IDW, RS HFA 19, Tz 3 (WPg 2006, S. 137).
[6] So auch Deloitte, iGAAP 2014, A3 3.6.

können – als Beispiel – nicht geliefert werden. Ebenso wenig ist die Übergangsperiode mit drei Bilanzen (Rz 19) darstellbar. Daher ist die neu gegründete Gesellschaft u. E. kein IFRS-Erstanwender. Abgesehen davon kommen auch entsprechende Bilanzierungsprobleme bez. der Rückwirkung in diesem Fall nicht zum Tragen.[7]

Die Übergangsvorschriften nach IFRS 1 sind von einer „*entity*" (Unternehmen) zu erfüllen (Rz 5). Der Begriffsinhalt bleibt jedoch an dieser Stelle wie auch in den übrigen Standards undefiniert. Im hier kommentierten Zusammenhang kann man die *entity* als **Berichtssubjekt** (*reporting entity*) festmachen. Dazu folgendes Beispiel:[8]

16

> **Beispiel**
> Die MU AG ist seit einigen Jahren ein börsennotiertes Unternehmen. Tochterunternehmen hatte die MU AG bisher nicht. Zum 1.9.02 erwirbt sie jedoch eine 100 %ige Beteiligung an der TU GmbH. Bis einschließlich 01 hat die MU AG lediglich einen HGB-Jahresabschluss erstellt. Zum 31.12.02 muss erstmals ein Konzernabschluss nach IFRS aufgestellt werden.
> In diesem Zusammenhang sind eine Reihe von Fragen zu klären.

Die **Konzernrechnungslegungspflicht** selbst ist nach § 315a Abs. 1 HGB zu bestimmen. Bei kapitalmarktorientierten Gesellschaften ist ein IFRS-Konzernabschluss geboten (→ § 32 Rz 5). Die Erstellungspflicht trifft nach § 315a Abs. 1 HGB i. V. m. der IAS-VO die MU AG als Mutterunternehmen.

Die eigentliche Frage geht aber dahin, ob
- die berichtspflichtige *entity* erst am 1.9.02 mit dem Erwerb einer Tochtergesellschaft **entsteht** oder
- bereits zuvor die bestehende *entity* in Gestalt der MU AG als *entity* in anderer Ausrichtung und Qualität **weitergeführt** wird.

Von der Beantwortung dieser Fragen hängt ab
- die Darstellung der **Eröffnungsbilanz** (Rz 19),
- die Angabe von **Vorjahresvergleichszahlen** (Rz 17),
- die **Überleitung** von der bisher nach nationalem Recht erfolgten Rechnungslegung (Rz 94).

Wenn das berichterstattungspflichtige Unternehmen/der Konzern (*entity*) erst zum 1.9.02 entstanden ist (**erster** Lösungsansatz), gilt:
- Der 1.9.02 stellt das Datum sowohl der **IFRS**-Eröffnungsbilanz als auch der Eröffnungsbilanz des **Unternehmens** selbst dar.
- Der Abschluss zum 31.12.02 enthält dann **keine** Vergleichszahlen für das Vorjahr.
- Eine **Überleitungsrechnung** für das Eigenkapital (Rz 114) entfällt.

Wenn umgekehrt die erstmalige Erfüllung des Konzerntatbestands lediglich als **Fortsetzung** der bisherigen Unternehmenstätigkeit in anderem Umfang und Qualität gesehen wird (**zweiter** Lösungsansatz), gilt:

---

[7] So auch DELOITTE, iGAAP 2014, A3 3.6.
[8] Nach LÜDENBACH, PiR 2010, S. 144. Dieser Fundstelle sind auch die nachstehenden Erläuterungen entnommen.

- Die IFRS-Eröffnungsbilanz ist auf den **1.1.01** (Rz 19) zu erstellen.
- Im Konzernabschluss für 02 sind nach IFRS 1.21 als **Vergleichszahlen** für das Vorjahr die noch zu ermittelnden einzelbilanziellen IFRS-Werte der MU AG anzugeben (Rz 17).
- Eine **Überleitungsrechnung** für das Eigenkapital und das Gesamtergebnis für 09 ist vom zuvor einzelbilanziell ermittelten HGB- auf den IFRS-Wert nach IFRS 1.24 vorzunehmen (Rz 114).

Der **zweite** Lösungsansatz geht von den mit der Erstellungspflicht der IFRS-Eröffnungsbilanz verbundenen **Folgewirkungen** aus, nämlich zweijährige Vergleichsperiode (Rz 18) und Überleitungsrechnung für das Eigenkapital (Rz 114). Im Vorgriff muss indes bei den tatbestandlichen Voraussetzungen angeknüpft werden. Die Konzernierung als Auslöser für das Eröffnungsbilanz-Szenario hat am 1.9.02 begonnen. Bis dahin kann ein Konzern als berichtspflichtige Einheit (*entity*) nicht bestanden haben. Ersatzweise muss deshalb nach diesem Lösungsvorschlag das Mutterunternehmen als *entity* fungieren. Aus deren Rechenwerk kann eine IFRS-Eröffnungsbilanz zum 1.1.01 erstellt und die zweijährige Vergleichsperiode geliefert werden. Man kann deshalb für diese Auffassung einen verbesserten Einblick in die jüngste Vergangenheit der nunmehr konzernierten Einheit feststellen.

Gegen diese Auffassung und für den **ersten** Lösungsansatz spricht aber Folgendes:
- IFRS 1.D17 S. 2 geht ohne Weiteres von der Möglichkeit eines **zeitlich abweichenden** Übergangs von Einzel- und Konzernabschluss aus. Eine *entity* kann für ihren Einzelabschluss Erstanwender sein und durchaus später als Erstanwender für den Konzernabschluss fungieren. Im Übergangsszenario nach IFRS 1 sind also konsolidierte und Einzelabschlüsse getrennt zu betrachten. Deshalb dürfen auch die diesbezüglichen Rechtsfolgen nicht miteinander vermischt werden.
- Die berichtspflichtige Einheit steht somit für den Einzel- und den Konzernabschluss gesondert in der Pflicht. Berichtspflichtig wird die MU AG am 1.9.02 und kann deshalb logisch zwingend keine Vorjahresvergleichszahlen (z. B.) liefern.
- Die Pflicht zur Erstellung eines Konzernabschlusses richtet sich ausschließlich nach **nationalem** Recht (→ § 32 Rz 5). Danach entsteht die Konzernrechnungslegungspflicht erst im Zeitpunkt der Konzernierung. Aus den IFRS-Regeln zur Konzernbilanzierung kann nicht Gegenteiliges abgeleitet werden, weil nach § 315a HGB dem IFRS-Konzernabschluss lediglich eine Ersatzrolle zugewiesen ist. Dieser tritt an die Stelle des HGB-Konzernabschlusses, wenn die Konzernrechnungslegungspflicht (für kapitalmarktorientierte Konzerne) oder das Wahlrecht (für andere Konzerne) nach den IFRS-Regeln erfüllt wird. Das Übergangsprozedere vom HGB- auf den IFRS-Abschluss nach Maßgabe des IFRS 1 kann also nicht die zwingenden Regeln für die Erstellung eines Konzernabschusses dem Grunde nach (also nach HGB) überspielen.

Danach gilt: Im vorliegenden Sachverhalt ist die IFRS-Eröffnungsbilanz auf den Zeitpunkt der Konzernierung zu erstellen.[9] Die notwendige Folge ist der Wegfall der Veröffentlichungspflicht von Vorjahreszahlen und der Überleitungsrechnung.[10]

---

[9] LÜDENBACH, PiR 2010, S. 144.
[10] KPMG, Insights into IFRS 2014/15, CH 6.1.1540.100.

Will man dem Informationsbedürfnis nach dem zweiten Lösungsansatz besonderes Gewicht verleihen, kann dem durch Pro-forma-Zahlen abgeholfen werden.
- Am 1.9.02 ändern sich nicht lediglich **Qualität** und **Ausdehnung** eines bereits zuvor bestehenden Berichtsobjekts (*entity*),
- vielmehr **entsteht** die für den Anwendungsbereich von IFRS 1 maßgebliche *entity* (jetzt der Konzern) erst zu diesem Stichtag.

Nach dieser Entscheidung für das „Ob" und „Wann" der IFRS-Erstanwendung muss konsequenterweise das „Wie" in der **Trennung** von Einzel- und Konzernabschluss erfüllt werden:
- Eine **Überleitungsrechnung** (Rz 114) entfällt, da der Konzern vor dem 1.9.02 noch nicht vorhanden war.
- Aus dem gleichen Grund entfällt die **Angabepflicht** für Vorjahresvergleichszahlen (Rz 17), allerdings mit **freiwilliger** Angabe von Vorjahreszahlen nach HGB gem. IFRS 1.22 (Rz 12).

3 Die Abbildung des Übergangsprozesses

3.1 Die „3-Bilanzen-Periode"

3.1.1 Jahresabschluss

In IFRS 1.6 i.V.m. IFRS 1.21 ist die formale Abwicklung des Übergangsprocederes vom bisherigen (*previous*) GAAP) Abschluss in die IFRS-Rechnungslegung dargestellt. Die Schnittstelle = Übergangszeitpunkt (*date of transition*) stellt dabei eine IFRS-**Eröffnungsbilanz** (IFRS 1.6) dar. Deren Bedeutung erschließt sich zunächst durch die Vorgabe nach IFRS 1.21 hinsichtlich der Präsentation von 3 Bilanzen. Dies ist den ab diesem Zeitpunkt gültigen Regelungen in IAS 1.10f und IAS 1.39 geschuldet, wonach bei Abschlussänderungen (→ § 2 Rz 10) und Darstellungsänderungen (→ § 2 Rz 19) auch die Eröffnungsbilanz der Vorperiode zu veröffentlichen ist. Ein **mehrjähriger** Periodenvergleich darf ebenfalls geliefert werden, der 2-Perioden-Vergleich stellt die Mindestnorm dar. Das Stetigkeitsgebot für die Bilanzierung und Bewertung nach IAS 8 (→ § 24 Rz 8) gilt bez. der nach altem Recht angewandten Methoden nicht (IFRS 1.11). Deshalb ist darüber nicht zu berichten. Wegen der Angabepflicht von Vorjahresvergleichszahlen s. Rz 114.

Das Erfordernis der Vergleichszahlen nach IFRS 1.21 für die GuV bzw. die Gesamteinkommensrechnung erfordert die Erstellung von **zwei** GuVs und damit nach den Gesetzen der Doppik zwingend die Erstellung und Veröffentlichung von **drei** Bilanzen, die sämtlich den IFRS-Vorgaben zu genügen haben.

Außerdem sind zu veröffentlichen:
- zwei *cash-flow*-Rechnungen,
- zwei Eigenkapitalveränderungsrechnungen (→ § 2 Rz 89),
- zugehörige Erläuterungen.

Vorjahreswerte nach früherem Recht sind als solche zu kennzeichnen und ohne Quantifizierung an die IFRS-Werte anzugleichen (IFRS 1.22). Die Vorjahreswerte sind nicht zwingend auf Basis des Kalenderjahres dazustellen. Bei **Rumpfgeschäftsjahren** sind die dortigen Werte zu verwenden.[11]

---

[11] ERNST & YOUNG, International GAAP 2009, Kap 5: s2.2.3, in den Folgeauflagen nicht mehr enthalten.

> **Beispiel**
> Soll zum 31.12.02 erstmals eine IFRS-Bilanz erstellt und veröffentlicht werden, bedarf es der Darstellung der GuV für die Geschäftsjahre 01 und 02. Deshalb muss eine IFRS-Eröffnungsbilanz zum 1.1.01, zeitlich identisch mit der Schlussbilanz zum 31.12.00 sowie eine Bilanz zum 31.12.01 erstellt werden. In der Periode 01 und zum 31.12.01 ist also 2-gleisig zu verfahren: Es bedarf eines „normalen" HGB-Abschlusses und eines nach IFRS, Letzterer als Vergleichsperiode im erstmaligen Abschluss zum 31.12.02. Sofern bislang nach früherem Recht keine Abschlüsse *(financial statements)* veröffentlicht worden sind, ist dies anzugeben (IFRS 1.28).

19 **Dreh- und Angelpunkt** des Übergangsprocederes stellt die IFRS-**Eröffnungsbilanz** dar, weil sich in ihr alle nach IFRS 1 zu beachtenden Ansatz- und Bewertungsregeln niederschlagen.[12] In der Folge sind dann (z.B.) Abschreibungen (im Beispiel ab dem Jahr 01) neu zu berechnen. Deshalb bedarf der Übergang vom HGB in die Rechnungslegungswelt der internationalen Standards einer **rechtzeitigen** Planung.

Obwohl sich in der IFRS-Eröffnungsbilanz (im obigen Beispiel 1.1.01) bereits das gesamte Ansatz- und Bewertungsgerüst auf der Grundlage der IFRS niederschlägt, gilt (nur) der Abschluss zum 31.12.02 als „**erstmaliger IFRS-Abschluss**"; dieser Stichtag stellt das *reporting date* dar. Entsprechend kann man das Geschäftsjahr 02 (im Beispiel unter Rz 18) als *reporting period* bezeichnen. **Schematisch** lässt sich die Übergangsperiode wie folgt darstellen:

Übergangszeitpunkt *(date of transition)* 1.1.01	„Vergleichsbilanz" 31.12.01	Erstanwendungszeitpunkt *(reporting date)* 31.12.02
	Vergleichszeitraum des Umstellungsjahres 01 *(transition period)*	Berichtszeitraum 02 *(reporting period)*
IFRS-Eröffnungbilanz	Letzte HGB-Bilanz	Erster veröffentlichter IFRS-Abschluss

Tab. 1: Übergangsperioden auf IFRS

Die Bilanzierungs- und Bewertungsmethoden sind nach IFRS 1.7 in den Übergangsperioden **stetig** auszuüben. Eine Besonderheit ergibt sich, wenn für die *reporting period* zwei Standardvarianten anwendbar sind. Das ist regelmäßig dann der Fall, wenn eine neue Standardversion oder ein neuer Standard mit vorzeitiger Anwendungserlaubnis eingeführt wird. Das Unternehmen muss sich dann für eine der gültigen Versionen entscheiden und diese in der gesamten Übergangsperiode anwenden (so die Klarstellung des Board in AIP 2011–2013 *Cycle* IFRS 1.BC11A).

---

[12] Zeimes, WPg 2002, S. 1001, 1003.

3.1.2 Zwischenberichterstattung

IFRS 1.32 verlangt für die **Zwischenberichterstattung** (→ § 37) innerhalb des Berichtszeitraumes vor dem Erstanwendungszeitpunkt (Rz 19):
- Überleitungsrechnungen für das **Eigen**kapital und das **Ergebnis** der Zwischen- und Gesamtperiode des Vorjahres.
- Angaben zur Herstellung der **Vergleichbarkeit** des Zwischenabschlusses mit dem vergleichbaren Vorjahresabschluss, der nach den IFRS erstellt wurde.
- Überleitungsrechnungen nach Maßgabe von IFRS 1.24 und IFRS 1.25 (Rz 94), also für das **Eigenkapital** im Beispiel unter Rz 19 vom 1.1.01 sowie 31.12.01 und 31.12.02 und für die **GuV** 01.
- Änderungen in der Ausübung von **Bilanzierungswahlrechten** und der Auswahl von **Übergangserleichterungen** (Rz 121) sind nach Maßgabe des *Annual Improvements Project* 2010 und nach Maßgabe von IFRS 1.23 (Rz 94) dort zu vermerken (IFRS 1.32c).

Außerdem sind nach IFRS 1.33 zusätzliche Angaben zu **wesentlichen** Geschäftsvorfällen zu machen, um die **zwischenperiodische** Vergleichbarkeit herzustellen.

20

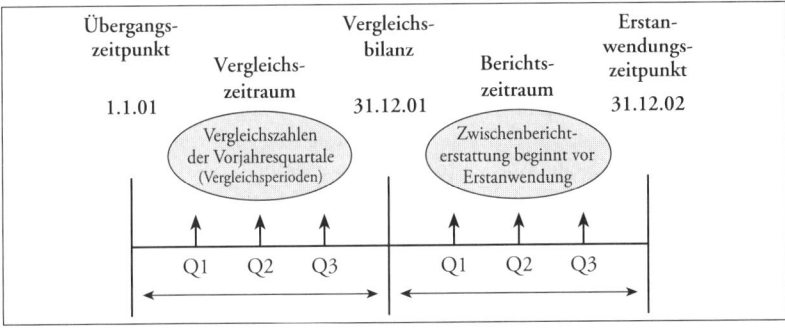

Abb. 1: **Übergangsperioden auf IFRS mit Zwischenberichterstattung**

Die **Vorjahresinformationen** gem. IFRS 1.21 (Rz 17) gelten auch für Zwischenberichte. Erfolgt die erstmalige Anwendung der IFRS wie üblich in einem Jahresabschluss, so sind für die Zwischenberichte des Folgejahres die Zwischenperioden des Vorjahres entsprechend darzustellen. Durch die zeitliche Nähe des ersten IFRS-Jahresabschlusses zum ersten IFRS-Zwischenbericht können erhebliche Schwierigkeiten entstehen. Es empfiehlt sich daher, mit der IFRS-Umstellung nicht erst im Hinblick auf einen Jahresabschluss zu beginnen, sondern vielmehr zumindest für interne Zwecke auch vorher veröffentlichte Zwischenberichte des Umstellungsjahres bereits auf IFRS überzuleiten.

> **Beispiel**
> Zum 31.12.02 soll der erste IFRS-Abschluss vorgelegt werden. Das Unternehmen berichtet quartalsweise.
> Die Umstellung erfolgt im Zuge der Abschlussarbeiten für das Jahr 02 in den ersten Monaten des Jahres 03. Die laufende Buchhaltung verbleibt auf HGB. Es werden 3 Bilanzjahre (00, 01, 02) umgestellt, danach werden hieraus die Bewegungsrechnungen abgeleitet (GuV, Kapitalflussrechnung, Eigenkapitalentwicklung).

> Mit großer Erleichterung wird der Jahresabschluss Ende März 03 der Börse zugeleitet und veröffentlicht. Mitte Mai soll der Quartalsabschluss zum 31.3.03 vorgelegt werden. Dabei stellt sich die fehlende Umstellung der Vorjahreszahlen zum 31.3.02 auf IFRS heraus.

Ein **Sonderproblem** kann entstehen, wenn das Unternehmen im Berichtszeitraum der Umstellung (z. B. 01) noch Zwischenberichte nach HGB erstellt und sich (z. B.) im August 01 zum Übergang auf die IFRS-Rechnungslegung per 31.12.01 entscheidet.

> **Beispiel**
> - Zum 31.3., 30.6. und 30.9.01 Zwischenberichte nach HGB
> - Erstellung der IFRS-EB zum 1.1.00
> - Veröffentlichung der IFRS-Jahresabschlüsse für 00 und 01 Anfang 02
> - Zwischenabschluss nach IFRS zum 31.3.02 mit übergeleitetem Vorjahresvergleich.
>
> **Lösung**
> Dieser Sachverhalt ist in IFRS 1.32 **nicht geregelt**. Er geht vom Regelfall der IFRS-Rechnungslegung im Berichtszeitraum (Rz 19) und angepassten Vorjahreszahlen aus. Denkbar wäre das Erfordernis eines *restatement* der Zwischenabschlüsse für 01. U. E. ist diese Lösung nicht sachgerecht, da sie den Anwendernutzen kaum stärker fördert (*cost-benefit*-Aspekt; → § 1 Rz 68) als die nach IFRS 1.33 möglichen (und gebotenen) Angaben.

21 Die Verpflichtung zur Zwischenberichterstattung mit Vorjahresvergleich sieht auch das Transparenzrichtlinien-Umsetzungsgesetz vor (→ § 37 Rz 42).
Auch von der CESR, der Dachorganisation der Europäischen Börsen, wurde eine **Empfehlung** abgegeben, bereits im Jahr des ersten IFRS-Abschlusses die Zwischenberichte in Übereinstimmung mit IFRS zu erstellen. In Deutschland folgt die allgemeine Pflicht zur Zwischenberichterstattung aus § 40 BörsG. Die Frankfurter Börse ist der Empfehlung der CESR jedoch nicht nachgekommen und verlangt erst für den ersten Zwischenbericht, der dem Bilanzstichtag des ersten IFRS-Abschlusses **folgt**, eine Übereinstimmung mit IFRS.[13] Somit sind die Zwischenberichte, die vor Veröffentlichung des ersten IFRS-Abschlusses erstattet werden, nicht in Übereinstimmung mit den IFRS aufzustellen.[14]
Andererseits sind die innerhalb der 3-Bilanzen-Periode veröffentlichten Abschlüsse als „**vorläufig**" zu bezeichnen, da noch Unsicherheiten über anzuwendende IFRS bestehen können sowie auch seitens des Unternehmens selbst die Möglichkeit besteht, Bilanzierungs- und Bewertungsmethoden innerhalb der Periode zu verändern. In beiden Fällen müsste die IFRS-Eröffnungsbilanz angepasst werden. Erst mit der Fertigstellung des ersten IFRS-Abschlusses werden auch die IFRS-Eröffnungsbilanz und alle aufgestellten Abschlüsse innerhalb des Zeitraums bis zum ersten Abschlussstichtag endgültig.[15]

---

[13] Vgl. Rundschreiben v. 6.2.2004, download: http://deutsche-boerse.com.
[14] BECK, DB 2005, S. 1477.
[15] KAMPING/JAENECKE, WPg 2005, S. 424.

3.2 Der Inhalt der IFRS-Eröffnungsbilanz

Inhaltlich sind für die Erstellung der **IFRS-Eröffnungsbilanz** nach IFRS 1.10 folgende **Regeln** (zu den Ausnahmen s. unter Rz 29ff.) zu beachten: 22
- Alle Vermögenswerte und Schulden sind nach den Vorgaben der IFRS **anzusetzen**.
- Alle Vermögenswerte und Schulden, die nach IFRS nicht bilanziert werden dürfen, sind zu **eliminieren**.
- Bislang (z.B. nach HGB) angesetzte Vermögenswerte und Schulden, die auch nach IFRS anzusetzen sind, müssen **umgegliedert** werden, wenn die jeweiligen Inhaltsvorgaben unter Gliederungsgesichtspunkten differieren *(different type)*.
- Die **Bewertungs**vorgaben der IFRS für die Vermögenswerte und Schulden sind zu beachten.
- An die **bisherige** – auch IFRS-konforme – Bilanzierungsweise ist das Unternehmen/der Konzern nicht im Sinne eines **Stetigkeitsgebotes** gebunden.

Beispielsweise sind folgende Fragen zu klären: 23
- Sind in der Handelsbilanz zu Anschaffungskosten bewertete Aktien in der IFRS-Bilanz nach IAS 39 bzw. IFRS 9 mit dem höheren **Zeitwert** zu berücksichtigen (→ § 28)?
- Sind handelsrechtlich als Eigenkapital qualifizierte **Genussrechte** nach IAS 32.11 als Fremdkapital zu qualifizieren (→ § 20 Rz 20ff.)?
- Ist ein **Leasingverhältnis**, das nach HGB bislang als *operating leasing* beim Leasingnehmer nicht bilanziert worden ist, nunmehr gem. IAS 17 als Finanzierungsleasing zu qualifizieren und in der Bilanz anzusetzen (→ § 15 Rz 109ff.)?
- Enthalten Bilanzposten separat auszuweisende kurz- und langfristige Bestandteile, die entsprechend den neuen Gliederungsvorschriften der Bilanz gem. IAS 1 zu beachten sind?

Aber auch der umgekehrte Fall kann vorkommen, nämlich die **Eliminierung** von im HGB-Abschluss angesetzten Posten. Ein Beispiel stellen die Sonderposten mit Rücklageanteil und Aufwandsrückstellungen dar (Rz 46).[16]

3.3 Behandlung des Unterschiedsbetrags

3.3.1 Einstellungen in das Eigenkapital

I.d.R. werden sich – auch unter Beachtung der Ausnahme- und Erleichterungsvorschriften – **Wertunterschiede** zwischen der „Schlussbilanz" nach HGB (im Beispiel unter Rz 19 zum 31.12.00) und der IFRS-Eröffnungsbilanz zum 1.1.01 ergeben. Diese sind – unter Durchbrechung des Bilanzzusammenhangs – **erfolgsneutral** in das **Eigenkapital** *(directly in equity)* einzubuchen. 24

IFRS 1.11 schlägt dabei die Kategorie **Gewinnrücklage** *(retained earnings)* als Regel – oder in einer anderen Eigenkapitalposition (Rz 26), wenn diese besser geeignet ist – vor. Für bestimmte Finanzinstrumente ist eine **besondere** Eigenkapitalkategorie vorgesehen (Rz 119). Es ist folglich nicht erlaubt, die Abweichungen aus der Anpassung der früheren HGB-Werte an die IFRS-Vorgaben 25

---

[16] ZEIMES, WPg 2003, S. 982, 983.

als **besondere** Eigenkapitalkategorie nachhaltig offenzulegen. Die im Anhang darzustellende **Überleitungsrechnung** (Rz 114 ff.) bleibt davon allerdings unberührt. Sofern sich ein Sollsaldo des Unterschiedsbetrages ergibt und keine Rücklagen bestehen bzw. diese nicht ausreichen, um den Saldo zu verrechnen, sollte u. E. das Konto „**Verlustvortrag**" belastet werden.

26 Die Erfassung in einer **anderen** Eigenkapitalkategorie (Rz 25) kommt bspw. in folgenden Fällen (weitere Beispiele in → § 20 Rz 96) in Betracht:
- Anwendung der Neubewertungsmethode bei Sachanlagevermögen gem. IAS 16 (→ § 8 Rz 70 ff.).
- Wertänderungen bei zur Veräußerung verfügbaren finanziellen Vermögenswerten *(available for sale)* gem. IAS 39.
- Bestimmte Wertänderungen aus *cash-flow*-Sicherungsgeschäften gem. IAS 39 (→ § 28a).

3.3.2 Steuerlatenz

27 I. d. R. werden die umstellungsbedingten Abweichungen zwischen HGB- und IFRS-Bilanz in den nationalen **Steuerbilanzen** nicht nachvollzogen werden können. Es kommt also zu einem Auseinanderfallen – wenn nicht schon bereits vorhanden – zwischen **Steuerwert** *(tax base)* und **IFRS-Bilanzwert** (→ § 26). IFRS 1 sieht hinsichtlich der **Steuerlatenz**rechnung keine Besonderheit vor, d. h., IAS 12 ist uneingeschränkt anwendbar. Soweit also der Unterschiedsbetrag zwischen dem HGB und den IFRS-Ansätzen steuerlich nicht aufgehoben werden kann (was in aller Regel der Fall sein dürfte, Ausnahme: z. B. Ausbuchung von Aufwandsrückstellungen), ist insoweit i. H. d. anzunehmenden Steuersatzes **eine aktive oder passive Steuerlatenz zu bilden**. Diese verringert den in das Eigenkapital einzustellenden Umstellungseffekt.

> **Beispiel**[17]
> Die nach IAS 19 berechnete Altersversorgungsverpflichtung zum Stichtag der IFRS-Eröffnungsbilanz beträgt 100, der bisherige HGB-Ansatz – identisch mit dem vollen steuerlichen Teilwert nach § 6a EStG – beträgt 80 und der Steuersatz 30 %.
> Es ist zu buchen:
>
> | Konto | Soll | Haben |
> |---|---|---|
> | Gewinnrücklage | 20 | |
> | Pensionsrückstellung | | 20 |
> | Aktive Steuerabgrenzung | 6 | |
> | Gewinnrücklage | | 6 |

Sofern die auftretenden Differenzen durch die Anwendung von **Erleichterungswahlrechten** entstehen, ist die entstehende aktive oder passive latente Steuer ebenfalls durch Gegenbuchung in die Gewinnrücklagen einzubuchen.

---

[17] Nach LÜDENBACH/HOFFMANN, DStR 2003, S. 1498, 1500.

Wie alle anderen Anpassungen werden auch die latenten Steuern regelmäßig gegen **Gewinn**rücklagen gebucht. Ausnahmen bestehen dort, wo auch der Grundsachverhalt gegen eine **spezielle Eigenkapitalkategorie** zu buchen ist, etwa nach IFRS 1.IG59 bei *available-for-sale assets*. Auch die latente Steuer wird dann gegen diese Kategorie eingebucht.

28

Die Veränderung latenter Steuern zwischen Eröffnungsbilanzzeitpunkt und Folgestichtag (Ende der *transition period*, Rz 19) unterliegt den normalen Regeln von IAS 12 (→ § 26). Wegen in der *transition period* beschlossenen Steuersatzänderungen wird auf → § 26 Rz 203 verwiesen.

4 Die retrospektive Anwendung der IFRS und ihre Grenzen

4.1 Das Problem

Die **Grundregel** in IFRS 1.7 i.V.m. IFRS 1.10 verlangt die Beurteilung eines in der IFRS-Eröffnungsbilanz (Rz 19) abzubildenden Geschäftsvorfalls aus Vorjahren nach Maßgabe der IASB-Standards, die in der ersten Berichtsperiode nach IFRS (*reporting period*; Rz 19) gültig sind (im Beispiel unter Rz 18 die auf Zeiträume ab dem 1.1.02 anzuwendenden Standards). Diese sog. **Retrospektion** (Rz 33) verlangt den Ansatz und die Bewertung eines Vermögenswertes bzw. einer Schuld in der IFRS-Eröffnungsbilanz so, als ob schon immer nach den aktuell gültigen IFRS bilanziert worden wäre. Diese Vermögenswerte und Schulden sind bis zu ihrer erstmaligen Erfassung zurückzuverfolgen, um alsdann ihre IFRS-Konformität zu prüfen. Ggf. ist ein Unterschiedsbetrag festzustellen und auf die IFRS-Eröffnungsbilanz fortzuschreiben.

29

> **Beispiel 1**
> Ein Unternehmen erstellt am 31.12.04 seinen ersten IFRS-Abschluss, demnach seine IFRS-Eröffnungsbilanz zum 1.1.03 (Rz 19). Das Unternehmen hat seit 1.3.01 eine Maschine gemietet. Im handelsrechtlichen Abschluss ist dieser Geschäftsvorfall als *operating lease* (→ § 15 Rz 19) behandelt worden, sodass die Maschine nicht bilanziert wird. Gemäß den Regelungen des IAS 17 erfüllt die Anmietung der Maschine jedoch die Kriterien eines *finance lease* (→ § 15 Rz 22). Das Unternehmen hat die Maschine rückwirkend zum 1.3.01 gem. IAS 17 zu bilanzieren und demnach in der IFRS-Eröffnungsbilanz anzusetzen.

Die Grundregel der retrospektiven Betrachtung aller Geschäftsvorfälle kann somit zu einer komplexen Rückwirkung führen.

> **Beispiel 2**
> Bei der B-GmbH sind in den Jahren 01 bis zur Patentierung Ende 05 umfangreiche **Entwicklungskosten** auf einen neuartigen Antrieb angefallen. Die Kosten wurden nach HGB nicht aktiviert. Anfang 03 erwirbt die A-AG die B-GmbH. Nach bisherigen Rechnungslegungsvorschriften werden die Entwicklungsergebnisse auch im Rahmen der Erstkonsolidierung der B nicht aktiviert. Zum 1.1.07 erstellt die A-AG die IFRS-Eröffnungsbilanz. Bei retrospektiver Anwendung von IFRS 3 ist in der IFRS-Eröffnungsbilanz wie folgt zu verfahren:

> - A hat für die durch den Unternehmenskauf erworbenen Entwicklungsergebnisse zunächst den *fair value* zum Erstkonsolidierungszeitpunkt zu bestimmen. Eine solche Bewertung ist stark ermessensbehaftet und kann außerordentlich aufwendig sein (→ § 31 Rz 69ff.).
> - Dem so ermittelten Wert sind sodann die in 03 bis 05 entstandenen Entwicklungskosten hinzuzurechnen.
> - Auf den Gesamtbetrag sind schließlich für 06 planmäßige Abschreibungen vorzunehmen.
>
> IFRS 1 gewährt gegenüber einem solchen Vorgehen Erleichterungen, die allerdings gerade im Bereich der Entwicklungskosten nicht sehr umfassend sind (Rz 65).

30 Die in der 1. Berichtsperiode (IFRS 1.7) gültigen Standards sind in allen im Übergangszeitraum zu erstellenden Bilanzen anzuwenden. Die IFRS unterliegen aber einer stetigen **Weiterentwicklung**. Deshalb steht für den IFRS-Erstanwender zum Zeitpunkt der Erstellung der IFRS-Eröffnungsbilanz nicht fest, welche Standards für die 1. IFRS-Berichtsperiode anzuwenden sind. Ein Unternehmen ist deshalb verpflichtet, nach bestem Wissen die Regelungen anzuwenden, deren Gültigkeit es für die erste Berichtsperiode nach IFRS erwartet. Eine IFRS-Eröffnungsbilanz ist deshalb bis zur Feststellung des 1. IFRS-Abschlusses insoweit vorläufig.
Die Übergangsvorschriften in anderen Standards sind beim Umstieg auf das IFRS-Rechenwerk unerheblich (IFRS 1.9).

4.2 Die konzeptionellen Grundlagen der Erleichterungen

31 Die im vorstehenden Beispiel angedeutete **Vergangenheitserforschung** bereitet in der Praxis erhebliche Schwierigkeiten, die aber nach Auffassung des Board den Übergang auf die IFRS nicht verhindern dürfen (Rz 4). Zur Erleichterung des Übergangsverfahrens geht IFRS den Weg einer festen **Regel** mit spezifizierten **Ausnahmen** (*limited* oder *targeted exemptions*; IFRS 1.IN4 und IFRS 1.IN5, Rz 44ff.). Die Ausnahmen betreffen im Wesentlichen Fälle, in denen die Vergangenheitsforschung nach Meinung des IASB **schwierig** und **kostenintensiv** ist. Die Praktikabilitätsfrage wird **typisiert** vom IASB als Regel**geber** entschieden und stellt sich damit dem Regel**anwender** nicht mehr; er muss keine Voraussetzungen erfüllen, um in den Genuss der Ausnahmen zu kommen. Andererseits darf der Erstanwender keine weiteren Ausnahmen von der Regel der retrospektiven Anwendung aller IFRS definieren.

32 Wie alle Standards unterliegt aber auch IFRS 1 dem allgemeinen Vorbehalt der *materiality*, wie er unter anderem im *Framework* und in IAS 1 festgeschrieben ist. Deshalb steht dem IFRS-Erstanwender die (begrenzte) Möglichkeit eines **Verzichts** auf die retrospektive Anwendung einzelner Standardinhalte offen.

> **Beispiel**
> Ein Unternehmen wendet IAS 16 retrospektiv an und prüft in diesem Zusammenhang die Aktivierung von Großreparaturen gem. IAS 16.14 (→ § 8 Rz 39) rückwirkend für vergangene Perioden. Die Überprüfung muss nur so weit in die Vergangenheit hinein erfolgen, wie der aus der rückwirkenden

> Betrachtung einer weiteren Periode in der Vergangenheit erwartete Effekt noch eine materielle Auswirkung auf den Buchwert des Anlagevermögens in der IFRS-Eröffnungsbilanz hat (IFRS 1.IG7).

4.3 Zum Begriffsinhalt der rückwirkenden Betrachtung

Die Konzeption des Übergangsverfahrens wird im Schrifttum häufig mit dem Begriffspaar **retrospektiv vs. prospektiv** gekennzeichnet: Eine solche Charakterisierung ist teilweise **irreführend**.[18] Nach IFRS 1 werden „**rückwirkend**" (retrospektiv) die IFRS-Vorschriften anstelle der Landesvorschriften (*previous GAAP*) auf die in der IFRS-Eröffnungsbilanz abgebildeten Sachverhalte angewandt (Rz 29). Maßgeblich sind jedoch die am Ende der ersten Berichtsperiode (*reporting date*, Rz 19) gültigen Standards und nicht etwa die früher bei Verwirklichung des Sachverhalts gültigen Standards (IFRS 1.8). Die **Vergangenheitserforschung** erfolgt also nur auf der **Sachverhaltsebene**. Die frühere **Rechtslage** ist hingegen unerheblich.

33

Ist ein Standard am Ende der ersten Berichtsperiode noch nicht verpflichtend anzuwenden, aber eine vorzeitige Anwendung (*early adoption*) erlaubt, so steht diese Möglichkeit auch dem IFRS-Erstanwender offen (IFRS 1.B8). Macht er von dieser Möglichkeit Gebrauch, muss er den neuen Standard auch schon für das Vergleichsjahr (*transition period*) und die Eröffnungsbilanz anwenden (IFRS 1.7ff. i.V. IFRS 1.BC11A).

Folgendes Beispiel zum Grundsachverhalt

34

> **Beispiel**
> Der X-Konzern hat nach HGB den *goodwill* aus Unternehmenszusammenschlüssen (Akquisition) mit den Gewinnrücklagen verrechnet.
> - Betroffen sind z.T. vor dem 1.1.95 entstandenen *goodwills*. Für diese konnte (musste aber nicht) die *goodwill*-Verrechnung nach der älteren Version der IAS-Regeln ein laufender IFRS Anwender die Rücklagenverrechnung beibehalten (früher gültiger IAS 22.99).
> - Für nach dem 1.1.95 vollzogene Unternehmenszusammenschlüsse war die Rücklagenverrechnung des *goodwill* nach dem damals gültigen IAS 22 hingegen nicht mehr zulässig.
> - Vorbehaltlich der Inanspruchnahme besonderer Erleichterungen des IFRS 1 (Rz 57ff.) muss X beide Verrechnungen im HGB-Abschluss beim Übergang nach IFRS rückgängig machen, da die aktuelle Version der IFRS (IFRS 3 statt IAS 22) eine Rücklagenverrechnung nicht mehr vorsieht.

---

[18] Vgl. LÜDENBACH/HOFFMANN, DStR 2003, S. 1498, 1501.

5 Verbote der retrospektiven Anwendung (*exceptions*)

5.1 Überblick

35 IFRS 1.13 und IFRS 1.B1 **verbieten** *(prohibit)* die **retrospektive** Anwendung von Standards für die Erstellung der IFRS-Eröffnungsbilanz bei den folgenden Sachverhalten:[19]
- Ausbuchung von Finanzinstrumenten (IFRS 1.B2 und 1.B3; Rz 36 ff.),
- Bilanzierung von Sicherungsbeziehungen (*hedge accounting*; IFRS 1.B4–B6; Rz 38),
- Vornahme von Schätzungen (IFRS 1.14–16; Rz 39),
- einige Aspekte der Darstellung von nicht kontrollierenden Anteilen im Konzernabschluss (IFRS 1B7; Rz 42).

Diese **Verbote** – Ausnahmen von der retrospektiven Anwendung – bestehen zwingend und unabhängig von der Inanspruchnahme der **Erleichterungen** (**optionaler Verzicht** auf die Anwendung des gültigen Standards auf den früheren Sachverhalt; Rz 44 ff.). Der Grund für das Verbot liegt in der sonst (bei retrospektiver Anwendung) möglichen **Neueinschätzung** eines Bilanzierungssachverhaltes; dadurch könnte mit dem besseren (späteren) Wissensstand eine vorteilhaftere Bilanzierung erzielt werden (IFRS 1.IN 5). Für jeden neuen IFRS will der Board über eine Ausnahme von der retrospektiven Anwendung entscheiden (IFRS 1.BC14; Rz 122).

Bei den beiden erstgenannten Ausnahmen handelt es sich weniger um Retrospektionsverbote als vielmehr um eine **Erweiterung** des Anwendungsbereiches der Übergangsbestimmungen von IAS 39 (→ § 28 Rz 286 ff.).

5.2 Ausbuchung von Finanzinstrumenten

36 Nach IAS 39.106–107 dürfen nicht derivative Finanzinstrumente, die in Übereinstimmung mit dem bis 2004 anwendbaren IAS 39 ausgebucht worden waren, **nicht wieder angesetzt** werden. Das gilt selbst dann, wenn die Ausbuchung nach den Regelungen des IAS 39.15–42 **nicht erlaubt** ist. Dem IFRS-Erstanwender soll die Neuwürdigung der nach früher angewandten Regeln ausgebuchten Finanzinstrumente ebenfalls erspart werden (IFRS 1.B2). Alle vor dem 1.1.2004 ausgebuchten Posten dürfen deshalb nicht wieder eingebucht werden, und zwar auch dann nicht, wenn diese **Ausbuchung** (*derecognition*) den Regeln von IAS 39 **widerspricht**. Die Vorschriften des IAS 39.15–42 zur Ausbuchung von Finanzinstrumenten (→ § 28 Rz 61 ff.) sind von einem erstmaligen Anwender prospektiv, also nur für Geschäftsvorfälle anzuwenden, die ab dem 1.1.2004 auftreten (IFRS 1.B2). Alle Finanzinstrumente, die nach vorherigen Rechnungslegungsvorschriften aufgrund einer Transaktion vor diesem Zeitpunkt ausgebucht worden sind, dürfen in der Eröffnungsbilanz nicht erfasst werden. Wegen des Zeitablaufs ist das fixe Datum des 1.1.2004 gegenstandslos geworden. In IFRS 1.B2 ist nun ein **flexibles Datum** in Form des Übergangszeitpunkts (Rz 19) auf die IFRS-Rechnungslegung (*date of transition*) enthalten.

---

[19] ZEIMES, WPg 2003, S. 982, 989.

Erstmalige Anwendung § 6

> **Beispiel**
> Das Unternehmen geht am 1.1.09 auf die IFRS-Rechnungslegung über = Datum der IFRS-Eröffnungsbilanz (Rz 19). Am 15.10.08 hat A langfristige Forderungen an eine neu gegründete Zweckgesellschaft verkauft. Zum 1.1.10 erstellt das Unternehmen seine IFRS-Eröffnungsbilanz. Der Forderungsverkauf erfüllt nicht die Kriterien für eine Ausbuchung nach IAS 39/IFRS 9. Dennoch darf der Forderungsverkauf in der IFRS-Eröffnungsbilanz nicht wieder eingebucht werden. Dieses Verbot einer Würdigung nach IFRS gilt jedoch nur für den Forderungsverkauf. Sofern die Zweckgesellschaft, der diese Forderungen verkauft wurden, vom Unternehmen A gem. IFRS 10 beherrscht wird, ist die Zweckgesellschaft in der IFRS-Eröffnungsbilanz zu konsolidieren.

Der IFRS-Erstanwender hat jedoch auch das **Wahlrecht** zur retrospektiven Anwendung der Ausbuchungsregeln des IAS 39 bzw. IFRS 9, also auf Sachverhalte, die vor dem Übergangszeitpunkt (Rz 19) zu einer Ausbuchung eines Finanzinstruments geführt haben. Dabei kann er einen beliebigen Zeitpunkt vor dem Datum der IFRS-Eröffnungsbilanz als Startpunkt für die Anwendung dieser Regeln wählen. Voraussetzung ist allerdings die Verfügbarkeit aller zur Regelanwendung erforderlichen Informationen im Transaktionszeitpunkt (IFRS 1.B3). Diese Vorgabe zielt ebenfalls (Rz 35) auf die Verhinderung **bilanzpolitischer** Gestaltungen aufgrund eines besseren Kenntnisstands zum (späteren) Zeitpunkt. Dieses Wahlrecht stellt in systematischer Betrachtung keine (zwingende) *exception* (Rz 35), sondern eine *exemption* (Rz 44) dar. 37

> **Beispiel**
> Ein Unternehmen veräußert im Wege eines unechten Factoring am 1.11.01 seinen Forderungsbestand in Höhe von 1 Mio. EUR an eine Bank. Die Forderungen sind am 31.3.02 fällig. Im handelsrechtlichen Abschluss wurde die Forderung ausgebucht. Das Unternehmen erstellt zum 1.1.04 seine IFRS-Eröffnungsbilanz.
> a) Wenn das Unternehmen die Regelungen des IAS 39/IFRS 9 prospektiv anwendet, sind in der Eröffnungsbilanz keine Anpassungen vorzunehmen. Die Forderung bleibt ausgebucht.
> b) Bei retrospektiver Anwendung der Regelungen des IAS 39/IFRS 9 muss die Forderung rückwirkend zum 1.11.01 eingebucht werden, da man beim *Factoring* nicht alle wesentlichen mit den Forderungen verbundenen Risiken übertragen hat (→ § 28).

5.3 Bilanzierung von Sicherungsbeziehungen

Gem. IFRS 1.B4 sind alle Finanzderivate zum Zeitpunkt der IFRS-Eröffnungsbilanz mit dem beizulegenden **Zeitwert** zu bewerten. Etwaige nach HGB „gespeicherte" (abgegrenzte) Verluste und Gewinne aus Finanzderivaten sind zu eliminieren. 38

> **Beispiel**
> **Sachverhalt**
> Die B-GmbH kauft eine Maschine für 95.000 EUR und verkauft diese für 110.000 USD an die A corp. in den USA. Die Maschine wird direkt in die USA geliefert, B weist die Maschine nicht im Vorratsvermögen aus, da es sich um ein Streckengeschäft handelt. Zur Absicherung des Verkaufsgeschäfts schließt B ein Devisentermingeschäft ab. Aufgrund einer Verschlechterung des USD-Kurses beträgt der umgerechnete Verkaufsbetrag am 31.12. nur noch 90.000 EUR. Das Devisenderivat hat zum Abschlussstichtag einen Wert von 15.000 EUR. Nach vorherigen Grundsätzen wurde die Transaktion als Bewertungseinheit betrachtet und nicht bilanziert. Die Transaktion erfüllt nicht die Anforderungen für eine Bilanzierung als Sicherungsgeschäft nach IAS 39 bzw. IFRS 9.
>
> **Lösung**
> In der IFRS-Eröffnungsbilanz ist das Devisenderivat i.H.v. 15.000 EUR zu aktivieren und eine Drohverlustrückstellung i.H.v. 5.000 EUR zu bilden.

Die nach vorherigen Rechnungslegungsvorschriften bilanzierten **Sicherungsbeziehungen** i.S.e. *hedge accounting* dürfen nur dann als solche in der IFRS-Eröffnungsbilanz beibehalten werden, wenn sie die Voraussetzungen nach IAS 39 bzw. IFRS 9 seit ihrer Einbuchung erfüllen (IFRS 1.B5f.).[20] Auf die Sicherungszusammenhänge, die nicht die Voraussetzungen des IAS 39 bzw. IFRS 9 erfüllen, sind die Übergangsregeln dieser Standards anzuwenden (IFRS 1.B6).

5.4 Schätzungen, Wertaufhellung, Fehlerkorrektur

39 Eine weitere Ausnahme vom Retrospektionsgrundsatz betrifft das Thema der **Wertaufhellung** für im Schätzungsweg *(estimates)* ermittelte Bilanzansätze. Zwischen dem Erstellungsdatum der IFRS-Eröffnungsbilanz und demjenigen der Erstellung des erstmaligen IFRS-Abschlusses liegt ein Zeitraum von mehr als 2 Jahren (siehe das Zeitfenster im Beispiel unter Rz 18f.). Die in diesem Zeitraum naturgemäß vorliegende **bessere Erkenntnis** bez. zukunftsbezogener Abschlussposten darf gem. IFRS 1.14 nicht in die Wertansätze der IFRS-Eröffnungsbilanz einfließen. Folglich muss sich der erstmalige Anwender bei deren Erstellung trotz besserer Kenntnisse so unwissend geben, wie er es am Ende des Wertaufhellungszeitraums nach vorherigem Bilanzrecht war.

> **Beispiel**
> In der Handelsbilanz zum 31.12.01 ist für einen ledigen, kinderlosen Geschäftsführer eine Pensionsrückstellung von 1 Mio. EUR ausgewiesen. Nach IAS 19 hätte der Wert wegen Berücksichtigung des Gehaltstrends 1,2 Mio. EUR betragen. Für 03 wird erstmalig nach IFRS bilanziert.
> Der Geschäftsführer ist im Dezember 01 von einem Virus infiziert worden, an dem er im Februar 02 verstirbt. Die Handelsbilanz ist im *fast close* im Januar 02 aufgestellt, geprüft und veröffentlicht worden.

---

[20] ZEIMES, WPg 2003, S. 982, 989; vgl. hierzu auch HAYN/BÖSSER/PILHOFER, BB 2003, S. 1607.

Erstmalige Anwendung § 6

> In der zum 1.1.02 aufzustellenden IFRS-Eröffnungsbilanz ist eine Pension von 1,2 Mio. EUR anzusetzen, als ob zu diesem Stichtag schon nach IFRS bilanziert worden wäre (Retrospektion).
> Die Pensionsberechnung erfolgt auf Basis der allgemeinen Sterbetafeln. Die rückblickend bessere Erkenntnis über die tatsächlich schon am 31.12.01 verringerte Lebenserwartung des Geschäftsführers wird erst nach Veröffentlichung des HGB-Abschlusses erlangt und ist wegen IFRS 1.14 nicht zu berücksichtigen.
>
> **Sachverhaltsvariante**
> Der Geschäftsführer ist im Februar 02 tödlich verunglückt.
> Dieser Umstand ist nicht werterhellend, sondern wertbegründend und daher schon nach den allgemeinen Regeln von IAS 10.9 (→ § 4 Rz 17) nicht per 31.12.01 zu berücksichtigen.

Gem. IFRS 1.14 und IFRS 1.15 sind demnach die zum Stichtag der IFRS-Eröffnungsbilanz erfolgten **Schätzungen** für Zwecke der (damaligen) HGB-Schlussbilanz *(previous GAAP)* unverändert zu übernehmen, es sei denn, eine damalige Schätzung habe einem **Fehler** *(error)* unterlegen. IFRS 1 bestätigt im Ergebnis also die Regeln nach IAS 10: Der **Wertaufhellungszeitraum endet** auch für die IFRS-Eröffnungsbilanz mit dem Datum der Erstellung der HGB-Schlussbilanz zum betreffenden Stichtag (→ § 4 Rz 10). 40

> **Beispiel**
> In der Handelsbilanz zum 31.12.01 sind im Zuge von Umweltauflagen langfristige Rückstellungen für vertraglich vereinbarte Rücknahmeverpflichtungen von Altprodukten enthalten. Bei Bildung der Rückstellung wurde eine Rücknahme von 1.000 Stück unterstellt. Im Jahr 02 stellt sich heraus, dass die zurückzunehmende Menge bei 600 liegt. Ein Fehler bei der Berechnung seitens der Gesellschaft liegt nicht vor. Die Bilanzierungsvorschriften nach Handelsrecht stimmen insoweit mit den Regelungen des IAS 37 (→ § 21 Rz 129ff.) überein. Ein Unterschied besteht hinsichtlich der Abzinsungen, die nach HGB jedoch nicht vorgenommen werden. In der IFRS-Eröffnungsbilanz muss das Unternehmen die Rückstellung abzinsen. Trotz dieser Anpassung, die auf die Unterschiede der Bewertungsregeln zurückzuführen sind, muss weiterhin die ursprünglich zugrunde gelegte Menge von 1.000 für die Bewertung herangezogen werden, da hier IFRS und HGB keine Unterschiede in den Bilanzierungsregeln aufweisen.

Zu differenzieren ist allerdings nach dem Wertaufhellungs**tatbestand**. 41

> **Beispiel**
> **Sachverhalt**
> Am 30.4.03 (alternativ am 28.2.03) ergeht ein positives Gerichtsurteil in einem Aktivprozess. Der Jahresabschluss nach HGB zum 31.12.02 wurde am 31.3.03 erstellt. Die IFRS-Eröffnungsbilanz datiert auf den 1.1.01 (Rz 19).

> **Lösung**
> Nach IAS 10.8 ist der positive Prozessausgang wertaufhellend zu berücksichtigen (→ § 4 Rz 23). Umgekehrt gilt der Prozessausgang nach HGB als wertbegründend. Auch ein positives Urteil zwischen dem 1.1.03 und dem 31.3.03 hätte nach HGB keinen Ansatz erlaubt. Die „Nichtverlängerung" der Wertaufhellungszeiträume gem. IFRS 1.14 (Rz 40) geht demnach ins Leere. Für die HGB-Bilanz ist keine Schätzung erfolgt, folglich kann sie auch nicht für Zwecke des Übergangsverfahrens beibehalten werden (IFRS 1.16). Der positive Prozessausgang ist u. E. in der IFRS-Eröffnungsbilanz als Aktivposten anzusetzen – unabhängig vom handelsrechtlichen Wertaufhellungszeitraum.

Immer dort, wo die IFRS-Vorschriften **Schätzungen** verlangen, die nach **Handelsrecht nicht gefordert** waren, reicht der Wertaufhellungszeitraum bis zur Erstellung der IFRS-Eröffnungsbilanz. An ursprünglichen Schätzungen ist dann nicht festzuhalten, wenn sie **falsch** waren, also das zum Zeitpunkt der Erstellung der HGB-Bilanz vorhandene oder bei ordentlichem Vorgehen erlangbare Wissen nicht zutreffend berücksichtigten (→ § 24 Rz 34 ff.). Zu der damit angesprochenen **Korrektur von Bilanzierungsfehlern** folgendes Beispiel:

> **Beispiel[21]**
> **Sachverhalt**
> U bilanziert für 03 erstmals nach IFRS. In der HGB-Bilanz zum 31.12.01 hat U drohende Verluste aus einem schwebenden Geschäft angesetzt, angesichts einer ohnehin bescheidenen Ertragslage aber nur spärlich dotiert. Die Verluste sind Mitte 03 tatsächlich in einem weit über dem Rückstellungsbetrag liegenden Maß eingetreten.
> U möchte im Übergang vom 31.12.01 (HGB-Schlussbilanz) auf den 1.1.02 (IFRS-Eröffnungsbilanz) die Rückstellung entsprechend erhöhen, und zwar wie alle Eröffnungsbilanzanpassungen erfolgsneutral gegen Gewinnrücklagen. Auf diese Weise würde der in 03 tatsächlich eingetretene Verlust voll gegen die Rückstellung verrechnet werden können und die IFRS-GuV des Jahres 03 entsprechend günstiger ausfallen.
> U möchte dabei nicht den Eindruck erwecken, seine frühere handelsrechtliche Bilanzierung sei schon nach dem damaligen Kenntnisstand fehlerhaft gewesen, er möchte sich vielmehr auf die bessere Erkenntnis berufen, die Ende 03 – zum Zeitpunkt der Aufstellung der IFRS-Eröffnungsbilanz – vorliegt.
>
> **Beurteilung**
> Die Berufung auf die bessere Erkenntnis ist unzulässig.
> Soweit die ursprünglich für HGB-Zwecke vorgenommene Schätzung vertretbar war, bleibt diese gem. IFRS 1.15 bindend.
> Falls die Schätzung schon nach HGB fehlerhaft war, d. h. dem seinerzeit verfügbaren Kenntnisstand nicht gerecht wurde, ist eine Anpassung vorzunehmen und dabei gem. IFRS 1.26 deutlich als Korrektur einer fehlerhaften Handelsbilanz kenntlich zu machen.

---

[21] Entnommen aus LÜDENBACH, PiR 2006, S. 13.

Wie das Beispiel zeigt, ist wie folgt zu differenzieren:
- Soweit eine ursprüngliche Schätzung zwar optimistisch (bzw. aggressiv), aber gerade noch **vertretbar** war, liegt kein Fehler vor. Für die IFRS-Bilanzierung ist die **handelsrechtliche Schätzung** zu **übernehmen**.
- Soweit der vertretbare Ermessensspielraum überschritten wurde, also ein **Fehler** vorlag, ist für IFRS an dieser fehlerhaften Bilanzierung **nicht festzuhalten**.

Die zweite Alternative eröffnet allerdings keine Möglichkeit zur „geräuschlosen" Richtigstellung. Nach IFRS 1.24 hat U im Abschluss 03 Überleitungsrechnungen vom handelsrechtlichen Eigenkapital vom 31.12.01 bzw. 31.12.02 zum IFRS-Eigenkapital 1.1.02 bzw. 31.12.02 aufzustellen und zu **erläutern** (Rz 120). Normaler Inhalt der Überleitungen und der Erläuterungen sind die Ansatz- und Bewertungsunterschiede zwischen Handelsrecht und IFRS.

Die dabei erfolgende **Fehlerkorrektur** nach IFRS 1.26 ist von **Änderungen** der Bilanzierungs- und Bewertungsmethoden **abzugrenzen**. Die Fehlerkorrektur darf nicht in einer Sammelposition „Anpassung von sonstigen Rückstellungen wegen abweichender Bewertungsvorschriften" versteckt werden. In der Überleitung muss der Fehler der handelsrechtlichen Bilanzierung deutlich durch eine eigene Zeile in der Überleitungsrechnung und eine eigene Erläuterung erscheinen. Die vorstehenden Anweisungen zum Schätzungsverfahren in IFRS 1.14 bis IFRS 1.16 sind für die 3 Bilanzen der Übergangsperiode (Rz 19) jeweils anzuwenden (IFRS 1.17).

5.5 Nicht beherrschende Anteile im Konzernabschluss

Folgende Vorschriften des IFRS 10 (→ § 32 Rz 156) muss ein IFRS-Erstanwender gem. IFRS 1.B7 nur **prospektiv** vom Übergangszeitpunkt (Rz 19) an anwenden: 42
- Die Aufteilung im Konzernabschluss von Gewinn und Verlust und der übrigen Einkommensbestandteile auf Muttergesellschaft und nicht beherrschende Gesellschafter (Minderheitenanteile), auch wenn dadurch ein Negativausweis der Minderheitenanteile entsteht (IFRS 10.B94) (→ § 32 Rz 163).
- Änderungen der Beteiligungsquote ohne Kontrollverlust der Muttergesellschaft (IFRS 10.23) (→ § 32).
- Im Fall des Kontrollverlustes der Muttergesellschaft die Einzelheiten der Entkonsolidierungsbuchungen (IFRS 10.B97 ff.) sowie die Vorgaben nach IFRS 5.8A (→ § 29 Rz 19).

5.6 Öffentlich subventionierte Darlehen

Der Vorteil aus un- oder niederverzinslichen Darlehen aus öffentlichen Mitteln gilt nach IAS 20.10A als Zuwendung (→ § 12 Rz 37) i. H. d. Barwertes der Zinsverbilligung. Entsprechend ist das Darlehen nicht mit dem vereinnahmten Betrag, sondern mit dem *fair value* einzubuchen. Diese Vorgabe ist gem. IAS 20.43 bei „Normalanwendern" (Unternehmen, die schon vor dem 1.1.2009 nach IFRS bilanziert haben) für Darlehensgewährungen ab 1.1.2009 anzuwenden. Für zuvor zugegangene Darlehen kann die bisherige Bilanzierung beibehalten werden (→ § 12 Rz 44). 43

Diese Übergangserleichterung für die (schon bisherigen) IFRS-Anwender wird nach IFRS 1.B10 auch den Umsteigern auf die IFRS-Rechnungslegung zugestanden. Diese können **vor** dem Übergangszeitpunkt (Rz 17) aufgenommenen Darlehen mit Zinsvergünstigung in der bisher bilanzierten Form weiterführen, also z. B. zum Nennwert ansetzen, und entsprechend auf die *fair-value*-Ermittlung verzichten, können aber auch nach IFRS 1.B11 retrospektiv die gültigen Regeln der IAS 20.10A anwenden Die **ab** dem Datum der IFRS-Eröffnungsbilanz (Rz 17) zugegangenen Darlehen sind in jedem Fall nach IAS 20.10A i. V. m. IAS 39/IFRS 9) im Zugangszeitpunkt zum *fair value* zu bewerten (→ § 12 Rz 38).

6 Optionale Erleichterungen *(exemptions)*

6.1 Überblick

44 IFRS 1.D1 listet abschließend eine ganze Anzahl von **Wahlrechten** auf. Danach brauchen auf die in der IFRS-Eröffnungsbilanz zu berücksichtigenden Sachverhalte die IFRS nicht rückwirkend angewandt zu werden. Am bedeutendsten sind die Wahlrechte im Zusammenhang mit dem **sächlichen** und dem **immateriellen** Anlagevermögen (Rz 45 ff.) sowie für **Unternehmenszusammenschlüsse** (Rz 57 ff.). Die betreffenden Wahlrechte können **ohne** die Erfüllung von **Bedingungen** (Rz 31) und **einzeln** in Anspruch genommen werden. Der Erstanwender kann sich die Rosinen aus den Wahlrechten i. S. e. bilanzpolitischen Optimierung herauspicken (IFRS 1.18). Ein weiteres Wahlrecht ergibt sich als Rückausnahme von einer *exception* bei der Ausbuchung von Finanzinstrumenten (Rz 37).

Wenn ein Sachverhalt von zwei optionalen Erleichterungen betroffen ist, kann der Erstanwender mangels Hierarchie der Optionen zudem frei wählen, ob er nur eine oder beide in Anspruch nimmt.

> **Beispiel**
> Unternehmen A hat vor der Umstellung auf IFRS 100 % der Anteile an der B erworben. Zu den erworbenen Vermögenswerten gehört auch ein Gebäude mit einem Buchwert zum IFRS-Eröffnungsbilanzstichtag nach bisherigem Recht von 150. Sofern A von der Befreiung der rückwirkenden Anwendung von IFRS 3 Gebrauch macht (Rz 57), kann es das Gebäude mit einem nach angemessener linearer Abschreibung ermittelten Buchwert (Rz 46) von 150 in der Eröffnungsbilanz ansetzen. Zulässig ist aber auch ein Ansatz mit dem Zeitwert von 200 als Ersatz für die Anschaffungs- und Herstellungskosten. Die Inanspruchnahme der rückwirkenden Anwendung des IFRS 3 verhindert die Anwendung der weiteren Befreiungsvorschrift des Ersatzes für Anschaffungs- und Herstellungskosten nicht.

Empirisch nehmen deutsche IFRS-Anwender insbesondere das Wahlrecht für **Unternehmenszusammenschlüsse** (Rz 57) in Anspruch.[22]

6.2 Sachanlagevermögen und immaterielle Vermögenswerte

45 Bei **langlebigen** Vermögenswerten wie den Sach- und immateriellen Anlagen kann die retrospektive Ermittlung der Anschaffungs- oder Herstellungskosten

---

[22] HALLER/FROSCHHAMMER/DENK, KoR 2010, S. 557.

(*cost-based measurement*) unzumutbaren Aufwand bez. der Datenermittlung verursachen.[23] IFRS 1.D5ff. sehen daher folgende **Wahlrechte** in der IFRS-Eröffnungsbilanz vor:
- Die Werte der IFRS-Eröffnungsbilanz werden auf der Basis der **fortgeführten Anschaffungs-/Herstellungskosten** ermittelt (Rz 46).
- In der IFRS-Eröffnungsbilanz erfolgt eine Bewertung mit dem *fair value (deemed cost)* (IFRS 1.D5).
- Die Übernahme des Ergebnisses einer vor der IFRS-Rechnungslegungsperiode durchgeführten **Neubewertung** ist zulässig, sofern der Wertansatz bei großzügiger Betrachtung *(broadly)* dem *fair value* entsprach oder auf einem Indexierungsverfahren zur Neubewertung nach Maßgabe der IFRS-Regeln beruhte *(deemed cost)* (IFRS 1.D6).
- Schließlich kann eine *fair-value*-Bewertung vor dem Übergangszeitpunkt aus **besonderem Anlass** (*event driven*) – z.B. einem Börsengang oder einer Privatisierung, so die vom Standard benannten Beispiele, aber vielleicht auch einer gesellschaftsrechtlich begründeten Umwandlung oder einer finanziellen Reorganisation zur Bilanzsanierung – in die IFRS-Eröffnungsbilanz übernommen werden *(deemed cost)*. Nach der Standardänderung im *Annual Improvements Project 2010* (IFRS 1.D8) ist diese Bewertung auch möglich, wenn der besondere Anlass **innerhalb** der Übergangsperiode stattfindet. Die *deemed cost* sind dann zum Zeitpunkt des Anlasses einzubuchen; die Differenz zum bisherigen Buchwert ist in den Gewinnrücklagen oder einer anderen Eigenkapitalkategorie auszuweisen. In den früheren Bilanzen – z.B. der Eröffnungsbilanz (Rz 19) – sind die dort gewählten Werte beizubehalten. Zum Anwendungszeitpunkt vgl. § 6 Rz 123, zu den betroffenen Bilanzposten vgl. Rz 55.

Zur Ermittlung des *fair value* gelten die allgemeinen Regeln in Bezugnahme auf IFRS 1.19. Dieser Verweis behält seine Gültigkeit nur bis zum Geschäftsjahresende 31.12.2012 bei kalendergleichem Wirtschaftsjahr. Beginnt Letzteres nach diesem Stichtag, gelten zur Bestimmung des *fair value* die Regeln des IFRS 13 (→ § 8a).

Diese Wahlrechte beziehen sich auf (IFRS 1.D7)
- **Sachanlage**vermögen gem. IAS 16 (→ § 14),
- als **Finanzinvestitionen** gehaltene Immobilien gem. IAS 40 (→ § 16),
- **immaterielle** Vermögenswerte, für die es einen **aktiven Markt** gibt, gem. IAS 38 (→ § 13 Rz 87).

Dabei passt das Erfordernis eines aktiven Marktes für die immateriellen Vermögenswerte als tatbestandliche Voraussetzung nicht zur sonst großzügigen Vergleichsrechnung zwischen IFRS-Werten und den bisherigen Bewertungen. Diese Vorgabe wirkt wie ein Fremdkörper im Übergangsverfahren auf die neue Rechnungslegung nach IFRS. Da ein aktiver Markt nach IAS 38.78 bei immateriellen Anlagegütern selten vorliegt (→ § 13 Rz 87), könnten die Übergangserleichterungen auf Immaterialgüter kaum jemals angewandt werden. Vielleicht eher unbedacht hat der Board hier eine Parallele zum Neubewertungsverfahren gezogen (→ § 13 Rz 85ff.). Gleichwohl ist der Wortlaut des IFRS 1.D7(b) eindeutig.

---

[23] Der IASB wertet also das Fehlen einer ordnungsmäßigen Anlagebuchführung als eine lässliche Sünde.

> **Beispiel**
> Ein Unternehmen X ist in einem Staat mit hochinflationärer Wirtschaft tätig. X will zum 1.1.11 auf die IFRS-Rechnungslegung übergehen. Zum 31.12.07 ist eine Neubewertung von Anlagegütern entsprechend dem Inflationsindex des Staates erfolgt. X will einen immateriellen Vermögenswert mit unbestimmter Nutzungsdauer (→ § 13 Rz 93) zum *fair value* in die IFRS-Eröffnungsbilanz (Rz 17) einstellen. Die Berechnungsgrundlage zu dessen Ermittlung stellt die Neubewertung zum 31.12.07 mit Anpassung entsprechend der offiziellen Inflationsrate bis zum 1.1.11 dar. Ein aktiver Markt besteht nicht. Nach dem strikten Wortlaut des IFRS 1.D7(b) kommt eine *fair-value*-Bewertung mangels aktiven Marktes nicht in Betracht. Diese Besonderheit bei der **Neubewertung** von Immaterialgütern (→ § 13 Rz 87) ist auch im Übergangsverfahren auf die IFRS-Rechnungslegung zu beachten.

Die „*deemed cost*" in der vorstehenden Auflistung sind funktionell als **Ersatz-**Anschaffungs- oder Herstellungskosten mit entsprechendem Ausweis im Anlagespiegel (→ § 14 Rz 29) zu verstehen; die Ausübung dieser Wahlrechte führt also z.B. nicht zur Anwendung des *fair-value*-Modells bei den Folgebewertungen (vgl. Rz 69). Als kumulierte Abschreibungen sind im Anlagespiegel nur die **ab** dem Übergangszeitpunkt verrechneten Abschreibungen zu zeigen (IFRS 1.IG9).

46 Die Fortführung eines **HGB-Buchwertes** ist zwar nicht ausdrücklich erlaubt, aber dann zulässig, wenn der HGB-Wert nicht wesentlich vom IFRS-Wert abweicht (IFRS 1.IG7).[24] Dies ist bei degressiven Abschreibungen auf bewegliche Vermögenswerte meistens gegeben (→ § 10 Rz 29), bei **steuerlichen Sonderabschreibungen** indes nicht, sodass diese Abschreibungen zu eliminieren und die Vermögenswerte (rückwirkend) nach den Regelungen der IFRS abzuschreiben sind. Der IFRS-Erstanwender kann die gesamten Abschreibungsverfahren losgelöst von der bisherigen steuerlichen Dominierung **neu** bestimmen.

> **Beispiel**
> Ein Unternehmen hat zwischen 1970 und 1980 sukzessive sein innerstädtisches Betriebsareal verkauft, um sich in einem neu erschlossenen Industriegebiet am Stadtrand zu etablieren. Die Gewinne aus den innerstädtischen Grundstücksverkäufen sind nach § 6b EStG neutralisiert worden. Diese Möglichkeit besteht nach den IFRS nicht. Die Buchwerte sind für Zwecke der erstmaligen IFRS-Bilanzierung ausgehend von den Ursprungswerten zu korrigieren, d.h. fiktiv so abzuschreiben, als ob die steuerlichen Abschreibungen nicht vorgenommen worden wären.

Der Retrospektion sind nach IFRS 1.D8 zeitliche Grenzen durch **besondere** (*event-driven*) **Bewertungsanlässe** wie Privatisierungen oder Börsengänge (Rz 45) gesetzt.

---

[24] ANDREJEWSKI/BÖCKEM, KoR 2004, S. 332.

Erstmalige Anwendung § 6

> **Beispiel**
> Die Deutsche Telekom AG wurde zum 1.1.1993 privatisiert. Sie braucht zuvor erfolgte Bewertungsvorgänge nicht zu beachten. Für frühere volkseigene Betriebe der DDR endet die Retrospektion am 1.7.1990 (DM-Eröffnungsbilanz).

Vorausgesetzt ist für beide Fälle eine *fair-value*-Bewertung nach den damals gültigen *(under previous GAAP)* Verfahren.

Keine Übergangserleichterung ist für (frühere) *impairment*-**Abschreibungen** im Bereich der Sachanlagen und der immateriellen Anlagegegenstände nach IAS 36 vorgesehen (Rz 119). Deshalb kann es fraglich sein, wie in früheren Zeiten erfolgte, außerplanmäßige Wertminderungsabschreibungen in der IFRS-Eröffnungsbilanz (Rz 19) abgebildet werden müssen. 47

> **Beispiel**
> Ein 15 Jahre vor dem Übergang angeschafftes Gebäude war im Jahr 06 nach der Anschaffung gem. den Regeln des im Übergangszeitpunkt gültigen IAS 36 (Rz 28) außerplanmäßig abzuschreiben gewesen (→ § 11 Rz 8). In der Zeit danach war eine sukzessive Werterhöhung festzustellen, die aus der allgemeinen Wertsteigerung für Gebäude resultierte; ein *„triggering event"* (→ § 11 Rz 219) lag nicht vor. Das Unternehmen bewertet die Sachanlage nach dem *cost model* des IAS 16 (→ § 8 Rz 11 ff.).

Bei strenger Beachtung der Retrospektionsvorgabe ist die Bewertung unter Berücksichtigung der früheren *impairment*-Abschreibung vorzunehmen und umgekehrt eine Zuschreibung zu unterlassen, weil kein *„triggering event"* bis zum Zeitpunkt der IFRS-Eröffnungsbilanz (Rz 19) vorliegt. IFRS 1 beschränkt den *impairment*-Test nicht nur auf den Übergangszeitpunkt (der IFRS-Eröffnungsbilanz). Eine solche rückwirkende Betrachtung erscheint allerdings als wenig praktikabel. U. E. sollte die Anwendung des IAS 36 auf den Zeitpunkt der IFRS-Eröffnungsbilanz beschränkt werden. Ein solches Vorgehen kann sich auf IFRS 1.IG39 berufen.

Eine weitere Besonderheit bildet die Bilanzierung von **Entsorgungs- und Entfernungsverpflichtungen** als Bestandteil der Anschaffungs- bzw. Herstellungskosten von Sachanlagen (→ § 21 Rz 80 ff.; IFRS 1.D21; IFRIC 1). Die retrospektive Anwendung wird in vielen Fällen als **undurchführbar** *(not practicable)* angesehen. Deshalb gewährt IFRIC 1 eine Erleichterung: Der IFRS-Erstanwender muss in diesem Fall in der IFRS-Eröffnungsbilanz (Rz 19) die Entsorgungsverpflichtung mit dem Zeitwert zurückstellen. Der Buchwert des zugrunde liegenden Sachanlagevermögens kann dann aber mit dem Wert aktiviert werden, der sich ergeben hätte, wenn man die erwartete künftige Entsorgungsverpflichtung bereits im Zugangszeitpunkt des Vermögenswertes aktiviert und seit diesem Zeitpunkt planmäßig abgeschrieben hätte. 48

Folgende **Bearbeitungsschritte** sind dabei zu beachten:[25]
- Der Wert der Rückbau**verpflichtung** wird ohne Zwischenschritte unmittelbar auf den **Zeitpunkt** der IFRS-Eröffnungsbilanz (Rz 19) ermittelt, in dem die aus der Sicht dieses Stichtags zukünftig zu erwartenden *cash outflows* mit dem an diesem Stichtag geltenden Satz diskontiert werden.
- Der **ursprüngliche Zugangsbetrag** der Rückbaukosten wird (retrograd) aus dem Wert der Rückbauverpflichtung in der IFRS-Eröffnungsbilanz abgeleitet. Die Berechnung erfolgt durch Diskontierung der Rückbauverpflichtung vom Eröffnungsbilanz- auf den Anschaffungs-/Herstellungszeitpunkt.
- Von diesem Wert sind die planmäßigen **Abschreibungen** bis zum Stichtag der IFRS-Eröffnungsbilanz zu verrechnen.

Wird **nicht** von diesem Wahlrecht Gebrauch gemacht, ist **retrospektiv** wie folgt vorzugehen:
- Jede Rückbauverpflichtung und der korrespondierende Aktivansatz sind zunächst aus Sicht des Entstehungszeitpunktes mit den zu diesem Zeitpunkt geltenden *cash-flow*-Erwartungen und Diskontierungssätzen zu **bewerten**.
- Sodann ist zu jedem folgenden Stichtag jede **Änderung** der *cash-flow*-Erwartungen und/oder der Diskontierungssätze durch ein fiktive (weil vor der IFRS-Eröffnungsbilanz liegende) Buchung „Anlagevermögen an Rückbauverpflichtung" (bei Minderung: umgekehrt) zu berücksichtigen.
- Die neue Höhe der Rückbauverpflichtung ist ab diesem Stichtag (fiktiv) mit dem neuen Zinssatz fortzuführen, der **neue** Wert der Anlage nach der Restnutzungsdauer ab **Änderung** abzuschreiben.
- Am nächsten Stichtag sind entsprechende **Anpassungen/Neuberechnungen** durchzuführen.

U. E. sollte das Vereinfachungswahlrecht in aller Regel ausgeübt werden.

Beispiel

Ein Unternehmen erstellt seine IFRS-Eröffnungsbilanz zum 1.1.04. Das Unternehmen hat zum 1.1.01 Mietereinbauten i. H. v. 500 TEUR aktiviert und schreibt diese über 10 Jahre linear ab. Laut Mietvertrag sind die Einbauten bei Beendigung des Mietverhältnisses zum 31.12.10 zu entfernen. Zum IFRS-Eröffnungsbilanzstichtag schätzt das Unternehmen die im Jahr 10 zum Rückbau anfallenden Aufwendungen auf 50 TEUR. Für handelsrechtliche Zwecke wurden ratierlich bis zum 31.12.03 15 TEUR zurückgestellt.
- Bei unterstelltem Finanzierungszinssatz von 5 % für eine 7-jährige (Rest-)Laufzeit ab 1.1.04 beträgt der Barwert der Verpflichtung in der IFRS-Eröffnungsbilanz 35 TEUR. Dieser Betrag ist zum 1.1.04 in der Bilanz auszuweisen.
- Der Barwert von 35 TEUR ist sodann mit dem am 1.1.01 für eine 10-jährige Laufzeit geltenden Zinssatz unter Berücksichtigung des Zinsstruktureffektes von 6 % (→ § 11 Rz 66) auf den 1.1.01 zu diskontieren. Folglich sind rückwirkend zum 1.1.03 30 TEUR zu den ursprünglichen Kosten von 500 TEUR hinzuzuaktivieren.

---

[25] KESSLER/LEINEN, KoR 2005, S. 456.

- Der zusätzlich aktivierte Betrag von 30 TEUR ist im Anschluss bereits über 3 Jahre bis zum IFRS-Eröffnungsbilanzstichtag abzuschreiben. Die kumulierte Abschreibung beträgt 9 TEUR.
  In der Überleitung vom HGB auf die IFRS-Eröffnungsbilanz zum 1.1.04 ist wie folgt zu buchen:

Konto	Soll	Haben
Sonstige Gewinnrücklagen (bzgl. Rstlg)	20	
Entsorgungsverpflichtung		20
Mietereinbauten	30	
Sonstige Gewinnrücklagen (bzgl. Mietereinbauten)		30
Sonstige Gewinnrücklagen (bzgl. Abschr.)	9	
Kumulierte Abschreibungen		9

Die genannten Wahlrechte (Rz 45) können gem. IFRS 1.18 für **jeden Einzelposten** des Anlagevermögens unterschiedlich ausgeübt werden (Rz 44, 52). Dadurch **unterscheidet** sich die gem. IFRS 1 durchgeführte Neubewertung von der allgemein nach IAS 16.31 zulässigen **Neubewertung** (→ § 8 Rz 70ff.); bei dieser ist der Übergang für die jeweilige Bilanz-Gesamtposition *(entire class)* nur **einheitlich** möglich, also ganz oder gar nicht.

Diese Vorgabe gilt in der Konsequenz auch für **Großreparaturen**, die einer gesonderten Aktivierung und Abschreibung zugänglich sind (→ § 8 Rz 39).

Nach Maßgabe des *components approach* (→ § 8 Rz 35) ist ein nach HGB einheitlicher Vermögenswert zur Berechnung der planmäßigen Abschreibung **aufzuteilen**, wenn einzelne Bestandteile des Vermögenswertes einen signifikanten Anteil an den Gesamtkosten des Vermögenswertes ausmachen (→ § 10 Rz 7ff.). In der Folge muss dementsprechend eine differenzierte Abschreibungsverrechnung erfolgen (IFRS 1.IG12).

Der Komponentenansatz bedarf bei aller formalen Abweichung gegenüber der bisherigen HGB-Handhabung einer **sinnvollen Interpretation** im Hinblick auf die damit zu erzielende *faithful presentation* (IAS 16.BC26). Eine **kleinliche** Betrachtungsweise ist im Rahmen der generell dem Schätzungsermessen unterliegenden Abschreibungsverrechnung unangebracht. Wegen Einzelheiten vgl. → § 10 Rz 9ff., wo auch die Unwesentlichkeit der Abweichungen in der Abschreibungshöhe bei künstlicher „Zerlegung" eines Vermögenswertes dargelegt ist. Der *materiality*-Aspekt (→ § 1 Rz 63ff.) wird hier eigens in Erinnerung gerufen (IFRS 1.IG7).

Nicht zufällig betont deshalb der Board das **vernünftige Ermessen** *(judgement)* zur Definition der separat abzuschreibenden Einheit eines Vermögenswertes (IFRS 1.IG12). Hinzu kommen die generell erleichterungsorientiert ausgestalteten Übergangsregeln für Sachanlagen (Rz 45).

So sind **Neubewertungen** nach Maßgabe der **früheren** Rechnungslegungsvorschriften (z.B. HGB) akzeptabel, wenn sie bei großzügiger Betrachtung *(broadly)* mit den IFRS-Wertermittlungsregeln kompatibel sind (IFRS 1.D6). Der *materiality*-Gedanke wird hier noch spürbar verstärkt. Insgesamt ist u.E. auch bez. des *components approach* bei sonst möglicher Fortsetzung der HGB-Bilanzierung des Anlagevermögens in der IFRS-Bilanzwelt (Rz 46) eine **großzügige** Betrachtungsweise angezeigt.

Die hilfsweise vorgeschlagene **Zeitwertbewertung**[26] braucht dann u. U. nicht als „Lösung" zur Umgehung des rückwirkenden Komponentenansatzes herangezogen zu werden. Im Übrigen wäre auch eine einschlägige Wertermittlung nicht ohne Heranziehung von Vergangenheitsereignissen durchführbar (z. B. Ermittlung des technischen Zustandes der Klimatisierung eines Hotels).
Nach dieser generellen Vorgabe kann in aller Regel ein gewerblich genutztes **Gebäude**, das bisher nach HGB (ohne steuerliche Sonderabschreibungen, Rz 46) abgeschrieben worden ist, mit seinem Restbuchwert nach Maßgabe der übrigen Kriterien (→ § 10 Rz 5) in seine „Komponenten" als künftige (unter IFRS gültige) Abschreibungsbemessungsgrundlagen „zerlegt" werden. Entsprechendes gilt für eine **industrielle Anlage** (→ § 10 Rz 14).
Im Falle der **Generalüberholung** ist zunächst der Zeitpunkt der letzten Rückführung festzustellen. Liegt dieser **lange** zurück, kann auf die separate Abschreibungsverrechnung mit Beginn der IFRS-Bilanzierung verzichtet werden (Rz 32). Bei einer erst **jüngst** erfolgten Generalüberholung nennenswerten Umfangs sind die entsprechenden Kosten relativ leicht zu greifen und in die neue Anlagenrechnung zu überführen.

51 Eine etwa durchzuführende Neubewertung nach der Vorgabe von IFRS 1 darf auch **nicht** mit ihrem Ergebnis in eine **besondere Rücklage** eingestellt werden (vergleichbar der Neubewertungsrücklage gem. IAS 16.39; → § 8 Rz 72), sondern wird in die Gewinnrücklage gebucht (Rz 25). Anders verhält es sich, wenn im Rahmen des Übergangs auf IFRS (gleichzeitig) die Neubewertung als zugelassene Folgebewertung (→ § 8 Rz 70 ff.) gewählt wird. Lediglich im **Anhang** des ersten IFRS-Abschlusses (Rz 114 ff.) wird der Neubewertungsbetrag separat aufgeführt. Andererseits ist mit der Aufstockung nach IFRS eine Erhöhung der Abschreibungsbemessungsgrundlage verbunden.

52 Der IFRS-Erstanwender hat also (z. B.) die **Wahl**, eines oder mehrere Grundstücke mit oder ohne Gebäude insoweit aufzuwerten, als hier erhebliche stille Reserven enthalten sind (Rz 49).

Beispiel[27]
Die Textileinzelhandels GmbH besitzt ein Grundstück am Marienplatz in München mit erheblichen stillen Reserven im Grundstück und im Gebäude. Daneben besitzt sie ein Fabrikareal in Zwickau, bei dem ebenfalls stille Reserven vorliegen mögen, deren Ermittlung jedoch aus verschiedenen Gründen sehr aufwendig wäre.
Zur Erhöhung des Eigenkapitalausweises beschränkt sich die Gesellschaft in der IFRS-Eröffnungsbilanz auf den Ansatz des *fair value* für den Grund und Boden am Marienplatz. Das dortige Gebäude wird wegen der künftigen Ergebnisbelastung durch höhere Abschreibungen und das Areal in Zwickau aus Kostengründen mit den HGB-Buchwerten, die grosso modo den IFRS-Werten entsprechen, in die IFRS-Welt überführt.

---

[26] ANDREJEWSKI/BÖCKEM, KoR 2004, S. 335.
[27] Nach LÜDENBACH/HOFFMANN, DStR 2003, S. 1498, 1502.

Diese Wahlrechte gelten für (IFRS 1.D5 ff.)   53
- **sächliches** Anlagevermögen (Rz 45; → § 14),
- **Finanzimmobilien** gem. IAS 40 (*investment properties*; IFRS 1.D7(a); → § 16),
- **immaterielle Anlagegüter** (IFRS 1.D7(b); → § 13).

Bei **Finanzimmobilien** bleibt das Wahlrecht für die **Folgebewertung** (→ § 16 Rz 40 ff.) unberührt. Der Anwender kann also als Ersatz-Anschaffungskosten (*deemed cost*; Rz 45) den *fair value* zum Übergangstag (Rz 17) wählen und dann auf dieser Basis unter Anwendung einer passenden Abschreibungsmethode das *cost model* (→ § 16 Rz 40 ff.) weiterführen. Ebenso kann man bei der Folgebewertung nach dem *fair-value*-Ansatz (→ § 16 Rz 54) verfahren.

Bei **immateriellen Anlagen** ist allerdings eine Neubewertung nur für solche Vermögenswerte zulässig, die auf einem aktiven Markt gehandelt werden. Diese Voraussetzung ist kaum jemals erfüllt (→ § 13 Rz 87, 34), sodass ein erstmaliger IFRS-Anwender immaterielle Vermögenswerte in der IFRS-Eröffnungsbilanz mit fortgeführten Anschaffungs- oder Herstellungskosten bewerten muss.

Die bestehenden **Wahlrechte** – mit entsprechenden bilanzpolitischen Ansätzen – können anhand folgender beispielhafter Übersicht verdeutlicht werden: 54

	Anschaffungskosten	fortgeführte AK nach HGB 31.12.03	fortgeführte AK nach IFRS 31.12.03	beizulegender Zeitwert	Bilanzpolitische Ansätze in der IFRS-Eröffnungsbilanz		
					A Eigenkapital stärken	B Wenig Belastung für Zukunft	C Wenig Umstellungs- aufwand
Grundstück 1	500	500	500	1.000	1.000	1.000	500
Gebäude	1.000	600	650	1.200	1.200	600	600
Maschine	300	100	110	150	150	100	100
GESAMT					2.500	1.850	1.300

Fraglich ist der **Umfang** der Neubewertung mit den *deemed cost* (Rz 45) bei den **besonderen Bewertungsanlässen** (*event driven*) nach IFRS 1.D8 (Rz 45). In den anderen Neubewertungsfällen gilt die **Beschränkung** nach IFRS 1.D7 auf Sachanlagen und immaterielle Vermögenswerte. IFRS 1.D8 erlaubt dagegen den Ansatz der *deemed cost* für **alle** Vermögenswerte und Schulden. Die gliederungstechnische Stellung von IFRS 1.D8 hebt sich von den Paragrafen IFRS 1.D5 bis IFRS 1.D7 ab. Dies **bestätigt** einen Sonderstatus für den Umfang des Anwendungsbereiches der *deemed cost*. Diese Lösung erhärtet sich vor dem Hintergrund des „*events*": Wenn schon der Sonderanlass – z.B. die Umwandlung nach deutschem Recht (Rz 45) – eine Neubewertung erlaubt oder gar fordert, kann diese schlechterdings nicht auf einen Teilbereich der Vermögenswerte und Schulden beschränkt bleiben. Auch die differenzierende Argumentation in IFRS 1.BC46 und in IFRS 1.JG50 spricht für eine Sonderstellung von IFRS 1.D8 gegenüber IFRS 1.D5 bis IFRS 1.D7.   55

6.3 Beteiligung an Tochterunternehmen im Einzelabschluss der Mutterunternehmung

Mit einer in den Anwendungsbereich des IFRS 5 fallenden Ausnahme (→ § 29 Rz 4) gilt: Gemäß IAS 27.10 sind die Anteile an Tochterunternehmen im Einzelabschluss des Mutterunternehmens etc. entweder zu **Anschaffungs**kosten (nach   56

Maßgabe der IFRS-Regeln) oder in **Übereinstimmung** mit **IAS 39** bzw. IFRS 9 zu bilanzieren, mit Wirkung ab 2016 wahlweise auch at equity (→ § 32 Rz 175). Nach Ansicht des IASB sind in bestimmten Fällen die Ermittlung und Anpassung der Anschaffungskosten auf den nach IAS 27 geforderten Wert jedoch sehr schwierig oder sogar unmöglich, da notwendige Informationen nicht generiert werden können. Konkret geht es um die bislang gültige Vorgabe, derzufolge die Anschaffungskosten auf eine neu erworbene Beteiligungsgesellschaft (nicht Portfolio-Besitz) um die nach dem Erwerb erfolgten Ausschüttungen aus präakquisitorischen Gewinnen zu kürzen sind (→ § 32 Rz 180). Nach dem *Amendment* zu IFRS 1 und IAS 27 vom Mai 2008 wird jede Dividende im Zeitpunkt des Gewinnausschüttungsbeschlusses ergebniswirksam vereinnahmt (→ § 32 Rz 180) und von der Indikation für einen *impairment*-Test der Beteiligung begleitet (→ § 11 Rz 26). Im Anwendungsbereich von IFRS 1 stellt dieses *Amendment* nach IFRS 1.D14 folgende Bewertungsansätze in der IFRS-Eröffnungsbilanz (Rz 22) als Wahlrecht zur Disposition:[28]

Das Unternehmen hat auf der **ersten** Ebene des Wahlrechtes eine unter Stetigkeitsgesichtspunkten für Folgeperioden und Folgeanschaffungen bindende Wahl zwischen

1. der *fair-value*-Bilanzierung (als *available for sale asset*; → § 28 Rz 152) oder
2. der Bilanzierung zu Anschaffungskosten *(at cost)* und
3. *(ab 2016)* der *equity*-Konsolidieurng

zu treffen.

Bei Wahl der Anschaffungskostenbilanzierung kann diese in der IFRS-Eröffnungsbilanz (Rz 19) auf 3 Arten dargestellt werden (Wahlrecht der **zweiten** Ebene; IFRS 1.D15):

- Anschaffungskosten gem. IAS 27 (retrospektive Anwendung von IAS 27)
- *fair value (deemed cost)*
- HGB-Buchwert als Ersatzwert für die Anschaffungskosten *(deemed cost)*

Die Variante 2b) unterscheidet sich von der Variante 1 zwar nicht in der Erstbewertung (in der IFRS-Eröffnungsbilanz), aber in der Folgebewertung. Nach Variante 1 ist der *fair value* fortzuschreiben, d.h., zu jedem Stichtag ist eine neue *fair-value*-Bewertung geboten. Nach Variante 2b gilt der *fair value* in der Eröffnungsbilanz als fiktive Anschaffungskosten. Fortschreibungen finden dann nur noch um Abgänge (Teilveräußerungen) und außerplanmäßige Abschreibungen statt.

Variante 2a) und 2c) können etwa dann zu unterschiedlichen Werten in der IFRS-Eröffnungsbilanz führen, wenn die Beteiligung im Tausch gegen andere Vermögenswerte erworben, nach HGB buchwertfortführend behandelt wurde, nach IFRS aber gewinnrealisierend abzubilden gewesen wäre (→ § 8 Rz 49).

Bei Wahl der equity-Methode gelten die Erleichterungen des IFRS 1 Appendix C (IFRS 1.D15A)

Die Wahlrechte sollen gelten für **Beteiligungen** an

- Tochterunternehmen (→ § 32 Rz 4ff.),
- assoziierten Unternehmen (→ § 33 Rz 7ff.),
- Gemeinschaftsunternehmen (→ § 34 Rz 12ff.).

Die Ausübung der Wahlrechte ist im Anhang offenzulegen (IFRS 1.31).

---

[28] Vgl. ZÜLCH/HOFFMANN, PiR 2008, 237.

6.4 Unternehmenszusammenschlüsse

6.4.1 Die Ausnahmeregelungen

Der Board geht von nutzenübersteigenden Kosten aus, wenn auf **Unternehmenszusammenschlüsse** in der Zeit vor dem Übergang auf IFRS der einschlägige Standard IFRS 3 angewandt wird. Diese Sicht wird auch von der überwältigenden Mehrheit der in 2005 auf die IFRS-Rechnungslegung übergegangenen deutschen Konzerne geteilt. 83 % von 103 haben die optimale Erleichterung für Unternehmenszusammenschlüsse in Anspruch genommen.[29]

57

Nach IFRS 1.C1 werden deshalb folgende **Alternativen des Übergangs** angeboten:

- IFRS 3 in der am Stichtag der erstmaligen IFRS-Bilanz (*reporting date*; Rz 19) gültigen Fassung (Rz 34) wird auf **alle** vergangenen Unternehmenszusammenschlüsse angewandt oder
- das **bisher gewählte Konsolidierungsverfahren wird beibehalten** (IFRS 1.C4); damit bleibt sowohl die „**Klassifikation**" des Unternehmenszusammenschlusses („normale" und umgekehrte Akquisition, Interessenzusammenführung, eigentliche Fusion) als auch die **buchmäßige Behandlung** des durch die Konsolidierungsbuchungen aufgedeckten *goodwill* (z. B. Rücklagenverrechnung) unangetastet (IFRS 1.C4g u. i).

Zu den Besonderheiten wegen der **immateriellen** Vermögenswerte s. Rz 70.

Unter Berücksichtigung von IFRS 1.C1 eröffnen sich aber noch **mehr Optionen**. Der Erstanwender muss **nicht alle** Unternehmenszusammenschlüsse der Vergangenheit **gleich** behandeln. Das Unternehmen kann sich auch dafür entscheiden, ältere *goodwills* mit den angepassten HGB-Werten fortzuführen, auf jüngere hingegen IFRS 3 anzuwenden. Was „älter" ist, **entscheidet der Anwender** selbst. IFRS 1.C1 will lediglich ein **willkürliches** Nebeneinander von HGB- und IFRS-*goodwill* verhindern und normiert deshalb einen **zeitlichen** Schnitt: Wenn einmal die Entscheidung zugunsten der Anwendung von IFRS 3 auf einen bestimmten Unternehmenszusammenschluss gefallen ist, dann sind alle **nachfolgenden** Unternehmenszusammenschlüsse im Übergangsverfahren gem. IFRS 3 abzubilden.

58

> **Beispiel**[30]
> Die X-AG hat von 1989 bis 2003 jedes Jahr eine Unternehmensakquisition getätigt. Sie hat folgendes Wahlrecht:
> - Die *goodwills* der Jahre 1989 bis 198x-1 werden nach HGB fortgeführt.
> - Der *goodwill* des Jahres 198x wird nach IFRS 3 ermittelt; damit
> - sind zwingend auch die *goodwills* der Jahre 198x+1 nach IFRS 3 zu bestimmen.

59

Insgesamt bestehen also folgende **Wahlrechte** für den Übergang einer Konzernmuttergesellschaft[31] auf die IFRS-Rechnungslegung:

60

---

[29] Haller/Froschhammer/Denk, KoR 2010, S. 557.
[30] Nach Lüdenbach/Hoffmann, DStR 2003, S. 1498, 1502.
[31] Zeimes, WPg 2003, S. 982, 986.

- Alle Akquisitionen der Vergangenheit werden nach IFRS 3 (→ § 31) konsolidiert.
- Alle Akquisitionen der Vergangenheit werden unter Berücksichtigung bestimmter Anpassungen nach dem bisherigen Konsolidierungsverfahren weitergeführt (s. Rz 64).
- Retrospektive Anwendung von IFRS 3 erfolgt auf Unternehmenszusammenschlüsse ab einem bestimmten Zeitpunkt (Rz 58).
- Weitere Optionen gem. Darstellung in → § 31.

Diese Wahlrechte sowie die nachstehend dargestellten Ausnahmen (Rz 64 ff.) gelten nach IFRS 1.C5 für **alle Konsolidierungsfälle**, also auch für **assoziierte** (→ § 33) und **Gemeinschafts**unternehmen (→ § 34).

Bei retrospektiver Anwendung speziell des IFRS 3 müssen für einen IFRS-Erstanwender, anders als bei einem bereits nach IFRS bilanzierenden Unternehmen, die notwendigen Informationen für die rückwirkende Anwendung nicht schon zum Zeitpunkt der Erstkonsolidierung bzw. Wertminderungsüberprüfungen in der Vergangenheit vorgelegen haben (IFRS 1.BC 32–34).

Beispiel

Das Unternehmen A erstellt zum 1.1.06 seine IFRS-Eröffnungsbilanz. Zum 1.1.03 hat das Unternehmen A 100 % der Anteile an der B-AG erworben. Im handelsrechtlichen Konzernabschluss wird der entstandene *goodwill* von 150 TEUR planmäßig über 15 Jahre abgeschrieben. Zum 1.1.06 sind bereits 30 TEUR abgeschrieben. Unternehmen A hat bislang keine Zeitwerte oder Nutzungswerte der B-AG aus der Vergangenheit vorliegen. Unternehmen A plant eine rückwirkende Anwendung des IFRS 3. Gem. der Übergangsvorschrift des IFRS 3.85 wäre dies nur möglich, wenn bereits zum Erstkonsolidierungszeitpunkt (1.1.03) die Informationen für die Durchführung eines Werthaltigkeitstests nach IAS 36 vorgelegen hätten. Diese Übergangsvorschrift gilt jedoch nicht für das Unternehmen A als IFRS-Erstanwender. A kann die Daten für die notwendigen Werthaltigkeitsüberprüfungen auch rückwirkend seit dem 1.1.03 ermitteln.

---

61 Die Ausnahmeregelungen für Unternehmenszusammenschlüsse setzen das Vorliegen einer *business combination* voraus (→ § 31 Rz 15).

Beispiel

Vor einigen Jahren hat die M AG die K GmbH erworben, die ausschließlich unbebaute Grundstücke hält und hielt (*corporate wrappen*). Im Abschluss nach bisherigem Recht (hier HGB) ist ein Unternehmenserwerb mit entstandenem *goodwill* bilanziert worden. Ein *business* lag bei K indes nicht vor, also auch keine *business combination* (→ § 31 Rz 16). Die bisherige Bilanzierung eines *goodwill* kann nicht in die IFRS-Eröffnungsbilanz übernommen werden; vielmehr sind Anschaffungskosten auf die (indirekt) erworbenen Grundstücke auszuweisen.

Eine Erleichterung ist auch für die Einbeziehung eines bisher **nicht konsolidierten** Tochterunternehmens in die IFRS-Konzerneröffnungsbilanz in IFRS 1.C4 vorgesehen. Wegen Einzelheiten wird auf → § 31 Rz 207 verwiesen. 62

Bei Investments in **assoziierte** Unternehmen mit einer *impairment*-Abschreibung vor dem Übergangszeitpunkt (Rz 19) können sich Schwierigkeiten wegen des Wertaufholungsverbots für den *goodwill* (→ § 11 Rz 219) ergeben. 63

> **Beispiel**
> Sachverhalt
> - Unternehmen A erwirbt am 1.1.01 einen Anteil am assoziierten Unternehmen B zu 3.000 = Buchwert.
> - Vom Kaufpreis entfallen 1.000 auf das anteilige Nettovermögen, auf den „eingebetteten" (→ § 33 Rz 58) *goodwill* also 2.000.
> - Nach früherem GAAP war dieser Vorgang wie folgt zu behandeln:
>   – der „eingebettete" *goodwill* ist linear mit 10 % p.a. abzuschreiben;
>   – die Werthaltigkeit ist für das gesamte Investment zu prüfen;
>   – eine Wertminderung (*impairment*) ist vorrangig dem *goodwill* zu belasten, was dessen weitere planmäßige Abschreibung vermindert;
>   – einmal erfolgte Wertminderungsabschreibungen unterliegen keinem Wertaufholungsgebot.
> - Zum 31.12.01 war eine Wertminderungsabschreibung nach früheren GAAP auf den „eingebetteten" *goodwill* von 1.000 erforderlich. Dieser betrug dann noch 1.000 und war danach mit 100 p.a. planmäßig abzuschreiben. Am 1.1.07 – dem Tag der IFRS-Eröffnungsbilanz – beträgt der Buchwert des *goodwill* noch 500, das Nettovermögen wird unverändert gegenüber dem Erwerbszeitpunkt mit 1.000 angenommen, der Buchwert des Gesamtinvestments beträgt am Übergangstag (Rz 19) somit 1.500.
> - Zum Übergangszeitpunkt wird ein *impairment*-Test durchgeführt (Rz 71), der einen Gesamtwert des Investments von 3.000 ergibt.
> - A will den Gesamtwert von 3.000 in die IFRS-Eröffnungsbilanz einstellen, die *goodwill*-Abschreibung also rückgängig machen.
>
> **Lösung**
> - Bei Inanspruchnahme der **Erleichterung** für den Übergang ist A nach IFRS 1.C5 i.V.m. IFRS 1C4(g) an die Regeln des früheren GAAP gebunden, d.h., eine Wertaufholung der *goodwill*-Abschreibung ist unzulässig.
> - A kann aber auch **retrospektiv** (Rz 29) den gesamten Vorgang den am 1.1.07 gültigen Standardregeln unterwerfen. Diese sehen (unterstellt nach aktuellem Recht) für die Wertaufholung keine eindeutige Lösung vor (→ § 33 Rz 105). Eine Zuschreibung auf den Gesamtwert des Investments ist deshalb bei Verzicht auf die Erleichterung gut vertretbar.

6.4.2 Notwendige Anpassungen

Die Zielsetzung der Übergangserleichterung für die Abbildung von **Unternehmenszusammenschlüssen** wird durch die unter Rz 60 dargestellten Wahlrechte erreicht. Diese beziehen sich im Wesentlichen auf die *goodwill*-Bilanzierung. Andererseits ergeben sich auf der Grundlage der umfangreichen Vorgaben in 64

IFRS 1.C4 mit ihrer eher verwirrenden Gliederung **Komplizierungen**, an deren Sinnhaftigkeit bei Gewichtung gegenüber dem materiellen Gehalt der genannten „Hauptwahlrechte" – z. B. Übernahme einer früheren Rücklagenverrechnung des *goodwill* (Rz 57) – man zweifeln darf (Rz 107). Für die Bilanzierung der Vermögenswerte und Schulden der konsolidierungspflichtigen **Tochterunternehmen** gelten explizit die Befreiungsregelungen des IFRS 1 und implizit der *materiality*-Grundsatz (→ § 1 Rz 61 ff.).[32]

65 Bei prospektiver Anwendung des IFRS 3 (Rz 60) sind folgende Anpassungen erforderlich: Die nach **HGB** *(previous GAAP)* bei **erstmaliger** Kapitalkonsolidierung angesetzten Vermögenswerte und Schulden sind als Bewertungsausgangsgröße *(deemed cost*; Rz 45) zu betrachten. Ab diesem Zeitpunkt sind diese *deemed cost* nach den Vorgaben der IFRS zu bewerten und so (als fortgeführte *deemed cost)* in die IFRS-Eröffnungsbilanz (Rz 19) zu übernehmen (IFRS 1.C4e).

> **Beispiel**
> Ein Unternehmen erstellt seine IFRS-Eröffnungsbilanz (Rz 17) zum 1.1.06. Zum 31.12.03 hatte es im Wege einer Fusion eine bisherige Tochtergesellschaft buchwertneutral übernommen. Am 1.1.03 hat die bisherige Tochter eine selbst erstellte Anlage zu Teilkosten von 800 TEUR aktiviert, Abschreibung auf 10 Jahre linear. Bei der erstmaligen Einbeziehung in den Konzernabschluss am 31.12.03 betrug der Buchwert 720. Die Vollkosten zur Erstellung der Maschine beliefen sich auf 1.200 TEUR. Die Buchwerte der Vermögenswerte und Schulden bei erstmaliger Konsolidierung des Tochterunternehmens, die nach IFRS mit fortgeführten Anschaffungskosten als *deemed cost* (Rz 46) bewertet werden, bilden die Grundlage für die weitere Bilanzierung in der IFRS-Eröffnungsbilanz, für die fragliche Anlage also 720 TEUR.
> Bei nach IFRS akzeptablem Abschreibungsverfahren wird die Anlage in der Eröffnungsbilanz – nach 2 weiteren Jahresabschreibungen von je 80 – mit 560 TEUR bilanziert. Wäre die Anlage erst nach dem Unternehmenszusammenschluss gebaut worden, hätte das Unternehmen die Anlage entweder nachträglich zu Vollkosten, vermindert um planmäßige Abschreibungen, oder zum beizulegenden Zeitwert am Stichtag der IFRS-Eröffnungsbilanz bilanzieren müssen.

Nach HGB im vorherigen Konzernabschluss nicht angesetzte Bilanzposten, welche die Ansatzkriterien nach IFRS erfüllen, sind im konsolidierten IFRS-Erstabschluss (nur) dann anzusetzen, wenn sie im IFRS-**Einzelabschluss** der Tochtergesellschaft **hätten angesetzt werden müssen** (IFRS 1.C4).

> **Beispiele**
> - **Entwicklungskosten** nach IAS 38, welche die dortigen Ansatzkriterien erfüllen (→ § 13 Rz 30).
> - **Leasingverträge**, die nach HGB nicht angesetzt wurden, aber die Ansatzkriterien nach IAS 17 erfüllen (→ § 15 Rz 22 ff.).
> - Posten aus der **Steuerlatenzrechnung** (Rz 27).

---

[32] Vgl. hierzu die Darstellungen bei Kirsch, StuB 2003, S. 913, 915; Theile, DB 2003, S. 1745, 1747; Zeimes, WPg 2003, S. 982, 986.

Entstehende Unterschiedsbeträge sind in der IFRS-Eröffnungsbilanz (Rz 19) gegen die **Gewinnrücklagen** zu buchen (Rz 25); eine Ausnahme besteht jedoch für die Unterschiedsbeträge, die aus immateriellen Vermögenswerten resultieren. Diese sind in den *goodwill* umzugliedern bzw. aus ihm herauszurechnen (Rz 70). Ebenso können nach nationalem Recht im Rahmen eines Unternehmenszusammenschlusses **Schulden** bilanziert worden sein, die nicht den Kriterien nach IFRS für eine Bilanzierung entsprechen. In diesen Fällen darf eine Anpassung des vorherigen *goodwill* nicht erfolgen.

66

> **Beispiel**
> Unternehmen A erstellt zum 1.1.07 seine IFRS-Eröffnungsbilanz. A hat zum 1.7.06 die B-GmbH erworben. Nach nationalen Rechnungslegungsvorschriften bilanziert A zum 1.7.06 eine Restrukturierungsrückstellung von 100, die nicht die Ansatzkriterien nach IAS 37 erfüllt. Zum 31.12.06 hat A bereits 60 der Restrukturierungskosten verbraucht. A erwartet noch weitere Aufwendungen von 40, die zum 31.12.06 ebenfalls nicht als Schuld nach IAS 37 gelten.
> - A darf in seiner IFRS-Eröffnungsbilanz zum 1.1.07 keine Rückstellung bilanzieren.
> - Zudem darf es den *goodwill*, der zum 1.1.06 nach vorherigen Rechnungslegungsvorschriften aufgrund der Restrukturierungsrückstellung um 100 erhöht wurde, nicht verändern.
> - A muss den *goodwill* jedoch auf seine Werthaltigkeit prüfen.
> - Die Restrukturierungsrückstellung ist in der IFRS-Eröffnungsbilanz in die Gewinnrücklagen umzubuchen.

Bei einem früheren Unternehmenszusammenschluss sind möglicherweise immaterielle Vermögenswerte nicht vom *goodwill separiert* worden. Dabei verbleibt es gem. IFRS 1.C4f auch in der IFRS-Eröffnungsbilanz (Rz 19), soweit diese Vermögenswerte im **Einzel**abschluss des erworbenen Unternehmens **nicht angesetzt** werden dürfen.

67

> **Beispiele**
> Kundenlisten, Marken, Warenzeichen, Verlagsrechte (→ § 13 Rz 33).

Eine weitere Anpassung (gegenüber der bisherigen HGB-Konsolidierung) ist für Fälle einer nach IFRS zwingenden (nicht: erlaubten) *fair-value*-Bilanzierung geboten (IFRS 1.C4d).

68

> **Beispiele**[33]
> - Für den Handel bestimmte Finanzinstrumente *(trading assets)* nach IAS 39 (→ § 28 ff.).
> - Zum **Verkauf** bereite Finanzinstrumente *(available for sale assets)* nach IAS 39 (→ § 28 Rz 148 ff.).[34]
> - Zum Verkauf anstehende **langfristige** Vermögenswerte nach IFRS 5 (→ § 29).

---

[33] Nach LÜDENBACH/HOFFMANN, DStR 2003, S. 1498, 1503; THEILE, DB 2003, S. 1745, 1749.
[34] Die übliche erfolgsneutrale fair-value-Bewertung führt gem. IFRS 1.IG59 zu einer Erfassung des Anpassungsbetrages im other comprehensive income (→ § 20 Rz 96).

69 Davon zu **unterscheiden** sind – außerhalb des Übergangsprozesses stehende – Wahlrechte der *fair-value*-Bilanzierung (Beispiel: Finanzimmobilien; *investment properties*) nach IAS 40 (→ § 16 Rz 40 ff.). Hier kann ein „originäres" **Wahlrecht** zum Übergang auf den *fair value* in der IFRS-Eröffnungsbilanz (Rz 19) ausgeübt werden (vgl. Rz 45).

70 Der ggf. aus der Kapitalkonsolidierung resultierende *goodwill* – auch der im Rahmen der *equity*-Bilanzierung (→ § 33 Rz 57) im Beteiligungsansatz enthaltene – ist **unverändert** in die IFRS-Eröffnungsbilanz (Rz 19) zu übernehmen, **es sei denn** (IFRS 1.C4g),

- **immaterielle** Vermögenswerte sind durch die Neuklassifizierung nach IFRS in der IFRS-Eröffnungsbilanz (erstmals) anzusetzen oder umgekehrt (Rz 65) oder
- eine nachträgliche **Kaufpreisänderung** durch die Vertragsvorgaben des Unternehmenszusammenschlusses ist zu beachten oder
- eine *impairment*-Abschreibung (→ § 11 Rz 13 ff.) ist vorzunehmen (zwingender *impairment*-Test).

Im erstgenannten Fall erfolgt die Anpassung zwischen immateriellem Vermögenswert und *goodwill innerhalb* dieser Posten direkt, ggf. sind auch Anpassungen der Steuerlatenzposten (Rz 27) und der Minderheitenanteile erforderlich (IFRS 1.C4(g)(i)).

Hierzu folgende Beispiele:

Beispiel 1

Zu Beginn des Jahres 01 hat die M AG 80 % der Anteile am Kapital der T zum Preis von 2.000 TEUR erworben. Das bilanzielle Eigenkapital der T belief sich zum Erwerbszeitpunkt auf 1.000 TEUR, davon 400 TEUR Stammkapital. Stille Reserven wurden nur in einem Grundstück i. H. v. 200 TEUR identifiziert. Die T ist nach wie vor Eigentümerin des Grundstücks. Bei der Erstkonsolidierung der T wurden Entwicklungskosten i. H. v. 300 TEUR nicht aktiviert, sodass dieser Betrag in den *goodwill* eingegangen ist. Gem. IAS 38 ist dieser Betrag jedoch ansatzpflichtig; die Nutzungsdauer beträgt 10 Jahre.

Bei erstmaliger Konsolidierung unter HGB wurde folgender *goodwill* ermittelt:

		EUR
	Bilanzielles Eigenkapital	1.000.000
+	stille Reserven	200.000
=	neu bewertetes Eigenkapital	1.200.000
–	Anteile fremder Gesellschafter (20 %)	240.000
=	konsolidierungspflichtiges Kapital	960.000
=	Anschaffungswert der Beteiligung	2.000.000
=	*goodwill*	1.040.000

Der *goodwill* wurde in der Folge über 20 Jahre abgeschrieben mit jährlich 52 TEUR. Zum 31.12.05 beträgt der *goodwill* in der Handelsbilanz 780 TEUR.

Die Entwicklungskosten betrafen ein Produkt, welches seit 1.1.01 verkauft wird und für 10 Jahre vertrieben werden soll. Nach IAS 38 wäre eine Abschreibung linear über 10 Jahre angemessen. Folglich würde der Buchwert der Entwicklungskosten zum 31.12.05 150 TEUR betragen. Der *goodwill* wäre somit wie folgt in der IFRS-Eröffnungsbilanz zu berichtigen:

	EUR
Stand der aktivierten Entwicklungskosten	150.000
abzgl. latente Steuern	− 60.000
Nettoeffekt aus der Aktivierung von Entwicklungskosten	90.000
abzgl. Anteile fremder Gesellschafter (20 %)	− 18.000
Verminderung des *goodwill* aufgrund Entwicklungskosten	72.000
goodwill vor Anpassung	780.000
abzgl. Minderungsbetrag aus Umgliederung	− 72.000
goodwill in der IFRS-Eröffnungsbilanz	708.000

Beispiel 2
Ein Unternehmen hat in seinem Abschluss zum 31.12.03 einen immateriellen Vermögenswert mit einem Wert von 100 bilanziert. Dieser wurde zum 1.1.01 im Rahmen eines Unternehmenszusammenschlusses mit 150 TEUR bewertet und seitdem linear über 15 Jahre abgeschrieben. Zudem hat das Unternehmen aus dem Zusammenschluss einen *goodwill* von 500 TEUR aktiviert. Der immaterielle Vermögenswert erfüllt nicht die Aktivierungsvoraussetzungen nach IAS 38 für eine Aktivierung. Außerdem liegt der Zeitwert nur bei 75 TEUR.
In der IFRS-Eröffnungsbilanz wird er i. H. v. 100 TEUR gegen den *goodwill* ausgebucht. Es erfolgt keine Aufteilung der Ausbuchung in andere Gewinnrücklagen (25 TEUR) und *goodwill* (75 TEUR).

Wenn **kein** *goodwill* aufgrund früherer Rücklagenverrechnung **verfügbar** ist, entfällt eine Möglichkeit der Umbuchung von immateriellen Vermögenswerten in den *goodwill* (IFRS 1.C4(c) i).[35] Die Verrechnung erfolgt dann gegen die Gewinnrücklagen.

Kaufpreisänderungen in Bezug auf einen **vor** dem Übergangsstichtag (Rz 17) liegenden Unternehmenszusammenschluss (→ § 31 Rz 48 ff.) sind wie folgt zu behandeln:[36]
- Bei **rücklageverrechnetem** *goodwill* wird auch die Kaufpreisanpassung gegen die Rücklagen gebucht, unabhängig davon, ob die Anpassung vor oder nach dem Übergangsstichtag erfolgt (IFRS 1.C4(i)(ii)).
- Ein **nicht** rücklageverrechneter aus dem HGB übernommener *goodwill* ist bereits in der IFRS-Eröffnungsbilanz (Rz 17) anzupassen, soweit die Kaufpreisanpassung bis dahin bekannt (verlässlich zu schätzen) ist. Wird eine verlässliche Schätzung der Kaufpreisanpassung erst zu einem späteren Zeitpunkt möglich, sind die Regeln von IFRS 3,58 anzuwenden (→ § 31 Rz 58 ff.).

Besondere Aufmerksamkeit ist dem zum Zeitpunkt der IFRS-Eröffnungsbilanz nach Maßgabe der damaligen Verhältnisse (IFRS 1.IG 41) durchzuführenden **Werthaltigkeitstest** nach IAS 36 (IFRS 1.C4(g)(ii)) zu widmen. Dazu müssen Zahlungsmittel generierende Einheiten (CGU) definiert werden, auf die der vorhandene *goodwill* aufzuteilen ist (→ § 11 Rz 142). Dabei hat die Aufteilung retrospektiv anhand der ursprünglichen Synergieerwartungen zu erfolgen.[37] In

---

[35] Vgl. LÜDENBACH/HOFFMANN, DStR 2003, S. 1498, 1503.
[36] Vgl. IDW RS HFA 19, Tz 5.
[37] Anderer Auffassung sind HACHMEISTER/KUNATH, KoR 2005, S. 71 ff. Nach Auffassung dieser Autoren ist zum Zeitpunkt der Verteilung ein fiktiver Anschaffungsvorgang zu unterstellen. Nach dieser Sichtweise erhält jedoch immer die Einheit mit dem größten absoluten Wertbeitrag den höchsten Anteil am goodwill. Dies widerspricht dem Gedanken der Verteilung nach Synergieerwartungen zum Akquisitionszeitpunkt.

der Praxis dürfte es aber akzeptabel sein, die *goodwill*-Aufteilung in der ursprünglichen Form nach vorherigen Rechnungslegungsgrundsätzen zu belassen.

72 **Sonstige** Anpassungen des *goodwill* sind **nicht** erforderlich, insbesondere auch nicht bez. einer früheren Rücklagenverrechnung oder bereits vorgenommener Abschreibungen (IFRS 1.C4(h)(i)).
Bei früherer Rücklagenverrechnung (nach HGB) des *goodwill* aus einem Unternehmenszusammenschluss sind spätere **Abgänge** des betreffenden Tochterunternehmens oder Wertminderungen (bei Nicht-Vollkonsolidierung) erfolgsneutral (zu Lasten der Gewinnrücklagen) zu erfassen (IFRS 1.C4(i)).

73 Eine Besonderheit liefert noch der Fall der **erstmaligen Einbeziehung** einer Beteiligungsunternehmung in den Konzernabschluss zum Übergangsstichtag, also in die IFRS-Eröffnungsbilanz (Rz 19). Auf den Einzelabschluss des Beteiligungsunternehmens ist IFRS 1 anzuwenden. Der als *deemed cost* (Rz 45) anzusetzende *goodwill* entspricht dem Unterschiedsbetrag aus dem Beteiligungs-Buchwert beim Mutterunternehmen und dem (anteiligen) Nettoreinvermögen des Tochterunternehmens, welches nach den Grundsätzen der IFRS zu ermitteln ist. Weitere Anpassungen – verstanden als Grundlage der Erstkonsolidierung – sind nicht erforderlich.[38] Es handelt sich dabei nicht um einen Anwendungsfall von IFRS 3 im Rahmen der Übergangsregeln.[39]

> **Beispiel**
> Die A-GmbH erstellt zum 1.1.06 ihre IFRS-Eröffnungsbilanz. Nach HBG wurde das Tochterunternehmen T bislang nicht in den Konzernabschluss einbezogen. T wurde lediglich mit einem Beteiligungsbuchwert von 180 bilanziert.
> Im Rahmen der Erstellung der IFRS-Eröffnungsbilanz muss für T ein IFRS-**Einzel**abschluss erstellt werden, um das Netto-Reinvermögen zu ermitteln. Dazu werden annahmegemäß Vermögenswerte von 450 und Schulden von 300 bilanziert. Dementsprechend ist in der IFRS-Eröffnungsbilanz ein *goodwill* von 30 anzusetzen, vorbehaltlich eines noch durchzuführenden Werthaltigkeitstests nach IAS 36 (Rz 71).

Zum **zeitversetzten** Übergang auf IFRS innerhalb eines Konzerns vgl. Rz 86.

74 Nicht in IFRS 1 geregelt ist das Problem eines früher im Rahmen eines Unternehmenserwerbs nicht gebildeten **Steuerlatenz**postens.

> **Beispiel**
> Vor dem Übergang auf die IFRS-Rechnungslegung hat ein Unternehmen eine Akquisition (*business combination*; → § 31) getätigt, will aber darauf IFRS 3 nicht retrospektiv anwenden (Rz 57). Nach Maßgabe der früheren Bilanzierungsmethode sind die immateriellen Vermögenswerte in Übereinstimmung mit den Regeln von IFRS 3 (→ § 28 Rz 90 ff.) identifiziert worden. Allerdings unterblieb die Erfassung einer passiven Steuerlatenz (Rz 27) im Hinblick auf den Steuerbuchwert von null (→ § 26 Rz 53).

---

[38] THEILE, DB 2003, S. 1745, 1750.
[39] So ZEIMES, WPg 2003, S. 982, 985.

> Als Korrekturschritte bieten sich 2 Lösungen zur Einbuchung der passiven Steuerlatenz an:
> - Erhöhung des *goodwill*,
> - Minderung der Gewinnrücklage.
>
> In der Oktobersitzung 2005[40] hat sich der Board mit dem Thema befasst, hat aber keine Lösung im Wege einer *Technical Correction* der diesen Fall nicht behandelnden Standards vorgeschlagen.

Eine andere Anpassung der aktiven Steuerlatenz im Gefolge eines Unternehmenszusammenschlusses kann sich bei späterer **Gesundung** des mit Verlustvorträgen erworbenen Unternehmens ergeben (→ § 31 Rz 205). Die entsprechende Erhöhung des Steuerlatenzpostens ist ergebniswirksam zu verbuchen. Gleichzeitig ist der Buchwert des *goodwill* aufwandswirksam zu verringern. Im Falle der Eigenkapitalverrechnung nach vorherigen Rechnungslegungsgrundsätzen ist keine korrespondierende erfolgswirksame Korrektur des *goodwill* (→ § 26 Rz 100 ff.) vorzunehmen.[41]

75

Die Behandlung eines **negativen** Unterschiedsbetrages aus einem Unternehmenszusammenschluss vor dem Übergangsstichtag (Rz 17) ist in IFRS 3 (→ § 31 Rz 129 ff.) geregelt. Demnach ist ein negativer Unterschiedsbetrag direkt erfolgswirksam zu vereinnahmen. Dem hat der IFRS-Erstanwender mangels Ansatzfähigkeit zu folgen,[42] und zwar durch Einstellung in die Gewinnrücklagen.

76

Bei allen Anpassungsbuchungen, die sich in einer Eigenkapitalveränderung niederschlagen, sind **Steuerlatenzen** (Rz 17) und **Minderheitenanteile** *(non-controlling interests)* (→ § 31) zu berücksichtigen (IFRS 1.C4(k)).[43]

77

> **Beispiel**
> Unternehmen A erstellt zum 1.1.03 seine IFRS-Eröffnungsbilanz. Zum 1.1.01 hat A 75 % der Anteile an der B-GmbH erworben. Nach vorherigen Rechnungslegungsvorschriften wurde ein immaterieller Vermögenswert i. H. v. 100 angesetzt, der jedoch nicht den Aktivierungsvoraussetzungen nach IFRS entspricht. Steuerlich wurde der Sachverhalt nicht aktiviert, sodass sich bei einem Steuersatz von 30 % eine passive latente Steuer i. H. v. 30 ergibt. Zum Eröffnungsbilanzstichtag beträgt der Buchwert des immateriellen Vermögenswertes 80 und derjenige der passiven latenten Steuer 24.
> Es sind in der IFRS-Eröffnungsbilanz folgende Anpassungsbuchungen vorzunehmen:
> - per *goodwill* 42 (immaterieller Vermögenswert (80) abzgl. latente Steuern (24) abzgl. Minderheitenanteil (14))
> - an passive latente Steuer 24
> - per Minderheitenanteil 14 (25 % von (80 abzgl. 24)
> - an immaterieller Vermögenswert 80

---

[40] IASB, Update Oktober 2005.
[41] So IDW RS HFA, 19, Tz 5.
[42] Vgl. IDW RS HFA, 19, Tz 9.
[43] HAYN/BÖSSER/PILHOFER, BB 2003, S. 1607, 1611.

78 In der Praxis beschränken sich die Anpassungen (Rz 64 ff.) in vielen Fällen auf die **Entwicklungskosten**. Deren Bilanzansatz ist indes stark ermessensbehaftet (→ § 13 Rz 35), sodass vielfach im Rahmen der Ermessensausübung des Managements jeder Anpassungsbedarf für den *goodwill* vermieden werden kann.[44]

79 In tabellarischer Form sind die Bilanzierungsanweisungen zu **Unternehmenszusammenschlüssen** gem. IFRS 1 bei prospektiver Anwendung von IFRS 3 folgendermaßen zusammenzufassen:[45]

A. Unternehmen wird bereits nach bisherigen Rechnungslegungsgrundsätzen konsolidiert		
Beibehaltung der durchgeführten Konsolidierungsmethode nach nationalem Bilanzrecht		
Vermögenswerte und Schulden (außer immaterielle Vermögenswerte)	Immaterielle Vermögenswerte	*Goodwill*
	goodwill **wurde in bisheriger Bilanz erfasst**	
Bilanzierung aller Vermögenswerte und Schulden, die nach IFRS zu bilanzieren sind. Bewertung aller Vermögenswerte und Schulden, deren Folgebewertung auf den Anschaffungskosten basiert, mit den fortgeführten *deemed cost*. Die *deemed cost* sind die Werte, mit denen die Vermögenswerte und Schulden in der Erstkonsolidierung nach nationalem Recht bilanziert wurden. Vermögenswerte und Schulden, deren Folgebewertung nicht auf den Anschaffungskosten basiert (z. B. *fair value*), sind mit den nach IFRS geforderten Werten zu bilanzieren, selbst wenn sie im Rahmen des Unternehmenszusammenschlusses erworben wurden.	Immaterielle Vermögenswerte (sowie damit im Zusammenhang stehende latente Steuern und Minderheitenanteile), die nicht den Anforderungen des IAS 38 entsprechen, müssen in den *goodwill* umgegliedert werden; die den Anforderungen des IAS 38 entsprechen, aber nach nationalem Recht im *goodwill* ausgewiesen wurden, müssen in immaterielle Vermögenswerte umgegliedert werden. Aber: Keine Umgliederung von erworbenen F + E im Rahmen einer *business combination* in die immateriellen Vermögenswerte, wenn diese nicht die Kriterien einer Bilanzierung beim Tochterunternehmen erfüllen (Unterschied zu IFRS 3.45).	*Goodwill* wird mit dem Buchwert nach nationalem Recht in die IFRS-Eröffnungsbilanz übernommen, nachdem folgende Maßnahmen durchgeführt wurden; Umgliederungen in immaterielle Vermögenswerte und vice versa (siehe Spalte „Immaterielle Vermögenswerte"); Berücksichtigung von Kaufpreisänderungen zwischen dem Datum des Unternehmenszusammenschlusses und dem Datum der IFRS-Eröffnungsbilanz; Durchführung eines Wertminderungstests nach IAS 36 *impairment of assets*. „Negativer" *goodwill* wird gegen die Gewinnrücklagen der IFRS-Eröffnungsbilanz ausgebucht.
	goodwill **wurde in bisheriger Bilanz mit dem Eigenkapital verrechnet**	
	Es folgt keine Umgliederung von immateriellen Vermögenswerten.	Die zwischenzeitliche Klärung von Kaufpreisänderungen wird mit den Gewinnrücklagen verrechnet. Keine erfolgswirksame Ausbuchung des *goodwill* bei Abgang des Tochterunternehmens.

---

[44] So LÜDENBACH/HOFFMANN, DStR 2003, S. 1498, 1503.
[45] Nach ZEIMES, WPg 2003, S. 988.

B. Unternehmen wird nach bisherigen Rechnungslegungsgrundsätzen nicht konsolidiert, wohl aber nach IFRS 3	
Die Vermögenswerte und Schulden des Tochterunternehmens werden mit den Werten übernommen, mit denen sie in einer IFRS-Bilanz des Tochterunternehmens unter Berücksichtigung der konzerneinheitlichen Methoden bilanziert würden.	Im Fall eines erworbenen Tochterunternehmens: Bestimmung des *goodwill* (*deemed cost*) als Differenz zwischen dem gem. IFRS bilanzierten Nettovermögen und den Anschaffungskosten dieses Tochterunternehmens. Im Falle eines selbst gegründeten Tochterunternehmens kein *goodwill*.

Tab. 2: Bilanzierung von Unternehmenszusammenschlüssen gem. IFRS 1 bei prospektiver Anwendung von IFRS 3

6.4.3 Rechenschema

Zur Ermittlung des *goodwill* aus Unternehmensakquisitionen kann danach folgendes **Rechenschema** gem. IFRS 1.C4g i dienen:[46]

Beispiel

	In der HGB-Schlussbilanz 31.12.01 ausgewiesener *goodwill*
−	darin enthaltene immaterielle Einzelwerte (Rz 65)
+	evtl. latente Steuern und Minderheitenanteile darauf
+/−	zwischenzeitlich eingetretene Kaufpreisanpassungen (Rz 70)
=	IFRS-*goodwill* vor *impairment*
−	eventuelles *impairment* (Rz 70)
=	*goodwill* in IFRS-Eröffnungsbilanz 1.1.02+1

Zur Anwendung des Schemas folgendes **Beispiel**:[47]

Beispiel
U hat am 1.1.02 das Unternehmen Z mit einem Eigenkapital von 0,8 Mio. für einen Kaufpreis von 2 Mio. erworben. Das Sach- und Finanzvermögen enthielt keine stillen Reserven. Jedoch verfügte das Unternehmen über einen wertvollen Kundenstamm (Wert 0,5 Mio.) sowie selbst entwickelte Patente (Entwicklungskosten 0,2 Mio., Zeitwert 0,5 Mio.). In der HGB-Konzernbilanz des Erwerbers wurden diese immateriellen Werte unter den *goodwill* subsumiert. Der *goodwill* wird nach HGB über 10 Jahre abgeschrieben. Eine Wertminderung liegt nicht vor.
Nachfolgend zunächst die Berechnungen nach HGB und nach IFRS retrospektiv:

---

[46] Nach LÜDENBACH/HOFFMANN, DStR 2003, S. 1498, 1503. Ein anderes Beispiel bringt KIRSCH, StuB 2003, S. 913, 916f.
[47] Nach LÜDENBACH/HOFFMANN, DStR 2003, S. 1498, 1503.

	HGB	IFRS retrospektiv
Kaufpreis	2.000	2.000
– diverses Vermögen	800	800
– Kundenstamm		500
– Entwicklungskosten		500
= *goodwill* zum Erwerbzeitpunkt	1.200	200
– Abschreibung (2/10)	240	0
= *goodwill* 31.12.03	960	200

Bei rückwirkender Anwendung von IFRS 3 ergeben sich aus der rechten Spalte die Werte für die IFRS-Eröffnungsbilanz.
Bei Inanspruchnahme der Erleichterungen, also keine Anwendung von IFRS 3 in der IFRS-Eröffnungsbilanz, ist wie folgt zu differenzieren:
- Der Kundenstamm wäre zwar beim Erwerber, aber nicht bei erworbenen Unternehmen nach IFRS bilanzwirksam gewesen (Rz 67). Eine Anpassung findet deshalb nicht statt.
- Die Entwicklungskosten wären beim erworbenen Unternehmen nach IAS mit 0,2 Mio. anzusetzen (Rz 65), jährliche Abschreibung 40 bei 5 Jahren Nutzungsdauer (*„accordingly"*).

Danach ergibt sich folgende Rechnung:

goodwill nach HGB zum 31.12.03	960
– Entwicklungskosten (in der IFRS-Eröffnungsbilanz (Rz 19) anzusetzen)	–120
+ passive latente Steuern hierauf (50 %)	+ 80
= *goodwill* IFRS vor *impairment*	920

Eine Anpassung der kumulierten Abschreibung des *goodwill* findet nicht statt. An Stelle der Anpassung tritt der *impairment*-Test. IFRS 1 lässt offen, ob dies auch für die Entwicklungskosten gilt.
Der *impairment*-Test ist gem. den Vorschriften des IAS 36 durchzuführen und dies ist unabhängig davon, ob Anzeichen für eine Wertminderung vorliegen. Für die Durchführung des Tests sind die Verhältnisse zum Übergangszeitpunkt zugrunde zu legen. Aufgrund der Verpflichtung zur Übernahme von Schätzungen müssen die für den *impairment*-Test getroffenen Annahmen mit den Annahmen nach vorherigen Rechnungslegungsgrundsätzen übereinstimmen (z. B. keine Berücksichtigung neuerer Planungsanpassungen).

82 Der erstmalige IFRS-Anwender hat das Wahlrecht, auf die rückwirkende Anwendung des IAS 21 für die **Währungsumrechnung** des *goodwill* zu verzichten (IFRS 1.C2). Er kann aber auch die rückwirkende Umrechnung gem. IAS 21 entweder

- für alle Unternehmenszusammenschlüsse vor dem IFRS-Eröffnungsbilanzstichtag oder
- für alle Unternehmenszusammenschlüsse, bei denen sich das Unternehmen für die rückwirkende Anwendung des IFRS 3 entschieden hat,

wählen (IFRS 1.C3).

6.5 Sonstige Erleichterungen nach IFRS 1

6.5.1 Pensionsverpflichtungen

Die hierfür früher vorgesehenen Erleichterungen, betrafen die Korridormethode nach IFRS 19 und sind mit deren Abschaffung obsolet geworden. 83

6.5.2 Umrechnungsdifferenzen

Währungsdifferenzen aus **selbstständigen** ausländischen Töchtern sind nach IAS 21.30 erfolgsneutral in einer **gesonderten** Eigenkapitalposition zu kumulieren (→ § 27 Rz 55; IFRS 1.D12). IFRS 1.D13 erlaubt hier einen *fresh start* ohne Berücksichtigung aufgelaufener Differenzen. Die (bislang) „gespeicherten" Differenzen sind folglich in die Gewinnrücklagen umzubuchen.[48] Bei der späteren Entkonsolidierung z.B. wegen Veräußerung der Tochterunternehmung werden dann nur noch die kumulativen Umrechnungsdifferenzen erfolgswirksam erfasst, die seit dem Zeitpunkt der IFRS-Eröffnungsbilanz aufgetreten sind (→ § 27 Rz 59).[49] 84

6.5.3 Zusammengesetzte Finanzinstrumente

Finanzinstrumente – wie bspw. Wandelanleihen, Aktienanleihen – weisen sowohl Eigen- als auch Fremdkapitalcharakter auf (→ § 28 Rz 142ff.). Diese Instrumente sind nach IFRS teilweise im Eigen- und teilweise im Fremdkapital zu erfassen.[50] Die aus dem Fremdkapitalanteil entstehenden Zinsverpflichtungen sind im Zeitverlauf erfolgswirksam zu erfassen. Die Ergebniswirkungen vergangener Perioden sind in den Gewinnrücklagen enthalten. Nach IFRS 1.D18 braucht allerdings der Erstanwender diese kumulierten Zinseffekte der Fremdkapitalkomponente nicht getrennt zu erfassen, sofern die Fremdkapitalkomponente im Übergangszeitpunkt auf IFRS bereits getilgt ist. 85

6.5.4 Zeitversetzter Übergang auf IFRS von Konzernunternehmen

Im Bereich von **Konzern**unternehmen (→ § 32) sowie von **assoziierten** (→ § 33) und **Gemeinschafts**unternehmen (→ § 34) ist im Übergangsverfahren eine Erleichterung je nach der **Zeitfolge** vorgesehen:
IFRS 1.D16 regelt die Fälle, in denen ein Tochterunternehmen etc. zeitlich **nach** der Muttergesellschaft erstmals einen IFRS-Abschluss veröffentlichen will (z.B. wegen eigener Börsennotierung). Stellt ein Tochterunternehmen zeitlich **nach** dem Mutterunternehmen auf die IFRS um, dann kann es unverändert die bisher in den Konzernabschluss des Mutterunternehmens eingebrachten Bilanzwerte weiterführen. 86

---

[48] Theile, DB 2003, S. 1745, 1751.
[49] Kirsch, StuB 2003, S. 913, 918.
[50] Vgl. hierzu Zeimes, WPg 2003, S. 982, 985.

> **Beispiel**
> Die M-AG veröffentlicht ihren ersten IFRS-Konzernabschluss für das am 31.12.02 endende Geschäftsjahr. M stellt daher zum 1.1.01 ihre IFRS-Eröffnungsbilanz auf. Das Tochterunternehmen B muss für die Konzernkonsolidierung ebenfalls ab dem 1.1.01 ein IFRS-Reporting (Rz 12) erstellen.
> B erstellt aufgrund eines eigenen Börsengangs seinen ersten IFRS-Abschluss für das am 31.12.04 endende Geschäftsjahr. Für Konsolidierungszwecke bez. des Konzernabschlusses der M-AG hat B bei einigen Gegenständen des Sachanlagevermögens am 1.1.01 eine Erleichterung in Anspruch genommen und den beizulegenden Zeitwert als fiktive Anschaffungskosten gewählt. Seit dieser Zeit wird auf der Grundlage dieser *deemed cost* die Folgebewertung zu fortgeführten Anschaffungskosten gem. IAS 16.30 (→ § 14 Rz 18) vorgenommen. Da B zum 31.12.04 seinen ersten IFRS-Abschluss veröffentlicht, muss es eine IFRS-Eröffnungsbilanz zum 1.1.03 erstellen (Rz 19). Wenn B in seiner IFRS-Eröffnungsbilanz ebenfalls die Erleichterung für das Sachanlagevermögen in Anspruch nehmen möchte und den beizulegenden Zeitwert als *deemed cost* heranzieht, müsste es das Sachanlagevermögen zum 1.1.03 entsprechend neu bewerten. IFRS 1.D16(a) erlaubt jedoch die Übernahme der zum 1.1.01 ermittelten *deemed cost*, fortgeschrieben auf den 1.1.03, in die IFRS-Eröffnungsbilanz. Diese Werte sind identisch mit denen, die B an die Muttergesellschaft zu diesem Zeitpunkt berichtet.

87 Wenn eine Muttergesellschaft **nach** ihrem Tochterunternehmen auf IFRS umstellt, ist das Vermögen der Tochter gem. IFRS 1.D17 auf Basis der eigenen IFRS-Buchwerte in den Konzernabschluss einzubeziehen. Die Wahlrechte nach IFRS 1.D1 (Rz 44) bestehen nicht, da das Tochterunternehmen selbst bereits nach IFRS bilanziert.[51]
Die IFRS-Buchwerte des Tochterunternehmens müssen jedoch im Hinblick auf **Konzernrechnungslegungs**vorschriften (Einheitlichkeit der Bilanzierungsmethoden, Zwischengewinneliminierung) **angepasst** werden:

> **Beispiel**
> Das Tochterunternehmen hat für seine *investment properties* die Bewertungsmethode der fortgeführten Anschaffungskosten gewählt (→ § 16 Rz 49). Der Konzern entscheidet sich für die *fair-value*-Bewertung (→ § 16 Rz 54). Eine Vereinheitlichung der Bilanzierungs- und Bewertungsmethoden (→ § 32 Rz 118) ist notwendig. Abweichend vom IFRS-Einzelabschluss des Tochterunternehmens gehen die *investment properties* mit dem *fair value* in die Eröffnungsbilanz des Konzerns ein.

> **Beispiel**
> Das Tochterunternehmen hat vor dem Stichtag der Konzerneröffnungsbilanz Anlagen vom Mutterunternehmen zum Zeitwert (Aufdeckung stiller Reserven) erworben.

---

[51] So IDW RS HFA 19, Tz 16, WPg 2006, S. 1379.

Für die Eröffnungsbilanz ist der Zwischengewinn zu eliminieren. Die Anlagen sind mit ihrem retrospektiv aus Konzernsicht ermittelten IFRS-Wert anzusetzen.

Für nach Eröffnungsbilanzzeitpunkt des Mutterunternehmens **getätigte** Geschäfte des Tochterunternehmens ergeben sich die gleichen rechtlichen Konsequenzen ohne Rückgriff auf IFRS 1.D17 aus den allgemeinen Vorschriften von IAS 27, also z.B. konzerneinheitliche Bewertung (→ § 32 Rz 118) und Zwischengewinneliminierung (→ § 32 Rz 141).

Das Problem des **zeitversetzten** Übergangs auf die IFRS-Bilanzwelt im Konzern kann sich auch in der Konstellation des folgenden Beispiels ergeben. **88**

> **Beispiel**
> Die Muttergesellschaft M berichtet nach IFRS in konsolidierter Form. 2 Tochtergesellschaften, T 1 und T 2, deren Abschlüsse in den IFRS-Konzernabschluss einbezogen worden sind, sollen verkauft werden. Sofern eine börsennotierte Gesellschaft T 1 und T 2 erwirbt, wird die Börsenaufsicht einen konsolidierten Abschluss von T 1 und T 2 in Form eines *combined statement* (→ § 32 Rz 93) für die beiden Schwestergesellschaften verlangen. T 1 und T 2 haben bisher *reporting packages* (Rz 6) zur Einbeziehung in den Konzernabschluss der M erstellt, also keinen kompletten IFRS-Einzelabschluss, oder einen kombinierten Abschluss gefertigt und veröffentlicht.
> Das von der Börsenaufsicht geforderte *combined statement* ist ein IFRS-Erstanwendungsfall, d.h. die „kombinierte Einheit" ist ein IFRS-Erstanwender. Die Frage ist dann, inwieweit die Ausnahmeregeln (*exemptions*) angewandt werden dürfen.
> **Sicht 1**
> Der Sachverhalt erlaubt einen Analogieschluss zu IFRS 1.D17 S. 2 (Rz 16): Die neue „Einheit" entspricht funktionell einer Muttergesellschaft i.S.d. IFRS 1.D17 S. 2. Deshalb sind die bisherigen Bewertungsmaßstäbe weiterzuführen und erlauben **keine** Anwendung der Erleichterungsvorschriften (*exemptions*) in IFRS 1.D16 (Rz 86).
> **Sicht 2**
> Die „kombiniert" bilanzierte Einheit als Rechnungslegungssubjekt ist (unstreitig) IFRS-Erstanwender und kann deshalb die Erleichterungen (*exemptions*) für die Erstanwender (Rz 44) beanspruchen. An die Einschätzung in IFRS 1.D17 S. 2 ist die Einheit nicht gebunden.
> U. E. ist Sicht 2 vorzugswürdig.

Zum Ausschluss der Erleichterungsrechte des IFRS 1.D1 gem. IFRS 1.D17 besteht eine **Rückausnahme**. Die in IFRS 1.D1 festgehaltenen Wahlrechte für **Unternehmenszusammenschlüsse vor** dem Übergangszeitpunkt des Mutterunternehmens bleiben bestehen (IFRS 1.IG30a S. 1). Dazu zählen sowohl der Erwerb des Tochterunternehmens durch die Muttergesellschaft selbst als auch Unternehmenserwerbe des Tochterunternehmens. In diesen Fällen können die Wahlrechte von IFRS 1.C1 (Rz 57) in Anspruch genommen werden. **89**

> **Beispiel**
> TU ist seit 01 Tochterunternehmen von MU. TU stellt zum 1.1.03 auf IFRS um. In 01 hatte es das Enkelunternehmen EU erworben, in der Eröffnungsbilanz zum 1.1.03 von den Erleichterungen des IFRS 1.C1 aber keinen Gebrauch gemacht (Rz 57).
> Stellt MU zu einem späteren Zeitpunkt auf IFRS um, etwa mit Eröffnungsbilanzdatum 1.1.05, leben für den Gesamtkonzernabschluss die im Teilkonzernabschluss nicht wahrgenommenen Erleichterungen des IFRS 1.C1 wieder auf.

Für **nach** Eröffnungsbilanzzeitpunkt des Mutterunternehmens getätigte **Unternehmenserwerbe** ist IFRS 1 nicht mehr einschlägig. Daher gilt auch die vorgenannte Erleichterung nicht.

90 Die Erleichterungsregeln von IFRS 1.16 und IFRS 1.17 (Rz 85, Rz 87) zum zeitversetzten Übergang auf die IFRS zielen auch auf eine **Vereinheitlichung** der Rechnungslegung innerhalb von Konzernunternehmen. Fraglich ist, ob die Regelungen auch dann anwendbar sind, wenn Mutterunternehmen (für Konzernabschlusszwecke) und Tochterunternehmen (für Einzel- oder Teilkonzernabschluss) zeitgleich auf die IFRS-Rechnungslegung übergehen.

> **Beispiel**
> Das Tochterunternehmen T hat nach bisherigen Regeln (*previous GAAP*) das Sachanlagevermögen einschließlich der Finanzierungskosten aktiviert, nicht aber das Mutterunternehmen M. Beide Einheiten gehen am 1.1.01 (**gleichzeitig**) auf die IFRS-Rechnungslegung über. Konzerneinheitlich soll eine **gemeinsame** künftige Bewertungsbasis angewandt werden. Im Konzernabschluss der M könnte nach dem Wahlrecht des IFRS 1.D23 auf eine Nachaktivierung von Zinsen auf Anlagezugänge vor dem Übergangszeitpunkt (Rz 17) verzichtet werden; demgegenüber käme umgekehrt eine Stornierung der bis dahin aktivierten Zinsen bei der T in ihrem Einzelabschluss nicht in Betracht. Die gewünschte einheitliche Bewertung wäre nur durch eine **analoge** Anwendung der Vereinheitlichungsregeln von IFRS 1.D16 oder IFRS 1.D17 erreichbar, nämlich
> - nach IFRS 1.D16(a) durch die Erlaubnis, die niedrigeren Buchwerte (ohne Zinsen) nicht nur im Konzernabschluss der M, sondern auch im Einzelabschluss der T zu verwenden, oder
> - nach IFRS 1.D17 durch Verpflichtung der M in ihrem Konzernabschluss das Sachanlagevermögen der T wie in deren Einzelabschluss incl. Zinsen anzusetzen.
> Gegen die Heranziehung von IFRS 1.D16 und IFRS 1.D17 spricht der eindeutige **Wortlaut** dieser beiden Paragrafen, die nur den **zeitversetzten** Übergang auf IFRS im Mutter-Tochter-Verhältnis regeln. Die umgekehrte Argumentation („für") müsste hier eine „Standardlücke" feststellen, die einen Analogieschluss erlaubte. Auch eine Zwecksetzung des IFRS 1, die eine Parallelerstellung unterschiedlicher Abschlussinhalte von Mutter- und Tochterunternehmen in diesen Einzelabschlüssen vermeiden will, könnte als Argument herangezogen werden. Zudem würden vermeidbare Aus-

> weichgestaltungen mit bewusster Verzögerung des Übergangs innerhalb von Gruppenunternehmen vermieden.
> Wir präferieren das „für", also die analoge Anwendung von IFRS 1.D16 oder IFRS 1.D17.

6.5.5 Aktienbasierte Vergütungen

Die Übergangsvorschriften in IFRS 2 (→ § 23) für die Unternehmen, die bislang schon die IFRS-Rechnungslegung angewandt haben, sollen auch für die Erstanwender gelten (IFRS 1.BC63B). Das bedeutet eine **retrospektive** Anwendung nach der Regel, aber mit folgenden **Wahlrechten** (IFRS 1.D2): 91
- Aktienkursbasierte Eigenkapitalinstrumente, die **vor** dem 8.11.2002 zugesagt worden sind, sollen (Empfehlung) nach den Regeln von IFRS 2 angesetzt werden.
  Alle aktienkursbasierten Eigenkapitalinstrumente, die **nach** dem 7.11.2002 zugesagt worden sind, aber vor dem IFRS-Eröffnungsbilanzstichtag (*date of transition*; Rz 17) oder vor dem 1.1.2005 (das spätere Datum ist gültig) ausübbar (*vested*) geworden sind, sollen (Empfehlung) nach den Regeln von IFRS 2 angesetzt werden.
- Wenn – nach der Empfehlung – IFRS 2 auf die vorgenannten Eigenkapitalinstrumente angewandt werden soll, ist dies nur zulässig, wenn das Unternehmen **öffentlich** den *fair value* dieser Instrumente bekannt gegeben hat.
- Entscheidet sich der Erstanwender nicht für die (rückwirkende) Anwendung von IFRS 2, so hat er gleichwohl die dort vorgesehenen **Anhangsangaben** (→ § 23 Rz 247) zu tätigen.
- Bei **Änderung** der Ausübungsbedingungen von Eigenkapitalinstrumenten, auf die IFRS 2 noch nicht angewandt worden ist, entfällt die Anwendung der entsprechenden Vorschriften in IFRS 2.26–29 (Rz 77 ff.) dann, wenn die Änderung entweder nach dem Datum der IFRS-Eröffnungsbilanz oder dem 1.1.2005 (der spätere Termin ist maßgeblich) durchgeführt wird.
- Die übrigen aktienkursbasierten Vergütungsformen (mit **Barausgleich**) sind im Rahmen des Übergangs auf die IFRS-Rechnungslegung (retrospektiv) anzuwenden, es sei denn, der Barausgleich erfolgt nach dem 31.12.2004. Anhangerläuterungen können hier entfallen (IFRS 1.D3).

> **Beispiel**
> **Sachverhalt**
> IFRS-Eröffnungsbilanz zum 1.1.04, Erstanwendungszeitpunkt 31.12.05 (→ § 6 Rz 19).
> - Zusage von Aktienoptionen am 10.11.02.
> - Ende der Sperrfrist am 10.11.05.
>
> **Lösung**
> IFRS 2 ist im Jahresabschluss einschließlich der Vorjahreszahlen bez. dieser Aktienoptionen anzuwenden.

> **Sachverhalt**
> Die Zusage der Option erfolgt vor dem 8.11.02 **oder** der Ausübungszeitpunkt (Ende der „Sperre") liegt vor dem 1.1.05.
>
> **Lösung**
> Die Anwendung von IFRS 2 wird empfohlen, es genügt aber eine Offenlegung im Anhang.

Die genannten Wahlrechte können fallweise für jede „Kategorie" der ausgegebenen Eigenkapitalinstrumente ausgeübt werden.[52]

6.5.6 Bestimmung von Leasingverträgen

92 IFRIC 4 enthält Vorschriften zur „Entschleierung" **verdeckter** Leasingverhältnisse (→ § 15 Rz 5 ff.). Gem. IFRS 1.D9 können bei der IFRS-Erstanwendung die Übergangsvorschriften von IFRIC 4.17 angewandt werden (→ § 15 Rz 193). Danach dürfen die zum Zeitpunkt der IFRS-Eröffnungsbilanz (Rz 19) vorliegenden Verhältnisse zur Qualifikation des betreffenden Vertragsverhältnisses als Leasing (oder nicht) Verwendung finden (Wahlrecht). In IFRS 1.D9A wird dem Erstanwender ein weiteres **Wahlrecht** gewährt, wenn er nach seinen bisherigen Rechnungslegungsregeln in Übereinstimmung mit IFRIC 4 die (Nicht-)Qualifikation als Leasingverhältnis vorgenommen hat. In dieser Konstellation kommt es nicht drauf an, ob die Qualifikation nach bisherigen GAAP zum durch IFRIC 4 geforderten (→ § 15 Rz 193) oder einem anderen, nach den nationalen Regeln zulässigen Zeitpunkt erfolgte. Auch bei abweichendem Beurteilungsdatum kann die nach altem Recht getätigte Beurteilung im Übergangsverfahren beibehalten werden.

6.5.7 Versicherungsverträge

93 Für Versicherungsverträge (→ § 39) entfallen bei der Erstanwendung von IFRS 4.40-45 eine Reihe von Anhangsangaben für die **Vorjahresperiode**. Dieses Wahlrecht gilt gem. IFRS 1.D4 auch im Rahmen der IFRS-Erstanwendung.

6.5.8 Kategorisierung von Finanzinstrumenten

94 Die von IAS 39 geforderte Kategorisierung von Finanzinstrumenten bei der erstmaligen Erfassung ist entscheidend für deren Bewertung in der **Folgezeit**. IFRS 1.D19 bietet dem IFRS-Erstanwender ein von diesem Grundsatz abweichendes **Wahlrecht** an. Danach kann ein Unternehmen in der IFRS-Eröffnungsbilanz die Kategorisierung **unabhängig** von der früheren Erfassung unter den bisherigen Regeln vornehmen. Für die Kategorisierung in der IFRS-Eröffnungsbilanz gilt gem. IFRS 1.IG56 Folgendes:[53]
- Die Einordnung in die Kategorie „*held to maturity*" (→ § 28 Rz 134 ff.) erfolgt nach der Einschätzung der Bedingungen (bspw. der Halteabsicht) zum Zeitpunkt der IFRS-Eröffnungsbilanz.

---

[52] Andrejewski/Böckem, KoR 2004, S. 332; IDW, ERS HFA 19, Tz 22 (WPg 2006, S. 137).
[53] Einzelheiten bei Kuhn, DB 2005, S. 1348.

- Die Einordnung in die Kategorie „*loans and receivables*" (→ § 28 Rz 116ff.) kann nur erfolgen, wenn zum Zeitpunkt der Ersterfassung nach IAS 39 bereits die Kriterien für diese Kategorie vorgelegen haben.
- Derivative Finanzinstrumente (→ § 28 Rz 232ff.) sind der Kategorie „*held for trading*" zuzuordnen (mit Ausnahme von Sicherungsbeziehungen nach IAS 39).
- Die Einordnung in die Kategorie „*at fair value through profit or loss*" (→ § 28 Rz 31) kann nur bei Erfüllung bestimmter Kriterien in der Vergangenheit oder durch entsprechende Kategorisierung zum IFRS-Eröffnungsbilanzstichtag erfolgen.

Im Anhang sind nach IFRS 1.29 **anzugeben**:
- der *fair value* jeder Kategorie im Zeitpunkt der Einordnung,
- der Buchwert in den früheren Bilanzen.

In der **Folgeänderung** zu IFRS 9 erlauben IFRS 1.D19 bis IFRS 1.D19B die Vornahme der **Kategorisierungen** nicht nach den Verhältnissen bei der Ersteinbuchung, sondern nach denjenigen zum Eröffnungsbilanzstichtag (Rz 22).

Die Einschätzung darüber, ob ein **eingebettetes Derivat** vom Basisvertrag zu trennen ist, muss zum Zeitpunkt des Vertragsabschlusses oder eines nach den allgemeinen Regeln notwendigen *reassessment* und nicht des IFRS-Eröffnungsbilanzstichtags erfolgen (IFRIC 9.BC12 sowie IFRS 1. 9).

6.5.9 Ersteinbuchung von Finanzinstrumenten zum beizulegenden Zeitwert

Alle Finanzinstrumente sind bei **erstmaliger** Bilanzierung mit dem beizulegenden Zeitwert zu erfassen, der in aller Regel den Anschaffungskosten entspricht. Es gibt – sehr selten – auch Transaktionen, bei denen die Anschaffungskosten eines Finanzinstruments vom beizulegenden Zeitwert abweichen. Zur Vermeidung der Erforschung lange zurückliegender Transaktionen erlaubt IFRS 1.D20 – ähnlich wie die Übergangsregeln zu IAS 39 – eine **prospektive** Anwendung (Erfassung eines von Gewinnen oder Verlusten infolge eines vom *fair value* abweichenden Transaktionspreises) für Geschäfte nach dem 25.10.2002 bzw. 1.1.2004. Wegen des Zeitablaufs (Rz 36) sind diese beiden bisher bestehenden fixen Daten gegenstandslos geworden. Im *Amendment* zu IFRS 1 vom Dezember 2010 ist stattdessen ein flexibles Datum in Form des Übergangszeitpunktes (Rz 19) auf die IFRS-Rechnungslegung (*date of transition*; IFRS 1.D20) festgelegt worden. Der Anwendungszeitpunkt der geänderten Regel ist bei freiwilliger vorzeitiger Anwendung auf Wirtschaftsjahre mit Beginn nach dem 30.6.2011 festgesetzt. Diese Übergangserleichterung wurde substanziell durch IFRS 9 nicht verändert.

6.5.10 Finanzielle oder immaterielle Vermögenswerte bei *public private partnerships*

Ein erstmaliger IFRS-Anwender kann gem. IFRS 1.D22 die Übergangsvorschriften des IFRIC 12 betreffend die Bilanzierung von Infrastrukturkonzessionsverträgen bei *public private partnerships* (→ § 18 Rz 61) anwenden, d. h.
- alle finanziellen und immateriellen Vermögenswerte, die zum Zeitpunkt des IFRS-Eröffnungsbilanzstichtags (Rz 19) vorhanden sind, zum **Buchwert** nach vorherigen Rechnungslegungsvorschriften erfassen und

- diese Vermögenswerte zu diesem Zeitpunkt auf **Werthaltigkeit** testen; sofern dieser Test auf den IFRS-Eröffnungsbilanzstichtag nicht möglich ist, muss er auf den Beginn der Berichtsperiode (Rz 19) erfolgen.

6.5.11 Fremdkapitalkosten

98 Ein IFRS-Erstanwender muss gem. IFRS 1.D23 die Fremdkapitalkosten erst bei Sachverhalten aktivieren, die ab dem späteren der beiden Zeitpunkte 1.7.2009 oder dem IFRS-Eröffnungsbilanzstichtag (Rz 19) anfallen (→ § 9 Rz 44). Anstelle des 1.1.2009 kann auch jeder Zeitpunkt in der Vergangenheit für den Beginn der Aktivierung von Fremdkapitalkosten gewählt werden (IFRS 1.35), mit Klarstellung in AIP 2009–2011 *Cycle* unter Ergänzung von IFRS 1.D23. Die Neufassung von IFRS 1.D23 ist für Geschäftsjahre mit Beginn nach dem 31.12.2012 mit früherer Anwendungsmöglichkeit unter Anhangsangabe gültig. Dabei ist der schon zuvor nach früherem GAAP (z. B. HGB) aktivierte Zinsanteil bei Inanspruchnahme dieses Wahlrechts weiterzuführen. Zinsen auf *qualifying assets* (→ § 9 Rz 10), die ab dem gewählten Zeitpunkt anfallen, sind nach den Regeln des IAS 23 (→ § 9 Rz 8 ff.) zu behandeln. Dies gilt auch für dann im Bau befindliche Anlagen.

Anderes gilt, wenn nach bisherigem Recht, z. B. § 255 Abs. 3 HGB, Zinsen auf im Bau befindliche Anlagen aktiviert worden sind. Dann kann dieser Wert bei nicht allzu großer Abweichung von den Bewertungsregeln nach IAS 23 (→ § 9 Rz 15 ff.) in die IFRS-Eröffnungsbilanz (Rz 19) eingestellt werden. Möglich ist u. E. die Anwendung der *exemption* mit völligem Verzicht auf die Aktivierung von Zinsen. Unzulässig wäre die Beibehaltung der nach HGB aktivierten Zinsen und Nichtmehraktivierung nach der IFRS-Eröffnungsbilanz.

6.5.12 Mineralvorkommen

99 Wird im Industriebereich „Öl und Gas" (→ § 42 Rz 4) bei der Mineraliengewinnung nach bisherigem Recht die *full cost method* (→ § 42 Rz 13) angewandt, kann der dortige Buchwert im Statut *„exploration and evaluation"* **weitergeführt** werden (IFRS 1.D8A). In der späteren Entwicklungsphase befindliche Posten (*amounts*) dürfen insgesamt wertmäßig unverändert auf die nach IFRS-Regeln definierten Vermögenswerte (→ § 1 Rz 88 ff.) durch eine **Verhältnisrechnung** unter Berücksichtigung der Reserven an Öl und Gas aufgeteilt werden. Vgl. hierzu weitere Hinweise unter → § 42 Rz 17, zum Übergangsverfahren → § 42 Rz 32. Bei Anwendung dieser Erleichterung muss das Unternehmen für die Bewertung der **Entsorgungskosten** die allgemeinen Regeln von IAS 37 (→ § 21 Rz 129 ff.) anwenden, darf also IFRIC 1 und IFRS 1.D21 (Rz 48) nicht anwenden (IFRS 1.D21A). Der Unterschiedsbetrag zwischen dem Wertansatz nach früherem Recht und IAS 37 ist zum Übergangszeitpunkt (Rz 19) in die Gewinnrücklage einzustellen.

6.5.13 Verträge mit Kunden nach IFRS 15

100 Zur Kommentierung von IFRS 15 wird verwiesen auf → § 25. Die Übergangsbestimmungen von IFRS 15 sind nach IFRS 1.D34 f. auch auf Erstanwendungsfälle anzuwenden.

Wegen der im zeitlichen Anwendungsbereich von IAS 18 noch bedeutsamen Übergangsbestimmungen für IFRIC 18 (Kundenzuschüsse) wird auf die Vorauflage verwiesen.

6.5.14 Umschuldungen

Die Umwandlung von Fremd- in Eigenkapital (*debt for equity swap*) ist in Teilbereichen durch **IFRIC 19** geregelt (→ § 28 Rz 203). Die Interpretation ist für nach dem 30.6.2010 entstandene Sachverhalte anzuwenden (IFRIC 19 App.). Diese Übergangsbestimmung kann nach IFRS 1.D25 auch in Erstanwendungsfällen genutzt werden. 101

6.5.15 Übergang aus hyperinflationären Wirtschaftsräumen

Nach dem *Amendment* zu IFRS 1 vom Dezember 2010 soll auch Unternehmen/ Konzernen, die in hochinflationären Wirtschaftsräumen (→ § 27 Rz 81) agieren, der Übergang auf die IFRS-Rechnungslegung erleichtert werden. Voraussetzung ist die Charakteristik der **funktionalen Währung** (→ § 27 Rz 8) dieser Einheit als **hochinflationär**. Eine bedeutende Hochinflation (*severe hyperinflation*) liegt bei kumulativer Erfüllung folgender beider Merkmale vor (IFRS 1.D27): 102
- Ein verlässlicher **Preisindex** (→ § 27 Rz 81) ist nicht verfügbar.
- Ein **Austausch** zwischen der hochinflationären und einer relativ stabilen Währung ist nicht möglich.

Der hochinflationäre Charakter der funktionalen Währung **normalisiert** sich dann, wenn eines oder beide der vorgenannten Merkmale nicht mehr bestehen (IFRS 1.D28). Sofern das „Normalisierungsdatum" **identisch** ist mit dem Übergangszeitpunkt (Rz 19) auf die IFRS-Rechnungslegung oder diesem **vorausgeht**, kann der *fair value* als Ausgangswert (*deemed cost*) für alle vor dem Normalisierungszeitpunkt gehaltenen Vermögenswerte und Schulden angesetzt werden (IFRS 1.D29), also nicht nur für diejenigen, die nach allgemeinen Regeln einer *fair-value*-Bewertung unterliegen (Rz 45). Wenn das Normalisierungsdatum in die 12-monatige Vergleichsperiode (*transition period*) fällt (→ § 2 Rz 8ff.), kann sich die Darstellung der Letzteren auf einen Zeitraum von weniger als 12 Monaten beschränken, also ein Quasi-Rumpfgeschäftsjahr dargestellt werden (IFRS 1.D30). Gegebenenfalls sollte das Unternehmen auch nicht IFRS-konforme Erläuterungen (Rz 114) zu den Vorjahresangaben nach IFRS 1.22 (Rz 13) in Betracht ziehen (IFRS 1.BC63J). Über die Entwicklung von der hochinflationären zur relativ stabilen Währung ist mit Begründungen im Anhang des IFRS-Erstabschlusses (Rz 45) zu berichten (IFRS 1.31C).

Die neuen Regeln des *Amendment* sind (bei Möglichkeit freiwilliger vorzeitiger Anwendung) für Geschäftsjahre mit Beginn nach dem 30.6.2011 zu beachten.

6.5.16 Vorjahresvergleich, insbesondere zu Finanzinstrumenten

Der erstmalige IFRS Abschluss verlangt – wie sonst auch jeder IFRS-Abschluss – einen **Vorjahresvergleich** (Rz 17), was durch IFRS 1.21 (Rz 13) bestätigt wird. Entsprechend ist nach IFRS 1.7 ein **Stetigkeitsgebot** im Übergangszeitraum (Rz 19) zu beachten. 103

Nach IFRS 1.E1 und IFRS 1.E2 gilt folgende **Besonderheit** für Vorjahres-Vergleichsangaben nach IFRS 9 (→ § 28 Rz 299): Bei Übergang auf die IFRS-Rechnungslegung für Geschäftsjahre vor dem 1.1.2012 und Anwendung von IFRS 9 (→ § 28 Rz 332) ist wie sonst eine **Vergleichsperiode** darzustellen (Rz 18). Die Vorjahresvergleichszahlen müssen dabei nicht mit den Inhalten von IFRS 7 und IFRS 9 übereinstimmen, soweit sich die Angaben auf Vermögenswerte beziehen, die in den Anwendungsbereich von IFRS 9 fallen.

Wenn die Übereinstimmung mit IFRS 9 und IFRS 7 durch die Ausübung dieses Wahlrechts nicht gegeben ist, muss wie folgt vorgegangen werden:
- Anwendung der **früher** (z. B. nach HGB) angewandten Ansatz- und Bewertungsregeln auf die Vorjahresvergleichszahlen;
- Angabe dieser **Tatsache** mit Darstellung der Grundlagen zur Bereitstellung dieser Daten;
- Bereitstellung zusätzlicher Informationen gem. IAS 1.17(c), wenn sonst die **Verständlichkeit** für den Anwender nicht gewährleistet ist.

104 Der letztgenannte Hinweis bezieht sich auf die komplexen Vorgaben zur Handhabung der Übergangsregeln in IFRS 1.E2(c). Dabei sind Anpassungen zwischen der Schlussbilanz, der Vergleichsperiode (*transition period*, Rz 19) und der Eröffnungsbilanz für den ersten IFRS-Berichtszeitraum (*reporting period*, Rz 19) vorzunehmen.

In der Schlussbilanz der *transition period* sind die Vorjahreszahlen nach den früher angewandten „GAAP" enthalten. In der Eröffnungsbilanz für die 1. *reporting period* nach IFRS müssen die Werte und Angaben mit IFRS 7 und IFRS 9 übereinstimmen. Die entsprechenden Unterschiede sind nach IAS 8 unter Praktikabilitätsvorbehalt als **Wechsel** der **Bilanzierungsmethode** (→ § 24 Rz 28) zu behandeln und die Angaben nach IAS 8.28(a) – (e) zu machen. Die Angabe nach IAS 8.28(f)(i) beschränkt sich auf die Schlussbilanz der *transition period* (Rz 19).

105 Die in allen Fällen zu erstellende **Überleitungsrechnung** vom alten zum neuen Recht (Rz 114) auf den Schlussbilanzstichtag der Vergleichsperiode muss bei Inanspruchnahme der vorgenannten Erleichterung um die Abweichungen zwischen Schlussbilanz der Vergleichsperiode und der Eröffnungsbilanz der Berichtsperiode (Rz 99 f.) ergänzt werden. In diese ist der Bilanzierungs-Methodenwechsel als Angabepflicht nach IAS 8.28 (Rz 92 f.) einzubauen.

> **Beispiel**
> Erste IFRS-Berichtsperiode ist das Jahr 2011. Das Unternehmen entscheidet sich für die vorzeitige Anwendung von IFRS 9, möchte aber die Vergleichszahlen (Jahr 2010) nicht IFRS 9 unterwerfen, sondern nach HGB abbilden. Neben die allgemeine Überleitung vom 31.12.2010 HGB auf den 1.1.2011 IFRS (IFRS 1.24(a)(ii)) tritt eine spezielle Überleitung für die dem IFRS 9 unterliegenden Finanzinstrumente (IFRS 9.E2(c) i. V. m. IAS 8).

106 Die höchst komplexen Regeln in IFRS 1.E1 und IFRS 1.E2 legen einen **Verzicht** auf das dort gewährte Wahlrecht nahe. Dazu müssen bereits in der IFRS-Eröffnungsbilanz (Rz 19) die Regeln von IFRS 7 und IFRS 9 angewandt werden, was leichter zu bewerkstelligen sein sollte als die Bewältigung der Übergangsvorschriften nach Rz 99 f. Als Ausnahme kann man sich eine Konstellation vorstellen, in der in der IFRS-Eröffnungsbilanz (z. B.) finanzielle Vermögenswerte enthalten sind, die bis zum Schlussbilanzdatum der entsprechenden Vergleichsperiode **wegfallen**.

6.6 Erleichterungen für preisregulierte Unternehmen nach IFRS 14[54]

6.6.1 Überblick

IFRS 14 schafft – ausschließlich für IFRS-Erstanwender aus **preisregulierten Branchen** – eine Möglichkeit, bestimmte Aktiv- und Passivposten fortzuführen, die wegen der Preisregulierung nach nationalem GAAP gebildet wurden.

107

6.6.2 Preisregulierungsmechanismen

In oligopolistischen Märkten, etwa der Energie- und Wasserversorgung, des öffentlicher Nahverkehrs oder der Telekommunikation sind häufig staatlich initiierte Preisregulierungsmechanismen anzutreffen. Drei Formen lassen sich unterscheiden:

108

- Bei **kostenorientierter** Regulierung wird der Absatzpreis so festgelegt, dass der Anbieter unter Berücksichtigung der erwarteten Kosten eine im Vorfeld festgelegte Rendite erzielen kann. Soweit in einer Nachbetrachtung die tatsächlichen Kosten von den erwarteten abweichen, hat der Anbieter das Recht (bzw. bei Kostenunterschreitung die Pflicht) dies über die Absatzpreise der Folgeperioden an die Abnehmer weiterzureichen.
- Bei **anreizorientierter** Regulierung werden z. B. Preisobergrenzen aus unternehmensexternen Benchmarks abgeleitet.
- In **Mischsystemen** kommt eine Kombination beider Regulierungsarten zur Anwendung.

6.6.3 Anwendungsbereich von IFRS 14

Ist bei Kosten- oder Mischsystemen eine festgestellte **Abweichung** von den Plankosten in den Folgeperioden an die Kunden **weiterzureichen**, stellt sich die Frage, wie der Zeitraum zwischen Eintritt der Kostenabweichung und Weiterreichung an die Kunden bilanziell abzubilden ist. Nach einigen **nationalen Rechungslegungssystemen** (so z. B. in Nordamerika und Indien) ist in diesem Fall die Bildung eines Aktiv- oder Passivpostens vorgesehen.

109

IFRS 14 gestattet es nun IFRS-Erstanwendern als Wahlrecht, derartige nach nationalem Recht gebildete Posten beim Übergang auf die IFRS fortzuführen, auch wenn die Merkmale eines Vermögenswertes oder einer Schuld nach IFRS nicht erfüllt sind.

Eine Anwendung von IFRS 14 ist demzufolge **nur für preisregulierte Unternehmen** erlaubt. (IFRS 14.5(a)). Diese sind Unternehmen, bei denen die Absatzpreise auf Basis eines von einer Regulierungsstelle vorgegebenen oder beaufsichtigten Regelwerks bestimmt werden (IFRS 14, Appendix A.). Das preisregulierte Unternehmen muss weiterhin folgende Bedingung erfüllen: Im letzten **nach nationalen GAAP** erstellten Abschluss wurden regulatorische Aktiva oder Passiva angesetzt (IFRS 14.6).

---

[54] Nachfolgende Ausführungen überwiegend entnommen aus Christian/Lüdenbach, IFRS Essentials (englische Ausgabe), 2. Auf. 2015.

6.6.4 Umsetzung des Wahlrechts

110 Technisch wird das Wahlrecht durch eine **Befreiung von der Anwendung des IAS 8.11** umgesetzt (IFRS 14.9). Bei der Auswahl einer Rechnungslegungsmethode (IAS 8.10ff.) kann daher der IFRS-Erstanwender unmittelbar auf die bisher angewandten nationalen Bilanzierungsstandards Bezug nehmen. Eine Prüfung der Frage, ob die regulatorischen Posten nach dem IFRS-Rahmenkonzept Vermögenswerte oder Schulden sind (IAS 8.11), braucht er nicht vorzunehmen. Bei Entscheidung für die Fortsetzung der bisherigen Rechungslegungsmethode ist dieser nicht nur für den Bilanzansatz, sondern auch für die **Bewertung**, also insbesondere die Auflösung des regulatorischen Postens zu folgen (IFRS 14.11).

6.6.5 Ausweis

111 Die aus nationalem Recht fortgeführten Posten sind nach IFRS in der Bilanz **als regulatorische Abgrenzungsposten** (*regulatory deferral acocunts*) am Ende der Aktiv- bzw. Passivseite gesondert, und nach einer Zwischensumme für die „wirklichen" Vermögenswerte („*total assets*") bzw. das „wirkliche" Kapital („*total equity and liabilities*") auszuweisen (IFRS 14.B20f. und IFRS 14.IE Example 1). Die sonst notwendige Klassifizierung als kurz- oder langfristig unterbleibt (IFRS 14.B21). Entsprechend ist in der **Gesamtergebnisrechnung** die Nettoveränderung der Abgrenzungsposten als Aufwand/Ertrag und/oder als sonstiges Ergebnis jeweils gesondert auszuweisen (IFRS 14.22f.). Ein sonstiges Ergebnis *(other comprehensive income)* kann z.B. insoweit entstehen, als die zu Mehrerlösansprüchen führende Abweichung der Ist- von den Plankosten durch versicherungsmathematische Gewinne oder Verluste bei den Pensionsverpflichtungen bedingt ist.

6.6.6 Anwendungsbeispiel

112
> **Beispiel**
> U ist Betreiber eines Stromnetzes und unterliegt einer Preisregulierung. Durch einen Tornado sind in Jahr 01 Hochspannungsmasten und -leitungen beschädigt worden. Ungewöhnliche hohe Instandhaltungsaufwendungen (400 Mio. GE) fallen an, die nach IFRS-Grundsätzen (IAS 16) teils als Aufwand zu verbuchen, teils zu aktivieren wären. Die Regulierungsbehörde erlaubt eine Preiserhöhung für die Netzentgelte auf 4 Jahre (02 bis 05), um den wesentlichen Teil der außergewöhnlichen Kosten zu amortisieren. Dieser (undiskontierte) Wert wird nach nationalem Recht per 31.12.01 aktiviert und wäre nach diesem Recht in 02 bis 05 jeweils mit 100 Mio. GE aufzulösen. Der Barwert der 400 Mio. GE entwickelt sich demgegenüber wie folgt. 31.12.01: 363 GE, 31.12.02: 279 GE, 31.12.03: 191 GE, 01.01.04: 98 GE, 31.12.05: 0 GE. Im Jahr 04 (Berichtsperiode) stellt U seinen ersten IFRS-Abschluss auf. Er will die Erleichterungen von IFRS 14 in Anspruch nehmen.
> Beurteilung:
> Ansatz und Bewertung (Auflösung) des ansetzbaren Abgrenzungspostens folgt den Regeln des nationalen GAAP (IFRS 14.11). Auf die diskontierten Werte kommt es demnach nicht an. Vielmehr ist der Abgrenzungsposten mit 100 GE p.a. aufzulösen. Hieraus ergibt sich bilanziell per 31.12.02/1.1.03 (IFRS-Eröffnungsbilanz) ein (Rest-)Wert von 300, der als regulatorischer

> Abgrenzungsposten am Ende der Aktivseite und nach einer Zwischensumme für die „wirklichen" Vermögenswerte auszuweisen ist (IFRS 14.B20).
> In der GuV- bzw. Gesamtergebnisrechnung 03 und 04 ist entsprechend nach den „normalen" Ergebnissen separat ein Aufwand von 100 GE aus der Auflösung des Postens zu zeigen (IFRS 14.22f).

6.6.7 Anhangangaben

IFRS 14 verlangt eine Reihe **qualitativer und quantitativer** Angaben u.a. 113
- Beschreibung von Art und Umfang der preisregulierten Tätigkeit sowie des jeweiligen Regulierungsmechanismus (IFRS 14.30(a)),
- (tabellarische) Überleitungsrechnung, aus der sich die regulatorischen Abgrenzungsposten und ihre Veränderungen ergeben (IFRS 14.33(a)),
- Angabe der „Restlaufzeit" der Abgrenzungsposten (IFRS 14.33(c)).

7 Angaben

Im erstmaligen IFRS-Abschluss müssen nach IFRS 1.20 sämtliche Anhangsangaben nach Maßgabe der **anderen Standards** enthalten sein. Außerdem ist nach IFRS 1.21 der übliche **Vorjahresvergleich** (Rz 17) vorzunehmen. Zu den Erläuterungen zählen auch die Angaben zu den Bilanzierungs- und Bewertungsmethoden gem. IAS 1.108 (→ § 5 Rz 26), in denen auch die Inanspruchnahme der Wahlrechte des IFRS 1 erläutert werden muss.[55] Nach IFRS 1.22 können auch als solche bezeichnete Vergleichsinformationen, die aus früherer Zeit stammen und nicht IFRS-konform sind, angegeben werden. 114

Zusätzlich hat jeder Erstanwender gem. IFRS 1.23 eine **Erläuterung des Übergangs** zu geben, um dadurch den Einfluss des Übergangsverfahrens auf die Darstellung der Vermögens-, Finanz- und Ertragslage aufzuzeigen. Dazu verlangt IFRS 1.24 folgende Angaben:
- Das Eigenkapital der „technischen" HGB-Schlussbilanz (im Beispiel unter Rz 116 der 31.12.01) ist auf den Ausweis in der IFRS-Eröffnungsbilanz zum 1.1.02 **überzuleiten** (*reconciliation*).
- Entsprechend ist für den **Folgestichtag** (oben der 31.12.02) zu verfahren.
- Ebenso ist **das Jahresergebnis**, für das letztmals ein nationaler Abschluss erstellt wird (im Beispiel 02), überzuleiten.

Da die Form der Anwendung des IFRS 1 zu den wesentlichen Bilanzierungs- und Bewertungsmethoden gehört, ist die Inanspruchnahme der Wahlrechte des IFRS 1 ebenfalls im Anhang des ersten IFRS-Abschlusses zu erläutern (IAS 1.108). 115

Nachfolgend eine **Musterformulierung**[56] (jeweils ohne Steuerlatenz): 116

> **Beispiel**
> Beim Sachanlagevermögen haben wir die in früheren Jahren vorgenommenen steuerlichen Sonderabschreibungen aus dem Rechenwerk eliminiert, die bisher angewandte degressive Abschreibungsmethode rückwirkend auf linear

---

[55] BURGER/SCHÄFER/ULBRICH/ZEIMES, WPg 2005, S. 1193.
[56] Nach LÜDENBACH/HOFFMANN, DStR 2003, S. 1498, 1504.

umgestellt und die angenommenen Nutzungsdauern neu festgelegt. Die Buchwerte haben sich demnach wie folgt entwickelt:

	31.12.02			31.12.01		
	HGB	IFRS	Eigen-kapital-änderung	HGB	IFRS	Eigen-kapital-änderung
Grundstücke	XX	YY	ZZ	XX	YY	ZZ
Maschinen	XX	YY	ZZ	XX	YY	ZZ
Ausstattung	XX	YY	ZZ	XX	YY	ZZ
			Σ			Σ

Im Bereich des **immateriellen** Anlagevermögens haben sich für selbst erstellte Vermögenswerte folgende Abweichungen zwischen HGB (bislang keine Aktivierung) und IFRS ergeben:

	31.12.02	31.12.01
Aktivierung eines neu entwickelten Herstellungsverfahrens mit Anmeldung für das Patentregister	XX	XX
Aktivierung eines mit Hilfe von IT-Spezialisten von Drittfirmen erstellten Auftragsbearbeitungsprogrammes, das in 05 in Betrieb gehen soll	YY	XX
Eigenkapitaländerung	Σ	Σ

Die aktivierten Herstellungskosten berücksichtigen die angefallenen Aufwendungen der letzten 5 Jahre vor dem 31.12.05 gem. Kostenträgerrechnung. Zuvor sind keine diesen Projekten zuzuordnende Aufwendungen entstanden. Die planmäßigen Abschreibungen werden ab Nutzungsbeginn verrechnet.
Für die **Anteile an assoziierten** Unternehmen mit einer Beteiligungsquote zwischen 20 und 50 % am stimmberechtigten Kapital sind wir zur *equity*-Bilanzierungsmethode übergegangen. Danach ergeben sich folgende Abweichungen in den Bilanzansätzen:

	31.12.02			31.12.01		
	HGB	IFRS	Eigen-kapital-änderung	HGB	IFRS	Eigen-kapital-änderung
	XX	YY	Σ	XX	YY	Σ

Unfertige Aufträge werden nunmehr nach der *percentage-of-completion*-Methode bewertet.

Es ergeben sich folgende Abweichungen zwischen HGB und IFRS:

	31.12.02			31.12.01		
	HGB	IFRS	Eigen-kapital-änderung	HGB	IFRS	Eigen-kapital-änderung
	XX	YY	Σ	XX	YY	Σ

Die **Rückstellungen für Altersversorgungsverpflichtungen** sind nach IFRS (neu) bewertet worden. Danach ergeben sich folgende Abweichungen zum HGB:

	31.12.02			31.12.01		
	HGB	IFRS	Eigen-kapital-änderung	HGB	IFRS	Eigen-kapital-änderung
	XX	YY	Σ	XX	YY	Σ

Zusammengefasst ergeben sich folgende Änderungen im **Eigenkapitalausweis**:

	31.12.02	31.12.01
Sachanlagevermögen	Σ	Σ
Immaterielle Anlagegüter	Σ	Σ
etc.		

Auch die Vorjahres-GuV nach dem HGB ist auf IFRS für den gleichen Zeitraum umzurechnen:

Beispiel 2 (für die Formulierung)
Für die Vorjahresperiode 04 ergeben sich folgende Ergebnisunterschiede:

	HGB	IFRS	Diff.
Planmäßige Abschreibungen auf Sachanlagen	X	Y	Z
Aktivierung von Herstellungskosten für selbst geschaffene immaterielle Vermögenswerte	X	Y	Z
Beteiligungsbuchwert für assoziierte Unternehmen	X	Y	Z
Unfertige Erzeugnisse	X	Y	Z
Rückstellung für Altersversorgungsverpflichtungen	X	Y	Z
Aufwand/Ertrag aus Steuerlatenz Jahresergebnis	Σ	Σ	Σ

117 Außerdem sind (eher seltene) wesentliche Änderungen bez. der **Kapitalflussrechnung** (→ § 3) zu erläutern (IFRS 1.25), bspw. für den Ausweis der aktivierten Entwicklungskosten in der Investitionstätigkeit (→ § 3 Rz 79).

118 **Außerplanmäßige Abschreibungen** (*impairment losses*) oder **Wertaufholungszuschreibungen** (*reversal*), die in der IFRS-Eröffnungsbilanz (Rz 19) vorgenommen werden, sind nach Maßgabe der Angabepflicht nach IAS 36 (→ § 11 Rz 227 ff.) im Geschäftsjahr, das mit der Eröffnungsbilanz beginnt (im Beispiel unter Rz 18 das Jahr 2004), offenzulegen[57] (IFRS 1.24c).

119 Die Überleitungsrechnung (Rz 114) muss so **erläutert** werden, dass der Abschlussadressat die wesentlichen **Anpassungen** bei der Bilanz und der GuV erkennen und insbesondere zwischen Änderungen bez. der **Rechnungslegungsregeln** und **sonstigen Änderungen** (z. B. Fehlerkorrektur) unterscheiden kann (IFRS 1.25).

120 Zusätzliche Anhangsangaben sind nach IFRS 1.30 dann zu machen, wenn für **sächliches** Anlagevermögen der **Zeitwert** *(fair value)* als neue Kostenbasis gilt (Rz 45), und zwar für jeden ausgewiesenen Posten der Gesamtbetrag des *fair value* und dessen Überleitung auf den bisherigen Buchwert.
Bei Anwendung des Ersatzwertes für **Beteiligungen** im Einzelabschluss (Rz 56) sind folgende Angaben zu machen (IFRS 1.31):
- der Gesamtbetrag des bisherigen Buchwertes (z. B. nach HGB),
- der Gesamtbetrag des Ansatzes mit dem *fair value*,
- der Gesamtbetrag der Anpassungen gegenüber dem bisherigen Buchwert (z. B. nach HGB).

121 Die Übergangsperiode lässt sich in **Geschäftsjahren** (Rz 19) und **Zwischenbericht**sperioden (Rz 20) definieren. Für ein Geschäftsjahr kann es im Übergangsverfahren keine Änderung der Bilanzpolitik oder Wahlrechtsausübung geben, da der erste Bilanzstichtag nach „neuem Recht" am Ende des (erstmaligen) Berichtszeitraums liegt (vgl. die Skizze in Rz 19). Allerdings ist das Unternehmen möglicherweise bei der **Zwischenberichterstattung** bereits auf die IFRS-Rechnungslegung übergegangen, womit insoweit eine Erstanwendung vorliegt. Dann darf für den erstmaligen Jahresbericht (im Beispiel unter Rz 19 der 31.12.02) die Bilanzpolitik bzw. die Wahlrechtsausübung, die für den Zwischenbericht ausgeübt wurde, in einer aktualisierten Überleitungsrechnung (IFRS 1.27A) unter sinngemäßer Anwendung von IFRS 1.23 (Rz 94) geändert werden. Die entsprechenden Pflichten nach IAS 8 (→ § 24 Rz 60 ff.) sind hier nicht zu beachten (IFRS 1.27). Zum Anwendungszeitpunkt vgl. § 6 Rz 123.

> **Beispiel**
> Für den 1. IFRS-Zwischenbericht wurde mangels vorliegenden Datenmaterials als Eröffnungsbilanzwert für die Sachanlagen der retrospektiv nach IAS 16 ermittelte Buchwert angesetzt. Im 1. Jahresbericht erfolgte für den Grund und Boden die Bewertung stattdessen zum *fair value* als *deemed cost* (Rz 45).

Korrekturen von **grundlegenden Fehlern** nach bisheriger HGB-Bilanzierung sind getrennt von den übrigen Umstellungseffekten darzustellen (IFRS 1.26; Rz 76).[58]

---

[57] Zeimes, WPg 2003, S. 990.
[58] Zeimes, WPg 2003, S. 990.

8 Anwendungszeitpunkt, Rechtsentwicklung

Änderungen von IFRS 1 ergeben sich laufend als Folgeänderung aus der Verabschiedung oder Revision sonstiger **Standards**. 122

In dieser Auflage sind etwa u. a. berücksichtigt: IFRS 15 (Rz 102) und IFRS 9 (Rz 37 und Rz 94), daneben z. B. das Amendment zu IAS 27 vom August 2014 zur Wiederzulassung der equity-Methode für den Einzelabschluss (Rz 56). 123

Eine nicht durch andere Standards getriebene, sondern eigenständige Ergänzung der Erstanwendungsregeln ist in 2014 durch IFRS 14 betreffend regulatorische Abgrenzungsposten in preisregulierten Branchen zu Stande gekommen (Rz 107). 124

9 Zusammenfassende Praxishinweise

IFRS 1 regelt den Übergang vom bisherigen Rechnungslegungssystem *(previous GAAP)* auf die (erstmalige) Anwendung der IFRS. Der **Erstanwender** ist dabei derjenige, der sich in seinem Rechnungslegungswerk als solcher bezeichnet (Rz 5 ff.). 125

Im Zeitverlauf beansprucht der **Übergangsprozess** 2 Jahre und damit 3 Bilanzen. Ausgangspunkt ist eine IFRS-**Eröffnungsbilanz**. **Vorjahresvergleichszahlen** auch für die GuV sind zwingend (Rz 17 ff.).

Nach der Regel sind in der IFRS-Eröffnungsbilanz die Vermögenswerte und die Verbindlichkeiten nach den **Vorgaben der IFRS** anzusetzen, auszuweisen und zu bewerten (Rz 22).

Soweit sich dabei ein **unterschiedlicher** Bilanzausweis gegenüber den bisherigen Ansätzen ergibt, ist dieser Unterschiedsbetrag in der IFRS-Eröffnungsbilanz im **Eigenkapital** auszuweisen (Rz 24 ff.).

Für bestimmte Bilanzposten (Finanzinstrumente und Sicherungsbeziehungen) **verbietet** IFRS 1 eine retrospektive Betrachtungsweise *(exceptions)*. Bei der Vornahme von **Schätzungen** ist der Erkenntnisstand der ursprünglichen Bilanzierung nach den früheren Regeln (HGB) zu beachten (Rz 35 ff.).

In wichtigen Bilanzbereichen werden **optionale Erleichterungen** *(exemptions)* von der retrospektiven Bilanzierung in der IFRS-Eröffnungsbilanz gewährt: sächliches und immaterielles Anlagevermögen, Finanzinvestitionen in Grundstücken, Konsolidierungsverfahren bei Unternehmenszusammenschlüssen (Rz 57 ff.).

Die großzügige Übergangsregelung für die **Konsolidierungsvorgänge** bei Unternehmenszusammenschlüssen verhindert nachhaltig die unternehmensübergreifende Vergleichbarkeit von IFRS-Abschlüssen (Rz 107).

Dies ist das Opfer für die **weltweit ausgerichtete Einladung** des Board zum Übergang in die IFRS-Rechnungslegungswelt (Rz 2).

Im **Anhang** des ersten veröffentlichten IFRS-Abschlusses (Rz 19) ist neben den üblichen Angaben eine **Überleitungsrechnung** von der „technischen" HGB-Schlussbilanz auf die IFRS-Eröffnungsbilanz und für den Folgestichtag sowie für die GuVs des letzten HGB-Jahres durchzuführen (Rz 114 ff.).

Eine ganze Anzahl von Bilanzposten erfahren durch IFRS 1 **keine Übergangserleichterung**; sie sind unter Rz 119 aufgeführt.

§ 7 IFRS-RECHNUNGSLEGUNG NACH DEUTSCHEM RECHT

Inhaltsübersicht   Rz
1 Überblick   1–4
2 Befreiender Konzernabschluss eines Drittland-
  unternehmens für die deutsche Zwischenholding.   5–7
  2.1 Konzeptionelle Grundlage   5
  2.2 Inhalt   6–7
3 Die Inkorporierung der IFRS in deutsches Recht.   8–33
  3.1 Überblick über die Rechtsentwicklung   8
  3.2 IFRS-Bilanzierungspflicht kapitalmarktorientierter
      Konzerne   9
  3.3 Freiwilliger IFRS-Konzernabschluss nicht kapitalmarkori-
      entierter Gesellschaften..........................   10
  3.4 Einzelabschluss..   11–12
  3.5 Ergänzende handelsrechtliche Vorgaben   13–33
      3.5.1 Überblick   13
      3.5.2 Anhangsangaben   14
      3.5.3 Lagebericht   15–16
      3.5.4 Organbezüge....................................   17–21
            3.5.4.1 Die Angabepflichten im Überblick......   17
            3.5.4.2 Zusammengefasste Darstellung an einem
                    Ort?   18
            3.5.4.3 Die betroffenen Personen   19
            3.5.4.4 Die Bezüge (Vergütungen)   20
            3.5.4.5 Aufwand und Zufluss   21
      3.5.5 Management commentary   22–29
      3.5.6 Publizität..   30
      3.5.7 Bilanzeid   31–33
            3.5.7.1 Sachlicher Anwendungsbereich   31
            3.5.7.2 Persönlicher Anwendungsbereich......   32
            3.5.7.3 Form und Inhalt der Versicherung   33
4 Prüfung und Bestätigungsvermerk........................   34
5 Übergang vom HGB auf die IFRS-Rechnungslegung   35
6 Rückkehr von den IFRS zum HGB.....................   36–45
  6.1 Gestaltungsüberlegungen   36–37
  6.2 Regeln für den ungeregelten Bereich   38–39
  6.3 Die wichtigsten Problemfelder   40–44
      6.3.1 Retrospektion   40
      6.3.2 Erfolgsneutralität der Anpassung.............   41–42
      6.3.3 Vorjahresvergleichszahlen   43
      6.3.4 Erläuterungen und Überleitungsrechnungen   44
  6.4 Ergebnis   45
7 Anwendungszeitpunkt, Rechtsentwicklung   46
8 Zusammenfassende Praxishinweise   47

Schrifttum: BOECKER/FROSCHHAMMER, IFRS Practice Statement „Management Commentary", IRZ 2013, S. 319; GROTTKE/HÖSCHELE, Anwendungsempfehlungen zum IASB-Management Commentary, PiR 2011, S. 125; HOFFMANN/LÜDENBACH, Der Übergang zu den IFRS mit Rückfahrkarte, BB 2005, S. 96; KÜTING/RANKER, Tendenzen zur Auslegung der endorsed IFRS als sekundäres Gemeinschaftsrecht, BB 2004, S. 2510; LÜDENBACH/FREIBERG, Organvergütung im IFRS-Konzernabschluss im Spannungsfeld zwischen Berichtspflichten nach § 315a HGB und originären IFRS-Angaben, BB 2013, S. 2539; PELLENS/JÖDICKE/RICHARD, Solvenztests als Alternative zur bilanziellen Kapitalerhaltung, DB 2005, S. 1393; UNREIN, Das IASB-Practice-Statement zum Management Commentary, PiR 2011, S. 66.

1 Überblick

Der Inhalt dieses Paragrafen behandelt zwei schwer kompatible Beziehungspunkte kaufmännischer Rechnungslegung aus deutscher Sicht:
- die **Globalisierung** der Kapitalmärkte mit der damit einhergehenden **Internationalisierung** der Rechnungslegung;
- den **Gesetzesvorbehalt**, dem das Rechnungslegungssystem unterworfen ist.

Die gesetzlich geregelte Rechnungslegung für Kapitalgesellschaften in Deutschland auf der Grundlage der 4. und 7. EG-Richtlinie – abgelöst durch die EU-Jahresabschussrichtlinie vom 26.06.2013 – wird im weltweiten Konzert der Bilanzierung vielfach als **minderwertig** angesehen, was auch in der Regierungsbegründung des BilMoG zum Ausdruck kommt. Deshalb wurde durch das Bilanzrechtsreformgesetz (BilReG) dem **international** agierenden Unternehmen bzw. Konzern die Möglichkeit eröffnet, Konzernabschlüsse auf der Grundlage der IFRS vorzulegen, ohne zusätzlich noch die gleiche Pflichtübung nach nationalem Recht (HGB) absolvieren zu müssen. Diese Erlaubnis richtet sich an international tätige Konzerne in **zweierlei** Ausrichtung:
- an die **deutsche Zwischenholding** eines international agierenden Konzerns mit der Konzernspitze außerhalb der EU (insbesondere also Japan, Schweiz, USA);
- an international tätige Konzerne mit **Sitz** der Konzernspitze in **Deutschland**.
- Der erstgenannte Adressatenkreis zur Befreiung von der (Teil-)Konzernrechnungslegung nach deutschem oder EU-Recht wird durch die auf der Basis des § 292 HGB ergangene **Konzernabschlussbefreiungsverordnung** (KonBefrV) vom 15.11.1991 erfasst (Rz 5).
- Konzernmutterunternehmen mit Sitz in Deutschland müssen bei Kapitalmarktorientierung bzw. dürfen in den übrigen Fällen nach Maßgabe des § **315a HGB** ihre Rechnungslegungspflicht auf der Grundlage der IFRS erfüllen (Rz 9).

Aus Sicht der **Abschlussprüfung** ergibt sich die Zusatzproblematik der Beachtung der internationalen Prüfungsstandards (ISA) sowie der passenden Formulierung des Bestätigungsvermerkes (Rz 14 f.).

2 Befreiender Konzernabschluss eines Drittlandunternehmens für die deutsche Zwischenholding

2.1 Konzeptionelle Grundlage

5 Das EU-Konzernrechnungslegungsrecht und diesem folgend das HGB beruhen konzeptionell auf dem Erfordernis der Erstellung eines **Teilkonzernabschlusses** auf jeder Stufe eines tief gegliederten Konzerns (§ 290 Abs. 1 HGB). Zur Vermeidung einer wenig sinnvollen Anwendung dieses sogenannten Tannenbaumprinzips ist generell eine **Befreiung** von dieser Verpflichtung nach § 291 und § 292 HGB möglich, wenn auf einer höheren Konzernstufe ein Konzernabschluss erstellt wird, der die Unternehmen der darunter liegenden Konzernebenen mit einbezieht.

Dieses Befreiungskonzept ist ebenso wie die **größenabhängigen** Befreiungen durch § 315a Abs. 1 HGB in den IFRS-Abschluss übernommen worden. Wegen Einzelheiten wird auf → § 32 Rz 89ff. verwiesen.

2.2 Inhalt

6 Die deutsche **Zwischenholding** eines nicht im EU-Bereich bzw. europäischen Wirtschaftsraum angesiedelten Mutterunternehmens eines international tätigen Konzerns kann von der den deutschen Konzernbereich umfassenden Rechnungslegungsverpflichtung unter folgenden Voraussetzungen **befreit** werden:
- Es muss das Recht eines Mitgliedstaates der EU dem befreienden Konzernabschluss entweder zugrunde gelegt oder zur Herstellung der **Gleichwertigkeit** herangezogen werden.
- Das Recht dieses EU-Mitgliedstaates muss die 7. EG-Richtlinie **richtlinienkonform** in nationales Recht transponiert haben.
- Der befreiende Konzernabschluss muss bestimmte **Anforderungen** bez. des Inhalts, der Prüfung und der Offenlegung erfüllen.[1]
- Im **Anhang** des Jahresabschlusses (nicht des Konzernabschlusses) des zu befreienden Unternehmens (deutsche Landesholding) müssen der Name und Sitz des Drittlandunternehmens, dessen Konzernabschluss die Befreiung hervorrufen soll, angegeben werden.
- Zum Anhang muss eine Darstellung der vom deutschen Recht abweichenden Bilanzierungs-, Bewertungs- und Konsolidierungs**methoden** erfolgen.
- **Minderheitsgesellschafter** der deutschen Zwischenholding dürfen keinen Teilkonzernabschluss verlangen.

7 Entscheidend für die Befreiung ist allerdings die Erfüllung des **Gleichwertigkeitskriteriums**. Dabei ist zunächst in dem umständlichen Aufbau der KonBefrV das dem Vergleich zugrunde liegende Recht eines EU-Mitgliedstaates herauszufiltern. Dieser Schritt kann allerdings in aller Regel entfallen, da das ausländische Mutterunternehmen seinen Konzernabschluss nach **IFRS** erstellt.[2]

---

[1] Vgl. WOLLMERT/OSER, DB 1995, S. 53.
[2] Wegen der kaum praktikablen und auch sicherlich nicht praktizierten „Vergleichsrechnungen" zu einzelnen EU-Mitgliedstaaten siehe WOLLMERT/OSER, in: BAETGE u.a., Rechnungslegung nach IAS, Kap. VI Tz. 12ff.

3 Die Inkorporierung der IFRS in deutsches Recht

3.1 Überblick über die Rechtsentwicklung

Das BilReG, Rz 3, sieht (u.a.) die **pflichtgemäße** oder **optionale** Anwendung der IFRS-Regeln für deutsche Kapitalgesellschaften, Kap-&-Co.-Gesellschaften sowie betreffende Konzerne vor. Mit diesem Gesetz ist die sog. IAS-Verordnung der EU[3] (IAS-VO) in das deutsche Rechnungslegungsrecht überführt worden. Die europäische Kommission entscheidet unter Beteiligung der Mitgliedstaaten in einem besonderen Komitologieverfahren über die Anwendung der IFRS-Regeln. Dieses „*endorsement*" transferiert die betreffenden IFRS-Rechnungslegungsregeln in unmittelbar geltendes Recht für die pflichtmäßigen oder freiwilligen Anwender[4] (Rz 9 ff.). Dadurch unterliegen die („endorsten") IFRS auch der richterlichen Gewalt des EuGH und der nationalen Gerichte.[5]

Über die Übernahme der bis zum 31.12.2009 vom IASB verabschiedeten IFRS-Standards und Interpretationen in das europäische Recht informiert die Rechtsstandübersicht am Anfang dieses Kommentars.

Schwierigkeiten bei diesem **Zusammenspiel** zwischen einem Standardsettingprozess angelsächsischer Provenienz und dem Gesetzesvorbehalt nach Maßgabe der europäischen Rechtskultur können sich dann ergeben, wenn

- ein Standard vom IASB verabschiedet, aber von der EU noch nicht anerkannt, oder
- ein Standard von der EU abgelehnt

worden ist. IAS 1.16 verlangt eine (vollständige) *compliance*-Erklärung, der zufolge **sämtliche** Standards bei der Präsentation des Jahresabschlusses mit zugehörigen Bestandteilen beachtet worden sind (→ § 2 Rz 7). Bei fehlendem *Endorsement* eines bestimmten Standards würde die Anwendung der *compliance*-Regel einen Verstoß gegen europäisches Recht bedeuten. Dessen Befolgung bewirkt umgekehrt keinen „rechtsgültigen" IFRS-Abschluss. Aus diesem Zirkel[6] kann kaum durch eine logisch stringente Strategie ausgebrochen werden; gefragt ist eine **pragmatische** Lösung, welche die jeweilige Sachverhaltskonstellation berücksichtigt. Dabei ist insbesondere die regelmäßig vom IASB erlaubte frühere Anwendung **vor** dem „Pflichttermin" beachtlich.

> **Beispiel**[7]
> **Variante 1**
> Ein in 01 verabschiedeter Standard wird zwischen dem 31.12.01 (Bilanzstichtag) und dem 12.2.02 (Erstellungstag) in das europäische Recht übernommen.
> **Variante 2**
> Wie Variante 1, nur ist die Übernahme am 12.2.02 noch nicht erfolgt.

---

3   Verordnung EG Nr. 1606/2002 vom 19.7.2002, ABlEG L 243 vom 11.9.2002, S. 1.
4   BUCHHEIM/GRÖNER/KÜHNE, BB 2004, S. 1783.
5   Im Einzelnen hierzu SCHÖN, BB 2004, S. 763.
6   Dargestellt im Einzelnen von BUCHHEIM/GRÖNER/KÜHNE, BB 2004, S. 1783.
7   Ähnlich HEUSER/THEILE, IFRS-Handbuch 5. Aufl. 2012, Tz. 63.

> **Variante 3**
> Wie Variante 3, doch bis zum 12.2.02 ist das *endorsement* abgelehnt worden.
> **Lösung Variante 1**
> Die Anwendung auf das Geschäftsjahr 02 ist unproblematisch. Europarechtlich bestehen auch keine Bedenken gegen die Anwendung in 01.[8]
> **Lösung Variante 2**
> Die U-Kommission differenziert:[9]
> - Bei inhaltlicher Kohärenz mit *endorsten* Standards und/oder bei Übereinstimmung mit IAS 8.10 (→ § 1 Rz 78) kann der neue Standard (wenigstens) zur Lückenfüllung übernommen werden.
> - Sofern der neue Standard einem früheren inhaltlich widerspricht, darf der neue nicht angewandt werden, selbst wenn vom Board die übliche Rückwirkung zugestanden worden ist. Allerdings soll mit Überleitungsrechnungen und Erläuterungen ein Widerspruch übersprungen werden können, insbesondere wenn die Auswirkung der unterschiedlichen Standardinhalte unwesentlich ist.[10]
> **Lösung Variante 3**
> Nach Auffassung der EU-Kommission gilt:[11]
> - Bei inhaltlichem Widerspruch des neuen Standards gegenüber dem gültigen (endorsten) darf nur die vorherige Version angewandt werden.
> - Ist der abgelehnte (neue) Standard mit den endorsten kohärent und steht im Einklang mit IAS 8.10 (→ § 1 Rz 78), kann sich das Unternehmen am neuen Standard zur Lösungsfindung orientieren.

Der Lösungsvorschlag (der EU-Kommission) mag widersprüchlich wirken, doch ist dies der erwähnten pragmatischen Vorgehensweise geschuldet und aus Sicht der Rechtsanwender hinnehmbar.

Wegen weiterer Besonderheiten bei der **Zwischenberichterstattung** wird auf → § 37 Rz 3 verwiesen.

3.2 IFRS-Bilanzierungspflicht kapitalmarktorientierter Konzerne

9 Die **pflichtmäßige** Erstellung eines Konzernabschlusses nach Maßgabe der IAS-VO in Form des BilReG (Rz 3) gilt für kapitalmarktorientierte Unternehmen ab dem Geschäftsjahr 2005, genauer ab dem Bilanzstichtag 31.12.2005, bei abweichendem Bilanzstichtag für den nächstfolgenden einschlägigen Termin. Unter kapitalmarktorientierten Unternehmen ist nach § 315a HGB i.V. § 264d HGB ein Mutterunternehmen zu verstehen, das am jeweiligen Bilanzstichtag einen **organisierten Markt** i.S.d. § 2 Abs. 1 Satz 1 WpHG in Anspruch nimmt oder bis zum jeweiligen Bilanzstichtag die Zulassung eines Wertpapiers zum

---

[8] Vgl. hierzu BUCHHEIM/GRÖNER/KÜHNE, BB 2004, S. 1783.
[9] Vgl. → § 32 Rz 90, das dortige Zitat.
[10] BUCHHEIM/KNORR/SCHMIDT, KoR 2008, S. 376.
[11] Vgl. → § 32 Rz 90 das dortige Zitat.

Handel an einem organisierten Markt **beantragt** hat.[12] Zur Entwicklung der Rechtslage wird auf die 10. Auflage verwiesen.
Nicht in die IFRS-Bilanzierungspflicht einbezogen worden sind solche Konzernmuttergesellschaften, deren eine oder mehrere **Tochtergesellschaften** ihrerseits am Kapitalmarkt notiert sind. Folgende Konstellation ist daher denkbar:

> **Beispiel**
> Die Finanzanstalt X (Anstalt des öffentlichen Rechts) hält alle Anteile an den Sparkassen des Landes Y. Einige dieser Sparkassen nehmen den Kapitalmarkt über Anleihen in Anspruch und haben daher nach § 153 Abs. 1 HGB i.V.m. Art. 57 EGHGB ihren (Teil-)Konzernabschluss ab 2007 nach IFRS aufzustellen. Die Finanzanstalt unterliegt nicht dieser Pflicht. Unter dem Einfluss der kleineren „Mitgliedssparkassen" will sie auch freiwillig keinen IFRS-Konzernabschluss aufstellen.
> Der HGB-Konzernabschluss der X hat keine befreiende Wirkung für den IFRS-Teilkonzernabschluss der größeren Sparkassen, die den Kapitalmarkt in Anspruch nehmen. Diese müssen daher ab 2007 einen IFRS-Teilkonzernabschluss erstellen.

Auch eine (mittelständische) **GmbH** ist kapitalmarktorientiert, wenn sie Schuldtitel emittiert hat. Sie kann dann keine Befreiung von der Aufstellungspflicht eines IFRS-Konzernabschlusses in Anspruch nehmen. Das gilt auch, wenn sie als Mutterunternehmen ihrerseits als Tochtergesellschaft in einen Konzernabschluss der Obergesellschaft einbezogen wird.[13]
Wegen der **Arbeitsteilung** zwischen IFRS und HGB im Bereich der Konzernrechnungslegung vgl. → § 32 Rz 5.

3.3 Freiwilliger IFRS-Konzernabschluss nicht kapitalmarkorientierter Gesellschaften

Andere als die unter Rz 9 genannten Muttergesellschaften – sog. nichtkapitalmarktorientierte – **können** (optional) einen befreienden, d.h. an die Stelle des handelsrechtlichen Konzernabschlusses tretenden, IFRS-**Konzern**abschluss erstellen (§ 315a HGB). Dabei sind alle „*endorsten*" Standards (Rz 8) anzuwenden. Damit entspricht der Regelungsgehalt des BilReG dem von der IAS-VO der EU eingeräumten Mitgliedstaatenwahlrecht (Rz 8). 10

3.4 Einzelabschluss

Art. 5 der IAS-VO (Rz 8) ermächtigt die Mitgliedstaaten zu einer Frei- bzw. Vorgabe (Option oder Pflicht) der IFRS für den Einzelabschluss. Das BilReG gibt dieses Mitgliedstaaten**wahlrecht nicht** an deutsche Unternehmen weiter. Diese müssen unverändert einen Jahresabschluss nach HGB erstellen und dem Bundesanzeiger einreichen. Wenn ein auf freiwilliger Basis nach § 325 Abs. 2a 11

---

12 § 293 Abs. 5 HGB stellt nur auf den deutschen organisierten Markt ab. HEUSER/THEILE (GmbHR 2005, S. 1539) sehen darin einen Verstoß gegen Art. 6 Abs. 4 der 7. EG- Richtlinie, der auf einen Markt in einem MITGLIEDSSTAAT abhebt.
13 HEUSER/THEILE, GmbHR 2005, S. 1539.

HGB erstellter IFRS-Einzelabschluss zusätzlich zur Offenlegung eingereicht wird, entfällt die Veröffentlichung des HGB-Abschlusses im Bundesanzeiger.[14] Die Nichtgewährung des Befreiungseffektes eines IFRS-Einzelabschlusses wird von der Gesetzesbegründung in **zwei Argumentationslinien** dargelegt:
- Der HGB-Jahresabschluss diene der Feststellung des **ausschüttungsfähigen Gewinns**; als Ausschüttungsbemessungsgrundlage sei ein IFRS-Abschluss wegen des dort u. U. erfolgten Ausweises nicht realisierter Gewinne nicht geeignet.
- Der **Maßgeblichkeitsgrundsatz** für die steuerliche Gewinnermittlung nach § 5 Abs. 1 S. 1 EStG könne nicht auf der Grundlage eines IFRS-Einzelabschlusses Geltung bekommen, weil
  – die vorverlagerte Erfassung von Gewinnen dem Leistungsfähigkeitsgrundsatz widerspreche,
  – der nationale Steuergesetzgeber sich indirekt seiner Kompetenzen entledige,
  – verstetigte Steuerlasten und -aufkommen zu sichern seien.

Hiergegen lässt sich vortragen:[15]
- Die **Ausschüttungsbemessung** kann durch andere Instrumentarien an den effektiv realisierten Gewinnen ausgerichtet werden. Beispiel: Einrichtung einer **Ausschüttungssperre** durch Zwangsbildung von Rücklagen analog § 268 HGB. Alternativ könnte das maximale Ausschüttungsvolumen nicht mehr durch den buchmäßigen Nettovermögensbestand, sondern vorrangig durch die Nichtgefährdung der **Solvenz** definiert werden. Derartige Regelungen haben sich in anderen Rechtssystemen, etwa in Neuseeland (*Companies Act* 1993 *section* 4), seit Längerem bewährt.[16]
- Das Steuerrecht kennt heute schon in Teilbereichen die Erfassung **vorverlagerter** Gewinne, etwa durch das Ansatzverbot für Drohverlustrückstellungen gem. § 5 Abs. 4a EStG.
- Die Verstetigung des **Steueraufkommens** wird durch die nach IFRS gebotene Teilgewinnrealisierung im Bereich langfristiger Auftragsfertigung eher gewährleistet als die nach HGB/EStG verlangte Vorgehensweise (→ § 18).
- Die **steuerliche Gewinnermittlung** hat sich bereits jetzt schon in weiten Bereichen von den handelsrechtlichen Vorgaben gelöst. Der konsequente Schritt läge in der rechtlichen Verselbstständigung der steuerlichen Gewinnermittlung, z.B. auch durch eine modifizierte Einnahmen-Ausgaben-Rechnung. Allerdings erscheinen die IFRS nicht gänzlich ungeeignet als Ausgangspunkt zur Ableitung einer Steuerbilanz.
- Der letztgenannte Gesichtspunkt hebelt auch das Argument der **fehlenden Gesetzgebungskompetenz** aus.

12 Die Zweigleisigkeit von handelsrechtlichem Einzel- und IFRS-Konzernabschluss kann Irritationen bei den Bilanzadressaten auslösen:

---

[14] HOFFMANN/LÜDENBACH, NWB Kommentar Bilanzierung, 5. Aufl. 2014, § 325, Tz. 27.
[15] HOFFMANN/LÜDENBACH, GmbHR 2004, S. 145, 146.
[16] Einzelheiten hierzu bei PELLENS/JÖDICKE/RICHARD, DB 2005, S. 1393.

> **Beispiel**[17]
> Der XYZ-Konzern besteht aus der großen Muttergesellschaft X und den kleinen Tochtergesellschaften Y und Z. Die Tochtergesellschaften tragen gemeinsam nur zu weniger als 10 % zum Konzernergebnis bei. Der handelsrechtliche Einzelabschluss der X weist dennoch ein gravierend anderes Ergebnis aus als der IFRS-Konzernabschluss. Ursächlich sind u. a. unrealisierte Gewinne aus Wertpapieren, die nur im Konzernabschluss als Erfolg berücksichtigt werden, außerdem geringere, da lineare Abschreibungen im Konzern, schließlich noch Umrechnungsgewinne bei Fremdwährungsforderungen, deren Ausweis das handelsrechtliche Imparitätsprinzip verbietet. Bei den Bilanzadressaten sorgen die großen Abweichungen zwischen Einzel- und Konzernabschluss für Irritation.

Einen Ausweg aus diesem Dilemma bietet der durch Bilanzrechtsreformgesetz eingeführte und durch das Gesetz über elektronische Handelsregister und Genossenschaftsregister sowie das Unternehmensregister (EHUG) geänderte § 325 Abs. 2a HGB. Im Beispiel ist die X zwar weiterhin verpflichtet, einen handelsrechtlichen Einzelabschluss zu erstellen und beim elektronischen Bundesanzeiger einzureichen. Sie kann jedoch von einer Bekanntmachung im elektronischen Bundesanzeiger absehen, wenn sie dort stattdessen den **IFRS-Einzelabschluss bekanntmacht** (§ 325 Abs. 2a HGB).

3.5 Ergänzende handelsrechtliche Vorgaben

3.5.1 Überblick

Sowohl die pflichtgemäße (Rz 9) als auch die befreiende optionale (Rz 10) Erstellung eines Konzernabschlusses nach den Vorschriften der IFRS wird von zusätzlichen rein **handelsrechtlichen** Vorschriften flankiert, die von den betreffenden Mutterunternehmen zu beachten sind. Insbesondere geht es um

- den Anhang,
- den Konzernlagebericht gem. § 315 HGB, der als Pflichtbestandteil im IFRS-Regelwerk nicht vorgesehen ist (Rz 22 und c),
- die Erstellung des Konzernabschlusses in Euro unter Verwendung der deutschen Sprache (§ 244 i. V. m. § 298 Abs. 1 HGB), während das IFRS-Regelwerk „währungsoffen" und „sprachneutral" ist.

Diese (handelsrechtlichen) Vorgaben beruhen auf der

- Bilanz- und Konzernbilanzrichtlinie (Modernisierungsrichtlinie[18]),
- *fair-value*-Richtlinie

der EU.

3.5.2 Anhangsangaben

Anhang (§ 285 HGB) und Konzernanhang (§ 314 HGB) sind bez. Finanzinstrumenten sowie Personalkosten, Arbeitnehmerzahl, Organbezügen (Rz 17) und Abschlussprüferhonorierung um einige zusätzliche Angaben gem. „Bilanz-

---

17 Aus LÜDENBACH, IFRS, 7. Aufl., 2013, S. 26.
18 Richtlinie vom 18.6.2003, 2003/51 EG ABlEG L 178, S. 16, 16. Richtlinie vom 27.9.2001, 2001/65 EG ABlEG L 283, S. 28.

rechtsreformgesetz" „angereichert" worden. Im Einzelnen wird verwiesen auf → § 28 Rz 284 sowie auf → § 5 Rz 75. Auffallend ist die bei den DAX-Konzernen durchweg unterlassene Vorjahresangabe zum Konzernanteilsbesitz.[19]

3.5.3 Lagebericht

15 Nach § 315a Abs. 1 HGB ist der verpflichtende IFRS-Konzernabschluss **kapitalmarktorientierter** Unternehmen um einen Konzernlagebericht nach § 315 HGB zu erweitern. Für **andere** Unternehmen gilt gem. § 315a Abs. 3 Satz 2 HGB: Der freiwillige IFRS Konzernabschluss befreit nur dann von der Aufstellung eines HGB-Konzernabschlusses, wenn auch er um einen Konzernlagebericht nach § 315 HGB erweitert wird.
Wegen inhaltlicher Anforderungen an den Konzernlagebericht wird auf die Kommentierungen des HGB verwiesen.[20]

16 Zwischen dem **IFRS-Anhang** und dem **Konzernlagebericht** können sich insbesondere bei Risiko- und Risikomanagementangaben zu Finanzinstrumenten im Verhältnis von § 315 Abs. 2 Nrn. 2a und 2b HGB zu IFRS 7 **Überlappungen** ergeben (→ § 28 Rz 284 f.). Die drohende Redundanz lässt sich nicht durch einen Verweis des Konzernlageberichts auf den Anhang vermeiden, da nach DRS 20.15 der Konzernlagebericht ohne Rückgriff auf den Konzernabschluss verständlich sein muss. Durch IFRS 7.B6 ist jedoch umgekehrt ein Verweis vom Anhang auf den Lagebericht erlaubt.

3.5.4 Organbezüge

3.5.4.1 Die Angabepflichten im Überblick

17 Die nachstehende Tabelle[21] liefert einen Überblick über die nach HGB einerseits und IFRS andererseits gebotenen Angaben bez. der Organbezüge.

HGB		IFRS-Anhang
§ 314 Abs. 1 Nr. 6a S. 1 bis 4	Gesamtbezüge Vorstand und Aufsichtsrat getrennt	keine Pflicht zur Aufteilung nach Vorstand und Aufsichtsrat
§ 314 Abs. 1 Nr. 6a S. 4	Zahl und Zeitwert aktienbasierter Vergütungen (zusätzlich zur Einbeziehung in Gesamtbezüge)	nur Angabe der Bezüge nach IAS 24.17
§ 314 Abs. 1 Nr. 6b	Bezüge früherer Organe	nicht anzugeben
§ 314 Abs. 1 Nr. 6c	Vorschüsse, Kredite Haftungsverhältnisse	Angabe nach IAS 24.18

---

[19] ZEYER/MAIER, PiR 2010, S. 191.
[20] HOFFMANN/LÜDENBACH, NWB Kommentar Bilanzierung, 4. Aufl. 2013, § 315.
[21] Nach LÜDENBACH/FREIBERG, BB 2013 S. 2539; dort auch die Inhalte der nachfolgenden Darstellung.

HGB		IFRS-Anhang
(§ 314 Abs. 1 Nr. 13)	(Marktunübliche Transaktionen mit Organen)	jeder Art von Transaktion mit Organen nach IAS 24.18 anzugeben
Konzernlagebericht*		
§ 315 Abs. 2 Nr. 4	Grundzüge des Systems der Gesamtbezüge	nicht anzugeben
Wahlweise Konzernanhang oder –lagebericht*		
§ 314 Abs. 1 Nr. 6a S. 5 bis 8	Individualisierte Angaben zu Vorständen mit Unterscheidung nach erfolgsunabhängig, erfolgsabhängig, langfristiger Anreizwirkung	keine Individualisierung. IAS 24.17 verlangt, aber i. S. v. IAS 19 Unterscheidung nach kurzfristigen Leist., Leist. nach Beendigung des Arbeitsverhältnisses, sonstigen langfristigen Leist., Leist. anlässlich Beendigung Arbeitsverhältnis, anteilsbasierten Vergütungen
	a) Zusagen für den Fall vorzeitiger Beendigung der Vorstandstätigkeit	nicht anzugeben
	b) Zusagen für den Fall regulärer Beendigung der Vorstandstätigkeit mit (1) Barwert und (2) Aufwand oder Rückstellungszuführung	Angabe der Rückstellung nach IAS 24.18
	c) Leistungen für im Geschäftsjahr ausgeschiedene Vorstände	nicht gesondert anzugeben

*) nur für börsennotierte Aktiengesellschaften

Auffallend ist nach IFRS die Einbeziehung der Angaben nach IAS 24, da Leitungs- und Aufsichtsorgane eines Unternehmens auch nahestehende Personen in diesem Sinne sind (→ § 30 Rz 10 ff.).

3.5.4.2 Zusammengefasste Darstellung an einem Ort?

Zwischen den wechselseitigen Angabepflichten besteht eine bedeutende Schnittmenge. Das fördert die Tendenz zu einer **einheitlichen**, d. h. zusammengefassten Berichterstattung über Organbezüge an einem einzigen Ort, die alle Angabepflichten im konkreten Fall enthält. Dabei besteht schon „innerhalb" des HGB eine **Vereinheitlichungssperre** bei börsennotierten Aktiengesellschaften trotz der nach § 315 Abs. 2 Nr. 4 HGB zulässigen Zusammenfassung der Lageberichtsangaben mit den Anhangangaben nach § 314 Abs. 1 Nr. 6a Satz 5 bis 8 HGB im Konzernlagebericht. Diese Zusammenfassung wird nämlich nach DRS 17.14 bez. der Angabepflichten der Gesamtbezüge der Organe unterbrochen. Unter Einbeziehung der IFRS-Vorgaben taucht zur Zusammenfassung ein weiteres Problem auf: Der Lagebericht stellt keinen Bestandteil des Jahresabschlusses nach IAS 1.12 dar. Durch ihn können die IFRS-Angabepflichten deshalb nicht erfüllt werden. Hinzu kommen die Berichtspflichten zu nahestehenden Personen nach IAS 24, die ebenfalls im IFRS-Anhang erscheinen müssen. Umgekehrt können die Berichterstattungspflichten für den Lagebericht nicht durch Verweis auf den Anhang erfüllt werden, da der Konzernlagebericht nach DRS 2013 aus sich heraus verständlich sein muss.

3.5.4.3 Die betroffenen Personen

19 Die Berichterstattungssubjekte nach HGB – Vorstand und Aufsichtsrat – sind auch Mitglieder des Managements in Schlüsselpositionen und damit nahestehende Personen nach IAS 24 (→ § 30 Rz 29). Allerdings ist nach IAS 24 der Begriffsinhalt des Managements in Schlüsselpositionen nicht auf Organmitglieder beschränkt; auch andere mit hochgradigen Kompetenzen ausgestattete Spitzenmanager – mit welchem Titel auch immer bezeichnet – können zum *key management* nach IAS 24 gehören.

3.5.4.4 Die Bezüge (Vergütungen)

20 **Aufsichtsrats**bezüge stellen nach § 314 Abs. 1 Nr. 6 HGB Organbezüge mit entsprechender Angabepflicht dar. Nach IAS 24 ist die Lage komplizierter: Aufsichtsratsmitglieder zählen zwar zum *key management* und damit zu den nahestehenden Personen. Mit dieser Feststellung allein kann allerdings die Vergütung an Aufsichtsratsmitglieder nicht unter IAS 24.17 subsumiert werden.[22]
Zu untersuchen ist nämlich, was unter „Vergütung" (*compensation*) zu verstehen ist. Die Definition ist in IAS 24.9 enthalten; danach gehören zur Vergütung sämtliche Leistungen an **Arbeitnehmer**. Die Aufsichtsratstätigkeit begründet allerdings keinen Arbeitnehmerstatus und auch kein Arbeitsverhältnis. Entsprechend wird eine Aufsichtsratsvergütung im Gesamtkostenverfahren auch nicht unter Personalaufwand, sondern unter den sonstigen betrieblichen Aufwendungen ausgewiesen.[23] Deshalb gilt abgesehen von unbedeutenden Ausnahmen[24] die Angabepflicht nach IAS 24.9 lediglich für Vorstände und Geschäftsführer. Für Aufsichtsräte reduziert sich die Angabepflicht auf die in IAS 24.18 aufgezählten Vorgänge (→ § 30 Rz 24).
Nach § 314 Abs. 1 Nr. 6a HGB sind für die Organmitglieder diejenigen Bezüge anzugeben, die „für die Wahrnehmung ihrer Aufgaben" gewährt werden. DRS 17.17 folgert hieraus: „Nur diejenigen Bezüge sind anzugeben, die als **Gegenleistung** für die Tätigkeit in einem **Gremium** (Vorstand, Aufsichtsrat) gewährt wurden. Erhält z.B. ein Mitglied des Aufsichtsrats zusätzliche Bezüge als Arbeitnehmer, sind diese Arbeitnehmerbezüge nicht anzugeben. Gleiches gilt

---

[22] So allerdings BÖMELBURG/LUCE, IN THIELE/V. KEITZ/BRÜCKS (Hrsg.) Internationales Bilanzrecht IAS 24 Tz 166; ADS International Abschn. 27 Tz 112.
[23] Vgl. HOFFMANN/LÜDENBACH, NWB Kommentar Bilanzierung 4. Aufl. 2014 § 275 Tz 61.
[24] Dazu LÜDENBACH/FREIBERG, BB 2013, S. 2541.

für die Vergütung von Aufsichtsratsmitgliedern, die für die Erbringung von Beratertätigkeiten außerhalb der Aufsichtsratstätigkeit gewährt wurden."
Nach IFRS soll nach wohl herrschender Auffassung die „*key management personell compensation*" nach IAS 24.17 auf die Organtätigkeit beschränkt sein (→ § 30 Rz 29). Allerdings fordert IAS 24.18 eine weitergehende Angabe generell über **Geschäftsvorfälle** mit nahestehenden Personen. Ergänzend fordert IAS 24.19 eine Aufgliederung, also eine gesonderte Angabe für die Mitglieder des Managements in Schlüsselpositionen. Diese Vorgabe trifft die Angabepflicht bei Arbeitnehmervertretern im Aufsichtsrat. Die außerhalb der Aufsichtsratstätigkeit gewährten Bezüge für solche Arbeitnehmervertreter (Gehälter, Löhne, Honorare) sind demnach nicht nach § 314 Abs. 1 Nr. 6a HGB, wohl aber nach IAS 24 angabepflichtig. Die Angabepflicht ist allerdings politisch hoch umstritten. Die Arbeitnehmerseite sieht das Recht auf Privatsphäre tangiert, wenn die Höhe der Gehälter und Zulagen usw. der Arbeitnehmervertreter im Aufsichtsrat offengelegt werden müssen.[25] Allerdings verlangt IAS 24 keine Individualisierung der Bezüge, auch keine Unterscheidung zwischen den Organen oder Gruppen innerhalb des Organs. Wer gleichwohl hier das Erfordernis einer Transparenz sieht, kann freiwillig zusätzliche Angaben leisten.

3.5.4.5 Aufwand und Zufluss

Auf der **Zeitschiene** verlangt DRS 17.A18 eine Berichterstattung nach Maßgabe der definitiven Vermögensmehrung; eine Vergütung gilt dann als bezogen, „wenn die der Zusage zugrunde liegende Tätigkeit erbracht wurde. Etwaige aufschiebende Bedingungen müssen erfüllt bzw. auflösende Bedingungen weggefallen sein (DRS 17.29)". Bei längerfristigen, periodenübergreifenden Tätigkeiten wird damit eine zeitanteilige Verteilung der Bezüge ausgeschlossen. Die Angabe im Lagebericht korrespondiert dann (anders als die Angabe nach IAS 24) nicht mit der Erfassung der Vergütung in der GuV-Rechnung. Daraus könnte man auch folgern: Die nicht gegebene Konsistenz widerspricht dem Einklangsgebot zwischen Jahresabschluss und Lagebericht nach DRS 20.5. Der DRS ist sich mit diesem Konzept selbst nicht ganz im Reinen (DRS 17.A34) und verlangt deshalb als Reaktion darauf zusätzliche Angaben (zu den Angaben!) nach DRS 17.A35.

21

3.5.5 Management commentary

Der IASB hat im Dezember 2010 ein *Practice Statement „Management Commentary, A Framework for Presentation"* (PS) herausgegeben, das Leitlinien für einen IFRS-kompatiblen Lagebericht enthält. Das Statement ist kein IFRS, seine Anwendung somit **freiwillig** (PS.IN2 und PS. 4). Die Nichtanwendung hat demzufolge keine Auswirkungen auf die Übereinstimmung *(compliance)* des Abschlusses mit den IFRS (→ § 2 Rz 7). Der *management commentary* **ergänzt** den Abschluss *(Financial Statements)*, ist aber nicht dessen Bestandteil (PS. 10). Der *management commentary* soll den zugehörigen IFRS-Abschluss mindestens bezeichnen, besser aber mit ihm **zusammen** offengelegt werden. Dabei ist eine deutliche **Abgrenzung** beider Berichtselemente zu beachten. Anderseits muss

22

---

[25] SZ vom 21.09.2013 S. 25.

die Berichterstattung im *management commentary* **konsistent** mit dem Inhalt des IFRS-Abschlusses sein. Eine **Doppelinformation** über bestimmte Sachverhalte ist zu vermeiden, ebenso die Ausbreitung von **nichtssagenden** Floskeln (*generic disclosures*; Rz 29).

Wenn ein *management commentary* aufgestellt wird, soll das Unternehmen allerdings erklären, in welchem Umfang dieser dem *Practice Statement* entspricht (PS. 10). U. E. gilt dies zumindest auch dann, wenn in englischer Sprache mit dem Jahresabschluss ein Konzernlagebericht nach § 315a i.V.m. § 315 HGB präsentiert und dieser als „*management commentary*" bezeichnet wird.

23 In PS. 12 werden die **Grundregeln** des *management commentary* formuliert.[26]
- Analyse des Geschäftsergebnisses, der Unternehmenslage und -entwicklung aus Sicht des Managements („*through management's eyes*").
- Ergänzung und Erweiterung der im IFRS-Abschluss präsentierten Informationen (PS. 1).

Die **Ergänzungs**funktion verlangt eine Darstellung von finanziellen und nichtfinanziellen Einflussfaktoren auf das Unternehmensgeschehen, die sich nicht im IFRS-Abschluss niedergeschlagen haben. Dazu sollen die entsprechenden Inhalte am IFRS-**Rahmenkonzept** (→ § 1 Rz 53 ff.) ausgerichtet sein (PS. 13) und speziell eine **Zukunfts**orientierung aufweisen. Dazu hat das Management seine Sicht zur Unternehmens**entwicklung** darzulegen und die gesetzten **Ziele** und die **Strategien** zu deren Erreichung kundzutun. Bezüglich des Inhalts dieser Angaben legt sich das *Practice Statement* nicht fest; erlaubt sind sowohl verbale (qualitative) Erläuterungen als auch die Wiedergabe von Planzahlen sowie die diesen zugrunde liegenden Annahmen (PS. 18) ohne bestimmten **Zeithorizont**. Im *management commentary* des Folgejahres soll eine **Abweichungsanalyse** bez. des Nichteintretens der prognostizierten Entwicklung wiedergegeben werden.

24 Das *Practice Statement* (PS) gibt dem Anwender weiterführende Hinweise zur inhaltlichen Gestaltung des *management commentary*, zunächst zum wirtschaftlichen **Umfeld** des Unternehmens/Konzerns (PS. 26). Als Beispiele – d.h. nicht zwingend abzuarbeiten – werden angeführt:
- Branchen, Segmente, wichtigste Märkte,
- Wettbewerbsposition in diesen Märkten,
- rechtliches, gesamtwirtschaftliches und regulatorisches Umfeld,
- Produkte, Dienstleistungen, Vertriebsweg,
- interne Organisation.

25 In PS. 27 werden beispielhaft Kennzahlen zur quantitativen Bestimmung der Unternehmensziele und deren Erreichung vorgestellt, u. a.
- Verschuldungsgrad/Eigenkapitalquote,
- Mindestliquidität,
- Profitabilität durch Erreichen eines EBIT/ROCE/EVA/CBA-Zieles,
- Kundenorientierung durch „Zufriedenheitsrate" u. Ä.,
- Mitarbeiterbindung durch Fluktuationsrate,
- Forschung und Entwicklung durch neue Produkte, Patentanmeldungen, Forschungsquote, bezogen auf den Umsatz.

---

[26] Vgl. hierzu UNREIN, PiR 2011, S. 66; GROTTKE/HÖSCHERLE, PiR 2011, S. 129; JETZEL/KIRSCH, IRZ 2011, S. 289; KAJÜTER, IRZ 2011, S. 221.

Als weiterer Berichtsinhalt erscheinen in PS. 29 die wichtigsten Ressourcen und Risiken, die für die langfristige Wertentwicklung wichtig sind, z. B. 26
- Kapitalstruktur
- *cash flow*
- Humankapital
- andere immaterielle Ressourcen
- Risikomanagementsystem
- mögliche Chancen (PS. 30, 31).

Weiterhin soll die **Geschäftsentwicklung** (PS. 34) im Vergleich zum Vorjahr unter Analyse der wichtigsten Einflussfaktoren auf die Vermögens-, Finanz- und Ertragslage dargestellt werden. PS. 35 verspricht sich dadurch Anhaltspunkte des Abschlussadressaten zu **künftigen** Geschäftsaussichten. Dabei sind auch die Unsicherheiten über die vom Management getroffenen Annahmen offenzulegen (PS. 36). 27

Leistungsmaßstäbe als quantitative Größen zur Darstellung von Erfolgsfaktoren und **Indikatoren** zur verbalen Erläuterung sollen Anhaltspunkte zur Beurteilung der Unternehmensleistung liefern. Das Ziel liegt in der Befähigung des Abschlussadressaten, die Erreichung der unternehmerischen Zielsetzungen beurteilen zu können (PS. 37). Dabei soll das Management auch die **Eignung** der verwendeten Leistungsmaßstäbe und Indikatoren im Unternehmensumfeld darlegen (PS. 38). Einschlägige Änderungen im Zeitverlauf sind offenzulegen (PS. 39). 28

Von allgemeinem Interesse ist dann, ob ein § 315 HGB und DRS 20 entsprechender Konzernlagebericht den Anforderungen des *Practice Statement* genügt.[27] Eine Lageberichterstattung, die sowohl die Anforderungen des § 315 HGB als auch des *Practice Statement* erfüllt, hielt der DRSC früher für möglich. In der Endfassung des DRS 20 zur Konzernlageberichterstattung ist diese Annahme nicht mehr enthalten. 29

Mit dem **speziellen** Verweis auf **Managementziele und Strategien** sind PS. 27 und 28 angesprochen. Hiernach soll das Management seine Ziele und Strategien so darstellen, dass Prioritätensetzungen, und zu deren Umsetzung erforderliche Ressourcen sowie der sachliche und zeitliche Inhalt von Erfolgsmaßstäben erkennbar werden. Eine Ergänzung der handelsrechtlich geforderten Lageberichtsinhalte um solche Elemente ist regelmäßig nicht schwer zu bewerkstelligen Als Begründung für die ursprünglich vom DRSC angenommene **allgemeine Übereinstimmung** könnte dienen: Wer die detail- und umfangreicheren und deshalb scheinbar schärferen bzw. fortgeschritteneren Vorgaben von DRS 20 beachtet, wahrt zugleich die abstrakteren und deshalb offenbar lascheren bzw. rückständigeren Vorgaben des *Practice Statement*. Oder einfacher: Wer das Große, nämlich die DRS, beachtet, tut sogar noch mehr als vom Kleinen, nämlich dem *Practice Statement,* gefordert.

Bei zweiter Betrachtung liegt aber gerade in dem „Mehr" das Problem. Das *Practice Statement* ist **prinzipienorientiert**, beschränkt sich auf Leitlinien der Berichterstattung, die DRS sind eher **regelbasiert**, enthalten eine Fülle von Einzelangaben. Bisher wurden die Vorgaben in den Vorgängerversionen DRS 5 und DRS 15 i. S. e. Checkliste verstanden, nach der etwa auch noch ein mit gesetzlich feststehenden Abnahmepreisen tätiger Windkraftanlagenbetreiber,

---

[27] DRSC, Newsletter v. 8. 12. 2010.

dessen einzige relevanten und damit berichtswürdigen Risiken das Wetter („Windhöffigkeit") und die technischen Störungen sind, über Konjunkturentwicklung, Weltwirtschaft, Eurokrise usw. schwadroniert. Der prinzipienorientierte Ansatz des *Practice Statement* verbietet aber gerade ein solches Vorgehen, damit im Wust des Irrelevanten nicht das eigentlich Wichtige verloren geht (oder versteckt wird), „*Management should also avoid generic disclosures that do not relate to the practices and circumstances of the entity and immaterial disclosures that make the more important information difficult to find*" (PS. 23(c)).
An einem anderen Beispiel folgt hieraus: Wer als Bank in der Hypothekenkrise seinen Lagebericht mit Inhalten der folgenden Art füllt – „Personalrisiko: Zum Management der Personalrisiken gehört nicht nur die Notwendigkeit einer angemessenen Personalausstattung zur Umsetzung der betrieblichen und strategischen Erfordernisse, sondern auch die Aufrechterhaltung der erforderlichen Kenntnisse und Erfahrungen der Mitarbeiter, die sie zur Erfüllung ihrer Aufgaben und Verantwortlichkeiten benötigen" – um zwischen Nichtssagendem dieser Art ein paar wenige Worte über die Liquiditätszusagen für irische Zweckgesellschaften unterzubringen,[28] die das Unternehmen wenige Wochen später an den Rand des Ruins treiben, mag die Anforderungen an den handelsrechtlichen Lagebericht – jedenfalls nach bisherigem Verständnis – erfüllen, würde aber jedenfalls die Vorgaben des *Practice Statement* verletzen.
Durch den ab Geschäftsjahr 2013 anzuwendenden DRS 20 könnte sich vielleicht ein Umdenken ergeben. Nach DRS 20.32 muss sich die Berichterstattung auf das Wesentliche konzentrieren. In IAS 20.34 wird eine Informationsabstufung verlangt, aber gleich wieder in IAS 20.35 relativiert, wenn ein gänzlicher Verzicht auf einzelne Berichtspunkte des Standards als unzulässig erklärt wird. Letztlich wirkt der DRS 20 mit seiner Detailverliebtheit unverändert *rule based* und wird vermutlich in der praktischen Anwendung keine Annäherung an das Konzept des *Practice Statement* bewirken.[29]
Trotzdem: **Zukunftsgerichtet** kann sich hieran eine zarte Hoffnung knüpfen: Wenn zunächst die Global Player und später andere Unternehmen auf Übereinstimmung mit dem *Practice Statement* zielen, mag dies zu einer anderen, viel stärker als bisher durch Wesentlichkeitsüberlegungen geprägten Auslegung und Anwendung von DRS 20 führen.[30]

3.5.6 Publizität

30 Bei Einbeziehung des **Einzel**abschlusses einer nach HGB zur Rechnungslegungspublizität verpflichteten Gesellschaft in den IFRS-Konzernabschluss nach deutschem Recht entfällt nach § 264 Abs. 3 HGB die **Veröffentlichungspflicht**.[31] Diese Befreiung gilt nicht bei Einbeziehung in den IFRS-Abschluss eines ausländischen Mutterunternehmens.

---

[28] Im Detail HOFFMANN/LÜDENBACH, DB 2007, S. 2213 ff.
[29] Eher etwas positiver in der Tendenz BOECKER/FROSCHHAMMER, IRZ 2013, S. 322.
[30] In der Tendenz ähnlich: GROTTKE/HÖSCHELE, PiR 2010, S. 149 ff.; HOFFMANN/LÜDENBACH, NWB Kommentar Bilanzierung, 5. Aufl. 2014, § 315a, Tz. 14.
[31] DEILMANN, BB 2006, S. 2349; HOFFMANN/LÜDENBACH, NWB Kommentar Bilanzierung, 5. Aufl. 2014, § 264, Tz. 52 ff.

3.5.7 Bilanzeid

3.5.7.1 Sachlicher Anwendungsbereich

Die gesetzlichen Vertreter einer Kapitalgesellschaft, haben gem. Abs. 2 Satz 3 schriftlich zu versichern (sog. Bilanzeid), dass
- der **Jahresabschluss** nach bestem Wissen ein den tatsächlichen Verhältnissen entsprechendes Bild vermittelt (Abs. 2 Satz 1) oder der Anhang die Angaben nach Abs. 2 Satz 2 enthält und
- im **Lagebericht** nach bestem Wissen der Geschäftsverlauf einschließlich des Geschäftsergebnisses und die Lage der Kapitalgesellschaft so dargestellt ist, dass ein den tatsächlichen Verhältnissen entsprechendes Bild vermittelt wird, und dass die wesentlichen Chancen und Risiken beschrieben sind.

Für den **Konzernabschluss und -lagebericht** gilt Entsprechendes (§ 297 Abs. 2 Satz 4 und § 315 Abs. 1 Satz 6 HGB).

3.5.7.2 Persönlicher Anwendungsbereich

Ein Bilanzeid ist zu leisten, von
- Kapital- oder KapCo-Gesellschaften,
- die einen organisierten Markt
- als Inlandsemittent i.S.d. § 2 Abs. 7 WpHG (Deutschland als Herkunftsstaat oder europäischer Herkunftsstaat, aber Zulassung zum organisierten Markt nur im Inland)

in Anspruch nehmen.

3.5.7.3 Form und Inhalt der Versicherung

Die als „Versicherung der gesetzlichen Vertreter" zu kennzeichnende Erklärung kann in Anlehnung an DRS 20.K235 wie folgt lauten:

> **Beispiel**
> „Wir versichern nach bestem Gewissen [STATT BISHER: Nach bestem Wissen versichern wir], dass gem. den anzuwendenden Rechnungslegungsgrundsätzen der Konzern-/Jahresabschluss ein den tatsächlichen Verhältnissen entsprechendes Bild der Vermögens-, Finanz- und Ertragslage des Konzerns vermittelt und im (Konzern-)Lagebericht der Geschäftsverlauf einschließlich des Geschäftsergebnisses und die Lage der Gesellschaft (des Konzerns) so dargestellt sind, dass ein den tatsächlichen Verhältnissen entsprechendes Bild vermittelt wird, sowie die wesentlichen Chancen und Risiken der voraussichtlichen Entwicklung des Konzerns im verbleibenden Geschäftsjahr beschrieben sind."

Die Versicherung bezieht sich auf die **Einheit** von **(Konzern-)Jahresabschluss** und **Lagebericht** und ist daher nur einmal, nicht separat in zwei Teilen abzugeben. Sie muss in schriftlicher Form, daher nach § 126 Abs. 1 BGB mit eigenhändiger Unterschrift versehen, erbracht werden. Bei Platzierung im Jahresabschluss ist die Unterschrift unter den Jahresabschluss zugleich als Unterschrift unter den Bilanzeid anzusehen.

Der Bilanzeid ist von **allen Mitgliedern** des Vorstands oder sonstigen Geschäftsführungsorgans zu leisten, unabhängig von der internen Geschäftsverteilung.

4 Prüfung und Bestätigungsvermerk

34 Die erforderliche Abschlussprüfung ist nach den **deutschen Prüfungsgrundsätzen** (§§ 316 bis 324 HGB) durchzuführen.[32] Es handelt sich um eine **Pflichtprüfung** nach den §§ 316 ff. HGB. Im Prüfungsbericht kann auf die Beachtung der International Standards on Auditing (ISA) hingewiesen werden.[33]

5 Übergang vom HGB auf die IFRS-Rechnungslegung

35 Hierzu wird verwiesen auf → § 6.

6 Rückkehr von den IFRS zum HGB

6.1 Gestaltungsüberlegungen

36 Die **Option** zur Anwendung der IFRS-Rechnungslegungsregeln insbesondere für nicht kapitalmarktorientierte Konzerne (Rz 10) beflügelt wie jedes andere gesetzliche Wahlrecht das Denkvermögen von Rechtsgestaltern, hier im Bereich der **Bilanzpolitik** (→ § 51). Vergleichbar den Gestaltungsstrategien im Rahmen der Unternehmensbesteuerung muss immer auch das Thema der „*option-out*" mit in die Planungsüberlegungen einbezogen werden. Ob nun der Wechsel zur IFRS-Rechnungslegung (insbesondere im Konzern) sinnvoll ist oder nicht, mag sich erst im Laufe von einigen Jahren herausstellen. Auch für den Einzelabschluss (Rz 11) kann sich im Hinblick auf Publizitätswirkungen ein Übergang auf die IFRS-Rechnungslegung als sinnvolle bilanzpolitische Gestaltung präsentieren. Ob aber das Glück von Dauer ist, weiß man vielleicht erst in drei Jahren.

37 **Beispiele**[34]
- Ein **nicht kapitalmarktorientierter Konzern** verspricht sich derzeit Vorteile beim Rating, bei der besseren Vermarktung seiner Rechnungslegung etc. Ob sich diese Erwartungen erfüllen, wird von der Konzernleitung mit einer gewissen Skepsis beurteilt.
- Ein **kapitalmarktorientierter Konzern** tendiert zu einem Delisting seiner Aktien von der Börse oder plant den Rückkauf bzw. eine Tilgung seiner börsennotierten Anleihe. Die als unerwünscht angesehene pflichtmäßige (Rz 9) Rechnungslegung nach IFRS kann dann eingestellt werden.
- Ein **nicht kapitalmarktorientiertes** Unternehmen bzw. ein solcher Konzern ist notorisch bei seinen Bankgesprächen von der niedrigen **Eigenkapitalquote** geplagt. Ein wertvolles Grundstück mit einem älteren Lagergebäude in bester Lage am Elbufer von Hamburg bietet sich als Gestaltungsvehikel zur Hebung von stillen Reserven an. Nach erfolgter *fair-value*-Bewertung (→ § 6 Rz 54) will sich das Unternehmen/der Konzern dann wieder aus der IFRS-Welt verabschieden.
- Ein Unternehmen leidet nachhaltig unter der nicht ausreichenden Dotierung des Rückstellungsausweises für **Altersversorgungsverpflichtungen**.

---

[32] IDW, PS 201, Tz. 20.
[33] IDW, PS 400, Tz. 30.
[34] In Anlehnung an HOFFMANN/LÜDENBACH, BB 2005, S. 96.

IFRS-Rechnungslegung nach deutschem Recht § 7

> Eine angemessene Zuführung würde das laufende Ergebnis unerwünscht belasten. Deshalb soll im Zuge eines Übergangs auf die IFRS-Rechnungslegung die erforderliche Erhöhung der Pensionsrückstellung erfolgsneutral gestaltet werden (→ § 6 Rz 83).

6.2 Regeln für den ungeregelten Bereich

Die IFRS können (und wollen natürlich auch) nicht diese Rückkehr aus ihrem eigenen Rechnungslegungsbereich regeln. „Zuständig" ist hierfür das HGB, das indes förmlich diesen Sachverhalt nicht behandelt. Andererseits ist eine Rückkehr in die HGB-Welt nach früherer IFRS-Anwendung nicht verboten. Die also erlaubte, aber ungeregelte Rückkehr muss deshalb in ihrer Rechtsstruktur auf Analogieschlüsse und allgemeine Aspekte der Rechnungslegungsgrundlage gestützt werden. Der Rückgriff auf die Übergangsvorschriften in IFRS 1 für den umgekehrten Weg (→ § 6) liegt sachlich nahe, allerdings scheidet u.E. eine unmittelbare Analogwertung im Hinblick auf die speziellen Zielsetzungen des Übergangsverfahrens (→ § 6 Rz 2ff.) aus. Aber immerhin können einige Grundgedanken des IFRS 1 zur „Rückkehrmechanik" durchaus herangezogen werden: 38

- **Retrospektion** (→ § 6 Rz 29): Der Erstanwender muss so bilanzieren und bewerten, als ob er schon immer die IFRS-Standards und sonstigen Regelungen in der (aktuellen) gültigen Fassung (anders als nach SIC 8 mit der Vorgabe der Anwendung des bei Verwirklichung des Sachverhalts gültigen Standards) angewendet hätte (IFRS 1.10).
- **Erfolgsneutralität** (→ § 6 Rz 24ff.): Die entstehenden Unterschiede in den Wertansätzen zur bisherigen Bilanzierung sind nicht erfolgswirksam im ersten Berichtsjahr zu behandeln, sondern gegen die Gewinnrücklagen zu buchen (IFRS 1.11).
- **Vorjahresvergleich** (→ § 6 Rz 14): Dem ersten IFRS-Berichtszeitraum sind auch die Vorjahresvergleichszahlen in der GuV nach Maßgabe einer IFRS-Bilanzierung beizufügen (IFRS 1.36).
- **Überleitungsrechnung** (→ § 6 Rz 114f.): Im Anhang ist das Übergangsverfahren durch eine entsprechende Überleitungsrechnung hinsichtlich ihrer Auswirkung auf das Eigenkapital und die Vorjahres-GuV darzustellen (IFRS 1.38).

Danach ergeben sich folgende **Fragestellungen** für den Wechsel zurück von den IFRS nach den HGB: 39

- Soll eine retrospektive Anwendung des HGB erfolgen, also nach Rückkehr so bilanziert werden, als ob nie die HGB-Welt verlassen worden wäre?
- Sollen die dann (erneut) entstehenden Ansatz- und Bewertungsunterschiede erfolgswirksam oder -neutral behandelt werden (im letzteren Fall unter Gegenbuchung in den Gewinnrücklagen)?
- Muss im ersten HGB-Abschluss auch ein Vorjahresvergleich bei der GuV in vollem Umfang möglich sein?
- Ist das Übergangsverfahren hinsichtlich der Auswirkungen auf das Eigenkapital und die GuV-Rechnung zu erläutern?

Zu diesen Fragen ist nach Grundlagen für Analogieschlüsse zu forschen.

6.3 Die wichtigsten Problemfelder

6.3.1 Retrospektion

40 Hierzu liefern einschlägige Vorschriften in den Artikeln 24 Abs. 1–4 EGHGB Anhaltspunkte zu Analogieschlüssen. Die dortigen Regelungen für den **damaligen** Übergang vom früheren Aktiengesetz auf das HGB in der Form des Bilanzrichtliniengesetzes (BiRiLiG) zum 31.12.1986/1.1.1987 besagen zusammengefasst etwa Folgendes:
- Ein von dem bisherigen Recht abweichender Wertansatz auf der **Aktivseite** kann beibehalten werden, wenn er niedriger ist als der jetzt (nach BiRiLiG) vorgeschriebene.
- Der **umgekehrte** Fall – bislang gegenüber den BiRiLiG-Werten zu hoher Bilanzansatz – ist förmlich nicht geregelt; gültig sind deshalb die nach dem BiRiLiG vorgeschriebenen Wertansätze.
- Für die **Schulden** gilt: Wenn bislang höhere Werte (als nach BiRiLiG zulässig) bilanziert waren, können diese beibehalten werden.
- Im **umgekehrten** Fall – bislang gegenüber den BiRiLiG-Werten zu niedriger Bilanzansatz – ist der jetzt (nach dem BiRiLiG) zutreffende höhere Wert anzusetzen.

Hinter den vorstehenden Regeln verbirgt sich insbesondere das **Niederstwertprinzip**. Dieses kann und muss auch u. E. beim Übergang von IFRS auf HGB als **Leitmotiv** beachtet werden. Darauf folgt zunächst:
- Überhöhte Aktivwerte sind abzuwerten.
- Zu niedrige Aktivwerte können beibehalten werden.
- Zu niedrig bewertete Schulden sind zu erhöhen.
- Zu hoch angesetzte Schulden können beibehalten werden.

6.3.2 Erfolgsneutralität der Anpassung

41 U. E. sollte der Rückkehrprozess zum HGB die Spuren der zwischendurch durchgeführten IFRS-Rechnungslegung möglichst vollständig beseitigen. Deshalb dürfen auch die erforderlichen Anpassungen nicht das Ergebnis des Übergangsjahres belasten. Die danach gebotene **erfolgsneutrale** Verbuchung der Anpassungserfordernisse im Eigenkapital stellt sich systematisch als punktuelle Durchbrechung der **Bilanzidentität** i.S.d. § 252 Abs. 1 Nr. 1 HGB dar, die wiederum auf die Ausnahmevorschrift in § 252 Abs. 2 HGB gestützt werden kann. Auch für diesen Lösungsvorschlag gibt es Analogvorgaben in Art. 24 Abs. 3 u. 4 EGHGB, wonach zwingende oder mögliche Wertanpassungen ebenfalls gegen die Gewinnrücklagen zu buchen waren. Entsprechendes sehen die Art. 66 und 67 EGHGB für den Übergang auf einzelne BilMoG-Vorschriften vor.

42 Zum Ganzen folgende Beispiele:[35]

---

[35] Hoffmann/Lüdenbach, BB 2005, S. 96.

Beispiel
Sachverhalt
U hat im bisherigen IFRS-Abschluss selbst geschaffene immaterielle Anlagegüter aktiviert und nach dem *percentage-of-completion*-Verfahren unfertige Bauleistungen teilgewinnrealisiert. Außerdem hat er punktuell eine stille Reserve im Grundbesitz „gehoben".
Lösung
Diese Aktivierungen sind im ersten HGB-Abschluss zu Lasten der Gewinnrücklagen bzw. des Gewinnvortrages rückgängig zu machen.
Sachverhalt
Einer angedrohten Inanspruchnahme aufgrund von Produkthaftpflicht hat das Unternehmen bislang unter den IFRS-Regeln keine überwiegend wahrscheinliche Erfolgsaussicht zugemessen. Die andere Partei hat den Fall gerichtshängig gemacht.
Lösung
Nach HGB wird der anhängige Passivprozess als ansatzbegründend angesehen. Die bislang nicht gebuchte Rückstellung ist im HGB-Übergangsjahr zu Lasten der Gewinnrücklagen einzubuchen.
Sachverhalt
Die Altersversorgungsverpflichtungen des Unternehmens aufgrund einer Direktzusage sind auf der Grundlage von IAS 19 mit 100 bewertet. Die Anwendung des Teilwertverfahrens nach § 6a EStG führt zu einer Bewertung von 70.
Lösung
Eine Pauschalbetrachtung – Beibehaltung mit 100 oder Neubewertung mit 70 – ist u.E. nicht sachgerecht. Vielmehr ist zu differenzieren: Das HGB sieht in § 253 Abs. 1 Satz 2 nur eine bestimmte Bewertungsmethode für laufende Renten, nicht dagegen für Anwartschaften vor; für Letztere gilt nur die Berücksichtigung vernünftiger kaufmännischer Beurteilung. Deshalb ist auch nach HGB für Anwartschaften das dem IAS 19 zugrunde liegende Anwartschafts-Barwertverfahren zulässig. Der Abzinsungsfaktor ist dabei nach den augenblicklichen Kapitalmarktverhältnissen zu bestimmen, also keineswegs nach der starren Regel des § 6a EStG. Umgekehrt können aufgrund des Stichtagsprinzips in § 252 Abs. 1 Nr. 3 HGB die nach IAS 19 zu berücksichtigenden Anwartschaftszuwächse bis zum Beginn der Rente nicht in die Berechnung einfließen.[36] Deshalb muss der Unterschiedsbetrag von 30 „zerlegt" werden. Die auf den Rentenzuwachs entfallende Rückstellung von (angenommen) 10 ist erfolgswirksam zugunsten der Gewinnrücklagen aufzulösen. Die übrigen nach IFRS der Pensionsrückstellung zugrunde gelegten Bewertungsparameter können dagegen weitergeführt werden (im Beispiel also mit 90).
Sachverhalt
Ein Leasingvertrag ist bislang nach IAS 17 als *finance lease* behandelt worden. Nach den steuerlichen Regeln, die von der Finanzverwaltung aufgestellt worden sind, ist dagegen ein *operate lease* mit Zurechnung beim Leasinggeber

---

[36] Sofern man auch nach HGB eine Berücksichtigung von künftigen Wertänderungen der Pensionsanwartschaften für zulässig erachtet, kann der Wert im Beispiel von 100 auch nach HGB weitergeführt werden (diese Berechnungsmethode der Pensionsrückstellungen befürwortet z.B. SCHULZE-OSTERLOH, BB 2004, S. 2567).

> anzunehmen. Wegen des degressiven Verlaufs der Leasingraten ist der Passivposten in der IFRS-Bilanz niedriger als der Aktivposten.
> **Lösung**
> Das HGB enthält sich – auf der Grundlage der 4. EG-Richtlinie – jeglicher Regelung bez. der Leasingbilanzierung. Die Bilanzierungspraxis in Deutschland geht für Zwecke der Handelsbilanz von den steuerlichen Vorgaben aus, auch im Interesse einer Vereinheitlichung von Handels- und Steuerbilanz. Diese Vorgehensweise ist aber nicht zwingend nach HGB vorgeschrieben. Deshalb halten wir eine Übernahme der Zurechnungskriterien (für die Bestimmung des wirtschaftlichen Eigentums) nach den Regeln von IAS 17 im Einzelfall für HGB-konform. Das gilt auch für die Besonderheit im vorstehenden Sachverhalt einer „umgekehrt" imparitätischen Bewertung nach den IFRS. Der genannte Effekt dreht sich im Zeitverlauf wieder um. Eine rein stichtagsbezogene Betrachtungsweise würde in eine unzulässige kasuistische Differenzierung ausarten.
> Umgekehrt scheint auch eine Übernahme der steuerlichen Betrachtungsweise in den ersten HGB-Abschluss als zulässig. Die Buchwertanpassung hat dann zu Gunsten der Gewinnrücklagen zu erfolgen.

6.3.3 Vorjahresvergleichszahlen

43   U. E. brauchen Vorjahresvergleichszahlen für die GuV auf HGB-Grundlage gem. § 265 Abs. 2 S. 2 nicht dargestellt zu werden. Grund: Die Vergleichbarkeit im Übergangsjahr fehlt, deshalb muss eine Angabe unter entsprechender Anhangerläuterung entfallen. Auch dieser Lösungsvorschlag findet seine Unterstützung in Art. 67 Abs. 8 S. 2 EGHGB.

6.3.4 Erläuterungen und Überleitungsrechnungen

44   U. E. ist eine **quantifizierende** Überleitungsrechnung für das Eigenkapital und die GuV-Rechnung geboten. Diese Auffassung kann sich auf den Rechtsgedanken in § 284 Abs. 2 Nr. 3 bzw. § 13 Abs. 3 HGB stützen, nämlich die erforderliche Erläuterung **geänderter** Bilanzierungs-, Bewertungs- und Konsolidierungsmethoden in ihrem Einfluss auf die wirtschaftliche Situation des Unternehmens bzw. Konzerns. Als weiterer Beleg für diese Auffassung lässt sich § 297 Abs. 1 HGB bez. des Eigenkapitalspiegels als Pflichtbestand eines Konzernabschlusses heranziehen.

6.4 Ergebnis

45   Der Weg hinein in die IFRS-Rechnungslegungswelt stellt sich nicht als Einbahnstraße dar. Eine Rückkehr ist ohne Weiteres nicht nur zulässig, sondern kann auch in einem geordneten rechtlichen Rahmen abgewickelt werden.

7 Anwendungszeitpunkt, Rechtsentwicklung

Das BilReg (Rz 8) verlangt von kapitalmarktorientierten Konzernen regelmäßig ab dem Bilanzstichtag 31.12.2005 (Rz 9) die Erstellung eines IFRS-Konzernabschlusses; in Sonderfällen gilt als Stichtag der 31.12.2007. **46**

Im Dezember 2010 hat der IASB einen nicht verbindlichen Leitfaden zum *management commentary* herausgegeben (Rz 22).[37] Zur Frage nach dem Verhältnis zum gem. § 315a HGB für die Erfüllung inländischer Rechnungslegungspflichten geforderten Konzernlagebericht wird auf Rz 22 verwiesen.

8 Zusammenfassende Praxishinweise

An die Stelle des HGB-Konzernabschlusses tritt ab dem Geschäftsjahr 2005, in Sonderfällen ab 2007, der **pflichtmäßige** (Rz 9) oder **optionale** (Rz 10) IFRS-Konzernabschluss. **47**

Für den **Einzelabschluss** bleibt es beim HGB-Zwang (unverändert genannt: **Jahres**abschluss). Lediglich bez. der Handelsregister-Publizität ist eine freiwillige Rechnungslegung („**Einzel**abschluss") nach IFRS vorgesehen (Rz 11). **Ergänzende handelsrechtliche** Vorgaben sind auch beim befreienden IFRS-Konzernabschluss bez. des Anhangs (Rz 14) und des Lageberichtes (Rz 15) zu beachten.

Eine **Konzernlageberichterstattung** nach deutschem Recht bleibt auch bei pflichtmäßiger und freiwilliger IFRS-Konzernrechnungslegung bestehen. Der nach IFRS zulässige (nicht gebotene) *management commentary* kann nicht übereinstimmend mit dem HGB-Konzernlagebericht erstellt werden (Rz 22 ff.).

Eine **Rückkehr** zum HGB für die optionalen (Rz 10) IFRS-Anwender ist gesetzlich ungeregelt, aber zulässig (Rz 36 ff.).

---

[37] Unrein, PiR 2009, S. 259; Unrein, PiR 2011, Heft 3.

Bewertungsmethoden

§ 8 ANSCHAFFUNGS- UND HERSTELLUNGSKOSTEN, NEUBEWERTUNG

Inhaltsübersicht	Rz
Vorbemerkung	
1 Überblick	1–10
1.1 Regelungsbereich der Zugangsbewertung	1–4
1.2 Ökonomischer Grundgehalt der Zugangsbewertung	5
1.3 Neubewertung zum *fair value* im Vergleich zum Anschaffungskostenprinzip	6–10
2 Inhalt der Anschaffungskostenbilanzierung	11–69
2.1 Die Anschaffungskosten	11–17
2.2 Die Herstellungskosten	18–32
2.3 Die Abgrenzung von Erhaltungs- und Herstellungsaufwand	33–40
2.3.1 Sächliches Anlagevermögen	33–39
2.3.1.1 Laufender Unterhalt	33–34
2.3.1.2 Komponentenansatz	35–38
2.3.1.3 Regelmäßige Generalüberholungen oder Großinspektionen	39
2.3.2 Immaterielle Vermögenswerte	40
2.4 Verfahren zur Ermittlung der Anschaffungs- und Herstellungskosten	41–48
2.4.1 Überblick	41–43
2.4.2 Einzelne vereinfachende Verfahren	44–48
2.4.2.1 Durchschnittsmethode	44–45
2.4.2.2 Die Fifo-Methode	46–47
2.4.2.3 Die Lifo-Methode	48
2.5 Sonderfälle	49–69
2.5.1 Tauschgeschäfte	49–50
2.5.2 Einlagen, Einbringungen	51–56
2.5.3 Abbruchkosten	57
2.5.4 Entfernungs- und Rückbauverpflichtungen	58
2.5.5 Machbarkeitsstudien	59
2.5.6 Umplanungen	60
2.5.7 Ersatzleistungen bei Abgangsverlusten	61
2.5.8 Bedingte Kaufpreisbestandteile	62–69
2.5.8.1 Systematik	62–64
2.5.8.2 Einzelfälle	65–69
3 Die Neubewertungskonzeption (*revaluation*)	70–90
3.1 Überblick	70–73
3.2 Besonderheiten für immaterielle Anlagewerte	74
3.3 Vorgehensweise am Beispiel des sächlichen Anlagevermögens	75–90
3.3.1 Voraussetzungen	75–77
3.3.2 Die Wertbestimmung und Erstverbuchung	78–79

3.3.3	Die planmäßigen Folgeabschreibungen	80–84
3.3.4	Neubewertung „nach unten"	85–88
3.3.5	Steuerlatenz	89
3.3.6	Abgang (*realisation*)	90
4	Angaben	91
5	ABC der Zugangs- und Neubewertung	92
6	Anwendungszeitpunkt, Rechtsentwicklung	93
7	Zusammenfassende Praxishinweise	94

Schrifttum: FREIBERG, Gewinnrealisation bei Tauschgeschäften nach IFRS, PiR 2007, S. 171; GRAUMANN, Bilanzierung der Sachanlagen nach IAS, StuB 2004, S. 709; HOFFMANN, Aktivierung von Gemeinkosten bei Anschaffungen, PiR 2007, S. 27; HOFFMANN, Anschaffungskosten bei Leistungen an Dritte, PiR 2006, S. 270; HOFFMANN, Retrograde Bewertung des Vorratsvermögens, PiR 2006, S. 240; JANSSEN, Aktivierung und Abschreibung von Großinspektionen, PiR 2005, S. 46; LÜDENBACH, Verwaltungsgemeinkosten und Beschäftigungsgrad bei der Bestimmung der Herstellungskosten von Vorräten, PiR 2006, S. 61; LÜDENBACH, Aufwendungen für verlorene Vorauszahlungen und Baumängelbeseitigung PiR 2014, S. 29; LÜDENBACH/FREIBERG, Verdeckte Einlagen im Einzelabschluss nach IFRS, BB 2007, S. 1545

Vorbemerkung
Die Kommentierung bezieht sich auf die besprochenen Standards (Rz 2) und berücksichtigt alle Ergänzungen, Änderungen und Interpretationen, die bis zum 1.1.2015 beschlossen wurden.

1 Überblick

1.1 Regelungsbereich der Zugangsbewertung

1 Bei der **Zugangsbewertung** gehen die IFRS konzeptionell anders vor als das HGB. Letzteres zieht die dieses Bewertungsverfahren ausfüllenden Begriffe „Anschaffungs- und Herstellungskosten" (algebraisch ausgedrückt) vor die Klammer (§ 253 HGB), um sie im Anschluss daran in § 255 HGB zu definieren. Dadurch werden die entsprechenden Inhalte für alle infrage kommenden Bilanzposten vereinheitlicht. Allerdings gelingt dies dem HGB auch insoweit nicht durchgehend, als bei wichtigen Bilanzposten die Begriffsinhalte für die Anschaffungs- oder Herstellungskosten nicht mehr „passen": Auf originär begründete Forderungen, Rückstellungen, Verbindlichkeiten sind die Begriffsinhalte der Anschaffungs- oder Herstellungskosten nur sehr bedingt anwendbar.

2 Die IFRS geben sich diesbezüglich eher pragmatisch. Im *Framework* sind keine vergleichbaren Definitionen und allgemeinen Anwendungsvorschriften enthalten (abgesehen von der Auflistung innerhalb des Katalogs der Bewertungsmaßstäbe in F.4.55 (→ § 1 Rz 103 ff.). Stattdessen enthalten **einzelne Standards** zu verschiedenen Bilanzpositionen die Regeln für die Zugangsbewertung. Insbesondere geht es um

- IAS 2.8 für das **Vorrats**vermögen (*inventories*; → § 17 Rz 20 ff.),
- IAS 16.15 für Grundstücke, Maschinen, Ausstattung (*property, plant and equipment*), also **sächliches** Anlagevermögen (→ § 14 Rz 10 ff.),

- IAS 38.25 für **immaterielle** Vermögenswerte (*intangible assets*; → § 13 Rz 70 ff.), soweit nicht im Rahmen eines Unternehmenszusammenschlusses (IAS 38.33; → § 13 Rz 17 ff.),
- IFRS 3 für den **Unternehmenserwerb** (*acquisition*; → § 31 Rz 101 ff.),
- IAS 40.20 für als **Finanzinvestitionen** gehaltene Immobilien (*investment property*; → § 16 Rz 26 ff.).

Nach F.4.56 gehen die Unternehmen als Bewertungsgrundlage (*measurement basis*) im Allgemeinen von den *historical cost* aus. Diese sind nach deutscher Sprachregelung identisch mit den **Anschaffungs- oder Herstellungs**kosten.

Der Bilanz**ansatz** für
- **sächliches** Anlagevermögen nach IAS 16.7 (→ § 14 Rz 7),
- **immaterielles** Anlagevermögen nach IAS 38.18 (→ § 13 Rz 18),
- als **Finanzinvestitionen** gehaltene Immobilien nach IAS 40.16 (→ § 16 Rz 23)

setzt nach Maßgabe des *Framework* (F.4.38; → § 1 Rz 88) die
- Wahrscheinlichkeit des künftigen Nutzenzuflusses und
- verlässliche Bewertbarkeit

voraus.

1.2 Ökonomischer Grundgehalt der Zugangsbewertung

Eine nahtlose materielle Übereinstimmung zwischen HGB/EStG einerseits und IFRS andererseits besteht in der **ökonomischen Konzeption**, die der bilanzmäßigen Erfassung von Anschaffungs- und Herstellungskosten zugrunde liegt: Die Aufwendungen sind der Rechnungsperiode zu belasten, in denen die Unternehmensleistungen, die die zugehörigen Aufwendungen verursacht haben, erfasst werden. In deutscher Terminologie spricht man von der **erfolgsneutralen** Abbildung des Anschaffungs- oder Herstellungsprozesses, im IFRS-Bereich von *matching principle* (→ § 1 Rz 114).

1.3 Neubewertung zum *fair value* im Vergleich zum Anschaffungskostenprinzip

In der HGB-Bilanzwelt determiniert die Ausgangs- oder Zugangsbewertung mit den Anschaffungs- oder Herstellungskosten die **Folgebewertung**: Bis zum Abgang des betreffenden Vermögenswertes (oder auch der Verbindlichkeit) hat dieser Ausgangswert seine Hand mit im Bilanzspiel. Die planmäßigen Abschreibungen sind auf dieser Basis bis zum Buchwert null zu verrechnen, außerplanmäßige Abschreibungen werden von diesem Wert aus vorgenommen und etwaige spätere Wertaufholungen sind nach oben durch die fortgeführten Ausgangswerte „gedeckelt". Das ist auch die (noch) überwiegende Betrachtungsweise der IFRS. Das **Neubewertungskonzept** der IFRS (Rz 70 ff.) löst sich von diesem periodenübergreifenden Determinismus des HGB-Anschaffungskostenprinzips für die Folgebewertungen. Sofern die Voraussetzungen für die Neubewertung (*revaluation*) vorliegen und die entsprechende Bilanzierungsoption zur Ausübung gelangt, werden Zugangswerte sozusagen über Bord geworfen und es beginnt für den betreffenden Vermögenswert eine neue „Bilanzepoche". Von dieser **neuen Basis** aus sind planmäßige (→ § 10) und außerplanmäßige **Abschreibungen** (→ § 11) zu verrechnen (Rz 81 ff.).

8   Das Neubewertungskonzept (mit dem *fair value*) lässt sich als **gegenwartsbezogen**[1] charakterisieren, im Gegensatz zu dem **vergangenheitsbezogenen** Anschaffungskostenprinzip. Schon deswegen wirkt das Erstere höherwertig, doch soll schon an dieser Stelle der entscheidende Schwachpunkt (→ § 1 Rz 105) nicht unterdrückt werden, nämlich die **Ermittlung** des *fair value*, wenn – wie meistens – objektive Marktwerte nicht vorliegen. Zum Zeitpunkt des Zugangs entspricht der *fair value* den Anschaffungs- oder Herstellungskosten (→ § 28 Rz 100 ff.).

9   Allerdings enthält **auch das Anschaffungskostenprinzip** Elemente der **Zukunftsorientierung** und damit des Marktpreises. Das ist dann der Fall, wenn es abzuschätzen gilt, ob der nach Maßgabe der früheren Anschaffungs- oder Herstellungskosten, abzüglich etwa vorgenommener planmäßiger Abschreibungen, bestehende Buchwert (auf Dauer) nicht höher ist als der augenblickliche Zeitwert (*fair value*).

Der **Unterschied** zwischen den beiden Rechnungslegungskonzepten ist der folgende: Wenn der Marktwert **über** den fortgeführten Anschaffungs- oder Herstellungskosten liegt, ist dies nach dem Anschaffungskostenprinzip ohne Bedeutung für die Bilanzierung. Umgekehrt bei der *fair-value*-Bewertung: Dieser fordert (unter dieser Voraussetzung) eine **Erhöhung** des Buchwertes über die Anschaffungskosten hinaus. „Nach **unten**" besteht konzeptionell kein Unterschied zwischen den beiden Systemen.

10 Der deutschen Bilanzrechtstradition ist die Marktbewertung also insofern ungeläufig, als eine Bilanzierung **über** die fortgeführten Anschaffungs- oder Herstellungskosten hinaus nicht möglich ist. Eine solche Bilanzierung verstößt nach deutschem Bilanzverständnis gegen das **Realisationsprinzip**. Allerdings wird in der Rechnungslegungspraxis durch kreative Bilanzgestaltung bei bilanziellen Notlagen nicht selten im Grunde genommen gegen das Realisationsprinzip verstoßen. Beispiele hierfür sind *sale-and-lease-back*-Verfahren und die Einbringung von Vermögenswerten mit stillen Reserven – z. B. die Grundstücke von Brauereien oder Nutzungsrechte an Fußballstadien – in Tochtergesellschaften gegen Gewährung von Gesellschaftsrechten.

2   Inhalt der Anschaffungskostenbilanzierung

2.1   Die Anschaffungskosten

11 Die IFRS sprechen in diesem Bereich der Ausgangsbewertung häufig schlicht von *cost*, was im deutschen Sprachbereich häufig mit dem unschönen Begriff „historische Kosten" umschrieben wird.[2] Eine systematische **Trennung** von **Anschaffungs-** und **Herstellungs**kosten erfolgt nicht (im Gegensatz zu § 255 HGB).
Die **Anschaffungskosten** *(costs of purchase)* sind insbesondere angesprochen in
- IAS 2.9 f. für Vorräte (→ § 17 Rz 20),
- IAS 16.15 für sächliches Anlagevermögen (→ § 14 Rz 10),

---

[1] Vgl. MUJKANOVIC, Fair Value im Financial Statement nach IAS, 2002, S. 113.
[2] Unschön deshalb, weil „historisch" im deutschen Sprachgebrauch eine andere Bedeutung hat und überdies Anschaffungs- oder Herstellungskosten als Vergangenheitsgröße immer „historisch" sind (Pleonasmus).

- IAS 38.25 ff. für immaterielle Vermögenswerte bei Einzelerwerb (außerhalb eines Unternehmenszusammenschlusses; → § 13 Rz 70 ff.),
- IAS 40.21 für die als Finanzinvestitionen gehaltenen Immobilien (→ § 16 Rz 26 ff.).

Wegen des Sonderfalles des Tausches wird verwiesen auf Rz 49.

Die Anschaffungskosten umfassen folgende **Kosten-Elemente** (insbesondere für Vorräte und Sachanlagen):[3]

	Anschaffungspreis (IAS 2.20, 16.16, 38.27 ff.)
=	vertragliches Hauptentgelt einschließlich Einfuhrzöllen und Verbrauchsteuern
−	erstattungsfähige Einfuhrzölle und Verbrauchsteuern
+	**Anschaffungsnebenkosten** (IAS 2.10, 16.16, 38.27)
=	Ausgaben zur Erlangung, Verbringung und Inbetriebnahme bzw. Einlagerung (häufig Resultat des finalen Charakters der Anschaffungskosten (Rz 17))
+	geschätzte Kosten der Entfernung, der Entsorgung oder Grundsanierung, für die eine Rückstellung zu bilden ist (IAS 16.16c i. V. m. IFRIC 1; → § 21 Rz 80)
+	u. U. Gemeinkosten (Rz 13)
+	anschaffungsbezogene Fremdkapitalkosten *(borrowing costs)* für Vermögenswerte *(assets*; IAS 23.8 f.; → § 9 Rz 15)
−	**Anschaffungspreisminderungen** (IAS 11 bzw. 16.15 i. V. m. 16.28)
−	Nachlässe und Erstattungen auf Anschaffungspreis und Anschaffungsnebenkosten (Rabatte, Skonti, Boni; → § 17 Rz 23)
−	bestimmte Investitionszulagen und -zuschüsse *(government grants)* von öffentlichen Körperschaften, für die kein passivischer Rechnungsabgrenzungsposten gebildet wurde (IAS 20.24; → § 12 Rz 26).
=	**Anschaffungskosten**

Tab. 1: Zusammensetzung der Anschaffungskosten

Der **Vergleich zum HGB** fällt gemischt aus. Überwiegend enthält das Tableau gewohnte Bestandteile der Anschaffungskostendefinition. In der obigen Tabelle entsprechen allerdings folgende Positionen **nicht** oder **nicht vollständig** dem Anschaffungskostenbegriff des HGB:

- die anschaffungsbezogenen **Fremdkapitalkosten** *(borrowing costs)* gem. der Aktivierungspflicht nach IAS 23 (→ § 9 Rz 15 ff.),
- die Kosten des **Abbruchs** oder der **Entsorgung** (Rz 58) durch Rückstellungsbildung nach IAS 16.16(c) i. V. m. IFRIC 1 (→ § 21 Rz 80).

Anschaffungskosten sind nur in Form von **Einzel**kosten *(directly attributable)* aktivierbar, Gemeinkosten damit von der Aktivierung ausgeschlossen (anders als im Rahmen der Herstellung, Rz 32). Dabei ist begrifflich zu unterscheiden nach

---

[3] In Anlehnung an FISCHER, IAS-Abschlüsse von Einzelunternehmungen, 2001, S. 75 f.

- „echten" Gemeinkosten: nur aufgrund bestimmter Annahmen über Kostenstellenschlüsselungen einem beschafften Produkt zuordenbar, und
- „unechten" Gemeinkosten: „an sich" einem Beschaffungsvorgang direkt zurechenbar, mangels entsprechender Aufzeichnungen tatsächlich nicht direkt erfasst.

> **Beispiel[4]**
> **Sachverhalt**
> Der inländische Porzellanhersteller P bestellt nach ausführlichen Machbarkeitsstudien *(feasibility studies)* in Korea eine neue Produktionsanlage. Zur Überwachung des Herstellungsverfahrens reist ein bei P beschäftigter **Ingenieur** wiederholt nach Korea. Nach den Zeitaufzeichnungen hat er die Hälfte der Jahresarbeitszeit mit dieser Überwachung verbracht. Daneben hat sich die **Einkaufsabteilung** unter vielen anderen Projekten auch mit diesem beschäftigt, u.a. mit der Ausschreibung, der erforderlichen Logistik, der Finanzierung (Leasing oder Kauf), der Frage der Währungssicherung usw.
>
> **Lösung**
> Die Kosten der **Machbarkeitsstudie** sind mit der Anlage nicht unmittelbar verbunden – die Entscheidung hätte aufgrund der Studie auch anders ausfallen können – und deshalb nicht **aktivierbar**.[5] Dies entspricht der Lösung für die Erstellung von Webseiten (→ § 13 Rz 42). Die Reisekosten des **Ingenieurs** sowie die Hälfte seines Jahresgehalts sind der Maschinenanlage einzeln ohne Rückgriff auf Schlüsselungsgrößen zuzuordnen und deshalb aktivierungspflichtig nach § 255 Abs. 1 HGB bzw. IAS 16.16b. Gehaltsaufwendungen des Ingenieurs wären zwar auch ohne die Arbeiten in Korea angefallen, was aber die Einbeziehung in die Anschaffungskosten der Anlage nicht hindert.[6]
> Die Kosten der **Einkaufsabteilung** können nach irgendwelchen Annahmen auch dem Korea-Projekt zugeordnet werden. Soweit es sich um Sachkosten – z.B. für die Abschreibung und Beheizung der Räume, in denen der Einkauf tätig ist, – handelt, liegen „echte" Gemeinkosten vor, die nicht „einzeln" der Beschaffung der koreanischen Anlage zuzuordnen bzw. nicht *directly attributable* sind. Eine anteilige Aktivierung auf die Produktionsanlage kommt nicht in Betracht.
> Die **Lohnkosten** sind dem Grunde nach durch Zeitaufschreibungen dem jeweiligen Anschaffungsvorgang zuzuordnen. Dies würde aber eine Detaillierung voraussetzen, und zwar nicht nur nach den Projekten (koreanischen Anlage vs. sonstige Einkäufe), sondern ebenso nach der Art der Tätigkeit – Suchkosten für die Ausschreibung einerseits, Organisation der Logistik des Transport anderseits – unterscheiden. Entsprechende Zeitaufschreibungen sind im Unternehmen nach der internen Organisation nicht vorgesehen. Insoweit liegen „an sich" aktivierungspflichtige (unechte) Gemeinkosten vor.

---

[4] Vgl. HOFFMANN, PiR 2007, S. 27.
[5] KPMG, Insights into IFRS 2014/2015, Tz. 3.2.30.60; anders BFH, Urteil v. 27.3.2008, VIII R 62/05, BStBl II 2010 S. 159.
[6] KPMG, Insights into IFRS 2014/2015, Tz. 3.2.30.50.

Für fehlende Zeitaufschreibungen, die zu unechten Gemeinkosten führen, kann es zwei Gründe geben:
- Die innerbetriebliche Organisation bez. der Kostenerfassung ist objektiv betrachtet **unzulänglich**.
- Die getrennte Erfassung **rentiert** sich auch nach überbetrieblichen Maßstäben nicht und wird branchenüblich unterlassen.

Daraus folgt für Bilanzierungszwecke die (abstrakte) Antwort:
- **Einerseits** ist nicht dem Schlendrian Folge zu leisten, d.h., eine Aktivierung darf nicht deswegen unterbleiben, weil die entsprechenden Aufzeichnungen nicht vorliegen. Eindeutig ist diese Lösung allerdings nicht, da die IFRS in einem vergleichbaren Kontext – bei **Entwicklungskosten** – die Aktivierung gerade an eine zuverlässige Ermittlung im Rahmen der Kostenrechnung (IAS 38.62) knüpft (IAS 38.57 f.; → § 13 Rz 36).
- **Andererseits** dürfen die Anforderungen an die zutreffende Erfassung nicht überzogen werden. Wenn das Unternehmen auf entsprechende getrennte Aufzeichnungen aus Kostengründen verzichtet, ist dem auch bei der Bilanzierung nach Maßgabe von *cost benefit* (→ § 1 Rz 68) jedenfalls dann zu folgen, wenn ein solches Vorgehen kaufmännischer Übung entspricht.

Es verbleibt eine **Grauzone**.

Zu weiteren Beispielen betreffend Gemeinkosten bei Anschaffungsvorgängen wird verwiesen auf
- „Vorratsvermögen" (→ § 17 Rz 22),
- „immaterielle Anlagewerte" (→ § 13 Rz 74).

Aktivierungspflichtige Gemeinkosten bei Anschaffungsvorgängen müssen nicht **extern** (durch Lieferanten) entstehen – das zeigt das vorstehende Beispiel. Sie müssen auch nicht einen **Grenzkosten**charakter (*„incremental"*) aufweisen, also durch den Anschaffungsvorgang **zusätzlich** verursacht werden.

14

> **Beispiel[7]**
> **Sachverhalt**
> Das Industrieunternehmen U kauft eine neue Maschinenanlage, die vom Lieferunternehmen auch installiert wird. Zur Überwachung der Montage stellt U einen eigenen Arbeitnehmer (Ingenieur) für 6 Wochen von seiner sonstigen Arbeit frei.
>
> **Lösung**
> Die gesamten zeitanteiligen Lohnkosten für den Ingenieur sind zu aktivieren, obwohl sie auch ohne die Montageübernahme angefallen wären.

Bei Neuinstallation einer Maschinenanlage entstehen u.U. Kosten für die Kommissionierung der Anlage, Neuausrichtung von Transportbändern, Probeläufe für die neuen Maschinen, Testen des Ausstoßes etc.

15

Nach IAS 16.17e sind diese Kosten dem Anschaffungs- oder Herstellungsvorgang direkt zuordenbar und deshalb aktivierungspflichtig.[8] Nach Beendigung dieser „regulären" Testperiode – wenn die Maschinenanlage wie vorgesehen

---

[7] Nach KPMG, Insights into IFRS 2014/2015, Tz. 3.2.30.50.
[8] So KPMG, Insights into IFRS 2014/2015, Tz. 3.2.30.30 ff.

arbeitet – endet der „Aktivierungszeitraum" (IAS 16.20).[9] Anders verhält es sich, wenn entgegen der Planung aus unglücklichen Umständen heraus diese Testphase zeitlich überschritten wird. Hier liegt eine Parallele zum übermäßigen Ausschuss von (fehlerhaften) Erzeugnissen im Produktionsprozess vor (*„abnormal waste"*) (IAS 16.22).

Im Falle einer normalen, nicht als „abnormal" zu kennzeichnenden Testphase stellt sich noch die Frage nach der Behandlung evt. während der Testphase bereits anfallender Erlöse. Hier bestimmt IAS 16.17e, dass die Nettoerträge (*net proceeds*) von den Testkosten abzuziehen sind. Übersteigen diese Erträge die Kosten so soll nach einer Non-IFRIC Entscheidung der übersteigende Teil GuV-wirksam behandelt werden.[10]

> **Beispiel:**[11]
> Solarzellenhersteller S beauftragt Mitte 01 A mit der schlüsselfertigen Errichtung eines Gebäudes und einer darin integrierten Zellfertigungsanlage. Die Parteien vereinbaren Werkvertragsrecht.
> Wesentlicher Grund für die Vergabe des Auftrags an einen einzigen Auftragnehmer ist das Ineinandergreifen der technischen Anforderungen. Insbesondere erfordert die Zellproduktion eine Reinraumtechnik mit turbulenzarmer Verdrängungsströmung. Die Maschinen und Anlagen müssen so konstruiert und so im Raum aufgestellt werden, dass sie die laminare Luftströmung nur minimal stören.
> Der Werkvertrag zwischen S und A spezifiziert besondere Anforderungen an die Produktion. Bei der Verarbeitung der weniger als 250 Mikrometer dicken Zellen mit einer bestimmten Mindestgeschwindigkeit darf die Rate der zu Bruch gehenden Zellen 3 % und die verunreinigungsbedingte Einbuße der Energieeffizienz 5 % nicht überschreiten. Mit Erreichen dieser Voraussetzungen gilt die Anlage als abgenommen und an die Stelle der Einrede des nicht erfüllten Vertrags tritt die Gewährleistungspflicht.
> Anfang November 02 sind Gebäude und Anlagen „fertig gestellt". Auf die Gesamtzahlung von 30 Mio. EUR leistet S wie vereinbart eine Anzahlung i. H. von 20 Mio. EUR. Bis zum 31.12.02 hat die Produktion (zum Absatzpreis) bereits ein Volumen von 6 Mio EUR und nach Abzug der Herstellungskosten des Umsatzes bereits einen Nettoertrag von 2 Mio. EUR erreicht. Dem stehen Testkosten von 0,8 Mio. EUR gegenüber. Die vertraglichen Anforderungen an Produktionsgeschwindigkeit, Bruchrate und Reinheit/Effizienz werden jedoch noch verfehlt und erst am 10.1.03 erreicht. Zu diesem Zeitpunkt werden auch die restlichen 10 Mio. EUR bezahlt.
> Beurteilung:
> Bei Werk- und Werklieferverträgen erfolgen Lieferung und Anschaffung erst mit Abnahme hier also erst am 10.1.03. Erst zu diesem Zeitpunkt ist auch die Betriebsbereitschaft i. S. v. IAS 16.55 (d. h. die vertraglich vereinbarte Nutzungsmöglichkeit) gegeben und beginnt die Abschreibung (§ 10 Rz 40).

---

[9] ERNST & YOUNG, International GAAP 2014, Ch 20 sCh. 4.3.4.
[10] Vgl. IFRIC Update Juli 2014
[11] Nach Lüdenbach, StuB 2009, S. 273

> Die Anschaffungskosten sind 30 Mio. EUR, da die Testkosten (0,8 Mio. EUR) mit den Nettoerträgen zu verrechnen sind. Der über die Testkosten hinausgehende Ertrag (1,2 Mio. EUR) ist erfolgswirksam.

Zur Bestimmung der Anschaffungskosten im Rahmen von **Unternehmenszusammenschlüssen** wird verwiesen auf → § 31 Rz 39 ff. 16
Zur **Aufteilung** eines einheitlichen Erwerbspreises auf mehrere Vermögenswerte – Grund und Boden und Gebäude – wird verwiesen auf → § 16 Rz 31.
Der Anschaffungskostenbegriff umfasst auch den Gegenwert für ein vom Unternehmen ausgegebenes aktienkursorientiertes **Eigen- oder Fremdkapitalinstrument**, das dem Anwendungsbereich von IFRS 2 (→ § 23) unterliegt (IAS 16.6).
Der Inhalt der Anschaffungskosten beschränkt sich nach der tabellarischen Darstellung unter Rz 11 nicht auf die Ausgaben zur Erlangung der Verfügungsmacht über den betreffenden Vermögenswert (regelmäßig Kaufpreis), sondern bezieht sich auch auf Aufwendungen, die der Versetzung des betreffenden Vermögenswertes in einen **betriebsbereiten Zustand** aus Sicht des Erwerbers dienen. So IAS 16.16b für Sachanlagen (→ § 14 Rz 10), IAS 38.27b für immaterielles Anlagevermögen (→ § 13 Rz 73) sowie IAS 2.10 für Vorräte (→ § 17 Rz 21). Dahinter verbirgt sich das ökonomische Kalkül des Erwerbers: Er will nicht einfach einen Vermögenswert als wirtschaftlicher Eigentümer besitzen, sondern diesen zweckentsprechend verwenden können. Dazu können bei ihm Ausgaben an **Dritte** anfallen, also nicht dem eigentlichen Veräußerer des Vermögenswertes zufließen. 17

> **Beispiel**[12]
> Ein Unternehmen erwirbt ein unbebautes Grundstück, das illegal mit Wohn- und Bauwagen besetzt war. Zur planmäßigen Nutzung als Bauland bedurfte es der zwangsweisen Räumung des Grundstücks. Dafür musste er an dritte Personen Zahlungen leisten.

Die Aufwendungen für die Räumung sind als Bestandteil der Anschaffungskosten zu werten. Bei rationalem Verhalten der Vertragsparteien hat er das Grundstück im Umfang der zu erwartenden Räumungskosten „billiger" eingekauft. Umgekehrt wäre ein höherer Marktpreis für das unbesetzte Grundstück an den Veräußerer zu bezahlen gewesen, wenn dieser bereits die Räumung besorgt hätte. Anders ausgedrückt: Das Kalkül des Erwerbers ging auf den Erwerb eines „lastenfreien" Grundstücks. Die Räumungskosten sind insofern zur Herstellung der „Betriebsbereitschaft" des Grundstückes angefallen.
Bezüglich der Herstellung der Betriebsbereitschaft ist nach IAS 16.16(b) nicht auf die objektive Funktionsfähigkeit, sondern auf die konkret beabsichtigte (subjektive) Nutzung abzustellen („*intended by management*").

---

[12] Nach BFH, Urteil v. 18.5.2004, IX R 57/01, BStBl II 2004 S. 872.

> **Beispiel**[13]
> Im Interesse eines einheitlichen Marktauftritts werden alle Fahrzeuge des Energieversorgers E AG – mit Ausnahme der Vorstandslimousinen – mit firmentypischen Farben und mit dem Firmenlogo umlackiert. Das gilt auch für Altfahrzeuge.
>
> **Lösung**
> Die (objektive) Betriebsbereitschaft der Autos ist mit der Zulassung zur Nutzung auf öffentlichen Straßen erfüllt. Diese Zwecksetzung wird ergänzt durch den Werbeeffekt der Umlackierung. Dieser letztere Zweck ist nicht von ganz untergeordneter Bedeutung, sodass diese Aufwendungen bei den Neufahrzeugen unter die Herstellung der Betriebsbereitschaft subsumiert werden können. Bei den Altfahrzeugen geht es bei der Umlackierung nur um den Werbezweck. Das könnte die Aktivierbarkeit argumentativ unterstützen. Dagegen sprechen die im Verhältnis zum Wert des Fahrzeugs niedrigen Kosten der Umlackierung. Andererseits werden die Kriterien der Aktivierbarkeit **nachträglicher** Herstellungskosten (Rz 34) nicht erfüllt. Wir neigen in diesem Fall zur sofortigen Aufwandsverrechnung.
> Keinen Beurteilungsmaßstab stellt der Werbecharakter des einheitlichen Außenauftritts dar. Die in IAS 16.19(b), IAS 2.16(d) und IAS 38.67(a) enthaltenen Aktivierungsverbote für Werbe- und Vertriebsaufwendungen sind nicht funktional zu verstehen und stehen bspw. auch einer Aktivierung des Gebäudes der Vertriebsabteilung nicht im Wege.

Man kann in Übereinstimmung mit dem HGB/EStG vom finalen (zielgerichteten) Charakter der Anschaffungskosten ausgehen. In anderen Bereichen der IFRS-Rechnungslegung außerhalb der eben zitierten drei Standards ist bez. der Anschaffungskosten nur von „*cost*" die Rede, die Aufwendungen für die Herstellung der Betriebsbereitschaft werden hier nicht genannt. Beispiel:
- Anteile an Tochterunternehmen im Einzelabschluss gem. IAS 27.37 (→ § 32 Rz 175).
- Für die Bilanzierung von Tochterunternehmen im Konzernabschluss gem. IFRS 3.29 ff. vgl. → § 31 Rz 39.

Trotz des an diesen Stellen der IFRS fehlenden Bezugs auf die Herstellung der Betriebsbereitschaft ist den dort jeweils genannten „*cost*" das genannte finale Element zu eigen.

> **Beispiel**[14]
> Ein Unternehmen M hält eine Beteiligung von 40 % des Nennkapitals einer assoziierten Gesellschaft nach Maßgabe von IAS 28. Weitere 20 % werden von X, 40 % von Y gehalten. M erwirbt den bisher von X gehaltenen Anteil. Y erhebt rechtliche Einwendungen gegen den Erwerb, weil er der Auffassung ist, nach Maßgabe des Gesellschaftsvertrags hätte X seine Anteile je zur Hälfte M und Y anbieten müssen. M bestreitet dies. Zur Vermeidung langwieriger

---

[13] Ähnlich LÜDENBACH, StuB 2010, S. 317.
[14] Vgl. HOFFMANN, PiR 2006, S. 272.

> Auseinandersetzungen zahlt M aber einen Betrag an X gegen die Zusage, den strittigen Erwerbsanspruch nicht geltend zu machen.
> Die Frage geht nach der Aktivierbarkeit dieses „Einigungsgeldes" im Einzelabschluss des Mutterunternehmens.

Das sog. „Einigungsgeld" stellt einen Bestandteil der Anschaffungskosten für den Anteilserwerb des M dar, denn es dient **final** der Erreichung einer ungestörten Mehrheitsbeteiligung am Tochterunternehmen. Allerdings sind solche Zahlungen an dritte Personen nur dann den Anschaffungskosten zuzuordnen, wenn sie in einer **zeitlichen Nähe** zum eigentlichen Anschaffungsvorgang (regelmäßig Kauf) stehen.

Dazu noch ein weiteres Beispiel:

> **Beispiel**
> **Sachverhalt**
> K betreibt Kraftwerke. Zum geplanten Neubau eines Wasserkraftwerkes kauft er von der Gemeinde G umfangreiche brachliegende Grundstücke. Am Flussufer hat allerdings der Angelsportverein e. V. sein Vereinsheim errichtet. Im Zuge des Grundstückserwerbes verpflichtet sich K zur Übernahme der Abbruchkosten für das Vereinsheim und einen Neubau an anderer Stelle.
>
> **Lösung**
> Auch hier ist die Kostenübernahme an Dritte für die Verlegung des Vereinsheimes final mit dem Anschaffungsvorgang für die Grundstücke verbunden und deshalb aktivierungspflichtig.

Wegen der Aktivierungsfragen bei weiteren **Sonderfällen** eines Anschaffungsvorgangs wird verwiesen auf Rz 49 ff. Zu speziellen Geschäftspraktiken bei der Beschaffung von **Vorräten** vgl. → § 17 Rz 25, zu Zinseffekten vgl. → § 17 Rz 24.

2.2 Die Herstellungskosten

Die **Herstellungskosten** *(costs of conversion)* sind insbesondere angesprochen in   18
- IAS 2.10 Vorräte (→ § 17 Rz 20),
- IAS 16.16(b) Sachanlagen (→ § 14 Rz 10),
- IAS 38.65 ff. immaterielle Vermögenswerte (→ § 13 Rz 70 ff.),
- IAS 40.22 für die als Finanzinvestitionen gehaltenen Immobilien (→ § 16 Rz 34).

Die aktivierungspflichtigen bzw. aktivierbaren **Kostenelemente** können für   19
Vorräte und Sachanlagen wie folgt tabellarisch dargestellt werden:[15]

---

[15] In Anlehnung an FISCHER, IAS-Abschlüsse von Einzelunternehmungen, 2001, S. 77.

Kostenkomponenten (nach IAS 2.12ff. bzw. 16.16f.)	
Materialeinzelkosten + anteilige Materialgemeinkosten + Fertigungseinzelkosten + anteiliger Werteverzehr von eingesetztem Anlagevermögen + anteilige Entwicklungs-, Konstruktions- und Versuchskosten + Sondereinzelkosten der Fertigung + anteilige Sondergemeinkosten der Fertigung + fertigungsbezogene Verwaltungskosten (Rz 21) + u. U. fertigungsbezogene Sozialaufwendungen (Rz 22) + Entsorgungs- und Entfernungskosten (IAS 16.16(c) i. V. m. IFRIC 1; → § 21 Rz 80)	Pflicht
+ herstellungsbezogene Fremdkapitalkosten (nach IAS 23; → § 9 Rz 10) von Vermögenswerten *(assets)*, deren endgültige Betriebs- oder Verkaufsbereitschaft durch verschiedene Maßnahmen über geraume Zeiträume hergestellt werden muss (Ausnahme nach IAS 2.18, Rz 25)	
= **Herstellungskosten**	
• überhöhte Kosten (unnötiger Arbeitsaufwand durch Fehlarbeiten (Rz 29), außerplanmäßige Abschreibungen auf Fertigungsanlagen etc.) • Leerkosten infolge von Überkapazitäten (Rz 24; → § 17 Rz 21) • allgemeine Verwaltungs- und Sozialaufwendungen • Fremdkapitalkosten (soweit nicht aktivierbar → § 9 Rz 11) • Vertriebskosten • Anlauf- und Vorproduktionskosten • eigene Forschungs-, Entwicklungs- und Versuchskosten ohne unmittelbaren Fertigungsbezug • Ertrag- und Substanzsteuern, die nicht im Fertigungsbereich begründet sind • kalkulatorische Kosten	Verbot

Tab. 2: Zusammensetzung der Herstellungskoste

Für die selbst erstellten **immateriellen** Vermögenswerte gelten bez. der Gemeinkostenverrechnung Besonderheiten (IAS 38.66; → § 13 Rz 79).
Eine nicht abschließende Aufzählung für **direkt** zurechenbare Einzelkosten von Sachanlagen enthält IAS 16.17. Dazu zählen auch die Kosten der Testläufe für Maschinen zur Gewährleistung eines einwandfreien Funktionierens; sollten bei diesem Test bereits verkaufsfähige Stücke angefallen sein, sind in Kompensation der Testkosten die zugehörigen Erlöse dem IFRS IC zufolge von den Herstellungskosten abzuziehen.[16] U. E. sollte ein Abzug nur i. H. d. Rohertrags erfolgen, soweit die Erlöse der Testphase mit Materialaufwand verbunden sind. Falls in der Testphase ein sehr hoher Materialbedarf durch Ausschuss verursacht wird, kann der Rohertrag u. U. auch negativ werden. In diesem Fall erhöhen sich die Herstellungskosten entsprechend.

---

[16] Vgl. IFRIC, Update Juli 2011.

Vergleicht man diese Aktivierungsregeln nach **IFRS** mit denjenigen nach **HGB** und der zugehörigen Kommentierung, so sticht sofort die **nahe Verwandtschaft** der Begrifflichkeiten ins Auge. Schon deswegen erscheint unter Einbeziehung der Wahlrechte eine Übereinstimmung zwischen handelsrechtlicher Ermittlung der Herstellungskosten und derjenigen nach IFRS ohne weiteres gestaltbar, allerdings mit der Differenzierung in IAS 2.16: Danach sollen nur **produktionsbezogene** Verwaltungskosten aktivierbar sein. Der Unterschied zwischen produktionsbezogenen und nicht produktionsbezogenen Verwaltungskosten lässt sich etwa an **Beispielen** der Kosten der Abteilung Lohn- und Gehaltsbuchhaltung veranschaulichen. Soweit die Kosten anteilig auf die Buchung der Löhne für Produktivkräfte entfallen, sind sie aktivierungspflichtig und im Rahmen des Betriebsabrechnungsbogens den Erzeugnissen zuzurechnen, soweit sie auf die Buchung der Löhne und Gehälter von Vertriebspersonal/Verwaltungspersonal entfallen, besteht ein Aktivierungsverbot.[17] Ein weiteres Beispiel sind Vergütungen an den Produktionsvorstand einerseits und den Finanzvorstand andererseits. Mit der nach IAS 2.16(c) sowie IAS 2.19 erforderlichen Unterscheidung zwischen **produktionsbezogenen und übrigen Verwaltungskosten**[18] wird in der Praxis großzügig umgegangen, wenn die entsprechenden Kostenrechnungssysteme nicht auf diese Aufteilung ausgerichtet sind. Nach dem *materiality*-Gedanken (→ § 1 Rz 63 ff.) können relativ pauschale Zuschläge (Schlüsselung der Verwaltungskosten nach dem Verhältnis von Produktivkräften zur Zahl sonstiger Arbeitnehmer) eine sinnvolle (einfache) Lösung ergeben.[19]

In Übereinstimmung mit dem HGB besteht nach IFRS eine „**Vollkostenpflicht**", die zu einer Einbeziehung der (produktionsbezogenen) Gemeinkosten zwingt. Unklar ist die Regelung für Kosten des **sozialen** Bereiches.[20] Auch hier bietet eine pauschale Aufteilung nach dem Anteil der Produktivkräfte eine gangbare Lösung. Wegen der Unterscheidung von **Forschungs- und Entwicklungskosten** im Zusammenhang mit immateriellen Vermögenswerten (→ § 13 Rz 27 ff.).

Spezifische Anweisungen zur Kostenrechnung für Zwecke der Bilanzbewertung enthalten die Vorschriften in IAS 2.13 und 2.14. Danach sind die fixen Gemeinkosten auf der Basis einer **normalen Produktionsauslastung** *(normal capacity)* den Produkten zuzurechnen, wobei eine solche „Normalität" im Anschluss daran noch weiter beschrieben wird. Im Wesentlichen handelt es sich dabei um Anweisungen, die vergleichbar auch in der einschlägigen deutschen Kommentarliteratur zu finden sind.[21] Die auf das produzierte Stück bezogenen Gemeinkosten sind nicht deswegen aktivierbar, weil das Produktionsvolumen (viel) zu gering ist, um die Kapazitäten auszulasten (IAS 2.13). Die sog. Leerkosten sind deshalb nicht aktivierbar (→ § 17 Rz 21). Wenn sich also z.B. die normale Kapazitätsauslastung auf 80 % beläuft, in der betreffenden Periode aber nur 50 % erreicht, sind 3/8 der fixen Produktionsgemeinkosten nach IAS 2.13 nicht aktivierbar.[22] Bei **Überbeschäftigung** erfolgt keine Anpassung an die Normalbe-

---

17 Nach LÜDENBACH, IFRS, 7. Aufl. 2013, S. 174.
18 KÜTING/HARTH, BB 1999, S. 2393.
19 LÜDENBACH, PiR 2006, S. 61.
20 Vgl. JACOBS, in: BAETGE u.a., Rechnungslegung nach IAS, 2. Aufl., 2002, zu IAS 2, Tz. 30.
21 ADLER/DÜRING/SCHMALTZ, 6. Aufl., § 255 HGB, Tz. 162; GROTTEL/GADEK, in: BECK'SCHER Bilanzkommentar, 8. Aufl. 2012, § 255 HGB, Tz. 438.
22 LÜDENBACH, PiR 2006, S. 61.

wertung, weil hier auf das einzelne Produkt bezogen die fixen Gemeinkosten sinken, eine Überbewertung also nicht vorliegt.

In IAS 2.14 wird das Problem der **Kuppel**produktion angesprochen, für die eine Zuordnung von Gemeinkosten *ex definitione* nicht schlüssig vorgenommen werden kann. Gefordert wird ein vernünftiges und stetiges *(rational and consistent)* Vorgehen. Beispielhaft werden folgende Vorgehensweisen genannt:
- Beide Produkte sind wesentlich: Die Gemeinkostenzuordnung erfolgt nach dem Verhältnis der Verkaufspreise der Produkte.
- Bei der Herstellung eines Hauptprodukts fällt ein wertmäßig unbedeutenderes Nebenprodukt an: Es wird mit seinem Nettoveräußerungspreis bewertet, und dieser Wert wird bei der Ermittlung der Herstellungskosten des Hauptprodukts abgezogen.

25 **Fremdkapitalkosten**, die der Finanzierung des (Anschaffungs- oder) Herstellungsvorgangs dienen, sind bei besonderen Vermögenswerten *(qualifying assets)* in den Herstellungskosten einzubeziehen (→ § 9 Rz 15 ff.).

26 **Nicht** in die Herstellungskosten von Vorräten einzubeziehen sind nach IAS 2.26:
- **ungewöhnliche** Beträge *(abnormal amounts)* für Ausschussmaterial, Fertigungslöhne und sonstige Produktionskosten (Rz 29),
- **Lagerkosten**, soweit nicht produktionsbezogen, also z. B. Kosten des Ausgangslagers,
- **Verwaltungskosten**, die nicht dem Herstellungsprozess zuzuordnen sind,
- **Verkaufskosten**.

27 Entsprechende Regelungen für Sachanlagen finden sich in IAS 16.22 bez. *abnormal amounts* und in IAS 16.19 für Verwaltungskosten. Was „abnormal" (ungewöhnlich) ist, ergibt sich in erster Linie aus einer **qualitativen** Beurteilung. Eine fehlende Marktkonformität des getätigten Aufwands ist jedenfalls allein nicht entscheidend. Eindeutig ist aber die Behandlung von **Kosten der Mängelbeseitigung** und **verlorenen Vorauszahlungen** an den Hersteller/Lieferanten.

Beispiel:[23]
Die U GmbH vereinbart mit Bauunternehmer **B1** die Errichtung eines Verwaltungsgebäudes zu einem leicht unter marktüblichen Bedingungen liegenden, in Raten zu zahlenden Festpreis von 1 Mio. EUR. U zahlt die erste Rate von 20 % nach Fertigstellung der Kellerdecke. Die vor Dacheindeckung fällige zweite Rate von 30 % leistet U vorzeitig. Kurz nach Erhalt dieser Rate meldet B1 Insolvenz an. Bis dahin hat B1 lt. Sachverständigengutachten 30 % des Auftragsvolumens erbracht, so dass U **200 TEUR vergeblich** geleistet hat. U beauftragt für 800 TEUR einen zweiten Bauunternehmer **B2** mit der Weiterführung des Baus. Gegen diesen machte U nach Fertigstellung wegen Mängeln bei der Statik einen Minderungsanspruch von 100 TEUR geltend, kann ihn aber wegen Zahlungsunfähigkeit nicht durchsetzen. **B3** beseitigt die Mängel für 100 TEUR.

---

[23] Nach Lüdenbach, PiR 214, S. 29

Insgesamt ergibt sich folgendes Bild:		
	Soll	**Ist**
Zahlung an B1	1.000	500
Zahlung an B2	0	800
Zahlung an B3	0	100
Summe	1.000	1.400

Beurteilung:
Herstellungskosten sind kein Ersatzmaßstab für den *fair value*. Auf die **Marktkonformität** der Aufwendungen kommt es daher in erster Linie nicht an. Vielmehr ist die „Ungewöhnlichkeit" vornehmlich **qualitativ** zu beurteilen. Ungewöhnlich waren bei der Herstellung des Verwaltungsgebäudes die Insolvenz von B1 sowie die wegen Zahlungsunfähigkeit von B2 nicht durchsetzbaren Mängelbeseitigungsansprüche. Die Kosten der Mängelbeseitigung (100 TEUR) sowie die (anteilig) verlorene Vorauszahlung (200 TEUR) zählen daher nicht zu den Herstellungskosten. Ob Entsprechendes auch für den aus Beauftragung von B2 entstehenden Mehraufwand (800 TEUR vs. bei ursprünglichem Preis noch offener Bauleistung von 700 TEUR) gilt, ist nicht eindeutig. Als Herstellungskosten sind daher entweder 1 Mio. EUR oder 1,1 Mio. EUR anzusetzen.

Nicht zu den Anschaffungs- oder Herstellungskosten zählen nach IAS 16.19 außerdem solche, die weitgehend denjenigen der **Ingangsetzung** und **Erweiterung** des Geschäftsbetriebes nach § 269 HGB a.F. entsprechen. Es handelt sich um Kosten der 28
- Neueröffnung einer Produktionsstätte,
- Einführung neuer Produkte oder Dienste,
- örtlichen Betriebsverlegung,
- Gewinnung neuer Absatzkanäle.

Während eines Herstellungsprozesses können „beiläufige" *(incidental)* Einnahmen anfallen. 29

Beispiel
Sachverhalt
Der Bauunternehmer vermietet den Kran stundenweise an Ausbauhandwerker. Ein Objektentwickler kauft eine Sporthalle zum Umbau in einen Supermarkt. Bis zum Erhalt der Baugenehmigung vermietet er die Halle an lokale Sportvereine.

Lösung[24]
Die Einnahmen sind zu realisieren, also nicht an den Herstellungskosten zu kürzen.

---

[24] KPMG, Insights into IFRS 2014/2015, Tz. 3.2.120.10.

30 **Opportunitätskosten** sind auch im Falle von Umbaukosten mit zeitweiser **Stilllegung** des Geschäftsbetriebes nicht aktivierbar.

> **Beispiel**[25]
> Unternehmen A betreibt eine Supermarktkette und hat einen neuen Standort für eine Filiale erworben. Zum Umbau etc. wird der Verkauf für drei Monate stillgelegt. Die damit verbundenen Kosten für Fremdleistungen und eigene Arbeitskräfte sind als Anschaffungs- oder Herstellungskosten zu aktivieren, nicht der entgangene Gewinn wegen der Schließung.

31 Die Verrechnung von Herstellungskosten **endet** mit der Inbetriebnahme des hergestellten Vermögenswertes (IAS 16.20), auch wenn dieser noch nicht seine volle Leistungsfähigkeit erreicht hat, noch Anlaufverluste entstehen oder eine Neuausrichtung der Unternehmenstätigkeit (weitere) Kosten verursacht. Die Betriebsbereitschaft beendet den Herstellungsvorgang auch dann, wenn der Vermögenswert noch nicht genutzt wird. Die dann noch entstehenden Kosten sind nicht (mehr) aktivierbar.[26]

32 Einen **Vergleich** zwischen den nach der deutschen Bilanzwelt und den nach derjenigen der IFRS bestehenden Einbeziehungspflichten bzw. -wahlrechten und -verboten gibt die nachstehende Tabelle.[27] Sie ist ausgerichtet auf das **Vor**ratsvermögen gem. IAS 2, kann indes unmittelbar auf das **Sach**anlagevermögen übertragen werden (IAS 16.16 ff.). Für das **immaterielle** Anlagevermögen vgl. Rz 19 und → § 13 Rz 79.

	Herstellungskosten		
	nach § 255 Abs. 2 und 3 HGB	nach R 6.3 EStR 2012	nach IAS 2
Einzelkosten: Materialeinzelkosten Fertigungskosten Sondereinzelkosten der Fertigung	Pflicht Pflicht Pflicht	Pflicht Pflicht Pflicht	Pflicht Pflicht Pflicht
Gemeinkosten: Materialgemeinkosten Fertigungsgemeinkosten Werteverzehr des Anlagevermögens Verwaltungskosten des Material- und Fertigungsbereichs	Pflicht Pflicht Pflicht Pflicht	Pflicht Pflicht Pflicht Pflicht	Pflicht Pflicht Pflicht Pflicht
Allgemeine Verwaltungskosten	Wahlrecht	Pflicht**	anteilig Pflicht*
Kosten für freiwillige soziale Leistungen	Wahlrecht	Pflicht**	anteilig Pflicht*

---

[25] Nach PwC, IFRS Manual of Accounting 2014, Tz. 16.27.
[26] PwC, IFRS Manual of accounting 2014, Tz. 16.116.
[27] Nach JACOBS/SCHMITT, IAS 2, in: BAETGE u.a. (Hrsg.), Rechnungslegung nach IFRS, Tz. 59.

	Herstellungskosten		
	nach § 255 Abs. 2 und 3 HGB	nach R 6.3 EStR 2012	nach IAS 2
Kosten für soziale Einrichtungen	Wahlrecht	Pflicht**	anteilig Pflicht*
Kosten für betriebliche Altersvorsorge	Wahlrecht	Pflicht**	anteilig Pflicht*
Ertragsteuern	Verbot	Verbot für ESt, Wahlrecht für GewSt vom Ertrag	Verbot
Verwaltungskosten des Vertriebsbereichs	Verbot	Verbot	Verbot
Fremdkapitalkosten	Wahlrecht	Wahlrecht	Pflicht oder Verbot (→ § 9 Rz 36)
Forschungs- und Entwicklungskosten:			
Grundlagenforschung	Verbot	Verbot	Verbot
Kosten der Neuentwicklung	Verbot	Verbot	Pflicht unter best. Vor.
Kosten der Weiterentwicklung	Wahlrecht	Pflicht	Pflicht unter best. Vor.
Vertriebskosten	Verbot	Verbot	Verbot

Tab. 3: Umfang der Herstellungskosten nach HGB, R 6.3. EStR 2012 und IFRS

* soweit produktionsbezogen (vgl. Rz 21)
** vorläufig ausgesetzt, einstweilen noch Wahlrecht.
Wegen Sonderfällen der Aktivierbarkeit von Vertriebskosten vgl. → § 17 Rz 30.

2.3 Die Abgrenzung von Erhaltungs- und Herstellungsaufwand

2.3.1 Sächliches Anlagevermögen

2.3.1.1 Laufender Unterhalt

Der Aktivierungsansatz in IAS 16.7 und IAS 38.21 ist nicht vergangenheitsbezogen (Rz 8), sondern orientiert sich an dem allgemeinen *asset*-Begriff in F.49a mit der Bezugnahme auf die **künftigen ökonomischen Vorteile**, die dem Unternehmen zufließen sollen (→ § 1 Rz 90). Auch die Unterscheidung von **Erhaltungs-** und **Herstellungs**aufwand versuchen die IFRS auf dieser Basis, also nach Maßgabe der generell gültigen **Ansatzkriterien** zu „lösen".

Dadurch soll eine Inkonsistenz mit den einschlägigen Vorgaben im *Framework* vermieden werden (IAS 16 BC.10a; → § 1 Rz 88). Unausgesprochen steht dahinter auch die „Philosophie" des *principle based accounting* (→ § 1 Rz 43 ff.). Die Lösung konkreter Bilanzierungsfälle soll nicht anhand einer dem Anwender vorgegebenen Einzelfallbetrachtung, sondern nur nach Maßgabe der allgemeinen Ansatzkriterien geliefert werden.

33

34 Deshalb unterbleibt eine **nähere Definition** des Unterscheidungsmerkmals von Herstellungs- und Erhaltungsaufwand. Andererseits kann nicht gänzlich auf die Darlegung von einschlägigen Bilanzierungs**sachverhalten** verzichtet werden:
- Die **laufenden** Unterhaltungsaufwendungen für einen Vermögenswert *(the day to day servicing)* sind als Aufwand zu behandeln; sie umfassen die zugehörigen Lohn- und Materialkosten und kleinere Ersatzteile (IAS 16.12).
- **Teile** *(parts)* von einzelnen Vermögenswerten (Rz 35) müssen zu bestimmten Zeitintervallen **ersetzt** werden (Beispiel: Hochofenauskleidung, Inneneinrichtung eines Flugzeugs). Andere Bestandteile eines Vermögenswertes werden nicht regelmäßig ersetzt (Beispiel: Innenwände eines Gebäudes). Diese **Teile** eines Vermögenswertes sind bei Ersatzbeschaffung zu aktivieren, wenn sie das generell gültige Ansatzkriterium in IAS 16.7 (Rz 34; → § 14 Rz 7) erfüllen (IAS 16.13).
- **Größere Inspektionen** ohne konkreten Reparaturbedarf sind als Ersatzbeschaffung zu aktivieren, wenn die genannten Ansatzkriterien erfüllt sind (IAS 16.14; Rz 39).

Klarheit für den Anwender schafft eigentlich nur das **erste** der drei vorstehend aufgeführten Abgrenzungsmerkmale: Der **laufende Unterhalt** ist nicht aktivierungspflichtig. Bei den beiden weiteren Punkten werden dem Anwender **tautologische** Darlegungen geliefert: Eine Aktivierung hat zu erfolgen, wenn die Ansatzkriterien erfüllt sind.

Angesichts dieser Unklarheiten kann sich ein Rückgriff auf die bis 2004 geltende Fassung von IAS 16 empfehlen. Als weitere Beispiele für nachträglichen Herstellungsaufwand sind dort Maßnahmen genannt, welche
- die Kapazität erweitern,
- die Nutzungsdauer verlängern oder
- eine substanzielle Verbesserung der Qualität bringen.

Die Neufassung von IAS 16 hat u. E. eher redaktionellen als materiellen Charakter. In den o. g. Fällen liegt regelmäßig eine **Erhöhung** des **Nutzens** gegenüber dem früheren Zustand vor. Damit ist der Aufwand zu aktivieren.

Aktivierungspflichtige Herstellungskosten können auch **nach** Inbetriebnahme einer Anlage durch Gesetzesauflage entstehen, z. B. zum Feuerschutz, zur Umweltverträglichkeit etc.

2.3.1.2 Komponentenansatz

35 In den vorstehend genannten Ansatzkriterien kommt auch ohne besondere Hervorhebung der Komponentenansatz *(components approach)* zum Tragen, wie er in der Bemessungsgrundlage für die **laufenden Abschreibungen** seinen Niederschlag gefunden hat (→ § 10 Rz 7 ff.). Der Board enthält sich einer Lösung der Frage, ob (z. B.) das Triebwerk und der Rahmen eines Flugzeuges getrennte Vermögenswerte oder Bestandteile eines einheitlichen Vermögenswerts „Flugzeug" darstellen (IAS 16.44). Er spricht von Teilbereich einer Einheit *(part of an item)*, der bei unterschiedlicher Lebensdauer **separat abzuschreiben** ist (→ § 10 Rz 7 ff.). Die separate Abschreibung führt auch zu einer gesonderten Erfassung eines Erfolges beim **Abgang** eines *part of an item* (→ § 10 Rz 8). Folgerichtig kann dann auch eine Generalüberholung *(major inspection)* das Ansatzkriterium erfüllen (Rz 39).

Die **bisherige** Nichtidentifizierung eines wesentlichen Bestandteils einer (z. B.) Maschinenanlage für Zwecke der (separaten) Abschreibungsverrechnung hindert nicht an einer entsprechenden Erfassung als **Abgang**, wenn dieser Maschinen-

Bestandteil ersetzt wird. Dann muss der bisher nicht getrennt erfasste Buchwert des abgetrennten Teils geschätzt werden. Diese Schätzung kann u. U. auf der Basis der Wiederbeschaffungskosten dieses Teils abzüglich der Abschreibungen seit Ingebrauchnahme erfolgen. Das neu beschaffte Teilstück *(part)* ist getrennt von der Gesamtanlage zu aktivieren und abzuschreiben.

Dabei kann auch der günstige oder ungünstige Ertragsbeitrag eines Teilbereichs einer Einheit *(item)* bezogen auf Marktbedingungen eine separate Abschreibungsverrechnung erfordern, sofern diese Einheit im *operating lease* (→ § 15 Rz 154) genutzt wird (IAS 16.44).

Die unbestimmte und in Teilbereichen tautologische (Rz 34) Begriffsbildung führt zu einer **ermessensbehafteten** Bilanzierungsgrundlage, vgl. hierzu auch IAS 16.9: Ermessensentscheidungen sind ausdrücklich verlangt *(judgement is required)*. 36

Das deutsche Rechnungslegungsrecht versucht traditionell mit viel Akribie, diesen **Ermessensspielraum** durch eine Komposition abstrakter Regeln verbunden mit konkreten Handlungsweisen **einzuengen**. Vorreiter ist dabei der BFH,[28] der das Abgrenzungsproblem zwischen Herstellungs- und Erhaltungsaufwand unter Auslegung der Definitionsnorm in § 255 Abs. 1 u. 2 HGB zu lösen versucht. Die HGB-Bilanzierung muss sich zwar nicht an den Befunden des BFH zwingend ausrichten, folgt ihr indes, durch eine IDW-Verlautbarung bestärkt,[29] weitgehend. Für die IFRS-Rechnungslegungspraxis stellt sich aus Sicht des deutschen Anwenders die Frage, inwieweit die BFH-Kriterien auch nach IFRS beachtlich sind, woraus dann Folgeentscheidungen für die Steuerlatenzrechnung gezogen werden müssen (→ § 26 Rz 1 ff.). 37

Der Vergleich zu den (expliziten) IFRS-Regeln (Rz 34) fällt wie folgt aus:
- Bezüglich des laufenden Unterhaltungsaufwandes *(day to day service)* gibt es keinen Unterschied, mit einer Ausnahme: Wenn der laufende Unterhalt zeitlich und sachlich mit Herstellungsaufwand verknüpft ist, gilt nach HGB/EStG[30] Zusammenfassung der Aufwendungen, nach IFRS[31] dagegen Trennung.
- Umgekehrt ist die turnusmäßig nach einigen Jahren durchzuführende Neuauskleidung des Hochofens mit feuerfestem Material nach IAS 16.12 aktivierbar, nach deutschem HGB und EStG dagegen nicht.
- Generalüberholungen *(major inspections)* sind nach IAS 16.14 zu aktivieren (Rz 39), nach HGB/EStG dagegen nicht.
- Die genannte BFH-Rechtsprechung ist primär auf die Verhältnisse eines **Gebäudes** ausgerichtet, die IFRS-Regeln sind allgemeiner gehalten. Zur Konkretisierung werden lediglich die wenig verallgemeinerungsfähigen Verhältnisse eines **Flugzeuges** ins Visier genommen.

Soweit nach der BFH-Rechtsprechung und dieser folgend der handelsrechtlichen Rechnungslegungspraxis eine **Nachaktivierung** als Herstellungsaufwand in Betracht kommt, sind u. E. in aller Regel auch die (abstrakten, vgl. Rz 33) Ansatzkriterien nach IAS 16.7 erfüllt:[32] Es genügt die Wahrscheinlichkeit des künftigen

---

[28] Vgl. die BFH-Urteile v. 12.9.2001, IX R 39/97 und IX R 52/00, BStBl II 2003 S. 569 ff., sowie das diese Urteile weitgehend bestätigende BMF-Schreiben v. 18.7.2003, BStBl I 2003 S. 386.
[29] IDW ERS IFA 1001.
[30] BFH, Urteil v. 25.8.2009, IX R 20/08, BStBl II 2010 S. 125.
[31] DELOITTE, iGAAP 2014, Tz. A7.3.5.4.
[32] Ähnlich SCHEFFLER/GLASCHKE, StuB 2006, S. 496; a. A. SCHEINPFLUG, in: BECK'SCHES IFRS-Handbuch, 4. Aufl., 2013, § 5, Rz 88.

Nutzenzuflusses. Nach BFH/HGB ist aktivierungspflichtiger Herstellungsaufwand anzunehmen bei:
- Neuschaffung,
- Erweiterung (IAS 16.10: „add to"),
- über den ursprünglichen Zustand hinausgehender wesentlicher Verbesserung eines Wirtschaftsguts/Vermögensgegenstands.[33]

> **Beispiel**
> Die Flughafen-AG erneuert die rechte Landebahn. Der weitere Sachverhalt soll wie folgt variiert werden:
> - Es liegt ein Vollverschleiß vor.
> - Eine auf die bisherige Asphaltdecke „aufgepfropfte" weitere Decke soll den Betrieb mit schwereren Flugzeugen ermöglichen.
> - Die linke Landebahn wird verlängert, um die Flugsicherheit angesichts der zu wartenden schwereren Flugzeuge, die die rechte Landebahn benutzen sollen, zu gewährleisten.
>
> **Lösungshinweise**
> - Bei Vollverschleiß der bisherigen Landebahn liegt ein Abgang des vorhandenen Vermögenswertes verbunden mit dem Zugang eines neuen vor („Zweit"-Herstellung).
> - Die Verstärkung der Asphaltdecke auf der rechten Landebahn erschließt zusätzliche Einnahmequellen durch den Betrieb mit größeren Flugzeugen. Dadurch werden künftig zusätzliche Einnahmen *(increased future economic benefits)* ermöglicht. Also liegen Herstellungskosten vor.
> - Die Verlängerung der linken Landebahn hängt zusätzlich mit der Befestigung der rechten zusammen und teilt deren bilanzrechtliches Schicksal: Es liegen Herstellungskosten vor.

Am ehesten bestehen Abgrenzungsprobleme bez. der – in deutscher Terminologie – wesentlichen **Verbesserung**.

> **Beispiel**[34]
> Eine Supermarktkette baut eine Verkaufsfiliale grundlegend zur besseren Warenpräsentation um und installiert eine Cafeteria im Untergeschoss. Nach den Budgets ist mit einer Umsatzsteigerung von 15 % zu rechnen, weil neue Kundenkreise angesprochen werden.
> Die Kosten des Umbaus können genau bestimmt werden; außerdem werden mit dem Umsatzwachstum von 15 % künftige wirtschaftliche Nutzungen (Rz 4) geschaffen. Die Umbaukosten sind zu aktivieren.

Zweifelhaft ist die Lösung nach IFRS z.B. für eine Fassadenrenovierung, u.U. mit Anbringung eines bislang nicht vorhandenen Dämmschutzes. U. E. sind derlei Unterhaltsmaßnahmen nicht aktivierbar.

---

[33] Dem folgt in Teilbereichen die deutsche IFRS-Bilanzierungspraxis, vgl. KEITZ, VON, Praxis der IASB-Rechnungslegung, 2. Aufl., 2005, S. 56.
[34] Nach PwC, IFRS Manual of Accounting 2014, Tz. 16.27.

Die Abgrenzungsmerkmale von Erhaltungs- und Herstellungsaufwand sind nicht auf die **Definition** des **Vermögenswerts** (z.B. Gebäude oder Flugzeug) ausgerichtet (Rz 33). Gleichwohl ist die Tendenz zu einer „Atomisierung" des Vermögenswerts (Rz 35) unübersehbar (→ § 10 Rz 8). Dieser *components approach* führt i.d.R. zu einer **Beschleunigung** des **Abschreibungsverlaufs**, aber auch zu einer „schnelleren" Aktivierung bei **Ersatzbeschaffungen**. 38

Beispiel
In der früheren BFH-Rechtsprechung bis Anfang der 70er Jahre wurde ein Gebäude systematisch „**atomisiert**". Man wertete z.B. die Heizungs- und die Elektroanlage als eigenständiges Wirtschaftsgut. Entsprechend wurde der Ersatz der alten Heizungsanlage durch eine neue als aktivierungspflichtig angesehen. Nach der jetzigen Rechtslage ist es gerade umgekehrt: Das Gebäude ist **weiter** definiert und umfasst auch die Heizungs- und die Elektroanlage (vgl. zur Abschreibungsverrechnung hierzu die Beispiele in → § 10 Rz 9). Wird eine dieser Anlagen ersetzt, liegt Erhaltungsaufwand vor (abgesehen von dem Fall der Ersetzung der nicht mehr funktionsfähigen Anlage in zeitlichem Zusammenhang mit dem Gebäudeerwerb).
Dazu ein **Gegenbeispiel** nach IAS 16.13:

Sachverhalt
- Die Innenausstattung eines Flugzeugs wird regelmäßig erneuert, z.B. durch Einbau neuer Sitze.
- Die Nutzungsdauer des Flugzeugs ist wesentlich länger als der Erneuerungsrhythmus für die Innenausstattung.

Bilanzierungsfolge
- Die Innenausstattung wird als Teil eines Vermögenswerts *(component)* betrachtet mit der Folge einer vom Flugzeug getrennt zu ermittelnden Abschreibungsdauer. Die Ersetzung der Innenausstattung ist dann jedes Mal aktivierbar. Ein etwaiger Restwert der alten Einrichtung ist als Abgang auszubuchen. Vgl. aber zur Praxis → § 10 Rz 12.
- Ebenso kann ein Triebwerk als ein solches *component* angesehen werden (IAS 16.44).

Weiteres Beispiel
Ein Fußballstadion hat eine Nutzungsdauer von 25 Jahren, die Bestuhlung von 10 Jahren. Letztere ist als *part* des *item* „Stadion" von diesem getrennt nach Maßgabe der zugehörigen Anschaffungskosten auf 10 Jahre abzuschreiben.

Weiteres Beispiel aus der BFH-Rechtsprechung[35]
- Die Karosse eines Autos und der Motor sind **ein** (einziges) Wirtschaftsgut.
- **Folge**: Der Einbau eines Austauschmotors ist Erhaltungsaufwand.

Weitere Beispiele aus der deutschen Rechnungslegungspraxis
- Die Turbine einer industriellen Großanlage kann als Bestandteil des Vermögensgegenstands „Hauptmaschine" angesehen werden.[36]

---

[35] BFH, Urteil v. 30.5.1974, IV R 56/72, BStBl II 1974 S. 520.
[36] KOTHS, JbFStR 1996, S. 178.

> - Der PC-Arbeitsplatz – ausgestattet mit Zentraleinheit, Bildschirm, Tastatur etc. – kann als einheitlicher Vermögensgegenstand gewertet werden.[37] Aber auch die „Zerlegung" dieses Arbeitsplatzes in selbstständige Vermögensgegenstände ist für richtig erachtet worden.[38]
> - Ein mobiles Autotelefon soll einen eigenständigen Vermögensgegenstand darstellen.[39]

IAS 16 liefert zu den beiden letztgenannten Beispielen keine verbindlichen Vorgaben. Der Anwender kann im Rahmen des Ermessensspielraums (Rz 36) daher u. E. vielfach auch den Vorgaben des HGB/EStG folgen, dies gilt auch für den Begriffsinhalt der sog. **anschaffungsnahen Herstellungskosten** mit der gesetzlichen 15-%-Grenze.[40]
Zum Komponentenansatz sind weitere Beispiele in → § 10 Rz 9ff. bez. der **Abschreibungs**verrechnung wiedergegeben.

2.3.1.3 Regelmäßige Generalüberholungen oder Großinspektionen

39 Teile bestimmter Anlagegüter bedürfen („*condition*") regelmäßig einer **Generalüberholung** oder **Großinspektion** (IAS 16.14). Typisches Beispiel sind Verkehrsflugzeuge (D-Check) *(overhaul)*. Die Kosten für diese Generalüberholung sind **separat** als *inspection component* zu aktivieren, wenn
- die Großreparatur in regelmäßigen Abständen durchgeführt wird,
- die Anlage nur nach der Großreparatur weiterbetrieben werden kann,
- zuvor aktivierte Kosten der Großreparatur abgeschrieben und
- die allgemeinen Ansatzkriterien erfüllt sind.

Die Fluggesellschaften[41] werten die größeren Inspektionen als *component*, allerdings mit unterschiedlicher Begriffsabgrenzung:
- Die Alitalia behandelt den D-Check *(overhaul)* und die *IL-Inspections* als Komponente mit einer Abschreibungsdauer zwischen 5 und 8 Jahren.
- Ähnlich verfährt British Airways unter Einbeziehung der entsprechenden Ersatzteile und verbucht umgekehrt die übrigen Ersatzteile und die Kosten unter den „*power by hour*"-Verträgen (Inspektionen nach Maßgabe der Flug- bzw. Nutzungszeit) als Aufwand bei Anfall.
- Anders verfährt Singapore Airlines: Sie aktiviert auch die Aufwendungen für die „*power by hour*"-Verträge.

Die **Abschreibung** erfolgt durchweg nach Maßgabe des jeweiligen Inspektionsintervalls.

---

[37] So FG München, EFG 1993, S. 214, und OFD Berlin, DB 1997, S. 1741. So auch BFH, Urteil v. 19.2.2004, VI R 135/01, DStR 2004, S. 81.
[38] FG Rheinland-Pfalz, DStRE 2001, S. 1143.
[39] BFH, Beschluss v. 20.2.1997, II B 98/96, BStBl II 1997 S. 360; weitere Beispiele bei HOFFMANN, § 6, in: LITTMANN/BITZ/PUST, EStG, Tz. 696.
[40] Gem. § 6 Abs. 1 und 1a EStG i. d. F. d. Steueränderungsgesetzes 2003; ANDREJEWSKI/BÖCKEM (KoR 2005, S. 78) halten eine Grenzmarke von 5 % für vertretbar. Dabei stützen sie sich auf die „Signifikanzgrenze" für Bestandteile der Anschaffungs- und Herstellungskosten, die nicht getrennt zu aktivieren sind (→ § 10 Rz 7 ff.). Die letztgenannte Grenze wird durch die internationale Praxis in einem analogen Fall nicht bestätigt.
[41] Vgl. die Beispiele in → § 10 Rz 12.

Nicht eindeutig ist der Inhalt von „*condition*" (in der offiziellen deutschen Übersetzung „Voraussetzung"). Die wohl herrschende Lesart versteht darunter eine rechtlich vorgeschriebene Inspektion (z. B. „TÜV"). Die Anwendungsbeispiele beziehen sich dementsprechend auf derlei Überwachungsmaßnahmen wie dem erwähnten D-Check für Verkehrsflugzeuge. „*Condition*" kann aber auch ökonomisch verstanden werden, nämlich als Erfüllung aller Voraussetzungen für den sicheren kommerziell ausgerichteten Betrieb einer Anlage.

Nach HGB/EStG sind die Aufwendungen für solche Generalüberholungen bei Anfall ergebniswirksam zu verbuchen. In zwischenperiodischer Betrachtung ist die Aufwandsverteilung nach IFRS **gleichmäßig**, nach HGB „**sprunghaft**". Das gleiche zwischenperiodische Ergebnis könnte nach HGB in anderer Darstellungsform durch zeitanteilige Zuführung zu einer Aufwandsrückstellung erreicht werden, die allerdings nach dem BilMoG nicht mehr zulässig ist.

Als „Komponente" der Anschaffungs- oder Herstellungskosten eines Anlagegutes kommen also nicht nur **physische**, sondern auch **virtuelle** Bestandteile infrage. Zur Separierung einer solchen „Generalüberholungskomponente" innerhalb der Zugangsbewertung dient ein Vergleich mit der TÜV-Überwachung von Autos: Ein Pkw, der gerade den TÜV absolviert hat, ist höherwertig als ein vergleichbarer ohne TÜV-Abnahme.

Beispiel[42]
- Im Anschaffungspreis einer langlebigen, regelmäßig Großinspektionen zu unterziehenden Anlage ist schon eine bis zum ersten wirklichen Inspektionstermin abzuschreibende Inspektionskomponente enthalten (eingepreist).
- Mit tatsächlicher Durchführung des ersten Inspektionstermins ist der Restbuchwert der kalkulatorisch im Kaufpreis enthaltenen Komponente auszubuchen und durch die tatsächlichen Kosten der ersten Inspektion zu ersetzen.
- Im zweiten tatsächlichen Inspektionstermin wird ein eventueller Restbuchwert der ersten tatsächlichen Inspektion ausgebucht und durch die Kosten der zweiten Inspektion ersetzt usw.

Buchmäßige Abwicklung: Ein Flugzeug wird Anfang 01 für 32,25 Mio. EUR angeschafft. Davon entfallen geschätzt
- 10 Mio. EUR auf die Triebwerke, welche eine Nutzungsdauer von 5 Jahren haben,
- 20 Mio. EUR auf den Rumpf mit einer Nutzungsdauer von 20 Jahren,
- 2,25 Mio. EUR auf die Inspektionskomponente.

Eine Großinspektion soll (bei planmäßigen jährlichen Flugstunden) alle 2¼ Jahre erfolgen. Tatsächlich ist die Zahl der jährlichen Flugstunden höher, sodass die erste Großinspektion bereits Ende 02 fällig ist. Ihre Kosten sind – anders als erwartet – 2,5 Mio. EUR. Die Buchungen ergeben sich dann wie folgt:

---

[42] JANSSEN, Aktivierung und Abschreibung von Großinspektionen, PiR 2005, S. 46.

Datum	Konto	Soll	Haben
Anfang 01:	Flugzeug	32,25 Mio. EUR	
	Bank		32,25 Mio. EUR
31.12.01 bis 02:	Abschreibung Rumpf	1 Mio. EUR	
	Flugzeug		1 Mio. EUR
	Abschreibung Triebwerke	2 Mio. EUR	
	Flugzeug		2 Mio. EUR
	Abschreibung Inspektionskomponente	1 Mio. EUR	
	Flugzeug		1 Mio. EUR
Zusätzlich zum 31.12.02:	Restbuchwertabgang Inspektionskomponente	0,25 Mio. EUR	
	Flugzeug		0,25 Mio. EUR
	Flugzeug	2,5 Mio. EUR	
	Bank		2,5 Mio. EUR

Von den separat zu aktivierenden und abzuschreibenden Kosten der Generalüberholung **abzugrenzen** sind die **Komponenten** einer Anlage, deren Nutzungsdauern sich von der „Hauptanlage" unterscheiden (Rz 35 ff.), im vorherigen Beispiel etwa Rumpf und Triebwerk des Flugzeuges.

Eine detaillierte Kommentierung des *components approach* enthält → § 10 Rz 7 ff. Wegen Besonderheiten im Übergangsverfahren nach IFRS 1 wird verwiesen auf → § 6 Rz 50.

2.3.2 Immaterielle Vermögenswerte

40 Wie für sächliches gelten auch für immaterielles Anlagevermögen keine besonderen Ansatzregeln (→ § 13 Rz 18 ff.) betreffend die **nachträglichen** Aufwendungen auf einen bereits vorhandenen Vermögenswert. Solche Aufwendungen sollen allerdings nur **selten** (*only rarely*) die Ansatzkriterien erfüllen (IAS 38.20). Der Komponentenansatz (Rz 33 ff.) gilt nicht für immaterielle Vermögenswerte.

2.4 Verfahren zur Ermittlung der Anschaffungs- und Herstellungskosten

2.4.1 Überblick

41 Nach HGB und, diesem folgend, dem EStG sind folgende **Bewertungsverfahren** zu unterscheiden[43] und mit den IFRS-Regeln zu konfrontieren:

	HGB	IFRS
Einzelbewertung	§ 252 Abs. 1 Nr. 1	2.23 i.V.m. F.82
Durchschnittsbewertung	§ 240 Abs. 4 2. Alt. i.V.m. § 256 S. 2	2.25

---

[43] Zum Folgenden vgl. HOFFMANN, § 6, in: LITTMANN/BITZ/PUST, EStG-Kommentar, Tz. 65 ff. Siehe auch JACOBS/SCHMITT, IAS 2, in: BAETGE u. a., Rechnungslegung nach IFRS, Tz. 82 ff.

	HGB	IFRS
Gruppenbewertung	§ 240 Abs. 4 1. Alt. i. V. m. § 256 S. 2	2.24
Festwert	§ 240 Abs. 3 i. V. m. § 256 S. 2	*materiality*[44] IAS 16.9
Verbrauchsfolgebewertung	§ 256	2.25
Retrograde Bewertung	Häufig im Einzelhandel[45]	

Die vorstehende Tabelle zeigt die weitgehende Übereinstimmung zwischen HGB (und damit auch EStG) und IFRS. Ausgangspunkt ist nach beiden Rechnungslegungssystemen der **Einzelbewertung**sgrundsatz. Nach § 252 Abs. 1 Nr. 1 HGB sind die Vermögenswerte „**einzeln**" zu bewerten. Dies gilt nach IFRS uneingeschränkt für sächliches (IAS 16.30 „*an item*") und immaterielles **Anlage**vermögen (IAS 38.18 „*an ... asset*"). Für den Bereich des **Vorrat**svermögens geht IAS 2.24 systematisch von einer *specific identification of their individual costs* aus, die bei nicht austauschbaren *(not interchangeable)* Gütern und bei Gütern und Dienstleistungen für besondere Projekte *(specific projects)* möglich ist. In deutscher Terminologie kann man von nicht vertretbaren Gütern sprechen. Beispiele sind Juwelen, hochwertige Uhren, Sonderanfertigungen von Pkws („*stretched*"), Bauträgerobjekte u. a. 42

Umgekehrt ist eine **Abweichung** vom Einzelbewertungsgrundsatz zulässig, wenn es sich um austauschbare *(interchangeable)* Güter in großer Stückzahl handelt (IAS 2.24). Dann sind nach IAS 2.25 **vereinfachende** Verfahren zulässig, nämlich nach 43

- dem gewogenen Durchschnitt,
- *first in, first out* (Fifo).

2.4.2 Einzelne vereinfachende Verfahren

2.4.2.1 Durchschnittsmethode

Bei der Durchschnittsmethode erfolgt die Bewertung des Bestandes am Bilanzstichtag mit den gewogenen durchschnittlichen Anschaffungs- oder Herstellungskosten des Anfangsbestandes zuzüglich der Zugänge während des Jahres. 44

Beispiel[46]			
Anfangsbestand		1.000 kg à 10,00	= 10.000
Zukauf 1	+	2.000 kg à 12,00	= 24.000
Zukauf 2	+	1.500 kg à 13,00	= 19.500
Zukauf 3	+	2.500 kg à 14,50	= 36.250
Summe		7.000 kg	= 89.750

---

[44] Zutreffend LÜDENBACH, IFRS, 7. Aufl., 2013, S. 178 Festwerte sind auch nach HGB nur bei untergeordneter Bedeutung („Unwesentlichkeit") zulässig. Vgl. auch → § 14 Rz 8.
[45] Vgl. HOFFMANN, PiR 2006, S. 240.
[46] Die nachfolgenden Beispiele sind entnommen von MAYER-WEGELIN, in: KÜTING/WEBER, Handbuch der Rechnungslegung, 5. Aufl., § 256 HGB, Tz. 12 ff.

Durchschnittswert: 89.750 : 7.000 = 12,82

45 Die Durchschnittsmethode gibt nicht die tatsächlichen Einstandskosten wieder, kommt diesen aber bei stabilen Preisen sehr nahe. Bei steigenden Preisen gefährdet die Durchschnittsmethode tendenziell die Substanzerhaltung, bei fallenden Preisen kommt es in der Tendenz zu einer Überbewertung.

2.4.2.2 Die Fifo-Methode

46 *First in, first out*: Es wird bei der Bilanzbewertung unterstellt, dass sich die Lagerzugänge mit den -abgängen synchron verhalten; je früher der Zugang, desto früher der Verbrauch.

Beispiel (für Perioden-Fifo)			
Anfangsbestand		1.000 kg à 10,00	= 10.000
Zukäufe	+	1.500 kg à 15,00	
Abgang	./.	1.000 kg à 10,00	
Abgang	./.	500 kg à 15,00	
Endbestand		1.000 kg à 15.00	= 15.000

47 Bei steigenden Preisen ist die Substanzerhaltung tendenziell noch mehr gefährdet als bei der Durchschnittsmethode, umgekehrt wurden bei fallenden Preisen stille Reserven gebildet. Das Fifo-Verfahren fördert den Einblick in die Vermögenslage des Unternehmens, aber zu Lasten des Einblicks in die Ertragslage. Zur buchtechnischen Darstellung des Übergangs von der Durchschnitts- auf die Fifo-Methode wird auf das Beispiel in → § 24 Rz 32 ff. verwiesen.

2.4.2.3 Die Lifo-Methode

48 *Last in, first out*: Es wird bei der Bilanzbewertung unterstellt, dass sich die Lagerabgänge im Zeitverlauf gerade gegensätzlich zu den -zugängen verhalten; je später der Zugang, desto früher der Verbrauch. Diese Methode ist ab 2005 nicht mehr zulässig.

2.5 Sonderfälle

2.5.1 Tauschgeschäfte

49 Bei der Abbildung von Tauschgeschäften im Jahresabschluss ist von **zwei** wesentlichen **Grundüberlegungen** auszugehen, die miteinander verknüpft sind:
- Wenn 2 Kontrahenten sich über die Wertdifferenz des potenziellen Tauschgutes einig sind, können sie ohne (wirtschaftliche) Beschränkung nach „oben" **jeden Kaufpreis** förmlich festlegen.

> **Beispiel**
> Der Profifußballklub FC Forza Italia ist bereit, Spieler S an den Klub Real España gegen Eintausch von Spieler T abzugeben. Man einigt sich im Verhandlungsweg auf einen „Mehrwert" von S gegenüber T von 8 Mio. EUR (Tausch mit Baraufgabe, *exchange for a combination of monetary and non-*

> *monetary assets*). Die Kaufpreise können dann ohne Restriktion durch wirtschaftliches Eigeninteresse auf 18 Mio. EUR für S und 10 Mio. EUR für T oder z. B. auf 58 bzw. 50 Mio. EUR festgelegt werden.

- Aus dem vorstehend dargestellten ökonomischen determinierten Tatbestand folgt die Frage, ob und gegebenenfalls in welcher Höhe eine **Gewinnrealisierung** anzunehmen ist.

Das **handels**rechtliche Schrifttum war traditionell **vorsichtig** ausgerichtet und verneinte einen Gewinnrealisierungsakt, wandelte seine Auffassung dann zu einem **Wahlrecht** zwischen Buchwertfortführung und Gewinnrealisierung.[47] Das **Steuerrecht** geht seit dem Tauschgutachten des BFH[48] vom Erfordernis der **Gewinnrealisation** auf der Basis der gemeinen Werte aus.[49] Dem entsprechen die IFRS konzeptionell, wenn sie in IAS 16.24–26 für sächliches Anlagevermögen und in IAS 38.45–47 für immaterielle Vermögenswerte die Bewertung zum *fair value* des erworbenen bzw. hingegebenen Vermögenswertes als Regelmaß vorschreiben.

50

Die **Einzelheiten**[50] der Bewertungsvorgaben mit Beispielen sind dargestellt für
- **sächliches** Anlagevermögen in → § 14 Rz 13f.,
- **immaterielles** Anlagevermögen in → § 13 Rz 82.

Ein Tauschvorgang kann sich nicht nur **innerhalb** der beiden eben genannten Bereiche von Vermögenswerten vollziehen, sondern auch **dazwischen**, also z.B. Tausch eines immateriellen gegen einen sächlichen (Anlage-)Wert (IAS 16.24 sowie IAS 38.45) oder mit oder gegen eine als Finanzinvestition gehaltene Immobilie (IAS 40.27). Obwohl in IAS 2 nicht förmlich angesprochen, gelten die genannten Bewertungsregeln für Tauschzugänge auch für Vorratsvermögen (→ § 17 Rz 21).

2.5.2 Einlagen, Einbringungen

IFRS 2 (→ § 23) befasst sich auch mit der Bewertung von **Einlagen** bzw. **Einbringungen** einzelner Vermögenswerte gegen Gewährung von Gesellschaftsrechten (Sachkapitalerhöhung).
Aus Sicht der Gesellschaft liegt eine Anschaffung gegen aktien- bzw. anteilsbasierte **Vergütung** vor (→ § 23). Die Bewertung hat primär mit dem *fair value* des eingebrachten Vermögenswertes zu erfolgen (→ § 23 Rz 84). Den hierin zum Ausdruck kommenden **Tauschgedanken** – Anschaffung eines Vermögenswertes gegen Hingabe von Gesellschaftsrechten – mag man für richtig oder für falsch halten. Aus Konsistenzgründen wird man ihm jedenfalls auch beim einlegenden Unternehmen (**Gesellschafter**) folgen müssen: Anschaffung der Anteile gegen Hingabe des Vermögenswertes. Einen niedrigeren Buchwert unterstellt, kommt es dann beim einlegenden Unternehmen zur **Gewinnrealisierung**. Nicht anzuwenden sind die Bewertungsregeln des IFRS 2 für **Unternehmenszusammenschlüsse** (IFRS 2.5); diese Fälle unterliegen den Vorgaben von IFRS 3[51] (→ § 31 Rz 101).

51

---

47 Einzelheiten bei HOFFMANN/LÜDENBACH, NWB Bilanzkommentar 5. Aufl. 2014, § 255, Tz. 61 ff.
48 BFH, Urteil v. 16.12.1958, ID 1/57 S, BStBl III 1959 S. 30.
49 Einzelheiten bei HOFFMANN, in: LITTMANN/BITZ/PUST, EStG, § 6, Tz. 195 ff.
50 Vgl. auch FREIBERG, PiR 2007, S. 171.
51 Vgl. LÜDENBACH, PiR 2006, S. 93.

52 Die **verdeckte** Einlage ohne Ausgabe von Gesellschaftsrechten ist hingegen weder in IFRS 2 noch in einem anderen Standard förmlich geregelt. Nach der in IAS 8.11 vorgegebenen Auslegungshierarchie (→ § 1 Rz 77) sind vorrangig Regelungen zu ähnlichen Vorgängen in anderen Standards heranzuziehen. Möglich erscheint eine Auslegung, die sich **unmittelbar** auf den Regelungsgehalt von IFRS 2 stützen kann,[52] und zwar ausgehend von der Bewertung des Zugangsobjektes (Rz 51) mit dem *fair value*, soweit dieses die Ansatzkriterien erfüllt. Dieser Bewertungsmaßstab gilt aber auch für nicht aktivierbare Leistungsbezüge, z. B. Dienstleistungen und Nutzungsvergütungen (abgesehen von Mitarbeitervergütungen, → § 23).

53 Voraussetzung zur Anwendung von IFRS 2 ist die Gewährung von Anteilen (*share based*, IFRS 2.2), also eine sog. **offene** Einlage. Das schließt eine „gemischte" Einlage – gegen (neue) Gesellschaftsrechte **und** Einstellung in die Rücklage – nicht aus. Im Extremfall kann die Anteilskomponente deshalb z. B. 1.000 EUR und die „Rücklagenkomponente" z. B. 999.000 EUR betragen. IFRS 2 ist dann anwendbar.[53] Von dieser Grenzmarke ausgehend ist der Schritt in die „reine" verdeckte Einlage ohne (minimale) Gewährung von Gesellschaftsrechten unter *substance-over-form*-Gesichtspunkten nicht mehr weit.

54 Die **erfolgsneutrale** Zugangsverbuchung (im Eigenkapital) wird auch im **Umkehrschluss** zu den (unentgeltlichen) Zuwendungen der öffentlichen Hand gestützt. Nach heftiger Debatte hat sich der Board für eine erfolgswirksame Vereinnahmung dieser Zuschüsse entschieden (→ § 12 Rz 19), u. a. weil sie nicht von Anteilseignern geleistet werden (IAS 20.15a). Entsprechend ist auch in F. 70a zu lesen (→ § 1 Rz 109).

55 Ein weiteres Argument für eine Zugangsverbuchung mit dem Wert der empfangenen Gegenleistung kann aus IFRS 2.BC31 abgeleitet werden. Die Ratio von IFRS liegt danach in der buchmäßigen Abbildung der von der Gesellschaft **erhaltenen Güter** und **Dienstleistungen**, unabhängig davon, ob die Gesellschaft dafür Eigenkapitalinstrumente ausgibt. Diese Lösung wird durch IFRIC 11 **bestätigt** (→ § 23): Aktionorientierte Vergütungen an Mitarbeiter von Tochterunternehmen sind bei Letzterem als Eigenkapitalzugang zu verbuchen, auch wenn zu dieser Transaktion Eigenkapitalinstrumente der Muttergesellschaft eingesetzt werden. Dieser Eigenkapitalzugang beim Tochterunternehmen kann dann nur in die Rücklagen (= verdeckte Einlage) eingebucht werden.

56 Entsprechend sind u. E. **Nutzungsvorteile** aus z. B. unentgeltlicher Überlassung von Gebäuden oder Liquidität (unverzinsliche Darlehen) als Einlage beim empfangenden Unternehmen zu verbuchen. Das steuerliche Verbot der Nutzungseinlage[54] ist demgegenüber nicht einschlägig, da dessen Ratio (profiskalisch) gegen die Nichtversteuerung von Nutzungsmöglichkeiten ausgerichtet ist. Soweit das Steuerrecht einen anderen Erstansatz verlangt als die IFRS, kommt es gem. IAS 12.22c) nicht zu einer **Steuerlatenzrechnung** (→ § 26 Rz 13).

---

[52] Nach LÜDENBACH/FREIBERG, BB 2007, S. 1545.
[53] Eine Parallele zu § 20 Abs. 1 UmwStG.
[54] BFH, Beschluss v. 26.10.1987, GrS 2/86, BStBl II 1988 S. 348.

2.5.3 Abbruchkosten

Speziell im Fall von Grundstücken gehen Abbruchkosten häufig einher mit Neuanschaffungen oder -herstellungen. Die IFRS behandeln diesen Themenkomplex nicht im Einzelnen, anders als etwa das deutsche Einkommensteuerrecht.[55] Die zitierte BFH-Rechtsprechung und die zugehörigen Verwaltungsanweisungen berücksichtigen sinnvoll die wirtschaftlichen Begleitumstände des Grundstückerwerbs und des nachfolgenden Gebäudeabrisses. U. E. können diese Kriterien einer Lösung nach den IFRS auf der Basis des **Wertschöpfungsgedankens** zugrunde gelegt werden.

57

> **Beispiel**
> **Sachverhalt**
> Ein Gebäude wird abgerissen, um einem Neubau Platz zu machen. Die bisherigen Gebäudebestandteile sind nicht mehr verwertbar und werden entsorgt.
> **Lösung**
> Mit dem Abbruch ist keine Wertschöpfung für den Neubau verbunden, der Restbuchwert des Gebäudes und die Abbruchkosten sind in vollem Umfang als Aufwand zu behandeln.
> Anders wäre die Lösung, wenn Teile des abgebrochenen Gebäudes für den Neubau verwendet werden können, die also noch vorhandenen Werte in den Neubau eingehen. Letzteres ist auch dann der Fall, wenn Mauerreste etc. recycelt werden, denn dadurch wird die Anschaffung und Verwendung „externer" Baumaterialien – Kies und Sand – erspart.

Nach anderer Ansicht werden die Abbruch- und Entsorgungskosten **insgesamt** als Bestandteil der Herstellungskosten des Neubaus nach IAS 16.17b (*costs of site preparation*) angesehen.[56]

Ein weiterer typischer Themenbereich bezieht sich auf den **Abriss** eines Gebäudes in nahem zeitlichen Zusammenhang mit dem Erwerb des zugehörigen Grundstücks. Indiziell ist der Erwerb im Hinblick („*final*", Rz 17) auf den beabsichtigten Neubau erfolgt; der alsbald nach dem Erwerb erfolgte Abriss des noch auf dem Grundstück befindlichen Gebäudes spricht eindeutig für die Erwerbsabsicht nur des Grund und Bodens, um hierauf ein neues Gebäude zu errichten. Der Kaufpreis für das Grundstück mit dem Altbau entfällt in vollem Umfang auf den Grund und Boden.[57] Dabei ist unerheblich, ob mit dem Neubau alsbald nach dem Abriss des Altbaus begonnen wird oder nicht.

2.5.4 Entfernungs- und Rückbauverpflichtungen

Der Betrieb größerer Anlagen ist häufig mit der **Verpflichtung** zur **Entfernung** oder zum **Rückbau** verbunden. Wegen Beispielen vgl. → § 21 Rz 80. Insofern liegt hier der Sachverhalt anders als bei den Abbruchkosten (Rz 57), die nicht auf gesetzlicher oder vertraglicher Verpflichtung entstehen, und **vor** dem Nutzungsbeginn anfallen. Die geschätzten Kosten sind gem. IAS 16.16c (Rz 19) zu akti-

58

---

[55] Grundlage ist der Beschluss des BFH v. 12.6.1978, GrS 1/77, BStBl II 1978 S. 620; vgl. hierzu auch BEISER, DB 2004, S. 2007.
[56] KPMG, Insights into IFRS 2014/2015, Tz. 3.2.30.100; WITTELER/LEWE, DB 2009, S. 2451.
[57] Ähnlich ADS International, Abschn. 9, Tz. 34.

vieren. Wegen der Zugangsbewertung im Übrigen wird verwiesen auf → § 21 Rz 80 ff., wegen der Folgebewertung auf → § 21.

2.5.5 Machbarkeitsstudien

59 Zweifelhaft ist die Aktivierbarkeit von dem Anschaffungsvorgang **vorgelagerten** Machbarkeitsstudien *(feasibility assessments)*. Ein Analogieschluss zur Entwicklung einer Webseite (→ § 13 Rz 42) verneint die Aktivierbarkeit,[58] umgekehrt der Vergleich mit den als aktivierbar angesehenen Kosten einer *due diligence* im Rahmen eines Unternehmenserwerbs (→ § 31 Rz 39), der allerdings künftig nicht mehr als Anschaffungskostenbestandteil gelten soll. U. E. spricht der Anschaffungskostenbegriff **gegen** die Aktivierbarkeit der Kosten einer Machbarkeitsstudie, da diese erst den Anschaffungsvorgang in die Tat umsetzt oder eben nicht.

2.5.6 Umplanungen

60 Während der Bauphase eines größeren Gebäudekomplexes können sich wesentliche Umplanungen ergeben. Dabei ist die Aktivierung von „Doppelkosten" zu vermeiden.

> **Beispiel**[59]
> **Sachverhalt**
> H baut ein Hotel. Während der Bauphase kommen Zweifel an der Rentierlichkeit auf. H entscheidet sich für eine Umplanung zu einem Seniorenwohnheim.
>
> **Lösung**
> Die ursprünglichen Planungskosten sind abzuschreiben, aus den Herstellungskosten zu eliminieren (IAS 16.22 analog) und die Kosten der Umplanung zu aktivieren.

2.5.7 Ersatzleistungen bei Abgangsverlusten

61 Schadensersatz- oder **Versicherungs**leistungen im Zusammenhang mit Anlageabgängen sind erfolgswirksam zu vereinnahmen.[60] Eine Rücklage für Ersatzbeschaffung nach EStG kennen die IFRS nicht.

> **Beispiel**
> **Sachverhalt**
> - Ein Gebäude wird durch Brand vollständig zerstört.
> - Buchwert 600
> - Versicherungsentschädigung 1.000
> - Wiederherstellungskosten 900

---

[58] So KPMG, Insights into IFRS 2014/2015, Tz. 3.2.30.60.
[59] Nach KPMG, Insights into IFRS 2014/2015, Tz. 3.2.30.110.
[60] So KPMG, Insights into IFRS 2014/2015, Tz. 3.2.370.10 mit den nachfolgenden Beispielen.

Lösung
- Folgende Buchungen sind vorzunehmen:

Konto	Soll	Haben
Aufwand	600	
Gebäude		600
Geld	1.000	
Ertrag		1.000
Gebäude	900	
Geld		900

- Diese Buchungen können in verschiedenen Perioden anfallen.

2.5.8 Bedingte Kaufpreisbestandteile

2.5.8.1 Systematik

Bedingte Kaufpreisbestandteile (*contingent considerations*) werden lediglich in IFRS 3 zum **Unternehmenserwerb** behandelt (→ § 31 Rz 58 ff.). Zur Bestimmung der Anschaffungskosten von Vermögenswerten außerhalb eines Unternehmenserwerbs fehlen entsprechende Regelungen in den einschlägigen Standards IAS 16 (→ § 14), IAS 38 (→ § 13), IAS 40 (→ § 16) und IAS 2 (→ § 17).

62

Beispiel
- Der Bauträger B verkauft das Bürohochhaus an einen Investmentfonds zu 100 unter Berücksichtigung einer aktuellen Vermietungsquote von 68 % der Gesamtfläche. Sofern innerhalb von zwei Jahren eine Quote von 92 % mit durchschnittlich 30 EUR/m² p. m. erreicht wird, erhöht sich der Kaufpreis um 20 auf 120. Sonst bleibt es bei dem ursprünglichen Preis von 100.
- Der Stahlproduzent S verkauft eine Menge an Rohstahl zu 1.000 EUR. Der Preis ändert sich nach Maßgabe des durchschnittlichen Umrechnungskurses EUR/USD im nächsten Halbjahr nach dem Verkauf.

Nach IFRS 3.2 (b) kann der Regelungsgehalt des IFRS 3 nicht auf den Erwerb von Vermögenswerten außerhalb einer *business combination* angewandt werden. Es bleibt also nur ein nicht zwingender **Analogieschluss** mit den in → § 31 Rz 58 ff. dargestellten Regeln.

U. E. sollte allerdings eher eine Analyse der Vorgaben für die Bestimmung der Anschaffungs- und Herstellungskosten, z.B. in IAS 16, herangezogen werden. Dabei wird von der **Aktiv**seite des Vorgangs ausgegangen.[61] Das wäre auf der Basis der Definitionsnorm von IAS 16.6 (Rz 11) möglich, wonach zu den „*costs*" neben der Barvergütung auch **andere** Gegenleistungen gehören. Solche anderen könnten nicht nur **unbedingt** (Tauschfälle), sondern auch **bedingt** sein, wenn man lediglich auf den Wortinhalt abstellt. In dieser Sichtweise würde also die Einräumung eines bedingten Anspruchs nicht mit dem endgültigen, nach

---
[61] So auch EPPINGER/SEEBACHER, PiR 2010, S. 340.

(Nicht-)Eintritt der Bedingung feststehenden Wert, sondern wie in IFRS 3 mit dem **wahrscheinlichkeitsgeprägten** Zeitwert der bedingten Vereinbarung berücksichtigt (→ § 31 Rz 59). U. E. hat allerdings diese Auslegungsmöglichkeit wenig Substanz, da die bedingten Kaufpreisbestandteile in IFRS 3 besondere Regelungen erfahren haben, die vergleichbar in den Standardsetzungsprozess von IAS 16 usw. nicht eingeflossen sind. Deshalb sollte man, von Tauschfällen abgesehen, eher vom „*cash*" als normalem und wesentlichem Bestandteil der Anschaffungskosten ausgehen. Diese sind dann durch die Gesamtheit der **tatsächlich** geleisteten Vergütungen vom Verkäufer gekennzeichnet, unabhängig vom Zeitpunkt der Zahlung.

Dieser Gedanke erfährt Unterstützung durch die Rechtsfigur der **zusätzlichen** Anschaffungskosten (Rz 17) und der **nachträglichen** Herstellungskosten (Rz 34). Unter dieser Annahme wären spätere Zahlungen aufgrund des Eintritts oder Nichteintritts der Kaufpreisbedingung erfolgsneutral als (Korrektur der) Anschaffungskosten zu behandeln. Dabei kann eine Einbuchung der **bedingten** Verbindlichkeit gegen die Anschaffungskosten bereits dann erfolgen, wenn der Eintritt der Bedingung überwiegend **wahrscheinlich** ist. Sobald das Ergebnis der Bedingung endgültig feststeht, muss dann eine erfolgsneutrale Anpassung von vorläufigen **Anschaffungskosten** und vorläufiger **Verbindlichkeit** erfolgen.

63 Ein anderer Lösungsansatz könnte die **Passiv**seite als dominierend ins Visier nehmen und die Standardregelungen für die **Verbindlichkeiten** als Wertbestimmungsgröße durchforsten. Dann sind folgende Fragen zu klären:
- Liegt ein **Derivat** vor, dessen Wert nicht von **parteispezifischen**, sondern von „**externen** Variablen" abhängt, z. B. dem Währungskurs, dem Zinsindex etc. (so im Beispiel unter Rz 66 die zweite Variante)? Dann ist es für die Qualifizierung als Finanzderivat i. S. v. IAS 39 und IFRS 9 **unerheblich**, ob eine Bindung an **finanzielle** oder **nichtfinanzielle** Variablen vorliegt.
- Der bedingte Kaufpreis kann auch einen *earn-out*-Charakter haben (so im Beispiel unter Rz 66 die erste Variante). Dann kommt es darauf an, ob eine **gewinnabhängige** Bedingungsvariable als finanzielle oder nichtfinanzielle Verbindlichkeit zu werten ist (→ § 28). Hierbei besteht ein faktisches Wahlrecht.
- Entscheidet man sich für „finanziell", liegt möglicherweise eine derivative Finanzverbindlichkeit vor, die mit ihrem *fair value* im Zugangszeitpunkt einzubuchen ist (IAS 39.43 bzw. IFRS 9.5.1.1.).[62]
- Entscheidet man sich für „nichtfinanziell", dann kommt man zur Lösung der bedingten Kaufpreisbestandteile bei einem **assoziierten** Unternehmen (→ § 33 Rz 53), also: Einbuchung der Kaufpreisverbindlichkeit bei überwiegend wahrscheinlichem Eintreten und späterer Korrektur nach Maßgabe des effektiven Betrags. Genauso vertretbar ist allerdings auch eine Einbuchung zunächst nur der unbedingten Verpflichtung, mit entsprechend späterer Anpassung bei Eintreten der Bedingung.

64 Nach einer Erhebung des RIC[63] unter Wirtschaftsprüfungsgesellschaften verfährt die **Praxis** bei der Behandlung ungewisser Kaufpreisbestandteile unterschiedlich („*diversity in practice*"). Es wird entgegen unserer Präferenz (Rz 62) wohl mehr-

---

[62] So FREIBERG, PiR 2010, S. 358.
[63] Vgl. hierzu EPPINGER/SEEBACHER, PiR 2010, S. 339.

heitlich auf die **Passivseite** abgehoben und dabei eine (derivative) Verbindlichkeit eingebucht, die dann einer erfolgswirksamen Folgebewertung unterliegt.

Das IFRS IC befasst sich seit der Sitzung im Januar 2011[64] mit dem Thema des *contingent pricing* bei Anschaffungskosten für **einzelne** Sach- und immaterielle Anlagegüter, also im Gegensatz zur „gesammelten" Anschaffung im Rahmen eines Unternehmenszusammenschlusses (→ § 31 Rz 58 ff.). Ausgangspunkt der bisherigen Überlegungen des IFRS IC[65] ist die Passivseite: Der bedingte Kaufpreisbestandteil stelle eine mit dem *fair value* im Zugangszeitpunkt zu bewertende Verbindlichkeit dar. Dabei sei die Zugangsverbuchung für diese Einzelgüter identisch mit derjenigen im Rahmen eines Unternehmenszusammenschlusses. Das **Hauptproblem** der Bilanzierung sieht das IFRS IC in der Entscheidung der Frage, ob in der Folge die Neubewertung der Verbindlichkeit

- erfolg**swirksam** in der GuV-Rechnung oder
- erfolg**sneutral** durch Korrektur der Anschaffungskosten

erfolgen muss. Zum letztgenannten Punkt verweist das IFRS IC auf eine verwandte Problemlage bei der Bilanzierung von Entfernungs- und Rückbauverpflichtungen nach IFRIC 1; dort wird im *cost model* eine erfolgsneutrale Anpassung der Anschaffungs- oder Herstellungskosten vorgeschlagen (→ § 21 Rz 82).

2.5.8.2 Einzelfälle

Die vorstehende Systematik zur Erfassung bedingter Kaufpreisbestandteile belegt deren nicht eindeutige Bestimmbarkeit nach dem Regelwerk der IFRS. Immer sind wenigstens zwei vertretbare Lösungen möglich. Vom Rechtsanwender kann deshalb nur eine konsistente Behandlung im Zeitverlauf zwingend erwartet werden.

Nachfolgend sind einige Beispiele wiedergegeben, deren Lösungen u. E. **vorzugswürdig**, aber keineswegs als ausschließlich zu werten sind.

Nicht zwingend muss der Erwerb eines Vorratsvermögens (Rohmaterial oder Ware) gegen einen **festen** Kaufpreis erfolgen. Denkbar ist auch eine **Beteiligung** des Verkäufers am **Erlös** des Erwerbers aus dem verkauften Rohmaterial oder der Handelsware bzw. im Fall einer geringen Wertschöpfung auch die Beteiligung am Erlös aus den gefertigten Erzeugnissen.

> **Beispiel**
> Der Fleischverarbeiter V verkauft an den Wursthersteller K börsengehandelte Schweinebäuche, die Letzterer zu Lyonerwurst verarbeitet. Die Lieferung erfolgt auf Ziel mit einer Zahlungsfrist von einem Monat. Als Basiskaufpreis wird ein Betrag von 100 vereinbart, der sich jedoch in dem Maße verändert, wie zwischen Lieferung und Fälligkeit der Verbindlichkeit der Börsenpreis für Schweinebäuche variiert. Der endgültige Kaufpreis beträgt also 100, multipliziert mit der Änderung der Preisnotiz für die Schweinebäuche.
> Die Frage ist, inwieweit die Variabilität der Preisvereinbarung in die Anschaffungskosten des Rohmaterials (hier Schweinebäuche) einzubeziehen ist. Folgende Lösungen sind vertretbar:

---

[64] IFRIC, Update Januar 2011.
[65] IFRIC, Update März 2011.

- Vorrang der **Aktivseite**, Vernachlässigung des Finanzderivats (Rz 62): Das Vorratsvermögen und die korrespondierende Verbindlichkeit sind **zunächst** mit dem Wert von 100 zu erfassen.
  - Die **Änderung** des Erfüllungsbetrags zwischen Liefer- und Fälligkeitsdatum ist durch „Fortschreibung" der **Verbindlichkeit** zu berücksichtigen.
  - Der **Anschaffungskostenbegriff** in IAS 2.10 umfasst *„all costs of purchase"* (→ § 8 Rz 11). Danach erfolgt die Fortschreibung der Verbindlichkeit gegen die Anschaffungskosten der Vorräte und damit mittelbar (bei Verbrauch der Vorräte) gegen den Materialaufwand.
- Vorrang der **Passivseite** (Rz 63): Die Verbindlichkeit wird entsprechend den Regelungen von IFRS 9 bzw. IAS 39 zu strukturierten Produkten in ein Basisinstrument (Verbindlichkeit von 100) und ein eingebettetes Finanzderivat (Termingeschäft auf die Entwicklung der Schweinebauchpreise) gesplittet. Da das Derivat von der Börsenkursentwicklung abhängt, also nicht an eine parteispezifische Variable gebunden ist, unterliegt es IFRS 9 bzw. IAS 39[66] und ist mit seinem *fair value* (im Beispiel von null) einzubuchen. Veränderungen des *fair value* führen dann zu Aufwand oder Ertrag und berühren die Anschaffungskosten der Vorräte nicht mehr.

67 Der endgültige Kaufpreis kann statt an eine **externe** Variable (Börsenkurs etc.) auch an den **individuellen** Weiterveräußerungserfolg und damit eine **parteispezifische** Variable geknüpft sein.

Beispiel
Ein Bauträger erwirbt Bauland. Der Kaufpreis wird als Variable, fällig in 18 Monaten, festgelegt. Es gilt der höhere Wert
- von 100 oder
- von 10 % des Bruttoverkaufserlöses des Bauträgers.

Hier enthält die Kaufpreisvereinbarung einen **Festbetrag** von 100, außerdem im Unterschied zum Beispiel unter Rz 20 eine **asymmetrische Stillhalterposition**, da der endgültige Kaufpreis zwar höher, aber nicht niedriger als 100 sein kann.
1. Vorrang der **Aktivseite**, Vernachlässigung des Finanzderivats (Rz 62):
   - Das Vorratsvermögen und die korrespondierende Verbindlichkeit sind zunächst mit dem Wert von 100 zu erfassen, sofern nicht bereits im Zugangszeitpunkt mit überwiegender Wahrscheinlichkeit von einem höheren Bruttoverkaufserlös als 1.000 und somit einem höheren Kaufpreis als 100 ausgegangen wird.
     - Die **Änderung** des Erfüllungsbetrags zwischen Liefer- und Fälligkeitsdatum ist durch „Fortschreibung" der Verbindlichkeit zu berücksichtigen.
     - Der Anschaffungskostenbegriff in IAS 2.10 kann angeführt werden, weil er *„all costs of purchase"* (→ § 8 Rz 11) umfasst. Danach erfolgt die Fortschreibung der Verbindlichkeit gegen die Anschaffungskosten der Vorräte und damit mittelbar (bei Verbrauch der Vorräte)

---

[66] So auch EPPINGER/SEEBACHER, PiR 2010, S. 338.

Anschaffungs- und Herstellungskosten, Neubewertung § 8

2. Vorrang der **Passivseite** (Rz 63):
- Es ergibt sich nur dann eine andere Lösung als zuvor, wenn die Bindung an den Bruttoverkaufserlös als finanzielle Variable gewürdigt wird. Die Verbindlichkeit wird dann entsprechend den Regelungen von IFRS 9 bzw. IAS 39 zu strukturierten Produkten in ein Basisinstrument (Verbindlichkeit von 100) und ein eingebettetes Finanzderivat (Stillhalterposition) gesplittet.

Bei einem unterstellten Zugangswert von 10 für das Derivat ist vom Bauträger beim Zugang zu buchen:

Konto	Soll	Haben
Grundstück	110	
Geld		100
Derivat		10

Die weitere Wertentwicklung des Derivats würde zu Aufwand oder Ertrag führen.

Qualifiziert man die dem Derivat zugrunde liegende Variable hingegen als nichtfinanziell, scheidet wegen der Parteispezifik der Ansatz einer derivativen Finanzverbindlichkeit aus.

Unabhängig von den vorstehenden Lösungsalternativen gilt aus Sicht des Veräußerers noch Folgendes: Der Landverkauf ist mit einem **Restrisiko** bez. des endgültigen Kaufpreises verbunden. Dieses ist indes relativ **geringfügig** und verhindert nicht den Übergang des wirtschaftlichen Eigentums und damit die Umsatzrealisation (→ § 25). Anders wäre es, wenn die wesentlichen Risiken beim Baulandverkäufer verblieben, dann entfiele bei diesem die Umsatzrealisation und beim Bauträger der Anschaffungsvorgang. Es läge ein nicht bilanzierbares schwebendes Geschäft vor.

Anders als in den Beispielen unter Rz 66 und Rz 67 sind bedingte Kaufpreisbestandteile zu behandeln, wenn die Erfüllung der Bedingung mit einem **veränderten** Vermögenswert verbunden ist. **68**

> **Beispiel**
> Der Bauentwickler A kauft vom Grundstücksbesitzer B ein Bauerwartungsland. Die Erteilung eines Baurechts ist zweifelhaft. A zahlt zunächst X EUR „up front", d.h. für das „nackte" Land, und (bedingt) einen zusätzlichen Betrag Y EUR, sofern das Baurecht erteilt wird.
> Sobald das Baurecht vorliegt, entsteht ein Gut **anderer Marktgängigkeit**. Es liegt dann ein herstellungsähnlicher Transformationsprozess vor. Die wegen der Erteilung des Baurechts entstehenden Zahlungsverpflichtungen sind daher erfolgsneutral als nachträgliche Anschaffungs- oder Herstellungskosten zu berücksichtigen.

> **Beispiel**
> Der Pharmaproduzent A erwirbt vom Biotech-Unternehmen B das Patent mit Vermarktungsrechten eines in Entwicklung befindlichen Arzneimittels. Dafür leistet A eine Vorauszahlung (*up front*). Eine weitere Zahlung ist dann vereinbart, wenn das Arzneimittel zum Verkauf durch die Zulassungsbehörde bereit ist.

69 Das Grundstück mit Baurecht und das Patent mit Zulassung sind von anderer **Marktgängigkeit** als ohne. Deshalb bezieht sich die *up-front*-Zahlung auf das Grundstück bzw. Patent ohne entsprechendes Recht. Diese ist als Zugang zu verbuchen. Die bedingte weitere Zahlung führt erst mit Erteilung der Baugenehmigung bzw. der Zulassung zu einer Verbindlichkeit und zu Anschaffungs-/Herstellungskosten eines **anderen** Vermögenswertes, der allerdings buchtechnisch mit den bisherigen verbunden werden kann. Der bedingte Vertragsbestandteil repräsentiert ein nicht bilanzierbares **schwebendes** Geschäft (→ § 1 Rz 96); erst mit Bedingungseintritt entstehen hierfür Anschaffungskosten und Verbindlichkeiten. Wahrscheinlichkeitsüberlegungen zum Bedingungseintritt sind nicht erforderlich.

3 Die Neubewertungskonzeption *(revaluation)*

3.1 Überblick

70 In Abweichung vom Anschaffungskostenprinzip (Rz 6) **erlauben** die IFRS eine **Neubewertung** *(revaluation)* über die Anschaffungs- und Herstellungskosten **hinaus**:
- IAS 16.31 für sächliches Anlagevermögen als „einfaches" Wahlrecht (→ § 14 Rz 18),
- IAS 38.75 für immaterielle Anlagegüter „einfaches" Wahlrecht (→ § 13 Rz 85 ff.) gegenüber dem bzw. vom Anschaffungskostenverfahren.

Anzuwenden ist die Neubewertungskonzeption auch auf im *finance lease* finanzierte Anlagegüter (→ § 15 Rz 123).

In der deutschen IFRS-Rechnungslegungspraxis wird das Neubewertungsverfahren nur ganz **ausnahmsweise** und dann beschränkt aufgrund und Boden angewandt.[67] Der SME-Standard erlaubt die Anwendung der Neubewertungsmethode nicht (→ § 50 Rz 12).

71 Als Neuwert gilt der *fair value* des betreffenden Vermögenswertes am Tage der Neubewertung abzüglich danach entstehender Abschreibungen und außerplanmäßiger Wertminderungen (*impairment losses*; IAS 16.31 bzw. IAS 38.75). Der *fair value* bestimmt sich nach den Regeln des IFRS 13 (IAS 16.6 bzw. IAS 38.8). Zur Bestimmung des *fair value* (Zeitwert) wird verwiesen auf → § 8a Rz 12.

72 Der Neubewertungsbetrag „nach oben" ist **erfolgsneutral** („außerhalb von Gewinn und Verlust") im Eigenkapital einer **Neubewertungsrücklage** *(revaluation surplus)* zuzuführen (IAS 16.39, IAS 38.85). So ist auch die Umwidmung von Grundstücken, die als Finanzinvestitionen gehalten werden, nach IAS 40.61 geregelt (→ § 16 Rz 121 f.). Zur Neubewertung „nach unten" vgl. Rz 85 ff. Diese Zuführung ist in der Gesamteinkommensrechnung (→ § 2 Rz 93) gesondert zu zeigen (IAS 16.40A).

Besonderheiten aus der Neubewertung ergeben sich für
- die planmäßige Abschreibung (Rz 81 ff.),
- die außerplanmäßige Abschreibung (Rz 85 ff.),
- den Abgang (Rz 90),
- die Steuerlatenzrechnung (Rz 89).

---

[67] S. Müller/Wobbe/Reinke, KoR 2008, S. 637.

Für **landwirtschaftliche Produkte** gilt derzeit nach IAS 41.12 f. generell eine 73
Marktbewertung (→ § 40 Rz 21 ff.).

3.2 Besonderheiten für immaterielle Anlagewerte

Konzeptionell stimmen die Vorschriften zur Neubewertung *(revaluation)* von 74
sächlichem Anlagevermögen *(property, plant and equipment)* in IAS 16 mit
denjenigen zu den **immateriellen** Vermögenswerten *(intangible assets)* in IAS 38
überein (→ § 13 Rz 85 ff.). Allerdings besteht eine entscheidende **Besonderheit**:
IAS 38.75 verlangen zur Bestimmung des *fair value* eines immateriellen Vermögenswertes eine Bezugnahme auf einen „aktiven Markt" (IAS 38.7). Ein
solcher liegt bei kumulativer Erfüllung folgender Tatbestände vor:
- Handel mit homogenen Gütern;
- Käufer und Verkäufer sind üblicherweise verfügbar;
- Preise werden der Öffentlichkeit verfügbar gemacht.

Diese Voraussetzung ist allerdings für immaterielle Vermögenswerte nur in **Ausnahmefällen** gegeben; als Beispiel werden frei handelbare Taxi- und Fischerei-Lizenzen sowie Produktionsquoten genannt. Für die in Wirklichkeit wichtigen
„intangibles" – Warenzeichen, Veröffentlichungsrechte, Patente, Handelsmarken –
kann es keinen solchen „aktiven Markt" geben; die Neubewertungsmethode
scheidet demgemäß aus.

Generell sind die tatbestandlichen Voraussetzungen zur Anwendung des Neubewertungsverfahrens bei immateriellen Vermögenswerten weitaus **enger** als für
sächliches Anlagevermögen (→ § 13 Rz 87).

3.3 Vorgehensweise am Beispiel des sächlichen Anlagevermögens

3.3.1 Voraussetzungen

Die **Option** zur Neubewertungsmethode ist von folgenden **Voraussetzungen** 75
abhängig:
- Die Neubewertung ist im Zeitverlauf mit hinreichender **Regelmäßigkeit** vorzunehmen, damit der (neu bewertete) Buchwert *(carrying amount)* nicht wesentlich vom beizulegenden Zeitwert *(fair value)* am jeweiligen Bilanzstichtag abweicht (IAS 16.31).
- Die Neubewertung muss mit der nötigen **Häufigkeit** erfolgen (IAS 16.34). Maßgeblich ist eine **wesentliche** Abweichung des beizulegenden Zeitwerts *(fair value)* zum Buchwert *(carrying amount)*. Je nach Vermögenswert kann eine **jährliche** Anpassung (bei hoher Wert-Volatilität) erforderlich sein, sonst soll ein **Intervall** von drei bis fünf Jahren genügen.
- IAS 16 verbietet nicht den **Wechsel** zwischen den beiden Verfahren (Anschaffungskosten- bzw. Neubewertungskonzept). Es gilt allerdings das **Stetigkeitsgebot** nach IAS 8.14 (→ § 24 Rz 16). Als Rechtfertigung für einen Methodenwechsel gilt die bessere oder verlässlichere Darstellung von Geschäftsvorfällen (→ § 24 Rz 23).
- Die Neubewertung darf nicht für einen einzelnen Vermögenswert erfolgen, 76
sondern nur für eine ganze **Gruppe** *(entire class;* IAS 16.36) – ohne geogra-

fische Beschränkung.⁶⁸ Solche Gruppen können – nicht müssen – wie folgt nach IAS 16.37 für **sächliches Anlagevermögen** gebildet werden:
- Grund und Boden,
- Grundstücke,
- Maschinen,
- Schiffe,
- Flugzeuge,
- Motorfahrzeuge,
- Einrichtungen, Anlagen,
- Büroausstattung.
- Es ist auch zulässig, den Aggregationsgrad zu verringern,⁶⁹ also nicht alle Motorfahrzeuge, sondern nur die Pkws und nicht die Lkws oder nur Bürogebäude ohne Fabriken.⁷⁰

> **Beispiel**
> Ein Industrieunternehmen ist in verschiedenen Ländern produktiv tätig, ihm gehören eine große Anzahl von Produktions- und Lagergebäuden, die regelmäßig in Industriegebieten gelegen sind, außerdem Bürogebäude in der Innenstadtlage.
> Die Unterscheidungsvorgabe in IAS 16.37 ist recht großzügig: *„A similar nature and use in an entity's operations."* Deshalb können die Bürogebäude als *„class"* i.S.v. IAS 16.36 angesehen werden und einer Neubewertung unterliegen, während umgekehrt die Produktions- und Lagergebäude weiterhin nach dem Anschaffungskostenmodell bewertet werden. Die Differenzierung erfordert einen sachlichen Grund (wie im Beispiel); umgekehrt kommt eine Art Zufallsauswahl nicht in Betracht, also z.B. eine Aufwertung aller Grundstücke mit Gebäude, die eine gerade Straßennummerierung tragen, ebenso wenig eine regionale Differenzierung.⁷¹

- Für **immaterielle Vermögenswerte** kann folgende Unterteilung in Betracht kommen (IAS 38.119):
  - Marken,
  - Publizierungsrechte,
  - EDV-Software,
  - Lizenzen,
  - Patente,
  - Entwicklungskosten etc.
- Die Neubewertung muss für die jeweilige Gruppe **gleichzeitig** erfolgen. Dabei ist allerdings auch ein **rollierendes** System zulässig (IAS 16.38), also z.B. ein Drittel aller Maschinen pro Jahr. Die IFRS gehen offensichtlich stillschweigend davon aus, dass die Neubewertung für jeden Vermögenswert der neu bewerteten *class* zumindest nicht zu einer Abwertung führt (eine

---

68 KPMG, Insights into IFRS 2014/2015, Tz. 3.2.320.10.
69 So auch HEUSER/THEILE, IFRS-Handbuch, 5. Aufl., 2012, Tz. 1292.
70 PwC, IFRS Manual of Accounting 2014, Tz. 16.129; dort auch das folgende Beispiel.
71 KPMG Insights into IFRS 2014/2015, 3.2.320.20.

Werterhöhung oder unveränderter Buchwert). Jedenfalls ist der Fall der Wertminderung im Zuge der Neubewertung nicht detailliert geregelt (Rz 86).

3.3.2 Die Wertbestimmung und Erstverbuchung

Bei Option zur Neubewertungsmethode (*revaluation model*) ist gem. IAS 16.22 der beizulegende Zeitwert (*fair value*) im Zeitpunkt der „Neubewertung" anzusetzen. Die Bestimmung des *fair value* ergibt sich aus IFRS 13 (→ § 8a Rz 1 ff. sowie → § 8a Rz 40). **78**

Bei der buchmäßigen Abwicklung der Neubewertung von Vermögenswerten, die zuvor planmäßig oder außerplanmäßig abgeschrieben worden sind, stellt sich die Frage, wie mit diesen kumulierten, im Anlagespiegel dargestellten, Abschreibungen umzugehen ist. Im bisherigen Recht waren hierzu nur undeutliche Regelungen enthalten. Durch das AIP 2010–12 ist eine Klarstellung vorgenommen worden, derzufolge zwischen folgender Brutto- oder Nettodarstellung gewählt werden kann (IAS 16.35 und IAS 38.80): **79**

- Bei der **Nettodarstellung** wird ein Neustart der Abschreibungen vorgenommen. Die bisherigen werden auf Null gesetzt. Dem mit Übergang zur Neubewertungsmethode anzusetzenden *fair value* stehen keine kumulierten Abschreibungen gegenüber.
- Bei der **Bruttodarstellung** wird der *fair value* zum Zeitpunkt des Übergangs, also der *fair value* eines gebrauchten Anlagegutes, mit dem Wert eines neuen (bzw. dem Zustand bei Zugang entsprechenden) Anlagegutes verglichen und die Differenz als kumulierte Abschreibung behandelt.

> **Beispiel**
> Für ein vor vielen Jahren errichtetes, unverändert genutztes Gebäude ergeben sich unmittelbar vor Übergang zur Neubewertungsmethode folgende Daten:
> - Herstellungskosten = gross carrying amount = „Bruttobuchwert" 1.000.
> - Kumulierte Abschreibung 600.
> - Buchwert 400.
> - Aktueller fair value 1.200.
>
> Daraus ergibt sich in der
> - Nettodarstellung: neuer Buchwert = 1.200; *gross carrying amount* 1.200, kumulierte Abschreibung = 0;
> - Bruttodarstellung: neuer Buchwert = 1.200; *gross carrying amount* (1.200/ 400 × 1.000) = 3.000, kumulierte Abschreibung (3.000–1.200) = 1.800.
>
> Fallvariante zur Bruttomethode:
> Der *gross carrying amount* wird auf Basis einer Baukostenindexierung der ursprünglichen Herstellungskosten mit 3.300 ermittelt. Unter Berücksichtigung der wirtschaftlichen und physischen Abnutzung wird hieraus ein aktueller *fair value* von 1.200 abgeleitet.
> - Neuer Buchwert = 1.200; *gross carrying amount* = 3.300, kumulierte Abschreibung (3.300–1.200) = 2.100.

3.3.3 Die planmäßigen Folgeabschreibungen

80 *vorläufig frei*

81 Die IFRS enthalten **keine** bestimmte Regelung zur Verrechnung planmäßiger (und außerplanmäßiger) Abschreibungen **nach Neubewertung** (*revaluation*). Deshalb ist die Lösung nur aufgrund allgemeiner betriebswirtschaftlicher Kriterien möglich. Folgende **Berechnungsparameter** sind dabei zu beachten (→ § 10 Rz 6):
- Abschreibungs**volumen** (Rz 82; → § 10 Rz 20),
- Abschreibungs**methode** (→ § 10 Rz 27),
- Abschreibungs**periode** (Nutzungsdauer; → § 10 Rz 34),
- Erfolgswirksamkeit (Rz 83),
- Steuerlatenz (Rz 89),
- Neubewertung „nach unten" (Rz 85 f.).

82 Die IFRS bieten insbesondere auch keine Hinweise zur Neudefinition des **Abschreibungsvolumens** (*depreciable amount*) im Gefolge der Neubewertung.[72] Werden die jährlichen Abschreibungen nach der Neubewertung in der bisherigen Höhe weiterverrechnet, ist am Ende der planmäßigen Nutzungsdauer noch ein **ungeplanter Restwert** vorhanden. Die Frage ist dann, ob dieser Restbetrag aufwandswirksam auszubuchen oder mit der Neubewertungsrücklage (Rz 72) zu verrechnen ist. U. E. sollte die Abschreibungsrate p. a. nach Neubewertung so bemessen werden, dass am Ende der Nutzungsdauer **der geplante Restwert** (meist null) **erreicht wird**. Das Gleiche muss für die Restabschreibung nach einer Wertaufholungszuschreibung gelten (→ § 11 Rz 226).

83 Von den IFRS unbeantwortet (Bestätigung in IAS 12.64) bleibt auch die Frage nach der **Ergebnisrelevanz** einer ggf. (Rz 82) zu verrechnenden **Zusatzabschreibung** auf der Grundlage des *fair value* als neuer Abschreibungs-Bemessungsgrundlage
Denkbare Vorgehensweisen wären danach:
- erfolg**swirksame** Behandlung des erhöhten Abschreibungsbetrages (Buchung „Abschreibung an Anlagevermögen") mit oder ohne gleichzeitiger Reduzierung der Neubewertungsrücklage durch zusätzliche Buchung „Neubewertungsrücklage an Gewinnrücklagen";
- erfolgs**neutrale** Behandlung des erhöhten Abschreibungsbetrages durch Buchung „Neubewertungsrücklage an Anlagevermögen".

Konsequent zur erfolgsneutralen Einstellung des Aufwertungsbetrages in die Neubewertungsrücklage (Rz 72) wäre die **erfolgsneutrale** Verrechnung der Zusatzabschreibung (aufgrund der Neubewertung) zu Lasten dieser Rücklage. Dies entspräche auch der Anweisung in IAS 36.60, der zufolge außerplanmäßige Abschreibungen wegen Wertminderung (*impairment*) bei vorheriger Neubewertung zu Lasten der Neubewertungsrücklage zu verbuchen sind. Im Schrifttum wird aber eher die erfolgswirksame Abschreibung für geboten gehalten.[73]

84 Die **erfolgsneutrale** Verrechnung der Zusatzabschreibung bewirkt im Periodenverlauf einen **höheren Gewinnausweis**. Sie wird im internationalen Schrifttum als zulässig erachtet. Wegen der Folgewirkung auf die **Steuerlatenz**rechnung vgl. Rz 89.

---

[72] Vgl. MUJKANOVIC, Fair Value im Financial Statement nach IAS, 2002, S. 142 ff.
[73] Vgl. z. B. PWC, Manual of Accounting 2014, Tz. 16.209

3.3.4 Neubewertung „nach unten"

Eine Neubewertung „nach unten" kann u. E. nur **nach früherer gegenläufiger Neubewertung** erfolgen. Der Neubewertungs-Buchwert ist unter dieser Annahme durch die fortgeführten Anschaffungs- oder Herstellungskosten „nach unten" gedeckelt. Diese Auffassung stützt sich auf den Aussagegehalt von IAS 36 (→ § 11), wonach eine außerplanmäßige Abschreibung (für den einzelnen Vermögenswert) aufgrund einer Wertänderung gegenüber dem Buchwert **zwingend** ist und deshalb dem optionalen Neubewertungsverfahren vorgeht (vgl. auch Rz 77). 85

Die hier vertretene Auffassung kann **indirekt** auch aus IAS 16.40 und IAS 36.60 abgeleitet werden: Danach ist die Neubewertung „nach unten" **ergebniswirksam** zu behandeln (vergleichbar einer *impairment*-Abschreibung; → § 11 Rz 6), sofern die zulässige Wertaufholungsrücklage größer oder gleich dem Abwertungserfordernis ist. Ein solcher dem betreffenden Vermögenswert zuzuordnender Betrag innerhalb der Wertaufholungsrücklage kann nur durch eine (vorgängige) Neubewertung „nach oben" entstanden sein. Soweit eine dem (wegen Wertminderung) abzuschreibenden Vermögenswert zuzuordnende Neubewertungsrücklage vorhanden ist, muss die Abschreibung gem. IAS 36.60 zu Lasten dieser Rücklage (erfolgsneutral) verbucht werden. Vergleichbar ist das Konzept des Übergangs durch Umwidmung von Grundstücken nach IAS 40 (→ § 16 Rz 120 ff.). 86

Hierzu folgende schematische Darstellung:[74] 87

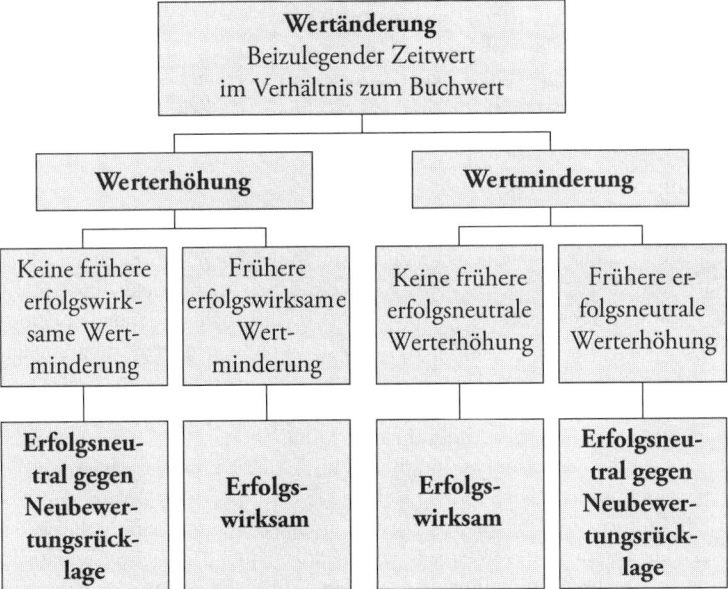

---

[74] Nach WAGENHOFER, International Accounting Standards, 3. Aufl., 2001, S. 302.

88

Beispiel	
Sachverhalt	
Buchwert Anfang 07 nach Neubewertung	100
Zuzuordnende Neubewertungsgrundlage	40
Zeitwert Ende 07	50
Lösung	
Inanspruchnahme der Rücklage	40
Erfolgswirksame Abschreibung	10
Buchwert Ende 07 (neu)	50

3.3.5 Steuerlatenz

89 Nach (deutschem und meist auch ausländischem) Steuerrecht ist eine Neubewertung nicht zulässig. Bei planmäßig abzuschreibenden Anlagegegenständen kommt es dann bei einer Neubewertung „nach oben" notwendig zu einer **passiven Steuerlatenz** (→ § 26 Rz 197). Nach IAS 12.61 ist die passive Steuerlatenz der Neubewertungsrücklage zu belasten. Die Gegenbuchung zum Aufwertungsbetrag erfolgt also immer „gesplittet" – teils zugunsten der Neubewertungsrücklage, teils als passive Steuerlatenz.

Die **Auflösung** des Passivpostens für die Steuerlatenz folgt nach Auffassung des Board[75] der ergebnis**neutralen** Zuführung, ist also ebenfalls ergebnisneutral zu verrechnen. Umgekehrt wird auch eine ergebnis**wirksame** Auflösung des Steuerlatenzpostens für zutreffend erachtet.[76] Bei einer – unterstellt zulässigen (Rz 83) – erfolgsneutralen Abschreibungsverrechnung muss auch die Auflösung des Passivpostens für die latente Steuer erfolgsneutral erfolgen.

Für **nicht abnutzbare**, neu bewertete Vermögenswerte (Grund und Boden) ist ebenfalls eine Steuerlatenz zu berücksichtigen.

3.3.6 Abgang (*realisation*)

90 Die **Neubewertungsrücklage** ist so lange **aufrechtzuerhalten**, wie der betreffende (neu bewertete) Vermögenswert noch im Unternehmen vorhanden ist. Bei **Realisation** des diesem Vermögenswert zuzuordnenden Rücklagen-Anteils durch **Abgang** (insbesondere Verkauf, *disposal*) ist die noch vorhandene Neubewertungsrücklage insoweit erfolgsneutral in die Gewinnrücklage umzubuchen (IAS 16.41). Auch ohne Abgang (bei noch bestehender Nutzung) ist diese Umbuchung zulässig, soweit eine Differenz zum Buchwert des zugehörigen Vermögenswertes infolge der Änderung der Abschreibungsbasis (Rz 83) besteht. Die vorstehenden Anweisungen zur Behandlung der Neubewertungsrücklage machen es erforderlich, diese dem betreffenden neu bewerteten Vermögenswert **inhaltlich zuzuordnen** (ebenso das Steuerlatenz-Passivum). Sinnvollerweise geschieht dies in einem besonderen Teil der Anlagebuchhaltung. Systematisch störend ist dabei die Bezugnahme in IAS 16.39 und 16.40 auf **das** neu bewertete „*asset*", während nach IAS 16.36 nur eine ganze Gruppe (*entire class*) von

---

[75] Diskussion in der April-Sitzung 2003. Dieser Auffassung folgen auch SCHILDBACH (WPg 1998, S. 942) sowie SCHULZ-DANSO, in: BECK'SCHES IFRS-Handbuch, 4. Aufl., 2013, § 25, Tz. 116.
[76] So in einer tief gehenden Analyse RUHNKE/SCHMIDT/SEIDEL, KoR 2005, S. 82.

Vermögenswerten neu bewertet werden darf (Rz 76). Praktisch bleibt deshalb nur die Möglichkeit, die Neubewertungsrücklage in **pauschalierter** Form der neu bewerteten Gruppe von Anlagegütern zuzuordnen.

4 Angaben

Es wird **verwiesen** auf die Kommentierung mit **Formulierungsbeispielen** zu den in diesem Paragrafen des Kommentars überwiegend angesprochenen IFRS:
- immaterielles Anlagevermögen, IAS 38 (→ § 13 Rz 101 ff.)
- Sachanlagen, IAS 16 (→ § 14 Rz 25 ff.)
- Vorratsvermögen, IAS 2 (→ § 17 Rz 45).

91

5 ABC der Zugangs- und Neubewertung

92

Abbruchkosten	als Bestandteil der Herstellungskosten (Rz 57)
Abgangsverluste	Ersatzleistungen sind erfolgswirksam zu vereinnahmen (Rz 61)
Anschaffungs- und Herstellungskosten	Verfahren zur Ermittlung (Rz 44 ff.)
Anschaffungs- und Herstellungskosten für immaterielle Vermögenswerte	keine Besonderheit (Rz 40)
Anschaffungskosten	Umfang (Rz 11)
Anschaffungskosten	Beschränkung auf Einzelkosten (Rz 13)
Anschaffungskosten	Aufteilung bei mehreren Vermögenswerten (Rz 16)
Anschaffungskosten	bei Unternehmenszusammenschlüssen (Rz 16)
Anschaffungskosten	finaler Charakter (Rz 17)
Anschaffungskosten	bei Zahlungen an Dritte (Rz 17)
Anschaffungskosten	Versetzung in betriebsbereiten Zustand (Rz 17)
Anschaffungskosten	zeitweise Stilllegung (Rz 15)
Bedingte Kaufpreisbestandteile (*contingent considerations*)	differenziert zu beurteilen (Rz 62 ff.)

Bewertungsverfahren	zur Ermittlung von Anschaffungs- und Herstellungskosten (Rz 41 ff.)
Durchschnittsmethode	zur Ermittlung der Herstellungskosten (Rz 44)
Einlagen, Einbringungen	Bewertungsvorgaben (Rz 51 ff.)
Entfernungs- und Rückbauverpflichtungen	als Bestandteil der Herstellungskosten (Rz 58 ff.)
Erweiterungskosten	sind aktivierungspflichtig (Rz 37)
Fifo-Methode	zur Ermittlung der Herstellungskosten (Rz 46)
Gemeinkosten	nicht aktivierbar als Anschaffungskosten (Rz 13)
Gemeinkosten	Trennung zwischen echten und unechten (Rz 13)
Generalüberholungen	als Bestandteil der Herstellungskosten (Rz 39)
Herstellungskosten	Anwendungsbereiche (Rz 18)
Herstellungskosten	Umfang (Rz 19)
Herstellungskosten	Unterschied zwischen HGB und IFRS (Rz 20)
Herstellungskosten	keine Einbeziehung von Leerkosten (Rz 24)
Herstellungskosten	bei Kuppelproduktion (Rz 24)
Herstellungskosten	Einbeziehung von Fremdkapitalkosten (Rz 25)
Herstellungskosten	nicht einzubeziehen (Rz 26 f.)
Herstellungskosten	tabellarische Übersicht nach IAS 2, HGB und EStG (Rz 31)
Herstellungskosten	Abgrenzung von Erhaltungs- und Herstellungsaufwand (Rz 33 ff.)

Komponentenansatz	besondere Aktivierung (Rz 35 ff.)
Lifo-Methode	nicht zulässig (Rz 48)
Machbarkeitsstudien	sind nicht aktivierbar (Rz 59)
Neubewertungskonzeption	(Rz 70 ff.)
Neubewertungskonzeption	Besonderheiten für immaterielle Anlagewerte (Rz 74 ff.)
Neubewertungskonzept	im Gegensatz zur Anschaffungskostenbilanzierung (Rz 6 ff.)
Neubewertungsmethode	buchmäßige Abwicklung (Rz 78 ff.)
Neubewertungsmethode	Voraussetzungen (Rz 75)
Tauschgeschäfte	als Realisationstatbestand (Rz 49 ff.)
Umplanungen	sind aktivierbar (Rz 60)
ungewöhnliche Kosten *(abnormal waste)*	nicht aktivierbar (Rz 15)
Unterhaltsaufwendungen, laufende	nicht aktivierbar (Rz 34)
Versetzung in betriebsbereiten Zustand	Bestandteil der Anschaffungskosten (Rz 17)
wesentliche Verbesserung	ist aktivierungspflichtig (Rz 37)
Zugangsbewertung	Anwendungsbereiche (Rz 4)

6 Anwendungszeitpunkt, Rechtsentwicklung

Die in diesem Paragrafen des Kommentars überwiegend angesprochenen Standards für
- Vorratsvermögen nach IAS 2 (→ § 17),
- immaterielles Anlagevermögen IAS 38 (→ § 13),
- Sachanlagen IAS 16 (→ § 14)

sind ab dem 1.1.2005 anzuwenden. Grundlegende Neufassungen dieser Standards stehen nicht an. Für Wirtschaftsjahre mit Beginn nach dem 31.12.2012 sind geringfügige, meist redaktionelle Änderungen der Standards 16 und 38 durch IFRS 13 (*fair value measurement*) erfolgt (Rz 78 f.). Durch den AIP 2010–2012 Cycle ist die Strukturierung der Abschreibungstechnik nach Neubewertung geregelt worden (Rz 79); die entsprechende Änderung von IAS 16.35 gilt für Wirtschaftsjahre, die nach dem 30. Juni 2014 beginnen.

93

7 Zusammenfassende Praxishinweise

94 In diesem Paragrafen des Kommentars sind **zwei unterschiedliche Bewertungskonzepte** abgehandelt:
- das Anschaffungskostenprinzip (Rz 11ff.),
- das Neubewertungskonzept (Rz 70ff.).

Dabei werden folgende **Bilanzposten** angesprochen:
- immaterielles Anlagevermögen (IAS 38),
- sachliches Anlagevermögen (IAS 16),
- Vorräte (IAS 2).

Nicht behandelt werden in diesem Paragrafen des Kommentars:
- die als Finanzinvestitionen gehaltenen Immobilien (IAS 40→ § 16),
- landwirtschaftliche Vermögenswerte (IAS 41→ § 38),
- zum Verkauf bestimmte Anlagewerte (IFRS 5→ § 29).

Weitgehend in Übereinstimmung mit dem HGB **dominiert** in den drei behandelten Bilanzpositionen das **Anschaffungskostenprinzip** (Rz 11ff.). Es gilt als Regelbewertungskonzept. **Erlaubt** ist als Bilanzierungsalternative für die beiden Positionen des Anlagevermögens auch die **Neubewertung** zum Marktwert (*fair value*; Rz 70ff.). Dabei kommt dieses Verfahren bei **immateriellen Vermögenswerten** – als förmlich erlaubte Ausnahme (*allowed alternative treatment*) – kaum jemals in Betracht (Rz 74). Die praktische Anwendbarkeit des Neubewertungsverfahrens (*revaluation*) beschränkt sich deshalb auf das **sächliche Anlagevermögen**.

Das auch nach den IFRS (noch) **dominierende Anschaffungskostenprinzip** – wenigstens in den drei im Wesentlichen hier angesprochenen Bilanzpositionen – unterscheidet sich vielfach nur unwesentlich von den Regelungen des HGB. Zu nennen sind dabei insbesondere:
- der Inhalt des Anschaffungskostenbegriffs (Rz 11ff.),
- der Inhalt des Herstellungskostenbegriffs (aber Wahlrecht für Gemeinkosten nach HGB, Aktivierungspflicht nach IFRS; vgl. Rz 18ff.),
- die Einbeziehung von Gemeinkosten in die Herstellungskosten auf der Basis einer normalen Produktionsauslastung (Rz 24),
- die nachträglichen Herstellungskosten (Rz 37),
- die Abgrenzung von Erhaltungs- und Herstellungsaufwand (Rz 33ff.),
- die Aufwendungen im zeitlichen Zusammenhang mit einer Anschaffung (Rz 38),
- die Verfahren zur Ermittlung der Anschaffungs- oder Herstellungskosten (Durchschnittsmethode, Verbrauchsfolgeverfahren etc.), aber nicht mehr Lifo (Rz 41ff.),
- die Anhangsangaben.

Eine Besonderheit gegenüber dem HGB-Regelwerk stellt der *components approach* dar (Rz 35ff.).

Bei einem **Übergang** von HGB auf IFRS (→ § 6) ohne Ausübung des Wahlrechts der Neubewertung ergeben sich demgemäß in vielen Fällen **keine signifikanten Anpassungserfordernisse**. Allerdings ist die Ausübung des **Wahlrechts zur Neubewertung** im Zuge der IFRS-Einführung u. U. dann eine sinnvolle bilanzpolitische Gestaltung – etwa bei umfangreichem innerstädtischem Immobilienbesitz mit stillen Reserven –, wenn eine Erhöhung des

Eigenkapitalausweises gewünscht wird oder eine Verminderung der Eigenkapitalziffer (etwa durch Anpassung der Pensionsrückstellung; → § 22 Rz 47) vermieden werden soll. Wegen weiterer bilanzpolitischer Möglichkeiten im Übergangsprozess vgl. → § 6 Rz 120.

§ 8a Bewertungen zum beizulegenden Zeitwert (*fair value measurement*)

Inhaltsübersicht	Rz
Vorbemerkung	
1 Zielsetzung, Regelungsinhalt und Anwendungsbereich	1–11
1.1 Zielsetzung	1–6
1.2 Anwendungsbereich	7–11
2 Konzeptionelle Anforderungen an den *fair value*	12–28
2.1 Definition	12–16
2.2 Abgrenzung des Bewertungsobjekts	17–19
2.3 Relevanter Markt und Marktteilnehmer	20–28
3 Restriktive *fair-value*-Hierarchie	29–60
3.1 Inputorientierte Verfahrenshierarchie	29–34
3.2 Abgrenzung der einzelnen Level	35–39
3.3 Verfahren der *fair-value*-Ermittlung	40–47
3.4 Keine andere praktische Gewichtung der Verfahren	48–51
3.5 Wertbildende Komponenten und Paketab- bzw. -zuschläge	52–53
3.6 Steueroptimierung bei der Bewertung	54–60
4 Bewertungsprämissen und -methoden	61–126
4.1 Objektspezifische Konkretisierung	61
4.2 Nichtfinanzielles Vermögen	62–69
4.3 Schulden und eigene Eigenkapitalinstrumente	70–78
4.4 Sonderbestimmungen für Finanzinstrumente	79–119
4.4.1 (Einzel-)Bewertung im *mixed model*	79–81
4.4.2 Besonderheiten für die Bewertung von OTC-Derivaten	82–84
4.4.3 Verpflichtung zur Erfassung des Kontrahentenrisikos	85–102
4.4.4 Steuerung auf Nettobasis	103–110
4.4.5 Bedeutung der Geld-Brief-Spanne	111–116
4.4.6 Weitere Besonderheiten	117–119
4.5 Beizulegender Zeitwert im Zugangszeitpunkt	120–122
4.6 Märkte mit abnehmender Aktivität	123–126
5 Angabepflichten	127–135
6 Reichweite der Ausstrahlung	136–139
6.1 Redaktionelle Änderungen	136
6.2 Inhaltliche Änderungen	137
6.3 Differenzierung zwischen Bewertung und Offenlegung	138–139
7 ABC der *fair-value*-Leitlinien	140
8 Anwendungszeitpunkt und Übergang	141–144
9 Zusammenfassende Praxishinweise	145–147

Schrifttum: BALLHAUS/FUTTERLIEB, Fair Value Accounting auf Basis diskontierter Cash-Flows gem. Concept Statement No. 7, KoR 2003, S. 564 ff.; FREIBERG, Fair value-Bewertung von Finanzinstrumenten bei illiquiden Märkten, PiR 2007, S. 361 ff.; FREIBERG, Diskontierung in der internationalen Rechnungslegung, Herne 2010; FREIBERG, Bedeutung der Geld-Brief-Spanne (bid-ask spread) für den beizulegenden Zeitwert, PiR 2011, S. 294 ff.; GROSSE, IFRS 13 „Fair Value Measurement" – Was sich (nicht) ändert, KoR 2011, S. 286 ff.; GRÜNBERGER, Das credit value adjustment von Derivaten nach IFRS 13, KoR 2011, S. 410 ff.; LÜDENBACH/FREIBERG, Zweifelhafter Objektivierungsbeitrag des Fair Value Measurements-Projekts für die IFRS-Bilanz, KoR 2006, S. 437 ff.; LÜDENBACH/FREIBERG, Das aktuelle Amendment zu IAS 39, PiR 2008, S. 370 ff.

Vorbemerkung
Die Kommentierung bezieht sich auf IFRS 13 in der aktuellen, erstmals für Geschäftsjahre, die nach dem 31.12.2012 beginnen, anzuwendenden Fassung und berücksichtigt alle Änderungen oder Änderungsentwürfe, die bis zum 1.1.2015 verabschiedet wurden. Zu den Übergangsvorschriften vgl. Rz 142.

1 Zielsetzung, Regelungsinhalt und Anwendungsbereich

1.1 Zielsetzung

Mit der Verabschiedung von IFRS 13 *„Fair Value Measurement"* kommt der IASB der Forderung nach (bewertungs-)methodischen Vorschriften **„vor der Klammer"** der Einzelstandards nach. Durch Zusammenführung der Leitlinien an zentraler Stelle wird – mit vereinzelten Ausnahmen (Rz 9) – die konsistente Verwendung des Bewertungsmaßstabs *(measure) fair value* sichergestellt und erstmals ein Mindeststandard für dessen Objektivierung über ein System konkretisierter Bewertungsregeln, -methoden und Anwendungsbedingungen geschaffen. 1

Trotz der zunehmenden Bedeutung des beizulegenden Zeitwerts als eigenständiger Bewertungs- und Bilanzierungsmaßstab ist dieser nicht im *conceptual framework* (→ § 1 Rz 103 ff.) angeführt. Die besondere Behandlung wird mit der gewollten Beseitigung von bestehenden Regelungslücken und Widersprüchen gerechtfertigt (IFRS 13.BC4 ff.). Weitere Motivation für die Zusammenfassung in einem eigenen Standard ist die Anknüpfung (IFRS 13.BC6(d)) an vergleichbare Vorgaben der US-GAAP (ASC Topic 820, vormals SFAS 157). Einzelfragen zur Ermittlung des *fair value* werden in Deutschland auch durch eine berufsständische Stellungnahme zur Rechnungslegung adressiert.[1] 2

Der Regelungsinhalt von IFRS 13 ist begrenzt auf die Vorgabe konkreter Leitlinien zur **Bestimmung** des *fair value* von Vermögenswerten und Verbindlichkeiten (*how to measure*) und umfasst außerdem die (Mindest-)Anforderungen der **Offenlegung**. Die vorangestellte Frage, wann und wo eine Bewertung zum *fair value* vorzunehmen oder erlaubt ist, wird explizit ausgeklammert und bleibt daher – in Abhängigkeit des Bilanzierungsobjekts und -anlasses – Aufgabe der Einzelstandards. 3

Unter Rückgriff auf die konkretisierten Bewertungsregeln soll eine methodisch konsistente Bilanzierung zum Bewertungsmaßstab *fair value* gewährleistet werden. Konzeptionell entspricht der *fair value* dem Wert, den **beliebige Marktteilnehmer** unter **gewöhnlichen Bedingungen** für eine tatsächliche oder hypothetische Transaktion zugrunde legen (IFRS 13.2). Die vorgesehene *fair-value*-Hierarchie (Rz 31) betont den **Vorrang** von Einschätzungen beliebiger Marktteilnehmer vor Ein- 4

---

[1] Vgl. IDW Stellungnahme zur Rechnungslegung: Einzelfragen zur Ermittlung des Fair Value nach IFRS 13 (IDW RS HFA 47), v. 6.12.2013, IDW Fachnachrichten 1/2014, S. 84 ff.

schätzungen des Managements. Für den Fall nicht beobachtbarer Marktpreise richtet sich die Wahl eines dann erforderlichen Bewertungsverfahrens nach der Marktbasierung der Inputfaktoren, die wiederum als Kriterium ihrer Verlässlichkeit gilt.

5 Der Regelungsinhalt des IFRS 13 lässt sich – Zielsetzung und Anwendungsbereich sowie die Anwendungs- und Übergangsvorschriften (Rz 141 f.) ausgeklammert – in **drei wesentliche Blöcke** unterteilen (IFRS 13.IN1/1):
- Den wesentlichsten Anteil haben die nach Bewertungsobjekt differenzierenden Leitlinien für die zugrunde zu legenden Bewertungsprämissen und -methoden (IFRS 13.27–90).
- Darüber hinaus wird eine detaillierte Anforderungsliste von Anhangangaben vorgegeben (IFRS 13.91–99).
- Vorangestellt werden konzeptionelle Anforderungen an den *fair value* (IFRS 13.9–26).

6 Neben dem eigentlichen Standard mit den Anhängen A-D wurden als **Begleitdokumente** ausführliche Begründungen (*Basis for Conclusions*, BC) und Beispiele (*Illustrative Examples*, IE) veröffentlicht. Besondere Bedeutung kommt dem Anhang B (als *Application Guidance*) zu, der den Standard in Teilaspekten ergänzt. Hinsichtlich der einzelnen Inhalte ergibt sich folgende Referenz zu den einzelnen Teilen des Standards und der Begleitdokumente (sowie Verweis zu den Rz):

Regelungsinhalt	Standard	Anhang B/C	BC	IE	Rz
1. Zielsetzung und Anwendungsbereich	1–8	B2	19–26		1–11
2. Konzeptionelle Anforderungen					
2.1. Definition	9–10		27–45		12–16
2.2. Bewertungsobjekt	11–21, 24–26		46–54, 60–62		17–19
2.3. (Referenz-)Markt	22–23		55–59	18–22	20–27
3. Bewertungsprämissen und -methoden					
3.1. Nichtfinanzielles Vermögen	27–33	B3	63–79	2–9, 27–29	45–52
3.2. Schulden und Eigenkapital	34–47	B31–33	80–107	30–47	53–60
3.3. Finanzinstrumente	48–56		108–131		61–77
3.4. Zugang	57–60	B4	132–138	23–26	78–80
3.5. Sinkende Marktaktivität		B37–47	176–182	48–58	81–84
3.6. Bewertungshierarchie	61–90	B5–30, B34–36	139–175	10–17	28–43
4. Angabepflichten	91–99		183–224	59–66	85–89
5. Anwendung und Übergang		C1–3	225–244		95–96

1.2 Anwendungsbereich

7 Die grundlegenden Vorgaben zum *fair value* sind beachtlich, wann immer der **Bewertungsmaßstab** (*measure*) im Einklang mit einem Standard Anwendung findet (IFRS 13.8). Die (Bewertungs-)Leitlinien zeitigen daher nicht nur Relevanz für das *primary statement* (Bilanz, Gesamtergebnisrechnung, Kapitalflussrechnung und Eigenkapitalspiegel), sondern auch für das *secondary statement*

(Anhang). Auch wenn für ein Bilanzierungsobjekt nur eine *fair-value*-Angabepflicht besteht, sind die konzeptionellen Vorgaben einschlägig (IFRS 13.5/BC25). Die Vorschriften finden auch Anwendung auf Wertansätze, die nicht zum *fair value* erfolgen, aber von diesem **abgeleitet** (etwa durch den Abzug von Transaktionskosten) werden (IFRS 13.5/BC24). Angesprochen sind – i. S. e. nicht abschließenden Aufzählung – Bewertungen nach IFRS 5 (→ § 29 Rz 36 ff.) und IAS 41 (→ § 40 Rz 19 ff.) zum *fair value less costs of disposal*, somit ein um erwartete Veräußerungskosten geminderter *fair value*. 8

Ein **Ausschluss** der Vorgaben besteht für die Verwendung von Bewertungsmaßstäben (*measures*), die dem beizulegenden Zeitwert ähneln, aber in der Grundkonzeption diesem nicht entsprechen, also auch nicht abgeleitet sind. Zu unterscheiden ist zwischen nicht dem Anwendungsbereich von IFRS 13 unterliegenden Ansätzen, 9
- die in Einzelstandards zwar als *fair value* etikettiert werden, aber nicht dem gleichen konzeptionellen Kleid unterworfen werden sollen (Typ 1), und
- als abweichend bezeichneten Wertansätzen, die mit dem *fair value* durchaus vergleichbar sind (Typ 2).

Als ähnliche, aber vom Anwendungsbereich des IFRS 13 ausgeschlossene Wertansätze (Typ 2) gelten der Nettoveräußerungswert (*net realisable value*; → § 17 Rz 32) von Vorräten nach IAS 2 und der Nutzungswert (*value in use*; → § 11 Rz 42 f.) von Sach- und immateriellen Anlagen nach IAS 36 (IFRS 13.6(c)). Eine **Besonderheit** gilt für die Bilanzierung nach IAS 17 (→ § 15 Rz 57 f.) und IFRS 2 (→ § 23 Rz 44 ff.), die zwar unter der Überschrift *fair value* erfolgt, inhaltlich aber einen anderen Bewertungsmaßstab umfassen soll. Eine Klarstellung durch Vorgabe einer Ersatzbezeichnung für den intendierten Maßstab in den betroffenen Einzelstandards wurde verworfen (IFRS 13.BC21 f.). Stattdessen wurde ein expliziter Ausschluss vom Anwendungsbereich des IFRS 13 unter Beibehaltung der bisherigen standardspezifischen Definition des *fair value* gewählt (IFRS 13.6).

Im Einzelfall kann sich in Abhängigkeit von Bewertungsobjekt und/oder Bewertungsanlass trotz Einschlägigkeit des IFRS 13 das Erfordernis eines **Abweichens** bzw. **Anpassens** des Bewertungsmaßstabs *fair value* ergeben. Insoweit es sich um spezielle Anforderungen eines Einzelstandards handelt, wird die Ausnahme (zutreffend) im besonderen Kontext und nicht im allgemeinen Anwendungsbereich des IFRS 13 adressiert. Ausnahmen von der ansonsten verpflichtenden Bewertung zum *fair value* gelten etwa für Bewertungen im Rahmen einer *business combination* (IFRS 3.29–31; → § 31 Rz 99 ff.) und die Bewertung von kündbaren Finanzeinlagen (IAS 39.49/IFRS 9.5.4.3; → § 28 Rz 190 ff.). 10

Darüber hinaus gilt eine auf die Angabepflichten (*secondary statement*) des IFRS 13 begrenzte Ausnahme für Bewertungen zum *fair value* von 11
- Planvermögen (*plan assets*; IAS 19.113–115),
- Investitionen in *retirement benefit plans* (IAS 26.32–33) und
- Vermögenswerten bzw. CGUs abzüglich Transaktionskosten als Surrogat des erzielbaren Betrags (*recoverable amount*; IAS 36.18).

2 Konzeptionelle Anforderungen an den *fair value*

2.1 Definition

12 Der beizulegende Zeitwert ist definiert als der „*price that would be received to sell an asset or paid to transfer a liability in an orderly transaction between market participants at the measurement date*" (IFRS 13.9). Mit der neuen Definition legt sich der IASB eindeutig auf eine am Absatzmarkt orientierte Perspektive, also einen **Veräußerungswert** (*exit price*) fest (IFRS 13.BC30(a)). Für die Bestimmung des *fair value* ist auf die Preisstellung
- im Rahmen einer **gewöhnlichen Transaktion**
- zwischen **beliebigen Marktteilnehmern** am Bewertungsstichtag

abzustellen. Neben der Verpflichtung auf einen *exit price* sind für die *fair-value*-Bestimmung das Bewertungsobjekt, dessen „bestmöglicher" Verwertungszweck, der „richtige" Markt und die angemessene Bewertungsmethodik beachtlich (IFRS 13.IN10/B2).

13 Die Orientierung auf eine auf die Veräußerung gerichtete (Bewertungs-)Perspektive (*exit notion*) erfolgt weitestgehend anhand der bislang schon bestehenden Vorgaben zur *fair-value*-Bewertung von Finanzinstrumenten. Ein Abstellen auf eine am Beschaffungsmarkt orientierte Betrachtung (*entry value*) scheidet ebenso wie ein Heranziehen eines Nutzungswerts (*in-use value*) aus, wenn auf den *fair value* nach IFRS 13 abgestellt wird. Allerdings sollen sich nach Auffassung des Board regelmäßig **keine Unterschiede** zwischen *entry* und *exit price* ergeben (IFRS 13.BC33/BC44). Nur in einer theoretischen Modellwelt (dem Vorliegen strenger Informationseffizienz) entsprechen sich die einzelnen Werte. Beim Vorliegen von unvollkommenen Märkten (der Realität) ergeben sich zwischen den einzelnen Perspektiven und somit den Wertausprägungen allerdings Abweichungen.

14 Nach der Definition des *fair value* bleiben **Transaktionskosten** für die Wertermittlung außer Acht. Kosten, die bei Verkauf eines Vermögenswerts oder Übertragung einer Schuld anfallen, sind Teil der Transaktion und nicht unmittelbar dem Vermögenswert oder der Schuld zuzurechnen (IFRS 13.25). So hängen Transaktionskosten etwa insbesondere von der Auswahl des (Referenz-)Marktes, zu dem am Bewertungsstichtag Zugang besteht (Rz 20ff.), ab.

Hiervon zu unterscheiden sind **Transportkosten**, die unmittelbar (also inkremental) dem Bewertungsobjekt zuzuweisen sind (Rz 18). Insoweit eine Transaktion des Bewertungsobjekts auf dem Referenzmarkt (für jeden beliebigen Marktteilnehmer) mit Kosten für den Transport verbunden ist, weil etwa ein Vermögenswert nur an einem bestimmten Ort vorrätig ist, dort aber nicht gehandelt wird, sind diese Kosten ein Teil des *fair value* (IFRS 13.26/BC62).

> **Beispiel**
> Das Petrolunternehmen P fördert Rohöl (*crude oil*) in der Arktis und in der Tiefsee. Eine Veräußerung des Öls setzt einen Transport (via Pipeline oder Schiff) zu einem Handelsplatz voraus. Darüber hinaus fallen erwartungsgemäß Kosten im Rahmen der Verkaufsverhandlungen (Käufersuche, Vertragsverhandlungen etc.) an. Der *fair value* des Rohöls umfasst die (erwarteten) Transport-

> kosten des Öls zum relevanten Handelsplatz, schließt aber Verhandlungskosten, also alle Kosten, die erst entstehen, nachdem das Öl am Handelsplatz ist, aus.

Innerhalb der IFRS sind wegen der Beibehaltung der bisherigen Ausführungen in IAS 17.4 und IFRS 2.A zwei Definitionen des beizulegenden Zeitwerts zu unterscheiden: 15

Neudefinition (IFRS 13.9)	Preis, der	bei Verkauf eines Vermögenswerts erhältlich ist	bei Übertragung einer Schuld zu zahlen ist	im Rahmen einer gewöhnlichen Transaktion	zwischen Marktteilnehmern am Bewertungsstichtag
Altdefinition (IAS 17.4/IFRS 2.A)	Betrag, zu dem	ein Vermögenswert getauscht werden könnte	eine Schuld beglichen werden könnte	im Rahmen einer unabhängigen Transaktion	zwischen bereitwilligen kundigen Parteien

Die Verpflichtung auf eine *exit-price*-Orientierung gilt nach der Neudefinition gleichermaßen für Vermögenswerte und Schulden. Während sich für die Bewertung von Vermögenswerten hieraus (in Einzelfällen) eine Änderung der zugrunde zu legenden (Bewertungs-)Perspektive ergibt, bleibt die Auswirkung auf die *fair values* von Verbindlichkeiten unklar.

- Im Einklang mit der neuen *fair-value*-Konzeption ist für die Bewertung von Verbindlichkeiten eine Übertragung (*transfer*) an einen beliebigen Dritten – auch, aber nicht notwendigerweise, an den Gläubiger – zu unterstellen.
- Auch die bislang vorgesehene Fiktion der Begleichung (*settlement*) entspricht einer Erfüllung, schließt allerdings eine rein unternehmensspezifische Transaktion nicht aus.

Eine Änderung ergibt sich daher nur, wenn für die bisherige *fair-value*-Bestimmung einer Schuld die Erfüllung mit dem Gläubiger zum Fälligkeits- bzw. Vertragszeitpunkt unterstellt wurde.

Keine materiellen Änderungen sollen sich aus dem Wechsel von *knowledgeable willing parties* zum *market participant* und von der Transaktion *at arm's length* zur *orderly transaction* ergeben (IFRS 13.BC33). Auch der Zusatz *at the measurement date* betont lediglich den zeitlichen Bezug des *fair value*, also das **strenge Stichtagsprinzip**. 16

2.2 Abgrenzung des Bewertungsobjekts

Bei der Ermittlung des *fair value* ist den **Eigenschaften** des Bewertungsobjekts Rechnung zu tragen, die (erwartungsgemäß) von beliebigen Marktteilnehmern berücksichtigt werden; eine unternehmensspezifische Sichtweise scheidet aus. Die konkrete Beschaffenheit, der Ort der Verwertung, aber auch vertragliche oder sonstige Beschränkung des Einsatzes eines Bewertungsobjekts sind aus Sicht des Marktes unter Vernachlässigung unternehmensspezifischer Einflüsse zu bestimmen (IFRS 13.11). 17

Für die Erhebung der bewertungsrelevanten Eigenschaften des Bewertungsobjekts ist allgemein zu unterscheiden zwischen Beschränkungen, 18

- die **untrennbar** mit dem Objekt verbunden sind, diesem also anhaften, und solchen,
- die sich **unternehmensspezifisch** (etwa durch gesonderte Abrede) ergeben.

Beachtlich für die Bestimmung des *fair value* sind nur Eigenschaften, die dem Bewertungsobjekt unmittelbar anhaften, also auch bei einem (fiktiven) Transfer auf eine andere Partei übergehen würden. Umstände, die sich nur in der Sphäre des bilanzierenden Unternehmens niederschlagen – unabhängig davon, ob vertraglicher oder wirtschaftlicher Natur – bleiben für die Bewertung außer Acht.

> **Beispiel**
> U erwirbt in Arrondierung ein Grundstück, welches sich an das eigene Betriebsgelände anschließt. Im Kaufvertrag wird als Nebenabrede ausschließlich eine betriebliche Nutzung des Grundstücks festgehalten. Eine Weiterveräußerung wird nicht ausgeschlossen. In späteren Perioden wird das umliegende Land neu parzelliert und exklusive Wohneinheiten werden darauf gebaut. Für U besteht die Möglichkeit, das bei eigener Verwertung nur betrieblich zu nutzende Grundstück zu veräußern, ohne dass die Restriktion „betriebliche Nutzung" i. S. e. Einzelrechtsnachfolge übertragen wird. Da die Restriktion, betreffend die Verwertung, ausschließlich den U als Eigentümer und nicht beliebige andere Marktteilnehmer nach Erwerb betrifft, ergibt sich der *fair value* als höherer Wert aus den alternativen Nutzungsmöglichkeiten (betrieblicher Einsatz oder Wohnraum).

19 In der **Arbeitsteilung** mit dem (Gesamt-)Regelwerk schreibt IFRS 13 nicht vor, wann und welches Bewertungsobjekt zum *fair value* zu bewerten ist (Rz 3). Allerdings bedarf es für die Vorgabe der methodischen (Bewertungs-)Grundlagen einer Abgrenzung des Bewertungsobjekts, der **Wertdimension** (*unit of account*). Die Leitlinien zur *fair-value*-Bestimmung finden sowohl auf den einzelnen Vermögenswert/die einzelne Schuld als auch auf eine Gruppe von Einsatzfaktoren Anwendung, die Festlegung der relevanten (Bewertungs-)Dimension folgt den Vorgaben des Regelwerks (IFRS 13.13f./BC47). Besonderheiten ergeben sich nach IFRS 13 allerdings für das finanzielle Vermögen, für welches ausnahmsweise die Bewertung einer Nettoposition zulässig sein soll (IFRS 13.48f.; Rz 103ff.), und für nichtfinanzielle Vermögenswerte, die sowohl einzeln als auch als Teil einer Gruppe bewertbar sind (IFRS 13.31; Rz 63).

2.3 Relevanter Markt und Marktteilnehmer

20 Mit der Verpflichtung auf ein Abstellen auf eine tatsächliche oder fiktive Transaktion scheidet der Rückgriff auf unternehmensspezifische Werte aus. Heranzuziehen ist der Preis, der zwischen beliebigen Marktteilnehmern im Rahmen einer gewöhnlichen – tatsächlichen oder hypothetischen – Transaktion vereinbart wird (IFRS 13.21). Entsprechend haben die Absichten des bilanzierenden Unternehmens (Verwendung, Begleichung usw.) keinen Einfluss auf die Bewertung. Notierte Preise aus aktiven Märkten gelten – dem **Primat des Marktpreises** folgend – als beste Schätzung für den *fair value*.

21 Regelmäßig hat ein Unternehmen Zugang zu unterschiedlichen Märkten, auf denen eine Transaktion für ein Bewertungsobjekt vollzogen werden könnte. Als

Referenzmarkt für die Bestimmung des *fair value* ist auf den Hauptmarkt des Bewertungsobjekts abzustellen, der folgende Bedingung erfüllt:
- Bezogen auf das Bewertungsobjekt – nicht notwendigerweise das bilanzierende Unternehmen – weist der Markt das größte (Handels-)**Volumen und Aktivitätslevel** auf (IFRS 13.A),
- wird – widerlegbar vermutet – auch durch das Unternehmen **gewöhnlich in Anspruch** genommen (IFRS 13.17) und
- das Unternehmen hat zum Bewertungsstichtag auch **Zugang**, also die Möglichkeit, den Markt zu nutzen (IFRS 13.19).

Fehlt es an einem Hauptmarkt, der die **kumulativen Anforderungen** erfüllt, ist – unter der Voraussetzung des tatsächlichen Zugangs – auf den **vorteilhaftesten Markt** abzustellen, auf dem in einer Transaktion für Aktiva der höchste und für Passiva der niedrigste (Übertragungs-)Preis erzielt werden kann (IFRS 13.16(b)). Die Bestimmung des relevanten Marktes erfolgt unter der **widerlegbaren Vermutung** einer Übereinstimmung mit dem gewöhnlich vom bilanzierenden Unternehmen in Anspruch genommenen Markt (IFRS 13.BC48). Die Bestimmung des relevanten Marktes für ein Bewertungsobjekt erfolgt wegen der Voraussetzung der Möglichkeit zur **tatsächlichen Inanspruchnahme** zwingend aus unternehmensspezifischer Sicht (IFRS 13.19). In Abhängigkeit des Bewertungsobjekts, aber auch des bilanzierenden Unternehmens, kann es daher zu unterschiedlichen Festlegungen kommen (IFRS 13.17).

22

Beispiel
Für einen von U bilanzierten Vermögenswert, dessen Folgebewertung zum *fair value* erfolgt, lassen sich Transaktionen an unterschiedlichen Märkten feststellen. Unternehmen U nimmt aus historischen Gründen und aus Gewohnheit regelmäßig den Markt C in Anspruch.

	Markt A	Markt B	Markt C
Handelsvolumen p.a.	300.000	120.000	60.000
Umschlag im letzten Monat	30.000	8.000	4.000
Beobachtbarer Preis	50	48	53
Transportkosten	(3)	(3)	(4)
fair value	47	45	49
Transaktionskosten	(1)	(2)	(2)
Nettopreis	46	43	47

Markt A weist das höchste Marktvolumen und Aktivitätsniveau auf. Der vorteilhafteste Markt ist allerdings Markt C wegen des höchsten erzielbaren Nettopreises. U hat für die Bewertung zum *fair value* auf die Preisstellung auf Markt A abzustellen, wenn die Informationen über das Volumen und das Aktivitätsniveau vorliegen und U Zugang zum Markt A hat. Eine Berücksichtigung des beobachtbaren Preises auf Markt C wäre nur dann zulässig, wenn U keinen Zugang zu den Märkten A und B hätte oder objektiv keine Informationen hinsichtlich Marktaktivität bzw. Marktvolumen vorlägen.

23 Der zu betreibende Aufwand für die Identifizierung des relevanten Marktes ist begrenzt (IFRS 13.19). Regelmäßig sind nur allgemein zur Verfügung stehende Informationen beachtlich, eine intensive Auseinandersetzung (Recherche) also entbehrlich. Nur wenn (objektive) Anhaltspunkte (etwa sinkende Marktaktivität, Zugangsbeschränkungen etc.) für ein Auseinanderfallen des gewöhnlich genutzten und des für die *fair-value*-Bestimmung relevanten Marktes bestehen, ergibt sich eine Abweichung. Eine Überprüfung/**Neueinschätzung** des relevanten Marktes muss u.E. mindestens **jährlich** (IAS 34.23), bei wesentlichen Entwicklungen anlassbezogen, erfolgen.

24 Ausgeschlossen ist ein Abstellen auf eine **nicht gewöhnliche** (*not orderly*) **Transaktion**, auch wenn sich diese am relevanten Markt beobachten lässt. Handeln Parteien unter Zwang (etwa regulatorische Eingriffe oder asymmetrische Machtverteilung), scheidet eine Berücksichtigung beobachtbarer Informationen aus. Entsprechendes gilt, wenn sich aufgrund zeitlicher Restriktionen der auf einem Markt handelnden Akteure keine tatsächliche Wettbewerbssituation einstellt.

25 Die Auslassung eines Marktes wegen **vermeintlicher Inaktivität** (rückläufiges Handelsvolumen und abnehmende Aktivität) bedarf einer Rechtfertigung, basierend sowohl auf quantitativen als auch auf qualitativen Indizien (Rz 123ff.). Ein lediglich rückläufiges Transaktionsvolumen bei sinkenden Preisen rechtfertigt für sich allein noch nicht die Abqualifizierung als inaktiver Markt. Unter qualitativen Aspekten ist zusätzlich eine Beurteilung möglicher Veränderungen der Angebots- und Nachfragekurve anzustellen.

26 Anders als die Festlegung des relevanten Marktes, welche unternehmensspezifische Umstände mit einbezieht, ist für die Preisfindung auf (beliebige) Marktteilnehmer abzustellen (IFRS 13.22). Beliebige Marktteilnehmer weisen die folgende Charakteristiken auf (IFRS 13.A):
- Sie sind unabhängig zueinander, somit also **keine nahestehenden Personen/ Unternehmen** (*related parties*; → § 30 Rz 10ff.),
- haben im Verhältnis zu anderen Akteuren **hinreichendes** (nicht vollständiges) **Wissen** bzw. die Möglichkeit auf allgemeine Informationen zurückzugreifen und
- sind **willens und fähig**, eine Transaktion vorzunehmen, agieren also nicht unter Zwang.

Da keine vollständige Informationsverteilung vorausgesetzt wird, sondern das Bestehen von **Informationsasymmetrie** der Marktteilnehmer, welche der Realität entspricht, anerkannt wird, kann auf die Preisbildung tatsächlicher Transaktionen zurückgegriffen werden (IFRS 13.BC58f.). Einzige relevante Einschränkung bleibt die **Notwendigkeit der Unabhängigkeit** der agierenden Parteien, die gegenüber allen Marktteilnehmern und nicht nur gegenüber dem bilanzierenden Unternehmen gewährleistet sein muss. Handeln verbundene Parteien allerdings unter marktgerechten Konditionen (*at arm's length*), ist eine Verwertung der Informationen nicht ausgeschlossen (IFRS 13.BC56f.).

27 Zwischen zwei Kontraktpartnern kann es Unterschiede in der Festlegung des relevanten Marktes geben (IFRS 13.IE24–26). Bestehen unterschiedliche Zugangsmöglichkeiten, ergibt sich für ein Bilanzierungs-/Bewertungsobjekt durchaus ein abweichender beizulegender Zeitwert.

> **Beispiel**
> U schließt mit Bank B (*counterparty*) am 1.1.20X1 ein unbedingtes Termingeschäft ab (*interest rate swap – plain vanilla*) ab. Es fallen keine (separat erkennbaren) Transaktionskosten an. Aus bilanzieller Sicht hat das Derivat aus Sicht von U einen Zugangswert von Null. Die Bank B stellt U jedoch eine Bewertung/Berechnung des Derivats zum 1.1.20X1 zur Verfügung mit einem Wert von –500.000 GE (DCF-Bewertung anhand von *swap-curves* aus Verkäufersicht – *dealer market* – unter Berücksichtigung von Risiken aus Perspektive B). Für die bilanzielle Abbildung kann U nicht auf die Bankbewertung zurückgreifen, da U keinen Zugang zum *dealer market* hat, sondern nur auf den *retail market*. Eine Berücksichtigung der Konditionen auf dem *dealer market* scheidet aus.

Die qualitativen Anforderungen an beliebige Marktteilnehmer tragen der **ökonomischen Realität** Rechnung. Die Annahme vollständigen Wissens würde wegen der Außerachtlassung der ökonomischen Realität die Notwendigkeit eines Ausweichens auf eine reine Modellwelt nach sich ziehen. Allein aus Gründen der Objektivierbarkeit des Wertmaßstabs *fair value* ist daher ein „Aufweichen" des Prinzips erforderlich. Das allein entwertet die informative Bedeutung als Bewertungsmaßstab nicht. Wünschenswert wäre allerdings ein offener Umgang des Standardsetters mit theoretischem Ideal und praktischer Realität und den sich daraus einstellenden Folgen.

28

3 Restriktive *fair-value*-Hierarchie

3.1 Inputorientierte Verfahrenshierarchie

Der *fair value* ist als Veräußerungspreis (*exit price*) zu bestimmen. Ein beobachtbarer Preis, der Ergebnis einer Transaktion zwischen beliebigen Marktteilnehmern auf dem relevanten Markt ist, gilt als bester Anhaltspunkt (IFRS 13.72). Für die Bestimmung des beizulegenden Zeitwerts gilt folgende Hierarchie in Abhängigkeit von Qualität und Objektivität:[2]

29

- Bei Vorliegen eines beobachtbaren Marktpreises an einem aktiven, dem Unternehmen zugänglichen Markt ist dieser vorrangig als *fair value* am Bewertungsstichtag anzusetzen (**mark to market**).
- Wenn zwar am Stichtag keine entsprechenden Marktpreise existieren, sich jedoch zeitnahe Markt- oder Transaktionspreise für vergleichbare Vermögenswerte beobachten lassen, sind Letztere zugrunde zu legen. Falls sich die wirtschaftlichen Umstände seit der letzten Transaktion/Notierung signifikant geändert haben, ist der letzte verfügbare Preis **sachgerecht anzupassen**. Infrage kommen z.B. Zu- und Abschläge in Abhängigkeit von der Entwicklung eines Referenzindex oder von dem Bewertungsobjekt ähnlichen Vermögenswerten/Schulden.
- Nur wenn sich (seit Längerem) kein aktiver Markt feststellen lässt, ist der *fair value* mithilfe eines Bewertungsverfahrens (*technique*) zu ermitteln. Infrage kommt der Vergleich mit aktuellen Transaktionspreisen ähnlicher Vermögenswerte oder ein DCF-Modell (**mark to model**), alternativ noch ein kosten-

---

[2] Zum Ganzen Freiberg, Diskontierung in der Internationalen Rechnungslegung 2010, Rz 193 ff.

orientiertes Verfahren (IFRS 13.B5 ff.). Bei der Ermittlung des *fair value* mittels Bewertungsverfahren sind allerdings im größtmöglichen Umfang beobachtbare Marktdaten und möglichst wenig unternehmensspezifische Daten zu verwenden (IFRS 13.61 f.).

30 Für die Bilanzierung zum *fair value* müssen Annahmen getroffen werden, die sicherstellen, dass ein herangezogener beobachtbarer Marktpreis bzw. das angewandte Bewertungsverfahren valide Werte liefert. Der *fair value* eines Bewertungsobjekts ist sowohl von dem relevanten Markt als auch von den (unterstellten) Marktteilnehmern abhängig. Für die Bestimmung des *fair value* eines Bewertungsobjekts ist das jeweils am besten geeignete **einzelne Bewertungsverfahren** (*single valuation technique*) oder, falls notwendig, eine **gewichtete Kombination** aus mehreren Verfahren (*multiple valuation techniques*) zugrunde zu legen (IFRS 13.BC142). Das jeweils geeignete Verfahren ist in Abhängigkeit des zu bewertenden Vermögenswerts (bzw. der Schuld) zu bestimmen (Rz 40). Hierbei ist Folgendes entgegen den z. B. im *Framework* niedergelegten Allgemeinregeln beachtlich:

- **Kosten-Nutzen-Überlegungen** (*cost-benefit constraints*) sind hinsichtlich der Auswahl des geeigneten Bewertungsverfahrens nicht maßgebend bzw. nur von untergeordneter Bedeutung.
- **Methodenstetigkeit** ist gegenüber der Ermittlung eines zuverlässigen Bewertungsverfahrens (*appropriate valuation technique*) ebenfalls nachrangig.

31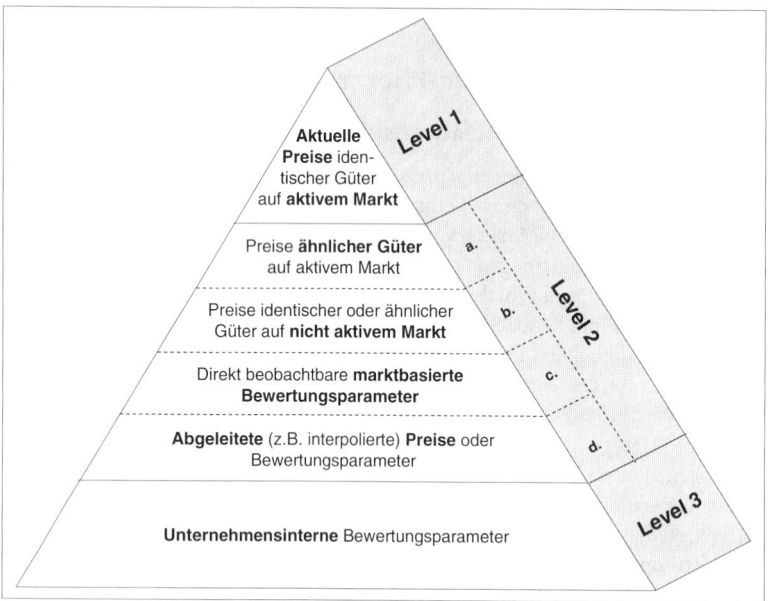

Die *fair-value*-Hierarchie betont den **Vorrang von Einschätzungen der Marktteilnehmer** vor Einschätzungen des Managements. Für den Fall nicht beobachtbarer Marktpreise richtet sich die Wahl des Bewertungsverfahrens also nach der Marktbasierung der Inputfaktoren, die wiederum als Kriterium ihrer Verlässlichkeit gilt. Zu unterscheiden sind dabei regelmäßig **mehrere Abstufungen**:

Die **höchste Relevanz** ist am Bewertungsstichtag direkt beobachtbaren Prei- 32
sen für identische Vermögenswerte/Schulden auf einem aktiven (Refe-
renz-)Markt beizumessen. Anpassungen für die Bewertung sind aufgrund der
Identität nicht oder nur in geringem Umfang vorzunehmen (IFRS 13.76). In
Abhängigkeit der notwendigen Anpassungen für die Bewertung einzelner
Vermögenswerte/Schulden nimmt der Grad der Objektivierbarkeit stetig ab
und der Einfluss subjektiver Einschätzungen zu, wobei die Grenzen zwischen
den einzelnen Abstufungen fließend verlaufen. Aus der Forderung, die Bewertungstechnik einzusetzen, die am meisten auf beobachtbare Marktinputs zurückgreift, lässt sich jedoch indirekt ein Vorrang einzelner Stufen ableiten. Die
geringste Verlässlichkeit wird unternehmensspezifischen, also gerade nicht
marktbasierten Inputfaktoren zugemessen. Unternehmensinterne Fundamentalerkenntnisse sind für die Bestimmung des *fair value* daher von nachrangiger
Bedeutung.

Die Verfügbarkeit von Marktdaten wird zukünftig zum **Auswahlkriterium** für 33
die Bewertungsmethode (Rz 40). Es ist unter verschiedenen infrage kommenden
Techniken jenes Verfahren heranzuziehen, welches im konkreten Bewertungsfall
am meisten auf marktbasierten Inputparametern aufbauen kann.

Die Wahl des Bewertungsverfahrens richtet sich also nach der Marktbasierung
der Inputfaktoren, die wiederum als Kriterium ihrer Verlässlichkeit gilt. Das
Vorhandensein und die Ausprägung der Informationen (Level 1–3) bestimmt
über die anzuwendenden Verfahren zur Ermittlung des *fair value*. Eine Bewertung, die mit einer nicht unwesentlichen Ausnahme auf marktbasierte
Inputparameter zurückgreift, ist allerdings aufgrund der einen Ausnahme als
„Level 3" einzustufen.

> **Beispiel**
> U bilanziert nach IAS 40 alle Renditeimmobilien einheitlich zum *fair value*
> (→ § 16 Rz 40). Für die Bewertung wird auf beobachtbare Quadratmeter-
> preise, die im Rahmen vergleichbarer Transaktionen (ähnliche Gebäude in
> identischer Lage/Region) ermittelt wurden, abgestellt. Weil es sich bei den
> *inputs* zur Bestimmung des *fair value* um beobachtbare Parameter handelt
> und die Vermögenswerte in den Transaktionen hinreichend vergleichbar sind
> und es daher keiner Anpassung bedarf, klassifiziert U die *fair-value*-Bewer-
> tung als eine „Level 2"-Bewertung. Relevanz hat diese Klassifizierung ins-
> besondere für den Umfang der Anhangangaben.
> Lägen hingegen keine beobachtbaren Quadratmeterpreise vor und würde U
> daher auf eine eigene Schätzung zurückgreifen oder sich eines Gutachters
> bedienen, wäre die Bewertung als „Level 3" zu klassifizieren.

Insgesamt gilt somit: Entsprechend dem zeitlichen Bezug der *fair-value*-Ermitt- 34
lung (strenges Stichtagsprinzip; Rz 16) und der sachlichen Zielsetzung (Bestimmung des Werts, zu dem das Bewertungsobjekt am Markt gehandelt werden
könnte) sind beobachtbare Transaktionspreise, auch wenn nur für ähnliche Vermögenswerte Schulden (*similar assets/liabilities*) feststellbar, bei der *fair-value*-
Bestimmung angemessen zu berücksichtigen. Aufgrund der Notwendigkeit einer
Kali-

brierung des über ein Bewertungsverfahren bestimmten Ergebnisses bleibt die DCF-Bewertung materiell damit nachrangig, also nur *ultima ratio* (Rz 48 ff.).[3]

3.2 Abgrenzung der einzelnen Level

35 Die Wahl des Bewertungsverfahrens richtet sich nach der Marktbasierung der Inputfaktoren, die wiederum als Kriterium ihrer Verlässlichkeit gilt. Zu unterscheiden sind dabei regelmäßig drei Abstufungen (Rz 31):
- Level 1: Die höchste Relevanz beizumessen ist am Bewertungsstichtag direkt beobachtbaren Preisen für identische Vermögenswerte/Schulden auf einem aktiven Referenzmarkt, zu dem auch Zugang besteht. Anpassungen für die Bewertung sind aufgrund der Identität nicht oder nur in geringem, somit unwesentlichem Umfang vorzunehmen.
- Level-2-Inputs bilden die zweitbeste Lösung. In Abhängigkeit der notwendigen Anpassungen für die Bewertung nimmt der Grad der Objektivierbarkeit stetig ab und der Einfluss subjektiver Einschätzungen zu. Unter den Level-2-Inputs sind daher alle am Markt beobachtbaren bzw. ableitbaren Preise zu erfassen, die nicht unter Level 1 fallen.
- Level 3: Die geringste Verlässlichkeit wird unternehmensspezifischen, also gerade nicht marktbasierten Inputfaktoren zugemessen. Unternehmensspezifische Fundamentalerkenntnisse sind für die Bestimmung des *fair value* daher von nachrangiger Bedeutung.

Das Vorhandensein und die Ausprägung der Informationen (Level 1–3) bestimmen über die anzuwendenden Verfahren zur Ermittlung des *fair value*. Objektivierbaren Bewertungsparametern ist der zwingende Vorzug zu geben.

36 Die Zuordnung einer Bewertung zu einem Level innerhalb der inputbasierten *fair value*-Hierarchie richtet sich nach der Festlegung des Bewertungsobjekts (*unit of measurement*). Liegen etwa für einen Fonds Level 1-Bewertungen für sämtliche Vermögenswerte vor, kann auch bei Anwendung einer Durchschau (*look through approach*) nicht auch für die Verbindlichkeiten des Fonds ein Level 1 unterstellt werden. Es fehlt an einem beobachtbaren Preis für die Verbindlichkeiten, daher bedarf es einer *valuation technique* für die Bestimmung des beizulegenden Zeitwerts, eine Etikettierung als Level 1 scheidet insoweit aus. In der Konsequenz ist daher auch der beizulegende Zeitwert eines Anteils an dem Fonds nicht über eine Level 1-Bewertung zu bestimmen.

37 Mangels weiterer Konkretisierung ergeben sich Schwierigkeiten bezogen auf die Unterscheidung zwischen den einzelnen Leveln der *fair-value*-Hierarchie, insbesondere zwischen Level 2 und Level 3. Die Einstufung als Level 1-Inputfaktor setzt das Bestehen eines aktiven Markts mit beobachtbaren Preisstellungen für das Bewertungsobjekt voraus. Wird auf Schätzungen oder indikative Preise zurückgegriffen, scheidet eine Klassifizierung als Level 1 aus.

38 Zulässig ist auch der Rückgriff auf Informationen, die von Dritten (etwa Preisserviceagenturen oder Broker) zur Verfügung gestellt werden. **Preisstellungen von Dritten** sind – ungeachtet der Möglichkeit zum Nachvollzug – nicht unmittelbar auch beobachtbare Inputfaktoren. Hinsichtlich der Qualität der Information von Preisserviceagenturen (etwa Bloomberg, Reuters etc.) ist

---

[3] Vgl. LÜDENBACH/FREIBERG, PiR 2008, S. 370 ff.

ebenfalls eine Unterscheidung geboten. Stellen Dritte lediglich – ähnlich einer Datenbank – Informationen über aktuelle Markttransaktionen zur Verfügung, können diese als Level-1-Input eingestuft werden. Insoweit allerdings eine Gewichtung zu einer Durchschnittsgröße (*consensus price*) erfolgt oder eigene Schätzungen des Dritten in die Datenbasis einfließen, liegt maximal ein Level-2-Input und u.U. sogar nur ein Level-3-Input vor.[4]

Direkt oder indirekt beobachtbare Level-2-Inputfaktoren liegen nur dann vor, wenn die Informationen am Markt beobachtbar sind, also ausschließlich auf Marktdaten beruhen. Erwartungen und Meinungsäußerungen von Marktteilnehmern (Analystenschätzungen, Branchenstudien etc.) sind keine Level-2-Inputfaktoren, sondern sind als „nicht beobachtbare" Parameter (auf einem aktiven Markt) als Level 3 zu klassifizieren. Für die Zuordnung von Informationen zu den einzelnen Level gilt daher: **39**

- Nicht auf einem aktiven Markt beobachtbare Informationen (nicht beobachtbare Parameter) sind automatisch als Level-3-Input einzustufen.
- Eine Klassifizierung als Level-2-Information setzt eine Beobachtbarkeit an einem aktiven Markt voraus, die allerdings nicht unmittelbar für das Bewertungsobjekt vorliegt, sondern nur für ähnliche Vermögenswerte/Verbindlichkeiten erhoben und für die Wertermittlung genutzt werden kann.

Die Anpassung beobachtbarer Informationen führt zu einer Umklassifizierung von Level 2 zu Level 3.

Beobachtbare Parameter	Nicht beobachtbare Parameter
Zinsstrukturkurven	Indikative Kurse, nicht bindende Angebote
CDS *spreads*	Historische Aktienkursvolatilität
Wechselkurse	Eigene Zahlungsstromerwartungen
Aktienkurse	Geschätze Preise/Kurse
Renditen emitierter Anleihen	Gewichtete Informationen (etwa einer *peer group*)

Die **Anpassung** beobachtbarer Informationen etwa durch Gewichtung oder Auswahl einer Größe aus einem breiten Intervall (Rz 48) führt zu einer Umklassifizierung von Level 2 zu Level 3.

> **Beispiel**
> Für die Bewertung einer Aktie der nicht börsennotierten A AG kann auf beobachtbare Kurse von vergleichbaren Unternehmen (einer *peer group*) zurückgegriffen werden. Da die einzelnen Informationen unmittelbar beobachtbar sind, stellen diese zunächst Level-2-Inputfaktoren dar. Die Vergleichsunternehmen unterscheiden sich allerdings in Bezug auf die Unternehmensgröße, den regionalen Schwerpunkt der Geschäftsaktivität, die Kapitalstruktur und die Entwicklung in der letzten Periode. Eine Anpassung der beobachtbaren Daten durch Gewichtung ist daher erforderlich und zieht eine Klassifizierung der Bewertung als Level 3 nach sich.

---

[4] Dies im Rahmen einer *tentative agenda decision* bestätigend IFRS IC, IFRIC Update September 2014.

3.3 Verfahren der *fair-value*-Ermittlung

40 Fehlt es für ein Bewertungsobjekt – außerhalb der Finanzinstrumente regelmäßig – an notierten Marktpreisen, ist die Anwendung von **Bewertungstechniken** (*valuation techniques*) unvermeidlich. Sie lassen sich in drei Verfahrensgruppen zusammenfassen (IFRS 13.62):[5]

- **Marktpreisorientierte** Verfahren (*market approach*) leiten den Zeitwert aus Markt- bzw. Transaktionspreisen **vergleichbarer Vermögenswerte** (*comparable transactions*) ab (IFRS 13.B6).
- **Kapitalwertorientierte** oder einkommensorientierte (bzw. DCF-basierte) Verfahren (*income approach*) ermitteln den Zeitwert als Zukunftswert über die **Diskontierung zukünftiger Zahlungsmittelüberschüsse** aus der Nutzung des Bewertungsobjekts (IFRS 13.B10).
- **Kostenorientierte** Verfahren (*cost approach*) stellen den Zeitwert über die **Wiederbeschaffungskosten** (*current replacement costs*) unter Berücksichtigung des wirtschaftlichen, technischen und physischen Erhaltungszustands dar (IFRS 13.B8).

Der Rückgriff auf Bewertungsverfahren zur Bestimmung des *fair value* ist schon in der bisherigen Anwendung der IFRS geboten. In besonderem Maße besteht eine Notwendigkeit zur marktpreis-, einkommens- und (mit Restriktionen) kostenorientierten *fair-value*-Bestimmung für

- erworbene Vermögenswerte und übernommene Schulden unter Beachtung der Einzelerwerbsfiktion im Zuge einer *business combination* (IFRS 3 i. V. m. IAS 38.40 f.; mit konkreten Anwendungsbeispielen → § 31 Rz 225 ff.),
- als Finanzanlagen gehaltene (Rendite-)Immobilien bei wahlweisem, einheitlichem Rückgriff auf das *fair value model* (→ § 16 Rz 65 ff.) und
- den über den *fair value less costs of disposal* abgeleiteten erzielbaren Betrag (*recoverable amount*) bei notwendigem *impairment test* nach IAS 36 (zur einkommensorientierten Bewertung → § 11 Rz 45 ff.).

Eine an den (Wiederbeschaffungs- bzw. -herstellungs-)Kosten orientierte Bestimmung scheidet allerdings nach IAS 36 insgesamt aus (IAS 36.BCZ29) und stellt für die Bewertung von Renditeimmobilien eine *escape*-Klausel bei nicht verlässlicher Wertfindung dar (IAS 40.53; → § 16 Rz 68).

41 Besondere Bedeutung nehmen die einkommensorientierten Bewertungsverfahren ein (IFRS 13.B11). Im Rahmen der **Barwertermittlung** muss das Bewertungsobjekt zu einer Alternativanlage „**vergleichbar**" gemacht werden.[6] Neben dem risikolosen Zinssatz (als Ausdruck des *time value of money*) und einem erwarteten Zahlungsstrom sind daher regelmäßig noch weitere Bewertungskomponenten zu unterscheiden (IFRS 13.B14).[7] Eine Erweiterung des Barwertkalküls zur Gewährleistung der Vergleichbarkeit mit einer durch das Bewertungsobjekt verdrängten Alternativanlage wirkt sich entweder auf den Diskontierungszinssatz oder auf den zugrunde zu legenden Zahlungsstrom aus (IFRS 13.B17):

---

[5] Vgl. SMITH/PARR, Valuation of Intellectual Property and Intangible Assets, 3. Aufl., 1994, S. 151 ff.
[6] Ausführlich FREIBERG, Diskontierung in der Internationalen Rechnungslegung 2010, Rz 128 ff.
[7] Ein Abstellen auf den risikolosen Zinssatz für die Bewertung von Immobilien im DCF-Verfahren ablehnend KÜHNBERGER/WERLING, WPg 2012, S. 988 ff.

(1) Bei der **Prognose der Zahlungsströme** bestehen Unsicherheiten bez. der Höhe und des zeitlichen Anfalls. Wird auf den Modalwert, den Zahlungsstrom mit der höchsten Eintrittswahrscheinlichkeit (*single most likely amount*) abgestellt, muss der Diskontierungszins zur Vergleichbarkeit des Bewertungsobjekts mit der Alternativanlage auch der Mehrwertigkeit der Zahlungsströme Rechnung tragen. Der **Erwartungswert** (*expected cash flow*) berücksichtigt diese bereits über eine Wahrscheinlichkeitsgewichtung.

(2) Zukünftige Zahlungsströme sind i.d.R. jedoch nicht nur der Höhe und des zeitlichen Anfalls nach unsicher (IFRS 13.B15/B16). Abhängig von der Anlageart ist zusätzlich das spezifische Risiko im Rahmen einer **Opportunitätskostenermittlung** zu berücksichtigen.

(3) Neben dem spezifischen Risiko des Bewertungsobjekts sind ggf. noch **allgemeine Marktrisiken** (*market imperfections*) zu erfassen. Zu den allgemeinen Marktrisiken gehören das Fehlen eines ausgebildeten Kapitalmarkts oder Länderrisiken, die zwar die Auswahl einer Alternativanlage beeinflussen, aber nicht Bestandteil des spezifischen Risikos des Bewertungsobjekts sind.

Eine **Doppelerfassung** (*double counting*) der Bewertungskomponenten (sowohl im Zähler als auch im Nenner des Barwertkalküls) ist zu vermeiden. Daher erfolgt die Berücksichtigung der **Bewertungskomponenten** entweder im Zahlungsstrom oder im Diskontierungszinssatz.[8]

Bewertungskomponenten des Barwertkalküls	Modalwert	Erwartungswert	
	traditional cash flow	Risikozu- bzw. -abschlag	Sicherheitsäquivalent
1. Schätzung des Zahlungsstroms	Zähler		Zähler
2. Erwartung bez. des zeitlichen Anfalls/der Höhe des Zahlungsstroms		Zähler	
3. Marktunvollkommenheiten	Nenner		
4. Risiko des Bewertungsobjekts		Nenner	
5. Zeitwert des Geldes			Nenner

Innerhalb der IFRS fehlt es (bislang, aber auch weiterhin) überhaupt an einer **standardübergreifenden Auseinandersetzung** mit vermögenswert- und schuldspezifischen Risiken. Innerhalb der Vorgaben für Finanzinstrumente und IAS 36 werden zwar wertbeeinflussende Faktoren für finanzielle Vermögenswerte und Schulden festgehalten (IAS 36.A1 ff.), allerdings ist die Aufzählung weder abschließend noch erfolgt eine Operationalisierung der verschiedenen Risiken. Die im jeweiligen Einzelfall unterstellten Bewertungsparameter müssen im Einklang mit dem *fair-value measurement framework* alle (Risiko-)Faktoren umfassen, die beliebige Marktteilnehmer für ihre Preisbildung berücksichtigen würden.

---

[8] In Anlehnung an BALLHAUS/FUTTERLIEB, KoR 2003, S. 572.

44 Im Rahmen der einkommensorientierten Bewertung von Vermögenswerten, die für steuerliche Zwecke abschreibungsfähig sind, wird über die Diskontierung der erwarteten künftigen Nettozuflüsse zunächst nur ein Nettowert bestimmt. Der **steuerliche Vorteil aus der Abschreibungsfähigkeit** (*tax amortisation benefit*) ist als zusätzliche wertbildende Komponente zu berücksichtigen, wenn beliebige Marktteilnehmer den Vermögenswert in einer Transaktion (etwa im *share deal*) nicht steuerneutral bepreisen (Rz 58). Der beizulegende Zeitwert ist ein von den Besonderheiten des konkreten Erwerbs bzw. Erwerbers abstrahierter Wert. Der steuerliche Mehrwert ist daher unabhängig davon zu berücksichtigen, wie die tatsächlich durchgeführte Transaktion strukturiert wurde. Wird das Bewertungsobjekt, losgelöst vom konkreten Bewertungsanlass von beliebigen Marktteilnehmern, unter Berücksichtigung eines *tax amortisation benefit* gehandelt, ist dieser als wertbildende Komponente des *fair value* zu berücksichtigen.

45 Der Barwert des Steuervorteils kann unter Berücksichtigung des Zeitraums des steuerlichen Abschreibungszeitraums iterativ oder nach folgender Formel berechnet werden:

tax amortisation benefit = $FV_{vor} \times (ND / (ND - RBF\,ND,i \times t) - 1)$

Mit:	FV_{vor} =	*fair value* vor Steuervorteil
	ND =	steuerliche Nutzungsdauer
	RBF ND,i =	Rentenbarwertfaktor für die Laufzeit ND und den Zins i (entspricht Barwert einer Annuität von 1 EUR mit Laufzeit ND und Zins i)
	t =	Steuersatz

Beispiel
MU erwirbt 100 % der Anteile an TU. Der Wert eines im Rahmen der Kaufpreisallokation identifizierten Patents von TU wird vor Berücksichtigung seiner steuerlichen Abschreibungsfähigkeit mit 100 ermittelt. Das Patent hat eine Restlaufzeit von 2 Jahren.
Allgemein, wenn auch nicht im konkreten Fall (*share deal*), wäre das Patent auch steuerlich über die Restnutzungsdauer von 2 Jahren abzuschreiben. Hieraus ergibt sich bei einem unterstellten Diskontierungssatz von 10 % und jährlich nachschüssiger Steuerzahlung, abstrahiert vom konkreten Erwerber, folgende iterative und direkte Ermittlung des Steuervorteils und damit des unter Berücksichtigung dieses Vorteils anzusetzenden Zeitwerts:

Iteration	Wert vor Steuer	Wert inkl. Steuervorteil	Abschreibung p.a.	Steuervorteil 01	Steuervorteil 02	Barwert Steuervorteil
1	100,00	100,00	50,00	20,00	20,00	34,71
2	100,00	134,71	67,36	26,94	26,94	46,76
3	100,00	146,76	73,38	29,35	29,35	50,94

Iteration	Wert vor Steuer	Wert inkl. Steuervorteil	Abschreibung p.a.	Steuervorteil 01	Steuervorteil 02	Barwert Steuervorteil
4	100,00	150,94	75,47	30,19	30,19	52,39
5	100,00	152,39	76,20	30,48	30,48	52,90
6	100,00	152,90	76,45	30,58	30,58	53,07
7	100,00	153,07	76,54	30,61	30,61	53,13
8	100,00	153,13	76,57	30,63	30,63	53,15
9	100,00	153,15	76,58	30,63	30,63	53,16
10	100,00	153,16	76,58	30,63	30,63	53,16

Direkte Berechnung Steuervorteil: $100 \times (2 / (2-1{,}73554 \times 0{,}4) - 1) = 53{,}16$.
Dabei ist 1,73554 der Rentenbarwertfaktor für 10 % und 2 Jahre.
Anzusetzen ist somit der Wert von 153,16.

Im Schrifttum wird z.T. die Auffassung vertreten, die Berücksichtigung des *tax amortisation benefit* sei eine **Ermessenssache**, da nach empirischen Studien Marktteilnehmer Steuervorteile nicht in vollem Umfang bei der Preisfindung berücksichtigen würden.[9] Die Berücksichtigung solcher nach Objekt und Markt, aber auch nach Validität der Untersuchungsergebnisse unterschiedlichen empirischen Befunde im *discounted-cash-flow*-Kalkül würde zu komplexen Differenzierungen führen, mit der Maßgabe, den Steuervorteil in einigen Fällen voll, in anderen gar nicht, in wieder anderen z.T. zu berücksichtigen. Der Vergleichbarkeit von Bewertungen wäre damit nicht gedient. U.E. ist das *discounted-cash-flow*-Kalkül darauf gerichtet, den Preis zu ermitteln, der sich bei rationalem Verhalten und vollkommenen Marktverhältnissen ergäbe. Sobald hiervon im Hinblick auf tatsächlich oder angeblich abweichendes Verhalten und tatsächliche oder angeblich abweichende Marktverhältnisse abgewichen würde, käme die kaum lösbare Frage nach der Quantifizierung der Abweichungen und der Güte der empirischen Befunde ins Spiel.

46

Die explizite Berücksichtigung des *tax amortisation benefit* ist im Übrigen eine Besonderheit der einkommensorientierten Verfahren. Bei **marktorientierten Verfahren** wird demgegenüber die Einbeziehung eines eventuellen steuerlichen Abschreibungsvorteils in den Marktpreis unterstellt. Bei einer kostenorientierten Bewertung ist im Einzelfall zu entscheiden, ob ein steuerlicher Mehrwert durch Abschreibungsfähigkeit zu erfassen ist.

47

3.4 Keine andere praktische Gewichtung der Verfahren

Der jetzt schon unproblematische Fall notierter Marktpreise wird auch in Zukunft die Ausnahme bleiben. Der *fair value* einzelner Vermögenswerte und Schulden wird weiterhin vorrangig durch Bewertungstechniken zu bestimmen sein. Fraglich ist, ob es wegen der Vorgabe der inputorientierten Verfahrenshierarchie dabei zu einer

48

---

9 KASPERZAK/NESTLER, DB 2007, S. 473 ff.

anderen praktischen Gewichtung zwischen den bisher dominierenden DCF-Verfahren und den bisher seltener angewandten marktpreisorientierten Verfahren (Multiplikatorverfahren etc.) kommt und ob unabhängig davon die Verfahrenshierarchie einen wesentlichen Beitrag zum Objektivierungsproblem leisten wird.[10]

> **Beispiel**
> U hält seit Gründung 100 % der Anteile an der in der Kosmetikbranche tätigen BGmbH. B erzielt bei einem Umsatz von ca. 1,0 Mrd. EUR ein EBITDA von ungefähr 85,0 Mio. EUR. Die Stichtagsbewertung der B für Zwecke des IFRS-Einzelabschlusses soll zum *fair value* erfolgen (IAS 27.10(b)). In der Vergangenheit wurde hierzu eine einkommensorientierte (DCF-basierte) Bewertung anhand der internen Planung zugrunde gelegten Fundamentalaussichten der BGmbH durchgeführt. Nach Verabschiedung der FVM-Vorschriften zweifelt das Management der U, ob es das DCF-Verfahren auch weiterhin anwenden darf oder nunmehr zu einer Bewertung auf Basis am Markt für vergleichbare Unternehmen (*peers*) beobachtbarer Multiplikatoren verpflichtet ist. Der Zweifel ist wie folgt begründet:
> Am Markt sind bis auf den risikoangepassten Diskontierungszins keine Inputparameter beobachtbar, denn es gibt keine Marktteilnehmer (potenziellen Käufer etc.), die U zugängliche Schätzungen über die Entwicklung von Umsatz, Kosten, Investitionsausgaben usw. der BGmbH abgegeben hätten. Zwar haben verschiedene Wirtschaftsinstitute Schätzungen über die Umsatzentwicklung der Branche abgegeben, die ggf. als Marktinput angesehen werden können. Diese Branchenschätzungen sagen aber wenig über die eventuell abweichenden Umsatzaussichten der BGmbH, erst recht nichts über deren Ergebnisentwicklung aus. Das DCF-Verfahren müsste somit in wesentlichen Teilen ohne vom Markt entnommene Inputparameter auskommen und wäre in einer inputorientierten Verfahrenshierarchie als „Level 3" einzuordnen. Am Markt sind hingegen Ergebnis- und Umsatzmultiplikatoren für Vergleichsunternehmen beobachtbar, die „nur" noch an die Verhältnisse der BGmbH angepasst werden müssten („Level 2").

49 Jedenfalls bei erster Betrachtung ergibt sich für die Bewertung ein **Vorrang** von Multiplikatorverfahren vor einer in mindestens einer wesentlichen Prämisse an internen Planungen orientierten und deshalb „Level 3" zuzurechnenden DCF-Bewertung. Multiplikatoren sind jedoch häufig nur in Bandbreiten beobachtbar, da sich für die Vergleichsobjekte (*peers*) häufig sehr unterschiedliche Werte feststellen lassen. Hinzu kommt, dass für jedes Vergleichsobjekt mehrere Multiplikatoren zur Auswahl stehen (z. B. Umsatzmultiplikator, EBITDA-Multiplikator etc.) Selbst bei einer Entscheidung für das „am besten passende" Vergleichsobjekt lassen sich daher unterschiedliche Werte rechtfertigen. Abgesehen von der grundsätzlich eingeschränkten Vergleichbarkeit börsennotierter Vergleichsobjekte mit bilanziell zu bewertenden, nicht börsennotierten Vermögenswerten/Schulden enthält der Multiplikatoransatz somit einen hohen Grad an

---

[10] Zum Ganzen LÜDENBACH/FREIBERG, KoR 2006, S. 437 ff.

Subjektivität. In einem breiten Intervall lassen sich viele Werte rhetorisch begründen, aber keiner in einem strengen Sinne beweisen. Als Konsequenz eines weiten Intervalls möglicher Multiplikatoren und der Notwendigkeit einer subjektiven Auswahl eines Werts innerhalb der Bandbreite führt auch die ausschließlich auf marktbasierten Inputs basierende Bewertung zu „Level 3"-Werten.

Die inputbasierte Verfahrenshierarchie versagt, wenn die Bewertung nicht ausschließlich auf am Markt beobachtbare Inputfaktoren zurückgreift und/oder diese Faktoren nur in erheblichen Bandbreiten beobachtbar, also nur auf Basis subjektiver Anpassungen, verwendbar sind. Nur für den seltenen Fall durchgängiger, eindeutig in einer engen Bandbreite bestimmbarer marktbasierter Inputparameter liefert die inputbasierte Verfahrenshierarchie daher einen **klaren Objektivierungsbeitrag**. In allen anderen Fällen bleibt es bei der bisherigen Freiheit (und damit Subjektivität) in der Wahl der angewandten Verfahren. Bei großzügiger Interpretation kann man jedoch folgenden Objektivierungsbeitrag entnehmen: Wenn keine (Bewertungs-)Methode klar auf Marktprämissen fundiert werden kann, ist der *fair value* durch mehrere Methoden zu bestimmen und die „Lösung" (der Bewertung) unter begründeter Gewichtung der genutzten Verfahren, jedenfalls also nicht einseitig durch Rückgriff auf nur ein Verfahren, gegeben. 50

Als relevante Bedeutung der inputbasierten Verfahrenshierarchie bleiben in jedem Fall die von der Klassifizierung der Bewertung (Level 1–3) abhängigen **Anhangangaben** (Rz 127 ff.). So bestimmt sich der Umfang der Angabepflichten nicht vorrangig nach dem Bewertungsobjekt, sondern hängt von der Güte der Bewertung und der Kategorisierung innerhalb der inputbasierten Hierarchie ab (IFRS 13.93). 51

3.5 Wertbildende Komponenten und Paketab- bzw. -zuschläge

Im Rahmen der *fair-value*-Bewertung ist ausschließlich den Prämissen und Annahmen Rechnung zu tragen, die beliebige Marktteilnehmer in gewöhnlichen Transaktionen für eine Preisstellung berücksichtigen. In besonderen Fällen (Abweichen der *unit of account* zwischen Bewertungsobjekt und beobachtbaren Inputs, Rz 68 f.) kann für die Bestimmung des beizulegenden Zeitwerts eine **Prämie oder** ein **Abschlag** auf einen beobachtbaren Preis auf einem aktiven Markt zu berücksichtigen sein (IFRS 13.69). Zur Bestimmung der Notwendigkeit einer Anpassung sind beachtlich: 52

- die **Wertdimension** (*unit of account*) des Bewertungsobjekts,
- das **Vorliegen von** „**Level 1**"**-Inputs** (beobachtbare Marktpreise für identische oder ähnliche Bewertungsobjekte) und
- das **Verhalten von beliebigen Marktteilnehmern**, insbesondere ob in gewöhnlichen Transaktionen Zu- oder Abschläge berücksichtigt werden.

> **Beispiel**
> U schließt ein unbedingtes Termingeschäft zum Erwerb einer beherrschenden Einfluss vermittelnden Anzahl Anteile (mindestens 51 %) an der börsennotierten A AG ab. Da die A AG börsennotiert ist, lässt sich ein Preis je Anteil feststellen, der auf die Anzahl aus dem Termingeschäft hochgerechnet werden kann. Eine (einfache) Hochrechnung scheidet allerdings aus, wenn beliebige Marktteilnehmer eine Prämie für den Erwerb eines beherrschenden Anteils (*control premium*) als *unit of account* unter IAS 39/IFRS 9 bzw. IFRS 3

> berücksichtigen. Der beobachtbare Anteilskurs ist daher nach Hochrechnung um eine weitere wertbildende Komponente anzupassen. Die Kategorisierung der Bewertung richtet sich nach der Objektivierbarkeit der Anpassung.

53 Unbeachtlich für die Bestimmung des beizulegenden Zeitwerts eines Bewertungsobjekts bleiben **unternehmensspezifische**, nicht mit dem Bewertungsobjekt verbundene **Restriktionen/Eigenschaften**. Hält ein Unternehmen einen die spezifische Angebots- und/oder Nachfragekurve übersteigenden Bestand eines Bewertungsobjekts und kann eine Veräußerung in einer einzigen Transaktion daher nur unter Hinnahme eines **Abschlags** *(blockage factor)* erfolgen, ist dieser nicht im *fair value* zu erfassen. Der notwendige Abschlag ist unternehmensspezifisch und nicht charakteristisch für das Bewertungsobjekt (IFRS 13.80 und IFRS 13.BC156). Der Standard unterscheidet insofern zwischen der bei der Bewertung zu berücksichtigenden Größe *(size)* des Bewertungsobjekts selbst und der nicht berücksichtigungsfähigen Größe des Investments des Unternehmens *(size of the entity's holding)*.

3.6 Steueroptimierung bei der Bewertung

54 In der **Arbeitsteilung** mit dem (Gesamt-)Regelwerk schreibt IFRS 13 nicht vor, wann und welches Bewertungsobjekt zum *fair value* zu bewerten ist. Der Regelungsinhalt ist – besondere Offenlegungspflichten ausgeklammert – begrenzt auf methodische Vorgaben. Die Leitlinien finden sowohl auf den einzelnen Vermögenswert/die einzelne Schuld als auch auf eine Gruppe von Einsatzfaktoren Anwendung (IFRS 13.13f./BC47). Die Identifizierung des Bewertungsobjekts *(unit of account)* richtet sich nach den vermögenswert-/schuldspezifischen Bilanzierungsvorgaben. Ein bloßer **gesellschaftsrechtlicher Mantel** scheidet – mindestens im *consolidated financial statement* – als Bewertungsobjekt aus. Ob ein Vermögenswert in *einem corporate wrapper* gehalten wird, ist für die Festlegung des Bewertungsmaßstabs *fair value* unerheblich, relevante *unit of account* ist der im rechtlichen Mantel gehaltene Vermögenswert.

55 Wenn steuerliche Gestaltungspotenziale im *fair value* zu berücksichtigen sind, dann nur als Annahme/Prämisse, die beliebige Marktteilnehmer in gewöhnlichen Transaktionen für eine Preisstellung berücksichtigen (IFRS 13.22). Für die Bestimmung des *fair value* von Vermögenswerten ist, ausgehend von den individuellen Nutzeneinschätzungen der Marktteilnehmer, die **bestmögliche Verwertung** *(highest and best use)* zu unterstellen (IFRS 13.27).
Bestehen keine physischen, rechtlichen oder finanziellen Restriktionen für eine steueroptimierte Gestaltung einer (fiktiven) Veräußerung im *corporate wrapper*, ist für die Bestimmung des *fair value* eines Vermögenswerts in einer hypothetischen Transaktion ein *share deal* zu unterstellen. Das (beobachtbare) **Verhalten beliebiger Marktteilnehmer** determiniert die relevanten Eigenschaften des Bewertungsobjekts (IFRS 13.31(a)), und zwar unabhängig davon, ob diese im Status quo bereits bestehen. Für die Bewertung unbeachtlich ist somit, ob ein Vermögenswert bereits in einem rechtlichen Mantel geführt wird. Setzt der *highest and best use* eine Transaktion im rechtlichen Mantel voraus, ist – wegen fehlender Restriktionen – die (hypothetische) Verfügbarkeit zu unterstellen.

56 Nach der Definition des *fair value* sind **Transaktionskosten** für die Wertermittlung unbeachtlich. Kosten, die nur bei Verkauf eines Vermögenswerts oder Übertragung

einer Schuld anfallen, sind Teil der Transaktion und nicht unmittelbar dem Vermögenswert oder der Schuld zuzurechnen (IFRS 13.25). Das **Einbezugsverbot** gilt unabhängig von dem „*highest and best use*"-Konzept der Bewertung. Transaktionskosten umfassen unmittelbar mit der Veräußerung zusammenhängende, zusätzliche Belastungen (IFRS 13.A). Ausgeklammert sind allerdings Finanzierungskosten und Ertragsteueraufwand (IFRS 5.A). Für die Identifizierung nicht relevant ist, welche Partei die zusätzlichen **inkrementalen Kosten** zu tragen hat. Wenn eine Belastung nur dem (fiktiven) Erwerber auferlegt wird, stellt der zwischen den Parteien vereinbarte Kaufpreis ein Korrektiv dar. Wegen des Einbezugsverbots ist ein um Transaktionskosten geminderter *fair value* daher anzupassen.

Gegenstand der *fair-value*-Bewertung (*unit of account*) ist der nach Maßgabe der Einzelstandards bilanzierte Vermögenswert bzw. die erfasste Schuld, der/die gleichermaßen für die Steuerlatenzrechnung heranzuziehen ist. Anders als für die *fair-value*-Bewertung ist ein *corporate wrapper* de lege lata für die Latenzierung im *consolidated financial statement* aber unbeachtlich.[11] Bilanzierungsobjekt ist der Vermögenswert, die Referenzgröße für die Latenzierung somit der **korrespondierende Steuerwert** (*inside temporary difference*). Daneben bestehende temporäre Differenzen zwischen dem konsolidierten Vermögen und dem Beteiligungsansatz (*outside temporary differences*) bleiben unbeachtlich, wenn in absehbarer Zeit nicht mit einer Umkehr gerechnet wird (IAS 12.39). Für die Steuerlatenzrechnung ist daher auf die *tax base* des Vermögenswerts abzustellen, der *corporate wrapper* bleibt unberücksichtigt.[12]

57

Die Modellbewertung von Vermögenswerten, die steuerlich abschreibungsfähig sind, über eine Abzinsung künftiger (Einzahlungs-)Überschüsse führt zunächst nur zu einem Nettowert ohne Berücksichtigung des steuerlichen Vorteils einer **steuerlichen Abschreibungsfähigkeit** (*tax amortisation benefit*). Als zusätzliche Wertkomponente ist der Barwert des Steuervorteils, ausgehend vom Nettowert, in Abhängigkeit von Steuersatz und Nutzungsdauer hinzuzurechnen (Rz 44). Wird allerdings ein *share deal* als Transaktionsstruktur unterstellt, kann – mangels Absetzungsfähigkeit des Beteiligungsbuchwerts – als steuerliche Bemessungsgrundlage nur noch der im *corporate wrapper* fortgeführte Steuerbuchwert herangezogen werden, wenn eine Aufdeckung stiller Reserven unterbleibt.

58

> **Beispiel**
> U bilanziert eine Renditeimmobilie nach IAS 40 im *fair-value*-Modell, die in einem rechtlichen Mantel gehalten wird. Der Steuerwert der Immobilie entfällt mit 100 GE auf Grund und Boden (GruBo) und mit 300 GE auf ein Gebäude (Restnutzungsdauer 30 Jahre). Für die Bewertung wird eine Veräußerung der Anteile an dem Mantel unterstellt. Der (Netto-)Barwert der künftigen Zahlungsüberschüsse beträgt 600 GE und entfällt mit 150 GE auf GruBo und mit 450 GE auf das Gebäude. Für GruBo kann mangels steuerlicher Abschreibungsfähigkeit überhaupt kein (Steuer-)Vorteil berechnet werden. Wegen der Unterstellung eines *share deal* kann die Transaktion aber auch keine Mehrabschreibung generieren, die 300 GE für das Gebäude stellen die Obergrenze dar.

---

[11] Dies bestätigend IFRIC, IFRIC Update November 2011; IFRS IC, Staff Paper May 2012, IAS 12 Income Taxes – Recognition of deferred tax for a single asset in a corporate entity.
[12] A. A. Ernst & Young, International GAAP 2015, Ch. 29 subch 8.4.10.

59 Mit der (fiktiven) Gestaltung einer Transaktion als *share deal* können neben der Vermeidung einer steuerpflichtigen Aufdeckung stiller Reserven beim Veräußerer weitere steuerliche Optimierungspotenziale verbunden sein. Eine Berücksichtigung im *fair value* setzt allerdings eine Verneinung eines **Transaktionskostencharakters** voraus. Im Zusammenhang mit einer Veräußerung eines Vermögenswerts anfallende Verkehrssteuern sind u. E. – unabhängig davon, wer diese schuldet – als Transaktionkosten anzusehen und daher nicht im *fair value* des Bewertungsobjekts zu erfassen.

> **Beispiel**
> E möchte zur Vermeidung von Grunderwerbsteuer nicht das rechtliche Eigentum an einem Grundstück, sondern lediglich 94 % der Anteile an einem rechtlichen Mantel erwerben. Die im Vergleich zu einem *asset deal* eingesparte Grunderwerbsteuer stellt vermiedene (aufgeschobene) Transaktionskosten dar und bleibt im *fair value* unberücksichtigt.

60 Die resultierenden Vorteile aus der Gestaltung einer Transaktion sind zwischen Erwerber und Veräußerer aufzuteilen, eine einseitige Erfassung nur bei einer der Parteien scheidet aus. Mangels Beobachtbarkeit eines Aufteilungsschlüssels in der Praxis ist – rationales Handeln aller Beteiligten unterstellt – eine **gleichmäßige Aufteilung** von steuerlichen Optimierungsmöglichkeiten zwischen Veräußerer und Erwerber geboten. Für die *fair-value*-Bewertung sind daher **verschiedene Szenarien** aus der Perspektive von Erwerber und Veräußerer (mit und ohne Optimierung) zu unterstellen. Der beizulegende Zeitwert entspricht dann dem **erwarteten Einigungswert** unter Berücksichtigung der jeweils vorteilhaftesten Transaktionsstruktur.

4 Bewertungsprämissen und -methoden

4.1 Objektspezifische Konkretisierung

61 Die allgemeinen Leitlinien zur *fair-value*-Ermittlung werden ergänzt/konkretisiert durch für das Bewertungsobjekt spezifische Vorgaben (IFRS 13.27–90). Für die Bewertung von Vermögenswerten und Schulden ist insbesondere zwischen **finanziellen** und **nichtfinanziellen Bewertungsobjekten** zu unterscheiden (IFRS 13.BC63–67). Besondere Fragestellungen ergeben sich im Bereich der Finanzinstrumente (Rz 79 ff.). Darüber hinaus sind besondere Anforderungen an die Bestimmung des *fair value* im Zugangszeitpunkt (*at initial recognition*) beachtlich (Rz 120 ff.).

4.2 Nichtfinanzielles Vermögen

62 Im Rahmen der *fair-value*-(Einzel-)Bewertung eines nichtfinanziellen Vermögenswerts ist zwischen dem betriebsnotwendigen (operativ eingesetzten) und dem nicht betriebsnotwendigen Vermögen zu unterscheiden. Nicht betriebsnotwendiges Vermögen kann in absehbarer Zeit veräußert und wieder ersetzt werden. Eine Bewertung zielt auf das Erfolgspotenzial aus einer marktmäßigen Verwertung ab, da weder direkt noch indirekt ein Bezug zur operativen (Gesamt-)Tätigkeit des Unternehmens besteht. Operative Produktionspotenziale steuern durch den Ein-

satz im Leistungsverbund allerdings einen Beitrag zum (Gesamt-)Unternehmenswert bei. Für die Einzelbewertung nichtfinanzieller Vermögenswerte gelten daher Restriktionen, wenn aus der Kombination des zu bewertenden Vermögenswerts mit anderen Produktionsfaktoren **Erfolgs- oder Risikoverbundeffekte** resultieren. Für die Bestimmung des *fair value* von Vermögenswerten ist ausgehend von den individuellen Nutzeneinschätzungen der Marktteilnehmer die **bestmögliche Verwertung** (*highest and best use*) zu unterstellen (IFRS 13.27). Infrage kommt aus der Perspektive beliebiger Marktteilnehmer entweder eine **Veräußerung** oder eine **fortlaufende** unternehmensinterne **Nutzung**:

- Der bei einer (hypothetischen) **Einzelveräußerung** erzielbare Preis (*fair value in exchange*) ist immer dann zu unterstellen, wenn sich die bestmögliche Verwendung eines Vermögenswerts, der keine Kombinationsvorteile im innerbetrieblichen Leistungsprozess generiert, durch eine Veräußerung bestimmt.
- Spiegelbildlich ist der *fair value in use* maßgeblich, wenn der **Einsatz im betrieblichen Leistungsprozess** in Kombination mit anderen unternehmenseigenen Vermögenswerten die bestmögliche Verwendung darstellt.

Rational handelnde Marktteilnehmer werden in den Fällen, in denen der Veräußerungswert den Wert der fortgeführten Nutzung übersteigt, eine Veräußerung präferieren und vice versa. Hinsichtlich der zugrunde zu legenden Perspektive gelten aber folgende Einschränkungen: Die unterstellte Nutzung ist uneingeschränkt, somit

- **physisch möglich** (in Bezug auf den Ort der Nutzung),
- **rechtlich zulässig** (hinsichtlich des geplanten Umfangs der Nutzung) und
- **finanziell realisierbar** (wirtschaftlich durchführbar).

Sind mit einer (fiktiven) Nutzungsänderung weitere Kosten und Risiken verbunden, ist diesen im Rahmen der Bewertung Rechnung zu tragen.

> **Beispiel**
> Eine im Besitz des U befindliche Renditeimmobilie, die zum *fair value* bewertet wird, ist an einen alleinigen Nutzer vermietet. Alternativ wäre eine Parzellierung der Immobilie mit anschließender Vermietung zu besseren Konditionen an mehrere unterschiedliche Nutzer möglich. Im Rahmen einer Bewertung bei alternativer Nutzung wären allerdings auch die Kosten der Parzellierung und evtl. Risiken (etwa Leerstand) zu berücksichtigen.

Der *fair value* von Vermögenswerten bestimmt sich danach auch in Bezug auf die Verwertung aus der Perspektive der Marktteilnehmer. Er ist der höhere Wert, der, **abstrahiert vom** konkreten **Unternehmen**, aus der fortlaufenden Nutzung oder einer fiktiven Veräußerung erzielbar ist. Auf die tatsächliche Verwendungsabsicht des Unternehmens (Veräußerung oder fortgesetzte Nutzung) kommt es somit nicht an. Durch die Unterstellung der Perspektive der Marktteilnehmer werden somit die Einflüsse persönlicher Umstände und Absichten ausgeblendet.

> **Beispiel**
> U erwirbt im Zuge einer *business combination* auch ein Markenrecht. Nach dem Zusammenschluss (*post-combination*) besteht für U die Möglichkeit, die Marke weiter zu verwerten oder zur Stärkung des eigenen Markenauftritts

> vom Markt zu nehmen. Aus der Sicht eines beliebigen Marktteilnehmers kommt hingegen nur eine fortgesetzte Nutzung infrage, da aus der Einstellung – anders als für U, der über einen eigenen Marktauftritt verfügt – kein Mehrwert generiert werden kann.
>
> | | Beliebiger Marktteilnehmer | Unternehmensspezifisch für U |
> |---|---|---|
> | Direkter Nutzen (Weiterführung) | 100 GE | 0 GE |
> | Indirekter Nutzen (Einstellung) | 0 GE | 120 GE |
> | *fair value* | 100 GE | 100 GE |
>
> Obwohl die weitere Verwendung der Marke aus Sicht des U weniger Wert als deren Auflösung (durch die höheren Erträge der bestehenden Marken) generiert, ist der beizulegende Zeitwert unter der Prämisse einer Fortführung zu bestimmen. Für einen beliebigen Marktteilnehmer ergibt sich der *highest and best use* aus der weiteren Nutzung, da aus der Einstellung kein Wert generiert werden kann.

65 Im Regelfall gilt die tatsächliche Nutzung durch das Unternehmen – i.S.e. beizulegenden Zeitwerts – als bestmögliche Verwertung (IFRS 13.29). Sollte wider Erwarten der unternehmensspezifische Einsatz nicht den bestmöglichen Nutzen widerspiegeln, ist die von der Leitlinie *highest and best use* **abweichende Nutzung** offenzulegen (IFRS 13.93(i)/BC213f.).

66 Zur Maximierung eines bestehenden Nutzenpotenzials im Rahmen der *fair-value*-Bewertung sind Erfolgs- und Risikoverbundeffekte einzelner Bewertungsobjekte zu berücksichtigen. Wenn der *highest and best use* eines Bewertungsobjekts nur im Zusammenwirken mit anderen Vermögenswerten erzielt werden kann, ist für die Bewertung die **Möglichkeit des Zugriffs** auf solche Vermögenswerte durch die beliebigen Marktteilnehmer zu fingieren (IFRS 13.31(a)(iii)). Die relevante Dimension der Bewertung (*unit of account*) darf allerdings allein wegen des Bestehens von Erfolgs- und Risikoverbundeffekten nicht aufgehoben werden (IFRS 13.BC77ff.).

> **Beispiel**
> U erwirbt vertragliche Kundenbeziehungen und technologische Vermögenswerte im Zuge einer *business combination*. Zur Generierung weiterer Umsätze mit dem übernommenen Kundenstamm ist der Einsatz der Technologie zwingend. Der Bewertung des *fair value* zum *highest and best use* liegt daher die Verbindung der vertraglichen Kundenbeziehungen mit der Veräußerung der technologischen Vermögenswerte zugrunde. Da einem dritten Marktteilnehmer entsprechende technologische Vermögenswerte nicht zur Verfügung stehen, ist für die Berücksichtigung der bestehenden Erfolgs- und Risikoverbundeffekte im Rahmen der Bewertung des Kundenstamms ein Zugriff durch die Marktteilnehmer zu unterstellen. Eine entsprechende Betrachtung gilt auch für die Bewertung des technologischen Vermögenswerts.

Synergien sind nur insoweit zu berücksichtigen, als sie von jedem Marktteilnehmer realisiert werden könnten.[13] Die Berücksichtigung echter (unternehmensindividueller) **Synergien** ist nicht zulässig. Zwischen dem *fair value in use* und dem aus IAS 36 bekannten unternehmensspezifischen Nutzungswert (*value in use*) ist somit strikt zu unterscheiden: 67

- Der *value in use* ist als **unternehmensspezifischer (subjektiver) Wert** charakterisiert, seine Höhe bestimmt sich aus der Verwendungsperspektive des Unternehmens (→ § 11 Rz 42 f.). Maßgeblich zur Bestimmung der Vorteilhaftigkeit der weiteren Verwendung ist ein Investitionskalkül unter Berücksichtigung der Kapitalkosten einer Alternativinvestition.
- Der *fair value in use* spiegelt den **Wert der fortlaufenden Nutzung** in den innerbetrieblichen Leistungsprozessen aus der Perspektive der Marktteilnehmer wider. Die Bestimmung erfolgt nicht primär anhand eines Investitionskalküls, sondern richtet sich nach der Verfügbarkeit am Markt beobachtbarer Bewertungsparameter.

Besondere Bedeutung hat die Festlegung der Dimension der Bewertung (*unit of account*) für zahlungsmittelgenerierende Einheiten (CGU; → § 11 Rz 100 ff.) und Anteile an assoziierten Unternehmen, die nach der *equity*-Methode (→ § 33 Rz 61 ff.) bewertet werden (IFRS 13.69). Steht hinter der CGU oder dem *equity*-Ansatz eine marktnotierte Beteiligung, ergibt sich ein **potenzieller Widerspruch** zwischen den Anforderungen der inputbasierten Verfahrenshierarchie und der zugrunde zu legenden Referenzgröße. 68

- Wird als *fair value* auf das Produkt aus aktuell beobachtbarem Marktpreis und Anzahl der Anteile (P × Q) abgestellt, kann die Bewertung insgesamt als „Level 1" klassifiziert werden.
- Allerdings folgt aus dem Rückgriff auf die Marktkapitalisierung (als *equity value*) ohne Berücksichtigung des besonderen Einflusses lediglich der Wert, den ein Marktteilnehmer für einen Anteil an dem Unternehmen (= 1 Aktie) bezahlen würde, der daher nicht repräsentativ für das Bewertungsobjekt ist. Wird allerdings eine weitere wertbildende Komponente (insbesondere eine Prämie auf den beobachtbaren Kurs für den besonderen Einfluss) berücksichtigt (P × Q + Z) und ist diese nicht beobachtbar, scheidet eine Klassifizierung der Bewertung als „Level 1" aus.

U. E. ist das Erzielen einer „Level 1"-Klassifizierung **nicht das vordergründige Ziel** einer *fair-value*-Bewertung.[14] Entscheidende Herausforderung ist die Feststellung eines Preises, der von beliebigen Marktteilnehmern für das konkrete Bewertungsobjekt im Rahmen einer gewöhnlichen Transaktion gebildet wird. Insoweit besteht die Möglichkeit **wertbildender Komponenten** für die Bestimmung des *fair value* eines Bewertungsobjekts. Allerdings sind ggf. auch wertmindernde Komponenten zu berücksichtigen, wenn diese spezifisch für den Vermögenswert sind (Rz 53). 69

---

13 So bereits AICPA, Practice Aid (White Paper) 2001 „Assets Acquired in a Business Combination to Be Used in Research and Development Activities", Tz. 1.1.16.
14 Zur gewollten gegenteiligen Klarstellung: IASB, IASB Update December 2013.

> **Beispiel**
> U erwirbt 25 % der Anteile der börsennotierten A AG zu Anschaffungskosten von 27 Mio. GE (ohne Transaktionskosten) und damit maßgeblichen Einfluss auf die Finanz- und Geschäftspolitik. Der Marktwert der erworbenen Anteile liegt bei 25 Mio. GE, 2 Mio. GE musste U als Prämie über den aktuellen Kurs zahlen. Bei unverändertem Börsenkurs stellt sich U die Frage, ob der *fair value* der Anteile und damit des *equity*-Ansatzes 25 Mio. GE (= P × Q) oder 27 Mio. GE (= P × Q + Z) beträgt. In aktuellen Transaktionen lassen sich regelmäßig Aufschläge in einer Bandbreite für die Erlangung eines besonderen Einflusses beobachten. Ausgehend von der Prämisse der Berücksichtigung durch beliebige Marktteilnehmer ist daher ein Aufschlag (Z) auf das Produkt aus Aktienkurs und Anzahl zu berücksichtigen. Da sich der Aufschlag nicht unmittelbar beobachten lässt, kann die (Gesamt-)Bewertung allerdings nicht als „Level 1" bezeichnet werden.

4.3 Schulden und eigene Eigenkapitalinstrumente

70 Für die *fair-value*-Bewertung von finanziellen und nichtfinanziellen Schulden und Eigenkapitalinstrumenten eines Unternehmens ist einheitlich von einer **Übertragung** (*transfer*) auf einen Marktteilnehmer **zum Bewertungsstichtag** auszugehen (IFRS 13.34/BC80). Die Übertragung stellt dabei eine besondere Form der Erfüllung der Verpflichtung aus Eigen- oder Fremdkapital dar. Anders als bei einer Begleichung (*settlement*) geht das bestehende schuld- oder gesellschaftsrechtliche Verhältnis zum Bewertungsstichtag nicht unter, sondern wird lediglich auf eine dritte Partei übertragen. Erfolgen Begleichung und Übertragung zum gleichen Zeitpunkt, entsprechen sich die Erfüllungsbeträge (IFRS 13.BC82).

71 Etwaige **unternehmensspezifische Restriktionen** hinsichtlich einer eingeschränkten Übertragbarkeit der Schuld oder der Eigenkapitalinstrumente sind nicht im *fair value* separat zu erfassen (IFRS 13.45/46). Implizit sind diese aus Sicht der beliebigen Marktteilnehmer bereits in den anderen Bewertungsprämissen und -faktoren berücksichtigt; eine eventuelle Doppelberücksichtigung ist zu vermeiden (Rz 42).

> **Beispiel**
> Die börsennotierte A AG begleicht einen Teil des Kaufpreises nach IFRS 3.37 für den als *business combination* zu klassifizierenden Erwerb von 100 % der Anteile an der G GmbH durch Hingabe eigener Anteile an den Veräußerer V. A und V vereinbaren eine auf 2 Jahre begrenzte Hinterlegung der übertragenen Anteile auf einem Treuhandkonto (*escrow deposit*), erst danach kann V frei über die Anteile verfügen. Der Kurs der A-Aktie im Erwerbszeitpunkt beträgt 100 GE. Für die mit einer Verfügungsbeschränkung belegten Aktien wird ein (Zeit-)Wert von 97 GE, also ein Abschlag von 3 GE bestimmt.
> Bei restriktiver Auslegung der Vorgaben schiede eine Berücksichtigung der Verfügungsbeschränkung der im Rahmen der *business combination* hingegebenen Anteile aus. Zu einer anderen Beurteilung kommt man nur, wenn die Verfügungsbeschränkung zwischen A und V als separate Transaktion angesehen wird (→ § 31 Rz 54) und der (Wert-)Abschlag separat – aus der Sicht des A als Aufwand – erfasst wird.

Auch wenn unternehmensspezifisch eine Erfüllung durch Begleichung (*settlement*) zu einem geringeren Ressourcenabfluss (auch barwertig) als eine Übertragung (*transfer*) führt, ist an der am *exit price* orientierten Bewertung festzuhalten (IFRS 13.BC81). Bestehende (Kredit-)**Vorteile des bilanzierenden Unternehmens** und die Möglichkeit, eine Marge, die eine dritte Partei für die Übernahme einer Schuld verlangen würde, zu vermeiden, bleiben unbeachtlich. Auch wenn das Ergebnis aus unternehmensspezifischer Sicht nachteilig ist, bleibt der **Ansatz** eines (höheren) unter der Prämisse eines Transfers am Stichtag bestimmten *fair value* **verpflichtend**. Der etwaig bestehende unternehmensspezifische Vorteil wird über den Zeitraum bis zur tatsächlichen Erfüllung realisiert.

72

> **Beispiel**
> Für die Übernahme einer bestehenden Verpflichtung des U würde eine dritte Partei inkl. einer Prämie 110 GE verlangen. Nach internen Kalkulationen und unter Berücksichtigung der Rendite für eine Anlageinvestition, die zur Begleichung der Verpflichtung eingegangen wurde, geht U von einem Ressourcenabfluss von (barwertig) 100 GE bei Begleichung zum Fälligkeitszeitpunkt aus. Der *fair value der* Verpflichtung beträgt 110 GE. Mit Verkürzung der Restlaufzeit bis zur tatsächlichen Fälligkeit wird sich – bei ansonsten unveränderten Prämissen – die Differenz von 10 GE reduzieren und insoweit ertragswirksam.

Vielfach liegt kein beobachtbarer Marktpreis für die Übertragung einer Schuld bzw. eines EK-Instruments vor. Das „*highest and best use*"-Konzept findet mangels alternativer Verwendungsmöglichkeit – die Verpflichtung auf einen *exit price* lässt lediglich eine Übertragung zu – keine Anwendung (IFRS 13.BC81). Für die Bestimmung des beizulegenden Zeitwerts wird daher – mit einem klaren Vorzug einer marktorientierten Bestimmung – auf folgendes abgestufte Vorgehen verpflichtet:

73

- Vorrangig ist auf den **beobachtbaren Marktpreis** einer tatsächlichen Übertragung einer identischen Schuld bzw. eines EK-Instruments abzustellen (IFRS 13.34/37).
- Lassen sich keine Preisstellungen für identische Objekte beobachten, können aktuelle Preise für die Übertragung **ähnlicher** Schuld- bzw. EK-**Instrumente** herangezogen werden (IFRS 13.37).
- Fehlt es an beobachtbaren Inputs für Passiva überhaupt, ist ein Blick auf die andere Seite der Bilanz nötig, somit wiederum vorrangig ein beobachtbarer Marktpreis im Rahmen einer Transaktion eines **korrespondierenden Vermögenswerts** beachtlich (IFRS 13.35/37/38(a)).
- U.U. lassen sich auch **andere** beobachtbare Preise/**Inputfaktoren** (Preisstellungen auf inaktiven Märkten, Preise für ähnliche Vermögenswerte etc.) bestimmen, die für eine Bewertung genutzt werden können (IFRS 13.38(b)).

Fehlt es an ausreichend beobachtbaren Inputs für eine marktbasierte Bestimmung, ist auf ein anderes Bewertungsverfahren, regelmäßig auf eine Barwertermittlung, zurückzugreifen (IFRS 13.38(c)/40).
Lassen sich keine Preisnotierungen für identische oder ähnliche Bewertungsobjekte und auch keine korrespondierenden Vermögenswerte feststellen, erfolgt eine *fair-value*-Bewertung mittels eines **DCF-Modells** aus der Perspektive des

74

Schuldners (Emittenten). Da der relevante (Bewertungs-)Maßstab der Transfer zum Stichtag ist, sind bei der Verwendung von Barwertmodellen auch *cash (out)flows* zu berücksichtigen, die ausschließlich infolge der Erfüllung der Verpflichtung anfallen (etwa Kompensationszahlungen für Risiken und Gewinnmargen). Für die Bestimmung des relevanten Zahlungsstroms sind folgende Schritte erforderlich:
- Schätzung der zur Erfüllung der Verbindlichkeit notwendigen *cash flows* aus Sicht des Emittenten unter der Prämisse einer Begleichung bei Fälligkeit.
- Bereinigung um *cash flows*, die bei anderen Marktteilnehmern nicht anfallen würden.
- Berücksichtigung von *cash flows*, die bei anderen Marktteilnehmern anfallen würden, jedoch nicht beim Verbindlichkeitsemittenten.
- Erhebung des Gewinnaufschlags, den auch ein beliebiger Marktteilnehmer berechnen würde.

In Abhängigkeit von dem Risiko einer nicht termingerechten Erfüllung des Kapitaldienstes durch den Schuldner (**non-performance risk**) verlangt ein risikoaverser Gläubiger eine höhere Rendite (Verzinsung). Für die Bestimmung der – im Diskontierungszinssatz des Barwertkalküls zu erfassenden – laufzeitabhängigen Risikokorrektur – die Einräumung von Sicherheiten ausgeklammert – ist die *fair-value*-Hierarchie verpflichtend zu berücksichtigen, also vorrangig auf objektivierbare Bewertungsparameter abzustellen:
- Falls verfügbar, ist für die Bestimmung des Diskontierungszinssatzes auf Renditen **beobachtbarer Alternativanlagen** abzustellen. Aus einer Gegenüberstellung der Verzinsung einer marktnotierten Anleihe und der risikolosen Verzinsung ergibt sich die vom Kapitalmarkt determinierte Prämie für das anleihenspezifische Risiko.
- Eine Schätzung der bonitätsabhängigen Risikokorrektur kann auch unter Rückgriff auf das Rating der Schuld (indirekt der des Schuldners) erfolgen. Am Kapitalmarkt lassen sich laufzeitspezifische Renditeerwartungen für **Anleihen(-Körbe)** mit unterschiedlichem Rating beobachten.

75 Dem *non-performance risk* (Risiko einer Nicht- oder nicht termingerechten Erfüllung) einer Schuld ist auf jeden Fall im Rahmen der *fair-value*-Bewertung Rechnung zu tragen. Durch die (fiktive) Übertragung einer Schuld soll sich – als zwingende Bewertungskonzeption – keine Änderung des Ausfallsrisikos einstellen; das *non-performance risk* einer Schuld ist daher das gleiche vor und nach Transfer (IFRS 13.42/BC92). Das im *credit spread* ausgedrückte *non-performance risk* einer Schuld spielt allerdings nur aus Sicht des Gläubigers und damit schuldnerseitig bei Erledigung einer Verbindlichkeit durch Abfindung des Gläubigers eine Rolle. Mit zunehmendem Risiko eines Ausfalls wird der Gläubiger für eine (frühzeitige) Erledigung zum Stichtag mehr Zugeständnisse bezogen auf den Erfüllungsbetrag machen als bei späterer Fälligkeit. Wird für die Bewertung ein Transfer auf einen Dritten unterstellt, ist das Ausfallrisiko des bisherigen Schuldners allerdings irrelevant, der Dritte übernimmt eine Zahlungsverpflichtung gegen Ausgleichszahlung, ein Ausfall des bisherigen Schuldners ist daher irrelevant. Die Verpflichtung zur Erfassung des schuldspezifischen Ausfallrisikos wird allerdings mit folgenden Fiktionen gerechtfertigt (IFRS 13.BC94):
- Ein beliebiger Marktteilnehmer, der die Verpflichtung übernimmt, wird danach keine Transaktion eingehen, die zu einer Veränderung des *non-perfor-*

mance risk führt, ohne dies in seiner Preisstellung zu berücksichtigen. Einer Übertragung, die mit einer Erhöhung des (Ausfall-)Risikos der Schuld einhergeht, wird der bisherige Gläubiger nicht zustimmen. Ein Marktteilnehmer mit besserer Bonität wird die bestehende Schuld nicht zu den bestehenden Konditionen übernehmen.
- Zur Vermeidung einer ermessensbehafteten Festlegung eines *non-performance risk* ist daher auf das spezifische Risikoprofil abzustellen.
- Dem entspricht auch die spiegelbildliche Bewertung des korrespondierenden Anspruchs zum *fair value*. Der Gläubiger wird in den *exit price* einer Forderung das (Ausfall-)Risiko des Schuldners einpreisen (IFRS 13.BC83–89).

Das Risiko einer nicht termingerechten Erfüllung ist schuldspezifisch und entspricht daher nicht notwendigerweise dem unternehmensspezifischen (Gesamt-)Kreditrisiko (*own credit risk*). Fehlt es an beobachtbaren Renditen von Alternativanlagen ist u. E. vorrangig auf die Risikoerwartung abzustellen, die ein Gläubiger für den **korrespondierenden** (auch in Bezug auf die *unit of account*) **Anspruch** (Vermögenswert) zugrunde legt (IFRS 13.BC92/BC93). Die Annahme eines von beiden Parteien gleich eingeschätzten Nichterfüllungsrisikos (*non-performance risk*) vor und nach der tatsächlichen Übertragung einer Verbindlichkeit ist nicht realistisch (IFRS 13.BC94), stellt aber dennoch den konzeptionellen Rahmen für die Risikoerfassung dar. 76

> **Beispiel**
> U hat eine in fünf Perioden fällige Verpflichtung, die im Fälligkeitszeitpunkt einen erwarteten Ressourcenabfluss (*expected cash (out)flow*) von 100 GE nach allen Anpassungen (hinsichtlich des Erwartungswerts) bedingt. Der laufzeitäquivalente risikolose Zinssatz (näherungsweise durch Rückgriff auf die Rendite von Staatsanleihen bestimmt) für einen Zeitraum von fünf Perioden beträgt 5 %. Das eigene unternehmensspezifische Risiko schätzt U moderat ein, welches daher nur einen *credit spread* von 2 % bedingt. Aus beobachtbaren Transaktionen und Erfahrungswerten mit vergleichbaren Schulden ergibt sich allerdings die Erwartung der Berücksichtigung eines *non-performance risk* von 2,5 % durch einen beliebigen Gläubiger für die Bewertung des Anspruchs. Für die Barwertbestimmung ist auf einen Zinssatz von 7,5 % (= 5 % + 2,5 %) abzustellen, der Barwert (= *fair value*) beträgt daher (gerundet) 69,7 GE.

Mangels Differenzierung von finanziellen und nichtfinanziellen Schulden für die *fair-value*-Bewertung ist das *non-performance risk* **unabhängig vom** konkreten **Bewertungsobjekt** beachtlich. Anders als für **finanzielle Verbindlichkeiten** ist für die Folgebewertung **nichtfinanzieller Verpflichtungen** – deren Bewertungsmaßstab der *present value* bei *settlement* ist – bislang keine Berücksichtigung des eigenen Kreditrisikos vorgegeben (→ § 21 Rz 146). Wird für die Folgebewertung auf die Rendite einer risikolosen Alternativanlage abgestellt, fallen – auch bei ansonsten unveränderten Annahmen – die Wertansätze *fair value* und *present value* auseinander, da diese nur ähnlich, aber nicht identisch sind. 77

Besondere Relevanz hat die Diskrepanz zwischen den relevanten (Wert-)Maßstäben für den Zugang einer nichtfinanziellen Verbindlichkeit im Rahmen einer *business combination* (IFRS 3.18). Wird in der Folgebewertung nach IAS 37 auf die Berücksichtigung eines *credit spread* verzichtet, ergibt sich bereits eine „logische Sekunde" nach dem Zugang die Notwendigkeit einer **erfolgswirksamen Anpassung** (i. d. R. Aufwand, da der Zins ohne *credit spread* geringer, der Barwert also höher ist) des Bilanzansatzes.[15]

> **Beispiel**
> U erwirbt zum 30.12.x0 im Rahmen einer *business combination* (gem. IFRS 3) die Mehrheit der Anteile an dem Unternehmen A. Im Rahmen der Kaufpreisallokation ist auch eine von A bereits (gem. IAS 37) passivierte Rückstellung zum beizulegenden Zeitwert zu bewerten. Für die Erfüllung der Schuld in fünf Jahren wird ein Ressourcenabfluss (als *expected future settlement amount*) von 1.000 GE erwartet. Der laufzeitäquivalente risikolose Zinssatz ist 5,0 %, das *non-performance risk* und damit der notwendige *credit spread* wird mit 2,0 % bestimmt. Der beizulegende Zeitwert im Rahmen der Kaufpreisallokation zum 30.12.x0 beträgt 712,99 GE (*present value factor*: 0,713). Zum 31.12.x0 bewertet U die Rückstellung zum erwarteten Erfüllungsbetrag gem. IAS 37. Als angemessener Diskontierungszinssatz ist der risikolose Zins heranzuziehen. Der Barwert der Rückstellung beträgt 783,53 GE (*present value factor*: 0,784). U erfasst daher einen „*day-2*"-*loss* i. H. v. 70,54 GE, der sich nur aus dem Wechsel des konzeptionellen Bewertungsmaßstabs ergibt.

78 Das relevante Bewertungsobjekt ist die einzelne Schuld bzw. das eigene EK-Instrument. Wird für die *fair-value*-Bewertung auf die Preisstellung für ähnliche Bewertungsobjekte oder korrespondierende Vermögenswerte abgestellt, ergibt sich ggf. die Notwendigkeit einer Anpassung um Faktoren, welche nicht Teil des relevanten Bewertungsobjekts (*unit of account*) sind (IFRS 13.38). Im Zusammenhang mit einer Schuld stehende **credit enhancements** (insbesondere Garantien) sind, da sie – trotz bestehender Separierungsrestriktion – nicht unmittelbar Teil der Schuld sind, nicht im *fair value* zu erfassen. Obwohl die Abgrenzung der *unit of account* nach IAS 39 und IFRS 9 den Einbezug von (auch nicht trennbaren) *credit enhancements* in eine Verbindlichkeit offen lässt (IAS 39.BC92/IFRS 9.BCZ5.34–34B), ergibt sich aus IFRS 13 die Möglichkeit einer separaten Bewertung und damit ein Ausschluss aus der Wertdimension der Verpflichtung (IFRS 13.BC97).

4.4 Sonderbestimmungen für Finanzinstrumente

4.4.1 (Einzel-)Bewertung im *mixed model*

79 Ein Finanzinstrument ist „ein Vertrag, der gleichzeitig bei einem Unternehmen zu einem finanziellen Vermögenswert und bei dem anderen Unternehmen zu einer finanziellen Verbindlichkeit oder einem Eigenkapitalinstrument führt" (IAS 32.11). Als Finanzinstrumente gelten somit alle auf rechtsgeschäftlicher Grundlage stehenden vertraglichen Ansprüche und Verpflichtungen, die unmittelbar oder mittelbar auf den Austausch von Zahlungsströmen gerichtet sind (IAS 32.AG3–10). Zu den Finanzinstrumenten zählen originäre Instrumente (*primary instruments*) und Derivate (IAS 32.AG15).

---

[15] Zum Ganzen FREIBERG, Diskontierung in der Internationalen Rechnungslegung, 2010, Rz 293 ff.

Innerhalb der IFRS fehlt es allerdings an einheitlichen Bewertungsvorgaben für 80
Finanzinstrumente. Für die Bewertung ist daher ein *mixed model* – fortgeführte
Anschaffungskosten (*at amortised cost*) oder beizulegender Zeitwert (*fair value*) –
beachtlich (→ § 28). Es gilt ein restriktiver **Einzelbewertungsgrundsatz**; relevante Wertdimension (*unit of account*) ist regelmäßig der einzelne Anspruch bzw.
die Verpflichtung, eine künftige Zahlung (bzw. finanzielle Ressource) zu empfangen bzw. zu leisten. Der beizulegende Zeitwert eines finanziellen Vermögenswerts entspricht dem Preis, der für eine Veräußerung empfangen werden kann
(*bid price*). Für die Bewertung einer finanziellen Verbindlichkeit ist auf den Preis
abzustellen, der für eine Übertragung zu zahlen ist (*ask price*).

Eine Gruppenbewertung – die Möglichkeit einer Portfoliowertberichtigung 81
(→ § 28) und *macro hedge accounting* (→ § 38 Rz 27 ff.) ausgeklammert – scheidet für die *fair-value*-Bilanzierung mit einer relevanten Ausnahme aus. Nach
IFRS 13 besteht die Möglichkeit einer **portfoliobasierten** *fair-value*-Bewertung
von Finanzinstrumenten (IFRS 13.48),

- die aufgrund einer **dokumentierten Risikomanagementstrategie** unternehmensspezifisch als Nettorisikoposition in Bezug auf bestimmte Risiken gesteuert werden und
- für die die **interne Berichterstattung** an das (verantwortliche) Management auf Nettobasis erfolgt.

Abweichend von den relevanten Einzel(veräußerungs-)werten ist auf den Preis
innerhalb einer Geld-Brief-Spanne (*bid-ask spread*) abzustellen, der bei einem
Transfer der Nettoposition im Rahmen einer gewöhnlichen Transaktion zwischen beliebigen Marktteilnehmern erzielt würde (IFRS 13.53).

4.4.2 Besonderheiten für die Bewertung von OTC-Derivaten

Für die *fair-value*-Bewertung von OTC-Derivaten sind mehrere unterschiedliche **Risikokomponenten** beachtlich, die teilweise bislang – insbesondere auch 82
wegen fehlender Wesentlichkeit (z. B. *cross currency basis spreads* und *tenor basis
spreads*) – bei der Bewertung häufig nicht berücksichtigt worden sind. Die
aktuellen Anforderungen an die Bewertung von derivativen Finanzinstrumenten
sind – insbesondere als Folge der Finanzmarktkrise – vor dem geänderten Marktumfeld deutlich gestiegen. Folgenden Prämissen sind bei einer Bewertung *mark
to model* Rechnung zu tragen:

- Es sind für die *fair-value*-Bewertung mehr wertbeeinflussende Parameter zu berücksichtigen (z. B. *liquidity spreads*, *tenor spreads* oder *cross currency basis spreads*).
- Es ergibt sich die Notwendigkeit zur Verwendung unterschiedlicher Zinskurven zur Diskontierung in Abhängigkeit von der Besicherung (z. B. OIS-Kurve bei besicherten Derivaten und 3-Monats- oder 6-Monats-EUR-Tenorkurve bei unbesicherten Derivaten).
- Es sind signifikante Liquiditätsanpassungen (Geld/Briefkurs-Anpassungen) und Kreditausfall-/Kontrahentenrisiken (Rz 85 ff.) zu erfassen.

Seit der Finanzmarktkrise sind an den (Kapital-)Märkten wesentliche Abweichungen bei den Zinskurven über zusätzliche Anpassungen (*spreads*) in Abhängigkeit 83
von der **Zahlungsfrequenz** (bezeichnet als Tenor) zu beobachten. Die beobachtbaren Aufschläge für Tenorrisiken zwischen Kurven einer gleichen Währung

(z. B. zwischen Overnight-Index-Satz-Kurve und 3-M-Euribor) – aber auch zwischen Kurven aus Instrumenten auf Basis unterschiedlicher Währungen (etwa *cross currency basis spreads*) – haben sich signifikant ausgeweitet und sind damit zu einer preisrelevanten Komponente bei der Bewertung von Derivaten geworden.

84 Die Berücksichtigung der notwendigen Anpassungen für die *fair-value*-Bewertung ist sowohl für freistehende, aber auch für zu Sicherungszwecken eingesetzte Derivate geboten. Die zusätzlichen Risikokomponenten bei der Bewertung von Derivaten wirken sich auf die Effektivität einer Sicherungsbeziehung (→ § 28a), insbesondere auf *fair-value-hedge*-Beziehungen, aus. Wird für *cash-flow-hedge*-Beziehungen für die Effektivitätsmessung auf ein hypothetisches Derivat als Stellvertreter des Grundgeschäfts abgestellt (→ § 28), ist dieses gleichermaßen wie das (derivative) *hedging instrument* von den zusätzlichen Risikokomponenten betroffen. Es ergeben sich keine Rückwirkungen für den Effektivitätstest. Anderes gilt im *fair value hedge accounting*: Bei einer Sicherungsbeziehung, bei der die festen Zahlungen eines Grundgeschäfts durch einen Zinsswap in variable Zahlungsströme getauscht werden, kann die bislang unterstellte Effektivität nur noch auf *cash flow*-Basis, aber nicht mehr auf *fair-value*-Basis nachgewiesen werden, da der beizulegende Zeitwert des Sicherungsinstruments – anders als das Grundgeschäft – zusätzlich von der Veränderung der *tenor basis spreads* beeinflusst wird (→ § 28).

4.4.3 Verpflichtung zur Erfassung des Kontrahentenrisikos

85 Ebenso wie originäre Finanzinstrumente unterliegen auch Derivate einem Kreditrisiko. Im *fair value* ist daher (**bilateral**) das (Ausfall-)**Risiko** der beteiligten Parteien zu erfassen.[16] Zu unterscheiden ist zwischen dem
- *credit valuation adjustment* (CVA) für Anpassungen hinsichtlich des **Kontrahentenrisikos** und
- *debt valuation adjustment* (DVA) für Anpassungen auf das **eigene Risiko** (bei Möglichkeit eines Nettogewinns aus der eigenen Bonität).

Für die *fair-value*-Bewertung eines derivativen Finanzinstruments ist das mit den erwarteten Nettozahlungen verbundene *credit risk* zu berücksichtigen (IFRS 13.B13(d)). Abzustellen ist nicht auf den erwarteten Verlust, sondern das über einen *credit spread* ausgedrückte **Ausfallrisiko**.[17] Im Fall einer Vermögensposition ist ein CVA beachtlich. Nimmt der Bilanzierer die Rolle des Schuldners ein, ist das eigene Kreditrisiko als *non-performance risk* bewertungsrelevant (IFRS 13.42). Insoweit Sicherheiten, Aufrechnungslagen oder sonstige vertragliche Abreden hinsichtlich des Umgangs mit einem bestehenden Kreditrisiko gegenüber einem Kontraktpartner bestehen, gehen diese als **risikominimierende** Gegenpositionen in die Bewertung ein (IFRS 13.56).

86 Konsequenter als das bisherige Recht verpflichten die Leitlinien zur *fair-value*-Bewertung auf die Berücksichtigung von Kreditrisiken bei der Bewertung von Derivaten. Bei der Bewertung ist die Kreditqualität des Instruments beachtlich. Das Kreditrisiko stellt daher auch einen wesentlichen Parameter einer Modellbewertung dar.[18] Unsicherheiten bestanden bislang hinsichtlich der Berücksich-

---

[16] Zum Ganzen FREIBERG, PiR 2012, S. 400ff.
[17] Vgl. GRÜNBERGER, KoR 2011, S. 410ff.
[18] So auch KNOTH/SCHULZ, KoR 2010, S. 247ff.

tigung der **eigenen Bonität** (DVA) bei der Bewertung derivativer Verbindlichkeiten. Für die *fair-value*-Bewertung ist entweder auf einen **Rückkauf** (*repurchase*) oder eine **Erfüllung** (*settlement*) der Verbindlichkeit abzustellen (IAS 39.BC89). Mindestens bei Unterstellung einer (kontraktgerechten) Erfüllung zeitigen Änderungen der DVA keine Relevanz für den Auszahlungsbetrag und lassen sich daher bei der Bewertung ausblenden.

Eine entsprechende Überlegung lassen die neuen Bewertungsleitlinien nicht zu, das *own credit risk* ist zwingend als Parameter zu erfassen (IFRS 13.42). Mit den explizit eingeführten Vorgaben zur Portfoliobewertung bei kompensierenden Markt- und Kreditrisiken wird das Erfordernis der **bilateralen Risikokorrektur** nochmals gesondert hervorgehoben (IFRS 13.48). Nach den Anwendungsleitlinien (*transition guidance*) ist eine **prospektive Umsetzung** vorgesehen (IFRS 13.C2), da mit der Erstanwendung keine fundamentalen Änderungen des bisherigen Rechts einhergehen (IFRS 13.BC226). Wenn überhaupt Abweichungen festgestellt werden, sind diese als *change in accounting estimate* (IFRS 13.BC148), somit in laufender Rechnung, zu erfassen. Eine retrospektive Erfassung von Bewertungsänderungen als *change in accounting policy* scheidet aus.

Wurden im *fair value* von derivativen Finanzinstrumenten bislang keine Anpassungen für (bilaterales) Kontrahentenrisiko erfasst, stellt sich mit Übergang auf IFRS 13 ein Bewertungseffekt ein. Wird das Derivat nicht als *hedging instrument* in einem Sicherungszusammenhang eingesetzt, ist die Wertdifferenz im laufenden Ergebnis zu erfassen. Auch bei Bestehen einer (*cash flow*) *hedge*-Beziehung ist eine **erfolgswirksame Verrechnung** geboten, wenn die Anpassung als ineffektiver Teil der Sicherung bestimmt wird. 87

Entsprechende Komplikationen ergeben sich auch, wenn für den Nachweis der Effektivität auf ein **hypothetisches Derivat** als Stellvertreter für das Grundgeschäft abgestellt wird. Zwar fließt das bilaterale Kontrahentenrisiko dann sowohl in die Bewertung des *hedging instrument* (dem derivativen Instrument) und des *hedged item* (Grundgeschäft vertreten durch ein hypothetisches Derivat) ein, eine – nach zu weisende – wertmäßige Übereinstimmung ist bei gegenläufigen Kontrakten unwahrscheinlich, wenn nicht sogar ausgeschlossen.

Das Kreditrisiko von Derivaten drückt den Preis aus, der für eine Absicherung des erwarteten Verlusts aus einem Kontrakt aufzubringen ist. Da das Ausfallrisiko spezifisch für einen Kontraktpartner ist, bietet sich für die *fair-value*-Bewertung von Derivaten ein differenziertes Vorgehen an: 88

- In einem ersten Schritt erfolgt eine (risikofreie) **Bewertung des derivativen Instruments** unter Ausblendung des Kontrahentenrisikos.
- Erst in einem zweiten Schritt ist dann die **Risikoanpassung** für den Ausfall einer Partei als Korrekturbetrag zu bestimmen (Rz 89 ff.).

Die Konzentration von mehreren Kontrakten mit einer Gegenpartei ist für die Bestimmung der Risikoanpassung ebenso beachtlich wie etwaige Sicherheiten. Es besteht nicht notwendigerweise ein additiver Zusammenhang zwischen den Risikoanpassungen für einzelne Instrumente gegenüber demselben Kontrahenten, abzustellen ist daher auf die Nettorisikoposition. Für eine zutreffende Bestimmung des Kontrahentenrisikos ist sowohl das **aktuelle** (*current exposure*) als auch das **künftige** (*potential future exposure*) **Ausfallrisiko**, welches dem Nettozahlungsanspruch aus dem Instrument entspricht, in der Bewertung zu erfassen.[19] Die Modellierung des Kontrahentenrisikos (als erforderliche Risikoanpassung) lässt sich gedanklich in mehrere Schritte aufteilen.[20]

89 Ausgangspunkt für die Bestimmung der erforderlichen Risikoanpassung ist das **unilaterale CVA**, somit zunächst nur das Risiko eines Ausfalls des Kontraktpartners. Für eine zum Stichtag erfasste Vermögensposition aus einem Anspruch auf Zahlungen, besteht das Risiko eines Ausfalls der Gegenpartei, im *fair value* des Instruments ist daher ein *credit value adjustment* zu berücksichtigen. Mangels einer Vorgabe für die methodische Herleitung eines CVA kann auf die Vorgaben zur Bestimmung eines Wertberichtigungsbedarfs (*loan loss provisioning methodology*) originärer Finanzinstrumente abgestellt werden. Das unilaterale – nur das Ausfallrisiko der Gegenpartei berücksichtigende – CVA entspricht danach dem barwertigen Produkt

- des **erwarteten** (Netto-)**Anspruchs** (*exposure at default*, EAD), welcher entweder über eine Simulation künftiger Markt-/Umweltzustände oder *add-on*-Verfahren bestimmt wird,
- der **periodenbezogenen Ausfallwahrscheinlichkeit** (*probability of default*, PD), die in Abhängigkeit von der Verfügbarkeit von Informationen aus historischen Erkenntnissen (*actual historic default rates*) oder impliziten aktuellen Erwartungen (*implied current market default rates*) aus *credit default swaps* oder Brokerquotierungen abgeleitet werden, und
- dem **Verlust bei tatsächlichem Ausfall** (*loss given default*, LGD) unter Berücksichtigung eines noch zu vereinnahmenden anteiligen Betrags (*recovery rate*).

Formelmäßig ausgedrückt ergibt sich das unilaterale CVA somit als Produkt der einzelnen Parameter unter Berücksichtigung des Zeitwerts des Geldes (*time value of money*), also einer Diskontierung.[21]

$$CVA \approx LGD \sum_{i=1}^{m} EAD_{t_i} PD_{(t_{i-1}, t_i)}$$

90 Für die Berechnung des unilateralen CVA sind daher nur einzelne Bewertungsparameter, die aus verschiedenen Quellen entstammen, zu kombinieren. Beachtlich bleibt aber die i. S. d. *fair value*-Hierarchie erforderliche Marktbasierung (IFRS 13.72 ff.). Die Bestimmung des unilateralen CVA erfolgt allerdings unter der Restriktion von drei vereinfachenden Annahmen:[22]

- (1) Es besteht kein eigenes Ausfallrisiko (*own credit risk*), eine Anpassung um ein *debt value adjustment* (DVA) entfällt (Rz 91).
- (2) Eine risikofreie Bewertung ist ohne Einschränkung möglich, ein risikofreier Zinssatz ist danach uneingeschränkt beobachtbar und eine (Re-)Finanzierung (*funding*) unterliegt auch keinen (Markt-)Restriktionen (Rz 94).
- (3) Es besteht keine Abhängigkeit zwischen den einzelnen Parametern, die für die Bestimmung des unilateralen CVA herangezogen werden. Vernachlässigt

---

[19] Ausführlich G30, Derivatives: Practices and Principles 1993, unter: http://www.group30.org/publications_byyear.shtml.
[20] Zum Ganzen Freiberg, PiR 2014, S. 255 ff.
[21] Für eine vereinfachte Berechnung vgl. Freiberg, PiR 2012, S. 400 ff., IDW RS HFA 47 Tz. 103.
[22] Vgl. Gregory, Counterparty credit risk and credit value adjustment, 2nd ed. 2012, S. 241.

wird eine Korrelation zwischen dem Volumen des *exposure* (EAD) und der Wahrscheinlichkeit (PD) eines Ausfalls (*wrong-way risk*).
Eine *fair value*-Bewertung im Einklang mit den methodischen Vorgaben der IFRS berücksichtigt alle Annahmen, die beliebige Marktteilnehmer bei der Preissetzung für ein Bewertungsobjekt heranziehen. Das unilaterale CVA ist für die Bewertung unbedingter Termingeschäfte daher nicht ausreichend.

Wird eine Pflicht zur Einbindung eines Intermediärs (*central clearing*) ausgeklammert, kommt ein unbedingtes Termingeschäft zwischen zwei Parteien zustande. Zahlungsansprüche und -verpflichtungen stehen sich mit **umgekehrten Vorzeichen** gegenüber. Das von einer Partei bestimmte unilaterale CVA entspricht dem DVA der Gegenpartei. Konsequenz einer gegenseitigen Vernachlässigung des eigenen Ausfallrisikos führt übertragen auf eine (hypothetische) Transaktion unter beliebigen Marktteilnehmern zu einem (Abschluss-)Hemmnis. 91

> **Beispiel**
> Unternehmen U möchte mit Bank B einen Zinsswap kontrahieren. Das *credit rating* von U ist nicht besonders gut, ein impliziter aus beobachtbaren Daten abgeleiteter *credit spread* beträgt 300 Basispunkte. Nach einigen operativen Fehlentscheidungen hat sich die Bonitätseinschätzung bezogen auf B dramatisch verschlechtert, der relevante *credit spread* entspricht dem des U. Ohne eine Korrektur für das Ausfallrisiko der B wird U der Transaktion nicht zustimmen, da es einseitig belastet wäre.

Eine Nichtberücksichtigung des eigenen Ausfallrisikos (*debt value adjustment*) verstößt gegen die Anforderungen einer Bewertung zum beizulegenden Zeitwert. Für die Berechnung des Kontrahentenrisikos ist daher auf ein **bilaterales Ausfallrisiko** (BCVA) abzustellen. Wird an den Prämissen der Möglichkeit einer risikofreien Bewertung und einer Unbeachtlichkeit von *wrong-way risk* festgehalten, ergibt sich als erweiterte Formel unter Berücksichtigung des barwertigen *exposure at default*: 92

$$BCVA \approx LGD_A \sum_{i=1}^{m} EAD(t_i)[1 - PD_B(0, t_{i-1})]PD_A(t_{i-1}, t_i)$$
$$+ LGD_B \sum_{i=1}^{m} NEAD(t_i)[1 - PD_A(0, t_{i-1})]PD_B(t_{i-1}, t_i)$$

In Abgrenzung zum unilateralen CVA erfolgt in bilateraler Betrachtung nicht nur eine Ergänzung um die – als negatives *exposure at default* (NEAD) erfasste – Perspektive der Gegenpartei, sondern auch eine (multiplikativ verknüpfte) Erweiterung bezogen auf die Fortführungserwartung jeder beteiligten Partei [1-PD]. Bei Ausdehnung der Bestimmung des Kontrahentenrisikos auf eine bilaterale Betrachtung erklärt sich die Erweiterung in Abhängigkeit von der möglichen **Reihenfolge eines Ausfalls** (*closeout*). Die Partei, die zuerst ein *default event* begründet, kann mangels eigener (Unternehmens-)Fortführung bereits keinen Verlust mehr realisieren. In der Modellwelt kann bei Ausfall einer Partei (*closeout*-Szenario) ein Anschlussgeschäft realisiert werden, welches bestenfalls zu gleichen Konditionen und schlimmstenfalls zum risikofreien Wert erfolgt. Der Verzicht 93 auf die Berücksichtigung einer Risikoanpassung wegen eines erwarteten eigenen Ausfalls scheidet daher aus. Mit Übertragung der Annahmen der Modellwelt ist das *closeout*-Szenario in der Bestimmung des BCVA zu vernachlässigen. Der Verzicht auf die Berechnung eines Ausfallrisikos wegen eines erwarteten eigenen *defaults* als Konsequenz eines Ausfalls der Gegenpartei scheidet aus. Auch außerhalb der Modellwelt ist die Fortführung einer Transaktion (oder deren Glattstellung) mit einer anderen Gegenpartei zu unterstellen.

94 Bislang wurde die Möglichkeit einer „risikofreien" Diskontierung für die Bestimmung des Barwerts der (Kredit-)Risikoanpassung unterstellt. Für die Bewertung sind allerdings Risikokomponenten beachtlich, die im relevanten Marktumfeld beobachtbar sind. Die Herleitung der Abzinsungsfaktoren ist nicht durch Rückgriff auf eine einzelne Zinsstruktur, sondern unter Beachtung eines *multi curve approach* vorzunehmen (Rz 82f.). Die Betrachtung des Kontrahentenrisikos lässt sich darüber hinaus noch um einen weiteren Aspekt ergänzen. Bislang wurden lediglich zwei mögliche Szenarien in der Berechnung erfasst, und zwar als
- CVA: Die Gegenpartei fällt mit einer Wahrscheinlichkeit aus, das eigene Fortbestehen ist nicht gefährdet ($PD_A \times [1-PD_B]$).
- DVA: Es kommt zu einem eigenen Ausfall, der keine Rückwirkung auf das Fortbestehen der Gegenpartei zeitigt ($PD_B \times [1-PD_A]$).

95 Ausgeblendet wurden bislang ein **simultaner Ausfall**, der theoretisch zwar denkbar, praktisch aber irrelevant ist, und das Szenario mit einer kombinierten Wahrscheinlichkeit ($[1-PD_B] \times [1-PD_A]$), bei der keine der beteiligten Parteien ausfällt, das *default risk* bleibt unbeachtlich. Die Bewertung des unbedingten Termingeschäfts berücksichtigt bislang den „risikofreien" Wert korrigiert um ein wahrscheinlichkeitsgewichtetes Ausfallrisiko, und zwar unter der Prämisse einer (Re-)Finanzierung zur modellierten Zinsstruktur. Ausgeblendet wurde die fehlende Möglichkeit einer Finanzierung (*funding*) ohne zusätzliche Kosten. Besondere Bedeutung hat die Berücksichtigung eines *funding value adjustment* (FVA) für unbesicherte Termingeschäfte (*uncollaterised transactions*), weil hier mangels eigener Sicherheiten höhere (Re-)Finanzierungskosten entstehen. Das Bestehen einer Besicherung reduziert den Werteinfluss der erforderlichen (Re-)Finanzierung, beseitigt diesen allerdings nicht vollständig.

96 Das in die Bewertung eines unbedingten Termingeschäfts im Szenario des planmäßigen Verlaufs aufzunehmende FVA setzt sich zusammen als Summe aus
- FCA (*funding cost adjustment*) und
- FBA (*funding benefit adjustment*), das bis auf die Verwendung eines unterschiedlichen *spreads* (*funding* anstatt *credit*) der Herleitung des DVA entspricht. Wobei – abweichend von der Herleitung des BCVA – die Bestimmung beider Komponenten von dem eigenen *credit spread* abhängt. Der gesuchte *funding spread* entspricht nicht dem *credit spread*, sondern stellt den Aufpreis dar, der für die eigene Refinanzierung auf den risikofreien Zins (abgeleitet aus einem *overnight index swap*) entrichtet werden muss. Zur Vermeidung einer Doppelerfassung eines FBA und eines DVA lassen sich zwei (gleichwertige) Annahmen treffen: Es erfolgt eine Modellierung des Kontrahentenrisikos unter der Prämisse
  - einer **symmetrischen** (Re-)Finanzierung unter Berücksichtigung eines FVA und eines CVA bei Ausklammerung eines DVA oder
  - einer **asymmetrischen** (Re-)Finanzierung unter Abstellen auf ein BCVA und zusätzlicher Erfassung eines FCA.

Vorziehungswürdig ist u. E. die Unterstellung eines *asymmetric funding*, also die Ergänzung eines BCVA um ein *funding cost adjustment (FCA)*, welches den erforderlichen Aufpreis für die eigene Refinanzierung ausdrückt.

Als verbleibende Prämisse der Bewertung bleibt die Ausklammerung einer **Abhängigkeit** der einzelnen Bewertungsparameter, die eine isolierte Bestimmung der Inputfaktoren ausschließt. Eine multiplikative Verknüpfung der einzelnen Parameter scheidet aus, wenn diese sich interdependent zueinander verhalten. Notwendigerweise ist zu differenzieren zwischen 97

- *wrong-way risk*: Es besteht eine Abhängigkeit, die in einer Kumulation des Risikos mündet (wenn etwa gilt: je höher das EAD, desto höher ist PD und vice versa) und
- *right-way risk*: Die Interdependenz der einzelnen Parameter führt zu einer Risikoreduzierung.

Auch hinsichtlich der Ursachen ist zu unterscheiden zwischen

- **allgemeinen**, auf das makroökonomische Umfeld zurückzuführende Interdependenzen (*general risk*) und
- **spezifischen Abhängigkeiten** (*specific risk*), die ihren Ursprung auf Ebene einzelner Transaktionen haben.

Die Notwendigkeit zur Anpassung des Bewertungsmodells um *wrong-way risk* ist nur ausnahmsweise, wenn eine **Kumulation** von gleichlaufenden Risiken besteht (etwa bei *central clearing*), erforderlich und setzt den Nachweis einer Interdependenz der Inputparameter voraus. Wird das *wrong/right-way risk* als bewertungsrelevant angesehen, ist anstatt einer multiplikativen Verknüpfung eine Korrelation der einzelnen Parameter erforderlich. Mangels eines standardisierten Verfahrens bietet sich hier ein weiter Ermessensspielraum, der nur über das Erfordernis einer Kalibrierung des Bewertungsmodels anhand am Markt beobachtbarer Preisfindungsprozesse eingeschränkt wird. Ohne konkrete Hinweise auf eine Abhängigkeit der einzelnen Bewertungsparameter kann an der **multiplikativen Verknüpfung** festgehalten werden.

Neben den Anpassungen für das Kontrahentenrisiko können auch administrative Kosten, die im Zusammenhang mit der Steuerung eines Portfolios von Einzelgeschäften anfallen, Eingang in die Bewertung finden. Auszuschließen ist in jedem Fall eine Doppelerfassung; eine Kalibrierung der Annahmen ist daher geboten. Ebenfalls in Betracht kommt eine Korrektur des Bewertungsergebnisses für Modellunsicherheiten. Die Anpassungen stehen allerdings unter dem Vorbehalt einer Bedeutung für beliebige Marktteilnehmer (IFRS 13.2). 98

Die konsequente Ausrichtung der bewertungsmethodischen Vorschriften zur *fair value*-Bestimmung bedingt eine erhebliche Komplexitätserhöhung. Aus Gründen der Objektivierbarkeit ist die konzeptionelle Bindung des *fair value* an den Wert, den beliebige Marktteilnehmer unter gewöhnlichen Bedingungen für eine tatsächliche oder hypothetische Transaktion zugrunde legen (IFRS 13.2), zu begrüßen. Kehrseite der detaillierten Leitlinien ist die zusätzliche Komplexität für die Bewertung, die für alle Parteien (somit branchenübergreifend) eines derivativen Instruments beachtlich ist. Einziger Ausweg aus den einzelnen Anforderungen an die *valuation technique* bleibt der allgemeine *materiality*-Vorbehalt (IAS 8.5), der allerdings separat für einzelne Bewertungsprämissen zu beurteilen ist und die Kenntnis der wertmäßigen 99

Auswirkung voraussetzt. Ein vollständiger Verzicht auf die Bestimmung einer Risikokorrektur für Kontrahentenrisiko scheidet allerdings aus.

100 Wird unter Berufung auf *materiality*-Erwägungen (Rz 99) nur auf das aktuelle Risiko abgestellt, ist in Abhängigkeit von der Bilanzierung am Stichtag als Bewertungsparameter entweder nur ein Kontrahentenrisiko CVA (bei Vermögenswerten) oder nur das eigene Bonitätsrisiko DVA (bei Schulden) zu erfassen. Der *fair value* von unbedingten Termingeschäften kann aber sowohl **positiv** als auch **negativ** sein und sich über die Totalperiode ändern. Für die Bestimmung des *potential future exposure* sind zukünftige Wertentwicklungen durch Änderung von Marktrisikofaktoren über Szenariosimulationen (etwa Monte-Carlo-Simulationen, → § 23 Rz 274) zu berücksichtigen.

- Für das erwartete, positive *exposure* (**Forderung**) ist eine Anpassung mit dem Ausfallrisiko des Kontrahenten (CVA) notwendig.
- Ein erwartetes, negatives *exposure* (**Verbindlichkeit**) ist um das eigene Ausfallrisiko (DVA) zu korrigieren.

101 Die gegenläufigen Erwartungswerte sind in barwertiger Betrachtung durch Multiplikation mit der fristenkongruenten Ausfallwahrscheinlichkeit (*credit spread*) und dem erwarteten Ausfall (*credit charge*) zu berechnen.[23]

> **Beispiel**
> Für ein Derivat mit einer (Rest-)Laufzeit von drei Jahren bestehen zum Stichtag (vereinfacht unter Vernachlässigung von Diskontierung) die folgenden Erwartungen hinsichtlich der Ausfallwahrscheinlichkeit und dem Ausfall:
>
> | Zeit | exposure | credit spread | credit charge | Anpassung |
> |---|---|---|---|---|
> | t1 | 200.000 | 0,8 % | 40 % | 640 |
> | t2 | 240.000 | 1,0 % | 50 % | 1.200 |
> | t3 | 180.000 | 1,2 % | 60 % | 1.296 |
> | Summe (da positives *exposure* als CVA) | | | | 3.136 |
>
> Der *fair value* ohne Risikoanpassung beträgt 210.000 GE. Nach Korrektur um das Ausfallrisiko des Kontrahenten i.H.v. 3.136 GE ist zum Stichtag ein derivativer finanzieller Vermögenswert von 206.864 GE zu erfassen.

Die erwarteten Ausfallwahrscheinlichkeiten und der Ausfall sind – im Einklang mit der inputbasierten *fair-value*-Hierarchie (IFRS 13.72 ff.) – aus beobachtbaren Daten abzuleiten. Werden *CDS spread*-Quotierungen herangezogen, umfassen diese sowohl die Wahrscheinlichkeit als auch die Höhe eines Ausfalls.

102 Liegen (ausnahmsweise) beobachtbare *CDS spreads* für einen spezifischen Kontrahenten, die daher nicht anzupassen sind, zum Bewertungsstichtag vor, sind diese wegen des Vorrangs beobachtbarer Preise (Rz 31 ff.) für die Bemessung des Ausfallrisikos der Höhe nach heranzuziehen. Der Rückgriff auf aus historischen Ausfallraten abgeleiteten Schätzungen, die als Level-3-Input einzustufen sind, scheidet dann aus.

---

[23] Für ein ausführliches Berechnungsbeispiel GRÜNBERGER, KoR 2011, S. 410 ff.

4.4.4 Steuerung auf Nettobasis

Sieht die unternehmensspezifische Risikomanagement- und Steuerungsmethode für Finanzinstrumente den Abschluss gegenläufiger Geschäfte vor, kann wahlweise (IFRS 13.51/BC121) als Bewertungsobjekt auf die **Nettoposition** abgestellt werden. Vorausgesetzt ist allerdings die Gruppierung **homogener Finanzinstrumente**, insbesondere in Bezug auf das Risiko (Voraussetzung von *offsetting risk positions*) und die Fristigkeit (IFRS 13.54–55). Die Bildung eines Portfolios mit sich ausgleichenden Risiken ermöglicht die Identifizierung einer Nettorisikoposition je **Markt- und Kontrahentenrisiko** (Rz 107). In späteren Perioden erfolgt kein Verkauf einzelner Instrumente des Portfolios, sondern die Nettorisikoposition wird im Einklang mit der Strategie geschlossen (glattgestellt). Abzustellen ist auf ein bestehendes Portfolio zum Bewertungsstichtag (IFRS 13.48). Mangels einer Verpflichtung auf eine statische Konsistenz ist eine Änderung der Zusammensetzung des Portfolios unschädlich. 103

Unter der Voraussetzung einer Steuerung und internen Berichterstattung von einzelnen Finanzinstrumenten, die zum *fair value* bilanziert werden, auf Nettobasis, kann für die Bewertung (nicht die Bilanzierung) eine Saldierung vorgenommen werden (*unit of account ≠ unit of measurement*). Für die **Bewertung der Nettorisikoposition** gilt: 104

(1) Zunächst ist für die Finanzinstrumente des Portfolios getrennt nach Aktiva und Passiva die Mittelkurse (*mid price*) zu bestimmen, der sich als rechnerischer Mittelpunkt innerhalb einer Geld-Brief-Spanne (Rz 111 ff.) ergibt.
(2) Ausgehend von den Mittelkurse für Aktiva und Passiva des Portfolios bestimmt sich, ob die Nettoposition positiv (Aktiva) oder negativ (Passiva) ist.
(3) In Abhängigkeit von dem Vorzeichen ist dann auf den Preis abzustellen, der für ein Schließen der Nettoposition am Bilanzstichtag aufzubringen ist; beachtlich für (Netto-)Aktiva ist der *bid price*, für (Netto-)Passiva der *ask price*.

> **Beispiel**
> U hält zwei gegenläufige Finanzderivate (Instrument 1: Vermögenswert und Instrument 2: Verbindlichkeit), die ein vergleichbares, somit gegenläufiges Risikoprofil sowie gleiche Laufzeit aufweisen und steuert diese auf einer Nettobasis. Anstelle einer Einzelbewertung greift U auf die alternativ zulässige Portfoliobewertung zum *fair value* zurück.
>
> | Finanzinstrument in GE | Nominal | *ask price* | *mid price* | *bid price* | Einzelbewertung | Mittelkurs-bewertung | *mid-bid-*Spanne |
> |---|---|---|---|---|---|---|---|
> | Instrument 1 | 2.000 | 225 | 200 | 175 | 175 | 200 | |
> | Instrument 2 | 1.500 | (165) | (150) | (135) | (165) | (150) | |
> | Nettoposition | 500 | 60 | 50 | 40 | 10 | 50 | 10 |
>
> Als Ergebnis einer Einzelbewertung der beiden Instrumente ergäbe sich eine Nettoposition von 10 GE, ein finanzieller Vermögenswert zum *bid price* von 175 GE und eine finanzielle Verbindlichkeit zum *ask price* von 165 GE. Werden die Voraussetzungen für eine Portfoliobewertung erfüllt, ergäbe sich hingegen eine Nettoposition von 40 GE, da ein Positivüberhang festgestellt wurde, für den insgesamt auf den *bid price* abzustellen ist. Die Abweichung vom Mittelkurs (*mid-bid-*Spanne) beträgt 10 GE.

105 Die Zulässigkeit der Aggregation einzelner Instrumente für Zwecke der Bewertung wirkt sich nicht auf den **Bilanzausweis** (*presentation*) aus. Insoweit die **restriktiven Voraussetzungen** für eine bilanzielle Aufrechnung (*offsetting*) nicht erfüllt sind (→ § 2 Rz 23 ff.), ist am getrennten Ausweis der einzelnen Instrumente des Portfolios festzuhalten. Der *fair value* der Nettoposition ist nach einem geeigneten **Schlüssel** konsistent den einzelnen Instrumenten zuzuweisen. Als Ergebnis einer solchen Verteilung erfolgt eine Bilanzierung der einzelnen Instrumente zu einem Kurs in der Geld-Brief-Spanne (IFRS 13.53), lediglich der *fair value* der Nettoposition entspricht dem maßgeblichen *bid* bzw. *ask price* des Portfolios.

106 Die Zulässigkeit einer Portfoliobewertung entbindet nicht von den allgemeinen Anforderungen an die *fair-value*-Bewertung. Es ist daher in **maximalem Umfang** Gebrauch von Prämissen und Annahmen zu machen, die beliebige Marktteilnehmer im Rahmen einer gewöhnlichen Transaktion zugrunde legen. Die Klassifizierung der Bewertung innerhalb der *fair-value*-Hierarchie richtet sich nach dem Input mit dem niedrigsten Grad. Regelmäßig liegt daher – wenn nicht ausnahmsweise für jedes Instrument eine marktbasierte Bewertung möglich ist – mit einer Portfoliobewertung eine „Level 3"-Bewertung vor. Die relevanten **Offenlegungspflichten** beziehen sich auf die einzelnen Finanzinstrumente, da die *disclosure*-Vorschriften an den Bilanzausweis (*presentation*) und nicht an die Bewertung (*measurement*) knüpfen.

107 Im Rahmen einer Portfoliobewertung ist auch (soweit von Bedeutung) eine Anpassung der Nettoposition für das bestehende Kontrahentenrisiko (bzw. Gegenparteirisiko) zu erfassen (Rz 81). Je Kontraktpartner ist eine Nettorisikoposition unter Berücksichtigung von Sicherheiten, Aufrechnungslagen oder sonstigen vertraglichen Abreden hinsichtlich des Umgangs mit einem bestehenden Kreditrisiko zu bestimmen. Fehlt es an vertraglichen Abreden mit dem Kontrahenten hinsichtlich einer Aufrechnung von Risiken einzelner Instrumente, entspricht das (Gesamt-)CVA eines Portfolios der Summe der einzelnen Kreditrisiken für derivative Instrumente (*credit valuation adjustments*).

108 Eine weitere Folge der Finanzmarktkrise ist eine zunehmende Ausweitung des Besicherungsgrades von **OTC-Derivaten** im Interbankenmarkt.[24] Als Marktstandard für Transaktionen mit OTC-Derivaten kann auf das Master Agreement der International Swap and Derivatives Association (**ISDA-Vereinbarung**) zurückgegriffen werden. Die Bedingungen einer zwischen den beteiligten Parteien gewollten Besicherung des Derivategeschäfts können durch einen *Credit Support Annex* (CSA) der ISDA-Vereinbarung abgedeckt werden. Spezifiziert werden üblicherweise die Art der Besicherung (*collateral*), der Referenzindex für Zinsen auf einen *collateral* und die vereinbarte Währung für *cash collaterals*. Ein wesentlicher Nachteil eines CSA – weswegen dieser von Industrieunternehmen häufig nicht genutzt wird – liegt in der vorgeschriebenen Vorhaltung von ausreichender Liquidität zur Besicherung. Eine Besicherung (*collateral*-Vereinbarung) bietet rein rechtlich allerdings nur dann eine ausreichende Deckung, wenn mit den Gegenparteien ein *close out netting* durch einen rechtswirksamen Rahmenvertrag vereinbart ist. Zusätzlich zu einer ISDA-Vereinbarung ist daher als **rechtsseitige** Voraussetzung ein CSA zum Rahmenvertrag zu vereinbaren.

---

[24] Vgl. ISDA Margin Survey 2011 und frühere Jahre.

Das spezifische **Kontrahentenrisiko** ist wegen der Diskrepanz zwischen Bewertungsobjekt (Portfolio) und Bilanzierungsobjekt (einzelnes Finanzinstrument) anhand einer Schlüsselung zu verteilen (IFRS 13.48 ff.). Ein spezifischer (Allokations-)Mechanismus wird nicht vorgegeben, sondern nur eine stetige und methodisch begründete Vorgehensweise verlangt (IFRS 13.51). Als Orientierungshilfe kann auf vergleichbare Vorgaben der US-GAAP zurückgegriffen werden.[25]

109

> **Beispiel**
> Das Kontrahentenrisiko (CVA) eines derivativen Finanzinstruments wird in einer isolierten (*unit of account = single instrument*) Betrachtung mit 300 GE bewertet. Durch Einbindung des Derivats in ein Portfolio mit anderen Instrumenten und bestehenden Aufrechnungsvereinbarungen mit dem gleichen Kontrahenten wird für den *fair value* des Portfolios eine Reduzierung des (Gesamt-)CVA der Nettorisikoposition von 100 GE erzielt. Die durch vertragliche Abrede mit dem Kontrahenten erreichte Risikominderung ist auf die einzelnen Instrumente des Portfolios zu schlüsseln. Der Bilanzausweis des einzelnen Instruments entspricht daher auch in Bezug auf das Kontrahentenrisiko nicht dem *fair value* einer Einzelbewertung.

Die gewählte Methode zur Schlüsselung des *fair value* der Nettoposition ist als wesentliche *accounting policy* im Anhang offenzulegen (IAS 1.117). Mögliche Alternativen für die Aufteilung einer Wertanpassung für das Portfolio erfolgen nach dem **relativen Verhältnis** der einzelnen

110

- **beizulegenden Zeitwerte** (*relative fair value approach*). Ausgehend von dem *fair value* der einzelnen Instrumente des Portfolios wird ein Anteil an der Wertanpassung auf Ebene des Portfolios bestimmt. Bei einer Bruttobetrachtung werden sowohl Vermögenswerte als auch Verbindlichkeiten einbezogen, bei einer alternativen Nettobetrachtung erfolgt die Verteilung nur bezogen auf den Aktiv- oder Passivüberhang des Portfolios.
- **Wertanpassungen** (*relative credit adjustment approach*): Im Rahmen einer ausschließlichen Bruttobetrachtung wird auf die erforderliche Wertanpassung je Einzelinstrument als Schlüssel abgestellt.

4.4.5 Bedeutung der Geld-Brief-Spanne

Für Finanzinstrumente, die börslich gehandelt werden, entspricht der relevante (Referenz-)Markt dem organisierten Markt mit dem größten Volumen bzw. der höchsten Aktivität (Rz 21). Der *fair value* des Instruments bestimmt sich unter Rückgriff auf den beobachtbaren **Schlusskurs** (*closing price*), eine Geld-Brief-Spanne, also unterschiedliche **Angebots- und Nachfragepreise** (*bid and ask prices*), bleibt unbeachtlich. Nur falls ein Finanzinstrument nicht oder nur in unwesentlichem Umfang börslich gehandelt wird und daher als Referenzmarkt für die *fair value*-Bestimmung auf die Preisstellung des außerbörslichen Handels abzustellen ist, zeigt eine **Geld-Brief-Spanne** für die *fair-value*-Bewertung Relevanz.[26]

111

Sowohl ein Händler (*dealer*), der auf eigene Rechnung Finanzinstrumente erwirbt oder verkauft, als auch der Broker berücksichtigen bei der Preisstellung für

112

---

[25] Vgl. PwC, Guide to Fair Value Measurement 2009, Ch 10.2.4.
[26] Zum Ganzen FREIBERG, PiR 2011, S. 294 ff.

Finanzinstrumente neben eventuellen **Transaktionskosten** auch eine **Marge** (*dealer's profit*). Der Preis, zu dem ein Finanzinstrument außerbörslich gekauft werden kann (*ask price*), übersteigt daher den möglichen realisierbaren Verkaufspreis (*bid price*) zum gleichen Stichtag.

- Der *bid price* (Geldkurs) entspricht dem **Maximalbetrag**, den ein *dealer* (als Transaktionspartner) für den **Ankauf** eines Finanzinstruments zahlt, und somit dem Preis, der unternehmensseitig durch den Verkauf realisiert werden kann (*exit price*).
- Der *ask* (oder *offer*) *price* (Briefkurs) bestimmt sich als Preis, zu dem ein *dealer* bereit ist, ein Finanzinstrument **zu verkaufen**, der also durch das Unternehmen für den Erwerb zu zahlen ist (*entry price*).

Die Erfassung beider Preisstellungen in einem Ausdruck erfolgt als **Quotation**, vorangestellt wird aus der Perspektive des Händlers/Brokers der niedrigere Preis. Ein **Verkauf** (*short position*) ist dann zum erstgenannten, niedrigeren Wert, ein **Kauf** (*long position*) zum letztgenannten Wert möglich.

> **Beispiel**
> Die beobachtbare Quotation für ein Wertpapier zum Stichtag beträgt „100,00–105,00 GE". Transaktionskosten zunächst ausgeklammert, kann das Wertpapier zu 105 GE (*ask price*) gekauft und zu 100 GE (*bid price*) verkauft werden.

113 Im Rahmen der *fair-value*-Bewertung bleiben Transaktionskosten unbeachtlich (Rz 14). Eine Gleichsetzung einer beobachtbaren Geld-Brief-Spanne mit Transaktionskosten scheidet aus (IFRS 13.BC164), daher kann für die Bewertung von Finanzinstrumenten nicht allein auf die Ober- (*ask price*) bzw. Untergrenze (*bid price*) abgestellt und die verbleibende Differenz als Transaktionskosten verrechnet werden. Eine Klarstellung hinsichtlich der **Zusammensetzung** („*what, if anything*") wird bewusst nicht gegeben („*decided not to specify*"), die Verantwortlichkeit für eine Interpretation somit an den Bilanzierer weitergereicht („*an entity will need to make an assessment*"). Konsequenz der Zerlegung einer bestehenden Geld-Brief-Spanne in zumindest teilweise nicht *transaction cost* ist die verpflichtende Erfassung – eine Erfüllung der *observability*-Voraussetzung unterstellt (Rz 118) – eines *day one loss/gain* (IFRS 13.D37/107) für den Teil der Anschaffungskosten, die nicht dem *exit price* entsprechen und nicht als Transaktionskosten aktivierungsfähig sind.

> **Beispiel**
> U erwirbt auf dem Brokermarkt Aktien der A AG zum *ask price* von 105 GE, der *bid price* beläuft sich auf 100 GE. Im Zugangszeitpunkt erfolgt eine Kategorisierung der Aktien als *available-for-sale asset*. Die (unterstellte) Geld-Brief-Spanne für die Aktien der A AG i.H.v. 5 GE entfällt nach Auffassung des U lediglich mit 3 GE auf Transaktionskosten, der Rest sei *commission fee*. I. H. v. 2 GE wäre daher – unabhängig von der Kategorisierung (also Zulässigkeit der Aktivierung von Transaktionskosten) – eine aufwandswirksame Verrechnung der *commission fee* geboten.

Zweifel an den Ausführungen zur Zusammensetzung des *bid-ask spread* innerhalb der *Basis for Conclusions*, die nicht nur Transaktionskosten, sondern auch andere Komponenten umfassen soll, ergeben sich allerdings aus den *Illustrative Examples* (IFRS 13.IE24/25). Eine Abweichung von *entry* und *exit price*, die sich für einen kontrahierten *swap* auf einem OTC-Markt regelmäßig einstellt, wird in *Illustrative Example 7* ausgeschlossen bzw. mit inkrementalen Transaktionskosten für einen „*exit*" begründet. Hieraus lässt sich auf die Zulässigkeit der umfänglichen Behandlung einer bestehenden Spanne als Transaktionskosten schließen, auch wenn begründete Zweifel an der praktischen Relevanz des unterstellten Sachverhalts bleiben.[27]

114

Entgegen der strengen konzeptionellen Bindung des *fair value* an einen *exit price* deuten die Ausführungen unter der Überschrift „*Inputs based on bid and ask prices*" auf eine wahlweise Festlegung der Bewertungsperspektive hin. Es findet sich ein **eklatanter Widerspruch** (IFRS 13.70):

115

- Zwar scheint Satz 1 mit der Verpflichtung auf eine Verwendung des „*most representative*" Preises für die Bestimmung des *fair value* im **Einklang** mit dem „*exit*"-Gedanken zu stehen,
- nach Satz 2 wird aber ein **Wahlrecht**, keine Verpflichtung, zur Verwendung von *bid/ask prices* bescheinigt.

Nachfolgend wird die Verwendung von *mid prices* wiederum als Ausnahme („*practical expedient*") unter den **Vorbehalt** einer Verwendung durch Marktakteure („*used by market participants*") gestellt (IFRS 13.71).

> **Beispiel**
> U erwirbt auf dem Brokermarkt Aktien der A-AG zum *ask price* von 105 GE, der *bid price* beläuft sich auf 100 GE. Für die Bewertung der A-Aktien stellt U einen *ask price* von 105 GE und einen *bid price* von 100 GE fest. Wäre eine Folgebewertung zum Mittelkurs zulässig, ergäbe sich ein Bilanzansatz von 102,5 GE, der allerdings nicht dem realisierbaren *exit price* von 100 GE entspräche.

Unbeschadet der Widersprüchlichkeit der Vorgaben hinsichtlich der Feststellung des repräsentativen (Markt-)Preises bleibt die Verwendung von *mid prices* für (bestimmte) Nettopositionen zulässig (Rz 103 ff.). I. S. e. **geltungserhaltenden Interpretation** der Gesamtkonzeption ist u. E. für die Ausführungen zur Feststellung des repräsentativen Marktpreises bei Vorliegen einer Geld-Brief-Spanne folgende Lesart geboten:

116

- Sind für ein Bewertungsobjekt sowohl einheitliche *bid* als auch *ask prices* beobachtbar, entspricht der *fair value* wegen der *exit-price*-Konzeption dem *bid price*.
- Lassen sich auf dem spezifischen Referenzmarkt ausnahmsweise Transaktionspreise *readily and regularly* innerhalb der Geld-Brief-Spanne beobachten, kann für die Bestimmung des *fair value* auf einen Kurs, der zufällig dem *mid price* entspricht, innerhalb der Spanne abgestellt werden.

---

[27] So auch GRÜNBERGER, KoR 2011, S. 414.

In jedem Fall scheidet die Verwendung eines – auch beobachtbaren – Marktpreises aus, wenn dieser bei einem „*exit*" nicht erzielt werden kann. Rechnerische *mid prices* bleiben für die Bestimmung des *fair value* unbeachtlich.

4.4.6 Weitere Besonderheiten

117 Abweichend von den allgemeinen Leitlinien der *fair-value*-Bewertung wird für Verbindlichkeiten aus einer Stillhalterposition (*liability with a demand feature*) eine Wertuntergrenze festgesetzt (IFRS 13.47/BC26(a)). Der *fair value* einer **jederzeit** durch die Gegenpartei **einforderbaren Verbindlichkeit** kann nicht niedriger sein als der Erfüllungsbetrag (i.S.e. Begleichung, also *settlement*), diskontiert auf den Bewertungsstichtag, ausgehend von dem ersten Tag einer möglichen Zahlungsverpflichtung.

118 Für die *fair-value*-Bewertung ist nicht zwischen Zugang und Folgebewertung zu unterscheiden (IFRS 13.58). Weicht der Transaktionspreis von dem *fair value* ab, ist bereits im Zugangszeitpunkt ein *day one gain/loss* zu erfassen, wenn sich in Einzelstandards keine abweichende Vorgabe ergibt (IFRS 13.60). Ein Ergebniseffekt im Zugangszeitpunkt für Finanzinstrumente steht allerdings unter dem Vorbehalt der Basierung des *fair value* auf einem beobachtbaren Marktpreis oder einer Bewertung anhand ausschließlich beobachtbarer Parameter (IFRS 9.B5.1.2). Insoweit die *observability*-Bedingung erfüllt ist, liegt ein ergebniswirksam zu erfassender *day one gain/loss* vor. Fehlt es an einer objektivierbaren Preisstellung, ist eine identifizierte Differenz zwischen *fair value* und Transaktionspreis im Zugangszeitpunkt abzugrenzen und im Zuge der Folgebewertung nur in dem Umfang erfolgswirksam aufzulösen, in dem auch beliebige Marktteilnehmer dies vollziehen würden. Der abgegrenzte Betrag ist nicht Teil des *fair value* des Finanzinstruments, sondern stellt einen eigenen Betrag dar (IFRS 13.60/BC318).

> **Beispiel**
> Bank B emittiert eine Anleihe zu einem Transaktionspreis von 100 GE an einen Kunden. Die Transaktion findet auf dem Privatkundenmarkt statt, der Hauptmarkt ist allerdings der Interbankenmarkt, gewöhnlich wäre die Transaktion mit einer anderen Bank vollzogen worden. Auf dem Hauptmarkt wäre ein Preis von 95 GE erzielt worden. In Abhängigkeit von der Objektivierbarkeit der Bewertung auf dem Hauptmarkt wäre die Differenz erfolgswirksam zu erfassen (beobachtbare Inputs) bzw. abzugrenzen (nicht objektivierbare Inputs).

Insoweit Anhaltspunkte für ein Abweichen des Transaktionspreises vom *fair value* bestehen (Rz 120f.), scheidet eine Kalibrierung eines Bewertungsmodells auf den erzielten Preis aus. Wurde – mangels Vorliegens eines Indikators nach IFRS 13.B4 – eine Modellkalibrierung vorgenommen (Modellwert = Transaktionspreis), sind die kalibrierten nicht beobachtbaren Parameter für die Folgebewertung fortzuführen. Eine spätere Anpassung ist für
- beobachtbare Parameter verpflichtend (IFRS 13.64) und
- nicht beobachtbare Parameter abhängig davon, ob beliebige Marktteilnehmer diese verwenden würden (IFRS 13.89).

119 Im Rahmen eines *consequential amendment* wurden IFRS 9.B.5.4.12 und IAS 39.A79 aufgehoben. Nach den bislang anwendbaren Vorgaben war bei Unwe-

sentlichkeit eines Zinseffekts für kurzfristige Forderungen/Verbindlichkeiten eine Abzinsung entbehrlich. Mit Streichung der Vorgaben intendierte der IASB allerdings keine Änderung der Bilanzierungspraxis, sondern hob nur die gesonderte Erwähnung, die neben dem allgemeinen **Wesentlichkeitsvorbehalt** des IAS 8 bestand, auf. Die Erleichterungsvorschrift ist daher – so nun auch bestätigt durch eine Ergänzung in den *Basis for Conclusions* im Rahmen des AIP – **weiterhin anwendbar** (IFRS 13.BC138A).

4.5 Beizulegender Zeitwert im Zugangszeitpunkt

Der (Transaktions-)Preis, der für den Erwerb eines Vermögenswerts oder die Begründung einer Verbindlichkeit aufzubringen ist, stellt aus Sicht des bilanzierenden Unternehmens regelmäßig einen *entry*-Wert dar. Der beizulegende Zeitwert ist als *exit price* definiert. Ergibt sich für ein Bewertungsobjekt die Verpflichtung auf eine *fair-value*-Bewertung im Zugangszeitpunkt, kann sich daher eine Situation einstellen, bei der Transaktionspreis (*entry price*) und *fair value* (*exit price*) auseinanderfallen. Trotz der konzeptionellen Unterschiede sollen sich allerdings – besondere Anhaltspunkte ausgeklammert (Rz 118) – beide Werte entsprechen. Keine Rechtfertigung für ein Auseinanderfallen sind mit dem Zugang verbundene Transaktionskosten (Rz 14), da diese nicht Teil des *fair value* sind (IFRS 13.BC33). 120

> **Beispiel**
> U erwirbt im Rahmen einer gewöhnlichen Transaktion am relevanten Hauptmarkt einen Vermögenswert zu einem Preis von 100 GE von Verkäufer V. Bei U fallen Transaktionskosten von 3 GE an. Aus dem Verkaufserlös muss V ebenfalls Transaktionskosten (etwa Vermittlergebühren) von 5 GE aufbringen. Für die *fair-value*-Bestimmung sind sowohl die Transaktionskosten des U als auch diejenigen des V außer Acht zu lassen. Der beizulegende Zeitwert des Vermögenswerts beträgt 100 GE.

Mögliche Anhaltspunkte für ein Auseinanderfallen von Transaktionspreis und beizulegendem Zeitwert im Zugangszeitpunkt sind 121
- eine **Transaktion zwischen nahestehenden Personen**/Unternehmen (*related parties*; → § 30 Rz 10),
- ein **Handeln** mindestens einer der beteiligten Parteien **unter Zwang** (etwa finanzielle Schwierigkeiten oder regulatorische Beschränkungen),
- ein **Abweichen der Wertdimension** (*unit of account*) der beobachtbaren Preisstellung und des Bewertungsobjekts oder
- ein Stattfinden der **Transaktion auf einem Markt**, der nicht dem Haupt- bzw. vorteilhaftesten Markt entspricht (IFRS 13.B4).

Das Vorliegen eines der Indikatoren zieht nicht zwangsläufig eine Differenz nach sich (IFRS 13.BC133), sondern begründet nur eine **widerlegbare Vermutung** (erfolgt etwa eine *related party transaction at arm's length conditions*, entsprechen sich Transaktionspreis und *fair value*). Lässt sich für ein Bewertungsobjekt eine Geld-Brief-Spanne (*bid-ask-spread*) feststellen, kann dies ebenfalls ein Auseinanderfallen von *entry* und *exit price* rechtfertigen (Rz 111ff.).

Für den Fall einer **begründeten Differenz** zwischen Transaktionspreis und *fair* 122 *value* ergibt sich aus der Zugangsbewertung u. U. ein Ergebniseffekt (IFRS 13.60).

Die Leitlinien zur Bestimmung des *fair value* klammern den Umgang mit einer festgestellten Differenz aus (IFRS 13.BC137) und verweisen für die bilanzielle Behandlung auf die spezifischen Vorgaben für das Bewertungsobjekt. Die ergebniswirksame Erfassung eines *day one gain/loss* unterliegt für Finanzinstrumente besonderen Restriktionen (Rz 118). Anderes gilt für Bewertungsobjekte im Anwendungsbereich (*scope*) von IFRS 3 (→ § 31 Rz 141 f.) und IAS 41 (→ § 40 Rz 19 ff.), die auf eine ergebniswirksame Erfassung einer Differenz unabhängig von der Objektivierbarkeit des *fair value* verpflichten.

4.6 Märkte mit abnehmender Aktivität

123 Voraussetzung für den Rückgriff auf Preisstellungen oder Inputs für eine *fair-value*-Bewertung ist die Beobachtung im Rahmen einer gewöhnlichen Transaktion auf einem aktiven Markt. Ein **rückläufiges Transaktionsvolumen** oder Aktivitätslevel kann daher die Verwertung einschränken (IFRS 13.B37). In Zweifelsfällen hinsichtlich des Vorliegens eines aktiven Markts sind im Rahmen einer Gesamtwürdigung sowohl **quantitative als auch qualitative Indizien** heranzuziehen. Mögliche **Anhaltspunkte** für eine Beurteilung sind (IFRS 13.B37/B42):
- Es lassen sich nur sehr wenige aktuelle Transaktionen beobachten.
- Beobachtbare Preisstellungen basieren nicht auf aktuellen Informationen.
- Es besteht eine erhebliche Differenz zwischen beobachtbaren Preisen über einen bestimmten Zeitraum oder zwischen unterschiedlichen Marktteilnehmern.
- Indizes, deren Preisentwicklung bislang als eng korreliert mit dem Bewertungsobjekt angesehen wurde, sind nach aktuellen Entwicklungen unkorreliert mit der Preisentwicklung.
- Aktuell beobachtbare Transaktionen weisen einen signifikanten Anstieg impliziter Liquiditätsprämien, Renditen oder sonstiger Indikatoren auf.
- Es entsteht erstmals eine Geld-Brief-Spanne für das Bewertungsobjekt oder eine bereits bestehende wird signifikant verbreitert.
- Die Marktaktivität für vergleichbare Bewertungsobjekte weist einen erheblichen Rückgang auf.
- Es sind überhaupt wenig(er) öffentliche Informationen verfügbar.

Die Feststellung einer sinkenden Marktaktivität ist für eine Abqualifizierung beobachtbarer Marktpreise oder Inputs allein nicht ausreichend (IFRS 13.B38). Nur insoweit die Anhaltspunkte den Schluss auf das Vorliegen nicht gewöhnlicher Transaktionen, das Agieren von Marktteilnehmern unter Zwang oder die Qualifizierung von beobachtbaren Preisstellungen als Ausreißer zulassen, ist die Abkehr von einem beobachtbaren Transaktionspreis gerechtfertigt (IFRS 13.B43).

124 Stellt ein beobachtbarer (Markt-)Preis keine geeignete Indikation für den *fair value* des Bewertungsobjekts dar, kommt entweder eine **Anpassung der beobachtbaren Preisstellung** oder der Rückgriff auf ein Bewertungsverfahren (*valuation technique*) mit Kalibrierung an beobachteten Trends infrage. Im Rahmen einer *fair-value*-Ermittlung über ein Bewertungsverfahren sind aber dennoch alle zum Stichtag am Markt verfügbaren Informationen zu berücksichtigen.[28] Es kommt somit nicht darauf an, ob aktuelle Transaktionspreise fundamental gerechtfertigt sind oder psychologisch bedingte Überzeichnungen in sich tragen.

---

[28] Dies betonend: IFRIC, Update März 2009.

Ziel der *fair-value*-Bewertung ist die Ermittlung des Werts, zu dem ein Bewertungsobjekt am Stichtag hätte veräußert oder erworben werden können, unabhängig davon, ob die Einschätzung der Marktteilnehmer fundamental gerechtfertigt ist.

Eine ganz oder nahezu zum Erliegen kommende Handelsaktivität auf einem vormals aktiven Markt ist in diesem Zusammenhang nicht nur Beleg der Inaktivität des Markts, sondern wegen der fehlenden Möglichkeit zur jederzeitigen Veräußerung eines Vermögenswerts auch Ausdruck von **Liquiditätsrisiken**.[29] Die Freisetzung gebundener Liquiditätsreserven ist nicht oder nur durch Hinnahme eines niedrigeren Preises möglich. Das Liquiditätsrisiko ist im Rahmen einer stichtagsbezogenen *fair-value*-Bewertung (*mark to model*) zwingend zu erfassen. Wird es wegen fehlender Quantifizierbarkeit nicht – durch einen Sicherheitsabschlag – in den erwarteten nominellen Zahlungen erfasst, ist im Diskontierungszinssatz eine Risikoanpassung vorzunehmen. Die Höhe des Risikozuschlags richtet sich nach dem Grad der Illiquidität des Referenzmarkts für das Bewertungsobjekt. 125

Erfolgt eine DCF-Bewertung komplexer Produkte im Rahmen eines *looking through* (**Durchschau**), ist eine spezifische, von der Komplexität des Bewertungsobjekts abhängige, Risikokorrektur (durch hohe Abschläge auf den Zahlungsstrom oder hohe Zuschläge auf den Diskontierungszinssatz) zwingend.[30] Ein *looking through* auf die einem komplexen Produkt zugrunde liegenden Vermögenswerte/Ansprüche ist zunächst nichts anderes als der untaugliche Versuch, aus den Zahlungsstrom- und Zinserwartungen für nicht komplexe Instrumente den *fair value* von strukturierten Produkten abzuleiten. Ein solcher Versuch ignoriert allerdings das besondere **Komplexitäts- und Intransparenzrisiko** strukturierter Produkte. Sind die Marktteilnehmer nicht mehr (in gleichem Maße) bereit, in komplexe, nicht mehr verständliche Produkte zu investieren, lässt sich die Preisentwicklung einfach strukturierter Produkte nicht auf komplex ausgestaltete übertragen. Ein solches *looking through* „würde die Preisentwicklung bei Äpfeln mit derjenigen von Apfelsaftschorlen gleichsetzen". Überdies lassen sich beobachtbare Preise für strukturierte Produkte nur ganz ausnahmsweise als Notverkäufe oder Abwehrpreise qualifizieren, an deren Stelle darf daher nicht vorschnell die Durchschau treten. Bei ausnahmsweise zulässigem *looking through* sind Risikoanpassungen für Komplexität, Intransparenz und Illiquidität zu berücksichtigen. 126

5 Angabepflichten

Neben einheitlichen Leitlinien zur *fair-value*-Ermittlung wird ein **Mindestmaß an Angabepflichten** definiert, welche als Referenzrahmen zum Nachvollzug und zur Plausibilisierung der Annahmen und Prämissen auf Logik, Konsistenz und Widerspruchsfreiheit dienen soll. Anstelle der bislang über die Einzelstandards verstreuten und im Umfang abweichenden Offenlegungspflichten treten die (umfangreichen) Vorgaben als Minimalforderung (IFRS 13.92). Hierbei ist nicht zwischen Bewertungen zum *fair value* und aus diesem abgeleiteten Wertansätzen (Rz 8) zu unterscheiden (IFRS 13.93). 127

---

29 Vgl. Freiberg, Diskontierung in der Internationalen Rechnungslegung 2010, Rz 197 ff.
30 Zum Ganzen Freiberg, PiR 2007, S. 361 ff.

128 Die Angabepflichten nach IFRS 13 sind allerdings begrenzt auf die *fair value*-Bewertung auf einen Zeitpunkt nach erstmaliger Erfassung (*initial recognition*) eines Vermögenswerts oder einer Schuld (IFRS 13.BC184). Insbesondere für die Zugangsbewertung zum beizulegenden Zeitwert im Zusammenhang mit der bilanziellen Abbildung einer *business combination* ergeben sich daher keine Angabepflichten nach IFRS 13, sondern es bleibt den Anforderungen nach IFRS 3 (→ § 31 Rz 217).

129 Für die **Offenlegung** ist zwischen einzelnen (homogenen) Klassen von zum *fair value* bewerteten Vermögenswerten und Schulden (*each class of assets and liabilities*) zu differenzieren (IFRS 13.93/94). Die Einteilung in Klassen bestimmt sich nach den Eigenschaften des Bewertungsobjekts und dem zugewiesenen Level innerhalb der *fair-value*-Hierarchie (Rz 31). Neben allgemeinen Offenlegungspflichten unterscheidet sich der Umfang der Angabepflichten zum einen nach der Kategorisierung der Bewertung (Level 1–3) und zum anderen nach der Häufigkeit der Bewertung (IFRS 13.93 ff.):[31]

Detailangabe	Fair-value-Ansatz oder abgeleiteter Ansatz regelmäßig	einmalig	fair value nur als Angabe
unabhängig von der Kategorisierung innerhalb der *fair-value*-Hierarchie			
Fair value am Bilanzstichtag	X	X	X
Grund für die *fair-value*-Bewertung	–	X	–
Fair-value-Hierarchielevel	X	X	X
Transfers zwischen Level 1 und 2, Gründe und *policy*	X	–	–
Spezifische Abweichung vom Maximalnutzen	X	X	X
Nur für Level 2 oder Level 3			
Bewertungsmethode(n) und ggf. Änderung	X	X	X
Relevante Inputparameter	X	X	X
Nur für Level 3			
Wesentliche nicht beobachtbare, aber einbezogene Inputs	X	X	X
Überleitungsrechnung vom Beginn zum Periodenende	X	–	–
Unrealisierter Anteil der Ergebniseffekte	X	–	–
Beschreibung des Bewertungsprozesses	X	X	–
Sensitivitätsanalyse für nicht beobachtbare Parameter	X	–	–
Tatsachen und Auswirkung abweichender Annahmen	X	–	–
Nur für Verbindlichkeiten mit *credit enhancements*			
Behandlung in der Bewertung	X	X	–
In Bezug auf *accounting policy decisions*			
Zeitpunkt des Transfers zwischen einzelnen Leveln	X	X	X
Rückgriff auf eine Portfoliobewertung finanz. VW	X	–	–

Auf die **Checkliste „Abschlussangaben"** wird verwiesen (→ § 5 Rz 8).

---

[31] In Anlehnung an GROSSE, KoR 2011, S. 291.

Insoweit der *fair value* als Bewertungsmaßstab nur in bestimmten Situationen zugelassen bzw. gefordert wird (*non-recurring measure*), ergibt sich ein geringerer Umfang der Offenlegungspflichten. Als *non-recurring fair value measurement* mit entsprechender Offenlegungspflicht gilt auch die ausnahmsweise Bewertung von wertgeminderten Finanzinstrumenten zum beizulegenden Zeitwert (IAS 39.AG84), die entsprechend der Kategorisierung im Zugangszeitpunkt *at amortised cost* geführt werden. 130

Für alle Angaben ist eine **tabellarische Aufbereitung** verpflichtend (IFRS 13.99), wenn diese (allerdings ohne Konkretisierung) angemessen bleibt. Der Detaillierungsgrad der Offenlegung nähert sich den Anforderungen für Finanzinstrumente (IFRS 7) an. Es bleibt allerdings für alle nichtfinanziellen Vermögenswerte und Schulden bei einer nur einmaligen Offenlegungspflicht am Periodenende. Für zum *fair value* bewertete Finanzinstrumente sind die Angaben auch in *interim financial statements* (IAS 34; → § 37) verpflichtend (IFRS 13.D78), Kosten-Nutzen-Erwägungen werden ausgeschlossen (IFRS 13.BC224). 131

Für jede *fair-value*-Bewertung bzw. aus diesem Maßstab abgeleitete Bewertung eines Bilanzierungsobjekts ist der beizulegende Zeitwert am Bilanzstichtag offenzulegen. Wenn der **Bewertungsstichtag** und der Bilanzstichtag **auseinanderfallen** (etwa Durchführung eines jährlichen *impairment*-Tests zum Ende des dritten Quartals und Übernahme der Werte zum Periodenende), ist u. E. für die Angabepflichten – entgegen dem Wortlaut (IFRS 13.93(a)) – auf den Bewertungsstichtag, nicht auf den Bilanzstichtag abzustellen.[32] 132

Für jede Klasse von Finanzinstrumenten (*each class of financial assets and financial liabilities*) besteht eine Verpflichtung zur Angabe des beizulegenden Zeitwerts, die einen Vergleich mit dem Buchwert ermöglicht (IFRS 7.25). Auf eine Angabe kann nur verzichtet werden (IFRS 7.29), wenn der *fair value* **ungefähr** dem **Buchwert** entspricht (→ § 28 Rz 271). Wird der beizulegende Zeitwert nur im Anhang offengelegt, also nicht im *primary statement* (Bilanz und Ergebnisrechnung) erfasst, ergeben sich dennoch Angabepflichten bezogen auf die Wertbestimmung (IFRS 13.97). Stellt der Buchwert eines Finanzinstruments eine vertretbare **Approximation** des beizulegenden Zeitwerts dar, entfällt die Angabepflicht nach IFRS 7.29(a) und damit – mangels *disclosure* eines *fair value* – auch die besonderen Offenlegungspflichten nach IFRS 13. Erfolgt allerdings eine freiwillige Berichterstattung über die Buchwerte und die näherungsweise Übereinstimmung mit dem beizulegenden Zeitwert, sind die *fair-value-measurement*-Angabepflichten (etwa bezogen auf die Wertüberlegungen, die der Annahme der Buchwertapproximation zugrunde liegen) zu berücksichtigen. 133

Für Zahlungsmittel und Zahlungsmitteläquivalente (*cash and cash equivalents*) kann (und sollte) wahlweise auf eine Angabe des beizulegenden Zeitwerts verzichtet werden. Wird dennoch eine Angabe zur Klassifizierung in den Anhang aufgenommen, sind *cash and cash equivalents* innerhalb der *fair value*-Hierarchie als Level 2-Bewertung auszuweisen. Unabhängig von dem hohen Liquiditätsgrad fehlt es an einem beobachtbaren Marktpreis auf einem aktiven Markt. Die Etikettierung als Level 2-Bewertung hat keinen Bedeutung für die Bewertung, die zum Nominalbetrag erfolgt. 134

---

[32] Gl. A. KPMG, First Impressions: Fair value measurement, 2011, S. 36.

135 Eine **Sensitivitätsanalyse** ist auf das für ein Bewertungsobjekt spezifische Marktrisiko (Währungs-, Zins- und Kursrisiko) begrenzt. Aufzuzeigen sind Auswirkungen einer fiktiven Änderung des *fair value* eines Bewertungsobjekts durch Berücksichtigung anderer Annahmen und Prämissen zum Bewertungsstichtag. Nur für finanzielle Vermögenswerte/Schulden ist eine quantitative Analyse gefordert, für nichtfinanzielle Bewertungsobjekte bleibt eine qualitative Auseinandersetzung (zunächst) ausreichend (IFRS 13.BC206).

6 Reichweite der Ausstrahlung

6.1 Redaktionelle Änderungen

136 Mit erstmaliger Anwendung der einheitlichen Linien zur *fair-value*-Bestimmung sind weitreichende Anpassungen (*consequential amendments*) der bisherigen, über die Einzelstandards verstreuten Vorgaben zu beachten (Rz 137 f.). Darüber hinaus sind zur Vereinheitlichung redaktionelle Änderungen (*editorial changes*) im **Definitionsbereich** vorgenommen worden.

Bisherige Ausführung	Neue einheitliche Vorgabe
determining fair value	*measuring fair value*
estimating fair value	*measuring fair value*
market price	*quoted price*
market value	*fair value*
unquoted instrument	*instrument that does not have a quoted price in an active market for an identical instrument, i. e. a Level 1 input*
willing buyer and seller	*market participant buyers and sellers*
estimated cash flow model	*present value technique*
reliably determinable	*reliably measurable*

6.2 Inhaltliche Änderungen

137 Mit erstmaliger Anwendung des *fair value measurement framework* ergeben sich neben der Verpflichtung auf die inputbasierte Verfahrenshierarchie (Rz 31) weitere teilweise (inhaltliche) **Änderungen für die Bewertung** zum beizulegenden Zeitwert:

Standard	Änderung	Referenz
IFRS 3	Der Anteil von *non-controlling interest* ist bei Vorliegen eines aktiven Markts für die Eigenkapitalinstrumente aus Produkt von Marktpreis und Anzahl der Anteile zum Erwerbszeitpunkt zu bestimmen.	IFRS 3.B44/B45
IFRS 3	Einführung des „*highest and best use*"-Konzepts für die *fair-value*-Bewertung erworbener Vermögenswerte.	IFRS 3.B43

Standard	Änderung	Referenz
IFRS 3	Der anteilige *fair value* von *controlling* und *non-controlling interest* fällt auseinander, wenn beliebige Marktteilnehmer andere wertbildende Komponenten (etwa *control premium*) berücksichtigen.	IFRS 3.B45
IFRS 3	Der *fair value* bereits vor einer *business combination* bestehender Anteile ist unter Berücksichtigung der inputbasierten Verfahrenshierarchie zu bestimmen.	IFRS 3.B46
IAS 19	Streichung aller Vorgaben zur Bewertung von Planvermögen (*plan assets*), wenn keine beobachtbaren Marktpreise vorliegen.	IAS 19.102
IAS 26	Aufhebung der Ausführungen zum Verhältnis von *fair value* zu *market value*.	IAS 26.33
IAS 36	Klarstellung der Unterschiede zwischen *fair value less costs to sell* und *value in use*.	IAS 36.53A
IAS 39/ IFRS 9	Die Voraussetzungen für die Erfassung eines *day one gain* bzw. *loss* bei Zugang eines Finanzinstruments werden modifiziert, eine ergebniswirksame Vereinnahmung setzt die Erfüllung der *observability* voraus (Rz 118).	IFRS 9. B5.1.2A/ B5.2.2A
IAS 40	Streichung des Verbots der Erfassung von *future capital expenditure* bei der Bewertung zum beizulegenden Zeitwert durch Aufhebung von IAS 40.51 (→ § 16 Rz 61/100ff.).	IFRS 13.D119f.

6.3 Differenzierung zwischen Bewertung und Offenlegung

Die allgemeinen Leitlinien zur *fair-value*-Bewertung (*measurement*) sind – einen expliziten *scope out* für IFRS 2 und IAS 17 ausgeklammert (Rz 9) – standardübergreifend anzuwenden (IFRS 13.8). Neben einer unmittelbaren Bewertung eines Vermögenswerts/einer Schuld zum beizulegenden Zeitwert sind die Vorgaben zum *fair value measurement* auch beachtlich für

- die Bestimmung der **Höhe von Umsatzerlösen** (*revenue*), also der empfangenen Gegenleistung (→ § 25), und
- die **Aufteilung eines Mehrkomponentengeschäfts** (*multiple element contract*; *multiple deliverables*) in mehrere Einzeltransaktionen anhand des *relative fair value* (→ § 25).

Zwar liegt im **strengen Sinn** keine „Bewertung" zum *fair value* vor, die Verpflichtung auf das allgemeine *measurement framework* setzt als Anwendungsvoraussetzung aber auch keine Bewertung, sondern lediglich einen **Rückgriff auf den Bewertungsmaßstab** voraus (IFRS 13.8).

Die Reichweite der *disclosure*-Vorgaben ist hingegen **begrenzt**. Eine verpflichtende Offenlegung von Angaben überhaupt – mit unterschiedlicher Detaillierung (Rz 129) – setzt

- eine fallweise oder kontinuierliche (Folge-)Bewertung eines Vermögenswerts/einer Schuld zum *fair value* nach erfolgtem Zugang (*after initial recognition*) im *statement of financial position* (IFRS 13.91(a)) oder
- die Verpflichtung zur (regelmäßigen) Offenlegung im Anhang (*notes*) voraus.

Keine Angaben sind daher erforderlich, wenn für ein Objekt zwar eine Bewertung zum *fair value* erfolgt, der Bewertungsmaßstab aber **nur einmalig bei erstmaligem Zugang** (*initial recognition*), nicht aber für die Folgebilanzierung relevant ist. Die Befreiung von den Angabepflichten ist u. E. restriktiv, wird der *fair value* als Bewertungsmaßstab außerhalb der erstmaligen Erfassung eines Vermögenswerts/einer Schuld verwendet, sind die Angabepflichten einschlägig.

- So löst etwa der Rückgriff auf den *fair value* als *deemed cost* bei der erstmaligen Anwendung (nach IFRS 1.D5 ff.) eine Angabepflicht (→ § 6 Rz 44 ff.) aus, da die Bewertung zum Übergang (*transition*) und nicht bei erstmaligem Zugang erfolgt.
- Entsprechendes gilt auch für die Bewertung von Altanteilen zum *fair value* bei Änderungen der Anteilsquote mit Statuswechsel (Quasi-Tausch; → § 31 Rz 153), da Bewertungsanlass nicht der erstmalige Zugang eines Vermögenswerts/einer Schuld ist.
- U. E. sind die Angabepflichten auch im Rahmen einer notwendigen *fair-value*-Bewertung bei einem Teilverkauf von Anteilen, der eine Abwärtskonsolidierung nach sich zieht, einschlägig (→ § 31 Rz 170 ff.). Der beizulegende Zeitwert der verbleibenden Anteile stellt zwar deren Zugangswert – als neues Bilanzierungsobjekt – dar (IFRS 10.25) und fällt somit nicht unter die *disclosure*-Verpflichtung. Aber neben der Bedeutung für den Zugangswert geht der *fair value* der verbleibenden Anteile auch in die Ermittlung des Entkonsolidierungserfolgs ein und löst somit die besonderen Angabepflichten des IFRS 13 aus.

7 ABC der *fair-value*-Leitlinien

ask price	Preis, zu dem eine Schuld übertragen werden kann (Rz 80).
Ausschluss (*scope out*)	Keine Anwendung finden die Vorgaben auf den zwar als *fair value* etikettierten, diesem aber inhaltlich nicht entsprechenden Bewertungsmaßstab nach IAS 17 und IFRS 2 (Rz 9).
bestmögliche Verwertung (*highest and best use*)	Bei der Bewertung von nichtfinanziellen Vermögenswerten ist aus Sicht beliebiger Marktteilnehmer die Verwendung (Nutzung oder Verkauf) zu unterstellen, die den maximalen Wertbeitrag generiert. Voraussetzung sind allerdings die physische Möglichkeit, die rechtliche Zulässigkeit und die finanzielle Realisierbarkeit (Rz 63).
Bewertungskomponenten	Bei Rückgriff auf ein einkommensorientiertes Bewertungsverfahren (*income approach*) sind insbesondere drei Komponenten eines Barwertkalküls beachtlich (Rz 41).

Bewertungsmaßstab (*measure*)	Der beizulegende Zeitwert (*fair value*) wird in zahlreichen Einzelstandards für die Bestimmung des Wertansatzes eines Vermögenswerts oder einer Schuld gefordert. Einen Ausschluss ausgeklammert, gilt das *fair value measurement framework* verbindlich (Rz 7).
Bewertungsverfahren	Für die Bestimmung des Bewertungsmaßstabs *fair value* lassen sich insbesondere drei Bewertungstechniken (*market, income* oder *cost approach*) unterscheiden (Rz 40).
bid price	Preis für die Veräußerung eines Vermögenswerts (Rz 80).
day one gain/loss	Unter restriktiven Voraussetzungen kann der Anschaffungsvorgang ergebniswirksam sein, wenn Transaktionspreis und *fair value* auseinanderfallen (Rz 120 ff.).
DCF-Bewertung	Die Bestimmung des beizulegenden Zeitwerts über die Diskontierung zukünftiger Zahlungsmittelflüsse auf den Bewertungsstichtag stellt den Regelfall bei nicht beobachtbaren Preisstellungen dar (Rz 40).
Doppelerfassung (*double counting*)	Eine mehrfache Berücksichtigung einzelner Bewertungskomponenten scheidet aus (Rz 42).
entry price	Preis, der auf dem Beschaffungsmarkt für einen Vermögenswert bzw. eine Schuld aufzubringen ist. In einer theoretischen Modellwelt soll dieser dem *exit price* entsprechen (Rz 13).
Erfolgs- oder Risikoverbundeffekte	Zwischen einzelnen, betriebsnotwendigen Vermögenswerten bestehen regelmäßig Synergien, die im Rahmen der Prämisse einer bestmöglichen Verwertung bei der Bewertung zu berücksichtigen sind (Rz 62).
exit price	Preis, der für eine Übertragung (*transfer*) erzielt werden kann, als Veräußerungspreis konzeptioneller Rahmen der Bewertung zum *fair value* (Rz 12).
Fundamentalerkenntnisse	Unternehmensinterne Einschätzungen und Wertvorstellungen haben für die Bestimmung des beizulegenden Zeitwerts keine Relevanz (Rz 32).
Garantien (*credit enhacements*)	Im Zusammenhang mit einer (finanziellen) Schuld vereinbarte Nebenabreden sind nicht Teil des Bewertungsobjekts und daher separat zu behandeln (Rz 78).
Geld-Brief-Spanne	Auf bestimmten (Haupt-)Märkten fallen *bid* und *ask price* auseinander, es lässt sich eine Spanne beobachten (Rz 111 ff.).

Hauptmarkt	Referenzmarkt für die Bestimmung des *fair value* (Rz 21).
Hierarchie	Die Verfügbarkeit von beobachtbaren und damit objektivierbaren Inputparametern bestimmt die Auswahl des Bewertungsverfahrens (Rz 33) und die Detaillierung der Anhangsangaben (Rz 129).
Inaktiver Markt	Für die Feststellung eines aktiven Markts sind sowohl qualitative als auch quantitative Merkmale zu würdigen (Rz 123). Ein rückläufige Aktivität reicht für eine Abqualifizierung beobachtbarer Inputs nicht aus, vielmehr ist diese Beleg für im Rahmen einer Modellbewertung besonders zu berücksichtigende Risiken (Rz 125).
Kontrahentenrisiko (*non-performance risk*)	Für die *fair-value*-Bewertung von originären, aber auch derivativen Finanzinstrumenten ist bilateral ein Ausfallrisiko der beteiligten Parteien zu berücksichtigen (Rz 74 ff.).
Marktteilnehmer	Voneinander unabhängige Parteien, die mit hinreichendem Wissen willens und fähig sind, eine Transaktion vorzunehmen (Rz 26).
mid price	Rechnerischer Mittelpunkt innerhalb einer beobachtbaren Geld-Brief-Spanne (Rz 116).
Modellkalibrierung	Wird für die Folgebewertung zum *fair value* ein Bewertungsverfahren verwendet, ist dieses bei Zugang an einem beobachtbaren Transaktionspreis zu kalibrieren, wenn dieser dem *fair value* entspricht (Rz 118).
Portfoliobewertung	Ausnahmsweise besteht für gewisse Finanzinstrumente die Zulässigkeit einer Gesamt- statt Einzelbewertung (Rz 103 ff.).
Sensitivitätsanalyse	Eine Verpflichtung auf eine quantitative Analyse ist auf finanzielle Bewertungsobjekte begrenzt, für nichtfinanzielle reicht eine qualitative Aussage (Rz 135).
Synergien	Die Berücksichtigung echter Synergien scheidet aus, nur insoweit durch jeden Marktteilnehmer realisierbar, ist eine Erfassung im *fair value* eines Bewertungsobjekts zulässig (Rz 67).
Transaktionskosten	Kosten, die im Zusammenhang mit einer Transaktion anfallen und nicht dem Bewertungsobjekt unmittelbar zurechenbar sind, werden nicht im *fair value* berücksichtigt (Rz 14).

Transportkosten	Aufwendungen, die für das Zustandekommen einer Transaktion auf dem Hauptmarkt erforderlich sind und dem Bewertungsobjekt daher direkt zurechenbar sind, werden als Teil des beizulegenden Zeitwerts erfasst (Rz 14).
unit of account	Wertdimension des Bewertungsobjekts für die Bilanzierung (Rz 19).
unit of measurement	Regelmäßig das einzelne Bilanzierungsobjekt, da ein Einzelbewertungsgrundsatz gilt. Ausnahmsweise kann für Finanzinstrumente die *unit of measurement* von der *unit of account* abweichen (Rz 104).
wertbildende Komponenten	U. U. sind für die *fair-value*-Bewertung beobachtbare Preisstellungen um weitere (auch nicht beobachtbare) Komponenten anzupassen (Rz 69).

8 Anwendungszeitpunkt und Übergang

Die einheitlichen Leitlinien zur *fair-value*-Bewertung und Offenlegung von Informationen sind – eine Übernahme in europäisches Recht vorausgesetzt – erstmals verpflichtend anzuwenden für Geschäftsjahre **ab dem 1.1.2013**. Werden Zwischenberichte veröffentlicht, besteht eine erste Anwendungspflicht, soweit der Bericht in die Anwendungsperiode fällt. Eine freiwillig vorzeitige Anwendung ist zulässig und offenzulegen (IFRS 13.C1–2). 141

Die Anwendungsregeln gelten **prospektiv**. Insoweit sich aus der erstmaligen Anwendung abweichende Bewertungsergebnisse einstellen, sind diese in laufender Rechnung zu erfassen. Für die erste Anwendungsperiode besteht eine Befreiung von der Offenlegung von Vorperiodenangaben (*comparative information*), die sowohl den ersten Abschluss (IFRS 13.C3) als auch evtl. Zwischenberichte umfasst (IFRS 13.BC230). 142

Im Rahmen der **jährlichen Verbesserungen** an den IFRS wurden bereits folgende Anpassungen an den Vorgaben des IFRS 13 umgesetzt: 143
- Zyklus 2010–2012: Die Veröffentlichung von IFRS 13 und die Änderung von IFRS 9 und IAS 39 hat nicht zur Abschaffung der Möglichkeit einer Bewertung unverzinslicher kurzfristiger Forderungen und Verbindlichkeiten zum Rechnungs-/Nominalbetrag ohne Abzinsung geführt. Eine Abzinsung bleibt danach entbehrlich, wenn die Auswirkungen nicht wesentlich sind (Rz 119).
- Zyklus 2011–2013: Die Ausnahme für Portfolien umfasst alle Verträge, die nach IAS 39/IFRS 9 bilanziert werden, und zwar unabhängig davon, ob diese die Definition eines finanziellen Vermögenswerts oder einer finanziellen Verbindlichkeit nach IAS 32 erfüllen. Angesprochen sind insbesondere Warentermingeschäfte, die als Finanzinstrumente zu behandeln sind (→ § 28 Rz 225ff.).

Am 16.9.2014 hat der IASB den der Bewertung von mindestens einen maßgeblichen Einfluss vermittelnden Beteiligungen, für die ein Marktpreis beobachtbar ist, gewidmeten ED/2014/4 veröffentlicht (Rz 69). Mit ED/2014/4 hat der 144

IASB die folgenden Änderungen für die *fair value*-Bewertung von notierten Anteilen an TU, GU und aU vorgeschlagen:
- Für die Abgrenzung des Bilanzierungsobjekts ist auf die Beteiligung als Ganzes und nicht die Summe der einzelnen Anteile abzustellen.
- Im Rahmen der *fair value*-Bewertung ist ein Vorrang der inputbasierten Hierarchie beachtlich, die Bewertung einer Beteiligung als Ganzes erfolgt durch Multiplikation des beobachtbaren Preises mit der Anzahl der gehaltenen Anteile (PxQ).
- Eine Anpassung an die Besonderheiten des Bilanzierungsobjekts scheidet aus, Bewertungs- und Bilanzierungsobjekt fallen daher bei Umsetzung der Vorschläge auseinander.
- Auch im Rahmen der Bestimmung des erzielbaren Betrags über einen *fair value less costs of disposal* nach IAS 36 ist auf eine PxQ-Bewertung abzustellen, wenn die zahlungsmittelgenerierende Einheit einem notierten Unternehmen entspricht.
- Bei Anwendung einer portfoliobasierten Bewertung von Finanzinstrumenten kann auf die Nettovermögens- oder -verbindlichkeitenposition als Mengengerüst der Bewertung abgestellt werden.

Mit Ausnahme der Klarstellung der portfoliobasierten Bewertung sind die Vorschläge des IASB abzulehnen.[33] Die Verpflichtung auf eine PxQ-Bewertung führt abseits von Anlässen, die eine Einzelbewertung fordern, zwar zu verlässlichen, aber keinen relevanten Ergebnissen.

9 Zusammenfassende Praxishinweise

145 Mit der Verabschiedung des IFRS 13 soll in Bezug auf die Verwendung des Bewertungsmaßstabs *fair value* die Konsistenz zwischen den (Einzel-)Standards erhöht sowie bisher bestehende Lücken und Widersprüche beseitigt werden. Vorgegeben werden Vorschriften zur Bewertungstechnik (*measurement*) und der Offenlegung (*disclosure*); ausgeklammert wird die Frage, ob der *fair value* als Bewertungsmaßstab überhaupt Anwendung findet.

146 Erstmals verpflichten die IFRS auf bewertungsmethodische Vorschriften vor der Klammer der Einzelstandards. Angesprochen ist allerdings nur ein Teilaspekt, die Bewertung von Vermögenswerten und Schulden zum *fair value*. Für vergleichbare Bewertungsmaßstäbe (etwa den *present value*) mit abweichender Bewertungsperspektive fehlt es weiterhin an standardübergreifenden Vorgaben und ebenfalls an einer Abgrenzung zum *fair value measurement*. Gerade für den Bereich der Verwendung des Barwerts als Bewertungsverfahren (*valuation technique*) in Abgrenzung zum Bewertungsmaßstab (*measure*) von nichtfinanziellen Verbindlichkeiten fehlt es weiterhin an Detailvorgaben. Darüber hinaus fehlen weiterhin eindeutige und widerspruchsfreie Leitlinien zur Berücksichtigung des Risikos in der Bewertung.

147 Die einheitlichen Leitlinien für die Bewertung und Offenlegung bei Verwendung des *fair value* als Bewertungsmaßstab stellen dennoch einen wichtigen Schritt zur Schaffung einer einheitlichen theoretischen Modellbasis dar. Durch die Festlegung eines konsistenten Referenzrahmens für die Bewertung zum beizulegenden Zeitwert und standardisierte Offenlegungspflichten lässt sich die Objektivierbarkeit erhöhen.

---

[33] Vgl. Freiberg, PiR 2015, S. 42ff.

§ 9 FINANZIERUNG DER ANSCHAFFUNG ODER HERSTELLUNG

Inhaltsübersicht	Rz
Vorbemerkung	
1 Überblick	1–7
1.1 Regelungsbereich	1
1.2 Das ökonomische Ausgangsproblem und die Lösungsansätze	2–7
1.2.1 Die Regelungen im deutschen Bilanzrecht	2–3
1.2.2 Angelsächsisches Denkmuster: *matching principle*	4–5
1.2.3 Das Grundproblem: Werterhöhung durch Fremdfinanzierung	6–7
2 Zentrale Begriffe	8–11
2.1 Finanzierungskosten	8–9
2.2 Qualifizierte Vermögenswerte	10–11
3 Der Bilanzansatz	12–38
3.1 Das System	12
3.2 Bestimmung der Bemessungsgrundlage	13–14
3.3 Das Aktivierungsvolumen	15–27
3.4 Der Aktivierungszeitraum	28–33
3.4.1 Beginn	28–30
3.4.2 Unterbrechung des Herstellungsprozesses	31
3.4.3 Ende der Aktivierungsfrist	32–33
3.5 Sonderfall Vorratsvermögen	34–37
3.6 Behandlung in der Kapitalflussrechnung	38
4 Latente Steuern	39
5 Angaben	40–42
6 Anwendungszeitpunkt, Rechtsentwicklung	43
7 Zusammenfassende Praxishinweise	44

Schrifttum: ESSER/SCHULZ-DANSO/WOLTERING, Neuregelung zur Behandlung von Fremdkapitalkosten nach IAS 23 (rev. 2007); FREIBERG, Unbestimmte Vorgaben zur Aktivierungspflicht von Fremdkapitalkosten, PiR 2013, S. 387; HEINTGES/URBANCZIK/WULBRAND, Neuregelung des IAS 23, DB 2009, 633; LANDGRAF/ROOS, Aktivierung von Fremdkapitalkosten bei zentral koordinierter Konzernfinanzierung, PiR 2013, S. 147; LÜDENBACH, Aktivierung von Zinsen aus Betriebsmittelkrediten, PiR 2006, S. 237; SCHMACHTENBERG/MEIXNER/SCHÄFER, Die Folgebewertung von Mobilfunklizenzen nach HGB, IFRS und US-GAAP, KoR 2005, S. 512; SCHURBOHM, IDW RS HFA 37 – Einzelfragen zur Bilanzierung von Fremdkapitalkosten nach IAS 23, WPg 2011, S. 505; VATER, Überarbeitung von IAS 23 „Fremdkapitalkosten", WPg 2006, S. 1337; ZEYER/EPPINGER/SEEBACHER, Ausgewählte Fragestellungen zur Aktivierung von Fremdkapitalkosten nach IAS 23 (rev. 2007), PiR 2010, S. 67.

Vorbemerkung

Die Kommentierung bezieht sich auf IAS 23 in der aktuellen Fassung und berücksichtigt alle Ergänzungen, Änderungen und Interpretationen, die bis zum 1.1.2015 beschlossen wurden.
Wegen der Rechtsentwicklung wird auf Rz 43 verwiesen.

1 Überblick

1.1 Regelungsbereich

1 IAS 23 befasst sich mit der bilanzmäßigen Abbildung der Aufwendungen für die **Fremd**finanzierung *(borrowing costs)*. Die Kosten des **Eigenkapitals** sind nach IAS 23.3 vom Regelungsgehalt ausgeschlossen. Betroffen sind Anschaffungs- und Herstellungskosten für besondere Vermögenswerte *(qualifying assets)*.

1.2 Das ökonomische Ausgangsproblem und die Lösungsansätze

1.2.1 Die Regelungen im deutschen Bilanzrecht

2 Die Ausgangsidee zur bilanzmäßigen Behandlung der Aufwendungen für die Finanzierung des Geschäftsbetriebes ist nach deutscher Rechnungslegungstradition recht einfach: Finanzierungskosten stellen **periodengerecht** zu ermittelnden **Aufwand** dar. Diese gerade wegen ihrer Schlichtheit qualitativ nicht zu unterschätzende Regel – bilanzpolitisch zu nutzende Ermessensspielräume bestehen bis dahin nicht – wird indes nicht konsequent durchgehalten. Nach § 255 Abs. 3 HGB besteht optional die Möglichkeit, Fremdkapitalzinsen, die der Finanzierung der **Herstellung eines Vermögensgegenstandes** dienen, als fiktive Herstellungskosten dieses Vermögensgegenstandes zu aktivieren. Dem folgt das **Steuerrecht** in Richtlinie 6.3 Abs. 5 EStR 2012.

3 Dieses Bewertungswahlrecht gilt allerdings nur für die Ermittlung der **Herstellungskosten**. Gleichwohl wird auch die Aktivierung von Finanzierungskosten auf **Anschaffungen** in Ausnahmefällen für zulässig erachtet,[1] und zwar im Rahmen von Anschaffungsvorgängen für Gegenstände mit längerer Bauzeit. Begründung: Die zu leistenden Anzahlungen und die damit verbundenen Finanzierungskosten vermindern den Kaufpreis, weil bei Finanzierung durch den Lieferanten dieser seine damit verbundenen Kosten in den Kaufpreis einkalkuliert hätte.

1.2.2 Angelsächsisches Denkmuster: *matching principle*

4 Die letztgenannte Argumentation deutet bereits die Bemühung des Für und Wider der Aktivierung von Finanzierungskosten bei der Bilanzierung einzelner Vermögenswerte an. Die in der angelsächsischen Rechnungslegungswelt angestellten Überlegungen wägen ebenfalls ab, setzen aber an anderen Ausgangsüberlegungen an. Es geht dabei um die Zielsetzung der erfolgsneutralen Abbildung von Anschaffungs- und Herstellungsvorgängen im Rechenwerk des Unternehmens. Alle Aufwendungen zur Beschaffung oder Herstellung eines Vermögens-

---

[1] ADLER/DÜRING/SCHMALTZ, 6. Aufl., § 255 HGB, Tz. 36 m.w.N.; a.A. SCHUBERT/PASTOR, in: BECK'scher Bilanzkommentar, 9. Aufl., § 255 HGB, Tz. 501; HOFFMANN/LÜDENBACH, NWB Kommentar Bilanzierung, 5. Aufl. 2014, § 255, Tz. 35.

wertes bis hin zur vollständigen Funktionsfähigkeit sollen erfolgsneutral behandelt werden. In diesem Zusammenhang wird auch die Frage diskutiert, ob die Opportunitätskosten der **Eigenkapitalfinanzierung** nicht im Interesse der Gleichbehandlung mit den Fremdkapitalkosten und der zwischenbetrieblichen Vergleichbarkeit ebenfalls zu aktivieren seien (Rz 6). Die jeweiligen Herstellungskosten sollen nicht deswegen **differieren**, weil das eine Unternehmen mit Eigen- und das andere einen vergleichbaren Vermögensgegenstand mit Fremdkapital finanziert. Solche Überlegungen könnten noch weiter spezifiziert werden, und zwar insbesondere in Fällen langfristiger Auftragsfertigung.

Die angelsächsische Denkweise ist in diesem Zusammenhang stark von dem *matching principle* (→ § 1 Rz 114) dominiert. Alle Produktionseinsätze zur Herstellung und zum Verkauf eines Vermögensgegenstandes sollen in dem Zeitraum aufwandswirksam werden, in dem die entsprechenden Umsatzerlöse anfallen.

Aus Sicht des Auftraggebers (z.B. des Energieversorgungsunternehmens) stellt sich dann die bilanztechnische Situation wie folgt dar: Zahlt er mit Vorauskasse und verzichtet deshalb auf Zinserträge oder erhöht seinen Zinsaufwand, erhält er das Kraftwerk billiger, seine Anschaffungskosten sinken. Man kann dann von einer **temporären Verzerrung des Ergebnisausweises** sprechen, weil der Verzicht auf die Erträge der möglichen Geldanlage bzw. die Erhöhung des Zinsaufwandes in der Bauphase zu einer Gewinnverlagerung in die Zukunft führen. Umgekehrt: Erfolgt die Finanzierung durch den Auftragnehmer, werden die Aufwendungen des Auftraggebers in Gestalt höherer Anschaffungskosten und damit Abschreibungen in die Zukunft verlagert; der Zinsertrag „heute" bleibt ihm erhalten. Zur Bilanzierung beim Auftragnehmer → § 18 Rz 52.

1.2.3 Das Grundproblem: Werterhöhung durch Fremdfinanzierung

Nie ernsthaft in Betracht gezogen wurde die Aktivierung von Opportunitätskosten der **Eigen**kapitalfinanzierung. Damit ist auch das eigentliche **Grundproblem** der Diskussion angesprochen: Sofern die Anschaffung oder Herstellung eines bestimmten Vermögenswerts mit Eigenkapital finanziert wird, kommt kaum jemand auf die Idee der Aktivierung von Opportunitätskosten. Umgekehrt bei **Fremd**kapitalfinanzierung: Hier ist eine Aktivierung geboten (ab 2009). Im Ergebnis werden Ausgangswert der Bewertung und damit auch die folgenden Buchwerte umso **höher** geschraubt, je **mehr** die Finanzierung mit **Fremdkapital** erfolgt. Die Fremdfinanzierung wird insoweit temporär ihres Kostencharakters beraubt – wenn man nicht dem *matching principle* auch insoweit einen Vorrang einräumt (Rz 4).

Andererseits können sich etwa bei **langfristiger Auftragsfertigung** die Finanzierungskosten in der Summe des bedungenen Werklohnes niederschlagen. Muss der Auftragnehmer, also der Hersteller z.B. eines Kraftwerks, die Finanzierung selber bereitstellen – neuerdings beim Bau von Autobahnen und Bundesstraßen nicht unüblich –, so wird der Werklohnanspruch um die entsprechenden Finanzierungskosten höher sein als in dem Fall, in dem (traditionell) der Auftraggeber die Finanzierung des Fertigungsauftrages übernimmt. Im Bereich öffentlicher Auftraggeber ist auch noch eine umgekehrte Verhaltensweise denkbar: Um Haushaltsmittel nicht verfallen zu lassen, erfolgt eine **Anzahlung** bis zur Höhe des gesamten Angebotspreises vor Baubeginn, um dadurch die beim Auftragnehmer entstehende Verminderung der Finanzierungskosten bzw. Möglichkeit zur zinsbringenden Anlage der Mittel in der Auftragsvergabesumme zu reduzieren. Während der Erstellungsphase werden dann die Herstellungskosten entsprechend niedriger sein.

2 Zentrale Begriffe

2.1 Finanzierungskosten

8 Die IFRS sprechen von **Finanzierungskosten** (*borrowing costs*), die neben den **Zinsen** auch andere zugehörige **Aufwendungen** umfassen (IAS 23.5), nicht indes die Opportunitätskosten der Eigenkapitalfinanzierung (Rz 1). Als Beispiele werden in IAS 23.6 genannt:
- kalkulierter Zinsaufwand unter Anwendung der **Effektivzins**methode (→ § 28 Rz 40),
- Zinsanteil der **Leasing**raten (→ § 15 Rz 60),
- bei **Fremdwährungs**finanzierung die Währungsdifferenzen, **soweit** sie wirtschaftlich als Korrektur des Zinsaufwands angesehen werden können (z.B. Kreditaufnahme niedrig verzinslich in Yen bei erwarteter und tatsächlicher Aufwertung des Yen).[2]

Die **Währungsdifferenzen** (aus Krediten in Fremdwährung) enthalten regelmäßig einen Zinskorrektur-**Anteil**. Das berücksichtigt der Wortlaut von IAS 23.6(e) („*to the extent*"). Danach sind nicht **alle** Währungsdifferenzen als Zinskorrektur anzusetzen. Zur Ermittlung[3] kann ein Vergleich mit einem in Bonität und Laufzeit entsprechenden Kredit in der funktionalen Währung des Unternehmens dienen, ebenso ein Vergleich von Forward-Kursen im Zeitpunkt der Kreditaufnahme. Entsprechende Berechnungen gestalten sich als hochgradig ermessenshaft. Jede vernünftig begründete und konsistent angewandte Methode zur Ermittlung des Korrekturbetrags ist zulässig und im **Anhang** zu erläutern.[4] Nicht zu den Finanzierungskosten zählen Avalprovisionen für erhaltene Bürgschaften; das Gleiche gilt für Aufzinsungen von langfristigen Rückstellungen (→ § 21 Rz 142 ff.).[5] Zur Berücksichtigung von Zinsaufwand bei Fertigungsaufträgen i.S.d. IAS 11 wird verwiesen auf → § 18 Rz 58. Nicht zu den Finanzierungskosten zählen Aufwendungen und Erträge aus vorzeitiger Kündigung und Rückzahlung von Krediten (Vorfälligkeitsentschädigungen).[6]

9 IAS 23 behandelt – im Gegensatz zu IAS 39 – nicht derivative Finanzierungsstrukturen, etwa Zinsswaps (→ § 28 Rz 9). Deshalb ist der Frage nachzugehen, ob und inwieweit sich der Begriffsinhalt der *borrowing costs* an der Bilanzierungsmethode dieser Finanzinstrumente ausrichten muss. Dem Regelungsbereich von IAS 23 unterliegen nur Zinsaufwendungen im Zusammenhang mit der Finanzierung (Rz 19) qualifizierter Vermögenswerte, die gebaut oder hergestellt werden (Rz 10). Bei **derivaten** Finanzinstrumenten bedarf es eines **direkten** Zusammenhangs mit solchen Maßnahmen. Dann unterliegen die Gewinne oder Verluste aus

---

[2] IFRIC, Update, Januar 2008; vgl. auch ADS INTERNATIONAL, Abschn. 9, Tz. 50.
[3] Vorschlag in IDW RS HFA 37.9; ein ausführliches Berechnungsbeispiel bei DELOITTE, iGAAP 2014, A18 2.1.
[4] IFRIC, Update Januar 2008.
[5] So auch ZEYER/EPPINGER/SEEBACHER, PiR 2010, S. 67.
[6] DELOITTE, iGAAP 2014, A18 3.2.

dem Derivat der Aktivierungspflicht (Rz 15). Nicht erforderlich ist das Vorliegen einer **Sicherungsbeziehung** nach IAS 39.88 (→ § 28a Rz 49). Existiert eine solche, ist für den ineffektiven Teil regelmäßig dieser direkte Zusammenhang nicht gegeben.[7]

Insbesondere bei Einsatz eines **Zinsswaps** (→ § 28a Rz 42) kann ein aktivierungspflichtiger Zinsaufwand durch die laufenden Zinszahlungen und die Zinsabgrenzungen vorliegen. Entsprechendes gilt für die Gewinne oder Verluste aus einem Sicherungsinstrument gegen **Währungs**risiken.[8] Die *fair-value*-Änderungen des Sicherungsinstruments aufgrund von Änderungen des Basiswerts (Marktzins, Währungskurs) sind dagegen nicht in das Aktivierungsvolumen einzubeziehen, da sich darin der Barwert **künftiger** (nicht mehr auf den Herstellungszeitraum einfallender) Zahlungsströme widerspiegelt.[9]

> **Beispiel**
> U finanziert den Bau eines Bürohauses mit einem variabel verzinslichen Darlehen und sichert das Risiko aus der variablen Verzinsung über einen Swap ab. Im wirtschaftlichen Ergebnis beider Geschäfte zahlt U einen festen Zinssatz. Diese (feste) Zinszahlung ist, soweit sie auf den Herstellungszeitraum entfällt, (Rz 28 ff.), aktivierungspflichtig. Die Trennung von Grundgeschäft und Swap nach IAS 39 (→ § 28a Rz 49) ist für IAS 23 unerheblich, da es hier um die Aktivierung des Zinsaufwands für einen begrenzten Zeitraum (die Herstellungsphase) und nicht um die erfolgswirksame oder -neutrale Abbildung von Zeitwertschwankungen des Swaps geht.[10]

Die vorstehende Lösung – Aktivierungspflicht – gilt nicht für Aufwendungen aufgrund der **vorzeitigen** Beendigung des **Sicherungsgeschäfts**. Die damit verbundenen Ein- oder Auszahlungen reflektieren die Erwartungen über die Entwicklungen der **Zinsraten**. Mit der Zahlung werden Änderungen der künftigen *cash flows* vorweggenommen.

Durch eine Sondervorschrift in IFRIC 1.8 ist der **Aufzinsungsbetrag** für langfristige Rückstellungen betreffend Rückbauverpflichtungen u.a. nicht aktivierbar (→ § 21 Rz 82). Dagegen erfüllen u.E. Sonderformen von Dividenden, die nach IAS 32.35 und IAS 32.36 im Aufwand zu verrechnen sind, die Definition von Fremdkapitalkosten i.S.d. IAS 23.5 (Rz 8),[11] ebenso der Zinsanteil aus Wandelanleihen (→ § 2 Rz 8).[12]

Die Kostenkomponente der Nettozinsen bei der Bewertung von Altersversorgungsverpflichtungen (→ § 22 Rz 41) kann in die Herstellungskosten eines qualifizierten Vermögenswertes (Rz 10) einbezogen werden (IAS 19.120(b)). Dafür spricht der Hinweis in IAS 19.121 mit der Bezugnahme auf IAS 2 und IAS 16. Voraussetzung ist immer eine direkte Zurechenbarkeit dieser Altersversorgungsaufwendungen auf die entsprechenden Produkte. Die Formulierung in IAS 19.121 (*the appropriate proportion*) könnte diese Lesart des IAS 19.120(b) unterstützen.

---

[7] IDW RS HFA 37.12; HEINTGES/URBANCZIK/WULBRAND, DB 2009, S. 634.
[8] So auch BISCHOF/STERZENBACH, in Baetge et a., Rechnungslegung nach IFRS IAS 23 Tz 50.
[9] KPMG, Insights into IFRS 2014/2015, Tz. 4.6.50.20.
[10] Dafür auch ERNST & YOUNG, International GAAP 2014, Ch 21 5.5.1.
[11] So IDW RS HFA 37.10.
[12] So HEINTGES/URBANCZIK/WULBRAND, DB 2009, S. 639.

2.2 Qualifizierte Vermögenswerte

10 Die Pflicht zum Bilanzansatz von Finanzierungskosten für Anschaffungs- und Herstellungsvorgänge beschränkt sich auf **qualifizierte Vermögenswerte** (*qualifying assets*). Diese sind nach IAS 23.5 durch eine **längere Periode** (*substantial period*) zwischen Herstellungsbeginn und Nutzbarkeit (Anlagevermögen) bzw. Verkaufsfähigkeit (Vorratsvermögen) gekennzeichnet.
Keine direkte Auslegungshilfe liefert der Standard zum Begriffsinhalt von „*substantial period*", sondern überlässt die inhaltliche Ausfüllung „prinzipienorientiert" dem Anwender. Dabei sind nach IAS 23.5 ein **objektives** Merkmal („*necessarily*") - die Art des Vermögenswerts – und ein **subjektives** Moment („*intended use*") - Verwendung zum Eigennutzen oder Schaffung eines verkaufsfähigen Zustands - zu beachten. Negativ betrachtet scheiden gebrauchsfertig angeschaffte Anlagegüter, Rohmaterialien und Handelswaren aus dem Anwendungsbereich aus, da sie „sofort" zur **beabsichtigten Verwendung** bereitstehen (IAS 23.7). Anders verhält es sich bei
- einem Reifungsprozess unterliegenden Vorräten (Rz 34),
- der Herstellung von Gebäuden, Maschinen und
- (aktivierbaren; → § 13 Rz 27 ff.) Entwicklungskosten.

Diese sind zu Beginn ihrer Verwendung noch nicht **nutzungs-** oder **verkaufsfähig**. Dazwischen liegt das objektive Merkmal des **Zeitbedarfs**, der mit diesen qualitativen Überlegungen allerdings noch nicht bestimmt ist. Wenn man sich in diesem Bereich des *materiality*-Gedankens bemächtigt, bleibt bei einem Zeitraum von 3,5 Monaten kein Zwang zur Aktivierung. Bei 8 Monaten kann es sich schon anders verhalten, d.h., die Aktivierungspflicht ist zweifelhaft, bei 14 Monaten ist die *substantial period* ziemlich sicher gegeben.
In solchen Fällen neigt die menschliche Psyche zur Verwendung **runder** Zahlen. 37 Wochen wird niemand als „Periode mit Substanz" definieren wollen. Viel eher wird das volkstümliche Dutzend (an Monaten) oder die Hälfte davon (weil einfach durch 2 zu dividieren) Akzeptanz bei den Rechtsanwendern finden. Dabei nimmt die 12-Monats-Frist bei der Rechnungslegung schon deshalb die Favoritenrolle ein, weil sie den regelmäßigen Arbeitsrhythmus bestimmt.
Jedenfalls dürfen Äußerungen von Standardisierern oder Kommentaren oder die Hausmeinungen der großen Wirtschaftsprüfungskonzerne nicht das **unternehmerische Ermessen** präjudizieren. Allenfalls widerlegbare Vermutungen dieser vorgegebenen Instanzen sind akzeptabel. Eine solche von 12 Monaten liegt sicher nicht außerhalb der Vorstellungswelt der Verfasser des IAS 23.[13] Sofern es sich bei der Aktivierung der Finanzierungsaufwendungen um einen wesentlichen Bestandteil der Bewertungsgrundsätze handelt, ist eine Anhangsangabe nach IAS 1.117 erforderlich (→ § 5 Rz 27).[14]
Maßgeblich muss bei der Fristbestimmung immer die sachlich, nicht unternehmensspezifisch **notwendige** Zeitperiode[15] zwischen Beginn (Rz 28) und Ende (Rz 32) der Aktivierungsphase sein. Erfüllt der Herstellungsprozess durch

---

[13] In diesem Sinne IDW RS HFA 37.5: widerlegbare Vermutung bei mehr als einem Jahr; ebenso HEINTGES/URBANCZIK/WULBRAND, DB 2009, S. 633; a.A. KPMG, Insights into IFRS 2014/2015, Tz. 4.6.20.40: 6 Monate.
[14] SCHURBOHM, WPg 2011, S. 506.
[15] SCHURBOHM, WPg 2011, S. 505.

Einfluss von Sonderfaktoren einen „**unnötigen**" Zeitraum, kann dieser nicht einen *qualifying* asset aus der Taufe heben.

> **Beispiel**
> Das Unternehmen F errichtet eine neue Produktionshalle in Schnellbauweise. Die geplante Herstellungsfrist beläuft sich auf 7,5 Monate, was vom Management als nicht *„substantial"* qualifiziert wird. Durch den Einspruch eines Nachbarn muss der Neubau für 7 Monate stillgelegt werden.
> **Alternativ:**
> Während der Bauphase stellt sich die ungenügende Fundamentierung heraus. Die Gewinnung von Bodenproben, statische Neuberechnungen, Beschaffung anderen Materials verzögert den Bau um 6,75 Monate.
> Der Neubau stellt in beiden Sachverhaltsvarianten kein *qualifying asset* dar. Die Bauverzögerungen sind nicht „notwendiger" Natur.
> Aus dem Beispiel folgt auch: Die Bestimmung des **notwendigen** Zeitraums muss vom Management bei **Beginn** der Herstellungsvorgänge etc. vorgenommen werden. Die bessere Erkenntnis ex post ist unbeachtlich.
> Zeitliche Unterbrechungen können je nach Sachverhalt auch **notwendiger** Bestandteil des Herstellungsprozesses sein (Rz 31). Dann ist die Unterbrechung unerheblich.

Beispiele für *qualifying assets* sind nach IAS 23.7: 11
- Vorratsvermögen als Bauträgerobjekt oder bei langfristiger Lagerung (Wein, Käse, Whisky), (Rz 34),[16]
- industrielle Fertigungsanlagen,
- Energieerzeugungsanlagen,
- immaterielle Vermögenswerte,
- Anlageimmobilien, die nach IAS 40 im *cost model* (→ § 16 Rz 40) bewertet werden.

Weitere **Spezifizierungen**:
- Baumaßnahmen zur Nutzung durch das Unternehmen, wenn Zahlungen nach Leistungsfortschritt zu erbringen sind,
- Sonderanfertigungen zum Verkauf oder zur Leasing-Nutzung,
- Grundstücksentwicklungen, also Parzellierung, Erschließung u. Ä.

Keine Bedeutung haben die Vorschriften von IAS 23 für langfristige Fertigungsaufträge i. S. v. IAS 11, da hier nicht Herstellungskosten (und somit auch keine Zinsen der Herstellungsphase), sondern anteilige Umsätze aktiviert werden. Wegen Einzelheiten wird auf → § 18 Rz 58 verwiesen.

Nicht als *qualifying assets* (Rz 10) gelten:
- Vorratsgrundstücke, die noch nicht für Bauzwecke entwickelt werden (IAS 23.19),
- industrielle Serienproduktion mit kurzfristiger Fertigstellung des Produktes (IAS 23.4b, gilt u. E. auch für Handelswaren),
- der Erwerb bereits gebrauchsfertiger – lang- und kurzfristiger – Vermögenswerte (IAS 23.5),
- gebrauchsfertige Vermögenswerte,

---

[16] So auch VATER, WPg 2006, S. 1340.

Nicht erforderlich ist nach IAS 23.4a die Aktivierung von Fremdkapitalkosten bei Bewertung der betreffenden Vermögenswerte zum *fair value*, nämlich:
- Anlageimmobilien, die nach IAS 40 im fair value model (→ § 16 Rz 40) bewertet werden (IAS 23.4a),
- biologische Vermögenswerte i. S. d. IAS 41 (→ § 40 Rz 27),

Bei dieser Bewertungsmethode hätte die Aktivierung von Fremdkapitalkosten keinen Einfluss auf den Wertansatz.[17]

3 Der Bilanzansatz

3.1 Das System

12 Die gebotene Aktivierung muss festlegen:[18]
- die **Bemessungsgrundlage** des zu finanzierenden Vermögenswertes (Rz 13),
- die auf diese Bemessungsgrundlage anfallende **Finanzierung** (Rz 8),
- den **Zeitraum** – Beginn, Ende – der Aktivierung (Rz 28).

Die gesamte Struktur des Standardinhalts ist auf die Verhältnisse des **Sachanlagevermögens** ausgerichtet. Der Standard gilt allerdings auch für bestimmtes **Vorratsvermögen** (Rz 34) und für **Entwicklungskosten** (Rz 10).

3.2 Bestimmung der Bemessungsgrundlage

13 Als Bemessungsgrundlage zur Aktivierung von Fremdkapitalkosten dienen die für einen qualifizierten Vermögenswert getätigten **Ausgaben** ohne die abzugsfähige Umsatzsteuer (da nicht zu den Anschaffungs- oder Herstellungskosten zählend); erhaltene Anzahlungen (außerhalb der ohnehin regelmäßig nicht als *qualifying assets* anzusehenden Vorräte selten) und öffentliche Zuwendungen sind zu kürzen (IAS 23.18). Der durchschnittliche Buchwert des qualifizierten Vermögenswertes in früheren Perioden, der bereits Fremdkapitalkosten enthält, kann näherungsweise als Bemessungsgrundlage für weitere Aktivierungen im laufenden Jahr verwendet werden. In die Bemessungsgrundlage können auch einbezogen werden bislang ungenutzte Vermögenswerte, wenn sie in die Errichtung eines qualifizierten Vermögenswertes eingehen (IAS 23.19).

> **Beispiel**[19]
> U baut eine Lagerhalle auf ein an das Fabrikareal angrenzendes Grundstück; dieses hat er vor zwei Jahren für 1000 aus eigenen Mitteln erworben = Buchwert. Mit Baubeginn für die Lagerhalle ist das Grundstück mit 1000 in die Bemessungsgrundlage für die Aktivierung von Fremdkapitalkosten einzubeziehen.

14 Die Aktivierung ist auch bei einer **Wertminderung** des betreffenden Vermögenswerts unter den Buchwert fortzusetzen, da die Ausgaben und nicht ein Buchwert finanziert werden. Die *impairment*-Abschreibung ist auf den Vermögenswert in seiner Gesamtheit zu verrechnen.[20] Die noch zu aktivierenden Zahlungsmittel-

---

[17] Bischof/Sterzenbach, in Baetge et al., Rechnungslegung nach IFRS IAS 23 Tz 4.
[18] Vgl. Freiberg, PiR 2013, S. 387.
[19] Nach Freiberg, PiR 2013, S. 387.
[20] Ernst & Young, International GAAP 2014, Ch 21 6.2.1.

abflüsse aus den Fremdkapitalkosten sind zur Ermittlung des erzielbaren Betrags nach IAS 36.39b und IAS 36.42 zu berücksichtigen (→ § 11 Rz 52).[21]

3.3 Das Aktivierungsvolumen

Der Begriff**sinhalt** der für die Aktivierung in Frage kommenden Finanzierungskosten ist in Rz 8f. dargestellt. Das Aktivierungsvolumen ist nach IAS 23.8 wie folgt aufgebaut:
- **Direkt** der Anschaffung oder der Herstellung zuzuordnende Finanzierungskosten sind **insgesamt** (IAS 23.8),
- Kosten **nicht direkt** zurechenbarer Finanzierungsvolumina *(borrowed generally)* **anteilig** (Rz 25)

beim erworbenen oder herzustellenden Vermögenswert *(qualifying asset)* zu aktivieren (IAS 23.14). Vgl. hierzu das Beispiel unter Rz 26. Der SME-Standard verbietet demgegenüber die Aktivierung von Finanzierungsaufwand (→ § 50 Rz 12).

15

vorläufig frei

16

Zu den vorstehenden Bilanzierungskriterien geben die IFRS-Regeln noch nähere Definitionen und Erläuterungen. Danach sollen die **direkt** zurechenbaren Finanzierungskosten gem. IAS 23.10 diejenigen sein, die das Unternehmen bei **Verzicht** auf das betreffende Investment **erspart** hätte (Rz 19). **Speziell** aufgenommene Finanzierungskredite können ohne Weiteres direkt dem betreffenden **qualifizierten Vermögenswert** *(qualifying asset)* zugeordnet werden (IAS 23.12). Auch die spezifische Ausnutzung bestehender **Kreditlinien** oder deren Verlängerung ist direkt zurechenbar.

17

Schwierigkeiten können sich bei **nicht** bestehendem **sachlichem** Zusammenhang zwischen der Kreditaufnahme und der (qualifizierten) Anlageinvestition ergeben.[22]

18

> **Beispiel**
> Die Spedition S finanziert die Anschaffung von 100 neuen (gebrauchsfertigen) Lastwagen am 1.1.02 mit einem Abzahlungsbankkredit. S verfügt über kein weiteres verzinsliches Fremdkapital.
> Am 1.7. beginnt S mit dem Neubau einer Abfertigungshalle *(qualifying asset,* Rz 10), der komplett mit neuem Eigenkapital (Kapitalerhöhung durch Bareinlage) finanziert wird.
> Die Lastwagen sind keine *qualifying assets*, da sie mit Anschaffung sofort einsatzfähig sind (Rz 11). Eine Aktivierung der Zinsen scheidet hier aus.
> Der Neubau stellt zwar ein *qualifying asset* dar, ist aber gerade nicht mit Fremdkapital finanziert worden. Ein **Veranlassungszusammenhang** der Finanzierung besteht nur beim Eigenkapital, dessen Kosten jedoch nicht aktivierbar sind (Rz 1). Infrage kommt aber eine mittelbare Zurechnung von Fremdfinanzierungskosten nach IAS 23.10 Satz 1 und IAS 23.14 (Rz 16).

Nach IAS 23.10 sind aktivierbar diejenigen Fremdkapitalkosten, die bei Nichttätigung der Investition **vermieden** worden wären *(would have been avoided).*

19

---

21 IDW RS HFA 37.31.
22 Zu diesem Problem mit umfassendem Beispiel vgl. LÜDENBACH, PiR 2006, S. 237.

Nach diesem Konzept der Vermeidbarkeit löst auch jede aus Eigenmitteln bestrittene Anlageinvestition insoweit einen Fremdfinanzierungsbedarf aus, als bei Nichtdurchführung der Investition die Eigenmittel zur Rückführung anderer Fremdfinanzierungen hätten verwendet werden können. Deshalb wäre im Beispiel unter Rz 18 eine entsprechende Tilgung des Abzahlungskredites für die Lastwagen möglich gewesen, wenn nicht in das Gebäude investiert worden wäre. Die wegen der – vermeidbaren – Nichtrückführung des Abzahlungskredites entstandenen Zinsaufwendungen sind zeitanteilig beim Gebäudeneubau aktivierbar.

20 Es stehen also nach IAS 23 **zwei** Aktivierungskonzepte nebeneinander:
- der **Veranlassungszusammenhang** bei Objektfinanzierung von qualifizierten Vermögenswerten,
- die **Vermeidbarkeit** von Kosten bei allgemeinen Finanzierungen.

Das Verhältnis beider Konzepte ist z. T. widersprüchlich. Immer wenn überhaupt Fremdkapitalkosten anfallen – auch solche aus **früheren**, noch nicht getilgten Objektfinanzierungen für nicht qualifiziertes Anlage- oder Vorratsvermögen –, stellen sich **vermeidbare** Kosten mangels Tilgung von Verbindlichkeiten ein. Gleichwohl sind die für früher hergestellte qualifizierte Vermögenswerte aufgenommenen und nach Fertigstellung **weiterlaufenden** Objektdarlehen nicht direkt späteren Investitionen zuzurechnen. Sie können allerdings in die nicht direkt zurechenbaren Fremdkapitalkosten (Rz 15) aufgenommen werden; andernfalls sind sie im Aufwand zu verrechnen.[23]

21 Letztlich verbleiben angesichts dieser beiden nicht aufeinander abgestimmten Konzepte im Beispiel unter Rz 18 **zwei** vertretbare **Auslegungsmöglichkeiten**:
- Weil durch den Nichtverzicht auf den Gebäudeneubau (qualifizierter Vermögenswert) der Abzahlungskredit für die Lastwagen (nicht qualifizierter Vermögenswert) **nicht zurückgeführt** worden ist, sind die durch die Lastwagenbeschaffung (!) veranlassten Zinsaufwendungen beim Neubau zu aktivieren.
- Die Zinsen für den Abzahlungskredit sind **objektbedingt** dem Lastwagenkauf zuzuordnen und deshalb nicht aktivierbar.

U. E. ist die erste Auslegung vorzugswürdig, weil jede Zuordnung von Krediten bzw. Kreditmitteln in hohem Maße willkürlich ist („Geld hat keinen Marschallstab"),[24] das opportunitätskostenorientierte Konzept der vermeidbaren Kosten hingegen ohne solche Willkür auskommt.

22 IAS 23.11 befasst sich mit dem Fall einer **zentralen Finanzierungs-Koordinierungsstelle** im Konzern. Hier sollen die Finanzierungskosten nach **billigem Ermessen** (*exercise of judgement*) dem Erwerb oder der Herstellung des entsprechenden besonderen Vermögenswertes (*qualifying asset*) zugeordnet werden. Die Anweisungen zu **Konzernsachverhalten** sind aber wenig bestimmt. Nach IAS 23.15 ist unter bestimmten Umständen (*in some circumstances*) der gewichtete Durchschnitt der **Konzernfinanzierung**, in anderen Fällen nur derjenige der **betreffenden Einheit** zu berücksichtigen, allerdings nur dann, wenn das einzelne Konzernunternehmen sich selbstständig finanziert.[25] Ansonsten gilt:

---

[23] So auch BISCHOF/STERZENBACH, in Baetge et al., Rechnungslegung nach IFRS, IAS 23 Tz 15.
[24] Ausführliches Beispiel bei LÜDENBACH, StuB 2009, S. 503.
[25] IDW RS HFA 37.22; dort sind auch Anhaltspunkte für das Vorliegen einer konzernUNabhängigen Finanzierung der betreffenden Einheit aufgelistet.

Jede vernünftige Methode ist anwendbar.[26] Auch das IDW legt sich hier nicht fest.[27] Von einer dominierenden Rolle des **Einheits**gedankens ist nichts festzustellen. Vielmehr gilt in Wiederholung von IAS 23.15:
- im **einen** Fall ist die **konzernweite** Fremdfinanzierung zusammenzufassen und daraus ein gewogener Durchschnitt der Fremdkapitalkosten abzuleiten;
- im **anderen** Fall soll der gewogene Durchschnitt der **eigenen** Fremdkapitalkosten jedes Tochterunternehmens (u. E.: Konzernunternehmens) verwendet werden.

Bei Anwendung der zweiten Variante muss dem IDW zufolge die Fremdkapitalaufnahme des jeweiligen Tochterunternehmens oder Teilkonzerns **unabhängig** von der sonstigen Konzernfinanzierung erfolgen.

Im Konzern können Finanzmittel an andere Konzernmitglieder zinstragend als Darlehen zur Finanzierung eines *qualifying assets* (Rz 11) **ausgeliehen** werden. Im Einzelabschluss der darlehensaufnehmenden Einheit besteht bei Erfüllung der übrigen Voraussetzungen eine Aktivierungspflicht für die zulässigen Zinsen. Nach der Einheitstheorie sind diese im Konzernabschluss zu eliminieren.[28] Hinsichtlich der Frage, ob anstelle der eliminierten Zinsen andere treten, ist zu differenzieren:
- Nimmt der Konzern insgesamt (d.h. über alle vollkonsolidierten Einheiten) **keine konzernexternen** Fremdmittel auf oder nur solche, die bereits anderen „qualifizierten" Projekten zugeordnet sind (→ Rz 10), kommt es nicht zu einem Ersatz der eliminierten konzerninternen durch konzernexterne Zinsen. Eine Aktivierung von Zinsen auf das fragliche Projekt unterbleibt im Konzernabschluss.
- Hat der Konzern insgesamt **konzernexterne**, nicht projektgebundene Fremdmittel aufgenommen, ist deren Durchschnittszinssatz (→ Rz 22) für die Aktivierung maßgeblich.

> **Beispiel**
> Der Konzern besteht nur aus der Muttergesellschaft M und der Tochtergesellschaft T. M ist schuldenfrei (oder hat nur Schulden zur Finanzierung anderer qualifizierter Projekte) und stellt T aus eigenen Mitteln 20 Mio. EUR als Darlehen mit einem Zins von 10 % p.a. zur Verfügung. T hat keine weiteren verzinslichen Schulden. Das Darlehen wird zur Finanzierung des Erwerbs eines betrieblich zu nutzenden Gebäudes (*qualifying asset*; Rz 11) verwendet. Das Gebäude muss für den benötigten Zweck noch umgebaut werden. Im Jahr 01 fallen 0,5 Mio. EUR Zinsen an. T aktiviert im Einzelabschluss die Zinsen als Anschaffungskostenbestandteil, die M vereinnahmt sie als Ertrag. Im Rahmen der Aufwands- und Ertragskonsolidierung für den Konzernabschluss (→ § 32 Rz 139) sind die beiden Ausweise im Einzelabschluss aufzurechnen: per Zinsertrag (bei M) an Zinsaufwand (bei T) 0,5 Mio. EUR sowie per aktivierte Eigenleistungen (bei T) an Anschaffungskosten (bei T) 0,5 Mio EUR.

---

26 Eine tabellarische Darstellung möglicher Zuordnungen von Zinsaufwand findet sich in ZEYER/EPPINGER/SEEBACHER, PiR 2010, S. 69.
27 IDW RS HFA 37, Tz. 21f.
28 ZWIRNER/BUSCH, IRZ 2011, S. 171; ähnlich LANDGRAF/ROOS, .PiR 2013, S. 150; FREIBERG, PiR 2013, S. 387.

> **Fallvariante**
> M nimmt im Umfang von jahresdurchschnittlich 40 Mio. EUR Betriebsmittel- und Kontokorrentkredite in Anspruch und zahlt hierauf 0,8 Mio. EUR Zinsen. Der durchschnittliche Zinssatz beträgt demnach 5 %. Eine Inanspruchnahme dieser nicht für qualifizierte Projekte veranlassten Mittel durch T ist nach Maßgabe der Einheitstheorie zu unterstellen. Auf Basis eines 5 %igen externen Zinses (statt eines 10 %igen konzerninternen) halbiert sich der zu aktivierende Zins auf 0,25 Mio. EUR: per Zinsertrag (bei M) an Zinsaufwand (bei T) 0,5 Mio. EUR sowie per aktivierte Eigenleistungen (bei T) an Anschaffungskosten (bei T) 0,25 Mio. EUR.

Bei komplexeren Konzernstrukturen sind entsprechende Bereinigungsrechnungen u. U. mit einem unvertretbar hohen Aufwand verbunden. Vereinfachte Betrachtungen sind dann zulässig. Stimmt etwa der konzerninterne Zins (z. B. aus steuerlichen Erfordernissen der Fremdüblichkeit) im Wesentlichen mit den externen Zinsen überein, bedarf es einer Bereinigung i. d. R. nicht.

23 **Zwischenanlageerträge** durch temporäre Weitergabe von aufgenommenen, aber noch nicht in vollem Umfang benötigten Krediten sind von den aktivierbaren Kostenbestandteilen abzuziehen (IAS 23.12f.). Damit soll der Möglichkeit vorgebeugt werden, möglichst hohe Finanzierungsaufwendungen zu aktivieren, denen auf der Gegenseite entsprechende Zinserträge gegenüberstehen.

24 Die Ergebniswirkungen einer **Ausbuchung** von Darlehensschulden nach IAS 39.41 (→ § 28 Rz 88) reflektieren den Unterschied zwischen Vertragszins und erwarteter Zinsentwicklung und ist deshalb nicht einem Investitionsprojekt in qualifizierte Vermögenswerte zuzuordnen.[29]

25 Bei einer „**Globalfinanzierung**" (*general borrowing*) ist eine **Verhältnisrechnung** vorzunehmen, und zwar mit dem gewogenen Durchschnitt der gesamten Fremdfinanzierungskosten eines Wirtschaftsjahrs ohne diejenigen für spezielle Finanzierungszwecke besonderer (*qualifying*) Vermögenswerte. Solche speziellen Finanzierungen für *non qualifying assets* sind dagegen aus dem gesamten Kostenblock **nicht** herauszunehmen.[30] Bei dieser Berechnung dürfen die zu aktivierenden Finanzierungskosten die tatsächlich in der **Periode angefallenen nicht** übersteigen (IAS 23.14). Zur Klarstellung verlangt IAS 23.16 einen **Niederstwerttest** in dem Sinne, dass der betreffende Buchwert unter **Einbeziehung** der aktivierten Fremdkapitalkosten den am Markt erzielbaren Wert (*recoverable amount*; → § 11 Rz 6) nicht übersteigen darf.

26 Zur Ermittlung des **anteiligen** aktivierbaren Finanzierungsaufwands bei einer „**Mischfinanzierung**" nach IAS 23.14 folgendes Beispiel:

---

[29] IDW RS HFA 37.16.
[30] IASB, Update Juli 2009; IFRIC, Update November 2009.

Finanzierung der Anschaffung oder Herstellung § 9

Beispiel
Sachverhalt

	Zinssatz	EUR	EUR
Die X-AG baut im Verlauf des Geschäftsjahres 01 eine Fertigungsstraße mit Herstellungskosten/Finanzierungsvolumen von:		10.000.000	
Folgende Kredite/Darlehen stehen hierfür zur Verfügung:			Zinsaufwand p.a.
Ein speziell für die Fertigungsstraße aufgenommenes Darlehen wird zum 1.1. voll ausbezahlt.	7 %	7.000.000	490.000
Der Rest wird finanziert über:		Durchschnittliche Inanspruchnahme	
– Kontokorrentkredit	12 %	2.000.000	240.000
– allgemeines Betriebsmitteldarlehen	10 %	4.000.000	400.000
Durchschnittszins/Summen	10,67 %	6.000.000	640.000
Die Auszahlungen an den Hersteller erfolgen am:			
1.1.		4.000.000	
1.7.		3.000.000	
31.12. (Schlusszahlung)		3.000.000	
		10.000.000	
Die noch nicht in Anspruch genommene Auszahlung des am 1.1. erhaltenen Darlehens wird wie folgt verwendet:			
Kürzung der Kontokorrentinanspruchnahme:	12 %	2.000.000	240.000
Festgeldanlage	4 %	1.000.000	40.000
		3.000.000	280.000

Die gesamten Zinsaufwendungen im Jahr 01 übersteigen annahmegemäß EUR 510.000 (Rz 26).

> **Lösung**
>
> Die Bauzeitzinsen ermitteln sich wie folgt:
>
> | | | | |
> |---|---|---|---|
> | Aus dem speziell hierfür aufgenommenen Darlehen vom 1.1. bis 1.7.: | 7 % | 7.000.000 | 490.000 |
> | abzüglich des „Anlageertrags" vom 1.1. bis 1.7. | | | |
> | Kürzung der Kontokorrentinanspruchnahme: | 12 % | 2.000.000 | −120.000 |
> | Festgeld | 4 % | 1.000.000 | −20.000 |
> | Restfinanzierung ab 1.7. | 10,67 % | 3.000.000 | 160.000 |
> | Aktivierungsfähige Bauzeitzinsen gesamt: | | | 510.000 |
>
> Die Schlusszahlung am 31.12. hat auf die Bauzeitzinsen keinen Einfluss mehr. Der durchschnittliche Finanzierungskostensatz beläuft sich auf 10,67 % (Anhangsangabe; Rz 41).

27   An die Ermittlung des anteiligen gewogenen Kostensatzes – abgeleitet aus den gesamten Zinsaufwendungen der Periode – sollten aus Praktikabilitätsgründen keine zu hohen (genauen) Anforderungen gestellt werden. Bei **komplizierten Finanzierungsstrukturen** ist eine vereinfachte Ermittlung des anzuwendenden Zinssatzes fast schon zwingend, da dessen Ermittlungsaufwand schnell einmal in einem groben Missverhältnis zu dem zusätzlichen Informationsnutzen gem. F.44 stünde (→ § 1 Rz 68). Die Praxis scheint dem zu folgen. Das IFRIC hat in einer *Agenda Decision* auf IAS 23.11 verwiesen, wonach die Zuordnung von *general borrowings* stark ermessensbehaftet ist. Deshalb sei eine Aufnahme in die Agenda nicht sinnvoll.[31] Auch der IASB will sich mit diesem Thema nicht befassen.[32] IAS 23.18 erlaubt deshalb auch ein Näherungsverfahren zur Ermittlung der Bemessungsgrundlage für die aktivierungspflichtigen Fremdkapitalkosten i.H.d. **durchschnittlichen Buchwerts** im Wirtschaftsjahr. Dabei sind möglicherweise „aperiodisch" – zu Beginn oder Ende des Aktivierungszeitraums – anfallende Auszahlungen getrennt zu berücksichtigen; der vom Standard beabsichtigte Vereinfachungseffekt wird dadurch allerdings unterlaufen.

---

[31] Non-IFRIC, IFRIC, Update November 2009.
[32] IASB, Meeting Juli 2009.

3.4 Der Aktivierungszeitraum

3.4.1 Beginn

vorläufig frei 28

Aktivierbar sind die ab Beginn der Anschaffung/Herstellung anfallenden Fremd- 29
kapitalkosten. Voraussetzung für eine Aktivierung ist nach IAS 23.17 daher, dass
- mit der Herstellung/Anschaffung des Vermögenswerts begonnen worden ist *(commencement date)*, z.B. durch Einholung behördlicher Genehmigungen oder bei Grundstücken die Planung,[33] **und**
- zinstragende Auszahlungen, z.B. für Planungskosten, entstehen.

Dabei müssen die Vorbereitungshandlungen **konkret** auf den Herstellungsprozess gemünzt sein (IAS 23.19).

> **Beispiel**
> **Sachverhalt**
> A beginnt am 1.7. mit den Vorbereitungen zum Bau eines Gebäudes. Das Baudarlehen hat er im Hinblick auf einen erwarteten Anstieg der Zinsen bereits zum 1.6. aufgenommen. Erste Auszahlungen entstehen am 1.8.
>
> **Lösung 1**
> Die Zinsaufwendungen für Juni sind nicht aktivierbar, weil mit der Herstellung noch nicht begonnen wurde (IAS 23.17c).
> Die Zinsaufwendungen für Juli betreffen zwar schon den Zeitraum nach Herstellungsbeginn. Da aber noch keine Auszahlungen für den Bau angefallen sind, können die Zinsen für Juli der Herstellung nicht zugerechnet werden (IAS 23.17a).
>
> **Lösung 2**
> Eine andere Lösung[34] kann u.U. auf der Grundlage von IAS 23.13 gefunden werden. Dort ist der hier dargestellte Sachverhalt einer Kreditaufnahme vor Eintritt des eigentlichen Finanzierungsbedarfes, also der ersten Auszahlung auf das Investitionsgut, angesprochen. Auch der Investitionsbeginn ist – anders als in IAS 17.20c – nicht förmlich als Aktivierungsvoraussetzung genannt. Danach sind dem Grunde nach die Zinsen seit Aufnahme des Darlehens am 1.6. aktivierbar, allerdings unter Kürzung um den Zinsertrag aus der Zwischenanlage des noch nicht benötigten Darlehensteiles.
> U.E. ist die Lösung 1 wegen des eindeutigen Wortlauts von IAS 23.17 vorzugswürdig.

Der Aktivierungsbeginn bei **Fremdherstellung** eines qualifizierten Vermögens- 30
werts setzt nach IAS 23.17 die Erfüllung folgender Tatbestände voraus:[35]
- Ausgaben für den Vermögenswert durch Anzahlung.
- Anfall von Fremdkapitalkosten für die Finanzierung der Anzahlung.
- Arbeitsbeginn des Herstellers.

---

[33] VATER, WPg 2006, S. 1340.
[34] Die von IDW RS HFA 37.26 abgelehnt wird.
[35] IDW RS HFA 37.27.

Der letztgenannte Tatbestand ist nicht zwingend mit dem Zeitpunkt der Anzahlung identisch und möglicherweise vom auftraggebenden Unternehmen schwer festzustellen.[36]

3.4.2 Unterbrechung des Herstellungsprozesses

31 Für den Fall der **Unterbrechung** (*suspension*) eines Herstellungsprozesses sieht IAS 23.20 ein Verbot der Aktivierung von Finanzierungsaufwendungen für diesen Zeitraum vor. Eine solche Unterbrechung ist allerdings nach IAS 23.21 nicht bei **zeitlichen Verzögerungen** anzunehmen. Als „unschädliches" Beispiel wird der Bau einer Brücke genannt, wenn die Bauarbeiten wegen Hochwassers unterbrochen werden müssen, wobei es darauf ankommen soll, ob Hochwasser in dieser Region üblich (unschädliche Unterbrechung) oder unüblich (schädliche Unterbrechung) ist.

3.4.3 Ende der Aktivierungsfrist

32 Die Möglichkeit zur Aktivierung von Fremdkapitalkosten **endet** (*cessation of capitalisation*), sobald alle notwendigen Handlungen zur Versetzung in den **beabsichtigten Zustand** (Nutzungsmöglichkeit) oder der Verkauf (Absatzreife) erfolgt sind (IAS 23.22). Noch ausstehende behördliche Abnahmen u. Ä. oder geringfügige Anpassungen oder Ausschmückungen hindern die Beendigung des Herstellungsprozesses und damit die Möglichkeit zur Aktivierung von Zinsen nicht (IAS 23.23). Umgekehrt ist die Herstellung noch nicht beendet, wenn behördliche Abnahmen – z.B. des Brandschutzes eines Fabrikgebäudes – noch ausstehen.[37]

Dabei kommt auch eine **anteilige** Fertigstellung mit entsprechender Teil-Beendigung des Aktivierungszeitraums in Betracht. Als Beispiel hierfür wird ein Industriepark mit verschiedenen Gebäuden in IAS 23.25 genannt, in dem jedes Gebäude ein *qualifying asset* darstellt und jedes für sich genutzt werden kann. Entsprechend endet der Aktivierungszeitraum gem. IAS 23.24 individuell für jeden festgestellten qualifizierten Vermögenswert.

Anders ist hingegen der Fall einer Fertigungsstraße mit aufeinander abgestimmten Maschinen, Transportbändern und Robotern zu würdigen. Hier endet der Aktivierungszeitraum erst mit der Funktionsfähigkeit der **Gesamtanlage**. IAS 23.25 erwähnt dabei als Beispiel ein Stahlwerk. Umgekehrt kann ein Gebäude funktionsfähig fertiggestellt, allerdings noch nicht von Mietern bezogen worden sein; dann endet die Aktivierungsfrist mit der technischen Fertigstellung. Die effektive Nutzung ist unbedeutend.[38]

33 nicht belegt

3.5 Sonderfall Vorratsvermögen

34 Die Aktivierungspflicht von Fremdkapitalkosten bezieht sich auch auf „qualifiziertes", länger dauernden Fertigungsprozessen unterliegendes **Vorrats**vermögen (Rz 10), etwa

---

[36] So die Bedenken von HEINTGES/URBANCZIK/WULBRAND, DB 2009, S. 637.
[37] ERNST & YOUNG, International GAAP 2014, Ch. 21 6.3.
[38] BISCHOF/STERZENBACH, in Baetge et al., Rechnungslegung nach IFRS IAS 23 Tz 35.

- Bauerstellung **ohne** Kundenauftrag als Bauträger
- **lagerungs**bedürftige Konsumgüter (Wein, Käse, Whisky u. Ä.).

Nicht betroffen sind langfristige Fertigungsaufträge i. S. v. IAS 11 (→ § 18 Rz 58).

Unproblematisch erscheint die Aktivierung des Zinsaufwands bei **Bauträgerobjekten**, also der Bauerstellung ohne spezifischen Kundenauftrag (→ § 18 Rz 15; → § 17 Rz 9). In diesen Fällen liegt regelmäßig eine Projektfinanzierung vor, die eine unmittelbare Aufwandszurechnung erlaubt. Die Aktivierungsfrist endet (Rz 32) auch dann in dem Zeitpunkt, in dem das Gebäude (z.B. mit Eigentumswohnungen) fertiggestellt ist, wenn Käufer für das Objekt oder für Teilbereiche noch nicht gefunden worden sind. Nach IAS 23.23 markiert die Vervollständigung der **physischen Erstellung** – nicht der kommerziellen Verwertung – das Ende der Aktivierungsfrist für den Zinsaufwand. Auf den erfolgten Verkauf kommt es also nicht an. 35

Eine längerfristige Produktion von **Vorratsvermögen**, die *qualifying assets* begründet, liegt auch bei Konsumgütern mit den einen Verkauf erst ermöglichenden Reifeprozessen vor (Rz 10), z.B. Whisky „18aged". Sofern spezielle Bankfinanzierungen den Lagerungsprozess begleiten oder allgemeine Bankmittel in Anspruch genommen werden (Rz 25), sind die entsprechenden Aufwendungen zu aktivieren. Dies gilt aber auch bei Finanzierung durch den **Kunden**. 36

> **Beispiel**
> **Sachverhalt**
> Ein Weinkontor in Hamburg kauft gegen Barzahlung bei der Chateau Lafite SA 100 Barrique Bordeaux Premier Cru Jahrgang 2009 und erwirbt daran das Eigentum mit Besitzkonstitut. Der Hersteller verwahrt die Fässer und baut den Wein aus. Im Oktober 2010 erfolgten der Flaschenabzug und die Lieferung nach Hamburg.
> Der Listenpreis für 1 Fass vor dem Flaschenabzug beträgt 121.000 EUR. Das Weinkontor bezahlt im Oktober 2007 den „Kaufpreis" von 100.000 EUR und erhält den Wein im Oktober 2009 in abgefülltem Zustand frei Haus.
>
> **Lösung**
> Die SA bucht (vereinfacht ohne Monatsbetrachtung, vgl. auch → § 25 Rz 105)
>
> | Periode | Konto | Soll | Haben |
> |---|---|---|---|
> | 2007 | Geld | 100.000 | |
> | | Anzahlung | | 100.000 |
> | 2008 | Zins | 10.000 | |
> | | Anzahlung | | 10.000 |
> | 2009 | Zins | 11.000 | |
> | | Anzahlung | | 11.000 |
> | 2009 | Debitor | 121.000 | |
> | | Anzahlung | | 121.000 |
>
> Der Zinsbetrag (Aufzinsung Rz 8) von insgesamt 21.000 EUR ist von der SA zu aktivieren. Die Aktivierung endet mit dem verkaufsfertigen Zustand („*intended use*"), also der Flaschenabfüllung. Die Aktivierung beginnt mit der Abfüllung in das Barrique.

37 Eine Vorauszahlung des Abnehmers kann auch **vor** Aufnahme der eigentlichen Produktionstätigkeit erfolgen.

> **Beispiel**
> **Sachverhalt**
> Die Sun Earth AG bestellt zur Produktion von Solarmodulen Silizium zur Lieferung zwei Jahre später. Die Siliziumerstellung benötigt einen Zeitraum von wenigen Tagen, nach denen sofort die Auslieferung an die Sun Earth erfolgt. Diese zahlt den Listenpreis von 121.000 EUR abzüglich 21.000 EUR „Vorauszahlungsrabatt", also 100.000 EUR bei Bestellung.
>
> **Lösung**
> Das Silizium stellt anders als der Bordeaux-Wein im Beispiel unter Rz 36 kein *qualifying asset* dar, da die Produktion keinen längeren Zeitraum benötigt (Rz 10). Die Aufzinsungen (wie im Beispiel unter Rz 36) sind als Aufwand zu behandeln.

3.6 Behandlung in der Kapitalflussrechnung

38 Auf → § 3 Rz 80 wird verwiesen.

4 Latente Steuern

39 Folgende Datenkonstellation kann typischerweise vorliegen: Im IFRS-Konzernabschluss werden Finanzierungskosten aktiviert, nicht dagegen im HGB-Einzelabschluss und in der Steuerbilanz. Folge ist die Bildung einer **passiven** Steuerlatenz (→ § 26).

5 Angaben

40 Folgende Anhangsangaben sind nach IAS 23.26 vorgeschrieben:
- die Höhe der aktivierten Fremdkapitalkosten, u.U. im Anlagespiegel (→ § 14 Rz 29) darstellbar,
- der angenommene Finanzierungskostensatz (Rz 26).

41 Die Berichterstattungspraxis ist regelmäßig sehr kurz und einfach aufgezogen. Entsprechend kann etwa wie folgt formuliert werden:

42
> **Beispiel**
> Von den gesamten Finanzierungsaufwendungen i.H.v. TEUR X sind TEUR Y als Anschaffungs- oder Herstellungskosten aktiviert worden. Der Finanzierungskostensatz beträgt Z %.

6 Anwendungszeitpunkt, Rechtsentwicklung

43 IAS 23 ist auf Geschäftsjahre mit Beginn nach dem 31.12.2008 anzuwenden. Eine frühere Anwendung ist unter Anhangsangabe erlaubt.
Die gültige Standardfassung hat IAS 23 rev. 1993 abgelöst, der die Aktivierung der Fremdkapitalzinsen nur als Wahlrecht vorsah.

7 Zusammenfassende Praxishinweise

Die Bewertungspflicht mit Finanzierungskosten (Rz 8 f.) bezieht sich auf qualifizierte Vermögenswerte (Rz 10 ff.). Bei Letzteren handelt es sich regelmäßig um herzustellende Sachanlagen, im Einzelfall allerdings auch um Entwicklungskosten und Vorratsvermögen.

44

Die anzusetzenden Finanzierungskosten umfassen die direkt zurechenbaren, aber auch die nicht direkt zuzuordnenden allgemeinen Finanzierungskosten (Rz 15 ff.). Das bereitet insbesondere in Fällen einer sogenannten Globalfinanzierung Schwierigkeiten; hier ist eine Verhältnisrechnung zur Ermittlung des durchschnittlichen Finanzierungskostensatzes vorzunehmen (Rz 25 ff.). Der Aktivierungsbeginn liegt regelmäßig beim Beginn der Herstellung, in Sonderfällen der Anschaffung, und endet mit der vorgesehenen Nutzungsmöglichkeit bzw. der Absatzreife (Rz 28 ff.). Im Unterschied zum HGB/EStG mit dem dortigen Aktivierungswahlrecht schreibt IAS 23 mit Wirkung ab 2009 eine Aktivierung pflichtmäßig vor.

§ 10 PLANMÄSSIGE ABSCHREIBUNGEN

Inhaltsübersicht   Rz
Vorbemerkung
1   Überblick   1–19
    1.1   Regelungsbereich   1–4
    1.2   Ökonomische Konzeption der Abschreibungsverrechnung   5–6
    1.3   Aufteilung des Vermögenswerts für Abschreibungszwecke
          (components approach)   7–18
    1.4   Ausweis   19
2   Die einzelnen Berechnungsgrößen   20–46
    2.1   Das Abschreibungsvolumen (depreciable amount)   20–25
    2.2   Die Abschreibungsmethode (pattern)   26–33
    2.3   Die Nutzungsdauer (useful life)....................   34–42
          2.3.1   Das Schätzungserfordernis   34–36
          2.3.2   Vermutungsregeln für immaterielle
                  Vermögenswerte   37–38
          2.3.3   Grund und Boden bei *finance lease*   39
          2.3.4   Der Abschreibungsbeginn   40–41
          2.3.5   Anpassungen   42
    2.4   Sonderfall: Planmäßige Abschreibung nach Neubewertung
          (revaluation) und Wertaufholung   43
    2.5   Sonderfall: Steuerliche Abschreibungen............   44–46
3   Anhangsangaben..   47–48
4   Anwendungszeitpunkt, Rechtsentwicklung   49
5   Zusammenfassende Praxishinweise   50

Schrifttum: ANDREJEWSKI/BÖCKEM, Praktische Fragestellungen der Implementierung des Komponentenansatzes nach IAS 16, KoR 2005, S. 75; BECK, Änderungen bei der Bilanzierung von Sachanlagen nach IAS 16 durch den Komponentenansatz, StuB 2004, S. 590; HOFFMANN/LÜDENBACH, Abschreibung von Sachanlagen nach dem Komponentenansatz von IAS 16, BB 2004, S. 375; JANSSEN, Aktivierung und Abschreibung von Großinspektionen, PiR 2005, S. 46; LÜDENBACH, Anschaffungszeitpunkt und Abschreibungsbeginn bei Probebetrieb, StuB 2009, S. 273 ff.; ZWIRNER, (Abweichende) Nutzungsdauern nach IFRS, IRZ 2013, S. 133;

Vorbemerkung
Die Kommentierung bezieht sich auf die einschlägigen Standards (Rz 2) in den aktuellen Fassungen und berücksichtigt alle Ergänzungen, Änderungen und Interpretationen, die bis zum 1.1.2015 beschlossen wurden.

1 Überblick

1.1 Regelungsbereich

Nach der Zugangsbewertung eines (aktiven) Vermögenswertes *(asset)* stellt die Vornahme **planmäßiger Abschreibungen** eine der möglichen Folgebewertungen dar. **Andere Folgebewertungen** sind
- der *fair-value*-Ansatz im Rahmen einer Neubewertung (→ § 8 Rz 70ff.);
- die *fair-value*-Bewertung von Immobilien, die als Finanzinvestitionen gelten (→ § 16 Rz 54);
- die *fair-value*-Bewertung von biologischen Vermögenswerten und landwirtschaftlichen Erzeugnissen gem. IAS 41 (Rz 34), s. aber Rz 2;
- die außerplanmäßige Abschreibung und die Wertaufholung (→ § 11);
- Übergangserleichterungen anlässlich der erstmaligen IFRS-Anwendung (→ § 6 Rz 2ff.).
- Sonderfall der Bewertung im Falle eines aufzugebenden Geschäftsfeldes *(discontinued operations)* oder einer aufzugebenden Sachgesamtheit *(disposal group)* gem. IFRS 5.25 (→ § 29 Rz 34).

Planmäßige Abschreibungen sind nach den IFRS vorzunehmen bei
- sächlichem Anlagevermögen gem. IAS 16.43 (→ § 14 Rz 18);
- immateriellem Anlagevermögen gem. IAS 38.97 (→ § 13 Rz 89);
- im *finance lease* genutztem Anlagevermögen (→ § 15 Rz 124ff.);
- Immobilien, die als Finanzinvestitionen gelten, soweit nach dem *cost model* bewertet, gem. IAS 40.50 (→ § 16 Rz 49ff.);
- landwirtschaftlich genutzten Vermögenswerten, die nicht mit dem *fair value* bewertet werden können, gem. IAS 41.30 (→ § 40).

Diese Auflistung zeigt den **strukturellen Unterschied** zwischen dem Aufbau der IFRS einerseits und dem HGB andererseits. Die IFRS können nicht die elegante Lösung des HGB zu **positionenübergreifenden** Abschreibungsregeln liefern (vgl. § 253 Abs. 2 Satz 1 HGB). Die nachstehend darzustellenden Abschreibungsverfahren und -inhalte nach IFRS sind bei den oben genannten Bilanzposten dennoch weitestgehend **inhaltsgleich**. Aus diesem Grund werden sie in diesem Paragrafen des Kommentars auch **zusammenfassend** dargestellt.

Nach IAS 38 sind immaterielle Anlagen von **unbestimmter** Lebensdauer *(indefinite life)*, nach IFRS 3 ist der *goodwill* nicht planmäßig abschreibbar (Rz 38).

1.2 Ökonomische Konzeption der Abschreibungsverrechnung

Konzeptionell beruht die Berechnung von planmäßigen Abschreibungen für Vermögensgegenstände auf dem *matching principle* (→ § 1 Rz 114): Die Kosten von Anlagegütern sind denjenigen Rechnungsperioden **anzulasten** (Kostenverrechnungseffekt), in denen der **Nutzen** aus diesen Vermögenswerten gezogen wird. Unabhängig von der Abschreibungsmethode sollen systematisch die **Kosten** eines Anlagegutes auf die **Nutzungsdauer** verteilt werden[1] (IAS 16.50 für sächliches und IAS 38.97 für immaterielles Anlagevermögen mit bestimmter Lebensdauer). Zur Ermittlung des konkreten Abschreibungsbetrages bedarf es der Festlegung folgender **Berechnungsparameter**:

---

[1] Vgl. detailliert SCHILDBACH, WPg 2005, S. 555.

- Abschreibungsvolumen (*depreciable amount*; Rz 20 ff.),
- Abschreibungsmethode (*pattern*; Rz 27 ff.),
- Nutzungsdauer (*useful life*; Rz 34 ff.).

6 Der durch die Abschreibung zu mindernde Buchwert soll den **Verbrauch ökonomischen Nutzens** des betreffenden Vermögenswertes (Werteverzehr) widerspiegeln, und zwar auch, wenn der Verkehrswert (*fair value of the asset*) den Buchwert übersteigt (IAS 16.52). Gemeint ist Folgendes: Eine planmäßige Abschreibung ist für einen (abnutzbaren) Sachanlagenwert auch dann vorzunehmen, wenn aus exogenen Gründen – Inflation, Marktveränderungen – eine den Buchwert übersteigende Werterhöhung eintritt. Bei immateriellen Vermögenswerten ist umgekehrt in ähnlichen Fällen die laufende Abschreibung „anzuhalten" (IAS 38.103).

1.3 Aufteilung des Vermögenswerts für Abschreibungszwecke (*components approach*)

7 Die Abschreibungsverrechnung ist für jeden **wesentlichen Teilbereich** eines Vermögenswertes *(each part of an item)* getrennt *(separately)* zu bestimmen (IAS 16.43). Der Board unterstellt in diesen Fällen eine für den jeweiligen Teilbereich **unterschiedliche Nutzungsdauer**, die **nicht** durch eine gewogene Durchschnittsrechnung zutreffend abgebildet werden könne (IAS 16.BC26). Auf eine selbstständige Nutzbarkeit kommt es ebenso wenig an wie auf eine mögliche Einzelveräußerung. Als Beispiel werden in IAS 16.44 der Flugzeugkörper und die Triebwerke „separiert". So verstandene Teilbereiche (also die Summe der Triebwerke) können dann allerdings **zusammengefasst** abgeschrieben werden (IAS 16.45). Der verbleibende **Rest** *(remainder)* des Vermögenswertes, d.h. die in einer Einzelbetrachtung unbedeutenden Teile, ist dann als **Sammelposten** abzuschreiben.

Wahlweise ist eine getrennte Abschreibungsverrechnung möglich, wenn die separierte Bemessungsgrundlage im Verhältnis zum gesamten Vermögenswert geringe Anschaffungs- oder Herstellungskosten aufzuweisen hat (IAS 16.47). Wo die **Geringfügigkeitsgrenze** liegt, bleibt offen, bedarf also einer sinnvollen Auslegung durch den Standardanwender. Dazu muss er das Adjektiv „*significant*" auslegen, wozu ihm IAS 16 keine Hilfe anbietet. Eine **Analogie** zu anderen Regelungsbereichen, bei denen die IFRS die „Signifikanz" als Unterscheidungskriterium bemühen, liegt nahe. Diesbezüglich ist auf die gemischte Nutzung von *investment properties* i.S.v. IAS 40 – als Renditeliegenschaft und zur Eigennutzung – hinzuweisen. Nach IAS 40.10 muss der selbst genutzte Anteil *insignificant* sein, wenn die gesamte Immobilie als *investment property* anzusehen ist. Die im Vereinigten Königreich, in Hongkong und in Neuseeland diesbezüglich festgelegten Grenzmarken bewegen sich zwischen 15 und 20 % (→ § 16 Rz 18).[2]

8 Die Aufteilung eines Vermögenswertes zur Bestimmung des Abschreibungsverfahrens hat ihren systematischen Hintergrund in dem sog. *components approach* (→ § 8 Rz 38), wie er z.B. auch in IAS 16.13 zum Ausdruck kommt. Dabei wird der einheitliche Vermögenswert *(asset)* nach der Definition in F.49a i.V.m. F.83

---

[2] Die von ANDREJEWSKI/BÖCKEM (KoR 2005, S. 78) als vertretbar erachtete Grenzmarke von 5 % (Verhältnis der „insignifikanten" Teile zu den gesamten Anschaffungs- oder Herstellungskosten) wird insofern nicht bestätigt. Unterhalb der 5-%-Marke wird man allerdings problemlos von „insignificant" ausgehen können.

(→ § 1 Rz 33 ff.) für Zwecke der Folgebewertung „atomisiert". Das bezieht sich auf die **Ersatzbeschaffung** (→ § 8 Rz 38), auf die **Abschreibung** (hier behandelt) und auf die **Abgangserfassung** gem. IAS 16.70 (→ § 8 Rz 90). Für Zwecke der planmäßigen Abschreibung folgt daraus in aller Regel eine jeweils zu **unterscheidende Nutzungsdauer**. Wegen der Parallelproblematik der Abgrenzung von Erhaltungs- und Herstellungsaufwand wird verwiesen auf → § 8 Rz 35 ff.

Die Annahme einer **getrennten Nutzungsdauer** für Teile einer größeren Anlage ist technisch und wirtschaftlich **zutreffend** (Rz 10). Die Frage ist allerdings, **wie weit** man bei der praktischen Anwendung die Separierung des Vermögenswertes für Abschreibungszwecke betreiben muss bzw. kann. Gefragt ist hier eine ökonomisch begründete Entscheidung des Managements nach IAS 16.9: *„Judgment is required"*. Hierzu folgendes Beispiel:[3]

Beispiel
Ein Gebäude lässt sich im Falle einer gewerblichen Nutzung bez. der Herstellungskosten aus technischer Sicht wie folgt aufgliedern:

Komponente	Herstellungskosten in %	Mindest- und Höchstnutzungsdauer nach WertR	Abschreibung % bei Höchstnutzungsdauer
Mauerwerk	30	80 / 120	0,83
Dach	5	20 / 30	3,33
Fassade	8	40 / 60	1,67
Fenster	7	20 / 40	2,5
Bauwerk	**50**		
Heizung/Lüftung/Klima	10	20 / 40	2,5
Sanitär	5	40 / 60	1,67
Elektro	10	40 / 60	1,67
Innenausbau	20	10 / 40	2,5
Technik	**45**		
Außenanlage	5	40 / 50	2,0
	100		

Die angenommenen **Höchst**nutzungsdauern gem. Wertermittlungsrichtlinien (WertR) führen zu einer gewichteten Abschreibung von 1,83 %. Die **Mindest**nutzungsdauern ergäben eine gewichtete Abschreibung von 4,08 % p.a. Innerhalb dieser Bandbreite bewegt sich also der Ermessensspielraum des Managements bei der Bestimmung der Abschreibungshöhe auf der Grundlage des

---

[3] Nach BECK, StuB 2004, S. 590, der allerdings eine büromäßige Nutzung unterstellt.

components approach. Deshalb stellt sich die Frage, ob eine u.U. zeit- und kostenaufwendige „Gebäudezerlegung" nach der Vorgabe des obigen Beispiels sinnvoll ist, also insbesondere dem *cost-benefit*-Gedanken (→ § 1 Rz 68) entspricht und für die *fair presentation* (→ § 1 Rz 69) benötigt wird.
Wir halten folgende **Vereinfachungsrechnung** nach Maßgabe des vorstehenden Beispiels für angemessen:

Zusammengefasste Komponenten	Abschreibung bei Höchstnutzung	Mindestnutzung	∅ Abschreibung
Bauwerk	1,45 %	2,35 %	2,00 %
Technik und Außenanlage	2,20 %	6,00 %	4,00 %

Die im Beispiel für ein Fabrikgebäude angenommenen AufteilungsProzentsätze können und müssen im Einzelfall an die technischen und insbesondere auch wirtschaftlichen (Rz 10) Gegebenheiten **angepasst** werden. Jedenfalls ist eine eher **geringe Sensitivität** der „Komponentenzerlegung" ersichtlich. Eine Aufteilung in „Bauwerk" und „Technik" sollte in vielen Fällen den Vorgaben des *components approach* genügen, ohne förmlich das Verbot der schlichten Durchschnittsbetrachtung (IAS 16.BC26) zu unterlaufen. Bei der Beurteilung müssen auch die technischen und wirtschaftlichen Gegebenheiten des vom Board den Überlegungen zugrunde gelegten Beispiels eines Flugzeuges (IAS 16.13 und 16.44) beachtet werden. Die „Komponenten" eines Gebäudes mit seiner Technik sind stärker miteinander verwoben als Flugzeugrahmen, -triebwerk und -bestuhlung (Rz 12).

10 Das Beispiel unter Rz 9 hebt speziell auf die **technische** Nutzungsdauer der einzelnen Gebäudebestandteile ab. Diese Vorgehensweise passt auf Fabrikationshallen und sozialen Wohnungsbau (u.U. mit Differenzierungen bez. der Kostenkomponenten). Bei wettbewerbsintensiv genutzten Immobilien ist dagegen die **wirtschaftliche** Nutzungsdauer für die Beurteilung dominant. Für ein großstädtisches Hotel oder Bürogebäude haben die Innenausbauten, also die nicht tragenden Wände, die Deckenverkleidung, die Böden usw., eher „dekorativen" Charakter. Sie sind nach 15 Jahren längst nicht technisch verbraucht, wirken aber optisch nicht mehr einladend, sondern alt und unzeitgemäß. Im Wettbewerb um Hotelgäste oder Büromieter müssen sie dann ohne Rücksicht auf ihre technische Lebensdauer ausgetauscht werden.
Eine „Durchschnittsabschreibung" ist unter diesen Umständen unzutreffend, der Komponentenansatz wirtschaftlich berechtigt.

> **Beispiel**[4]
> Ein großstädtisches Bürogebäude (oder Hotel) hat ohne Grund und Boden und ohne Außenanlage Anschaffungs- und Herstellungskosten (AHK) von 10 Mio. EUR. Daraus ergibt sich folgende Aufgliederung bez. der wesentlichen Bauteile:

---

[4] Für die Überlassung des Beispiels danken wir Herrn Dipl.-Ing. ARMIN BRETT, öffentlich bestellter und vereidigter Sachverständiger/Chartered Valuation Surveyor, Stuttgart.

Planmäßige Abschreibungen §10

Komponenten	Komponenten-AHK	Nutzungsdauer	Abschreibung %	AfA
Tragwerk Fundamente, Wände, Stützen, Decken usw.	3.500.000	80	1,25	43.750
Gebäudehülle Bedachung, Fassade, Fenster, Eingänge	2.000.000	25	4,00	80.000
Technische Gebäudeausrüstung Heizung, Kühlung, Lüftung, Sanitär, Elektro, Aufzüge usw.	2.000.000	20	5,00	100.000
Innenausbau („Dekoration")	2.500.000	15	6,67	166.750
Gesamt	10.000.000			390.500
	gewichtete Abschreibung			3,91 %
	gerundet			4,00 %
	gewichtete Nutzungsdauer			25

Je nach der für das Bauwerk anzusetzenden Nutzungsart und -dauer kann aber auch eine **Gesamtbetrachtung** infrage kommen.

> **Beispiel**
> Zu bestimmen ist die Abschreibung eines in Massivbauweise erstellten **Fabrikgebäudes** mit einer technischen Nutzungsdauer von 100 Jahren. Der Bilanzierende geht von einer erforderlichen Generalüberholung nach 40 Jahren aus, um das Gebäude an die dann aktuellen Nutzungsbedürfnisse anzupassen. Dabei werden nach Einschätzung des Bilanzierenden zwar Eingriffe an den technischen Einrichtungen im Vordergrund stehen, aber in diesem Zusammenhang auch Wände aufgestemmt oder versetzt, Treppen und Eingänge neu gestaltet usw. Er unterstellt deshalb insgesamt eine wirtschaftliche Nutzungsdauer von 40 Jahren. Den zu erwartenden Restwert berücksichtigt er durch Kürzung der Abschreibungsbemessungsgrundlage.

Auch bei einem **Fahrzeug** (Auto) kann trotz unterschiedlicher Nutzungsdauer von Motor, Getriebe und Karosserie eine **einheitliche** Abschreibung mit folgender Begründung gerechtfertigt sein: Abgesehen vom für die planmäßige Abschreibung nicht relevanten Fall eines vorzeitigen Motor- oder Getriebeschadens auf den ersten 100.000 oder 150.000 km wird ein solcher Totalschaden i.d.R. nicht repariert, sondern führt zur Verschrottung des Fahrzeuges. Die längere technische Lebensdauer der Karosserie ist daher wirtschaftlich irrelevant. Die gesamte Abschreibung ist über die ungefähr gleich einzuschätzende Nutzungsdauer von Motor und Getriebe vorzunehmen.

11

12 Anders stellt sich hingegen der in IAS 16.44 behandelte Fall eines **Flugzeugs** dar. Die Komponenten Rahmen, Triebwerke, Inneneinrichtung unterscheiden sich nach der Vorstellung des Board nicht nur in ihrer technischen Nutzungsdauer erheblich. Das Ende der Lebensdauer von Triebwerken und Inneneinrichtung markiert auch nicht das wirtschaftliche Ende des Flugzeuges. Angesichts des hohen Wertes des Rahmens kann während eines normalen „Flugzeuglebens" mehrfach ein Austausch von Triebwerken erfolgen. Gleiches gilt für die Inneneinrichtung, die ständige Anpassungserfordernisse im Hinblick auf die geänderte Kundennachfrage aufweist. Die unterschiedlichen Abschreibungen sind so gesehen wirtschaftlich gerechtfertigt.

Das vom Board selbst beigesteuerte Beispiel belegt allerdings auch das Erfordernis einer sinnvollen **Beschränkung** bei der „Zerlegung" des *asset* „Flugzeug" (IAS 16.13).

> **Beispiel**
> Die Inneneinrichtung des Airbus 380 wird (unterstellt) in drei **Varianten** geliefert:
>
> First Class: Designer-Möbel mit separatem Bett
> Business Class: Höhenverstellbare Sessel, umklappbar als Schlafgelegenheit
> Economy Class: Reihensitze („Holzklasse")
>
> Die First-Class-Einrichtung sollte entsprechend der Vorstellung von Innenarchitekten nach sieben Jahren wegen der modischen Anforderungen des erlesenen Kundenkreises komplett ausgetauscht werden. In der Business Class genügt eine neue Polsterung der Sitze nach 10 Jahren, in der „Holzklasse" kann ein Austausch der gesamten Bestuhlung nach 14 Jahren erfolgen (→ § 8 Rz 38).

Das Management muss nun eine sinnvolle Lösung für die Anwendung des *component approach* unter Berücksichtigung von *cost-benefit-* und *materiality*-Überlegungen (→ § 1 Rz 61 ff.) anstellen. Die Ergebnisse dieser Überlegungen lassen sich anhand der Geschäftsberichte von Flugverkehrsgesellschaften[5] wie folgt darstellen:

- Der Rahmen und die Triebwerke werden möglicherweise als getrennte Komponenten geführt (den Geschäftsberichten zufolge aber nicht zwingend), jedenfalls durchweg mit gleicher Nutzungsdauer abgeschrieben (also entgegen der Annahme des Board in IAS 16.44).
- Größere Ersatzteile und Reservetriebwerke werden als eigenständiger Vermögenswert im Anlagevermögen geführt und abgeschrieben.
- Die Generalüberholungen und Großinspektionen werden als gesonderte Komponente geführt (→ § 8 Rz 39) und abgeschrieben.

Die am „Musterfall" des Verkehrsflugzeuges durch den Board vorgeschlagene „Zerlegung" des Vermögenswertes in seine Komponenten scheint deshalb in der

---

[5] Aus den Geschäftsberichten für 2010 bzw. 2011 der Iberia, British Airways, Singapore Airlines, Air Berlin, Deutsche Lufthansa.

Praxis sehr zurückhaltend ausgeübt zu werden. So ist z. B. die Inneneinrichtung eines Verkehrsflugzeuges in den genannten Geschäftsberichten nicht als eigenständige Komponente festzustellen, erst recht nicht die Unterteilung in die drei im obigen Beispiel aufgeführten Varianten.

Das erlaubt eine entsprechend großzügige – vielleicht auch sinnvolle – Anwendung auch auf andere Großobjekte, wie z. B. Gebäude (Rz 10).

Eine **industrielle Anlage** lässt sich unschwer in Dutzende von „Komponenten" zerlegen. Zur Herstellung einer chemischen Substanz[6] werden Pumpen, Röhren, Messgeräte und dergleichen mehr, vor allem aber ein Reaktor benötigt, in dem sich der chemische Prozess abwickelt. Eine sinnvolle Lösung vor dem Hintergrund des *„components approach"* führt zu einer Zweiteilung der Anlage in „Reaktor" und „Rest". Der gesamten Anlage wird eine Lebenszeit von 20 Jahren, dem Reaktor von 8 Jahren bis zu einer Grundüberholung zugestanden. Zur Vereinfachung kann auf eine weitere „Zerlegung" der restlichen Anlage verzichtet werden, obwohl z. B. ein Manometer mitunter schon nach 6–10 Jahren ersetzt werden muss. Die Generalüberholung des Reaktors ist folgerichtig zu aktivieren (→ § 8 Rz 39). Nach HGB/EStG wäre eine Nutzungsdauer von vielleicht 10 Jahren angenommen worden mit Verrechnung der Generalüberholung im Aufwand.

13

Ein industrielle Großanlage stellt sich mit der Vielzahl wesentlicher Bestandteile ähnlich wie ein Gebäude dar (vgl. vorstehendes Beispiel unter Rz 10 zum Bürogebäude).

14

Beispiel
Eine Müllverbrennungsanlage mit Energie- und Wärmeerzeugung besteht aus folgenden wesentlichen Bestandteilen:

- Entladehalle
- Abfallbunker
- Rostfeuerung
- Schlackenaustragung
- Dampferzeugung
- Elektrofilter
- Energienutzung

- Speisewasserwärmer
- Katalysator
- Abgaswäscher
- Rückstromwirbler/Gewerbefilter
- Kamin
- Emissionsmessstation

Nun kann man mit einiger Akribie und Sachverstand jedem dieser Teilbereiche eine mutmaßliche individuelle Nutzungsdauer zuordnen. Die Frage ist nur, ob dies technisch garantierbar und wirtschaftlich sinnvoll ist. Letzteres zielt auf das *cost-benefit*-Argument (→ § 1 Rz 68), Ersteres auf die mangelnde Prognosemöglichkeit. Ob die Rostfeuerung 10 oder 15 Jahre genutzt werden kann, wird niemand definitiv „festlegen" wollen, sofern nicht Ersatzintervalle (wie beim Flugzeug) regulatorisch vorgegeben sind. Gleiches gilt etwa für die Frage, ob mit dem kompletten Ersatz der Rostfeuerung auch die mit ihr verbundene Schlackenaustragung erneuert werden muss.

U. E. bietet sich eine im Ansatz vergleichbare Lösung wie für das Bürogebäude (vgl. Beispiel Rz 10) an, nämlich eine Aufteilung nach **Bauwerken** (Entladehalle, Abfallbunker, Kamin, Messstation) und nach **„Technik"** (Rest). Der letzt-

---

6 Beispiel nach FOCKEN/SCHAEFER, BB 2004, S. 2343 f.

genannte Teil dürfte – anders als beim Bürogebäude – den Löwenanteil der Gestehungskosten ausmachen. Die Gesamtabschreibung wird dann vom Bereich „Technik" und der dafür festzulegenden Nutzungsdauer dominiert.

15 Die Beispiele unter Rz 9 ff. zeigen das Erfordernis einer **sinnvollen Interpretation** der Separierungsvorgabe für Zwecke der Bestimmung der Nutzungsdauer nach IAS 16.43. Eine solche Festlegung kann immer nur nach den **individuellen Verhältnissen** vorgenommen werden. Das ist der Grund, weshalb sich IAS 16 weitgehend einer Einzelfallbetrachtung enthält. Klar ist (nur) der **Grundsatz**: Der Vermögenswert ist für Zwecke der Abschreibungsbemessung getrennter Betrachtungen zu unterziehen, wenn wesentliche Kostenbestandteile *(significant cost)* unterschiedliche wirtschaftliche Nutzungsdauern haben.

An solcher Unterschiedlichkeit wird es bei kleineren **beweglichen Vermögenswerten** häufig fehlen, weil der nicht vorzeitige Ausfall einer Hauptkomponente zumeist das Ende der Nutzung des gesamten Vermögenswertes besiegelt (Rz 10). Bei **Gebäuden** kann man auf Erfahrungsgrundsätze zurückgreifen: Nur eine Minderheit der mehr als 50 Jahre alten Geschäfts- oder Industriegebäude ist nicht grundlegenden Generalüberholungen unterzogen worden, die sich zumeist nicht in der Erneuerung der technischen Anlagen erschöpft haben, sondern zugleich mit Substanzeingriffen einhergingen. Aus dieser Sicht kann eine 50-Jahres-Frist (je nach Gebäudeart auch ein kleineres Intervall) eine sinnvolle Schätzgröße für die wirtschaftliche Nutzungsdauer der gesamten Hauptkomponenten des Gebäudes sein (Rz 9).

Aus Sicht der deutschen Rechnungslegungspraxis „passt" dieser *components approach* für die Abschreibung gut auf die immer systematisch schwer einzuordnenden **Mietereinbauten** (in fremde Gebäude), **Ladeneinrichtungen** und auf **Betriebsvorrichtungen**. Diese nach den steuerlichen Vorgaben vom Gebäude zu unterscheidenden Wirtschaftsgüter mögen aus der Sicht der IFRS mit dem Gebäude einen einheitlichen Vermögenswert bilden, der indes dann für Abschreibungszwecke, aber auch bei der Ersatzbeschaffung (→ § 8 Rz 38) ganz nach Vorbild der deutschen steuerlichen und damit praktisch auch handelsrechtlichen Betrachtungsweise zu separieren ist. Auf diese Weise gelingt dann auch leichter die Vermeidung einer **Steuerlatenz**rechnung mangels Buchwertunterschieden (→ § 26 Rz 53).

> **Beispiel für Mietereinbauten**
> Die Klimaanlage des Gemüsegroßhändlers in einer gemieteten Lagerhalle lässt sich unschwer als *component* definieren. Deshalb (gesonderte) Aktivierung mit planmäßiger Abschreibung und Aktivierung auch der Neuanschaffung nach Verbrauch. Wegen der Abschreibungsdauer vgl. Rz 37 zur vertraglichen Nutzungsbeschränkung wegen Zeitablaufs.
> Ähnlich verhält es sich im Falle einer Lagerhalle, die vom Mieter zu einer Tennisanlage umgebaut wird: Der besondere Bodenbelag ist mit den Herstellungskosten zu aktivieren, ebenso der spätere Ersatz des nicht mehr bespielbaren Bodens.

16 Aus der Rechtsprechung und dem Schrifttum zum deutschen Steuerrecht können auch in anderen Unternehmensbereichen Schlüsse zur sinnvollen „Zerlegung" eines Vermögenswertes gezogen werden. Die Systematik ist in den beiden Rech-

nungslegungswelten zwar verschieden, inhaltlich sind indes durchaus Überschneidungen festzustellen. Im deutschen Steuerrecht sucht man nach der Definition des **Wirtschaftsgutes**, das dann einheitlich abgeschrieben wird. Nach dem *components approach* ist der Umfang des Vermögenswertes unbedeutend, es geht „nur" um die Bestimmung der **Nutzungsdauer** und diese eben definiert nach unterscheidbaren Teilbereichen (dieses Vermögenswertes).

> **Beispiel**
> Ein automatisch gesteuertes, nicht begehbares **Hochregallager** (steuerlich Betriebsvorrichtung) besteht aus folgenden Wirtschaftsgütern (steuerlich) oder *assets* bzw. *parts* (Rz 7):
> - Betonhülle mit Fundament
> - Lagergestell
> - Regalbediengeräte
> - Förderbänder
> - Steuersystem und Software
>
> Die steuerliche Abschreibung wird für die einzelnen Wirtschaftsgüter nach Maßgabe der individuellen Nutzungsdauern verrechnet. Diese Vorgehensweise kann nach dem *components approach* beibehalten werden.

Bei komplexen Anlagen incl. „technischer" Immobilien (Rz 10) wird sich in diesem Sinne häufig eine **Übereinstimmung** von HGB/EStG und IFRS-Komponentenansatz ergeben. Die Frage nach den Abgrenzungsmerkmalen zwischen Wirtschaftsgut/Vermögensgegenstand einerseits und *asset* bzw. *part of an item* andererseits ist hier eher akademischer Natur.
Hierzu noch ein weiteres Beispiel:

17

> **Beispiel**
> Das Rohrnetz eines Wasserversorgungsunternehmens besteht im Wesentlichen aus Hauptleitungen, Versorgungsleitungen und Hausanschlüssen.[7] Die Hauptleitungen mit einem Durchmesser über 600 mm dienen der weiträumigen Wasserverteilung, die kleineren Versorgungsleitungen führen das Wasser durch die einzelnen Straßen. Von dort aus zweigen die Hausanschlüsse ab. Die nach deutschem Steuerrecht zu lösende Frage ist, ob das gesamte Versorgungsnetz ein einheitliches Wirtschaftsgut darstellt. Ist das der Fall, muss auch die Abschreibung einheitlich für das gesamte Netz verrechnet werden. Der BFH sieht einerseits das Rohrleitungsnetz als „einheitliches Ganzes", erkennt umgekehrt aber auch die Möglichkeit einer Aufteilung des Netzes aufgrund von Sonderfunktionen, größerem Rohrdurchmesser etc. Mit anderen Worten: Wirtschaftlich sinnvolle Abgrenzungsmerkmale können zur „Zerlegung" des Wirtschaftsgutes „Rohrnetz" in seine Bestandteile führen. Daraus lassen sich auch Erkenntnisse für die Zuordnung unterschiedlicher Abschreibungsdauern eines Rohrleitungsnetzes nach dem *components approach* gewinnen. So sind möglicherweise für die drei genannten Hauptbestandteile unterschiedliche Nutzungsdauern feststellbar, z.B. wegen ver-

---

[7] BFH, Urteil v. 11.1.1991, III R 60/89, BStBl II 1992, S. 5.

> schiedener Materialien, unterschiedlicher Ablagerung von Schadstoffen etc. Außerdem können Umleitungen oder Schachtbauten vom eigentlichen Rohrleitungsnetz bez. der Nutzungsdauer abgegrenzt werden.
> Ähnliche Probleme ergeben sich beim Leitungsnetz eines Fernwärmeunternehmens.[8] Hier kann man eine Trennung zwischen Übergabestation, Haupttrasse, Verteilerbauwerk, Umformerstation, Direktanschlüssen etc. vornehmen. Im Anschluss daran wäre zu fragen, ob diese Teilbestandteile des Netzes unterschiedliche Nutzungsdauern haben oder nicht.

18 Anschaulich für die Problematik der Wirtschaftsgutszerlegung ist das Beispiel von **Flugbetriebsflächen**.

> **Beispiel**[9]
> Flugzeugbetriebsflächen lassen sich systematisch zerlegen in
> - Start- und Landebahnen *(runways)*,
> - Rollwege *(taxiways)*,
> - Stellflächen *(ramps)*.
>
> Eine unterschiedliche Nutzungsdauer der drei Flugbetriebskomponenten liegt auf der Hand: Die Start- und Landebahnen sind dem höchsten Verschleiß ausgesetzt, die Stellflächen, auf denen sich die Flugzeuge nicht bewegen, am wenigsten; dazwischen liegen hinsichtlich der Abnutzung die Rollwege mit langsamer Bewegung der Flugzeuge.
> Liegen zwei Start- und Landebahnen mit unterschiedlicher Länge vor, kann die Abschreibungsdauer ebenfalls differieren. Auf der langen Strecke landen und starten die schwereren Flugzeuge mit höherem Abnutzungseffekt.

Die **physikalischen** Eigenschaften des Anlagegutes können auch in anderen Fällen als Komponentenbestandteil definiert werden.

> **Beispiel**
> Die Flughafenbetriebs-AG „betreibt" Gepäcktransportbänder. Diese lassen sich physisch zerlegen in
> - „harte" Teile, also Beton und Stahl, und
> - „weiche" Teile, also Gummi und Kunststoff.
>
> Die „harten" Teile haben eine wesentlich längere Lebensdauer als die „weichen" mit entsprechender Differenzierung der Abschreibungssätze.

Wegen weiterer Beispiele zum *components approach* und sinnvoller Lösungen wird verwiesen auf → § 8 Rz 35 ff.

1.4 Ausweis

19 Die Abschreibungsverrechnung hat (**erfolgswirksam**) in der GuV zu erfolgen (IAS 16.48 f. für sächliches und IAS 38.99 für immaterielles Anlagevermögen) und

---

[8] BFH, Urteil v. 25.5.2000, III R 65/96, BStBl II 2000, S. 628.
[9] ASCHENDORF, StBp 1996, S. 188.

ist dort – beim Gesamtkostenverfahren – **gesondert** darzustellen (→ § 2 Rz 62). Wegen der Abschreibungsverrechnung nach **Neubewertung** vgl. → § 8 Rz 81 ff. Der Abschreibungsaufwand (z. B. einer Maschine) kann allerdings in die **Herstellungskosten** von Erzeugnissen eingehen. In diesem Fall ist die Abschreibung im Ergebnis insoweit nicht aufwandswirksam. Buchtechnisch wird dies im Gesamtkostenverfahren nicht durch eine Kürzung der Abschreibungsverrechnung (für die Maschine), sondern durch Einbeziehung dieser anteiligen Abschreibung in die Herstellungskosten der Erzeugnisse dargestellt (IAS 16.49) sowie IAS 38.99.

2 Die einzelnen Berechnungsgrößen

2.1 Das Abschreibungsvolumen (*depreciable amount*)

Das Abschreibungsvolumen bestimmt sich primär nach den **Anschaffungs- oder Herstellungskosten** (*cost*), also nach der Ausgangs- bzw. Zugangsbewertung (→ § 8 Rz 1 ff.), ggf. gem. IAS 16.28 gekürzt um Investitionszuschüsse bzw. -zulagen, insbesondere durch die öffentliche Hand (*government grants*; → § 12 Rz 25 ff.). Eingeschlossen sind nach IAS 16.58 f. dabei für sächliches Anlagevermögen auch die **Entsorgungs- und Abbruchkosten** (→ § 8 Rz 19, → § 21 Rz 86). Diese Abschreibungsbasis mindert sich um den mutmaßlichen **Restwert** (*residual value*) des betreffenden Anlagewertes bei seinem späteren Abgang (IAS 16.6). Dieser ist indes bei **sächlichem Anlagevermögen** meist unwesentlich und kann dann vernachlässigt werden (IAS 16.53). Der Restwert (*residual value*) entspricht dem mutmaßlichen Betrag, den das Unternehmen am Ende der Nutzungsperiode abzüglich der Abgangskosten realisieren kann (IAS 16.6; IAS 38.8).[10] Dieser Betrag ist aus Sicht des Bilanzstichtages so zu ermitteln, als ob der betreffende Anlagewert bereits das Alter und den Abnutzungsgrad zum Zeitpunkt des mutmaßlichen Abgangs hätte (IAS 16 BC29). Dadurch sollen der Kostenverrechnungseffekt der Abschreibung (Rz 5) betont und außerbetriebliche Wertbestimmungsfaktoren (z. B. Inflation) aus der Abschreibungsbemessungsgrundlage ausgeschaltet werden. Die Kalkulation des Restwertes ist zu jedem Geschäftsjahresende zu überprüfen (IAS 16.51).

Der typische Fall eines bei der Abschreibungsbemessung zu berücksichtigenden **Restwertes** (nach Nutzungsbeendigung) ist der **Schrottwert** eines Schiffes oder Flugzeuges.

> **Beispiel**
> Die in Rz 12 in der Fußnote aufgeführten Fluggesellschaften berücksichtigen bei der Bemessung des Abschreibungsvolumens der Flugzeuge durchweg einen Restwert nach Ende der Nutzungsdauer von 10 bis 15 % der Anschaffungskosten.

---

[10] Vgl. KPMG, Insights into IFRS 2014/2015, 3.2.150.10.

Im Einzelnen:
- Die Lufthansa AG[11] schreibt den Flugzeugrahmen und die Triebwerke für neue Verkehrsflugzeuge über 12 Jahre mit einem Restwert von 15 % des Ausgangsbetrages ab.
- Die Singapore Airlines[12] schreibt neue Flugzeuge auf 15 Jahre bei einem Restwert von 10 % des Ausgangsbetrages ab. Für Frachtflugzeuge gilt die gleiche Nutzungsdauer, aber ein Restwert von 20 %.
- Die British Airways[13] Blc unterstellt für die gesamte Flugzeugflotte eine Nutzungsdauer zwischen 18 und 25 Jahren unter Berücksichtigung eines nicht genannten Restwertes.

Ein nennenswerter Restwert ist auch dann zu berücksichtigen, wenn ein Verkauf vor Ende der mutmaßlichen Nutzungsdauer des Vermögenswertes **geplant** ist.

Der Restwert muss realistisch und nicht etwa „vorsichtig" geschätzt und jährlich überprüft werden. Je nach Entwicklung der Preise auf dem Gebrauchtmarkt können dabei Anpassungen der Restwertannahme und damit der Abschreibungen notwendig sein. Hierzu folgendes Beispiel aus der Enforcement Datenbank der ESMA.

Beispiel[14]
Die Gesellschaft betreibt Schiffe mit einer wirtschaftlichen Nutzungsdauer von 30 Jahren.
Die Schiffe werden nach 20 Jahren verkauft. Der Restwert wird von der Gesellschaft „vorsichtig" auf 50 % der Anschaffungskosten geschätzt und u. a. zur Vermeidung von Ergebnisvolatilität nicht angepasst. DCF-Analysen ergeben demgegenüber einen Restwert von 65 %, Bewertungen von Brokern einen noch höheren Wert als denjenige nach der DCF-Analyse.

Die Beurteilung:
- Der Restwert ist nach IAS 16.51 mindestens jährlich zu überprüfen.
- Unerwünschte Volatilität kann den Verzicht auf eine Anpassung nicht begründen.
- Die Broker-Bewertungen sind eine nützliche Ausgangsgröße zur Schätzung des Restwerts.

Entsprechend muss etwa auch bei Autovermietern die Preisentwicklung auf dem Sekundärmarkt **(Wiederverkaufspreis)** regelmäßig beobachtet werden.

22 Für **immaterielle Vermögenswerte** ist nach IAS 38.100 von einem Restwert von null auszugehen (→ § 13 Rz 89), es sei denn:
- es besteht ein **Vertrag** mit einem Dritten über den Erwerb des immateriellen Vermögensgegenstandes am Ende der Nutzungsdauer oder
- für den immateriellen Vermögensgegenstand besteht ein „aktiver" **Markt** (für Wirtschaftsjahre mit Beginn nach dem 31.12.2012 nach Vorgabe in IFRS 13 (→ § 8a Rz 123), aus dem heraus der Restwert abgeleitet werden kann, oder mit einem solchen Markt ist am Ende der Nutzungsdauer zu rechnen.

---

[11] Geschäftsbericht 2011.
[12] Geschäftsbericht 2010/2011.
[13] Geschäftsbericht 2011. Entsprechend verfährt die Muttergesellschaft International Airlines Group.
[14] ESMA Decision ref. 0113–10.

Die vorgenannten **Ausnahmevorschriften** (Regel: Restwert null) werden in der Praxis selten vorkommen. Wegen weiterer Besonderheiten bez. planmäßiger Abschreibungen für immaterielle Vermögenswerte vgl. → § 13 Rz 89 ff.
Insgesamt besteht hinsichtlich der Bestimmung des Abschreibungs**volumens** keine nennenswerte Abweichung vom **deutschen** Recht, wo ebenfalls ein Restwert (Schrottwert) nur in Ausnahmefällen aus der Abschreibungsbemessungsgrundlage herausgerechnet werden muss.[15] Eine weitere Einnahme stellen die mutmaßlichen Entsorgungs- und Abbruchkosten dar (Rz 20), die vergleichsweise nach deutscher Übung durch den Aufbau von Rückstellungen abgebildet werden (→ § 21 Rz 91). **Eiserne Bestände** im Produktionsprozess (→ § 17 Rz 10) sind als Komponente (Rz 7) ausgehend von den Anschaffungs- oder Herstellungskosten auf den Restwert abzuschreiben.

Sofern in der Abschreibungsbemessungsgrundlage Kosten der **Entsorgung, Entfernung** und **Rekultivierung** enthalten sind, führt eine Änderung bez. der dafür ursprünglich geschätzten Kosten zu einer Anpassung der Abschreibungsverrechnung, und zwar zeitanteilig im Verhältnis zur Gesamtnutzungsdauer (→ § 21 Rz 91). 23

Zur Neubestimmung des Abschreibungsvolumens nach vorhergehender **Neubewertung** (*revaluation*; → § 8 Rz 81 ff.). 24

Die laufende Abschreibungsverrechnung ist (vorzeitig, also vor Erreichen des Restwertes) zu **beenden** bei **Qualifikations**änderung des betreffenden Vermögenswerts. Eine solche ist denkbar bei 25

- als **Finanzinvestitionen** gehaltenen Immobilien (*investment properties*), wenn vom *cost model* zum *fair value model* gewechselt wird (→ § 16 Rz 58);
- zur Veräußerung bestimmten **langfristigen** Vermögenswerten nach IFRS 5 (→ § 29 Rz 37).

2.2 Die Abschreibungsmethode (*pattern*)

Nach IAS 16.56 sind bei der Wahl der Abschreibungsmethode und der Bestimmung der entsprechenden Parameter folgende Aspekte zu berücksichtigen:[16] 26

- Die erwartete **Nutzung** des Vermögenswertes bzw. der Nutzungs**verlauf** (Primärgrundsatz),
- der erwartete physische **Verschleiß** in Abhängigkeit von Faktoren wie Anzahl Arbeitsschichten, Reparatur- und Instandhaltungsintervallen,
- die technische und/oder wirtschaftliche **Alterung** des Vermögenswertes nach Maßgabe der Produktions- und/oder Kostenstruktur oder auch der (erwarteten) Nachfrage nach den mit dem Vermögenswert produzierten Gütern und
- rechtliche oder tatsächliche Nutzungs**beschränkungen**.

Die IFRS legen sich nicht auf die Anwendung einer bestimmten Abschreibungs**methode** fest. IAS 16.60 (für **sächliches** Anlagevermögen) sowie IAS 38.97 (für **immaterielle** Vermögenswerte) verlangen die Anwendung eines Abschreibungsverfahrens, das den **Werteverzehr** des Anlagegegenstandes durch **Nutzung** im Unternehmen in **systematischer Form** widerspiegelt. Dabei kann die Methode 27

---

[15] BFH, Urteil v. 22.7.1971, IV R 74/66, BStBl II 1971, S. 800. Anders BFH, Beschluss v. 7.12.1967, GrS 1/67, BStBl II 1968, S. 268. Speziell für Schiffe werden von der Finanzverwaltung Restwerte (Schrottwerte) festgelegt; vgl. OFD Hamburg, DStR 2002, S. 1220.
[16] Vgl. zum Folgenden FISCHER, PiR 2013, S. 26.

entweder ausschließlich nach dem **Zeitverlauf** oder aber nach der **effektiven Nutzung** innerhalb der gesamten Nutzungszeit definiert werden.

28 Im Einzelnen werden in IAS 16.62 folgende **Methoden** unterschieden:
- die lineare Methode (*straight line method*),
- die degressive Methode (*diminishing balance method*),
- die verbrauchsabhängige Abschreibung (*sum of the units method*).

Die ersten beiden Methoden sind allein nach dem **Zeitverlauf** definiert, die verbrauchsabhängige Methode dagegen nach der **effektiven Nutzung**. Die Auswahl der Methode soll nach der erwarteten ökonomischen **Nutzenabgabe** gewählt werden; nähere Anleitungen dazu ergehen nicht. Dabei müssen die Methoden im Zeitverlauf **stetig** angewandt (*consistently applied*) werden, es sei denn, die erwartete Nutzenabgabe hat sich gegenüber der ursprünglichen Einschätzung geändert. Zur Frage, ob die Festlegung einer Methode für Zugänge des Jahres 01 die Abschreibungsmethode für solche der Jahre 02 ff. determiniert, wird auf → § 24 Rz 14 verwiesen.

29 Insgesamt ist bei **sächlichen** Anlagegegenständen (IAS 16) eine **Bevorzugung** bei der Auswahl einer der drei genannten Abschreibungsmethoden **nicht** ersichtlich. Allenfalls mag das lineare Verfahren am einfachsten zu handhaben sein. Von einem generellen **Verbot** der degressiven Methode nach IFRS kann aber keine Rede sein. Vielmehr ist im Einzelfall zu prüfen, ob dieses Abschreibungsverfahren den Werteverzehr angemessen widerspiegelt. Die deutsche IFRS-Rechnungslegungs**praxis** wendet weitaus überwiegend die lineare Methode an.[17] Als Erklärung kann folgende offenbar bei Erstellungen und Prüfungen geltende „Regel" dienen: Wer degressiv abschreibt, muss dies begründen; wer linear abschreibt, dem bleibt die Begründung erspart. Dies gilt insbesondere dann, wenn der Wertverzehr im Zeitpunkt der Bestimmung des Abschreibungsverfahrens nicht bekannt ist.
Nach IAS 16.62 ist mit der Abschreibung das *economic benefit* (Nutzenabgabe) aus dem Anlagegut zu berücksichtigen. In diesem Begriff könnte auch eine **Preis**komponente für die mit dem betreffenden Anlagegut hergestellten Produkte enthalten sein; diese hinge u. U. auch von den Marktverhältnissen ab, insbesondere vom Produktzyklus. Stellt das Produkt einen Selbstläufer dar, ändert sich das Preisniveau im Zeitverlauf nicht besonders stark. Anders ist es möglicherweise bei einem *first mover* (Stichwort Apple iPod und Apple iPad), für den für ein neu entwickeltes Produkt auf dem Markt eine Zeit lang eine Art Monopolrente (*windfall profit*) eingestrichen werden kann. Ordnet man nun die genannte Leistungsabgabe den entsprechenden Verwertungserlösen zu, lässt sich ein Abschreibungsplan wie folgt aufbauen: Höhere Abschreibungen in der Periode monopolistischer Preisfindung, rückläufige in den späteren Nutzungsjahren. Der Abschreibungsverlauf könnte dann dieser Degression folgen.[18]
Das im Mai 2014 verabschiedete *Amendment* zu IAS 16 und IAS 38 sieht den Begriffsinhalt des *economic benefit* anders. Nach IAS 16.62A wird eine Abschreibungsmethode **abgelehnt**, die auf den durch das Anlagegut zu generierenden **Einnahmen** beruht. Abnehmende erwartete Erlöse sind hingegen bei der Ein-

---

[17] KEITZ, VON, Praxis der IASB-Rechnungslegung, 2003, S. 51; MÜLLER/WOBBE/REINKE, KoR 2008, S. 638.
[18] HOFFMANN, PiR 2011, S. 88.

schätzung der **Nutzungsdauer** zu berücksichtigen (IAS 16.56c). Für immaterielle Anlagen lässt das *Amendment* in bestimmten Ausnahmefällen eine erlösbasierte Abschreibung zu (→ § 13 Rz 91).

Die Aufzählung in IAS 16.62 der Abschreibungsmethoden (für sächliches Anlagevermögen) ist nicht **abschließend** (*these methods include …*). Auch nach HGB besteht keine Festlegung einer oder mehrerer bestimmter Methoden, etwa nach der Aufzählung in Rz 28. Jedes betriebswirtschaftlich sinnvolle Abschreibungsverfahren ist zulässig. Diese „offene" Regel ist auch in der „**Generalnorm**" der **Abschreibungsverrechnung** nach IFRS begründet, der zufolge die Abgabe des wirtschaftlichen Nutzens durch die Abschreibungsverrechnung im Jahresabschluss wiedergegeben werden soll (Rz 5).

30

Zu jedem Bilanzstichtag ist die Abschreibungsmethode dahingehend zu **überprüfen** (*review*), ob sie noch die effektive Nutzenabgabe widerspiegelt (IAS 16.61 für sächliches bzw. IAS 38.104 für immaterielles Anlagevermögen). Bei wesentlichen Änderungen ist die Methode **anzupassen**.[19] Es handelt sich dann um eine **Änderung von Schätzungen** i.S.v. IAS 8.26 (→ § 24 Rz 11 ff.) mit der Folge einer Neuausrichtung des verbleibenden Abschreibungsvolumens auf die Restnutzungsdauer einschließlich der Periode, in der die Änderung vollzogen wurde (vgl. auch Rz 35). Zur Anhangerläuterung vgl. Rz 47.

31

Die nach deutschem Recht übliche Sofortabschreibung der **geringwertigen** Wirtschaftsgüter (des Anlagevermögens) bei einem Anschaffungswert bis zu 410 EUR und der **Sammelabschreibung** für Anschaffungswerte bis 1.000 EUR kennt in den IFRS keine Parallele. Nach dem *materiality*-Grundsatz (→ § 1 Rz 63 ff.) kann diese Vorgehensweise i.d.R. jedoch auch in die IFRS-Bilanzwelt transferiert werden.[20] Ähnliches gilt für die – nach deutschem Begriffsverständnis – **Festbewertung** (→ § 14 Rz 8).

32

Nur in extremen Fällen ist eine andere Beurteilung geboten. Ein solcher Ausnahmefall wäre eine Videothek, deren Anlagevermögen zur Hauptsache aus Verleihkassetten, Regalen und anderen Anlagegütern mit einem Anschaffungsbetrag von unter 1.000 EUR besteht. Die Sofortabschreibung des Anlagevermögens würde dauerhaft die Darstellung „Vermögenslage" und zumindest in den Anfangsjahren auch die Abbildung der Ertragslage materiell verzerren.

Auch eine Art **Sammelbewertung** in Form zusammengefasster Abschreibung kann aus Vereinfachungsgründen in Betracht kommen.

33

Beispiel[21]
Ein Hotel ersetzt regelmäßig im Abstand von wenigen Jahren die Bettwäsche und die Handtücher und ähnliche Anlagegüter.
Die entsprechenden Anschaffungskosten sind je Gruppe – z.B. Bettwäsche insgesamt – zu aktivieren und auf die Nutzungsdauer abzuschreiben.

---

19 So auch Ballwieser, in: Baetge et al. (Hrsg.), Rechnungslegung nach IFRS, IAS 16, Tz. 47; ADS International, Abschn. 9, Tz. 81.
20 So auch Lüdenbach, IFRS, 7. Aufl., 2013, S. 98. Nach ADS International, Abschn. 9, Tz. 97, soll die Sofortabschreibung „grundsätzlich unzulässig, jedoch ausnahmsweise zulässig sein". Auch ein größerer Betrag als 410 EUR kann als unwesentlich angesehen werden, so Ballwieser, in: Baetge et al. (Hrsg.) Rechnungslegung nach IFRS, IAS 16, Tz. 61.
21 Nach PWC, IFRS Manual of Accounting 2014, Tz. 16.222.

Die deutsche IFRS-Praxis schreibt die niedrigwertigen Anlagegüter voll im Zugangsjahr ab.

> **Beispiel**
> Geschäftsbericht der BMW AG für 2006:
> *„Expenditure on low value non-current assets is written off in full in the year of acquisition."*

Die oben angeführten Kriterien zur Bestimmung der Abschreibungsmethode sind sehr **interpretationsbedürftig**. Entsprechende Vorgaben zur „wirtschaftlichen Nutzung", zum „wirtschaftlichen Nutzungsverlauf", zum „Nutzenverschleiß" und zum „Erfolgsbeitrag des Vermögenswertes" sind in der Praxis nicht eindeutig quantifizierbar. Die Komplexität liegt aber eher auf der Sachverhalts- als auf der Regelebene. Das HGB samt kommentierendem Schrifttum kann daher auch keine bessere Lösung anbieten.

2.3 Die Nutzungsdauer *(useful life)*

2.3.1 Das Schätzungserfordernis

34 Die Bestimmung der voraussichtlichen Nutzungsdauer eines abnutzbaren Anlagegegenstandes *(useful life)* nach IAS 16.50 (für sachliches Anlagevermögen) und IAS 38.97 (für die immateriellen Vermögenswerte) ist ein typischer Anwendungsfall von **Schätzungsprozessen** und damit der Ausübung von **Ermessensspielräumen** durch das Management überlassen.

35 In der Definitionsnorm von IAS 16.6 (sächliches Anlagevermögen) und IAS 38.8 (immaterielles Anlagevermögen) wird *useful life* alternativ als mutmaßliche Nutzungsdauer (**zeitlich**) oder als **produktionsbezogen** nach der Anzahl ausgebrachter Stückzahlen umschrieben. „*Useful*" in Bezug auf die Nutzungsdauer ist dabei die Verwendung im jeweiligen Unternehmen, nicht die Nutzungsmöglichkeit des Objektes selbst.

> **Beispiel**
> Ein Speditionsunternehmen nutzt die neu gekauften Lkws immer für drei Jahre und verkauft sie dann auf dem Sekundärmarkt. Die Abschreibung ist auf diese drei Nutzungsjahre ausgerichtet und muss überdies den mutmaßlichen Verkaufswert (Restwert) berücksichtigen. Dieser Ansatz entspricht der „betriebsgewöhnlichen Nutzungsdauer" des deutschen Steuerrechts.

Vergleichbar sind die Hinweise in IAS 16.56f. für das **sächliche** Anlagevermögen, wenn von beabsichtigter Nutzung, physischem Verschleiß, Unterhaltungsmaßnahmen, Marktänderungen oder rechtlichen Nutzungsbeschränkungen die Rede ist. Selbstverständlich fehlt auch nicht der Hinweis auf die Erfahrungen in der Vergangenheit, die bei der Bestimmung der Nutzungsdauer zu beachten sind.[22] Besondere Probleme ergeben sich bei der Bestimmung der Nutzungsdauer von Mietereinbauten *(leasehold improvements;* → § 17 Rz 4).

---

[22] Vgl. z.B. auch BALLWIESER, in: BAETGE et al., Rechnungslegung nach IFRS, IAS 16, Rz 41.

> **Beispiel**
> Ein Einzelhandelsfilialist schließt einen Mietvertrag mit fester Laufzeit von fünf Jahren und einer nur ihm zustehenden Option zur Verlängerung auf weitere fünf Jahre ab. Die vereinbarte Miete für den Verlängerungszeitraum ist marktüblich. Der Einzelhändler nimmt zu Beginn des Mietverhältnisses einezu aktivierende Umbaumaßnahme in den gemieteten Räumen vor, deren (von der Mietvertragsdauer abstrahierte) Nutzungsdauer sieben Jahre beträgt. Er tendiert auf eine Ausnutzung der Verlängerungsoption, ist sich aber bei Beginn des Mietverhältnisses noch nicht sicher, ob er die Option ausüben will. Für eine Abschreibungsdauer von fünf Jahren könnte IAS 16.56(d) sprechen, wonach die rechtliche Nutzungsbeschränkung auch die Abschreibungsdauer bestimmt. Allerdings stellt diese Vorgabe nur einen Anhaltspunkt zur Bestimmung der Nutzungsdauer dar, enthält also kein zwingendes Element. Außerdem besteht wegen der Verlängerungsoption keine rechtliche Beschränkung auf eine Nutzungsdauer von fünf Jahren. Im Vergleich dazu bestimmt sich die Dauer eines Leasingverhältnisses mit Verlängerungsoption (Definition in IAS 17.4) nach dem Kriterium des *reasonable certain*, was im vorliegenden Fall nicht gegeben ist. Das „*useful life*" (Rz 34) bestimmt sich nicht nach der technischen Nutzungsdauer, sondern nach der wirtschaftlich sinnvollen. Diese ist im vorliegenden Fall unbestimmt, da sich der Einzelhändler noch nicht über die Ausübung der Mietverlängerungsoption im Klaren ist. Wir favorisieren deshalb eine Abschreibungsverrechnung auf die fest vereinbarte Mietdauer von fünf Jahren. Eine anzunehmende Abschreibungsdauer von sieben Jahren entsprechend der mutmaßlichen Lebensdauer der Mietereinbauten wäre dagegen vorzunehmen, wenn sich bei Beginn des Mietverhältnisses die Optionsausübung wegen der günstigen Konditionen oder aus anderen Gründen als überwiegend wahrscheinlich darstellte.

Noch ausführlicher als für die sächlichen sind die Erläuterungen in IAS 38.90 zur Nutzungsdauer der **immateriellen** Anlagegüter, wo zusätzlich noch vom Produktlebenszyklus, von der Stabilität der Branche, in der der betreffende Vermögenswert eingesetzt ist, von Aktionen und Reaktionen der Konkurrenten und dergleichen mehr die Rede ist. Ein „Begleitheft" zu IAS 38 enthält eine Anzahl illustrativer Beispiele (*Illustrative Examples* IE). Wegen weiterer Einzelheiten vgl. → § 13 Rz 89 ff.

Der **Schätzungscharakter** für die Nutzungsdauer macht nach IAS 16.51 deren (wenigstens) jährliche Überprüfung erforderlich (Rz 42). Bei Neueinschätzung ist IAS 8 (→ § 24 Rz 11 ff.) anzuwenden (Rz 31). Danach führt die Neueinschätzung nicht zu einer Anpassung des Buchwertes auf den Betrag, der sich ergeben hätte, wenn von Anfang an mit der revidierten Nutzungsdauerannahme gerechnet worden wäre. Die Neueinschätzung wirkt vielmehr nur prospektiv, d. h. führt zur Änderung des jährlichen Abschreibungsbetrages in den Folgeperioden.

Vor diesem (ökonomisch zwingenden) Hintergrund behilft sich die Rechnungslegungs**praxis** in weiten Bereichen der Anlagenwirtschaft mit mehr oder weniger fest vorgegebenen Nutzungsdauern. So sind in den von den größeren Unternehmensgruppen regelmäßig verwendeten **Bilanzierungshandbüchern** (*manuals*) feste Abschreibungsdauern (und -methoden) vorgegeben, von denen nach

36

den internen Vorgaben nur in extremen Ausnahmefällen abgewichen wird. Vergleichbare Dienste leisten die **AfA-Tabellen** der deutschen Finanzverwaltung, an der sich auch die handelsrechtliche Bilanzierungspraxis orientiert. Für Gebäude und für *goodwill* macht der Steuer**gesetzgeber** genaue Vorgaben über die anzunehmende Abschreibungsdauer. In Ermangelung eines möglichen Gegenbeweises – über künftige Verhältnisse kann niemand Beweis führen – hält sich die handels- und steuerrechtliche Bilanzierungspraxis an diese Vorgaben. In der IFRS-Rechnungslegungswelt besteht jedenfalls keine Bindung an solche Richtgrößen. Zum Teil wird man ihre Übernahme aber auch ablehnen müssen, jedenfalls nicht pauschal befürworten können, etwa bei den typisierten steuerlichen Gebäudeabschreibungsdauern von 25, 40 bzw. 50 Jahren. Wird in der **internen Kostenrechnung** mit anderen Abschreibungszeiträumen kalkuliert, sollten diese auch in der externen IFRS-Rechnungslegung beachtet werden. Ein Zwang hierzu besteht allerdings nicht.

Im Schrifttum wird mitunter auch über die Festlegung von Nutzungsdauern unter Beachtung des **Vorsichtsprinzips** diskutiert.[23] Die höhere Einstufung der Vorsicht nach HGB gegenüber den IFRS könne eine kürzere Schätzung der Nutzungsdauer im HGB begründen.[24] U. E. ist es zweifelhaft, ob „Vorsicht" einer komparativen Analyse zugänglich ist. Vorsichtig sollte man sich als moralische Vorgabe eigentlich immer verhalten. Der IFRS-Bilanzierer will sich sicher nicht einer unvorsichtigen = leichtsinnigen Bilanzierung bei Schätzung der Nutzungsdauer zeihen lassen. Und er wird fragen, ob sich sein „Vorsichtsprofil" am Rechnungslegungssystem orientieren muss. Bei gleicher konzeptioneller Grundlage kann die Nutzungsdauer eines Vermögenswertes nur durch ein *best estimate* (vernünftige kaufmännische Beurteilung) bestimmt werden – einerlei ob die Vorsicht im Gesetz bzw. Standard förmlich erwähnt wird oder nicht. Oder so formuliert: Nur weil im HGB das Vorsichtsprinzip förmlich erscheint, muss nicht bei Schätzungen über künftige Entwicklung das *worst case*-Szenario dominieren. Auch die amtlichen AfA-Tabellen der Finanzverwaltung, die weitgehend im HGB-Abschluss Verwendung finden, liefern eher Durchschnittswerte.

2.3.2 Vermutungsregeln für immaterielle Vermögenswerte

37 Für den Bereich des **sächlichen** Anlagevermögens kennen die IFRS keine festen Vorgaben oder Vermutungsregeln über die anzuwendende Nutzungsdauer, wohl aber für die **immateriellen Vermögenswerte** (→ § 13 Rz 89), soweit diese bestimmbare *(definite)* Nutzungsdauern aufweisen (→ § 13 Rz 93 ff.). Im speziellen Fall einer vertraglichen oder gesetzlichen **Zeitbeschränkung** eines Nutzungsrechtes (IAS 38.94) darf die Abschreibungsdauer den vorgegebenen Zeitrahmen nicht übersteigen. Als Ausnahme wird die mögliche **Verlängerung** ohne wesentliche zusätzliche Kosten genannt. Wegen Einzelheiten vgl. → § 13 Rz 89 ff. Auffallend ist ein Hinweis in IAS 38.93, der in dieser Form für sächliches Anlagevermögen nach IAS 16 fehlt: Danach mag die Nutzungsdauer für **immaterielle** Anlagewerte zwar durchaus **lang** (wenn nicht unbestimmt; Rz 38) sein; die erforderliche Schätzung soll dann aber **vorsichtig** *(prudent)* erfolgen,

---

[23] So von ZWIRNER, IRZ 2013, S. 133.
[24] So HENNRICHS, Ubg 2011, S. 796; kritisch hierzu HOFFMANN, PiR 2011, S. 148.

umgekehrt aber auch keinen **unrealistisch kurzen** Zeitraum auswählen. Im Übrigen ist auf → § 13 Rz 89 ff. zu verweisen.
Nach IFRS 3 ist für die Geschäftsjahre ab 2005 (Rz 49) generell auf die planmäßige Abschreibung beim *goodwill* (→ § 31) zu verzichten. Entsprechendes gilt gem. IAS 38.91 für **immaterielle** Vermögenswerte nur dann, wenn diese eine unbestimmte (*indefinite*) Nutzungsdauer haben (→ § 13 Rz 93).

38

2.3.3 Grund und Boden bei *finance lease*

Eine unbestimmte Nutzungsdauer weist auch **Grund und Boden** (*land*) auf (IAS 17.15A). In Fällen des *finance lease* bestimmt sich die Abschreibungsdauer aber nach der (kürzeren) Vertragslaufzeit (IAS 17.27f.). Auf die **objektive** Nutzungsdauer – die bei Grund und Boden unbeschränkt ist – kommt es nicht an. Das *usefull life* (Rz 34) ist hier **subjektiv** bestimmt. Der wirtschaftliche Vorteil aus dem Leasingobjekt „Grund und Boden" erschöpft sich in der Vertragslaufzeit. Dann kann es auch für Grund und Boden zu einer planmäßigen Abschreibung kommen. Anders wäre es bei einem „automatischen" Eigentümerübergang nach Ende der Vertragslaufzeit oder einer günstigen Kaufoption. Auf → § 13 Rz 93 und → § 15 Rz 77 wird verwiesen.

39

2.3.4 Der Abschreibungsbeginn

Den Abschreibungs**beginn** regeln IAS 16.55 für sächliches und IAS 38.97 für immaterielles Anlagevermögen. Danach soll die Abschreibung dann beginnen, wenn der (immaterielle) Vermögenswert **genutzt** werden kann (*available for use*). Maßgeblicher Zeitpunkt ist dabei der Beginn der operativen Einsatzfähigkeit nach der Vorstellung des Managements. Das wird auch nach HGB-Maßstäben als möglich erachtet, allerdings soll die **Beendigung** des Anschaffungs- oder Herstellungsvorgangs die eher zu beachtende Methode darstellen. **Steuerlich** beginnt die Abschreibung mit Vollendung der Anschaffung oder Herstellung und nicht mit der Ingebrauchnahme.[25]

40

> **Beispiel**
> Ein typischer praktischer **Anwendungsfall** zur Bestimmung des *available for use* stellen die UMTS-Mobilfunklizenzen der Telekommunikationsindustrie dar. Diese sind nach **IFRS** bzw. **US-GAAP** erst dann abzuschreiben, wenn das Netz funktionsfähig ist. Nach deutschem **Handels-** und **Steuerrecht** soll die Abschreibung bereits mit dem Erwerb der Lizenz beginnen (→ § 9 Rz 33).

Die Abschreibung beginnt also mit der Nutzungs**möglichkeit**, nicht mit der effektiven Nutzung. Zum Abschreibungsbeginn bei Probeläufen wird auf → § 8 Rz 19 verwiesen.

> **Beispiel**[26]
> U schafft eine neue Computeranlage an und lässt sie vom Serviceunternehmen anschließen. Zur effektiven Nutzung kommt es vorerst nicht, weil im

---

25 SCHMIDT/KULOSA, EStG, 33. Aufl., § 7, Tz. 90.
26 Nach KPMG, Insights into IFRS, 2014/2015, Tz. 3.2.220.20 f.; ebenso für eine maschinelle Anlage PwC, IFRS Manual of Accounting 2014, Tz. 16.187, Ex. 2.

> Zuge einer unvorhergesehenen Unternehmensakquisition das gesamte IT-Umfeld neu konfiguriert werden soll.
> Die Abschreibung beginnt bereits mit der Nutzungsmöglichkeit.

Zur erheblichen Verzögerungen zwischen (Zugang) Aktivierung und Abschreibungsbeginn kann es auch bei technischen Anlagen kommen, wenn vertraglich eine bestimmte Leistung vereinbart ist, die erst nach längerem **Probebetrieb** erreicht wird.[27]

41 Die IFRS kennen keine Vereinfachung bez. des **unterjährigen** Abschreibungsbeginns vergleichbar der früheren **6-Monats-Regel** nach R 44 Abs. 2 EStR 2001. Nach dem *materiality*-Grundsatz (→ § 1 Rz 61) bestehen im IFRS-Bereich keine Bedenken gegen Vereinfachungen also z.B. nicht gegen die Pro-rata-Regel auf Monatsbasis.

2.3.5 Anpassungen

42 Die angenommene Abschreibungs**dauer** ist – vergleichbar der Abschreibungs**methode** (Rz 31 und 35) – zu überwachen und gegebenenfalls anzupassen, sofern die bisherige **Schätzung** der Nutzungsdauer von der neu vorgenommenen wesentlich (*significantly*) abweicht (IAS 16.52 für das sächliche Anlagevermögen und IAS 38.104 für die immateriellen Vermögenswerte, ebenso nach einer außerplanmäßigen Abschreibung gem. IAS 36.63 (→ § 11 Rz 10)). Die (qualitative) Indikation der außerplanmäßigen **Wertminderung** (*impairment*) eines Vermögenswertes (→ § 11 Rz 19ff.) deutet nach IAS 36.17 auf das Erfordernis einer Anpassung der Bemessungsgrundlagen für die **planmäßige** Abschreibung hin (→ § 11 Rz 29). Dabei stellt die zeitweise **Nichtnutzung** oder Ausmusterung keinen Grund zur Aussetzung der Abschreibungsverrechnung dar (IAS 16.55 für sächliches, IAS 38.117 für immaterielles Anlagevermögen). Die **Anpassung** gem. IAS 8.38 ist nicht rückwirkend, sondern für das Jahr der Anpassung und für die folgenden Jahre vorzunehmen (Rz 31; → § 24 Rz 52). Zur Anhangerläuterung siehe Rz 47.

2.4 Sonderfall: Planmäßige Abschreibung nach Neubewertung (*revaluation*) und Wertaufholung

43 Hierzu wird auf die Darstellung in → § 8 Rz 81 ff. verwiesen.

2.5 Sonderfall: Steuerliche Abschreibungen

44 Nach dem Prinzip der umgekehrten **Maßgeblichkeit** entsprechend der Rechtslage vor Ergehen des BilMoG erlaubten §§ 254, 279 Abs. 2 HGB a.F. den Ansatz rein **steuerlich** motivierter (**Subventions**-)Abschreibungen im handelsrechtlichen Einzelabschluss, um so auch die „Anerkennung" des Steuerrechts zu erreichen. Diese Sonderabschreibungen können unter bestimmten Voraussetzungen gem. Art. 67 Abs. 4 HGB auch unter den BilMoG-Regeln beibehalten

---

[27] Ausführliches Beispiel bei LÜDENBACH, StuB 2009, S. 273 ff.

werden.[28] Im handelsrechtlichen Konzernabschluss sind steuerrechtliche Abschreibungen nach der Neufassung des § 298 Abs. 1 HGB durch das TransPuG hingegen nicht mehr zulässig. Maßgeblichkeitsgesichtspunkte spielen auch im Regelwerk der IFRS keine Rolle. Die steuerlichen Subventionsabschreibungen entsprechen **nicht** dem Nutzungsverlauf der Anlagegüter (Rz 27) und sind deshalb unzulässig; sie müssen folglich z. B. beim Übergang vom HGB in die IFRS-Rechnungslegungswelt **rückwirkend eliminiert** werden (→ § 6 Rz 46), soweit nicht für Geschäftsjahre ab 1.1.2003 (Art. 54 Abs. 1 EG HGB) bereits im HGB-Konzernabschluss entsprechend verfahren wurde. Die **planmäßigen** Abschreibungen sind konzernbilanziell deshalb ohne Berücksichtigung der steuerlichen Abschreibungen zu verrechnen.

Beispiel
Ein Gebäude wird mit Herstellungskosten von 10 Mio. EUR errichtet. Auf diesen Betrag wurde im HGB-Einzelabschluss eine Sonderabschreibung von 2 Mio. EUR gem. § 6b EStG vorgenommen. Entsprechend mindert sich das Volumen für die planmäßige Abschreibung (Rz 20 ff.) in der Handelsbilanz. Nach IAS 16 ist dagegen die planmäßige Abschreibung ausgehend von den ungekürzten Herstellungskosten zu verrechnen mit der Folge einer passiven Steuerlatenz (→ § 26).
Es ist wie folgt zu rechnen:

Stichtag	Buchwert/Abschreibung		Latente Steuern Steuersatz 40 %
	HB/StB	IFRS	
	EUR	EUR	EUR
1.1.01	10.000.000	10.000.000	0
6b-Abschreibung	–2.000.000	0	–800.000
planmäßige Abschreibung 2 %	–160.000	–200.000	+16.000
Stand 31.12.01	7.840.000	9.800.000	–784.000
planmäßige Abschreibung	–160.000	–200.000	+16.000
Stand 31.12.02	7.680.000	9.600.000	768.000

Unter die **steuerlichen** Abschreibungen fallen u. a.: 45
- Abzüge von den Anschaffungs- oder Herstellungskosten
  - nach § 6b EStG
  - Ersatzbeschaffung nach R 6.6 (4) EStR 2008
- Erhöhte Absetzungen (an Stelle der normalen Abschreibungen)
  - nach § 7h EStG: Gebäude in Sanierungsgebieten
  - nach § 7i EStG: Baudenkmale

---

[28] Vgl. HOFFMANN/LÜDENBACH, in: NWB Kommentar Bilanzierung, 4. Aufl. 2013, Art. 67 EGHGB, Tz. 20 ff.

Daneben kommt noch eine Vielzahl von **anderen** steuerlichen Subventionsabschreibungen in Betracht, die nach **früherer** Gesetzeslage zu einer Buchwertminderung über die planmäßige Abschreibung hinaus geführt haben und deshalb dem Grunde nach etwa beim Übergang auf die IFRS-Bilanzierung (→ § 6 Rz 46) beachtet werden müssen. Allerdings vermindern sich die Buchwertunterschiede im Zeitverlauf auch ohne Abgang des betreffenden Vermögenswertes, sodass unter *materiality*-Gesichtspunkten (→ § 1 Rz 63 ff.) in der Praxis ab einem im Einzelnen zu definierenden Zugangsjahr auf die Erforschung früher einmal vorgenommener steuerlicher Subventionsabschreibungen verzichtet werden kann.

46 Die übrigen **Besonderheiten** der steuerlichen Abschreibungsverrechnung sind wie folgt zu beurteilen:
- Die **degressive** Abschreibung (nach früherem Recht) auf **bewegliche** Sachanlagegüter ist auch nach IAS 16.62 (Rz 28 f.) zulässig und keine rein steuerliche Abschreibung.
- Die **typisierte Gebäude**abschreibung in linearer Form auf 50 bzw. 40 Jahre nach § 7 Abs. 4 EStG entspricht einer Nutzungsdauer, die häufig auch nach IAS 16.6 (Rz 35) verwendet werden kann.
- Die **degressive Gebäude**abschreibung nach § 7 Abs. 5 EStG ist nur dann IFRS-konform, wenn sie der tatsächlichen Nutzungsabgabe (Rz 28) entspricht. Das wird regelmäßig nicht der Fall sein.[29]

3 Anhangsangaben

47 Die Grundidee der Anhangerläuterungen zu den Abschreibungsmethoden und -dauern liegt nach IAS 16.73 bzw. 38.118 darin, deren **Schätzungs**charakter und die damit verbundenen **Ermessensspielräumen offenzulegen**. Vor diesem Hintergrund sind im Einzelnen folgende **Anhangsangaben** (betreffend die planmäßigen Abschreibungen) beachtlich:
Für **sächliches** Anlagevermögen (IAS 16.73):
- die angewandten Bewertungsmethoden,
- die Bestimmung der Nutzungsdauer bzw. Abschreibungsrate,
- die aufgelaufenen Abschreibungen (Bestandteil des Anlagespiegels),
- die laufende Jahresabschreibung (Bestandteil des Anlagespiegels),
- die Auswirkung von Änderungen der Abschreibungsmethode oder -dauer (Rz 31 u. 41), die eine wesentliche Auswirkung auf künftige Perioden haben (IAS 16.76 unter Bezugnahme auf IAS 8; → § 24 Rz 23 ff.).

Für den *goodwill* aus Unternehmenszusammenschlüssen wird verwiesen auf → § 31. Soweit die planmäßige Abschreibung (noch) verrechnet wird (Rz 38), bestehen folgende Angabepflichten:
- die angenommene Abschreibungsdauer,
- für den Fall, dass die Nutzungsdauer auf über 20 Jahre geschätzt wird, die dafür gegebenen Gründe zur Widerlegung der Vermutung unter Darlegung der Bestimmungsgründe für die angenommene (20 Jahre übersteigende) Nutzungsdauer,

---

[29] ADLER/DÜRING/SCHMALTZ (6. Aufl., § 254 HGB a. F., Rz 36) sehen diese Abschreibungsmethode als HGB-konform an, werten sie also nicht zwingend als steuerliche Abschreibung.

- bei Nichtanwendung der linearen Abschreibungsmethode die Darlegung der Berechnungsbasis mit Begründung, dass diese Basis geeigneter ist als die lineare Abschreibungsmethode.

Für die **zeitlich beschränkt** nutzbaren **immateriellen** Vermögenswerte (IAS 38.118; → § 13 Rz 89) – vgl. aber Rz 38 wegen der Einschränkung der planmäßigen Abschreibungsverrechnung – sind folgende Angaben zu beachten:
- die angenommene Nutzungsdauer bzw. Abschreibungssätze,
- die Abschreibungsmethoden,
- die aus Vorjahren aufgelaufenen Abschreibungen und die Jahresabschreibung (Anlagespiegel),
- die Position in der GuV, in der die Abschreibungen enthalten sind,
- die wesentliche Auswirkung von Änderungen der Abschreibungsmethode oder -dauer (Rz 31 u. 41) auf das Ergebnis künftiger Perioden (IAS 16.76 unter Bezugnahme auf IAS 8; → § 24 Rz 23 ff.).

Wegen der **übrigen Angabepflichten** wird verwiesen auf
- → § 13 Rz 101 für immaterielle Anlagewerte,
- → § 14 Rz 25 für sächliches Anlagevermögen.

Auf die **Checkliste "Abschlussangaben"** wird verwiesen (→ § 5 Rz 8).
Beispiele zum **Anlagespiegel** sind in → § 14 Rz 28 ff. wiedergegeben.

48

4 Anwendungszeitpunkt, Rechtsentwicklung

Anzuwenden ist ab

49

- 1.1.2005 (Beginn des Wirtschaftsjahres) IAS 16, betreffend sächliches Anlagevermögen (→ § 14 Rz 30),
- 31.3.2004 (Beginn des Wirtschaftsjahres) IAS 38, betreffend immaterielle Anlagewerte (→ § 13 Rz 104),
- 1.1.2003 (Beginn des Wirtschaftsjahres) IAS 41, betreffend landwirtschaftlich genutzte Vermögenswerte (→ § 40 Rz 62).

Ein *Amendment* zu IAS 16 und IAS 38 vom Mai 2014 verbietet mit Wirkung ab 2016 für Sachanlagen generell und für immaterielle Anlagen mit wenigen Ausnahmen eine an Erlöserwartungen orientierte Abschreibung. (Rz 29).

5 Zusammenfassende Praxishinweise

Der **Anwendungsbereich** für die planmäßige Abschreibung als Bestandteil der Folgebewertung ist dargestellt in Rz 1 ff.

50

Der **Abschreibungsbetrag** für den jeweiligen Vermögenswert ist zu bestimmen aus folgenden Berechnungsparametern:
- Abschreibungsvolumen *(depreciable amount;* Rz 20 ff.),
- Abschreibungsmethode *(pattern;* Rz 27 ff.),
- Nutzungsdauer *(useful life;* Rz 34 ff.).

Die **erfolgswirksame** (Rz 19) Buchwertminderung durch die Abschreibung soll den im Zeitverlauf erfolgenden **Verbrauch ökonomischen Nutzens** des betreffenden Vermögenswertes widerspiegeln (Rz 5 f.).

Unabhängig vom Definitionsgehalt eines Vermögenswertes kommt im Einzelfall eine **getrennte Abschreibungsverrechnung** von Teilbereichen nach dem

components approach in Betracht. Eine sinnvolle Lösung kann dazu nur einzelfallbezogen gefunden werden (Rz 9 ff.).
Bei der Konkretisierung der eben genannten Berechnungsparameter für die Bestimmung des **Abschreibungsbetrages** ergeben sich in vielen Fällen Übereinstimmungen mit den Regeln nach deutschem HGB; eine **zwingende** Anpassung der Abschreibungsgrundlagen beim Übergang von HGB auf IFRS (→ § 6) ist insoweit nicht ersichtlich (Rz 20 ff.). Wichtige Ausnahmen:
- Die **steuerlichen** Subventionsabschreibungen (Rz 44).
- Die **Aufteilung** eines Vermögenswertes nach unterschiedlichen Teil-Nutzungsdauern (Rz 9 ff.).

Für **immaterielle** Vermögenswerte teilweise und für den *goodwill* aus Unternehmenszusammenschlüssen generell ist ab 2005 eine **planmäßige Abschreibung nicht mehr** vorzunehmen (Rz 38).
Für die zeitlich **begrenzt** nutzbaren **immateriellen** Vermögenswerte bestehen verschiedene **Sonder**regeln für die Abschreibungsverrechnung (Rz 37).
Die **Anhangangaben** lassen sich weitgehend in Form eines Anlagespiegels darstellen. Daneben sind Angaben zur Abschreibungsmethode und zum Nutzungszeitraum erforderlich (Rz 47 ff.).

§ 11 AUSSERPLANMÄSSIGE ABSCHREIBUNGEN, WERTAUFHOLUNG

Inhaltsübersicht	Rz
Vorbemerkung	
1 Zielsetzung, Regelungsinhalt, Begriffe.	1–12
1.1 Regelungsbereich	1–5
1.2 Wesentliche Begriffsinhalte zur außerplanmäßigen Abschreibung	6–7
1.3 Die ökonomische Konzeption.	8
1.4 Unzulässigkeit kostenorientierter Bewertungsverfahren	9
1.5 Buchmäßige Erfassung	10
1.6 Besondere Bedeutung der Anhangangaben	11–12
2 Die Durchführung des *impairment*-Tests	13–44
2.1 Überblick	13–18
2.2 Indikation und Kontraindikation einer Wertminderung (*impairment*).	19–31
2.2.1 Die Wertminderungsindikatoren	19–28
2.2.2 „Kontraindikation" bei qualifizierten Vermögenswerten	29–30
2.2.3 Zwischenbefund	31
2.3 Ermittlung des erzielbaren Betrags (*recoverable amount*)	32–44
2.3.1 Zwei Wertmaßstäbe.	32
2.3.2 Basis: Nettoveräußerungswert	33–41
2.3.3 Basis: Nutzungswert	42–43
2.3.4 Zwischenbefund	44
3 Rückgriff auf ein Barwertkalkül	45–91
3.1 Nutzungswert und DCF-bestimmter *fair value less costs of disposal*	45
3.2 Allgemeine Leitlinien	46–51
3.3 Unterschiedliche Anforderungen an den Zahlungsstrom	52–62
3.3.1 Restriktive Anforderungen für die Bestimmung des Nutzungswerts	52–61
3.3.2 Marktbasierung als Zulassungsvoraussetzung bei der Ermittlung des Nettoveräußerungswerts	62
3.4 Gleichlautende Anforderungen an den Diskontierungszinssatz.	63–87
3.4.1 Verpflichtende Marktbasierung	63–64
3.4.2 Erfassung des systematischen Risikos über den Kapitalisierungszins	65–67
3.4.3 Bestimmung der gewogenen, durchschnittlichen Kapitalkosten (WACC).	68–80
3.4.4 Berücksichtigung von Länderrisiken	81–83
3.4.5 Zusammenhang zwischen Vor- und Nachsteuerbetrachtung	84–87

3.5	Festlegung des Planungshorizonts................	88–91
3.5.1	Bestimmung des „führenden" Vermögenswerts...	88–90
3.5.2	Keine Restriktionen für den Nettoveräußerungswert...............................	91
4	Wertminderung des einzelnen Vermögenswerts............	92–99
4.1	Keine Einzelbewertung bei Verbundeffekten..........	92–96
4.2	Änderung der planmäßigen Abschreibung als Folge einer Wertminderungsindikation.......................	97–99
5	Die zahlungsmittelerzeugende Einheit (*cash generating unit*, CGU)...	100–213
5.1	Festlegung einer Untergrenze.....................	100–101
5.2	Anforderungen an die CGU-Abgrenzung.............	102–110
5.3	Die Zuordnung der Vermögenswerte zur *cash generating unit* (CGU)...................................	111–137
5.3.1	Überblick................................	111–114
5.3.2	Notwendige Konsistenz zwischen Buchwert und erzielbarem Betrag........................	115–124
5.3.3	Steuerposten im *impairment*-Test..............	125–133
5.3.4	Gemeinschaftlich genutzte Vermögenswerte.....	134–137
5.4	Die Sondervorschrift für den *goodwill*................	138–160
5.4.1	Die Durchführung des *impairment*-Tests........	138–141
5.4.2	Die Allozierung des *goodwill* aus einer *business combination*..............................	142–156
5.4.3	Erstmaliger *impairment*-Test für derivativen *goodwill*	157–160
5.5	Zweckentsprechende Anwendung von Barwertkalkülen..	161–170
5.5.1	Umsetzungsprobleme in der praktischen Anwendung...............................	161–166
5.5.2	Rückgriff auf den Nettoveräußerungswert als Ausweg?.................................	167–170
5.6	Notwendige Plausibilisierung/Kalibrierung des Bewertungsergebnisses...........................	171–178
5.6.1	Unterschiedliche Anforderungen an Nutzungs- und Nettoveräußerungswert.....................	171–172
5.6.2	Rückgriff auf Marktkapitalisierung.............	173–177
5.6.3	Vergleich über (Ergebnis-)Multiplikatoren......	178
5.7	Verteilung des Wertminderungsaufwands..............	179–182
5.8	Abgang einer *cash generating unit* mit zugeordnetem *goodwill*	183–185
5.9	Reorganisation von *cash generating units* mit zugeordnetem *goodwill*	186–190
5.10	Anteile nicht beherrschender Gesellschafter (*non-controlling interests*).........................	191–213
5.10.1	*Full-goodwill*-Methode.....................	191–193
5.10.2	*Purchased-goodwill*-Methode	194–213
5.10.2.1	Hochrechnung des *goodwill*, Verteilung der Wertminderung................	194–196

5.10.2.2	Besonderheiten bei Abweichung von Kapital- und Ergebnisbeteiligungsquote.	197–204
5.10.2.3	Besonderheiten bei Auf- und Abstockungen	205–213
6	Darstellung der Arbeitsschritte in tabellarischer Form	214
7	Zusammenfassende Beurteilung	215–218
7.1	Zweifel am Objektivierungsbeitrag	215
7.2	Spezielle Probleme im Rahmen der Finanzmarktkrise	216–218
8	Wertaufholungszuschreibung (*reversal of an impairment loss*)	219–225
9	Steuerlatenz	226
10	Angaben	227–242
11	Einzelfälle der Wertminderungsbilanzierung (ABC)	243
12	Anwendungszeitpunkt, Rechtsentwicklung	244
13	Zusammenfassende Praxishinweise	245

Schrifttum: AICPA, Practice Aid, Assets acquired in a business combination to be used in research and development activities, 2001; BRÜCKS/KERKHOFF/RICHTER, Impairmenttest für den Goodwill nach IFRS, KoR 2005, S. 1; DOBLER, Folgebewertung des Goodwill nach IFRS 3 und IAS 36, PiR 2005, S. 24; FREIBERG, Diskontierung in der internationalen Rechnungslegung, Herne 2010; FREIBERG/LÜDENBACH, Bestimmung des Diskontierungszinssatzes nach IAS 36, KoR 2005, S. 479; FROWEIN/LÜDENBACH, Das Sum-of-the-parts-Problem beim Goodwill-Impairment-Test, Marktbewertung als Programm oder Ideologie, KoR 2003, S. 261; GALLI, Individuelle finanzielle Spielerbewertung im Teamsport, FB 2003, S. 810; HAAKER, Die Zuordnung des Goodwill auf Cash Generating Units zum Zwecke des Impairment-Tests nach IFRS, KoR 2005, S. 426; HOFFMANN/LÜDENBACH, NWB Kommentar Bilanzierung 3. Aufl. 2012, § 253, Tz 105 ff.; KIRSCH/KOELEN/TINZ, Die Berichterstattung der DAX-30-Unternehmen in Bezug auf die Neuregelung des impairment only approach des IASB, KoR 2008, S. 88 u. S. 188; KÜTING, Der Geschäfts- oder Firmenwert in der deutschen Konsolidierungspraxis 2008, DStR 2009, S. 1863; KÜTING/WIRTH, Firmenwertbilanzierung nach IAS 36 unter Berücksichtigung von Minderheitenanteilen an erworbenen Tochterunternehmen, KoR 2005, S. 199; LÜDENBACH/FROWEIN, Der Goodwill-Impairment-Test aus Sicht der Rechnungslegungspraxis, DB 2003, S. 217; LÜDENBACH/HOFFMANN, Strukturelle Probleme bei der Implementierung des Goodwill-Impairment-Tests – Der Ansatz von IAS 36 im Vergleich zu US-GAAP, WPg 2004, S. 1068; PELLENS/SELLHORN, Minderheitenproblematik beim Goodwill Impairment Test nach geplanten IFRS und geltenden US-GAAP, DB 2003, S. 405 ff.; PELLENS u.a., Goodwill Impairment Test – Ein empirischer Vergleich der IFRS- und US-GAAP-Bilanzierer im deutschen Prime Standard, BB-Spezial 10/2005, S. 12; SCHMUSCH/LAAS, Werthaltigkeitsprüfung nach IAS 36 in der Interpretation von IDW RS HFA 16, WPg 2006, S. 1048; ZÜLCH/LIENAU, Die Ermittlung des value in use nach IFRS, KoR 2006, S. 319.

Vorbemerkung

Die Kommentierung bezieht sich auf IAS 36 in der aktuellen Fassung und berücksichtigt alle Ergänzungen, Änderungen und Interpretationen, die bis zum 1.1.2015 beschlossen wurden.

1 Zielsetzung, Regelungsinhalt, Begriffe

1.1 Regelungsbereich

1 Die IFRS sehen eine außerplanmäßige Abschreibung vor, sofern der Buchwert eines Bilanzierungsobjekts den erzielbaren Betrag überschreitet. Angesprochen von den Vorgaben sind Situationen, die eine Wertberichtigung erfordern, die nicht auf die erwartete (planmäßige) Abnutzung eines Vermögenswerts zurückzuführen ist.

2 In einer äußerst umfangreichen Darstellung werden die einschlägigen Regeln zur Bestimmung der erforderlichen Abschreibung auf den erzielbaren Betrag *(recoverable amount)* – abgehandelt. Schon aufgrund des bloßen Volumens von IAS 36 könnte man bei erster Durchsicht den Eindruck gewinnen, dass diesbezüglich keine Frage offenbleibt (Rz 13). Mehr noch als sonst stellen sich die IFRS hier als eigentliche **Rezeptur** dar.

3 IAS 36 ist auf **alle Vermögenswerte** mit folgenden **Ausnahmen** anzuwenden (IAS 36.2):
- Vorratsvermögen gem. IAS 2 (→ § 17),
- Vermögenswerte im Rahmen von Fertigungsaufträgen gem. IAS 11 (→ § 18),
- Aktivposten aus Steuerlatenzen gem. IAS 12 (→ § 26),
- Vermögenswerte, die aus Arbeitnehmervergütungen resultieren, gem. IAS 19 (→ § 22),
- Finanzinstrumente nach IAS 39 bzw. IFRS 9 (→ § 28),
- als Finanzinvestitionen gehaltene Immobilien *(investment properties)* gem. IAS 40, soweit nach dem *fair value model* bewertet (→ § 16),
- bestimmte biologische Vermögenswerte gem. IAS 41 (→ § 40),
- zur Veräußerung bestimmte langfristige Vermögenswerte *(non-current assets classified as held for sale)* gem. IFRS 5 (→ § 29),
- bestimmte Vermögenswerte im Rahmen von Versicherungsverträgen gem. IFRS 4 (→ § 39 Rz 2).

4 **Positiv** verbleiben demnach im **Anwendungsbereich von IAS 36** (Rz 9):
- das sächliche Anlagevermögen *(property, plant and equipment)* gem. IAS 16.53 (→ § 14),
- das immaterielle Anlagevermögen *(intangible assets)* gem. IAS 38.111 (→ § 13),
- als Finanzinvestitionen gehaltene Immobilien, die nach dem *cost model* bewertet werden (→ § 16 Rz 40ff.),
- der *goodwill* aus Unternehmenszusammenschlüssen gem. IFRS 3.55 (→ § 31),
- die *at cost* bilanzierten Beteiligungen an Tochter-, Gemeinschafts- und assoziierten Unternehmen im Einzelabschluss (IAS 36.4).

Im Konzernabschluss nach der *equity*-Methode bewertete Anteile an assoziierten Unternehmen und Gemeinschaftsunternehmen liegen ohne explizite Anführung ebenfalls innerhalb des *scope* von IAS 36 (IAS 28.33; → § 33 Rz 101).

5 Im **Mittelpunkt** der praktischen Anwendung von IAS 36 steht der Wertminderungstest für den *goodwill* bzw. für einen *goodwill* einschließende große Gruppen von Vermögenswerten (Rz 29 und Rz 138). Der Aufbau des Standards stellt umgekehrt die Wertminderung **einzelner** Vermögenswerte (Rz 18) in den Vordergrund (Vorrang der Einzelbewertung) und erklärt die dort festgelegten Regeln im Wesentlichen auf den *goodwill* und Gruppen von Vermögenswerten für anwendbar (Rz 8).

Unsere Kommentierung folgt zunächst dem Aufbau des Standards (Rz 138), betont aber die praktischen und theoretischen Unterschiede beider Anwendungsfälle.

1.2 Wesentliche Begriffsinhalte zur außerplanmäßigen Abschreibung

Ein **Wertberichtigungsaufwand** bzw. eine außerplanmäßige Abschreibung *(impairment loss)* liegt gem. IAS 36.59 vor, wenn für den betreffenden Vermögenswert (Rz 32) 6
- der erzielbare Betrag *(recoverable amount)*
- niedriger ist als der Buchwert *(carrying amount)*.

Der **erzielbare** Betrag ist gem. IAS 36.6 der höhere Wert aus den beiden folgenden:
- Nutzungswert *(value in use)* (Rz 42) oder
- beizulegender Zeitwert abzgl. Veräußerungskosten *(fair value less costs of disposal)* (Rz 33).

Der **beizulegende Zeitwert** abzgl. Veräußerungskosten (nachfolgend auch Nettoveräußerungswert) entspricht dem Marktwert oder einem Marktwertsurrogat abzüglich Veräußerungskosten (IAS 36.6).

Der **Nutzungswert** *(value in use)* ergibt sich aus dem Barwert der geschätzten künftigen Mittelzuflüsse aus der fortgesetzten Nutzung eines Vermögenswertes oder einer zahlungsmittelgenerierenden Einheit *(cash generating unit;* Rz 100ff.), zuzüglich des Erlöses aus dem späteren Abgang (IAS 36.5). Eine Wertminderung mit entsprechendem **Abschreibungs**erfordernis liegt vor, wenn und soweit der Buchwert den erzielbaren Betrag übersteigt (IAS 36.8).

Für die Bestimmung des *fair value less costs of disposal* sind ab 2013 die einheitlichen Leitlinien zur Bewertung zum beizulegenden Zeitwert beachtlich (IFRS 13.5). Für die Bestimmung des Nutzungswerts *(value in use)* ist ein Rückgriff auf das *fair value measurement framework* hingegen ausgeschlossen (→ § 8a Rz 9). Im Zuge eines *consequential amendment* wird auch noch einmal das Auseinanderfallen der beiden Bewertungsmaßstäbe betont (IAS 36.53A). 7

1.3 Die ökonomische Konzeption

Der Ansatz des höheren Betrages aus 8
- Nutzungswert *(value in use)* und
- Nettoveräußerungswert *(fair value less costs of disposal)*

entspricht konzeptionell der Logik einer **Unternehmensbewertung** (Rz 45ff.). Bei der Unternehmensbewertung gilt:
- Liegt der Wertbeitrag aus einer fortgeführten Nutzung im Unternehmen (Nutzungswert) über dem Nettoveräußerungswert, ist die Weiterführung des Unternehmens rational und der Unternehmenswert deshalb durch den Nutzungswert bestimmt.
- Liegt umgekehrt der Nettoveräußerungswert über dem Wert, der sich aus der fortgeführten Nutzung im Unternehmen ergibt, ist die Veräußerung – auch wenn zum Stichtag nicht vollzogen – rational und daher der Unternehmenswert durch den erzielbaren Wert bei Veräußerung gegeben.

IAS 36 wendet diese Überlegungen an auf
- **einzelne** Vermögenswerte (Rz 13 ff.),
- zahlungsmittelgenerierende Einheiten (CGU) **ohne** zugeordneten *goodwill* (Rz 100 ff.),
- zahlungsmittelgenerierende Einheiten (CGU) **mit** zugeordnetem *goodwill* (Rz 138 ff.),
- **Gruppen** von zahlungsmittelgenerierenden Einheiten mit zugeordnetem *goodwill* (Rz 155)

und verlangt auf der **jeweiligen** Ebene die Untersuchung, ob die **Weiternutzung** des Vermögenswertes bzw. der Teileinheit (Nutzungswert) oder die (fiktive) **Veräußerung** (Nettoveräußerungswert) zu einem höheren Betrag führt und deshalb als Vergleichsgröße *(recoverable amount)* dem Buchwert gegenüberzustellen ist. Wenn entweder der Nutzungswert oder der Nettoveräußerungswert den Buchwert übersteigt, bedarf es **keiner Ermittlung** des jeweils anderen Wertes (IAS 36.19). Zur Widerlegung des Bestehens eines *impairment* müssen daher nicht zwangsläufig Nutzungswert und Nettoveräußerungswert bestimmt werden. Übersteigt einer der beiden Werte den zu testenden Buchwert, können weitergehende Untersuchungen unterbleiben. Differenziert nach der Abgrenzung des zu testenden Objekts bietet sich daher das folgende Prüf- und Entscheidungsdiagramm an:

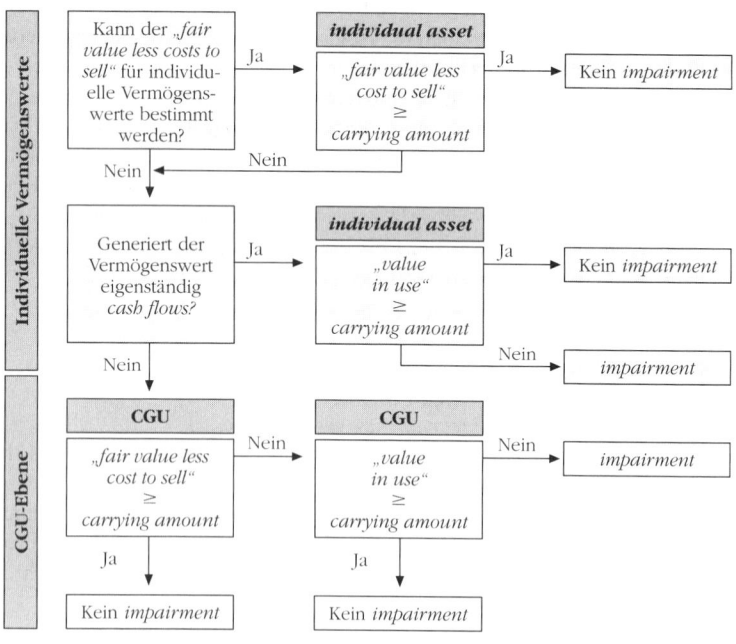

1.4 Unzulässigkeit kostenorientierter Bewertungsverfahren

Der erzielbare Betrag drückt die künftigen Wertbeiträge aus der Nutzung oder einer Veräußerung des Bewertungsobjekts aus (IAS 36.BCZ29). Er ist daher unabhängig von der konkreten Verwertungsabsicht als **Zukunftswert** zu bestimmen, eine vergangenheitsorientierte Bewertung unter Rückgriff auf kostenorientierte Verfahren (*replacement cost approach*) wird explizit ausgeschlossen („*cost techniques are not appropriate to measuring the recoverable amount*").[1] Auch mit Anwendung des IFRS 13 finden kostenorientierte Bewertungsverfahren keinen Eingang in den Werthaltigkeitstest nach IAS 36.[2] Der Ausschluss in IAS 36 zielt auf den erzielbaren Betrag ab und umfasst damit sowohl die Bestimmung über den Nutzungswert als auch über den *fair value less costs of disposal*. Mit Verabschiedung des IFRS 13 sind die Ausführungen zur *fair value*-Ermittlung innerhalb des IAS 36 gestrichen worden (IAS 36.25–27), das Verbot einer kostenorientierten Bewertung aber fortgeführt (IAS 36.BCZ29). Da IFRS 13 nur allgemeine Leitlinien zur Bestimmung des *fair value* enthält (das „Wie"), scheidet auch in systematischer Auslegung eine Ausweitung der IAS 36 vorbehaltenen Festlegung zulässiger Bewertungsverfahren aus. Auch ist der Ausschluss in den *Basis for Conclusions* des IAS 36 nicht auf die Wiederbeschaffungskosten des bilanzierenden Unternehmens begrenzt (dies ergäbe sich nur bei isolierter Betrachtung von IAS 36.BCZ28), sondern umfasst sämtliche kostenorientierte Bewertungsverfahren.

9

1.5 Buchmäßige Erfassung

Der gem. den nachfolgend (Rz 13 ff.) dargestellten Arbeitsschritten ermittelte Abschreibungsbedarf oder Wertberichtigungsaufwand (*impairment loss*; Rz 6) ist buchmäßig so zu behandeln (IAS 36.60 und 104):

10

- (Ergebnis**wirksame**) Verrechnung im Aufwand (*expense*), soweit der betreffende Vermögenswert nach dem *cost model* (fortgeführte Anschaffungskosten) bewertet wird (→ § 8 Rz 2).
- (Ergebnis**neutrale**) Verrechnung im sonstigen Gesamtergebnis (*other comprehensive income*; → § 2 Rz 91) mit der Neubewertungsrücklage, soweit der betreffende Vermögenswert unter dem Neubewertungskonzept *(revaluation model)* bewertet wird (→ § 8 Rz 83).
- Im letztgenannten Fall darf gem. IAS 38.61 die ergebnisneutrale Behandlung allerdings den Umfang des dem betreffenden Vermögenswert zuzuordnenden **Rücklagenbetrags** nicht übersteigen (→ § 8 Rz 86).
- Sofern der Wertverlust – definiert einschließlich zugehöriger Aufwendungen – höher ist als der Buchwert (gem. IAS 36.62), darf ein **Passivposten** – somit eine Schuld – nur unter Berücksichtigung anderer Standardvorgaben (nach IAS 37; → § 21) angesetzt werden.
- Nach Durchführung der Wertminderungsabschreibung ist gem. IAS 36.63 die **Basis** für die **laufende Abschreibung** neu zu bestimmen (→ § 10 Rz 42).

---

[1] Gl. A. PwC, Manual of Accounting IFRS 2013, Tz. 18.124.6; KPMG, Insights into IFRS 2012/13, Tz. 3.10.190.50.
[2] A.A. Erb/Eyck/Jonas, Beck'sches IFRS-Handbuch, 4. Aufl. 2013, § 27 Rz. 47; Theile/Pawelzik, PiR 2012, S. 210 ff.; E&Y, International GAAP 2015, S. 1407 f.

1.6 Besondere Bedeutung der Anhangangaben

11 Trotz der umfangreichen Vorgaben des Standards ist die Durchführung des *impairment*-Tests in einem erheblichen Umfang durch Ermessensausübung des bilanzierenden Unternehmens geprägt. Bereits für die Feststellung, ob eine (außerplanmäßige) Wertberichtigung **dem Grunde nach** indiziert ist, vermeidet der Standard konkrete Vorgaben (i.S.v. *bright lines*). Für die Bestimmung einer Wertberichtigung **der Höhe nach** wird die Notwendigkeit von Schätzungen, Durchschnittsbildungen und rechnerischen Vereinfachungen explizit herausgestellt (IAS 36.23). Neben den nach IAS 36 explizit geforderten Angaben zeitigen auch die nach IAS 1 bestehenden Offenlegungspflichten zu den Hauptquellen von **Schätzunsicherheiten** (*estimation uncertainty*) Relevanz (IAS 1.125).

12 Zur Wahrung der Mindestansprüche an die **Objektivierbarkeit** der vorgenommenen Bilanzierungsentscheidungen bedarf es standardisierter Offenlegungspflichten. Nur über ausreichende Anhangangaben lässt sich die **Plausibilität** der Bilanzierung feststellen. Der hohe Subjektivitätsgrad der Bewertung von Vermögenswerten wird dadurch zwar nicht vermieden, die Objektivierbarkeit der Bilanzierungsentscheidung aber insbesondere durch Hinweis auf sensitive Schätzungen und Ermessensentscheidungen ermöglicht (ausführlich Rz 227 ff.).

2 Die Durchführung des *impairment*-Tests

2.1 Überblick

13 Die Vorgaben zum *impairment*-Test nehmen innerhalb der IFRS eine Sonderrolle ein. In der Rezeption stellen die Vorgaben von IAS 36 auf einen Vergleich des Buchwerts eines Vermögenswerts mit dessen Marktwert (i.S.e. Nettoveräußerungspreises) bzw. Nutzungswert ab. Der Nutzungswert ist verpflichtend als Barwert der erwarteten Zahlungsströme aus Sicht des Unternehmens zu bestimmen (Rz 42). Der Nettoveräußerungspreis kann ebenfalls unter Rückgriff auf zahlungsstromorientierte Bewertungsverfahren ermittelt werden (Rz 34); auch ein beobachtbarer Marktwert entspricht letztlich dem Barwert der erzielbaren Zahlungsströme, allerdings aus der Perspektive der (agierenden) Marktteilnehmer. Die Durchführung des *impairment*-Tests verlangt daher die Gegenüberstellung eines **Buchwerts** (*accounting measure*) mit dem **Barwert** der erwarteten Zahlungsströme (*cash flow measure*) aus der (optimalen) Verwertung. Die gebotene Gegenüberstellung der beiden Größen wird innerhalb von IAS 36 mit detaillierten Vorgaben versehen. Neben den Ausführungen im Standard selbst sind ausführliche Regeln im Appendix, aber auch in den *Basis for Conclusions* und den *Illustrative Examples* beachtlich. Das Volumen von IAS 36 zusammen mit den Appendices ist daher beeindruckend. Die IFRS befleißigen sich hier einer ausführlichen Kommentierung mit umfangreichen Berechnungsbeispielen (Rz 2), lassen aber dennoch zahlreiche Anwendungsfragen offen, weil die Vorgaben zum *impairment*-Test quer (i.S.e. Schnittmenge) zu den sonstigen IFRS-Regeln liegen.
Somit bleibt die große Herausforderung für die Praxis, **gangbare Wege** zur Bewältigung des *impairment*-Tests zu finden.

14 Bereits für die Feststellung, ob ein Vermögenswert auf eine potenzielle Wertminderung zu untersuchen ist, also ein Anlass für ein *impairment* besteht, ist der

differenzierende Aufbau des Werthaltigkeitstests *(impairment test)* beachtlich. Zur Aufspürung *(identifying)* einer möglichen Wertminderung werden die Vermögenswerte (Rz 4) in **zwei Kategorien** aufgeteilt (hier sog. „qualifizierte" und „unqualifizierte").

- Für folgende „**qualifizierte**" (immaterielle) Vermögenswerte, die nicht oder noch nicht planmäßig abzuschreiben sind, ist **jährlich** – unabhängig vom Vorliegen eines diesbezüglichen Anhaltspunktes *(indication)* – ein (**quantitativer**) Werthaltigkeitstest durchzuführen (IAS 36.10; Rz 32 ff.):
  - immaterielle Anlagewerte, die wegen unbestimmter Nutzungsdauer nicht planmäßig abzuschreiben sind *(indefinite usefull life;* → § 13 Rz 93);
  - im Rahmen einer *business combination* aufgedeckte *goodwills,* die ebenfalls keiner planmäßigen Abschreibung unterliegen (→ § 31 Rz 63 ff.);
  - immaterielle Anlagewerte, die noch nicht zur Nutzung zur Verfügung stehen und deshalb **noch nicht** planmäßig abzuschreiben sind, z.B. aktivierte Entwicklungskosten (→ § 13 Rz 27 ff.) oder Lizenzen, die mangels technischer Ausrüstung noch „brachliegen" (→ § 10 Rz 40).

- Für die **übrigen** „**unqualifizierten**" Vermögenswerte – immaterielle Anlagen, die (schon) der planmäßigen Abschreibung unterliegen, zahlungsmittelgenerierende Einheiten ohne zugeordneten *goodwill* (Rz 100), außerdem alle Sachanlagen – geben sich die Vorgaben von IAS 36 **moderater** (IAS 36.9):
  - Zu jedem Bilanzstichtag – auch für den Zwischenabschluss (→ § 37) – ist zunächst nur eine überschlägige (**qualitative**) Einschätzung hinsichtlich der Werthaltigkeit *(assessment)* anhand ausgewählter Indikatoren vorzunehmen (Rz 19 ff.).
  - Bestehen nach dieser Einschätzung **Anzeichen** *(indications)* für eine Wertminderung, ist zur Ermittlung des erzielbaren Betrages *(recoverable amount)* in die eigentlichen Berechnungen *(formal estimate)* einzusteigen (**quantitativer** Test; IAS 36.8; Rz 32 ff.).

Bezüglich der Wertminderungsindikatoren werden die beiden Kategorien von Vermögenswerten in IAS 36.12 (Rz 14) wieder zusammengeführt, d.h., die Indikatoren gelten für beide Kategorien. Neben der verpflichtenden Durchführung eines jährlichen Tests sind qualifizierte Vermögenswerte zusätzlich bei Feststellung eines Wertminderungsindikators auf Werthaltigkeit zu testen.

Der bei den qualifizierten Vermögenswerten mindestens einmal pro Jahr durchzuführende quantitative Test kann zu einem **beliebigen Zeitpunkt**, d.h. auch unterjährig, erfolgen, allerdings in zeitlich konsistenter Form (IAS 36.10). Häufig wird bei börsennotierten Gesellschaften, deren Geschäftsjahr dem Kalenderjahr entspricht, der 30.9. gewählt, weil zu diesem Datum ohnehin ein Zwischenbericht (→ § 37) zu erstellen ist und das ermittelte Ergebnis dann in die Jahres-Gesamtrechnung einfließen kann. Sinnvoll ist eine Durchführung des Tests nach Abschluss des jährlichen Planungszyklus für das Unternehmen bzw. den Konzern.

Unmittelbar vor der Umqualifizierung eines Vermögenswertes oder einer „Gruppe" von Vermögenswerten als „zur Veräußerung nach IFRS 5 (→ § 29) bestimmt" ist nach IFRS 5.18 ein Wertminderungstest vorzunehmen (→ § 29 Rz 37). Für Vermögenswerte im Anwendungsbereich von IFRS 6 sind wesentliche Vereinfachungen vorgesehen (→ § 42 Rz 22). Wegen gewisser Erleichterungen für das sonstige Vermögen vgl. Rz 29.

Wegen der Wertermittlung generell und speziell für immaterielle Vermögenswerte überhaupt wird verwiesen auf → § 31 Rz 225 ff.

16 Die Bearbeitungsschritte stellen sich wie folgt dar:

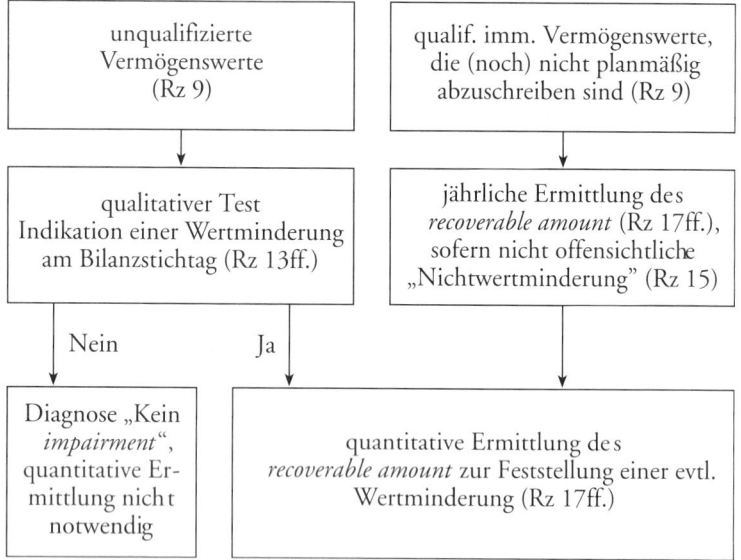

Tab. 1: *Impairment*-Test bei unqualifizierten Vermögenswerten

17 Für weite Bereiche des von IAS 36 angesprochenen Anlagevermögens (Rz 4) kann es im Rahmen einer Einzelbetrachtung beim (**überschlägigen**) qualitativen Wertminderungstest *(assessment)* bleiben. Zwar besteht die theoretische Möglichkeit, jeden einzelnen Vermögenswert bei Vorliegen eines Verdachtsmoments für eine Wertminderung einer Einschätzung zu unterziehen, diese liefe aber ins Leere, da regelmäßig kein Nutzungswert auf Ebene des einzelnen Vermögenswerts bestimmt werden kann. Selbst wenn also ein Nettoveräußerungspreis feststellbar wäre (was für immaterielles Vermögen mangels aktiven Marktes nahezu ausscheidet) und dieser den Buchwert unterschreiten würde, müsste noch ein Nutzungswert bestimmt werden. Die für die Bestimmung des Nutzungswerts notwendigen, direkt zurechenbaren Zahlungsströme liegen für einen einzelnen Vermögenswert i. d. R. nicht vor (für Ausnahmen siehe Rz 96); daher ist auf eine zahlungsmittelgenerierende Einheit abzustellen (Rz 8). Der Katalog von potenziellen Wertminderungsindikatoren nach IAS 36.12–14 (Rz 19 ff.) findet daher i. d. R. für CGUs Anwendung.

18 Nach IAS 36.66 ist der Wertminderungstest dennoch konzeptionell **vorrangig** für den **einzelnen** Vermögenswert vorzunehmen (Rz 4). Nur sofern dies unmöglich ist – praktisch die Regel –, kommt die **zahlungsmittelgenerierende Einheit** (*cash generating unit*, CGU) ins Spiel (Rz 8 und Rz 100 ff.). Eine direkt zuordenbare Wertminderung eines einzelnen Vermögenswerts (etwa der Untergang eines Vermögenswerts) kann somit nicht durch ein Abstellen auf eine größere Einheit vermieden werden.

> **Beispiel**
> Unternehmen U setzt für die Produktion fünf vergleichbare Maschinen ein, die zusammen in einer Produktionshalle stehen. Zur Fertigstellung des Produkts werden noch weitere Ressourcen benötigt. Insgesamt ist das Geschäft des U hoch ertragreich, der Barwert der erwarteten künftigen Zahlungsströme übersteigt die Anschaffungskosten der Einsatzfaktoren um ein Vielfaches.
> Aufgrund eines Bedienungsfehlers durch nicht ausreichend geschultes Personal wird eine der fünf eingesetzten Maschinen vollständig zerstört und hat lediglich Schrottwert, leistet auch keinen Beitrag mehr zur künftigen Ertragssituation.
> U hat den Wert der Maschine auf den Schrottwert zu berichtigen. Auch wenn der Barwert der Zahlungsströme aus dem Einsatz von vier Maschinen die Anschaffungskosten für alle fünf übersteigt, kann eine Wertminderung nicht unterbleiben, da die zerstörte Maschine nicht mehr an der Nutzenschöpfung teilhat, also nicht mehr Teil der zahlungsmittelgenerierenden Einheit und somit einer Einzelbewertung zu unterziehen ist.

2.2 Indikation und Kontraindikation einer Wertminderung (*impairment*)

2.2.1 Die Wertminderungsindikatoren

IAS 36.12 listet für **alle** dem Standardregelungsbereich unterliegenden Vermögenswerte Anhaltspunkte *(indications)* auf, die auf eine Wertminderung hindeuten können. Die Liste der potenziellen Anhaltspunkte differenziert zwischen **externen** (nicht im Einflussbereich des Unternehmens stehende) und **internen** (unternehmensspezifischen) Anlässen, ist allerdings nicht als abschließend anzusehen (IAS 36.13).

Externe Informationsquellen:
- Außergewöhnliche Minderung des Marktwertes eines Vermögenswertes, der die normale Wertminderung durch Abnutzung deutlich übersteigt;
- wesentliche Änderungen im Unternehmensumfeld technischer, marktmäßiger, wirtschaftlicher oder gesetzlicher Provenienz;
- Erhöhung der Marktzinssätze oder anderer Marktrenditen unter Berücksichtigung der erforderlichen Risiko- und Komplexitätszuschläge im Vergleich zu den bei der internen Kalkulation angewandten Diskontierungsraten mit der Folge einer wesentlichen Senkung des Nutzungswertes;
- das ausgewiesene Eigenkapital des Unternehmens ist höher als die Marktkapitalisierung.

Interne Informationsquellen:
- Überalterung oder körperliche Beschädigung des Vermögenswertes;
- wesentliche Änderungen des betrieblichen Umfeldes, in dem der betreffende Vermögenswert eingesetzt wird;
- das interne Berichtswesen deutet auf eine schlechtere Leistungsfähigkeit des Vermögensgegenstandes hin;
- Bei Beteiligungen im Einzelabschluss an Tochtergesellschaften sowie Anteilen an assoziierten (→ § 33) und gemeinschaftlich kontrollierten Unternehmen (→ § 34) („Investment"), aus denen Dividenden bezogen werden und

- der Beteiligungsbuchwert höher ist als die Buchwerte des Investments im konsolidierten Abschluss oder
- die Dividende das gesamte *comprehensive income* (→ § 2 Rz 89) des Investments in der Periode, in der die Dividende anfällt, übersteigt.

20 Abstrahierend können die Indikatoren wie folgt strukturiert werden:
- Einmalereignisse,
- „schleichende" Entwicklung (Trend).

Alle diese Anhaltspunkte bedürfen einer sinnvollen Interpretation. So genügt die Feststellung eines höheren Eigenkapitals gegenüber der **Marktkapitalisierung** nicht zur Feststellung einer generellen Überbewertung. Zusätzlich sind Kontrollprämien, Volatilität des Aktienkurses, Dauer der „Unterbewertung" etc. zu berücksichtigen. Speziell auch die *sum-of-the-parts*-Thematik (Rz 168) kommt hier ins Spiel. Eine Rechtfertigung für einen die Marktkapitalisierung übersteigenden Eigenkapitalausweis kann u. U. im Diversifizierungsabschlag (*conglomerate discount*) gefunden werden (Rz 172 ff.). Entsprechendes gilt für die Beobachtung **gestiegener Marktzinssätze**. U. U. zeigt eine Variation (i. d. R. ein Anstieg) der beobachtbaren Marktzinssätze keine Relevanz für die erwartete Rendite eines Vermögenswerts. Dies gilt insbesondere, wenn nur ein Anstieg der kurzfristigen Zinssätze vorliegt, der Zeitraum der Nutzung des Vermögenswerts aber langfristig ist und daher der erzielbare Betrag nicht oder nur unwesentlich beeinflusst wird (IAS 36.16).

21 Einen weiteren besonders wichtigen Indikator für einen Wertminderungstest stellen mögliche **staatliche Eingriffe** in die Preisgestaltung dar, also z. B. bei der Telekommunikation und der Energieversorgung. Auch andere Indikationen sind beachtlich, z. B. die beabsichtigte **Veräußerung** von Vermögenswerten oder die Aufgabe von Unternehmensbereichen (→ § 29 Rz 3), wobei hier wie folgt zu differenzieren ist: Soweit die Voraussetzungen von IFRS 5
- **bereits** erfüllt sind, kommt das dort enthaltene Niederstwertprinzip – Buchwert oder niedrigerer *fair value less costs of disposal* – zum Tragen; der Nutzungswert *(value in use)* spielt keine Rolle mehr;
- **noch nicht** erfüllt sind, liefert die Veräußerungsabsicht lediglich einen Hinweis auf einen möglichen Abwertungsbedarf nach IAS 36.

22 Auch das **innerbetriebliche** Berichtswesen ist nach IAS 36.14 auf Anzeichen für eine Wertminderung von Vermögenswerten hin durchzusehen. Dabei sind insbesondere **negative Abweichungen** der Ist-Größen von *cash flows* oder Ertragsgrößen gegenüber Budgetansätzen von Bedeutung. Bezüglich der Feststellung eines eventuellen Wertberichtigungsbedarfs knüpft der Standard an die Ausgestaltung des internen Berichtswesens an, ohne selbst Mindestanforderungen an die Berichtstiefe zu stellen.

23 IAS 36 vermeidet in Bezug auf das Vorliegen von Anzeichen für eine Wertminderung, die sich aus dem internen Berichtswesen ergeben, die Vorgabe **quantitativer Größen** (*bright lines*). Besondere Bedeutung kommt der Feststellung von **negativen Abweichungen** zwischen Ist und Soll zu. Nach IAS 36.12 f. ist nicht jede negative Abweichung beachtlich, sondern nur solche mit **Signifikanz** (*significant changes*). Aufgrund der fehlenden Konkretisierung des Signifikanzkriteriums innerhalb von IAS 36, aber auch der IFRS überhaupt,[3] halten wir – i. S. e. stetigen Auslegung von unbestimmten Rechtsbegriffen (IAS 8.13; → § 24

---

[3] Vgl. IFRIC, Agenda Decision; IFRIC, Update July 2009, mit Bezug auf Finanzinstrumente.

Rz 15) – eine Orientierung an vergleichbaren unternehmensspezifischen Auslegungen der Vorgaben der IFRS für geboten. Wird etwa im Bereich der Finanzinstrumente eine Abweichung des Marktwerts von den Anschaffungskosten von mehr als 20 % für signifikant gehalten (→ § 28 Rz 164), bindet diese Interpretation des Signifikanzkriteriums auch für den *impairment*-Test nach IAS 36.

Die Identifikation eines Wertminderungsanlasses zieht eine verpflichtende Beurteilung nach sich, welche Vermögenswerte und/oder zahlungsmittelgenerierenden Einheiten von einer möglichen Wertminderung betroffen sind. Ergibt sich eine Indikation aus einer internen Informationsquelle (also unternehmensspezifisch), bestehen i. d. R. keine Schwierigkeiten hinsichtlich der Bestimmung der zu testenden Vermögenswerte. Anderes gilt ggf. bei externer Evidenz für eine Wertminderung. Kann die Auswirkung einer auf externer Information beruhenden Indikation nicht isoliert, also einzelnen Vermögenswerten bzw. CGUs zugewiesen werden, folgt u. E. hieraus die Pflicht für einen **generellen Werthaltigkeitstest**, der alle (!) zahlungsmittelgenerierenden Einheiten (auch solche ohne zugeordneten *goodwill*) umfasst. 24

> **Beispiel**
> Die börsennotierte U als Holdinggesellschaft hat drei Tochtergesellschaften (A, B und C), die gleichzeitig auch die CGUs des Konzerns darstellen. Das Tochterunternehmen A wurde gegründet, die Unternehmen B und C erworben. Im Zuge des Erwerbs von B und C wurde ein derivativer *goodwill* von 160 GE (je 80 GE für B und C, kein *goodwill* für A) angesetzt. Das Konzerneigenkapital zu Beginn und zum Ende der Periode beträgt inkl. *goodwill* von 160 GE nahezu unverändert 400 GE. Das um den *goodwill* bereinigte Nettovermögen der CGUs beläuft sich am Periodenende auf jeweils 80 GE.
> Im Laufe der aktuellen Berichtsperiode haben sich die Ertragsaussichten der Gruppe massiv verschlechtert. Der Marktwert des Eigenkapitals (Anzahl ausstehende U-Aktien x Aktienkurs U) ist daraufhin von 500 GE am Beginn der Periode auf 300 GE am Periodenende gefallen.
> U behandelt den Rückgang in der Marktkapitalisierung als Anlass für einen Werthaltigkeitstest der gesamten Gruppe und bestimmt zunächst den erzielbaren Betrag von Tochterunternehmen B und C i. H. v. 120 GE (CGU B) bzw. 100 GE (CGU C). Da der Buchwert der CGU B (80 GE + 80 GE) den erzielbaren Betrag um 40 GE übersteigt, schreibt U den B zugeordneten *goodwill* zur Hälfte ab. Auch für den *goodwill* der CGU C wurde ein Wertberichtigungsbedarf von 60 GE (160 GE – 100 GE) festgestellt und entsprechend erfasst. Auch für CGU A ist ein Werthaltigkeitstest geboten, obwohl die bereits erfasste Wertminderung für CGU B und CGU C nach erster oberflächlicher Betrachtung einen weiteren Wertminderungsbedarf widerlegt.

Von dem Indikatorenkatalog des IAS 36 ausgenommen sind – trotz Anwendung zur Bestimmung einer evtl. Wertminderung der Höhe nach – nach der **equity-Methode** bewertete Anteile im Konzernabschluss. Für die Feststellung einer eventuellen Wertminderung dem Grunde nach sind die Vorgaben für Finanzinstrumente einschlägig (→ § 33 Rz 101). Ebenfalls ausgenommen sind Vermögenswerte, die in den Anwendungsbereich des IFRS 6 fallen (→ § 42 Rz 22). 25

26 Negative Indikatoren dürfen nicht unbeachtet bleiben (saldiert werden) mit gegenläufigen positiven. Vielmehr gilt eine Art **Imparität** bei der Wertung der Indikatoren.

> **Beispiel**
> U ist seit Langem Marktführer im Bereich der Mäusefallenproduktion. Der Hauptwettbewerber hat allerdings ein Produkt auf der Grundlage neuerer technologischer Erkenntnisse auf den Markt geworfen, das in Fachkreisen große Anerkennung findet. Andererseits weisen die effektiven Produktions- und Verkaufszahlen von U im laufenden Jahr einen erheblichen Überhang über den Budgetvorgaben aus. Deshalb sieht das Management keinen Anlass für einen Wertminderungstest bez. der Produktionsanlagen für die Mausefallen. Gleichwohl ist ein Wertminderungstest durchzuführen, in dem die künftigen *cash flows* unter Berücksichtigung des neuen Konkurrenzprodukts prognostiziert werden müssen.
> Eine „Kontraindikation" wie für den *goodwill* und für immaterielle Vermögenswerte mit unbestimmter Nutzungsdauer (Rz 29) ist für die Sachanlagen etc. („unqualifizierte" Vermögenswerte; Rz 14) nicht vorgesehen.

27 Die Indikatoren, die eine potenzielle Evidenz für einen Wertberichtigungsbedarf liefern, stimmen nicht exakt mit denen überein (IAS 36.112), die nach IAS 36.111 für die Beurteilung einer evtl. **Wertaufholung** heranzuziehen sind (Rz 219). Im Falle der Wertaufholung fehlt bei den externen Informationsquellen der Verweis auf das Verhältnis von Buchwerten zu Marktwerten. Insoweit ist hier ein anderer Maßstab zugrunde zu legen als für die Feststellung einer Wertminderung (Rz 220).

28 Unabhängig von der späteren Erfassung einer Wertminderung löst die Identifizierung eines externen oder internen Indikators (Rz 19) eine Pflicht zur **Neubeurteilung** der Angemessenheit der planmäßigen Abschreibung hinsichtlich
- der verbleibenden wirtschaftlichen Nutzungsdauer (*remaining useful life*),
- eines eventuellen Restwerts (*residual value*) und
- der gewählten Abschreibungsmethode (*depreciation method*)

aus (IAS 36.17). Die Effekte der Neubeurteilung auf die Folgebewertung (→ § 10 Rz 108) sind als *changes in accounting estimates* gem. IAS 8.32, insbesondere IAS 8.36 und 8.37 zu behandeln (→ § 24 Rz 52). Sie sind prospektiv, d. h. im Ergebnis der laufenden oder künftiger Perioden zu erfassen (Rz 97). Die erfolgswirksame Korrektur eines Vermögenswerts wegen eines *change in accounting estimates* ist erst im Anschluss an ein evtl. *impairment* vorzunehmen („*if no impairment loss is recognised*"), setzt also die Durchführung eines Tests voraus und kann einen solchen auch nicht ersetzen.

2.2.2 „Kontraindikation" bei qualifizierten Vermögenswerten

29 Von potenzieller praktischer Relevanz ist der spezielle Hinweis in IAS 36.15 auf den **Wesentlichkeits-Gedanken** (*concept of materiality*), der auch als Ausdruck des *cost-benefit*-Kriteriums verstanden werden kann (→ § 1 Rz 62). Die Herausstellung des Wesentlichkeits-Konzeptes an dieser Stelle muss mehr bedeuten als nur eine Wiederholung der generell gültigen Vorgabe im Rahmenkonzept (→ § 1 Rz 63 ff.).

Auf die (hier sog.) **qualifizierten** Vermögenswerte (Rz 14):
- immaterielle Vermögenswerte mit unbestimmter Nutzungsdauer,
- noch nicht genutzte immaterielle Werte,
- *goodwill*

ist IAS 36 besonders ausgerichtet. Gleichwohl sieht der Board die mit einem quantitativen Wertminderungstest verbundenen Kosten und gewährt deshalb bez. des Jahresrhythmus für den *impairment*-Test (Rz 14) gewisse Erleichterungen durch einen Blick **zurück**:

Wenn bisherige Berechnungen *(calculations)* einen wesentlich über dem Buchwert liegenden erzielbaren Wert, also eine **signifikante „Bewertungsreserve"**, ergeben haben **und** wegen eines im Wesentlichen unveränderten wirtschaftlichen Umfeldes vom Weiterbestehen dieser Datenkonstellation ausgegangen werden kann, ist eine förmliche Neuberechnung *(re-estimate)* entbehrlich. Für den *goodwill* wird diese Erleichterung in IAS 36.99 (Rz 49) für *immaterielle* Vermögenswerte mit unbestimmter Nutzungsdauer in IAS 36.24 (→ § 13 Rz 93) konkretisiert.

30

IAS 36.16 führt zwei **Beispiele** für die Erleichterung an:
- Trotz Erhöhung der kurzfristigen Marktzinsen kann eine neue Diskontierungsrechnung zur Ermittlung des Nutzungswertes entbehrlich sein, wenn die vorherige Kalkulation zutreffend den langfristigen Zinssatz verwendete, dieser unverändert ist und auch die *cash-flow*-Erwartungen sich nicht verschlechtert haben.
- Ebenso kann eine Neuberechnung entfallen, wenn zwar der langfristige Marktzins steigt, aber die Erhöhung entweder sehr gering ausfällt oder mit einer Erhöhung der Zinsen eine kompensatorische Erhöhung der *cash-flow*-Erwartungen einhergeht (Rz 19).

Die beiden Beispiele belegen den nur **geringfügigen Anwendungsbereich** der Erleichterungsvorschrift jedenfalls in konjunkturabhängigen und schnelllebigen Branchen. Im ersten Beispielfall reicht die Konstanz der langfristigen Zinsen nicht; zusätzlich dürfen sich die *cash-flow*-Erwartungen selbst, d. h. deren Höhe und zeitliche Konfiguration, nicht wesentlich verschlechtert haben. Bei auf diese Weise gesicherter Konstanz des Nutzungswertes darf außerdem das ihm gegenüberzustellende buchmäßige Nettovermögen nicht wesentlich gestiegen sein, da sich die Wertminderung aus der Differenz beider Größen ergibt. Der zweite Beispielfall hat eine noch geringere praktische Bedeutung, da hier nur selten gegebene Negativkorrelationen von Zins- und Netto-*cash-flow* angenommen werden müssen.

2.2.3 Zwischenbefund

Die Vorgaben bez. der Feststellung, ob dem Grunde nach Anlass für eine Wertminderung besteht, erfolgen für den einzelnen Vermögenswert (unter der Überschrift „*Identifying an asset that may be impaired*"), zeitigen regelmäßig allerdings nur für die zahlungsmittelgenerierende Einheit, somit eine Gruppe von Vermögenswerten, Relevanz (Rz 17). Trotz des Umfangs der Vorgaben fehlt es an **konkreten Vorgaben** (i. S. v. *bright lines*), wann eine Wertberichtigung bzw. ein Test hinsichtlich einer solchen indiziert ist. Wegen der Unbestimmtheit der Standardvorgaben obliegt es regelmäßig der Einschätzung des Unternehmens, ob

31

Anzeichen für eine Wertminderung bestehen. Allerdings bleibt diesbezüglich zwischen zwei **Perspektiven** zu unterscheiden:
- Liegen **externe** Informationen für eine evtl. Wertminderung vor, kann ein *impairment*-Test nur unterbleiben, wenn die (marktbezogene) Evidenz unternehmensspezifisch widerlegt werden kann. Insoweit besteht zunächst ein Anlass, der allerdings entkräftet werden kann.
- Das Vorliegen **interner** Informationen, die auf eine potenzielle Wertminderung hinweisen, bestimmt sich in Abhängigkeit des internen Berichtswesens und der Steuerung des Unternehmens.

Aus der einen Perspektive ist somit ein bereits bestehender Anlass zu widerlegen, aus der anderen das Bestehen einer Indikation zunächst festzustellen. In beiden Fällen kommt der Berichterstattung des Unternehmens gem. IAS 36.130a über den Umgang mit externen und internen Informationsquellen besondere Bedeutung zu (Rz 231).

2.3 Ermittlung des erzielbaren Betrags (*recoverable amount*)

2.3.1 Zwei Wertmaßstäbe

32 Zur Ermittlung des Stichtagswertes, des *recoverable amount* (erzielbarer Betrag), stehen **zwei Größen** (Rz 42 ff.) zur Verfügung (Rz 8):
- „Nutzungswert" (*value in use*)
- „beizulegender Zeitwert abzüglich Veräußerungskosten" bzw. in Kurzform „Nettoveräußerungswert" (*fair value less costs of disposal*).

Einer von beiden Werten muss mindestens so hoch sein wie der Buchwert (IAS 36.19); ansonsten ist eine Abschreibung vorzunehmen (Rz 6). In der Grundkonzeption ist für die Bestimmung eines eventuellen *impairment* daher nur eine Gegenüberstellung von zwei Werten erforderlich. Konzeptionell vorrangig, praktisch aber meist nachrangig (Rz 18), erfolgt die Bestimmung des erzielbaren Betrags auf Ebene des einzelnen Vermögenswerts (IAS 36.22).
- Keine besonderen Schwierigkeiten ergeben sich, wenn für einen Vermögenswert dessen Nettoveräußerungswert (als Level-1-Input) beobachtbar ist und dieser auch den Buchwert übersteigt. Weitere Überlegungen hinsichtlich eines möglichen *impairment* können dann unterbleiben (IAS 36.19).
- Schwierigkeiten bestehen, wenn für einen einzelnen Vermögenswert zwar ein Nettoveräußerungswert beobachtbar ist, dieser aber den Buchwert unterschreitet und deshalb die Bestimmung des Nutzungswerts angezeigt ist.

Regelmäßig scheitert die Bestimmung eines Nutzungswerts auf **Ebene** des einzelnen **Vermögenswerts** mangels Unabhängigkeit des Zahlungsstromprofils des zu beurteilenden Vermögenswerts von anderen Vermögenswerten. Anstelle der Einzelbewertung tritt dann die Notwendigkeit zur Bestimmung des erzielbaren Betrages und der Vergleich mit dem Buchwert für eine Gruppe von Vermögenswerten.

2.3.2 Basis: Nettoveräußerungswert

33 Die Vorgaben in IAS 36 i.V.m. den einheitlichen Leitlinien des IFRS 13 verpflichten bei der Bestimmung des Nettoveräußerungswertes zur Beachtung der folgenden **Bewertungshierarchie** (Rz 168):

- Vorrangig ist auf einen beobachtbaren Preis abzüglich Veräußerungskosten nach Maßgabe eines **bindenden Angebotes** bzw. eines **bereits abgeschlossenen** Vertrages zwischen unabhängigen Parteien abzustellen.
- Sekundär kann für die Bestimmung die Preisbildung auf einem **aktiven** Markt (gem. IAS 36.6) unter Berücksichtigung der Verkaufskosten herangezogen werden.
- Nachrangig ist eine **Ableitung** aus bestmöglichen Informationen. Hierbei sind zeitnahe Transaktionen ähnlicher Vermögenswerte in der Branche zu berücksichtigen.

Für die wenigsten materiellen und besonders immateriellen Vermögenswerte lassen sich Preisstellungen auf einem aktiven Markt beobachten. Der IASB qualifiziert die vorstehende Wertermittlungshierarchie daher mit einem Vorbehalt (IAS 36.BCZ18): **Marktpreise** (aus liquiden/aktiven Märkten) lassen sich nur in seltenen Fällen feststellen. Die – abstrakt zutreffenden – Erläuterungen in IAS 36 zur Ermittlung des Nettoveräußerungswertes – am ehesten im unwahrscheinlichen Fall eines vorliegenden Kaufvertrages möglich – tragen zur Lösung praktischer Fälle tatsächlich wenig bei. Hierzu folgendes **Beispiel:**[4]

> **Beispiel**
> Ein Unternehmen beschafft Anfang Dezember einen PC, einen Pkw der Oberklasse zum Listenpreis und eine spezielle CNC-Maschine. Die Buchwerte per 31.12. werden durch planmäßige Abschreibung mit 1/12 der Jahresabschreibung (pro rata temporis) ermittelt. Für die Nettoveräußerungswerte soll Folgendes gelten:
> - PCs unterliegen einem raschen technologischen Wandel. Der Markt für Gebraucht-PCs ist wenig liquide. Der Nettoveräußerungswert beträgt daher nur noch etwa 1/2 der Anschaffungskosten.
> - Für Fahrzeuge der Oberklasse gibt es zwar einen hinreichend liquiden Gebrauchtmarkt. Dieser ist jedoch ein Käufermarkt. Für ein nur 1 Monat altes Fahrzeug der Oberklasse sind nicht mehr als 75 % der Anschaffungskosten zu erzielen.
> - Bei der CNC-Maschine handelt es sich um eine Spezialanfertigung. Diese ist, falls überhaupt, nur mit einem symbolischen Wert zu veräußern.

Häufig liefert der **Nettoveräußerungswert** wegen fehlender beobachtbarer Marktpreise also keinen Beitrag zur Durchführung des *impairment*-Tests für einen einzelnen Vermögenswert. Wenn der betreffende Vermögenswert tatsächlich zum Verkauf steht, unterliegt er im Übrigen dem besonderen Regelungsbereich von IFRS 5 (→ § 29). Wurde ein Vermögenswert erst gerade (bzw. nahe zum Stichtag) erworben, kann der gezahlte Kaufpreis als Anhaltspunkt für den Nettoveräußerungswert herangezogen werden, nachdem ein Abschlag für notwendige Veräußerungskosten berücksichtigt wurde (IAS 36.28).

Selbst wenn ein Preis für einen vergleichbaren/ähnlichen Vermögenswert (etwa aus einer aktuellen Transaktion) beobachtbar ist, kann dieser nicht ohne Weiteres als Anhaltspunkt für den Nettoveräußerungswert herangezogen werden. Der

---

4 Nach Dyckerhoff/Lüdenbach/Schulz, FS für Klaus Pohle, 2003, S. 36.

Rückgriff auf einen beobachtbaren Preis setzt ein Zustandekommen als Ergebnis einer Transaktion über einen vergleichbaren Vermögenswert innerhalb derselben Industrie voraus. Auch wenn ein beobachtbarer Preis nicht als verlässliche Schätzung in Betracht gezogen wird, ist dieser bei der *fair-value*-Bestimmung dennoch gebührend – etwa zur **Kalibrierung** des über ein Bewertungsverfahren bestimmten Ergebnisses – zu berücksichtigen.

36 Die Vorgaben von IAS 36 lassen neben einer marktbasierten Bestimmung des Nettoveräußerungswerts auch den Rückgriff auf Bewertungsverfahren zu. Durch die **Gleichstellung** der Angabepflichten für die beiden Bewertungsverfahren (Rz 32) im *Annual Improvements Project* 2008 (Rz 170) hat der IASB den Nettoveräußerungswert als Bewertungsmaßstab gleichsam geadelt, also dem Nutzungswert (Rz 42) gleichgestellt. Der Einsatz von Bewertungsverfahren setzt allerdings den Rückgriff auf Annahmen voraus, die eine Bestimmung valider Werte sicherstellen. Für die Bestimmung des Nettoveräußerungswerts ist daher das jeweils am besten geeignete einzelne **Bewertungsverfahren** (*single valuation technique*) anzuwenden oder, falls notwendig, auf eine gewichtete **Kombination** aus mehreren Verfahren (*multiple valuation techniques*) abzustellen.[5] Das Auswahlkriterium für ein Bewertungsverfahren stellt die Verfügbarkeit von am **Markt** beobachtbaren (Bewertungs-)Parametern und Prämissen dar. Von den verschiedenen infrage kommenden Bewertungsverfahren ist dasjenige heranzuziehen, welches im konkreten Bewertungsfall am meisten auf marktbasierten Inputparametern aufbauen kann.

37 Anwendbar sind eine **Multiplikator**-Bewertung (vergleichende Marktbewertung) oder ein **DCF**-Modell (*mark-to-model*). Bei der Ermittlung des Nettoveräußerungswerts mittels Bewertungsverfahren sind allerdings im größtmöglichen Umfang beobachtbare Marktdaten zu verwenden. Ohne Marktbasierung des Bewertungsverfahrens und der gewählten Parameter entspricht das Ergebnis nicht dem Wert, den der Markt (bzw. hypothetische Marktteilnehmer) und nicht das Management beilegen würde. Die **Beweislast** für die Verwendung marktbasierter Inputs liegt beim Unternehmen; ohne den Nachweis scheidet eine Bestimmung des erzielbaren Betrags über den *fair value less costs of disposal* i.d.R. aus; es ist dann der Nutzungswert zu ermitteln (IAS 36.20).

38 Bei Bestimmung des Nettoveräußerungswerts über ein DCF-Verfahren können zwar die **Restriktionen**, die IAS 36 für die Ermittlung des Nutzungswertes im DCF-Verfahren vorsieht (Rz 42), **unbeachtet** bleiben, allerdings tritt an deren Stelle eine andere Einschränkung: Ohne **marktbasierte** Inputs für das Bewertungsverfahren (bei einer DCF-Bewertung nicht nur des Diskontierungszinses, sondern auch der *cash-flow*-Annahmen) wird der Anforderung zur Ermittlung des am Bilanzstichtag erzielbaren Wertes aber nicht Genüge getan. Wird das Ergebnis der Bewertung (unzulässigerweise) dennoch als Nettoveräußerungswert bezeichnet, kommt es zu einer „**Fehletikettierung**".[6] In einer Situation, in der der Markt die *cash-flow*-Aussichten deutlich schlechter einschätzt als das besser informierte Management, müsste danach entgegen der besseren internen Information den externen Annahmen gefolgt werden. Beruht umgekehrt die *cash-flow*-Projektion auf den internen Management-Planungen, wird nicht oder

---

[5] Vgl. FREIBERG, Diskontierung in der Internationalen Rechnungslegung, Rz 304.
[6] FREIBERG/LÜDENBACH, KoR 2005, S. 486.

nur zufällig ein marktbasierter Veräußerungspreis berechnet. Wegen der formalen Anerkennung einer Bestimmung des Nettoveräußerungswerts über Bewertungsverfahren (Rz 37) bestehen zwar dem Grunde nach keine Bedenken mehr gegen ein solches Vorgehen, gleichwohl bleibt ein solches Vorgehen im konkreten Fall nur zulässig, wenn in möglichst weitgehendem Umfang marktbasierte Inputparameter verwendet werden oder das Gesamtergebnis an einer beobachtbaren Marktbewertung kalibriert wird.

Der Nettoveräußerungswert – als **Bewertungsmaßstab** (*measure*) – bestimmt sich als der Betrag, der dem Unternehmen aus einer tatsächlichen Veräußerung am Bewertungsstichtag zufließen könnte. Von dem erzielbaren Veräußerungserlös sind daher noch direkt zurechenbare (**Einzel-)Kosten** (*incremental costs directly attributable*) eines unterstellten Verkaufs (etwa Rechtskosten, Verkehrssteuern etc.) sowie alle Kosten, die mit der Herstellung der Verkaufsbereitschaft entstehen (Demontagekosten, Kosten für Entsorgung etc.), in Abzug zu bringen (IAS 36.6). Unerheblich sind – neben mit dem Verkauf verbundenen Finanzierungskosten und Ertragsteueraufwendungen – Gemeinkosten, somit Kosten, die nicht direkt zurechenbar sind (Abfindungen für Mitarbeiter, Organisationskosten etc.). Die Vorgaben zum *impairment*-Test vermeiden eine allgemeine (quantitative) Festlegung der in Abzug zu bringenden Veräußerungskosten (*costs of disposal*). Als Ausgangspunkt für die Bestimmung der notwendigen Veräußerungskosten kann auf einen **prozentualen Anteil** (etwa 1–3 %[7]) an dem beizulegenden Zeitwert des Bewertungsobjekts abgestellt werden. Die getroffene Einschätzung ist allerdings kritisch zu hinterfragen und anhand beobachtbarer Transaktionen zu plausibilisieren.

Jedenfalls darf sich die Ermittlung des Nettoveräußerungswertes nicht **allein** auf Zurechnung von *cash flows* zu den einzelnen Vermögenswerten stützen, auch wenn diese Zuordnung auf verlässlicher Basis möglich sein sollte.[8] Auch nach Verlagerung der Bewertungskonzeption auf die einheitlichen Leitlinien des IFRS 13 halten wir eine „Gegenprobe" zum Ergebnis der *cash-flow*-Rechnung in Form von Vergleichswerten für Preise ähnlicher Vermögenswerte in der betreffenden Branche für geboten (Rz 35). Die Kontrollrechnung stellt eine hohe Schranke für die DCF-orientierte Wertermittlung nach IAS 36 dar. Über die Einzelheiten der Ermittlung des Nettoveräußerungswertes ohne Ableitung aus Marktpreisen ist im Anhang gem. IAS 36.134e zu **berichten** (Rz 232).

Wegen unseres Vorbehaltes gegen die generelle Ermittlung des beizulegenden Wertes (*recoverable amount*) einer *cash generating unit* auf der Basis des Nettoveräußerungswertes wird verwiesen auf Rz 168.

Die Verabschiedung **allgemeiner Leitlinien** für die Ermittlung von beizulegenden Zeitwerten (*fair value measurement;* → § 8a) über Bewertungsverfahren zeigt auch Bedeutung für die Bestimmung des Nettoveräußerungswertes nach IAS 36. Durch eine Verlagerung der bislang in den Einzelstandards enthaltenen Vorgaben für die Messung des *fair value* „vor die Klammer" der Einzelregeln wird die Bewertungskonsistenz innerhalb der internationalen Rechnungslegung

---

[7] Vgl. Schmusch/Laas, WPg 2006, S. 1052.
[8] So aber IDW RS HFA 16, Tz. 82.

erhöht.[9] Ob die Neuregelungen allerdings einen entscheidenden Objektivierungsbeitrag leisten, insbesondere für den *impairment*-Test, bleibt fraglich.[10]

2.3.3 Basis: Nutzungswert

42 Die Ermittlung des **Nutzungswertes** (*value in use*) sieht nach IAS 36.30ff. von vornherein den Rückgriff auf ein Barwertkalkül vor und schließt andere Bewertungsverfahren (markt- oder kostenbasierte Bewertung) aus. IAS 36 übernimmt an dieser Stelle den Gedanken der ertragsorientierten **Unternehmensbewertung** (Rz 8, Rz 103), allerdings mit detaillierten **Berechnungsvorgaben** – anders als im Fall der Bestimmung des Nettoveräußerungswertes (Rz 34ff.). Die Bestimmung des Nutzungswerts bedingt regelmäßig ein Verlassen der Ebene des **einzelnen** Vermögenswerts hin zu einer Bewertung einer zahlungsmittelgenerierenden **Einheit** (IAS 36.67). Die Bestimmung des Nutzungswerts setzt daher folgende Arbeitsschritte voraus:
- (1) Bestimmung und Abgrenzung der auf eine evtl. Wertminderung zu testenden zahlungsmittelgenerierenden Einheit (Rz 100ff.).
- (2) Bestimmung des Buchwerts (*carrying amount*) der Vermögenswerte der Einheit (Rz 115ff.).
- (3) Berechnung des Nutzungswerts über Rückgriff auf ein Barwertkalkül (Rz 22ff.).
- (4) Vergleich von Buchwert und Nutzungswert und Bestimmung eines evtl. Wertberichtigungsbedarfs.

Wird der Nutzungswert ausnahmsweise für einen einzelnen Vermögenswert bestimmt (Rz 96), sind die gleichen Schritte zu berücksichtigen, lediglich die Abgrenzung der zahlungsmittelgenerierenden Einheit reduziert sich auf einen einzelnen Vermögenswert.

43 Die **Einschätzung** des *value in use* über den Rückgriff auf ein Barwertkalkül hat auf der Basis folgender Berechnungsgrundlagen zu erfolgen (IAS 36.30):
- Ermittlung der künftigen Zahlungsein- und -ausgänge (*cash flows*) aufgrund der weiteren Nutzung des Vermögenswertes;
- Annahmen (*expectations*) über mögliche Veränderungen (mengen- oder zeitmäßig) dieser *cash flows*;
- Anwendung der passenden risikofreien Diskontierungsrate auf diese künftigen Zahlungsflüsse;
- Berücksichtigung des dem Vermögenswert innewohnenden Risikos;
- Beachtung anderer einschlägiger Faktoren (etwa Marktliquidität, Länderrisiken etc.).

IAS 36 gibt zur Spezifizierung dieses Bewertungs-Ansatzes ausführliche Anweisungen (IAS 36.36 bis IAS 36.57), die sich **systematisch unterscheiden** lassen in Vorgaben zur
- Planung des **Zahlungsstroms** (Rz 52) und
- Ermittlung des **Diskontierungszinssatzes** (Rz 65).

Der Nutzungswert ist in IAS 36 als unternehmensspezifischer Wert (*entity specific value*) vor Berücksichtigung des Einflusses von Steuern charakterisiert. Die Barwertberechnung beruht gem. IAS 36.33a daher auf unternehmensinternen Prämissen (*management's best estimate*).

---

[9] Vgl. HITZ, KoR 2006, S. 357ff.; LÜDENBACH/FREIBERG, KoR 2006, S. 437ff.
[10] Ausführlich LÜDENBACH/FREIBERG, KoR 2006, S. 437ff.

2.3.4 Zwischenbefund

Die Regeln zur Bestimmung des erzielbaren Betrags bzw. seiner beiden Ausformungen sind **unterschiedlich intensiv**:[11]
- Umfangreich sind die Ausführungen zur vorgegebenen Bestimmung des Nutzungswerts über diskontierte *cash flows* (Barwertkalkül),[12]
- eher kurz – wegen des Verweises auf die einheitlichen Leitlinien zur *fair value*-Bestimmung – die standardspezifischen Angaben zur Herleitung des beizulegenden Zeitwerts abzüglich Veräußerungskosten.

Der Nutzungswert ist nach IAS 36 als unternehmensspezifischer Wert verpflichtend über ein Barwertkalkül zu bestimmen. Der Nettoveräußerungswert entspricht demgegenüber einem um Veräußerungskosten gekürzten (hypothetischen) Marktpreis. Liegt für das Bewertungsobjekt weder ein Kaufangebot noch ein aktiver Markt vor (Rz 36), kann die Wertbestimmung zwar ebenfalls über ein Barwertkalkül erfolgen (IAS 36.BCZ32), hierbei sind jedoch z. b. unternehmensspezifische Ertragspotenziale (Synergien i. e. S.) nicht berücksichtigungsfähig. Die Barwertberechnung ist nur Bewertungsverfahren, Bewertungsmaßstab ist der *fair value*.[13]

44

3 Rückgriff auf ein Barwertkalkül

3.1 Nutzungswert und DCF-bestimmter *fair value less costs of disposal*

Allgemeine Leitlinien für die Barwertermittlung finden sich im Anhang von IAS 36. Sie gelten explizit nur für die Barwertermittlung des Nutzungswerts. Für eine Barwertermittlung des *fair value less costs of disposal* im DCF-Verfahren (Rz 37) sind die **Leitlinien** nur insoweit bedeutsam, als sie allgemein ökonomisch anerkannte Grundsätze der Barwertermittlung wiedergeben, also etwa den Grundsatz der Äquivalenz zwischen Diskontierungs- und *cash-flow*-Annahmen (Rz 50). Ansonsten sind die Vorgaben des IFRS 13 (→ § 8a) für die Bestimmung des *fair value less costs of disposal* über ein Bewertungsverfahren beachtlich. Unterschiede zu einer Barwertermittlung des Nutzungswerts bestehen demgegenüber vor allem in folgenden Punkten:
- Nur bei der Bestimmung des *fair value less costs of disposal*, sind – auch hinsichtlich des Zahlungsstroms – zwingend im maximalen Umfang **marktbasierte Inputs** zu verwenden (Rz 62).
- Nur bei der Bestimmung des Nutzungswertes bestehen besondere **Restriktionen** für die Berücksichtigung von Erweiterungsinvestitionen (Rz 54).

Für die Praxis sind beide Punkte zu beachten. Wer den für die Nutzungswertbestimmung bestehenden Restriktionen entgehen will und sich für einen im DCF-Verfahren ermittelten *fair value less costs of disposal* entscheidet, hat dafür einen „Preis" zu entrichten. Er muss etwa von einer eher fundamentalwertorientierten Bewertung auf der Basis der „besseren unternehmensinternen Erkenntnisse" zu

45

---

[11] Vgl. FREIBERG/LÜDENBACH, KoR 2005, S. 479 ff.
[12] Vgl. BIEKER/ESSER, StuB 2004, S. 454 ff.
[13] Vgl. FREIBERG, Diskontierung in der Internationalen Rechnungslegung, Rz 333.

einer marktorientierten Bewertung übergehen, die auch vermeintliche „irrationale Einschätzungen" des Marktes auf der Inputparameterseite berücksichtigt.

3.2 Allgemeine Leitlinien

46 Folgende **Elemente** sind nach den Leitlinien von IAS 36 (Rz 22) bei der Bestimmung des Barwerts zu berücksichtigen (IAS 36.A1):
- Eine Schätzung des künftigen *cash flow* bzw. in komplexeren Fällen von Serien künftiger *cash flows*, die das Unternehmen durch die Vermögenswerte zu erzielen erhofft.
- Erwartungen im Hinblick auf eventuelle wertmäßige oder zeitliche Veränderungen dieser *cash flows*.
- Der Zinseffekt, der durch den risikolosen Zinssatz des aktuellen Marktes dargestellt wird.
- Der Preis für die mit dem Vermögenswert bzw. zahlungsmittelgenerierenden Einheit verbundene Unsicherheit.
- Andere, manchmal nicht identifizierbare Faktoren (wie Illiquidität), die Marktteilnehmer bei der Preisgestaltung der künftigen *cash flows*, die das Unternehmen durch die Vermögenswerte zu erzielen erhofft, widerspiegeln würden.

Die Barwertermittlung setzt somit die Schätzung bzw. Kenntnis
- der Höhe und des zeitlichen Anfalls des zukünftigen **Zahlungsstroms** (Rz 52 f.) und
- des geeigneten **Diskontierungszinssatzes** (Rz 65 f.)

voraus.

47 Wesentliche Voraussetzung für den Rückgriff auf ein Barwertkalkül ist die Kenntnis bzw. mindestens jedoch die Möglichkeit zur verlässlichen **Schätzung** des künftigen Zahlungsstroms. Für das nichtfinanzielle Vermögen mangelt es regelmäßig – anders als für finanzielle Vermögenswerte (→ § 28) – an vertraglich fixierten Zahlungsströmen über die gesamte verbleibende (wirtschaftliche) Restnutzungsdauer. Eine Schätzung der künftigen Zahlungsströme ist daher erforderlich. Die Prognose zukünftiger Zahlungsströme ist – mangels vollkommener Information – nur unter **Unsicherheit** hinsichtlich des **zeitlichen Anfalls** und der tatsächlichen **Höhe** möglich. In Abhängigkeit von der Ausgestaltung des Zahlungsstromprofils eines Bewertungsobjekts kann entweder auf den **Modalwert** (IAS 36.A4 ff.) mit dem wahrscheinlichsten Zahlungsstrom (*best estimate*) oder auf den **Erwartungswert** (IAS 36.A7 ff.) mit dem nach Wahrscheinlichkeiten gewichteten (*expected*) Zahlungsstrom zurückgegriffen werden (→ § 8a Rz 41). Bestehenden Unsicherheiten in Bezug auf die Schätzung sind u. E. vorrangig im Rahmen der Bestimmung des Zahlungsstroms Rechnung zu tragen,[14] da eine Korrektur des Zinssatzes um Prognoseunsicherheiten nicht objektivierbar zu begründen ist (ausführlich → § 31 Rz 111, für ein Beispiel → § 31 Rz 237). Insoweit halten wir hinsichtlich des Zahlungsstroms einen Rückgriff auf einen Erwartungswert als Ergebnis einer **mehrwertigen Planung** durch Gewichtung einzelner Szenarien mit ihren Wahrscheinlichkeiten i. d. R. für geboten.

---

[14] Gl. A. FASB, Understanding the issues, May 2001, S. 1 ff.

Die Erzielung von Zahlungsströmen in der Zukunft ist mit **Opportunitätskosten** verbunden, deren Höhe sich danach richtet, welcher (Zins-)Ertrag bzw. welche Rendite erwirtschaftet werden könnte, wenn die Zahlungsmittel bereits zum Bewertungsstichtag realisiert wären. Der **Zeitwert des Geldes** (*time value of money*) ohne Berücksichtigung von Risiko bestimmt sich unter Rückgriff auf den risikolosen Zinssatz. Zukünftige Zahlungsströme sind i.d.R. jedoch unsicher, es besteht daher zum Zeitpunkt der Bewertung eine künftige **Ergebnisvariabilität** (→ § 21 Rz 156). Abhängig von dem Bewertungsobjekt ist daher das spezifische Risiko entweder im Zahlungsstrom oder im Diskontierungszinssatz zu berücksichtigen.[15] 48

- Bei Berücksichtigung des spezifischen Risikos in den Zahlungsströmen werden diese durch eine Risikokorrektur in ein **Sicherheitsäquivalent** überführt. Der Barwert ergibt sich dann aus der Diskontierung des Sicherheitsäquivalents mit dem risikolosen Zinssatz.
- Bei der Abbildung des spezifischen Risikos im Kapitalisierungszinssatz wird der risikolose Zinssatz um eine **Risikokomponente** adjustiert. Der Barwert der Zahlungsströme bestimmt sich aus der Abzinsung mit einem risikoadjustierten Zinssatz.

Sicherheitsäquivalent- und Risikozuschlagsmethode lassen sich in einem Barwertkalkül theoretisch ineinander überführen und führen zu äquivalenten Werten. Die unterschiedlichen Risikokomponenten, die im Rahmen des spezifischen Risikos zu berücksichtigen sind, können nur schwerlich und überdies kaum nachvollziehbar in den Zahlungsströmen abgebildet werden. In der praktischen Anwendung kommt dem Sicherheitsäquivalent daher lediglich eine geringe Bedeutung zu (→ § 31 Rz 111f.). Der Diskontierungszinssatz sollte u.E. somit den Zeitwert des Geldes und das spezifische Risiko des Bewertungsobjekts widerspiegeln.

Eine **Doppelerfassung** (*double counting*) der einzelnen Elemente (Rz 45) des Barwertkalküls sowohl im Zähler als auch im Nenner der Berechnung ist zu vermeiden (IAS 36.A15). Daher erfolgt die methodisch zutreffende Berücksichtigung der einzelnen Komponenten **entweder** im Zahlungsstrom **oder** im Diskontierungszinssatz (→ § 8a Rz 42). Im Rahmen der Barwertermittlung für den *impairment*-Test nach IAS 36 halten wir den Rückgriff auf den Erwartungswert (so auch IAS 36.BC59) und einen risikoadjustierten Diskontierungszinssatz für vorzugswürdig. 49

Zur Gewährleistung der rechentechnischen Konsistenz des Barwertkalküls ist – nach Maßgabe des **Äquivalenzprinzips** – eine Abstimmung der Zahlungsstromgröße (dem Zähler) und des Diskontierungszinssatzes (dem Nenner) erforderlich. Insbesondere die folgenden Anforderungen sind für eine Barwertermittlung in der Rechnungslegung zu berücksichtigen: 50

- **Laufzeit**äquivalenz: Der Zinssatz als Vergleichsmaßstab einer Alternativanlage muss sich sowohl auf den gleichen Zeitraum wie die zu diskontierenden Zahlungsströme beziehen als auch die gleiche zeitliche Struktur (Zeitpunkte der Zahlungsmittelzu- oder -abflüsse) aufweisen. Eine Laufzeitäquivalenz zwischen Zahlungsstrom und Zins ist nur dann gegeben, wenn der Zinssatz die Rendite eines identischen Ertragsstroms mit der gleichen Laufzeit abbildet (Rz 65)
- **Kaufkraft**äquivalenz: Im Zinssatz und Zahlungsstrom sind die gleichen Erwartungen bez. der erwarteten Geldwertänderung (Inflation oder Deflati-

---

15 Ausführlich FREIBERG, Diskontierung in der Internationalen Rechnungslegung, Rz 333.

on) zu berücksichtigen. Entweder sind Zahlungsstrom und Diskontierungszinssatz als reale Größen, also als kaufkraftkonstante Werte einer bestimmten Periode, oder als nominale Größen unter Berücksichtigung sich verändernder Kaufkraft zu bestimmen (für ein Beispiel der nichtfinanziellen Verbindlichkeiten vgl. → § 21 Rz 147).
- **Verfügbarkeits-** bzw. **Steuer**äquivalenz: Aus Kongruenzgründen kann die Bestimmung eines Barwerts auf zwei Arten erfolgen: Abzinsung von Vor-Steuer-*cash-flows* mit Vor-Steuer-Zinssätzen oder von Nach-Steuer-*cash-flows* mit Nach-Steuer-Zinssätzen (Rz 84). Im Rahmen der bilanziellen Abbildung von Vermögenswerten und Schulden sind insbesondere Unternehmensteuern zu berücksichtigen. Persönliche Steuern (der Anteilseigner) sind nicht relevant, da sie regelmäßig nicht die Gesellschafts-, sondern die Gesellschafterebene tangieren.
- **Unsicherheit**säquivalenz: Der Zinssatz drückt die Rendite einer Alternativanlage aus, welche im Vergleich zum Bewertungsobjekt das gleiche Chancen-Risiko-Profil aufweist. Das im Zinssatz ausgedrückte Risiko ist hierbei als Summe der möglichen Abweichungen der tatsächlichen von der erwarteten Rendite, also als (Ergebnis-)Variabiliät zu verstehen. Unterliegen Zahlungsstrom und Zinssatz unterschiedlichen Unsicherheitsdimensionen, ist entweder ein Unsicherheitsaufschlag auf den Zinssatz oder ein -abschlag auf die Zahlungsströme vorzunehmen (Rz 42 f.).
- **Währung**säquivalenz: Zahlungsstrom und Zinssatz müssen hinsichtlich der Erfassung von Länder- und Währungsrisiken übereinstimmen. Zur Wahrung der Kongruenz des Barwertkalküls müssen Zahlungsstrom und Diskontierungszins in gleicher Währung und unter Berücksichtigung länderspezifischer Risiken bestimmt werden (Rz 51).

51 Der relevante Zinssatz als Renditeerwartung einer Alternativanlage ist unter Beachtung der **Gegebenheiten des Landes** zu bestimmen, in dem die erwarteten zukünftigen Zahlungsströme generiert werden. In jedem Land ergeben sich individuelle spezifische Risiken in Bezug auf die Währung, die jeweilige Politik und die Marktsituation (IAS 36.A18).[16] Für die Barwertermittlung ergeben sich daraus ggf. folgende Komplikationen:
- Die Zahlungsströme des Bewertungsobjekts stimmen in der Währung mit der beobachtbaren Rendite einer Alternativanlage überein, werden aber in einem anderen Land (mit anderem Länderrisiko) als die Alternativanlage realisiert.
- Zahlungsströme werden in der Währung des Landes geplant, in dem das Bewertungsobjekt genutzt wird. Da allerdings nicht der Barwert in Landeswährung, sondern in einer abweichenden (der funktionalen) Währung gesucht ist, ergibt sich die Notwendigkeit einer währungsbedingten Umrechnung entweder der Zahlungsströme (künftige Wechselkurse unter Berücksichtigung des Risikos der Doppelerfassung; IAS 36.BCZ49) oder des Barwerts (Stichtagskurs).

Im ersten Fall fehlt im Kalkül die Berücksichtigung einer **länderspezifischen Risikokorrektur** bez. des politischen Risikos und der relevanten Marktrisiken,

---

[16] A.A. HACHMEISTER/UNGEMACH/RUTHARDT, IRZ 2012, S. 233, die für die Bewertung die Sicht eines internationalen Anlegers und damit die Möglichkeit zur Diversifikation unterstellen, damit aber die Vorgaben des IAS 36.A18 ignorieren.

im zweiten Fall fehlt die Berücksichtigung eines **Währungs-** bzw. **Wechselkursrisikos.** In beiden Fällen ist daher eine Anpassung entweder der Zahlungsströme oder des Zinssatzes erforderlich, wobei die herrschende Meinung zu einer Risikokorrektur im Diskontierungszinssatz tendiert.[17] Besondere Fragen für den *impairment*-Test ergeben sich, wenn Währungsrisiken über den Einsatz von gegenläufigen Sicherungsbeziehungen „*gehedgt*" werden und auch bilanziell die Vorgaben des *hedge accounting* (→ § 28a) Anwendung finden (Rz 116f.).

3.3 Unterschiedliche Anforderungen an den Zahlungsstrom

3.3.1 Restriktive Anforderungen für die Bestimmung des Nutzungswerts

Die Schätzung der erwarteten Zahlungsströme obliegt dem Management des Unternehmens. Folgende Grundanforderungen sind bei der Bestimmung des Nutzungswerts zu beachten:

- Die Annahmen über die künftigen Zahlungsmittelströme sollen auf vernünftigen und vertretbaren Schätzungen des Managements erfolgen. Größeres Gewicht ist allerdings **externen** Erkenntnissen zu widmen (IAS 36.33a).

- Die Annahmen über die künftigen Zahlungsströme sollen auf den neuesten vom Management genehmigten **Budgets** (*management approach*) beruhen (IAS 36.33b), dabei aber vom gegenwärtigen Zustand bzw. der Ertragskraft des Bewertungsobjekts ausgehen. Auszahlungen für Restrukturierungen oder Erweiterungsinvestitionen finden keinen Eingang in die Bestimmung der Zählergröße des Barwertkalküls. Wegen des Objektivierungscharakters der Bezugnahme auf die Budgets vgl. Rz 241.

- Der Detailplanungszeitraum der *cash-flow*-Projektionen soll eine **Fünf-Jahres-Periode** nicht übersteigen, es sei denn, eine längere Periode ist gerechtfertigt (IAS 36.33b). Die Annahmen über die künftigen Zahlungsströme jenseits des detaillierten (i.d.R. fünfjährigen) Planungshorizontes dürfen nicht auf **Wachstumsannahmen** beruhen, die über die langfristig erwartete Branchenwachstumsrate hinausgehen, es sei denn, eine höhere Wachstumsrate ist gerechtfertigt (IAS 36.33c).

Für die Bestimmung des Nutzungswerts über ein Barwertkalkül ist – eine verbleibende Restnutzungsdauer > fünf Jahre unterstellt – ein **Zwei-Phasen-Modell** zugrunde zu legen. Hinsichtlich der Differenzierung des gesamten Betrachtungszeitraums in zwei Phasen gilt:

- In der **ersten Phase** (Detailplanungszeitraum) sind die erwarteten finanziellen Überschüsse detailliert für jedes Bewertungsobjekt zu prognostizieren.

- Die **zweite Phase** (Restwertzeitraum) umfasst die kaum übersehbare und damit unsichere Zukunft, die sich an den Detailplanungshorizont anschließt. Für diesen Zeitraum wird der erwartete Restwert bestimmt, der den Wert des Bewertungsobjekts im Anschluss an den Detailplanungszeitraum repräsentiert. Für die Bestimmung des Restwerts sind die erwarteten finanziellen Überschüsse aus der Detailplanungsphase mit einer angemessenen **Wachstumsrate** fortzuschreiben. Die im Restwertzeitraum zugrunde zu legende Wachstumsannahme

---

[17] Vgl. DAMODARAN, Estimating equity risk premiums, Stern School of Business, New York, Working Paper 1999, zum Download: http://pages.stern.nyu.edu/~adamodar/, S. 3 ff.; PEEMÖLLER/KUNOWSKI/HILLERS, WPg 1999, S. 621 ff.; SCHMUSCH/LAAS, WPg 2006, S. 1058.

ist (etwa über den Lebenszyklus des Produkts, Branchenerwartungen etc.) zu objektivieren. I.d.R. sind – wegen der Restriktionen hinsichtlich der Annahmen des Zahlungsstroms (Rz 54) – rückläufige oder konstante Wachstumsraten heranzuziehen. Nur ausnahmsweise ist der Rückgriff auf zunehmende Zahlungsströme zulässig (IAS 36.33). Es kann allerdings nicht unterstellt werden, dass das Wachstum der Gesamtwirtschaft nachhaltig übertroffen wird. Beachtlich sind auch Wechselwirkungen zur Festlegung des Planungshorizonts: Die Länge des Planungshorizonts bestimmt sich in Abhängigkeit der zum Bewertungsstichtag noch verbleibenden wirtschaftlichen (Rest-)Nutzungsdauer des Bewertungsobjekts.

54 Die geplanten Zahlungsmittelströme umfassen als Nettogröße neben dem Zufluss aus der fortgesetzten Nutzung des Bewertungsobjekts alle *cash outflows*, die sich aus der **fortlaufenden Nutzung** ergeben und auf einer vernünftigen und vertretbaren Basis (zu Besonderheiten bei *corporate assets* vgl. Rz 134) zugeordnet werden können (IAS 36.39). Auch ein am Ende der wirtschaftlichen Nutzungsdauer erwarteter Restwert ist nach Abzug evtl. Verwaltungskosten als *cash inflow* zu erfassen.

55 Der heranzuziehende Zahlungsstrom ist als **Vorsteuergröße** konzipiert und umfasst den Saldo der erwarteten einnahmewirksamen Erträge über die ausgabewirksamen Aufwendungen (zu weiteren Definitionen von *cash flows* → § 3 Rz 13). Nicht mit in die Bestimmung fließen ein: Ein- und Auszahlungen im Zusammenhang mit
- der Finanzierung und Finanzierungsaktivitäten (IAS 36.50a) und
- Steuern (IAS 36.50b).

56 Mit in die Prognose des erwarteten Zahlungsstroms sind hingegen Zahlungsmittelabflüsse für die regelmäßige Wartung und Instandhaltung aufzunehmen (IAS 36.41). Auszahlungen für **Erweiterungs**investitionen sind nur für die Fertigstellung von Anlagen im Bau zulässig (IAS 36.42), in allen sonstigen Fällen auszuklammern. Die zukünftigen Zahlungsströme aus dem betreffenden Vermögenswert sollen im Übrigen auf der Basis des **augenblicklichen** Zustands geschätzt werden, d. h., künftige Unternehmensrestrukturierungen, Verbesserungsinvestitionen u.ä. sind nicht zu berücksichtigen (IAS 36.44). Investive *cash flows* dürfen deshalb das Niveau von Erhaltungsaufwand nicht übersteigen (Rz 163f.), somit nicht zu einer Veränderung des wirtschaftlichen Nutzens führen (IAS 36.49). Bei der Bestimmung des Nutzungswertes eines einzelnen Vermögenswertes sind diese Restriktionen i.d.R. sinnvoll und unproblematisch. Regelmäßig ist der Nutzungswert aber nur für CGUs bestimmbar. IAS 36.74 verweist für diesen Fall auf die Vorgaben zur Nutzungswertbestimmung einzelner Vermögenswerte und damit auch auf die vorgenannten Restriktionen. Bei der Nutzungswertbestimmung einer CGU erscheinen diese Einschränkungen aber nicht immer sinnvoll und häufig unpraktikabel (Rz 162).

57 Der Ausschluss von **investiven Auszahlungen** bezieht sich u.E. auf Ausgaben, die den Ansatz eines Vermögenswerts nach sich ziehen und nicht **aufwandswirksam** verrechnet (*expensed as incurred*) werden (so auch IAS 7.16; → § 3 Rz 71). Künftige Auszahlungen, die im Zusammenhang mit dem Vertrieb von Produkten (etwa Werbeausgaben, aber auch Forschungs- und nicht aktivierbare Entwicklungskosten; → § 13 Rz 27ff.), somit der Generierung künftiger Zuflüsse stehen, sind daher in die Bestimmung des Nutzungswerts einzubeziehen. Ein Verstoß gegen das Verbot zum Einbezug von investiven Auszahlungen (IAS 36.44) liegt u.E. nicht vor.

> **Beispiel**
> Das Geschäftsmodell des U verlangt jährliche Ausgaben für die Weiterentwicklung der bestehenden Produktpalette. In einer ökonomischen Wertung stellen die Auszahlungen Investitionen dar, bilanziell scheidet eine Aktivierung der Auszahlungen allerdings aus. Für Zwecke der Klassifizierung der Zahlungsmittelabflüsse scheidet eine Erfassung als investiver *cash flow* aus, es liegt ein operativer Zahlungsfluss vor. Für die Bestimmung eines Nutzungswerts erfasst U die Auszahlungen korrespondierend zu den erwarteten Einnahmen.

Lediglich geplante, aber noch nicht verpflichtende Auszahlungen und Einsparungen im Zusammenhang mit einer Restrukturierung sind in der Prognose des künftigen Zahlungsstroms nicht zu berücksichtigen. Voraussetzung für die Aufnahme von entsprechenden Zahlungsmittelflüssen ist das Bestehen einer **faktischen Verpflichtung** zum Bewertungsstichtag (vgl. hierzu → § 21 Rz 94 ff.). Erwartete Einsparpotenziale und Effizienzsteigerungen als Folge einer Restrukturierung sind daher nur zu erfassen, wenn die **Tatbestandsmerkmale** zur Erfassung einer Restrukturierungsrückstellung gegeben sind (zu besonderen Fragen der Konsistenz von *carrying amount* und Barwertkalkül siehe Rz 116). 58

Für die Bestimmung des Nettozahlungsstroms im Detailplanungszeitraum kann – vergleichbar dem Vorgehen zur Bestimmung des operativen *cash flow* (→ § 3 Rz 55) – auf eine **direkte** oder **indirekte Ermittlung** zurückgegriffen werden. Eine direkte Bestimmung setzt das Aufstellen eines Finanzplans voraus, in dem alle zukünftigen Ein- und Auszahlungen erfasst werden. Liegen die notwendigen Informationen für eine direkte (originäre) Bestimmung der erwarteten *cash flows* nicht vor, ist unter Anwendung der indirekten Methode eine Ableitung aus anderen im Rechnungswesen verfügbaren Rechengrößen geboten. Ausgehend von einer Ergebnisgröße kann durch 59

- Bereinigung nicht zahlungswirksamer Aufwendungen und Erträge und
- Berücksichtigung von nicht ergebniswirksamen Ein- und Auszahlungen

in Form einer **Überleitungsrechnung** das Periodenergebnis in eine *cash-flow*-Größe überführt werden. Als Ausgangspunkt bietet sich das Ergebnis vor Abschreibungen, Zinsen und Steuern (*earnings before interest, taxes, depreciation and amortisation*; EBITDA) an. Folgende Anpassungen sind – soweit dem Bewertungsobjekt zuzurechnen – noch zu berücksichtigen:

	Ergebnis vor Zinsen, Steuern und Abschreibungen
+/–	Zahlungsunwirksame Aufwendungen/Erträge
–	Investitionen
+/–	Minderung/Erhöhung des Nettoumlaufvermögens einschließlich Zahlungsmitteln und Zahlungsmitteläquivalenten
=	Zahlungsstrom

Die Berücksichtigung von Anpassungen einer (geplanten) Ergebnisgröße steht unter dem Vorbehalt der **Wesentlichkeit**. Da die Vorgaben zum *impairment*-Test die Notwendigkeit zur Schätzung und Vereinfachung anerkennen (Rz 11), kann eine geplante Ergebnisgröße auch unmittelbar als Surrogat für den erwarteten *cash flow* herangezogen werden.

60 Zur Bestimmung des relevanten Zahlungsstroms des Bewertungsobjekts ist bestehenden **Interdependenzen** zwischen dem Rendite-Risiko-Profil einzelner (nichtfinanzieller) Vermögenswerte und der betrieblichen Geschäftstätigkeit Rechnung zu tragen. Durch die Kombination mehrerer Vermögenswerte im Rahmen der betrieblichen Geschäftstätigkeit ergeben sich regelmäßig **Synergien** als Erfolgs- und Risikoverbundeffekte. Im Barwertkalkül des Nutzungswerts finden aber auch unternehmensspezifische (echte) Synergien Beachtung.

61 Wird der erwartete Zahlungsstrom eines Bewertungsobjekts in einer **Fremdwährung** erzielt, verpflichten die Vorgaben zur Bestimmung des Nutzungswerts auf eine Barwertbestimmung in der Währung des Landes, in dem die Zahlungsströme generiert werden. Der sich – unter Wahrung der Währungsäquivalenz (Rz 50) – ergebende Barwert in Fremdwährung ist mit dem (beobachtbaren) Devisenkassakurs am Bewertungsstichtag umzurechnen (IAS 36.54).

3.3.2 Marktbasierung als Zulassungsvoraussetzung bei der Ermittlung des Nettoveräußerungswerts

62 Für die Bestimmung des Nettoveräußerungswerts über ein Barwertkalkül fehlt es an konkreten **Restriktionen**. Im Rahmen der Ermittlung des bewertungsrelevanten Zahlungsstroms sind daher nur die allgemeinen Leitlinien für Barwertkalküle beachtlich (Rz 42 ff.). Einerseits bestehen daher weniger Restriktionen für die Ausgestaltung des Barwertkalküls, andererseits unterliegt der im DCF-Verfahren bestimmte *fair value less costs of disposal* wegen der zwingenden **Kalibrierung** des Bewertungsergebnisses mit beobachtbaren Marktpreisen einer bedeutsamen Einschränkung. Die Zulässigkeit des Rückgriffs auf ein Barwertkalkül steht unter dem Vorbehalt der geforderten Marktbasierung der getroffenen Annahmen. Im Zahlungsstrom sind ausschließlich Erwartungen des Marktes zu berücksichtigen (Rz 45). Der Nettoveräußerungswert ist als objektivierter Wert zu bestimmen, Synergieeffekte finden keine bzw. nur insoweit Berücksichtigung, als auch ein (hypothetischer) Marktteilnehmer von der Realisierbarkeit dieser Synergien ausgeht. Ist keine verlässliche Bestimmung des Zahlungsstroms aus Sicht (hypothetischer) Marktteilnehmer für ein Bewertungsobjekt möglich, scheidet der Rückgriff auf ein Barwertkalkül aus (Rz 37).

3.4 Gleichlautende Anforderungen an den Diskontierungszinssatz

3.4.1 Verpflichtende Marktbasierung

63 Der Nettoveräußerungswert ist definiert als (hypothetischer) **Marktpreis**. Wird dieser im Barwertkalkül bestimmt, ist wegen der Marktorientierung des Bewertungsmaßstabs auch der Diskontierungszinssatz aus dem Markt abzuleiten. Im Kapitalisierungszins ist der Preis abzubilden, den Unternehmensexterne für die Übernahme eines äquivalenten Risikos verlangen würden. Bei der Bestimmung des Nutzungswerts im Barwertkalkül ist nicht ohne Weiteres von einer einfachen Übernahme von Marktzinsen auszugehen. Der Nutzungswert ist ein **unternehmensspezifischer** Wert. Hinsichtlich der erwarteten Nutzenzuflüsse haben

daher auch nur unternehmensinterne Prämissen Relevanz (Rz 52 ff.). Unter **Kongruenz**gesichtspunkten sollte daher auch der Diskontierungszins unternehmensspezifische Kapitalkosten widerspiegeln. Die Vorgaben der IFRS tragen der Konsistenzanforderung des Barwertkalküls allerdings keine Rechnung.[18] Auch bei der Bestimmung des Diskontierungszinssatzes für die Barwertbestimmung des Nutzungswerts sind marktübliche, risikoäquivalente Parameter zu berücksichtigen (IAS 36.55 ff. i. V. m. IAS 36.A15 ff.).[19]

Auf den ersten Blick erscheint die Diskontierung unternehmensinterner Erwartungen mit marktüblichen Kapitalkosten **nicht konsistent**: Nutzenzuflüsse, die unternehmensspezifisch und nicht marktbasiert geplant sind, werden mit marktüblichen und nicht mit unternehmensspezifischen Kapitalkosten diskontiert. Schlüssiger könnte der Gedanke erscheinen, unternehmensinterne Erwartungen bez. zukünftiger *cash flows* mit unternehmensinternen (Grenz-)Kapitalkosten abzuzinsen. Der IASB begründet die Verwendung eines marktbasierten Diskontierungszinssatzes mit fehlender **Objektivierbarkeit** eines unternehmensspezifischen Satzes (IAS 36.BCZ54). Diese Begründung ist nicht sehr überzeugend. Im Vergleich zu sonstigen Subjektivitäten, die im Barwertkalkül im Rahmen der Ermittlung des Nutzungswerts enthalten sind (Abgrenzung der CGU, Rz 100; Prämissen hinsichtlich der zukünftigen *cash flows*; Rz 52 ff. usw.), erscheint die Bestimmung einer *entity specific discount rate* eher leichter objektivierbar. 64

Der britische Standardsetter, der ASB, führt im Kontext mit IAS 36 vergleichbaren Regelungen (FRS 11) eine andere Begründung an: Der Nutzungswert soll **unternehmensspezifisch** nur hinsichtlich der *cash flows* sein. Hinsichtlich des Zeitwerts des Geldes (*time value of money*) wird kein Raum für unternehmensspezifische Perspektiven gesehen. Es gilt: „*value in use becomes the market value of the cash flows expected by the entity*".[20] Unabhängig von der Begründung gilt im Ergebnis: Sowohl für den *fair value less costs of disposal* als auch für den Nutzungswert sind **marktbasierte** (objektivierbare) **Zinssätze** für die Diskontierung zugrunde zu legen.

3.4.2 Erfassung des systematischen Risikos über den Kapitalisierungszins

Wird für die Berechnung im Barwertkalkül auf den Erwartungswert des Zahlungsstroms abgestellt und bleibt eine Risikoadjustierung dem Zinssatz vorbehalten (Rz 42 f.), ist das spezifische Risiko des Bewertungsobjekts im Kapitalisierungszinssatz zu erfassen. Ausgehend von dem **risikolosen Zinssatz** (Rz 66), der den Zeitwert des Geldes zum Bewertungsstichtag ausdrückt, ist eine Erhöhung um einen **Risikozuschlag** (Rz 67) geboten (IAS 36.55b). 65

Aus **Kongruenz**gesichtspunkten sind im Rahmen eines Barwertkalküls im Zähler (den *cash flows*) und im Nenner (dem Diskontierungszinssatz) die gleichen Prämissen hinsichtlich der zukünftig erwarteten Geldentwertung und Währungen zu berücksichtigen (Rz 50). Zur Wahrung der **Laufzeitäquivalenz** ist der Diskontierungszinssatz in Abhängigkeit der unterstellten wirtschaftlichen (Ge-

---

18 So FREIBERG/LÜDENBACH, KoR 2005, S. 479 ff.
19 Dies bestätigend IASB, Insight October 2001, S. 13 f.
20 Vgl. ASB, Discounting in Financial Reporting, Working Paper, London 1997, S. 11.

samt-)Nutzungsdauer des Bewertungsobjekts festzulegen (Rz 88). Die erwarteten Zahlungsströme für einen Vermögenswert/eine CGU
- mit begrenzter Nutzungsdauer (i.d.R. ohne *goodwill*) sind mit den laufzeitäquivalenten, risikolosen Marktzinssätzen (*spot rates*) abzuzinsen.
- mit unbegrenzter Nutzungsdauer (i.d.R. inkl. *goodwill*) sind in zwei Phasen zu unterscheiden (Rz 53).

66 Ausgangsgröße eines jeden Barwertkalküls ist der **risikolose** Zinssatz (Basiszinssatz), der als Mindestentgelt für die Überlassung eines bestimmten Kapitalbetrags für eine vorher vereinbarte Zeitspanne zu interpretieren ist *(time value of money)*.

- Der Basiszinssatz spiegelt die (**Mindest**-)Verzinsung einer Anlage wider, die keinerlei (bedeutsame) Ausfall-, Zinsänderungs- und Währungsrisiken aufweist. Den besten Anhaltspunkt für risikolose Kapitalanlagen bilden i.d.R. Staatsanleihen *(government bonds)*, die unter der Voraussetzung eines stabilen politischen Systems als „quasi"-risikolose Anleihen charakterisiert werden.
- Mit **zunehmender Laufzeit** steigt die geforderte effektive Verzinsung einer Kapitalanlage. Diese Laufzeitabhängigkeit des Basiszinssatzes lässt sich in einer **Zinsstrukturkurve** nachvollziehen.

Die Bestimmung eines risikolosen Zinssatzes als Basiszinssatz für die Diskontierung in der Rechnungslegung ist, auch weil in Europa eine große Zahl von staatlichen Anleihen mit optimaler Bonität existiert,[21] nicht unproblematisch. Mit Ausnahme der Unsicherheitsäquivalenz sind bei der Auswahl des risikolosen Zinssatzes alle Anforderungen an die rechentechnische Konsistenz der Barwertberechnung zu berücksichtigen. Darüber hinaus sind für Länder und Währungsräume ohne „quasi"-risikolose Staatsanleihen (aufgrund politischer, finanzieller, ökonomischer oder institutioneller Risiken) besondere Anpassungen der beobachtbaren Marktzinssätze erforderlich (Rz 50). Zur Bestimmung **laufzeitspezifischer Basiszinssätze** kann auf täglich aktualisierte, öffentlich zugängliche Zerobondstrukturkurven zurückgegriffen werden.

67 Neben dem Zeitwert des Geldes ist zusätzlich das **spezifische Risiko** der *cash flows* in die Berechnung einzubeziehen. Bezüglich des Risikos ist – den Grundlagen der **Portfoliotheorie**[22] folgend – zu differenzieren zwischen
- dem unsystematischen Risiko, das durch Kombination mit anderen Vermögenswerten diversifiziert, und
- dem systematischen Risiko, das auf diese Weise nicht verringert werden kann.

Eine Kompensation der Opportunitätskosten einer Investition in spezifische Vermögenswerte wird auf einem Kapitalmarkt im Gleichgewicht nur für das systematische Risiko gewährt. Die relevanten Kapitalkosten des Bewertungsobjekts sind vorrangig auf Basis der Renditeprofile risikoäquivalenter Alternativanlagen zu bestimmen. Den besten Anhaltspunkt für den Diskontierungszinssatz bieten hierbei Kapitalkosten, die aus **aktuellen Markttransaktionen** abgeleitet oder für vergleichbare zahlungsmittelgenerierende Einheiten eines am Markt notierten Unternehmens beobachtet werden können (IAS 36.56). Da auf CGU-Ebene regelmäßig keine Kapitalkosten für aktuelle Markttransaktionen oder vergleichbare CGUs beobachtbar sind (IAS 36.57 i.V.m. IAS 36.A), ist hilfsweise

---

[21] Kritisch wegen eines bestehenden Gestaltungsspielraums BAETGE, WPg 2009, S. 13ff.
[22] Vgl. FREIBERG, Diskontierung in der Internationalen Rechnungslegung, Rz 164.

auf das Konzept der gewogenen durchschnittlichen Kapitalkosten (**WACC**) zurückzugreifen. Die Kapitalkosten für eine zahlungsmittelgenerierende Einheit setzen sich dann aus zwei Komponenten zusammen, den Kosten für eingesetztes Eigenkapital und den Kosten für investiertes Fremdkapital, und reflektieren somit den **Mittelwert der Grenzkosten** aller Kapitalquellen.

3.4.3 Bestimmung der gewogenen, durchschnittlichen Kapitalkosten (WACC)

Die gewogenen durchschnittlichen (Gesamt-)Kapitalkosten (WACC) ergeben sich aus der Summe
- des Produkts von **Eigenkapital**kosten (rE) und dem Anteil des Eigenkapitals (E) am Gesamtkapital (V) und
- des Produkts von **Fremdkapital**kosten (rD), *tax shield* ($1-s$) und dem Anteil des Fremdkapitals (D) am Gesamtkapital (V):

$$WACC = r_E \times \frac{E}{V} + r_D \times (1-s) \times \frac{D}{V}$$

Legende:

WACC:	Gewogene durchschnittliche Kapitalkosten
r_E:	Eigenkapitalkosten
r_D:	Fremdkapitalkosten
E:	Marktwert des Eigenkapitals
D:	Marktwert des Fremdkapitals
V:	(Gesamt-)Wert des Bewertungsobjekts
s:	Steuersatz

Die notwendigen Komponenten zur Bestimmung der gewogenen durchschnittlichen Kapitalkosten sind regelmäßig nicht bekannt.
- Die **Eigenkapitalkosten** lassen sich nur durch Modellierung der Renditeerwartung der Eigenkapitalgeber in Abhängigkeit von deren Risikoerwartung schätzen (Rz 69).
- Im Bereich des Fremdkapitals eines Unternehmens sind regelmäßig verschiedene Finanzierungsquellen zu unterscheiden. Die (gesuchten) **Fremdkapitalkosten** bestimmen sich durch Gewichtung der Grenzkosten der einzelnen Finanzierungsquellen eines Unternehmens mit deren Marktwert.
- Unbekannt ist auch das Verhältnis von **Eigen-** bzw. **Fremdkapital** zum Gesamtwert, somit die zu unterstellende Kapitalstruktur.

Innerhalb der **Eigen-** und **Fremd**kapitalkosten sind **unterschiedliche Risikozuschläge** zu berücksichtigen: Eigenkapitalgeber sind in einem viel stärkeren Maße an den operativen (unternehmerischen) Risiken beteiligt. Die risikoäquivalente Renditeforderung der Eigenkapitalgeber umfasst neben der Entschädigung für den Zeitwert des Geldes (Rz 66) auch eine Risikokompensation. Anders als Fremdkapitalgeber haben Eigenkapitalgeber keinen vertraglich fixierten Anspruch auf künftige Zahlungsströme, ihnen steht nur ein Residualanspruch nach Bedienung des Kapitaldienstes für Fremdkapital zu. Allgemein anerkannt basiert die Bestimmung der Eigenkapitalkosten – mangels besser geeigneter Alternativen – auf dem *Capital Asset Pricing Model* (**CAPM**). Durch Abstellen auf das CAPM

lassen sich – unter restriktiven Voraussetzungen – objektivierbare Risikozuschläge auf den Zeitwert des Geldes ermitteln, die einem pauschalen und ermessensbehafteten Risikozuschlag vorzuziehen sind. Die Bestimmung der Eigenkapitalkosten setzt die Kenntnis
- des risikolosen (laufzeitäquivalenten) Zinssatzes, welcher den Zeitwert des Geldes in dem Land (Rz 66), in dem der Zahlungsstrom generiert wird, ausdrückt,
- des Erwartungswerts der Rendite des Marktportefeuilles, welche das Rendite-Risiko-Profil (Rz 60) des Marktumfeldes beschreibt,
- des Betafaktors, welcher Maßstab für das (systematische) Risiko des Bewertungsobjekts ist,

voraus. Der Risikozuschlag basiert auf der Marktrisikoprämie (i.d.R. 5 % für entwickelte Kapitalmärkte; zu Besonderheiten in der Finanzkrise, Rz 216ff.), welche sich aus der Differenz zwischen der Marktrendite für riskante Anlagemöglichkeiten und dem risikolosen Zinssatz ergibt. Diese Differenz wird mit dem **Betafaktor**, in dem sich das im Vergleich zur Marktrendite höhere ($\beta > 1$) oder geringere Risiko ($\beta < 1$) ausdrückt, multipliziert. Der Betafaktor ist somit Maßstab für das **systematische Risiko** eines Bewertungsobjekts (in der theoretischen Rezeptur: Wertpapiers). Das unsystematische Risiko wird vom Markt nicht vergütet: Der Rückgriff auf das CAPM impliziert eine Tendenz des unsystematischen Risikos im Zuge eines vollständig diversifizierten Portefeuilles gegen null. Bei (unterstellter) Gültigkeit der Annahmen des CAPM kann – im Kapitalmarktgleichgewicht – ein linearer Zusammenhang zwischen dem Erwartungswert der Rendite für ein risikobehaftetes Investment (j) und seinem systematischen Risiko nachgewiesen werden:

$$\mu_j = i_{rf} + (\mu_M - i_{rf}) \times \beta_j \quad \text{mit} \quad \beta_j = \frac{\text{cov}(\tilde{r}_j; \tilde{r}_M)}{\delta_M^2}$$

Legende:

μ_j:	Erwartungswert der Rendite des Investments j
i_{rf}:	Risikoloser Zinssatz
μ_M:	Erwartungswert der Rendite des Marktportefeuilles (= Marktrisikoprämie)
β_j:	Betafaktor j
r_j:	Rendite des Investments j
r_M:	Rendite des Marktportefeuilles
δ_M^2:	Kovarianz der Rendite des Investments j und des Marktportefeuilles

70 Lassen sich für das Bewertungsobjekt nicht unmittelbar Renditen von Alternativanlagen am Markt beobachten, kann hilfsweise auf Renditen vergleichbarer Bewertungsobjekte zurückgegriffen werden. Zur Bestimmung der Eigenkapitalkosten können als Anhaltspunkte für den Betafaktor eine einzelne **Vergleichsanlage** (*Pure Play-Beta*), der Durchschnitt einer Gruppe von Referenzunternehmen (*Peer Group-Beta*) oder eine ausgewählte Branche (*Industry-Beta*) herangezogen werden. Der Rückgriff auf geschätzte oder aber pauschal bestimmte Betafaktoren scheidet aus.

In Abhängigkeit von dem Bewertungsobjekt wird die Höhe des Betafaktors durch das operative **Geschäft**srisiko und das **Kapitalstruktur**risiko (*gearing*) bestimmt. Während sich in dem operativen Risiko die Unsicherheit und das Risiko der zukünftigen Zahlungsströme ausdrücken, reflektiert das Kapitalstrukturrisiko den nachrangigen Anspruch der Eigenkapitalgeber. Mit zunehmendem Verschuldungsgrad steigt die Risikoposition der Eigenkapitalgeber und, rationales Handeln unterstellt, somit auch deren Renditeforderung bei Risikoaversion. Unter restriktiven Annahmen gilt: Der Marktwert eines (verschuldeten) Bewertungsobjekts setzt sich aus dem Marktwert eines (fiktiv) vollständig eigenfinanzierten Bewertungsobjekts und dem Barwert der aus der anteiligen Fremdfinanzierung entstehenden Steuervorteile (*tax shield*) zusammen. Es gilt: 71

$$r_{E,V} = r_{E,U} + (r_{E,U} - r_D) \times (1-s) \times \frac{D}{E}$$

Legende:

$r_{E,V}$: Eigenkapitalkosten des verschuldeten Bewertungsobjekts
$r_{E,U}$: Eigenkapitalkosten des unverschuldeten Bewertungsobjekts
r_D: Fremdkapitalkosten
E: Marktwert des Eigenkapitals
D: Marktwert des Fremdkapitals
s: Steuersatz

Ein Rückgriff auf die unternehmensspezifische Kapitalstruktur scheidet aus (IAS 36.A19). Für die Bestimmung des Kapitalstrukturrisikos ist daher auf die **Erwartungen** (hypothetischer) **Markt**teilnehmer zurückzugreifen, somit die Kapitalstruktur von beobachtbaren Vergleichsanlagen heranzuziehen. Ebenfalls ausgeschlossen ist bei einem in unterschiedlichen Geschäftsfeldern oder Währungsgebieten tätigen Unternehmen die Verwendung eines einheitlichen Diskontierungszinssatzes, somit die Unterstellung eines übereinstimmenden Rendite-Risiko-Profils für alle Beurteilungsobjekte.[23] 72

Da für das relevante Bewertungsobjekt am Markt regelmäßig keine völlig vergleichbaren (risiko- und laufzeitäquivalenten) Anlagealternativen beobachtet werden können, ist ggf. eine **Adjustierung** eines am Markt abgeleiteten Betafaktors notwendig, insbesondere in Abhängigkeit der „Größe" (*size premium*).[24] Wegen der dennoch eingeschränkten Möglichkeit zur Objektivierung der zugrunde gelegten Betafaktoren ist eine **Plausibilisierung** geboten. Nach dem Theorem der **Wertadditivität** gilt:[25] Die gewichtete Summe der Einzelteile entspricht dem Wert des Ganzen. Auch hinsichtlich des systematischen Risikos einzelner Bewertungsobjekte und des Gesamtunternehmens besteht daher eine additive Beziehung. Das gewichtete arithmetische Mittel der Betafaktoren für alle Bewertungsobjekte eines Unternehmens entspricht allerdings nur im theoretischen (Ideal-)Fall dem Gesamt- 73

---

[23] So auch ESMA, Report „12th Extract from the EECS's Database of Enforcement", Decison ref EECS/0112–06.
[24] Etwa durch Berücksichtigung eines Größenkorrekturfaktors „(P)", AICPA, Practice Aid, Tz 5.3.90.
[25] Vgl. Freiberg, Diskontierung in der Internationalen Rechnungslegung, Rz 345 f.

betafaktor. Im Normalfall scheidet der Gesamtbetafaktor zur alleinigen Plausibilisierung der ermittelten spezifischen Eigenkapitalkosten daher aus.

74 Die Bestimmung der **Fremdkapitalkosten** ist abhängig von der **Bonität** des Bewertungsobjekts, aber nicht aus der Perspektive des Unternehmens, sondern aus der Sicht typischer Marktteilnehmer zu bestimmen. Fremdkapitalgeber partizipieren zu einem geringeren Teil an dem unternehmerischen Risiko als Eigenkapitalgeber. Zur Bestimmung des angemessenen Fremdkapitalkostensatzes sind die zum Stichtag beobachtbaren Fremdkapitalkonditionen heranzuziehen. Die Fremdkapitalkosten setzen sich aus dem Basiszinssatz zzgl. eines spezifischen zum Stichtag aus Kapitalmarktdaten abgeleiteten Bonitätsaufschlags (vgl. IAS 39.AG82) zusammen.

75 Das Abstellen auf unternehmensspezifische Finanzierungskonditionen verstößt gegen die Verpflichtung zur Berücksichtigung der aktuellen Markteinschätzungen in der Ableitung des Diskontierungszinssatzes (IAS 36.56). Die Herleitung der Fremdkapitalkosten, ausgehend von dem tatsächlichen Zinsaufwand der Periode, verstößt überdies gegen das Gebot zur Berücksichtigung der Stichtagsverhältnisse (IAS 36.BCZ53(a)).[26]

76 Wird auf die gewogenen durchschnittlichen Kapitalkosten (WACC) als Diskontierungszinssatz zurückgegriffen, ist eine konsistente Herleitung der einzelnen Komponenten sicherzustellen.[27] Für die Bestimmung der Eigen- und der Fremdkapitalkosten ist die gleiche Laufzeit zu unterstellen. Wird für die Renditeforderung der Eigenkapitalgeber (also im CAPM) auf eine unbestimmte Laufzeit abgestellt, ist dieser Prämisse auch für die Bestimmung der Fremdkapitalkomponente zu folgen.

Beispiel

Für den Geschäftsbereich G wird der angemessene Diskontierungszinssatz für die Bestimmung des erzielbaren Betrags über die gewogenen durchschnittlichen Kapitalkosten (WACC) bestimmt. Folgende Informationen stehen zum Stichtag unter der Prämisse einer unbestimmbaren Nutzungsdauer zur Verfügung:

- Der relevante Betafaktor für den Geschäftsbereich wird mit 1,2 bestimmt, die Marktrisikoprämie beträgt 6,0. Der risikolose Zinssatz wird mit 2,0 % für eine unendliche Laufzeit ermittelt.
- Für die Herleitung der Fremdkapitalkosten wird auf die Rendite von Industrieanleihen i. H. v. 5,0 % abgestellt, die in den Risikomerkmalen äquivalent zum Profil der G sind. Zur Verfügung stehen allerdings nur Informationen für Anleihen mit einer Laufzeit von 10 Jahren. Der risikolose Zins für Anlagen mit einer Laufzeit von 10 Jahren wird mit 1,6 % festgestellt. Unter der Prämisse eines bei längeren Laufzeiten nahezu gleichbleibenden *credit spread* ergeben sich daher Fremdkapitalkosten von 5,4 % (= 5,0 % − 1,6 % + 2,0 %).

Bei einer Kapitalstruktur von 50 % EK zu 50 % FK und einem Steuersatz von 50 % (= *tax shield*) ergeben sich daher Kapitalkosten i. H. v. 5,95 %.

---

[26] So auch ESMA, Report, 8th Extract from the EECS's Database of Enforcement, decision ref 0610–13; Report, 13th Extract from the EECS's Database of Enforcement, decision ref 0113–09.

[27] ESMA, Report „12th Extract from the EECS's Database of Enforcement", decison ref 0112–06, Tz 59 ff.

Auch der **Marktwert** des **Eigenkapitals** ist (als gesuchte (Teil-)Größe des Barwertkalküls) bei der Bestimmung der gewogenen durchschnittlichen Kapitalkosten regelmäßig nicht bekannt. Er ergibt sich ausgehend vom Gesamtwert, also dem Barwert der erwarteten Zahlungsströme, abgezinst mit den gewogenen Kapitalkosten, nach Abzug des Marktwerts des Fremdkapitals. Aufgrund der Interdependenz zwischen der notwendigen Input-, gleichzeitig aber auch der gesuchten Outputgröße „Unternehmenswert" ergibt sich für das Barwertkalkül ein **Zirkularitätsproblem**. Zu dessen Vermeidung kann vereinfachend eine im Planungszeitraum realisierbare Zielkapitalstruktur (ein zukünftig zu erreichendes Verhältnis von Eigen- zu Fremdkapital) unterstellt werden, welches ebenfalls marktbasiert (etwa unter Berücksichtigung branchenüblicher Verschuldungsgrade, ausgehend von einer Peer Group) zu bestimmen ist. Voraussetzung für den Rückgriff auf eine Zielkapitalstruktur ist das „Einfrieren" der Kapitalstruktur über den Planungshorizont hinaus durch die Unterstellung einer unternehmenswertabhängigen Finanzierung. 77

Der spezifische Diskontierungszinssatz entspricht der am Markt abgeleiteten **Renditeerwartung** für eine **Alternativanlage**. Die erzielbare Rendite einer Alternativanlage wird auch durch Steuern als betriebswirtschaftlich notwendige Ausgaben gegenüber dem Fiskus beeinflusst. Die Vernachlässigung von Steuern bei der Bestimmung der Renditeerwartung des Marktes entspricht nicht der Realität, Marktteilnehmer verfolgen das Ziel einer **Nettogewinnmaximierung**, berücksichtigen in ihrer Renditeerwartung also den Einfluss von Steuern. Insoweit für die Festlegung des angemessenen Diskontierungszinssatzes die geforderte Marktbasierung berücksichtigt wird, ist auch dem Einfluss von Steuern Rechnung zu tragen. Der relevante Steuersatz für die Bestimmung des Abzinsungssatzes ist – in Abhängigkeit von der herangezogenen Alternativanlage – marktbasiert zu bestimmen, der Rückgriff auf die unternehmensspezifische Steuersituation scheidet aus. Regelmäßig ist auf den allgemeinen (Unternehmens-)Steuersatz der Jurisdiktion, in der Zahlungsströme generiert (und besteuert) werden, zurückzugreifen. 78

Der geforderte Marktbezug des Diskontierungssatzes verlangt (gem. IAS 36.56) eine Ableitung des spezifischen Risikos des Bewertungsobjekts aus **risikoäquivalenten Alternativanlagen**. Ein Verteilen der am Markt abgeleiteten (Gesamt-)Kapitalkosten eines Unternehmens (Unternehmens-WACC) auf CGUs und/oder Vermögenswerte ist nicht (oder nur unter Vereinfachungsgesichtspunkten, Rz 11) zulässig, da dies dem spezifischen Risiko des jeweiligen Bewertungsobjekts nicht gerecht wird. Die Bestimmung der spezifischen Kapitalkosten muss disaggregiert pro Einzelobjekt erfolgen. Zur **Plausibilisierung** ist der herangezogene Diskontierungszinssatz des Bewertungsobjekts folgenden Zinssätzen gegenüberzustellen (IAS 36.A17): 79

- durchschnittliche gewogene Kapitalkosten des Unternehmens;
- Grenzfremdkapitalzins für die Neuaufnahme von Darlehen;
- beobachtbare marktübliche Zinssätze für Vermögenswerte und Unternehmen.

Darüber hinaus ist auch ein Vergleich mit veröffentlichten Kapitalkosten anderer Unternehmen geboten. Der Rückgriff auf unternehmensspezifische Abzinsungssätze scheidet aus.

Besonderheiten für die Bestimmung des Kapitalisierungszinssatzes ergeben sich, wenn sich innerhalb einer Branche aufgrund einer **Krisenlage** ein extremer Anstieg der Renditeforderungen beobachten lässt. Erfolgt die Bilanzierung und Bewertung 80 unter Wahrung der *going concern*-Prämisse (IAS 1.25), spiegeln beobachtbare Renditen von *peer group*-Unternehmen, die in wirtschaftliche Schieflage geraten sind, keine äquivalente Alternativanlage wider.

Einen Anhaltspunkt für eine Nichteignung beobachtbarer (Alternativ-)Renditen ist ein Überschreiten der Fremdkapitalkosten über die Eigenkapitalkosten. Wird (zutreffend) eine Fortführung des Geschäfts unterstellt, müssen sich die Fremdkapitalkosten – trotz der Möglichkeit einer extremen Abweichung zum Stichtag – langfristig auf einem niedrigeren Niveau (unterhalb der Eigenkapitalkosten) einpendeln. Bei einem Geschäftsmodell mit hohem (Ausfall-)Risiko gleichen sich die Renditeforderungen von Fremd- und Eigenkapitalgeber an. Stehen keine Möglichkeiten zur Fremdfinanzierung zur Verfügung ist u. U. eine reine Eigenfinanzierung unter Berücksichtigung der besonderen Risikoposition zu unterstellen. U.E. vorziehungswürdig ist eine Berücksichtigung einer wirtschaftlichen Schieflage (etwa erhöhtes Insolvenzrisiko) durch Anpassung der Zahlungsströme (höhere Gewichtung im Erwartungswert). Bei bestehenden Zweifeln an der Unternehmensfortführung entfällt erwartungsgemäß ein Wertbeitrag aus der Fremdfinanzierung (*tax shield*) bzw. dieser kann nicht realisiert werden. Der im DCF-Modell berechnete Wert ergibt sich dann unter der Prämisse eines unverschuldeten Unternehmens abzüglich eines negativen Wertbeitrags, der die Zweifel an der Fortführbarkeit ausdrückt.

> **Beispiel**
> Das in der Solarbranche tätige Unternehmen Sonnenschein AG (S) wird auch durch eine Krise der Branche und eine Konsolidierung der Märkte beeinflusst. Die S hat am Kapitalmarkt eine Anleihe begeben, die eine Restlaufzeit von 3 Jahren aufweist. Wegen der akuten Zweifel an der Wirtschaftlichkeit der Branche lässt sich zum Stichtag eine Renditeforderung von über 65 %, somit ein *credit spread* von mehr als 60 % beobachten. Wird von einer Fortführung des Unternehmens ausgegangen, ist die Unterstellung eines langfristigen (und nachhaltigen) Fremdkapitalkostenaufschlags auf den risikolosen Zins von mehr als 60 % (= 600 Basispunkte) keine plausible Annahme. Für die Bestimmung der (nachhaltigen) Kapitalkosten ist daher eine Anpassung erforderlich. Eine evtl. Anpassung zeitigt hingegen keine Relevanz für eine etwaige *fair value*-Bewertung der Verbindlichkeit. Hier ist der beobachtbare Marktpreis als Level-1 Information zu beachten (→ § 8a Rz 73).

3.4.4 Berücksichtigung von Länderrisiken

81 Der relevante Zinssatz – als Renditeerwartung einer Alternativanlage – für den *impairment*-Test nach IAS 36 ist unter Beachtung der Gegebenheiten des Landes zu bestimmen, in dem die erwarteten zukünftigen Zahlungsströme generiert werden (Rz 51). In jedem Land ergeben sich individuelle spezifische Risiken in Bezug auf die Währung, die jeweilige Politik und die Marktsituation (IAS 36.A18). Bestehenden Länderrisiken wird nicht bereits durch eine Umrechnung der erwarteten Zahlungsströme in Fremdwährung mit Forward-Kursen Rechnung getragen. Über eine Umrechnung der Zahlungsströme wird nur eine Währungsäquivalenz erreicht, im Kalkül fehlt dann noch die Berücksichtigung des spezifischen Länderrisikos. Wechselkursrisiken sind getrennt von einem festgestellten Länderrisiko,

welches Ausdruck der politischen/rechtlichen Lage und der Marktsituation/-entwicklung ist, im Bewertungskalkül zu erfassen.

Wird das Wechselkurs-/Währungsrisiko im Zähler des Barwertkalküls (den Zahlungsströmen) verarbeitet, bedarf es daher keiner Erfassung im Kapitalisierungszins über ein Inflationsdifferenzial mehr. Nur wenn die Zahlungsströme in einer Fremdwährung denominiert sind, ist für die Kapitalkosten eine Anpassung der relativen Kaufkraftparität erforderlich. Über die Umrechnung der (Fremdwährungs-)Zahlungsströme über Forward-Kurse wird allerdings nur dem Währungsrisiko Rechnung getragen, eine Anpassung für Länderrisiken ist dann zusätzlich, da keine Erfassung im Zahlungsstrom erfolgte, im Zinssatz vorzunehmen.[28] 82

Für die Erfassung von Länderrisiken im Diskontierungszins kann auf ein allgemein anerkanntes Konzept zurückgegriffen werden,[29] welches eine Korrektur im Nenner des Bewertungskalküls (dem Zinssatz) vorsieht. Die Länderrisikoprämie (*country risk premium* – CRP) wird als Anpassung für ein Ausfallrisiko bestimmt, welches auf ein beobachtbares Länderrating (S&P, Moody's etc.) zurückzuführen ist. Auf beobachtbare Länderratings werden entsprechende *country* oder (vorzugsweise wegen der höheren Liquidität) *corporate spreads* bezogen. Die Volatilität des lokalen Aktienmarktes muss in die Berechnung einbezogen werden (typisiert etwa mit einem Faktor von 1,5). Für den Einbezug in die Kapitalkosten lassen sich drei Methoden unterscheiden:[30] 83

- *bludgeon approach*: Unter der Prämisse einer identischen Belastung aller Unternehmen mit Länderrisiken im gleichen Maße erfolgt die Erfassung durch einfache Addition ($r_{EK} = r_i + MRP \times \beta + CRP$).
- *beta approach*: Verhält sich das Länderrisiko proportional zum Marktrisiko, erfolgt eine multiplikative Verknüpfung ($r_{EK} = r_i + (MRP+CRP) \times \beta$).
- *lambda approach*: Besteht kein Zusammenhang zwischen Markt- und Länderrisiko, ist eine individuelle Gewichtung geboten ($r_{EK} = r_i + MRP \times \beta MRP + CRP \times \beta CRP$).

3.4.5 Zusammenhang zwischen Vor- und Nachsteuerbetrachtung

Aus **Kongruenz**gründen kann die Bestimmung eines Barwerts auf zwei Arten erfolgen: Abzinsung von 84

- Vor-Steuer-*cash-flows* mit Vor-Steuer-Zinssätzen oder von
- Nach-Steuer-*cash-flows* mit Nach-Steuer-Zinssätzen (Rz 49).

Die Anwendung der ersten Methode (Vor-Steuer Barwertermittlung) bereitet insofern Schwierigkeiten, als am Markt nur **Renditen nach Steuern** beobachtbar sind und somit ein Vor-Steuer Diskontierungszins noch abzuleiten wäre. Durch eine Berechnung vor Steuern kommt steuerlichen Wertbeiträgen aus Finanzierungsaspekten kein eigener Wert mehr zu. Der Diskontierungszinssatz vor Steuern ist – unter Berücksichtigung des Standard-CAPM – unabhängig von der unterstellten (Ziel-)Kapitalstruktur.

---

[28] Für die Unternehmensbewertung wird eine Anpassung im Zähler des Barwertkalküls favorisiert. Vgl. IDW, Fragen und Antworten: Zur praktischen Anwendung der Grundsätze zur Durchführung von Unternehmensbewertungen nach IDW S 1 i.d.F. 2008, Tz 5.4, FN-IDW 2012, S. 323 ff., und FN-IDW 2013, S. 363 ff.

[29] DAMODARAN, Estimating Country Risk Premiums.

[30] Vgl. KRUSCHWITZ/LÖFFLER/MANDL, WPg 2011, S. 170, die dem Konzept aber durchaus kritisch gegenüberstehen.

85 Für den Nutzungswert sieht IAS 36 eine Bestimmung ohne den Einfluss von Steuern vor (Rz 43). Zur Wahrung der Konsistenz des Barwertkalküls ist mit dem Zähler (den *cash flows*) dann auch der Nenner (der Diskontierungszinssatz) als **Vor-Steuer-Größe** zu bestimmen (IAS 36.50b, IAS 36.55). Im Rahmen der Bestimmung der risikoäquivalenten Kapitalkosten sind daher Vor-Steuer-Renditeforderungen am Kapitalmarkt abzuleiten. Am Markt sind aber i. d. R. nur Renditen nach Unternehmensteuern beobachtbar. Erforderlich ist somit eine Überleitung der *pre-tax* auf die *post-tax discount rate*. Werden die gewogenen Kapitalkosten als Ausgangspunkt verwendet, ist bei einer Vor-Steuer-Betrachtung nicht nur der berücksichtigte Steuervorteil der Fremdfinanzierung herauszurechnen. Die am Markt beobachtbaren Eigenkapitalkosten (Basiszins und Marktrendite für risikobehaftete Anlagen) sind ebenfalls Nach-Steuer-Größen und daher zu adjustieren. Dies kann geschehen durch eine

- **einfache Division** (Nach-Steuer-Zins / (1 – Steuersatz) = Vor-Steuer-Zins) oder
- **iterative** Betrachtung.

86 Die einfache Division führt nur dann zu annähernd richtigen und damit brauchbaren Ergebnissen, wenn die aus dem Bewertungsobjekt resultierenden steuerlichen **Abschreibungsvorteile** zeitlich gleichmäßig anfallen (lineare Abschreibung im Planungszeitraum). Der Idealfall stellt ein Barwertkalkül mit uniformen Zahlungsströmen (etwa eine „ewige" Rente) dar. Die **iterative Betrachtung** ist hingegen **zwingend**, wenn keine steuerliche Abschreibungsmöglichkeit des Bewertungsobjekts oder umgekehrt sofortige Absetzbarkeit (z. B. originärer immaterieller Vermögenswert) gegeben ist.

> **Beispiel**
> Der Diskontierungssatz (WACC) nach Steuern beträgt 10 %. Der Steuersatz ist 40 %.
> Festzustellen ist der *value in use* einer Gruppe von Vermögenswerten, mit einem *cash flow* von 800, 600 und 550 in den drei folgenden Perioden. Soweit der Vermögenswert bzw. sein festzustellender Nutzungswert über die drei Jahre steuerlich linear abzuschreiben ist, führen Nach-Steuer-Diskontierung mit 10 % und Vor-Steuer-Diskontierung mit 10 % / (1–0,4) = 16,7 % zum annähernd gleichen Ergebnis.
> Bei sofortiger Absetzbarkeit des festzustellenden Nutzungswertes führt hingegen ein iterativ ermittelter Steuersatz von 13,6 % zum zutreffenden Wert. Eine iterative Berechnung ist ebenfalls notwendig, wenn der steuerlich linear absetzbare Betrag und der Nutzungswert deutlich auseinanderliegen.

Zur iterativen Berechnung folgendes Beispiel:

> **Beispiel**
> Der Buchwert der CGU beträgt inkl. *goodwill* 600. Dieser Betrag ist steuerlich über drei Jahre Restnutzungsdauer abschreibbar. Investitionen sind während des Detailplanungszeitraums von drei Jahren nicht vorgesehen, danach in einer Höhe von 60 p. a., wobei vereinfachend eine gleich hohe jährliche Abschreibung angenommen wird.

Außerplanmäßige Abschreibungen, Wertaufholung §11

Der Kapitalisierungssatz wurde aus Marktdaten abgeleitet und setzt sich nach Steuern (d. h. so, wie die Parameter beobachtbar sind) wie folgt zusammen: Basiszins + Betafaktor × Marktrisikoprämie = 4 % + 1,5 × 4 % = 10 %

Nachsteuerrechnung: i = 10 %

Jahr	1	2	3	ewige Rente
operativer *cash flow* vor Steuern	100	100	100	100
– Steuern darauf 40 %	–40	–40	–40	–40
– Steuerentlastung aus Abschreibung (40 % von 200 bzw. 60)	80	80	80	24
investiver *cash flow*				–60
= *cash flow* nach Steuern	140	140	140	24
Barwert ewige Rente für 10 %				240
× Diskontierungsfaktor für 10 %	0,9091	0,8264	0,7513	0,6830
= diskontierter *cash flow*	127	116	105	164
value in use (Summe diskontierter *cash flows*) nach Steuern)	512			

Vorsteuerrechnung bei *grossing-up*: i = 10 % (1–40 %) = 16,67 %

Jahr	1	2	3	ewige Rente
cash flow vor Steuern	100	100	100	40
Barwert ewige Rente für 16,67 %				240
× Diskontierungsfaktor (für 16,67 %)	0,8571	0,7347	0,6297	0,5397
= diskontierter *cash flow*	86	73	63	240
value in use (Summe diskontierter *cash flows*) bei grossing-up	463			

Vorsteuerrechnung mit iterativ ermitteltem i = 14,25 %

Jahr	1	2	3	ewige Rente
cash flow vor Steuern	100	100	100	40
Barwert ewige Rente für 14,25 %				281
× Diskontierungsfaktor (für 14,25 %)	0,8753	0,7661	0,6706	0,5869
= diskontierter *cash flow*	85	73	62	281
value in use (Summe diskontierter *cash flows*) für iterativen Zins	512			

87 Wird – den Vorgaben von IAS 36 folgend – auf einen aus Kapitalmarktdaten abgeleiteten Diskontierungszinssatz abgestellt, drückt dieser die Rendite einer **Alternativanlage** nach (Unternehmens-)Steuern aus. Aus **Konsistenz**gründen ist im Rahmen der Barwertermittlung bei Rückgriff auf einen Nachsteuer-Zinssatz auch von Nachsteuer-Zahlungsströmen (Nettorechnung) auszugehen. Der Barwert eines Bewertungsobjekts kann aber auch in einer Bruttorechnung (vor Abzug von Steuern) bestimmt werden. Beide Verfahren führen – zumindest in der Theorie – zum gleichen Ergebnis, wenn die Verfügbarkeitsäquivalenz im Zahlungsstrom und Zinssatz gleichermaßen berücksichtigt wird. Für die (rechnerische) Bestimmung des Nutzungswerts kann daher – unter Berücksichtigung der Restriktionen hinsichtlich des Zahlungsstroms (Rz 52 ff.) – auch auf eine **Nettorechnung** abgestellt werden, für die Offenlegung des Diskontierungszinssatzes im Anhang wäre allerdings eine Umrechnung in eine Bruttogröße geboten.

3.5 Festlegung des Planungshorizonts

3.5.1 Bestimmung des „führenden" Vermögenswerts

88 Wegen der mit dem Zeithorizont abnehmenden Prognosesicherheit ist bei der *cash-flow*-Planung ein Phasenmodell anzuwenden. Für die DCF-Ermittlung des Nutzungswerts ist dieses sogar explizit vorgeschrieben und in verschiedenen Einzelheiten normiert. Zu unterscheiden ist danach zwischen dem (Rz 52)
- Detailplanungszeitraum für maximal **fünf Jahre**, es sei denn, eine längere Periode ist gerechtfertigt (IAS 36.33b);
- Anschluss einer **Rente** (mit oder ohne Wachstum) für die Restdauer der Nutzung.

Der Gesamtnutzungszeitraum ist bei einer zahlungsmittelgenerierenden Einheit durch die Lebensdauer des **führenden** (*leading*) Vermögenswertes zu bestimmen. Bei unbestimmter Lebensdauer eines Vermögenswerts (Marken oder *goodwill*) ist nicht zwangsläufig auch der Gesamtplanungszeitraum unbegrenzt, da die Nutzungsdauer nicht **unbegrenzt** (*infinite*), sondern lediglich **unbestimmt** (*indefinite*) ist (IAS 38.91; → § 13 Rz 93). Innerhalb einer zahlungsmittelgenerierenden Einheit mit *goodwill* oder einem immateriellen Vermögenswert mit unbestimmter Nutzungsdauer kann daher ein anderer, einer planmäßigen Wertminderung unterliegender Vermögenswert als *leading asset* zu identifizieren sein. Nur in Ausnahmefällen – der Identifizierung eines Vermögenswerts mit unendlicher Nutzungsdauer – schließt sich daher an die Detailplanung eine ewige Rente (mit oder ohne Wachstum) an (Rz 53). Dementsprechend verweisen die Vorgaben zum *impairment*-Test nicht auf das *leading asset*, sondern unterstellen implizit die Bestimmung des Planungshorizontes durch den längstlebenden Vermögenswert (IAS 36.49). Die Identifizierung des führenden Vermögenswerts ist nicht auf bilanziell erfasste Werte begrenzt, auch – wegen eines konkreten Bilanzierungsverbots (etwa für immaterielle Vermögenswerte, → § 13 Rz 33) – nicht aktivierte Vermögenswerte können als führender Vermögenswert definiert werden.

Der angesetzte Gesamtnutzungszeitraum entscheidet auch darüber, welche Investitionen als Ersatzbeschaffungen in der operativ angelegten *cash-flow*-Planung berücksichtigt werden dürfen. 89

> **Beispiel**[31]
>
> **Sachverhalt**
> Eine Stahl produzierende CGU besteht aus
>
> - einem Gebäude   – Restnutzungsdauer   35 Jahre
> - einem Hochofen   – Restnutzungsdauer   20 Jahre
> - diversen Maschinen   – Restnutzungsdauer   10 Jahre
>
> Zwei **Lösungen** scheinen vertretbar:
>
> | | BW | RND | Nutzungsdauer CGU | |
> |---|---|---|---|---|
> | | | | Alt. 1: RND „leading asset" = RND Hochofen = 20 J. | Alt. 2: RND = 35 J. = RND Gebäude |
> | Gebäude | 10 | 40 | Veräußerung nach 20 J. | |
> | Hochofen | 80 | 20 | | Ersatz in 20 J., Veräußerung 15 J. später |
> | Maschinen | 50 | 10 | Ersatz nach 10 J. | Ersatz in 10 J., 20 J. und 30 J., Veräußerung 5 J. später |
>
> In der ersten Lösung beträgt die Gesamtplanung 20 Jahre. Da das Gebäude dann noch nicht verbraucht ist, muss in der *cash-flow*-Planung eine Einnahme aus der Veräußerung des Gebäudes fingiert werden. Die Maschinen sind andererseits schon nach 10 Jahren zu ersetzen. Die Ausgaben dafür haben aus Sicht der CGU nicht investiven, sondern operativen Charakter. Sie dienen der Erhaltung des Betriebs der CGU und sind daher zu berücksichtigen.
> In der zweiten Lösung muss die Neuanschaffung eines Hochofens nach 20 Jahren sowie dessen Veräußerung nach weiteren 15 Jahren fingiert werden.

Je nach Definition der **Planungsdauer** sind unterschiedliche und unterschiedlich viele **Ersatzintervalle** zu berücksichtigen, entsprechende Auszahlungen für den „Ersatz" von Vermögenswerten am Ende der wirtschaftlichen Nutzungsdauer als Erhaltungsaufwand zu erfassen (Rz 54). Bei eher kurzen Intervallen stellen sich dann sehr schwierige Fragen nach den Veräußerungswerten der länger nutzbaren Vermögenswerte. Bei sehr langen Intervallen muss andererseits ein häufiger Ersatz

---

31 Nach DYCKERHOFF/LÜDENBACH/SCHULZ, FS für KLAUS POHLE, 2003.

der kurzlebigeren Vermögenswerte geplant werden. In beiden Fällen treten also spezifische Schätzprobleme auf. Es muss mit **Fiktionen** gearbeitet werden.

90 Am **Ende** der Detailprognosephase ist ein **Residualwert** des Bewertungsobjekts anzusetzen, regelmäßig nicht als Ausstiegs- bzw. Liquidationswert (IAS 36.52), sondern unter der Annahme der **Fortführung** (*going concern*). Die Kalkulation beruht – unter Voraussetzung eines „eingeschwungenen Zustands" (*steady state*) – auf dem Zahlungsstrom der **letzten Detailplanungsphase** und einer **Wachstumsrate**.[32] Der Rückgriff auf einen durchschnittlichen Zahlungsstrom, der über die Detailplanungsphase bestimmt wurde, scheidet aus. Für Unternehmen in der **start-up-Phase** sind realistische Annahmen hinsichtlich des künftigen Ertragspotenzials zu unterstellen oder das besondere Risiko (i.S.d. Variabilität) im Diskontierungszins zu berücksichtigen.[33]

3.5.2 Keine Restriktionen für den Nettoveräußerungswert

91 Mangels bestehender Restriktionen kann für die (rechnerische) Bestimmung des Nettoveräußerungswerts eine unendliche (Nutzungs-)Dauer des Bewertungsobjekts unterstellt werden. In dem Barwertkalkül sind allerdings entsprechende Annahmen für (Erhaltungs-)Investitionen aus der Sicht (hypothetischer) Marktteilnehmer zu treffen. Die Prämisse einer unendlichen Nutzungsdauer steht somit wie alle Inputfaktoren der Bestimmung des Nettoveräußerungswerts unter dem Vorbehalt der Marktbasierung (Rz 37).

4 Wertminderung des einzelnen Vermögenswerts

4.1 Keine Einzelbewertung bei Verbundeffekten

92 Hinsichtlich der nach IAS 36 vorrangig heranzuziehenden Einzelbewertung nichtfinanzieller Vermögenswerte ist zwischen dem **betriebsnotwendigen** (operativ eingesetzten) und dem **nichtbetriebsnotwendigen Vermögen** zu unterscheiden.
- **Nichtbetriebsnotwendiges Vermögen** kann in absehbarer Zeit veräußert und wieder ersetzt werden. Eine Bewertung zielt daher i.d.R. auf das Erfolgspotenzial aus einer marktmäßigen Verwertung ab, da weder direkt noch indirekt ein Bezug zur operativen (Gesamt-)Tätigkeit des Unternehmens besteht. Abweichungen zwischen dem unternehmensspezifischen Nutzungswert und dem Nettoveräußerungswert bestehen nicht oder nur in geringem Maße.
- **Operative Produktionspotenziale** (das betriebsnotwendige Vermögen) steuern durch den Einsatz im Leistungsverbund einen Beitrag zum (Gesamt-)Unternehmenswert bei. Für die Einzelbewertung nichtfinanzieller Vermögenswerte gelten daher Restriktionen, wenn aus der Kombination des zu bewertenden Vermögenswerts mit anderen Produktionsfaktoren Erfolgs- oder Risikoverbundeffekte resultieren.

Aufgrund der bestehenden Interdependenzen zwischen dem Rendite-Risiko-Profil einzelner (nichtfinanzieller) Vermögenswerte und der betrieblichen Geschäftstätigkeit unterliegt die Barwertbestimmung des betriebsnotwendigen Vermögens besonderen Restriktionen. Durch die Kombination mehrerer Vermögenswerte im Rahmen der betrieblichen Geschäftstätigkeit ergeben sich regelmäßig (unechte)

---

[32] Vgl. FREIBERG/LÜDENBACH, KoR 2005, S. 479ff.
[33] AICPA, Practice Aid, Tz 5.3.88.

Synergien als **Erfolgs-** und **Risikoverbundeffekte**, die eine Partialisierung (i.S.e. Einzelbewertung) erschweren. Anders als unternehmensspezifische (echte) Synergien, die nur in die Bestimmung des Nutzungswerts Eingang finden (Rz 59), sind Erfolgs- und Risikoverbundeffekte einzelner Vermögenswerte in einem objektivierten Wert und damit sowohl im Nutzungs- als auch Nettoveräußerungswert zu berücksichtigen. Eine Einzelbewertung ohne Berücksichtigung bestehender Verbundeffekte führt zu einem Missverhältnis zwischen dem Gesamtwert des Unternehmens und der Summe der Werte der einzelnen Vermögenswerte (*sum-of-the-parts*-Problem).

Dem bestehenden Interdependenzproblem tragen die Vorgaben von IAS 36 Rechnung, indem die Ebene des *impairment*-Tests von dem einzelnen Vermögenswert auf die zahlungsmittelgenerierende Einheit (Rz 100 ff.) verlagert wird (Rz 8). Der Rückgriff auf eine **Marginalbewertung** eines einzelnen Vermögenswerts durch Separierung eines spezifischen Zahlungsstroms scheidet – anders als bei der Zugangsbewertung, etwa im Rahmen einer *business combination* (→ § 31 Rz 101) – für die Bestimmung eines evtl. *impairment* aus (IAS 36.67).[34]

Auf Ebene des einzelnen Vermögenswerts ist daher folgende Differenzierung geboten:

- Die Notwendigkeit einer außerplanmäßigen Abschreibung wird widerlegt, wenn ein beobachtbarer Marktpreis den Buchwert des Vermögenswerts übersteigt.
- Wird für die Bestimmung des erzielbaren Betrags auf ein Barwertkalkül zurückgegriffen, verlagert sich der Werthaltigkeitstest von dem einzelnen Vermögenswert auf eine größere zahlungsmittelgenerierende Einheit, wenn das Bewertungsobjekt nicht unabhängig von anderen Einsatzfaktoren einen Zahlungsstrom erzielt.

Die folgenden Methoden zur (Einzel-)Bewertung eines Vermögenswerts sind daher – unabhängig von der Verwendung im Rahmen einer Erstkonsolidierung (→ § 31 Rz 104 f.) – für den *impairment*-Test **nicht einschlägig**:[35]

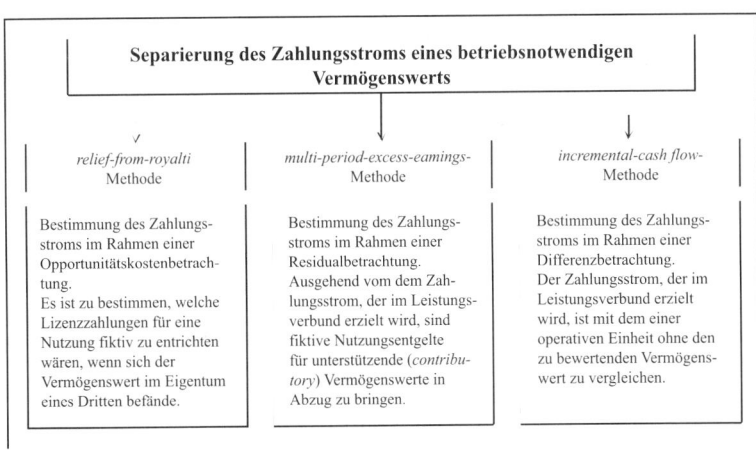

---

[34] A.A. ERB/EYCK/JONAS, Beck'sches IFRS-Handbuch, 4. Aufl. 2013, § 27, Tz. 48 ff.; THEILE/PAWELZIK, PiR 2012, S. 210 ff.
[35] Wohl a.A. IDW RS HFA 16, Tz 82.

Eine Übernahme der Bewertungsverfahren kann auch nicht über das Stetigkeitsgebot gerechtfertigt werden. Anders als in IFRS 3 kennt IAS 36 keine strenge Einzelerwerbsfiktion. Das Stetigkeitsgebot kann nur in den Fällen Bedeutung entfalten, in denen Bewertungsanlass und Bewertungsobjekt identisch sind. Insbesondere für immaterielle Vermögenswerte, die nur im Verbund mit anderen Einsatzfaktoren genutzt werden (nicht lizenzierte Marken, angesetzte Kundenbeziehungen, Technologie etc.), scheidet eine ausschließliche Einzelbewertung unter Rückgriff auf (artifizielle) Bewertungsverfahren aus.

94 Voraussetzung für die Bestimmung des erzielbaren Betrags auf Ebene des einzelnen Vermögenswerts ist die Möglichkeit zur Erzielung von Zahlungsmittelzuflüssen aus der Verwertung unabhängig von dem Einsatz anderer Vermögenswerte. Abzustellen ist auf **externe Zahlungen** (*cash inflows ... received from parties external to the entity*), die unabhängig von der unternehmensinternen Verwendung erzielt werden (IAS 36.69). Hinreichender Beleg für die Zulässigkeit einer Einzelbewertung ist das Bestehen eines **aktiven Markts** für den erzielbaren Output des Bewertungsobjekts (IFRS 13.A). Für die meisten Vermögenswerte scheidet die Zulässigkeit einer Bestimmung des erzielbaren Betrags im Rahmen einer Einzelbewertung über ein Barwertkalkül aus.[36]

95 Insbesondere für **Marken mit unbestimmbarer Nutzungsdauer**, die im Funktionszusammenhang mit anderen Vermögenswerten stehen, sind daher ausschließlich auf Ebene der (spezifischen) zahlungsmittelgenerierenden Einheit zu testen und einer Einzelbewertung nicht zugänglich.[37] Soweit im Schrifttum behauptet wird, dies sei eine Mindermeinung, ist dies unzutreffend.[38] Für Zwecke des *impairment*-Tests nach IAS 36 ist der erzielbare Betrag (*recoverable amount*) dem Buchwert des Bilanzierungs-/bewertungsobjekts gegenüberzustellen. Sowohl in grammatischer („*Recoverable amount is...*") aber auch systematischer Auslegung (Überschrift: *Measuring recoverable amount*) der Vorgaben in IAS 36.22 lässt sich keine Differenzierung nach den Wertkonzepten *value in use* und *fair value less costs of disposal* entnehmen.
Ein Rückgriff auf die zahlungsmittelgenerierende Einheit für die Beurteilung der Werthaltigkeit einer Marke ist ausnahmsweise entbehrlich, wenn eine Preisstellung und somit der *fair value less costs of disposal* unmittelbar beobachtbar ist. Einer Bewertung i. e. S. bedarf es dann allerdings nicht.

96 Nur ausnahmsweise lässt sich auf Ebene des einzelnen Vermögenswerts ein von dem Einsatz anderer Produktionsfaktoren unabhängiger Zahlungsstrom feststellen. Für eine Einzelbewertung über Barwertkalküle ist das Bestehen von **Verbundeffekten** mit anderen Vermögenswerten der Einheit zu widerlegen. Der entsprechende Nachweis kann regelmäßig nur für Vermögenswerte erbracht werden,

- die anderen Parteien **zur Nutzung überlassen** sind und daher einen Zahlungsstrom generieren, der unabhängig von der unternehmensinternen Verwendung sind, aber dennoch

---

[36] Gl. A. KPMG, Insights into KPMG 2014/2015, Tz 3.10.50.20.
[37] So auch PwC, Manual of Accounting IFRS 2015, Tz 18.123.1 „Brands...should not be tested alone."; KPMG, Insights into IFRS 2014/2015, Tz 3.10.125.160 „the brand should not be tested as a stand-alone asset"; ähnlich E&Y, International GAAP 2015 S. 1474f.
[38] So etwa ZÜLCH/STORK GENANNT WERSBORG, KoR 2012, S. 500ff.

- weiterhin dem **Anwendungsbereich von IAS 36** unterliegen und nicht von einem *scope out* betroffen sind (Rz 3). Regelmäßig qualifizieren sich als Finanzinvestitionen gehaltene Immobilien, die nach dem *cost model* bewertet werden (→ § 16 Rz 40 ff.), für eine Einzelbewertung nach IAS 36. Auch für im Rahmen der *equity*-Methode bilanzierte Beteiligungen kann – das Bestehen besonderer Verbundeffekte ausgeklammert (→ § 33 Rz 101 ff.) – ein unabhängiger Zahlungsstrom aus dem anteilig dem Investor zustehenden Ausschüttungen bestimmt werden.

4.2 Änderung der planmäßigen Abschreibung als Folge einer Wertminderungsindikation

Die fehlende Möglichkeit einer Einzelbewertung schließt eine Wertberichtigung eines nur im Verbund mit anderen Einsatzfaktoren nutzbaren (einzelnen) Vermögenswerts nicht aus. Generiert ein Vermögenswert keine unabhängigen Zahlungsströme, verlagert sich die Ebene des *impairment*-Tests von der Ebene des einzelnen Vermögenswerts auf die einer zahlungsmittelgenerierenden Einheit. Bei Bestehen eines „Saldierungskissens" (Rz 154) scheidet eine außerplanmäßige Abschreibung aus. Das Vorliegen einer Wertminderungsindikation (Rz 19) verpflichtet aber unabhängig von der Erfassung eines evtl. *impairment* auf eine Neueinschätzung der **Angemessenheit** der bislang unterstellten Annahmen der planmäßigen **Folgebewertung** für jeden Vermögenswert einer zahlungsmittelgenerierenden Einheit (Rz 28). 97

Die Revision von Schätzungen betreffend die Folgebewertung von Vermögenswerten ist i.d.R. **erfolgswirksam** in der Periode selbst und in den noch erwarteten Folgeperioden vorzunehmen (IAS 8.36) und bleibt nur ausnahmsweise erfolgsneutral (→ § 24 Rz 52). Geänderte Annahmen zur Folgebewertung sind **rückwirkend** auf den Anfang der Periode zurückzubeziehen (IAS 8.38). Eine notwendige höhere Abschreibung wegen einer Neueinschätzung der Annahmen zur Folgebewertung wird also bereits in der laufenden Periode erfolgs- und bilanzwirksam. Eine rückwirkende Anpassung scheidet allerdings aus, wenn die Umstände für die Neueinschätzung (der Wertminderungsindikator) erst nach dem Bilanzstichtag auftreten, somit kein werterhellender, sondern ein wertbegründender Indikator vorliegt. 98

> **Beispiel**
> MU hat am Anfang der (Vergleichs-)Periode das *business* der TU erworben. Für die bestehenden Dauervertrags- und Abonnementkunden, deren Verträge kurzfristig kündbar sind, wurde unter Abstellen auf eine empirisch beobachtbare *churn rate* ein Wert von 22,7 GE bestimmt (→ § 31 Rz 236). Der Bewertungshorizont wurde mit fünf Jahren festgelegt und auch als Grundlage für die Folgebewertung als Zeitraum der planmäßigen Abschreibung herangezogen.
> Für Zwecke der Folgebewertung stellt TU eine eigene CGU dar, der die Kundenbeziehung zugeordnet wird. Während der (Berichts-)Periode führt ein Wettbewerber eine neue Technologie ein. Die bisherigen Kunden der TU wandern daraufhin in erheblichem Umfang ab. Ein *impairment*-Test für die CGU TU rechtfertigt keine Abschreibung. Eine Neueinschätzung der Nut-

> zungsdauer des Kundenstamms rechtfertigt aber eine Verkürzung von ursprünglich fünf auf zwei Jahre. Der immaterielle Vermögenswert ist daher in der aktuellen Periode abzuschreiben, allerdings nicht als Folge eines *impairment*, sondern als Folge einer Neueinschätzung der Nutzungsdauer gem. IAS 38.104.

99 Eine Wertberichtigung aufgrund einer **Neueinschätzung** der zugrunde gelegten Annahmen der (Folge-)Bewertung ist nicht als *impairment* zu erfassen und auszuweisen. Geboten ist eine Behandlung gem. IAS 8.39 als Revision einer Schätzung (*change in accounting estimates*). Einschlägig sind daher auch die geforderten Offenlegungspflichten des IAS 8 (→ § 24 Rz 60; → § 24 Rz 62).

5 Die zahlungsmittelerzeugende Einheit (*cash generating unit*, CGU)

5.1 Festlegung einer Untergrenze

100 „An sich" ist der Wertminderungstest primär auf den einzelnen Vermögenswert (Rz 8 und Rz 18) auszurichten (IAS 36.66). Ein im Unternehmen genutzter Vermögenswert kann allerdings i. d. R. Zahlungsströme nur im **Verbund** mit anderen entsprechenden Vermögenswerten generieren (Ausnahmen: der einzelne Lkw der Spedition oder das Taxi; IAS 36.22). Um dann gleichwohl ein Ertragswertkonzept – also die Vorgehensweise mithilfe der Ermittlung künftiger Zahlungsströme – aufrechtzuerhalten, ist der aus HGB-Sicht geläufige **Einzelbewertungsgrundsatz** zu verlassen (Rz 109). Sofern der erzielbare Betrag *(recoverable amount)* für den betreffenden Vermögenswert nicht individuell ermittelt werden kann (Rz 92 ff.), ist hilfsweise der erzielbare Wert einer *cash generating unit* zu bestimmen, und zwar derjenigen, zu welcher der betreffende Vermögenswert gehört *(the asset's cash generating unit)*. Der Werthaltigkeitstest (Rz 6) **verlagert** sich dann mit unveränderten Begrifflichkeiten (IAS 36.7) vom einzelnen Vermögenswert auf die CGU (IAS 36.74).
Der mögliche Abschreibungsaufwand kann also nach der Gesamtkonzeption von IAS 36 (zur Kritik vgl. Rz 168) entfallen auf (Rz 8):
- **einzelne** Vermögenswerte (Rz 13–44)
- eine zahlungsmittelgenerierende Einheit (*cash generating unit*, CGU) **ohne** zugeordnetem *goodwill* (Rz 100–45)
- eine **CGU mit** zugeordnetem *goodwill* (Rz 138–56)
- **Gruppen** von CGUs mit zugeordnetem *goodwill* (Rz 155).

„*Goodwill*" kann dabei auch in der **Mehrzahl** verstanden werden (→ § 31 Rz 140).

101 Die *cash generating unit* (CGU) ist nach IAS 36.6 die **kleinste** identifizierbare Gruppe von Vermögenswerten, welche durch die fortgeführte Nutzung **Liquiditätszuflüsse** erzeugt, die ihrerseits weitgehend *(largely)* unabhängig von den Geldzuflüssen anderer Vermögenswerte sind (vgl. auch Rz 144). Bei der Aufteilung eines Unternehmens ist die zahlungsmittelgenerierende als kleinste Einheit mit unabhängigen Zahlungsströmen abzugrenzen (IAS 36.68). Die Vorgaben von IAS 36 verpflichten – anders als für die Zuordnung von *goodwill* zu CGUs (Rz 142 ff.) – auf einen *bottom-up approach* für die Abgrenzung. Entscheidend

ist nicht die Steuerung oder Überwachung durch das Management, sondern die Möglichkeit einer Gruppe von Vermögenswerten zur Erzielung von unabhängigen Zahlungsmittelzuflüssen.
Dazu liefern die *Illustrative Examples* (IE) **Beispiele**.

Beispiel 1
Ein **Bergwerksunternehmen** unterhält eine eigene Eisenbahnlinie zur Unterstützung der Abbautätigkeit. Die Eisenbahn könnte nur zu einem Schrottwert verkauft werden. Zahlungsmittelüberschüsse lassen sich der Eisenbahnlinie nicht getrennt von den Einnahmen aus dem Bergwerk zuordnen.
In diesem Fall kann der erzielbare Wert *(recoverable amount)* der Eisenbahnlinie nicht ermittelt werden, deshalb ist dieser Wert der *cash generating unit* zuzuordnen, zu der die Eisenbahnlinie gehört, und das ist das **gesamte** Bergwerksunternehmen.

Beispiel 2
Eine **Omnibus-Gesellschaft** bedient fünf Linien für eine politische Gemeinde. Die Vermögensgegenstände und die Geldflüsse können jeder dieser Routen separat zugeordnet werden. Eine der Routen operiert unter einem nennenswerten Verlust.
Das Unternehmen hat keine Option, die fragliche Buslinie aufzugeben. Deshalb generieren die fünf Linien nur **insgesamt** die Zahlungsmittelüberschüsse. Deshalb ist als *cash generating unit* die **Busgesellschaft** insgesamt anzunehmen.

Beispiel 3
Eine **Lebensmittelhandelskette** besitzt mehrere Filialen, die zum Teil in denselben Städten angesiedelt sind. Preispolitik, Marketing, Werbung und Personal werden zentral entschieden. Trotz des gemeinsamen Managements stellt jede Filiale eine eigene CGU dar, da die Filialen typischerweise eine unterschiedliche Kundenbasis haben und somit jede Filiale unabhängig Zahlungsmittelzuflüsse *(cash inflows)* generiert. Daran bestanden indes Zweifel. Der RIC präsentierte in seiner Anfrage an den IFRS IC (IFRIC *submission*) unterschiedliche Praktiken. Danach würden die Läden einer Einzelhandelsfilialkette insgesamt als CGU betrachtet, weil sie u. a. durch Preisfestsetzung, Kundenbindungsprogramme u. Ä. als einheitliches Gebilde dem Kunden gegenüber auftreten. Im Rahmen einer Nicht-Interpretation hat sich der IFRS IC bez. der *cash outflows* geäußert: Gemeinsame Ausgaben der Filialen für logistische Infrastruktur, Marketing u. Ä. sind zur Bestimmung der CGU unbeachtlich; nach IAS 36.68 kommt es nur auf die *cash inflows* an. Bezüglich der *cash inflows* besteht eine notwendige „Unabhängigkeit" von anderen Einheiten, wenn die Mehrheit der Zuflüsse auf der eigenen Kundenbasis beruht.

Beispiel 4
Ein **Einproduktunternehmen** besteht aus einem Komponentenwerk und zwei Endproduktionswerken. Das Komponentenwerk liefert ausschließlich Teile an die beiden Produktionswerke. Die Produktionsmengen in den beiden Werken werden durch die Zentrale abhängig von der kurzfristigen Nachfrage vor Ort und der Lieferbereitschaft der beiden Werke festgelegt. Da die künftigen Einzahlungen der beiden Werke damit stark zusammenhängen, sind sie

> jedenfalls in einer CGU zusammenzufassen. Wenn es für die Teile, die das Komponentenwerk erzeugt, einen aktiven Markt gibt (Rz 104), ist das Werk eine selbstständige CGU, ansonsten bilden alle drei Werke eine einzige CGU.
>
> **Beispiel 5**
> Ein Zeitungsverlag besitzt 150 Magazin-Titel, davon 70 gekauft und als immaterieller Vermögenswert (→ § 13) bilanziert. Die *cash inflows* vom Verkauf der Titel und der Werbung können jedem Titel direkt zugeordnet werden. Die Titel werden nach Kundensegmenten gemanagt. Dabei lässt sich der erzielbare Wert für jeden Titel ermitteln. Trotz der gegenseitigen Beeinflussung der Titel aufgrund der Werbeeinnahmen sind die *cash inflows* aus den direkten Verkäufen und den Werbeeinnahmen für jeden Titel individuell bestimmbar. Die einzelnen Magazine werden im Übrigen auch jedes für sich eingestellt.
> Jeder Magazin-Titel stellt „wahrscheinlich" eine CGU dar.

Dabei ist keineswegs im Verlagswesen jeder Zeitschriftentitel zwingend als CGU anzusehen; es geht immer um die Identifizierung von weitgehend unabhängigen Zahlungsmittelzuflüssen.

> **Beispiel**
> Ein Verlag publiziert im Bereich einer Großstadt zehn Zeitungen zur Verteilung in Vorstädten, die in vier Regionen eingeteilt sind. Jede dieser Zeitschriften hat einen eigenen Titel und wird nicht außerhalb dieses Gebietes vertrieben. Der Vertrieb erfolgt kostenfrei an die örtlichen Bewohner, d.h., die gesamten Umsatzerlöse rekrutieren sich aus Werbeeinnahmen.
> Zur Bestimmung einer CGU ist deshalb eine Analyse der Zahlungsflüsse aus den Werbeeinnahmen erforderlich:
> - Ca. 90 % der Verkäufe stammen aus „gebündelten" Werbungen, die in allen in dem betreffenden Stadtgebiet erscheinenden (also auch von anderen Verlagen vertriebenen) Zeitschriften geschaltet werden.
> - Ca. 6 % der Umsätze kommen von „gebündelten" Werbungen in sämtlichen der genannten Zeitungen.
> - Ca. 4 % der Werbeeinnahmen werden nur in einer Zeitschrift geschaltet.
> Da ca. 90 % der gesamten Werbeeinnahmen „gebündelt", d.h. unabhängig vom jeweiligen Titel, resultieren, stellen alle zehn Titel im Beispiel zusammen „wahrscheinlich" eine CGU dar.

5.2 Anforderungen an die CGU-Abgrenzung

Eine *cash generating unit* kann nach der **beispielhaften** Aufzählung in IAS 36.130 (d) (Rz 52) definiert sein als
- Produktlinie,
- Produktionsanlage,
- Geschäftsbereich,
- geographisches Gebiet,
- operatives Segment gem. IFRS 8 (→ § 36 Rz 19 ff.).

Für Zwecke des *goodwill-impairment*-Tests darf die CGU, der *goodwill* zugeordnet wird, nicht größer als ein **Segment** sein (IAS 36.80b; Rz 144). Anders als bei der Abgrenzung der CGU, die *bottom-up* erfolgt, gilt für die Zuordnung von *goodwill* ein *top-down approach*. Die vom Segment ausgehende Definition der CGU kann auch „gemischt" erfolgen, also einerseits als mit dem Segment identifiziert, andererseits auch auf einer Untergliederung eines operativen Segments beruhen.

> **Beispiel**
> Die Unternehmensgruppe U unterscheidet in einem Produkt-Segment einzelne CGUs in geografischer Untergliederung nach Regionen, etwa Deutschland, Niederlande und Belgien. In weiterer Untergliederung wurde innerhalb dieser regionalen Strukturierung nach einzelnen Produktionsstandorten (Werk 1 bis x) differenziert. Für die Bestimmung der kleinsten zahlungsmittelgenerierenden Einheit werden die Werke einer Region zusammengefasst, weil die *cash inflows* nicht als unabhängig angesehen werden. Gerechtfertigt wird diese Einschätzung mit der Interdependenz der einzelnen Fertigungsschritte. Das vertriebene Produkt wird nicht in einem Werk erstellt, sondern ist das Ergebnis des Zusammenwirkens unterschiedlicher Produktionsstandorte. Weitere Gründe sind das Vorliegen einer einheitlichen Gebührenabrechnung, technische Annäherung, die Nutzung einer einheitlichen Infrastruktur sowie das gemeinsame Management.

Die Abgrenzung der zahlungsmittelgenerierenden Einheit ist – trotz der konzeptionellen Verpflichtung auf einen *bottom-up approach* – ermessensbehaftet. Die Bestimmung umfasst insbesondere zwei Stufen: 103
- Auf welcher Aggregationsebene von einzelnen gruppierten Vermögenswerten kann ein Zahlungsstrom identifiziert werden und
- ist der identifizierte Zahlungsstrom weitestgehend (*largely*) unabhängig von dem Einsatz weiterer Produktionsfaktoren?

Im Zweifelsfall besteht daher die Tendenz zur **Zusammenfassung** von Vermögenswerten zu eher größeren als kleineren CGUs. Zur Vermeidung einer allzu weiten Aggregation (etwa auf Ebene des Gesamtunternehmens) werden die abstrakten Begriffsmerkmale in IAS 36.70 weiterentwickelt und der Ermessensspielraum eingeschränkt.

Sofern ein **„aktiver Markt"** – definiert nach IFRS 13.A[39] – für Produktions-Output des Vermögenswertes oder der Gruppe von Vermögenswerten besteht, ist diese Gruppe als *cash generating unit* anzusehen, und zwar auch dann, wenn die Produktion tatsächlich ausschließlich **intern** verwandt, also weiterverarbeitet wird. Das ist dann der Fall, wenn – ausnahmsweise – ein Kaufangebot eines Dritten für einen bestimmten Vermögenswert oder eine Gruppe von Vermögenswerten vorliegt (IAS 36.71). Die Bewertung einer solchen CGU im vertikal integrierten Konzern hat nur dann auf der Basis der internen Verrechnungspreise zu erfolgen, wenn diese **fremdüblich** sind. Ist dies nicht der Fall, muss das Management eine bestmögliche Schätzung der *arm's length* erzielbaren Preise vornehmen und den erzielbaren Betrag auf dieser Grundlage ermitteln. 104

---

[39] Aus der abweichenden Definition des aktiven Markts, nunmehr nach IFRS 13.A, ergeben sich keine Änderungen für die Abgrenzung von zahlungsmittelgenerierenden Einheiten (IFRS 13.BC169).

> **Beispiel**
> Die Brems AG stellt Bremssysteme für Pkws und Lkws her. Sie hat sich insbesondere auf sog. gemischte Systeme für den Lkw-Bereich spezialisiert, bei denen die Radbremse mit Bremsflüssigkeit unter Zuhilfenahme von Druckluft zugespannt wird. Die für das System notwendigen Bremsschläuche werden im Unternehmen selbst hergestellt. Dazu dienen fünf identische Maschinen. Die Bremsschläuche werden fast ausnahmslos zur Herstellung eigener Bremssysteme genutzt, stehen aber auch zum Verkauf an weitere Unternehmen zur Verfügung. Aus diesem Veräußerungspotenzial können mögliche *cash flows* abgeleitet werden.
>
> Da ein „aktiver Markt" für die Produktion der Gruppe „Bremsschläuche" besteht, ist dieser Bereich als CGU anzusehen, auch wenn die Produkte ausschließlich intern weiterverarbeitet werden (IAS 36.71).

105 Die **Abgrenzung** einer *cash generating unit* ist im **Zeitverlauf** beizubehalten, außer bei einer gerechtfertigten Änderung (IAS 36.72). Abweichungen von der bisherigen Abgrenzung sind erläuterungspflichtig. Die nach IAS 36.80(b) vorgesehene größenmäßige Begrenzung einer zahlungsmittelgenerierenden Einheit auf ein operatives Segment nach IFRS 8.5 ist u. E. auch für CGUs beachtlich, denen kein *goodwill* zugeordnet wurde.

106 Die Identifizierung einer CGU bereitet vor allem Probleme bei
- **vertikaler** Integration eines Unternehmens über aufeinander folgende Produktionsstufen sowie bei
- **horizontaler** Integration über Technologie- oder Absatzverbund verschiedener Endleistungen.[40]

> **Beispiel**
> Ein Unternehmen produziert wesentliche Bauteile zur Gewinnung regenerativer Energien, und zwar zum einen Turbinen für Windkraftanlagen, zum anderen für die Photovoltaik benötigte Solarmodule und Wechselrichter. Wechselrichter werden für den Anschluss der Solarmodule ans Netz benötigt. Solarmodule entstehen durch Laminierung und Rahmung von Solarzellen. Disaggregiert man das Unternehmen in Schritten, so lassen sich folgende Unterscheidungen treffen:
> - Photovoltaische Produktion und Windkraftturbinenproduktion stehen ohne Produktionsbezug (unterschiedliche Technologien) und ohne Absatzverbund nebeneinander. Sie sind die zwei Hauptbereiche eines insofern agglomerierten Unternehmens.
> - Solarmodule und Wechselrichter sind komplementäre Produkte, bei denen ein Absatzverbund wahrscheinlich ist. Sie stellen die zwei Teilbereiche des insoweit horizontal integrierten Bereichs Photovoltaik dar.
> - Zellfabrikation und Modulfabrikation führen in dieser Reihenfolge zum Produkt „Solarmodul". Sie stellen insoweit die Unterbereiche des vertikal integrierten Teilbereichs „Solarmodul" dar.

---

[40] Zur Identifizierung der CGU in Abhängigkeit von der Integrationsform des Unternehmens: LÜDENBACH/FROWEIN, DB 2003, S. 217 ff.

	Annahmen	Nutzungswert		BW	Abschreibung			
		auf Basis Verr.-preis Zelle	auf Basis Marktpreis Zelle		Alt. 1	Alt. 2	Alt. 3	Alt. 4
Zellfabrikation	70 % an Modul (zu 80 % v. Marktpreis) 30 % an Fremde (zu Marktpreis)	120	170	100				0
+ Modulfabrikation		60	50	100				50
= Solarmodul		220	200					0
+ Wechselrichter	70 % für Modulkunden	80	100				20	20
= Photovoltaik		300	300		0			
+ Windkraft		90	100		10	10	10	
= Gesamt		390	400		10	10	30	80

Die vorstehende Tabelle zeigt bestimmte Annahmen hinsichtlich des erzielbaren Betrags und Buchwerts für die genannten Bereiche. Unter der Annahme, dass 70 % der Zellen unternehmensintern zu Modulen weiterverarbeitet (dabei jedoch ein interner Verrechnungspreis von nur 80 % des Marktpreises erhoben wird) und 30 % an Fremde zum Marktpreis abgegeben werden, stellt sich einerseits die Frage, ob beide nur im Verbund oder separat betrachtet werden können, andererseits die Frage, auf welcher Preisbasis eine separate Betrachtung durchzuführen wäre. Die Antwort auf beide Fragen findet sich in IAS 36.70f. Bei vertikal integrierter Produktion kann die Vorstufe separat betrachtet werden, wenn es einen aktiven Markt für ihre Produkte gibt. Dies gilt selbst dann, wenn sie faktisch zu 100 % an die nachgelagerte Stufe abgegeben würde. Eine separate Betrachtung erfordert auch eine separate Bewertung. Diese dürfen gem. IAS 36.71 nicht auf der Basis „falscher" Verrechnungspreise durchgeführt werden. Insoweit ist der erzielbare Betrag auf Basis der Markt- und nicht der Verrechnungspreise zu bestimmen.

Zwischen den Modulen und den Wechselrichtern soll annahmegemäß ein Absatzverbund bestehen, weil bspw. Abnehmer aus Gründen der Transaktionskostenreduzierung Solarmodule nur bei dem Produzenten kaufen wollen, der auch Wechselrichter anbietet. Im Falle einer solchen horizontal integrierten Produktion lässt sich keine generelle Aussage zum Verbundproblem treffen. Eine Würdigung kann vor dem Hintergrund der in den *Illustrative Examples* zu IAS 36 (Rz 32) gegebenen Beispiele versucht werden. Das dortige Beispiel 3 behandelt eine Einzelhandelskette. Hier wird die Identifizierung des einzelnen Ladens als CGU mit der jeweils unterschiedlichen Kundenbasis begründet. Im Umkehrschluss könnte man bei weitgehend gleicher Kundenbasis einen Verbund annehmen. Dieser Umkehrschluss würde jedoch im Widerspruch zu Beispiel 4 IAS 36. IE 17 stehen, in dem es um die Zeitschriftentitel eines Verlagshauses geht. Wenn diese Titel nach Kundensegmenten gemanagt werden und deshalb das Anzeigeneinkommen von der Anzahl der anderen eigenen Titel im gleichen Segment abhängt, die *cash flows* dennoch als weitgehend unabhängig gelten, sofern nur die Entscheidungen über die Fortführung bzw. Einstellung eines Titels auf individueller Basis getroffen werden. Zurückbezogen auf das Beispiel wird damit die strategische Ausrichtung zum entscheidenden Kriterium bei horizontal integrierter Produktion. Würden Solarmodule und Wechselrichter strategisch als Verbund gemanagt, z.B. Wechselrichter nur deshalb in das Produktionsangebot aufgenommen, damit die Modulkunden nicht zu anderen Herstellern abwandern, so wäre von einem Verbund auszugehen. Ein starkes Indiz hierfür wäre etwa die bewusste Inkaufnahme von Verlusten in der Wechselrichterproduktion. Erfolgt die Entscheidung für oder gegen die Fortführung der Wechselrichterproduktion hingegen unabhängig von der Modulproduktion, weil z.B. kein starker Absatzverbund vorliegt, kann die Wechselrichterproduktion eine eigene CGU darstellen. Ähnlich wie bei der Abgrenzung eines operativen Segments nach IFRS 8 spielen somit Managementgesichtspunkte, das getrennte oder separate Monitoring der Bereiche, das getrennte oder separate Treffen von Entscheidungen über die Fortsetzung der Bereiche eine entscheidende Rolle (IAS 36.69). Die Identifizierung der CGU erhält an dieser Stelle ein stark subjektives Moment, woraus sich einerseits Gestaltungsspielräume, andererseits praktische Beurteilungsschwierigkeiten ergeben.

Nach allem am einfachsten zu beurteilen ist im Beispiel die Produktion der Windkraftanlagen. Sie stellt aufgrund eigener Produktionstechnologie, eigenen Kundenkreises usw. eine eigene CGU dar. Allgemein dürfte in der Praxis die Beurteilung der Selbstständigkeit von CGUs dort am einfachsten fallen, wo eine agglomerierte Produktionsform vorliegt.

Der Umfang der CGU beschreibt den Umfang des Saldierungsbereiches von Buchwertgewinnen und -verlusten. In der obigen Tabelle sind insofern vier Abschreibungsalternativen aufgeführt. Alternative 1 scheidet aus, da jedenfalls Windkraft und Photovoltaik voneinander abgegrenzt werden können. Da außerdem Zelle und Modul gegeneinander abgrenzbar sind, ist unter der Prämisse, dass auch der Wechselrichter einen eigenständigen Bereich darstellt, Alternative 4 beste Lösung. Sie enthält die kleinsten Saldierungsbereiche und führt damit zur potenziell höchsten außerplanmäßigen Abschreibung.

107 Zum Problem der **vertikalen und horizontalen Integration** folgendes weiteres Beispiel aus dem Bereich der Energieerzeugung und -verteilung:

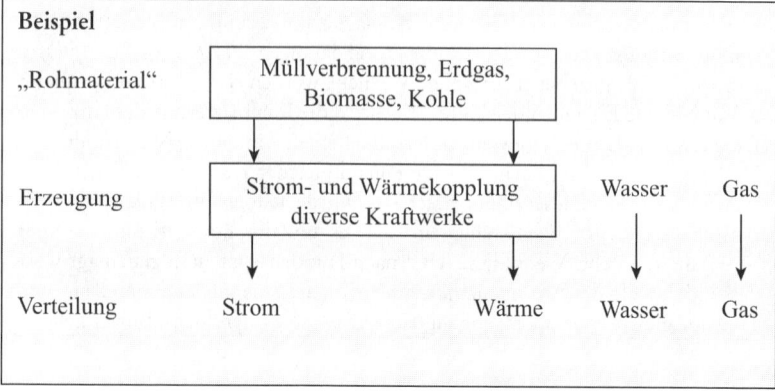

> Unproblematisch bez. der CGU-Definition erscheinen die Bereiche „Wasser" und „Gas". Nennenswerte Produktion im eigentlichen Sinn ist damit nicht verbunden, das Verteilungsproblem dominiert. Die Erzielung der Liquiditätszuflüsse erfolgt – definiert durch den Abnehmerkreis – separat. „Wasser" und „Gas" sind deshalb als CGU und identisch als Segment (→ § 36) definierbar. Schwieriger stellt sich die Situation im Bereich „Strom" und „Wärme" dar. Das oben dargestellte „Rohmaterial" wird im Wege der Strom- und Wärmekopplung in verschiedenen kleineren Kraftwerken erzeugt (Verbundproduktion). Nach IAS 36.70 ist eine Qualifikation als CGU dann zwingend, wenn ein aktiver Markt für das betreffende Erzeugnis besteht. Dies ist für den Strom über die Strombörsen und wegen der weiträumigen Übertragungsfähigkeit der Fall, nicht dagegen für die Wärmeerzeugung. Technisch bedingt kann aber die gekoppelte Produktion von Strom und Wärme nicht in irgendeiner sinnvollen Form in zwei CGUs zerlegt werden.
> Die nächste Frage richtet sich nach der Definition jedes Kraftwerks als CGU. Auch dies erscheint nicht möglich, denn der an den Kunden gelieferte Strom ist nicht individuell einem bestimmten Kraftwerk zuzurechnen. Auch ein individueller Marktauftritt ist wegen der räumlichen Nähe der Kraftwerke nicht möglich.
> Folgerung für die Definition der CGU: Es lässt sich lediglich **eine** CGU „Strom/Wärme" definieren, und zwar unter Zusammenfügung der beiden vertikalen Strukturelemente „Erzeugung" und „Verteilung". Diese Definition der CGU ist indes nur zulässig, wenn nicht für Zwecke der Segmentberichterstattung eine Separierung von „Strom" und „Wärme" erforderlich ist (Rz 102).

Die **Unbestimmtheit** innerhalb von IAS 36 hinsichtlich der **Abgrenzung** der CGU (Größe, Region etc.) führt in der **Praxis** zu unbefriedigenden Lösungen: Unternehmen aus vergleichbaren Branchen tendieren offensichtlich zu unterschiedlichen Abgrenzungen ihrer zahlungsmittelgenerierenden Einheiten. Eine Untersuchung des Bilanzierungsverhaltens von großen **Handelsketten** zeigt etwa folgende Angaben hinsichtlich der Abgrenzung von zahlungsmittelgenerierenden Einheiten:[41]

108

Unternehmen	Art der CGU	Abgrenzung der CGU		
		Niederlassungen*	Marken je Land**	operating units***
Metro	ohne goodwill		X*	
	inkl. goodwill		X*	
Ahold	ohne goodwill	X		
	inkl. goodwill			X
Delhaize Group	ohne goodwill	X		
	inkl. goodwill			X

---

41 Vgl. DELOITTE, „On your marks ... Get set?", Major European retailers position themselves in the early stages of the race to implement IFRS.

Unternehmen	Art der CGU	Abgrenzung der CGU	
PPR	ohne *goodwill*	X	
	inkl. *goodwill*	X	
* z. B. Kaufhof Köln Hohe Straße			
** z. B. Kaufhof Deutschland			
*** z. B. Kaufhof			

Während einige Unternehmen eine Überwachung ihrer zahlungsmittelgenerierenden Einheiten davon abhängig machen, ob *goodwill* alloziert worden ist, nehmen andere keine Unterscheidung vor. Definiert man die CGU im Beispiel von Handelsketten als eigenständig Zahlungsmittel generierende Einheiten, stellt u. E. jede Niederlassung für sich eine CGU dar (so auch Ahold und Delhaize Group). Für den Bilanzadressaten kommt es somit zu einer eingeschränkten Vergleichbarkeit der *impairment*-Auswirkungen unterschiedlicher Unternehmen gleicher Branchen. Ergänzend stellt sich weiterhin folgende Frage: Falls sich eine Bilanzierungspraxis durchsetzt, ist dies die i. S. d. **Informationseffizienz** (*decision usefulness*) die **beste** oder vielmehr diejenige, die **zuerst** von einigen wenigen Großunternehmen verwendet wurde?

Eine *cash generating unit* wird in der Praxis regelmäßig eine recht **große** „**Einheit**" sein (Rz 102). Dies führt dann zu einem (einer **Einzelbewertung** widersprechenden; Rz 100) bilanztechnischen **Ausgleich** von Wertminderungen eines Vermögenswertes durch andere mit gestiegenem Wert (Rz 112). Nur ausnahmsweise stellt wegen der Verpflichtung auf einen *bottom-up approach* das gesamte Unternehmen die *cash generating unit* dar. Die IASB-„Philosophie" bewegt sich an dieser Stelle (außerplanmäßige Abschreibung) gerade in entgegengesetzter Richtung wie bei der planmäßigen Abschreibung. Hier wird der einzelne Vermögenswert nach dem *components approach* in seine Bestandteile zerlegt (→ § 10, Rz 7), beim *impairment*-Test gilt demgegenüber ein Unternehmens**teil** bzw. u. U. das **gesamte** Unternehmen als Bemessungsgröße.

Beispiel
Der börsennotierte Fußballclub London United Ltd. betreibt das Fußball-Profi-Geschäft mit folgenden wesentlichen Umsatzträgern:
- Zuschauereinnahmen,
- Fernsehübertragungsrechte,
- Werbeeinnahmen,
- Fanartikelverkauf.

Diese Bereiche können nicht separat als *cash generating unit* definiert werden, da deren *cash flows* gegenseitig abhängig sind (Rz 101). Das gesamte Geschäft steht und fällt mit dem Erfolg der Profimannschaft insgesamt. Eine Wertminderung des Spielers X (dessen „Spielberechtigung") ist trotz seiner notorisch schlechten Leistung nicht individuell zurechenbar.[42] Ein *impairment* ist allenfalls für den gesamten Club festzustellen, wenn er nicht die Champions-League-Teilnahme erreicht oder in die 2. Liga absteigt.

---

[42] Einzelheiten bei LÜDENBACH/HOFFMANN, DB 2004, S. 1442.

In Ausnahmefällen ist allerdings auch der Wertansatz für einzelne Spieler einem **individuellen** Wertminderungstest unterziehbar (Rz 30ff.).

> **Beispiel**
> Der für 10 Mio. EUR eingekaufte Spieler Y mit einer Vertragslaufzeit von noch drei Jahren wird wegen Überbesetzung des linken Mittelfeldes für die restliche Vertragslaufzeit an den Verein Z „ausgeliehen". Verein Z zahlt hierfür eine monatliche „Miete" i. H. v. 60 % der Festbezüge des Spielers Y. Hier sind die *cash flows* für den betreffenden Spieler eindeutig identifizierbar, sodass der erzielbare Betrag auf Ebene des Spielers als eindeutige Größe dem Buchwert *(carrying amount)* gegenübergestellt werden kann (Rz 6). Wird der betreffende Spieler demgegenüber auf die Transferliste gesetzt, also zum „Verkauf" freigegeben, unterliegt er nicht mehr dem Regelungsbereich von IAS 36 (Rz 3), sondern gilt als zur Veräußerung bestimmter langfristiger Vermögenswert *(non-current asset classified as held for sale)* gem. IFRS 5 (→ § 29). Die Bewertung hat dann zum Nettoveräußerungswert zu erfolgen (IFRS 5.15). Bei ablösefreiem Transfer beträgt dieser null, ansonsten sind Bewertungsmodelle für Profisportler heranzuziehen.[43]

Entgegen der konzeptionellen Vorgabe zum Rückgriff auf einen *bottom-up approach* zur CGU-Abgrenzung erfolgt die Bestimmung zahlungsmittelgenerierender Einheiten wegen der bestehenden Ermessensspielräume regelmäßig in einem *top-down*-Verfahren. Für die Abgrenzung kann exemplarisch dann etwa wie folgt vorgegangen werden:

110

> **Beispiel**
> Das in der Telekommunikationsindustrie tätige Unternehmen U richtet die CGU-Abgrenzung an der Segmentberichterstattung aus. Ausgehend von den berichteten Segmenten erfolgt eine Disaggregation nach einem Tannenbaumprinzip. Die zahlungsmittelgenerierenden Einheiten ergeben sich auf der untersten Berichtsebene. Für die so zunächst bestimmte Untergrenze wird disaggregiert beurteilt, ob eine weitere Unterscheidung – in Abhängigkeit von der Erzielung unabhängiger *cash inflows* – möglich ist, und ggf. weiter differenziert.
> In Erweiterung der Angabepflichten wurden (etwa von der France Telekom SA im Geschäftsbericht 2005) 38 CGUs aufgeführt, und zwar der Segmentierung folgend (Rz 144), die sich regelmäßig an der nationenbezogenen Geschäftstätigkeit ausrichtet, z. B.:
> - 16 CGUs für den Mobilfunkbereich,
> - 1 CGU für eine erworbene Tochter,
> - 4 GCUs für den Privatkundenbereich in Frankreich, dem UK, den Niederlanden und Spanien,
> - je 2 CGUs für den Festnetz- und Mobilbereich in Polen, dem Senegal, Jordanien und Mauritius.

---

[43] GALLI, KoR 2003, S. 810.

5.3 Die Zuordnung der Vermögenswerte zur *cash generating unit* (CGU)

5.3.1 Überblick

111 Ist die Identifizierung einer *cash generating unit* gelungen, muss im nächsten Bearbeitungsschritt der erzielbare Wert *(recoverable amount)* mit dem Buchwert *(carrying amount)* der gesamten „**Einheit**" verglichen werden (IAS 36.74–79). Der entsprechende Vergleich setzt allerdings eine Zuordnung der Vermögenswerte und somit die Bestimmung des Buchwerts der zahlungsmittelgenerierenden Einheit voraus.

112 Der Buchwert *(carrying amount)* der bestimmten zahlungsmittelgenerierenden Einheit umfasst nur Vermögenswerte, die zur Erzielung des künftigen Zahlungsstroms benötigt werden und der CGU direkt oder aber im Zuge einer verlässlichen und konsistenten Verteilung zugeordnet werden können *(compare like with like)*. Besondere Vorgaben bestehen für die Zuordnung von
- gemeinschaftlich genutzten Vermögenswerten *(corporate assets*, Rz 134) und
- *goodwill* (Rz 138).

Die vollständige Erfassung aller für die Erzielung eines Zahlungsstroms erforderlichen Vermögenswerte ist sicherzustellen (IAS 36.77), im Umkehrschluss sind nicht die für die Erzielung des unabhängigen Zahlungsstroms erforderlichen Vermögenswerte aus der CGU auszuklammern (Rz 114).

> **Beispiel**
> Unternehmen U nimmt die Abgrenzung von zahlungsmittelgenerierenden Einheiten auf Ebene rechtlicher Einheiten vor. Tochterunternehmen TU erzielt mit eigenen Kunden einen Zahlungsstrom und wird daher als eigenständige CGU geführt. Die Bilanzsumme von TU entspricht nicht oder zufällig dem heranzuziehenden Buchwert *(carrying amount)* der CGU. U muss ggf. Anpassungen für nichtbetriebsnotwendiges Vermögen der TU vornehmen und/oder Vermögenswerte, die nicht von TU als rechtlicher Eigentümer gehalten werden, im Rahmen der Produktion aber dennoch genutzt werden, hinzurechnen.

113 Nicht in den Buchwert der zahlungsmittelgenerierenden Einheit aufzunehmen sind Verbindlichkeiten, es sei denn – i. S. e. **Rückausnahme** –, der erzielbare Betrag einer CGU kann nur unter Berücksichtigung einer Verbindlichkeit bestimmt werden (IAS 36.76). Die Berücksichtigung des Buchwerts von Verbindlichkeiten (als Minderung des Gesamtbuchwerts der CGU) ist zulässig, wenn bei einer unterstellten Veräußerung ein potenzieller Erwerber die Verbindlichkeit mit übernehmen müsste (Rz 120 ff.).

114 Ebenfalls nicht Teil des Buchwerts einer zahlungsmittelgenerierenden Einheit sind Vermögenswerte (und ggf. Schulden), die vom Anwendungsbereich des IAS 36 ausgeschlossen sind (Rz 3). Für diese Vermögenswerte (etwa das Vorratsvermögen oder Finanzinstrumente) sind evtl. Wertberichtigungen unter Berücksichtigung der einschlägigen Vorgaben zu bestimmen. Werden dennoch Vermögenswerte (und ggf. Schulden), die nicht den Vorgaben von IAS 36 unterliegen, in die Bestimmung des Buchwerts einer zahlungsmittelgenerierenden Einheit aufgenommen, sind aus **Konsistenz**gründen auch die Rückwirkun-

5.3.2 Notwendige Konsistenz zwischen Buchwert und erzielbarem Betrag

Soweit sich der mögliche Abschreibungsbetrag – also die negative Differenz aus Buchwert *(carrying amount)* und erzielbarem Wert *(recoverable amount)* – für **einen** Vermögenswert nur über die (gesamte) *cash generating unit* ermitteln lässt, ergeben sich zunächst zwei Problembereiche: 115

- Der Abschreibungsbedarf der **gesamten** CGU ist nach IAS 36.75 durch Gegenüberstellung der beiden genannten Beträge *(carrying amount* und *recoverable amount)* zu ermitteln. Hierbei stellt sich die Frage, **welche Vermögenswerte** in die Gesamtbuchwertermittlung einzubeziehen sind (Rz 116).
- Eine danach festgestellte Gesamtwertminderung ist auf die verschiedenen Vermögenswerte zu **verteilen**. Hierbei stellen sich Fragen nach der Reihenfolge der Verteilung bzw. dem Verteilungsschlüssel (Rz 179).

Der Gesamtbuchwert der *cash generating unit* umfasst gem. IAS 36.76 alle Vermögenswerte, die dieser **direkt** zuzurechnen sind oder auf einer vernünftigen und (im Zeitverlauf konsistenten) Basis (durch Schlüsselung) zugeordnet werden können. Bei der **indirekten** Zuordnung sind angesprochen: 116

- Der *goodwill* aus einem Unternehmenszusammenschluss (Rz 138 ff.),
- Vermögenswerte, die auch von anderen *cash generating units* genutzt werden (sog. **gemeinschaftliche** Vermögenswerte, *corporate assets*; IAS 36.100 ff.; Rz 134).

Die Zuordnung von Vermögenswerten (und ggf. Schulden) zu einer zahlungsmittelgenerierenden Einheit steht unter einem besonderen **Konsistenzvorbehalt**: Die Bestimmung des erzielbaren Betrags berücksichtigt die gleichen Vermögenswerte/Schulden (bzw. deren Zahlungsströme), die auch Teil der zahlungsmittelgenerierenden Einheit sind (IAS 36.75).

Der Buchwert einer zahlungsmittelgenerierenden Einheit ist **unabhängig** von der Bestimmung des erzielbaren Betrags – als Nettoveräußerungs- oder Nutzungswert – festzulegen. Es lässt sich daher für jede zahlungsmittelgenerierende Einheit **nur ein Buchwert** *(carrying amount)* feststellen. Eine abweichende CGU-Abgrenzung hinsichtlich der Vermögenswerte (und ggf. Schulden) scheidet u. E. daher aus.[44] 117

Besondere Anforderungen hinsichtlich der Wahrung der Konsistenzanforderung ergeben sich, wenn der Buchwert einer *cash generating unit* neben direkt zuordenbaren Vermögenswerten 118

- Finanzanlagen, etwa *working capital* mit direktem Bezug zur Leistungserstellung (Rz 119),
- Verbindlichkeiten aus der Finanzierung der Produktionsfaktoren (Rz 120),
- Verbindlichkeiten und Rückstellungen (Rz 121 f.), die auch ein potenzieller Erwerber einer CGU mit übernehmen müsste (IAS 36.79), neben Pensionsverpflichtungen insbesondere Rückbauverpflichtung (→ § 21 Rz 80)

umfasst.

---

[44] Gl. A. ERNST & YOUNG, International GAAP 2014, S. 1407; a. A. PwC, Manual of Accounting IFRS 2014, Tz. 18.225.6.

Sofern aus Praktikabilitätsgründen bestimmte Vermögenswerte oder Schulden mit ihren **Buchwerten** in der CGU enthalten sind (IAS 36.79), müssen die zugehörigen Komponenten aus den *cash-flow*-Planungen eliminiert werden. Konzeptionell verlangt der *impairment*-Test der Rezeptur nach (Rz 13) eine Gegenüberstellung eines **Buchwerts** (*accounting measure*) mit dem **Barwert** der entsprechenden Zahlungsströme (*cash flow measure*), sich hieraus ergebende Inkonsistenzen sind als Nebenwirkung (etwa für bilanzielle Sicherungszusammenhänge, Rz 124) in Kauf zu nehmen. Eine **Inkonsistenz** bei Durchführung des *impairment*-Tests droht auch seitens der **Steuer**effekte (Rz 125 ff.). Die *cash flows* zur Ermittlung des erzielbaren Ertrages (*recoverable amount*, Rz 14) sind auf **Vorsteuerbasis** anzusetzen (Rz 42). Beim Vergleich mit dem Buchwert der CGU müssen deshalb aus dieser die Steuerposten eliminiert werden.

119 Die Erfassung von Finanzanlagen und insbesondere *working capital* (etwa als Saldo aus kurzfristigen Forderungen und Verbindlichkeiten aus Lieferung und Leistung) im Buchwert einer zahlungsmittelgenerierenden Einheit scheidet – wegen des Ausschlusses vom Anwendungsbereich des IAS 36 (Rz 3) – konzeptionell aus (Rz 114). Erfolgt (etwa aus Praktikabilitätsgründen) dennoch eine Berücksichtigung im Buchwert einer zahlungsmittelgenerierenden Einheit, ist eine kongruente Erfassung im erzielbaren Betrag geboten. Wird der erzielbare Betrag über ein Barwertkalkül bestimmt (Rz 27 ff.), ist eine verlässliche Separierung der auf die Finanzanlagen entfallenden Zahlungsströme zur Vermeidung eines *double counting* erforderlich, andernfalls ist der Buchwert der CGU ohne die Erfassung von Finanzanlagen und *working capital* zu bestimmen.

> **Beispiel**
> Der Buchwert einer CGU ohne *working capital* beträgt 1.000 GE. Zum Bewertungsstichtag beläuft sich der Saldo des *working capital* auf 100 GE, für das Ende der nächsten Periode wird eine Erhöhung auf 150 GE erwartet. Wird der Bestand von *working capital* im Buchwert einer zahlungsmittelgenerierenden Einheit berücksichtigt, ist der erwartete Zahlungsstrom der CGU für die erste Periode – nur i. H. d. Veränderung (Rz 58) – um 50 GE zu reduzieren. Ohne Erfassung des *working capital* im *carrying amount* der zahlungsmittelgenerierenden Einheit ist eine Reduzierung um 150 GE geboten.

U. U. kann die Berücksichtigung von *working capital* in einer CGU zu einem **negativen Buchwert** (kurzfristige Verbindlichkeiten > kurzfristiges + langfristiges Vermögen) führen. Ein entsprechendes Verhältnis befreit nicht von der Verpflichtung auf einen *impairment*-Test für die CGU, ein evtl. Abschreibungsbedarf ist ohne Berücksichtigung des *working capital* zu bestimmen.

120 Finanzielle Verbindlichkeiten, die im Zusammenhang mit der **Finanzierung** einzelner Vermögenswerte stehen (etwa aus Leasingverhältnissen, → § 15 Rz 15 ff.), sind nicht in den Buchwert einer CGU aufzunehmen. Nach IAS 36.50a sind Zahlungsmittelabflüsse im Zusammenhang mit Finanzierungsaktivitäten nicht für die Bestimmung des Zahlungsstroms eines Barwertkalküls in Abzug zu bringen (Rz 54). Verbindlichkeiten mit Finanzierungscharakter sind daher aus Konsistenzgründen auch nicht im Buchwert der CGU zu berücksichtigen, somit

nicht abzuziehen. Werden dennoch Verbindlichkeiten aus der Finanzierung von Vermögenswerten der CGU vom Buchwert in Abzug gebracht, sind – entgegen der Vorgaben von IAS 36.50a – die erwarteten Zahlungsströme um Auszahlungen im Zusammenhang mit den Verbindlichkeiten zu kürzen.

Pensionsverpflichtungen eines Unternehmens gegenüber Mitarbeitern, die einer abgegrenzten zahlungsmittelgenerierenden Einheit (etwa einer rechtlichen Einheit) zugeordnet werden, können – entgegen dem bestehenden Finanzierungscharakter – ausnahmsweise im Buchwert der CGU Berücksichtigung finden (IAS 36.79). Bei der aus Konsistenzgründen gebotenen Berücksichtigung der mit der Verpflichtung verbundenen Zahlungsmittelabflüsse ergeben sich wegen der Differenzierung in den Anteil, der (als laufende Pensionsanspruch) auf die CGU entfällt, und den für die Erfüllung der Verpflichtung erforderlichen Teil besondere Schwierigkeiten. Die unterschiedlichen Bewertungsansätze für bestehendes **Planvermögen** (beizulegender Zeitwert, → § 22 Rz 22) und die Pensionsverpflichtung (Anwartschaftsbarwert, → § 22 Rz 27) erhöhen die Komplexität zusätzlich. Wird der Buchwert einer Pensionsverpflichtung dennoch von dem Buchwert einer CGU in Abzug gebracht, ist u. E. eine Erfüllungs- bzw. Ablösungsfiktion zu unterstellen. Mit Abzug des Buchwerts wird die zum Stichtag bestehende Verpflichtung erfüllt; in künftigen Perioden ist den Anspruchsberechtigten (den Mitarbeitern) eine höhere Vergütung (i. S. e. Gehaltszahlung) zuzuweisen.

121

Für **Rückbauverpflichtungen** und vergleichbare **nichtfinanzielle Verpflichtungen** ist eine Anpassung des Buchwerts einer zahlungsmittelgenerierenden Einheit vorgegeben (so das Beispiel in IAS 36.78). Instruktiv ist dies insbesondere für Rückbauverpflichtungen, die wegen der Erfassung als Teil der AK/HK (IAS 16.16c, → § 21 Rz 80) den Bilanzansatz eines Vermögenswerts erhöhen. Aus Konsistenzgründen ist bei Berücksichtigung der nichtfinanziellen Verpflichtung auch der geschätzte Ressourcenabfluss für die Erfüllung der Verpflichtung im Rahmen der Bestimmung des erwarteten Zahlungsstroms der CGU einzubeziehen. Hinsichtlich des **Mengen- und Preisgerüsts** der Bewertung (*outflow of resources*) ergeben sich keine Unterschiede zwischen der Bewertung der nichtfinanziellen Verbindlichkeit und der Anpassung des Zahlungsstroms der CGU. Eine bedeutsame Abweichung zeigt sich jedoch in Bezug auf den Barwert erst in **späteren** Perioden fällig gestellter Abflüsse.

122

- Für die Barwertbestimmung einer nichtfinanziellen Verbindlichkeit ist auf einen laufzeitäquivalenten, risikolosen Zins abzustellen (→ § 21 Rz 142 ff.),
- bei Einbezug des erwarteten Ressourcenabflusses in das Barwertkalkül zur Bestimmung des erzielbaren Betrags ist auf einen Marktzinssatz zurückzugreifen, der die Renditeerwartung einer Alternativanlage widerspiegelt (Rz 67).

Regelmäßig ist der Diskontierungszinssatz für das Barwertkalkül zur Bestimmung des erzielbaren Betrags – wegen eines Rückgriffs auf die gewogenen durchschnittlichen Kapitalkosten (Rz 68) – betragsmäßig höher als der Zinssatz für die Barwertbestimmung nichtfinanzieller Verbindlichkeiten. Durch die Berücksichtigung des Buchwerts nichtfinanzieller Verbindlichkeiten im *carrying amount* der zahlungsmittelgenerierenden Einheit wird somit ein **Abwertungspuffer** durch Barwertbestimmung geschaffen.

> **Beispiel**
> Unternehmen U hat eine in zehn Jahren fällige Entsorgungsverpflichtung, die zu einem erwarteten Ressourcenabfluss von 1.000 GE führt. Der risikolose Zinssatz zum Stichtag beträgt 5 %, der Diskontierungszinssatz für das Barwertkalkül der CGU, der die Verpflichtung zuzurechnen ist, 10 %. Die nichtfinanzielle Verpflichtung ist mit einem Wert von 613,9 GE zu passivieren und mindert bei Einbezug in die CGU deren Buchwert in gleicher Höhe. Der (isolierte) Einfluss auf den im Barwertkalkül bestimmten erzielbaren Betrag beträgt allerdings nur 385,5 GE. Durch den Einbezug der Entsorgungsverpflichtung in die zahlungsmittelgenerierende Einheit ergibt sich ein Abwertungspuffer für die sonstigen Vermögenswerte von 228,4 GE.

123   Der *impairment*-Test auf Ebene der zahlungsmittelgenerierenden Einheit verlangt eine **Gegenüberstellung** des Buchwerts mit dem erzielbaren Betrag, aggregiert für eine Gruppe von Vermögenswerten und ggf. Schulden (Rz 13). Bei Bestimmung des erzielbaren Betrags über den Rückgriff auf ein Barwertkalkül ist der Zahlungsstrom der CGU mit einem Diskontierungszins abzuzinsen, der das Rendite-Risiko-Profil einer **Alternativanlage** zum Bewertungsobjekt (der CGU) widerspiegelt (Rz 66 ff.).

Zur Bestimmung der Wertansätze (Buchwerte) der einzelnen Vermögenswerte innerhalb der zahlungsmittelgenerierenden Einheit (erworbenes Immaterialvermögen, nichtfinanzielle Verbindlichkeiten, Leasinggegenstände) muss der Abzinsung des jeweiligen Zahlungsstroms aus **Äquivalenz**gründen (Rz 49) ein Diskontierungszins zugrunde gelegt werden, der von demjenigen für die zahlungsmittelgenerierenden Einheit abweicht.[45]

> **Beispiel**
> Für die Bewertung einer im Rahmen einer *business combination* erworbenen Marke mit unbestimmter Nutzungsdauer wird ein Diskontierungszins von 15 % (= WACC i. H. v. 12 % zzgl. eines Zuschlags von 3 %) herangezogen (→ § 31 Rz 112). Da die Marke keine Zahlungsströme erzielt, die unabhängig von dem Einsatz anderer Vermögenswerte sind, ist die Werthaltigkeit auf der Ebene einer zahlungsmittelgenerierenden Einheit zu testen (Rz 100). Wegen der (unterstellt) unbestimmten Nutzungsdauer, stellt sie einen qualifizierten Vermögenswert i. S. d. IAS 36 dar (Rz 14). Die Werthaltigkeit der CGU ist mindestens einmal in der Periode nachzuweisen.
> Der Diskontierungszins der CGU mit der zugeordneten Marke wird mit den WACC gleichgesetzt. Der Zahlungsstrom der Marke wird daher für Zwecke des *impairment*-Tests zur Bestimmung des erzielbaren Betrags mit 12 % abgezinst. Der Buchwert der Marke wurde hingegen durch Abzinsung mit einem Zins von 15 % bestimmt.

Das Auseinanderfallen der Zinssätze (CGU vs. individuelle Ebene) führt zur **zeitlichen Distorsion** und zeitigt u. U. erhebliche Relevanz für den *impairment*-Test. Für ein weiteres Beispiel zur zeitlichen Verzerrung vgl. Rz 116 f.

---

[45] Ausführlich FREIBERG, Diskontierung in der Internationalen Rechnungslegung, Rz 72 ff.

> **Beispiel**
> Im Rahmen der Einzelbewertung (über die *relief-from-royalty*-Methode; → § 31 Rz 226 ff.) wird der Marke ein Zahlungsstrom von 100 GE (als ewige Rente) beigemessen. Für die Zugangsbewertung ergibt sich daher – ohne weitere Berücksichtigung von steuerlichen Wertbeiträgen (→ § 31 Rz 110) – ein *fair value* und somit ein Buchwert der Marke von 666,7 GE. Wird der erwartete Zahlungsstrom auch als Teil der CGU berücksichtigt, beläuft sich der Wertbeitrag der Marke zum erzielbaren Betrag wegen des niedrigeren Abzinsungssatzes auf Ebene der CGU auf 833,3 GE.

Durch die unterschiedlichen Diskontierungszinssätze, die auf Ebene des einzelnen Vermögenswerts/der einzelnen Schuld und einer CGU bei einer DCF-Bewertung heranzuziehen sind, kommt es zu

- einem **Abwertungspuffer**, wenn der Zins der CGU kleiner/größer ist als der eines Vermögenswerts/einer Schuld.
- einer **zusätzlichen** (Abwertungs-)**Belastung**, wenn der Zins der CGU größer/kleiner ist als der eines Vermögenswerts/einer Schuld.

Die Konsistenzanforderung in der Bestimmung des Buchwerts und des erzielbaren Betrags der zahlungsmittelgenerierenden Einheit gilt auch für bilanzielle **Sicherungszusammenhänge** (*hedge accounting*, → § 28 Rz 41 ff.). Wird im Zahlungsstrom des Barwertkalküls zur Bestimmung des erzielbaren Betrags der Effekt aus einer ökonomischen Sicherung (etwa Fremdwährungssicherung) erfasst, ist auch der Bilanzansatz des Sicherungsinstruments (*hedging instrument*) – unabhängig von einem Ausweis als Vermögenswert oder Schuld – im Buchwert der CGU zu berücksichtigen. Wird der Buchwert des Sicherungsinstruments nicht in den *carrying amount* der zahlungsmittelgenerierenden Einheit aufgenommen, bleiben auch die Auswirkungen auf den Zahlungsstrom für die Barwertbestimmung außen vor. Eine gegenteilige Auffassung verstößt gegen die an den *impairment*-Test gestellten Konsistenzanforderungen und ist daher abzulehnen.

Qualifiziert sich eine geschlossene Sicherungsbeziehung – wegen fehlender Möglichkeit zum *net settlement* – für die **own use exemption** (→ § 28 Rz 225 ff.), wird als (derivatives) *hedging instrument* also ein Warentermingeschäft eingesetzt, scheidet während des Schwebezustands der Bilanzansatz eines Vermögenswerts/einer Schuld aus. Die Auswirkungen auf den Zahlungsstrom können aber dennoch erfasst werden.

5.3.3 Steuerposten im *impairment*-Test

Vom Anwendungsbereich des IAS 36 ausgeschlossene Vermögenswerte sind nicht als Teil des Buchwerts einer CGU aufzunehmen. Betroffen sind u. a. Aktivposten aus Steuerlatenzen (IAS 36.2(c)), die nach den Vorgaben des IAS 12 zu bilanzieren sind und somit keiner (Einzel-)Wertberichtigung nach IAS 36 zugänglich sind. Mangels expliziter Ausführungen bleiben aber Zweifel hinsichtlich der Berücksichtigung von **Steuerposten im *impairment*-Test** der zahlungsmittelgenerierenden Einheit.[46] Anders als für den *impairment*-Test der (vergleichbaren) *reporting unit* (RU) nach US GAAP, in deren Buchwert Steuerposten

---

[46] Zum Ganzen FREIBERG, PiR 2012, S. 161 ff.

verbindlich aufzunehmen sind (ASC 350–20–35–39), scheidet die Aufnahme von Steuerposten bei restriktiver Lesart der Vorgaben der IFRS in den *carrying amount* aus. Der (konzeptionelle) Unterschied ist in Abhängigkeit der Bedeutung von Steuerposten für den *impairment*-Test zu beurteilen.

126 Der Vergleich von Buchwert und erzielbarem Betrag einer CGU setzt eine Zuordnung aller Vermögenswerte, die Auswirkung auf den erzielbaren Betrag (bzw. dessen Ermittlung) zeitigen, voraus (IAS 36.77). Der *impairment*-Test verlangt eine **Gegenüberstellung** von *carrying amount* und *recoverable amount*. Die Festlegung ist u. E. daher (zunächst) unabhängig von der Bestimmung des erzielbaren Betrags als Nutzungswert oder beizulegender Zeitwert abzgl. Veräußerungskosten. Wegen der besonderen **Konsistenzanforderung** hinsichtlich der Gegenüberstellung von Buchwert und erzielbarem Betrag kann sich allerdings die Notwendigkeit zur Anpassung des *carrying amount* und/oder *recoverable amount* ergeben. So können als **Bilanzierungswahlrecht** (*accounting policy choice*) auch Vermögenswerte (und ggf. Schulden) in den (Gesamt-)Buchwert der CGU einbezogen werden, die eigentlich vom Anwendungsbereich des IAS 36 ausgeschlossen sind. Die Änderung der Zusammensetzung einer CGU innerhalb einer Periode ist offenlegungspflichtig (IAS 36.130(d)(iii)). Erfolgt eine Änderung in Bezug auf nicht pflichtweise in den Buchwert einzubeziehende Bilanzposten, ist diese u. E. als *change in accounting policy* zu behandeln (IAS 8.19(b)).

127 Werden aus **Praktikabilitätserwägungen** (etwa Abstellen auf eine Legaleinheit) nicht pflichtweise aufzunehmende Vermögenswerte oder Schulden im Buchwert der CGU erfasst, ist den Auswirkungen auf den erzielbaren Betrag (die erwarteten *cashflows*) Rechnung zu tragen. Der *impairment*-Test ist als Gegenüberstellung einer Bilanzgröße (*accounting measure*) mit dem Barwert der korrespondierenden Zahlungsstromerwartungen (*cash flow measure*) konzipiert. Der gebotene Vergleich bedingt zwangsläufig **Inkonsistenzen**, die allerdings als Nebenwirkung der Rezeptur in Kauf zu nehmen sind.
Für die Bestimmung des erzielbaren Betrags über ein Barwertkalkül (explizit für den *value in use*) verpflichten die Vorgaben auf ein Abstellen auf eine Vorsteuerbetrachtung (IAS 36.50(b)). Da eine Berücksichtigung von Steuereffekten für die Bestimmung des erzielbaren Betrags ausgeschlossen wird (IAS 36.BCZ81/BCZ86 ff.), scheidet aus Konsistenzgründen eine Aufnahme in den Buchwert ebenfalls aus. An einem **Nichteinbezug von Steuerposten** in den *carrying amount* ist auch dann festzuhalten, wenn der gesuchte erzielbare Betrag vor Steuern (hilfsweise) über eine Barwertbestimmung nach Steuern bestimmt wird.

128 Für die Bestimmung des Buchwerts einer – mit einer CGU vergleichbaren – *reporting unit* (RU) sind alle Vermögenswerte und Schulden heranzuziehen, die
- im Verbund der RU genutzt werden (*assets*) oder mit dieser verbunden sind (*liabilities*) und
- bei der Ermittlung des *fair value* der RU Berücksichtigung finden.

Anders als nach IFRS sind in den Buchwert der RU auch **Steuerlatenzposten** aufzunehmen (ASC 350–20–35–7). Es fehlt an einer Verpflichtung auf eine Vorsteuerbetrachtung. Der Buchwert der RU ist dem *fair value*, somit also dem erzielbaren Erlös bei einer fiktiven Veräußerung (*exit price*) gegenüberzustellen. Unbeachtlich für den Einbezug bleibt, ob

- die (fiktive) Veräußerung steuerliche Konsequenzen (unterstellte Einzelveräußerung mit Realisierung temporärer Differenzen) zeitigt (*taxable transaction*) oder
- keine Steuerfolgen (etwa Verkauf von Anteilen an einer Gesellschaft mit Vermögenswerten und Schulden) nach sich zieht (*nontaxable transaction*).[47]

Gleichwohl zeitigt die Strukturierung der (fiktiven) Veräußerung als steuerbarer oder steuerfreier Vorgang Relevanz (→ § 8a Rz 54ff.). Die Berücksichtigung von verfügbarem steuerlichen Gestaltungspotential ist zulässig (ASC 350–20–35–26), steht aber unter dem Vorbehalt einer Übereinstimmung mit der Erwartung eines (hypothetischen) Marktteilnehmers und der bestmöglichen Verwertung (*highest and best use*).

Für die Bewertung von Steuerlatenzen auf temporäre Differenzen ist konzeptionell (sowohl nach US-GAAP als auch nach IFRS) auf die sofortige Realisierung der zugrunde liegenden temporären Differenz zum Stichtag abzustellen. Die Sicherstellung der rechentechnischen Konsistenz des *impairment*-Tests gelingt – in einem zunächst unterstellten steuerbaren Veräußerungsszenario – unabhängig von der Behandlung von Steuerlatenzposten aus temporären Differenzen. Bei einer Berücksichtigung im Buchwert (als Korrekturposten) der CGU sind Steuerfolgen einer Veräußerung bereits erfasst und somit konsistent im erzielbaren Betrag (dem Barwertkalkül) nachzubilden.

> **Beispiel**
> Der bilanziell erfasste *fair value* eines Vermögenswerts beträgt 200 GE, der korrespondierende Steuerwert 100 GE. Bei einem Steuersatz von 50 % wird eine passive latente Steuer von 50 GE erfasst. Bei einer fiktiven (Einzel-)Veräußerung wären 200 GE zu erzielen, darauf Steuern von 50 GE zu entrichten. Der erzielbare Betrag ohne Steuern beträgt 200 GE und 150 GE nach Steuern. Bei korrespondierender Behandlung des Buchwerts stellt sich keine Abweichung ein, es besteht kein Abwertungspuffer.

Wenn der bilanzielle Wertansatz bereits einen Zeitwert und damit im Barwertkalkül eine abgezinste Größe darstellt, entspricht die aus der Gegenüberstellung mit dem Steuerwert resultierende temporäre Differenz sowie die mit ihr verbundene Steuer ebenfalls einem Zeitwert bzw. einer abgezinsten Größe. Vorsteuer- und Nachsteuerbehandlung führen zu **konsistenten Ergebnissen**. Zur Vermeidung von Inkonsistenzen im Rahmen einer Nachsteuerbetrachtung ist bei nicht zum Zeitwert abgebildeten Bilanzposten eine Differenzierung zwischen der Anpassung von Buchwert und erzielbarem Betrag geboten.

Anderes gilt ausnahmsweise für Steuerlatenzen, die aus einer **nicht steuerbaren Transaktion** herrühren. Angesprochen sind insbesondere Steuerlatenzen im Gefolge der Latenzrechnung einer *business combination*. Entgegen der für den Einzelerwerb beachtlichen *initial recognition exemption* für Steuerlatenzen (IAS 12.22), sind im Falle eines *share deal* trotz eines (potenziell) steuerfreien Zugangs Steuerlatenzen zu erfassen, welche c.p. den *goodwill* aus der Transaktion der Höhe nach

---

[47] DELOITTE, A Roadmap to Accounting for Income Taxes 2011, S. 341f., Ch. 11.107; PwC, Goodwill Impairment Testing: Tax Considerations 2009, Tax focal point #3; PwC, Guide to Accounting for Income Taxes 2009, S. 10–35.

beeinflussen. Im Rahmen einer Vorsteuerbetrachtung ergäbe sich daher in Höhe eines Passivüberhangs latenter Steuern aus der *nontaxable transaction* ein **wirtschaftlich nicht gerechtfertigter Abwertungsbedarf** des *goodwill*. Zur Vermeidung einer Inkonsistenz ist die Steuerlatenz entgegen IAS 36.76(b) in den Buchwert der CGU unabhängig von der Bestimmung des erzielbaren Betrags aufzunehmen.[48] Im Rahmen des *impairment*-Tests ist **steuerlichem Optimierungspotenzial** Rechnung zu tragen, insbesondere die Möglichkeit zur steuerlichen Gestaltung einer Transaktion als steuerbar oder steuerneutral (analog ASC 350–20–35–26) in Betracht zu ziehen.

131 Eine Besonderheit ergibt sich für aktive Steuerlatenzen aus Verlustvorträgen und steuerlichen Gutschriften. Konzeptioneller Maßstab der Bewertung ist nicht die sofortige Realisation am Stichtag, sondern die durch die Steuer- und Ergebnisplanung belegte **künftige Realisation im Zeitablauf**. Dieses Zeitmoment bedingt zur Berücksichtigung des Zeitwerts des Geldes (*time value of money*) eine Abzinsung, welche allerdings für die Bilanzierung untersagt ist (IAS 12.53).

Die Aufnahme von entsprechenden Steuerposten (nach IFRS wahlweise) in den Buchwert der CGU/RU führt wegen der **zeitlichen Distorsion** – Gegenüberstellung einer undiskontierten Größe mit dem Barwert der Zahlungswirkungen – zu einer Inkonsistenz zwischen Vorsteuer- und Nachsteuerbetrachtung. Durch den Nichteinbezug von aktiven latenten Steuern in den Buchwert der CGU wird eine evtl. (Abwertungs-)Belastung i. H. d. Differenz zwischen der Summe der undiskontierten Steuerfolge und deren Barwert vermieden.

> **Beispiel**
> Unternehmen U erwartet für eine CGU steuerbare, uniforme Einzahlungsüberschüsse von jährlich 10 GE vor Steuern. Der Steuersatz beträgt 20 %. Ein bislang nicht genutzter Verlustvortrag beläuft sich auf 50 GE, korrespondierend erfasst U eine aktive latente Steuer von 10 GE. Der Buchwert der CGU vor Berücksichtigung latenter Steuern beträgt 100 GE. Der beobachtbare Nachsteuerzinssatz für die CGU beträgt 8 %, der sich wegen der uniformen Zahlungen durch *grossing-up* auf den Vorsteuerzins von 10 % hochrechnen lässt. Der Barwert beträgt – zunächst ohne Berücksichtigung des Verlustvortrags – unabhängig von Steuern 100 GE. Eine Abwertung scheidet aus. Wird allerdings eine Beurteilung unter Einbezug des Verlustvortrags vorgenommen, ist eine Nachsteuerrechnung erforderlich. Der Buchwert der CGU von 110 GE ist dem Barwert der Nachsteuerzahlungen von jeweils 10 GE (keine Steuerbelastung durch Verbrauch des Verlustvortrags) für die Perioden 1–5 und danach 8 GE gegenüberzustellen. Es folgt ein Abwertungsbedarf von ca. 2 GE.

Darüber hinaus ergibt sich eine zusätzliche Komplexität für die Berücksichtigung von (weiteren) vorgetragenen steuerlichen Verlusten/Gutschriften, die nicht zum Ansatz einer aktiven latenten Steuer geführt haben. Eine Pflicht zur Anpassung im Zuge der nach IFRS gebotenen Vorsteuerbetrachtung besteht explizit nicht (IAS 36.BCZ89). Der (wahlweise) **Einbezug von Steuer-**

---

[48] Gl. A. LOITZ/VAN DELDEN, WPg 2009, S. 507.

posten in den Buchwert einer CGU als *policy choice* ist **nachteilig**, somit eine Nichtberücksichtigung vorziehungswürdig.
Der Verzicht auf einen Einbezug von Steuerposten in den Buchwert der CGU scheidet allerdings aus, wenn der erzielbare Betrag bestehenden Steuerpotenzialen – Gestaltung als *taxable* oder *nontaxable transaction* – Rechnung trägt. 132

> **Beispiel**
> Unternehmen U stellt für die Abgrenzung von CGUs auf rechtliche Einheiten, somit bestehende TUs ab. CGU-1 (TU-1) hat einen bislang nicht genutzten Verlustvortrag für den in vollem Umfang eine aktive latente Steuer erfasst wurde. Im Falle einer Veräußerung wäre ein *share deal* steuerlich optimal, da dieser steuerneutral (*nontaxable transaction*) zu vollziehen wäre. U bestimmt den erzielbaren Betrag unter der Prämisse einer Veräußerung der Anteile, die keinen Untergang der Verlustvorträge nach sich zieht. Aus Konsistenzgründen ist entweder der Buchwert der CGU-1 unter Berücksichtigung der Steuerposten zu bestimmen oder der erzielbare Betrag um den eingepreisten Steuervorteil aus dem übertragbaren Verlustvortrag zu reduzieren.

Die Übereinstimmung der *unit of account* (Buchwert der CGU) und der *unit of measurement* (erzielbarer Betrag der CGU), somit die Konsistenz des *impairment*-Tests ist sicherzustellen.
Wird für die Bestimmung der Zahlungsströme hingegen auf eine Steuerplanung abgestellt, sind die latenten Steuerposten nicht im Buchwert zu erfassen. Zum Bewertungsstichtag vorhandene Steuerlatenzen bleiben unbeachtlich. 133

5.3.4 Gemeinschaftlich genutzte Vermögenswerte

Gemeinschaftlich genutzte Vermögenswerte (etwa Konzernzentrale, EDV-Ausrüstung, Forschungseinrichtung etc.) erzeugen per definitionem keine eigenständigen *cash flows*, und ihr Buchwert kann nicht in voller Höhe einer bestimmten CGU oder einer Gruppe von CGUs zugeordnet werden (IAS 36.100). Daher bietet sich die Verwendung von **Schlüsselgrößen** an, wie sie zur Verteilung von Gemeinkosten auf Kostenstellen verwendet werden. Eine mögliche Wertminderung dieses *corporate asset* ist dann den betreffenden CGUs (oder Gruppen) anteilig anzulasten (IAS 36.101). Die Erfassung von *corporate assets* im Buchwert der CGU ist unabhängig davon geboten, ob ein *triggering event* (Rz 19) für ein *impairment* vorliegt oder eine periodische Verpflichtung (Rz 14) zum *impairment*-Test (etwa für *goodwill*) besteht. 134

Das spezielle Problem des Wertminderungstests besteht hier in der **Zuordnung** der *corporate assets* zu einer CGU. Dazu macht IAS 36.102 folgende Vorgaben:

- Ist eine vernünftige und zeitlich dauerhafte Zuordnung eines Teilbereiches (*portion*) des *corporate asset* zur CGU möglich, muss der Wertminderungstest-Vergleich vom (anteiligen) Buchwert und Nutzungswert (Rz 6) für die betreffende CGU unter Einbezug dieses Teilbereichs vorgenommen werden.
- Ist eine solche (direkte) Teil-Zuordnung zur überprüften CGU nicht möglich, muss der *impairment*-Test zunächst ohne den gemeinsam genutzten Vermögenswert erfolgen und buchmäßig erfasst werden.

- Schließlich ist so lange nach einer Gruppe von CGUs zu fahnden, bis eine (Teil-)Zuordnung des gemeinsam genutzten Vermögenswertes gelingt.
- Alsdann ist der Wertminderungstest für diese CGU-Gruppe unter Einbeziehung des betreffenden (Teilbereiches des) *corporate asset* durchzuführen.

Mit der letztgenannten Vorgabe landet man in der Praxis häufig erneut beim **Gesamtunternehmen** als Zuordnungseinheit (so auch das *Illustrative Example* Nr. 8 in IAS 36 IE 69 ff.).

135 Für die (anteilige) Zuordnung eines gemeinschaftlich genutzten Vermögenswerts auf einzelne CGUs ist eine **stetige Basis** (etwa Buchwert, Umsatzerlöse oder eine andere repräsentative Größe) zugrunde zu legen. Eine Aufteilung eines *corporate asset* nach Tragfähigkeit des bestehenden CGUs scheidet u. E. aus. Der Verteilungsschlüssel ist als relative Größe zu bestimmen, ggf. ist daher eine Gewichtung geboten. Auch wenn sich das Verhältnis der Schlüsselgröße von Periode zu Periode ändert, ist an der gewählten (Aufteilungs-)Basis festzuhalten.

Beispiel
Unternehmen U hat drei zahlungsmittelgenerierende Einheiten A, B und C. Der Buchwert eines *corporate asset*, welches von allen drei CGUs genutzt wird, beträgt in der Periode x0 1.000 GE (bzw. in Periode x1 950 GE). U entscheidet sich für eine Verteilung anhand der Buchwerte der jeweiligen CGU. Da die Nutzungsdauern der einzelnen CGUs unterschiedlich sind, ist eine Gewichtung geboten.

Periode x0	CGU A	CGU B	CGU C	Total
Buchwert in GE	2.000	4.500	3.500	10.000
Verbleibende Nutzungsdauer in Jahren	12	15	7	
Gewichteter Anteil der CGU in %	20,7 %	58,2 %	21,1 %	100 %
Pro-rata-Anteil am *corporate asset* in GE	207	582	211	1.000
Buchwert nach Zuordnung *corporate asset* in GE	2.207	5.082	3.711	11.000
Periode x1				
Buchwert in GE	1.800	4.200	3.000	9.000
Verbleibende Nutzungsdauer in Jahren	11	14	6	
Gewichteter Anteil der CGU in %	20,5 %	60,9 %	18,6 %	100 %
Pro-rata-Anteil am *corporate asset* in GE	195	578	177	950
Buchwert nach Zuordnung *corporate asset* in GE	1.995	4.778	3.177	10.000

Eine anteilige Erfassung des *corporate asset* im Buchwert der CGU rechtfertigt 136
keine vollständige Eliminierung von (Konzern-)**Umlagen** im Zahlungsstrom, die
innerhalb einer (Unternehmens-)Gruppe für die Nutzung von gemeinschaftlichen Vermögenswerten erhoben werden. Eliminierungspflichtig sind lediglich
die folgenden Komponenten einer – als künftigen Zahlungsabfluss geplanten –
Umlage (analog zur Zerlegung von Leasingzahlungen → § 15 Rz 83; ausführlich
auch → § 31 Rz 124):
(1) Für die getätigte Investition in den gemeinschaftlich genutzten Vermögenswert ist eine angemessene **Verzinsung** *(return on)* zu „verdienen".
(2) Für planmäßig nutzbares Vermögen ist zusätzlich eine Kompensation für die physische **Abnutzung** *(return of)* zu berücksichtigen.
Neben einem *return on* und einem *return of* kann eine vereinbarte Umlage aber
auch (bzw. oder nur) erforderliche **Erhaltungsaufwendungen** für das *corporate asset* umfassen. Notwendige Auszahlungen für Instandhaltung sind im Zahlungsstrom trotz Einbezug des gemeinschaftlich genutzten Vermögenswerts
nicht zu korrigieren. Auch eventuell in die Umlage eingepreiste (konzerninterne)
Margen sind nicht eliminierungspflichtig (IAS 36.70).

> **Beispiel (Fortsetzung zu Rz 135)**
> U belastet die drei CGUs mit einer jährlichen Konzernumlage, die von einer erwarteten Verzinsung der Investition (ursprüngliche Höhe 1.000) von 6 % und einer Nutzungsdauer des *corporate asset* von 20 Jahren ausgeht. Zusätzlich werden noch 5 % der Investitionskosten als jährlich benötigter Erhaltungsaufwand eingepreist. Die Gesamthöhe der jährlichen Umlage beträgt daher 160 GE (= 1.000 × 6 % + 1.000 × 5 % + 1.000 × 5 %). Für die Verteilung wendet U einen vereinfachten, konstanten Schlüssel von jeweils 25 % für die CGUs A und C und 50 % für CGU B an.
> Die jährliche Umlage, die auch der Planung zugrunde gelegt wird, beträgt für CGU A 40 GE. Mit anteiligem Einbezug des gemeinschaftlich genutzten Vermögenswerts ist eine Anpassung der geplanten Zahlungsmittelabflüsse geboten. Infrage kommt – unter Berücksichtigung der konzerninternen Gewichtung – ein „Herausrechnen" der eliminierungspflichtigen Komponenten oder aber eine vollständige Eliminierung der 40 GE und anschließender Berücksichtigung eines anteiligen Erhaltungsaufwands. Im zweiten – aus Arbeitsökonomie vorziehungswürdigen – Fall ergäbe sich für Periode x0 eine Korrektur um 29,7 GE, nur der anteilige Erhaltungsaufwand von 10,3 GE (= 20,7 % × 1.000 × 5 %) wird als künftiger Abfluss berücksichtigt.

Die rechentechnische Konsistenz des *impairment*-Tests kann auch gewährleistet 137
werden, wenn anstatt der anteiligen Erfassung eines *corporate asset* im Buchwert
der CGU der erwartete Zahlungsstrom aus einer CGU um ein (fiktives) **Nutzungsentgelt** *(corporate asset recharge)* gemindert wird. Da sich – unabhängig
von dem rechnerischen Vorgehen – allerdings im Vergleich zu einer anteiligen
Erfassung im Buchwert aus allgemeinen Kongruenzanforderungen kein abweichendes Ergebnis einstellen kann, scheidet eine (ausschließliche) Anpassung des
Zahlungsstroms für gemeinschaftlich genutzte Vermögenswerte i. d. R. aus. Sollte
dennoch auf *corporate asset recharges* zurückgegriffen werden, sind diese unter

Rückgriff auf den gemeinschaftlich genutzten Vermögenswert (spezifischer *return on* und *return of*) und nicht auf Marktraten (*market prices*) zu bestimmen.

5.4 Die Sondervorschrift für den *goodwill*

5.4.1 Die Durchführung des *impairment*-Tests

138 Auf der gleichen logischen Gliederungsebene wie die gemeinschaftlich genutzten Vermögenswerte (*corporate assets*; Rz 134) erscheint zunächst eher unscheinbar auch der *goodwill* aus einem Unternehmenszusammenschluss als Rechengröße innerhalb eines *impairment*-Tests (IAS 36.77). Das **überrascht** insofern, als letztlich der *impairment*-Test für den *goodwill* materiell im Mittelpunkt von IAS 36 steht. Letzteres erklärt sich aus der „Adoption" des sog. *impairment only approach* nach US-GAAP, also dem Verzicht zur Verrechnung laufender Abschreibungen für diesen *goodwill* (→ § 31), was umgekehrt die **laufende Überwachung** der Werthaltigkeit des *goodwill* erforderlich macht.
Die umsetzungstechnische Vorgehensweise des IASB ist dabei eine andere als diejenige des FASB. Dieser regelt die außerplanmäßige *goodwill*-Abschreibung (sowie die Abschreibung immaterieller Vermögenswerte unbestimmter Nutzungsdauer; Rz 14) aufgrund des *impairment*-Tests in einem **besonderen** Standard; demgegenüber **integriert** der IASB die diesbezüglichen Regeln. IAS 36 enthält also „flächendeckend" die Regeln für die Ermittlung eines außerplanmäßigen Abschreibungsbedarfes und dessen Abbildung im Jahresabschluss. Diese Integration gelingt nicht reibungslos, d. h. führt zu **Inkonsistenzen** (Rz 161 ff.) und **Redundanzen**.

139 Der Wertminderungstest für den *goodwill* nach US-GAAP basierte bislang – anders als die Vorgaben nach IFRS – auf einem zweistufigen Ansatz (vgl. ASC 350–20–35–3 bis 35–19):
- Auf der ersten Stufe ist der Buchwert der Berichtseinheit (inkl. *goodwill*) dem *fair value* gegenüberzustellen.
- Übersteigt der Buchwert inklusive *goodwill* den *fair value* der Berichtseinheit, ist auf der zweiten Stufe der Buchwert des *goodwill* mit dem impliziten *fair value* des *goodwill* zu vergleichen.

Für einen festgestellten Überhang ist eine Wertminderung zu erfassen. Für die Ermittlung des impliziten *fair value* des *goodwill* ist eine (fiktive) Kaufpreisallokation zum Zeitpunkt des Wertminderungstests vorzunehmen (vgl. ASC 350–20–35–14 bis 35–19). Mit Verabschiedung des ASU(2011) 350 wird der 2stufigen Methodik eine qualitative Beurteilungsstufe vorangestellt. Eine quantitative Beurteilung ist danach nur noch erforderlich, wenn anhand qualitativer Faktoren die Existenz eines Wertminderungsbedarfs eher wahrscheinlich als unwahrscheinlich (*more likely than not*-Schwelle) erscheint (ASU(2011) 350–20–35–3 und 35–3A i. V. mit 35–3D).

140 Der *goodwill* aus einem Unternehmenszusammenschluss ist der Mehrwert, den der Erwerber in der Erwartung künftiger Gewinne über die erworbenen und identifizierbaren Vermögenswerte abzüglich der Schulden hinaus vergütet (IAS 36.81). Daraus folgt das Grundproblem der bilanziellen Abbildung eines solchen Unternehmenserwerbes, nämlich die **Aufteilung** des bezahlten Gegenwertes auf die erworbenen Vermögenswerte abzüglich der Schulden einerseits und auf den *goodwill* andererseits (**Kaufpreisallokation**; → § 31 Rz 69 ff.). Der

impairment-Test für den *goodwill* weist gewisse Parallelen zu dieser Kaufpreisallokation auf, muss aber dabei folgende Besonderheiten beachten:
- Der **Bewertungsanlass** beim Unternehmenserwerb liegt im Kauf bzw. Erwerb der Kontrollmehrheit. Beim *impairment*-Test bedarf es der Definition besonderer Bewertungsanlässe und -intervalle.
- Bei der Erst-Allokation des Kaufpreises auf die Vermögenswerte etc. im Gefolge des Unternehmenserwerbes etc. liegt als Berechnungsgrundlage der **Kaufpreis** vor. Beim *impairment*-Test fehlt diese Richtgröße.
- Der Wertminderungstest ist bei Vorliegen eines besonderen **Anhaltspunktes** (*indication*; IAS 36.90), ansonsten im **Jahresrhythmus** zu einem beliebigen Zeitpunkt (*at any time*) durchzuführen, allerdings in zeitpunktbezogen konsistenter Form (Rz 14). Der Zeitpunkt kann für die jeweilige (*goodwill*-tragende) CGU individuell bestimmt werden (IAS 36.96).
- Bei Neuklassifizierung von Anlagevermögen als sog. **Abgangsgruppe** (*disposal group*) i.S.d. IFRS 5 ist zwingend auch unterjährig ein *impairment*-Test durchzuführen (→ § 29 Rz 40).
- Sofern der *goodwill* nach dem Unternehmenserwerb der CGU noch **nicht zugeordnet** ist, muss gleichwohl ein Wertminderungstest (ohne diesen *goodwill*) erfolgen (IAS 36.88).
- Der *impairment*-Test kann **stufenförmig** aufgezogen werden (IAS 36.97): vom einzelnen Vermögenswert, über die den *goodwill* tragende CGU hin zur CGU-Gruppe, der ein *goodwill* zugeordnet ist.

Der mindestens jährlich durchzuführende *impairment*-Test ist ein sehr **aufwendiges** Verfahren. Zur „Erleichterung" wird eine „Vorgangs"-Betrachtung (IAS 36.99) **erlaubt**. Danach kann (Wahlrecht) der **zuletzt ermittelte** erzielbare Wert (Rz 6) in die neue Periode übernommen werden, wenn folgende Kriterien **kumulativ** erfüllt sind, was allerdings nur selten der Fall sein wird (Rz 29):
- Die Vermögenswerte und Schulden der zu testenden Einheit haben sich gegenüber dem letztmaligen Prüfungszeitpunkt **nicht nennenswert verändert**.
- Die letzten vorliegenden Berechnungen über den erzielbaren Betrag haben einen **hohen Überschuss** (*substancial margin*) dieses Wertes über den Buchwert ergeben.
- Eine Analyse der **seitherigen Entwicklung** des ökonomischen Umfelds bestätigt die geringe Wahrscheinlichkeit, dass der Buchwert der Einheit den erzielbaren Betrag übersteigt.

Weitere Besonderheiten ergeben sich hinsichtlich der **Steuerlatenz** (→ § 26) und der Berücksichtigung von **Minderheitsinteressen** (Rz 191; → § 31). Wegen des Übergangs auf das neue Verfahren vgl. Rz 244.

5.4.2 Die Allozierung des *goodwill* aus einer *business combination*

IAS 36 geht systematisch vom Wertminderungsbedarf des **einzelnen** Vermögenswertes aus (Rz 13 ff.), gelangt dann allerdings im Hinblick auf den investitionstheoretischen Ansatz für den Wertminderungstest (Rz 42) in den Bereich einer **Gesamtbewertung** durch das Vehikel der *cash generating unit* (CGU; Rz 100). Beim quantitativen (Rz 14) Werthaltigkeitstest für den *goodwill* kommt es zwingend zu einer solchen **Teil-Unternehmensbewertung**, sodass die technische Abwicklung des Wertminderungstestes für den *goodwill* aus einem Unternehmenszusammenschluss auf der Grundlage von DCF-Verfahren als lösbar erscheint.

143 Allerdings soll sich der Wertminderungstest nicht auf der Ebene des Gesamtunternehmens (Konzerns) bewegen, sondern eben auf der niedrigeren einer *cash generating unit*, die ohnehin in den meisten Fällen als Bewertungseinheit benötigt wird (Rz 100ff.). Bewertungsobjekt ist also nicht der **gesamte** *goodwill* des Unternehmens oder Konzerns. Die sich dann als entscheidend herausstellende Frage ist die der **Zuordnung** eines solchen *goodwill* auf die für den Wertminderungstest insgesamt benötigte *cash generating unit*. Anders ausgedrückt: Welchen ggf. für Zwecke des *impairment*-Tests bereits identifizierten oder im Zuge des Unternehmenszusammenschlusses neu zu definierenden CGUs oder einer Gruppe von CGUs ist der konkrete (Teil-)*goodwill* zuzuordnen?

144 IAS 36.80 gibt hierauf zunächst folgende Antwort:
- Die Zuordnung des *goodwill* ist unabhängig von derjenigen für die Einzelvermögenswerte und Schulden vorzunehmen, und zwar zu der CGU (Gruppe von CGUs; Rz 155), die vermutlich von den **Synergieeffekten** des Unternehmenszusammenschlusses profitiert, und zwar unabhängig davon, ob Interessen nicht beherrschender Gesellschafter (Rz 191ff.) davon betroffen sind (IAS 36.92 bzw. IAS 36.C2 rev. 2008).
- Die betreffende CGU (Rz 100) darf nicht größer sein als ein operatives **Segment** (IFRS 8; → § 36 Rz 19ff.), das noch nicht für die Berichterstattung mit anderen Segmenten **zusammengefasst** worden ist (→ § 36 Rz 36).
- Nach unten (aus Sicht der Unternehmenshierarchie) wird die **niedrigste** konzerninterne Berichtsebene genannt, bei der der *goodwill* systematisch überwacht *(monitored)* wird.

145 Für (derivativen) *goodwill* scheidet eine Einzelbewertung aus (IAS 36.80), eine Zuordnung zu einer zahlungsmittelgenerierenden Einheit ist daher geboten. Der *goodwill* entspricht dem Mehrwert, den der Erwerber in der Erwartung künftiger Ergebnispotenziale über das erworbene Nettovermögen hinaus vergütet (IAS 36.81). Neben *going-concern*-Erwartungen stellt er insbesondere erwartete Synergiepotenziale aus dem Zusammenwirken einzelner Unternehmensbereiche dar. Für die Zuordnung dem Grunde nach ist eine Orientierung an den erwarteten **Synergieeffekten** geboten. Ein allgemeiner Verteilungsschlüssel für die Zuordnung der Höhe nach wird nicht vorgegeben, möglich ist daher ein Abstellen auf die relativen *fair values*, aber auch der Rückgriff auf andere Wertmaßstäbe. Die Verteilung eines derivativen *goodwill* auf einzelne CGUs steht daher zunächst im Ermessen des Managements, zumindest solange die Zuordnung allgemeinen **Plausibilitätsanforderungen** genügt. Eine willkürliche Verteilung oder ein Rückgriff auf ein Tragfähigkeitsprinzip, welches keine Synergieerwartungen widerspiegelt, scheidet allerdings aus.

> **Beispiel**
> Unternehmen M mit den beiden Geschäftsbereichen/Produkten A und B erwirbt das Geschäft des Hauptkonkurrenten N. N operiert in einer anderen Region. M will in Teilbereichen Kunden von N auf A-Produkte transferieren. Umgekehrt sollen die Marken und Produktlinien von N durch M nicht gefördert werden. Der wesentliche Teil des erworbenen *goodwill* ist auf die bestehenden A-CGUs von M zu verteilen, die von den erwarteten Synergien des Unternehmens profitieren sollen.

| Außerplanmäßige Abschreibungen, Wertaufholung | § 11 |

> Die Produkte des Bereichs lassen sich nicht an N-Kunden vertreiben. Auch wenn der Bereich B sehr profitabel ist und ein „breites" Saldierungskissen (Rz 153) aufweist, scheidet eine Zuordnung des erworbenen *goodwill* aus.

Innerhalb des Standards fehlt es an einer Vorgabe zur Auslegung von „*not larger than*". Zwei mögliche Lesarten bieten sich an: 146
- Lesart 1: Bei Interpretation von „*not larger than*" im **algebraischen Sinne** als „kleiner gleich" ($\leq$) wäre etwa auf Umsatz, Ergebnis oder eine sonstige Größe abzustellen und insofern zu untersuchen, ob der Umsatz oder die sonst angewandte Größe der für Zwecke der Zuordnung von *goodwill* zu identifizierenden CGU kleiner als die entsprechende Größe für das operative Segment ist. Es fehlt in IAS 36.80b allerdings überhaupt an Vorgaben, welche Größen/Kennzahlen einschlägig wären. Damit käme beinahe jede infrage. Die Festlegung wäre vollkommen willkürlich möglich; damit ist das Kriterium nicht operationabel.
- Lesart 2: Bei Interpretation von „*not larger than*" als **echte** oder **unechte Teilmenge** würde eine Schnittmenge nicht ausreichen: Nach entsprechender Lesart wäre die *goodwill* tragende CGU immer ein Ausschnitt aus einem operativen Segment (echte Teilmenge) oder maximal mit diesem identisch (unechte Teilmenge).

Die erste Lesart widerspricht u. E. unter teleologischen Gesichtspunkten dem Verhältnis von IAS 36.80b zu IAS 36.80a. Nach IAS 36.80a ist für den *impairment*-Test auf den „*lowest level*", also die unterste Einheit abzustellen, auf der *goodwill* überwacht wird. IAS 36.80b soll diese Vorschrift lediglich in der Weise flankieren, dass auch bei einem Verzicht auf eine Überwachung einzelner *goodwills* die *goodwill* tragende CGU nicht einen höheren Level haben kann als ein (*reportable*) Segment (nach dem *Annual Improvements Project* 2009, unabhängig davon, ob es *reportable* ist).

Diese Auslegung wird durch IAS 36.BC137 bis IAS 36.BC150b bestätigt. In 147 diesen Erläuterungen des für die Ebene des *impairment*-Tests gewählten Ansatzes geht es sowohl in der Auseinandersetzung mit Stellungnahmen zum Exposure Draft als auch im vorgenommenen Rechtsvergleich zu US-GAAP und schließlich auch in den Klarstellungen, warum es auf das Merkmal *reportable* nicht ankommt, beständig nur um die Frage, auf welchem Level der *goodwill* zu testen ist. In IAS 36.BC150B kommt die Gleichsetzung von „*not larger*" mit „*not on a higher level*" etwa in folgenden Formulierungen zum Ausdruck: „*The Board noted that aggregating operating segments for goodwill impairment testing into a unit larger than the level at which goodwill is monitored contradicts the rationale underlying IAS 36,...*"

Das „*larger than*" ist somit i. S. e. **hierarchischen Struktur**, bei der (Ober-)Einheiten (hier *level*) aus Untereinheiten (*lower level*) bestehen, so zu verstehen, dass der *level* auf dem der *goodwill* getestet wird, zwar eine Untereinheit eines Segments oder das Segment selbst sein darf, aber weder eine Einheit, die über dem Segment anzusiedeln ist, noch eine Einheit, die quer zum Segment liegt. In der Terminologie der Mengenlehre lässt sich dies auch wie folgt ausdrücken: Eine *goodwill* tragende CGU kann nur **echte Teilmenge** bzw. maximal **identische Menge** (unechte Teilmenge) eines Segments sein, aber nicht eine das Segment lediglich überlappende Schnittmenge.

148 Die letztgenannte Größe war im Vorfeld der Neufassung von IAS 36 im Hinblick auf die stärker quantifizierende Vorgabe in SFAS 142 besonders umstritten. Dort ist nämlich die Grenze nach unten durch die **erste** Berichtsebene **unterhalb** eines Segments angesiedelt. Der IASB hat sich standhaft gegen diese Begrenzung gewandt (IAS 36 BC167). Allerdings verlangt IAS 36 keine Staffelung der Berichtstiefe so weit nach unten, dass nur wegen des erforderlichen *impairment*-Tests für den *goodwill* eine eigenständige Berichtsebene in die Konzernstruktur eingeführt werden muss (IAS 36.82). Die Bezugnahme auf das innerbetriebliche Berichtswesen *(management approach)* ist im Übrigen organisatorisch zwingend, denn ohne ein solches können die anspruchsvollen Vorgaben des *impairment*-Tests speziell für den *goodwill* ohnehin nicht erfüllt werden.

149 Andererseits darf die Zuordnung des *goodwill* nicht den internen Rentabilitätsvorgaben **widersprechen**. Dazu folgendes Beispiel:

> **Beispiel**
> Das Unternehmen U hat drei Segmente nach der Vorgabe von IFRS 8 (→ § 36 Rz 15 ff.). Jedes Segment verfügt über zwei an Produktgruppen orientierte Subeinheiten. Ein erworbener *goodwill* soll für vier der sechs Untereinheiten Synergien bereitstellen. Die Untereinheiten berichten ihre Leistungszahlen unmittelbar an die oberste Managementebene. Allerdings ist die Rentabilitätsvorgabe für das in den sechs Untereinheiten investierte Kapital anlässlich der Akquisition vom Topmanagement angehoben worden. Diese Vorgabe kann als *goodwill*-Allokation gewertet werden, denn der *goodwill* wird „indirekt" überwacht.

150 Bezüglich der laufenden Überwachung des *goodwill* knüpft letztlich der Standard an das **interne Berichtswesen** des Konzerns/Unternehmens an (IAS 36.BC143), allerdings ohne dessen Struktur für den Test verbindlich zu erklären.[49] Dazu müsste das interne Berichtswesen der anspruchsvollen Aufgabe der Abbildung von **Synergien** gerecht werden. Anders formuliert: Wenn das interne Reporting zwei CGUs **getrennt** erfasst, hindert dies die Überwachung eines durch die Synergien zwischen beiden CGUs entstandenen *goodwill*. Jedenfalls lässt sich ein „Spannungsfeld"[50] zwischen der Vorgabe (IAS 36.80) zur Verwendung der niedrigsten Überwachungsebene des *goodwill* im internen Berichtswesen und der Vorgabe *„that are expected to benefit from the synergies of the combination"* nicht verleugnen. Ein Lösungsansatz für dieses Problem bietet die Zuordnung eines *goodwill* auf **mehrere** CGUs (Rz 155), die gemeinsam überwacht werden.

151 Der Begriff „CGU" (Rz 101) beruht auf der Möglichkeit des Absatzes von Produkten auf Märkten. Damit ist der betriebliche **Leistungsprozess** angesprochen, der regelmäßig in der Abgrenzung von **Segmenten** durch das Management gesteuert wird. Die danach erforderliche Steuerung der Konzerneinheit unter Berücksichtigung der spezifischen Chancen und Risiken legt die Bestimmung der CGU auf der Grundlage einer **sektoralen** (produktorientierten) Segmentierung (→ § 36 Rz 20) nahe.[51] Diese theoretische Vorgabe wird durch die in Deutschland praktizierte internationale Rechnungslegungspraxis bestätigt. Mehrheitlich

---

[49] HACHMEISTER/KUNATH, KoR 2005, S. 69.
[50] HACHMEISTER/KUNATH, KoR 2005, S. 70.
[51] So HAAKER/PAARZ, KoR 2005, S. 194.

erfolgt die Abgrenzung der CGUs anhand der Segmente und darin wieder überwiegend in **sektoraler** Ausrichtung. Die **regionale** Segmentierung ist in diesem Zusammenhang von untergeordneter Bedeutung.[52] Im Ergebnis löst sich die *goodwill*-Bilanzierung von der einzelerwerbsorientierten Buchwertfortschreibung. Der einzelne Erwerbsvorgang stellt nicht den Mittelpunkt der Werthaltigkeitsprüfung dar.[53]
Die Definition einer CGU im **Großkonzern** wird sich i.d.R. an der Organisationsstruktur ausrichten. Im Falle einer Matrixorganisation bietet sich folgendes Schema an:

Beispiel
Ein global tätiger Versicherungskonzern ist **sachlich** „gegliedert" in die Versicherungsbranchen mit jeweiliger Zuständigkeit eines Vorstandsressorts:
- Leben und Kranken *(„life")*
- Sach und Kfz
- Kredit
- Vermögensverwaltung *(„asset management")*

Geografisch sind den Vorständen zugeordnet:
- Westliches Europa
- US-Amerika
- Südamerika
- Naher Osten
- Ferner Osten

Entsprechend bietet es sich an, eine CGU „Naher Osten, Sach" zu definieren. Eine „Unter-CGU" wäre allerdings erforderlich, wenn aus politischen Gründen die Staaten Israel und Zypern, die zu diesem geografischen Segment gehören, völlig getrennt vom übrigen Bereich gesteuert werden.

In der IFRS-Rechnungslegungspraxis der deutschen Großkonzerne wird die CGU überwiegend als recht umfangreich definiert.[54] Dabei bewegt sich die Anzahl der CGUs keineswegs proportional zur Größe des Unternehmens/Konzerns.

Beispiel
Ein Unternehmen betreibt in Deutschland 100 Fitness-Studios in guten Innenstadtlagen. Das zentrale Management beschränkt sich auf die Hilfestellung bei der individuellen Ausstattung des jeweiligen Studios. Mit Sportartikel- und Inneneinrichtungs-Herstellern besteht eine zentral ausgehandelte Rabattvereinbarung.
Die Generierung der Zahlungsmittel ist hier für jedes Studio weitgehend unabhängig. Es liegt jeweils eine CGU vor. Anders könnte es sich verhalten, wenn die Benutzung des Studios von einem Dauervertrag abhängig ist und dieser zur Nutzung jeder der deutschen Einheiten berechtigt. Sofern die Kunden diese Möglichkeit auch nennenswert nutzen und/oder diese Möglichkeit maßgeblich für den Vertragsschluss ist, liegt insgesamt nur eine CGU vor.

---

[52] PELLENS u.a., BB-Spezial 10/2005, S. 12.
[53] KÜTING/WIRTH, KoR 2005, S. 199.
[54] PELLENS u.a., BB-Spezial 10/2005, S. 12.

153 Die Definition der Einheit, die potenziell dem *impairment*-Test des *goodwill* unterliegt, hat erhebliche bilanz**analytische** und -**politische** Bedeutung. Je größer die definierte Einheit ist, desto eher werden Wertminderungen in einer bestimmten „Untereinheit" durch positive Wertbeiträge des übrigen Bereiches **kompensiert**. Man spricht hier (IAS 36 BC167) von „Kissen" *(cushions)*, die den Wertminderungsverlust ausgleichen. Das gilt schon für die Aufteilung des Unternehmens/Konzerns in *cash generating units* überhaupt (Rz 109), unter Einbeziehung des dieser CGU zuzuordnenden *goodwill* kommt diesem Aspekt besondere gestalterische und bilanzpolitische Bedeutung zu.
Hierzu folgendes Beispiel:[55]

> **Beispiel**
> - Die Bau AG gliedert ihr Geschäft in die Segmente Tief- und Hochbau.
> - Der Hochbau wird weiter nach den Komponenten Wohnungs-, Büro- und Industriebauten unterteilt.
> - Im Wohnungsbau wird in einer dritten Ebene noch zwischen Einfamilienhäusern und Geschosswohnungsbauten unterschieden.
>
> Vor einigen Jahren wurde die Geschosswohnungsbaufirma G erworben. Der *derivative goodwill* wurde für US-GAAP-Zwecke der *reporting unit* (nach IAS 36 die CGU) „Wohnungsbauten" zugeordnet. Der Geschosswohnungsbau entwickelte sich jedoch schlechter als erwartet. Zu einer außerplanmäßigen Abschreibung auf den *goodwill* kam es dennoch nicht, da der Einfamilienhausbau stark steigende Ergebnisse abwirft und somit saldiert, d. h. auf Ebene der *reporting unit* Wohnungsbau keine Einbußen der Ertragskraft festzustellen sind. Bei der IFRS-Umstellung stellt sich die Frage, ob der *goodwill* nunmehr einer kleinen Einheit, nämlich der CGU Geschossbau, nicht nur zugeordnet werden darf, sondern muss, mit der Folge eines *impairment* auf dieser kleineren Ebene.
> Ob dieses „Saldierungs-Kissen" also nach IFRS fortgeführt werden kann, hängt von der Verfügbarkeit der aus dem Reportingsystem der Einheit entstehenden Informationen ab, die für den *impairment*-Test verwendet oder mit geringem Aufwand angepasst werden können.
> Eine dadurch indizierte Intensivierung des Controlling-Umfeldes wäre sicherlich ein positiver Nebenaspekt des Übergangs auf die IFRS-Rechnungslegung.

154 Der Effekt des „Saldierungskissens" *(cushion)* provoziert auch **bilanzpolitische** Überlegungen bereits bei der Erst-Allokation eines *goodwill* für Zwecke der Kapitalkonsolidierung (→ § 31 Rz 69 ff.). Die *cash generating units* und die zugehörigen Berichtssysteme können auf die künftige Vermeidung von Wertminderungsabschreibungen ausgerichtet werden.

> **Beispiel**
> Ein europäisches Software-Unternehmen erwirbt eine zu konsolidierende Beteiligung in den USA mit folgenden Konzernbereichen und den zugehörigen Profitabilitäten:

---

[55] Entnommen LÜDENBACH/HOFFMANN, WPg 2004, S. 1068, 1073.

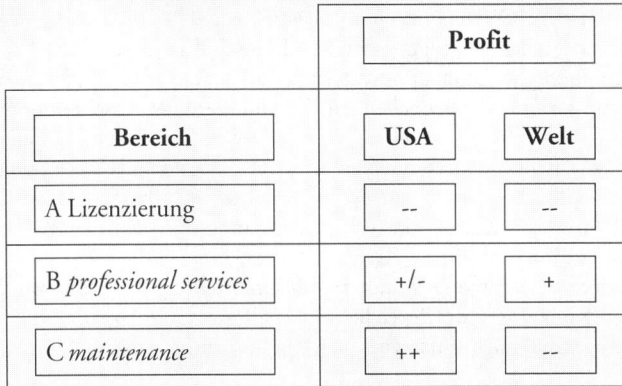

- Definiert man die USA durch entsprechende Ausgestaltung des konzerninternen Berichtswesens insgesamt zur CGU, kann es u.U. zu einem *goodwill impairment* kommen.
- Denkbar ist auch die Einrichtung einer zweistufigen Berichtsebene für die USA-Akquisition, nämlich eine Trennung nach den drei Spartenbereichen. Dann ist der *goodwill* dem Bereich „*maintenance*-USA" zuzuordnen mit der Folge einer (voraussichtlichen) Nichtabschreibung des *goodwill* in der Zukunft.
- Schließlich ist eine durchgehende Zuordnung der USA-Akquisition zu den drei Sparten denkbar. Dann wäre der *goodwill* der Sparte „*maintenance*-Welt" zuzuordnen, mit der Folge eines möglichen *goodwill impairment* bei negativer Entwicklung dieser Sparte überhaupt.

Die Frage der Definition von „Saldierungs-Kissen" als bilanzpolitisches Instrument stellt sich im Übrigen nicht nur bei einer Neuakquisition eines Unternehmens, sondern auch generell beim **Übergang** vom Abschluss nach bisherigem nationalen Recht auf denjenigen nach IFRS (→ § 6 Rz 119). Das zeigt sich gut am Beispiel eines Stromerzeugungs- und -verteilungsunternehmens mit einem defizitären Bereich, der nicht unbedingt als solcher (durch außerplanmäßige Abschreibung) in Erscheinung treten soll.

Beispiel
Ein Energieversorgungs- und -verteilungsunternehmen produziert Strom aus:
- Kernkraftwerken,
- herkömmlichen thermischen Kraftwerken,
- Laufwasser-Kraftwerken,
- (neuerdings) Biomasse.

Die letztgenannte Erzeugungseinheit hat einen vorwiegend politischen Hintergrund: Umweltschutzorientierte Strömungen sollen von negativen Verhaltensweisen gegen das Kraftwerkunternehmen abgehalten werden. Ergänzend hierzu ist ein zusätzliches Vorstandsressort eingerichtet worden, das auch im Sinne

> einer politischen Quotenbetrachtung besetzt wird. Mit nachhaltig negativen Ergebnissen aus dem Erzeugungsbereich „Biomasse" ist zu rechnen.
> Bei Definition des Biomasse-Kraftwerks als eigene CGU wird es relativ kurzfristig zu einer entsprechenden Wertminderungs-Abschreibung kommen. Zur Vermeidung kann eine CGU „Erneuerbare Energien" eingerichtet werden, die neben dem Biomasse-Kraftwerk auch seit langem installierte Laufwasser-Kraftwerke mit anhaltender Profitabilität umfasst. Das „Kissen" dieser Laufwasser-Kraftwerke verhindert dann eine außerplanmäßige Abschreibung auf das Biomasse-Kraftwerk.
> Eine andere Alternative bestünde in der Unterteilung des gesamten Unternehmens/Konzerns in die Bereiche
> - Energieerzeugung (umfassend auch den Bereich „Biomasse"),
> - Energieverteilung.
> Dann würde das „Saldierungs-Kissen" noch weiter gezogen.

155 Die Allozierung eines im Wege des Unternehmenszusammenschlusses *(business combination)* aufgedeckten *goodwill* ist nicht zwingend auf die Ebene jeder CGU herunterzubrechen. Es genügt eine Zuordnung auf **Gruppen** von CGUs *(groups of units)* gem. IAS 36.80. Dadurch wird die Möglichkeit eröffnet, die Überwachung des *goodwill* primär an den **internen Berichts- und Überwachungsstrukturen** auszurichten (Rz 149). Umgekehrt ist dann allerdings eine Neuausrichtung der *goodwill*-Zuordnung erforderlich, wenn die Berichtsstrukturen ihrerseits neu definiert werden (Rz 183). Nach IAS 36.87 ist dann der vorhandene Buchwert des *goodwill* nach Maßgabe der relativen *fair values* neu zuzuordnen *(relative value approach)*. Die Entscheidung auf eine Neuausrichtung des internen Reportings stellt keinen *change in accounting policy* (→ § 24 Rz 28) dar, eine retrospektive Anpassung scheidet daher aus.

> **Beispiel**[56]
> Der deutsche Telekommunikationskonzern T hat den osteuropäischen Festnetzbetreiber Eastcom erworben. Bislang war die Segmentierung konzernweit in jedem Land u.a. in die CGU „Festnetz" erfolgt. Diesem ist der *goodwill* aus der Akquisition zugeordnet worden. Künftig wird das Segment „Festnetz" landesspezifisch in zwei Segmente unterteilt: national und international. Das stark regulierte nationale Geschäft soll berichtstechnisch von dem unregulierten internationalen Geschäft getrennt werden. Der *goodwill* ist dann nach Maßgabe der relativen *fair values* auf das nationale und das internationale Geschäft des neu erworbenen osteuropäischen Festnetzbetreibers aufzuteilen.

156 Für den aus der Zeit **vor** dem *impairment only approach* entstandenen *goodwill* gilt der Übergangsstichtag als **Quasi-Anschaffungszeitpunkt**. Im Gefolge sind die betreffenden „Alt-*goodwills*" den CGUs zuzuordnen (Rz 142ff.). Diese Zuordnung stellt sich als fiktiver Anschaffungsvorgang dar, der nach der Erwerbsmethode (→ § 31 Rz 11ff.) abzubilden ist. Dazu muss als fiktiver Kaufpreis der

---

[56] Nach LÜDENBACH/FROWEIN, DB 2003, S. 219.

erzielbare Betrag (Rz 6) des jeweiligen „Alt-*goodwill*" dem Buchwert der betreffenden CGU ohne die darin enthaltenen *goodwills* gegenübergestellt werden. Die daraus resultierende Differenz entspricht den Synergieeffekten des betreffenden *goodwills* im Übergangszeitpunkt. Eine Hochrechnung bzw. Zuschreibung des effektiv bilanzierten *goodwill* auf diesen neu errechneten Betrag kommt allerdings nicht in Betracht. I.d.R. werden die effektiven Buchwerte niedriger liegen als die neu errechneten Werte des oder der Alt-*goodwills*. Deshalb muss in diesen Fällen eine Abstockung dieses Buchwerts erfolgen, nach welcher Form, ist in IAS 36 nicht geregelt und kann deshalb vom Anwender willkürfrei entschieden werden.[57]

5.4.3 Erstmaliger *impairment*-Test für derivativen *goodwill*

Ein im Rahmen einer *business combination* aufgedeckter (derivativer) *goodwill* ist – das Vorliegen eines besonderen Wertminderungsindikators (IAS 36.10) ausgeklammert – **mindestens einmal** im Geschäftsjahr auf Werthaltigkeit zu testen (IAS 36.10(b)). Der gewählte Stichtag ist beizubehalten und kann nur ausnahmsweise geändert werden.

Der *goodwill* entsteht als positive Differenz zwischen Anschaffungskosten (*consideration transferred*) und dem beizulegenden Zeitwert des erworbenen (Netto-)Vermögens (IFRS 3.32). Für die Bestimmung der Differenz wird, gemessen vom Erwerbszeitpunkt, ein Zeitfenster (*measurement period*) von **zwölf Monaten** eingeräumt (IFRS 3.45), in dem bessere Erkenntnisse zum Wert und/oder Ansatz der Vermögenswerte und Schulden zu berücksichtigen sind. Nachträgliche werterhellende Anpassungen beeinflussen daher die abschließende Höhe des *goodwill*.

Die Vorgaben zum *impairment*-Test tragen dem 12-Monatszeitraum Rechnung. Die gebotene **Zuordnung** (*initial allocation*) des *goodwill* kann aufgeschoben werden (IAS 36.84 f.). Ob auch die Verpflichtung zum **Wertminderungstest** während des 12-Monatsfensters entfällt, wird allerdings nicht explizit herausgestellt.

Der (derivative) *goodwill* bestimmt sich als Saldogröße von Anschaffungskosten und dem beizulegenden Zeitwert der im Zuge einer *business combination* erworbenen Vermögenswerte und übernommenen Schulden. Wegen der Verpflichtung zur Berücksichtigung (i. S. e. rückwirkenden Korrektur) werterhellender Erkenntnisse steht die als *goodwill* zu erfassende (positive) Differenz – eine notwendige Anpassung nach Fertigstellung ausgeklammert – u. U. erst mit Ablauf des Zwölf-Monatsfensters fest.

Ohne abschließende Kenntnis ob überhaupt und wenn in welcher Höhe aus einer *business combination* ein *goodwill* resultiert, scheidet i.d.R. auch eine endgültige Allozierung auf CGUs aus. Da kein allgemeiner Verteilungsschlüssel für die Zuordnung von *goodwill* auf CGUs besteht, braucht sich das Management daher noch **nicht abschließend** festzulegen (IAS 36.84). Insoweit noch (Rest-)Unsicherheit hinsichtlich des beizulegenden Zeitwerts des Nettovermögens besteht und daher vorläufige Werte erfasst werden, ist ein Verzicht auf eine Allozierung legitimiert (IAS 36.85).

---

[57] HACHMEISTER/KUNATH (KoR 2005, S. 72) schlagen anhand eines Berechnungsbeispiels eine proportionale Abstockung vor und lehnen damit den relativen Ansatz und damit einen Analogieschluss auf die Berechnungsvorgaben für den Abgang eines *goodwill* (Rz 183) ab (IAS 36.86 f.).

159 Da eine spätere (Neu-)Verteilung eines einmal zahlungsmittelgenerierenden Einheiten zugewiesenen *goodwill* nur unter der Voraussetzung einer tatsächlichen (nicht bloß formalen) Reorganisation des internen Berichtswesens zulässig ist (IAS 36.87), kann die Freiheit und damit das bestehende Gestaltungspotenzial der erstmaligen Zuordnung gewahrt bleiben. Erst unmittelbar vor Ablauf der nach Erwerbsstichtag folgenden Berichtsperiode (**Periode x + 1**) ist die Allozierung gefordert. Ein zum Periodenende noch nicht abschließend zugeteilter *goodwill* ist allerdings im Anhang zusammen mit einer Rechtfertigung offenzulegen (IAS 36.133).

160 Die unbestimmte Nutzungsdauer des Vermögenswerts *goodwill* zieht eine (Mindest-)Verpflichtung zum jährlichen *impairment*-Test nach sich (IAS 36.10(b)). Weder das Bestehen eines maximal 12-monatigen Anpassungszeitraums noch die deswegen fehlende Allozierung auf CGUs rechtfertigen u. E. ein Unterlassen. Die Notwendigkeit der jährlichen Werthaltigkeitsprüfung (das **Ob**) steht vor der Klammer der konkreten Umsetzungsvorgaben (das **Wie**). Eine fehlende Verteilung des *goodwill* auf CGUs bewirkt daher maximal lediglich eine Befreiung einer CGU (mangels Zuordnung von *goodwill*) von einem pflichtweisen *impairment*-Test (IAS 36.90). Der notwendige jährliche Werthaltigkeitstest für den *goodwill* bleibt davon unberührt. Wenn keine Zuordnung eines vorläufigen Betrags möglich ist, besteht daher die **Verpflichtung** – analog (IAS 36.102) zu gemeinschaftlichen Vermögenswerten (*corporate assets*) – zum *impairment*-Test auf aggregierter Ebene. Eine nur auf Vorliegen eines Indikators gestützte Pflicht zum Werthaltigkeitstest scheidet hingegen bis zum Ablauf des Anpassungszeitraums aus.

5.5 Zweckentsprechende Anwendung von Barwertkalkülen

5.5.1 Umsetzungsprobleme in der praktischen Anwendung

161 Zur Ermittlung des erzielbaren Betrages (Rz 6) des *goodwill* – also der Betrag, auf den ggf. die außerplanmäßige Abschreibung primär (Rz 179) vorzunehmen ist – rekurriert IAS 36.74 auf die allgemeinen Vorschriften zum *impairment*-Test (IAS 36.19–57; Rz 42 f.). Die dortigen Vorgaben sind auf den **einzelnen** Vermögenswert ausgerichtet. Das provoziert die Frage, ob die dortigen rechnerischen Vorgaben auch für den *goodwill-impairment*-Test (Rz 138) einschlägig sind. Nach IAS 36.33 (Rz 22 f.) muss die *cash-flow*-Planung
- für die i. d. R. bis zu **fünfjährige** Detailplanungsperiode auf Basis des *management forecast*,
- für die **Anschlussphase** i. d. R. durch den Ansatz einer konstanten (je nach Marktreife auch negativen) Wachstumsrate, die im Allgemeinen das Marktwachstum nicht überschreiten soll,

erfolgen.

162 Reales Unternehmenswachstum setzt in aller Regel **Erweiterungsinvestitionen** voraus. Zu fragen ist deshalb, wie sich die (im *management forecast*) zulässige Berücksichtigung von Wachstum zur prinzipiell vorgesehenen Beschränkung der Planung auf operative *cash flows* verhält. Drei Interpretationen bieten sich an:[58]

---

[58] LÜDENBACH/HOFFMAN, WPg 2004, S. 1068, 1075.

- Die strenge **Beschränkung** auf operative *cash flows* gilt nur für das *impairment* von einzelnen *assets* oder von *asset*-Gruppen, nicht jedoch für eine *goodwill*-tragende CGU.
- Das Wachstum wird als vollständig **fremdfinanziert** unterstellt. Die Finanzierungs-*cash-flows* werden dann eventuell ebenso wie die investiven *cash flows* aus der Planung ausgeblendet (IAS 36.50).
- Aus dem *management forecast* werden die Erweiterungsinvestitionen und Finanzierungen **herausgerechnet**, in diesem Falle müssen aber auch die Umsätze bzw. Deckungsbeiträge eliminiert werden, die sich ohne Durchführung von Erweiterungsinvestitionen nicht realisieren ließen.

Die **dritte** Interpretation führt zu einer **artifiziellen Planung**, die mit dem realen Businessplan kaum noch Berührungspunkte hat. Auch die **zweite** Interpretation führt zu ökonomisch **unsinnigen** Ergebnissen; gegen sie spricht auch das Verständnis des *goodwill-impairment*-Tests als Quasi-Kaufpreisallokation. Vom als Ausgangsgröße zu bestimmenden DCF-Wert der CGU ist das Nettovermögen, also der Saldo von Vermögenswerten und Schulden, abzuziehen. Ein derartiger Rechengang wäre inkonsistent, wenn nicht ebenso in der Ausgangsgröße die Schuldenseite über die Finanzierungs-*cash-flows* berücksichtigt würde.

Gegen die **erste** Interpretation spricht andererseits der **eindeutige Wortlaut** von IAS 36.74. Ohne jegliche Einschränkung wird die sinngemäße Anwendung der in IAS 36.19 bis 57 aufgestellten Regeln verlangt. Überdies ist nach IAS 36.76 unter erneutem Verweis auf IAS 36.28 und 43, von Ausnahmen abgesehen, der *recoverable amount* einer CGU ohne Berücksichtigung von **Verbindlichkeiten** zu bestimmen. Lediglich aus praktischen Gründen *(„practical purposes")* könne die Berücksichtigung der Verbindlichkeitenseite manchmal *(„sometimes")* zulässig sein (IAS 36.79). Auf diese Weise ergibt sich immerhin eine **Ausnahmeoption**, die jedoch wiederum dem Wortlaut nach nur die Erweiterung der operativen um finanzielle *cash flows*, hingegen nicht die Berücksichtigung investiver *cash flows* erlaubt.

Nur bei einer nicht mehr ausschließlich am **Wortlaut** orientierten Auslegung von IAS 36 wäre daher bei der DCF-orientierten Bestimmung des *recoverable amount* einer CGU die Einbeziehung von **Investitionen** zulässig. Dem Grundsatz, dass die Grenze des Wortsinnes im Allgemeinen auch die Grenze der Auslegung ist,[59] würde nicht mehr voll entsprochen, an Stelle einer Auslegung i. e. S. also eine eher regelberichtigende Lesart gewählt. Ein derartiges Vorgehen kann u. E. bestenfalls ultima ratio sein. Zuvor ist deshalb zu prüfen, ob über die angemessene Interpretation der o. g. Ausnahmen vom Stichtagsprinzip eine widerspruchsfreie Lösung zu erzielen ist.

Nach IAS 36.42 und 49 sind (auf der Ebene einzelner Vermögenswerte) investive *cash flows* ausnahmsweise dann zu berücksichtigen, wenn sich die Anlage im Bau befindet oder die Investition den Charakter von **Erhaltungs**aufwand hat (Rz 42 ff.). Aus dieser Sicht ist zunächst zu prüfen, ob auch eine CGU einen „Anlagen im Bau"-analogen Status haben kann.
Hierzu folgendes Beispiel:[60]

---

[59] Vgl. ZIPPELIUS, Juristische Methodenlehre, 8. Aufl., 2003, S. 47.
[60] Entnommen LÜDENBACH/HOFFMANN, WPg 2004, S. 1068, 1076; ähnliche Überlegungen zum Problem der Eliminierung von Erweiterungsinvestitionen aus dem DCF-Verfahren stellen an BRÜCKS/KERKHOFF/RICHTER, KoR 2005, S. 5 f.

> **Beispiel**
> Ein Mobilfunkbetreiber erreicht derzeit erst eine 80-%-Netzabdeckung. Er will mittelfristig weitere Sendemasten errichten, um auf eine 90-%-Abdeckung zu kommen. In erster Betrachtung könnte man das Netz als noch unfertig bzw. im Bau befindlich verstehen. Die Aufwendungen für den weiteren Ausbau und die voraussichtlich entgegenstehenden Einnahmen wären daher im *cash flow* zu berücksichtigen. Bei zweiter Betrachtung stellen die 90 % aber ebenso wenig eine objektive Grenzgröße dar wie die 80 %. Ökonomische Einschätzungen haben bisher zu 80 % Abdeckung geführt, werden mittelfristig zu 90 % führen und eventuell langfristig zu einer noch höheren *coverage*. Es erscheint daher willkürlich, die 80 % als unfertig, die 90 % hingegen als fertig zu definieren.

164 Eine ähnliche Problematik kann sich stellen, wenn ein Hersteller, um frühzeitig auf einem neuen Markt präsent zu sein, zunächst mit einer Kapazität unterhalb der optimalen Betriebsgröße arbeitet, später aber bei unterstelltem Wachstum des Marktes diese Größe erreichen will. Fraglich wäre auch hier, was die **optimale Betriebsgröße** definiert. In beiden Fällen scheint die Übertragung der Regelungen für **einzelne** Vermögenswerte auf die CGU zwar möglich, jedoch nur in der Weise, dass unterschiedliche Lösungen und damit ein erhebliches Maß an Subjektivität unvermeidlich sind.

Ähnliche Schwierigkeiten ergeben sich bei der Übertragung der Regelungen zum **Erhaltungsaufwand** auf CGUs. Hierzu folgendes Beispiel:

> **Beispiel**
> Das Tochterunternehmen eines deutschen Automobilherstellers in China, das einen Marktanteil von 15 % hat, wird als eine CGU identifiziert. Im Rahmen der *impairment*-Ermittlung wird der DCF-Wert der CGU berechnet. Hierbei stellt sich die Frage, welche Investitionen als Erhaltungsaufwand zu berücksichtigen sind. Eine am Erhalt der absoluten Unternehmensgröße orientierte Variante würde als „Erhaltungsaufwand" nur solche Investitionen gelten lassen, die die Aufrechterhaltung des Produktionsvolumens (auf einem zeitgemäßen technologischen Niveau) gewährleisten. Auf dem boomenden chinesischen Automobilmarkt würde der Marktanteil des Tochterunternehmens aber innerhalb kürzester Zeit auf einen Bruchteil der Ausgangsgröße schrumpfen. Dies entspräche weder der Realität, noch würde diese Vorgehensweise den Fundamentalwert der CGU widerspiegeln. Mögliche Konsequenz wäre daher eine zweite, an der relativen Unternehmensgröße orientierte Variante, die als „Erhaltungsaufwand" auch solche Investitionen gelten lassen würde, die der Aufrechterhaltung des Marktanteils dienen.

Zöge man im Gegensatz dazu einen Hersteller auf einem beinahe gesättigten Markt heran, käme nur die um die **technologische Komponente** erweiterte Sicht des Erhaltungsaufwands infrage. Dieses Beispiel verdeutlicht, wie sehr eine Beschränkung der investiven Ausgaben auf den Erhaltungsaufwand (vom Standardsetter so vorgesehen) Interpretationsprobleme provoziert.

Eine Inkonsistenz ist auch hinsichtlich der Berücksichtigung von **Steuerlatenzen** beim *impairment*-Test im Vergleich bzw. im Gefolge der Latenzrechnung bei der **Kaufpreisallokation** beim Unternehmenszusammenschluss festzustellen. Im Fall eines *share deal* (→ § 31 Rz 1) ergibt sich regelmäßig eine passive Steuerlatenz, weil die Verteilung des Kaufpreises auf die (indirekt) erworbenen Vermögenswerte im Konzernabschluss von den Buchwerten im Einzelabschluss und damit auch in der Steuerbilanz der erworbenen Gesellschaft nach oben abweichen. Die dann zu bildende passive Steuerlatenz **erhöht** c. p. den *goodwill* aus dem Unternehmenserwerb gegenüber einer (potenziell) „steuerfreien" Kaufpreisallokation. Vgl. hierzu das Beispiel in → § 26 Rz 146. Anders ausgedrückt: In den Unternehmenskaufpreis ist der Steuereffekt aus einem späteren Abgang des erworbenen *asset* bereits eingepreist.

Demgegenüber ist der *impairment*-Test auf **Vorsteuerbasis** vorzunehmen (Rz 65 und Rz 161). Danach wären passive Steuerlatenzen aus dem Buchwert *(carrying amount)* der CGU auszuschließen mit der Folge einer gleich hohen Minderung des *goodwill* in der CGU. Anders ausgedrückt: Schon beim ersten pflichtmäßigen *impairment*-Test (Rz 14) nach der Unternehmensakquisition mindert sich der *value in use* des *goodwill* um den Wert der passiven Steuerlatenz innerhalb der betreffenden CGU. Die Wertminderung ist indes nicht wirtschaftlich, sondern lediglich „technisch" bedingt – eben wegen der Vorgabe einer Vorsteuerrechnung im Rahmen des *impairment*-Tests.

Zur Vermeidung dieser Inkonsistenz sind zwei Lösungsmöglichkeiten diskutabel:
- In Sonderfällen sind nach IAS 36.78 (Rz 47) auch Verbindlichkeiten in den Buchwert der CGU aufzunehmen. Als Verbindlichkeit soll dann auch die passive Steuerlatenz gelten. Allerdings wird eine Schuld aus der passiven Steuerlatenz von einem fiktiven Käufer der CGU gerade nicht übernommen (zu einem ähnlichen Fall bei der Definition einer Abgangsgruppe nach IFRS 5 vgl. → § 29 Rz 53).
- Vorzugswürdig ist die unveränderte Beibehaltung der weitergerechneten Steuerlatenz aus der Erstkonsolidierung im Buchwert der CGU, wodurch der *goodwill* ungeschmälert erhalten bleibt. Dieser förmliche Verstoß gegen IAS 36.76b gewährleistet eine wirtschaftlich sinnvolle Vorgehensweise beim *impairment*-Test.

Um die jeweilige methodische Stringenz zu behalten und **Verwechslungen** beim *impairment* von *goodwill* einerseits und **Einzel**vermögenswerten andererseits zu vermeiden, haben die amerikanischen Standardsetter folgerichtig für beide Problemkreise **eigene** Standards formuliert. Im IASB war man dagegen der Ansicht, dass beide Sachverhalte theoretisch zusammengehören und deswegen unter Zuhilfenahme der Verweistechnik **integrativ** zu berücksichtigen sind. Diese Vorgehensweise führt jedoch zu offensichtlichen (redaktionellen) **Inkonsistenzen**, bspw. bei der Behandlung von Verbindlichkeiten bzw. Finanzierungs-*cashflows* (Rz 161).

In der praktischen Anwendung der DCF-Methode auf den *goodwill-impairment*-Test sind **zwei** Varianten denkbar:[61]
- Der Konzeption von IAS 36 folgend ist ein *entity-value* zu ermitteln, d. h. die Summe der DCF-Werte für Eigen- und Fremdkapitalinvestoren durch Dis-

---

[61] Vgl. LÜDENBACH/FROWEIN, DB 2003, S. 219ff.

kontierung der an beide Gruppen fließenden Zahlungsströme mithilfe der gewichteten Kapitalkosten (WACC) (Rz 65).

- Die Überführung in einen *equity-value* der CGU ist im Einzelfall durch Abzug der verzinslichen Schulden möglich (Rz 69), scheitert jedoch häufig schon an der fehlenden Zurechenbarkeit der Schulden, entspricht im Übrigen auch nicht der inzwischen herrschenden Praxis der Unternehmensbewertung.

Folgende Grundsätze aus der **Unternehmensbewertung** sind u. E. beachtlich:
- Sowohl Nettoveräußerungs- als auch Nutzungswert eines Vermögenswertes sind **unabhängig** von der individuellen **Finanzierung** desselben (Prämisse der Irrelevanz der unternehmensindividuellen Kapitalstruktur).
- Ohne den Einfluss von **Steuern** entsprechen sich die Kapitalkosten eines rein eigenfinanzierten und eines gemischt finanzierten Vermögenswertes.[62] Die Verwendung eines Vorsteuer-Barwertkalküls macht den Diskontierungszinssatz unabhängig von Finanzierungsüberlegungen.

5.5.2 Rückgriff auf den Nettoveräußerungswert als Ausweg?

167 Die bestehenden Probleme aufgrund der Inkonsistenzen und einschränkenden Vorgaben für die DCF-Wertermittlung des Nutzungswerts könnten durch die Heranziehung des **Nettoveräußerungswertes** *(fair value less costs of disposal;* Rz 32) anstelle des *value in use* als Wertmaßstab *(measure)* **vermieden** werden. Die Logik dieser Ausweichlösung wäre wie folgt:
- Das DCF-Verfahren zur Bestimmung des *value in use* ist durch restriktive, häufig **nicht praktikable** Bestimmungen reguliert.
- Diesen Restriktionen **entgeht** man, wenn die DCF-Methode – wie in anderen Kontexten, etwa bei der Kaufpreisallokation (→ § 31 Rz 69 ff.) – zur Bestimmung des *fair value* (hier: *less costs of disposal*) verwendet wird. Bei diesem Einsatz der DCF-Methode sind die in IAS 36.30 ff. für den *„value in use-*DCF" festgehaltenen Vorgaben obsolet (Rz 52 ff.). Zu beachten wäre lediglich die pauschale und interpretationsfähige Anforderung, für die *fair-value*-Bestimmung die besten verfügbaren Informationen zu verwenden.

168 U. E. ist eine solche „Ersatzlösung" aus folgenden Gründen in konzeptioneller Hinsicht (Rz 170) problematisch:[63]
- Der begriffliche Gegensatz von *„of disposal"* und *„in use"* reflektiert den *going-concern*-Aspekt: **Primär** ist der Wert „im laufenden Gebrauch"*(use)* bestimmend und nur im **Ausnahmefall** soll der mögliche Verkauf *(sell)* einer Wertermittlung zugrunde gelegt werden.
- Ein solcher **Ausnahmefall** wurde hinsichtlich der Wertermittlungsgrundlage dann auch in IAS 36.25–27 durchdekliniert (die Hierarchie gilt auch nach Übernahme der Vorgaben des IFRS 13 fort), und zwar in folgender Hierarchie (Rz 33):
  - festes Kaufangebot,
  - unmittelbarer Preisvergleich auf einem aktiven Markt mit dem dort gültigen Angebotspreis,
  - die Bedingungen der jüngsten bekannt gewordenen Transaktion,
  - die bestmögliche Information über den erzielbaren Preis anlässlich einer **Veräußerung** *(from the disposal).*

---

[62] Vgl. FREIBERG/LÜDENBACH, KoR 2005, S. 479 ff.
[63] Wegen abweichender Ansichten wird auf Rz 34 verwiesen.

- Der Standard-Wortlaut betont konsequent den **Veräußerungsgesichtspunkt** *(of disposal).*
- Selbst wenn man das Veräußerungsthema nur als Fiktion ansieht, verbleibt die Vorgabe, ein Bewertungsverfahren müsse den am Bilanzstichtag erzielbaren Veräußerungspreis reflektieren: Ein auf den **Planungen** des Managements aufbauendes DCF-Verfahren kann in systematischer Betrachtung diesen Wert – den stichtagsbezogenen Marktpreis – gerade nicht liefern, sondern nur die langfristige **Entwicklung** der CGU abbilden. Das beweist schon die *sum-of-the-parts*-Thematik, der zufolge die DCF-basierte Wertermittlung für die einzelnen CGUs häufig einen höheren Wert als die Börsenkapitalisierung ergibt.[64] Die Einschätzungen des Marktes sind m. a.W. – abgesehen von den Zinsen (Rz 177) – regelmäßig unbekannt und können nicht als Berechnungsparameter in die Bewertungsformel einfließen. Im Ergebnis wird durch diese Vorgehensweise ein Veräußerungswert ermittelt, der in Wirklichkeit den vom Management definierten **Fortsetzungswert** (*going-concern*-Betrachtung) darstellt.
- Der Gebrauchswert *(value in use)* wird vom Standard schon durch das schiere **Volumen** der Einzelanweisungen (IAS 36.30–57) als der absolut herrschende Regelfall zur Ermittlung des *recoverable amount* (Rz 32) dargestellt.
- Die Anweisungen über die Durchführung der DCF-Verfahren zur Ermittlung des *value in use* sind bewusst extrem **detailliert** ausgefallen – ob im Einzelnen sinnvoll oder nicht (Rz 161), mag hier dahingestellt bleiben. Der Board hätte sich diese **Mühe ersparen** können, wenn durch Heranziehung des Nettoveräußerungswertes die DCF-Verfahrensweise „ungebremst" angewendet werden dürfte.

Intendiert war vom Standardsetter die Ermittlung des *value in use*. Allerdings kann man der Praxis nicht vorwerfen, dass sie den unpraktikablen Restriktionen des Nutzungswerts zunehmend durch die Anwendung der Barwertmethode zur Berechnung des Nettoveräußerungswerts ausweicht. Wenn das Ergebnis dieser Berechnungen aber gerade kein hypothetischer Marktwert ist, drängt sich der Eindruck der **Fehletikettierung** auf.[65] Als Ausweg aus diesem Zwiespalt zwischen überreglementiertem Nutzungswert einerseits und unreglementiertem, teilweise fehletikettiertem Nettoveräußerungswert andererseits käme ein weniger reglementiertes, den Bedürfnissen der Praxis besser entsprechendes Nutzungswertverfahren infrage.[66]

169

Durch die Änderung des IAS 36.134 im Rahmen des *Annual Improvements Project 2008* (Rz 244) sind die **Anhangsangaben** bez. der DCF-Ermittlung des Nettoveräußerungswertes mit denen für den *value in use* gleichgestellt worden. Darin kann eine Reaktion des Board auf die „Umgehung" der überzogenen Anforderungen an die Ermittlung des *value in use* in der Rechnungslegungspraxis gesehen werden. Auf der Bewertungsebene gilt dann die Anwendung der DCF-Verfahren zur Ermittlung des Nettoveräußerungswertes als legitim und muss durch entsprechende Anhangerläuterungen „erkauft" werden. Mit einer prinzipienorientierten Rechnungslegung (→ § 1 Rz 43 ff.) hat eine solche Interpretation wenig gemeinsam.

170

---

[64] FROWEIN/LÜDENBACH, KoR 2003, S. 261; ausführlich FREIBERG/LÜDENBACH, KoR 2005, S. 479 ff.
[65] FREIBERG/LÜDENBACH, KoR 2005, S. 479 ff.
[66] FREIBERG/LÜDENBACH, KoR 2005, S. 479 ff.

5.6 Notwendige Plausibilisierung/Kalibrierung des Bewertungsergebnisses

5.6.1 Unterschiedliche Anforderungen an Nutzungs- und Nettoveräußerungswert

171 Unabhängig davon, ob über den Rückgriff auf ein Barwertkalkül der Nutzungswert oder der Nettoveräußerungswert bestimmt wurden, ist u.E. eine **Plausibilisierung** des Bewertungsergebnisses, somit des erzielbaren Betrags (*recoverable amount*), der Höhe nach geboten. Als mögliche **Quellen** für eine Beurteilung der systematischen Richtigkeit kommen beobachtbare Markt- oder Transaktionspreise für identische Bewertungsobjekte auf einem aktiven (Referenz-)Markt in Betracht. Falls sich die wirtschaftlichen Umstände seit der letzten Transaktion/Notierung signifikant geändert haben, ist der letzte verfügbare Preis sachgerecht anzupassen. Infrage kommen z.B. Zu- und Abschläge in Abhängigkeit von der Entwicklung eines Referenzindex oder von dem Bewertungsobjekt ähnlichen Vermögenswerten.

172 Als (Mindest-)Quellen für eine Plausibilisierung des Ergebnisses eines Barwertkalküls und der sensitiven Bewertungsannahmen sind u.E. die **Marktkapitalisierung** (so weit eine Notierung besteht) und (Ergebnis-)**Multiplikatoren** (etwa EBITDA, EBIT, Umsatz etc.) heranzuziehen. Der Rückgriff auf die Marktkapitalisierung ist – auch wenn dieser eine Aufsummierung aller CGUs voraussetzt – u.E. dabei **vorrangig** vor einem Rückgriff auf Multiplikatoren, da Referenzgröße und Bewertungsobjekt unmittelbar übereinstimmen.

- Wird auf die Marktkapitalisierung – als *equity-value*-Größe – abgestellt (Rz 173), ist bei Bestimmung des erzielbaren Betrags als *entity-value*-Größe zusätzlich der Marktwert des **Fremdkapitals** hinzuzurechnen und der beizulegende Zeitwert von Vermögenswerten, die nicht in den *impairment*-Test einbezogen wurden, abzuziehen.
- Auch für den Rückgriff auf (Ergebnis-)Multiplikatoren (Rz 178) besteht eine Kongruenzanforderung hinsichtlich der Ausprägung der Ergebnisgröße als Marktwert des **Eigenkapitals** (*equity value*) oder Gesamtunternehmenswerts (*entity value*).

Wegen der konzeptionellen Unterschiede zwischen Nutzungs- und Nettoveräußerungswert ergeben sich allerdings **abweichende** Anforderungen an die Plausibilisierung.

- Erfolgt die Bestimmung des erzielbaren Betrags über den Nutzungswert, ist eine Beurteilung der Planannahmen des Managements hinsichtlich der **Validität**, somit eine Plausibilisierung geboten.
- Anderes gilt für die Bestimmung des Nettoveräußerungswerts über ein Barwertkalkül: Entsprechend dem zeitlichen Bezug der *fair-value*-Ermittlung (strenges Stichtagsprinzip) und der sachlichen Zielsetzung (Bestimmung des Werts, zu dem das Bewertungsobjekt am Markt gehandelt werden könnte) sind beobachtbare Transaktionspreise, auch wenn nur für ähnliche Vermögenswerte (*similar assets*) feststellbar, bei der *fair-value*-Bestimmung zur **Kalibrierung** der DCF-Bewertung zu berücksichtigen.

Die Verpflichtung auf eine Kalibrierung der im Zähler erfassten Prämissen des Barwertkalküls (den Annahmen zum Zahlungsstrom) entspricht dem Nachrang der DCF-Bewertung zur Bestimmung des beizulegenden Zeitwerts. Der Rückgriff auf ein Barwertkalkül zur Bestimmung des Nettoveräußerungswerts ist – anders als die Bestimmung des Nutzungswerts – materiell nachrangig, also nur **ultima ratio**.[67]

5.6.2 Rückgriff auf Marktkapitalisierung

Die Bewertungshierarchie zur Bestimmung des Nettoveräußerungswerts (Rz 33) verpflichtet zum Abstellen auf den (Angebots-)Preis (*current bid price*), der zum Bewertungsstichtag bei einer Veräußerung erzielt werden kann. Anders als für Finanzinstrumente (IAS 39.AG72) fehlt es allerdings an einer Spezifizierung, ob
– bei Abstellen auf einen beobachtbaren Marktpreis für eine CGU – die Referenzgröße
- ausschließlich über die Multiplikation der ausstehenden Aktien/Anteile mit dem Kurs zum Stichtag (wegen des strengen **Stichtagsprinzips** scheidet ein Rückgriff auf Durchschnittsgrößen aus) zu bestimmen ist oder
- ob das Produkt aus Anteilen und Kurs nur eine **wertbildende Komponente** darstellt und daher noch weitere Bestandteile heranzuziehen sind.

In den vergleichbaren – gem. IAS 8.11 analog anwendbaren (→ § 1 Rz 77) – Vorgaben der US-GAAP wird diesbezüglich Folgendes ausgeführt (ASC Topic 350.20.35–22): „*However, the market price of an individual equity security (and thus the market capitalization of a reporting unit with publicly traded equity securities) may not be representative of the fair value of the reporting unit as a whole.*" Der Rückgriff auf die Marktkapitalisierung (als *equity value*) entspricht dem Wert, den ein Marktteilnehmer für einen Anteil an dem Unternehmen (= 1 Aktie) bezahlen würde, aber nicht dem Wert, der für alle bzw. mindestens für die Mehrheit der Anteile zu entrichten wäre.

Hinsichtlich der Anpassung der als Produkt aus ausstehenden Anteilen und Anteilswert zum Stichtag ermittelten Referenzgröße zur Plausibilisierung/Kalibrierung des erzielbaren Betrags ist u. E. zwischen Nutzungs- und Nettoveräußerungswert zu unterscheiden. Als weitere mögliche wertbildende Komponenten kann
- eine **Kontrollprämie** (*control premium*) herangezogen werden, da das Bewertungsobjekt nicht ein Anteil, sondern die Mehrheit der Anteile ist, und ggf. auch
- ein **Diversifizierungsauf- bzw. -abschlag** (*conglomerate discount*[68]) berücksichtigt werden, der ein seitens des Marktes antizipierten Mehrwert der einzelnen Teile über den Gesamtwert einer allzu diversifizierten Einheit ausdrückt.

U.U. sind beide Komponenten miteinander verknüpft, drückt also eine Kontrollprämie bereits eine Anpassung für eine Diversifizierung aus. Ohne eine eindeutige Kontraindikation halten wir aber eine separate Berücksichtigung beider Komponenten für zulässig.

Die Vorgaben zur Durchführung des *impairment*-Tests enthalten keinen Hinweis auf die Notwendigkeit, aber auch nicht die Zulässigkeit einer Berücksichtigung von **Kontrollprämien**. Neben den Hinweisen, die sich aus US-GAAP (Rz 173) ergeben (ASC Topic 350.20.35–23), wird die Bedeutung einer *control*

---
[67] Vgl. LÜDENBACH/FREIBERG, PiR 2008, S. 370 ff.
[68] Vgl. CAMPA/KEDIA, JoF 2002, S. 1731 ff.; KRISHNASWAMI/SUBRAMANI, JFE 1999, S. 73 ff.; RAGHURAM/SERVAES/ZINGALES, JoF 2000, S. 35 ff.

premium explizit im Zusammenhang mit dem Anteil nicht beherrschender Gesellschafter (*non-controlling interests*) im Rahmen einer *business combination* angeführt (IFRS 3.B44; IFRS 3.B45). Einschränkungen ergeben sich allerdings aus den Vorgaben zum *fair value measurement* (→ § 8a Rz 68f.). Die Festlegung einer Kontrollprämie der Höhe nach ist ermessensbehaftet, empirische Erhebungen zeigen je nach Land und Branche, aber auch Zeitpunkt der Transaktion unterschiedliche Schätzungen von Kontrollprämien. Soweit möglich ist vorrangig auf **implizite** Kontrollprämien, die seitens des Unternehmens als *acquirer* in *business combinations* vergütet wurden, Bezug zu nehmen. Alternativ ist auf die aktuellsten verfügbaren Erhebungen für vergleichbare Branchen und Länder zurückzugreifen. Als Richtgröße kann eine **Bandbreite** von 10 %–30 % über dem Marktpreis als Kontrollprämie gelten.[69]

176 Rechtfertigung für eine Differenz zwischen Marktkapitalisierung und der Summe der CGU-Werte (als *equity value*) kann auch die Vornahme eines **Diversifizierungsabschlags** (*conglomerate discount*) sein. Bewertungsobjekt sind die CGUs und nicht das Gesamtunternehmen; nimmt der Markt Abschläge auf diversifizierte Unternehmen vor, ist der höhere, hypothetisch durch eine Zerschlagung des Unternehmens erzielbare, Wert anzusetzen. Problematisch ist für die Bewertung und die Dokumentation durch das Management insofern „nur" die Annahme, eine **Zerschlagung** des Unternehmens sei eine wertsteigernde und damit eine eigentlich notwendige Maßnahme, die allerdings nicht durchgeführt wird. In verschiedenen empirischen Analysen werden unterschiedliche Abschläge ermittelt, die in einer **Bandbreite** von 6 %–20 % liegen.[70]

177 Hinsichtlich der Berücksichtigung der **wertbildenden Komponenten** ist allerdings eine Unterscheidung zwischen Nutzungs- und Nettoveräußerungswert geboten.

- Der *value in use* entspricht dem Barwert der erwarteten Zahlungsmittelüberschüsse inkl. Synergien aus der Sicht des Managements. Wird auf die Marktkapitalisierung als Referenzgröße abgestellt, scheidet u.E. sowohl die Erfassung einer Kontrollprämie als auch eines Diversifizierungsabschlags aus,[71] da diese eine Wertbildung durch eine Transaktion unterstellen. Für die Plausibilisierung des Nutzungswerts sind die Erwartungen des Managements an den Erwartungen des Marktes zu messen.

- Der **Nettoveräußerungswert** ergibt sich als erzielbarer Preis aus einer Transaktion, somit sind auch die weiteren wertbildenden Faktoren zu berücksichtigen. Anders als für den Nutzungswert ist die Referenzgröße aber nicht zur Plausibilisierung, sondern zur Kalibrierung der Bewertung heranzuziehen.

Unter Berücksichtigung der vorstehenden Überlegungen ergibt sich für die Referenzgröße des *fair value less costs of disposal* (vereinfachend nur als *equity value*) folgende Überleitung, ausgehend von der Börsenkapitalisierung:

---

[69] Eine engere Bandbreite von 18 %–23 % ergibt sich für einen längeren Zeitraum nach einer empirischen Erhebung von PwC, Signs of the times Valuation Methodology Survey 2009/2010, S. 74.
[70] Z.B. WEINER, The Conglomerate Discount in Germany and the Relationship to Corporate Governance; SFB 649 Discussion Paper 2005–063; Berlin 2005; AMMANN/HOECHLE/SCHMID, Is there Really no Conglomerate Discount?, St. Gallen 2008.
[71] Gl. A. KPMG, Insights into KPMG: 2014/2015 Tz 3.10.350.20.

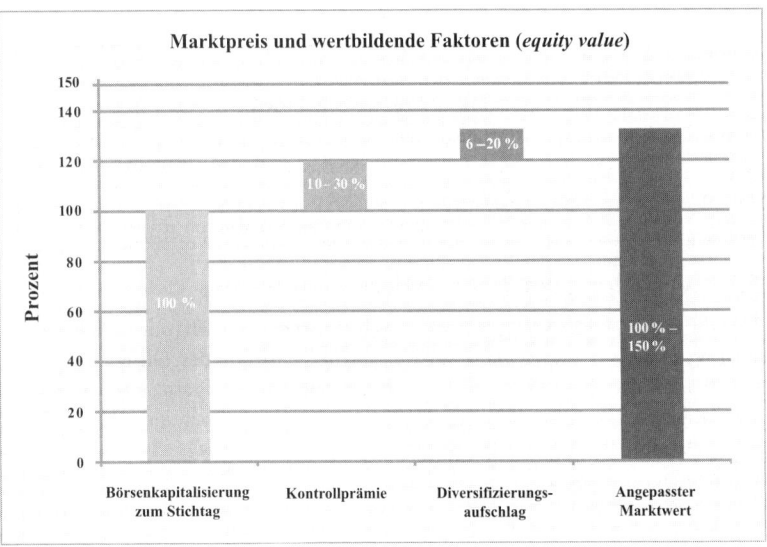

Bei Bestimmung des Nettoveräußerungswerts ist jede weitere **Differenz** zwischen dem Unternehmenswert als Summe der einzelnen Barwerte je CGU und dem Gesamtwert des Unternehmens ein Hinweis für die Ermittlung eines von den individuellen Erwartungen der Gesellschaft abhängigen Fundamentalwerts und gerade keines hypothetischen Marktwerts.[72] Entweder hat der Markt andere Erwartungen hinsichtlich zukünftiger *cash flows* oder er würde einen höheren Risikozuschlag erheben.

5.6.3 Vergleich über (Ergebnis-)Multiplikatoren

Neben einem Rückgriff auf die Marktkapitalisierung bietet sich eine **Plausibilisierung** des Nutzungswerts bzw. eine **Kalibrierung** des Nettoveräußerungswerts über den Rückgriff auf (implizite) (Ergebnis-)Multiplikatoren an. Multiplikatoren sind jedoch jeweils nur in **Bandbreiten** beobachtbar, da sich für die Vergleichsunternehmen häufig sehr unterschiedliche Werte feststellen lassen. Außerdem stehen für jedes Vergleichsunternehmen **mehrere** Multiplikatoren zur Auswahl (z. B. Umsatzmultiplikator, EBITDA-Multiplikator etc.). Selbst bei einer Entscheidung für das „am besten passende" Vergleichsunternehmen lassen sich daher unterschiedliche Werte rechtfertigen. Nur für den seltenen Fall durchgängiger, eindeutig in einer engen Bandbreite bestimmbarer Multiplikatoren ergibt sich daher ein klarer Objektivierungsbeitrag. In allen anderen Fällen kann ein Abstellen auf Multiplikatoren nur auf „offensichtliche" **Unstimmigkeiten** in der Bewertung hinweisen.

178

> **Beispiel**
> Der erzielbare Betrag der CGU A wird als *entity value* mit 1.000 GE bestimmt. Der (nicht abgezinste) Restwert am Ende des Detailplanungszeit-

---

[72] Vgl. FREIBERG, Diskontierung in der Internationalen Rechnungslegung, Rz 356.

> raums wird i.H.v. 1.500 GE geschätzt. Das aktuelle EBITDA der Geschäftseinheit A beträgt 90 GE, für den Restwert wird ein Anstieg auf 120 GE unterstellt. Eine Erhebung von EBITDA-Multiplikatoren vergleichbarer Unternehmen führt zu einer Bandbreite von 4 bis 9. Aus den Annahmen des Managements von A ergeben sich implizite EBITDA-Multiplikatoren von 11,1 (= 1.000 / 90) auf Basis des aktuellen *enterprise/entity value* und 12,5 (= 1.500 / 120) für den Restwert. Die festgestellte Differenz verpflichtet auf eine kritische Überprüfung der getroffenen Annahmen.

5.7 Verteilung des Wertminderungsaufwands

179 Der für eine *cash generating unit* mit zugeordnetem *goodwill* (oder *corporate asset*; Rz 134) ermittelte *impairment*-Aufwand – definiert aus der Differenz zwischen erzielbarem Betrag für die CGU oder die Gruppe der CGUs abzüglich des zugehörigen Buchwertes – ist in folgender **Reihenfolge** zu berücksichtigen (IAS 36.104):
- Reduktion des zugehörigen *goodwill* und dann
- Zuordnung des ggf. verbleibenden Betrags ratierlich auf die **übrigen** Vermögenswerte.

Die Gegenbuchung (Aufwandsverrechnung) ist wie beim *impairment* für den **einzelnen** Vermögenswert (Rz 10) vorzunehmen. Nach unten ist die Abschreibung auf null begrenzt, eine zusätzliche Rückstellung ist nur bei Erfüllung der Ansatzvoraussetzungen (→ § 21 Rz 18 ff.) zulässig.

Die **Verteilung** der Wertminderung auf die übrigen Vermögenswerte ist nach IAS 36.105 anteilig auf den erzielbaren Ertrag (Rz 6) – der höhere Betrag aus dem beizulegenden Zeitwert abzüglich Veräußerungskosten bzw. Nutzungswert – des einzelnen Vermögenswertes vorzunehmen, soweit dieser ermittelbar ist („*if determinable*"). Soweit danach die Wertminderung dem einzelnen Vermögenswert nicht zuzuordnen ist, muss diese den übrigen Vermögenswerten der CGU pro rata zugewiesen werden. Eine **willkürliche** Zuordnung des Abwertungsbedarfs innerhalb der Vermögenswerte der CGU ist unzulässig (IAS 36.106).[73]

180 Die *impairment*-Abschreibung kann nur den Vermögenswerten zugeordnet werden, die dem **Regelungsbereich** von IAS 36 unterliegen. Negativ: Die in Rz 3 genannten Vermögenswerte – liquide Mittel, Finanzinstrumente, Vorräte – bleiben von der außerplanmäßigen Abschreibung für die CGU verschont. Allerdings unterliegen sie vorrangig einem Wertminderungstest nach dem einschlägigen Standard, also für Vorräte IAS 2 (→ § 17 Rz 32).[74] Ein **Schuld**ausweis für einen den Buchwert übersteigenden Wertminderungsbedarf kann nur bei Vorliegen der Ansatzvoraussetzungen des IAS 37 (→ § 21 Rz 7 ff.) erfolgen (IAS 36.108). Zum Ganzen folgendes **Beispiel**:[75]

> **Beispiel**
> **Sachverhalt (Grundvariante)**
> Die A-AG hat am 1.1. des Geschäftsjahres die B-AG zu 100 % zu Anschaffungskosten i.H.v. 5.000 TEUR erworben und führt sie als Einheit X. Keine

---
[73] Vgl. mit Beispiel FREIBERG, PiR 2009, S. 145.
[74] Vgl. FREIBERG, PiR 2009, S. 145.
[75] Nach DOBLER, PiR 2005, S. 27.

andere Einheit zieht Nutzen aus dem Zusammenschluss. Zum Erwerbszeitpunkt betragen die beizulegenden Zeitwerte der identifizierbaren Vermögenswerte (inkl. immaterieller Vermögenswerte) 4.500 TEUR, der identifizierbaren Schulden 800 TEUR und der identifizierbaren Eventualschulden 200 TEUR. Der Einheit X ist daher der *goodwill* aus dem Unternehmenserwerb i. H. v. 1.500 TEUR (= 5.000 TEUR – (4.500 TEUR – 800 TEUR – 200 TEUR)) zuzuordnen.

Am Ende des Geschäftsjahres fallen Abschreibungen auf offengelegte stille Reserven i. H. v. 300 TEUR an. Der beizulegende Zeitwert der Einheit X abzüglich Verkaufskosten ist 4.000 TEUR, ihr Nutzungswert 3.820 TEUR. Besteht eine Wertminderung? Falls ja, wie ist zu buchen? (Mögliche Steuereffekte bleiben unberücksichtigt.)

	Vermögenswerte – Schulden – Eventualschulden	*goodwill*	Summe
Bruttobuchwerte	3.500	1.500	5.000
Kumulierte Abschreibungen	300		300
Buchwerte	3.200	1.500	4.700

Der Buchwert der Einheit inkl. *goodwill* übersteigt den erzielbaren Betrag (4.700 TEUR > 4.000 TEUR). Es resultiert ein Wertminderungsaufwand von 700 TEUR, der in voller Höhe gegen den *goodwill* zu buchen ist und diesen auf 800 TEUR mindert.

Buchung:
Per Wertminderungsaufwand *goodwill* an *goodwill* 700 TEUR

Sachverhalt (Abwandlung A)
In Abwandlung zur Grundvariante sei der erzielbare Betrag der Einheit X 2.864 EUR. Vereinfachend liegen nur drei Vermögenswerte Vw(1), Vw(2) und Vw(3) vor. Ihre Buchwerte betragen 1.575 TEUR, 2.100 TEUR und 525 TEUR, ihre erzielbaren Beträge liegen erheblich unter dem Buchwert.

Lösung
Der Wertminderungsaufwand beträgt 1.836 TEUR. Dieser Betrag übersteigt den aktivierten *goodwill*. Dieser ist gem. IAS 36.104 voll abzuschreiben. Der Restbetrag des Wertminderungsaufwands i. H. v. 336 verteilt sich im Verhältnis der Buchwerte – d. h. 3 : 4 : 1 – auf die 3 Vermögenswerte.
(1) Wertminderungsaufwand *goodwill* an *goodwill* 1.500
(2) Wertminderungsaufwand Vw(1) an Vw(1) 126
    Wertminderungsaufwand Vw(2) an Vw(2) 168
    Wertminderungsaufwand Vw(3) an Vw(3) 42

Sachverhalt (Abwandlung B)
Anders als in Fall (a) verbergen sich hinter Vw(3) nur liquide Mittel oder Forderungen, deren erzielbarer Betrag mit 525 TEUR bewertet wird. Die erzielbaren Beträge von Vw(1) und Vw(2) liegen weiterhin deutlich unter ihrem Buchwert.

§ 11 Außerplanmäßige Abschreibungen, Wertaufholung

> **Lösung**
> Der Restbetrag des Wertminderungsaufwands ist nur gegen Vw(1) und Vw(2) zu verbuchen. Der Betrag von 336 TEUR lässt sich im Verhältnis 3:4 auf Vw(1) und Vw(2) verteilen.
> Buchungen:
> (1) Wertminderungsaufwand *goodwill* an *goodwill* 1.500
> (2) Wertminderungsaufwand Vw(1) an Vw(1) 144
>   Wertminderungsaufwand Vw(2) an Vw(2) 192

181 Für die Bestimmung des *fair value less costs of disposal* eines einzelnen Vermögenswerts, der Teil einer zahlungsmittelgenerierenden Einheit ist, für die ein Wertberichtigungsbedarf zu verteilen ist, sind auch die allgemeinen Leitlinien der Bewertung nach IFRS 13 zu berücksichtigen (→ § 8a). Abzustellen ist auf den Preis, den ein beliebiger Marktteilnehmer in einer gewöhnlichen Transaktion zu zahlen bereit wäre. Wegen des Klammerzusatzes „(*if measurable*)" scheidet ein Verzicht auf eine *fair value*-Bewertung unter der Prämisse, der Buchwert wäre eine hinreichende Approximation des beizulegenden Zeitwerts, allerdings aus. Ein Abstellen auf die fortgeführten Anschaffungskosten scheidet in jedem Fall aus. Dem widerspricht auch der explizite Vorbehalt der dem *impairment*-Test gewidmeten Vorgaben zum Rückgriff auf eine kostenorientierte Bewertung (IAS 36.BCZ29). Der beizulegende Zeitwert abzüglich Veräußerungskosten ist über ein Bewertungsverfahren zu bestimmen, welche Mindestanforderungen an die Objektivierbarkeit gerecht wird.

182 Eine außerplanmäßige Wertminderungsabschreibung für den einzelnen Vermögenswert kann nach IAS 36.107b unterbleiben, wenn die getestete CGU insgesamt keinen Wertverlust erlitten hat (Rz 112). Eine Neueinschätzung der zugrunde gelegten Annahmen für die (Folge-)Bewertung bleibt aber verpflichtend (Rz 97 ff.). Dazu folgendes Beispiel nach IAS 36.107:

> **Beispiel**
> Eine Maschine ist beschädigt worden, arbeitet aber noch, wenn auch mit geringerer Effizienz. Die Maschine erzeugt Liquiditätszuflüsse nur im Rahmen einer Produktionslinie, deren Zahlungsmittelzuflüsse weitgehend unabhängig von denjenigen anderer des betreffenden Unternehmens sind. Diese Produktionslinie insgesamt ist nicht wertgemindert.
>
> **Annahme 1**
> Das Management will die Maschine weiter wie bisher nutzen.
>
> **Lösung**
> Eine Wertminderungsabschreibung kommt nicht in Betracht, da die gesamte Produktionslinie Gewinn bringend arbeitet.
>
> **Annahme 2**
> Die Maschine soll demnächst mangels ausreichender Verwertbarkeit ersetzt werden.

Lösung
Es ist gem. IFRS 5 (→ § 29 Rz 44) eine Abschreibung auf den Verkaufswert (i.d.R. wohl Schrottwert) vorzunehmen.

5.8 Abgang einer *cash generating unit* mit zugeordnetem *goodwill*

Beim Verkauf eines Geschäftsbereiches *(operation)* innerhalb einer CGU ist der dieser CGU zugeordnete *goodwill* in den Buchwert des abgehenden Bereiches **anteilig** einzubeziehen. Dieser Anteil bestimmt sich nach den **relativen** Werten des verkauften Geschäftsbereichs einerseits und der zurückbehaltenen andererseits (IAS 36.86).[76] Dem Unternehmen ist allerdings der Nachweis einer besseren Aufteilungsmethode vorbehalten, eine willkürliche Neuverteilung scheidet aber aus. Die Möglichkeit einer alternativen Verteilung stellt eine **Ausnahmeregel** dar, die nur in bestimmten Fällen und überdies bei Nachweis der besseren Eignung zulässig ist (IAS 36.BC156).

Innerhalb des IAS 36 fehlt es an einer Definition des Begriffs *operation*, der etwa bei dem Verkauf eines Teils einer CGU eine Rolle spielt (IAS 36.86). Mangels einer Definitionsvorgabe innerhalb von IAS 36 ist u.E. nicht zweifelsfrei zu bestimmen, welches die konstituierenden Merkmale einer *operation* sind. Im Schrifttum lässt sich zumindest die folgende Auffassung finden: „Eine operation dürfte u.E. jedenfalls dann vorliegen, wenn das abgehende Reinvermögen als business i.S.v. IFRS 3.3 (Anm 407 f) zu qualifizieren ist."[77] Der Aussage stimmen wir so vorbehaltlos zu, allerdings ist nach unserem Verständnis eine *operation* regelmäßig kleiner/weniger als ein *business*. Der Begriff *operation* (amtliche Übersetzung: Geschäftsbereich) findet sich im Regelwerk etwa im Definitionsbereich des IFRS 5. Danach besteht ein Unternehmensbestandteil aus (IFRS 5.A): *„Operations and cash flows that can be clearly distinguished, operationally and for financial reporting purposes, from the rest of the entity."*
Ein Unternehmensbestandteil *(component of an entity)* besteht danach in grammatischer Auslegung aus mehreren (wegen der Verwendung des Plurals) *operations*. Auch die Vorgaben des IFRS 11 (→ § 34) erkennen die Möglichkeit des Vorliegens einer *joint operation* an, die (noch) kein *business* darstellt. Wir präferieren eine restriktive Auslegung des Begriffs *operation* i.S.d. IFRS 5, nach der eine *operation* nur ein (Wesens-)Merkmal aufweisen muss. Eine *operation* ist danach *„clearly distinguished, operationally and for financial reporting purposes, from the rest of the entity"*. Im Fall des Verkaufs von Vermögen, welches Teil einer CGU ist, und die (Wesens-)Merkmale einer *operation* erfüllt, besteht dann die Notwendigkeit anteilig (im Verhältnis der relativen Werte) *goodwill* abgehen zu lassen, der den Abgangserfolg mindert.

5.9 Reorganisation von *cash generating units* mit zugeordnetem *goodwill*

Ändern sich die Berichtstrukturen im Unternehmen, werden etwa Segmente neu definiert, sind davon auch bisher vorgenommene *goodwill*-Zuordnungen betroffen.

---

[76] Ausführlich hierzu WIRTH, Firmenwertbilanzierung nach IFRS 2005, S. 291 ff.
[77] Vgl. Förschle/Deubert, in: Beck'scher Bilanzkommentar, 9. Aufl. 2014, § 301 Tz. 496.

Der vorhandene *goodwill* ist auf die neuen Einheiten überzuleiten. Einschlägig für die Neuverteilung von *goodwill* auf CGUs sind die Vorgaben von IAS 36.87. Hiernach gilt Folgendes: „Wenn ein Unternehmen seine Berichtsstruktur in einer Art **reorganisiert**, die die Zusammensetzung einer oder mehrerer zahlungsmittelgenerierender Einheiten, zu denen ein Geschäfts- oder Firmenwert zugeordnet ist, ändert, muss der Geschäfts- oder Firmenwert zu den Einheiten neu zugeordnet werden. Diese Neuzuordnung hat unter Anwendung eines **relativen Wertansatzes** zu erfolgen, der dem ähnlich ist, der verwendet wird, wenn ein Unternehmen einen Geschäftsbereich innerhalb einer zahlungsmittelgenerierenden Einheit veräußert." Die Vorgaben werden an einem Beispiel illustriert, welches integraler Bestandteil der Vorschrift ist.

> **Beispiel**
> Der *goodwill* wurde bisher der zahlungsmittelgenerierenden Einheit A zugeordnet. Dieser *goodwill* kann nicht identifiziert oder mit einer Gruppe von Vermögenswerten auf einer niedrigeren Ebene als A verbunden werden, außer willkürlich. A muss geteilt und in 3 andere zahlungsmittelgenerierende Einheiten, B, C und D, integriert werden. Da der A zugeordnete *goodwill* nicht unwillkürlich identifiziert oder mit einer Gruppe von Vermögenswerten auf einer niedrigeren Ebene als A verbunden werden kann, wird er auf der Grundlage der relativen Werte der 3 Teile von A, bevor diese Teile in B, C und D integriert werden, zu den Einheiten B, C und D neu zugeordnet.

Ausgangspunkt einer Reallozierung von bislang einer CGU zugeordnetem *goodwill* ist – wie in IAS 36.87 vorgesehen – die alte Organisationsstruktur **vor** Reallozierung, nicht ein Zustand **nach** Reorganisation.

187 Ein Rückgriff auf die unbestimmte Formulierung von IAS 36.87 Satz 2 HS 2, „es sei denn, das Unternehmen kann beweisen, dass eine andere Methode den mit den reorganisierten Einheiten verbundenen Geschäfts- oder Firmenwert besser widerspiegelt", lässt **keine willkürliche** Neuverteilung zu. Die Möglichkeit einer alternativen Verteilung stellt eine **Ausnahmeregel** dar, die nur in bestimmten Fällen und überdies bei Nachweis der besseren Eignung zulässig ist. Für die Beurteilung der Zulässigkeit eines alternativen Allokationsverfahrens ist die Konsistenz mit dem Charakter des *goodwill* bedeutsam, d. h. die Berücksichtigung der inhaltlichen Ausgestaltung des *goodwill* zu betrachten.[78] Im Mittelpunkt stehen hier die Synergiepotenziale (als eine Komponente des *core-goodwill*; → § 31 Rz 27) aus einem Unternehmenszusammenschluss. Die Zuordnung des *goodwill* ist danach auf diejenigen CGUs vorzunehmen, auf deren Ebene er überwacht, gesteuert und genutzt werden kann, d. h., die Zuordnung muss sich nach der Realisierbarkeit und Steuerbarkeit des *goodwill* richten (Rz 144).

188 Im Rahmen einer Abwägung von strategischen und organisatorischen Beweggründen ergeben sich folgende (alternative) Methoden zur Neuverteilung:
- Alternative 1:[79] Im Rahmen der Neuverteilung des *goodwill* wird auf **relative Unternehmenswerte** der **empfangenden CGUs** als Verteilungsschlüssel zurückgegriffen. Ähnlich der Erstverteilung des *goodwill* muss eine Analyse der Nutzungsmöglichkeiten innerhalb der aufnehmenden CGUs erfolgen. Der

---

[78] Vgl. grundlegend Hermensk/Klein, KoR 2010, S. 6–12.
[79] Vgl. Pellens/Fülbier/Gassen/Sellhorn, Internationale Rechnungslegung, 7. Aufl. 2008, S. 728.

Teilbereichswert stellt aber nicht in jedem Fall ein Indiz für Nutzungs- und Integrierbarkeitsmöglichkeiten dar.

- Alternative 2:[80] Als Bezugspunkt für die Neuverteilung werden die **abgehenden**, untergeordneten CGUs gewählt, welche im Rahmen der Reorganisation neu zuzuordnen sind. Dieses Vorgehen beruht auf der Annahme, dass der *goodwill* eng mit den untergeordneten CGUs verbunden ist und somit vermutlich an der Stelle am besten weiter genutzt und integriert werden kann, an welcher die untergeordneten CGUs eingegliedert werden sollen. Alternative 2 entspricht dem Grunde nach der **Veräußerungsfiktion** (IAS 36.87 Satz 2 HS 1) und ist u. E. verpflichtend, es sei denn, die Angemessenheit wird eindeutig widerlegt.

Der Rückgriff auf Alternative 1 steht unter folgender **Einschränkung**: Ein höherer erzielbarer Betrag (der empfangenden CGU) kann keinesfalls automatisch einen Hinweis für höhere Realisations- bzw. bessere Integrationsmöglichkeiten darstellen. Ausgehend von zwei unterschiedlich großen empfangenden CGUs wäre argumentierbar, dass die verhältnismäßig kleinere CGU den größeren Anteil an *goodwill* alloziert bekommt, da Synergiepotenziale hier besser realisierbar wären (z. B. durch bessere Überwachungs- und Steuerungsmöglichkeiten der erwarteten *cash flows* aus dem *goodwill*). Die Verknüpfung von erwarteten Zahlungsströmen aus dem *goodwill* und Buchwerten der Vermögenswerte einer CGU, die durch ein solches Vorgehen herbeigeführt werden, ist aber nicht sachgerecht und führt im Rahmen des *impairment*-Tests zu willkürlichen Ergebnissen. Darüber hinaus wäre die Interpretierbarkeit im besten Fall stark eingeschränkt, wenn nicht unmöglich. Nur wenn das Verhältnis der Teilbereichswerte tatsächlich auch über die zukünftige Integrierbarkeit bzw. die geplante Verwendung des *goodwill* Aufschluss gibt, ist ein entsprechendes Vorgehen u. E. als zulässig zu erachten.

Die im individuellen Fall angemessene Allokationsmethode hängt von der Motivation der Reorganisation ab. In Abhängigkeit der Motivation für eine Restrukturierung bzw. Reorganisation des Steuerungssystems ergibt sich Folgendes:

Motivation der Restrukturierung/Reorganisation	Beispielhafte Ziele der Restrukturierung	Verteilung des *goodwill* nach
Organisatorisch	• Optimierung der Produktions- und Vertriebsorganisation • Änderung des organisatorischen Aufbaus zur Vermeidung von Kompetenzstreitigkeiten und Ineffizienzen sowie Koordinationsaufwands	Alternative 2

---

[80] Vgl. WIRTH, Firmenwertbilanzierung nach IFRS, 2005, S. 342–348; weitere Beispiele vgl. Küting/Weber/Wirth, KoR 2008, S. 148–151; KÜTING/WEBER/WIRTH, DStR 2004 S. 879 f.

Motivation der Restrukturierung/Reorganisation		Beispielhafte Ziele der Restrukturierung	Verteilung des goodwill nach
Strategisch mit direktem goodwill Bezug	Integrationspunkt wird verändert, aber keine vollständige Abkehr vom ursprünglichen Realisationskonzept des goodwill	• Kosteneinsparung (Reduktion von Personal- und Materialkosten) • Verbesserung der Umsatzstrukturen • Änderung von Standortstrukturen	Alternative 2
Strategisch mit indirektem goodwill Bezug	Durch Reorganisation soll der goodwill anderweitig als bisher genutzt werden	• Konzentration auf das Kerngeschäft • Aufnahme strategischer Kooperationen • Wachstum (neue Märkte) und Innovation	Alternative 1, soweit Höhe der Teil-CGU-Werte tatsächlicher Indikator für zukünftige Nutz-/Realisierbarkeit des goodwill ist

Bei der Auswahl ist die Methode zu präferieren, die die wahren Beweggründe und Ziele der Restrukturierung sachgerecht auf bilanzieller Ebene darstellt. Im Zweifelsfall ist u. E. auf eine Reallozierung auf Grundlage der relativen Werte (be-)vor Reorganisation abzustellen.

5.10 Anteile nicht beherrschender Gesellschafter (*non-controlling interests*)

5.10.1 *Full-goodwill*-Methode

Bei der Erstkonsolidierung eines nicht im 100 %igen Eigentum stehenden Tochterunternehmens kann das Mutterunternehmen entscheiden, ob es die nicht beherrschenden Anteile (NCI)
- zum *fair value* der Anteile am Tochterunternehmen und damit incl. eines *goodwill* bewertet (*full-goodwill*-Methode) oder
- zum *fair value* des Nettovermögens des Tochterunternehmens und damit ohne *goodwill* (*purchased-goodwill*-Methode).

Entscheidet sich das Unternehmen für die *full-goodwill*-Methode, ergeben sich keine Besonderheiten beim verpflichtend für den GoF vorzunehmenden *impairment*-Test. Wie bei allen anderen Vermögenswerten ist deren Buchwert mit dem vollen (den NCI-Anteil inkludierenden) erzielbaren Betrag zu vergleichen. Ein eventueller Wertminderungsverlust ist auf das Mutterunternehmen und das NCI aufzuteilen. Wenn das Tochterunternehmen eine eigene CGU ist, muss gem. IAS 36.C8 diese Verteilung nach dem Gewinnverteilungsschlüssel erfolgen. Nach Maßgabe von IAS 36.IE68A Beispiel 7B ist wie folgt zu rechnen:

Beispiel

Mutterunternehmen X erwirbt 80 % der Kapital- und Stimmrechte am Unternehmen Y für 2.100 TEUR zum 1.1.00. Zu diesem Stichtag beträgt der *fair value* der Nettovermögenswerte 1.500 TEUR. Der auf die Minderheitsinteressen entfallende *fair value* von Y beträgt insgesamt 350 TEUR – ermittelt aus einem dividendengestützten DCF-Verfahren.[81] X optiert zur *full-goodwill*-Methode. Y stellt eine CGU dar. Daraus ergibt sich:

	TEUR
Kaufpreis-Anteil	2.100
fair value des Minderheitenanteils	350
Gesamtwert der Akquisition	2.450
fair value des Nettovermögenswerts	1.500
goodwill	950

Die erworbene Tochtergesellschaft Y soll eine CGU darstellen, die aber auch Synergieeffekte auf andere CGUs der Mutterunternehmung bewirkt. Dieser Teil des *goodwill* beträgt 500 TEUR, bei der erworbenen Tochtergesellschaft Y verbleiben 450 TEUR.
Der erforderliche Wertminderungstest zum 31.12.03 für die erworbene Tochterunternehmung Y ermittelt einen erzielbaren Betrag (Rz 6) von 1.650 TEUR, der Buchwert beträgt ohne *goodwill* 1.350 TEUR.
Der *impairment*-Test zum 31.12.03 ist in TEUR wie folgt vorzunehmen:

	goodwill	Nettovermögen	Gesamt
Buchwert	450	1.350	1.800
Erzielbarer Betrag			1.650
Wertminderungsverlust			150

Dieser Verlust ist nach IAS 36.104 vorab dem auf die erworbene Tochtergesellschaft entfallenden *goodwill* zu belasten.
Da Y annahmegemäß eine eigene CGU ist, muss gem. IAS 36.C8 nach dem Gewinnverteilungsschlüssel (hier gleich dem Beteiligungsverhältnis) der Wertminderungsverlust wie folgt aufgeteilt werden:

	TEUR	%
Muttergesellschaft	120	80
NCI	30	20
impairment	150	100

Die nach IAS 36.C8 vorgesehene Verpflichtung zum Abstellen auf *profit or loss* als Verteilungsschlüssel einer Wertberichtigung zeitigt allerdings Relevanz für

---

[81] Nach Interpretation von KÜTING/WIRTH, KoR 2007, S. 464.

die Folgebewertung, wenn im Zugangszeitpunkt wahlweise die *full-goodwill-*Methode angewendet wurde, der bilanziell ausgewiesene *goodwill* wegen der Berücksichtigung einer Kontrollprämie (Rz 173 ff.) aber nicht im Verhältnis der Anteilsverteilung auf *controlling* und *non-controlling interest* entfällt.

> **Beispiel**
> Unternehmen MU erwirbt 80 % der Anteile an TU für einen Kaufpreis von 80 GE und damit einen beherrschenden Einfluss. Der beizulegende Zeitwert des Nettovermögens beträgt (vereinfachend) 0 GE, der gezahlte Kaufpreis entspricht daher den künftigen Synergieerwartungen und ist als *goodwill* zu erfassen. In dem Kaufpreis für 80 % der Anteile ist eine Kontrollprämie enthalten. Über eine Bewertung der NCI zum *fair value* ergibt sich ein *full goodwill* von 95 GE. Für den Einbezug in den Konsolidierungskreis von MU ergibt sich folgender Beitrag von TU:
>
> | | |
> |---|---:|
> | Geschäft- oder Firmenwert (*goodwill*) | 95 |
> | **Gesamtes Vermögen (*total assets*)** | **95** |
> | Eigenkapital (*equity*) | 95 |
> | davon *controlling interest* (80 %) | 80 |
> | davon *non-controlling interest* (20 %) | 15 |
> | **Gesamte Schulden (*total liabilities*)** | **95** |
>
> Bei Festlegung von TU als eigenständige CGU ergibt sich, ausgehend von einem erzielbaren Betrag in der Folgebewertung von 50 GE, ein Wertberichtigungsbedarf von 45 GE, der erfolgswirksam gegen den bilanzierten GoF zu verrechnen ist. Für die Aufteilung des *impairment* – für Zwecke des Eigenkapitalausweises und die Angabe nach IAS 1.81B – zwischen *controlling interest* und NCI ist auf den Gewinnverteilungsschlüssel (mangels abweichender Abreden auf den Beteiligungsschlüssel) abzustellen. Auf NCI entfällt daher ein Wertberichtigungsaufwand von 9 GE (= 45 GE × 20 %), korrespondierend verbleibt ein Aufwand für das *controlling interest* von 36 GE (= 45 GE × 80 %).

193 Das Festhalten von *profit or loss* als Verteilungsschlüssel kann auch zu einem negativen Ausweis von *non-controlling interest* führen (etwa bei sehr hohen Kontrollprämien, somit nur einem geringen Anteil der NCI am *full goodwill*).

> **Beispiel**
> Ein auf MU nach vollzogener *business combination* entfallender Anteil am GoF entspricht dem unter Berücksichtigung einer Kontrollprämie gezahlten Kaufpreis für 80 % der Anteile an TU (sonstiges Nettovermögen entspricht 0 GE) und beträgt 80 GE. Aus der Bewertung der NCI zum *fair value* ergibt sich ein *full goodwill* von 85 GE, der Anteil der NCI am GoF beträgt daher 5 GE. Bei einem festgestellten Wertberichtigungsbedarf von 45 GE entfallen weiterhin 9 GE (= 45 GE × 20 %) auf NCI, deren Ausweis im Eigenkapital bezogen auf TU danach negativ mit 4 GE erfolgt.

Das Abstellen auf einen abweichenden Verteilungsschlüssel – etwa nach Bereinigung um eine Kontrollprämie[82] – scheidet u. E. aus. Zwar fehlt es innerhalb der Vorgaben zum *impairment*-Test nach IAS 36 – anders als nach IFRS 3.B45 – an einer Auseinandersetzung mit dem Umgang von Kontrollprämien (Rz 175), der Wortlaut der Verteilungsvorgaben schließt aber ein Abweichen von dem Schlüssel *profit or loss* aus.[83] Die Konsequenz eines negativen Ausweises von *non-controlling interest* steht auch im Einklang und nicht im Widerspruch mit den Vorgaben zur Konsolidierung (→ § 32 Rz 164).

5.10.2 *Purchased-goodwill*-Methode

5.10.2.1 Hochrechnung des *goodwill*, Verteilung der Wertminderung

Wenn das Mutterunternehmen bei der Erstkonsolidierung den NCI-*goodwill* nicht aufdeckt, also die *purchased-goodwill*-Methode anwendet (Rz 191), ergibt sich folgendes in IAS 36.94 und IAS 36.C4 angesprochenes Problem: Der **Buchwert** der *goodwill* tragenden CGU umfasst folgende Wertansätze:

- den **gesamten** Buchwert der Nettovermögenswerte, unabhängig, ob diese auf die Mutterunternehmung oder auf die nicht beherrschenden Gesellschafter entfallen, sowie
- (nur) den **Anteil** der Mutterunternehmung (*controlling interest*) am *goodwill*.

Der erzielbare Betrag der CGU lässt sich andererseits sinnvoll nur für die zahlungsmittelgenerierende Einheit als Ganzes und damit einschließlich des auf NCI entfallenden *goodwill* bestimmen. Um nun bei der Ermittlung der rechnerischen Differenz von Buchwert und erzielbarem Betrag nicht Äpfel mit Birnen zu vergleichen, muss bei Berücksichtigung des vollen *goodwill* im erzielbaren Betrag auch die Vergleichsgröße Buchwert entsprechend angepasst werden. Dies geschieht in einer Art **Schattenrechnung**, bei der der tatsächliche Buchwert des *goodwill* auf 100 % hochgerechnet (*gross up*) wird. Erst nach Maßgabe dieses hochgerechneten Buchwerts ist die Vergleichsrechnung zum erzielbaren Betrag durchzuführen. Ergibt sich dabei ein fiktiver Wertminderungsverlust für den hochgerechneten *goodwill* der CGU, ist dieser auf die anteiligen Interessen des Mutterunternehmens (in Bilanz und GuV zu berücksichtigen) einerseits und die der nicht beherrschenden Gesellschafter andererseits (nicht zu berücksichtigen) aufzuteilen (IAS 36.93 bzw. IAS 36.C6). Zusammenfassend gilt also für die Werthaltigkeitsprüfung von zahlungsmittelgenerierenden Einheiten mit zugewiesenem Geschäfts- oder Firmenwert, der nur i. H. d. auf *controlling interest* entfallenden Anteils erfasst wird, ein **dreistufiges Vorgehen:**

- Schritt 1: Der bilanziell erfasste *goodwill* ist um den Anteil (IAS 36.C4), der auf nicht beherrschende Gesellschafter entfällt, **hochzurechnen** (*shall gross up*). Der hochgerechnete *goodwill* ist dann in den Buchwert (*carrying amount*) der auf Werthaltigkeit zu testenden CGU einzubeziehen.
- Schritt 2: Wird ein **Wertberichtungsbedarf** festgestellt (IAS 36.C6), ist dieser im selben Verhältnis zwischen beherrschenden und nicht beherrschenden Gesellschaftern zu **verteilen** wie diese einen Anspruch auf das Ergebnis haben (*on the same basis as that on which profit or loss is allocated*).

---

[82] So KPMG, Insights into KPMG: 2014/2015, Tz 7.2.50.30.
[83] Gl. A. DELOITTE, iGAAP 2014, S. 717.

- Schritt 3: Bilanz- und ergebniswirksam zu erfassen ist nur der Anteil eines festgestellten Wertberichtigungsbedarfs, der auf das *controlling interest* entfällt (IAS 36.C8).

196 Zwar liegt mit dem Appendix C zu IAS 36 ein eigener Abschnitt vor, der ausschließlich dem Umgang mit auf NCI entfallenden *goodwill* gewidmet ist, dennoch bleiben zahlreiche Anwendungsfragen – betreffend Schritt 1 (Rz 197 ff.) und Schritt 2 (Rz 200 ff.) ungelöst. Darüber hinaus fehlen Vorgaben zum Umgang mit statuswahrenden Anteilsverschiebungen zwischen *controlling* und *noncontrolling interest* (Rz 205 ff.)[84] Zum Grundfall folgendes Beispiel nach IAS 36.IE62 ff.:

> **Beispiel[85] (ohne Berücksichtigung von Steuereffekten)**
> Mutterunternehmung X erwirbt 80 % der Kapital- und Stimmrechtsanteile am Unternehmen Y für 1.600 TEUR zum 1.1.X0. Zu diesem Stichtag beträgt der *fair value* der Nettovermögenswerte 1.500 TEUR. Die Erstkonsolidierung stellt sich wie folgt dar:
> - *goodwill* 400 TEUR (Differenz zwischen den Anschaffungskosten von 1.600 TEUR und 80 % des *fair value* der identifizierbaren Nettovermögenswerte von Y).
> - Identifizierbare Nettovermögenswerte der Y mit einem *fair value* von 1.500 TEUR.
> - Im Eigenkapital zu passivierender Anteil der NCI von 300 TEUR (entspricht 20 % des Gesamtbetrages der identifizierbaren Vermögenswerte).

Die gesamten Vermögenswerte von Y stellen die kleinste Gruppe von Vermögenswerten dar, die weitgehend unabhängig *cash flow*-Zugänge für die Unternehmensgruppe generieren. Y ist deshalb eine CGU. Ein jährlicher *impairment*-Test ist mindestens durchzuführen (Rz 138).
Ende x3 wird der erzielbare Betrag der CGU Y mit 1.000 TEUR ermittelt.
Die Abschreibung auf die erworbenen Vermögenswerte wird linear mit 10 % ohne Berücksichtigung eines Restwertes vorgenommen.
Ein Teil des erzielbaren Betrages der CGU von 1.000 TEUR ist dem nicht bilanzierten Anteil der NCI am *goodwill* zuzuordnen (IAS 36.92; Rz 179). Der Vergleich des Buchwertes der CGU mit dem erzielbaren Betrag von 1.000 TEUR muss also im Rahmen einer Schattenrechnung unter Berücksichtigung des auf NCI entfallenden Anteils angepasst werden. Dazu folgende Berechnungsgrundlage nach Maßgabe einer proportionalen Hochrechnung:

1.1.X0	*goodwill*	Nettovermögenswerte	Gesamt
	TEUR	TEUR	TEUR
Bruttobuchwert	400	1.500	1.900
Aufgelaufene Abschreibung	–	–150	–150
Nettobuchwert	400	1.350	1.750

---

[84] Eine auf die Klarstellung gerichtete Frage an das IFRS IC wurde mit dem Verweis auf den ausstehenden *post implementation review* des IFRS 3 abgelehnt, IFRIC, Update September 2010.
[85] Nach IAS 36.IE 62 ff. (Beispiel 7A). Ein anderes Beispiel liefert DOBLER, PiR 2005, S. 28.

1.1.X0	*goodwill*	Nettovermögens-werte	Gesamt
	TEUR	TEUR	TEUR
Nicht bilanzierter Anteil NCI am *goodwill*	100	–	100
Angepasster Buchwert	500	1.350	1.850
Erzielbarer Wert			1.000
Wertminderungsverlust			850

Gem. IAS 36.104 ist der Wertminderungsverlust von 850 TEUR zunächst beim *goodwill* abzusetzen (Rz 179), der danach null beträgt. Dabei reduziert sich der Brutto-*goodwill* (unter Einbeziehung des NCI) von 500 TEUR, ist aber nur mit dem anteiligen Interesse des Mutterunternehmens X an der Tochter Y buchmäßig zu erfassen, also 400 TEUR. Der verbleibende Wertminderungsverlust von 850 TEUR minus 500 TEUR = 350 TEUR ist als Minderung des Buchwertes der identifizierbaren Vermögenswerte nach folgendem Schema zu buchen:

1.1.X0	*goodwill*	Nettovermögens-werte	Gesamt
	TEUR	TEUR	TEUR
Nettobuchwert	400	1.350	1.750
Außerplanmäßige Abschreibung (Wertminderungsverlust)	– 400	– 350	– 750
Buchwert nach außerplanmäßiger Abschreibung	–	1.000	1.000

5.10.2.2 Besonderheiten bei Abweichung von Kapital- und Ergebnisbeteiligungsquote

197 Wird im Rahmen einer *business combination* (wahlweise) auf die Aufdeckung von auf *non-controlling interest* entfallenden Geschäfts- oder Firmenwert verzichtet, entfällt zunächst die Verpflichtung zur Bewertung im Zeitpunkt der Erstkonsolidierung. Rechtfertigung für die Einführung des Wahlrechts ist die Schwierigkeit einer *fair-value*-Bestimmung des auf NCI entfallenden Anteils am (*full*) *goodwill* (IFRS 3.BC212 ff.). Im Rahmen der Folgebewertung nach dem *impairment-only*-Ansatz ist wegen der besonderen Konsistenzanforderungen (Rz 116 ff.) an die Abgrenzung der CGU allerdings eine Hochrechnung des Geschäfts- oder Firmenwerts geboten. Die Bewertungskomplexität verlagert sich daher lediglich auf den Zeitraum der Folgebewertung.

Einen Ausweg bietet die vereinfachte Berechnungsmethodik für den auf NCI entfallenden, aber nicht bilanziell erfassten Anteils am *goodwill*. Anstatt einer Bewertung, die bei wahlweiser Anwendung der *full-goodwill*-Methode erforderlich ist, bestimmt sich der außerbilanziell, auf das NCI entfallende Teil des

Geschäfts- oder Firmenwerts zunächst über einen einfachen Dreisatz (*mechanical allocation*). Für Zwecke der Folgebewertung im Rahmen des *impairment*-Tests lässt der Wortlaut der Vorgabe nur eine einfache Hochrechnung (*gross up*) zu. Eine Adjustierung des Hochrechnungsbetrags – etwa um eine Kontrollprämie (Rz 175) – scheidet u. E. aus.

> **Beispiel**
> Unternehmen MU erwirbt 80 % der Anteile an TU für einen Kaufpreis von 80 GE und damit einen beherrschenden Einfluss. Der beizulegende Zeitwert des Nettovermögens beträgt (vereinfachend) 0 GE, der gezahlte Kaufpreis entspricht daher den künftigen Synergieerwartungen und ist als *goodwill* zu erfassen. Eine Kontrollprämie wurde nicht gezahlt. Für den Einbezug in den Konsolidierungskreis von MU ergibt sich folgender Beitrag von TU bei wahlweise zulässigem Verzicht auf die *full-goodwill*-Methode:
>
> | | |
> |---|---|
> | Geschäft- oder Firmenwert (*goodwill*) | 80 |
> | **Gesamtes Vermögen (*total assets*)** | **80** |
> | Eigenkapital (*equity*) | 80 |
> | **Gesamte Schulden (*total liabilities*)** | **80** |
>
> Für den in den Folgeperioden vorzunehmenden verpflichtenden *impairment*-Test (Rz 14) ist eine mechanische Hochrechnung des *goodwill* für den auf NCI entfallenden Teil nach folgender Formel vorgesehen: Buchwert Geschäfts- oder Firmenwert × 100 % : Beteiligungsquote *controlling interest*
> Für Zwecke des *impairment*-Tests des aus der TU-Akquisition resultierenden *goodwill* ergibt sich ein GoF von 100 GE (= 80 GE × 100 % : 80 %).

198 In **zeitlicher Dimension** bleiben die Vorgaben zur Hochrechnung eines auf *non-controlling interest* entfallenden Anteils am GoF allerdings unbestimmt. Vorgesehene Konsequenz eines Verzichts auf die *full-goodwill*-Methode im Rahmen der Zugangsbewertung ist lediglich (IAS 36.C4), dass „*an entity shall gross up the carrying amount of goodwill allocated to the unit to include the goodwill attributable to the non-controlling interest.*" Mangels einer zeitlichen Konkretisierung scheint daher eine fortlaufende – zu jedem *impairment*-Test erneut vorzunehmende – Hochrechnung ebenso zulässig wie eine einmalige Hochrechnung im Zeitpunkt der Erstkonsolidierung mit anschließender Fortschreibung in einer Schattenrechnung (Rz 195).
Werden statuswahrende Anteilsverschiebungen zwischen *controlling* und *non-controlling interest* zunächst ausgeklammert (Rz 205ff.), ist u. E. eine zeitpunktbezogene, einmalige Bestimmung des in einer Schattenrechnung fortzuführenden GoF vorziehungswürdig. Dem entspricht auch die Verpflichtung in IFRS 3 auf ein Abstellen auf *acquisition date fair values* (IFRS 3.18); die Bestimmung des Hochrechnungsbetrages weicht dann nur – wegen der zulässigen Erleichterung – der Höhe nach von dem *fair value* ab. Die zwingende Verteilung eines derivativen *goodwill* auf unterschiedliche CGUs (Rz 142ff.) bedingt eine Entkopplung von Erwerbsobjekt und späterem Testobjekt für die Werthaltigkeitsprüfung.

Neben dem bilanziell ausgewiesenen GoF ist auch der auf NCI entfallende *goodwill* nach vollzogener *business combination* zuzuordnen.

> **Beispiel (Fortsetzung zu Rz 197)**
> Aus dem Erwerb von TU erwartet das Management von MU insbesondere Synergien in CGUs, die bereits vor dem Erwerb im Konzern bestanden und nicht rechtlich selbstständig sind. Der aus der *business combination* resultierende GoF wird daher ohne Bezug zu dem Anteil nicht beherrschender Gesellschafter alloziiert. In der Schattenrechnung ist für den NCI *goodwill* i. H. v. 20 GE (nach mechanischer Hochrechnung) auch eine Zuordnung auf einzelne CGUs vorzunehmen.

Der in einer Schattenrechnung fortzuführende Geschäfts- oder Firmenwert unterliegt den gleichen Folgebewertungsvorgaben wie der bilanziell ausgewiesene *goodwill*. Nach einer erfolgten, allerdings nur außerbilanziell erfassten Wertminderung ist keine Zuschreibung zulässig. Eine Erhöhung des in der Nebenrechnung fortgeführten GoF über den im Zeitpunkt der Zugangsbewertung durch mechanische Hochrechnung bestimmten Betrag scheidet u. E. ebenfalls aus (zu Problemen bei der Folgebewertung nach Anteilsverschiebung vgl. Rz 205 ff.). Ist der derivative GoF im Zusammenhang mit dem Erwerb einer (selbstständigen) Legaleinheit entstanden, deren funktionale Währung von der des Mutterunternehmens abweicht, besteht daher auch für einen außerbilanziell erfassten NCI *goodwill* die Pflicht zur Erfassung von Währungsanpassungen (→ § 27 Rz 51 ff.). 199

Ergibt sich ein Wertberichtigungsbedarf, darf im *primary statement* nur die auf den bilanziell ausgewiesenen, dem *controlling interest* zuzurechnenden GoF entfallende Wertberichtigung erfasst werden (IAS 36.C8). Die Aufteilung eines festgestellten Wertberichtigungsbedarfs richtet sich nach dem Verteilungsschlüssel des Ergebnisses (IAS 36.C6). 200

> **Beispiel**
> Das Management von MU bestimmt die im Rahmen einer *business combination* erworbene Legaleinheit TU als eigenständige CGU (*fair value* des Nettovermögens ohne *goodwill* beträgt 0 GE), der auch der gesamte *goodwill* – 80 GE (pagatorisch belegt) bilanziell erfasst und 20 GE in der Schattenrechnung – aus der *business combination* zugewiesen wird. Die nicht beherrschenden Gesellschafter haben einen Gewinnverteilungsanspruch, welcher der Beteiligungsquote entspricht; ihnen steht also ein Anteil am Gewinn/Verlust von 20 % zu. Der erzielbare Betrag der CGU TU wird in einer Folgeperiode mit 50 GE bestimmt. Ausgehend von dem durch Hochrechnung bestimmten Buchwert von 100 GE (vereinfachend nur *goodwill*; Rz 197), ergibt sich ein Wertberichtigungsbedarf von 50 GE. Nach dem Gewinnverteilungsschlüssel sind davon 40 GE ergebniswirksam zu erfassen, der auf NCI entfallende Anteil von 10 GE (= 20 %) ist in der Schattenrechnung zu berücksichtigen.

201 Für **unterschiedlich hohe Minderheitenanteile** innerhalb der zu testenden CGU mit *goodwill* ist nach IAS 36.C9 (Rz 244) wie folgt vorzugehen:[86]
- Im **ersten** Schritt ist der Wertminderungsaufwand dem Teil der CGU zuzuordnen, der einen Anteil am NCI aufweist, und sodann dem anderen Teil ohne einen solchen.
- Im **zweiten** Schritt ist bei der Teil-CGU mit NCI der Abschreibungsaufwand nach der Gewinnverteilungsregel zuzuteilen.

Als Verteilungsmaßstab wird dabei allerdings nur der relative Anteil des *goodwill* der CGU-Teileinheiten vor der Wertminderungsverbuchung genannt. Unklar bleibt, ob die Verteilung lediglich auf die Muttergesellschaft und NCI vorzunehmen oder ob sie spezifisch den Teil-CGUs zuzuordnen ist. U. E. ist der ersten Variante der Vorzug zu geben mit der Begründung: Die Verteilung des *goodwill* soll auf der Ebene der CGU erfolgen (Rz 144); diese Vorgabe muss dann auch für die Zuordnung des Abschreibungsbedarfes gelten.[87]

> **Beispiel (nach IAS 36.IE68)**
>
> Anders als im Beispiel unter Rz 197 stellt die erworbene Tochtergesellschaft Y mit ihren Vermögenswerten einen Teilbereich einer CGU dar; sie schafft Liquiditätszuflüsse nur zusammen mit anderen Teilen der Unternehmensgruppe, die zusammen eine CGU Z bilden. Der Teil-*goodwill* aus der Akquisition von 500 TEUR wird (unverändert) den anderen CGUs der Unternehmensgruppe zugeordnet, die sich Synergien aus der (neuen) Tochter Y versprechen. Die CGU Z enthält aus früheren Akquisitionen einen *goodwill* von 800 TEUR. Vom gesamten *goodwill* aus der Akquisition von Y (= 950 TEUR) entfallen 500 TEUR auf andere CGUs. Die verbleibenden 450 TEUR an *goodwill* aus der Akquisition erhöhen den Gesamt-*goodwill* der CGU Z auf 1.250 TEUR.
>
> Der obligatorische Wertminderungstest zum 31.12.03 (Rz 14) ergibt für die CGU Z einen erzielbaren Betrag von 3.300 TEUR, die Nettovermögenswerte weisen ohne *goodwill* einen Buchwert von 2.250 TEUR aus. Der Wertminderungsbedarf errechnet sich dann in TEUR wie folgt:
>
> | | *goodwill* | Nettovermögen | Gesamt |
> | --- | --- | --- | --- |
> | Buchwert | 1.250 | 2.250 | 3.500 |
> | Erzielbarer Bertrag | | | 3.300 |
> | Wertminderungsverlust | | | 200 |
>
> Nach IAS 36.104 ist der Verlust vorab dem *goodwill* der CGU Z zu belasten. Wenn – wie hier – die teilweise im NCI-Besitz befindliche Tochtergesellschaft Y einen Teil einer größeren CGU darstellt, ist der Wertminderungsverlust **zunächst** den Bestandteilen der CGU Z zuzuordnen, z.B. nach dem Verhältnis von deren Werten, und **dann** auf die Mehrheitsinteressen und NCI an der Tochtergesellschaft Y zu verteilen.

---

[86] Vgl. KÜTING/WIRTH, KoR 2007, S. 466.
[87] So KÜTING/WIRTH, KoR 2007, S. 466.

> Unterstellt sollen 40 % des Wertminderungsverlustes auf die Tochtergesellschaft Y entfallen = 80 TEUR. Dieser ist dann wie folgt zu verteilen:
>
> | | TEUR |
> |---|---:|
> | Mehrheitenanteil 80 % | 64 |
> | NCI 20 % | 16 |
> | Anteiliger Wertminderungsverlust | 80 |
>
> Der restliche Abwertungsbedarf von 120 TEUR ist (vorab) der CGU Z zuzuordnen.

Wegen der buchmäßigen Erfassung und Verteilung des nach der *goodwill*-Abschreibung verbleibenden Wertminderungsverlustes vgl. Rz 179 und Rz 10, erfolgt keine Bilanzierung des auf NCI entfallenden *goodwill* (vgl. Rz 195 und Rz 244). Es kann nach IAS 36.C8 (Rz 244) eine Wertberichtigung nur das auf die Muttergesellschaft entfallende Ergebnis belasten. Die Hochrechnung des fiktiven Anteils der NCI am *goodwill* (Rz 195) darf sich **nicht bilanziell auswirken**; sie dient lediglich der Ermittlung eines Wertminderungsbetrages überhaupt. Die Vorgaben zur Hochrechnung eines auf NCI entfallenden GoF (IAS 36.C4) stellen auf die Beteiligungsquote, diejenigen zur Verteilung eines festgestellten Wertberichtigungsbedarfs hingegen auf die Gewinnverteilungsabrede ab (IAS 36.C6). Die Konsequenz ist daher bei disproportionaler Gewinnverteilungsabrede ein Auseinanderfallen der Schlüssel für das *grossing-up* und die nachfolgende *allocation*. Als Maßstab für die Verteilung eines festgestellten Wertberichtigungsbedarfs ist auf die Ergebnisverteilung abzustellen, „*the impairment loss is allocated between the parent and the non-controlling interest on the same basis as that on which profit or loss is allocated*". Es fehlt – wie bei den Vorgaben zur Hochrechnung (Rz 197) – ein zeitlicher Bezug der Vorgabe. Der Verweis auf die Stromgröße *profit or loss* bedingt – nach der für die Darstellung des Ergebnisses gebotenen Aufteilung (IAS 1.81B(a)) – u.E. allerdings eine periodenbezogene, damit fortlaufende Notwendigkeit zur Festlegung.

> **Beispiel**
> Der durch Hochrechnung bestimmte, in der Schattenrechnung fortgeführte auf NCI entfallende *goodwill* beträgt 20 GE, der hochgerechnete Buchwert der CGU TU, der vereinfachend nur *goodwill* umfasst, 100 GE (vgl. auch Rz 197). Bei einem erzielbaren Betrag von 50 GE ist eine Wertberichtigung angezeigt. Die nicht beherrschenden Gesellschafter haben qua vertraglicher Abrede einen Gewinnverteilungsanspruch, welcher von der Beteiligungsquote (= 20 %) abweicht, ihnen steht ein Anteil am Gewinn/Verlust von 30 % zu. Nach dem zwischen den Parteien vereinbarten Gewinnverteilungsschlüssel ist eine Wertberichtigung von 35 GE ergebniswirksam zu erfassen, der auf NCI entfallende Anteil von 15 GE (= 30 %) ist in der Schattenrechnung zu berücksichtigen. In den Folgeperioden ist der außerbilanziell geführte *goodwill* daher auf 5 GE begrenzt, ein *grossing-up*, ausgehend von dem bilanziell erfassten GoF, scheidet aus (Rz 198).

204 Eine außerbilanziell zu erfassende Wertberichtigung auf den in der Schattenrechnung fortgeführten *goodwill* ist allerdings betragsmäßig auf den Hochrechnungsbetrag begrenzt. Ein überschießender Wertberichtigungsbedarf ist daher dem bilanzierten Vermögen zuzurechnen.

> **Beispiel (Fortsetzung zu Rz 203)**
> Abweichend von ihrer Beteiligungsquote haben die NCI einen auf 60 % lautenden Ergebnisanspruch. Die in der Schattenrechnung zu erfassende Wertberichtigung ergäbe sich mathematisch i. H. v. 30 GE (= 50 GE × 60 %). Betragsmäßig ist die außerbilanzielle Wertberichtigung allerdings auf 20 GE begrenzt. Der auf NCI entfallende *goodwill* wäre damit komplett auch für die Folgeperioden aufgebraucht. Der überschießende Wertberichtigungsbedarf der CGU TU ist daher ergebniswirksam dem bilanzierten Vermögen – vorrangig dem auf *controlling interest* entfallenden *goodwill* (Rz 179 ff.) – zuzuweisen.

5.10.2.3 Besonderheiten bei Auf- und Abstockungen

205 Die Vorgaben in Appendix C zu IAS 36 enthalten keine Ausführungen zur Konsequenz einer statuswahrenden Anteilsverschiebung zwischen *controlling* und *non-controlling interest* in Folgeperioden (nach erfolgtem Erwerb). Statuswahrende Anteilsverschiebungen sind als Transaktionen zwischen Eigentümern zu erfassen und berühren somit nur die Verteilung der Residualansprüche der Eigentümer (Aufstockung: → § 31 Rz 159; Abstockung: → § 31 Rz 173). Unklar ist, ob und inwieweit Anteilsverschiebungen eine Rückwirkung auf den *impairment*-Test zeitigen, also ob für die Hochrechnung des auf NCI entfallenden Anteils am – in der Schattenrechnung fortgeführten – *goodwill* auf
- die historische Beteiligungsquote, die im ursprünglichen Zeitpunkt der *business combination* vorlag, oder
- auf die aktuelle, zum Bewertungsstichtag vorliegende Beteiligungsquote abzustellen ist.

Die bilanzielle Behandlung hat u. E. den allgemeinen Vorgaben zur *goodwill*-Bilanzierung Rechnung zu tragen (Rz 138). Die gewählte Vorgehensweise ist als *accounting policy* offenzulegen und unterliegt dem Stetigkeitsgebot (→ § 24 Rz 18 ff.).

206 Für die Folgebewertung eines GoF ist ein generelles (Ansatz-)Verbot für einen originären (*internally generated*) *goodwill* beachtlich (IAS 38.43). Darüber hinaus besteht ein Zuschreibungsverbot nach IAS 36.124 für einen bereits in einer Vorperiode wertberichtigten Geschäfts- oder Firmenwert (Rz 225). Die Vorgaben sind u. E. auch für einen in der Schattenrechnung erfassten *goodwill* anzuwenden, der auf NCI entfällt. Der Ansatz eines *goodwill* setzt den Vollzug einer *business combination* voraus (IFRS 3.48), eine statuswahrende Anteilsverschiebung erlaubt daher keine Aufstockung des GoF über den Betrag hinaus, der sich im Erstkonsolidierungszeitpunkt als Summe aus bilanziell erfasstem *goodwill* und dem in der Schattenrechnung erfassten Betrag der erstmaligen Hochrechnung ergibt. Auswirkungen ergeben sich allerdings für die Bestimmung des Verteilungsschlüssels (Rz 203).

> **Beispiel**
> MU erwirbt zunächst 80 % an TU und deckt dabei nach der *purchased-goodwill*-Methode einen Firmenwert von 80 GE auf. In einer Folgeperiode reduziert MU seinen Anteil auf 70 %, veräußert also 10 % der Beteiligung an die nicht beherrschenden Gesellschafter. Die Transaktion zeitigt als reine Eigenkapitaltransaktion keine Auswirkung auf den bilanziell erfassten *goodwill*. Für den in der Berichtsperiode vorzunehmenden *impairment*-Test ist eine Hochrechnung des bilanzierten *goodwill* auf eine Quote von 100 % erforderlich. Ein (unmodifiziertes) Abstellen auf die aktuellen Beteiligungsverhältnisse scheidet allerdings aus, da sich sonst ein GoF von ca. 114 GE (= 80 GE : 70 %) einstellen würde. Es bleibt daher bei einem – in der Schattenrechnung betragsmäßig bestimmten (Rz 198) – hochgeschleusten *goodwill* von 100 GE, welcher im Rahmen der Werthaltigkeitsüberlegung zugrunde zu legen ist. Wegen der geänderten Beteiligungsverhältnisse stellt sich allerdings für die Aufteilung eines Wertminderungsverlusts ein abweichender Verteilungsschlüssel i. H. v. 70:30 ein.

Unter der Annahme einer Zuweisung eines anteiligen *goodwill* an die nicht beherrschenden Gesellschafter im Fall einer statuswahrenden Abstockung wird das gleiche Ergebnis erzielt, wenn im Rahmen der Hochrechnung anhand der aktuellen Beteiligungsquote eine Adjustierung der Bemessungsgrundlage für das *grossing-up* erfolgt. 207

> **Beispiel (Fortsetzung von Rz 206)**
> Nach der statuswahrenden Abstockung beträgt der Anteil der NCI 30 %. Im Rahmen der Eigenkapitaltransaktion wurde der auf die nicht beherrschenden Gesellschafter entfallende Anteil, allerdings unter Berücksichtigung einer Übernahme von 1/8 des bilanzierten *goodwill* (= 10 % der Anteile), bestimmt. Die korrigierte Bemessungsgrundlage für eine Hochrechnung auf Basis der aktuellen Beteiligungsquote ist 70 GE (= 80 GE × 7/8). Die Hochrechnung führt damit zu einem *goodwill* für den *impairment*-Test von 100 GE (= 70GE : 70 %).

Der spätere Erwerb zusätzlicher Anteile, also die Aufstockung einer bestehenden Beteiligung zeitigt hingegen Rückwirkung für den in der Schattenrechnung erfassten *goodwill*. Im Zusammenhang mit der Einigung auf einen Erwerbspreis für eine Aufstockung der Beteiligung werden rational handelnde Parteien auch ein Entgelt für die Übernahme eines anteiligen GoF – unabhängig davon, ob dieser bilanziell ausgewiesen wird – vereinbaren. Es ist daher eine Anpassung des in der Schattenrechnung erfassten *goodwill* vorzunehmen, also die aktuelle Beteiligungsquote für die Hochrechnung zu beachten. Da u. E. allerdings auf die Verhältnisse im Zeitpunkt der Erstkonsolidierung abzustellen ist, halten wir eine relative Verhältnisrechnung gegenüber einem bloßen Rückgriff auf die aktuelle Beteiligungsquote für vorzugswürdig. Wegen der fehlenden Konkretisierung innerhalb des Appendix C halten wir aber auch einen Rückgriff auf die aktuelle Beteiligungsquote für vertretbar. 208

> **Beispiel**
> MU erwirbt zunächst 80 % an TU und deckt dabei nach der *purchased-goodwill*-Methode einen Firmenwert von 80 GE auf. In einer Folgeperiode erhöht MU seinen Anteil auf 90 %, erwirbt also weitere 10 % der Beteiligung von den nicht beherrschenden Gesellschaftern. Als reine Eigenkapitaltransaktion ergibt sich keine Auswirkung auf den bilanziell erfassten *goodwill*. Für die Hochrechnung auf einen 100-%-*goodwill* ist auf die relative Veränderung abzustellen. MU hat 50 % der ausstehenden NCI-Anteile und damit 50 % des in der Schattenrechnung fortgeführten GoF erworben. Das *grossing-up* beläuft sich danach auf einen Betrag von 10 GE; der für Zwecke des Vergleichs zum erzielbaren Betrag zu berücksichtigende *goodwill* beträgt 90 GE. Wird hingegen auf die aktuelle Beteiligungsquote ohne Verhältnisbetrachtung abgestellt, ergibt sich ein hochgeschleuster GoF von (nur) 88,9 GE (= 80 GE : 90 %).

209 Nach dem **späteren Erwerb** sämtlicher Anteile eines bereits beherrschten (Tochter-)Unternehmens (*subsidiary*) von den nicht beherrschenden Gesellschaftern (*non-controlling interests*) scheidet beim *goodwill-impairment*-Test ein *grossing-up* (Hochrechnung des *goodwill* um die Anteile nicht beherrschender Gesellschafter) aus.[88]

> **Beispiel**
> Unternehmen MU hält nach einem Erwerb 80 % der Anteile an TU. Im Zuge des Erwerbs wurde ein *goodwill* nur i.H.d. Anteils von MU (80 %) aufgedeckt. Der aktivierte *goodwill* betrug 800 GE. Für Zwecke des *impairment*-Tests wurde bislang der bilanzierte *goodwill* um den in einer Schattenrechnung erfassten Anteil der nicht beherrschenden Gesellschafter (20 %) i.H.v. 200 GE hochgerechnet. Ein Wertberichtigungsbedarf wurde seit Erwerb nicht festgestellt.
> In x1 erwirbt MU 20 %, somit alle Anteile der nicht beherrschenden Gesellschafter. Da es sich bei der Transaktion lediglich um eine (statuswahrende) Aufstockung handelt, zeitigt der Erwerb lediglich Auswirkung auf das Eigenkapital (Verhältnis *controlling* zu *non-controlling interest*, → § 31 Rz 159). Eine Aufdeckung eines weiteren *goodwill* scheidet aus, allerdings ist eine Anpassung der Schattenrechnung erforderlich. Für den nächsten *impairment*-Test ist der bilanzierte *goodwill* (i.H.d. ursprünglichen 80 %) nicht mehr hochzurechnen.

210 Nach IAS 36.92 besteht – für Zwecke des *goodwill impairment*-Tests – eine Verpflichtung zur Hochrechnung des Geschäfts- oder Firmenwerts nur bei **Existenz** von nicht beherrschenden Gesellschaftern („... *non-wholly-owned*..."). Das *grossing-up* soll verhindern, dass *cash inflows* der CGU mit zugeordnetem *goodwill*, die den nicht beherrschenden Gesellschaftern zustehen, eine Wertminderung des auf *controlling interest* entfallenden *goodwill* kompensieren. Existieren **keine NCI**, so stehen die *cash inflows* der CGU ausschließlich dem *controlling*

---

[88] Gl. A. Oser, PiR 2009, S. 83; a. A. Wirth, in FS Küting, Stuttgart 2009, S. 387f.

interest zu und dienen der Realisierung des Buchwerts der CGU. Als Konsequenz entfällt auch die Notwendigkeit einer Hochrechnung.
Nach einer erfolgten Anteilsverschiebung ist u. E. für Zwecke der Werthaltigkeitsprüfung zahlungsmittelgenerierender Einheiten mit auf NCI entfallenden, aber wahlweise nicht bilanziell ausgewiesenen GoF eine Anpassung der Schattenrechnung auf die aktuellen Beteiligungsverhältnisse geboten. Die Korrektur des in der Schattenrechnung erfassten Betrags trägt den geänderten Beteiligungsverhältnissen Rechnung, im Rahmen einer statuswahrenden

- **Abstockung** bestimmt sich der hochgerechnete *goodwill* durch Anpassung der Bemessungsgrundlage und Abstellen auf die aktuellen Beteiligungsverhältnisse. Eine Erhöhung über den Gesamtbetrag des (bilanziell erfassten und in Schattenrechnung geführten) GoF scheidet aus.
- **Aufstockung** ergibt sich der hochgerechnete Geschäfts- oder Firmenwert als Ergebnis der relativen Veränderung der Beteiligungsverhältnisse.

Für einen bilanzierten *goodwill* besteht auch im Falle des Erwerbs zusätzlicher Anteile, in deren Kaufpreis erneut ein (anteiliger) *goodwill* bezahlt wurde, eine Anschaffungskostenrestriktion. Eine spätere Erhöhung durch den Erwerb von Anteilen nicht beherrschender Gesellschafter scheidet aus. Transaktionen zwischen *controlling* und *non-controlling interest* berühren nur das Eigenkapital und führen zu einer „**stillen Zwangsreserve**" im *goodwill*, die ein zusätzliches „*cushion*" bei der künftigen Überprüfung der Werthaltigkeit des Geschäfts- oder Firmenwerts bedingt. Beim Erwerb zusätzlicher Anteile ist ein bezahlter Unterschiedsbetrag erfolgsneutral mit den Rücklagen des Konzerns zu verrechnen.

Auswirkungen ergeben sich – nach erfolgter Aufstockung des Anteils – auch für das spätere Ausscheiden einer CGU mit zugeordnetem *goodwill* aus dem Konsolidierungskreis, somit die **Entkonsolidierung**. Ein evtl. Veräußerungserfolg ist um den auf *non-controlling interests* entfallenden *goodwill* höher, da der im Kaufpreis der Aufstockungstranche bezahlte *goodwill* nicht aktiviert, sondern (erfolgsneutral) mit Rücklagen verrechnet werden musste.

6 Darstellung der Arbeitsschritte in tabellarischer Form

Lfd. Nr.	Art	IAS 36
I. Gesamte Arbeitsschritte in Zusammenfassung		
1	Feststellung der Anhaltspunkte für eine Wertminderung	9
2	Ermittlung des *carrying amount*	6
3	Ermittlung des *fair value less costs of disposal*, falls größer Buchwert, kein *impairment*, falls niedriger, Fortsetzung mit Nr. 4	25 ff.
4	Ermittlung des *value in use*	30 ff.
5	Vergleich von 3 und 4	6
6	Der höhere Wert von 3 und 4 im Vergleich zu 2	6
7	Wenn 6 niedriger ist als 2: Abschreibung wegen *impairment*	59

Lfd. Nr.	Art	IAS 36
II. Ermittlung des *fair value less costs of disposal*		
8	Vorhandensein eines unbeeinflussten Kaufkontraktes	25
9	Wenn nicht 8, dann Ermittlung des Marktpreises, abzüglich Veräußerungskosten	26
10	Wenn nicht 9, dann Ermittlung durch bestmögliche Information unter der Preisvergleichsmethode ggf. Barwertkalkül	27
11	Ermittlung der Verkaufskosten	28 f.
III. Ermittlung des *value in use*		
12	Feststellung (d. h. Schätzung) der künftigen Zahlungsein- und -ausgänge bis zur Veräußerung	30
13	Bestimmung des zutreffenden Diskontierungssatzes	30
14	Einzelheiten zur Ermittlung der künftigen Liquiditätsflüsse *(cash flow projections)*	31–49
15	Einzelheiten zur Bestimmung des Diskontierungssatzes	55–57
IV. Übergang zur *cash generating unit*		
16	Nichtermittelbarkeit der wertgeminderten *assets*	66 f.
17	Identifizierung der *assets* oder der *group of assets* als *cash generating unit*	70–73
18	Zuordnung von „übergeordneten" Vermögenswerten (*goodwill* und *corporate assets*)	80, 100
19	Vergleich von *carrying amount* und *recoverable amount* der *cash generating unit* und ggf. Wertminderungsabschreibung	104
V. Rückkehr zum Einzelgegenstand		
20	Führt die Rechnung nach lfd. Nr. 19 zu einem Abschreibungsbedarf, dann ist die Abschreibung zunächst auf den *goodwill* vorzunehmen, alsdann ein noch verbleibender Abschreibungsbetrag auf die Vermögenswerte der Einheit (*cash generating unit*) nach dem Verhältnis des Buchwertes.	104

7 Zusammenfassende Beurteilung

7.1 Zweifel am Objektivierungsbeitrag

Die Durchführung des *impairment*-Tests (Rz 14, Rz 32 ff.) ist mit einer Fülle von **Rechenaufgaben** verbunden. Der „*input*" in die zugehörigen Formeln ist ermessensabhängig. Weitere **Ermessensspielräume** für das Management eröffnen sich bez. der Definition von zahlungsmittelerzeugenden Einheiten (*cash generating units;* Rz 100 ff.) und der diesen zuzuordnenden Bestandteile des *goodwill* (Rz 138 ff.) und der allgemein genutzten Vermögenswerte (*corporate assets;* Rz 134). Der ganze Arbeitsprozess ist aufwendig und rechtfertigt sich aus theoretischer Sicht nur in extremen Fällen. Ansonsten wird man sich mit sehr viel einfacheren Überlegungen im Rahmen der qualitativen Bewertungsvorstufe (Rz 14, Rz 19 ff.) begnügen.

Insgesamt betrachtet erscheint es fraglich, ob durch die umfangreichen Berechnungsvorgaben und die noch umfangreicheren Anhangangaben (Rz 227 ff.) die erwünschte **Objektivierung** der Rechnungslegung in diesem besonders wichtigen Teilbereich nennenswert gefördert werden kann. Die Bilanzierungs**praxis** scheint jedenfalls anderen Gesetzmäßigkeiten zu folgen. Hier kommt es zu umfangreichen *impairment*-Abschreibungen,[89] wenn

- entweder der neu angetretene Vorstandsvorsitzende die von ihm noch nicht zu verantwortende Vorjahresbilanz „bereinigt"
- oder die Analysten auf ein „Großreinemachen"(„*big bath*") bestehen.

Umgekehrt unterbleibt eine solche außerplanmäßige „Großabschreibung", wenn

- die Vertragsverlängerung des Vorstandsvorsitzenden ansteht,
- die „Braut geschönt" werden muss, z. B. anlässlich einer „Fusion unter Gleichen".

Kurzgefasst: *Impairment*-Abschreibungen erfolgen,[90] wenn sie

- „politisch" erwünscht sind oder
- sich partout nicht mehr vermeiden lassen.

7.2 Spezielle Probleme im Rahmen der Finanzmarktkrise

Die ökonomischen Verwerfungen in der Realwirtschaft als Folge der Finanzmarktkrise bereiten dem Wertminderungsprozess eine zentrale Rolle im Rahmen der Abschlusserstellung. Ausgangspunkt einschlägiger Überlegungen sind die **Wertminderungsindikatoren** (Rz 19), davon insbesondere:

- Anstieg der Marktzinssätze,
- erhebliche Änderungen des Marktumfeldes, in dem das Unternehmen tätig ist,
- negative Differenz zwischen Marktkapitalisierung und ausgewiesenem Eigenkapital (Rz 19).

Entsprechende Prüfungen der Werthaltigkeit finden regelmäßig auf der Ebene der **CGUs** statt (Rz 100). Dabei verwenden die Unternehmen/Konzerne in den meisten Fällen ein DCF-Verfahren auf der Grundlage des WACC-Ansatzes.

---

[89] Zur Praxis bei deutschen DAX-Unternehmen im Geschäftsjahr 2011 vgl. KÜTING, DStR 2012, S. 1932, mit dem Ergebnis: sehr geringe Abschreibungen.
[90] KÜTING, DStR 2012, S. 1938.

Durch die Finanzmarktkrise werden die Berechnungsparameter tendenziell wie folgt in der gleichen Richtung beeinflusst:
- Die unternehmensspezifischen **Wachstumserwartungen** fallen niedriger aus.
- Die Risikoprämien auf den Zinssatz führen zu **steigenden Diskontierungssätzen**.

217 Sofern der erzielbare Wert (Rz 32) als Nettoveräußerungswert definiert wird (Rz 33), ist ein solcher unterstellter **Marktpreis** (im Barwertverfahren ermittelt) kritisch zu hinterfragen:
- Handelt es sich wirklich um einen **objektivierten** Wert oder das Ergebnis einer **unternehmensspezifischen** Barwertberechnung, welche die Einschätzung der Marktteilnehmer aus dem Bewertungskalkül ausblendet?
- Darf die **Summe** der so ermittelten Marktwerte die Börsenkapitalisierung (bzw. den Gesamtwert des Unternehmens) übersteigen (Rz 19)?

U. E. bedarf die errechnete Summe der Marktwerte, sofern sie die Börsenkapitalisierung (Unternehmenswert) übersteigt, einer besonderen **Rechtfertigung** (Rz 66aff.). Denn der Markt hegt in diesem Fall andere Erwartungen über künftige *cash flows* oder verlangt einen höheren Risikozuschlag. Empirisch ist kein Gleichklang zwischen *impairment*-Abschreibung und Rückgang der Marktkapitalisierung festzustellen.[91] Genauer: Der Rückgang der Marktkapitalisierung hat keine Entsprechung in den *goodwill impairments* gefunden. Der Untersuchung liegen die im Dow Jones STOXX 600 gelisteten Unternehmen zugrunde. Sie bezieht sich auf die Stichtage 31.12.08 und 31.3.2009. Für Deutschland bestätigt eine andere Studie die relativ geringfügigen *goodwill*-Abschreibungen in 2008.[92]

218 Aufgrund der aktuell beobachtbaren niedrigen Rendite deutscher Staatsanleihen bestehen Zweifel hinsichtlich einer vergangenheitsorientierten Ableitung einer Marktrisikoprämie in Höhe von 5,0 %. Nach aktuellen Empfehlungen soll für den *impairment*-Test auf eine angepasste Marktrisikoprämie innerhalb eines Intervalls von 5,5 %–7,0 % abgestellt werden.[93]

8 Wertaufholungszuschreibung (*reversal of an impairment loss*)

219 Nach Durchführung einer außerplanmäßigen Abschreibung als *impairment loss* ist zu **jedem Bilanzstichtag** eine **Überprüfung** dahingehend vorzunehmen, ob dieser Wertverlust immer noch besteht (IAS 36.110). Nach IAS 36.112 sind dazu „spiegelbildlich" (*mirror*) zum *impairment*-Test entsprechende Informationen aus externen und internen Quellen zu beziehen, die nach IAS 36.9 einen Abwertungsbedarf indiziert haben (Rz 19ff.). Es ist also ebenfalls (in umgekehrter Richtung) ein zweistufiger Test (Rz 14) durchzuführen:
- Ermittlung von Anzeichen *(indications)* einer Werterhöhung,
- zusätzlich (ggf.) Neuberechnung des erzielbaren Betrages *(recoverable amount)*.

---

[91] HOULIHAN LOKEY, The European Goodwill Impairment Study 2009.
[92] KÜTING, DStR 2009, S. 1863.
[93] Vgl. FAUB des IdW, IDW FN. 2012, S. 568f.

Die „Indikation" nach dem ersten Test-Schritt kann (ebenfalls spiegelbildlich; Rz 29) Anlass zur Neubestimmung der Berechnungsgrundlagen für die planmäßige Abschreibung (→ § 10 Rz 20 ff.) sein (IAS 36.113).
Eine bedeutsame Abweichung der Indikatoren ergibt sich im Hinblick auf externe Informationsquellen, die Anlass für eine evtl. Wertaufholung geben (Rz 27). Der Verweis auf das Verhältnis von Buchwerten zu Marktwerten fehlt für die Beurteilung einer Wertaufholung. U. E. scheidet eine Wertaufholung aus, wenn bei unverändertem (bzw. nahezu übereinstimmendem) Marktwert der Buchwert nur wegen planmäßiger Abschreibung geringer ist. Die Zuschreibung wegen Wertaufholung verlangt **besondere Evidenz**, nicht zuschreibungsfähig ist daher die Buchwertminderung aufgrund des planmäßigen Werteverzehrs. 220

Beispiel
Zum Periodenende x0 ist der Buchwert einer CGU auf den erzielbaren Betrag, der dem Marktwert entspricht, gemindert worden. Der Marktwert in x0 betrug zum Zeitpunkt der Abwertung ca. 1.000 GE. Zum nächsten Stichtag haben sich keine besonderen Schwankungen des Marktwertes ergeben, der Wert der CGU beträgt unverändert ca. 1.000 GE. Der Buchwert hat sich zum Anfang der Periode allerdings wegen planmäßiger Abschreibung einzelner Vermögenswerte um 200 GE reduziert. Die Differenz zwischen Buch- und Marktwert liefert keine ausreichende Evidenz für eine Zuschreibung, da es an einem Anzeichen für eine Werterhöhung fehlt.

Die Rückgängigmachung der außerplanmäßigen Abschreibung ist technisch durch Anhebung des (abgeschriebenen) Buchwertes *(carrying amount)* auf den *recoverable amount* vorzunehmen (IAS 36.114). Diese Zuschreibung wird als *reversal of an impairment loss* definiert. Voraussetzung für die Vornahme einer Wertaufholungszuschreibung ist eine Neueinschätzung des erzielbaren Betrages *(a change in the estimates)* seit dem letzten berücksichtigten Wertminderungsverlust. Diese Neueinschätzung kann auf verschiedenen Faktoren beruhen (IAS 36.115), z. B. einer Änderung des Zinsfußes für die Bewertung der Liquiditätszuflüsse. Unzulässig ist allerdings die Annahme eines früheren Liquiditätszuflusses (als Grundlage für die Wertaufholung). 221

Der Zuschreibungsbetrag ist „gedeckelt": Der Höchstbetrag der Zuschreibung ist der fiktive Buchwert, der sich zum Zuschreibungszeitpunkt ohne vorgängige außerplanmäßige Abschreibung ergeben hätte (IAS 36.117). Die ggf. vorzunehmende planmäßige Abschreibung (→ § 10) ist nach Vornahme der außerplanmäßigen Abschreibung mit einer Art **Schattenanlagebuchführung** zu begleiten, die periodisch den höchstmöglichen Zuschreibungsbetrag (= Buchwert ohne vorgängige außerplanmäßige Abschreibung) nachhält. 222
Die **planmäßige** Abschreibung in der Schattenanlagebuchführung ist zu unterscheiden von derjenigen, die **nach** erfolgter außerplanmäßiger (effektiv) zu verrechnen ist. Diese richtet sich gem. IAS 36.121 nach dem „neuen" Buchwert, indem das restliche (geminderte) Abschreibungsvolumen systematisch auf die Restnutzungsdauer verteilt wird (→ § 8 Rz 81).

Die Wertaufholungszuschreibung ist gem. IAS 36.119 als **Ertrag** in der GuV auszuweisen (mit Anhangangabe; Rz 227), es sei denn, die Bilanzierung erfolgt 223 unter Ausübung des Wahlrechtes der **Neubewertung** (→ § 8 Rz 70ff.) gem. IAS 16.31 (Sachanlagevermögen) bzw. IAS 38.75 (immaterielles Anlagevermögen). In diesem Fall ist die Rückgängigmachung der außerplanmäßigen Abschreibung (Zuschreibung) zugunsten der Neubewertungsrücklage zu verbuchen (→ § 8 Rz 86 f.), es sei denn, die Wertminderung ist zuvor erfolgswirksam erfasst worden (IAS 36.120).

224 Bei der Wertaufholungszuschreibung ist auch die **dreifache Gliederung** des Wertminderungsbereiches (spiegelbildlich) zu beachten, die für die Erfassung des Wertminderungsverlustes gültig ist (Rz 214):
- Einzelner Vermögenswert,
- Gesamtheit von Vermögenswerten in einer *cash generating unit* (CGU) bzw. einer Gruppe von CGUs ohne *goodwill*,
- der einer CGU oder einer Gruppe CGUs zugeordnete *goodwill*.

225 Gegenüber der ansonsten spiegelbildlichen Behandlung der Wertminderungsabschreibung gilt für die Wertaufholungszuschreibung nur eine **Besonderheit**: Ein früher einmal außerplanmäßig abgeschriebener *goodwill* wird nicht mehr zugeschrieben (IAS 36.124).

Wegen Besonderheiten bei der **Quartalsberichterstattung** wird verwiesen auf → § 37 Rz 34.

9 Steuerlatenz

226 Zu einer Steuerlatenzrechnung kommt es immer dann, wenn eine *impairment*-Abschreibung nach IFRS nicht betragsmäßig ihre Entsprechung in der steuerlichen Abschreibung findet (bzw. einer vergleichbaren Abschreibung nach dem Steuerrecht eines ausländischen Staates, in dem z. B. die Tochtergesellschaft eines deutschen Konzerns angesiedelt ist). Das kann u.a. dann der Fall sein, wenn das Kriterium der „**dauernden**" Wertminderung nicht vorliegt. Diese Unterscheidung besteht allerdings eher nur in der Theorie. Denn aus praktischer Sicht wird eine *impairment*-Abschreibung nach IFRS in aller Regel nur bei einer wirklich massiven Wertminderung erfolgen, deren Dauercharakter kaum jemals streitig sein dürfte (Rz 125). Ganz abgesehen davon entzieht sich das Kriterium „dauernd" ohnehin einer einigermaßen rationalen Quantifizierung.
Systematisch gilt:

Teilwertabschreibung *impairment loss*	ja nein	→	passive Steuerlatenz
Teilwertabschreibung *impairment loss*	nein ja	→	aktive Steuerlatenz

Wegen der Steuerlatenzrechnung nach IFRS überhaupt vgl. → § 26.

10 Angaben

227 IAS 36 (Rz 95) ist auf die Einführung des *impairment only approach* – der Verzicht auf eine planmäßige Abschreibung für den aus einem Unternehmens-

zusammenschluss entstandenen *goodwill* (→ § 31 Rz 129) und immaterielle Vermögenswerte mit unbestimmter Lebensdauer (→ § 13 Rz 93) – ausgerichtet. Der Board hat dabei versucht, dieses Konzept in den früheren IAS 36 (1998) zu integrieren, d.h. eine einheitliche Regelung für die Behandlung von außerplanmäßigen Wertminderungen einzelner Vermögenswerte einerseits und des *goodwill* andererseits zu finden. Damit verbundene Inkonsistenzen sind fast schon zwingende Folge; unter Rz 161 ff. werden Beispiele gegeben. Der Bereich der Anhangerläuterungen in IAS 36.126 ff. beweist durch seine **Unübersichtlichkeit** und **Angabenfülle** die Fragwürdigkeit des genannten Integrationsversuchs, also der einheitlichen Regelung aller denkbaren außerplanmäßigen Wertminderungsverluste.

Die Anhangangaben sind, soweit eine Systematisierung überhaupt möglich ist, zu **teilen** in: 228
- **Einzelne** Vermögenswerte *(individual asset)*,
- **Gruppe** von Einzelvermögenswerten *(class of assets)* ähnlicher Art und Nutzung,
- *Cash generating units* (CGUs) **ohne** zugeordnetem *goodwill* bzw. ohne immaterielle Vermögenswerte mit unbestimmter Nutzungsdauer,
- CGUs **mit** zugeordnetem *goodwill* und immateriellen Vermögenswerten mit unbestimmter Nutzungsdauer.

Angabepflichtig sind dabei nicht für einzelne Vermögenswerte, sondern **gruppiert** (IAS 36.126):
- der Betrag aller außerplanmäßigen Abschreibungen und Wertaufholungszuschreibungen unter Angabe der Position in der **GuV**, in welcher die betreffenden Beträge enthalten sind (Rz 10).
- der Betrag aller außerplanmäßigen Abschreibungen und Wertaufholungszuschreibungen für neu bewertete (Rz 219) Vermögenswerte, die direkt im **Eigenkapital** verbucht worden sind (Rz 10).

Die beiden vorgenannten Angaben können in **tabellarischer** Form z.B. innerhalb des Anlagespiegels (→ § 14 Rz 29) gemacht werden.

Im Falle der **Segmentberichterstattung** (→ § 36) sind die Wertminderungsverluste getrennt für die einzelnen operativen Segmente nach IFRS 8 (→ § 36 Rz 20) anzugeben (IAS 36.129).

Bei **wesentlichen** Beträgen sind zusätzlich noch folgende Erläuterungen zu den 229 außerplanmäßigen Abschreibungen und den Wertaufholungszuschreibungen **einzelner** Vermögenswerte, der CGUs und der *goodwills* erforderlich (IAS 36.130):
- die Ereignisse und die Umstände, die hierzu geführt haben,
- der entsprechende Betrag,
- die Art des Vermögenswertes (nicht beim *goodwill*),
- die Zugehörigkeit zu den Berichtssegmenten (Rz 227),
- Definition des erzielbaren Betrages als Nettoveräußerungswert oder Nutzungswert (Rz 14),
- bei Definition des erzielbaren Betrages als Nettoveräußerungswert: Grundlage der Bestimmung des Nettoveräußerungswertes, insbesondere Erläuterung, ob dieser auf der Grundlage eines aktiven Marktes bestimmt worden ist,
- im Falle der Bestimmung des erzielbaren Betrages nach dem Nutzungswert (Rz 14): Angabe der angewandten Diskontierungsrate für die laufende und die vorherige Einschätzung (wenn vorhanden).

230 Für eine *cash generating unit* (Rz 100) gelten folgende zusätzliche Angabepflichten (IAS 36.130):
- die Beschreibung der CGU (ob Fabrikanlage, Produktlinie, Geschäftsfeld, geographisches Gebiet oder operatives Segment nach IFRS 8; → § 36 Rz 20);
- Darstellung der Abschreibungs- oder Zuschreibungsbeträge für die Gruppe der Vermögenswerte *(class of assets)*, ggf. für das operative Segment nach IFRS 8 (Rz 83),
- ggf. Darstellung der Änderung hinsichtlich der Aggregation von Vermögenswerten gegenüber der früheren Einschätzung unter Angabe der Gründe für die Änderung der CGU-Definition.

231 Sofern keine Angaben über die **aggregierten Wertminderungsverluste** und Zuschreibungen nach Maßgabe von IAS 36.130 (Rz 84) erfolgt sind, müssen hilfsweise folgende Angaben gemacht werden (IAS 36.131). Es sind dann offenzulegen:
- die wichtigsten Bereiche von Einzelvermögenswerten *(main classes of assets)*, die von Wertminderungsabschreibungen und Wertaufholungszuschreibungen betroffen sind,
- die wichtigsten Umstände, die zur Wertminderungsabschreibung und Wertaufholungszuschreibung geführt haben.

Außerdem sind die Tatsachen einer noch nicht erfolgten Zuordnung eines *goodwill* zu einer CGU oder Gruppe von CGUs und die hierfür maßgeblichen Gründe (Rz 138) anzugeben.

232 Für jede *cash generating unit* oder Gruppe von CGUs mit **zugeordnetem** *goodwill* oder immateriellen Vermögenswerten unbestimmter Nutzungsdauer sind die nachstehenden Angaben zu machen, vorausgesetzt, die Buchwerte der *goodwills* etc. innerhalb der CGU sind im Verhältnis zum Gesamtbetrag des *goodwill* und der zeitlich unbestimmt nutzbaren immateriellen Vermögenswerte **wesentlich** *(significant*; IAS 36.134):
- Buchwert des der CGU oder der Gruppe der CGUs zugeordneten *goodwill* und der zeitlich unbestimmt nutzbaren immateriellen Vermögenswerte,
- die Grundlage zur Bestimmung des erzielbaren Betrages der CGU bzw. Gruppe von CGUs.
- Wenn die Ermittlung des erzielbaren Betrages der CGU bzw. der Gruppe von CGUs auf dem **Nutzungswert** (Rz 42) beruht:
  - Beschreibung der Grundannahmen *(key assumptions)* des Managements zur Bestimmung der *cash-flow*-Projektionen nach Maßgabe der letzten verfügbaren Budgets (Grundannahmen sind solche mit der höchsten Sensitivität für die Bestimmung der erzielbaren Beträge).
  - Beschreibung der Vorgehensweise des Managements bez. der einschlägigen Annahmen zur Wertbestimmung, und zwar ob sie auf Vergangenheitserfahrung oder auf externen Informationsquellen beruhen, ob sie der früheren Vorgehensweise entsprechen und wenn nicht, warum sie von dieser abweichen oder externe Informationsquellen nicht benutzen.
  - Zeitraum der *cash-flow*-Projektionen nach Maßgabe der einschlägigen Budgets und zusätzlich im Falle einer längeren Periode als 5 Jahre eine Erklärung dafür, warum diese längere Periode gerechtfertigt ist.
  - Die in den *cash flows* extrapolierte Wachstumsrate jenseits der budgetierten Periode einschließlich einer Begründung für die Anwendung einer

Wachstumsrate, die den langjährigen Durchschnitt der Wachstumsrate für die Produkte, die Branche oder die landesspezifische Größe, innerhalb deren das Unternehmen/Konzern arbeitet, übersteigt.
- Die auf die *cash-flow*-Projektionen angewandte Diskontrate (vor Steuern).
- Wenn die Ermittlung des erzielbaren Betrages der CGU bzw. Gruppe von CGUs auf dem **Nettoveräußerungswert** beruht (Rz 32), die Methode zu dessen Bestimmung und bei Fehlen von Marktpreisen zusätzlich Folgendes:
  - Eine Beschreibung der Grundannahmen *(key assumptions)* zur Bestimmung des *fair value* durch das Management.
  - Darlegung der Vorgehensweise des Managements zur Wertbestimmung; bez. der zugrunde liegenden Annahmen ist darzulegen, ob diese auf Vergangenheitserfahrung oder externen Informationsquellen beruhen, und wenn nicht, wie sich diese von der bisherigen Erfahrung bzw. den externen Informationsquellen unterscheiden.
  - Nach IAS 36.134 sind ab 2009 bei Verwendung des **Nettoveräußerungswertes** nach Maßgabe eines DCF-Verfahrens die vorstehend genannten Angabepflichten für den **Nutzungswert** zu befolgen (Rz 170).
  - Mit Verpflichtung auf das *fair value measurement framework* sind zusätzlich zu den bisherigen Angaben weitere Informationen offenzulegen (IAS 36.104d). Unabhängig davon, ob der *recoverable amount* über den *fair value less costs of disposal* bestimmt wurde, ist eine Kategorisierung der Bewertung im Einklang mit der inputorientierten Bewertungshierarchie gefordert und – insoweit zur Anwendung gelangt – das angewandte Bewertungsverfahren *(valuation technique)* und ein evtl. Wechsel eines solchen sind zu beschreiben.
- Die Änderungen der **Grundannahmen** des Managements bez. der Annahmen zum Übersteigen des Buchwertes über den beizulegenden Wert; dann sind anzugeben:
  - die Höhe des Unterschiedsbetrages,
  - der den Grundannahmen zugeordnete Wert,
  - die zugehörige Sensitivität (Rz 233), bei der der erzielbare Betrag den Buchwert erreicht.

Nach IAS 36.130(g) sind die bei der Ermittlung des Nutzungswerts zugrunde gelegten Abzinsungssätze anzugeben. Diese Angabepflicht gilt zukünftig auch für die Bestimmung des *fair value less costs of disposal*, sofern dieser auf Basis von Bewertungstechniken ermittelt wurden.

Die Aufnahme einer Sensitivitätsanalyse in den Anhang ist verpflichtend, wenn eine vernünftigerweise für möglich gehaltene Änderung *(reasonably possible change)* einer wesentlichen Bewertungsannahme des erzielbaren Betrags einen Wertberichtigungsbedarf indiziert (IAS 36.134(f)). Abzustellen ist nicht nur auf den Kapitalisierungszinssatz; betroffen sind auch alle anderen wesentlichen Bewertungsparameter, etwa:
- das Preis- und Mengengerüst, welches hinter den Umsatzerlösen liegt,
- prognostizierte Absatzmengen und Margen (u. a. Bruttomarge, EBIT-%),
- das geplante Wachstum im Detailplanungszeitraum und für die ewige Rente,
- der erwartete Marktanteil,
- die Chance zur und das Potenzial einer Entwicklung neuer Technologien.

233

234 Für Berichteinheiten mit betragsmäßig nur geringer Summe aus *goodwill* und immateriellen Vermögenswerten mit unbestimmbarer Nutzungsdauer entfällt eine individualisierte Angabepflicht (IAS 36.134). Innerhalb der IFRS fehlt allerdings eine betragsmäßige Konkretisierung der Wertrelation „*significant*". Die Festlegung einer **individuellen (Angabe-)Schwelle**, also die Interpretation von *significant* mit mindestens 9,0 % des Gesamtbetrags, steht im Einklang mit den exemplarischen Ausführungen des IASB in Example 9 in den *Illustrative Examples* (IAS 36.IE80 ff.). Ein individueller Anteil von genau 9,0 % am Gesamtbetrag der immateriellen Vermögenswerte (*goodwill of 450 CU allocated to unit B is not significant in comparison with the total carrying amount of goodwill amounting to 5.000 CU*) wird nicht als individuell signifikant angesehen (IAS 36.IE89).

235 Neben separaten Angaben zu wesentlichen (*significant*) Berichtseinheiten sind zusätzlich auf aggregierter Ebene (*group of units*) Angaben erforderlich, wenn die Berechnung des erzielbaren Betrags auf gleichen Annahmen (*based on the same key assumption(s)*) beruht (IAS 36.135). Nach der expliziten Unterscheidung im Standard zwischen Singular und Plural, bezogen auf die *key assumption(s)*, bedarf es keiner Übereinstimmung in allen wesentlichen Annahmen, ausreichend ist bereits eine Vergleichbarkeit, bezogen auf eine wesentliche Annahme. Dem entspricht auch die Konkretisierung in den *Illustrative Examples* (IAS 36.37 i.V.m. IAS 36.IE80 ff. Example 9),[94] nach der

- eine Zusammenfassung von verschiedenen, individuell nicht signifikanten Berichtseinheiten geboten ist (IAS 36.IE89), wenn für die Bestimmung des erzielbaren Betrags nur einige vergleichbare Annahmen herangezogen wurden (*the recoverable amounts of units A and B are based on some of the same key assumptions*), und zwar
- unabhängig davon (IAS 36.IE84), dass Berichtseinheiten komplementäre Geschäftsaktivitäten aufweisen (*A and B produce complementary products*).

Die Verpflichtung zur Offenlegung aggregierter Informationen würde ins Leere laufen, wenn eine Übereinstimmung in allen wesentlichen Annahmen zur Bestimmung des erzielbaren Betrags vorausgesetzt wäre.

236 Werden für Zwecke der Segmentberichterstattung einzelne Geschäftssegmente aufgrund vergleichbarer wirtschaftlicher Merkmale (*similar economic characteristics*) und der Erfüllung der weiteren Voraussetzungen von IFRS 8.12 aggregiert (→ § 36 Rz 37), gilt: Für die Ermittlung des erzielbaren Betrags nach IAS 36 sind die aggregierten zahlungsmittelgenerierenden Einheiten zusammenzufassen, da über die Zusammenfassung für die Segmentberichterstattung eine Übereinstimmung in den wesentlichen Annahmen (*same key assumptions*) belegt ist. Es ergibt sich eine Angabepflicht nach IAS 36.135.

237 Zusätzlich sind Angaben erforderlich, wenn der erzielbare Wert dieser CGUs bzw. Gruppen derselben nach Maßgabe der gleichen Grundannahmen bestimmt worden ist und der gesamte Buchwert von *goodwill* und immateriellen Vermögenswerten unbestimmter Nutzungsdauer bedeutend (*significant*) im Verhältnis zum gesamten Buchwert dieser Vermögenswerte ist. Dann sind offenzulegen:

---

[94] So auch übernommen von PwC, Manual of Accounting IFRS 2012, ch. 18.301; ERNST & YOUNG, International GAAP 2014, S. 1466 ff.

- jeweils getrennt der aggregierte Buchwert des *goodwill* und der immateriellen Vermögenswerte unbestimmter Lebensdauer innerhalb der betreffenden CGUs bzw. Gruppen von CGUs,
- Beschreibung der Grundannahmen,
- Beschreibung, ob diese Grundannahmen auf Vergangenheitserfahrung oder externen Informationsquellen beruhen, und wenn nicht, warum dies der Fall ist,
- bei einer möglichen Änderung dieser Grundannahmen die unter Rz 231 genannten weiteren Angaben,
- die Identifizierung des erzielbaren Wertes *(recoverable amount)* als Nettoveräußerungswert *(fair value less costs of disposal)* oder Nutzungswert *(value in use)*,
- die weitere Definition des Nettoveräußerungswertes, d.h. die Methode der Ermittlung,
- der Diskontierungssatz im Falle der Anwendung des Nutzungswertes.

Als Praxis**beispiel** für die Darlegung des Wertminderungstestes für **Einzelvermögenswerte** bzw. von **Gruppen** solcher Vermögenswerte (Rz 227) ist nachstehend die Berichterstattung der Mobilcom AG für das Geschäftsjahr 2001 zu den außerplanmäßigen Abschreibungen wegen der besonderen wirtschaftlichen Situation (Rz 241) wiedergegeben:

238

Beispiel
Im Geschäftsjahr 2001 wurden folgende außerplanmäßige Abschreibungen *(impairment losses)* vorgenommen:

	31.12.2001 TEUR	31.12.2000 TEUR
Immaterielle Vermögensgegenstände	3.629	0
Sachanlagen	6.763	0
	10.392	0

Die außerplanmäßigen Abschreibungen auf immaterielle Vermögenswerte betreffen nicht mehr genutzte Software.
Die außerplanmäßigen Abschreibungen auf Sachanlagen beruhen darauf, dass im Konzern 6 Standorte für *Switche* (Festnetzbereich) geschlossen wurden. Damit wurden z.T. vorhandene parallel betriebene Standorte verschiedener Konzerntöchter auf den benötigten Umfang reduziert.
Der für die außerplanmäßig abgeschriebenen *Switche* verbleibende Restwert entspricht dem Nettoveräußerungswert. Dieser wurde unter Berücksichtigung eines vorliegenden Angebots zum Rückkauf der *Switche* durch einen Hersteller ermittelt. Da der Angebotspreis des Herstellers mit dem Abschluss eines weiteren Geschäfts verknüpft war, wurde ein weiterer Abschlag auf den erfahrungsgemäß am Markt erzielbaren Nettoveräußerungswert vorgenommen.
Die außerplanmäßigen Abschreibungen sind in dem Posten Abschreibungen in der Konzern-GuV enthalten.
Aufgrund der geänderten UMTS-Marktbedingungen hat der Konzern eine Überprüfung des erzielbaren Betrags aus der UMTS-Lizenz und dem akti-

> vierten UMTS-Netz nach IAS 36 (*impairment*-Test) durchgeführt. Grundlage dafür bildete die *cash-flow*-Prognose auf Basis des langfristigen Businessplans, wobei die Segmente Mobilfunk und UMTS als die Zahlungsmittel generierende Einheit betrachtet wurden. Die Aufstellung des Businessplans erfolgte entsprechend der durch den Vorstand der MC-AG vorgenommenen Einschätzung der ökonomischen Rahmenbedingungen des UMTS-Marktes. Im Hinblick auf die Spezifika des neuen Geschäftsfeldes wurde hierbei der Planungshorizont bis zum Ende der Laufzeit der UMTS-Lizenz und darüber hinaus eine unendliche Rente zugrunde gelegt. Die *cash flows* wurden vor Steuern und Zinsen geschätzt und mit einem gewichteten Kapitalkostensatz (WACC) abgezinst. Der *impairment*-Test führte zu dem Ergebnis, dass keine außerplanmäßigen Abschreibungen vorzunehmen sind.

Die vorstehend wiedergegebene Angabe erklärt sich vor dem Hintergrund des enormen Buchwertes für die Lizenz und der zugehörigen Fremdfinanzierung. Außerdem ist der Hinweis auf den 19-jährigen Planungshorizont (Ablauf der Lizenz) beachtlich (Rz 103 f.). Die nach IAS 36 verlangten Angaben des absoluten Abschreibungsbetrages fehlen in der vorstehenden Anhangpassage. Sie können stattdessen auch im Anlagespiegel offengelegt werden (Rz 227).

239 Zur vorgegebenen Berichterstattung im Anhang im Falle von CGUs mit zugeordnetem *goodwill* folgendes (gekürztes) Beispiel nach IAS 36.IE 80 ff. (*Example* 9):

> **Beispiel**
> **Sachverhalt**
> Konzern M mit international angesiedelter Produktion hat
> - die regionale Segmentierung (→ § 36 Rz 26) betreffend
>   - Europa
>   - Nord-Amerika
>   - Asien
> - den *goodwill* für Zwecke des *impairment*-Tests folgenden Einheiten (CGUs) zugeordnet (= Buchwert)
>   - A in Europa
>   - B in Europa
>   - C in Nord-Amerika (erworben im Dezember 02)
>   - Gruppe an CGUs in Asien mit dem Geschäftsbereich XYZ.
> - Die im Dezember 02 erworbene Einheit arbeitet mit hohen Margen und Wachstumsraten dank eines Patents mit 10-jähriger Restlaufzeit.
> - Während des Jahres 03 stellt M keinen *impairment* für die einzelnen CGUs fest.
>
> **Anhangerläuterungen (nur für die CGU XYZ)**
> Der *goodwill* ist für Zwecke des *impairment*-Tests den CGUs zugeteilt worden (vgl. Sachverhaltsdarstellung).
> Der Buchwert des *goodwill* für C und XYZ ist im Vergleich zum gesamten Buchwert wesentlich, nicht dagegen für A und B. Anderseits ist der erzielbare

Wert *(recoverable amount)* von A und B nach den gleichen Grundannahmen ermittelt worden und der gesamte *goodwill* für A und B ist wesentlich.

Geschäftsbereich XYZ
Der erzielbare Betrag des Geschäftsbereichs ist auf der Basis des Nutzungswertes ermittelt worden. Die *cash-flow*-Projektionen beruhen auf den vom Vorstand genehmigten Budgets einer 5-Jahres-Periode mit einem Diskontierungssatz von 8,4 %. Die *cash flows* jenseits der 5-Jahres-Frist sind auf der Basis einer stetigen Wachstumsrate von 6,3 % p. a. extrapoliert. Diese übersteigt die langfristige Durchschnitts-Wachstumsrate des Marktsegmentes des XYZ-Geschäftsbereiches wegen der sich abzeichnenden Änderung des Käuferverhaltens. Nach Auffassung des Vorstands führt eine denkbare Änderung in den Grundannahmen *(key assumptions)* zur Ermittlung des erzielbaren Betrages nicht dazu, dass der Buchwert von XYZ den erzielbaren Betrag übersteigt.

Die Ausgangsbasis zur Wertbestimmung der Grundannahmen *(key assumptions)* stellt sich für die Einheit XYZ wie folgt dar:

Grundannahmen	Ausgangsbasis für die Wertbestimmung
Budgetierte Bruttomargen	Realisierte durchschnittliche Bruttomargen in der Periode vor der budgetierten Periode, ergänzt durch einen Verbesserungseffekt wegen zusätzlicher Effizienz. Die Werte beruhen auf Vergangenheitserfahrung außer für die Effizienzsteigerung, bez. derer das Management mit 5 %iger Verbesserung p. a. rechnet.
Wechselkurs Yen/USD	Durchschnittserwartungen über die Budgetperiode – beruhend auf externer Informationsquelle.
Budgetierter Marktanteil	Durchschnittlicher Marktanteil in der Periode vor der budgetierten Periode nach Maßgabe der Vergangenheitserfahrung. Mögliche Produktverbesserungen verbunden mit verbesserter Wettbewerbsfähigkeit sind dabei nicht berücksichtigt.

Das vorstehende Beispiel bezieht sich lediglich auf eine (gruppierte) CGU. Bei einem international tätigen Konzern kann sich die Anzahl der CGUs durchaus auf 2 Dutzend erhöhen. Bei wörtlicher Befolgung der Vorgaben zu den Anhangerläuterungen (nur) nach IAS 36.134 (Rz 89) droht wie sonst kaum an anderer Stelle der IFRS der *information overload* (→ § 1 Rz 66), nahe verbunden mit dem Aspekt der *cost-benefit*-Abwägung. Auf jeden Fall muss versucht werden, mehrere oder alle CGUs gemeinsam betreffende Angaben zur Vermeidung von Wiederholungen „vor die Klammer" zu setzen. Z. B.:
- Der Diskontierungszinssatz beträgt X %.
- Der Budgethorizont übersteigt in keinem Fall 5 Jahre.

241 Der **Nutzen** (*benefit*) dieses Angabekonvoluts für den Adressaten der Rechnungslegung ist auch inhaltlich nicht über jeden Zweifel erhaben. Die Bezugnahme auf die „offiziellen" Budgets als Grundlage der offenzulegenden Bewertungsschritte wird vom IASB vermutlich als dem **Objektivierungsziel** der Rechnungslegung dienend angesehen (Rz 42). Das trifft dem Grunde nach zu. Die Verwendung der „offiziellen" Budgets verhindert die Erstellung spezieller Ertragsszenarien für Zwecke des *impairment*-Testes. Andererseits darf der notorisch **optimistische** Unterton der Budgetierungspraxis nicht übersehen werden. Abgesehen von „politischen" Sonderfällen muss eigentlich jede unternehmerische Planung irgendwann einmal positive Ergebnisbeiträge darstellen. Wenn ein Vorstand auf Dauer in einem Bereich oder gar für das Gesamtunternehmen immer nur rote Zahlen prognostiziert, stellt er sich als ökonomischer Sonderling dar, der nicht mehr lange vom Rest der interessierten Welt geduldet wird.

Bezeichnend in diesem Zusammenhang ist auch die empirische Feststellung[95] zu den in Deutschland und Nachbarländern angenommenen **Zinssätzen** zur Diskontierung (Rz 65). Diese schwanken in geringem Umfang branchenspezifisch und -übergreifend. Man will hier offensichtlich nicht aus dem Gehäuse der Peer-Gruppe ausscheren. Die **bilanzpolitische** Stellschraube liegt deshalb bei der Budgetierung, weil hier unternehmensübergreifende „Standards" nicht denkbar sind.

Der in das Budgetierungsverfahren eingebaute **Optimismus** verträgt sich schlecht mit dem auch der IFRS-Rechnungslegung nicht unbekannten Vorsichtsprinzip (→ § 1 Rz 17) und erst recht nicht mit dem Erfordernis der jährlichen Überprüfung eines außerplanmäßigen Abschreibungsbedarfs (Rz 14). Das Praxisbeispiel unter Rz 238 beweist den hier abstrakt dargestellten Optimismusgehalt, den man im Nachhinein – 18 Monate später waren die UMTS-Lizenzen für das betreffende Unternehmen wertlos – auch als Euphorie bezeichnen kann.

Die deutsche IFRS-Rechnungslegungspraxis erfüllt die Angabepflichten zum *impairment*-Test überwiegend nur sehr unvollständig. Der Grund liegt u. a. im Interpretationsgehalt des *„significant"* in IAS 36.134 (Rz 87).[96]

Ein ganz ähnliches Bild zeichnet die Empirie bei 32 börsennotierten Konzernen im Vereinigten Königreich:[97]

- Die Erläuterungen sind überwiegend unspezifisch, d.h. unter Verwendung von Textbausteinen erzählend (*„boiler plate"*).
- Quantifizierungen erfolgen kaum; stattdessen wird auf die Zukunftserwartungen des Managements verwiesen.
- Nur eine Minderheit liefert nähere Informationen, bezogen auf die jeweiligen CGUs.

242 Insgesamt bleibt also fraglich, ob das offensichtlich verfolgte Ziel der Objektivierung bei der Rechnungslegung zum *impairment*-Test durch die Hypertrophierung von Angabevorschriften erreicht werden kann. Eine einfachere Lösung

---

[95] KPMG, Kapitalkosten- und Impairment-Test-Studie 2008.
[96] Nach der empirischen Untersuchung aus dem DAX-30-Bereich durch KIRSCH/KOELEN/TINZ, KoR 2008, S. 88 und S. 188.
[97] http://www.frc.org.uk/images/uploaded/documents/Review%20of%20goodwill%20 impairment %20disclosures%20(Oct%202008).pdf.

bestünde jedenfalls bei börsennotierten Unternehmen in einem (offenzulegenden) **Vergleich** zwischen der **Börsenkapitalisierung** des Konzerns einerseits und der **Summe** des im Rahmen des jährlichen Tests ermittelbaren *recoverable amount* (Rz 6) aller *cash generating units* (*sum-of-the-parts*-Problem) andererseits (Rz 19).[98] Liegt der letztgenannte Betrag spürbar höher als die Marktkapitalisierung, dann erhielte der Abschlussadressat eine sehr viel objektivere und nicht zuletzt leicht erfassbare entscheidungsnützliche Information.
Auf die **Checkliste** „Abschlussangaben" wird verwiesen (→ § 5 Rz 8).

11 Einzelfälle der Wertminderungsbilanzierung (ABC)

Angabepflichten im Anhang	(Rz 227 ff.)
anlassbezogener Wertminderungstest	Anwendungsbereich (Rz 14)
Anwendungsbereich von IAS 36	Aufzählung in Rz 4
aufgedeckter *goodwill*	jährlicher Wertminderungstest (Rz 14)
Ausnahmen (von der Standardanwendung)	Aufzählung in Rz 3
Bearbeitungsschritte	zur Ermittlung des Wertminderungsbedarfes (Rz 16)
Begriffsinhalte zur außerplanmäßigen Abschreibung	s. Rz 6
Buchmäßige Erfassung	teilweise erfolgswirksam, teilweise erfolgsneutral (Rz 10)
cash generating unit (CGU)	s. zahlungsmittelgenerierende Einheit
DCF-Verfahrensregeln	(Rz 161 ff.)
durchschnittliche Kapitalkosten (WACC)	(Rz 65)
goodwill	Durchführung des *impairment*-Tests (Rz 138)
goodwill	Anlass zur Durchführung des *impairment*-Tests (Rz 138)
goodwill	Allozierung auf die zahlungsmittelgenerierende Einheit (Rz 142 ff.)
goodwill	Zuordnung zu den Segmenten (Rz 144)

---

[98] FROWEIN/LÜDENBACH, KoR 2003, S. 261.

goodwill	Überwachung durch das interne Berichtswesen (Rz 150)
goodwill	Abbildung von Synergien (Rz 150)
goodwill	Zuordnung auf Gruppen von zahlungsmittelgenerierenden Einheiten *(goups of units)* (Rz 155)
goodwill	Übergang auf die IFRS-Rechnungslegung (Rz 60)
goodwill-impairment-Test	Anwendung der DCF-Verfahrensregeln (Rz 161 ff.)
goodwill-impairment-Test	Steuerlatenzen (Rz 165)
goodwill-impairment-Test	auf Vorsteuerbasis (Rz 165)
goodwill-impairment-Test	Nettoveräußerungswert statt Nutzungswert (Rz 166)
immaterielle Anlagewerte, die noch nicht zur Nutzung zur Verfügung stehen	jährlicher Wertminderungstest (Rz 14)
immaterielle Anlagewerte mit unbestimmter Nutzungsdauer	jährlicher *impairment*-Test (Rz 14)
impairment-Test	im Zusammenhang mit dem Übergang auf die IFRS-Rechnungslegung (Rz 75)
impairment-Test	Arbeitsschritte (Rz 214)
impairment-Test	Gesamtbeurteilung (Rz 215)
impairment-Test bei Minderheitsinteressen	(Rz 191 ff.)
Indikationen für das Vorliegen einer Wertminderung	(Rz 19 f.)
jährlicher *impairment*-Test	Anwendungsbereich (Rz 14)
Kontraindikation der Wertminderung	selten gegeben (Rz 29)
Nettoveräußerungswert *(fair value less costs of disposal)*	Anwendungsbereich (Rz 33 ff.)
Nutzungswert *(value in use)*	Berechnungsgrundlagen (Rz 42 ff.)
Nutzungswert *(value in use)*	Diskontierungssatz (Rz 65)
Nutzungswert *(value in use)*	Berechnungsbeispiel (Rz 84)
Nutzungswert *(value in use)*	Planungshorizont zur Ermittlung (Rz 88)

Außerplanmäßige Abschreibungen, Wertaufholung §11

Nutzungswert (*value in use*)	Wachstumsrate (Rz 90)
Nutzungswert (*value in use*)	Residualwert (Rz 84)
Prüfdiagramm	zur Feststellung des Abschreibungsbedarfes (Rz 8)
qualitativer Wertminderungstest (überschlägig)	Anwendungsbereich (Rz 17)
Risikozuschläge zu den Eigen- und Fremdkapitalkosten	Einzelheiten (Rz 69)
Unternehmensbewertung	entspricht konzeptionell der Wertminderungsfeststellung (Rz 8)
Verteilung des Wertminderungsaufwandes	auf die einzelnen Vermögenswerte (Rz 179)
Wertaufholungszuschreibung	(Rz 219)
Wertminderungsabschreibung	Steuerlatenz (Rz 226)
Wertminderungstest	s. *impairment*-Test
Zahlungsmittelgenerierende Einheit	gesamtes Unternehmen (Rz 109)
Zahlungsmittelgenerierende Einheit	Zuordnung der Vermögenswerte allgemein (Rz 115 ff.)
Zahlungsmittelgenerierende Einheit	gemeinschaftlich genutzte Vermögenswerte (Rz 134)
Zahlungsmittelgenerierende Einheit	Zuordnung einzelner Vermögenswerte (Rz 116)
Zahlungsmittelgenerierende Einheit	indirekte Zuordnung (Rz 116)
Zahlungsmittelgenerierende Einheit	Beispiele (Rz 101 ff. und Rz 152)
Zahlungsmittelgenerierende Einheit (*cash generating unit*, CGU)	Überblick (Rz 100 ff.)
Zahlungsmittelgenerierende Einheit	bei Fußballproficlubs (Rz 109)
Zahlungsmittelgenerierende Einheit	Bestimmung oder Definition (Rz 152 ff.)
Zahlungsmittelgenerierende Einheit	Saldierungskissen als bilanzpolitischer Gestaltungsansatz (Rz 154)
Zahlungsmittelgenerierende Einheit	Abgang mit zugeordnetem *goodwill* (Rz 183)

Zeitpunkt	zur jährlichen Durchführung des Wertminderungstestes (Rz 14)
Zinsstrukturkurve	(Rz 66)

12 Anwendungszeitpunkt, Rechtsentwicklung

244 IAS 36 ist synchron mit IFRS 3 anzuwenden (→ § 31 Rz 218) und damit auch IAS 38 (→ § 13 Rz 104). Die am 10.1.2008 veröffentlichte Neufassung von IFRS 3 mit Änderungen von IAS 36 bezieht sich auf den *goodwill-impairment*-Test bei Vorliegen von Minderheitsinteressen, nunmehr als *non-controlling interests* bezeichnet (Rz 191). Die Neufassung von IAS 36 rev. 2008 ist auf nach dem 30.6.2009 beginnende Geschäftsjahre anzuwenden. Sofern das Wahlrecht zur früheren Anwendung von IFRS 3 (→ § 31 Rz 221) ausgeübt wurde, muss auch IAS 36 rev. 2008 angewandt werden (IAS 36.140 B rev. 2008).
Im *Annual Improvements Project 2009* ist die Regelung über die Zuordnung eines *goodwill* zur CGU mit prospektiver Anwendung ab 2010 präzisiert worden (Rz 153).
Ab Geschäftsjahresbeginn nach dem 31.12.2008 gilt im Einzelabschluss der Dividendenbezug von Beteiligungsunternehmen u. U. als Indikation für eine Wertminderung (Rz 19).
Durch IFRS 13 werden mit Wirkung ab 2013 die Regeln zur Bestimmung des *fair value* stärker als bisher konkretisiert (Rz 7).

13 Zusammenfassende Praxishinweise

245 IAS 36 will eine **integrierte** Vorgabe für die Ermittlung einer Wertminderungsabschreibung *(impairment)* für folgende Teilbereiche des Aktivvermögens einer Unternehmung/eines Konzerns liefern (Rz 32):
- Einzelne Vermögenswerte *(assets)*,
- zahlungsmittelgenerierende Einheiten *(cash generating units*, CGUs),
- den diesen CGUs zugeordneten *goodwill*.

Insbesondere ist IAS 36 ausgerichtet auf die **nicht mehr planmäßig abzuschreibenden** Vermögenswerte:
- *goodwill* aus einem Unternehmenszusammenschluss,
- immaterielle Vermögenswerte mit unbestimmter Nutzungsdauer (Rz 14).

Diese Vorgabe beruht auf dem *impairment only approach*. Die **nicht** von IAS 36 erfassten Vermögenswerte sind in Rz 3 aufgeführt.
Zur **Durchführung** des *impairment*-Tests werden die infrage kommenden Vermögenswerte wie folgt gruppiert (Rz 14):
- qualifizierte Vermögenswerte,
  - immaterielle Anlagewerte mit unbestimmter Nutzungsdauer,
  - immaterielle Anlagewerte, die noch nicht genutzt werden,
  - im Rahmen eines Unternehmenszusammenschlusses aufgedeckter *goodwill*,
- übrige (unqualifizierte) Vermögenswerte.

Für die letztgenannten (**unqualifizierten**) **Werte** ist ein überschlägiger qualitativer Test durchzuführen, wenn entsprechende Anzeichen einer Wertminderung vorliegen. Ist dies der Fall, muss in Einzelberechnungen eingetreten werden (Rz 19).

Für die **qualifizierten Vermögenswerte** ist immer bei Vorliegen entsprechender Anzeichen, mindestens aber einmal im Jahr ein quantitativer Wertminderungstest durchzuführen (Rz 29).

Beim Wertminderungstest ist der **erzielbare** Wert *(recoverable amount)* dem **Buchwert** *(carrying amount)* gegenüberzustellen. I.d.R. wird der erzielbare Betrag als **Nutzungswert** *(value in use)* auf der Grundlage von entsprechenden *cash-flow*-Berechnungen ermittelt (Rz 42). Daneben kommt zur Bestimmung des erzielbaren Betrages auch der **Nettoveräußerungswert** in Betracht (Rz 32). Diese der **Unternehmensbewertung** nachgebildete Vorgehensweise macht regelmäßig die Bildung von **zahlungsmittelgenerierenden Einheiten** *(cash generating units*, **CGUs**) erforderlich, da dem einzelnen Vermögenswert in aller Regel keine individuellen *cash flows* zugeordnet werden können (Rz 100 ff.).

Zur Bestimmung des erzielbaren Betrags ist regelmäßig auf eine **DCF-Bewertung** zurückzugreifen (Rz 45). Bei der Ermittlung des **Nutzungswertes** muss auf ein **Barwertkalkül** zurückgegriffen werden; dabei gebietet der Standard erhebliche Restriktionen (etwa für Erweiterungsinvestitionen; Rz 54). Bei der DCF-Bestimmung des *fair value less costs of disposal* sind hingegen zwingend im maximalen Umfang **marktbasierte Inputs** zu verwenden (Rz 62). Für die Praxis gilt danach: Wer den für die Nutzungswertbestimmung bestehenden Restriktionen entgehen will und sich für einen im DCF-Verfahren ermittelten *fair value less costs of disposal* entscheidet, muss hierfür einen „**Preis**" bezahlen, also etwa von einer eher fundamentalwertorientierten Bewertung auf Basis der „besseren unternehmensinternen Erkenntnisse" zu einer marktorientierten Bewertung übergehen, die auch vermeintliche „irrationale Einschätzungen" des Marktes auf der Inputparameterseite berücksichtigt.

Soweit einzelne Vermögenswerte nicht eindeutig einer CGU zugeordnet werden können – **gemeinschaftlich genutzte** Vermögenswerte *(corporate assets)* –, muss eine Zuteilung nach bestimmter Schlüsselung erfolgen (Rz 134).

Besondere Behandlung erfährt der aus einem Unternehmenszusammenschluss resultierende *goodwill* (Rz 138 ff.).

Je nach Gestaltung der sog. **Saldierungskissen** (Rz 153) lässt sich bei der im Rahmen der Unternehmensakquisition erforderlichen Zuordnung der *goodwills* auf eine CGU das künftige **Abschreibungserfordernis** in gewissem Umfang steuern (Rz 154).

Im Zuge einer **Reorganisation** der internen Steuerung bzw. des *reportings* kann auch ein bereits einer CGU zugeordneter *goodwill* **neu verteilt** werden (Rz 186 ff.). Besonderheiten ergeben sich auch im Zusammenhang mit einem *goodwill*, der auf *non-controlling interest* entfällt, dieser kann wahlweise bei der Erstkonsolidierung mit angesetzt werden, ist bei späterer Aufstockung aber erfolgsneutral mit den Rücklagen zu verrechnen (Rz 191 ff.).

Die DCF-Verfahren zur Ermittlung des erzielbaren Wertes einer *goodwill*-tragenden CGU sind nicht durchgängig **kompatibel** mit wirtschaftlich vernünftigen Ausgangsüberlegungen (Rz 161 f.).

Die umfangreichen **Arbeitsschritte** im Zuge des *impairment*-Tests sind tabellarisch in Rz 214 dargestellt.

Nach erfolgter außerplanmäßiger Wertminderungsabschreibung ist jährlich ein Test zur Überprüfung einer etwa erforderlichen **Wertaufholungszuschreibung** (*reversal*) durchzuführen (Rz 219).

Eine geradezu erdrückende Fülle von **Angabevorschriften** zum *impairment* macht eine sinnvolle Interpretation des *materiality*-Grundsatzes im konkreten Fall erforderlich (Rz 227 ff.).

§ 12 ÖFFENTLICHE ZUWENDUNGEN (*GOVERNMENT GRANTS*)

Inhaltsübersicht	Rz
Vorbemerkung	
1 Zielsetzung, Regelungsinhalt und Begriffe	1–9
2 Ansatz	10–18
2.1 Zeitliches Kriterium	10–13
2.2 Eventuelle Rückzahlungsverpflichtung, Föderbedingungen	14–18
3 Ausweis	19–41
3.1 Allgemeines Kriterium: Ergebniswirksame Zuordnung zu den bezuschussten Aufwendungen im Zeitverlauf (*matching principle*)	19
3.2 Zuwendungen zum Einkommen (*grants related to income*)	20–24
3.3 Investitionszuwendungen (*grants related to assets*)	25–29
3.3.1 Im Anschaffungskostenmodell	25–28
3.3.2 Im *fair-value*-Modell	29
3.4 Sonderprobleme	30–41
3.4.1 Zuwendung nichtmonetärer Güter	30
3.4.2 Latente Steuern	31
3.4.3 Ausweis in der Kapitalflussrechnung	32
3.4.4 Rückzahlung von Zuwendungen	33–35
3.4.5 Verteilung bei gebündelten (*package*) Förderungsmaßnahmen	36
3.4.6 Zinsgünstige öffentliche Darlehen	37–39
3.4.7 Private Zuschüsse	40
3.4.8 Ausweis im Gliederungsschema	41
4 Angaben	42
5 Synopse zum HGB/EStG	43
6 Anwendungszeitpunkt, Rechtsentwicklung	44
7 Zusammenfassende Praxishinweise	45

Schrifttum: EISOLT, Bilanzierungsfragen bei der Abwasserabgabe-Verrechnung, WPg 2005, S. 19; FREIBERG, Bilanzierung von öffentlichen Investitionszuwendungen nach gegenwärtigem und zukünftigem Recht, PiR 2005, S. 94; KÜTING/KOCH, Neukonzeption der Bilanzierung von Zuwendungen der öffentlichen Hand, DB 2006, S. 742; KÜTING/KOCH, Öffentliche Zuwendungen im Jahresabschluss nach IFRS, DB 2006, S. 569; LÜDENBACH, Investitionszuwendungen in der Kapitalflussrechnung nach IAS 7, PiR 2014, S. 259; ROHATSCHEK, Bilanzierung von zinslosen bzw. niedrigverzinslichen Darlehen nach IAS 20 neu, IRZ 2009, S. 149; TJADEN, Bilanzierungsfragen bei Zuwendungen der öffentlichen Hand, WPg 1985, S. 33.

Vorbemerkung

Die Kommentierung bezieht sich auf IAS 20 in der aktuellen Fassung und berücksichtigt alle Ergänzungen, Änderungen und Interpretationen, die bis zum 1.1.2015 beschlossen wurden.

Einen Überblick über diskutierte oder schon als Änderungsentwurf vorgelegte zukünftige Regelungen enthält Rz 44.

1 Zielsetzung, Regelungsinhalt und Begriffe

1   IAS 20, der Standard zu den öffentlichen Zuwendungen (*government grants*), will den Adressaten des Jahresabschlusses Aufschlüsse über die **Hilfestellung** der **öffentlichen Hand** geben, die sich im Jahresabschluss eines Unternehmens/Konzerns niedergeschlagen haben. Dadurch soll die **Vergleichbarkeit** innerhalb des Unternehmens zwischenperiodisch und mit anderen Unternehmen hergestellt werden (IAS 20.5).
2   Als Zuschuss gelten **Hilfeleistungen** (*assistances*) der öffentlichen Hand durch **Transfer von Ressourcen** als Ausgleich für (*in return*) die Einhaltung bestimmter Bedingungen (IAS 20.3). Negativ werden diese Zuwendungen von den normalen Einnahmen abgegrenzt, die das Unternehmen im kaufmännischen Geschäftsverkehr mit öffentlichen Institutionen (*government*) erhält. Auf die **Bezeichnung** dieser Zuschüsse kommt es dabei nicht an (IAS 20.6).
3   IAS 12 vermeidet ein spezifisches Eingehen auf die **Vielfalt** der öffentlichen Förderungsmaßnahmen. Stattdessen zieht er allgemeine Begriffsdefinitionen heran und grenzt nicht behandelte Probleme im Zusammenhang mit der Wirtschaftstätigkeit der öffentlichen Hand aus. Zu solchen **ausgegrenzten** Gebieten zählen explizit:
- der in Hochinflationsländern relevante Fall der Bilanzierung zu indizierten Zeitwerten (IAS 20.2a).
- Begünstigungen irgendwelcher Art im Rahmen der Einkommensbesteuerung (IAS 20.2b; → § 26 Rz 13).
- Zuwendungen an Unternehmen mit landwirtschaftlicher Produktion (IAS 20.2d; IAS 41.34; → § 40).
- Beteiligungen der öffentlichen Hand am Unternehmen als Gesellschafter (IAS 20.2c).

Zum **zweiten** Aufzählungspunkt wird vom Standard auch auf *investment tax credits* (Steuergutschriften für Investitionen) hingewiesen, die somit nicht dem Regelungsbereich von IAS 20 unterliegen. Umgekehrt sind sie – im Gegensatz zu *tax credits* – auch nicht Gegenstand von IAS 12. Es verbleibt dann nur ein **Analogieschluss**, zu dem unter → § 26 Rz 16 Weiteres ausgeführt ist.
Der **letztgenannte** Punkt schließt die in **privatwirtschaftlicher** Rechtsform geführten Gesellschaften, an denen die öffentliche Hand beteiligt ist, nicht aus dem Anwendungsbereich von IAS 20 aus,[1] soweit sie einer „normalen" Wirtschaftstätigkeit nachgehen und dabei eine Zuwendung bestimmter Art erhalten (Beispiel: Energieversorgung). Vielmehr geht es um die Beteiligung „als solche". Im Rahmen der Verabschiedung von IAS 20 ist die Herausnahme der Beteiligungen der öffentlichen Hand aus dem Regelungsbereich intensiv diskutiert worden mit dem Ergebnis, dass das öffentliche Investment in das Nennkapital eines Unternehmens nicht von IAS 20 erfasst wird (F.4.20 „*funds contributed by shareholders*").
4   IAS 20.3 liefert folgende **Begriffsdefinitionen**:
- Als **öffentliche Hand** (*government*) werden generell **staatliche Instanzen** bezeichnet, einerlei ob diese auf lokaler, nationaler oder internationaler Ebene

---

[1] STASS/PIESBERGER/PRASSE, in: BAETGE u. a., Rechnungslegung nach IFRS, zu IAS 20 Tz 5.

agieren. Es ist auch unerheblich, in welcher Rechtsform die öffentliche Hand dabei auftritt, z.B. in Form einer öffentlich-rechtlichen Körperschaft. Nach der hier vertretenen Auffassung gehört zu den so bezeichneten *government agencies* auch eine privatwirtschaftlich organisierte Förderungsinstitution (**Beispiel**: Tourismus-Förderungs-GmbH).

- Als **öffentliche Beihilfen** (*government assistance*) wird in IAS 20.3 die Gewährung von **wirtschaftlichen Vorteilen** an ein Unternehmen oder eine Gruppe von Unternehmen verstanden, wenn diese bestimmte Kriterien erfüllen. Nicht unter den Begriffsinhalt von *government assistance* fallen **indirekte** Vorteilsgewährungen der öffentlichen Hand durch Zurverfügungstellung von Infrastruktur in Entwicklungsgebieten oder generelle Ermöglichung von wirtschaftlicher Betätigung (IAS 20.38).

- Der **eigentliche** Inhalt von IAS 20 bezieht sich auf die **öffentlichen Zuwendungen** (*government grants*). Es handelt sich um Hilfeleistungen der öffentlichen Hand in Form **der Übertragung von Mitteln** (*transfer of resources*; IAS 20.3) an ein Unternehmen. Dieser Transfer kann in bar, durch Aufrechnung, durch Forderungsverzicht (z.B. auf Steuern), durch Gewährung eines un- oder niedrigverzinslichen Darlehens (Rz 37) u. Ä. erfolgen und soll eine „Gegengabe" (*return*) für die Einhaltung bestimmter **Bedingungen** in der Vergangenheit oder Zukunft durch das Unternehmen im Rahmen seiner Tätigkeit (Rz 8) darstellen (**Beispiel**: Neubau einer Fabrik mit Schaffung von X Arbeitsplätzen).
Die öffentlichen Zuwendungen sind also definiert als **Unterbegriff** der öffentlichen **Beihilfe** (*assistance*). Öffentliche Beihilfen ohne Zuwendungscharakter sind nur im Rahmen der **Anhangsangaben** (Rz 42) nach den inhaltlichen Vorgaben von IAS 20.34ff. offenzulegen. Beispielhaft werden dort (IAS 20.35) genannt: kostenlose technische oder Marketing-Beratung oder Gewährung von Bürgschaften. Diese sollen sich einer Bewertung entziehen und sind deshalb nicht bilanzierbar. Zu den „*service concession arrangements*" wird verwiesen auf → § 18 Rz 61.

- Die öffentlichen Zuwendungen (*grants*) werden dann in IAS 20.3 weiter **untergliedert** in:
  - Zuwendungen, die sich auf **Vermögenswerte** (Rz 25ff.) beziehen, die das Unternehmen unter bestimmten Bedingungen erwerben oder herstellen will: nach deutschem Recht **Investitionszulagen** oder **Investitionszuschüsse** (*grants related to assets*; z 25).

Beispiel 1
Der Automobilkonzern B erstellt eine neue Fabrik in Leipzig. Dafür erhält er eine Investitionszulage nach den gesetzlichen Vorschriften sowie einen Investitionszuschuss aus dem Regionalförderprogramm des Freistaates Sachsen.

  - **Erfolgsbezogene Zuwendungen: Aufwands- oder Ertragszuschüsse** (*grants related to income*); sie sind negativ definiert als solche, die sich nicht auf Vermögenswerte beziehen (Rz 20ff.).

> **Beispiel 2**
> Der vor der Insolvenz stehende Bau-Großkonzern H erhält von der Bundesregierung eine „**Soforthilfe**" in bar zur Rettung der Arbeitsplätze.

> **Beispiel 3**
> Das Biotechnologieunternehmen X erhält vom Bundesforschungsministerium für Forschungsleistungen betreffend ein neues Produktionsverfahren einen laufenden „**Aufwandszuschuss**" für eine Periode von drei Jahren.

- „**Erlassfähige**" **Darlehen**, also solche Darlehen, auf die der Darlehensgeber unter bestimmten vorgeschriebenen Bedingungen verzichtet (*forgivable loans*).

> **Beispiel 4**
> Das Biotechnologieunternehmen Y baut in Hamburg ein neues Großlabor zur Entwicklung einer neuen Produktionstechnik. Die Freie und Hansestadt Hamburg gewährt ein unverzinsliches Finanzierungsdarlehen mit der Auflage, dieses dann zurückzuzahlen, wenn das Projekt gewinnbringend vermarktet werden kann.

> **Beispiel 5**
> Die Freie Hansestadt Bremen gewährt dem Biotechnologieunternehmen Z für den Bau eines Großlabors einen (zinslosen) Zuschuss. Dieser ist dann nicht rückzahlbar, wenn das Forschungsergebnis aus diesem Labor nicht gewinnbringend vermarktet werden kann.

> **Beispiel 6**
> Ein weiteres Beispiel stellt die **Abwasser-Abgabe-Verrechnung**[2] dar: Bei Errichtung einer Abwasserreinigungsanlage können die für die 3 Jahre vor Inbetriebnahme der Anlage entstandenen Abwasserabgaben „verrechnet" werden, d. h., sie werden zurückbezahlt.

Die Qualifikation der Zuwendung ist nicht nach dem Fördermechanismus (z. B. direkte Geldzahlung vs. Zinsverbilligung vs. Abgabenermäßigung etc.) vorzunehmen, sondern nach dem Förderobjekt. Für ein Beispiel zur Zinsverbilligung wird auf Rz 37 verwiesen, für eine Abgabenermäßigung auf das nachfolgende Beispiel.

> **Beispiel**[3]
> Nach dem öffentlichen Förderprogramm ist das Unternehmen zur Nichtabführung der Umsatzsteuerschuld berechtigt. Diese Vergünstigung bezieht sich auf eine Investition in Sachanlagevermögen bis zu einem Betrag von 40 % der Anschaffungs- oder Herstellungskosten. Die zunächst nicht bezahlte Steuerschuld ist 5 Jahre später zu entrichten.

---

[2] Vgl. hierzu EISOLT, WPg 2005, S. 1114.
[3] Nach ERNST & YOUNG, International GAAP 2013, Ch 27 2.31.

> Es handelt sich um eine **Investitionszuwendung** (Rz 25 ff.). Der Zuwendungsbetrag ist nach den beiden Ausweismöglichkeiten des IAS 20.24 abzubilden (Rz 26). Dadurch soll nach den Wünschen des Board (IAS 20.BC4) ein **fiktiver Zinsaufwand** ausgewiesen werden, um anderseits den öffentlichen **Zuwendungscharakter** herauszustellen.

In SIC 10.1 sind als **Anlässe** zur Gewährung von öffentlicher Beihilfe (*government assistance*; Rz 5) folgende Fälle aufgeführt: 8
- Geschäftstätigkeit in **besonderen Branchen**,
- Weiterführung der Geschäftstätigkeit nach der **Privatisierung**,
- Tätigkeitsbeginn oder -fortsetzung in **unterentwickelten Regionen**.

Die Zuwendung der öffentlichen Hand muss sich auf die **laufende Geschäftstätigkeit** des Unternehmens beziehen. Diese Bedingung wird durch die Betätigung in bestimmten Regionen oder industriellen Sektoren erfüllt (SIC 10.3). Der in Deutschland üblichen **Unterscheidung** nach **Zuschüssen** und **Zulagen** (vgl. die beiden alternativen Förderungsmöglichkeiten im Beispiel in Rz 7) kommt nach IAS 20 keine Bedeutung zu (§ 12 Rz 45).

Der Standard ist **nicht** auf Zuwendungen im Regelungsbereich von IAS 41 9 (*agriculture*) anzuwenden (→ § 41 Rz 2).

2 Ansatz

2.1 Zeitliches Kriterium

Öffentliche Zuwendungen sind nach IAS 20.7 zu dem Zeitpunkt bilanzansatzfähig, an dem gewährleistet ist (*reasonable assurance*), dass 10
- das Unternehmen die Fördervoraussetzungen erfüllt und
- die Zuwendungen auch tatsächlich zufließen werden (also z.B. die Anträge gestellt werden).

Beide Ansatzkriterien sind gleichermaßen bedeutsam. Dabei ist es unerheblich, in welcher **Technik** die Zuwendung gewährt wird. Es kann sich um eine **Barzahlung** handeln oder aber auch um den Erlass einer **Verbindlichkeit** gegenüber der öffentlichen Hand (IAS 20.9). Auch die Übertragung von **Sachwerten** materieller und immaterieller Art kommt in Betracht (Rz 30).

Unklar ist der der *reasonable assurance* beizumessende „Sicherheitsgrad".[4] (*Reasonable assurance* entspricht einem *sufficient degree of certainty* gem. F.4.48.) Man kann ihn mit *„probable"* i. S. v. IAS 18.14 identifizieren, doch ist mit dieser zirkulären Tautologie für die Bilanzierungspraxis wenig gewonnen. Umgekehrt: Der typische Auslegungsbedarf mit **Ermessensspielraum** des Managements kommt einmal mehr zum Tragen (→ § 1 Rz 37). Die häufig im Schrifttum dargebotenen Wahrscheinlichkeits-Prozentsätze sind weder aus dem Regelwerk ableitbar noch in der Anwendung operationabel (→ § 21 Rz 38 ff.). Allenfalls kommen Negativkriterien in Betracht: noch nicht ausgeschöpfter Förderungstopf der Regierung, kein Fristversäumnis etc.

---

[4] Zu den „Sicherheitsgraden" überhaupt und der diesbezüglichen Terminologie vgl. ADS INTERNATIONAL, Abschn. 11, Tz 19f.; KÜTING/KOCH, DB 2006, S. 569.

11 Das **zeitliche** Ansatzkriterium der *reasonable assurance* wird in IAS 20 nicht weiter definiert. Zurückzugreifen ist deshalb auf das Definitionsgefüge im *Framework* (→ § 1 Rz 85 ff.). Insbesondere geht es dabei um die Auslegung des **Wahrscheinlichkeits**gehaltes bez. der künftigen wirtschaftlichen Vorteile in F.4.40 IAS 20.8 begnügt sich über die Wiederholung der *reasonable assurance* hinaus in diesem Zusammenhang mit einem **negativen** Ansatzkriterium: Die bereits erfolgte Vereinnahmung des Zuwendungsbetrages erlaubt **nicht** den zwingenden Schluss, dass die mit der Zuwendung verbundenen Auflagen auch erfüllt sind oder später erfüllt werden. Sollte Letzteres nicht der Fall sein, wäre die vereinnahmte Zuwendung als Verbindlichkeit zu passivieren.

Zu unterscheiden sind öffentliche Zuwendungen mit **Rechtsanspruch** (**Beispiel**: Investitionszulage nach dem InvZulG) – bei Erfüllung bestimmter Voraussetzungen – von denjenigen, deren Gewährung von **Ermessensausübungen** einer Behörde abhängen. Die Erstgenannten sind bei Erfüllung der rechtlichen Kriterien, die Letztgenannten erst nach Ergehen eines entsprechenden Bewilligungsbescheides anzusetzen.[5]

12 Bei Zuschussgewährung im „**Windhundverfahren**" – Auslobung eines Zuwendungshöchstbetrages mit Vergabe nach Antragseingang – hängt der Bilanzansatz von dem noch nicht anderweitig ausgeschöpften Förderungsvolumen ab. Bei Genehmigungsvorbehalt einer übergeordneten Behörde muss deren Genehmigung vorliegen.[6]

13 **Erlassfähige Darlehen** (Rz 7) sind zu dem Zeitpunkt als öffentliche Zuwendung zu behandeln, in dem die Bedingungen für den Erlass mit *reasonable assurance* (Rz 10 f.) erfüllt werden. Die Erlassbedingungen müssen also noch nicht eingetreten sein. Liegt eine solche *reasonable assurance* vor, wird das Darlehen nicht mehr als Schuldposten ausgewiesen (IAS 20.10). Auf den Zeitpunkt des tatsächlichen Erlasses kommt es ebenso wenig an wie auf die Bezeichnung „Darlehen" (Beispiele 4 und 5 in Rz 7).

2.2 Eventuelle Rückzahlungsverpflichtung, Föderbedingungen

14 IAS 20.11 weist auf die Angabepflicht für **Eventualverbindlichkeiten** (*contingent liabilities*) nach IAS 37 hin (→ § 21 Rz 119), die aus bereits gewährten öffentlichen Zuwendungen (*grants*; Rz 6 f.) resultieren kann. Das ist insoweit berechtigt, als jede öffentliche Förderungsmaßnahme nur unter **Bedingungen** erteilt wird, wovon die meisten sich auf zukünftiges Verhalten beziehen (**Beispiel**: Aufrechterhaltung von Arbeitsplätzen). Solange überhaupt **kein** Anlass besteht, an der Einhaltung der Bedingungen zu zweifeln, ist die *contingent liability* weder angabe- noch bilanzierungspflichtig. Ist die Einhaltung der Bedingungen zwar **wahrscheinlicher**, aber die Nichteinhaltung **nicht völlig unwahrscheinlich** (*remote*), verbleibt es bei einem Anhangvermerk (Rz 42). Anders, wenn die Nichteinhaltung wahrscheinlich ist (→ § 21 Rz 38 ff.); dann ist die Rückzahlungsverpflichtung als Verbindlichkeit auszuweisen. Der Ausweis im Jahresabschluss richtet sich dann nach den Regeln der Verbindlich-

---

5 STASS/PIESBERGER/PRASSE, in: BAETGE u.a.: Rechnungslegung nach IFRS, IAS 20 Tz 22.
6 ADS INTERNATIONAL, Abschn. 11, Tz 11: „kaum noch Zweifel bestehen".

keits- und Rückstellungsbilanzierung (IAS 37.14) bzw. den Anhangsangaben (IAS 37.84ff.). Auf die Darstellung in → § 21 wird verwiesen.

Der Board plant seit Längerem, wenn auch zur Zeit nicht mehr aktiv, die Überarbeitung oder Ersetzung von IAS 20. Im Kontext des *Revenue Recognition Project* (→ § 25 Rz 125) wurde dabei diskutiert, die Ansatzkriterien (Rz 10ff.) nach Maßgabe der schon jetzt in IAS 41.34f. für bestimmte biologische Vermögenswerte enthaltenen Vorschriften (→ § 40 Rz 64f.) zu ändern. IAS 41.34f. unterscheidet bez. der zum *fair value* bewerteten biologischen Vermögenswerte zwischen
- **unbedingten** und
- **bedingten**

Zuwendungen.

Im weiteren Sinne ist beinahe jede Zuwendung bedingt, nämlich an die Erfüllung von Fördervoraussetzungen gebunden. Im engeren Sinne lässt sich aber am Beispiel der Investitionszuwendungen folgende Unterscheidung vornehmen:
- Die Zuwendung ist **unbedingt i. e. S.**, wenn mit Durchführung der förderfähigen Investition keine weiteren Auflagen mehr zu erfüllen sind;
- sie ist **bedingt,** wenn auch nach Vornahme der Investition noch bestimmte Auflagen zu erfüllen sind, etwa eine Mindestverbleibensdauer des Investitionsguts im Betrieb zu gewährleisten ist und bei Verstoß gegen diese Bedingung eine Rückzahlungspflicht besteht.

Im ersten Fall sind die Bedingungen mit der Investition bereits erfüllt. Zu buchen ist dann nach IAS 41.34 per Forderung auf Zuwendung an Ertrag. Bei zeitlich noch nicht erfüllter Bedingung ist geg. IAS 41.35 mit Geldeingang zu buchen: per Geld an Verbindlichkeit, bei Erfüllung der Bedingung: per Verbindlichkeit an Ertrag. Würden diese Regelungen auch für andere Vermögenswerte gelten, ergäben sich folgende Unterschiede zum gegenwärtigen Recht:

> **Beispiel**
> An die Investitionszulagengewährung für die Maschine eines Unternehmens A ist ein fünfjähriger Verbleibenszeitraum gem. InvZulG 2005 geknüpft (bedingte Zuwendung). A tätigt die Investition i. H. v. 4 Mio. EUR in 2005. Es besteht ein Rechtsanspruch auf die Zulage von 25 %. Sie fließt in 2007. A rechnet von Anfang an mit Wahrung der Verbleibensbedingung und hält diese auch tatsächlich ein.
> Buchungen nach geltem Recht:
> In 2005: per Maschine 4 Mio. an Bank 4 Mio.
> Per Forderung 1 Mio. an Maschine 1 Mio. (oder an Abgrenzungsposten 1 Mio.).
> In 2007: per Bank 1 Mio. an Forderung 1 Mio.
> Buchungen nach möglichem zukünftigen Recht
> In 2005: per Maschine 4 Mio. an Bank 4 Mio.
> In 2007: per Bank 1 Mio. an Schuld 1 Mio.
> In 2010 (Ablauf der 5-Jahres-First) per Schuld 1 Mio. an Ertrag 1 Mio.

Hängt die Rückzahlungsverpflichtung für eine erhaltene Förderung von dem Entstehen **künftiger Gewinne** ab und ist diese Verpflichtung aus diesen Gewinnen zu bestreiten, dann darf nach deutscher Rechtsauffassung u. U. eine Verbindlichkeit erst bei Eintritt der Bedingung (Gewinnsituation) bilanziert werden.[7] Den IFRS ist unmittelbar eine solche Vorgabe nicht zu entnehmen. Die der deutschen Auffassung entsprechende Behandlung lässt sich allerdings durch das *matching principle* begründen (IAS 20.16): Der Aufwand ist der Periode zuzuordnen, in welcher der entsprechende Ertrag entstanden ist.[8] Bis dahin ist ein rückzahlbarer Zuschuss oder ein „erlassfähiges Darlehen" (Rz 7) als Verbindlichkeit auszuweisen. Unerheblich ist in diesem Zusammenhang die rechtliche Ausgestaltung der Eventual-Rückzahlungsverpflichtung als **auflösend oder aufschiebend** bedingt. Denn in der rechtlichen Gestaltung können durch Ausformulierung beide Techniken zum gleichen Ergebnis führen.[9]

Für bedingt rückzahlbare Darlehen im Rahmen der Projektförderung der **Filmindustrie** verfährt die Praxis wie folgt: : Zunächst erfolgt die Erfassung der öffentlichen Zuwendungals Verbindlichkeit. Wenn nach Einführung in den Kinobetrieb eine verlässliche Schätzung der künftigen Einnahmen möglich und dann die Nichtrückzahlungspflicht wahrscheinlich ist, kann der (teilweise) Darlehenserlass ergebniswirksam vereinnahmt werden.[10]

17 Eine **Anhangsangabe** oder die **Passivierung** einer Rückzahlungsverpflichtung entfällt dann, wenn sich die öffentliche Hand mit ihrer Zuwendung am **wirtschaftlichen Erfolg** des bezuschussten Projekts beteiligt (**Beispiel**: öffentliche Forschungszuschüsse; vgl. die Beispiele 4 u. 5 unter Rz 7).

18 Die **erstmalige** Bilanzierung von Rückzahlungsverpflichtungen für öffentliche Zuwendungen (*government grants*) lässt sich ausnahmsweise als Berichtigung einer Schätzung (*revision to an accounting estimate*) nach IAS 8.23 ff. darstellen (→ § 24 Rz 11 ff.). Meistens wird allerdings ein neuer Sachverhalt vorliegen, der auch ohne besondere Regeln bilanzieller Berücksichtigung bedarf.

3 Ausweis

3.1 Allgemeines Kriterium: Ergebniswirksame Zuordnung zu den bezuschussten Aufwendungen im Zeitverlauf (*matching principle*)

19 IAS 20.12 spricht sich für die **erfolgswirksame** Behandlung des Zuschusses als einzige Bilanzierungsmöglichkeit aus. Die offensichtlich im Board vor der Verabschiedung geführte heftige Diskussion – s. IAS 20.14f. – lehnt die **direkte Vereinnahmung im Eigenkapital** = *capital approach* (→ § 20 sowie SIC 10.3) ab. Insoweit besteht also eine nahtlose Übereinstimmung mit den deutschen Bilanzierungsregeln. Dieser sog. *income approach* wird weiter in IAS 20.12 in Verbindung mit IAS 20.16 bis 20.19 in einer **periodisierenden** Betrachtung spezifiziert („*to match*"). Die mit den öffentlichen Zuwendungen korrespondie-

---

[7] Die Auffassungen sind diesbezüglich sehr differenziert. Der BFH hat (in handelsrechtlicher Argumentation) im Urteil v. 17.12.1998, IV R 21/97, BStBl II 2000 S. 451, auf Rückstellungsbildung erkannt. Steuerlich gilt dies nach § 5 Abs. 2a EStG nicht. Anders der BFH i. Urteil I R 100/10, DStR 2012, S. 450: Kein Schuldposten bei Tilgung nur aus künftigen Gewinnen. Vgl. auch die Synopse unter Rz 43.
[8] So auch STASS/PIESBERGER/PRASSE, in: BAETGE u. a., Rechnungslegung nach IAS zu IAS 20, Tz 29, mit Hinweisen auf Schrifttum.
[9] Vgl. BFH, Urteil v. 17.12.1998, IV R 21/97, BStBl II 2000 S. 116; so auch GROTE, in: THIELE/KEITZ, VON/BRÜCKS, Internationales Bilanzrecht, IAS 20, Tz 122.
[10] SANDLEBEN/WITTMANN, IRZ 2013, S. 92.

renden Kosten (im weiteren Sinne auch als Investitionsausgaben verstanden) sollen durch die buchmäßige Behandlung des Zuschusses **ergebnismäßig** kompensiert werden (vgl. das Beispiel in Rz 21). Dies entspricht der Vorgabe in F.4.53 (→ § 1 Rz 114). Insoweit besteht ein konzeptioneller Unterschied zu der in Deutschland als **Wahlrecht** in der Steuerbilanz möglichen sofortigen Vereinnahmung von Investitionszuwendungen.[11] Umgekehrt entspricht die (auch) nach deutscher Auffassung zu präferierende ratierliche Vereinnahmung der eben genannten Vorgabe nach IAS 20.12. Zum Vergleich mit den deutschen Bilanzierungsregeln siehe Rz 43 ff.

Die periodengerechte Zuordnung der Zuschüsse nach dem *matching principle* erfordert bei Investitionszuwendungen buchungstechnisch den Ansatz eines **passiven Abgrenzungspostens** oder eine aktivische Kürzung von den Anschaffungs- oder Herstellungskosten (Rz 21, 26). Beide Posten stellen konzeptionell nach dem IFRS-*Framework* einen Fremdkörper dar.[12] Auch deshalb soll IAS 20 grundlegend überarbeitet werden.

3.2 Zuwendungen zum Einkommen (*grants related to income*)

IAS 20.20 bis IAS 20.22 unterscheiden – nicht sehr trennscharf – zwei Typen von Zuwendungen zum Einkommen (besser: Aufwandszuschüsse; siehe Rz 7), die bei Erfüllung der Ansatzvoraussetzungen (Rz 10f.) sofort ergebniswirksam zu erfassen sind:

- solche für **bereits entstandene Aufwendungen** oder **Verluste** (ohne zugehörige künftige Aufwendungen);
- unter bestimmten Umständen zugesagte **unmittelbare finanzielle Hilfe** (Beispiel 2 unter Rz 7; vgl. Rz 21).

20

Beide Ausweistypen sind praktisch häufig nicht zu unterscheiden. Das ist allerdings von geringer praktischer Relevanz, denn in beiden Fällen ist der Ansatz **zeitlich** bei Erfüllung der Voraussetzungen i.S.d. IAS 20.7 (Rz 10f.; voll ergebniswirksam unter den sonstigen betrieblichen Erträgen) vorzunehmen (IAS 20.21).

Zukunftsbezogene Zuwendungen zum Einkommen (Ertrags- bzw. Aufwandszuschüsse, Rz 7) sind nach IAS 20.12 **periodengerecht** entsprechend den zugehörigen Aufwendungen zu vereinnahmen (Rz 19). Eilt die Zuschussgewährung den Aufwendungen **zeitlich voraus**, ist die „Überzahlung" als Rechnungsabgrenzungsposten (*deferred income*) zu passivieren und zeitanteilig (zur Parallele im deutschen Recht § 12 Rz 43 ff.) oder in sonstiger systematischer Weise aufzulösen. Der Ausweis in der GuV (bzw. dem GuV-Teil der Gesamtergebnisrechnung) kann dabei wahlweise nach IAS 20.29 als Kürzung von den Aufwendungen (Nettoausweis) oder unter den sonstigen Erträgen (*other income*) erfolgen (Bruttoausweis). Im Einzelfall kann gem. IAS 20.31 eine Anhangerläuterung zum gewählten Ausweis erforderlich sein.

21

> **Beispiel**
> Ein Unternehmer erhält im Jahr 01 eine Zusage der Regierung über einen Zuschuss von 30 zur Beseitigung von Umweltschäden auf fünf Jahre. Der

---

11 Zur handelsrechtlichen Bilanzierung siehe HOFFMANN/LÜDENBACH, NWB Kommentar Bilanzierung 5. Aufl. 2014 § 246 Rz 324 ff.
12 FREIBERG, PiR 2005, S. 94.

Zuschuss wird in 01 mit 15 und in 04 mit weiteren 15 ausbezahlt. Die Kosten betragen 15. Die Ergebnisauswirkung beträgt:

Jahr	Kosten	Verein-nahmung	Forderung	passive Abgrenzung
01	1	2	15	28
02	2	4	15	24
03	3	6	15	18
04	4	8	0	10
05	5	10	0	0
Gesamt	15	30		

Je nach Zahlungszeitpunkt ist für den Überschuss eine Abgrenzung als Vermögenswert oder passive Rechnungsabgrenzung (*deferred income*) vorzunehmen.

22 Das Hauptproblem bei der Bearbeitung von Zuwendungen zum Einkommen besteht in der richtigen **periodischen Zuordnung** (*matching*).[13] Dies gilt insbesondere bei der Bezuschussung von längerfristigen Entwicklungsprojekten. Als Illustration kann das Beispiel eines Zuschusses für Fortbildungsmaßnahmen (*training*) dienen. Dazu kommen folgende zeitliche Kriterien in Betracht:
- Zuordnung zu den direkten Kosten der Ausbildung;
- Zuordnung zu den Lohnkosten für die fortzubildenden Beschäftigten während der Laufzeit des Projektes;
- zeitliche Zuordnung zu den erhofften Erfolgen der Fortbildungsmaßnahmen;
- zeitliche Zuordnung über die Laufzeit des Fortbildungsprojektes in gleichmäßiger Verteilung;
- Zuordnung über den Zeitraum, in dem der Zuschuss geleistet wird;
- Vereinnahmung bei Zahlung des Zuschusses.

Die letztgenannte Variante scheidet nach IAS 20.12 aus (Rz 21).
Alle übrigen Zuordnungsvarianten können unter Berücksichtigung der konkreten Umstände zutreffend sein. Vor diesem Hintergrund ist der **zeitlichen Konsistenz** bei der Wahl der Zuordnungsmethode besonderes Gewicht beizumessen (Stetigkeitsgebot → § 24 Rz 7).

23 IAS 20 erwähnt förmlich nicht die Zuschüsse für **entgangene Einnahmen** (**Beispiele**: unentgeltliche Schülerbeförderung, Altölbeseitigung, Stilllegungsprämien). Diese sind wirtschaftlich den eigentlichen Aufwandszuschüssen vergleichbar und fallen deshalb ebenfalls unter die Zuschüsse zum Einkommen (Rz 43, dort die Beispiele „Verzicht auf Milch- oder Mehlproduktion").

24 Wegen des möglichen Ausweises als Umsatzerlös wird verwiesen auf → § 25 Rz 117, zur möglichen Einbeziehung von steuerlichen Fördermaßnahmen vgl. → § 26 Rz 13.

---

[13] Vgl. hierzu die Darstellung bei ERNST & YOUNG, International GAAP 2013, Ch 27 2.41. Auf die dortigen Ausführungen stützt sich die nachfolgende Kommentierung.

3.3 Investitionszuwendungen (*grants related to assets*)

3.3.1 Im Anschaffungskostenmodell

Investitionszuwendungen (Rz 7) – begrifflich hier auch umfassend die Investitionszulagen nach deutschem Steuerrecht – sind buchmäßig als **Kompensation** der zugehörigen **Abschreibungen** zu behandeln (IAS 20.12, IAS 20.17). Die nach R 6.5 Abs. 2 EStR 2012 auch mögliche sofortige **erfolgswirksame Behandlung** kommt **nicht** in Betracht. Insofern stimmen umgekehrt die Regeln von IAS 20 mit der IDW-Stellungnahme, HFA 1/1984, überein (→ § 12 Rz 44).[14] Bei der Zugangsbewertung soll ein *impairment*-Test gem. IAS 36 (→ § 11 Rz 14ff.) als zwingend eingeführt werden.[15] Eine mit dem Ansatz des Zuschusses u. U. einhergehende Verbindlichkeit ist derselben Zahlungsmittel generierenden Einheit (→ § 11 Rz 116ff.) wie der bezuschusste Vermögenswert zuzuordnen.

Diese Periodisierung **proportional zum Abschreibungsverlauf** kann in zweierlei Form buchtechnisch dargestellt werden (IAS 20.24):
- Ausweis als **passiver Rechnungsabgrenzungsposten** (*deferred income*) mit abschreibungsproportionaler Auflösung (Bruttomethode);
- **Kürzung** von den **Anschaffungs- oder Herstellungskosten** mit der Folge niedrigerer Abschreibungsverrechnung (Nettomethode).

Die beiden Methoden gelten als *gleichwertig*, also kein „*benchmark treatment*". Sie entsprechen der IDW-Vorgabe in HFA 1/1984. Das ist insofern zutreffend, als beide Methoden eine periodengerechte Aufwands- bzw. Ertragsverrechnung gewährleisten (Rz 19). Zu Darstellungs**beispielen** vgl. Rz 34. Dabei ist die spezialrechtliche Passivierungsvorgabe in IAS 20.24 systemwidrig, weil das IFRS-Regelwerk keine passive Abgrenzung kennt, sondern Schulden (Rz 19). Man mag das *deferred income* deshalb vielleicht als „technische Schuld" bezeichnen.[16]

In der **HGB-Praxis** gibt es keine einheitliche **Ausweisregel** für die passivierten Zuwendungen; z.T. werden diese innerhalb der **Rechnungsabgrenzungsposten** ausgewiesen oder im **Anhang** genannt, z.T. erfolgt die Darstellung als **Sonderposten** zwischen Eigen- und Fremdkapital (§ 12 Rz 44). Nach IFRS ist der **Ansatz** eines Sonderpostens zwischen Eigen- und Fremdkapital nicht zulässig. Einen besonderen Ausweis für Abgrenzungsposten sieht das Bilanzgliederungsschema der IFRS ebenfalls nicht vor. Üblich ist daher die Einordnung unter langfristigen Schulden (Rz 41).

Die **Ergebnisauswirkung** beider Methoden ist die gleiche, soweit – sinnvollerweise – die Auflösung des Passivpostens abschreibungsproportional erfolgt (so die Regel nach IAS 20.17 „*usually*"). Der Gegenausweis innerhalb der GuV hat nach IAS 20.26 ff. unter den sonstigen Erträgen einerseits (**Brutto**verfahren) oder als Kürzung von den Abschreibungen andererseits (**Netto**verfahren) zu erfolgen (Rz 41).

Zur Behandlung in der **Kapitalflussrechnung** vgl. Rz 32 sowie → § 3 Rz 64.

Änderungen bei der Abschreibungsmethode bzw. die Neueinschätzung der Nutzungsdauer (→ § 10 Rz 42) führen zur korrespondierenden Anpassung des passiven Abgrenzungsbetrages.

---

[14] WPg 1984, S. 613; siehe hierzu Tjaden, WPg 1985, S. 36.
[15] IASB, Update Juli 2004.
[16] So Freiberg, PiR 2008, S. 208.

28 Bei Zuwendungen für nicht **abschreibbare** Vermögensgegenstände (Grundstücke) löst IAS 20.18 das Periodisierungsproblem anhand der damit in aller Regel verbundenen Auflage.

> **Beispiel**
> Wenn der Zuschuss für einen Grundstückserwerb (auch kostenlose Übereignung des Grundstücks) von der Errichtung eines Gebäudes auf diesem Grundstück abhängt, ist er als *deferred income* zu passivieren und über die Nutzungsdauer des Gebäudes hinweg zu vereinnahmen.[17] Der Zugang des Gebäudes ist zum *fair value* zu bewerten.

> **Weiteres Beispiel**[18]
> Ein Unternehmer erhält unentgeltlich ein Stück Land mit einem Verkehrswert von 120 zur Erschließung. Bedingung ist die Beschäftigung von heimischen Arbeitern während der Arbeitsdauer von drei Jahren. Die Auflage der Regierung sieht einen festen Mindestlohnaufwand von 60 vor, der im Zeitverlauf wie folgt anfällt und eine entsprechende Zuschussvereinnahmung auslöst:
>
> | Jahr | Kosten | Zuschuss |
> |------|--------|----------|
> | 01 | 10 | 20 |
> | 02 | 10 | 20 |
> | 03 | 40 | 80 |
> | | 60 | 120 |

3.3.2 Im *fair-value*-Modell

29 Öffentliche Zuwendungen zu Anlagegrundstücken (*investment properties*), die im *fair-value*-Modell bewertet werden (→ § 16 Rz 54), können einerseits Anschaffungs- bzw. Herstellungskosten **mindern**, andererseits in Analogie zu Vorgaben für den Bereich der landwirtschaftlichen Produktion nach IAS 41.34 (→ § 40 Rz 55) **ertragswirksam** vereinnahmt werden. Welche Lösung vorzuziehen ist, hängt von den Umständen ab. Wenn die öffentlichen Zuwendungen **allen** vergleichbaren Investitionen offenstehen (z.B. nach dem Investitionszulagengesetz), aber ein **neues** Wirtschaftsgut voraussetzen, sinkt der *fair value* „automatisch" mit der Ingebrauchnahme. Die Anschaffungs-/Herstellungskostenminderung gleicht diesen Effekt aus. Wenn die Zuwendungen gleichermaßen für **gebrauchte** „Wirtschaftsgüter" gelten, tritt kein Wertverlust ein. Eine ertragswirksame Buchung des Zuschusses ist dann vorzuziehen.

---

[17] Nach IAS 20.18. So auch KPMG, Insights into IFRS 2010/2011, 4.3.40.40; teilweise differenzierend STASS/PIESBERGER/PRASSE, in: BAETGE u.a., Rechnungslegung nach IFRS, IAS 20, Tz 41, und ADS INTERNATIONAL, Abschn. 11, Tz 51.
[18] Nach EPSTEIN/MIRZA, Interpretation and Application of IAS 2002, S. 953.

Beispiel[19]
Sachverhalt
Das Unternehmen erstellt am 30.12. ein Gebäude in einem Fördergebiet für einen Preis von 450 und erhält hierfür wie andere Investoren einen Zuschuss von 1/3 (150). Am 31.12. beträgt der Marktpreis vergleichbarer Neugebäude 480. Die öffentliche Zuwendung wird nur auf Neugebäude gewährt und ist ansonsten mit keiner Auflage verbunden.

Lösung
Am 30.12. wird der Zuschuss herstellungskostenmindernd verbucht und das Gebäude mit 300 (2/3 von 450) bewertet, am 31.12. mit 320 (2/3 von 480) wird ein Werterhöhungsertrag von 20 verbucht.

Sachverhaltsvariante
Der Zuschuss von 1/3 wird auch für die Anschaffung gebrauchter Gebäude gewährt.

Lösung
Am 30.12. wird der Zuschuss ertragswirksam verbucht und das Gebäude mit 450 bewertet, am 31.12. mit 480 und ein Werterhöhungsertrag von 30 verbucht.
Das im Vergleich zur ersten Variante um 160 höhere Ergebnis erklärt sich wie folgt: Da auch gebrauchte Gebäude förderfähig sind, bewirkt die Ingebrauchnahme keine Minderung des erzielbaren Marktwertes.

Weiteres Beispiel
Sachverhalt
Das Unternehmen erhält von der öffentlichen Hand Bauland mit einem *fair value* von 100. Die Auflage besteht im Bau von Häusern mit niedrigen Mieten. Es handelt sich um ein *investment property*, für das die *fair-value*-Folgebilanzierung gewählt wird.
Die Baukosten betragen 350, das fertige Projekt – Land und Häuser – hat einen *fair value* von 480.

Lösung
Möglich erscheint eine Passivierung des erhaltenen Zuschusses von 100 als Betriebseinnahme oder als Abzug von den Herstellungskosten. In beiden Fällen realisiert das Unternehmen einen Gewinn von 130, der sich aus dem „Zuschusseinkommen" für das Bauland von 100 und dem Wertzuwachs von 30 zusammensetzt.

---

[19] In Anlehnung an KPMG, Insights into IFRS 2010/2011, Tz 4.3.70.20; dies gilt auch für das folgende Beispiel.

3.4 Sonderprobleme

3.4.1 Zuwendung nichtmonetärer Güter

30 IAS 20.23 befasst sich mit dem Sonderfall der Zuwendung **nichtmonetärer Güter** mit den Beispielen Grund und Boden und sonstigen Ressourcen. In diesem Fall werden zwei Bilanzierungsmöglichkeiten zur Wahl gestellt (→ § 13 Rz 81):
- Einbuchung des **Zeitwertes** (*fair value*) des betreffenden Vermögensgegenstandes.
- Einbuchung mit einem **symbolischen** Wert (*nominal amount*).

Die Gegenbuchung erfolgt entsprechend derjenigen bei Gewährung eines Barzuschusses.

Buchungssatz also: per Anlagevermögen (z. B.) an Rechnungsabgrenzungsposten „*deferred income*" (Rz 26).

Für **bestimmte** immaterielle Vermögenswerte (*intangible assets*) nennt IAS 38.33 Beispiele, die nach Maßgabe des vorstehenden Wahlrechts bilanziert werden können: Landungsrechte für Flugzeuge,[20] Lizenzen zum Radio- und Fernsehbetrieb, Import-Lizenzen u. Ä. **Emissionsrechte** (sog. Treibhausgas-Emissionsberechtigung)[21] sind – u. E. auch nach Rücknahme von IFRIC 3 (→ § 13 Rz 47) – als öffentlicher Zuschuss (*government grant*)[22] anzusetzen (zu passivieren), soweit der *fair value* des Emissionsrechtes den vom Unternehmen zu bezahlenden Betrag übersteigt. Der passive Abgrenzungsposten ist dann folgerichtig über die Bewilligungsdauer des betreffenden Emissionsrechts hinweg ergebniswirksam zu vereinnahmen. Die Option in IAS 20.23 für den symbolischen Wert (*nominal amount*) gilt nach der Rücknahme von IFRIC 3 ebenfalls. Zur Bilanzierung des Emissionsrechtes als immaterieller Vermögenswert wird verwiesen auf → § 13 Rz 47, wegen der *service concession arrangements* auf → § 18 Rz 61. Wegen weitergehender Überlegungen des Boards zur bilanziellen Abbildung von Treibhausgasemissionsberechtigungen vgl. → § 13 Rz 49.

Aus der Zusammenstellung von Enforcement-Entscheidungen der ESMA[23] folgendes Beispiel zum Handel mit Treibhausgas-Emissionsberechtigungen:

Beispiel

Sachverhalt

Ein Kraftwerk K produziert **nur** Strom aus erneuerbaren Energien („grüner Strom"). Von der Regulierungsbehörde erhält es dafür handelbare Zertifikate. Diese werden von Produzenten „schmutzigen" Stromes direkt von K oder über eine Börse gekauft. Im Geschäftsmodell des K nimmt der „Direktverkauf" der Zertifikate einen bedeutenden Platz ein.

Enforcement-Entscheidung

Die Zuteilung der Zertifikate durch die Behörde stellt eine Zuwendung zum Einkommen (Rz 20) dar. Die Darstellung muss im GuV-Teil der Gesamtergebnisrechnung oder in der separaten GuV-Rechnung (Rz 21) gesondert

---

[20] Vgl. hierzu OLBRICH/DALLMAYR/ZILCH, BFuP 2009, 207.
[21] Einzelheiten zum Inhalt des rechtlichen Rahmens bei GÜNTHER, KoR 2003, S. 432.
[22] So die Auffassung des IASB im Protokoll des Board-Meetings vom September 2005.
[23] Decision ref. 0111–04.

> erfolgen. Dem speziellen Geschäftsmodell des K folgend sind die am Stichtag nicht verkauften Zertifikate nach IAS 2 (→ § 17 Rz 18) als im ordentlichen Geschäftszyklus befindlich (→ § 2 Rz 36) darzustellen. Das Bilanzierungsmodell ist im Anhang zu erläutern.

3.4.2 Latente Steuern

IAS 20 befassen sich nicht mit Problemen der Steuerlatenzrechnung. Deshalb ist zu diesem Thema IAS 12 heranzuziehen, wo **zeitliche Unterschiede** (*temporary differences*) allgemein behandelt werden und damit u. U. auch solche nach IAS 20 umfassen (→ § 26 Rz 43).

Dabei ist im **Zugangszeitpunkt** wie folgt zu differenzieren:

- **gleicher Ausweis in IFRS- und Steuerbilanz**, unsaldiert mit Passiv-Sonderposten oder saldiert als Kürzung der Anschaffungs- oder Herstellungskosten (Rz 25 f.) → keine temporäre Differenz, keine Steuerlatenz.
- **unterschiedlicher Ausweis**, z. B. Passiv-Sonderposten in der Steuerbilanz, Kürzung von den Anschaffungs- oder Herstellungskosten in der IFRS-Bilanz oder umgekehrt (Rz 25 f.) → zusammengefasst keine temporäre Differenz, keine Steuerlatenz.
- **sofortige erfolgswirksame – allerdings steuerfreie – Vereinnahmung** in der Steuerbilanz (Investitionszulage), ratierlich in der IFRS-Bilanz (Rz 25) → Differenz bereits bei Zugang, aber permanent, da steuerfrei, deshalb nach IAS 12.22c und IAS 12.33 keine (aktive) Steuerlatenz.
- **sofortige erfolgswirksame – allerdings steuerpflichtige – Vereinnahmung** in der Steuerbilanz (Investitionszuschuss), ratierlich in der IFRS-Bilanz (Rz 25), erfolgswirksame Vereinnahmung bereits beim Zugang, deshalb Steuerlatenz gem. IAS 12.22b (→ § 26 Rz 16).

In den 3 erstgenannten Fällen können an sich unterschiedliche Abschreibungsfristen oder -verfahren zwischen IFRS- und Steuerbilanz (ggf. mit entsprechend unterschiedlicher Auflösung des Passiv-Sonderpostens; Rz 26) in der **Folgebewertung** zu temporären Differenzen führen. Dafür darf indes nach IAS 12.22c (→ § 26 Rz 89) keine Steuerlatenzierung erfolgen.

3.4.3 Ausweis in der Kapitalflussrechnung

Nach IAS 20.28 sollen bei **größeren Geldbewegungen** im Zusammenhang mit öffentlichen Zuwendungen diese in der Kapitalflussrechnung (→ § 3 Rz 78) gesondert gezeigt werden, und zwar unabhängig davon, ob die Zuschüsse zu Investitionen von den Anschaffungs- oder Herstellungskosten des bezuschussten Vermögensgegenstandes gekürzt oder als passiver Rechnungsabgrenzungsposten ausgewiesen werden (Rz 26). Empfohlen wird in IAS 20.28 die getrennte Darstellung des Liquiditäts**zuflusses** durch den öffentlichen Zuschuss einerseits und des Liquiditäts**abflusses** infolge der Investition andererseits.

Die IFRS behandeln aber nicht die Frage der Darstellung bzw. des Ausweises **innerhalb** der *cash-flow*-Rechnung. Die Problematik stellt sich insbesondere für die Zuschüsse für Investitionen (Rz 25) mit der Notwendigkeit, die Ausweisalternativen (Rz 26) konsistent in der *cash-flow*-Rechnung abzubilden.

Folgende Lösungen sind denkbar:
- Zuordnung des Zuschusses dort, wo auch der bezuschusste Vorgang ausgewiesen wird, also bei Aufwandszuschüssen im operativen Teil, bei Investitionszuschüssen im investiven Teil der Kapitalflussrechnung;
- Zuordnung sämtlicher Zuschüsse zum operativen Teil bei Kürzung des Zuschusses von den Anschaffungs- oder Herstellungskosten: weniger Abschreibung im **operativen** Teil bei geringerer Auszahlung im Bereich der **Investitionstätigkeit**;
- Darstellung des Zuschusses im **Finanzierungsbereich**.

IAS 20.28 favorisiert – allerdings nur implizit – die erste Lösung. Nach der Systematik von IAS 7 (also prinzipienbasiert) wäre die zweite Lösung zutreffend (→ § 3 Rz 154).[24]

3.4.4 Rückzahlung von Zuwendungen

33 Geregelt ist in IAS 20.32 auch die **Rückzahlung** für beide Typen der öffentlichen Zuwendungen:
- **Ertragsbezogene** Zuwendungen (Rz 21) sind zunächst mit einem etwa noch offenen passiven Abgrenzungsposten (Bruttomethode) zu verrechnen und im Übrigen als Periodenaufwand zu erfassen.
- **Investitions**zuwendungen sind bei einer Rückzahlungsverpflichtung entweder dem Buchwert zuzuschlagen (bei Anwendung der Nettomethode Rz 26) oder von dem Buchwert des noch vorhandenen passiven Abgrenzungspostens zu kürzen. Die im Hinblick darauf „fehlenden" Abschreibungen sind unmittelbar aufwandswirksam nachzuholen. Dieser Sachverhalt gilt als eine Änderung eines bisher der Abschlusserstellung zugrunde gelegten Schätzungsverfahrens (→ § 24 Rz 11 ff.). IDW HFA 1/1984 entspricht weitgehend diesen Regeln.

Beispiel für ertragsbezogenen Zuschuss
Das Unternehmen hat einen Zuschuss von 1.000 Einheiten aus dem Regionalförderungsprogramm für die Schaffung einer neuen Produktlinie erhalten. Die damit verbundene Auflage sieht die Schaffung von 20 neuen Vollarbeitsplätzen vor, die für wenigstens 5 Jahre aufrechterhalten werden müssen. Zu Beginn des 4. Jahres wird das Projekt eingestellt mit der Folge der Rückzahlung des gesamten Förderungsbetrages durch das Unternehmen.
Die bilanzmäßige Entwicklung ist die folgende:

Jahr	+ Zuschuss – Rückzahlung	Passive Abgrenzung	Ertrag	Aufwand
01	+ 1.000	800	200	
02		600	200	
03		400	200	
04	– 1.000	– 400		600
	0		600	600

---

[24] Vgl. zum Ganzen auch Lüdenbach, PiR 2014, S. 259

Die bilanzmäßige Entwicklung ist bei Anwendung der **Brutto**methode = Passivierung des Zuschusses als **Rechnungsabgrenzung** (*deferred income*; Rz 26): 34

Beispiel für Finanzierungszuschuss
Das Unternehmen erhält vom Umweltamt einen Investitionszuschuss von 200 Einheiten zur Finanzierung einer neuen Rauchgasentschwefelungsanlage. Deren Nutzungsdauer beträgt 10 Jahre mit linearer Abschreibung, Anschaffungskosten 1.000 Einheiten. Anfang 04 muss wegen Nichteinhaltung der Grenzwerte der Zuschuss in voller Höhe zurückgezahlt werden.

Jahr	Abschreibung	Buchwert Anlage	Auflösung	Buchwert Abgrenzung	Saldiertes Ergebnis
	–		+		–
Zugang		1.000		200	
01	100	900	20	180	80
02	100	800	20	160	80
03	100	700	20	140	80
04	100	600		–140	160
Ergebnisauswirkung zwischenperiodisch	400		60		400

Bei Anwendung der **Netto**methode unter Kürzung der Anschaffungs- oder Herstellungskosten (Rz 26) entwickelt sich der Bilanzausweis wie folgt:

Jahr	Abschreibung		Buchwert	Ergebnis
Zugang			800	
01	80		720	80
02	80		640	80
03	80		560	80
04	100	laufendes Jahr	600	160
	60	Nachholung		
Ergebnisauswirkung zwischen periodisch	400			400

Die Rückzahlung einer Investitionszuwendung kann Anlass zu einer **Werthaltigkeitsprüfung** (*impairment test*) für den betreffenden Vermögensgegenstand sein. 35

Beispiel[25]
Ein Brückenbau war finanziert mit einem öffentlichen Zuschuss, der während der Bauzeit zurückzugewähren ist. Wenn die Finanzierung des Gesamtprojektes nicht mehr gewährleistet ist, muss eine Abschreibung auf den *recoverable amount* gem. IAS 36.58 erfolgen (→ § 11 Rz 6).

---

[25] Nach EPSTEIN/MIRZA, Interpretation and Application of IAS 2002, S. 956.

3.4.5 Verteilung bei gebündelten (*package*) Förderungsmaßnahmen

36 IAS 20.19 behandelt den Fall von gebündelten Förderungsmaßnahmen (**Beispiel:** Investitionszuschuss verbunden mit Forschungsunterstützung). Hier ist eine sorgfältige Unterscheidung der Zuschusskomponenten erforderlich, die zu einer differenzierenden buchmäßigen Behandlung führen kann. Feste Kriterien zur Vornahme der Aufteilung werden nicht gegeben, sodass jede betriebswirtschaftlich sinnvoll erscheinende zulässig ist.

> **Beispiel**[26]
> Ein Unternehmer erhält einen Förderungsbetrag von 120. Davon sind 80 bestimmt zum Erwerb eines Gebäudes zur Unterbringung von Studenten aus der Dritten Welt. Die restlichen 40 sind für den Unterhalt der Studenten während 4 Jahren bestimmt.
> Der Teilbetrag von 80 ist über die Nutzungsdauer des Gebäudes entsprechend der ausgemachten Abschreibungsmethode, der Teilbetrag von 40 über den Unterhaltszeitraum von 4 Jahren (ergebnismäßig) zu vereinnahmen.

3.4.6 Zinsgünstige öffentliche Darlehen

37 Bis 2008 galt: Der Vorteil aus un- oder unterverzinslichen Darlehen (ERP-Mittel usw.) war nach IAS 20.37 nicht zu berücksichtigen. Bei ohne Agio oder Disagio gewährten Darlehen ist mithin der Auszahlungsbetrag zu passivieren und als Zinsaufwand in den jeweiligen Perioden nur der vertraglich vereinbarte Zins zu berücksichtigen.
In dieser Handhabung erkannte der Board eine **Inkonsistenz** zu den Regeln von IAS 39. Auch zinsverbilligte Darlehen stellen **Finanzinstrumente** dar und unterliegen deshalb dem Regelungsgehalt von IAS 39 (→ § 28 Rz 6).[27] Die Zugangsbewertung hat zum *fair value* zu erfolgen (→ § 28 Rz 100), der bei niedrig oder unverzinslichen Verbindlichkeiten (oder Forderungen) niedriger sein muss als der Nominalwert. Dieser Vorgabe folgt mit pflichtmäßiger Anwendung ab 2009 (Rz 44) IAS 20.10A: Handelt es sich bei dem Darlehensgeber direkt oder indirekt um eine öffentliche Instanz (*government*), ist der Anwendungsbereich von IAS 20 eröffnet. Die Zuwendung (*grant*) liegt im **Unterschied** zwischen dem **vereinbarten** Zins (z. B. auch 0 %) für ein gewährtes Darlehen und dem bonitätsgerechten **Markt**zins (*market rate*).
Deshalb ist im ersten Schritt zur bilanziellen Abbildung der Marktzins zu bestimmen, um diesen dann als Differenzbetrag zum vereinbarten Zins in Beziehung zu setzen. Unter *market rate* ist der laufzeitäquivalente risikolose Zins zuzüglich eines Aufschlags (*credit spread*) für das individuelle Ausfallrisiko zu verstehen. Der dem Unternehmen zufließende Vorteil (*benefit*) zwischen dem so verstandenen Marktzins und dem vereinbarten Zins ist durch Vergleich des **Buchwerts** bei Darlehenshingabe (dem im Barwertkalkül mit marktgerechter Diskontierung ermittelten *fair value*) und dem erhaltenen Betrag zu ermitteln. Die so berechnete Zuwendung (Barwert der Zinsverbil-

---

[26] Nach EPSTEIN/MIRZA, Interpretation and Application of IAS 2002, S. 953.
[27] Vgl. zum folgenden Text bis Rz 38 den Beitrag von LÜDENBACH, PiR 2010, S. 301.

ligung) ist dann nach dem Regelungsgehalt des IAS 20 bilanziell abzubilden (vgl. dazu das Buchungsbeispiel unter Rz 38).
Einer Definition bedarf auch der „**Markt**" bzw. der **Marktzins**. Man könnte den „Markt" als Sammelsurium der im Internet leicht ermittelbaren Förderungsprogramme verstehen, also einen spezifischen Markt für Förderkredite als Bezugsgröße verwenden. Dann wäre allerdings beim „Endabnehmer" (dem investitionsbereiten Unternehmen) der Anwendungsbereich von IAS 20 verbaut, denn konsequenterweise erhielte dieses Unternehmen gemessen an den Verhältnissen des spezifischen Markts gerade keinen zinsvergünstigten Kredit. U. E. ist diese Interpretation des Begriffs „Markt" nicht zutreffend, wir sehen die öffentliche Zuwendung in der Differenz zwischen dem auf nicht öffentlich subventionierten Märkten nach der individuellen Bonität des Unternehmens zu zahlenden Zins und dem effektiv zu entrichtenden.
Zur Anwendung von IAS 20.10a bei dem das begünstigte Darlehen durchleitenden Kreditinstitut wird auf Rz 39 verwiesen.
Liegt nach den vorstehenden Ausführungen ein Zinsvorteil vor, stellt sich weiter die Frage nach
- der bilanziellen **Abbildung** dieses Vorteils sowie verbunden damit
- der **Zugangs**- und **Folge**bewertung des Darlehens.

38

Zum **zweiten** Punkt verweist IAS 20.10A auf IAS 39. Danach sind Darlehen nicht mit dem vereinnahmten Betrag, sondern mit dem *fair value* einzubuchen (→ § 28 Rz 100), im Falle einer Zinsvergünstigung also mit einem niedrigeren Betrag als dem Nominal- bzw. Rückzahlungsbetrag. Im Rahmen der Effektivzinsmethode (→ § 28 Rz 40) ist die anfängliche Differenz dann (neben der Nominalverzinsung) über die Laufzeit des Darlehens aufwandswirksam zu erfassen.
Zum **ersten** Punkt bestimmt IAS 20.10A nur: *„The benefit is accounted for in accordance with this standard."* Eine spezifische Rechtsfolgenregelung wird also nicht getroffen, stattdessen auf die allgemeinen Regeln von IAS 20 verwiesen. Hiernach ist eine Unterscheidung zwischen
- **Investitions**zuwendungen (*grants related to assets*) (Rz 25) und
- **Aufwands**zuwendungen (*grants related to income*) vorzunehmen (Rz 20).

Der erste Fall ist bei zinsvergünstigten **Investitions**darlehen, der zweite u. a. bei zinsvergünstigten **Betriebsmittel**krediten einschlägig. Zu beiden Fällen sowie zum Zusammenspiel mit IAS 39 die beiden nachfolgenden Beispiele:

Beispiel
Das Unternehmen U erhält am 1.1.01 ein zinsloses öffentliches Betriebsmitteldarlehen über 10 Mio. mit einer Laufzeit von 2 Jahren. Die Hausbank würde für den gleichen Kredit 10 % in Rechnung stellen. Der Barwertvorteil beträgt 1,73. Dieses Betriebsmitteldarlehen dient der Finanzierung eines Sockelbetrags für das Vorratsvermögen sowie der Finanzierung von Kundenforderungen.
Das Darlehen ist nicht dem Erwerb oder der Herstellung eines bestimmten Vermögenswerts zuzuordnen. U. E. handelt es sich um eine Zuwendung zum **Einkommen**. Nach den in Rz 21 dargestellten Regeln muss der Zinsvorteil in systematischer Form (IAS 20.12.) über die vereinbarte Laufzeit des Förderkredits verteilt vereinnahmt werden.

Im vorliegenden Fall scheint eine Auflösung nach der Effektivzinsmethode gerechtfertigt zu sein. Erfolgt die Gegenbuchung zur Auflösung des passiven Rechnungsabgrenzungspostens als Kürzung des Zinsaufwands, ergibt sich auf diese Weise per Saldo der tatsächliche Zinsaufwand (im Beispiel null). Diese Lösung kann sich auf IAS 20.29, IAS 20.30 sowie IAS 20.31 stützen, wonach bei Zuwendungen zum Einkommen ein Nettoausweis zulässig ist. Wahlweise kann aber auch ein Bruttoausweis erfolgen bzw. der Abgrenzungsposten über sonstige betriebliche Erträge aufgelöst werden (Rz 21). In dieser Variante verbleibt im Zinsergebnis der marktkonforme Zinsaufwand.

Das **Darlehen** entwickelt sich wie folgt:

Jahr	1.1.	Effektivzins	Tilgung	31.12.	Zinsaufwand
1	8,2645	0,8265		9,0910	0,8265
2	9,0910	0,9091		10,0000	0,9091
3	10,0000		−10,0000	0,0000	

2. Der **passive Abgrenzungsposten** entwickelt sich bei Anwendung der Effektivzinsmethode wie folgt:

1.1.01	1,7365
Auflösung 01	− 0,8265
31.12.01	0,9091
Auflösung 02	− 0,9001
31.12.02	− 0,0000

3. Es ergeben sich folgende **Buchungen**:

Datum	Konto	Soll	Haben
1.1.01	Geld	10,000	
	Darlehen		8,2645
	pRAP		1,7355
31.12.01	Zinsaufwand	0,8265	
	Darlehen		0,8625
	pRAP	0,8265	
	Zinsaufwand/Sonstiger Ertrag		0,8265
31.12.02	Zinsaufwand	0,9091	
	Darlehen		0,9091
	pRAP	0,9091	
	Zinsaufwand/Sonstiger Ertrag		0,9091

Beispiel[28]
Die U erhält ein endfälliges unverzinsliches Darlehen von EUR 100.000 auf 5 Jahre zur Finanzierung eines beweglichen Anlageguts. Der bonitäts- und marktgerechte Zinssatz beträgt 6 %, der Barwert des Darlehens somit 74.726.

---

[28] Ähnlich BÖMELBURG/LANDGRAF/EBERHARDT, PiR 2008, S. 335; zu einer ausführlicheren Darstellung anhand eines Beispiels vgl. ROHATSCHEK, IRZ 2009, S. 149.

Darlehenszugang			
Datum	Konto	Soll	Haben
1.1.01	Bank	100.000	
	Finanzverbindlichkeit		74.726
	deferred income bzw. AK/HK		25.274
Auflösung *deferred income*			
Datum	Konto	Soll	Haben
	deferred income in Summe 01 bis 05	25.274	
	sonstige Erträge		25.274
Aufzinsung Darlehen			
Datum	Konto	Soll	Haben
	Zinsaufwand in Summe 01 bis 05	25.274	
	Finanzverbindlichkeit		25.274

Die sog. **Netto**methode ist hier nicht dargestellt; vgl. hierzu das Beispiel unter Rz 34. Der Ergebniseffekt zeigt sich in diesem Fall einerseits in der linearen Kürzung der Abschreibung über die Darlehenslaufzeit. Dieser steht die akzelerierende Aufzinsung nach der Effektivzinsmethode nach Maßgabe von IAS 39 (→ § 28 Rz 40) gegenüber. Über die Gesamtperiode (hier 5 Jahre) gleicht sich der Ergebnisunterschied aus, in der Einzelperiode ergeben sich Abweichungen zwischen linearer Abschreibungsänderung und nach Effektivzinsmethode verteiltem Aufzinsungsaufwand.

Bei der **Brutto**methode kann dieser innerperiodische Ergebniseffekt durch gleichzeitige Anwendung der Effektivzinsmethode auf beide Bilanzposten – Finanzverbindlichkeit und *deferred income* – vermieden werden.

Bei Unterschieden zwischen der Nutzungsdauer des Investitionsobjekts und der Laufzeit des Darlehens führt nur die Bruttomethode zu sachgerechten Ergebnissen.

Die von der öffentlichen Hand durch Zinsbegünstigung geförderten Kredite werden regelmäßig durch die zuständige **Hausbank** „durchgeleitet". Die Frage ist, ob und inwieweit IAS 20.10A (auch) auf das eingeschaltete Kreditinstitut anzuwenden ist. Im Rahmen einschlägiger Förderungsmaßnahmen in Deutschland wird unterschieden zwischen 39

- Verwaltungskrediten,
- Treuhandkrediten (durchlaufenden Krediten),
- Weiterleitungskrediten.

Zivilrechtlich verbergen sich hinter diesen Varianten unterschiedliche Ausprägungen eines Treuhand- oder treuhandähnlichen Vertrags. Inhaltlich unterscheiden sich diese Verträge nach dem Umfang der vom Kreditinstitut übernommenen Verpflichtungen, die sich regelmäßig, aber nicht immer, auf die Verwaltung des Kredits und die Übernahme eines geringfügigen Ausfallrisikos beschränken. Beim Treuhandkredit geht die beauftragte Bank kein Eigenrisiko bez. des Forderungsausfalls ein.

Die in den anderen beiden Varianten bestehende Risikobeteiligung macht dann, wenn sie gering ist, u. E. eine differenzierende Beurteilung der drei Vertragsvarianten nicht notwendig. In der wirtschaftlichen Substanz unterscheiden sich diese Varianten dann nicht so sehr, dass eine unterschiedliche Beurteilung erforderlich wäre. Auch aus dieser Sicht verbleiben wir bei unserem Vorschlag zur ausschließlichen bilanziellen Erfassung der Zinssubvention beim Kreditnehmer (Rz 37).

3.4.7 Private Zuschüsse

40 Private Zuschüsse treten insbesondere in der Form von Barleistungen auf, mit denen (zukünftige) Kunden sich an Vorlaufkosten ihres „Lieferanten" beteiligen. Explizite Regelungen zu Barzuschüssen von (zukünftigen) Kunden finden sich nur in IFRIC 18. Sie sind aber beschränkt auf Anbieter **netzgebundener** Leistungen (etwa Versorgungsindustrie; IFRIC 18.6). Infrage kommt daher in anderen Fällen nur eine **analoge** Anwendung von IFRIC 18. Danach wäre der Ertrag aus Zuschüssen nach Maßgabe der für den Zuschuss versprochenen Gegenleistung zu verteilen (IFRIC 18.20).
Alternativ kommt eine Analogie zu IAS 20 infrage. Danach wären Ertrags- bzw. Aufwandszuschuss bereits mit Anfall des bezuschussten Aufwands (und nicht erst über nach Dauer oder Menge der dafür versprochenen Gegenleistung) zu realisieren (IAS 20.17). Gegen eine solche Analogie könnten aber in 2007 geäußerte Bedenken des IFRIC sprechen. Die Bedenken betrafen zwar eine spezifische Konstellation, die dem Anwendungsbereich des späteren IFRIC 18 entsprach, der IFRIC hielt aber allgemein fest, *„that there were significant differences between government grants and customer contributions including that customer contributions are provided as part of trading relationships."*[29] Nur wenn man diese allgemeinen Bedenken vernachlässigen würde, käme (außerhalb netzgebundener Leistungen) eine sinngemäße Anwendung von IAS 20 infrage.[30]
Immer ist aber nach der wirtschaftlichen Substanz des sog. Zuschusses zu fragen. Dazu folgende Beispiele:
- Bei **Werkzeugkosten**zuschüssen in der Zulieferindustrie (→ § 18 Rz 67) handelt es sich u. U. um eine verdeckte Leasingzahlung.
- Bei **Baukosten**zuschüssen eines Mieters im Zusammenhang mit einer langfristigen Anmietung eines neuen Gebäudes bzw. Gebäudeteils handelt es sich um eine Mietvorauszahlung (→ § 15 Rz 156).
- Bei **Werbekosten**zuschüssen von (z. B.) Lebensmittelherstellern an Großverbrauchermärkte liegen Erlösschmälerungen des Herstellers vor (→ § 25 Rz 116).
- Beim **Baukosten**zuschuss an Energie- oder Wasserversorgungsunternehmen liegen bei Letzteren Umsatzerlöse vor, die möglicherweise auf die Vertragslaufzeit zu verteilen sind (→ § 25 Rz 114).

U. E. ist die analoge Anwendung von IAS 20 auf private Zuschüsse zweifelhaft, weil die zugehörige Interessenlage des jeweiligen Zuschussgebers zu unterschiedlich ist.

3.4.8 Ausweis im Gliederungsschema

41 Weder aus IAS 20 selbst noch aus den Gliederungsvorschriften in IAS 1 (→ § 2 Rz 30 ff.) lässt sich ableiten, inwieweit die Gliederungssystematik bei den **Investitionszuwendungen** (Rz 25) nach *current/non-current* bzw. (bei Banken) nach der

---

[29] IFRIC, Update Juli 2007.
[30] Zu den unterschiedlichen Konsequenzen beider Analogien bei der Bezuschussung von FuE vgl. LÜDENBACH, PiR 2013, S. 32 ff.

Liquiditätsnähe im Rahmen der Zuschussbilanzierung zu berücksichtigen ist (IAS 1.53). Dieses Thema stellt sich allerdings dann nicht, wenn von dem Ansatzwahlrecht für Investitionszuschüsse durch Saldierung mit den Anschaffungs-, Herstellungskosten Gebrauch gemacht wird (Rz 26). Die Ausweisalternative als passiver Rechnungsabgrenzungsposten (*deferred income*) für solche Investitionszuschüsse ist u. E. teilweise im *current*-Bereich (soweit Auflösung in den nächsten 12 Monaten), im Übrigen im *non-current*-Bereich anzusiedeln. Letzteres gilt auch für passiv abgegrenzte Zuschüsse zum Einkommen, die zukunftsbezogen und deshalb passiv als *deferred income* abzugrenzen sind; zum Ausweis vgl. Rz 21. Die Auflösung des Abgrenzungspostens ist nach IAS 20.21 voll ergebniswirksam wahlweise in den (gekürzten) Abschreibungen oder den sonstigen Erträgen vorzunehmen (Rz 26).
Der Ausweis der Auflösung des Passivpostens für **Investitionszuwendungen** ist in Rz 26 dargestellt.

4 Angaben

Nach IAS 20.39 sind im **Anhang** folgende Angaben zu machen: 42
- Angewandte **Bilanzierungsmethoden** und die Art der Darstellung im Jahresabschluss,
- **Art und Umfang** der bilanzierten Zuschüsse sowie gegebenenfalls Hinweise auf sonstige Formen öffentlicher Beihilfen (*government assistance*; Rz 5),
- **noch nicht erfüllte Auflagen** und sonstige Eventualverpflichtungen, die mit im Abschluss berücksichtigten Unterstützungen durch öffentliche Beihilfen zusammenhängen (**Beispiel**: Schaffung oder Aufrechterhaltung von Arbeitsplätzen; Rz 14).

Auf die **Checkliste „Abschlussangaben"** wird verwiesen (→ § 5 Rz 8).

Formulierungsbeispiele

Investitionszuschüsse und -zulagen werden als passiver Rechnungsabgrenzungsposten (*deferred income*) erfasst; die Auflösung erfolgt entsprechend der angenommenen Nutzungsdauer des betreffenden Vermögensgegenstandes zugunsten der „Sonstigen betrieblichen Erträge". Zuschüsse des Forschungsministeriums zugunsten unseres Projektes XY werden ebenfalls als „Sonstige betriebliche Erträge" dargestellt.

Die Investitionszuschüsse sowie die Zuschüsse für unsere Forschungsaufwendungen sind mit einer Reihe von Auflagen verbunden. Diese können wir nach jetzigem Kenntnisstand erfüllen. Sollte dies nicht gelingen, müssten wir mit Rückzahlungsverpflichtungen von etwa 10 Mio. EUR rechnen. Dieses Obligo haben wir nicht passiviert.

5 Synopse zum HGB/EStG

siehe Rz	Sachverhalt	Lösung	Fundstelle	Lösung nach IFRS
20	**Milchproduktion**, 5-jähriger Verzicht	Passive Abgrenzung mit ratierlicher Auflösung	BFH, Urteil v. 17.9.1987, IV R 49/86, BStBl II 1988, 327	Wie BFH IAS 20.12 IAS 20.16 IAS 20.29
20	**Mühlenbetrieb**, 30-jähriger Verzicht	Passive Abgrenzung mit ratierlicher Auflösung	BFH, Urteil v. 22.7.1982, IV R 111/79, BStBl II 1982, 655	Wie BFH IAS 20.12 IAS 20.16 IAS 20.29
20	**Ausbildungsplätze**, Zuschuss für die Bereitstellung	Passive Abgrenzung mit ratierlicher Auflösung	BFH, Urteil v. 5.4.1984, IV R 96/82, BStBl II 1984, 552	Wie BFH IAS 20.12 IAS 20.16 IAS 20.29
26	**Tiefgarage**, öffentlicher Zuschuss zum Bau	Abzug von den Herstellungskosten	BFH, Urteil v. 23.3.1995, IV R 58/93, BStBl II 1995, 702	Wie BFH IAS 20.24
26	**Krankenhausgesetz**, Fördermittel	Passivierung als Sonderposten	BFH, Urteil v. 26.11.1996, VIII R 58/93, BStBl II 1997, 390	Wie BFH IAS 20.24
21	**Zinsverbilligungszuschuss** aus öffentlichen Kreditprogrammen, die als Einmalzahlung gewährt werden	Passivierung als Abgrenzung mit zeitanteiliger Auflösung	BMF, Schreiben v. 11.3.1985, DB 1985, 733. BFH, Urteil v. 24.6.2009, IV R 26/06, DStR 2009, 1629.	Wie BMF IAS 20.12 IAS 20.16 IAS 20.29
20	**Arbeitsplätze**: Zuschuss zum Erwerb einer Maschine wegen Aufrechterhaltung von Arbeitsplätzen über 10 Jahre	Wahlrecht zur Kürzung von den Anschaffungskosten oder sofortige Gewinnvereinnahmung	BFH, Urteil v. 22.1.1992, X R 23/89, BStBl II 1992, 488	Nach IAS 20.12 20.24 keine sofortige Vereinnahmung, sondern Verteilung auf Dauer der Verwendung
36	**Umweltbelastungen**, Finanzierung der Beseitigung	Tilgung der Verbindlichkeit aus der D-Mark-Eröffnungsbilanz	Bardy, DB 1994, 1989	In IAS 20 direkt nicht geregelt. U. E. teils Aufwandszuschuss, teils Investitionszuschuss. Fall des IAS 20.19
14 f. 33	**Forschungszuschüsse** mit bedingter Rückzahlungsverpflichtung	Rückstellung bis zum Entfallen der Rückzahlungsverpflichtung	BFH, Urteil v. 17.12.1998, IV R 21/97, DStR 1999, 451. Durch § 5 Abs. 2a EStG ist BFH-Urteil überholt	*forgivable loan*. Nach IAS 20.16 wie BFH

6 Anwendungszeitpunkt, Rechtsentwicklung

44 Der Standard ist für alle Berichtsperioden ab dem 1.1.1994 anzuwenden (IAS 20.41).
Der Board erachtet allerdings IAS 20 als überholt und inkonsistent mit dem *Framework* (Rz 19). Deshalb sollte IAS 20 durch einen neuen Standard ersetzt werden. Daran arbeitet der IASB aber derzeit nicht mehr aktiv. Der Board hat eine vorläufige Suspendierung des Projekts beschlossen, bis eine Entscheidung zu ähnlichen Problemkreisen nach IAS 37 (→ § 21) gefallen ist.[31]

---

[31] IASB, Update Februar 2006.

Die in Rz 37 dargestellte Abbildung zinsverbilligter oder zinsloser Förderkredite der öffentlichen Hand ist für Geschäftsjahre anzuwenden, die nach dem 31.12.2008 beginnen. Die Anwendung ist prospektiv vorzunehmen, d.h., sie gilt für die ab diesem Zeitraum **neu gewährten** Darlehen. Für frühere Darlehensgewährungen kann unter Anhangangabe die neue Rechtslage ebenfalls angewandt werden (IAS 20.43).

7 Zusammenfassende Praxishinweise

IAS 20 behandelt die öffentlichen Zuwendungen (*government grants*) ohne solche im Bereich der Landwirtschaft (IAS 41) in Form des Transfers von Ressourcen an ein Unternehmen (Rz 6). Diese Zuwendungen lassen sich wie folgt **untergliedern** (Rz 7): 45

- Zuwendungen, die sich auf Vermögenswerte beziehen (*grants related to assets*), nach deutscher Terminologie Investitionszuschüsse **und** -zulagen,
- Zuwendungen zum Einkommen: Aufwands- oder Ertragszuschüsse (*grants related to income*),
- erlassfähige Darlehen (*forgivable loans*).

Der **Ansatz** hat zu erfolgen (Rz 10), wenn das Unternehmen die rechtlichen und tatsächlichen Voraussetzungen erfüllt und die Beantragung des Zuschusses als gesichert erscheint.

Mögliche Rückzahlungsverpflichtungen sind als **Eventual**verbindlichkeiten oder als **Rückstellungen** auszuweisen (Rz 14).

Die Zuwendungen sind **ergebniswirksam** (auch durch Veränderung der Abschreibungsbemessungsgrundlage) und nicht direkt im Eigenkapital zu verbuchen (Rz 19).

Ertragszuschüsse sind **periodengerecht** in der GuV auszuweisen (Rz 20f.).

Investitionszuschüsse und -zulagen (nach deutscher Sprachregelung) sind entweder als **Kürzung** von den Anschaffungs- oder Herstellungskosten des bezuschussten Vermögenswertes oder als **passive Rechnungsabgrenzungsposten** (*deferred income*) zu erfassen (Rz 25ff.).

Zugewendete **nichtmonetäre** Güter sind zum Zeitwert oder zu einem symbolischen Wert einzubuchen (Rz 30).

Steuerlatenzen können sich dem Grunde nach bei Investitionszulagen und -zuschüssen ergeben. Doch darf eine aktive Steuerlatenz bei der Zugangsbewertung nicht angesetzt werden (Rz 31).

Ungeklärt bleibt der Ausweis in der **Kapitalflussrechnung** (Rz 32).

Die **Rückzahlung** von Zuwendungen ist recht detailliert nach verschiedenen Varianten geregelt (Rz 33).

BILANZIERUNG DER AKTIVA

§ 13 IMMATERIELLE VERMÖGENSWERTE DES ANLAGEVERMÖGENS

Inhaltsübersicht	Rz
Vorbemerkung	
1 Überblick	1–17
1.1 Regelungsbereich	1–7
1.2 Abgrenzung materiell – immateriell sowie Vermögenswerte mit beiden Elementen	8–13
1.3 Identifizierbarkeit – Abgrenzung zum *goodwill*	14–15
1.4 Verfügungsmacht über zukünftigen Nutzen	16–17
2 Bilanzansatz	18–68
2.1 Die Tatbestandsmerkmale allgemein	18–19
2.2 Einzelerwerb – Abgrenzung zur Herstellung	20–22
2.3 Erwerb im Rahmen eines Unternehmenszusammenschlusses	23–26
2.4 Entwicklungskosten	27–36
2.4.1 Die Trennung von Forschung und Entwicklung	27–34
2.4.2 Faktisches Ansatzwahlrecht	35
2.4.3 Derivativer Erwerb von Forschung und Entwicklung	36
2.5 Selbst geschaffene Software	37–41
2.6 Ausdehnung des Forschungs- und Entwicklungsbegriffs – das Beispiel der Erstellung einer Webseite	42
2.7 Sonderfälle	43–68
2.7.1 Profisportler	43
2.7.2 Nutzungsrechte	44
2.7.3 Rückerworbene Rechte *(reacquired rights)*	45–46
2.7.4 Emissionsrechte (Umweltverschmutzung)	47–52
2.7.5 Regulatorische Abgrenzungsposten in preisregulierten Branchen	53–54
2.7.6 Kundengewinnungskosten *(subscriber acquisition costs)*	55–56
2.7.7 Werbemaßnahmen	57–59
2.7.8 Nicht zur Nutzung bestimmte Vermögenswerte	60–61
2.7.9 Betreibermodelle *(public private partnership)*	62
2.7.10 EU-Chemikalienverordnung REACH	63
2.7.11 Humankapital	64–66
2.7.12 *Goodwill*	67
2.7.13 Aktivierungsverbote	68
3 Bewertung	69–97
3.1 Überblick	69
3.2 Zugangsbewertung	70–83
3.2.1 Allgemeine Regeln	70–72
3.2.2 Einzelanschaffung	73–77

		3.2.3	Anschaffung im Rahmen eines Unternehmens-	
			zusammenschlusses	78
		3.2.4	Herstellung	79–80
		3.2.5	Zuwendung der öffentlichen Hand	81
		3.2.6	Tausch	82
		3.2.7	Einlage/Einbringungen	83
	3.3	Folgebewertung		84–97
		3.3.1	Überblick – Verweise	84
		3.3.2	Besonderheiten bei der Neubewertung	85–88
		3.3.3	Besonderheiten bei der planmäßigen Abschreibung	89–92
		3.3.4	Vermögenswerte unbestimmter Lebensdauer	93–94
		3.3.5	Beispiele zur Bestimmung der Nutzungsdauer	95–96
		3.3.6	Außerplanmäßige Abschreibung	97
4	Abgang			98
5	Ausweis			99–100
6	Angaben			101–102
7	Einzelfälle der Bilanzierung von immateriellen			
	Vermögenswerten (ABC)			103
8	Anwendungszeitpunkt, Rechtsentwicklung			104
9	Zusammenfassende Praxishinweise			105

Schrifttum: BEHRENDT-GEISLER/WEISSENBERGER, Branchentypische Aktivierung von Entwicklungskosten nach IAS 38, KoR 2012, S. 56; CHRISTIAN/KERN, Aktivierung von Entwicklungskosten und Phasentrennung nach IAS 38, Bilanzpolitische Fragestellungen und Auslegung der Vorschriften, PiR 2014, S. 168 ff.; ESSER/HACKENBERGER, Immaterielle Vermögenswerte des Anlagevermögens und Goodwill in der IFRS-Rechnungslegung, DStR 2005, S. 708; GREINERT, Herstellungskosten einer Marke, KoR 2003, S. 328; HALLER/FROSCHHAMMER/GROSS, Die Bilanzierung von Entwicklungskosten nach IFRS bei deutschen börsennotierten Unternehmen, DB 2010, S. 681; HERMES/JÖDICKE, Bilanzierung von Emissionsrechten nach IFRS, KoR 2004, S. 287; HITZ, Capitalize or expense, IRZ 2007, S. 319; HOFFMANN, Aktivierung von Gemeinkosten bei Anschaffungen, PiR 2007, S. 27; HOFFMANN/LÜDENBACH, Die Bilanzierung von Treibhausgas-Emissionsrechten im Rechtsvergleich, DB 2006, S. 57; HOMBERG/ELTER/ROTHENBURG, Bilanzierung von Humankapital nach IFRS am Beispiel des Spielervermögens im Profisport, KoR 2004, S. 249; KÜTING, Die Bedeutung immaterieller Vermögenswerte in der deutschen IFRS-Bilanzierungspraxis, PiR 2008, S. 315; LÜDENBACH/HOFFMANN, „Der Ball bleibt rund" – Der Profifußball als Anwendungsfeld der IFRS-Rechnungslegung, DB 2004, S. 1442; MUJKANOVIC, Softwarebilanzierung nach HGB und IFRS, PiR 2013, S. 331 ff., Bilanzierung von Subscriber Acquisition Costs im IFRS-Abschluss von Internetunternehmen, KoR 2006, S. 477; QUITMANN/JAENECKE, Bilanzierung von E-Books in der Verlagsbranche nach IFRS, KoR 2010, S. 88; ROGLER, Bilanzierung von CO_2-Emissionsrechten, KoR 2005, S. 255; ROHR, Bilanzierung von Kundengewinnungskosten in der mobilen Telekommunikation, IRZ 2006, 211; WULF, Bilanzierung immaterieller Vermögenswerte nach IFRS, KoR 2009, S. 109.

Vorbemerkung
Die Kommentierung bezieht sich auf IAS 38 in der aktuellen Fassung und berücksichtigt alle Ergänzungen, Änderungen und Interpretationen, die bis zum 1.1.2015 beschlossen wurden.
Wegen aktueller Rechtsentwicklungen wird auf Rz 104 verwiesen.

1 Überblick

1.1 Regelungsbereich

Den immateriellen Vermögenswerten *(intangible assets)* wird allgemein wachsende Bedeutung als **Werttreiber** des Unternehmens zugesprochen. Die materiellen Werte gehen in ihrer Bedeutung für die Wertschöpfung des Unternehmens zurück. Vielfach wird deswegen die unzulängliche Abbildung dieser immateriellen Vermögenswerte in den Bilanzen nationaler und internationaler Prägung bedauert und zur Diskussion über die Möglichkeiten einer verbesserten Darstellung dieser Unternehmenswert-Träger im Jahresabschluss aufgerufen.[1] Das IASC war diesen Aufforderungen nach langwierigen Diskussionen und Entwurfsfassungen mit dem Standard IAS 38 (1998) im Jahr 1998 nachgekommen. Hierzu wird auf die Kommentierung in der 2. Aufl. verwiesen. Die grundlegende Neufassung von IAS 38 in 2003 ist primär als Ergänzung zu IFRS 3 (→ § 31) konzipiert.

Der Anwendungsbereich von IAS 38 erstreckt sich auf **immaterielle Vermögenswerte** aller Art und aller Unternehmen mit folgendem **Ausnahmekatalog** (IAS 38.2):
- solche, die von einem **anderen** Standard (Rz 3) behandelt werden,
- Finanzvermögen nach IAS 32 (→ § 28),
- Kosten zur Entwicklung und Ausbeutung von Mineralvorkommen, Öl, Gas und ähnlichen Produkten,
- Kosten der Erforschung und Wertbestimmung von Mineralvorkommen gem. IFRS 6 (→ § 42),
- für Versicherungsgesellschaften die aus den Versicherungsverträgen resultierenden Vermögenswerte gem. IFRS 4 (→ § 39 Rz 2).

Die folgenden **anderen** Standards befassen sich mit immateriellen Vermögenswerten:
- IAS 2 (→ § 17): zum Verkauf im normalen Geschäftskreislauf bestimmte Vermögenswerte (Umlaufvermögen);
- IAS 12 (→ § 26): Abgrenzung für latente Steuern;
- IAS 17 (→ § 15): Leasingverhältnisse;
- IAS 19 (→ § 22): Vermögenswerte aus Personalvergütungssystemen;
- IFRS 3 (→ § 31): *goodwill* aus Unternehmenszusammenschlüssen;
- IFRS 5: zum Verkauf bestimmte Anlagegüter (*non-current assets for sale*; → § 29);
- IFRS 6 (→ § 42): Exploration von Mineralvorkommen.
- IFRS 13 Fair Value Measurement (→ § 8a);

---

[1] KÜTING/ULRICH, DStR 2001, S. 953; umfassend DAWO, Immaterielle Güter in der Rechnungslegung nach HGB, IAS/IFRS und US-GAAP, 2003. Wegen empirischen Materials bez. des Umfangs der immateriellen Vermögenswerte bei den DAX-Unternehmen vgl. KRIETZ/PADBERG, StuB 2004, S. 681; Wulf, KoR 2009, S. 109.

4 Das immaterielle Vermögen wird durch die IFRS inhaltlich **weit** gefasst. So spricht IAS 38.5 beispielhaft von Kosten der Werbung, Ausbildung, Forschung und Entwicklung. In IAS 38.9 wird eine große Anzahl von immateriellen **Gütern** (*items*) aufgeführt, die **nicht alle** notwendig die nachstehend darzustellenden Bilanzansatzkriterien erfüllen (Rz 18):
- wissenschaftliches oder technisches Wissen,
- neue Verfahrensweisen,
- Lizenzen,
- intellektuelles Kapital,
- Marktkenntnisse,
- Handelsmarken,
- Copyrights,
- Filmrechte,
- Kundenlisten,
- Fischereilizenzen,
- Importquoten,
- Kunden- und Lieferantenbeziehungen,
- Marktanteile,
- Verkaufsrechte.

Die vorstehende Aufzählung ist **nicht** als **abschließend** zu verstehen. Es fehlen u. a. die Profisportler (Rz 43), Emissionsrechte (Rz 47) und Rechte aus schwebenden Verträgen (Rz 44).

5 Immaterielle Güter sind nur dann Vermögenswert und damit in der Bilanz nur als solche (**abstrakt**) **ansetzbar**, wenn sie folgende **Voraussetzungen** kumulativ erfüllen:
- Identifizierbarkeit, d. h. insbesondere Abgrenzbarkeit vom *goodwill* (IAS 38.11 und IAS 38.12, Rz 14),
- Kontrolle/Verfügungsmacht des Unternehmens über die betreffenden Güter (IAS 38.13ff.; Rz 17).

Hinzu kommen die beiden folgenden Kriterien der **konkreten** Aktivierbarkeit (Rz 18f.):
- künftiger ökonomischer Nutzen (IAS 38.21a; Rz 6),
- verlässliche Messbarkeit der Anschaffungs- oder Herstellungskosten (IAS 38.21b).

6 Wegen der verschiedenen **Arten** des Zugangs wird auf Rz 70 verwiesen.
Nach IAS 38.15 sollen die **Ausbildungsqualität der Mitarbeiter** und die **Begabung des Managements** normalerweise (*usually*) nicht das Definitionsmerkmal der Verfügungsmacht erfüllen, da Mitarbeiter kündigen und ihr Wissen damit dem Unternehmen entziehen können, vgl. hierzu Rz 80. Gleiches gilt nach IAS 38.16 „grundsätzlich" für **Kundenloyalität** bzw. **Stammkundenbeziehungen**. Gleichwohl sollen Transaktionen über entsprechende Werte, z. B. Veräußerungen von Kundenlisten, ein Beleg dafür sein, dass ein Unternehmen auch ohne einen rechtlich geschützten Anspruch faktische Verfügungsmacht über derartige Kundenbeziehungen hat (Rz 14).
Die diesbezüglichen Ausführungen in IAS 38 sind
- teilweise **überflüssig**, insofern originäre Kundenbeziehungen durch IAS 38.63 ohnehin mit einem Bilanzierungsverbot belegt sind;
- teilweise **apodiktisch**, indem die Tatsache, dass Kundenbeziehungen Gegenstand von Markttransaktionen sind oder sein könnten, als „Beleg" für faktische

Kontrolle genommen wird. Eine tatsächliche und konkrete Würdigung, welche Art von Verfügungsmacht ein Unternehmen über seine Stammkunden haben sollte, würde damit obsolet. An ihre Stelle träte die unwiderlegbare Annahme, dass alles, was im Geschäftsverkehr einen Preis haben könnte, auch faktischer oder rechtlicher Verfügungsmacht unterliegt.[2]
Auch der in IAS 38.17 aufgeführte Definitionsbestandteil des **künftigen wirtschaftlichen Nutzens** ist überflüssig, denn ohne einen solchen kann ein bilanzierungsfähiger Vermögenswert ohnehin nicht vorliegen (F.89; → § 1 Rz 89).
Aus **systematischer** Sicht der abstrakten und konkreten Bilanzierungsfähigkeit lassen sich die in IAS 38 enthaltenen Bilanzansatzegeln daher kaum erklären. Die Frage der Bilanzansatzfähigkeit ist vielmehr in weiten Teilen **kasuistisch** geregelt. Dies gilt u. a. für
- die Abgrenzung zwischen Forschung und Entwicklung (Rz 27),
- spezielle Bilanzierungsverbote betreffend originäre Kundenbeziehungen, Marken usw. (Rz 33),
- die vom Einzelerwerb unterschiedenen Ansatzkriterien immateriellen Vermögens, das im Rahmen eines Unternehmenserwerbs zugeht (→ § 31).

Nach IAS 38.4 ist in vielen Fällen der **körperliche Gehalt** eines Vermögenswertes von seinem immateriellen Wert abzugrenzen. Als Beispiel wird eine Compact-Disc für die Anwendung in einem Computer genannt oder auch ein Film. Hier schlägt sich der immaterielle Wert „körperlich" in einem greifbaren Vermögenswert nieder. Die **Abgrenzung** hat gem. IAS 38.4 nach dem **wichtigeren** Bestandteil zu erfolgen.[3]

7

1.2 Abgrenzung materiell – immateriell sowie Vermögenswerte mit beiden Elementen

Der (bilanzierbare) immaterielle Vermögenswert *(intangible asset)* wird in IAS 38.8 **definiert** als identifizierbarer, nichtmonetärer Vermögenswert **ohne physische Substanz**. Unwesentliche Komponenten materieller Art – Diskette oder CD-ROM als Trägermedium eines EDV-Programms – beeinträchtigen nicht die Qualifizierung als immateriellen Vermögenswert insgesamt.[4] Umgekehrt liegt im Falle einer computergesteuerten Maschinenanlage (insgesamt) eine Sachanlage (→ § 14) vor (IAS 38.4). Die **Abschreibung** kann u. U. nach dem Komponentenansatz für beide Teile *(parts)* differenziert erfolgen[5] (vgl. das Beispiel in → § 10 Rz 16).
Zu differenzieren ist zwischen der eine Maschine steuernden Software und einer Steuerungssoftware für eine komplette Produktionsanlage.[6]

8

> **Beispiel**
> Ein Roboter enthält Bearbeitungsprogramme, die Signale von einer zentralen Steuerungsanlage empfangen. Die Lackieranlage eines Automobilherstellers

---

2 Bedenklich auch nach THEILE, in: HEUSER/THEILE, IFRS-Handbuch, 5. Aufl., 2012, Tz. 1031.
3 So auch der BFH zu Gunsten des immateriellen Gehaltes von Computerprogrammen (BFH, Urteil v. 28.7.1994, III R 47/92, BStBl II 1994 S. 873).
4 So HEUSER/THEILE, IFRS-Handbuch, 5. Aufl., 2012, Tz. 1026.
5 So auch RAMSCHEID, in: BECK'sches IFRS-Handbuch, 4. Aufl., 2013, § 4, Tz. 10.
6 Vgl. THIELE/KÜHLE, in: THIELE/KEITZ, VON/BRÜCKS, Internationales Bilanzrecht, IAS 38, Tz .160.

> wird mithilfe von 35 Robotern betrieben, die von einem Programmserver gesteuert werden. Dieser versorgt das gesamte Netzwerk der Produktionsanlage mit Förderbändern, Materialzufuhr etc. Die der Serviceleistung zugrundeliegenden Programme stellen immaterielle Anlagegüter dar, die Bearbeitungsprogramme der einzelnen Roboter gehen im materiellen Vermögen auf.

9 Nach US-GAAP stellt sich das Problem der Trennung von körperlichen Vermögenswerten und diese steuernden oder ergänzenden Computerprogrammen im Zusammenhang mit der kasuistisch geregelten **Erlösrealisierung**. Daran können sich jedoch Überlegungen für die spiegelbildliche Behandlung beim Kunden anschließen.

Der FASB[7] unterscheidet:
- rein körperliche Vermögenswerte;
- körperliche Vermögenswerte, zu deren Funktion Software notwendig *(essential)* ist;
- Software, welche die Funktionalität körperlicher Vermögenswerte fördert, dafür aber nicht notwendig und auch bei anderen physischen Anlagen einsetzbar ist.

10 In der wirtschaftlichen Realität z.B. eines Industrieunternehmens kommt der **ersten** Variante mit bestimmten Ausnahmen (etwa Möbel) eine immer geringere Bedeutung zu. Ein technisches Investitionsgut (z.B. Telefonanlage) ohne Computersteuerung kann man sich nur noch vorstellen, wenn der Empfänger selbst die Software in das gelieferte körperliche Produkt einbauen will.
Die Realität spielt sich in der **zweiten** Variante ab.

> **Beispiel**
> - Ein Pkw der Oberklasse ist mit EDV-Bestandteilen geradezu vollgestopft; deren Ausfall lässt den Wagen stillstehen.
> - Ähnliches gilt für den Lkw-Sattelzug.
> - Der Personenaufzug in einem Hochhaus kann nur mit Steuerungssoftware sinnvoll betrieben werden.
> - Der Lastenaufzug in der Fabrik wird ebenfalls elektronisch auf (z.B. Gewicht) geprüft.
> - Ähnliches gilt für den Gabelstapler.

In den Beispielen ist die EDV-Komponente von unterschiedlichem Gewicht im Verhältnis zum körperlichen Vermögenswert: Bei Gabelstaplern ist sie spürbar geringer als beim Personenaufzug. Letzterer ist insoweit gleichwertig mit dem Pkw und Lastenaufzug. Entsprechend verhalten sich die Kostenrelationen. Aus Lieferantensicht werden alle aufgeführten Beispielfälle als einheitlicher sachlicher Vermögenswert angesehen (ebenso nach HGB/EStG). Das gilt auch für den Roboter im Beispiel unter Rz 8.

11 Daraus eröffnet sich folgender Anwendungsbereich für die Verrechnung der laufenden Abschreibung (→ § 10 Rz 16) bez. der Dreierkonstellation unter Rz 8 und den Anwendungsbeispielen unter Rz 10:

---

[7] FASB Accounting Standard Update (ASU) No. 2009–14.

- Der physische Vermögenswert ohne (wertmäßig) signifikanten Software-Anteil ist einheitlich nach seiner technischen und wirtschaftlichen Nutzung abzuschreiben.
- Beim physischen Vermögenswert mit (wertmäßig) signifikantem Software-Anteil kann der Komponentenansatz zur Abschreibungsverrechnung (→ § 10 Rz 7 ff.) infrage kommen. Die Aufteilung in zwei oder mehrere Anschaffungskosten-Bereiche mag dabei gelingen. Zweifelhaft ist, ob dabei ein nennenswert unterschiedlicher Abschreibungsverlauf abgeleitet werden kann. Die Steuerungssoftware eines Pkw weist zumindest keine kürzere Lebensdauer auf als die physische Substanz. Deshalb ist die Abschreibungsdauer durch den Lebenszyklus der Letzteren bestimmt.
- Die *stand alone* verwendbare Software geht nicht in die Anschaffungskosten der körperlichen Einheit ein und ist separat zu aktivieren und abzuschreiben.

Im Ergebnis führt auch ein hoher Software-Gehalt eines körperlichen Anlagegutes i. d. R. nicht zu einer Separierung in zwei oder mehrere Vermögenswerte. Ebenso wenig sind daraus sinnvoll Komponenten mit unterschiedlichem Abschreibungsverlauf ableitbar.

Als spezieller Abgrenzungsbereich zwischen „materiell" und „immateriell" stellt sich das **E-Book** heraus, und zwar im Vergleich mit der gängigen **Druck**version eines Buches. Letztere wird bei den Verlagen als Produkt im Umlaufvermögen trotz der auch dort enthaltenen immateriellen Komponenten bilanziert, also dem Anwendungsbereich von IAS 2 (→ § 17 Rz 4 ff.) unterworfen. Dies rechtfertigt sich aus dem überwiegend physischen Charakterzug eines Buches, das aus Sicht des Verlages einmalig durch Verkauf genutzt werden kann.

Beim E-Book muss unterschieden werden zwischen den **digitalisierten** Inhalten und dem eigentlichen **Lesegerät**. Letzteres ist im Handel wie ein Buch erhältlich, sei es mit aufgespielten Inhalten oder ohne solche. Der Handel verkauft das Lesegerät insoweit vergleichbar einem Notebook mit oder ohne aufgeladener Software. Deshalb ist es wie das Druckstück nach IAS 2 zu bilanzieren.

Der **immaterielle** „Teilbereich" des E-Books – regelmäßig im Branchenjargon auch so bezeichnet – ist als digitalisierte Monografie mit der **Herstellung** einer Software vergleichbar, die durch Freigabe des Zugangscodes an den Buchinteressenten in einer Art Lizenz Umsätze generiert. Das so verstandene E-Book ist deshalb dem **immateriellen** Anlagevermögen zuzuordnen.[8] Zur Abschreibung vgl. Rz 91.

Wegen des **nichtmodularen** Aufbaus der IFRS insgesamt enthält der Definitionskatalog in IAS 38.8 zahlreiche Wiederholungen aus anderen Standards. Zur Vermeidung von Doppelkommentierungen sind folgende **Verweise** sinnvoll:

- Forschung (*research*) und Entwicklung (*development*; Rz 27 ff.)
- Abschreibung (*amortisation;* → § 10)
- Abschreibbarer Betrag (*depreciable amount*; → § 10 Rz 20)
- Abschreibungsmethode (*pattern*; → § 10 Rz 27)
- Nutzungsdauer (*useful life*; → § 10 Rz 34)
- Anschaffungs- oder Herstellungskosten (*cost*; → § 8 Rz 11 ff.)
- Restwert (*residual value*; → § 10 Rz 22)
- Zeitwert (*fair value*; → § 8 Rz 70 ff.)

---

[8] QUITMANN/JAENECKE, KoR 2010, S. 88.

- Aktiver Markt (*active market*; → § 8 Rz 74)
- Wertminderungsverlust (*impairment loss*; → § 11 Rz 13 ff.)
- Buchwert (*carrying amount*; → § 11 Rz 6)

1.3 Identifizierbarkeit – Abgrenzung zum *goodwill*

14 In den IAS 38.12 ff. sind in Form von Erläuterungen weitere Spezifizierungen für den **Begriffsinhalt** des immateriellen Vermögenswertes aufgeführt. Die **Identifizierbarkeit** (Rz 5) verlangt zunächst (negativ) eine klare Unterscheidungsmöglichkeit des betreffenden Vermögenswertes vom *goodwill* (Rz 14). **Positiv** ist das Kriterium der Identifizierbarkeit erfüllt, wenn der immaterielle Vermögenswert (IAS 38.12)
- vom Unternehmen **abtrennbar** (*separable*) ist, d. h. als solcher – unabhängig vom gesamten Unternehmen – übertragen, lizenziert, verpachtet oder getauscht werden kann, und zwar selbstständig (*individually*) oder zusammen mit einem anderen Vermögenswert oder einer Schuld, **oder**
- aus gesetzlichen oder vertraglichen **Berechtigungen** (*contractual or other legal rights*) resultiert, und zwar unabhängig davon, ob diese übertragbar oder vom Unternehmensvermögen oder anderen Rechten oder Verpflichtungen separierbar sind.

Praxisrelevant wird die Abgrenzung zum *goodwill* bei einem Unternehmenszusammenschluss (→ § 31 Rz 69). Hier stellt sich die Aufgabe, den Kaufpreis möglichst weitgehend auf die erworbenen, i. d. R. planmäßig abschreibbaren Einzelvermögenswerte und nur im (nicht zu großen) „Rest" auf den nur außerplanmäßig abschreibbaren *goodwill* aufzuteilen. Die Abgrenzung ist im Einzelfall schwierig und weitgehend durch Rückgriff auf Bewertungsmodelle vorzunehmen:

Beispiel
Bei der Akquisition eines Mobilfunkbetreibers werden auch die zugehörige staatliche **Lizenz** und natürlich der **Kundenstamm** in Form der vertragsmäßig im Netz telefonierenden Abonnenten erworben.
Neben der installierten Technik machen diese beiden (potenziellen) immateriellen Vermögenswerte (*intangibles*) den eigentlichen Wert des Unternehmens aus. Deren bewertungstechnische Separierung vom *goodwill* ist möglich. Fraglich ist jedoch, ob diese Trennung ausreicht. Gem. IAS 38.34 ist dies der Fall, wenn der Vermögenswert vertraglich oder rechtlich begründet ist, wie z. B. bei Lizenzen und Abonnementskunden. Auf die Prüfung der wirtschaftlichen Separierbarkeit i. S. e. gesonderten Verwertungsfähigkeit kommt es dann nicht mehr an.

Als weiteres Beispiel für fehlende Identifizierbarkeit mögen der **Marktanteil**[9] oder ein **Standortvorteil**[10] dienen: Diese sind nicht separierbar und nicht rechtlich geschützt (Rz 14). Ein immaterieller Vermögenswert liegt nicht vor. Entsprechendes gilt i. d. R. für den **Kundenstamm** (→ § 31 Rz 79). Auf weitere Beispiele und Erläuterungen in → § 31 Rz 75 ff. wird verwiesen.

---

[9] ERNST & YOUNG, International GAAP 2012, Ch. 19 212: „*unsufficient control*".
[10] THIELE/KÜHLE, in: THIELE/KEITZ, VON/BRÜCKS, Internationales Bilanzrecht, IAS 38, Tz. 142.

Besondere Regelungen zur Abgrenzbarkeit vom *goodwill* bei rückerworbenen Rechten (*reacquired rights*) sind in IFRS 3 enthalten (→ § 31 Rz 90). Wegen der Frage, ob diese Regelungen auch auf Einzeltransaktionen (z. B. Kündigung eines Exklusivvertriebsvertrags gegen Abfindung) anwendbar sind, wird auf Rz 44 f. verwiesen. 15

1.4 Verfügungsmacht über zukünftigen Nutzen

Die Identifizierbarkeit (Rz 14) ist nur notwendige, **keine hinreichende Bedingung** für einen immateriellen Vermögenswert. Hinzukommen muss u. a. das Merkmal der **Verfügungsmacht**. 16

> **Beispiel**
> **Sachverhalt**
> Die Großspedition S hat mit dem Automobilhersteller B einen Rahmenvertrag über den Transport von Neu- und Gebrauchtwagen in Europa abgeschlossen. Der Vertrag hat eine Laufzeit von sechs Monaten. In diesem Rahmenvertrag sind das Entgelt pro Fahrzeug und die Transportbedingungen, nicht jedoch die Transportmenge geregelt. Ausdrücklich ist von B keine Zusage über die zu transportierende Menge erteilt. Nun erwirbt U entweder das gesamte Unternehmen des S oder den Rahmenvertrag.
>
> **Lösung**
> Da mit dem Rahmenvertrag eine rechtliche Beziehung vorliegt, ist das Kriterium der Identifizierbarkeit ohne Weiteres erfüllt. Hieraus darf jedoch nicht vorschnell auf das Vorliegen eines Vermögenswertes geschlossen werden. Zu prüfen bleibt u. a. noch, ob der Rahmenvertrag Verfügungsmacht *(control)* über zukünftigen Nutzen begründet. Die Gewinnerwartungen aus dem Rahmenvertrag sind jedoch nicht rechtlich gesichert.[11] Der Rahmenvertrag ist lediglich Konditionenvertrag, kein Auftragsbestand.
> Ein immaterieller Vermögenswert wäre also nicht anzusetzen. Nach IAS 38.16 läge jedoch in einer Zahlung von S an X ein Hinweis auf eine faktische Kontrollmöglichkeit. Diese Erweiterung des Kontrollbegriffs (Rz 17) nimmt dem Kriterium jeden Gehalt und ist daher abzulehnen.[12]

Das Definitionsmerkmal der „**Kontrolle**" (Beherrschung) bedeutet im Normalfall das Innehaben von gesetzlich bestimmten **Rechten**, die vor Gericht durchsetzbar sind und anderen Personen den Zugang zu diesen Erfolgsquellen *(benefits)* verunmöglichen (IAS 38.13). Notwendig ist die rechtliche Erzwingbarkeit allerdings nicht. Als Beispiele nennt IAS 38.14 **technisches** und **Vermarktungs-Know-how**, das vom Unternehmen durch gesetzliche Rechte wie die Copyrights, Wettbewerbsbeschränkungen oder Vertraulichkeitsauflagen an das Personal genutzt werden kann. Umgekehrt liegt üblicherweise *(usually)* keine ausreichende Kontrolle des Unternehmens bez. der künftigen ökonomischen 17

---

[11] FG Düsseldorf, Urteil v. 20.3.2003, DStRE 2003, S. 1141; Niedersächsischen FG, Urteil v. 18.3.2004, EFG 2004, S. 1428.
[12] Zur Kritik im Einzelnen LÜDENBACH/PRUSAZYK, KoR 2004, S. 204.

Vorteile eines ausgebildeten **Mitarbeiterstammes** oder der **technischen** und **Management**-Kapazität vor, weil diese kündigen können (IAS 38.15).
Zum Kontrollkriterium noch folgendes Beispiel:

> **Beispiel**
> **Sachverhalt**
> Der Fußballprofiverein Emma 05 AG (E) schließt mit der Sportrechteverwertungs GmbH (G) einen Exklusiv-Rahmenvertrag über die Gestaltung der Werbeaktivitäten des Vereins in den nächsten 5 Jahren. Die GmbH zahlt bei Vertragsabschluss an E eine *signing fee* von X EUR und erhält während der Vertragslaufzeit von den Werbepartnern erfolgsabhängige Vergütungen nach Maßgabe der vermittelten Verträge.
>
> **Lösung**
> Wegen des Exklusivvertrages kontrolliert die G während der Vertragslaufzeit die gesamten Werbemaßnahmen der E. Anders wäre die Beurteilung eines Nichtexklusivvertrages mit einer entsprechend vermutlich niedrigeren *signing fee*. Hier wird eher eine Werbemaßnahme (Vertriebskosten) der G vorliegen (vgl. Beispiel unter Rz 14).
> Die Aktivierbarkeit scheitert möglicherweise auch in der „Exklusivvariante" an der verlässlichen Messbarkeit der Anschaffungskosten (anders bei einem in Raten abzuzahlenden Festpreis).

2 Bilanzansatz

2.1 Die Tatbestandsmerkmale allgemein

18 Ein immaterieller Vermögenswert ist – anders als nach HGB (Rz 26) – dann zwingend anzusetzen (Rz 5), wenn folgende **Voraussetzungen kumulativ** vorliegen (IAS 38.21):
- Die Kriterien für das Vorliegen eines Vermögenswertes (**abstrakte Aktivierbarkeit**) sind erfüllt, d.h., der immaterielle Einzelwert ist vom *goodwill* unterscheidbar (IAS 38.11ff.) und wird vom Unternehmen kontrolliert (IAS 38.13ff.).
- Mit Wahrscheinlichkeit *(probable)* fließen in der Zukunft **ökonomische Vorteile** dem Unternehmen zu, die diesem Vermögenswert zuzuordnen sind (IAS 38.21a).
- Die Anschaffungs- oder Herstellungskosten für diesen Vermögenswert können zuverlässig *(reliably)* **ermittelt** werden (IAS 38.21b).

19 Im Rahmen eines **Unternehmenszusammenschlusses** wird die Wahrscheinlichkeit eines Nutzenzuflusses als gegeben unterstellt (Rz 24), bei **Herstellung** oder **Einzelanschaffung** ist sie Ermessenssache. Auf externe Erkenntnisquellen soll dabei besonderes Gewicht gelegt werden (IAS 38.23); u.E. ist dies selbstverständlich.

2.2 Einzelerwerb – Abgrenzung zur Herstellung

In konkreteren Beurteilungsbereichen bewegt sich dann IAS 38.25f., wenn er von dem **getrennten Erwerb** eines immateriellen Vermögenswertes spricht. Die in diesem Fall eindeutigen Bewertungsmaßstäbe (Rz 73) lassen den Bilanzansatz als unproblematisch erscheinen.

20

Ein Einzelerwerb (Anschaffung) kann nur für einen bereits **vorhandenen** Vermögenswert erfolgen. Hieran fehlt es, wenn Dritte lediglich als Subunternehmer in den eigenen Herstellungsprozess eingeschaltet werden. Der Unterscheidung von Anschaffung und Herstellung kommt wegen des kasuistischen Ansatzverbotes bez. der Herstellungskosten für bestimmte immaterielle Vermögenswerte (Rz 33) Bedeutung zu.

> **Beispiel**
> Die X-AG produziert einen Film. Sie beauftragt das Y-Studio mit der Erstellung.
> Überträgt Y einen fertigen Film bzw. die damit verbundenen Urheber- und Verwertungsrechte an X, ist X als Käufer anzusehen. Leistet Y hingegen zwar einen bedeutenden Anteil an der Gesamtproduktion, werden aber andere Anteile (etwa der Schnitt oder die Vertonung) von anderen Zulieferern von X erstellt oder ist der Regisseur im Auftrag der X tätig, liegt eine Auftragsproduktion vor. X ist Hersteller, nicht Erwerber.
>
> **Beispiel**
> Die TV-AG erwirbt von der UEFA die Übertragungsrechte an der Fußball-Europameisterschaft. Das Recht der Fernsehverwertung existierte schon vor der Transaktion. Es lag bei der UEFA. Durch den Vertrag wird es auf die TV-AG übertragen bzw. von dieser erworben.[13]

Die Begriffsinhalte von Anschaffung und Herstellung sind auch deswegen nicht immer klar abzugrenzen, weil jedem Herstellungsvorgang auch Anschaffungen zugrunde liegen. Zur Herstellung eines Hauses werden Materialien in Form von Beton, Eisen etc. angeschafft. Man kann aber auch einen Rohbau kaufen und danach den Ausbau herstellen. Das nämliche Problem stellt sich beim Erwerb immaterieller Vermögenswerte.

21

> **Beispiel**[14]
> Ende 01 erwirbt K von V das Patent auf ein bisher nur an Mäusen getestetes Medikament für 75 Mio. EUR. In 02 und 03 entstehen K für die Weiterentwicklung des Patents, klinische Studien und die Ende 03 erfolgende Arzneimittelzulassung Aufwendungen von 80 Mio. EUR.

Es stellt sich die Frage, ob es sich bei dem Erwerb des noch nicht ausgetesteten Medikaments mit der späteren klinischen Erprobung um einen **Anschaffungs-** oder **Herstellungsvorgang** handelt. Eine Trennung nach Anschaffung (75 Mio. EUR)

---

[13] Brösel/Zwirner, Medien Wirtschaft 2004, S. 21 ff.
[14] Nach Lüdenbach, StuB 2013, S. 626.

und Herstellung (80 Mio. EUR) kommt nicht in Betracht, da es sich um einen einheitlichen Vermögenswert handelt. Deshalb muss in der Zusammenfassung der Betrachtung entschieden werden, ob
- der ursprüngliche Erwerb auch die eigenen Aufwendungen als nachträgliche Anschaffungskosten oder
- umgekehrt die eigene Herstellung die ursprünglichen Erwerbskosten als Herstellungskosten

infiziert.[15] Für die Abgrenzung der Anschaffungs- von den Herstellungskosten kann die oben dargestellte Parallele zum Hausbau herangezogen werden. K hat keinen fast fertigen Vermögenswert, sondern, vergleichbar einem Rohbau, ein „unfertiges" Patent erworben, das erst durch nachträgliche Aufwendungen zur Bewältigung der klinischen Tests etc. einen „fertigen" Vermögenswert bereitstellt. U. E. ist daher der gesamte Vorgang als **Herstellung** zu werten. Die Ansatzrestriktionen (Rz 35) für die Selbsterstellung von immateriellen Vermögenswerten sind deshalb zu beachten. Als pragmatische – im Einzelfall ggfls. zu modifizierende – Daumenregel kann dabei gelten: Überwiegen die eigenen Aufwendungen die Anschaffungskosten, liegt insgesamt ein Herstellungsvorgang vor.

22 In anderer Form stellt sich die Problematik der Abgrenzung von Anschaffung und Herstellung bei **Belieferungsrechten**.

> **Beispiel**
> **Sachverhalte**
> - Wirt C räumt Brauerei A entgeltlich ein Bierlieferungsrecht ein.
> - Brauerei A überträgt dieses Bierlieferungsrecht entgeltlich an Brauerei B.
> - Die Bundesrepublik überträgt (durch Versteigerung) an D eine UMTS-Lizenz, also das Belieferungsrecht von Telefonkunden mit Funkleistungen.
>
> **Beurteilung**
> - Unproblematisch ist der zweite Fall: **derivativer** Erwerb (Anschaffung).
> - Im ersten Fall spricht für **originären** Erwerb die Neuschaffung eines bisher noch nicht vorhandenen Vermögenswertes. Als Beleg mögen die Platzierungsgebühren *(placement oder slotting fees)* im Einzelhandel dienen (→ § 25 Rz 116). Diese werden als Erlösminderung bzw. Vertriebskosten behandelt. Eine Aktivierung kann nur als **Vorauszahlung** mit Periodenabgrenzungscharakter in Betracht kommen; Voraussetzung ist die Verpflichtung des (Vertriebs-)Partners zur Erbringung bestimmter Leistungen für eine bestimmte Dauer.
> - Im dritten Fall spricht für den **originären** Erwerb die „Neuschaffung" der Funklizenz, denn die Bundesrepublik hat zuvor keine Telefonkunden mit UMTS beliefert. Für den **derivaten** Erwerb spricht hingegen das bislang bei der Bundesrepublik abstrakt vorhandene Recht. Anders als im ersten Fall räumt nicht ein Kunde (Gastwirt bzw. Handelsunternehmen) dem Unternehmer das Recht ein, sondern ein Dritter (die Bundesrepublik). Demgegenüber hat der Gastwirt im ersten Fall kein Recht zur „Selbstbelieferung" – auch nicht abstrakt; hier fehlt die dritte Partei – anders als im zweiten und dritten Fall.

---

[15] Vgl. LÜDENBACH, StuB 2013, S. 626.

Aus den vorstehenden Beispielen ergibt sich folgendes **Fazit**: Derivativ – und damit als immaterieller Vermögenswert aktivierbar – sind Belieferungs- und ähnliche Rechte bei „Gestaltungen" mit **drei** Parteien:
- einer Partei mit abstrakter oder konkreter Lieferungsmöglichkeit (originär Lieferberechtigte),
- einer Partei, die beliefert wird (Abnehmer, Kunde),
- einer Partei, die von der ersten das Recht auf Belieferung der zweiten erwirbt (derivativ Lieferberechtigte).

Zweifelhaft ist die Behandlung von Zwei-Parteien-Beziehungen, etwa bei Vereinbarung eines Belieferungsrechtes zwischen Produzent und Kunden. Bei **enger** Auslegung liegt keine Anschaffung vor, weil es am Erwerb einer schon vorhandenen Rechtsbeziehung fehlt. Bei **weiter** Auslegung – ähnlich der BFH-Rechtsprechung – wäre auch in der Einräumung eines Rechts durch den Verpflichteten eine Anschaffung zu sehen.

> **Beispiel**
> **Variante 1**
> Eine Brauerei erwirbt von der Fifa das Recht zur Bierbelieferung bei der Fußballweltmeisterschaft. Das Recht lag abstrakt bei der Fifa. Dritte Partei sind die Besucher der Weltmeisterschaftsspiele. Der Erwerb des Rechtes durch Anheuser-Busch ist derivativ. Bitburger erwirbt dann von Anheuser-Busch eine „Unterlizenzierung" zur Bierlieferung. Auch dieser Erwerb ist derivativ.
> **Variante 2**
> Eine Brauerei „erwirbt" von einem Wirt ein Bierbelieferungsrecht. Vertragsbeziehungen zu einer dritten Partei (den Kneipenbesuchern) begründet die Brauerei nicht. Nur bei weiter Interpretation des Anschaffungsbegriffs liegt ein Erwerb vor.

2.3 Erwerb im Rahmen eines Unternehmenszusammenschlusses

Die bilanzielle Abbildung eines Unternehmenserwerbs kreist immer um die zentrale Frage, wie der in aller Regel über den Buchwert des erworbenen Unternehmens hinaus bezahlte Kaufpreis auf die erworbenen Einzelvermögenswerte aufzuteilen ist (**Kaufpreisallokation**; → § 31 Rz 11). Im ersten Schritt werden gewöhnlich **stille Reserven** in den beim erworbenen Unternehmen aktivierten Sach- und immateriellen Werten erfasst. Im zweiten Schritt geht es um das „Aufspüren" bislang nicht angesetzter **immaterieller** Vermögenswerte, um schließlich einen etwa noch **vorhandenen** Restbetrag dem *goodwill* zuzuordnen. Die Suche nach bislang nicht bilanzierten immateriellen Vermögenswerten ist dabei nach HGB und war bisher nach IFRS nicht sonderlich intensiv gepflegt worden („im Zweifel *goodwill*"). Denn schließlich sind bzw. waren sowohl der *goodwill* als auch etwa von ihm zu trennende immaterielle Vermögenswerte planmäßig abzuschreiben.

23

Seit 2005 ist diese großzügige Betrachtungsweise nach IFRS obsolet. Die **Unterscheidung** zwischen Einzelgütern und dem *goodwill* ist ab diesem Zeitpunkt **zwingend**, weil nach IFRS 3 eine planmäßige Abschreibung auf den *goodwill* nicht mehr zulässig ist (→ § 31). IFRS 3 fördert dabei der Tendenz nach die Erfassung von (bislang) beim erworbenen Unternehmen nicht angesetzten im-

24

materiellen Vermögenswerten. Gemäß IFRS 3.46 muss in diesen Fällen – abgesehen vom Erfordernis der zuverlässigen Messbarkeit des *fair value* – nur noch **eines** der beiden folgenden Ansatzkriterien gültig sein (Rz 14; → § 31 Rz 75):
- vertragliche oder rechtliche Fundierung des Vermögenswerts **oder**
- Separierbarkeit vom Unternehmen durch Verkauf, Übertragung, Lizenzierung, Verpachtung und Tausch.

Die Wahrscheinlichkeit der zukünftig gegebenen ökonomischen Vorteile (IAS 38.33) und die zuverlässige Ermittelbarkeit (IAS 38.35) werden als gegeben **unterstellt** (Rz 18).[16] Eine **Widerlegung** dieser Annahmen ist nur für den Fall der Bewertung eines immateriellen Vermögenswertes mit **begrenzter** Nutzungsdauer möglich.

25 Wegen weiterer Einzelheiten zum Bilanzansatz von immateriellen Vermögenswerten anlässlich eines Unternehmenszusammenschlusses wird verwiesen auf → § 31. Dort wird insbesondere auch auf die Frage eingegangen, wie das Merkmal der **rechtlichen Fundierung** eines Vermögenswertes zu interpretieren ist, ob es bspw. auch bei den Teilen einer Stammkundschaft besteht, die zwar in der Vergangenheit (und vermutlich erneut in der Zukunft) in einem Vertragsverhältnis zum Unternehmen standen (stehen), aber aktuell keinen Auftrag erteilt haben. Wenn auch derartige Beziehungen als rechtlich fundiert angesehen werden, kommt es hinsichtlich der Ansatzmöglichkeit nicht mehr auf die separate Verwertungsmöglichkeit (außerhalb eines Liquidationsszenarios) an.[17]

26 Zur Ortung von Sachverhalten, die einen vom *goodwill* separierbaren immateriellen Vermögenswert darstellen (oder das Gegenteil), gibt die **frühere BFH-Rechtsprechung** vielerlei Anhaltspunkte. Der Grund liegt in der bis 1986 nicht zulässigen planmäßigen Abschreibung eines *goodwill* für steuerliche Zwecke. Bemerkenswerterweise stellt IFRS 3 insoweit für die Zeit ab 2005 wieder die „Rechtslage" her, die vor dem 1.1.1987 für das deutsche Einkommensteuergesetz galt (Rz 93).

2.4 Entwicklungskosten

2.4.1 Die Trennung von Forschung und Entwicklung

27 § 248 Abs. 2 HGB a. F. bzw. § 5 Abs. 2 EStG verbieten einen Ansatz für **selbst geschaffene** immaterielle Vermögensgegenstände. Dies wird u. a. mit der mangelnden physischen Substanz und/oder der nicht möglichen zuverlässigen Bewertbarkeit mangels eines Markttestes begründet.
Solche Überlegungen sind auch den IFRS nicht fremd. In IAS 38.51 wird die Schwierigkeit zur Ermittlung der Ansatzkriterien für selbst geschaffene immaterielle Vermögenswerte betont, sei es nun, dass die Identifizierbarkeit oder zuverlässige Bewertung angesprochen ist.
Um diesen Schwierigkeiten zu begegnen, sind **zwei Phasen** der Herstellung eines immateriellen Vermögenswertes zu unterscheiden (IAS 38.52):[18]
- Forschungsphase,
- Entwicklungsphase.

---

[16] Wegen Einzelheiten in kritischer Betrachtung vgl. HOMMEL/BENKEL/WICH, BB 2004, S. 1267.
[17] Vgl. im Einzelnen auch LÜDENBACH/PRUSACZYK, KoR 2004, S. 204.
[18] Vgl. im Einzelnen auch LÜDENBACH/PRUSACZYK, KoR 2004, S. 415.

In der **Forschungs**phase kann der künftige ökonomische Vorteil als Ansatzkriterium (Rz 18) nicht dargelegt werden (IAS 38.55). Ein Bilanzansatz scheidet demgemäß aus (IAS 38.54). Für den **derivativen** Erwerb eines Forschungs- und Entwicklungsprojektes gilt indes nach IAS 38.42 das Ansatzverbot nicht (Rz 36). Dem folgt der SME-Standard durch Verbot des Ansatzes selbst erstellter immaterieller Vermögenswerte (→ § 50 Rz 12). 28

Die IFRS sehen noch weitere Schwierigkeiten: Sofern die Forschungs- nicht von der Entwicklungsphase **unterschieden** werden kann, gilt das ganze Projekt als in der Forschungsphase angefallen (IAS 38.53). Das kann besonders dann der Fall sein, wenn der **sequenzielle** Ablauf – zuerst Forschung, dann Entwicklung – im Prozessverlauf nicht eingehalten wird bzw. werden kann.[19] Wenn in diesem Sinne die Prozesse **alternierend** verlaufen, lässt sich die Forschungs- nicht mehr von der Entwicklungsphase abgrenzen (Beispiel unter Rz 40). Die Aufwendungen sind dann **insgesamt** als laufender Aufwand zu behandeln.

Zur **Abgrenzung** der Forschungs- von der Entwicklungsphase werden in IAS 38.56 Beispiele für **Forschungs**aktivitäten aufgelistet: 29
- Tätigkeiten zur „Eroberung" neuen Wissens;
- Untersuchungen, Bewertungen und Endauswahl von neuen Forschungsergebnissen und zugehörigem Know-how;
- Untersuchungen betreffend Alternativen für Produktionsmaterial, Produktionsverfahren, Systeme und Dienstleistungen;
- die Anwendung verbesserter Materialien, Produkte etc.

Zur **Trennung** von Forschungs- und Entwicklungsaufwand Folgendes:

> **Beispiel**
> Ein Hersteller von Offset-Druckmaschinen will seit Langem die Verwendung von Wasser im Druckprozess (neben den Farben) obsolet machen. Die physikalisch-technischen Untersuchungen gelten so lange als „Forschung", wie die Anwendung der Ergebnisse im Druckverfahren nicht gesichert erscheint. Sobald dies der Fall ist, gehen die weiteren Arbeiten in die Entwicklungsphase über. Ab diesem Augenblick ist sich das Management eines positiven *return on investment* sicher.

Anders als nach HGB und EStG besteht eine **Ansatzpflicht** für die innerhalb der Entwicklungsphase selbst geschaffenen immateriellen Vermögenswerte, wenn folgende **Voraussetzungen kumulativ** erfüllt werden, wobei eine nicht näher umschriebene Beweisführung bzw. Darlegungspflicht (*„demonstrate"*) durch das Unternehmen gefordert wird (IAS 38.57): 30
- technische **Machbarkeit** (*technical feasibility*) zur Fertigstellung des Projekts in dem Sinne, dass es zur ökonomischen Verwertung durch Eigennutzung oder Verkauf zur Verfügung steht;
- beabsichtigte **Vollendung** (*intention to complete*) des Projektes und Verwertung durch Verkauf oder Eigennutzung;
- **Fähigkeit** (*ability*) zur Eigennutzung oder zum Verkauf des immateriellen Vermögenswertes (fertiges Produkt oder Verfahren);

---

[19] Burger/Ulbrich/Knoblauch, KoR 2006, S. 732: „Produktentwicklung ist in den seltensten Fällen ein geradliniger Prozess."

- Darlegung des künftigen **ökonomischen Vorteils** (*benefit*) – bestimmt nach Maßgabe von IAS 36 (→ § 11 Rz 19ff.), ggf. im Rahmen einer CGU (→ § 11 Rz 100) –, wobei u. a. das Unternehmen den Nachweis des Vorliegens eines Marktes für den immateriellen Vermögenswert selbst oder die von diesem zu generierenden Produkte liefern muss bzw. – im Falle der Eigennutzung – dass der betreffende Vermögenswert nutzbringend ist (*usefulness*);
- **Verfügbarkeit** (*availability*) der erforderlichen technischen, finanziellen und anderen **Ressourcen** zur Vollendung des Projekts – darzulegen bzw. nachzuweisen (*demonstrate*) durch einen *business plan* oder eine Finanzierungszusage (IAS 38.61);
- zuverlässige **Ermittlung** (*measure*) der dem immateriellen Vermögenswert während der Entwicklungsphase zuzuordnenden Kosten – zu ermitteln durch ein Kostenrechnungssystem (IAS 38.62).

Beispiele für die Entwicklungsprozesse liefert IAS 38.59:
- Entwurf, Fertigung und Testen von Vorprodukten, Prototypen etc.
- Entwurf von Schablonen, Formen und Werkzeugen für neue Technologien
- Pilotprojekt für eine neue Produktionsanlage
- Entwurf, Fertigung und Testen neuer Materialien, Produktionsprozesse u. Ä.

In einem „lebenden" Unternehmen werden **laufend** Verbesserungen technischer und organisatorischer Art „entwickelt" und installiert. Solche Entwicklungen sind nicht identifizierbar (Rz 14) und scheiden als immaterielle Vermögenswerte aus. Vielmehr muss es sich im Einzelfall um ein **größeres** Projekt handeln.

Beispiel
Ein Automobilhersteller entwickelt einen bislang als Serienprodukt nicht verfügbaren 18-Zylinder-Motor. Diese Entwicklung ist als *asset* identifizierbar. Anders verhält es sich bei der Erprobung einer Neuanfertigung der Drosselklappe für einen bereits „laufenden" Motor.

Die vorstehenden Kriterien des **Ansatzes** von Entwicklungskosten entsprechen in weiten Bereichen den allgemein gültigen nach dem *Framework* (→ § 1 Rz 88ff.). Sie können als Konkretisierung der Vorgaben des *Framework* angesehen werden. Wenn danach die Ansatzkriterien nicht erfüllt sind, dürfen (auch) die Entwicklungskosten nicht aktiviert werden.

31 In der **zeitlichen** Abfolge kann bez. der Aktivierbarkeit von eigenen Forschungs- und Entwicklungskosten wie folgt differenziert werden:
- Forschungskosten sind explizit nicht aktivierbar (Rz 27) und
- Entwicklungskosten in einer frühen Phase (Rz 30) sind nicht aktivierbar.[20]
- Anzusetzen sind hingegen Entwicklungskosten in einer späteren Phase.

---

[20] Ähnlich BURGER/ULBRICH/KNOBLAUCH, KoR 2006, S. 734.

Zum Ganzen folgendes **Schaubild**:[21]

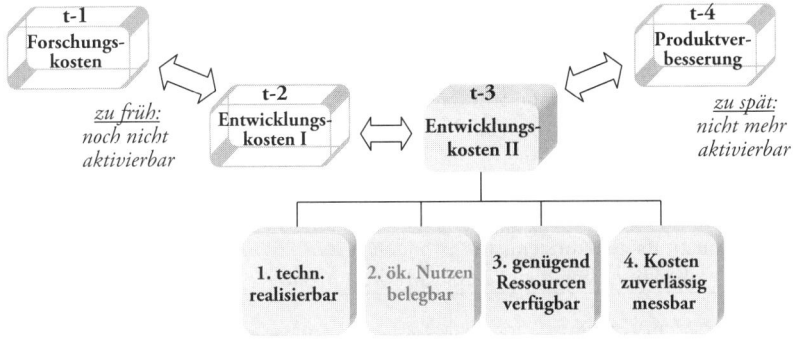

Begrifflich sind die Entwicklungskosten nicht auf technische Prozesse im engeren Sinn beschränkt. Die Schaffung einer **Website** kann in die Phasen „Forschung" und „Entwicklung" eingeteilt werden (Rz 42). Der Aktivierung des Entwicklungsbereiches steht bei Erfüllung der Ansatzkriterien (Rz 30) nichts im Wege.
Auch **Humankapital** kann entwickelt werden, z. B. im Falle von Profisportlern (Rz 43) oder Künstlern.

32

> **Beispiel**
> Der Musicalproduzent X entdeckt in der Chorbesetzung eine besonders begabte Nachwuchssängerin mit attraktivem Äußeren. Sie wird auf 8 Jahre in die Exklusivdienste des Produzenten genommen und erhält auf dessen Kosten Gesangs- und Schauspielunterricht. Diese Kosten können bei Erfüllung der Ansatzkriterien (Rz 30) aktiviert werden.

Unabhängig von der Unterscheidung zwischen Forschung und Entwicklung und den Ansatzkriterien für die Entwicklungskosten (Rz 30) sind nach IAS 38.63 folgende Werte *(items)* bei **Selbsterstellung** (anders bei Anschaffung; Rz 36) **nicht ansetzbar**:
- Marken, Warenzeichen,
- Druck- und Verlagsrechte,
- Kundenlisten, Kundenbeziehungen (→ § 31 Rz 81),
- ähnliche Werte.

Fraglich ist, was unter ähnlichen Gegenständen „*(items similar in substance)*" zu verstehen ist. § 248 Abs. 2 HGB, der den Inhalt von IAS 38.63 übernimmt, spricht von „vergleichbar". Als Beispiel für ein „Ähnlichkeitsmuster" mag die explizit aufgeführte „Kundenliste" gelten.

33

---

[21] Nach LÜDENBACH, IFRS, 7. Aufl., 2013, S. 83.

> **Beispiel**[22]
> Eine Ehevermittlungsagentur bietet „Herren mit gehobenen Ansprüchen" kostenpflichtig ihre Dienste an. Voraussetzung für den Geschäftserfolg ist ein umfangreicher Pool heiratswilliger Damen, die den „gehobenen Ansprüchen" genügen. Bei der Erstellung dieses Pools sind hohe Aufwendungen angefallen. Die heiratswilligen Damen sind keine Kunden. Die Erstellung des Pools ist daher keine Erstellung einer Kundenliste. Es besteht eher Ähnlichkeit zu einer Liste spezialisierter Lieferanten. Lieferantenlisten sind in Abs. 2 Satz 2 jedoch nicht genannt. Fraglich ist, ob sie und damit auch der Pool des Ehevermittlungsinstituts als Kundenlisten „ähnlich (genug)" anzusehen sind. Dagegen spricht die Unterschiedlichkeit der Märkte (Absatz- vs. Beschaffungsmarkt).

Zum speziellen Fall der **Kundengewinnungskosten** (*subscriber acquisitions costs*) wird verwiesen auf Rz 55.

34 Die Ansatzregeln für die originären Forschungs- und Entwicklungskosten werden in der nachstehenden Skizze dargestellt:

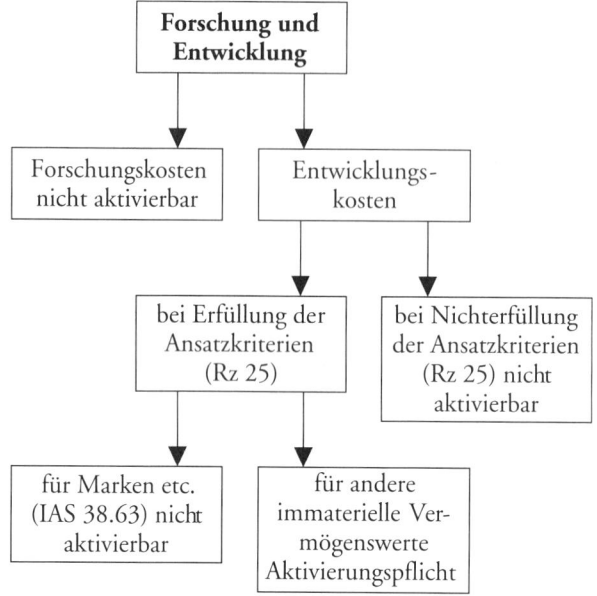

Die **generelle** Aussage „Entwicklungskosten sind nach IFRS aktivierbar" trifft also **nicht** zu:
- Nur in eingeschränktem Umfang erfüllen die Entwicklungskosten die Ansatzkriterien (Rz 30).
- Analog § 248 Abs. 2 HGB gilt ein spezifisches Ansatzverbot für bestimmte Vermögenswerte (Rz 33).

---

[22] Nach HOFFMANN/LÜDENBACH, NWB Kommentar Bilanzierung, 4. Aufl. 2013, § 248, Rz 10.

2.4.2 Faktisches Ansatzwahlrecht

Die unter Rz 30 dargestellten Ansatzkriterien suchen nach einem **Ausgleich** zwischen den Relevanz- und Zuverlässigkeitsanforderungen der Rechnungslegung (→ § 1 Rz 16). Aus der ersten Perspektive sollen möglichst **alle** wichtigen **Werttreiber** mit Vermögenswertqualität, aus der zweiten nur in ihrem Nutzen **objektivierbare** Vermögenswerte in der Bilanz erscheinen. Das Ergebnis ist eine Kompromisslösung mit einer erheblichen Anzahl von **Ermessensspielräumen**. Dabei ist das bilanzpolitische Ziel einer Nichtaktivierung spürbar leichter zu erreichen als umgekehrt. Im erstgenannten Fall genügt die Darlegung einer Unmöglichkeit zur Trennung von Forschung und Entwicklung (Rz 28). Oder aber ein nachvollziehbarer Nachweis der Erfüllung aller sechs Aktivierungskriterien (Rz 30) für die Entwicklungskosten wird nicht erbracht. Besteht umgekehrt die bilanzpolitische Vorgabe in der Aktivierung, bedarf es regelmäßig einer weiten Auslegung der diesbezüglichen Begriffsinhalte.[23] Die Möglichkeit oder sogar Notwendigkeit der Ermessensausübung führt in Anbetracht der dabei gegebenen Spielräume im Ergebnis zu einem faktischen **Ansatzwahlrecht** der Entwicklungskosten (Rz 30).[24] Als Argumente gegen eine Aktivierung werden von Unternehmen insbesondere die (angeblich) **fehlende Trennbarkeit von Forschungs- und Entwicklungsphase** (so weitgehend in der **Softwareindustrie**) oder die an behördlichen Zulassungen hängende, deshalb **unsichere, Realisierbarkeit** (so in der **Pharmaindustrie**) verwandt. Auffällig ist dabei:

35

- Die angebliche **Iteration** von Forschung und Entwicklung ist **nicht softwaretypisch**. Produkt- und Verfahrensinnovationen stellen generell keinen geradlinigen Prozess dar, sondern laufen meist nach dem Motto „zwei Schritte nach vorn, ein Schritt zurück". Wo hier das besondere der Softwareindustrie liegen soll, wird nicht einsichtig.
- Hinsichtlich der **Realisierbarkeit** herrschen in der Pharmabranche zwar oft größere Unsicherheiten als in anderen Branchen, hieraus erfolgt aber nicht zwingend, die Realisierbarkeit erst ab Erteilung der Arzneimittelzulassung als erfüllt anzusehen. Schon vorher kann die Erteilung der Bewilligung **sehr wahrscheinlich** sein, weil klinische Wirkungsnachweise erbracht und gravierende Nebenwirkungen so gut wie sicher ausgeschlossen werden können. Es ist daher fraglich, ob die so restriktive Aktivierung nur auf den Besonderheiten der Pharmabranche oder auch auf anderen Ursachen (z.B. Kommunikationspolitik gegenüber Kapitalmarktteilnehmern) beruht.[25]

Damit soll nicht in Abrede gestellt werden, dass branchenspeziellen Unterschiede in der bilanziellen Abbildung von Entwicklungskosten auch (!) eine ökonomische **Rechtfertigung** für sich in Anspruch nehmen:

- Bei der Entwicklung eines neuen Arzneimittels droht eher die Gefahr des Scheiterns
- als bei der Entwicklung einer neuen Generation des „Golf" oder des „Airbus".

---

[23] BURGER/ULBRICH/KNOBLAUCH, KoR 2006, S. 734.
[24] So auch THIELE/KÜHLE, in: THIELE/KEITZ, VON/BRÜCKS, Internationales Bilanzrecht, IAS 38, Tz 268. Empirisch (2005–2007) aktivieren 55 % bis 62 % der deutschen börsennotierten Konzerne überhaupt Entwicklungskosten (HALLER/FROSCHHAMMER/GROSS, DB 2010, S. 683).
[25] Zu beiden Punkten ausführlich Christian/Kern, PiR 2014, S. 168 ff.

2.4.3 Derivativer Erwerb von Forschung und Entwicklung

36 In **Anschaffungs**fällen – insbesondere beim **Unternehmenserwerb** – gelten andere Ansatzkriterien:
- Für Einzelanschaffungen bringt der Kaufpreis die Wahrscheinlichkeit des Nutzenzuflusses (Rz 18) zum Ausdruck (IAS 38.25).
- Für den Zugang im Rahmen eines Unternehmenserwerbs wird auf → § 31 verwiesen.

Die Ansatzrestriktion für die eigene **Forschungs**tätigkeit (Rz 28) und einzeln bestimmte Vermögenswerte (Rz 33) ist hier aufgehoben.

2.5 Selbst geschaffene Software

37 Zu diesem, einen breiten Anwendungsbereich ausfüllenden Bilanzierungsproblem enthalten die IFRS anders als US-GAAP keine speziellen Regelungen. Man kann versuchen, die allgemeinen Definitions- und Ansatzkriterien für immaterielle Vermögenswerte auf die Software-Erstellung zu transportieren. Zu unterscheiden ist dabei zwischen selbst erstellter Software für Vermarktungszwecke – die unter IAS 2 oder IAS 11 fallen (Rz 3) – und der als **Anlagevermögen** im eigenen Haus anzuwendenden. Im letztgenannten Fall geht es um die Abgrenzung der Forschungs- von der Entwicklungsphase (Rz 28).

38 Die Aktivierungsmöglichkeit für selbst geschaffene Software beginnt frühestens mit der **technischen Machbarkeit** (*feasibility*) des Projekts, verbunden mit der **Wahrscheinlichkeit des kommerziellen Erfolgs**. Dazu bedarf es eines Detailprogrammes oder eines Arbeitsmodelles. Die weiteren dort genannten Kriterien sind Anwendungsfälle der Definitions- und Ansatznormen allgemein. Allerdings sind in diesen Fällen besondere Schwierigkeiten damit verbunden, die Generierung **künftigen ökonomischen Nutzens** durch das Programm nachzuweisen bzw. darzulegen (*demonstrate*). Insbesondere kann es an einer Ansatzmöglichkeit dann fehlen, wenn die rechtliche Ausschlussmöglichkeit zur Kontrolle über das Programm und zur Abschottung gegenüber anderen Anwendern fehlt. Folge ist dann die Verbuchung der Aufwendungen auch in der Entwicklungsphase als laufender Aufwand. Klare Trennlinien sind dabei nicht ersichtlich.

Eher kommt eine Aktivierung für **erworbene** Software in Betracht, und zwar als **Bestandteil der zugehörigen Hardware** mit der Folge, dass die Bilanzierung sich an den Regeln des IAS 16 (→ § 14 Rz 10ff.) orientiert. Diese Vorgehensweise erscheint nach herkömmlichem deutschem Bilanzierungsverständnis als unpassend, da Hard- und Software als **getrennte** Vermögenswerte angesehen werden. Insgesamt erscheinen die Bilanzierungsregeln insbesondere für die selbst erstellte, intern genutzte Software nach den IFRS als ausgesprochen **fließend** – allerdings mit einem **Vorbehalt**: Waren einmal entsprechende Ausgaben als Aufwand verbucht worden, kann in späteren Jahresabschlüssen diese Entscheidung nicht wieder umgedreht werden (IAS 38.71; Rz 71; siehe aber auch Rz 87).

Beispiel
Sachverhalt
Die Software-GmbH beginnt Anfang 03 mit den Forschungen zu einem neuen Produkt, das aus mehreren Modulen bestehen und, wenn alles klappt, 05 auf den Markt kommen soll. Die FuE-Aufwendungen der Jahre 02 bis 04

> werden voraussichtlich jeweils 500 TEUR betragen. Die Software-GmbH diskutiert zwei Projektplanungsalternativen:
> Nach Plan I sollen, da die relevanten Schwierigkeiten tatsächlich in den Modulen und nicht in deren Zusammenführung vermutet werden, die Module bis Ende 04 separat entwickelt und ein detailliertes Gesamtdesign sowie ein dokumentierter Gesamtprobelauf erst Ende 04 durchgeführt werden.
> Nach Plan II soll bereits Ende 02 ein erstes Design für das Gesamtprodukt fertiggestellt und einem ersten Probelauf unterzogen werden, wobei wegen der dabei noch zu erwartenden Probleme in den Modulen selbst weniger deren Details als das (ohnehin so gut wie feststehende) Zusammenwirken der Module dokumentiert werden sollen.
>
> **Lösung**
> Die Komplettierung des detaillierten Programmdesigns gilt i. d. R. als Nachweis der technischen Realisierbarkeit. Da die GmbH ihren eigenen Plankriterien und -definitionen folgend erst Ende 04 ein detailliertes Programmdesign fertiggestellt und erprobt hat, sind die insgesamt 1,5 Mio. EUR Aufwendungen der Jahre 02 bis 04 als Aufwand zu behandeln. Wäre man stattdessen nach der ersten Planvariante verfahren, könnten 1 Mio. EUR der Jahre 03 und 04 aktiviert werden.

Das vorstehende Beispiel belegt deutlich die im Bereich der Softwareentwicklung bestehenden Probleme zur einigermaßen trennscharfen Abgrenzung der Forschungs- von der Entwicklungsphase.

Eine in Betrieb befindliche Software bedarf der laufenden **Pflege** (*update*). Davon zu unterscheiden sind **Neuimplementierungen** von Funktionalitäten.

39

> **Beispiel**[26]
> Ein Versandantiquariat für Bücher und Schallplatten will sein Angebot über die bisher beachtete deutsche Grenze in den internationalen Bereich ausdehnen. Dazu bedarf es der Installation weiterer Funktionalitäten bez. Sprache, Logistik, Zahlungsverkehr etc. Der Aufwand für die Installation weiterer Funktionen überschreitet den für die Herstellung der ursprünglichen Version.

Diese Softwareentwicklung bedeutet eine Kapazitätserweiterung und substanzielle Verbesserung der vorhandenen Software. Nach IAS 38.20 sollen solche Aufwendungen bei bereits vorhandenen immateriellen Anlagegütern nur selten (*only rarely*) die Ansatzkriterien erfüllen (→ § 8 Rz 40). U. E. liegt in diesem Beispielfall keine Erweiterung des bisherigen Vermögenswertes vor, sondern eine Neuschaffung unter Verwendung der bisherigen Software. Die neue Software ist – wie die Aufwandsverhältnisse zeigen – entscheidend geprägt durch die Neuentwicklung. Soweit bei Letzterer keine Forschungskosten angefallen sind, erfüllen die Aufwendungen für die Neuentwicklung die Ansatzkriterien eines immateriellen Vermögenswertes.

---

[26] Ein ausführliches Beispiel bei LÜDENBACH, StuB 2010, S. 361.

40 In der Bilanzierungspraxis von Softwareunternehmen wird überwiegend auf die Aktivierung von Entwicklungskosten „**verzichtet**". Die Begründung lässt sich anhand des folgenden Schaubildes darstellen:[27]

Beispiel

Trennung Forschung und Entwicklung

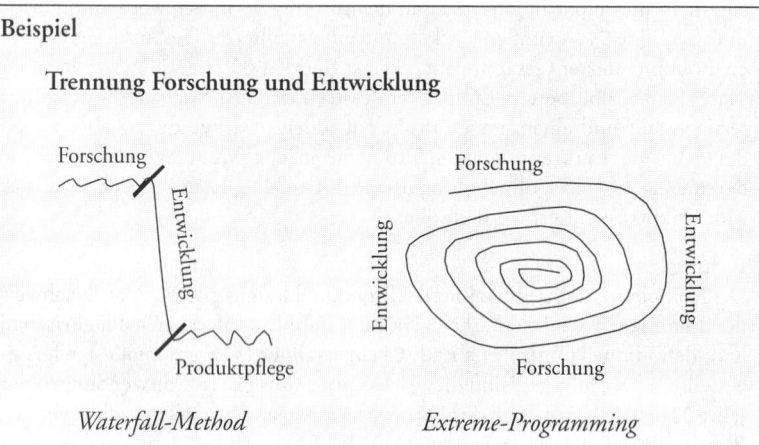

Waterfall-Method   *Extreme-Programming*

Nach früherem, inzwischen als **überholt** geltendem Modell lässt sich der Prozess der Herstellung und Pflege von Software in drei Phasen einteilen:
- Eine eher ruhige, konzeptionelle Phase, in der die Kreativität, die Gewinnung grundlegender Ideen und Lösungsvorstellungen im Vordergrund stehen;
- eine sich daran anschließende, stark strukturierte und temporeiche Phase der programmtechnischen Umsetzung dieser Grundlagen;
- eine wiederum ruhigere Phase der Produktentwicklung.

Die Aufwendungen der mittleren Phase sind als Entwicklungskosten gut von den anderen Phasen trennbar und daher aktivierungspflichtig.

Die **neuere** Praxis **verwirft** dieses „**Wasserfall-Modell**" als überholt und betont inzwischen den Charakter der Prozesse. Ideen**gewinnung** (Forschung) und Ideen**umsetzung** (Entwicklung) sind im Modell des Extreme Programming nicht mehr **sequenziell** (IAS 38.52 unterstellt), sondern zyklisch bzw. iterativ angeordnet. Die Trennbarkeit von Forschungs- und Entwicklungsphase ist nicht gegeben. Alle Aufwendungen sind als Aufwand zu verbuchen (Rz 28).

41 Die Installation einer sog. **ERP-Software** ist durch den relativ geringen Anschaffungspreis für den Quellcode und die hohen Aufwendungen für das sog. *customizing* gekennzeichnet. Mit dem Quellcode allein kann niemand etwas anfangen. Allerdings sind neben dem entrichteten Kaufpreis auch die Kosten zur Herstellung der Betriebsbereitschaft nach IAS 38.27 (Rz 66) aktivierungspflichtig. Der *„intended use"* bezieht sich auf einen fertig **funktionsfähigen** Vermögenswert. Die nach HGB/EStG entscheidende Frage nach dem Vorliegen von Anschaffungs- oder Herstellungskosten[28] stellt sich nach IFRS regelmäßig nicht. Nach der kompletten und erfolgreichen Installation werden oftmals weitere Funk-

---

[27] Nach LÜDENBACH, IFRS, 7. Aufl., 2013, S. 85.
[28] HOFFMANN/LÜDENBACH, NWB Kommentar Bilanzierung, 5. Aufl., 2014, § 255, Rz 38.

tionen programmiert. Dann liegen nachträgliche Herstellungskosten durch Erweiterung des bisherigen Vermögenswertes vor (→ § 8 Rz 34).

2.6 Ausdehnung des Forschungs- und Entwicklungsbegriffs – das Beispiel der Erstellung einer Webseite

Die Begriffe Forschung und Entwicklung beziehen sich nicht nur auf die „klassischen" Fälle der Arzneimittelforschung in der Pharmaindustrie oder die Entwicklung neuer Modelle in der Automobilbranche. Die zugehörigen Aufwendungen sind inhaltlich gem. IAS 38.52 **weit** gefasst (*„broader meaning"*). Allgemein stehen „Forschung und Entwicklung" für die **Herstellung** eines immateriellen Vermögenswertes. Dabei kann die Forschungsphase als die frühe, konzeptionelle Phase der Herstellung und die Entwicklung als die fortgeschrittene, verwertungsnahe Phase angesehen werden.[29] Am deutlichsten wird diese Verallgemeinerung der beiden Begriffe am Beispiel der in SIC 32 enthaltenen Regelungen zur Erstellung einer Webseite:

42

Beispiel	
Planung	→ Forschung, daher Aufwand
Machbarkeitsstudie, Definition Hard-/Softwareanforderungen	
Applikation, Infrastruktur-Entwicklung	
a) Hardwarekauf	→ a) Hardware = Sachanlage IAS 16
b) Entwicklung und Test der Software	→ b) Software: ggf. als Entwicklung aktivieren
Grafikdesign	
Layout, Farben etc.	→ ggf. als Entwicklung aktivieren
Content-Entwicklung	
a) Werbung (Produkte, Fotos)	→ a) Vertriebskosten, daher Aufwand
b) Informationen über das Unternehmen	→ b) kein identifizierbarer Nutzen, daher Aufwand
c) Direktbestellungen	→ c) ggf. als Entwicklung aktivieren
Operating/Updates etc.	→ Erhaltungsaufwand

Mit der Verallgemeinerung des Forschungs- und Entwicklungsbegriffs könnte auch die Herstellung einer Marke, die Schaffung von Kundenbeziehungen etc. in eine frühe, konzeptionelle und eine fortgeschrittene Phase eingeteilt werden. Konsequent wäre die Aktivierungsfähigkeit von später anfallenden Aufwendungen auf die Etab-

---

[29] LÜDENBACH, IFRS, 6. Aufl., 2010, S. 93.

lierung einer Marke und die Schaffung eines Kundenkreises. Dieser systematisch in IAS 38 angelegten Konsequenz begegnet IAS 38.63 mit einem kasuistischen **Bilanzierungsverbot** für selbst geschaffene **Marken** und **Kundenbeziehungen** (Rz 33).

2.7 Sonderfälle

2.7.1 Profisportler

43 Profisportler erfüllen die Ansatzkriterien für immaterielle Vermögenswerte (Rz 5).[30] Eine Aktivierung ist bei entgeltlichem Erwerb der **Nutzungsberechtigung** (Transferentschädigung) vorzunehmen.[31] Auch die Ansatzkriterien für Entwicklungskosten (Rz 27 ff.) können im Einzelfall erfüllt sein. Diese sind nicht auf die „klassische" Produktentwicklung beschränkt (Rz 32).

> **Beispiel**
> Der 18-jährige Fußballprofi P gilt als besonders talentiert. Der Profiverein K entschließt sich nach Abschluss eines 6-jährigen Dienstvertrages für eine besondere Förderkampagne: Abstellung eines Physiotherapeuten, Spezialtrainer für die muskuläre Entwicklung, Wintertraining in Florida etc. Dadurch soll die Bundesligatauglichkeit spätestens mit Vollendung des 21. Lebensjahres erreicht werden.
> Die Ansatzkriterien für die Entwicklungskosten sind erfüllt (Rz 30).

2.7.2 Nutzungsrechte

44 (Nutzungs-)Rechte können käuflich nach § 453 BGB erworben werden. Ihr Wert beruht auf einem mit dem Eigentümer bzw. Rechteinhaber abgeschlossenen Nutzungsverhältnis, z. B. einem Mietvertrag. Ein Mietvertrag ist der typische Fall eines wegen der Ausgeglichenheitsvermutung von Ansprüchen und Leistungen (Synallagma) **nicht bilanzierbaren schwebenden** Geschäftes. Deshalb kann die Aktivierung eines Nutzungsrechtes nur im Hinblick auf den **besonderen ökonomischen** Gehalt des betreffenden Vertrages infrage kommen. Die (abstrakte) Aktivierbarkeit des Nutzungsrechtes hängt von der Erfüllung der *asset*-Kriterien ab (→ § 1 Rz 88 ff.). Entscheidend geht es dabei darum, ob in saldierter Betrachtung künftige (positive) Nutzenzuflüsse vorliegen. Einem Mietvertrag auf der Grundlage der **Marktverhältnisse** kommt kein ökonomischer Wert zu: Aufwendungen und Erträge sind ausgeglichen, eine Aktivierung des Nutzungsrechtes scheidet auch deshalb aus, weil eine Zahlungsverpflichtung in gleicher Höhe zu passivieren wäre.
Anders kann es sich verhalten, wenn Leistung und Gegenleistung aus dem schwebenden Vertrag **nicht ausgeglichen** sind, also z. B. der Mietzins für den Mieter im Verhältnis zur Marktlage **günstig** ist.

---

[30] HOMBERG/ELTER/ROTHENBURGER, KoR 2004, S. 249; LÜDENBACH/HOFFMANN, DB 2004, S. 1442. Dort wird auch zu den Fragen der Folgebewertung, insbesondere impairment-Abschreibungen, Stellung genommen.
[31] THIELE/KÜHLE, in: THIELE/KEITZ, VON/BRÜCKS, Internationales Bilanzrecht, IAS 38, Tz. 152.

> **Beispiel**[32]
> **Sachverhalt**
> Der Reiseveranstalter Dreamtour AG bietet mehrtätige Ausflüge auf Luxusyachten im Mittelmeer an. Die AG benötigt zu einer solchen Veranstaltung mit ausgewähltem Teilnehmerkreis einen Liegeplatz im Hafen von Portals Nous auf Mallorca. Die gesamten dortigen Liegeplätze sind auf Jahre hinaus vermietet. Über einen Broker gelingt es der AG, einen Liegeplatzvertrag mit der Restlaufzeit von 10 Jahren gegen eine „Einmalprämie" zu gunsten des bisherigen Mieters M zu übernehmen. Die Dreamtour AG tritt in den Mietvertrag mit der Marina Portals Nous Gestion y Administracion S. A. ein und zahlt an diese die laufenden Mietraten von 150 TEUR p. a. M wird aus dem Mietvertrag entlassen.

Die Einmalzahlung an den bisherigen Mieter reflektiert die den Marktverhältnissen nicht entsprechende Miethöhe und macht ein *asset* identifizierbar. Wegen der Behandlung beim Veräußerer des Nutzungsrechts wird auf (→ § 25 Rz 66) verwiesen, betreffend den „Erwerb" eines Mietvertrages im Rahmen einer *business combination* auf → § 31.

2.7.3 Rückerworbene Rechte *(reacquired rights)*

Eine der Voraussetzungen für den Ansatz eines immateriellen Vermögenswertes ist die **Identifizierbarkeit**, d. h. die Abgrenzung vom *goodwill*. Beim Rückerwerb von Rechten stellt sich die Frage, ob hier nicht lediglich ein geschäftswerterhöhender Vorgang vorliegt, in besonderer Weise. Sie wird kasuistisch für Fälle des Unternehmenszusammenschlusses in IFRS 3.B35 wie folgt beantwortet: „Im Rahmen eines Unternehmenszusammenschlusses kann ein Erwerber ein Recht, bilanzierte oder nicht bilanzierte Vermögenswerte des Erwerbers zu nutzen, zurückerwerben. Ein zurückerworbenes Recht ist ein identifizierbarer immaterieller Vermögenswert, den der Erwerber getrennt vom Geschäfts- oder Firmenwert ansetzt."   45

> **Beispiel**
> Die Produkte des P werden in Südeuropa ausschließlich durch V auf Basis eines langfristigen Exklusivvertrags vertrieben. In 01 erwirbt P das Unternehmen des V. Der Vertriebsvertrag wird dadurch zu einem Konzerninnenverhältnis, ist aber gleichwohl nach IFRS 3.B35 separiert vom *goodwill* anzusetzen (→ § 31 Rz 90).

Ein Rückerwerb kann sich aber auch im Wege der Einzeltransaktion vollziehen.   46

> **Beispiel**[33]
> Die U GmbH produziert und vertreibt seit Langem unter einer selbst entwickelten Marke in Europa Gesundheitsdrinks. In 01 hat sie dem japanischen Vertragspartner JP gegen eine umsatzabhängige Gebühr auf 15 Jahre das

---

[32] LÜDENBACH/HOFFMANN, DStR 2006, S. 1382; ähnlich der BFH, Urteil v. 15.12.1993, X R 102/92, BFH/NV 1994, S. 543. Der BGH hat im Urteil vom 14.6.2004, II ZR 121/02, DStR 2004, S. 1662, einen günstigen Mietvertrag mit dem kapitalisierten Wert als mögliche Sacheinlage in eine Kapitalgesellschaft gewertet.
[33] Nach LÜDENBACH, PiR 2012, S. 198.

> Recht eingeräumt, entsprechende Produkte in Japan zu produzieren und unter der Marke der U zu vertreiben.
> Im Jahr 10 einigen sich U und JP, den Lizenzvertrag zum 31.12.10 zu beenden, da U zukünftig selbst den japanischen Markt beliefern will. JP erhält für die vorzeitige Vertragsbeendigung eine erhebliche Einmalzahlung (*termination fee*).

Für den „Rückerwerb" eines Rechts außerhalb eines Unternehmenszusammenschlusses enthält IAS 38 keine Regelungen. Eine analoge Anwendung der Regelungen von IFRS 3 (Rz. 43a) käme infrage, wenn diese nicht Kasuistik darstellen, sondern auf einer soliden konzeptionellen Basis stehen. U. E. ist Letzteres aus folgenden Gründen nicht der Fall:

- Allgemein verfolgt IFRS 3 den Zweck, den Kaufpreis möglichst auf (i.d.R. abschreibbare) Einzelvermögenswerte statt auf den nicht planmäßig abschreibbaren *goodwill* aufzuteilen (IFRS 3.BC174). Diesem Vorrang vor dem *goodwill* dienen explizit auch die Regelungen für rückerworbene Rechte (IFRS 3.BC184). Bei einer Einzeltransaktion stellt sich die *goodwill*-Frage aber gar nicht.
- Der Rückerwerb eines Rechts setzt begrifflich dessen ursprüngliche Veräußerung voraus. Wäre im vorstehenden Beispiel ein unbefristetes/immerwährendes Lizenzrecht eingeräumt worden, hätte dies wirtschaftlich einer Veräußerung gleichgestanden und die vorzeitige Beendigung des Vertrags einen Rückerwerb bedeutet. Wird ein Recht hingegen nur befristet gewährt, entsteht nur ein Dauerschuldverhältnis. Eine *termination fee* ist dann lediglich Aufwand für die vorzeitige Beendigung dieses Dauerschuldverhältnisses.
- Eine Parallele zu folgendem Fall ist offensichtlich: Leasinggeber vermietet ein Gebäude im *operating lease*. Nach einigen Jahren ergibt sich ein Eigenbedarf. Diesen kann der Leasinggeber nur realisieren, indem er den Leasingnehmer gegen eine Abstandszahlung zur vorzeitigen Vertragsauflösung bewegt. Die Abstandszahlung führt zu keiner Aktivierung eines Nutzungsrechts am Gebäude, da das Gebäude selbst (und damit implizit auch ein gesamtes Nutzungspotenzial) schon zum (bilanzierungspflichtigen) Vermögen gehört.

2.7.4 Emissionsrechte (Umweltverschmutzung)

47 Im Rahmen des Kyoto-Protokolls haben sich die EU und ihre Mitgliedstaaten zu einer Reduktion des Ausstoßes von Treibhausgasen bis zum Jahr 2012 verpflichtet. „Technisch" soll diese Verringerung der Emissionsmengen mithilfe von handelbaren **Emissionsrechten** erfolgen.[34] Grundlage ist das sog. *cap-and-trade*-System. Das Emissionsziel *(cap)* wird national auf die einzelnen Emittenten heruntergebrochen. Diese Grundausstattung kann dann am Markt gehandelt werden.
Ein IFRIC 3 hatte sich des Themas speziell angenommen. Im Juni 2005 hat der Board diese Standardinterpretation aufgehoben. Die bilanzielle Abbildung ist daher nach den allgemeinen Kriterien von IAS 38 i.V.m. IAS 37 (→ § 21) vorzunehmen. Dabei kann von folgenden ökonomischen **Grundlagen** des *cap-and-trade*-Systems ausgegangen werden:

---

[34] Einzelheiten hierzu bei SCHMIDT/SCHNELL, DB 2003, S. 1449; GÜNTHER, KoR 2003, S. 432; HERMES/JÖDICKE, KoR 2004, S. 287.

Immaterielle Vermögenswerte § 13

- Zwangsweise Teilnahme.
- Kostenlose oder entgeltliche Zuteilung eines Emissionszertifikats durch die öffentliche Hand.
- In einer Handelsperiode (erstmalig 1.1.2005 bis 31.12.2007) werden zu Beginn die Rechte vergeben (in der BRD zunächst kostenlos), am Ende der Periode werden die tatsächlichen Emissionen erfasst.
- Die Teilnehmer können Rechte kaufen und verkaufen.
- Die Teilnehmer können entsprechend der Höhe ihrer Rechte Schadstoffe emittieren, weniger emittieren und entsprechende Rechte verkaufen oder übertragen oder mehr emittieren und entsprechend Rechte kaufen oder eine Pönale bezahlen.
- Nach dem Ende jeder Handelsperiode müssen die Teilnehmer Emissionsrechte in Höhe ihrer tatsächlichen Emissionen abliefern; geschieht dies nicht, ist eine Pönale in bar zu zahlen oder künftig eine geringere Zuteilung hinzunehmen.

Die Abbildung im Jahresabschluss muss nach Maßgabe der vorstehend aufgeführten **ökonomischen** Grundlagen erfolgen. Dabei stellt sich zunächst die Frage nach der **Vermögenswert**-Eigenschaft der Emissionsrechte (→ § 1 Rz 88f.) unter der Annahme einer **kostenlosen** Zuteilung. Im Schrifttum wird diese ohne weitere Problematisierung bejaht. Gleichwohl bleiben auf der Grundlage des dem System innewohnenden ökonomischen Gehalts daran Zweifel angebracht.

> **Beispiel**[35]
> U hat vor der Einführung des *cap-and-trade*-Systems zuletzt (in 01 bis 04) jährlich 100.000 t CO_2 emittiert. Aufgrund eines weiter zurückliegenden Basisjahres werden U mit der Einführung in 05 in gleicher Menge Zertifikate unentgeltlich zugeteilt. U beabsichtigt, diese Zertifikate selbst zu nutzen und nicht in den Handel zu geben.
> An der Vermögenssituation von U hat sich durch die Zuteilung nichts verändert. Die Verbriefung in einer Ausstoßgenehmigung dient lediglich dem systemimmanenten (aus der Verknappung resultierenden) Börsenhandel. Dieser ist aber für U mangels entsprechender Absichten nicht von Bedeutung.

Der Vermögenswert setzt nach dem Definitionsgehalt von IAS 38.8 (Rz 5) und *Framework* (→ § 1 Rz 88) erwarteten ökonomischen **Nutzen** voraus. Ein solcher liegt im vorliegenden Beispiel kaum vor. Die Berechtigung zum Schadstoffausstoß gleicht der Konzession zum Betrieb eines Unternehmens (z. B. Gaststättenkonzession). Solche Konzessionen sind bislang nicht als Vermögenswert in Erscheinung getreten.

Auf der **Bewertungs**ebene ist zwischen **entgeltlich** erworbenen (an der Börse zugekauften) und **unentgeltlich** behördlich zugeteilten Rechten zu unterscheiden. Anschaffungskosten sollen bilanztheoretisch eine periodengerechte Zuordnung des **Verbrauchs** der mit diesen Kosten beschafften Ressourcen bewirken. Bei Aktivierung der unentgeltlich zugeteilten Rechte würden nebeneinander Bilanzwerte ausgewiesen, die einerseits auf **effektiven** Ausgaben und andererseits auf **fiktiven** Werten beruhen – eine sehr ungewöhnliche Konstellation. Im **Branchenvergleich**

48

---

35 Nach HOFFMANN/LÜDENBACH, DB 2006, S. 57.

käme es zu erheblichen Verzerrungen im Vergleich bspw. zur Telekommunikationsbranche mit den dort aktivierten, weil entgeltlich erworbenen Mobilfunklizenzen. Diesem **Vorbehalt** entsprechen die bilanziellen Abbildungsregeln in den USA für das dort praktizierte *cap and trade system* im Zusammenhang mit dem *scheme for acid rain*.[36]

- Die Bilanzierung hat nach dem **Anschaffungskostenprinzip** zu erfolgen.
- **Unentgeltlich** zugeteilte Rechte sind entsprechend mit null zu bewerten.
- **Kostenpflichtige** Erwerbe durch behördlich organisierte Auktionen oder von anderen Teilnehmern sind zum Anschaffungspreis anzusetzen.
- Der **Verbrauch** der Genehmigungen durch den Ausstoß von Gasen ist über die Nutzungsperiode der Genehmigung nach der Durchschnittskostenmethode dem Ergebnis zu belasten.
- Der etwaige Mehrausstoß gegenüber den vorhandenen Genehmigungen soll mit den geschätzten Kosten als **Rückstellung** eingebucht werden.

U. E. bedarf die Aktivierung von unentgeltlich zugeteilten Emissionsrechten einer **besonderen** Rechtfertigung. Diese wird in IAS 20.23 i. V. m. IAS 38.44 (→ § 12 Rz 30) gegeben. Es besteht danach ein **Wahlrecht** zur Einbuchung der unentgeltlich zugeteilten Rechte zum **Zeitwert** einerseits (*fair-value*-Modell) und zu den **Anschaffungskosten** (null) andererseits (Anschaffungskostenmodell). Im erstgenannten Fall ist ein **passiver Abgrenzungsposten** (*deferred income*) zu bilden und entsprechend der Nutzungsdauer von einem Jahr zugunsten des Ergebnisses aufzulösen (→ § 12 Rz 30). Andererseits ist bei Wahl des *fair-value*-Zugangswertes eine **verbrauchsabhängige** Abschreibung vorzunehmen. Am Ende der Zuteilungsperiode (unterstellt Wirtschaftsjahr = Kalenderjahr) werden die unentgeltlich zugeteilten Rechte nach beiden Zugangsregeln aktivisch und passivisch mit null ausgewiesen. In zwei gemeinsamen Sitzungen des FASB und des IASB präferieren (*tentatively*) die beiden Boards eine *fair-value*-Bewertung beim Zugang und in der Folge.[37]

Die Emissionsrechte sind **börsenmäßig** handelbar. Durch (entgeltlichen) Zu- und Verkauf können die am Bilanzstichtag vorhandenen Emissionsrechte u. U. nicht mehr der einen oder anderen Kategorie zugeordnet werden. In diesem Fall bietet sich die Bewertung nach einem **Verbrauchsfolgeverfahren** an. Unter Analogie zu IAS 2.25 zur Bewertung von Vorratsvermögen (→ § 17 Rz 21) halten wir die Anwendung der Durchschnitts- und der Fifo-Methode für zulässig. Zu den Bestandteilen der Anschaffungskosten vgl. Rz 81.

Die **Neubewertungsmethode** (→ § 8 Rz 70 ff.) ist nur bei **längerfristiger** Nutzung von Vermögenswerten sinnvoll anwendbar. Sie scheidet u. E. bei den Emissionsrechten mit einem Lebenszyklus von 12 Monaten aus.

49 Für die am Bilanzstichtag bestehende **Rückgabepflicht** von Emissionsberechtigungen nach Maßgabe des effektiven Schadstoffausstoßes sind (Verbindlichkeits-)Rückstellungen zu bilden (→ § 21 Rz 18 ff.). Dabei ist im **ersten** Prüfungsschritt stichtagsbezogen für den Bilanzansatz ein Abgleich zwischen dem

---

[36] Es handelt sich nicht um einen „offiziellen" Rechnungslegungsstandard des FASB oder der EITF, sondern die Federal Energy Regulatory Commission (FERC) schlägt dies in einem sogenannten Uniform System of Accounts (USofA) vor. Das System ist dargestellt in den EITF-Abstracts Issue Nr. 03–14 und den zugehörigen Informationen; siehe hierzu auch VÖLKER-LEHMKUHL/LÖSLER, DB 2005, S. 457.

[37] IASB, Updates Oktober und November 2010.

effektiven Schadstoffausstoß und den **vorhandenen** Emissionsrechten durchzuführen. Sofern der Ausstoß die verbriefte Menge übersteigt, muss die Rückgabe im Folgejahr (am 30.4.) mit noch **zuzukaufenden** Rechten bestückt werden.

Für die **Bewertung** der gesamten **Rückgabeverpflichtung** – dem zweiten Prüfschritt zur Rückstellungsbildung – hatte sich der zurückgezogene IFRIC 3 für einen *fair-value*-Ansatz ausgesprochen. Dadurch standen am Bilanzstichtag „voll" (mit dem aktuellen Börsenkurs) bewertete Verpflichtungen den überwiegend zu null aktivierten Berechtigungen gegenüber. Zur Vermeidung dieses *„mismatch"* bedarf es einer wirtschaftlich sinnvollen Interpretation der Bewertungsvorgaben in IAS 37.36f. (→ § 21).[38]

Ausgangspunkt der Bewertung von Rückstellungen ist die bestmögliche **Schätzung** (→ § 21 Rz 129) des zur Regulierung der betreffenden Verbindlichkeit erforderlichen Aufwands am Bilanzstichtag. Die vom Unternehmen zu erbringenden „Ausgabe" *(expenditure)* beläuft sich auf die Abgabe von Emissionsrechten. Soweit diese unentgeltlich erworben worden sind, lässt sich *„expenditure"* durchaus auch als unentgeltlicher Vorgang interpretieren: „Mich kostet die Rückgabe eines Wertgegenstandes nichts, wenn ich diesen kostenlos erhalten habe."

Die (aufgehobenen) Vorgaben des IFRIC 3 orientieren sich demgegenüber am Wortlaut des Interpretationsparagrafen IAS 37.37 zur Bestimmung der bestmöglichen Schätzung. Diese soll sich an dem Betrag orientieren, den das Unternehmen für die Begleichung der Verpflichtung **selbst** aufwenden muss oder an einen **Dritten** zu bezahlen hat, damit dieser die Verpflichtung erfüllt. Die letztgenannte Variante der Entledigung von der Verbindlichkeit kommt im Emissionshandel indes nicht in Betracht. Die Emissionsrechte sind nämlich vom emittierenden Unternehmen **selbst** zurückzugeben. Dieses kann also seine Rückgabeverpflichtung nicht durch Bezahlung oder Übertragung eines anderen Vermögenswertes erfüllen, sondern durch Rückgabe der Emissionsrechte selbst, die i. d. R. überwiegend kostenlos zugeteilt worden sind. Deshalb ist IAS 37.37 Satz 1 im vorliegenden Fall nicht einschlägig. Das *best estimate* muss sich an anderen Kriterien ausrichten.

Die bei der Rückstellungsbewertung nach IAS 37.37 zum Ausdruck kommende Idee des **Fremdvergleichs** bleibt auch in anderen – eher gängigen – Sachverhalten unbeachtet, d. h., es wird durchaus nach Maßgabe einer **Sachleistungsverpflichtung** bewertet.

> **Beispiel**
> Der Einzelgewährleistungsfall eines Herstellers von Spezialmaschinen wird in der Praxis nur durch eigenes Personal bewerkstelligt. Ansonsten müssten erst für teures Geld irgendwelche Arbeiter eines anderen Unternehmens mühsam in die Besonderheiten der betreffenden Spezialmaschine eingewiesen werden. Die erforderliche Reparatur etc. kann durch die entsprechend ausgebildete eigene Mannschaft sehr viel kostengünstiger ausgeführt werden. Eine Bewertung zum Fremdvergleichspreis *(fair value)* für einen solchen Gewährleistungsfall wäre geradezu absurd (eben *„mismatch"*).

---

[38] Vgl. hierzu HOFFMANN/LÜDENBACH, DB 2006, S. 57.

Zumindest in der Praxis verhindert also die Auslegung der bestmöglichen Schätzung durch IAS 37.37 nicht die Anwendung einer vernünftigen Rückstellungsbewertung außerhalb der *fair-value*-Vorgabe. Dieser Gedanke muss auch bei der Bewertung der Rückgabeverpflichtung von Emissionsrechten Platz greifen. Bewertet wird die Rückstellung demnach mit den Erwerbskosten für etwa erforderliche **Zukäufe**, ansonsten mit den Anschaffungskosten der **vorhandenen** Rechte, die einzeln oder nach einem Verbrauchsfolgeverfahren zu ermitteln sind. Dieser Lösungsvorschlag geht im Ergebnis konform zu den Vorgaben des IDW[39] und des BMF.[40] Die Bewertung der Rückstellung richtet sich nach den Regeln einer **Sachleistungsverpflichtung** auf der Grundlage der dafür entstehenden Kosten. Sofern unentgeltlich erworbene Rechte zur Rückgabe bestimmt sind, muss entsprechend mit **null** bewertet werden, im Übrigen zu dem am Bilanzstichtag gültigen Börsenkurs. Bei Anwendung einer **Verbrauchsfolgefiktion** schlagen sowohl der HFA des IDW als auch der BMF eine Art Lofo-Verfahren *(lowest in – first out)* vor: Die unentgeltlich erworbenen Rechte werden zuerst zurückgegeben. Mit Erfüllung der Rückgabepflicht am 30.4. des Folgejahres ist eine etwa gebildete Rückstellung **aufzulösen**.

FASB und IASB bevorzugen als Ergebnis ihrer beiden Sitzungen (Rz 48) eine *fair-value*-Bewertung der Rückgabeverpflichtung, allerdings gedeckelt auf die Bewertung der zugeteilten oder gekauften Emissionsrechte. Auf die Bewertung der etwaigen zusätzlichen Rückgabeverpflichtung konnten sich die Board-Mitglieder einstweilen nicht einigen.

50 Zur **buchmäßigen** Abwicklung folgendes Beispiel mit den beiden Bilanzierungsvarianten (Rz 48):[41]

> **Beispiel**
> **Durchgängiger Sachverhalt**
> Ein Anlagebetreiber ist auf einen jährlichen Schadstoffausstoß von 10.000 Tonnen CO_2 taxiert. Für das Kalenderjahr = Wirtschaftsjahr 01 erhält er unentgeltlich 9.709 Emissionsberechtigungen (EB). Deren Börsenpreis beträgt am 1.1.01 und 31.12.01 10 EUR. Der Ausstoß in 01 beträgt 10.000 Tonnen.
>
> **Alternative 1**
> Die erhaltenen EB sind am 31.12.01 noch vorhanden. Es müssen 291 Rechte zugekauft werden.

---

[39] IDW, RS HFA 15, Tz. 18, WPg 2006, S. 574.
[40] BMF, Schreiben v. 6.12.2005, DB 2005, S. 2717.
[41] Auf der Datengrundlage des BMF, Schreiben v. 6.12.2005, DB 2005, S. 2717.

Anschaffungskostenmodell
Bilanz zum 31.12.01

Aktiva						Passiva
Datum	Bezeichnung	Betrag		Datum	Bezeichnung	Betrag
		EUR				EUR
(1) 1.1.	Zugang Rechte	0		(1) 1.1.	Zugang RAP	0
(3) 31.12.	Kapital	2.910		(2) 31.12.	RSt für Zukauf	2.910
		2.910				2.910

GuV 01

Aufwendungen						Erträge
Datum	Bezeichnung	Betrag		Datum	Bezeichnung	Betrag
		EUR				EUR
(2) 31.12.	Aufwand für Zukauf	2.910		(3) 31.12.	Verlust	2.910
		2.910				2.910

fair-value-Modell
Bilanz zum 31.12.01

Aktiva						Passiva
Datum	Bezeichnung	Betrag		Datum	Bezeichnung	Betrag
		EUR				EUR
(1) 1.1.	Zugang Rechte	97.090		(1) 1.1.	Zugang RAP	97.090
(3) 31.12.	Verbrauch Rechte	−97.090		(2) 31.12.	Auflösung RAP	−97.090
(5) 31.12.	Kapital	2.910		(4) 31.12.	RSt für Zukauf	2.910
		2.910				2.910

GuV 01

Aufwendungen				Erträge		
Datum	Bezeichnung	Betrag	Datum	Bezeichnung		Betrag
		EUR				EUR
(3) 31.12.	Verbrauch Rechte	97.090	(2) 31.12.	Auflösung RAP		97.090
(4) 31.12.	Aufwand für Zukauf	2.910	(5) 31.12.	Verlust		2.910
		100.000				100.000

Alternative 2

In 2005 wurden zuerst 1.000 EB verkauft (hier erfolgsneutral behandelt) und 500 EB zu je 8 EUR gekauft.
Am Bilanzstichtag sind 9.209 EB vorhanden, es fehlen also 791 EB. Dafür ist eine Rückstellung zu bilden. Nach dem Vorschlag des BMF, den wir zur Vermeidung des angesprochenen „mismatch" (Rz 50) für sinnvoll erachten, wird die Rückgabeverpflichtung in folgender Reihenfolge bestückt:

	Rechte	Anschaffungskosten
• unentgeltlich erworbene Rechte	8.709	0
• Zukauf	500	4.000
• weitere Abgabepflicht	791	7.910
	10.000	11.910

Anschaffungskostenmodell
Bilanz zum 31.12.01

Aktiva					Passiva	
Datum	Bezeichnung	Betrag	Datum	Bezeichnung		Betrag
		EUR				EUR
(1) 1.1.	Zugang Rechte	0	(1) 1.1.	Zugang RAP		0
(2) 31.12.	Geld aus Verkauf	8.000	(4) 31.12.	Bildung RSt		4.000
(3) 31.12.	Kauf Rechte	4.000	(5) 31.12.	Bildung RSt		7.910
(3) 31.12.	Geld aus Kauf	-4.000				
(7) 31.12.	Kapital	3.910				
		11.910				11.910

Immaterielle Vermögenswerte § 13

GuV 01

Aufwendungen				Erträge		
Datum	Bezeichnung	Betrag EUR		Datum	Bezeichnung	Betrag EUR
(4) 31.12.	Bildung RSt	4.000		(2) 31.12.	Umsatzerlöse	8.000
(5) 31.12.	Bildung RSt	7.910		(7) 31.12.	Verlust	3.910
		11.910				11.910

fair-value-Modell

Bilanz zum 31.12.01

Aktiva				Passiva		
Datum	Bezeichnung	Betrag EUR		Datum	Bezeichnung	Betrag EUR
(1) 1.1.	Zugang Rechte	97.090		(1) 1.1.	Zugang RAP	97.090
(2) 31.12.	Geld aus Verkauf	8.000		(4) 31.12.	Teil-Aufl. RAP	– 10.000
(3) 31.12.	Abgang Rechte	– 10.000		(6) 31.12.	Rest-Aufl. RAP	– 87.090
(5) 31.12.	Geld	– 4.000		(8) 31.12.	Bildung RSt	4.000
(5) 31.12.	Kauf Rechte	4.000		(9) 31.12.	Bildung RSt	7.910
(7) 31.12.	Verbrauch Rechte	– 87.090				
(10) 31.12.	Kapital	3.910				
		11.910				11.910

GuV 01

Aufwendungen				Erträge		
Datum	Bezeichnung	Betrag EUR		Datum	Bezeichnung	Betrag EUR
(3) 31.12.	Abgang Rechte	10.000		(2) 31.12.	Umsatzerlöse	8.000
(7) 31.12.	Verbrauch Rechte	87.090		(4) 31.12.	Teil-Aufl. RAP	10.000
(8) 31.12.	Bildung RSt	4.000		(6) 31.12.	Rest-Aufl. RAP	87.090
(9) 31.12.	Bildung RSt	7.910		(10) 31.12.	Verlust	3.910
		109.000				109.000

Alternative 3

In 2005 wurden 1.000 EB verkauft (hier erfolgsneutral behandelt) und dann 1.500 EB zu 8 EUR gekauft, Bestand am Jahresende also 10.209. Die Rückgabeverpflichtung ist nach dem Vorschlag zur Alternative 2 wie folgt zu bestücken:

	Rechte	Anschaffungskosten
• unentgeltlich erworbene Rechte	8.709	0
• Kauf	1.291	10.328
	10.000	10.328

Anschaffungskostenmodell
Bilanz zum 31.12.01

Aktiva					Passiva
Datum	Bezeichnung	Betrag	Datum	Bezeichnung	Betrag
		EUR			EUR
(1) 1.1.	Zugang Rechte	0	(1) 1.1.	Zugang RAP	0
(2) 31.12.	Geld aus Verkauf	8.000	(4) 31.12.	Bildung RSt	10.328
(3) 31.12.	Kauf Rechte	12.000			
(3) 31.12.	Geld	-12.000			
(5) 31.12.	Kapital	2.328			
		10.328			10.328

GuV 01

Aufwendungen					Erträge
Datum	Bezeichnung	Betrag	Datum	Bezeichnung	Betrag
		EUR			EUR
(4) 31.12.	Bildung RSt	10.328	(2) 31.12.	Umsatzerlöse	8.000
			(5) 31.12.	Verlust	2.328
		10.328			10.328

fair-value-Modell

Bilanz zum 31.12.01

Aktiva				Passiva			
Datum	Bezeichnung		Betrag	Datum	Bezeichnung		Betrag
			EUR				EUR
(1) 1.1.	Zugang Rechte		97.090	(1) 1.1.	Zugang RAP		97.090
(2) 31.12.	Geld aus Verkauf		8.000	(4) 31.12.	Teil-Aufl. RAP		−10.000
(3) 31.12.	Abgang Rechte		−10.000	(8) 31.12.	Bildung RSt		10.328
(5) 31.12.	Kauf Rechte		12.000	(6) 31.12.	Rest-Aufl. RAP		−87.090
(5) 31.12.	Geld		−12.000				
(7) 31.12.	Verbrauch Rechte		−87.090				
(9) 31.12.	Kapital		2.328				
			10.328				10.328

GuV 01

Aufwendungen				Erträge			
Datum	Bezeichnung		Betrag	Datum	Bezeichnung		Betrag
			EUR				EUR
(3) 31.12.	Abgang Rechte		10.000	(2) 31.12.	Umsatzerlöse		8.000
(8) 31.12.	Bildung RSt		10.328	(4) 31.12.	Teil-Aufl. RAP		10.000
(7) 31.12.	Verbrauch Rechte		87.090	(6) 31.12.	Rest-Aufl. RAP		87.090
				(9) 31.12.	Verlust		2.328
			107.418				107.418

Im Einzelfall können CO_2-Zertifkate auch zum Umlaufvermögen gehören. 51
Hierzu folgendes Beispiel in Anlehnung an eine von der ESMA veröffentlichten
Enforcemententscheidung:[42]

---

[42] ESMA, Decision ref. 0111–04.

> **Beispiel**
> U produziert Ökostrom. Sein Geschäftsmodell beruht neben dem Stromverkauf auf der Veräußerung von CO_2-Zertifikaten. Anbieter von konventionellem Strom kaufen U Verschmutzungsrechte ab.
>
> **Beurteilung**
> Am Stichtag noch nicht verkaufte Zertifikate sind Vorratsvermögen nach IAS 2.

52 Sind die das Geschäftsjahr betreffende Emissionszertifikate am Bilanzstichtag **noch nicht zugeteilt** – so generell für Deutschland und die Tschechische Republik wegen jedoch nur spezifische Anlagen betreffenden Einwänden der EU-Kommission vom 5. September 2013 (2013/448/EU) zum 31.12.2013 – stellt sich die Frage, ob das Recht auf Zuteilung vor Eingang bzw. Bestandskraft des Zuteilungsbescheids, d. h. vor Handelbarkeit der Emissionszertifikate, bei der Bilanzierung berücksichtigt werden kann. U. E. gilt hier:

- Für von der Kommission beanstandete Anlagen ist die Durchsetzbarkeit der Ansprüche zweifelhaft und i.d.R. kein Ansatz des Rechts auf Zertifikatezuteilung möglich.

- Soweit gegen die für das Unternehmen typischen Anlagen keine Einwendungen erhoben wurden, ist die kostenlose Zuteilung von Emissionszertifikaten hingegen bei der Bilanzierung berücksichtigen, auch wenn der Zuteilungsbescheid in Deutschland noch nicht vorliegt. Für unwidersprochene Anlagen besteht mit dem Treibhausgas-Emissionshandelsgesetz (TEHG) sowie der Zuteilungsverordnung (ZuV 2020) nämlich national durchsetzbares Recht und somit ein Anspruch auf Zuteilung von Zertifikaten.

2.7.5 Regulatorische Abgrenzungsposten in preisregulierten Branchen

53 Der Board hatte mit ED/2009/8 einen Entwurf zu *„rate-regulated Activities"* vorgelegt, in dem er sich mit speziellen Bilanzierungsregeln nach nationalem Recht (Musterfall Canadian GAAP) für solche preisregulierte Märkte befasste.

54 Das Projekt wurde nach größeren internen Debatten innerhalb des Board abgesetzt und mit dem ED/2013/5 unter dem Titel *Regulatory Deferral Accounts* neu aufgelegt. Der im Januar 2014 veröffentliche IFRS 14 soll nur eine **Zwischenlösung** darstellen (Interim-Standard). Darin werden zwingende oder wahlweise **Abweichungen** vom Inhalt anderer Standards angesprochen. Im Wesentlichen geht es um (jetzt) sog. **Abgrenzungsposten** (*deferral account*), die sich aus dem Zeitversatz zwischen den an Kunden berechneten Leistungen und der anschließenden Preisregulierung durch die zuständige Behörde ergeben. Im Entwurf ED/2009/8 war hier noch von *assets* die Rede. IFRS 14 kann nur von IFRS-**Neuanwendern** in Anspruch genommen werden. Wegen Einzelheiten wird auf § 6 Rz 107 verwiesen.

2.7.6 Kundengewinnungskosten (*subscriber acquisition costs*)

55 Unter *subscriber acquisition costs* (SAC) versteht man die bei Telekommunikationsunternehmen und Internetprovidern verbreiteten Maßnahmen zur **Gewinnung neuer Kunden**. Musterbeispiel ist die Abgabe eines verbilligten oder unentgeltlichen Mobiltelefons bei Abschluss eines zweijährigen Nutzungsver-

trages mit dem Mobiltelefonanbieter gegen eine Mindestgebühr und zusätzliche Berechnung von Gesprächseinheiten während der Vertragslaufzeit. In das ökonomische Kalkül des Serviceanbieters fließen dabei nicht nur die erwarteten Einnahmen aus der zweijährigen Bindung des Kunden ein, sondern auch „nachvertragliche" Einnahmen, die sich aus einem empirisch belegbaren Prozentsatz trotz Kündigungsmöglichkeit fortgesetzter Verträge ergeben. Die Erfahrung beweist die Fortführung des Vertrages durch die so gewonnenen Kunden. Aus Sicht der **Bilanz** stellt sich die Frage nach dem Vorliegen eines Vermögenswertes, der i. H. d. **nicht gedeckten Kosten** des abgegebenen Mobilfunktelefons anzusetzen wäre. Aus Sicht der **GuV** stellt sich das Problem der passenden zeitlichen Zuordnung von Aufwand nach Handels- und Steuerrecht durch **aktive Abgrenzung** der Kundengewinnungsaufwendungen.[43]

Diese Lösung der aktiven Rechnungsabgrenzung stellen konzeptionell die IFRS nicht zur Verfügung. Deshalb ist vorrangig die Frage nach der Aktivierbarkeit dieses Aufwandes als **immaterieller** Vermögenswert zu prüfen. Die abstrakte Aktivierbarkeit erscheint im Hinblick auf die spezielle *asset*-Definition eher unproblematisch (Rz 5). Entsprechendes gilt für die Kriterien der konkreten Aktivierbarkeit (Rz 18). Die Frage ist allerdings, ob das kasuistische Ansatzverbot für „Kundenlisten" und substanziell ähnliche Vermögenswerte nach IAS 38.63 hier einschlägig ist (Rz 33). Die Frage hat **zwei** Dimensionen:

- Liegt überhaupt ein **selbst erstellter** Vermögenswert vor? Je nach Interpretation des Anschaffungsbegriffs (Rz 22) wird man dies bejahen oder verneinen.
- Falls ein Herstellungsvorgang angenommen wird, stellt sich die Frage, ob Kundenbeziehungen als „substanziell **ähnliche** Vermögenswerte" i. S. d. IAS 38.63 anzusehen sind. Eine Erläuterung hierzu findet sich in IAS 38.BCZ45 nicht. Insoweit besteht auch hier Auslegungsspielraum. Dabei sprechen Argumente für und gegen eine Anwendung des Aktivierungsverbots in IAS 38.63 auf die *subscriber acquisition costs*. Eine Aktivierung ist daher vertretbar.[44] Nicht ausgeschlossen erscheint überdies die Aktivierung durch Interpretation von „*prepayment*" i. S. d. IAS 38.70 für die Erwerbskosten des abgegebenen Mobiltelefons (Rz 58).

Die planmäßige **Abschreibung** ist dabei nicht notwendig linear (Rz 89) und auch nicht auf die rechtliche Vertragslaufzeit beschränkt vorzunehmen (Rz 91).

Uneinheitlich behandeln Telekommunikationsunternehmen **Vermittlungsprovisionen**, die sie an Händler für den Abschluss eines Mobilfunkvertrages mit bestimmter Mindestlaufzeit (z. B. 2 Jahre) leisten.[45] Ein Teil der Unternehmen aktiviert die Provisionen als **Anschaffungskosten** eines immateriellen Vermögenswertes „vertragliche Kundenbeziehung" mit entsprechender zeitraumbezogener Abschreibung, ein anderer Teil verrechnet sie als **Vertriebskosten** sofort aufwandswirksam.

Voraussetzung für die Aktivierung ist in jedem Fall die **Vertragsbezogenheit**, also die Verursachung direkt durch den Abschluss eines einzelnen Vertrags. Die Vergütung darf weder eine allgemeine Verkaufsförderungsmaßnahme (z. B. „Wer-

56

---

[43] BMF, Schreiben v. 20.6.2005, BStBl I 2005 S. 801.
[44] Gl. A. NEBE/ELPRANA, KoR 2006, S. 484.
[45] PwC, Studie, „Accounting for handsets and subscriber aquisition costs", S. 2.

bekostenzuschuss") betreffen noch durch Erreichung einer bestimmten Absatzmenge (Zahl der geschlossenen Verträge) bedingt sein.
Auch wenn direkt zurechenbare Vergütungen vorliegen, bleiben wegen des **Vertriebs**kostencharakters Zweifel an einer Aktivierungsfähigkeit. Die Aktivierung in der Telekommunikationsindustrie erscheint jedenfalls in hohem Maße **branchenspezifisch**. Vergleichsweise ist es etwa bei Vermietungsunternehmen völlig unüblich, von diesen entrichtete Maklerprovisionen anlässlich der Vermittlung eines Mieters als immateriellen Vermögenswert zu aktivieren und auf die Laufzeit des Mietvertrages abzuschreiben.

2.7.7 Werbemaßnahmen

57 Speziell für **Werbe**aufwand stellt sich allerdings die Frage nach der **zeitlichen** Zuordnung. In der Praxis wird hier verschieden vorgegangen. Das IFRIC stellt dies anhand von **Verkaufskatalogen** dar. Die zugehörigen Ausgaben werden in der Praxis nach Feststellung des IFRIC teils als Vorratsvermögen, teils als Vorauszahlung (IAS 38.70), teils direkt als Aufwand behandelt. Im Fall der Aktivierung erfolgt die Aufwandsverrechnung teilweise bei Abgabe der Kataloge, teilweise wird eine Abschreibung über die Nutzungsdauer praktiziert.[46]
Generell scheint die Frage der **zeitlichen** Zuordnung (→ § 1 Rz 17) im Bereich der Werbemaßnahmen und -gegenstände klärungsbedürftig. Dazu folgende Beispiele:

> **Beispiel**
> **Sachverhalt**
> Der Großkonzern A zahlt an die Betreibergesellschaft einer Fußball-Großarena einen Betrag X. Dafür erhält der Großkonzern das Recht, die Fußball-Großarena auf 10 Jahre mit ihrem eigenen Firmennamen zu kombinieren.
>
> **Sachverhalt**
> Ein Reiseveranstalter lässt im Herbst 01 Kataloge drucken, die ihm im Dezember geliefert werden. Die Zahlung erfolgt im Januar 02. Ab Februar 02 werden die Kataloge an Reisebüros verteilt.
> Im Nutzungsrecht der Großarena als Werbeinstrument des Großkonzerns A könnte man einen immateriellen **Vermögenswert** erkennen (Rz 5), denn ein künftiger ökonomischer Nutzen aus diesem „Namensrecht" lässt sich nicht bestreiten. Entsprechendes gilt für die Kataloge.
> Dem Bilanzansatz eines immateriellen Vermögenswertes beugt indes IAS 38.69c vor. Danach sind Ausgaben *(expenditures)* für Werbung und Promotion in der Periode aufwandswirksam zu erfassen, in der sie angefallen *(incurred)* sind. Dabei sah der Board – offensichtlich angeregt durch die zitierten Diskussionen des IFRIC – ein Problem im Bedeutungsgehalt von „*incurred*". Durch das *Annual Improvements Project* 2008 (IAS 38.70 und IAS 38.BC46C) ist stattdessen die Aktivierung von **Vorauszahlungen** *(prepayments)* auf Werbemaßnahmen vorgeschrieben. Vorauszahlungen sollen so lange vorliegen, bis die Sach- oder Dienstleistungen, auf die sie entfallen, empfangen werden. Demzufolge entsteht der Aufwand

---

[46] IFRIC, Update September 2006.

- beim Bezug von **Sachwerten** (*"goods"*) im Augenblick des Zugangs (*"access"*),
- für **Dienstleistungen** mit Erhalt (*"receive"*).

Für das obige Beispiel in Bezug auf die Kataloge bedeutet dies: Mit Erhalt der Kataloge im Dezember ist der Werbeaufwand zu buchen. Die erst nach dem Bilanzstichtag erfolgende Verteilung der Kataloge ändert daran nichts. Die Kataloge sind zu keinem Zeitpunkt aktivierbar. Dies entspricht einer Lösung des BFH.[47]

Anders verhält es sich nach der Neuformulierung im *Annual Improvements Project* 2008 für IAS 38.69 bez. der Werbemöglichkeit in der Fußballarena, die als **zeitraum**bezogene Dienstleistung der Betreibergesellschaft zu verstehen ist. Danach ist die Vorauszahlung für die 10-jährige Nutzungsdauer im Zeitverlauf abzuschreiben, möglicherweise unter Berücksichtigung eines Zinseffektes. Entsprechend lautet die Lösung für das Beispiel unter Rz 58. Die Neuerungen des *Annual Improvements Project 2008* sind bei Geschäftsjahresbeginn nach dem 31.12.2008 anzuwenden, unter Anhangsangabe auch früher.

Abgrenzungsprobleme ergeben sich für den Werbeaufwand auch gegenüber **speziellen Leistungen** an Kunden, wie sie im Verhältnis zwischen Herstellern und Einzelhandelsketten üblich sind (sog. *placement fees*; → § 25 Rz 116). Danach zahlen die Lieferanten der Einzelhandelsketten an diese einen bestimmten Betrag für die besonders günstige Platzierung von Verkaufsartikeln innerhalb des Supermarktes. Üblicherweise sind diese Zahlungen als besondere Form von **Rabatten** anzusehen und deshalb vom Umsatzerlös (des Lieferanten, Herstellers) zu kürzen. Die Frage ist, ob nicht solche **verkaufsfördernden** Maßnahmen im weitesten Sinne auch einen immateriellen **Vermögenswert** begründen können. Dazu folgendes Beispiel: 58

Beispiel
Sachverhalt
M stellt exklusive Wohnmöbel her und gewährt den Möbelhändlern eine als Rabatt bezeichnete Vergütung. Im Gegenzug verpflichten sich die Händler zur Präsentation der betreffenden Einbaumöbel für 2 Jahre in ihren Verkaufsräumen. Die Kosten der Aufstellungsarbeiten werden vom Lieferanten (Möbelfabrikanten) getragen, der dafür fremde Dienstleister beauftragt.

Lösung
Nach den hier einschlägigen Vorgaben der US-GAAP in EITF 01–9 (→ § 25 Rz 116) besteht eine Vermutung des Vorliegens einer Umsatz kürzenden Rabattierung, da die Vergütung an den eigenen Kunden (hier den Möbelhändler) erfolgt. Die Widerlegung der Vermutung bedarf der Feststellung einer besonderen Leistung, die dem Grunde und der Höhe nach von dem eigentlichen Umsatzgeschäft des Lieferanten (Herstellers) zu trennen ist. Wenn die Trennbarkeit dem Grunde und der Höhe nach feststeht und insoweit eine

---

[47] BFH, Urteil v. 25.10.1963, IV 433/62 S, BStBl III 1964 S. 138.

eigenständige Leistung anzunehmen ist, muss weiter die Frage nach der Aktivierbarkeit dieser Leistung als immaterieller Vermögenswert oder als Abgrenzungsposten untersucht werden.

Für die Trennbarkeit dem Grunde nach spricht die gegebenenfalls vorliegende Ausstellung der betreffenden Möbel auch an anderen Orten als in den Verkaufsräumen von Möbelhändlern, also z. B. in Bahnhofs- oder Flughafenpassagen. In diesem Fall liegt die Trennbarkeit dem Grunde nach vor. Zur Bestimmung der Höhe dieses „Trennungselementes" bedarf es der Heranziehung von Marktpreisanalogien, z. B. auf der Grundlage der Mietzahlungen für die Ausstellungsräume in Schaufensterpassagen mit hoher Kundendurchdringung. Danach wäre die **abstrakte** Aktivierbarkeit gegeben.

Über die **konkrete** Aktivierungsmöglichkeit braucht vermutlich nicht weiter nachgedacht zu werden. Offensichtlich folgt der Board in seiner Änderung von IAS 38.69 (Rz 57) nicht den vorstehend dargestellten Überlegungen in EITF 01–9: Erhaltene Vermögenswerte und Dienstleistungen in Bezug auf künftige Werbe- und Verkaufsförderungsmaßnahmen stellen keinen eigenständigen Vermögenswert dar.

Allerdings kommt hier u. E. wiederum der Aspekt des *prepayment* und damit der Aktivierung eines gesonderten Vermögenswertes in Betracht. Dieses *prepayment* ist im „Rabatt" und in der Übernahme der Montagekosten für die Einbaumöbel enthalten. Dieses *prepayment* (IAS 38.70) wäre dann ab Beginn der Aufstellungsfrist zeitanteilig im Aufwand zu verrechnen (vergleichbar der Lösung in Rz 57 bei der Fußballarena).

59 Wegen der Behandlung von Vertriebskosten in speziellen Branchen (hier Bauträgerbereich) wird verwiesen auf → § 17 Rz 30.

2.7.8 Nicht zur Nutzung bestimmte Vermögenswerte

60 Die Überschrift lässt aufhorchen: Der Erwerb eines nicht zur Verwendung bestimmten Vermögenswertes macht auf den ersten Blick keinen ökonomischen Sinn. Auf den zweiten Blick verbergen sich dahinter wettbewerbsstrategische Maßnahmen, die zum Erwerb von – in angelsächsischer Terminologie – defensiven Maßnahmen führen, die möglicherweise zu *defensive assets* führen. Aussagekräftiger ist die Bezeichnung „*locked-up assets*", womit der Ausschluss eines Wettbewerbers vom Marktgeschehen bezeichnet wird. **Nicht nutzen** soll den Vermögenswert der Konkurrent.

Beispiel[48]
Der international aufgestellte Spirituosenhersteller und -händler kauft die Edelbranntwein E GmbH & Co. KG. In deren Produktsortiment befindet sich die Wodkamarke „Barbaroff". Für diese hat das erwerbende Unternehmen keine Verwendung, da es bereits Wodka international unter der Marke „Dimitrov" verkauft. Die mit der Edelbranntwein E GmbH & Co. KG erworbene Marke „Barbaroff" soll deshalb kurzfristig stillgelegt, aber nicht verkauft werden, um nicht einem anderen Konkurrenten einen Markteintritt zu verschaffen.

---

[48] Nach HOFFMANN, PiR 2009, S. 87.

Immaterielle Vermögenswerte § 13

> **Beispiel**
> Der forschende Pharmakonzern P hat ein Projekt zur Bekämpfung von Leberkrebs in der Pipeline. Die erste Projektphase zur Neuentwicklung ist absolviert, der Patentschutz erteilt. Die klinische Erprobung steht bevor. Ein biotechnisches Unternehmen hat den gleichen Forschungsweg patentieren lassen. Der Pharmakonzern erwirbt deshalb dieses Patent zur „Stilllegung", gleichzeitig verpflichtet sich das Biotec-Unternehmen zur Unterlassung weiterer Forschungen auf dem Gebiet des Leberkrebses.

Bezüglich des möglichen Bilanz**ansatzes** ist auf die Definitionskriterien des immateriellen Vermögenswertes zurückzukommen (Rz 5 ff.). Unstreitig erwirbt der Käufer in beiden Beispielfällen die Kontrolle über den Vermögenswert. Damit will er aber auch künftigen ökonomischen Nutzen realisieren, allerdings nicht durch die Nutzung der Marke selbst, sondern durch den Marktausschluss der erworbenen Marke bzw. des Patents. Nicht mögliche andere Marktteilnehmer sollen den Nutzen haben, sondern der Erwerber durch einen erweiterten Marktzugang. Einem Bilanzansatz für solche „defensiven" Vermögenswerte stünde aus dieser Perspektive heraus betrachtet kein Hindernis entgegen.[49] 61

Man kann dem wirtschaftlichen Erwerbsmotiv folgend die Erwerbskosten auch als solche auf die **eigenen** vorhandenen Vermögenswerte erkennen. Handelt es sich dabei um Marken, sind diese Aufwendungen spezialgesetzlich nicht aktivierbar (Rz 33). Der Erwerb einer Konkurrenzmarke kann deshalb auch als Aufwand zur Stärkung der eigenen Marke angesehen werden und deshalb dem Aktivierungsverbot unterliegen. Der aus dem Vermögenswert nach dem Definitionsmerkmal des Framework (→ § 1 Rz 88) entstehende ökonomische Nutzen wird in dieser Sichtweise nur mittelbar bei der eigenen Marke realisiert.

Folgt man der erstgenannten Betrachtungsweise, also Aktivierung mit den irgendwie zu ermittelnden Anschaffungskosten auf die stillzulegende Marke, stellt sich die Frage der **Folgebewertung**. Dabei könnte man an eine sofortige außerplanmäßige Abschreibung denken, weil eben die Nutzung nicht erfolgt. Eine andere Lösung verlegt die Abschreibungsdauer auf die „Verflüchtigung". Der Wert der Marke sinkt im Zeitverlauf, weil sie mangels Nutzung und Bewerbung in Vergessenheit gerät.

Die Anschaffungskosten sind im zweiten Beispielfall unter Rz 60 – gezielter Erwerb eines Patentes – leicht bestimmbar und als Zugangsbewertung zu verwenden (Rz 73 ff.). Anders verhält es sich im ersten Beispielfall, dem Unternehmenserwerb. Hier ist der Gesamtkaufpreis auf die erworbenen Vermögenswerte, also auch auf die nicht zur Verwendung bestimmte Wodkamarke „Barbaroff", zu verteilen. Maßstab ist der *fair value*, was nicht unbedingt in diesen Fällen zu einer sinnvollen Lösung führt (→ § 31 Rz 74 ff.).

Ein ähnlich gelagertes Problem entsteht beim **Unternehmenserwerb** in Stilllegungsabsicht (→ § 31 Rz 15 ff.). Aus dieser Absicht folgt nicht zwingend der Verzicht auf die Nutzung einzelner Vermögenswerte. Die Zerschlagungsabsicht des Unternehmens reicht aus.

---

[49] So auch IASB, Update December 2008; EITF des FASB in einem Abstract vom 10.9.2008, issue No. 08–7.

2.7.9 Betreibermodelle (*public private partnership*)

62 Bei unmittelbarer Zahlung der Nutzer von Infrastrukturmaßnahmen (z.b. Autobahn) an den privaten Betreiber steht diesem nach IFRIC 12 ein immaterieller Vermögenswert zu, der über die Laufzeit (Rz 89) abzuschreiben ist. Wichtigster Anwendungsbereich sind Fälle, in denen der Nutzungsberechtigte die Infrastruktur auf eigene Rechnung hergestellt hat. Wegen Einzelheiten wird deshalb verwiesen auf → § 18 Rz 61.

2.7.10 EU-Chemikalienverordnung REACH

63 Das IFRIC hat in einer sog. *Agenda Rejection (Non-IFRIC)*[50] die Aufnahme der EU-Verordnung zur *Registration, Evaluation, Authorisation and Restriction of Chemicals* – REACH – in sein Arbeitsprogramm zurückgewiesen. Das IFRIC verweist zur Begründung auf den Regelungsgehalt von IAS 38, ohne weitere Hinweise dazu zu geben. In diese Bresche ist der RIC mit dem Anwendungshinweis IFRS (2009/01) gesprungen. Dazu hat er detailliert den Inhalt des REACH dargestellt, soweit er für die bilanzielle Abbildung von Bedeutung ist. Durch die REACH sollen Hersteller und Importeure die gefährlichen Eigenschaften von Chemikalien ermitteln und die Wirkungen auf die menschliche Gesundheit und auf die Umwelt abschätzen. Diesem Ziel dient die Registrierung. Für besonders gefährliche Stoffe wird in Ergänzung hierzu ein Zulassungsverfahren eingeführt. Die Hersteller und Importeure sind auch zur Information über gefährliche Eigenschaften und über die sichere Verwendung von Chemikalien verpflichtet. Mit der Registrierung erhält das Unternehmen das Recht zur Einfuhr und/oder Herstellung und Vermarktung der Chemikalie in der EU. Die damit verbundenen Aufwendungen kann ein Unternehmen durch Teilung mit anderen Unternehmen vermindern. Dazu stellt die EU-Verordnung eine gemeinsam nutzbare Datenbank zur Verfügung.

Wer sich später um die Registrierung bemüht als andere Unternehmen, ist zu einer anteiligen finanziellen Erstattung der Registrierungskosten des „Vordermanns" verpflichtet. Der „Nachzügler" erhält die Registrierung, wenn die betreffende Chemikalie schon beim früheren Registranten erfasst ist. Die Registrierung stellt also **kein Ausschließlichkeitsrecht** einer Person, vergleichbar einem Patent, dar. Die vorstehend erwähnte Zulassung für besonders gefährliche Stoffe ist analog zu denjenigen für die Registrierung zu behandeln.

Nach Auffassung des RIC erfüllt die Registrierung die Definitionskriterien für immaterielle Vermögenswerte

- nach IAS 38.8 (Rz 8): „... identifizierbarer, nicht monetärer Vermögenswert ohne physische Substanz",
- des IAS 38.12b (Rz 14): Rechtsanspruch, unabhängig von der Übertragbarkeit oder Separierbarkeit vom Unternehmen oder von anderen Rechten,
- des IAS 38.13 (Rz 17), der Beherrschung dieser Rechte mit der Folge einer Generierung künftigen wirtschaftlichen Nutzens durch Herstellung oder Import der betreffen Chemikalien mit anschließendem Verkauf.

---

[50] IFRIC, Update Juli 2009.

Daraus folgt der RIC eine **Separierbarkeit** vom *goodwill* durch die produktspezifisch mögliche Zurechnung der Ausgaben, die nicht allgemein der Aufrechterhaltung des Geschäftsbetriebes dienen.
Auch die Ansatzkriterien nach IAS 38.21 (Rz 18) sieht der RIC als gegeben an. Dabei lässt er offen, ob die Registrierung als Anschaffung (Rz 20 ff.) des Rechtes oder als Teil der Entwicklungskosten (Rz 79) bei der Herstellung einer neuen Chemikalie zu betrachten ist. Keine eindeutige Stellungnahme enthält der RIC-Anwendungshinweis zur Nutzungsdauer. U. E. liegt der Fall einer unbestimmten Lebensdauer (Rz 93) unter Berücksichtigung der möglichen Erneuerung der Registrierung nach IAS 38.96 (Rz 94) vor.
Die Vergütung des Registrierungs-Nachfolgers für die überlassene Information an den Vorgänger ist bei Letzterem dem RIC zufolge als Umsatzerlös zu behandeln.

2.7.11 Humankapital

Menschliches Wissen und Können gelten allgemein als wesentlicher Bestandteil unternehmerischen Vermögens. Dessen Förderung durch Ausbildung, Fortbildung, Training und dgl. mehr ist indes nach IAS 38.10 nicht aktivierbar, weil dem Unternehmen normalerweise *(usually)* die **Kontrolle** über diese „Ressource" nicht zukommt (Rz 5). Die übrigen Ansatzkriterien – künftiger Nutzenzufluss und Identifizierbarkeit (Rz 14) – können dagegen als erfüllt angesehen werden.

64

> **Beispiel**
> Ein Reisebüro bezahlt regelmäßig einem bestimmten Mitarbeiterstamm einen einmonatigen Aufenthalt in einem der bevorzugten Destinationen des Reisebüros (z. B. Sri Lanka oder Sizilien). In dieser Zeit ist der Mitarbeiter von der Arbeit freigestellt. Im Gegenzug verpflichtet er sich zu einem Kündigungsverzicht für das Arbeitsverhältnis auf drei Jahre. Bei gleichwohl erfolgender Kündigung (durch den Arbeitnehmer) ist er zeitanteilig zur Erstattung der Aufenthaltskosten verpflichtet.

Durch die getroffene Vereinbarung kann u. E. der **Kontroll**tatbestand (Rz 5) als erfüllt angesehen werden.[51] Damit sind die Ansatzkriterien vollumfänglich gegeben.
Ausbildungskosten können auch als **Nebenkosten** des **Erwerbs** eines immateriellen Vermögenswertes anfallen.

65

> **Beispiel**
> Die Spedition S möchte in das Geschäftsfeld des Transports von explosionsgefährdeten Chemikalien vorstoßen. Die dazu erforderliche Lizenz bedarf umfangreicher Trainingsmaßnahmen für die Fahrer und das Bewachungspersonal im Terminal.

Die Aufwendungen für die spezifische Fortbildung der Mitarbeiter stellen dem Erwerb der Lizenz direkt zurechenbare Nebenkosten nach IAS 38.66a dar und

---

51 Ähnlich MINDERMANN, BFuP 2009, S. 174.

§ 13　Immaterielle Vermögenswerte

sind deshalb aktivierungspflichtig. Die sonst als Aktivierungshemmnis angesehene Nichtkontrollierbarkeit des Ausbildungsaufwandes (Rz 17) greift hier nicht. Ebenso wenig ist das Aktivierungsverbot nach IAS 38.67c einschlägig. Anders verhält sich u.U. die bilanzielle Abbildung externer **Weiterbildungsmaßnahmen**, die das Unternehmen im Interesse einer qualitativ hochwertigen Bedienung seiner Kunden finanziell fördert. Die Frage ist, ob darin ein *asset* erkannt werden kann. Die Aktivierungskriterien des künftigen Nutzens und der Identifizierbarkeit sind nach IAS 38.15 darstellbar (Rz 14), allerdings fehlt es nach diesem Paragrafen möglicherweise an der erforderlichen **Kontrolle** (Beherrschung) der Ertragsquelle, da ein durchsetzbarer Rechtstitel nicht verfügbar ist (Rz 17): Die Mitarbeiter können jederzeit das Unternehmen kurzfristig verlassen.

> **Beispiel**
> Die Einzelhandelskette E hat ein neues Warenlogistikprogramm installiert. Zu dessen Handling werden die betroffenen Mitarbeiter einer zweitägigen Einführung unterzogen; die entsprechenden Aufwendungen für die Schulungsräume, die Verpflegung und die Opportunitätskosten für den Arbeitsausfall sind nach IAS 38.67c) nicht aktivierbar.

66　Die beiden Beispiele unter Rz 64 f. mit dem vorstehenden Negativfall können deshalb als *„unusual"* i.S.d. IAS 38.15 angesehen werden und damit die Aktivierbarkeit auch von Ausbildungskosten in besonderen Fällen belegen. Dazu noch ein zusammenfassendes Beispiel:

> **Beispiel**
> Die mittelgroße Anwalts- und Steuerberatungskanzlei K will in den Bereich der Wirtschaftsprüfung expandieren. Drei Berufsträger sind willens und in der Lage, die Zulassung zum Prüferberuf („Lizenz") durch Ablegung des Berufsexamens zu erlangen.
> Die Geschäftsführung der Kanzlei trifft dann folgende Beschlüsse:
> - Die betreffenden drei Mitarbeiter werden für vier Monate freigestellt, um sich in externen Kursen auf das Examen vorzubereiten.
> - Die Kanzlei übernimmt die damit verbundenen Kosten.
> - Im Gegenzug verpflichten sich die drei Kandidaten, für drei Jahre nach Ablegung des Wirtschaftsprüferexamens ihre Stelle nicht zu wechseln. Bei vorzeitiger Kündigung muss der betreffende Arbeitnehmer zeitanteilig die für ihn angefallenen Fortbildungskosten an den Arbeitgeber zurückzahlen.

Durch die arbeitsrechtlichen Bindungsverträge wird der Wissenszuwachs „beherrschbar" und in eine Art wirtschaftliches Eigentum des Unternehmens (Kanzlei) transferiert.
Die Herstellungskosten sind dem Vermögenswert „Wirtschaftsprüferkonzession" zuzurechnen, der die Ansatzkriterien für die immateriellen Vermögenswerte (Rz 14) erfüllt. Die Aktivierungsschranke des IAS 38.69b) kommt nicht zum Tragen. Vorgängig ist IAS 38.66a) anzuwenden. Zusätzlich ist auch das Kontrollkriterium erfüllt (Rz 64).

2.7.12 Goodwill

Der **selbst geschaffene** *goodwill* ist nicht ansetzbar (IAS 38.48). Zur Ermittlung des **derivativen** *goodwill* wird auf → § 31 Rz 129ff. verwiesen. 67

2.7.13 Aktivierungsverbote

Abgesehen vom Forschungsaufwand (Rz 27) und kasuistischen Sonderregeln (Rz 33) sind mangels Vorliegen der **generellen** Ansatzkriterien (Rz 18) folgende Aufwendungen gem. IAS 38.69 **nicht** aktivierbar: 68
- Kosten der Unternehmensgründung *(start-up costs)*,
- Ausbildungskosten (vgl. aber Rz 64ff.),
- Werbeaufwand, Verkaufsförderung (vgl. aber Rz 57),
- Umzugs- und Umorganisationskosten.

3 Bewertung
3.1 Überblick

IAS 38 enthält verstreut über weite Teile des Standards umfangreiche Vorschriften zu den Bewertungs**folgen** eines einmal vorgenommenen Bilanzansatzes von immateriellen Vermögenswerten. Hinzu kommen Einzelheiten zur **Zugangs**bewertung, die an die Ansatzvorschriften anknüpfen. Aus systematischer Sicht ist dabei die Parallele zu IAS 16 *„property, plant and equipment"* (→ § 14 Rz 9ff.) beachtlich. Die entsprechenden Bewertungskriterien für die immateriellen Vermögenswerte sind **weitgehend identisch** mit denjenigen für die materiellen. In diesem Kommentar wird dieser Parallelität Rechnung getragen: In → §§ 8–11 sind die einschlägigen Bewertungsvorschriften für die **beiden Standards** vor die Klammer gezogen worden. Die nachfolgenden Kommentierungen enthalten somit nur die **Besonderheiten** für immaterielle Vermögenswerte *(intangibles)*. 69

3.2 Zugangsbewertung
3.2.1 Allgemeine Regeln

Ausgangsgröße der Bewertung (Zugangsbewertung) sind nach IAS 38.24 die Anschaffungs- oder Herstellungskosten *(cost;* → § 8 Rz 11ff.). Es ist dabei zu unterscheiden zwischen: 70
- **Einzelanschaffung** *(separate acquisition*; IAS 38.25ff.; Rz 20, Rz 73).
- **Anschaffung** im Rahmen eines **Unternehmenszusammenschlusses** *(acquisition as part of a business combination*; IAS 38.33ff.; Rz 23, Rz 77).
- **Herstellung** *(internally generated intangible assets*; IAS 38.51ff.; Rz 27ff., Rz 79).
- **Zuwendung** der öffentlichen Hand *(acquisition by way of a government grant*; IAS 38.44; Rz 81).
- **Tausch** *(exchanges of assets*; IAS 38.45ff.; Rz 82).
- **Einlagen** (Einbringungen; Rz 83).

In IAS 38.71 ist ein **Aktivierungsverbot** für die Fälle angeordnet, in denen Unternehmen zuvor Entwicklungskosten u. Ä. als Aufwand behandelt hat (Rz 28) und es sich dann später anders überlegt. Diese Aufwendungen sind auch gem. IAS 38.57 nicht etwa im Wege des *restatement* (→ § 24) oder die Neubewertung zu aktivieren (Rz 87). 71

72 Nachträgliche Aufwendungen auf einen immateriellen Vermögenswert sind ansetzbar, wenn sie die allgemeinen Kriterien nach IAS 38.18 und IAS 38.21 (Rz 18) erfüllen. Die einzige nähere Spezifizierung enthält IAS 38.18: Nach der Zugangsbewertung sind Erweiterungen und der Ersatz von Teilen anzusetzen. Damit ist eine praktisch anwendbare Wegleitung nicht verbunden. Diese ist allerdings in IAS 38.20 enthalten. Danach kann nur selten *(only rarely)* ein nachträglicher Aufwand auf einen immateriellen Vermögenswert aktiviert werden. Auf die in IAS 38.63 genannten Vermögenswerte (Rz 33) kommt eine nachträgliche Aktivierung ohnehin nicht in Betracht.

3.2.2 Einzelanschaffung

73 Die Bewertungsbasis der **Anschaffungskosten** ist hier unproblematisch (verlässlich), insbesondere im Falle der Gegenleistung in bar (IAS 38.26). Bestandteile der Anschaffungskosten (→ § 8 Rz 11 ff.) sind (IAS 38.27 ff.):
- der **Anschaffungspreis** einschließlich Einfuhrzöllen und nicht erstattungsfähiger Verbrauchsteuern abzüglich etwa gewährter Skonti und Preisnachlässe sowie
- etwa anfallende **direkt zurechenbare** Aufwendungen zur Herstellung der Betriebsbereitschaft.

Die direkt zurechenbaren Aufwendungen werden wie folgt **beispielhaft** bezeichnet:
- Arbeitnehmervergütungen, die unmittelbar (also nicht über Kostenstellenschlüsselung) anfallen, um den Vermögenswert „zum Laufen" zu bringen, sowie
- Beratungskosten,
- Kosten eines Funktionstestes.

74 Auch hier stellt sich das Problem der Abgrenzung von **Einzel-** und **Gemeinkosten**, das in → § 8 Rz 13 näher behandelt ist.

> **Beispiel**
> **Sachverhalt**
> Die Rechtsabteilung des Konzern X hat zusammen mit einem spezialisierten Anwalt den entgeltlichen Erwerb eines Warenzeichens von einem Konkurrenzunternehmen begleitet. Die Wirtschaftsprüfungsgesellschaft Y hat in diesem Zusammenhang zu Händen der Konzernbilanzabteilung eine Stellungnahme über die Bestimmbarkeit der Nutzungsdauer (Rz 89 ff.) erstellt.
>
> **Lösung**
> - Das Beratungshonorar der Anwaltskanzlei ist dem Erwerb des Warenzeichens direkt zuzurechnen und deshalb als Anschaffungsnebenkosten zu aktivieren.
> - Die Rechtsabteilung des Konzerns hat in dieser Zeit eine Fülle anderer Rechtsfragen bearbeitet, eine direkte Zurechnung der anlässlich des Warenzeichenerwerbs entstandenen Aufwendungen ist nicht möglich, eine Aktivierung scheidet aus.
> - Die Stellungnahme der Wirtschaftsprüfungsgesellschaft ist nicht zum Erwerb des Warenzeichens oder zur Gewährleistung von dessen bestimmungsmäßiger Nutzung ergangen, sondern resultiert aus einer Folgetätigkeit nach dem Erwerb. Eine Aktivierung kommt nicht in Betracht.

Die Aktivierung **echter** Gemeinkosten (→ § 8 Rz 13) kommt jedenfalls nach dem eindeutigen Wortlaut *(directly attributable)* von IAS 38.27 nicht in Betracht, auch nicht über den Umweg von IAS 8.11[52], da dieser nach IAS 8.10 nur beim Fehlen einer spezifischen Vorschrift in einem Standard anwendbar ist. Das ist aber hier gerade nicht der Fall.

Fraglich ist allerdings, inwieweit im vertriebsnahen Bereich die Herstellung der Betriebsbereitschaft mit dem Ansatzverbot für **Vertriebskosten**, z. B. Werbekosten (Rz 68), **kollidiert**. 75

Beispiel
Sachverhalt
Die K AG stellt hochpreisige Kosmetikartikel her. Die Marketingabteilung empfiehlt den Erwerb einer Konkurrenzmarke. Dazu hat sie umfangreiche Recherchen, Feldstudien etc. durchgeführt. Der Erwerb erfolgt zu einem Kaufpreis X. Mit der Ausarbeitung des Vertrages wurde das spezialisierte Anwaltsbüro Y beauftragt. Die Vertriebsabteilung der K startet mit Hilfe einer Werbeagentur eine umfangreiche Publicitykampagne zur Durchdringung des betreffenden Marktes mit hilfe der erworbenen Marke.

Lösung
Nach IAS 38.27 sind nur die direkt zurechenbaren Anschaffungskosten aktivierbar, also der Erwerbspreis und die Vergütung für die Inanspruchnahme des Anwaltsbüros. Daneben sind – soweit direkt zurechenbar – auch die Kosten der Versetzung in die Betriebsbereitschaft zu aktivieren. Das ist bei den Kosten der Werbeagentur der Fall, nicht dagegen bei denjenigen der Vertriebsabteilung, die noch eine Fülle anderer Projekte betreibt (echte Gemeinkosten → § 8 Rz 13).

Die vorstehende Lösung beruht auf der **isolierten** Betrachtung von IAS 38.27. Die Kosten für das Engagement der Werbeagentur könnten aber mit dem Ansatzverbot in IAS 38.69 (Rz 68) in Konflikt geraten. Tatsächlich erscheint die Formulierung in IAS 38.27 betreffend die Herstellung der Betriebsbereitschaft *(preparing ... for intended use)* eine eher restriktive Auslegung nahezulegen. Aktivierbar sind danach nur die **Vorbereitungs**kosten für die endgültige Nutzung. Die erworbene Marke ist auch ohne die umfangreiche Werbekampagne nutzbar. Bei einer extensiven Interpretation dieses „*preparing*" könnte das Ansatzverbot für Werbekampagnen nach IAS 38.69 mit Hilfe gezielter Erwerbe von Markenrechten umgangen werden.

Nicht zu den Anschaffungskosten rechnen gem. IAS 38.29: 76
- Kosten der Produkteinführung (u. a. Werbung, *promotion*),
- Umzugskosten,
- Anpassungsmaßnahmen an neue Vertriebskanäle,
- allgemeine Verwaltungskosten.

---

[52] Eine Aktivierbarkeit von herstellungsbezogenen Gemeinkosten befürworten THIELE/KÜHLE, in: THIELE/KEITZ, VON/BRÜCKS, Internationales Bilanzrecht, IAS 38, Tz. 196; u. E. wird dies durch den Wortlaut von IAS 38.29c oder IAS 38.28a oder IAS 38.27b („directly") ausgeschlossen („other general overhead costs"). ERNST & YOUNG, International GAAP 2012, Ch. 19 8.3.2, lehnen, gestützt auf den eindeutigen Wortlaut, eine Aktivierung der Gemeinkosten ab.

77 **Nachträgliche** Aufwendungen auf einen immateriellen Vermögenswert dienen nach typisierender Vermutung in IAS 38.20 dem laufenden Unterhalt. Entsprechende Aufwendungen sind als Erhaltungsaufwand (→ § 8 Rz 33 ff.) anzusehen.[53] Negativ betrachtet sind nur nachträgliche Aufwendungen aktivierbar, wenn sie die ursprüngliche Ertragskraft des Vermögenswertes erhöhen. Das soll nur selten *(only rarely)* in Betracht kommen. Die Ansatzkriterien des IAS 38.18 müssen dabei erfüllt sein. In Fällen der Softwareentwicklung kann man sich eine aktivierungspflichtige Ausnahme von der Regelvermutung in IAS 38.20 am ehesten vorstellen,[54] wenn z. B. eine Standardsoftware entwickelt und verkauft bzw. lizenziert worden ist und anwenderseitig Nachfrage nach einer Weiterentwicklung auftritt. Laufende Anpassungen an die technische Entwicklung und Ausmerzung von Programmierungsfehlern stellen demgegenüber Erhaltungsaufwand dar.

Folglich ist die Aktivierbarkeit von **Rückstellungs**erfordernissen als Anschaffungskosten vergleichbar der Regelung für sächliches Anlagevermögen (→ § 21 Rz 88). Für beide Vermögenskategorien gilt inhaltlich der gleiche Anschaffungskostenbegriff (IAS 16.6 und IAS 38.8; → § 8 Rz 11). U. E. stellen die Rückbauverpflichtungen etc. und deren Aktivierungspflicht **kein Sonderrecht** für den Bereich des sächlichen Anlagevermögens dar. Auch die Anschaffung von immateriellem Anlagevermögen kann mit Verpflichtungen verbunden sein, die den Ansatzkriterien von Rückstellungen gem. IAS 37.14 ff. (→ § 21 Rz 18 ff.) genügen. U. E. gebietet die – vom Board immer wieder betonte – Prinzipienorientierung der IFRS einen „Übergriff" von einer expliziten Standardregel in einen vergleichbaren, aber nicht förmlich geregelten Sachverhalt, der einem anderen Standard unterliegt. Wir messen deshalb der in IAS 16.16c dargestellten Aktivierungspflicht von ungewissen, aber notwendig mit einem Anschaffungs- oder Herstellungsvorgang verbundenen Verpflichtungen **allgemeine** Bedeutung bei (→ § 21 Rz 86).

Beispiel
Ein Flughafenbetreiber sieht sich schon seit langem politischem Druck zur Reduzierung von Fluglärm ausgesetzt. Deshalb widerruft die zuständige Genehmigungsbehörde mit Verfügung vom 15.7.01 die Nachtfluggenehmigung, bietet allerdings den Abschluss eines öffentlich-rechtlichen Vertrages an. Dieser sieht die Neugenehmigung des Nachtbetriebes ab 1.1.02 unter besonderen Auflagen vor. Insbesondere hat die Flughafenbetriebsgesellschaft in den Gebäuden der Anlieger besondere schalldämmende Fenster einzubauen. Dieser Einbau muss bis zum 31.12.05 erfolgt sein. Die Flughafenbetriebsgesellschaft akzeptiert dieses Vertragsangebot.

Lösung
Die Verpflichtung ist ein Vergangenheitsereignis, dem sich der Flughafenbetreiber aufgrund der vertraglichen Bindung am 31.12.01 nicht mehr entziehen kann (→ § 21). Die spätere Fälligkeit ist durch Abzinsung zu berücksichtigen (→ § 21). Die ungewisse Verbindlichkeit (Rückstellung) ist als Bestandteil der Anschaffungskosten für den immateriellen Vermögens-

---

[53] Ähnlich SCHRUFF/HAAKER, in: BALLWIESER et al., Wiley Kommentar, 5. Aufl., 2009, Abschn. 9, Tz. 81.
[54] Vgl. THIELE/KÜHLE, in: THIELE/KEITZ, VON/BRÜCKS, Internationales Bilanzrecht, IAS 38, Tz. 177 ff.

wert „Betriebsgenehmigung" zu aktivieren. Die Buchung lautet: „per immaterielles Anlagevermögen an Rückstellung".

Die Aktivierbarkeit von Aufwendungen **endet**, wenn der betreffende immaterielle Vermögenswert bestimmungsgemäß nutzbar ist (IAS 38.30). Deshalb scheiden bspw. folgende Aufwendungen aus der Aktivierbarkeit aus:
- laufende Unterhaltsaufwendungen,
- Kosten der Ingebrauchnahme,
- Anlaufverluste,
- Neben- und Gemeinkosten (IAS 38.31).

Beispiel
- Die Updates eines EDV-Programms sind als notwendige Bestandteile für die laufende Nutzung nicht aktivierbar.
- Die Kosten der Einführung eines neuen Kassensystems bei einem Lebensmittelfilialisten (Schulung der Mitarbeiter, Umstellung der Verkaufstheken etc.) sind als Posten der Ingebrauchnahme nicht aktivierbar.
- Die Aufwendungen für die Markteinführung einer patentierten neuen Produktionstechnik, die von einem Konkurrenzunternehmen erworben worden ist, sind als Anlaufverluste nicht aktivierbar.

Bei Einräumung einer unverzinslichen oder niederverzinslichen Zahlungsfrist ist der **Zinsanteil** aus den Anschaffungskosten zu eliminieren, also der Barwert zu aktivieren. Die Differenz ist über die Laufzeit als Zinsaufwand zu behandeln, wenn nicht eine Aktivierung nach IAS 23.8 geboten ist (→ § 9 Rz 15).

3.2.3 Anschaffung im Rahmen eines Unternehmenszusammenschlusses

Allgemeiner Maßstab für die Zugangsbewertung im Rahmen eines Unternehmenserwerbs ist der *fair value*. Dieser Bewertungsmaßstab gilt auch für immaterielle Vermögenswerte (IAS 38.33).

Durch Abzug des *fair value* des erworbenen Nettovermögens vom Kaufpreis ergibt sich unter Berücksichtigung latenter Steuern der positive *goodwill* oder der negative Unterschiedsbetrag. Ein positiver *goodwill* ist mit diesem Differenzwert anzusetzen, ein negativer Unterschiedsbetrag erfolgswirksam zu vereinnahmen (→ § 31 Rz 143).

Die Ermittlung des *fair value* der immateriellen Einzelwerte ist regelmäßig nur über **Bewertungsmodelle** möglich. Die hierzu in IAS 38.35–41 enthaltenen Hinweise gehören sachlich zum Thema „Unternehmenszusammenschluss" und sind deshalb in → § 31 Rz 74 ff. **kommentiert.** Im *Annual Improvements Project 2009* ist eine Anpassung des Wortlautes von IAS 38.40 und 38.41 erfolgt, derzufolge DCF- und kostenorientierte Bewertungsverfahren als zulässig erwähnt werden.

3.2.4 Herstellung

IAS 38.65 bis IAS 38.67 enthalten Anweisungen zur Ermittlung der **Herstellungskosten** für einen immateriellen Vermögenswert. Aktivierbar sind nur die direkt zurechenbaren Einzelkosten unter Einbeziehung der sogenannten **unechten** Gemeinkosten (→ § 8 Rz 13). **Echte** Gemeinkosten sind nicht nach

IAS 38.66 aktivierbar.[55] Auch Zinsen sind im Rahmen der Regeln des IAS 23 (→ § 9 Rz 8 ff.) in die Herstellungskosten einzubeziehen. Zur Abgrenzung der einzelnen aktivierbaren Kostenbestandteile der Herstellung folgendes Beispiel:

> **Beispiel**
> Bei der Entertainment Software GmbH sind die Entwickler A-1 bis A-n mit der Entwicklung diverser Sportspiele (Bereich A), die Entwickler B-1 bis B-n mit der Entwicklung diverser Kriegsspiele (Bereich B) beschäftigt. Im Interesse einer funktionalen Arbeitsteilung arbeitet Entwickler A-1 nicht ständig am Programm a-1, sondern an bestimmten Aspekten dieses Programms, zu anderen Zeiten an ähnlichen Aspekten des Programms a-2 usw.
> Neben den Angestellten der beiden Produktionslinien gibt es Mitarbeiter im Bereich C, die beide Entwicklungen überwachen, auf Synergien prüfen etc. Überdies beschäftigt das Unternehmen Mitarbeiter im Bereich D, die Kostenrechnungen, Bilanzen etc. erstellen.
> Die Kosten der Mitarbeiter der Bereiche A und B haben, bezogen auf das Zurechnungsobjekt „Produktionslinie Sportspiele" bzw. „Produktionslinie Kriegsspiele", Einzelkostencharakter, bezogen auf das einzelne Programm (a-1 usw.) jedoch Gemeinkostencharakter. Bei entsprechender Stundenaufzeichnung dürften die Kosten aber als direkt zurechenbar gelten.
> Bei den im Bereich C arbeitenden Personen, deren Tätigkeit schon bezogen auf die Zurechnungsobjekte Produktlinie A und B Gemeinkostencharakter hat, ist es fraglicher, ob noch eine hinreichend direkte Zurechnung zu den Einzelprodukten möglich ist.
> Bei den Mitarbeitern der Abteilung D scheidet sie jedenfalls aus.

80 IAS 38.67 enthält eine Auflistung von nicht in die Herstellungskosten des Immaterialgutes einzubeziehenden Aufwendungen:
- IAS 38.67a: Allgemeine Vertriebs- und Verwaltungsgemeinkosten *(overheads)*.
- IAS 38.67b: Vergebliche Aufwendungen *(inefficiencies)* und Verluste *(losses)* vor Fertigstellung des immateriellen Vermögenswertes.
- IAS 38.67c: Ausbildungskosten *(training staff)* zum Betrieb des Vermögenswertes.

Diese Kasuistik des Verbots kann widersprüchlich zum Aktivierungsgebot in IAS 38.66a sein, wenn die Ausbildungskosten direkt dem Erwerb eines immateriellen Anlagegutes zuzurechnen sind. Vgl. hierzu die Erläuterungen unter Rz 64 ff.

3.2.5 Zuwendung der öffentlichen Hand

81 Bei der **unentgeltlichen** Zuwendung eines immateriellen Vermögenswertes durch die **öffentliche Hand** besteht ein Ansatzwahlrecht zum beizulegenden Zeitwert oder zu einem symbolischen Preis (IAS 38.44 bzw. IAS 20.27; → § 12 Rz 30). I. d. R. wird sich in Ermangelung eines „aktiven" Marktes i. S. d. Definitionsnorm nach IAS 38.8 (→ § 16 Rz 65 ff.) kein Zeitwert *(fair value)* ermitteln lassen, sodass nur eine Aktivierung mit den direkt zurechenbaren Kosten (z. B. für die Vorbereitung zur beabsichtigten Nutzung) in Betracht kommt. Eine Ausnahme können möglicherweise die **Emissionsrechte** beanspruchen (Rz 48).

---

[55] ERNST & YOUNG, International GAAP 2012, Ch. 19 8.3.

3.2.6 Tausch

Die Grundkonzeption der Zugangsbewertung von Tauschvorgängen stützt sich auf das *fair-value*-Konzept (→ § 8 Rz 49f.). Die Anwendung für **materielle** und **immaterielle** Vermögenswerte ist **identisch** geregelt. Auf die eingehende Kommentierung zu den materiellen Vermögenswerten ist deshalb zu verweisen (→ § 14 Rz 13). Entscheidend kommt es auf die Ermittlung des *fair value* der beiden Tauschgegenstände an, die i. d. R. nur durch Bewertungstechniken erfolgen kann.

82

In Weiterführung des Beispieles in → § 8 Rz 49f. folgende Fallgestaltung:[56]

Beispiel für Tauschvorgänge für immaterielle Vermögenswerte
Das Tauschgeschäft mit den beiden Super-Fußballprofis mit einer Baraufgabe gem. Beispiel 1 in → § 8 Rz 49 ist wie folgt strukturiert:
I $\Rightarrow\Rightarrow\Rightarrow$ S $\Rightarrow\Rightarrow\Rightarrow$ E
I $\Leftarrow\Leftarrow\Leftarrow$ T + 8 Mio. $\Leftarrow\Leftarrow\Leftarrow$ E
Der Verein E ist im Besitz des Angebots eines Werbe-Sponsors, das Budget um jährlich jeweils 3 Mio. EUR zu erhöhen. Umgekehrt erwartet der Verein I von der Verpflichtung des Publikumslieblings T durch Verkauf von mehr Eintrittskarten und Fanartikeln eine Zunahme des jährlichen Gewinnes um 5 Mio. EUR.

Beurteilung
Das Geschäft ist für beide Unternehmen (Vereine) von eminentem wirtschaftlichem Gehalt. Fußballprofis werden bilanzmäßig als immaterielle Vermögenswerte (Spielberechtigung) geführt. Auch beim Tausch immaterieller Vermögenswerte ist eine verlässliche Bestimmbarkeit des *fair value* Voraussetzung für die Gewinnrealisierung. Nach IAS 38.47 ist primärer Bewertungsmaßstab der *fair value* des hingegebenen Vermögenswertes, es sei denn, derjenige des erhaltenen ist klarer ersichtlich (→ § 14 Rz 14).
Feststellbare Marktpreise von Profifußballern der 1. Liga liegen zwischen 100 TEUR und 4 Mio. EUR und bieten deshalb keine Bewertungsgrundlage. Es kommt gem. IAS 38.47 i. V. mit IAS 38.41b nur eine *fair-value*-Ermittlung über Bewertungstechniken (*cash-flow*-orientierte Verfahren) infrage. Aufgrund der Angebote des Werbesponsors und der angenommenen Erhöhung der Karten- und Fanartikelverkäufe könnte man daran denken, künftige *cash flows* zu schätzen und daraus durch Diskontierung einen Barwert zu ermitteln.
Allerdings sind alle Überlegungen betreffend die Sponsoren bzw. Zuschauer-/Fanartikeleinnahmen Differenzüberlegungen. Sie geben nur Auskunft darüber, zu welcher **Änderung** der *cash flows* der Tausch plangemäß führt. Eine absolute Höhe der *cash flows* ergibt sich hieraus gerade nicht. Eine derartige Zurechnung von *cash flows* zu einem einzelnen Spieler ist auch nicht möglich, da Fußball eben ein Mannschaftssport ist und die Mannschaftserfolge die Einnahmen determinieren. Der Beitrag des einzelnen Spielers zu diesen Einnahmen lässt sich nicht bestimmen.

---

[56] HOFFMANN/LÜDENBACH, StuB 2004, S. 340.

> Es scheidet auch die Gewichtung von Wahrscheinlichkeiten und deren Zuordnung zu den verschiedenen Schätzwerten (→ § 14 Rz 14) als Bewertungsverfahren aus. Eine Bestimmung des *fair value* ist deshalb nicht möglich.[57] Eine Gewinnrealisierung wäre demnach nicht zulässig, eine Buchwertfortführung geboten.
> Die Vereine könnten jedoch auf folgende Gestaltung verfallen: Für mindestens einen der Spieler werden alternative Angebote eruiert. Mit der Behauptung, dass Angebote der Vereine X und Y über Z Mio. EUR für den Spieler S vorliegen, könnte man einen entsprechenden Marktwert zu begründen versuchen. Eine prüferische Frage wäre dann, welche Anforderungen an das behauptete Angebot zu stellen sind. Reichen entsprechende Schlagzeilen im *Corriere dello Calcio* aus oder muss ein rechtsverbindliches Angebot vorliegen? Wenn man der zweiten Auffassung zuneigt, sollten börsennotierte und deshalb ab 2005 zu IFRS-Konzernbilanzen verpflichtete Fußballunternehmen zukünftig nur noch selten Phantasiewerte für getauschte Spieler ansetzen können.

3.2.7 Einlage/Einbringungen

83 Auf → § 8 Rz 51 wird verwiesen.

3.3 Folgebewertung

3.3.1 Überblick – Verweise

84 Konzeptionell und weitgehend auch inhaltlich stimmen die Vorschriften über die **Folgebewertung** von immateriellen Vermögenswerten mit denen für das materielle Anlagevermögen überein. Deswegen sind im Rahmen dieser Kommentierung zur **Vermeidung von Wiederholungen** die beiden Standards IAS 16 und IAS 38 in den §§ 8–11 **zusammengefasst** worden. Dabei geht es um die

- Bewertung zu den fortgeführten **Anschaffungs- und Herstellungskosten** (IAS 38.74; → § 8 Rz 11 ff.);
- **Neubewertung** (IAS 38.75; → § 8 Rz 70 ff.; Rz 73 ff.);
- **planmäßige** Abschreibung (IAS 38.97; → § 10 Rz 20);
- **außerplanmäßige** Abschreibung wegen Wertverlustes (IAS 38.111 i.V.m. IAS 36.60; → § 11 Rz 14 ff.);
- Bestimmung der **Nutzungsdauer** (Rz 93);
- Wertaufholungs**zuschreibungen** (IAS 38.111 i.V.m. IAS 36.117 ff.; → § 11 Rz 226 ff.);
- **Finanzierungskosten** der Anschaffung oder Herstellung (→ § 9).

Eine entscheidende **Besonderheit** (der immateriellen im Unterschied zu den materiellen Anlagewerten) betrifft die Frage, ob der betreffende immaterielle Vermögenswert eine **zeitlich begrenzte** (*finite*; Rz 89 ff.) oder eine **zeitlich unbestimmte** (*indefinite*; Rz 93 ff.) Nutzungsdauer (*usefull life*) aufweist (IAS 38.88).

---

[57] Möglicherweise a. A. GALLI, FB 2003, S. 810.

Immaterielle Vermögenswerte § 13

3.3.2 Besonderheiten bei der Neubewertung

In der nachstehenden Kommentierung zu IAS 38 werden nur die **Spezifika** der Folgebewertungen für die immateriellen Vermögenswerte dargestellt, die eine Abweichung bzw. Distanzierung von den Vorschriften für die **materiellen** Anlagegüter enthalten. Zum Neubewertungskonzept generell → § 8 Rz 70ff. 85

Unter Rz 27ff. ist die der HGB-Lösung in gewisser Weise vergleichbare Zurückhaltung der IFRS gegen einen Ansatz von **selbst hergestellten** immateriellen Vermögenswerten des Anlagevermögens dargestellt worden. Diese „Reserve" setzt sich auch im Rahmen der Folgebewertungsregeln fort. Gegenüber denjenigen für materielle Anlagegegenstände (→ § 8 Rz 70ff.) sind folgende **Vorbehalte** bez. der Neubewertung zu beachten: 86

- Die **Neubewertung** (*revaluation*; IAS 38.75) darf nicht zu einer **Umkehrung** des früheren Nichtansatzes in der Bilanz führen (IAS 38.76). 87
- Die Neubewertung ist nur zulässig, wenn die **Zugangsbewertung zu den Anschaffungs- oder Herstellungskosten** erfolgt ist (IAS 38.76). Allerdings macht dann IAS 38.77 hierzu eine **Einschränkung**: Sofern während (z.B.) des Entwicklungsprozesses in Ermangelung der Ansatzkriterien zunächst die entsprechenden Kosten nicht aktiviert worden sind, dann kann die Neubewertung unter Einbeziehung dieser damaligen Kosten erfolgen (wenig plausible Abweichung von der Regel in IAS 38.71; Rz 71).

> **Beispiel**
> **Sachverhalt**
> Software-Entwicklungskosten sind in der Periode 01–03 im Aufwand verrechnet worden. Per Ende 04 sind die Ansatzkriterien (Rz 30ff.) erfüllt. Zu diesem Stichtag geht das Unternehmen für EDV-Software auf die Neubewertungsmethode über. Dabei gelingt die Darstellung eines „aktiven Marktes" (vgl. unten).
>
> **Lösung**
> Die in den Perioden 01–03 als Aufwand verbuchten Entwicklungskosten können (re)aktiviert werden.

- Ein weiterer **Vorbehalt** bez. der **Neubewertung** ergibt sich für Geschäftsjahre, die vor dem 1.1.2013 enden durch die Anforderungen in IAS 38.78 bez. des „aktiven Marktes" nach der Definition in IAS 38.8 (→ § 8 Rz 74). Ein solcher Markt soll für immaterielle Anlagegüter **ungewöhnlich** sein, wenn auch nicht von vornherein unmöglich. Als positive Beispiele werden Taxi- und Fischereilizenzen oder Produktionsquoten genannt. Ebenso liegt ein aktiver Markt beim Handel von Treibhausgas-Emissionsrechten vor (Rz 47). Umgekehrt wird ein aktiver Markt für Warenzeichen, Verlags- und Filmrechte, Patente oder Handelsmarken ausgeschlossen. Das soll auch dann gelten, wenn solche immateriellen Vermögenswerte zwar wertmäßig durch einen Verkauf unter Dritten nachgewiesen werden, solche Verkäufe aber ziemlich selten erfolgen. Dann entfällt also die Möglichkeit einer Bilanzierung unter Neubewertungsgesichtspunkten (IAS 38.81).
- **Fällt** das Bewertungskriterium des „aktiven Marktes", der einmal der Neubewertung zugrunde lag, **später weg**, dann ist gleichwohl der (früher) neu

bewertete Betrag abzüglich der nachfolgenden Regel- und Wertminderungsabschreibungen anzusetzen (IAS 38.82). In diesem Fall soll allerdings ein **Indiz** (→ § 11 Rz 26) für einen generellen Wertverlust des immateriellen Vermögenswertes vorliegen (IAS 38.83). Und schließlich kann die Neubewertungsmethode **wieder aufleben**, wenn in der Folgezeit sich wieder ein „aktiver Markt" herausbildet (IAS 38.84).
- Die Neubewertung soll zeitlich umso **häufiger** erfolgen, je volatiler sich die *fair values* der betreffenden Vermögenswerte verhalten (IAS 38.79).
- Die Neubewertung hat für alle anderen Vermögenswerte dieses Typs *(all the other assets in its class)* zu erfolgen (IAS 38.72), soweit für **alle** diese Werte ein aktiver Markt (→ § 8 Rz 74) besteht (IAS 38.73).
- Für Geschäftsjahre, die nach dem 31.12.**2012 beginnen**, entfällt die Bezugnahme auf den aktiven Markt in IAS 38.78 wegen der geänderten Definitionsstruktur zur *fair-value*-Bewertung nach IFRS 13 (→ § 8a Rz 20).

88 Umgekehrt sind folgende Vorgaben bez. der Neubewertung von immateriellen Vermögenswerten **identisch** mit denen zu **Sachanlage**werten (→ § 8 Rz 70):
- **Regelmäßige Anpassung** der (neu bewerteten) Buchwerte an die Entwicklung der *fair values* (IAS 38.70; → § 8 Rz 75).
- Anpassung der kumulierten **Abschreibung** (IAS 38.81; → § 8 Rz 79 ff.).
- **Gleichzeitige** Neubewertung der gesamten Gruppe (z.B. Warenzeichen; IAS 38.72; → § 8 Rz 76).
- **Erfolgsneutrale** Einbuchung des Neubewertungsbetrages in das Eigenkapital (IAS 38.85; → § 8 Rz 72).
- Die buchmäßige Behandlung der Neubewertung „**nach unten**" (IAS 38.86; → § 8 Rz 85).

Insgesamt sind die tatbestandlichen Voraussetzungen für die Anwendung des Neubewertungsverfahrens bei den immateriellen Vermögenswerten spürbar **enger** gesetzt als für sächliches Anlagevermögen (→ § 14 Rz 18; → § 8 Rz 70).

3.3.3 Besonderheiten bei der planmäßigen Abschreibung

89 Bei einer zeitlich **beschränkten** Nutzungsdauer (Rz 84) sind **planmäßige** Abschreibungen *(amortisation)* vorzunehmen (IAS 38.97). Wegen der allgemeinen Regeln zur Festlegung der Abschreibungs**höhe** wird verwiesen auf → § 10 Rz 20 ff., wegen des Abschreibungs**beginns** auf → § 10 Rz 40 mit den dortigen Beispielen, wegen vorzeitiger **Beendigung** auf → § 10 Rz 25 betreffend die zur Veräußerung bestimmten langfristigen Vermögenswerte i.S.v. IFRS 5 und zur **Rest**wertbestimmung auf → § 10 Rz 22.
Zur Bestimmung der **Nutzungsdauer** werden in IAS 38.90 eine ganze Reihe von möglichen Bestimmungsfaktoren aufgeführt (z.B. Produktzyklen, technische Überholung, Stabilität der Industrie, Handlungsweisen von Konkurrenten etc.). Hierzu im Einzelnen (abgesehen von den Beispielen unter Rz 95):
- Eine widerlegbare Vermutung einer **Höchstnutzungsdauer** (1998) gilt nicht (IAS 38.97).
- Bei schnelleren technologischen Veränderungen – Beispiel **Computersoftware** – muss von einer kurzen Nutzungsdauer ausgegangen werden (IAS 38.92).
- Für **vertragliche** oder **gesetzliche** Nutzungsrechte *(contractual or other legal rights)* ist die Abschreibung auf die entsprechende Nutzungsperiode vor-

zunehmen, es sei denn, das Nutzungsrecht ist erneuerbar *(renewable)* und es bestehen klare Anhaltspunkte *(evidents)* für die künftige Erneuerung des Rechtes ohne wesentliche Kosten für das Unternehmen (IAS 38.94). Ein typisches Beispiel dazu liefern die sog. *subscriber acquisition costs* im IFRS-Abschluss von Internetunternehmen (Rz 55).
- Ein **Restwert** von null am Ende der angenommenen Nutzungsdauer soll die Regel sein (IAS 38.100; → § 10 Rz 20), allerdings mit Ausnahmen: Vereinbarungen mit einer außen stehenden Person zur Übernahme des immateriellen Vermögenswertes zu einem bestimmten Betrag oder Vorliegen eines „aktiven Marktes" für einen solchen Vermögenswert nach Ende der Nutzungsdauer (ab Beginn des Wirtschaftsjahres nach dem 31.12.2012 gem. den Vorgaben in IFRS 13 (→ § 8a Rz 141). Der Restwert ist jährlich zu überprüfen (IAS 38.102).
- Für den **Niederstwerttest** wegen Wertverlusten *(impairment losses)* verweist IAS 38.111 auf die entsprechenden Vorschriften in IAS 36 (→ § 11 Rz 14 ff.).
- Die Abschreibung darf nicht **unterbrochen** werden, wenn ein Vermögenswert mit begrenzter Nutzungsdauer vorübergehend nicht genutzt wird (IAS 38.117), es sei denn IFRS 5 ist anzuwenden (→ § 29 Rz 37).

Zur Bestimmung der Nutzungsdauer eines Immaterialgutes folgendes Beispiel nach einer von der ESMA veröffentlichten Enforcementscheidung:[58]

90

Beispiel
Sachverhalt
- Ein Softwareunternehmen hat im Rahmen eines Unternehmenserwerbs Kundenverträge über Softwarelizenzen erworben. Die Wertermittlung basierte auf Schätzungen der *cash flows* aus bestehenden Verträgen und *cash flows* aus erwarteten Vertragsverlängerungen.
- Die Nutzungsdauer der Kundenverträge wurde als unbegrenzt eingestuft, da die Einschätzung der Nutzungsdauer nicht möglich sei bzw. der Zeitraum, über den die Kunden ihre Verträge verlängern, nicht abgesehen werden kann. Wertberichtigungen wurden in der Höhe erfasst, in der Kundenverträge nicht verlängert wurden.

Enforcementscheidung
- Kundenverträge und damit in Verbindung stehende Kundenbeziehungen sind zu unterscheiden.
- Der *fair value* der Kundenverträge basiert auf den erwarteten *cash flows* aus dem jeweiligen Vertrag; Vertragsverlängerungen sind bei der Ermittlung des *fair value* nicht zu berücksichtigen. Vielmehr betreffen sie den Wert der Kundenbeziehung.
- Gem. IAS 38.94 darf die Nutzungsdauer der Kundenverträge die Vertragszeit nicht überschreiten. Der Kundenvertrag ist über die Vertragsdauer ab Erwerbszeitpunkt abzuschreiben.
- Unsicherheit über die Nutzungsdauer ist kein Grund, von einer unbegrenzten Nutzungsdauer auszugehen (IAS 38.BC65A).
- Die Nutzungsdauer der Kundenbeziehung kann in diesem Fall nicht länger sein als die Nutzungsdauer der Lizenz, da eine Vertragsverlängerung nicht erfolgt, wenn die Software veraltet ist.

---

[58] ESMA-, Decision ref. 1208–07.

91 Für die **Abschreibungsmethode** gibt es nur die Vorgabe der Berücksichtigung des **Werteverzehrs** (IAS 38.98), allerdings wird die **lineare** Verrechnung favorisiert (IAS 38.97). Andererseits wird die degressive Abschreibungsmethode keinesfalls abgelehnt. Nach dem Amendment zu IAS 16 und IAS 38 vom Mai 2014 ist eine Abschreibung nach Maßgabe im Zeitablauf erwarteter **rückläufiger Erlöse** aus der Nutzung des Vermögenswertes (zunächst First-Mover-Vorteil später Verlust dieses Vorteils) i.d.R. **unzulässig** (IAS 38.98A). Ein erwarteter Rückgang der Erlöse bzw. Verkaufspreise soll eher bei der Schätzung der wirtschaftlichen Nutzungsdauer Berücksichtigung finden (IAS 38.92). **Ausnahmsweise** darf sich die Abschreibungsmethode nach IAS 38.98a dann an den erwarteten Erlösen orientieren,
- wenn der Vermögenswert selbst durch eine **Erlösgröße „definiert"** ist oder
- belegt werden kann, dass Erlöse und Werteverzehr **hoch korreliert** sind.

Als Beispiele für den ersten Fall nennt der Standard **Schürfrechte oder Mautrechte**, die mit Erreichen einer kumulierten Erlösschwelle auslaufen (IAS 38.98C), Beispiele für den zweiten Fall werden nicht angeführt. Stattdessen diskutieren die BC die Abschreibung von **Filmrechten**, in der Praxis bisher in Anlehnung an US-GAAP meist nach dem zeitlichen Anfall der Erlöse der verschiedenen Verwertungsstufen (Kino, Video, Pay-TV)[59] IAS 38.BC72H, lässt aber nicht erkennen, dass dies ein Anwendungsfall der zweiten Ausnahme sein könnte. Insoweit scheint zweifelhaft, ob die Filmindustrie – oder die Verlagsindustrie bei **E-Books** (Rz 12)[60] – zukünftig noch so verfahren darf.

92 Die Abschreibungsmethode soll den Werteverzehr des genutzten Vermögenswertes möglichst genau widerspiegeln (→ § 10 Rz 27). Die auf einen nicht verlässlich bestimmbaren Wertverlust ausgerichtete lineare „Vorzugsabschreibung" ist deshalb im Einzelfall an den **tatsächlichen Wertverlauf** anzupassen. Insoweit kann auch die degressive Abschreibungsmethode in Betracht kommen.

> **Beispiel**
> U erwirbt im Rahmen einer Unternehmensakquisition einen zeitlich beschränkt vorhandenen Kundenstamm (→ § 31). Zur Kaufpreisallokation erfolgt eine Bewertung unter der Annahme eines bestimmten „Schwundes"*(churn rate)*: im 1. Jahr 20 %, im 2. Jahr 12 % der Kunden etc.

Die Abschreibungsmethode muss „verbrauchsabhängig" (hier degressiv) verrechnet werden. Im Rahmen der Kaufpreisallokation ist eine verlässliche Bewertung unter der Prämisse eines degressiven Nutzenverlaufs (*cash inflow*) unterstellt worden; dieser Annahme ist aus Konsistenzgründen bei der Abschreibungsbemessung zu folgen.

3.3.4 Vermögenswerte unbestimmter Lebensdauer

93 Bei unbestimmter Nutzungsdauer kommt eine **planmäßige** Abschreibung **nicht** in Betracht (IAS 38.107). Der SME-Standard kennt demgegenüber keine immateriellen Anlagegüter mit unbestimmten Nutzungsdauern (→ § 50 Rz 12). Dabei bedeutet „unbestimmt"*(indefinite)* nicht „unbeschränkt"*(infinite*; IAS 38.91).

---

[59] Zwirner, KoR 2002, S. 245
[60] Quitmann/Jaenecke, KoR 2010, S. 89.

Nach IAS 38.BC60ff. kann eine zeitlich **unbekannte** Nutzungsdauer vorliegen, wenn unter Berücksichtigung aller einschlägigen Bestimmungsgrößen das Ende der Nutzungsdauer, d.h. der Generierung positiver *cash flows*, nicht voraussehbar ist. Schwierigkeiten bei der Bestimmung der Nutzungsdauer führen noch nicht zur Annahme einer unbestimmten Nutzungsdauer (Rz 90). Vielmehr ist zu unterscheiden zwischen

- Fällen, in denen ein **Ende** der Nutzung **absehbar** ist, wobei auch größerer verbleibende Unsicherheiten hinsichtlich des genauen Endpunktes Sache der sachgerechten Schätzung sind, und
- Fällen, in denen bis zum Vorliegen besserer Erkenntnis von einer **Dauernutzung** auszugehen ist.

Beispiel
Der Konzern **Player** hat das Unternehmen **Wave** erworben. Zum Vermögen der **Wave** gehören u.a. die Parfummarken E-611 und **AIDA**. Unter diesen Marken werden seit mehr als 50 Jahren Parfums verkauft. Ein Ende der wirtschaftlichen Nutzung dieser Marken ist nicht abzusehen. **Player** hat daher die im Rahmen der Kaufpreisallokation mit dem *fair value* anzusetzenden Marken als *indefinite life intangibles* zu qualifizieren und nicht planmäßig abzuschreiben.

Fallvariante
Zwei Jahre nach Erwerb beschließt **Player** die Marke **AIDA** mittelfristig auslaufen zu lassen, da sie überwiegend nur noch ein älteres Publikum anspricht. Mit dem Beschluss, die Marke nicht mehr auf Dauer zu nutzen, wird sie zu einem *definite life intangible*. Die Restnutzungsdauer der Marke ist zu schätzen, der Wert über diese Dauer abzuschreiben.
Auch Grund und Boden *(land)* weist eine unbestimmte Nutzungsdauer auf (IAS 17.15A). Soweit über Grund und Boden mit Gebäuden ein langfristiger Leasingvertrag abgeschlossen ist, kann bei *finance lease* eine planmäßige Abschreibung auf Grund und Boden über die Vertragsdauer in Betracht kommen (→ § 15 Rz 77).

Bei immateriellen Vermögenswerten unbestimmter Lebensdauer sind **jährlich**, bei entsprechender Indikation und Quartalsberichterstattung auch in **kürzeren** Intervallen (→ § 11 Rz 16),
- ein **Wertminderungstest** nach Maßgabe von IAS 36 (→ § 11 Rz 33ff.; IAS 38.108) und
- eine **Überprüfung** der Hypothese unbestimmter Nutzungsdauer (IAS 38.109)

vorzunehmen. Sollte sich eine Umqualifizierung von „unbestimmt" auf „zeitlich beschränkt" ergeben, wäre dies als Schätzungsrevision *(changing in accounting estimates)* gem. IAS 8.36 (→ § 24 Rz 52) zu behandeln.
Bei nicht verlängerbarer **vertraglicher** oder **gesetzlicher** Nutzungsbeschränkung darf die Nutzungsperiode den rechtlich vorgegebenen Zeitraum nicht übersteigen, allerdings kann die Nutzungsdauer auch kürzer als die von Rechts wegen bestehende Erlaubnis sein. Viele Rechte sind jedoch **erneuerbar** *(renewable)*. Die Einbeziehung weiterer Nutzungsperioden in die Bestimmung der Nutzungsdauer ist dann erlaubt, wenn diese Erneuerung für das Unternehmen

nur mit unbedeutenden Kosten verbunden ist (IAS 38.94). Als Beispiel mögen die Landerechte für Flugzeuge[61] (→ § 12 Rz 30) und die Berechtigung zur Mauterhebung dienen. Ähnlich hat sich der FASB im Board-Meeting vom 13.9.2005 ausgedrückt. Außerdem sollen die Kosten der Erneuerung aktiviert und über die Restnutzungsperiode abgeschrieben werden.

Nach IAS 38.95 sind sowohl **rechtliche** als auch **wirtschaftliche** Faktoren als Bestimmungsgröße für die Nutzungsdauer eines immateriellen Vermögenswertes heranzuziehen. Soweit das Recht nicht verlängerbar ist, bestimmt der „kürzere Faktor" von beiden die Nutzungsdauer.

Aus einer **vertraglich** unbeschränkten Nutzungsdauer darf nicht zwingend auf eine (ökonomisch) **effektive** geschlossen werden.

> **Beispiel**[62]
> **Sachverhalt**
> Ein Hochseefischereiunternehmen fischt in den Hoheitsgewässern verschiedener Staaten. Einer dieser Staaten will die Fangquoten zurückführen, um die Fischbestände zu schonen. Nach einem entsprechenden „Programm" muss jedes Fischereiunternehmen eine „Dauerlizenz" (zeitlich nicht beschränkt) beantragen. Diese Lizenz beschränkt die Fangquoten für die betreffenden Fischarten, und die Fangquote ändert sich jedes Jahr.
>
> **Lösung**
> Das Unternehmen kann nicht ohne weiteres von einem zeitlich unbeschränkten Fischereirecht ausgehen. Es hat alle einschlägigen Informationen zu sammeln und zu gewichten, um die effektive Nutzungsdauer der Lizenz abzuschätzen. Dazu gehört auch die Vorausschau über die Höhe der möglichen Fischbestände.

In IAS 38.96 werden weitere Hinweise zur möglichen **Erneuerung** von gesetzlichen oder vertraglichen Nutzungsrechten gegeben. Dazu sollen vorliegen:
- insbesondere auf **Vergangenheitserfahrung** gestützte Anhaltspunkte *(evidence)* für die Erneuerungsabsicht überhaupt und ggf. für das Einvernehmen einer dritten Partei;
- ausreichend Anhaltspunkte für die Einhaltung der **Erneuerungsbedingungen** durch das Unternehmen;
- das Entstehen nur **unbedeutender** Kosten für die Erneuerung im Verhältnis zu dem künftigen ökonomischen Vorteil.

> **Beispiel**
> Ein Konzern verfügt über eine Mobilfunklizenz. Sie läuft in 15 Jahren ab und ist nach dem Ablauf gegen eine geringfügige Registrierungsgebühr verlängerbar. Bei der Bestimmung der Nutzungsdauer kann scheinbar ohne Probleme von der Konzessionsverlängerung ausgegangen werden. Das Problem steckt andererseits in der technischen Entwicklung: Möglicherweise wird nach 15 Jahren mit einem anderen technischen Standard telefoniert werden, für den die Lizenz

---
[61] OLBRICH/DALLMAYR/ZILCH, BFuP 2009, S. 207.
[62] Nach KPMG, Insights into IFRS 2010/2011, Tz. 3.3.190.70.

> nicht gilt. Oder: Die Lizenz gilt auch für diesen neuen Standard, dieser (oder aber der bisherige) macht indes die Installation von neuen Fernmeldeausrüstungen für das gesamte Lizenzgebiet erforderlich. U. U. ist dann das Kriterium der „niedrigen Kosten" nicht erfüllt, die Konzession ist längstens auf die erstmalige Nutzungsperiode hin abzuschreiben.

Zur Bestimmung der Nutzungsdauer von Mobilfunklizenzen ist entscheidend auf den **Inhalt** der erteilten Berechtigung abzuheben. Danach erlauben die Lizenzen[63]
- in den USA die Nutzung eines bestimmten **Frequenzspektrums** unabhängig von der angewandten Technologie,
- in Europa die Nutzung einer bestimmten **Technologie** innerhalb der zugeteilten Frequenzen.

Für die US-Lizenzen wird in der Praxis von einer **unbestimmten** Nutzungsdauer ausgegangen.

3.3.5 Beispiele zur Bestimmung der Nutzungsdauer

Bei der Bilanzierungspraxis wird man sich an den Beispielen (*Illustrative Examples*, IE) orientieren, die dem Standard beigefügt sind (Rz 94). Aus Sicht der praktischen Anwendung ist allerdings die mitunter deutlich feststellbare „Hineinlegung" der Lösung in den Sachverhalt beachtlich.

> **Beispiele**
>
> **Sachverhalt**
> Eine Gesellschaft, die das *direct-mail*-Marketing betreibt, erwirbt eine Adressenliste von möglichen Kunden und erwartet von ihr einen ökonomischen Vorteil für wenigstens ein und höchstens 3 Jahre.
>
> **Lösung**
> Nach der bestmöglichen Einschätzung des Managements ist die Nutzungsdauer auf 18 Monate festzulegen.
>
> **Sachverhalt**
> Ein Unternehmen hat im Rahmen eines Unternehmenskaufs ein patentiertes technisches Verfahren erworben und erwartet davon Einnahmen *(cash inflows)* für wenigstens 15 Jahre. Es besteht eine Vereinbarung mit einem Interessenten, der das Patent nach 5 Jahren zu 60 % des heutigen *fair value* erwerben will. Das Unternehmen beabsichtigt den Verkauf des Patents nach Ablauf der 5-Jahres-Frist.
>
> **Lösung**
> Das Patent ist planmäßig auf 5 Jahre abzuschreiben, und zwar unter Berücksichtigung eines Restwertes i. H. d. 60 % des *fair value* im Erwerbszeitpunkt.
>
> **Sachverhalt**
> Ein Unternehmen erwirbt ein Copyright mit einer gesetzlich geschützten Laufzeit von 50 Jahren. Eine Analyse des Kundenverhaltens ergibt eine beschränkte Nutzungsdauer des Copyrights von nur noch 30 Jahren.

---

[63] Vgl. hierzu SCHMACHTENBERG/MEIXNER/SCHÄFER, KoR 2005, S. 522.

Lösung
Die der planmäßigen Abschreibungsdauer zugrunde liegende Nutzungsdauer beträgt 30 Jahre.

Sachverhalt
Ein Unternehmen hat eine Rundfunklizenz erworben, die in 5 Jahren ausläuft. Alle 10 Jahre kann diese Lizenz erneuert werden, wenn das Unternehmen eine bestimmte Mindestleistung zugunsten der Kunden etc. erbringen kann. Die Lizenz wird zu einem geringen Betrag erneuert und war zuvor bereits zweimal erneuert worden. Die Gesellschaft will diese Lizenz zeitlich unbeschränkt weiter beanspruchen und ist in der Lage, die Auflagen der Behörde zu erfüllen. Die Sendetechnik ist in der voraussehbaren Zukunft nicht durch eine andere Technologie zu ersetzen.

Lösung
Die Rundfunklizenz hat eine zeitlich unbestimmte Nutzungsdauer, und eine planmäßige Abschreibung ist nicht erforderlich.

Sachverhalt
Die Rundfunklizenz im vorliegenden Beispiel wird nicht mehr erneuert, sondern durch die Verleihungsbehörde versteigert. Die Restlaufzeit der bestehenden Lizenz beträgt 3 Jahre.

Lösung
Die Lizenz hat keine unbeschränkte Nutzungsdauer mehr. Die Abschreibung ist auf die restlichen 3 Jahre planmäßig vorzunehmen.

Sachverhalt
Ein Warenzeichen hat eine Restlaufzeit von 5 Jahren, ist aber alle 10 Jahre zu einer geringen Gebühr zu erneuern. Die das Warenzeichen kaufende Gesellschaft will dieses über die förmliche Laufzeit hinaus nutzen und ist dazu auch fähig. Eine Untersuchung des Lebenszyklus des Produkts, des Marktes und des Wettbewerbsumfeldes ergibt eine zeitlich unbestimmte Nutzungsdauer des Warenzeichens.

Lösung
Eine planmäßige Abschreibung kommt nicht in Betracht.

Sachverhalt
Ein Warenzeichen war unter der Annahme einer unbestimmten zeitlichen Nutzungsdauer erworben worden. Unerwarteter Wettbewerb ist jüngst in den Markt eingedrungen und wird die künftigen Verkäufe dieses Produktes reduzieren. Das Management geht von einer weiteren Nutzbarkeit des Patents auf unbestimmte Zeit, allerdings mit einem geringeren Einnahmevolumen *(cash inflow)*, aus.

Lösung
Es ist ein *impairment*-Test nach IAS 36 durchzuführen (→ § 11).

> **Sachverhalt**
> Im Rahmen eines Unternehmenserwerbes hat eine Gesellschaft das Warenzeichen für eine Produktlinie erworben und ist zunächst von einer unbestimmten Nutzungsdauer ausgegangen. Planmäßige Abschreibungen wurden bis dahin nicht vorgenommen. Nun aber hat das Management eine Beendigung der einschlägigen Produktion in den nächsten 4 Jahren vorgesehen.
>
> **Lösung**
> Ein *impairment*-Test und eine planmäßige Abschreibung des verbleibenden Buchwertes auf 4 Jahre sind vorzunehmen.
>
> **Hinweis**
> Abgesehen von den beiden letzten Beispielen ist auch bei allen anderen das Erfordernis einer *impairment*-Abschreibung zu prüfen.

Schwieriger wird die Bestimmung der möglichen Nutzungsdauer von immateriellen Vermögenswerten in der wirtschaftlichen Wirklichkeit. Als Beispiel sei das Thema der **Marken**[64] herausgegriffen. Vereinfacht dargestellt ist die rechtliche Struktur auf ein exklusives zehnjähriges Nutzungsrecht aufgrund Registereintragung ausgerichtet. Eine Verlängerung kann indes unbeschränkt in Anspruch genommen werden. Die **rechtliche** Beurteilung schränkt also die Nutzungsdauer nicht ein.

Bei der **ökonomischen** Beurteilung sind zunächst die **Gedächtnisinhalte** anzusprechen, es ist also der Frage nachzugehen, was der potenzielle Konsument mit Porsche, Reval oder Lindt in Verbindung bringt. Die Nutzungsdauer einer Marke ist dabei nicht mit einem speziellen Produkt notwendig verknüpft, das zeigen die drei genannten Beispiele. Sofern also überhaupt Sportwagen, Zigaretten oder Schokolade am Markt untergebracht werden können, ist keine zeitliche Beschränkung der Markennutzung aus wirtschaftlicher Sicht feststellbar. Das Management des betreffenden Unternehmens wird dann, sofern weiterhin diese Produkte unter bestimmten Marken vertrieben werden sollen, die Gedächtnisinhalte des Publikums durch entsprechende Werbemaßnahmen etc. aufrechterhalten.

Für Marken ist deshalb i.d.R. eine **bestimmte** Nutzungsdauer **nicht definierbar**, sodass eine planmäßige Abschreibung nicht in Betracht kommt (→ § 10 Rz 34ff.). Allerdings ist die Nutzungsdauereinschätzung jährlich zu **überprüfen**. Soweit etwa das Management beschließt, die Marke nur noch über einen **bestimmten Zeitraum weiterzuführen**, ergibt sich ab dann eine bestimmbare (Rest-)Nutzungsdauer. Häufig wird mit einer solchen Änderung der Einschätzung zugleich das Erfordernis einer außerplanmäßigen Abschreibung (*impairment*; → § 11 Rz 14ff.) einhergehen. Die planmäßige Abschreibung nach Maßgabe der Restnutzungsdauer erfolgt dann auf Basis des Buchwerts nach außerplanmäßiger Abschreibung.

Vor dem Hintergrund der unbestimmten Nutzungsdauer mit der Folge einer nicht mehr planmäßigen Abschreibung von immateriellen Vermögenswerten richtet sich der Blick des **deutschen** IFRS-Anwenders auf die Rechtslage, die nach dem EStG vor dem 1.1.1987 bestand (Rz 26). Bis dahin konnte steuerlich ein derivativer *goodwill* aus einem Unternehmenserwerb nicht planmäßig abgeschrieben werden – genau wie jetzt nach IFRS 3 (→ § 31).

96

---

[64] Vgl. hierzu GREINERT, BB 2004, S. 483.

§ 13   Immaterielle Vermögenswerte

Damals bestand eine steuerliche Interessenlage darin, immaterielle Vermögenswerte zu identifizieren, die eine beschränkte Nutzungsdauer hatten und deshalb planmäßig abzuschreiben waren. Solche immateriellen Wirtschaftsgüter wurden mitunter auch als „firmenwertähnlich" bezeichnet. Hierzu liegt eine umfangreiche BFH-Rechtsprechung vor.[65] In aller Regel hat der BFH hier, falls ein immaterielles Wirtschaftsgut überhaupt feststellbar war, Abnutzbarkeit mit der Folge einer planmäßigen Abschreibung festgestellt (Beispiel: Bierlieferungsrecht einer Brauerei).[66] Als Ausnahme – keine planmäßige Abschreibung – sind Geschäftsbeziehungen zu Lieferanten und Abnehmern zu nennen;[67] diese stellen ein immaterielles Wirtschaftsgut dar, das insoweit nicht abzuschreiben ist, als es sich auf eine nicht abschätzbare längere Nutzungsdauer erstreckt. Die Frage ist allerdings, ob es sich hierbei überhaupt um einen vom *goodwill* separier- und identifizierbaren (Rz 14) Vermögenswert handelt. Die Antwort hierauf wird in → § 31 gegeben.

3.3.6 Außerplanmäßige Abschreibung

97   Auf → § 11 Rz 16 und → § 11 Rz 31 wird verwiesen.

4 Abgang

98   Der Abgang („Ausmusterung") eines immateriellen Vermögenswertes ist **erfolgswirksam** (Veräußerungserlös abzüglich Restbuchwert) zu verbuchen (IAS 38.113). Ein solcher Abgang ist auch anzunehmen, wenn dieser Vermögenswert keine künftigen ökonomischen Vorteile mehr liefert (IAS 38.112). Der **Zeitpunkt** des Abgangs richtet sich gem. IAS 38.114 nach den Realisationskriterien in IAS 18 (→ § 25 Rz 18); das gilt auch bspw. für eine Abzinsung bei unüblichem Zahlungsziel (→ § 25 Rz 79) gem. IAS 38.116. Irgendwelche Besonderheiten der IFRS gegenüber der deutschen Bilanzwelt sind insoweit nicht zu verzeichnen.

5 Ausweis

99   Die immateriellen Vermögenswerte mit längerfristiger Nutzung im Unternehmen sind nach IAS 1.68c **getrennt** von den materiellen Anlagegütern (Sachanlagen) auszuweisen (→ § 2 Rz 45). Insoweit kann die Gliederungsvorgabe in § 266 Abs. 2 HGB unmittelbar übernommen werden.
Allerdings ist nach IAS 38.119 im Anhang (ersatzweise auch in der Bilanz) eine **Untergliederung** nach den verschiedenen Arten immaterieller Vermögenswerte vorzunehmen. IAS 38.119 liefert dabei eine **beispielhafte** Vorgabe:
- Warenzeichen,
- Publizierungsrechte,
- Computersoftware,
- Lizenzen, Verkaufsrechte,
- Copyrights, Patente u. Ä.,
- Rezepturen, Formeln, Modelle, Prototypen u. Ä.,
- in Entwicklung befindliche immaterielle Vermögenswerte.

---

[65] Einzelheiten bei HOFFMANN, in: LITTMANN/BITZ/PUST, §§ 4, 5 EStG, Tz. 686.
[66] BFH, Urteil v. 26.2.1975, I R 72/73, BStBl II 1976 S. 13.
[67] BFH, Urteil v. 16.9.1970, I R 196/67, BStBl II 1971 S. 175.

Bei Bedarf können diese genannten Gruppen noch weiter aufgegliedert werden. Der Ausweis im **Anlagevermögen** (*non-current*; → § 2 Rz 30) ist wohl die Regel, aber nicht zwingend. Emissionsrechte sind u. E. als *current* anzusehen (Rz 47). Eine **Umgliederung** im Bilanzausweis ist dann vorzunehmen, wenn immaterielle Vermögenswerte des Anlagevermögens zum Verkauf gestellt werden *(non-current assets held for sale)*. Der Ausweis muss dann gem. IFRS 5.38 getrennt von den übrigen Vermögenswerten erfolgen (→ § 29 Rz 51; → § 14 Rz 28).

100

Sinnvoll erscheint eine **Trennung** der Entwicklungskosten für die noch in Entwicklung befindlichen Produkte (ohne planmäßige Abschreibung) und solche für bereits genutzte Produkte.[68]

6 Angaben

Im **Anhang** sind gem. IAS 38.118 – **unterteilt** nach selbst geschaffenen und sonstigen immateriellen Vermögenswerten[69] – anzugeben (vgl. auch → § 10 Rz 47 sowie → § 14 Rz 28):

101

- ob die Nutzungsdauer unbestimmt oder zeitlich beschränkt ist;
- die angewandten Nutzungsdauern bzw. Abschreibungsprozentsätze;
- die Abschreibungsmethoden;
- der Bruttobuchwert und die aufgelaufenen Abschreibungen zu Beginn und zum Ende des Wirtschaftsjahres (Bestandteil des Anlagespiegels);
- der GuV-Posten, in dem die planmäßigen Abschreibungen enthalten sind;
- ein Vergleich der Buchwerte zum Beginn und zum Ende der Rechnungsperiode mit Darstellung der
  - Zugänge unter separatem Ausweis der selbst erstellten Vermögenswerte und derjenigen, die durch einen Unternehmenszusammenschluss erworben worden sind;
  - zum Verkauf gem. IFRS 5 (→ § 29 Rz 48) bestimmten Posten;
  - übrigen Abgänge;
- Neubewertungs-Zuschreibungen nach IAS 38.75 ff. unter Berücksichtigung von außerplanmäßigen Abschreibungen einschließlich der Darstellung dieser Vorgänge, soweit diese direkt in der Eigenkapitalveränderung erfasst worden sind;
- außerplanmäßige Abschreibungen, die in der GuV enthalten sind;
- Wertaufholungszuschreibungen auf frühere außerplanmäßige Abschreibungen, die in der GuV enthalten sind;
- Höhe der planmäßigen Abschreibung;
- Währungsumrechnungsdifferenzen;
- andere Buchwertänderungen während der Rechnungsperiode.

Nach IAS 38.122 sind u. a. folgende weiteren Angaben zu machen:
- Für Immaterialgüter mit unbestimmter Lebensdauer (Rz 93) sind der Buchwert und die Gründe für die angenommene unbestimmte Lebensdauer zu nennen.
- Der Buchwert und die Restnutzungsdauer **eines** wichtigen immateriellen Anlagegutes sind zu beschreiben.

---

[68] So die Vorgehensweise z. B. im Anhang des Konzernabschlusses der Volkswagen AG.
[69] Diese Unterteilung wird in der deutschen Rechnungslegungspraxis überwiegend nicht beachtet; vgl. HALLER/FROSCHHAMMER/GROSS, DB 2010, S. 684.

Zur letztgenannten Angabepflicht liefert die ESMA-Liste der Enforcemententscheidungen Anschauungsmaterial.[70]

> **Beispiel**
> Im Abschluss eines Fußballclubs betrug der Buchwert für einen eingekauften Spieler (Rz 43) 7 % der Bilanzsumme, was der Enforcer als wesentlich taxiert. Angaben zum Buchwert und zur Amortisationsperiode waren nicht erfolgt, weil
> - eine solche Information sehr „sensibel" sei und die Verhandlungsposition des Clubs bei Verhandlungen über Spielereinkäufe beeinflussen könnte,
> - andere Clubs diese Anhangsangabe ebenfalls vermeiden,
> - die Anteilseigner nur am Gesamtbetrag des angeschafften Spielervermögens und nicht an Einzelposten interessiert seien.
>
> Die Entscheidung des Enforcers lautet: IAS 38.122(b) enthält keine Ausnahmeregel für sensible Daten oder präjudiziell wirkende Angaben.

Wegen der üblichen Darstellung in Form eines **Anlagespiegels** bzw. -gitters wird verwiesen auf → § 14 Rz 28 ff. Dort ist auch ein **Formulierungsbeispiel** für die übrigen Anhangsangaben wiedergegeben.

Außerdem sind wesentliche Auswirkungen einer **Neueinschätzung** i.S.d. IAS 8 (→ § 24 Rz 52) von Abschreibungsperioden, Abschreibungsmethoden und anzunehmenden Restwerten darzustellen (→ § 10 Rz 47; IAS 38.121).

102 Wegen weiterer Angabepflichten wird auf die Checkliste „IFRS-Abschlussangaben" verwiesen (Online-Fassung, vgl. → § 5 Rz 8).

7 Einzelfälle der Bilanzierung von immateriellen Vermögenswerten (ABC)

103

Abgang	erfolgswirksame Verbuchung (Rz 98)
Abschreibung, außerplanmäßige	(Rz 97)
Abschreibung, planmäßige	(→ § 10 und Rz 82)
aktiver Markt	Voraussetzung zur Anwendung der Neubewertungsmethode (Rz 87)
Anhangsangabe	(Rz 101)
Anlaufkosten	sind nicht aktivierbar (Rz 68)
Anschaffung, Einzelanschaffung	(Rz 20 und Rz 71)
Anschaffungs- oder Herstellungskosten	(→ § 8 Rz 11 ff.)
Ausbildungskosten	sind nicht aktivierbar (Rz 68)

---

[70] ESMA, Decision ref. 0111–08

Immaterielle Vermögenswerte § 13

Ausbildungsqualität des Mitarbeiterstamms	nicht aktivierbar (Rz 6)
Ausweis in der Bilanz	(Rz 99)
Belieferungsrechte	(Rz 22)
Druckrechte	sind nicht aktivierbar bei originärem Erwerb (Rz 33), anders bei entgeltlichem Erwerb
E-Books	(Rz 12)
Einlagen	(Rz 83)
Emissionsrechte (Umweltverschmutzung)	(Rz 47)
Entwicklungskosten	unter bestimmten Voraussetzungen aktivierbar (Rz 27 ff.)
erneuerbare Rechte	(Rz 94)
EU-Chemikalienverordnung	Aktivierbarkeit zweifelhaft (Rz 63)
Filmherstellung	(Rz 20)
Forschung	nicht aktivierbar (Rz 27 ff.)
Gemeinkosten	„echte" bei Anschaffung aktivierbar (Rz 74)
goodwill, Abgrenzung zum	(Rz 14)
Herstellung	(Rz 79)
Humankapital	kann u. U. entwickelt werden (Rz 32); u. U. aktivierbar (Rz 64)
Identifizierbarkeit	(Rz 14)
Kataloge	nicht aktivierbar (Rz 57)
Kaufpreisallokation	(Rz 23)
Konzessionen, entgeltlich erworben	aktivierbar (Rz 94)
Konzessionen, hergestellt	aktivierbar, wenn mit Auflagen verbunden (Rz 77)
Kundengewinnungskosten	(Rz 55)
Kundenlisten, Kundenbeziehungen, Kundenstamm	sind nicht aktivierbar bei originärem Erwerb (Rz 6; Rz 14), anders bei entgeltlichem Erwerb
Landerechte für Flugzeuge	unbestimmte Nutzungsdauer (Rz 94)

Lizenzen	Aktivierung bei entgeltlichem Erwerb (Rz 22)
Management, Begabung	nicht aktivierbar (Rz 6)
Marken	sind nicht aktivierbar bei originärem Erwerb, anders bei entgeltlichem Erwerb (Rz 33)
Marktanteil	nicht aktivierbar (Rz 14)
Mauterhebungsrecht	unbestimmte Nutzungsdauer (Rz 94)
Neubewertung	(Rz 85)
Nutzungsdauer, bestimmt oder unbestimmt	(Rz 93 ff.)
Nutzungsdauer, Bestimmung	Beispiele (Rz 95)
Nutzungsrechte	u. U. aktivierbar bei entgeltlichem Erwerb (Rz 44)
preisregulierte Märkte	besondere Vermögenswerte gelten nicht als immateriell
Profisportler	(Rz 43)
REACH	s. EU-Chemikalienverordnung
Restwertbestimmung	als Bestandteil des Abschreibungsvolumens (Rz 89)
Schulungskosten	Aktivierungsverbot (Rz 68)
Software, selbst geschaffene	(Rz 37 ff.)
Standortvorteil	nicht aktivierbar (Rz 14)
subscriber acquisition costs	(Rz 55)
Tausch	(Rz 82)
Umzugs- und Umorganisationskosten	sind nicht aktivierbar (Rz 68)
Unternehmenszusammenschluss, Erwerb im Rahmen eines	(Rz 23)
Verkaufsförderung	nicht aktivierbar (Rz 68)
Verkaufskataloge	nicht aktivierbar (Rz 57)
Verlagsrechte	nur bei Anschaffung aktivierbar (Rz 33)
Vertriebskosten	Abgrenzung zur Verkaufsförderung mit u. U. gegebener Aktivierung (Rz 58)
Warenzeichen	nur bei Anschaffung aktivierbar (Rz 33)
Webseite	(Rz 42)

Werbeaufwand	ist regelmäßig nicht aktivierbar; aber Ausnahme denkbar (Rz 57)
Wertminderungsverlust s. Abschreibung, außerplanmäßige	
Zuwendungen der öffentlichen Hand	(Rz 81)

8 Anwendungszeitpunkt, Rechtsentwicklung

Wegen des Anwendungszeitpunkts der Standards und der Übergangsvorschriften wird auf die Vorauflage verwiesen. Wegen einer bedeutenden Änderung durch IFRS 13 „fair value measurement" vgl. → § 8a Rz 1 ff. Dies gilt für Wirtschaftsjahre mit Beginn nach dem 31.12.2012. In einem im Mai 2014 erfolgten *Amendment* zu IAS 16 und IAS 38 sind Neuregelungen zur Anwendung der Abschreibungsmethode, speziell nach erwarteten Erlösen, herausgegeben (Rz 91). Die Neuregelungen sind ab 2016 anzuwenden.

104

9 Zusammenfassende Praxishinweise

Aus Sicht der deutschen Bilanzwelt lässt sich der Regelungsgehalt von IAS 38 betreffend die immateriellen Vermögenswerte wie folgt zusammenfassen:

105

- Inhaltlich **unterscheiden** sich die Merkmale des Begriffs „immaterieller Vermögenswert" (Rz 8 ff.) nach HGB von demjenigen nach IFRS nicht nennenswert. Was bisher nach HGB dem Grunde nach, d. h. abstrakt, als bilanzierbar angesehen worden ist, kann deshalb weitgehend unbesehen auch in die IFRS-Bilanzwelt transferiert werden.
- Auch mit den konkreten Bilanz**ansatzkriterien** (Rz 18 ff.) von IAS 38 hat man aus deutscher Sicht keine nennenswerten Probleme, sofern man sich nicht zu sehr auf abstrakte Begriffsmerkmale versteift.
- Ein entscheidender Unterschied zwischen HGB/EStG einerseits und IFRS andererseits resultiert jedoch aus dem generellen **Aktivierungsverbot** für immaterielle Vermögenswerte nach HGB/EStG. Nach IAS 38 besteht dies nur in Einzelfällen (Kundenlisten, Marken; Rz 33).
- Für andere Fälle besteht nach IAS 38 ein **Aktivierungsgebot** der Kosten, die ab dem Zeitpunkt anfallen, ab dem die Erstellung des immateriellen Vermögenswertes sich in der Entwicklungsphase befindet und bestimmte Zusatzkriterien erfüllt sind (Rz 27 ff.). Hier bieten die IFRS Handreichungen zur Abgrenzung zunächst der Forschungs- von der Entwicklungsphase (Rz 29). Forschungsaufwendungen sind nicht aktivierbar. Für die Aufwendungen in der Entwicklungsphase liefert IAS 38 einen reichhaltigen Katalog, der zur Bejahung des Bilanzansatzes abgearbeitet werden muss (Rz 30). Im Ergebnis kristallisiert sich ein weitgehendes Ermessen des Managements heraus, sodass man zu Recht von einem **effektiven Ansatzwahlrecht** für selbst geschaffene immaterielle Vermögenswerte, insbesondere in Form von Entwicklungsaufwendungen, sprechen kann (Rz 35 ff.).

- Nicht spezifisch ist die Aktivierungsmöglichkeit von **selbst geschaffener Computer-Software** „geregelt" (Rz 37 ff.).
- Die Zugangsbewertung erfolgt sowohl nach IFRS als auch nach HGB auf der Basis von weitestgehend identischen definierten oder definierbaren **Anschaffungskosten**. **Herstellungsfälle** und damit Herstellungs**kosten** sind nur nach IFRS berücksichtigungsfähig (Rz 69 ff.). Die Einbeziehung von Kosten der allgemeinen Verwaltung in die Herstellungskosten ist nicht zulässig (Rz 79).
- Die **Folgebewertung** kann als **Wahlrecht** in Form der **Neubewertung** (*revaluation*) vorgenommen werden (Rz 85 ff.), das aber bei immateriellen Vermögenswerten nur als große Ausnahme in Betracht kommt, weil hier das Kriterium des „aktiven Marktes" i.d.R. fehlt.
- Immaterielle Vermögenswerte **unbestimmter** Nutzungsdauern sind nicht planmäßig abzuschreiben. Mit dem Abschreibungsverzicht verbunden ist die Verpflichtung eines jährlichen Wertminderungstestes (Rz 93).
- Planmäßige und außerplanmäßige **Abschreibungen** für zeitlich begrenzt nutzbare Vermögenswerte sind wie nach deutschem Handelsrecht vorzunehmen, ebenso Wertaufholungszuschreibungen nach vorhergehender außerplanmäßiger Abschreibung (Rz 84, mit den dortigen Verweisen).
- Umfangreiche **Anhangsangaben** sind für alle immateriellen Vermögenswerte, insbesondere aber für solche unbestimmter Nutzungsdauer, vorgeschrieben (Rz 99).

Nicht aktivierbar sind
- der intern geschaffene *goodwill* (Rz 67),
- die selbst geschaffenen Marken, Buch- und Verlagsrechte, Kundenbeziehungen u. Ä. (Rz 33),
- die Gründungs- und Aufbaukosten, Ausbildungskosten, Werbemaßnahmen, Reorganisation (Rz 71),
- die Forschungskosten (Rz 27),
- bestimmte Entwicklungskosten (Rz 34).

§ 14 SACHANLAGEN

Inhaltsübersicht	Rz
Vorbemerkung	
1 Überblick	1–6
1.1 Regelungsbereich	1–3
1.2 Begriffsinhalte	4–5
1.3 Abgrenzung zum Vorratsvermögen	6
2 Bilanzansatz	7–8
3 Bewertung	9–20
3.1 Überblick	9
3.2 Zugangsbewertung	10–17
3.2.1 Allgemein	10–11
3.2.2 Nachträgliche Anschaffungs- oder Herstellungskosten, Komponentenansatz	12
3.2.3 Tausch	13–15
3.2.4 Einlagen/Einbringungen	16
3.2.5 Bedingte Kaufpreisbestandteile	17
3.3 Folgebewertung	18–20
4 Abgang	21–24
5 Ausweis und Anhangsangaben	25–29
6 Anwendungszeitpunkt, Rechtsentwicklung	30
7 Zusammenfassende Praxishinweise	31

Schrifttum: FREIBERG, Gewinnrealisation bei Tauschgeschäften nach IFRS, PiR 2007, S. 171; GRAUMANN, Bilanzierung der Sachanlagen nach IAS, StuB 2004, S. 709; HOFFMANN, Aktivierung von Gemeinkosten bei Anschaffungen, PiR 2007, S. 27; HOFFMANN/LÜDENBACH, Die Abbildung des Tauschs von Anlagevermögen nach den neu gefassten IFRS-Standards, StuB 2004, S. 337; LÜDENBACH, Anlagen im Bau, PiR 2006, S. 149; LÜDENBACH, Bilanzierung von Dauerkulturen, PiR 2014, S. 191; MÜLLER/WOBBE/REINKE, Empirische Analyse der Bilanzierung des Sachanlagevermögens nach IFRS, KoR 2008, S. 630.

Vorbemerkung
Die Kommentierung bezieht sich auf IAS 16 in der aktuellen Fassung und berücksichtigt alle Ergänzungen, Änderungen und Interpretationen, die bis zum 1.1.2015 beschlossen wurden.

1 Überblick

1.1 Regelungsbereich

IAS 16 umfasst das Teilgebiet der Bilanz, das nach deutscher Sprachregelung als „Sachanlagen" umschrieben wird. Es entspricht in etwa dem so überschriebenen Gliederungsteil in § 266 Abs. 2 HGB (Rz 25). Besonderheiten gelten für den Posten „Anlagen im Bau":
- Bei Eigenerstellung durch individuelle Auftragsvergabe an Handwerker entstehen aktivierungspflichtige Herstellungskosten.

1

- Bei schlüsselfertiger Erstellung eines Bauwerks durch einen Generalunternehmer liegt ein Anschaffungsfall vor; hier beschränkt sich die Aktivierung während der Bauphase auf geleistete Anzahlungen.[1]
Im Bereich der **Immobilien** des Anlagevermögens findet IAS 16 nur auf die vom Eigentümer selbst genutzte Immobilie *(owner-occupied properties)* unbeschränkt Anwendung. Bei fremd vermieteten oder spekulativ gehaltenen Immobilien *(investment properties* gem. IAS 40) ist IAS 16 bei Wahl des *cost model* nach IAS 40.56 anzuwenden (→ § 16 Rz 49).

In manchen Staaten kann Grund und Boden *(land)* nicht zu Eigentum erworben werden, ersatzweise steht der Erwerb eines Landnutzungsrechts zur Bebauung oder Ausbeutung zur Verfügung. Fraglich ist dann die Eingruppierung dieses (entgeltlich zu erwerbenden) Rechtes unter die einschlägigen Standards:
- Erwerb von **Sachanlagen,**
- Erwerb eines **immateriellen Vermögenswertes (Nutzungsrechts**; → § 13 Rz 44),
- **Leasing** von Grund und Boden (→ § 15 Rz 76).

Das IFRS IC konnte sich nicht zu Aufnahme in seine Agenda durchringen, weil dieses Problem nur als Spezialrecht für die betreffende Jurisdiktion auftreten kann.[2] Eine zu favorisierende Lösung kann u.E. ohne Kenntnis der Vertragsdetails nicht gefunden werden.

2   **Ausgeschlossen** vom Anwendungsbereich von IAS 16 sind
- **landwirtschaftlich** und biologisch „orientierte" Vermögenswerte gem. IAS 41 (→ § 40 Rz 1),
- **Mineralgewinnungsrechte** und die Aufwendungen zur Gewinnung von Mineralien und ähnlichen nicht regenerativen Ressourcen (→ § 41).

Allerdings sind solche Sachanlagegegenstände für diese beiden ausgeschlossenen Bereiche doch nach IAS 16 zu bewerten, wenn die betreffenden Vermögenswerte eine Art **Hilfsfunktion** für die landwirtschaftliche Tätigkeit etc. ausüben (→ § 40 Rz 7). Die Abgrenzung zu *„biological assets"* hat sich durch das im Juni 2014 verabschiedete Amendment zu IAS 16 und IAS 38 geändert. Danach sind **fruchttragende Pflanzen** *(bearer plants)* (z.B. Rebkulturen oder Apfelbäume, nicht hingegen forstwirtschaftlich genutzte Bäume) zukünftig als Sachanlage zu würdigen (→ § 40 Rz 44). Die Verlagerung der fruchtragenden Pflanzen von IAS 41 nach IAS 16 bewirkt insbesondere, dass eine erfolgswirksame *fair value* Bewertung nicht mehr zulässig ist, daher z.B. auch keine *day-1-gains* aus (angeblicher) Differenz von Anschaffungskosten und *fair value* entstehen kann.[3]

3   In der **Definitionsnorm** IAS 16.6 werden die in IAS 16 behandelten Vermögenswerte wie folgt umschrieben:

„Sachanlagen umfassen **materielle** Vermögenswerte,
(a) die für **Zwecke** der Herstellung oder der Lieferung von Gütern und Dienstleistungen, zur Vermietung an Dritte oder für Verwaltungszwecke gehalten und die
(b) erwartungsgemäß **länger als eine Periode** genutzt werden."
Üblicherweise wird die Periode mit einer 12-monatigen Dauer interpretiert.

---

1   Vgl. LÜDENBACH, PiR 2006, S. 149.
2   IFRIC, Update May 2012.
3   Ausführliches Beispiel: Lüdenbach, PiR 2014, S. 191.

1.2 Begriffsinhalte

Soweit im Definitionskatalog von IAS 16.6 Bestandteile der planmäßigen und außerplanmäßigen Abschreibungsverrechnung angesprochen sind, wird auf die Kommentierung in → § 8, → § 10 und → § 11 verwiesen.

- Im Einzelnen:
  - Planmäßige Abschreibung *(depreciation*; → § 10).
    - Abschreibbarer Betrag *(depreciable amount;* → § 10 Rz 20).
    - Abschreibungsmethode *(pattern;* → § 10 Rz 27).
    - Nutzungsdauer *(useful life;* → § 10 Rz 34).
    - Anschaffungs- oder Herstellungskosten *(cost;* → § 8 Rz 11 ff.).
    - Restwert *(residual value;* → § 10 Rz 20).
  - Sonstige Definitionen
    - Beizulegender Zeitwert *(fair value;* → § 8a).
    - Aktiver Markt *(active market*; → § 8a Rz 20).
    - Wertminderungsverlust *(impairment loss*; → § 11 Rz 6).
    - Buchwert *(carrying amount*; → § 11 Rz 6).

Anders als IAS 38 zu den immateriellen Vermögenswerten *(intangible assets)* enthält IAS 16 zum sächlichen Anlagevermögen keine weiteren Spezifizierungen über den Begriffsinhalt eines Vermögenswertes (→ § 13 Rz 14 ff.).

1.3 Abgrenzung zum Vorratsvermögen

Der Standard-Regelungsinhalt definiert **nicht** den Inhalt bzw. **Umfang** eines Vermögenswertes „Sachanlagevermögen". Das bleibt dem individuellen Beurteilungsvermögen *(judgement)* anvertraut (IAS 16.9).
Nach IAS 16.8 werden Ersatzteile, **Bereitschaftsausrüstungen** und **Wartungsgeräte** *(spare parts, stand-by equipment and servicing equipment)* „gemäß diesem IFRS angesetzt, wenn sie die Begriffsbestimmung der Sachanlage erfüllen. Ansonsten werden diese Posten als Vorräte behandelt." Klar ist danach nur: Die Teile, Ausrüstungen, Geräte dürfen entsprechend IAS 16.6 nicht zur Lieferung an Kunden bestimmt sein und müssen mehr als eine Periode lang genutzt werden. Im Übrigen bleibt die Vorschrift aber insoweit inhaltsarm, als keine Hinweise darauf gegeben werden, was unter **Bereitschaftsausrüstungen** und **Wartungsgeräten** zu verstehen ist und auch in der Industrie kein einheitlicher, einigermaßen konkreter Sprachgebrauch herrscht.
In Deutschland scheint etwa der Begriff **Wartungsgeräte** einheitlich nur bei Anbietern von Reglern zum Management von Gas- oder Flüssigsystemen verwendet zu werden. Die *Oxford Dictionaries* führen als Beispiel für ein *stand-by equipment* einen Notstromaggregator an. Folgerichtig beschränkt sich auch das IFRS-Schrifttum weitgehend auf die Wiedergabe des Regelungswortlauts, ohne Anwendungsbeispiele zu geben. Insgesamt wirft die Vorschrift also mehr Rätsel als Lösungen auf.
Bei **Ersatzteile** ist danach zu differenzieren, ob sie für eigene Anlagen oder für Wartungsarbeiten an Anlagen von Kunden genutzt werden.

> **Beispiel**[4]
> **Sachverhalt**
> Ein Luftfahrtunternehmen befasst sich auch mit Wartungsarbeiten für Flugzeuge von Kunden. Dazu hält es die für den laufenden Unterhalt von Kundenflugzeugen benötigten Teile bereit. Außerdem bevorratet es längerlebige Ersatzteile für die eigenen Flugzeuge.
>
> **Lösung**
> Die erstgenannte Kategorie der Ersatzteile gehört zum Vorratsvermögen (→ § 17 Rz 3), die zweitgenannte zum Anlagevermögen.[5]

Zum Problem der Eingruppierung von Vorführwagen in der Automobilbranche und von Fertighäusern, Musterküchen etc. wird verwiesen auf → § 17 Rz 4.
Einerseits legt IAS 16 besonderen Wert auf die genaue Ermittlung der Nutzungsdauer, andererseits ist eine großzügige Verfahrensweise in der Praxis festzustellen (→ § 10 Rz 12). Tatsächlich erscheint hier bei Ersatzteilen eine zu kleinliche Betrachtungsweise nicht angebracht.

> **Beispiel**[6]
> - Ersatz- und Drehteile für neu eingeführte Flugzeuge und Triebwerke (Flotte) werden separat als Anlagevermögen geführt und entsprechend der Nutzungsdauer der Flotte abgeschrieben.
> - Die für die laufende Überholung (*overhaul*) der Flugzeuge und Triebwerke benötigten Ersatzteile werden auf den Zeitraum zwischen den Überholungsintervallen abgeschrieben.

Wegen weiterer Beispiele zur Abgrenzung von Anlage- und Vorratsvermögen wird verwiesen auf → § 17 Rz 4.

2 Bilanzansatz

7 Die Bilanzierung dem **Grunde nach** richtet sich nach den allgemeinen Kriterien im Framework (→ § 1 Rz 88 ff.). Eher im Sinne einer **Klarstellung** verlangt IAS 16.7 einen Bilanzansatz (für sächliches Anlagevermögen), wenn
- mit Wahrscheinlichkeit künftiger ökonomischer Nutzen für das Unternehmen dem betreffenden Vermögensgegenstand zugeordnet werden kann und
- die Anschaffungs- bzw. Herstellungskosten zuverlässig ermittelbar sind.

Das letztgenannte Kriterium dürfte in aller Regel erfüllt sein; zum Aspekt der „Wahrscheinlichkeit" wird verwiesen auf → § 21 Rz 38 ff.
Aus **Sicherheitsgründen** oder für den **Umweltschutz** angeschaffte oder hergestellte Anlagegüter sind auch dann anzusetzen, wenn sie keinen unmittelbaren ökonomischen Nutzen verschaffen (IAS 16.11), aber mittelbar dem Unternehmen dienen, etwa durch Stärkung des Image bei freiwilligen Umweltschutzmaßnahmen oder durch Erhaltung der Betriebserlaubnis bei Pflichtmaßnahmen.

8 IAS 16.9 erlaubt eine **Sammelerfassung** von **untergeordneten** Vermögenswerten (*unsignificant items*) nach vernünftiger kaufmännischer Einschätzung (*professional*

---

[4] Nach KPMG, Insights into IFRS 2010/2011, Tz. 3.2.10.20.
[5] So auch PWC, IFRS Manual of Accounting 2012, S. 16.16.
[6] Nach dem Geschäftsbericht 2012 der IAG International Airlines Group.

judgement). Beispielhaft werden genannt: Gussformen und Werkzeuge (→ § 8 Rz 41). Weitere Beispiele sind Paletten und „umlaufende" Warenumschließungen im Rahmen des sog. Pfandkreislaufes in der Getränkewirtschaft (→ § 25). Eine stückweise Inventarisierung erfolgt hier regelmäßig nicht; stattdessen wird mit **Festwerten** *(minimum value)* bilanziert.[7] Zu den geringwertigen Wirtschaftsgütern des Anlagevermögens vgl. → § 10 Rz 32.

3 Bewertung

3.1 Überblick

In IAS 16.15ff. sind die Vorschriften zu den **Bewertungsfolgen** eines einmal vorgenommenen Bilanzansatzes von Gegenständen des Sachanlagevermögens niedergelegt. Aus systematischer Sicht ist dabei die Parallele zu IAS 38.60ff. (→ § 13 Rz 69) beachtlich. Die entsprechenden Bewertungskriterien für die **materiellen** Vermögenswerte sind weitgehend **identisch** denjenigen für die **immateriellen**. In diesem Kommentar ist der Parallelität dadurch Rechnung getragen, dass in → §§ 8–11 die einschlägigen Bewertungsvorschriften für die beiden Standards vor die Klammer gezogen worden sind. Auf diese wird jeweils **verwiesen**.

9

3.2 Zugangsbewertung

3.2.1 Allgemein

Ausgangsgröße der Bewertung (Zugangsbewertung) sind nach IAS 16.14 die **Anschaffungs- oder Herstellungskosten** *(cost;* → § 8 Rz 11ff.).

10

- Öffentliche **Investitionszuschüsse** *(grants related to assets)* können (Ausweiswahlrecht) von den Anschaffungs- oder Herstellungskosten des bezuschussten Vermögenswertes abgezogen oder als passiver Sonderposten ausgewiesen werden (→ § 12 Rz 26).
- Zur Behandlung von Kosten eines **Probe- bzw. Testbetriebs** wird auf § 8 Rz 15 verwiesen

Im Rahmen von **Anschaffungs**vorgängen sind nur Einzelkosten aktivierbar und u. U. Finanzierungszinsen (→ § 9 Rz 15ff.), ggf. unter Einbeziehung der sogenannten unechten Gemeinkosten. Dazu wird auf die Ausführungen und das Beispiel in → § 8 Rz 13 verwiesen.

11

Unklar ist, wie weit für **Herstellungs**prozesse von Sachanlagen (echte) Gemeinkosten aktivierbar sind. IAS 16.22 hält fest:

„Die Ermittlung der Herstellungskosten für selbst erstellte Vermögenswerte folgt denselben Grundsätzen, die auch beim Erwerb von Vermögenswerten angewendet werden. Wenn ein Unternehmen ähnliche Vermögenswerte für den Verkauf im Rahmen seiner normalen Geschäftstätigkeit herstellt, sind die Herstellungskosten eines Vermögenswertes normalerweise dieselben wie die für die Herstellung der zu veräußernden Gegenstände (siehe IAS 2)."

---

[7] ERNST & YOUNG, International GAAP 2012 Ch 20 3.1.1.

Zwei Lesarten dieser Vorschrift sind erwägenswert:
- IAS 16.22 Satz 1 lässt i. V. m. IAS 16.16b nur die Aktivierung direkt zurechenbarer Kosten (Einzelkosten) zu. Satz 2 sieht eine Gemeinkostenaktivierung vor.
- IAS 16.22 Satz 1 regelt nicht im Detail die Übereinstimmung mit Anschaffungsfällen, sondern nur im Grundsatz *(principle)*. Satz 2 zeigt am Beispiel (!) eines üblicherweise zum Verkauf bestimmten Erzeugnisses die Möglichkeit von Aktivierung von Gemeinkosten im Unterschied zum Anschaffungsvorgang.

Dazu folgendes Beispiel:

> **Beispiel**[8]
> **Sachverhalt**
> Das Unternehmen L produziert auf kundenspezifische Anforderungen Lastwagen. Im betreffenden Jahr erstellt L einen Lastwagen zur Eigennutzung sowie unter Heranziehung eigenen Personals nach selbst erstellten Plänen eine Krananlage.
>
> **Lösung**
> - Der Lastwagen ist nach IAS 16.22 Satz 2 mit den Vollkosten zu aktivieren.
> - Bei der Krananlage kann dann u. E. aus Konsistenzgründen nicht anders verfahren werden.[9]

3.2.2 Nachträgliche Anschaffungs- oder Herstellungskosten, Komponentenansatz

12 Auf die Kommentierung in → § 8 Rz 33 ff. wird verwiesen.

3.2.3 Tausch

13 Die Grundkonzeption der Zugangsbewertung beim **Tausch**[10] *(exchange of one non-monetary asset for another)* stützt sich auf das *fair-value*-Konzept (→ § 8 Rz 49 f.) mit der (regelmäßigen) Folge einer Gewinn- bzw. Verlust**realisierung** bei Abweichen des *fair value* für den hingegebenen Vermögenswert von dessen Buchwert (IAS 16.24).[11] Der *fair value* ist ausnahmsweise **nicht** anzuwenden, wenn
- der Tauschakt keinen **wirtschaftlichen Gehalt** *(commercial substance)* hat oder
- der *fair value* weder des erhaltenen noch des hingegebenen Vermögenswertes **zuverlässig bestimmbar** ist.

Zum *fair-value*-Ansatz beim Tausch müssen also **beide** Kriterien – wirtschaftlicher Gehalt, zuverlässige Bestimmbarkeit – tatbestandlich vorliegen. Wenn nicht, ist die Zugangsbewertung für den erworbenen Vermögenswert mit dem **Buchwert** des aufgegebenen vorzunehmen.

---

[8] HOFFMANN, PiR 2007, S. 27.
[9] Gl. A. SCHARFENBERG, in: BECK'sches IFRS-Handbuch, 4. Aufl., 2013, § 5, Rz 24.
[10] HOFFMANN/LÜDENBACH, StuB 2004, S. 337.
[11] So auch der BFH in Auslegung des handelsrechtlichen Realisationsprinzips, Urteil v. 25.1.1984, I R 183/81, BStBl II 1984 S. 422.

Ob ein Tausch einen **wirtschaftlichen Gehalt** hat, richtet sich nach der erwarteten Änderung des künftigen **Liquiditätsflusses** (*cash flow*; IAS 16.25). Ein wirtschaftlicher Gehalt liegt demnach vor, wenn
- die *cash flows* der hingegebenen Vermögenswerte bez. Risikogehalt, Zeitpunkt oder Höhe eine andere Zusammensetzung (*configuration*) als die *cash flows* der erhaltenen Vermögenswerte aufweisen,
- der **unternehmensspezifische Wert** (*entity-specific value*) des betroffenen Unternehmensteiles sich durch den Austauschvorgang verändert
- und der Unterschied in Bezug auf die *fair values* der beiden Austauschgegenstände **bedeutend** (*significant*) ist.

Der „**unternehmensspezifische** Wert" wird im Definitionskatalog IAS 16.7 mit dem aus der dauerhaften Nutzung eines Vermögenswertes resultierenden *cash flow* umschrieben. IAS 36 bezeichnet die entsprechende Größe als *value in use* (→ § 11 Rz 6). Dieser unterscheidet sich vom Verkehrswert dadurch, dass auch Synergien und sonstige Vorteile einbezogen werden, die zwar beim bilanzierenden Unternehmen, aber nicht bei jedem Nutzer entstünden. Die erforderliche *cash-flow*-Berechnung muss **Steuer**effekte berücksichtigen (*post-tax cash flows*), braucht aber nicht zu detailliert auszufallen.

Das **Zusammenspiel** der **beiden** (kumulativ) geforderten Kriterien für den *fair-value*-Ansatz (wegen der verlässlichen Bestimmbarkeit vgl. Rz 14) soll anhand des folgenden Beispiels dargestellt werden:

> **Beispiel**
> Die Brauerei B-AG verlegt auf Drängen der Stadt F ihre Produktion vom Innenstadtbereich in ein neu erschlossenes Industriegebiet mit günstigem Autobahnanschluss. Die Produktionslinien können neu ausgerichtet, die Logistik effizienter gestaltet werden. Wirtschaftlicher Gehalt nach IAS 16.25 kann dem Umzugsvorgang nicht abgesprochen werden. Nach langen Verhandlungen erzielt die B-AG einen Tauschwert für den **Grund und Boden** von 386 EUR/m² für 10.000 m² Fläche = 3.860.000 EUR (Tauscherlös). Die Bodenrichtwertkartei weist in der betreffenden Lage einen Preisrahmen zwischen 290 EUR/m² und 410 EUR/m² auf. Der Buchwert beträgt 500.000 EUR. Das neue Gelände im Industriegebiet umfasst nur noch 8.500 m², für die ein Einvernehmen über 110 EUR/m² als Tauschwert (= 935.000 EUR) mit der Stadt erreicht wird. Der m²-Preis von 110 EUR für das neu erschlossene Gelände entspricht den vorläufig festgesetzten Bodenrichtwerten, da kaum Nachfrage nach Grund im neuen Industriegebiet besteht. Die B-AG erhält von der Stadt den Unterschiedsbetrag von 2.925.000 EUR und bucht:
>
> | Konto | Soll | Haben |
> |---|---|---|
> | Kasse | 2.925.000 | |
> | Zugang Grund und Boden | 935.000 | |
> | Veräußerungserlös | | 3.860.000 |
> | Abgangsaufwand | 500.000 | |
> | Restbuchwert | | 500.000 |

Die Gewinnrealisierung von 3.360.000 EUR entsteht durch die *fair-value*-Bewertung, die dank Vorliegens beider Kriterien – wirtschaftlicher Gehalt, Ermittelbarkeit – geboten ist. Die gewählten Buchungen beruhen auf den im Vertrag genannten Beträgen. Wegen der Ermittelbarkeit der *fair values* der beiden Tauschobjekte und des jeweiligen Vorrangs vgl. Rz 14. Zur Barkomponente des Geschäftes vgl. das Beispiel weiter unten.

> **Beispiel**
> Der Deal mit der Stadt umfasst auch das **Gebäude**, also die bisherige Produktionsstätte im Stadtbereich (Restbuchwert 7.420.000 EUR) und den Neubau im Industriegebiet. Als „Pauschalvergütung" für Umzugs- und Nebenkosten erhält die B-AG weitere 3.500.000 EUR. Die Abbruchkosten (400.000 EUR) für das bisher genutzte Fabrikgebäude übernimmt die Stadt. Ob man hinsichtlich dieser Kosten ein Tauschgeschäft annimmt, hängt davon ab, ob die Leistungen der Stadt als Teil einer „Paketlösung" betrachtet werden. Verneint man dies, ist der Restbuchwert des Gebäudes ergebniswirksam auszubuchen. Die Pauschalvergütung stellt einen Investitionszuschuss gem. IAS 20.3 dar, der erfolgsneutral zu vereinnahmen ist (→ § 12 Rz 25 ff.).

Das Kriterium des wirtschaftlichen Gehalts *(commercial substance)* lag im Fall des Brauereigrundstückes schon im Hinblick auf die geänderten Produktionsverfahren (mit evidenter Auswirkung auf die *cash flows*) vor. Das muss nicht zwingend bei jedem Tauschgeschäft der Fall sein.

> **Beispiel**
> Das Taxiunternehmen T gibt dem Autohändler die bisher genutzte Limousine zurück und erhält dafür einen gebrauchten Kombi-Wagen. Bargeld wird nicht bewegt.
>
> **Lösung**
> Eine erhebliche Änderung des *cash flow* wird sich für den Taxibetrieb aus dem Austausch der beiden Autos im Allgemeinen nicht ergeben. Dann kommt die *fair-value*-Bewertung nicht in Betracht. Anders kann es allerdings sein, wenn der Erwerb des Kombis im Hinblick auf die geplante Erweiterung der Angebotspalette (Spezialtransporte) erfolgt ist.

Die vorstehenden Kriterien gelten auch für die in der Realität dominierenden Tauschgeschäfte mit **Baraufgabe** *(combination of monetary and non-monetary assets*; IAS 16.24). Vgl. hierzu auch das Beispiel in → § 8 Rz 49.

> **Beispiel**
> Der Geschäftsführer der Maschinenbauunternehmung M erhält einen neuen Dienst-Pkw, Typ Mercedes S-Klasse, mit einem Listenpreis von 80 TEUR und gibt den bisherigen Wagen, Typ BMW 740, mit 20 TEUR in Zahlung. Im Internethandel wird der BMW mit 12 TEUR taxiert. Die Händler-Rabatte für die Mercedes-Wagen der S-Klasse schwanken nach einem Bericht der Fachpresse zwischen 3 % und 11 % der Listenpreise.

> **Lösung**
> Dem Tauschvorgang mit wesentlicher Baraufgabe (→ § 8 Rz 49) kommt wirtschaftlicher Gehalt *(commercial substance)* aus Sicht des Unternehmens zu, denn die *cash flows* verändern sich schon wegen der Barzahlung von 60 TEUR. Sowohl der Verkaufspreis des Mercedes als auch der Abgabepreis des BMW sind zuverlässig ermittelbar. Das Schätzverfahren für den Mercedes erlaubt verlässliche Wahrscheinlichkeitsquantifizierungen, und für den BMW liegt bei einer Trefferquote von 23 Stück im Internet-Handel ein Marktpreis vor. Letzterer beträgt 12 TEUR, sodass die Zugangsbewertung für den Mercedes mit 72 TEUR vorzunehmen ist (8 TEUR Weniger-Marktpreis für den BMW als offiziell gutgeschrieben = Händlerrabatt für den Mercedes).

Anders verhält es sich in Fällen von **Geringfügigkeit**.

> **Beispiel**
> Das EDV-Systemhaus tauscht beim Heizölhändler H einen neuwertigen PC mit Anschaffungspreis von 2.800 EUR gegen ein neu konfiguriertes Gebrauchtgerät mit geringfügig höherer Taktgeschwindigkeit aus. H zahlt dafür 250 EUR.
>
> **Lösung**
> Die Baraufgabe ist unbedeutend. Die künftigen *cash flows* ändern sich nicht signifikant. Eine *fair-value*-Bewertung des Tauschvorgangs kommt nicht in Betracht, obwohl die Wertermittlung für beide Objekte verlässlich möglich ist.

Der Tausch ist in der Praxis in aller Regel mit einer **Zahlungskomponente** verbunden. Ist diese in Relation zu den Werten der getauschten Güter nicht unbedeutend, ändert sich bereits die **zeitliche** Konfiguration des *cash flows* (Rz 13). In den meisten Tauschfällen wird deshalb das Tatbestandsmerkmal des **wirtschaftlichen Gehaltes** *(commercial substance)* erfüllt sein.
Eine Buchwertfortführung kann dann nur noch bei ausnahmsweise fehlender **Verlässlichkeit** der *fair-value*-Bestimmung (Rz 13) infrage kommen.
Sofern für beide Tauschgegenstände die *fair values* verlässlich bestimmbar sind,
- definiert der Wert des **abgegebenen** Vermögenswertes die Anschaffungskosten des erworbenen.
- Dagegen ist der *fair value* des **erhaltenen** Vermögenswertes maßgeblich, wenn dessen (Wert-)Ermittlung eindeutiger ist (IAS 16.26).

Die *fair-value*-Bewertung gilt auch für die Fälle der **Einlage** von Sachanlagen in ein Gesellschaftsvermögen gegen Gewährung von Gesellschaftsrechten, die nach deutschem Bilanzverständnis als „tauschähnlich" gelten (→ § 33 Rz 51). Auf → § 8 Rz 51 wird verwiesen.
Als **Fazit** aus Sicht der Rechnungslegungspraxis kann bez. der Abbildung von **Tauschvorgängen** Folgendes festgehalten werden:
- Erforderlich ist eine **zweigliedrige Tatbestandsanalyse**, nämlich den wirtschaftlichen Gehalt *(commercial substance)* und die Verlässlichkeit der *fair-value*-Ermittlung.
- Beide Tatbestände müssen vorliegen, wenn der Tauschvorgang zum *fair value* und damit ergebnisrealisierend verbucht werden soll (Rz 13).

Durch den zunehmend verbreiteten **Internethandel** und die damit entstehenden **Sekundärmärkte** wird die *fair-value*-Ermittlung erleichtert. Sie wird auch durch die „milden" Anforderungen in IAS 16.26 (Rz 14) gefördert. Bei **Grundstücken** stehen Bodenrichtwerte und Sachverständigengutachten als Bewertungsgrundlage zur Verfügung (→ § 16 Rz 65 ff.). **Ausgeschlossen** von dem *fair value* bleiben dann nur Bereiche wie **Spezialmaschinen**, die indes wiederum kaum jemals Gegenstand eines Tauschgeschäftes sein können. Das Erfordernis des wirtschaftlichen Gehaltes *(commercial substance)* wird bei den in der Praxis dominierenden Tauschgeschäften mit **Barzahlungskomponente** (Rz 14) wegen der damit verbundenen Änderungen der den Tauschgegenständen zuzuordnenden *cash flows* – abgesehen von unbedeutenden Größenordnungen – immer erfüllt sein. Als relevantes **Gegenbeispiel** kann man eigentlich nur **Grundstückstauschgeschäfte** von **Landwirten** im Flurbereinigungsverfahren nennen, die deren *cash flow* kaum verändern. Die Tauschgrundsätze von IAS 16 weisen eine gewisse Verwandtschaft mit den Kriterien des Tauschgutachtens des BFH aus 1951 auf: Die erfolgsneutrale Verbuchung setzte danach die Wert-, Art- und Funktionsgleichheit der Tauschgegenstände voraus. Eine solche konnte immer allerdings nur bei Wertpapiervermögen oder Beteiligungen festgestellt werden (also nicht bei Sachanlagevermögen). Letztlich bleibt die Anwendung der **Buchwertlösung** für Tauschvorgänge im Bereich des sächlichen Anlagevermögens materiell unbedeutenden Austauschvorgängen vorbehalten (Beispiel in Rz 13: Computertausch).

3.2.4 Einlagen/Einbringungen

16 Es wird verwiesen auf → § 8 Rz 51.

3.2.5 Bedingte Kaufpreisbestandteile

17 Es wird verwiesen auf → § 8 Rz 62.

3.3 Folgebewertung

18 Konzeptionell und weitgehend auch inhaltlich stimmen die Vorschriften für die **Folgebewertung** von sächlichem Anlagevermögen mit denen für das immaterielle Anlagevermögen überein. Deswegen sind im Rahmen dieser Kommentierung zur **Vermeidung** von **Wiederholungen** die beiden Standards IAS 16 und IAS 38 und ergänzende Standards insoweit **zusammengefasst** worden. Dabei geht es um die:
- Bewertung zu den fortgeführten Anschaffungs- und Herstellungskosten gem. IAS 16.30 (→ § 8 Rz 11 ff.);
- Neubewertung gem. IAS 16.31 (→ § 8 Rz 70 ff.), nach dem SME-Standard nicht erlaubt (→ § 50 Rz 12);
- planmäßige Abschreibung (IAS 16.43; → § 10 Rz 20 ff.);
- außerplanmäßige Abschreibung wegen Wertverlustes (IAS 16.63 f. i. V. m. IAS 36.88 ff.; → § 11 Rz 14 ff.);
- Wertaufholungs-Zuschreibungen (IAS 16.63 i. V. m. IAS 36.94 ff.; → § 11 Rz 226);
- Finanzierungskosten der Anschaffung oder Herstellung;
- Sonderfall für Anlagegüter innerhalb eines aufzugebenden Geschäftsfeldes *(discontinued operations)* oder einer aufzugebenden Sachgesamtheit *(disposal group)* gem. IFRS 5.15 (→ § 29 Rz 37).

Sachanlagen		§ 14

Wegen der **steuerlichen Subventionsabschreibungen** (§ 254 HGB a.F.) vor Inkrafttreten des BilMoG wird verwiesen auf → § 10 Rz 44. 19

Soweit ein außerplanmäßiger Wertverlust zu **Ersatzleistungen** Dritter führt, 20
sind diese erfolgswirksam bei Anfall zu erfassen (IAS 16.65).

4 Abgang

Ein **Abgang** (*disposal*) mit der Folge der Ausbuchung *(derecognition)* liegt vor 21
(IAS 16.67)
- in „körperlicher" Form oder
- bei Fehlen künftigen wirtschaftlichen Nutzens.

Zum Sonderausweis zur Veräußerung bestimmter langfristiger Vermögenswerte vgl. → § 29 Rz 8.

Das **Ergebnis** (Gewinn oder Verlust) des Abgangs eines sächlichen Anlagewertes 22
(IAS 16.68) besteht aus der Differenz (Saldo) zwischen dem Buchwert und dem erhaltenen Gegenwert (IAS 16.71), ggf. unter getrennter Erfassung eines Zinseffektes (IAS 16.72). Der Ausweis des (Brutto-)Verkaufserlöses als Umsatz *(revenue)* kommt deshalb nicht in Betracht.[12] Der ggf. erzielte Gewinn *(gain)* ist **nicht** als Erlös *(revenue)* auszuweisen (IAS 16.67), sondern unter „sonstige betriebliche Erträge"*(other operating income*; → § 2 Rz 62).

Mit Wirkung ab 2009 gilt eine Besonderheit, wenn das Unternehmen **vermietete** Anlagen nach Ablauf der Vermietung routinemäßig zum **Verkauf** stellt. Dann soll der Buchwert mit Ende der Vermietung in das Vorratsvermögen umgebucht und der Erlös aus dem Verkauf als Umsatz ausgewiesen werden *(*IAS 16.68A, Rz 30). Ein Anwendungsfall hierzu wären die Fahrzeuge von Autovermietern.[13]

Ein Ausweis als *held for sale* nach IFRS 5 kommt dann trotz der Veräußerungsabsicht wegen des Vorrangs von IAS 2 (→ § 29 Rz 4) nicht in Betracht. Die Einzahlungen sind in der Kapitalflussrechnung als *cash flow* aus betrieblicher Tätigkeit auszuweisen (→ § 3 Rz 46).

Zum Abgang des bisherigen Buchwertes führt auch die **Ersatzbeschaffung** eines 23
(selbstständig bilanzierten) Teiles (→ § 10 Rz 8) eines Vermögenswertes (IAS 16.70), und zwar auch dann, wenn dieser Teil *(part)* gem. dem *component approach* (→ § 8 Rz 35 ff., → § 10 Rz 7 ff.) nicht gesondert abgeschrieben worden ist (→ § 8 Rz 35).[14]

Wird ein Anlagegegenstand durch ein **versichertes** Ereignis weitgehend so **zer-** 24
stört, dass er auf Dauer nicht mehr nutzbar ist *(retirement)* gilt nach IAS 16.65 f.
- Ausbuchung des Gegenstandes nach den Kriterien von IAS 16,
- Einbuchung des eventuellen Ersatzgegenstandes ebenfalls nach Maßgabe von IAS 16 (z.B. mit Beginn von Herstellungsarbeiten als Anlage im Bau)
- Ansatz des Ersatzanspruchs gegenüber der Versicherung, wenn der Anspruch „zur Forderung wird" *(becomes receivable)*

U. E. entsteht die Forderung gegenüber dem Versicherer bei Vorliegen einer validen Versicherung nicht erst mit förmlicher Ancrkenntnis, sondern mit Eintritt des Versicherungsfalles. Dies entspricht den Wertungen von IAS 32.11c und wird indirekt durch die Entscheidung des IASB vom November 2011 bestätigt,

---

[12] So „vorläufig" auch der IFRIC, Update Mai 2007.
[13] Vgl. hierzu mit Verbuchungsbeispiel BÖMELBURG/LANDGRAF/EBERHARDT, PiR 2008, S. 334.
[14] Vgl. ERNST & YOUNG, International GAAP 2010, Ch 20,7.

die Fragestellung nicht in das AIP aufzunehmen. Das zugrundeliegende Staff Paper betont die Anwendbarkeit der vorgennannten Vorschrift.

5 Ausweis und Anhangsangaben

25 Das Sachanlagevermögen ist nach IAS 1.66 **gesondert** auszuweisen (→ § 2 Rz 45). Eine **weiter gehende Untergliederung** kann sich an IAS 16.37 wie folgt anlehnen:
- unbebaute Grundstücke,
- Grundstücke und Gebäude,
- Maschinen und maschinelle Anlagen,
- Schiffe,
- Flugzeuge,
- Kraftfahrzeuge,
- Betriebsausstattung,
- Geschäftsausstattung.

Andere Untergliederungen sind auch unter *materiality*-Aspekten zulässig. Die Gliederungsvorgaben samt unternehmensspezifischer Anpassungen nach **HGB** können der deutschen Rechnungslegungspraxis zufolge unproblematisch in die IFRS-Welt transponiert werden.[15]

26 Im **Anhang** sind nach Maßgabe der vorgenommenen Gliederung in der Bilanz folgende **Angaben** zu machen (IAS 16.73, 16.75, 16.76):
- Die Bewertungsgrundlagen zur Ermittlung des Bruttobuchwertes, gegebenenfalls bei Verwendung verschiedener Bewertungsgrundlagen mit einer Aufteilung auf die einzelnen ausgewiesenen Gruppen von Anlagegegenständen.
- Die angewandten Abschreibungsmethoden (→ § 10 Rz 27 ff.).
- Die angenommenen Nutzungsdauern bzw. Abschreibungsraten (→ § 10 Rz 34 ff.).
- Bestandteile des **Anlagespiegels** (Beispiel Rz 29):
  - Der Bruttobuchwert und die aufgelaufenen Abschreibungen einschließlich außerplanmäßiger Abschreibungen zum Beginn und zum Ende der Periode.
  - Zugänge.
  - Zugänge durch Unternehmenszusammenschlüsse (→ § 31).
  - Werterhöhungen und Wertminderungen durch Neubewertungen (→ § 8 Rz 70 ff.).
  - Abgänge.
  - Laufende Abschreibungen (→ § 10).
  - Außerplanmäßige Abschreibungen *(impairment losses)* in der Periode mit Wertaufholungszuschreibungen *(reversal;* → § 11).
  - Umrechnungsdifferenzen bei ausländischen Gesellschaften mit abweichender Währung (→ § 27).

Weitere **zusätzliche** Angaben sind nach IAS 16.74 geboten. Hierzu verweisen wir auf die Checkliste „IFRS-Anhangsangaben" (Online-Fassung); vgl. → § 5 Rz 8. Das gilt auch für die Angaben zur Neubewertungsmethode nach IAS 16.77.

---

[15] Zu entsprechenden Vorgehensweisen der deutschen IFRS-Rechnungslegungspraxis vgl. KEITZ, VON, Praxis der IASB-Rechnungslegung, 2. Aufl., 2005, S. 50.

In einer *Agenda Rejection* (*Non-IFRIC*)[16] hat sich das IFRIC mit den anlässlich der aktuellen Wirtschaftskrise erforderlichen Anhangerläuterungen zu zeitweise **nicht genutzten** Sachanlagen (*idle assets*) und **unfertigen Bauobjekten**, die einstweilen nicht fertiggestellt werden, befasst. Das IFRIC verweist auf die empfohlene Angabe in IAS 16.79a und die allgemein zum Verständnis des Jahresabschlusses erforderlichen Informationen nach IAS 1.112.c (→ § 5 Rz 11).

Weitere Bereiche der Anhangsangaben lassen sich durch einen (erweiterten) **Anlagespiegel** (Rz 29) nach § 268 Abs. 2 HGB abdecken. **Zusätzliche Angabepflichten** von größerer praktischer Bedeutung (die nicht über die Darstellungstechnik des Anlagespiegels erfasst werden können) sind die folgenden:
- Sicherungsübereignungen und Verpfändungen (vergleichbar § 285 Nr. 1b HGB).
- Schwebende Beschaffungsgeschäfte (vergleichbar § 285 Nr. 3 HGB).
- Außerplanmäßige Abschreibungen und Wertaufholungszuschreibungen (vergleichbar § 277 Abs. 3 Satz 1 HGB; → § 11 Rz 214).

Auf die **Checkliste „Abschlussangaben"** wird ergänzend verwiesen (→ § 5 Rz 8).

Der Anlagespiegel ist Bestandteil des Anhangs (*secondary statement*). Er darf deshalb nicht unter den Bestandteilen des *primary statement* ausgewiesen werden, also nicht vor dem Anhang oder gar vor der Eigenkapitalveränderungsrechnung (IAS 1.10).

Zur Darstellung der **Entwicklung des Anlagevermögens** bedienen sich die deutsche[17] und die internationale Rechnungslegungspraxis des sogenannten **Anlagespiegels oder -gitters**. Vergleichbar § 268 Abs. 2 HGB werden die erforderlichen Angaben in IAS 16.73 (Rz 26) bzw. IAS 38.107 (→ § 13 Rz 101) nur verbal aufgeführt, ohne die Art der Darstellung vorzuschreiben.

Nach IFRS ist der Anlagespiegel nur für das Sachanlagevermögen und die immateriellen Vermögenswerte vorgeschrieben, **nicht** dagegen für die **Finanzanlagen**. Die **Vorjahres**form des Anlagespiegels ist ebenfalls darzustellen.

Für den IFRS-kompatiblen Anlagespiegel finden sich folgende **Muster** auf den nächsten Seiten:
- **horizontale** Entwicklung,
- **vertikale** Entwicklung.

			Anschaffungs- bzw. Herstellungskosten					
1.1.01	Zugänge	Währungs-differenzen	Umqualifiziert als zum Verkauf bestimmt	Zugänge aus Unternehmens-erwerben	Werterhöhungen durch Neubewertung	Umbuchungen	Abgänge	31.12.01
TEUR	TEUR	TEUR	TEUR	TEUR	TEUR	TEUR	TEUR	TEUR
Entwicklungskosten (→ § 13 Rz 101)								
Software, Markenrechte und Lizenzen								
goodwill								
Immaterielle Vermögensgegenstände								
Grundstücke und Bauten auf fremden Grundstücken								

---

[16] IFRIC, Update May 2009.
[17] Zur Darstellung bei deutschen IFRS-Anwendungen vgl. KÜTING/GRAU, DStR 2011, S. 1387.

§ 14 Sachanlagen

		Zugänge planmäßig 1.1.01	Zugänge außerplanmäßig	Abschreibungen Umqualifiziert als zum Verkauf bestimmt	Abgänge aus Unternehmensverkäufen	Zuschreibungen	Währungsdifferenzen	Umbuchungen	Abgänge	31.12.01
		TEUR	TEUR	TEUR	TEUR	TEUR	TEUR	TEUR	TEUR	TEUR
Entwicklungskosten										
Software, Markenrechte und Lizenzen										
goodwill										
Immaterielle Vermögensgegenstände										
Grundstücke und Bauten auf fremden Grundstücken										
Technische Anlagen und Maschinen										
Sonstige Betriebs- und Geschäftsausstattung										
Anlagen im Bau										
Sachanlagen										

Die Vielzahl der Spalten erfordert an sich in der vorstehenden Strukturierung die Verwendung von zwei DIN-A4-Seiten. In einfacheren Fällen kann optisch gefälliger statt der horizontalen auch eine **vertikale** Darstellung erfolgen.
Hierzu folgendes Beispiel:

Beispiel Anlagespiegel vertikale Entwicklung
Die Entwicklung der immateriellen Anlagewerte sowie der Sachanlagen stellt sich wie folgt dar:

	Immaterielle Anlagewerte		Sachanlagen	
Mio. EUR	Geschäfts- oder Firmenwerte	Sonstige immaterielle Anlagewerte	Grundstücke und Gebäude	Betriebs- und Geschäftsausstattung
Buchwert zum 1.1.01	1.417	100	784	1.837
Anschaffungs-/Herstellungskosten zum 1.1.01	1.611	123	905	3.523
Zugänge in 01	119	26	170	531
Abgänge in 01	30	5	191	100
Umbuchungen	–	–	–	–
Anschaffungs-/Herstellungskosten zum 31.12.01	1.700	144	884	3.954
Zuschreibungen	–	–	–	–
Kumulierte Abschreibungen zum 31.12.00	194	23	121	1.686

Sachanlagen § 14

Mio. EUR	Immaterielle Anlagewerte		Sachanlagen	
	Geschäfts- oder Firmenwerte	Sonstige immaterielle Anlagewerte	Grundstücke und Gebäude	Betriebs- und Geschäftsausstattung
Währungsdifferenzen	11	0	0	0
Zugänge in 01	116	18	37	518
Abgänge in 01	1	1	13	96
Umbuchungen	–	–	–	–
Kumulierte Abschreibungen zum 31.12.01	320	40	145	2.108
Buchwert zum 31.12.01	1.380	104	739	1.846

In der Rechnungslegungspraxis der internationalen Großkonzerne wird regelmäßig eine **Trennung** zwischen Sachanlagen und immateriellen Anlagen vorgenommen. Die Zugänge aus **Unternehmenserwerben** sind im Konzernanlagespiegel getrennt von den sonstigen Zugängen auszuweisen, obwohl die Ersteren der Einzelerwerbsfiktion (→ § 31 Rz 12) unterliegen. Die dabei anfallenden Anschaffungskosten sind in der Zugangsspalte auszuweisen. Die beim Verkäufer angefallenen Anschaffungs- oder Herstellungskosten und die darauf entfallenen (kumulierten) Abschreibungen sind aus Sicht des Erwerbers ohne Interesse. Nicht nur unter *cost-benefit*-Aspekten (→ § 1 Rz 62) kann im Einzelfall die Verwendung der Datenbestände des **Veräußerers** sinnvoll oder gar notwendig sein. Diese Handhabung kann sich auf die „große Masse" der Einzelgüter beziehen, bei denen eine Aufdeckung der stillen Reserven anlässlich der Erstkonsolidierung (→ § 31 Rz 69 ff.) nicht in Betracht kommt. Diese pragmatische Vorgehensweise kann sich konzeptionell auf die Behandlung von Leasingverhältnissen berufen, die nicht zum Zeitpunkt des Unternehmenserwerbs, sondern des Leasingbeginns zu qualifizieren sind (→ § 31).
Auch der *materiality*-Aspekt darf bez. des Anlagespiegels nicht vernachlässigt werden. So kann z. B. bei einem Dienstleistungsunternehmen, das ohne nennenswerte Sachanlagen und immaterielle Vermögenswert agiert, auf die Erstellung des Anlagespiegels verzichtet werden (→ § 1 Rz 66).
Auf die **Checkliste „Abschlussangaben"** wird verwiesen (→ § 5 Rz 8).

6 Anwendungszeitpunkt, Rechtsentwicklung

IAS 16 ist auf alle Abschlüsse anzuwenden, deren Berichtsperiode am 1.1.2005 beginnt. Wegen unbedeutender Änderungen durch IFRS 13 „*fair value measurement*" wird verwiesen auf → § 8 Rz 78 f. 30
Definitionsergänzung zu Ersatzteilen und Hilfsmitteln durch den AIP Cycle 2009–11 wird auf Rz 6 verwiesen, wegen einer vorgeschlagenen Änderung des Abschreibungsverfahrens nach zuvor erfolgter Neubewertung durch die AIP 2010–2012 Cycle wird verwiesen auf → § 8 Rz 79.
Nach einem Amendment vom Juni 2014 sind mit Wirkung ab 2016 fruchttragende Pflanzen (*bearer plants*) nicht mehr nach IAS 41, sondern nach IAS 16, d. h. als Sachanlagen zu bilanzieren (Rz 2).
Ein Amendment zu IAS 16 und IAS 38 vom Mai 2014 bringt Verschärfungen bei der Wahl der Abschreibungsmethode (→ § 10 Rz 29).

7 Zusammenfassende Praxishinweise

31 Aus Sicht der deutschen Bilanzwelt lässt sich der Regelungsgehalt von IAS 16 betreffend das Sachanlagevermögen wie folgt **zusammenfassen**:
Inhaltlich unterscheiden sich die **Begriffsmerkmale** nach HGB von denjenigen nach IFRS nicht nennenswert. Was bisher nach HGB dem Grunde nach als **bilanzierbar** angesehen worden ist, kann deshalb weitgehend auch in die IFRS-Bilanzwelt transferiert werden (Rz 4 ff.).
Die **Zugangsbewertung** (Rz 10 f.) erfolgt sowohl nach IFRS als auch nach HGB auf der Basis von weitgehend identisch definierten oder wenigstens definierbaren Anschaffungs- oder Herstellungskosten (Einzelheiten → § 8) und Berücksichtigung des Komponentenansatzes (→ § 8 Rz 35 ff.).
Die Zugangsbewertung durch **Tausch** (mit Baraufgabe; Rz 13 ff.) erfolgt regelmäßig – wie nach deutschem Steuerrecht – durch den Verkehrswert *(fair value)* des hingegebenen Vermögenswertes.
Die **Folgebewertung** (Rz 18 ff.) kann als Wahlrecht in Form der **Neubewertung** *(revaluation)* vorgenommen werden (Einzelheiten hierzu → § 8 Rz 70 ff.).
Planmäßige und außerplanmäßige Abschreibungen (Rz 18) sind wie nach deutschem Handelsrecht vorzunehmen, ebenfalls **Wertaufholungs**zuschreibungen nach vorhergehender außerplanmäßiger Abschreibung (→ §§ 10 und 11).
Die **Bilanzgliederung** (Rz 25) kann sich am HGB und den dort gegebenen Erweiterungsmöglichkeiten orientieren (→ § 2 Rz 30 ff.).
Die wichtigsten **Anhangsangaben** (Rz 26 ff.) entsprechen denjenigen des HGB. Viele lassen sich innerhalb des erweiterten **Anlagespiegels** in Anlehnung an § 268 Abs. 2 HGB darstellen.

§ 15 LEASING

Inhaltsübersicht	Rz
Vorbemerkung	
1 Zielsetzung, Regelungsinhalt und Begriffe	1–18
1.1 Leasing, sonstige Leistungsverhältnisse, verdeckte Leasinggeschäfte	1–14
1.1.1 Grundlagen, Regelungsrahmen	1–4
1.1.2 Indirekte und eingebettete Leasingverhältnisse	5–13
1.1.3 Nichtanwendung von IAS 17 auf Patente, Mineralgewinnungsrechte etc.	14
1.2 Maßgeblichkeit des wirtschaftlichen Eigentums	15–18
2 Ansatz von Leasingobjekten: Zurechnungskriterien	19–118
2.1 Grundunterscheidung zwischen *finance* und *operating lease*	19–21
2.2 Klassifizierungskriterien	22–29
2.3 Kriterien eines *finance lease*	30–74
2.3.1 Günstige Kaufoption	30–36
2.3.2 Laufzeitkriterium	37–45
2.3.3 Barwertkriterium	46–68
2.3.3.1 Grundsatz	46
2.3.3.2 Bestimmung der Mindestleasingraten	47–56
2.3.3.3 Beizulegender Zeitwert des Leasingobjekts	57–58
2.3.3.4 Maßgebender Zinssatz	59–66
2.3.3.5 Bedeutung des Barwerttests über die Klassifizierung hinaus	67–68
2.3.4 Spezialleasing	69–74
2.4 Leasing von Immobilien	75–89
2.4.1 Überblick	75
2.4.2 Leasing von unbebauten Grundstücken	76–81
2.4.3 Leasing von bebauten Grundstücken	82–89
2.5 Vertragsänderungen	90–102
2.6 Anwendungs- und Abgrenzungsprobleme	103–108
2.6.1 Portfolioleasing, Rahmenleasingverträge, Komponentenansatz	103–104
2.6.2 Leasingverhältnisse beim Unternehmenserwerb	105
2.6.3 Erwerb und Verkauf von *operating leases*	106
2.6.4 Behandlung von Steueränderungsklauseln	107
2.6.5 Leasingvereinbarungen zwischen nahestehenden Personen und Unternehmen	108
2.7 Unterschiede zwischen IFRS und Steuerrecht bei den Zurechnungskriterien	109–116
2.8 Zusammenfassende Beurteilung der Zurechnungskriterien	117–118
3 Bewertung	119–156
3.1 *Finance*-Leasingverhältnisse beim Leasingnehmer	119–133
3.1.1 Zugangsbewertung beim Leasingnehmer	119–122
3.1.2 Folgebewertung beim Leasingnehmer	123–133

	3.1.2.1	Planmäßige Abschreibungen	123–126
	3.1.2.2	Außerplanmäßige Abschreibungen	127
	3.1.2.3	Wartungs- und Reparaturarbeiten	128–129
	3.1.2.4	Vorzeitige Beendigung eines Leasingverhältnisses	130
	3.1.2.5	Bewertung von Leasingobjekten im Rahmen von *subleases*	131
	3.1.2.6	Folgebewertung der Leasingverbindlichkeit	132–133
3.2	*Finance*-Leasingverhältnisse beim Leasinggeber		134–139
	3.2.1	Zugangsbewertung beim Leasinggeber	134–135
	3.2.2	Folgebewertung beim Leasinggeber	136–139
		3.2.2.1 Entwicklung des Nettoinvestitionswertes	136–137
		3.2.2.2 Wertberichtigungen von Leasingforderungen	138–139
3.3	*Operating*-Leasingverhältnisse		140–156
	3.3.1	*Operating*-Leasingverhältnisse beim Leasingnehmer	140–151
	3.3.2	*Operating*-Leasingverhältnisse beim Leasinggeber	152–156
		3.3.2.1 Zugangsbewertung beim Leasinggeber	152–153
		3.3.2.2 Folgebewertung beim Leasinggeber	154–155
		3.3.2.3 Behandlung der Leasingraten	156
4	Besondere Leasingverhältnisse		157–186
4.1	Händler- bzw. Herstellerleasing		157–160
4.2	Mehrstufige Leasingverhältnisse (*multi party leases*)		161–163
	4.2.1	Zuordnung des wirtschaftlichen Eigentums	161
	4.2.2	Bilanzielle Konsequenzen der Begründung von Unterleasingverhältnissen beim Hauptleasingnehmer	162–163
4.3	*Sale-and-lease-back*-Transaktionen		164–171
	4.3.1	Grundlagen	164–168
	4.3.2	*Finance*-Leasingverhältnisse	169
	4.3.3	*Operating*-Leasingverhältnisse	170–171
4.4	*Cross-border*-Leasing und andere Leasinggeschäfte ohne wirtschaftliche Substanz		172–178
4.5	Leasingobjektgesellschaften		179–183
4.6	Forfaitierung von Leasingforderungen		184–186
5	Ausweis		187–188
6	Latente Steuern		189
7	Angaben		190–191
7.1	Leasingnehmer		190
7.2	Leasinggeber		191
8	ABC der Leasingbilanzierung		192
9	Anwendungszeitpunkt, Rechtsentwicklung		193–199
10	Zusammenfassende Praxishinweise		200–212

Schrifttum: ANDREJEWSKI, Die Risikobestimmung und -prüfung in der Rechnungslegung nach International Financial Reporting Standards, 2006; BÖMELBURG/LANDGRAF/SINGH-VERMA, Zukunft der Leasingbilanzierung nach IFRS – Kritische Würdigung des Discussion Paper „Leases – Preliminary Views", PiR 2009, S. 217; ERNST & YOUNG, Financial Reporting Series – Accounting for Leases, December 2005; ESSER, Leasingverhältnisse in der IFRS-Rechnungslegung, StuB 2005, S. 429; FREIBERG, Bedeutung von Mieterdarlehen für die Leasingklassifizierung nach IFRS, PiR 2006, S. 92; FREIBERG, Die Effektivzinsmethode in der Handels- und IFRS-Bilanz, PiR 2005, S. 110; FREIBERG, Diskontierung in der Internationalen Rechnungslegung, 2010; FÜLLBIER/PFERDEHIRT, Überlegungen des IASB zur Leasingbilanzierung, Abschied vom off balance sheet approach, KoR 2005, S. 275; GÖTZ/SPANHEIMER, Nutzungsrechte im Anwendungsbereich von IAS 17, BB 2005, S. 259–264; HELMSCHROTT, Zum Einfluss von SIC 12 und IAS 39 auf die Bestimmung des wirtschaftlichen Eigentums bei Leasingvermögen nach IAS 17, WPg 2000, S. 426; HOFFMANN, Incentives zum Abschluss von Mietverträgen, PiR 2005, S. 97; HOFFMANN, Mietereinbauten nach HGB und IFRS, PiR 2006, S. 30; KÜMPEL/BECKER, Besonderheiten bei der Klassifizierung von Immobilien-Leasingverhältnissen im IFRS-Regelwerk, PiR 2006, S. 84; KÜMPEL/BECKER, Nachträgliche Änderungen von Leasingvereinbarungen nach IFRS, PiR 2006, S. 247; KÜTING/HELLEN/KOCH, Das Leasingverhältnis: Begriffsabgrenzung nach IAS 17 und IFRIC 4 sowie kritische Würdigung, KoR 2006, S. 656; LÜDENBACH, Barwert- und Laufzeittest bei Hardwareleasing, PiR 2005, S. 31; LÜDENBACH, Finance und operating lease nach IFRS im Vergleich zum Steuerrecht, BC 2007, S. 7 ff.; LÜDENBACH, Leasing-Verträge über Stadien, VIP-Logen und Business Seats, BC 2006, S. 133 ff.; LÜDENBACH, Liefer- und Dienstleistungsverhältnisse als verdeckte Leasingverhältnisse nach IFRS, BC 2006, S. 216; LÜDENBACH/CHRISTIAN, Die Bilanzierung von Cross-Border-Leasing nach IFRS und HGB in der Finanzmarktkrise, DStR 2009, S. 1054 ff.; LÜDENBACH/FREIBERG, Spezialleasing und wirtschaftliches Eigentum nach IAS 17, BB 2006, S. 259; ROß/KUNZ/DROGEMÜLLER, Verdeckte Leasingverhältnisse bei Outsourcing-Maßnahmen nach US-GAAP und IAS/IFRS, DB 2003, S. 2023; SCHIMMELSCHMIDT/HAPPE, Off-Balance-Sheet-Finanzierungen am Beispiel der Bilanzierung von Leasingverträgen im Einzelabschluss und im Konzernabschluss nach HGB, IFRS und US-GAAP, DB Beilage 9/2004 zu Heft 48; VATER, Bilanzierung von Leasingverhältnissen nach IAS 17: Eldorado bilanzpolitischer Möglichkeiten, DStR 2002, S. 2094.

Vorbemerkung
Die Kommentierung bezieht sich auf IAS 17 in der aktuellen Fassung und berücksichtigt alle Ergänzungen, Änderungen und Interpretationen, die bis zum 1.1.2015 beschlossen wurden. Einen Überblick über diskutierte oder schon als Änderungsentwurf vorgelegte zukünftige Regelungen (insbesondere die Auswirkungen aus dem geplanten *right of use model*) enthalten Rz 193 ff. Der aktuelle Status des Reformprojekts zur Leasingbilanzierung wird in Rz 197 dargestellt.

1 Zielsetzung, Regelungsinhalt und Begriffe

1.1 Leasing, sonstige Leistungsverhältnisse, verdeckte Leasinggeschäfte

1.1.1 Grundlagen, Regelungsrahmen

1 Leasingverhältnisse zeichnen sich durch ein mögliches **Auseinanderfallen** von rechtlichem und wirtschaftlichem Eigentum an einem Vermögenswert aus. Das rechtliche Eigentum liegt i. d. R. bei dem Leasinggeber, fraglich und bilanziell bedeutsam ist – nach bislang geltendem Recht – die Zuordnung des wirtschaftlichen Eigentums.

Die Behandlung von Leasingverhältnissen richtet sich innerhalb der IFRS nach folgenden Standards:

- IAS 17 enthält Bilanzierungs- und Bewertungsregeln für Leasingnehmer *(lessee)* und Leasinggeber *(lessor)*. Untersuchungsgegenstand ist der Umfang, in dem die mit dem wirtschaftlichen Eigentum eines Leasinggegenstandes verbundenen **Risiken und Chancen** (*risks and rewards*) bei einem Leasinggeber oder Leasingnehmer liegen (IAS 17.7).
- IFRIC 4 weitet den **Anwendungsbereich** von IAS 17 auch auf von den Parteien anders bezeichnete und zivilrechtlich i. d. R. nicht als Nutzungsüberlassung zu qualifizierende Rechtsverhältnisse in wirtschaftlicher Betrachtung (**verdeckte Leasingverhältnisse** bzw. indirekte Leasingverhältnisse (Rz 5 ff.)) aus.
- SIC 27 zielt gerade umgekehrt auf Leistungsbeziehungen, die die Parteien zwar als Leasing bezeichnen, denen aber bilanzrechtlich die **wirtschaftliche Substanz** eines Leasingvertrags fehlt (Rz 172).
- Die Behandlung von **Anreizvereinbarungen** (mietfreie Perioden, Zuschüsse des Leasinggebers etc.) im Zusammenhang mit *operating-lease*-Vereinbarungen wird in SIC 15 thematisiert (Rz 142).

Darüber hinaus sind noch Querbeziehungen aus der einzelbilanziellen Perspektive der Behandlung von wirtschaftlichem Eigentum hin zu einer **konzerninternen Berücksichtigung** von sogenannten **Zweckgesellschaften** (*special purpose entities*) gem. SIC 12 (→ § 32 Rz 6) beachtlich (Rz 179 ff.).

2 Der Anwendungsbereich von IFRIC 4 (und damit auch IAS 17) wird durch IFRIC 12 *Service Concession Arrangements* eingeschränkt. Wird ein Leasingverhältnis über eine privat finanzierte und betriebene Infrastruktureinrichtung (i. S. e. *public private partnership*), die in den Anwendungsbereich von IFRIC 12 fällt (→ § 18 Rz 62 f.), vereinbart, sind die Leasingregeln der IFRS nicht einschlägig (IFRIC 4.4b i. V. m. IFRIC 12.BC29).

3 Leasingverhältnisse *(leases)* i. S. v. IAS 17.4 sind Vereinbarungen, bei denen der Leasinggeber dem Leasingnehmer das Recht zur **Nutzung eines Vermögenswertes** für einen vereinbarten Zeitraum gegen Entgelt einräumt.

Ohne Konsequenz für die wirtschaftliche Qualifizierung des Vertragsverhältnisses ist aus der zivilrechtlichen Perspektive zwischen folgenden Ausprägungen der Übertragung von Nutzungsrechten zu differenzieren:

- **Direkte** Nutzungsrechte ermöglichen dem nichtjuristischen Eigentümer des Vermögenswertes die Entscheidung über Art, Umfang und zeitliche Struktur der Nutzung des Vertragsgegenstandes nach eigenem Ermessen.

- Bei der Übertragung von **indirekten** Nutzungsrechten hat der Leasingnehmer zeitlich befristet (über die Dauer des Vertrages) Zugriff auf den gesamten Output eines konkreten Vermögenswertes.

Im Rahmen der wirtschaftlichen Betrachtung ist es für die Bilanzierung **unerheblich**, ob der Leasingnehmer ein **direktes** oder **indirektes** Nutzungsrecht an einem bestimmten Vermögenswert erhält.

> **Beispiel**
> Der Produktionsbetrieb S hat durch Ausbau der Produktion im eigenen Werk einen erhöhten Strombedarf. Bislang hat S den Strombedarf durch ein eigenes Kraftwerk auf dem Betriebsgelände gedeckt. Die Stadtwerke teilen ihm auf eine Anfrage hin mit, dass die Bereitstellung der benötigten Menge nicht ohne die zusätzliche Errichtung eines weiteren Kraftwerks möglich ist. Ein Kauf kommt für S aufgrund begrenzt vorhandener liquider Mittel nicht infrage. Die Stadtwerke erklären sich zur Finanzierung des Kraftwerks bereit und unterbreiten ihm daraufhin folgendes Angebot:
> - Errichtung eines Kraftwerks auf dem Gelände des S und Abschluss eines 20-jährigen (= Nutzungsdauer des Kraftwerks) Vertrags, welcher die Amortisation der Investition der Stadtwerke garantiert.
> - Abschluss eines Stromlieferungsvertrags.
>
> Aus rechtlicher Perspektive handelt es sich bei der zweiten Vertragsalternative um ein Liefergeschäft (Strom gegen Geld). Wirtschaftlich betrachtet finanzieren die Stadtwerke den Bau eines Kraftwerks für S, denen dieser über die Nutzungsdauer die Investitionskosten vergütet.

Der Leasingbegriff nach IAS 17 ist sehr weit zu verstehen, da es nicht auf den formalrechtlichen, sondern auf den **wirtschaftlichen** Gehalt des Geschäfts ankommt.

- Die **Bezeichnung** des Vertrags durch die Parteien ist daher unerheblich (IAS 17.6).
- Neben Miet- und Pachtverträgen können u.U. auch **andere Vertragstypen** unter den Anwendungsbereich von IAS 17 fallen (Projektfinanzierungen oder langfristige Liefer- oder Leistungsverträge).

Eine spezielle Ausformulierung des Gedankens, dass auch von den Parteien anders bezeichnete und zivilrechtlich nicht als Nutzungsüberlassung zu qualifizierende Rechtsverhältnisse (**indirekte Nutzungsrechte**) in **wirtschaftlicher Betrachtung** einen *lease* darstellen können, findet sich in **IFRIC 4**. Gegenstand von IFRIC 4 sind Outputvereinbarungen, d.h. Verträge über die Sukzessivlieferung von Gegenständen oder Dienstleistungen (Outputs), die auf bestimmten Anlagen erstellt werden. In Abhängigkeit von der Ausgestaltung einer Outputvereinbarung kann sie wirtschaftlich eine Nutzungsüberlassung *(lease)* der Anlage darstellen (Rz 5 ff.).

Im Fokus von IFRIC 4 steht nicht nur die Identifizierung von Leasingverhältnissen bei der Übertragung indirekter Nutzungsrechte, sondern darüber hinaus auch die Aufspaltung des zivilrechtlichen Liefer- oder Leistungsvertrags in ein **eingebettetes Leasingverhältnis** *(embedded lease)* einerseits und andere Komponenten (Kauf, Dienstleistung) andererseits (Rz 13 ff.).

4

1.1.2 Indirekte und eingebettete Leasingverhältnisse

5 Fälle, die nach IFRIC 4.1 ein verdecktes Leasingverhältnis (indirektes Nutzungsrecht) begründen können, sind z. b.:
- Verträge über die Nutzung von Festnetzkapazitäten,
- Mietverträge über Netzwerke auf dem Betriebsgelände (Beispiel Rz 3),
- Outsourcing-Verträge (z. B. Auslagerung von IT- und technischen Anlagen),
- Vorhaltung von kundengebundenen Werkzeugen und Formen (→ § 18 Rz 67).

Bei derartigen Vertragsverhältnissen ist immer im Einzelfall zu prüfen, ob
- die Vertragserfüllung an die Überlassung eines spezifischen Vermögenswertes geknüpft ist (IFRIC 4.6a) und
- wirtschaftlich ein Nutzungsrecht an diesem Vermögenswert übertragen wird (IFRIC 4.6b).

IFRIC 4 ist teilweise mangelnde Verständlichkeit entgegengehalten worden, da nun u. U. Verträge als *leasing* zu qualifizieren seien, die nach Zivilrecht und Verständnis der Parteien keine Nutzungsüberlassungsverträge darstellen.[1] Unter *substance-over-form*-Gesichtspunkten (→ § 2 Rz 109) kann es auf die Zivilrechtslage aber nicht ankommen, wenn diese dem wirtschaftlichen Gehalt der Vereinbarung zuwiderläuft. Entsprechend betont schon der BFH in seinem für die späteren Leasingerlasse grundlegenden Urteil, dass „unter Leasing Verträge verstanden werden, die vom normalen Mietvertrag bis zum verdeckten Raten-Kaufvertrag reichen", und die Frage von Nutzungsüberlassung und wirtschaftlichem Eigentum unabhängig von derartigen zivilrechtlichen Qualifizierungen zu beurteilen sei.[2]

6 Ein Vertrag knüpft dann an einen spezifischen Vermögenswert an, wenn
- eine **explizite** Bezeichnung des Vermögenswerts im Vertrag enthalten ist (Nutzungsvereinbarung über Maschine „xy") oder
- ein bestimmter Vermögenswert **implizit** aus dem Gesamtbild der Verhältnisse hervorgeht (Verkäufer verfügt aus wirtschaftlicher Perspektive nur über einen einzigen Vermögenswert zur Erfüllung seiner vertraglichen Pflichten, theoretisch besteht die Möglichkeit der Produktion auf einer zweiten Maschine, die Rüstkosten wären aber unverhältnismäßig hoch).

> **Beispiel**
> Die Verwaltung des Unternehmens U ist teils in A und teils in B angesiedelt. U mietet bei T eine Datenstandleitung zwischen A und B an.
> Das Vertragsverhältnis ist nicht auf die Nutzung eines identifizierbaren Vermögenswertes (Leitung) gerichtet. T schuldet lediglich eine Dauerverbindung zwischen A und B. Ob die Signale unmittelbar von A nach B oder ohne merklichen Zeitunterschied auf der Strecke A – C – B transportiert werden, ist nicht Gegenstand des Vertragsverhältnisses. T schuldet eine Daten-Transportleistung, nicht die Überlassung eines bestimmten Vermögenswertes. Das Vertragsverhältnis ist kein Leasing.

---

[1] Küting/Hellen/Koch, KoR 2006, S. 656f.
[2] BFH, Urteil v. 26.1.1970, IV R 144/66, BStBl II 1970 S. 264.

> **Beispiel**
> Im Zuge der Neustrukturierung und der Beschränkung auf die Kernkompetenzen beschließt U ein komplettes Outsourcing ihrer Server-Umgebung. Aus datenschutzrechtlichen Aspekten kommt jedoch für U die Anmietung von Serverkapazitäten auf verschiedenen Rechnern zum Betrieb der Netzwerkprogramme nicht in Betracht. U besteht darauf, für sämtliche ERP- und Steuerprogramme sowie das Dokumentenmanagement bestimmte Rechner exklusiv zu nutzen. Das Vertragsverhältnis ist in diesem Fall auf die Nutzung eines identifizierbaren Vermögenswertes gerichtet. Die Zurechnung der Hardware und der Software richtet sich nach IAS 17.

Das **Recht zur Nutzung** eines spezifischen Vermögenswerts liegt vor, wenn mindestens **eine der drei** Voraussetzungen erfüllt ist (IFRIC 4.9): 7
- Der Abnehmer der Leistung hat **operationelle Verfügungsmacht** über die Anlage, auf der der Output produziert wird (er betreibt sie selbst oder kann den Betrieb anweisen), und er bezieht einen signifikanten Teil des Outputs (IFRIC 4.9a).
- Der Abnehmer hat die **physische Verfügungsmacht** über die Anlage, diese steht etwa auf dem Gelände des Abnehmers – dem (juristischen) Eigentümer kann also der Zugang verwehrt werden – und er bezieht einen signifikanten Teil des Outputs (IFRIC 4.9b).
- Es ist unwahrscheinlich, dass ein Dritter mehr als nur einen nicht signifikanten Anteil des Outputs aus der Anlage bezieht, und der Abnehmer hat basierend auf der **Preisgestaltung** im Vertrag (insbesondere *take-or-pay*-Verträge) die wirtschaftlichen **Chancen und Risiken** aus dem Vermögenswert übernommen (Stückpreis weder vertraglich fixiert noch aktuellem Marktpreis entsprechend; IFRIC 4.9c).

In der Praxis kommt dem dritten Merkmal vorrangige Bedeutung zu.

> **Beispiel**
> Ein Aluminiumwerk wird von A in einer dünn besiedelten Region errichtet. Das Energieversorgungsunternehmen V errichtet zur Deckung des Strombedarfs des Aluminiumwerks ein Wasserkraftwerk. Die Energieversorgung der bereits ansässigen Bevölkerung wurde und wird durch ein sehr viel kleineres Heizkraftwerk gedeckt. Der Vertrag zwischen V und A sieht Folgendes vor:
> - Variable Zahlungen pro kWh (unter Marktpreis) (Stückpreiskomponente 1)
> - Zahlung einer hohen *fixed charge* pro Monat (dividiert durch kWh = Stückpreiskomponente 2)
> - Anpassung der *fixed charge* nach oben/unten bei Unter-/Überschreiten einer bestimmten Abnahmemenge
>
> V kann seinen Strom auch aus anderen Quellen (eigene Kraftwerke, Fremdbezug) beziehen. Ökonomisch ist dies aber nicht sinnvoll.
> Im Rahmen der Beurteilung gelangt man zu folgendem Ergebnis:
> - Die Erfüllung des Vertrags durch V hängt (ökonomisch) an dem spezifischen Vermögenswert, dem Wasserkraftwerk.

- A hat weder die operationelle noch die physische Verfügungsmacht über das Wasserkraftwerk, diese liegt allein bei V. Der Stückpreis (Summe der beiden Stückpreiskomponenten) ist nicht fixiert und entspricht nicht (oder nur zufällig) dem Marktpreis. Außerdem ist es unwahrscheinlich, dass Dritte mehr als einen insignifikanten Teil des Outputs beziehen. Aufgrund der preislichen Ausgestaltung des Stromliefervertrags handelt es sich um die Übertragung eines indirekten Nutzungsrechts vom V auf den A, der den Output des Wasserkraftwerks für sich beanspruchen kann, als hätte er das Wasserkraftwerk von V geleast. In einer anschließenden Würdigung ist dann zu klären, ob von einem *finance* oder einem *operating* lease auszugehen ist (Rz 19 ff.).

8 Die Bezugnahme auf den Output aus einer Nutzungsüberlassung ist i.S.e. Geringfügigkeitsgrenze zu verstehen.[3] An einer Konkretisierung, wann aus der Perspektive des Leistungsabnehmers der eigene Anteil am Output signifikant (IFRIC 4.9a, b) bzw. derjenige Dritter nicht signifikant (IFRIC 4.9c) ist, fehlt es allerdings in IFRIC 4. Unter Bezugnahme auf die vergleichbaren Vorgaben der US-GAAP, somit zur Vermeidung divergierender Behandlungen in beiden Rechnungslegungssystemen (IFRIC 4.BC20), ist ein Schwellenwert von 10 % anzunehmen. Als Richtwert gilt also: Beträgt der eigene Anteil am Output eines Vermögenswerts weniger als 90 %, scheidet das Vorliegen eines verdeckten *lease* regelmäßig aus.[4] Auf eine Gesamtwürdigung einer Vereinbarung kann u.E. allerdings nicht verzichtet werden. Weist das wirtschaftliche Gesamtbild der Vereinbarung auf das Vorliegen eines verdeckten *lease* hin, ist eine Bestimmung des wirtschaftlichen Eigentümers gem. IAS 17 erforderlich. Die 10-%-Grenze ist daher nur eine Orientierungshilfe.[5]

9 Wenn ein nicht unbedeutender Teil (als Orientierungshilfe mehr als 10 %) des in der jeweiligen Zeitspanne erzeugten Gesamtoutputs noch von Dritten bezogen wird, liegt aus Sicht des Hauptabnehmers regelmäßig kein verdecktes *lease* i.S.d. Kriterien von IFRIC 4.9 vor. Eine Qualifizierung nach IFRIC 4.9c (*take-or-pay*-Vertrag) scheidet schon definitorisch aus, da dieses Kriterium gerade das Fehlen signifikanter Drittabnehmer voraussetzt. I.d.R. wird der Hauptabnehmer in solchen Fällen aber auch nicht die **operationelle** oder **physische Verfügungsmacht** erlangen, sodass aus praktischer Sicht auch die beiden anderen Möglichkeiten von IFRIC 4.9 ausscheiden.

Problematischer ist der Fall der **zeitlich gestaffelten Abnahme**:

> **Beispiel**
> Die komplette Produktion einer Maschine (Nutzungsdauer 4 Jahre) wird in Periode 1 bis 2 von A, in Periode 3 bis 4 von B abgenommen.
> **Alternative 1: Während der Perioden 1 und 2 hat A die physische und/oder operationelle Verfügungsmacht über die Maschine.**

---

[3] So auch KÖHLER/GEBHARDT, in: THIELE/VON KEITZ/BRÜCKS (Hrsg.), Internationales Bilanzrecht 2008, IAS 17 Tz. 112.
[4] Vgl. KÜMPEL/BECKER, Leasing nach IFRS 2006, S. 7; KÜTING/HELLEN/KOCH, KoR 2006, S. 653.
[5] So auch PwC, IFRS für Banken, 5. Aufl., 2012, Band II, S. 1999.

Leasing § 15

> U.E. liegt ein verdecktes *lease* vor. Die Frage, ob die Nutzung sich über die gesamte Nutzungsdauer erstreckt, ist Sache der **Klassifizierung** des *lease* als *operating* oder *finance*, nicht Sache der Qualifizierung des Vertrags als *lease* überhaupt.
> **Alternative 2: Die Vertragsbeziehungen sind als *take or pay* gestaltet.**
> Ein verdeckter *lease* nach IFRIC 4.9c setzt voraus, dass kein signifikanter Teil des Outputs des Vermögenswertes von einer anderen Partei bezogen wird. Wäre hiermit der Output über die gesamte Nutzungsdauer gemeint, schiede ein *lease* aus. Wie bei den beiden anderen Kriterien sollte u.E. aber die Frage, ob die Nutzung sich über die gesamte Nutzungsdauer erstreckt, Sache der Klassifizierung des *lease*, nicht Sache der Qualifizierung des Vertrags als *lease* überhaupt sein. Eine Einordnung als *lease* ist daher u.E. sachgerecht.

Spezielle Fragestellungen ergeben sich mit (Netzwerk-)**Kapazitätsverträgen**, (z.B. Pipeline oder Glasfaserkabel etc.). Die US-GAAP-Regeln, niedergelegt u.a. in EITF 00–11 (aufgenommen in ASC Topic 840), unterscheiden für entsprechende Verträge zwischen **Leasing-** oder **Service**verhältnis u.a. anhand folgender Kriterien:
(1) Der Erwerber des Nutzungsrechts hat ein **exklusives Recht** zur Nutzung der vertraglich vereinbarten Kapazität. Bei Nichtauslastung der Kapazität darf der Eigentümer *(provider)* nicht genutzte Mengen nicht anderweitig vertreiben *(indefeasible right of use)*.
(2) Der Erwerber des Nutzungsrechts leistet während des Nutzungszeitraums **Zahlungen für den Betrieb,** die Wartung und Instandhaltung an den *provider*.
(3) Während des vertraglichen Nutzungszeitraums trägt der Erwerber des Nutzungsrechts das **Risiko** des zufälligen Untergangs.
Bei **Nichterfüllung** eines der Kriterien ist ein Kapazitätsvertrag nach US-GAAP als Servicevertrag zu behandeln. U.E. sind die amerikanischen Regeln **nicht durchgängig** auf IFRS übertragbar. Insbesondere kann es aus systematischer, nicht kasuistischer Sicht nicht auf die Vergütungsform (höhere Bruttozahlung mit einkalkulierten Betriebs-, Wartungs- und Instandhaltungskosten, vs. niedrigere Nettozahlung mit separater Berechnung der genannten Kosten nach tatsächlichem Anfall) ankommen. Ähnliche Bedenken bestehen gegen das Kriterium der Gefahrtragung. Bei Abwälzung auf eine Versicherung reduziert sich auch dieses Problem auf die Frage, ob die Versicherungsprämie einkalkuliert ist oder direkt und separat vom Nutzer getragen wird.
Entscheidend bleiben die Kriterien von IFRIC 4.9 und IFRIC 4.7. Eine Qualifizierung als *lease* kommt daher nur dann infrage, wenn Verfügungsmacht oder ein *take-or-pay*-Vertrag vorliegt **und** das Vertragsverhältnis auf die Nutzung eines spezifischen Vermögenswertes (einer bestimmten Pipeline oder eines Kabels) gerichtet ist. Letzteres ist dann zu bejahen, wenn der Leistungsverpflichtete die zwischen den Punkten A und B versprochene Kapazität rechtlich, technisch oder ökonomisch nur mit einer bestimmten Pipeline oder einem bestimmten Kabel erbringen kann, alternative Leitungswege also ausscheiden (Rz 6).
Wegen der **Ertragsrealisierung** beim Kapazitätstausch wird auf → § 25 Rz 40 verwiesen.

10

11 Die Identifizierung eines Leasingverhältnisses (indirekten Nutzungsrechts) nach IFRIC 4 kann nach folgendem Schema erfolgen:[6]

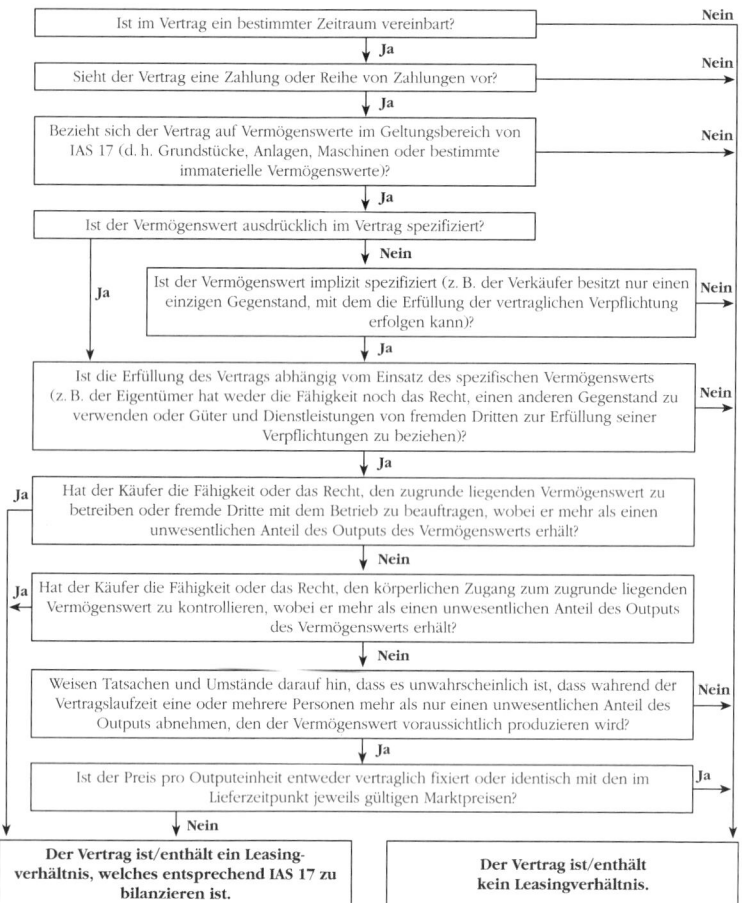

Abb. 1: Identifizierung von indirekten Leasingvereinbarungen

12 Auch **Veräußerungsgeschäfte** können bei wirtschaftlicher Betrachtung als Leasing zu qualifizieren sein. Ein Leasingverhältnis liegt so etwa auch bei Veräußerung mit Residualwertgarantie vor (→ § 25 Rz 36).
Leasingverhältnisse i. S. v. IAS 17 können auch verdeckt durch **Zulieferverträge** begründet werden.

> **Beispiel**
> Ein Automobilhersteller lagert die Produktion von Autocockpits aus. Hierzu erwirbt ein Zulieferer eine Maschine, die der Produktion der entsprechenden Bauteile dient. Die Maschine könnte ohne hohe Umrüstkosten auch für die

---

[6] Götz/Spanheimer, BB 2005, S. 263.

> Produktion von Cockpits anderer Automarken verwendet werden. Als Entgelt wird ein von der Ausbringungsmenge unabhängiger Betrag vereinbart, der die Produktionskosten und eine Marge von 3 % deckt.

Im vorstehenden Fall ist ein Leasingverhältnis anzunehmen, wenn der nahezu vollständige Erwerb der produzierten Bauteile der vollständigen Nutzung der Maschinen gleichgesetzt werden kann und damit in wirtschaftlicher Betrachtungsweise das Nutzungsrecht an der Maschine auf den Automobilhersteller übertragen wird.

Die Feststellung eines (verdeckten) Leasingverhältnisses gem. IFRIC 4 (Schritt 1) lässt aber noch keine Aussage über dessen Klassifizierung als *finance* oder *operating lease* und damit über Zurechnung des Vermögenswerts zu. Die Zurechnung der Maschine richtet sich gem. IFRIC 4.2 allein nach IAS 17 (Schritt 2). Es müssen deshalb alle Leasingkriterien entsprechend IAS 17.10 (Rz 22) und die Indikatoren entsprechend IAS 17.11 (Rz 23) zur Beurteilung herangezogen werden, um im Beispiel zu klären, ob die Maschine beim Automobilhersteller zu aktivieren ist. Zur Frage der Ertragsrealisierung beim Autozulieferer (Leasinggeber) wird auf → § 18 Rz 67 verwiesen.

Im Rahmen von Mehrkomponentengeschäften (→ § 25 Rz 69 ff.; *multiple deliverables* (analog EITF 00–21, aufgenommen in ASC Topic 605) oder *multi element transaction*) ist bei der Übertragung eines Nutzungsrechts sowohl vom Käufer als auch vom Verkäufer die **Leasing**komponente nach IAS 17 zu beurteilen. Die **verbleibenden** Vertragskomponenten sind nach den für sie jeweils einschlägigen Standards abzubilden (IFRIC 4.12).

Eine **Separierung** der Zahlungen zwischen Leasingverhältnis und den übrigen Komponenten hat auf Basis ihrer relativen *fair values* zu erfolgen (IFRIC 4.13). Ist nur der *fair value* einer der beiden Leistungsteile bekannt, kann durch Subtraktion von der Gesamtzahlung hilfsweise der Anteil des anderen Teils bestimmt werden (residuale Ermittlung; → § 25 Rz 75). Für die Bestimmung der relativen *fair values* der einzelnen Komponenten ist – auch bei explizitem Ausschluss des IAS 17 von dem Anwendungsbereich des IFRS 13 (→ § 8a Rz 9) – auf das einheitliche *fair value measurement framework* zurückzugreifen (→ § 8a Rz 137). Die Aufteilung anhand des Bewertungsmaßstabs stellt im **strengen Sinn** keine „Bewertung" zum *fair value* dar (IFRS 13.8), der explizite Ausschluss für eine Bewertung nach IAS 17 läuft daher ins Leere (Rz 22).

> **Beispiel**[7]
> U veräußert im Zuge eines kompletten Outsourcings seine Server-Umgebung an den unternehmensunabhängigen E. Darüber hinaus übernimmt E das bislang bei U angestellte IT-Personal. Die Outsourcing-Vereinbarung sieht eine Bereitstellung der von U benötigten IT-Struktur sowie eine Betreuung und Wartung der Server-Umgebung durch E vor. Dieser greift hierbei auf das ehemalige Personal des U zurück. Das Vertragsverhältnis sieht die Zahlung einer festen monatlichen Rate von 200 TSD über eine Vertragsdauer von 3 Jahren vor.

---

[7] Nach LÜDENBACH, BC 2006, S. 216 ff.

> Ein Hardwareleasingvertrag bei einem Dritten würde U 150 TSD pro Monat kosten, die Wartungs- und Betreuungsleistung 100 TSD pro Monat. Wenn die Erfüllung des Vertrags ökonomisch an eine spezifische, nur für U vorgehaltene Infrastruktur gebunden ist, außerdem U der einzige wesentliche Nutzer dieser Struktur ist und die Leistung wesentlich nach *take-or-pay*-Gesichtspunkten vergütet wird, liegt ein Leasingverhältnis über die Serverumgebung vor. Dieses ist in einen Gesamtvertrag eingebettet, der außerdem diverse Dienstleistungen (Betreuung und Wartung) vorsieht. Die monatliche Zahlung von U an E ist daher in ein Leasingentgelt und ein sonstiges Entgelt für Wartungs- und Betreuungsleistung aufzuteilen.
> Als bester Aufteilungsmaßstab dient der relative *fair value* der beiden Leistungskomponenten: Danach beträgt die monatliche Leasingrate 150/250 × 200 = 120 TSD und der monatliche Aufwand für Wartung und Betreuung 100/250 × 200 = 80 TSD.
> Wäre nur der Wert der Wartungs- und Betreuungsleistung bekannt, müsste der Wert der Leasingrate residual mit 200 − 100 = 100 TSD bestimmt werden (indirekte Methode).

Gerade Outsourcing-Verträge zeichnen sich in der Praxis durch eine Vielfalt komplizierter Vertragsstrukturen aus. Aus diesen Strukturen wird sich nicht immer so einfach wie im Beispiel die Aufteilung von Entgelten in Leasing und sonstige Leistungen ergeben.

Wenn ausnahmsweise keine Möglichkeit der Separierung (dem Grunde oder der Höhe nach) besteht (→ § 25 Rz 73), sind die gesamten Raten als Leasingzahlungen zu behandeln (IFRIC 4.15).

1.1.3 Nichtanwendung von IAS 17 auf Patente, Mineralgewinnungsrechte etc.

14 Der Anwendungsbereich der Leasingbilanzierung nach IFRS ist sehr weit gefasst (IAS 17.3). Die Vorschriften des IAS 17 sind nicht nur auf **Sach**anlagen (bewegliche und unbewegliche Vermögenswerte), sondern generell auch auf **immaterielle** Vermögenswerte anwendbar. Speziell **ausgenommen** von den Leasingvorgaben sind
- **Lizenzvereinbarungen** über Filme, Videos, Theaterstücke, Manuskripte, Patente und Urheberrechte und Ähnliches (IAS 17.2b). Ob mit derartigen Lizenzvereinbarungen das wirtschaftliche Eigentum an den Vermögenswerten übergeht und – unabhängig davon – ein sofortiger Erlös zu realisieren ist, beurteilt sich nach den Vorgaben zur Erlösrealisation. Wegen Einzelheiten wird daher auf → § 25 Rz 63 verwiesen.
- Vereinbarungen, die im Zusammenhang mit der **Entdeckung und Verarbeitung** von Mineralien, Öl, Erdgas, Holz und ähnlichen natürlichen Ressourcen stehen (IAS 17.2a).
- Auch **Dienstleistungsverträge** (Personalgestellung etc.) begründen kein Leasingverhältnis i.S.v. IFRIC 4/IAS 17, da es an der Übertragung eines Nutzungsrechts und dem dahinterstehenden Vermögenswert fehlt.

Der Ausschluss für immaterielle Vermögenswerte ist auf Lizenzvereinbarungen über Schutzrechte begrenzt. Fraglich ist, ob auch **Know-how-Lizenzierungen** in diesen Bereich fallen. Dagegen spricht der im Gegensatz zu Patenten fehlende spezialrechtliche Schutz. Andererseits können allgemeine Schutzrechte, etwa betreffend den Verrat von Betriebsgeheimnissen, greifen. Die Anwendung von IAS 17.2b auch auf diese „ähnlichen Fälle" erscheint sachgerecht.

Eine **Ausweitung** der Leasingvorgaben erfolgt durch IFRIC 4. Zunächst sind von den Parteien anders bezeichnete Vertragsbeziehungen auf das wirtschaftliche Vorliegen eines Leasingverhältnisses zu untersuchen. Darüber hinaus ist allerdings auch eine **generelle Ausnahme** zu beachten: Fehlt es einer Leasingtransaktion an **wirtschaftlicher Substanz**, scheidet eine Bilanzierung nach IAS 17 aus (vgl. Rz 172).

1.2 Maßgeblichkeit des wirtschaftlichen Eigentums

Die bilanzielle **Zurechnung** von Vermögenswerten orientiert sich nicht am zivilrechtlichen, sondern am **wirtschaftlichen** Eigentum (IFRS F.57). IAS 17 dient dessen Konkretisierung im Rahmen von Leasingverhältnissen. In IAS 17.21 wird das Konzept des wirtschaftlichen Eigentums innerhalb der IFRS definiert. Danach ist wirtschaftlicher Eigentümer insbesondere, wer auf Dauer die Herrschaft über das Leasingobjekt hat und/oder dessen Amortisation trägt. Die Zurechnung richtet sich danach, welche Vertragspartei **überwiegend die Risiken und Chancen** aus der Nutzung des Leasingobjektes trägt. Für diese Merkmale werden in IAS 17.10 Kriterien formuliert:

- Die Kriterien der günstigen Kaufoption (Rz 30 ff.) und der im Verhältnis zur Nutzungsdauer langen Vertragsdauer (Rz 37 ff.) stellen vor allem darauf ab, wer voraussichtlich auf **Dauer die Herrschaft** über das Leasingobjekt ausüben wird.
- Das Kriterium eines im Verhältnis zum Wert des Leasingobjektes hohen Barwertes der Leasingzahlungen (Rz 46 ff.) stellt demgegenüber das **Amortisationsrisiko** in den Vordergrund.

An **beiden** Aspekten lässt sich die Frage des wirtschaftlichen Eigentums festmachen. Im einfachsten Fall weisen beide Aspekte in die **gleiche Richtung**. Nach dem Einleitungssatz zu IAS 17.10 reicht es für die Qualifizierung eines Vertrags als *finance lease* aber regelmäßig aus, wenn **nur** in **einer** Hinsicht Klarheit besteht (Rz 22).

In der konkreten Einzelfallwürdigung hat allerdings der Aspekt der **dauernden Herrschaft** oft den logischen Vorrang. Dies ergibt sich u. a. daraus, dass zwar Kaufoptions- und Vertragsdauerkriterium ohne Rückgriff auf den Barwerttest auskommen, umgekehrt aber der Barwerttest häufig nicht. Dieser beruht auf einer Diskontierung der Mindestleasingraten. Zu den Mindestleasingraten zählen auch der Ausübungspreis einer günstigen Kaufoption sowie die laufenden Zahlungen für einen günstigen Vertragsverlängerungszeitraum (IAS 17.4). Bei entsprechenden Gestaltungen ist das Ergebnis des Barwerttests daher von den logisch vorrangigen Feststellungen zu den anderen Kriterien abhängig.

Bei jedem Leasingvertrag, der alle wesentlichen Vorteile und Risiken aus der Nutzung eines Leasingobjektes überträgt, steht der **Leasingnehmer** dem **rechtlichen** Eigentümer des Leasinggegenstandes wirtschaftlich gleich (IAS 17.8). Aufgrund unterschiedlicher Auslegung der Zuordnungskriterien durch den Leasingnehmer und Leasinggeber kann ein Leasingobjekt sowohl in der Bilanz des Leasinggebers als auch in der Bilanz des Leasingnehmers aktiviert werden (Rz 117). Darüber hinaus kann es auch zu einer bilanziellen **Doppelerfassung** kommen, wenn es sich um ein Leasingobjekt handelt, das beim Leasingnehmer die Kriterien einer Anlageimmobilie bzw. Renditeliegenschaft i.S.v. IAS 40 erfüllt (Rz 18).

17 Nach IAS 17.5 wird zwischen *finance*-Leasing und *operating*-Leasing **differenziert**. Diese Differenzierung ist ausschlaggebend für den Ansatz des Leasingobjektes: Ein *finance lease* führt zur Zurechnung des Leasingobjektes beim Leasing**nehmer**, während bei einem *operating lease* das Leasingobjekt dem Leasing**geber** zugerechnet wird. Die **Übersetzung** des Begriffs *finance*-Leasing in „Finanzierungsleasing" ist damit eigentlich **unzutreffend**, da bei „Finanzierungsleasing" i.S.d. deutschen Sprachgebrauchs die Zurechnung sowohl beim Leasingnehmer als auch beim -geber möglich ist (Rz 109).

18 Von der Regelzurechnung der im *operating lease* überlassenen Objekte beim Leasinggeber wurde im Rahmen der Neuregelung durch das *Improvements Project* eine wichtige **Ausnahme** geschaffen (Rz 146): IAS 40.6 gewährt nunmehr dem Leasingnehmer das **Wahlrecht**, eine Immobilie, die nach IAS 17.10 (Rz 22) als *operating lease* klassifiziert und deshalb beim Leasinggeber bilanziert werden müsste, wie ein *finance lease* zu behandeln, wenn es sich bei der Immobilie aus der Sicht des Leasingnehmers um eine **Renditeliegenschaft** gem. IAS 40 (→ § 16 Rz 2) handelt. Somit dürfen Immobilien, die vom Leasingnehmer zur Erzielung von Mieteinnahmen und nicht zur Eigennutzung gehalten werden (IAS 40.5), vom Leasingnehmer auch dann bilanziert werden, wenn der Leasingnehmer nicht das wirtschaftliche Eigentum hat. Dieses Wahlrecht setzt jedoch nach IAS 40.6 die Bilanzierung der Renditeliegenschaft nach dem *fair-value*-Modell voraus (→ § 16 Rz 3). Im Ergebnis wird damit die im *Framework* postulierte Maßgeblichkeit des wirtschaftlichen Eigentums zu Gunsten einer umfassenden Zeitwertbilanzierung durchbrochen.

Die Aktivierung einer solchen nicht im wirtschaftlichen Eigentum stehenden, zunächst im *sublease* weitervermieteten Immobilie bleibt nach IAS 17.19 bestehen, wenn der Hauptleasingnehmer später zur Eigennutzung übergeht (→ § 16 Rz 115 ff.).

> **Beispiel**
> Der Leasingnehmer A least am 1.1.01 ein Bürogebäude im *operating lease*. A vermietet das Bürogebäude an ein konzernfremdes Unternehmen C weiter. Am 31.12.03 wird der Mietvertrag mit C gekündigt, weil A das Bürogebäude nun selbst nutzen möchte.
> Bilanziert Leasingnehmer A alle *investment properties* zum beizulegenden Zeitwert, kann er auch nicht in seinem wirtschaftlichen Eigentum stehende *investment properties* bilanzieren. Durch die Kündigung des Mietvertrags mit C und die Eigennutzung verliert zwar das Gebäude aus Sicht von A die Eigenschaft einer Renditeliegenschaft, gleichwohl ist an der Aktivierung des Gebäudes bei A festzuhalten (IAS 17.19a).

2 Ansatz von Leasingobjekten: Zurechnungskriterien

2.1 Grundunterscheidung zwischen *finance* und *operating lease*

Ein Leasingverhältnis wird als *finance lease* klassifiziert, wenn im Wesentlichen alle mit dem Eigentum verbundenen **Risiken** und **Chancen** des Leasingobjektes auf den **Leasingnehmer** übertragen werden. Die Zurechnung des Vermögenswertes erfolgt dann (mit Ausnahme der in Rz 18 erwähnten Besonderheit) beim Leasingnehmer. I. S. e. **Negativabgrenzung** werden alle Leasingverhältnisse, die diese Voraussetzungen nicht erfüllen, als *operating lease* bezeichnet und beim Leasinggeber bilanziert (IAS 17.8).

Die Klassifizierung erfolgt zu **Beginn** des Leasingverhältnisses (*inception of the lease*). Die getroffene Wahl kann nicht durch spätere Neudefinition der Schätzparameter umgestoßen werden. Lediglich der Abschluss eines neuen Vertrages oder eine grundlegende Vertragsänderung kann eine Neuqualifizierung bewirken (Rz 91). Als Beginn des Leasingverhältnisses gilt dabei der Tag der Leasingvereinbarung oder der frühere Tag, an dem sich die Vertragsparteien über die wesentlichen Bestimmungen der Leasingvereinbarung geeinigt haben. (IAS 17.4).

Der Zeitpunkt der bilanziellen Abbildung des Leasingverhältnisses ist allerdings abhängig von dem **Zeitpunkt des tatsächlichen Nutzungsbeginns** (*commencement of the lease*). Liegt zwischen Vertragsschluss (*inception*) und Beginn der Nutzung eine längere Periode (z. B. weil das Leasingobjekt noch fertiggestellt werden muss), ist eine Bilanzierung des noch nicht fertig bzw. zur Nutzung bereitgestellten Leasingobjekts durch den zukünftigen Leasingnehmer nach IAS 17.20 nicht zulässig.[8]

Gleichwohl ist die Entscheidung zwischen *finance* und *operating lease* schon mit Vertragsschluss zu treffen. Für **Zahlungen des Leasingnehmers bis zum Beginn der Nutzung** des Leasingobjekts bedeutet dies:
- bei *finance lease* sind sie als **geleistete Anzahlungen** zu berücksichtigen und
- bei *operating lease* nach SIC 15 **abzugrenzen** (Rz 142) und über die tatsächliche Nutzungsdauer zu verteilen.

Beim **Leasinggeber** sind die Zahlungen wie folgt abzubilden:
- bei *finance lease* sind sie als **erhaltene Anzahlungen** zu erfassen und
- bei *operating lease* ebenfalls nach SIC 15 **abzugrenzen** und über die tatsächliche Nutzungsdauer zu verteilen.

Im Übrigen sind die vor Nutzungsbeginn geleisteten Zahlungen als Teil der Mindestleasingzahlungen (Rz 47 ff.) beim Barwerttest zu berücksichtigen (Rz 46).

Die **Laufzeit** des Leasingverhältnisses ist für das Vertragsdauerkriterium (IAS 17.10c), ebenso aber auch für die Verteilung von Leasingraten aus einem *operating lease* (SIC 15) von Bedeutung. Die Vertragslaufzeit beginnt mit dem Zeitpunkt, ab dem der Leasingnehmer die Möglichkeit zur Nutzung des Leasingobjekts hat. Die Laufzeit umfasst (IAS 17.4)
- die unkündbare **Grundmietzeit**,

---

[8] Vgl. LÜDENBACH, PiR 2006, S. 149 ff.

- eine Folgeperiode, in welcher der **Leasingnehmer** aufgrund einer ihm im (ursprünglichen) Leasingvertrag eingeräumten Option das Leasingobjekt nutzen kann, wenn die Ausübung dieser Option aufgrund der günstigen Konditionen als hinreichend sicher gilt (Rz 42),
- eine an die Grundmietzeit anschließende Nutzungsperiode aufgrund einer dem **Leasinggeber** zustehenden Verlängerungsoption, deren Ausübung bei Beginn des Leasingvertrages wahrscheinlich ist,
- einen Zeitraum, für den ein faktischer Verlängerungszwang des Leasingnehmers vorliegt.

Die **Laufzeit** des Leasingverhältnisses stellt sich damit in **wirtschaftlicher** Betrachtungsweise wie folgt dar:

	Unkündbare Grundmietzeit
+	Zeitraum günstiger Verlängerungsoption des Leasingnehmers
=	Leasingzeit i. e. S.
+	Zeitraum einer Verlängerungsoption des Leasinggebers*
+	Zeitraum eines faktischen Verlängerungszwangs (Vertragsstrafen etc.)**
=	wirtschaftliche Vertragsdauer

* Nur insoweit, als die Ausübung durch LG wahrscheinlich ist.
** Z. B. wegen hoher Abschlusszahlungen/Vertragsstrafen.

2.2 Klassifizierungskriterien

22 Nach IAS 17.10 wird ein Leasingvertrag regelmäßig als *finance lease* klassifiziert und beim Leasing**nehmer** bilanziert, wenn zu Beginn des Leasingverhältnisses **mindestens eines** der folgenden fünf Kriterien erfüllt ist:
1. Am **Ende der Vertragslaufzeit** werden die Eigentumsrechte am Leasingobjekt auf den Leasingnehmer übertragen (**Eigentumsübergangskriterium**; *transfer of ownership test*) (IAS 17.10a). Ist der Eigentumsübergang nicht unbedingt, sondern lediglich als eine Option des Leasingnehmers vereinbart, greift IAS 17.10b.
2. Es besteht zugunsten des Leasingnehmers eine **günstige Kaufoption** (**Kaufoptionskriterium**; *bargain purchase option test;* Rz 30) (IAS 17.10b).
3. Die **Vertragslaufzeit** erstreckt sich über den überwiegenden Teil der verbleibenden wirtschaftlichen **Nutzungsdauer** des Leasingobjektes. Eine eventuelle spätere rechtliche Übertragung des Leasingobjektes ist dabei unerheblich (**Mietzeitkriterium**; *economic life time test;* Rz 37; IAS 17.10c).
4. Der **Barwert** der Mindestleasingzahlungen entspricht im Wesentlichen dem beizulegenden Zeitwert des Leasinggegenstandes ohne Zuwendungen von Dritten an den Leasinggeber zu Beginn des Leasingvertrages (**Barwertkriterium**; *recovery of investment test;* Rz 46 ff.; IAS 17.10d).
5. Der Leasinggegenstand hat eine **spezielle Beschaffenheit** (*specialised nature*), sodass er nur vom Leasingnehmer ohne wesentliche Veränderungen genutzt werden kann (Spezialleasing; Rz 69; IAS 17.10e).

23 Der für die Klassifizierung (Rz 22) und die Zugangsbewertung (Rz 119) heranzuziehende Bewertungsmaßstab „*fair value*" (beizulegender Zeitwert) trägt zwar die gleiche Bezeichnung wie der durch IFRS 13 einheitlich konzipierte Betrag, entspricht diesem aber wegen eines expliziten Ausschlusses (→ § 8a Rz 9)

Leasing § 15

nicht notwendigerweise. Abweichend von der restriktiven Verpflichtung des *fair value measurement framework* des IFRS 13 auf einen *exit price* kann der beizulegende Zeitwert nach IAS 17 auch als *entry price* bestimmt werden (Rz 57). Die bislang vorgesehene Definition des *fair value*, die eine Festlegung auf eine bestimmte Bewertungsperspektive vermied, wird für Bewertungen zum beizulegenden Zeitwert nach IAS 17 fortgeführt.

Ohne Erfüllung eines dieser Kriterien verbleiben an sich die Risiken und Chancen aus dem Leasinggegenstand beim **Leasinggeber**; somit liegt ein *operating lease* vor. Da es sich jedoch bei den genannten Kriterien **nicht um ausschließliche** Bedingungen handelt, sind auch andere Fälle denkbar, die zu einem *finance lease* führen können. IAS 17.11 führt deshalb **ergänzende Indikatoren** auf, die bei einem entsprechenden wirtschaftlichen Gesamtbild von Kriterien und Indikatoren ebenfalls zum Vorliegen eines *finance lease* führen können. Folgende Fälle werden unterschieden: 24

1. Der **Leasingnehmer** hat zwar ein **Kündigungsrecht** (Rz 25), das ihm z.B. ermöglicht, das Leasingverhältnis weit vor dem Ende der wirtschaftlichen Nutzungsdauer des Leasingobjekts zu beenden, muss aber dann die dem Leasinggeber aus der Kündigung entstehenden Verluste übernehmen (IAS 17.11a);
2. Gewinne und Verluste aus **Schwankungen des beizulegenden Zeitwertes** (Rz 26) gegenüber dem vertraglich vereinbarten Restwert trägt der Leasingnehmer (IAS 17.11b);
3. der Leasingnehmer hat das Recht, das Leasingverhältnis um eine weitere Mietperiode zu **verlängern** (Rz 29), während derer die Mietzahlungen wesentlich geringer sind als die marktübliche Miete (IAS 17.11c).

Das Vorliegen von mindestens einem der in IAS 17.11 genannten Indikatoren soll **nicht zwangsläufig** zu einem *finance lease* führen, könnte dies aber („*could lead*"). Andererseits ist aber die Einordnung als *finance lease* auch dann möglich, wenn keiner der Indikatoren erfüllt ist. Im Vergleich zu IAS 17.10, dessen Kriterien normalerweise („*normally*") zu einem *finance lease* führen, ist der **Verbindlichkeitsgrad** von IAS 17.11 tendenziell niedriger als der von IAS 17.10.[9]

In der Rechtspraxis führt die Erfüllung eines der Kriterien des IAS 17.10 regelmäßig zum *finance lease*. Anderes kann dann gelten, wenn alle anderen Indikatoren inkl. IAS 17.11 deutlich in die andere Richtung weisen.

Die Indikatoren des IAS 17.11 stehen überwiegend nicht „neben" denen des IAS 17.10, sondern können in die dort vorzunehmenden Prüfungen, insbesondere der des Barwerts und der Vertragsdauer, integriert werden. Die einzelnen Indikatoren haben dennoch eine eigenständige Bedeutung.

Ist der Leasingnehmer im Falle einer **vorzeitigen Kündigung** des Leasingverhältnisses zur Übernahme der Verluste des Leasinggebers verpflichtet, kann dies eine Indikation für das Vorliegen eines *finance lease* darstellen. Dogmatisch stellt der Indikator der Verlustabdeckung im Fall der Kündigung auf den Übergang des **Amortisationsrisikos** vom Leasinggeber auf den Leasingnehmer ab und ist insoweit als Erweiterung/Ergänzung der zu berücksichtigenden Mindestleasingraten des Barwerttests anzusehen (Rz 56 und 60). Er kann aber auch als Ergänzung des Vertragsdauerkriteriums interpretiert werden (Rz 46). Eine aufgrund von Kündigungsrechten formal kurze Vertragsdauer kann in 25

---

[9] FUCHS, DB 1996, S. 1833 ff., und FINDEISEN, RIW 1997, S. 843 ff.

757

wirtschaftlicher Betrachtung als lange Vertragsdauer anzusehen sein, wenn die im Falle einer Kündigung zu leistenden Zahlungen so hoch sind, dass sie die Ausübung des Kündigungsrechts unwahrscheinlich machen.

26 Nach IAS 17.11b kann auch in den Fällen ein *finance lease* vorliegen, in denen der Leasingnehmer die **Gewinne oder Verluste aus Schwankungen im Restwert** des Leasingobjekts übernimmt. Folgende vertragliche Gestaltungen sind auf die Übernahme von Restwertrisiken durch den Leasingnehmer hin zu untersuchen:
- **Andienungsrechte** des Leasinggebers, denen zufolge er vom Leasingnehmer die Übernahme des Leasingobjekts zu einem Preis verlangen kann, der dem kalkulierten Restwert entspricht,
- *first-loss*-Garantien (auf einen bestimmten Betrag festgelegte Restwertgarantien) des Leasingnehmers, die den Leasinggeber von einem Verwertungsrisiko freistellen,
- Vereinbarung über nicht marktübliche (nicht ausreichend besicherte) **Mieterdarlehen** (Darlehen des Leasingnehmers an den Leasinggeber),
- **Festpreiskaufoptionen** oder
- Vereinbarungen über die **Aufteilung** von **Veräußerungsgewinnen** oder -verlusten (siehe Beispiel in Abgrenzung zur steuerrechtlichen Behandlung in Rz 115).

Liegen derartige Vertragsgestaltungen vor, werden i.d.R. die Gewinnchancen und das Restwertrisiko über den Vertragshorizont hinaus auf den Leasingnehmer übertragen.

Für eine Klassifizierung als *finance lease* ist es hierbei unerheblich, ob gleichzeitig Chancen und Risiken oder lediglich Risiken oder Chancen übertragen werden. Auch bei Transfer **nur** der **Risiken** (z.B. das komplette Restwertrisiko über eine *first-loss*-Garantie) oder **nur** der Chancen (im Rahmen einer günstigen Kaufoption ohne Andienungsrecht; Rz 30) ist eine Nutzungsüberlassung als *finance lease* zu klassifizieren.

Konzeptionell ist die Zuweisung von Gewinnen/Verlusten aus Schwankungen des Restwerts eines Leasingobjekts als Konkretisierung des Barwerttests (Rz 47 und 60) auf die Feststellung des **Amortisationsrisikos** ausgelegt. Der Anteil des garantierten Restwertes am Barwert der Mindestleasingzahlungen wird dabei maßgeblich durch das Verhältnis von Vertragslaufzeit zur wirtschaftlichen Nutzungsdauer beeinflusst:
- Zum einen wird bei einem höheren Anteil der Vertragslaufzeit an der wirtschaftlichen Nutzungsdauer bereits ein Großteil der Chancen und Risiken auf den Leasingnehmer übertragen und
- zum anderen wird über die Diskontierung über eine längere Periode ein Zinseszinseffekt die Höhe des Barwerts zusätzlich beeinflussen.

27 Obwohl die Übernahme von Schwankungen des Restwerts konzeptionell dem Barwerttest nach IAS 17.10(d) zuzurechnen ist, hat der Indikator eine eigenständige Bedeutung für die Klassifizierung von Leasingverhältnissen. Die Pflicht zur Berücksichtigung einer *first loss*-Garantie im Barwerttest ergibt sich bereits aus der Definition der Mindestleasingraten in IAS 17.4. Würde die Bedeutung für die Leasingklassifizierung auf die Erfassung im Barwerttest reduziert, wäre der Indikator selbst somit redundant. In geltungserhaltender Auslegung von IAS 17.11(b) ist daher eine eigenständige Bedeutung des Indikators gegeben. Die

ausschließliche Berücksichtigung einer *first loss*-Garantie als Bestandteil der Mindestleasingraten im Barwerttest ist daher nicht standardkonform.[10]

Wird das Risiko der Verwertung des Leasingobjekts am Ende der Leasingvereinbarungen zwischen den Parteien geteilt, bedarf es einer einzelfallabhängigen Beurteilung in Abhängigkeit von der vertraglichen Ausgestaltung, einer Wahrscheinlichkeitseinschätzung verschiedener Szenarien und dem Leasingobjekt, ob der Leasingnehmer im Wesentlichen alle Risiken der Verwertung übernimmt. Für die Beurteilung der Verteilung der Chancen und Risiken ist eine Szenarioanalyse erforderlich, bei der einzelnen Szenarien (mit einer denkbaren Wertausprägung) Wahrscheinlichkeiten zugewiesen werden. Die Vorgaben zur Leasingklassifizierung beinhalten keine konkreten Ausführungen zur Bestimmung des Erwartungswerts. In Anwendung von IAS 8.11(a) ist daher (vorrangig) auf die spezifischen Ausführungen zur Bestimmung des Erwartungswerts in IFRS 13.B23-B30 zurückzugreifen. Ist dem Leasingnehmer der überwiegende Anteil des Amortisationsrisikos zuzurechnen, bleibt also in den realistischen Szenarien kein Risiko mehr für den Leasinggeber, liegt ein *finance lease* vor, auch wenn der Barwerttest oder ein anderes Kriterium keine entsprechende Klassifizierung nach sich ziehen. 28

Die Vereinbarung einer günstigen, unter den Marktkonditionen liegenden Verlängerungsoption führt bei isolierter Betrachtung nicht zum Vorliegen eines *finance lease*. Günstige Verlängerungsoptionen sind jedoch im Rahmen des Laufzeitkriteriums (Rz 37 ff.) und des Barwerttests (Rz 60) mit in die Klassifizierung eines Leasingvertrags aufzunehmen. Dogmatisch sind sie somit sowohl als Konkretisierung der **Dauer der Herrschaft** (Ausdehnung der Nutzungsdauer) als auch des **Amortisationsrisikos** (Einbezug der Anschluss-Leasingraten in den Barwerttest) einzuordnen. 29

2.3 Kriterien eines *finance lease*

2.3.1 Günstige Kaufoption

Bei einem Leasingvertrag mit vereinbarter **Kaufoption** hat der Leasingnehmer das Recht, das Leasingobjekt nach Ablauf der Grundmietzeit zum vereinbarten Optionspreis zu **erwerben**. Der Leasinggeber hat bei ordnungsmäßiger Vertragsabwicklung keine rechtliche Einflussnahme auf die Ausübung der Option des Leasingnehmers. Von einer günstigen Kaufoption ist auszugehen, wenn die Ausübung des Optionsrechts durch den Leasingnehmer bereits bei Vertragsbeginn feststeht. Das ist nach IAS 17.10b der Fall, wenn der vereinbarte Kaufpreis „deutlich" *(sufficiently)* unter dem erwarteten beizulegenden Zeitwert des Leasingobjektes im Optionsausübungszeitpunkt liegt. Ausgehend vom Wortlaut des IAS 17.10b ist die Ausübungswahrscheinlichkeit zwar nur im Hinblick auf die Höhe des Optionspreises zu prüfen. Gleichwohl ist es sinnvoll, auch bei Vorliegen eines **wirtschaftlichen Zwangs** zur Optionsausübung eine günstige Kaufoption anzunehmen. Das gilt insbesondere in den Fällen, in denen es sich um ein für die Fortführung des betreffenden Geschäftsbereichs notwendiges Leasingobjekt handelt. 30

---

[10] Gl. A. PwC, Manual of Accounting IFRS 2014, chap. 19.59 and Example 1; KPMG, Insights into IFRS 2014/15, chap. 5.1.210.20–50.

> **Beispiel**
> Ein Leasingnehmer mietet eine große Anzahl Personalcomputer. Die betriebsgewöhnliche Nutzungsdauer beträgt 4 Jahre. Im Zuge der Aufstellung der Computer entstehen dem Leasingnehmer erhebliche Installations- und Implementierungskosten. Die Grundmietzeit beträgt 2 Jahre. Zugleich wurde eine Mietverlängerungsoption für weitere 2 Jahre vereinbart, die allerdings nicht als günstig qualifiziert werden kann. In diesem Fall beträgt die für die Klassifizierung des Leasingverhältnisses maßgebende Vertragslaufzeit trotzdem 4 Jahre, da der Leasingnehmer bei Nichtverlängerung gezwungen wäre, erneut hohe Installations- und Implementierungskosten zu tragen. Die Ausübung der Kaufoption ist deshalb entgegen der ersten Vermutung als wahrscheinlich anzusehen.

31 Für die Beurteilung der Günstigkeit einer Option ist zwischen **zwei Zeitpunkten** zu unterscheiden: Eine Option ist günstig,
- wenn auf Basis der bei **Vertragsschluss (Beurteilungszeitpunkt)** verfügbaren Informationen voraussichtlich *(is expected)*
- bei Ausübung der Option **(Ausübungszeitpunkt)** der Ausübungspreis (abzüglich evtl. Vertragsstrafen) unter dem beizulegenden Zeitwert des Leasingobjekts liegt.

Hiernach sind Optionen, Vorkaufsrechte usw., die vertraglich auf den beizulegenden Zeitwert im Ausübungszeitpunkt abstellen, nie als günstig einzustufen. In Fällen eines Fixpreises ergibt sich hingegen ein doppeltes Ermessen:
- Schätzung des späteren Zeitwertes.
- Die Höhe, ab welcher eine positive Differenz von Zeitwert und Ausübungspreis als günstig anzusehen ist.

In der kommentierenden Literatur werden zum zweiten Aspekt teilweise Grenzwerte für die Bestimmung vorgegeben. So soll eine Option regelmäßig günstig sein, wenn der Ausübungspreis 20 % oder mehr unter dem erwarteten beizulegenden Zeitwert liegt.[11] U. E. ist diese Grenzziehung sachgerecht. Im Rahmen einer Gesamtwürdigung kann aber auch ein geringerer erwarteter Vorteil zum *finance lease* führen.

32 Neben der Unbestimmtheit der Günstigkeit ist auch die Bestimmung des beizulegenden Zeitwerts zum jeweiligen Ausübungszeitpunkt mit Unsicherheiten behaftet. Bei längeren Leasingzeiträumen lässt sich der beizulegende Zeitwert im Options**ausübungszeitpunkt** kaum verlässlich bestimmen. Insofern ist es bei Vertragsbeginn oftmals **Ermessensbeurteilung**, ob der vereinbarte Kaufpreis „deutlich" unter dem erwarteten beizulegenden Zeitwert des Leasingobjektes im Optionsausübungszeitpunkt liegt.[12] Aus Praktikabilitätserwägungen spricht nichts dagegen, das Kaufpreiskriterium nach IAS 17 in Anlehnung an den deutschen Vollamortisationserlass zum Mobilienleasing[13] auch dann als erfüllt anzusehen, wenn ein Kaufpreis vereinbart wird, der unterhalb des Restbuchwertes bei

---

[11] So etwa KÜMPEL/BECKER, Leasing nach IFRS 2006, S. 31; im Bereich des Immobilienleasing soll die Grenze hingegen bereits bei 10 % liegen, vgl. VOGEL, in: WEBER/BAUMUNK (Hrsg.), IFRS Immobilien 2005, Immobilienleasingverhältnisse Tz. 635.
[12] Vgl. MELLWIG/WEINSTOCK, DB 1996, S. 2345.
[13] Vgl. BMF, Schreiben v. 19.4.1971, IV 312 – S 2170–31/1, BStBl I 1971 S. 264.

Anwendung der linearen Abschreibungsmethode im Optionsausübungszeitpunkt liegt. Sofern allerdings bessere Informationen über den zukünftigen *fair value* (als Wiederbeschaffungs- oder Veräußerungswert) vorliegen, ist diesen Informationen zu folgen.

Die Schätzung des zukünftigen *fair value* von Leasingobjekten kann marktpreisorientiert erfolgen, indem (z. B.) heutige Marktpreise für den späteren Abnutzungsgrad des Leasingobjekts entsprechende Objekte mit der voraussichtlichen Preissteigerungsrate (z. B. für Immobilien Baukostenindex) hochgerechnet werden. Daneben ist eine Wertbestimmung über ein **DCF-Verfahren** denkbar. Notwendig ist hier die Kenntnis

- des zeitlichen Anfalls und der Höhe der *cash flows*, die in dem Zeitraum **nach** der möglichen Optionsausübung erzielt werden können, und
- des risiko- und laufzeitäquivalenten **Diskontierungs**zinssatzes.

Die Auswirkungen von **Inflationserwartungen** sind bei der Bestimmung des beizulegenden Zeitwerts zu berücksichtigen, den das Leasingobjekt am Ende der Laufzeit voraussichtlich haben wird. Die gegenteilige Auffassung[14] würde bei hoher erwarteter Preissteigerung zu nicht vertretbaren Ergebnissen führen.

33

> **Beispiel**
> Eine Immobilie in der Region X, Nutzungsdauer 25 Jahre, wird für 5 Jahre geleast. Danach besteht eine Kaufoption. Als Ausübungspreis sind 80 % des heutigen Zeitwertes vereinbart, entsprechend der Abnutzung von 5/25 = 20 %. In der Region X steigen die Immobilienpreise mit 25 % p. a.
> Der Neuwert der Immobilie nach 5 Jahren würde ca. 300 % des heutigen Neuwerts betragen, der voraussichtliche Marktwert der gebrauchten Immobilie somit 300 % × 80 % = 240 % des heutigen Zeitwerts. Dies ist das 3-fache des Optionsausübungspreises. Die Option ist daher günstig, ihre Ausübung hoch wahrscheinlich.

Im Rahmen der Wertbestimmung über ein DCF-Verfahren sind Preissteigerungsraten insoweit nicht zu berücksichtigen, als sie am Bewertungsstichtag nicht gleichzeitig auch im Diskontierungszins (einem Nominalzins) berücksichtigt sind (Rz 50).

Auch bei vernachlässigbaren Preissteigerungsraten kann der Restwert des Leasingobjektes den Zeitwert zu Beginn der Nutzung erreichen oder übertreffen, etwa wenn vertraglich Sanierungsaufwendungen vorgesehen sind, die das Leasingobjekt über die Vertragslaufzeit wesentlich verbessern.

34

> **Beispiel**
> Der Leasingnehmer LN least am 1.1.01 für 20 Jahre ein Bürogebäude mit anschließender Kaufoption zu einem Preis, der dem Zeitwert am 1.1.01 entspricht. Das Bürogebäude befindet sich zu Beginn des *lease* in einem stark sanierungsbedürftigen Zustand. Bei entsprechend niedriger Miete übernimmt LN die notwendigen Sanierungsarbeiten.

---

[14] A. A. ERNST & YOUNG, Financial Reporting Series – Accounting for Leases, December 2005, L305.

> Hat sich der Zeitwert des Bürogebäudes durch die Sanierung so stark erhöht, dass auch unter Berücksichtigung der anschließenden 20-jährigen Abnutzung der Zeitwert des 31.12.20 deutlich über dem am 1.1.01 liegt, ist die Kaufoption als günstig zu beurteilen.

35 In der Praxis treten oftmals Leasingverhältnisse mit Kaufoptionen auf, bei denen der Leasingnehmer die aus einem Leasingverhältnis stammenden Objekte im Rahmen eines **Untermietvertrags** (*sublease*) an einen Dritten weitervermietet. Bei der Klassifizierung der einzelnen Leasingverhältnisse muss die **Wechselwirkung** zwischen Haupt- und Unterleasingverhältnis berücksichtigt werden. Ist das Unterleasingverhältnis aufgrund einer günstigen Kaufoption als *finance lease* zu werten, muss das eine Kaufoption enthaltende Hauptleasingverhältnis ggf. auch dann zu einem *finance lease* umklassifiziert werden, wenn die Option nicht günstig, der Hauptleasingnehmer aber mit Blick auf das Untermietverhältnis gleichwohl gezwungen ist, seine Kaufoption auszuüben.[15] Auch bei einem nicht mehrstufigen Leasingverhältnis (Rz 173 ff.) können **sonstige Verpflichtungen** (z. B. *leasehold improvements* (Rz 143), Kosten der Entfernung etc.) unabhängig von dem betrachteten Leasingverhältnis einen faktischen Zwang zur Ausübung der Kaufoption enthalten, der mit in die Klassifizierungsüberlegungen einzubeziehen ist.[16]

36 Dogmatisch fasst das Kaufoptionskriterium zwei Facetten des wirtschaftlichen Eigentums:
- Vorteilhafte Ausübungsbedingungen der Option bewirken, dass die wesentlichen **Chancen** aus dem Vertrag beim **Leasingnehmer** liegen, die **Risiken** hingegen zum Teil beim **Leasinggeber**.
- Eine **hohe Ausübungswahrscheinlichkeit** der Option sorgt dafür, dass der Leasingnehmer nach dem wahrscheinlichen Verlauf der Dinge auf **Dauer die Herrschaft** über das Leasingobjekt ausüben wird.

Eines der Kriterien reicht für die Zurechnung des wirtschaftlichen Eigentums zum Leasingnehmer aber aus. Dabei ist das Kriterium der dauernden Herrschaft ggf. sogar höher zu werten, da es z. B. nicht auf Risikotragung bei unwahrscheinlichen Wertverläufen abstellt, sondern auf den nach Erkenntnissen des Vertragsbeginns wahrscheinlichen Verlauf (Rz 15).[17]

2.3.2 Laufzeitkriterium

37 Nach IAS 17.10c ist ein Vertrag als *finance lease* zu qualifizieren, wenn die Laufzeit des Leasingvertrags den „überwiegenden Teil" *(major part)* der wirtschaftlichen Nutzungsdauer abdeckt. IAS 17 vermeidet auch bei dem **Laufzeitkriterium** die Vorgabe quantitativer Größen („*bright lines*"), wie sie z. B. nach ASC Topic 840.10.25–1 (vormals SFAS 13.7) im Rahmen der US-GAAP relevant sind. Der Entwurf des IAS 17 enthielt zwar (in E 19.5) exakte quantitative Regelungen in Anlehnung an SFAS 13.7. In der endgültigen Fassung wurde jedoch zur Vermeidung einer starren Regelanwendung bewusst auf eine **genaue**

---
[15] Vgl. ADS, Rechnungslegung nach Internationalen Standards, Abschn. 12, Tz. 124.
[16] Vgl. LÜDENBACH/FREIBERG, BB 2006, S. 259.
[17] Vgl. LÜDENBACH/FREIBERG, BB 2006, S. 259 ff.

Quantifizierung verzichtet.[18] Der IASB hat es auch im Rahmen der Neuregelung von IAS 17 im Rahmen des *Improvements Project* vermieden, **quantitative** Größen zu nennen. Durch die fehlende Quantifizierung ergeben sich in der Praxis erhebliche Schwierigkeiten und weit reichende **bilanzpolitische Spielräume**.[19] In der Literatur werden vorherrschend Grenzen von 75 % (in Anlehnung an US-GAAP) bis 90 % (in Anlehnung an das Steuerrecht Deutschlands und anderer Staaten) für das Verhältnis von Vertrags- und Nutzungsdauer genannt. Das Fehlen quantitativer Vorgaben eröffnet dem Bilanzierer ein faktisches Wahlrecht (→ § 24 Rz 9). Allerdings birgt die fehlende Quantifizierung auch ein Risiko für den Anwender: Während bei der Leasingklassifizierung nach US-GAAP die 75-%-Grenze eine sichere Orientierungshilfe *(safe harbour)* darstellt, ist nach IFRS – jedenfalls in der Theorie (vgl. Rz 113) – die Klassifizierung unter dem Gesamtbild der wirtschaftlichen Verhältnisse geboten.

Es obliegt dem pflichtgemäßen **Ermessen des IFRS-Bilanzierers**, innerhalb des Intervalls von 75–90 % seine Definition zu finden, die er dann **konzerneinheitlich** und im Zeitablauf **konsistent** (unter Berücksichtigung der materiellen Stetigkeit (→ § 24 Rz 5)) anzuwenden hat (IAS 8.13).[20]

38

Beispiel

Der Leasingnehmer LN least Anfang 01 von Leasinggeber LG Hardware auf 4 Jahre. Der Vertrag sieht weder eine Kaufoption für LN noch ein Andienungsrecht für LG noch irgendeine Art von Restwertgarantie vor. Der Vertrag enthält auch keine Mietverlängerungsoption. Der LN hat im Interesse der Bewertungseinheitlichkeit und -stetigkeit ein Bilanzierungshandbuch *(accounting manual)* erstellt, in dem u. a. folgende Festlegungen getroffen sind:

- „... Nutzungsdauer beweglicher Anlagen: Soweit nicht ungewöhnliche Umstände vorliegen, gelten folgende Nutzungsdauern laut amtlicher AfA-Tabelle auch für die IFRS-Bilanzierung: ... Hardware: 5 Jahre.
- *finance leases*: Leasingverträge sind als *finance lease* zu qualifizieren, wenn a) die Vertragsdauer mehr als 90 % der Nutzungsdauer des Leasingobjekts beträgt, oder b)..."

Beurteilung

Das sich daraus ergebende Verhältnis von Vertragsdauer und Nutzungsdauer liegt mit 4/5 = 80 % unter dem Grenzwert des Bilanzierungshandbuchs. Nach dem Nutzungsdauerkriterium erfolgt keine Qualifizierung als *finance lease*. Eine Bilanzierung beim Leasingnehmer würde auf dieser Beurteilungsgrundlage unterbleiben (vgl. aber Rz 46).

Zwischen den Begriffen „*economic life*" (wirtschaftliche Nutzungsdauer) gem. IAS 17.4 und „*useful life*" (betriebsindividuelle Nutzungsdauer) i.S.v. IAS 16.6 (→ § 10 Rz 34) ist zu unterscheiden:

39

---

18 Vgl. KÜTING/HELLEN/BRAKENSIEK, BB 1998, S. 1468.
19 Vgl. ALVAREZ/WOTSCHOFSKY/MITHIG, WPg 2001, S. 937; VATER, DStR 2002, S. 2094.
20 LÜDENBACH, PiR 2005, S. 31.

- Während sich die für die Leasingklassifizierung maßgebliche **wirtschaftliche Nutzungsdauer** aus einer durchschnittlichen Marktperspektive ergibt,
- bestimmt sich die für die Abschreibung relevante betriebsindividuelle **Nutzungsdauer** aus der unternehmensspezifischen Verwendungsabsicht.

Allerdings ist u.E. bei erheblichen Abweichungen zwischen wirtschaftlicher Nutzungsdauer und unternehmensspezifischer Nutzungsdauer eine Plausibilisierung der Annahmen bez. der wirtschaftlichen Nutzungsdauer erforderlich.

> **Beispiel**
> Der innovationsbewusste LN nutzt im Eigentum befindliche und geleaste Computer regelmäßig nicht mehr als 3 Jahre. Die amtliche AfA-Tabelle weist in statistischer Auswertung durchschnittlicher Verhältnisse eine Nutzungsdauer von 5 Jahren aus.
> Dies ist aber gerade nicht die betriebsindividuelle Nutzungsdauer des LN. Er schließt daher auch nur Leasingverträge über 3 Jahre ab und hat die in seinem rechtlichen Eigentum stehenden Computer (*useful life* 3 Jahre) über diesen Zeitraum abzuschreiben. Das Vertragsdauerkriterium (IAS 17.10c; Rz 37) führt hier nicht zu einem *finance lease*. Berücksichtigt der Leasinggeber allerdings die Nutzungsdauer des Leasingnehmers in der Gestaltung des Leasingvertrages (z.B. in den Leasingraten), kann der Barwerttest zur Qualifizierung als *finance lease* führen (Rz 46).

40 Nach US-GAAP ergeben sich Besonderheiten im Rahmen des Laufzeittests für **gebrauchte** Leasingobjekte, bei denen vor Leasingbeginn **bereits 75 %** oder mehr der **Gesamtnutzungsdauer** abgelaufen sind (ASC Topic 840.10.25–1c).

> **Beispiel**
> Der Leasinggeber Z finanziert ein Leasingobjekt unter der Bedingung, dass die zukünftige Amortisation zu mindestens 75 % sichergestellt ist. Leasingnehmer A least das Objekt über 75 % der wirtschaftlichen Nutzungsdauer und ist wirtschaftlicher Eigentümer. Am Ende der Leasingperiode tritt B als zweiter Leasingnehmer über die verbleibende Restnutzungsdauer in das Leasingverhältnis ein.
> In Bezug auf den Rest(buch)wert des Leasingobjekts übernimmt B zwar 100 % der Chancen und Risiken, im Vergleich zu dem „Neuwert" des Leasingobjekts allerdings nur 25 %. Eine Feststellung zum Übergang des wirtschaftlichen Eigentums auf B soll daher nach US-GAAP über das Nutzungsdauerkriterium nicht mehr möglich sein (ASC Topic 840.10.25–1c).

Gegen eine analoge Anwendung dieser Regelungen auf IFRS sprechen folgende Gründe:
- Nach US-GAAP wird das Laufzeitkriterium allgemein mit 75 % fixiert. Auf diesem Prozentsatz bauen die Sonderregeln für das Leasing besonders alter Gebrauchtobjekte auf. In IAS 17 wird das Laufzeitkriterium hingegen als „*major part*" definiert. Sonderregeln für Gebrauchtobjekte könnten daher ebenfalls nur auf diesem weichen Kriterium und nicht auf der 75-%-Grenze aufbauen.

Leasing   § 15

- Fraglich bleibt dann, ob mit *major part of the lifetime* die Gesamtnutzungsdauer *(total lifetime)* oder die Restnutzungsdauer *(remaining life time)* gemeint ist. Aus IAS 17.4 ergibt sich keine eindeutige Antwort. Eine Bindung des Laufzeitkriteriums an die *total lifetime* ließe dieses bei Gebrauchtobjekten fast völlig ins Leere laufen. Ein Gebäude mit einer Gesamtnutzungsdauer von 30 Jahren wäre etwa, wenn es nach 10 Jahren Eigennutzung in einen 20-jährigen *lease* gegeben würde, schon nicht mehr als *finance lease* zu qualifizieren, da die Vertragsdauer nur noch 67 % der *total lifetime* betrüge.
- Zu sachgerechteren Ergebnissen führt die Interpretation des Laufzeitkriteriums als „*major part of the remaining lifetime*". Im Beispiel liegt dann ein *finance lease* vor. Um das Laufzeitkriterium überhaupt auf Gebrauchtobjekte anwenden zu können, muss es also geltungserhaltend i. S. v. *remaining lifetime* interpretiert werden.
- Mit dieser Interpretation besteht aber für eine kasuistische Sonderbehandlung besonders alter Objekte keine Rechtfertigung mehr. Das Alter spiegelt sich vielmehr allgemein im *remaining life* wider und bei gegebener Vertragslaufzeit damit auch im Laufzeitkriterium.

In Analogie zu dem mittlerweile aufgehobenen SIC 12.10 könnte der unbestimmte 41 Begriff **„überwiegender Teil"** *(major part)* ggf. auch i. S. e. **50-%-Grenze** interpretiert werden.[21] Gegen eine 50-%-Grenze spricht jedoch, dass „im Wesentlichen alle Risiken und Chancen" auf den Leasingnehmer übergehen müssen. Eine knappe Mehrheit dürfte hierzu wohl kaum ausreichen.[22]

Im Rahmen der Bestimmung der Mietzeit sind ebenfalls Vertragsverlängerungs- 42 optionen mit einzubeziehen (Rz 29). Ist deren Ausübung wegen garantierter Mietkonditionen unter dem Marktniveau oder aufgrund wirtschaftlicher Zwänge (vgl. bez. der Kaufoption Rz 35) schon bei Vertragsabschluss hinreichend sicher, verlängert sich die zu veranschlagende Mietzeit entsprechend. Ein wirtschaftlicher Zwang kann sich ebenfalls aus einer **Untervermietung** des Leasingobjekts ergeben (vgl. ausführlich Rz 173 ff.).

Problematisch wird die Bestimmung der Vertragslaufzeit, wenn die Verein- 43 barung zwar formal eine Mindestvertragsdauer vorsieht, der Leasingnehmer aber ein Recht auf vorzeitige **Kündigung** hat *(early termination clause)*.
- Für den Fall einer jederzeitigen Kündigungsmöglichkeit des Leasingnehmers ohne Vertragsstrafen oder ähnliche Abschlusszahlungen endet die Grundmietzeit mit dem frühestmöglichen Kündigungszeitpunkt.
- Ist eine Kündigung nur gegen eine Abschlusszahlung möglich, ergibt sich die Notwendigkeit einer Beurteilung der „Günstigkeit" der Option. Kompensiert die Abschlusszahlung das verbleibende Amortisationsrisiko des Leasinggebers, ist die Kündigungsoption für die Bestimmung der Grundmietzeit unbeachtlich.

Bei verbleibenden Unsicherheiten hinsichtlich der Vertragsdauer sind dem Barwerttest unterschiedliche Szenarien zugrunde zu legen (Rz 46 ff.). Ergibt das Szenario mit Nutzung der vorzeitigen Kündigungsmöglichkeit infolge hoher Vertragsstrafen einen höheren Barwert als das Szenario ohne vorzeitige Kündigung, ist für die Klassifizierung des *lease* ein Verzicht auf die vorzeitige Kündigung zu unterstellen.

---

[21] Vgl. HELMSCHROTT, WPg 2000, S. 426.
[22] Vgl. LÜDENBACH, PiR 2005, S. 31, und VATER, DStR 2002, S. 2096.

44 U. U. scheidet eine Klassifizierung eines Leasingverhältnisses über das Laufzeitkriterium im Einzelfall auch aus. So ergeben sich komplexe Schwierigkeiten für die Bestimmung der Grundmietzeit bei Beendigungsmöglichkeit eines laufenden Leasingverhältnisses durch Abschluss (i. S. e. **Austausches**) eines neuen *lease*.

> **Beispiel**
> Der Leasingnehmer LN least von Leasinggeber LG Computer-Hardware auf 4 Jahre. Während der Laufzeit des Vertrages hat LN das Recht, teilweise Hardware gegen neuere auszutauschen. Der Austausch begründet eine Verlängerung der Leasingperiode.

Die Beurteilung des Leasingverhältnisses richtet sich dann nach der Ausgestaltung des Anschlussleasingverhältnisses. Wird das Restwertrisiko des ursprünglichen Leasingverhältnisses bei Austausch des Leasingobjekts in den neuen *lease* übernommen, ist bei Vertragsabschluss von einem *finance lease* auszugehen. Anderes gilt mit der Folge einer Klassifizierung als *operating lease*, wenn der Leasinggeber erhebliche Restwertrisiken des Leasingobjekts übernimmt.

> **Beispiel**
> Der Leasingnehmer LN least seine gesamte Pkw-Flotte über den Leasinggeber und Pkw-Händler LG. Alle 2 Jahre hat LN die Möglichkeit zur Rückgabe eines dann gebrauchten Pkw im Austausch gegen einen neuen. LG kann die von LN 2 Jahre genutzten Pkw als Gebrauchtwagen in seinen Autohäusern veräußern und verzichtet daher auf eine Kompensation für Restwertrisiken. Der *lease* ist als *operating lease* zu klassifizieren.

45 Auch das Laufzeitkriterium zeichnet sich dogmatisch durch zwei Facetten aus (vgl. bez. der günstigen Kaufoption Rz 36): Wenn die Nutzungsüberlassung den überwiegenden Teil der wirtschaftlichen Nutzungsdauer abdeckt,
- übt einerseits der Leasingnehmer auf **Dauer die Herrschaft** über das Leasingobjekt aus,
- wird andererseits über die **Summe der Leasingraten** regelmäßig der überwiegende Teil des Amortisationsrisikos auf den Leasingnehmer übertragen.

Ob das Amortisationsrisiko übertragen wird, hängt vom Produkt aus Anzahl und Höhe der Leasingraten ab. Eine 1:1-Beziehung zwischen Laufzeit- und Amortisationsrisiko besteht daher nicht, hingegen ein zwingender Zusammenhang zwischen Vertragsdauer und Herrschaft über das Objekt. Dem Kriterium der dauernden Herrschaft kommt daher u. E. eine höhere Bedeutung zu, da es bei langer Vertragsdauer unabhängig von der Ausgestaltung der sonstigen Konditionen (Höhe der einzelnen Leasingraten etc.) gewährleistet ist.[23]

2.3.3 Barwertkriterium

2.3.3.1 Grundsatz

46 Das Barwertkriterium legt offen, welche Vertragspartei das Investitionsrisiko trägt. Auch beim Barwertkriterium **vermeidet IAS 17.10 bewusst die Vorgabe**

---

[23] Vgl. LÜDENBACH/FREIBERG, BB 2006, S. 259.

quantitativer Angaben, wie sie z. B. nach den US-GAAP relevant sind. Wie bei der Auslegung des Mietzeitkriteriums ist es möglich, sich aufgrund der fehlenden Konkretisierung an den US-GAAP zu orientieren.
Der Barwerttest wäre in Anlehnung an ASC Topic 840.10.25–1d erfüllt, wenn der Barwert der Mindestleasingzahlungen mindestens 90 % des beizulegenden Zeitwertes des Leasinggegenstandes zu Beginn des Leasingvertrages beträgt. Jede exakte Grenzziehung in der kommentierenden Literatur ist indes willkürlich, da der IASB als Regelgeber auch im Rahmen der Neuregelung durch das *Improvements Project* bewusst auf eine Quantifizierung verzichtet hat (vgl. Rz 38).[24] Ähnlich wie beim Nutzungsdauertest ist auch im Rahmen des Barwerttests auf das Gesamtbild der wirtschaftlichen Verhältnisse abzustellen, ein Unterschreiten der 90-%-Grenze also nicht hartes Kriterium *(bright line)* der Leasingklassifizierung.
Zur Anwendung des Barwertkriteriums folgendes Beispiel:

Beispiel[25]
Der Leasingnehmer LN least Anfang 01 von Leasinggeber LG Hardware auf 4 Jahre. Der Vertrag sieht weder eine Kaufoption für den LN noch ein Andienungsrecht für den LG, noch irgendeine Art von Restwertgarantie vor. Der Vertrag enthält auch keine Mietverlängerungsoption.
Für den Kauf der Hardware hat der LG 40.000 EUR entrichtet. Die jährlich vorschüssig zu leistenden Leasingraten betragen 10.800 EUR. Der Leasinggeber legt keinen Kalkulationszins offen. Im Bilanzierungshandbuch *(accounting manual)* des LN (Rz 38) ist weiterhin folgende Festlegung getroffen:
- „… Diskontierungssätze: Für Barwertberechnungen sind im Jahre 2005 folgende Werte anzusetzen: a) Leasingverträge: Grenzfremdkapitalkosten 6 % b) Langfristige Rückstellungen: …"

Beurteilung
Das Nutzungsdauerkriterium führt ggf. nicht zur Klassifizierung als *finance lease* (vgl. aber Rz 39). Eine **Barwertberechnung** ergibt Folgendes:
Der für eine Berechnung benötigte interne Zinssatz des Leasinggebers lässt sich nur ermitteln, wenn
- neben der Anfangsinvestition (40.000 EUR) und den laufenden Leasingzahlungen auch
- der voraussichtliche Restwerterlös des Leasinggebers nach Ablauf des Vertrags bekannt ist.

Letzteres ist hier der Fall, da ein Restwert von null unterstellt werden kann. Der interne Zinsfuß beträgt 5,4 % und führt zu einem Barwert von 100 %. Eine Berechnung nach der zweiten Alternative würde zu einem Barwert der Mindestleasingzahlungen (Zinssatz: 6 %) i. H. v. 39.669 EUR führen. Der Vertrag wäre auch hiernach als *finance lease* zu qualifizieren.

---

[24] Zu den damit verbundenen Unklarheiten und Gestaltungsspielräumen vgl. VATER, DStR 2002, S. 2094 ff.
[25] LÜDENBACH, PiR 2005, S. 31.

Neben der Referenzgröße für das Verhältnis zwischen dem beizulegenden Zeitwert des Leasingobjekts und dem Barwert der Mindestleasingzahlungen sind vor allem drei Informationen für die Klassifizierung des Leasingverhältnisses anhand des Barwerttests notwendig:
- **Mindestleasingzahlungen** des Leasingnehmers.
- Beizulegender Zeitwert (*fair value*) des Leasingobjekts.
- Zugrunde zu legender **Diskontierungszinssatz**.

2.3.3.2 Bestimmung der Mindestleasingraten

47 Die im Rahmen der Beurteilung des Barwerttests heranzuziehenden Mindestleasingraten sind für den Leasinggeber und den Leasingnehmer **nicht identisch**. Aus Sicht des Leasingnehmers umfassen die Mindestleasingraten sämtliche Zahlungen, die der Leasinggeber vom Leasingnehmer oder von einer mit dem Leasingnehmer **verbundenen Partei** (*related party*) i.S.v. IAS 24 (→ § 30 Rz 9) einfordern kann (IAS 17.4). Kosten, die im Zusammenhang mit dem Abschluss des Leasingverhältnisses anfallen (*initial direct costs*) und von dem Leasingnehmer übernommen werden, sind ebenfalls Bestandteil der Mindestleasingraten (ausgenommen sind Kosten, die im Zusammenhang mit Hersteller-/Händlerleasingverhältnissen verbunden sind; Rz 157). Zu den Mindestleasingzahlungen gehören auch vom Leasingnehmer übernommene Kosten des Leasinggebers, Sonderzahlungen,[26] Vertragsstrafen, Übernahme von Verpflichtungen (z.B. zum Rückbau; → § 21 Rz 91) und garantierte Restwerte (IAS 17.4). Darüber hinaus ist bei der Ermittlung der Mindestleasingraten auch der **Barwert** einer **günstigen Kaufoption** mit einzubeziehen.

48 **Zahlungen**, die der Leasingnehmer **vor Leasingbeginn** an den Leasinggeber leistet, sind ebenfalls als Bestandteil der Mindestleasingraten anzusehen. Im Barwerttest sind diese Zahlungen auf den Klassifizierungszeitpunkt aufzuzinsen. Als Zinssatz ist der entsprechende Diskontierungssatz für nach dem Klassifizierungszeitpunkt zu entrichtende Leasingzahlungen zugrunde zu legen.

> **Beispiel**
> Anfang 01 leistet der Leasingnehmer LN eine einmalige Zahlung von 10.000 EUR an den Leasinggeber LG. Beginn des Leasingverhältnisses ist Anfang 02, die Vertragslaufzeit endet Ende 10. Zukünftig sind jeweils zum Jahresende Leasingzahlungen i.H.v. 5.000 EUR vereinbart.
> Der Barwert der Mindestleasingraten ergibt sich unter Berücksichtigung eines internen Zinssatzes des Leasingnehmers i.H.v. 10 % wie folgt: Der Barwert Anfang 02 der zukünftigen Leasingzahlungen (bis Ende 10) beträgt 28.795 EUR. Zusätzlich ist für den Barwert der Mindestleasingzahlungen noch die aufgezinste Einmalzahlung i.H.v. 11.000 EUR zu berücksichtigen. Der Barwert beträgt insgesamt also 39.795 EUR.

---

[26] Analog für die IFRS heranzuziehende Beispiele für Sonderzahlungen sind Finanzgeschäfte (Investition/Kreditvergabe) mit dem Leasinggeber, Zahlungen an eine Leasingobjektgesellschaft (siehe EITF 96–21, Frage 6, aufgenommen in ASC Topic 840) sowie Zahlungen im Zusammenhang mit einem Säumnis (default) des Leasingnehmers (siehe EITF 97–1, aufgenommen in ASC Topic 840), die der Leasingnehmer trägt.

Zahlungen vor dem Beginn des Leasingverhältnisses sind von dem Leasingnehmer als auch vom Leasinggeber **abzugrenzen**. Wegen Einzelheiten wird auf Rz 20 verwiesen.

Bedingte Leasingraten (*contingent rent*) sind definiert als der Teil der zukünftigen Leasingraten, der von zukünftigen, ungewissen Ereignissen (z. B. Nutzungsintensität, Preisindexentwicklung, Umsatz etc.) abhängt. Sie sind **nicht Bestandteil der Mindestleasingzahlungen** (IAS 17.4). Sie fließen weder in den Barwerttest ein noch in die Bewertung der Leasingverbindlichkeit bzw. -forderung beim *finance lease*. Sie sind daher bei *finance leases* als Aufwand (Leasingnehmer) bzw. Ertrag (Leasinggeber) der Periode zu erfassen, in welcher der ungewisse Teil anfällt. 49

Bei voller Koppelung der Leasingzahlungen an einen **Preisindex** besteht nicht nur die Möglichkeit der **Steigerung** der Leasingzahlungen, sondern theoretisch auch die Möglichkeit der **Verringerung** der Zahlungen durch negative Inflationsraten. 50

- Bei **extensiver Auslegung** des Bedingungsbegriffs wäre die zukünftige Leasingrate in beinahe voller Höhe kontingent, da hoch negative Inflationsraten zwar extrem unwahrscheinlich, aber nicht völlig ausgeschlossen sind.
- **Sachgerechter** scheint hier unter Beachtung des **Stichtagsprinzips** ein Abstellen auf die **Preisverhältnisse zum Beurteilungszeitpunkt**. Die Ausgangsrate der Leasingzahlungen wird demzufolge als unbedingt angesehen, jede mögliche Abweichung nach oben oder unten in den Mindestleasingzahlungen vernachlässigt.
- Nach noch großzügigerer Auffassung würden die zukünftigen Leasingraten auf Basis der aktuellen Inflationsrate in die Mindestleasingzahlungen eingehen. Diese Ansicht würde sich u. E. nicht mit dem Stichtagsprinzip vertragen, da die Annahme, die zukünftige Inflationsrate entspreche der aktuellen, z. B. im Widerspruch zur aktuellen Marktbewertung von Terminkontrakten auf Preisindizes stehen kann. Andererseits ist aber der Diskontierungszins ein Nominalzins (z. B. der Zins für Bundesanleihen), enthält also Inflationserwartungen. Zur Wahrung der Konsistenz müsste daher auch der Diskontierungszinssatz um die Inflationserwartung bereinigt werden. Lediglich aus Vereinfachungsgründen ist es hier nicht zu beanstanden, wenn umgekehrt die Zahlungsreihe um die aktuelle Inflationsrate erweitert wird.

> **Beispiel**
> Die Leasingraten sind an die Entwicklung der Inflationsrate gebunden. Die (realen) Leasingzahlungen vor Berücksichtigung der Inflationseffekte betragen 10.000 EUR p. a. (endfällig). Zu Vertragsbeginn wird eine Inflationsrate von 2,0 % festgestellt. Der zugrunde zu legende Nominalzins beträgt 7,0 %. Werden für die Bestimmung des Barwerts der Mindestleasingzahlungen die zukünftigen Leasingzahlungen i. H. v. 10.000 EUR angesetzt, ist aus dem bekannten Nominalzinssatz die Inflationskomponente (über die Fisher-Gleichung) herauszurechnen. Der zugrunde zu legende Realzins beträgt dann 4,9 %. Zum gleichen Ergebnis kommt man, wenn die Leasingzahlungen jährlich um die im Nominalzins enthaltene Inflationskomponente erhöht werden.

Umsatzabhängige Bestandteile der Leasingraten sind ebenfalls nicht Bestandteil der Mindestleasingzahlungen. 51

> **Beispiel**
> Die Leasingrate für ein Geschäft in der Abfertigungshalle eines Flughafens beträgt monatlich mindestens 2.000 EUR. Darüber hinaus schuldet der Leasingnehmer zusätzlich 0,1 % seines Monatsumsatzes. Der erzielte Umsatz betrug in den letzten 2 Jahren durchschnittlich 250.000 EUR/Monat, der danach erwartete umsatzabhängige Teil der Miete also 250 EUR/Monat. Die Mindestleasingrate beträgt nur 2.000 EUR. Die umsatzabhängige Zahlung ist als eine *contingent rent* und nicht als Bestandteil der Mindestleasingraten zu berücksichtigen. Auch die hohe Wahrscheinlichkeit der zukünftigen Zahlungen (belegt durch die Vergangenheit) führt jedenfalls nicht zu einer Berücksichtigung der umsatzabhängigen Zahlung, wenn wie im Beispiel der Schwerpunkt bei dem nicht umsatzabhängigen Teil liegt.
>
> **Variante**
> Die Miete ist voll umsatzabhängig. Sie beträgt maximal 2.000 EUR, im Übrigen 0,9 % des Monatsumsatzes nach den Verhältnissen der letzten Jahre, also 2.250 EUR/Monat.
> Bei extensiver Auslegung ist die Miete in vollem Umfang kontingent. Wegen der hohen Wahrscheinlichkeit ist auch vertretbar, eine unbedingte Miete von 2.000 EUR anzunehmen.

Von der **Nutzungsintensität** abhängige Zahlungen sind i. d. R. zwar ebenfalls nicht Bestandteil der Mindestleasingzahlungen, der erwartete Aufwand bei einer wahrscheinlichen Verpflichtung ist aber dennoch über die Perioden der Nutzung des Leasingobjekts zu verteilen.[27]

> **Beispiel**
> Leasinggeber und Leasingnehmer vereinbaren für eine über 4 Jahre zur Verfügung gestellte Maschine neben den laufenden Raten eine endfällige Einmalzahlung i. H. v. 10.000 EUR, wenn die gefahrenen Maschinenstunden die Vertragsdauer von 1.000 Stunden übersteigen. Erwartet wird eine Nutzung von 1.500 Stunden. Die Zahlung ist i. S. v. IAS 17.4 eine *contingent rent* und wird nicht in die Mindestleasingzahlungen einbezogen. Da die Leistung der Zahlung vom Leasingnehmer allerdings als wahrscheinlich angesehen wird, grenzt dieser jährlich 2.500 EUR (sonstiger betrieblicher Aufwand an Schuld) ab, und zwar sowohl bei einem *operating* als auch bei einem *finance lease*.

52 Bedingte Leasingzahlungen können als **eingebettete Derivate** (*embedded derivatives*) zu würdigen sein. Neben der Einbeziehung in die Mindestleasingzahlungen stellt sich hier die Frage, ob das Derivat nicht „*closely related*" zu dem Risiko aus dem Leasingvertrag *(host contract)* und daher **getrennt** von diesem zu **bilanzieren** ist (ausführlich → § 28 Rz 9).
- Bei **inflationsabhängigen Leasingzahlungen** (*inflation-indexed rentals*) ohne vertraglich fixierte (Mindest-)Steigerungsrate scheidet die separate Erfassung eines Derivats aus, da Inflationsauswirkungen als „*closely related*"

---

[27] Analoge Vorgaben finden sich in EITF 98–09, aufgenommen in ASC Topic 840.

zum *host contract* gelten. Eine abweichende Beurteilung und daher ein Zwang zur Separierung eines Derivats ergibt sich bei einer nicht proportionalen Abhängigkeit der Leasingzahlungen von der Inflationsentwicklung (z.B. x-fache Inflationsveränderung der Leasingzahlungen mit x ungleich 1).[28]

- Als *closely related* und daher nicht separat als Derivat zu erfassen gelten auch vom **Umsatz** oder der Entwicklung des **Zinsniveaus** abhängige Leasingzahlungen.
- Ob bei **wechselkursabhängigen** Leasingzahlungen eine Trennung in Grundgeschäft *(leasing)* und eingebettetes Fremdwährungsderivat erforderlich ist, hängt von der Beurteilung des Einzelfalls ab. Danach ist bei in Fremdwährung valutierenden **nicht finanziellen** Verträgen, etwa über den Kauf oder Verkauf von Vorräten, kein trennungspflichtiges Derivat gegeben, wenn die Fremdwährung funktionale Währung des Kontraktpartners ist oder (wie in von Hochinflation bedrohten Ländern) allgemein bei derartigen Transaktionen genutzt wird. U.E. ist das *leasing* (im Gegensatz zu den aus dem Leasing resultierenden Forderungen und Verbindlichkeiten) kein Finanzinstrument und daher als nichtfinanzieller Vertrag anzusehen. Unter den genannten Bedingungen ist daher auf eine Separierung des Derivats zu verzichten.

Zahlungen, die für **Service, Wartung, Versicherung und Steuern** anfallen (*executory costs*), gehören nicht zu den Mindestleasingraten. 53

> **Beispiel**
> Der Leasingnehmer LN least Anfang 01 von Leasinggeber LG einen Fotokopierer für 3 Jahre. In der monatlichen Leasingrate von 100 EUR sind Toner, Papier und Wartung enthalten. Für den Service auf gleichen Kopierern, die LN erworben hat, berechnet LG monatlich 25 EUR. Zur Bestimmung der Mindestleasingraten sind daher die 100 EUR um die 25 EUR Serviceentgelt zu kürzen.

Sind in den Konditionen des Leasingverhältnisses von der Nutzungsintensität abhängige Zahlungen vereinbart, aber nicht offengelegt, ist eine Separierung auf Basis der **relativen** *fair values* (gem. IFRIC 4.12) erforderlich (vgl. Rz 13).

Aus Sicht des Leasinggebers gehören zu den Mindestleasingraten auch Restwertgarantien (Rz 26), die ihm vom Leasingnehmer, einer mit dem Leasingnehmer verbundenen Partei oder einer unabhängigen Partei eingeräumt werden (IAS 17.4). Das betrifft z.B. **Rücknahmeverpflichtungen seitens des Herstellers** gegenüber dem Leasinggeber und vom Leasinggeber abgeschlossene **Restwertversicherungen**, aber auch vom Leasingnehmer zu tragende **Rückbauverpflichtungen** (→ § 21 Rz 91). Ein Andienungsrecht des Leasinggebers ist einem garantierten Restwert gleichzusetzen und deshalb bei der Ermittlung der Mindestleasingzahlungen ebenfalls zu berücksichtigen. 54

In Deutschland werden nicht selten beim Immobilienleasing **Mieterdarlehen** vereinbart (Rz 26). Im Gegensatz zu traditionellen Kreditgeschäften (Kreditausgabe heute, Zins- und Tilgungszahlung in Zukunft) bauen sich Mieterdarlehen über die Vertragslaufzeit sukzessiv auf und sind erst am Ende der Laufzeit 55

---

[28] Vgl. ERNST & YOUNG, Financial Reporting Series – Accounting for Leases, December 2005, L321.

des Leasingvertrages durch den Leasinggeber zurückzuzahlen. Die von dem Leasingnehmer während des Aufbaus des Mieterdarlehens zu leistenden Zahlungen lassen sich somit in ein Entgelt für die Nutzung des Vermögenswerts und sukzessive Darlehensauszahlungen trennen.
In wirtschaftlicher Betrachtung kommt dem Mieterdarlehen die Funktion einer **verdeckten Restwertgarantie** zu.[29] Ist bei Beendigung des Leasingverhältnisses als relevante Sicherheit für das Darlehen ausschließlich das Leasingobjekt heranzuziehen, gilt:
- Kann das Leasingobjekt **zu einem restwertdeckenden Preis veräußert** werden, wird das Mieterdarlehen vollständig zurückgezahlt.
- Kann das Leasingobjekt **nicht restwertdeckend veräußert** werden, muss der Leasinggeber ggf. vertraglich, mindestens aber faktisch anteilig auf die Rückzahlung des Mieterdarlehens verzichten.

Wegen dieser Abhängigkeit des Darlehens vom Restwert zählen die vom Mieter an den Vermieter geleisteten Darlehensauszahlungen zu den zu berücksichtigenden **Mindestleasingzahlungen** (IAS 17.11b) und sind daher in den nach IAS 17.10d vorzunehmenden Barwerttest einzubeziehen. Maßgeblich ist hierbei i.d.R. die planmäßige **Restvaluta** des Mieterdarlehens am Ende des Vertragsverhältnisses. Eine dies ggf. kompensierende Einbeziehung der Darlehensrückzahlung mit negativem Vorzeichen in den Barwerttest kommt hingegen regelmäßig wegen der Unsicherheit der Rückzahlung nicht infrage (*contingent rent*; Rz 49).

> **Beispiel**[30]
> Die LN AG least Anfang 01 ein neu errichtetes Verwaltungsgebäude (Investitionskosten 6 Mio. EUR, Nutzungsdauer 30 Jahre) von der Leasingobjektgesellschaft LG GmbH & Co KG, die das Verwaltungsgebäude als einzigen Vermögenswert über die Bank B (als Gründer der LG) fremdfinanziert. Die Parteien vereinbaren eine Vertragsdauer von 20 Jahren, nach deren Ablauf LN ein Vorkaufsrecht für das Gebäude hat. Die jährlichen Leasingraten belaufen sich auf 400 TEUR. Aufgrund des Zins- und Tilgungsplans der Bank verlangt LG zusätzlich die Gewährung eines zum Vertragsende rückzahlbaren Mieterdarlehens mit einer jährlichen Darlehenszahlung von weiteren 100 TEUR p.a., zu dessen Besicherung nur das Verwaltungsgebäude dient. Über Eigenkapital relevanter Größenordnung verfügt die KG nicht.
> Die Summe der jährlichen Mindestleasingzahlungen beträgt 500 TEUR. Der interne Leasingzinssatz des Leasinggebers ist der A bekannt und beträgt 5,45 % p.a., der Rentenbarwertfaktor somit 12,0.
> Die Valuta des Darlehens am Ende der Vertragslaufzeit beträgt 2 Mio. EUR. Da die Rückzahlung des Mieterdarlehens der Höhe nach unsicher ist, ist der Rückzahlungsbetrag nicht kürzend im Barwertkalkül zu berücksichtigen. Der Barwert der Mindestleasingraten beträgt daher 6 Mio. EUR (12 × 400 TEUR aus dem Leasingvertrag + 12 × 100 TEUR aus dem Mieterdarlehen) und entspricht damit den Investitionskosten. Es liegt ein *finance lease* vor. A hat das Verwaltungsgebäude zu bilanzieren.

---

[29] Vgl. LORENZ, in: Rechnungslegung für Banken nach IAS, 2003, S. 451.
[30] Entnommen aus FREIBERG, PiR 2006, S. 92ff.

Leasing § 15

Durch die Einbeziehung der Darlehensauszahlungen (ohne Kürzung um die unsichere Rückzahlung) wird i.d.R. das **Barwertkriterium** regelmäßig mit der Folge der Zurechnung des wirtschaftlichen Eigentums beim Leasingnehmer erfüllt.

Im Zusammenhang von vereinbarten **Verlustabdeckungen** (Rz 25) im Fall der **Kündigung** eines Leasingverhältnisses ist Folgendes beachtlich: 56
- Nicht jede Vereinbarung hinsichtlich einer Verlustabdeckung führt automatisch zu einem *finance lease*. Vielmehr sind bei Vorliegen einer entsprechenden Kündigungsklausel ggf. **Barwerttests** in **unterschiedlichen Szenarien** anzustellen (entweder reguläre Beendigung des Vertragsverhältnisses oder bei Kündigungsmöglichkeiten der Parteien ein Kündigungsszenario).
- **Doppelzählungen** (Zahlungen bis zum Ende der Vertragslaufzeit **und** der Verlustabdeckung bei Kündigung) bei der Berechnung des Barwerts der Mindestleasingzahlungen sind zu **vermeiden**.

> **Beispiel**
> Zwischen dem Leasinggeber und dem Leasingnehmer wird ein Leasingvertrag über ein Gebäude abgeschlossen. Es wird weder eine günstige Kaufoption noch eine günstige Verlängerungsoption eingeräumt. Spezialleasing liegt ebenfalls nicht vor. Der Barwerttest über die vereinbarte Vertragsdauer (reguläre Beendigung unterstellt) führt zu einem Barwert von 70 % des beizulegenden Zeitwerts des Gebäudes.
> Der Leasingvertrag enthält ein Kündigungsrecht nach 3/4 der vertraglichen Nutzungsdauer, welches mit einer Verlustabdeckungsklausel (*first-loss*-Garantie des Leasingnehmers) verbunden ist.
>
> **Lösung**
> Ein Barwerttest unter der Prämisse der Vertragskündigung und Diskontierung der gezahlten Leasingraten bis zur Kündigung (3/4 der Laufzeit) und der vereinbarten Verlustabdeckungssumme führt zu einem Barwert von 97 % des beizulegenden Zeitwerts des Gebäudes. Der Leasingvertrag begründet ein *finance lease*, da der Leasinggeber über die Ausübung der Kündigungsmöglichkeit das wirtschaftliche Eigentum auf den Leasingnehmer überträgt.

2.3.3.3 Beizulegender Zeitwert des Leasingobjekts

Der dem Barwert der Mindestleasingzahlungen **gegenüberzustellende** beizulegende Zeitwert des Leasingobjekts ergibt sich aus dem Wert, zu dem voneinander unabhängige und vertragswillige Parteien einen Tausch vereinbaren würden. Wenn der Leasinggeber kein Hersteller/Händler ist, ergeben die Investitionskosten des Leasinggebers den besten Anhaltspunkt für den beizulegenden Zeitwert des Leasingobjekts. 57

Werden **Ertrags- oder DCF-orientierte Bewertungsverfahren** zur Bestimmung des beizulegenden Zeitwerts herangezogen, ist Folgendes zu beachten: Der *fair value* des Leasingobjekts ist unabhängig von dem Leasingverhältnis (also ex ante) zu bestimmen. Für die Bestimmung des Zeitwerts über ein *discounted-cash-flow*-Verfahren ist daher vorrangig auf marktbasierte Zahlungsströme aus der Nutzung des Leasingobjekts zurückzugreifen. In den Zahlungsströmen sind keine ungünstigen *(unfavorable)* oder günstigen *(favorable)* Konditionen des Leasingverhältnisses zu berücksichtigen. Ein Rückgriff auf die vertraglich vereinbarten Leasingzahlungen ist u. E. daher nur nach vorheriger Prüfung der Marktüblichkeit der Leasingraten zulässig.

Hinsichtlich des beizulegenden **Zeitwerts**, dem Vergleichsmaßstab des Barwerttests, sind im Rahmen der Klassifizierung Anpassungen für erhaltene Zuschüsse oder (steuerliche) Investitionszulagen (→ § 12 Rz 25) wegen der dadurch bedingten Kürzung des Investitionswerts vorzunehmen (zur Begrenzung der Berücksichtigung für die Klassifizierung vgl. Rz 121), wenn diese nicht an den Leasingnehmer weitergeleitet werden.[31] I.d.R. sind dem Leasingnehmer mögliche Zuschüsse und Steuervergünstigungen bekannt, er wird deswegen einer Leasingverbindlichkeit vor Abzug dieser Vergünstigungen bei der Übernahme des wirtschaftlichen Eigentums nicht zustimmen.

> **Beispiel**
> Im Rahmen des Mittelstandprogramms der KfW wurden Investitionen in Geschäftsimmobilien (Firmengründungen) mit einem vergünstigten Kreditangebot bezuschusst. Voraussetzung für die Gewährung der vergünstigten Finanzierungskonditionen im Rahmen eines Leasinggeschäfts zwischen einer Bank und dem anspruchsberechtigten Mittelständler war die Einräumung einer „günstigen" Kaufoption (zum steuerlichen RBW des Investitionsobjekts) nach Ablauf der Vertragsdauer.
> Sowohl Leasingnehmer als auch Leasinggeber haben den Konditionen für die Inanspruchnahme der KfW-Förderung zugestimmt. Die Leasingraten werden anhand der Gesamtinvestitionskosten und der Barwert der Mindestleasingraten unter Rückgriff auf den Refinanzierungszinssatz der Bank unter Anrechnung des Finanzierungszuschusses der KfW bestimmt.
>
> **Beurteilung**
> Bei dem zwischen den Parteien abgeschlossenen Leasingverhältnis handelt es sich um ein *finance lease*. Die Feststellung anhand des Barwertkriteriums muss hinsichtlich des Vergleichs mit dem beizulegenden Zeitwert (den Gesamtinvestitionskosten) berücksichtigen, dass der Barwert der Mindestleasingraten durch den Zuschuss der KfW nicht mehr 1:1 mit dem beizulegenden Zeitwert des Leasingobjekts zu vergleichen ist.

58 Lässt sich der **beizulegende Zeitwert** des Leasingobjekts **nicht verlässlich bestimmen,** darf auf das Barwertkriterium nicht zurückgegriffen werden. In der Praxis ergeben sich Probleme der verlässlichen Bestimmung des beizulegenden Zeitwerts eines Leasingobjekts immer dann, wenn **mehrere Nutzer** auf ein Leasingobjekt zurückgreifen.

> **Beispiel**
> Ein Mobilfunkanbieter erwirbt ein 15-jähriges Nutzungsrecht an einem bereits bestehenden Antennenträger zur Befestigung der eigenen Sendetechnik (Antenne, BTS etc.).

---

[31] Bis 1997 so auch in IAS 17 festgehalten.

> Zwar lässt sich ein beizulegender Zeitwert für den Antennenträger als Ganzes ermitteln (zu den Verfahren → § 31 Rz 101 ff.), eine Verteilung auf einzelne Antennenplätze ist allerdings nicht zuverlässig möglich. Damit kann der Barwerttest nicht angewandt werden.

2.3.3.4 Maßgebender Zinssatz

Zur Bestimmung des Barwerts der Mindestleasingraten ist ein **Abzinsungssatz** heranzuziehen. Dieser stimmt aus Sicht des Leasinggebers und des Leasingnehmers häufig **nicht überein**.[32]

- Aus der Perspektive des **Leasinggebers** spiegelt der Zinssatz zur Diskontierung zukünftiger Leasingzahlungen die interne Verzinsung *(rate implicit in the lease)* der Investition in das Leasingobjekt wider. Die Höhe des Zinssatzes ergibt sich aus der Rendite einer Alternativanlage des Leasinggebers.
- Zur Ermittlung des Barwertes der Mindestleasingzahlungen hat der **Leasingnehmer** gleichfalls den dem Leasingverhältnis zugrunde liegenden Zinssatz als Diskontierungszinssatz zu verwenden, sofern er diesen in praktikabler Weise ermitteln kann. Ist dies nicht der Fall, hat er seinen eigenen **Grenzfremdkapitalzinssatz** *(incremental borrowing rate)* zu verwenden (IAS 17.20).

Aus Sicht des Leasinggebers ergeben sich in der Praxis keine Probleme zur Bestimmung des anzuwendenden Abzinsungssatzes. Aus der Sicht des Leasingnehmers stellt sich allerdings regelmäßig die Frage nach dem „geeigneten" Abzinsungssatz, wenn der Leasinggeber dem Leasingnehmer seinen internen Zinssatz bzw. die notwendigen Parameter zur Kalkulation **nicht zur Verfügung** stellt.

Zur Ermittlung des Barwertes der Mindestleasingzahlungen ist aus Sicht des Leasingnehmers vorrangig der **interne Zinssatz** des Leasinggebers als Abzinsungsfaktor heranzuziehen. Wird dieser von dem Leasinggeber nicht zur Verfügung gestellt, ergibt er sich aus dem Zinssatz, mit dem die Summe der Leasingzahlungen einschließlich des nicht garantierten Restwertes diskontiert werden muss, sodass sich der ergebende Barwert und der (ggf. um Zuschüsse korrigierte) beizulegende Zeitwert des Leasingobjektes zu Beginn des Leasingverhältnisses entsprechen.

Zur **Berechnung des internen Zinssatzes** des Leasinggebers sind aus Sicht des Leasingnehmers folgende Zahlungen mit einzubeziehen:

	Leasingraten
+	Zahlungen bei Ausübung eines Andienungsrechts durch Leasinggeber*
+	Zahlungen aufgrund von Restwertgarantien einer dem Leasingnehmer zuzurechnenden Partei*
+	Zahlungen aufgrund von günstigen Kauf-/Verlängerungsoptionen*
+	Sonstige nicht in den Leasingraten enthaltene Zahlungen des Leasingnehmers an den Leasinggeber (separat berechnete Verwaltungskosten, Vertragskosten etc.; ausdrücklich jedoch nicht Steuererstattungen oder Kosten für lfd. Dienstleistungen)
=	Mindestleasingzahlungen aus Sicht des Leasingnehmers

---

[32] Ausführlich FREIBERG, Diskontierung in der Internationalen Rechnungslegung, Rz 357 ff.

| + Zahlungen aufgrund von Restwertgarantien einer dem Leasinggeber zuzurechnenden Partei
| = Mindestleasingzahlungen aus Sicht des Leasinggebers
| + nicht garantierte Restwerte
| = Berechnungsbasis für internen Zinssatz
|
| * Doppelerfassungen sind zu vermeiden. Zahlungen z. B. für ein Andienungsrecht des Leasinggebers können nicht zugleich als Zahlungen für die Ausübung einer Kaufoption beim Leasingnehmer berücksichtigt werden.

Ein vom Leasingnehmer offengelegter Zinssatz kann u. E. nicht ohne weitere **Plausibilitätsprüfung** übernommen werden. Insbesondere Annahmen in Bezug auf den nicht durch die Zahlungen des Leasinggebers gesicherten Restwert sind dabei kritisch zu würdigen (Rz 33 und Rz 34).

61

Beispiel

Ein Leasingnehmer least ab dem 1.1.01 eine Anlage mit einem beizulegenden Zeitwert zu Beginn des Leasingvertrages von 250.000 EUR über eine Grundmietzeit von 5 Jahren. Die wirtschaftliche Nutzungsdauer wird auf 8 Jahre geschätzt. Die jährlichen (nachschüssigen) Leasingraten betragen 67.600 EUR, davon entfallen 2.400 EUR auf Vertragsnebenkosten. Der interne Zinssatz des Leasinggebers ist dem Leasingnehmer nicht bekannt. Es findet kein Vermögensübergang am Ende der Laufzeit auf den Leasingnehmer statt; es besteht auch keine günstige Kauf- oder Mietverlängerungsoption des Leasingnehmers. Auf Nachfrage bestätigt der Leasinggeber dem Leasingnehmer, dass er von einem Restwert von 50 % des Zeitwerts zu Beginn des Leasingverhältnisses (also 125.000 EUR) ausgehe.

Der Zinssatz der teuersten Darlehensfinanzierung des Leasingnehmers beträgt 9,5 %.

Zur Prüfung des Barwertkriteriums *(recovery of investment test)* werden in einem ersten Schritt die vom Leasingnehmer zu zahlenden Leasingraten mit dem internen Zinssatz des Leasinggebers diskontiert, da der Leasinggeberzinssatz von dem Leasingnehmer bestimmt werden kann. Der interne Zinssatz wird unter Berücksichtigung der um die Vertragsnebenkosten bereinigten Leasingraten (65.200 EUR) und des Restwerts i. H. v. 50 % mit ca. 19 % bestimmt. Der (quasi-risikolose) Zinssatz liegt im Vergleich für 5-jährige Bundesanleihen unter 4 %.

Der Barwert der Mindestleasingraten beträgt unter Berücksichtigung des dem Leasingvertrag zugrunde liegenden Zinssatzes von 19 % und einer Grundmietzeit von 5 Jahren insgesamt 198.194 EUR. Das entspricht 79 %, damit nicht „im Wesentlichen dem beizulegenden Zeitwert des Leasingobjektes".

Das im Beispiel erzielte Ergebnis überzeugt allerdings nicht:
- Der Vermögenswert hat eine wirtschaftliche Nutzungsdauer von 8 Jahren, also am Ende der Vertragslaufzeit noch eine Restnutzungsdauer von 3/8 (= 37,5 %). Im Vergleich hierzu ist der angegebene Restwert von 50 % nicht

ohne weiteres plausibel. Ohne stützende zusätzliche Informationen wäre die Annahme daher nicht brauchbar.

- Zum anderen erscheint der interne Zinssatz mit 19 % sowohl mit Blick auf den Kapitalmarkt als auch mit Blick auf die sonstigen Finanzierungskosten des Leasingnehmers unverhältnismäßig hoch. Auch hier ist ohne weitere Informationen eine Plausibilität nicht gegeben.

Verallgemeinert gilt daher: Ein Rückgriff auf den über die Restwertannahme ermittelten internen Zinssatz des Leasinggebers ist u.E. dann nicht möglich, wenn die Annahmen nicht nachvollziehbar bzw. plausibel sind. In diesem Fall ist der Diskontierungszins über die Grenzfinanzierungskosten des Leasingnehmers zu bestimmen.

Sofern der Leasingnehmer den Leasinggeberzinssatz **nicht explizit kennt**, hat der Leasingnehmer den Zinssatz anzuwenden, den er 62

- entweder in einem vergleichbaren Leasingverhältnis (gleiches Leasingobjekt, gleiche Sicherheiten und Laufzeit) entrichten müsste oder
- bei einem unterstellten (bank)finanzierten Kauf über eine vergleichbare Laufzeit hätte aufwenden müssen (**Leasingnehmerzinssatz** bzw. **Grenzfremdkapitalzinssatz**, *lessee's incremental borrowing of interest;* IAS 17.4).

Hat der Leasingnehmer im Rahmen der Finanzierungsverhandlungen für ein bestimmtes Leasingobjekt mehrere Finanzierungsalternativen zur Auswahl, kann bei fehlender Kenntnis des internen Zinssatzes des Leasinggebers zur Bestimmung des Grenzfremdkapitalzinssatzes auf einen Zinssatz, der sich aus dem Eingehen eines **vergleichbaren Leasingverhältnisses** ergeben hätte, abgestellt werden. 63

> **Beispiel**
> Ein Leasingnehmer LN holt bei drei verschiedenen Leasinggebern (A, B und C) Angebote für die Finanzierung eines Leasingobjekts ein. Der Vertrag wird mit A abgeschlossen. Aus den Vertragsunterlagen lässt sich der interne Zinssatz nicht ableiten. B und C legen allerdings mehr Informationen als A offen. Dabei ist nur die Leasingkondition des C mit der von A vergleichbar. Das Leasingangebot von B sieht eine längere Vertragsdauer vor und scheidet daher als Vergleich aus.
> Aus den Konditionen des C ergibt sich ein interner Zinssatz von 10 %. In der Bestimmung des Barwerts der Mindestleasingraten stellt LN auf die 10 % als Grenzfremdkapitalkostensatz ab.

IAS 17 enthält keine konkreten Regeln zur Ermittlung des Grenzkapitalkostensatzes. Ohne Informationen über die Höhe des Zinssatzes alternativer Leasingverhältnisse ist u.E. auf den Zinssatz abzustellen, der bei einem **vollständig fremdfinanzierten Kauf** aufgebracht werden müsste. Der Rückgriff auf Eigenkapitalkosten oder gewichtete Kapitalkosten (WACC) ist nicht zulässig, da diese Größen gerade nicht die Fremdkapitalkosten darstellen. 64

Bei fiktiv fremdfinanziertem Kauf ist regelmäßig eine **Mischfinanzierung** zu unterstellen. Eine Bank wird bei großen Volumina i.d.R. nur einen Teil der Finanzierung durch ein besichertes Darlehen gewähren, der verbleibende Teil 65

wird demnach von dem Leasingnehmer durch ein unbesichertes Darlehen oder Mezzanine-Finanzierungen zu beschaffen sein.
- Für den **besicherten Teil** ist dann u. E. der laufzeitäquivalente Basiszins (Festsatzeinstand der Bank) zzgl. einer Marge maßgeblich,
- für den **unbesicherten Teil** ein höherer Zinssatz.[33]

Bei Unterstellung einer Mischfinanzierung sind die Grenzfremdkapitalkosten methodisch zwangsläufig als gewichteter Durchschnitt der Kosten des besicherten und des unbesicherten Teils abzuleiten. Die konkrete Höhe der für den unbesicherten Teil zugrunde gelegten Finanzierungssätze hängt von der individuellen Bonität des Leasingnehmers und der Qualität des Leasingobjekts, vor allem aber auch dem Volumen der Finanzierung im Verhältnis zur Größe des Unternehmens ab.

> **Beispiel**
> Leasingnehmer LN, **Bilanzsumme 1 Mrd.**, least eine Immobilie mit Anschaffungskosten i. H. v. 50 Mio. EUR über eine Laufzeit von 25 Jahren. LN könnte den Kauf der Immobilie durch ein **besichertes** Darlehen i. H. v. 30 Mio. EUR zu einem Zinssatz von 6 % und ein **unbesichertes** Darlehen von 20 Mio. mit einem Zinssatz von 9 % entsprechend dem Finanzierungssatz von Betriebsmittelkrediten ähnlichen Volumens finanzieren.
> Der sich daraus ergebende gewichtete Fremdkapitalzinssatz, der für die Leasingbeurteilung heranzuziehen wäre, beläuft sich auf 7,2 % (= 60 % × 6 % + 40 % × 9 %).
>
> **Variante**
> Leasingnehmer LN, **Bilanzsumme** bisher **100 Mio.**, vereinbart einen *sale and lease back* über seine gesamten Immobilien, deren Buch- und Zeitwert 50 Mio. beträgt. Angesichts der Größenordnung des Geschäfts wird für die nachrangige unbesicherte Finanzierung ein Zinssatz angenommen, der den Renditeforderungen von *venture-capital*-Organisationen entspricht, also etwa 25 %.
> Bei sonst gleichen Prämissen ergeben sich nun Fremdkapitalkosten von 13,6 % (= 60 % × 6 % + 40 % × 25 %). Der Barwerttest wird bei solch hohem Diskontierungszins meistens nicht mehr zu einem *finance lease* führen.

Für den (seltenen) Fall, dass der Leasingnehmer aufgrund seiner **schlechten Bonität** keine Fremdfinanzierung bekommen könnte, ist u. E. auf den beobachtbaren Fremdfinanzierungszinssatz für das nachrangigste Fremdkapital zurückzugreifen.[34] Dieser stellt somit auch die **Obergrenze** des Grenzfremdkapitalkostensatzes eines Unternehmens dar.

66 Die Anwendung des Grenzfremdkapitalzinssatzes ist jedoch dann ausgeschlossen, wenn der Leasingnehmer den **Leasinggeberzinssatz** in praktikabler Weise **berechnen** kann (IAS 17.20). Hierzu benötigt der Leasingnehmer Informationen über Investitionszuschüsse des Leasinggebers und nicht bzw. von Dritten garantierte Restwerte.

---

[33] Vgl. ERNST & YOUNG, Financial Reporting Series – Accounting for Leases, December 2005, L.345.
[34] Vgl. ERNST & YOUNG, Financial Reporting Series – Accounting for Leases, December 2005, L.348.

Leasing § 15

> **Beispiel**
> Ein Leasingnehmer mietet am 1.1.01 eine Anlage mit einer wirtschaftlichen Nutzungsdauer von 6 Jahren über eine Grundmietzeit von 5 Jahren. Die jährlichen Leasingraten betragen 75.000 EUR. Es besteht eine Kaufoption für den Leasingnehmer zum Erwerb der Anlage am Ende der Vertragslaufzeit für 29.000 EUR. Der Zeitwert im Ausübungszeitpunkt wird auf 40.000 EUR geschätzt. Der dem Leasingverhältnis zugrunde liegende Zinssatz ist dem Leasingnehmer nicht bekannt. Dem Leasingnehmer ist allerdings bekannt, dass die Anschaffungskosten der Anlage beim Leasinggeber 400.000 EUR betragen haben und der Leasinggeber einen staatlichen Investitionszuschuss i. H. v. 100.000 EUR erhalten hat. Im Falle des Kaufs und der laufzeitäquivalenten Fremdfinanzierung würde der Zinssatz 12 % p. a. betragen.
>
> **Lösung**
> Bereits die günstige Kaufoption und die Vertragslaufzeit von 83,3 % der wirtschaftlichen Nutzungsdauer können zu einer Zurechnung des Leasingobjektes beim Leasingnehmer führen.
> Bei der Berechnung des Barwertes der Mindestleasingraten ist vorrangig der dem Leasingverhältnis zugrunde liegende Zinssatz anzuwenden. Dieser Zinssatz ist dem Leasingnehmer zwar nicht explizit bekannt; der Leasingnehmer verfügt jedoch über sämtliche Informationen, um den internen Zinssatz des Leasinggebers auf einfache Weise zu bestimmen. Dieser Zinssatz beträgt 10,28 %. Unter Zugrundelegung des internen Zinssatzes des Leasinggebers deckt der Barwert der Mindestleasingraten (bestehend aus dem Barwert der Leasingraten und dem Barwert der Kaufpreiszahlung im Optionsausübungszeitpunkt) vollständig den beizulegenden Wert des Leasingobjektes, der den um den Zuschuss korrigierten Anschaffungskosten des Leasinggebers entspricht:
>
> | Mindestleasingraten | Barwerte EUR |
> |---|---|
> | Leasingraten 75.000 EUR p. a. (nachschüssig) | 282.227,40 |
> | Optionspreiszahlung 29.000 EUR am 31.12.05 | 17.772,60 |
> | | 300.000,00 |
> | Korrigierter beizulegender Wert des Leasingobjektes | 300.000,00 |
> | Verhältnis | 100 % |
>
> Das Leasingobjekt ist damit dem Leasingnehmer zuzurechnen.

Es ist auch folgende **Sachverhaltskonstellation** denkbar:
- Die Zurechnung hängt allein vom Barwertkriterium ab;
- der Leasingnehmer kennt den Zinssatz des Leasinggebers nicht;
- der Leasingnehmer verwendet deshalb den alternativen Grenzfremdkapitalzinssatz.

Die **Folge** kann sein:
- Das Barwertkriterium ist beim Leasingnehmer,
- nicht dagegen beim Leasinggeber erfüllt.

Die Folge ist eine aus deutscher Sicht gewöhnungsbedürftige „Doppelbilanzierung" sowohl beim Leasinggeber als auch -nehmer (Rz 117).

2.3.3.5 Bedeutung des Barwerttests über die Klassifizierung hinaus

67 Die Ermittlung des Barwerts der Mindestleasingzahlungen ist nicht nur für die Zurechnungsfrage *finance* oder *operating lease* entscheidend. Werden im Rahmen eines Leasingverhältnisses die Chancen und Risiken aus der Nutzung eines Vermögenswerts dem Leasingnehmer zugerechnet, hat dieser zu Beginn des *finance lease* den Vermögenswert und die korrespondierende Schuld in gleicher Höhe in der Bilanz anzusetzen. Die Höhe des Vermögenswerts/der Schuld bestimmt sich aus dem zu Beginn des Leasingverhältnisses beizulegenden **Zeitwert** des Leasingobjekts **oder** dem **Barwert** der Mindestleasingzahlungen (Rz 119), sofern dieser Wert niedriger ist (IAS 17.20).

68 Der **anzuwendende Diskontierungszinssatz** für die Durchführung des Barwerttests und die Folgebewertung der Leasingverbindlichkeit im Rahmen eines *finance lease* (Rz 132) ist **zwingend identisch**, wenn der Barwert der Mindestleasingraten geringer ist als der beizulegende Zeitwert des Leasingobjekts. Liegt der Barwert der Mindestleasingraten über dem beizulegenden Zeitwert, ist im Rahmen der Folgebewertung der Leasingverbindlichkeit der Effektivzins (Verhältnis der Verbindlichkeit zu den vereinbarten Leasingraten) zugrunde zu legen.

2.3.4 Spezialleasing

69 Ein *finance lease* liegt nach IAS 17.10e normalerweise *(normally)* auch vor, wenn ein Leasingobjekt **speziell** auf die **Bedürfnisse** des Leasingnehmers zugeschnitten und nach Ablauf der Grundmietzeit wirtschaftlich sinnvoll nur von diesem nutzbar ist. Eine alternative, aber wirtschaftlich nicht sinnvolle Nutzung widerlegt Spezialleasing ebenso wenig wie eine denkbare, aber aus der Perspektive des Vertragsbeginns sehr unwahrscheinliche wirtschaftlich sinnvolle Drittverwendung.[35]

> **Beispiel**
> Der Bundesligafußballverein B (einziger Bundesligaverein der Stadt) hat das Stadion langfristig von der Stadt angemietet. Die Nutzung des Stadions ist nicht auf Fußball beschränkt. Ebenso könnte man hier Schafe weiden lassen oder Rockkonzerte veranstalten, wobei Letzteres gelegentlich sogar vorkommt.
> Beide Verwendungsalternativen scheiden aber für einen langfristigen Mietvertrag aus, bzw. sowohl der Schäfer als auch der Konzernveranstalter würden einen solchen langfristigen Vertrag nur abschließen, wenn die Stadionmiete nur noch einen verschwindend kleinen Bruchteil dessen betrüge, was ein Bundesligaverein für die fortgesetzte regelmäßige Nutzung zahlen würde.
> Nach unserer Auffassung liegt in diesem Fall (der Vermietung des Stadions an den Bundesligaverein) Spezialleasing vor. Entscheidend ist nicht, ob ein

---

[35] LÜDENBACH/FREIBERG, BB 2006, S. 259.

> anderer als der Leasingnehmer das Leasingobjekt ohne größere Modifikationen überhaupt, sondern ob er es **wirtschaftlich sinnvoll** nutzen kann.

Andererseits liegt z. B. bei kommunalen Objekten, wie z. B. Krankenhäusern und Schulen, kein Spezialleasing vor, wenn eine Nutzung durch private Träger möglich und nicht ganz unwahrscheinlich ist.[36]
Strittig ist, ob dem Spezialleasingkriterium eine **eigenständige** Bedeutung zukommt. Teilweise wird dieses Kriterium als eine Unterform des Barwerttests angesehen.[37] U. E. kommt dem Kriterium „Spezialleasing" eine eigenständige und hohe Bedeutung zu, da die Zielsetzung dieses Kriteriums gerade darin liegt, Gestaltungen aufzudecken, mit denen die anderen Zurechnungskriterien umgangen werden können.[38]
Sowohl ein **formeller** als auch ein **materieller** Grund sprechen für eine **eigenständige** und **gewichtige** Bedeutung des Kriteriums Spezialleasing: 70
- **Formell** ist einzuwenden, dass das Spezialleasingkriterium in IAS 17.10 auf gleicher Ebene wie die anderen Kriterien genannt wird, obwohl der Indikator „Spezialleasing" nachträglich in den Indikatorenkatalog des IAS 17 (*revised* 1997) aufgenommen worden ist.[39] Dem Wortlaut der Regelung ist kein Hinweis auf eine **Einbeziehung** in ein anderes Kriterium bzw. die **Unterordnung** unter ein solches zu entnehmen.
- **Materiell** decken Barwerttest und Spezialleasingtest unterschiedliche Konkretisierungsformen des wirtschaftlichen Eigentums ab. Der Barwerttest zielt auf die sichere **Amortisation** aus der Perspektive eines risikoscheuen Leasinggebers. Er versagt daher (Rz 68) bei erfolgsabhängigen Leasingraten, da Amortisationssicherheit hier wegen der Bedingtheit nie darzustellen ist. Andererseits kann auch bei bedingten Leasingraten das wirtschaftliche Eigentum beim Leasingnehmer liegen, dies eben aufgrund der **anderen** Kriterien (z. B. Vertragsdauer), die nicht auf die sichere Amortisation, sondern vorrangig darauf zielen, wer bei normalem und wahrscheinlichem Verlauf der Dinge auf Dauer die tatsächliche Herrschaft über das Leasingobjekt hat.

Dem Gedanken folgend, durch das Kriterium des Spezialleasings Umgehungen zu vermeiden, sehen auch andere internationale Regelungssysteme als die IFRS (und das deutsche Steuerrecht im Bereich des Kommunalleasings[40]) eine Zurechnung wirtschaftlichen Eigentums bei Spezialleasing vor. Dies gilt z. B. für
- die *International Public Sector Accounting Standards* (IPSAS) als Pendant der IFRS im Bereich der öffentlichen Verwaltung,[41]

---

36 LÜDENBACH/FREIBERG, BB 2006, S. 259.
37 In diesem Sinne: FINDEISEN, RIW 1997, S. 843 ff.; auch ESSER, StuB 2005, S. 433 ff.
38 A. A. HEUSER/THEILE, IFRS Handbuch, 4. Aufl., Rz 1321, die einen engen Anwendungsbereich des Spezialleasingkriteriums unterstellen und als Rechtfertigung auf die Drittverwertungsmöglichkeit abstellen.
39 In der vorherigen Version des IAS 17 (1994) war das Spezialleasing nicht Bestandteil des Indikatorenkatalogs. In der Einleitung zu IAS 17 (revised 1997) wurde die Einführung zusätzlicher Kriterien (Spezialleasing sowie die weiteren Indikatoren (heute IAS 17.11)) mit Ausweitung des Chancen-Risiken-Ansatzes begründet. Spezialleasing wurde Bestandteil der bestehenden Indikatoren, die weiteren wurden (nachrangig) aufgeführt.
40 Vgl. KALIGIN, DStZ 1985, S. 235–240; GOERTZEN, Finanz-Rundschau 1996, S. 549–556; THEISSEN, Die Information über Steuer und Wirtschaft, 1996, S. 146–149.
41 Vgl. IPSAS 13.15e.

- die Regelungen des *United States General Accounting Office* (GAO) zur Berücksichtigung von Vermögen, Schulden und Investitionsausgaben aus Leasingverträgen in öffentlichen Haushalten nach den Grundsätzen des wirtschaftlichen Eigentums.[42]

71 Der spezielle Zuschnitt eines Leasingobjekts löst **faktische Handlungszwänge** aus, die einen weitgehenden Verzicht auf rechtliche Bindungen ermöglichen bzw. diese, etwa durch Wahl einer formell kurzen Vertragsdauer, so gestalten, dass die anderen Leasingkriterien umgangen werden können.[43] Eine den wirtschaftlichen Verhältnissen entsprechende Betrachtung könnte daher in diesen Fällen ohne Einbeziehung des Spezialleasingkriteriums nicht erreicht werden.[44]

> **Beispiel**
> Die Parteien eines Leasingverhältnisses vereinbaren zur Umgehung des Vertragsdauerkriteriums eine verhältnismäßig kurze Laufzeit mit einer marktüblich bepreisten Vertragsverlängerungsoption für den Leasinggeber. Die vereinbarten Leasingraten enthalten auch eine erfolgsabhängige Komponente, sodass der Barwert der (sicheren) Mindestleasingraten nicht dem wesentlichen Teil des beizulegenden Zeitwerts entspricht. Der Vertrag sieht keine Kaufoption vor.
>
> **Lösung**
> Der an dauernder Herrschaft interessierte Leasingnehmer kann sich auf diese alle anderen Kriterien umgehende Gestaltung einlassen, wenn Spezialleasing vorliegt und es deshalb völlig unwahrscheinlich ist, dass der Leasinggeber einen anderen Leasingnehmer finden wird, also die Verlängerungsoption nicht ausüben wird.

72 Spezialleasing liegt nach unserer Auffassung regelmäßig dann vor, wenn der spezielle Zuschnitt eines Leasingobjekts eine ökonomisch sinnvolle **Drittverwendung** quasi **ausschließt**. Im Bereich des Softwareleasing sehen wir das Kriterium Spezialleasing nach IFRS daher als erfüllt an, wenn über ein Leasingverhältnis finanzierte **ERP-Software** in ganz wesentlichem Umfang an die betriebliche Situation des Leasingnehmers angepasst *(customised)* wird.
Im Übrigen war auch in der Entwurfsfassung des BMF-Schreibens zur „ERP-Software" noch eine ähnliche Auffassung enthalten,[45] wurde aber nach Intervention aus der Praxis gestrichen.

---

[42] Vgl. Bericht des US GAO an diverse Ausschüsse des Repräsentantenhauses vom August 2001 (www.gao.gov/new.items/d01929.pdf). Im konkreten Fall ging es darum, dass Budgetrestriktionen z.b. hinsichtlich der Neuverschuldung nicht durch Leasinggestaltungen in „Public Private Partnership"-Konstruktionen umgangen werden sollen, bei denen das wirtschaftliche Eigentum bei der öffentlichen Hand liegt. Voraussetzung für ein operating lease (kein wirtschaftliches Eigentum) ist u.a.: „The asset is a general purpose asset rather than being for a special purpose of the government and is not built to unique specifications of the government lessee."

[43] LÜDENBACH/FREIBERG, BB 2006, S. 259; BFH, Urteil v. 15.2.2001, III R 130/95, BFH/NV 2001, S. 1041 ff.

[44] BFH, Urteil v. 26.1.1970, IV R 144/66, BStBl II 1970 S. 264. Zum Fall eines speziell auf die Bedürfnisse eines durch den Leasingnehmer zugeschnittenen Selbstbedienungsladens unter Vornahme von Ein- und Umbauten.

[45] BMF, IV B 2 – S 2172–0/00 Entwurf, Bilanzsteuerliche Beurteilung von Aufwendungen zur Einführung eines neuen Softwaresystems (ERP-Software), Tz. 20, vom 10. Juni 2005.

Das **Fehlen** der wirtschaftlich sinnvollen **Drittverwendungsmöglichkeit** ist als das entscheidende Definitionsmerkmal des Spezialleasings anzusehen:[46] Spezialleasing liegt daher nach an steuerlichen Grundsätzen orientierter Auslegung vor, „wenn der Leasinggegenstand in einem solchen Maße auf die speziellen Anforderungen und Verhältnisse des Leasingnehmers zugeschnitten ist, dass eine sinnvolle anderweitige Nutzung oder Verwertung durch den Leasinggeber nicht möglich erscheint" oder in typisierter Betrachtung völlig unwahrscheinlich ist. Nach unserer Auffassung muss die Konkretisierung des IFRS-Begriffs des Spezialleasings gleichen Grundsätzen folgen.[47] Diese Auffassung stützt sich auf folgende Überlegung: 73

- Jede Klassifizierung eines Leasingverhältnisses hat gem. IAS 17.13 zu Beginn des Leasingverhältnisses *(at inception of the lease)* zu erfolgen.
- Sie ist damit notwendig zukunftsgerichtet und daher von Wahrscheinlichkeitsüberlegungen geprägt.
- Würde man unter diesen Umständen jede noch so unwahrscheinliche Drittverwendungsmöglichkeit für die Widerlegung eines Spezialleasings genügen lassen, wäre der Begriff bzw. das Kriterium jedes Anwendungsgehalts beraubt. IAS 17.10e würde zu einer Vorschrift ohne Anwendungsbereich degenerieren.

Ein Spezialleasing liegt daher nach IFRS auch dann vor, wenn aus der Perspektive des Vertragsbeginns eine **wirtschaftlich sinnvolle Drittverwendung sehr unwahrscheinlich** ist.

Spezialleasing in Bezug auf einen spezifischen Vermögenswert wird u. E. auch nicht durch die Fiktion der Übernahme des **gesamten Unternehmens** – der rechtlichen und wirtschaftlichen Hülle um den spezifischen Vermögenswert – durch einen Dritten ausgeschlossen. Nur in ganz seltenen Fällen ist die beim Spezialleasing vorausgesetzte Beschränkung der Verwendungsmöglichkeit auf den Leasingnehmer absolut, nämlich in dem Sinne gegeben, dass jeder Dritte schon technisch mit dem Objekt nichts anfangen könnte. Häufig wird ein Dritter aber wirtschaftlich nichts mit dem „speziellen" Vermögenswert anfangen können, wenn er nicht zugleich das damit betriebene (Teil-)Geschäft, repräsentiert durch konkrete Kundenbeziehungen etc., übernimmt. Spezialleasing wird u. E. daher nicht dadurch ausgeschlossen, dass ein Dritter das Leasingobjekt nur unter der Voraussetzung der Übernahme des damit **betriebenen (Teil-)Geschäftes** verwenden könnte.[48] 74

2.4 Leasing von Immobilien

2.4.1 Überblick

Die bilanzielle Behandlung von Leasingverhältnissen über Immobilien nimmt innerhalb der IFRS eine besondere Bedeutung ein. So ergeben sich bereits im Rahmen der Zuordnung des wirtschaftlichen Eigentums **Wechselwirkungen** zu den Vorgaben zur bilanziellen Abbildung von Renditeliegenschaften (→ § 16 Rz 6, Rz 22). 75

---

[46] So GOERTZEN, FR 1996, S. 549 ff.
[47] LÜDENBACH/FREIBERG, BB 2006, S. 259.
[48] LÜDENBACH/FREIBERG, BB 2006, S. 259.

Im Anwendungsbereich von IAS 17 ist darüber hinaus für die Leasingklassifizierung zwischen unbebautem und bebautem (inkl. Gebäude) Grund und Boden zu unterscheiden. Bei Leasingverhältnissen über **unbebaute Grundstücke** (Rz 76 ff.) ist im Rahmen der Beurteilung – *finance* oder *operating lease* – der Besonderheit der unbestimmbaren Nutzungsdauer (*indefinite economic life*) des Leasingobjekts Rechnung zu tragen (IAS 17.15a). Die komplexeren Fragen stellen sich bei der Beurteilung des Übergangs des wirtschaftlichen Eigentums bei **bebauten Grundstücken**, da hier u. a. zu entscheiden ist, ob die Zurechnung von Grundstück und Gebäude einheitlich erfolgt oder separat zu beurteilen ist (Rz 82 ff.).

2.4.2 Leasing von unbebauten Grundstücken

76 Für Leasingverträge über unbebaute Grundstücke gelten – trotz der unbestimmten Nutzungsdauer des Grund und Bodens (*indefinite economic life*) – die gleichen Vorgaben zur Klassifizierung als *finance* oder *operating lease* wie für abnutzbares Vermögen. Der Übergang des wirtschaftlichen Eigentums auf den Leasingnehmer ist unstreitig, wenn am Ende der Grundmietzeit das Eigentum am Grundstück auf den Leasingnehmer übergeht. Infolgedessen sind bei unbebauten Grundstücken vorrangig das Eigentumsübergangs- und das Kaufoptionskriterium (Rz 22) zu prüfen. Wenn eines dieser beiden Kriterien erfüllt ist, erfolgt die Zurechnung des Grundstücks beim Leasingnehmer.

Geht das rechtliche Eigentum am Ende der Grundmietzeit nicht auf den Leasingnehmer über, bleiben zur Beurteilung des Übergangs des wirtschaftlichen Eigentums das Nutzungsdauer- und Barwertkriterium sowie die Möglichkeit des Vorliegens eines Spezialleasings. Spezialleasing ist bei unbebauten Grundstücken so gut wie nie einschlägig. Auch das Nutzungsdauerkriterium läuft bei Grund und Boden wegen der zeitlich nicht bestimmbaren (Rest-)Nutzungsdauer ins Leere. Besonderheiten ergeben sich für den **Barwerttest** (Rz 46). Bei sehr langfristigen Leasingverhältnissen über Grund und Boden wird der nicht durch den Leasingnehmer genutzte Restwert des Grund und Bodens aufgrund des Diskontierungseffektes (Zeitwert des Geldes; *time value of money*) regelmäßig sehr gering im Vergleich zum Gesamtwert sein.

> **Beispiel**
> LN erhält von LG für 999 Jahre ein Nutzungsrecht an einem unbebauten Grundstück. Der Zeitwert des Grundstücks beträgt bei Leasingbeginn 10 Mio. EUR. Die Konditionen des *lease* sehen am Ende der Mietzeit weder einen Eigentumsübergang noch eine günstige Kaufoption vor. LN zahlt jährlich eine marktübliche Miete. Der Restwert des Grundstücks ist unter Berücksichtigung einer Geldentwertungsrate von 2 % p. a. und eines (zunächst) risikolosen Zinssatzes von 5 % bedeutungslos (bereits nach 557 Jahren Laufzeit ist der barwertige Restwert < 1 EUR).

Fraglich ist daher, ob die Chancen und Risiken aus dem Eigentum (*incidental to ownership*) an dem Grund und Boden auf den Leasingnehmer übertragen werden.

Nach bisheriger Auffassung des IASB, bestätigt durch das IFRS IC,[49] verbleiben die Chancen und Risiken, die mit dem Eigentum an einem Grundstück verbunden sind, wegen der unbestimmbaren Nutzungsdauer beim Leasinggeber, wenn das rechtliche Eigentum nicht übergeht (IAS 17.BC8). Im Rahmen des 2. *Annual Improvements Project* hat der Board die bislang bestehenden (speziellen) Klassifizierungsregeln für *leases* über Grund und Boden in IAS 17.14 und IAS 17.15 komplett gestrichen. Im neuen Recht verbleibt nur noch ein Hinweis auf die getrennte Behandlung eines *lease* über Grund und Boden sowie Gebäude (IAS 17.15A). Für die Klassifizierung, also die Frage der Zuordnung des wirtschaftlichen Eigentums, von Leasingverhältnissen über Grund und Boden ist daher auch der Barwerttest heranzuziehen (zu den Übergangsvorschriften siehe Rz 194).

77

> **Beispiel (Fortsetzung zu Rz 76)**
> Aufgrund des niedrigen barwertigen Restwerts bei der langfristigen Nutzungsüberlassung von Grund und Boden (Rz 76) übernimmt LN die wesentlichen Chancen und Risiken und damit das wirtschaftliche Eigentum an dem Grundstück. Das Vertragsverhältnis ist als *finance lease* zu klassifizieren, LN aktiviert das Grundstück mit dem niedrigeren von Barwert der Mindestleasingraten und *fair value at inception* (Rz 119).

Der Board rechtfertigt die Ausweitung der Klassifizierungsregeln für Grundstücke mit der wirtschaftlichen Situation des Leasingnehmers. Bei einem langfristigen Leasingverhältnis besteht hinsichtlich des Nutzungsrechts wirtschaftlich kein Unterschied zu einem Erwerb. An einer klaren Vorgabe, wie lange ein Leasingverhältnis über ein Grundstück sein muss, um wirtschaftlich einem Erwerb gleichgestellt zu werden, fehlt es allerdings.[50] Der IASB unterstellt eine Laufzeit von mehreren Jahrzehnten *(several decades)*, somit also durchaus Laufzeiten <100 Jahre (IAS 17.BC8C). An einer Konkretisierung, wie lange der Zeitraum „*several decades*" zu interpretieren ist, wann also ein lange laufendes Leasingverhältnis vorliegt, bei dem ein Restwert unbedeutend ist, lässt der Board hingegen offen. U.E. muss eine entsprechende Beurteilung unabhängig von dem geschlossenen Leasingverhältnis getroffen werden.

78

Für die Beurteilung des wirtschaftlichen Eigentums, die Übertragung der Chancen und Risiken, ist u. E. vorrangig auf den Effekt des Zeitwerts des Geldes *(time value of money)* abzustellen.[51] Spezifische Besonderheiten des Leasingnehmers, insbesondere der jeweilige Grenzfremdkapitalzins, bleiben somit unbeachtlich.

79

> **Beispiel**
> Leasingnehmer LN1 und LN2 kontrahieren beide mit LG ein Leasingverhältnis über ein unbebautes Grundstück mit einem identischen Wert von 10 Mio. EUR über eine unkündbare Grundmietzeit von 50 Jahren. LN1 verfügt über ausgezeichnete Bonität und hat daher einen Grenzfremdkapitalzins von 6 %. LN2 ist in finanziellen Schwierigkeiten, sein Grenzfremdkapitalzins

---

[49] IFRIC, Update Dezember 2005.
[50] Hierzu auch eine dissenting opinion, IAS 17.DO2.
[51] Ausführlich FREIBERG, Diskontierung in der Internationalen Rechnungslegung, Rz 98 f.

> beläuft sich deshalb auf 7,5 %. Ausgehend von einer Realwertkonstanz (Wertzuwachs entspricht der jährlichen Inflationsrate) des jeweiligen Grundstücks, beträgt der barwertige Restwert bei einer Abzinsung mit dem Grenzfremdkapitalzins von LN1 14,6 % bzw. dem von LN2 7,2 % des Zeitwerts bei Leasingbeginn.
> Bei Ansatz eines Zinssatzes von 5 % entspricht der barwertige Restwert 23,5 % des Zeitwerts des Grundstücks bei Leasingbeginn.

80   Ein Gleichsetzen von rechtlichem Erwerb und langfristigem Nutzungsrecht setzt einen unbedeutenden Restwert des Grund und Bodens im Verhältnis zum Zeitwert bei Beginn des Leasingverhältnisses am Ende der unkündbaren Grundmietzeit voraus. Mangels konkreter Vorgaben seitens des Board lässt sich für die Praxis keine eindeutige Vorgabe i. S. e. *bright line* feststellen, ab welcher Laufzeit der Anteil des Restwerts eines Grundstücks unwesentlich für die Beurteilung der Chancen und Risiken wird. Insoweit ist eine einzelfallabhängige Beurteilung geboten, die insbesondere durch

- den Zeitwert des Geldes *(time value of money)* und
- das Wertentwicklungspotenzial des Grund und Bodens

beeinflusst wird. Regelmäßig ist u. e. insbesondere für langfristige Schätzungen nicht von einem Wertzuwachs von Grund und Boden auszugehen, der das Wachstum der Volkswirtschaft übersteigt. Die Bedeutung des barwertigen Restwerts von Grund und Boden ist – besondere Wertsteigerungspotenziale ausgeklammert – u. E. ab (Vertrags-)Laufzeiten von mehr als **50 Jahren** aufgrund des Zeitwerts des Geldes unwesentlich. Dieser Zeitraum erfüllt auch das Tatbestandsmerkmal der *several decades* und damit eines langlaufenden Leasingverhältnisses.

81   Die Erweiterung von IAS 17 hebt auch ein Vorrangigkeitsproblem im Zusammenspiel zwischen IAS 40 (→ § 16) und IAS 17 in Bezug auf **langlaufende Leasingverhältnisse** auf.

> **Beispiel**
> Der bisherige Immobilieneigentümer einer Landfläche, die als Renditeimmobilie zum *fair value* bilanziert wird, entscheidet sich, diese im Rahmen eines lang laufenden Leasingverhältnisses (Laufzeit 300 Jahre) gegen ein hohes *upfront payment* (30 Mio. EUR), welches den Buchwert *(fair value)* der Landfläche (25 Mio. EUR) übersteigt, und geringe zukünftige Leasingraten zu vermieten. Der barwertige Restwert der Immobilie am Ende der Vertragslaufzeit wird aufgrund des Diskontierungseffekts auf 100.000 EUR geschätzt.
>
> **Beurteilung nach bislang geltendem Recht**
> Nach bislang geltenden IFRS wäre das wirtschaftliche Eigentum an der Renditeimmobilie nicht auf den Leasingnehmer übergegangen (IAS 17.14), auch ein Barwert der Mindestleasingraten von 99,99 % führte bei Grund und Boden (nach bislang geltendem Recht) nicht zu einer Klassifizierung als *finance lease*. Nach IAS 17 erfolgt also eine bilanzielle Abbildung des Leasingobjekts beim Leasinggeber. Die erhaltene (Einmal-)Zahlung am Anfang der Vertragslaufzeit ist über die Laufzeit zu verteilen.

Die bilanziellen Folgen aus Sicht des Eigentümers sind gem. SIC 15/IAS 17 wie folgt:

Konto	Soll	Haben
Kasse	30 Mio. EUR	
deferred income		30 Mio. EUR

Daneben ist nach IAS 40 der Wert oder Ansatz der Landfläche betroffen.
- 1. Auffassung: Da sich der beizulegende Zeitwert im Rahmen einer DCF-Bewertung allerdings nur noch aus dem Restwert in 300 Jahren ergibt, ist die Immobilie auf den Erinnerungsbetrag abzuwerten.

Konto	Soll	Haben
Zeitwertverlust/Abschreibung	24,9 Mio. EUR	
Landfläche		24,9 Mio. EUR

- 2. Auffassung: Aufgrund der langen Vermietungsdauer (und dem geringen verbleibenden Restwert) ist die Immobilie bis auf den Erinnerungswert abgegangen.

Konto	Soll	Haben
deferred income	30 Mio. EUR	
Landfläche		24,9 Mio. EUR
Abgangserfolg		5,1 Mio. EUR

- 3. Auffassung: Der Zeitwertverlust ist nach Maßgabe des *matching principle* gegen das *deferred income* zu saldieren.

Konto	Soll	Haben
deferred income	24,9 Mio. EUR	
Landfläche		24,9 Mio. EUR

Im 1. Fall steht der sofortigen Aufwandserfassung (Abwertung der Landfläche) erst in späteren Perioden (durch Auflösung des abgegrenzten *upfront payment*) ein Ertrag gegenüber. Ein Verstoß gegen das *matching principle* liegt vor. Die Annahme einer Veräußerung (2. Auffassung) scheitert andererseits daran, dass das rechtliche, bei einem *operating lease* aber auch das wirtschaftliche Eigentum an der Landfläche zurückbehalten wird. Die 3. Auffassung ist u. E. vorzugswürdig:
- Sie berücksichtigt die Anforderung von IAS 40.50c, im Zeitwert einer Renditeimmobilie im Voraus vereinnahmte (abgegrenzte) Mieten aus *operating leases* nicht zu berücksichtigen, „da das Unternehmen diese bereits als gesonderte Schuld oder gesonderten Vermögenswert erfasst." Aus *fair-value*-Sicht ist daher eine Abwertung der Immobilie geboten, wenn die Miete schon auf lange Zeit vereinnahmt wurde, ein fremder Dritter entsprechend auf lange Zeit keine Miete erhalten würde. Eine rationale, an den erwarteten Erträgen orientierte Preisbildung würde dies durch einen hohen Abschlag gegenüber einer Vergleichsimmobilie mit laufenden Mieterwartungen berücksichtigen. Eine Wertminderung im Zeitpunkt der Vorausvereinnahmung der Mieten ist daher zu buchen.
- Aus Sicht des *matching principle* ist dabei eine saldierte Betrachtung geboten. Das *upfront payment* ist bis zur Höhe der Wertminderung Ent-

schädigung für den geringeren *fair value*, nur darüber hinaus zukünftiger abzugrenzender Ertrag.

Beurteilung nach neuem Recht
Die Transaktion lässt sich u.E. in zwei unmittelbar aufeinanderfolgende Teilschritte zerlegen. Zunächst begründet das Vertragsverhältnis das Vorliegen eines *finance lease*. Das wirtschaftliche Eigentum an dem Grundstück ist auf den Leasingnehmer übergegangen. Der Barwert der Leasingraten übersteigt wegen des hohen *upfront payment* den Zeitwert des Leasingobjekts. In sequenzieller Folge ergeben sich folgende Buchungen:
1. Der Leasinggeber bucht das Grundstück aus und zunächst eine Leasingforderung i.H.d. Buchwerts ein. Korrespondierend erfasst der Leasingnehmer das Grundstück zum Zeitwert und eine Verbindlichkeit für die noch ausstehenden Leasingzahlungen.
Die bilanziellen Folgen aus Sicht des bisherigen wirtschaftlichen, weiterhin aber rechtlichen Eigentümers sind gem. IAS 17 wie folgt:

Konto	Soll	Haben
Leasingforderung	25 Mio. EUR	
Landfläche		25 Mio. EUR

Korrespondierend erfasst der Leasingnehmer und neue wirtschaftliche Eigentümer die Landfläche als *finance lease asset* und eine Verbindlichkeit in korrespondierender Höhe gem. IAS 17:

Konto	Soll	Haben
Landfläche	25 Mio. EUR	
Leasingverbindlichkeit		25 Mio. EUR

2. Die Zahlung des *upfront payments* ist u.E. – trotz zeitgleicher Vereinbarung – analog einer vorfälligen (Teil-)Erfüllung einer Forderung/Verbindlichkeit zu behandeln. Der Leasinggeber erfasst einen Kassenzugang gegen teilweise Erfüllung der ausstehenden Leasingforderung, der Leasingnehmer einen Kassenabgang gegen teilweise Erfüllung der bestehenden Verbindlichkeit. Die verbleibende Leasingforderung/-verbindlichkeit (i.H.v. x Mio. EUR) sind nach teilweiser Erfüllung effektivzinskonstant fortzuschreiben.
Die bilanziellen Folgen aus Sicht des Leasinggebers sind wie folgt:

Konto	Soll	Haben
Kasse	30 Mio. EUR	
Leasingforderung		(25 – x) Mio. EUR
Ertrag		(5 + x) Mio. EUR

Aus der Perspektive des Leasingnehmers ergibt sich folgende Buchung:

Konto	Soll	Haben
Leasingverbindlichkeit	(25 – x) Mio. EUR	
Aufwand	(5 + x) Mio. EUR	
Kasse		30 Mio. EUR

2.4.3 Leasing von bebauten Grundstücken

Bei bebauten Grundstücken ist der Leasingvertrag regelmäßig auf **Grund und Boden** sowie **Gebäude** aufzuteilen. Ausnahmsweise ist eine solche Aufteilung dann entbehrlich, wenn ein Teil des (Gesamt-)Leasingverhältnisses im Verhältnis zum anderen unwesentlich ist (Rz 88). Die einheitliche Wertung als Leasingvertrag über Grund und Boden bzw. über ein Gebäude ist dann vertretbar. Wo kein Ausnahmefall vorliegt, ist tatbestandsseitig eine Aufteilung der Leasingraten geboten (Rz 83). Rechtsfolgenseitig kann sich je nach den Verhältnissen des Leasingvertrags eine unterschiedliche wirtschaftliche Zuordnung der beiden Elemente/Komponenten ergeben (Rz 84), mit der Konsequenz, dass für den auf Grund und Boden entfallenden Teil des Leasingverhältnisses die unbestimmbare Nutzungsdauer zu berücksichtigen ist (IAS 17.15A).

82

Eine in einem Immobilienverhältnis zwischen Leasinggeber und Leasingnehmer vereinbarte einheitliche Leasingrate für Grund und Boden sowie Gebäude ist auf diese beiden Komponenten aufzuteilen. Hierbei ist Folgendes beachtlich: Eine Aufteilung im Verhältnis der beizulegenden Zeitwerte (Verkehrswerte) zu Leasingbeginn ist i. d. R. nach IAS 17.BC9 ff. nicht zulässig. Grund und Boden sowie die Gebäude zeichnen sich durch eine unterschiedliche wirtschaftliche Nutzungsdauer aus. Während Gebäude einer physischen Alterung unterliegen, ist die Grund-und-Boden-Komponente i. d. R. unbestimmt nutzbar.

83

Eine **Aufteilung einer einheitlichen Leasingrate** ist daher im **Verhältnis des Mietwertes** (*relative fair values of the leasehold interest*) am Grund und Boden sowie am Gebäude zu Beginn des Leasingverhältnisses vorzunehmen (IAS 17.16).[52] Dabei sind aus Sicht des Leasinggebers zwei unterschiedliche Komponenten der Leasingzahlungen zu unterscheiden (→ § 31 Rz 124):

(1) **Gleichermaßen** für Grund und Boden sowie das Grundstück ist eine angemessene **Verzinsung** auf die Höhe der von dem Leasinggeber getätigten Investition *(return on)* enthalten.
(2) Nur für das Gebäude ist zusätzlich eine Kompensation für die physische **Abnutzung** *(return of)* zu berücksichtigen.

Da der beizulegende Zeitwert nicht als Bewertungs-, sondern lediglich als Aufteilungsmaßstab verwendet wird (IFRS 13.8), ist u. E. das einheitliche *fair value measurement framework* des IFRS 13 beachtlich, insoweit also eine am *exit price* orientierte Bewertung erforderlich (→ § 8a Rz 137). Der für Bewertungen nach IAS 17 vorgesehene Ausschluss (Rz 23) kommt nicht zum Tragen.

Die Aufteilung der Leasingrate ist nicht nur für die Frage des Barwerttests, sondern auch für den (Wert-)Ansatz der Gebäude- und Grundstückskomponente also nach einer erfolgten Klassifizierung als *(finance lease)* relevant. Bei der notwendigen Aufteilung einer einheitlichen Leasingrate für Grund und Boden sowie Gebäude spielen die beizulegenden **Zeitwerte** der beiden Komponenten nur mittelbar eine Rolle:

84

(1) Wird das wirtschaftliche Eigentum am Grund und Boden **nicht** auf den Leasingnehmer übertragen, ist für die Investition des Leasinggebers eine **unterschiedliche Renditeforderung** für die Grundstücks- und die Gebäudekomponente zu berücksichtigen. Während aus Sicht des Leasinggebers

---

[52] Wohl a. A. DOLL, in: BECK'sches IFRS-Handbuch, 3. Aufl., 2009, § 22, Tz. 93.

wegen des Rückbehalts des rechtlichen Eigentums und der Partizipation am Restwert am Ende der Grundmietzeit in Bezug auf das Grundstück nur eine Verzinsung auf den beizulegenden Zeitwert notwendig scheint, wird er für das Gebäude daneben auch eine Rendite für die physische Wertminderung verlangen.[53] Ist der Wert des Grundstücks und der „Bodenzins" bekannt, kann der Grundstücksanteil der Leasingrate herausgerechnet werden. Die verbleibende Leasingrate ist dann *(residual)* dem Gebäude zuzurechnen (Rz 85).[54] Alternativ oder zur Plausibilisierung kann eine Aufteilung der einheitlichen Leasingrate auch unter Berücksichtigung der **Restwerte der Gebäudekomponente** am Ende des Leasingverhältnisses erfolgen. Residuum ist dann die Verzinsung der Grundstückskomponente.

(2) Geht das wirtschaftliche Eigentum an dem Grundstück **und** dem Gebäude auf den Leasingnehmer über, wird der (rationale) Leasinggeber die Amortisation seiner gesamten Investitionskosten für Grund und Boden sowie Gebäude von dem Leasingnehmer verlangen. Eine Aufteilung einer einheitlichen Leasingrate in Grundstücks- und Gebäudeanteil für den Barwerttest ist nicht mehr erforderlich, sie wird nur für die Bestimmung des Bilanzansatzes von Grundstück und Gebäude notwendig.

- Entspricht der Barwert der Mindestleasingraten mindestens dem beizulegenden Zeitwert der Gesamtimmobilie, hat die Aufteilung der Leasingrate u. E. keine praktische Relevanz. In der Bilanz des Leasingnehmers sind die Grundstückskomponente und der Gebäudeanteil zum beizulegenden Zeitwert zu aktivieren.
- Liegt der Barwert der Mindestleasingzahlungen unter dem beizulegenden Zeitwert der Immobilie (z. B. weil der interne Zins des Leasinggebers nicht bekannt und der Grenzfremdkapitalzins des Leasingnehmers höher ist), muss allerdings eine Allokation des Barwerts auf die Komponenten im Verhältnis der Mietrechte erfolgen.

Für die bilanzielle Behandlung, insbesondere die Folgebewertung des Grund und Bodens, ist allerdings eine Unterscheidung geboten, ob das rechtliche Eigentum am Ende der Grundmietzeit auf den Leasingnehmer übergeht durch automatischen Eigentumsübergang oder eine günstige Kaufoption oder beim Leasinggeber verbleibt.

(2a) Für den Fall des **Übergangs des rechtlichen Eigentums** an dem Grund und Boden ist die Grundstückskomponente nur außerplanmäßig zu mindern, während die ebenfalls zum *fair value* zu erfassende Gebäudekomponente über die wirtschaftliche Nutzungsdauer (hier *useful life* gem. IAS 16.6; vgl. Rz 39) abzuschreiben ist.

(2b) Bleibt das **rechtliche Eigentum** an dem Grund und Boden beim Leasinggeber, geht das wirtschaftliche aber auch ohne automatischen Eigentumsübergang oder günstige Kaufoption auf den Leasingnehmer über – so insbesondere bei lange laufenden Leasingverträgen (Rz 76 ff.) –, ist (auch) die Grundstückskomponente in der Bilanz des Leasingnehmers zu aktivieren und planmäßig über die Grundmietzeit zu mindern. Die ebenfalls zum

---

[53] So KÜMPEL/BECKER, PiR 2006, S. 84.
[54] Ebenso, EPSTEIN/MIRZA, IFRS 2006, S. 514; ERNST & YOUNG, Financial Reporting Series – Accounting for Leases, December 2005, L602; KÜMPEL/BECKER, PiR 2006, S. 85.

fair value zu erfassende Gebäudekomponente ist entsprechend über die wirtschaftliche Nutzungsdauer abzuschreiben.

Zur residualen **Berechnung** des Gebäudemietwertes bei Nichtübergang des wirtschaftlichen Eigentums am Grund und Bodens folgendes Beispiel: 85

> **Beispiel**
> Der Leasingnehmer LN least für 20 Jahre ein Gebäude und das zugehörige Grundstück. Der Verkehrswert des Grundstücks ist 5 Mio. EUR und der Wert des Gebäudes 15 Mio. EUR. Nach 20 Jahren geht das Eigentum am Grundstück zurück auf den Leasinggeber. Die jährlich nachschüssig zu zahlende Leasingrate beträgt 2 Mio. EUR. Der interne Zins des Leasinggebers ist unbekannt, der Grenzfremdkapitalzins des LN beträgt 10 %. Der Zins für eine Bundesanleihe mit gleicher Laufzeit beträgt 4 % und wird zzgl. einer Marge von 1 % zur Bestimmung der Verzinsung auf das Grundstück herangezogen. Die Leasingrate für das Gebäude ergibt sich somit i. H. v. 1,75 Mio. EUR (2–5 % × 5).
> Der Barwert der Mindestleasingraten für das Gebäude beträgt ca. 14,9 Mio. EUR. Bei einem Verhältnis von Barwert der Mindestleasingraten zu dem beizulegenden Zeitwert des Gebäudes von 99 % erfolgt eine Zurechnung des Gebäudes beim Leasingnehmer *(finance lease)*.

Für die Ermittlung mithilfe von Restwertannahmen folgendes Beispiel: 86

> **Beispiel**
> Der Zeitwert einer Immobilie (Grundstück + Gebäude) beträgt zum Leasingbeginn 200 Mio. EUR. Hiervon entfallen 50 Mio. EUR auf das Grundstück, der Rest auf das Gebäude. Bei einer Vertragslaufzeit von 30 Jahren wird zwischen Leasinggeber und Leasingnehmer eine einheitliche Leasingrate (jährlich nachschüssig) i. H. v. 12 Mio. EUR vereinbart (interner Zinssatz: 9,3 %). Der erwartete Restwert der Immobilie am Ende der Laufzeit (Grundstück und Gebäude) beträgt 100 Mio. EUR.
> Unter der Annahme einer Werterhaltung der Grundstückskomponente ergibt sich folgende Aufteilung der Leasingrate:
>
> | | Grundstück | Gebäude | Insgesamt |
> | --- | --- | --- | --- |
> | Zeitwert *(at inception)* | 50 | 150 | 200 |
> | Restwert | 50 | 50 | 100 |
> | Barwert des Restwerts | 3,5 | 3,5 | 7 |
> | Wert des Mietrechts | 46,5 | 146,5 | 193 |
> | | 24 % | 76 % | 100 % |
> | **Aufteilung Leasingrate** | 2,9 | 9,1 | 12 |

87 Die **Internationalen Bewertungsstandards** des IVSC[55] – wie auch die *Royal Institution of Chartered Surveyors*[56] – beschäftigen sich ausführlich mit der Bewertung von Mietrechten von Immobilienleasingverhältnissen. Die notwendigen Schritte für eine **Allokation der Miete auf Grundstücks- und Gebäudekomponenten** sind (bei fehlender Kenntnis der Restwerte der Grundstücks- und Gebäudekomponente) in Anlehnung an die Bewertungssystematik der *Royal Institution of Chartered Surveyors* wie folgt:[57]

(1) Verteilung des (Gesamt-)Zeitwertes der geleasten Immobilie auf das Grundstück und Gebäude *(freehold value)* zu Beginn des Leasingverhältnisses;
(2) Bestimmung eines Restwerts, welcher der geleasten Immobilie insgesamt am Ende des Leasingverhältnisses zuzuordnen ist;
(3) Schätzung des verbleibenden (Gesamt-)Restwerts einer Komponente durch Kenntnis (empirisch beobachtbare Werte) oder Berechnung des Restwerts einer Komponente (üblicherweise der Gebäudewert, näherungsweise Berechnung über die Subtraktion der kumulierten Amortisation vom ursprünglichen Zeitwert);
(4) Ableitung des Restwerts der verbleibenden Komponente aus dem Gesamtrestwert der Immobilie,
(5) Feststellung des notwendigen Anteils der Leasingrate, die zur Amortisation der Wertminderung des Gebäudes über die Vertragslaufzeit notwendig ist;
(6) Bestimmung der verbleibenden Leasingrate durch Subtraktion der Zahlung zur Amortisation der Wertminderung;
(7) Verteilung der verbleibenden einheitlichen Leasingrate, die dann nur noch die Verzinsung der Investitionskosten widerspiegelt, im (unter 1) ermittelten Verhältnis auf die Grundstücks- und Gebäudekomponente.

> **Beispiel**
> Bei gleichen Annahmen wie im vorangegangenen Beispiel (Rz 86), aber ohne Kenntnis des Restwerts der Gebäudekomponente geht der Leasingnehmer von einer wirtschaftlichen Nutzungsdauer *(economic life)* von 50 Jahren aus. Die Höhe der notwendigen Miete zur Amortisation bestimmt sich dann aus der aufgezinsten Zahlungsreihe, die zur Erreichung der Amortisationssumme (150/45 × 30 =) von 100 Mio. EUR erforderlich ist. Es ergibt sich somit eine Aufteilung der Leasingraten in Bezug auf die Kompensation für die physische Abnutzung *(return of)* des Gebäudes von ca. 700.000 EUR und einer angemessenen Verzinsung auf das eingesetzte Kapital *(return on)* des Leasinggebers für Grundstück und Gebäude von 11,3 Mio. EUR, die im Verhältnis der Verkehrswerte aufgeteilt werden können:

---

[55] INTERNATIONAL VALUATION STANDARDS COMMITTEE, International Valuation Standards, 7. Aufl., 2005.
[56] THE ROYAL INSTITUTION OF CHARTERED SURVEYORS, Valuation Information Paper No. 9, May 2006.
[57] THE ROYAL INSTITUTION OF CHARTERED SURVEYORS, Valuation Information Paper No. 9, Tz. 4.7 und 4.8, May 2006.

	Grundstück	Gebäude	Insgesamt
Zeitwert *(at inception)*	50	150	200
Amortisation	0	100	100
return of	0	0,7	0,7
return on	2,8	8,5	11,3
Aufteilung Leasingrate	2,8	9,2	12

Die residuale Berechnung des Gebäudemietwertes bei Nichtübergang des Grund und Bodens kann auch über den Rückgriff auf den Barwertfaktor (betrachtet als Annuität) bestimmt werden. Hierzu folgendes Beispiel:

Beispiel
Der Leasingnehmer LN least für 20 Jahre ein Gebäude und das zugehörige Grundstück. Der Verkehrswert des Grundstücks ist 5 Mio. EUR und der Wert des Gebäudes 15 Mio. EUR (inkl. Rückbaukosten). Nach 20 Jahren geht das Eigentum am Grundstück zurück auf den Leasinggeber, das Gebäude wird zurückgebaut. Die jährlich nachschüssig zu zahlende jährliche Leasingrate beträgt 2 Mio. EUR. Der interne Zins des Leasinggebers ist unbekannt, der Grenzfremdkapitalzins des LN beträgt 10 %. Der Barwert der (Gesamt-)Mindestleasingraten beträgt ca. 17 Mio. EUR. Der *present-value*-Faktor ergibt sich i. H. v. 8,5 (= 17/2). Die jährliche Leasingrate (als Annuität) für die Gebäudekomponente beträgt 1,76 Mio. EUR (= 15/8,5), der Barwert der Mindestleasingraten somit 100 % des Zeitwerts. Bei einem Barwert der Mindestleasingraten des Gebäudes von 15 Mio. EUR erfolgt eine Zurechnung des Gebäudes beim Leasingnehmer *(finance lease)*. Die Verzinsung des Grundstücks beträgt ca. 4,8 % (vgl. Beispiel unter Rz 85).

Vom Grundsatz der isolierten Betrachtung von Grund und Boden sowie Gebäuden gibt es zwei wichtige **Ausnahmen**: Auf die entsprechende Aufteilung der Leasingraten ist zu **verzichten**, wenn 88

- diese **nicht verlässlich** vorgenommen werden kann. Folge: Bei Klassifizierung des Gebäudes als *finance lease* ist das bebaute Grundstück insgesamt dem Leasingnehmer zuzurechnen (IAS 17.16);
- bei dem betreffenden Leasingverhältnis der Wert des **Grund und Bodens** nur von **untergeordneter** Bedeutung ist. Folge: Das gesamte Grundstück wird als einheitliches Leasingobjekt behandelt, und die Zurechnung richtet sich nach der Klassifizierung des Gebäudes als *finance* oder als *operating lease*.

Wann eine solche „untergeordnete Bedeutung" i. S. d. zweiten o. g. Variante vorliegt, wird nicht weiter konkretisiert, woraus sich einmal mehr Ermessensspielräume ergeben. Analog zu den Vorgaben der US-GAAP kann nach wohl herrschender Meinung auf eine Grenze von 25 % (beizulegender Zeitwert des Grund und Bodens im Verhältnis zum Gesamtwert) zurückgegriffen werden (ASC Topic 840.10.25–21).[58]

---

[58] Vgl. KÜMPEL/BECKER, PiR 2006, S. 84.

89 Umfasst ein Leasingverhältnis neben Grund und Boden auch **Betriebsvorrichtungen** (z.B. Silos, Hochöfen, Kräne, Kühltürme, Arbeitsbühnen), so sind diese u.E. **einzeln** der Überprüfung der Zuordnungskriterien zu unterziehen. Die Betriebsvorrichtungen werden entsprechend ihrer Zuordnung als *finance* oder *operating lease* einzeln bilanziert, während der Grund- und Boden-Anteil nur bei Eigentumsübergang auf den Leasingnehmer dessen Vermögen zugerechnet wird. Im Falle von Schwierigkeiten bei der Aufteilung der Mindestleasingzahlungen empfiehlt sich eine Orientierung an der Relation der Verkehrswerte.

2.5 Vertragsänderungen

90 Nach IAS 17 ist zwischen der reinen Verlängerung *(renewal*; in der amtl. dt. Übersetzung irreführend als Neuabschluss bezeichnet) und sonstigen Vertragsänderungen zu unterscheiden. IAS 17.13 bestimmt, dass Änderungen von **Schätzungen** (z.B. hinsichtlich Nutzungsdauer oder Restwert des Leasingobjekts) ebenso wenig zu einer Neuklassifizierung des Leasingverhältnisses führen können wie Änderungen von Sachverhalten (etwa Zahlungsausfall des Leasingnehmers).

91 Daneben regelt IAS 17.13 die Auswirkungen von **Änderungen** der Vertragsbedingungen und unterscheidet dabei zwei Fälle:
- **Neuabschluss**[59] bzw. **Verlängerung** des Leasingverhältnisses *(renewing the lease)*;
- **sonstige Änderungen** der Vertragsbedingungen *(other changes in the provisions of the lease)*, d.h. Änderung von Höhe oder des Zeitpunkts der Zahlungen, Aufhebung oder Einräumung von Restwertgarantien, Aufhebung oder Einräumung von Kaufoption usw.

Hinsichtlich der Rechtsfolgen ist wie folgt zu differenzieren:
- **Neuabschluss** bzw. **Verlängerung** eines Leasingverhältnisses *(renewing the lease)* führen dann zu einer **erneuten** Beurteilung des Leasingverhältnisses, wenn ursprünglich keine Verlängerungsoption vorgesehen war. Der Neuvertrag ist eigenständig und unabhängig von dem bisherigen Vertragsverhältnis zu würdigen.
- Eine erneute Beurteilung unterbleibt hingegen, wenn eine bereits bei Vertragsbeginn vereinbarte **Verlängerungsoption ausgeübt** wird (Rz 102).
- Bei der **Änderung** sonstiger Vertragsbedingungen ist wiederum eine erneute Beurteilung nötig (Rz 93).

Eine geänderte Absicht des Leasingnehmers hinsichtlich der Ausübung einer im Klassifizierungszeitpunkt *(at inception)* nicht als günstig eingestuften Option führt daher nicht zu einer Neubeurteilung eines bestehenden *lease*.[60]

92 Der Wechsel des Leasinggebers durch Übertragung des rechtlichen Eigentums auf eine neue Partei führt aus Sicht des Leasingnehmers nicht automatisch zu einer Neubeurteilung eines bestehenden Leasingverhältnisses. Werden nach dem Willen der Parteien die bestehenden Leasingverhältnisse weitergeführt, eine evtl. *change-of-control*-Klausel also nicht ausgeübt, ist der Erwerber (im Rahmen der Einzelrechtsnachfolge) Nachfolger der jeweiligen Rechtsverhältnisse aus den

---

[59] So die amtliche deutsche Übersetzung von „renewal".
[60] A. A. KPMG, Insights into IFRS 2009/10, Tz. 5.1.270.30 (anders ab 2014).

Leasing § 15

bestehenden Mietverträgen. Unabhängig von der Veräußerung durch den bisherigen Leasinggeber wird das laufende Nutzungsverhältnis fortgeführt. Nach § 578 Abs. 2 Satz 1 BGB ist der für Wohnräume geltende Grundsatz „Kauf bricht nicht Miete" (§ 566 BGB) entsprechend anzuwenden. Zwischen dem Erwerber und dem Mieter entsteht kraft Gesetzes zwar ein neues, mit dem alten aber inhaltsgleiches Mietverhältnis.[61] Durch den Veräußerungsvorgang wird kein neues Leasingverhältnis begründet, das bestehende ist gem. § 578 Abs. 2 Satz 1 BGB i.V.m. § 566 BGB weiterzuführen. Wirtschaftlich wird daher das bestehende Mietverhältnis fortgeführt, eine Neubeurteilung scheidet aus.

Anderes gilt, wenn der neue Leasinggeber und der bestehende Leasingnehmer ihrerseits eine Modifizierung über eine Veränderung des bestehenden Leasingverhältnisses vereinbaren.

IAS 17.13 sieht bei einer nachträglichen Änderung der sonstigen Bedingungen (Höhe der Raten etc.) eines Leasingverhältnisses folgende **Vorgehensweise** vor: 93
- Zunächst ist zu prüfen, ob zu **Beginn** des Leasingverhältnisses eine **abweichende Klassifizierung** des Vertrages notwendig gewesen wäre, wenn die geänderten Bedingungen bereits zu diesem Zeitpunkt gegolten hätten.
- Bei dieser „retrospektiven" Würdigung sind die ursprünglichen Schätzungen bez. des Zeitwertes und der Nutzungsdauer des Leasingobjekts sowie des Diskontierungszinssatzes **unverändert** beizubehalten.
- Lediglich die **Mindestleasingzahlungen** sind nach den angepassten, aktuellen Verhältnissen anzusetzen.
- Wenn sich danach eine **abweichende** Klassifizierung ergeben hätte, ist der Leasingvertrag ab Zeitpunkt der Änderungen neu zu klassifizieren.

Hinsichtlich der Rechtsfolgen sind folgende Fälle zu unterscheiden:
- Aus einem *operating lease* wird ein *finance lease* (Rz 98).
- Aus einem *finance lease* wird ein *operating lease* (Rz 99).
- Ein *finance lease* bleibt ein *finance lease*. Die Leasingverbindlichkeit (bzw. Leasingforderung) und ggf. der Buchwert des Leasingobjekt sind aber anzupassen (Rz 100).

In IAS 17 finden sich keine weiteren Vorgaben für die Prüfung, ob eine Modifizierung zu einer **abweichenden Klassifizierung** zu Beginn des Leasingverhältnisses geführt hätte. Die Vereinbarung oder Aufhebung eines automatischen Eigentumsübergangs und/oder einer günstigen Kaufoption ausgeklammert, sind insbesondere der Nutzungsdauertest und der Barwerttest für die Beurteilung relevant. Es gilt: 94
- **Nutzungsdauertest**: Wird die Grundmietzeit eines bestehenden Leasingverhältnisses vertraglich geändert, also nicht bloß eine bereits bestehende Verlängerungsoption ausgeübt, ist die sich nach der Änderung insgesamt ergebende Nutzungsdauer ins Verhältnis zur ursprünglich *(at inception)* unterstellten wirtschaftlichen Nutzungsdauer zu stellen.
- **Barwerttest**: Vertragliche Änderungen der Mindestleasingzahlungen sind in einem erneuten Barwerttest ab dem Zeitpunkt der Modifizierung zu berücksichtigen. Für den Zeitraum bis zur Modifizierung gelten die ursprünglich vereinbarten Konditionen. Die Modifizierung ist daher so zu behandeln, als ob bereits bei ursprünglichem Vertragsschluss die Änderung beschlossen worden wäre. Bessere Erkenntnisse im Zeitpunkt der Vertragsmodifizierung

---
[61] Vgl. PALANDT, BGB Kommentar 2007, § 566, Rz 15.

über die Entwicklung bedingter Zahlungen *(contingent rents)* gehen nicht in die Kalkulation ein.

> **Beispiel**
>
> In 01 vereinbaren LN und LG ein Leasingverhältnis über eine Maschine mit einer wirtschaftlichen Nutzungsdauer von 10 Jahren und einem beizulegenden Zeitwert von 1 Mio. EUR. Die Grundmietzeit beträgt 5 Jahre und damit 50 % der wirtschaftlichen Nutzungsdauer. Die jährlich nachschüssige Leasingzahlung beläuft sich auf 150.000 EUR, der Grenzfremdkapitalzins von LN auf 7 %. Der interne Zins von LG ist nicht bekannt.
>
> | Jahr | 01 | 02 | 03 | 04 | 05 |
> |---|---|---|---|---|---|
> | Leasingzahlung in TEUR | 150 | 150 | 150 | 150 | 150 |
> | Diskontierungsfaktor | 0,935 | 0,873 | 0,816 | 0,763 | 0,713 |
> | Barwert pro Jahr | 140,2 | 131,0 | 122,4 | 114,4 | 106,9 |
> | Summe Barwerte | 615,0 | | | | |
>
> Der Barwert der Mindestleasingraten beträgt 615.030 EUR und damit 62 % des beizulegenden Zeitwerts. Die Vereinbarung wird daher als *operating lease* klassifiziert.
>
> In 02 vereinbaren LN und LG eine Anpassung des Leasingverhältnisses, die ab dem 3. Jahr wirksam wird. Die Grundmietzeit wird um 2 Jahre verlängert und gleichzeitig die jährliche Leasingrate – für die Verlängerung der Grundmietzeit – auf 140.000 EUR reduziert. Bei Geltung der modifizierten Konditionen bereits zu Vertragsbeginn hätte die Grundmietzeit 70 % der wirtschaftlichen Nutzungsdauer ausgemacht. Für den Barwerttest gilt unter Berücksichtigung des ursprünglichen Zinssatzes Folgendes:
>
> | Jahr | 01 | 02 | 03 | 04 | 05 | 06 | 07 |
> |---|---|---|---|---|---|---|---|
> | Leasingzahlung in TEUR | 150 | 150 | 140 | 140 | 140 | 140 | 140 |
> | Diskontierungsfaktor | 0,935 | 0,873 | 0,816 | 0,763 | 0,713 | 0,666 | 0,623 |
> | Barwert pro Jahr | 140,2 | 131,0 | 114,3 | 106,8 | 99,8 | 93,3 | 87,2 |
> | Summe Barwerte | 772,6 | | | | | | |
>
> Zwar erhöht sich der Anteil des Leasingnehmers an den Chancen und Risiken des Leasingobjekts, die Modifizierung führt aber weder nach dem Nutzungsdauer- noch nach dem Barwerttest zur Einstufung als *finance lease*. Die Modifizierung der Vertragsbedingungen bewirkt daher keine von der ursprünglichen Beurteilung abweichende Klassifizierung. Auch nach der Modifizierung liegt ein *operating lease* vor.

95   Der Wechsel von einem *operating* zu einem *finance lease* bzw. vice versa bedingt eine Verschiebung der Chancen und Risiken und damit des wirtschaftlichen Eigentums zwischen Leasingnehmer und Leasinggeber. Erhöhte **Nachweisanforderungen** sind u. E. zu stellen, wenn eine Modifizierung der bestehenden Vertragsparameter eine Verlagerung des wirtschaftlichen Eigentums in diesem Sinne bewirkt. Wenn die Modifikation eines bestehenden *lease* nicht zu einer

signifikanten Verschiebung der Chancen und Risiken von dem Leasingnehmer auf den Leasinggeber führt, ist u. E. an der ursprünglichen Klassifizierung festzuhalten.

> **Beispiel**
> In 01 vereinbaren LN und LG ein Leasingverhältnis über eine Lagerhalle mit einer wirtschaftlichen Nutzungsdauer von 30 Jahren. Die Grundmietzeit beträgt 15 Jahre und damit 50 % der wirtschaftlichen Nutzungsdauer. Der Barwert der Mindestleasingraten beträgt 95 % – Klassifizierungsgrenze des LN sei in Anlehnung an die US-GAAP und gem. der Konzernbilanzierungsrichtlinie 90 % – des beizulegenden Zeitwerts und LN hat am Ende der Grundmietzeit eine günstige Kaufoption. Die Vereinbarung wird daher als *finance lease* klassifiziert.
> In 05 vereinbaren LN und LG eine Anpassung des Leasingverhältnisses. LN verzichtet im Zuge der Anpassung auf die Kaufoption. Die Grundmietzeit wird um 7 Jahre verlängert und gleichzeitig die jährliche Leasingrate – sowohl für den Verzicht auf die Kaufoption als auch für die Verlängerung der Grundmietzeit – reduziert. Bei Gültigkeit der modifizierten Konditionen bereits zu Vertragsbeginn hätte die Grundmietzeit 73 % der wirtschaftlichen Nutzungsdauer ausgemacht. Unter Berücksichtigung des ursprünglichen Zinssatzes wäre der Barwert der Mindestleasingraten mit 89 % des beizulegenden Zeitwerts zu ermitteln gewesen.
> Die Modifizierung der Vertragsbedingungen bewirkt daher formal eine auf den 1. Blick von der ursprünglichen Beurteilung abweichende Klassifizierung. Allerdings erfolgt keine signifikante Verschiebung der Chancen und Risiken. Aus Sicht des Leasingnehmers beläuft sich das Nutzungsrecht (gem. Bilanzierungsrichtlinie) fast über den überwiegenden Teil der wirtschaftlichen Nutzungsdauer und dieser übernimmt fast das gesamte Amortisationsrisiko des Leasinggebers.

Fehlt es an einer eindeutigen Verlagerung der Chancen und Risiken zwischen den Vertragsparteien, ist u. E. eine Gesamtwürdigung der Vertragsänderung geboten, die auch die Motivation seitens Leasingnehmer und Leasinggeber berücksichtigt. **Verzichtet** der Leasingnehmer im Rahmen einer Modifizierung eines bestehenden Leasingverhältnisses auf eine günstige Option (Vertragsverlängerung oder Kauf), ist hinsichtlich der dafür empfangenen Gegenleistung im Rahmen der Neubeurteilung wie folgt zu unterscheiden:

- Bei Empfang einer Zahlung durch den Leasingnehmer ist diese als negativer Bestandteil der Mindestleasingzahlungen zu berücksichtigen.
- Wird die aufgegebene Option gegen eine Kürzung künftiger Leasingraten verrechnet, ist die Angemessenheit der Anpassung der Leasingrate hinsichtlich des Zeitwerts des Optionsrechts im Zeitpunkt der Modifizierung zu beurteilen. Entspricht der Barwert der Gegenleistung für den Verzicht auf das Optionsrecht nicht dessen beizulegendem Zeitwert im Zeitpunkt der Modifizierung, ist der seitens des Leasingnehmers gewährte Vor- oder Nachteil als Teil der Mindestleasingzahlungen zu erfassen.

Eine an den Leasingnehmer ausgerichtete Zahlung für die Modifizierung der Leasingbedingungen ist entweder abzugrenzen oder unmittelbar erfolgswirksam zu vereinnahmen. Den Fall einer erhaltenen Prämie für den Wechsel von *operating* zu *finance lease* ausgeklammert, ist wie folgt zu unterscheiden:
- Die Behandlung einer evtl. Prämienzahlung richtet sich beim Wechsel von einem *finance* zu einem *operating lease* nach den Regeln für *sale-and-lease-back*-Transaktionen (Rz 164).
- Bei Fortführung eines *finance lease* trotz Modifizierung ist eine empfangene Prämie analog zu den Vorgaben für Veräußerungsgewinne aus *sale-and-finance-lease-back*-Transaktionen abzugrenzen und auf die Restlaufzeit zu verteilen.

> **Beispiel (Fortsetzung zu Rz 95)**
> **Variante**
> Der barwertige Vorteil der reduzierten künftigen Leasingraten ist – unter Berücksichtigung des ursprünglichen Diskontierungszinssatzes – geringer als der beizulegende Zeitwert der günstigen Kaufoption im Modifizierungszeitpunkt. Wird der seitens des Leasingnehmers hingegebene Vorteil als Bestandteil der Mindestleasingraten und somit als Zahlung an den Leasinggeber im Zeitpunkt der Modifizierung berücksichtigt, beträgt der Barwert der Mindestleasingraten (unter sonst identischen Prämissen) 92 % des beizulegenden Zeitwerts. Die Modifizierung führt daher in einer zweiten Betrachtung nicht zu einer abweichenden Klassifizierung des bestehenden Leasingverhältnisses.

97 Für die Feststellung, ob eine Modifizierung eines bestehenden *lease* zu einer signifikanten Verschiebung der Chancen und Risiken führt, kann u.E. auch auf einen fiktiven Barwerttest zurückgegriffen werden, der den Neuabschluss eines Leasingverhältnisses unterstellt. Im Rahmen dieses Tests wären neben den geänderten Vertragsbedingungen stichtagsbezogene Erkenntnisse hinsichtlich des Diskontierungszinssatzes (geänderter interner Zinsfuß des Leasinggebers oder Grenzfremdkapitalzins des Leasingnehmers; Rz 59 ff.) und des beizulegenden Zeitwerts des Leasingobjektes (Rz 57 f.) zu berücksichtigen.
Zeitigt der fiktive Test das Vorliegen eines *finance lease*, ist dies ein weiterer Beleg für eine nicht signifikante Verlagerung der Chancen und Risiken zwischen Leasingnehmer und Leasinggeber.

98 Wenn sich ein *operating lease* in ein *finance lease* ändert, ergeben sich folgende Wirkungen:
- Beim **Leasingnehmer** wird das Leasingobjekt mit dem Verkehrswert bzw. dem niedrigeren Barwert der (für die verbleibende Vertragszeit anfallenden) Mindestleasingzahlungen eingebucht und in gleicher Höhe eine Verbindlichkeit gegenüber dem Leasinggeber passiviert.
- Beim **Leasinggeber** wird das Leasingobjekt ausgebucht und i.H.d. Barwerts der verbleibenden Mindestleasingzahlungen eine Forderung angesetzt.

99 Sofern sich ein *finance lease* in ein *operating lease* verwandelt, sind die Konsequenzen wie folgt:
- Beim **Leasingnehmer** werden das Leasingobjekt und die Leasingverbindlichkeit ausgebucht. Wirtschaftlich liegt bei der Wandlung eines *finance* in ein *operating*

lease ein Verkauf mit Rückanmietung vor, daher sind die *sale-and-lease-back*-Regeln anzuwenden (Rz 164). Die folgenden Fälle sind zu unterscheiden:
- Eine positive Differenz von Anlagenbuchwert und Leasingverbindlichkeit (also Leasingverbindlichkeit > Anlagenbuchwert) führt insoweit zu Ertrag, wie die entfallende Verbindlichkeit nicht über dem beizulegenden Zeitwert des Leasingobjekts liegt.
- Für den übersteigenden Teil ist eine Abgrenzung eines Ausbuchungsgewinns notwendig, die über die Laufzeit des anschließenden *operating lease* zu verteilen ist.
- Eine negative Differenz zwischen Anlagenbuchwert und Verbindlichkeit führt zu Aufwand.

• Beim **Leasinggeber** wird spiegelbildlich das Leasingobjekt mit seinem aktuellen Zeitwert oder dem niedrigeren beizulegenden Zeitwert der Leasingforderung eingebucht und die Leasingforderung ausgebucht. Eine positive Differenz von Anschaffungskosten und Leasingforderung führt zu Ertrag, eine negative zu Aufwand.

Führt die Überprüfung der Leasingklassifikationen wegen sonstiger Vertragsänderungen zur **Beibehaltung der Qualifikation als** *finance lease*, kann sich gleichwohl ein Anpassungsbedarf bei der Leasingverbindlichkeit bzw. Forderung ergeben, da neue Zeitpunkte oder Beträge der Leasingzahlungen zu einem geänderten **Barwert** führen.

100

Für die Behandlung dieser Anpassung beim **Leasingnehmer** bestehen 2 Möglichkeiten:
• **ergebniswirksamer** Austausch der alten Leasingverbindlichkeit nach **Umschuldungsgrundsätzen** gegen eine neue Verbindlichkeit (→ § 28),
• **ergebnisneutrale** Anpassung des Bar- und Buchwerts der Leasingverbindlichkeit gegen den Buchwert des Leasingobjekts (per Anlagevermögen an Leasingverbindlichkeit oder umgekehrt).

Zugunsten des Umschuldungskonzepts wird angeführt, dass Leasingverbindlichkeiten (und -forderungen) nicht von den Ausbuchungsregeln für Finanzinstrumente ausgeschlossen sind (→ § 28).[62] Die Ausbuchungsregeln für Finanzinstrumente sehen wiederum für **Umschuldungen** Folgendes vor: Bei der Änderung der Konditionen einer Verbindlichkeit ist ein Abgang der alten und der Zugang einer neuen Verpflichtung anzunehmen, wenn der Barwert sich um mindestens 10 % verändert. I. H. d. Differenz ist ein Erfolg zu buchen. Weicht der Wert der „neuen" Verbindlichkeit hingegen um weniger als 10 % von dem bisherigen Wert ab, ist der Differenzbetrag über die Restlaufzeit zu amortisieren.

Das Problem dieser Argumentation liegt u. E. in Folgendem:
• Die **Ausbuchung** von Leasingverbindlichkeiten unterliegt den Regeln der Finanzinstrumente, die **Einbuchung** und die Zugangsbewertung unterliegen hingegen den Regeln von IAS 17.
• Im Unterschied zu anderen Fällen der Ausbuchung (z. B. Tilgung von Leasingverbindlichkeiten durch Zahlung oder Aufrechnung) ist aber in Umschuldungsfällen die Ausbuchung der alten Verbindlichkeit notwendig mit der

---

[62] So KÜMPEL/BECKER, PiR 2006, S. 247; KÖHLER/GEBHARDT, in: THIELE/VON KEITZ/BRÜCKS (Hrsg.), Internationales Bilanzrecht 2008, IAS 17 Tz. 237.

Einbuchung und Zugangsbewertung der neuen verbunden. Ausbuchung und Einbuchung/Zugangsbewertung stellen **zwei Seiten der gleichen Medaille** dar. Zur Vermeidung von **Inkonsistenzen** bleiben damit zwei Lösungen:
- Gegen den Wortlaut des Anwendungsbereichs werden die Vorgaben für Finanzinstrumente auch auf die Einbuchungsseite angewandt. Es bleibt also beim Umschuldungskonzept und der **ergebniswirksamen Behandlung der Differenz** von alter und neuer Leasingverbindlichkeit (bzw. -forderung).
- Da für die Einbuchungsseite die Regel für Finanzinstrumente explizit nicht anwendbar ist, wird bei einer den *finance-lease*-Status wahrenden Vertragsänderung insgesamt auf die **Anwendung der Vorgaben für Finanzinstrumente verzichtet.**

Den zweiten Ansatz halten wir für vorzugswürdig.
- Er entspricht dem in IAS 17.20 verankerten **Rechtsgedanken einer Quasi-Bewertungseinheit** von Leasingobjekt und Leasingverbindlichkeit. Danach sind Leasingobjekt und Leasingverbindlichkeit zum gleichen Zeitpunkt und mit den gleichen Werten einzubuchen mit der Folge, dass etwa der niedrigere Barwert der Leasingverbindlichkeit den Ansatz des Leasingobjekts mit dem höheren Zeitwert verhindert. Dieser Quasi-Bewertungseinheit entspricht es, wenn bei einer späteren „Umschuldung" ein positiver Differenzbetrag zwischen neuer und alter Leasingverbindlichkeit zu einer entsprechenden Zubuchung beim Leasingobjekt führt (per Anlagevermögen an Leasingverbindlichkeit) bzw. ein negativer Differenzbetrag mit einer spiegelbildlichen Buchung (per Leasingverbindlichkeit an Anlagevermögen) einhergeht.
- Die Lösung hat zudem den Vorzug, dem Vorgehen bei **anderen Quasi-Bewertungseinheiten** zwischen Anlagevermögen und Schulden zu entsprechen, konkret der **Lösung von IFRIC** 1 für Rückbauverpflichtungen. Auch hier gilt: Der Bewertungseinheit bei ursprünglicher Einbuchung (per Anlagevermögen an Rückbauschuld) entspricht bei späteren Änderungen der Rückbauschuld eine bilanzverlängernde oder -verkürzende Buchung zwischen Anlage und Schuld (→ § 21).
- Schließlich **vermeidet** sie anders als das Umschuldungskonzept einen **Wertungswiderspruch** zu IAS 17.59. Wenn dort für *sale-and-finance-lease-back*-Fälle der Ausweis eines Erfolgs untersagt ist, muss dies u. E. erst recht für Fälle gelten, in denen es zu überhaupt keinem *sale* gekommen ist, sondern sich lediglich die Konditionen eines *finance lease* geändert haben.

Für den **Leasinggeber** besteht das Problem der Quasi-Bewertungseinheit nicht. Nach Begründung des *finance lease* ist er wirtschaftlich wie ein Darlehensgeber gestellt und kann wie alle Darlehensgeber aus späteren Umschuldungen Gewinn oder Verlust ziehen.

101 IFRIC 4.10 verlangt abweichend von IAS 17.13 eine Neubeurteilung eines möglichen verdeckten (indirekten) Leasingverhältnisses (Rz 5 ff.) in folgenden Fällen:
- Die Vertragsbedingungen werden zwischen den Parteien geändert,
- eine Verlängerungsoption wird ausgeübt oder der Vertrag wird verlängert,
- die Erfüllung der vertraglichen Verpflichtungen des Verkäufers hängt nicht mehr von einem spezifischen Vermögenswert ab, oder
- der Vermögenswert wird in seiner Beschaffenheit wesentlich verändert.

Hiermit wird theoretisch ein **Widerspruch** zwischen IAS 17 und IFRIC 4 erzeugt:

Leasing § 15

- Nach IFRIC 4 ist auch bei der Ausübung einer Verlängerungsoption, die bereits *at inception of the lease* vertraglich vereinbart war, eine erneute Beurteilung, ob es sich bei dem Geschäftsvorfall um ein Leasingverhältnis handelt, vorzunehmen.
- Nach IAS 17 ist dieser Fall explizit von einer Neubeurteilung *(reassessment)* ausgeschlossen.

U. E. lässt sich dieser vermeintliche Widerspruch aber wie folgt **auflösen**:
- Hat eine Beurteilung eines zivilrechtlichen Liefer- oder Dienstleistungsvertrags nach IFRIC 4 wirtschaftlich die Existenz eines Leasingverhältnisses begründet, erfolgt die weitere bilanzielle Behandlung (Ansatz und Bewertung) dieses Vorfalls nach den Regeln von IAS 17. In die Klassifizierungsüberlegungen im Beurteilungszeitpunkt sind alle eingeräumten Verlängerungsoptionen mit einzubeziehen, eine Neubeurteilung nach IFRIC 4 entfällt damit aufgrund einer Option *at inception of the lease*.
- Führt die initiale Untersuchung nicht zu einem (verdeckten) Leasingverhältnis, ist gleichwohl bei Ausübung einer Verlängerungsoption gem. IFRIC 4 eine erneute Beurteilung notwendig.

Ein *operating lease* bleibt somit *operating lease*, selbst wenn eine bereits zu Vertragsbeginn vereinbarte, **ursprünglich nicht günstige** Verlängerungsoption später tatsächlich ausgeübt wird und unter Berücksichtigung der verlängerten Vertragsdauer anders als ursprünglich angenommen der überwiegende Teil der Nutzungsdauer auf den Leasingnehmer entfällt.

Anders hingegen die Regelungen von IFRIC 4.10b zur Identifikation eines verdeckten *lease*: Bei neu vereinbarter Verlängerung eines Vertrags ist ebenso wie bei Ausübung einer schon ursprünglich vereinbarten Verlängerungsoption eine erneute Beurteilung notwendig, ob es sich bei dem Geschäft noch/erstmalig um ein Leasingverhältnis handelt.

102

Beispiel
Variante 1: „Offenes" Leasing
Der Leasingnehmer LN mietet für 3 Jahre von LG eine Maschine mit einer wirtschaftlichen Nutzungsdauer von 6 Jahren im Rahmen eines *operating lease*. Der Vertrag enthält eine Verlängerungsoption um 3 weitere Jahre, die nicht als günstig beurteilt wird.
Das Vertragsverhältnis wird zunächst als *operating lease* qualifiziert. Am Ende der Grundvertragslaufzeit übt LN die Verlängerungsoption aus.
Die Ausübung der Option führt zu keiner Neubeurteilung, da die Klassifizierung als *finance* oder *operating lease* bei Leasingbeginn, also in 01 vorzunehmen und später daran festzuhalten ist.

Variante 2: „Verdecktes" Leasing
LN bezieht die von LG auf einer Spezialmaschine hergestellten Produkte auf Basis eines 3-jährigen *take-or-pay*-Vertrages (Rz 9). Bei Beginn des Vertrags ist mit der Abnahme signifikanter Produktionsanteile der Maschine durch Dritte zu rechnen. Der Vertrag wird daher nicht als *lease* qualifiziert (Rz 10).
Nach 3 Jahren übt LN die Option zur Verlängerung des Liefervertrages um weitere 3 Jahre aus. Für die weiteren 3 Jahre wird nicht mit signifikanten Abnahmen von Dritten gerechnet.

> Der Vertrag ist neu und nunmehr als *lease* zu beurteilen. Nach dem Nutzungsdauerkriterium ist er für die verbleibenden 3 Jahre als *finance lease* zu klassifizieren.

2.6 Anwendungs- und Abgrenzungsprobleme

2.6.1 Portfolioleasing, Rahmenleasingverträge, Komponentenansatz

103 Die Leasingklassifizierung erfolgt gem. IAS 17.4 i.d.R. **vermögenswertspezifisch** (*on an asset-by-asset basis*).[63] Bei Vorliegen von Leasingverträgen über mehrere Vermögenswerte oder eines Rahmenleasingvertrags *(master lease agreement)* ist eine Aufteilung einer Gesamtleasingrate auf die einzelnen Vermögenswerte nur dann nicht erforderlich, wenn eine **hohe funktionale Abhängigkeit** der einzelnen Leasingobjekte eines Portfolio-*lease (functional interdependence of the property being leased)* besteht.

In allen anderen Fällen ist für den Nutzungsdauertest das vermögenswertspezifische Verhältnis von **Vertragsdauer** zu wirtschaftlicher **Nutzungsdauer** zu bestimmen und ein Rückgriff auf einen gewichteten **Durchschnitt** nicht zulässig. Aus einer *asset-by-asset*-Analyse von Portfolioleasingverträgen ergibt sich ggf. folgendes Ergebnis: Einige Leasingobjekte könnten Teil eines *finance lease*, andere Teil eines *operating lease* sein. Im Rahmen eines objektspezifischen Barwerttests sind u.E. unterschiedliche Risikostrukturen für verschiedene Leasingobjekte, die in einem Portfolioleasingvertrag zusammengefasst werden, im Diskontierungszinssatz zu berücksichtigen (Rz 62ff.).

> **Beispiel**
> Der Leasingnehmer LN übernimmt im Rahmen eines Leasingverhältnisses 3 Bürogebäude (A, B und C), deren Gesamtwert 250 Mio. EUR bei Vertragsabschluss beträgt. Die einheitliche (Mindest-)Leasingrate für die nächsten 20 Jahre (jeweils jahresendfällig zu entrichten) beträgt 22 Mio. EUR. Weder liegt ein automatischer Eigentumsübergang noch eine günstige Kaufoption vor. Auch die Vertragslaufzeit liegt nicht über 75 % der ökonomischen Nutzungsdauer. Im Rahmen einer Portfoliobetrachtung wird ein Gesamtfremdkapitalzins von 7 % (annahmegemäß gleich dem gebäudespezifischen Zinssatz) für den Barwerttest herangezogen. Der Barwert der (Gesamt-)Mindestleasingraten beträgt 233 Mio. EUR und im Vergleich zum beizulegenden Zeitwert (Rz 46) nur 93 %. In einer Gesamtbetrachtung wären daher sämtliche Bürogebäude beim LN zu bilanzieren.
> Das Verhältnis der Leasingraten weicht jedoch vom Verhältnis der *fair values* ab. Gebäude A ist bereits relativ stark abgenutzt und bedarf einer dringenden Sanierung, der beizulegende Zeitwert wird daher nur auf 50 Mio. EUR geschätzt. Der sich aus dem Leasingvertrag marktkonform abgeleitete Leasinganteil des Gebäudes beträgt 4 Mio. EUR p.a. Der Barwert der Mindestleasingraten beträgt 42 Mio. EUR und damit nur 84 % des beizulegenden Zeitwerts; Gebäude A ist nicht von LN zu bilanzieren.

---

[63] Vgl. KPMG, Insights into KPMG, 2014/2015, Tz 5.1.260.05.

> Die beiden anderen Gebäude haben jeweils einen *fair value* von 100 Mio. EUR bei einer Leasingrate von 9 Mio. EUR p.a. Der Barwert der Mindestleasingraten beträgt jeweils 95 Mio. EUR und damit 95 % des beizulegenden Zeitwerts. Gebäude B und C sind daher als *finance leases* bei LN zu bilanzieren.

In den meisten Fällen entspricht der Aufteilungsschlüssel der Gesamtleasingrate jedoch dem Verhältnis des Zeitwertes der Objekte, da sich die Zeitwerte eben aus den am Markt erzielbaren Mieten bestimmen. Portfoliobetrachtung und Einzelbetrachtung führen dann zum gleichen Ergebnis.

Nach IAS 16.43 besteht das Erfordernis einer separaten Abschreibungsverrechnung für signifikante Teilbereiche eines Vermögenswerts (→ § 10 Rz 7). Durch diesen Komponentenansatz soll eine aussagekräftigere Folgebewertung eines Vermögenswertes mit Komponenten unterschiedlicher Nutzungsdauer erreicht werden: An die Stelle einer gewogenen Durchschnittsrechnung tritt eine **teilbereichsspezifische** Folgebewertung. 104

Auf die Leasingklassifizierung lassen sich die Vorgaben aus IAS 16.43 nur bedingt übertragen. Auch wenn sich ein Vermögenswert aus verschiedenen **unterschiedlichen Komponenten** (*part of an item*) zusammensetzt, ist unter der Voraussetzung einer **fehlenden getrennten Nutzbarkeit** der einzelnen Komponenten keine getrennte Klassifizierung erforderlich. Die Klassifizierungskriterien sind dann mindestens pro Vermögenswert und nicht pro Komponente anzuwenden.

> **Beispiel**
> Wird im Rahmen der Leasingklassifizierung eines Gebäudes dieses vereinfacht (→ § 10 Rz 9) in die Komponenten Bauwerk (Nutzungsdauer 50 Jahre) und Technik (Nutzungsdauer 25 Jahre) aufgeteilt, ergäbe sich für den Fall einer vertraglichen Grundmietzeit von 20 Jahren ein *operating lease* für das Bauwerk und ein *finance lease* für die Technik. Beide Komponenten sind aber eng miteinander verbunden, ein Ausbau der Technik und eine Verwendung in einem anderen Gebäude wirtschaftlich nicht möglich. Eine getrennte Bilanzierung, das Bauwerk beim Leasinggeber, die Technik beim Leasingnehmer, würde daher dem wirtschaftlichen Gehalt nicht entsprechen.

Anderes gilt, wenn die **getrennte Nutzbarkeit** der Komponenten wirtschaftlich und praktisch gegeben ist.

> **Beispiel**
> Das einzelne Triebwerk eines Flugzeuges wird in einem eigenständigen Vertrag verleast. Dem ist für die Bilanzierung jedenfalls dann zu folgen, wenn das Triebwerk zu im Verhältnis zu seinen Kosten geringen Aufwendungen abgebaut und bei anderen Flugzeugen verwendet werden kann und solche Ausbauten in der Praxis auch vorkommen. Unter diesen Voraussetzungen ist es unerheblich, ob das gesamte Flugzeug losgelöst vom Leasingvertrag als ein Vermögenswert gewürdigt würde.

Die Frage, ob ein oder mehrere Vermögenswerte vorliegen, ist bei getrennter Nutzbarkeit **ermessensbehaftet**. Die Leasingvorschriften können die Ausübung dieses Ermessens beschränken.

> **Beispiel**
> U ist Leasingnehmer eines einheitlichen achtjährigen Vertrags über einen Lastzug mit Zugmaschine (Nutzungsdauer 8 Jahre) und einen Aufleger (Nutzungsdauer 15 Jahre). Jedenfalls für Zwecke der Leasingbilanzierung ist der Lastzug nicht mehr als ein Leasingobjekt und ein Vermögenswert anzusehen, vielmehr liegen 2 Objekte/Vermögenswerte vor. Die Zugmaschine ist U zuzurechnen *(finance lease)*, der Aufleger dem Leasinggeber *(operating lease)*.

2.6.2 Leasingverhältnisse beim Unternehmenserwerb

105 In bestimmten Fällen ist gem. IAS 17.13 eine Neubeurteilung eines Leasingverhältnisses erforderlich. Insbesondere im Zusammenhang mit Leasingverhältnissen, die im Rahmen eines Unternehmenserwerbs *(business combinations)* übernommen wurden, stellt sich die Frage der bilanziellen Behandlung beim Erwerber. Auf → § 31 Rz 96 wird verwiesen.

2.6.3 Erwerb und Verkauf von *operating leases*

106 In speziellen Fällen, etwa beim Erwerb günstiger Verträge *(favorable contracts)*, können auch Nutzungsrechte aus *operating lease* einen bilanzierbaren Vermögenswert darstellen. Wegen Einzelheiten wird verwiesen auf → § 13 Rz 44 und → § 25 Rz 66 sowie → § 31.

2.6.4 Behandlung von Steueränderungsklauseln

107 Aus Sicht des Leasinggebers spielen bei der Finanzierung von Leasingverhältnissen u. U. auch im geltenden Steuersystem realisierbare Vorteile eine Rolle. Zur Absicherung gegen künftige **Änderungen der Steuergesetzgebung** enthalten Leasingverträge somit häufig auch eine Klausel, die den Leasinggeber zur Anpassung der Leasingraten berechtigt, um einen änderungsbedingten (Steuer-)Nachteil auf den Leasingnehmer überzuwälzen.
Mangels Vorgaben innerhalb der IFRS ist fraglich, ob die Anpassung der Leasingraten aufgrund eines Steuerereignisses
- **prospektiv** als bedingte Leasingraten *(contingent rents)* oder
- **retrospektiv** als nachträgliche Änderung der Vertragsbedingungen

anzusehen ist. Gegen eine retrospektive Behandlung spricht, dass steuerbedingte Änderungen der Leasingraten gerade keine nachträgliche Änderung der Vertragsbedingungen, sondern die Umsetzung bereits bei Vertragsschluss getroffener Vereinbarung sind. Zutreffend ist demgegenüber die Behandlung als *contingent rent*, da die Höhe der Leasingraten von einem ungewissen (Steuer-)Ereignis abhängt.

> **Beispiel**
> LN und LG schließen einen *finance lease* mit einer Laufzeit von 10 Jahren. Der Barwert der Mindestleasingraten beträgt 95 % des beizulegenden Zeitwerts des Leasingobjekts, die jährlich nachschüssig zu leistende Rate 1.000 GE. Im Falle einer Steuergesetzänderung hat LG das Recht zur Anpassung der Mindestleasingraten. Im Jahr 5 ändern sich die steuerlichen Verhältnisse für LG. Dieser verlangt, beginnend ab Jahr 6 bis zum Ende der Vertragslaufzeit, 100 GE mehr. Beginnend mit Jahr 6 erhöht sich der Periodenaufwand(-ertrag) des LN (LG) um 100 GE.

Ergebniswirkungen aus dem Steuerereignis sind für den Leasingnehmer und -geber zwingend über die Restlaufzeit zu verteilen, eine unmittelbare Erfassung des gesamten Steuereffekts scheidet aus.[64]

2.6.5 Leasingvereinbarungen zwischen nahestehenden Personen und Unternehmen

Innerhalb der (Leasing-)Vorgaben der IFRS finden sich mit Ausnahmen von IAS 17.4 betreffend die Einbeziehung von Restwertgarantien durch nahestehende Personen in die Mindestleasingzahlungen (Rz 47) keine Ausführungen zu *related parties* (→ § 30). Im Unterschied dazu enthalten die US-GAAP (ASC Topic 840.10.25–26) besondere Regelungen für die Klassifizierung von Leasingverhältnissen, bei denen Leasinggeber und Leasingnehmer nahestehende Personen und Unternehmen sind. Hiernach ist ein **Drittvergleich** anzustellen:

- Halten alle signifikanten Vertragskonditionen einem Drittvergleich stand, spielt die *related-party*-Beziehung zwischen Leasingnehmer und Leasinggeber für die Klassifizierung keine Rolle.
- Werden Fremdkonditionen in wesentlichen Punkten verfehlt, ist dies auf die *related-party*-Beziehung zurückzuführen. An die Stelle des formal Vereinbarten ist dann das wirtschaftlich Gewollte zu setzen.

U. E. haben diese Regelungen lediglich klarstellenden Charakter. Sie halten fest, was sich aus dem allgemeinen Grundsatz des *substance over form* (→ § 1 Rz 81) zwingend ergibt und gelten daher für die IFRS entsprechend.

108

> **Beispiel**
> LN und LG schließen einen 3½-jährigen *lease* über eine Maschine X ab, deren Nutzungsdauer 5 Jahre beträgt. Die Leasingraten decken die lineare Abschreibung über 3½ Jahre sowie die Finanzierungskosten des LG ab. LG ist zu 49 % an LN beteiligt und übt maßgeblichen Einfluss auf die Finanz- und Geschäftspolitik aus. Ohne zwingend als Spezialleasing qualifiziert werden zu können, weist die Maschine doch so viele Besonderheiten auf, dass mit einem adäquaten, das Gesamtinvestment rechtfertigenden Verkaufspreis bei Veräußerung an einen Dritten nach 3½ Jahren nicht zu rechnen ist. Im Rahmen der Leasingvereinbarung verzichten LN und LG auf einen automatischen Eigentumsübergang und günstige Kaufoptionen, keines der Klassifizierungskriterien in IAS 17.10a-e indiziert daher eine Übertragung des

---

[64] Gl. A. KPMG, Insights into KPMG: 2014/2015, Tz 5.1.460.90.

> wirtschaftlichen Eigentums auf LN. Aufgrund der gesellschaftsrechtlichen Beziehung ist allerdings nicht allein auf die schuldrechtliche Vertragsbeziehung abzustellen. Gegenüber einem fremden Leasingnehmer würde LG eine entsprechende Investition nur dann tätigen, wenn der Dritte über eine längere Mindestlaufzeit oder in sonstiger Weise das Amortisationsrisiko übernehmen würde. Die Abrede zwischen den Parteien ist im Drittvergleich wirtschaftlich so zu werten, als ob LN wirtschaftlicher Eigentümer der Maschine wäre.

2.7 Unterschiede zwischen IFRS und Steuerrecht bei den Zurechnungskriterien

109 Ein **Vergleich** der Behandlung von Leasing nach IFRS und Steuerrecht kann sich auf zwei Aspekte richten:[65]
- Was wird als *lease* definiert (Rz 110)?
- Wie wird im Falle eines *lease* das **wirtschaftliche Eigentum** verstanden (Rz 111 ff.)?

110 IAS 17.4 definiert ein Leasingverhältnis als „eine Vereinbarung, bei der der Leasinggeber dem Leasingnehmer
- gegen eine **Zahlung** oder eine Reihe von Zahlungen
- das **Recht auf Nutzung** eines Vermögenswertes ... überträgt."

Kürzer ausgedrückt: Leasing ist die entgeltliche Nutzungsüberlassung eines Vermögenswertes. Auf die rechtliche Qualifikation des Nutzungsvertrags – Miete, Pacht usw. – kommt es nicht an.

Das **deutsche Verständnis**, geprägt durch die Leasingbranche und zivilrechtliche Überlegungen, ist teilweise **enger:** Leasing wird entweder als eine Vertragsform eigener Art angesehen oder als eine besondere Art von Miete oder Pachtvertrag bezeichnet, wobei die Besonderheit etwa darin liegen soll, dass der Leasingnehmer für Versicherung, Instandhaltung etc. aufkommt. Für die entscheidende Bilanzierungsfrage, wer das **wirtschaftliche Eigentum** am Nutzungsobjekt hat, sind all diese zivilrechtlichen „**Besonderheiten**" ebenso **unerheblich** wie die Bezeichnung der Parteien für ihren Vertrag. Der **BFH** betont dementsprechend in seinem für die späteren Leasingerlasse grundlegenden Urteil[66], dass „unter Leasing Verträge verstanden werden, die **vom normalen Mietvertrag bis zum verdeckten Raten-Kaufvertrag reichen.**" Die **BMF-Erlasse**[67] selbst legen auf eventuelle formalrechtliche Unterschiede ebenfalls keinen Wert. Sie sprechen etwa von der Grund**miet**zeit eines Leasingvertrages, unterscheiden Leasingverträge mit und ohne **Miet**verlängerungsoption usw.
Praktische Konsequenz: Weder IAS 17 noch die Steuererlasse können durch zivilrechtliche Qualifikation oder Bezeichnung der Verträge als Miete, Pacht usw. umgangen werden.

111 Für die bilanzielle Zurechnung eines Leasingobjekts ist das wirtschaftliche Eigentum maßgeblich. Es ist nach **IAS 17.8** dem Leasingnehmer zuzurechnen, wenn er im Wesentlichen alle **Risiken und Chancen** übernimmt, die üblicher-

---
[65] Nachfolgende Überlegungen überwiegend in Anlehnung an LÜDENBACH, BC 2007, S. 7 ff.
[66] BFH, Urteil v. 26.1.1970, IV R 144/66, BStBl II 1970 S. 264.
[67] BMF, Schreiben v. 19.4.1971, IV B/2 – S 2170–31/71, BStBl 1971 I S. 264, sowie Schreiben v. 21.3.1972, IV B/2 – S 2170–11/72, BStBl 1972 I S. 188.

weise mit dem zivilrechtlichen Eigentum verbunden sind. Das angeführte **BFH-Urteil** sieht den wirtschaftlichen Eigentümer dadurch gekennzeichnet, dass er im Regelfall „den rechtlichen Eigentümer **dauernd** von der **Einwirkung** auf das Wirtschaftsgut wirtschaftlich ausschließen kann, sodass ein **Herausgabeanspruch** des Eigentümers **keine wirtschaftliche Bedeutung** mehr hat."

Konzeptionelle Unterschiede bestehen somit nur in Nuancen: IAS 17 stellt die Risiken und Chancen in den Vordergrund, misst aber daneben dem Gesichtspunkt der dauernden Herrschaft Bedeutung bei (IAS 17.21). Der BFH betont primär die dauernde Herrschaft, daneben aber auch die Chancen und Risiken, ausgedrückt u. a. in dem wirtschaftlichen Wert des Herausgabeanspruchs am Ende der Grundmietzeit.

Ob der Leasingnehmer wirtschaftlicher Eigentümer ist, macht IAS 17.10 an verschiedenen Kriterien fest (Rz 22). Ein *finance lease* liegt vor, wenn

- von vornherein die Übertragung des rechtlichen Eigentums feststeht,
- eine günstige Kaufoption vereinbart ist,
- die Vertragslaufzeit den überwiegenden Teil der wirtschaftlichen Nutzungsdauer des Leasingobjekts abdeckt, wobei nach IAS 17.11 auch eine günstige Mietverlängerungsoption zu berücksichtigen ist,
- das Leasingobjekt von spezieller Beschaffenheit ist,
- der Barwert der Mindestleasingzahlungen im Wesentlichen den anfänglichen Zeitwert des Leasingobjekts erreicht oder sogar größer als dieser ist.

Vergleicht man die vorgenannten Kriterien mit denen der steuerlichen Vollamortisationserlasse, so ergibt sich nur **ein** grundsätzlicher Unterschied: Das **Barwertkriterium** kommt nicht vor. Die **anderen Kriterien** werden hingegen im **Steuerrecht** zugrunde gelegt, drei davon in den Leasingerlassen selbst, der Fall des von vornherein feststehenden Eigentumsübergangs als unechter Mietkauf in Rechtsprechung und anderen Erlassen.[68] Das hohe Maß der Übereinstimmung ist kein Zufall: Das grundlegende BFH-Urteil beruft sich an vielen Stellen ausdrücklich auf US-GAAP Vorschriften (!). Die gleichen Vorschriften standen auch bei der Entwicklung von IAS 17 Pate.

Unterschiede bleiben im Detail:

- Während das Steuerrecht im Interesse der Rechtssicherheit die Kriterien **genau** quantifiziert, etwa für das Verhältnis von Vertrags- und Nutzungsdauer eine 90-%-Grenze formuliert,
- enthält IAS 17 **auslegungsbedürftige** Begriffe, etwa den des „überwiegenden Teils"(*major part*) für das Verhältnis von Vertrags- und Nutzungsdauer (Rz 37).

Bei der Verabschiedung von IAS 17 hat der IASC bewusst interpretationsbedürftige Begriffe verwendet, um ein sog. *cook-book accounting*, bei dem man hart bis an die Grenzen herangeht, zu Gunsten einer Gesamtwürdigung zu verhindern.

112

113

Beispiel
Das Leasingobjekt hat eine Nutzungsdauer von 20 Jahren. Der Leasingvertrag läuft über 17,5 Jahre. Er ist steuerlich „erlasskonform", weil die kritische

---

[68] Vgl. z. B. FinMin Schleswig-Holstein, Verfügung v. 27.7.2004, S 2170, und BMF, Schreiben v. 28.8.1991, BStBl I S. 768.

> Grenze von 90 % (18 Jahre) zwar bewusst ins Visier genommen, aber nicht überschritten wurde. Nach IAS 17 macht die Vertragsdauer je nach Interpretation des Begriffs „*major part*" zwar nicht zwingend den überwiegenden Teil der Nutzungsdauer aus, liegt aber jedenfalls sehr nahe an diesem Kriterium. Soll es in der geforderten Gesamtwürdigung bei einem *operating lease* bleiben, müssten daher die anderen Kriterien umso eindeutiger verneint werden können. Dies wäre nicht der Fall, wenn etwa eine Nutzung des Leasingobjekts durch einen anderen als den Leasingnehmer zwar nicht ausgeschlossen, aber doch unwahrscheinlich wäre, also der Vertrag zugleich in der Nähe des Spezialleasings (Rz 69) angesiedelt werden könnte. In der Gesamtbetrachtung läge dann ein *finance lease* vor.

Soweit jedenfalls die **Theorie**. In der **IFRS-Praxis** bleibt die **Gesamtwürdigung** allzu oft auf der Strecke. Die ermessensbehafteten Kriterien werden in Konzernbilanzierungsrichtlinien *(accounting manuals)* quantifiziert. Wie im Steuerrecht tritt dann an die Stelle einer Gesamtwürdigung das quantitative Abprüfen der Kriterien.

114 Bei **Teilamortisationsverträgen** *(non-full-pay-out*-Verträge) erfolgt entsprechend dem Leasing-Erlass vom 22.12.1975[69] entweder keine Amortisation der Kosten des Leasinggebers oder eine Amortisation erst am Ende der Laufzeit des Vertrags durch eine Schlusszahlung.

Eine Zurechnung des Leasingobjekts beim Leasingnehmer erfolgt unabhängig von der Amortisation der Kosten des Leasinggebers im Vorliegen von **Spezialleasing** (Rz 69) sowie im Fall von Immobilienleasing bei Vorliegen besonderer Verpflichtungen (Übernahme der Gefahr des zufälligen Untergangs etc.) des Leasingnehmers. In den anderen Fällen, in denen die unkündbare Grundmietzeit zwischen 40 % und 90 % der betriebsgewöhnlichen Nutzungsdauer liegt, erfolgt die Zurechnung des wirtschaftlichen Eigentums beim Leasingnehmer, wenn folgende Vertragsinhalte vereinbart sind:
- **Andienungsrecht** des Leasinggebers, **ohne Optionsrecht** des Leasingnehmers: Die Verwertungsentscheidung liegt beim Leasinggeber, der Leasingnehmer hat keine Entscheidungsbefugnis hinsichtlich der Substanz.
- **Aufteilung** des **Mehrerlöses**: Bei einer (vereinbarten) Veräußerung des Leasingobjekts nach Ablauf der Grundmietzeit ist ab einer Beteiligung des Leasinggebers i. H. v. $\geq 25\,\%$ **am Verwertungserlös** eine beträchtliche Partizipation des Leasinggebers an dem Restwert anzunehmen und diesem das wirtschaftliche Eigentum zuzurechnen.
- **Kündbarer Mietvertrag** mit **Anrechnung des Veräußerungserlöses auf die Schlusszahlung** des Leasingnehmers: Im Falle einer Kündigung des Leasingverhältnisses durch den Leasingnehmer ist dieser zur Erstattung der Kosten des Leasinggebers verpflichtet. Erfolgt **keine vollständige Anrechnung** des vom Leasinggeber zu erzielenden Veräußerungserlöses (nach Rückerhalt vom Leasingnehmer), profitiert allein dieser von **Wertsteigerungen**.

115 Aufgrund der unterschiedlichen Behandlung des Amortisationsrisikos – nachgeordnet für das Steuerrecht und erstrangig für die IFRS-Bilanz – kommt es

---

[69] Vgl. BMF, Schreiben v. 22.12.1975, IV B/2 – S 2170–161/75, BB 1976, S. 172.

Leasing § 15

hinsichtlich folgender Kriterien u. U. zu einer auseinanderlaufenden Beurteilung des wirtschaftlichen Eigentums:[70]
- Der **Barwerttest** nach IFRS (IAS 17.10c) zielt auf die Übertragung des Amortisationsrisikos des Leasinggebers auf den Leasingnehmer ab (Rz 46), ein vergleichbares Kriterium fehlt im Steuerrecht. Hierdurch kommt es insbesondere bei Leasingobjekten ohne relevanten Gebrauchtmarktwert (z. B. Hardwareleasing; Rz 46) nach IFRS zu einer Zurechnung beim Leasingnehmer.
- **Restwertgarantien, Andienungsrechte** und Verpflichtungen des Leasingnehmers zur **Amortisation der Investitionskosten** führen nach IFRS i. d. R. zu einer Zurechnung des Leasingobjekts beim Leasingnehmer (Rz 26).

Zwar findet sich der mit dem Barwertkriterium verbundene **Rechtsgedanke** auch im o. g. BFH-Urteil, wenn dort vom *„second-hand leasing"* gesprochen und unterschieden wird zwischen
- Objekten, bei denen ihrer Art nach mit Ablauf des Leasingvertrags noch ein wesentlicher Erlös durch Verkauf oder Überlassung an einen weiteren Nutzer *(second-hand)* erzielt werden kann und deshalb der Leasingvertrag nicht für die volle Amortisation sorgen muss, und
- solchen, bei denen eine Anschlussnutzung nicht zu erwarten ist.

Im Detail wird der Amortisationsaspekt im Steuerrecht aber nicht weiter verfolgt.

> **Beispiel**
> Im Rahmen eines Leasingvertrags über eine Maschine schließen Leasingnehmer und Leasinggeber folgende Konditionen miteinander ab:
> - Das Leasingverhältnis wird über die Dauer von 75 % der wirtschaftlichen Nutzungsdauer geschlossen, die vereinbarten Leasingraten decken die Investitionskosten des Leasinggebers nicht.
> - Am Ende der Vertragslaufzeit wird das Leasingobjekt veräußert. Aus dem Veräußerungserlös sind zunächst die noch nicht gedeckten Kosten des Leasinggebers zu bedienen, darüber hinausgehende Gewinne fallen zu 75 % auf den Leasingnehmer und zu 25 % auf den Leasinggeber.
> - Der Leasingnehmer garantiert dem Leasinggeber eine Ausgleichszahlung bei Nichtdeckung der Investitionskosten aus der Veräußerung und den bislang gezahlten Leasingraten.
>
> **Beurteilung**
> Steuerlich ist das Leasingverhältnis nach dem Teilamortisationserlass für Mobilienleasing zu beurteilen. Aufgrund der hohen Beteiligung des Leasinggebers an der Verwertungsmöglichkeit des Leasingobjekts ist ihm das wirtschaftliche Eigentum zuzurechnen.
> In der IFRS-Bilanz ist die Garantie des Leasingnehmers im Rahmen des Barwerttests zu berücksichtigen, der Barwert der Mindestleasingzahlungen entspricht aufgrund der Verpflichtung des Leasingnehmers gerade oder annähernd dem beizulegenden Zeitwert des Leasingobjekts, die Risiken werden vollständig auf den Leasingnehmer übertragen, der das Leasingobjekt und eine Verbindlichkeit bilanziell abzubilden hat.

---

[70] Vgl. PwC, IFRS für Banken, 5. Aufl., 2012, S. 2030 ff.

116 Unterschiede bestehen außerdem bei **Immobilienleasingverträgen**. Nach den **Leasingerlassen** vom 21.3.1972 und vom 23.12.1991[71] folgt die **Zuordnung des Grund und Bodens** derjenigen für das Gebäude. Nach IAS 17.15 kommt auch eine getrennte personelle Zuordnung von Grund und Boden und Gebäude in Betracht (Rz 82).

2.8 Zusammenfassende Beurteilung der Zurechnungskriterien

117 Die häufig nur qualitativen und auch sonst recht vagen Zurechnungskriterien eröffnen den Bilanzierenden nennenswerte **faktische Wahlrechte** (Rz 37f.). Der IASB ist sich dessen bewusst, denn er hat die begriffliche „Offenheit" gewählt, um dem Anwender ein *professional judgement* zu eröffnen.[72] Dadurch soll Umgehungspraktiken gegengesteuert werden. Die Folge dieser gewählten Unbestimmtheit ist die Eröffnung erheblicher Ermessensspielräume, und zwar insbesondere im Zusammenhang mit dem **Mietzeitkriterium** (Rz 37f.)[73] sowie dem **Barwertkriterium** (Rz 46). In hohem Maße gewöhnungsbedürftig ist aus deutscher Sicht auch die Möglichkeit einer „**Doppelbilanzierung**" beim Leasinggeber und -nehmer bzw. einer **doppelten Nichtbilanzierung** (Rz 16).

Beispiel für eine Doppelbilanzierung
Ein Leasingnehmer lässt vom Leasinggeber eine Lagerhalle auf einem gepachteten (wertmäßig unbedeutenden) Grundstück errichten und mietet diese über eine Grundmietzeit von 15 Jahren. Die betriebsgewöhnliche Nutzungsdauer der Lagerhalle beträgt 25 Jahre. Die jährlichen Leasingraten betragen 55.000 EUR. Es besteht keine Kaufoption für den Leasingnehmer. Der Verkehrswert der Lagerhalle entspricht den Herstellungskosten i. H. v. 600.000 EUR. Der dem Leasingverhältnis zugrunde liegende Zinssatz beträgt aufgrund eines garantierten Restwertes i. H. v. 157.757 EUR 6 % und ist dem Leasingnehmer nicht bekannt. Im Falle des Kaufs und der laufzeitäquivalenten Fremdfinanzierung würde der Zinssatz für den Leasingnehmer 5,5 % p. a. betragen.
Aus Sicht des Leasinggebers stellt sich die Prüfung der Zurechnungskriterien wie folgt dar:
Eigentumsübergangskriterium: Nicht erfüllt
Kaufoptionskriterium: Nicht erfüllt
Mietzeitkriterium: 15/25 = 60 %, d. h. vermutlich nicht erfüllt (Rz 38)
Barwertkriterium:

	EUR
Leasingraten 55.000 EUR p. a. (6 %)	534.174
Verkehrswert	600.000
Verhältnis	89 %

Da das Barwertkriterium mit 89 % vermutlich nicht erfüllt ist (Rz 46), wird das Leasingobjekt aus Sicht des Leasinggebers in seiner Bilanz erfasst.

---

[71] Vgl. BMF, Schreiben v. 23.12.1991, IV B/2 – S 2170–115/91, BStBl 1992 I S. 13.
[72] SCHILDBACH, BFuP 2002, S. 263 ff.
[73] Vgl. die ausführliche Darstellung bei VATER, DStR 2002, S. 2094.

Aus Sicht des Leasingnehmers stellt sich die Prüfung der Zurechnungskriterien dagegen wie folgt dar:
Eigentumsübergangskriterium: Nicht erfüllt
Kaufoptionskriterium: Nicht erfüllt
Mietzeitkriterium: 15/25 = 60 %, d.h. vermutlich nicht erfüllt (Rz 38)
Barwertkriterium:

	EUR
Leasingraten 55.000 EUR p.a. (5,5 %)	552.067
Verkehrswert	600.000
Verhältnis	92 %

Da das Barwertkriterium mit 92 % vermutlich erfüllt ist (Rz 46), wird das Leasingobjekt aus Sicht des Leasingnehmers vom Leasingnehmer bilanziert. Es kommt insoweit zu einer Doppelbilanzierung.

Beispiel für eine doppelte Nichtbilanzierung
In Abwandlung zum gerade skizzierten Beispiel beträgt der nicht garantierte Restwert 107.000 EUR. Der interne Zinssatz des Leasinggebers beläuft sich damit auf 5,5 % und ist dem Leasingnehmer wiederum nicht bekannt. Im Falle des Kaufs und der laufzeitäquivalenten Fremdfinanzierung würde der Zinssatz für den Leasingnehmer nunmehr 6 % p.a. betragen.
Aus Sicht des Leasinggebers stellt sich die Prüfung der Zurechnungskriterien wie folgt dar:
Eigentumsübergangskriterium: Nicht erfüllt
Kaufoptionskriterium: Nicht erfüllt
Mietzeitkriterium: 15/25 = 60 %, d.h. vermutlich nicht erfüllt (Rz 38)

Barwertkriterium:	EUR
Leasingraten 55.000 EUR p.a. (5,5 %)	552.067
Verkehrswert	600.000
Verhältnis	92 %

Da das Barwertkriterium mit 92 % vermutlich erfüllt ist (Rz 46), wird das Leasingobjekt aus Sicht des Leasinggebers dem Leasingnehmer zugerechnet.
Aus Sicht des Leasingnehmers stellt sich die Prüfung der Zurechnungskriterien dagegen wie folgt dar:
Eigentumsübergangskriterium: Nicht erfüllt
Kaufoptionskriterium: Nicht erfüllt
Mietzeitkriterium: 15/25 = 60 %, d.h. vermutlich nicht erfüllt (Rz 38)

Barwertkriterium:	EUR
Leasingraten 55.000 EUR p.a. (6 %)	534.174
Verkehrswert	600.000
Verhältnis	89 %

Da das Barwertkriterium mit 89 % vermutlich nicht erfüllt ist (Rz 46) und auch kein Spezialleasing vorliegt (Rz 69), wird das Leasingobjekt aus Sicht des Leasingnehmers dem Leasinggeber zugerechnet.
Es kommt insoweit zu einer doppelten Nichtbilanzierung.

Eine überraschende Zurechnungsregel liefert auch das Wahlrecht, einen „an sich" als *operating lease* zu behandelnden Vertrag über eine **Renditeliegenschaft** beim Leasingnehmer als *finance lease* zu behandeln (Rz 18). Den damit angedeuteten bilanzpolitischen Spielräumen durch Ermessensausübung kann aus Sicht des Abschlussadressaten insbesondere durch **Anhangerläuterung** und – sachlich und zeitlich – **konsistente** Anwendung gegengesteuert werden.

118 Eine Einschätzung des Leasingverhältnisses durch den Leasinggeber kann nicht vom Leasingnehmer übernommen werden. Dieser hat seine **eigene** Analyse vorzunehmen. Denkbar ist lediglich die Übernahme der internen Kalkulation des Leasinggebers zur Bestimmung des internen Zinssatzes durch den Leasingnehmer. In diesem Falle halten wir allerdings eine Plausibilitätsbeurteilung durchaus für geboten (Rz 60).

3 Bewertung

3.1 *Finance*-Leasingverhältnisse beim Leasingnehmer

3.1.1 Zugangsbewertung beim Leasingnehmer

119 Bei Vorliegen eines *finance*-Leasingverhältnisses hat der Leasingnehmer zu Beginn des Leasingverhältnisses *(at inception)* das Leasingobjekt und die Verbindlichkeit gegenüber dem Leasinggeber i. H. d. beizulegenden **Zeitwertes** zu bewerten (Rz 23). Eine bilanzielle Abbildung erfolgt mit dem Beginn (zum *commencement date)* des Nutzungsverhältnisses (Rz 20). Sofern der **Barwert** der Mindestleasingzahlungen **unter** dem beizulegenden Wert liegt (Rz 67), ist im Rahmen der Zugangsbewertung der niedrigere Barwert der Mindestleasingzahlungen (aus Sicht des Leasingnehmers; Rz 47) maßgebend (IAS 17.20).

120 Der beizulegende Zeitwert des Leasingobjekts zzgl. evtl. Anschaffungsnebenkosten (Rz 121) stellt die **Obergrenze** für die Zugangsbewertung beim Leasingnehmer dar. Wird im Rahmen des Barwerttests nicht auf den internen Zinssatz des Leasinggebers *(rate implicit in the lease)* abgestellt, sondern der Grenzfremdkapitalzins des Leasingnehmers (Rz 62) angewendet, kann der Barwert der Leasingraten **über** dem beizulegenden Zeitwert des Leasingobjekts liegen. Es gilt Folgendes:
- Im Rahmen der Folgebewertung ist die (im Vergleich zum Barwert geringere) Leasing**verbindlichkeit** durch Berücksichtigung eines höheren Zinssatzes zu **reduzieren** (Rz 132). Der Diskontierungszins des Barwerts der Mindestleasingraten und der Folgebewertung der Leasingverbindlichkeit stimmen dann nicht überein (Rz 67).
- Ein Ansatz des Barwerts der Mindestleasingzahlungen mit anschließender Anpassung an den niedrigeren beizulegenden Zeitwert des Leasingobjekts durch eine **außerplanmäßige Abschreibung** des Leasingobjekts ist **nicht** zulässig.

121 Der beizulegende Zeitwert des Leasingobjekts ist im Rahmen der bilanziellen Abbildung durch den Leasinggeber vor Abzug evtl. **Steuergutschriften** und **staatlicher Zuwendungen** zu bestimmen. Im Rahmen der Zugangsbewertung sind Zahlungen, die der Leasingnehmer nicht erhalten hat, in Abgrenzung zu der Berücksichtigung dieser im Zusammenhang mit der Klassifizierung (Rz 57) nicht zu berücksichtigen.

Weiterhin sind Kosten, die dem Leasingnehmer im Zusammenhang mit dem Abschluss von Leasingverträgen entstehen (Anschaffungsnebenkosten), ebenfalls im beizulegenden Zeitwert des Leasingobjekts zu berücksichtigen, soweit sie bei einem Erwerb eines vergleichbaren Vermögenswerts aktivierungsfähig wären (→ § 8 Rz 11 ff.).

Die **Mindestleasingzahlungen** (Rz 47) umfassen aus Sicht des Leasingnehmers die während der Vertragslaufzeit zu leistenden Grundmietzahlungen sowie eventuelle Kaufpreiszahlungen am Ende des Leasingverhältnisses im Falle einer günstigen Kaufoption (Rz 48) und Restwertgarantien (Rz 47f.) des Leasingnehmers (IAS 17.4). **Nicht einbezogen** werden dagegen **Nebenkosten** (die keine verdeckten Leasingzahlungen i.S.v. IFRIC 4.12 enthalten; Rz 13), die der Leasingnehmer an den Leasinggeber oder an Dritte leistet, wie z.B. Kosten für Versicherungen, Instandhaltung und Steuern für das Leasingobjekt (IAS 17.4). Darüber hinaus sind solche Leasingzahlungen nicht bei der Berechnung der Mindestleasingzahlungen zu berücksichtigen, die vom Eintritt künftiger Bedingungen abhängen *(contingent rents*; IAS 17.25) (Rz 49).
Die Nichteinbeziehung nur solcher Nebenkosten, die separat in Rechnung gestellt werden, würde zu ungerechtfertigten Differenzierungen führen.

122

Beispiel
Ein Gebäude wird in **zwei** Varianten zum Leasing angeboten:
1. gegen eine Nettokaltmiete zuzüglich vom Mieter selbst zu tragender Energiekosten und nach Einzelabrechnung vom Vermieter erhobener Nebenkosten.
2. gegen eine Bruttomiete, in die Energie- und sonstige Kosten mit kalkulierten Werten einbezogen sind.

Der höhere Wert der Miete im 2. Fall könnte eher dazu führen, dass ihr Barwert den Zeitwert des Objektes erreicht oder übersteigt. Aus *substance-over-form*-Gesichtspunkten wäre dies nicht gerechtfertigt. Die Definition der Mindestleasingraten in IAS 17.4 sieht daher den Ausschluss auch von **kalkulatorischen Nebenkosten** vor.[74]

3.1.2 Folgebewertung beim Leasingnehmer

3.1.2.1 Planmäßige Abschreibungen

Im Rahmen der Folgebewertung sind die vom Leasingnehmer bilanzierten Leasingobjekte wie rechtlich zuzurechnende Vermögenswerte in Übereinstimmung mit IAS 16 zu bewerten. Entsprechend IAS 16 besteht das Wahlrecht, betrieblich genutzte Sachanlagen zu fortgeführten Anschaffungs- bzw. Herstellungskosten oder zum höheren Zeitwert der Neubewertung, korrigiert um danach angefallene Abschreibungen zu bewerten. Auf die Ausführungen unter → § 8 Rz 6 ff. sowie → § 10 Rz 20 ff. ist deshalb zu verweisen.

123

Das Leasingobjekt ist über die **Laufzeit des Leasingvertrags** abzuschreiben (anders beim Leasinggeber im Rahmen eines *operating*-Leasing; Rz 154). Sofern jedoch bereits zu Beginn des Leasingverhältnisses der Übergang des rechtlichen

124

---

[74] Gleiche Auffassung: KMPG, Insights into IFRS KPMG 2014/2015, Tz 5.1.30.20.

Eigentums am Leasingobjekt zum Ende der Vertragslaufzeit hinreichend sicher ist, muss eine Abschreibung über die längere wirtschaftliche Nutzungsdauer des Leasingobjektes erfolgen (IAS 17.28). Das ist regelmäßig anzunehmen, wenn die Zurechnung zum Vermögen des Leasingnehmers aufgrund des Eigentumsübergangs- oder Kaufoptionskriteriums erfolgt (Rz 22). Da sich die Dauer des Leasingvertrags und die wirtschaftliche Nutzungsdauer nicht entsprechen müssen, ist möglicherweise der geleaste Vermögenswert in der Bilanz des Leasingnehmers bereits vollständig abgeschrieben, obwohl noch eine Verbindlichkeit gegenüber dem Leasinggeber besteht.

125 Eine Besonderheit ergibt sich für die Folgebewertung von als *finance lease* klassifizierten Vertragsverhältnissen über **Grundstücke**. Erfolgte die Klassifizierung als *finance lease*, weil zu Beginn des Leasingverhältnisses
- mit hinreichender Sicherheit von einem Übergang des rechtlichen Eigentums nach Ablauf der Grundmietzeit ausgegangen werden konnte (z.B. wegen günstiger Kaufoption oder automatischen Eigentumsübergangs), ist das Grundstück als Sachanlage mit unbestimmbarer Nutzungsdauer in der Bilanz des Leasingnehmers zu erfassen und nur außerplanmäßig abzuschreiben.
- wegen der langen Dauer der Grundmietzeit (Rz 77 ff.) das wirtschaftliche Eigentum dem Leasingnehmer zugerechnet wurde, ist das Grundstück über die Grundmietzeit (bestimmbare Nutzungsdauer) planmäßig abzuschreiben (→ § 10 Rz 37; → § 13 Rz 93).

126 Auch bei **Spezialleasing** (Rz 69 ff.) kann u. E. bereits zu Beginn des Leasingverhältnisses mit hinreichender Sicherheit vom Übergang des rechtlichen Eigentums am Leasingobjekt auf den Leasingnehmer ausgegangen werden. Zumindest ist in diesem Fall das Leasingobjekt so auf die Bedürfnisse des Leasingnehmers zugeschnitten, dass eine Verwendung von Dritten entweder überhaupt nicht oder nur mit erheblichen Kosten möglich ist.[75] Infolgedessen erscheint auch in diesem Fall eine Abschreibung über die wirtschaftliche Nutzungsdauer geboten.

3.1.2.2 Außerplanmäßige Abschreibungen

127 Zur Feststellung eines zusätzlichen außerplanmäßigen Abschreibungsbedarfs ist IAS 36 heranzuziehen (IAS 17.30). Auf die Kommentierung unter → § 11 kann deshalb verwiesen werden.

3.1.2.3 Wartungs- und Reparaturarbeiten

128 Für die Folgebewertung von Leasingobjekten eines *finance lease* kann u. E. in Bezug auf nachträgliche Herstellungs- und Erhaltungsaufwendungen nichts anderes gelten als für im (rechtlichen) Eigentum befindliche Vermögenswerte (→ § 8 Rz 33 ff.).
- Die **laufenden Unterhaltungsaufwendungen** des Leasingnehmers für ein Leasingobjekt *(the day-to-day servicing)* sind als Aufwand zu behandeln (IAS 16.12).

---

[75] Vgl. Alvarez/Wotschofsky/Miethig, WPg 2001, S. 939.

- Notwendige **Ersatzteile** *(parts)* eines Vermögenswertes sind bei Ersatzbeschaffung zu aktivieren, wenn sie das generell gültige Ansatzkriterium in IAS 16.7 erfüllen.
- Größere Inspektionen oder Sanierungen sind als Ersatzbeschaffung zu aktivieren, wenn die genannten Ansatzkriterien erfüllt sind (IAS 16.14).

Erfordert ein im Rahmen eines *finance lease* genutzter Vermögenswert regelmäßige **Großinspektionen** (etwa Flugzeuge, Schiffe etc.) richtet sich die bilanzielle Behandlung, insbesondere die Folgebewertung, nach den Vorgaben des IAS 16 (IAS 17.27). Hinsichtlich der Behandlung von Inspektionsverpflichtungen bei Klassifizierung als *operating lease* wird auf Rz 148 verwiesen. Nach dem **Komponentenansatz** *(components approach)* sind Teile eines Vermögenswerts *(parts of an item)* bei unterschiedlicher Lebensdauer separat abzuschreiben (IAS 16.43f.). Bedürfen Anlagegüter regelmäßig einer Generalüberholung bzw. Großinspektion, sind gem. IAS 16.14 auch die diesbezüglichen Kosten als Komponente *(inspection component)* anzusehen, wenn

129

- die Inspektion in regelmäßigen Abständen durchgeführt wird,
- die Anlage (insbesondere aus rechtlichen Gründen) nur nach Inspektion und Generalüberholung weiterbetrieben werden kann.

Die Abschreibung der Inspektionskomponente erfolgt dann nach Maßgabe des Inspektionsintervalls.

> **Beispiel**
> Die Fluglinie F least ab 1.1.01 ein neues Flugzeug. Die wirtschaftliche Nutzungsdauer des Flugzeugs beträgt 20 Jahre. Die Nutzungsüberlassung ist als *finance lease* zu klassifizieren. Alle 5 Jahre ist aufgrund gesetzlicher Vorschriften eine Großinspektion und Generalüberholung (nachfolgend: einheitlich als Inspektion bezeichnet) fällig, die Kosten von 5 Mio. EUR verursacht. Inspektionen während der Laufzeit des Leasingvertrags sind von F durchzuführen.
> Im Zugangswert ist eine Inspektionskomponente von 5 Mio. EUR enthalten, die über das Intervall von 5 Jahren planmäßig abzuschreiben ist (jährlich insoweit per Abschreibung an Flugzeug 1 Mio. EUR). Bei Durchführung der Inspektion nach 5 Jahren ist der Ressourcenabfluss zu aktivieren (per Flugzeug an Kasse 5 Mio. EUR). In allen Perioden ergibt sich auf diese Weise ein Aufwand von 1 Mio. EUR aus der Inspektionsverpflichtung.

3.1.2.4 Vorzeitige Beendigung eines Leasingverhältnisses

Im Falle einer vorzeitigen Beendigung des *finance lease* hat der Leasingnehmer den Vermögenswert und die Schuld ergebniswirksam auszubuchen. I.H.d. Differenz der Buchwerte zwischen dem Leasingobjekt und der Leasingverbindlichkeit entsteht ein Erfolg.

130

3.1.2.5 Bewertung von Leasingobjekten im Rahmen von *subleases*

131 Soweit der Leasingnehmer einen *finance*-Leasingvertrag abschließt und das Leasingobjekt im Rahmen eines **weiteren** Leasingvertrages vermietet *(sublease)*, hängt die bilanzielle Behandlung des *sublease* davon ab, ob es sich hierbei um ein *operating* oder *finance lease* handelt. Bei einem *operating sublease* bilanziert der Leasingnehmer (der gleichzeitig Leasinggeber im Rahmen des *sublease* ist) das Leasingobjekt im Zugangszeitpunkt nach den oben dargestellten Grundsätzen (Rz 119ff.). Die Frage der **Folgebewertung** richtet sich nach der Art des Leasingobjekts:
- Bei **beweglichen** Vermögenswerten ist IAS 16 (→ § 14) anzuwenden (Rz 123).
- Sofern es sich um bebaute oder unbebaute **Grundstücke** handelt und die Nebenleistungen insgesamt nur eine untergeordnete Bedeutung an den Gesamterträgen haben, ist IAS 40 anzuwenden, da es sich insoweit um eine Renditeliegenschaft handelt (→ § 16 Rz 6). Danach besteht für den Leasingnehmer (der gleichzeitig Leasinggeber im Rahmen des *sublease* ist) das explizite Wahlrecht zur Bewertung des Leasingobjekts zu fortgeführten Anschaffungs- oder Herstellungskosten *("cost model")* oder zu aktuellen Marktwerten *("fair value model"*; → § 16 Rz 40ff.).

3.1.2.6 Folgebewertung der Leasingverbindlichkeit

132 Zum Zwecke der Folgebewertung der Leasingverbindlichkeiten sind die zu leistenden Leasingraten in Finanzierungskosten *(finance charge)*, nicht aktivierbare Nebenkosten und einen Tilgungsanteil **aufzuteilen** (IAS 17.25). Die Finanzierungskosten sind über die Vertragslaufzeit so zu verteilen, dass sich unter Berücksichtigung des Zinssatzes, welcher der Berechnung des Barwertes der Mindestleasingzahlungen zugrunde gelegt wurde, eine **gleichbleibende Verzinsung** ergibt (IAS 17.25). Lediglich aus Vereinfachungsgründen ist bei gleichzeitiger Beachtung der Wesentlichkeitsgrenzen eine **lineare Verteilung** der Finanzierungskosten über die Vertragslaufzeit oder eine Verteilung nach der Zinsstaffelmethode im Einzelfall zulässig.

133 Der Zinsanteil der Leasingraten ist in der **GuV** unter den **Zinsaufwendungen** zu erfassen. Die Nebenkosten stellen sonstige betriebliche Aufwendungen dar. Der Tilgungsanteil vermindert erfolgsneutral die am Anfang einer Periode bestehende Restverbindlichkeit. Es ist somit unzulässig, vereinfachungsbedingt die gesamten Leasingzahlungen in der GuV aufwandswirksam zu erfassen.

> **Beispiel**
> Ein Leasingnehmer least ab dem 1.1.01 eine Anlage mit einem beizulegenden Zeitwert von 250.000 EUR über eine Grundmietzeit von 5 Jahren. Unter Berücksichtigung der nachfolgenden Annahmen
> – Zinssatz 10 %
> – wirtschaftliche Nutzungsdauer 8 Jahre
> – Barwert der Mindestleasingrate 247.159,30 EUR und
> – jährliche Leasingrate von 67.600 EUR (inkl. Nebenkosten von 2.400 EUR)
> entwickeln sich die Wertansätze des Leasingobjekts und der -verbindlichkeit wie folgt:

Leasing §15

| Jahr | Leasing-objekt | Abschrei-bungen | Verbind-lichkeit | Zins-anteile | Leasingraten |||
					Tilgung	Neben-kosten	Gesamt
	EUR	EUR	EUR	EUR	EUR	EUR	EUR
1.1.01	247.159,30		247.159,30				
31.12.01	197.727,44	49.431,86	206.675,23	24.715,93	40.484,07	2.400	67.600
31.12.02	148.295,58	49.431,86	162.142,75	20.667,52	44.532,48	2.400	67.600
31.12.03	98.863,72	49.431,86	113.157,03	16.214,28	48.985,72	2.400	67.600
31.12.04	49.431,86	49.431,86	59.272,73	11.315,70	53.884,30	2.400	67.600
31.12.05	0,00	49.431,86	0,00	5.927,27	59.272,73	2.400	67.600
		247.159,30		78.840,70	247.159,30	12.000	338.000

Das Leasingobjekt ist über die kürzere Vertragslaufzeit von 5 Jahren und nicht über die wirtschaftliche Nutzungsdauer von 8 Jahren abzuschreiben, da die Zurechnung zum Vermögen des Leasingnehmers aufgrund des in IAS 17.10d genannten Barwertkriteriums erfolgte (Rz 46ff.).
Die Tilgung der Verbindlichkeit ergibt sich aus der Aufteilung der zu zahlenden Leasingraten in Zinsanteil, Nebenkostenanteil und Tilgungsanteil.

3.2 Finance-Leasingverhältnisse beim Leasinggeber

3.2.1 Zugangsbewertung beim Leasinggeber

Da bei einem *finance lease* das **wirtschaftliche** Eigentum am Leasingobjekt auf den **Leasingnehmer** übergeht, bilanziert der Leasinggeber nicht das Leasingobjekt, sondern eine **Leasingforderung**. Die Höhe der Leasingforderung entspricht im Zugangszeitpunkt dem **Nettoinvestitionswert** des Leasingobjektes (IAS 17.36). 134

Der Nettoinvestitionswert, definiert als Differenz zwischen der Bruttoinvestition in das Leasingverhältnis und dem noch nicht realisierten Finanzertrag (IAS 17.4), wird wie folgt **ermittelt**: 135

	Mindestleasingzahlung (Summe der Mindestleasingraten und garantierter Restwert)
+	geschätzter nicht garantierter Restwert
=	Bruttoinvestition in das Leasingverhältnis
−	noch nicht realisierter Finanzertrag
=	Nettoinvestition in das Leasingverhältnis

3.2.2 Folgebewertung beim Leasinggeber

3.2.2.1 Entwicklung des Nettoinvestitionswertes

Zum Zwecke der Folgebewertung der Leasingforderungen sind die Leasingraten in einen **Zins- und Tilgungsanteil zu zerlegen**: Die Zinserträge sind so auf die Laufzeit des Leasingverhältnisses zu verteilen, dass sich auf Basis des internen Zinssatzes des Leasinggebers eine **periodisch gleichbleibende Rendite** des Nettoinvestitionswertes ergibt (IAS 17.39). Der Teil der Leasingratenzahlungen, der 136 über den Zinsanteil hinausgeht, vermindert als Tilgungsanteil die Forderung gegenüber dem Leasingnehmer (IAS 17.40).

Beispiel
Zwischen Leasinggeber und Leasingnehmer wird am 1.1.01 ein Leasingvertrag über 5 Jahre abgeschlossen. Die wirtschaftliche Nutzungsdauer des Leasingobjektes beträgt 8 Jahre. Der beizulegende Wert des Leasingobjektes entspricht den Anschaffungskosten des Leasinggebers i. H. v. 230.000 EUR. Die jährlichen nachschüssigen Leasingraten betragen 60.000 EUR. Daraus errechnet sich der dem Leasingverhältnis zugrunde liegende Zinssatz von 9,565 %.

Lösung
Es handelt sich um ein *finance lease*, da der Barwert der Leasingraten dem beizulegenden Zeitwert des Leasinggegenstandes zu Vertragsbeginn im Wesentlichen (hier: 100 %) entspricht (Rz 46).
Beim Leasinggeber ergeben sich der Bruttoinvestitionswert aus der Summe der Leasingraten (5 × 60.000 EUR = 300.000 EUR), der Nettoinvestitionswert als beizulegender Wert des Leasingobjektes (230.000 EUR) und der nicht realisierte Finanzertrag als Differenz zwischen Bruttoinvestitionswert und Nettoinvestitionswert (70.000 EUR).
Die bilanzielle Entwicklung des Nettoinvestitionswertes und die Auswirkungen in der GuV aus dem Leasingverhältnis stellen sich beim Leasinggeber wie folgt dar:

Jahr	Netto-Investitionen zum 1.1.	Leasingraten	Zinsertrag (GuV)	Verminderung Netto-Investition	Netto-Investition zum 31.12.
	EUR	EUR	EUR	EUR	EUR
01	230.000,00	60.000	21.998,53	38.001,47	191.998,53
02	191.998,53	60.000	18.363,85	41.636,15	150.362,38
03	150.362,38	60.000	14.381,53	45.618,47	104.743,91
04	104.743,91	60.000	10.018,31	49.981,69	54.762,22
05	54.762,22	60.000	5.237,78	54.762,22	0,00
		300.000	70.000,00	230.000,00	

Variante
In Abwandlung zum gerade skizzierten Beispiel rechnet der Leasinggeber mit einem Restwert von 5.000 EUR am Ende der Vertragslaufzeit. Der Restwert wird jedoch weder vom Leasingnehmer noch von einem Dritten garantiert. An der Zuordnung des Leasingobjektes zum Vermögen des Leasingnehmers ändert sich nichts. Durch die Veränderung des Zahlenbeispiels ergeben sich die dem Leasingverhältnis zugrunde liegenden Größen wie folgt:

Bruttoinvestition	5 × 60.000,00 EUR + 5.000,00 EUR = 305.000,00 EUR
Leasinggeberzinssatz	10,093 %
Barwert der Leasingraten	60.000,00 EUR × RBF = 226.908,47 EUR
Barwert des Restwertes	$\dfrac{5.000,00 \text{ EUR}}{(1,1)^5}$ = 3.091,53 EUR
Unrealisierter Finanzertrag	305.000,00 EUR − 226.908,47 EUR − 3.091,53 EUR = 75.000,00 EUR
Nettoinvestition	305.000,00 EUR − 75.000,00 EUR = 230.000,00 EUR

Die bilanzielle Entwicklung des Nettoinvestitionswertes und die Auswirkungen des Leasingverhältnisses in der GuV stellen sich beim Leasinggeber wie folgt dar:

Jahr	Netto-Investitionen zum 1.1.	Leasingraten	Zinsertrag (GuV)	Verminderung Netto-Investition	Netto-Investition zum 31.12.
	EUR	EUR	EUR	EUR	EUR
01	230.000,00	60.000	23.213,66	36.786,34	193.213,66
02	193.213,66	60.000	19.500,85	40.499,15	152.714,51
03	152.714,51	60.000	15.413,31	44.586,69	108.127,82
04	108.127,82	60.000	10.913,23	49.086,77	59.041,05
05	59.041,05	60.000	5.958,95	54.041,05	5.000,00
		300.000	75.000,00	225.000,00	

Der Nettoinvestitionswert (230.000 EUR) vermindert sich auf Basis des dem Leasingvertrag zugrunde liegenden Zinssatzes bis zum Ende des Leasingverhältnisses auf den nicht garantierten Restwert (5.000 EUR).

Geschätzte **nicht garantierte Restwerte** sind regelmäßig auf deren Realisierbarkeit hin zu überprüfen (IAS 17.41). Ergeben sich Anzeichen für eine Verminderung des erwarteten Restwertes, ist der Nettoinvestitionswert entsprechend zu ändern. Die Wertanpassung ist dabei so vorzunehmen, als ob die Datenänderung bereits zu Beginn des Leasingverhältnisses bekannt gewesen wäre (IAS 17.41).

3.2.2.2 Wertberichtigungen von Leasingforderungen

Beim *finance lease* ist die Leasingforderung im Zugangszeitpunkt mit dem Nettoinvestitionswert *(net investment in the lease)* zu bewerten. Der Nettoinvestitionswert ergibt sich aus der Summe der vereinbarten Mindestleasingzahlungen und eines evtl. nicht garantierten Restwerts, abzüglich noch nicht realisierter Finanzerträge. Der **Wertansatz der nicht garantierten Restwerte** ist von dem Leasinggeber regelmäßig zu prüfen; sich daraus ergebende Wertminderungen sind sofort ergebniswirksam zu berücksichtigen (IAS 17.41).

Beispiel
Bei Beginn des *finance lease* am 31.12.00 hat das Leasingobjekt einen *fair value* von 5.046 EUR. Dies entspricht bei fünf nachschüssigen Leasingraten von 1.200 EUR und einem ungarantierten Restwert von 800 EUR einem impliziten Zinssatz von 10 %.
Zum Ende des Jahres 03 revidiert der Leasingeber die Restwerterwartung um 300 EUR auf 500 EUR. Bei einer Restlaufzeit von 2 Jahren sind 300 EUR/1,12 = 248 EUR abzuschreiben. Die Leasingforderung per 31.12.03 reduziert sich damit von 2.744 EUR auf 2.496 EUR. Die Zinserträge der Folgeperioden fallen entsprechend niedriger aus.
Nachfolgend die Entwicklung von Leasingforderung, Zinsertrag und Tilgung nach ursprünglichen und korrigierten Annahmen:

	Ursprüngliche Annahmen				Korrigierte Annahmen			
	Rate	BW	Zins	Tilgung	Forderung	Rate	Zins	Tilgung	Forderung
	EUR	EUR	EUR	EUR	EUR	EUR	EUR	EUR	EUR
31.12.00					5.046				
31.12.01	1.200	1.091	505	695	4.350				
31.12.02	1.200	992	435	765	3.585				
31.12.03	1.200	902	359	841	2.744	1.200			2.496
31.12.04	1.200	820	274	926	1.818	1.200	250	950	1.545
31.12.05	2.000	1.242	182	1.818	0	1.700	155	1.545	0
		5.046		5.046					

139 Für **bonitätsbedingte Wertberichtigungen** gelten die Regelungen für Finanzinstrumente.

3.3 *Operating*-Leasingverhältnisse

3.3.1 *Operating*-Leasingverhältnisse beim Leasingnehmer

140 Bei *operating*-Leasingverhältnissen verbleibt das **wirtschaftliche Eigentum** am Leasingobjekt beim **Leasinggeber**. *Operating*-Leasingverhältnisse sind damit aus der Sicht des Leasingnehmers bilanziell wie **Mietverhältnisse** zu behandeln: Der Leasingnehmer erwirbt lediglich ein Nutzungsrecht und erfasst die gezahlten Leasingraten als Aufwand.

141 Der Aufwand bemisst sich nicht notwendigerweise nach der Höhe der gezahlten Leasingraten. Vielmehr sind die insgesamt geschuldeten Leasingraten **linear** als Aufwand über die Laufzeit des Leasingverhältnisses zu erfassen (IAS 17.33).

142 Von einer linearen Aufwandsverteilung ist in den Fällen abzusehen, in denen eine andere systematische Grundlage dem zeitlichen Verlauf des Nutzens besser entspricht (IAS 17.34). Das ist z. B. der Fall bei **Anreizvereinbarungen**: Wurden Anreize für die Vereinbarungen eines Leasingverhältnisses wie z. B. Übernahme bestimmter Kostenelemente des Leasingnehmers gewährt, so sind diese spiegelbildlich zur Behandlung beim Leasinggeber über den gesamten Leasingzeitraum zu verteilen (SIC 15).

Entscheidend ist die **periodengerechte** (i.d.R. gleichmäßige) Aufwandsbelastung der gesamten Zahlungsabflüsse aus dem Leasingvertrag *(accrual basis of accounting* gem. F.22 und IAS 1.25). In welchem Bilanzposten sich die Aufwandszuordnung (in Abweichung von den Zahlungsverläufen) niederschlägt, bleibt nach SIC 15 offen.[76] Infrage kommt aus Sicht des Mieters die Passivierung einer Verbindlichkeit für die ersten „mietfreien" Monate.

> **Beispiel**
> **Kostenübernahme durch den Leasingnehmer**
> Es wird ein *operating*-Leasingvertrag über eine Grundmietzeit von 5 Jahren mit einer jährlich vorschüssigen Leasingrate i.H.v. 2.000 EUR abgeschlossen. Der Leasinggeber übernimmt im Rahmen einer Anreizvereinbarung bei Vertragsabschluss am 1.1.01 Kosten des Leasingnehmers i.H.v. 1.000 EUR.
>
> **Lösung**
> Die Übernahme von Kosten des Leasingnehmers durch den Leasinggeber ist durch die Bildung eines Abgrenzungspostens *(deferred income)* unter den sonstigen Verbindlichkeiten gleichmäßig auf die Leasinglaufzeit zu verteilen. Die Ermittlung des Abgrenzungspostens beim **Leasingnehmer** und die zeitliche Entwicklung stellen sich wie folgt dar:
>
> | Jahr | Leasingraten | 1.1.01 | *deferred income* Veränderung | 31.12.01 | Korrigierte Leasingrate |
> |---|---|---|---|---|---|
> | | EUR | EUR | EUR | EUR | EUR |
> | 01 | 2.000 | 1.000 | 200 | 800 | 1.800 |
> | 02 | 2.000 | 800 | 200 | 600 | 1.800 |
> | 03 | 2.000 | 600 | 200 | 400 | 1.800 |
> | 04 | 2.000 | 400 | 200 | 200 | 1.800 |
> | 05 | 2.000 | 200 | 200 | 0 | 1.800 |
> | | 10.000 | | 1.000 | | 9.000 |

Eine Linearisierung der Aufwandsverteilung ist auch bei **mietfreien Zeiten** erforderlich.

> **Beispiel**[77]
> Der Leasingnehmer least eine Anlage im Rahmen eines *operating*-Leasingverhältnisses über die Grundmietzeit von 4 Jahren. Die ersten 3 Monate des Leasingverhältnisses sind mietfrei. Nach Ablauf der mietfreien Zeit betragen die monatlichen (nachschüssigen) Leasingraten 3.000 EUR.
>
> **Lösung**
> Die Summe der Leasingraten beträgt 45 × 3.000 EUR = 135.000 EUR. Demzufolge ist in jedem Jahr ein Leasingaufwand i.H.v. 135.000 EUR/4 Jahre = 33.750 EUR zu erfassen. Der Nutzen aus der mietfreien Zeit ist auf die

---

[76] HOFFMANN, PiR 2005, S. 97f.
[77] Vgl. hierzu den Sachverhalt des BFH, Urteil v. 5.4.2006, I R 43/05, BStBl II 2006 S. 593, mit Anm. von HOFFMANN, DStR 2006, S. 1123. Der BFH folgt nicht der nachstehenden Lösung.

Laufzeit des Leasingvertrages zu verteilen. Die Passivierung einer Verbindlichkeit erhöht den Leasingaufwand. Die spätere Auflösung vermindert dagegen den Leasingaufwand.
Die Entwicklung stellt sich beim Leasingnehmer wie folgt dar:

Jahr	gezahlte Leasingraten	1.1.	*deferred income* Veränderung	31.12.	Leasingaufwand
	EUR	EUR	EUR	EUR	EUR
01	27.000	0	6.750	6.750	33.750
02	36.000	6.750	−2.250	4.500	33.750
03	36.000	4.500	−2.250	2.250	33.750
04	36.000	2.250	−2.250	0	33.750
	135.000				135.000

143 Spiegelbildlich zu den Anreizvereinbarungen (Rz 142), bei denen der Leasinggeber dem Leasingnehmer Vorteile bei Abschluss eines *operating lease* einräumt, entsteht ein Bilanzierungsproblem bei Leistungen des Leasingnehmers, von denen der **Leasinggeber** profitiert. Wenn der Leasingnehmer ohne vertragliche Verpflichtungen am Leasingobjekt Verbesserungen *(leasehold improvements)* vornimmt, stellt sich die Frage der bilanziellen Zuordnung der Verbesserungsmaßnahme.

Die IFRS befassen sich nirgends mit dem speziellen Problembereich der **Mietereinbauten**. Die Lösung muss deshalb anhand allgemeiner Kriterien gefunden werden. Dazu gehören:[78]

- Vorliegen eines Vermögenswerts *(assets)*, d.h. die Aktivierbarkeit generell.
- Bilanzrechtliche Zuordnung (wirtschaftliches Eigentum).
- Aufwandsverteilung *(matching principle)*.

I.d.R. liegt bei *leasehold improvements* ein Vermögenswert vor, da es sich bei den Verbesserungen nicht um Erhaltungsaufwand, sondern um **Herstellungskosten** handelt. Die Frage des wirtschaftlichen Eigentums richtet sich nach den Allgemeinregeln (Rz 22), also danach, welche Partei die maßgeblichen Chancen und Risiken aus der Verbesserungsmaßnahme trägt.

In den IFRS ist keine konkrete Ausprägung des *matching principle* in diesem Zusammenhang feststellbar. Nach der Auslegungshierarchie in IAS 8.10ff. richtet sich der Blick dann auf die US-GAAP (IAS 8.12), hier auf SFAC 6.177. Es geht um die dort genannten *leasehold improvements*, also Aufwendungen des Leasingnehmers (Mieter) im Zusammenhang mit einem Leasingverhältnis (langfristiger Mietvertrag). Ein *leasehold improvement* wird als *asset* angesehen, das üblicherweise als *deferred costs* oder *deferred charges* zu aktivieren ist:

- Der Leasingnehmer hat den zusätzlichen Aufwand auf das Leasingobjekt *(leasehold improvement)* über die **Laufzeit des Vertrags** zu verteilen.
- Der Leasinggeber hat den am Ende der Mietzeit noch vorhandenen **Restwert** der Verbesserung des Leasinggegenstandes zu **aktivieren** und auf die restliche Nutzungsdauer abzuschreiben.

---

[78] Zum Ganzen HOFFMANN, PiR 2006, S. 30.

Beispiel

Der Leasingnehmer A least am 1.1.00 eine Maschine für einen Zeitraum von 10 Jahren (bis zum 31.12.09), die aufgrund der Nichterfüllung der Zurechnungskriterien als *operating lease* zu klassifizieren ist. Dabei sind von A zum 31.12.03 weitere Nebenleistungen, eine Erweiterung der Produktionskapazität und Modernisierung der Technik, zu erbringen. Die Herstellungskosten der Verbesserungen betragen 50.000 EUR. Die Verbesserungen haben eine geschätzte wirtschaftliche Nutzungsdauer von 20 Jahren (Jahresabschreibung 2.500 EUR), wobei die Nutzung 6 Jahre durch den Leasingnehmer A erfolgt. Am 1.1.10 hat die Maschine einen Restbuchwert (= *fair value*) von 35.000 EUR.

Lösung (Mieterperspektive)

Der Restwert von 35.000 EUR wächst dem Vermieter am Ende der Mietperiode zu und ist deshalb als Teil der Mindestleasing-Zahlungen anzusehen. Dieser Betrag ist über die Mietdauer gleichmäßig dem Aufwand zu belasten (3.500 EUR p.a.). Ende 04 beträgt die aufgelaufene zusätzliche Mietverpflichtung 14.000 EUR.

Die Zahlung des Mietereinbaus Ende 04 ist zu splitten auf:
- 35.000 EUR Mietvorauszahlung
- 15.000 EUR Mietereinbau (Sachanlagen)

Die Mietvorauszahlung ist mit der Mietverpflichtung von 14.000 EUR zu verrechnen; es verbleiben als Aktivsaldo 21.000 EUR, der jährlich mit 3.500 EUR zu Lasten des Aufwands aufgelöst wird. Der Mietereinbau (*leasehold improvement*) ist auf das Ende des Mietvertrages abzuschreiben (2.500 EUR p.a.). Insgesamt sind über die Vertragslaufzeit folgende Aufwandsverbuchungen vorzunehmen:

4 × 3.500	=	14.000
6 × 3.500	=	21.000
6 × 2.500	=	15.000
		50.000

In einer Stellungnahme vom Februar 2005 beschäftigt sich die SEC mit Fragestellungen der Behandlung von *leasehold improvements* und der Verbindung von diesen mit Anreizvereinbarungen zwischen Leasinggeber und Leasingnehmer:[79]

- Wertverzehr von *leasehold improvements*: Verbesserungen an einem Leasingobjekt sind von dem Leasingnehmer über die kürzere Dauer der Restlaufzeit des Vertrags und der wirtschaftlichen Nutzungsdauer abzuschreiben. Hierbei ist eine **Ausdehnung der Abschreibungsperiode** auf Verlängerungsperioden zulässig, wenn deren Ausübung hinreichend sichergestellt („*reasonably assured*") ist.
- Behandlung mietfreier Zeiten (*rent holidays*): Mietfreie Zeiten sind über die Gesamtnutzungsperiode zu verteilen. Die Aufwendungen des Leasingnehmers verlaufen linear („*straight-line basis over the lease term*").

---

[79] Letters from SEC Staff, February 7, 2005.

- Mit Anreizen (*incentives*) verbundene *leasehold improvements*: Enthält eine Vereinbarung sowohl *incentives* des Leasinggebers als auch *leasehold improvements* des Leasingnehmers sind diese getrennt voneinander zu behandeln („*it is inappropriate to net the deferred rent against the leasehold improvements*"), eine **Saldierung** ist **nicht zulässig**.

145 Mangels Vorgaben zur bilanziellen Behandlung von Mietereinbauten bleibt auch unklar, über welchen Zeitraum Mietereinbauten abzuschreiben sind, wenn ein *operating lease* eine Verlängerungsoption umfasst, welche nicht zu einer (Um-)Klassifizierung der Nutzungsüberlassung in einen *finance lease* führt. Im „Regelfall" erfolgt eine Abschreibung über die individuelle Nutzungsdauer des Mietereinbaus, begrenzt durch die Laufzeit des *lease*. Sehen die Konditionen des Leasingverhältnisses die Möglichkeit zur Verlängerung des *lease term* vor, richtet sich die Abschreibungsdauer von *leasehold improvements* nach der Wahrscheinlichkeitseinschätzung der Optionsausübung des Leasingnehmers.

> **Beispiel**
> Der Leasingnehmer A least am 1.1.01 ein Bürogebäude im Rahmen eines *operating lease*. Die Laufzeit des Mietvertrags beträgt 5 Jahre. A hat die Möglichkeit zur Verlängerung des Mietverhältnisses zu marktüblichen Konditionen zu weiteren 5 Jahren. Die Verlängerungsoption ist nicht als „günstig" anzusehen. Mit Beginn des Leasingverhältnisses nimmt A diverse Umbauten zu Kosten von insgesamt 100.000 EUR vor, die nach einer späteren Entfernung keinen Wert mehr haben. Die wirtschaftliche Nutzungsdauer der Einbauten beträgt (isoliert betrachtet) 10 Jahre. Zu Beginn des *lease* erwartet A mit einer (leicht) überwiegenden Wahrscheinlichkeit die Verlängerungsoption auszuüben.
> Nach IAS 17.4 umfasst der *lease term* nur die feststehende Vertragslaufzeit von 5 Jahren. Der Ausweitung der Vertragsdauer auf 10 Jahre steht entgegen, dass zu Beginn des Leasingverhältnisses die Optionsausübung nicht *reasonable certain* ist. Danach ergäbe sich eine Abschreibungsperiode von 5 Jahren. Wird hingegen auf IAS 16.6 abgestellt, lässt sich für den Zeitraum der Abschreibung auch eine Ausdehnung auf 10 Jahre begründen, da auf die überwiegend wahrscheinliche Laufzeit abzustellen ist.

Unabhängig von der Festlegung der Abschreibungsdauer halten wir aus Konsistenzgründen eine einheitliche Behandlung des jeweiligen Leasingverhältnisses für geboten. Die Festlegung des Zeitraums der Abschreibung eines Mietereinbaus hat danach Rückwirkung für die Angaben zu den noch ausstehenden Leasingraten des *operating lease* (IAS 17.35(a)). Wird für die Festlegung der Abschreibungsdauer eines *leasehold improvement* die Ausübung einer Verlängerungsoption unterstellt, bindet dies auch für die Offenlegung der künftig noch ausstehenden Leasingraten (und vice versa).

146 Abweichend von der vorstehend (Rz 140f.) dargestellten Regel **darf** der Leasingnehmer ein *operating lease* bez. einer **Renditeliegenschaft** (→ § 16) gem. IAS 17.6 wie ein *finance lease* behandeln und die Immobilie trotz fehlenden wirtschaftlichen Eigentums aktivieren, wenn er unter den in IAS 40 vorgesehenen Möglichkeiten (*fair value* oder Anschaffungskosten) für das *fair-value*-Modell optiert (Rz 18). Die

Immobilie ist dann im Zugangszeitpunkt nach IAS 40.25 mit den fiktiven Anschaffungskosten i. H. d. Verkehrswerts des Leasingobjekts oder des niedrigeren Barwerts der Mindestleasingraten zu bilanzieren. In gleicher Höhe wird eine Verbindlichkeit gegenüber dem Leasinggeber passiviert. Im Rahmen der Folgebewertung im *fair-value*-Modell sind dann nach IAS 40.30 Veränderungen des **Zeitwertes erfolgswirksam zu erfassen** (→ § 16 Rz 54; IAS 40.30).

> **Beispiel**
> Der Leasingnehmer A least am 1.1.01 ein Grundstück, das aufgrund der Nichterfüllung der Zurechnungskriterien als *operating lease* zu klassifizieren ist, und vermietet es an ein konzernfremdes Unternehmen C im Rahmen eines *operating lease* weiter. Die Anschaffungskosten des Grundstücks betragen beim Leasinggeber 1 Mio. EUR. Am 31.12.01 steigt der Marktwert des Grundstücks auf 1,1 Mio. EUR.
> Obwohl der ursprüngliche Leasingvertrag ein *operating lease* darstellt, darf der Leasingnehmer A das Grundstück zu fiktiven Anschaffungskosten i. H. v. 1 Mio. EUR bilanzieren. Verfährt er so, muss er das Grundstück am 31.12.01 zum aktuellen Zeitwert i. H. v. 1,1 Mio. EUR bewerten und die Wertänderung ergebniswirksam in der GuV erfassen.

Manche *operating*-Leasingvereinbarungen sehen eine **Rückgabe** des Leasingobjekts **im Zustand bei Leasingbeginn** vor (Pachterneuerungsverpflichtung). Der periodengerechten Verteilung der Aufwendungen *(accrual basis of accounting)*[80] entspricht eine **ratierliche Bildung** der Erneuerungsrückstellung (Ansammlungsrückstellung). **147**

Im Falle eines *finance lease* ist eine verpflichtende regelmäßige **Großinspektion** des Vermögenswerts im Wege der Komponentenabschreibung nach IAS 16 zu berücksichtigen. Auf diese Weise ergibt sich in allen Perioden aus der Inspektion ein gleichmäßiger (Abschreibungs-)Aufwand (Rz 129). Im Falle eines *operating lease* steht die Komponentenabschreibung nicht zur Verfügung. Eine gleichmäßige Verteilung des Aufwands kann nur durch ratierlichen Aufbau einer Rückstellung während des laufenden Inspektionsintervalls erreicht werden.[81] Der Bildung einer Rückstellung könnten allerdings zunächst die Vorgaben des IAS 37.19 und IAS 37.IE Ex. 6 entgegenstehen. Danach gilt: Darf ein Unternehmen eine Anlage nur dann über einen bestimmten Zeitraum hinaus weiterbetreiben, wenn es bis zum Ablauf dieses Zeitraums bestimmte gesetzliche Auflagen (z. B. Umweltauflagen) erfüllt, ist vor Ablauf des Zeitraums keine Rückstellung zu bilden. Durch Einstellung des Betriebs der Anlage kann sich das Unternehmen mit Ablauf des Zeitraums den gesetzlichen Auflagen entziehen. An einer solchen Entziehbarkeit fehlt es für den Leasingnehmer allerdings, wenn ihm die Übernahme der (anteiligen) Inspektionskosten vertraglich auferlegt ist und er die Kosten auch dann zeitanteilig zu tragen hat, wenn der *lease* vor Ablauf eines Inspektionsintervalls aufgehoben/beendet wird. **148**

---

80 Vgl. KPMG, Insights into IFRS KPMG 2014/2015, Tz 3.12.620.20.
81 Zum Ganzen LÜDENBACH, PiR 2012, S. 232.

> **Beispiel**
> Die Fluglinie F least ab 1.1.01 ein neues Flugzeug für 7 Jahre mit der Option auf weitere 8 Jahre. Die wirtschaftliche Nutzungsdauer des Flugzeugs beträgt 20 Jahre. Alle 5 Jahre ist aufgrund gesetzlicher Vorschriften eine Großinspektion und Generalüberholung fällig, die Kosten von 5 Mio. EUR verursacht. Inspektionen während der Laufzeit des Leasingvertrags sind von F durchzuführen. Zur Absicherung dieser Verpflichtung erhält der Leasinggeber als Kaution neben der normalen Leasingrate eine jährliche, jeweils zum 30. 6. zu leistende Zahlung von 1 Mio. EUR. Mit Erledigung der Inspektion und Überholung wird die Kaution zurückgewährt. Endet der Leasingvertrag aus ordentlichen oder außerordentlichen Gründen während eines noch laufenden 5-Jahres-Inspektionsintervalls, hat F die anteiligen Inspektionskosten in der Weise zu tragen, dass die geleistete Kaution verfällt. Bei einem planmäßigen Vertragsende nach 7 Jahren würde demnach ein Betrag von 2 Mio. EUR verfallen.
>
> Nur in Bezug auf die Inspektionsaufwendungen und unter der Prämisse einer planmäßigen Beendigung des Leasingvertrags nach 7 Jahren ergeben sich bei Vernachlässigung von Zinseffekten folgende Buchungen:
>
> | 30.6.01 bis 30.6.05 jeweils (Zahlung Kaution) | | | | |
> |---|---|---|---|---|
> | Per Forderung | 1 Mio. EUR | an | Geld | 1 Mio. EUR |
> | 31.12.01 bis 31.12.05 jeweils (Ansammlung Rückstellung) | | | | |
> | Per Aufwand | 1 Mio. EUR | an | Rückstellung | 1 Mio. EUR |
> | Januar 06 (Durchführung Inspektion) | | | | |
> | Per Rückstellung | 5 Mio. EUR | an | Geld | 5 Mio. EUR |
> | Per Geld | 5 Mio. EUR | an | Forderung | 5 Mio. EUR |
> | 30.6.06 bis 30.6.07 jeweils (Zahlung Kaution) | | | | |
> | Per Forderung | 1 Mio. EUR | an | Geld | 1 Mio. EUR |
> | 31.12.06 und 31.12.07 jeweils (Ansammlung Rückstellung) | | | | |
> | Per Aufwand | 1 Mio. EUR | an | Rückstellung | 1 Mio. EUR |
> | 31.12.07 (Verfall Kaution) | | | | |
> | Per Rückstellung | 2 Mio. EUR | an | Forderung | 2 Mio. EUR |
>
> In allen Perioden ergibt sich auf diese Weise ein Aufwand von 1 Mio. EUR aus der Inspektionsverpflichtung.

149 Wenn der Leasingnehmer eines *operating lease* das **Leasingobjekt** während der Laufzeit des Leasingverhältnisses von dem Leasinggeber erwirbt, stellt sich die Frage der Zugangsbewertung in der Bilanz des Leasingnehmers. Der Preis, der zwischen Leasinggeber und Leasingnehmer für die Veräußerung (Übertragung des rechtlichen Eigentums) verhandelt wird, enthält ggf. neben dem beizulegenden Zeitwert des Leasingobjekts aufgrund der vorherigen Vertragsbeziehung

(*preexisting relationship*) auch ein Entgelt für die Beendigung des Leasingverhältnisses (ausführlich zu Mehrkomponentengeschäften: → § 25 Rz 69 ff.). In analoger Anwendung entsprechender Vorgaben für die Behandlung von *preexisting relationships* bei Unternehmenserwerb (→ § 31 Rz 117 ff.) halten wir eine sofortige ergebniswirksame Erfassung enthaltener Aufwendungen oder Erträge aus Beendigung des *operating lease* für geboten. Aufwendungen fallen bei einem aus Sicht des Leasingnehmers ungünstigen Leasingverhältnis an (Abstandszahlung für die Entlassung aus dem ungünstigen Vertrag), Erträge im umgekehrten Fall.

Wird die tatsächliche Nutzung eines *operating*-Leasingobjekts noch während der unkündbaren Mietzeit aufgegeben, so wird das Leasingverhältnis zu einem *onerous contract* mit der Folge einer Drohverlustrückstellung i. H. d. Barwerts der noch geschuldeten Mieten (→ § 21 Rz 65). Wird das nicht mehr selbst genutzte Objekt unter den Einstandskosten untervermietet, ist die Rückstellung auf Basis der Differenz beider Mieten zu berechnen.

Rückstellungen für belastende Verträge (→ § 21 Rz 55) sind in (diskontierter) Höhe des erwarteten unvermeidbaren Überschusses der Aufwendungen über den Nutzen (negativ Saldo) anzusetzen (IAS 37.66 ff.). Allerdings fehlt es innerhalb der IFRS (im Speziellen IAS 37) an eindeutigen Regeln hinsichtlich des **Ansatzzeitpunktes** einer Rückstellung für belastende Verträge. Spätester Zeitpunkt für den Ansatz einer Rückstellung ist die Aufgabe der Nutzung (z. B. eines angemieteten Gebäudes), da ab diesem Zeitpunkt nur noch Aufwendungen (Mietzahlungen) anfallen, denen kein Nutzen mehr gegenübersteht. Fraglich ist, ob auch schon vor Aufgabe der Nutzung von einem Negativsaldo ausgegangen werden kann und wie dieser ggf. zu berechnen ist.

> **Beispiel**
> LN hat im *operating lease* ein Bürogebäude angemietet. Ende 01 beginnt LN mit dem Bau eines eigenen Bürogebäudes. Dessen Fertigstellung erfolgt erwartungsgemäß Mitte Januar 03. Im Januar 03 wird daher die Nutzung des gemieteten Gebäudes aufgegeben. Der Mietvertrag läuft bis Ende 08. Ein Ersatz- oder Untermieter findet sich in einer schon seit 01 schwierigen Marktlage nicht. Fraglich ist, ob LN eine Drohverlustrückstellung erst in 03 (Jahr der Aufgabe der Nutzung) oder schon per 31.12.02 oder sogar 01 bilden kann.

In Fällen wie dem vorliegenden besteht die Schwierigkeit darin, den nach IAS 37 rückstellungsfähigen negativen Saldo bereits vor Aufgabe der Nutzung zu bestimmen. Vor Aufgabe der Nutzung (im Beispiel 31.12.01 und 02) kann die vertragliche Bindungsdauer modellmäßig in 2 Phasen unterteilt werden:
- Phase 1 (Nutzungsphase): Bis Aufgabe der Nutzung des angemieteten Vermögenswerts fällt noch ein Nutzen an, dem zur Ermittlung des Teilsaldos die Leasingzahlungen dieser Phase gegenüberzustellen sind.
- Phase 2 (Nichtnutzungsphase): Ab Aufgabe der Nutzung ergibt sich der (negative) Teilsaldo aus den zu zahlenden Leasingraten (abzüglich eventueller Untervermietungserlöse).

Für den Bilanzierungszeitpunkt vor Aufgabe der Nutzung ergibt sich der nach IAS 37 maßgebliche Saldo als Summe der Teilsalden beider Phasen. Je nach Höhe des in Phase 1 noch anzusetzenden Nutzens kann sich ein so hoch positiver

Teilsaldo für diese Phase ergeben, dass der Negativsaldo der Phase 2 kompensiert wird und damit eine Rückstellung ausscheidet.

In der Anwendung dieses Modells besteht das praktische Problem in der Bestimmung des in der Phase 1 noch anfallenden **Nutzens**. Dient das Leasingobjekt dem Gesamtunternehmen (Beispiel Verwaltungsgebäude) oder einem größeren Unternehmensbereich (Segment etc.) und erzeugt es Nutzen nur im Verbund mit anderen Faktoren, kann der Nutzen der Phase 1 und damit der Teilsaldo der Phase 1 und damit auch der Gesamtsaldo i.d.R. nicht verlässlich bestimmt werden. Eine Rückstellung ist nach IAS 37.26 mangels verlässlicher Bewertung nicht zulässig (→ § 21 Rz 52).

Von dieser **Regelannahme** gibt es zwei relevante **Ausnahmen**:
- Das Leasingobjekt wird in einem **defizitären** Unternehmen/Unternehmensbereich eingesetzt, dessen Ertragswert null oder negativ ist. Unter diesen Umständen wird man der Phase 1 (Nutzungsphase) keinen positiven Saldo zurechnen müssen. Der für die Phase 2 (Nichtnutzungsphase) erwartete Saldo ist als Rückstellung anzusetzen.
- Die Dauer der Phase 1 ist im Verhältnis zur noch bestehenden vertraglichen Bindungsdauer sowie der von Phase 2 so unbedeutend, dass in der Gesamtbetrachtung ein möglicher Nutzenüberschuss in der Phase 1 nicht ins Gewicht fällt.

> **Beispiel (Fortsetzung)**
> Ende 02 steht die Nutzung des geleasten Bürogebäudes für nur noch wenige Wochen fest (Phase 1). Im Verhältnis zu der bis zum Ende der Vertragsbindung erwarteten Nichtnutzungsdauer (Phase 2) von 5 Jahren ist dieser Zeitraum so klein, dass selbst bei breit gestreuten Annahmen über den laufenden Überschuss des Nutzens des Gebäudes über die Leasingraten das Gesamtergebnis bzw. dessen Verlässlichkeit nicht wesentlich beeinflussen. Eine Rückstellung ist daher spätestens zum 31.12.02 zu bilden.
> Ende 01 beträgt der Anteil der erwarteten Nutzungsdauer (Phase 1) im Verhältnis zur erwarteten Nichtnutzungsdauer (Phase 2) allerdings noch 1/7. Die Frage, wie hoch der für 02 erwartete Nutzen aus dem Leasingvertrag im Verhältnis zu den geschuldeten Leasingraten ist, kann daher für die Gesamtbeurteilung und deren Verlässlichkeit Bedeutung haben. Je unsicherer die Nutzenbestimmung ist, umso mehr schlägt dies auf die Verlässlichkeit der Gesamtbewertung zurück und kann ggf. zum Verbot einer Rückstellung führen.

3.3.2 *Operating*-Leasingverhältnisse beim Leasinggeber

3.3.2.1 Zugangsbewertung beim Leasinggeber

152 Da bei einem *operating lease* das wirtschaftliche Eigentum am Leasingobjekt beim Leasinggeber verbleibt, hat der Leasinggeber das Leasingobjekt im Zugangszeitpunkt mit den **Anschaffungs- oder Herstellungskosten** (→ § 8 Rz 11 ff.), ggf. vermindert um erhaltene Zuschüsse (→ § 12 Rz 25 ff.) zu bewerten.

153 Im Rahmen der Neuregelung durch das *Improvements Project* ist das **Wahlrecht** zur sofortigen aufwandswirksamen Erfassung von **Vertragsabschluss**kosten aufgehoben worden (IAS 17.38 und 17.52). Im Interesse der internationalen

Vergleichbarkeit ist nur noch die Abgrenzung über die Laufzeit des Leasingverhältnisses zulässig. Direkt zurechenbare anfängliche Kosten, wie z.b. Aushandlung oder Absicherung der Leasingvereinbarung, Bewertungsgutachten, Vertragsnebenkosten und Provisionen werden deshalb aktiviert und über die Vertragslaufzeit verteilt.

3.3.2.2 Folgebewertung beim Leasinggeber

Die vom Leasinggeber bilanzierten Leasingobjekte sind im Rahmen der Folgebewertung in Übereinstimmung mit IAS 16 (IAS 17.53; → § 11 Rz 8 ff.) bzw. im Einklang mit IAS 40 zu bewerten (→ § 16 Rz 6). Die Bewertung richtet sich danach, ob es sich um **bewegliches** Sachanlagevermögen oder um **Immobilien** handelt. Bei Bewertung mit den fortgeführten Anschaffungs- oder Herstellungskosten ist der Abschreibungszeitraum an der geplanten **Nutzungsdauer** auszurichten (→ § 10 Rz 34 ff.). Anders verhält es sich im Falle von *finance*-Leasingverhältnissen beim Leasingnehmer (Rz 125). Erfolgt eine Bewertung zu fortgeführten Anschaffungskosten *(at cost)*, kommt der Komponentenansatz zum Tragen (→ § 8 Rz 35). Als eigene Komponente können bei Vermögenswerten, die seitens des Leasinggebers i.S.e. *operating lease* vermietet werden, auch günstige/ungünstige Mietkonditionen zu erfassen sein.

154

> **Beispiel**
> A erwirbt von B ein Bürogebäude, welches an das konzernfremde Unternehmen C vermietet ist. Die Anschaffungskosten betragen 100 Mio. EUR. Der (unkündbare) Mietvertrag mit C läuft im Erwerbszeitpunkt noch 5 Jahre, das Gebäude hat eine wirtschaftliche Restnutzungsdauer von 40 Jahren. Die Mietkonditionen mit C sind aus Sicht des Vermieters im Vergleich zu marktüblichen Mietzahlungen günstig. Der Vorteil aus dem Mietvertrag mit C hat einen Wert von 10 Mio. EUR.
> A bilanziert die Immobilie zu fortgeführten Anschaffungskosten. Der Vorteil aus dem *overrent* stellt eine separate Komponente dar und ist über 5 Jahre abzuschreiben.

Sofern der wirtschaftliche Nutzen des Leasingobjekts niedriger ist als sein Buchwert, ist nach IAS 36 eine **außerplanmäßige (*impairment*)** Abschreibung auf den niedrigeren beizulegenden Wert vorzunehmen (IAS 17.54; → § 11 Rz 13 ff.).

155

3.3.2.3 Behandlung der Leasingraten

Erhaltene Leasingraten sind **linear** über den Leasingzeitraum zu **vereinnahmen**. Es besteht ein Verbot für die Aktivierung der noch nicht fälligen Leasingraten, da es sich um ein schwebendes Geschäft handelt. **Eine Abweichung von der Linearisierung** der Leasingraten ist geboten, wenn eine andere Art der Verteilung zu einer sachgerechteren Abbildung der Ertragsvereinnahmung führt (IAS 17.50). Das ist z.B. der Fall bei Kostenübernahmen und mietfreien Zeiten am Ende des Leasingzeitraums. In diesen Fällen sind die erhaltenen Leasingraten (spiegelbildlich zur Behandlung beim Leasingnehmer) als Forderung gegenüber dem Leasingnehmer aktivisch abzugrenzen (Rz 142 ff.). Nebenkosten wie z.B.

156

Aufwendungen für Versicherungen und Instandhaltung sowie sonstige Dienstleistungen, die vom Leasingnehmer erstattet werden, sind nicht auf die Laufzeit des Leasingverhältnisses zu verteilen, sondern sofort erfolgswirksam zu erfassen (IAS 17.51).

4 Besondere Leasingverhältnisse

4.1 Händler- bzw. Herstellerleasing

157 Im Rahmen der Bilanzierung von *finance*-Leasingverhältnissen beim Leasinggeber sind **Besonderheiten** zu beachten, wenn es sich beim Leasinggeber um einen **Händler oder Hersteller** handelt. Das Unterscheidungsmerkmal zwischen Händler- bzw. Herstellerleasinggeschäften und reinen *finance*-Leasinggeschäften liegt in der Realisierung von Verkaufsgewinnen und Verkaufsverlusten: Ein Händler- bzw. Herstellerleasing vereinigt **Verkaufs- und Finanzierungsgeschäfte** mit der Folge einer **Abweichung** des beizulegenden Wertes des Leasingobjektes von den Anschaffungs- oder Herstellungskosten. Infolgedessen wird hier ein **Gewinn oder Verlust** aus dem Verkaufsgeschäft i. H. d. Differenz zwischen dem beizulegenden Zeitwert und den Anschaffungs- oder Herstellungskosten des Leasingobjektes **realisiert** (IAS 17.43). Abweichend von der nach IAS 17 weiterhin wahlweisen Festlegung der Bewertungsperspektive (*entry* oder *exit price*) für die Bestimmung des beizulegenden Zeitwerts (Rz 23), halten wir für die Aufteilung der (Gesamt-)Transaktion bei Vorliegen von Hersteller- bzw. Händlerleasing ein Abstellen auf eine Veräußerungsperspektive für geboten. Die *fair-value*-Bestimmung des Leasingobjekts hat daher – wenn auch ohne explizite Referenz – den Vorgaben des *fair value measurement framework* des IFRS 13 zu entsprechen.

158 In den **Umsatzerlösen** wird der beizulegende Zeitwert des Leasingobjektes bzw. der niedrigere Barwert der Mindestleasingraten zuzüglich des garantierten Restwertes ausgewiesen. Ein nicht garantierter Restwert gilt nicht als realisiert und deshalb nicht als Umsatzerlös (IAS 17.43). Die Vorgaben zur Erlösrealisation sind ist auf Leasinggeschäfte generell nicht anzuwenden (→ § 25 Rz 5).

159 Im Unterschied zum reinen *finance*-Leasing ist bei der Ermittlung des Barwertes der Mindestleasingraten nicht generell der dem Leasingverhältnis zugrunde liegende **Zinssatz** anzusetzen: Sofern ein künstlich niedriger Zinssatz verwendet wurde, um das Interesse beim Kunden zu wecken, wird der Veräußerungsgewinn auf den Wert beschränkt, der sich bei Berechnung mit einem marktüblichen Zinssatz ergeben hätte (IAS 17.45).

160 Um den **Gewinn oder Verlust aus dem Verkaufsgeschäft** (*gross profit*) zu ermitteln, werden die Anschaffungs- oder Herstellungskosten des Leasingobjektes bzw. ein abweichender Buchwert des Leasinggegenstands abzüglich des Barwertes des nicht garantierten Restwertes in den Herstellungskosten des Umsatzes ausgewiesen (IAS 17.43). Darüber hinaus werden bei dieser Art von Leasingverträgen die Vertragsabschlusskosten ebenfalls in den Herstellungskosten des Umsatzes erfasst. Eine Verteilung der direkten Kosten über die Laufzeit des Leasingvertrags kommt nicht in Betracht (IAS 17.46).
Der **Gewinn errechnet** sich wie folgt:

Leasing §15

Barwert Mindestleasingzahlungen (ohne ungarantierten Restwert):	Umsatz
− (Buchwert Leasingobjekt − Barwert ungarantierter Restwert):	− HK des Umsatzes
= Gewinn	= gross profit

Beispiel
Zwischen dem Leasinggeber und dem Leasingnehmer wird am 1.1.01 ein Leasingvertrag abgeschlossen. Die unkündbare Grundmietzeit beträgt 5 Jahre. Die wirtschaftliche Nutzungsdauer des Leasingobjekts beläuft sich auf 6 Jahre. Der beizulegende Wert des Leasingobjekts bei Vertragsbeginn (100.000 EUR) übersteigt die Herstellungskosten (85.000 EUR). Der Restwert nach Ablauf des Leasingverhältnisses beträgt 8.423,50 EUR. Die jährlichen nachschüssigen Leasingraten i.H.v. 27.000 EUR enthalten Nebenkosten des Leasingvertrags i.H.v. 2.000 EUR. Daraus errechnet sich der dem Leasingverhältnis zugrunde liegende Zinssatz von 10 %.

Lösung
Das Leasingobjekt kann dem Leasingnehmer zugerechnet werden, da die Laufzeit des Leasingverhältnisses den überwiegenden Teil der wirtschaftlichen Nutzungsdauer umfasst (83,3 %). Beim Leasinggeber handelt es sich um ein Händlerleasing, da die Herstellungskosten vom beizulegenden Zeitwert des Leasingobjekts abweichen.
Die für die bilanzielle Abbildung beim Leasinggeber maßgebenden Werte ermitteln sich unter der Annahme eines garantierten bzw. nicht garantierten Restwerts wie folgt:

	Garantierter Restwert	Nicht garantierter Restwert
Mindestleasingzahlungen	(25.000 × 5)	
+ Restwert	+ 8.423,50 EUR	
= Bruttoinvestition (Bruttoinvestment)	= 133.423,50 EUR	identisch
	133.423,50 EUR	
− beizulegender Wert des Leasingobjekts	− 100.000,00 EUR	
= Unrealisierter Finanzertrag	= 33.423,50 EUR	identisch
Bruttoinvestition (Bruttoinvestment)	133.423,50 EUR	
− unrealisierter Finanzertrag	− 33.423,50 EUR	
= Nettoinvestition (Nettoinvestment)	= 100.000,00 EUR	identisch

	Garantierter Restwert	**Nicht garantierter Restwert**
Barwert der Leasingraten	25.000 EUR × RBF = 94 769,67 EUR	identisch
	8.423,50 EUR	
Barwert des Restwerts	$\dfrac{}{(1{,}1)^5}$ = 5.230,33 EUR	identisch
Barwert der Leasingraten + Barwert des (garantierten) Restwerts	94.769,67 EUR + 5.230,33 EUR	94.769,67 EUR 0 EUR
= Umsatzerlöse	= 100.000,00 EUR	94.769,67 EUR
		− 85.000,00 EUR
− Barwert des ungarantierten Restwerts		− 5.230,33 EUR
− Umsatzkosten	− 85.000,00 EUR	− 79.769,67 EUR
= *gross profit* (Bruttoergebnis vom Umsatz)	= 15.000,00 EUR	identisch

Die Zusammenhänge lassen sich wie folgt darstellen:

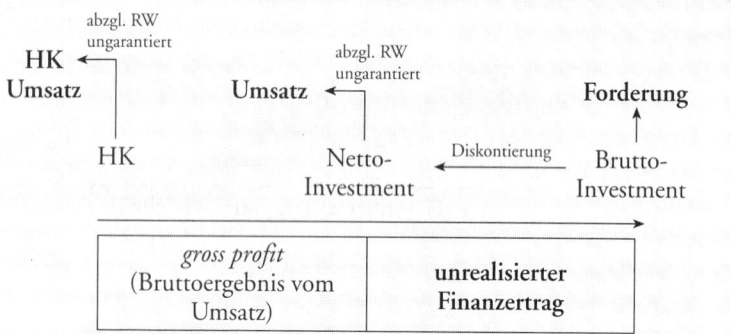

Die bilanzielle Entwicklung des Nettoinvestitionswerts stellt sich beim Leasinggeber im Falle eines nicht garantierten Restwerts wie folgt dar:

Jahr	Nettoinvestition zum 1.1.	Leasingraten	Nebenkosten (GuV)	Zinsertrag (GuV)	Verminderung Nettoinvestition	Nettoinvestition zum 31.12.
	EUR	EUR	EUR	EUR	EUR	EUR
01	100.000	27.000	2.000	10.000,00	15.000,00	85.000,00
02	85.000	27.000	2.000	8.500,00	16.500,00	68.500,00
03	68.500	27.000	2.000	6.850,00	18.150,00	50.350,00
04	50.350	27.000	2.000	5.035,00	19.965,00	30.385,00
05	30.385	27.000	2.000	3.038,50	21.961,50	8.423,50
		135.000	10.000	33.423,50	91.576,50	

4.2 Mehrstufige Leasingverhältnisse (*multi party leases*)

4.2.1 Zuordnung des wirtschaftlichen Eigentums

Die IFRS enthalten **keine besonderen** Regelungen für die Bilanzierung mehrstufiger Vertragsverhältnisse. Soweit sich hier eine Lücke in den IFRS ergibt, kann zu deren Füllung jedoch ggf. auf die in ASC Topic 840 niedergelegten Vorschriften zurückgegriffen werden (IAS 8.12). Hiernach sind wirtschaftlich voneinander abhängige Leasingverhältnisse zwischen mehreren Parteien über einen identischen Leasinggegenstand nach einem **Haupt**leasinggeschäft *(head lease)* und einem **Unter**leasingverhältnis *(sub lease)* zu unterscheiden. Die amerikanischen Regeln zu Mehrparteienleasinggeschäften verfolgen einen *topdown*-Ansatz (ASC Topic 840.10.25–32): Leasinggeschäfte sind sequenziell – in der Folge der Übertragung der Chancen und Risiken – zu würdigen. Liegt der *head lease* als *operating lease* vor, kann der *sub lease* kein *finance lease* mehr sein. Umgekehrt kann das Unterleasingverhältnis sowohl ein *finance lease* als auch ein *operating lease* sein, wenn das Hauptleasinggeschäft als *finance lease* klassifiziert wurde. Im kommentierenden Schrifttum finden sich aber auch Hinweise auf einen *bottomup*-Ansatz.[82] Danach können die Rechte, die der Hauptmieter/Untervermieter *(sub lessor)* dem Untermieter *(sub lessee)* zugesteht, und die damit verbundenen wirtschaftlichen Eigentumsverhältnisse auf die Hauptebene durchschlagen. Z.B. kann eine dem *sub lessor* eingeräumte günstige Kaufoption den *head lessee* zur Ausübung einer Kaufoption und zum Durchgangserwerb des Eigentums auch dann zwingen, wenn die Kaufoption oberer Ebene (im Hauptleasinggeschäft) nicht günstig, sondern *at the money* ist (Rz 35).

Ein genereller **Vorzug** der einen oder anderen Betrachtung ist **nicht** zu erkennen.
- Der *bottom-up*-Ansatz ist u.E. dann vorzuziehen, wenn der *sub lease* aus ökonomischer Sicht das tragende Hauptgeschäft ist,
- der *top-down*-Ansatz hat etwa dann seine Vorzüge, wenn ein ursprünglicher Leasingnehmer die Sache nicht mehr (selbst) nutzen kann und daher einen Nachfolger/Unternutzer finden muss.

4.2.2 Bilanzielle Konsequenzen der Begründung von Unterleasingverhältnissen beim Hauptleasingnehmer

Nach ASC Topic 840 sind hinsichtlich der bilanziellen Konsequenzen der Begründung von Unterleasingverhältnissen folgende **Konstellationen** zu unterscheiden:
- **Fall 1**: Der ursprüngliche Leasingnehmer *(head lessee)* least das Objekt weiter an einen *sub lessee* ohne Änderung der (ursprünglichen) Bedingungen aus dem (jetzt) als *head lease* zu qualifizierenden Ausgangsvertrag. Der *head lessee* bucht eine **Forderung** i.H.d. fortgeführten Anschaffungskosten (*„unamortized balance of the asset under the original lease"*) des Leasinggegenstandes ein und Letzteren entsprechend aus (bilanzsummenneutraler **Aktivtausch**). Die Leasingverbindlichkeit gegenüber dem *head lessor* wird fortgeführt.
- **Fall 2**: Der ursprüngliche Leasingnehmer findet einen „Nachmieter", der mit allen Rechten und Pflichten als Hauptschuldner in den bestehenden Vertrag eintritt. Bilanzielle Folge einer schuldnerischen Entlastung des bisherigen Leasingnehmers ist eine **Ausbuchung** der Leasingverbindlichkeit und des

---
[82] Vgl. ADS, Rechnungslegung nach Internationalen Standards, Abschn. 12, Tz. 124.

Leasingobjekts (Rz 161), und zwar erfolgs**neutral**, soweit sehr zeitnah zum Abschluss des ursprünglichen Leasingvertrags der Eintritt des „Nachmieters" stattfindet (per Leasingverbindlichkeit an Anlagevermögen, als **Bilanzverkürzung**), erfolgs**wirksam**, soweit (wegen Zeitversatz) bereits Buchwertdifferenzen zwischen Leasingverbindlichkeit und Leasingobjekt bestehen. Bleibt der bisherige Leasingnehmer subsidiär oder gesamtschuldnerisch verpflichtet, kann eine Ausbuchung der Leasingverbindlichkeit nur unter expliziter Berücksichtigung zukünftiger drohender Verpflichtungen gegenüber dem Hauptleasinggeber erfolgen.

> **Beispiel**
> Die C GmbH bietet ihren Kunden Hard- und Software-Leistungen im IT-Bereich aus einer Hand an. Den Hardwarebedarf ihrer Kunden deckt sie hierbei wie folgt ab:
> - Im Rahmen eines *finance lease* bezieht sie Hardware als Leasingnehmer,
> - welche sie ihrerseits als Leasinggeber ihren Kunden im *finance lease* zur Verfügung stellt.
>
> Die C möchte sich substanziell auf ihre Kerndienstleistung (Service und Wartung) beschränken.
>
> **Lösung**
> Zunächst ist eine eher isolierte Würdigung der beiden Leasingverhältnisse geboten. Sie sieht wie folgt aus:
> - *Head lease*: Als Leasingnehmer hat die C den Leasinggegenstand (die Hardware) zum beizulegenden Zeitwert oder mit dem Barwert der Mindestleasingzahlungen, falls dieser geringer ist, anzusetzen. In gleicher Höhe ist eine Leasingverbindlichkeit zu passivieren (IAS 17.20) (per Leasingobjekt an Leasingverbindlichkeit als Bilanzverlängerung).
> - *Sub lease*: Die C ist Leasinggeber aus dem *sub lease* und hat den Vermögenswert aus- und eine Forderung einzubuchen (IAS 17.36) (per Forderung an Leasingobjekt als Aktivtausch). Die Forderung spiegelt die Höhe des Nettoinvestitionswerts aus dem Leasingverhältnis wider. Der Nettoinvestitionswert ist definiert als Residuum von Bruttoinvestitionswert (als Summe der Mindestleasingraten zzgl. Restwert) und noch nicht realisiertem Finanzertrag.
>
> Aufgrund der unterschiedlichen Ansatzvorschriften für die Leasingforderung der C und ihre Leasingverbindlichkeit kann es bei der C durchaus zu
> - unterschiedlichen Einbuchungsbeträgen für Forderung und Verbindlichkeit sowie in Verbindung damit zu
> - unterschiedlichen Ein- und Ausbuchungsbeträgen für die Hardware kommen.

In den IFRS fehlen explizite Regelungen, wie mit einem somit evtl. entstehenden Differenzbetrag umzugehen wäre, da „Mehrparteien-Leasingbeziehungen" nicht in den Leasingvorschriften enthalten sind. Aus IAS 17.37 und 17.42 ff. lässt sich ggf. jedoch der Rechtsgrundsatz ableiten, dass mögliche Abweichungen zwischen dem aktivierten Vermögenswert und der gegen ihn einzubuchenden Forderung erst über die Laufzeit wie Finanzerträge zu realisieren sind, soweit sie nicht aus einer Händlermarge stammen. Für die Heranziehung des aktivierten Leasinggegenstands als Wertmaßstab für die anschließenden Leasingforderungen sprechen auch die konkretisierten Vorschriften für „Mehrparteien-Leasingbeziehungen" der US-GAAP in der oben als Fall 1 dargestellten Konstellation. Der aktivierte Betrag des weiterzugebenden Leasinggegenstands dient als Kostenbasis für die Aktivierung der Forderung.

Aus Sicht der C handelt es sich beim zeitgleichen/zeitnahen Abschluss des *sub lease*-Vertrags am ehesten um einen reinen Aktivtausch (per Leasingforderung an Leasingobjekt). Die Vereinbarung von höheren Leasingraten als diejenigen, die man selber aufbringen muss, schlüge sich dann in der Höhe der (Finanz-)Erträge in den zukünftigen Perioden nieder. Die C würde den *sub lease* mit einem von dem im Rahmen des *head lease* abweichenden *(credit spread)* internen Zinsfuß fortführen.

Im Rahmen von mehrstufigen Leasingverhältnissen ist fraglich, ob bei Übertragung der Ansprüche und Verpflichtungen auf eine **weitere** Partei die Forderung gegenüber dem Leasingnehmer *(sub lessee)* ausgebucht werden kann und wie mit den Leasingverbindlichkeiten gegenüber dem *head lessor* zu verfahren ist.

Die Ausbuchung von finanziellen Vermögenswerten fällt – unabhängig davon, ob es sich um eine Mehrparteien- oder sonstige Leasingbeziehung handelt – unter die Bilanzierungsvorschriften für Finanzinstrumente. Vorrangig anzuwenden sind die spezifischen Vorgaben für Finanzinstrumente, die zwar die Bewertung von Leasingforderungen und -verbindlichkeiten im Wesentlichen aus dem Anwendungsbereich herausnehmen (insoweit Anwendung von IAS 17), hinsichtlich der Ausbuchung aber einen Vorrang erklären.

Die Vorgaben für Finanzinstrumente unterscheiden zwei Anwendungsfälle der Ausbuchung von finanziellen Vermögenswerten (→ § 28):
- **Erledigung**: Das Recht aus dem finanziellen Vermögenswert (der Schuld) existiert nicht mehr.
- **Übertragung**: Das Recht ist noch existent, wird aber mit fast allen relevanten Risiken auf eine andere Partei übertragen.

Beispiel (Fortsetzung zu Rz 162)
Da die C sich substanziell auf ihre Kerndienstleistung (Service und Wartung) beschränken möchte, sucht sie nach einer Möglichkeit, die Bilanz frei von Leasingverhältnissen zu zeigen, in denen sie nicht selber den wirtschaftlichen Nutzen übernimmt und behält.

Lösung
Voraussetzung für die Ausbuchung einer Leasingverbindlichkeit ist die rechtliche Entbindung von der betreffenden Verpflichtung, etwa durch Zahlung, Erlass, Aufrechnung usw. *("when the obligation specified in the contract is discharged or cancelled or expires")*.
Es kommt also auf die **vertraglichen Abreden** an. Vereinbart die C mit dem *head lessor* etwa eine Aufrechnung des ihr aus der Übertragung der Leasingforderung zustehenden Betrags (Kaufpreis aus Forderungsverkauf) mit der Leasingverbindlichkeit, so ist insoweit „per Verbindlichkeit an Forderung" zu buchen.

> Der wirtschaftliche Gehalt der mehrstufigen Leasingbeziehungen, welche die C eingeht, ist auch nach SIC 27 zu würdigen. Wirtschaftlich betrachtet fungiert die C bei Übertragung der Forderung (gegen Untergang der Verbindlichkeit) möglicherweise nicht mehr als Leasingnehmer/Leasinggeber, sondern nur noch als Agent des *head lessors*.

Rechtsgeschäfte, deren Zielsetzung nicht in der Übertragung des Nutzungsrechtes auf einen Vermögenswert liegt, sind keine Leasinggeschäfte i.S.d. IAS 17 (Rz 14). Es ist nach SIC 27 kritisch zu prüfen, ob im bilanzrechtlichen Sinne von einem Geschäftsvorfall gesprochen werden kann. Findet weder eine Eigentums- noch eine Nutzenübertragung statt, handelt es sich bei einem Bündel von Transaktionen um einen einheitlichen Geschäftsvorfall (*linked transaction*).

Gem. SIC 27.6 sind in Bezug auf den Ansatz einer Forderung und einer Verbindlichkeit aus der Tätigkeit als Intermediär in einem Mehrparteien-Leasinggeschäft die Definitionen und Anwendungsleitlinien des **Rahmenkonzepts** der IFRS (FR.49–64) zu berücksichtigen. Folgende **Indikatoren** weisen dann darauf hin, dass eine Leasingforderung und Leasingverbindlichkeit eines Intermediärs nicht als solche zu erfassen sind, d.h. er weder die Forderung noch die Verbindlichkeit ausweist (Rz 173):

- Das Unternehmen hat einerseits **kein Verfügungsrecht über die Forderung** (die finanziellen Rückflüsse) und ist andererseits nicht verpflichtet, der Verbindlichkeit nachzukommen.
- Das Unternehmen geht kein oder nur ein **sehr geringes Risiko** ein sowohl bez. der Höhe der zu zahlenden als auch der empfangenen Leasingraten.
- Außer evtl. Anfangszahlungen sind die **einzigen Zahlungen**, die vereinnahmt werden, aus der **Leasingforderung** zu erzielen.

4.3 Sale-and-lease-back-Transaktionen

4.3.1 Grundlagen

164 Bei *sale-and-lease-back*-Vereinbarungen geht in einem ersten Schritt das rechtliche Eigentum an einem Vermögenswert im Rahmen eines **Veräußerungsgeschäfts** vom Verkäufer auf den Erwerber über. Im zweiten Schritt erwirbt der Verkäufer vom Erwerber im Rahmen einer Leasingvereinbarung ein **Nutzungsrecht**. Der Erwerber wird damit Leasinggeber und der Verkäufer Leasingnehmer (IAS 17.58). Vorstehendes gilt u.E. (mit Rückgriff auf den Grundsatz „*substance over form*") unabhängig davon, ob einzelne Vermögenswerte veräußert und rückgeleast oder Anteile an einer diese Vermögenswerte haltenden Gesellschaft unter Rück-*lease* der Vermögenswerte veräußert werden (analog in den US-GAAP: FIN 43.4).

165 Bei *sale-and-lease-back*-Transaktionen handelt es sich somit um **zwei zusammenhängende Verträge**: den Vertrag über den Verkauf des Vermögensgegenstands vom künftigen Leasingnehmer an den künftigen Leasinggeber und den eigentlichen Leasingvertrag. Der Leasingvertrag ist nach den **allgemeinen Leasingkriterien** zu klassifizieren und entsprechend bilanziell zu erfassen. Die Behandlung eines **Veräußerungsgewinns** erfolgt beim Leasingnehmer in Ab-

hängigkeit von der Klassifizierung des zugrunde liegenden Leasingvertrages als *finance* oder *operating lease* (IAS 17.59).

Bei *sale-and-lease-back*-Transaktionen (Verknüpfung von Verkauf und Leasing) stehen die Vorgaben zur Erlösrealisation (→ § 25 Rz 18) und IAS 17 in einem Komplementärverhältnis. Der Abschluss des Verkaufsvertrags unterliegt neben den allgemeinen Regeln den speziellen **Realisationsregeln** für Veräußerungserlöse. Danach setzt eine Realisation Folgendes voraus:

- Der Veräußerer verliert die effektive **Verfügungsmacht** und ist nicht mehr fortgesetzt in der Art eines Eigentümers in die Verfügung (das Management) involviert.
- Es erfolgt ein **Übergang** der maßgeblichen, mit dem Eigentum verbundenen Chancen und Risiken.

Das erste Kriterium verlangt den **dauerhaften** Verlust der Verfügungsmacht. Das Kriterium ist daher z.b. dann nicht erfüllt, wenn der Veräußerer im Rahmen des *lease back* als Mieter (Leasingnehmer) die tatsächliche Herrschaft behält, weil der Leasingvertrag sich über den überwiegenden Teil der wirtschaftlichen Nutzungsdauer erstreckt. Umgekehrt ist das Kriterium erfüllt, wenn der Veräußerer dauerhaft all diese Rechte und Pflichten aufgibt, sie lediglich vorübergehend auf der Basis noch behält. Vor diesem Hintergrund ist wie folgt zu differenzieren:

- Ein dauerhafter Übergang der Verfügungsmacht findet statt, wenn der Veräußerer diese zwar für eine bestimmte Zeit zurückleast, aber dieser *lease back* als *operating lease* zu qualifizieren ist. Das erste Kriterium für eine Erlösrealisierung wäre dann erfüllt, hinsichtlich der Höhe des Erlöses wären jedoch die besonderen Vorschriften aus IAS 17.61 ff. zu beachten.
- Ist hingegen der *lease back* als *finance lease* zu qualifizieren, scheint die systematisch-theoretische Lösung unklar. Die Vorgabe zur Erlösrealisation spricht dagegen, überhaupt einen Erlös anzunehmen; die den Ausweis eines Erlöses restriktiv regelnden Vorschriften des IAS 17 setzen hingegen einen solchen Erlös dem Grunde nach voraus, neutralisieren ihn aber über einen Passivposten. U.E. sind beide Lösungen vertretbar. Wird IAS 17 als spezialgesetzliche Regelung Vorrang vor den Vorgaben zur Erlösrealisation eingeräumt, kommt es auf diese Weise zu einer Bilanzverlängerung. Wegen Einzelheiten wird auf Rz 169 verwiesen.

Nach einer „*non-decision*" des IFRS IC sind die speziellen Veräußerungsregeln für den Fall der Gewährung einer **Rückkaufoption** für den Veräußerer (Leasingnehmer) einer *sale-and-lease-back*-Transaktion nicht erfüllt.[83] Danach gilt: Wenn der Veräußerer das rechtliche und wirtschaftliche Eigentum an dem Vermögenswert nicht aufgibt, kommt es nicht zu einer Veräußerung des Vermögenswerts und konsequenterweise aufgrund fehlender wirtschaftlicher Substanz der *sale-and-lease-back*-Transaktion (gem. SIC 27) auch nicht zu einem *lease back*.

In der *non-decision* fehlt es u.E. allerdings an einer detaillierten Auseinandersetzung mit der Ausgestaltung der Rückkaufoption.[84] Fraglich bleibt, ob neben bereits vertraglich vereinbarten Rücknahmen (*repurchase agreement*) jede vertraglich vereinbarte Rückkaufoption (*repurchase option*) eine Ausbuchung ver-

---

[83] Vgl. IFRIC, Update Januar 2007.
[84] Ausführlich IASB, Information for observers, Januar 2007.

hindert oder nur günstige (Rück-)Kaufoptionen *(bargain purchase options)*, die nach IAS 17 zu einer bilanziellen Zuordnung des Leasingobjekts beim Veräußerer geführt hätten. Insoweit wird auch nicht deutlich, ob sich Vorstehendes auch auf den Rückbehalt des wirtschaftlichen Eigentums (der Chancen und Risiken) in Form der anderen Kriterien des IAS 17 (Vereinbarung einer günstigen Verlängerungsoption, Barwertkriterium und Spezialleasing) ausdehnen lässt. U. E. tragen die Ausführungen des IFRS IC daher wenig zur systematisch-theoretischen Lösung des Komplementärverhältnisses bei.

168 In Abhängigkeit der **Ausgestaltung** einer *sale-and-lease-back*-Transaktion und evtl. Optionsrechte ergibt sich allerdings folgende Differenzierung:[85]

- **Unbedingte Verpflichtung** zur **Rücknahme** des Leasingobjekts: Vereinbaren die Parteien bereits im Zeitpunkt des Veräußerungsgeschäfts die Rücknahme des Vermögenswerts zu einem festen Preis nach einer zwischengeschalteten Mietperiode, liegt wirtschaftlich (i. S. v. SIC 27.5c) kein Leasingverhältnis vor (Rz 172 ff.). Der wirtschaftliche Gehalt der Transaktion entspricht einer Darlehensgewährung, deren Laufzeit dem „Mietverhältnis" entspricht. Die Vorgaben von IAS 17 sind nicht einschlägig.
Anderes gilt allerdings, wenn die Rückübertragung zum beizulegenden Zeitwert vereinbart wurde, da der Leasinggeber/Käufer wesentliche Risiken hinsichtlich des Restwerts des Vermögenswerts zurückbehält.

- **Sicher ausübbare** Kauf- und Putoptionen: Liegt aus der Sicht des Leasingnehmers eine günstige Kauf- oder aus Sicht des Leasinggebers eine günstige Putoption vor, ist nicht von einer *sale-and-lease-back*-Transaktion auszugehen (SIC 27.5c). Entsprechendes gilt bei Vorliegen von wechselseitigen Put- und Kaufoptionen zu gleichen Konditionen, da diese regelmäßig für eine Partei günstig sind.

Ist mit hinreichender Sicherheit von einer Rückübertragung des Vermögenswerts nach einer Zeitperiode auszugehen, liegt eine **Darlehens**gewährung und keine Leasingtransaktion vor.

Das Vorliegen einer *sale-and-lease-back*-Transaktion wird dann nicht widerlegt, wenn nicht bereits im Zeitpunkt der Veräußerung von einer Rückübertragung des Vermögenswerts auszugehen ist.

Für die Behandlung eines im Rahmen einer *sale-and-finance-lease-back*-Transaktion entstehenden Veräußerungsgewinns halten wir zwei Alternativen für zulässig:[86]

- Entweder wird die Veräußerung und damit eine Erlösrealisation (i. S. e. *true sale*) bereits (→ § 25 Rz 19) verneint oder
- ein zunächst realisierter Veräußerungserlös wird durch die Bildung eines Passivpostens gem. IAS 17.59 neutralisiert.

4.3.2 *Finance*-Leasingverhältnisse

169 Resultiert aus der *sale-and-lease-back*-Transaktion ein *finance*-Leasingverhältnis, so geht lediglich das zivilrechtliche Eigentum auf den Erwerber über. Das

---

[85] In der Tendenz auch BMF, Schreiben vom 4.12.2008, DB 2008, S. 2733.
[86] So auch der IASB: „It is not necessary to demonstrate that the sales criteria in IAS 18 paragraph 14 have been met before a transaction is treated as a sale and leaseback transaction" (Information for observers, Januar 2007).

Leasing § 15

wirtschaftliche Eigentum verbleibt weiterhin beim Leasingnehmer. Bei wirtschaftlicher Betrachtung hat sich damit im Vermögen des Verkäufers nichts verändert. Deshalb darf der aus der *sale-and-lease-back*-Transaktion entstandene Veräußerungsgewinn nicht unmittelbar erfolgswirksam vereinnahmt werden (IAS 17.59). Vielmehr ist **jeglicher Veräußerungsgewinn** vom Leasingnehmer passivisch als *deferred income* unter den sonstigen Verbindlichkeiten abzugrenzen und über die Laufzeit des Leasingverhältnisses erfolgswirksam zu vereinnahmen (IAS 17.59).

> **Beispiel**
> Eine Anlage mit einem Buchwert von 800.000 EUR und einem Verkehrswert von 1.000.000 EUR wird am 1.1.01 im Rahmen einer *sale-and-lease-back*-Transaktion zum Verkaufspreis von 1.300.000 EUR verkauft und zurückgeleast. Die Laufzeit des Leasingverhältnisses beträgt 5 Jahre. Die verbleibende betriebsgewöhnliche Nutzungsdauer der Anlage wird auf 8 Jahre geschätzt. Es werden jährliche Leasingraten i. H. v. 264.000 EUR vereinbart. Der dem Leasingvertrag zugrunde liegende Zinssatz (10,03 %) ist dem Leasingnehmer bekannt. Am Ende des Leasingverhältnisses erfolgt kein Eigentumsübergang auf den Leasingnehmer. Es besteht auch keine Optionsmöglichkeit für den Leasingnehmer.
>
> **Lösung**
> Zur Beurteilung der *sale-and-lease-back*-Transaktion ist zunächst die Klassifizierung der Leasingvereinbarung vorzunehmen: Am Ende der Vertragslaufzeit erfolgt kein Eigentumsübergang auf den Leasingnehmer. Es besteht auch keine günstige Kauf- oder Mietverlängerungsoption. Darüber hinaus erstreckt sich die Vertragslaufzeit mit 62,5 % (eine mögliche Auslegung, vgl. Rz 37) nicht über den überwiegenden Teil der wirtschaftlichen Nutzungsdauer des Leasingobjektes. Da aber der Barwert der Mindestleasingzahlungen (1.000.000 EUR) nicht nur im Wesentlichen, sondern in voller Höhe dem beizulegenden Zeitwert der Anlage zu Beginn des Leasingvertrages entspricht, handelt es sich um ein *finance*-Leasingverhältnis. Die Bilanzierung erfolgt damit trotz Übertragung des rechtlichen Eigentums durch Verkauf weiterhin beim Leasingnehmer. Der Leasingnehmer muss bei Vertragsbeginn den Veräußerungsgewinn i. H. v. 500.000 EUR passivisch abgrenzen und über die Laufzeit des Leasingverhältnisses von 5 Jahren linear vereinnahmen.
> Das Aufwands- und Amortisationsschema ergibt sich beim Leasingnehmer wie folgt:
>
> | Jahr | Leasingobjekt | Abschreibungen | Leasingverbind-lichkeit | Leasingraten | | Sonstige Verbindlichkeiten |
> |---|---|---|---|---|---|---|
> | | | | | Zinsanteil | Tilgung | |
> | | EUR | EUR | EUR | EUR | EUR | EUR |
> | 1.1.01 | 1.000.000 | | 1.000.000,00 | | | 500.000 |
> | 31.12.01 | 800.000 | 200.000 | 836.300,47 | 100.300,47 | 163.699,53 | 400.000 |
> | 31.12.02 | 600.000 | 200.000 | 656.181,80 | 83.881,33 | 180.118,67 | 300.000 |
> | 31.12.03 | 400.000 | 200.000 | 457.997,14 | 65.815,34 | 198.184,66 | 200.000 |
> | 31.12.04 | 200.000 | 200.000 | 239.934,47 | 45.937,33 | 218.062,67 | 100.000 |
> | 31.12.05 | 0 | 200.000 | 0,00 | 24.065,53 | 239.934,47 | 0 |
> | | | 1.000.000 | | 320.000,00 | 1.000.000,00 | |

> **Variante**
> In Abwandlung des gerade skizzierten Sachverhalts sei angenommen, dass der Verkaufspreis der Anlage dem Verkehrswert i.H.v. 1.000.000 EUR entspricht. Trotz des Verkaufs zu marktüblichen Bedingungen darf der Veräußerungsgewinn nicht sofort vereinnahmt werden. Vielmehr ist auch in diesem Fall der Veräußerungsgewinn i.H.v. 200.000 EUR passivisch abzugrenzen und über die Laufzeit des Leasingverhältnisses zu vereinnahmen.

4.3.3 Operating-Leasingverhältnisse

170 Resultiert aus einer *sale-and-lease-back*-Transaktion ein *operating*-Leasingverhältnis, so geht neben dem zivilrechtlichen Eigentum auch das **wirtschaftliche Eigentum** auf den Leasinggeber über. Der Leasingnehmer erhält durch den Leasingvertrag lediglich ein **Nutzungsrecht** über die vereinbarte Vertragslaufzeit. Für die Behandlung von Veräußerungsgewinnen aus *sale-and-lease-back*-Transaktionen, denen ein *operating*-Leasingverhältnis zugrunde liegt, ist es entscheidend, ob die Veräußerung zu **marktüblichen Bedingungen** erfolgt. Dabei sind drei mögliche Fälle zu unterscheiden:
- Der Veräußerungspreis **entspricht** dem beizulegenden Zeitwert: Es handelt sich wirtschaftlich um ein **Veräußerungsgeschäft**.[87] Ein sich ergebender Veräußerungsgewinn oder Veräußerungsverlust ist daher unmittelbar erfolgswirksam zu erfassen (IAS 17.62).
- Der Veräußerungspreis **liegt über** dem beizulegenden Zeitwert: Es ist *nur* die Differenz zwischen Buchwert und dem beizulegenden Zeitwert als Gewinn in der GuV zu erfassen. Die **Differenz** zwischen dem beizulegenden Zeitwert und dem Veräußerungspreis muss der Leasingnehmer passivisch abgrenzen und über die voraussichtliche **betriebsgewöhnliche Nutzungsdauer** verteilen (IAS 17.61).

> **Beispiel**
> Ein Leasingobjekt, das beim Verkäufer i.H.v. 600.000 EUR bilanziert ist, wird im Rahmen einer *sale-and-lease-back*-Vereinbarung an den künftigen Leasinggeber für 1.600.000 EUR verkauft. Der beizulegende Zeitwert beträgt 1.000.000 EUR. Es liegt ein *operating*-Leasingverhältnis vor.
> Die Differenz zwischen dem Buchwert und dem beizulegenden Zeitwert i.H.v. 400.000 EUR ist beim Leasingnehmer sofort erfolgswirksam als sonstiger betrieblicher Ertrag zu erfassen. Die Differenz zwischen dem Veräußerungserlös und dem beizulegenden Zeitwert i.H.v. 600.000 EUR muss passivisch abgegrenzt werden.

- Der Veräußerungspreis **liegt unter** dem beizulegenden Zeitwert: Es ist ein Veräußerungs**gewinn** sofort erfolgswirksam zu realisieren. Veräußerungs**verluste** sind in diesen Fällen ebenfalls sofort zu erfassen, es sei denn, dass der Veräußerungsverlust durch künftige Leasingraten unterhalb des Marktpreises kompensiert wird. Der Veräußerungsverlust hat in diesem Fall den

---
[87] Vgl. ALVAREZ/WOTSCHOFSKY/MIETHIG, WPg 2001, S. 945.

Charakter von im Voraus gezahlten Leasingraten und ist aktivisch abzugrenzen (IAS 17.61). Die Auflösung des Abgrenzungspostens erfolgt über die voraussichtliche Nutzungsdauer des Leasingobjekts.

Beispiel
Eine Anlage mit einem Buchwert von 5.000.000 EUR und einem Verkehrswert von 6.000.000 EUR wird am 1.1.01 im Rahmen einer *sale-and-lease-back*-Transaktion zum Verkaufspreis von 4.000.000 EUR verkauft und zurückgeleast. Die Laufzeit des Leasingverhältnisses beträgt 5 Jahre. Die verbleibende betriebsgewöhnliche Nutzungsdauer der Anlage wird auf 10 Jahre geschätzt. Es werden angemessene jährliche Leasingraten i.H.v. 145.000 EUR vereinbart. Der dem Leasingvertrag zugrunde liegende Zinssatz i.H.v. 10 % ist dem Leasingnehmer bekannt. Am Ende des Leasingverhältnisses erfolgt kein Eigentumsübergang auf den Leasingnehmer. Es besteht auch keine Optionsmöglichkeit für den Leasingnehmer.

Lösung
Es liegt ein *operating*-Leasingverhältnis vor: Es wurde weder ein Eigentumsübergang am Ende der Vertragslaufzeit noch eine günstige Optionsmöglichkeit für den Leasingnehmer vereinbart. Außerdem entspricht die Grundmietzeit mit 50 % nicht dem überwiegenden Teil der betriebsgewöhnlichen Nutzungsdauer des Leasingobjektes. Darüber hinaus entspricht der Barwert der Mindestleasingraten i.H.v. 550.000 EUR mit 9,2 % nicht im Wesentlichen dem beizulegenden Zeitwert des Leasingobjektes bei Vertragsbeginn i.H.v. 6.000.000 EUR.
Der Veräußerungsverlust i.H.v. 1.000.000 EUR ist sofort erfolgswirksam zu vereinnahmen, da angemessene Leasingraten vereinbart wurden und daher keine Verlustkompensation durch niedrigere Leasingraten erfolgt.

Variante
Wären in Abwandlung zum gerade skizzierten Sachverhalt Leasingraten i.H.v. 409.000 EUR als angemessen anzusehen, so wäre der Veräußerungsverlust i.H.v. 1.000.000 EUR durch die niedrigeren Leasingraten von 145.000 EUR in voller Höhe über die Grundmietzeit kompensiert worden (Barwert der Differenz von 409.000 EUR und 145.000 EUR über die Grundmietzeit von 5 Jahren und einem Zinssatz von 10 % = 1.000.000 EUR). In diesem Fall wäre der Verlust aktivisch abzugrenzen und ratierlich über die geschätzte Restnutzungsdauer von 10 Jahren erfolgswirksam zu erfassen.

Die Regeln für *sale-and-lease-back*-Transaktionen lassen sich wie folgt **zusammenfassen**: Ein an einen Verkauf sich anschließendes Leasingverhältnis zwischen dem Käufer als Leasinggeber und dem Verkäufer als Leasingnehmer führt zur Gesamtqualifikation als *sale and lease back*. Beide Verträge oder Vertragsbestandteile sind als **einheitliche** Transaktion zu werten.
Die Erlösrealisierung aus dem Verkauf *(sale)* ist dann nicht mehr primär nach den Vorgaben zur Erlösrealisation, sondern nach den Sondervorschriften zum *sale and lease back* in IAS 17.58ff. zu würdigen. Ob es unter dieser Prämisse überhaupt zu

einer Erlösrealisierung beim Zulieferer kommt, hängt von der **Klassifizierung** des Leasingvertrags als *finance* oder *operating lease* ab.
Daraus ergeben sich die **Erlösrealisierungsfolgen** für den vorangegangenen *sale*:
- Bei einem *sale and finance lease back* unterbleibt eine sofortige Erlösrealisierung,
- bei einem *operating lease back* findet eine sofortige Erlösrealisierung statt (IAS 17.61) und, soweit der Veräußerungspreis dem *fair value* entspricht, auch eine sofortige Gewinnrealisierung.

Die Ertragsrealisierungsfolgen sind in Abb. 2 zusammengefasst:

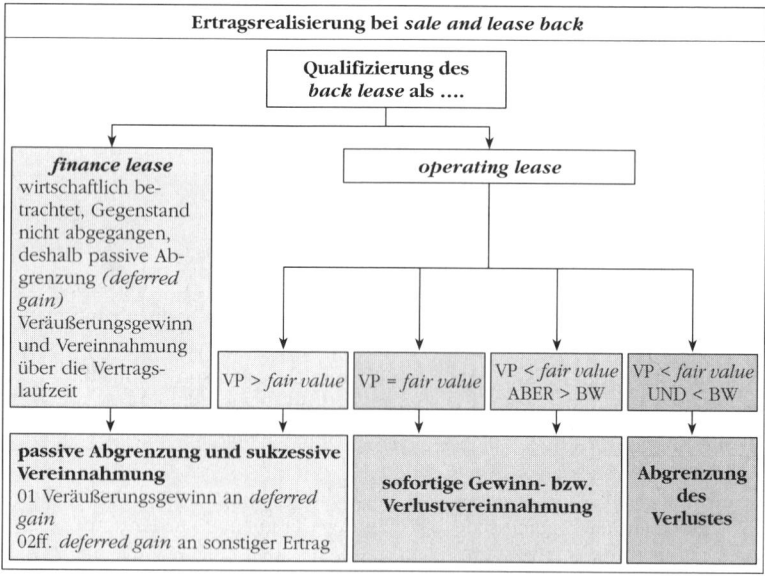

Abb. 2: Ertragsrealisierung bei *sale-and-lease-back*-Vereinbarungen

4.4 Cross-border-Leasing und andere Leasinggeschäfte ohne wirtschaftliche Substanz

172 Bei *lease-and-lease-back*-Geschäften vermietet ein Unternehmen (Initiator) an einen Dritten (Investor) einen Leasinggegenstand langfristig (Hauptmietvertrag bzw. *head lease*) und **mietet** den gleichen Gegenstand wieder **zurück** (Untermietvertrag bzw. *sublease*). In der Praxis werden insbesondere kommunale Klärwerke, Kanalsysteme, Heizkraftwerke, Schienennetze, Messehallen und ähnliche Objekte an US-Firmen über eine Laufzeit von bis zu 100 Jahren vermietet und direkt zurückgemietet. I.d.R. wird ein *lease-and-lease-back*-Geschäft bzw. *cross-border*-Leasing durchgeführt, um aufgrund der unterschiedlichen Gesetzgebung in beiden Ländern Steuervorteile zu erlangen.
Durch die international unterschiedlichen Rechtsauffassungen gibt es bei *cross-border*-Leasing **2 Eigentümer** desselben Objekts. Möglich wurde *cross-border*-Leasing durch Deregulierungsmaßnahmen in den USA während der 1990er

Jahre. Es entsteht aufgrund von Abschreibungen eine Steuerersparnis, die sich eine US-Bank mit dem Initiator teilt. I.d.R. erhält der Initiator maximal 5 % des gesamten Transaktionsvolumens als „Barwertvorteil". Im Jahr 2004 haben der US-Senat und das US-Repräsentantenhaus einem Steueränderungsgesetz zugestimmt, wonach künftig US-*cross-border*-Leasinggeschäfte unzulässig sind; bestehende Verträge bleiben jedoch unberührt.

Unabhängig hiervon sind derartige Rechtsgeschäfte nach SIC 27 i.d.R. **nicht** als Leasingverhältnisse zu behandeln, da die eigentliche Zielsetzung derartiger *lease-and-lease-back*-Transaktionen nicht darin liegt, das Recht auf Nutzung eines Vermögenswertes zu übertragen, sondern einen Steuervorteil für den Investor zu erzielen, der mit dem Initiator durch Zahlung eines Entgelts geteilt wird (SIC 27.5). Die Bilanzierung hat den wirtschaftlichen Gehalt der Vereinbarung widerzuspiegeln (SIC 27.4). Dies bedeutet im konkreten Fall: Aus IFRS-Sicht neutralisieren sich Haupt- und Untermietvertrag. In der gebotenen zusammengefassten Betrachtung liegt gar keine Transaktion vor.

Bei der Frage, wann das Entgelt (der Anteil am Steuervorteil), das der Initiator erhält, als **Ertrag** zu erfassen ist, sind die Kriterien der Erlösrealisation anzuwenden (→ § 25 Rz 44). Es ist hierbei zu berücksichtigen, ob

- die Vereinnahmung des Entgelts ein **anhaltendes Engagement** in Form von Verpflichtungen zu wesentlichen zukünftigen Leistungen voraussetzt (SIC 27.8a),
- eine Beteiligung des Initiators an **Risiken** vorliegt (SIC 27.8b),
- das Risiko einer **Rückzahlung** des Entgelts besteht (SIC 27.8c).

Sich ergebende **Nettoerträge**, die dem Initiator aus dem Hauptleasingvertrag verbleiben, sind nur dann bei Vertragsbeginn als **Ertrag** zu erfassen, wenn lediglich nichtsubstanzielle Verpflichtungen (wie z.B. Garantieverpflichtungen) beim Initiator verbleiben (SIC 27.8). Sofern eine **Verpflichtung** besteht, bestimmte maßgebliche Tätigkeiten auszuüben oder die Nutzung des betreffenden Vermögenswerts mit Beschränkungen verbunden oder die Rückzahlung eines Teiles oder des gesamten Betrags des Entgelts zu erwarten ist, sind die Erträge **ratierlich** über die Laufzeit des Vertrags zu vereinnahmen.

Kernpunkt von SIC 27 ist die evtl. **fehlende wirtschaftliche Grundlage** verknüpfter Transaktionen (*linked transactions*). Von einem verknüpften und daher bilanzrechtlich unbeachtlichen Geschäftsvorfall ist dann auszugehen, wenn einer bzw. mehreren Transaktionen zwischen Parteien kein wirtschaftlich valider Zweck (*valid business purpose*) zugrunde liegt. Das ist z.B. dann der Fall, wenn Chancen und Risiken aus einer Transaktion in gleicher Höhe zurücktransferiert werden, ohne dass sich die wirtschaftliche Situation der Parteien geändert hat.

SIC 27 nennt neben dem bereits erwähnten *lease and lease back* folgende Beispiele, die zu einem verknüpften Geschäftsvorfall führen (SIC 27.5 i.V.m. Appendix A2):

- Ein Unternehmen A veräußert ein Objekt an ein Unternehmen B und least es zugleich zurück. Zusätzlich vereinbaren A und B eine Rückgabeverpflichtung des Leasingobjekts am Ende der Vertragsdauer, deren Preis so kalkuliert ist, dass B insgesamt eine übliche Darlehensverzinsung erhält (z.B. EURIBOR zzgl. einem bonitätsbedingten Aufschlag von × %).
  - Auf Basis der **vertraglichen Abreden** stellt diese Transaktion einen **speziellen** *sale and finance lease back* dar (Rz 169), A bleibt wirtschaftlicher

Eigentümer des Leasingobjekts und sichert sich über die Rückgabeverpflichtung auch das rechtliche Eigentum. B verhält sich wie ein Fremdkapitalgeber, der als Sicherheit das Leasingobjekt akzeptiert.
- **Wirtschaftlich** betrachtet vereinbaren die Parteien keinen Verkauf und eine Nutzungsüberlassung, sondern ein **Darlehensgeschäft**, in welchem ein bestimmter Vermögenswert des Darlehensnehmers als Sicherheit genutzt wird. Nach SIC 27.B2d ist bilanziell entsprechend kein Verkauf mit Abgrenzung eines evtl. Veräußerungserlöses (Rz 169) und einer Leasingverbindlichkeit, sondern ein Zahlungsmittelzufluss gegen Finanz-Verbindlichkeit (per liquide Mittel an Finanz-Verbindlichkeit) zu erfassen.
- Zwischen 2 Unternehmen A (LG) und B (LN) wird ein Leasingverhältnis abgeschlossen. A nimmt unter Abtretung der vereinbarten Leasingraten bzw. Einräumung von Sicherungsrechten am Leasingobjekt ein Darlehen von C ohne Rückgriffsmöglichkeit auf das sonstige Vermögen des A *(non-recourse loan)* auf. Vermögenswert und Darlehen werden anschließend in einem *sale and finance lease back* (Sicherung des Rückerhalts des rechtlichen Eigentums) an einen Treuhänder D veräußert.

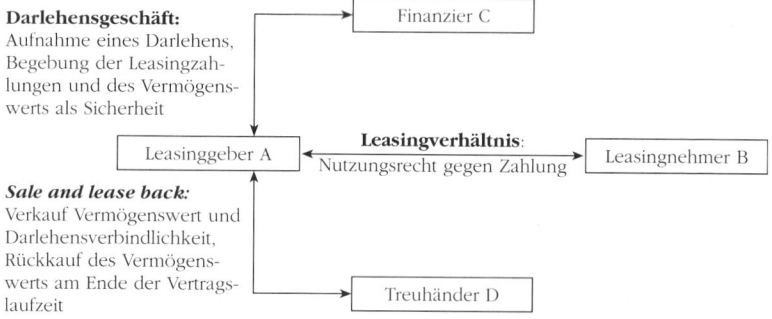

Abb. 3: Struktur einer *linked transaction* gem. SIC 27.A2c

Die Zahlungsverpflichtungen der einzelnen Parteien entsprechen sich in Höhe und zeitlichem Anfall. Vermögenswert und Darlehen werden in der Bilanz des A ausgebucht, eine Leasingverbindlichkeit und Zahlungsmittelzugang aktiviert. Auf Basis der **vertraglichen Abreden** sind aus Sicht des A mehrere Transaktionen *(linked transaction)* im Rahmen eines Geschäftsvorfalls abgeschlossen worden. A nimmt ein besichertes Darlehen auf einen Vermögenswert auf und gibt das Nutzungsrecht an diesem an B weiter. Für die bilanzielle Behandlung des Leasingvertrags durch B (LN) haben die weiteren vertraglichen Abreden des A keine Bedeutung.
Wirtschaftlich betrachtet sind nur 2 Transaktionen relevant und voneinander zu unterscheiden. Das Geschäft zwischen A und D ist wegen fehlender wirtschaftlicher Substanz bilanziell nicht zu berücksichtigen (keine Abgrenzung eines evtl. Veräußerungserlöses und keine Leasingverbindlichkeit). Zwischen den Parteien A und C findet ein Darlehensgeschäft statt (vgl. obiges Beispiel). Zusätzlich vereinbart A mit B eine Nutzungsüberlassung über einen Vermögenswert. Isoliert betrachtet führen beide Geschäfte zu a) einem Zugang an Zahlungsmitteln gegen

Darlehensverbindlichkeit und b) einem Leasingverhältnis zwischen A und B, welches bei Klassifizierung als *finance lease* zu einem Abgang des Vermögenswerts und dem Zugang einer Forderung (in gleicher Höhe) oder bei Klassifizierung als *operating lease* zu keiner bilanziellen Auswirkung führt. Handelt es sich bei dem *lease* zwischen A und B um ein *finance lease*, bleibt A also nicht wirtschaftlicher Eigentümer des Vermögenswerts, können die Forderung gegenüber B und die Verbindlichkeit gegenüber C von A ausgebucht werden, wenn die Ausbuchungsvorschriften erfüllt sind (vgl. Beispiel Rz 162).

Die Vorgaben von SIC 27 beschränken sich auf den planmäßigen Verlauf eines Leasingverhältnisses ohne wirtschaftliche Substanz. Im Fall eines *cross border lease* erfolgt unter diesen Umständen eine Abdeckung der Untermietverpflichtungen durch die Zahlung an Tilgungsträger oder das Depot mit sehr hoher Wahrscheinlichkeit. Konkrete Regelungen, wie zu verfahren ist, wenn die Entwicklung allerdings entgegen der ursprünglichen Erwartung außerplanmäßig verläuft, die sehr hohe Wahrscheinlichkeit der Zahlungen an Tilgungsträger oder das Depot später entfällt, wären ebenfalls notwendig gewesen, fehlen aber in SIC 27.[88]

174

Beispiel
Am 1.1.1999 schließt ein deutscher Anlageneigentümer – steuerlich motiviert – eine *cross-border*-Leasingtransaktion (Laufzeit: 15 Jahre) ab. Ein US-Investor zahlt die (diskontierte) Mietrate aus dem Hauptmietvertrag i. H. v. 2.850 Mio. EUR bei Vertragsabschluss im Voraus. Davon müssen am 1.1.1999 2.700 Mio. EUR in Wertpapieren angelegt werden, um die Untermietverpflichtung i. H. e. Barwerts von 2.700 Mio. EUR zum selben Zeitpunkt zu decken. Der restliche Betrag ist der vom deutschen Anlageneigentümer erhaltene Nettobarwertvorteil i. H. v. 150 Mio. EUR. Der Anlageneigentümer kauft für das Geld (nach Abzug des Nettobarwertvorteils) je zur Hälfte (festverzinsliche) Staatsanleihen zweier verschiedener Staaten, die beide eine Bonität von AAA aufweisen. Sinkt die Bonität eines Staates unter AAA, so muss der Anlageneigentümer die entsprechenden Staatsanleihen verkaufen und durch (festverzinsliche) Staatsanleihen ersetzen, welche eine Bonität von AAA aufweisen.
Die Gefahr, dass der Anlageneigentümer den Nettobarwertvorteil in irgendeiner Form zurückzahlen muss bzw. zusätzliche Beträge zu zahlen hat, wird bei Abschluss der Transaktion als unwahrscheinlich eingestuft (SIC 27.6b). Die Staatsanleihen sind zugunsten des US-Investors verpfändet, der Anlageneigentümer hat somit keine Verfügungsmacht über die Wertpapiere. Die Untermietverpflichtung wird automatisch aus den Erträgen und aus der Tilgung von Wertpapieren bedient (SIC 27.6a). Ein Tilgungsträger wird dafür allerdings nicht eingeschaltet. SIC 27.6c ist annahmegemäß auch erfüllt. Zunächst werden daher weder die Wertpapiere noch die Verbindlichkeit bilanziert.
Ende 2008 tritt jedoch der ursprünglich als unwahrscheinlich eingestufte Fall ein, d. h., die Bonität eines Staates sinkt unter AAA. Daraufhin werden Wertpapiere mit einem Nominale von (gerundet) 612 Mio. EUR (= 1/2 von 1.224 Mio. EUR) zu 550 Mio. EUR (beizulegender Zeitwert) verkauft. Ent-

---

[88] Zum Ganzen LÜDENBACH/CHRISTIAN, DStR 2009, S. 1054 ff.

> sprechend einer vereinfachenden Annahme ist der niedrigere beizulegende Zeitwert ausschließlich auf die gesunkene Bonität des Staates zurückzuführen und nicht auf eine Änderung des Marktzinssatzes. Gleichzeitig werden vertragsgemäß Staatsanleihen mit einer Bonität von AAA und einem Nominale (= Kaufpreis) von 612 Mio. EUR nachgekauft.

Sobald ein ursprünglich für ganz unwahrscheinlich gehaltener Nachschussfall eintritt oder droht, kommen systematisch 3 Bilanzierungsweisen infrage:
- retrospektive Beendigung der Nichtbilanzierung,
- prospektive Beendigung der Nichtbilanzierung,
- Fortsetzung der Nichtbilanzierung.

175 Die retrospektive Anpassung käme nach IAS 8 im Falle einer Fehlerkorrektur oder einer Methodenänderung zur Anwendung. Ein Fehler würde vorliegen, wenn die Einschätzung, zusätzliche Zahlungen seien „unwahrscheinlich", schon bei Vertragsschluss nicht zu rechtfertigen war. Nachdem sich allerdings die realen wirtschaftlichen Verhältnisse stets ändern, kann die Zukunft nicht vorhergesagt werden. Es können lediglich Einschätzungen hinsichtlich der Zukunft erfolgen. Sofern diese Einschätzung bei Vertragsabschluss nach bestem Wissen erfolgt ist, und dabei von keiner Bonitätsverschlechterung der Anlagealternative ausgegangen werden musste, liegt **kein Fehler** vor.
Eine retrospektive Anpassung könnte dann gem. IAS 8 nur noch wegen einer Methodenänderung infrage kommen. Bei der Interpretation des Begriffs „sehr unwahrscheinlich" i.S.v. SIC 27.6b handelt es sich um die Auslegung eines unbestimmten Rechtsbegriffs, somit besteht für den Bilanzierenden ein unechtes, d.h. faktisches Wahlrecht (→ § 24 Rz 9). Eine geänderte Auslegung des Begriffs würde also eine Methodenänderung darstellen. Die geänderte Beurteilung eines Sachverhalts gilt nach IAS 8 hingegen als Schätzungsänderung. Im konkreten Fall werden nicht in 2008 neue Auslegungskriterien entwickelt, sondern die geänderten wirtschaftlichen Verhältnisse in der Beurteilung des Sachverhalts berücksichtigt. Da im Übrigen auch nach IAS 8.35 in Abgrenzungsfällen im Zweifel von einer Schätzungsänderung auszugehen ist, liegt u.E. in 2008 **keine Methodenänderung** vor. Es kommt daher zu keiner retrospektiven Anpassung.

176 Somit ist eine Qualifikation als **Schätzungsänderung** geboten, die auch nicht dadurch widerlegt wird, dass nach IAS 8 als Schätzungen solche Annahmen gelten, die einen Bezug zu einer Bewertungs- oder Ansatzfrage haben (IAS 8.5, 8.32 und 8.35; → § 24 Rz 11ff.). Zwar bewirken die Regeln von SIC 27 de facto eine Saldierung, indem die Wertpapieranlage bzw. Forderung an den Tilgungsträger sowie die Finanzverbindlichkeit bei einem Saldo von null nicht zu bilanzieren sind. Gleichwohl sind sie konzeptionell keine Vorschriften zum Ausweis (Saldierung), sondern zum Bilanzansatz. Dies ergibt sich explizit aus SIC 27.6, der für die Nichtbilanzierung nicht auf die Ausweis-, insbesondere Saldierungsvorschriften von IAS 1, sondern auf die Regeln des Rahmenkonzepts zur abstrakten Bilanzierungsfähigkeit verweist. Wenn sich Erkenntnisse, betreffend den Bilanzansatz, im Zeitablauf ändern, ist dies nach IAS 8 als Schätzungsänderung anzusehen.
Die **Folgen** der Annahme einer Schätzungsänderung sind allerdings unklar. Schätzungsänderungen sind nach IAS 8.36 prospektiv darzustellen (→ § 24 Rz 34).

- Bei einer 1. Interpretation hieße dies: Wenn für die Restlaufzeit des Vertrages nicht mehr von der Erfüllung des Kriteriums „unwahrscheinlich" auszugehen ist, dann müssen die Finanzverbindlichkeit passiviert und das Depot bzw. die Forderung in vollem Umfang aktiviert werden (Lösung 1).
- Eine andere Interpretation der prospektiven Methode ist im konkreten Fall aber ebenso möglich: Wird von der ursprünglichen Einschätzung, kein Geld nachschießen zu müssen, abgewichen, wird die Verpflichtung zur Leistung solcher Nachschüsse als Schuld bzw., soweit bereits erbracht, als Geldabgang bilanzwirksam (Lösung 2).

Beispiel (Fortsetzung zu Rz 174)
Die prospektive Beendigung der Nichtbilanzierung (Lösung 1) bedingt folgende Buchungen:
a) Einbuchung von Depot und Finanzverbindlichkeit auf 31.12.2008:

Konto	Soll	Haben
Wertpapiere	1.224	
Finanzverbindlichkeit		1.224

a) Veräußerung der alten und Kauf der neuen Staatsanleihen:

Konto	Soll	Haben
Geld	550	
Finanzaufwand	62	
Wertpapiere (neu)	612	
Wertpapiere (alt)		612
Geld		612

Bei Fortsetzung der Nichtbilanzierung (Lösung 2) wird lediglich der „hinzu investierte" Betrag, d.h. die Differenz zwischen dem Verkaufspreis der „alten" und den Anschaffungskosten für die „neuen" Wertpapiere, aufwandswirksam erfasst:

Konto	Soll	Haben
Finanzaufwand	62	
Geld		62

Beide möglichen Lösungen **unterscheiden** sich erheblich. Bei der prospektiven Beendigung der Nichtbilanzierung (Lösung 1) wird der gesamte bisher nicht bilanzierte Betrag bilanzwirksam. Die Folge ist eine entsprechende Bilanzverlängerung mit gravierenden Wirkungen auf die Eigenkapitalquote und andere Kennziffern. Bei Fortsetzung der Nichtbilanzierung (Lösung 2) wird hingegen nur der nachzuschießende Betrag bilanz- und aufwandswirksam. Angesichts dieser Unterschiedlichkeit wäre ein eindeutiges, eine der beiden verbleibenden Varianten präferierendes Ergebnis wünschenswert. Aus dem Regelwerk ist aber **keine Präferenz** ableitbar. Als Problem erweist sich hier, dass SIC 27 nur Aussagen zur Bilanzierung bei planmäßigem Verlauf, nicht solche zum außerplanmäßigen trifft.

Eine Sonderform von Leasingverhältnissen wird unter der Bezeichnung *leveraged lease* in den Leasingvorschriften der US-GAAP behandelt (ASC Topic

840.10.25–43c). Als *leveraged leases* gelten unter bestimmten Prämissen beschlossene Leasingverhältnisse, die neben einem Leasingnehmer und -geber auch die Beteiligung eines **Kreditgebers** vorsehen (Kreditnehmer ist der Leasinggeber):

- Aus Sicht des Leasingnehmers ergeben sich aus der Einschaltung des Finanzinvestors keine Besonderheiten, da dieser lediglich das zugrunde liegende Leasinggeschäft daraufhin zu untersuchen hat, ob aus seiner Sicht ein *operating* oder *finance lease* vorliegt (Rz 22).
- Aus Sicht des Leasinggebers ergeben sich **2 Vertragsbeziehungen**, ein Leasinggeschäft und ein Finanzierungsgeschäft.

Nach den Regelungen in US-GAAP sind Leasinggeschäft und Finanzierungsgeschäft bei Erfüllung restriktiver Voraussetzungen bei dem Leasinggeber als **geschlossene Transaktion** zu behandeln. Die zusammengefasste Betrachtung ist u. a. an folgende **Bedingungen** geknüpft:

- Das Leasingverhältnis muss eindeutig (Übertragung des Eigentums, günstige Kaufoption) als *finance lease* klassifiziert werden.
- Die Parteien (LG, LN und Kreditgeber) sind unabhängig voneinander.
- Das Darlehen des Kreditgebers ist ausschließlich mit dem Leasingobjekt/den Zahlungen des LN besichert, es besteht keine darüber hinausgehende Haftung des LN *(non-recourse financing)*.
- Die Nettoinvestition (definiert als Leasingforderung abzüglich Darlehensverbindlichkeit) des Leasinggebers sinkt in den ersten Jahren und steigt gegen Ende der Vertragslaufzeit.

Bei **Erfüllung** dieser Voraussetzungen gilt für die Bilanzierung beim Leasinggeber:

- Seine Forderung gegenüber dem Leasingnehmer ist mit der Verbindlichkeit gegenüber dem Finanzinvestor zu saldieren.
- Ein möglicher Restwert des Leasingobjekts ist auszuweisen.
- Zukünftig erwartete Erträge vor Steuern sind abzugrenzen und über die Vertragslaufzeit zu vereinnahmen. Die Bestimmung der abzugrenzenden zukünftigen Erträge vor Steuern ist anhand einer *cash-flow*-Planung vorzunehmen, die mit einem spezifischen Zins zu diskontieren ist.
- Das Ergebnis aus dem Leasingverhältnis – d. h. einerseits der Ertrag/Verlust vor Steuern aus dem Leasingverhältnis *(pretax lease income or loss)* und andererseits der Steueraufwand bzw. -ertrag – ist dergestalt über die Laufzeit des Leasingverhältnisses ergebniswirksam zu erfassen, dass eine konstante Verzinsung der Nettoinvestition *(net investment)* in den Perioden erzielt wird, in denen die Nettoinvestition einen positiven Wert aufweist.

178 In IAS 17 gibt es keine speziellen Regelungen zu *leveraged leases*. Bevor allerdings entsprechende Regeln der US-GAAP für die IFRS-Behandlung übernommen werden, ist gem. IAS 8.11 vorrangig das IFRS-Recht selbst bei Regelungslücken per Analogie anzuwenden. Hierbei ist wie folgt zu unterscheiden:

- Im Falle eines *operating lease* (zwischen A und B, vgl. Rz 173) ist nach SIC 27.A2 eine getrennte Behandlung des Leasinggeschäfts einerseits und des Kreditgeschäfts andererseits vorzunehmen. Die Regeln der US-GAAP zu *leveraged leases* greifen nicht, da eine Bedingung – das Vorliegen eines *finance lease* – nicht erfüllt ist.

Leasing | § 15

- Ist das *lease* ein *finance lease*, kommt es auch nach SIC 27.A2c zur Ausbuchung der Leasingforderung und der Darlehensverbindlichkeit des Leasinggebers (vgl. insbesondere das Beispiel in Rz 173), sodass bis auf die nur nach US-GAAP geforderte Abgrenzung evtl. Steuervorteile über die Vertragslaufzeit das Ergebnis gleich ist.

Für eine analoge Anwendung der US-GAAP-Vorschriften ist damit kein Raum. Die Lösung ergibt sich aus dem IFRS-Regelwerk selbst.

4.5 Leasingobjektgesellschaften

In der Praxis gehen Leasinggesellschaften vermehrt dazu über, für die Abwicklung von Leasingverträgen über Immobilien, Großanlagen oder Flugzeuge **Leasingobjektgesellschaften** zu gründen. Die Tätigkeiten der Leasingobjektgesellschaften umfassen meist die Errichtung und die Durchführung aller zur Erhaltung der Funktionen erforderlichen Geschäfte. Der Leasingnehmer ist überwiegend nicht an der Leasingobjektgesellschaft beteiligt. 179

Neben steuerlichen Aspekten stehen insbesondere **haftungsrechtliche** Gesichtspunkte im Vordergrund.[89] Erfolgt die Abwicklung eines Leasingverhältnisses unter Einschaltung einer Leasingobjektgesellschaft, so gilt es zu untersuchen, ob ein *finance* oder *operating lease* vorliegt und ob die Leasingobjektgesellschaft in den Konzernabschluss des Leasingnehmers oder Leasinggebers einzubeziehen ist. 180

Die Prüfung der **wirtschaftlichen Zugehörigkeit** des Leasingobjekts richtet sich nach den allgemeinen Leasingkriterien von IAS 17.10 und den Indikatoren nach IAS 17.11 (Rz 22 ff.). Die Prüfung des Einbezugs in den **Konzernabschluss** richtet sich zunächst nach den Vorgaben zur Abgrenzung des Konsolidierungskreises. Danach sind Unternehmen im Konzernabschluss zu konsolidieren, wenn ein *control*-Verhältnis vorliegt (→ § 32). 181

Im Zusammenhang mit Leasingobjektgesellschaften stellt sich die Frage nach dem Verhältnis von **einzel- und konzernbilanzieller Perspektive**. Die einzelbilanziell ausformulierten Vorgaben zur bilanziellen Behandlung von Leasingverhältnissen zielen auf die Zuordnung eines (anteiligen) Vermögenswerts und die Erfassung einer bestehenden Verbindlichkeit zur Leistung von Zahlungen ab. Im Verhältnis zur Abgrenzung des Konsolidierungskreises nach IFRS 10 lassen sich folgende Konstellationen unterscheiden: 182

- **Simultan-Beziehung**: Vermögenswerte einer Leasingobjektgesellschaft sind wirtschaftlich dem Leasingnehmer zuzurechnen (*finance lease*) und es besteht gem. IFRS 10 eine Kontrolle über die Zweckgesellschaft.
- **Komplementär-Beziehung**: Entweder ist der Leasingnehmer wirtschaftliche (Teil-)Eigentümer der Leasingobjekte m (*finance lease*), beherrscht jedoch die Zweckgesellschaft nicht oder er kontrolliert die Zweckgesellschaft, ist aber nicht wirtschaftlicher (Teil-)Eigentümer der Vermögenswerte (*operate* lease). Ein potentielles **Konkurrenzverhältnis** zwischen einzel- und konzernbilanzieller Beziehung setzt eine konzeptionelle Verknüpfung der beiden Perspektiven voraus, die eine Festlegung einer Beurteilungsrangfolge erfordert. Eine Verknüpfung würde allerdings nur bestehen, wenn für die Identifizierung der relevanten

---

[89] Vgl. FAHRHOLZ, Neue Formen der Unternehmensfinanzierung – Unternehmensübernahmen, Big ticket-Leasing, Asset Backed Securities und Projektfinanzierung, 1998, S. 1.

183 Aktivitäten und der Absorption von Variabilität auf bilanzierte Vermögenswerte (*accounting assets*) und Schulden einer Zweckgesellschaft abzustellen wäre. Implizit wäre dann die einzelbilanzielle Beurteilung logisch vorrangig. Da die Analyse von *structured entities* aber eine Bruttobetrachtung aller gesellschafts- und schuldrechtlicher Vereinbarungen inkl. solcher, die außerhalb der Sphäre der Gesellschaft liegen, erfordert (→ § 32 Rz 62), fehlt es bereits an der Ursache für eine (Normen-)Konkurrenz. Für die Beurteilung eines *control*-Verhältnisses ist auf das **ökonomische Risiko-/Chancen-Profil** der strukturierten Einheit abzustellen. Die Identifizierung des beherrschenden Investors basiert dann auf den Rechten und bestehenden Chancen und Risiken aus sämtlichen Quellen der *structured entity*. Eine Begrenzung auf bilanzierte Vermögenswerte (auch nach wirtschaftlicher Zurechnung) oder im rechtlichen Eigentum stehendes Vermögen scheidet aus.[90] Eine Leasingobjektgesellschaft kann daher auch von dem Leasingnehmer zu konsolidieren sein, wenn das Leasingverhältnis – nach noch geltendem Recht – als *operate*-Leasingverhältnis klassifiziert wird.

> **Beispiel**
> Im Rahmen eines Leasingverhältnisses über ein Großraumflugzeug gründet der Leasinggeber eine Leasingobjektgesellschaft. Das Stammkapital der Leasingobjektgesellschaft von 50.000 EUR wird in voller Höhe vom Leasinggeber eingezahlt. Die Leasingobjektgesellschaft schließt mit dem Leasingnehmer ein *operating*-Leasingverhältnis ab. Die Anschaffungskosten des Flugzeugs betragen 20.000.000 EUR. Die Finanzierung des Erwerbs erfolgt über ein konzernfremdes Kreditinstitut. Aufgrund der geringen Eigenkapitalausstattung der Leasingobjektgesellschaft gibt der Leasingnehmer der Bank eine selbstschuldnerische Bürgschaft zugunsten der Leasingobjektgesellschaft ab.
>
> **Lösung**
> Ausgehend von IAS 17.10 würde die Bilanzierung des Leasingobjektes beim Leasinggeber erfolgen, da es sich um ein *operating*-Leasingverhältnis handelt und der Leasinggeber zu 100 % an der Leasingobjektgesellschaft beteiligt ist. Bei nur einem Flugzeug handelt die Leasingobjektgesellschaft allerdings ausschließlich im Interesse des Leasingnehmers. Außerdem trägt die Leasingobjektgesellschaft nur vordergründig die Risiken aus dem Leasingverhältnis, da der Leasingnehmer der Bank eine Bürgschaft gegeben hat und damit das Ausfallrisiko trägt. Deshalb ist die Leasingobjektgesellschaft nach IFRS 10 in den Konzernabschluss des Leasingnehmers einzubeziehen. Die Zurechnung des Leasingobjektes erfolgt damit trotz eines *operating*-Leasingverhältnisses beim Leasingnehmer.

4.6 Forfaitierung von Leasingforderungen

184 Zum Zwecke der Refinanzierung von Leasinggeschäften werden zunehmend die **künftig fällig werdenden Leasingforderungen** (regelmäßig still) verkauft und abgetreten. Bei der **echten** Forfaitierung geht das gesamte Bonitätsrisiko auf den Forderungskäufer über, während der Leasinggeber (als Forfaitist) lediglich für den rechtlichen Bestand der Leasingansprüche haftet. Als Entgelt für die ver-

---

[90] A.A. Ernst&Young; International GAAP 2015, S. 386, die im Bereich der Ausbuchung von Finanzinstrumenten einen Vorrang der einzelbilanziellen Perspektive unterstellen.

Leasing § 15

kauften künftig fällig werdenden Leasingforderungen erhält der Leasinggeber eine Vergütung i. H. d. Barwertes; der Abzinsungssatz berücksichtigt dabei die Übernahme des Delkredererisikos.

Die bilanzielle Behandlung der Forfaitierung ist in den IFRS **nicht explizit geregelt.** Da jedoch die Leistung des Leasinggebers an den Leasingnehmer zum Zeitpunkt der Forfaitierung noch nicht erbracht ist, stellt der Zahlungszufluss einen Ertrag künftiger Geschäftsjahre dar und ist deshalb mit dem abgezinsten Betrag **passivisch abzugrenzen.** Insoweit ergeben sich keine Unterschiede zur handels- und steuerrechtlichen Behandlung. 185

Unterschiede zur handels- und steuerrechtlichen Behandlung können sich indes bei der Frage der **Auflösung** des passiven Abgrenzungspostens ergeben (linear, degressiv oder progressiv): Ausgehend von einer den wirtschaftlichen Grundgehalt verkennenden,[91] streng formalrechtlichen Betrachtungsweise hat sich der BFH in seinem Forfaitierungsurteil[92] für eine generelle **lineare** Auflösung des Abgrenzungspostens ausgesprochen. Nach IFRS muss sich dagegen die Auflösung an der Leistungserbringung des Leasinggebers orientieren. Danach ist der Abgrenzungsposten i. H. d. für eine Periode vereinbarten Leasingraten aufzulösen und anschließend aufzuzinsen. Im Ergebnis führt dies bei linearen Leasingraten zu einer **progressiven** statt linearen Auflösung. 186

5 Ausweis

Im Rahmen von *finance*-Leasingverhältnissen sind beim Leasing**nehmer** die Leasingobjekte wie rechtlich zuzurechnende Vermögenswerte in der Bilanz unter dem **Anlagevermögen** auszuweisen. Die entsprechenden Leasingverbindlichkeiten gelten als finanzielle Verbindlichkeiten des Leasingnehmers, daher sind die entsprechenden Angaben nach IFRS 7 notwendig (Rz 190). Ein separater bilanzieller Ausweis ist nicht zwingend, eine Zusammenfassung unter den **sonstigen Verbindlichkeiten** also zulässig. 187

Beim Leasinggeber erfolgt im Rahmen von *finance*-Leasingverhältnissen der Ausweis der Leasing**forderungen** getrennt von den Forderungen aus Lieferungen und Leistungen. Beachtlich ist in diesem Zusammenhang das Gliederungswahlrecht nach „*current*" und „*non-current*" entsprechend IAS 1.60 (→ § 2 Rz 30 ff.). 188

6 Latente Steuern

Soweit Leasingverträge nach IFRS anders qualifiziert werden als steuerrechtlich, kommt es zu **temporären** Differenzen (→ § 26 Rz 43). Im Falle der Zurechnung zum Leasingnehmer nach IFRS und der Zurechnung zum Leasinggeber nach Steuerrecht ist das Resultat bei isolierter Betrachtung der Bilanzposten des **Leasingnehmers** wie folgt: 189

- Passive Steuerlatenz aus dem Leasinggegenstand.
- Aktive Steuerlatenz aus der Leasingverbindlichkeit.

Gegen den Ansatz dieser Steuerlatenzposten im Rahmen der **Zugangs**bewertung spricht indes die Vorgabe von IAS 12.22c: Steuerlatenzen sollen nicht

---

[91] Vgl. z. B. MOXTER, DStR 1997, S. 433, 435.
[92] BFH, Urteil v. 24.7.1996, I R 94/95, BStBl II 1997 S. 122.

851

bilanziert werden, wenn die temporäre Differenz durch den erfolgsneutralen Zugang eines Vermögenswertes oder einer Verbindlichkeit entsteht, da durch die korrespondierende Steuerlatenz mangels Berührung der GuV nur Anschaffungs- oder Herstellungskosten ändernd erfasst werden könnten (→ § 26 Rz 89). Andererseits besteht in **saldierter Betrachtung** von Leasinggegenstand und Leasingverbindlichkeit gerade kein Unterschied in der Zugangsbewertung und damit saldiert ohnehin keine Steuerlatenz. Eine Anpassung der Anschaffungs- oder Herstellungskosten, der IAS 12.22c entgegenwirken soll, wird daher schon aufgrund der Saldierung vermieden. Der von IAS 12.22c verfolgte Regelungszweck wird daher auch ohne Anwendung der Vorschrift erreicht.

In saldierter Betrachtung entstehen erst bei der **Folgebewertung** Buchwertunterschiede zur Steuerbilanz, da die Abschreibung des Vermögenswertes und die Auflösung der Verbindlichkeit nicht im Gleichschritt verlaufen. Hält man die Anwendung von IAS 12.22c für geboten, **verbleibt** es bei der Nichterfassung der Steuerlatenz über die gesamte Nutzungsdauer bzw. Laufzeit des Leasingengagements. U. E. ist indes nach der Zielrichtung der Steuerlatenzrechnung (→ § 26 Rz 3 ff.) dieser Variante nicht zu folgen. Die jeweilige Steuerlatenz sollte vielmehr stichtagsbezogen zutreffend dargestellt werden.[93] Beide Varianten können allerdings zurzeit als vertretbar gelten, eine endgültige Klärung ist erst nach Überarbeitung der Vorgaben zur Erfassung latenter Steuern zu erwarten.

Selbst in den Fällen, in denen in der Steuerbilanz und in der IFRS-Bilanz das Leasingobjekt **übereinstimmend** beim Leasingnehmer bilanziert wird, können sich latente Steuern ergeben, wenn steuerlich für die Aufteilung der Leasingraten die Zinsstaffelmethode verwendet wird. Zur Vermeidung von Steuerlatenzen bietet sich in diesen Fällen die Anwendung der Barwertmethode in der Steuerbilanz an.

7 Angaben

7.1 Leasingnehmer

190 Vom Leasingnehmer sind entsprechend IAS 17.31 und IAS 17.35 neben den nach IFRS 7 notwendigen noch folgende Angaben zu machen:

	finance leases	operating leases
Nettobuchwerte der Leasingobjekte zum Bilanzstichtag	×	
Angaben zu Anschaffungskosten und Abschreibungen gem. IAS 16	×	
Nach Fristigkeiten gestaffelte Überleitungsrechnung von den Mindestleasingzahlungen zu deren Barwerten	×	
Erfolgswirksam erfasste bedingte Mietzahlungen	×	

---

[93] Gl. A. KPMG, Insights into IFRS KPMG: 2014/2015, Tz 3.13.230.30; a. A. SCHULZ-DANSO, in: BECK'sches IFRS-Handbuch, 4. Aufl., 2013, § 25, Tz. 103n.

Leasing § 15

	finance leases	operating leases
Summe der zukünftigen Mindestleasingzahlungen aufgrund von Untermietverträgen *(sublease)*	×	×
Zahlungen aus Leasingverhältnissen und Untermietverträgen, getrennt nach Mindestleasingzahlungen, bedingte Mietzahlungen und Zahlungen aus Untermietverträgen		×
Allgemeine Beschreibung der wesentlichen Leasingvereinbarungen	×	×

Formulierungsbeispiel
Wir haben verschiedene *finance-* und *operating-*Leasingvereinbarungen für Gebäude, technische Anlagen und Kraftfahrzeuge getroffen. Die Laufzeiten betragen zwischen 4 und 8 Jahren. Die meisten Leasingverhältnisse sehen keine Verlängerungsoptionen vor. Die Leasingbestimmungen enthalten keinerlei Beschränkung solcher Geschäftsaktivitäten, die Dividenden, zusätzliche Schulden oder weitere Leasingverhältnisse betreffen.
Die Summe der geleasten und im Rahmen von Untermietverträgen verleasten Vermögenswerte, die uns entsprechend IAS 17 wirtschaftlich zuzurechnen sind, stellen sich wie folgt dar:

	Gebäude	Technische Anlagen	Gesamt
	TEUR	TEUR	TEUR
Anschaffungskosten			
Stand 1.1.05	1.000	500	1.500
Änderung Konsolidierungskreis	500	300	800
Zugänge	230	130	360
Abgänge	–20	–10	–30
Stand 31.12.05	1.710	920	2.630
Abschreibungen			
Stand 1.1.05	600	200	800
Änderung Konsolidierungskreis	200	50	250
Zugänge	100	10	110
Abgänge	–10	–5	–15
Stand 31.12.05	890	255	1.145
Buchwert zum 31.12.05	820	665	1.485

Zukünftige Mindestleasingzahlungen aufgrund von unkündbaren *operating*-Leasingverhältnissen (technische Anlagen) werden in den Folgeperioden wie folgt fällig:

	Bis zu 1 Jahr	1 bis 5 Jahre	Länger 5 Jahre
	TEUR	TEUR	TEUR
Gebäude	200	800	1.000
Technische Anlagen	100	400	300
Kraftfahrzeuge	300	200	–
	600	1.400	1.300
Einzahlungen aus *sublease*	100	–	–

Aus den *finance*-Leasingverhältnissen werden in den Folgeperioden folgende Leasingzahlungen fällig, wobei die variablen Leasingraten auf Grundlage des zuletzt gültigen Zinssatzes fortgeschrieben wurden:

	Bis zu 1 Jahr	1 bis 5 Jahre	Länger 5 Jahre
	TEUR	TEUR	TEUR
Leasingzahlungen	640	800	200
Abzinsungsbeträge	60	80	90
Barwerte	580	720	110
Einzahlungen aus *sublease*	60	30	–

7.2 Leasinggeber

191 Vom Leasinggeber sind entsprechend IAS 17.47 und IAS 17.56 neben den nach IFRS 7 notwendigen noch folgende Angaben zu machen:

	finance leases	*operating leases*
Überleitung von der Bruttogesamtinvestition in das Leasingverhältnis am Bilanzstichtag zum Barwert der am Bilanzstichtag ausstehenden Mindestleasingzahlungen	×	
Bruttogesamtinvestition in das Leasingverhältnis und der Barwert der am Bilanzstichtag ausstehenden Mindestleasingzahlungen (gestaffelt nach Fristigkeiten)	×	
Noch nicht realisierte Finanzerträge	×	
Die nicht garantierten Restwerte, die zugunsten des Leasinggebers anfallen	×	

	finance leases	operating leases
Die kumulierten Wertberichtigungen für uneinbringliche Mindestleasingzahlungen	×	
Die im Periodenergebnis berücksichtigten bedingten Mietzahlungen	×	
Eine allgemeine Beschreibung der wesentlichen Leasingvereinbarungen des Leasinggebers	×	×
Summe der zukünftigen Mindestleasingzahlungen aufgrund von Untermietverträgen (gestaffelt nach Fristigkeiten)		×
Summe der im Periodenergebnis berücksichtigten bedingten Mietzahlungen		X

Darstellungsbeispiel

	Lfd. Jahr	Vorjahr
	TEUR	TEUR
ausstehende Mindestleasingzahlungen	910	800
+ nicht garantierte Restwerte	195	195
= Bruttoinvestition	1.105	995
– nicht realisierte Finanzerträge	– 243	– 162
= Nettoinvestition	762	833
– Barwert der nicht garantierten Restwerte	– 144	– 96
= Barwert der Mindestleasingzahlungen	618	737

	Bis zu 1 Jahr	1 bis 5 Jahre	Länger 5 Jahre
	TEUR	TEUR	TEUR
Bruttogesamtinvestition	403	562	40
Barwert der ausstehenden Mindestleasingraten	287	318	13

8 ABC der Leasingbilanzierung

192

Amortisationsrisiko	Welche Partei das Amortisationsrisiko der Investition in ein Leasingobjekt trägt, lässt sich über den Barwerttest feststellen (Rz 46). Das Amortisationsrisiko spielt in den steuerlichen Leasingerlassen eine untergeordnete Rolle (Rz 115).
Andienungsrechte	Andienungsrechte des Leasinggebers sind im Rahmen der Bestimmung der Mindestleasingraten zu berücksichtigen (Rz 26, Rz 47).
Anreizvereinbarungen *(incentives)*	Anreizvereinbarungen (wie z. B. mietfreie Perioden) beeinflussen die Aufwands- bzw. Ertragsverteilung im Fall von *operating-lease*-Vereinbarungen (Rz 142, Rz 156). Erhaltene bzw. gewährte Vorteile sind abzugrenzen und über die Laufzeit des Leasingverhältnisses aufzulösen.
Ansatz	Im Fall eines *operating lease* bilanziert der Leasinggeber den Vermögenswert (Rz 152), der Leasingnehmer behandelt den *lease* als schwebendes Geschäft (Rz 140). Bei Vorliegen eines *finance lease* setzt der Leasinggeber eine Forderung i. H. d. Nettoinvestitionswertes des Leasingobjekts an (Rz 134). Der Leasingnehmer erfasst den Vermögenswert zum niedrigeren Wert aus dessen beizulegendem Zeitwert und dem Barwert der Mindestleasingraten sowie in korrespondierender Höhe eine Verbindlichkeit (Rz 119). Der Ansatz eines Leasingverhältnisses erfolgt erst mit Beginn der Nutzung *(commencement of the lease)* des Leasingobjekts (Rz 20).
Barwerttest	Der Barwerttest legt die Verteilung des Amortisationsrisikos der Investition in das Leasingobjekt offen. Der Barwert der (diskontierten) Mindestleasingzahlungen wird mit dem beizulegenden Zeitwert des Leasingobjekts verglichen. An einem Grenzwert fehlt es in den IFRS, in Anlehnung an die US-GAAP ist aber bei einem Barwert größer 90 % des beizulegenden Zeitwerts von einer Übernahme des Amortisationsrisikos durch den Leasingnehmer auszugehen (Rz 46 ff.).
Bedingte Leasingraten	Schwanken die Leasingraten der Höhe nach in Abhängigkeit einer externen Variablen, sind diese Schwankungen nicht als Teil der Mindestleasingraten zu behandeln (Rz 49 ff.). Ggf. liegen aber trennungspflichtige eingebettete Derivate vor (Rz 52).
Beizulegender Zeitwert *(fair value)*	Der beizulegende Zeitwert des Leasingobjekts ergibt sich aus dem Wert, zu dem zwei voneinander unabhängigen und vertragswilligen Parteien ein Tausch stattfinden würde (Rz 57 f.).

Cross-border-Leasingverhältnisse	Mangels wirtschaftlicher Substanz sind *cross border leases* nicht nach IAS 17 zu beurteilen. Besonderheiten ergeben sich bei nicht planmäßigem Verlauf des Vertragsverhältnisses (Rz 174 ff.).
Dauer der Herrschaft	Der Aspekt der dauernden Herrschaft wird durch die Kriterien der günstigen Kaufoption und der im Verhältnis zur wirtschaftlichen Nutzungsdauer langen Vertragsdauer konkretisiert (Rz 15). Der Aspekt hat logischen Vorrang vor der Würdigung der Übernahme des Amortisationsrisikos.
Diskontierungszins	Für die Bestimmung des Diskontierungszinses für den Barwerttest sieht IAS 17 ein abgestuftes Vorgehen vor (Rz 59). Vorrangig ist auf den internen Zinssatz des Leasinggebers abzustellen (Rz 60). Hat der Leasingnehmer hiervon keine Kenntnis, kann er auf seinen Grenzfremdkapitalzins zurückgreifen.
Doppelbilanzierung und -nichtbilanzierung	Aufgrund der faktischen Wahlrechte und der vagen Zurechnungskriterien besteht die Möglichkeit einer doppelten Bilanzierung eines Leasingobjekts bei Leasingnehmer und Leasinggeber, aber auch einer doppelten Nichtbilanzierung (Rz 117).
Eingebettete Leasingverhältnisse	Werden mehrere (Einzel-)Leistungen in einem Vertragsverhältnis vereinbart und eine Leistung bezieht sich auf ein Leasingverhältnis, ist das Gesamtverhältnis als Mehrkomponentengeschäft in die wirtschaftlichen Einzelleistungen aufzuspalten (Rz 13). Das Leasingverhältnis ist dann nach IAS 17 zu beurteilen. Als Maßstab der Aufteilung sind die relativen *fair values* der Einzelleistungen heranzuziehen.
Effektivzins	Im Rahmen eines *finance lease* ist die Leasingverbindlichkeit über den Effektivzinssatz fortzuschreiben. Der Effektivzinssatz ergibt sich als interner Zinsfuß aus den zu zahlenden Leasingraten und dem Zugangswert der Leasingverbindlichkeit. Erfolgte der Ansatz des Leasingobjekts mit dem Barwert der Mindestleasingraten, entspricht der Effektivzins dem Diskontierungszins des Barwerttests.
Finance lease	Bei Klassifizierung eines *lease* als *finance lease* bilanziert der Leasingnehmer das Leasingobjekt und eine Leasingverbindlichkeit. Der Leasinggeber bucht das Leasingobjekt aus und eine Forderung ein.
Folgebewertung	Die Folgebewertung des Leasingobjekts richtet sich unabhängig von der Klassifizierung nach den allgemeinen Vorgaben für materielles (IAS 16) oder immaterielles Vermögen (IAS 38). Für Leasingforderungen und -verbindlichkeiten sind sowohl die Vorgaben aus IAS 17 als auch diejenigen von für Finanzinstrumente zu berücksichtigen.

Forfaitierung	Innerhalb von IAS 17 fehlt es an Vorgaben zur Behandlung von Forfaitierungen. Zur zutreffenden Periodenabgrenzung sind im Voraus vereinnahmte Zahlungen aber abzugrenzen und erst in künftigen Geschäftsjahren ertragswirksam zu erfassen (Rz 184 ff.).
Garantien	Garantien, die vom Leasingnehmer oder nahestehenden Personen des Leasingnehmers gegenüber dem Leasinggeber gegeben werden, sind als Bestandteil der Mindestleasingzahlungen zu erfassen.
Grenzfremdkapitalzins	Der Grenzfremdkapitalzins des Leasingnehmers kann mangels Kenntnis des internen Zinssatzes des Leasinggebers als Diskontierungszins des Barwerttests herangezogen werden (Rz 62 ff.).
Günstige Option	Das Vorliegen einer günstigen Option ist bei der Beurteilung der Dauer der Herrschaft zum Zeitpunkt des Vertragsschlusses zu berücksichtigen. Liegt eine günstige Kaufoption vor, ist das wirtschaftliche Eigentum dem Leasingnehmer zuzurechnen (IAS 17.10b). Eine günstige Vertragsverlängerungsoption ist entsprechend beim Nutzungsdauertest zu würdigen. Als „günstig" gilt nicht nur eine vorteilhafte, im Vergleich zu Marktkonditionen eingeräumte Option, sondern auch die Möglichkeit, negative Auswirkungen abwenden zu können, somit also jeder wirtschaftliche Zwang.
Händler- und Herstellerleasing	Bei Händler- und Herstellerleasingvereinbarungen ergeben sich aus der Vereinigung eines Verkaufs- und Finanzierungsgeschäfts ggf. Besonderheiten hinsichtlich der Realisation von Verkaufsgewinnen bzw. -verlusten (Rz 157 ff.).
Immobilienleasing	Bei Immobilienleasingvereinbarungen ist eine Trennung des *lease* in eine Grund-und-Boden- sowie eine Gebäudekomponente auf Basis der beizulegenden Zeitwerte der Nutzungsrechte erforderlich (Rz 83 ff.). Auf eine Trennung kann aus Wesentlichkeitsgründen nur verzichtet werden, wenn der Anteil von Grund und Boden am Gesamtwert gering ist (Rz 88).
Immobilienleasing, lange laufende Verträge	Bei Laufzeiten von mehr als 50 Jahren liegt u. E. ein lange laufendes Leasingverhältnis vor. Auch ohne Übergang des rechtlichen Eigentums kann es zu einer Zuordnung des wirtschaftlichen Eigentums beim Leasingnehmer kommen (Rz 76 ff.)

Inflationserwartungen	Die Auswirkungen von Inflationserwartungen haben sowohl für die Beurteilung der Günstigkeit einer Kaufoption (Bestimmung des künftigen Zeitwerts; Rz 33) als auch für den Barwerttest (Nominal- oder Realrechnung; Rz 50) besondere Bedeutung. Darüber hinaus sind an Inflationserwartungen gekoppelte Leasingzahlungen als bedingte Leasingzahlungen anzusehen.
Latente Steuern	Im Rahmen einer stichtagsbezogenen Steuerlatenzrechnung ergeben sich im Rahmen der Folgebewertung nach IFRS und Steuergesetzgebung divergierend klassifizierter Leasingverhältnisse temporäre Differenzen, auf die latente Steuern zu bilden sind (Rz 189).
Leasingbeginn *(at inception)*	Die Leasingbeurteilung erfolgt mit dem Leasingbeginn *(at inception)*, dem Vertragsschluss zwischen Leasingnehmer und -geber (Rz 20). Wenn der Zeitpunkt des Nutzungsbeginns *(commencement)* später ist, erfolgt auch bei geänderten Annahmen (ohne Vertragsänderung) keine Neubeurteilung.
Leasingobjektgesellschaften	In der Praxis werden Leasingverträge häufig über Objektgesellschaften abgewickelt. Neben der Frage des wirtschaftlichen Eigentums an dem Leasingobjekt stellt sich daher die Frage, ob die Objektgesellschaft nicht gem. IFRS 10 in den Konsolidierungskreis des Leasingnehmers oder -gebers aufzunehmen ist (Rz 179 ff.).
Mehrstufige Leasingverhältnisse	Die Zurechnung des wirtschaftlichen Eigentums wird durch das Vorliegen mehrstufiger Leasingverhältnisse, bei denen ein Leasingnehmer gleichzeitig für ein Leasingobjekt auch Leasinggeber ist, verkompliziert. Die einzelnen Beziehungen der unterschiedlichen Parteien sind auf Verknüpfungen untereinander zu untersuchen (Rz 161 ff.).
Mietereinbauten	Analog zu Anreizvereinbarungen (siehe dort) können Mietereinbauten als durch den Leasingnehmer gewährte Vorteile abzugrenzen und über die Laufzeit des Leasingverhältnisses zu verteilen sein (Rz 143).
Mieterdarlehen	Mieterdarlehen stellen eine besondere Form der Restwertgarantie dar und sind daher als Teil der Mindestleasingzahlungen zu berücksichtigen (Rz 55).
Mindestleasingraten	Die Mindestleasingraten umfassen alle Zahlungen, die der Leasinggeber von dem Leasingnehmer und dessen nahestehenden Personen einfordern kann (Rz 47 ff.).

Nutzungsdauertest	Das wirtschaftliche Eigentum an einem Leasingobjekt ist dem Leasingnehmer zuzurechnen, wenn die Laufzeit des Leasingvertrages den überwiegenden Teil der wirtschaftlichen Nutzungsdauer des Vermögenswerts abdeckt. Als überwiegend wird in Anlehnung an die Vorgaben der US-GAAP ein Wert von mindestens 75 %, in Anlehnung an das Steuerrecht ein Wert von mindestens 90 % angesehen (Rz 37 ff.).
Nutzungsrecht	Der Anwendungsbereich der Leasingvorgaben nach IFRS ist weit gefasst. Für das Vorliegen eines Leasingverhältnisses reicht die Vereinbarung eines Nutzungsrechts aus. Steht dem Leasingnehmer der wesentliche Anteil des Outputs eines Vermögenswerts zu, begründet der wirtschaftliche Gehalt der Vereinbarung u. U. das Vorliegen eines Leasingverhältnisses. Zur Identifizierung von Leasingverhältnissen siehe Rz 11.
Operating lease	Im Falle eines *operating lease* ist der Leasinggeber wirtschaftlicher Eigentümer des Leasingobjekts und bilanziert dieses nach den allgemeinen Vorgaben als materiellen oder immateriellen Vermögenswert (Rz 152 ff.). Aus Sicht des Leasingnehmers liegt ein schwebendes Geschäft vor (Rz 140 ff.).
Portfolioleasing	Bei Portfolioleasingverträgen ergibt sich eine Notwendigkeit zur Aufspaltung des Gesamtvertrages in einzelne Leasingverhältnisse (auf Basis der relativen *fair values*), wenn die im Portfolio erfassten Leasingobjekte nicht homogen sind (Rz 103).
Renditeimmobilien	Für Renditeimmobilien gelten insbesondere im Fall des *operating lease* Besonderheiten (→ § 16 Rz 61).
Restwertgarantien	Restwertgarantien des Leasingnehmers oder nahestehender Personen sind als Bestandteil der Mindestleasingraten zu behandeln (Rz 47).
Return off	Der *return off* beschreibt den Wertverlust eines Leasingobjekts durch physische Abnutzung (Rz 83).
Return on	Der *return on* beschreibt die entgangene Verzinsung des Leasinggebers für die Investition in das Leasingobjekt, damit also die entgangene Alternativrendite. Wäre nicht in das Leasingobjekt investiert worden, stünde das Investitionsvolumen für andere Investitionen zur Verfügung (Rz 83).
*Sale-andlease-back-*Transaktionen	Insoweit eine *sale-and-lease-back*-Transaktion wirtschaftlichen Gehalt hat, ergeben sich besondere Fragen der Ertragsrealisierung aus der Veräußerung (Rz 171), die wegen eines Komplementärverhältnisses sowohl nach den Vorgaben zur Erlösrealisation als auch nach IAS 17 beurteilt werden können (Rz 166).

Spezialleasing	Ist ein Leasingobjekt speziell auf die Bedürfnisse des Leasingnehmers zugeschnitten, scheidet also eine wirtschaftlich sinnvolle Drittverwendung aus, ist das wirtschaftliche Eigentum an dem Leasingobjekt dem Leasingnehmer zuzurechnen (Rz 69 ff.).
Steueränderungsklauseln	Anpassungen der Leasingraten wegen künftiger Änderungen der Steuergesetzgebung sind als bedingte Leasingraten nicht in die Bestimmung der Mindestleasingraten einzubeziehen (Rz 107).
Unterschiede zum Steuerrecht	Unterschiede zwischen dt. Steuerrecht und IFRS ergeben sich sowohl in der Feststellung des Vorliegens eines Leasingverhältnisses als auch in der Zuordnung des wirtschaftlichen Eigentums (Rz 109 ff.).
Verdeckte Leasingverhältnisse	Auch von den Parteien anders bezeichnete und zivilrechtlich i. d. R. nicht als Leasingverhältnisse zu qualifizierende Rechtsverhältnisse können in wirtschaftlicher Betrachtung als Leasingverhältnisse anzusehen sein (Rz 3 ff.).
Vertragsänderungen	An der ursprünglich getroffenen Klassifizierung eines Leasingverhältnisses ist festzuhalten, solange zwischen den Vertragsparteien keine Änderung der Konditionen beschlossen wird (Rz 90 ff.). Nach IAS 17.13 ist zwischen einer Verlängerung eines bestehenden *lease* und dessen Modifizierung zu unterscheiden (Rz 91). Ergibt sich durch eine Modifizierung eine von der ursprünglichen abweichende Klassifizierung, sind unterschiedliche Rechtsfolgen zu beachten (Rz 98 ff.).
Wirtschaftliches Eigentum	Das für die Bilanzierung maßgebliche wirtschaftliche Eigentum richtet sich danach, welche Partei überwiegend die Chancen und Risiken aus der Nutzung eines Leasingobjektes trägt. Für die Klassifizierung eines *finance lease* reicht es aus, wenn entweder die Chancen oder Risiken mehrheitlich bei dem Leasingnehmer liegen (Rz 15). Das wirtschaftliche Eigentum lässt sich an 2 Aspekten, Dauer der Herrschaft und Übernahme des Amortisationsrisikos, festmachen.
Wirtschaftliche Substanz	Fehlt es einer Leasingtransaktion an wirtschaftlicher Substanz, wird also kein Nutzungsrecht übertragen, sondern in wirtschaftlicher Betrachtung ein anderes Geschäft (z. B. Finanzierungen oder *linked transactions*) geschlossen, scheidet eine Behandlung als *lease* gem. IAS 17 aus (Rz 172 ff.). Zu Sonderfragen bei *sale-and-lease-back*-Transaktionen vgl. Rz 168.

Zugangs-bewertung beim *finance lease*	Die Zugangsbewertung eines *finance lease*, also des Vermögenswerts und der korrespondierenden Verbindlichkeit, beim Leasingnehmer erfolgt zum niedrigeren Wert aus dem Barwert der Mindestleasingraten und dem beizulegenden Zeitwert des Leasingobjekts (Rz 119 f.).

9 Anwendungszeitpunkt, Rechtsentwicklung

193 IAS 17 ist für Geschäftsjahre ab dem 1.1.2005 anzuwenden. Eine frühere Anwendung wird empfohlen (IAS 17.69). IFRIC 4 definiert verdeckte Leasingverhältnisse (Rz 5 ff.). IFRIC 4 ist für die nach dem 31.12.2005 beginnenden Wirtschaftsjahre anzuwenden. Eine frühere Anwendung unter Anhangerläuterung wird empfohlen (IFRIC 4.16). Eine Verpflichtung zur rückwirkenden Anwendung besteht nicht. Die Qualifikation als Leasing hat nach den Verhältnissen zu Beginn des Vorjahres der erstmaligen Anwendung zu erfolgen, i.d.R. also zum 1.1.2005 (IFRIC 4.17).

194 Im Rahmen des 2. *Annual Improvements Project* (AIP 2009) wurden die Klassifizierungsvorgaben für Leasingverhältnisse über Grund und Boden erweitert (Rz 76 ff.). Die Übergangsvorschriften sehen eine retrospektive (Neu-)Klassifizierung von Leasingvereinbarungen über Grundstücke vor. Hierbei ist auf die Informationen *at inception of the lease* abzustellen (IAS 17.68A).

Nur im Ausnahmefall (Nichtvorliegen der Informationen für eine retrospektive Anpassung) ist eine (Neu-)Klassifizierung zum Zeitpunkt der Erstanwendung des neuen Rechts zulässig. Bei Erfassung eines *finance lease* sind Vermögenswert und Verbindlichkeit jeweils zum *fair value* einzubuchen, eine bestehende Differenz ist in den Gewinnrücklagen zu erfassen.

195 Derzeit gehören die Regelungen zur Leasingbilanzierung wieder zu den aktiv verfolgten Projekten des IASB. Ein erstes Diskussionspapier wurde in 2009 veröffentlicht. Die Wiederaufnahme der Forschungsaktivitäten im Auftrag des IASB können zukünftig zu einer grundlegenden Neuregelung der Leasingbilanzierung auf Basis der Vorschläge der G-4+1-Gruppe führen.[94]

196 Die in 1996/2000 veröffentlichten[95], vom IASB aber derzeit noch weiter diskutierten Vorschläge der sog. G-4+1-Gruppe würden zu einer Abkehr von der Bilanzierung eines Leasingverhältnisses beim wirtschaftlichen Eigentümer führen. Die Umsetzung der Vorschläge schüfe gegenüber der derzeitigen Situation (komplexe Vorschriften, die häufig dennoch umgangen werden[96]) eine auf den 1. Blick einfache und für bilanzpolitische Maßnahmen unempfindliche Bilanzierungsweise.

- Nach geltendem IAS 17 erfolgt eine Zurechnung des wirtschaftlichen Eigentums immer zu einer Zurechnung des Leasingobjekts in **Gänze**, der Leasingnehmer bilanziert entweder alles oder nichts (*all or nothing approach*).

---

[94] Vgl. WASSMER/HELMSCHROTT, DB 2000, S. 2025 f., sowie FÜLLBIER/PFERDEHIRT, KoR 2005, S. 275.
[95] MCGREGOR, Accounting for Leases: A New Approach, 1996, und NAILOR/LENNARD/ANSTIS, Leases: Implementation of a New Approach, 2000.
[96] Der Leasingstandard (SFAS 13 bzw. nach erfolgter codification ASC Topic 840) inkl. aller Ergänzungen gilt als der schlechteste Accounting Standard (vgl. REITHER, Accounting Horizons, 1998, S. 285).

- Diskutiert wird aus der Perspektive des Leasing**nehmers** eine Leasingbilanzierung, die sich nach der Höhe der zukünftigen Verpflichtung und einem Nutzungsrecht an dem Leasingobjekt bemisst (*right of use model*). Der Barwert der Mindestleasingzahlungen bestimmt dann die Höhe der zu passivierenden Verbindlichkeit und des zu aktivierenden Nutzungsrechts. Ein Vertrag mit langer Laufzeit (nach derzeitigem Recht *finance*) würde sich von einem Vertrag mit kurzer Laufzeit (derzeit *operating*) nicht mehr im Bilanzansatz dem Grunde nach, sondern nur noch in der Bewertung unterscheiden. Im ersten Fall würden ein hoher Aktivposten (Nutzungsrecht) und eine hohe Leasingverbindlichkeit ausgewiesen, im zweiten Fall niedrigere Werte.
- Aus Sicht des Leasinggebers sollte ein *performance obligation approach* entwickelt werden.

Im weiteren Projektverlauf wurde ein **erster** *Exposure Draft* in 2010 veröffentlicht, der anders als das Diskussionspapier auch Vorgaben zur bilanziellen Abbildung von Leasingverhältnissen aus der Sicht des Leasinggebers umfasst.[97] Die im ED aus 2010 noch vorgesehene geplante Neuregelung betrifft alle Vereinbarungen, die ein Nutzungsrecht über materielles Vermögen betreffen. Unabhängig von der Zuordnung des wirtschaftlichen Eigentums sollen nach künftigem Recht aus abgeschlossenen Verträgen resultierende Nutzungsrechte und Verpflichtungen abgebildet werden. Noch ausgeklammert sind Vereinbarungen über immaterielles Vermögen. Ebenfalls vom Anwendungsbereich ausgeschlossen sind Vereinbarungen mit günstigen Kaufoptionen (bzw. vereinbartem Übergang des rechtlichen Eigentums i. S. e. „Mietkaufs").

197

Ein **zweiter Standardentwurf** (*Re-Exposure Draft*) wurde im zweiten Quartal 2013 veröffentlicht (hierzu Rz 198). An den grundsätzlichen Überlegungen zur *on-balance*-Bilanzierung aller Leasingverhältnisse wird festgehalten. Als Reaktion auf die Ergebnisse aus den Diskussionen mit zahlreichen Interessenvertretern waren aber weitere Anpassung der Vorgaben vorgesehen.

198

In 2014 erfolgte daher eine **weitere konzeptionelle Auseinandersetzung** (*redeliberation*) mit den Vorgaben zur Leasingbilanzierung.[98] Auf dem Prüfstand standen nicht nur einzelne Aspekte, sondern das ganze Projekt. Die Weiterentwicklung und ein evtl. Abschluss sind daher nicht nur in zeitlicher Hinsicht unbestimmt, Unsicherheit besteht auch bezogen auf die Umsetzung wesentlicher Punkte (betreffend Ansatz, Bewertung, Ausweis und Angaben) des ursprünglichen Plans, also dem konzeptionellen Wechsel überhaupt. Ein Festhalten des IASB an den bisherigen Vorgaben zur Leasingbilanzierung und damit eine (wiederholte) Beerdigung des Projekts kann nicht ausgeschlossen werden. Für die Darstellung der jeweiligen Auswirkungen in Abhängigkeit vom Projektstand wird auf die Vorauflagen verwiesen.

Die Neuregelungen werden bei entsprechender Umsetzung weitreichende Auswirkungen auf IFRS-Abschlüsse haben, etwa auf diverse Kennzahlen (EBIT oder EBITDA). Überdies ergeben sich Wechselwirkungen mit anderen Standards, die im derzeitigen Stand des ED noch nicht bzw. nicht ausreichend gewürdigt

199

---

[97] Exemplarisch m. w. N. KÜTING/KOCH/TESCHE, PiR 2010, S. 283 ff.; MUGGENTHALER/MUJKANOVIC, PiR 2010, S. 305 ff.

[98] Vgl. FASB/IASB Joint Meeting November 2013 – Agenda Paper 259/3A, *Summary of Feedback on the 2013 ED*.

werden (etwa Abgrenzung von CGUs nach IAS 36 (→ § 11), Bestimmung von Fremdkapitalkosten nach IAS 23 (→ § 9), Auswirkungen auf latente Steuern durch *timing differences* (→ § 26) etc.) Die mit der Neuregelung einhergehende Erhöhung des Verschuldungsgrades könnte für bestimmte Unternehmen den Zugang zu den Finanzmärkten erschweren.

10 Zusammenfassende Praxishinweise

200 Die Feststellungen zum **Vorliegen** eines Leasingverhältnisses dürfen nicht am Vertragswortlaut ausgerichtet werden; vielmehr ist nach **verdeckten** Leasingverhältnissen Ausschau zu halten (Rz 5 ff.). Ausschlaggebend für die bilanzielle Behandlung von Leasingverhältnissen nach IFRS ist die **Unterscheidung** in *finance-* und *operating*-Leasing (Rz 19 ff.). Bei *finance leases* erfolgt die Zurechnung beim Leasingnehmer. Bei *operating*-Leasingverhältnissen wird das Leasingobjekt beim Leasinggeber bilanziert.

Ein *finance lease* liegt vor, wenn mindestens eines der folgenden **Kriterien** erfüllt ist (Rz 22 ff.):

- Am Ende der Vertragslaufzeit werden die Eigentumsrechte am Leasingobjekt auf den Leasingnehmer übertragen;
- es besteht zugunsten des Leasingnehmers eine günstige Kauf- oder Mietverlängerungsoption;
- die Vertragslaufzeit erstreckt sich über den überwiegenden Teil der wirtschaftlichen Nutzungsdauer des Leasingobjektes;
- der Barwert der Mindestleasingzahlungen entspricht im Wesentlichen dem beizulegenden Zeitwert des Leasinggegenstandes zu Beginn des Leasingvertrages;
- es handelt sich um Spezialleasing.

201 Im **Unterschied** zum HGB (Rz 106) bleibt IAS 17 bei den entscheidenden **Zurechnungskriterien** sehr vage und nennt keine **quantitativen** Kriterien zur Nutzungsdauer, Mietverlängerungs- bzw. Kaufoption (Rz 30 ff.). Außerdem ergeben sich durch die Konkretisierung des wirtschaftlichen Eigentums sowohl über die „**Dauer der Herrschaft**" als auch die „Übernahme des **Amortisationsrisikos**" ggf. Abweichungen zwischen der Behandlung nach IFRS und Steuer- und Handelsbilanz. Das Barwertkriterium (Rz 46) kann in IFRS zur Qualifizierung von Verträgen als *finance lease* führen, die nach HGB/EStG als *operating lease* gelten.

202 Diese quantitative **Unbestimmtheit** der IFRS-Kriterien eröffnet dem Bilanzierenden **faktische Wahlrechte**, da die Orientierung an den klaren quantitativen Regelungen nach US-GAAP nicht zwingend ist (Rz 117). Diese faktischen Wahlrechte können vom Bilanzierenden in dem Sinne genutzt werden, dass die handels- und steuerrechtlichen Regelungen (Rz 109) zum Nutzungsdauerkriterium sowie Mietverlängerungs- und Kaufoptionskriterium im IFRS-Abschluss beibehalten werden. Andererseits besteht die Möglichkeit, aus **bilanzpolitischen** Erwägungen heraus im IFRS-Abschluss zu anderen Zurechnungen als im HGB-Abschluss (Rz 109) zu gelangen.

203 Trotz der (überwiegend durch entsprechende Auslegung der IFRS erreichbaren) Übereinstimmung zwischen HGB und IFRS sind sämtliche bestehenden Lea-

singvereinbarungen dahingehend zu untersuchen (Rz 109 ff.), ob es sich um *finance-* oder *operating-*Leasingverhältnisse i. S. v. IAS 17.10 handelt (Rz 19 ff.). Das ist ein wichtiger Untersuchungsschritt für das **Übergangsprozedere** auf die IFRS (→ § 6 Rz 119).

Darüber hinaus sind in der Vergangenheit in der HGB-Welt vorgenommene *sale-and-lease-back*-Transaktionen (Rz 169 ff.) auf die Vereinbarkeit mit IAS 17 zu untersuchen, soweit die auf den Verkauf folgende Laufzeit des Leasingverhältnisses noch nicht abgelaufen ist. Denn die im Vergleich zum HGB (ausnahmsweise) strengeren Gewinnrealisierungsgrundsätze bei *sale-and-lease-back*-Transaktionen führen zu tendenziell niedrigeren Veräußerungsgewinnen nach IFRS. 204

Soweit ein Leasingobjekt beim Leasingnehmer zu bilanzieren ist, erfolgt die **Bewertung** im Zugangszeitpunkt zum beizulegenden Zeitwert oder dem niedrigeren Barwert der Mindestleasingraten. In gleicher Höhe wird eine Verbindlichkeit gegenüber dem Leasinggeber bilanziert. Im Rahmen der Folgebewertung wird das Leasingobjekt entsprechend IAS 16 bzw. IAS 40 bewertet. Gegebenenfalls sind außerplanmäßige Abschreibungen entsprechend IAS 36 vorzunehmen. Die Leasingraten werden in einen Zins- und Nebenkostenanteil sowie einen Tilgungsanteil aufgesplittet (Rz 119 ff.). 205

Der Leasinggeber bilanziert bei einem *finance lease* eine **Leasingforderung**. Die Höhe der Leasingforderung entspricht im Zugangszeitpunkt dem **Nettoinvestitionswert** des Leasingobjektes. Zum Zwecke der Folgebewertung der Leasingforderungen sind die Leasingraten in einen **Zins- und Tilgungsanteil zu zerlegen**: Die Zinserträge sind so auf die Laufzeit des Leasingverhältnisses zu verteilen, dass sich auf Basis des internen Zinssatzes des Leasinggebers eine **periodisch gleichbleibende Rendite** des Nettoinvestitionswertes ergibt (Rz 134 ff.). 206

Bei *operating*-Leasingverhältnissen verbleibt das **wirtschaftliche Eigentum** am Leasingobjekt beim **Leasinggeber**. Der Leasingnehmer erwirbt lediglich ein Nutzungsrecht und erfasst die gezahlten Leasingraten als Aufwand. Der Leasinggeber bilanziert das Leasingobjekt entsprechend den allgemeinen Grundsätzen (Rz 140 ff.). 207

Bei *sale-and-lease-back*-Transaktionen handelt es sich somit um **2 zusammenhängende Verträge**: Den Vertrag über den Verkauf des Vermögensgegenstands vom künftigen Leasingnehmer an den künftigen Leasinggeber und den eigentlichen Leasingvertrag. Der Leasingvertrag ist nach den **allgemeinen Leasingkriterien** zu klassifizieren und entsprechend bilanziell zu erfassen. Die Behandlung eines **Veräußerungsgewinns** erfolgt beim Leasingnehmer in Abhängigkeit von der Klassifizierung des zugrunde liegenden Leasingvertrages als *finance* oder *operating lease.* Bei einem *finance lease* kommt eine sofortige Gewinnrealisierung nicht in Betracht (Rz 164 ff.). 208

Lease-and-lease-back-Transaktionen sind nach SIC 27 i. d. R. **nicht** als Leasingverhältnisse zu behandeln (Rz 172). 209

Sofern Leasingvereinbarungen über **Leasingobjektgesellschaften** abgewickelt werden, ist zu prüfen, ob die Zweckgesellschaft in den Konzernabschluss des Leasingnehmers oder Leasinggebers einzubeziehen ist (Rz 179 ff.). 210

Die **Forfaitierung** von künftigen Leasingraten ist passiv mit degressiver Auflösung abzugrenzen (Rz 184 ff.). 211

Auf die **Checkliste „Abschlussangaben"** wird verwiesen (→ § 5 Rz 8). 212

§ 16 ALS FINANZINVESTITIONEN GEHALTENE IMMOBILIEN *(INVESTMENT PROPERTIES)*

Inhaltsübersicht	Rz
Vorbemerkung	
1 Zielsetzung, Regelungsinhalt, Definitionen	1–4
2 Abgrenzung zu sonstigen Immobilien	5–25
2.1 Einheitlich genutzte Immobilien	5–15
2.2 Gemischt genutzte Immobilien	16–18
2.3 Abgrenzung von Renditeimmobilien bei Portfolio-*leases*	19–22
2.4 Erst-Ansatz: Maßgeblichkeit des wirtschaftlichen Eigentums	23–25
3 Bewertung	26–114
3.1 Zugangsbewertung	26–39
3.1.1 Anschaffung oder Herstellung	26–27
3.1.2 Anschaffungskosten beim Erwerb	28–33
3.1.3 Herstellungskosten bei Selbsterstellung	34–36
3.1.4 Nachträgliche Anschaffungs- oder Herstellungskosten	37–38
3.1.5 Künftige Abbruch- und Wiederherstellungskosten	39
3.2 Folgebewertung	40–64
3.2.1 Methodenwahlrecht	40–42
3.2.2 Einheitliche und stetige Wahlrechtsausübung	43–46
3.2.3 Grundsatz der Einzelbewertung und Vereinfachung	47–48
3.2.4 Bilanzierung zu fortgeführten Anschaffungskosten	49–52
3.2.5 Bilanzierung nach dem *fair-value*-Modell	53–58
3.2.6 Bilanzierung gemischt genutzter Immobilien	59
3.2.7 Wechselwirkungen zwischen IAS 40 und IAS 17	60–64
3.3 Wertermittlungsverfahren zur Bestimmung des *fair value*	65–102
3.3.1 Definition des *fair value*	65–70
3.3.2 Anforderungen an die *fair-value*-Bewertung	71–72
3.3.3 Deutsche Vorschriften zur Immobilienbewertung	73–75
3.3.4 Vergleichswertverfahren	76–80
3.3.5 Ertragswertverfahren	81–85
3.3.6 Anwendung der Investment-Methode	86–88
3.3.7 *Discounted-cash-flow*-Verfahren	89–102
3.4 Besonderheiten bei Grundsanierungen	103–104
3.5 Bewertung zum Zeitwert in der Bau- bzw. Herstellungsphase	105–114
4 Nutzungsänderungen und Abgänge	115–125
4.1 Nutzungsänderungen	115–122
4.2 Abgänge	123–125
5 Steuerlatenz	126
6 Ausweis	127–129

7	Angaben...................................	130–138
	7.1 Allgemeine Angaben........................	130–131
	7.2 Angaben bei der Bewertung zu Zeitwerten............	132–134
	7.3 Angaben bei der Bewertung zu fortgeführten Anschaffungs- oder Herstellungskosten....................	135–138
8	Anwendungsprobleme nach dem REITG................	139–153
	8.1 Inhalt..................................	139–141
	8.2 Bezugnahme auf IAS 40.......................	142–151
	8.2.1 Strukturmerkmale.........................	142–147
	8.2.2 Ansatz, Ausweis und Bewertung des unbeweglichen Vermögens.............................	148–151
	8.3 HGB-Bilanzierung...........................	152–153
9	ABC der Renditeimmobilien.......................	154
10	Anwendungszeitpunkt, Rechtsentwicklung...............	155–158
11	Zusammenfassende Praxishinweise.....................	159

Schrifttum: BECK/REHKUGLER, Das Fair Value-Konzept für investment properties nach IFRS, KoR 2009, S. 488; BEHR, Rechnungslegung und Bewertung von Immobiliengesellschaften, Schweizer Treuhänder 2001, S. 219; FREIBERG, Diskontierung in der Internationalen Rechnungslegung, 2010; FRIEß/KORMAIER, Fair-Value-Ermittlung von Investment Properties mit Hilfe des Ertragswertverfahrens nach der WertV, DStR 2004, S. 2024; HELMSCHROTT, Die Anwendung von IAS 40 (investment properties) auf Immobilien-Leasingobjekte, DB 2001, S. 2457; INGOLD, Anwendungsbereiche und Abgrenzungsfragen bei der Bilanzierung von Immobilien nach IFRS, PiR 2006, S. 111 ff.; KLEIBER, „Die europäischen Bewertungsstandards" des Blauen Buches, in: Grundstücksmarkt und Grundstückswert 2000; KORMAIER, Eignung des Income Capitalisation Model zur Fair Value-Ermittlung von Investment Properties nach IAS 40, KoR 2006, S. 378 ff.; MÜLLER/WOBBE/REINKE, Bilanzierung von Investment Properties, IRZ 2009, S. 249 ff.; PwC, Ein praktischer Guide zur Bilanzierung von Investment Properties im Bau, 2009; REHKUGLER, in: REHKUGLER (Hrsg.), Die Immobilien-AG, 2003; SIGLOCH/SCHMIDT/HAGEBÖKE, Die Clusterbewertung für Großimmobilienbestände als Ausnahmefall vom Einzelbewertungsgrundsatz, DB 2005, S. 2589; SIMON/CORS/TROLL, Handbuch der Grundstückswertermittlung, 4. Aufl., 1997; ZAUGG/KRÄMER/MEYER, Renditeliegenschaften im Bau, IRZ 2009, S. 531 ff.; ZÜLCH, Die Bilanzierung von Investment Properties, 2003; ZÜLCH, Investment Properties: Begriff und Bilanzierungsregeln nach IFRS, PiR 2005, S. 67

Vorbemerkung
Die Kommentierung bezieht sich auf IAS 40 in der aktuellen Fassung und berücksichtigt Ergänzungen, Änderungen und Interpretationen, die bis zum 1.1.2015 beschlossen wurden. Einen Überblick über aktuell diskutierte oder schon als Änderungsentwurf vorgelegte zukünftige Regelungen enthalten Rz 155 f.

1 Zielsetzung, Regelungsinhalt, Definitionen

1 IAS 40 regelt die Bilanzierung von als Finanzinvestitionen gehaltenen Immobilien *(investment properties)* und die damit verbundenen Anhangangaben (IAS 40.2). Der Anwendungsbereich umfasst alle Immobilien, die bereits als Renditeliegenschaften genutzt werden, aber auch solche, für die eine entsprechende Nutzung nach Abschluss der Entwicklungs- oder Bauphase vorgesehen ist.

2 IAS 40 erfordert eine gedankliche **Aufspaltung** des Immobilienbestandes (Rz 7) in

- **eigenbetrieblich** genutzte Immobilien *(owner-occupied properties)*, die vorrangig nach IAS 16 (→ § 14) zu bewerten sind, und
- **Anlage**immobilien[1] oder **Rendite**liegenschaften[2] *(investment properties)*, deren Bewertung sich nach IAS 40 richtet.

Auch dem deutschen Bilanzrecht ist der Gedanke nicht fremd, betrieblich genutzte Immobilien bewertungstechnisch **anders zu beurteilen** als fremdvermietete oder spekulativ gehaltene Immobilien. Das gilt nicht nur **steuerrechtlich** bei der Differenzierung zwischen notwendigem und gewillkürtem Betriebsvermögen, sondern auch **handelsrechtlich** bei der Bewertung: In Ermangelung von Marktpreisen ist handelsrechtlich der (niedrigere) beizulegende Wert betrieblich genutzter Anlagegegenstände im Normalfall am Wiederbeschaffungswert orientiert. Für vermietete Vermögensgegenstände des Anlagevermögens empfiehlt sich dagegen eine Ertragswertermittlung mit dem Argument der möglichen Zuordnung eines selbstständigen Erfolgsbeitrags.

3 Die besondere Behandlung nicht betrieblich genutzter Immobilien nach IFRS geht über diese Überlegungen hinaus: Um eine Verbesserung der Berichterstattung über den Erfolgsbeitrag von als Finanzinvestitionen gehaltenen Immobilien zu erreichen, wurde mit IAS 40 zum ersten Mal die Bilanzierung nach dem *fair value model* für nicht finanzielle Vermögenswerte *(non-financial assets)* eingeführt. Als Finanzinvestitionen gehaltene Immobilien nehmen eine „**Zwitterstellung**" ein, denn aus einer substanziellen Perspektive sind sie dem Sachanlagevermögen, aus einer funktionalen Perspektive den Finanzinvestitionen zuzuordnen. Daher können Immobilien, die als Finanzanlagen gehalten werden, **entweder** zu fortgeführten Anschaffungs- bzw. Herstellungskosten *(cost model*; Rz 49 ff.) **oder** zu (ggf. höheren) Zeitwerten *(fair value model*; Rz 54 ff.) bewertet werden. Zeitwerten soll dabei eine **höhere Informationsrelevanz** als den Anschaffungs- oder Herstellungskosten beizumessen sein.
Es stellt sich indes die **Frage,** inwieweit tatsächlich eine Verbesserung der Berichterstattung und der Aussagekraft des Jahresabschlusses für **Nicht-Immobilienunternehmen** durch die Einführung von IAS 40 erreicht wird. Für **Immobilienunternehmen** und die ab 2007 in Deutschland installierten **REIT-AGs** (Rz 139) stellt andererseits die Bewertung der Vermögenswerte zum beizulegenden Zeitwert eine Möglichkeit dar, die Rendite von Finanzanlagen und Immobilienanlagen direkt vergleichbar zu machen.

---

[1] BÖCKEM/SCHURBOHM, KoR 2002, S. 38.
[2] BEHR, Schweizer Treuhänder 2001, S. 221.

In der **Ergebnisrechnung** vermischen sich **realisierte** Aufwendungen (für Unterhalt) und Erträge (Mieten) mit **unrealisierten** Wertveränderungen. Deren getrennte Darstellung ist nicht gefordert – anders beim **Neubewertungsmodell** für Sachanlageimmobilien (→ § 8 Rz 70).
Der Standard behandelt **Grundstücke** (*properties*), die definitorisch (IAS 40.5) Grund und Boden *(land)* und Gebäude *(building)* umfassen. Ungeklärt bleibt dabei der Regelungsgehalt von „**Gebäude**". Das Thema erinnert an einschlägige Abgrenzungsprobleme im steuerlichen Bewertungsrecht („Betriebsvorrichtungen"). U.E. **kann** i.S.e. engeren Abgrenzung die Eignung für den dauernden Aufenthalt von Menschen aus dem Bewertungsrecht übernommen werden. Danach wären nicht als Gebäude zu werten: Trafostationen, Trockendocks, automatische Hochregallager usw. (→ § 10 Rz 16). Auch eine weitere Abgrenzung halten wir aber für **vertretbar**, nach der für eine Klassifizierung als Renditeimmobilie auf die Möglichkeit der Erzielung von *cash flows* unabhängig von anderen Vermögenswerten des Unternehmens abzustellen ist. Trockendocks würden im Rahmen einer weiteren Abgrenzung in den Anwendungsbereich fallen, Trafostationen weiterhin nicht.
Auch der Begriffsinhalt von „*land*" ist nicht immer zweifelsfrei. Als Beispiel seien Sportplätze der verschiedensten Ausrichtung genannt: Tennis- und Golfplätze, auch der Rasen einer Fußball-Großarena. Sollte es sich dabei um „*land*" handeln, stellt sich weiter die Frage der funktionellen Zuordnung (Rz 12).

2 Abgrenzung zu sonstigen Immobilien

2.1 Einheitlich genutzte Immobilien

Als Finanzinvestitionen gehaltene Immobilien i.S.v. IAS 40 *(investment properties)* gelten Grundstücke oder Gebäude bzw. Gebäudeteile, die zur Erzielung von **Mieteinnahmen** oder zum **Zwecke** der **Wertsteigerung**, jedoch **nicht** zur **Eigennutzung** bzw. zum **Verkauf** im Rahmen der **gewöhnlichen Geschäftstätigkeit** gehalten werden (IAS 40.7).[3]
Im Rahmen des *Annual Improvements Project* 2008 erfolgte eine Ausweitung des Anwendungsbereichs von IAS 40 auch auf in der Herstellungs- bzw. Bauphase befindliche Renditeimmobilien, womit die bislang geltenden Vorbehalte hinsichtlich der Zuverlässigkeit einer *fair-value*-Bewertung aufgegeben wurden.[4]
Beispiele für als Finanzinvestitionen gehaltene Immobilien sind nach IAS 40.8 insbesondere:
- Grundstücke und Gebäude, die langfristig für **Wertzuwächse** statt für einen kurzfristigen Verkauf gehalten werden (IAS 40.8a);
- Grundstücke und Gebäude, die für eine gegenwärtig **unbestimmte** künftige Nutzung gehalten werden (IAS 40.8b);
- Gebäude, die vom Unternehmen im Rahmen eines **Leasingverhältnisses** gehalten und aufgrund eines *operating*-Leasingvertrags weitervermietet werden (IAS 40.8c);
- **leer** stehende Gebäude, die vom Leasingnehmer zum Zwecke der Vermietung im Rahmen von *operating*-Leasingverhältnissen gehalten werden (IAS 40.8d).

---

3 Eine Zuordnung von Immobilien zu den relevanten IFRS findet sich bei INGOLD, PiR 2006, S. 111 ff.; ZÜLCH, PiR 2005, S. 67 f.
4 So zur Begründung IFRIC, Update July 2006.

Bemerkenswert ist der Rechnungslegungsgehalt für **Leasing**-Immobilien. IAS 40.6 gewährt dem Leasingnehmer das **Wahlrecht**, eine Immobilie, die nach den Zuordnungskriterien von IAS 17.10 (→ § 15 Rz 22) als *operating lease* klassifiziert und deshalb beim Leasinggeber bilanziert wird, wie ein *finance lease* zu behandeln. Voraussetzungen zur Ausübung dieses für jedes Objekt **einzeln** auszuübenden Wahlrechts sind kumulativ:
- Die betreffenden Objekte erfüllen aus Sicht des Leasingnehmers die oben genannten **Kriterien** der Renditeliegenschaft, d. h. i. d. R.: Der Leasingnehmer überlässt seinerseits das Objekt in einem Untermietverhältnis an einen Endnutzer.
- **Alle** Anlageimmobilien, also auch die im zivilrechtlichen Eigentum stehenden, werden nach dem *fair value model* bilanziert (Rz 40 ff.).

Somit dürfen Immobilien, die der Leasingnehmer zur Erzielung von Mieteinnahmen hält, vom Leasingnehmer auch dann bilanziert werden, wenn der Leasinggeber sowohl über das wirtschaftliche als auch über das rechtliche Eigentum verfügt. Dieses Wahlrecht besteht jedoch nur, wenn der Leasingnehmer die Renditeliegenschaft nach dem *fair value*-Modell zum aktuellen Marktwert bilanziert (IAS 40.6). Im Ergebnis kommt es dann zu einer „**Doppelbilanzierung**" (→ § 15 Rz 18).

7 Typischerweise erfüllt die Renditeliegenschaft die Funktion einer **Kapitalanlage**. **Nicht** unter den Regelungsinhalt von IAS 40 fallen daher (IAS 40.9):
- Immobilien, die mit der Absicht erworben oder errichtet wurden, um sie im **normalen Geschäftsverlauf** in naher Zukunft zu veräußern – geregelt im Vorratsvermögen in IAS 2 (→ § 17);
- Bauten, die Gegenstand eines **Fertigungsauftrags** gem. IAS 11 sind (→ § 18);
- **eigenbetrieblich** genutzte Immobilien gem. IAS 16 (→ § 14), insbesondere
  - betriebliche Ersatzgrundstücke;
  - vom Eigentümer selbst genutzte Immobilien;
  - an beschäftigte oder ausgeschiedene Arbeitnehmer sowie an Pensionäre vermietete Immobilien, selbst wenn sie zu marktüblichen Konditionen vermietet werden (IAS 40.9c);
- Immobilien beim **Leasinggeber**, die im Rahmen von *finance*-Leasingverhältnissen vermietet werden (IAS 40.9e);
- in **Veräußerungsabsicht** oder als Teil einer **Abgangsgruppe** oder eines **aufgegebenen** Geschäftsbereichs gehaltene Immobilien i. S. d. IFRS 5 (→ § 29).

8 Die **Unterscheidung** zwischen als Finanzinvestitionen gehaltenen und dem **Vorrats**vermögen zuzurechnenden Immobilien, die mit der Absicht einer späteren Veräußerung im normalen Geschäftsverlauf erworben oder errichtet werden, ist in der Praxis aufgrund fehlender konkreter Abgrenzungskriterien (i. S. v. *bright lines*) u. U. schwierig. Insbesondere wenn eine Veräußerung nicht kurzfristig geplant ist, erscheint auch eine Klassifizierung als *investment property* sachgerecht. Für die Klassifizierung einer Immobilie als Vorratsvermögen oder Finanzinvestition ist die **Geschäftsintention** des Unternehmens ausschlaggebend.

> **Beispiel**
> Unternehmen A erwirbt einige Parzellen Bauland noch ohne eine Entscheidung über die zukünftige Verwendung. Die Kaufentscheidung beruht auf der Annahme eines günstigen Preises *(bargain purchase)*. Ohne konkrete Verwertungsabsicht sind die Parzellen zunächst als Finanzinvestitionen anzusehen.

> Unternehmen B kauft Portfolios von Gewerbe- und Wohnimmobilien an und veräußert diese bevorzugt unbewohnt weiter. Da das Geschäftsmodell des B eine künftige Weiterveräußerung vorsieht, sind die Gebäude des Portfolios unabhängig von der (noch andauernden) Vermietung als Vorratsvermögen zu klassifizieren.

Unterscheidungsunsicherheiten ergeben sich, wenn eine Veräußerung von dem vorherigen Eintritt einer **Bedingung** abhängig gemacht wird (z.b. sei die Veräußerung im vorstehenden Beispiel von einer tatsächlichen Entmietung der Wohnimmobilien abhängig). Die **Abgrenzung** ist u.E. dann abhängig von den Aufwendungen, die zur Erfüllung einer Veräußerungsfähigkeit aufzubringen sind. Bei geringen Aufwendungen sind diese der Herstellung der Veräußerungsfähigkeit zuzuordnen, bei größeren erfolgt eine Klassifizierung als Finanzinvestition.

Schwierigkeiten der Abgrenzung ergeben sich auch dann, wenn der Erwerb einer Immobilie nicht oder nur **mittelbar** beabsichtigt gewesen ist. Wird eine Immobilie mit der Absicht der Weiterveräußerung (IFRS 5) oder der eigenen Nutzung (IAS 16) erworben, scheidet eine Klassifizierung als Renditeimmobilie aus. Spiegelbildlich ist eine Klassifizierung als *investment property* erforderlich, wenn beim Erwerb einer Immobilie **keine konkrete Veräußerungs- oder Nutzungsabsicht** besteht.

> **Beispiel**
> Die Immobiliengesellschaft A hat der Bank B als Sicherheit für ein Darlehen ein Grundpfandrecht an einer Immobilie des eigenen Bestands eingeräumt. Zur Jahresmitte des lfd. Jahres stellt A einen Insolvenzantrag. Das rechtliche Eigentum an der Immobilie geht nach einer Zwangsversteigerung, bei der B aufgrund fehlender Interessenten bzw. aus Sicht von B nicht akzeptabler Angebote das Höchstgebot abgegeben hat, auf B über.
> Die Ausübung des Grundpfandrechts und anschließende Ersteigerung der Immobilie war von B nicht geplant, entsprechend bestehen auch keine konkreten Verwertungsabsichten. Die Immobilie ist als Finanzinvestition zu klassifizieren.

Existiert also
- weder eine konkrete **Veräußerungsabsicht** (und damit eine nach IFRS 5 notwendige Klassifizierung als „*held for sale*"; → § 29)
- noch die Absicht einer **Eigennutzung** (und damit Zuordnung zum Sachanlagevermögen; → § 14),

ist eine Immobilie u.E. als *investment property* zu klassifizieren.

Eine eindeutige Klassifizierung als Anlageimmobilie wird erschwert, wenn den Mietern – neben der Vermietung – noch **liegenschaftsbezogene Dienstleistungen** angeboten werden. Solche Nebenleistungen sind z.B. Sicherheits-, Reinigungs- oder Verwaltungsdienstleistungen. In diesen Fällen entscheidet der **Anteil** der Erträge aus Nebenleistungen am Gesamtertrag aus der Erbringung der Dienste und der Vermietung. Infolgedessen ist die Immobilie nur dann als Renditeliegenschaft anzusetzen, wenn der Ertrag aus den liegenschaftsbezogenen

Dienstleistungen *(ancillary services)* im Verhältnis zum Gesamtertrag **unbedeutend** ist (IAS 40.11). Sind die erbrachten Dienstleistungen jedoch ein **wesentlicher** Bestandteil der Vereinbarung, ist die Immobilie als **selbst genutzt** einzuordnen. IAS 40 lässt hier bewusst eine exakte Quantifizierung offen, sodass sich bilanzpolitische Spielräume ergeben.

> **Beispiel**
> K erwirbt eine Hotelanlage und führt sie eigenständig. Mit dem Hotel sind bautechnisch auch ein Fitnesscenter und ein Hallenschwimmbad verbunden. Diese beiden Bestandteile des Gesamtkomplexes können auch von Nichthotelgästen entgeltlich genutzt werden.
> Der den Hotelgästen angebotene Service ist ein bedeutender Bestandteil der Vereinbarung insgesamt. Deshalb ist ein vom Eigentümer geführtes Hotel als eine selbst genutzte Immobilie anzusetzen und entsprechend nach IAS 16 (→ § 14) zu bilanzieren (IAS 40.12). Auch die übrigen Bereiche – Schwimmbad und Fitnesscenter – werden mit nennenswerten Serviceleistungen betrieben, sodass sie ebenfalls gem. IAS 16 zu bilanzieren sind.

Aus dem vorstehenden Beispiel folgt auch:
- Der Hotelbetrieb durch den Eigentümer im eigenen Haus führt nicht zu einem *investment property*.
- Dem Hotelbetrieb ist die laufende Nutzung durch **wechselnde** Personen ohne Anspruch auf einen **bestimmten** Teil der Immobilie eigen. Deshalb können Fitnesscenter, Sportanlagen (Rz 4) und u. E. Parkhäuser i. d. R. ebenfalls keine *investment properties* darstellen.

11 Ausschlaggebend für den Ansatz als Renditeliegenschaft kann auch die vertragliche Ausgestaltung des **Mietzinses** sein.[5]

> **Beispiel**
> K erwirbt eine Hotelanlage und überträgt die Verantwortlichkeit der Geschäftsführung im Rahmen eines Pachtvertrags an einen Dritten. Der Pachtzins wird in Abhängigkeit vom Auslastungsgrad des Hotels variabel vereinbart.
> Die Erträge aus der variablen Ausgestaltung des Pachtzinses reflektieren die Risikobehaftung des Hotelgewerbes an sich, nicht aber das Risiko der Immobilienwirtschaft. Deshalb ist das Hotel nicht als Renditeimmobilie anzusetzen (IAS 40.13). Umgekehrt wäre zu entscheiden, wenn K einen Pachtzins in Abhängigkeit von den ortsüblichen Vergleichsmieten vereinbart hätte.

Die Klassifizierung einer maßgeblich **durch Dritte** betriebenen Immobilie hängt von der Risikoposition des Eigentümers der Immobilie ab:
- Ist der Eigentümer lediglich **passiver Investor**, der eine von den normalen Geschäftsrisiken unabhängige Rendite erzielt, ist die Immobilie als *investment property* anzusehen.
- Verbleiben **maßgebliche Risiken** aus dem Betrieb der Immobilie bei dem Eigentümer, scheidet eine Klassifizierung als *investment property* aus.

---

[5] Vgl. hierzu ein Beispiel mit gleicher Würdigung ZÜLCH, PiR 2005, S. 68.

Indikationen für einen maßgeblichen Einfluss (und die damit korrespondierende Übernahme von Risiken) des Eigentümers auf die Nutzung der Immobilie lassen sich an der **Vertragsgestaltung** zwischen Betreiber und Eigentümer festmachen (Vetorechte des Eigentümers, fixe oder variable Rendite des Eigentümers, Dauer des Vertrages etc.).

Ebenso stellen sich beim Betrieb eines normalen **Parkhauses** – überwiegend keine Festvermietung bestimmter Stellplätze, sondern stundenweise abgerechnete Belegung – Abgrenzungsprobleme. Zwar sind die Serviceleistungen gem. IAS 40.11 – Bewachung und laufender Unterhalt – im Umfang und aus Sicht des Betreibers im Verhältnis geringfügig, jedoch entspricht der wirtschaftliche Gehalt der Geschäftstätigkeit von vornherein nicht der **typischen**, in IAS 40 angesprochenen **Vermietungstätigkeit**. Der Unternehmer ist kein Vermieter, sondern Betreiber eines Parkhauses. U.E. ist eine Typisierung als Renditeimmobilie *(investment property)* daher nicht zwingend.[6] 12

Zweifel in der **Abgrenzung** von Renditeimmobilien zu eigenbetrieblich genutzten Immobilien ergeben sich aus dem Nebeneinander einer allgemeinen Definition von *investment property* und den – ebenfalls im Definitionsteil erfolgenden – kasuistischen Ausführungen zur Unterscheidung von Haupt- und Nebenleistungen (Rz 10). 13

- Als Musterbeispiel für eine selbst genutzte Immobilie nennt IAS 40.12 ein vom Eigentümer selbst betriebenes Hotel. Zur Begründung wird (apodiktisch) angeführt, dass die sonstigen Leistungen bei Hotels signifikant seien. Fehlt es überhaupt an Nebenleistungen oder sind diese als nicht signifikant anzusehen (etwa einem *low budget*-Hotel), kommt qua Umkehrschluss aus IAS 40.12 eine Klassifizierung als *investment property* in Frage. Die definitorischen Vorgaben von IAS 40.5 werden dennoch verfehlt, da die Hotelkunden mit Vertragsschluss hingegen lediglich den Anspruch auf Unterbringung in ein Zimmer bestimmter Kategorie erwerben. Besitz an einem Gebäudeteil erlangen die ständig wechselnden Nutzer hingegen nicht. Den expliziten und impliziten Anforderungen von IAS 40.5 entspricht das Hotel daher nicht.
- Auch beim Parkhaus erfolgt anders als in IAS 40.5 vorausgesetzt nur eine sehr kurzfristige Nutzungsüberlassung ohne Besitzerlangung und Berechtigung auf einen bestimmten Stellplatz. Dies spricht gegen die Qualifikation als Renditeimmobilie. Anderseits werden neben der Nutzungsüberlassung, wenn überhaupt, aber nur echte Nebenleistungen (Bewachung in eingeschränktem Umfang) erbracht, was wiederum nach IAS 40.11 für die Qualifikation als *investment property* spricht.

Fraglich ist dann, für Parkhaus und *low budget*-Hotel gleichermaßen, ob (a) eine **prinzipienbasierte Auslegung** von IAS 40.5 Vorrang hat oder (b) die Kasuistik von IAS 40.11 und 12 oder (c) ein faktisches Wahlrecht besteht. U.E. ist ein Vorrang von IAS 40.5 mit der Folge einer Qualifikation beider Immobilien als eigenbetrieblich genutzt am besten begründbar. Ein für Wirtschaftsprüfer zuständiges niederländisches Gericht (Accountantskamer) ist jedoch in einer Entscheidung, betreffend die Klassifizierung eines Parkhauses, zu einer anderen Ansicht gelangt.[7] Das Gericht ist der Überzeugung, dass die Abgrenzung

---

[6] A. A. möglicherweise BÖCKEM/SCHURBOHM-EBNETH, KoR 2003, S. 336.
[7] Accoutantskamer, Beschlissing in de zaak met Numner 1 1/2072 Wtra AK van 12 november 2012.

zu IAS 16 betreffenden Regeln von IAS 40 „niet voor een eenduidige interpretatie vatbaar zijn", es daher **nicht eindeutig** ist, wie ein Parkhaus zu qualifizieren ist und daher eine Behandlung als *investment property* vertretbar („verdedigbaar") ist.

14 In **Grenzfällen** soll das bilanzierende Unternehmen **eigenständig** Kriterien für den Ansatz von Anlageimmobilien festlegen und im Anhang angeben (IAS 40.14). Damit werden die **bilanzpolitischen Spielräume** zusätzlich erhöht.

15 Immobilien, die an (voll-)**konsolidierte verbundene Unternehmen** vermietet werden, sind im **Einzelabschluss** bei Erfüllung der Ansatzkriterien als Finanzinvestitionen anzusetzen. Im **Konzernabschluss** ist jedoch eine Umklassifizierung in eigengenutzte Immobilien vorzunehmen (IAS 40.15).

2.2 Gemischt genutzte Immobilien

16 Die Definition der als Finanzinvestition gehaltenen Immobilien ist „heikel und ohne **Trennschärfe**".[8] Probleme bei der Klassifizierung und dem Ansatz von Anlageimmobilien entstehen insbesondere, wenn diese nicht einheitlich genutzt werden, sondern eine **Mischnutzung** vorliegt *(dual purpose property)*. So kann z. B. eine Immobilie teilweise vermietet und gleichzeitig teilweise selbst genutzt werden. IAS 40.10 sieht in solchen Fällen einen **getrennten Ansatz** der Immobilienteile vor (Rz 59 ff.), sofern diese **gesondert** verkauft *(could be sold separately)* oder im Rahmen eines *finance lease* (gesondert) vermietet werden könnten.

17 Die **Einzelveräußerbarkeit** wird als Kriterium herangezogen, da nur so Wertsteigerungen der im Bestand gehaltenen Immobilien realisierbar sind, ohne gleichzeitig betrieblich genutzte Teile zu veräußern. IAS 40 lässt jedoch offen, ob Gebäude bereits geteilt bzw. Grundstücke bereits parzelliert sein müssen oder ob die technische Teilbarkeit von Immobilien ausreicht, um das Kriterium der Einzelveräußerbarkeit zu erfüllen.

18 Sofern einzelne Immobilienbestandteile nicht veräußert werden können, darf nach IAS 40.10 eine Immobilie nur dann als Renditeliegenschaft angesetzt werden, wenn der selbst genutzte Anteil **unbedeutend** ist *(insignificant portion)*. Abgrenzungskriterien liefert IAS 40 nicht. Als **Maßstab** könnte der prozentuale Anteil der betrieblich genutzten Fläche an der Gesamtfläche in Betracht kommen. Da aber der IASB als Regelgeber bewusst auf die Vorgabe quantitativer Grenzen verzichtet hat, muss der Bilanzierende nach IAS 8.11 eigene Methoden entwickeln (→ § 1 Rz 91 ff.). Zusätzlich können nach IAS 8.12 die Standards **anderer Standardsetter**, das **Schrifttum** und akzeptierte **Branchenpraktiken** berücksichtigt werden, die auf ähnlicher konzeptioneller Basis einschlägige Regeln entwickeln. Allerdings erweisen sich Schrifttum und Branchenpraktiken als uneinheitlich. In der deutschsprachigen Literatur werden **Bandbreiten** des höchstzulässigen eigengenutzten Anteils von 5 % bis zu 30 % der genutzten Fläche diskutiert.[9] Die internationale Praxis wendet unterschiedliche Prozentsätze an:[10]
- Vereinigtes Königreich: SSAP 19 → 15 %
- Hongkong: HKSSAP 13.5 → 15 %
- Neuseeland: SSAP 17.4.2 → 20 %.

---

[8] TEITLER, Schweizer Treuhänder 2000, S. 1129.
[9] Vgl. z. B. BÖCKEM/SCHURBOHM, KoR 2002, S. 40.
[10] Vgl. HOWIESON, Accounting for Investment Properties, 1997, S. 14.

Werden diese Prozentsätze des eigengenutzten Anteils überschritten, gilt die jeweilige Immobilie **insgesamt** als eigenbetrieblich genutzt (Rz 5). Im Ergebnis verbleiben nach IFRS erhebliche Interpretationsspielräume.

2.3 Abgrenzung von Renditeimmobilien bei Portfolio-*leases*

Als Teil eines einheitlichen Mietverhältnisses können neben Immobilien (Grundstücke und Gebäude) auch andere Vermögenswerte (Infrastruktur, Erweiterungsbauten, Maschinen etc.) mit zur Nutzung überlassen werden. Zu klären ist dann, ob die anderen Vermögenswerte als Teil der Renditeimmobilie (und damit auch nach IAS 40) oder als eigenständige Vermögenswerte (und damit nach IAS 16) zu behandeln sind.

Die Vorgaben in IAS 40 sind in Bezug auf die Zuordnung nicht eindeutig:
- Im Definitionsbereich von IAS 40.5 (Rz 4) werden Renditeimmobilien eng abgegrenzt als „Grundstücke oder Gebäude – oder Teile von Gebäuden – oder beides". Im Rahmen einer solchen engen Abgrenzung wären alle Teile eines einheitlichen Mietverhältnisses, die weder Grundstück, noch Gebäude oder Gebäudeteil sind, nicht als *investment property* zu behandeln.
- Gegen eine solche enge Abgrenzung von Renditeimmobilien sprechen aber die der Bewertung gewidmeten Ausführungen in IAS 40.50. Ausstattungsgegenstände sind als „integrale Bestandteile" mit in die *fair-value*-Bewertung einer Renditeimmobilie einzubeziehen (IAS 40.50a).

Die Abgrenzung von Renditeimmobilien erfordert daher bei Abschluss von Portfolio-*leases* eine Ermessensentscheidung *(judgement)*. Eine Zusammenfassung kommt allerdings sowieso nur bei Rückgriff auf das *fair value model* infrage. Werden Renditeimmobilien einheitlich nach dem Anschaffungskostenmodell (Rz 49) bewertet, stellen die einzelnen Vertragsinhalte – soweit keine Zurechnung des wirtschaftlichen Eigentums beim Mieter erfolgt ($\rightarrow$ § 15 Rz 15) – einzelne Komponenten i.S.v. IAS 16.43 *(component approach*; $\rightarrow$ § 10 Rz 7ff.) dar.

Vermögenswerte, die aufgrund eines engen funktionalen Zusammenhangs als integraler Bestandteil der Immobilien gelten, sind u.E. im *fair value model* unter folgenden Voraussetzungen als Teil der als Finanzinvestition gehaltenen Immobilie zu führen:
- Es besteht ein einheitliches Mietverhältnis über die Immobilien und die anderen Vermögenswerte, insbesondere kann der Vertrag ordentlich und außerordentlich nur insgesamt beendet werden.
- Eine wirtschaftlich sinnvolle Nutzung der Immobilien ist nur in Kombination mit den anderen Vermögenswerten möglich.
- Die anderen Vermögenswerte nehmen im Verhältnis zu den eigentlichen Immobilien nur eine untergeordnete Bedeutung ein.

Das Kriterium der untergeordneten Bedeutung ist nach IAS 17 auch bei einem reinen Immobilien-*lease* für die Frage relevant, ob Grundstück und Gebäude getrennt zu betrachten sind ($\rightarrow$ § 15 Rz 88). In Anlehnung an US-GAAP (ASC Topic 840.10.25–21) wird hier auf eine 25-%-Schwelle abgestellt. Diese kann dann auch für die Abgrenzung von Renditeimmobilien bei Portfolio-*leases* herangezogen werden.

> **Beispiel**
> A vermietet ein Grundstück mit einer Lagerhalle an B. B darf die auf dem Grundstück errichtete Infrastruktur (Schienenanschluss, Krananlagen etc.) ebenfalls nutzen. A bilanziert Renditeimmobilien einheitlich zum beizulegenden Zeitwert.
> **Variante 1**
> Der Anteil des Grundstücks und der Lagerhalle am beizulegenden Zeitwert der insgesamt angemieteten Objekte macht mehr als 75 % aus. Alle Vermögenswerte können – unter der Voraussetzung des Vorliegens eines *operating lease* – zusammen als Renditeimmobilien behandelt werden.
> **Variante 2**
> Die Infrastruktur macht mehr als 25 % des Gesamtwertes aus. Das Mietverhältnis zwischen A und B ist daher in zwei Teile aufzuteilen. Die Bilanzierung der Infrastruktur richtet sich nach IAS 16 und IAS 17, für die Immobilien ist auf IAS 40 und IAS 17 zurückzugreifen. Die Aufteilung der Gesamtmietrate erfolgt gem. IFRIC 4 im Verhältnis der relativen *fair values* (→ § 15 Rz 13).

22 Eine Zusammenfassung von anderen Vermögenswerten und Immobilien im engeren Sinn scheidet regelmäßig aus, wenn für die Vermögenswerte ein expliziter *scope out* besteht (IAS 40.4). So können biologische Vermögenswerte gem. IAS 41 (→ § 40) und Abbau-, Schürfrechte sowie Bodenschätze gem. IFRS 6 (→ § 42) nicht Teil einer Renditeimmobilie sein.

> **Beispiel**
> A vermietet einen Weinberg an B. Wesentliche Bestandteile des Mietvertrages sind das Land und die bestehende Rebkultur.
> Aufgrund eines expliziten *scope out* für die Rebkultur (biologischer Vermögenswert) scheidet eine Zusammenfassung mit dem Land als Renditeimmobilie aus. Beides ist getrennt zu bilanzieren.

2.4 Erst-Ansatz: Maßgeblichkeit des wirtschaftlichen Eigentums

23 Anlageimmobilien sind als Vermögenswert (→ § 1 Rz 88 ff.) anzusetzen, wenn dem Unternehmen der **zukünftige wirtschaftliche Nutzen**, der mit den Anlageimmobilien verbunden ist, wahrscheinlich zufließen wird (IAS 40.16a). Die Ansatzfähigkeit richtet sich insoweit nicht nach dem zivilrechtlichen, sondern dem **wirtschaftlichen** Eigentum des Erwerbvertrages. Zu dessen Erwerb bedarf es nach deutschem Recht der notariellen **Beurkundung** und der darin festgelegten Bestimmung für den **Übergang** von Besitz, Gefahr, Nutzen und Lasten.[11] Auf die Auflassung und den Grundbucheintrag (rechtliches Eigentum) kommt es nicht an.

24 Fraglich ist, ob ein Übergang des wirtschaftlichen Eigentums nach den IFRS-Regeln im Einzelfall auch schon **vor** Abschluss des schuldrechtlich wirksamen Vertrags möglich ist. Denkbar sind Fälle, in denen die Parteien zunächst unverbindlich einen Übergang von Nutzen und Lasten bzw. Chancen und Risiken (→ § 25 Rz 18) vereinbaren, diesen praktizieren und alsbald rechtsförmlich durch

---

[11] BFH, Urteil v. 4.6.2003, X R 49/01, BStBl II 2003, S. 751.

Vertragsabschluss bestätigen. Ein gewisser Analogieschluss zu komplexen Transaktionsvorgängen im Rahmen von Unternehmenszusammenschlüssen (→ § 31 Rz 28) lässt sich u. U. auch für den Erwerb größerer Renditeobjekte (Großeinkaufszentren, Bürohochhäuser) ziehen. Hier kann je nach Sachverhalt auch eine „unechte Rückwirkung" in Betracht kommen. Dabei darf der Zeitraum nicht zu weit ausgedehnt werden, weil sonst die Manipulationsgefahr wächst. Der Wertaufhellungsstichtag (→ § 4 Rz 8) sollte die Grenzmarke liefern.

Die BFH-Rechtsprechung – insoweit ausschließlich das Handelsrecht auslegend – hat eine solche **Rückwirkung** der Verschaffung wirtschaftlichen Eigentums (bezogen auf den Vertragsabschluss) im Falle von einfachen Grundstücksverkäufen bisher nicht bestätigt. Andererseits hat der BFH[12] in Fällen von Unternehmensveräußerungen – also komplexen Rechtsgeschäften – im Interesse einer „technischen Vereinfachung" eine kurzfristige Rückbeziehung des Vertragsabschlusses anerkannt. Allgemein geht man von einem Drei-Monats-Zeitraum aus. Dieser Gesichtspunkt stützt die u. E. nach IFRS mögliche zeitliche Rückbeziehung eines Grundstücksgeschäfts mit nennenswerten Volumen in besonderen Fällen.

In dem Sonderfall eines **mehrstufigen Leasingverhältnisses** (→ § 15 Rz 161 ff.) ist 25 der Ansatz einer Renditeliegenschaft auch ohne rechtliches und wirtschaftliches Eigentum zulässig (IAS 40.6). Als Leasingnehmer einer Immobilie im *head lease*, die nach den Zuordnungskriterien von IAS 17.10 (→ § 15 Rz 22) als *operating lease* klassifiziert und deshalb beim Leasinggeber bilanziert wird, ist ein Ansatz – analog zur Behandlung einer Anmietung im *finance lease* – zulässig (Rz 6), wenn:
- das spezielle Leasingobjekt die **Kriterien** einer Renditeliegenschaft erfüllt (Weitervermietung der Immobilie im *sub lease*),
- **alle** Renditeimmobilien nach dem *fair value model* bilanziert werden (Rz 40 ff.).

Es kommt somit zum Ansatz einer Renditeliegenschaft, wenn der Leasingnehmer des *head lease* weder über das rechtliche noch über das wirtschaftliche Eigentum verfügt.

3 Bewertung

3.1 Zugangsbewertung

3.1.1 Anschaffung oder Herstellung

Als Finanzinvestitionen gehaltene Immobilien sind, unabhängig davon, ob sie noch 26 in der Bau- oder Herstellungsphase oder bereits fertiggestellt sind, im Zugangszeitpunkt zu Anschaffungs- oder Herstellungskosten zu bewerten (IAS 40.20). Die Folgebewertung einer Renditeliegenschaft hängt von der Ausübung der Option „*cost model*" oder „*fair value model*" (Rz 40) ab.

Auch die Bewertung von im Bau- oder Entwicklungszeitraum befindlichen Renditeliegenschaften unterliegt uneingeschränkt dem Anwendungsbereich von IAS 40, 27 also insbesondere auch der Option (Rz 40) zwischen *cost model* oder *fair value model*.

---

12 BFH, Urteil v. 18.9.1984, VIII R 119/81, BStBl II 1985, S. 55.

3.1.2 Anschaffungskosten beim Erwerb

28 Unabhängig von der Auswahl des *cost model* oder *fair value model* ist eine Renditeliegenschaft bei derivativem Zugang mit den Anschaffungskosten zu aktivieren. Der **Umfang** der Anschaffungskosten ist in → § 8 Rz 11 dargestellt.

29 Beim **Tausch** mit Erfüllung des Kriteriums der *commercial substance* (→ § 14 Rz 13) bemessen sich die Anschaffungskosten der empfangenen Immobilie nach dem Wert des hingegebenen Vermögenswertes (IAS 40.27).

30 In den Fällen, in denen der **Leasingnehmer** das Wahlrecht beansprucht, eine im Rahmen eines *operating lease* gemietete Immobilie zu bilanzieren (Rz 6), ist die Immobilie beim Leasingnehmer mit den fiktiven Anschaffungskosten i. H. d. Verkehrswertes des Leasingobjekts oder des niedrigeren Barwertes der Mindestleasingraten zu bewerten (IAS 40.25; → § 15 Rz 119).

31 Ein regelmäßig in der Praxis auftauchendes Problem ist der Erwerb von Immobilien zu einem **einheitlich** festgelegten Kaufpreis ohne Differenzierung nach Grund und Boden einerseits und Gebäude andererseits. Bei der Zugangsbewertung bedarf es einer **Aufteilung** des Anschaffungspreises. Den einzelnen Vermögenswerten Grund und Boden einerseits und Gebäude andererseits müssen insoweit **fiktive** Anschaffungswerte zugerechnet werden. Als solche dienen (geschätzte) **Einzel**beschaffungswerte im Zugangszeitpunkt *(relative fair values)*, eine sog. Residualwertmethode ist nicht anwendbar.[13]

32 Zu den Anschaffungskosten gehören neben dem Kaufpreis sämtliche Anschaffungs**nebenkosten** (→ § 8 Rz 11), soweit sie direkt zurechenbar sind (IAS 40.21). Soweit die Anschaffungsnebenkosten extern anfallen, dienen sie der Erlangung der wirtschaftlichen Verfügungsmacht; interne Nebenkosten dienen der Versetzung der Immobilie in einen betriebsbereiten Zustand.[14]

Typische Beispiele für Anschaffungsnebenkosten von Immobilien sind:
- Makler- und Vermittlungsgebühren für die Immobilie;[15]
- Notariatskosten und Gerichtskosten für die notarielle Beurkundung des Kaufvertrags (§ 313 BGB) sowie die Eintragung in das Grundbuch;[16]
- Steuern und Abgaben im Zusammenhang mit dem Erwerb (dazu gehört die Grunderwerbsteuer, die gem. § 1 Abs. 1 GrEStG mit Abschluss eines notariell beurkundeten Kaufvertrags anfällt).[17]

---

33 Die Anschaffungskostendefinition von IAS 40 unterscheidet sich insoweit kaum von § 255 Abs. 1 HGB. Besonderheiten bestehen bei den **Finanzierungskosten** von Immobilien. Anders als im HGB sind nach IAS 23 Finanzierungskosten von *investment properties* als Anschaffungsnebenkosten zu aktivieren, sofern es sich bei den Renditeliegenschaften um sog. qualifizierte Vermögenswerte *(qualifying assets)* handelt (→ § 9 Rz 10).

---

[13] Vgl. LÜDENBACH/HOFFMANN, DStR 2006, S. 153.
[14] Vgl. HOFFMANN, in: LITTMANN/BITZ/PUST, EStG, § 6, Tz 165.
[15] Vgl. z. B. BFH, Urteil v. 24.8.1995, IV R 27/94, BStBl II 1995, S. 895.
[16] Vgl. BFH, Urteil v. 23.3.1995, IV R 58/94, BStBl II 1995, S. 702.
[17] Vgl. BFH, Urteil v. 13.10.1983, IV R 160/78, BStBl II 1984, S. 101.

3.1.3 Herstellungskosten bei Selbsterstellung

Im Falle der **Selbsterstellung** von als Finanzinvestitionen gehaltenen Gebäuden sind für die Bewertung im Zugangszeitpunkt zunächst – unabhängig von der Auswahl des *cost model* oder *fair value model* – die **Herstellungskosten** maßgebend. Diese umfassen jene Kosten, die bis zum Zeitpunkt der Fertigstellung des Gebäudes angefallen sind (IAS 40.22). Die einzubeziehenden Kostenelemente richten sich nach IAS 16 (→ § 14 Rz 18, → § 8 Rz 18ff.). Überhöhte Kosten sind nicht aktivierbar (IAS 40.23). Herstellungskosten können aus verschiedenen Gründen überhöht sein. Typische Beispiele sind hohe Materialabfälle, Fertigungslöhne und Unterbeschäftigungskosten (IAS 40.23). In der Praxis gelingt allerdings kaum jemals die Abgrenzung von notwendigen und nicht notwendigen Herstellungskosten. 34

Wird für Renditeliegenschaften einheitlich das *fair value model* herangezogen, ergibt sich für Immobilien in der **Bau- bzw. Entwicklungsphase** folgende Besonderheit: Ab dem Zeitpunkt, ab dem sich der *fair value* der Immobilie zuverlässig feststellen lässt (IAS 40.53), ist ein Wechsel von einer Bewertung zu Herstellungskosten zur (erfolgswirksamen) *fair-value*-Bewertung geboten (Rz 71). Von einer Bewertung zum beizulegenden Zeitwert ausgenommen sind Renditeimmobilien im Bau, für die 35

- zum Bilanzstichtag der *fair value* nicht zuverlässig bestimmt werden kann, aber künftig von einer Bewertbarkeit, ggf. auch nach Fertigstellung, ausgegangen wird oder
- ausnahmsweise dauerhaft nicht von einer zuverlässigen *fair-value*-Bestimmbarkeit ausgegangen wird.

Mit dem Wechsel zu einer *fair-value*-Bewertung erfolgt keine Zugangsbewertung zu Herstellungskosten mehr. Der beizulegende Zeitwert einer im Bau befindlichen Renditeliegenschaft am Anfang der Periode ist um weitere, in der laufenden Periode anfallende Herstellungskosten zu erhöhen. Am Ende der Periode ist dann eine erneute *fair-value*-Bewertung erforderlich (Rz 71).

Im Normalfall ist der Kaufpreis oder der Werklohn für eine Immobilie zeitnah zur Zahlung fällig. Erfolgt jedoch die Bezahlung nicht innerhalb der üblichen Zahlungsfristen, wird im Kaufpreis ein **Zinsanteil** vermutet. Die Anschaffungs- oder Herstellungskosten bemessen sich in diesem Fall nach dem **Barwert** der künftigen Zahlungen (IAS 40.24). Eine Abzinsung ist abhängig von der Höhe des Zeitwerts des Geldes (*time value of money*).[18] 36

3.1.4 Nachträgliche Anschaffungs- oder Herstellungskosten

Zu den Anschaffungs- oder Herstellungskosten von Renditeliegenschaften gehören auch **nachträgliche** Anschaffungs- oder Herstellungskosten, die sich nach Versetzung der Immobilie in einen betriebsbereiten Zustand ergeben (IAS 40.23a). Voraussetzung für die Aktivierung ist ein **zusätzlicher künftiger Nutzen** durch die nachträglichen Ausgaben, der über den ursprünglich bemessenen Leistungsgrad hinausgeht. Alle anderen nachträglichen Aufwendungen sind nach IAS 40.23a im *cost model* als **Erhaltungsaufwand** sofort aufwandswirksam zu erfassen. 37

---

[18] Vgl. FREIBERG, Diskontierung in der Internationalen Rechnungslegung, Rz 116.

Insoweit gelten die gleichen Regeln wie nach IAS 16.12ff. (→ § 8 Rz 33ff.; → § 14 Rz 12). Zur Behandlung im *fair value model* wird auf Rz 104 verwiesen.

38 Im Zuge eines Immobilienerwerbs werden regelmäßig kleinere oder größere **Erhaltungs-** oder **Umbaumaßnahmen** getätigt. Deren Aktivierbarkeit hängt nach IAS 40.23a von den Umständen ab, die bei der erstmaligen Bewertung der Immobilie berücksichtigt wurden. Dahinter verbirgt sich folgender Grundgedanke: Der Erwerber einer Immobilie hat einen niedrigeren Preis bezahlt, weil die Immobilie **Mängel** aufweist; die im Anschluss an den Erwerb angefallenen Sanierungs- und Instandhaltungsmaßnahmen füllen den Minderwert wieder auf und sind aktivierungspflichtig (→ § 8 Rz 38).

3.1.5 Künftige Abbruch- und Wiederherstellungskosten

39 Nach IFRS gehören auch künftig erwartete **Abbruch-** und **Wiederherstellungskosten** zu den aktivierungspflichtigen Anschaffungs- oder Herstellungskosten, soweit sie auf einer vertraglichen oder öffentlich-rechtlichen Verpflichtung des bilanzierenden Unternehmens beruhen. Diese Verpflichtungen sind nach IAS 37 i.V.m. IAS 16.16c erfolgsneutral als **Rückstellung** zu erfassen, indem sie als Anschaffungsnebenkosten der Immobilie aktiviert werden (→ § 8 Rz 11f.; → § 21 Rz 80ff.). Für *investment properties* ist diese Regelung analog anzuwenden.

3.2 Folgebewertung

3.2.1 Methodenwahlrecht

40 Im Rahmen der Folgebewertung von Renditeliegenschaften gewährt IAS 40 ein explizites **Wahlrecht**: Die Immobilien dürfen alternativ, aber einheitlich, zu **fortgeführten Anschaffungs- oder Herstellungskosten** (*cost model*) oder zum **beizulegenden Zeitwert** des Bilanzstichtags (*fair value model*) bewertet werden (IAS 40.30). Die Ermittlung von Zeitwerten zum Bilanzstichtag ist allerdings bei beiden Modellen **zwingend**: Selbst wenn sich der Bilanzierende für eine Folgebewertung zu fortgeführten Anschaffungs- oder Herstellungskosten entscheidet, müssen die beizulegenden Zeitwerte der Renditeliegenschaften im **Anhang** angegeben werden (IAS 40.32). Im Ergebnis wird dadurch das *fair value model* favorisiert (Rz 44). Das gilt vergleichbar für die Bilanzierungsvorgaben nach dem REITG (Rz 136). Über die Ausweitung des Anwendungsbereichs von IAS 40 auf künftige Renditeimmobilien, die sich zum Bilanzstichtag noch in der Bau- bzw. Herstellungsphase befinden, wird der Ausübungszeitraum des Wahlrechts nach vorne verlagert (Rz 26).

41 Hinsichtlich der Ausübung des Wahlrechts zur Folgebewertung von Renditeimmobilien gilt auch für im Bau befindliche Immobilien die Verpflichtung zur einheitlichen Wahlrechtsausübung (Rz 43). Werden als Finanzinvestitionen gehaltene Immobilien einheitlich im
- *cost model* bewertet, sind Immobilien mit Beginn der Bau- bzw. Herstellungsphase zu kumulierten Anschaffungs-/Herstellungskosten zu bewerten; die planmäßige Abschreibung setzt mit Beginn der vorgesehenen Nutzungsmöglichkeit bzw. Fertigstellung der Immobilie ein;

- *fair value model* bewertet, ist bereits während der Bau- bzw. Herstellungsphase eine erfolgswirksame Anpassung des Buchwerts an den beizulegenden Zeitwert am Bilanzstichtag erforderlich, wenn eine zuverlässige Bewertung möglich ist (IAS 40.53 ff.). Ist eine derartige Bewertung nicht möglich, muss spätestens mit Fertigstellung eine erneute Beurteilung der Zuverlässigkeit der Bewertung vorgenommen werden (IAS 40.53A). Wurde im umgekehrten Fall während der Bau- bzw. Herstellungsphase eine erfolgswirksame Bewertung zum beizulegenden Zeitwert angestellt, ist ein Wechsel zur Bewertung *at cost* wegen fehlender Möglichkeit zur zuverlässigen Bewertbarkeit nicht mehr zulässig.

Wenn ein Leasingnehmer das Bilanzierungswahlrecht für eine im Rahmen eines *operating lease* gemietete Immobilie beansprucht (Rz 6), gilt anderseits das Wahlrecht zur Bewertung zu **fortgeführten Anschaffungs- oder Herstellungskosten** nicht. IAS 40.6 sieht hierfür verpflichtend den **Zeitwertansatz** vor. 42

3.2.2 Einheitliche und stetige Wahlrechtsausübung

Objektivierungsbedingt ist die einmal gewählte Bewertungsmethode für **sämtliche** Renditeliegenschaften **einheitlich** anzuwenden (IAS 40.33). Es ist insoweit nicht möglich, einzelne als Finanzinvestition gehaltene Immobilien zu fortgeführten Anschaffungs- oder Herstellungskosten und andere zum beizulegenden Zeitwert des Bilanzstichtags zu bewerten. Das Wahlrecht im Rahmen der Folgebewertung ist damit als **Unternehmens-** bzw. **Konzern**wahlrecht konzipiert und schließt auch Renditeliegenschaften in der Bau- bzw. Entwicklungsphase mit ein. 43

Darüber hinaus ist der Bilanzierende in der Folge aufgrund des **Stetigkeitsprinzips** an die einmal gewählte Bewertungsmethode gebunden (→ § 24 Rz 5). Die Fähigkeit zur fortlaufenden Bestimmung des *fair value* einer Renditeliegenschaft wird **vermutet** (IAS 40.53). Ein **Wechsel** der Bewertungsmethode darf unter Berücksichtigung von IAS 8 nur dann vorgenommen werden, wenn die Änderung zu einer sachgerechteren Darstellung der Ereignisse oder Geschäftsvorfälle im Jahresabschluss des Unternehmens führt (IAS 40.31; → § 24 Rz 23). Für einen Wechsel von der Marktwert- zur Anschaffungskostenbewertung soll dies indes höchst **unwahrscheinlich** (*highly unlikely*) sein (IAS 40.31). Auch dadurch wird das *fair value model* vom IASB implizit als gegenüber dem *cost model* höherwertig dargestellt (Rz 40). 44

Der isolierte Rückgang von beobachtbaren (Immobilien-)Transaktionen (z. B. wegen der Finanzmarktkrise) rechtfertigt daher keinen Wechsel von der Bewertung zum beizulegenden Zeitwert hin zu einer Bewertung im Anschaffungskostenmodell. Auch wenn auf dem Markt insgesamt weniger Transaktionen zu beobachten sind, begründet dies i. d. R. noch nicht die Inaktivität eines Marktes. Im Übrigen scheitert eine Bewertung von Immobilien über marktpreisorientierte Verfahren regelmäßig ohnehin an der fehlenden Homogenität der beobachtbaren Transaktionsobjekte mit dem Bewertungsobjekt (Rz 68). Auf die Anzahl der beobachtbaren Transaktionen kommt es für die Bewertung von Renditeimmobilien daher gar nicht an. 45

Im Rahmen einer DCF-orientierten Bewertung von als Finanzinvestitionen gehaltenen Immobilien sind alle am Markt beobachtbaren Parameter zu berücksichtigen. Infolge der aktuellen Finanzkrise gestiegene Zinssätze und ein damit verbundener höherer Zeitwert des Geldes (*time value of money*) führen daher bei unveränderten Mietraten zu einem niedrigeren Zeitwert von Renditeimmobilien. Ein Wechsel zu einer anschaffungskostenorientierten Bewertung scheidet aus.

46 Nach einer in der Literatur vertretenen Auffassung wird der Aussagegehalt des Jahresergebnisses durch eine erfolgswirksame *fair-value*-Bewertung von Renditeliegenschaften angezweifelt.[19] Ursächlich für die geäußerten Zweifel sind die fallenden Marktpreise für Immobilien, die zu einem Missverhältnis zwischen Marktwertveränderungen im Immobilienbereich, die insbesondere aufgrund der Finanzmarktkrise in enormem Umfang zu beobachten sind, und dem operativen Ergebnis, welches sich stabil verhält, in der GuV führen. Zur Beseitigung wird eine Änderung von IAS 40 gefordert, die eine erfolgsneutrale Bewertung von Renditeimmobilien zuließe, mithin also eine Rückkehr zum Vorgängerstandard IAS 25 vorsähe.

Wir halten eine Rückkehr zu dem *revaluation model* nicht für geeignet, da dies einer Aufgabe der besonderen Bilanzierungs- und Bewertungsvorgaben nicht betrieblich genutzter Immobilien gleichkäme. An der *fair-value*-Bewertung ist u. E. auch künftig festzuhalten. Das ursächlich für das Änderungsbegehren angeführte Missverhältnis in der Ergebnisdarstellung ist u. E. durch einen separaten Ausweis des operativen Ergebnisses (Mieteinnahmen) und Ergebniseffekte aus Marktwertänderungen des Portfolios zu beheben.

3.2.3 Grundsatz der Einzelbewertung und Vereinfachung

47 Die Bewertung muss i. d. R. für jedes Objekt **einzeln** erfolgen. Unter *cost-benefit*-Gesichtspunkten (→ § 1 Rz 62) wird für homogene Gruppen von Grundstücken unter bestimmten Voraussetzungen[20] auch eine **Sammelbewertung** als zulässig angesehen.[21]

Die Frage des Bewertungsverfahrens betrifft den *trade-off* zwischen der Verlässlichkeit der Bewertungsergebnisse und den durch die Bewertung verursachten Kosten. Mit abnehmendem Sicherheitsgrad der Bewertungsergebnisse (aber auch sinkenden Kosten) lassen sich die nachfolgenden Bewertungsansätze unterscheiden:

- Im Rahmen einer **aggregierten Einzelbewertung** erfolgt die Bewertung nach einer objektbezogenen Erhebung der relevanten Daten und einer Ortsbesichtigung. Der hohe Kosten- und Zeitaufwand der Einzelbewertung wird durch vorherige Gruppenbildung in Bezug auf einheitliche Bewertungsparameter teilweise reduziert. Die Bewertungsergebnisse verfügen über einen hohen Sicherheitsgrad, bleiben aber kosten- und zeitintensiv.

- Einen mittleren Sicherheitsgrad bei erheblicher Reduktion der Kosten erreicht man durch eine **Paketbewertung**. Nach einer Bildung von homogenen Gruppen von Immobilien (nach Größe, Alter, Mieteinnahmen etc.) erfolgt eine stichprobenartige Einzelbewertung ausgewählter Immobilien (Einzelbegutachtung und Ortsbesichtigung) mit einer Übertragung der Ergebnisse auf das verbleibende Portfolio.

---

[19] Vgl. BECK/REHKUGLER, KoR 2009, S. 488 ff.
[20] Vgl. EUBE/PÖRSCHKE, in: BDO (Hrsg.), Praxishandbuch Real Estate Management 2005, S. 271 ff.
[21] ZÜLCH, PiR 2005, S. 72. Eine solche Cluster-Bewertung erachten SIGLOCH/SCHMIDT/HAGEBÖKE (DB 2005, S. 2589) auch für die HGB-Bilanzierung als zulässig.

- Minimale Aufwendungen verursacht eine **Desktop-Bewertung**. Ohne Ortsbesichtigungen und anhand einer überschlägigen Wertermittlung wird für eine überschlägige Bewertung auf „geschätzte" Vergleichsfaktoren zurückgegriffen. Für bilanzielle Zwecke ist eine reine Desktop-Bewertung aufgrund der fehlenden Objektivierbarkeit der ermittelten Werte nur eingeschränkt verwendbar. In der Praxis bietet sich eine Mischung aus einer Einzelbewertung (für die wertmäßig größten Immobilien) und einer „**rollierenden**" **Paketbewertung** an:
- Die wertvollsten Immobilien (je nach Größe des Unternehmens und Streuung der Immobilienwerte z.B. die 10, 20 oder 30 führenden Objekte) werden einzeln bewertet. Ebenso wird mit Neuzugängen verfahren.
- Für die verbleibenden Immobilien wird wie folgt verfahren:
  - Nach einer Bestimmung homogener Gruppen werden zum Bewertungsstichtag Einzelbewertungen für repräsentativ ausgewählte Immobilien der jeweiligen Gruppe vorgenommen und die Bewertungsparameter auf das verbleibende Portfolio übertragen.
  - Zum folgenden Bewertungsstichtag sind andere Immobilien der jeweiligen Gruppe einer Einzelbewertung zu unterziehen.

48

> **Beispiel**
> **Geschäftsbericht Quintain Estates and Development Plc. 2005**
> *S. 44:* „*We have inspected the top 30 properties by value, a third of the remainder and all properties acquired over the last twelve months. For each property we have made relevant local enquiries and obtained such other information as we considered necessary to provide you with our opinions of value.*" (Jones Lang Lassalle Limited)
> *S. 45:* „*The Valuations are based on inspections of 14 Properties during March 2006 within Quercus together with desk top reviews of all the other Properties. For these desk top reviews we have relied upon information provided together with our general knowledge of the industry and Properties. The Inspected Properties were selected by Christie + Co in conjunction with Quercus and considered to be representative in terms of geography, size, type of care provided and tenant company. Based on our overall knowledge of the Portfolio and the previous inspections of 85 properties we carried out in December 2004 plus March, June and December 2005, we consider the sample to be fully representative, equating to around 52 % of the Portfolio. The Tri-Care and Progress assets were inspected in March 2004.*" (Christie + Co.)

3.2.4 Bilanzierung zu fortgeführten Anschaffungskosten

Entscheidet sich das Unternehmen für die Bewertung von Renditeliegenschaften zu fortgeführten Anschaffungs- oder Herstellungskosten, so sind **sämtliche** (Rz 43) als Finanzinvestition gehaltene – mit Ausnahme zum Verkauf stehender oder einem aufzugebenden Unternehmensbereich zugehöriger (IFRS 5; → § 29 Rz 3) – Immobilien nach dem *cost model* (IAS 40.56) entsprechend IAS 16 (→ § 14 Rz 18; → § 8 Rz 2ff.) zu bewerten. Die Neubewertungsmethode (→ § 8 Rz 70ff.) ist dabei nicht anwendbar. Wegen Einzelheiten wird auf → § 8 verwiesen.

49

50 Im Rahmen der Folgebewertung im Anschaffungskostenmodell ist überdies bei konkreten externen oder auch internen Anzeichen für eine Wertminderung der Renditeimmobilie zum Bilanzstichtag (IAS 36.9) eine Werthaltigkeitsprüfung erforderlich (→ § 11 Rz 19f.). Allerdings gilt: Unterschreitet der *fair value* wegen des Verbots des Einbezugs von Anschaffungsnebenkosten (Rz 54) den Buchwert gem. IAS 36.12, zwingt dies noch nicht zu einem quantitativen Werthaltigkeitstest. Eine außerplanmäßige Abschreibung ist nur dann geboten, wenn der erzielbare Betrag *(recoverable amount)* der Renditeimmobilie den Buchwert unterschreitet. Der erzielbare Betrag der IFRS ist gem. IAS 36.18 definiert (→ § 11 Rz 6) als der höhere Betrag aus dem beizulegenden Zeitwert abzüglich Veräußerungskosten *(fair value less costs to sell)* und Nutzungswert *(value in use)*. Wenn nur einer der beiden Beträge den Buchwert erreicht oder übersteigt, ist keine außerplanmäßige Abschreibung vorzunehmen.

51 Der Nutzungswert ist (gem. IAS 36.33a) als unternehmensspezifischer (Bar-)Wert *(entity specific value)* künftiger Nutzenpotenziale charakterisiert. Dementsprechend beruht die Bestimmung auch auf unternehmensinternen Prämissen *(management's best estimate)* hinsichtlich der Erwartung des künftigen Zahlungsmittelzuflusses, der aus der direkten Verwertung der Immobilie erzielt werden kann *(gross value)*. Wegen der unterstellten fortgesetzten Eigenverwertung scheidet der Abzug von transaktionsbedingt anfallenden Nebenkosten des Erwerbs aus. Der Nutzungswert ist als *gross value* damit regelmäßig höher als der *fair value less costs to sell*, der als *net value* abzüglich der eigenen Veräußerungskosten zu bestimmen ist.

> **Beispiel**
> Immobilienunternehmen A erwirbt über einen Makler von B zum 30.12.01 eine Immobilie zum Zwecke der Fremdvermietung zu einem Anschaffungspreis (= beizulegender Zeitwert) von 100 Mio. EUR. Er geht von zukünftigen *cash flows* aus, die bei risikogerechter Abzinsung einem Barwert von 105 Mio. EUR entsprechen. Als Kaufpreis hat er jedoch mit Rücksicht auf sofort anfallende Anschaffungsnebenkosten von 5 Mio. EUR nur 100 Mio. EUR gezahlt. Die Immobilie ist dennoch mit 105 Mio. EUR einzubuchen (Rz 32f.).
> Der Buchwert der erworbenen Immobilie beträgt zum Bilanzstichtag 105 Mio. EUR. Der zur Bestimmung des *recoverable amount* herangezogene *fair value less costs to sell* entspricht mangels eigener Veräußerungskosten dem *fair value* und beträgt 100 Mio. EUR (Kaufpreisobergrenze). Im Rahmen einer *exit-price*-orientierten Bewertung wäre daher eine Abschreibung angezeigt. Da der Nutzungswert aber als Barwert der erzielbaren *cash flows* dem Buchwert von 105 Mio. EUR entspricht, ist keine außerplanmäßige Abschreibung notwendig.

52 Im Rahmen der Folgebewertung zu Anschaffungskosten sieht IAS 16 die Anwendung des sog. *components approach* (→ § 10 Rz 7), d. h. der unterschiedlichen Abschreibung sich wesentlich in der Nutzungsdauer unterscheidender Teile des Vermögenswertes, vor. Für betrieblich genutzte Immobilien ist es danach – wie in der deutschen Bilanzierungspraxis – möglich bzw. geboten, Betriebsvorrichtungen, wie z.b. Schaufensteranlagen und Lastenaufzüge, **getrennt** vom Gebäude über die betriebsgewöhnliche Nutzungsdauer abzuschreiben (→ § 10 Rz 34 und → § 8 Rz 38).Vorgelagert stellt sich allerdings die Frage, ob die Betriebsvorrichtung überhaupt Teil der Immobilie ist (Rz 17 ff.). Wo dies verneint wird, kommt es nicht nur zur separaten Abschreibung, sondern insgesamt, also etwa auch im Ausweis, zur eigenen, dann nicht IAS 40, sondern IAS 16 unterliegenden Bilanzierung.

3.2.5 Bilanzierung nach dem *fair-value*-Modell

Mit der Verpflichtung auf ein einheitliches *fair value measurement framework* in IFRS 13 vor der Klammer der Einzelstandards werden die bislang in IAS 40 ausgeführten Bewertungsvorgaben mit Wirkung ab 2013 aufgehoben und die Offenlegungspflichten ausgeweitet (→ § 8a; Rz 141). Neben der Verlagerung der konzeptionellen Vorgaben erfolgt durch Streichung von IAS 40.51 – Verbot der Berücksichtigung von *future capital expenditures* im Rahmen der *fair-value*-Bewertung (→ § 8a Rz 139) – auch eine inhaltliche Anpassung der bislang noch anzuwendenden spezifischen Bewertungsleitlinien für Renditeimmobilien. 53

Der beizulegende Zeitwert hat die aktuelle **Marktlage** zum **Bilanzstichtag** und nicht zu einem vergangenen oder zukünftigen Zeitpunkt widerzuspiegeln (IAS 40.31). Im Unterschied zur Anschaffungskostenmethode nach IAS 16 (→ § 8 Rz 75 i. V. m. → § 14 Rz 18) ist zu **jedem Bilanzstichtag** (Rz 58) eine *fair-value*-Bewertung der Immobilien vorzunehmen. Gewinne oder Verluste, die sich aus der Änderung des beizulegenden Zeitwertes von Renditeliegenschaften ergeben, sind stets **erfolgswirksam** unter Gegenrechnung der damit entstehenden Steuerlatenz (Rz 126) zu erfassen (IAS 40.35). 54

Für die im Erstansatz enthaltenen **Transaktionskosten** besteht im Rahmen der Folgebewertung zum beizulegenden Zeitwert ggf. ein Wertminderungsbedarf, wenn diese Kosten sich aus einer Marktwertperspektive nicht im Zeitwert der Immobilie niederschlagen und keine kompensierende Wertsteigerung der Immobilie eingetreten ist. 55

> **Beispiel**
> Immobilienunternehmen A erwirbt zum 30.12. ein Grundstück inkl. darauf stehendem Geschäftsgebäude zum Zwecke der Fremdvermietung zu einem Anschaffungspreis (= beizulegender Zeitwert) von 99.000.000 EUR. Im Rahmen der Zugangsbewertung werden noch 6.000.000 EUR Anschaffungsnebenkosten aktiviert.
> Nicht selbst genutzte Immobilien werden von A regelmäßig als Finanzinvestition behandelt und zum beizulegenden Zeitwert bewertet. Der Buchwert der Immobilie i. H. v. 105.000.000 EUR ist daher zum Stichtag im Wert zu berichtigen (per Aufwand an *investment property* 6.000.000 EUR).

Da es im *fair value model* nicht zu Abschreibungen kommt, scheidet, anders als für die Folgebewertung zu fortgeführten Anschaffungskosten (Rz 52), der Komponentenansatz aus. Im Rahmen der *fair-value*-Bewertung ist aber auch ansonsten eine Trennung etwa in Gebäude und Betriebsvorrichtungen regel- 56 mäßig nicht möglich, da sie der Veräußerungsfiktion widerspräche: Der gedachte Erwerber würde den Marktpreis nach der Ertragserzielungsmöglichkeit der gesamten Renditeliegenschaft mit der gegebenen Ausstattung bemessen. Insofern gehen die Wertbeiträge der einzelnen Vermögensteile **geschlossen** (ungetrennt) in den Marktwert ein (zu Besonderheiten siehe Rz 62).[22]

57 Allerdings können Renditeliegenschaften in einen Grundstücks- und einen Immobilienteil, als zwei separate Vermögenswerte, getrennt werden. Eine entsprechende Entscheidung ist als konzerneinheitliche Bilanzierungs- und Bewertungsmethode i.S.v. IAS 8.14 festzulegen sowie im Anhang offenzulegen und betrifft auch Renditeliegenschaften im Bau.

Bei getrennter Bilanzierung von Grundstück und Gebäude ist auch die Verlässlichkeit der *fair-value*-Bewertung separat zu bestimmen (Rz 71).

58 Aufgrund der fortlaufenden *fair-value*-Bewertung sind Renditeliegenschaften nicht **planmäßig abzuschreiben**. Auch **außerplanmäßige Abschreibungen** sind gem. IAS 36 überflüssig (→ § 11 Rz 3). Die zu jedem Bilanzstichtag ermittelten Zeitwerte spiegeln Alter und Zustand wider, sodass eine zusätzliche planmäßige oder außerplanmäßige Abschreibung einer Doppelerfassung von Wertminderungen gleichkäme (Rz 137).

3.2.6 Bilanzierung gemischt genutzter Immobilien

59 Die Beschränkung des Anwendungsbereichs von IAS 40 auf Renditeliegenschaften erfordert die **strikte Aufteilung** (Rz 16ff.) einer Immobilie, wenn ein Teil eigenbetrieblich wird (z.B. Räumlichkeiten für die eigene Verwaltung) und der restliche Teil der Immobilie als Renditeliegenschaft Verwendung findet (IAS 40.10). Der **betrieblich** genutzte Teil der Immobilie ist in diesem Fall nach IAS 16 (→ § 14) zu bewerten, während für den **fremdgenutzten** Teil die Regelungen von IAS 40 Anwendung finden.

3.2.7 Wechselwirkungen zwischen IAS 40 und IAS 17

60 Die Klassifizierung einer Immobilie als Renditeliegenschaft setzt regelmäßig eine Nutzungsüberlassung (i.S.e. Vermietung) ohne gleichzeitige Übertragung des wirtschaftlichen Eigentums voraus. Für die bilanzielle Behandlung, insbesondere die Zuordnung des wirtschaftlichen Eigentums, ist daher neben IAS 40 i.d.R. immer auch IAS 17 relevant.

- Überträgt das bilanzierende Unternehmen im Rahmen einer Nutzungsüberlassung auch das wirtschaftliche Eigentum an einer Liegenschaft, scheidet eine Behandlung nach IAS 40 aus. Es liegt ein *finance lease* (→ § 15 Rz 134) vor, der nach IAS 17 zu behandeln ist.
- Aus Sicht des bilanzierenden Unternehmens ist das Innehaben wirtschaftlichen Eigentums über eine Liegenschaft gleichzeitig nicht notwendige Voraussetzung für einen Ansatz (zur Bilanzierung ohne wirtschaftliches Eigentum vgl. Rz 6 und Rz 25).

---

[22] Vgl. auch BÖCKEM/SCHURBOHM-EBNETH, KoR 2003, S. 341.

Für Renditeliegenschaften besteht die Möglichkeit eines Ansatzes – eine Anwendung des *fair value model* vorausgesetzt – auch ohne wirtschaftliches Eigentum. Werden allerdings die wesentlichen Chancen und Risiken, die mit der Nutzung der Renditeliegenschaft verbunden sind, auf einen Mieter übertragen, liegt ein *finance lease* vor, eine Erfassung der Immobilie in der Bilanz des Vermieters scheidet aus. Neben dieser Ungleichbehandlung hinsichtlich des wirtschaftlichen Eigentums ergeben sich weitere Wechselwirkungen zwischen IAS 17 und IAS 40 hinsichtlich der Behandlung von Kaufoptionen (Rz 61) und Anreizvereinbarungen (Rz 62 ff.).

Das Wahlrecht zur Bewertung von Immobilien zu Anschaffungs- oder Herstellungskosten einerseits und Marktwerten *(fair value)* andererseits steht auch dem **Leasinggeber** bei einem *operating*-Leasingverhältnis zu (→ § 15 Rz 140 ff.). Sofern er sich für die Bewertung nach dem *fair-value*-Modell entscheidet, ergibt sich im Falle eines Leasingvertrages mit **Kaufoption** des Leasingnehmers folgende Besonderheit: Der *fair value* einer Immobilie, die Gegenstand eines Leasingverhältnisses ist, wird nach IAS 40.29 nicht als Nutzungswert i. S. d. Barwerts der noch anfallenden Mindestleasingraten zuzüglich des abgezinsten Optionspreises definiert, sondern als Wert, zu dem die Immobilie am Markt verkauft werden könnte (Rz 68). Mit steigendem Marktpreis der Immobilie **wächst** bei Leasingverträgen mit Kaufoption zugunsten des Leasingnehmers die Wahrscheinlichkeit der Ausübung dieser Option. Bei einer Folgebewertung nach dem *cost model* (Rz 49) stellt die Ausübung der Kaufoption aus Sicht des Leasinggebers lediglich einen **entgangenen Gewinn** dar, der bilanziell nicht berücksichtigt wird. Bei Anwendung des *fair-value*-Modells „droht" die Ausübung der Option mit entsprechender „Belastung" des ausgewiesenen (Brutto-)Werts.[23] Diese Belastung kann zu einem künftigen **Aufwandsüberschuss** aus dem Leasingvertrag führen, der durch eine Rückstellung für drohende Verluste zu berücksichtigen ist (→ § 21).

Die **Höhe** der Rückstellung ergibt sich aus der Differenz zwischen dem aktuellen Marktwert der Immobilie und dem vertraglich festgelegten Optionspreis. Die Verwendung des erwarteten Marktwerts als Bewertungsgröße für die Rückstellung wäre zwar theoretisch richtig, allerdings muss dieser Wert vernachlässigt werden, da er ungewiss ist und insoweit die geforderte Mindestwahrscheinlichkeit (→ § 21 Rz 134 ff.) nicht erfüllt wäre.

Hinsichtlich des bilanziellen Ausweises von Renditeliegenschaften ergeben sich Besonderheiten, wenn im Rahmen der Vermietung künftige Mietzahlungen **vorfällig** oder andere **Anreize** i. S. v. SIC 15 vereinnahmt wurden. Der Abschluss von langfristigen Mietverträgen hinsichtlich eigener Renditeliegenschaft (in der Funktion als Vermieter) fällt in den Anwendungsbereich von IAS 17, die Bilanzierung der Renditeliegenschaft setzt die Klassifizierung des Mietverhältnisses als *operating lease* voraus (→ § 15 Rz 19 ff.). Neben den Vorgaben von IAS 17 sind auch diejenigen von SIC 15 verpflichtend zu berücksichtigen (→ § 15 Rz 142 ff.). Bei einer Option zum *fair value model* nach Rz 54 ergeben sich Besonderheiten hinsichtlich des Ausweises von getroffenen Anreizvereinbarungen gem. SIC 15 oder sonstigen günstigen/ungünstigen Komponenten eines bestehenden Leasingverhältnisses. Bestehende Vereinbarungen

---

23 Vgl. HELMSCHROTT, DB 2001, S. 2457 f.

- lassen sich als Teil des beizulegenden Zeitwerts der Renditeimmobilie interpretieren (so gibt SIC 15 keinen Bilanzposten zur Erfassung von Anreizvereinbarungen vor; → § 15 Rz 142) oder
- sind separat von dem *fair value* der Renditeimmobilie als eigenständiger Bilanzposten zu erfassen.

Die Erfassung aller Komponenten eines Leasingverhältnisses im beizulegenden Zeitwert einer Renditeliegenschaft lässt sich mit IAS 40.40 rechtfertigen. Danach umfasst der *fair value* einer Renditeimmobilie sämtliche Mieteinnahmen, unabhängig (mangels expliziter Anführung) von dem Zahlungszeitpunkt.

Im **Anschaffungskostenmodell** (Rz 49) kommt neben einem separaten Ausweis auch eine Behandlung als eigenständige Komponente der Renditeliegenschaft infrage.

63 Unabhängig von dem gewählten Ausweis ist Folgendes zu beachten:
- Eine Doppelerfassung *(double counting)* oder eine Nichterfassung *(omitting)* des beizulegenden Zeitwerts einer Renditeimmobilie im *fair value model* scheidet aus. Erfolgt ein separater Ausweis getroffener Anreizvereinbarungen, muss die Summe des eigenständigen Bilanzpostens und des Buchwerts der Renditeimmobilie insgesamt dem *fair value* am Stichtag entsprechen.
- Die Auflösung einer getroffenen Anreizvereinbarung erfolgt unabhängig davon, ob ein Ausweis als eigenständiger Bilanzposten erfolgt, gem. SIC 15 i.V.m. IAS 17.34 (→ § 15 Rz 142) auf Basis einer systematischen Grundlage über die verbleibende Laufzeit des ursächlichen Leasingverhältnisses.

64 Vereinbaren Leasinggeber und Leasingnehmer eines *operating lease* eine vorfällige Zahlung von Mietzahlungen für die Nutzung einer Renditeimmobilie, hat diese durch die Reduzierung künftiger Mietraten unmittelbar Einfluss auf den beizulegenden Zeitwert der Liegenschaft. U.E. ist ein Rückgang des beizulegenden Zeitwerts wegen vorfällig geleisteter (Entschädigungs-)Zahlungen des Mieters nicht erfolgswirksam als *fair-value*-Minderung der Renditeliegenschaft zu erfassen. Vielmehr stellen der Empfang der Zahlung und die *fair-value*-Minderung eine „*linked transaction*" dar.

> **Beispiel**
> Unternehmen A ist Vermieter, Unternehmen B langfristiger Mieter eines Büroparks. Das Leasingverhältnis stellt aus Sicht von Vermieter und Mieter ein *operating lease* dar. In der Bilanz von A wird der Büropark als Renditeliegenschaft nach dem *fair value model* erfasst. Mit Zahlung einer Entschädigung i.H.v. 12 Mio. EUR vereinbaren die Parteien eine Aufhebung des Leasingverhältnisses. Die dieser Vereinbarung entsprechenden künftig zu erwartenden Leasingraten entsprechen den marktüblichen Konditionen, über die Entschädigungszahlung wurde ein bislang vereinbarter *over rent* (Vertragsmiete übersteigt die marktübliche Miete) abgegolten.
> Die Entschädigungszahlung für die Aufhebung des Mietverhältnisses zeitigt zwar keine Auswirkung auf den Substanzwert des Gebäudes, bewirkt aber in einer *cash-flow*-basierten Betrachtung eine Änderung (i.S.e. Reduzierung auf das marktübliche Niveau) der künftig zu erwartenden Zahlungsströme, die aus der Vermietung der Immobilie erzielt werden können, und vermindert damit den *fair value*. Mit Aufhebung des Vertrags kommt es – durch die

> Vorauszahlung – zu einem Wegfall von künftigen *cash inflows* aus der Vermietung der Immobilie in erheblichem Umfang, der einen niedrigeren beizulegenden Zeitwert bewirkt. Die Entschädigungszahlung lässt sich daher sachlich nicht von der *fair-value*-Minderung der Immobilie trennen. An die Stelle der separaten Erfassung der empfangenen Entschädigungszahlung tritt eine „stille" Saldierung mit der Wertminderung der Immobilie.

In der GuV des Vermieters ist daher nur eine (verbleibende) Nettominderung des beizulegenden Zeitwerts einer Renditeliegenschaft zu erfassen. Eine Besonderheit ergibt sich für den Ausweis im Anlagespiegel nach IAS 40.76 (Rz 119). Die *fair-value*-Minderung ist als Nettoverlust aus Anpassungen des beizulegenden Zeitwerts auszuweisen. Im Verhältnis zur Gewinn- und Verlustrechnung bleibt die Differenz zwischen dem Anlagenverlust und der erfolgswirksamen Wertminderung erläuterungsbedürftig, da die GuV einen – durch Verrechnung der Wertminderung mit der Entschädigungszahlung – saldierten Aufwand und der Anlagespiegel den Verlust in voller Höhe zeigt.

3.3 Wertermittlungsverfahren zur Bestimmung des *fair value*

3.3.1 Definition des *fair value*

Nach IFRS 13 basiert der *fair value* auf einem **fiktiven Transaktionspreis** des Vermögenswertes zum Bilanzstichtag. Es handelt sich hierbei um den wahrscheinlichsten Betrag, zu dem ein Vermögenswert zwischen sachverständigen und vertragswilligen (IAS 40.40) sowie voneinander unabhängigen Geschäftspartnern getauscht werden könnte (→ § 8a). Diese Definition des Marktwertes ist weitgehend identisch mit der Definition des Marktwertes der *Royal Institution of Chartered Surveyors (red book)*[24], der Marktwertdefinition in Art. 49 Abs. 2 der Richtlinie des Europäischen Rates[25] sowie der Verkehrswertdefinition in § 194 BauGB. Nach § 194 BauGB wird der Verkehrswert „durch den Preis bestimmt, der in dem Zeitpunkt, auf den sich die Ermittlung bezieht, im gewöhnlichen Geschäftsverkehr nach den rechtlichen Gegebenheiten und tatsächlichen Eigenschaften, der sonstigen Beschaffenheit und der Lage des Grundstücks oder des sonstigen Gegenstands der Wertermittlung ohne Rücksicht auf ungewöhnliche oder persönliche Verhältnisse zu erzielen wäre".

IAS 40 versucht die Typisierung und Marktorientierung des *fair value* mit den Attributen „sachverständig", „vertragswillig" und „unabhängig" zu unterstreichen. **Sachverständigkeit** bedeutet in diesem Zusammenhang, dass der gedachte Käufer ausreichend über Art und Merkmale der Immobilie, ihrer gegenwärtigen und möglichen Nutzung sowie über die Marktlage zum Bilanzstichtag informiert ist (IAS 40.40). Als **vertragswillig** gelten Geschäftspartner, die motiviert, aber nicht gezwungen sind, das Geschäft um jeden Preis abzuschließen. **Unabhängig** bedeutet, dass keine besondere Beziehung zwischen dem gedachten Erwerber und dem gedachten Verkäufer besteht, die marktuntypische Transaktionspreise

---

[24] Vgl. THE ROYAL INSTITUTION OF CHARTERED SURVEYORS (Hrsg.), Appraisal and Valuation Manual, 1995.
[25] Vgl. KLEIBER, Die „europäischen Bewertungsstandards" des Blauen Buches, in: Grundstücksmarkt und Grundstückswert 2000, S. 324.

begründen könnte. Der beizulegende Zeitwert wird somit als hypothetischer Marktwert definiert, der von persönlichen Einflüssen vollständig abstrahiert.

67 Der beizulegende Zeitwert ist definiert als Veräußerungspreis (*exit price*). Konzeptionell entspricht der *fair value* dem Wert (IFRS 13.9), den **beliebige Marktteilnehmer** unter **gewöhnlichen Bedingungen** für eine tatsächliche oder hypothetische Transaktion zugrunde legen (IFRS 13.2). Bei der Ermittlung des *fair value* ist daher den **Eigenschaften** des Bewertungsobjekts Rechnung zu tragen, die (erwartungsgemäß) in einer Markttransaktion berücksichtigt (IFRS 13.11) und bei einem Transfer auch übertragen werden.

Besondere Bedeutung hat die Identifizierung des Bewertungsobjekts, wenn in Abhängigkeit der Gestaltung einer (hypothetischen) Veräußerung – als *asset deal* oder *share deal* – steuerliches Optimierungspotenzial besteht. So ist in manchen Rechtsordnungen die Strukturierung einer Veräußerung eines Vermögenswerts als **Anteilsveräußerung** für den Erwerber und/oder den Veräußerer steuerlich vorteilhaft. In einer tatsächlichen Transaktion wird daher auf einen **gesellschaftsrechtlichen Mantel** (*corporate wrapper*) zurückgegriffen, der steuerliche Vorteil zwischen den Parteien aufgeteilt (→ § 8a Rz 54ff.).

68 Durch die Typisierung **unterscheidet** sich der *fair value* vom *value in use* nach IAS 36 (→ § 11 Rz 42): Der *value in use* berücksichtigt auch **unternehmensspezifische Nutzenpotenziale**, wie z. B. den zusätzlichen Wert, der sich aus der Portfoliobildung ergibt, Synergieeffekte zwischen Renditeliegenschaften und anderen Vermögenswerten sowie rechtliche oder steuerliche Vorteile, die nur für den gegenwärtigen Eigentümer bestehen. Diese Nutzenpotenziale werden bei der Ermittlung des beizulegenden Zeitwertes nach IAS 40 nicht berücksichtigt, da der *fair value* allgemein gültige Erwartungen und Kenntnisse widerspiegeln soll. Bei der Ermittlung des beizulegenden Zeitwertes dürfen zudem keine bei Verkauf oder Abgang entstehenden **Transaktionskosten** berücksichtigt werden (IAS 40.30). Der beizulegende Zeitwert einer Renditeimmobilie ist als *exit price* zu bestimmen, Transaktionskosten bleiben daher unberücksichtigt.

69 Für die Bewertung von Renditeimmobilien gilt die allgemeine **Hierarchie** der *fair-value*-Bestimmung des IFRS 13: Bevorzugt soll der *fair value* auf der Grundlage von Preisen für gleiche oder ähnliche Immobilien auf einem **aktiven Markt** ermittelt werden. Verlangt man aber für das Vorliegen eines aktiven Marktes den Handel mit relativ **homogenen** Gütern, so ist der Markt für bebaute Grundstücke i.d.R. nicht „aktiv" i.S.d. IFRS: Anlageimmobilien unterscheiden sich nach Alter, Lage, Ausstattung und Größe; jedes Objekt ist bis zu einem gewissen Grade einzigartig in den Ausprägungen dieser Merkmale, sodass die Homogenitätsbedingung i.d.R. auch nicht annähernd gegeben ist.[26] Es sind dann hilfsweise zuverlässige und glaubwürdige Alternativverfahren zur Wertermittlung heranzuziehen. I.d.R. ist der *fair value* über den Rückgriff auf **DCF-Modelle** zu bestimmen. Wenn die Schwankungsbreite der vernünftigen Schätzungen des beizulegenden Zeitwerts auf Basis einer Marktpreis- oder DCF-orientierten Bewertung signifikant ist und die Eintrittswahrscheinlichkeiten für verschiedenen Schätzungen innerhalb dieser Bandbreite nicht auf angemessene Weise beurteilt werden können, gilt eine verlässliche Schätzung ausnahmsweise als nicht möglich (IAS 40.48).

---

[26] Vgl. DYCKERHOFF/LÜDENBACH/SCHULZ, Praktische Probleme bei der Durchführung von Impairment-Tests im Sachanlagevermögen, in: Festschrift Pohle, 2003.

Für diesen Fall sieht eine „escape"-Klausel die hilfsweise Bewertung zu Anschaffungskosten vor (IAS 40.53).[27]
Nach der *fair value*-Hierarchie sind erzielte/erzielbare Preise immer vorrangig vor einer Modellbewertung. Liegt für eine – zum Verkauf vorgesehene – Immobilie eine Preisstellung durch einen fremden (nicht nahestehenden) Dritten vor, ist diese als *fair value* zum Stichtag heranzuziehen. Eine Vernachlässigung eines Kaufangebots zugunsten einer Modellbewertung scheidet aus.

70

> **Beispiel**
> Immobilienunternehmen I bewertet alle seine als Renditeobjekte gehaltenen Immobilien nach dem *fair value model*. Für die Bewertung zum Stichtag wird ein externer Gutachter beauftragt, der regelmäßig eine Modellbewertung vornimmt. Noch vor dem Stichtag wird ein bindender Kaufvertrag zur Veräußerung von einer Immobilie geschlossen. Die Immobilie wird nach IFRS 5 ausgewiesen. Lt. Kaufvertrag soll ein Übergang des Eigentums nach dem Stichtag erfolgen, der Kaufpreis beträgt 20 Mio. EUR. Nach der zum Stichtag vorliegenden Modellbewertung des Gutachters beträgt der DCF-Wert der Immobilie 15 Mio. EUR. Es liegen keine besonderen Anhaltspunkte für eine nicht marktübliche Interessenlage des Käufers vor, insbesondere ist dieser keine nahestehende Person von I.
> Mangels besonderer Umstände ist für die *fair value*-Bewertung zum Stichtag auf den Preis lt. Kaufvertrag abzustellen. Ein Abstellen auf die DCF-Bewertung und damit ein Verschieben des Veräußerungsgewinns in das Folgejahr scheidet aus.

3.3.2 Anforderungen an die *fair-value*-Bewertung

Aufgrund fehlender Börsenpreise für Immobilien besteht im *fair value model* die Gefahr der bilanziellen Überbewertung. Einer glaubwürdigen Bilanzierung würden externe **Wertgutachten dienen**. Diese werden jedoch **nicht zwingend** gefordert. Der Bilanzierende wird zwar „ermutigt" (*is encouraged*), den Marktwert auf Grundlage eines **externen** Bewertungsgutachtens zu ermitteln; er ist jedoch nicht dazu verpflichtet (IAS 40.32).

71

Bei einer Bewertung nach international anerkannten Grundsätzen (*International Valuation Standards*) wird eine Bewertung durch den Bilanzierenden (*internal valuer*) als nicht „*acceptable to fill the role of independent Valuer in certain types of assignments*" angesehen.[28] Unter Beachtung des für die Bilanzierung geltenden *materiality*-Gedankens kann man dieser apodiktischen Behauptung bei Industrie- und Handelsunternehmen mit gemessen am Gesamtvermögen niedrigem Wertanteil von *investment properties* nicht zustimmen. Unabhängig davon, ob eine Fremd- oder Eigenbewertung vorgenommen wird, stellt sich die Frage nach den anzuwendenden Immobilienbewertungs**verfahren**.

72

---

[27] Vgl. LÜDENBACH/FREIBERG, KoR 2006, S. 437 ff.
[28] IVSC, International Valuation Standards, 7. Aufl., 2005, S. 39 ff.

3.3.3 Deutsche Vorschriften zur Immobilienbewertung

73 Durch die Verkehrs- bzw. Marktwertermittlung einer Immobilie soll ein möglichst **marktkonformer** Wert des Grundstücks, d. h. der wahrscheinlichste Kaufpreis, bestimmt werden. Dazu bieten die deutschen Wertermittlungsvorschriften (insbesondere die Immo WertV[29]) verschiedene Verfahren an. Darüber hinaus liegt mit IDW S 10 auch eine berufsständische Verlautbarung zur Bewertung von Immobilien vor.[30] Nicht jedes Bewertungsverfahren ist jedoch in jedem Bewertungsfall zur Ermittlung marktkonformer Verkehrswerte geeignet. Im Einzelfall bedarf es einer Prüfung, welche **Methode** das geeignetste Wertermittlungsverfahren darstellt. Für die *fair-value*-Bewertung nach IFRS ist die inputbasierte *fair-value*-Hierarchie des IFRS 13 zu beachten (→ § 8a Rz 29).

74 Nach § 8 Abs. 1 Satz 1 ImmoWertV sind als **normierte Verfahren** zur Ermittlung des Verkehrswerts
- das **Vergleichswert**verfahren (Rz 76 ff.) einschließlich des Verfahrens zur Bodenwertermittlung,
- das **Ertragswert**verfahren,
- das **Sachwert**verfahren

oder **mehrere** dieser Verfahren heranzuziehen. Neben diesen in der ImmoWertV normierten drei Wertermittlungsverfahren sind als **nicht normierte** ertragswertorientierte Verfahren die *discounted-cash-flow*-Methode, die Investment-Methode und das Residualwertverfahren zu unterscheiden.

Im **internationalen** Vergleich gelten die vom IVSC *(International Valuation Standards Committee)* präferierten Methoden als maßgebende Immobilienbewertungsverfahren. Diese entsprechen in den wesentlichen Zügen den in Deutschland gebräuchlichen Verfahren. Hierzu folgende Übersicht:

	Deutsche Verfahren	Internationale Verfahren
Normierte Verfahren	Vergleichswertverfahren (§ 15 ImmoWertV)	*sales comparison approach*
	Ertragswertverfahren (§§ 17–20 ImmoWertV)	*income capitalisation approach*
	Sachwertverfahren (§§ 21–23 ImmoWertV)	*cost approach*

75 Zur Bewertung von Renditeliegenschaften eignen sich im Einklang mit den Leitlinien zur *fair-value*-Bewertung das **Vergleichs**wert- und das **Ertrags**wertverfahren. Das ebenfalls als Wertermittlungsverfahren normierte **Sach**wertverfahren führt regelmäßig nicht zur Bestimmung eines beizulegenden Zeitwerts. Bei Anwendung des Sachwertverfahrens sind der Wert der baulichen Anlage, wie Gebäude, Außenanlagen und besondere Betriebseinrichtungen, und der Wert der sonstigen Anlagen, getrennt vom Bodenwert nach **Normalherstellungs**kosten zu ermitteln. Der Bodenwert ist nach dem Vergleichswertverfahren zu ermitteln

---

[29] Vgl. Verordnung über die Grundsätze für die Ermittlung der Verkehrswerte von Grundstücken vom 19.5.2010, BGBl 2010 I S. 639.
[30] Vgl. IDW Standard: Grundsätze zur Bewertung von Immobilien (IDW S 10), Stand: 14.08.2013, IDW Fachnachrichten 11/2013, S. 503 ff.

(Rz 80). U.E. kommt dem Sachwertverfahren nur eine Bedeutung als Kontrollrechnung zu, wenn andere Verfahren keine verlässlichen Daten liefern, also keine ortsüblichen Mieten vorliegen.

3.3.4 Vergleichswertverfahren

Die Wertermittlung auf Grundlage des **Vergleichswertverfahrens** erfolgt durch Analyse der Verkaufspreise solcher Grundstücke, die hinsichtlich der Wertbestimmungsfaktoren mit dem zu bewertenden Grundstück hinreichend übereinstimmen (sog. Vergleichsgrundstücke). Es ist zu unterscheiden zwischen einer **direkten** und einer **indirekten** Vergleichsbewertung.

Die relevanten Daten für eine vergleichende Bewertung sind bei dem für eine Gebietskörperschaft tätigen Gutachterausschuss (Pflicht zur Vorhaltung von Unterlagen nach § 193 Abs. 5 BauGB) zu erfragen oder aus veröffentlichten Grundstücksmarktberichten zu entnehmen.

Die Anwendung des direkten Vergleichswertverfahrens setzt eine ausreichende Anzahl (mindestens 30 beobachtbare Preise für vergleichbare Objekte[31]) von aktuellen Vergleichspreisen für in den relevanten Wertmerkmalen übereinstimmende Immobilien voraus. Zur Feststellung der hinreichenden **Übereinstimmung** von Immobilien sind verschiedene Wertmerkmale heranzuziehen, wie z. B.:
- Ortslage (z. B. Kerngebiet, Ortsrandlage oder Einzugsgebiet);
- Grundstückslage (charakterisiert durch die Verkehrs-, Wohn- und Geschäftslage, aber auch die Klassifizierung als Reihen- oder Eckgrundstück bzw. Baulücke);
- Art und Maß der baulichen Nutzung (z. B. Industrie- oder Wohngebiet);
- Erschließungszustand (z. B. Anbindung an die örtliche Kanalisation, die Gas-, Wasser- und Stromversorgung sowie das Straßennetz).

In der Praxis werden sich nur **selten** Vergleichsgrundstücke finden lassen, die in sämtlichen entscheidenden Merkmalen vergleichbar sind. Eine Wertermittlung im direkten Vergleichswertverfahren scheidet daher aus (Rz 69). Alternativ bietet sich eine indirekte Vergleichswertbestimmung an, die vorhandenen Unterschieden zwischen Bewertungs- und Vergleichsobjekt durch Zu- und Abschläge an die Zustandsmerkmale des Bewertungsgrundstücks **Rechnung** trägt. Schließlich ist ein repräsentativer Wert der korrigierten Vergleichspreise zu bilden, wobei erhebliche „Ausreißer" nicht berücksichtigt werden sollten. Bei „Ausreißern" liegt die Vermutung nahe, dass die diesbezüglichen Vergleichspreise aufgrund von ungewöhnlichen und persönlichen Verhältnissen entstanden sind.

Die Vergleichswertmethode kann ermessensfrei meist nur bei **unbebauten** Grundstücken Anwendung finden. Bei **bebauten** Grundstücken ist das Vergleichswertverfahren aufgrund fehlender aussagekräftiger Vergleichskriterien lediglich bei einheitlichen Objekten (wie z.B. bei Reihenhäusern in einer Anlage) anwendbar. Bei der Mehrzahl der Anlageimmobilien ist es insofern nicht sinnvoll, den Marktwert nach der Vergleichswertmethode zu bestimmen: Es wäre eine „Illusion",[32] anzunehmen, die Unterschiede in den wertrelevanten Merkmalen der zu bewertenden Immobilie könnten durch einen ermessensfreien und damit objektivierten Wertmaßstab ausgeglichen werden. Ein klarer Vorrang gegenüber

---

[31] Vgl. SIMON/CORS/TROLL, Handbuch der Grundstückswertermittlung 1992, S. 84.
[32] ZIMMERMANN, Der Verkehrswert von Grundstücken, 2. Aufl., 1999, Anm. 19.

einer Ertrags- bzw DCF-basierten Bewertung besteht nicht,[33] wenn in wesentlichem Umfang (als Grenzwert werden 30 % bis 35 % angesehen[34]) Zu- und/oder Abschläge auf vergleichbare Preise vorgenommen werden.

80 Besondere Bedeutung hat das Vergleichswertverfahren zur Bestimmung des normierten Bodenwerts, also des Werts des unbebauten Grundstücks. Der **Bodenwert** ist anhand geeigneter Bodenrichtwerte, die insbesondere von den für eine Gebietskörperschaft zuständigen Gutachterausschüssen bereitgehalten werden, zu bestimmen. Als wertbeeinflussende Faktoren zu berücksichtigen sind
- Bodenbeschaffenheit (z. B. Bodengüte, Eignung als Baugrund oder Verunreinigung durch Altlasten);
- Lage und Fläche sowie Topografie des Grundstücks;
- Grundstücksgröße und -zuschnitt;
- bauliche Nutzbarkeit und bestehende Erschließung.

Bodenrichtwerte können aus der Kaufpreissammlung der Gutachterausschüsse für eine bestimmte Region entnommen werden (§ 193 Abs. 5 Satz 1 BauGB). Regionenübergreifende Richtwerte und Anpassungsfaktoren sind keine geeigneten Bewertungsparameter, da diese nicht repräsentativ für das Bewertungsobjekt sind.

3.3.5 Ertragswertverfahren

81 In den Fällen, in denen eine *fair-value*-Wertermittlung – wegen fehlender beobachtbarer Vergleichsobjekte und der Notwendigkeit zur ermessensbehafteten Anpassung – anhand der Vergleichswertmethode nicht sinnvoll ist, soll u. E. die Bewertung auf Grundlage der **Ertragswertmethode** vorgenommen werden. Bezogen auf die methodischen Grundlagen eignet sich das in Deutschland nach der ImmoWertV normierte **Ertragswertverfahren** auch zur *fair-value*-Wertermittlung nach IAS 40.[35] Zu beachten ist – neben der Ausgestaltung als **Einperiodenmodell** – allerdings der Verstoß gegen das strenge **Stichtagsprinzip** (→ § 8a Rz 16) des normierten Ertragswertverfahrens, insbesondere bezogen auf die Auswahl des Barwertfaktors zur Bestimmung des Gebäudeertragswerts (§ 20 ImmoWertV). Ein Rückgriff auf das normierte Ertragswertverfahren für die Bestimmung des beizulegenden Zeitwerts kommt aber dennoch in Betracht, wenn nachgewiesen werden kann, dass rationale Marktteilnehmer ihre Preisstellung unter Rückgriff auf den normierten Wert ableiten.

82 Das Ertragswertverfahren nach §§ 17–20 ImmoWertV kommt bei solchen Immobilien zur Anwendung, bei denen die Ertragserzielung das entscheidende Kriterium für das Investment ist. Bei Anwendung des in der ImmoWertV normierten Ertragswertverfahrens ist der Wert der Gebäude als **Gebäudeertragswert** (Rz 84) getrennt vom **Bodenwert**, der über das Vergleichswertverfahren zu bestimmen ist (Rz 80), auf der Grundlage des (Rein-)Ertrags zu ermitteln. Die Summe aus Gebäudeertragswert und Bodenwert ergibt unter Berücksichtigung von Zu- und/

---

[33] A. A. Hachmeister/Ruthardt, IRZ 2014 S. 79.
[34] Nach Kleiber/Simon/Fischer/Schröter, Verkehrswertermittlung von Grundstücken, 6. Aufl., Köln, 2010, S. 1234 f.
[35] Vgl. Zülch, PiR 2005, S. 71; Beck, in: BDO (Hrsg.), Real Estate Management 2005, S. 219. Kritische Anmerkungen Friess/Kormaier, DStR 2004, S. 2024; Kormaier, KoR 2006, S. 378 ff.

oder Abschlägen für objektspezifische Besonderheiten den Ertragswert. Die **Rechenformel** des normierten Ertragswertverfahrens stellt sich wie folgt dar:

	Jahresrohertrag
−	Bewirtschaftungskosten
=	jährlicher Grundstücksreinertrag
−	Bodenwertverzinsung (= Bodenwert × Liegenschaftszinssatz)
=	Gebäudeertragsanteil
×	Vervielfältiger (Barwertfaktor)
=	Gebäudeertragswert
+	sonstige wertbeeinflussende Umstände
+	Bodenwert
=	Ertragswert der Immobilie

Die **Bodenwertverzinsung** wird mittels des Liegenschaftszinssatzes und des Bodenwerts (Rz 80) ermittelt. Für die Bestimmung des Liegenschaftszinssatzes ist auf die (empirisch) gesammelten Kaufpreise der regionenspezifischen Gutachterausschüsse abzustellen (§ 14 Abs. 3 ImmoWertV). In Abhängigkeit von der Lage der Immobilie ist der repräsentative Liegenschaftszins zu bestimmen. Der heranzuziehende Liegenschaftszins spiegelt, da dieser aus beobachtbaren Transaktionen der Vergangenheit abgeleitet wird, nicht die Stichtagsverhältnisse wider.

Der Gebäudeertragswert ergibt sich durch Kapitalisierung des nachhaltig erwarteten Reinertrags der baulichen Anlagen. Der Reinertrag ergibt sich ausgehend vom Rohertrag, gemindert um die notwendigen Bewirtschaftungskosten und eine Bodenwertverzinsung. Der **Rohertrag** ist ausgehend von einer Jahresnettokaltmiete in ortsüblicher Höhe zu bestimmen. Als Ausgangspunkt kann abgestellt werden auf

- verfügbare Mietspiegel von örtlichen Verbänden der Wohnungswirtschaft, Haus-, Wohnungs- und Grundbesitzervereinen, gemeinde- und stadtspezifische Mietspiegel oder Maklerinformationen,
- Wohn- und Gewerbepreisspiegel des Immobilienverbands Deutschlands,
- Mietübersichten in den Grundstücksmarktberichten der Gutachterausschüsse oder
- den alle 4 Jahre zum 30.6. erscheinenden Wohngeld- und Mietenbericht des Bundesministeriums für Verkehr, Bau und Stadtentwicklung.

Die **Bewirtschaftungskosten** umfassen Kosten der Verwaltung, der Instandhaltung, des Mietausfallwagnisses und die laufenden Betriebskosten. Als Anhaltspunkt für die angemessene Höhe im Rahmen der normierten Bewertung kann auf die Verordnung über wohnungswirtschaftliche Berechnung zurückgegriffen werden.[36]

Der (Gebäude-)Reinertrag ist mit einem Barwertfaktor[37] zu kapitalisieren, der ausgehend von Vergleichsobjekten zu bestimmen ist. Neben der Vergleichbar-

---

[36] Verordnung über wohnungswirtschaftliche Berechnungen nach dem Zweiten Wohnungsbaugesetz i.d.F. der Bekanntmachung v. 12.10.1990, die zuletzt durch Art. 78 Abs. 2 des Gesetzes v. 23.11.2007 geändert wurde (BGBl I 2007, S. 2614).
[37] Nach Anlagen 1 und 2 der ImmoWertV.

keit der Objekte in Bezug auf Ausstattungsmerkmale und Marktfähigkeit ist auch der wirtschaftlichen Restnutzungsdauer Rechnung zu tragen. Anhaltspunkte für die Restnutzungsdauer bietet die Wertermittlungsrichtlinie 2006.[38] Das normierte Ertragswertverfahren unterstellt als Einperiodenmodell einen gleichbleibenden Reinertrag.

Beispiel
Es ist ein Bürogebäude zu bewerten. Das Grundstück umfasst 2.000 qm. Der Bodenrichtwert der Gemeinde beträgt 500 EUR/qm. Die Restnutzungsdauer des Gebäudes beträgt 92 Jahre. Es ist ein Kapitalisierungszinssatz von 6,5 % anzuwenden. Die monatlichen Mieteinnahmen betragen 41 TEUR, die marktüblichen Bewirtschaftungskosten, ausgehend von der Mieteinnahme, 25 %. Der Ertragswert des Grundstücks ermittelt sich daher wie folgt:

		EUR
	Mieteinnahmen (41 TEUR × 12)	492.000
−	Bewirtschaftungskosten 25 %	− 123.000
=	Jahresrohertrag	369.000
	Bodenwertverzinsung	
−	1 Mio. EUR × 6,5 %	− 65.000
=	Gebäudereinertrag	304.000
×	Barwertfaktor von 6,5 %	
=	Gebäudeertragswert	4.663.360
+	Bodenwert	1.000.000
=	Ertragswert des Grundstücks	5.663.360

3.3.6 Anwendung der Investment-Methode

86 Eine vereinfachte Bewertung unter Renditegesichtspunkten kann nach der nicht normierten Investment-Methode erfolgen, die eine Abwandlung einer ertragswertorientierten Bewertung darstellt. Der Wert einer Immobilie bestimmt sich – vergleichbar einer Multiplikatorbewertung – als Produkt aus
- dem nachhaltig prognostizierten Überschuss der (Brutto-)Mieterträge über die nicht umlagefähigen Bewirtschaftungskosten, also einer Nettomarktmiete, und
- einer Renditeerwartung (Kehrwert einer *all risks yield*), die entweder finanzmathematisch oder aus Vergleichstransaktionen hergeleitet wird.

Das Verfahren ist als **Rentenmodell** konzipiert, es sind daher im Zeitablauf konstante Nettoerträge aus der Vermietung zu unterstellen. Eine Differenzierung zwischen Grund und Boden und Gebäude entfällt, die Immobilie als Ganzes ist Bewertungsobjekt.

87 Für die finanzmathematische Festlegung der Renditeerwartung ist nach dem Baukastenprinzip vorzugehen. Ausgehend von einer (quasi-)risikolosen Verzin-

---

[38] Vgl. BAnz. Nr. 108a v. 10.6.2006, berichtigt am 1.7.2006 in BAnz. Nr. 121, S. 4798.

sung spiegelt die Renditeerwartung zum Stichtag über einen Zuschlag (vergleichbar mit der Risikozuschlagsmethode, Rz 99f.) die
- Risiken des Marktes, des Objektes, der Lage und Fungibilität sowie der Merkmale der bestehenden Mieter und
- Chancen für künftiges Miet- und Wertsteigerungspotenzial

wider. Für die Berechnung ist eine Kaufpreisäquivalenz zu berücksichtigen, also ggf. ein Abschlag für Geldentwertung zu erfassen. Insoweit verfügbar, kann der – das Chancen- und Risikoprofil der Immobilie ausdrückende – Multiplikator auch aus Vergleichstransaktionen über das Verhältnis der Nettomarktmiete zu einem Transaktionspreis bestimmt werden.

Die *investment method* eignet sich wegen der einfachen Ausgestaltung in der Grundform insbesondere zur **Plausibilisierung** eines Immobilienwertes. Die erhebliche Vereinfachung des Verfahrens, insbesondere die Ausgestaltung als Rentenmodell (Voraussetzung eines *steady state*), und die fehlende Unterscheidung zwischen Grund und Boden sowie Gebäude schränken die Nutzbarkeit für eine *fair-value*-Bestimmung im Einklang mit den Objektivitätsansprüchen der IFRS allerdings ein. 88

3.3.7 *Discounted-cash-flow*-Verfahren

Das *discounted-cash-flow*-Verfahren stimmt in der Grundidee mit dem normierten Ertragswertverfahren der ImmoWertV überein. Beim *discounted-cashflow*-Verfahren erfolgt die Ermittlung des Marktwertes – in einem **Mehrperiodenmodell** – der zu bewertenden Immobilie durch **Diskontierung** aller aus der Immobilie resultierenden **zukünftigen Einzahlungsüberschüsse** (*cash flows*) auf den Bewertungszeitpunkt. Wegen der Prognoseunsicherheit künftiger Zahlungsströme ist zwischen einem Detailplanungszeitraum und einem Restwert zu unterscheiden. Für die Bewertung bedarf es daher einer Bestimmung 89
- der Zahlungsströme im Detailplanungszeitraum,
- des risiko- und laufzeitäquivalenten Diskontierungszinssatzes und
- des Restwerts.

Die zu diskontierenden Einzahlungsüberschüsse ergeben sich i. d. R. wie folgt: 90

Erwartete Nettokaltmiete
– Mietausfallwagnis
– nicht umlagefähige Betriebskosten
– Verwaltungskosten
– Instandhaltungskosten
= Einzahlungsüberschuss

Die **erwartete Nettokaltmiete** ist ausgehend von den bestehenden Mietverträgen des Bewertungsobjektes zu bestimmen. Die erwarteten Einzahlungsüberschüsse haben den Besonderheiten des Objekts im Hinblick auf die aktuelle Vermietungslage (Laufzeit, Leerstand, mietfreie Zeiten etc.) Rechnung zu tragen. Laufen die aktuellen Verträge innerhalb des Detailplanungszeitraums aus, sind die Erfahrungswerte unter Berücksichtigung am Markt beobachtbarer Entwicklungen fortzuschreiben.

91 Das **Mietausfallwagnis** dient dem Ausgleich von Ertragsminderungen, die entstehen können durch z. b. uneintreibbare Mietrückstände, Leerstände, Aufhebung von Mietverhältnissen oder Räumungen sowie Kosten von Rechtsstreitigkeiten. Das Mietausfallwagnis ist bei Wohnungs- und Gewerbeobjekten im Wesentlichen von der Lage der Immobilie abhängig. In guten bis sehr guten Lagen ist das Risiko eines Mietausfalls eher gering. Bei weniger guten Lagen sind dagegen häufig Leerstände zu verzeichnen. Bei gewerblichen Objekten kommt eine weitere Abhängigkeit des Mietausfallwagnisses von der Bonität der Mieter sowie der konjunkturellen Lage hinzu. In Zeiten schlechter Konjunktur kann es in bestimmten Wirtschaftszweigen vermehrt zu Geschäftsaufgaben kommen. Die aus diesem Grund leer stehenden Geschäftsräume können dann u. U. kaum noch vermietet werden.

92 **Betriebskosten** können weitgehend in voller Höhe auf den Mieter bzw. Pächter **umgelegt** werden. Sofern jedoch der Bilanzierende Betriebskosten selbst zu tragen hat (z. B. durch Abrechnungsmängel oder ungeklärten Verbrauch) sind diese bei der Ermittlung der zu diskontierenden Einzahlungsüberschüsse abzuziehen.

93 **Verwaltungskosten** sind die Kosten der zur Verwaltung des Grundstücks erforderlichen Arbeitskräfte und Einrichtungen, die Kosten der Aufsicht sowie die Kosten für die gesetzlichen oder freiwilligen Prüfungen des Jahresabschlusses und der Geschäftsführung. Die Verwaltungskosten sind bei Wohngebäuden im Wesentlichen abhängig von der Nutzungsart und der Größe des zu verwaltenden Objekts, von der Anzahl und der Sozialstruktur der Mieter sowie von der Größe der Gemeinde. Bei Gewerbeobjekten ist der Mietvertrag daraufhin zu untersuchen, ob die Verwaltungskosten auf den Mieter umgelegt werden können. Ist dies der Fall, so werden keine Verwaltungskosten angesetzt.

94 Die **Instandhaltungskosten** decken die ordnungsgemäße Beseitigung durch Abnutzung, wie z. b. durch Witterungseinflüsse oder altersbedingte Materialschwäche ab. Vereinfachungsbedingt können pauschal zwischen 1 % und 2 % der Normalherstellungskosten eines Objektes berücksichtigt werden.

95 Das *discounted-cash-flow*-Verfahren beruht i. d. R. auf dem sog. **Zwei-Phasen-Modell**. Die **erste** Phase umfasst die Detailphase, in der die zukünftigen Einzahlungsüberschüsse für jedes Jahr relativ genau prognostiziert werden können. In der Literatur und in der Bewertungspraxis wird ein Zeithorizont von bis zu 10 Jahren angenommen.[39] Mit zunehmendem Planungshorizont sind jedoch genaue Prognosen nicht mehr möglich. Letztlich hängt der Zeithorizont der ersten Phase vom Einzelfall, insbesondere von der Laufzeit der bestehenden Mietverträge und der Möglichkeit zur Schätzung einer Prolongation ab.

96 In der **zweiten** Phase ist für die Bestimmung des **Restwerts** von konstanten, nachhaltigen Einzahlungsüberschüssen auszugehen, die in Form einer konstanten Rente anfallen, also einen eingeschwungenen Zustand (*steady state*) voraussetzen. Der beizulegende Zeitwert der Renditeliegenschaft ergibt sich dann als Summe der Barwerte aus der ersten Phase und des Restwertes in Form des Barwertes der konstanten Rente aus der zweiten Phase.[40] Z. T. wird in der Literatur die Auffassung vertreten, in der zweiten Phase sei nicht die unendliche Rente anzusetzen,

---

[39] Vgl. z. B. WHITE/TURNER/JENYON/LINCOLN, Internationale Bewertungsverfahren für das Investment in Immobilien, 1999, S. 116.
[40] Vgl. ZÜLCH, Die Bilanzierung von Investment Properties, S. 276.

sondern ein jährlich entsprechend der geschätzten Restnutzungsdauer zu vermindernder Restwert.[41] Dieser Auffassung ist jedoch u. E. nicht zu folgen, da jährlich ein Wert anzusetzen ist, den ein fiktiver Erwerber bezahlen würde. Der fiktive Erwerber würde aber bei der Bestimmung der künftigen Zahlungsüberschüsse nicht eine Laufzeit ansetzen, die um die Nutzungsdauer beim vorherigen Eigentümer korrigiert ist, sondern die volle Restnutzungsdauer. Für Immobilien ist eine endliche, also zeitlich begrenzte Nutzungsdauer zu unterstellen. Bei einer sehr langen noch verbleibenden Restnutzungsdauer führt der Diskontierungseffekt zu einer Irrelevanz von in zeitlich weiter Ferne liegenden Einzahlungsüberschüssen. Der Unterschied zwischen endlicher und unendlicher Lebensdauer ist dann – auch im Verhältnis zu der Unsicherheit, bezogen auf den angemessenen Zahlungsstrom – vernachlässigbar.[42] Die bisherige Abnutzung und damit das Risiko künftiger Instandhaltungen würde der fiktive Erwerber durch eine plausible Verminderung der zu diskontierenden Einzahlungsüberschüsse im Zeitablauf berücksichtigen.

In der Unternehmensbewertung wird zur Bestimmung eines kapitalmarktorientierten (Eigenkapital-)**Diskontierungszinssatzes** (für die Renditeforderung von Eigenkapitalgebern) das *capital asset pricing model* (CAPM) angewendet (→ § 11 Rz 69). Hier ergibt sich der Zinssatz aus der Rendite einer Alternativanlage in eine risikofreie Investition zuzüglich eines Zuschlags für die Investition in risikobehaftete Unternehmen (Risikoprämie). Das spezifische Risiko einer Immobilie ist geringer als das typische Eigenkapitalgeberrisiko.[43] Zusätzlich ist das für die Unternehmensbewertung entwickelte Verfahren (CAPM) bei der Immobilienbewertung aufgrund der unterschiedlichen Fungibilität von Aktien und Immobilien kaum anwendbar. Ein Rückgriff auf das CAPM für die Bestimmung des angemessenen Zinssatzes für die Immobilienbewertung kommt nur ausnahmsweise in Betracht, etwa wenn ausreichend Marktdaten für die Ableitung eines Betafaktors zur Verfügung stehen.

Die beobachtbaren Betafaktoren für börsennotierte Immobilienunternehmen unterscheiden sich stark. Unterschiedliche Verschuldungsgrade zunächst ausgeklammert, kommt hier die Heterogenität der Immobiliengesellschaften zum Ausdruck. Der Betafaktor ist nicht nur Ausdruck des Risikos des Immobilienportfeuilles, sondern auch allgemeiner Unternehmensrisiken (etwa drohende Insolvenz etc.). Der Rückgriff auf das CAPM zur Bestimmung eines angemessenen Diskontierungszinssatzes führt, ausgehend von der Festlegung der *Peer Group* (betrachtete Vergleichsunternehmen), zu einem erheblichen Ermessensspielraum. Eine Übernahme der unternehmensspezifischen Betafaktoren für die Bestimmung eines angemessenen Diskontierungszinssatzes für die Bewertung einer Immobilie scheidet u. E. daher aus.

Der angemessene **Diskontierungssatz** für die Bewertung von Immobilien über ein Barwertkalkül spiegelt – bei der Berücksichtigung der Unsicherheit zukünftiger Zahlungsströme über die Bildung eines Erwartungswerts – den Zeitwert des

---

41 Vgl. BÖCKEM/SCHURBOHM-EBNETH, KoR 2003, S. 340 f.
42 Bei Restnutzungsdauer über 50 Jahren ist der Barwert von Zahlungen bei einem Zinssatz > 7 % nahezu vernachlässigbar.
43 Vgl. FREIBERG, Diskontierung in der internationalen Rechnungslegung, Rz 328.

Geldes und das Risiko des Bewertungsobjekts wider. Es gilt folgende Vorgabe zur Bestimmung des angemessenen Diskontierungszinssatzes:[44]
- Vorrangig ist eine Ableitung des Diskontierungszinssatzes als interner Zinsfuß der Rendite einer am Markt beobachtbaren Alternativanlage heranzuziehen.
- Fehlt es an am Markt beobachtbaren Alternativanlagen, ist der Diskontierungszinssatz entweder unter Rückgriff auf beobachtbare oder geschätzte Kapitalmarktdaten abzuleiten.

100 Als Anhaltspunkt kann zunächst vom Zinssatz einer laufzeitäquivalenten, risikoarmen Anlage ausgegangen werden. Um die mit der Investition in Immobilien verbundene Unsicherheit im Vergleich zu der risikoarmen Anlage zu berücksichtigen, ist der Zins – nach dem Baukastenprinzip – um eine **Risikokorrektur** zu ergänzen, der die Risiken der jeweiligen Immobilie widerspiegelt. Alternativ besteht auch die Möglichkeit, Risikoabschläge bei der Schätzung der Einzahlungsüberschüsse in Form von geringeren Rückflüssen zu berücksichtigen und anschließend diese mit dem Marktzins für eine risikoarme Anlage zu diskontieren. Für Plausibilisierungszwecke kann auch als Obergrenze auf den Zinssatz zurückgegriffen werden, der für eine Finanzierung der Immobilie zu leisten wäre (→ § 15 Rz 65).

101 Bei der *discounted-cash-flow*-Methode handelt es sich um ein finanztheoretisch fundiertes und in der betriebswirtschaftlichen Investitionsrechnung verbreitetes Verfahren. Allerdings bietet auch diese Methode nur eine **Scheingenauigkeit**, da der so ermittelte Ertragswert notwendigerweise eine subjektive Größe ist und nicht den „objektiven Wert" widerspiegelt. Letztlich besteht durch die Wahl des Prognosehorizonts, die Einschätzung der künftigen Mieteinnahmen und des Leerstandsrisikos sowie des Risikozuschlags auf den risikofreien Zinssatz die Gefahr einer Bestimmung des *„fair value"* von Immobilien nach subjektivem Ermessen und in Abhängigkeit vom **bilanzpolitisch erwünschten** Ergebnis.

102 Die bilanzpolitischen Spielräume werden bislang nur in einem unbefriedigenden Umfang durch eine **Objektivierungsfunktion** eingeschränkt. Nach IFRS 13 wird der beizulegende Zeitwert durch Transaktionen zwischen unabhängigen Geschäftspartnern bestimmt. Insoweit sind stets die am Bilanzstichtag geltenden (laufzeitäquivalenten) Basiszinssätze zuzüglich eines Risikozuschlags maßgebend. Unklar bleibt allerdings, wie der Risikozuschlag nach „objektiven" Kriterien ermittelt werden soll. Objektivierungsbedingt sollte sowohl auf erhoffte Mietsteigerungen als auch auf künftige Inflationsanpassungen verzichtet werden, sofern diese nicht bereits am Bilanzstichtag bei angemessener Sorgfalt erkennbar sind (vgl. zum ganzen Komplex auch → § 28 Rz 108ff.).

3.4 Besonderheiten bei Grundsanierungen

103 Im Rahmen der Folgebewertung von Renditeimmobilien ist bei der Berücksichtigung von **Gebäudesanierungsmaßnahmen** zwischen der Bewertung zu fortgeführten AK/HK *(cost model)* und zum beizulegenden Zeitwert *(fair value model)* zu unterscheiden:
- Im *cost model* kann der Aufwand aus Sanierungsmaßnahmen u.U. als nachträgliche AK/HK berücksichtigt werden (→ § 8 Rz 33ff.). Es ergeben sich keine besonderen Probleme.

---

[44] Ausführlich FREIBERG, Diskontierung in der internationalen Rechnungslegung, Rz 319ff.

- Bei Anwendung des *fair value model* wurde im Schrifttum – abstellend auf eine mittlerweile durch IFRS 13 aufgehobene Vorgabe in IAS 40.51 – die Gefahr einer doppelten Aufwanderfassung gesehen.[45] Danach sollte die Bestimmung des beizulegenden Zeitwerts „weder zukünftige Ausgaben zur Verbesserung oder Wertsteigerung noch den damit einhergehenden künftigen Nutzen" widerspiegeln. Neben den Zahlungsmittelabflüssen im Zusammenhang mit der Sanierung wäre zusätzlich ein Aufwand aus einer *fair-value*-Minderung zu berücksichtigen gewesen.

Für die Erfassung von Aufwendungen bei Grundsanierungen sieht das aktuelle Recht keine Restriktionen vor. Die *fair-value*-Bewertung der Renditeimmobilie erfolgt nach den allgemeinen Leitlinien des IFRS 13. Für die bilanzielle Abbildung sind allerdings **drei Sanierungsfälle** zu unterscheiden:

- **Fall 1:** Die Sanierung **verhindert das weitere Absinken** des *fair value* der Immobilie. Bezogen auf den Zustand vor Sanierungsentscheidung findet insoweit keine Erhöhung des beizulegenden Zeitwerts, sondern lediglich dessen Stabilisierung statt. Die während der Periode vorgenommenen Sanierungsarbeiten sind als Aufwand zu erfassen, der *fair value* ist aber nicht nach unten anzupassen. Eine vertraglich vereinbarte Steigerung der Mieten nach Sanierung ist i.d.R. keine Wertsteigerung, sondern Kompensation für den Mietausfall während des Sanierungszeitraums, also **werterhaltend**. Die Sanierung wird nur einmal als laufender Aufwand, nicht ein zweites Mal als (fiktive) Minderung des *fair value* der Immobilie berücksichtigt.

104

> **Beispiel**
> Eine langfristig vermietete Immobilie mit einem beizulegenden Zeitwert von 100 Mio. EUR zum 1.1.05 ist in den nächsten 2 Perioden grundlegend zu sanieren. Als Sanierungskosten werden insgesamt 20 Mio. EUR, verteilt über die Sanierungsperiode, erwartet. Die bestehenden Mietverträge werden mit Beginn der Sanierungsphase beendet. Nach Abschluss der Arbeiten wird neu vermietet, in der realistischen Variante zu einer höheren Miete oder länger erzielbaren Restnutzungsdauer der Immobilie, nur in einer unrealistischen Variante zu einer gleichbleibenden Miete und Restnutzungsdauer.
> In beiden Fällen kann bei einer Ertragswert-/DCF-orientierten Bewertung durch den Wegfall von Mieten für 2 Jahre eine Werteinbuße für die Immobilie ermittelt werden, die im realistischen ersten Fall durch die Folgemieten kompensiert wird. Nur in der unrealistischen Variante tritt daher neben den Aufwand aus der Sanierung ein Aufwand aus Minderung des beizulegenden Zeitwerts.

- **Fall 2:** Die Sanierung **erhöht** den beizulegenden Zeitwert der Immobilie. Eine Minderung des beizulegenden Zeitwerts der Immobilie liegt hingegen nicht vor. Mit **einem** Teil sind die Sanierungsaufwendungen der Stabilisierung des *fair value*, mit einem **anderen** Teil der Erhöhung des Immobilienwerts zuzurechnen. Eine Erhöhung des beizulegenden Zeitwerts darf allerdings nur

---

[45] So ZÜLCH/WILLMS, BB 2005, S. 374; BECK, KoR 2004, S. 503.

insoweit berücksichtigt werden, wie ein (hypothetischer) Marktteilnehmer diese in einer Preisstellung berücksichtigen würde.

> **Beispiel**
> In Abwandlung des Sachverhalts beträgt der Sanierungsaufwand 40 Mio. EUR. Dafür wird nicht nur eine Wertstabilisierung der Immobilie, sondern nach zwei Perioden eine Werterhöhung um insgesamt 20 Mio. EUR (50 % der Sanierungskosten) erwartet. Die Werterhöhung aus der Sanierung ist insoweit zu erfassen, wie sie im Rahmen einer Veräußerung zum Stichtag vergütet werden würde. Dies kann etwa für einen bereits abgeschlossen Teil der Sanierungsarbeiten der Fall sein.

- Fall 3: Durch eine **Kernsanierung** (Um- bzw. Neubau, Teilabriss etc.) entsteht wirtschaftlich eine **neue Immobilie**. Die alte Immobilie ist auf Anlagen im Bau umzubuchen. Die Sanierungskosten sind als Herstellungskosten anzusetzen. Nach Abschluss der Sanierungsphase ist eine neue Immobilie i.H.d. Herstellungskosten (Restwert der Altimmobilie + werterhöhende Sanierungsaufwendungen) zu bilanzieren.

3.5 Bewertung zum Zeitwert in der Bau- bzw. Herstellungsphase

105 Wegen der Verpflichtung zur einheitlichen Ausübung des Wahlrechts hinsichtlich der Folgebewertung und der Ausweitung des Anwendungsbereichs über IAS 40.8e sind – bei Option zum *fair value model* – auch in der Bau- bzw. Herstellungsphase befindliche Renditeimmobilien zum Zeitwert zu bewerten. Eine Bewertung zu Anschaffungs-/Herstellungskosten ist nur **ausnahmsweise** bei Nachweis einer nicht zuverlässigen Bewertbarkeit möglich (IAS 40.53A).

106 Insbesondere in der frühen Phase der Immobilienentwicklung (besonders bei Gebäuden) wird sich der *fair value* regelmäßig nicht verlässlich bestimmen lassen. Folgende Kriterien sind für die Beurteilung der Zuverlässigkeit einer *fair-value*-Bewertung heranzuziehen:[46]
- Vertragliche Regelungen/Vereinbarungen des Fertigungsauftrags lassen eine zuverlässige Schätzung der noch ausstehenden Entwicklungskosten zu (etwa bei Festpreisverträgen mit Generalunternehmern)
- Status der Baugenehmigung
- Phase der Gebäudeentwicklung
- Vergleichbarkeit des Projektes mit typischen Bauvorhaben
- Verlässlichkeit der Schätzung des Zahlungsmittelflusses (Mieteinnahmen) nach Fertigstellung der Immobilie (etwa durch sichere Mietverträge für einen wesentlichen Teil der Mietfläche mit künftigen Mietern)
- Individuelles Entwicklungs- und Fertigstellungsrisiko der Immobilie
- Erfahrungen aus der Vergangenheit mit vergleichbaren Projekten

Allgemein gilt: Für Bauprojekte, die in ähnlicher Form bereits mehrfach realisiert wurden oder die bereits frühzeitig ausgemietet sind, lässt sich der *fair value* in einer früheren Entwicklungsphase zuverlässiger bestimmen als bei Spezial-Immobilien.

---

[46] Ähnlich PwC, Ein praktischer Guide zur Bilanzierung von Investment Properties im Bau, August 2009.

Die Bestimmung des beizulegenden Zeitwerts einer im Bau befindlichen Renditeliegenschaft ist im Vergleich zu einer bereits vermieteten Immobilie ungleich komplexer, da wesentliche Schätzungen erforderlich sind und entsprechend ein erhebliches Maß an (Bewertungs-)Unsicherheiten besteht.[47] 107

- Für in der Bau- bzw. Herstellungsphase befindliche Renditeliegenschaften lässt sich regelmäßig nur ein geringes Transaktionsvolumen, somit eine eingeschränkte (Markt-)Liquidität feststellen. Transaktionen erfolgen i. d. R. vor Baubeginn (in der Entwicklungsphase) oder gegen Ende der Bauphase.
- Im Vergleich zu fertiggestellten Immobilien bestehen zusätzliche Risiken in Bezug auf die Entwicklung (wahrscheinliche Fertigstellung), die noch ausstehenden Baukosten und die künftige Vermietung.

Eine marktpreisorientierte Bewertung für in der Bau- bzw. Herstellungsphase 108 befindliche Renditeimmobilien scheidet regelmäßig aus (Rz 68). Für die Bestimmung des beizulegenden Zeitwerts ist dann auf eine DCF-Bewertung abzustellen. Der Abschluss eines bis dahin erfolgten Mietvertrags erlaubt ggf. eine verlässliche DCF-Bewertung. Ohne einen solchen Vertrag und bei Intransparenz des Vermietungsmarktes (z. B. infolge von Überkapazitäten etc.) kann eine Schätzung des Zeitwerts in einer angemessenen Bandbreite von Werten u. U. nicht gelingen (Rz 105). Entsprechendes gilt, wenn die Kosten und/oder der Zeitraum bis zur Fertigstellung aufgrund ungewöhnlicher Umstände nicht zuverlässig geschätzt werden können.

Folgende **Faktoren** sind in eine DCF-basierte Bestimmung des beizulegenden 109 Zeitwerts einer im Bau befindlichen Renditeliegenschaft einzubeziehen:

- Wert der fertiggestellten Immobilie: geschätzter Wert der Renditeliegenschaft nach Bauende aus der Perspektive des Bewertungsstichtags oder der künftig erwartete (undiskontierte) Wert.
- Vereinbarte Mieten: Insoweit Mieten nicht für alle Flächen vertraglich gesichert sind, ist bei der Bewertung eine Korrektur für potenzielle Kosten (Vermittlung, Leerstand etc.) bis zur Vollvermietung zu berücksichtigen.
- Baukosten: Schätzung der Kosten bis zur Fertigstellung des Bauvorhabens, wenn kein Festpreisvertrag abgeschlossen wurde.
- Finanzierungskosten: Bis zur Vollvermietung anfallende Finanzierungskosten, die je nach Bauphase (und damit Risiko) variieren können, sind zu schätzen und zu berücksichtigen.
- Andere Kosten: Als weitere Kosten sind Rechts- und Beratungskosten sowie künftige Vermarktungskosten zu schätzen. Nicht zu berücksichtigen sind allfällige Kosten im Zuge eines Verkaufs.
- Risiko: Typische Risiken einer im Bau befindlichen Liegenschaft umfassen Abweichungen hinsichtlich der geschätzten Bau- und Finanzierungskosten sowie hinsichtlich des Fertigstellungszeitpunkts. Zusätzlich besteht ein Marktwertrisiko zwischen Baubeginn und -fertigstellung.
- Entwicklergewinn: Für den Immobilienentwickler ist eine angemessene Rendite zu berücksichtigen. Diese ist vorrangig im Diskontierungszinssatz eines DCF-Kalküls zu erfassen.

---

[47] Vgl. ZAUGG/KRÄMER/MEYER, IRZ 2009, S. 531 ff.

110 Die *European Public Real Estate Association* (EPRA) hat Richtlinien für eine DCF-basierte *fair-value*-Bestimmung von im Bau befindlichen Renditeliegenschaften erarbeitet:[48]

(1) Ausgangspunkt der *fair-value*-Bewertung (somit konzeptioneller Bewertungsmaßstab) ist der *exit value*, der nach aktuellen (zum Stichtag) beobachtbaren Marktbegebenheiten zu bestimmen ist.

(2) Der Entwicklungsgewinn einer Renditeliegenschaft im Bau ergibt sich aus der Differenz des (stichtagsbezogenen) *exit value* und den erwarteten Baukosten (inkl. Wert für Grund und Boden sowie Finanzierungskosten).

(3) Werden Risiken während der Entwicklungsphase substanziell reduziert oder eliminiert, rechtfertigt dies eine (Teil-)Realisation des erwarteten Entwicklungsgewinns. Für den Nachweis einer substanziellen Reduktion oder Eliminierung von bestehenden Risiken sollte ein Immobiliengutachter hinzugezogen werden.

(4) Bei Erhöhungen des Werts des Grund und Bodens (z. B. wegen behördlicher Bewilligungen wie Baubewilligung oder Umzonung) ist ebenfalls eine (Teil-)Realisation des entsprechenden Entwicklungsgewinns zulässig.

(5) Bewertungen sollen auf dem Zeitwert der erwarteten *cash inflows* und *outflows* basieren. Als *cash outflows* sind alle Baukosten sowie andere Projektkosten aufgrund vertraglicher Abreden anhand einer bestmöglichen Einschätzung zu erfassen.

(6) Besondere Bedeutung hat die Transparenz der Bewertung. In einem externen Bewertungsgutachten ist die Bewertungsmethode zu beschreiben und sind die Schlüsselannahmen, insbesondere der Einfluss der verbleibenden Projektrisiken in die Bewertung, offenzulegen. Allfällige Eventualkosten für Projektrisiken müssen quantifiziert und erläutert werden.

111 Für die **erwarteten Mieteinnahmen** einer noch nicht fertiggestellten Immobilie ist u. E. vorrangig auf die vertraglichen Konditionen eines bereits vorliegenden Mietvertrags abzustellen. Für den Zeitraum nach Ablauf des Mietverhältnisses sind marktübliche Verhältnisse anzunehmen. Hinsichtlich des Verhältnisses von beizulegendem Zeitwert und Buchwert, also der gesamten Anschaffungs-/Herstellungskosten, gilt unter der Voraussetzung eines bereits abgeschlossenen Mietvertrags Folgendes:

- Der Zeitwert der Immobilie übersteigt die Anschaffungs-/Herstellungskosten, wenn ein noch im Schwebezustand befindlicher Mietvertrag einen positiven ökonomischen Saldo ausweist, aus der Sicht des künftigen Vermieters also *favourable/beneficial* ist.
- Ist der schwebende Mietvertrag nahezu ausgeglichen (z. B. weil die künftigen Mietraten an die noch erwarteten Kosten der Fertigstellung angepasst werden), entsprechen sich beizulegender Zeitwert und Buchwert.
- Weist der noch schwebende Vertrag einen negativen ökonomischen Saldo aus, übersteigen also die bereits geleisteten Anschaffungs-/Herstellungskosten und die noch erwarteten Kosten bis zur Fertigstellung den Nutzen aus den künftigen Mieteinzahlungen, ist eine Abschreibung auf den niedrigeren beizulegenden Zeitwert erforderlich.

---

[48] Vgl. EPRA, Valuing Investment Property under Construction, EPRA recommendations to the IVSC.

Für die Bestimmung des ökonomischen Saldos ist u. E. aus der Perspektive eines (hypothetischen) Erwerbers auch der Fertigstellungsgrad der Immobilie zu berücksichtigen. Es bedarf einer Beurteilung, ob eine Erhöhung des beizulegenden Zeitwerts über die bislang angefallenen Herstellungskosten nur insoweit berücksichtigt werden darf, wie sie aus **bereits geleisteten** Zahlungen resultiert. Wird der Fertigstellungsgrad von einem potenziellen Erwerber in eine **Preisstellung** eingepreist, ist der insgesamt erwartete Vorteil aus der künftigen Vermietung der Immobilie nur anteilig in Abhängigkeit des Fertigstellungsgrades zu erfassen.

Beispiel
Immobilienunternehmen A errichtet Büroanlagen in einem Gewerbepark zur anschließenden Vermietung an einzelne Unternehmen. Die Mietverträge werden i. d. R. bereits vor Baubeginn für einen Mindestmietzeitraum von 20 Jahren abgeschlossen. Die Bauphase dauert i. d. R. 2 Jahre und beginnt nach Abstimmung der Baupläne mit dem künftigen Mieter. Am Ende des 1. Jahres sind bereits Kosten von 50 Mio. EUR angefallen, die Immobilie ist zu 50 % fertiggestellt. Der Barwert der künftigen Mieteinnahmen (= 120 Mio. EUR) übersteigt die Gesamtkosten bis zur Fertigstellung i. H. v. 100 Mio. EUR um 20 Mio. EUR. Der beizulegende Zeitwert der Immobilie zum Bilanzstichtag ist als *exit price* zu bestimmten, also mit dem Wert der aus einer Veräußerung erzielt werden kann. Wenn ein potenzieller Erwerber den Fertigstellungsgrad in sein Kaufpreiskalkül einbezieht, beträgt der Zeitwert am Ende des 1. (Bau-)Jahres daher 60 Mio. EUR, im *fair value model* ist ein Gewinn von 10 Mio. EUR zu erfassen. Die Erfassung eines Gewinns von 20 Mio. EUR, also der barwertigen Differenz der künftigen Zuflüsse abzgl. der noch ausstehenden Kosten, setzt einen Nachweis einer bestehenden Möglichkeit zum Verkauf der im Bau befindlichen Immobilie zu einem Preis von 70 Mio. EUR voraus.

Alternativ kommt eine **DCF-Bewertung** nach einem **Residualwertverfahren** 112
für eine Renditeliegenschaft im Bau infrage. Diese setzt folgende Schritte voraus:
(1) Bestimmung des erwarteten *fair value* der Renditeliegenschaft nach erfolgter Fertigstellung unter Berücksichtigung bereits kontrahierter Verträge.
(2) Abzinsung des in der Zukunft (nach Fertigstellung und Beginn der Nutzung) erwarteten beizulegenden Zeitwerts auf den Bilanzstichtag.
(3) Bestimmung des Barwerts der noch anfallenden Kosten bis zur Fertigstellung.
(4) Ermittlung einer Marge, die ein rational handelnder Dritter in Abhängigkeit vom Projektfortschritt für die Fertigstellung der im Bau befindlichen Immobilie zu zahlen bereit wäre.
(5) Im Rahmen einer residualen Wertermittlung ergibt sich der *fair value* als Differenz: (2) – (3) – (4).
Der Rückgriff auf eine residuale Bestimmung des beizulegenden Zeitwerts steht u. E. unter dem Vorbehalt der **Verlässlichkeit** (i. S. e. Objektivierbarkeit) der zugrunde gelegten Bewertungsprämissen. Für die Barwertbestimmung sind etwa risiko- und laufzeitäquivalente Abzinsungsfaktoren heranzuziehen, die sich für die einzelnen Schritte (1) – (4) hinsichtlich des Risikos als Schwankungsbreite um den Erwartungswert (→ § 21 Rz 150) unterscheiden. Daneben verlangt eine ent-

sprechende Bewertung eine zeitpunktgenaue Bestimmung von Zahlungsmittelflüssen. Auch wird die Bestimmung der vom Projektfortschritt abhängigen Marge regelmäßig nicht verlässlich möglich sein. Im Methodenvergleich halten wir daher eine *fair-value*-Bewertung in Abhängigkeit des Fertigstellungsgrades für besser geeignet.[49]

113 Bei erstmaligem Ansatz einer Renditeliegenschaft im Bau zum beizulegenden Zeitwert, für die zuvor ein *fair value* nicht zuverlässig bestimmt werden konnte, sind (zuvor unrealisierte) Bewertungsgewinne (bzw. -verluste) im Periodenergebnis der Berichtsperiode zu erfassen. Eine retrospektive Erfassung der Erstbewertungseffekte in den Gewinnrücklagen (inkl. Anpassung der Eröffnungsbilanz) scheidet aus.

Ein Bewertungsverlust bei Wechsel vom Anschaffungskosten- zum *fair-value*-Modell kann sich neben ungünstigen Marktwertentwicklungen auch aus der Nichtberücksichtigung von Nebenkosten bei der Bewertung zum beizulegenden Zeitwert ergeben (Rz 54).

114 Nach einem erstmals vorgenommenen *fair-value*-Ansatz einer im Bau befindlichen Renditeimmobilie sind im weiteren Baufortschritt anfallende Herstellungskosten zunächst auf den Buchwert der Liegenschaft zu aktivieren. Ausgehend von der neuen Anschaffungskostenbasis ist der *fair value* der Renditeimmobilie zu bestimmen.

Eine unmittelbar aufwandswirksame Verrechnung der für die Fertigstellung notwendigen Baukosten im Aufwand und korrespondierend dazu eine Realisation eines entsprechend höheren Bewertungsgewinns (respektive niedrigeren Verlusts) i. S. e. Bruttoausweises ist nicht sachgerecht, ein **Nettoausweis** daher geboten.

> **Beispiel**
> Der beizulegende Zeitwert einer Renditeliegenschaft im Bau zum Periodenanfang beträgt 100 Mio. EUR. In der laufenden Berichtsperiode fallen weitere Herstellungskosten von 20 Mio. EUR an. Mit der fortschreitenden Fertigstellung geht ein Bewertungsgewinn der laufenden Periode von 25 Mio. EUR einher. Der Bewertungsgewinn der Periode beträgt 5 Mio. EUR, ein unsaldierter Ausweis von 25 Mio. EUR Bewertungsgewinn und 20 Mio. EUR Herstellungsaufwand ist nicht zulässig.

4 Nutzungsänderungen und Abgänge

4.1 Nutzungsänderungen

115 Bei eintretenden Nutzungsänderungen sind entsprechende **Umbuchungen** in den Bestand oder aus dem Bestand der als Finanzinvestitionen gehaltenen Immobilien vorzunehmen. **Nutzungsänderungen** zeigen sich insbesondere durch
1. den Beginn der eigenbetrieblichen Nutzung mit der Umbuchung aus dem Bestand der Finanzinvestitionen in den Bestand der eigenbetrieblich genutzten Immobilien (IAS 40.57a);

---

[49] A. A. DIETRICH/RANKER, IRZ 2010, S. 113 ff.

2. den Beginn von Weiterentwicklungs- und Umbaumaßnahmen zum Zwecke der anschließenden Veräußerung durch Umbuchung in das Vorratsvermögen (IAS 40.57b);
3. das Ende der eigenbetrieblichen Nutzung mit der Übertragung in den Bestand der Renditeliegenschaften (IAS 40.57c);
4. den Beginn eines *operating*-Leasingverhältnisses mit einem anderen Vertragspartner und der Umbuchung aus dem Vorratsbestand in den Bestand der Renditeliegenschaften (IAS 40.57d);
5. die geplante Veräußerung einer Anlageimmobilie mit der Übertragung in den Bestand der zum Verkauf bestimmten Vermögenswerte (IFRS 5.6).

Nach geltendem Recht gilt auch der Beginn von Weiterentwicklungs- und Umbaumaßnahmen an einer Anlageimmobilie zum Zwecke der Veräußerung noch als Nutzungsänderung mit der Folge einer Umbuchung der Immobilie in das Vorratsvermögen (IAS 40.57b). Der beizulegende Zeitwert im Umwidmungszeitpunkt fungiert dann als Anschaffungskosten des Vorratsvermögens. Durch das *Annual Improvements Project* (ED/2009/11) sollte die Möglichkeit zur Umqualifizierung einer Renditeliegenschaft in das Vorratsvermögen aufgehoben werden. Eine Renditeliegenschaft wäre nach der geplanten Anpassung des geltenden Rechts dann so lange im Anwendungsbereich von IAS 40 geblieben, bis eine konkrete Veräußerung geplant und damit IFRS 5 einschlägig wäre (→ § 29 Rz 4). Die im ED/2009/11 noch vorgesehene Anpassung wurde allerdings aufgegeben; auch weiterhin ist eine Umklassifizierung von Renditeliegenschaften in das Vorratsvermögen zulässig.[50]

116

Mit Beginn der eigenbetrieblichen Nutzung gilt nach IAS 40.60 der beizulegende Zeitwert im Umwidmungszeitpunkt als Anschaffungs- oder Herstellungskosten der eigenbetrieblich genutzten Immobilie nach IAS 16 (→ § 8). Mit Ende der eigenbetrieblichen Nutzung und Beginn der Nutzung als Renditeliegenschaft ist die Immobilie bis zum Zeitpunkt der Nutzungsänderung entsprechend IAS 16 (→ § 14) zu bewerten (IAS 40.61). Mit Beginn eines *operating lease* ist die Immobilie bis zum Zeitpunkt der Nutzungsänderung entsprechend IAS 2 zu bewerten (→ § 17). Bei geplanter Veräußerung ist die Immobilie entsprechend IFRS 5 gesondert zu behandeln (→ § 29).

117

Über die Klassifizierung von Immobilien im **Zugangszeitpunkt** entscheidet die Verwendungsabsicht. Ist diese auf einen Verkauf bzw. eine Verarbeitung zum Zwecke des Verkaufs gerichtet, liegt Vorratsvermögen vor (IAS 2.6). Eine Vermietungsabsicht führt hingegen zur Klassifizierung als *investment property* (IAS 40.5). Für eine Umklassifizierung von Vorratsvermögen zu *investment properties* (bzw. umgekehrt) ist eine Änderung der Verwendungsabsicht (**subjektiver Aspekt**) nicht ausreichend.[51] Vielmehr bleibt es gem. IAS 40.57(b) (bzw. IAS 40.57(d)) solange bei der ursprünglichen Qualifikation, wie die geänderte Absicht nicht durch Handlungen objektiviert ist. Erforderlich sind tatsächliche Maßnahmen zur Vorbereitung der zukünftigen Verwendung. Denkbar wäre bei zukünftiger Verwendung als *investment property* der Abschluss eines Mietvertrags (IAS 40.57(d)) oder die Einreichung eines Bauantrags. Nach anderer, restriktiverer

118

---

[50] Vgl. IASB, Update October 2010; IFRIC, Update May 2010.
[51] Vgl. LÜDENBACH, PiR 2012, S. 134.

Auffassung soll bei einem genehmigungspflichtigen Vorhaben sogar erst mit Vorliegen einer Baugenehmigung eine Umklassifizierung infrage kommen.[52]

Beispiel
In 01 erwirbt die Immobilien- und Baugesellschaft B in 1A-Lage ein Grundstück zu Anschaffungskosten von 5 Mio. EUR mit der Absicht, darauf hochpreisige Eigentumswohnungen zu bauen und zu veräußern. Das Grundstück wird zutreffend als Vorratsvermögen klassifiziert. Die Vermarktungsbemühungen beginnen sofort, gestalten sich aber nicht erfolgreich. B hat die Aufnahmefähigkeit des lokalen Marktes für hochpreisige Eigentumswohnungen überschätzt. Ende 02 wird die Absicht zur Wohnungsbebauung aufgegeben. Stattdessen soll eine Gewerbeimmobilie errichtet werden, um sie als *investment property* langfristig zu vermieten. Das Grundstück selbst hätte (bereits seit Anfang 02) einen Nettoveräußerungswert von geschätzt 4 Mio. EUR. Ein entsprechender Bauantrag wird im Januar 03 eingereicht und im März 03 positiv beschieden. Zu diesem Zeitpunkt werden auch die ersten Mietverträge über das Objekt geschlossen. Die B bewertet *investment properties* im *cost model*, d.h. zu fortgeführten Anschaffungs-/Herstellungskosten unter Berücksichtigung außerplanmäßiger Abschreibungen nach IAS 36. Nach plausiblen Ergebnisplanungen wäre auf die Anschaffungskosten von 5 Mio. EUR keine außerplanmäßige Abschreibung geboten.
Da in 02 bei der B noch keine tatsächlichen Vorbereitungsmaßnahmen getroffen wurden, erfolgen Ausweis und Bewertung zum 31.12.02 weiterhin als Vorratsvermögen. Einschlägig ist damit der niedrigere Nettoveräußerungswert von 4 Mio. EUR (IAS 2.9). Eine Abschreibung von 1 Mio. EUR ist vorzunehmen (IAS 2.34).

119 Nach IAS 40.59 kann im Zusammenhang mit einer Umklassifizierung auf eine „Buchwertänderung" verzichtet werden. Damit ist aber nur Folgendes gemeint: Bei Umklassifizierung von Sachanlagen in *investment properties* sind zuvor vorgenommene Neubewertungen nicht zu revidieren. Bei Umklassifizierung von Vorräten in im *cost model* geführte Renditeimmobilien muss ein zum Zeitpunkt der Umwidmung über den Anschaffungskosten liegender Marktwert unberücksichtigt bleiben. Hingegen bleibt es erforderlich, letztmalig zum Zeitpunkt der Umklassifizierung eine Bewertung nach den bisherigen Regeln vorzunehmen (*„update of the carrying amount"*).[53]

Beispiel (Fortsetzung zu Rz 118)
Wären Bauantrag und -genehmigung bereits im 4. Quartal 02 erfolgt, hätte auch dies eine außerplanmäßige Abschreibung nicht verhindert. Da der Nettoveräußerungswert bereits seit Anfang 02 nur noch 4 Mio EUR betrug, hätte auch bei einer anfangs des 4. Quartals erfolgten Umklassifizierung eine aufwandswirksame Abschreibung (letztmalige Bewertung als Vorratsvermögen) um 1 Mio. EUR vorgenommen werden müssen.

---

[52] Vgl. Ernst&Young, International GAAP 2015, Ch. 19 sCh 9.1.
[53] Vgl. KPMG, Insights into IFRS 2014/15, Rz. 3.4.220.

Die zum Umwidmungszeitpunkt noch nicht berücksichtigten **Wertminderungen** sind erfolgswirksam durch **außerplanmäßige Abschreibungen** zu erfassen (→ § 11 Rz 13 ff.). Soweit jedoch eine Neubewertungsrücklage aus einer früheren **Neubewertung** besteht, sind Wertminderungen zunächst erfolgsneutral durch Verrechnung mit der Neubewertungsrücklage zu berücksichtigen. Die darüber hinausgehenden und nicht durch entsprechende Neubewertungsrücklagen gedeckten Wertminderungen wirken sich ergebnismindernd aus (IAS 40.62a; vgl. → § 8 Rz 86). 120

Im Umwidmungszeitpunkt sind **höhere Zeitwerte** gegenüber den fortgeführten Anschaffungs- oder Herstellungskosten wie folgt zu erfassen: 121
- Soweit die Erhöhung des Buchwertes eine früher vorgenommene außerplanmäßige Abschreibung **kompensiert**, ist die Zuschreibung **erfolgswirksam** als sonstiger betrieblicher Ertrag zu erfassen. Die erfolgswirksame Zuschreibung ist auf den Wert begrenzt, der sich ergeben hätte, wenn keine außerplanmäßige Abschreibung vorgenommen worden wäre (IAS 40.62b).
- Ein noch **verbleibender Teil** der Erhöhung des Buchwertes ist erfolgsneutral in einer **Neubewertungsrücklage** zu erfassen. Bei einem späteren Abgang der Immobilie darf die Neubewertungsrücklage erfolgsneutral in die Gewinnrücklagen umgebucht werden (IAS 40.62b). Vergleichbar ist die Regelung für das Neubewertungskonzept (→ § 8 Rz 70 ff.).

Zum Umwidmungszeitpunkt bestehende Wertdifferenzen zwischen Buchwert und Zeitwert sind im Rahmen einer Umqualifizierung aus dem Vorratsvermögen erfolgswirksam in der GuV zu erfassen (IAS 40.63). 122

4.2 Abgänge

Eine als Finanzinvestition gehaltene Immobilie darf nicht mehr in der Bilanz angesetzt werden, wenn sie durch Verkauf oder den Abschluss eines *finance*-Leasingverhältnisses abgeht oder zukünftige wirtschaftliche Vorteile nicht mehr zu erwarten sind (IAS 40.66). Es wird **verwiesen** auf die Kommentierung zu IFRS 5 (→ § 29). 123

Gewinne oder **Verluste** aus dem Verkauf oder der Stilllegung von Renditeliegenschaften ergeben sich aus der Differenz zwischen dem Nettoveräußerungserlös und dem Buchwert der Immobilie. Das Veräußerungsergebnis ist in der GuV als Ertrag bzw. Aufwand zu erfassen, es sei denn, dass IAS 17 (→ § 15 Rz 164 ff.) etwas anderes bei *sale-and-lease-back*-Transaktionen vorsieht (IAS 40.69). 124

Sofern die Zahlung des Kaufpreises vom Verkäufer **gestundet** wird, gilt das Barpreisäquivalent gem. IAS 18.11. Das erwartete Entgelt wird danach zunächst i. H. d. Barwertes angesetzt (IAS 40.63). Der Unterschied zwischen Nominalwert und Barwert des Entgelts wird als Zinsertrag gem. IAS 18.30 zeitproportional unter Anwendung der Effektivzinsmethode erfasst (IAS 40.70). 125

5 Steuerlatenz

Steuerlich ist die buchmäßige Werterhöhung nach dem *fair value model* nicht nachvollziehbar. Es kommt dann – bei gegenüber den fortgeführten Anschaf- 126 fungs- oder Herstellungskosten höherem Buchwert in der IFRS-Bilanz – zu einer **passiven Steuerlatenz**. Die zu bildende Rückstellung „schwankt" proportional (gleicher Steuersatz) mit der Differenz zwischen Steuerbuchwert und *fair value*. Die Bildung und Veränderung der Rückstellung für Steuerlatenzen ist erfolgswirksam zu buchen (→ § 26 Rz 218). Besondere Latenzwirkungen ergeben sich bei Steuersystemen mit unterschiedlichen (verwendungsabhängigen) Steuersätzen (→ § 26 Rz 212).

6 Ausweis

127 Aufgrund der Besonderheit der als Finanzinvestitionen gehaltenen Immobilien dürfen diese nicht gemeinsam mit den betrieblich genutzten Immobilien in der Bilanz ausgewiesen werden. Deshalb ist in der Bilanz nach IAS 1.54b ein **gesonderter** Ausweis im Anlagevermögen getrennt von den Sachanlagen vorgeschrieben (→ § 2 Rz 45).

128 Soweit die Bewertung von Renditeliegenschaften nach dem *fair value model* vorgenommen wird, sind Aufwertungen und Abwertungen auf den beizulegenden Zeitwert stets **erfolgswirksam** in der GuV auszuweisen (IAS 40.27). Eine erfolgsneutrale Erfassung der Wertänderungen entweder im *other comprehensive income* oder direkt im Eigenkapital ist nicht zulässig (Rz 54).

129 Im Interesse der Klarheit und Übersichtlichkeit des Abschlusses kann sich in der GuV eine **getrennte** Darstellung der Aufwendungen und Erträge aus der Veränderung der beizulegenden Zeitwerte empfehlen (Rz 105 ff.). Nach IAS 1 (oder 8) dürfte mindestens bei größeren Portfolios mit Wertänderungen teils in der einen, teils in der anderen Richtung aber auch der saldierte Ausweis (→ § 2 Rz 24) zulässig sein. Ergebniseffekte aus der Veränderung des beizulegenden Zeitwerts von Renditeimmobilien sind von Immobilienunternehmen als Teil des operativen Ergebnisses zu erfassen.

7 Angaben

7.1 Allgemeine Angaben

130 Unabhängig von der Bewertung zu fortgeführten Anschaffungs- oder Herstellungskosten bzw. zu Marktwerten sind nach IAS 40.75 folgende Angaben zu machen:
- die angewandte **Bewertungsmethode** für Anlageimmobilien (Anschaffungskostenmethode oder Zeitwertmethode);
- die Kriterien zur **Abgrenzung** betrieblich genutzter Immobilien von Renditeliegenschaften;
- die **Methoden** und wesentlichen **Annahmen** zur Bestimmung der **beizulegenden Zeitwerte** der Anlageimmobilien sowie der Umfang der Bewertung durch einen unabhängigen **Gutachter**;
- die in der **GuV** erfassten Beträge für:
  – Miet- und Pachterträge aus Anlageimmobilien;
  – direkte betriebliche Aufwendungen im Zusammenhang mit Anlageimmobilien (z. B. Reparaturaufwendungen, Instandhaltungsaufwendungen);

- die Existenz und das Ausmaß von **Beschränkungen in der Realisierbarkeit** von Anlageimmobilien;
- wesentliche **vertragliche Verpflichtungen** bez. Kauf, Herstellung, Entwicklung oder Instandhaltung von Anlageimmobilien.

Die Ausweitung des Anwendungsbereichs von IAS 40 auf Renditeliegenschaften im Bau führt nicht zu einer Änderung der Offenlegungsregeln. Im Rahmen einer praktischen Umsetzung empfiehlt sich allerdings eine Unterscheidung hinsichtlich der Angabepflichten zwischen bereits fertiggestellten und im Bau befindlichen Renditeliegenschaften.[54]
Die wesentlichen Bewertungsannahmen für die Bestimmung des beizulegenden Zeitwerts sind offenzulegen. Für Renditeliegenschaften im Bau lassen sich regelmäßig andere sensitive Bewertungsannahmen feststellen (Rz 105 ff.) als für bereits fertiggestellte Immobilien.

131

7.2 Angaben bei der Bewertung zu Zeitwerten

Gem. IAS 40.76 ist zusätzlich zu den Angaben nach Rz 130 eine **Entwicklung** im Bestand der Renditeliegenschaften im Geschäftsjahr (ohne Vergleichswerte zum Vorjahr) bspw. nach folgendem Schema darzustellen:

132

Renditeliegenschaften gem. IAS 40	Sparte Office TEUR	Sparte Home TEUR	Gesamt TEUR
Anschaffungskosten			
Stand 1.1.06	1.000	500	1.500
Zugänge			
Veränderung Konsolidierungskreis	500	300	800
Zukäufe	230	130	360
Abgänge	–20	–10	–30
Umklassifizierungen	50	45	95
Stand 31.12.06	1.760	965	2.725
Wertveränderungen			
Stand 1.1.06	600	200	800
Höherbewertungen	200	50	250
Tieferbewertungen	–150	–10	–160
Abgänge	–10	–5	–15
Stand 31.12.06	640	235	875
Buchwert = Marktwert zum 31.12.06	2.400	1.200	3.600

---

54 Vgl. ZAUGG/KRÄMER/MEYER, IRZ 2009, S. 531 ff.

133 In den Fällen, in denen Anlageimmobilien in **Ermangelung eines verlässlich bestimmbaren Zeitwertes** zu fortgeführten Anschaffungskosten bewertet werden, ist nach IAS 40.78 die vorstehende Buchwertentwicklung getrennt von den anderen als Finanzinvestitionen gehaltenen Immobilien darzustellen. Zusätzlich sind
- die nicht zu Zeitwerten bewerteten Immobilien zu beschreiben (IAS 40.78a);
- die Gründe dafür zu nennen, warum Marktwerte hierfür nicht ermittelt werden konnten (IAS 40.78b);
- nach Möglichkeit die Bandbreiten der wahrscheinlichen Zeitwerte anzugeben (IAS 40.78c).

Bei **Veräußerungen** von Anlageimmobilien, die in Ermangelung eines verlässlich beizulegenden Zeitwertes zu fortgeführten Anschaffungskosten bewertet werden, sind außerdem nach IAS 40.78d die Buchwerte zum Zeitpunkt des Verkaufs und die aus dem Verkauf realisierten Gewinne bzw. Verluste zu nennen.

134 Bei der Bewertung zu Zeitwerten ist beim **Leasingnehmer** anzugeben, ob und in welchem Umfang Immobilien zu Marktwerten bewertet werden, die Gegenstand eines *operate*-Leasingverhältnisses sind (IAS 40.75b). Nach IAS 40.80 ist der diesbezügliche Effekt aus der erstmaligen Anwendung von IAS 40 darzulegen. Dabei wird für publizitätspflichtige Gesellschaften eine Anpassung der Gewinnrücklagen empfohlen (IAS 40.80a).

7.3 Angaben bei der Bewertung zu fortgeführten Anschaffungs- oder Herstellungskosten

135 Es wird auf die Kommentierung mit **Formulierungsbeispielen** zu IAS 16 verwiesen (→ § 14 Rz 25 ff.).

136 Darüber hinaus sind die verwendeten Abschreibungsmethoden, Nutzungsdauern und Abschreibungssätze sowie der beizulegende Zeitwert (Rz 40) der Renditeliegenschaften anzugeben.

137 Nach deutscher Begrifflichkeit sind die *investment properties* dem **Anlagevermögen** zuzuordnen. Gleichwohl ist für sie die übliche Entwicklung des Bilanzausweises von der Anfangs- bis zur Schlussbilanz im Wege des **Anlagespiegels** bzw. **-gitters** nicht vorgeschrieben – anders z.B. für sächliches Anlagevermögen nach IAS 16 (→ § 14) und für immaterielle Vermögenswerte gem. IAS 38 (→ § 13) – **sofern** das *fair value model* (Rz 54) angewandt wird (IAS 40.76 im Vergleich zu IAS 40.79). Das hat auch seinen guten Grund, denn (außerplanmäßige) **Abschreibungen** und **Wertaufholungszuschreibungen** als wesentliche Bestandteile eines Anlagespiegels können unter dem *fair value model* nicht auftreten (Rz 58). Veränderungen der Buchwerte können sich nur durch **Zu- und Abgänge** einerseits und **Wertveränderungen** andererseits ergeben. Wenn gleichwohl diese Wertveränderungen im üblichen Anlagespiegel als Zuschreibungen oder Zugänge oder als Abschreibungen oder Abgänge ausgewiesen werden, erscheint eine zusätzliche Erläuterung im Anhang erforderlich. Darstellungstechnisch können diese Sonderbewegungen nach dem *fair value model* auch in zwei gesonderten Spalten des Anlagespiegels gezeigt werden.

Die bisherige Berichterstattung deutscher Konzerne zu den *investment properties* ist als **zurückhaltend** zu werten.[55] Neuere Auswertungen zeigen hier allerdings eine zunehmende Angabebereitschaft. Die Angaben zur Bewertungsmethodik und den Bewertungsparametern sowie zum Einbezug von Gutachtern werden weiterhin als verbesserungsfähig angesehen.[56]

8 Anwendungsprobleme nach dem REITG

8.1 Inhalt

Durch das REITG vom 1.6.2007[57] (REIT = *Real Estate Investment Trust*) will der Gesetzgeber nach zahlreichen ausländischen Vorbildern den Sektor der größeren Immobilienwirtschaft durch bessere Anlagemöglichkeiten für Groß- und Kleininvestoren fördern. Der Rechtsstruktur nach handelt es sich um besonders ausgestaltete Aktiengesellschaften mit Börsennotierung, die allerdings auch unter bestimmten Voraussetzungen Tochtergesellschaften im In- und Ausland als Beteiligung erwerben und halten dürfen (Rz 141). Ein wesentliches Strukturmerkmal des REITG liegt in der bedingten **Steuerbefreiung**. Die Gesellschaft wird steuertechnisch als „transparent" – insoweit vergleichbar einer mitunternehmerischen Personengesellschaft – behandelt, m. a.W.: Die Besteuerung erfolgt zur Gänze beim Anteilseigner. Dazu ist auch eine recht hohe Mindestausschüttung i.H.v. 90 % des um bestimmte Beträge korrigierten handelsrechtlichen Jahresüberschusses zwingend vorgegeben (§ 13 Abs. 1 REITG). Eine weitere steuerliche Förderung erfahren zeitlich beschränkt unter bestimmten Bedingungen Steuerpflichtige, die einen **Veräußerungsgewinn** durch den Verkauf von Grund und Boden und Gebäude an eine REIT-AG erzielen (§ 3 Nr. 70 EStG).

Voraussetzung zur Anwendung des REITG auf eine AG ist die Einhaltung einer ganzen Reihe von restriktiven **Voraussetzungen**:
- Schwerpunkt der Geschäftstätigkeit bei Immobilienanlagen (§ 1 Abs. 1 REITG).
- Mindeststreuung der REIT-Aktien (§ 11 REITG).
- Verbot eines eigentlichen Immobilienhandels (§ 14 REITG).
- Die bereits erwähnte Mindestausschüttung (§ 13 REITG).
- Einhaltung bestimmter Strukturmerkmale in der Bilanz und der GuV-Rechnung (§ 12 REITG; Rz 102).
- Einhaltung einer Mindesteigenkapitalrelation von 45 % der in Grundvermögen bestehenden Aktivwerte (§ 15 REITG).

Die REIT-AG darf selbst keine Nebentätigkeiten zum eigentlichen Unternehmenszweck ausüben, sondern nur wertmäßig eingeschränkt über Tochterkapitalgesellschaften bei einer Beteiligungsquote von 100 % (sog. REIT-Dienstleistungsgesellschaften) (§ 1 Abs. 2 REITG).

Zusätzlich sind der REIT-AG folgende **Beteiligungen** erlaubt (§ 1 Abs. 1 Nr. 2 REITG):
- an Immobilienpersonengesellschaften,
- an Auslandsobjektgesellschaften bei 100 %iger Beteiligungsquote,
- an Komplementär-GmbHs, die nur zur Geschäftsführung und Übernahme der persönlichen Haftung an einer Personengesellschaft beteiligt sind.

---

[55] Vgl. VON KEITZ, Praxis der IASB-Rechnungslegung, 2. Aufl., 2005, S. 80.
[56] Vgl. MÜLLER/WOBBE/REINKE, IRZ 2009, S. 249ff.
[57] BGBl I S. 914.

8.2 Bezugnahme auf IAS 40

8.2.1 Strukturmerkmale

142 Die Beschränkung des Geschäftszwecks auf den **Erwerb** und die **Nutzung** von **Immobilien** legt eine Bezugnahme auf den Regelungsinhalt von IAS 40 nahe, soweit die genannten Voraussetzungen rechnungslegungsrelevant sind. Dazu gehören:
- die Definition des betroffenen Immobilienbesitzes,
- die Einhaltung der erwähnten Strukturmerkmale (Rz 140) in Bilanz und GuV-Rechnung (Rz 143),
- der Konzerntatbestand.

Aus Sicht der Rechnungslegung liegt die Einvernahme von IAS 40 auch im Hinblick auf die Möglichkeit eines **internationalen Vergleichs** nahe. Tatsächlich schreibt § 12 Abs. 1 REITG einen **IFRS-Konzernabschluss** über § 315a HGB (→ § 7 Rz 9), hilfsweise einen **IFRS-Einzelabschluss** gem. § 325 Abs. 2a HGB (→ § 7 Rz 11) vor.

143 An die IFRS-Rechnungslegung generell und insbesondere IAS 40 knüpft das REITG in den §§ 12 und 15 bestimmte **Strukturmerkmale**, deren Nichteinhaltung insbesondere durch den Entzug der Steuerbefreiung und Strafzahlungen **sanktioniert** wird (§ 15 REITG).

144 • **Strukturmerkmal I: Mindesteigenkapital (§ 15 REITG)**
Das am Ende eines Geschäftsjahres ausgewiesene Eigenkapital im Einzel- und Konzernabschluss muss mindestens 45 % des dort ausgewiesenen unbeweglichen Vermögens betragen. Die Höhe des Eigenkapitals ergibt sich aus den Vorschriften des IAS 32. Wegen Einzelheiten wird auf → § 20 verwiesen. Die Klassifizierung und Bewertung von unbeweglichem Vermögen ist unter Rz 148 dargestellt.

145 • **Strukturmerkmal II: Anteil des unbeweglichen Vermögens an der Summe der Aktiva in folgender Ausprägung (§ 12 Abs. 2 REITG):**

Die Bezugsgröße errechnet sich wie folgt:

+ Summe der Aktiva
− Ausschüttungsverpflichtung i. S. d. § 13 Abs. 1 REITG
− Rücklage für Veräußerungsgewinn i. S. d. § 13 Abs 3 REITG
= Bezugsgröße   = 100 %

Hierauf bezogen müssen folgende Relationen eingehalten werden:
− unbewegliches Vermögen im Einzel- oder Konzernabschluss
  der REIT-AG **mindestens**   75 %
− Aktiva der REIT-Dienstleistungsgesellschaften (Rz 140)
  höchstens   20 %

Auslandsobjektgesellschaften, die in den Konzernabschluss der REIT-AG einzubeziehen sind, müssen mindestens 90 % des Gesamtvermögens in Immobilien investieren.

- **Strukturmerkmal III: Anteil der Erlöse und Erträge an den entsprechenden Gesamtbeträgen im Einzel- und Konzernabschluss (§ 12 Abs. 3 REITG)** 146
  - Erlöse und Erträge aus Immobilien im Einzel- oder Konzernabschluss der REIT-AG **mindestens** 75 %
  - Erlöse und Erträge aus Immobilienvermögen von REIT-Dienstleistungsgesellschaften **höchstens** der vergleichbaren Beträge im Konzernabschluss 20 %

Die genannten Strukturgrößen enthalten 147
- **Mengen**komponenten: Was gilt als Immobilienvermögen i. S. d. §§ 12 und 15 REITG (Rz 134)?
- **Wert**komponenten: Wie ist dieses Immobilienvermögen zu bewerten (Rz 149)?

8.2.2 Ansatz, Ausweis und Bewertung des unbeweglichen Vermögens

Als bilanzielles Strukturmerkmal fordern § 12 Abs. 2 Buchst. a und § 15 REITG, 148
dass mindestens 75 % der um Ausschüttungsverpflichtungen und bestimmte Rücklagen bereinigten Aktiva zum unbeweglichen Vermögen gehören und das Eigenkapital mindestens 75 % des unbeweglichen Vermögens beträgt. Der Begriff des unbeweglichen Vermögens wird in § 3 Abs. 8 REITG mit **Grundstücken, grundstücksgleichen und vergleichbaren Rechten gleichgesetzt**. Neben dem Immobilienvermögen i. e. s. sind auch Anteile an **Immobilienpersonengesellschaften** (Rz 141) bei der Strukturberechnung zu berücksichtigen.
Basis der Strukturprüfungen ist die IFRS-Bilanz. Von Bedeutung ist daher das Verhältnis der IFRS-Ausweis- und Ansatzvorschriften zum gesetzlichen Begriff des unbeweglichen (Immobilien-)Vermögens.
Als Positionen für den Ausweis von Immobilien kommen in der IFRS-Bilanz infrage:
- (selbst genutzte) Sachanlageimmobilien gem. IAS 16 (→ § 14),
- der Vermietung oder langfristigen Wertsteigerung dienende *investment properties* gem. IAS 40,
- Vorräte gem. IAS 2 (→ § 17),
- Forderungen aus Fertigungsaufträgen über Gebäude gem. IAS 11 (→ § 18),
- zur Veräußerung bestimmte Sachanlageimmobilien und *investment properties* gem. IFRS 5 (→ § 29).

Im Verhältnis zum Immobilienbegriff des REITG ergeben sich folgende Wertungen und Probleme:[58]
- **Selbst genutzte** Immobilien – z. B. das Verwaltungsgebäude der REIT-AG – im Regelungsbereich von IAS 16 (→ § 14) stellen unbewegliches Vermögen der REIT-AG dar. Dies gilt auch dann, wenn die REIT-AG lediglich Leasingnehmer, der Vertrag aber als *finance lease* zu qualifizieren ist (→ § 15 Rz 19). Eine gegenteilige Interpretation wäre widersprüchlich: Der Nenner der Strukturanforderung „mindestens 75 % Anteil des unbeweglichen Vermögens" (§ 12 Abs. 2a REITG) stellt auf das bilanzielle Aktivvermögen ab; im *finance lease* angemietete Immobilien sind damit jedenfalls bei der Ermittlung des Nenners zu berücksichtigen. Würde sie dann andererseits nicht im Zähler

---

[58] Vgl. zum Folgenden KÜHNBERGER, BB 2007, S. 1211.

(beim bilanzierten unbeweglichen Vermögen) Berücksichtigung finden, wäre die Berechnung nicht mehr konsistent. Entsprechende Überlegungen gelten für die Strukturgröße „Eigenkapital" im Verhältnis zum unbeweglichen Vermögen.

- *Investment properties*, also hauptsächlich die der Vermietung dienenden Immobilien im Regelungsbereich von IAS 40, stellen ebenfalls unbewegliches Vermögen der REIT-AG dar. Führt die Vermietung der Immobilie zu einem *finance lease*, ist die Immobilie nicht mehr von der REIT-AG zu bilanzieren. Sie ist rechtlicher, aber nicht wirtschaftlicher Eigentümer. Mit umgekehrtem Vorzeichen gilt dann die oben stehende Überlegung: Die im *finance lease* überlassene Immobilie ist weder im Nenner noch im Zähler der Strukturgrößen zu berücksichtigen.
- Im **Sonderfall** einer Anmietung der Immobilie durch die REIT-AG im *operating lease* mit Weitervermietung ebenfalls im *operating lease* kann die REIT-AG trotz fehlenden wirtschaftlichen Eigentums gem. IAS 40.34 die Immobilie bilanzieren, sofern sie zum *fair-value*-Modell optiert (Rz 6). Auch hier gilt: Da die Immobilie in den Nenner der Strukturgröße als Anteil des unbeweglichen Vermögens einzubeziehen ist, findet sie als Immobilienvermögen auch im Zähler Berücksichtigung. Entsprechendes gilt für die auf das Eigenkapital gerichtete Strukturgröße.
- **Vorrats**immobilien i. S. d. IAS 2 (→ § 17) werden im Hinblick auf das Verbot des Immobilienhandels in § 14 REITG höchst selten vorkommen. Man kann sich allenfalls den Fall des Erwerbs eines Immobilien-Portfolios vorstellen, das teilweise zur Weiterveräußerung bestimmt ist. Dann liegt aber eher ein Sachverhalt des *held for sale* nach IFRS 5.3 vor (→ § 29 Rz 6). Ob im Rahmen der **Dienstleistungs**-Tochtergesellschaften (Rz 140) ein Immobilienhandel betrieben werden darf, erscheint wegen des generellen Ausschlusses in § 14 REITG eher zweifelhaft.
- Dagegen kann eine solche Dienstleistungsgesellschaft (Rz 140) die **Projektentwicklung** betreiben (so die Begründung zum Regierungsentwurf), und zwar auch für Dritte. Solche Bauprojektentwicklungen unterliegen je nach Würdigung, ob eine kundenspezifische Auftragsfertigung vorliegt oder nicht, entweder den Bestimmungen des IAS 11 (→ § 18) oder denen des IAS 2 (→ § 17). Im ersten Fall sind diese Entwicklungsaufträge nicht als Grundstücke, sondern als **Forderungen** auszuweisen (→ § 18 Rz 72), im zweiten Fall als unfertige (oder fertige) Erzeugnisse. U. E. hat diese Unterscheidung für die Einbeziehung in den Immobilienbestand i. S. d. § 12 Abs. 2 Satz 1a REITG keine Relevanz, da in beiden Fällen zulässige Aktivitäten aus Projektentwicklungen vorliegen, die entweder in beiden Fällen in die Strukturgröße einzubeziehen sind oder in beiden Fällen nicht.
- Bei **Veräußerungsabsicht** (außerhalb des Immobilienhandels) sind Sachanlageimmobilien und *investment properties* nach Maßgabe von IFRS 5 (→ § 29) auszuweisen. Die Begründung der Veräußerungsabsicht ändert nichts an der Immobilienqualität des Vermögenswertes. Er bleibt in die 75-%-Grenze einzubeziehen.

Die Bewertung des unbeweglichen Vermögens richtet sich primär nach den Vorgaben der jeweils anzuwendenden Standards: 149
- Bei **Veräußerungs**absicht gilt nach IFRS 5.15 die *fair-value*-Bewertung abzüglich Veräußerungskosten (→ § 29 Rz 37).
- Selbst genutzte Immobilien mit bilanzieller Zurechnung bei der REIT-AG sind nach IAS 16 wahlweise nach dem Anschaffungskosten- oder nach dem Neubewertungsmodell anzusetzen (→ § 14 Rz 18).
- Bei *investment properties* i. S. d. IAS 40 gilt das Wahlrecht zwischen Anschaffungskosten- und *fair-value*-Modell (Rz 40).
- Wegen **Abgrenzungsproblemen** zwischen Anlageimmobilien und eigengenutzten (Rz 5 ff.), insbesondere bei gemischt genutzten Immobilien (Rz 16 ff.) wird auf die dortige Kommentierung verwiesen.
- Bei **Vorratsimmobilien** und **Fertigungsaufträgen** gelten IAS 2 und IAS 11.

Das o. g. Wahlrecht (für Anlageimmobilien, *cost model* oder *fair value model*) wird   150
durch § 12 Abs. 1 Satz 2 REITG im Ergebnis **aufgehoben**. Für die Bilanzierung (nach IFRS) kann die REIT-AG zwar das Anschaffungskostenmodell wählen, muss jedoch in einer Nebenrechnung zur Ermittlung der Strukturmerkmale für die Bilanz (Rz 145) und die GuV-Rechnung (bei Abgängen von Grundstücken Rz 146) eine Überleitungsrechnung zur *fair-value*-Bewertung vornehmen.

Beteiligungen an Immobilienpersonengesellschaften sind gem. IAS 27.37 **wahl-**   151
weise zu Anschaffungskosten oder zum *fair value* zu bewerten (→ § 28 Rz 165). Auch dieses Wahlrecht wird durch § 12 Abs. 1 Satz 3 REITG zur Ermittlung der Strukturmerkmale für die Bilanzen (Rz 145) aufgehoben: Es gilt der *fair-value*-Ansatz.

8.3 HGB-Bilanzierung

Die REIT-AG muss gem. § 13 REITG **parallel** zur Rechnungslegung nach IFRS   152
auch nach HGB bilanzieren zur
- Ermittlung des auszuschüttenden Gewinns auf der Basis linearer Abschreibungen,
- Dotierung einer Rücklage aus Veräußerungsgewinnen für Immobilienverkäufe.

Für das GuV-Strukturmerkmal (Rz 146) enthalten § 12 Abs. 3 und 4 REITG recht   153
umfangreiche Hinweise zu den „immobiliennahen" Ertrags- und Aufwandsposten. Das mag mit der minimalistischen Gliederungsvorgabe für die GuV-Rechnung nach IFRS zusammenhängen (→ § 2 Rz 56). Die deutsche IFRS-Rechnungslegungspraxis orientiert sich deshalb an der Gliederungssystematik in § 275 HGB. Sinnvollerweise differenziert § 12 Abs. 3 REITG nicht nach „Umsatzerlösen" und „sonstigen Erträgen", die dem Immobilienbereich zuzuordnen sind. Hier gibt es notorisch Abgrenzungsprobleme bez. des Ausweises, die durch die zusammenfassende Betrachtung des Gesetzes („soweit sie nicht unter den Umsatzerlösen zu erfassen sind") aufgehoben werden. Ergänzend sind unter den „sonstigen Erträgen" saldierend Aufwandspositionen zu berücksichtigen.
Im Einzelnen werden vom Gesetz folgende Ertrags- und Aufwandsarten – auch unregelmäßig vorkommende – genannt:
- Vermietung,
- Leasing,
- Verpachtung,

- immobiliennahe Tätigkeiten (z. B. für Hausverwaltung; Rz 10),
- Veräußerungsgewinne aus Immobilienverkauf,
- Bewertungsgewinne und -verluste aufgrund der *fair-value*-Bewertung (Rz 54),
- Veräußerungsverluste aus Immobilienverkauf.

Veräußerungsgewinne und -verluste sowie Wertänderungsergebnisse sind bei Wahl des Anschaffungskostenmodells durch eine Nebenrechnung zu ermitteln (Rz 150).

9 ABC der Renditeimmobilien

154

Abgänge *(disposals)*	Wird das wirtschaftliche Eigentum an einer Immobilie auf einen Mieter übertragen, ist die Immobilie in der Bilanz des Vermieters nicht zu erfassen (Rz 123).
Abgrenzung zu sonstigen Immobilien	Der Immobilienbestand eines Unternehmens ist aufzuspalten (Rz 7) in • eigenbetrieblich genutzte Immobilien (IAS 16), • Immobilien, die Teil eines Fertigungsauftrages sind (IAS 11), • mit Veräußerungsabsicht erworbene Immobilien (IAS 2), • zur kurzfristigen Veräußerung gehaltene Immobilien (IFRS 5), • Immobilien beim Leasinggeber, die im Rahmen eines *finance lease* vermietet werden, und • Anlageimmobilien, die als Finanzinvestitionen gehalten werden (IAS 40).
Anschaffungskosten	Renditeimmobilien sind im Zugangszeitpunkt zu Anschaffungs- und Herstellungskosten zu bewerten (Rz 26). Neben dem Kaufpreis sind auch direkt zurechenbare Nebenkosten (Rz 32f.) und künftige Wiederherstellungskosten (Rz 39) zu berücksichtigen.
Anschaffungskostenmodell	Wahlweise dürfen – unter der Voraussetzung einer einheitlichen Ausübung des Wahlrechts (Rz 43) – alle Renditeimmobilien im Rahmen der Folgebewertung zu Anschaffungskosten bewertet werden (Rz 40). Der beizulegende Zeitwert ist allerdings im Anhang offenzulegen.
Doppelbilanzierung	Ein Wahlrecht ermöglicht unter der Voraussetzung der einheitlichen Anwendung des *fair value model* die bilanzielle Erfassung von Renditeimmobilien, die Gegenstand eines *operating lease* sind (Rz 6). Im Ergebnis kann es daher zu einer Doppelbilanzierung einer Immobilie beim Leasinggeber und -nehmer kommen (→ § 15 Rz 18).

Einheitliche Wahlrechtsausübung	Das Wahlrecht für Folgebewertung von Renditeimmobilien zur Bewertung zum beizulegenden Zeitwert oder im Anschaffungskostenmodell ist für alle Renditeimmobilien einheitlich auszuüben (Rz 43).
Einzelbewertung	Für die Bewertung von Renditeimmobilien gilt der Einzelbewertungsgrundsatz; nur unter bestimmten Voraussetzungen ist eine Sammelbewertung zulässig (Rz 47).
Gemischt genutzte Immobilien	Teils eigen- und teils zur Vermietung genutzte Immobilien sind unter der Voraussetzung der Einzelveräußerbarkeit aufzuspalten (Rz 16f.). Ist der eigengenutzte Anteil signifikant, scheidet eine Behandlung als Renditeimmobilie aus (Rz 18).
Nutzungsänderungen	Bei Nutzungsänderungen sind Umbuchungen in den Bestand oder aus dem Bestand der als Finanzinvestitionen gehaltenen Immobilien vorzunehmen (Rz 115ff.).
REITG	Das REITG knüpft in den §§ 12 und 15 bestimmte Strukturmerkmale, deren Nichteinhaltung insbesondere durch den Entzug der Steuerbefreiung und Strafzahlungen sanktioniert wird (§ 15 REITG), an eine Rechnungslegung nach IAS 40 (Rz 125ff.).
Sammelbewertung	Unter bestimmten Voraussetzungen ist eine Sammelbewertung einzelner Renditeimmobilien zulässig (Rz 47). Eine Sammelbewertung von Immobilien erfolgt aber nicht als „Gruppenbewertung" mit kompensierenden Effekten, vielmehr können homogene Immobilien mit gleichen Parametern bewertet werden.
Wiederherstellungskosten	Künftig erwartete Abbruch- und Wiederherstellungskosten gehören zu den aktivierungspflichtigen Anschaffungs- oder Herstellungskosten (Rz 39).
Zwitterstellung	Als Finanzinvestitionen gehaltene Immobilien nehmen eine Zwitterstellung ein; aus einer substanziellen Perspektive sind sie dem Sachanlagevermögen, aus einer funktionalen Perspektive den Finanzinvestitionen zuzuordnen (Rz 3).

10 Anwendungszeitpunkt, Rechtsentwicklung

155 IAS 40 tritt für Abschlüsse in Kraft, die am oder nach dem 1.1.2005 begonnen haben. Eine frühere Anwendung wird vom IASB empfohlen (IAS 40.85). Die rückwirkende Anwendung der Regelungen zum Tausch ist nicht zugelassen (IAS 40.84).

156 Durch das erste *Annual Improvements Project* wurde ab 2009 auch das in der **Errichtungsphase** befindliche Gebäude in den Anwendungsbereich von IAS 40 überführt (Rz 5). Die Übergangsregeln sahen eine **prospektive** Anwendung vor (IAS 40.85B). Unternehmen, die im Zeitpunkt der Erstanwendung der neuen Vorgaben im Bau befindliche Immobilien halten, erfassten bislang nicht realisierte Bewertungsgewinne durch den Übergang vom *cost model* gem. IAS 16 auf das (optionale) *fair value model* nach IAS 40 im Periodenergebnis der ersten Berichtsperiode nach dem Tag der Erstanwendung. Eine Anpassung der Eröffnungsbilanzwerte und Erfassung der Bewertungseffekte in den Gewinnrücklagen schied wegen der prospektiven Anwendungsverpflichtung aus. Entsprechend entfiel die Notwendigkeit einer *fair-value*-Bestimmung für vorangegangene Perioden.

157 Mit erstmaliger Anwendung des IFRS 13 (in 2013) traten die allgemeinen Leitlinien zur *fair value*-Bestimmung anstelle der bislang spezifischen Vorgaben des IAS 40. Neben der durch Bündelung der Vorgaben an einer Stelle verbundenen Streichung der spezifischen Ausführungen des IAS 40 ist mit ersatzloser Streichung des IAS 40.51 auch eine inhaltliche Änderung beachtlich (zu dem bisherigen Umgang vgl. Rz 53 ff.). Das bislang in IAS 40 für die *fair-value*-Bewertung von Renditeimmobilien vorgesehene Verbot zur Erfassung künftiger Investitionen (*future capital expenditures*) kann zu einem abweichenden Wert führen. Wegen der Pflicht zur prospektiven Anwendung des neuen, einheitlichen *fair value measurement framework* kann sich daher ein ergebniswirksam zu erfassender Umstellungseffekt einstellen (→ § 8a Rz 142).

158 Im Zuge des Abschlusses des Projektes zur jährlichen Verbesserung der IFRS (Zyklus 2011–2013) erfolgte eine Klarstellung der Beziehung zwischen IFRS 3 und IAS 40. Beide Standards sind unabhängig voneinander anzuwenden. Ob eine bestimmte Transaktion als *business combination* zu behandeln ist, richtet sich ausschließlich nach den Vorgaben des IFRS 3 (→ § 31 Rz 15 ff.). Eine Klassifizierung einer Immobilie, als Finanzinvestition gehalten, ist daran anschließend nach IAS 40 zu beurteilen.

11 Zusammenfassende Praxishinweise

159 IAS 40 unterzieht Anlageimmobilien *(investment properties)* einer besonderen Behandlung bei der Bilanzierung einschließlich der Anhangsangaben. Solche „Anlageimmobilien" bzw. „Renditeliegenschaften" werden nach der **Definition** nicht zur Eigennutzung bzw. zum Verkauf im Rahmen der gewöhnlichen Geschäftstätigkeit gehalten, sondern dienen der Erzielung langfristiger Wertzuwächse bzw. laufender Mieteinnahmen (Rz 5 ff.). Einbezogen werden auch **Leasingverhältnisse**. Dabei kann der Leasingnehmer ausnahmsweise ein Wahlrecht bei einem *opera-

ting lease ausüben und dies in seinem Abschluss bilanzieren, als ob es sich um ein *finance lease* handelt (Rz 6).

Besondere Aufteilungsprobleme ergeben sich bei **gemischt** genutzten Immobilien (Rz 16 ff.).

Die **Zugangsbewertung** erfolgt zu Anschaffungs- oder Herstellungskosten gem. den üblichen Definitionskriterien (Rz 26 ff.).

Für die **Folgebewertung** besteht ein **Methodenwahlrecht** (Rz 40 ff.):
- Bewertung zu den fortgeführten Anschaffungs- oder Herstellungskosten (Rz 49 ff.),
- Bewertung zu Zeitwerten (Rz 54 ff.).

Das letztgenannte Bewertungsverfahren ist dem deutschen Rechnungslegungssystem fremd mit der Folge von **Steuerlatenzen** (Rz 126).

Das *fair-value*-Modell erfordert die jährliche Ermittlung (Rz 54) dieses Wertes, was die Vornahme von planmäßigen oder außerplanmäßigen **Abschreibungen** nach Maßgabe des Anschaffungskostenmodells überflüssig macht (Rz 58).

Als **Wertermittlungsverfahren** zur Bestimmung des *fair value* kommen das Vergleichswert- (Rz 76 ff.) und das Ertragswertverfahren (Rz 81 ff.) in Betracht.

In jedem Fall ergeben sich erhebliche **Ermessensspielräume**, da es sich bei Renditeliegenschaften höchst selten um ein einigermaßen homogenes Gut handelt (Rz 102).

Eine Übereinstimmung mit der handels- und steuerbilanziellen Vorgehensweise kann nur durch Anwendung des **Anschaffungskostenmodells** (*cost model*) herbeigeführt werden.

Von den beiden Methoden der Folgebewertung **favorisiert** IAS 40 (verdeckt) das *fair value model* (Rz 40), da bei Wahl des *cost model* im Anhang immer der *fair value* angegeben werden muss (Rz 135).

Diese Bevorzugung zeigt sich auch in den Regelungen zur **Änderung** des einmal getroffenen **Wahlrechtes**; denn ein Wechsel von der *fair-value*- zur Anschaffungskostenbewertung soll kaum jemals eine bessere Darstellung der Vermögens- und Ertragslage des Unternehmens bewerkstelligen (Rz 44).

Das Wahlrecht ist für alle Renditeliegenschaften **einheitlich** auszuüben (Rz 43).

Zu **Nutzungsänderungen** sind detaillierte Einzelvorschriften zu beachten (Rz 115 ff.).

Wegen **Ausweisfragen** vgl. Rz 127 ff. und zu den **Anhangsangaben** vgl. Rz 130 ff.

Zu den Anwendungsproblemen nach dem REITG vgl. Rz 139 ff.

§ 17 VORRÄTE

	Rz
Inhaltsübersicht	
Vorbemerkung	
1 Überblick	1–18
1.1 Regelungsbereich	1
1.2 Ökonomischer Grundgehalt	2
1.3 Begriffsinhalte	3
1.4 Anwendungsbereiche	4–17
1.5 12-Monats-Regel und Geschäftszyklus	18
2 Ansatz	19
3 Bewertung	20–41
3.1 Zugangsbewertung zu Anschaffungs-/Herstellungskosten	20–31
3.1.1 Grundlagen	20–21
3.1.2 Gemeinkosten	22
3.1.3 Nebenkosten	23
3.1.4 Unterbeschäftigung und Finanzierung	24–25
3.1.5 Bedingte Kaufpreisbestandteile (*contingent considerations*)	26
3.1.6 Bewertungsvereinfachung	27
3.1.7 Branchenspezifika	28–31
3.1.7.1 Dienstleistungsunternehmen	28
3.1.7.2 Landwirtschaftliche Produkte	29
3.1.7.3 Bauträgerbereich	30–31
3.2 Folgebewertung zum Nettoveräußerungswert	32–39
3.3 Wertaufholung	40
3.4 Bewertung bei Umwidmung in Anlagevermögen	41
4 Latente Steuern	42
5 Ausweis und Anhangsangaben	43–46
6 Anwendungszeitpunkt, Rechtsentwicklung	47
7 Zusammenfassende Praxishinweise	48

Schrifttum: FREIBERG, Der Niederstwert bei Vorräten, PiR 2005, S. 62; FREIBERG, Abgrenzung von Vorrats- und Sachanlagevermögen, PiR 2011, S. 51; HOFFMANN, Aktivierung von Gemeinkosten bei Anschaffungen, PiR 2007, S. 27; HOFFMANN, Die Bewertung von Verlustprodukten im Einzelhandel, PiR 2007, S. 204; HOFFMANN, Retrograde Bewertung des Vorratsvermögens, PiR 2006, S. 240; KEITZ, VON, Die Praxis der Warenbewertung in der Einzelhandelsbranche, KoR 2006, S. 101; KÜMPEL, Abwertungskonzeption beim Vorratsvermögen im IFRS-Regelwerk: Pauschale Abwertung und Wertaufholung, IRZ 2012, S. 115; KÜMPEL, Vorratsbewertung nach IAS 2, DStR 2005, S. 1153; ROOS/SCHMIDT, Abgrenzung von Vorrats- und Sachanlagevermögen, PiR 2013, S. 47; SAURE, Neue Logistik der Warenbeschaffung bei Handelsunternehmen, StBp 2002, S. 285; WOHLGEMUTH/STÄNDER, Der Bewertungsmaßstab „Herstellungskosten" nach HGB und IAS, WPg 2003, S. 203; ZWIRNER/FROSCHHAMMER, Herstellungskostenermittlung nach IAS 2 unter Berücksichtigung selbst geschaffener immaterieller Vermögenswerte – Aktivierungspflicht anteiliger Abschreibungen, IRZ 2012, S. 7.

Vorräte § 17

Vorbemerkung
Die Kommentierung bezieht sich auf IAS 2 in der aktuellen Fassung und berücksichtigt alle Ergänzungen, Änderungen und Interpretationen, die bis zum 1.1.2015 beschlossen wurden.

1 Überblick

1.1 Regelungsbereich

IAS 2 zum Vorratsvermögen *(inventories)* umfasst fast deckungsgleich das Vorratsvermögen nach der HGB-Gliederungssystematik (abgeleitet aus dem Definitionsgehalt von IAS 2.6; Rz 3 sowie Rz 43):[1] 1
- Roh-, Hilfs- und Betriebsstoffe,
- unfertige Erzeugnisse, unfertige Leistungen,
- fertige Erzeugnisse und Waren.

Ausgenommen aus dem **Anwendungsbereich** des Standards sind bedingt (IAS 2.2):
- die Auftragsfertigung nach IAS 11 (→ § 18);
- biologische Produkte und solche aus landwirtschaftlicher Produktion bis zum Zeitpunkt der Ernte nach IAS 41 (→ § 40 Rz 13);
- Finanzinstrumente (→ § 28).

Ausgenommen aus den **Bewertungsregeln** des Standards sind (IAS 2.3 ff.):
- land- und forstwirtschaftliche und mineralische Produkte (Erdöl, Gas, Kohle), soweit die Bewertung zum Netto-Veräußerungspreis *(net realisable value;* Rz 3) Branchenpraxis ist;
- Waren-Broker, soweit sie Bewertungen zum *fair value* abzüglich Veräußerungskosten vornehmen.

Die **Ausnahme** für **mineralische** Produkte greift nur dann, wenn nicht das Anschaffungskostenprinzip, sondern eine nettoveräußerungspreisorientierte Bewertung Branchenusus ist *(well established practices in those industries)* und deshalb Bewertungen **über** den Anschaffungskosten zulässig sind. Zu den Konsequenzen, die sich dann auch für die Ermittlung eines niedrigeren Stichtagswertes ergeben, wird auf Rz 38 verwiesen. Der Anwendungsbereich der Ausnahme scheint aus deutscher Perspektive gering, da eine Abweichung vom Anschaffungskostenprinzip bisher weder üblich noch zulässig war. Auf die deutsche Perspektive kommt es aber bei einem internationalen Regelsystem nicht an. Soweit daher in wichtigen (bzw. für die Branche wichtigeren) anderen Ländern, z.B. in den USA, entsprechende Praktiken zugelassen sind, hat dies Bedeutung auch für den deutschen Anwender.

Nicht zu den *inventories* zählen auch die nach HGB dem Vorratsvermögen zuzuordnenden geleisteten **Anzahlungen**. Zu deren Bilanzausweis vgl. Rz 44.

1.2 Ökonomischer Grundgehalt

Die eigentliche Zielsetzung ökonomischer Art von IAS 2 ist der Anweisung in 2
IAS 2.34 zu entnehmen. Danach sind die Aufwendungen zur Beschaffung oder Herstellung von Vermögensgegenständen in weitestmöglichem Umfang so lange

---
1 So auch KÜMPEL, DB 2003, S. 2609.

erfolgsneutral zu halten, als die damit verbundenen Erlöse noch nicht realisiert worden sind. Umgekehrt: Sobald die Materialien, Waren, Produkte und Dienstleistungen zu Umsatzerlösen geführt haben, sind die entsprechenden aktivierten Aufwendungen erfolgswirksam im Aufwand zu verrechnen (IAS 2.34). Zu Aufwand führt allerdings auch die erforderliche Abschreibung auf den Nettoveräußerungswert*(net realisable value*; IAS 2.9 und 2.34, s. Rz 3); dadurch sollen **Wertverluste** derjenigen Periode belastet werden, in der sie anfallen; es darf also mit der Erfolgswirksamkeit des Verlustes nicht bis zur Realisierung desselben gewartet werden – vergleichbar mit den HGB-Imparitätsregeln. Ergänzend spricht IAS 2.35 die „Umbuchung" von Vorräten in andere Vermögenswerte (Anlagegüter) an, wenn sie zur Erstellung einer Anlage u. Ä. verwendet werden. Die Aufwandsverrechnung erfolgt dann im Wege der Abschreibung.

1.3 Begriffsinhalte

3   In IAS 2.6 werden folgende **Arten** von Vermögenswerten als Vorratsvermögen unterschieden:
- zum Verkauf im normalen Geschäftsgang gehaltene (Fertig**erzeugnisse, Waren**);
- solche, die im Produktionsprozess zur späteren Veräußerung bestimmt sind (**unfertige Erzeugnisse, unfertige Leistungen**);
- solche in Form von **Rohmaterial**, die zum Verbrauch im Produktionsprozess oder zur Erbringung von Dienstleistungen bestimmt sind (Roh-, Hilfs- und Betriebsstoffe), z. B. auch für Kunden bereitgehaltene Ersatzteile (→ § 14).

In IAS 2.6 wird auch der **Nettoveräußerungswert** *(net realisable value)* definiert als geschätzter Verkaufspreis im normalen Geschäftsgang abzüglich der mutmaßlichen Fertigstellungs- und Vertriebskosten (Rz 35). Demgegenüber gilt als *fair value* der Preis, zu dem ein normales Kaufgeschäft (*transaction*) für das nämliche Gut in dessen wichtigstem Markt gehandelt wird. Der *fair value* stimmt nicht oder nur unter ganz speziellen Bedingungen mit dem Nettoveräußerungswert überein. IAS 2 befasst sich nicht mit dem **Bilanzansatz**, also der abstrakten Bilanzierungsfähigkeit. Hierzu sind die Definitionen in F.4.4–7 einschlägig (Rz 19 sowie → § 1 Rz 88 ff.).

1.4 Anwendungsbereiche

4   Vorratsvermögen ist durch den beabsichtigten Verkauf im **normalen** Geschäftsgang definiert. Umgekehrt: Ein beabsichtigter Verkauf eines Vermögenswertes **allein** erfüllt nicht die Definition eines „*inventory*".

> **Beispiel**
> Ein Bauunternehmen erhält den Auftrag zum Bau einer Straßenbrücke. Wegen der örtlichen Gegebenheiten kann er seine eigenen Baukräne nicht sinnvoll einsetzen. Er kauft deshalb einen Kran mit weitaus größerer Ausladung zum Bau dieser Brücke. Nach der geplanten Fertigstellung des Bauwerks in 26 Monaten soll der Kran wieder verkauft werden.
> Es liegt kein Vorratsvermögen, sondern sächliches Anlagevermögen vor (→ § 14).
> Falls zwischen dem Zeitpunkt der Aufgabe der Eigennutzung und der tatsächlichen Veräußerung einige Zeit vergeht, ist der Kran auch in diesem

> Zwischenzeitraum nicht ins Vorratsvermögen umzugliedern, sondern nach IFRS 5 als zur Veräußerung bestimmter langfristiger Vermögenswert auszuweisen, auf den planmäßige Abschreibungen nicht mehr vorgenommen werden (→ § 29 Rz 20).

Auch Vermögenswerte, die zunächst vermietet und danach veräußert werden, sind im Zeitpunkt der Umwidmung nicht in das Vorratsvermögen, sondern in zur Veräußerung bestimmte Sachanlagen umzuklassifizieren.[2] Nach IAS 16.68A gilt hier eine **Ausnahme**:
- Wenn im Rahmen der gewöhnlichen Geschäftstätigkeit vermietete Sachanlagen
- regelmäßig nach einiger Zeit verkauft werden,
- ist mit Aufgabe der Vermietung die Umgliederung in das Vorratsvermögen vorzunehmen.

Der tatsächliche Abgang führt demzufolge nicht zu einem sonstigen betrieblichen Ertrag *(gain or loss)*, sondern zu Umsatzerlösen *(revenues*; IAS 16.68).

> **Beispiel**
> Autovermieter X setzt Neufahrzeuge zwischen 14 und 18 Monaten zur Vermietung ein und verkauft sie danach.
> Mit Rücknahme von Fahrzeugen aus der Vermietung sind die Fahrzeuge in das Vorratsvermögen umzugliedern.
> Die Einnahmen aus dem anschließenden Verkauf stellen Umsatzerlöse *(revenues)* dar.

IAS 16.68A unterstellt implizit eine Nutzung des Autos beim Vermieter für mehr als 12 Monate. Diese Annahme ist indes nicht zwingend, trifft im Gegenteil nicht gängige Geschäftsmodelle der Autohändler. Diese stoßen Vorführwagen regelmäßig nach vier bis sechs Monaten der „Vorführnutzung" wieder ab.[3] Eine Regelung hierzu liefern IAS 16 und IAS 2 nicht.
U. E. sollte hier nicht zu sehr auf das Unterscheidungskriterium von Kurz- oder Langfristigkeit und die zugehörige 12-Monats-Regel (mit vielen Ausnahmen) abgehoben werden. Näher liegt eine das Geschäftsmodell des Unternehmens berücksichtigende Interpretation des *useful life* in IAS 16.6, soweit sich diese auf den Zeitbezug richtet. Die Verfügbarkeit zur Nutzung *(available for use)* kann auch **mehrere Nutzungen** im Zeitverlauf umfassen.
Dann sind aus dem Repertoire der BFH-Rechtsprechung folgende Tatbestände angesprochen:
- Vorführwagen im Kfz-Handel[4] (bereits angesprochen),
- Musterhäuser eines Fertighausherstellers,[5]
- Musterküchen mit Elektrogeräten eines Küchenhändlers,[6]
- Kleinflugzeuge.[7]

---

2 Vgl. hierzu FREIBERG, PiR 2011, S. 51. S. dort auch zu den folgenden Anwendungsfällen.
3 Vgl. hierzu HOFFMANN, PiR 2012, S. 370.
4 BFH, Urteil v. 17.11.1981, VIII R 86/78, BStBl 1982 II S. 344.
5 BFH, Urteil v. 31.3.1977, V R 44/73, BStBl 1973 II S. 684.
6 FG München, Urteil v. 28.9.1979, EFG 1980 S. 142, rkr..
7 BFH, Urteil v. 9.2.2006, IV R 15/04, BFH/NV 2006 S. 1267.

Bei der Auslegung von „dauernd" in § 247 Abs. 2 HGB verlässt sich der BFH **nicht** allein auf eine **zeitliche** Interpretation, sondern beachtet gebührend die **Zweck**bestimmung, die der Kaufmann dem erworbenen oder hergestellten Wirtschaftsgut zuordnet.[8] Diese Verwendungsabsicht kann durchaus schon im Anschaffungszeitpunkt hinsichtlich des Zeitverlaufs mehrgestaltig sein.

Zunächst dient der Gegenstand (jetzt der **Vorführwagen**)
- der **Werbung,** also dem Verkauf vergleichbarer Produkte,
- alsdann, da noch verwendbar, dem „**eigenen**" Verkauf.

Die „Werbeperiode" ist also viel kürzer als das *useful life*; gleichwohl liegt u. E. bis dahin Anlagevermögen vor, das erst später in der Zweitnutzung zum Umlaufvermögen mutiert – ganz nach der Vorgabe in IAS 16.68A (Rz 4), nur in kürzerem Zeitabstand. Maßgeblich ist die Sicht des Kaufmanns bei Anschaffung und folgend zu jedem Bilanzstichtag auch beim Zwischenabschluss (→ § 37). Beim Musterhaus oder bei der Musterküche gelten diese Überlegungen genauso; hier kann der 12-Monats-Zyklus auch bei formaler Betrachtung unberücksichtigt bleiben. Die Vorführperiode dauert vielleicht drei oder vier Jahre, umfasst aber ebenfalls nicht das *useful life* in seiner Gesamtheit. Solche Mustergegenstände verlieren im Zeitverlauf wegen technischer Überholungen und Änderungen des Modegeschmacks ihren verkaufsfördernden Charakter.

Die Kurz- oder Langfristigkeit der Gliederungsvorgabe in IAS 1.63 (→ § 2 Rz 31) lässt sich unter Heranziehung des Definitionsbestandteiles *useful life* u. E. in diesen Fällen in Übereinstimmung mit der BFH-Rechtsprechung bringen, die eindeutig die Zuordnung zum Anlagevermögen erkennen lässt. Wir favorisieren deshalb (auch) nach IFRS den Ausweis der genannten Vermögenswerte (und anderer ähnlicher) im **Anlagevermögen.**

6 Ein anderes Abgrenzungsproblem besteht bei **Ersatzteilen,** Werkzeugen, Schmierstoffen u. a. Diese sind dann als Vorräte auszuweisen und bewertet, wenn sie nicht längerfristig[9] genutzt werden, sonst sächliches Anlagevermögen. Für Kunden bestimmte Ersatzteile sind als Vorratsvermögen auszuweisen. Die Beurteilung hat nach dem jeweiligen Geschäftsmodell zu erfolgen. Die für die eigenen Anlagegüter genutzten Ersatzteile sind eher dem Anlagevermögen zuzuordnen. Lassen sich diese nach der internen Organisation nicht den beiden Verwendungsmöglichkeiten zuordnen, muss eine überschlägige Verhältnisrechnung erfolgen.[10] Auf die Beispiele in → § 14 Rz 6 wird verwiesen.

7 **Warenumschließungen,** deren Wert eine Vernichtung durch den Empfänger (so bei Faltkartons) nicht wirtschaftlich erscheinen lässt und die deshalb an den Lieferanten zurückgegeben werden, stellen bei Letzterem Anlagevermögen dar.[11] Typisches Beispiel ist der sog. Pfandkreislauf im Getränkehandel (→ § 25 Rz 31).

8 **Warenmuster** und **Produktproben,** die kostenlos abgegeben werden, aber sachlich identisch sind mit den zum Verkauf bestimmten Artikeln, stellen nach deutschem Verständnis Vorratsvermögen dar. Typisches Beispiel sind die Ärztemuster in der Pharmaindustrie.[12] U. E. entspricht der ökonomische Gehalt

---

8 Vgl. HOFFMANN/LÜDENBACH, NWB Kommentar Bilanzierung, 4. Aufl. 2013, § 247 Rz 23.
9 „More than one period" – so KPMG, Insights to IFRS 2010/2011, Tz. 3.8.40.10.
10 Vgl. KPMG, Insights into IFRS 2010/2011, Tz. 3.8.30.20.
11 So auch KPMG, Insights into IFRS 2010/2011, Tz. 3.8.40.10.
12 Vgl. BFH, Urteil v. 30.1.1980, I R 89/79, BStBl 1980 II S. 327.

demjenigen der **Verkaufskataloge**[13] (→ § 13 Rz 57). Deshalb kommt eine Aktivierung nach IAS 2 nicht in Betracht, auch nicht im Hinblick auf IAS 2.6.[14] Zu diesem Ergebnis kommt man auch auf der Basis der Bewertungsebene, da als Höchstwert der Nettoveräußerungspreis (Rz 32) anzusetzen ist, also null. Gleichwohl kann u. E. im Interesse einer Vereinheitlichung von IFRS und (deutscher) Steuerbilanz (vgl. das zitierte BFH-Urteil) aus Wesentlichkeits- und Vereinfachungsgründen der regelmäßig relativ geringe Bestand bewertet zu Herstellungskosten unter den Vorräten ausgewiesen werden.[15]

Bauträgerobjekte, die nicht im Kundenauftrag erstellt werden (→ § 18 Rz 16) und häufig erst nach Fertigstellung einen Abnehmer finden, stellen Vorratsvermögen des Bauträgers dar. Fraglich ist der Anwendungsbereich von IAS 2 dann, wenn diese Objekte nach Fertigstellung vorübergehend vermietet werden, weil noch kein „Endabnehmer" gefunden werden konnte. U. E. verbleibt es so lange beim Ausweis als Vorratsvermögen, bis eine andere Verwertung entschieden worden ist, z. B. zur Dauervermietung oder Realisierung von Wertsteigerungen, dann *investment property* (→ § 16 Rz 16).

Bauträgerobjekte können dem Regelungsbereich von IAS 11 einerseits oder IAS 2 (bis zum Verkauf) und IAS 18 beim Verkauf andererseits unterliegen (→ § 18 Rz 14ff.). Letzteres ist der Fall, wenn die Erwerber lediglich unbedeutende Spezifikationen (z. B. für Bodenbeläge) vornehmen können.[16]

9

„**Eiserne Bestände**" im Produktionsprozess *(core inventories)* werden bei bestimmten Produktions- und Handelsbetrieben zur Aufrechterhaltung des Geschäftsbetriebs benötigt. Ohne solche Sockelbestände liegt die Produktion bzw. das „Geschäft" darnieder. Besonders ausgeprägt ist dieses Erfordernis in der petrochemischen Industrie mit einem kontinuierlichen Raffinierungsprozess. Eine Ölpipeline muss zur Erreichung der Funktionsfähigkeit erst durchgehend mit Rohöl gefüllt sein, bis der Transport beginnen kann, ein anderes Beispiel stellt das unterirdisch gelagerte Gasvorkommen dar, das zur Erzeugung des notwendigen Drucks benötigt wird.[17] U. E. handelt es sich um Aufwendungen zur Herstellung der Betriebsbereitschaft der Pipeline nach IAS 16.16b (→ § 8 Rz 19). Die Definitionskriterien für Vorratsvermögen (Rz 3) werden nicht erfüllt.[18] Wegen der Besonderheit bei der **Bewertung** vgl. Rz 1.

10

Bei **längerdauernden Fertigungsprozessen** kann ein *qualifying asset* i. S. d. IAS 23.5 (→ § 9 Rz 10) vorliegen. Zugehörige Finanzierungszinsen sind für Herstellungsvorgänge ab 1.1.2009 aktivierungspflichtig (Rz 48). Weitere Einzelheiten in → § 9 Rz 38.

11

Produktionsferne Betriebsstoffe – Büromaterial, Kantinenvorräte, Heizmittel u. Ä. – können aus Praktikabilitätsgründen in den Vorrätebereich einbezogen werden.[19]

12

---

13 So auch KPMG, Insights into IFRS 2010/2011, Tz. 3.8.50.10.
14 So auch KPMG Insights into IFRS 2010/2011, Tz. 3.8.60.10.
15 KPMG, Insights to IFRS 2010/2011, Tz. 3.8.40.10; so auch Jacobs/Schmitt, in: Baetge et al., Rechnungslegung nach IAS, IAS 2, Tz. 21.
16 Lüdenbach, PiR 2010, S. 333.
17 Vgl. Roos/Schmidt, PiR 2013, S. 50.
18 A. A. Deloitte, iGAAP 2012, Tz. A 11 2 Ex 2A.
19 Keitz, von, in: Thiele/Keitz, von/Brücks, Internationales Bilanzrecht, IAS 2, Tz. 111: „Sachgerecht" bei Unwesentlichkeit.

13 In der forschenden pharmazeutischen Industrie werden neu entwickelte Arzneimittel bereits vor der Zulassung produziert, um nach Zulassung sofort am Markt zu sein. Wenn die Zulassung am Bilanzstichtag hoch wahrscheinlich ist, erfolgt ein Ausweis unter den Vorräten. Ansonsten handelt es sich um Entwicklungskosten (→ § 13 Rz 27).
14 Auch zum Verkauf bestimmte **Immaterialgüter** – z. B. selbstentwickelte Software – ist als Vorratsvermögen zu qualifizieren.[20]
15 **Testgeräte**, die einem potenziellen Kunden zunächst unentgeltlich in der Hoffnung auf späteren Kauf zur Verfügung gestellt werden, stellen Vorratsvermögen dar, auch wenn nach der Testphase nicht das überlassene, sondern ein baugleiches erworben wird.[21]
16 Kundengebundene Werkzeuge sind als Anlagevermögen zu qualifizieren. Zur bilanziellen Zurechnung wird verwiesen auf → § 18 Rz 67.
17 Zu Ersatzteilen vgl. das Beispiel unter → § 14 Rz 6.

1.5 12-Monats-Regel und Geschäftszyklus

18 Das Gliederungskriterium der Kurz- bzw. Langfristigkeit wird von der 12-Monats-Frist und dem Geschäftszyklus bestimmt (→ § 2 Rz 36). Dabei überlagern sich die beiden Begriffe, dominierend ist allerdings der Inhalt des Geschäftszyklus. Dieser wird von der „Laufzeit" der Kundenforderungen und der Vorräte bestimmt.
Deshalb führt die Einräumung längerfristiger Zahlungsziele gegenüber Kunden nicht zur Langfristigkeit der Kundenforderung. Entsprechend verwandelt eine strategisch motivierte, besonders hohe Vorratshaltung von Rohmaterial dieses nicht zu Anlagevermögen.

> **Beispiel**
> **Sachverhalt**
> Der Solaranlagenbauer S ordert einen Drei-Jahres-Bedarf an Silizium, weil dieses wegen eines Nachfragerückgangs der Halbleiterhersteller im Preis stark gesunken und mit einer spürbaren Verknappung in den nächsten Jahren zu rechnen ist.
>
> **Lösung**
> Der gesamte Siliziumvorrat ist als kurzfristiger Vermögenswert im Vorratsvermögen auszuweisen (→ § 2 Rz 45). Anders als das Anlagevermögen wird der Übervorrat an Silizium im Unternehmen nicht „genutzt" oder „dient" – in der Terminologie des § 247 Abs. 2 HGB – nicht unmittelbar dem Geschäftsbetrieb.

Fraglich ist, ob ein als langfristig qualifizierter Vermögenswert (*non-current*) später in das Vorratsvermögen als „*current*" **umqualifiziert** werden kann, ohne den Bereich des „*held of sale*" nach IFRS 5 (→ § 29 Rz 6) zu betreten. Als Beispiel für einen solchen Vermögenswert können Vorratsgrundstücke eines Projektentwicklers dienen. U. E. sind solche Vermögenswerte letztlich immer zum Verkauf

---

[20] KPMG, Insights into IFRS 2011/2012, 3.8.20.30.
[21] Roos/Schmidt, PiR 2013, S. 47 differenzieren zwischen Erwerb des Testgerätes – dann Vorratsvermögen – und Erwerb des baugleichen – dann Anlagevermögen des Testgerätes.

Vorräte §17

bestimmt. Die Umqualifizierung von Anlage- in das Vorratsvermögen verschafft dieser Erkenntnis Vorschub und verhindert u. E. die Anwendung von IFRS 5.

2 Ansatz

IAS 2 befasst sich nicht mit dem Ansatz, sondern geht nach den Definitionen gleich zum Bewertungsaspekt über. Für den Ansatz gelten deshalb die **allgemeinen Regeln** des *Framework*, also der *asset*-Begriff (→ § 1 Rz 88ff.), insbesondere aber auch die Kriterien des **wirtschaftlichen Eigentums** in F.4,6ff. (→ § 1 Rz 81), das durch die intersubjektive Zurechnung von **Chancen** und **Risiken** aus dem betreffenden Vermögenswert in IAS 18.14a konkretisiert wird (→ § 25 Rz 18). Als typische Anwendungsfälle sind die auch nach deutschem Rechnungslegungsrecht bekannten Sachverhalte des Eigentumsvorbehalts und des Konsignationslagers zu erwähnen.

19

> **Beispiel**
> Kunststoffhersteller K bezieht Flüssigchemikalien von X. Die Lieferung erfolgt in Schienentankwagen. Ein solcher Wagen enthält den Rohmaterialbedarf des K für einige Monate und bleibt bei planmäßigem Verlauf des Geschäfts auf dem Werksgelände des K stehen. Als rechtlicher Eigentümer gilt X. Die Gefahr des zufälligen Untergangs der Chemikalien liegt bei K, ist dort durch Risikoversicherung abgedeckt. Der K entnimmt dem Tankwagen laufend die benötigte Menge und teilt per Monatsende den Verbrauch dem X mit. Die Zahlung erfolgt innerhalb von zehn Tagen nach Monatsende auf der Grundlage eines vorab vereinbarten Preises, der die augenblickliche Marktlage berücksichtigt. Das rechtliche Eigentum an der Chemikalie geht mit der Entnahme aus dem Tankwagen auf den K über. K kann jederzeit die Entnahme stoppen und sich eines anderen Lieferanten bedienen.
> Zur Lösung kann man auf IAS 18.14a (→ § 25 Rz 19) zurückkommen, wonach sich der Übergang des wirtschaftlichen Eigentums durch den Transfer der Chancen und Risiken bestimmt. Dabei ist das (versicherte) Risiko des zufälligen Untergangs des Tankwageninhalts wenig relevant. Wichtiger sind das Abnahme- und das Preisänderungsrisiko, die in vollem Umfang bei X verblieben sind. Wenn deshalb z.B. K seine Produktion umstellt und die Chemikalie nicht mehr benötigt, muss X den Tankwagen mit dem noch verbliebenen Inhalt zurücknehmen. Das Gleiche gilt dann, wenn K einen ihm günstiger erscheinenden Lieferanten findet.

3 Bewertung
3.1 Zugangsbewertung zu Anschaffungs-/Herstellungskosten
3.1.1 Grundlagen

Die Regelung in IAS 2 folgt weitestgehend dem **Anschaffungskostensystem** *(historical cost system)* unter Beachtung des **Niederstwertprinzips** – durchaus identisch mit den Regeln des HGB. Irgendeine Anlehnung an Marktbewertungen, *fair value* etc. ist in IAS 2 nicht enthalten (wegen Ausnahmen vgl. Rz 1 und Rz 38).

20

929

21 Die Maßstäbe für die **Zugangsbewertung** sind also in aller Regel die **Anschaffungs- oder Herstellungskosten**. Dazu wird auf die Kommentierung in → § 8 Rz 11 ff. sowie auf → § 8 Rz 48 f. wegen Tauschzugängen verwiesen. Gemeinkosten sind in Herstellungsfällen aktivierbar (IAS 2.15). Wegen Besonderheiten bei **Handelswaren** vgl. Rz 23.

3.1.2 Gemeinkosten

22 Aktivierbar sind bei **Anschaffungen** die direkt zurechenbaren Kosten *(directly attributable)* gem. IAS 2.11, bei **Selbsterstellung** auch produktionsbezogene Gemeinkosten (IAS 2.12), bei „normaler" Kapazitätsauslastung (IAS 2.13; Rz 28). Wegen Einzelheiten wird verwiesen auf → § 8 Rz 11 ff. Zu den aktivierungspflichtigen Einzelkosten gehören auch die sogenannten **unechten** Gemeinkosten. Zur Abgrenzungsproblematik gegenüber den echten Gemeinkosten wird verwiesen auf → § 8 Rz 13. Dazu folgendes Beispiel:

> **Beispiel[22]**
> **Sachverhalt**
> Die Antikmöbel GmbH & Co. KG betreibt den Import und den Groß- und Einzelhandel von antiken Möbeln und ähnlichen Gebrauchsgegenständen. Mitarbeiter der Einkaufsabteilung reisen regelmäßig in europäische und asiatische Länder, um Ausschau nach passenden Objekten zu halten. Häufig werden in diesen Ländern auch nach Vorgaben der GmbH & Co. KG aus gebrauchten Materialien „antike" Möbel, Fliesen u. Ä. hergestellt. Die Mitarbeiter der Einkaufsabteilung überwachen diese Arbeiten mitunter im Rahmen ihrer ohnehin durchgeführten „Besichtigungsreise." In Einzelfällen erfolgt aber auch eine Reise des einen oder anderen Mitarbeiters zur speziellen Überwachung dieses Herstellungsvorganges im Ausland.
>
> **Lösung**
> - Die Besichtigungsreisen dienen nicht einem Anschaffungsvorgang, sie sind diesem vorgelagert, weshalb sich die Frage der Abgrenzung der Einzel- von den Gemeinkosten nicht stellt.
> - Umgekehrt zielen die „speziellen" Überwachungsreisen auf die Anschaffung eines bestimmten Vermögenswertes und sind deshalb als Einzelkosten *(directly attributable)* aktivierbar.
> - Wieder umgekehrt liegt es in den Fällen der mit einer Besichtigungsreise verbundenen Überwachung. Die Reisekosten und die wesentlichen Teile der Lohnkosten entfallen ununterscheidbar auf beide Tätigkeiten (echte Gemeinkosten), anders für den Teil der Arbeitszeit, der theoretisch zugeordnet werden könnte (unechte Gemeinkosten) (→ § 8 Rz 13).

Wegen der Besonderheiten bei **Kuppel**produktion (IAS 2.14) vgl. → § 8 Rz 24. Ungewöhnliche Beträge *(abnormal amounts)* an Material**ausschuss** dürfen nach IAS 2.16(a) nicht in die Herstellungskosten einbezogen werden, ebenso wenig entsprechende Arbeits- und andere Produktionskosten. Wegen Einzelheiten wird auf § 8 Rz 29 verwiesen.

---

[22] Nach HOFFMANN, PiR 2007, S. 27.

3.1.3 Nebenkosten

Die primären Anschaffungskosten (Kaufpreis) sind gem. IAS 2.11 um direkt zurechenbare Anschaffungsnebenkosten zu erhöhen und um Rabatte, Boni usw. zu mindern. Bei der Warenbewertung im **Einzelhandel** sind bei beiden Ergänzungsgrößen Besonderheiten[23] zu beachten,

- In die **Anschaffungsnebenkosten** können je nach Art der Beschaffungslogistik nennenswerte (unechte) Gemeinkosten anfallen, also Beschaffungskosten, die mangels Schlüsselung Gemeinkostencharakter aufweisen. Es geht dabei um Kosten der eigenen oder fremd vergebenen Logistik, weil die Ware vom Hersteller häufig in ein Zentrallager befördert wird, von wo aus dann ein Weitertransport zu den eigenen Verkaufsstellen vorzunehmen ist. Die Verkaufsbereitschaft für die Ware ist erst bei Einlagerung ins Verkaufsregal gegeben. Die Aktivierbarkeit kann sich u. U. auf IAS 2.15 stützen, wo Verbringungskosten eigens erwähnt sind. **Praktikabel** ist eine Erfassung dieser Logistikkosten in die gesamten zu aktivierenden Anschaffungskosten nur durch einen recht groben **pauschalen** Zuschlag nach einer eher großzügig zu definierenden Gruppierung.

- **Anschaffungspreisminderungen** resultieren aus den diversen verkaufsfördernden Praktiken (→ § 25), beginnend bei den Skonti, über Rabatte und Boni bis hin zu besonderen Verkaufsaktionen, denen die Hersteller durch die Marktmacht des Einzelhandels ausgesetzt sind. Dabei kann es auch einen Gegenpol zu den eben genannten Logistik-Gemeinkosten geben, weil das Einzelhandelsunternehmen für die Übernahme des Warentransportes etc. vom Zentrallager zu den einzelnen Verkaufsstellen vom Hersteller einen Zusatzbonus beansprucht. Auch im Bereich der Anschaffungspreisminderungen sind durch die Vielgestaltigkeit der betreffenden Maßnahmen nur grob **pauschale** Berechnungsmethoden sinnvoll anwendbar.

In der deutschen IFRS-Praxis werden die dargestellten Anschaffungsnebenkosten für Logistik u. Ä. eher selten berücksichtigt, umgekehrt verhält es sich bei den Anschaffungspreisminderungen.[24]

Für Zwecke der Handels-/Steuerbilanz wird z. T. eine Aktivierung von **Logistikkosten** befürwortet, wenn diese aus tatsächlichen Gründen dem einzelnen Produkt nicht zugeordnet werden können (sog. unechte Gemeinkosten). Zu den Anschaffungskosten zählen dabei alle weiteren Kosten in der logistischen Kette bis hin zur Einlagerung in die Verkaufsregale *(point of sale)*.[25]

U. E. ist ein solches Vorgehen auch nach IAS 2.11 vertretbar. Es kommt hier darauf an, wie die Anforderung der direkten Zurechenbarkeit interpretiert wird. Bei **enger** Interpretation entfällt mit dem Verzicht auf die Einzelaufzeichnung der Kosten faktisch die direkte Zurechenbarkeit, bei **weiter** auf die theoretische Zurechenbarkeit abstellender Interpretation sind die unechten Gemeinkosten im Schätzungswege aktivierungsfähig. Vgl. hierzu weitere Hinweise in → § 8 Rz 13.

---

[23] KEITZ, VON, KoR 2006, S. 101.
[24] KEITZ, VON, KoR 2006, S. 101.
[25] SAURE, StBp 2002, S. 285.

3.1.4 Unterbeschäftigung und Finanzierung

24 Die aus einer **Unter-** oder **Überbeschäftigung** resultierenden Effekte sind in IAS 2.13 behandelt und in → § 8 Rz 24 kommentiert.

Eine Einbeziehung von **Finanzierungsaufwendungen** in die Herstellungskosten kommt nur bei *qualifying assets* i.S.v. IAS 23.4 infrage (→ § 9 Rz 15). Als qualifiziert gelten im Anwendungsbereich von IAS 2 (Rz 1) „Vorräte, für die ein beträchtlicher Zeitraum erforderlich ist, um sie in einen verkaufsfähigen Zustand zu versetzen", nicht hingegen „Vorräte, die routinemäßig gefertigt oder auf andere Weise in großen Mengen wiederholt über einen kurzen Zeitraum hergestellt werden." Der Aktivierungspflicht unterliegen somit z.b. ohne Auftrag erstellte Bauobjekte zum späteren Verkauf (Rz 9), daneben **Sonderfälle** wie etwa einer langen Reifungszeit unterliegende Lebensmittel (→ § 9 Rz 34).

Sofern die Zahlungsbedingungen ein latentes **Finanzierungs**element durch eine unüblich lange Frist enthalten, ist nach IAS 2.18 zur Bestimmung der Anschaffungskosten eine Abzinsung vorzunehmen. Nur der **Barwert** gilt als Anschaffungskosten. Die Aufzinsung ist als Zinsaufwand auszuweisen. Diese Lösung lässt sich aus dem Spiegel zu IAS 18.11 (→ § 25) und der Analogie zu IAS 40.24 (→ § 16 Rz 36) ableiten. Eine ähnliche Auffassung vertritt das IFRS-IC in einer Agenda-Entscheidung[26] betreffend langfristige Vorauszahlungen (*long-terms prepayments*) für Lieferungskontrakte für Rohmaterialien. Was unter „*long-term*" und „*supply contracts*" genau zu verstehen ist, bleibt dabei unklar: Geht es um mit Vorauszahlungen unterlegte Dauerbelieferungen oder um Einmallieferungen gegen Vorauskasse? Jedenfalls muss es sich um einen im Kontrakt enthaltenen nennenswerten Zinseffekt handeln, weil das IC die Berücksichtigung des *time value of money* besonders betont, d.h. den „nackten Einkaufswert der Materialien im Einsatz berücksichtigt wissen will und deshalb eine Abtrennung der Zinskomponente im Vertragsinhalt befürwortet. Dabei verweist das IC auf IFRS 15, wo ebenfalls die Zinskomponente bestimmter Vertragsgestaltungen behandelt wird. Handelsübliche **Skonti** fallen nicht unter diese Regelung; sie sind als Kürzung der Anschaffungskosten zu behandeln (→ § 8 Rz 11).

25 In Ausnahmefällen kann auch der Lieferungs**empfänger** eine Finanzierungsfunktion bei der Vorrätebeschaffung ausüben.

Beispiel[27]
Solarwaferhersteller S (Kunde) schließt **Ende 01** angesichts einer drohenden Verknappung von Solargrade Silicium, seinem wichtigsten Rohstoff, mit dem Rohstoffhersteller H (Lieferant) nicht nur einen Vertrag über die Lieferung für **02**, sondern ebenso über ausreichende **Liefermengen** im Jahr **03** ab.
Der Rohstoffhersteller hat den Vertrag nur unter der Bedingung einer 100 % der erwarteten Abnahmen betragenden **Anzahlung** abgeschlossen.

---

[26] IFRIC, Update Januar 2012.
[27] Nach LÜDENBACH, PiR 2009, 346. Dort sind auch die Lösungshinweise mit den einzelnen Buchungen wiedergegeben.

Die Ende 01 geleistete Anzahlung beträgt 11 Mio. EUR für 03. Die Lieferung erfolgt am Jahresanfang und entspricht dem Wert der Anzahlung. Der relevante Zinssatz für eventuelle Auf- oder Abzinsungen beträgt 10 %.

Fragestellungen
Wie sind
- die geleistete Anzahlung und später die Anschaffungskosten der Vorräte beim Kunden S,
- die empfangene Anzahlung und die späteren Umsatzerlöse beim Lieferer H

zu bewerten?
Welche Rolle spielt dabei der Zinseffekt?

Lösung
Anzahlungen sind Vermögenswerte und Schulden nicht finanzieller Art, für die das IFRS-Regelwerk keine Bewertungsvorschriften kennt. Als Analogievorschrift gem. IAS 8.11f. (→ § 1 Rz 77) kommt die spiegelbildlich anzuwendende Regelung für verdeckte Kreditgeschäfte nach IAS 2.18 und IAS 18.11 (Rz 24) in Betracht, also eine **Aufzinsung**. Die buchmäßige Erhöhung des Anzahlungsausweises ist beim Kunden zugunsten des Zinsertrags zu verbuchen und umgekehrt beim Lieferanten als Zinsaufwand. Die (erhöhte) Anzahlung ist vom Kunden bei Bezug der Ware in den Posten „Vorräte", beim Lieferanten in die Umsatzerlöse umzubuchen. Dadurch werden beim Kunden die Anschaffungskosten und beim Lieferanten die Umsatzerlöse in einer um die Kreditkomponente bereinigten Höhe ausgewiesen.
Folgende **Buchungen** sind vorzunehmen:
- Beim **Kunden S**

Datum	Konto	Soll	Haben
31.12.02	Anzahlung	1,1 Mio. EUR	
	Zinsertrag		1,1 Mio. EUR
01.01.03	Vorräte	12,1 Mio. EUR	
	Anzahlung		12,1 Mio. EUR

- Beim **Lieferanten H**

Datum	Konto	Soll	Haben
31.12.02	Zinsaufwand	1,1 Mio. EUR	
	Anzahlung		1,1 Mio. EUR
01.01.03	Anzahlung	12,1 Mio. EUR	
	Umsatzerlös		12,1 Mio. EUR

Gegenüber unserem obigen Lösungsvorschlag steht die DPR dem Zinstragungscharakter der Anzahlung und entsprechend der Aufzinsung in obigem Beispiel eher ablehnend gegenüber.[28]

---

[28] Nach einer Vortragsfolie von A. BERGER auf dem 10. IFRS-Kongress in Berlin, 8./9.9.2011.

3.1.5 Bedingte Kaufpreisbestandteile (*contingent considerations*)[29]

26 Auf die Kommentierung unter → § 8 Rz 62 ff. wird verwiesen.

3.1.6 Bewertungsvereinfachung

27 Für die **Bewertungsvereinfachungsverfahren** (Durchschnitts- und Verbrauchsfolgeverfahren) gilt:
- Das **Standardkostenverfahren** wird als zulässig erachtet (IAS 2.21).
- Die Ermittlung der Anschaffungs- oder Herstellungskosten auf der Basis der **Verkaufspreise** unter Abzug der Brutto-Handelsmarge – sog. **retrograde Methode** – ist erlaubt (IAS 2.22).
- Gewogener **Durchschnitt** – zulässig.
- **Fifo** – zulässig.
- **Lifo** – unzulässig (ab 1.1.2005, s. Rz 48).

Die Bewertungsvereinfachungsverfahren gelten nur für **Standardprodukte** (IAS 2.23 im Umkehrschluss). Zu Einzelheiten wird auf → § 8 Rz 41 ff. verwiesen. Die Anwendung der Bewertungsmethoden unterliegt dem **Stetigkeitsgebot** (→ § 24 Rz 5 ff.). Die erwähnte retrograde Methode kommt praktisch ausschließlich im Bereich des **Einzelhandels** vor.[30] Ihr Ursprung liegt im Inventurverfahren, das bei der Bewertung notgedrungen die Verkaufspreise heranziehen muss. Das Warenbewirtschaftungssystem erlaubt in vielen Fällen – mit rückläufiger Tendenz im Hinblick auf die wegen der Wettbewerbssituation im Einzelhandel zunehmend erforderliche genaue Kalkulation des einzelnen Artikels – u. U. keinen unmittelbaren Zugriff auf den aktuellen Einstandspreis. Dann bleibt nur der Weg zur Ermittlung der Anschaffungskosten über einen pauschalen Abschlag vom jeweiligen Verkaufspreis. „Pauschal" besagt negativ: Der Abschlag erfolgt nicht für den einzelnen Artikel, sondern für eine bestimmte Produktgruppe. Diese muss betriebswirtschaftlich sinnvoll unternehmensindividuell festgelegt werden, z. B. im Vollsortiment-Warenhaus in Differenzierung nach Lebensmittel, Bekleidung, Uhrwaren und Schmuck, Kosmetika etc. Weiter kann natürlich innerhalb der Lebensmittel differenziert werden nach alkoholischen Getränken, Milchprodukten, Obst und Gemüse etc., gegebenenfalls noch mit weiterer Untergliederung.

Eine weitere Bewertungsvereinfachung ist u. E. aus Wirtschaftlichkeits- und Wesentlichkeitsgesichtspunkten (→ § 1 Rz 27) für solche Rohmaterialien etc. zulässig, für die nach § 240 Abs. 3 HGB eine **Festbewertung** zulässig ist, d. h., dieser Festwert kommt auch nach IAS 2 in Betracht.

3.1.7 Branchenspezifika

3.1.7.1 Dienstleistungsunternehmen

28 Klarstellend[31] erwähnt IAS 2.19 auch Dienstleistungsunternehmen als mögliche Anwender der Bewertungsvorgaben von IAS 2. Betont wird dabei der hohe Lohnkostenanteil in dieser Branche. Unter die Aktivierungspflicht fallen auch die produktionsbezogenen Verwaltungskosten in Form der leitenden Personen

---

[29] Nach HOFFMANN, PiR 2010, Heft 2.
[30] Vgl. hierzu HOFFMANN, PiR 2006, S. 240.
[31] So auch KEITZ, VON, in: THIELE/KEITZ, VON/BRÜCKS, Internationales Bilanzrecht, IAS 2 Tz. 191.

und die zugehörigen Gemeinkosten. Ausgeschlossen von der Aktivierung sind die auf den Verkaufs- und generellen Verwaltungsbereich entfallenden Löhne und Gemeinkosten. Abgrenzungsprobleme liegen auf der Hand.

> **Beispiel**
> Partner einer großen WP-Gesellschaft erbringen 500 Arbeitsstunden pro Jahr als mandatsbezogene produktive Stunden. 700 Stunden entfallen auf Akquisition und 400 Stunden auf interne Verwaltung, Fortbildung etc. Aktivierungspflichtig sind 500/1.600 der Lohnkosten zuzüglich Gemeinkosten (z. B. Sekretariat).

3.1.7.2 Landwirtschaftliche Produkte

Nach IAS 2.20 sind landwirtschaftliche Produkte ab dem Zeitpunkt der Ernte als Vorräte zu bilanzieren (→ § 40 Rz 14). Der *fair value* zu diesem Zeitpunkt dient als Anschaffungs-Herstellungskosten i. S. d. IAS 2 (→ § 40 Rz 19).

29

3.1.7.3 Bauträgerbereich

Das Bauträgergeschäft gilt als besonders „**vertriebsorientiert**":[32] Man denke an Werbekampagnen in den Medien, Prospekte in Hochglanzausführung, Vermittlungsprovisionen. Bei größeren Gesellschaften mit einem Strukturvertrieb gesellen sich dazu reguläre Vertriebsabteilungen mit typischen Aufgaben der Marktbeobachtung, der städtebaulichen Entwicklung etc.
Alle diese Aufwendungen sind dem Vertrieb zuzuordnen und gelten deshalb nach Handels- und Steuerrecht und auch nach den IFRS als nicht aktivierbar (→ § 8 Rz 32). Dieser „Grundsatz" wird regelmäßig nicht hinterfragt, also auch gar nicht analysiert; lediglich dann, wenn das Ergebnis dieser apodiktischen Absage nicht passt, werden Aushilfsüberlegungen angestellt.
Das Aktivierungsverbot für Vertriebskosten beruht auf der Vorstellung einer wohlgeordneten **industriellen Produktion**, bei der zunächst einmal hergestellt wird, um sich dann anschließend dem Verkauf zu widmen. Das mag heute auch in der industriellen Produktion nicht mehr das dominierende Geschäftsmodell sein, in bestimmten Branchen trifft es jedenfalls nicht zu. Der Musterfall ist der genannte Bauträgerbereich: Hier **beginnt** das Geschäftsmodell mit dem Vertrieb, die Produktion schließt sich an den Vertriebserfolg an. Produziert wird erst dann, wenn der Auftrag im Hause ist.
Im Bauträgerbereich geht es auch um relativ **große Beträge**, die im Vertriebsbereich anfallen. Schon die erwähnten Gemeinkosten – Werbung etc. – sind nicht von Pappe, erst recht aber die erfolgsabhängigen Verkaufsprovisionen, die sich durchaus bis zu 20 % des Auftragsvolumens bewegen können. Daraus ergibt sich in der bilanziellen Abbildung ein schiefes Bild, das in etwa der Diskussion zur Behandlung der langfristigen Auftragsfertigung (→ § 18 Rz 19) ähnelt: Zeitlich passen Aufwand und Ertrag nicht zusammen, wenn ein großer notwendiger Kostenblock dann verbucht wird, wenn die Erträge noch gar nicht vorhanden

30

---

[32] Vgl. hierzu HOFFMANN, PiR 2009, S. 316.

sind. In einem *Non-IFRIC* ist dieser Fragenkomplex thematisiert worden.[33] Dabei werden vom IFRS IC als mögliche Regelungsgrundlage angesprochen:
- IAS 2, der die Aktivierung von Verkaufskosten nicht gestattet,
- IAS 11.21 (→ § 18) bezieht in die Herstellungskosten des zu erstellenden Werks die Abschlusskosten ein (11.21),
- IAS 18IE 14(b) (iii) erlaubt bei Vermögensmanagementverträgen die Aktivierung einzeln zurechenbarer Kosten zur Erlangung eines Vertrags (*securing a contract*).

Dieses *„securing"* ist als Gegensatz zu *„attempt"* zu verstehen, woraus sich folgende differenzierende Beurteilung der Aktivierbarkeit von Vertriebskosten ergibt:
- Alle Gemeinkosten und auch Einzelkosten, die nicht dem erfolgreichen Abschluss eines Vertrags direkt zuzurechnen sind, scheiden als Aktivierungspotenzial aus.
- Anders verhält es sich mit Aufwendungen, die tatsächlich zur Erlangung eines Auftrags führen, also die (erfolgreichen) Vertreterprovisionen, die dann regelmäßig nach Abschluss eines entsprechenden (notariellen) Vertrages fällig werden.

Das IFRS IC erkennt in diesen spezifischen Betriebskosten allerdings eher einen immateriellen Vermögenswert (→ § 13 Rz 59).

31 Im Bauträgerbereich stellt sich auch die Frage, welchem **Standard** ein zur Bilanzierung bestimmtes Grundstück zu unterwerfen ist. In Frage kommt
- IAS 2, wenn die Bebauung mit Häusern oder Eigentumswohnungen zum Verkauf,
- IAS 40 (→ § 16), wenn z.B. die Errichtung einer Immobilie zur langfristigen Vermietung

geplant ist. Über die Klassifizierung entscheidet die Verwendungsabsicht im Zugangszeitpunkt. Später kann es zu Umwidmungen bei Planänderungen kommen.[34] Diese dürfen sich aber nach IAS 40.57 nicht nur „im Kopf" abspielen. Es bedarf objektiver Merkmale, z.B. Einreichung eines entsprechenden Bauantrages (→ § 16 Rz 115). Zum Zeitpunkt der Umwidmung ist **letztmalig** eine Bewertung zu den bisherigen Regeln vorzunehmen. Bei Wahl des *cost models* für das jetzt geplante *investment property* ist nach IAS 40.59 der bisherige Buchwert fortzuführen, ggf. eine Abschreibung zuvor auf den niedrigeren Verkehrswert vorzunehmen. Wird das *fair value-model* gewählt, muss die Differenz zum bisherigen Buchwert erfolgswirksam über die GuV eingebucht werden (IAS 40.63).

3.2 Folgebewertung zum Nettoveräußerungswert

32 Planmäßige Abschreibungen gibt es bei den Vorräten nicht. Dafür ist das (nach deutschem Sprachgebrauch) sog. strenge **Niederstwertprinzip** (Rz 35) auch nach IAS 2.9 im Rahmen der **Folgebewertung** als *„lower of cost or net realisable value"*-Prinzip beachtlich. In IAS 2.28 sind **Hinweise** bez. der Kriterien enthalten, die eine **Abschreibung** auf den **Nettoveräußerungswert** *(net realisable value)* gebieten können:

---

[33] IFRIC, Update May 2009.
[34] Vgl. hierzu das Beispiel bei LÜDENBACH, PiR 2012, S. 134.

- Beschädigungen,
- teilweise oder völlige Überalterung (Gängigkeitsabschreibung),
- Rückgang der Verkaufspreise.

Der letztgenannte Aufzählungspunkt zur Entwicklung der Verkaufspreise macht systematisch eine Unterscheidung zwischen Wertaufhellung und Wertbegründung erforderlich. Im Einzelfall bestehen hier Abgrenzungsprobleme, die anhand verschiedener Beispielsfälle in → § 4 Rz 28 ff. kommentiert sind. In systematischer Betrachtung ist der Nettoveräußerungswert in einem **retrograden** Verfahren (Rz 27) zu ermitteln. Zum Wertmaßstab vgl. Rz 36. Die Vorschriften zur **außerplanmäßigen Abschreibung** nach IAS 36 (→ § 11 Rz 3) gelten nicht für das Vorratsvermögen (IAS 36.1a). Zur Bemessung der **Gängigkeitsabschreibung** können die unternehmensindividuell verwendeten Rechenschemata herangezogen werden. Entsprechendes gilt für die zur Ermittlung des Nettoveräußerungswertes benötigten noch anfallenden **Verkaufskosten**. Nicht explizit geregelt ist in IAS 2, ob hier ein Voll- oder Teilkostenansatz erfolgen muss. Da die IFRS-Bewertungsregeln aber generell vom Vollkostenprinzip ausgehen, muss dieses auch an dieser Stelle beachtet werden.[35] Dafür spricht auch die Bewertungsvorgabe für den Zugang im Falle der retrograden Methode (Rz 27): *gross margin* vgl. auch Rz 37.

Nach IAS 2.29 wird der **Einzelbewertungsgrundsatz** u. U. durchbrochen zugunsten der **Zusammenfassung** in einer **Gruppe** ähnlicher oder voneinander abhängiger Vermögensgegenstände. Allerdings darf bei der insoweit zulässigen Gruppenbewertung nicht **zu großzügig** verfahren werden, indem z. B. alle Fertigerzeugnisse oder alle Erzeugnisse eines bestimmten Produktions- oder geografischen Segmentes abgeschrieben werden. Es stellt sich dann im konkreten Fall die Frage nach der *unit of account*.

33

Beispiel[36]
Der Bauträger B errichtet Gebäude mit Eigentumswohnungen, die dem Anwendungsbereich von IAS 2 und IAS 18 unterliegen (→ § 18 Rz 16). Folgende Datenkonstellation besteht:
- Ein Gebäude mit Eigentumswohnungen ist am 31.12.01 im Bau befindlich, erstellt sind Erdarbeiten, Fundament und Keller.
- 50 % der Wohnungen sind am Stichtag verkauft.
- Im Jahr 01 ist ein Rückgang der Marktpreise für vergleichbare Eigentumswohnungen festzustellen.
- Die angefallenen Herstellungskosten lassen sich nicht den einzelnen Wohnungen zuordnen.

Die Frage geht nach einer möglichen Niederstwertabschreibung (Rz 35 f.) mit der Folgefrage nach dem Bewertungsobjekt (*unit of account*): Ist das unfertige Gebäude insgesamt abzuschreiben oder ist nach verkauften und unverkauften Wohnungen zu unterscheiden?

---

35 So auch Kümpel, DStR 2005, S. 1153; wohl auch Keitz, von, in: Thiele/Keitz, von/Brücks, Internationales Bilanzrecht IAS 2, Tz. 228.
36 Nach Lüdenbach, PiR 2010, S. 333; dort auch ein zahlenunterlegtes Beispiel.

> Dazu folgende weitere Fakten:
> - Der Rückgang der Verkaufspreise mit drohendem Verlust betrifft nur die nicht verkauften Wohnungen.
> - Der bisher erfolgte Verkauf ist voraussichtlich gewinnträchtig.
> - Durch die Gesamtbetrachtung käme es zu einer stillen Verrechnung der erwarteten Gewinne und Verluste.
>
> Daraus folgt:
> - **Für** eine Gesamtbetrachtung spricht die **nicht teilbare** Masse der bislang angefallenen Herstellungskosten.
> - **Gegen** eine Gesamtbetrachtung spricht der je einzeln für eine Eigentumswohnung anfallende Veräußerungspreis, der wiederum die Grundlage des Niederstwerttestes darstellt. Die effektiven Verkaufspreise in Gegenüberstellung zu den erwarteten lassen sich nur mit künstlich gegriffenen Annahmen in den Niederstwerttest einführen.
>
> Insgesamt lässt sich eine **Favorisierung** einer der beiden Betrachtungsmöglichkeiten nicht begründen. U. E. sind beide vertret- und bilanzpolitisch verwendbar. Bei Zusammenfassung ist der Abschreibungsbedarf niedrig (oder entfällt ganz) gegenüber der Einzelbetrachtung.

34 Folgende **Grenzmarken** der Bewertung sind im Rahmen der erforderlichen Schätzungsverfahren (IAS 2.30) beachtlich (IAS 2.31):
- Die vereinbarten Verkaufspreise im Rahmen von Kontrakten stellen die **Bewertungsobergrenze** dar.
- Produktionsmaterial und andere Hilfs- und Betriebsstoffe der Produktion dürfen **nicht abgeschrieben** werden, wenn die **Fertig**produkte mit Gewinn verkauft werden können (IAS 2.32).
- **Preisrückgänge** für das Produktionsmaterial können aber eine Preissenkung für die Fertigprodukte **indizieren** (IAS 2.32).

Nach diesem **qualitativen** Test können sich die Wiederbeschaffungskosten als passende Schätzgröße für den Nettoveräußerungswert von Roh-, Hilfs- und Betriebsstoffen darstellen (IAS 2.32 Satz 3) – also dann in Übereinstimmung mit dem HGB (Rz 35).

35 Im Vergleich zum HGB orientieren sich die **Abschreibungskriterien** für das Vorratsvermögen eher am **Verkaufs-** als am **Beschaffungs**markt. Hierzu folgendes Schema auf der Grundlage des HGB:[37]
- Maßgeblichkeit des **Beschaffungsmarktes**
  - Roh-, Hilfs- und Betriebsstoffe,
  - Erzeugnisse, soweit ein Fremdbezug möglich wäre.
- Maßgeblichkeit des **Absatz**marktes
  - Erzeugnisse, Leistungen,
  - Überbestände an Rohstoffen.
- Maßgeblichkeit **beider** Märkte
  - Handelsware,
  - Überbestände an Erzeugnissen.

---

[37] Nach ADLER/DÜRING/SCHMALTZ, 6. Aufl., § 253 HGB, Tz. 488.

Vorräte § 17

Eine **Divergenz** zu den IFRS-Regeln lässt sich am ehesten beim **Rohmaterial** (Vorprodukte) feststellen: Hier besteht nach IAS 2.32 der erwähnte (Rz 34) Vorbehalt des gewinnhaltigen Verkaufs der Endproduktion,[38] es sei denn, der Preisrückgang der Vorprodukte indiziert das Absinken des Nettoveräußerungswertes. Nur in diesem Fall wird der Wiederbeschaffungspreis als Hilfsgröße zur Bestimmung des Niederstwerts relevant (Rz 34).

> **Beispiel**[39]
> Ein Unternehmen produziert Smartphones mit geringer Gewinnmarge; die in das Produkt eingehenden Chips hat das Unternehmen zu 4 EUR je Stück gekauft. Am Bilanzstichtag beträgt der Einkaufspreis 1 EUR pro Stück. Entsprechend rechnet das Unternehmen mit einem starken Preisrückgang für das Fertigprodukt. Auf der Kostenbasis von 4 EUR je Chip ist mit einem Veräußerungsverlust je Smartphone zu rechnen. Deshalb bedarf es zum Bilanzstichtag einer Abwertung der Chjpbestände auf 1 EUR je Stück. Insofern kommt auch nach IAS 2 der Beschaffungsmarkt als wertbestimmend in Betracht.

Gleichwohl dürfte sich in vielen Fällen der praktischen Handhabung eine **Übereinstimmung zwischen HGB und IFRS** bez. erforderlicher Abschreibungen im Vorratsvermögen erzielen lassen. Der Inhalt der schlagwortartig häufig so bezeichneten „**verlustfreien Bewertung**" lässt sich jedenfalls weitgehend mit den Anweisungen der IFRS in Einklang bringen (Rz 32).

Im Übrigen ist nach geänderter Auffassung des IDW[40] nun auch bei der handelsrechtlichen Bewertung von Roh-, Hilfs- und Betriebsstoffen i.d.R. eine absatzmarktorientierte Bewertung (wahlweise) erlaubt, so dass auch hier keine zwingenden Unterschiede zu IAS 2 mehr bestehen.

> **Beispiel**[41]
> Die Holzmichel GmbH beschafft, bearbeitet und vertreibt inländische Holzsorten. Die Wiederbeschaffungspreise für die in der GmbH lohn- und maschinenintensiv weiterverarbeitete Sorte Lärche sinken ebenso wie für das nach wenig aufwändiger Sortierung durchgehandelte Brennholz. Nur beim Brennholz schlägt dies auf den Absatzpreis durch.
> Intensive Veredelungsprozesse durchläuft als dritte Sorte das Buchenholz. Wegen eines Konjunktureinbruchs sinkt die inländische Nachfrage nach dem weiterverarbeiteten Buchenholz, während der Einstandspreis auf Grund starker chinesischer Nachfrage nach dem Rohprodukt sogar leicht steigt.

---

[38] Ausführlich hierzu KÜMPEL, DB 2003, S. 2609 u. 2614.
[39] Nach KÜMPEL, IRZ 2012, S. 73
[40] IDW 17.10.2013 Ergänzung der Berichterstattung vom 23.09.2013 über die 233. Sitzung des HFA vom 10. und 11.09.2013
[41] Nach FREIBERG, PiR 2005, S. 62.

Preise in EUR je Raummeter (RM)	Lärche verarbeitungsintensiv EP - sinkend AP - konstant	Brennholz materialintensiv EP und AP sinkend	Buche verarbeitungsintensiv EP - konstant AP sinkend
ursprünglich kalkulierter Absatzpreis (AP)	140,0	20,0	100,0
aktueller Absatzpreis (AP)	140,0	18,0	85,0
Fertigungs-, Lager- und Veräußerungskosten	60,0	1,0	40,0
Nettoveräußerungswert	80,0	17,0	45,0
Einstandspreis (EP)	70,0	18,0	50,0
Wiederbeschaffungspreis	63,0	16,1	50,5
Preisminderung	7,0	1,8	0,0
Ansatz nach HGB	63,0 oder 70,0	16,2 oder 17,0	50,0 oder 45,0
Ansatz nach IFRS	70,0	17,0	45,0

Die Wertansätze lassen sich wie folgt begründen:
- Bei **verarbeitungsintensiver** Fertigung schlagen gesunkene Wiederbeschaffungspreise nicht auf den Absatzpreis durch. Eine Wertberichtigung ist nur nach HGB zulässig.
- Bei **materialintensiver** Produktion und konstanten Wettbewerbsbedingungen schlagen Kosteneinsparungen im Einkauf auf den Absatzpreis durch. Wegen des Puffers aus der ursprünglich kalkulierten Gewinnmarge ist die Wertberichtigung nach IFRS (1,0 EUR/RM) jedoch geringer als die Minderung des Einstandspreises, nach HGB daher auch eine höhere Wertberichtigung HGB (1,8 EUR/RM) zulässig.
- Brechen die **Absatzpreise** trotz (zunächst) im Wesentlichen stabiler Wiederbeschaffungspreise ein, ergibt sich nur nach IFRS ein zwingender Wertberichtigungsbedarf.

36 Zur Höhe der vorzunehmenden Abschreibung – nach IAS 2.9 die Differenz zwischen den *cost* und dem *net realisable value* – ist für (unfertige) **Produkte** eine Definition der noch anfallenden Herstellungskosten erforderlich. Bei **Waren** geht es um mögliche Erlösschmälerungen und für beide Gattungen um den Umfang der noch zu erwartenden Verkaufskosten. Nach IAS 2.29 kann aus Praktikabilitätsgründen vom **Einzelbewertungs**grundsatz abgewichen werden, es ist also unter bestimmten Voraussetzungen eine **Sammel**bewertung für Güter ähnlichen Endnutzens und Verkaufs in der gleichen geografischen Umgebung angemessen (*appropriate*). Diese „Sammlung" darf allerdings auch nicht übertrieben werden und sich bspw. auf **alle** Fertigprodukte und alle Produkte einer bestimmten Branche beziehen.
Nicht ausdrücklich geregelt ist die Frage nach der Einbeziehung oder Nichteinbeziehung von Produktionsgemeinkosten (bei Erzeugnissen) und Vertriebsgemeinkosten (bei Erzeugnissen und Waren). U. E. ist im Hinblick auf die **Vollkosten**orientierung für die Vorrätebewertung nach IFRS (→ § 8 Rz 18 ff.)

mindestens eine Einbeziehung der Fertigungsgemeinkosten in den Abzugsbetrag – Differenz zwischen *cost* und *market* – geboten.[42] Anders ausgedrückt: Alle Kostenarten, die in die Herstellungskosten einbezogen worden sind, müssen auch in den Abzugsbetrag vom mutmaßlichen Verkaufspreis eingehen.[43] Hinsichtlich der **Vertriebs**gemeinkosten ist eine gefestigte Meinung im Schrifttum nicht ersichtlich (Rz 32).

> **Beispiel**[44]
> Die Einzelhandelskette P bietet regelmäßig Aktionsware an. Außerdem muss sie als Vollsortimenter Produkte bzw. Produktgruppen anbieten, die als nicht „kostendeckend" bezeichnet werden (sog. „Verlustprodukte") – z. B. Gemüse und Frischfisch. Die Preiskalkulation dieser Waren liegt zwar über dem Einkaufspreis, die Spanne reicht indes nicht zur Deckung der anteiligen Gemeinkosten. Diese wiederum wird von anderen Artikelgruppen „übererfüllt".
> Nach dem zitierten BFH-Urteil kommt eine Teilwertabschreibung nicht in Betracht, weil ein gedachter Erwerber des ganzen Betriebes die „Verlustprodukte" zum Einkaufspreis vergütet hätte, da sie zum positiven Gesamtergebnis der Vergangenheit beigetragen hätten.

37

Der BFH stellt also eine Art **Gesamtbewertung** an, der nach IAS 2 nicht unbedingt gefolgt werden kann; vielmehr wird hier tendenziell der **Einzel**bewertungsgrundsatz favorisiert:
- Nur bei Massenproduktion *(interchangeable products)* wird in IAS 2.24 eine Gruppenbewertung erlaubt.
- Nur ausnahmsweise wird für Erzeugnisse ein gruppenbezogener Niederstwerttest akzeptiert.

Entscheidend geht es letztlich um die Frage der Einbeziehung von **Gemeinkosten** in den *net realisable value* nach IAS 2.6 (Rz 32) und hier speziell um die Auslegung der *costs necessary to make the sale*. Begrifflich können hierunter ohne Weiteres die Gemeinkosten in Form von (anteiligen) Ladenmieten, Abschreibungen auf Verkaufstheken etc. subsumiert werden. Auch der Begriff *gross margin* in IAS 2.22 spricht für die Einbeziehung von Gemeinkosten, wenn man darunter nicht die **Handels-**, sondern die **Kosten**spanne versteht. Wir favorisieren deshalb die Durchführung des Niederstwerttestes in diesen Fällen des Einzelhandels unter Einbeziehung von Verkaufsgemeinkosten.[45]

Fraglich ist allerdings, wie sich der besondere Bewertungshinweis auf den Nettoveräußerungspreis für **mineralische** Produkte (Rz 1) mit der allgemeinen Geltung des Niederstwertprinzips verträgt. Unter den in Rz 1 genannten Voraussetzungen der **Branchenüblichkeit** sind mineralische Produkte zum Nettoveräußerungspreis zu bewerten. Für den Fall von Preissteigerungen, d.h. eines über den Anschaf-

38

---

42 Ähnlich KÜMPEL, IRZ 2012, S. 71.
43 Vgl. HOFFMANN, PiR 2006, S. 240; so auch KÜMPEL, DStR 2005, S. 1157.
44 Angelehnt an BFH, Urteil v. 29.4.1999, IV R 14/98, BStBl II 1999 S. 681; vgl. hierzu HOFFMANN, PiR 2007, S. 204.
45 Für eine Einbeziehung ALFREDSON et al., Applying International Accounting Standards, Milton 2005, S. 268: „Estimated selling costs include all costs likely to be incurred in securing and filling customers such as advertising costs, sales personnel salaries and operating costs, and the costs of storing and shipping finished goods."

fungskosten liegenden Nettoveräußerungspreises, ergibt sich eine Abweichung vom Anschaffungskostenprinzip. Für den Fall von Preissenkungen ergibt sich eine Interpretation des Niederstwertprinzips außerhalb der Produktionskette.

Beispiel
Ein Versorgungsunternehmen erzeugt Strom aus Erdöl. Der Verfall des Preises für das Rohmaterial „Erdöl" würde nach IAS 2.9 (Rz 26) keine Abschreibung erlauben, wenn der daraus gewonnene Strom noch gewinnbringend verkauft werden kann (IAS 2.32; Rz 34).
IAS 2.3a führt hingegen eher zu einer **Einzelbetrachtung**: Bei niedrigerem Einstandspreis für Öl ist ohne Berücksichtigung des Verkaufspreises für den Strom eine Abschreibung vorzunehmen.
Für diese Interpretation spricht auch die Möglichkeit des Stromherstellers, den Ölvorrat jederzeit weiterzuverkaufen. Allerdings gilt diese Überlegung nur unter dem in IAS 2.3a enthaltenen Vorbehalt einer entgegenstehenden Branchenpraxis, wenn also das Anschaffungskostenprinzip keine Branchenpraxis darstellt.

39   In der Praxis kann die Bewertung von **Ersatzteilen** für **langlebige** Verkaufsprodukte besondere Probleme bereiten. Insbesondere Premiumhersteller von Investitions- oder langlebigen Konsumgütern garantieren rechtlich oder faktisch über einen langen Zeitraum die Versorgung der Kunden mit Ersatzteilen. Produktionstechnische Erfordernisse führen dann zu einer überwiegenden Herstellung der Ersatzteile gegen Ende des Produktionszyklus. Die Folge sind entsprechend hohe Bestände, die in der bisherigen deutschen Bilanzierungspraxis oft mit pauschalen **Gängigkeitsabschlägen** wertberichtigt werden. Diese Verfahrensweise ist aus Sicht des Absatzmarktes (Nettoveräußerungswert) sachgerecht:

Beispiel
Ein Unternehmen ist Qualitätsführer bei der Produktion von Kameras. Ein Modellwechsel findet alle drei bis fünf Jahre statt. Eine Ersatzteilversorgung ist auch nach Auslaufen der jeweiligen Modellproduktion noch für mindestens acht Jahre sichergestellt. Modellspezifische Ersatzteile werden zu diesem Zweck im Zeitpunkt des Modellauslaufs auf Lager produziert, und zwar nach Maßgabe eines Sicherheitszuschlages mit einer Reichweite von 10 Jahren. Die Reichweite von 10 Jahren rechtfertigt nicht notwendig einen pauschalen Gängigkeitsabschlag. Lediglich auf den Sicherheitszuschlag von 25 % erscheint ein sofortiger Gängigkeitsabschlag gerechtfertigt.
Für die verbleibende Menge von 8 Jahren, geschichtet nach Jahren (oder vereinfacht nach längeren Clustern), sind folgende Berechnungen je Cluster angezeigt:

	Voraussichtlicher Veräußerungspreis im Jahre 0 + x
−	im Jahre 0 + x anfallende Vertriebskosten
=	Ertrag des Jahres 0 + x
	Abgezinst auf 0 = Barwert
−	Lagerkosten 0 bis x (abgezinst)
=	Nettoveräußerungswert 0 je Stück
x	erwartete Absatzmenge in 0 + x
=	Nettoveräußerungswert des Clusters 0 + x

Vorräte   § 17

> Die Erwartungsgrößen sind jährlich fortzuschreiben. Bei nicht erwarteter Nachfrageänderung, z. b. weil sich das Kundenverhalten geändert hat oder die Reparaturanfälligkeit unter Plan liegt, kann sich ein erhöhter Abschreibungsbedarf ergeben.

3.3 Wertaufholung

Vergleichbar § 289 Abs. 1 HGB ist nach IAS 2.33 eine **Wertaufholung** geboten: 40
Wenn die Gründe für eine frühere Abschreibung auf den *net realisable value* weggefallen sind oder der Wert sich aus sonstigen Gründen erholt hat, ist eine Zuschreibung vorzunehmen *(the amount of the writedown is reversed)*. Der dann gültige Buchwert entspricht dem niedrigeren Betrag aus den Anschaffungs- oder Herstellungskosten und dem Nettoverkaufspreis. Als Beispiel für eine Wertaufholung wird die Wiedererhöhung des möglichen Verkaufspreises nach früherer Preissenkung für ein verkaufsfähiges Produkt genannt.

Wegen des dem Vorratsvermögen begrifflich innewohnenden zügigen Umschlages wird sich das Wertaufholungsproblem in der Praxis nur selten stellen. Die wiedergewonnene Werthaltigkeit zeigt sich in aller Regel im erfolgten Verkauf.

3.4 Bewertung bei Umwidmung in Anlagevermögen

Ist ein Gegenstand ursprünglich zur Veräußerung bestimmt, wird aber später 41
(z. B. wegen einer unbefriedigenden Marktsituation) die Verwendungsabsicht dahingehend geändert, dass der Gegenstand nun (dauerhaft) selbst genutzt werden soll, gilt u. E. Folgendes:

- Im Zeitpunkt der durch Gremienbeschlüsse oder Ähnliches objektvierten Änderung der Verwendungsabsicht ist eine Umgliederung vom Umlauf- in das Anlagevermögen vorzunehmen.
- Der Gegenstand ist auf den Umwidmungszeitpunkt letztmalig nach den für Vorräte geltenden Niederstwertregeln zu bewerten.

Entsprechendes gilt für eine Umwidmung von Vorräten in im *cost modell* bewerteten *Investment Properties*.

4 Latente Steuern

Zu einer systematischen **Divergenz** zwischen Steuerbilanz und IFRS kann es neben 42
dem in Rz 35 dargestellten Fall im Bereich des **Verbrauchsfolge**verfahrens kommen.

> **Beispiel**
> Das Unternehmen bzw. der Konzern wendet aus (deutscher) steuerlicher Motivation das Lifo-Verfahren an, während nach IFRS die Fifo-Methode gewählt wird (wegen Verbotes des Lifo-Verfahrens; Rz 48). Je nach Entwicklung der Einstandspreise bzw. Herstellungskosten für die betreffenden Vorratspositionen kann es zu unterschiedlichen Bilanzausweisen und damit Ergebnissen im IFRS-Abschluss einerseits und HGB-/EStG-Abschluss andererseits kommen (→ § 8 Rz 46ff.).
> Daraus resultiert das Erfordernis, die entsprechende **Steuerlatenz** (→ § 26 Rz 43) nach Maßgabe der nachstehenden Tabelle zu bilanzieren.

Preisentwicklung	Bilanzansatz		Steuerlatenz
	Fifo	Lifo	
steigend	zu hoch	zu niedrig	passiv
fallend	zu niedrig	zu hoch	aktiv

5 Ausweis und Anhangsangaben

43 In IAS 1.78 (c) wird folgende **Gliederung** des Vorratsvermögens im Bilanzausweis oder im Anhang empfohlen (→ § 2 Rz 54):
- Handelswaren,
- Roh-, Hilfs- und Betriebsstoffe,
- unfertige Erzeugnisse, unfertige Leistungen,
- Fertigerzeugnisse.

Abgesehen von den **geleisteten** Anzahlungen entspricht diese Gliederung derjenigen in § 266 HGB (Rz 1). Solche Anzahlungen müssten in der Konsequenz als Forderung ausgewiesen werden.

Zum Ausweis **erhaltener** Anzahlungen wird verwiesen auf → § 2 Rz 33.

Abschreibungen auf den Nettoveräußerungswert und entsprechende Zuschreibungen sind in der GuV im Materialeinsatz auszuweisen. Innerhalb eines **aufzugebenden** Geschäftsfeldes *(discontinued operations)* oder einer **aufzugebenden** Sachgesamtheit *(disposal group)* können Vorräte enthalten sein (→ § 29 Rz 51).

44 Der Gliederungsvorschlag in IAS 1.78 (c) ist allerdings **nicht zwingend**. Er kann deshalb auch individuell an die unternehmensspezifischen Vorgaben angepasst werden. Deshalb ist auch die nach **HGB vorgegebene** Einbeziehung der geleisteten **Anzahlungen** (mit Aufgliederung im Anhang; Rz 45) zulässig und entspricht der überwiegenden deutschen IFRS-Bilanzierungspraxis.[46] Speziell vorgeschrieben ist lediglich ein Bilanzausweis für Vorräte insgesamt *(inventories)* nach IAS 1.54 (g) (→ § 2 Rz 45).

45 Im **Anhang** sind gem. IAS 2.36 ff. folgende Angaben zu machen:
- Darstellung der Bewertungs**methoden** einschließlich der angewandten Bewertungsvereinfachungsverfahren (Durchschnittsmethode, Verbrauchsfolgeverfahren).
- Der Betrag von **Wertaufholungszuschreibungen** einschließlich Angabe der Gründe für diese Zuschreibungen.
- Der Buchwert von **sicherungsübereigneten** Vorräten.
- Bei Anwendung des auslaufenden (vgl. Rz 48) **Lifo**-Verfahrens die Angabe des niedrigeren Bilanzwertes, der sich bei Anwendung entweder der Durchschnitts- oder der Fifo-Methode ergeben hätte, oder (wahlweise) den niedrigeren Betrag aus den Wiederbeschaffungskosten *(current cost)* und dem Nettoveräußerungspreis *(net realisable value)*.
- Die Kosten der gegebenenfalls in die Herstellungskosten einbezogenen Kosten der **Fremdfinanzierung** gem. IAS 23.29 (Rz 15).

---

[46] Vgl. KÜMPEL, DStR 2005, S. 1153; so auch RIESE, in: BECK'sches IFRS-Handbuch, 4. Aufl., 2013, § 8, Tz. 118.

Eine weitere Angabepflicht betrifft Vorräte, die zum *fair value* abzüglich der Verkaufskosten bewertet werden. Deren Wert ist anzugeben. Es könnte sich dabei begrifflich um ein Redaktionsversehen handeln (statt *net realizable value*). U. E. sind damit allerdings die Vorräte der Waren-Broker in IAS 2.3 (b) gemeint, die eine *fair-value*-Bewertung praktizieren (s. Rz 1).

> **Beispiel** 46
> Die Anhangerläuterungen können **beispielhaft** etwa wie folgt formuliert werden: Die Bewertung der **Vorräte** erfolgt jeweils zum niedrigeren Betrag aus Anschaffungs- bzw. Herstellungskosten einerseits und am Bilanzstichtag realisierbarem Nettoveräußerungspreis abzüglich noch anfallender Kosten andererseits. Die Ermittlung der Anschaffungs- bzw. Herstellungskosten erfolgt auf Basis des *first-in-first-out*-Verfahrens (Fifo). Mit dem Nettoveräußerungswert sind Fertigerzeugnisse i. H. v. X EUR bewertet. Sicherungsübereignet wurden Vorräte mit einem Buchwert von Y EUR.

Auf die **Checkliste „Abschlussangaben"** wird ergänzend verwiesen (→ § 5 Rz 8).

6 Anwendungszeitpunkt, Rechtsentwicklung

IAS 2 ist auf nach dem 31.12.2004 beginnende Geschäftsjahre anzuwenden. 47
Grundlegende Änderungen des Standards sind derzeit nicht ersichtlich.
IFRS 15 hat zu geringen Änderungen an IAS 2 geführt. Insbesondere sind im Hinblick auf das nun einheitliche Erlösrealisierungsmodell die spezifischen Hinweise auf Anbieter von Serviceleistungen in §§ 8, 19, 29 und 37 des Standards entfallen. Außerdem wird in IAS 2.8 bestimmt, dass im Anwendungsbereich von IFRS 15 liegende Vermögenswerte (z. B. contract assets; → § 25 Rz 208 und Rz 215) nicht den Regeln von IAS 2 unterliegen.

7 Zusammenfassende Praxishinweise

Die Bilanzierungsregeln für Vorräte nach IAS 2 entsprechen – abgesehen von den 48
dortigen Wahlrechten – **weitestgehend den Vorgaben des HGB**. Im Einzelnen:
- Die **Zugangs**bewertung richtet sich nach den Anschaffungs- oder Herstellungskosten (Rz 21).
- Die in die Anschaffungs- oder Herstellungskosten **einzubeziehenden Kostenelemente** entsprechen denjenigen des HGB; allerdings gilt nach IFRS das Einbeziehungswahlrecht für Fertigungs- und Materialgemeinkosten gem. § 255 Abs. 2 Satz 3 HGB nicht (→ § 8 Rz 19 ff.).
- Nach IFRS können unter bestimmten – beim Vorratsvermögen allerdings kaum zu erfüllenden (→ § 9 Rz 11) – Voraussetzungen nicht nur (wie beim HGB) die **Fremdfinanzierungskosten** für die Herstellung, sondern auch für die Anschaffung aktiviert werden (→ § 9 Rz 10).
- Bei der Ermittlung der Anschaffungs- oder Herstellungskosten nach **Verbrauchsfolgen** sind die Methoden des gewogenen Durchschnitts sowie das Fifo-Verfahren zulässig, das Lifo-Verfahren dagegen ab 2005 nicht mehr (Rz 21).
- Es gilt (auch) nach IFRS das **strenge Niederstwertprinzip**. Gegebenenfalls sind die Anschaffungs- oder Herstellungskosten auf den niedrigeren Wiederver-

kaufspreis *(net realisable value)* abzuschreiben. Die Ermittlung des erforderlichen Abschreibungsbetrages orientiert sich überwiegend am **Absatzmarkt**. Die einschlägigen in der deutschen Kommentarliteratur herausgearbeiteten Kriterien können i. d. R. auch in der IFRS-Welt als Berechnungsgrundlage für eine erforderliche Abschreibung herangezogen werden (Rz 32 ff.).

- Identisch mit dem HGB ist eine **Wertaufholungszuschreibung** unter den üblichen Voraussetzungen nach einer vorgängigen **außerplanmäßigen Abschreibung** auf den *net realisable value* vorzunehmen (Rz 40).
- Die **Gliederungsvorgabe** des HGB kann auch nach IFRS angewandt werden (Rz 43).
- Die erforderlichen **Anhangangaben** entsprechen weitgehend denjenigen nach HGB (Rz 38).

Nochmals wird auf die **einschlägigen Kommentierungen** in → § 8 und → § 9 verwiesen (Rz 21).

§ 18 FERTIGUNGSAUFTRÄGE

Inhaltsübersicht   Rz

Vorbemerkung

1 Zielsetzung, Regelungsinhalt und Begriffe 1–18
   1.1 Zielsetzung und Einordnung von IAS 11, Verhältnis zu IAS 18 und IAS 2 1–3
   1.2 Umsatz- und Gewinnrealisierung nach Auftragsfortschritt *(percentage or stage of completion)* 4
   1.3 Begriff des Fertigungauftrags 5–18
      1.3.1 Fristigkeit: Quartals- und Jahresabschluss 5–6
      1.3.2 Klassische Fälle: Bauwirtschaft, Anlagenbau 7
      1.3.3 Analogfälle: Dienstleistungswirtschaft 8–9
      1.3.4 Ausgeklammerte Fälle: Individualisierte Massenfertigung, z. B. Auto- und Möbelindustrie 10–11
      1.3.5 Abgrenzung zu IAS 18 in Zulieferindustrien bzw. bei Sukzessivlieferverträgen 12–13
      1.3.6 Abgrenzung zu IAS 18 in Bauwirtschaft, Anlagenbau und Flugzeugbau 14–18

2 *Percentage-of-completion*-Methode (POC) 19–37
   2.1 Vergleich zum Handelsrecht 19–21
   2.2 Rechenparameter: Erlös, Kosten, Fertigungsgrad 22–29
      2.2.1 POC bei Festpreisverträgen *(fixed price contracts)* . 22–25
      2.2.2 POC bei Kostenzuschlagsverträgen *(cost plus contracts)* 26–27
      2.2.3 Gemischte Verträge 28–29
   2.3 Verfahren zur Bestimmung des Fertigungsgrades 30–31
   2.4 Gewinnermittlung durch Schätzung 32–35
      2.4.1 Verlässlichkeit als Anwendungsvoraussetzung von POC 32–33
      2.4.2 Spätere Korrekturen ursprünglicher Schätzungen . 34–35
   2.5 Drohende Verluste aus Fertigungsaufträgen 36
   2.6 Wertberichtigungen auf POC-Forderungen 37

3 Sonderprobleme 38–69
   3.1 Bewertungsobjekt: Segmentierung und Zusammenfassung von Aufträgen, Folgeaufträge 38–43
   3.2 Umfang der Erlöse 44–54
      3.2.1 Erlöse bei Änderung des Leistungsumfangs 44–46
      3.2.2 Erlöse bei Ersatzansprüchen des Auftragnehmers . 47–48
      3.2.3 Prämien und Vertragsstrafen, z. B. für Fristüberschreitung und -unterschreitung 49–50
      3.2.4 Einbeziehung von Zinsvorteilen aus langfristigen Anzahlungen 51–54

3.3 Umfang der Kosten...........................	55–60
3.3.1 Direkte und indirekte Kosten	55–58
3.3.2 (Vorlaufende) Vertriebskosten, Kosten der Auftragserlangung........................	59–60
3.4 Infrastrukturkonzessionsverträge bei *public private partnership*	61–66
3.5 Herstellung kundengebundener Werkzeuge	67–69
4 Latente Steuern.....................................	70–71
5 Ausweis und Buchungstechnik	72–80
5.1 Bilanzausweis.................................	72–73
5.2 GuV-Ausweis.................................	74–78
5.3 Buchungstechnik	79–80
6 Angaben...	81–84
7 Anwendungszeitpunkt, Rechtsentwicklung	85–86
8 Zusammenfassende Praxishinweise.....................	87

Schrifttum: AMMAN/MÜLLER, Vergleichende Darstellung der Gewinnrealisierung gem. HGB, US-GAAP und IAS bei langfristiger Fertigung, BBK 2002, F 20, S. 601 ff.; FREIBERG, Besonderheiten der Bilanzierung von Dienstleistungskonzessionen, PiR 2010, S. 234 ff.; KEITZ, VON/SCHMIESZEK, Ertragserfassung, Anforderungen nach den Vorschriften des IASB und deren praktische Umsetzung, KoR 2004, S. 118 ff.; KÜTING/REUTER, Erhaltene Anzahlungen in der Bilanzanalyse, KoR 2006, S. 1 ff.; KÜTING/WOHLGEMUTH, Möglichkeiten und Grenzen der internationalen Bilanzanalyse, Beihefter zu DStR, Heft 48, 2004; LÜDENBACH, Bilanzierung von Fertigungsaufträgen bei outputorientierter Bestimmung des Fertigungsgrads, PiR 2006, S. 178 ff.; LÜDENBACH, Ertragsrealisierung im Bauträgergeschäft, StuB 2009, S. 195 ff.; LÜDENBACH, POC-Methode bei Verwendung von kundenspezifischem vs. standardisiertem Material, PiR 2005, S. 111 ff.; OVERSBERG, IFRIC 15 Agreements for the Construction of Real Estate, PiR 2008, S. 247 ff.; POTTGIESSER/VELTE/WEBER, Die langfristige Auftragsfertigung nach IAS 11, KoR 2005, S. 310 ff.; SCHMID/WALTER, Teilgewinnrealisierung bei langfristiger Fertigung in Handels- und Steuerbilanz, DB 1994, S. 2353 ff.; SCHREIBER/SCHMIDT, BB-IFRIC-Report, IFRIC 15 und IFRIC 16, Darstellung und kritische Würdigung, BB 2008, S. 2058 ff.

Vorbemerkung
Die Kommentierung beruht auf IAS 11 in der bis 2016 anwendbaren aktuellen Fassung. Wegen des ab 2017 wirksamen Ersatzes von IAS 11 (und IAS 18) durch IFRS 15 wird auf Rz 86 sowie § 25 verwiesen.

1 Zielsetzung, Regelungsinhalt und Begriffe

1.1 Zielsetzung und Einordnung von IAS 11, Verhältnis zu IAS 18 und IAS 2

1   IAS 11 behandelt insbesondere die Frage, wie bei **Fertigungsaufträgen** *(construction contracts), die sich über mehr als eine (Berichts-)Periode* erstrecken, Erlöse, Aufwendungen und Gewinne zeitlich zu verteilen sind.

Während **IAS 18 allgemein** den Zeitpunkt der Ertrags- bzw. **Erlösrealisierung** regelt (→ § 25), enthält **IAS 11 besondere** Vorschriften für (i.d.R. langfristige) Auftragsfertigung. Die besonderen Vorschriften gehen den allgemeinen Regeln vor, auch wenn es an einem entsprechenden ausdrücklichen Hinweis fehlt. Im Übrigen fallen bei formaler Betrachtung Dienstleistungen (z.b. kundenspezifische Softwarefertigung oder Anfertigung von Steuererklärungen) nicht in den Anwendungsbereich von IAS 11. IAS 18 enthält jedoch hier für die Zwecke der Umsatz- und Gewinnrealisierung (nicht hingegen für Zwecke des Ausweises und des Anhangs) analoge, z.T. wortgleiche Regelungen (vgl. Rz 8 ff.).

Aus der Sicht der Bilanz ist **IAS 2** der allgemeine Standard für die **Bewertung** von unfertigen und fertigen **Erzeugnissen** und anderen Vorräten. Nach den allgemeinen Regeln sind unfertige/fertige Erzeugnisse maximal zu den Herstellungskosten anzusetzen (IAS 2.9). Mit der vorgezogenen Gewinnrealisierung von IAS 11 wäre dies nicht kompatibel. Fertigungsaufträge sind daher ausdrücklich aus dem Anwendungsbereich von IAS 2 ausgenommen (IAS 2.2a; → § 17 Rz 1) und im Übrigen auch nicht als Vorräte, sondern als **Forderungen** auszuweisen (Rz 72).

1.2 Umsatz- und Gewinnrealisierung nach Auftragsfortschritt *(percentage or stage of completion)*

Nach dem Konzept von IAS 11 sind Umsätze und Gewinne aus Fertigungsaufträgen i.d.R. nicht erst mit Auftragserfüllung (Lieferung bzw. Abnahme des Werks) *(completed contract*-Methode*)* zu realisieren, sondern fortlaufend nach Maßgabe des **Auftragsfortschritts** *(percentage of completion* – POC – oder auch *stage of completion*-Methode*)*. Wird etwa in Periode 1 ein Drittel des Gesamtauftrages erledigt, so ist in Periode 1 bereits ein Drittel des Gesamtumsatzes als Erlös und ein Drittel des (erwarteten) Netto-Ergebnisses als Gewinn auszuweisen. Das POC-Verfahren **glättet Umsatz und Ergebnis**.

1.3 Begriff des Fertigungauftrags

1.3.1 Fristigkeit: Quartals- und Jahresabschluss

IAS 11.3 definiert den Fertigungsauftrag *(construction contract)* als einen Vertrag über die
- kundenspezifische
- Fertigung
- einzelner Gegenstände oder einer Anzahl von Gegenständen, die nach Design, Technologie, Funktion oder Verwendung abgestimmt oder voneinander abhängig sind.

Die **Längerfristigkeit** der Auftragsabwicklung ist **nicht Bestandteil der Definition**. Auch jeder kurzfristige Fertigungsauftrag, der vor dem Bilanzstichtag begonnen, aber erst nach ihm vollendet wird, ist nach Maßgabe von IAS 11 zu behandeln. Wird ein Auftrag hingegen zwischen zwei Stichtagen vollständig abgewickelt, so stellt sich das Problem der Verteilung von Umsatz und Ertrag auf verschiedene Rechnungsperioden nicht. IAS 11 kommt dann mit der evt. Ausnahme von Regelungen zu Ausweis (Rz 74) und Anhang (Rz 81) nicht zur praktischen Anwendung. Fraglich ist in diesem Zusammenhang die Bedeutung von **Zwischenabschlüssen** (→ § 37). Für die Zwecke der unterjährigen Rechnungslegung (Quartalsabschluss) wäre auch ein kurzfristiger Auftrag nach den Grundsätzen von IAS 11 zu behandeln, soweit er vor dem Quartalsstichtag begonnen, aber erst danach vollendet wird. Auf der Basis von *materiality*-Überlegungen (→ § 37 Rz 5) kann hier auch eine Qualifizierung nach IAS 2 und IAS 18 u. U. zulässig sein.

1.3.2 Klassische Fälle: Bauwirtschaft, Anlagenbau

7   Klassische Anwendungsfälle von IAS 11 sind der **Hoch- und Tiefbau**, der **Anlagenbau**, der Schiff- und Flugzeugbau (Rz 14) und ähnliche langfristige Geschäfte. Hierbei muss es nicht notwendig um die Herstellung neuer Anlagen oder eines neuen Bauwerks gehen. Auch Verträge über den Abriss oder die Restaurierung von Gebäuden oder anderen Anlagen zählen zu den Fertigungsaufträgen (IAS 11.5b). Zur Abgrenzung zwischen Fertigungserlösen (IAS 11) und Verkaufserlösen (IAS 18) bei Bauträgern, in der Flugzeugindustrie und im Anlagenbau wird auf Rz 14 verwiesen.

1.3.3 Analogfälle: Dienstleistungswirtschaft

8   Zu den Fertigungsaufträgen zählen auch „Verträge über die Erbringung von Dienstleistungen, die direkt in Zusammenhang mit der Fertigung eines Vermögenswertes stehen, bspw. Dienstleistungen von Projektleitern und Architekten" (IAS 11.5a). In Verbindung mit den in IAS 11.4 genannten Beispielen, die sämtlich die Herstellung von Sachgütern betreffen, könnte aus dieser Formulierung gefolgert werden, dass für normale Dienstleistungen ohne Bezug zu einem materiellen Fertigungsauftrag IAS 11 irrelevant ist.

9   Diese Schlussfolgerung ist nur bedingt richtig. Regelungen zur Ertragsrealisierung bei der Erbringung von Dienstleistungen *(services)* befinden sich in IAS 18.20 ff. Danach ist bei Dienstleistungsgeschäften, deren Ergebnis verlässlich geschätzt werden kann, der Ertrag nach Maßgabe des **Fertigstellungsgrades** zu erfassen (IAS 18.20). IAS 18.21 bestimmt demgemäß, dass die Anforderungen von IAS 11 „im Allgemeinen" („*generally* ") auch auf die Erfassung von Erlösen und zugehörigen Aufwendungen aus Dienstleistungsgeschäften anwendbar sind. Die nachfolgenden Formulierungen in IAS 18.22 ff. übernehmen zum Teil wörtlich Passagen aus IAS 11. Insgesamt kann daher für Zwecke der Gewinn- und Umsatzrealisierung (nicht hingegen für Ausweis und Anhangsangaben; vgl. Rz 72 ff.) von einer **analogen Anwendbarkeit von IAS 11 auf solche Servicefälle** ausgegangen werden, bei denen der Auftragnehmer bestimmte Erfolge (z. B. die Herstellung eines immateriellen Vermögenswertes[1] oder die Erstellung eines Gutachtens) schuldet (→ § 25 Rz 44).

1.3.4 Ausgeklammerte Fälle: Individualisierte Massenfertigung, z. B. Auto- und Möbelindustrie

10   Der Käufer eines Autos kann i. d. R. zwischen einer Vielzahl von **Ausstattungsvarianten** wählen, zwischen z. B. mehr als 20 Lackierungen, einer ähnlich großen Anzahl von Polsterstoffen, verschiedenen Radiotypen, verschiedenen Bereifungen, verschiedenen Belüftungssystemen, verschieden teilbaren Rückbänken usw.

---

[1] Mit anderer Begründung im Ergebnis ebenso: ADS INTERNATIONAL, Abschn. 16, Tz. 11.

In der Multiplikation der Möglichkeiten ergibt sich leicht eine Auswahl zwischen einigen tausend Ausstattungsvarianten. Unter diesen Voraussetzungen werden Fahrzeuge kaum noch auf Lager produziert, sondern erst nach Eingang des Kundenauftrags. Ähnliche Verhältnisse finden sich bei nicht ganz so zahlreichen Varianten z. B. in der **Möbelindustrie**, in der ebenfalls der **Fertigungsbeginn nach Auftragserteilung** dominiert.

Nach der deutschen Übersetzung von IAS 11 könnten diese Geschäfte als Fertigungsaufträge verstanden werden, da bei nicht kleinlicher Betrachtung eine kundenspezifische Fertigung vorliegt. Der englische Originaltext spricht jedoch nicht von „kundenspezifischer Fertigung", sondern von „*contracts specifically negotiated*", also von **speziell ausgehandelten Verträgen**. Mit der herrschenden Meinung können wir Fälle, in denen der Kunde zwar spezielle Ausstattungsvarianten bestimmen kann, dies jedoch nur nach einem „Menü", d. h. nicht wirklich speziell ausgehandelt, deshalb aus dem Anwendungsbereich von IAS 11 ausgrenzen.[2] Fertigungsaufträge sind allerdings auch im **Fahrzeugbau** denkbar, etwa wenn es nicht um Pkws, sondern um Transportfahrzeuge mit besonderen, individualisierten Aufbauten geht, wo die kundenspezifischen Komponenten einen signifikanten Teil des Auftragsvolumens ausmachen.

11

1.3.5 Abgrenzung zu IAS 18 in Zulieferindustrien bzw. bei Sukzessivlieferverträgen

Insbesondere in Zulieferbetrieben, etwa der Automobilbranche, ist die kundenspezifische Fertigung zugleich eine Massenfertigung: Das nach kundenspezifischen Vorgaben entwickelte Produkt wird über eine längere Dauer und in hoher Stückzahl auf Basis von **Sukzessivlieferverträgen** an den Abnehmer geliefert. Folgende Konstellationen können auftreten:

12

- Das entwickelte Produkt kann mit geringem Aufwand so verändert werden, dass es auch an **andere Abnehmer** geliefert wird; ein solches Vorgehen ist mangels Exklusivitätsvereinbarung rechtlich zulässig und auch beabsichtigt. Es liegt **keine kundenspezifische Fertigung** vor. Die Entwicklungskosten sind nach IAS 38, die sachlichen Produktionsmittel nach IAS 16 zu bilanzieren. Der Absatz der Produkte führt zu Verkaufserlösen nach IAS 18.
- Das entwickelte Produkt ist aus tatsächlichen oder rechtlichen Gründen **nicht** oder nur mit sehr großen Modifikationen **an Dritte veräußerbar**. Hier kann je nach Ausgestaltung in Kombination mit den Regeln des IFRIC 4 zu „verdeckten" Leasingverhältnissen eine **kundenspezifische Fertigung von Knowhow und Werkzeugen**, nicht aber der einzelnen Produkte vorliegen (Rz 67).

Eine **Kleinserienproduktion** schließt (anders als Massenfertigung: Rz 10) die Anwendung von IAS 11 nicht aus:

13

> **Beispiel**
> Die neu in den deutschen Markt eintretende Handelskette H beauftragt Bauunternehmen B damit, an insgesamt 20 Standorten nach den Vorgaben der H baugleiche Outletcenter zu einem alle Objekte zusammen betreffenden

---

[2] Gleicher Ansicht: z. B. PwC, Manual of Accounting 2014, Tz. 9.295 ff., SEEBERG, in: BAETGE et al., 2. Aufl., IAS 11, Tz. 3.

> Gesamtpreis schlüsselfertig zu errichten. In 01 entstehen B signifikante Kosten für die Bauplanung des einheitlichen Haustyps, für die Planung der späteren Bauabläufe, für die Auswahl von Subunternehmern usw. In 02 wird mit den eigentlichen Baumaßnahmen begonnen.
>
> **Beurteilung:**
> Es liegt eine kundenspezifische Fertigung gem. IAS 11 vor. Bilanzierungsobjekt (*unit of account*) ist der Gesamtauftrag, d. h. die ganze „Kleinserie" von 20 Gebäuden. Die in 01 entstehenden Kosten entfallen auf die Häuser und führen nach dem Verhältnis zu den insgesamt erwarteten Kosten in 01 bereits zu Umsatzerlösen.

1.3.6 Abgrenzung zu IAS 18 in Bauwirtschaft, Anlagenbau und Flugzeugbau

14 Die Fahrzeug- oder Möbelproduktion in spezifisch vom Kunden getroffener Auswahl der **Ausstattungsvarianten** aus einem zwar umfangreichen, aber vorgegebenen Ausstattungsmenü unterliegt nicht IAS 11 und damit nicht der *percentage-of-completion*-Methode, sondern IAS 18 und damit der *completed-contract*-Methode (Rz 4). Umsatz und Gewinn werden nicht mit **Fertigungsfortschritt**, sondern erst mit **Auslieferung** realisiert (Rz 11).

Der Unterschied zwischen einer Selektion aus einem vorgegebenen Ausstattungsmenü (IAS 18) und spezifisch ausgehandelten Verträgen (IAS 11) kann im Kontrast von Fahrzeug- zum **Schiff- und Flugzeugbau** verdeutlicht werden: Auch Containerschiffe, erst Recht aber Linienflugzeuge sind hinsichtlich ihrer Basiskomponenten ein Serienprodukt. Die Besteller geben aber i. d. R. individuelle Spezifikationen vor, die von der inneren und äußeren Optik über die Ausstattung mit Elektronik bis zu besonderen Anforderungen an schiff- oder flugtechnische Komponenten reichen. Im Vergleich zu einem Serien-Pkw wird ein „Serienschiff" oder „Serienflugzeug" in stärkerem Maße den individuellen Kundenwünschen angepasst. Der Bau von Schiffen wird daher in IAS 11.4 als ein typisches Beispiel für Fertigungsaufträge genannt.

Ähnlich sind die Verhältnisse in weiten Bereichen des **Anlagenbaus**. Hydraulische Großhämmer werden bspw. auf der Basis von Standardtypen hergestellt, die aber je nach Kundenwunsch in erheblichem Maße modifiziert werden. Auch hier sind u. E. Fertigungsaufträge anzunehmen.

15 Fraglich ist die Anwendbarkeit von IAS 11 auf die Errichtung von **Eigentumswohnungen** durch **Bauträger**. Im typischen Fall ergeben sich folgende Phasen:
- Phase 1: Der Bauträger beschafft das Grundstück, plant dessen Bebauung, holt die erforderlichen Bau- und Teilungsgenehmigungen ein.
- Phase 2: Für ein von den projektfinanzierenden Banken verlangtes Mindestmaß an Wohnungen (z. B. 50 %) werden Kaufverträge vor Baubeginn abgeschlossen.
- Phase 3: Der Bau wird begonnen, weitere Käufer (aber nicht für alle Wohnungen) werden akquiriert.
- Phase 4: Der Bau wird beendet.
- Phase 5: Die letzten Einheiten werden verkauft.

Der *Australian Accounting Standards Board* (AASB) sah hier gem. *Urgent Issues Group Abstract 53* Folgendes vor:
- Auf die bei **Baubeginn** verkauften Wohnungen wird *contract accounting* (das australische Pendant zu IAS 11) angewendet.
- Für die **während der Bauphase** veräußerten Wohnungen gilt
  - **ab** Kaufvertrag *contract accounting*,
  - **bis** zum Abschluss des Kaufvertrags unterliegen sie als **Vorratsvermögen** den australischen Analogvorschriften zu IAS 2 (→ § 17).
- Die erst **nach Fertigstellung** veräußerten Wohnungen werden ausschließlich nach den australischen Analogvorschriften zu **IAS 2** (→ § 17) und **IAS 18** (→ § 25) behandelt.

Die Anfrage, ob nach IFRS entsprechend zu verfahren ist, hatte das **IFRIC** gem. Update November 2004 zunächst nicht auf seine offizielle Agenda genommen. Zur Begründung führte er an, dass es bei derartigen Verträgen insgesamt an dem Merkmal „kundenspezifische Fertigung" fehlen könne. In der Regel lägen daher **Veräußerungsgeschäfte gem. IAS 18** vor, aus denen Umsatz und Gewinn erst mit Übergang des Risikos realisiert seien.

In 2008 hat der IASB aber zur Abgrenzung zwischen IAS 18 und IAS 11 bei Immobiliengeschäften die Interpretation IFRIC 15 „Vereinbarungen über die Errichtung von Immobilien" vorgelegt. Hiernach gilt:
- Ein *construction contract* und somit ein **Anwendungsfall von IAS 11** liegt vor, wenn der Auftraggeber – vor oder während der Bauphase – Einfluss auf die **wesentlichen Strukturelemente** der Immobilie *(major structural elements of design)* nehmen kann. Unerheblich ist, ob er von dieser Möglichkeit tatsächlich Gebrauch macht (IFRIC 15.11).
- Kein *construction contract*, sondern ein **Anwendungsfall von IAS 18** liegt vor, wenn der Auftraggeber nur einen sehr **geringen Einfluss auf die Strukturelemente** der Immobilie hat, z. B. lediglich aus vorgegebenen Optionen auswählen darf (IFRIC 15.12). In der Anwendung von IAS 18 sind folgende Unterfälle zu unterscheiden (IFRIC 15.14 ff.):
  - Erbringt das Unternehmen lediglich eine Werk- bzw. Dienstleistung *(service)*, bei der es nicht für die Materialbeschaffung verantwortlich ist, sind die Vorschriften des IAS 18.20 ff. anzuwenden. Über den Verweis in IAS 18.21 (Rz 9) kommt es dann ebenfalls zur Anwendung der POC-Methode;
  - Verkauft das Unternehmen Güter *(sale of goods)*, sind Umsatz und Ertrag gem. IAS 18.14 ff. regelmäßig mit Fertigstellung bzw. Übergabe/Abnahme zu realisieren *(completed-contract*-Methode). Gehen ausnahmsweise die Risiken der im Bau befindlichen Immobilie kontinuierlich, d. h. mit Baufortschritt, an den Erwerber über *(continuous transfer)*, ist wiederum die POC-Methode anzuwenden.

„Standardisierte" Immobilien fallen somit nicht in den Anwendungsbereich von IAS 11. Unklar ist aber, wie, insbesondere auf Ebene welchen **Rechnungslegungsobjekts** *(unit of account)*, die Beurteilung der Einflussmöglichkeiten des Auftraggebers vorzunehmen ist. Der allgemeine Hinweis in IFRIC 15.10, „*such a determination requires judgment*", ist wenig hilfreich.[3]

---

[3] So OVERSBERG, PiR 2008, S. 247 ff.; ebenfalls skeptisch, ob die bisherigen Abgrenzungsschwierigkeiten zwischen IAS 18 und IAS 11 durch IFRIC 15 kleiner werden: SCHREIBER/SCHMIDT, BB 2008, S. 2058 ff.

> **Beispiel**[4]
> Bauunternehmer B beabsichtigt die Errichtung eines Appartementblocks mit 10 Wohnungen. Die Bautätigkeit wird erst aufgenommen, wenn 50 % der Wohnungen verbindlich verkauft sind. Mit Kunde K schließt B einen Vertrag über den Verkauf des Erdgeschossappartements 4 ab. K und B vereinbaren, die Aufteilung der Wohnung in der Form zu verändern, dass die Küche in den Essbereich integriert und dafür ein Teil der Küche zum Abstellraum, außerdem die geplante Trennung zwischen WC und Badezimmer beseitigt wird. Außerdem verhandeln B und K über die Erweiterung der Terrasse zu einem Wintergarten, sehen hiervon aber letztlich ab.
>
> **Beurteilung**
> In restriktiver und möglicherweise vom IFRIC bevorzugter Auslegung ist *„major structural elements of design"* mit dem „Umriss" der Wohnung gleichzusetzen. Ohne Berücksichtigung des Wintergartens läge damit kein Fertigungsauftrag vor. Unter Berücksichtigung des Wintergartens fiele die Beurteilung anders aus, vorausgesetzt die Verhandlungen hierüber wurden ernsthaft und mit realer Aussicht auf baurechtliche Genehmigung geführt.
> Bei großzügiger und auf die „Wohnung" als *unit of account* gerichteter Betrachtung führen die Eingriffe in die Raumaufteilung als signifikante Kundenspezifikationen zu einem Fertigungsauftrag.

Unklar ist auch die Behandlung der Herstellung von **Fertighäusern**.

> **Beispiel**
> Ein Massivhaushersteller M hat 50 Grundtypen im Programm. Mit dem Kunden K schließt er einen Vertrag über den Bau des Typs 31 auf dem Grundstück des K. Der Vertrag enthält wertmäßig nicht unbedeutende Kundenspezifikationen, modifiziert die „strukturellen Elemente" (Grundrisse etc.) des Typs 31 aber nicht.
>
> **Beurteilung**
> Da die Planungskomponente i.d.R. nur einen kleinen Teil der Gesamtaufwendungen ausmacht, erscheint es wenig sachgerecht, an ihr die gesamte Frage der Ertragsrealisierung festzumachen.
>
> **Variante**
> Der Bau erfolgt auf dem bisher M gehörenden Grundstück, das ebenfalls an K veräußert wird.
> Es liegt ein Mehrkomponentengeschäft i.S.v. IAS 18.13 vor (→ § 25 Rz 68). Der Grundstücksverkauf ist in jedem Fall nach IAS 18.14 ff. als *sale of goods* zu beurteilen, die Errichtung des Gebäudes bei nicht restriktiver Auslegung als Fertigungsauftrag nach IAS 11.

Unklar sind schließlich die Auswirkungen von IFRIC 15 auf **andere** Branchen, z.B. den Schiffs- und Flugzeugbau (Rz 11). Auch in bisher weitgehend nach IAS 11 bilanzierenden Branchen kann der Kunde nicht immer (Schiffe) bzw. so gut wie nie (Flugzeuge) in die hauptsächlichen Strukturen der Bauplanung *(major*

---

[4] In Anlehnung an Oversberg, PiR 2008, S. 247 ff.

structural elements of the design) eingreifen. Fraglich ist dann, ob IFRIC 15 entgegen seiner Überschrift auch für andere Fälle als die Bauwirtschaft neue Abgrenzungskriterien zu IAS 18 bestimmen soll (dann wären Überschrift und Inhalt des Entwurfs deutlich anzupassen) oder als reine Kasuistik intendiert ist (dann läge ein deutlicher Verstoß gegen das Programm des prinzipienbasierten Standardsetting vor).

Wenn nach den vorgenannten Kriterien eine Bauträgerleistung im **Eigentumswohnungsbau** IAS 18 statt IAS 11 unterliegt, bereitet die Unterscheidung von Sondereigentum einerseits und Gemeinschaftseigentum andererseits Probleme bei der Bestimmung des Realisationszeitpunktes.   17

Im Allgemeinen erfolgt bei Werklieferungen oder -leistungen die Umsatzrealisation mit **Abnahme**, d.h. Anerkennung der im Wesentlichen vertragsgemäßen Erstellung des Werkes. Mit der Abnahme ist die Verpflichtung zur Erstellung des Werkes im Wesentlichen erfüllt; anstelle der Herstellungspflicht treten Gewährleistungspflichten. Der Zahlungsanspruch des Unternehmens ist nicht mehr von der Einrede des nicht erfüllten Vertrags bedroht. Bei Verträgen über zu erstellende Eigentumswohnungen ergibt sich hier aber folgende Besonderheit: Das Wohnungseigentum besteht aus

- dem **Sondereigentum** an der jeweiligen Wohnung und
- dem Miteigentumsanteil an dem **Gemeinschaftseigentum** (§ 1 Abs. 2 WoEigG).

Gemeinschaftseigentum sind außer dem Grundstück die Teile, die dem gemeinschaftlichen Gebrauch der Wohnungseigentümer dienen (§ 1 Abs. 5, § 5 Abs. 3 WoEigG). Hierzu gehören etwa auch die tragenden Wände, das Fundament, das Dach usw. Das Gemeinschaftseigentum an einem Wohngebäude macht daher regelmäßig den überwiegenden Teil der Bausubstanz, bei nicht ganz außergewöhnlicher Innenausstattung oft auch den überwiegenden Teil des Wertes aus. Sondereigentum und Gemeinschaftseigentum können getrennt abgenommen (und übergeben) werden. Insbesondere bei Übergabe eines Teils der Wohnungen kurz vor und eines anderen Teils erst nach dem Bilanzstichtag erfolgt die Abnahme des Sondereigentums z.T. vor, die des Gemeinschaftseigentums regelmäßig hingegen erst nach dem Bilanzstichtag. Dann ergeben sich drei Möglichkeiten für die Gewinnrealisierung:

- **getrennte Realisierung** für Sonder- und Gemeinschaftseigentum, d.h. nur hinsichtlich des Sondereigentums an den bereits übergebenen Einheiten, bereits in alter Rechnung,
- Gesamtrealisierung mit Abnahme des Sondereigentums für die **bereits übergebenen Einheiten** auch hinsichtlich des Anteils am Gemeinschaftseigentum bereits in alter Rechnung,
- Gesamtrealisierung mit **Abnahme des Gemeinschaftseigentums** in neuer Rechnung.

Gegen die erste Variante spricht die Schwierigkeit einer Aufteilung des Kaufpreises, gegen die zweite, dass das Sondereigentum oft der unbedeutendere Teil der Gesamtleistung ist. An der Abnahme des unbedeutenderen Teils kann die Realisierung der Gesamtleistung sinnvoll nicht festgemacht werden. Anzuwenden wäre daher die dritte Variante, die aber dann zu unbefriedigenden Ergebnissen führt, wenn etwa eine deutliche Mehrheit der Eigentumswohnungen bereits vor dem Bilanzstichtag einige Monate rügelos genutzt und damit konkludent abgenommen wurde.

Insoweit bleibt ein Ermessensspielraum, der nach den Umständen des Einzelfalls ausgeschöpft werden kann.[5]

18 Wegen der Behandlung des Bauträgergeschäfts nach IFRS 15 wird auf § 25 Rz. 131 ff. verweisen

2 Percentage-of-completion-Methode (POC)

2.1 Vergleich zum Handelsrecht

19 Beim Großanlagenbau, im Hoch- und Tiefbau, im Schiffbau, aber auch bei der Erstellung kundenspezifischer Software, kann der Fertigungsprozess **über einen oder mehrere Bilanzstichtage** hinausreichen. Zu fragen ist dann, ob der Gewinn erst mit Fertigstellung und Abnahme *(completed contract)* oder kontinuierlich nach dem Fertigstellungsgrad *(percentage of completion)* als realisiert gelten soll oder darf.

20 **Im handelsrechtlichen Schrifttum** werden hier vom Aktivierungsverbot[6] über den Selbstkostenansatz[7] und das Teilgewinnrealisierungswahlrecht[8] bis zum Teilgewinnrealisierungsgebot[9] und einer Differenzierung zwischen Umsatz- und Gewinnrealisierungszeitpunkt[10] **alle Lösungen (und damit keine)** angeboten.

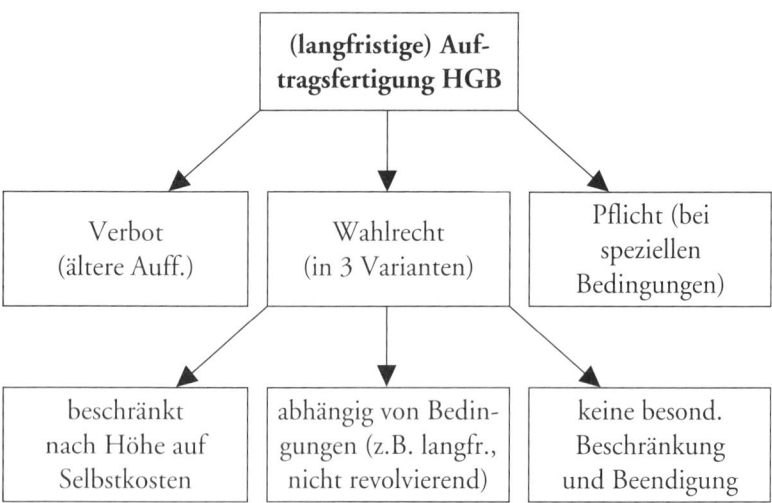

Abb. 1: Auffassungen zur Teilgewinnrealisierung nach HGB[11]

21 **IAS 11** bietet der Bilanzpraxis demgegenüber eine **klare Vorgabe** für Fertigungsaufträge, d.h. kundenspezifische Auftragsfertigung: „Ist das Ergebnis

---

[5] Vgl. zu relevanten Umständen sowie zu handels- und steuerrechtlichen Beurteilung der Divergenz von Sonder- und Gemeinschaftseigentum: LÜDENBACH, StuB 2009, S. 195 ff.
[6] LEFFSON, Grundsätze ordnungsmäßiger Buchführung, S. 278 ff.
[7] ELLROTT/SCHMIDT-WENDT, in: BECK'scher Bilanz-Kommentar, 6. Aufl., § 255 Tz. 547 ff.
[8] ADS, Rechnungslegung und Prüfung der Unternehmen, 6. Aufl., § 252 Tz. 86 ff.
[9] ZIEGER, Gewinnrealisierung bei langfristiger Fertigung, 1990.
[10] IDW, Stellungnahme zum E-DRS 17 Erlöse, FN 2002, S. 388 ff.
[11] AUS LÜDENBACH, IFRS, 7. Aufl., 2013.

Fertigungsaufträge § 18

eines Fertigungsauftrages verlässlich zu schätzen, so sind die Auftragserlöse und Auftragskosten in Verbindung mit diesem Fertigungsauftrag entsprechend dem Leistungsfortschritt am Bilanzstichtag jeweils als Erträge und Aufwendungen zu erfassen. Ein erwarteter Verlust durch den Fertigungsauftrag ist ... sofort als Aufwand zu bilanzieren" (IAS 11.22). Fraglich ist nur, ob ein Fertigungsauftrag vorliegt. Hierzu wird auf Rz 8 verwiesen.

2.2 Rechenparameter: Erlös, Kosten, Fertigungsgrad
2.2.1 POC bei Festpreisverträgen *(fixed price contracts)*

Als **Festpreisverträge** definiert IAS 11.3 Fertigungsaufträge mit einem festen bzw. einem pro Outputeinheit festen Preis, wobei eine Preisgleitklausel (Indexierung) unschädlich ist. Bei der Anwendung der POC-Methode auf Festpreisverträge werden **drei Rechenparameter** benötigt: **Erlös, Kosten und Fertigungsgrad**. In der Betrachtung der anteiligen Erlöse der **ersten Auftragsperiode** ergibt sich danach folgender **formelmäßige Zusammenhang**: 22

Gesamterlös × Fertigungsgrad 01	=	Erlös 01
abzüglich	–	Kosten 01
gleich	=	Gewinn 01

In der **zweiten (und den nachfolgenden) Periode(n)** ist vorgehend eine kumulierte Betrachtung anzustellen, sodass sich hier folgender Zusammenhang ergibt: 23

Gesamterlös × Fertigungsgrad 02	=	kumulierter Erlös 02
abzüglich	–	Erlös 01
gleich Periodenerlös	=	Erlös 02
abzüglich Periodenkosten	–	Kosten 02
gleich Periodengewinn	=	Gewinn 02

Die POC-Methode darf angewendet werden, wenn das Ergebnis eines Fertigungsauftrags **verlässlich geschätzt** werden kann. Dies setzt im Falle von Festpreisverträgen gem. IAS 11.23 **kumulativ** Folgendes voraus: 24
- Die **Gesamterlöse** können **verlässlich** ermittelt werden (IAS 11.23a), d.h. im Allgemeinen, die Gegenleistung ist vertraglich festgelegt und damit rechtlich durchsetzbar ((IAS 11.29).
- Der am Bilanzstichtag erreichte **Fertigstellungsgrad** kann **verlässlich** ermittelt werden.
- Die dem Vertrag zurechenbaren direkten und indirekten **Kosten**, einschließlich der noch anfallenden Kosten, können **verlässlich** ermittelt werden.
- Neben den drei spezifisch für Festpreisverträge geltenden Bestimmungen gilt die **allgemeine Bedingung,** dass der wirtschaftliche Nutzen aus dem Vertrag dem Unternehmen wahrscheinlich zufließen wird, d.h. die Bezahlung wahrscheinlich wird und der Auftraggeber z.B. nicht notleidend geworden ist (IAS 11.28).

Ohne Schätzung kommt die POC-Methode nicht aus. An die Verlässlichkeit sind jedoch keine zu hohen Anforderungen zu stellen (Rz 32). 25

2.2.2 POC bei Kostenzuschlagsverträgen *(cost plus contracts)*

26 Zuschlagsverträge sind Fertigungsaufträge, bei denen der Auftraggeber festgelegte Kosten, z. B. einen **festen Honorarsatz pro Stunde**, in Rechnung stellt, wobei es auf die eventuelle Differenzierung in Kosten- und Gewinnanteile methodisch nicht ankommt (IAS 11.3). Die Anwendung der POC-Methode bei Kostenzuschlagsverträgen setzt neben der allgemeinen Voraussetzung der Einbringlichkeit der Forderung (Rz 24) nur voraus, dass die Auftragskosten eindeutig und verlässlich sind (IAS 11.24). Da die Erlöse von der Kostenseite her determiniert sind, sind besondere Anforderungen an die verlässliche Ermittlung des Gesamterlöses und des Fertigstellungsgrades entbehrlich.

27 Hierzu folgendes Beispiel aus dem Dienstleistungsbereich (IAS 18.21 i. V. m. IAS 11; Rz 9):

> **Beispiel**
> **Wirtschaftsprüfer** W prüft Unternehmen A (**Festpreisvertrag**, wobei der Festpreis unter der Prämisse steht, dass die Unterlagen des A in einem geordneten, prüfungsbereiten Zustand sind) und Unternehmen B (**Stundensatzvertrag**). Zum Bilanzstichtag des W sind die Vorprüfungen abgeschlossen. Folgende anteilige Umsatzerlöse sind zu realisieren:
> - Beim **Festpreisvertrag** A: Fertigstellungsgrad × Gesamterlös. Die Schwierigkeit liegt hier in der Bestimmung des Fertigungsgrades (z. B. geleistete Arbeit im Verhältnis zu insgesamt anfallender Arbeit) und des Gesamterlöses (zwar grundsätzlich Festpreis, aber evtl. Zuschläge bei inadäquaten Bilanzunterlagen).
> - Beim **Stundensatzvertrag** B stellen sich diese Probleme nicht. Es müssen nur die per Stichtag angefallenen Stunden darauf geprüft werden, ob sie abrechenbar sind, z. B. nicht der Beseitigung selbst verschuldeter Differenzen oder der Ausbildung von Assistenten gedient haben.

2.2.3 Gemischte Verträge

28 Keine Regelung enthält IAS 11 (bzw. IAS 18.21 i. V. m. IAS 11) für die Behandlung von Verträgen, die **weder Festpreis- noch Kostenzuschlags**charakter haben. Aus dem Dienstleistungsbereich (Rz 9) wäre etwa an folgendes Beispiel zu denken:

> **Beispiel**
> Ein **Krankenhaus** erhält für die Patientenbehandlung Tagessätze.
> - Ein Festpreisvertrag liegt nicht vor. Dieser würde diagnoseabhängige Fallpauschalen voraussetzen.
> - Ein Kostenzuschlagsvertrag ist aber ebenfalls nicht gegeben, da die Patienten-Verweildauer und damit die Summe der Tagessätze nur in einem losen Zusammenhang zu den tatsächlichen Kosten stehen.
> - Bei zum Bilanzstichtag begonnenen, aber noch nicht abgeschlossenen Behandlungen dürften daher nach strenger Betrachtung mangels Anwendbarkeit von IAS 11 nur die Kosten und nicht die einen eventuellen anteiligen Gewinn enthaltenen Tagessätze aktiviert werden.

Ein derartiges Vorgehen erscheint jedoch nicht unbedingt sachgerecht, wenn man für die **Kalkulations- und Schätzsicherheit** der Auftragsgewinne die Branchen als **Maßstab** heranzieht, in denen das POC-Verfahren allgemein akzeptiert ist. Nimmt man also etwa die **Baubranche** als Musterfall, so dürfte die Kalkulations- und Schätzsicherheit im Krankenhausfall eher höher liegen. U. E. entspricht es daher dem *true and fair view*, wenn in nicht ausdrücklich in IAS 11 genannten Fällen der Auftragsfertigung die *percentage-of-completion*-Methode jedenfalls dann angewendet werden **darf**, wenn die Ertragsungewissheiten nicht größer sind als in der Baubranche, im Anlagenbau und in ähnlich typischen Fällen. 29

2.3 Verfahren zur Bestimmung des Fertigungsgrades

Hierzu wird auf § 25 Rz 134 ff. verwiesen. Die dort für IFRS 15 dargelegten Regeln gelten entsprechend schon für IAS 11.30 ff. 30

Zu den buchungstechnischen Folgen einer vom Kostenanfall abweichenden outputorientierten Bestimmung des Fertigstellungsgrads wird auf Rz 76 verwiesen. 31

2.4 Gewinnermittlung durch Schätzung

2.4.1 Verlässlichkeit als Anwendungsvoraussetzung von POC

Die Erfassung von Erlös, Kosten und Gewinn nach Maßgabe des Fertigungsgrades setzt eine verlässliche Schätzung des Gesamtergebnisses aus dem Auftrag voraus (IAS 11.22; Rz 25). Die diesbezüglichen **Ausführungen in IAS 11** sind **nicht** besonders **schlüssig**. Wenn in einer frühen Phase eines Auftrages noch große Schätzunsicherheiten bestehen, aber ein Überschuss (in ungewisser Höhe) wahrscheinlich ist, sollen zunächst nur die Kosten und nicht der Gewinn aktiviert werden. Wenn umgekehrt ein negatives Ergebnis wahrscheinlich, aber dessen Höhe ungewiss ist, soll in Höhe dieses annahmegemäß gerade nicht bekannten Betrages ein Passivposten gebildet werden. Tabelle 1 zeigt, welche (im Verlustfall widersprüchliche) Verfahrensweise danach durch IAS 11.33 geboten ist: 32

Auftragsfertigung mit wahrscheinlichem Verlust	Auftragsfertigung mit wahrscheinlichem Gewinn
1. Wahrscheinliches Ergebnis (= Überschuss Kosten über Ertrag) kann nicht zuverlässig bestimmt werden.	1. Wahrscheinliches Ergebnis (= Überschuss Ertrag über Kosten) kann nicht zuverlässig bestimmt werden.
Aber: 2. Es ist wahrscheinlich, dass Kosten den Ertrag übersteigen.	Aber: 2. Es ist wahrscheinlich, dass Ertrag die Kosten übersteigt.

Deshalb: 3. Erwartetes Ergebnis (= Überschuss Kosten über Ertrag) passivieren (WIDERSPRUCH ZU 1).	Deshalb: 3. Erwartetes Ergebnis (= Überschuss Ertrag über Kosten) nicht aktivieren, sondern nur Kosten (*zero-profit*-Methode).

Tab. 1: Bilanzierung bei fehlender Schätzzuverlässigkeit

33 Aufgrund der Widersprüche in IAS 11 und der mangelnden Bestimmung (Bestimmbarkeit) der zentralen Begriffe der Schätzzuverlässigkeit und der Wahrscheinlichkeit ergeben sich faktische **Ermessensspielräume**. So obliegt dem Unternehmen die Wertung, ob die Schätzungen hinreichend verlässlich sind (POC-Methode) oder nicht (Aktivierung nur der Kosten, gegebenenfalls Rückstellung für drohende Verluste).[12] Bei der Ausübung dieses **faktischen Wahlrechts** ist allerdings **Vorsicht** geboten. Wer sich gegen **Branchenkonventionen** für die Kostenaktivierung entscheidet, erweckt beim Bilanzadressaten den Eindruck, über eine weniger verlässliche Auftragskalkulation als die Wettbewerber zu verfügen. In der Bilanzierungspraxis der einschlägigen Branchen (Hoch-, Tiefbau, Anlagenbau usw.) wird der real gegebene Grad der Kalkulationszuverlässigkeit regelmäßig als ausreichend i. S. d. POC-Methode angesehen.

Gegen die großzügige Annahme eines faktischen Wahlrechts spricht außerdem noch folgende Überlegung: Entsprechend den allgemeinen Regeln aus IAS 37 verlangt auch IAS 36.11 den Ansatz eines **Passivpostens** im Falle **drohender Verluste** (→ § 21). Dieser „GoB-Anforderung" könnte nicht entsprochen werden, wenn es an verlässlichen Methoden zur Schätzung des erwarteten Ergebnisses fehlen würde. Die allgemeine Berufung auf fehlende Schätzzuverlässigkeit würde daher insgesamt die Ordnungsmäßigkeit des Abschlusses in Frage stellen.[13]

Die Regeln für fehlende Verlässlichkeit der Schätzung sind daher u. E. nur für **ungewöhnliche** oder **seltene** Fälle intendiert, einzelne Aufträge, bei denen es zu unkalkulierbaren rechtlichen Problemen (z. B. drohende Enteignung im Ausland) oder technischen Schwierigkeiten kommt.

2.4.2 Spätere Korrekturen ursprünglicher Schätzungen

34 Das Unternehmen ist gehalten, mit fortschreitender Leistungserfüllung die Schätzungen zu überprüfen und gegebenenfalls zu korrigieren. (IAS 11.29). Die nachträgliche Korrektur kann dazu führen, dass ursprünglich angenommene und zum Teil bereits realisierte Gewinne zu einem späteren Zeitpunkt tatsächlich nicht mehr erwartet werden. Der notwendige Korrekturbetrag ist **sofort erfolgswirksam** auszuweisen. Eine in den USA (früher) übliche Reallokation (Verteilung auf den

---

[12] Vgl. hierzu KÜTING/WOHLGEMUTH, Beihefter zu Heft 48, DStR 2004, S. 14, sowie POTTGIESSER/VELTE/WEBER, KoR 2005, S. 310.

[13] In diesem Sinne in der analogen amerikanischen Vorschrift: ASC 605–35–25–59: „... many contractors have informal estimating procedures that may result in poorly documented estimates ... However, procedures and systems should not influence the development of accounting principles and should be dealt with by management as internal control, financial reporting and auditing concerns."

Restzeitraum) würde im Widerspruch zu IAS 8 stehen (→ § 24 Rz 11). Das nachfolgende Beispiel zeigt die Wirkungsweise der sofortigen Korrektur.

Beispiel
Die Groß-Anlagen GmbH errichtet für ihren Kunden eine Fertigbeton-Misch- und -Verladeanlage zum Festpreis von 10 Mio. EUR und zu geschätzten Kosten von 8 Mio. EUR, die nach Erkenntnisstand 31.12.01 zu je 2 Mio. in 01 und 03 sowie zu 4 Mio. in 02 anfallen.
In 02 fallen tatsächlich aber 6 Mio. EUR an Kosten an. Die Gesamtkostenschätzung wird deshalb Ende 02 auf 10 revidiert:

	01	02	03
a) geschätzte Gesamtkosten	8	10	10
b) Kosten der Periode	2	6	2
c) Kosten per Periodenende, kumuliert	2	8	10
d) dito in % geschätzte Gesamtkosten	25	80	100
e) Festpreis	10	10	10
f) Umsatz per Periodenende, kumul. (= e × d)	2,5	8,0	10,0
g) dito per Ende Vorjahr	0	2,5	8,0
h) Umsatz der Periode (= e −f)	2,5	5,5	2,0
i) Gewinn der Periode (= h − b)	0,5	−0,5	0,0

Schätzänderungen können sich nicht nur auf die Kosten-, sondern auch auf die Erlösseite beziehen (Rz 38 ff.). 35

2.5 Drohende Verluste aus Fertigungsaufträgen

In Übereinstimmung mit dem Handelsrecht sind auch nach IFRS erwartete **Verluste** aus Fertigungsaufträgen (gesamte Auftragskosten größer als gesamter Auftragserlös) **sofort** als Aufwand zu erfassen (IAS 11.36). Eine fortlaufende Verlustrealisierung nach Maßgabe des Leistungsfortschrittes ist unzulässig.[14] Die Bemessung des Verlustes erfolgt auf Vollkostenbasis. Der Ausweis erfolgt vorrangig durch Verrechnung mit den „Forderungen aus PoC", bei fehlenden Forderungen (z.B. Drohverlust bereits vor Auftragsbeginn erkennbar) unter den „Verbindlichkeiten aus POC", ggf. auch als Rückstellung (Rz 73). 36

Beispiel[15]
Die X-AG nimmt Anfang 01 einen Auftrag an, welcher in den Jahren 01 bis 04 zu je $1/4$ durchgeführt werden soll. Der gesamte Auftragserlös (Festpreis) beträgt TEUR 180. Es wird im Rahmen der Erstellung des Abschlusses per 31.12.01 mit gesamten Auftragskosten von TEUR 160 gerechnet, wovon TEUR 40 bereits angefallen sind und jeweils weitere TEUR 40 für 02 bis 04 erwartet werden. Im Jahr 02 fallen jedoch tatsächlich Auftragskosten i.H.v. TEUR 70 an. Aufgrund einer erneuten Schätzung werden für 03 Auftragskosten i.H.v.

---

14 Demgegenüber hatte die Finanzverwaltung für die Steuerbilanz nur eine anteilige Verlustrealisierung nach Maßgabe des Leistungsfortschritts zulassen wollen. Diese Auffassung hat nach dem BFH, Urteil v. 7.9.2005, VIII R 1/03, BStBl II 2006 S. 299, keine Gültigkeit mehr. Weiteres hierzu unter Rz 71.
15 Nach LÜDENBACH/CHRISTIAN, IFRS Essentials, 2. Aufl., 2012.

TEUR 50 und für 04 Auftragskosten i. H. v. TEUR 40 erwartet. Die gesamten erwarteten Auftragskosten betragen demnach TEUR 200.
Ende 02 stellt die X-AG dem Auftraggeber vereinbarungsgemäß einen Betrag von TEUR 80 in Rechnung (*progress billing*).

Buchungen 01

Datum	Konto	Soll	Haben
Jahr 01	Diverse Aufwandskonten	40.000	
	Geld		40.000
31.12.01	Fertigungsaufträge mit aktivischem Saldo	45.000	
	Umsatzerlöse		45.000

Buchungen 02
1. Laufende Aufwendungen

Datum	Konto	Soll	Haben
Jahr 02	Diverse Aufwandskonten	70.000	
	Geld		70.000

2. Umsatzerlöse, Drohverlust, Teilabrechnung
Am 31.12.02 beträgt der Fertigstellungsgrad 55 % (= Auftragskosten der Jahre 01 und 02 von TEUR 110: Gesamte Auftragskosten von TEUR 200). Daher sind in den Jahren 01 und 02 in Summe Umsatzerlöse i. H. v. TEUR 99 (= 55 % × TEUR 180) zu erfassen. Nachdem in 01 bereits Umsatzerlöse i. H. v. TEUR 45 erfasst wurden, sind in 02 Umsatzerlöse i. H. v. TEUR 54 zu erfassen. Die Umsatzerlöse der Jahre 01 und 02 betragen in Summe TEUR 99, die Auftragskosten TEUR 110. Daraus ergibt sich ein Verlust i. H. v. TEUR 11. Dieser besteht aus einem in 01 erfassten Gewinn i. H. v. TEUR 5 (= TEUR 45 – TEUR 40) und einem in 02 erfassten Verlust von TEUR 16 (= TEUR 54 – TEUR 70). Die Ergebnisbelastung für 02 ist bereits deswegen besonders hoch, da in 02 einerseits der Gewinn von TEUR 5 aus 01 rückgängig gemacht wird und andererseits ein Verlust von TEUR 11 entsprechend dem Fertigstellungsgrad erfasst wird. Insgesamt droht allerdings aus dem Auftrag ein Gesamtverlust von TEUR 20. Daher ist in 02 zusätzlich der künftige Verlust aus dem Auftrag i. H. v. TEUR 9 zu erfassen, welcher sonstigen betrieblichen Aufwand darstellt. Unter Berücksichtigung der Teilabrechnung ergeben sich folgende Buchungen:

Datum	Konto	Soll	Haben
31.12.02	Sonstiger betrieblicher Aufwand	9.000	
	Fertigungsaufträge mit aktivischem Saldo		35.000
	Forderungen aus Abrechnungen	80.000	
	Umsatzerlöse		54.000

Zu einem Passivausweis des drohenden Verlusts kommt es nicht, da nach wie vor ein aktivischer Saldo gegenüber dem Kunden besteht. Die Passivseite würde hingegen angesprochen, wenn der drohende Verlust schon vor Auftragsbeginn entstanden wäre oder der Kunde Zahlungen gem. Leistungsfortschritt vollständig erbracht hätte.

Fertigungsaufträge § 18

Zur Buchungstechnik unter Berücksichtigung latenter Steuern wird auf Rz 71 verwiesen.

2.6 Wertberichtigungen auf POC-Forderungen

Bei einem drohenden Forderungsverlust aus einem langfristigen Fertigungsauftrag scheint aus konzeptioneller Perspektive fraglich, ob[16]

- die Forderung **aufwandswirksam** wertzuberichtigen ist oder
- die in den Vorperioden verbuchten **Umsatzerlöse zu kürzen** sind.

Für die **erste** Lösung spricht der Forderungscharakter von Aufträgen mit aktivischem Saldo. POC-Forderungen sind unter den kurzfristigen Forderungen auszuweisen[17] und werden nicht (explizit) vom Anwendungsbereich von IAS 39 ausgenommen (IAS 39.2). Zugunsten der **zweiten** Lösung kann die in IAS 11.38 geforderte kumulative Betrachtung der Umsatzerlöse angeführt werden (Rz 34). Sie würde zur Korrektur der vorjährigen Umsätze führen. Ein konzeptioneller Diskurs ist jedoch überflüssig, da IAS 11.28 eine **explizite** Regelung enthält:

„Entsteht jedoch eine Unsicherheit hinsichtlich der Möglichkeit, den Betrag zu vereinnahmen, der bereits in den Auftragserlösen enthalten und bereits in der Gewinn- und Verlustrechnung erfasst ist, wird der nicht einbringbare Betrag oder der Betrag, für den eine Bezahlung nicht mehr wahrscheinlich ist, als Aufwand und nicht als Anpassung der Auftragserlöse erfasst."

Bereits in Vorperioden erfasste POC-Forderungen sind daher **aufwandswirksam** wertzuberichtigen.

Folgende Grundfälle sind jedoch hinsichtlich des **Zeitpunktes**, zu dem Zweifel an der Einbringlichkeit der Forderungen entstehen, zu unterscheiden:

- Zahlungsausfall bereits am **Ende der ersten** Auftragsperiode wahrscheinlich: Gem. IAS 11.23b und 11.24a wird vor vornherein **kein Umsatz** ausgewiesen.
- Zahlungsausfall erst am **Ende der zweiten** Auftragsperiode wahrscheinlich. Die POC-Forderung aus 01 wird **aufwandswirksam** wertberichtigt (IAS 11.28). Für die **zweite Periode** wird wegen IAS 11.23b und 11.24a **kein Umsatz** gebucht.
- Zahlungsausfall wiederum erst am Ende der zweiten Auftragsperiode wahrscheinlich, jedoch wurde für die erste Periode **bereits eine Teilrechnung** (*progress billing*) erstellt. Diese hat nicht mehr den besonderen Charakter einer POC-Forderung (IAS 11.43), sondern einer normalen Forderung aus Lieferung und Leistung. Sie ist daher (mit gleicher Wirkung) auf anderer Rechtsgrundlage, nämlich nach IAS 39.58ff. **aufwandswirksam** wertzuberichtigen. Für die zweite Periode gilt wie zuvor: Wegen IAS 11.23b und 11.24a wird kein Umsatz gebucht.
- Am Ende der ersten Periode ist die volle Einbringlichkeit der gesamten vereinbarten Zahlungen unwahrscheinlich, der Auftrag wird jedoch gegen sofortige Leistung **einer** Zahlung **fortgesetzt**. Je nach Höhe der geleisteten und wahrscheinlich noch eingehenden Zahlung ist hier weiter zu differenzieren: Deckt die Summe aus bereits geleistetem und noch erwartetem Betrag die erwarteten Gesamtkosten nicht ab, ist gem. IAS 11.36 eine Drohverlustrück-

37

---

[16] Ausführlich: LÜDENBACH, PiR 2007, S. 364ff.
[17] IDW RS HFA 2, Tz. 17.

stellung zu bilden (Rz 36). Wird insgesamt kein Verlust erwartet, ist die Höhe des Gewinns aber ungewiss, sind Umsatzerlöse i. H. d. Auftragskosten zu erfassen (IAS 11.32a).

3 Sonderprobleme

3.1 Bewertungsobjekt: Segmentierung und Zusammenfassung von Aufträgen, Folgeaufträge

38 Den Regelungen von IAS 11 unterliegt der einzelne, nach wirtschaftlichen Kriterien abgegrenzte Fertigungsauftrag (IAS 11.7). Schwierigkeiten bei der Bestimmung des Bewertungsobjektes können sich ergeben, wenn **wirtschaftlich separierbare** Aufträge **rechtlich zusammengefasst** sind oder umgekehrt rechtlich separierte Aufträge eine wirtschaftliche Einheit bilden. In derartigen Fällen ist die **wirtschaftliche Betrachtungsweise** maßgeblich:

39 Ein Vertrag, der **mehrere Einzelleistungen** umfasst, ist **zu segmentieren,** wenn die Leistungen
- getrennt angeboten wurden **und**
- getrennt hätten angenommen werden können **und**
- die Kosten und Erlöse der Einzelleistungen getrennt ermittelbar sind (IAS 11.8).

Bei allen drei kumulativ zu erfüllenden Kriterien stellt sich die Frage der Objektivierung und Nachweisbarkeit. Die (als Wahlrecht ausgestaltete) analoge amerikanische Vorschrift sieht dies i. d. R. nur dann als gegeben an, wenn sowohl beim Auftragnehmer als auch bei den anderen Marktteilnehmern die Einzelleistungen häufig separat angeboten und durchgeführt werden (ASC 605–35–25–13).

> **Beispiel**
> Bauunternehmen B errichtet für K ein schlüsselfertiges Gebäude. Der Gesamtpreis ergibt sich aus Einzelpreisen für (angeblich) separat angebotenen (1) Boden- bzw. Tiefbau, (2) Rohbau und (3) Innenausbau. Tatsächlich ist B auf schlüsselfertige Bauten spezialisiert und hat in der Vergangenheit nur ganz selten Verträge über separate Leistungen geschlossen. Die eigene Unternehmenshistorie spricht gem. Topic 605–35–25–13 gegen die Ernsthaftigkeit des separaten Angebots. In Anwendung dieses Rechtsgedankens wird man auch nach IAS 11 eine Separierung ablehnen müssen.

Eine Transaktion kann sowohl Fertigungsleistungen als auch Leistungen anderer Art (z. B. Warenlieferungen oder Dienstleistungen) enthalten. Ein Beispiel wäre etwa ein Vertrag, der kundenspezifische Softwarefertigung (Fertigungsleistung) mit Training oder Nachbetreuungsleistungen *(post customer support)* verbindet. Hinsichtlich der Behandlung solcher Mehrkomponentenverträge wird allgemein auf → § 25 verwiesen. Speziell ist an den IFRIC die Frage gestellt worden, ob bei Vereinbarung von Fertigungs- und sonstigen Leistungen in einem einzigen Vertrag unterschiedliche Gewinnmargen für die unterschiedlichen Teilleistungen angenommen werden könnten. Unter Verweis auf IAS 18.4 und 18.12 hat der IFRIC dies bejaht.[18]

---

[18] IFRIC, Update November 2006.

Mehrere **Verträge** sind **zusammenzufassen,** wenn 40
- sie als ein einziges **Vertragspaket** verhandelt werden **und**
- sie so eng miteinander verbunden sind, dass sie Teil **eines einzigen Projektes** mit einer Gesamtgewinnspanne sind, **und**
- die Leistungen zeitgleich oder in **enger zeitlicher Abfolge** erbracht werden (IAS 11.9).

Wichtige Indizien für ein einheitliches Vertragspaket sind ein enger zeitlicher Zusammenhang der Vertragsabschlüsse sowie ein Gesamtfunktionsinteresse des Bestellers. Der geforderte **Verbund** der Leistungen kann sich auf Design, Technik oder Funktion des Auftragsobjektes beziehen. Entscheidend sind insoweit die Eigenschaften, die das fertige Objekt allgemein und/oder spezifisch für den **Auftraggeber** hat. Die Forderung nach enger zeitlicher Abfolge stellt demgegenüber nicht auf das Auftragsobjekt, sondern auf den Prozess der Leistungserbringung ab.

Die Frage der **Zusammenfassung** von Verträgen stellt sich regelmäßig nur, wenn diese Verträge alle den gleichen Vertragspartner aufweisen. Nach Auffassung des IFRIC[19] ist allerdings das Kriterium der Rechtspersönlichkeit nicht immer ein angemessenes Unterscheidungsmerkmal. Erhält der Auftragnehmer etwa zeitgleich Aufträge von verschiedenen Niederlassungen eines Großunternehmens, sind diese als separate Vertragspartner zu betrachten, wenn sie unabhängig voneinander Aufträge erteilt haben. Die Frage der Zusammenfassung der Aufträge stellt sich dann von vornherein nicht.

Eine Zusammenfassung von Aufträgen verschiedener Vertragspartner ist ausnahmsweise dann angezeigt, wenn aus Auftragnehmerperspektive ein wirtschaftlich einheitlicher Herstellungsvorgang eines einzigen Objektes vorliegt, dessen rechtliche teilbare Komponenten dann verschiedenen Auftraggebern geschuldet werden. Das klassische Beispiel wäre die Erstellung eines Wohnhauses mit nach Wohnungseigentumsgesetz geteilten Einheiten, deren Besteller die jeweiligen Käufer der einzelnen Wohneinheiten sind, wobei Voraussetzung wäre, dass der gesamte Auftrag überhaupt in den Anwendungsbereich von IAS 11 fällt (Rz 16).

Wird ein Vertrag um einen **Folgeauftrag** *(addition/amendment)* ergänzt, 41
- dessen Gegenstand sich in Design, Technologie, Funktion usw. wesentlich von dem ursprünglichen Vertrag unterscheidet oder
- dessen Preis losgelöst von dem ursprünglichen Vertrag verhandelt wird,

so ist der Folgeauftrag ein separates Bewertungsobjekt (IAS 11.10). Von derartigen Folgeaufträgen zu unterscheiden sind Anpassungen/Ergänzungen *(variations)* des ursprünglichen Auftrags, die den Auftragsumfang verändern, aber nicht den Auftragsgegenstand (Rz 45).

War bereits im ursprünglichen Vertrag eine preislich fixierte Option des 42
Kunden auf den Folgeauftrag/Nachtrag enthalten, kommt eine Separierung nur noch dann infrage, wenn sich die Auftragsgegenstände nach Technik, Funktion, Design erheblich unterscheiden oder der ursprüngliche Auftrag bereits vollständig erfolgswirksam erfasst ist.[20] Ohne eine solche Option kann

---

[19] IFRIC, Update Juni 2004.
[20] Gl. A. KEITZ, VON, in: THIELE/KEITZ, VON/BRÜCKS (Hrsg.), Internationales Bilanzrecht, 2008 ff., IAS 11, Tz. 136.

hingegen schon das Kriterium der **losgelösten Preisverhandlung** eine Zusammenfassung der Aufträge verhindern. Allerdings darf dieses Kriterium u. E. **nicht formal** interpretiert werden. Wird etwa im Hochbau zu einem späteren Zeitpunkt eine Zusatzleistung vereinbart und deren Preis separat verhandelt, so wäre zu prüfen, wie frei diese Preisverhandlungen sind. Hat der Auftraggeber wegen der technischen und zeitlichen Abstimmung der Arbeiten keine realistische Alternative, einen neuen Unternehmer zu beauftragen, haben die späteren Verhandlungen wirtschaftlich eher den Charakter von Nachträgen zum ursprünglichen Vertrag und sind deshalb mit diesem als eine Einheit zu sehen (Rz 44).

43 Generell hat die Frage nach der **Separierung** von Aufträgen für die IFRS eine geringere Relevanz als für das deutsche Handels- und Steuerrecht:
- In den IFRS entscheidet die Separierung „nur" darüber, auf welche **Bewertungseinheit** die POC-Methode anzuwenden ist.
- Im deutschen Recht ist die „**abrechenbare Teilleistung**" das **Hilfskonstrukt**, mit dem trotz *completed-contract*-Prinzip vorzeitig Umsätze und Gewinne realisiert werden können.

> **Beispiel**
> Ein Bauunternehmen errichtet für einen Auftragnehmer ein Doppelhaus. Zum Bilanzstichtag ist die eine Hälfte komplett fertig und wird abgerechnet. Die andere Hälfte ist zu 60 % fertig und wird später abgerechnet.
> - Nur wenn eine abrechenbare Teilleistung vorliegt, ist steuerbilanziell und nach tradierter handelsrechtlicher Auffassung die erste Umsatzhälfte realisiert.[21]
> - Nach IFRS sind 80 % (= 50 % + ½ × 60 %) realisiert. Die Separierung oder Zusammenfassung ist „nur" für den Ausweis und für evtl. Saldierungen von Gewinnen aus der einen Hälfte und Verlusten aus der anderen Hälfte bedeutsam.

Die gesamte Darstellung des zutreffenden Bewertungs- bzw. Realisierungsobjektes spielt auch bei „normalen" Erlösen eine Rolle und wird dort unter dem Begriff „Mehrkomponentengeschäft" diskutiert (→ § 25 Rz 69 ff.).

3.2 Umfang der Erlöse

3.2.1 Erlöse bei Änderung des Leistungsumfangs

44 Gem. IAS 11.11b umfassen die Auftragserlöse nicht nur die ursprünglichen im Vertrag vereinbarten Erlöse, sondern auch Erhöhungen oder Minderungen aufgrund **späterer abweichender Vereinbarungen** zum Auftragsumfang *(variations; IAS 11.12 f.)*. Wie im Falle der nachträglichen besseren Erkenntnis (Rz 34) ist die Kalkulation anzupassen.

45 Hierzu folgendes Beispiel, das Anpassungen wegen nachträglicher besserer Kenntnis und Anpassungen wegen Änderungen des Leistungsumfanges kombiniert:

> **Beispiel**
> Die Skyscraper GmbH hat in 01 von der New-Age AG den Auftrag zur Erstellung eines Bürohochhauses gegen einen Festpreis von 100 Mio. EUR erhalten.

---

[21] Zur Frage, wann eine abrechenbare Teilleistung vorliegt, ergehen umfangreiche BMF-Schreiben jeweils dann, wenn sich der USt-Satz erhöht.

Ursprünglich ging die GmbH von Kosten von 90 Mio. EUR aus. Wegen Schwierigkeiten bei den Gründungsarbeiten ist **diese Kostenschätzung** zum Bilanzstichtag auf 95 Mio. EUR **korrigiert** worden (davon 19 in 01). Einen Ausgleich kann die GmbH in 02 dadurch erreichen, dass die Erweiterung des Bürohochhauses um ein Penthouse für den *New-Age*-Vorstand zu einem Preis von 10 Mio. EUR bei geschätzten Kosten von 4 Mio. EUR vereinbart wird. Der Preis für diesen **Folgeauftrag** wird nur formell unabhängig verhandelt. Wegen der technischen und zeitlichen Abstimmung kommt die Beauftragung anderer Unternehmen nicht infrage. Bei Kosten von 40,4 in 02 und 39,6 + 1,0 in 03 wird das Gebäude in 03 fertiggestellt. Die **zusätzlichen Kosten** von 1,0 Mio. EUR in 03 fallen in der Endphase zur Fristeinhaltung an (Schnellbaukosten).

	01	02	03
ursprünglicher Erlös	100,0	100,0	100,0
+ Erweiterung	0,0	10,0	10,0
= gesamter Erlös	100,0	110,0	110,0
− gesamte Kosten	95,0	99,0	100,0
= gesamter Gewinn	5,0	11,0	10,0
Kosten bis Stichtag	19,0	59,4	100,0
Fertigstellungsgrad (= kumulierte Stichtagskosten/geschätzte Gesamtkosten)	20 %	60 %	100 %
kumulierter Erlös (Gesamterlös × % Fertigstellung)	20,0	66,0	110,0
− davon in Vorjahren	0,0	20,0	66,0
= Periodenerlös	20,0	46,0	44,0
kumulierte Kosten (s. o.)	19,0	59,4	100,0
− davon in Vorjahren	0,0	19,0	59,4
= Periodenkosten	19,0	40,4	40,6
Periodengewinn	1,0	5,6	3,4

Vor einer entsprechenden Anpassung der Kalkulation ist allerdings zu prüfen, ob überhaupt eine Anpassung des ursprünglichen Auftrags oder nicht vielmehr ein neuer, selbstständig zu bilanzierender Auftrag vorliegt. Hierbei kommt es nicht in erster Linie auf die zivilrechtlichen Qualifikationen – Vertragsänderung vs. Neuvertrag –, sondern auf die wirtschaftlichen Umstände an. U. E. ist folgende Differenzierung geboten:

- Wird die „Vertragsänderung" erst rechtswirksam, **nachdem** der ursprüngliche Auftrag fertiggestellt wurde, kommt eine Zusammenfassung beider Vertragsteile/Verträge i. d. R. nicht infrage. Ihr steht vor allem entgegen, dass der ursprüngliche Auftrag mit Erledigung den Anwendungsbereich von IAS 11 insoweit schon verlassen hat, als er nicht mehr als POC-Forderung, sondern als Forderung aus Lieferung und Leistung auszuweisen ist (Rz 73). Dieser Qualitätswechsel kann nicht rückwirkend durch eine „Vertragsänderung" ungeschehen gemacht werden.

46

- Wird die „Vertragsänderung" vor Erledigung des ursprünglichen Auftrags rechtswirksam, ist zu prüfen, ob die Kriterien für eine Zusammenfassung mehrerer Verträge (Rz 40) in analoger Weise erfüllt sind. Nur in diesem Fall kommt eine einheitliche Bilanzierung von ursprünglichem Auftrag und Vertragsergänzung infrage.

Die ggf. lückenfüllend anwendbaren US-GAAP-Vorschriften enthalten eine weitere Hürde. Sie lassen eine bilanzielle Zusammenfassung von Nachträgen (additions/amendments) mit dem ursprünglichen Auftrag nur zu, wenn es zwischen beidem keinen signifikanten Unterschied in den Margen gibt (ASC 605–35–25–29c). U.E. ist dem für die IFRS nicht zwingend zu folgen. Eine höhere Marge bei Ausweitung eines Auftrags kann gerade deshalb durchsetzbar sein, weil der Auftraggeber wegen Gewährleistungs- und Gesamtfunktionsinteressen keine realistische Möglichkeit hat, einen Dritten mit den Erweiterungen zu beauftragen. In diesem Fall indiziert der Margenunterschied eher eine Zusammenfassung der Vertragsteile (Rz 43).

3.2.2 Erlöse bei Ersatzansprüchen des Auftragnehmers

47 Kommt der Kunde in **Annahmeverzug** oder hat er sonstige Nebenpflichten aus dem Vertrag verletzt, z.B. die Stelle, an der eine Anlage zu installieren ist, nichtrechtzeitig betriebsbereit gemacht, so kann es insbesondere im Falle von Festpreisverträgen zu **Nachforderungen des Auftragnehmers wegen zusätzlicher Kosten**, aufgrund Verzugs der anderen Seite usw. kommen.

48 Für die Einbeziehung solcher Nachforderungen (claims) in die Auftragserlöse gilt ein **implizites Vorsichtsprinzip**. Nachforderungen dürfen nur dann einbezogen werden, wenn die Verhandlungen so weit fortgeschritten sind, dass der Kunde die Nachforderungen wahrscheinlich akzeptieren wird und zusätzlich der vom Kunden akzeptierte Betrag verlässlich ermittelt werden kann (IAS 11.14).

3.2.3 Prämien und Vertragsstrafen, z.B. für Fristüberschreitung und -unterschreitung

49 Im Industriegebäude- und Industrieanlagenbau sehen Verträge häufig eine **Prämie für vorzeitige Erfüllung** vor. Derartige Prämien (incentives) dürfen in die Erlös- und damit POC-Kalkulation nicht zu einem früheren Zeitpunkt, sondern erst dann einbezogen werden, wenn die Erreichung des besonderen Leistungsziels und damit die Prämie wahrscheinlich ist (IAS 11.15).

50 Umgekehrt kann es wegen unzureichender oder zu später Leistungserfüllung **(Verzug)** zu Minderungen der Auftragserlöse bzw. zu Vertragsstrafen (penalties) kommen (IAS 11.12c). Für die Berücksichtigung solcher Erlösminderungen gelten die allgemeinen Schätzgrundsätze (Rz 24 und Rz 32). Insbesondere muss die Minderung nicht unwahrscheinlich sein (IAS 11.34). Mangels Bestimmung (Bestimmbarkeit) der Wahrscheinlichkeitsanforderungen (→ § 21 Rz 38ff.) bleibt ein Ermessensspielraum.

3.2.4 Einbeziehung von Zinsvorteilen aus langfristigen Anzahlungen

51 Erfolgen die **Zahlungen** des Auftraggebers nicht mehr oder weniger parallel zum Leistungsfortschritt, sondern tritt er in erheblichem Maße und über längere Frist in **Vorleistung**, ergeben sich **Zinsvorteile** beim Auftragnehmer (→ § 9 Rz 7).

Das IDW empfiehlt die Einbeziehung dieser Zinsvorteile in die Auftragserlöse.[22] Hierzu folgendes Beispiel: 52

> **Beispiel**
> Eine Bauleistung ist zu je ½ in 02 und 03 zu erbringen. Bei einem angenommenen Anlage- und Schuldzinssatz von 10 % stehen folgende Zahlungsalternativen zur Diskussion:
> 1. Zahlung von je 50 Mitte 02 und Mitte 03
> 2. Zahlung von 87 (= 50/1,1 + 50/1,21) Mitte 01
> In der zweiten Alternative kann der Auftragnehmer 87 für ein Jahr und 43 für ein weiteres Jahr anlegen und so einen Zinsertrag von 8,7 + 4,3 = 13 erzielen.

Die Empfehlung des IDW ist **aus analytischer Sicht** im Interesse einer Spaltung zwischen operativem Ergebnis und Finanzergebnis und mit Blick auf die interne und externe Vergleichbarkeit des operativen Ergebnisses **überzeugend**. Bei der Einbeziehung der Zinsvorteile in die Auftragserlöse ergeben sich **jedoch** verschiedene **praktische Probleme**. 53

- Zunächst ist unklar, ob die **Zinskalkulation** auf Basis des Anlagezinses, des Schuldzinses oder etwa auf Basis des für die Vertragsverhandlung maßgeblichen **Zinssatzes** erfolgen soll.
- Weiterhin muss der Ab- oder Aufzinsungs**zeitraum** bestimmt werden. Die Orientierung an einem „normalen" Zahlungsrhythmus (etwa dem der Makler- und Bauträger-Verordnung, MaBV) ist denkbar. Hierbei würde sich dann allerdings die Frage stellen, ob der als Maßstab gewählte Zahlungsrhythmus tatsächlich „normal" ist, wo also die Nulllinie angesetzt werden soll.
- Schließlich wäre noch zu überlegen, wie ein errechneter Zinsvorteil den **Umsatzerlösen** zugeschlagen werden sollte. Die **Verteilung auf die Perioden** kann linear oder nach Maßgabe der Effektivzinssatz-Methode erfolgen.

Die Berücksichtigung der Zinsvorteile wirft mithin viele offene und ungelöste praktische Fragen auf, sodass ihr u. E. unter *materiality*-Gesichtspunkten nur bei sehr langem und hohem Vorlauf der Anzahlungen zwingend zu folgen ist (→ § 9 Rz 4).[23] 54

3.3 Umfang der Kosten

3.3.1 Direkte und indirekte Kosten

Zu jedem Stichtag sind einerseits die bereits angefallenen, andererseits die insgesamt noch anfallenden Kosten zu bestimmen. Zu den Kosten gehören neben den direkten Einzel- und Gemeinkosten des Materials und der Fertigung (inklusive Subunternehmerkosten) auch die **indirekten fertigungsbezogenen Gemeinkosten** der Verwaltung (IAS 11.16 ff.). 55

Der Kostenbegriff folgt den Definitionen von IAS 2 (→ § 8 Rz 18 ff.). Danach sind einzubeziehen: 56
- als **direkte Kosten**: Fertigungsmaterial (Rz 34) und Fertigungslöhne, Gehälter für die Auftragsüberwachung, Abschreibungen oder Mieten für die beim

---

[22] IDW, RS HFA 2, Tz. 11.
[23] Restriktiver KEITZ, VON, in: THIELE/KEITZ, VON/BRÜCKS (Hrsg.), Internationales Bilanzrecht, 2008 ff., IAS 11, Tz. 148.

Auftrag eingesetzten Maschinen und Anlagen, Transportkosten für Materialien und Maschinen, (geschätzte) Kosten für Nachbesserung und Gewährleistung (IAS 11.17),
- als **indirekte Kosten**: Versicherungsprämien, Fertigungsgemeinkosten (z.B. für eine zentrale Qualitätskontrolle) auf Basis der normalen Kapazitätsauslastung (IAS 11.18).

Bei **überhöhten** Kosten (z.B. aufgrund von unwirtschaftlichem Materialverbrauch) und Leerkosten (z.B. planmäßige Abschreibungen auf zeitweise ungenutzte, für den Auftrag „reservierte" Anlagen) ist nach IDW wie folgt zu differenzieren:
- Sofern überhöhte Kosten dem Fertigungsauftrag **direkt** i.S.v. IAS 11.16 (a) zugeordnet werden können, sind sie als Bestandteil der Auftragskosten zu erfassen. Entsprechendes gilt für Leerkosten.
- **Sonstige** überhöhte Kosten oder Leerkosten sind sofort aufwandswirksam.[24]
- Als **Auftragskosten** sind vorrangig solche Kosten zu berücksichtigen, die im Zeitraum von Auftragserlangung bis Erfüllung des Vertrags anfallen (IAS 11.21). Kosten der Auftragserlangung sind ggf. ergänzend zu berücksichtigen (Rz 59). **Nachlaufende** Herstellungskosten (z.B. aus Nacharbeiten, Erfüllung von Gewährleistungsansprüchen) sind mit ihren Schätzwerten in die Auftragskosten einzubeziehen.[25]

57 Nicht einzubeziehen sind Kosten der allgemeinen **Verwaltung**, z.B. der Gehaltsbuchhaltung (hingegen – theoretisch – doch einzubeziehen: Kosten der Lohnbuchhaltung) und FuE-Kosten (es sei denn, Erstattung ist vereinbart) (IAS 11.10).

58 Nach der bis 2008 geltenden Fassung von IAS 11 können **Fremdkapitalkosten** unter den Voraussetzungen von IAS 23 (→ § 9 Rz 8), d.h. insbesondere bei Längerfristigkeit der Auftragsfertigung, einbezogen werden (IAS 11.18). Dieser Verweis auf IAS 23 erfolgt unter der Voraussetzung des bis 2008 geltenden **Wahlrechts** zur Aktivierung von Zinsen, die bei der Herstellung bestimmter Vermögenswerte anfallen. Ab 2009 sieht IAS 23 eine Pflicht zur Aktivierung vor (→ § 9 Rz 15). Der IASB hat sich jedoch im Rahmen der Neufassung von IAS 23 entschieden, den Hinweis in IAS 11.18 zu streichen. Die maßgeblichen, schon für die Interpretation des bis 2008 anwendbaren Rechts relevanten Gründe sind wie folgt:
- Mit Ausnahmen, etwa bei der *zero-profit*-Methode (Rz 32), sind nach IAS 11 **keine Kosten** zu aktivieren, sondern **Teilerlöse**. Eine Aktivierung von Zinsen kommt daher konzeptionell nicht infrage.
- Kosten können nur mittelbare Bedeutung für den Aktivierungsbetrag haben, wenn bei Anwendung der *cost-to-cost*-Methode das Verhältnis von angefallenen zu Gesamtkosten den Fertigungsgrad und damit den Teilerlös bestimmt (Rz 30). U.E. ist es jedoch sachgerecht, bei Anwendung der *cost-to-cost*-Methode Zins- und Zinseszinseffekte nicht zu berücksichtigen. Auch eine mittelbare Wirkung von IAS 23 auf den Aktivierungsbetrag bleibt dann aus. Die Frage der Einbeziehung von Zinsen in die Herstellungskosten beschränkt sich auf den GuV-Ausweis.

---

[24] IDW, HFA 2, Tz. 6.
[25] IDW, HFA 2, Tz. 8.

Fertigungsaufträge § 18

> **Beispiel**
> A erledigt einen Auftrag über 250 zu je ½ in 01 und 02. Die Auftragskosten vor Zinsen betragen je 100 in 01 und 02. Der Kunde leistet keine Anzahlung/ Teilzahlung. A nimmt für den Auftrag Fremdmittel in Anspruch, die sich mit 10 % verzinsen.
>
> | | ohne Einbeziehung Zins | | Einbeziehung Zins in HK | |
> | --- | --- | --- | --- | --- |
> | | 01 | 02 | 01 | 02 |
> | Erlös | 125 | 125 | 125 | 125 |
> | HK Aufträge | 100 | 100 | 105 | 115,5 |
> | Bruttoergebnis vom Umsatz | 25 | 25 | 20 | 9,5 |
> | Zinsaufwand | 5 | 15,5 | 0 | 0 |
> | **Jahresüberschuss** | 20 | 9,5 | 20 | 9,5 |
>
> Anders als bei langfristiger Fertigung von Vorräten (→ § 9 Rz 34) beeinflusst die Einbeziehung der Zinsen nicht das Periodenergebnis.

3.3.2 (Vorlaufende) Vertriebskosten, Kosten der Auftragserlangung

IAS 11.20 bestimmt, dass Kosten, die einzelnen Verträgen nicht zugeordnet werden können, bei der Bestimmung der Kosten, des Auftragsfortschritts usw. nicht berücksichtigt werden dürfen: „Dazu gehören ... Vertriebskosten" (IAS 11.20b). IAS 11.21 und 27 sehen hingegen vor, dass Kosten, die zur Erlangung eines konkreten Auftrags erforderlich sind, zu den Auftragskosten gehören, wenn sie einzeln identifiziert und verlässlich ermittelt werden können und es wahrscheinlich ist, dass der Auftrag zustande kommt. 59

Ein Widerspruch zwischen beiden Regeln besteht dann nicht, wenn man zwischen **allgemeinen** Vertriebskosten und dem einzelnen Vertrag direkt zurechenbaren Vertriebskosten (**Einzelkosten**) unterscheidet. Im Bauträgergeschäft mit steuerbegünstigten Wohnungen ist es etwa üblich, mit Vertragsschluss hohe Provisionen an den Strukturvertrieb zu zahlen. Die Höhe der sog. **Innenprovisionen** kann sich durchaus auf 20 % und mehr des Auftragserlöses belaufen. Es ist u. E. sachgerecht, solche Sondereinzelkosten des Vertriebs nach IAS 11 in Gesamtkostenkalkulation, Ermittlung des Fertigstellungsgrades und Bestimmung der anteiligen Erlöse einzubeziehen.[26] 60

Voraussetzung für die Einbeziehung vorlaufender Vertriebs- und sonstiger Kosten (Beraterhonorare, nützliche Ausgaben zur Förderung der Vertragsbereitschaft usw.) ist die **Zurechenbarkeit** zu einem einzelnen Auftrag. In sachlicher Hinsicht kommen daher regelmäßig nur Einzelkosten infrage, in zeitlicher Hinsicht nur Kosten solcher Aufträge, deren Erlangung spätestens bei Bilanzerstellung sicher oder sehr wahrscheinlich ist. Ohne eine solche Wahrscheinlichkeit sind die Kosten als Aufwand zu behandeln und bei späterer tatsächlicher Auftragserlangung auch nicht nachzuaktivieren (IAS 11.21).

---

26 So für das Handelsrecht SELCHERT, Realisationsprinzip, Teilgewinnrealisierung, DB 1990, S. 797.

Das IFRIC bestätigt in einer *Agenda Rejection* vom Mai 2009 (*Non-IFRIC*) im Übrigen, dass es in der Ansatzfrage auf die Umstände des Einzelfalls ankommt.

3.4 Infrastrukturkonzessionsverträge bei *public private partnership*

61 Der ab 1.1.2008 anwendbare IFRIC 12 beschäftigt sich mit der Bilanzierung von sog. *Service Concession Contracts* über privat finanzierte und betriebene **Infrastruktureinrichtungen**. In diesem Kontext kommt es zur Anwendung der Regeln von IAS 11, wenn der private Partner neue Infrastruktur erstellt oder vorhandene grundlegend verbessert *(upgrade)*. Der Infrastrukturbegriff des IFRIC 12 und des begleitenden Offenlegungsstandards SIC 29 ist u.E nicht auf unbewegliche Vermögenswerte beschränkt Die Standards führen neben Tunnels, Autobahnen u.a. auch Beispiele wie Gefängnisse, Krankenhäuser an, bei denen eine Betriebsführungsvereinbarung neben den Gebäuden i.d.R. auch die zum Betrieb der Einrichtung erforderlichen beweglichen Vermögenswerte umfasst.

62 Nicht in den Anwendungsbereich von IFRIC 12 fallen folgende Tatbestände:
- Der private Partner unterliegt in der Gestaltung des Serviceumfangs (etwa Tageszeiten der Nutzung), in den von den Nutzern erhobenen Gebühren usw. keinen Auflagen (IFRIC 12.5a). Hier kommt bei rechtlichem Eigentum des öffentlichen Partners ggf. ein Leasingverhältnis mit dem privaten Partner gem. IAS 17 oder IFRIC 4 infrage (→ § 15 Rz 5). Neben den regulierten Leistungen können mit der gleichen Infrastruktur unregulierte erbracht werden. Handelt es sich dabei nur um Hilfsumsätze (etwa Besucherkantine im Krankenhaus), beeinflusst dies die Beurteilung der gesamten Infrastruktur nicht (IFRIC 12.AG7). Problematisch ist die Anwendbarkeit von IFRIC 12 hingegen, wenn qualitativ gleichwertige Umsätze vorliegen, etwa bei einer Autobahn die Mautgebühr für Pkws vorgegeben, die für Lkws aber vom privaten Partner frei kalkulierbar wäre. Hier ist u.E. auf das Hauptgewicht der Erlöse abzustellen.
- Der öffentliche Partner hat keine Verfügungsmacht über den Restwert der Einrichtung nach Ablauf des Servicevertrags, weil der private Partner z.B. frei ist, die Infrastruktur vorher zu verpfänden oder zu veräußern und/oder der öffentliche Partner die Nutzung nicht über die gesamte Dauer des Servicevertrags kontrollieren kann (IFRIC 12.5b und IFRIC 12.AG4). Hier kommt eine Bilanzierung der Infrastruktur als Sachanlage gem. IAS 16 (→ § 14) beim privaten Partner infrage. Kontrolle kann auch dann beim öffentlichen Partner liegen, wenn dieser lediglich das Recht hat, die Infrastruktur nach Ablauf der Konzession zum *fair value* zu erwerben.[27]

63 IFRIC 12.3 verlangt einen „öffentlichen Charakter der vom Betreiber übernommenen Verpflichtung". Die Infrastruktureinrichtungen müssen der Erfüllung „öffentlicher Aufgaben" *(public services)* dienen. Aufgrund dieser Anforderungen unterliegen die mit einer öffentlichen (Gebiets-)Körperschaft geschlossenen Verträge nicht IFRIC 12, wenn der Leistungsgegenstand nicht die Qualität öffentlicher Aufgaben hat.

---

[27] In diesem Sinne z.B. DELOITTE, iGAAP 2014, Ch A35, sCh 2.

Fertigungsaufträge § 18

> **Beispiel**
> U betreibt Parkhäuser für private Anbieter wie Eisenbahn, Kinobetriebe, Kaufhäuser usw., daneben auch für Städte. Entsprechende Verträge mit Städten *(public bodies)* liegen u. E. nicht im Anwendungsbereich von IFRIC 12, da Parkraumüberlassung keine öffentliche Aufgabe ist.

Die Abgrenzung zwischen öffentlichen und sonstigen Aufgaben hat eine gewisse Verwandtschaft zur im Körperschaftsteuerrecht bedeutsamen Unterscheidung zwischen Hoheitsbetrieben und Betrieben gewerblicher Art (§ 4 Abs. 5 Satz 1 KStG). U. E. sind hoheitliche Tätigkeiten jedoch nur hinreichende, nicht notwendige Bedingung für das Vorliegen öffentlicher Aufgaben i. S. v. IFRIC 12. So ist etwa der Betrieb von Krankenhäusern (mit bestimmten Ausnahmen) nicht dem hoheitlichen Bereich zuzuordnen (keine Ausübung öffentlicher Gewalt), wird aber in IFRIC 12.AG7 als Anwendungsbeispiel für IFRIC 12 genannt. In den Anwendungsbereich von IFRIC 12 fallende Verträge sind wie folgt zu bilanzieren: 64
1. Während der **Bauphase**: Es entstehen durch die Erstellung/Verbesserung der Infrastruktur Erlöse aus Fertigungsaufträgen und entsprechende Forderungen gegen den öffentlichen Partner.
2. Während der **Betriebsphase** ist zu unterscheiden:
   - Leistet oder garantiert der öffentliche Partner die Zahlungen für die Einrichtung und deren Betrieb, gelangt das *financial asset model* zur Anwendung (IFRIC 12.16). Die Einnahmen werden (unter Berücksichtigung von Zinseffekten) gegen die Forderung aus dem Fertigungsauftrag verrechnet. Im Übrigen entstehen beim privaten Partner noch Zinserträge.
   - Zahlen die Infrastrukturnutzer an den privaten Betreiber und garantiert der öffentliche Partner auch keine Mindesteinnahmen, wird nach dem *intangible asset model* verfahren (IFRIC 12.17): Es unterstellt einen gewinn- und erlösrealisierenden Tausch der Forderung aus dem Fertigungsauftrag gegen den Erwerb eines Rechts auf den Betrieb der Infrastruktur. Dieses Recht wird dann über die Laufzeit abgeschrieben. Umsätze entstehen in diesem Modell nicht nur aus dem Fertigungsauftrag, sondern auch aus der laufenden „Maut". Mit dieser „Doppelung" der Umsätze geht keine „Doppelung" des Ergebnisses einher, da das Ergebnis andererseits im Unterschied zum *financial asset model* um die Abschreibung auf das immaterielle Vermögen gemindert wird.
   - Zahlen zwar die Infrastrukturnutzer an den Betreiber, **garantiert** der öffentliche Partner aber eine **Mindesteinnahme**, liegt i. H. d. (abgezinsten) Garantieeinnahmen ein *financial asset*, i. H. d. darüber hinausgehenden Ertragserwartungen ein *intangible asset* vor (IFRIC 12.18).
   - Unklar ist die Behandlung von Fällen, in denen der öffentliche Partner zwar sämtliche Leistungen zu einem fixierten Stückpreis abnimmt, die Menge der Leistungen aber ungewiss ist (etwa die Strommenge beim Betrieb einer Windkraftanlage). U. E. besteht hier in der Qualifizierung ein faktisches Wahlrecht zwischen den beiden vorgenannten Methoden.

Fraglich ist beim Ganzen nur, ob während der Bauphase noch Forderungen aus Fertigungsverträgen oder schon ein *intangible* bzw. *financial asset* ausgewiesen wird.[28] IFRIC 12.14 trifft nur Bestimmungen für die GuV: Die Errichtung einer Infrastruktur gilt als Dienstleistung des Betreibers gegenüber dem Konzessionsgeber, auf die sowohl kosten- als auch erlösseitig die Vorgaben der Auftragsfertigung gem. IAS 11 Anwendung finden. Unklar ist hingegen, ob der Verweis auf IAS 11 auch den Ausweis in der Bilanz betrifft. Wenn dies bejaht wird, ist in der Bauphase eine PoC-Forderung auszuweisen, die erst mit Fertigstellung in einen immateriellen oder materiellen Vermögenswert getauscht wird. Für eine solche Interpretation spricht, dass vertragsgemäßer „Tauschgegenstand" die betriebsbereite und keine unfertige Infrastruktur ist (IFRIC 12.15). Die Annahme einer ratierlichen Entstehung des finanziellen oder immateriellen Vermögenswertes wird dagegen durch das Anwendungsbeispiel in IFRIC 12.IE9 und 21 gestützt. Die wohl h. M. nimmt die ratierliche Entstehung eines finanziellen oder immateriellen Vermögenswertes an.[29]

Für die h. M. spricht die Behandlung von **Zinseffekten**:
- Würde der Konzessionsnehmer während der Bauphase eine PoC-Forderung erfassen, käme es nicht zur Aktivierung von Zinsen (Rz 58).
- Erfasst der Konzessionär hingegen bereits während der Errichtungsphase ein *intangible asset*, sind Fremdkapitalkosten, die im Zusammenhang mit der Errichtung der Infrastruktur entstehen, wie in IFRIC 12.22 i.V.m. IAS 23 vorgesehen, zu aktivieren (→ § 9 Rz 17). Bilanziert er während der Errichtungsphase ein *financial asset*, scheidet die Anwendung von IAS 23 aus (IFRIC 12.22). In der Bauphase aktivierte Ansprüche sind dann allerdings nach IFRIC 12.25 gem. der Effektivzinsmethode (IAS 39.AG6/IFRS 9) aufzuzinsen.

Nach der ab 2017 anzuwendenden, durch IFRS 15 (Rz 92) geänderten Fassung von IFRIC 12 19 gilt unabhängig davon, ob im *financial* oder *intangible asset model* bilanziert wird: Während der Bauphase liegt ein vertraglicher Vermögenswert *(contract asset)* vor (IFRIC 12.19). Dieser ist allerdings im *intangible asset model* als immaterieller Vermögenswert auszuweisen (IFRIC 12.IE15), im *financial asset model* entsprechend als finanzieller Vermögenswert.

Das nachfolgende Beispiel erläutert den Unterschied zwischen *financial* und *intangible asset model*, unterstellt aber vereinfacht eine Bauphase von nur einem Jahr, bei der sich die Frage des Bilanzausweises und der Zinsbehandlung während der Bauphase nicht stellt.

Beispiel
Die Bundesrepublik Deutschland entscheidet sich für eine Entlastung des notorisch verstopften Kölner Autobahn-Rings. Eine neue Autobahn Siegburg-Leverkusen wird privat von der Maut und Bau AG erbaut und finanziert. Die AG wendet dafür in der Periode 0 5 Mrd. EUR auf; bei Einbeziehung eines üblichen Gewinnaufschlags von 14 % würde sie für den Bau der Autobahn einem Dritten 5,7 Mrd. EUR in Rechnung stellen.

---

[28] Vgl. zum Nachfolgenden FREIBERG, PiR 2010, S. 234 ff.
[29] Vgl. z.B. Ernst & Young, International GAAP 2014 Ch. 22 sCh 4.2

Fertigungsaufträge §18

Die Maut und Bau AG darf weder von Pkws Gebühren erheben noch die Nutzung der Autobahn durch Pkws beschränken. Nach Ende der 5-Jahres-Frist des Konzessionsvertrags fällt die Autobahn entschädigungslos an die Bundesrepublik. Danach **scheidet** für die Maut und Bau AG die bilanzielle Abbildung als Sachanlage wegen der fehlenden dauernden Kontrolle (→ § 1 Rz 88) über die Autobahn **aus**.
Die Maut und Bau AG erhält auf 5 Jahre (Perioden 1 bis 5)
- entweder einen **garantierten** Betrag von je 1,5 Mrd. EUR (insgesamt 7,5 Mrd. EUR) von der Bundesrepublik *(finacial asset model)*
- oder das Recht, von Lkws Mautgebühren in **kalkulierter** Höhe von insgesamt ebenfalls 7,5 Mrd. EUR zu erheben *(intangible asset model)*.

Alternative 1 *(financial asset model)*:
- Die Maut und Bau AG aktiviert eine **Forderung** gegen die Bundesrepublik, die parallel zum Fertigungsfortschritt ansteigt und bei Fertigstellung 5,7 Mrd. EUR beträgt; entsprechend entstehen über die Bauzeit kumuliert POC-Erlöse von 5,7 Mrd. EUR.
- Bei einem Effektivzins von 10 % sind die 7,5 Mrd. EUR (p.a. 1,5) als annuitätische Leistung auf die Forderung anzusehen.
- Nach Fertigstellung wird die Forderung jährlich mit 10 % **aufgezinst** (daraus Zinserträge von 1,8 Mrd.), anderseits um die annuitätische Zahlung von 1,5 Mrd. EUR verringert.
- Summe der Erlöse/Erträge: 5,7 Mrd. EUR aus POC-Fertigung + 1,8 Mrd. EUR aus Zins = 8,5 Mrd. EUR.

BILANZ (Forderung)

Jahr	1.1.	Aufzinsung	Annuität	31.12.
0				5,70
1	5,70	0,57	−1,50	4,77
2	4,77	0,47	−1,50	3,74
3	3,74	0,37	−1,50	2,61
4	2,61	0,26	−1,50	1,37
5	1,37	0,13	−1,50	0,0

GuV (Erträge)

Jahr	Erlös POC	Zins	Summe
0	5,7		5,70
1		0,57	0,57
2		0,47	0,47
3		0,37	0,37
4		0,26	0,26
5		0,13	0,13
		1,80	7,50

Alternative 2 (*intangible asset model*):
- Über die Bauzeit entsteht sukzessive eine **Forderung aus Fertigungsauftrag**, die jedoch nach h. M. jeweils mit Ablauf der Berichtsperiode (also z. B. bei Zwischenberichtsperioden quartalsmäßig) in einen immateriellen Vermögenswert umzubuchen ist. Am Ende der Bauzeit beträgt der immaterielle Vermögenswert 5,7 Mrd. EUR, entsprechend der Höhe der POC-Erlöse.
- Über die Betriebszeit: **Vereinnahmung** der 7,5 Mrd. EUR Mauteinnahmen als Erlöse und Verbuchung von 5,7 Mrd. EUR **Abschreibung** auf den immateriellen Vermögenswert.
- Summe der Erlöse/Erträge 5,7 Mrd. EUR aus POC + 7,5 Mrd. EUR aus Maut = 13,2 Mrd. EUR, denen u. a. noch 5,7 Mrd. EUR Abschreibungen gegenüberstehen.

BILANZ (immaterielles Vermögen)

Jahr	1.1.	Abschreib.	31.12.
0			5,70
1	5,70	−1,14	4,56
2	4,56	−1,14	3,42
3	3,42	−1,14	2,28
4	2,28	−1,14	1,14
5	1,14	−1,14	0,00

GuV (Erlöse)

Jahr	POC	Mauterlös	Summe
0	5,70		5,70
1		1,50	1,50
2		1,50	1,50
3		1,50	1,50
4		1,50	1,50
5		1,50	1,50
	5,70	7,50	13,20

Hat der Betreiber laufende Kosten für den Betrieb der Einrichtung (etwa Pflege der Grünstreifen oder Winterdienst bei einer Autobahn), werden diese Aufwendungen nach Anfall aufwandswirksam. Ist der Betreiber vertraglich zur Übergabe der Einrichtung am Ende der Laufzeit in einem bestimmten Erhaltungszustand verpflichtet, so ist in den Jahren ohne Instandhaltung eine Rückstellung nach dem Maß der „Abnutzung" anzusammeln (IFRIC 12.21 i. V. m. IFRIC 12.IE 19 und 35). Sind bestimmte Maßnahmen unabhängig vom Abnutzungszustand nach festgelegten Fristen vorzunehmen, können sie ggf. als Teil der zu erbringenden Infrastrukturleistung zu qualifizieren sein und die passive Abgrenzung von Erlösteilen bedingen.[30]

---

[30] KPMG, Insights into IFRS 2014/15, Tz. 5.12.140.35.

Fertigungsaufträge § 18

Sind **bewegliche Vermögenswerte** notwendig, um die Einrichtung zu betreiben **65** und den Vertrag zu erfüllen, und stellt der private Partner diese Vermögenswerte nicht her, sondern beschafft er sie von Dritten, ist fraglich, ob die Anschaffungskosten dieser Vermögenswerte als Teil des *financial* oder *intangible asset* zu erfassen sind. Für eine Einbeziehung spricht der weite Infrastrukturbegriff (Rz 61), dagegen die Annahme von IFRIC 12.15–18, ein *financial* oder *intangible asset* entstehe in dem Umfang, in dem Herstellungsleistungen (*construction services*) des privaten Partners vergütet werden.

Eine **separate Erfassung** (als Sachanlagen nach IAS 16) halten wir insbesondere dann für vorzugswürdig, wenn der bewegliche Vermögenswert eine deutlich kürzere Lebensdauer als der Infrastrukturvertrag hat.

Beispiel
Die Klinik AG errichtet für und betreibt im Auftrag des Landes eine psychiatrische Einrichtung im Maßregelvollzug für schuldunfähige, vermindert schuldfähige oder suchtkranke Straftäter.
Der Vertrag läuft über 25 Jahre. Nach Ablauf der 25 Jahre gehen Gebäude und Einrichtung auf das Land über.
Zum Betrieb der Einrichtung werden Anlagen (etwa Computer, Videokameras, Geschirr usw.) gebraucht, die eine Nutzungsdauer von 2,5 bis 5 Jahren haben.
Beurteilung
Eine Einbeziehung der Erstinvestitionskosten für das bewegliche Vermögen in den Zugangsbetrag des **finanziellen** oder **immateriellen Vermögenswertes** würde die Frage aufwerfen, ob der einheitliche Vermögenswert für Zwecke der Tilgung/Abschreibung in Komponenten zu zerlegen ist. Anders als in IAS 16 (→ § 8 Rz 35) sind solche Zerlegungen in IFRIC 12, IAS 39 und IAS 38 aber nicht vorgesehen.
Eine Alternative zur Komponenten-Abschreibung/-Auflösung wäre, alle geplanten Ersatzinvestitionen der nächsten 25 Jahre schon mit in den Zugangsbetrag des finanziellen oder immateriellen Vermögenswertes (mit Gegenkonto Rückstellungen?) einzubeziehen. Eine Anpassung der Kostenerwartungen bei den Ersatzinvestitionen in Abhängigkeit von Ersatzintervallen, Preisentwicklungen usw. wäre dann erfolgswirksam zu erfassen.
Einfacher und klarer erscheint es hier, die beweglichen Vermögenswerte separat als Sachanlagen zu erfassen und über ihre jeweilige Nutzungsdauer abzuschreiben.

Dem öffentlichen Partner kommt möglicherweise nach den Vertragsinhalten eine **66** **Option** zu, am Ende der Laufzeit des Konzessionsvertrages entweder die Infrastruktur gegen Zahlung des *fair value* zur Eigennutzung zu erwerben oder sie an den privaten Partner zu übergeben. Dann scheint fraglich, ob der private Partner hierfür einen **Vermögenswert** ansetzen darf oder soll. Falls dies bejaht wird, ist zusätzlich unklar, um welche **Art** von Vermögenswert es sich handelt. Infrage kommt ein solcher **finanzieller** Art in Analogie zur Behandlung nicht garantierter Restwerte beim *finance lease* im Abschluss des Leasinggebers (→ § 15 Rz 135) oder wegen des Fehlens eines unbedingten Rechts auf Geldzahlungen ein **immaterieller**. IFRIC 12 liefert keine Antworten auf die vorgenannten Fragen. Das Unternehmen hat daher u. E. ein faktisches Wahlrecht.

3.5 Herstellung kundengebundener Werkzeuge

67 In **Zulieferindustrien**, z.B. in der Automobilbranche, kommt es häufig zur Produktion sog. kundengebundener Werkzeuge. Auftragnehmer (Zulieferer) und Auftraggeber (Abnehmer) schließen einen längerfristigen Rahmenvertrag, demzufolge der Auftragnehmer Teile für den Auftraggeber nach dessen technischen Spezifikationen erstellt. Die Produktion der Zulieferteile erfordert den Einsatz **spezifischer Werkzeuge** (Gussformen etc.), die für alternative Zwecke nicht einsetzbar sind (für den Fall der Drittverwendbarkeit vgl. Rz 12). Am **Anfang** des Leistungsprozesses steht regelmäßig die Herstellung dieser Werkzeuge. Soweit der Auftraggeber nicht ausnahmsweise eine für die Amortisation der Werkzeugkosten hinreichend hohe Mengenabnahme garantiert, können Vereinbarungen getroffen werden, die dem Auftragnehmer das **Risiko** der Wertloswerdung der Werkzeuge teilweise abnehmen. Derartige **Vereinbarungen** können neben variablen Vergütungen vorsehen:
- am Anfang zu zahlende **Werkzeugkostenzuschüsse** bzw. -beiträge, die auf Basis der gemeinsamen Teilekalkulation implizit auf den Preis der gelieferten Teile angerechnet werden,
- einen bei Vertragsbeendigung oder dauerhaftem Verfehlen der Mengenziele zu zahlenden **Amortisationsbeitrag**,
- stückzahlenunabhängige, **laufende Amortisationsgebühren**.

Die Vereinbarungen enthalten überdies regelmäßig Bestimmungen für das **Ende** des (laufenden) Produktionszyklus, z.B. eine Pflicht des Auftragnehmers, die Werkzeuge nach Auslaufen der Bauserie noch zehn Jahre aufzubewahren und für Ersatzteileanforderungen einzusetzen, oder aber die Verpflichtung zur Rückübertragung der Werkzeuge an den Auftraggeber.

Nach den Kriterien von IFRIC 4 erfüllen die Rahmenverträge zumeist den Tatbestand eines **verdeckten Leasingverhältnisses** (→ § 15 Rz 12). Der Zulieferer als rechtlicher Eigentümer überlässt in wirtschaftlicher Betrachtung dem Abnehmer die Werkzeuge. Zu beurteilen ist dann, ob die Nutzungsüberlassung (Leasing)
- als *finance lease* (dann Bilanzierung beim Abnehmer)
- oder als *operating lease* (dann Bilanzierung bei Zulieferer)

erfolgt.

Für ein *finance lease* sprechen insbesondere (→ § 15 Rz 22 ff.) die den Aufbewahrungspflichten des Zulieferers entsprechenden dauernden Verfügungsrechte des Abnehmers oder dessen Erwerbsrechte für den Fall der vorzeitigen Vertragsbeendigung. Auch ohne solche Regelungen ist die Qualifizierung als *finance lease* die Regel, da die Werkzeuge nicht allgemein verwendbar sind, also ein Fall des Spezialleasings vorliegt (→ § 15 Rz 126).

68 Bei einem *finance lease* treffen die Regelungen von IAS 17 und IAS 11 zusammen. Die Vertragskonstruktion kann in diesem Fall als eine besondere Form des **Herstellerleasings** qualifiziert werden (→ § 15 Rz 157 ff.), die sich von den bekannten Formen (z.B. Kfz- oder EDV-Leasing) nur dadurch unterscheidet, dass das hergestellte und im Wege des *finance lease* wirtschaftlich veräußerte „Produkt" **kundenspezifisch** gefertigt wird. Konsequenzen hieraus sind:
- Der Zulieferer tätigt mit der Entwicklung von Know-how, Werkzeugen usw. eine **Auftragsfertigung**, die nach Maßgabe der POC-Methode zu Erlösen und Forderungen führt.

- Soweit der Abnehmer Entwicklungs- oder Werkzeugkostenbeiträge leistet, sind diese keine analog IAS 20 zu behandelnden (privaten) **Zuschüsse** (→ § 12 Rz 40), sondern Leasingvorauszahlungen bzw. (An-)Zahlungen auf die Forderung aus dem Fertigungsauftrag.
- Soweit laufende **Amortisationsbeiträge** gezahlt werden, sind diese als Leasingraten zu interpretieren.
- Soweit keine oder nicht ausreichende „Zuschüsse" oder Amortisationsgebühren vereinbart sind, müssen die Stückentgelte des Abnehmers in eine Leasingrate und einen Kaufpreis für die Teile **aufgegliedert** werden. Die dabei auftretenden Schätzunsicherheiten und Ermessensspielräume sind nach IFRIC 4.14 unschädlich.

Beispiel

Zulieferer Z erstellt kundenspezifische Werkzeuge zur Produktion von Autotanks für Autohersteller A.
Die anfallenden Herstellungskosten der Werkzeuge betragen 10 Mio. EUR.
A beteiligt sich in 01 mit einem „Zuschuss" von 4 Mio. EUR an den Werkzeugkosten. Im Übrigen ist Folgendes vereinbart:
- Geplante Teileabnahme: 4 Jahre (02 bis 05) à 50.000 Stück = 200.000 Stück.
- Somit ergibt sich ein rechnerischer Anteil der nicht bezuschussten Werkzeugkosten von 6 Mio./200.000 = 30 EUR pro Stück und der bezuschussten Kosten von 4 Mio./200.000 = 20 EUR pro Stück.
- Preis pro Stück vor Werkzeugkostenanteil: 450 EUR.
- Bei Unterschreiten des Mengenziels von 200.000 werden nachträgliche Amortisationszahlungen i. H. v. (200.000 − Ist-Menge) × 30 EUR fällig.

Die Produktion wird wie vereinbart aufgenommen. Sie endet vorzeitig nach 3 Jahren (150.000 Stück).
Z erhält Anfang 05 eine Abschlusszahlung von 1,5 Mio. EUR (50.000 × 30).
Unter Vernachlässigung eines Finanzierungsanteils in den verdeckten Leasingraten sowie in der POC-Forderung ergeben sich unter der Annahme eines *finance lease* die Bilanz- und Kalkulationswerte sowie die Umsätze und Zahlungen beim Zulieferer wie folgt:

POC Forderung		Stückkalkulation	
POC Ford. vor Zahlung	10.000.000	Fertigungskosten	450
− „Zuschuss"	4.000.000	WK-Beitrag	50
= POC Ford. 31.12.01	6.000.000	Entgelt kalkulatorisch	500
		bereits gel. WK-Beitrag	−20
		Restentgelt	480

Jahresumsatz/Jahreszahlung	02	03	04
Teile in Stück	50.000	50.000	50.000
× Stückpreis ohne WK-Beitrag	450	450	450
= Teileumsatz	22.500.000	22.500.000	22.500.000
+ noch nicht geleist. WK-Beitrag (50.000 × 30)	1.500.000	1.500.000	1.500.000
= Zahlung	24.000.000	24.000.000	24.000.000

Hieraus ergeben sich folgende **Buchungssätze:**

Datum	Konto	Soll	Haben
01	per Forderung (aus POC)	10 Mio.	
	an POC-Umsatz		10 Mio.
	Geld	4 Mio	
	Forderung (aus POC)		4 Mio.

Datum	Konto	Soll	Haben
02 bis 04 jeweils	Geld	24 Mio.	
	Teileumsatz		22,5 Mio.
	Forderung (aus POC)		1,5 Mio.
05	Geld	1,5 Mio.	
	Forderung aus POC		1,5 Mio.

69 Ist das verdeckte Leasingverhältnis **ausnahmsweise** als *operating lease* zu beurteilen, ergeben sich folgende Wirkungen:
- Das Werkzeug ist als **aktivierte Eigenleistung** beim Zulieferer zu bilanzieren und über die Laufzeit (entsprechend dem *matching principle* nicht pro rata, sondern stück- bzw. leistungsabhängig) **abzuschreiben.**
- Die (operativen) Leasingzahlungen setzen sich zusammen aus
  - einem „Werkzeugkostenzuschuss", der als Leasing**anfangs**zahlung passivisch **abzugrenzen** ist und nicht sofort, sondern über die Vertragsdauer **ertragswirksam** wird (Auflösung auch hier entsprechend dem *matching principle* stück- bzw. leistungsabhängig),
  - einem Leasinganteil in den **laufenden** Stückentgelten,
  - einer evtl. **Schlusszahlung,** die erst mit Entstehen der betreffenden Forderung Ertrag wird.

Die Regeln laufen ins Leere, wenn der Hersteller dem Zulieferer keinerlei Amortisationsgarantien gibt oder kein Serienliefervertrag geschlossen wird, sondern jeweils einzelne Lose in Auftrag gegeben werden. Zwar kann das Interesse an einer langfristigen Zusammenarbeit auch hier zu „faktischen Amortisationsgarantien" führen, indem dem Zulieferer etwa in Aussicht gestellt wird, im Falle einer unbefriedigenden Stückzahlabnahme für den laufenden Vertrag durch höhere Preise bei zukünftigen Verträgen über andere Modelle indirekt eine Kompensation zu erhalten. Derartige Abreden sind aber kaum zu objektivieren. Durch die Umstellung auf Verträge über einzelne Lose haben die einschlägigen Industrien daher bereits die Implementierung des IFRIC 4 (→ § 15 Rz 5) entsprechenden amerikanischen Standards EITF 01–08[31] bilanzneutral „bewältigt".

4 Latente Steuern

70 Im deutschen Steuerrecht gilt der Ertrag aus langfristigen Fertigungsaufträgen regelmäßig erst mit Vollendung als realisiert (*completed-contract*-Methode). Eine frühere Abrechnung ist nur ausnahmsweise bei selbstständigen Teilleistungen und fehlendem

---

[31] EITF 01–8 Determining Whether an Arrangement Contains a Lease.

Gesamtfunktionsrisiko zulässig (Rz 43).[32] Im Regelfall kommt es somit bei **Gewinn bringenden Aufträgen** zu den Stichtagen, zu denen der Auftrag noch nicht abgeschlossen ist, in der IFRS-Bilanz zu einem höheren Wertansatz als in der Steuerbilanz. Die Folge ist der **Ansatz passiver latenter Steuern** nach IAS 12 (→ § 26).

Bei **Verlustaufträgen** entsteht eine Abweichung zur Steuerbilanz dann, wenn die Verluste sofort in voller Höhe in der IFRS-Bilanz auszuweisen sind (Rz 36), in der Steuerbilanz der Ansatz drohender Verluste hingegen verboten ist (§ 5 Abs. 4a EStG). Als Folge dieses Unterschieds sind in der IFRS-Bilanz **aktive latente Steuern** anzusetzen (→ § 26).

Die Höhe der im **Verlustfall** entstehenden temporären Differenz zwischen Steuerbilanz und IFRS-Bilanz hängt allerdings konkret davon ab, inwieweit der Verlust
- als Drohverlust und damit steuerlich unbeachtlich zu qualifizieren ist oder
- er als Teilwertabschreibung auf unfertige Leistungen auch steuerlich Berücksichtigung findet.

Zum damit angesprochenen **Verhältnis von Niederstwert-/Teilwert-Abschreibung und Drohverlustrückstellung** gilt inzwischen: Die Teilwertabschreibung hat Vorrang.[33] Aktive latente Steuern entstehen somit nur noch dann, wenn noch kein abschreibungsfähiger Vermögenswert entstanden ist (vor Beginn der Arbeiten) oder der aktivierte Betrag den erwarteten Verlust nicht deckte (frühe Auftragsphase).

> **Beispiel**
> Gegen einen in 01 vereinbarten Festpreis von 1.000 TEUR wird ein Gebäude errichtet. Zum Stichtag sind noch keine Kosten angefallen. Es wird mit Gesamtkosten von 1.200 gerechnet, 900 in 02 und 300 in 03.
> Nach IAS 11.36 f. ist in 01 ein Verlust von 200 auszuweisen.
> In der Steuerbilanz ist der Drohverlust wegen § 5 Abs. 4a EStG nicht berücksichtigungsfähig.
> Ende 01 werden 200 als steuerlich unbeachtliche Drohverlustrückstellungen ausgewiesen. Die aktive latente Steuer ist 40 % von 200 = 80.
> Ende 02 ist der Verlust auch steuerbilanziell als Teilwertabschreibung zu berücksichtigen.
> Zu buchen ist wie folgt:
>
> | Datum | Konto | Soll | Haben |
> |---|---|---|---|
> | 01 | Aufwand | 200 | |
> | | Verb. POC | | 200 |
> | | aktive latente Steuer | 80 | |
> | | Steuerertrag | | 80 |
> | 02 | Aufwand | 750 | |
> | | Verb. POC | 150 | |
> | | Geld | | 900 |
> | | Ford. POC | 700 | |
> | | Verb. POC | 50 | |
> | | Erlös | | 750 |

---

[32] BFH, Urteil v. 5.5.1976, I R 121/74, BStBl II 1976 S. 541.
[33] Durch BFH, Urteil v. 7.9.2005, VIII R 1/03, BStBl II 2006 S. 299.

Datum	Konto	Soll	Haben
	Steueraufwand	80	
	aktive latente Steuer		80
03	Aufwand	250	
	Verb. POC	50	
	Geld		300
	Ford. POC	250	
	Erlös		250

5 Ausweis und Buchungstechnik

5.1 Bilanzausweis

72 Der im Rahmen der POC-Methode zu aktivierende Betrag wird nicht unter den Vorräten ausgewiesen, sondern **unter den Forderungen**, z. b. als „Forderung aus POC" oder als „Fertigungsaufträge in Bearbeitung" oder als „Fertigungsaufträge mit aktivischem Saldo".[34] Für unfertige Leistungen, die nicht spezifisch für den Auftrag erstellt wurden (Standardkomponenten) bleibt es so lange beim Vorratsausweis, bis Installation/Einbau erfolgen (Rz 33 f.).

73 Soweit der Kunde bereits **Zahlungen** auf den Auftrag geleistet hat, ist nach IAS 11.43 f. wie folgt zu differenzieren:

- **Erhaltene Anzahlungen** (*advances received*), d. h. Zahlungen, die den Gegenwert des Leistungsfortschritts übersteigen bzw. vor Leistungserbringung erfolgen, sind als Verbindlichkeit (nicht als Fertigungsaufträge mit passivischem Saldo) anzusetzen.
- Zahlungen aufgrund von **Teilabrechnungen** (*progress billings*), die den Leistungsfortschritt nicht überschreiten, werden hingegen von der „Forderung aus POC" in Abzug gebracht.
- Ein Abzug soll bereits mit **Erstellung** der Teilabrechnung notwendig sein.[35]

Die unterschiedliche Behandlung von Anzahlungen und Teilabrechnung, insbesondere im dritten Fall, bereitet wegen des fließenden Übergangs beider Formen **Schwierigkeiten**.[36] Auch Anzahlungen erfolgen aus wirtschaftlichen oder rechtlichen Gründen (MaBV) i. d. R. nicht völlig unabhängig vom Leistungsfortschritt. In pragmatischer Betrachtung kann folgende Regel Anwendung finden:

- Erhaltene Zahlungen sind unabhängig von ihrem formalen Charakter bzw. der zivilrechtlichen Qualifizierung zunächst gegen den Fertigungsauftrag zu saldieren.
- Soweit ein Zahlungsüberschuss verbleibt, ist dieser als Verbindlichkeit auszuweisen.

---

[34] So IDW, HFA 2, Tz. 17.
[35] Vgl. ADS INTERNATIONAL, Abschn. 16, Tz. 151, KEITZ, VON/SCHMIESZEK, KoR 2004, S. 118 ff., sowie IDW, HFA 2, Tz. 17 ff.
[36] Vgl. zu den Abgrenzungsschwierigkeiten auch HEUSER/THEILE, IFRS-Handbuch, 5. Aufl. 2012, Tz. 2363.

Für ein solches Vorgehen sprechen *substance-over-form*-Gesichtspunkte sowie die unklare Reichweite des in IAS 1.32 enthaltenen Saldierungsverbots.[37] Droht aus dem Auftrag ein **Verlust**, erfolgt der Ausweis auf der Passivseite unter „Verbindlichkeiten aus POC" oder wiederum unter „Fertigungsaufträge mit passivischem Saldo" bzw. als „Verpflichtungen aus Fertigungsaufträgen". Auch ein Ausweis unter den Rückstellungen gilt als zulässig.[38] Die nachfolgende Tabelle zeigt die Bilanzausweismöglichkeiten unter Berücksichtigung des Auftragsstadiums und der vereinnahmten Zahlung bei einem Fertigungsauftrag, aus dem kein Verlust droht:

	keine Anzahlung/keine Teilabrechnung**	Zahlung unter anteiliger Leistung	Zahlung über anteiliger Leistung
vor Auftragsbeginn	entfällt	entfällt	erhaltene Anzahlung
unfertiger Auftrag	Ford. aus POC* (Höhe: anteil. Erlös)	Ford. aus POC* (Höhe: anteil. Erlös – erhaltene Zahlung)	erhaltene Anzahlung* (Höhe: Anzahlung – ant. Erlös)
fertiger Auftrag**	Ford. L+L (Höhe: Erlös)	Ford. L+L (Höhe: Auftragserlös – erhaltene Zahlung)	entfällt
*) alternative Bezeichnung z.B. „Fertigungsaufträge in Bearbeitung" oder „Fertigungsaufträge mit aktivischem Saldo"			
**) bei Abrechnung Teilleistung Minderung der POC-Forderung ggf. bereits vor Vereinnahmung			

Tab. 2: Bilanzausweis POC-Methode

U. E. kommt es bei dem Übergang von Forderungen aus PoC zu Forderungen aus Lieferungen und Leistungen nicht darauf an, ob die Schlussrechnung bereits vorliegt.[39] Eine Forderung aus PoC kann nur so lange bestehen, wie der Auftrag tatsächlich noch nicht erledigt ist, also noch ein *„contract in progress"* vorliegt (IAS 11.43). Die Schlussrechnung ist hingegen nur ein formaler Akt. Ob dieser bei einem Mitte Dezember 01 fertiggestellten und ggf. abgenommenen Auftrag noch am 31.12.01 oder erst am 2.1.02 ergeht, ist für die Bilanzierung unerheblich.

5.2 GuV-Ausweis

Für den GuV-Ausweis ergeben sich **keine Besonderheiten**. Die Erlöse aus Fertigungsaufträgen sind als Umsatzerlöse, die Kosten als Herstellungskosten der zur

---

37 Vgl. dazu KÜTING/REUTER, KoR 2006, S. 1 ff.
38 So KEITZ, VON, in: THIELE/KEITZ, VON/BRÜCKS, Internationales Bilanzrecht, 2008, IAS 11, Tz. 245.
39 A. A. ADS INTERNATIONAL, Abschn. 16, Tz. 157.

Erzielung der Umsatzkosten erbrachten Leistung (Umsatzkostenverfahren) oder in den verschiedenen Kostenarten, also im Materialaufwand, Personalaufwand usw. auszuweisen (Gesamtkostenverfahren).

75 Wird der Fertigungsgrad nicht nach Maßgabe des *cost-to-cost*-Verfahrens (Rz 30), sondern nach anderen Maßstäben, insbesondere outputorientiert (Rz 36), bestimmt, kann sich eine Divergenz zwischen den tatsächlich angefallenen Kosten und den zur Ermittlung des anteiligen Gewinns heranzuziehenden Kosten ergeben.

76 Hierzu folgendes Beispiel:

> **Beispiel**
> Ein Auftrag wird über 2 Perioden abgewickelt. Die Gesamtkosten betragen 100, der Gesamterlös beträgt 110. Der Fertigungsgrad per 31.12.01 wird outputorientiert mit 50 % bestimmt. Die Kosten verteilen sich mit 45 auf Periode 01 und 55 auf Periode 02.
> Unzulässig wäre ein Ansatz von 50 % der Erlöse (55) und 45 % der Kosten (45) in Periode 1. Dadurch käme es zur Erfassung des gesamten Gewinns in 01. Eine solche Verteilung vertrüge sich nicht mit dem *matching principle* (→ § 1 Rz 114). Dieses allgemein im *Framework* festgehaltene Prinzip der „gleichzeitigen und gemeinsamen Erfassung von Erlösen und Aufwendungen, die unmittelbar und gemeinsam aus denselben Geschäftsvorfällen oder anderen Ereignissen resultieren" (F.95), wird für Fertigungsaufträge spezifisch in IAS 11.25 bekräftigt.
> Infrage kommen deshalb nur folgende Ausweisalternativen für die GuV 01:
> Alt. 1: Erlöse 55 (= 50 % von 110), Kosten 50 (= 50 % von 100)
> Anpassungsbuchung: Aufwendungen (GuV) 5 an Fertigungsauftrag (Bilanz) 5.
> Alt. 2: Kosten 45, Erlöse 50

Nach IDW ist die Alternative 2 – also eine Anpassung der Auftragserlöse zur Ermittlung des zutreffenden Periodenergebnisses bei unverändertem Ausweis der als Aufwand erfassten Auftragskosten – mit IAS 11 nicht vereinbar.[40]

77 In beiden Beispielalternativen ergibt sich der gleiche Jahresertrag von 5. Für Alternative 1 spricht, dass die Erlöse entsprechend dem Leistungsfortschritt ausgewiesen werden. Gegen Alternative 1 spricht, dass zur Ermittlung des zutreffenden Ertrages Kosten bzw. Aufwendungen eingebucht werden müssen, die tatsächlich noch nicht angefallen sind. Alternative 2 kommt ohne eine solche die Kosten betreffende Anpassungsbuchung aus, zeigt dafür aber Erlöse, die nicht dem Leistungsfortschritt entsprechen. IAS 11 enthält keine besonderen Regelungen für den GuV-Ausweis. Insoweit sind beide Methoden anwendbar.

78 Zum großen Teil behandelt die vorstehend dargestellte Diskussion allerdings ein **Scheinproblem**. Soweit der outputorientierte Fertigstellungsgrad wesentlich von dem nach der *cost-to-cost*-Methode ermittelten abweicht, beruht die Outputmethode nämlich regelmäßig auf falschen Prämissen:

---

[40] IDW, HFA 2, Tz. 9.

> **Beispiel**[41]
> **Sachverhalt**
> Das Tiefbauunternehmen TBau hat für einen Festpreis von 120 Mio. EUR den Auftrag zum Bau von 6 km Autobahn (incl. erforderlicher kleinerer Brückenbauwerke) erhalten. In der Periode 1 werden 4,5 km (75 %) fertiggestellt, in der Periode 2 die verbleibenden 1,5 km (25 %). Die Kosten (Personal, Material, Gemeinkosten) von insgesamt 100 Mio. EUR verteilen sich mit je 50 Mio. EUR gleichmäßig auf die beiden Perioden.
> Die Verteilung der Kilometerleistungen (75 % zu 25 %) weicht von der der Kosten (50 % zu 50 %) ab, weil im zweiten Streckenabschnitt mehr Brückenbauwerke enthalten sind.
> Um einen möglichst hohen Umsatz in Periode 1 auszuweisen, möchte die TBau den Umsatzanteil der Periode nicht kostenorientiert (mit 50 % von 120 Mio. EUR), sondern mengen- bzw. kilometerorientiert (mit 75 % von 120 Mio. EUR) bestimmen.
>
> **Beurteilung**
> Die Wahl der Outputmethode würde deshalb zu einem eklatant höheren Umsatzanteil der Periode 1 führen, weil der outputorientiert festgelegte Fertigungsgrad (hier 75 %) deutlich von dem nach der *cost-to-cost*-Methode (hier 50 %) abweicht. Erklärend ist der höhere Anteil an Brückenbauwerken im zweiten Bauabschnitt. Die verbleibenden 25 % der Kilometer sind wegen der vermehrten Brückenbauwerke deutlich aufwändiger als die ersten 75 %. Unter diesen Umständen halten wir eine nur an der Kilometerleistung orientierte Bestimmung des Fertigungsgrades für unzulässig.
> Die TBau schuldet nicht beliebige 6 km Autobahnbau in einer topografisch idealen, brückenfreien Lage, sondern den Bau auf einer örtlich genau bestimmten Strecke, zu der eine genau bestimmte Zahl von Brückenbauwerken gehört. Diese Bauwerke sind Teil der geschuldeten Gesamtleistung. Wenn alle Bauabschnitte eine gleichmäßige Zahl von Brückenbauten aufweisen würden, wäre die Kilometerleistung möglicherweise ein geeigneter Maßstab für das nach IAS 11.30 zu bestimmende Verhältnis erbrachter Leistung zur Gesamtleistung. Wenn, wie im Fallbeispiel, der zweite Streckenabschnitt mehr Brückenbauwerke fordert, repräsentiert der Kilometermaßstab gerade nicht mehr die ingenieurtechnischen und ökonomischen Verhältnisse. Ggf. müssten die Kilometer unter Berücksichtigung der unterschiedlichen Aufwendungen gewichtet werden, was im Resultat ein Übergehen zur *cost-to-cost*-Methode bedeuten würde.

Dieses Ergebnis lässt sich wie folgt verallgemeinern:
Nach IAS 11.30 ist der Fertigungsgrad durch das
- Verhältnis der erbrachten Leistung *(work performed)*
- zur insgesamt geschuldeten Leistung definiert.

Da die Erledigung eines Fertigungsauftrags eine technische und ökonomische, seine bilanzielle Abbildung eine rein ökonomische Veranstaltung ist, kann mit diesem Verhältnis nur ein ökonomisches gemeint sein. Eine nach (naiven)

---
[41] Aus LÜDENBACH, PiR 2006, S. 178 ff.

physischen Größen vorgehende Outputbemessung des Fertigungsgrades führt nur dann zu dem in IAS 11.30 geforderten verlässlichen Ergebnis, wenn eine annähernd lineare Beziehung zwischen Kosten und physischem Aufteilungsmaßstab besteht oder eine solche Beziehung über Gewichtungsfaktoren hergestellt wird. Wo dies der Fall ist, ergeben sich keine wesentlichen Abweichungen zur *cost-to-cost*-Methode. Wo dies nicht der Fall ist, halten wir die Anwendung der Outputmethode für unzulässig, weil sie nicht das ökonomische Verhältnis von erbrachter zur insgesamt geschuldeten Leistung widerspiegelt.

5.3 Buchungstechnik

Das nachfolgende Beispiel zeigt, wie Fertigungsaufträge unter Berücksichtigung erhaltener Zahlungen zu verbuchen sind:

Beispiel
Ein Auftrag wird zu je $1/3$ in 01 bis 03 durchgeführt. Der Gesamterlös ist 120. Die Kosten von 90 verteilen sich zu je $1/3$ auf die Perioden. In 01 werden Zahlungen von 15 nach Leistungsfortschritt geleistet (aktiver Überhang), in 02 Zahlungen von 85 (passiver Überhang). Die Buchungen sind wie folgt:

Buchungen 01

	Konto	Soll	Haben
Zahlung:	Geld	15	
	Ford. POC		15
Div. Aufw.:	Aufw.	30	
	Geld		30
Erlös:	Ford. POC	40	
	Erlös		40

danach: Ford. POC 25 (= 40 Erlös – 15 Zahlung)

Buchungen 02

	Konto	Soll	Haben
Zahlung:	Geld	85	
	Ford. POC		85
Div. Aufw.:	Aufw.	30	
	Geld		30
Erlös:	Ford. POC	40	
	Erlös		40
Pass. Ausw:	Ford. POC	20	
	Verb.		20

danach. Verb. 20 (= 80 Erlös – 100 Zahlung)

Fertigungsaufträge § 18

Buchungen 03

	Konto	Soll	Haben
Div. Aufw.:	Aufw.	30	
	Geld		30
Erlös	Ford. L+L	20	
	Verb.		20
	Erlös		40

danach. Ford. L+L 20 (= 120 Erlös – 100 Zahlung)

Zur Buchungstechnik bei Verlusten wird auf Rz 71 verwiesen. 80

6 Angaben

Die nach IAS 11.39ff. geforderten Angaben ergeben sich bei einem überwiegend 81
in der Auftragsfertigung tätigen Unternehmen zum Teil bereits aus der **Bilanz**.
Dies trifft etwa für die in IAS 11.42 geforderte Angabe der Fertigungsaufträge mit
aktivischem Saldo einerseits und passivischem Saldo andererseits zu, die z. b.
als Forderungen aus POC und Verbindlichkeiten aus POC in der Bilanz (oder bei
einer unter *materiality*-Gesichtspunkten stärker aggregierten Bilanz wiederum
im Anhang) zu ersehen sind. Wichtige andere Angaben betreffen die Erläuterung
der Bilanzierungs- und Bewertungsmethoden (IAS 11.39) sowie die Erläuterung
der bei noch laufenden Aufträgen bereits ausgewiesenen Gewinne (IAS 11.40).
Tabelle 3 listet die Angabepflichten nach Fundstelle, Inhalt und Beispiel auf:[42] 82

IAS	Inhalt	Beispiel
Bilanzierungs- und Bewertungsmethoden		
11.3a	Methode zur Ermittlung der Auftragserlöse	POC oder *completed contract*, falls POC, aber nicht *cost to cost* erlösanteilig oder kostenanteilig (vgl. Rz 76)
11.39c	Methode zur Ermittlung des Fertigstellungsgrades	*cost to cost, milestones* etc.
GuV- und Bilanzposten		
11.39a	Höhe Auftragserlöse	Umsatzerlöse X TEUR, davon Auftragserlöse Y TEUR
11.42	Fertigungsaufträge mit a) aktivischem b) passivischem Saldo	a) Ford. a. POC: X TEUR b) Verb. a. POC: Y TEUR

---

[42] Zur Praxis der Anhangsangaben: KEITZ, VON/SCHMIESZEK, KoR 2004, S. 118ff.

IAS	Inhalt	Beispiel
Angaben für noch laufende Projekte		
11.40a	Höhe kumulierter Kosten und Gewinne	Bis zum Stichtag bei lfd. Projekten angefallene Kosten und Gewinne: X TEUR und Y TEUR
11.40b	Höhe erh. Anz.	X TEUR
11.40c	Höhe Einbehalte (z. B. w/ noch fehlender Abnahme)	X TEUR
Rückstellungen, Eventualverbindlichkeiten		
11.45 i. V. m. 37	Rückstellungen (für wahrsch. Inspruchn. oder Verluste), Eventualverbindl. für mögliche, nicht völlig unwahrscheinl. Inanspruchnahmen	a) Rückst. für drohende Verluste aus Fertigungsaufträgen X TEUR b) Eventualverbindl. aus ... Y TEUR

Tab. 3: Angaben gem. IAS 11

83 Ein Formulierungsbeispiel ist nachfolgend angegeben.

Formulierungs-Beispiel
Bilanzierungs- und Bewertungsmethoden
Fertigungsaufträge *(construction contracts)* werden nach der *percentage-of-completion*-Methode (POC-Methode) bilanziert. Der anzusetzende Fertigstellungsgrad wird nach der *cost-to-cost*-Methode ermittelt. Der Ausweis der Aufträge erfolgt aktivisch unter den „Forderungen aus POC" bzw. bei drohendem Verlust passivisch unter den „Verbindlichkeiten aus POC". Soweit Anzahlungen die kumulierte Leistung übersteigen, erfolgt der Ausweis passivisch unter Verbindlichkeiten.

Erläuterung der GuV
1. Umsatzerlöse: In den Umsatzerlösen von XX TEUR sind mit hilfe der POC-Methode ermittelte Auftragserlöse von YY TEUR enthalten.
2. Sonstige Angaben: Die kumulierten Kosten der am Stichtag noch laufenden Fertigungsaufträge betragen XX TEUR, die kumulierten ausgewiesenen Gewinne bzw. Verluste YY TEUR bzw. ZZ TEUR.

Erläuterung der Bilanz
1. Forderungen: Von den Forderungen entfallen XX TEUR auf Forderungen aus POC. Die Summe der erhaltenen Zahlungen beträgt YY, hiervon sind entsprechend dem Leistungsfortschritt XY bei den Forderungen aus POC in Abzug gebracht und ZY als Verbindlichkeiten ausgewiesen.
2. Verbindlichkeiten: (analog)

84 Auf die **Checkliste „Abschlussangaben"** wird verwiesen (→ § 5 Rz 8).

7 Anwendungszeitpunkt, Rechtsentwicklung

IAS 11 ist für alle Abschlüsse anzuwenden, deren Berichtsperioden ab dem 1. Januar 1995 beginnen (IAS 11.46).
Die Regelungen von IFRIC 12 zu *public-private-partnership*-Verträgen (Rz 61) sind ab 1.1.2008, die von IFRIC 15 zur Ertragsrealisierung in der Bauwirtschaft (Rz 16) ab 1.1.2009 anzuwenden.

85

Der in 2014 vorgelegte, ab 2017 anzuwendende IFRS 15 „*Revenue from Contracts with Customers*" sieht grundlegende Änderungen bei der Ertragsrealisierung vor. Die Realisierung bei Verkauf von Waren (bisher IAS 18) und Erbringung kundenspezifischer Fertigungsleistungen (bisher IAS 11) wird auf eine **gemeinsame** konzeptionelle Basis gestellt. Gleichwohl bleibt es aber in den meisten Fällen bei dem bisherigen Unterschied zwischen zeitraumbezogener Ertragsrealisierung nach Leistungsfortschritt einerseits (die meisten kundenspezifische Fertigungen) und zeitpunktbezogener Realisierung mit Übertragung der Verfügungsgewalt andererseits (Verkauf von Waren oder Standarderzeugnissen). Wegen Einzelheiten wird auf § 25 verwiesen. Mit Wirksamkeit von IFRS 15 wird u. a. IFRIC 15 (Rz 16) obsolet.

86

8 Zusammenfassende Praxishinweise

IAS 11 behandelt die Fälle der (i.d.R. langfristigen) Auftragsfertigung bez. der **Realisierung von Umsätzen und Gewinnen**. Es handelt sich um **Spezialvorschriften**, die der allgemeinen Regelung der Erlös- und Gewinnrealisierung nach IAS 18 vorgehen (Rz 1ff.).
Die Umsatz- und Gewinnrealisierung erfolgt nach dem **Auftragsfortschritt** (POC-Verfahren) und **nicht** erst mit der Auftragserfüllung *(completed contract*; Rz 4).
Das POC-Verfahren wird üblicherweise in der **Bauwirtschaft** und im Anlagenbau und ähnlichen Branchen angewandt, gilt jedoch durch die Analogvorschrift in IAS 18.20ff. auch für den **Dienstleistungsbereich**, wird dort indes praktisch nur sehr zurückhaltend beachtet (Rz 7ff.). In Zulieferindustrien kann die Produktion kundengebundener Werkzeuge als verdecktes Leasingverhältnis nach verdecktem Fertigungsauftrag zu interpretieren sein.
Nicht erfasst von IAS 11 wird die **industrielle Massenfertigung**, und zwar auch nicht, soweit diese auftragsbezogen abgewickelt wird (Rz 10ff.).
Das POC-Verfahren bedarf **dreier Rechenparameter**: Erlös, Kosten, Fertigungsgrad. Dabei ist zu differenzieren nach Festpreis- und Kostenzuschlagsverträgen und solchen Aufträgen, bei denen sich diese Vertragstypen vermischen (Rz 22ff.).
Der **Fertigungsgrad** kann durch verschiedene Inputverfahren (kostenorientiert) oder durch Outputverfahren (leistungsorientiert) ermittelt werden (Rz 30ff.).
Die Erfassung der drei genannten Berechnungsparameter erfordert in großem Umfang **Schätzungen**. Die Praxis stellt an die Zuverlässigkeit der Schätzungsmethoden keine allzu großen Anforderungen (Rz 32ff.).
Drohende Verluste aus Fertigungsaufträgen sind sofort in vollem Umfang als Aufwand zu erfassen (Rz 36).

87

Sonderprobleme ergeben sich bei der **Segmentierung** und **Zusammenfassung** von Aufträgen und bei der Erteilung von Folgeaufträgen (Rz 38 ff.). Entsprechendes gilt u. a. bez. der **Ersatzansprüche** des Auftragnehmers, der dabei etwa anfallenden Prämien und der Vertragsstrafen (Rz 47 ff.).
Ungeklärt erscheint die Einbeziehung von **Zinsvorteilen** aus erhaltenen Anzahlungen (Rz 51 ff.).
Der Umfang der **einzubeziehenden Kosten** ist nach Maßgabe von IAS 2 (→ § 8 Rz 18 ff.) geregelt (Rz 55 ff.). Dabei sind allgemeine Verwaltungs- und Vertriebskosten nicht zu erfassen, wohl aber Einzelkosten des Vertriebs (Rz 59 f.).
Latente Steuern sind bei gewinnbringenden Aufträgen zu passivieren, bei Verlustaufträgen zu aktivieren, wenn die zweifelhafte Rechtsauffassung der deutschen Finanzverwaltung bez. der zeitlichen Erfassung von Verlustvorträgen zutreffen sollte (Rz 70 f.).
Der **Ausweis** in der Bilanz, der GuV-Rechnung und die zugehörige Buchungstechnik sind in Rz 72 ff. dargestellt.
Unter Rz 81 ff. ist ein Muster für die **Anhangsangaben** wiedergegeben.

BILANZIERUNG DER PASSIVA

§ 20 EIGENKAPITAL, EIGENKAPITALSPIEGEL

Inhaltsübersicht	Rz
Vorbemerkung	
1 Regelungsinhalt IAS 32 und IAS 1.	1–2
1.1 IAS 32: Definition und Abgrenzung des Fremdkapitals...	1
1.2 IAS 1: Eigenkapitaländerungsrechnung.	2
2 Abgrenzung Eigen- und Fremdkapital	3–62
2.1 Überblick.	3
2.2 Allgemeine Kriterien der Abgrenzung von Eigen- und Fremdkapital	4–5
2.3 Zusammengesetzte Finanzinstrumente	6–19
2.3.1 Wandelanleihen, Zwangswandelanleihen, Anleihen mit Erfüllungswahlrecht und ähnliche Instrumente	6–16
2.3.2 Vorzugsaktien.	17–19
2.4 Echte Genussrechte, *perpetuals* und ähnliche Mezzanine-Finanzierungen.	20–22
2.5 Leistungsbezug gegen Anteilsgewährung (Sacheinlagen etc.)	23–25
2.6 Derivative Kontrakte in eigenen Aktien (Aktienerwerbsangebote, Ausgabe von Bezugsrechten etc.).	26–28
2.7 Eigenkapital von Personengesellschaften und Genossenschaften.	29–58
2.7.1 Gesellschaftsrechtliche Ausgangslage: Kündbare Anteile, Abfindungsverpflichtungen	29–30
2.7.2 Bilanzielle Problemstellung: Umqualifizierung Eigenkapital in Fremdkapital?	31–32
2.7.3 Voraussetzungen für den Eigenkapitalausweis von kündbaren Anteilen	33–40
2.7.4 Konkreter Ausweis des bilanziellen Eigenkapitals.	41–53
2.7.5 Bewertung sowie Bilanz- und GuV-Ausweis bei Fremdkapitalqualifikation.	54–57
2.7.6 Wechsel von Eigenkapital zu Fremdkapital et v. v. bei kündbaren Anteilen	58
2.8 Umklassifizierung als Eigen- in Fremdkapital bei geänderten Umständen oder Vertragsbedingungen	59–62
3 Eigenkapitalspiegel, Angaben zum Eigenkapital	63–96
3.1 Grundstruktur: Ursachen der Reinvermögensänderungen.	63–67
3.2 Korrektur von Fehlern, Änderung der Bilanzierungs- und Bewertungsmethoden.	68–69
3.3 Kapitaltransaktionen, Kapitalumgliederungen.	70–93
3.3.1 Barkapitalzuführungen, ausstehende Einlagen, noch fehlende Eintragung der Einlage	70–72
3.3.2 Eigenkapitalbeschaffungskosten	73–78
3.3.3 Sachkapitalerhöhungen, Anteilstausch.	79–83
3.3.4 Verdeckte Einlagen	84
3.3.5 Erwerb und Einziehung eigener Anteile *(treasury shares)*.	85–88

3.3.6	Kapitalerhöhung aus Gesellschaftsmitteln	89
3.3.7	Kapitalherabsetzung	90
3.3.8	Dividenden, Ergebnisabführungsverträge	91–92
3.3.9	*Stock options*	93
3.4	Gewinnrücklagen, Jahresüberschuss, Bilanzgewinn	94–95
3.5	Sonstiges Ergebnis *(other comprehensive income)*	96
4	Besondere Anwendungsbereiche	97–101
4.1	Eigenkapitalausweis im Konzern	97–99
4.2	Zinsschranke *(escape*-Klausel)	100–101
5	Angaben	102–109
6	Anwendungszeitpunkt, Rechtsentwicklung	110–115
7	Zusammenfassende Praxishinweise	116–118

Schrifttum: BARDENS/FLADT/MEURER KLASSIFIZIERUNG VON PFLICHTWANDELANLEIHEN ALS EIGENKAPITAL GEM. IFRS; PiR 2013 S. 218; BÖMELBURG/ LANDGRAF/LUCE, Die Auswirkungen der Eigenkapitalabgrenzung nach IAS 32 rev. 2008 auf deutsche Personengesellschaften, PiR 2008, S. 143 ff.; CHRISTIAN, Bilanzierung einer Wandelanleihe beim Emittenten nach IFRS, PiR 2008, S. 81 ff.; EBELING, Zuordnung der im Konsolidierungsprozess auftretenden Eigenkapitaldifferenzen im IFRS-Konzernabschuss, BB 2007, S. 1609 ff.; EPPINGER/FAUSS/KÖHLE Erfolgswirksamkeit der Erfassung von Bankgebühren *(bank fees)* nach IAS 32; Betrachtung im Rahmen eines IPO, PiR 2013, S. 284; FREIBERG, Perpetual Bonds – Ewigkeit als zentrales Merkmal von Eigenkapital?, PiR 2006, S. 28 ff.; FREIBERG, (Öffentliche) Erwerbsangebote als Finanzinstrumente? PiR 2012, S. 296 ff.; FREIBERG, Klassifizierung als Eigen- oder Fremdkapital von Instrumenten mit Erfüllungswahlrecht, PiR 2013, S. 165.; FREIBERG, (Re-)Klassifizierung als Eigen- oder Fremdkapital, PIR 2014, S. 92; GÖBEL/KORMAYER, Bilanzierung des Aktienrückkaufs im internationalen Vergleich, PiR 2006, S. 65 ff.; HALLER/GÖTZNER, Die Bilanzierung von Personenhandelsgesellschaften nach IAS 32, PiR 2007, S. 214 ff.; HOFFMANN, Das Gesellschafterdarlehen mit Rangrücktritt, PiR 2009, S. 182 ff.; HOFFMANN/LÜDENBACH, Die Neuregelung des IASB zum Eigenkapital bei Personengesellschaften, DB 2006, S. 1797 ff.; ISERT/SCHOBER, Bilanzierung von Wandelanleihen nach IFRS, BB 2005, S. 2287; KÜTING/DÜRR, Genüsse in der Rechnungslegung nach HGB und IFRS sowie Implikationen im Kontext von Basel II, DStR 2005, S. 938; LÜDENBACH, Bilanzierung der Sacheinlage von Unternehmen oder einzelnen Vermögenswerten, PiR 2006, S. 93 ff.; LÜDENBACH, Mittelbare Bedeutung des aktienrechtlichen Minderheitenschutzes für die Eigenkapitalqualität ewig laufender Genussrechte, PiR 2010, S. 211 ff.; LÜDENBACH/HOFFMANN, IFRS-Rechnungslegung für Personengesellschaften als Theater des Absurden, DB 2005, S. 404; MEURER/TAMM, Neues Eigenkapital durch RIC 3, IRZ 2010, S. 269 ff.; VATER, Wandelanleihen, Ökonomische Charakterisierung und bilanzielle Abbildung beim Emittenten, PiR 2005, S. 57 ff.; WEIDENHAMMER, Die Eigenkapitalqualität kündbarer Anteile nach IAS 32, PiR 2008, S. 213 ff.; ZWIRNER/KÖNIG, Gesellschaftsvertragliche Vereinbarungen bei Personenhandelsgesellschaften und; ihre Auswirkungen auf die Abgrenzung von Eigen- und Fremdkapital nach IAS 32, KoR 2013, S. 1 ff.

Vorbemerkung
Die folgende Kommentierung beruht auf IAS 32 und IAS 1 und berücksichtigt alle bis zum 1.1.2015 verabschiedeten Änderungen, Ergänzungen und Interpretationen. Soweit erforderlich sind Abweichungen gegenüber früheren Standardversionen als solche dargestellt und ebenso wie vorliegende Änderungsentwürfe unter Rz 110 ff. zusammengefasst.

1 Regelungsinhalt IAS 32 und IAS 1

1.1 IAS 32: Definition und Abgrenzung des Fremdkapitals

IAS 32 enthält die Basisdefinitionen zu **Finanzinstrumenten** (→ § 28 Rz 3 ff.). Zu den Finanzinstrumenten gehören auch die finanziellen Schulden (→ § 28 Rz 175 ff.). In diesem Zusammenhang ist von Bedeutung, wann überhaupt eine finanzielle Verbindlichkeit vorliegt bzw. wie sich **Schulden** vom **Eigenkapital unterscheiden**. Die hierzu in IAS 32 getroffenen Regelungen sind von grundlegender Bedeutung, da sie die Primärunterteilung der Passivseite der Bilanz betreffen.

1.2 IAS 1: Eigenkapitaländerungsrechnung

IAS 1 (→ § 2) verlangt eine Reihe von Angaben **zur Zusammensetzung und Entwicklung** des Eigenkapitals. Der Abschlussadressat soll insbesondere informiert werden über die Quellen, aus denen sich die Zu- oder Abnahme des Reinvermögens speisen. Quellen der Eigenkapitalerhöhung oder -minderung sind:
- **Transaktionen** mit **Anteilseignern** (z. B. Barkapitalerhöhung oder Ausschüttung) (→ § 2 Rz 89),
- das Gesamtergebnis als Summe aus **Periodenergebnis** (Gewinne oder Verluste) und sonstigem, nicht in der GUV berücksichtigtem Einkommen (→ § 2 Rz 93), etwa aus der Bewertung von *available-for-sale*-Finanzinstrumenten (→ § 28 Rz 155 ff.) oder aus der Neubewertung *(revaluation)* von Sachanlagevermögen (→ § 8 Rz 70).

Für die Aufschlüsselung der verlangten Angaben sieht IAS 1. folgende Formate vor (→ § 2 Rz 93):
- In einer **Eigenkapitaländerungsrechnung** (= Eigenkapitalspiegel) sind die Transaktionen mit Gesellschaftern aufzuschlüsseln. Das Gesamtergebnis geht in den Eigenkapitalspiegel i. d. R. nur aggregiert als Summe ein (IAS 1.106; Rz 64 ff.).
- In der **Gesamtergebnisrechnung** *(statement of comprehensive income)* ist zumindest das nicht in der GuV berücksichtigte Einkommen *(other comprehensive income)* aufzuschlüsseln, daneben wahlweise, als Alternative zu einer separaten GuV, die erfolgswirksamen Aufwendungen und Erträge (IAS 1.81 ff.; → § 2 Rz 55).

2 Abgrenzung Eigen- und Fremdkapital

2.1 Überblick

Probleme der **Abgrenzung** von Eigen- und Fremdkapital stellen sich u. a. in folgenden Kontexten:

- **Zusammengesetzte Finanzierungsinstrumente:** Ein Unternehmen kann zur Kapitalbeschaffung **Wandelanleihen** oder ähnliche Finanzinstrumente emittieren, die sowohl Schuld- als auch Eigenkapitalelemente enthalten. Bei derartig zusammengesetzten Finanzinstrumenten ist eine Aufteilung des Emissionserlöses in Fremd- und Eigenkapital geboten (Rz 6). Fraglich ist, ob wegen des Rechts auf Vorwegdividende auch **Vorzugsaktien** als zusammengesetzte Finanzinstrumente zu qualifizieren sind (Rz 17).
- **Mezzanine Finanzierungen:** Eine schuldrechtliche Kapitalüberlassung kann durch Verlustbeteiligung, Insolvenznachrang etc. dem **Eigenkapital wirtschaftlich nahe**kommen. Fraglich ist dann, ob eine wirtschaftliche Betrachtungsweise den bilanziellen Ausweis als Eigenkapital rechtfertigt (Rz 20).
- **Leistungsbezug gegen Gewährung von Anteilsrechten:** Ein Vertrag über den „Einkauf" von Leistungen kann die Begleichung der Schuld durch die Aus- bzw. Hingabe von **Eigenkapital** vorsehen. Zu untersuchen ist dann, unter welchen Bedingungen die bereits „vereinnahmte", aber noch nicht „bezahlte" Leistung zu Eigen- oder Fremdkapital führt (Rz 23).
- **Derivative Kontrakte in eigenen Aktien:** Eine Gesellschaft kann ein bindendes Angebot auf den Erwerb oder die Lieferung **eigener Aktien** abgegeben haben: Der tatsächliche Vollzug des Geschäftes führt zur Erhöhung oder Minderung des Eigenkapitals. Fraglich ist, ob ein am Bilanzstichtag bestehender Schwebezustand eine Verbindlichkeit begründen kann (Rz 26).
- **Abfindungen bei Ausscheiden von Gesellschaftern:** Gesellschaftsrechtliche Kapitalüberlassung kann, wie z.b. bei Personengesellschaften oder Genossenschaften üblich, mit bedingt (bei Kündigung des Gesellschafters) oder betagt (bei Tod des Gesellschafters) entstehenden **Rückzahlungs-** und **Ab**findungspflichten verbunden sein. Klärungsbedürftig ist hier, ob erst das die Rückzahlung auslösende Ereignis oder bereits die gesellschaftsvertragliche Regelung zur Umqualifizierung von gesellschaftsrechtlichem Eigen- in bilanzielles Fremdkapital führt (Rz 31 ff.).

Für die Beantwortung dieser Fragen ist vorrangig der Regelungsbereich des IAS 32 heranzuziehen, daneben die Definition des Eigen- und Fremdkapitals im *Framework* (→ § 1 Rz 102).

2.2 Allgemeine Kriterien der Abgrenzung von Eigen- und Fremdkapital

Nach den Regelungen in IAS 32 und im *Framework* sind für die **Abgrenzung** von Eigen- und Fremdkapital folgende allgemeine Erwägungen maßgeblich:
1. **Residualer Anspruch**
Als Eigenkapitalinstrument (IAS 32.11 i.V.m. IAS 39.8) bzw. Eigenkapital (F. 4.4) ist der residuale Anspruch *(residual interest)* auf das nach Abzug der Schulden verbleibende Nettovermögen eines Unternehmens anzusehen.
2. *Substance over form*
Hierbei ist nicht die Form, sondern die Substanz *(substance*; IAS 32.18), d.h. der „tatsächlich wirtschaftliche Gehalt" (F. 4.6), entscheidend.
3. **Vertragliche Verpflichtung bestimmter Art**
Die Substanz ist entscheidend daran festzumachen, ob eine vertragliche Verpflichtung der folgenden Art besteht:

- (bedingte oder unbedingte) Pflicht des Unternehmens (a) zur Lieferung von Geld (oder anderen Vermögenswerten; IAS 32.16a(i)) bzw. (b) zum potenziell nachteiligen Tausch von Vermögenswerten oder Verbindlichkeiten (IAS 32.16a(ii));
- (bedingte oder unbedingte) Pflicht des Unternehmens zur Lieferung einer variablen Zahl eigener Anteile (IAS 32.16b(i)) bzw. Recht, Pflicht oder bedingte Pflicht zum Erwerb einer festen Zahl eigener Anteile gegen einen festen Betrag an Geld (oder anderen Vermögenswerten; IAS 32.16b(ii)).

Nur wenn **keine** dieser Bedingungen erfüllt ist, liegt Eigenkapital vor (IAS 32.16 f.).

Zu den vorgenannten Definitionen und Kriterien folgende **Anmerkungen**: 5
ad 1): Die Definition von **Eigenkapital** als **Residualanspruch** auf Nettovermögen nach Abzug von Schulden setzt den Begriff der Schuld und seine Abgrenzung vom Eigenkapital bereits voraus. Die **Definition** ist somit **zirkulär** und löst die Abgrenzungsfrage nicht (→ § 1 Rz 102).
ad 2): Die Berufung auf **Substanz** bzw. **wirtschaftlichen Gehalt** ist eher **Beschreibung** der Abgrenzungsaufgabe als deren **Lösung**. Soweit rechtliche und wirtschaftliche Würdigung übereinstimmen, entstehen keine Abgrenzungsprobleme. Im Mittelpunkt der Eigen-/Fremdkapitalfrage stehen aber gerade die Fälle, in denen rechtlich als Eigen- oder Fremdfinanzierung einzuordnende Kapitalüberlassungen der Substanz nach auch Fremd- oder Eigenkapitaleigenschaften aufweisen. Für die dann vorzunehmende bilanzrechtliche Qualifizierung des konkreten Einzelfalls liefert das abstrakte Prinzip der wirtschaftlichen Betrachtung keine hinreichend aussagekräftige Lösung.
ad 3): Einen Konkretisierungsbeitrag leistet nur die in IAS 32.16 aufgeführte Regelung:
- Sie stellt in ihrer **1. Variante** (IAS 32.16a) vor allem auf die bedingte oder unbedingte vertragliche **Verpflichtung** ab, **Geld** (oder andere finanzielle Vermögenswerte) **einzutauschen**. Jede solche Verpflichtung begründet Fremdkapital. Danach können sog. Mezzanine-Finanzierungen (schuldrechtliche Kapitalzuführungen mit wirtschaftlichen Elementen des Eigenkapitals; Rz 20) bilanziell i.d.R. nicht als Eigenkapital gelten. In einer weiteren Interpretation kann die Regelung außerdem eine Umqualifizierung des Eigen- in Fremdkapital bewirken, wenn der Gesellschaftsvertrag ein Kündigungsrecht gegen Abfindung aus dem Gesellschaftsvermögen vorsieht (Rz 31). Bestehen wirtschaftliche Zwänge *(economic compulsion)*, die das Unternehmen faktisch zu Zahlungen „verpflichten", fehlt es aber an einer rechtlichen Verpflichtung, liegt i.d.R. kein Fremdkapital vor. Ein Beispiel sind die Mindestdividenden, die eine **REIT-AG** auszahlen muss, wenn sie ihre Steuerfreiheit wahren will. Wegen der Nachteiligkeit des Verlustes der Steuerfreiheit besteht ein ökonomischer, aber eben kein rechtlicher Zwang zu diesen Mindestausschüttungen. Zu einer (teilweisen) Umqualifizierung des gesellschaftsrechtlichen Eigenkapitals in Fremdkapital kommt es deshalb nicht.[1] Zu einem weiteren Anwendungsbeispiel – „ewig" laufende Anleihen mit Kündigungsrecht des Unternehmens – wird auf Rz 17 verwiesen.
- In der **2. Variante** (IAS 32.16b) geht es einerseits um Leistungen, die gegen Gewährung von Gesellschaftsrechten vereinnahmt werden. Aus wirtschaftli-

---

[1] IDW RS HFA 45, Tz. 60.

cher Sicht soll es sich insoweit (noch) **nicht** um **eigenkapitalerhöhende Einlagevorgänge** handeln, als dem Vertragspartner nicht eine feste Zahl von Anteilen (Aktien) gegen eine feste Leistung (*fixed for fixed*) versprochen ist (Rz 23), sondern ein **fester rechnerischer Geldbetrag**, der in Abhängigkeit vom Wert der Anteile (Aktienkurs) am Erfüllungstag zu einer unterschiedlichen Zuteilung von Anteilen führt. Daneben werden in der zweiten Variante **derivative**, auf den Erwerb oder die Ausgabe **eigener Aktien** gerichtete Kontrakte behandelt. Eine Option auf den Erwerb eigener Aktien durch das Unternehmen kann danach ebenso zu Fremdkapital führen wie die Gewährung einer Option auf die Lieferung eigener Aktien an das Unternehmen (Rz 26) oder die Begebung einer Wandelschuldverschreibung, deren Wandlungsverhältnis von externen Faktoren abhängt, die das Unternehmen nicht kontrolliert (Rz 8).

2.3 Zusammengesetzte Finanzinstrumente

2.3.1 Wandelanleihen, Zwangswandelanleihen, Anleihen mit Erfüllungswahlrecht und ähnliche Instrumente

6 Enthält ein vom Unternehmen ausgegebenes Finanzinstrument sowohl Schuld- als auch Eigenkapitalelemente, so ist der Emissionserlös aufzuteilen. Die **Bestandteile** des zusammengesetzten Instrumentes sind **getrennt** zu bilanzieren *(split accounting)*, d. h. z. T. im Eigenkapital und z. T. im Fremdkapital darzustellen (IAS 32.28).

Ein wichtiges Beispiel für solche zusammengesetzten Instrumente sind **Wandelschuldverschreibungen**, die dem Gläubiger ein Recht zur Wandlung der Anleihe (Fremdkapital) in Aktien (Eigenkapital) geben. Eine ähnliche Struktur weisen **Optionsanleihen** auf, bei denen allerdings die Anleihe nicht mit der Wandlung untergeht, sondern mit der Anleihe ein Optionsrecht auf den Erwerb von Aktien verbunden ist, das unabhängig der Anleihe ausgeübt oder in sonstiger Weise verwertet werden kann. Der Effektivzins von Wandel- und Optionsanleihen liegt unter dem durch Bonität und Laufzeit gegebenen marktgerechten Zins. Die Anleihen werden entweder mit einem höheren Agio als laufzeitähnliche Anleihen vergleichbarer Emittenten ausgegeben oder der Nominalzins liegt unter dem Nominalzins anderer Anleihen. Dieses Weniger an Verzinsung kann aus Sicht des Emittenten als in die Kapitalrücklage einzustellendes Eigenkapital qualifiziert werden.

In diesem Sinne sieht IAS 32.31 ff. folgendes Vorgehen vor:
- **Schritt 1: Ermittlung des Barwerts von Zins und Tilgung:** Für die wandelbare Anleihe wird zunächst der Wert der finanziellen Schuld dadurch bestimmt, dass die zukünftigen Tilgungen und Zinszahlungen mit dem **risikogerechten Zinssatz** abgezinst werden, der für eine ähnliche, aber nicht mit einer Eigenkapitalkomponente versehene finanzielle Schuld nach Maßgabe der Marktverhältnisse und der Bonität bzw. des Ratings des Unternehmens zu zahlen wäre.
- **Schritt 2: Subtraktion des Barwerts vom Gesamtwert:** Der in die Kapitalrücklage einzustellende Wert des Eigenkapitalinstrumentes ergibt sich dann durch Subtraktion der finanziellen Schuld vom Wert des gesamten zusammengesetzten Instrumentes, d. h. unter Vernachlässigung von Emissionskosten vom vereinnahmten Betrag.

Eigenkapital, Eigenkapitalspiegel § 20

Eine Aufteilung von Eigen- und Fremdkapitalanteil nach den relativen *fair values* (**Verhältnismethode**) ist nicht zulässig.
Zu kombinierten **aktienkursorientierten** Vergütungsformen vgl. → § 23 Rz 83.
Die Klassifizierung eines **Wandlungsrechts** als Eigenkapital erfordert u.a., dass zum Emissionszeitpunkt der Betrag der künftigen Gegenleistung feststeht (IAS 32.16(b)(ii)). Ein fester Geldbetrag in Fremdwährung, d.h. in einer anderen als der funktionalen Währung des Emittenten, erfüllt diese Bedingung nicht.[2] Somit kann bei einer **Wandelanleihe** in **Fremdwährung**, d.h. nicht in der funktionalen Währung des Emittenten, das Wandlungsrecht nicht als Eigenkapital ausgewiesen werden. Die Anleihe ist in diesem Fall in ihrer Gesamtheit als Fremdkapital zu erfassen, wobei das Wandlungsrecht ggf. als Derivat i.S.v. IAS 39.10ff. trennungspflichtig ist.

7

Zur buchmäßigen Behandlung einer Wandelanleihe beim Emittenten folgendes vereinfachtes

8

Beispiel[3]
Sachverhalt
U emittiert am 31.12.00 eine Wandelanleihe von nominal 100 Mio. zu pari. Die Laufzeit beträgt 3 Jahre, die jährliche Zinszahlung 2. Ohne Gewährung des Wandlungsrechts hätte U einen Effektivzins von 10 % bieten müssen. Folgende Aufgaben sind zu lösen:
- Die Ermittlung des Fremd- und Eigenkapitalanteils sowie der zugehörige Buchungssatz per 1.1.01.
- Die Entwicklung der Verbindlichkeit bis zur Fälligkeit (Aufzinsung).
- Die Erledigung der Verbindlichkeit durch Wandlung oder Tilgung.

In der GuV verursacht die Anleihe aufgrund der Aufzinsung insgesamt einen Aufwand von 25,89 Mio., also 19,89 mehr als die Zinszahlungspflicht. Dieser Mehrbetrag entspricht der ursprünglichen Zuführung zur Kapitalrücklage. In der Summe wird also bei Nichtwandlung kein Eigenkapital geschaffen. Hinsichtlich des Mehrbetrags findet lediglich eine Verschiebung zwischen Gewinnrücklage (–19,89) und der Kapitalrücklage (+19,89) statt. Diese Verschiebung kann nach IAS 32.AG32 mit Wandlung wahlweise durch eine Buchung „per Kapitalrücklage an Gewinnrücklagen" rückgängig gemacht werden.

Jahr	Zahlungsreihe	Abzinsungsfaktor für 10 %	Barwert
01	2,00	0,909090909	1,82
02	2,00	0,826446281	1,65
03	102,00	0,751314801	76,63
			80,11

---

[2] IDW RS HFA 45, Tz. 35.
[3] Ausführliche Beispiele unter Einbeziehung von Transaktionskosten bei CHRISTIAN, PiR 2008, S. 81ff.

Buchung 31.12.00

Konto	Soll	Haben
Geld	100,00	
Verbindl.		80,11
KapRL		19,89

Jahr	1. 1. (Mio.)	+ Effektivzins (Mio.)	– Zahlung (Mio.)	– Tilgung oder Wandlung (Mio.)	= 31. 12. (Mio.).
00					80,11
01	80,11	8,01	–2,00		86,12
02	86,12	8,61	–2,00		92,73
03	92,73	9,27	–2,00	–100,00	0,00
		25,89	–6,00		

Buchung 31.12.03 bei Wandlung

Konto	Soll	Haben
Verbindl.	100 Mio.	
EK		100 Mio.

sowie wahlweise

Konto	Soll	Haben
KapRL	25,89 Mio.	
GRL		25,89 Mio.

Buchung 31.12.03 bei Nichtwandlung

Konto	Soll	Haben
Verbindl.	100 Mio.	
Geld		100 Mio.

9   Werden Wandlungsrechte vor Ende der Laufzeit ausgeübt, ist IAS 32.AG32 entsprechend anzuwenden. Der Buchwert der Verbindlichkeit am Tag der Wandlung wird erfolgsneutral in das Eigenkapital umgebucht.

> **Beispiel (Fortsetzung zu Rz 8)**
> Im Beispiel sei eine Wandlung auf den 31.12.02 unterstellt.
> Der Buchwert der Verbindlichkeit per 31.12.02 beträgt 92,73 Mio. Es ist wie folgt zu buchen:
>
> | Konto | Soll | Haben |
> |---|---|---|
> | Verbindl. | 92,73 Mio. | |
> | EK | | 92,73 Mio. |

10   Ein Unternehmen kann die Bedingungen einer Wandelanleihe ändern, um eine **vorzeitige** Wandlung zu bewirken. Dies kann etwa durch das Angebot eines günstigeren Umtauschverhältnisses bei Wandlung vor einem festgesetzten Termin erfol-

gen. Zum Zeitpunkt der Änderung der Bedingungen ist die Differenz zwischen den folgenden Beträgen als Aufwand zu erfassen (IAS 32.AG35 u. IAS 32.IE47ff.):
- *fair value* der höheren Gegenleistung (Anteile), welche der Inhaber gem. den geänderten Bedingungen erhält,
- *fair value* der niedrigeren Gegenleistung (Anteile), welche der Inhaber gem. den ursprünglichen Bedingungen erhalten hätte.

Die Differenz stellt aus Sicht der Gesellschaft den Verlust aus der Änderung des Wandlungsverhältnisses dar.

> **Beispiel (Fortsetzung zu Rz 8)**
> Im Beispiel sei eine Wandlung auf den 31.12.02 unterstellt. Dabei erhält der Zeichner pro 100 EUR Wandelanleihe 25 statt 20 Stammaktien. Der aktuelle Marktwert einer Aktie beträgt 4 EUR.
> Zunächst ist der Verlust aus der Änderung des Wandlungsverhältnisses zu berechnen. Er beträgt:
> 25 Mio. Aktien × 4 EUR/Aktie = 100 Mio. EUR (Umtausch zu neuen Bedingungen)
> – 20 Mio. Aktien × 4 EUR/Aktie = 80 Mio. EUR (Umtausch zu alten Bedingungen)
> = 20 Mio. EUR
> Bei einem Buchwert der Verbindlichkeit per 31.12.02 von unverändert 92,73 Mio. EUR ist wie folgt zu buchen:
>
> | Konto | Soll | Haben |
> |---|---|---|
> | Verbindl. | 92,73 | |
> | Aufwand aus Modifikation | 20,00 | |
> | EK | | 112,73 |
> | EK | 20,00 | |
> | GuV | | 20,00 |
>
> Nur auf den ersten Blick fällt das Eigenkapital um 20 Mio. EUR höher aus als bei Wandlung auf den gleichen Zeitpunkt, aber zu den ursprünglichen Bedingungen (Rz 9). Dieser Betrag ist zugleich Aufwand in der GuV. Da die GuV ein Unterkonto des Eigenkapitals darstellt, wird die im ersten Buchungssatz gegebene Verbesserung des Eigenkapitals neutralisiert.

Bei vorzeitigem Rückkauf einer Wandelanleihe sind das entrichtete Entgelt sowie alle Transaktionskosten für den Rückkauf zum Zeitpunkt der Transaktion der Eigen- und der Fremdkapitalkomponente zuzuordnen. Die dabei verwendete Methode muss mit jener identisch sein, welche bei der ursprünglichen Aufteilung der Emissionserlöse gem. IAS 32.28ff. angewandt wurde (IAS 32.AG33). Infrage kommt daher nur die Restwertmethode (Rz 8).
Alle aus dem Rückkauf resultierenden Gewinne bzw. Verluste sind nach den für die jeweilige Komponente maßgeblichen Bilanzierungsgrundsätzen zu behandeln (IAS 32.AG34):
- Der Gewinn bzw. Verlust, der sich auf die Fremdkapitalkomponente bezieht, wird erfolgswirksam erfasst.
- Der Teil des Entgelts und der Transaktionskosten, welcher der Eigenkapitalkomponente zugeordnet wurde, wird direkt im Eigenkapital erfasst.

> **Beispiel (Fortsetzung zu Rz 8)**
> Im vorliegenden Beispiel sei unterstellt, dass das Unternehmen den Inhabern der Wandelanleihen den Rückkauf für 95 Mio. EUR am 31.12.02 anbietet. Alle Inhaber der Wandelanleihen nehmen dieses Angebot an. Im Zeitpunkt des Rückkaufs hätte die X-AG nicht wandelbares Fremdkapital mit einer (Rest-)Laufzeit von 1 Jahr zu einem Zinssatz von 8 % p. a. emittieren können. Zunächst ist der Barwert der Fremdkapitalkomponente zu berechnen. Wäre die Anleihe planmäßig zum 31.12.03 getilgt worden, wäre inkl. Nominalzins von 2 ein Betrag von 102 Mio. zu zahlen. Der Barwert beträgt somit:
> 102 Mio. / 1,08 = 94,44 Mio.
> Nach der Restwertmethode beträgt die Eigenkapitalkomponente somit:
> 95 Mio. – 94,44 Mio. = 0,56 Mio.
> Die Differenz zwischen Bar- und Buchwert der Fremdkapitalkomponente ist Aufwand:
>
> | Konto | Soll | Haben |
> |---|---|---|
> | Aufwand | 1,71 Mio. | |
> | Verbindl. | 92,73 Mio. | |
> | Kasse | | 94,44 Mio. |
>
> Der verbleibende, dem Eigenkapital zuzurechnende Zahlbetrag ist erfolgsneutral zu buchen:
>
> | Konto | Soll | Haben |
> |---|---|---|
> | EK | 0,56 Mio. | |
> | Kasse | | 0,56 Mio. |

12 Die Emissionsbedingungen einer Wandelanleihe sehen häufig Regelungen zum Schutz vor **Verwässerungen** des Wandlungsrechts *(dilutive effect)* vor. Anpassungen des Wandlungsverhältnisses sind in folgenden Fällen gängig:
- Aktiensplit, Zusammenlegung von Stammaktien
- (außerordentliche) Bardividenden oder Aktiendividenden
- Ausgabe von Gratisaktien (Kapitalerhöhung aus Gesellschaftsmitteln)
- effektive Kapitalerhöhungen
- Ausgabe von weiteren Wandlungsinstrumenten
- Nichteinhaltung einer vorgegebenen Eigenkapitalquote, Herabstufung im Rating, Unterschreiten eines Mindestaktienkurses und sonstige nicht im Ermessen des Unternehmens stehende Bedingungen

In allen Fällen geht es darum, ob wegen Verletzung der fixed for-fixed Bedingung des IAS 32.16b (Rz 5) insgesamt Fremdkapital anzunehmen ist. Hierbei ist wie folgt zu differenzieren: Soweit etwaige Modifikationen der Anleihebedingungen auf die fünf erstgenannten Konstellationen beschränkt bleiben, berührt dies den Eigenkapitalcharakter des Wandlungsrechts nicht, da die Ereignisse im **Ermessen** der Organe des Emittenten stehen. Für den sechsten Fall gilt dies gerade nicht. Insofern geht es um **ungewisse Ereignisse**, die das Unternehmen nicht kontrolliert. Bei Anpassung des Wandlungsverhältnisses im Falle der Nichteinhaltung einer vorgegebenen Eigenkapitalquote ist die daher nach Auffassung des IDW[4] wie folgt zu verfahren:

---

[4] Vgl. IDW RS HFA 45, Tz. 32ff., sowie VATER, PiR 2005, S. 57ff.

- Die Anleihe ist in ihrer Gesamtheit als **Fremdkapital** zu erfassen (IAS 32.25 i.V.m. IAS 32.16(b)(ii)); Rz 5).
- Im Rahmen dessen ist ferner zu prüfen, ob das Wandlungsrecht nicht zusätzlich als **eingebettetes Derivat** gem. IAS 39.11 (→ § 28 Rz 206ff.) gesondert zu erfassen ist. Regelmäßig ist dies der Fall.

Der Residualbetrag (Ausgabebetrag der Anleihen minus des Barwerts des Rückzahlungsbetrags und der Zinsen) ist insbesondere in folgenden Fällen als **Fremdkapital** bzw. **Fremdkapitalderivat** zu qualifizieren:
- Der Inhaber hat das Recht, nach Ausübung des Wandlungsrechts den Kurswert der Aktien in **Geld** zu fordern, oder die Differenz zwischen dem Kurswert der Aktien und dem Nominalbetrag der Anleihe wird durch eine **variable Anzahl Aktien** beglichen (IAS 32.26 i.V.m. IAS 32.AG27) oder
- Zinsen und Rückzahlungsbetrag sind in **Fremdwährung** nominiert (IAS 32.16b(ii)) oder
- bei Eintritt eines ungewissen, vom Unternehmen nicht kontrollierten Ereignisses i.S.v. IAS 32.25 (z.B. Schwellenwert für Jahresergebnis oder Verschuldungsgrad, aber auch externe Ereignisse) erhalten die das Wandlungsrecht ausübenden Gläubiger eine **höhere Zahl von Aktien** als bei Nichteintritt (IAS 32.25 i.V.m. IAS 32.16b(ii)).

Mit Qualifizierung als Fremdkapitalderivat geht eine erfolgswirksame *fair-value*-Bewertung einher.[5]

Transaktionskosten, die bei Begebung eines zusammengesetzten Finanzinstrumentes entstehen, sind   13
- vom **Eigenkapital** in **Abzug** zu bringen, soweit sie auf die Eigenkapitalkomponente entfallen,
- über die Laufzeit der Anleihe als **Zinsaufwand** zu berücksichtigen, soweit sie auf die Fremdkapitalkomponente entfallen.

Bei vorzeitiger Tilgung (Rückkauf) des zusammengesetzten Finanzinstruments ist eine analoge Aufteilung vorzunehmen.

Besonderheiten bestehen bei der **Wandelschuldverschreibung** mit **Barerfüllungswahlrecht** des Emittenten. Sofern der Inhaber hier die Wandlung begehrt, kann der Emittent zwischen tatsächlicher Bedienung in Anteilen und einem dem Wert der Anteile im Wandlungszeitpunkt entsprechendem Barausgleich wählen. Das Erfüllungswahlrecht des Emittenten stellt eine (gekaufte) **Option** dar. Stillhalter der Option ist der Zeichner der Wandelschuldverschreibung, der für das Eingehen eine Prämie (in Form einer höheren Effektivverzinsung, die aber hinter dem Marktniveau zurückbleibt) empfängt.   14
- Durch das Erfüllungswahlrecht vergrößert sich der Handlungsspielraum des Emittenten. Das Erfüllungswahlrecht stellt somit aus Sicht des ausgebenden Unternehmens einen Vorteil dar. Diesem ökonomischen **Vorteil** steht – gemessen an der Kapitalstruktur des Unternehmens – jedoch eine **Verschlechterung** der bilanziellen Darstellung (vollständige Klassifizierung als Fremd- anstatt anteilig als Eigenkapital) gegenüber.
- Zwar bleibt es bei der Abspaltungspflicht für das Wandlungsrecht (*split accounting*; Rz 6). Die Wandlungskomponente ist jedoch nicht mehr als Eigenkapital-, sondern als derivatives **Fremdkapitalinstrument** zu klassifi-

---

5   Zu Einzelheiten: ISERT/SCHABER, BB 2005, S. 2287.

zieren (IAS 32.26 i.V.m. IAS 32.AG27(c)). Überraschend ist die **bilanzielle Konsequenz** aus der Sicht des Emittenten: Nur bei Verzicht auf das Erfüllungswahlrecht kann der Ausweis des Wandlungsrechts, welches wertmäßig dem Weniger an Verzinsung im Vergleich zu einer nicht wandelbaren Anleihe entspricht, als Eigenkapital beibehalten und die Notwendigkeit zur erfolgswirksamen *fair-value*-Bewertung vermieden werden.

- Bei konstantem oder sinkendem Anteilswert (= innerer Wert der Wandlungsoption) entsteht im Zeitablauf (mit Reduzierung des Zeitwerts) ein Ertrag aus der Verringerung des Fremdkapitalderivats.[6]

15 Substanziell einer Wandelanleihe mit Erfüllungswahlrecht des Emittenten (Rz 14) ähnlich sind Anleihen mit **unbestimmter Laufzeit**, die der **Inhaber kündigen** kann, wobei aber im Falle der Kündigung der **Emittent** zwischen einer **Erfüllung** in bar und einer in eigenen Anteilen (Aktien) **wählen** kann. Hier kann IAS 32.20b Bedeutung erlangen. Danach liegt eine finanzielle Verbindlichkeit auch dann vor, wenn der Wert der Erfüllung in Aktien wesentlich höher ist als der Barbetrag und der Emittent sich deshalb aus wirtschaftlichen Gründen aus Sicht des Emissionszeitpunkts voraussichtlich für die Erfüllung in bar entscheiden wird. Der IFRS IC hat einen sich hieraus ergebenden Verbindlichkeitencharakter in einer Agenda-Entscheidung vom September 2013 bestätigt.[7]

Beispiel
E emittiert am 31.12.01 eine Anleihe, auf die Zinsen nur zu zahlen sind, wenn Ausschüttungen an die Gesellschafter beschlossen werden. Die Anleihe kann vom Inhaber jederzeit gekündigt werden. Im Falle der Kündigung kann E die Tilgung wahlweise in bar (100 EUR je 100 EUR Anleihe) oder durch Aktien (10 Aktien je 100 EUR Anleihe) leisten. Zum Emissionszeitpunkt beträgt der Aktienkurs 13 EUR.

Beurteilung
Es liegt kein Eigenkapital vor, sondern eine finanzielle Verbindlichkeit, da der Wert der Baralternative (100 EUR) wesentlich niedriger ist als der der Aktienalternative (130 EUR).

16 Eine besondere Form der Wandelschuldverschreibungen sind **Pflicht- oder Zwangswandelanleihen**, bei denen von vornherein feststeht, dass sie nicht in Geld, sondern in Aktien getilgt werden. Je nach Ausgestaltung kann der Zeichner der Anleihe auch die Option haben, die Wandlung bereits während der Laufzeit der Anleihe zu bewirken; übt er die Option nicht aus, erfolgt die Wandlung zwangsweise bei Fälligkeit. Hinsichtlich der Frage, ob der Emissionserlös als Eigen- oder Fremdkapital zu qualifizieren oder zu verteilen ist, muss wie folgt unterschieden werden:
- Feststehende Wandlung: Steht die Wandlung in Eigenkapital, genauer in eine feststehende Zahl von Eigenkapitalanteilen, von vornherein fest, liegt insoweit Eigenkapital vor. Besteht bis zur Wandlung eine Zinszahlungspflicht, so stellt der Barwert der erstatteten Zinszahlungen Fremdkapital dar. Es liegt

---

[6] Weitere Einzelheiten bei FREIBERG, PiR 2008, S. 239 ff.
[7] Vgl. IFRIC, Update September 2013.

ein zusammengesetztes Finanzinstrument vor, wobei sich der Eigenkapitalanteil residual durch Abzug des Fremdkapitalanteils vom Emissionserlös ergibt (Rz 6).

- Erfüllungswahlrecht des Emittenten: Kann der Emittent zum endfälligen oder durch Kündigung des Zeichners früheren Ablaufzeitpunkt entscheiden, ob er die Anleihe in Geld oder einer feststehenden Zahl von Anteilen bedient, kommen wieder die in Rz 15 dargelegten Wertverhältnisse zum Tragen. Ist die Barerfüllungsalternative aus Sicht des Emissionszeitpunkts deutlich günstiger als die Erfüllung in Anteilen, muss die Anleihe insgesamt als Fremdkapital qualifiziert werden.
- **Variable Zahl von Anteilen:** Die Qualifizierung einer Zwangswandelanleihe als Eigenkapital scheidet dann aus, wenn bis zum Wandlungszeitpunkt nicht eine schon feststehende Zahl von Anteilen zu gewähren ist, sondern eine variable Zahl, die sich etwa aus dem Verhältnis von Nominalwert der Anleihen zum Marktwert eines Anteils im Fälligkeitszeitpunkt ergibt. Hiermit wird die für Eigenkapital geforderte *fixed-for-fixed*-Bedingung des IAS 32.16(b)(i) verletzt. Besteht eine an sich schädliche Verpflichtung zur Leistung einer variablen Anzahl von Anteilen im eigentlichen Wandlungszeitpunkt, hat der Emittent aber das Recht die Wandlung vorzeitig durchzuführen und muss er für diesen Fall nur eine feststehende Zahl von Anteilen gewähren, kommt u. E. IAS 32.20b (Rz 14a) analog zum Tragen. Ist die frühzeitige Wandlung zu einer festen Zahl von Aktien nach den bei Emissionszeitpunkt vorliegenden Erkenntnissen signifikant teurer als die in einer variablen Zahl von Aktien zum eigentlichen Wandlungszeitpunkt, muss die zweite Wandlungsalternative und damit Fremdkapital unterstellt werden.[8]

2.3.2 Vorzugsaktien

Fraglich ist, ob auch Vorzugsaktien nach § 139 AktG wegen des Vorrechts bei den Dividenden (sog. Vorwegdividende) als **zusammengesetzte** Finanzinstrumente anzusehen sind. Da der Vorzugsaktionär hinsichtlich seiner Einlage keinen Rückzahlungsanspruch hat, sondern ihm nur ein sog. residuales Interesse auf das nach Bedienung der Verbindlichkeiten verbleibende Vermögen der Gesellschaft zusteht, scheidet eine **reine** Fremdkapitalqualifikation von vornherein aus. Für die bilanzielle Qualifizierung kommen dann noch zwei Alternativen in Betracht:
- Es läge ein **zusammengesetztes** Finanzinstrument vor, wenn die Verpflichtung zur Zahlung der Vorzugsdividende nur bedingt bestünde, insbesondere nur von der Höhe des nach Dotierung der Rücklagen verbleibenden verteilungsfähigen Jahresergebnisses (Bilanzgewinn) abhängig wäre. Stünde die (Nicht-)Zahlung der Vorzugsdividende **nicht im Ermessen** der Gesellschaft, wäre eine vertragliche Verpflichtung zur Zahlung gegeben (IAS 32.25 und IAS 32.AG26). Zum Zeitpunkt der Ausgabe der Aktien müsste der Emissionserlös nach der Restwertmethode in Fremd- und Eigenkapital aufgeteilt werden. Die **Fremdkapital**komponente ergäbe sich aus dem Barwert der **ermessensunabhängigen** Vorzugsdividendenerwartung (IAS 32.28 ff.).

17

---

[8] Zur Begründung im Einzelnen FREIBERG, PiR 2013, S. 165 ff. partielle a. A. BARDENS/FLADT/MEURER. PIR 2013 S. 218 ff.

- Es läge ein **reines** Eigenkapitalinstrument vor, wenn die Ausschüttung einer Vorzugsdividende vom **Ermessen** der Gesellschaft, insbesondere einem Hauptversammlungsbeschluss abhängig wäre. Entscheidend ist also das Gesellschaftsrecht. Es soll beispielhaft für **Satzungsbestimmung** und **Ergebniserwartung** untersucht werden.

> **Beispiel**
> 1. Satzung
> „Aus dem sich nach dem festgestellten Jahresabschluss ergebenden, dem Gewinnverwendungsbeschluss der Hauptversammlung unterliegenden Bilanzgewinn wird auf die Vorzugsaktien vorweg eine Dividende von EUR 0,10 ausgeschüttet (**Vorwegdividende**). Sodann wird auf die Stammaktien eine Dividende von EUR 0,10 ausgeschüttet, soweit der Gewinn hierfür ausreicht. Hinsichtlich darüber hinausgehender Ausschüttungen sind Vorzugs- und Stammaktien gleichgestellt."
> Abs. 3: „**Reicht** in einem oder mehreren Geschäftsjahren der **Gewinn nicht zur Ausschüttung** der Vorwegdividende auf die Vorzugsaktien aus, so werden die fehlenden Beträge ohne Zinsen aus dem Gewinn der folgenden Geschäftsjahre **nachgezahlt, …**"
> 2. Ergebniserwartung
> Annahmegemäß betrage der nachhaltig erwartete Jahresüberschuss mindestens ein Doppeltes der „Vorwegdividende". Womit nach möglicher Zuführung des hälftigen Jahresüberschusses zu den Rücklagen durch den Vorstand (§ 58 Abs. 2 AktG) mindestens ein verteilungsfähiger Bilanzgewinn i.H.d. Vorwegdividende bleibt.

Fraglich ist nun, ob die Vorzugsaktionäre einen **gegen** den Willen der Gesellschaft bzw. der Hauptversammlung **durchsetzbaren** Anspruch auf Zahlung der Vorzugsdividende haben. Festzuhalten ist hier als Erstes:[9]

- Vorzugsaktionäre haben nur dann einen schuldrechtlichen Anspruch auf die Vorzugsdividende, wenn die Hauptversammlung eine Dividendenausschüttung beschließt. **Ohne Ausschüttungsbeschluss** beschränken sich die Rechte der Vorzugsaktionäre auf den wiederum von Ausschüttungsbeschlüssen abhängigen Nachzahlungsanspruch und auf Anfechtungsmöglichkeiten.
- Erst mit dem (von der Hauptversammlung) zu treffenden Ausschüttungsbeschluss wandelt sich das Mitgliedschaftsrecht in ein **Gläubigerrecht** und entsteht insoweit der schuldrechtliche Anspruch des Vorzugsaktionärs.
- Die Zahlung der Vorzugsdividende ist insoweit zunächst **ermessensabhängig**. Zu untersuchen bleibt aber, ob die Möglichkeit der Vorzugsaktionäre zur aktienrechtlichen **Anfechtung** gem. IAS 32 als vertragliche Verpflichtung der Gesellschaft zur Zahlung der Vorzugsdividende auszulegen ist. Eine gesellschaftsrechtliche Anfechtung des Gewinnverwendungsbeschlusses der Hauptversammlung durch die (nicht stimmberechtigten) Vorzugsaktionäre ist sowohl nach § 243 AktG (Verletzung des Gesetzes oder der Satzung) als auch nach § 254

---

[9] Vgl. HÜFFER, KurzKom AktG, 11. Aufl., § 139, Tz. 6; HOPT/WIEDEMANN, GroßKom AktG, 4. Aufl., § 139, Tz. 12; MÜNCHENER KOMM AktG, 3. Aufl., § 139, Tz. 10.

AktG (Verwendung des Bilanzgewinns) möglich. Hinsichtlich Inhalt und Ausformung dieser beiden Anfechtungsrechte ist wie folgt zu differenzieren:
- Nach § 243 AktG sind Hauptversammlungsbeschlüsse bei einer Verletzung des Gesetzes oder der Satzung anfechtbar. Das **Anfechtungsrecht aus § 243 AktG** ist ein individuelles Recht (§ 245 Abs. 1–3 AktG). Die Anfechtung des Gewinnverwendungsbeschlusses nach § 243 AktG ist aber nur möglich, wenn dieser gegen das Gesetz oder die Satzung verstößt. Ein solcher Verstoß läge etwa vor, wenn die Hauptversammlung die Ausschüttung eines der Höhe nach zur Bedienung der Vorzugsdividenden gerade ausreichenden Gewinns beschließen würde, der Beschluss aber eine gleichmäßige Ausschüttung an Vorzugs- und Stammaktionäre vorsähe, mit der Folge, dass die Vorzugsaktionäre weniger als die Vorzugsdividende erhielten. Wenn bei gleicher Höhe des verteilungsfähigen Gewinns hingegen dessen vollständige Thesaurierung beschlossen würde (§ 58 Abs. 3 AktG), läge keine Verletzung von Gesetz oder Satzung vor. Eine Anfechtung nach § 243 würde somit ausscheiden.
- Im letztgenannten Fall käme allerdings eine **Anfechtung nach § 254 AktG** infrage. Danach ist die Anfechtung des Gewinnverwendungsbeschlusses aufgrund übermäßiger Rücklagenbildung möglich. Beschließt die Hauptversammlung die vollständige Thesaurierung des zu ihrer Disposition stehenden Bilanzgewinns, obwohl dies bei vernünftiger kaufmännischer Beurteilung zur Erhaltung der Lebens- und Widerstandsfähigkeit der Gesellschaft nicht notwendig wäre, und erhalten dadurch die Aktionäre keinen Gewinn i. H. v. mindestens 4 % des Grundkapitals, ist eine Anfechtung möglich (§ 254 Abs. 1 AktG). Im Unterschied zu § 243 AktG ist die Anfechtung nach § 254 AktG allerdings nicht als Individualrecht, sondern als Kollektivrecht ausgestaltet, da sie an das Erreichen eines Quorums von mindestens 5 % des Grundkapitals geknüpft ist.

In Bezug auf **Klassifizierung** der Vorzugsaktien ist somit wie folgt zu unterscheiden: Beschließt die Hautversammlung eine vollständige Thesaurierung des Bilanzgewinns und damit implizit eine Nichtausschüttung an die Vorzugsaktionäre, ist
- eine individuelle Anfechtung wegen eines Verstoßes des Beschlusses gegen Gesetz oder Satzung (§ 243 AktG) nur in kaum relevanten Fällen möglich,
- im relevanten Fall nur eine kollektivrechtliche Anfechtung zulässig (§ 254 AktG).

Die Ermessensentscheidung der Hauptversammlung zur vollständigen Thesaurierung kann mithin nur kollektiv von einer **Minderheit** von mindestens 5 % angefochten werden. Nach IAS 32.17 und IAS 32.AG26 begründet ein Kollektivrecht der Gesellschafter jedenfalls dann keine zu Fremdkapital führende vertragliche Zahlungsverpflichtung des Unternehmens, wenn zur Ausübung dieses Rechts ein Mehrheitsbeschluss der Gesellschafter erforderlich ist. Mit dem **Mehrheitsbeschluss** der Gesellschafter handelt das Organ „Gesellschafterversammlung", und dessen Handeln wird ohne Rücksicht auf die Trennung von Gesellschafts- und Gesellschaftersphäre nach IAS 32 als für die Eigenkapitalqualifikation unschädliches Ermessen der Gesellschaft angesehen. Nur wenn dies für ein „Minderheitskollektiv" entsprechend befürwortet würde, ist stets ein vollständiger Eigenkapitalausweis des von den Vorzugsaktionären eingebrachten Kapitals möglich. Bei anderer Interpretation wäre dies in den Fällen nicht mehr vertretbar, in denen hohe Jahresüberschüsse erzielt und erwartet werden. Mindestens i. H. d. Barwerts von 4 % des Vorzugskapitals läge eine Schuld vor.

Das IDW verfolgt in RS HFA 45, Tz. 59, die 1. Interpretation. U. E. ist die 2. Interpretation vorzuziehen, da wir die ohnehin problematische Gleichsetzung von Gesellschafts- und Gesellschaftersphäre nur so lange für vertretbar halten, wie es um ein kollektiv durch die Mehrheit der Gesellschafterversammlung ausgeübtes Ermessen geht. Wo Gesellschaftern hingegen Rechte individuell oder als Minderheit zustehen, die Gesellschafter also gerade nicht als Kollektiv betroffen sind, kann u. E. keine Identität der (insoweit gar nicht mehr vorhandenen) Gesellschaftersphäre mit der Gesellschaftssphäre bestehen (vgl. Rz 21).

18 Nicht anders als Vorwegdividenden sind **Mehrdividenden** zu würdigen.

> **Beispiel**
> Die Satzung enthält folgende Bestimmungen:
> „1) Aus dem sich nach dem festgestellten Jahresabschluss ergebenden, dem Gewinnverwendungsbeschluss der Hauptversammlung unterliegenden Bilanzgewinn wird auf die Vorzugsaktien vorweg eine Dividende von EUR 0,10 ausgeschüttet.
> 2) Hinsichtlich darüber hinausgehender Ausschüttungen sind Vorzugs- und Stammaktien gleichgestellt."
> Unterschiede und Gemeinsamkeiten zum unter Rz 17 genannten Beispiel (einfache Vorwegdividende) lassen sich an folgendem Fall darstellen: Die Zahl der Stamm- und Vorzugsaktien betrage jeweils 1 Mio.
> **Variante 1: Die Hauptversammlung beschließt eine Ausschüttung von 100.000 EUR.**
> Sowohl bei einfacher Vorwegdividende wie bei Mehrdividenden erhalten nur die Vorzugsaktionäre eine Ausschüttung, und zwar i. H. v. 0,10 EUR × 1 Mio. = 100.000 EUR.
> **Variante 2: Die Hauptversammlung beschließt eine Ausschüttung von 300.000 EUR.**
> Bei reinem Vorwegdividendenrecht erhalten Vorzugs- und Stammaktionäre jeweils eine Dividende von 0,15 EUR (zunächst 0,10 EUR × 1 Mio. = 100.000 EUR an die Vorzugsaktionäre, dann 0,10 EUR × 1 Mio. = 100.000 EUR an die Stammaktionäre, dann 0,05 EUR × 2 Mio. = 100.000 EUR an beide. In Summe also für beide Aktiengattungen jeweils 0,15 EUR).
> Bei Mehrdividendenrecht erhalten die Vorzugsaktionäre zunächst 0,10 EUR × 1 Mio. = 100.000 EUR. Die verbleibenden 200.000 EUR werden (bei gleicher Aktienzahl) je zur Hälfte an die Vorzugs- und Stammaktionäre ausgeschüttet. Die Stammaktionäre erhalten insgesamt 100.000 EUR (= 0,10 EUR je Aktie), die Vorzugsaktionäre 100.000 EUR mehr, insgesamt also 200.000 EUR (= 0,20 EUR je Aktie).
> **Variante 3: Die Hauptversammlung beschließt die Thesaurierung des gesamten Gewinns.**
> Unabhängig von der Ausgestaltung der Satzung erhalten auch die Vorzugsaktionäre keine Dividende.

Insbesondere die 3. Fallvariante zeigt: Eine in IDW RS HFA 9, Tz. 32, noch vertretene Differenzierung zwischen

- zu **Vorweg**dividenden berechtigten Vorzugsaktien – Eigenkapital
- mit **Mehr**dividendenrecht ausgestatteten Vorzugsaktien – zusammengesetztes Finanzinstrument

wäre unzutreffend. Wie die sog. Vorzugsdividende ist auch die sog. Mehrdividende durch die **Ermessens**ausübung der Hauptversammlung bedingt. Entscheidet sich die Hauptversammlung überhaupt gegen eine Ausschüttung, kommt auch die Mehrdividende nicht (oder nur über Anfechtungsrechte) zum Tragen.[10] Ein zusammengesetztes Finanzinstrument müsste entweder in **beiden** Fällen (weite Interpretation des Fremdkapitalbegriffs von IAS 32) oder in **keinem** Fall (restriktive Auslegung) vorliegen.

Vorzugsaktien angelsächsischer Prägung (*preference shares*), die dem Zeichner Mindestzahlungen, ggf. auch ein Rückgaberecht gegen Geld, garantieren, sind insoweit Fremdkapital. Die Frage, ob dies auch dann gilt, wenn der Zeichner ein Wahlrecht auf Erhalt von Barmitteln oder Eigenkapitalinstrumenten hat, wurde vom IFRIC nicht auf die Agenda genommen.[11] Das IFRIC empfahl jedoch die Aufnahme dieses Problems in das IASB-Projekt zu Finanzinstrumenten mit Eigenschaften von Eigenkapital.

2.4 Echte Genussrechte, *perpetuals* und ähnliche Mezzanine-Finanzierungen

Nach **handelsrechtlicher** Interpretation des Prinzips der wirtschaftlichen Betrachtungsweise sind schuldrechtliche Verpflichtungen bilanziell als Eigenkapital auszuweisen, wenn das **längerfristig** überlassene Kapital Haftungsfunktion hat. Dies wird angenommen, wenn das Kapital nur **nachrangig** in der Insolvenz bedient wird und bei **Erfolgsabhängigkeit** der Vergütung bis zur vollen Höhe am **Verlust** teilnimmt.[12]

IAS 32.18ff. interpretiert den Grundsatz *substance over form* hingegen anders; danach führt jede auch längerfristige **Rückzahlungsverpflichtung** zur Qualifizierung als Fremdkapital. Die temporäre Übernahme der Haftungsfunktion reicht nach IFRS für die Qualifizierung als Eigenkapital nicht aus.

Während deshalb das Handelsrecht – in der zitierten Auslegung durch das IDW – echtes, d.h. nachrangiges, verlustteilhabendes und längerfristiges **Genussrechtskapital** als Eigenkapital qualifiziert, folgt nach IFRS aus der im „Normalfall" gegebenen vertraglichen **Rückzahlungsverpflichtung** eine Einordnung als Fremdkapital.[13] Dies gilt auch für **stille** Gesellschaftsbeteiligungen mit Verlustübernahmeverpflichtung des stillen Gesellschafters.

Zwar kann auch nach IFRS ein Genussrecht **ausnahmsweise** als Eigenkapital zu qualifizieren sein, die dafür notwendigen Bedingungen machen es aber u.U. unverkäuflich.

---

10   Zur Vorweg- und Mehrdividende im Einzelnen HÜFFER, KurzKom AktG, 11. Aufl., § 139, Tz. 8; HOPT/WIEDEMANN, GroßKom AktG, 4. Aufl., § 139, Tz. 11 und 19; Schröer, MÜNCHENER KOMM AktG, 3. Aufl., § 139, Tz. 21.
11   IFRIC, Update März 2010.
12   Vgl. IDW, HFA 1/1994.
13   Vgl. im Einzelnen: SCHABER/EICHHORN, BB 2004, S. 315ff.

> **Beispiel**
> U emittiert Genussrechte mit folgenden Konditionen:
> a) Laufzeit „ewig" (sog. *perpetuals*).
> b) Kündigungsrecht durch Gesellschaft, aber nicht durch Genussrechtsinhaber.
> c) akzelerierender Erfolgsanteil (z. B. bei 6 % Kapitalanteil in den Jahren 01 bis 10 6,0 % Erfolgsanteil, in 11 8 %, in 12 10 % usw.).
> d) Bindung des Erfolgsanteils nicht an Jahresüberschuss, sondern an Dividenden (d. h. mit den Daten von oben in den Jahren 01 bis 10 jeweils 6 % der Dividende).
>
> **Beurteilung**
> a) Aufgrund der „ewigen" Laufzeit entfällt die Rückzahlungs**pflicht**; dies spricht für Eigenkapital.
> b) Ein Kündigungsrecht der **Gesellschaft** ist unschädlich für die Qualifizierung als Eigenkapital.
> c) Aufgrund des in der akzelerierenden Erfolgsbeteiligung zum Ausdruck kommenden faktischen Rückzahlungszwangs (ab 11 ff. wird die Finanzierung für die Gesellschaft zu teuer) können die Vertragsparteien mit einer **Beendigung** der Laufzeit am Ende des Jahres 10 rechnen. Dies macht das Genussrecht attraktiver für die Zeichner (die insofern mit einem Rückzahlungstermin kalkulieren können), ist aber trotz der Berufung von IAS 32.15 auf das *substance-over-form*-Prinzip nach h. M. **unschädlich** für die **Eigenkapitalqualifikation**.
> d) Eine Bindung des Erfolgsanteils an den Jahresüberschuss wäre schädlich für die Eigenkapitalqualifizierung. Es läge hier eine bedingte, außerhalb der Kontrolle bzw. des freien Ermessens der Gesellschaft liegende Rückzahlungspflicht vor. Sie führt nach IAS 32.25 zu Fremdkapital.[14] Mit der Bindung der Erfolgsbeteiligung an die Dividendenpolitik bleibt das freie Ermessen der Gesellschaft gewahrt; das Genussrecht ist Eigenkapital. Fraglich ist aber, ob sich ein derartiges Genussrecht, bei dem der Zeichner der Dividenden- und Thesaurierungspolitik des Unternehmens völlig ungeschützt ausgeliefert ist, noch platzieren lässt. Gegenüber institutionellen Geldgebern, von denen das Unternehmen in vielfacher sonstiger Weise (z. B. bei Emissionen, hinsichtlich Kreditlinien etc.) faktisch abhängig ist, gelingt die Platzierung eines solchen Instruments noch am ehesten. Alle Beteiligten wissen um die normative Kraft der faktischen Abhängigkeiten. Diese werden auch ohne rechtlichen Zwang für Dividendenausschüttungen und damit Zahlungen an den Genussrechtsinhaber sorgen. Nach dem in IAS 32.15 in den Vordergrund gestellten *substance-over-form*-Grundsatz müsste hier aus faktischen Gründen Fremdkapital angenommen werden. Die herrschende Meinung und Praxis verfährt aber ohne Rücksichtnahme auf *substance over form*.

Nach IFRS bilanzierende Unternehmen zeigen auch ein verstärktes Interesse für **ewige Anleihen** (*perpetual bonds*). Wesentliches Kriterium einer Finanzverbindlichkeit ist die Verpflichtung des Unternehmens zu Geldzahlungen in der Zukunft. Aufgrund der fehlenden Verpflichtung des Schuldners zur Rückzah-

---

[14] Für einen Eigenkapitalausweis bei Erfüllung bestimmter Zusatzbedingungen (hinreichend freie Rücklagen etc.) KÜTING/DÜRR, DStR 2005, S. 938, unter Verweis auf den Grundsatz substance over form.

lung der Anleihe ist diese Voraussetzung für den Nominalbetrag der ewigen Anleihe nicht erfüllt. Gleichwohl liegt bei „normaler" Ausgestaltung **kein Eigenkapital** vor. Eine gleichwertige unbegrenzte Zahlungsverpflichtung besteht nämlich hinsichtlich der Verzinsung des Nominalbetrags.

> **Beispiel**
> Ein Unternehmen will eine Anleihe mit einem Nominalbetrag von 100 emittieren, entweder a) mit einer Laufzeit von 200 Jahren oder b) als ewige Anleihe jeweils mit einer jährlichen (marktgerechten) Zinszahlung von 4 GE. Für den Barwert beider Anleihen gilt dann Folgendes:
> a) **200-jährige Anleihe:** Aus der diskontierten Summe der Zinszahlungen und dem mit dem laufzeitäquivalenten Zins diskontierten Nominalbetrag ergibt sich ein Barwert von ca. 100. In diskontierter Betrachtung ist der **Rückzahlungsbetrag** der 200-jährigen Anleihe **vernachlässigbar**, er beträgt weniger als 0,04 % des Barwertes.
> b) *Perpetual bond:* Aus der diskontierten Summe der zukünftigen Zinszahlungen (gem. Rentenformel: 4 GE/4 %) ergibt sich ein Barwert von ebenfalls 100.

Somit besteht eine **wirtschaftliche Äquivalenz** zwischen der zeitlich begrenzten, d. h. zurückzuzahlenden Anleihe und der ewigen Anleihe. Dieser Äquivalenz trägt IAS 32.AG6 Rechnung, indem **ewige Anleihen** mit marktgerechter Verzinsung ohne weitere Ausgestaltungsmerkmale als **Fremdkapital** zu klassifizieren sind. Entscheidendes Kriterium für den Fremdkapitalcharakter ist die Verpflichtung des Schuldners zur Leistung von Zahlungen. Ob diese zivilrechtlich als Zinsen oder als Rückzahlung des Nominalbetrags zu qualifizieren sind, ist bei entsprechender Laufzeit nicht entscheidend.

Aktuelle ewige Anleihen oder Genussrechte sehen aber z. T. eine **Bindung** der Zinszahlung an einen **Dividendenbeschluss** der Gesellschaft vor.

- Eine Anknüpfung der Zinszahlung an den **Jahresüberschuss** des Schuldners reicht für die Eigenkapitalqualität **nicht** aus (IAS 32.25).
- Nur eine Anknüpfung an den **Dividendenbeschluss** ist u. U. **unschädlich**. Wird der Zins nur für die Jahre gezahlt, für die auch Dividenden gezahlt werden, liegt die Zinszahlung insoweit im Ermessen der Gesellschaft. Diese kann auf Dividendenbeschlüsse verzichten und muss dann auch keine Zinsen zahlen. Eine zu Fremdkapital führende Zahlungsverpflichtung liegt u. U. nicht vor (vgl. aber Rz 21).
- Die Anleihebedingungen können jedoch eine spätere **Nachholung der Zinszahlung** in folgender Weise vorsehen: Der rechnerische Zinsanspruch aus den Jahren, für die keine Dividende gezahlt wurde, wird festgehalten und gelangt kumuliert in den Jahren zur Auszahlung, in denen wieder Dividenden gezahlt werden. Es kommt somit faktisch lediglich zu einer **Verschiebung des Zahlungszeitpunkts**. Der Schuldner kann sich der Zahlungsverpflichtung jedoch **theoretisch/rechtlich entziehen**, damit soll das Finanzinstrument Eigenkapitalqualität haben.

In aktuellen Ausgestaltungen von ewigen Anleihen oder Genussrechten ist zumeist eine einseitige **Kündigungsmöglichkeit** des Emittenten vorgesehen.

Bei einem nur für eine Anfangszeit (z.B. 10 Jahre) stabilen, danach **steigenden Zinsniveau** ist eine Ausübung dieses Kündigungsrechts durch einen rational handelnden Schuldner so gut wie sicher, da die Finanzierung nach Ablauf der Grundzeit zu teuer wird. Nach der wohl h.M. sind Kündigungsoptionen des **Schuldners** jedoch auch bei faktischem Ausübungszwang **nicht** zu **berücksichtigen**, da es an einer vertraglich (einklagbaren) Verpflichtung gegenüber dem Schuldner fehlt (IAS 32.AG25).

Die Frage des faktischen Rückzahlungszwangs ist im Übrigen in 2006 an den IFRIC herangetragen, von diesem aber nicht auf die Agenda genommen worden. Der IASB hat die bestehende Gestaltungen eher **bestätigt**, indem er erklärte, ökonomischer Rückzahlungszwang führe für sich genommen *(by itself)* nicht zu einer Verbindlichkeit (Rz 5).[15] Die EFRAG vertritt unter Berufung auf *substance over form* eine andere Auffassung und kritisiert, dass „*some commentators, including some IASB and IFRIC members*" dies anders sähen.[16]

In der vorgenannten Agenda-Entscheidung betont der IFRIC aber auch, dass die für eine Fremdkapitalqualifikation vorausgesetzten (bedingten oder unbedingten) Zahlungsverpflichtungen nicht explizit im Vertrag geregelt sein müssen, sondern sich gem. IAS 32.20 auch **indirekt** ergeben können. Als indirekte oder implizite Zahlungsverpflichtungen kommen solche aus dem allgemeinen Schuld- oder Gesellschaftsrecht infrage.[17]

Nach **allgemeinem Schuldrecht** könnte sich eine Fremdkapitalqualifikation im Einzelfall aus dem ungeschriebenen und vertraglich nicht abdingbaren Recht auf Kündigung von Dauerschuldverhältnissen aus wichtigem Grund ergeben. Bei dauerhafter Thesaurierung hoch positiver Ergebnisse zwecks Vereitelung von Zahlungen an die Genussrechtsinhaber wäre diesen u.U. eine Fortsetzung des Vertragsverhältnisses nicht mehr zuzumuten und i.V.m. § 242 BGB ein **außerordentliches Kündigungsrecht** zuzubilligen. Die Gesellschaft müsste demnach – eine hoch positive Ergebnisentwicklung unterstellt – entweder Zinsen zahlen oder eine Kündigung der Genussrechtsinhaber dulden und damit das Genussrechtskapital zurückzahlen. Wenn dies der Fall wäre, bestünden (bedingte) Zahlungsverpflichtungen, die zum Ausweis als Fremdkapital führen würden. Die schuldrechtliche Beurteilung ist aber unsicher und mag für die Annahme von Zahlungsverpflichtungen daher nicht ausreichen.

Auf **gesellschaftsrechtlicher Basis** ist Folgendes beachtlich: IAS 32 qualifiziert als im Ermessen der Gesellschaft stehende Zahlungen auch solche, über welche die Gesellschafterversammlung etwa im Wege des Ausschüttungsbeschlusses befindet (IAS 32.17, IAS 32.AG37 usw.). Diese Gleichsetzung von Gesellschafts- und Gesellschaftersphäre ist nur so lange vertretbar, wie es um ein kollektiv durch die Mehrheit der Gesellschafterversammlung ausgeübtes Ermessen geht. Wo Gesellschaftern hingegen Rechte individuell oder als Minderheit zustehen, die Gesellschafter also gerade nicht als Kollektiv betroffen sind, kann keine Identität der (insoweit gar nicht mehr vorhandenen) Gesellschaftersphäre mit der Gesellschaftssphäre bestehen. Von Bedeutung ist hier das **Minderheitsrecht aus § 254**

---

[15] IFRIC, Update März 2006.
[16] Draft Comment Letter, Re: Discussion Paper „Preliminary Views on an improved Conceptual Framework for Financial Reporting", www.efrag.org.
[17] Einzelheiten bei LÜDENBACH, PiR 2010, S. 211 ff.

AktG. Die Gesellschafterversammlung kann nicht uneingeschränkt eine Thesaurierung des Bilanzgewinns verfügen. Beschließt die Mehrheit die vollständige Thesaurierung, obwohl dies bei vernünftiger kaufmännischer Beurteilung nicht notwendig ist, um die Lebens- und Widerstandsfähigkeit der Gesellschaft für einen hinsichtlich der wirtschaftlichen und finanziellen Notwendigkeiten übersehbaren Zeitraum zu sichern, kann der Gewinnverwendungsbeschluss von einer Minderheit von 5 % der Aktionäre angefochten werden. Rechtsfolge einer erfolgreichen Anfechtungsklage ist unmittelbar die Nichtigkeit des Thesaurierungsbeschlusses und mittelbar ein Anspruch auf Ausschüttung.

Das **Anfechtungsrecht** steht zwar nur den Aktionären und nicht den hier interessierenden Gläubigern (Genussrechtsinhabern) zu. In Rechtsprechung und Schrifttum ist jedoch anerkannt,[18] dass bei gewinnabhängiger Verzinsung der Genussrechte eine die Aktionäre zur Anfechtung berechtigende Thesaurierung auch im Verhältnis zu den **Genussrechtsinhabern** unbillig i.S.d. § 315 BGB ist und damit unter dem Gesichtspunkt der Bedingungsvereitelung nach § 166 BGB einen Zahlungsanspruch der Genussrechtsinhaber und damit korrespondierend eine **Verpflichtung der Gesellschaft** begründet. Für die hier interessierende Fremdkapitalqualifikation geht es dabei nicht darum, ob eine Gewinnthesaurierung und dem folgend eine Berufung auf § 254 AktG überhaupt wahrscheinlich ist. Derartige Wahrscheinlichkeitsüberlegungen werden durch den formbasierten Ansatz von IAS 32 gerade ausgeblendet. Von Interesse ist nur, dass sich in einem derartigen (unwahrscheinlichen) Fall Zahlungsverpflichtungen gegenüber den Genussrechtsinhabern ergäben, zwar nicht explizit aus den Vertragsbedingungen, aber implizit aus den schuld- und gesellschaftsrechtlichen Regelungen. Bei dauerhaft hoch positiven Ergebnissen und entsprechender Vermögensentwicklung stehen deshalb Zahlungen an die Genussrechtsinhaber u.E. **nicht mehr im freien Ermessen** der Gesellschaft (bzw. der Mehrheit der Gesellschafterversammlung), sondern sind auch gegen den Willen der Gesellschafter (Gesellschaftermehrheit) durchsetzbar und begründen insoweit Fremdkapital.

Ansonsten nicht oder nur durch Kündigung des Emittenten zur Rückzahlung gelangende „ewige" Anleihen oder Genussrechte können dem Zeichner ein **Kündigungsrecht** für **außerordentliche Fälle** wie die Eröffnung des Insolvenzverfahrens über den Emittenten oder die Liquidation des Emittenten vorsehen. Derartige bedingte, vom Emittenten nicht vollständig kontrollierbare Rückzahlungsverpflichtungen führen nur dann zu keiner Qualifizierung als Fremdkapital, wenn die Bedingungen

- **realitätsfern** (*not genuine*) sind, d.h. extrem seltene, äußerst ungewöhnliche und sehr unwahrscheinliche Ereignisse betreffen (IAS 32.25(a)) oder
- nur im Falle einer **Liquidation** des Emittenten greifen (IAS 32.25(b)).

Ein nur im Falle der Liquidation des Emittenten greifendes Kündigungsrecht aus einer „ewigen" Anleihe ändert an deren Eigenkapitalqualifikation also nichts. Für **bedingte** Rückzahlungspflichten, die bereits im Falle der **Insolvenzeröffnung** greifen, soll nach IDW RS HFA 45, Tz. 12, Entsprechendes nicht gelten. Zur Begründung stellt das IDW explizit darauf ab, dass IAS 32.25(b) tatbestandlich nicht erfüllt ist, weil bei einer Insolvenzeröffnung Sanierung und Fortführung des Emittenten nicht ausgeschlossen werden können und somit nicht

---

[18] HABERSACK, in Münchner Kommentar AktG, 3. Aufl. 2011, § 221, Tz. 281 m.w.N.

zwingend eine Liquidation folgt. Implizit wird unterstellt, dass die Insolvenz auch im Rahmen einer *going-concern*-Bilanzierung kein realitätsfernes Ereignis darstellt und damit auch IAS 32.25(a) nicht greift.

2.5 Leistungsbezug gegen Anteilsgewährung (Sacheinlagen etc.)

23 Für „Vergütungen", die ein Unternehmen für bereits empfangene Leistungen nicht in Geld oder anderen Vermögenswerten, sondern in eigenen Anteilen gewährt, differenziert IAS 32.16b(i) wie folgt:
- Der Geschäftsvorfall ist gegen **Eigenkapital** zu buchen, wenn das Unternehmen für die feste Gegenleistung eine Verpflichtung hat, eine **feste** Zahl von Anteilen (Rz 5) zu gewähren *(fixed for fixed)*.
- Die Leistungsvereinnahmung ist gegen **Fremdkapital** zu buchen, wenn das Unternehmen eine Verpflichtung hat, eine **variable** Zahl von Anteilen zu liefern.

Zur **Bewertung** wird auf Rz 80 verwiesen.

24 Da der Vertragspartner im Falle der **variablen** Aktienzahl bis zur Erfüllung noch nicht das **Kursrisiko** trägt, ist er bis zu diesem Zeitpunkt anders gestellt als diejenigen, die schon **Anteilseigner** der Gesellschaft sind. Aus dieser Sicht verneint IAS 32.21 den **Residualcharakter** der Ansprüche des Vertragspartner und nimmt daher, da der Residualanspruch Eigenkapital definieren soll (Rz 4), Fremdkapital an. Diese Argumentation des IASB leidet unter **drei Defiziten**:
- Die Definition des Eigenkapitals über den Residualanspruch ist **zirkulär** und damit untauglich (Rz 5, Rz 83).
- Das Fehlen von eigentümertypischen **Kursänderungsrisiken** und -**chancen** beim (potenziellen) Gesellschafter berührt zwar dessen Position, jedoch im Fall einer Leistung gegen Kapitalerhöhung nicht notwendig die Position der Gesellschaft. Ob der bei einer Kapitalerhöhung anzusetzende Ausgabekurs von vornherein bestimmt ist oder nicht, berührt lediglich das Verhältnis von Alt- zu Neugesellschaftern, da bei einer variablen Aktienzahl noch nicht feststeht, welche Anteilsquote die Neugesellschafter erhalten werden und in welchem Maße damit die Anteilsquote der Altgesellschafter sinken wird. Das Abstellen auf die Risikoposition des neuen und alten Gesellschafters impliziert ein **verdecktes Korrespondenzprinzip**, das die Bilanzierung bei der Gesellschaft von der Position des Gesellschafters abhängig macht. Ein derartiges Korrespondenzprinzip ist u. E. nicht sachgerecht, da es zur **Vermischung von Gesellschafts- und Gesellschaftersphäre** führt.
- IAS 32 ist **in sich selbst widersprüchlich**: IAS 32.21 stellt für den variablen Fall auf eine Situation ab, in der die Verpflichtung des Unternehmens auf einen Betrag lautet, *„that fluctuates in part or in full in response to changes in a variable other than the market price of the entity's own instruments"*. Ein Anwendungsfall von IAS 32.16b(ii) läge demnach nicht vor, wenn die zu liefernde Aktienzahl nicht von anderen Variablen (Entwicklung des Goldpreises, der Marktzinsen etc.), sondern vom Aktienkurs selbst abhängt. Nach IAS 32.AG7d soll es andererseits darauf nicht ankommen, sondern auch im Fall der Abhängigkeit der Aktienzahl vom Aktienkurs selbst eine Verbindlichkeit anzunehmen sein.[19]

---

[19] Vgl. ERNST & YOUNG, International GAAP 2014, Ch. 43 sCh 5.2.1.

- IAS 32 steht im **Widerspruch zu IFRS 2**. Nach IFRS 2 würde auch das Vergütungsschema mit variabler Aktienzahl eine Buchung „Aufwand an Eigenkapital" (→ § 23 Rz 16) statt „Aufwand an Verbindlichkeit" nach sich ziehen. Die Frage, welche Vorschrift vorrangig ist, bleibt offen.[20] Wegen dieser systematischen Bedenken ist eine **Differenzierung** von Vergütungs- bzw. Einlagefällen nach fester oder variabler Zahl der Aktien u. E. in Einlagefällen **nicht** zwingend geboten.

Eine besondere Form der Sacheinlage stellt die Einlage von Forderungen (*debt for equity swap*) dar. Hierzu wird auf → § 28 Rz 99 ff. verwiesen.

25

2.6 Derivative Kontrakte in eigenen Aktien (Aktienerwerbsangebote, Ausgabe von Bezugsrechten etc.)

Nach IAS 32.16b(ii) führen auf den **zukünftigen** Erwerb oder die **zukünftige** Veräußerung eigener Aktien gerichtete Kontrakte in einigen Fällen zu Eigen-, in anderen zu Fremdkapital. Am Beispiel von **Optionskontrakten** lassen sich folgende relevante Fälle unterscheiden:

26

- *Purchased call option*: Die Gesellschaft hat gegen Zahlung einer Prämie das Recht gekauft, eigene Aktien zu einem bestimmten Preis (Ausübungspreis) zu erwerben. Der Vertrag berührt nur das **Eigenkapital**. Die gezahlte Optionsprämie ist vom Eigenkapital abzuziehen (IAS 32.AG14). Bei Ausübung der Option ist eine Buchung „Eigenkapital an Geld" geboten.
- *Written or issued call option:* Die Gesellschaft hat bereits eigene Aktien oder wird diese erforderlichenfalls noch erwerben. Gegen Erhalt einer Prämie hat sie dem Vertragspartner das Recht zum Erwerb dieser Aktien eingeräumt. Der Optionsvertrag berührt nur das **Eigenkapital**. Die vereinnahmte Optionsprämie ist dem EK zuzuschreiben (IAS 32.AG13 und IAS 32.AG27a). Bei Ausübung der Option durch den Vertragspartner ist eine Buchung „Geld an Eigenkapital" geboten.
- *Written put option:* Dem Vertragspartner ist das Recht eingeräumt worden, Aktien der Gesellschaft an diese zu veräußern. Die bedingte Erwerbsverbindlichkeit führt zur Umgliederung von Eigen- in **Fremdkapital**. (IAS 32.AG27b). Bei Ausübung der Option ist eine Buchung „Verbindlichkeit an Geld" geboten.

Keine Eigenkapitalinstrumente liegen in folgenden Konstellationen vor:[21]

- Für das Derivat wurde die Erfüllungsart „Barausgleich" *(net cash settlement)* vereinbart (IAS 32.AG27(c), IAS 32.AG27(d)).
- Der Terminkontrakt ist zwar durch physische Lieferung der Aktien zu erfüllen (*gross physical settlement*), die zu liefernde Anzahl von eigenen Eigenkapitalinstrumenten und/oder der Betrag der Gegenleistung stehen jedoch nicht fest (IAS 32.11).

Ein für börsennotierte Aktiengesellschaften wichtiges Anwendungsfeld des letzten Falles sind **freiwillige Erwerbsangebote** nach dem Wertpapiererwerbs- und Übernahmegesetz (**WpÜG**). Soweit eine börsennotierte Gesellschaft ein Angebot auf den Erwerb eigener Aktien abgeben möchte, muss sie dies im Interesse der Gleichstellung aller Aktionäre öffentlich tun (§ 10 WpÜG) und bei einer

27

---

[20] Vgl. ERNST & YOUNG, International GAAP 2014, Ch. 43 sCh 5.1.1.
[21] IDW RS HFA 45, Tz. 23 ff.

Überzeichnung des Angebots durch eine quotale Zuteilung für eine Gleichbehandlung derjenigen Aktionäre sorgen, die das Angebot angenommen haben (§ 19 WpÜG). Durch das Erwerbsangebot entsteht eine **bedingte Verpflichtung** der Gesellschaft zur Zahlung von Geld. Nach IAS 32.16 und 23 i.V.m. IAS 32.AG 27b ist diese **Verpflichtung** dann als Verbindlichkeit auszuweisen, wenn sie **vertraglichen** Charakter hat. Gegen einen solchen vertraglichen Charakter spricht nicht die Subsumierung des Angebots unter die Regelungen des WpÜG. Zwar hat das WpÜG z.T. öffentlich-rechtlichen Charakter, z.B. in Bezug auf die Aufsichts- und Untersagungsrechte der Bundesanstalt für Finanzdienstleistungsaufsicht. Daneben hat es aber den Charakter eines speziellen Zivilrechts, das die Kontrahierungs-, Inhalts- und Formfreiheiten des allgemeinen Zivilrechts im Interesse des Gleichbehandlungsgrundsatzes einschränkt. Unter Beachtung dieser Beschränkungen unterliegen das Erwerbsangebot sowie seine Annahme aber den allgemeinen Regeln des **Vertragsrechts**.[22] Die Einschränkungen der allgemeinen Vertragsfreiheiten bzw. die quasi öffentlich-rechtliche Prägung des Vertragsverhältnisses verhindern u.E. nicht die Qualifikation eines öffentlichen Erwerbsangebots als vertragsrechtliche Verpflichtung (*contractual obligation*) i.S.v. IAS 32. Auch das freiwillige Erwerbsangebot führt daher u.E. zum Ausweis einer **Verbindlichkeit**.

Beispiel
Gem. WpÜG gibt die A am 27.12.01 ein freiwilliges öffentliches Angebot über den Erwerb von 10.000 eigenen Aktien ab, das bis zum 31.1.02 von den Aktionären angenommen werden kann.
• Die angebotene Leistung (= Optionsausübungspreis) beträgt 10.
Die Kurse entwickeln sich wie folgt:
• Kurs bei Abgabe des Erwerbsangebots 9,
• Stichtagskurs 31.12.01: 8,5 (**alternativ 11,0**),
• konstanter Kurs 2.1. bis 31.1.02 von 8,0 im Grundfall (bzw. **von 11,0 im Alternativfall**).
Im Grundfall werden die Aktionäre das Erwerbsangebot annehmen, da sie bei einem an der Börse erzielbaren Kurs von 8,0 von der Gesellschaft 10,0 erhalten, die Ausübung der Option also vorteilhaft ist. Folgende Buchungen sind daher geboten:

Datum	Konto	Soll	Haben
01	Eigenkapital	100.000	
	Verbindlichkeiten		100.000
	Aktienrückkauf		
02	Verbindlichkeiten	100.000	
	Geld		100.000

---

[22] Vgl. GEIBEL/SÜSSMANN, WpÜG Kommentar, 2002, § 11, Rn 2: „Öffentliche Angebote i.S.d. Gesetzes ... sind insoweit nach den allgemeinen Bestimmungen des bürgerlichen Rechts zu qualifizieren." Ähnlich STEINMEYER/HÄGER, WpÜG Kommentar, § 11, Rn 5f., die die Veröffentlichung der vom Bieter zu erstellenden Angebotsunterlage als Abgabe eines bindenden Angebots i.S.d. § 145 BGB qualifizieren. Die Rechtsfolgen der Annahme des Angebots „sind nicht mehr Gegenstand des Übernahmerechts, sondern richten sich nach den allgemeinen Vorschriften des BGB. Allerdings werden die zulässigen Vertragsbedingungen in weitem Umfang durch das WpÜG vorbestimmt" (ebenda, § 11, Rz 8).

Im **Alternativfall** werden die Aktionäre das Angebot nicht annehmen, da sie bei einem an der Börse erzielbaren Kurs von 11,0 von der Gesellschaft nur 10,0 erhalten würden, die Ausübung der Option also nachteilig wäre. Die Buchung in 01 ist von den Wertentwicklungen nicht betroffen. Auch wenn der Kurs bereits am Stichtag 11,0 betrug und daher auch aus Sicht des Stichtags eine Optionsausübung nicht wahrscheinlich war, darf dies nicht berücksichtigt werden. Als Fremdkapital ist zum Stichtag jede Ankaufsverpflichtung auszuweisen, auch wenn sie bedingten Charakter hat und der Eintritt der Bedingung nicht wahrscheinlich ist.
Erst am 31.1.02 steht die Nichtannahme fest und erlischt die bedingte Verbindlichkeit. Zu diesem Zeitpunkt erfolgt die „Stornierung" der Buchung aus 01, d.h. die Wiedereinstellung der 100.000 in das Eigenkapital.

Datum	Konto	Soll	Haben
	Aktienrückkauf kommt nicht zustande		
02	Verbindlichkeiten	100.000	
	Eigenkapital		100.000

Der Qualifizierung der aus dem Übernahmeangebot entstehenden Verpflichtung als finanzielle Verbindlichkeit könnte allenfalls Folgendes entgegenstehen: IAS 32.11 definiert finanzielle Verbindlichkeiten als *contractual obligations*. Wäre damit keine vertagsrechtliche, sondern mit der amtlichen deutschen Übersetzung eine vertragliche Verpflichtung gemeint, ließe sich einwenden, dass durch das Übernahmeangebot noch kein Vertrag entsteht, sondern lediglich das Angebot zum Abschluss eines solchen abgegeben werde, es also vor Annahme des Angebots an der vertraglichen Verpflichtung fehle.[23]

Ist der derivative Kontrakt über eigene Aktien nicht auf deren tatsächliche Lieferung, sondern auf einen Barausgleich i.H.d. Differenz von Vertragskurs und Kurs bei Fälligkeit gerichtet *(cash settlement)*, liegt ein „normales" Derivat vor, das zum *fair value* als finanzieller Vermögenswert oder Verbindlichkeit auszuweisen ist (IAS 32.AG27).[24]

Gibt die Gesellschaft zur Vornahme einer Kapitalerhöhung **Bezugsrechte** an die Aktionäre aus, die gegen ein fixes Entgelt zur Zeichnung der Kapitalerhöhung berechtigen, so ist die *fixed-for-fixed*-Bedingung des IAS 32.16b (Rz 23) i.d.R. erfüllt. Eine Verbindlichkeit bzw. derivative Verbindlichkeit entsteht nicht.
Lautet der bei Ausübung des Bezugsrechts zu zahlende Preis allerdings auf eine fremde, für die Gesellschaft **nicht funktionale Währung**, steht der von der Gesellschaft für die spätere Ausgabe der Anteile vereinnahmte Betrag in funktionaler Währung gerade nicht fest. Fremdkapital wäre auszuweisen. Bezüglich dieses Sonderfalls hat der IASB jedoch in 2009 ein *Amendment* von IAS 32.16(b)(ii) sowie IAS 32.11(b)(ii) vorgenommen. Danach führt die Ausgabe in fremder Währung für ab dem 1.2.2010 beginnende Geschäftsjahre nicht zum Ausweis einer (derivativen) Verbindlichkeit.

28

---

[23] Vgl. Freiberg, PiR 2012, S. 296ff., der dieses Argument detailliert untersucht und im Ergebnis ablehnt.
[24] Vgl. IDW RS HFA 45, Tz. 23ff.

2.7 Eigenkapital von Personengesellschaften und Genossenschaften

2.7.1 Gesellschaftsrechtliche Ausgangslage: Kündbare Anteile, Abfindungsverpflichtungen

29 Nach deutscher Rechtslage bestehen (nicht ausschließbare) ordentliche **Kündigungsrechte** für
- Genossenschaften gem. §§ 65 und 73 GenG und
- Personenhandelsgesellschaften gem. § 105 Abs. 3 HGB i.V.m. § 723 BGB (OHG) bzw. § 161 Abs. 2 i.V.m. § 105 Abs. 3 HGB und § 723 BGB (KG).

In diesen Fällen führt die Kündigung gesetzlich nicht zur Auflösung, sondern zum Ausscheiden des kündigenden Mitglieds bzw. Gesellschafters unter Entstehen eines **Abfindungsanspruchs** (§ 73 GenG, § 131 Abs. 3 Nr. 1 HGB i.V.m. § 738 BGB). Dieser kann der Höhe nach vertraglich geregelt, aber nicht ausgeschlossen werden:
- Bei **Genossenschaften** darf die Abfindung, ein ausreichendes Vermögen der Genossenschaft unterstellt, das Geschäftsguthaben nicht unterschreiten (§ 73 Abs. 2 GenG).
- Bei **Personenhandelsgesellschaften** ist eine Abfindung unterhalb der buchmäßigen Beteiligung am Gesellschaftsvermögen i.d.R. sittenwidrig,[25] eine Abfindung zum Buchwert oder nach anderen Formeln (z.B. Stuttgarter Verfahren) zwar im Allgemeinen nicht sittenwidrig, aber häufig durch ergänzende Vertragsauslegung auf eine angemessene Abfindung zu korrigieren.[26]

30 Abfindungsverpflichtungen der Personengesellschaft oder Genossenschaft können sich darüber hinaus aus den Regelungen über das Schicksal der Mitgliedschaft im **Todesfall** ergeben.
- Nach dem gesetzlichen Statut der **Genossenschaft** geht die Mitgliedschaft zwar im Todesfall auf die Erben über, diese scheiden aber zum Ende des Geschäftsjahres, in dem der Todesfall sich ereignet hat, aus (§ 77 Abs. 1 GenG). In der Praxis des Genossenschaftsstatuts ist jedoch regelmäßig abweichend eine Fortsetzung mit den Erben vorgesehen (§ 77 Abs. 2 GenG).
- Bei der gesetzlich verfassten **OHG** führt der Tod des Gesellschafters zum Ausscheiden (§ 131 Abs. 3 Nr. 1 HGB). Auch hier dominieren in der Vertragspraxis Klauseln, die eine Fortsetzung mit den Erben (ggf. nur mit den „qualifizierten" Erben) vorsehen. Bei der **KG** gilt Entsprechendes für den Komplementär, während die Erben des Kommanditisten mangels abweichender Bestimmung in dessen Gesellschafterstellung eintreten (§ 177 HGB).

2.7.2 Bilanzielle Problemstellung: Umqualifizierung Eigenkapital in Fremdkapital?

31 Nach IAS 32.16 und 19 liegt **Eigenkapital** nur insoweit vor, als ein Unternehmen weder eine unbedingte noch eine bedingte **Verpflichtung** zur **Lieferung** von Geld oder anderen Vermögenswerten hat.
In der Konkretisierung dieser Regelungen bestimmt IAS 32.18b: Ein Recht der Anteilseigner von Personengesellschaften *(partnerships)*, Genossenschaften und Fonds *(mutual funds)*, ihren Anteil *(interest)* jederzeit *(at any time)* gegen eine

---

[25] BGH, Urteil v. 9.1.1989, ZR 83/88, NJW 1989, S. 2686ff.
[26] BGH, Urteil v. 20.9.1993, II ZR 104/92, BB 1993, S. 2265ff.

Abfindung zurückzugeben, ist bilanziell als **Verbindlichkeit** auszuweisen, auch wenn die Stellung der Anteilseigner rechtlich die Form eines Residualinteresses hat. Das Eigenkapital von Personengesellschaften und Genossenschaften wäre diesen Regeln folgend in einem IFRS-Abschluss ganz oder teilweise als **Fremdkapital** auszuweisen,[27] wenn
- den Mitgliedern bzw. Gesellschaftern ein **Kündigungsrecht** zusteht **und**
- die Ausübung dieses Rechts einen **Abfindungsanspruch** gegen das Unternehmen begründet.

Ein Fremdkapitalausweis gesellschaftsrechtlichen Eigenkapitals wäre darüber hinaus auch für **GmbHs** erforderlich, wenn der Gesellschaftsvertrag ein ordentliches Kündigungsrecht gegen Abfindung vorsieht. Lediglich gesetzlich nicht abdingbare außerordentliche Kündigungsrechte wären bei allen Rechtsformen unschädlich.

Die z. T. absurden Konsequenzen einer Umqualifizierung des Eigenkapitals – je besser sich die Gesellschaft entwickelt, desto schlechter muss sie sich in Bilanz und GuV darstellen – haben wir in den Vorauflagen und an anderen Stellen[28] ausführlich dargestellt. Der IASB hat derartige Kritiken mit einiger Zeitverzögerung wahrgenommen und sie zum Anlass genommen, die Regeln mit Wirkung ab 2009 anzupassen.

Die insoweit geänderte Fassung von IAS 32 geht das Problem der Eigen- bzw. Fremdkapitaldefinition nicht prinzipienbasiert (→ § 1 Rz 43 ff.), sondern **kasuistisch** in der Form von **Ausnahmeregelungen** an:
- Wenn kündbare Anteile *(puttable shares)* bestimmten in den eingefügten Buchstabenparagrafen IAS 32.16A bis IAS 32.16F genannte **Bedingungen** vollständig **erfüllen**,
- dann sind sie in **Ausnahme** von den allgemeinen Definitionsmerkmalen von Fremdkapital (*„as an exception to the definition of a financial liability"* – IAS 32.16A) als Eigenkapital zu qualifizieren.

Die Ausnahmeregelungen betreffen neben kündbaren Anteilen auch Finanzinstrumente, die nur bei Liquidation des emittierenden Unternehmens einen Residualanspruch des Inhabers des Finanzinstruments gegen das Unternehmen zur Folge haben. Der Ausnahmecharakter der Regelungen führt zu einer **Sonderform** des Eigenkapitals, einer Art **gewillkürtes**, durch gesellschaftsrechtliche Kautelen gestaltbares Eigenkapital.

Die Neuregelungen gelten **nicht** für den Ausweis von Minderheitenanteilen (nicht beherrschenden Anteilen) an Tochterpersonengesellschaften im **Konzern** (→ § 32 Rz 168). Hier gilt: Kündigungsmöglichkeiten und damit verbundene potenzielle Abfindungsansprüche führen zur Behandlung des **Minderheitenanteils** als **Fremdkapital** (IAS 32.AG29A und IAS 32.BC68).

2.7.3 Voraussetzungen für den Eigenkapitalausweis von kündbaren Anteilen

IAS 32.16A enthält folgende **kumulative Voraussetzungen** für den Ausweis von kündbaren Anteilen als Eigenkapital:
- proportionale Beteiligung am Liquidationsergebnis (Rz 34),
- Nachrang gegenüber allen anderen Finanzinstrumenten (Rz 35),

---

[27] IDW RS HFA 45 Tz. 16.
[28] LÜDENBACH/HOFFMANN, BB 2004, S. 1042 ff., und LÜDENBACH/HOFFMANN, DB 2005, S. 404.

- identische Ausstattungsmerkmale aller kündbaren Anteile (Rz 36),
- Fehlen weiterer, über die potenziellen Abfindungsverpflichtungen hinausgehender Zahlungsverpflichtungen (Rz 39),
- substanzielle Beteiligung am buchhalterischen oder ökonomischen Unternehmenserfolg (Rz 40).

a) Proportionale Beteiligung am Liquidationsergebnis

34 Alle Anteilseigner müssen entsprechend ihrem Anteil an der Gesellschaft am Liquidationsergebnis beteiligt sein (IAS 32.16A(a)). Abgestellt wird nur auf die Beteiligung am **positiven** Liquidationsergebnis *(net assets)*.
Unschädlich ist im Fall der **KG** daher, dass der Komplementär vorrangig den Fehlbetrag zu tragen hat. Gem. IAS 32.AG14F und IAS 32.AG14G ist diese **persönliche Haftung** des Komplementärs von der Einlage abzuspalten und als gesondertes Finanzinstrument zu betrachten (RIC 3 Tz 9). Auch eine ergebnisunabhängige Haftungsvergütung des Komplementärs ist unschädlich, wenn sie einem Fremdvergleich standhält.[29]

b) Nachrang gegenüber allen anderen Finanzinstrumenten

35 Der kündbare Anteil muss in der (freiwilligen oder erzwungenen) Liquidation **nachrangig** gegenüber allen anderen Finanzinstrumenten sein (IAS 32.16A(b)). Dies bedeutet zunächst einen Nachrang gegenüber **Gläubigern:** Ansprüche der Gesellschafter dürfen erst erfüllt werden, wenn Ansprüche aller anderen Kapitalgeber befriedigt sind.
Schädlich kann auch ein fehlender **Gleichrang** von **Gesellschaftern untereinander** sein. Zu unterscheiden sind hier folgende Konstellationen:

Beispiel
Der Gesellschaftsvertrag der ABC OHG sieht Folgendes vor:

Fall 1:
Gesellschafter A erhält einen Vorabanteil am Liquidationsergebnis. Der Rest wird zwischen B und C nach Maßgabe ihrer Anteile verteilt.

Beurteilung
Der Anteil von A ist kein Eigenkapital. Er gehört nicht in die nachrangigste Klasse von Finanzinstrumenten. In ihr sind nur die Anteile von B und C zu erfassen. Sie stellen bilanziell Eigenkapital dar.

Fall 2:
Gesellschafter A erhält zunächst einen Vorabanteil am Liquidationsergebnis. Der Rest wird zwischen A, B und C nach Maßgabe ihrer Anteile verteilt.

Beurteilung
Der Anteil von A gehört nicht zur nachrangigsten Klasse und ist Fremdkapital, B und C gehören zur nachrangigsten Klasse und sind untereinander gleichgestellt, daher als Eigenkapital zu qualifizieren.

---

[29] RIC 3.10.

c) Identische Ausstattungsmerkmale

Alle Finanzinstrumente in der nachrangigsten Klasse müssen gleiche Ausstattungsmerkmale haben (IAS 32.16A(c)). Die Bedingung bezieht sich ausschließlich auf die **finanziellen** Ausstattungsmerkmale der Instrumente. Hierzu gehören aber nicht nur Ansprüche auf das Perioden- oder Liquidationsergebnis. Schädlich ist z.b., wenn eine Hinterbliebenenversorgung für den Fall des Ausscheidens durch Tod nur für die Gründungsgesellschafter, nicht für die später Hinzugetretenen vorgesehen ist.[30] Unschädlich können hingegen Pensions- oder Hinterbliebenenregelungen sein, mit denen in fremdüblicher Weise nur die geschäftsführenden Gesellschafter für ihre Geschäftsführungstätigkeit bedacht werden. Hier liegen ggf. eigenständige, separat vom Gesellschaftsanteil zu betrachtende Verpflichtungen der Gesellschaft vor (IAS 32.AG14I). Schädlich sind in jedem Fall (signifikante) Unterschiede zwischen Gesellschaftern(-gruppen) hinsichtlich der Einlage- oder Entnahmemodalitäten (Höhe oder Zeitpunkt).[31] Unschädlich sind Unterschiede in **Geschäftsführungs-** oder **Informationsrechten**, wie sie etwa bei einer KG zwischen Komplementären und Kommanditisten bestehen.[32] Schädlich können hingegen nicht beteiligungsproportionale **Stimmrechte** sein, jedoch erst ab dem Zeitpunkt, ab dem sie tatsächlich ausgeübt werden.[33]

Beispiel

S bringt sein Einzelunternehmen in die mit seinen Kindern J-1 und J-2 gegründete OHG ein. An Kapital und Ergebnis und Vermögen ist jeder mit jeweils einem Drittel beteiligt. Abweichend davon stehen S jedoch 75 % der Stimmrechte zu.

Entscheidend ist, ob S mithilfe des überproportionalen Stimmrechts die finanziellen Ausstattungsmerkmale der Anteile zu seinen Gunsten verändert (RIC 3 Tz 18). Dies wäre nur dann der Fall, wenn der Gesellschaftsvertrag (1.) Änderungen an den diesbezüglichen Grundlagen mit einer ¾-Mehrheit zuließe und (2.) S tatsächlich so verführe.

Die Gleichartigkeitsbedingung ist nicht tangiert, wenn neben den kündbaren Anteilen **andere** Finanzinstrumente, etwa **ewig laufende Anleihen** oder **Genussrechte**, als Eigenkapital zu qualifizieren sind, wobei die anderen Finanzinstrumente aber in Liquidation und Insolvenz Vorrang vor den kündbaren Anteilen haben.

- Die Bedingung in IAS 32.16A(c) bezieht sich nicht auf alle Eigenkapitalinstrumente, sondern nur auf die im *Amendment* zu IAS 32 geregelten kündbaren Instrumente; allein hier ist Gleichartigkeit gefordert.
- Der Vorrang ewiger Anleihen in der Liquidation ist somit unschädlich.[34]

Schädlich kann ein **Rangrücktritt** eines darlehensgewährenden Gesellschafters sein. Wenn nach dem Inhalt der Rücktrittserklärung der Gesellschafter/Darlehensgeber Befriedigung nur zusammen mit allen bei der Schlussverteilung nach

---

[30] Meurer/Tamm, IRZ 2010, S. 269 ff.
[31] Vgl. Zwirner/König, KoR 2013, S. 1 ff.
[32] RIC 3.15 ff.
[33] RIC 3.18.
[34] RIC 3.19. Entsprechend schon Weidenhammer, PiR 2008, S. 213 ff.; DRSC, EIC 3, Tz. 19.

§ 199 InsO Berechtigten verlangen kann (sog. qualifizierter Rangrücktritt), ist das Darlehen ebenfalls der letztrangigsten Klasse zuzuordnen, in seinen Merkmalen aber nicht völlig gleich mit kündbaren Anteilen, sodass IAS 32.16A(c) verletzt wird.[35]

d) Keine weiteren Zahlungsverpflichtungen

39 Abgesehen von den aus einer Kündigung der Beteiligung/Rückgabe der Anteile resultierenden Zahlungsverpflichtungen darf die Personengesellschaft dem einzelnen Gesellschafter gegenüber keine weiteren Verpflichtungen zur Zahlung oder Hingabe anderer finanzieller Vermögenswerte haben (IAS 31.16A(d)). Nicht schädlich sind hier die gesetzlichen **Entnahme-** und **Verzinsungsrechte** der Gesellschafter i.S.d. § 122 Abs. 1 HGB, § 168 HGB sowie der **Gewinnauszahlungsanspruch** des Kommanditisten nach § 169 Abs. 1 HGB. Sie begründen auch dann, wenn der Gesellschaftsvertrag die Ausschüttung/Thesaurierung nicht an Gesellschafterbeschlüsse bindet, keinen individuellen Zahlungsanspruch des Gesellschafters. Dieser erfordert vielmehr den kollektiven Beschluss über die Feststellung des Jahresabschlusses.[36] In diesem Rahmen können die Gesellschafter auch ohne vertragliche Regelung eine Thesaurierung beschließen. Tun sie es nicht oder nicht in vollem Umfang, so liegt hierin der implizite Ausschüttungsbeschluss, der erst (beschränkt auf die Höhe der Ausschüttung) zu einem Fremdkapitalausweis führt.[37] Für das Entnahmerecht des Kommanditisten nach § 169 Abs. 1 HGB gilt Entsprechendes (Rz 46).

e) Substanzielle Beteiligung am buchmäßigen oder ökonomischen Unternehmenserfolg

40 Die Gesellschafter müssen gem. IAS 32.16A(e) über die Gesamtdauer ihrer Beteiligung **substanziell** (*substantially*) eine angemessene Beteiligung an der Entwicklung des Unternehmens **erwarten können,** und zwar an der
- **buchmäßigen** (Jahresergebnis, Veränderung Buchvermögen) oder
- **ökonomischen** (Veränderung des Unternehmenswerts).

In Bezug auf unterschiedliche Abfindungsregeln und Gewinnbeteiligungsregeln gilt hier Folgendes:
- Nur eine **IFRS-Buchwertklausel,** die sich auf das Buchvermögen nach IFRS bezieht, führt in Verbindung mit der Beteiligung am laufenden IFRS-Ergebnis nach IAS 32.AG14E zur vollständigen Beteiligung am buchmäßigen Erfolg.
- Eine **Verkehrswertabfindung** nach § 738 HGB entspricht der Beteiligung an der ökonomischen Entwicklung. Das zwischenzeitliche Ausschüttungs- bzw. Thesaurierungsverhalten ist unerheblich, da die Ausschüttung/Nichtausschüttung von Gewinnen sich in der Verkehrswertentwicklung und damit in den Abfindungsansprüchen widerspiegelt.
- Eine **HGB-Buchwertklausel** ist differenziert zu würdigen. Zunächst sind die zivilrechtlichen Wirkungen von Buchwertklauseln zu beachten: Buchwertklauseln sind regelmäßig weder nichtig gem. § 138 BGB noch unzulässig wegen § 723 Abs. 3 BGB (Kündigungsbeschränkung). Bei einer sich im Zeitablauf ergebenden relevanten Diskrepanz zwischen dem vertraglich vereinbarten Abfindungswert und dem tatsächlichen Anteilswert ist jedoch im Zuge

---

[35] Vgl. HOFFMANN, PiR 2009, S. 182 ff.
[36] BGH, Urteil v. 20.4.2009, ZR 88/08, DStR 2009, S. 1489.
[37] RIC 3.21 ff.

eines Rechtsstreits und nach Maßgabe der einschlägigen BGH-Rechtsprechung regelmäßig eine Anpassung des Abfindungsbetrages im Wege der ergänzenden Vertragsauslegung durchzusetzen. Der so ermittelte Abfindungsbetrag liegt i.d.R. zwischen dem Buchwert und dem Verkehrswert. I. V. m. den laufenden Ausschüttungen entspricht dann der während der Dauer der Zugehörigkeit zur Gesellschaft insgesamt zu **erwartende** Zahlungsstrom aus dem Anteil zwar nicht vollständig der ökonomischen Entwicklung, eine solche vollständige Übereinstimmung ist durch IAS 32.16A(e) aber auch nicht gefordert. Ausreichend ist eine substanzielle Übereinstimmung, d.h. je nach Lesart ein Wert, der 50 % der tatsächlichen Entwicklung einfach oder deutlich überschreitet. Diese Voraussetzung und damit die Eigenkapitalqualifikation ist bei einer Buchwertklausel regelmäßig gegeben (RIC 3, Tz 38).

- Entsprechendes gilt dann erst recht für Abfindungsklauseln, die wie etwa das **Stuttgarter Verfahren** in der Tendenz zwischen Buch- und Verkehrswert liegen.

2.7.4 Konkreter Ausweis des bilanziellen Eigenkapitals

Für Kapitalgesellschaften sieht IAS 1.79 Angaben zur Zusammensetzung des gezeichneten Kapitals (z.B. Aktien mit unterschiedlichen Rechten) sowie Angaben zu Art und Zweck jeder Rücklage vor. In der Eigenkapitaländerungsrechnung sind gem. IAS 1.106 die akkumulierten Ergebnisse und die Entwicklung des gezeichneten (Rz 66) Kapitals, der Kapitalrücklagen und jeder sonstigen Rücklage zu zeigen. Fraglich ist, inwieweit diese Regelungen auf die Personengesellschaft, z.B. den GmbH-&-Co.-KG-Konzern, anwendbar sind. Nach IAS 1.80 müssen Gesellschaften ohne gezeichnetes Kapital, insbesondere **Personengesellschaften, äquivalente Informationen** geben, wobei insbesondere 41

- die **Veränderungen** innerhalb **jeder Eigenkapitalkategorie** und
- die **Rechte,** Vorrechte und Restriktionen zu **jeder Eigenkapitalkategorie**

zu zeigen sind.

Der Verzicht auf konkretere Vorgaben für Personengesellschaften ist angesichts der eher größeren nationalen Vielfalt auf dem Gebiet des Personengesellschaftsrechts verständlich. Die Forderung nach **äquivalenter Darstellung** erlaubt als relativ **offene und weiche Vorschrift** die Anwendung auf die jeweiligen nationalen Besonderheiten unter Einräumung bestimmter Freiheitsräume. 42

Die nachfolgenden Ausführungen zur OHG und KG sind insofern nicht als Präsentation der einzig möglichen Lösung, sondern als ein Vorschlag zu verstehen, der versucht, die Unterschiede zu Kapitalgesellschaften gering zu halten. Solange der IFRS-Bilanz, insbesondere der Konzernbilanz, primäre gesellschaftsrechtliche Funktionen wie etwa die Festlegung des gesellschaftsrechtlich ausschüttungs- bzw. entnahmefähigen Betrages nicht zukommen, verdient u. E. ein weitgehend auf **Parallelisierung** zur **Kapitalgesellschaft** achtender Bilanzausweis gegenüber einer umgekehrt die Rechtsformunterschiede betonenden Darstellung den Vorzug. Da die Bilanzierungspflichten nicht die Gesellschafter, sondern die Personengesellschaft als Kaufmann betreffen, müssen Ausweisfragen vorrangig aus der Perspektive der Gesellschaft beantwortet werden. Die **Einheit** der **Gesellschaft** hat daher der Vielheit der Gesellschafter vorzugehen, soweit dem nicht zwingende Ausweisvorschriften entgegenstehen. 43

44 Aus IAS 1.79 ergibt sich die Anforderung, die mit jeder Eigenkapitalkategorie verbundenen **Restriktionen, Rechte und Vorrechte** kenntlich zu machen. In Verbindung mit IAS 1.78e wäre daher bei der Kommanditgesellschaft auf Bilanz- oder Anhangebene oder im Eigenkapitalspiegel zwischen der Summe der **Komplementäreinlagen** und der Summe der **Kommanditeinlagen** zu unterscheiden. Statt der jeweils zusammengefassten Betrachtung dürfte bei nicht zu vielen Gesellschaftern auch der Ausweis der Kapitalanteile der einzelnen Gesellschafter zulässig sein. Vorzuziehen ist jedoch u. E. die erste Alternative, da sie der hier befürworteten Parallelisierung (Rz 42) mit der Kapitalgesellschaft besser entspricht.

45 Auszuweisen sind in Bilanz, Eigenkapitalspiegel oder Anhang jeweils die **geleisteten** Einlagen. Gesellschaftsrechtlich bedingene und beschlossene, aber noch nicht geleistete Pflichteinlagen können als Abzugsposten innerhalb des Eigenkapitals berücksichtigt werden. Die Angabe einer über die Pflichteinlage hinausgehenden **Hafteinlage** der Kommanditisten ist allein Sache des Anhangs.

46 Bei den Gesellschaftern können neben Festkapitalkonten, die die Anteilsverhältnisse der Gesellschafter untereinander wiedergeben, weitere Einlagen und Konten vereinbart und/oder geleistet worden sein. Gängig ist etwa die Aufteilung in

- **Festkapitalkonten**, auf denen die geleistete Einlage verbucht wird,
- **Rücklagenkonten**, auf denen (u. a.) thesaurierte, ohne kollektiven Beschluss nicht entnahmefähige Gewinne erfasst werden,
- **Verlustvortragskonten** sowie
- **Privat-** oder **Darlehenskonten**, auf denen u. a. entnahmefähige Gewinne verbucht werden.

Es ist zunächst zu klären, ob die Privat-Darlehenskonten Teil der als Eigenkapital qualifizierten kündbaren Instrumente oder separat zu betrachtende Finanzinstrumente sind. Eine separate Betrachtung ist nach IAS 32.AG14I geboten, wenn das Privat-/Darlehenskonto annähernd **fremdübliche** Bedingungen aufweist, etwa im Wesentlichen angemessen verzinst wird. Das Konto ist dann als separates **Fremd**kapitalinstrument zu qualifizieren, mit der Folge, dass es bei der Prüfung, ob alle kündbaren Anteile gleichartige Bedingungen erfüllen (Rz 37), nicht mehr berücksichtigt werden muss. Ist hingegen ausnahmsweise eine einheitliche Betrachtung geboten, führt ein Vorrang der Privatkonten vor den übrigen Gesellschafteransprüchen im Falle der Liquidation zur Qualifikation aller Ansprüche als Fremdkapital.[38]

Die übrigen Konten können für bilanzielle Zwecke in **zwei Bereiche** zusammengefasst werden:

- **Einlagen**, einschließlich evtl. auf dem Rücklagenkonto erfasster Einlagen,
- **erwirtschaftete Ergebnisse** (einschließlich Verlustvortragskonto und auf dem Rücklagenkonto erfasster thesaurierter Gewinne).

47 Das Eigenkapital der Personengesellschaft kann sich durch **Entnahmen** ändern. Bei zulässigen Entnahmen ist gesellschaftsrechtlich zwischen persönlich haftenden Gesellschaftern und Kommanditisten zu unterscheiden. Die zulässige Entnahme des **persönlich haftenden Gesellschafters** reduziert dessen Festkapitalanteil. Wird im gleichen Maße die bedungene Pflichteinlage herabgesetzt, so ist der Vorgang wie eine Kapitalherabsetzung bei einer Kapitalgesellschaft zu behandeln. Kommt es nicht zur Herabsetzung der Pflichteinlage, so erhöht sich der Korrek-

---

[38] LÜDENBACH, PiR 2010, S. 116 ff.

turposten für nicht geleistete Einlagen. Bei den **Kommanditisten** kann unabhängig von der im Anhang zu erläuternden gesellschaftsrechtlich unterschiedlicher Folge (wiederauflebende Haftung usw.) bilanziell entsprechend verfahren werden. Werden durch Entnahmen die Kapitaleinlagen bzw. Kapitalanteile (auch im IFRS-Abschluss) **negativ**, so ist u.E. von einem Passivausweis zu einem Aktivausweis zu wechseln, da ein derartiges Verfahren auch für Kapitalgesellschaften bei nicht durch Eigenkapital gedeckten Fehlbeträgen zweckmäßig ist (Rz 87). 48

Sowohl die Beispielbilanz im Anhang zu IAS 1 als auch die dort wiedergegebene beispielhafte Eigenkapitalveränderungsrechnung sieht die Zusammenfassung von Gewinnrücklagen, Ergebnisvorträgen und Periodenergebnis in einer Sammelposition „erwirtschaftete Gewinne/Ergebnisse" vor. Eine Unterteilung ist zulässig und mindestens im Anhang wegen der gebotenen Erläuterung sämtlicher Rücklagen notwendig. Fraglich ist, wie sich die zusammengefasste Darstellungsmöglichkeit sowie die Tatsache, dass in der IFRS-Gliederung die Kategorie Bilanzgewinn (handelsrechtlich bei Aufstellung der Bilanz nach Gewinnverwendung gem. § 268 Abs. 1 HGB) fremd ist, zum Gesellschaftsrecht der Personengesellschaften verhalten. 49

Nach § 120 Abs. 2 HGB ist der auf einen OHG-Gesellschafter entfallene Gewinn seinem Kapitalanteil zuzuschreiben bzw. der Kapitalanteil um den auf ihn entfallenen Verlust zu mindern. Soweit dies der Gesellschaft nicht schadet, kann die Auszahlung des vorjährigen Gewinnanteils verlangt werden (§ 122 Abs. 1 HGB). Mindestvoraussetzung ist aber ein Beschluss über die Feststellung des handelsrechtlichen Jahresabschlusses (Rz 39). Soweit ein solcher Feststellungsbeschluss (je nach Gesellschaftsvertrag zusätzlich auch ein **Gewinnausschüttungsbeschluss**) bis zum Stichtag der IFRS-Bilanz **nicht vorliegt**, gilt: In der IFRS-Bilanz sind entweder saldiert das erwirtschaftete Ergebnis oder unsaldiert die Posten Gewinnrücklagen, Gewinnvortrag und Jahresüberschuss ausgewiesen. Eine als Verbindlichkeit zu passivierende Ausschüttungsverpflichtung (bzw. aus Sicht des Gesellschafters ein Entnahmerecht) besteht nicht. Auch wenn die Verpflichtung bis zur Aufstellung des IFRS-Abschlusses entsteht, ist sie nach IAS 10.12 erst in neuer Rechnung als Verbindlichkeit anzusetzen (→ § 4 Rz 39). 50

U. E. kann unabhängig davon, ob über die Gewinnverwendung bei Aufstellung der IFRS-Bilanz bereits (implizit) beschlossen worden ist, etwa weil der Feststellungsbeschluss zur handelsrechtlichen Einzelbilanz schon vorliegt oder nicht, das IFRS-Jahresergebnis getrennt von den Kapitalanteilen gezeigt werden. Welche Regelungen für die **Verwendung** bzw. **Entnahmefähigkeit** des Ergebnisses gelten, muss u. E. nur in den **Erläuterungen** zur Bilanz bzw. in den Erläuterungen zum Eigenkapitalspiegel deutlich gemacht werden. Dort wäre dann nach IAS 1.125 (→ § 5 Rz 4) auf das Erfordernis eines besonderen Gewinnverteilungsbeschlusses hinzuweisen und ebenso, ob ein solcher bereits vorliegt oder nicht. Für eine Verlagerung der Erläuterungen in den **Anhang** spricht auch folgende Überlegung: Der Disposition der Gesellschafterversammlung unterliegt nur der **handelsrechtliche** Gewinn, also eine Größe, die nur in einem losen bzw. zufälligen Zusammenhang zum IFRS-Jahresergebnis steht. Bei einer Darstellung der Gewinnverwendung, genauer der Verwendung des handelsrechtlichen Gewinns, in der IFRS-Bilanz selbst würde implizit der positive oder negative Unterschiedsbetrag zum IFRS-Jahresergebnis entweder vom Kapitalanteil abgezogen 51 bzw. diesem zugerechnet oder es würde ein Unterschiedsbetragsergebnis separat dargestellt. Beide Varianten wären nicht selbsterklärend. Die ohnehin notwendige besondere Erläuterung wäre daher in jedem Fall im Anhang vorzunehmen.

52 Die für den persönlich haftenden Gesellschafter gem. § 120 Abs. 2 HGB bestehenden Kapitalfortschreibungsregelungen gelten nicht für Kommanditisten. Sobald der Betrag der bedungenen Einlage erreicht ist, wird der Gewinnanteil des **Kommanditisten** nicht mehr dem Kapitalanteil zugeschrieben. Der Kommanditist hat auf übersteigende Gewinnanteile mangels abweichender gesellschaftsrechtlicher Regelungen einen **Auszahlungsanspruch** (§ 169 Abs. 1 HGB). Für das Ergebnis des abgelaufenen Jahres gilt dies aber erst dann, wenn ein Feststellungsbeschluss zur Handelsbilanz vorliegt (Rz 39). Werden IFRS- und HGB-Abschluss auf den gleichen Stichtag (z. B. 31.12.) erstellt, gilt: Zum Bilanzstichtag des IFRS-Abschlusses liegt regelmäßig noch kein Feststellungsbeschluss vor. Es ist der Jahresüberschuss (im Eigenkapital) und kein Entnahmerecht des Kommanditisten (als Fremdkapital) auszuweisen.

53 Zusammenfassend entspricht es u. E. den Vorschriften von IAS 1 bzw. der dort verlangten äquivalenten Darstellung am ehesten, wenn der Gewinn der Berichtsperiode separat als solcher ausgewiesen wird und die erwirtschafteten, noch nicht entnommenen bzw. nicht ausgeschütteten Gewinne und die noch nicht endgültig den Rücklagen zugewiesenen Gewinne der Vorjahre ebenfalls von den Festkapitalanteilen getrennt dargestellt werden. Das für Kapitalgesellschaften geltende Gliederungsschema würde damit weitgehend beibehalten. Ein wesentlicher Unterschied bestünde im Falle einer KG auf der Ebene der Festkapitalkonten in der Trennung zwischen Komplementär- und Kommanditkapital. Das Ergebnis unserer Überlegungen ist in Tabelle 1 niedergelegt.

I. Festkapital und Kapitalrücklagen
1. Komplementäre
2. Kommanditisten
II. Gewinnrücklagen und Ergebnisvortrag
III. Jahresüberschuss
IV. Ergebnisneutrale Eigenkapitalbestandteile (*other comprehensive income*)

Tab. 1: Eigenkapital KG-Variante

2.7.5 Bewertung sowie Bilanz- und GuV-Ausweis bei Fremdkapitalqualifikation

54 Bei erforderlicher **Umqualifizierung** von Eigen- in Fremdkapital (Rz 31 ff.) lässt IAS 32.18b einen **gesonderten** Ausweis zu:
- Das umqualifizierte Eigenkapital kann innerhalb des Schuldpostens gesondert als „**den Anteilseignern zuzurechnender Nettovermögenswert**" (*net asset value attributable to unitholders*),
- der den Gesellschaftern zuzurechnende, aufwandswirksame Ergebnisanteil kann als „**Veränderung des dem Anteilseigner zuzurechnenden Nettovermögenswertes**" (*change in net asset value attributable to unitholders*) ausgewiesen werden.

//// Eigenkapital, Eigenkapitalspiegel § 20

Die vorgenannten Sonderbezeichnungen werden nur **beispielhaft** (*descriptors such as*) aufgeführt. Die Wahl **anderer** Bezeichnungen, etwa „wirtschaftliches Eigenkapital" oder „gesellschaftsrechtliches Eigenkapital", dürfte bei entsprechender Erläuterung zulässig sein. Voraussetzung ist allerdings der Ausweis dieser Positionen innerhalb der Schuldposten.
Die *Illustrative Examples* zu IAS 32 enthalten unter IAS 32.IE32 ff. ein Anwendungsbeispiel. Die **GuV** ist danach (aggregiert) wie folgt zu gliedern (→ § 2 Rz 56): 55

```
–    Erlöse
–    operative Aufwendungen
=    Ergebnis aus operativer Tätigkeit
+/–  Finanzergebnis
–    Dividendenzahlung

=    Veränderung Nettovermögenswert Anteilseigner
```

Die Schlusszeile *(bottom-line)* dieser GuV entspricht nicht dem Ergebnisanteil der Gesellschafter, da die Dividendenzahlungen bereits abgezogen sind. Sie berücksichtigt im Übrigen auch nicht die Veränderung des Nettovermögenswerts der Anteilseigner durch Kapitaleinlagen oder durch nicht in der GuV erfasste Gewinne (Rz 63 ff.). Unter Berücksichtigung solcher Fälle wäre das Schema wie folgt zu ergänzen:

```
–    Erlöse
–    operative Aufwendungen
=    Ergebnis aus operativer Tätigkeit
+/–  Finanzergebnis
=    erfolgswirksame Veränderung Nettovermögenswert Anteilseigner
     (Ergebnis vor Anteil der Eigenkapitalgeber)
–    Dividenden
+/–  sonstige Transaktionen mit Anteilseigner
+/–  nicht in der GuV erfasste Gewinne

=    Veränderung Nettovermögenswert Anteilseigner
```

Der **bilanzpolitische** „Nutzen" der in IAS 32.18b und IAS 32.IE32 ff. angebotenen Lösung könnte darin bestehen, dass in die „wirtschaftlichen Eigenkapitalposten" bzw. die „wirtschaftlichen Ergebnisposten" u.U. auch Gesellschafterdarlehen und darauf entfallende Zinsen einzubeziehen sind, da auch diese Posten bzw. deren Veränderungen den Anteilseignern zugerechnet werden müssen.
Die **Bewertung** der kündbaren Anteile regelt IAS 32.23 explizit nur für den **Zugangs-/Erstbewertungszeitpunkt**. Anzusetzen ist der Barwert des potenziellen **Abfindungsbetrags**. Inhaltlich entspricht dies einer *fair-value*-Bewertung. Eine **Abzinsung** ist dabei u.e. nur für den gesellschaftsvertraglich bestimmten Zeitversatz zwischen Zeitpunkt des Ausscheidens bzw. Stichtag der Bewertung des Abfindungsanspruchs einerseits und Fälligkeit der Abfindung andererseits geboten. 56

> **Beispiel**[39]
> 1. A, B und C gründen am 31.12.01 durch Einbringung ihrer Einzelunternehmen die ABC OHG. Alle Gesellschafter haben gleiche Stimmrechte und sind in gleicher Weise am laufenden Ergebnis beteiligt. Wegen der besonderen Bedeutung des A für die Gesellschaft wird für die Teilung des Liquidationserlöses jedoch ein Verhältnis von 50 %/ 25 %/ 25 % vereinbart. Folge: Die kündbaren Anteile sind wegen Unterschiedlichkeit der Ausstattung (Rz 36) als Fremdkapital auszuweisen.
> 2. Im Fall einer Kündigung scheidet der jeweilige Gesellschafter gegen eine Verkehrswertabfindung aus. Eine Kündigung ist jedoch erstmals mit Wirkung zum 31.12.05 möglich. Ein eventuelles Abfindungsguthaben berechnet sich nach dem Verkehrswert zum Zeitpunkt der Wirksamkeit von Kündigung bzw. Ausscheiden, ist jedoch erst ein Jahr nach diesem Zeitpunkt fällig.
>
> **Beurteilung**
> Der potenzielle Abfindungsbetrag ist nach den Wertverhältnissen des jeweiligen Bilanzstichtags zu bestimmen, so als ob die die Gesellschafter zu diesem Zeitpunkt ausscheiden würden. Insoweit gibt es keine Notwendigkeit und keine Rechtfertigung, für den Zeitraum 31.12.01 bis 31.12.05 eine Abzinsung vorzunehmen. Eine solche Abzinsung käme nur für den Verkehrswert 31.12.05 infrage. Dieser Betrag ist aber zum einen noch völlig ungewiss und würde zum anderen Wertentwicklungen nach dem Bilanzstichtag 31.12.01 reflektieren, also einer Bilanzierung nach Stichtagsverhältnissen nicht entsprechen.
> Eine Abzinsung ist danach nur noch für den Zeitversatz zwischen Wirksamkeit der (fiktiven) Kündigung und Fälligkeit der Abfindung vorzunehmen. Wäre de Kündigung zum 31.12.01 wirksam, würde die Abfindung erst zum 31.12.02 zur Auszahlung gelangen: Der Verkehrswert 31.12.01 ist deshalb um 12 Monate abzuzinsen.

57 Zur Bewertung auf **Folgezeitpunkte** enthält IAS 32.23 lediglich den allgemeinen Verweis, dass die Vorschriften von IAS 39 (bzw. IFRS 9) anzuwenden sind. Das IDW folgert hieraus:[40]
- Da es sich bei der Abfindung nicht um eine erfolgswirksam zum beizulegenden Zeitwert zu bewertende finanzielle Verbindlichkeit handele, sei die Folgebewertung zu **fortgeführten Anschaffungskosten** *(amortised cost)* vorzunehmen.
- Allerdings fehle eine Regelung, wie die fortgeführten Anschaffungskosten im Falle von Abfindungsverpflichtungen zu ermitteln sind. Daher obliege dem **Bilanzierenden** die Festlegung eines **sachgerechten** Verfahrens für die Folgebewertung zu fortgeführten Anschaffungskosten. In Betracht komme bspw. eine Erhöhung des bei der Erstbewertung der Verbindlichkeit angesetzten Betrags um die Gewinnanteile der Gesellschafter, soweit diese von den Gesellschaftern entnommen werden können oder deren Abfindungs-

---
[39] Aus LÜDENBACH, PiR 2011, S. 361 ff.
[40] IDW RS HFA 45, Tz. 51 ff.

anspruch erhöhen. Darüber hinaus seien ggf. im sonstigen Ergebnis (*other comprehensive income*) ausgewiesene Beträge in die Bemessung der Verbindlichkeit einzubeziehen.

Die Position des IDW kann sich zwar formal auf den Globalverweis von IAS 32.23 auf IAS 39/IFRS 9 stützen, sie entspricht aber nicht dem Willen des Regelgebers. Der IASB hat die Einführung der kasuistischen Regelungen zur Qualifizierung kündbarer Anteile als Eigenkapital (Rz 32) mit **Bewertungsanomalien** (Rz 31) begründet, die sich ansonsten ergäben. Sie resultieren nach Auffassung des IASB insbesondere daraus, dass für als Verbindlichkeit zu qualifizierende kündbare Anteile Folgendes gilt: „*On an ongoing basis the liability is recognised at not less than the amount payabale on demand*" (IAS 32BC50a). Danach soll die Folgebewertung nach den gleichen Grundsätzen erfolgen wie die Erstbewertung, nämlich nach Maßgabe des potenziellen Abfindungsbetrags. Nur eine solche Vorgehensweise entspricht auch der tatsächlichen Wertentwicklung der Abfindungsverpflichtung und ist daher u. E. vorzuziehen.

2.7.6 Wechsel von Eigenkapital zu Fremdkapital et v. v. bei kündbaren Anteilen

Die für eine Eigenkapitalqualifikation maßgeblichen Bedingungen des **Gesellschaftsvertrags** (Rz 33) können im Zeitablauf **geändert** werden. Dadurch können kündbare Anteile sich von Eigen- in Fremdkapital verwandeln oder umgekehrt. Für diese Fälle hält IAS 32.16F Folgendes fest: 58

- Umqualifizierung von **EK in FK**: Das Fremdkapital ist mit dem *fair value* zum Zeitpunkt der Umklassifizierung anzusetzen. Eine Buchwertdifferenz zur bisherigen „Bewertung" des Eigenkapitals ist gegen das Eigenkapital selbst zu verrechnen.
- Umqualifizierung von **FK in EK**: Das Eigenkapital ist mit dem Buchwert des Fremdkapitals zum Umklassifizierungszeitpunkt anzusetzen.

Im zweiten Fall sind daher die für „normale" Fälle der Wandlung von Fremd- in Eigenkapital maßgeblichen Bestimmungen des IFRIC 19 (→ § 28 Rz 99) nicht einschlägig; insbesondere kann aus der Wandlung kein GuV-Erfolg entstehen.

2.8 Umklassifizierung als Eigen- in Fremdkapital bei geänderten Umständen oder Vertragsbedingungen

Für die Klassifizierung eines emittierten Finanzinstruments als Eigen- oder Fremdkapital ist auf den **Zugangszeitpunkt** abzustellen (IAS 32.15). Fraglich ist dann, ob und unter welchen Umständen eine **Neubeurteilung** wegen geänderter 59

- Vertragsbedingungen (Rz 58c) oder
- Umstände (Rz 58d)

möglich ist.[41]

Detaillierte Regeln enthält IAS 32 hier nur für den Fall **kündbarer Anteile** (*puttable instruments*), also etwa bei Personengesellschaften (Rz 58) gem. IAS 32.16F. 60

---

[41] Vgl. im Dteail Freiberg, PiR 2014, S. 92 ff.

61 Eine **Anpassung wesentlicher Vertragskonditionen in anderen Fällen** (z.B. ein Genussrecht wird von ewiger Laufzeit auf eine befristete umgestellt oder v.v.) ist gleichzusetzen mit der Beendigung des bestehenden und Abschluss eines neuen Finanzinstruments. Einer Neubeurteilung des bislang erfassten Finanzinstruments bedarf es daher nicht. Mit Blick auf die bilanziellen Folgen ist nach der Richtung des Wechsels zu unterscheiden:
- Führt eine Änderung der Konditionen einer finanziellen Verbindlichkeit erstmalig zur Erfüllung der Merkmale eines Eigenkapitalinstruments, ist die Verbindlichkeit auszubuchen (IAS 39.39/ IFRS 9.3.3.1) und der Wechsel zu einem Eigenkapitalinstrument als *debt-for-equity swap* mit eventueller Erfolgswirksamkeit abzubilden (IFRIC 19.2) (§ 28).
- Beim Wechsel in umgekehrter Richtung erfolgt die Zugangsbewertung der Verbindlichkeit zum *fair value* (IAS 39.43/ IFRS 9.5.1.1). Differenzen zum bisherigen Buchwert des Eigenkapitalinstruments sind unmittelbar im Eigenkapital zu verrechnen (IAS 32.33).

62 Die Notwendigkeit der (Re-)Klassifizierung einer Kapitalquelle kann sich auch ohne eine Änderung der vertraglichen Konditionen aus **geänderten Umständen** (etwa Wechsel der funktionalen Währung, Ablauf eines Optionszeitraums usw.) ergeben. Hier gilt: Bei Wechsel von
- Fremd- zu Eigenkapital liegt kein *debt-for-equity swap* vor; es fehlt an einer Neuverhandlung der Konditionen (IFRIC 19.2),
- Eigen- zu Fremdkapital erfolgt die Gegenbuchung für die Zugangsbewertung der Verbindlichkeit zum beizulegenden Zeitwert im Eigenkapital *directly in equity* (IAS 32.33);

Für den ersten Fall ist u. E. – wie bei kündbaren Anteilen (Rz 58) – eine erfolgsneutrale Umbuchung von Fremd- in das Eigenkapital vorzugswürdig.

3 Eigenkapitalspiegel, Angaben zum Eigenkapital

3.1 Grundstruktur: Ursachen der Reinvermögensänderungen

63 Bezüglich der **Ursachen** der Änderungen des Reinvermögens eines Unternehmens kann zwischen zwei Bereichen unterschieden werden:
- Das Eigenkapital kann sich zum einen aufgrund von **realisierten** (in der GuV berücksichtigten) oder **unrealisierten** (direkt im Eigenkapital verbuchten) **Erfolgen** verändern.
- Zum anderen führen **Transaktionen** mit den Anteilseignern in der Form von Kapitalzuführungen und -rückzahlungen und von Dividenden zu einer Veränderung des Eigenkapitals.

Eigenkapital, Eigenkapitalspiegel § 20

Abbildung 1 fasst die relevanten Vorgänge zusammen:

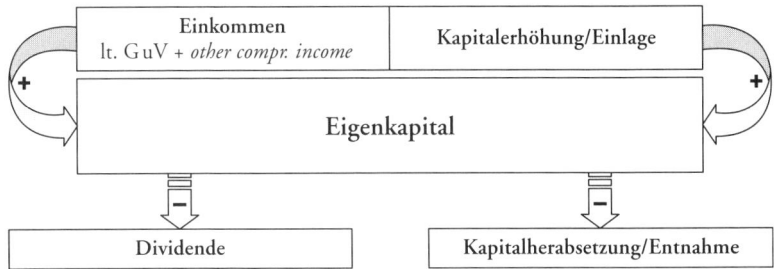

Abb. 1: Quellen der Änderung des EK (bei positivem Einkommen)

Das **direkt im Eigenkapital** berücksichtigte Einkommen („sonstiges Ergebnis" bzw. „*other comprehensive income*") umfasst u. a. (Rz 96):
- Neubewertung von Anlagevermögen (→ § 8 Rz 70),
- GuV-neutrale Wertänderung von veräußerbaren Wertpapieren (→ § 28 Rz 157) und *cash flow hedges* usw. (→ § 28a Rz 49),
- Währungsumrechnungsdifferenzen im Konzern (→ § 27 Rz 55),
- weitere Fälle der „erfolgsneutralen" Eigenkapitalveränderung (Rz 96).

Der vorstehenden Unterscheidung folgend sah IAS 1 in der bis 2008 anwendbaren Fassung i. d. R. ein Wahlrecht vor):
- in **einem** Rechenwerk, dem **Eigenkapitalspiegel**, sowohl die Komponenten des Gesamtergebnisses *(comprehensive income)* als auch die Transaktionen mit Gesellschaftern aufzuschlüsseln oder
- im **Eigenkapitalspiegel** nur die **Transaktionen mit Gesellschaftern** aufzuschlüsseln, das (für die Überleitung von Anfangs- zu Endbestand des Eigenkapitals ebenfalls notwendige) Gesamtergebnis hingegen dort nur in einer Summe zu berücksichtigen, um es in einer **gesonderten Gesamtergebnisrechnung** im Einzelnen darzustellen.

Die ab 2009 anzuwendende Neufassung von IAS 1 sieht **zwingend** eine **Gesamtergebnisrechnung** vor, war hinsichtlich der Aufschlüsselung des Gesamtergebnisses aber **widersprüchlich**:
- Nach IAS 1.IN13a sollte das Gesamtergebnis im Eigenkapitalspiegel nicht nach seinen Komponenten aufgeschlüsselt werden, da durch eine aggregierte Darstellung (bei Aufschlüsselung des Gesamtergebnisses nur in der Gesamtergebnisrechnung) der Eigenkapitalspiegel informativer werde.
- Nach IAS 1.106 sollte hingegen im Eigenkapitalspiegel jede „Komponente" des sonstigen Ergebnisses *(each item of other comprehensive income)* dargestellt werden.

Das *Annual Improvements Project* 2010 sieht eine **Abschwächung** dieses Widerspruchs vor. Nach dem neu eingefügten IAS 1.106A können die Angaben zur Entwicklung einzelner Eigenkapitalkategorien und als deren Bestandteil die Angaben zu den Komponenten des sonstigen Ergebnisses wahlweise im Anhang geleistet werden (→ § 2 Rz 55).

Im Eigenkapitalspiegel ist das Gesamtergebnis in einer Zeile zu berücksichtigen. Der Eigenkapitalspiegel ist danach vertikal (in den **Zeilen**) nach den Änderungsursachen wie folgt zu strukturieren (IAS 1.106):

	Anfangsbestand des Eigenkapitals
+/−	Effekte aus retrospektiver Änderung der Bilanzierungsmethode (→ § 24 Rz 28)
+/−	Effekte aus retrospektiver Korrektur von Bilanzierungsfehlern (→ § 24 Rz 53)
=	angepasster Anfangsbestand
+/−	Gesamtergebnis (einzeilig)
+	Einzahlungen von Gesellschaftern (Kapitalerhöhung)
−	Auszahlungen an Gesellschafter (Dividenden, Kapitalherabsetzungen, Erwerb eigener Anteile)
=	Endbestand des Eigenkapitals

Horizontal (in den **Spalten**) sind folgende Vorgaben zu berücksichtigen:
- Die einzelnen Kategorien des Eigenkapitals sind darzustellen (IAS 1.106d), also etwa gezeichnetes Kapital, Kapitalrücklage, erwirtschaftetes Ergebnis, Währungsumrechnungsrücklage, Neubewertungsrücklage usw. Je nach Tiefe dieser Staffelung (Rz 67) ergibt sich hierdurch auch die Aufschlüsselung des sonstigen Ergebnisses. Bei einer aggregierteren Darstellung kann die Aufschlüsselung des sonstigen Ergebnisses aber auch im Anhang erfolgen.
- In der Konzernbilanz stellt auch der Anteil nichtbeherrschender Eigenkapitalgeber (*non-controlling interest*) an Untergesellschaften Eigenkapital dar (IAS 1.54q).
- Die unter dem ersten Aufzählungspunkt genannten Kategorien beziehen sich auf den Anteil der Gesellschafter der Muttergesellschaft und sind zu einer Zwischensumme zusammenzufassen. Zuzüglich der Spalte „Nicht beherrschende Anteile" ergibt sich die Gesamtsumme des Eigenkapitals.

66 Die nachfolgenden Tabellen 1 und 2 zeigen den **Aufbau** eines **Eigenkapitalspiegels** mit und ohne Minderheiten (nicht beherrschende Anteile). Der dargestellte Eigenkapitalspiegel enthält einen Bereich „**Umgliederungen**". In ihm können Vorgänge dargestellt werden, die, wie etwa die Kapitalerhöhung aus Gesellschaftsmitteln (Umwandlung von Rücklagen in gezeichnetes Kapital; Rz 89), nicht zur Veränderung der Summe des Eigenkapitals, sondern nur zur Veränderungen zwischen den Kategorien des Eigenkapitals führen. In diese Gruppe gehört außerdem die Dotierung der Gewinnrücklagen aus dem nicht ausgeschütteten Ergebnis.

	\multicolumn{8}{c}{EIGENKAPITALSPIEGEL}
	Gez. Kap.	Kap.RL	GewinnRL	RL Neubewert.	RL	RL	JÜ	Summe
EK 1.1	xx	xx	xx	xx	xx	xx	xx	zz
+/– Änderung Bilanzierungsmethode			xx					zz
+/– Fehlerkorrektur			xx					zz
= EK 1.1. angepasst	XX	XX	XX	XX	XX	XX	XX	ZZ
+/– = Gesamtergebnis				xx	xx	xx	xx	zz
– Dividende			–xx					–zz
+ effektive Kapitalerhöhung	xx	xx						zz
+/– KapErh aus Gesellschaftsmitteln	xx	–xx	-xx					
+/– Zuführung GewinnRL			xx				–xx	
= EK 31.12.	XX	XX	XX	XX	XX	XX	XX	ZZ

Tab. 2: Eigenkapitalspiegel (Einzelabschluss)

Im Konzernabschluss ist der Eigenkapitalspiegel noch um eine Spalte **Minderheitenanteile** zu ergänzen.

Danach ergibt sich folgende Gliederung:

EIGENKAPITALSPIEGEL							
Gez. Kap.	Kap.RL	RL Währ.diff.	RL Neubewert.	GewinnRL	Summe EK-Geber MU	Nicht beherrsch. Anteile	Summe
EK 1.1 xx	xx	xx	xx	xx	xy	yz	zz
+/– Änderung Bilanzierungsmethode und Fehlerkorrektur				xx	xy	yz	zz
+/– Fehlerkorrektur				xx	xy	yz	zz
= EK 1.1. angepasst XX	XX	XX	XX	XX	XY	YZ	ZZ
+/– Gesamtergebnis		xx	xx	xx	xy	yz	zz
– Dividenden				–xx	–yz		–zz
+ effektive Kapitalerhöhung xx	xx				xx		zz
+/– KapErh aus Gesellschaftsmitteln xx	–xx			–xx			
= EK 31.12. XX	XX	XX	XX	XX	XX	XX	ZZ

Tab. 3: Eigenkapitalspiegel (Konzern)

67 Fraglich ist, wie tief die horizontale Aufgliederung des Eigenkapitalspiegels ausfallen soll und wie viele Kategorien des Eigenkapitals zu berücksichtigen sind. IAS 1.106d spricht von Komponenten des Eigenkapitals. Diese umfassen nach IAS 1.108 „zum Beispiel" jede Klasse von Einlagen sowie jede Klasse des kumulierten sonstigen Ergebnisses *(other comprehensive income)* und des erwirtschafteten, nicht ausgeschütteten Erfolgs *(retained earnings)*.

- Als **unterschiedliche Einlagenklassen** sind etwa die auf Stammaktionäre und Vorzugsaktionäre entfallenden Einlagen zu erfassen. Die Differenzierung innerhalb der jeweiligen Einlagenklasse nach gezeichnetem Kapital und Kapitalrücklage ist nicht zwingend im Eigenkapitalspiegel selbst vorzunehmen. Nach IAS 1.79b ist aber entweder in der Bilanz oder im Anhang oder im Eigenkapitalspiegel Art und Zweck jeder Form von Rücklagen *(reserves)* offenzulegen. Für die Praxis empfiehlt sich daher – in den Grenzen der Lesbarkeit – eine tiefe **horizontale** Aufgliederung des Eigenkapitalspiegels selbst, da die Anhangserläuterungen zum Eigenkapital ohnedies schon umfangreich genug ausfallen (vgl. dazu Rz 102 ff.).

Eigenkapital, Eigenkapitalspiegel § 20

- Die erwirtschafteten, nicht ausgeschütteten „Rücklagen" betreffen satzungsmäßige und gesetzliche Rücklagen, daneben andere Gewinnrücklagen, Gewinnvortrag und Jahresüberschuss bzw. Bilanzgewinn. Auch hier ist zwischen der Aufgliederung in Bilanz, Anhang oder Eigenkapitalspiegel zu **wählen** (Rz 95).

- Die maximale Untergliederung des kumulierten **sonstigen Ergebnisses** (Rz 96) ergibt sich aus den Einzelregeln, die eine **erfolgsneutrale** Behandlung bestimmter Bewertungserfolge vorsehen. In der Praxis am wichtigsten sind die Währungsumrechnungsdifferenzen im Konzern (→ § 27 Rz 55), die *fair-value*-Bewertung von *available-for-sale assets* (→ § 28 Rz 157) und die Bewertung von *cash flow hedges* (→ § 28a Rz 49). Seltener spielt die Neubewertung von Anlagevermögen eine Rolle (→ § 8 Rz 70).

Strittig ist, ob einzelne der oben genannten Kategorien im Eigenkapitalspiegel oder im Anhang noch weiter nach **gesellschaftsrechtlichem** und **technisch-rechnerischem** Inhalt aufzugliedern sind. Ein Beispiel wäre die Aufgliederung der Kapitalrücklage nach Agio aus der Ausgabe von Anteilen (gesellschaftsrechtlicher Teil) und dem nach IFRS 2 als Personalaufwand zu buchendem Wert (→ § 23 Rz 16) gewährter Mitarbeiteroptionen (bilanztechnischer Teil). Nur der gesellschaftsrechtliche Teil kann etwa zur Kapitalerhöhung aus Gesellschaftsmitteln (§ 207 Abs. 1 AktG) oder zum Ausgleich von Verlusten (§ 150 Abs. 3 AktG) verwendet werden. Bei enger Interpretation der Anforderung von IAS 1.79b, Zweck und Art jeder Rücklage zu beschreiben, müsste im Eigenkapitalspiegel oder Anhang (unter Wesentlichkeitsvorbehalt) zwischen beiden Teilen unterschieden werden.[42] Für zwingend halten wir diese Interpretation aber jedenfalls im Konzernabschluss nicht. Die gesellschaftsrechtlichen Verwendungsmöglichkeiten und -beschränkungen beziehen sich auf den handelsrechtlichen Einzelabschluss, die Möglichkeit der Verwendung von Kapitalrücklagen zum Ausgleich von Verlusten etwa auf den handelsrechtlichen Jahresfehlbetrag oder Verlustvortrag. Im IFRS-Abschluss kommen diese Bezugsgrößen aber gar nicht vor, stattdessen andere nach IFRS berechnete Fehlbeträge oder Verlustvorträge. Mangels Bezugsgrößen hat die gesonderte Angabe des gesellschaftsrechtlichen Teils der Kapitalrücklage im IFRS-Abschluss daher keinen klaren Informationsgehalt und ist deshalb u. E. entbehrlich.

3.2 Korrektur von Fehlern, Änderung der Bilanzierungs- und Bewertungsmethoden

IAS 8 sieht eine Korrektur von **Fehlern aus der Vergangenheit** in der Eröffnungsbilanz des ersten im Abschluss dargestellten Jahres vor (→ § 24 Rz 53). Dabei sind die Eröffnungsbilanzwerte so anzupassen, als ob die Fehler nie passiert wären. Entsprechend ist nach IAS 8 bei der Änderung von Bilanzierungs- und Bewertungsmethoden zu verfahren (→ § 24 Rz 28). Die Eröffnungsbilanzwerte sind so anzupassen, als ob immer schon nach der neuen Methode verfahren worden wäre.

68

Als **Gegenkonto** zu den anzupassenden Aktiv- oder Passivposten dient in beiden Fällen die **Gewinnrücklage**. Aus dem ursprünglichen Saldo per 1.1. des aktuellen Jahres resultiert durch Hinzurechnung oder Abzug des Änderungsbetrages der

69

---

[42] EBELING, BB 2007, S. 1609 ff.

1035

angepasste Saldo per 1.1. Gleichermaßen wie Fehler- und Methodenanpassungen, d. h. als Vortragskorrektur, können behandelt werden:
- Anpassungsbuchungen im Zuge des **Übergangs** auf die IFRS-Rechnungslegung (→ § 6 Rz 24 f.),
- Erfassung der **Kaufpreiskorrektur** im Rahmen eines Unternehmenszusammenschlusses.

3.3 Kapitaltransaktionen, Kapitalumgliederungen

3.3.1 Barkapitalzuführungen, ausstehende Einlagen, noch fehlende Eintragung der Einlage

70 **Barkapitalzuführungen** sind im Eigenkapitalspiegel in der Spalte gezeichnetes Kapital und, soweit sie über pari erfolgen, zusätzlich in der Spalte Kapitalrücklagen zu berücksichtigen.

71 IAS 1.79b verlangt bei den ausgegebenen Anteilen eine Anhangerläuterung, wie viele **voll eingezahlt** sind und wie viele noch **nicht**. Aus dieser Angabepflicht kann i. V. m. der *Framework*-Definition des Vermögenswertes als Ergebnis vergangener Ereignisse (vergangener Geschäftsvorfälle; F.4.13) geschlossen werden, dass **ausstehende Einlagen** (jedenfalls bis zu ihrer Einforderung) nicht als Vermögenswert/Aktivposten zu berücksichtigen sind und demzufolge im Eigenkapital nur die geleisteten (ggf. auch die eingeforderten) Einlagen gezeigt werden. Zulässig dürfte auch eine Darstellung sein, bei der im Eigenkapital zunächst das gesamte ausgegebene Kapital gezeigt wird, daneben aber innerhalb des Eigenkapitals ein Abzugsposten für die ausstehenden Einlagen (ggf. nur für die noch nicht eingeforderten).[43]

72 Eine **Kapitalerhöhung** wird nicht schon mit Leistung der Einlage, sondern erst mit **Eintragung** in das Handelsregister wirksam (§ 189 AKtG, § 54 Abs. 3 GmbHG). Handelsrechtlich soll eine bis zum Stichtag geleistete, aber erst nach dem Stichtag eingetragene Kapitalerhöhung den Charakter einer Schuld haben, die als gesonderter Posten direkt nach dem Eigenkapital auszuweisen ist.[44]
Nach IAS 32.16 und 19 setzt eine **Schuld** begrifflich zunächst eine bedingte oder unbedingte **Rückzahlungsverpflichtung** voraus. Die vereinnahmte, aber noch nicht eingetragene Einlage kann eine Rückzahlungsverpflichtung begründen wenn es wegen Eintragungshindernissen endgültig nicht zur Eintragung kommt. Soweit die Einlage zur **freien Verfügung** der Gesellschaft geleistet und diese die Kapitalerhöhung mit entsprechender Versicherung der Geschäftsführung bei Handelsregister angemeldet hat, ist die Eintragung regelmäßig hoch wahrscheinlich. Die Bedingung der Rückzahlung ist damit gem. IAS 32.25a *not genuine* und deshalb nicht zu berücksichtigen. Die zur freien Verfügung geleistete Einlage ist als Eigenkapital auszuweisen.[45]
Zum gezeichneten Kapital wird sie jedoch erst mit Eintragung. Soweit bilanziell und im Eigenkapitalspiegel überhaupt eine Aufgliederung in gezeichnetes Kapital, Rücklagen usw. vorgenommen wird, ist die Einlage daher bis zur Ein-

---

[43] Dies bevorzugend ADS INTERNATIONAL, Abschn. 22, Tz. 31 f.
[44] FÖRSCHLE/HOFFMANN, in: BECK'SCHER BilKom 9. Aufl., 2014 § 272, Tz. 51, a. A. HOFFMANN/ LÜDENBACH, NWB Kommentar Bilanzierung, 5. Aufl., 2014 § 272, Tz. 10.
[45] Gl. A. ADS International, Abschn. 22, Rz 94; a. A. CLEMENS, in: BECK'sches IFRS-Handbuch, 4. Aufl., § 12, Rz 47.

tragung als gesonderter Unterposten des Eigenkapitals zu zeigen. Ansonsten ist eine entsprechende Aufschlüsselung im Anhang vorzunehmen (IAS 1.79).

3.3.2 Eigenkapitalbeschaffungskosten

Die mit der Ausgabe von Eigenkapital direkt verbundenen Kosten sind gem. IAS 32.35 nicht als **Aufwand** in der GuV zu berücksichtigen, sondern unmittelbar vom zugegangenen Eigenkapital zu kürzen. Sind die Eigenkapital-Beschaffungskosten steuerlich abziehbar, vermindert sich der Kürzungsbetrag entsprechend (→ § 26 Rz 25).

Hierzu folgendes Beispiel:

Beispiel

100.000 neue Aktien mit einem Nominalwert von 1 EUR werden zu einem Ausgabebetrag von 5 EUR (Agio 4 EUR) ausgegeben. Die Emissionskosten betragen 50.000 EUR, der Steuersatz ist 40 %.
100.000 EUR sind als Zuführung des gezeichneten Kapitals auszuweisen. In die Kapitalrücklage fließen nach handelsrechtlicher Betrachtung 400.000 EUR ein.
Nach IFRS ist die Zuführung um die Emissionskosten nach Steuern zu mindern. Die Emissionskosten nach Steuern betragen 60 % von 50.000 EUR, also 30.000 EUR. Somit sind als Zugang zur Kapitalrücklage 400.000 EUR ./. 30.000 EUR = 370.000 EUR auszuweisen.
Buchungssätze (incl. Steuern):

Konto	Soll	Haben
Geld	500.000	
gez. Kapital		100.000
Kapital-RL		400.000
Kapital-RL	30.000	
Steuerford.	20.000	
Kreditoren		50.000

Zu den **Eigenkapitalbeschaffungskosten** rechnen Registergebühren, Stempelsteuern, (ausländische) Gesellschaftssteuern, Beurkundungskosten, aber auch Kosten für die rechtliche oder steuerliche Beratung und vom platzierenden Finanzinstitut erhobene **Emissionsgebühren** (IAS 32.37). Nicht zu den Eigenkapital-Beschaffungskosten gehören die **internen Gemeinkosten**, z. B. die Gehälter der mit der Emission betrauten Mitarbeiter.

Ebenso sind Kosten ausgeschlossen, die etwa bei einem **Aktiensplitt** oder bei einer **Börseneinführung** ohne Ausgabe neuer Aktien nicht im Zusammenhang mit der Beschaffung neuen Eigenkapitals stehen.

Stehen die Kosten nur **teilweise** im Zusammenhang mit der Eigenkapitalbeschaffung, so etwa bei der Ausgabe von **Wandelanleihen** oder bei einer Börsennotierung, die mit der Ausgabe **junger Aktien** einhergeht, so ist eine verursachungsgerechte **Aufteilung** vorzunehmen (IAS 32.38).

> **Beispiel**
> Nach erfolgreichem Abschluss der Gründungsjahre geht die A AG in 01 an die Börse. Mit dem Börsengang ist eine Kapitalerhöhung um 50 % (nominal 10 Mio. EUR, Agio 40 Mio. EUR) verbunden. Nach Platzierung der neuen Aktien halten die Altaktionäre mithin 2/3 der Anteile, die Neuaktionäre 1/3. Für den Börsengang und die Kapitalerhöhung fallen Kosten von 10 Mio. EUR an, davon 4 Mio. EUR für eine „Roadshow", die der Gewinnung neuer, insbesondere institutioneller Aktionäre dient, 3 Mio. EUR für Bankgebühren und die verbleibenden 3 Mio. EUR für diverse Kosten für Rechtsberater, Börsenprospekt usw.
>
> Beurteilung:
> Nach IAS 32.37 sind Transaktionskosten direkt vom Eigenkapital abzuziehen, wenn die Kosten inkrementalen Charakter haben, d. h. ohne die Eigenkapitalbeschaffung nicht angefallen wären und der Eigenkapitalbeschaffung direkt zurechenbar sind.
>
> Diese Voraussetzungen sind bei der A AG eindeutig nur bez. der Kosten der Roadshow erfüllt. Die übrigen Kosten sind z.T. durch die Kapitalerhöhung, z.T. aber auch durch das Börsenlisting der Altanteile bedingt. Hier lässt IAS 32.38 jedoch eine Zuordnung der Kosten durch vernünftige Schlüsselung zu. Maßstab könnte bei der A AG etwa das Verhältnis von Alt- zu Neukapital sein. Hieraus ergäbe sich bei pauschaler Betrachtung folgende Behandlung der Transaktionskosten:
>
> | | Gesamt | Anteil EK-Beschaffung erfolgsneutral | Anteil Altanteile Aufwand |
> |---|---|---|---|
> | Roadshow | 4 | 4 | |
> | Bank | 3 | 1 | 2 |
> | Sonstige Kosten | 3 | 1 | 2 |
> | Summe | 10 | 6 | 4 |

Eine weniger pauschale und deshalb zutreffendere Aufteilung wird jedoch die Bankgebühren nach ihrem Charakter differenzieren. U.U. ist dann von den angefallenen Bankkosten nur noch eine Managementgebühr (anteilig) den Altanteilen zuzuordnen, während die übrigen Gebühren, insbesondere Verkaufsgebühr, Übernahmegebühr, Börseneinführungsgebühr und Erfolgsprämie bei einer marktüblichen Ausgestaltung den Neuanteilen zugeordnet und damit erfolgsneutral behandelt werden können.[46]

Im Anhang sind die direkt vom Eigenkapital gekürzten Kosten zu erläutern (IAS 32.39).

3.3.3 Sachkapitalerhöhungen, Anteilstausch

Für den **Erwerb** eines anderen **Unternehmens** durch **Ausgabe eigener Anteile** sieht IFRS 3.24 ff. folgendes Verfahren vor (→ § 31 Rz 43):

---

[46] Dazu ausführlich Eppinger/Fauss/Köhle, PiR 2013, S. 284.

- **Regel:** Die Anschaffungskosten des erworbenen (per Sacheinlage eingebrachten) Unternehmens bemessen sich vorzugsweise nach dem *fair value* der **ausgegebenen Anteile.**
- **Ausnahme:** Ist der *fair value* der ausgegebenen Anteile nicht verlässlich bestimmbar, der *fair value* des **erworbenen Unternehmens** hingegen doch, determiniert der Wert des erworbenen Unternehmens die Anschaffungskosten.

Für die Sacheinlage **einzelner** Vermögenswerte trifft IFRS 2.10 eine entgegengesetzte Bestimmung (→ § 23 Rz 47):
- **Regel:** Vorzugsweise ist der *fair value* des **Einlagegegenstandes** anzusetzen. Er determiniert dann die Erhöhung des Eigenkapitals.
- **Ausnahme:** Soweit der *fair value* des Einlagegegenstandes nicht zuverlässig ermittelbar ist, bestimmt umgekehrt der *fair value* der gewährten **Anteile** (nicht deren Nominalwert) die Anschaffungskosten der Einlage (IFRS 2.13).

Wegen der Beschränkung des Anwendungsbereichs von IFRS 2 auf nichtfinanzielle Vermögenswerte (IFRS 2.5) greift eine wieder **andere** Regelung für die Einlage von **Finanzinstrumenten.**
- **Regel:** Anzusetzen ist der *fair value* des Vermögenswertes im Zugangszeitpunkt (IAS 39.43) (→ § 28 Rz 228).
- **Differenzierung:** Wenn zwischen obligatorischem und dinglichem Geschäft eine durch externe Notwendigkeiten (z. B. Genehmigungen) bedingte Zeitspanne liegt, hat das Unternehmen ein Wahlrecht zwischen einer Einbuchung zum **Zeitpunkt** und mit den **Wert**verhältnissen (→ § 28 Rz 51) des
  - Vertragsschlusses *(trade date accounting)* oder
  - Erfüllungstages *(settlement date accounting).*

Im 2. Fall werden Änderungen des *fair value* zwischen den beiden Zeitpunkten nur berücksichtigt, soweit es sich um veräußerbare Werte *(available-for-sale assets)* oder Handelswerte *(trading assets)* handelt, unberücksichtigt bleiben sie hingegen bei Fälligkeitswerten *(held to maturity assets)* oder Forderungen *(loans receivables)* (IAS 39.AG56). Vgl. zu diesen Kategorien von Finanzinstrumenten → § 28 Rz 135.

Zu dieser dem Ziel der prinzipienbasierten Rechnungslegung widersprechenden extremen **Kasuistik** folgendes Beispiel:

Beispiel

Sachverhalt

Durch Kapitalerhöhungsbeschluss vom 1.1. erwirbt E 10 Mio. Aktien an der B. Der Erwerb vollzieht sich als Sacheinlage, indem E die 10 Mio. B-Aktien gegen Gewährung von 10 Mio. E-Aktien in die E einbringt. Die Durchführung der Kapitalerhöhung steht unter der aufschiebenden Bedingung der kartellrechtlichen Genehmigung. Diese erfolgt am 1.4.
Die Kurse der Aktien entwickeln sich wie folgt:
- E-Aktien: am 1.1. 10 EUR, am 1.4. 12 EUR
- B-Aktien. am 1.1. 10 EUR, am 1.4. 8 EUR

Zu bestimmen ist der konzernbilanzielle Zugangswert für das eingelegte Vermögen, wenn die B nach der Kapitalerhöhung insgesamt folgende Aktienzahl im Umlauf hat:

> - Variante 1: 15 Mio. Aktien – Anteil E an B daher 10/15, somit Erwerb eines Tochterunternehmens (IFRS 3).
> - Variante 2: 40 Mio. Aktien – Anteil E an B daher 10/40 = 25 %, somit Erwerb eines assoziierten Unternehmens (IFRS 3).
> - Variante 3: 200 Mio. Aktien – Anteil E an B daher 10/200 = 5 %, somit Erwerb eines Finanzinstruments mit Qualifizierung als *available-for-sale asset*, wenn keine Handelsabsicht (IAS 39).
>
> **Beurteilung**
> **Variante 1: Unternehmenserwerb nach IFRS 3**
> IFRS 2 ist nicht anwendbar (IFRS 2.5). Die Anschaffungskosten (Zugangswert incl. *goodwill*) ergeben sich aus dem Wert der hingegebenen E-Aktien im Zugangszeitpunkt 1.4. somit 10 Mio. × 12 EUR = 120 Mio. EUR (IFRS 3.24 ff.)
> **Variante 2: Erwerb eines assoziierten Unternehmens nach IFRS 2**
> Zugangswert ist der Wert der erworbenen Aktien im Zugangszeitpunkt (IFRS 2.10 und IFRS 2.13)), d. h. der Wert der B-Aktien am 1.4, somit 10 Mio. × 8 EUR = 80 Mio. EUR.
> **Variante 3: Erwerb eines *availabe-for-sale asset***
> Die Einbuchung erfolgt mit dem *fair value* der erworbenen Aktien (IAS 39.43). Sofern die Transaktion als *regular way purchase* qualifiziert wird, entweder zum 1.1. mit 10 Mio. × 10 EUR = 100 Mio. EUR *(trade date accounting)* oder zum 1.4. mit 10 Mio. × 8 EUR = 80 Mio. EUR *(settlement date accounting)*, mit evtl. Verbuchung eines *impairment*-Verlusts bez. der Wertänderung zwischen den Stichtagen in beiden Fällen (IAS 39.AG56) oder falls ein *regular way purchase* verneint wird, ohne *impairment*-Verlust zum 1.4. mit 80 Mio. EUR.

83 Der Gesamtbetrag der Eigenkapitalzuführung ist nach Maßgabe der beschlossenen nominellen Kapitalerhöhung dem **gezeichneten** Kapital und im Übrigen den **Kapitalrücklagen** zuzuführen.

3.3.4 Verdeckte Einlagen

84 Ein (beherrschender) Gesellschafter kann seiner Gesellschaft Vermögenswerte, Nutzungen oder Dienste unentgeltlich gewähren. Fraglich ist dann, ob der Vermögenswert mit seinem fremdüblichen Preis (*fair value*) einzubuchen und insoweit eine Einlage anzunehmen ist. Entsprechend stellt sich bei Nutzungen und Diensten die Frage, ob i. H. d. fremdüblichen Wertes Aufwand anzunehmen ist (per Aufwand an Eigenkapital).
- Geregelt sind diese Fragen nur für einen engen Anwendungsbereich nämlich die Gewährung von Aktienoptionen durch Gesellschafter an die Arbeitnehmer der Gesellschaft. Hier ist gem. IFRS 2.3A ff. eine Buchung per Aufwand an Eigenkaptal geboten (→ § 23 Rz 167 ff.). Für andere Fälle fehlen entsprechende Regelungen. Teilweise wird hier eine analoge Anwendung von IFRS 2 befürwortet[47], teilweise eine „Korrektur" des Abschlusses um den Effekt fehlender Fremdüblichkeit abgelehnt.[48] Überwiegend wird eine Stellung-

---

[47] LÜDENBACH/FREIBERG, BB 2007, S. 1545 ff.
[48] HEUSER/THEILE IFRS-Handbuch 2012, Tz. 8154

nahme aber ganz vermieden, lediglich das Problem beschrieben und auf die Schwierigkeit dieser Lösung hingewiesen.[49] U.E. gilt daher Folgendes: Der spezielle Regelungsgehalt von IFRS 2 schließt eine Verallgemeinerung der dort enthaltenen Regelungen zu verdeckten Einlagen zwar nicht aus, zwingt aber auch nicht zu einem solchen Vorgehen.
- Somit besteht ein faktisches Wahlrecht verdeckte Einlagen entweder bilanziell bzw. bez. der Erfolgsrechnung unberücksichtigt zu lassen oder i.H.d. fremdüblichen Transaktionswertes einen Einlagevorgang zu fingieren.[50]

3.3.5 Erwerb und Einziehung eigener Anteile *(treasury shares)*

Eigene Anteile *(treasury shares)* sind nach IAS 32.33 nicht zu aktivieren, sondern als **Abzug** vom **Eigenkapital** auszuweisen. Der Erwerb solcher Anteile stellt demgemäß eine Veränderung des Eigenkapitals dar. Nach IAS 1.76 sind entweder in der Bilanz selbst oder in den *notes* die vom Unternehmen oder seinem Tochterunternehmen oder seinem assoziierten Unternehmen gehaltenen eigenen Anteile auszuweisen.

85

Das mit Wirkung bis 2004 hierfür in SIC 16 vorgesehene Wahlrecht zwischen drei **Ausweismöglichkeiten** dürfte mangels entgegenstehender Regelung in IAS 32 auch weiterhin bestehen:[51]

86

- Die gesamten Anschaffungskosten der eigenen Anteile werden in einer Summe vom **Eigenkapital abgezogen** *(one-line adjustment bzw. cost method*; Buchungssatz: „per Abzugsposten für eigene Anteile an Geld").
- Der Nominalbetrag der erworbenen eigenen Anteile wird vom **gezeichneten Kapital abgezogen,** darüber hinausgehende Anschaffungskosten werden von den Kapital- oder Gewinn**rücklagen abgezogen** *(par value method).*
- Die **Aufteilung** der Anschaffungskosten erfolgt nicht nur auf gezeichnetes Kapital und Kapitalrücklage, sondern auf **alle** betroffenen Kategorien des Eigenkapitals. Reflektiert der Kaufpreis z.B. thesaurierte Gewinne, so ist ein entsprechender Abzug von den Gewinnrücklagen geboten (modifizierte *par value method).*

Der Erwerb eigener Anteile kann zu **negativem** Eigenkapital führen, das u.E. passivisch auszuweisen ist.

87

Beispiel
Die X AG hatte während ihrer handelsrechtlichen Zeit umfangreiche Beteiligungen erworben und dabei Firmenwerte konzernbilanziell mit Gewinnrücklagen verrechnet. In Ausübung des Wahlrechts aus IFRS 1.B2 wendet sie in der IFRS-Eröffnungsbilanz IFRS 3 nicht retrospektiv an und belässt es daher bei der Rücklagenverrechnung. 2 Jahre später kauft sie in erheblichem Umfang eigene Aktien zurück.

---

[49] Vgl. Etwa Deloitte, iGAAP 2014,Ch A4 sCh. 6.2 und Ch. A23 sCh 5.3.4 sowie PWC, Manual of Accounting 2014,Tz. 9.27ff.
[50] Allgemein zu Behandlung verdeckter Einlagen – auch beim Gesellschafter – FREIBERG, PiR 2014, S. 221ff.
[51] Die so schon in den Vorauflagen vertretene Auffassung wird jetzt durch IDW RS HFA 45, Tz. 41, bestätigt.

> Einzelbilanziell entsteht kein Problem, da die Beteiligungen mit hohen Werten (incl. impliziter Firmenwerte) zu Buche stehen, sodass auch nach Rückkauf und Einzug der Aktien genügend Eigenkapital verbleibt. Konzernbilanziell weist die AG bereits aufgrund der früheren Rücklagenverrechnungen ein niedriges Eigenkapital aus. Durch den Rückkauf wird es negativ.

Werden erworbene eigene Aktien zu einem späteren Zeitpunkt wieder **veräußert**, so ist dies in den Fällen der (modifizierten) *par value method* (Rz 86) wie eine **Neuemission** zu werten (Buchungssatz: „per Geld an gezeichnetes Kapital und Kapitalrücklage"). Wurde der ursprüngliche Erwerb nach der *cost method* gebucht, ist der Weiterveräußerungserlös zunächst i. H. d. früheren Anschaffungskosten gegen den Abzugsposten im Eigenkapital zu buchen. Ein über diese Anschaffungskosten hinausgehender Erlös ist in die Kapitalrücklage einzustellen. Bei einem Mindererlös ist die Kapitalrücklage oder die Gewinnrücklage zu kürzen.[52] Wurden eigene Anteile zu unterschiedlichen Zeitpunkten mit unterschiedlichen Kursen erworben, können bei einer (teilweisen) Wiederausgabe die Anschaffungskosten der ausgegebenen Anteile nach der Durchschnittsmethode oder einem sachgerechten Verbrauchsfolgeverfahren ermittelt werden.

88 Sofern Anteile von Gesellschaftern gegen Abfindung eingezogen werden und dabei auf eine förmliche Anpassung des gezeichneten Kapitals durch Kapitalherabsetzung oder Aufstockung des Nominalbetrags der verbleibenden Anteile verzichtet wird, ergeben sich die Rechtsfolgen für das Eigenkapital u. E. ebenfalls aus IAS 32.33. Die Begründung hierfür ist:
- Der eingezogene Anteil bleibt ohne förmliche Kapitalherabsetzung oder Aufstockung des Nominalbetrags der verbleibenden Anteile zunächst bestehen.
- Die Einziehung stellt damit einen Erwerb eigener Anteile dar.[53]

3.3.6 Kapitalerhöhung aus Gesellschaftsmitteln

89 Die Kapitalerhöhung aus **Gesellschaftsmitteln** stellt keinen Zugang an Eigenkapital dar. Sie ist im Eigenkapitalspiegel lediglich als **Umgliederung** zwischen Rücklagen und gezeichnetem Kapital zu zeigen (Buchungssatz: „per Rücklagen an gezeichnetes Kapital"; Rz 66).

3.3.7 Kapitalherabsetzung

90 Die ordentliche Kapitalherabsetzung stellt eine **Minderung** des gezeichneten Kapitals dar. Die vereinfachte Kapitalherabsetzung dient gesellschaftsrechtlich dem Ausgleich von Verlusten (§ 229 AktG und § 58a GmbHG). Aus Sicht der IFRS-Bilanz darf die vereinfachte Kapitalherabsetzung die **GuV** nicht berühren. Sie ist u. E. als **Umgliederung** zwischen gezeichnetem Kapital und Rücklagen zu berücksichtigen.

---

[52] Vgl. im Einzelnen: GÖBEL/KORMAIER, PiR 2006, S. 65 sowie IDW RS HFA 45, Tz. 42.
[53] BAUMBACH/HUECK, GmbHG, 20. Aufl., § 33, Tz. 17a/b, und § 34, Tz. 20. Dazu auch HOFFMANN, PiR 2010, S. 270 ff.

Eigenkapital, Eigenkapitalspiegel § 20

3.3.8 Dividenden, Ergebnisabführungsverträge

Dividenden bewirken eine Minderung des Eigenkapitals durch „Transaktion mit dem Eigenkapitalgeber" (Rz 63) und sind im Eigenkapitalspiegel in einer besonderen Zeile zu berücksichtigen (Rz 66). Nach IAS 10.12. sind am Bilanzstichtag bereits **beschlossene**, aber noch nicht ausbezahlte Dividenden als Verbindlichkeiten auszuweisen. Ergeht ein Dividendenbeschluss nach dem Bilanzstichtag, ist dies noch nicht als Eigenkapitalminderung (Verbindlichkeit) zu berücksichtigen, und zwar auch dann nicht, wenn der Beschluss im Aufstellungszeitraum fällt, etwa als Beschluss über die Gewinnausschüttung des Vor-Vorjahres (IAS 10.13; → § 4 Rz 39).

91

Führt die Dividende (bei gespaltenen Körperschaftsteuersätzen) bei der ausschüttenden Gesellschaft zu Steuerertrag oder -aufwand, so ist nach der Klarstellung durch das AIP Cycle 2009–11 (anwendbar ab 2013) die Steuer regelmäßig über die GuV (und nicht unmittelbar gegen das Eigenkapital) zu verbuchen (IAS 32.35B). Eine unmittelbare Verrechnung mit dem Eigenkapital findet aber nach wie vor bei Abzugssteuern (*witholding taxes*), also etwa der Kapitalertragsteuer, statt (IAS 12.65A).

Fraglich erscheint, ob die Effekte aus **Ergebnisabführungsverträgen** bei der **Untergesellschaft**

92

- als Aufwand (Gewinnabführung an Mutterunternehmen) bzw. Ertrag (Verlustübernahme durch Mutterunternehmen) zu qualifizieren sind oder
- eine Transaktion mit Eigenkapitalgebern in Form der Ergebnisverwendung (Gewinnabführung) bzw. der Einlage (Verlustüberahme) darstellen.

Das HGB entscheidet sich in § 277 Abs. 3 Satz 2 HGB für die 1. Alternative. Diese Vorschrift wird im handelsrechtlichen Schrifttum aber insoweit als kasuistisch gewertet, als Gewinnabführungen/Verlustübernahmen substanziell der Charakter einer Ergebnisverwendung/Einlage zugesprochen wird[54] bzw. in ihnen in Bezug auf den Unternehmenszweck keine systematisch in das Schema des HGB passenden Aufwendungen und Erträge gesehen werden.[55] Im Umkehrschluss folgt daraus für die auf explizite (kasuistische) Regelungen zu Ergebnisabführungen verzichtenden IFRS eine Qualifikation als Transaktion mit **Eigenkapitalgebern.** Hierfür spricht nicht nur die Veranlassung von Ergebnisabführungen durch das Gesellschaftsverhältnis, sondern auch die in IAS 1.109 in der Abgrenzung zu Transaktionen mit Eigenkapitalgebern vorgenommene Beschränkung von Erträgen und Aufwendungen auf Vorgänge, die durch die wirtschaftlichen Aktivitäten des Unternehmens bedingt sind.[56]

3.3.9 *Stock options*

Für die Gewährung von **Aktienoptionen** an Vorstände und Arbeitnehmer sieht IFRS 2 die Erfassung des zugeführten Vorteils als Personalaufwand vor. Die Gegenbuchung erfolgt dann in der Kapitalrücklage (Buchungssatz: „per Personalaufwand an Kapitalrücklage"; → § 23 Rz 16). Ein bei Ausübung der Option vereinnahmter Betrag ist nach normalen Regeln auf das gezeichnete Kapital und die Kapitalrücklage aufzuteilen.

93

---

54 HOFFMANN/LÜDENBACH, NWB Kommentar Bilanzierung, 5. Aufl., 2014, § 277, Tz. 16.
55 FÖRSCHLE/PEUN, in BECK'SCHER Bilanz-Kommentar, 9. Aufl., 2014, § 277, Tz. 23.
56 Vgl. LÜDENBACH, PiR 2014. S. 225

3.4 Gewinnrücklagen, Jahresüberschuss, Bilanzgewinn

94 Die Beispiele in der *Guidance in Implementing* IAS 1 (Bilanz und Eigenkapitalspiegel) sehen die Zusammenfassung aller nicht ausgeschütteten Gewinne *(retained earnings)* in **einer** Kategorie als mögliches Ausweisformat vor. Andererseits verlangt IAS 1.79b die **gesonderte** Darstellung verschiedener Rücklagengruppen entweder in Bilanz, Anhang oder Eigenkapitalspiegel. Daneben sind die vollzogenen **Ausschüttungen** anzugeben (IAS 1.107) sowie der Beschluss bzw. Vorschlag über die **Gewinnverwendung** der abgelaufenen Periode (IAS 1.137a).

95 Die **Trennung** zwischen Jahresergebnis und Summe der Gewinnrücklagen und Gewinnvorträge kann im **Eigenkapitalspiegel** vorgenommen werden. Für die **weitere Unterteilung** der Rücklagen ist zweckmäßigerweise eher der Anhang zu nutzen. Analog zum handelsrechtlichen Schema der Bilanzierung vor Gewinnverwendung und in Anwendung gesellschaftsrechtlicher Unterscheidungen ergeben sich, soweit einschlägig, folgende Erläuterungspositionen:
- gesetzliche Gewinnrücklagen,
- satzungsmäßige Gewinnrücklagen,
- andere Gewinnrücklagen (inklusive Gewinnvortrag aus alter Rechnung),
- Periodenergebnis (nur soweit nicht schon im Eigenkapitalspiegel von der Summe der anderen Positionen getrennt).

Auf die Formulierungsbeispiele in Rz 104 wird verwiesen.

3.5 Sonstiges Ergebnis *(other comprehensive income)*

96 Der im Zeitablauf kumulierte Betrag jedes Einkommenspostens, der nach dem jeweiligen Standard ohne Berührung der GuV **direkt im Eigenkapital** zu erfassen ist (Rz 67), muss im Eigenkapitalspiegel angegeben werden (IAS 1.106d). Von Bedeutung sind insbesondere:
- Neubewertungen des Anlagevermögens nach IAS 16 und IAS 38 (→ § 8 Rz 70),
- Währungsumrechnungsdifferenzen im Konzern nach IAS 23 (→ § 27 Rz 55),
- Wertänderungen bei veräußerbaren Finanzwerten und *cash flow hedges* gem. IAS 39 (→ § 28 Rz 157 und § 28a Rz 28).

4 Besondere Anwendungsbereiche

4.1 Eigenkapitalausweis im Konzern

97 Im Eigenkapital des Konzerns ist zu differenzieren zwischen
- dem auf die **Gesellschafter** des **Mutter**unternehmens entfallenden Anteil und
- dem Anteil der nicht beherrschenden Gesellschafter am Konzernunternehmen.

Nur der erste Betrag ist im Eigenkapitalspiegel weiter zu untergliedern (Rz 65).

98 In die vom Konzern erwirtschafteten Gewinne fließen Gewinne von Tochterunternehmen nur insoweit ein, als sie auf die Dauer der **Konzernzugehörigkeit** entfallen und nicht an dem Tochterunternehmen beteiligten Minderheiten zuzurechnen sind. Der nicht beherrschende Anteil ist nach der Neufassung von IAS 1 gem. IAS 1.68 innerhalb des Eigenkapitals auszuweisen (→ § 32 Rz 156).

99 **Minderheiten**anteile (nicht beherrschende Anteile) an Personentochterunternehmen sind dann nicht als Eigen-, sondern als Fremdkapital auszuweisen, wenn ein Kündigungsrecht des Minderheitsgesellschafters gegen Abfindung besteht (Rz 27 f.).

Eigenkapital, Eigenkapitalspiegel § 20

4.2 Zinsschranke (*escape*-Klausel)

Die ab 2008 gültige Zinsabzugsbeschränkung nach § 4h EStG („Zinsschranke")[57] beschränkt unter bestimmten Voraussetzungen die steuerliche Abzugsfähigkeit des Zinsaufwandes eines „Betriebes" – gemeint ist jedes Unternehmen, gleich in welcher Rechtsform. Für die Abzugsbeschränkung gibt es 3 Ausnahmen: Neben der Freigrenze nach § 4h Abs. 2 Satz 1a EStG sind 2 weitere **IFRS**-relevant:
- Die (Nicht-)**Konzern**zugehörigkeit (→ § 32) nach § 4h Abs. 2 Satz 1b EStG.
- Bei Konzernzugehörigkeit der **Eigenkapitalvergleich** nach § 4h Abs. 2 Satz 1c EStG.

Diese Ausnahmen gelten aber wiederum nur (Rückausnahme), wenn bei einer Kapitalgesellschaft gem. § 8a Abs. 2 und 3 KStG und bei einer Personengesellschaft mit „vorgeordneter" Körperschaft (§ 4h Abs. 1 Satz 2 EStG) keine **schädliche Gesellschafterfremdfinanzierung** vorliegt.

Die Grundstruktur des Eigenkapitalvergleichs ist einfach ausgelegt: Die Zinsabzugsbeschränkung tritt nicht ein, wenn die Eigenkapital**quote** des inländischen „Betriebes" (z. B. eine Kapitalgesellschaft) **nicht kleiner** ist als diejenige des Konzerns; dabei wird eine Toleranzschwelle von 2 % der Eigenkapitalquote des Konzerns „nach unten" gewährt.

Die Eigenkapitalquote ist (selbstverständlich) definiert als **Verhältnis** des Eigenkapitals zur Bilanzsumme. Zur Bestimmung dieser Größe müssen ein Jahresbzw. Einzelabschluss und ein Konzernabschluss vorliegen, die zur Vermeidung des Vergleichs von Äpfeln und Birnen nach dem gleichen Rechnungslegungsstandard erstellt worden sind.

Die Zinsschrankenregelung richtet sich fiskalpolitisch gegen die ungebührliche Abschöpfung von inländischen Gewinnen durch Gesellschafter-Fremdfinanzierung in das **Ausland**. Notgedrungen muss deshalb bez. des anzuwendenden Rechnungslegungssystems auf internationale Rechnungsstandards zurückgegriffen werden. **Primär** hierfür sind nach § 4h Abs. 2 Satz 8 EStG die **IFRS** maßgeblich. Unter bestimmten Voraussetzungen – keine Erstellung und Veröffentlichung von IFRS-Abschlüssen in den letzten fünf Wirtschaftsjahren – kann auch die HGB-Rechnungslegung herangezogen werden und in weiteren Ausnahmefällen solche nach US-GAAP. Wenn ein Jahresabschluss z.B. nach HGB und der Konzernabschluss nach IFRS erstellt worden ist, muss hinsichtlich der Vergleichbarkeit eine **Überleitungsrechnung** mit prüferischer Durchsicht erstellt werden.

Die Eigenkapitalquote als eine Vergleichsgröße ist vom Umfang des **Konsolidierungskreises** abhängig. In diesen sind nicht notwendig alle Konzerngesellschaften einzubeziehen, also insbesondere nicht diejenigen, die aus Wesentlichkeitsgründen nicht konsolidiert werden. Eine „Anpassungsrechnung" – also eine Art fiktiv erweiterter Konzernabschluss – kommt nicht in Betracht. Anders verhält es sich bei der Definition der Konzernzugehörigkeit (→ § 32 Rz 88 ff.), bei der nicht auf die tatsächliche Einbeziehung in den Konzernabschluss abgehoben wird.

Fraglich kann die Einbeziehung von **Zweckgesellschaften** sein *(special purpose entities*, SPE). Diese sollen nach der Gesetzesbegründung zu § 4h EStG in der Form von Verbriefungsgesellschaften **nicht** als **konzernzugehörig** gelten. Umgekehrt unterstellt die Gesetzesbegründung eine Einbeziehungspflicht dieser

100

101

---

[57] Vgl. die Gesamtdarstellung bei HOFFMANN, in: LITTMANN/BITZ/PUST, Die Zinsschranke 2008.

1045

besonders strukturierten Gesellschaft in den IFRS-Konzernabschluss. Diese Annahme ist recht optimistisch. Die Hypothekenkrise des Jahres 2007 hat gerade die regelmäßige Nichtkonsolidierung solcher Zweckgesellschaften bestätigt. Die auf SIC 12 beruhenden Standardauslegungen sind oft weit genug ausgerichtet, um eine Konsolidierungspflicht zu verhindern. Gleichwohl kommt u. E. eine Art Schattenkonsolidierung im Falle nicht konsolidierter SPE für Zwecke der Zinsschranke nicht in Betracht. U. E. muss der erstellte und testierte Konzernabschluss – mit oder ohne SPE unter Berücksichtigung der effektiv einbezogenen Tochtergesellschaften – als Eigenkapitalvergleichsmaßstab gelten.

Nach § 4h Abs. 2 Satz 4 EStG sind ebenfalls im Interesse der Vergleichbarkeit Bilanzierungs- und Bewertungs**wahlrechte** in beiden Abschlüssen **einheitlich** „auszuüben". U. E. gilt dies nicht nur für explizite Bewertungswahlrechte – Beispiel: die verschiedenen Methoden zur Abbildung einer Altersversorgungsverpflichtung (→ § 22 Rz 49) – sondern auch für **Ermessensspielräume**, z. B. bei der Bestimmung von Wertberichtigungen auf Kundenforderungen. Diese Vorgabe der Vereinheitlichung ist eher selbstverständlich, gilt diese doch auch nach § 300 Abs. 2 HGB bzw. IAS 27.28.

Eine förmliche Vereinheitlichung ist dagegen für den Einzelabschluss für das **Übergangsverfahren** auf die IFRS-Rechnungslegung nach IFRS 1 (→ § 6) kaum möglich. Regelmäßig ist in solchen Fällen zur Herstellung der Vergleichbarkeit der beiden Rechenwerke der Konzernabschluss schon nach IFRS, der Einzelabschluss aber noch nach HGB erstellt worden. IFRS 1 ist reichlich mit Wahlrechten[58] „gesegnet". Wenn kein gleichzeitiger Übergang im Konzern- und Einzelabschluss erfolgt, kann eine Vereinheitlichung bei der Ausübung dieser Wahlrechte nicht oder nur unter größter Mühe im Hinblick auf die Daten der Vergangenheit durchgeführt werden.

5 Angaben

102 Je nach Gliederungstiefe des Eigenkapitalspiegels enthalten dessen Spalten und Zeilen bereits viele der durch IAS 1 geforderten Angaben. Die verbleibenden Erläuterungsnotwendigkeiten ergeben sich vor allem aus der Erklärung dessen, was gesellschaftsrechtlich beschlossen und was davon vollzogen wurde. In diesem Sinne sind etwa Beschlüsse über die Schaffung von **bedingtem Kapital** im Zusammenhang mit Wandelanleihen oder Arbeitnehmeroptionen zu erläutern. Ebenso sind Beschlüsse über zukünftige Kapitalerhöhungsmöglichkeiten durch Schaffung **genehmigten Kapitals** darzustellen. Die Erläuterungspflicht bezieht sich nicht nur auf die Beschlüsse der Berichtsperioden, sondern auf alle noch nicht erledigten Beschlüsse. Soweit also in Vorjahren bedingtes oder genehmigtes Kapital beschlossen wurde und die Beschlüsse weder vollständig vollzogen sind noch sich durch Zeitablauf erledigt haben, sind die Beschlüsse und ihr bisheriger **Vollzug/Teilvollzug/Nichtvollzug** zu erläutern.

103 Nach einer Faustregel sind unter Wesentlichkeitsvorbehalt alle das Kapital betreffenden **gesellschaftsrechtlichen Beschlüsse** zu erläutern und über Vollzug, Teilvollzug oder (Noch-)Nichtvollzug zu berichten. In Anwendung dieser

---

[58] Wegen der damit verbundenen bilanzpolitischen Gestaltungsmöglichkeiten im Hinblick auf die Optimierung der Zinsschranke wird verwiesen auf KÖSTER, BB 2007, S. 2282.

Eigenkapital, Eigenkapitalspiegel § 20

Grundregel wären etwa bei Arbeitnehmeroptionsrechten der Umfang und die Bedingungen der Ausübung der Option zu erläutern sowie die im jeweiligen Jahr erfolgten Ausübungen der Option bzw. die bis zum Stichtag kumulierten Ausübungen (→ § 23 Rz 248).
Das nachfolgende, bewusst ausführlich gehaltene Formulierungsbeispiel enthält die wichtigsten Varianten. Die in erster Linie nur für AGs relevanten Teile sind kursiv gedruckt.

104

> **Beispiel**
> **Gezeichnetes Kapital:** Das gezeichnete Kapital der X AG betrug zum 31.12.01 100 Mio. und verteilte sich auf 10 Mio. Stammaktien über je 10 EUR. In der ordentlichen Hauptversammlung vom 20. April 01 wurde die Umstellung auf 10 Mio. nennwertlose Aktien mit einem rechnerischen Anteil von je 10 EUR am gezeichneten Kapital beschlossen.
> Darüber hinaus wurde mit wirtschaftlicher Wirkung zum 15.6. unter Inanspruchnahme des genehmigten Kapitals II eine Kapitalerhöhung durchgeführt, die zu einer Erhöhung des gezeichneten Kapitals um 10 Mio. führte. Die Kapitalerhöhung wurde von Y erbracht, der 1 Mio. stimmberechtigte Vorzugsaktien gegen Einlage der Y-GmbH erhielt. Die an Y ausgegebenen Aktien/Geschäftsanteile sind ebenfalls nennwertlos, besitzen jedoch Vorzugsrechte hinsichtlich der Dividendenausschüttung.
> Schließlich wurde mit Beschluss der Hauptversammlung/Gesellschafterversammlung vom … das Kapital um 1 Mio. aus Gesellschaftsmitteln durch Umwandlung von Gewinnrücklagen erhöht. Der Erhöhung lag die Jahresbilanz zum 31.12.00 zugrunde. An die Gesellschafter wurden 100.000 nennwertlose Aktien ausgegeben.
> Die Gesamtzahl der ausgegebenen Aktien hat sich somit zum 31.12.01 auf 11,1 Mio. Stück erhöht.
> **Kapitalrücklage:** Die Kapitalrücklage enthält die bei der Ausgabe von Vorzugs- und Stammaktien/Anteilen über den Nennbetrag hinaus erzielten Beträge. Die Erhöhung der Kapitalrücklage von 60 Mio. zum 1.1.01 auf 80 Mio. zum 31.12.01 resultiert aus der oben dargestellten Kapitalerhöhung.
>
> **Kapitalerhöhung aus Gesellschaftsmitteln**
> **Bedingtes Kapital I:** Am 1.2.199x wurde eine bedingte Erhöhung des Grundkapitals um 3 Mio. EUR beschlossen (bedingtes Kapital I). Diese bedingte Kapitalerhöhung steht im Zusammenhang mit der Ermächtigung des Vorstands, bis zum 31.12.03 Options- und/oder Wandelschuldverschreibungen im Gesamtbetrag von bis zu 50 Mio. EUR zu begeben und den Inhabern Options- bzw. Wandlungsrechte auf bis zu 300.000 Stück neue Stamm- und/oder Vorzugsaktien der Gesellschaft zu gewähren. Am 1.3.199x wurden Null-Kupon-Inhaber-Teilschuldverschreibungen mit Wandlungsrecht in Inhaber-Vorzugsaktien der X AG begeben. Danach ist jedem Anleihegläubiger das Recht eingeräumt, die Schuldverschreibungen während des Ausübungszeitraums vom 1.3.1999 bis 1.2.2010 (beide Tage einschließlich) in stimmrechtslose Vorzugsaktien zu wandeln. Die Anleiheschuldnerin ist berechtigt, nach Ausübung des Wandlungsrechts durch einen Anleihegläubiger anstatt der Lieferung von Vorzugsaktien einen bis zu … Barbetrag zu zahlen. Bisher

wurde das Wandlungsrecht nur im Jahre 00 ausgeübt. Das bedingte Kapital verringerte sich dadurch auf 2 Mio. EUR.
Bedingtes Kapital II: Die Hauptversammlung hat am 20.4.199x eine bedingte Erhöhung des Grundkapitals um 1 Mio. EUR durch Ausgabe von bis zu 100.000 Stück Stammaktien beschlossen, um den Aktienoptionsplan bedienen zu können (bedingtes Kapital II). Das bedingte Kapital II dient aufgrund des Aktienoptionsplans der X AG ausschließlich der Gewährung von Bezugsrechten an Mitglieder des Vorstands der Gesellschaft, an Mitglieder der Geschäftsleitungsorgane nachgeordneter verbundener Unternehmen sowie an weitere Führungskräfte der Gesellschaft und ihrer nachgeordneten verbundenen Unternehmen, soweit diese nicht selbst börsennotiert sind. Im Rahmen des Aktienoptionsplans sind am 1.9.199x, am 1.9.00 und am 1.9.01 Aktienoptionen ausgegeben worden, von denen am 31.12.01 insgesamt 12.000 wirksam waren. Diese Aktienoptionen können nach Erfüllung der dazu vorgesehenen Voraussetzungen zur Ausgabe von bis 12.000 Stück Stammaktien führen, was 0,1 % des Grundkapitals entspricht. Die vom Vorstand der Gesellschaft festgelegten Ausübungsbedingungen für die eingeräumten Bezugsrechte im Rahmen des Aktienoptionsplans sehen insbesondere … … vor.
Genehmigtes Kapital I: Der Vorstand wurde durch Beschluss der außerordentlichen Hauptversammlung vom 1.10.19xx ermächtigt, mit Zustimmung des Aufsichtsrats bis zum 31.12.02 das Grundkapital durch Ausgabe neuer Stamm- bzw. Vorzugsaktien gegen Bareinlagen einmalig oder mehrmals um bis zu 15 Mio. EUR zu erhöhen. 199x wurde das genehmigte Kapital I mit 10 Mio. EUR teilweise in Anspruch genommen. Danach besteht noch ein genehmigtes Kapital I i. H. v. bis 5 Mio. EUR.
Genehmigtes Kapital II: Die außerordentliche Hauptversammlung am 1.9.199x beschloss, ein genehmigtes Kapital II zu schaffen. Der Vorstand war danach ermächtigt, mit Zustimmung des Aufsichtsrats bis zum 31.12.03 das Grundkapital der Gesellschaft durch Ausgabe neuer auf den Inhaber lautender Stammaktien gegen Sacheinlage einmalig oder mehrmals, höchstens jedoch bis zu 15 Mio. EUR, zu erhöhen (genehmigtes Kapital II). Der Vorstand wurde gleichzeitig ermächtigt, mit Zustimmung des Aufsichtsrats über den Ausschluss des Bezugsrechts zu entscheiden und die weiteren Einzelheiten der Kapitalerhöhung festzulegen.
Durch Sacheinlage der Y-GmbH wurde das genehmigte Kapital II in 01 mit 10 Mio. EUR in Anspruch genommen. Das verbleibende genehmigte Kapital II beträgt danach bis zu 5 Mio. EUR.
Kein Erwerb eigener Aktien: Die Hauptversammlung ermächtigte die Gesellschaft am 20.4.199x, bis zum 20.12.02 eigene Aktien bis zu insgesamt 10 % des Grundkapitals zu erwerben. Von dieser Ermächtigung hat weder die Gesellschaft noch ein abhängiges oder in Mehrheitsbesitz der Gesellschaft stehendes Unternehmen oder ein anderer für Rechnung der Gesellschaft oder eines abhängigen oder eines in Mehrheitsbesitz der Gesellschaft stehenden Unternehmens Gebrauch gemacht.
Gewinnrücklagen: Die Gewinnrücklagen enthalten im Geschäftsjahr 01 erstmals sowohl die Effekte aus der Erstanwendung des IAS 39 *(Financial Instruments: Recognition and Measurement)* i. H. v. 1 Mio. EUR als auch die

> in der Eigenkapitalentwicklung unter „Bewertung IAS 39" ausgewiesenen Bewertungsergebnisse i. H. v. –2 Mio. EUR. Davon entfallen –0,5 Mio. EUR auf *cash flow hedges* und 1,5 Mio. EUR auf Vermögenswerte, die als „*available for sale*" klassifiziert wurden.
> Im Übrigen unterteilen sich die Gewinnrücklagen wie folgt:
> - gesetzliche Gewinnrücklagen ...
> - satzungsmäßige Gewinnrücklagen ...
> - andere Gewinnrücklagen (inklusive Gewinnvortrag aus alter Rechnung i. H. v. ...) ...

Die Verpflichtung zur Erläuterung bzw. Aufgliederung der Gewinnrücklagen ergibt sich für Aktiengesellschaften bereits bisher aus den §§ 152 ff. AktG. Für GmbHs fehlen entsprechende gesellschaftsrechtliche Vorschriften. Eine Aufgliederung der Gewinnrücklagen wird jedoch für große GmbHs durch § 266 HGB verlangt. Nach IAS 1.79b ist im IFRS-Abschluss größen- und rechtsformunabhängig die Aufgliederung und Beschreibung der Rücklagen geboten. 105

Soweit dies nicht schon der Eigenkapitalspiegel (Rz 66) leistet, sind ergänzende Aufstellungen vorzunehmen. Folgende Darstellungen kommen bei Ausklammerung der in der Praxis kaum anzutreffenden Neubewertung gem. IAS 16 oder IAS 38 (→ § 8 Rz 70 ff.) infrage:[59]

Währungsdifferenzen (→ § 27 Rz 5)	Bewertungsergebnisse *available-for-sale assets* und *cash flow hedges* (→ § 28 Rz 157 u. § 28a Rz 54)	allgemeine Gewinnrücklagen
Anfangsbestand	Anfangsbestand	Anfangsbestand
		+/– Auswirkung aus Methodenänderung oder Fehlerkorrektur (jeweils nach Steuern)
		= korrigierter Anfangsbestand
+/– Veränderung auf Grund neuer Umrechnung	+/– Veränderung aufgrund Zeitbewertung *available-for-sale assets*	+/– Periodenergebnis
+/– Abgang durch Veräußerung – Tochterunternehmen	– Abgang durch *impairment available-for-sale assets*	– Ausschüttung

---

[59] KIRSCH, StuB 2004, S. 1001 ff. mit im Übrigen auch sehr instruktiven Ausführungen zur Generierung der Angaben aus einem Kontenplan.

Währungsdifferenzen (→ § 27 Rz 5)	Bewertungsergebnisse *available-for-sale assets* und *cash flow hedges* (→ § 28 Rz 157 u. § 28a Rz 54)	allgemeine Gewinnrücklagen
Anfangsbestand	Anfangsbestand	Anfangsbestand
	+/– Veränderung auf Grund Zeitbewertung *cash flow hedges*	+/– Umgliederung aus/in Kapitalrücklage und gezeichnetes Kapital
	+/– Abgang durch Beendigung *hedge*-Beziehung, Realisierung Grundgeschäft oder Anpassung AK Grundgeschäft	– Veränderung aus Rückkauf oder Einziehung eigener Aktien
+/– Steuereffekte	+/– Steuereffekte	+/– Steuereffekte
= Endbestand	= Endbestand	= Endbestand

106 Ab 2007 hat ein Unternehmen gem. IAS 1.134 die Ziele und Verfahren des Managements in Bezug auf das Eigenkapitals offenzulegen. (IAS 1.124A). Anzugeben sind gem. IAS 1.135 insbesondere:
- die **qualitative** Abgrenzung des (wirtschaftlichen) Eigenkapitals (z. b. die Einbeziehung nachrangigen Fremdkapitals),
- Art von und Umgang mit unternehmensspezifisch, nicht branchenweit (IAS 1.BC93) auferlegten externen, **regulatorischen** Eigenkapitalanforderungen (z. B. bei Banken; Rz 107),
- **Zielsetzung** hinsichtlich der Entwicklung des Kapitals, der Eigenkapitalquote etc. und der Grad der Zielerreichung,
- **quantitative** Daten zur Zusammensetzung und Entwicklung des Kapitals.

Beispiel
Ziele unseres Kapitalmanagements sind:
- Sicherstellung der Unternehmensfortführung,
- adäquate Verzinsung des Eigenkapitals.

Zur Umsetzung wird das Kapital ins Verhältnis zum Risiko gesetzt und ggf. angepasst. Der Anpassung dienen die Dividendenpolitik, Kapitalrückzahlungen, Kapitalerhöhungen, aber auch der Verkauf von Vermögen zwecks Schuldentilgung.
Das Kapital wird auf Basis des Verhältnisses von Nettoschulden zum wirtschaftlichen Eigenkapital überwacht. Nettoschulden sind die mit Zahlungsmitteln saldierten Schulden. Wirtschaftliches Eigenkapital ist das bilanzielle Eigenkapital, gekürzt um nicht realisierte Erfolge sowie nachrangige Darlehen.

Eigenkapital, Eigenkapitalspiegel § 20

In 2008 und 2009 war das Ziel, für die vorgenannte Relation einen Wert von 6:1 bis 7:1 zu erhalten, dabei tendenziell eine Minderung der Verhältniszahl zu erreichen.
Die Ergebnisse waren wie folgt:

	2009	2008
Schulden	1.000	1.100
Zahlungsmittel	–90	–150
Nettoschulden	910	950
Eigenkapital	100	100
nachrangige Darlehen	38	38
wirtschaftliches Kapital	138	138
Ratio	6,6	6,9

Die Minderung der Verhältniszahl ist Folge des Abbaus der Nettoverschuldung, die wiederum aus dem Verkauf des Tochterunternehmens X resultiert. Ergebnis war eine verbesserte Profitabilität, die zu einer höheren Dividende führt.

Offen ist, ob die Angaben zu externen Eigenkapitalanforderungen nur im Falle regulatorischer Anforderungen (z. B. durch Aufsichtsbehörden) oder auch dann gelten, wenn sie privatrechtlich, etwa als Bedingung eines Darlehensgebers (*covenants*) auferlegt sind. Für die zweite, weitere Interpretation könnte der Wortlaut von IAS 1.135(a)(ii) sprechen, der nur allgemein und ohne Bezug auf Regulatoren „*externally imposed capital requirements*" anführt. Die unter der Überschrift „*externally imposed capital requirements*" in IAS 1.BC92–97 enthaltenen Ausführungen rechtfertigen jedoch eine einschränkendere Auslegung. Nach IAS 1.BC94 sollen die Angaben den Bilanzadressaten über das „*risk assessment of the regulator*" informieren. BC95(a) – (e) und (g) referieren folgerichtig ausschließlich auf „*regulator's risk assessment*", „*regulator's ability to impose such requirements*", „*regulator's tools*". Nach IAS 1.BC97 ist in diesem Rahmen die Angabe einer evtl. „*temporary non-compliance with regulatory requirements*" das, was Bilanzadressaten interessieren könnte. 107

Bei unter bestimmten Bedingungen ab 2009 wieder möglicher Bilanzierung kündbarer Anteile an Personengesellschaften als Eigenkapital (Rz 31ff.) entstehen bestimmte Angabepflichten. Dazu gehören gem. IAS 1.136A: 108
- Gesamtbetrag der als Eigenkapital bilanzierten kündbaren Instrumente;
- Zielsetzungen sowie Methoden und Prozesse bei der Steuerung der Rückzahlungsverpflichtung im Falle der Ausübung der Kündigung einschließlich Veränderung im Vergleich zum Vorjahr;
- bei Rückgabe der Anteile (Kündigung der Mitgliedschaft) erwartete Zahlungsbelastung;
- Information über die Ermittlung der Rückzahlungsverpflichtung.

Insbesondere die Ermittlung des Abfindungsbetrags dürfte oft nur mit unverhältnismäßigem Aufwand möglich sein und insbesondere bei langen Kündigungsfristen zu teilweise wenig aussagekräftigen Ergebnissen führen.[60] An die Genauigkeit der Schätzungen sind dann keine übertriebenen Anforderungen zu stellen.

109 Auf die **Checkliste „Abschlussangaben"** wird verwiesen (→ § 5 Rz 8).

6 Anwendungszeitpunkt, Rechtsentwicklung

110 Die Regeln von IAS 32 sind für alle Abschlüsse, deren Berichtsperiode ab dem 1. Januar 2005 beginnt, anzuwenden, die Regeln von IAS 1 für alle Abschlüsse ab 1. Januar 2009 (→ § 2 Rz 99).

111 Die in 2007 verabschiedete Neufassung von IAS 1 sieht abweichend von IAS 1 (2003) neben der Eigenkapitaländerungsrechnung zwingend eine **Gesamtergebnisrechnung** vor.

112 In der strittigen Frage des kündbaren gesellschaftsrechtlichen Eigenkapitals von **Personengesellschaften** hat das in 2008 vorgelegte, ab 2009 anzuwendende *Amendment* zu IAS 32 im Wege der Kasuistik Möglichkeiten eröffnet, auch bilanziell wieder Eigenkapital auszuweisen.

113 Wegen der Aufschlüsselung des sonstigen Ergebnisses im Eigenkapitalspiegel oder Anhang hat das *Annual Improvements Project* 2010 eine Klarstellung vorgenommen (Rz 65).

114 Das *Annual Improvements Project* 2009–11 beseitigt mit Wirkung ab 2013 Redundanzen bzw. Widersprüche bei der Bilanzierung der Steuereffekte aus Kapitalerhöhungen (Rz 74) und Dividenden (Rz 91)

115 Der grundlegenden Frage der Abgrenzung zwischen Eigen- und Fremdkapital (Rz 3 ff.) hat sich der IASB in Section 5 des *„Discussion Paper DP/2013/1 – A Review of the Conceptual Framework for Financial Reporting"* vom Juli 2013 angenommen. Hier wird ausgehend von Widersprüchen zwischen Framework und IAS 32 (etwa bei der Behandlung kündbarer Anteile; Rz 29 ff.) diskutiert, wie restriktiv oder großzügig zukünftig der Eigenkapitalbegriff ausfallen soll und welche Folgerungen sich hieraus für den Eigenkapitalspiegel und die Gesamtergebnisrechnung ergeben könnten. Der inhaltliche und zeitliche Ausgang dieser Diskussion ist derzeit nicht absehbar.

7 Zusammenfassende Praxishinweise

116 IAS 32 behandelt diverse Abgrenzungsfälle von Eigen- und Fremdkapital.
- Bei **zusammengesetzten Finanzinstrumenten** (z. B. Wandelanleihen) ist eine Aufteilung des Emissionserlöses in Fremd- und Eigenkapital geboten. Nur die Restwert- bzw. Subtraktionsmethode ist zugelassen (Rz 6). Die Behandlung von Vorzugsaktien ist strittig (Rz 17).
- **Mezzanine-Finanzierungen:** Eine schuldrechtliche Kapitalüberlassung ist auch dann als Fremdkapital zu qualifizieren, wenn sie durch Verlustbeteiligung, Insolvenznachrang etc. dem Eigenkapital wirtschaftlich nahe kommt (Rz 20).
- **Leistungsbezug gegen Gewährung von Anteilsrechten:** Ist ein Vertrag über den „Einkauf" von Leistungen statt mit Geld durch die Aus- bzw. Hingabe von Eigenkapital zu vergüten, führt die bereits „vereinnahmte", aber noch

---

[60] Vgl. BÖMELBURG/LANDGRAF/LUCE, PiR 2008, S. 145 ff.

nicht „bezahlte" Leistung nur dann schon zu Eigenkapital, wenn die Zahl der zu gewährenden Aktien feststeht. Ist die Aktienzahl variabel (insbesondere umgekehrt proportional zur Kursentwicklung), liegt vorübergehend Fremdkapital vor (Rz 23).

- **Derivative Kontrakte in eigenen Aktien:** Gibt die Gesellschaft ein bindendes Angebot auf den Erwerb oder die Lieferung eigener Aktien ab, ist der am Bilanzstichtag bestehende Schwebezustand als Schuld auszuweisen. Ein wichtiger Anwendungsfall sind freiwillige Erwerbsangebote nach WpÜG (Rz 26).
- **Abfindungen bei Ausscheiden von Gesellschaftern und Genossen:** Führt bei Personengesellschaften, Genossenschaften oder GmbHs gesetzlich oder statuarisch das Ausscheiden aus der Gesellschaft durch Kündigung oder Tod zu einer Abfindung, war nach der bis 2008 geltenden Rechtslage strittig, ob diese Abfindungspflichten bereits abstrakt, d. h. vor Eintritt des auslösenden Ereignisses, eine Umqualifizierung des gesellschaftsrechtlichen Eigenkapitals in bilanzielles Fremdkapital bewirken. Ab 2009 ist bei Erfüllung bestimmter Voraussetzungen wieder ein Eigenkapitalausweis möglich (Rz 31 ff.).

In der Ergänzung der übrigen Rechenwerke des Abschlusses sind Angaben zur Eigenkapitalentwicklung zu leisten. Der IFRS-Anwender hat hierbei ab 2009 nicht mehr die **Wahl zwischen** einer vollständigen **Eigenkapitaländerungsrechnung**, die alle Bewegungen des Eigenkapitals zusammenfasst, und einer **Gesamtergebnisrechnung**, die nur die Veränderungen des Eigenkapitals aus realisierten und unrealisierten Gewinnen darstellt (Rz 64 ff.). Die Gesamtergebnisrechnung wird zum **Pflichtbestandteil** des Abschlusses.

Im Hinblick auf die Eigenkapitalveränderungsrechnung sind Entscheidungen zwischen dem **Detaillierungsgrad** innerhalb dieses Rechenwerkes selbst und innerhalb des Anhangs zu treffen. Nach der hier vertretenen Auffassung ist es zweckmäßig, wenn der Eigenkapitalspiegel unabhängig von der Gesellschaftsform eine Unterteilung in gezeichnetes Kapital/Festkapital, Kapitalrücklagen, Gewinnrücklagen aus nicht GuV-wirksamen Erfolgen und sonstigen kumulierten Gewinnen aufweist. Die Erläuterungen des Grund-/Festkapitals, der Kapital- und Gewinnrücklagen, aber auch die Erläuterung bedingter und genehmigter Kapitalien kann dann rechtsformabhängig in den *notes* erfolgen (Rz 95 und Rz 102).

§ 21 RÜCKSTELLUNGEN, VERBINDLICHKEITEN

Inhaltsübersicht	Rz
Vorbemerkung	
1 Zielsetzung, Regelungsinhalt, Begriffe.	1–6
1.1 Schulden (*liabilities*)	1–4
1.2 Sonderfall: Rückstellungen und Eventualverbindlichkeiten	5
1.3 Der Regelungsgehalt von IAS 37	6
2 Ansatz	7–128
2.1 Begriffsinhalte.	7–17
2.1.1 Schulden (*liabilities*)	7–12
2.1.2 Rückstellungen (*provisions*).	13–17
2.2 Die Ansatzkriterien.	18–52
2.2.1 Die Tatbestandsmerkmale insgesamt	18–19
2.2.2 Vergangenheitsereignis – wirtschaftliche Verursachung	20–23
2.2.3 Rechtliche oder faktische Verpflichtung.	24–33
2.2.4 Rückstellung für künftige Verluste sowie – Aufwandsrückstellungen.	34–35
2.2.5 Das Bestehen der Verpflichtung (Konkretisierung)	36–50
2.2.6 Wahrscheinlicher Abfluss von Ressourcen zur Regulierung der Verbindlichkeit	51
2.2.7 Verlässliche Bewertung, insbesondere bei Rechtsfällen.	52
2.3 Einzelfälle.	53–118
2.3.1 Die *accruals*	53–54
2.3.2 Drohverluste (*onerous contracts*)	55–71
2.3.2.1 Schwebende Verträge	55–58
2.3.2.2 Feststellung und Definition des Verlustes	59–66
2.3.2.3 Einbeziehung von Gemeinkosten	67–68
2.3.2.4 Verhältnis zur außerplanmäßigen Abschreibung.	69–71
2.3.3 Umweltschutz, Entsorgung	72–79
2.3.4 Entfernungs- und Wiederherstellungsverpflichtungen	80–88
2.3.5 Rekultivierung.	89–90
2.3.6 Rücknahme- und Entsorgungsverpflichtungen (Elektroschrott).	91–93
2.3.7 Restrukturierungsrückstellungen.	94–103
2.3.8 Emissionsrechte.	104
2.3.9 Kosten der Rechtsverfolgung.	105–106
2.3.10 Schadensersatz- und ähnliche Verpflichtungen.	107
2.3.11 Dokumentationsverpflichtungen, Registrierungskosten	108–109

2.3.12	Mehrerlösabschöpfung in der deutschen Elektrizitätswirtschaft	110–112
2.3.13	Bankenabgabe und sonstige öffentliche Abgaben	113–117
2.3.14	Kurzfristige Arbeitnehmervergütungen	118
2.4	Eventualverbindlichkeiten (*contingent liabilities*)	119–124
2.5	Eventualforderungen (*contingent assets*)	125–128
3	Die Bewertung (*measurement*) von Rückstellungen	129–164
3.1	Ausgangspunkt: Bestmögliche Schätzung (*best estimate*)	129–130
3.2	Die stufenweise Abfolge von Unsicherheitsmomenten	131–133
3.3	Das Bewertungsmodell	134–136
3.3.1	Die Ausgangsgrößen	134
3.3.2	Der Erwartungswert	135
3.3.3	Das wahrscheinlichste Ergebnis	136
3.4	Anpassungen	137–148
3.4.1	Zusammenspiel der Berechnungsgröße	137
3.4.2	Risikoaversion	138–141
3.4.3	Abzinsung	142–148
3.4.3.1	Laufzeit- und Risikoäquivalenz	142–144
3.4.3.2	Der laufzeitäquivalente Zins	145–146
3.4.3.3	Nominal- oder Realzins (Kaufkraftäquivalenz)	147
3.4.3.4	Steuereffekte	148
3.5	Die Risikoanpassung in der Modellierung	149–156
3.5.1	Ergebnisvariabilität als schuldspezifisches Risiko	149–151
3.5.2	Anpassung von Zins oder Zahlungsstrom	152–153
3.5.3	Fortschreibung von Rückstellungen durch Aufzinsung	154–156
3.6	Künftige Ereignisse	157–159
3.7	Anwendungshinweise	160–164
4	Rückgriffsansprüche (*reimbursements*) vs. kompensatorische Vorteile	165–172
5	Einbeziehung von Gemeinkosten	173–177
5.1	Die Bewertungsvorgabe	173
5.2	Grenzkostenbetrachtung	174–175
5.3	Vollkostenbetrachtung	176–177
6	Ausweis und Anhangsangaben	178–186
6.1	Rückstellungen (*provisions*)	178–182
6.2	Eventualverbindlichkeiten (*contingent liabilities*)	183–185
6.3	Ereignisse nach dem Bilanzstichtag	186
7	Latente Steuern	187
8	Einzelfälle der Rückstellungsbilanzierung (ABC)	188
9	Anwendungszeitpunkt, Rechtsentwicklung	189–190
10	Zusammenfassende Praxishinweise	191

Schrifttum: ALBRECHT, Interpretation zur bilanziellen Abbildung von staatlich erhobenen Abgaben, KoR 2013, S. 413; ASCHFALK-EVERTZ, Restrukturierungsrückstellungen, PiR 2013, S. 13; BAETGE/ZÜLCH/BRÜGGEMANN/NELLESSEN, Management's best estimate – Abbildung singulärer Risiken im HGB- und

IFRS-Abschluss, PiR 2007, S. 315; FREIBERG/LÜDENBACH, Die risiko- und laufzeitäquivalente Diskontierung von sonstigen Rückstellungen nach IAS 37, PiR 2007, S. 329; HAAKER, Das Wahrscheinlichkeitsproblem bei der Rückstellungsbilanzierung nach IAS 37 und IFRS 3, KoR 2005, S. 8; HOFFMANN, Rückstellung für die Aufbewahrung von Geschäftsunterlagen, PiR 2007, S. 145; HOFFMANN, Zinseffekte bei der Rückstellungsbewertung, PiR 2006, S. 63; HOMMEL, Rückstellungsbewertung im Spannungsverhältnis von Management-Approach und Fair-Value-Approach, PiR 2007, S. 322; KESSLER/SCHOLZ-GÖRLACH, Die Abgrenzung des Saldierungsbereichs bei Drohverlustrückstellungen, PiR 2007, S. 304; KÜMPEL, Bilanzielle Behandlung von Entsorgungs-, Rekultivierungs- und ähnlichen Verpflichtungen im IFRS-Regelwerk, DStR 2004, S. 1227; KÜTING/KESSLER/CASSEL/METZ, Die bilanzielle Würdigung bestandsunsicherer Schadensersatzverpflichtungen nach IFRS und HGB, WPg 2010, S. 315; KÜTING/KESSLER, Rückbauverpflichtungen im Spiegel der nationalen und internationalen Bilanzierung, PiR 2007, S. 308; LÜDENBACH, Rückbauverpflichtungen nach internationaler Rechnungslegung und deutschem Bilanzrecht, BB 2003, S. 835; LÜDENBACH, Rückstellung für Rekultivierung bei erwarteten Kippgebühren für Bauschutt, PiR 2014, S. 287; LÜDENBACH, (Erfolgsabhängige) Anwaltskosten im Passivprozess, PiR 2014, S. 157; LÜDENBACH, Versäumte Kündigung eines Anmietvertrags, PiR 2007, S. 202; LÜDENBACH/FREIBERG, Die risiko- und laufzeitäquivalente Diskontierung von sonstigen Rückstellungen nach IAS 37, PiR 2007, S. 929; LÜDENBACH/FREIBERG, Drohende Verluste nach IAS 37 – Saldierungsbereich und Verhältnis zur außerplanmäßigen Abschreibung, PiR 2005, S. 41; LÜDENBACH/HOFFMANN, Faktische Verpflichtungen und (verdeckte) Aufwandsrückstellungen nach IFRS und HGB/EStG, BB 2005, S. 2344; LÜDENBACH/HOFFMANN, Imparitätische Wahrscheinlichkeit – Zukunftswerte im IAS-Regelwerk, KoR 2003, S. 5; MARX/BERG, Rückstellungen für Dokumentationsverpflichtungen nach HGB, IFRS und EStG, DB 2006, S. 169; OSER/ROSS, Rückstellungen aufgrund der Verpflichtung zur Rücknahme und Entsorgung von Elektroschrott beim Hersteller, WPg 2005, S. 1069; ROSS/DRÖGEMÜLLER, Keine Rückstellungen in der Handels- und Steuerbilanz für Registrierungskosten aufgrund der künftigen EU-Chemikalienverordnung (REACH), BB 2006, S. 1044; THEILE, Sozialplanverpflichtungen und Restrukturierungen, PiR 2007, S. 297; URBANCZIK, Die Bankenabgabe im Licht von IFRIC 21, PiR 2013, S. 338; ZÜLCH, Die Interpretation des IFRIC: Die Bilanzierung von Rücknahme- und Entsorgungsverpflichtungen gem. IFRIC 6, StuB 2005, S. 892; ZÜLCH/WILLMS, Rückstellungen für Entsorgungs-, Wiederherstellungs- und ähnliche Verpflichtungen: Umstellung von HGB auf IFRS, DB 2005, S. 1178.; ZWIRNER, Rückstellungen für belastende Verträge nach IFRS – am Beispiel der Fortführung eines defizitären Filialbetriebs, IRZ 2012, S. 55.

Vorbemerkung
Die Kommentierung bezieht sich auf IAS 37 in der aktuellen Fassung und berücksichtigt alle Ergänzungen, Änderungen und Interpretationen, die bis zum 1.1.2015 beschlossen wurden. Einen Überblick über diskutierte oder schon als Änderungsentwurf vorgelegte zukünftige Regelungen enthalten Rz 189 ff.

1 Zielsetzung, Regelungsinhalt, Begriffe
1.1 Schulden (*liabilities*)

Es geht in diesem Paragrafen des Kommentars um „Schulden" i.S.d. § 247 Abs. 1 HGB, die man im deutschen Sprachgebrauch auch mit „**Verbindlichkeiten**" (vgl. z.B. die Gliederungsterminologie in § 266 Abs. 3 HGB i.V.m. § 249 Abs. 1 Satz 1 HGB „ungewisse Verbindlichkeiten") bezeichnet. Der IFRS-Oberbegriff „*liability*" passt nahtlos in diese aus deutscher Sicht gewohnte Begrifflichkeit. Eindeutig im Mittelpunkt dieser Kommentierung steht der Regelungsinhalt von IAS 37 („unsichere Schulden"). Die „sicheren" Schulden (= Verbindlichkeiten) sind im Überblick mit abgehandelt. Wegen des themenbezogenen und deshalb teilweise unsystematischen Aufbaus der IFRS sind wichtige Teilbereiche der *liabilities* in **anderen Standards** und daher in IAS 37.5 mit einem *scope* out belegt (Rz 16 speziell für Rückstellungen):

- Arbeitnehmervergütung, insbesondere im Bereich der Altersversorgung nach IAS 19 (→ § 22);
- laufende und latente Steuerschulden nach IAS 12 (→ § 26);
- Verbindlichkeiten aus Leasingverhältnissen nach IAS 17, jedoch nicht Drohverluste aus *operating leases* (→ § 15 Rz 132 ff.);
- bedingte Kaufpreisbestandteile aus Unternehmenserwerben in der Bilanz des Erwerbers (→ § 31 Rz 60);
- Drohverluste aus Fertigungsaufträgen nach IAS 11 (→ § 18 Rz 36).

Im letzten Punkt führt IFRS 15 zu einer Folgeänderung. Mit dem Ersatz von IAS 11 (Fertigungsaufträge) und IAS 18 („normale" Erlöse) durch ein einheitliches Erlösrealisierungsmodell entfallen auch die Sondervorschriften aus IAS 18 für Drohverluste aus Fertigungsaufträgen. Es gilt ab 2017 allgemein IAS 37 „*for contracts with customers that are, or have become, onerous*" (IAS 37.5g).

Im Rahmen des Bilanz**ausweises** (Gliederung) bzw. der **Anhang**erläuterungen wird nach IAS 1.54 unterschieden (→ § 2 Rz 52):

- „Sichere" Schulden, also Verbindlichkeiten = *trade and other payables* sowie Finanzverbindlichkeiten (Rz 7 ff.).
- „Unsichere" Verbindlichkeiten = *provisions* (Rz 13 ff.).
- Eventual- und weniger wahrscheinliche Verbindlichkeiten = *contingent liabilities* (Rz 119 ff.).

Zu den „**sicheren**" Verbindlichkeiten zählen auch:

- „*Accruals*" (Rz 15 und 53) in Form von ausstehenden Abrechnungen für erbrachte Leistungen, Urlaubsüberhänge etc.
- Einbehaltungspflichten für Lohnsteuer, Sozialversicherungsbeiträge.
- Finanzverbindlichkeiten gem. IAS 39 (→ § 28 Rz 191 ff.).

Zu den „**unsicheren**" Verbindlichkeiten vgl. Rz 13 ff.

Nicht dagegen in der Bilanz anzusetzen und auch nicht im Anhang zu erläutern sind **wenig wahrscheinliche** (*remote*) Verbindlichkeiten (Rz 53, 123, 181).

Weniger vertraut aus Sicht der bisherigen HGB-Praxis wirkt das **Gliederungskonzept** des *current/non-current* (IAS 1.69 ff.). Gänzlich ungewohnt ist die explizite Darstellung von „*contingent assets*" in IAS 37.31, die sich nur schwer verständlich etwa mit „**Eventualforderungen**" übersetzen lassen (Rz 125). Sie stellen eine Art Spiegelbild zu den Eventualverbindlichkeiten *(contingent liabilities)* dar. Zur Bilanzgliederung generell vgl. → § 2 Rz 30 ff.

1.2 Sonderfall: Rückstellungen und Eventualverbindlichkeiten

5   Den (weitgehend) **sicheren** Schulden (z. B. aus Lieferungen und Leistungen) ist kein eigener IFRS-Standard vorbehalten. Sie werden als (passives) Finanzinstrument in IAS 39 bzw. IFRS 9 behandelt (→ § 28). Demgegenüber widmet sich IAS 37 – ohne logisch-schlüssiges Gliederungskonzept für die Verbindlichkeiten insgesamt – den **weniger „sicheren"** Verbindlichkeiten (mit Ausnahme der ebenfalls in IAS 39 geregelten Finanzderivate mit Verpflichtungsüberhang; → § 28a),
- einerseits in einer Abstufung nach „Sicherheitsgrad" (Rz 53),
- andererseits in den Sonderfällen der Rückstellungsbildung für
  - Drohverluste,
  - Restrukturierungen (Rz 94 ff.),
  - Entfernungsverpflichtungen (Rz 80).

1.3 Der Regelungsgehalt von IAS 37

6   Der im Mittelpunkt der Kommentierung (Rz 1) dieses Paragrafen stehende IAS 37 („unsichere" Verbindlichkeiten) behandelt folgende **Teilbereiche**:
- Rückstellungen (Rz 13 ff., 100 ff., 148 ff.),
- Eventualschulden (Rz 119 ff.),
- Eventualforderungen (Rz 125 ff.).

Wegen der „Unsicherheit" überhaupt vgl. Rz 53.

2 Ansatz

2.1 Begriffsinhalte

2.1.1 Schulden (*liabilities*)

7   Die Definition in F.4.15 umfasst das Vorliegen folgender **Kriterien**:
- gegenwärtige (am Bilanzstichtag) bestehende Verpflichtung – *present obligation*
- als Ergebnis einer früheren Begebenheit – *past event*
- mit erwartetem (künftigem) Ressourcenabfluss zur Regulierung – *outflow of resources.*

Neben den **rechtlich** begründeten Verpflichtungen werden auch Geschäftspraktiken, Aufrechterhaltung von Geschäftsbeziehungen u. Ä. als Verpflichtungsgrund *(obligation)* genannt mit dem typischen Beispiel von **Kulanz**-Regulierungen. Die IFRS nennen dies in IAS 37.10 *constructive obligation* (Rz 14). Negativ – hinsichtlich der Ansatzpflicht – beschreibt F.4.16 in anderer Ausdrucksweise das, was nach deutscher Sprachregelung als Verpflichtung aus **schwebenden Beschaffungsgeschäften** bezeichnet wird. Für solche *liabilities* verneint F.4.16 speziell die Ansatzmöglichkeit (abgesehen von besonderen, nicht weiter definierten Umständen).

8   In F.4.17 werden die Möglichkeiten zur **Regulierung** von Verbindlichkeiten *(settlement)* beispielhaft aufgezeigt:
- Zahlung in Geld,
- Begebung von Sachwerten („Tausch"),
- Begebung von Gegenleistungen („tauschähnlich"),
- Ersatz durch eine andere Verbindlichkeit („Umschuldung"),
- Umwandlung in Eigenkapital *(debt for equity swap)*.

Rabatt- und Bonusverpflichtungen aufgrund des Jahresbezugs von Gütern sind in F.4.18 beispielhaft als „*liability*" aufgeführt. 9

Die „**sicheren Verbindlichkeiten**" erfüllen i.d.R. die Definitionskriterien der *Finanzinstrumente (financial instruments)* und sind in IAS 39 bzw. IFRS 9 (→ § 28) geregelt (Rz 5). Die **übergeordneten** Definitions- und Ansatznormen des *Framework* für Schulden (*liabilities*) gelten auch für die „sicheren Verbindlichkeiten". 10

Im Bereich „**Rückstellungen**" werden teilweise die gleichen Definitionen und Ansatzvorschriften (z.B. gegenwärtige Verpflichtung, *present obligation*) vorgegeben. Auf Rz 18 ff. wird deshalb verwiesen. 11

Wegen der **Ausweismöglichkeiten** in der Bilanz bzw. im Anhang wird verwiesen auf → § 2 Rz 52. 12

2.1.2 Rückstellungen (*provisions*)

IAS 37.10 rekurriert auf die Definitionen in F.4.15 bis F.4.19: Als Rückstellung gilt eine Schuld, die bez. Fälligkeit und/oder Höhe ungewiss ist *(uncertain timing or amount)*. Dabei stellt nach F.4.19 die **Unsicherheit** bei der Bewertung keinen Ausschlusstatbestand bez. der Annahme und des Bilanzansatzes einer Verbindlichkeit dar (vgl. aber unter Rz 52). 13

Systematisch – nicht inhaltlich – eher störend ist die Weiterführung der Definition in IAS 37.10, die schon die *liabilities* generell betrifft (Rz 7): 14

- Als Verbindlichkeitstatbestand *(obligating event)* wird ein solcher auf **rechtlicher** (*legal*) oder **tatsächlicher** (*constructive*) Grundlage bezeichnet, dem sich das Unternehmen vernünftigerweise nicht entziehen kann.
- Besonders werden dabei solche **faktischen Verpflichtungen** (*constructive obligations*) genannt: durch Geschäftspraktiken, Veröffentlichungen u. a. geweckte Erwartungshaltungen des Publikums über Verpflichtungen des Unternehmens jenseits der Rechtsverpflichtung, z.B. Kulanzen, Warenrücknahmen, regelmäßige Mitarbeitervergütungen ohne Rechtsgrund (Rz 24).

Für **allgemeine Unternehmensrisiken** ist kein Rückstellungsansatz zulässig, selbst wenn mit einiger Wahrscheinlichkeit damit Verluste verbunden sein sollten. Ein Verlust selbst ist kein *obligating event*.

> **Beispiel**[1]
> Ein Unternehmen will gem. Ankündigung in neue überseeische Märkte eindringen, womit ein erheblicher Anstieg von Risiken politischer, gesetzlicher und währungsmäßiger Art neben einigen anderen verbunden ist. Obwohl diese Entscheidung öffentlich gemacht worden ist und mit hohem Kostenaufwand verbunden sein wird, lässt sich hierfür kein Rückstellungsansatz rechtfertigen.

Systematisch wenig geglückt ist auch die Einführung eines **zusätzlichen** mit Unsicherheit behafteten (ansatzpflichtigen) Verbindlichkeits-Typs mit der Bezeichnung „*accruals*" (IAS 37.11; Rz 53 f.). Einer einigermaßen griffigen Übersetzung sind diese *accruals* nicht zugänglich (in der amtlichen Überset- 15

---

[1] Nach KPMG, Insights into IFRS 2014/2015, Tz. 3.12.40.40.

zung: „abgegrenzte Schulden"). Sie sollen sich von den *provisions* durch den **geringeren Grad der Unsicherheit** unterscheiden. Als Beispiel werden Verpflichtungen aus erhaltenen, aber noch nicht abgerechneten Leistungen oder Urlaubsverpflichtungen genannt (Rz 2). Man kann vielleicht die *accruals* von den *provisions* dahingehend abgrenzen,[2] dass bei Ersteren die Verbindlichkeit dem Grunde nach unzweifelhaft ist, nur die Höhe oder Fälligkeit noch mit Restunsicherheiten behaftet ist. In der Praxis verschwimmen indes die Unterscheidungskriterien. Auch in der Bilanzierungspraxis werden die *accruals* nicht gesondert ausgewiesen (Rz 54).

16 Einige **andere** IFRS-Standards behandeln ebenfalls bestimmte Rückstellungen (Rz 1). Die dortigen Regeln gehen vor (IAS 37.5). Es geht um
- drohende Verluste aus Fertigungsaufträgen nach IAS 11 (→ § 18 Rz 36) (vgl. jedoch Rz 1),
- Steuern vom Einkommen nach IAS 12 (→ § 26 Rz 2),
- Leasingverhältnisse nach IAS 17 (→ § 15), allerdings fehlen dort spezifische Regeln für verlustbehaftete Verträge aus *operating leases* (Rz 58),
- Arbeitnehmervergütungen nach IAS 19 (→ § 22 Rz 76 ff.).

17 Die im Schrifttum zum HGB und in der Rechtsprechung des BFH als selbstverständlich erachtete Gegenbuchung zu den Rückstellungen als **Aufwand** gilt nach den IFRS nicht. Hier können Herstellungskosten durchaus als Rückstellungen erfasst werden (→ § 8 Rz 58; → § 13 Rz 77; Rz 86).

2.2 Die Ansatzkriterien

2.2.1 Die Tatbestandsmerkmale insgesamt

18 IAS 37.14 knüpft bez. der Bilanzierung dem Grunde nach an die Definitionsnormen für die Schulden allgemein (F.49b und 60–64) und die sich teilweise überlagernden in IAS 37.10 (Rz 7) an. Danach verlangt der Ansatz einer Rückstellung das Vorliegen (*obligating event*) folgender Tatbestandsmerkmale:
- Gegenwärtige – gesetzliche oder faktische – **Außenverpflichtung** – *present obligation*,
- begründet durch ein **vorhergegangenes** Ereignis – *past event* (Rz 20 ff.),
- mit **wahrscheinlichem** Abfluss von Ressourcen – *outflow of resources* (Rz 51 ff.),
- bei **zuverlässiger Schätzungsmöglichkeit** der Verpflichtungshöhe – *measured with sufficient reliability* (Rz 52 ff.).

19 Abgesehen von dem „Störfaktor" der *accruals* (Rz 53 f.) lässt sich die Abbildungshierarchie für unsichere Verbindlichkeiten anhand des Entscheidungsbaumes in IAS 37 App. B wie folgt darstellen:

---

[2] LÜDENBACH, IFRS, 7. Aufl., 2013, S. 205.

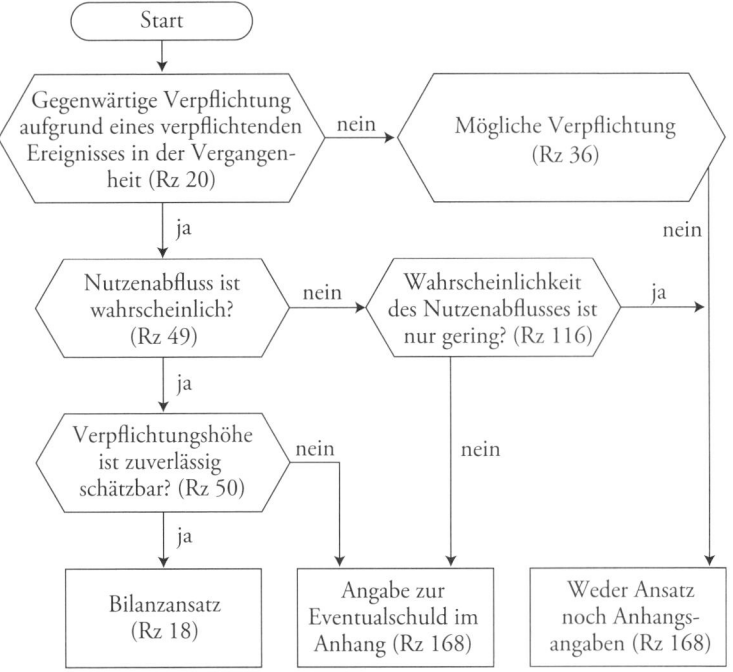

2.2.2 Vergangenheitsereignis – wirtschaftliche Verursachung

Keinen besonderen Aussagegehalt[3] lässt zunächst das in der Definitionsnorm IAS 37.10 ebenso wie in der Ansatznorm IAS 37.14 aufgeführte Tatbestandsmerkmal des Vergangenheitsereignisses *(past event)* erkennen. Denn eine (am Bilanzstichtag) **gegenwärtige Verpflichtung** muss notgedrungen in der Vergangenheit verursacht worden sein. Insoweit ist das Merkmal *past event* bereits im Merkmal *present obligation* enthalten.

Verpflichtungen aufgrund **künftiger** Geschäftstätigkeit sind **nicht** anzusetzen (Rz 34), aber solche, die in der **Vergangenheit** begründet worden sind. Im Zusammenspiel von Vergangenheit und Zukunft bedeutet dies: Eine Verpflichtung des Unternehmens ist dann nicht rückstellungsfähig, wenn es die Erfüllung „noch in der Hand hat", sie also aus **eigener Kraft vermeiden** kann. Vgl. hierzu die Fälle unter Rz 72ff. „Umweltschutz". Umgekehrt ausgedrückt: Der Ansatz ist geboten, wenn das Unternehmen **keine realistische Alternative** gegenüber der Erfüllung der Verpflichtung hat (IAS 37.17).

Diese Interpretation von *present obligation* bzw. *past event* kann sich auf die Erläuterungen in IAS 37.18f. stützen, wo Rückstellungen für die Ausübung der **künftigen** Geschäftstätigkeit ausgeschlossen werden. Außerdem „passt" diese Interpretation des Vergangenheitsereignisses *(past event)* auf das **Beispiel 6** in Appendix C zu IAS 37:

---

[3] Ähnlich MOXTER, BB 1999, S. 519 (521).

> **Beispiel**
> Die Verpflichtung zum Einbau einer **Rauchfilteranlage** ist erst passivierungsfähig, wenn entsprechende Aufträge („Außenverpflichtung") an leistende Unternehmen erteilt worden sind. Nach IAS 37.19 kann sich das Unternehmen dieser öffentlich-rechtlichen Auflage zum Einbau der Anlage an einem künftigen Bilanzstichtag dadurch entledigen, indem es andere Produktionsverfahren einführt oder den entsprechenden Produktionszweig ganz einstellt. Umgekehrt ist für etwa entstandene Schadensersatzverpflichtungen wegen des unstatthaften Gebrauches der Fabrikationsanlage ohne den Rauchfilter eine Rückstellung zu bilden, denn diese Verpflichtung resultiert aus der Produktionstätigkeit in der Vergangenheit (Rz 75).

22 Zeitliche Abgrenzungsprobleme für den Rückstellungsansatz ergeben sich auch bei **geänderter Rechtslage**. Dadurch kann ein Ereignis, das aktuell noch nicht zur Rückstellungsbildung berechtigt, an einem späteren Stichtag „rückstellungsbedürftig" sein (IAS 37.21).

> **Beispiel[4]**
> **Sachverhalt**
> - Variante 1: Durch ein neues Gesetz ist ein Automobilproduzent am 31.12.00 zur Rücknahme und Verschrottung aller nach diesem Stichtag verkauften Erzeugnisse verpflichtet.
> - Variante 2: Mit Wirkung ab 1.1.01 besteht die Verpflichtung, auch alle vor diesem Stichtag verkauften Fahrzeuge zurückzunehmen und zu verschrotten.
> - Variante 3: Nach der am 31.12.00 gültigen Gesetzeslage erhebt die Umweltbehörde vom Autohersteller eine Verschrottungsgebühr für die vor dem 1.1.01 verkauften Fahrzeuge. Grundlage für die Berechnung der Gebühr ist die Marktteilnahme des Herstellers im Jahr 01 ohne Berücksichtigung der zuvor getätigten Verkäufe.
>
> **Lösung**
> - In Variante 1 kann eine Rückstellung zum 31.12.00 nicht gebildet werden, denn das ansatzbegründende Ereignis *(obligating event)* ist der Verkauf von Autos nach dem 31.12.00. Am nächsten Stichtag ist eine Rückstellung für die zwischen dem 1.1.01 und dem betreffenden Stichtag verkauften Fahrzeuge zu bilden.
> - In Variante 2 ist dagegen eine Rückstellung für die bis zum 31.12.00 verkauften Fahrzeuge zu bilden. Der Ansatz muss zu jedem Stichtag nach den bis dahin angefallenen Verkaufszahlen und den tatsächlich durchgeführten Verschrottungen weitergerechnet werden.
> - In Variante 3 liegt das Verpflichtungsereignis *(obligating event)* in der Marktteilnahme im Jahr 01. Diese Lösung beruht auf einem Analogieschluss zum speziellen Entsorgungsverfahren für den sog. Elektroschrott (Rz 91). Die dazu geäußerten Bedenken schlagen auch hier durch: Der Automobilhersteller ist zum Weiterverkauf seiner Produkte in dem betreffenden Jurisdiktionsgebiet faktisch gezwungen.

---

[4] Nach KPMG, Insights into IFRS 2014/2015, Tz. 3.12.80.10.

Wegen der konkreten Bilanzierungsvorgabe nach der EU-**Altauto**richtlinie wird verwiesen auf Rz 92.

Eindeutig „vergangenheitsorientiert" und damit rückstellungspflichtig sollen nicht nur die Verpflichtungen aus verkehrsüblichen **Garantien**, sondern auch die aus **Kulanzen** (Rz 24) bei schadhaften Produkten etc. sein. Hinsichtlich der Gewährleistungen ohne rechtliche Verpflichtungen (Kulanz) ist dies im Vergleich zur oben behandelten Rauchgasfilteranlage nicht immer schlüssig: Den Kulanzerwartungen der Kunden des Produktionszweigs X kann sich das Unternehmen u. U. sanktionslos entziehen; sofern es diesen Zweig ganz einstellt, läge eine entziehbare Verpflichtung vor (Rz 25).   23

2.2.3 Rechtliche oder faktische Verpflichtung

Für die festzustellende Verpflichtung (Rz 18) ist zu unterscheiden zwischen einer   24
- **rechtlichen** (*legal*) oder
- **faktischen** (*constructive*) Grundlage.

Nach IAS 37.10 (Definitionsnorm) kann „**rechtlich**" beruhen auf
- Vertrag,
- Gesetz,
- anderer Rechtsgrundlage, insbesondere öffentlich-rechtlicher Natur.

Diese Kriterien entsprechen weitestgehend den deutschen Bilanzierungsvorstellungen.[5] Vertragliche und gesetzliche Schuldverhältnisse (z. B. Garantien) gelten ebenso wie die öffentlich-rechtlichen, insbesondere im Falle des Umweltschutzes, als Rechtsgrund und damit als bilanzansatzbegründend. Der Gläubiger muss nicht bekannt sein, so z. B. bei der Produzentenhaftung.[6]

Auch die **faktischen** Verpflichtungen (Musterbeispiel: Kulanz, aber auch bekanntes Geschäftsgebaren) stimmen als Bilanzierungskriterien der IFRS mit denjenigen des HGB und der dieses auslegenden BFH-Rechtsprechung überein (Rz 20). Für den Fall der verjährten Verbindlichkeiten gilt dies ebenfalls (→ § 28).

Faktische Verpflichtungen sind nach IAS 37.10 wie folgt gekennzeichnet:[7]   25
- Durch **Geschäfts**gebaren oder öffentliche **Ankündigungen**,
- bei einer anderen Partei, die der „**Gläubiger**" eines Anspruchs ist,
- ist eine gerechtfertigte **Erwartung** (*valid expectation*) eines bestimmten Verhaltens des Unternehmens geweckt worden.

Zu den vorstehend aufgeführten Begriffen gibt IAS 37.20 folgende **Erläuterung**:
- Die Verpflichtung besteht immer gegenüber einer anderen „**Partei**".
- Diese Partei muss nicht notwendig identifizierbar sein, auch die **Öffentlichkeit** insgesamt zählt darunter.
- Die Verpflichtung setzt eine **Zusage** des Managements – die Entscheidung allein genügt nicht – voraus, weil sonst keine Erwartungshaltung der Betroffenen geweckt werden kann.

Dabei müssen die generell gültigen Ansatzkriterien für eine Rückstellung nach IAS 37.14 erfüllt sein (Rz 18).

---

5 Vgl. z. B. HOFFMANN/LÜDENBACH, NWB Kommentar Bilanzierung, 5. Aufl., 2014, § 249, Tz. 10.
6 Vgl. KPMG, Insights into IFRS 2014/2015 Tz. 3.12.100.10.
7 Vgl. zum Folgenden LÜDENBACH/HOFFMANN, BB 2005, S. 2344.

> **Beispiel**[8]
> Ein Unternehmen ist in der Ölaufbereitungsindustrie tätig. Nach seiner Öffentlichkeitsarbeit sieht es sich zur Erneuerung aller verunreinigten Produktionsanlagen verpflichtet und hat sich daran auch in der Vergangenheit gehalten, auch wenn von Gesetzes wegen eine solche Verpflichtung nicht bestanden hatte. Daraus resultiert eine faktische Verpflichtung zur Inkaufnahme der entsprechenden Entsorgungskosten (Rz 73) mit entsprechender Rückstellungsverpflichtung.

26 Die vorstehend dargestellten Begriffsinhalte sind nicht immer trennscharf in der Abgrenzung zu **Aufwandsrückstellungen**, die „an sich" nicht angesetzt werden dürfen (Rz 34). Dies gilt insbesondere für die Sonderform der faktischen Verpflichtung in Form der **Restrukturierungsaufwendungen** (Rz 94 ff.). Hier sollen ansatzbegründend die berechtigten Erwartungen der freizusetzenden Arbeitnehmer als Gläubiger dienen. Diese haben indes in aller Regel gerade kein Interesse an der Durchführung der Restrukturierungspläne, d. h., im Gegensatz zu anderen Gläubigern fehlt es ihnen am Vollstreckungsinteresse.

27 In verschiedenen Sitzungen des Board in 2007 wurde die Formulierung ED IAS 37.15c diskutiert, wonach bei fehlender Rechtsverbindlichkeit, also bei einer **faktischen** Verpflichtung, der „Gläubiger" ein **wirtschaftliches Interesse** an der Erfüllung der Verpflichtung durch das Unternehmen haben muss, um einen Bilanzansatz zu rechtfertigen: *„The other parties will either benefit from the entity's performance or suffer harm from its non-performance"* (ED 37.15c). M. a. W. (bezogen auf die angekündigte Entlassung von Mitarbeitern): Wenn das Unternehmen es sich vor Eingehen der rechtlichen Verpflichtung zur Abfindungszahlung an den jeweiligen Arbeitnehmer anders überlegt und die Entlassungskampagne stoppt, wird kaum ein Mitarbeiter auf Erfüllung klagen, nämlich auf Entlassung.[9]
Unabhängig davon bereitet dem Board die **Unterscheidung** der „normalen" von der faktischen Verpflichtung Schwierigkeiten – eben zur Vermeidung des Ansatzes von künftigen Unternehmensrisiken (Rz 21):[10]
- Einerseits sollen faktische Verpflichtungen nicht (nur) vorliegen, wenn sie *„enforceable"* sind;
- andererseits muss dann der außenstehende Gläubiger das Recht *(right)* haben, vom Unternehmen eine bestimmte Handlungsweise einzufordern.

Diese (scheinbare?) Widersprüchlichkeit könnte sich durch Besonderheiten des angloamerikanischen Rechtssystems auflösen, dem zufolge irgendein öffentlich geäußertes „Versprechen" bereits eine durchsetzbare Verpflichtung (*constructive obligation*) begründen kann (Rz 33). Dann aber ist ein Unterschied zu *„enforceable"* durch förmlichen Rechtsakt schwer ersichtlich.

28 Man kann das Ansatzgebot für faktische Verpflichtungen auch unter dem Aspekt eines **investitionstheoretischen** Kalküls analysieren.[11] Wenn keine

---
[8] Nach KPMG, Insights into IFRS 2014/2015 Tz. 3.12.60.20.
[9] So bereits LÜDENBACH/HOFFMANN, BB 2005, S. 2344.
[10] IASB plus: Observer Notes July 2007.
[11] Vgl. hierzu erstmals THEILE, PiR 2007, S. 302. Dort sind auch die nachfolgenden Beispiele aufgeführt.

Rechtsverbindlichkeit vorliegt, wird der Unternehmer (zusätzliche) Auszahlungen nur vornehmen, wenn er unter Berücksichtigung des Zinseffektes einen höheren Einzahlungsbetrag erwartet. Per Saldo ergibt sich dann aber gerade keine Belastung.

> **Beispiel**
> Am Bilanzstichtag 01 erwartet der Unternehmer durch Kulanzleistungen künftige Ausgaben von 20. Die mit der Kulanzleistung mittelbar verbundenen Vorteile – stärkere Kundenbindung, dadurch bessere Umsätze und Deckungsbeiträge – werden höher als 20 eingeschätzt.
> Der nach IAS 37 gebotene Ansatz einer Rückstellung für die Kulanzleistung von 20 belastet das Ergebnis des Jahres 01, obwohl der Unternehmer aus der Kulanzleistung insgesamt mit einem Gewinn kalkuliert. Die daraus folgende Verzerrung eines Ergebnisausweises kann man mit dem Imparitätsprinzip oder dem Gläubigerschutz rechtfertigen. Der ökonomische Gehalt der Kulanzentscheidung wird jedoch bilanziell nicht zutreffend abgebildet.

Dieses Ergebnis wird durch die Bezugnahme auf die Drohverlustrückstellung (Rz 55ff.) bestätigt. Ein ansatzbegründender, weil verlustbringender Vertrag *(onerous contract)* liegt nur vor, wenn in das Kalkül nicht nur die **feststehenden** Einnahmen und Ausgaben, sondern auch die **erwarteten** Einzahlungsüberschüsse einbezogen werden. Deshalb hat der BFH im berühmten Apothekerfall eine Drohverlustrückstellung für einen Mietvertrag mit (rechtlichem) Auszahlungsüberhang nicht akzeptiert, weil der Apotheker mit Hilfe dieses Mietvertrages zusätzliche, den Auszahlungsüberschuss überkompensierende Einnahmen erwartete. 29

Diese Lösung trifft auch nach IAS 37 zu. Sie widerspricht indes dem Ansatz einer faktischen Verpflichtung aus der Kulanzzusage im Beispiel unter Rz 28 bei gleichem ökonomischem Gehalt.

Man kann dieses investitionstheoretische Kalkül auch auf **Verlust**fälle anwenden.[12] 30

> **Beispiel**
> Eine Produktionslinie erzielt jährliche Auszahlungsüberschüsse von 40 mit der Folge eines Teil-Unternehmenswertes von -400 bei 10 % Zins und ewiger Fortsetzung.
> Eine Rückstellung für diese künftigen Verluste kommt nach IAS 37 nicht in Betracht (Rz 34).

Wenn umgekehrt das Unternehmen eine Stilllegung vornimmt, welche die Definitionskriterien der Restrukturierung erfüllt (Rz 94), kann es die damit verbundenen Auszahlungsüberschüsse von angenommen 150 als (faktische) Verpflichtung bilanzieren, obwohl sich diese von 400 auf 150 vermindert haben.

Alle diese investitionstheoretisch orientierten Überlegungen stellen die Berechtigung des Ansatzes von faktischen Verpflichtungen infrage. 31

---

[12] Immer noch Gedanken von THEILE, PiR 2007, S. 302 mit dem folgenden Beispiel.

32 Unklar kann auch der Begriffsinhalt der „**anderen Partei**" sein, die als Gläubiger zur Begründung einer Verpflichtung erforderlich ist. Hierzu folgendes Beispiel für den Fall der „Öffentlichkeit" als Gläubigerin:

> **Beispiel**[13]
> Ein Ölförderungsunternehmen steht vor der Alternative, eine Plattform in der Nordsee zu versenken oder umweltgerecht zurückzubauen. Zum Rückbau ist es gesetzlich nicht verpflichtet. Bisher entsprach das „übliche Geschäftsgebaren" dem Versenken in anderen Weltmeeren und bei kleineren Plattformen auch in der Nordsee. Aufgrund umweltorientierter Pressemeldungen erklärt sich das Unternehmen Ende 01 durch seinen Pressesprecher zu einer umweltgerechten Entsorgung bereit.
> Diesen Verlautbarungen „glaubt" ein Teil der Öffentlichkeit, d. h., insoweit sind „gerechtfertigte Erwartungen" *(valid expectations)* geweckt. Ein anderer Teil der Öffentlichkeit glaubt dem Unternehmen nicht. Der Rest ist uninteressiert.
>
> **Beurteilung**
> - Das bisherige Geschäftsgebaren spricht **gegen**, die veröffentlichte Erklärung **für** eine Rückstellung.
> - Die **Öffentlichkeit** als andere Partei ist „gespalten". Welcher **Teil** dieser Öffentlichkeit ist für die Bilanzierung maßgebend? Ist dabei länderspezifisch zu unterscheiden, z. B. wenig Umweltbewusstsein im Vereinigten Königreich und umgekehrt in Deutschland?

Das Beispiel zeigt: Bei faktischen Verpflichtungen fehlt es an dem sonst einem Gläubiger zustehenden **Vollstreckungspotenzial**. Zudem stellt sich die Frage nach der „**realistischen Alternative**" zur Erfüllung der Verpflichtung: Diese können in der Rufschädigung und ähnlichen nicht quantifizierbaren Größen liegen. Dann ist aber unklar, wie dieser kaum quantifizierbare Schaden bewertet werden muss, um die „realistische Alternative" auszuschließen.

33 Schließlich soll der erforderliche Vergangenheitsbezug (Rz 20) durch die **Unabhängigkeit** von der **künftigen** Geschäftstätigkeit, also der Unternehmensfortführung, hergestellt werden (IAS 37.19). Dadurch werden erst recht die Grenzen zur Aufwandsrückstellung verwischt, wie sich etwa am Beispiel von **Kulanzleistungen** zeigt. Diese haben ökonomisch einen Sinn, wenn durch Kundenbindung, Imagegewinn u. Ä. **künftige** Erlöse und Erträge generiert werden. Deshalb sind faktische Verpflichtungen dieser Art als Opportunitätskosten immer abhängig von der **künftigen** Geschäftstätigkeit. Wenn die *going-concern*-Prämisse entfällt, kommt es nicht mehr auf Rufschädigungen etc. an. Das Unternehmen ist dann an der Erfüllung seines Versprechens gehindert.
Rechtliche und **faktische** Verpflichtungen sind insoweit grundlegend zu **unterscheiden**: Vertragliche Garantieleistung (z. B.) kann der Gläubiger auch noch im **Liquidationsstadium** vollstrecken, Kulanzforderungen gehen demgegenüber ins Leere. Allerdings kann u. U. auch durch öffentliche Ankündigungen (vgl. das obige Beispiel zur Ölplattform) eine effektive rechtliche Verpflichtung unter dem

---

[13] Entnommen LÜDENBACH/HOFFMANN, BB 2005, S. 2345.

Rückstellungen, Verbindlichkeiten § 21

Aspekt von Treu und Glauben begründet werden. Nach US-Recht kann ein außervertragliches Versprechen eine rechtlich durchsetzbare Verpflichtung „*(promissory estoppel)*" begründen (Rz 27).

2.2.4 Rückstellung für künftige Verluste sowie – Aufwandsrückstellungen

Die Außenverpflichtung muss „**gegenwärtig**"*(present* Rz 20), also nicht durch zukünftige Tätigkeiten bedingt sein. In der **Zukunft** entstehende **Verluste** aus der Geschäftstätigkeit *(future operating losses)* erfüllen daher nicht das Ansatzkriterium für *liabilities* und sind deshalb als Rückstellungen nicht bilanzierbar (IAS 37.63; Rz 68).

34

> **Beispiel**
> Ein Luftfahrtunternehmen muss nach Gesetz alle 3 Jahre eine Generalüberholung an den Flugzeugen vornehmen. Das Flugzeug X wird Anfang 01 angeschafft. In den Jahren 1 bis 3 darf keine Rückstellung gebildet werden, selbst wenn Ende 03 schon der Auftrag zur Durchführung der Generalüberholung an ein Drittunternehmen erteilt worden sein sollte.

Der IASB erläutert an diesem Beispiel den Begriff „*present*" wie folgt: Die Fluggesellschaft könnte sich der Überholungsverpflichtung entziehen, z.B. durch Stilllegung oder Veräußerung des Flugzeuges vor Erreichen der 3-Jahres-Frist. Anders ausgedrückt: Die Überholung dient nicht dem Betrieb der Jahre 01 bis 03, sondern dem Weiterbetrieb in den Jahren 04 bis 06 und ist deshalb durch die zukünftige Nutzung verursacht.

Gleichwohl wird im Beispielfall der Überholungsaufwand ergebnismäßig auf die Jahre 01 bis 03 verteilt, aber nicht durch Dotierung einer Rückstellung, sondern durch Berücksichtigung einer über 3 Jahre abzuschreibenden „Generalüberholungskomponente" (→ § 8 Rz 39).

Künftige Aufwendungen zur **Unterhaltung** des Geschäftsbetriebes sind nicht rückstellungsfähig. Dazu folgendes Beispiel:

> **Beispiel**[14]
> **Sachverhalt**
> H betreibt eine Hotelkette. Die Hotels werden in bestimmtem zeitlichem Rhythmus je nach Saison für 3 Monate zur Durchführung von Unterhaltsarbeiten geschlossen. Ohne diese Reparaturmaßnahmen könnte der Hotelbetrieb auf Dauer nicht aufrechterhalten werden.
>
> **Lösung**
> Die betreffenden Reparaturen sind erst bei Anfall im Aufwand zu verrechnen.

Mangels Außenverpflichtung rechtfertigt eine **unterlassene Instandhaltung** i.d.R. keine Rückstellung. Anders kann die Sachlage zu beurteilen sein, wenn auf Grund eines Vertrags (z.B. Mietvertrags) eine überfällige Pflicht zur Instandhaltung besteht. Es gibt dann anders als bei der Aufwandsrückstellung einen Dritten – hier den Vermieter – als Gläubiger.

35

---

[14] Nach KPMG, Insights into IFRS 2014/2015, Tz. 3.12.550.10.

Eine zu weitgehende Ausdehnung dieses Rückstellungstatbestands hat die DPR aber in 2008 abgelehnt. Sie hat folgende Fehlerfeststellung bei einem Versorgungsunternehmen getroffen (Veröffentlichung Bundesanzeiger vom 21.9.2009): „Im IFRS-Konzernabschluss zum 31.12.2007 wurden Rückstellungen für die Instandhaltung des Gas- und Wasserleitungsnetzes und für die Erhaltung der Versorgungssicherheit mit Wasser um 49,9 Mio. Euro zu hoch bewertet. Entsprechend sind die Gewinnrücklagen um 57,8 Mio. Euro zu niedrig sowie das von Steuern und Gewinnabführung um 7,9 Mio. Euro zu hoch ausgewiesen. Die Kosten der Instandhaltung des als Vermögenswert bilanzierten Leitungsnetzes und änliche Aufwendungen dürfen gem. IAS 16.12 und IAS 37.14 nicht passiviert werden, da keine Verpflichtung aus einem Ereignis der Vergangenheit besteht, die unabhängig von der zukünftigen Geschäftstätigkeit ist."

Dieses gilt auch dann, wenn es auf Grund des öffentlichen Versorgungsauftrags eine Verpflichtung gibt, entsprechende Maßnahmen durchzuführen.

2.2.5 Das Bestehen der Verpflichtung (Konkretisierung)

36 Die Frage nach dem Bestehen oder Nichtbestehen einer Verbindlichkeit ist in der komplizierten Welt der Ökonomie häufig nicht eindeutig zu beantworten. Das **Unsicherheits**moment steigt noch spürbar, wenn über die Bilanzansatzfähigkeit der potenziellen Verbindlichkeit zu befinden ist. Dies gilt auch, wenn das vergangene Ereignis als Tatbestandsmerkmal (Rz 20) eindeutig erfüllt ist.

37 Nicht jede denkbare oder befürchtete Verpflichtung kann einen Bilanzansatz rechtfertigen. IAS 37.15 trägt dem durch folgende Regel Rechnung: Ein Bilanzansatz für eine unsichere Verpflichtung ist nur dann vorzunehmen, wenn ihr Bestehen **mehr wahrscheinlich als unwahrscheinlich** ist („more likely than not").

> **Beispiel**
> Ein selbst ernannter Umweltschützer verklagt das Energieversorgungsunternehmen auf Schadenersatz wegen Umweltverseuchung durch CO_2-Ausstoß. Eine Verurteilung ist unwahrscheinlich. Eine Rückstellung ist nicht zu bilden.

38 Nach deutschem Sprachgebrauch muss das Unternehmen mit dem Ent- oder Bestehen der Verpflichtung **ernsthaft** rechnen.[15] Die Verpflichtung muss zwar nicht mit Sicherheit (dann „normale" Verbindlichkeit), aber doch mit einiger **Wahrscheinlichkeit** be- oder entstehen.[16] Und eine solche Wahrscheinlichkeit soll dann tatbestandlich vorliegen, wenn **mehr Gründe für als gegen** das Bestehen oder Entstehen der Verpflichtung am Bilanzstichtag ersichtlich sind. Diese (sog. 51-%-Wahrscheinlichkeit)[17] passt nahtlos zum „more likely than not"-Kriterium in IAS 37.16 (vgl. auch Beispiel 10 in Anhang C zu IAS 37).

39 Die Übereinstimmung in beiden Rechnungslegungsregeln umfasst allerdings auch den geringen **Aussagegehalt**, der zur Lösung eines konkreten Bilanzierungsproblems wenig hilft.

---

[15] MOXTER, in: FS Forster, S. 430. So auch ständige BFH-Rechtsprechung z.B. Urteil v. 27.6.2001, I R 45/97, DStR 2001, S. 1384.
[16] Z.B. BFH, Urteil v. 2.12.1992, I R 46/91, BStBl II 1993 S. 109.
[17] Z.B. BFH, Urteil v. 2.10.1992, III R 54/91, BStBl II 1993 S. 153 („einige Wahrscheinlichkeit"). Siehe hierzu auch die Beispiele bei LÜDENBACH/HOFFMANN, KoR 2003, S. 5.

Abgesehen vom Bewertungsproblem ist die „**Wahrscheinlichkeit**" (nochmals: *more likely than not*) die große Crux der Rückstellungsbildung speziell.[18] In der deutschen Literatur und Rechtsprechung wird in diesem Zusammenhang gerne der ordentliche Kaufmann zitiert, der die objektiven Gegebenheiten am Jahresabschluss mit dem subjektiven Kenntnisstand bei Bilanzerstellung (**Wertaufhellung**) kombinieren muss und dann zur Bilanzierung schreiten kann.

40

Hier beginnen die Unwägbarkeiten, genauer gesagt die Hilflosigkeit des bilanzierenden Kaufmanns genauso wie diejenige der Literatur und der Rechtsprechung, wenn es um die Auslegung der für den Bilanzansatz erforderlichen „**Wahrscheinlichkeit**" bei **singulären** Ereignissen (Rz 135), bei denen keine statistische Berechnungsmöglichkeit besteht, geht: Nach IFRS, BFH und handelsrechtlicher Literatur sollen mehr Gründe für das Bestehen der Verbindlichkeit als dagegen sprechen (**51-%-Regel**). Wörtlich genommen würde dieses Kriterium eine Auflistung der Gründe mit positivem und negativem Vorzeichen anschließender „Errechnung" der Differenz erfordern – eine absurde Vorstellung. Diese wird auch nicht nach einem anderen Vorschlag[19] besser handhabbar, wenn die Gründe für und gegen die Inanspruchnahme **gewichtet** werden.

41

Beispiel
Ein Kunde im Vorderen Orient verweigert die Zahlung für eine Großproduktionsanlage und macht zusätzlich Schadenersatzansprüche geltend. Wendet man zu Letzteren die 51-%-Regel an, könnte etwa folgendes Schema als Berechnungsgrundlage dienen:

	Gründe		
	für Inanspruchnahme	gegen Inanspruchnahme	Gewicht
1.	Kunde kennt den Schaden.		58
2.		Internationales Handelsgericht ist dem Vorderen Orient nicht hold.	21
3.	Technischer Mangel.		72
4.		Technischer Mangel möglicherweise durch fehlerhafte Wartung entstanden.	38
5.	Erfahrungsgemäß wird angestrebt.		81
6.		Die Richterbesetzung gilt als „*producer minded*".	37
7.	etc.?		x
8.		etc.?	y
		Σ	**Nonsens**

---

[18] HOFFMANN, in: LITTMANN/BITZ/PUST, EStG-Kommentar, §§ 4, 5 Tz. 873. Zur Quantifizierbarkeit der „Wahrscheinlichkeit" in diesem Zusammenhang vgl. auch OSTERLOH-KONRAD, DStR 2003, S. 1631 f. Die damit verbundenen erheblichen Ermessensspielräume bestätigt WAGENHOFER, IAS/IFRS, 6. Aufl., 2009, S. 265. Ebenso HACHMEISTER/ZEYER, in: THIELE/KEITZ, VON/BRÜCKS, Internationales Bilanzrecht, § 37, Tz. 140 f. „Scheingenauigkeit".
[19] CHRISTIANSEN, Steuerliche Rückstellungsbildung, 1993, S. 36.

Eine solche Vorgehensweise kann auch nicht zu eindeutig quantifizierbaren Größen führen. Es verbleibt so die Beurteilung nach dem Maßstab der besseren Argumente.[20] Dabei bleibt ungeklärt, wer über besser und schlechter urteilt. Weder die „reine" Arithmetik noch die „gewichtete" Arithmetik können bei einem solchen **singulären** Ereignis ein „richtiges" Ergebnis liefern. Vgl. hierzu Rz 139 sowie Rz 162.

42 Die **IFRS** bemühen generell geradezu ausufernd die „**Wahrscheinlichkeit**" als Bilanzierungskriterium (Rz 125 zur Hierarchie der Begrifflichkeiten).[21] Die Rückstellungen speziell bieten hierzu eine Fundgrube (*probable*, „*more likely than not*", Beispiele in IAS 37.10, 37.14, 37.15). An keiner Stelle ist eine nähere Umschreibung dessen zu finden, was „*probable*" eigentlich bedeutet und wie „*more likely than not*" gerade im Fall singulärer Ereignisse zu interpretieren ist (vgl. auch Rz 124f.). Daher zunächst ein kurzer Blick in andere Rechnungslegungssysteme:

- In den **US-GAAP** verweist der FASB – etwa vergleichbar dem IASB – auf den **allgemeingültigen Sprachgebrauch** („wahrscheinlich regnet es morgen"). Ansonsten behilft er sich mit klassischer Tautologie: Ein Ergebnis ist „*probable*", wenn „*likely to occur*". Zur **Vortäuschung einer Quantifizierbarkeit** (zur Bewertung vgl. Rz 135) ist dann vermutlich die nachstehende Tabelle geeignet:[22]

US-GAAP	
probable	The future event or events are likely to occur.
reasonably possible	The chance of the future event or events occurring is more than remote but less than likely.
remote	The chance of the future event or events occurring is slight.

- Der **BFH**[23] betont in diesem Zusammenhang die Notwendigkeit der **Objektivierung** des Bilanzausweises:
„Die Wahrscheinlichkeit ist nicht nach den subjektiven Erwartungen des Steuerpflichtigen zu prüfen, sondern auf der Grundlage objektiver, am Bilanzstichtag vorliegender und spätestens bei Aufstellung der Bilanz erkennbarer Tatsachen aus der Sicht eines sorgfältigen und gewissenhaften Kaufmanns zu beurteilen."[24]
- Auch im **handelsrechtlichen** Schrifttum herrscht eher **Rätselraten** als eine einigermaßen schlüssige Ableitung. So heißt es im Standardkommentar der Wirtschaftsprüfer:[25]
„Rückstellungen sind daher weder mit dem ungünstigsten noch mit dem günstigsten Betrag anzusetzen, sondern mit dem Betrag, mit dem das Unternehmen unter Berücksichtigung des Gesichtspunktes der Vorsicht voraussichtlich in Anspruch genommen wird."

---

[20] EULER/ENGEL-CIRIC, WPg, Sonderheft 2004, S. 142; EIBELSHÄUSER, BB 1987, S. 863.
[21] Einzelheiten bei LÜDENBACH/HOFFMANN, KoR 2003, S. 5; vgl. auch KÜTING et al., WPg 2010, S. 319.
[22] SFAS 5, Abs. 3; SFAS 90, Abs. 9(a).
[23] BFH, Urteil v. 1.8.1984, I R 88/80, BStBl II 1985 S. 44; ähnlich BFH, Urteil v. 2.10.1992, III R 54/91, BStBl II 1993 S. 153.
[24] Nach KPMG, Insights into IFRS 2014/2015, Tz. 3.12.550.10.
[25] ADS International, 6. Aufl., § 253 HGB Tz. 192.

Im Zentrum des Ansatzes von Rückstellungen steht also die **Wahrscheinlichkeit**". Für diesen Begriff fehlt eine Konkretisierung. Wahrscheinlichkeit kann zweierlei bedeuten:

- Eine **mathematisch-statistische** Größe, die dem Gesetz der **großen Zahl** unterliegt (bilanzrechtlich anwendbar bei Gewährleistungsrückstellungen, Rückgabequoten im Versandhandel).
- Eine **subjektive Glaubensaussage**: „Lassen sich, wie etwa bei Entscheidungssituationen im Wirtschaftsleben, die Wahrscheinlichkeiten nicht aus Zufallsexperimenten ableiten, so werden sie subjektiv geschätzt; sie stellen damit genau genommen nur vernünftige Glaubensaussagen dar."[26] Dies ist tatbestandlich bei **singulären** Ereignissen der Fall, z. B. bei Produkthaftpflichtfällen (vgl. das Beispiel unter Rz 41).

Die Frage ist dann, wie mit dem so verstandenen Wahrscheinlichkeitsbegriff der Bilanzansatz für die Schadensersatzverpflichtung im Beispielsfall (Rz 41) richtigerweise angesetzt wird. **Leffson**[27] spricht von einer „intuitiven Wahrscheinlichkeitsermittlung", die man auch als „**Erwartungsgefühl**" interpretieren kann. Die zitierten „Begründungen" für den Rückstellungsansatz kaschieren vor diesem Hintergrund eigentlich nur die systematisch bedingte Unbegründbarkeit im Sinne einer exakten Mathematik.[28]

Eindeutigkeit wird auch dann nicht hergestellt, wenn mit **gewichteten** Eintrittswahrscheinlichkeiten gerechnet wird. Für den Ausgang eines Passivprozesses angegebene Prozentzahlen, etwa wir gewinnen zu 70 %, haben jedenfalls mit dem einer mathematischen „Wahrscheinlichkeit" zugrunde liegenden Gesetz der großen Zahl nichts gemein.[29] Eine **Szenariorechnung** mit gewichteten Wahrscheinlichkeiten ändert unter diesen Umständen nichts an der Subjektivität der Einschätzungen. Ein Szenariomodell kann aber zu einer widerspruchsfreien Strukturierung der subjektiven Annahmen beitragen und insoweit einer begrenzten Plausibilitätsprüfung zugänglich machen. Hierzu wird im Einzelnen auf Rz 149 verwiesen.

43

Im Falle eines anstehenden **Passivprozesses** wegen Schadensersatzes, Produkthaftpflicht u. Ä. hat der FASB[30] einige Beurteilungskriterien aufgelistet:
- Art des Rechtsstreites bzw. Anspruches,
- Stand des Verfahrens,
- Auffassungen der Anwälte,
- Erfahrungen des Unternehmens aus einschlägigen Fällen,
- Erfahrungen anderer Unternehmen,
- beabsichtigte Reaktion des Managements: energisches Bestreiten oder Vergleich.

44

Diese Anleitungen mögen hilfreich sein, ein eindeutig als „richtig" erkanntes Ergebnis wird sich daraus aber meist nicht ableiten lassen. Dabei ist letztlich das

---

[26] VAHLENS großes Wirtschaftslexikon, 2. Aufl., 1993, S. 2310; Wirtschaftslexikon, 2. Aufl., 1993, S. 727; MEYERS Enzyklopädisches Lexikon, Bd 24, 1971, S. 773.
[27] LEFFSON, Grundsätze ordnungsmäßiger Buchführung, 7. Aufl., S. 472.
[28] HERZIG, DB 1990, S. 1347, „… da die Quantifizierung von Wahrscheinlichkeiten nur selten nachprüfbar gelingt". Mathematische Modelle zur Bestimmung der Wahrscheinlichkeit sind nachzulesen bei ADS 6. Aufl., Abschn. 18 Tz. 69 ff.
[29] HOFFMANN, DStR 1993, S. 125; HARTUNG, BB 1988, S. 1421; siehe aber HERZIG/KÖSTER, BB 1994, Beilage 23, S. 6; STENGEL, BB 1993, S. 1406. Wie hier HEUSER/THEILE, IFRS-Handbuch, 5. Aufl., 2012, Tz. 3431.
[30] Zitiert von KÜTING et al., WPg 2010, S. 320.

Management nach IAS 37.38 zur Entscheidung (bei der Bewertung) berufen (Rz 129). Die Beurteilungen Dritter gehen unterstützend in die geforderte Entscheidung des Managements ein. Diese muss **intersubjektiv** nachprüfbar in der Verwertung der Argumente pro und contra sein.[31] Vgl. hierzu auch das Beispiel zu Rz 132.

45 Der Board hat sich auch speziell mit dem Ansatzproblem einer Rückstellung im (anstehenden) Passivprozess – Beispiel: Patentverletzungen – befasst.[32] Es geht um die Frage, ob eine Verbindlichkeit am Stichtag besteht, wenn
- bei einem Prozess mit **Gerichtsurteil** mit überwiegender Wahrscheinlichkeit (vielleicht 70 %) ein Obsiegen indiziert ist, insoweit also keine Rückstellung nach dem *more-likely-than-not*-Kriterium in Betracht kommt,
- aus verfahrensökonomischen Gründen aber ein **Vergleich** angestrebt (und mit überwiegender Wahrscheinlichkeit erwartet) wird, aber bis zum Stichtag noch nicht, sondern erst unmittelbar danach der Beschluss zur Aufnahme von Vergleichsverhandlungen fällt.

Das Problem stellt sich wie folgt dar: Bis zum Bilanzstichtag ist keine Entscheidung für oder gegen Prozess bzw. Vergleich gefallen. Ein Ansatz einer Schuld ist nach Maßgabe des ersten Aufzählungspunktes nicht erforderlich. Hätte das Management hingegen schon vor dem Stichtag die Aufnahme von Vergleichsverhandlungen beschlossen, wäre für den mit überwiegender Wahrscheinlichkeit erwarteten Vergleich eine Rückstellung geboten. Nach Ansicht des Board soll dieses Ergebnis durch zeitliche Verlagerung des formalen Beschlusses über die Aufnahme von Vergleichsverhandlungen nicht vereitelt werden können. Ist zwar am Bilanzstichtag die Verurteilung im Prozess überwiegend unwahrscheinlich, aber zu diesem Zeitpunkt schon eine Vergleichslösung überwiegend wahrscheinlich, muss – jedenfalls nach geplantem zukünftigem Recht – eine Rückstellung angesetzt werden.

46 Bei einem Blick in die **Praxis** (vgl. auch Rz 41) stellt sich die Entscheidungsfindung erheblich komplexer dar. In der April-2007-Sitzung des Board[33] haben Vertreter der *Counsel 100 Group* (CG 100) dem Board die Komplexität der Feststellung einer Schuld im Rahmen eines **Passivprozesses** dargestellt und auf die Schwierigkeiten der Abgrenzung vom allgemeinen Geschäftsrisiko (Rz 26) hingewiesen (vgl. das Beispiel unter Rz 37: Mit irgendwelchen Schadensersatz- oder ähnlichen Anforderungen muss sich ein großes Unternehmen eigentlich ständig herumschlagen). Die Vertreter der CG 100 verwiesen auf die häufig nicht mögliche Feststellung einer gegenwärtigen Verpflichtung aufgrund eines solchen Passivprozesses. „Richtig und falsch" könne wenigstens im frühen Prozessstadium nicht festgestellt werden. Häufig sei eine komplexe Analyse mit Dutzenden gegenseitig abhängigen Parametern zu analysieren. Deshalb können regelmäßig ganze Teams von Rechtsexperten keine Aussage über die künftige Entwicklung allgemein und erst recht nicht zur Schätzung von wahrscheinlichkeitsgewichteten *cash flows* abgeben. Vgl. hierzu auch die Beispiele unter Rz 131 und Rz 132.

47 Ob dieser realitätsnahen Darstellung der wirtschaftlichen Wirklichkeit war der Board nicht glücklich. Denn dann – so der Board – können Schulden aus Passiv-

---

[31] So auch KÜTING et al., WPg 2010, S. 320.
[32] IASB, Update November 2010.
[33] Vgl. IASB plus (Internetadresse von Deloitte).

prozessen erst gegen Ende des Verfahrens bilanziert werden. Einige Board-Mitglieder wiesen daher auf pragmatische Formen der Wertbestimmung (des Buchungsbelegs) einer Verbindlichkeit hin: „*Bring together the controller, the chief accountant and the lawyer and at the end of the day you always have a number.*" Dass auf diese Weise irgendeine Zahl *("a number")* zu Stande kommt, ist sicher richtig. Unberührt bleibt aber das eigentliche Problem der Unsicherheit, die Frage nach der Qualität dieser Zahl.

Nur wenn mit dem **Gesetz der großen Zahl** – etwa bei pauschalen Gewährleistungsverpflichtungen (Rz 42, Rz 135) – gerechnet werden kann, liegt eine Wahrscheinlichkeit im mathematisch-statistischen Sinne vor. Aber selbst bei Vorliegen einer ausreichenden statistischen Grundgesamtheit ist das Wahrscheinlichkeitskriterium **nicht immer eindeutig** definierbar.

48

> **Beispiel**[34]
> Der Fußballclub SV Werder Bremen hat für den Fall der Errigung der deutschen Meisterschaft zu Beginn der Saison 2003/2004 für jeden Spieler 2.000 EUR pro in der Saison erzielten Punkt „ausgelobt".
> Zum Bilanzstichtag bzw. zum Quartalsstichtag 31.12.03 ist der SV Werder Bremen Herbstmeister. Statistisch gesehen gewinnt in 70 % der Fälle der Herbstmeister auch die Meisterschaft.
> Das Gesetz der großen Zahl ist hier verfügbar. Die Erfassung beruht indes auf Vergangenheitswerten, während die Rückstellung zukünftige Entwicklungen berücksichtigen soll.
> Eine solche zukunftsorientierte Betrachtung kann aus Meinungsumfragen der Bildzeitung herausgearbeitet werden. Danach prognostizieren 41 % der Befragten Bayern München als Meister, 13 % tippen auf den VfB Stuttgart und nur 11 % auf den SV Werder Bremen. Ein Bilanzansatz kommt danach nicht in Betracht, denn das *more-likely-than-not*-Kriterium wird nicht erfüllt.
> Möglicherweise muss man allerdings auch nach der Qualifikation der Befragten differenzieren. U. U. sind Akademiker und Frauen mit weniger Fußballverstand gesegnet. Dann wäre die Quote der männlichen Nichtakademiker, die sich an der Umfrage beteiligt haben, von größerer Aussagekraft. Allerdings liegt hier die „Erwartungsquote" für die Meisterschaft noch unter 10 %, sodass nicht einmal eine Berichtspflicht im Anhang bestünde (Rz 51, 181).

Die IFRS haben bewusst auf genaue Bestimmungen zur Quantifizierung von Wahrscheinlichkeiten verzichtet,[35] mag auch nicht ganz selten die „Regel" *more likely than not* so interpretiert werden. Ansonsten bleiben die IFRS hinsichtlich der Konkretisierung des Verpflichtungsgrundes offen. Demgegenüber sind aus der BFH-Rechtsprechung – insoweit rein handelsrechtlich argumentierend – zwei **feste Regeln** bez. der Wahrscheinlichkeit auszumachen:

49

---

34 Nach LÜDENBACH/HOFFMANN, DB 2004, S. 1442, 1446. Vgl. zu einem ähnlichen Beispiel HAAKER, KoR 2005, S. 52: Eine Handelskette verspricht eine Kaufpreisermäßigung für den Erwerb neuer Fernsehgeräte bis zum 31.12.01, wenn die deutsche Tischfußball-Nationalmannschaft im Sommer 02 die Europameisterschaft gewinnt.
35 EPSTEIN/MIRZA, Interpretation and Application of IAS 2002, S. 536, führen aus: „It is tempting (verführerisch) to express quantitatively the likehood of the occurence of contingent events (e. g. an 80 % probability), but this exaggerates the precision possible in the estimation process."

- Bei **Umweltschutzverpflichtung** (Rz 73) muss die zuständige Behörde vom Schadensfall Kenntnis haben; fehlt es daran, ist die Inanspruchnahme des Unternehmens „unwahrscheinlich".[36]
- Bei anhängigen **Passivprozessen** liegt regelmäßig die ansatzbegründende Wahrscheinlichkeit vor.[37]

Im erstgenannten Sachverhaltsbereich (Umweltverpflichtungen) stimmen die BFH-Kriterien mit denjenigen nach IFRS bedingt überein. Allerdings kann das Unternehmen nach IAS 37 Anhang C durch öffentlich gemachte **Selbstbindung** (veröffentlichter Plan der Dekontaminierung) eine faktische Verbindlichkeit schaffen. Sie soll dann rückstellungsfähig sein, wenn das Unternehmen „bekanntermaßen" entsprechende Ankündigungen auch einhält (Rz 25).

> **Beispiel**[38]
> Die Power Car GmbH ist bei den lokalen Behörden und in der örtlichen Presse in die Kritik geraten. Moniert werden vor allem Lärmemissionen, daneben Bodenverunreinigungen. Eine gesetzliche Pflicht zur Sanierung des Bodens besteht nicht. Die Power Car GmbH geht jedoch in die Image-Offensive und erklärt in einer Presse-Konferenz ihre Absicht, im Folgejahr ein 1-Mio.-Programm zur Bodendekontaminierung durchzuführen. Die Aufsichtsbehörde nimmt dies wohlwollend zur Kenntnis, erlässt darüber hinaus eine Verfügung, wonach der Gewerbetrieb am vorhandenen Ort in 2 Jahren einzustellen ist, sofern bis dahin nicht umfangreiche Lärmschutzvorrichtungen (Volumen von 2 Mio. EUR) eingebaut sind.
> Die Kontaminierung des Bodens hat ihre Ursache in der Vergangenheit. Mangels gesetzlicher Verpflichtung kommt nur eine **faktische** Verpflichtung infrage. Diese könnte sich aus der öffentlich kundgemachten Absicht ergeben. Eine faktische Verpflichtung (mit der Folge der Rückstellungspflicht) bestünde dann, wenn die Power Car GmbH schon bisher veröffentlichte Zusagen auch eingehalten hat. Gibt das bisherige Geschäftsgebaren des Unternehmens zu größerem Zweifel Anlass, ob es die veröffentlichte Politik auch einhält, muss von einer Rückstellung abgesehen werden.
> Der Einbau der Lärmschutzvorrichtungen ist durch die behördliche Verfügung als rechtliche Verpflichtung konkretisiert. Es besteht jedoch kein Zusammenhang mit einem **vergangenen Ereignis**. Die Verpflichtung entsteht nur dann, wenn das Unternehmen seine Geschäftstätigkeit über den Stichtag der Verfügung hinaus am gegebenen Ort fortsetzt. Eine Rückstellung ist deshalb nicht zu bilden.

Bei der Prozesshängigkeit ist nach IAS 37.16 (Rz 20) eine weitere Abwägung der Wahrscheinlichkeit einer Inanspruchnahme durchzuführen.

---

[36] BFH, Urteil v. 11.12.2001, VIII R 34/99, DStRE 2002, S. 541 m.w.N.; nach KPMG, Insights into IFRS 2014/2015, Tz. 3.12.75.10., ist das Entdeckungsrisiko bei der Bewertung zu berücksichtigen.
[37] BFH, Urteil v. 30.1.2002, I R 68/00, DStR 2002, S. 713 mit Anm. von HOFFMANN. Dies mit guten Argumenten bezweifelnd KÜTING et al., WPg 2010, S. 326. Detailliert zu den Ansatz- und Bewertungskriterien für Risiken aus Gerichtsverfahren nach HGB/EStG vgl. OSTERLOH-KONRAD, DStR 2003, S. 1631.
[38] Nach LÜDENBACH, IFRS, 7. Aufl., 2013, S. 207; ebenso HOFFMANN, StuB 2013, S. 437 und S. 477, sowie PiR 2013, S. 235.

Der Board hatte bisher in ED IAS 37 den Wegfall des Wahrscheinlichkeitskriteriums für den **Ansatz** einer Rückstellung geplant. Die notwendig in diesem Bilanzierungsbereich bestehenden Unsicherheiten werden dann bei der **Bewertung** berücksichtigt.[39]

50

> **Beispiel**
> Ein Kunde eines Maschinenbauherstellers M macht vor dem Bilanzstichtag einen Anspruch auf Nachbesserung innerhalb der Garantiefrist geltend. Der Vollkostenbetrag (Rz 130) beläuft sich auf 4.500. M hält dieses Begehr für sachlich unberechtigt, da er von einer anweisungswidrigen Bedingung der Maschine durch den Kunden ausgeht.
> Deshalb gewichtet M seine Verpflichtung wie folgt:
>
> | | |
> |---|---:|
> | 40 % Wahrscheinlichkeit der Inanspruchnahme von null | 0 |
> | 25 % Wahrscheinlichkeit der vollen Inanspruchnahme aus Kulanzgründen | 1.235 |
> | 35 % Wahrscheinlichkeit einer gütlichen Einigung mit Kostenübernahme des M von 1.000 | 350 |
> | Erwartungswert | 1.475 |
>
> Bei Maßgabe des wahrscheinlichsten Wertes (Rz 135) beliefe sich der Bilanzansatz auf null.

Der Board spricht hier von einer *„stand ready"*-Verpflichtung, die auch zu bilanzieren ist, wenn eine Inanspruchnahme mutmaßlich nicht erfolgt. Es genügt für den Bilanzansatz das **Bestehen** einer Verpflichtung (hier Garantie) überhaupt. Die Wahrscheinlichkeit der Erfüllung wird im Rahmen der Bewertung berücksichtigt. In seiner November-Sitzung 2010 ist der Board von diesem Lösungsvorschlag im ED IAS 37 wieder abgerückt (Rz 189).[40]

2.2.6 Wahrscheinlicher Abfluss von Ressourcen zur Regulierung der Verbindlichkeit

Diesem Ansatzkriterium (Rz 18) kommt lediglich wiederholender oder selbstverständlicher Charakter zu. Eine Verpflichtung oder Verbindlichkeit *(liability)* setzt denknotwendig den Abfluss von ökonomischen Ressourcen voraus. Und die „**Wahrscheinlichkeit**", als das der Rückstellung *(provision)* eigene Kriterium der Unsicherheit, ist durch das *„more likely than not"* (Rz 38) in IAS 37.15 bereits definitorisch abschließend umschrieben. Dementsprechend wiederholt auch die Erläuterungspassage in IAS 37.23 in unschöner Diktion lediglich den Inhalt von IAS 37.15. Die Formulierung dort (IAS 37.23) soll dem Anwender nicht vorenthalten bleiben, da sie trotz des **zirkulären** Charakters für den Umgang mit dem Wahrscheinlichkeitsproblem symptomatisch ist (Rz 37 ff.):

51

---

[39] HAAKER, PiR 2005, S. 54; HOMMEL/WICH, WPg 2007, S. 509; KÜTING/WOHLGEMUTH, DStR 2006, S. 2327.
[40] IASB, Update November 2010.

„An outflow of resources ... is regarded as probable if the event is more likely than not to occur, i. e. the probability that the event will occur is greater than the probability that it will not."

Jedenfalls ist der *outflow* von Geld und -surrogaten notwendiger Tatbestand des Rückstellungsansatzes, nicht dagegen ein **verminderter** *inflow* (Rz 110). IAS 37.24 befasst sich noch mit dem Sonderfall einer Anzahl von gleichartigen *(similar)* Verpflichtungen, deren Wahrscheinlichkeit durch eine Art Gesamtbetrachtung gegriffen werden soll. Als Beispiel werden Produktgarantien *(product warrenties)* genannt.

Wenn eine so verstandene „Wahrscheinlichkeit" nicht vorliegt, muss eine **Anhangerläuterung** erfolgen mit der Rückausnahme einer sehr geringen Wahrscheinlichkeit *(remote;* Rz 183), die gänzlich unbeachtet bleiben kann.

2.2.7 Verlässliche Bewertung, insbesondere bei Rechtsfällen

52 Das letzte Ansatzkriterium zur Bildung von Rückstellungen (Rz 18) bezieht sich auf die **Bewertungsmöglichkeit**. Eine zuverlässige Bewertung *(reliable estimate)* muss möglich sein, um den Bilanzansatz auszulösen. Aus Sicht des deutschen Bilanzrechts ist dieses Erfordernis ungewohnt. Die strenge Abfolge der Bilanzierungsentscheidung in deutscher bilanzrechtlicher Tradition **vom** Ansatz **zur** Bewertung kennt den umgekehrten Weg nicht. Die Erläuterungen in IAS 37.25 f. sehen den Pferdefuß dieser von der Bewertung rückgekoppelten Ansatzvorschrift. Denn Schätzungen sind (insbesondere) im Bereich der Rückstellungen ein „normales" Bewertungsverfahren. Erstere sollen das „Zuverlässigkeitskriterium" nicht beeinträchtigen. Es genügt für die Verlässlichkeit der Schätzung und damit für den Bilanzansatz (Bilanzierung dem **Grunde** nach) die Feststellung einer **Bandbreite** *(range)* von möglichen Ergebnissen. Welcher Wert dann anzusetzen ist (Bilanzierung der **Höhe** nach), ergibt sich aus IAS 37.36 ff. (vgl. Rz 129). Die Ansatzhürde der verlässlichen Schätzung wird allerdings durch die in IAS 37.25 f. zweifach betonte Vorgabe relativiert, demzufolge nur in **sehr seltenen Fällen** *(extremly rare cases)* eine Unzuverlässigkeit der Schätzung angenommen werden darf. Dann muss statt des Bilanzansatzes (lediglich) eine **Anhangangabe** erfolgen (Rz 119). Bei rechtshängigen Fällen kann in Ausnahmesituationen eine verlässliche Schätzbarkeit verneint werden.[41]

> **Beispiel**
> Die Bayer AG stand aufgrund von kartellrechtlich verbotenen Preisabsprachen am 31.12.2005 in Verhandlungen mit Behörden und potenziell Geschädigten, „die von wesentlicher Bedeutung sein können". Dafür seien die möglichen Aufwendungen nicht beziffer- und deshalb nicht bilanzierbar (FAZ vom 7.12.2005).

---

[41] WOLLMERT/ACHLEITNER, WPg 1997, S. 218; WAGENHOFER, IFRS, 6. Aufl., 2009, S. 269.

> **Beispiel[42]**
> **Die Roche Holding AG berichtet im Finanzbericht 2012:**
> Die Konzerngesellschaften sind verschiedenen Rechtsangelegenheiten, inklusive Klagen aus Lieferungen und Leistungen, ausgesetzt. Die bedeutendsten Rechtsstreitigkeiten sind in Anmerkung 23 beschrieben. Die Rückstellungen für Rechtsfälle betrugen per 31.12.2012 insgesamt 728 Mio. Franken. Das Management erachtet die aufgrund der gegenwärtig verfügbaren Informationen für Rechtsangelegenheiten insgesamt gebildeten Rückstellungen als angemessen. Die meisten Rechtsangelegenheiten umfassen hochkomplexe Fragestellungen, die mit erheblichen Unsicherheiten verbunden sind. Die Wahrscheinlichkeit, dass ein Verlust entstehen könnte, und die Höhe eines eventuellen Verlustes sind daher schwer exakt einzuschätzen. Da die Kosten hinsichtlich Rechtsfällen nur schwer einschätzbar sind, kann nicht zugesichert werden, dass keine zusätzlichen Kosten entstehen, welche die gebildeten Rückstellungen übersteigen werden. Es könnten weitere Klagen erhoben werden, deren Kosten nicht durch die bestehenden Rückstellungen oder Versicherungen gedeckt sind. Zudem besteht keine Gewissheit darüber, dass das Ausmaß der Rechtsstreitigkeiten nicht zunehmen wird und dass die zukünftigen Rechtsfälle, Klagen, Prozesse und Untersuchungen unbedeutend sein werden. Solche auftretenden Änderungen können Auswirkungen auf die in zukünftigen Berichtsperioden für Rechtsfälle bilanzierten Rückstellungen haben. Bei einer Vielzahl von Rechtsangelegenheiten kann keine verlässliche Schätzung der eventuell zu erwartenden finanziellen Auswirkungen der endgültigen Erledigung der Angelegenheit gemacht werden. In diesen Fällen werden Informationen bez. Art und Umfang der jeweiligen Rechtsangelegenheiten im Anhang offengelegt. Ein getrennter Ausweis der Rechtsfälle, für die Rückstellungen gebildet wurden, sowie jener Rechtsfälle, für die Eventualverbindlichkeiten ausgewiesen wurden, ist nicht vorgenommen worden, da dies unsere Position in diesen Angelegenheiten erheblich beeinträchtigen würde.

Selbst bei einer statistisch mehr als ausreichenden **Grundgesamtheit** können je nach Sachverhaltsgestaltung nur vage geschätzte Beträge ermittelt werden. Dazu folgendes Beispiel:

> **Beispiel[43]**
> Ein Unternehmen ist wegen Asbestverseuchungen und ähnlichen Verpflichtungen mit Personen- und Sachschäden seit Jahren in eine Fülle von Rechtsstreitigkeiten verstrickt. Überwiegend handelt es sich um Fälle der US-amerikanischen Sammelklagen. Am Bilanzstichtag waren 131.350 Verfahren noch ungeregelt, d. h. gerichtshängig. Unter Berücksichtigung der statistischen Erhebungen in den letzten 8 Jahren ist eine Rückstellung von 60 Mio. US$ angesetzt worden, allerdings unter Vorbehalt. Dieser bezieht sich auf eine ganze Reihe von Unsicherheitsfaktoren, die in diese Berechnung eingeflossen sind:

---

[42] Nach PwC, IFRS Manual of Accounting 2014, Tz. 21.224.
[43] Nach PwC, IFRS Manual of Accounting 2014, Tz. 21.224.

> - Änderung des bisher festgestellten Trends bez. des Eingangs von entsprechenden Ansprüchen,
> - Änderung des Trends bez. der entstehenden Kosten zur Erfüllung der Forderungen,
> - Änderungen in der quotalen Beteiligung von Versicherungen an den Regulierungskosten.,
> - Änderungen in der Rechtsentwicklung,
> - Insolvenz von anderen Gesellschaften, die Teile der Schadensquote übernommen haben, mit entsprechender Erhöhung des eigenen Obligos,
> - Unwägbarkeiten der Gerichtsverfahren,
> - Veränderungen in den Krankheitsbildern,
> - mögliche Gesetzesänderungen.
>
> Diese Aufzählung mag auch aufgrund der Vorsorge gegen spätere Vorwürfe wegen unzutreffender Bewertung so ausführlich ausgefallen sein. Jedenfalls liefert sie ein einprägsames Bild über die Unsicherheiten, die in die Beurteilung einfließen müssen mit der notwendigen Folge einer jährlichen Anpassung des Schätzbetrages.

Zur „Wahrscheinlichkeit" bei der **Bewertung** vgl. Rz 134 ff.

2.3 Einzelfälle

2.3.1 Die *accruals*

53   In IAS 37.11 wird zwischen „normalen" Rückstellungen *(provisions)* – vorstehend unter Rz 18 ff. abgehandelt – und *accruals* unterschieden (Rz 15).
Dieser Rückstellungstyp fügt sich systematisch kaum in den Ansatzkatalog des IAS 37 ein und lässt sich auch nur mit einigermaßen künstlicher Sprachfindung übersetzen (Rz 15).
Aus den Definitionsansätzen in IAS 37.11 kann jedenfalls folgende „**Unsicherheits-Hierarchie**" hinsichtlich der bilanzansatzpflichtigen **Verbindlichkeiten** abgeleitet werden:
- *trade and other payables* – sicher
- *accruals* – fast sicher bzw. nur noch mit Restunsicherheit der Höhe nach behaftet oder noch nicht abgerechnet
- *provisions* – überwiegend wahrscheinlich
- *contingent liability* – eher unsicher
- „*remote*" – kaum zu erwarten.

Als **Beispiel** für *accruals* nennt IAS 37.11b: Leistungsverbindlichkeiten, die noch nicht bezahlt (sic!), berechnet oder förmlich vereinbart worden sind; speziell werden Urlaubsrückstände von Mitarbeitern aufgeführt, die indes dem Regelungsbereich von IAS 19 (→ § 22) unterliegen. Als weitere Beispiele werden im Schrifttum aufgeführt: Abzugrenzende Mietschulden und entsprechende Zinsen, Urlaubsverpflichtungen gegenüber Mitarbeitern.

54   Mehr als diese Hinweise zum Sonderposten der *accruals* bietet IAS 37 nicht. Die *accruals* werden ohne Beanstandung im Standardtext häufig gliederungsmäßig als Bestandteil der Leistungsverbindlichkeiten *(trade payables)* oder der anderen Verbindlichkeiten *(other payables)* ausgewiesen. Die Veröffentlichungspraxis zumindest

der deutschen IFRS-Anwender verzichtet deshalb zu Recht auf eine Trennung von *provisions* und *accruals*. Wegen der Besonderheiten für *contingent assets* vgl. Rz 125.

2.3.2 Drohverluste (*onerous contracts*)

2.3.2.1 Schwebende Verträge

Ausgangspunkt der Überlegungen zum Bilanzansatz sind sowohl nach HGB/ EStG als auch nach IFRS die **schwebenden** Verträge, die dem Grunde nach **nicht bilanzierbar** sind (anders allerdings IAS 39 für Finanzderivate vgl. → § 28 Rz 26). Das betont die Erläuterung in IAS 37.67: Schwebende Verträge *(executory contracts)* ohne drohenden Verlust sind nicht in die Bilanz aufzunehmen. Umgekehrtes gilt also für den lästigen Vertrag *(onerous contract)*. Dazu weiter unter Rz 59 ff.

Die *onerous contracts* sind abzugrenzen von den wirtschaftlich **ungünstigen** Vertragsverhältnissen *(unfavourable contracts)*, die nicht im Einzelabschluss, wohl aber bei der Kaufpreisallokation im Anschluss an einen Unternehmenserwerb ansetzbar sein können (→ § 31).[44]

Die IFRS systematisieren in ihren Erläuterungen nicht die verschiedenen Typen von schwebenden Verträgen und die damit möglicherweise verbundenen Verlustpotenziale. Hierzu ersatzweise folgendes Schema:[45]

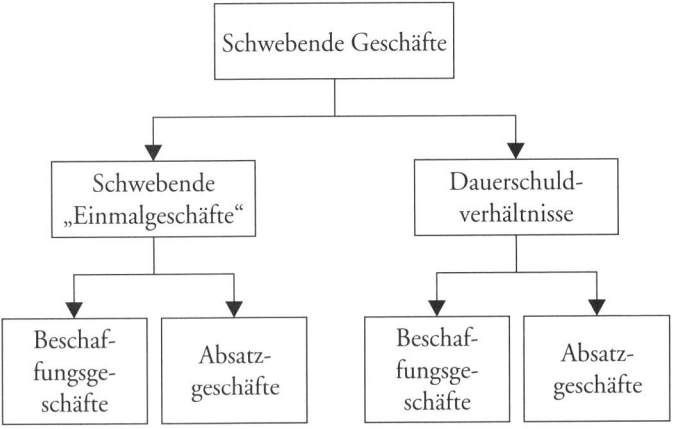

Beschaffungsgeschäfte können für Anlagegüter, Rohmaterialien und Handelswaren vorliegen. Ein Rückstellungsansatz kann dann in Betracht kommen, wenn die Beschaffungskosten am Markt gegenüber denjenigen aufgrund des noch nicht erfüllten Vertrages gesunken oder gestiegen sind. Dies gilt aber dann nicht, wenn aus dem Produktionsprozess heraus oder durch den Weiterverkauf (Waren) ein Verlust insgesamt nicht droht. Anders ausgedrückt: Ein geringerer Gewinn aufgrund der Änderung der Marktverhältnisse berechtigt nicht zur Rückstellungsbildung.[46]

---

[44] Einzelheiten bei LÜDENBACH/FREIBERG, KoR 2005, S. 188.
[45] Nach HOFFMANN, BB 1997, S. 1195.
[46] KPMG, Insights into IFRS 2014/2015, Tz. 3.12.640.20 anhand eines Beispiels für die überhöhte Miete von Liegenschaften, die immer noch einen „benefit" gewähren.

Im **Produktionsbereich** – Anlagevermögen, Rohmaterial – ist regelmäßig ein möglicher Verlust dem Einzelproduktionsfaktor nicht isoliert zuzuordnen. Deshalb wird in diesen Fällen eine Drohverlustrückstellung (auch) unter Anwendung der IFRS kaum in Betracht kommen (vgl. unter Rz 58).

Anders verhält es sich bei schwebenden **einmaligen Absatzgeschäften**. Insbesondere bei der (langfristigen) Auftragsfertigung stellt sich hier in der Praxis häufig die Frage der **verlustfreien Bewertung**. In diesem Zusammenhang besteht eine Bilanzierungskonkurrenz zwischen der außerplanmäßigen Abschreibung *(impairment loss)* gem. IAS 11.36 und der Rückstellungsbildung (→ § 18 Rz 36).

Auch bei industrieller **Serienproduktion** im Rahmen von Auftragsfertigungen (Musterfall ist die Automobilzulieferungsindustrie) wird ein Verlust aus dem betreffenden Beschaffungskontrakt vorrangig bei der Bewertung der betreffenden Vorräte (z. B. unfertige Erzeugnisse) berücksichtigt. Nur ein darüber hinaus verbleibender Verlust ist zu passivieren.

58 Der praktisch wichtigste Anwendungsbereich der Drohverlustrückstellung sind die **Dauerschuldverhältnisse**. Diese kann man wieder kategorisieren nach Beschaffungs- und Absatzmarkt (entsprechend der Skizze in Rz 56). Der Illustration dienen einige Fälle aus der BFH-Rechtsprechung:

> **Beispiel**
> - In einem BFH-Urteil[47] ging es um die **Vermietung** eines Heizwerkes. Unstreitig waren die dem Eigentümer aus dem Betrieb des Heizwerkes entstehenden Kosten höher als die zu erzielende Miete. Der BFH erlaubte die Bildung einer Drohverlustrückstellung wegen der verlustbringenden Vermietung. Die Vermietung war in diesem Fall dem **Absatz**bereich nach Maßgabe der vorstehenden Skizze zuzuordnen. Eine Rückstellung wäre auch nach IAS 37 anzusetzen.
> - Ein Leasingnehmer wollte im Rahmen eines **Leasingvertrages** für ein Gebäude eine Drohverlustrückstellung bilden, weil unstreitig der in der Leasingrate enthaltene Zinsanteil gegenüber dem Marktzins überhöht war. Das hat der BFH mit der Begründung abgelehnt, der Wert der Gebäudenutzung – hier – sei nicht ermittelbar.[48] Nach IAS 37 ist ohne Hinzutreten weiterer Umstände ebenfalls keine Rückstellung zulässig: Der Leasingvertrag ist zwar ungünstig *(unfavorable)*, aber nicht belastend *(onerous)*.
> - **Arbeitsverhältnisse** sind generell vom BFH nicht als der Drohverlustrückstellung zugänglich beurteilt worden; Begründung: Die menschliche Arbeit als Produktionsfaktor sei nicht bewertbar.[49] Auch nach IAS 37 kann ein Arbeitsverhältnis i.d.R. keine Drohverlustrückstellung begründen. Zu einer Ausnahme bei Altersteilzeit im Blockmodell wird auf § 22 Rz 82 verwiesen.
> - Im berühmten **Apothekerfall**, der die Fachwelt jahrelang in Beschlag hielt, hatte ein Apotheker im Obergeschoss seines gewerblich genutzten Gebäudes eine Arztpraxis gemietet und an einen praktizierenden Arzt unter-

---

[47] Vom 19.7.1983, VIII R 160/79, BStBl II 1984 S. 56. Zu Drohverlusten aus Mietverhältnissen im sozialen Wohnungsbau vgl. RUTER/MOKLER/SERF, DB 2001, S. 209.
[48] BFH, Urteil v. 27.7.1988, I R 133/84, BStBl II 1988, S. 999.
[49] So der BFH im „Drucker-Urteil" v. 16.12.1987, II R 68/87, BStBl I 1988 S. 338; zur Verdienstsicherung älterer Arbeitnehmer s. BFH, Urteil v. 25.2.1986, VIII R 377/83, BStBl II 1986 S. 465.

> vermietet. Der Mietaufwand überstieg den Mietertrag erheblich. Sowohl nach EStG/HGB als auch nach IAS 37 sind für die Frage, ob ein Verlust droht, auch die mittelbaren Vorteile aus der Vermietung an einen Arzt (Medikamentenumsatz) zu berücksichtigen.

2.3.2.2 Feststellung und Definition des Verlustes

Zum Bilanzansatz bedarf es der **Feststellung** eines Verlustes aus dem schwebenden Geschäft (Rz 55). Gleich dem HGB verhält sich der Regelungsgehalt der IFRS (auch) hier **imparitätisch**, entsprechend dem Ansatz von **unsicheren** Forderungen und Verbindlichkeiten. 59

> **Beispiel** 60
> K bestellt am 21.12.00 bei V Handelswaren, lieferbar am 7.1.01. Aus dem Kontrakt wird aus Sicht des Bilanzstichtages K einen Verlust, V einen Gewinn erzielen.
> K muss nach IAS 37.66 einen Verlust ansetzen, V darf dies umgekehrt nicht für seinen Gewinn.

Der „Verlust" ist notwendig eine **Saldo**größe. Es bedarf also der Bestimmung zweier Werte, die dann – saldiert – ggf. einen Bilanzansatz begründen. Bilanzsystematisch gesehen bestimmt hier ausnahmsweise die **Bewertung** den Ansatz. Dem folgt unsere Kommentierung und verzichtet auf eine gesonderte Darstellung im Bewertungsteil. Die dominierende Saldogröße kann auch „durchschlagen" auf den Ansatz von Rückgriffsansprüchen *(reimbursements)*, vgl. das Beispiel unter Rz 168. 61

Nach der Definitionsnorm in IAS 37.10 liegt ein „belastender" Vertrag vor, wenn die unvermeidbaren Kosten der Erfüllung des Vertrages höher sind als der erwartete wirtschaftliche Nutzen. Entsprechend ist als Rückstellung nach IAS 37.68 der **niedrigere** Betrag aus den bei **Erfüllung** der Verpflichtungen entstehenden unvermeidbaren Kosten und den Kosten der **Nichterfüllung** (Konventionalstrafen, Schadensersatz) anzusetzen (Rz 67). 62
Dabei dürfen nicht allein die **Rechts**strukturen beachtet werden. Auch faktische Verhältnisse und wirtschaftliche **Interessenlagen** sind zu berücksichtigen – wie generell für den Rückstellungsansatz (Rz 25).

> **Beispiel**
> Großhändler G hat bei Kleinbauer B Tomaten der Güteklasse A zu einem Preis bestellt, der angesichts des nach der Bestellung eingetretenen Preisverfalls keine kostendeckende Weiterveräußerung mehr erlaubt.
> G weiß, dass der Gütenachweis schwierig ist, der finanzschwache Bauer an einem gutachten- und kostenintensiven Rechtsstreit kein Interesse hat, im Übrigen auch zur Vermeidung einer Auslistung bei G nach einer „Kündigung" des Vertrags mit an Sicherheit grenzender Wahrscheinlichkeit keine Schadensersatzklage einreichen würde. Die von G erwarteten Kosten eines Ausstiegs durch Vertragsbruch belaufen sich daher auf null.
> G hat allerdings keinerlei Absicht, sich vertragsbrüchig zu verhalten.

> Ein möglicher Vertragsbruch zu Null-Kosten würde nach dem Wortlaut von IAS 37.68 eine Rückstellungsbildung verhindern. Dies kann u. E. jedoch dann nicht gelten, wenn der Vertragsbruch gar nicht beabsichtigt ist.[50]

63 Der Vertrag „*(contract)*" i. S. d. IAS 37.66 darf u. E. im Verständnis nicht auf den Singular beschränkt sein. **Mehrere** Verträge sind als **Einheit** zu betrachten, wenn einer ohne den anderen keinen wirtschaftlichen Sinn „*(economic benefit)*" ergibt.

> **Beispiel**[51]
> Ein Hersteller von Druckergeräten verkauft dies laut Liste zum Preis unterhalb der Selbstkosten. Damit fördert er den margenträchtigen Absatz von Druckerpatronen, ohne die das Druckgerät nicht funktioniert.

Diese faktische Vertragskoppelung verhindert die Bildung einer Drohverlustrückstellung für die Druckergeräte, da die dortigen Verluste bewusst zur Erreichung wirtschaftlicher Vorteile durch korrespondierende Verträge bzw. mögliche Vertragsabschlüsse eingegangen werden. Vergleichbar kommt eine Abschreibung von sog. Verlustprodukten im Einzelhandel nicht in Betracht, wenn durch sie der Absatz von gewinnträchtigen anderen Waren gefördert wird (→ § 17 Rz 37).[52]

64 Es kommt zur Bestimmung eines *economic benefit* überhaupt nicht auf das Vorhandensein eines lukrativen Vertragswerkes mit **Rechtsanspruch** auf Einnahmen an. Es genügen zur Bestimmung des Saldos (Rz 61) die **gesicherten** Chancen, die den rechtlich fixierten Größen gegenübergestellt werden.

> **Beispiel**[53]
> Ein Apotheker mietet langfristig zu 100 p. m. Praxisräume neben seiner Apotheke und vermietet sie an einen Arzt zu 60 p. m. Nach seinem Kalkül wird er daraus wenigstens 50 Nettogewinn zusätzlich p. m. generieren. Nicht allein die festen Vertragsgrößen sind in die Saldogröße (Rz 61) einzubeziehen, sondern zusätzlich noch die erwarteten Gewinne (sog. bilanzrechtliches Synallagma). Ein „*onerous contract*" liegt nicht vor.

65 Eindeutig zu lösen sollte allerdings der in der Praxis häufig vorkommende Fall der langfristig angemieteten, aber mangels Kundeninteresse **nicht genutzten** oder mit **Verlust untervermieteten** Ladengeschäfte sein. Hier ist nach Handelsrecht und IFRS (IAS 37.68; Rz 58) zwingend eine Drohverlustrückstellung zu bilden. Ein vergleichbares Beispiel enthält die Nr. 8 in Appendix C zu IAS 37. Fraglich kann in diesen Fällen aber sein, ab welchem Zeitpunkt für einen langfristig nicht kündbaren Vertrag eine Rückstellung anzusetzen ist, also bereits bei beschlossener Räumung oder erst bei deren tatsächlicher Durchführung. Hierzu wird auf → § 15 verwiesen.

---

[50] So auch LÜDENBACH/FREIBERG, PiR 2005, S. 42.
[51] Nach KESSLER/SCHOLZ-GÖRLACH, PiR 2007, S. 306.
[52] HOFFMANN, PiR 2007, S. 204.
[53] In Anlehnung an den Apotheker-Fall des BFH-Beschlusses vom 26.6.1997 – GrS 2/93, BStBl II 1993, 855.

Und umgekehrt gilt: Sowohl nach HGB als auch nach IFRS kommen Pflicht-Rückstellungen für **künftige Verluste** aus der **Geschäftstätigkeit** (*future operating losses*) nicht in Betracht (IAS 37.63–65; Rz 20). Diese Vorgabe erfordert eine Abgrenzung zu direkt zurechenbaren Verlusten **einzelner** Verträge.

66

> **Beispiel**[54]
> **Sachverhalt**
> Ein Reiseveranstalter bietet Kreuzfahrten an. Dazu verwendet er ein im *Full Service Leasing* gemietetes Schiff. Wegen starker Konkurrenz können die erzielten Verkaufserlöse die für die nächsten 5 Jahre fest vereinbarten Leasingraten und die weiteren Kosten nicht mehr decken.
>
> **Lösung**
> Sofern die *cash flows* aus den Kreuzfahrten von denen des übrigen Unternehmens trennbar sind, handelt es sich hier um einen *onerous contract* mit der Verpflichtung zur Rückstellungsbildung.
>
> **Sachverhalt**
> In Abwandlung des Sachverhaltes bietet der Reiseveranstalter Pauschalreisen an, die auch eine Kreuzfahrt umfassen. Dazu hat er ebenfalls ein Schiff im *Full Service Leasing* gemietet. Insgesamt tragen die wegen starken Wettbewerbs „gedrückten" Pauschalangebotspreise die gesamten Kosten der einschlägigen Reiseveranstaltungen nicht mehr.
>
> **Lösung**
> Die von den Kunden generierten *cash inflows* können nicht zwischen der Kreuzfahrt und den anderen Bestandteilen der Pauschalreise getrennt werden. Ein *onerous contract* kommt damit nur für die Pauschalreisen als Ganze infrage. Als Rückstellung ist der niedrigere Verlust anzusetzen, der sich in den beiden Alternativen (a) Fortsetzung der Reisen und (b) Ausstieg ergibt. In der Alternative (b) wären u. a. die Kosten aus der Stornierung der Schiffs-, Hotel-, Flugzeugverträge sowie evtl. Schadensersatzleistungen an Kunden zu berücksichtigen.[55]

2.3.2.3 Einbeziehung von Gemeinkosten

In der Berechnung des Verlusts als Saldogröße (Rz 61) bedarf wie die Einnahmenseite *(benefits)* auch die **Kosten**seite einer näheren Definition. Fraglich ist dabei die Einbeziehung von (echten) **Gemeinkosten** (→ § 8 Rz 14) in die Vergleichsrechnung nach IAS 37.68 (Rz 62). Gehören die Gemeinkosten zu den *unavoidable costs*?

67

> **Beispiel**
> Das EDV-Serviceunternehmen E wartet mithilfe seines Personalstamms für den einzelnen Kunden Computer zu einem festen Monatsbetrag bei einer bestimmten Laufzeit des Wartungsvertrages. Der wirtschaftliche Vorteil des Vertrages – die monatlichen Einnahmen – ist fest definiert. Bezüglich der Ausgaben bzw. Aufwendungen als der zweiten Größe des Saldierungsbereiches ist zwischen einer Voll- oder Teilkostenrechnung zu unterscheiden. In der letztgenannten Variante

68

---

54 KPMG, Insights into IFRS 2014/2015, Tz. 3.12.700.20.
55 Pauschal gegen eine Rückstellung hingegen KPMG, Insights into IFRS 2014/2015, Tz. 3.12.700.20.

> wären bei normaler Auslastung nur direkt zurechenbare variable Kosten *(incremental costs)* – Fahrtkosten und andere Spesen – zu berücksichtigen, also unbedeutende Größen, die nie den Ertrag aus dem Vertrag erreichen können. Anders wäre es, wenn zur Vertragserfüllung ein weiterer Techniker eingestellt oder als Subunternehmer beschäftigt werden müsste.

U. E. ist der **Vollkostenbetrachtung** der Vorzug zu geben[56] mit folgenden Argumenten:
- Auf Basis der direkt zurechenbaren variablen Kosten kann es nie zu einer Drohverlustrückstellung kommen.
- Die Bilanzierungsentscheidung kann nicht von der Beschäftigungssituation des Unternehmens abhängen.
- Gemeinkosten sind auch sonst, z.b. bei der Bemessung der Herstellungskosten, zu berücksichtigen.
- Grenzkostenbetrachtungen sind generell für Bilanzierungsentscheidungen nicht geeignet (Rz 175).

2.3.2.4 Verhältnis zur außerplanmäßigen Abschreibung

69 Gem. IAS 37.69 hat die außerplanmäßige Abschreibung *(impairment)* nach IAS 36 (→ § 11) Vorrang vor der Rückstellung für belastende Verträge. **Ausgeschlossen** sind in IAS 36.2 (→ § 11 Rz 3) die Spezialvorschriften zur außerplanmäßigen Abschreibung von Vorräten nach IAS 2 (→ § 17) und von zur Veräußerung bestimmten Anlagen nach IFRS 5 (→ § 29). Allerdings kann man IAS 37.69 auch als **allgemeinen Rechtsgedanken** verstehen und generell der außerplanmäßigen Abschreibung Vorrang vor der Drohverlustrückstellung zuerkennen.[57] In der konkreten Gestaltung der Interaktion von Drohverlust und **außerplanmäßiger Abschreibung** ist zwischen drei Fällen zu unterscheiden:
- Bei verlustträchtigen **Beschaffungs**geschäften besteht dem Grunde nach ein **Komplementär**verhältnis: Die Drohverlustrückstellung **nimmt** die außerplanmäßige Abschreibung vorweg, die bei bereits vollzogenem Erwerb notwendig gewesen wäre. Allerdings ist die Ermittlung der Wertminderung bei Sach- und immateriellen Anlagen in aller Regel auf einen **großen** Unternehmensbereich, die *cash generating unit* (→ § 11 Rz 100 ff.), ausgerichtet. In diesem großen Saldierungsbereich *(cushion)* geht die Wertminderung eines einzelnen Vermögenswertes „unter" (Saldierungskissen; → § 11 Rz 144). U. E. strahlt dies auf die schwebende Beschaffung zurück (Rz 70).
- Bei verlustträchtigen **Absatz**geschäften werden unterschiedliche Regelungsbereiche der IFRS angesprochen. In diesem Fall hat die *impairment*-Abschreibung **Vorrang** vor der Drohverlustrückstellung.
- Bei **Dauerschuldverhältnissen** gilt ebenfalls der Vorrang der außerplanmäßigen Abschreibung vor der Drohverlustrückstellung nach IAS 37.69. Auch hier kann das CGU-Konzept gegen eine Einzelfallbetrachtung des belastenden Vertrages sprechen (Rz 71).

---

[56] A. A. KPMG, Insights into IFRS 2014/2015, Tz. 3.12.660.30: keine Einbuchung von Gemeinkosten *(unavoidable costs)*; dagegen ZWIRNER, IRZ 2012, S. 58.
[57] So LÜDENBACH/FREIBERG, PiR 2005, S. 43.

Zur Frage, ob der dem IAS 36 zugrunde liegende Verbundgedanke (CGU) bereits bei schwebenden Beschaffungsgeschäften zu berücksichtigen ist, folgendes Beispiel:

Beispiel[58]
Der Automobilhersteller AB unterscheidet zwischen 2 zahlungsmittelgenerierenden Einheiten (CGU), nämlich den Produktlinien „General" und „Star". Die CGU „General" ist hoch profitabel, die CGU „Star" erwirtschaftet für absehbare Zeit keine Überschüsse. Für beide CGUs sind bereits vor längerer Zeit Beschaffungsverträge über neue Produktionsstraßen abgeschlossen worden, die zum Bilanzstichtag noch nicht vollzogen sind.

- Der vertraglich fixierte Preis für die Produktionsstraße der CGU „General" liegt erheblich über den am Bilanzstichtag geltenden Marktkonditionen. Aus der Einzelperspektive ist der Vertrag unvorteilhaft, möglicherweise belastend.
- Bei der Produktionsstraße der CGU „Star" verhält es sich umgekehrt. Der Vertragspreis liegt deutlich unter den Marktverhältnissen des Bilanzstichtags. Aus der Einzelperspektive ist der Vertrag günstig.

Wären die Anschaffungen zum Bilanzstichtag bereits getätigt worden, ergäbe sich aus dem ungünstigen Anschaffungspreis der ersten Produktionsstraße keine außerplanmäßige Abschreibung, da die 1. CGU insgesamt hoch profitabel ist. Umgekehrt würde der günstige Anschaffungspreis der zweiten Produktionsstraße diese nicht vor einer außerplanmäßigen Abschreibung schützen, da diese CGU keinen positiven Nutzwert aufweist.

Gegen eine **aggregierte** Betrachtung bereits des schwebenden Geschäfts könnte sprechen: Der bestellte Vermögenswert gehört noch nicht zum Bilanzvermögen und damit zur CGU. Er kann noch einzeln bewertet werden. Allerdings ist eine Einzelbetrachtung nur hinsichtlich seines Wiederbeschaffungs- und Einzelveräußerungswerts möglich, also hinsichtlich solcher Bewertungsmaßstäbe, auf die es nach Vollzug der Anschaffung zur Durchführung des Wertminderungstestes nicht mehr ankommt. U. E. müssen diese Bewertungsmaßstäbe schon bei der Bewertung im **Schwebezustand** ausscheiden. Der ökonomische Gehalt der Drohverlustrückstellung als Antizipation einer außerplanmäßigen Abschreibung wäre verletzt, wenn ein einzelner unvorteilhafter Vertrag einer hoch profitablen CGU im Schwebezeitraum zu einer Drohverlustrückstellung führen würde. Im Übrigen wäre auch die buchungstechnische Auflösung einer einzelbewertungsorientiert gebildeten Rückstellung problematisch. Zwei jeweils nicht überzeugende Varianten kämen infrage:
- ergebnisneutrale Anpassung der Anschaffungskosten zum Erwerbszeitpunkt, d. h. Buchung „per Rückstellung an AV",
- ergebniswirksame Auflösung der Rückstellung bei Vollzug des Erwerbsgeschäfts, d. h. Buchung „per Rückstellung an Ertrag".

Im ersten Fall ergäbe sich im Widerspruch zu IAS 16.15 eine Zugangsbewertung zum *fair value* statt der Anschaffungskosten. Der zweite Fall würde eine wirt-

---
[58] LÜDENBACH/FREIBERG, PiR 2005, S. 41 ff.

schaftlich nicht gerechtfertigte zwischenperiodische Volatilität des Ergebnisses (Aufwand im Schwebestadium, Ertrag im Erwerbszeitpunkt) bewirken. U. E. gilt daher: Sofern ein späteres Abschreibungserfordernis nur auf der Ebene der CGU zu ermitteln ist, wirkt dies u. E. auf das schwebende Beschaffungsgeschäft zurück. Über die Notwendigkeit einer Drohverlustrückstellung entscheiden bei schwebender Beschaffung eines nur im Verbund einer CGU nutzbaren Vermögenswertes daher nicht die Wertverhältnisse des zu beschaffenden Vermögensgegenstandes, sondern der Nutzwert der CGU, die ihn beschafft.

71 Auch ein schwebendes **Dauerschuldgeschäft** kann Teil einer CGU sein. Wie im Fall des schwebenden Beschaffungsgeschäftes ist es in die aggregierte Betrachtung einzubeziehen. Unter dieser Prämisse hat der Vorrang der außerplanmäßigen Abschreibung vor der Drohverlustrückstellung zwei Folgen:
- **Defizitäre** CGU: Im Verhältnis zum Buchwert zu geringe Ertragserwartungen für die jeweilige CGU sind zunächst als außerplanmäßige Abschreibung, soweit die Buchwerte auf null abgeschrieben sind, dann ggf. noch als Drohverlustrückstellung zu berücksichtigen.
- **Profitable** CGU: Bei ausreichender Profitabilität der CGU ist eine außerplanmäßige Abschreibung und auch eine Drohverlustrückstellung nicht angezeigt.

Hierzu folgende Variation des Apothekerfalls:

> **Beispiel**[59]
> Eine Apothekenkette A vermietet in ihr gehörenden Gebäuden, in denen sie Apotheken betreibt, Etagen an Ärzte. Die auf den Quadratmeter umgelegten Kosten der Gebäude (Zinszahlungen, Bewirtschaftung, wirtschaftliche Abschreibung) sind größer als die Einnahmen aus der Vermietung. Aus der Vermietung erhofft sich A wirtschaftliche Vorteile (Umsätze) für die jeweilige Apotheke.
> Die vermieteten Etagen stellen aus Sicht der Apothekenkette *investment properties* i. S. v. IAS 40 (→ § 16) dar. Sofern diese zu fortgeführten Anschaffungskosten bewertet werden, findet IAS 36 für die außerplanmäßige Abschreibung Anwendung. Hierbei gilt das CGU-Konzept: Das jeweilige Gebäude dient sowohl in seinem eigengenutzten Teil als auch im fremd vermieteten der Erzielung von Einnahmen aus der Apotheke, im fremd vermieteten zusätzlich der Erzielung von Mieteinnahmen. Die *net cash flows* aus dem vermieteten Teil sind wegen des Bezugs zu den Apothekeneinnahmen nicht separierbar. Auch die Frage der außerplanmäßigen Abschreibung des als *investment property* dienenden Gebäudeteils ist daher nicht auf Einzelebene, sondern für den gesamten jeweiligen Apothekenstandort zu prüfen.

Wenn der jeweilige Apothekenstandort (die CGU) hinreichend profitabel ist, somit kein Abschreibungsbedarf festgestellt werden kann, darf nicht anschließend disaggregiert eine Drohverlustrückstellung für einzelne Teile der CGU (vermieteter Gebäudeteil) vorgenommen werden.
Ist ein einzelner Standort defizitär, sind zunächst die Buchwerte auf null abzuschreiben, erst dann kommt eine Drohverlustrückstellung infrage.

---

[59] LÜDENBACH/FREIBERG, PiR 2005, S. 41 ff.

2.3.3 Umweltschutz, Entsorgung

In diesem weiteren Feld der Rückstellungsbildung geht es bez. des Bilanzansatzes entscheidend um 72
- das **Bestehen** der Verbindlichkeit, d. h. hinreichende Konkretisierung (Rz 36 ff., 73),
- wirtschaftliche **Verursachung** in der Vergangenheit oder Zukunft (Rz 20 ff., 75) und
- die verlässliche **Bewertbarkeit** (Rz 52).

Begrifflich kommt es in Teilbereichen zu **Überschneidungen** mit Verpflichtungen aufgrund von öffentlich-rechtlichen Auflagen im Zusammenhang mit Betriebsgenehmigungen (Regelungsbereich von IFRIC 1; Rz 80 ff.).

> **Beispiel**
> Der Betrieb eines Atomkraftwerkes ist an die Verpflichtung zur Entfernung der gesamten Anlage nach der Laufzeit gebunden (Rz 80). Außerdem sind die im laufenden Betrieb genutzten Kernbrennstäbe zu entsorgen.

Für die **hinreichende Konkretisierung** (Rz 72) soll die überwiegende Wahrscheinlichkeit der Inanspruchnahme als Beurteilungskriterium dienen (Rz 38 ff.). Mit Wahrscheinlichkeitsanalysen sind indes Singulärereignisse schlecht zu „greifen" (Rz 42).[60] Nach der einschlägigen BFH-Rechtsprechung[61] muss das Unternehmen mit einer Inanspruchnahme ernsthaft rechnen. Dies ist nur dann der Fall, wenn die Behörde **Kenntnis** von gesetzeswidrigem Verhalten des Unternehmens hat.[62] 73

> **Beispiel**
> Die X AG in Frankfurt am Main hat bei verschiedenen Grundstücken Kontaminierungsprobleme aufgrund früherer Gasgewinnung. Das Problem ist der Behörde bekannt. Nach dem Hessischen Altlastengesetz (spezialgesetzliche Vorschrift) regeln sich die Vorgehensweise der öffentlichen Hand und die daraus resultierenden Verpflichtungen der X AG. Der Ansatz hierfür ist nach IAS 37.14 (Rz 18) geboten. Diese Lösung entspricht der eben dargestellten BFH-Rechtsprechung.

In Abwandlung des Sachverhalts in obigem Beispiel hat die Behörde noch keine Kenntnis der Bodenverunreinigung. Hier muss die Lösung differenziert ausfallen: Sofern die „Entdeckung" abzusehen ist und die Verunreinigung die Trinkwasserversorgung eines Baugebietes gefährdet, ist u. E. ein Ansatz geboten. So auch der BFH: „... die Entdeckung unmittelbar bevorsteht." Anders kann die Lösung (Nichtansatz) ausfallen, wenn eine anders geartete Verunreinigung in einem weitläufigen Industriegebiet auftritt und nicht unter eine spezialgesetzliche Regel fällt. Das u. U. einschlägige Polizei- und Ordnungsrecht (Inanspruchnahme des Störers) ist für den Sachverhalt und die zu ziehenden Konsequenzen möglicherweise zu wenig konkret, um einen Ansatz zu rechtfertigen.

---

60 Ähnlich GLASCHKE, StuB 2004, S. 898.
61 BFH, Urteile v. 19.10.1993, VIII R 14/92, BStBl II 1993 S. 891; und v. 19.11.2003, I R 77/01, BFH/NV 2004, S. 271.
62 Detailliert dargestellt von SCHMIDT/ROTH, DB 2004, S. 553.

> **Beispiel**
> Eine Bodenkontaminierung durch die Y AG ist bislang unerkannt. Der Vorstand stellt im Gefolge von IAS 37.15 Wahrscheinlichkeitsüberlegungen an (Rz 51) mit dem Ergebnis: Die „Entdeckung" ist zu 25 % wahrscheinlich. Ein Ansatz entfällt, stattdessen ist im Anhang zu berichten (Rz 183). Durch die Anhangsangabe erfährt die Behörde von der Verunreinigung, was dann den Ansatz nach Art einer *self fullfilling prophecy* im nächsten Jahresabschluss erzeugt.

> **Beispiel**
> Eine Müllverbrennungsanlage in Andalusien stößt seit Jahren ein unzulässiges Quantum von Giftstoffen aus. Der Behörde ist dies seit Langem bekannt. Sie unternimmt gleichwohl nichts, weil die gut organisierten Arbeitnehmer mit einer Besetzung des Verwaltungsgebäudes der Provinzregierung drohen. Eine Rückstellung scheidet wegen der faktischen Erlaubnis der Behörde aus.

Umgekehrt muss bei Vorliegen eines **Verwaltungsaktes** mit entsprechender Verfügung eine Rückstellung gebildet werden (sofern Verwaltungsakte tatsächlich auch vollzogen werden).

> **Beispiel**
> Die Umweltbehörde entdeckt auf dem Grundstück der chemischen Fabrik eine Gewässerverunreinigung aufgrund der jetzigen Produktionstätigkeit oder derjenigen des Rechtsvorgängers. Sie bescheidet die Fabrik mit der Aufforderung zur Beseitigung der vorhandenen Verunreinigung. Die erforderliche Ernsthaftigkeit des Eintretens der Verpflichtung ist gegeben, ein Rückstellungsansatz somit zwingend.

74 Im Zusammenhang mit der Verpflichtung aus den **Bodenverunreinigungen** stellt sich auch die Frage der Bilanzierungskonkurrenz zur außerplanmäßigen *(impairment)* Abschreibung (→ § 11 Rz 13 ff.). Durch die Kontaminierung ist das Grundstück möglicherweise für den Betrieb auf Dauer unbrauchbar, was eine Abschreibung erforderlich macht. Andererseits würde eine erfolgreiche Sanierung die Nutzungsmöglichkeit wiederherstellen. U. E. scheidet eine „doppelte" Berücksichtigung des Sanierungserfordernisses in der Bilanz aus. Der Einzelbewertungsgrundsatz[63] steht dem nicht entgegen. Für die Erfassung der Beseitigungskosten als **Rückstellung** sprechen folgende auf eine fiktive Grundstücksveräußerung zugeschnittenen Überlegungen:
- Würde ein Grundstück vor Veräußerung saniert, entspräche der Veräußerungserlös demjenigen eines nicht kontaminierten Grundstücks. Diesem Erlös müsste auch der Buchwertabgang eines unkontaminierten Grundstücks gegenübergestellt werden. Eine außerplanmäßige Abschreibung widerspräche dem.

---

[63] Auf den der BFH im Urteil v. 19.11.2003, I R 77/01, BFH/NV 2004, S. 271 verweist und von SCHMIDT/ROTH, DB 2004, S. 553, zustimmend zitiert wird.

- Bei einer Veräußerung des unsanierten Grundstücks ergäbe sich der Veräußerungserlös wirtschaftlich als Summe aus Barzahlung und Schuldübernahme. Der übernommenen Schuld entspräche die bis dahin vorgenommene Bilanzierung einer Rückstellung.

Die **wirtschaftliche Verursachung** in der **Vergangenheit** (Rz 72) muss als weiteres Tatbestandsmerkmal (zum zwingenden Bilanzansatz) hinzukommen. Gemeint ist: Verpflichtungen aus der **künftigen** wirtschaftlichen Betätigung erlauben keinen Bilanzansatz (Rz 20).   75

> **Beispiel**[64]
> Die halbjährliche Inspektion einer Fabrik am 30.9.04 durch die zuständige Behörde stellt bedeutende Verstöße gegen öffentliche Auflagen fest. Darauf erhält das Unternehmen zwei Handlungsoptionen, die bis zum 30.3.05 auszuführen sind:
> - Abstellung der Ursachen für die Verstöße durch umfangreiche Reparatur- und Unterhaltungsmaßnahmen, andernfalls sind hohe Strafen zu gewärtigen.
> - Schließung der Fabrik ohne weitere Strafen.
>
> Zum 31.12.04 ist seitens des Unternehmens noch nichts unternommen oder entschieden worden.
> Eine Rückstellung kommt nicht in Betracht, da noch die Möglichkeit der Produktionsverlagerung in eine andere Gemeinde oder der Einstellung der Tätigkeit besteht.

Eine behördliche Verfügung kann sowohl ansatzbegründende oder auch ansatzvermeidende Bestandteile enthalten.   76

> **Beispiel**
> Im letzten Beispiel unter Rz 73 verlangt die Behörde nicht nur die Beseitigung der gegebenen Verunreinigung, sondern auch die Abstellung der Ursache wegen eines fehlenden Klärwerkes. Der letztgenannten Auflage – Errichtung der Kläranlage – kann sich die chemische Fabrik durch Einstellung der fraglichen Produktion entziehen. Eine Rückstellung kommt insoweit nicht in Betracht.

Eine **faktische** Verpflichtung zur Aufrechterhaltung der Produktion wird seitens der IFRS in diesem Zusammenhang nicht förmlich diskutiert. Gleichwohl gelten in diesem Zusammenhang die Definitionsmerkmale der Verpflichtung überhaupt (Rz 24).   77

> **Beispiel**
> In Weiterführung des Sachverhaltes im vorstehenden Beispiel (Rz 76) hat die chemische Fabrik in der Lokalpresse eine Werksschließung „für absehbare Zeit" ausgeschlossen. Die Verfügung der Umweltbehörde sieht eine Beseitigung der Verschmutzungsursache durch Bau eines Klärwerks innerhalb von 15 Monaten vor. Der zwingende Rückstellungsansatz beruht auf der Quasi-Zusage in der Vergangenheit, der sich die chemische Fabrik nicht entziehen kann.

---

[64] EPSTEIN/MIRZA, Interpretation and Application of IAS 2002, S. 526.

78 Nicht nur im Hinblick auf die praktischen Überleitungsprozesse von HGB auf IFRS, sondern auch wegen der behaupteten geringeren Bedeutung des Vorsichtsprinzips (in den IFRS gegenüber dem HGB) bietet sich ein **Vergleich** der IFRS-„Philosophie" – bez. der unsicheren Verpflichtungen mit den Regelungsansätzen der deutschen Rechnungslegungswelt an. Dabei kennen die IFRS-Regeln, wenigstens im argumentativen Ansatz, keine eindeutige Parallele zu der im deutschen Schrifttum[65] und der BFH-Rechtsprechung so heiß diskutierten Frage, ob
- es einer rechtlichen und/oder – wie auch immer definierten – wirtschaftlichen Verursachung (ähnlich dem Vergangenheitsereignis, *past event;* Rz 7) bedürfe,
- eine eher statisch geprägte Bilanzauffassung über das Vorliegen einer mutmaßlichen Verbindlichkeit befinden solle oder
- eine in Richtung *„matching principle"* gehende Zuordnung von künftigen Aufwendungen (besser Ausgaben) zu künftigen Erträgen Platz zu greifen habe.

Diese mit hohem intellektuellem Einsatz und noch mehr argumentativem Fleiß geführte Auseinandersetzung lässt sich am kürzesten anhand eines vom BFH entschiedenen Falles darstellen, der sich zur Illustration in diesem Kommentar auch wegen der Parallelität eines Beispieles in Appendix C Nr. 6 zu IAS 37 eignet (Rz 20):

> **Beispiel**
> Es ging vor dem BFH[66] um eine Anpassungsverpflichtung nach dem Bundesimmissionsschutzgesetz für eine Spänetrocknungsanlage. Diese war zur Einhaltung bestimmter Emissionswerte umzurüsten. Das Gewerbeaufsichtsamt hatte am 20.12.1988 eine entsprechende Auflage erlassen, der zufolge bis zum 1.3.1991 die Umrüstung zu erfolgen habe. Vor dem BFH streitig war die von der betreffenden Steuerpflichtigen in der Bilanz zum 30.9.1989 gebildete Rückstellung.

Der BFH sah in dieser Auflage eine (unstreitig vorhandene) **Rechtsverpflichtung** am Bilanzstichtag und ließ diese zur Anerkennung des Bilanzansatzes genügen. Die Argumentation des BFH ist dabei „klassisch"-handelsrechtlich aufgezogen. Die Gegenauffassung[67] bestreitet eine am Bilanzstichtag bestehende wirtschaftliche Verpflichtung bzw. beruft sich auf eine rückstellungsbegrenzende Wirkung des Realisationsprinzips.[68] Der Anpassungsaufwand für die Spänetrocknungsanlage soll die **künftige Produktion** alimentieren und sei deshalb am fraglichen Bilanzstichtag (1988) nicht rückstellungsfähig. Inzwischen ist der I. BFH-Senat von dieser Rechtsauffassung abgerückt;[69] nunmehr sollen nur am Bilanzstichtag „fällige" Anpassungsverpflichtungen einen Rückstellungsansatz rechtfertigen; dann aber komme es auf eine wirtschaftliche

---

65 HOMMEL/WICH, KoR 2004, S. 16.
66 Urteil v. 27.6.2001, I R 45/97, DStR 2001, S. 1698.
67 EULER, DB 2001, S. 1849; WEBER-GRELLET, FR 2001, S. 900, und SIEGEL, DB 2002, S. 707, lehnen diese Entscheidung mit vehementen Worten ab. Für sie betrifft die Anpassungsverpflichtung die künftige Produktion – gestützt auf die dem matching principle eher verbundene sog. Alimentationsformel von MOXTER, BB 1994, S. 780. Für dieses Urteil sprechen sich die Mitverfasser (Senatsmitglieder) CHRISTIANSEN, DStZ 2002, S. 163, und WASSERMEYER, WPg 2002, S. 10, aus.
68 HERZIG, in: FS Forster, S. 656; DERS., DB 1990, S. 1347.
69 BFH, Urteil v. 6.2.2013, I R 8/12, DB 2013, S. 1087.

Verursachung nicht an. Schließlich hat sich der IV. BFH-Senat dieser Rechtsansicht im Ergebnis angeschlossen:[70] Bei Vorliegen einer am Bilanzstichtag zu vollziehenden Anpassungsverpflichtung ist auch die wirtschaftliche Verursachung gegeben. Eine Übereinstimmung mit den Ansatzregeln des IAS 37 ist bei Unterschieden im Detail festzustellen. Ergänzend zur IFRS-Regelung noch folgendes Beispiel:

> **Beispiel**
> Von Gesetzes wegen sind an Flugzeugen regelmäßig Überholungsaufwendungen durchzuführen. Eine Rückstellungsbildung wird abgelehnt. Begründung: Das Unternehmen kann sich dieser anstehenden Verpflichtung durch Verkauf des Fluggerätes entziehen.

Im Ergebnis (nicht in der Begründung) stimmen die IFRS mit einem Urteil des BFH überein,[71] das die Rückstellungsbildung für den künftigen Überholungsaufwand eines Hubschraubers ablehnte.

Der **Vergleich** zwischen **IFRS**-Rechtslage einerseits und derjenigen nach deutschem **HGB**, das durch die einschlägigen BFH-Entscheidungen geprägt ist, fällt differenziert aus. Das hängt entscheidend mit der nur auf Beispielen beruhenden IFRS-„Kommentierung" zusammen, die nicht nennenswert abstrakte Denkansätze bemüht. Das ist im Falle der deutschen HGB-Rechtslage gerade umgekehrt.

79

Zu **Einzelfällen** sei verwiesen auf das „ABC der Rückstellungsbilanzierung" in Rz 188.

2.3.4 Entfernungs- und Wiederherstellungsverpflichtungen

Angesprochen sind Verpflichtungen anlässlich des Betriebes von Anlagevermögen zur **Wiederherstellung des früheren Zustandes** „rings um das genutzte Anlagegut" (→ § 8 Rz 58). Typische Beispiele, die auch aus dem deutschen Schrifttum und der Rechtsprechung des BFH zur Steuerbilanz bekannt sind:

80

- Rückbauverpflichtungen für Mietereinbauten oder Bauten auf fremdem Grundbesitz,
- Entfernungsverpflichtungen für Funkmasten auf fremdem Gebäude u. Ä.,
- Braunkohleabbau,
- Abbruch- bzw. Rückbauverpflichtungen für betriebene Anlagen zur Energiegewinnung (Wasserkraftwerk, Ölplattform, Kernkraftwerk).
- behördliche Genehmigung (Lizenz) zum Betrieb einer Anlage mit konkreten Verpflichtungen, z. B. Genehmigung zur Betreibung eines Flughafens mit der Auflage zur Errichtung von Lärmschutzmaßnahmen.[72]

Diesen beispielhaft aufgeführten Sachverhalten sind zwei wichtige Aspekte gemeinsam:

---

[70] BFH, Urteil v. 6.2.2013, IV R 7/11, DStR 2013, S. 2745 mit Anm. HOFFMANN.
[71] BFH, Urteil v. 19.5.1987, VIII R 327/83, BStBl II 1987 S. 848; so auch das BFH, Urteil v. 13.12.2007, IV R 85/05, BStBl II 2008 S. 516.
[72] KPMG, Insights into IFRS 2014/2015, Tz. 3.12.150.30.

- die Verpflichtung besteht – rechtlich und wirtschaftlich (Rz 89) – dem Grunde nach mit Sicherheit zum Zeitpunkt des Nutzungs**beginns** (Ölförderung mit einer Ölplattform), möglicherweise aber auch schon früher bei Erteilung der behördlichen Genehmigung (Lizenz zur Erdölexploration),
- **Langfristigkeit** in der Abwicklung der betreffenden Vorgänge mit der Folge von erheblichen Schätzungsungenauigkeiten beim Ansatz entsprechender Bilanzposten.

Der Buchungssatz nach IAS 16.16c (→ § 8 Rz 58) „per AK/HK an Rückstellungen" (Rz 86) bringt die Langfristigkeit des Engagements stärker zum Ausdruck als die nach HGB/EStG übliche ratierliche Ansammlung des Rückstellungsbetrages zu Lasten des laufenden Aufwandes (Rz 86). Die beiden nach IFRS anzusetzenden Bilanzposten – aktivisch die AK/HK, passivisch die Rückstellungen – bedürfen einer **ständigen Korrektur** im Gefolge der angenommenen Entsorgungskosten, der Schwankungen des Zinssatzes und der Aufzinsung.[73]

81 Dieses Problemkreises nimmt sich ausführlich IFRIC 1 mit folgenden Anwendungsbereichen an:
- Anlagevermögen i.S.d. IAS 16 (→ § 14),
- Rückstellungen i.S.d. IAS 37.

Mit erfasst von IFRIC 1 werden damit auch gem. IAS 16.4 und 16.5
- Vermögenswerte im Rahmen eines Leasingverhältnisses i.S.d. IAS 17 (→ § 15),
- Renditeliegenschaften, bewertet nach dem *cost model* i.S.d. IAS 40 (→ § 16 Rz 49ff.).

Beispiel (zum *finance lease*)
Sachverhalt
Der Energieversorgungskonzern K least ein Kraftwerk vom Hersteller LG. Nach den Zurechnungskriterien des IAS 17 liegt ein *finance lease* vor (→ § 15 Rz 22ff.). Der Konzern hat das Kraftwerk zu aktivieren und den Barwert der Leasingverbindlichkeit (→ § 15 Rz 132f.) zu passivieren. Die Rückbauverpflichtung obliegt (Alt. 1) K oder (Alt. 2) LG.

Lösung
Alt. 1: K hat die Rückbauverpflichtung als zusätzlichen, über den Barwert der Leasingraten hinausgehenden, Teil der Anschaffungskosten zu aktivieren (IAS 16.16c) („per Kraftwerk an Rückstellung").
Alt. 2: Die Rückbauverpflichtung stellt kein eigenes *asset* i.S.d. IAS 16.5, sondern nur einen Teilbereich der aktivierungspflichtigen Herstellungskosten gem. IAS 16.16(c) dar (→ § 8 Rz 58 und Rz 73). Die Herstellungskosten werden mit Beginn des Leasingverhältnisses zu Aufwand. Die Rückbauverpflichtung bleibt als *liability* i.S.d. IAS 37.14 zu passivieren(Rz 18).

---

[73] Wegen Einzelheiten hierzu, die anhand von tabellarischen Beispielrechnungen dargestellt werden, sei verwiesen auf Küting/Kessler, PiR 2007, S. 308.

Rückstellungen, Verbindlichkeiten § 21

> **Beispiel (zur Renditeliegenschaft)**
> **Sachverhalt**
> Die Immobiliengesellschaft I errichtet auf einem Erbbaugrundstück einen Supermarkt und verpflichtet sich am Ende der Laufzeit des Vertrages zum Abriss der Gebäulichkeit. I wählt das *fair-value*-Modell (→ § 15 Rz 142).
> **Lösung**
> Die Zugangsbewertung für die Rückbauverpflichtung erfolgt analog IAS 16.16 (c) mit dem Barwert der Verpflichtung (→ § 16 Rz 39). Für die Folgebewertung zum *fair value* passen die auf IAS 16 (→ § 8) aufbauenden Regeln des IFRIC 1 nicht (vgl. auch IAS 16.5). Vielmehr sind in die *fair-value*-Bewertung der Immobilie die aktuell bewerteten Rückbauverpflichtungen einzubeziehen. Die Verpflichtung ist zum jeweiligen Barwert (laufende Aufzinsung) zu passivieren.

Die erforderliche Überwachung der beiden Bilanzposten setzt nach IFRIC 1.2 bei der **Rückstellungsbewertung** und deren erforderlichen **Änderungen** an (Rz 154), die auf laufend anzupassenden Schätzelementen beruhen (IFRIC 1.3): 82
- Bestimmung des Entsorgungs**volumens** (Mengengerüst) und der zugehörigen **Aufwendungen** (Preisgerüst) – *outflow of recources*;
- Änderung der **Abzinsungs**rate – *discount rate*, die nach IAS 37.47 zu bestimmen ist;
- **Aufzinsung** nach Maßgabe des Zeitverlaufs – *unwinding of the discount*.

Unproblematisch ist dabei die dritte Anpassungsgröße, also der **Aufzinsungsbetrag**. Dieser ist nach IFRIC 1.8 ergebniswirksam als Finanzierungskosten bei Anfall zu erfassen. Eine Aktivierung des Aufzinsungsbetrages bei bestimmten Vermögenswerten *(qualifying assets)* nach IAS 23.8 f. (→ § 9 Rz 15 ff.) entfällt. Schwieriger gestaltet sich die Lösung für die beiden übrigen Parameter des Schätzverfahrens, die in IFRIC 1.5–7 behandelt werden. Eine irgendwie festgestellte Änderung der langfristigen Verpflichtung führt zu einer korrespondierenden Folgewirkung auf die Buchwerte der betreffenden Anlagegüter. Hier unterscheidet IFRIC 1 konsequent nach den beiden Bewertungsmodellen in IAS 16, dem Verfahren der **fortgeführten AK/HK** (*cost model*; → § 8 Rz 11 ff.) und der **Neubewertungskonzeption** (*revaluation model*; → § 8 Rz 70 ff.). Im *cost model* ist wie folgt zu verfahren (IFRIC 1.5):
- Eine **Erhöhung** des Rückstellungsbetrages aufgrund neuer Diskontierungssätze oder neuer Annahmen bez. Zeitpunkt oder Höhe der zu leistenden Zahlung – nicht also die Änderung aufgrund des Aufzinsungseffekts – ist als Erhöhung des **Buchwertes** des betreffenden Anlagegutes zu erfassen (erfolgsneutrale Verbuchung: per Anlagevermögen an Rückstellung).
- Kommt es zu einer **Verminderung,** ist nur insoweit entsprechend zu verfahren, wie der Minderungsbetrag den Buchwert des Anlagegenstandes nicht übersteigt (per Rückstellung an Anlagevermögen). Eine darüber hinausgehende Minderung der Rückstellung ist unmittelbar erfolgswirksam zu behandeln, da sonst ein negativer Buchwert des Anlagegegenstandes entstünde.

- Bei einer **Erhöhung** des Buchwertes muss sich das Unternehmen Gedanken darüber machen, ob dieser Betrag nicht überzogen ist, also ein Anzeichen für eine erforderliche Abschreibung darstellt. Wenn ein solches Anzeichen gegeben ist, ist ein *impairment*-Test nach Maßgabe von IAS 36 vorzunehmen (→ § 11 Rz 13 ff.).

Die entsprechenden Änderungen sind **prospektiv** (erfolgswirksam) als Schätzungsänderungen nach IAS 8.36 f. (→ § 24 Rz 34) zu verbuchen.

83

> **Beispiel**[74]
> **Sachverhalt**
> Das Unternehmen B erwirbt in 00 das Recht zum Aufbau einer Windkraftanlage (WKA) im Wattenmeer unter der Auflage eines Rückbaus nach 25 Jahren. Folgende Informationen liegen vor:
> - Die erwartete zukünftige Verpflichtung beträgt 1 Mio. EUR.
> - Der marktübliche Diskontierungszins für 25 Jahre beläuft sich auf 5 %.
>
> Bei der Erstaktivierung der WKA wird die zukünftige Verpflichtung zum Barwert *(present value)* bilanzverlängernd (ergebnisneutral) passiviert:
> - Per WKA 0,3 Mio. an Rückstellung für Rückbau 0,3 Mio.,
>
> wobei die 0,3 Mio. sich aus der Diskontierung von 1 Mio. über 25 Jahre ergeben.
>
> In der Periode 15 erfolgt eine Anpassung der Rückstellung an bessere Informationen:
> - Fall 1: Die Höhe der zukünftigen Verpflichtung wird nun auf 1,2 Mio. geschätzt.
> - Fall 2: Der marktübliche Diskontierungszins beträgt nun 6 %.
>
> **Lösung**
> Der Barwert der passivierten Rückstellung ist aufgrund der besseren Erkenntnisse zum Stichtag der Periode 15 anzupassen. Die Anpassung erfolgt in der aktuellen Periode i. d. R. ergebnisneutral durch gleichzeitige Anpassung des Buchwertes der WKA (Bilanzverlängerung oder -verkürzung). In den Folgeperioden kommt es über Abschreibungen und Finanzierungskosten zu geänderten Aufwendungen.
>
> **Fall 1: Erhöhung Erfüllungsbetrag der Rückbauverpflichtung**
> - Per WKA 123 TSD an Rückstellung 123 TSD,
> wobei sich der Betrag von 123 aus der Diskontierung von 200 zu 5 % über die Restdauer von 10 Jahren ergibt.
>
> **Fall 2: Änderung des Kapitalisierungszinssatzes (Minderung Barwert bei gleichbleibendem Erfüllungsbetrag)**
> - Per Rückstellung 56 TSD an WKA 56 TSD,
> wobei die 56 TSD sich als Differenz aus einer Diskontierung des Erfüllungsbetrages von 1.000 über 10 Jahre mit einerseits 6 %, anderseits 5 % ergeben. Die erfolgsneutrale Buchung ist nur zulässig, wenn der RBW der WKA > mindestens 56 TSD beträgt. Liegt er etwa bei null, kommt nur eine ertragswirksame Buchung infrage.

---

[74] Eine ähnliche Fallstudie liefert POSEWANG, KoR 2012, S. 535.

> Fraglich ist, wie im vorstehenden System der Zinsstrukturkurveneffekt (→ § 11 Rz 69) zu berücksichtigen ist. Bei normalen Verhältnissen sinkt der Zins mit der Laufzeit. Bei unveränderten Marktverhältnissen ergäbe sich also zu jedem Stichtag eine Änderung des Zinssatzes aufgrund der verminderten (Rest-)Laufzeit. Dieser Effekt kann gemindert werden, indem aus *materiality*-Gründen für die Zinsbetrachtung der Diskontierungszins stets auf volle oder zumindest halbe Prozentpunkte gerundet wird.

Wegen eines weiteren Beispiels, das die Alternativen des **Nominal-** und **Real**zinses gegenüberstellt, wird verwiesen auf Rz 147.

Komplizierter stellen sich die erforderlichen Verbuchungen bei Anwendung der **Neubewertungskonzeption** *(revaluation model)* dar (→ § 8 Rz 70ff.): 84

- Die Änderung des Rückstellungsbetrages ändert die Neubewertungsrücklage auch im negativen Bereich *(revaluation surplus or deficit)* für den betreffenden Vermögenswert wie folgt:
  - Eine Minderung der Rückstellung ist unmittelbar der Neubewertungsrücklage im Eigenkapital zu belasten, es sei denn, zuvor ist eine Neubewertung zu Lasten des Ergebnisses verbucht worden (→ § 8 Rz 86).
  - Eine Erhöhung der Verpflichtung ist ergebniswirksam zu erfassen, soweit er eine vorgängige ergebniswirksame Abschreibung des neu bewerteten Vermögenswertes nicht übersteigt; der übersteigende Betrag ist dann der Neubewertungsrücklage zuzuführen.
- Übersteigt die Verminderung der Verpflichtung den fiktiven Buchwert bei Anwendung des *cost model*, muss der übersteigende Betrag direkt im Aufwand verrechnet werden.
- Eine Veränderung der Rückstellungsverpflichtung indiziert das Erfordernis einer erneuten Vornahme des Bewertungsverfahrens, damit der Buchwert nicht nennenswert vom *fair value* am Bilanzstichtag abweicht (→ § 8 Rz 75). Sofern eine Neubewertung in diesem Fall erforderlich ist, müssen alle Vermögenswerte dieser Gruppe *(class* nach IAS 16.36) neu bewertet werden (→ § 8 Rz 76).
- In der Eigenkapitalveränderungsrechnung (→ § 20 Rz 63ff.) ist die daraus resultierende Bewegung der Neubewertungsrücklage gesondert darzustellen und zu erläutern.

Die aus den vorstehenden Änderungen sich ergebende neue **Abschreibungsbasis** *(depreciable ammount;* → § 10 Rz 20ff.) ist über die Nutzungsdauer hinweg (→ § 11 Rz 42ff.) abzuschreiben. Nach Ende der Nutzungsdauer (vollständige Abschreibung) sind Änderungen der dann noch vorhandenen Verpflichtung unmittelbar ergebniswirksam zu verbuchen (IFRIC 1.7).

Eine nennenswerte **praktische** Bedeutung kommt dem Neubewertungsverfahren in diesem Bereich zumindest in Deutschland vermutlich nicht zu. Gründe:
- Die Neubewertungsmethode wird bislang nur sehr selten und dann auch nur für Grundbesitz gewählt.[75]
- Eine einigermaßen zuverlässige Ermittlung des *fair value* eines Kernkraftwerkes oder einer Antennenanlage etc. (Rz 80) dürfte selten möglich sein.

---

[75] KEITZ, VON, Praxis der IASB-Rechnungslegung, 2003, S. 49.

In **Sonderfällen** kann die Rückbauverpflichtung auch **nach** Aufnahme der Produktionstätigkeit im Gefolge von öffentlich-rechtlichen Auflagen entstehen. Dann ist das geschätzte Kostenvolumen nachträglich den Anschaffungs-/Herstellungskosten der betreffenden Anlage zuzuschlagen und entsprechend den Vorgaben von IFRIC 1 weiterzubewerten (Rz 81).
Entsprechend sollte verfahren werden, wenn die Auflage erst am **Ende** der Nutzungsdauer des betreffenden Anlagegutes entsteht.

> **Beispiel**[76]
> **Sachverhalt**
> Eine Brauerei wird im Innenstadtbereich betrieben. Durch Gemeinderatsbeschluss wird das Areal als reine Wohngegend ausgewiesen. Entsprechend ergeht die Auflage an die Brauerei, umgehend die Produktion am bisherigen Ort einzustellen und „auf die grüne Wiese" zu verlagern. Mit der Auflage ist der Abriss der gesamten Produktionsanlage mit Gebäude verbunden. Eine entsprechende Abbruchverpflichtung ist bislang nicht bilanziert worden.
>
> **Lösung**
> Diese Entfernungsverpflichtung ist spätestens mit rechtskräftigem Ergehen des entsprechenden Verwaltungsaktes anzusetzen. Eine Gegenbuchung auf dem zugehörigen Anlagevermögen ist hier nicht sinnvoll. Vielmehr ist die Rückstellung unmittelbar im Aufwand zu verrechnen.
> Vertretbar scheint auch eine Aktivierung der Entsorgungskosten auf der abzureißenden Anlage mit anschließendem Werthaltigkeitstest (→ § 11 Rz 13) und einer darauf beruhenden Wertminderungsabschreibung.
> Sofern das Grundstück nach Abriss veräußert werden soll, ist auch die Zugehörigkeit der gesamten abzureißenden Anlage zu einer „Abgangsgruppe" i.S.v. IFRS 5 denkbar (→ § 5 Rz 15). Dann ist ein Wertminderungstest vorzunehmen (→ § 11 Rz 138) und zur Folgebewertung mit dem *fair value* überzugehen (→ § 29 Rz 37).

85 Entsorgungsverpflichtungen können auch von **mehreren** betroffenen Unternehmen „gebündelt" werden. Dieses Themas nimmt sich IFRIC 5 für „**Entsorgungsfonds**" an; es ist derzeit in Deutschland (noch) nicht aktuell,[77] kann aber hinsichtlich **ausländischer**, zum Konsolidierungskreis gehörender Gesellschaften oder Betriebsstätten bedeutsam sein. Die **Kernregeln** von IFRIC 5 lassen sich im **Kontrast** zum Entsorgungs- und Pensionsfonds wie folgt darstellen:
Ein **Pensionsfonds** (→ § 41) ist kein **Konsolidierungsobjekt**, d.h. weder voll (→ § 31) noch bei von mehreren Arbeitgebern betriebenen Fonds *at equity* (→ § 33) zu konsolidieren. Sofern dieser Fonds als gemeinschaftliche Tätigkeit (*joint operation*) zu qualifizieren ist, erfolgt eine anteilige Bilanzierung von Vermögen, Schulden, Erträgen und Aufwendungen im Einzel- und Konzernabschluss des übergeordneten Unternehmens. Der Entsorgungsfonds kann vielleicht auch als Gemeinschaftsunternehmen (*joint venture*) anzusehen sein, dann ist im Konzernabschluss des übergeordneten Unternehmens die Bilanzierung

---

[76] KPMG, Insights into IFRS 2014/2015, Tz. 3.12.450.55.
[77] Vgl. hierzu ZÜLCH/WILLMS, DB 2005, S. 1178; StuB 2005, S. 364.

nach *equity*-Methode vorzunehmen (→ § 34 Rz 1). Das Unternehmen, dessen Versorgungsverpflichtungen ein Pensionsfonds trägt, bilanziert vielmehr den Saldo aus (ihm zuzurechnenden) Verpflichtungen des Fonds und dem *fair value* des dem gegenüberstehenden Fondsvermögens.
Entsorgungsfonds unterliegen hingegen den allgemeinen Konsolidierungsvorschriften. Wenn das Unternehmen zumindest subsidiär für die auf den Fonds übertragenen Verpflichtungen haftet, gilt deshalb:
- **Vorrangig** ist zu prüfen, ob der Anteil an dem Entsorgungsfonds **Kontrolle**, gemeinschaftliche Kontrolle oder signifikanten **Einfluss** vermittelt (IFRIC 5.8). Ist dies der Fall, wird der Fonds a) **voll** konsolidiert (IFRS 10), d.h. sein gesamtes Vermögen und seine gesamten Schulden erfasst, oder b) je nach Gestaltung des Fonds (*joint operation* vs. *joint venture*) **quotal** mit den Anteilen am Vermögen und den Schulden oder *at equity* erfasst (IFRS 11) oder c) *at equity* mit dem Anteil am Eigenkapital abgebildet (IAS 28). Im equity-Fall sind bestehende Nachschusspflichten zusätzlich zu passivieren.
- Besteht **kein Einfluss**, hat das Unternehmen die Entsorgungsverpflichtungen so zu passivieren und bei AK/HK-Eigenschaft zu aktivieren, als ob der Fonds nicht bestünde (IFRIC 5.7). Daneben sind die Erstattungsansprüche gem. IAS 37.53 ff. zu erfassen, und zwar mit dem niedrigeren Wert aus Anteil am Vermögen des Fonds (*fair value*) oder dem Wert der passivierten Schuld.

Soweit es sich nicht um kontinuierlich entstehende Rekultivierungs- oder ähnliche Verpflichtungen (Rz 89) handelt, bereiten die vorgenannten Verpflichtungen dem traditionellen **deutschen** Bilanzierungsverständnis besondere Schwierigkeiten. „An sich" müssen solche unstreitig vorhandenen Verpflichtungen aufgrund des **Vollständigkeitsgebotes** im HGB-Abschluss angesetzt werden. Das Ergebnis wäre jedoch wirtschaftlich höchst unbefriedigend: Die hohen Kosten der Entsorgung eines Kernkraftwerkes (z.B.) müssten dann im Jahr der Produktionsaufnahme, wenn nicht schon bei Erteilung der Konzession, in vollem Umfang zu **Lasten des Ergebnisses** verbucht werden. Die Folge läge in einer bilanzmäßigen Überschuldung des Kernkraftwerkbetreibers zu diesem Zeitpunkt. Letztlich rührt diese Kalamität im handels- und steuerrechtlichen Abschluss deutscher Provenienz in der dort für unzulässig erachteten Gegenbuchung für die Bildung einer Rückstellung auf der Aktivseite; lediglich ein Buchungssatz „per Aufwand an Rückstellungen" wird als zulässig erachtet. Der Definitionsnorm in § 249 Abs. 1 Satz 1 HGB ist dies allerdings nicht zu entnehmen, lediglich mittlerweile für die Steuerbilanz in § 5 Abs. 4b EStG. Dieses Dilemma versuchen die meisten Autoren durch das Prinzip der **wirtschaftlichen Verursachung** zu ersetzen.[78] Danach sollen die unstreitig vorhandenen Verpflichtungen ratierlich nach der mutmaßlichen Laufzeit der Produktion oder Nutzung als Rückstellung angesammelt werden. Das Reglement der IFRS hat gem. IAS 37.14 (Rz 18) mit dem **vollen** Ausweis des mutmaßlichen **Verpflichtungs**betrages aus den genannten Schuldverhältnissen als Passivum bei Eintreten der Verpflichtung kein Problem. Dort ist die Buchung „per AK/HK an Rückstellung" (Rz 17) zulässig (IAS 16.16c; → § 8 Rz 19). Sieht man einmal von Bewertungsproblemen ab, bestehen die Rechtsfolgen der unter-

86

---

[78] Im Überblick dargestellt durch HOMMEL/WICH, KoR 2004, S. 16, 19; ausführlich WICH, Entfernungsverpflichtungen in der kapitalmarktorientierten Rechnungslegung der IFRS 2009.

schiedlichen Betrachtungsweise im deutschen Bilanzrecht einerseits und in den IFRS andererseits in der Bilanzsumme, aber nicht im Eigenkapital und auch nicht im Ergebnisausweis (jedenfalls nicht notwendig).

Schon dieser Befund sollte Anlass zu Überlegungen geben, ob nicht die vorstehend kurz dargestellte HGB-Interpretation zwingend ist oder nicht im Interesse der Angleichung an die IFRS auch eine andere Auslegung möglich erscheint. Letzteres könnte in dem **finalen** Charakter des AK/HK-Begriffes gefunden werden.[79]

87 Die IFRS sprechen das Problem von einem eher pragmatischen Standpunkt aus an. In IAS 16.18 i. V. m. IAS 16 BC13ff. werden die einschlägigen Entsorgungs- und Entfernungskosten auch für einen Sonderfall aufgegriffen, der wohl eher selten sein dürfte, der aber entscheidend auf die Aufwandswirksamkeit abhebt. Es geht dort um die Einbeziehung von Entsorgungslasten in die Herstellungskosten von **Vorratsvermögen**; ist deren Produktion mit entsprechenden Verpflichtungen verknüpft, müssen Letztere aufwandsmäßig dem einzelnen produzierten Vermögenswert zugeordnet werden, auch wenn für die Produktion kein entsprechender Anlagewert bilanziert ist (Beispiel: Rekultivierungsverpflichtung für die gepachtete Kiesausbeute).

88 Das **Vergangenheitsereignis** im Ansatzkatalog von IAS 37.14 (Rz 18) wird in der unabdingbaren Verpflichtung zur späteren Entsorgung etc. im Rahmen der erteilten Konzession oder des Beginns der einschlägigen Tätigkeit etc. gesehen. Dieser Verpflichtung kann sich das Unternehmen ab dem genannten Zeitpunkt nicht mehr entziehen (Rz 20).

Beispiel in IAS 37.19
Die Installation einer **Erdölbohrung** oder eines **Atomkraftwerkes** führt zu Rückbauverpflichtungen u. Ä.; soweit diese am Bilanzstichtag bereits durch Erteilung der Lizenz rechtlich begründet worden sind, muss eine Rückstellung gebildet werden.

Beispiel Nr. 3 in Appendix 10 zu IAS 37
Die Lizenz zum Betrieb einer Ölplattform verlangt vom Betreiber deren Entfernung nach dem Ausbeutungszeitraum und außerdem die Wiederherstellung des Meeresbodens, der durch die Ölförderung beschädigt wird. Der Aufwand für die Wiederentfernung der Plattform ist bei Erteilung der Lizenz – noch vor Beginn der Ölförderung – zu passivieren, aber nicht entsprechend dem deutschen Bilanzierungsverständnis zu Lasten des Aufwandes, sondern als Bestandteil der Herstellungskosten für die Plattform gem. IAS 16.15 (→ § 8 Rz 18ff.) zu aktivieren. Über die dann zu verrechnenden Abschreibungen ergibt sich in etwa das gleiche Ergebnis wie nach der in Deutschland gebräuchlichen **Ansammlungsrückstellung**.[80] Dieser Verpflichtung kann sich das Unternehmen nach Erteilung der Lizenz nicht mehr entziehen. Anders soll es sich bei den Kosten für die Wiederherstellung des Meeresbodens verhalten. Hier beginnt die Rückstellungsfähigkeit erst mit Aufnahme der Produktion).

---

[79] So LÜDENBACH, BB 2003, S. 835, 839.
[80] Siehe hierzu FÖRSCHLE/KRONER/HEDDÄUS, WPg 1999, S. 41 (47).

IFRIC *Interpretation* 1 (IFRIC 1) hat sich auf der Grundlage der genannten Vorgaben in IAS 16, 16c und IAS 37.14 (Rz 81) detailliert der Materie angenommen. Der Bilanz**ansatz** im Rahmen der Anschaffungs- oder Herstellungskosten bzw. die Bildung der Rückstellung wird dabei zutreffenderweise als zwingend unterstellt. Es geht also in IFRIC 1 um die **Bewertung** im Rahmen der Folgebilanzierungen. Auf die Kommentierung in Rz 81 wird verwiesen.

2.3.5 Rekultivierung

Ein auch aus deutscher Sicht typisches Feld der Rückstellungsbilanzierung stellen die **Rekultivierungs**verpflichtungen dar. Die Lizenz zum Abbau von Bodenschätzen enthält die Verpflichtung zur Wiederherstellung des Geländes nach Abbau von Braunkohle, Kies etc. oder zur Verfüllung von Bohrlöchern und anderen Hohlräumen. Wie in den unter Rz 80 genannten Sachverhalten besteht die Verpflichtung rechtlich bei Erteilung der Lizenz, wirtschaftlich kommt sie indes erst mit **Beginn des Abbaus** (der Produktion) zum Tragen; anders beim Kernkraftwerk (Rz 86), das auch ohne Inbetriebnahme nach Konzessionsablauf wieder entfernt werden muss.

89

Die Rekultivierungsverpflichtung ist dementsprechend nach Maßgabe der Abbaumenge **ratierlich** als Rückstellung einzubuchen, Gegenbuchung als laufender Betriebsaufwand (IAS 37.19 Satz 3: „*damage already caused*"). Mit hoher Sicherheit erwartete kompensatorische Vorteile, insbes. Kippgebühren sind bei der Bemessung der Rückstellung kürzend zu berücksichtigen (Rz 172). Speziell bei der Braunkohleförderung fallen vor Beginn des Abbaus Aufwendungen an, deren Bilanzierung fraglich sein kann.

90

> **Beispiel**
> **Sachverhalt**
> Die Braunkohle AG hat eine Abbaulizenz für das Gebiet X erhalten. Sie trägt daraufhin die Humusschicht ab und bereitet das Gelände zum Kohleabbau vor.
>
> **Lösung**
> Die vorbereitenden Kosten dienen der Herstellung der Betriebsbereitschaft für die Lizenz (→ § 13 Rz 79) und sind mit dieser als immaterieller Vermögenswert zu aktivieren und nach Abbaubeginn entsprechend der Abbaumenge abzuschreiben (→ § 10 Rz 35). Vgl. auch → § 42 Rz 5.

2.3.6 Rücknahme- und Entsorgungsverpflichtungen (Elektroschrott)

Aktuell geht es um die vom Hersteller öffentlich-rechtlich geforderte Rücknahmeverpflichtung für
- Elektro- und Elektronikgeräte (sog. **Elektroschrott**).[81]
- Altfahrzeuge (Rz 92).

91

---

[81] Vom 16.3.2005 Elektro- und Elektronikgerätegesetz (ElektroG), BGBl I 2005 S. 762 ff.

Für den Elektroschrott gilt die nachstehende **Verpflichtungsstruktur:**[82]

	Verpflichtungsstruktur Elektroschrott	
	Haushalte	**Entsorgungsverpflichteter**
1	alte Gebrauchtgeräte (vor 23.11.2005 in Verkehr gebracht)	Hersteller im Umlageverfahren nach Maßgabe des Marktanteils im Rücknahmezeitpunkt
2	neue Gebrauchtgeräte (ab 23.11.2005 in Verkehr gebracht)	Hersteller im Umlageverfahren (jedoch Bringschuld zur Sammelstelle)
	Nicht private Nutzer	
3	neue Gebrauchtgeräte (ab 23.11.2005 in Verkehr gebracht)	Hersteller
4	alte Gebrauchtgeräte (vor 23.11.2005 in Verkehr gebracht)	Regel: Nutzer

Zu 1. Alte Gebrauchtgeräte, private Haushalte
Ausschließlich mit den alten Gebrauchtgeräten befasst sich IFRIC 6 (IFRIC 6.6). In diesen Fällen orientiert sich die Rücknahmeverpflichtung bzw. der Kostenanteil an kollektiven Rücknahmesystemen nicht am Anteil der in **Verkehr gebrachten** Geräte, sondern am Marktanteil im **Rücknahmezeitpunkt**. Erst die **künftige** Marktteilnahme stellt daher die gegenwärtige Verpflichtung i.S.v. IAS 37.12a (Rz 20) dar.
Die *measurement period* nach IFRIC 6.9 ist das Entsorgungsjahr, das allerdings nicht in jedem Mitgliedstaat der EG identisch ist. Der Rückstellungsansatz ist also erst **nach** Festlegung der **aktuellen** Marktteilnahme bei Rücknahme möglich. Entsprechend hat sich auch das deutsche Rechnungslegungs-Interpretations-Committee (RIC) in RIC 2 geäußert. Ab diesem Zeitpunkt kann sich das Herstellerunternehmen seiner Verpflichtung **nicht mehr entziehen** (Rz 20) oder umgekehrt ausgedrückt: Die Rücknahme- und Entsorgungsverpflichtung kann durch Einstellung der einschlägigen Geschäftstätigkeit bis zum genannten Zeitpunkt aus eigener Kraft vermieden werden. Gegen dieses Argument äußert der HFA des IDW Bedenken:[83] Der Marktaustritt sei höchst unwahrscheinlich, sodass zumindest eine faktische Entsorgungsverpflichtung vorliege (Rz 20).
Hinsichtlich der anderen drei Fälle verweist IFRIC 6.7 auf IAS 37, hält eine **analoge** Anwendung von IFRIC 6 aber für geboten, wenn (für die anderen Fälle) ein ähnliches Rücknahmeregime wie zu 1. herrscht.

Zu 2. Neue Gebrauchtgeräte, private Haushalte
Hier muss nach der **rechtlichen** Verpflichtung differenziert werden: Weist der Hersteller seinen Anteil am Abfallstrom nach, wird er nach Maßgabe dieses Anteils für die Rücknahme in Anspruch genommen. Ohne diesen Nachweis folgt die Inanspruchnahme dem aktuellen Marktanteil (wie unter 1.).

---

[82] OSER/ROSS, WPg 2005, S. 1069; SCHREIBER, BB 2006, S. 1842.
[83] FN-IDW 2005, S. 781; ähnlich MARX/KÖHLMANN, BB 2005, S. 2010.

- Bei Nachweis des eigenen Anteils gleicht die Rücknahmepflicht derjenigen für Altfahrzeuge (Rz 92). Eine Rückstellung ist zum Zeitpunkt des Inverkehrbringens anzusetzen.[84]
- Ohne diesen Nachweis entspricht die Abholverpflichtung derjenigen zu 1. (alte Gebrauchtgeräte). Eine Rückstellung kommt dann im Zeitpunkt des Inverkehrbringens nicht in Betracht (Anwendungsfall von IFRIC 6.7).[85] Das gilt trotz der vom Hersteller zu stellenden insolvenzsicheren Garantie. Der Garantiefall ist erst bei Marktaustritt des letzten Marktteilnehmers gegeben. Da dieser Fall kaum jemals eintreten wird, verbleibt es im Ergebnis bei der Lösung wie vorstehend zu 1. (IFRIC 6.7) – Rückstellung bzw. Aufwand also erst nach Festlegung der aktuellen Marktteilnahme im Rücknahmezeitpunkt.

Zu 3. Neue Gebrauchtgeräte, gewerbliche Nutzer
In diesem Fall trägt der Hersteller die Entsorgungsverpflichtung mit der Folge einer Passivierungspflicht für die Entsorgungsverpflichtung im Zeitpunkt des Inverkehrbringens von Elektrogeräten.
Inwieweit es gelingt, eine übereinstimmende Rückstellungsbildung nach HGB und IFRS zu erreichen, bleibt der endgültigen RIC-Stellungnahme vorbehalten.[86]

Zu 4. Alte Gebrauchtgeräte, gewerbliche Nutzer
Der deutsche Gesetzgeber hat ein Mitgliedstaatenwahlrecht zu Gunsten der Hersteller und zu Lasten der gewerblichen Nutzer ausgeübt. Letztere müssen vollständig die Kosten der Entsorgung tragen. Folglich besteht für den Hersteller kein Rückstellungserfordernis, es sei denn, die beiden „Parteien" treffen eine andere Regelung.
Nach der EU-Altautorichtlinie und der Altfahrzeug-VO vom 21.6.2002[87] sind Hersteller und gewerbliche Importeure bestimmter **Fahrzeuge** zur unentgeltlichen Rücknahme und **Entsorgung** von Altfahrzeugen ihrer Marke verpflichtet, und zwar für

- nach dem 30.6.2002 in Verkehr gebrachte Fahrzeuge generell und
- vor dem 1.7.2002 in Verkehr gebrachte Fahrzeuge ab dem 1.1.2007.

Mit dem Inverkehrbringen der Fahrzeuge liegt das Vergangenheitsereignis *(past event)* vor (Rz 20).[88]
Zur Bewertung können **Erfahrungswerte** bez. der Kosten des Fahrzeugrecyclings herangezogen werden (Rz 134). Möglicherweise stehen auch Angebote gewerbsmäßiger Auto-Recycler zur Verfügung, wodurch das Bewertungsverfahren nach IAS 37.37 – **Übertragung** der Verpflichtung auf einen Dritten – eröffnet wird (Rz 130). Wegen der Langfristigkeit der Verpflichtung ist eine **Abzinsung** vorzunehmen.
Das *IFRS IC (Committee)* erhielt eine Anfrage zur analogen Anwendung der Regeln von IFRIC 6 (Rz 87) für andere Sachverhalte als Elektroschrott, bei

92

93

---

[84] So OSER/ROSS, WPg 2005, S. 1074.
[85] So SCHÄFER, BB 2004, S. 2738. Dagegen differenzierend OSER/ROSS, WPg 2005, S. 1074.
[86] OSER/ROSS gehen von einer Übereinstimmung auch mit US-GAAP aus (WPg 2005, S. 1076).
[87] HUG/ROSS/SEIDLER, Bilanzielle Bewältigung der Rückwirkungsproblematik durch das Altfahrzeuge-Gesetz, DB 2002, S. 1013.
[88] ADS International, Abschn. 18, Tz. 129.

denen die Höhe der Belastung von der Marktteilnahme im jeweiligen Jahr abhängt.[89] Angesprochen wurden dabei die Bankenabgaben im Vereinigten Königreich und Abgaben der Pharmahersteller in den USA. Die konkrete Frage geht nach dem **Zeitpunkt** eines Rückstellungsansatzes, sei es ein gesetzlich festgelegtes Datum oder ein anderes Kriterium. Das *IFRS IC* hat dieses Thema nach kontroversen Diskussionen auf seine Agenda gesetzt und den Staff zur weiteren Bearbeitung angewiesen.

Einstweilen (*tentatively*) äußert sich das *Committee* wie folgt:
- Eine ansatzbegründende faktische Verpflichtung zur Zahlung entsprechender Abgaben liegt vor dem maßgeblichen Jahr der Marktteilnahme auch dann nicht vor, wenn das Unternehmen aus wirtschaftlichen Gründen zur Fortsetzung seiner einschlägigen Geschäftstätigkeit gezwungen ist.
- Auch unter Heranziehung des *going concern principle* (→ § 1 Rz 82) ergibt sich nichts anderes.
- Eine Schuld ist erst dann anzusetzen, wenn die dazu erforderlichen Sachverhalte für das Vorliegen einer gegenwärtigen Verpflichtung (*present obligation*) erfüllt sind (Rz 20).
- Sofern die Abgabe an einer bestimmten Marktteilnahme anknüpft, gilt als verpflichtungsbegründend die Marktteilnahme im jeweiligen Jahr.

2.3.7 Restrukturierungsrückstellungen[90]

94 Einen weiteren Sonderfall für die Bildung einer *provision* stellen **Restrukturierungsverpflichtungen** dar. **Definiert** ist die Restrukturierung in IAS 37.10 als ein vom Management geplantes und beherrschtes Programm zur wesentlichen Veränderung eines Geschäftsfeldes oder des Betriebes dieses Geschäftsfeldes. Unter IAS 37.70 wird ergänzend zu den generell gültigen Ansatzkriterien (Rz 18 ff.) zunächst dieser Begriffsinhalt erläutert; als Restrukturierungen gelten dabei u. a.
- die **Aufgabe** bzw. der **Verkauf** ganzer Geschäftsbereiche *(line of business);*[91]
- **Schließung** eines Geschäftsbereiches in einem bestimmten Gebiet oder Land *(location)*;
- **Verlegung** eines Geschäftsbereiches in ein anderes Gebiet oder Land;
- „**fundamentale Reorganisationen**" mit wesentlichen Auswirkungen auf den Inhalt der Geschäftstätigkeit;
- Änderungen der **Managementstruktur**, z. B. Verselbstständigung von funktionalen Einheiten oder Aufhebung einer Hierarchiestufe;
- Änderungen des unternehmerischen **Kernbereichs**;
- örtliche Verlegung der **Konzernzentrale**;
- **Schließung** bzw. **Stilllegung** von Produktionsstätten und Lagerhäusern.

Es geht also nicht nur um Abfindungen für das **Personal**, sondern generell um direkte, den betreffenden Maßnahmen zuzuordnende Kosten, z. B. Abfindungen für die Entlassung aus Mietverträgen, Generalüberholung von Maschinen,

---

[89] IFRIC, Updates Juli 2011 und November 2011.
[90] Die nachstehende Darstellung folgt in den Grundzügen den Ausführungen von ERNSTING/KEITZ, VON, DB 1998, S. 2477 (2480), REINHART, BB 1998, S. 2514 (2517), sowie THEILE, PiR 2007, S. 297; s. auch WENK/JAGOSCH, DStR 2009, S. 1712; ZWIRNER/MUGLER, IZR 2011, S. 505.
[91] U. U. zu behandeln als *discontinued operation* gem. IFRS 5 (→ § 29).

Rückbau- und Sanierungskosten. Jedenfalls ist eine trennscharfe Abgrenzung von operativen Änderungen der Geschäftsabläufe und strukturellen Neuorientierungen oft nicht gegeben.

Die Beispiele belegen den hochgradigen **Interpretationsbedarf** für den konkreten Fall des „*restructuring*" mit der Folge nennenswerter bilanzpolitischer Möglichkeiten. Die Zielsetzung des Managements wird häufig dahin gehen, den anstehenden Aufwand aus diesem Bereich hoch zu schätzen, um dann nicht benötigte Rückstellungen „still" zugunsten des laufenden Ergebnisses aufzulösen. Dieses bilanzpolitische Instrumentarium (*„clean up"* oder *„big bath"*) kommt insbesondere dann zum Einsatz, wenn ein neuer Vorstandsvorsitzender die Bühne betritt und dem bisherigen „Altlasten" anhängt. Später steht der neue Boss nach Auflösung nicht benötigter Rückstellungen glänzend da.[92]

Das Schlagwort „Restrukturierung" suggeriert dem Abschlussadressaten die Maßnahme als etwas **Außerordentliches**, also nicht wieder Vorkommendes. Die damit verbundenen Aufwendungen sind „Schnee von gestern", der die rosige **Zukunft** nicht mehr behelligt. Diese Suggestion wird durch Darstellung eines besonderen Aufwandspostens (→ § 2 Rz 75) unterstützt, der – so die Botschaft – aus dem ausgewiesenen Ergebnis herausgerechnet werden müsse. Dabei stellen laufende Anpassungen der Geschäftstätigkeit an die Änderungen im wirtschaftlichen Umfeld eine wesentliche Aufgabe der Unternehmensführung dar.[93]

Gem. IAS 37.71 müssen die Restrukturierungsrückstellungen die **generellen Ansatzkriterien** für *provisions* gem. IAS 37.14 erfüllen (Rz 25). Die Regeln für die Restrukturierung stellen also nach dieser Vorstellung nur Spezifika zu den allgemeinen Vorschriften zum Bilanzansatz dar. Ganz überzeugend ist diese Logik nicht; wie noch zu zeigen sein wird (Rz 100), können eigentliche **Aufwandsrückstellungen** im Rahmen von solchen Restrukturierungsmaßnahmen entgegen der generellen Regel (Rz 20) durchaus gebildet werden. Im Rahmen des kurzfristigen Konvergenzprojektes plant der Board eine Aufhebung der Sondervorschriften für Restrukturierungsverpflichtungen (Rz 189).

IAS 37.72 geht bei der Ansatzvoraussetzung von einer *„constructive obligation"*, also einer faktischen Verpflichtung aus, dem sich das Unternehmen nicht mehr entziehen kann (Rz 25). Ein **rechtliches** Schuldverhältnis wird anders als sonst (Rz 18) nicht verlangt. Notwendig für die Rückstellungsbildung ist ein **detaillierter Plan**, der folgende Identifizierungen erlaubt:

- der betroffene **Geschäftsbereich** oder Teilgeschäftsbereich;
- die wesentlichen **Örtlichkeiten**, die betroffen sind;
- die näherungsweise (*approximate number*) Angabe der betroffenen **Arbeitnehmer** hinsichtlich der Anzahl, des Ortes und der Funktion;
- die erforderlichen **Ausgaben**;
- der **Umsetzungszeitpunkt** für den getroffenen Plan.

Wie detailliert der Plan hinsichtlich des Umfangs der zu entlassenden Mitarbeiter oder der Einzelkosten sein muss, bleibt offen und damit der Interpretation des Managements anvertraut.

---

[92] Ähnlich THEILE, PiR 2007, S. 297.
[93] So THEILE, PiR 2007, S. 298.

Die besonderen Anforderrungen für Restrukturierungsaufwendungen greifen dann nicht, wenn eine rechtliche Verpflichtung vorliegt, die Kosten der von einem anderen durchzuführenden Restrukturierung ganz oder teilweise zu tragen. Dazu folgendes Beispiel:

> **Beispiel[94]**
> **Sachverhalt**
> Ein Unternehmen (U) will seine EDV-Abteilung auf einen entsprechenden Dienstleister (D) auslagern *(outsourcing)*. Entsprechend übernimmt D die IT-Abteilung von U mit der faktischen Verpflichtung einer Restrukturierung, also insbesondere Entlassung von Mitarbeitern. Nach der getroffenen Vereinbarung erhält D von U eine Entschädigung für alle mit der Restrukturierung verbundenen Kosten.
>
> **Lösung**
> Durch den (veröffentlichten) Vertrag zwischen U und D wird eine entsprechende Erwartungshaltung *(valid expectation)* bei den Betroffenen begründet. Bei U kommt eine Rückstellungsbildung schon im Zeitpunkt der Vertragsunterzeichnung von U und D infrage, bei D erst, wenn er die Restrukturierung umsetzt, den Detaillierungsplan bekannt gibt.

97 Weitere Voraussetzung ist die Weckung einer entsprechenden **Erwartungshaltung** bei den betroffenen Personen über die Umsetzung des Restrukturierungsplans. In IAS 37.73 wird die Schaffung der Erwartungshaltung noch weiter umschrieben und dabei insbesondere auf die **öffentliche Ankündigung** abgehoben. Nach IAS 37.74 muss der betreffende Plan **so schnell wie möglich** durchgeführt und innerhalb eines bestimmten Zeitrahmens vollendet werden. Vorbehalte werden an dieser Stelle gegenüber **langfristig** angelegten Plänen angebracht, weil ein solcher Zeitrahmen Gelegenheiten zu Planänderungen eröffnet. Offensichtlich sollen damit bilanzpolitische Gestaltungsspielräume eingeengt werden. Andererseits können im Rahmen solcher Planankündigungen (überhöhte) Rückstellungen gebildet werden, die sich dann in späterer Zeit mehr oder weniger unbemerkt zugunsten des laufenden Ergebnisses auflösen lassen (Rz 94).

98 Die bloße Entscheidung des Managements zur Durchführung einer solchen Restrukturierungsmaßnahme genügt danach als Ansatzkriterium nicht. Es bedarf der effektiven **Implementierung** des Restrukturierungsplanes bzw. dessen öffentlicher **Ankündigung**. Erfolgen die letztgenannten Maßnahmen nach dem Bilanzstichtag, aber vor Bilanzerstellung, ist eine Erläuterung nach IAS 10 (Rz 184) im Anhang vorzunehmen. Als weiteres bejahendes Ansatzkriterium wird die Aufnahme von **Verhandlungen mit Arbeitnehmervertretern** in IAS 37.76 genannt. Das Gleiche gilt in IAS 37.77, wenn nach Art des deutschen Unternehmensverfassungsrechts Arbeitnehmervertreter im Aufsichtsrat sitzen und diese in die entsprechenden Pläne des Vorstandes involviert worden sind. Die vorstehend genannte Einweihung der Arbeitnehmervertreter (Betriebsrat oder Aufsichtsrat) in die Restrukturierungspläne entsprechen als Ansatzkriterium in etwa denjenigen gem. R 5.7.(9) EStR 2012. Danach genügt nicht der Plan

---

[94] Nach KPMG, Insights into IFRS 2014/2015, Tz. 3.12.300.20.

zur Rückstellungsbildung, es bedarf vielmehr der entsprechenden **Bekanntgabe** noch vor Erstellung oder Feststellung des Jahresabschlusses.

Und schließlich wird noch in IAS 37.78 der Restrukturierungsfall des **Verkaufs eines eigenständigen Geschäftsfeldes** erwähnt. Danach ist eine Rückstellung für die damit verbundenen Verluste bzw. Aufwendungen erst mit Abschluss des bindenden Vertrages ansetzbar. Möglicherweise ist aus dem Verkauf eines nicht mehr benötigten Produktionsareales oder Lagerhauses mit einem **Gewinn** zu rechnen. Diese Möglichkeit erlaubt keinen Bilanzansatz oder eine Reduktion der zu erwartenden Aufwendungen mit der Stilllegung der genannten Gebäude z. b. durch Beendigung eines Leasingvertrages (Rz 159).[95] Wegen einer möglichen Kollision mit IFRS 5 vgl. → § 29 Rz 37. 99

Nicht ganz abgestimmt mit diesen Vorgaben sind Parallel- oder sich überschneidende Ansatzregeln für **Abfindungsverpflichtungen** „*(termination benefits)*" anlässlich der Aufhebung eines Dienstverhältnisses gem. IAS 19.159 (→ § 22 Rz 74). Bei kollektiven Maßnahmen ist erst die Bekanntmachung des Planes an die Arbeitnehmer oder deren Vertreter ansatzbegründend. Auf eine Restrukturierung wird dabei nicht abgehoben.[96] Bei Freistellung von der Arbeitsverpflichtung – z. B. für einen Bereichsvorstand – unter Weiterbezahlung der vertraglichen Vergütung und formellem Weiterlaufen des Vertrags ist ggf. eine Rückstellung (Rz 55 ff.) anzusetzen.[97] Ob diese Drohverlustcharakter hat (formell ist das Dauerschuldverhältnis noch nicht beendet) oder eine „einfache" Verbindlichkeitenrückstellung vorliegt (nur formell läuft der Vertrag noch weiter, tatsächlich ist er beendet), ist angesichts gleicher Ansatz- und Bewertungsregeln unerheblich. Entgegen der allgemeinen Regel für den Ansatz von *provisions* (Rz 20) können auch eigentliche **Aufwandsrückstellungen** in die Bemessungsgrundlage einfließen[98] (vgl. hierzu auch Rz 25). 100

> **Beispiel**
> Der oben genannte detaillierte Restrukturierungsplan erfordert die Schließung angemieteter Räume. Es besteht das Interesse, die entsprechenden Mietverhältnisse gegen eine Abfindung zu beenden oder aber (möglicherweise) nicht kostendeckend unterzuvermieten. Konkrete Verpflichtungen aus diesem (Teil-)Plan bestehen noch nicht.

Beim Ansatz oder bei der Bewertung von **Sachvermögen** kann der Restrukturierungsplan **Folgewirkungen** auslösen:
- Wertminderungsabschreibungen nach IAS 36 (→ § 11 Rz 13 ff.) wegen verminderter oder nicht mehr erfolgender Nutzung von Anlagevermögen.
- Abbruch- und Entsorgungskosten für nicht mehr benötigtes Anlagevermögen (häufig faktische Verpflichtung).
- Aufwendungen interner (Mitarbeiter) und externer (Berater) Art wegen des Restrukturierungsprozesses (ohne Aufbau künftiger Geschäftsmodelle).

---

[95] Vgl. KPMG, Insights into IFRS, 2014/2015 Tz. 3.12.170.30.
[96] THEILE, PiR 2007, S. 289.
[97] ASCHFALK-EVERTZ, PiR 2013, S. 15 ff. zu weiteren Sachverhalten, die unter den Restrukturierungsbegriff fallen. Dieser Beitrag informiert empirisch über die Bilanzierungspraxis zur Restrukturierungsrückstellung der DAX-30-Konzerne.
[98] Vgl. SCHILDBACH, StuB 2002, S. 791.

101 Der für den Ansatz von *provisions* erforderliche Verbindlichkeitscharakter *(liability)* wird also im Falle von Restrukturierungen durch die genannten Ankündigungen, Detaillierungen etc. **ersetzt** (Rz 25). Bilanzpolitische Spielräume ergeben sich (derzeit noch) aus dem angedeuteten definitorischen Interpretationsbedarf (Rz 94).

102 Nicht rückstellbar sind nach IAS 37.81
- Kosten der Umschulung und Versetzung von Mitarbeitern.
- Marketingaufwendungen für neue Produkte.
- Kosten der Installation neuer Produktlinien und Vertriebswege.

Gewinne aus dem Verkauf nicht mehr benötigter Vermögenswerte sind nicht rückstellungsmindernd zu berücksichtigen (IAS 37.83 i. V. m. IAS 37.50). Wegen des Verhältnisses zu IFRS 5 vgl. → § 29 Rz 37.

103 Für den Bilanzansatz von Restrukturierungsaufwendungen besteht im Hinblick auf die sehr spezifischen Voraussetzungen nach den IFRS nur eher zufällig eine Übereinstimmung mit dem HGB/EStG. Die Information des Betriebsrates als Ansatzkriterium (Rz 98) entspricht allerdings der Rechtslage nach HGB in der Interpretation durch den BFH und die Finanzverwaltung (R 5.7 (6) EStR 2012). Zum Ansatz von Restrukturierungskosten im Rahmen von **Unternehmenserwerben** vgl. → § 31.

2.3.8 Emissionsrechte

104 Zur Bilanzierung der Rückgabeverpflichtung von **Emissionsrechten** für Treibhausgase wird verwiesen auf → § 13 Rz 49.

2.3.9 Kosten der Rechtsverfolgung

105 Rechtsverfolgungskosten können wie folgt systematisiert werden:[99]
- Außerprozessuale Rechtsverfolgungskosten
- Prozesskosten
  - Gerichtsgebühren und Auslagen
  - außergerichtliche Kosten für Rechtsanwälte, Zeugen, Reisekosten u. Ä.

Zu Prozesskostenrückstellungen ist primär der am Rechtsstreit **passiv** Beteiligte „befugt". Es liegt hier ein Vergangenheitsereignis dann vor, wenn die Klage anhängig gemacht worden ist. Der gleiche Ansatzgrund kann auch für den aktiv **Beteiligten** gelten, wenn dieser einen insgesamt relativ aussichtslosen Prozess aus bestimmten Gründen anstrengt. Die gleichen Ansatzkriterien gelten im Rahmen des Instanzenwegs. Erst wenn die **nächste** Instanz förmlich angerufen worden ist, kann für die dann entstehenden weiteren Rechtsverfolgungskosten eine Rückstellung gebildet werden.

Bezüglich der **Bewertung** des Prozesskostenrisikos kann sich das Unternehmen am Streitwert orientieren und den Höchstbetrag – abgesehen von unbedeutenden Nebenkosten – in aller Regel zuverlässig ermitteln. Im weiteren Schätzverfahren stellt sich allerdings die Frage nach dem Ausgang des Verfahrens und damit nach der Kostentragung. Hierzu darf auf das Beispiel in Rz 131 und auf den Umgang der Praxis mit der Unsicherheit bei Rechtsverfahren in Rz 133 verwiesen werden.

---

[99] Thiele, WPg 2004, S. 737; Osterloh-Konrad, DStR 2003, S. 1631.

Eine Besonderheit besteht bei **Passivprozessen mit erfolgsabhängiger Vergütung des Anwalts:** 106

> **Beispiel**
> Wegen Schadens aus angeblicher schuldhafter Vertragsverletzung wird U von K Ende 01 auf 1,0 Mio USD verklagt. Die Höhe des Schadens ist unstrittig, fraglich ist aber, ob U schuldhaft gehandelt hat.
> Mit der Vertretung seiner Interessen beauftragt U unverzüglich ein spezialisiertes Anwaltsbüro. Vereinbart wird (nach ausländischem Recht) ein ausschließlich erfolgsabhängiges Honorar. Danach erhält das Anwaltsbüro
> - bei Verurteilung des U zu Schadenersatz kein Honorar,
> - bei Nichtverurteilung ein Honorar von 0,2 Mio USD.
>
> Die eigene Rechtsabteilung der U hält ebenso wie das Anwaltsbüro eine Nichtverurteilung für überwiegend wahrscheinlich. Die Anwälte beginnen mit ihren Arbeiten erst im Januar 02.

Bei **isolierter Beurteilung** von (1) Schadenersatz und (2) erfolgsabhängigen Anwaltskosten gilt:
- Keine Rückstellung für Schadenersatz, da Verurteilung nicht *more likely than not* wäre,
- Keine Rückstellung für die Anwaltskosten. da Verteidigungsauftrag schwebendes Geschäft (F 4.46) und kein belastender Vertrag (IAS 37.66 ff.)

In **zusammengefasster wirtschaftlicher Betrachtung** beider Vorgänge gilt hingegen:
- Entweder das Unternehmen verliert den Prozess (im Beispiel überwiegend unwahrscheinlich), dann zahlt es Schadenersatz an den Prozessgegner oder
- das Unternehmen gewinnt ihn (im Beispiel überwiegend wahrscheinlich), dann zahlt es die erfolgsabhängige Vergütung des Anwalts.
- Ein Ressourcenabfluss (im Beispiel von mindestens 0,2 Mio USD) ist also sicher.

Fraglich ist, ob auch bilanziell eine zusammengefasste Betrachtung geboten ist. Dagegen könnte sprechen, dass keine Identität der Gläubiger der beiden potenziellen Verpflichtungen besteht. U. E. ist dies aber irrelevant. IAS 37.20 hält fest, dass eine zu passivierende Verpflichtung zwar immer eine andere Partei voraussetzt, die Kenntnis oder Identifikation der Partei jedoch nicht notwendig ist. Entscheidend ist, dass (gegen wen auch immer) eine Verpflichtung aus einem vergangenen Ereignis besteht, die wahrscheinlich zum Abfluss von Ressourcen führen wird. Das vergangene Ereignis ist hier die mögliche schuldhafte Vertragsverletzung und als dessen Folge die eingereichte Klage. Dieses Ereignis wird wahrscheinlich (bzw. mindestens) zum Abfluss von Ressourcen i. H. des Erfolgshonorars führen. Der Grundsatz der Nichtbilanzierung schwebender Geschäfte ist danach nicht auf die Prozesskosten, hier in der Form von Anwaltskosten anzuwenden. Eine Rückstellung ist im Beispiel i. H. des (überwiegend) wahrscheinlichen Betrags von 0,2 Mio USD anzusetzen.

2.3.10 Schadensersatz- und ähnliche Verpflichtungen

Auf die Kommentierung unter Rz 130 ff. sowie Rz 44 ff. wird verwiesen. 107

2.3.11 Dokumentationsverpflichtungen, Registrierungskosten

108 Nach den verschiedensten Handels- und öffentlich-rechtlichen Verpflichtungen muss ein Unternehmen Dokumente erstellen und für einen bestimmten Zeitraum in Papier oder elektronisch aufbewahren. Ein typisches Beispiel stellen die **Buchungsbelege** dar. Diese entstehen im laufenden Geschäftsverkehr, sodass am Bilanzstichtag die entsprechende Verpflichtung zur Aufbewahrung besteht. Gläubiger ist die öffentliche Hand in weitem Sinne, das Unternehmen kann sich dieser Verpflichtung auch nicht entziehen. Damit sind die Ansatzkriterien für die Rückstellungsbildung nach IAS 37.14 erfüllt (Rz 18). Zur **Bewertung** wird auf Rz 174 verwiesen.[100] Im Hinblick auf die Langfristigkeit ist eine Abzinsung geboten (Rz 142).

109 Nach der anstehenden EU-Chemikalienverordnung (REACH) setzt die Herstellung bzw. der Import von **Chemikalien** in der bzw. die EU die Einreichung eines Registrierungsdossiers bei der Europäischen Agentur für Chemische Stoffe voraus. Diese Dokumentationspflicht greift bei einer Produktions- oder Einfuhrmenge von einer Tonne und mehr pro Kalenderjahr ein. Die Dokumentationsanforderungen steigen dabei stufenweise mit dem Volumen der hergestellten oder eingeführten Stoffmengen.

In dem Augenblick, in dem die genannte Schwelle von einer Tonne überschritten wird, entsteht rechtlich die Dokumentationspflicht. Zuvor liegt also keine rechtliche Entstehung der Verpflichtung, ebenso wenig eine wirtschaftliche Verursachung (Rz 20) vor, d.h. kein Vergangenheitsereignis (Rz 20). Danach entsteht Aufwand erst mit der Einfuhr bzw. der Herstellung bei Überschreiten der genannten Mindestmenge.[101]

2.3.12 Mehrerlösabschöpfung in der deutschen Elektrizitätswirtschaft

110 Die Übertragungsnetzbetreiber in der Bundesrepublik unterliegen der **Aufsicht** durch die Bundesnetzagentur, da sie eine systemimmanente Schlüsselposition bei der Energieversorgung innehaben. Die Netzbetreiber können ihren Geschäftsbetrieb nicht schlichtweg einstellen, sie sind zu dessen Aufrechterhaltung verpflichtet. Das Entgelt für ihre Leistungen ist nach oben begrenzt, insbesondere haben sie bestimmte Kosteneinsparungen an ihre Kunden weiterzugeben. In diesem Rahmen kann folgendes Problem entstehen: Das Entgelt der Periode 1 erweist sich in einer Nachkalkulation als zu hoch. Der entsprechende Mehrerlös ist dann in einer Folgeperiode (vereinfacht in Periode 2) in der Weise „abzuführen", indem an die Stelle des eigentlich zulässigen Höchstentgelts der Folgeperiode ein um den Mehrerlös der Vorperiode vermindertes Entgelt tritt.[102]

111 Die Frage ist, wie diese anstehende Erlösreduzierung im Jahr 02 aufgrund des Mehrerlöses im Jahr 01 bilanziell abgewickelt werden muss. Der Ansatz einer **Rückstellung** im Jahr 01 setzt die kumulative Erfüllung der vier in Rz 18 genannten Tatbestandsmerkmale voraus. Zweifelhaft ist in diesem Fall der *outflow of resources*, denn im Folgejahr der Übererlöse findet keine Rückzahlung (*outflow*) statt, es wird lediglich der Erlös (*inflow*) gemindert. Aus den Erläuterungen zu den IFRS geht eine Einbeziehung von geringeren *inflows* in den Begriff

---

[100] HOFFMANN, PiR 2007, S. 145.
[101] So ROSS/DRÖGEMÜLLER, BB 2006, S. 1044.
[102] Ausführlich zur Rechtsstruktur HAGEBÖKE, DStR 2011, S. 1480.

outflows nicht hervor. U. E. kommt eine Rückstellungsbildung deshalb nicht in Betracht, obwohl die drei anderen Tatbestandsmerkmale für den Rückstellungsansatz hier i. d. R. gegeben sind.[103] Eine mögliche Lösung ergibt sich aber aus IAS 18. Danach ist wie folgt zu differenzieren:
- Nach IAS 18.19 (→ § 25 Rz 107) ist eine **Rückstellung** anzusetzen, wenn der bei Erbringung einer Leistung vereinnahmte Erlös mit zukünftigen Kosten durch Nachbetreuung, erweiterte Gewährleistungen etc. verbunden ist.
- Demgegenüber verlangt IAS 18.13 (→ § 25 Rz 128) eine passive **Abgrenzung** vereinnahmter Entgelte, die auch künftige gleichartige Leistungen abdeckt – vorausgesetzt, das gesamte Geschäft kann nur unter Berücksichtigung der vollen Gegenleistung erklärbar sein.

Zur Abbildung von Verpflichtungen aus Kundenbindungsprogrammen (→ § 25 Rz 107) schließt das *IFRS Interpretation Committee* in IFRIC 13.BC7(b) auf das Erfordernis der Aufteilung des Erlöses in seine Komponenten, und zwar auf die aufgrund der vereinnahmten Entgelte noch zu erbringenden künftigen Leistungen. U. E. ist in Analogie diese Interpretation auch auf die Erlösminderung des Netzbetreibers im Folgejahr anzuwenden. Das überhöhte Entgelt der Periode 1 ist tatsächlich kein Entgelt für die Leistungen der Periode 1, sondern eine „Überzahlung", der die zukünftige Abgabe von Leistungen gegenübersteht. Der Mehrerlös deckt demnach zukünftige Leistungen ab und ist deshalb als umsatzkürzender **Abgrenzungsposten** (*deferred revenue*) zu passivieren.

Nach HGB wird eine **Rückstellung** für richtig erachtet.[104] U. E. gelten die vorstehenden Überlegungen für die Handels- und damit – mangels abweichender Gesetzeslage – auch für die Steuerbilanz. Die Finanzverwaltung[105] lehnt demgegenüber sowohl den Ansatz einer Rückstellung mangels Erfüllungsrückstandes und eines Abgrenzungspostens ohne Begründung ab.

Ein vergleichbares Beispiel kann auch in anderen Dauerlieferungsbeziehungen gefunden werden.

112

> **Beispiel**
> Kunde A vereinbart mit Lieferant B die Lieferung nach Bedarf in 01 und 02 für einen Preis von 100 pro Stück. Eine zeitversetzte Bonusvereinbarung sieht zusätzlich Folgendes vor: Werden in 01 mindestens 1.000 Stück gekauft, entsteht ein Bonusanspruch von 20.000, der jedoch nicht bar, sondern in der Weise zu erfüllen ist, dass A in 02 bis zu maximal 1.000 Stück für 80 erwerben kann. Auch hier gilt unter Vernachlässigung eventueller Abzinsungseffekte: In 01 ist bei B nur ein Umsatz von 100.000 auszuweisen, 20.000 sind passiv abzugrenzen. Die Auflösung des passiven Abgrenzungspostens führt in 02 bei einer unterstellten Absatzmenge von 1.000 ebenfalls zu einem Umsatz von 100.000.

---

[103] Vgl. hierzu und zum folgenden Beispiel LÜDENBACH, PiR 2011, S. 53.
[104] HAGEBÖKE, DB 2011, S. 1543.
[105] BMF, Schreiben v. 28.11.2011, BStBl 2011 I S. 1111.

2.3.13 Bankenabgabe und sonstige öffentliche Abgaben

113 Die Bankenabgabe nach dem Recht einiger Staaten stellt ein Beispiel für das international feststellbare Bestreben dar, den Finanzsektor an den von ihm ausgehenden Risiken für die öffentliche Hand bzw. die Gemeinschaft der Steuerzahler partizipieren zu lassen.[106] Dieses Themas hat sich das IFRS IC in der Interpretation IFRIC 21 „*Levies*" angenommen. Diese ist nicht auf den Finanzsektor begrenzt, sondern **branchenübergreifend** ausgerichtet. IFRIC 21 befasst sich mit der zeitlichen Erfassung einer Schuld zur Bezahlung einer Abgabe, wenn diese Schuld in den Regelungsbereich des IAS 37 fällt. Erfasst werden auch Zahlungsschulden für solche Abgaben, deren Zeitpunkt und Betrag sicher sind (IFRIC 21.2). Die Kosten der Erfassung dieser Schuld – gemeint ist buchhalterisch gesprochen die Gegenbuchung – werden in IFRIC 21 nicht angesprochen; dazu ist auf andere Standards zurückzugreifen (IFRIC 21.3). Die Abgabe (*levy*) wird als **Ressourcenabfluss** mit wirtschaftlichem Nutzen definiert, der auf gesetzlicher Grundlage von der öffentlichen Hand (IAS 20.3 → § 12 Rz 4) veranlasst ist; ausgeschlossen vom Anwendungsbereich sind **Steuern** vom Einkommen im Regelungsbereich des IAS 12 (→ § 26), das Gleiche gilt für **Strafen** und **Bußgelder** (IFRIC 21.4). Weiterhin gilt: Zahlungen an die öffentliche Hand zum Erwerb von Vermögenswerten oder Gestellung von Dienstleistungen auf einer **privatrechtlichen** Grundlage werden von IFRIC 21 ebenfalls nicht erfasst (IFRIC 21.5), ebenso wenig Verpflichtungen, die aus dem Handelssystem für Emissionsrechte resultieren (IFRIC 21.6; → § 13 Rz 47ff.).

114 Die an das IFRIC IC gerichtete Frage zielte insbesondere auf eine Klarstellung zur Bilanzierung, wenn die Abgabe nach Finanzdaten der **Vorperiode** bemessen ist, sich aber auf Aktivitäten in der aktuellen Rechnungslegungsperiode bezieht (IFRIC 21.BC2). Es geht also entscheidend um den **Ansatzzeitpunkt** der Abgabeverpflichtung. Unter stillschweigender Bezugnahme auf den Definitionsgehalt von IAS 37.10 (Rz 18) erkennt IFRIC 21.8 das verpflichtende Ereignis zur Bezahlung der Abgabe in der gesetzlich definierten Betätigung des Unternehmens, welche die Abgabepflicht auslöst. Sobald das Unternehmen eine solche Tätigkeit aufnimmt, ist die Abgabe zu bilanzieren. Das verpflichtende Ereignis stellt also nicht die effektive Zahlung bzw. deren Fälligkeit dar, sondern nur den **Eintritt** in das die Abgabepflicht auslösende **Betätigungsfeld** (IFRIC 21.BC13). Die Abgabeverpflichtung ist deshalb in dem Zeitpunkt anzusetzen, in dem die Abgabepflicht entsteht. Wenn allerdings das verpflichtende Ereignis erst im **Zeitverlauf** eintritt, ist die Schuld entsprechend auch nur zeitanteilig anzusetzen. Es handelt sich dabei ausschließlich um ein **Ansatz**- und nicht um ein Bewertungsproblem (IFRIC 21.11 i.V.m. IFRIC 21.BC25). Eine ansatzbegründende **faktische** Verpflichtung (Rz 24) zur Entrichtung einer Abgabe im Interesse der (künftigen) Aufrechterhaltung der Geschäftstätigkeit kann nach IFRIC 21.9 nicht angesetzt werden; dazu berechtigt auch nicht die Fortführungsannahme (going-concern-Hypothese) nach IFRIC 21.10. Sofern die Abgabepflicht bei Übersteigen eines bestimmten Schwellenwertes (Umsatz oder Absatz) entsteht, ist die Verpflichtung im Augenblick der Erreichung dieses Schwellenwertes anzusetzen. Für den **Zwischenabschluss** nach IAS 34 gelten die dargestellten

---

[106] Vgl. hierzu SCHMIDT/SCHREIBER, BB 2012, S. 2359.

Ansatzkriterien uneingeschränkt. Das entspricht dem in IAS 34 dominierenden **eigenständigen** Ansatz (discrete view bzw. year to date; → § 37 Rz 17). Darauf ist speziell im Zusammenhang mit der Bankenabgabe (Rz 118) noch zurückzukommen. Eine **Überzahlung** bzw. Vorauszahlung der Abgabe am Bilanzstichtag ist als Vermögenswert zu aktivieren (IAS 21.14).

Die Gesetzesgrundlage für die Bankenabgabe in Deutschland stellt das Restrukturierungsfondsgesetz dar. Das verpflichtende Ereignis zur Leistung der Bankenabgabe i. S. v. IFRIC 21.8 ist die am 1.1. eines Beitragsjahres bestehende Erlaubnis nach dem KWG (Rz 108). Nach § 2 dieses Gesetzes haben beitragspflichtige Kreditinstitute an den Fonds zum 30.9. eines Kalenderjahres einen Jahresbeitrag zu leisten. Dieser bemisst sich auf der Grundlage des festgestellten Jahresabschlusses für das letzte vor dem 1.3. des jeweiligen Beitragsjahres endenden Geschäftsjahres. Schuldner der Abgabe sind Kreditinstitute, für die am 1.1. des Beitragsjahres eine Erlaubnis nach dem Kreditwesengesetz (KWG) bestand. Die Beitragspflicht endet mit Ablauf des Kalenderjahres, in dem die Erlaubnis für das Kreditinstitut aufgehoben oder zurückgegeben worden ist. Der Jahresbeitrag vermindert sich für Kreditinstitute, deren Erlaubnis bis zum 31.3. beendet wird, um 75 % und entsprechend um 50 % bei Erlöschen in der Zeit zwischen dem 1.4. und 30.6.

115

Eindeutig **entsteht** – zur Wiederholung – die Ansatzpflicht mit der am 1.1. des Abgabejahres vorliegenden Genehmigung nach dem KWG.

> **Beispiel**
> Die K AG hat ein kalendergleiches Geschäftsjahr. Am 31.12.01 besitzt sie die Genehmigung nach KWG. Die am 30.9.02 fällige Bankenabgabe wird nach den Zahlen des Jahresabschlusses 01 bemessen.
>
> **Beurteilung**
> Per 31.12.01 ist keine Rückstellung zu bilden, da das verpflichtende Ereignis (Zulassung nach KWG am 1.1.02) erst in der nächsten Periode eintritt. Zu klären bleibt dann allein noch die Behandlung in den Zwischenabschlüssen des Jahres 02. Fraglich ist, ob die Abgabe voll dem 1. Quartal 02 zu belasten ist oder andere Verteilungen denkbar sind.

Bezüglich der im Beispiel formulierten Frage der Zwischenabschlüsse sind im Schrifttum drei Auffassungen festzustellen:
- Aufwandsbuchung im ersten Quartal (im Beispiel zum 1.1.02), da hier die rechtliche Vollentstehung der Verpflichtung gegeben sei;[107]
- Verteilung auf die beiden ersten Quartale, da sich die Verpflichtung bei Erlöschung der Genehmigung im ersten Quartal um 75 %, bei Erlöschen im zweiten Quartal um 50 % reduziert;[108]
- Verteilung auf die drei Quartale bis zur Fälligkeit des Jahresbeitrages.

U. E. ist i. d. R. der ersten Auffassung zu folgen: **Im Zwischenabschluss sind** nach IAS 34.28 Satz 1 die gleichen Bilanzierungs- und Bewertungsmethoden, die auch für den Jahresabschluss zu beachten sind, anzuwenden (→ § 37 Rz 17). Es gilt

---

[107] ALBRECHT, PiR 2013, S. 341;
[108] BfA des IDW, zitiert von ALBRECHT. PiR 2013, S. 341; außerdem URBANCZIK, KoR 2013, S. 415,

somit auch für den Zwischenabschluss: Sobald das verpflichtende Ereignis besteht, ist die Bankenabgabe anzusetzen. Diese Standardlesart entspricht dem **eigenständigen** bzw. **diskreten** Ansatz, der dem Konzept des IAS 34 zugrunde liegt (→ § 37 Rz 17). Er wird durch IFRIC 21.13 (Rz 108) bestätigt, wo die Schuld „*to pay a levy*" angesprochen wird, also nicht etwa nur ein Teilbetrag etwa entsprechend den Zeitfortschritten. Will man die Erlassmöglichkeiten bei Rückgabe der Lizenz bis zum 31.3. bzw. 30.6 berücksichtigen, bewegt man sich nicht mehr im Bilanzansatz, sondern in der Bewertung und bei dieser können zukünftige Ereignisse nach IAS 37.48 nur berücksichtigt werden, wenn ausreichend objektive Hinweise auf eine solche Entwicklung vorliegen (Rz 157). Die dritte Lösung ist u. E. in jedem Fall abzulehnen, da sie auf das für den Bilanzansatz unerhebliche Kriterium der Fälligkeit abstellt.

116 Die strikte und wortgetreue Anwendung von IFRIC 21 kann zu schwer nachvollziehbaren Ergebnissen führen, etwa bei der **Grundsteuer:**

> **Beispiel**
> Ein erheblicher Kostenfaktor bei dem Immobilien verwaltenden Unternehmen U sind die Grundsteuern: Diese entstehen gegenüber dem, der am 1. Januar eines Jahres im Grundbuch eingetragener Eigentümer ist. Die Zahlungspflicht wird durch einen unterjährigen Eigentümerwechsel nicht tangiert. Demzufolge müsste U sämtliche Grundsteueraufwendungen dem 1 Quartalsabschluss belasten. Eine Verteilung auf die 4 Quartale schiede aus.

Ein EFRAG Papier aus 2014 diskutiert, ob derartige Ergebnisse sinnvoll sind und schon im bestehenden Recht (eher nicht) oder durch Rechtsänderungen vermieden werden können.[109]

117 Zur weiteren Exemplifizierung der Ansatzkriterien des IFRIC 21 kann auf die in Israel erhobene sog. *betterment levy* Bezug genommen werden (offiziell *enhancement levy*). Diese Abgabe wird von israelischen Grundstücksbesitzern durch die lokale Behörde erhoben, und zwar für die Aufnahme eines Grundstückes in einen Bebauungsplan oder für die Erlaubnis zur Ausweitung oder Verbesserung einer Baugenehmigung, wodurch der Verkehrswert des Grundstücks bzw. Gebäudes erhöht wird. Die Abgabepflicht kann bspw. dann entstehen, wenn für ein Gebäude mit einer bisherigen Bebauungsmöglichkeit von acht Stockwerken nur zwei weitere Stockwerke zulässig sind oder wenn bisher nicht zur Bebauung berechtigende Grundstücke zu Bauland werden. Mit Eintritt der Rechtsänderung **entsteht** jeweils die Abgabepflicht, die Zahlung wird aber erst **fällig,** wenn die betreffenden Rechte genutzt werden, nämlich mit
- Beginn der werterhöhenden Baumaßnahme oder
- Verkauf des betreffenden Grundstücks.

Die Fälligkeit der Abgabe wird bis zum Eintreten künftiger Ereignisse hinausgeschoben. Letztere sind unter der vollständigen **Kontrolle** des Grundstückseigentümers; wenn dieser die bisherige Nutzung weiterführt, entsteht keine Abgabe.

---

[109] EFRAG Short Discussion Series, LEVIES: WHAT WOULD HAVE TO BE CHANGED IN IFRS FOR A DIFFERENT ACCOUNTING OUTCOME, 14.8.2014.

Die Abgabe beträgt 50 % auf die Werterhöhung, die von einem Gutachter unmittelbar nach Erhalt der Genehmigung für die zusätzlichen Verwertungsrechte festgelegt wird. Die Abgabehöhe ist nach dem Konsumentenpreis- oder Baukostenindex inflationiert.

Die *betterment levy* unterliegt eindeutig dem Regelungsbereich von IFRIC 21 (Rz 108):
- Es liegt ein Abfluss von Ressourcen mit ökonomischem Nutzen vor.
- Es handelt sich nicht um eine Einkommensteuer nach IAS 12.
- Es liegen keine Strafen oder Bußgelder vor.
- Die Abgabe ist nicht vertraglich begründet und wird deshalb nicht von IAS 39 erfasst.
- Die Abgabe wird auch nicht unter Hinweis auf IFRIC 21.5 bezahlt zum Erwerb eines Vermögenswertes, sondern wegen der Erlaubnis zur Nutzungsänderung.

Ist also der Anwendungsbereich von IFRIC 21 geklärt, stellt sich die entscheidende Frage nach dem **Zeitpunkt** des Ansatzes der Abgabe. Nach IFRIC 21.8 Satz 1 entsteht die Ansatzpflicht durch die Ausübung der vom Gesetz bestimmten Handlung. Damit ist im vorliegenden Fall nicht die Entstehung der Schuld dem Grunde nach gemeint, sondern die vom Grundstückseigentümer **ausgeübte Tätigkeit**, welche die Zahlungspflicht (durchaus später zu leisten) auslöst. Bildhaft gesprochen: Die Abgabepflicht schwebt so lange in der Luft, wie sich der Eigentümer nicht zu einer abgabepflichtigen Änderung seiner bisherigen Grundstücksnutzung entschließt. Interpretationsbedürftig ist dabei allerdings die Tatbestandserfüllung des IFRIC 21.8, nämlich die *generation of revenue„* der Vorperiode, die als notwendiges Merkmal bezeichnet wird. Diese Passage ist u. E. als **Bewertungsvorgabe** zu verstehen, weil sonst die „Logik" des Satzes 2 nicht verständlich wäre. Sobald sich der Eigentümer zur abgabepflichtigen Nutzungsänderung entschließt, erfüllt er das Tatbestandsmerkmal der *generation of revenue.*

2.3.14 Kurzfristige Arbeitnehmervergütungen

Der Bereich der **Personalvergütungen** unterliegt nicht IAS 37 (Rz 1), sondern IAS 19 (→ § 22 Rz 79). Die dortigen Ansatzkriterien sind nicht identisch mit denjenigen in IAS 37. Für Gewinnbeteiligungen und Bonusvergütungen gilt (→ § 22 Rz 94) eine Ansatzpflicht, wenn
- das Unternehmen eine gegenwärtige faktische oder rechtliche Verpflichtung hat – sich also realistischerweise nicht der Zahlungsschuld entziehen kann – und
- eine verlässliche Schätzung der Verpflichtung möglich ist.

Unklar sind der Regelungsinhalt und ggf. die Abweichung von dem „*more likely than not*"-Kriterium in IAS 37.15 (Rz 36). Vom Sprachverständnis her müsste die Klausel „keine realistische Alternative" einen höheren Sicherheitsgrad bedeuten als die überwiegende Wahrscheinlichkeit. Das Beispiel zeigt das unbefriedigende, rein kasuistisch orientierte Nebeneinander der Ansatzkriterien in IAS 37 einerseits und IAS 19 andererseits.[110]

118

---

[110] Mit Beispielen unterlegt von LÜDENBACH/HOFFMANN, DB 2004, S. 1442, 1447.

2.4 Eventualverbindlichkeiten (*contingent liabilities*)

119 Die IFRS unterscheiden eine weitere Kategorie von für die Abschlusserstellung relevanten **Verpflichtungen**, die in IAS 37.10 definiert sind. Unterschieden werden dabei **zwei Tatbestände** gegenwärtiger Verpflichtungen:
- Verpflichtungen, deren Höhe **nicht** ausreichend **verlässlich** geschätzt werden kann.
- Verpflichtungen, für die der Abfluss von Ressourcen zur Regulierung der Verbindlichkeit **nicht wahrscheinlich** (Rz 37 ff.) ist.

120 Es handelt sich bei diesen *contingent liabilities* um zwei Verbindlichkeitskategorien, die nur vor dem Hintergrund der die Rückstellungsbildung generell durchziehenden **Unsicherheiten** (Rz 13 ff.) und **Wahrscheinlichkeiten** (Rz 40 ff.) verständlich sind. Die Unsicherheit bezieht sich im ersten angeführten Punkt auf die Schätzung des Erfüllungsbetrages; im zweiten geht es um die nicht überwiegende Wahrscheinlichkeit des Ressourcenabflusses (das „*more likely than not*"-Kriterium ist nicht verwirklicht). In beiden Fällen muss wenigstens im Rahmen der Eventualverbindlichkeiten eine Anhangsangabe erfolgen, sofern die Wahrscheinlichkeit eines Ressourcenabflusses nicht ganz gering („*remote*") ist (IAS 37.86; Rz 183).

121 Die unter Rz 119 dargestellten Definitionsnormen beugen einem bei wörtlicher Übersetzung (s. die Überschrift zu diesem Abschnitt) drohenden **Missverständnis** vor. Die in § 251 HGB genannten Eventualverbindlichkeiten sind ausschließlich als **Ausfallverpflichtungen** definiert; es muss also in jedem Fall ein **Primärschuldner** vorhanden sein, sodass das betreffende bilanzierende Unternehmen erst beim Ausfall dieses Schuldners von dessen Gläubiger in Anspruch genommen werden kann. Solche möglichen Inanspruchnahmen fallen **auch** unter die Definitionsnorm der *contingent liabilities* in IAS 37.10, wie sie oben aufgeführt worden sind (IAS 38.12). Allerdings: Diese Definitionsnorm umfasst **weit mehr** Tatbestandsmerkmale als diejenige in § 251 HGB, nämlich auch **Primärschuldverhältnisse**, aber eben mit niedrigerem Wahrscheinlichkeitsgrad.

Beispiel[111]
Bei einer Hochzeitsfeier starb eine Anzahl von Leuten, möglicherweise wegen vergifteter Speisen, die durch das bilanzierende Unternehmen geliefert worden sind. Gerichtsverfahren gegen das Unternehmen sind anhängig, bei denen es um die Schuld des Unternehmens im Rechtssinne geht.
Die Lösung des Falles geht einfach dahin: Schätzt der Rechtsexperte die Verpflichtung des Unternehmens als „wahrscheinlich" ein, ist eine Rückstellung zu bilden; bei geringerer, aber nicht ganz niedriger Wwahrscheinlichkeitverbleibt es bei der Angabe im Anhang als Eventualverbindlichkeit i. S. d. IFRS.[112]

---

122 Eine Eventualverbindlichkeit liegt auch für die (bedingte) Einzahlungsverpflichtung in einen „Entsorgungsfonds" (Rz 85) vor (IFRIC 5.10).
123 Die Einschätzung der Wahrscheinlichkeit einer Inanspruchnahme kann sich im **Zeitverlauf ändern**, wenn z. B. der Rechtsberater in einem Fall der Schadens-

---

[111] IAS 37 Appendix C, Beispiel Nr. 10.
[112] Zu dem Kriterium der „Wahrscheinlichkeit" als Ansatz-Tatbestandsmerkmal s. Rz 37 ff.

ersatzverpflichtung seine Auffassung über das Risiko der Inanspruchnahme ändert und dessen Befund in die Bilanzierungsentscheidung eingeht. Deshalb kann eine im Vorjahr angesetzte Rückstellung u. U. aufgelöst und durch eine Anhangsangabe ersetzt werden oder umgekehrt (IAS 37.59).[113]

Bei einem Vergleich der IFRS-Regeln mit denjenigen des deutschen Rechnungslegungsrechtes kommt man notgedrungen (erneut Rz 42 ff.) auf die individuelle Auslegung der „**Wahrscheinlichkeit**" als entscheidendes Ansatzkriterium zurück (Rz 37 ff.). Weit verbreiteter Auffassung zufolge sollen nach deutschem Recht die Anforderungen an die „Wahrscheinlichkeit" niedriger liegen als nach den IFRS.[114] Dieser Aussage steht die in Rz 41 dargestellte „51-%-Regel" des BFH und auch des handelsrechtlichen Schrifttums (in Teilbereichen) entgegen. Aus dieser Sicht kann das Beispiel der Todesfälle wegen vergifteter Nahrung (Rz 121) auch nach deutschem Recht durchaus so wie nach den IFRS gelöst werden. Vgl. hierzu auch das Beispiel unter Rz 135.

2.5 Eventualforderungen (*contingent assets*)

Schon die amtliche deutsche Übersetzung für die *contingent assets* in in IAS 37.10 ist erklärungsbedürftig. Die Wortwahl erklärt sich aus der Korrespondenz der nach deutschem Sprachgebrauch üblichen Eventualverbindlichkeiten (Rz 119). Es handelt sich also danach um Vermögenswerte (nicht notwendige Forderungen), deren effektives Entstehen (Existenz) von (künftigen) **ungewissen** Ereignissen abhängt, , die nicht vollständig unter der Kontrolle des Unternehmens stehen. Hieraus ergibt sich zunächst: Betrifft die Unsicherheit nicht die Existenz des Vermögenswertes, sondern lediglich dessen Wert, liegt keine Eventualforderung vor. Betrifft die Unsicherheit zwar die Existenz des Vermögenswertes, ist ein Zufluss von Ressourcen bzw. Erträgen aber „so gut wie sicher" (*„virtually certain"*), liegt ebenfalls keine Eventualforderung mehr vor, sondern gem. IAS 37.33 ein „normaler" Vermögenswert.

Eventualforderungen sind nach IAS 37.31 **nicht ansatzfähig**. Voraussetzung für die Anwendung dieser Vorschrift ist gem. IAS 37.1 allerdings, dass der mit Unsicherheiten behaftete „Eventualvermögenswert" überhaupt den Vorschriften des **IAS 37** unterliegt. Nicht anwendbar ist IAS 37 insbesondere auf Finanzinstrumente gem. IAS 39/IFRS 9 (IAS 37.2).

Zur Beschränkung der Unsicherheit auf die Existenz (Rz 120) und zum Vorrang anderer Standards (Rz 126) folgendes Beispiel:[115]

> **Beispiel**
> Automobilhersteller G gewährt dem finanziell angeschlagenen Zulieferer S ein partiarisches Nachrangdarlehen, das durch künftige Gewinne, dann aber mit hohem Zinssatz, zu tilgen ist.

Die Eventualforderung existiert mit der Darlehensgewährung sofort unbedingt, hängt also nicht vom Eintreten künftiger Ereignisse ab. Die ungewissen zukünftigen Gewinne beziehen sich nur auf die **Bewertung**. IAS 37.10 ist nicht einschlägig.

---

[113] PwC, IFRS Manual of Accounting 2014, Tz. 21.55.
[114] Vgl. hierzu die abwägende Darstellung von MOXTER, BB 1999, S. 519. Vgl. auch LÜDENBACH/HOFFMANN, KoR 2003, S. 5.
[115] Nach Lüdenbach, PiR 2013, S. 329.

§ 21 Rückstellungen, Verbindlichkeiten

Die Anwendung von IAS 37.31 ff. scheitert außerdem an IAS 37.1. Das partiarische Nachrangdarlehen begründet bedingte vertragliche Rechte, die nach IAS 32.11 als **finanzieller** Vermögenswert gelten. Damit ist IAS 39 bzw. künftig IFRS 9 einschlägig und hat gem. IAS 37.2 Vorrang.

128 Eventualforderungen sind danach nur anzusetzen, wenn die betreffende Bedingung **so gut wie sicher** eintreten wird. Bei den Schulden genügt schon der Maßstab der überwiegenden Wahrscheinlichkeit. Die Eventualforderungen *(contingent assets)* sind von den **Rückgriffsansprüchen** *(reimbursements)* zu unterscheiden. Diese Ansprüche korrespondieren mit angesetzten Rückstellungen und sind bei der Bewertung kompensierend zu berücksichtigen. Hier folgt am Beispiel eines Passivprozesses der Zahlungspflicht aufgrund der Verurteilung zwingend ein Erstattungsanspruch, z.B. gegenüber einer Versicherung (Rz 165 ff.). Ein weiteres Beispiel stellen Ansprüche an „Entsorgungsfonds" gem. IFRIC 5.9 dar (Rz 80), die ihren Rechtsgrund in vorgängigen Einzahlungen in das Fondsvermögen haben. Eine Eventualforderung kann unter Berücksichtigung der vorstehend aufgeführten Ansatzvoraussetzungen auch dem ergebnismäßigen Ausgleich von Einmalaufwendungen dienen.

Beispiel[116]
Durch eine große Explosion im Produktionsbereich einer Fabrik mussten viele Gebäude wegen Totalverlustes und Grund und Boden wegen nicht mehr gegebener Nutzbarkeit in vollem Umfang abgeschrieben werden. Am Bilanzstichtag waren die Verhandlungen mit den Versicherern über die Schadensleistung nicht abgeschlossen, ein bestimmter Mindestbetrag war aber so gut wie sicher. Dieser so gut wie sichere Betrag ist zu aktivieren und in den betrieblichen Ertrag einzustellen. Insoweit werden die Verluste aus den außerplanmäßigen Abschreibungen, die ebenfalls im betrieblichen Ergebnis ausgewiesen sind, kompensiert.
Durch die Explosion sind erhebliche Produktionsausfälle entstanden, die zu Entschädigungsforderungen von Kunden geführt haben. Für diese sind Rückstellungen gebildet worden, die ebenfalls wenigstens zum Teil durch Versicherungsansprüche „gedeckt" sind. Diese Ansprüche sind als *reimbursement* (Rz 165 ff.) zu aktivieren. In beiden Fällen gilt die Vorgabe des unsaldierten Bilanzausweises..
In der GuV-Rechnung ist eine Saldierung nach IAS 1.34b möglich (→ § 2 Rz 24), was hinsichtlich des veröffentlichten Jahresabschlusses insoweit unerheblich ist, weil sowohl Aufwand als auch Ertrag im operativen Bereich auszuweisen sind (→ § 2 Rz 56).

---

[116] Nach PwC, IFRS Manual of Accoutning 2010, Tz. 21.74; in der Ausgabe für 2014 ist das Beispiel vereinfacht.

3 Die Bewertung (*measurement*) von Rückstellungen

3.1 Ausgangspunkt: Bestmögliche Schätzung (*best estimate*)

Der Rückstellungsbilanzierung haftet die **Unsicherheit** bzw. Ungewissheit als wesentliches Element an. Das war durchgängig unter Rz 13 ff. zu zeigen. Dieses Unsicherheitsmoment setzt sich dann auch bei der Bewertung fort. Die Grundlage der Bilanzierung der Höhe nach soll also die **bestmögliche Schätzung** sein, um den Betrag in die Bilanz einzustellen, mit dem aus Sicht des Bilanzstichtages die gegenwärtige Verpflichtung reguliert werden muss (IAS 37.36). Die vergleichbare Bewertungsvorschrift im HGB drückt diese Unsicherheit mit anderen Worten aus: Nach § 253 Abs. 1 Satz 2 HGB sind Rückstellungen i. H. d. **vernünftigen kaufmännischen Beurteilung** zu bewerten.
Klarstellend ist der Hinweis in IAS 37.38, demzufolge dem **Management** diese Schätzung obliegt – in gewisser Weise eine unbewusste Parallele zur genannten vernünftigen kaufmännischen Beurteilung des HGB –, weil ja nach der IFRS-Nomenklatur dem Management vergleichbar dem deutschen Kaufmann die Erstellung des Jahresabschlusses verantwortlich obliegt. Das Management muss selbstverständlich bei der bilanziellen Abbildung eines Sachverhaltes auf einschlägige Erfahrungen zurückgreifen und u. U. den Rat von Sachverständigen einholen.
Die bestmöglich zu schätzende **Größe** der Verpflichtung ohne Steuereffekt (IAS 37.41) ist nach IAS 37.37 der Betrag, den das Unternehmen am Stichtag zu zahlen bereit wäre, und zwar durch

- **Erfüllung** – „*management approach*" – oder
- **fiktive** Übertragung *(transfer)* der Verpflichtung auf einen Dritten („*fair value approach*").[117]

Der unterstellten **sofortigen Erledigung** kommt dabei lediglich ein **fiktiver** Charakter zu, da die häufige Unmöglichkeit aus tatsächlichen Gründen eigens erwähnt wird.[118]
Fraglich ist, ob mit dem *transfer* ein *exit fair value* gemeint ist. Im Rahmen der Diskussionen zu ED IAS 37 ist vor einer Übernahme dieses Begriffs aus SFAS 157 (US-GAAP) gewarnt worden.[119] Eher soll wohl der *entity specific value* maßgeblich sein.

> **Beispiel**
> Hauseigentümer A (Lehrer) droht dem Bauunternehmer B mit einer Klage auf Nachbesserung in einem Umfang von 5.000 EUR (gerechnet zu Marktpreisen) bzw. 4.500 EUR (gerechnet zu Vollkosten der B) an. B rechnet nach Erfahrungen in vergleichbaren Fällen zu 60 % mit einer Klage und dann zu 75 % (von 60 %) mit einem Klageausgang i. H. d. vollen, zu 25 % mit einem Ausgang i. H. d. halben Wertes.
> Der für die Erfüllung aufzuwendende **wahrscheinlichste** Betrag ist 4.500 EUR.
> Ein fiktiver Dritter, der gewerbsmäßig entsprechende Risiken übernimmt, müsste hingegen – gleiche Wahrscheinlichkeitsbetrachtung unterstellt – folgende Kalkulation anstellen:

---

[117] Die beiden englischen Umschreibungen stammen von Hommel, PiR 2007, S. 322.
[118] Lüdenbach/Freiberg, PiR 2007, S. 330.
[119] IAS plus Observer Notes October 2006.

40 % × 0	0 EUR
+ 60 % × [(75 % × 5.000) + (25 % × 2.500)]	2.625 EUR
= Erwartungswert	2.625 EUR
+ Risiko- und Gewinnzuschlag (10 %)	262 EUR
= *fair value*	2.887 EUR
In diesen Wert geht die Wahrscheinlichkeit als Gewichtungsfaktor ein (Erwartungswert Rz 135). Vgl. auch das Beispiel unten.	

Anders wäre die Lösung, wenn die Schadensersatzpflicht aus Sicht des Bilanzstichtags dem Grunde nach unstreitig ist. Dann käme auch der *exit fair value* (Marktwert hier 5.000) als Bewertungsgröße nach IAS 37.37 in Betracht.

3.2 Die stufenweise Abfolge von Unsicherheitsmomenten

131 Die stufenweise Abfolge von **Unsicherheitsmomenten** bei der Lösung eines **praktischen** Bilanzierungsfalles soll in Abwandlung des **Beispiels** Nr. 10 im Appendix C zu IAS 37 (Rz 121) wie folgt dargestellt werden:

> **Beispiel**
> Die Verantwortung des Verpflegungslieferanten für den Tod der Essensgäste ist nach Auffassung des Anwaltes[120] der Unternehmung nicht von der Hand zu weisen. Auf die Frage nach der **Wahrscheinlichkeit der Inanspruchnahme** aus dem laufenden Verfahren antwortet er: „Eine Vorhersage über den Prozessausgang ist derzeit zu gewagt. Wenn ich die „Wahrscheinlichkeit" abgreifen soll, ist mir eine einigermaßen klare Einschätzung versagt. So gesehen ist mit wenigstens 50 %iger Wahrscheinlichkeit, vielleicht auch mit mehr, mit der Feststellung einer nennenswerten Schadenersatzverpflichtung durch das Gericht zu rechnen. Die noch nicht abgeschlossene Beweiserhebung kann allerdings noch zu einem anderen Resultat führen."
> Diese eher realistische Antwort des Anwaltes mit differenzierendem Denkvermögen bringt dem Management keine klare Bilanzentscheidung. Hat es sich dann doch zu einem Bilanzansatz – nicht zuletzt unter Berücksichtigung der bilanzpolitischen Interessenlage – durchgerungen, stellt sich im weiteren Verlauf die Frage nach der **Höhe** des möglichen Schadenersatzes. Dazu wird der Anwalt erst recht keine Aussage machen können, weil es im augenblicklichen Prozessstand nur um den Verpflichtungsgrund als solchen geht, über die Werte wird erst später oder in einem anderen Verfahren zu entscheiden sein. Diesem zusätzlichen Unsicherheitsmoment gesellt sich dann ein drittes dazu, wenn es um den Zeitpunkt der Erfüllung dieser möglicherweise bestehenden Schadenersatzpflicht geht. Denn nach IAS 37.45 ff. ist eine **Abzinsung** vorzunehmen. Die Antwort des Anwaltes wird diesbezüglich lauten: „Je nach Umfang der erforderlichen Beweiserhebungen und der möglichen Rückverweisung der Revisionsinstanz zur weiteren Beweiserhebung ist mit einem Prozessverlauf zwischen 3 und 10

---

[120] Vgl. hierzu auch THEILE, WPg 2004, S. 742.

> Jahren zu rechnen." Zur **Preisentwicklung** wird der Anwalt gar nicht mehr gefragt werden (vgl. auch Rz 46).
> Und schließlich stellt sich die Frage der **Rückgriffsmöglichkeit** (*reimbursement*) gem. IAS 37.53. Danach sind mögliche Rückgriffsrechte gegenüber Dritten – also Versicherern, Mitschuldigen – als Aktivwert aufwandsmindernd zu berücksichtigen. Auch diesbezüglich wird der Anwalt mit den Schultern zucken und irgendeine einen Betrag konkretisierende Antwort vermeiden.

Das vorstehend dargestellte Beispiel und viele andere der Illustration von Bilanzierungssachverhalten im Rückstellungsbereich dienende geben ausgesprochen **einfache** Sachverhalte wieder. Die Wirklichkeit liefert demgegenüber häufig weitaus **komplexere** Ereignisse, die im folgenden Beispiel angedeutet werden. 132

> **Beispiel**[121]
> **Sachverhalt**
> Ein Automobilzulieferer stellt am Jahresende im Rahmen einer Qualitätskontrolle Mängel bei seinen Produkten fest. Davon ist ein Teil der noch auf Lager liegenden Tagesproduktion betroffen. Die Produktion des Vortages ist bereits an die Kunden ausgeliefert worden.
> Eine konkretisierte Bilanzansatzverpflichtung (Rz 36) liegt vor. Mit überwiegender Wahrscheinlichkeit (Rz 38) wird der Zulieferer aus diesem Vergangenheitsereignis mit wirtschaftlicher Verursachung vor dem Bilanzstichtag (Rz 20) in Anspruch genommen. Offen ist die Entscheidung über die verlässliche **Bewertbarkeit** (Rz 52) und gegebenenfalls die vorzunehmende **Bewertung** selbst.
>
> **Bewertungsparameter**
> - Die mögliche Qualität der Mängel reicht von „Schönheitsfehler" über „unbrauchbar" bis „gefährlich".
> - Die laufende Produktion muss bis zur Feststellung der Schadensursache gestoppt werden. Dadurch kann es zu Produktionsausfällen beim Kunden kommen, auf die reagiert werden muss, z. B. durch zusätzliche Schichten, ungeplanten Einkauf von Material etc.
> - Kann ein Produktionsausfall beim Kunden nicht verhindert werden, drohen Vertragsstrafen.
> - Wenn sich ein notorischer Fehler herausstellt, kann auch die Produktion früherer Zeiträume betroffen sein. Der Grund dieser Mängel kann in fehlerhaften Fremdbauteilen (von Unterlieferanten), Schlamperei der Mitarbeiter, fehlerhaft arbeitender Maschine oder einem nicht durchsichtigen Durcheinander aller möglichen Faktoren liegen.
> - Je nach Ursache für die fehlerhafte Produktion können Produkte aus nicht definierbaren Losen in der Vergangenheit ausgeliefert worden sein. Sind die fehlerhaften Produkte beim Automobilhersteller in noch nicht ausgelieferten Fahrzeugen enthalten, müssen sie ausgebaut und ersetzt werden. Sind Autos schon ausgeliefert worden, kommt es zu einer Rückrufaktion.

---

[121] HAAKER, PiR 2005, S. 53.

- Möglicherweise sind aufgrund der fehlerhaften Teile bereits Unfälle von Nutzern der Autos eingetreten.
- Sind diese Unfälle in den USA passiert, stehen Sammelklagen ins Haus.

Aufgabe
Lässt sich der Aufwand am 10.1.2005 (*fast close* → § 4) zuverlässig schätzen, und wenn ja, in welcher Höhe? Vgl. dazu auch Rz 46.

133 Das Ansatz- und Bewertungs-Procedere für Rückstellungen *(provisions)* lässt sich auch als „**Unsicherheitsbaum**" *(incertainty tree)* darstellen:

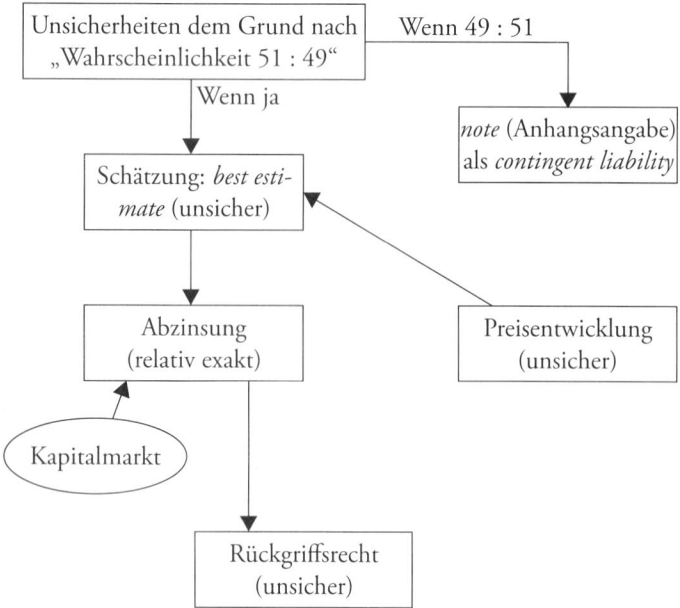

Ergebnis wiederum: großer **Ermessensspielraum** des Managements. Die Aufforderung an das Regelwerk geht dann dahin, diesen Spielraum einzuschränken.

3.3 Das Bewertungsmodell

3.3.1 Die Ausgangsgrößen

134 Vergleichbar dem Bilanz**ansatz**problem versuchen die IFRS ebenso wie die vergleichbaren HGB-Kommentierungen dem Unsicherheitsmoment auch bei der Bewertung mit dem **Wahrscheinlichkeitsbegriff** beizukommen (Rz 38, 51, 122). Dies geschieht in dreifacher Ausprägung:[122]
- Bei **statistisch relevanten** Größenmerkmalen *(large population*, Rz 48) hat die Bewertung mit dem **Erwartungs**wert (Rz 135) zu erfolgen, also unter Ansatz der Wahrscheinlichkeit für die möglichen Ereignisse (IAS 37.39).

---
[122] LÜDENBACH/FREIBERG, PiR 2007, S. 330.

- Bei **singulären** Ereignissen (Rz 136) ist das Ergebnis mit der höchsten Eintrittswahrscheinlichkeit *(most likely outcome)* anzusetzen, allerdings korrigiert nach unten und oben, wenn die anderen Ereignisse überwiegend in beiden Richtungen abweichen (IAS 37.40). Nach dem einstweilen nicht weiter bearbeiteten ED 2010/1 (Rz 189) sollte die Bewertung stattdessen mit dem **Erwartungswert** erfolgen (Rz 161).
- Die **Variabilität** der Ergebnisse = Risiko (IAS 37.42) ist durch eine Risikoanpassung (IAS 37.43) zu berücksichtigen (Rz 138).
- Generell gilt eine **Abzinsungspflicht** (Rz 142).

Eine durchgehend logische **Konsistenz** dieser vier Regeln ist **schwerlich** festzustellen.[123] IAS 37.39 und IAS 37.40 befassen sich beide mit der entscheidenden Frage nach der Quantifizierung von Unsicherheiten bez. der künftigen Entwicklung. IAS 37.42 wiederholt die Anforderung bez. der Behandlung von Risiken in anderer Diktion. Allerdings steht IAS 37.42 unter einer neuen Zwischenüberschrift zur Bewertung von Rückstellungen gegenüber derjenigen nach IAS 37.36. Die Gliederung dieses Standardbereiches lautet:

- Bestmögliche Schätzung (Rz 129 – IAS 37.36 bis IAS 37.41).
- Risiken und Unsicherheiten (Rz 138 – IAS 37.42 bis IAS 37.44).
- Barwert, d.h. Diskontierung (Rz 142 – IAS 37.45 bis 37.47).
- Übrige (IAS 37.48ff.).

Die nachstehende Kommentierung orientiert sich an einer Spezifizierung der erstgenannten Bewertungsgrundlage durch die nachfolgenden drei weiteren.

3.3.2 Der Erwartungswert

Das Beispiel in IAS 37.39 stützt sich statistisch auf das Gesetz der **großen Zahl** (Rz 48) und ist dementsprechend auf die industrielle Serienproduktion oder generell die Versicherungsbranche ausgerichtet. Das Berechnungsergebnis wird als Ausfluss gewichteter Wahrscheinlichkeiten über den Ausgang von Ereignissen als **Erwartungswert** *(expected value)* bezeichnet (zur Berechnungsmethode vgl. Rz 161).

135

> **Beispiel**
> Nach den bisherigen Aufzeichnungen des Unternehmens werden 75 % der produzierten Güter ohne Defekt ausgeliefert, 20 % mit geringen Defekten und 5 % mit größeren Defekten. Danach kann die Wahrscheinlichkeit der Inanspruchnahme des Unternehmens für solche Defekte in gewichteter Form errechnet werden. IAS 37.39 spricht von einem statistischen Erwartungswert *(expected value)*. Er resultiert aus den mit den Eintrittswahrscheinlichkeiten gewichteten Beträgen.

Dieses oder ähnliche Berechnungsmodelle können aus Sicht der deutschen Rechnungslegungspraxis in den Fällen „gleichartiger Verpflichtungen" i.S.d. § 6 Abs. 1 Nr. 3a EStG[124] herangezogen werden. Dort sind eine Reihe von häufig anfallenden Rückstellungsposten angesprochen, die nach der – handelsrechtlich orientierten – BFH-Rechtsprechung **statistisch quantifiziert** (Rz 42) werden können:

---

[123] Ähnlich ERNST & YOUNG, International GAAP 2014, Ch 27.4.2: *„somewhat confusing"*.
[124] HOFFMANN, § 6, in: LITTMANN/BITZ/PUST, EStG-Kommentar, Tz. 663ff.

- Garantie- und Kulanzleistungen,
- Wechselobligo,
- Schadensregulierungen in der Versicherungswirtschaft.

Man kann auch von Sammel- oder **Pauschal**bewertung sprechen.[125] Der Erwartungswert soll **künftig** den alleinigen Bewertungsmaßstab – auch für Einzelverpflichtungen (Rz 136) – darstellen.

3.3.3 Das wahrscheinlichste Ergebnis

136 Bei einer **Einzelverpflichtung** – nochmals der Hinweis auf das abgewandelte Beispiel aus Appendix C Nr. 10 zu IAS 37 (Rz 131) – versagt das vorstehende Berechnungsmodell, da das Gesetz der großen Zahl (Rz 135) nicht zur Verfügung steht. Diesem Problem *(single obligation)* widmet sich dann IAS 37.40 mit dem wenig aussagekräftigen Bewertungsmaßstab: „Das wahrscheinlichste Ergebnis kann das bestmögliche Schätzergebnis darstellen."(*„ The individual most likely outcome may be the best estimate of the liability."*) Diese Bewertungsgrundlage sollte nach dem einstweilen nicht weiter verfolgten ED 2010/1 durch den Erwartungswert ersetzt werden (Rz 161).

Fraglich ist dann, wie bei gleichen Wahrscheinlichkeitsstrukturen zu verfahren ist.

> **Beispiel**[126]
> **Sachverhalt**
> Das Unternehmen wird auf Schadensersatz verklagt. Nach einem rechtskräftigen Urteil vor dem Bilanzstichtag ist die Verpflichtung dem Grunde nach bestätigt. Offen ist der weitere Verfahrensgang bez. der Höhe des Anspruchs der Gegenpartei.
> 2 Mio., 4 Mio., 6 Mio. EUR werden vom Anwalt als gleich wahrscheinlich taxiert.
>
> **Lösung nach IFRS**
> Der mittlere Wert (4 Mio. EUR) ist anzusetzen (Analogie zur IAS 37.39 bez. der Bewertung von „Sammelrisiken" (Rz 135)).
>
> **Lösung nach HGB**
> Der höchste Wert von 6 Mio. EUR ist anzusetzen.

Die unterschiedlichen Lösungen entsprechen dem Gehalt von **Lehrbüchern** der Rechnungslegung. In der **Praxis** (Rz 124) lassen sich unschwer Argumente für eine geringfügig höhere Wahrscheinlichkeit für 6 Mio. EUR finden, die dann den Ansatz nach IAS 37.40 bestimmen. Dies gilt auch in umgekehrter Richtung mit der Folge eines Ansatzes von 4 Mio. EUR nach HGB.

---

[125] BFH, Urteil v. 30.6.1983, IV R 41/81, BStBl II 1984 S. 263, sowie EuGH, Urteil v. 14.9.1999, Rs C-275/97, DB 1999, S. 2035. Detaillierte Beispiele zu den einschlägigen Berechnungserfordernissen bei latenten Gewährleistungsverpflichtungen sind nachzulesen bei KESSLER/RANKER, StuB 2001, S. 325, 425. FUNK/KESSLER schlagen die Einbeziehung von Produzenten- und Produkthaftungsfällen in die Pauschalkategorie vor (BB 2010, S. 2163). U. E. zu weitgehend.
[126] Nach LÜDENBACH, IFRS, 7. Aufl., 2013, S. 217.

3.4 Anpassungen

3.4.1 Zusammenspiel der Berechnungsgröße

Die nicht eindeutige „Logik" des Zusammenspiels der Ausgangsparameter zur Rückstellungsbewertung (Rz 134) lässt sich wie folgt lösen:[127]
- Der Erwartungswert und der wahrscheinlichste Wert gelten als **Ausgangsgröße** der Bewertung.
- Diese sind an den **Risikogehalt** und die **Laufzeit** bis zur Erfüllung der Verbindlichkeit **anzupassen**.

Diese Anpassungsprozesse werden nachstehend (Rz 138 bis 148) dargestellt.

137

3.4.2 Risikoaversion

Die Risikoanpassung muss nicht (zwingend) unter dem **Vorsichts**gedanken erfolgen. Aus IAS 37.43 lässt sich dies jedenfalls nicht ableiten. Eher scheint der Gesichtspunkt der **Risikoaversion** eine Risikoanpassung zu rechtfertigen.[128] Aus ökonomischer Sicht gilt dabei:

138

- Ein **sicherer** Zahlungs**eingang** von 200 wird einer mit je 50 %iger Wahrscheinlichkeit erwarteten Zahlung von entweder 100 oder 300 vorgezogen, obwohl der Erwartungswert der **unsicheren** Zahlung ebenfalls 200 beträgt. Bei der bilanziellen *fair-value*-Bewertung von Aktiva (also Vermögenswerten), etwa im Rahmen der Erstkonsolidierung, wird dieser als **risikoavers** oder risikoscheu bezeichnete Umstand entweder (nur bei langfristigen Posten) durch Risikozuschläge auf den Diskontierungszins oder wahlweise durch einen Sicherheitsabschlag auf den erwarteten Zahlungsstrom (Methode der Sicherheitsäquivalente) berücksichtigt (Rz 153).

139

- Bei gleicher Prämisse, also insbesondere Risikoaversion, wird ein **sicherer** Zahlungs**ausgang** von 200 einer mit je 50 %iger Wahrscheinlichkeit erwarteten Auszahlung von entweder 100 oder 300 vorgezogen. Die danach notwendige Risikoanpassung hat jedoch ein anderes Vorzeichen als bei einem Zahlungseingang: Eine eventuelle Zinsanpassung erfolgt in Form eines **Risikoabschlags** auf den Diskontierungszins, eine eventuelle Anpassung auf der Zahlungsstromseite in Form eines **Sicherheitszuschlags** auf die erwartete Auszahlung.

Beispiel
A führt einen Aktivprozess. Das Urteil wird in 4 Wochen erwartet. Mit je 50 %iger Wahrscheinlichkeit rechnet A damit, entweder 100 oder 300 zugesprochen zu bekommen. B führt einen Passivprozess. Das Urteil wird auch hier in 4 Wochen erwartet. Mit je 50 %iger Wahrscheinlichkeit rechnet B damit, entweder 100 oder 300 zahlen zu müssen.
Unter der Prämisse der Risikoaversion wird A einem Käufer seinen unsicheren Anspruch nicht erst dann abtreten, wenn dieser 200 bietet, sondern schon mit einem niedrigeren Angebot von z. B. 180 zufrieden sein. Das Sicherheitsäquivalent drückt sich in einem Risikoabschlag von 20 aus. Unter der gleichen Prämisse wird B einem Dritten für die Übernahme des Prozessrisikos mehr als 200, z. B. 220 bieten. Das Sicherheitsäquivalent ergibt sich über einen Risikozuschlag von 20.

---

[127] Nach LÜDENBACH/FREIBERG, PiR 2007, S. 331.
[128] So LÜDENBACH/FREIBERG, PiR 2007, S. 331, auch zum folgenden Beispiel.

Die hier und unter Rz 41 ff. geäußerte Kritik darf nicht den Blick auf die eben angedeutete **bilanzökonomische** Problemsituation verstellen.

- **Einerseits** sind aus Sicht des Bilanzstichtags mögliche Zahlungsabflüsse anzusetzen, weil sonst das Vermögen (Eigenkapital) des Unternehmens zu hoch ausgewiesen würde.
- **Andererseits** ist eine irgendwie definierte objektive Bewertung nicht möglich. Eine eigentliche „Lösung" dazu kann es nicht geben. Dabei sollte die Bewertung auch für singuläre Risiken künftig statt mit dem wahrscheinlichsten Betrag mit dem wahrscheinlichkeits**gewichteten** Erwartungswert (Rz 161) erfolgen (nach dem derzeit nicht weiter verfolgten ED 2010/1 B3, vgl. Rz 189).

140 Die Generalnorm der Rückstellungsbewertung (IAS 37.37) ist der vernünftigerweise *(rationally)* für die Entpflichtung zu zahlende Betrag (Rz 130). Die Risikoaversion entspricht vernünftigem wirtschaftlichem Handeln. Bei der Wahl zwischen einem sicheren und unsicheren Investment wird die **sichere** so lange **vorgezogen**, wie der Erwartungswert nicht über der sicheren Alternative liegt. Entsprechend ist in Auslegung von IAS 37.37 der nach IAS 37.42f um das Risiko angepasste Erwartungswert anzusetzen. Diese Vorgehensweise entspricht der Preisbildung auf effizienten Kapitalmärkten.[129]

141 Das **Maß** der Risikoanpassung hängt von der **Varianz** (bzw. Streuung) des Erwartungswerts, also der Breite des Intervalls möglicher Entwicklungen ab.[130]

- Bei **statistisch greifbaren**, in sehr großer Zahl *(large population)* vorkommenden Risiken (Rz 135), sind hohe Variationen nur noch in Bezug auf den Einzelfall gegeben. In der Summe der Einzelrisiken, auf Portfoliobasis also, ist das Ergebnis dagegen in hohem Maße sicher. Ein Risiko**zuschlag** ist **nicht** oder nur in geringem Maße erforderlich.
- Bei **singulären** Risiken (Rz 136) mit einer bekannten Wahrscheinlichkeit für einen *base case* und einen davon jeweils weit abweichenden *best* und *worst case* ist das Ergebnis in hohem Maße unsicher, eine Risiko**anpassung** daher **erforderlich.**
- Das Problem verschärft sich noch, wenn unter realistischen Umständen gerade **keine Wahrscheinlichkeiten** bekannt sind, sondern lediglich subjektive Einschätzungen bestehen. Hier bezieht sich das Risiko nicht nur auf die Ergebnisunterschiede von *base, best* und *worst case*, sondern schon auf die unsichere Einschätzung der Wahrscheinlichkeit dieser Fälle. Der Risikozuschlag muss daher entsprechend höher ausfallen.

3.4.3 Abzinsung

3.4.3.1 Laufzeit- und Risikoäquivalenz

142 Nach IAS 37.45 sind bei Wesentlichkeit des *time-value-of-money*-Effekts, vereinfacht also bei allen **langfristigen** Rückstellungen, die erwarteten Ausgaben aus der am Bilanzstichtag bestehenden Verpflichtung diskontiert anzusetzen, da zukünftige Auszahlungen weniger belastend als aktuell fällige sind (IAS 37.46). **Wesentlichkeit** wird mehrheitlich für alle nach mehr als zwölf Monaten fälligen Verpflichtungen angenommen. Daneben können noch die Höhe des Diskontierungszinssatzes und die Höhe des (nicht diskontierten) Zahlungsstroms zu

---

[129] So LÜDENBACH/FREIBERG, PiR 2007, S. 332 m.w.N.
[130] Vgl. LÜDENBACH/FREIBERG, PiR 2007, S. 332 m.w.N.

Rückstellungen, Verbindlichkeiten § 21

berücksichtigen sein.[131] D. h., bei größeren Beträgen kann eine kurze Laufzeit wesentlich sein, bei kleineren Beträgen umgekehrt.

Bei der Barwertermittlung ist nach IAS 37.47 ein **Vorsteuerzinssatz** zu verwenden. Er soll aktuelle Markteinschätzungen im Hinblick auf zwei Kriterien widerspiegeln: 143
- den Zeitwert des Geldes und
- die für die jeweilige Schuld **spezifischen Risiken** (Rz 149).

Risiken dürfen jedoch nur insoweit im **Zinssatz** berücksichtigt werden, als nicht bereits Risikoanpassungen auf der **Zahlungsstrom**seite vorgenommen wurden (Rz 149).[132]

Nach dem ersten Kriterium ist die Ausgangsbasis des anzuwendenden Zinssatzes der gegenwärtige **Marktzins** für **risikofreie** Anlagen, die in ihrer Laufzeit der Restlaufzeit der zu erfüllenden Verpflichtung entsprechen (**Laufzeitäquivalenz**). Eine Notwendigkeit zur Anpassung dieses Zinssatzes durch eine **Risikokorrektur** ergibt sich nur für nicht auf der Zahlungsstromseite berücksichtigte Risiken. Mangels Erfassung im Zahlungsstrom soll der Zinssatz den Risiken der Schuld entsprechen (Risikoäquivalenz). Alternativ kann das spezifische Risiko berücksichtigt werden, indem der **Zahlungsstrom** durch einen Risikozuschlag in ein Sicherheitsäquivalent überführt wird. Der Barwert ergibt sich dann aus der Diskontierung des Sicherheitsäquivalents mit dem risikolosen Zinssatz. 144

3.4.3.2 Der laufzeitäquivalente Zins

Ausgangspunkt für die Bestimmung des risikolosen (Vorsteuer-)Zinssatzes, der den Zeitwert des Geldes *(time value of money)* am Bewertungsstichtag widerspiegelt (IAS 37.47), ist i. d. R. die Rendite laufzeitäquivalenter Staatsanleihen am Bewertungsstichtag. Strittig ist, ob hierauf allgemeine *credit spreads* – etwa für den **Bonitätsunterschied** zwischen Staatsanleihen und Industrieanleihen – aufzuschlagen sind. 145

Argumente lassen sich für beide Meinungen anführen. Bei der nach IAS 37.37 fiktiv zu prüfenden Übernahme der Verpflichtung durch einen Dritten wird dieser ein Entgelt fordern, welches den Erwartungswert und die Variabilität des Risikos unter Berücksichtigung des Zeitwertes des Geldes vergütet. Das vereinnahmte Entgelt kann der **Dritte** risikolos anlegen oder zur Substitution sonst notwendiger Fremdfinanzierung verwenden. 146

- Aus der Perspektive entgehender Anlagemöglichkeiten wäre der risikolose Zins,
- aus der Perspektive der **Fremdfinanzierung** der um den eigenen, **bonitätsabhängigen** *credit spread* erhöhte Zins anzusetzen.

Das **Unternehmen** kann bei der Bestimmung der für eine sofortige Schuldbefreiung bestehenden Zahlungsbereitschaft ein ähnliches Kalkül anwenden: Das gezahlte Entgelt kann nicht mehr risikolos angelegt bzw. muss fremdfinanziert werden.

- Aus der Perspektive entgehender Anlagemöglichkeiten wäre der risikolose Zins,
- aus der Perspektive der **Fremdfinanzierung** der um den eigenen, **bonitätsabhängigen** *credit spread* erhöhte Zins anzusetzen.

---

[131] Vgl. HEUSER/THEILE, IFRS-Handbuch, 5. Aufl., 2012, Tz. 3467; LÜDENBACH, IFRS, 7. Aufl., 2013, S. 218; KEITZ, VON, et al., in BAETGE et al., Rechnungslegung nach IFRS, IAS 37, Tz.109.
[132] Vgl. zum Folgenden LÜDENBACH/FREIBERG, PiR 2007, S. 332.

U. E. ist die **Nicht**berücksichtigung der Bonität vorzugswürdig,[133] weil
- nur der risikolose Zins zu einem **eindeutigen** Ergebnis führt,
- nach IAS 37.47 nur das **schuldspezifische** Risiko (Rz 149) zu beachten ist, nicht dagegen dasjenige des Schuldners oder desjenigen, der die Schuld übernimmt.

3.4.3.3 Nominal- oder Realzins (Kaufkraftäquivalenz)

147 Eine weitere Ausprägung der Konsistenzforderung ist das Prinzip der **Kaufkraftäquivalenz.**

- Bei Verwendung der am Markt beobachtbaren („quasi") risikolosen **Nominalrendite** von Staatsanleihen als Diskontierungszinssatz ist auch der **Zahlungsstrom nominal**, d. h. unter Berücksichtigung der antizipierten Geldentwertungsrate zu schätzen.
- Wird im Zahlungsstrom hingegen auf die **Preisverhältnisse** am **Bewertungsstichtag** abgestellt, ist der beobachtbare Nominalzins in einen **Realzins** umzurechnen.

Beide Vorgehensweisen sind zulässig.[134] Für die **Bevorzugung** der **Nominalrechnung** sprechen aber neben **praktischen** Gründen, etwa der Einfachheit der Berechnung, auch **theoretische**: Die IAS 37 ergänzenden Vorschriften, insbesondere IFRIC 1 zu Rückbauverpflichtungen, sind auf die Nominalzinsrechnung zugeschnitten. Bei Verwendung des Realzinses ergäben sich hier Unklarheiten. Deutlich wird dies bei der Fortschreibung einer Rückstellung durch Aufzinsung *(unwinding of discount).*

Beispiel
U errichtet am 1.1.01 eine Anlage, die er am 1.1.03 entfernen muss. Nach Preisverhältnissen am 1.1.01 würde der Rückbau 100 kosten. Bei einer Inflationsrate von 2 % wird jedoch für den 1.1.03 mit Kosten von 100 × 1,02 × 1,02 = 104,04 gerechnet. Der Nominalzins beträgt 5 %, der sich daraus bei einer unterstellten künftigen Geldentwertungsrate von 2 % ergebende Realzins 2,94 %. Die Rückstellung entwickelt sich – Konstanz der erwarteten Rückbaukosten unterstellt – wie folgt:

NOMINAL	1.01.	Aufzinsung mit 5,00 %		31.12.
Jahr 01	94,37	4,72		99,09
Jahr 02	99,09	4,95		104,04
REAL	1.01.	Aufzinsung mit 2,94 %	Zuführung wg. Inflation	31.12.
Jahr 01	94,37	2,78	1,94	99,09
Jahr 02	99,09	2,91	2,04	104,04

Fraglich ist insbesondere das Verhältnis des Realzinsfalls zu der Vorschrift von IFRIC 1, derzufolge nur die Aufzinsung sofort als Erfolg, sonstige

---

[133] So auch mit der nachfolgenden Begründung LÜDENBACH/FREIBERG, PiR 2007, S. 333.
[134] Gl. A. KEITZ, VON, et al., in: BAETGE et al. (Hrsg.), Rechnungslegung nach IFRS, IAS 37, Tz. 110.

> Änderungen der Rückstellung jedoch zunächst erfolgsneutral gegen den Anlagegegenstand zu verbuchen sind. Wird die „Zuführung" von 1,94 in 01 als Aufzinsung gedeutet, ergibt sich ein Aufwand in 01. Bei einer Behandlung als sonstige Zuführung würde die Erfolgswirkung hingegen erst in 02 (über die Abschreibung der Anlage) eintreten.

Unter realen Bedingungen – Zinsstrukturkurve nicht flach, Inflationserwartung im Zeitablauf veränderlich – bereitet die Realzinsmethode noch größere Auslegungsprobleme. Von ihr ist u. E. deshalb abzuraten.

3.4.3.4 Steuereffekte

Für die Barwertermittlung ist nach IAS 37.47 ein **Vorsteuer**zinssatz zu verwenden. Diese Vorgabe entspricht dem Prinzip der Verfügbarkeits- oder Steueräquivalenz, da auch die den Ausgangspunkt der Rückstellungsbewertung bildenden Zahlungsstromerwartungen als Vorsteuergrößen bestimmt sind (IAS 37.36 ff.). Wird der Diskontierungszins ausgehend von der („quasi") risikolosen Rendite laufzeitäquivalenter **Staatsanleihen** bestimmt, ergibt sich kein weiterer Anpassungsbedarf, da diese Rendite i.d.R. Bruttoeinnahmen vor Abzug von Steuern unterstellt, also bereits eine Vorsteuergröße ist.

3.5 Die Risikoanpassung in der Modellierung

3.5.1 Ergebnisvariabilität als schuldspezifisches Risiko

Nach IAS 37.47 sind die **schuldspezifischen** Risiken *(risks specific to the liability)* entweder im **Zinssatz** oder in der **Zahlungsreihe** zu berücksichtigen.[135]
- Bei einer Anpassung des Diskontierungszinssatzes führt das spezifische Risiko zu einem **Abschlag** auf den risikolosen Zinssatz, der insgesamt auch zu einem negativen Zinssatz führen kann.[136]
- Werden die Zahlungsströme um das bewertungsobjektspezifische Risiko adjustiert, ist ein **Zuschlag** auf den Erwartungswert (der Zahlungsströme) vor Risiko erforderlich.

Der Standard äußert sich nicht dazu, ob in den Diskontierungszinssatz auch die eigene Bonität des Unternehmens einzubeziehen ist (*own credit risk* oder *performance risk*). In der Praxis wird dies nicht getan.[137]
Die Frage, was unter schuldspezifischem Risiko (Rz 146) zu verstehen ist, sieht das Schrifttum wohl überwiegend als ungeklärt an.[138] U. E. ergibt sich die Antwort aber aus der **Definition** des Risikobegriffs im englischen Originaltext von IAS 37.43: *„Risk describes variability of outcome".*[139] **Risiko** ist danach als **Ergebnisvariabilität** (*variability of outcome*) zu interpretieren. Diese Interpre-

---

[135] HOFFMANN, PiR 2006, S. 63.
[136] Vgl. HENSELMANN, KoR 2007, 232 ff.; nicht Zuschlag, da sich durch einen solchen der Barwert der Verpflichtung reduzieren würde.
[137] IFRIC update März 2011.
[138] So ERNST & YOUNG, International GAAP 2014, Ch 27.4.3.2. Zur Auslegung könnte allerdings (UK-)FRS 12 Provisions, Contingent Liabilities and Contingent Assets herangezogen werden, der konzeptionell IAS 37 entspricht.
[139] Abweichung der amtliche deutsche Übersetzung: „Risiko beschreibt die Unsicherheit zukünftiger Entwicklungen."

tation ist im Übrigen nicht neu. In anderen IFRS-Bereichen, etwa bei der Risikobestimmung von Zweckgesellschaften *(special purpose entities)*, folgen ihr weite Teile der Theorie und Praxis, indem sie unter Rückgriff auf US GAAP (FIN 46r) denjenigen als Hauptrisikoträger einer Zweckgesellschaft ansehen, der die Mehrheit der Ergebnisvariabilität trägt (→ § 32 Rz 77).

151 Aus dem Konzept der Ergebnisvariabilität und unter der Prämisse der Risikoaversion ergibt sich das schuldspezifische Risiko als Maß der **Streuung** der Ergebnisse um den **Erwartungswert**. Bei einer mit der Risikoaversion einhergehenden Präferenz für sichere Zahlungsströme (Rz 138) ist danach idealtypisch wie folgt zu unterscheiden:
- Sicherer Zahlungsausgang → kein Risiko.
- Unsicherer Zahlungsausgang mit **nicht sehr hoher** Abweichung der möglichen Einzelergebnisse vom Erwartungswert → geringe Ergebnisvariabilität, **geringes** Risiko.
- Unsicherer Zahlungsausgang **mit hoher** Abweichung der einzelnen Ergebnisse vom Erwartungswert → hohe Ergebnisvariabilität, **hohes** Risiko.

Die Höhe der möglichen Abweichungen ist, wo immer möglich, noch mit **Wahrscheinlichkeiten** zu gewichten. Theoretisch nicht ausgeschlossene, aber sehr unwahrscheinliche Fälle *(worst-worst* oder *best-best cases)* werden dann nicht bzw. mit geringer Gewichtung in die Betrachtung einbezogen.

3.5.2 Anpassung von Zins oder Zahlungsstrom

152 Die Konsequenzen der vorstehenden Unterscheidungen sind wie folgt:[140]
- Für eine **große Zahl gleichartiger** Einzelrisiken (Rz 134) – etwa Gewährleistungsrisiken bei Massenproduktion – besteht auf Portfoliobasis nur eine **geringe** Ergebnisvariabilität. Bei der Bewertung des Portfolios sind daher **keine** oder nur geringe Risikozuschläge bzw. -abschläge auf den Erwartungswert bzw. Zins vorzunehmen.
- Bei **singulären** Risiken können die argumentativen, statistisch nicht greifbaren Erwartungen nur in subjektive Wahrscheinlichkeiten „übersetzt" werden.[141] Neben die auf Basis dieser Wahrscheinlichkeiten „modellierte" **Variabilität** tritt die Unsicherheit über die Wahrscheinlichkeitsannahmen selbst. Ein auf dem subjektiven Erwartungswert beruhende Schätzung ist schon deshalb um Risikozuschläge bzw. -abschläge auf Zahlungsstrom bzw. Zins anzupassen. Die Anpassung fällt umso höher aus, je höher die modellierte Variabilität ist.

153 Eine empirisch begründete **exakte** Quantifizierung der Risikozu- bzw. -abschläge auf Einzelrisiken kann kaum gelingen. Nach IAS 37.37 ist die Übertragung von Einzelrisiken nach Eintritt des Risikofalls (also nicht wie im Falle einer im Voraus erfolgten Versicherung) häufig nicht oder nur zu prohibitiven Preisen möglich. Somit bleiben zunächst nur **plausible** Überlegungen im **Einzelfall**, die durch **empirische** Forschungen zur Preisbildung auf Märkten für risikobehaftete Vermögenswerte oder Schulden bestenfalls gestützt werden können.

---

[140] Vgl. zum Folgenden LÜDENBACH/FREIBERG, PiR 2007, S. 334.
[141] Vgl. LÜDENBACH/HOFFMANN, KoR 2003, S. 5 ff., sowie BAETGE et al., PiR 2007, S. 315 ff.

> **Beispiel**
> U hat eine in 3 Jahren fällige Verpflichtung unsicherer Höhe. Das Management erwartet mit je 33,3 % eine Zahlung von –100, –300 bzw. –500. Der (wahrscheinlichkeitsgewichtete) Erwartungswert der zukünftigen Zahlungsverpflichtung beträgt –300. Das Management unterstellt die Möglichkeit einer sofortigen Übertragung der Verpflichtung auf einen Dritten gegen eine Zahlung von –330, fällig in 3 Jahren. Hierbei orientiert es sich an der wahrscheinlichkeitsgewichteten Ergebnisvariabilität. Sie beträgt bezogen auf den Erwartungswert:
> - 33 % × +200 = 66 als Chance (gewichtete positive Abweichung vom Erwartungswert)
> - 33 % × –200 = –66 als Risiko i. e. S. (gewichtete negative Abweichung vom Erwartungswert)
>
> Das Management hält es für plausibel, bei gleichzeitiger Übertragung der Chance für das Risiko i. e. S. nicht mehr als ½ (= ca. –30) des errechneten Betrags zahlen zu müssen. Bei einem laufzeitäquivalenten risikolosen Zinssatz von 4,00 % beträgt der Barwert dieses Sicherheitsäquivalents ca. –293,37. Den risikoadjustierten Zins kann das Management nicht unmittelbar über Plausibilitätsüberlegungen bestimmen. Nur indirekt ist eine Bestimmung möglich, indem der bereits „bekannte" Barwert des Sicherheitsäquivalents mit dem gesuchten Barwert des Erwartungswertes gleichgesetzt und hieraus der risikoadjustierte Zins mathematisch abgeleitet wird: Umgesetzt in eine Diskontierung des Erwartungswertes führt der Barwert von ca. –293,37 zu einem risikoadjustierten Zins von 0,75 %.
>
> | Zugangsbewertung | Zahlungsstrom | Risikoadjustierter Zins | Barwert |
> |---|---|---|---|
> | Sicherheitsäquivalent | –330,00 | 4,00 % | –293,37 |
> | Erwartungswert | –300,00 | 0,75 % | –293,37 |

Wie im Beispiel ist i. d. R. nur das **Sicherheitsäquivalent** einer direkten argumentativen **Plausibilisierung** zugänglich,[142] während sich der risikoadjustierte Zins nur als **mathematisches Abfallprodukt** der Betrachtung des Sicherheitsäquivalents ergibt. Die Risikoanpassung über einen Zuschlag zum Zahlungsstrom hat jedenfalls einen höheren Grad der Nachvollziehbarkeit und ist u. E. schon deshalb vorzuziehen.[143]

3.5.3 Fortschreibung von Rückstellungen durch Aufzinsung

Nach IAS 37.60 ist der Buchwert einer abgezinsten künftigen Verpflichtung unter Berücksichtigung des Zeitwerts des Geldes **fortzuschreiben** (*reflect the passage of time*), also aufzuzinsen. Zum Aufzinsungssatz enthält IAS 37 keine Erläuterungen. Infrage kommt

---

[142] Ähnlich KPMG, Insights into IFRS 2014/2015, Tz. 3.12.120.20.
[143] Gl. A. PwC, The IFRS Manual of Accounting 2014, Tz. 21.100.

- bei Berücksichtigung des schuldspezifischen Risikos in der Zahlungsreihe (Sicherheitsäquivalentmethode) die Aufzinsung mit dem **risikolosen** Zinssatz,
- bei Abbildung des schuldspezifischen Risikos über den Zinssatz die Aufzinsung mit dem **risikoadjustierten Zins**.

Die Aufzinsung mit **adjustierten** Zinsen kann aber zu **Problemen** führen (Rz 147). Dieser Befund gilt für die Risikoadjustierung entsprechend. Auch bei Verwendung eines risikoadjustierten Zinses würde etwa die nach IFRIC 1 für Rückbaukosten notwendige Unterscheidung zwischen einer sofort erfolgswirksamen Aufzinsung *(unwinding of discount)* und zunächst erfolgsneutralen Änderungen des Zinssatzes oder der Auszahlungserwartung strittige Auslegungsfragen nach sich ziehen.

Bei der Aufzinsung mit einem risikofreien Zins stellen sich diese Probleme nicht.[144] Im Übrigen würde bei einer Aufzinsung mit dem risikoadjustierten Zins dem **schuldspezifischen** Risiko (Rz 146) der Ergebnisvariabilität in der Folgebewertung immer weniger Rechnung getragen, denn je **geringer** die **Restlaufzeit** der Verpflichtung, umso **weniger relevant** ist der verwendete Zinssatz. Bei gleich bleibendem Erwartungswert und im Zeitablauf gleich bleibender Ergebnisvariabilität ist daher der (**ursprüngliche**) risikoadjustierte Zins immer **weniger** in der Lage, das schuldspezifische Risiko abzubilden. Unter Weiterführung des Beispiels unter Rz 153 lässt sich dies wie folgt zeigen:

Beispiel
Die Verpflichtung unsicherer Höhe ist zum 31.3.04 fällig. Das Management erwartet mit je 33,3 % eine Zahlung von –100, –300 bzw. –500. Der (wahrscheinlichkeitsgewichtete) Erwartungswert der zukünftigen Zahlungsverpflichtung beträgt –300. Das Management unterstellt die Möglichkeit einer sofortigen Übertragung der Verpflichtung auf einen Dritten gegen eine Zahlung von –330 (Sicherheitsäquivalent). Dem entspricht ein risikoadjustierter Zins von 0,75 %. Die Erwartungen bleiben im Zeitablauf gleich.

Zugangsbewertung	Zahlungsstrom	Risikoadjustierter Zins	Barwert 1.4.01
Sicherheitsäquivalent	–330,00	4,00 %	–293,37
Erwartungswert	–300,00	0,75 %	–293,37

Für die Folgebewertung der Rückstellung gilt:

Sicherheitsäquivalent	1.1. (1.4. für Jahr 01)	Aufzinsung mit 4,00 %	31.12. (31.3. für Jahr 04)
Jahr 01	293,37	8,76	302,13
Jahr 02	302,13	12,09	314,21
Jahr 03	314,21	12,57	326,78
Jahr 04	326,78	3,22	330,00

---

[144] Nach LÜDENBACH/FREIBERG, PiR 2007, S. 335; daraus sind auch die nachfolgenden Beispiele und die Abbildung in Rz 156 entnommen.

Risikoadjustierter Zins	1.1. (1.4. für Jahr 01)	Aufzinsung mit 0,75 %	31.12. (31.3. für Jahr 04)
Jahr 01	293,37	1,64	295,01
Jahr 02	295,01	2,21	297,22
Jahr 03	297,22	2,22	299,44
Jahr 04	299,44	0,56	300,00

Bei Verwendung eines gleich bleibenden risikoadjustierten Zinses bewegen sich das nach der Sicherheitsäquivalentmethode und das mit dem risikoadjustierten Zins berechnete Ergebnis immer mehr auseinander. Bei annahmegemäß gleich bleibender Unsicherheit ist das Ergebnis der risikoadjustierten Aufzinsung schon Ende 01, erst recht aber Ende 02 und 03, nicht mehr zu rechtfertigen.

Die Angemessenheit des Rückstellungsbetrags ist zu jedem Stichtag zu überprüfen (IAS 37.59). Je nach Sachverhalt kann sich dabei eine im **Zeitablauf abnehmende Ergebnisvariabilität** ergeben. Ein erstes Beispiel wäre etwa ein **Passivprozess**, bei dem die Gegenseite ihren Antrag stärker konkretisiert hat als zum Vorjahreszeitpunkt oder die vorläufigen Ergebnisse der Beweisaufnahme zu einer verlässlicheren Einschätzung des Prozessausgangs führen. Ein zweites wäre eine ursprünglich in 20 Jahren fällige Rückbauverpflichtung, bei der nach Ablauf von 18 Jahren eine höhere Sicherheit über die inflations- und technologiegetriebene Entwicklung der Rückbaupreise besteht als bei Erstverbuchung. 155

In Fällen eines im **Zeitablauf ansteigenden Sicherheitsgrades** hinsichtlich des Erwartungswerts, also einer Reduzierung des schuldspezifischen Risikos (Rz 149), ist auch die Rückstellung entsprechend anzupassen. Hier könnte die in der Verwendung eines risikoadjustierten Zinses liegende Anpassungsautomatik oberflächlich als Vorteil erscheinen. IAS 37.59 verlangt jedoch eine **individuelle** Stichtagswürdigung und gerade **keine automatische** Fortschreibung. Die Sicherheitsäquivalentmethode ist u. E. daher eher geeignet, dieser Anforderung zu entsprechen. Hierzu folgende Variation des Beispieles unter Rz 154. 156

Beispiel[145]
In den Folgeperioden konkretisiert sich das Risiko hinsichtlich der Höhe der künftigen Verpflichtung bei gleichen Eintrittswahrscheinlichkeiten je Szenario. Weiterhin wird eine Zahlung von nicht mehr als ½ der wahrscheinlichkeitsgewichteten Ergebnisvariabilität bei gleichzeitiger Übertragung der Chance für das Risiko i. e. S. für plausibel gehalten.
- Erwartung 1.1.01: –100, –300, –500 (Zahlung für Übertragung des Risikos: ca. –30,0)
- Erwartung 31.12.01: –150, –300, –450 (Zahlung für Übertragung des Risikos: ca. –25,0)
- Erwartung 31.12.02: –200, –300, –450 (Zahlung für Übertragung des Risikos: ca. –15,0)
- Erwartung 31.12.03: –250, –300, –350 (Zahlung für Übertragung des Risikos: ca. –7,5)

---

[145] LÜDENBACH/FREIBERG, PiR 2007, S. 336; dort ist auch die nachfolgende Grafik enthalten.

Der Erwartungswert von 300 bleibt konstant. Die nachfolgende Tabelle zeigt die am jeweiligen Bilanzstichtag vorzunehmende Aufzinsung der Rückstellung und die erforderliche Risikoadjustierung.

Folgebewertung	1.1. (1.4. für Jahr 01)	Aufzinsung mit 4 %	Risikoadjustierung	31.12. (31.3. für Jahr 04)
Jahr 01	293,37	8,76	−4,58	297,55
Jahr 02	297,55	11,90	−9,52	299,93
Jahr 03	299,93	12,00	−7,43	304,50
Jahr 04	304,50	3,00		307,50

Systematisch lässt sich dieser Zusammenhang durch folgende Abbildung darstellen:

Übersicht: Ansteigender Sicherheitsgrad hinsichtlich des erwarteten Zahlungsabflusses im Zeitablauf

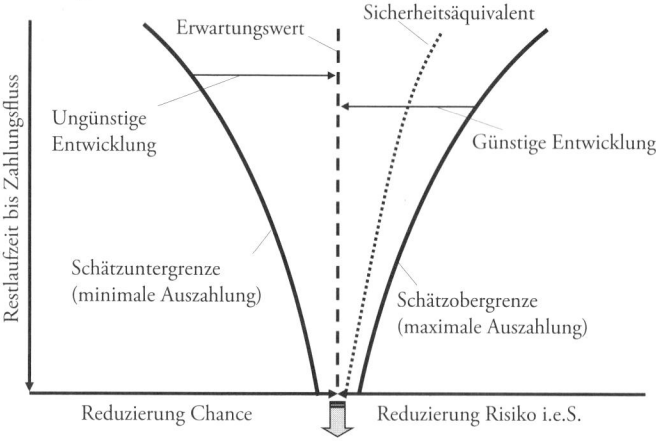

3.6 Künftige Ereignisse

157 Nach IAS 37.48 und IAS 37.49 sind künftige Ereignisse, die den Erfüllungsbetrag beeinflussen können, bei der **Bewertung** zu berücksichtigen. Angesprochen sind dabei mögliche **Kostensenkungen**[146] infolge **technischer Fortschritte**. Diese Ereignisse müssen aber mit ausreichender Evidenz „bestückt" sein. Eine objektive Einschätzung der technischen Entwicklung wird benötigt. Allerdings sind u. E. auch gegenläufige Entwicklungen außerhalb des technischen Fortschritts zu beachten.

> **Beispiel**
> Für die Entsorgung von Kernkraftwerken kann eine neue technische Anwendung in Japan zur Zwischenlagerung von Brennelementen beobachtet werden. Angeblich sollen die einschlägigen Kosten um 30 % der bisherigen Kalkulation reduziert werden.

---

[146] So Ernst & Young, International GAAP 2014, Ch 27.4.4; ähnlich KEITZ, VON, et al., in BAETGE et al., Rechnungslegung nach IFRS, IAS 37.105.

Selbst wenn man die japanischen Erkenntnisse als „evident" wertet, sind möglicherweise vielfältige zusätzliche Dokumentationserfordernisse zu erfüllen, welche die technisch bedingten Kostenermäßigungen kompensieren.

Nach IAS 37 sind auch künftige **Gesetzesänderungen** in das Bewertungskalkül im Sinne einer Minderung des Erfüllungsbetrages einzubeziehen, sofern hierzu ausreichende objektive Evidenz festzustellen ist. U. E. reicht dazu ein Koalitionsvertrag nicht aus, da dieser das Gesetzgebungsverfahren nicht ersetzen kann. Die „objektive Evidenz" wird regelmäßig erst durch das eingeführte („enacted") Gesetz gewährleistet.[147] 158

Gewinne aus dem Abgang von Vermögenswerten sind nach IAS 37.51 sowie IAS 37.52 nicht rückstellungsmindernd zu berücksichtigen. Angesprochen sind damit insbesondere Vorgänge im Rahmen von Restrukturierungen (Rz 102). 159

3.7 Anwendungshinweise

Die **praktischen** Folgerungen der vorherigen Darstellung sind:[148] 160
- Aus Vereinfachungsgründen sollte statt mit inflationsbereinigten Zahlungsströmen und Realzinsen eine **Nominal**zinsrechnung aufgezogen werden. Auf das Beispiel unter Rz 147 ist zu verweisen.
- Das in der Ergebnisvariabilität enthaltene **Risiko** ist durch Zuschläge in der **Zahlungsreihe** zu berücksichtigen, also ebenfalls ein Nominalzins zu verwenden (Rz 152).
- Bei **statistisch** nach dem Gesetz der großen Zahl erfassbaren Risiken bedarf es keiner Risikoanpassung. Es genügt die Abzinsung des so ermittelten Erwartungswertes mit dem risikolosen Zins (Rz 151).

Bei **singulären** Risiken ist zunächst ein **Erwartungswert** aufgrund der Zuordnung von Wahrscheinlichkeiten in Form einer Szenariotechnik zu ermitteln. 161

Beispiel[149]
Eine am Bilanzstichtag dem Grunde nach bestehende Schadensersatzverpflichtung ist der Höhe nach noch nicht bekannt.
Die Anwälte und die Rechtsabteilung entwickeln folgendes Szenario (mit dem unter Rz 46 dargestellten Vorbehalt):

	Mio. EUR
Verurteilung zu 6 Mio. EUR mit 60 % Wahrscheinlichkeit	3.600
Verurteilung zu 13,5 Mio. EUR mit 39 % Wahrscheinlichkeit	5.265
Verurteilung zu 30 Mio. EUR mit 1 % Wahrscheinlichkeit	300
Erwartungswert ohne risikoadäquate Abzinsung	9.165

Nach dem **Reformprojekt** ED IAS 37 i.d.F. d. ED 2010/1 (Rz 189) soll der Erwartungswert statt des wahrscheinlichsten Wertes angesetzt werden.

---

[147] ERNST & YOUNG, International GAAP 2014, Ch 27 4.4.
[148] LÜDENBACH/FREIBERG, PiR 2007, S. 338.
[149] Ähnlich SCHWEEN, WPg 2007, S. 693.

Nach den vorstehenden Hinweisen unter Rz 149ff. ist der so ermittelte Erwartungswert (im Beispiel 9.165 Mio. EUR) noch um einen Sicherheitszuschlag zu erhöhen und dieses Sicherheitsäquivalent abzuzinsen.

Nach ED 2010/1 B3 soll die Schätzung des Erwartungswertes folgende Aspekte berücksichtigen:
- Festlegung der möglichen Ereignisse dem Grunde nach.
- Neutrale *(unbiased)* Wert- und Zeitbestimmung der daraus resultierenden Ressourcenabflüsse.
- Bestimmung des Gegenwartswertes dieser Abflüsse, also Festlegung des Diskontierungssatzes.
- Neutrale *(unbiased)* Einschätzung der Wahrscheinlichkeit des Eintretens jedes Ereignisses.

162 Gegen diesen Lösungsvorschlag lässt sich das Argument der **Ungenauigkeit** anführen, das dem Management erhebliche **Ermessensspielräume** gewährt. Andererseits stellt sich die Frage nach einer **besseren** „Lösung". Bei aller unvermeidlichen **Subjektivität**, die in dem Berechnungsmodell enthalten ist, dürfte die Szenariotechnik – die Gewichtung von Wahrscheinlichkeiten – einen am ehesten „objektiven" Wert ergeben.

Die kaufmännische Rechnungslegung durch Bilanzierung – ob nach HGB, IFRS oder XY-GAAP – ist notwendig ein Ausfluss von **Schätzungen** (→ § 5 Rz 51ff.). Geschätzte Zahlen sind nie „richtig". Sie können sich nur im Zeitverlauf zur „Richtigkeit" hin entwickeln. Durch das hohe Rechtsgut des **Bilanzenzusammenhangs** wird **periodenübergreifend** das „richtige" Ergebnis ermittelt.[150] Stichtagsbezogen ist das Ziel der **Objektivierung** nie zu erreichen oder umgekehrt: Die Subjektivität des gesamten Schätzungsprozesses ist vom Publikum und den verschiedenen Prüfungsinstanzen zu akzeptieren. Diese Vorgabe gilt nicht nur für den Rückstellungsansatz und die -bewertung.

Verlangt werden kann keine richtige, sondern nur eine **plausible** Schätzung mit einem je nach Sachverhalt sehr breiten Ergebnisspektrum von „richtigen" Werten. Die Plausibilität darf dabei nicht „freischwebend" definiert werden. Sie bedarf vorgegebener Berechnungsregeln (Konventionen), in welche die geschätzten Parameter-Inputs einfließen (Rz 134ff.). Mehr kann i.S.d. **Objektivierung** nicht sinnvoll verlangt werden.

163 Gegen diesen pessimistischen – oder doch eher realistischen – Lösungsvorschlag werden zwei Abhilfemaßnahmen vorgeschlagen:
- Verwendung **standardisierter** Berechnungsparameter, etwa nach Beispiel des Zinssatzes von 5,5 % nach § 6 Abs. 1 Nr. 3a e) EStG.
- **Offenlegung** der Schätzungsintervalle und der Annahmen, die deren Bestimmung zugrunde gelegt worden sind.[151]

Dagegen sind folgende Anmerkungen anzubringen:
- Der standardisierte Rechnungszins von 5,5 % des Steuerrechts hat mit der finanzmathematisch erfassten Realität des Wirtschaftslebens nichts gemein. Ein typisierter Realzins von 5,5 % entspricht bei der aktuellen Inflationsrate im EU-Raum von ca. 2,5 % einem Nominalzins von ca. 8 %. Die Folge ist eine systematische Unterbewertung des Rückstellungsrisikos – abgesehen von der

---

[150] HOFFMANN, PiR 2007, S. 14ff.
[151] Im Einzelnen BAETGE/ZÜLCH/BRÜGGEMANN/NELLESSEN, PiR 2007, S. 319 m.w.N.

fehlenden Laufzeit- und Risikoäquivalenz (Rz 145). Der Referentenentwurf des BilMoG sieht in § 253 Abs. 2 HGB-E eine differenziertere Bestimmung des Zinssatzes vor, der die übrigen Vorbehalte gegen eine solche Typisierung allerdings nicht ausräumen kann.

- Die Offenlegung der Modellannahmen etc. verlangt vom Adressaten der Rechnungslegung die Durchführung einer Vielzahl von Rechenprozessen. Auch an anderen Stellen der IFRS-Bilanz muss mit Ungenauigkeiten gelebt werden, die nur durch Berechnungsmodelle und zugehörige Annahmen in einen bilanzierten Wert überführt werden können. Bei detaillierter Offenlegung aller dieser mathematischen Vorgaben mit der Aufforderung zur Ausrechnung entsprechender Variabilitäten wäre auch der tüchtigste Analyst sehr schnell überfordert.

Im Ergebnis kann die unvermeidliche und hohe Subjektivität nur durch **Plausibili-** 164
tätsanforderungen an ein Berechnungs**modell** in vertretbare Bahnen gelenkt werden. Ein solches Modell muss Logik und Konsistenz aufweisen und zur Ermittlung des für die Entpflichtung aus der Verbindlichkeit zu bezahlenden Betrages die

- Risikoaversion (Rz 139),
- Definition des Risikos in Form der Ergebnisvariabilität (Rz 149),
- Bildung von Sicherheitsäquivalenten, insbesondere im Vergleich zwischen Einzel- und Sammelrisiken (Rz 152),
- im Zeitverlauf geringer werdende Ergebnisvariabilität mit entsprechender Abnahme des Risikozuschlages

als **Rahmen** für die Modellierung vorgeben.[152] An diesen Vorgaben sollten sich die Reformüberlegungen von ED IAS 37 orientieren.

4 Rückgriffsansprüche (*reimbursements*) vs. kompensatorische Vorteile

Nach IAS 37.53 ist ein Rückgriffsanspruch (z.B. gegenüber einer Versicherung 165
oder einem Subunternehmer) für eine zu bilanzierende Verbindlichkeitsrückstellung *(provision)* **getrennt** von der Rückstellung (unsaldiert) zu aktivieren (Rz 131). Es handelt sich also um einen eigenen Vermögenswert, dessen Bilanzansatz allerdings den Rückstellungsbetrag nicht übersteigen darf.
IAS 37.53 verlangt eine bedingte Wahrscheinlichkeit: Rückgriffsansprüche sind dann anzusetzen, wenn sie der **Verpflichtung** so gut wie sicher *(virtually certain) folgen.*

> **Beispiel**
> Es ist gegenüber dem Unternehmen eine Schadensersatzklage (Passivprozess) wegen (z.B.) Produkthaftung anhängig. Der diesbezügliche Versicherungsschutz ist dem Grunde und der Höhe nach unstreitig, alle Versicherungsprämien sind bezahlt.
> - Das Unternehmen rechnet nicht mit einer Verurteilung *(less likely than yes)*: Es ist weder eine Rückstellung zu bilden noch ein Ersatzanspruch zu aktivieren. Es verbleibt bei einer Anhangsangabe unter Erwähnung der Versicherungsdeckung (Rz 121).

---

[152] So LÜDENBACH/FREIBERG, PiR 2007, S. 338.

> - Das Unternehmen rechnet eher mit einem negativen Prozessausgang *(more likely than not)*: Hier sind sowohl die Rückstellung als auch der Ersatzanspruch getrennt zu bilanzieren (Rz 37).

166 Für den **GuV-Ausweis** erlaubt IAS 37.54 in Übereinstimmung mit IAS 1.34b eine Saldierung des Aufwandes aus der Rückstellungsverpflichtung mit dem Ertrag aus dem Erstattungsanspruch (→ § 2 Rz 23).

167 Als **Beispiele** für solche Rückgriffsrechte nennt IAS 37.55 Versicherungsverträge, Entschädigungsklauseln in Verträgen und Gewährleistungen von Lieferanten (Rz 170). Dabei soll unerheblich sein, ob sich der Anspruchsberechtigte direkt an den Rückgriffsverpflichteten oder an das Unternehmen hält.

168 Fraglich kann die Ansatzvorgabe des *virtually certain* im Rahmen von Verlusten aus belastenden Verträgen sein (Rz 59 ff.). Konkret geht es dabei um die Bestimmung des Saldierungsbereiches. Bezüglich des *reimbursement* stellt sich also die Frage: Ist der Rückgriffsanspruch isoliert vom belastenden Vertrag zu beurteilen oder umgekehrt in den Saldierungsbereich einzubeziehen. Dazu folgendes Beispiel:

> **Beispiel**[153]
> Der kaufmännische Vorstand K versäumt fahrlässigerweise die Kündigung eines Mietvertrages über nicht mehr benötigte Räume. Unstreitig entsteht dadurch dem Unternehmen ein Schaden. Bilanziell ist die Miete für die nicht mehr nutzbaren Räume als lästiger Vertrag zurückzustellen.
> Die Gesellschaft hat eine D & O- (Directors & Officers-)Versicherung abgeschlossen. Diese deckt Schäden aus schuldhaftem Verhalten des Managements ab. Die Einstandspflicht der Versicherung setzt allerdings eine rechtskräftige Verurteilung des K zu Schadensersatz voraus. Am Bilanzstichtag ist die Klage eingereicht. Der Rechtsvertreter hält eine Verurteilung für wahrscheinlich, aber nicht für so gut wie sicher.

Bei isolierter Betrachtung des Rückgriffsanspruchs auf die D & O-Versicherung kommt eine Aktivierung nicht in Betracht; es fehlt an dem Kriterium *virtually certain* (Rz 165). Andererseits stellt sich eine ähnliche Frage nach Einbeziehung dieser Rückgriffsforderung in den Saldierungsbereich zur Bestimmung des Wertes der Drohverlustrückstellung. U. E. ist die dortige Lösung auch für die Rückgriffsrechte vorzugswürdig,[154] da vergleichbar eine Drohverlustrückstellung nach IAS 37.65 (Rz 59 ff.) nur i. H. d. effektiven Belastung gebildet werden kann. Diese ist nach bestmöglicher Erkenntnis zu schätzen (Rz 129). Und in diesen Schätzungsprozess ist die Versicherungserstattung mit ihrer überwiegenden Wahrscheinlichkeit einzubeziehen.

169 Nach IAS 37.29 i. V. m. IAS 37.58 ist der Fall einer **gemeinsamen Verpflichtung** mit einem anderen Unternehmen nicht nach der vorstehenden Regel des getrennten Ansatzes von Rückgriffsrechten zu bilanzieren. Soweit das Unternehmen hilfsweise für die gemeinsame Verpflichtung in Anspruch genommen werden

---

[153] Nach Lüdenbach, PiR 2007, S. 202.
[154] So auch Lüdenbach, PiR 2007, S. 204.

kann, ist dies als Eventualverbindlichkeit zu werten, soweit der andere Verpflichtete erwartungsgemäß der Zahlungspflicht nachkommt.
Nach ständiger BFH-Rechtsprechung sind **Rückgriffsrechte** für Verpflichtungen aus dem Rückstellungsbereich in **saldierter** Form bei der Bewertung zu berücksichtigen (also nicht getrennte Aktivierung und Passivierung gem. IAS 37.53; Rz 165).

170

Thema	BFH u. a. vom	Aktenzeichen	Fundstelle
Rückgriffsrechte gegen Versicherer	FG Nürnberg	V R 160/77	EFG 1982, 15
Rückgriffsforderung des Bauunternehmers gegen Subunternehmer bei Garantieverpflichtungen	17.2.1993	X R 60/89	BStBl II 1993, 437
Forderungsübergang kraft Gesetzes bei Inanspruchnahme durch Bürgschaftsgläubiger	19.3.1975	I R 173/73	BStBl II 1975, 614
	26.1.1989	IV R 86/87	BStBl II 1989, 456
	15.10.1998	IV R 8/98	BStBl II 1999, 333
Ausgleichsansprüche gegen Urlaubskasse	8.2.1995	I R 72/94	BStBl II 1995, 412
Erstattungsanspruch an die Arbeitsbehörde	BMF vom 11.11.1999		BStBl I 1999, 959

Die Nettobetrachtung bezieht sich nur auf die Fälle mit **Verpflichtungscharakter**, die also einen Rückstellungsansatz im ersten Bilanzierungsschritt erforderlich machen. Deshalb fällt aus den vorstehend aufgelisteten BFH-Streitfällen auch das Rückgriffsrecht gegen Versicherer unter diesen Lösungsvorschlag, sofern der Versicherungsleistung eine Verpflichtung des Unternehmens z.B. aus Unfallverursachung zugrunde liegt. Ebenso ist u. E. das Rückgriffsrecht des Bauunternehmers gegen den Subunternehmer zu beurteilen. Beim Forderungsübergang kraft Gesetzes infolge Bürgschaftsinanspruchnahme ist allerdings nicht der Eingang der Forderung, sondern das Gegenteil *virtually certain*, sodass es hier bei einer Rückstellung ohne Kompensation verbleiben muss.
Nicht dem Regelungsbereich des IAS 37 unterliegen:[155]
- Finanzgarantien (→ § 28),
- Versicherungsverträge, die einen Ersatz für Wertverluste an Anlagegütern etc. oder für entgangenen Gewinn unabhängig von einer bestehenden Verpflichtung gewähren.

171

Für die letztgenannten Versicherungen gilt: Sofern am Bilanzstichtag ein quasisicherer Anspruch gegen die Versicherungsgesellschaft besteht, ist ein Bilanzansatz vorzunehmen. IFRS 4 ist nach IFRS 4.4 (f) für Versicherungsnehmer bei einem Erstversicherungsvertrag nicht anzuwenden (→ § 39 Rz 2). IAS 37 ist in diesen Fällen auch deswegen nicht einschlägig, weil es an einer Verpflichtung nach der Definitionsnorm des IAS 37.14 fehlt (Rz 13).

---

[155] KPMG, Insights into IFRS, 2014/2015, Tz. 3.12.195.15.

> **Beispiel**[156]
> Das Unternehmen P hat einen Versicherungsvertrag mit einer Ersatzleistung, wenn seine wichtigsten Maschinen ausfallen. Dann entsteht ein Anspruch von 10 für jeden ausgefallenen Produktionstag. Dieser Betrag ist mit dem Ausfalltagen bis zum Bilanzstichtag zu multiplizieren und entsprechend zu bewerten.

Anders stellt sich die Frage des Bilanzansatzes in ungeklärten Versicherungsfällen.

> **Beispiel**[157]
> Das Unternehmen hat eine Feuerversicherungspolice, die den Wertverlust eines abgebrannten Gebäudes abdeckt. Im betreffenden Geschäftsjahr brennt das Gebäude ab. Am Bilanzstichtag ist indes die Einstandspflicht der Versicherung noch nicht endgültig geklärt, weil in der Police der Fall der Brandstiftung aus der Regulierungspflicht ausgeklammert ist. Die Forderung aus dem Versicherungsvertrag ist nicht *virtually certain*.

Diese Lösungsvorschläge beruhen auf einer **analogen** Anwendung der Rückgriffsansprüche nach IAS 37.53, weil die dargestellten Versicherungsansprüche für Schäden und entgangene Gewinne dem Regelungsbereich des IAS 37.53 sehr naheliegen. Deshalb genügt für den Bilanzansatz auf Versicherungsleistung ein sehr hoher Sicherheitsgrad bez. der Einstandspflicht der Versicherer. Andererseits verhindert der Analogieschluss auch den Ansatz eines Gewinns aus dem Versicherungsvertrag, wenn die danach zu erwartende Leistung die versicherten Aufwendungen übersteigen sollte; ein Nettogewinn ist also nicht anzusetzen.[158] Umgekehrt darf ein versicherter Wertminderungsaufwand nur insoweit geltend gemacht werden, als die Versicherungsleistung die Wertminderung nicht abdeckt.

172 Das Problem der kompensierenden Bewertung bei Vermögensverlust stellt sich nicht nur im Rahmen von Versicherungserstattungen oder Ansprüchen gegenüber Subunternehmern, sondern etwa auch bei erwarteten **Kippgebühren**.

> **Beispiel:**[159]
> Die U GmbH hat den Kiesabbau am Standort X gerade beendet und ist zur Wiederauffüllung des Aushubs und zur Rekultivierung des Geländes verpflichtet. Das Abbauvolumen kann durch Deponierung von Bauschutt aufgefüllt werden.
> Die mutmaßlichen Kosten für die Wiederauffüllung und Rekultivierung betragen 100 Mio. EUR, die erwarteten Einnahmen aus der Bauschuttabnahme 60 Mio. EUR. Die Wahrscheinlichkeit der Erzielung entsprechender Einnahmen ist u.a. deshalb sehr hoch, weil es in der Region zu wenige Bauschuttdeponien gibt und die Bauunternehmen deshalb bisher in hohem Maße auf deutlich teurere Recycling-Lösungen zurückgreifen müssen. Vor

---

[156] KPMG, Insights into IFRS, 2014/2015, Tz. 3.12.198.20.
[157] KPMG, Insights into IFRS, 2014/2015, Tz. 3.12.198.30.
[158] So auch KPMG, Insights into IFRS, 2014/2015, Tz. 3.12.199.20; anders allerdings unter Tz. 3.2.370.30.
[159] Nach Lüdenbach. PiR 2014, S. 287

> diesem Hintergrund haben einige Bauunternehmen sogar schon den Abschluss von langfristigen Verträgen über die Bauschuttanlieferung angeboten. Im Hinblick auf begründete Preissteigerungserwartungen, hat U aber von einer Kontrahierung abgesehen und verlässt sich auf die absehbaren wirtschaftlichen Sachzwänge.

Fraglich ist, ob die erwarteten Kippgebühren kompensierend, sei es als eigener Aktivposten oder als Kürzung der Rückstellung, zu berücksichtigen sind. Nach der Rechtsprechung des BFH[160] waren Einnahmen aus Kippgebühren bei Verpflichtungen zur Wiederauffüllung von Kiesvorkommen nur dann kompensatorisch (d. h. rückstellungskürzend) zu berücksichtigen, wenn sie auf einer eindeutigen Rechtsgrundlage beruhen. Nur mutmaßlich anfallende Kippgebühren rechtfertigten danach keine kompensatorische Bewertung, wohl aber ein am Bilanzstichtag fest vereinbartes Kippvolumen mit entsprechenden Preisen. Dem schließt sich das IDW für das **Handelsrecht** an.[161] Der ab 1999 gültige § 6 Abs. 1 Nr. 3a Buchst. c EStG sieht hingegen **steuerbilanziell** eine kompensatorische Bewertung (Rückstellungskürzung) schon bei erwarteten Vorteilen vor.
Für die IFRS bieten sich zwei Lösungen an:
- **Prinzipienorientierte Lösung**: Rückstellungen sind nach IAS 37.36 mit dem erwarteten Wert der zur Erfüllung notwendigen Ausgaben anzusetzen. Konzeptionell entspricht dies i. d. R. dem Betrag, der einem Dritten zur Übernahme der Verpflichtung gezahlt werden müsste (IAS 37.37). Ein Dritter würde aber bei der Bemessung des Entgelts für die Übernahme einer Rekultivierungsverpflichtung die mit hoher Sicherheit erwarteten Kippgebühren gegenrechnen. Insoweit müsste im Beispiel die U nach IAS 37 (wie nach EStG) die Rückstellung mit 40 Mio. EUR ansetzen.
- **Analogie zu den reimbursement-Regelungen**: Nach IAS 37.53 ff. ist bei mit einer Verpflichtung verbundenen Ansprüchen auf Erstattung (reimbursement), etwa gegen Versicherungen oder Subunternehmen, eine Bruttobilanzierung geboten. Da die erwarteten Kippgebühren aber **keine Erstattungsautomatik** begründen, scheidet deren Aktivierung aus. Fraglich wäre dann, ob die Rückstellung gleichwohl in Analogie zu IAS 37.53 ff. mit ihrem ungekürzten Wert anzusetzen wäre. Gegen eine solche Analogie spricht u. E. der kasuistische Charakter der genannten Vorschriften: Diese vertragen sich zunächst nicht mit grundlegenden Anforderungen, die IAS 37.31 ff. an den Ansatz von Eventualforderungen (nur so gut wie sicher) stellt. Sie stehen außerdem im Widerspruch zur grundlegenden Bewertungsprämisse von IAS 37.37, wonach der bestmöglich geschätzte Erfüllungsbetrag und der Preis für die Übertragung der Verpflichtung auf einen Dritten konzeptionell übereinstimmen.

Die Regelungen zum *reimbursement* stellen somit u. E. einen kasuistischen Fremdkörper innerhalb von IAS 37 dar. Andere Kompensationsfälle ohne Erstattungsautomatik sind deshalb ohne Analogie zu den reimbursement-Regeln, vielmehr prinzipienproentiert zu lösen.

---

[160] Vgl. BFH, Urteil vom 16. 9.1970 – I R 184/67, BStBl 1971 II S. 85.
[161] IDW RS HFA 34, Tz. 30, unter dem Titel „Nettobilanzierung"

5 Einbeziehung von Gemeinkosten

5.1 Die Bewertungsvorgabe

173 Nach IAS 37.37 richtet sich die Bewertungsvorgabe für Rückstellungen nach der **erwarteten Zahlung** des Unternehmens für
- eigene Erfüllung *(settle)* der Verpflichtung oder
- Übertragung *(transfer)* der Verpflichtung an eine dritte Person.

Die Frage ist, ob diese Bewertungsvorgabe durch **Voll**kosten ausgefüllt werden muss oder ob eine **Grenz**kostenbetrachtung zu erfolgen hat.

5.2 Grenzkostenbetrachtung

174 In der Kommentierung wird die Bewertungsvorgabe so interpretiert:[162]
„Provisions are measured based on what an entity rationally would pay to settle or transfer the obligation. ... In our view, anticipated incremental costs that are related directly to the settlement of a provisions should be included in the measurement of the provisions to the extent that a third party who assumes the liability would require compensation ..."

Diese Aussage soll am Beispiel des Rückstellungsansatzes für die **Aufbewahrungspflicht** von **Geschäftsunterlagen** beurteilt werden (Rz 108).[163]

Die fiktive Bezahlung an einen „Archivierungsspezialisten" stellt dem vorstehenden Zitat zufolge den **Höchstwert** *(to the extent)* dar, ansonsten sind die **Grenzkosten** *(incremental costs)* des Unternehmens als Bewertungsmaßstab heranzuziehen – so diese Interpretation von IAS 37.37. Sie entspricht einem *make-or-buy*-Konzept: Entweder selber erledigen oder die Leistung einkaufen. Nach den theoretischen Grundlagen der Kostenrechnung fällt die Entscheidung zugunsten des Selbermachens, wenn dessen Grenzkosten niedriger sind als der Preis für die einzukaufende Leistung. Es gilt also bei
- Unterbeschäftigung des Unternehmens eher „*make*",
- Vollbeschäftigung eher „*buy*".

175 Dabei ist auch der Angebotspreis des potenziellen Dienstleisters („Einlagerers") von seiner **eigenen** Beschäftigungssituation abhängig. Bei Vollbeschäftigung will er nicht nur die Grenzkosten des potenziellen Auftraggebers als Leistungsvergütung, sondern zusätzlich seine Gemeinkosten gedeckt erhalten. Dazu folgendes Beispielpaar:

> **Beispiel**
> - U1 hat unkündbares, derzeit unterbeschäftigtes Verwaltungspersonal und leerstehende Räume, die zur Unterbringung der Unterlagen geeignet sind. Seine Grenzkosten sind ausgesprochen gering, umfassen eine kurze Schulung der Mitarbeiter und Heizung, Strom und Reinigung für den Archivraum. An einen fremden Dienstleister würde U1 nicht mehr als diese geringen Grenzkosten bezahlen. Umgekehrt wäre eine Archivierungsfirma nicht zum Angebot für diesen Preis bereit. Die fiktive entgeltliche Vergabe als Bewertungsgröße ist realiter nicht gegeben.

---

[162] KPMG, Insights into IFRS 2014/2015, Tz. 3.12.180 ff.; vgl. hierzu auch HOMMEL, PiR 2007, S. 322.
[163] Vgl. zum Folgenden HOFFMANN, PiR 2007, S. 146; vgl. auch MARX/BERG, DB 2006, S. 169 nach Maßgabe des BFH-Urteils v. 25.3.2004, IV R 35/02, DB 2004, S. 1645.

> - Das Personal und die Räume des Unternehmens U2 sind voll ausgelastet. Zur Archivierung müssten hohe zusätzliche Kosten für Personal und Raum in Kauf genommen werden. Für diese zusätzlichen Kosten ist es zu einer Outsourcing-Lösung bereit. Möglicherweise bietet das spezialisierte Archivierungsunternehmen A zu einem günstigeren Kostenfaktor an, weil es selbst auf eine Fixkostendegression angewiesen ist.

Ergebnis eines inkrementalen Ansatzes: U1 stellt bezogen auf eine Vollkostenbetrachtung einen (zu) niedrigen Betrag zurück, U2 einen (zu) hohen Betrag. Anders formuliert: Die Bewertung hängt von der **Beschäftigungs**situation des bilanzierenden Unternehmens ab – eine eher ungewöhnliche Bilanzierungsvorgabe und Bewertungsmaxime.

Ein weiterer Vorbehalt gegen diese Interpretation von IAS 37.37 ergibt sich aus der **Zeit**raumbetrachtung. In längerfristiger Perspektive stellen sich alle Kosten als „zusätzlich" *(incremental)* dar.

> **Beispiel**
> Das in 01 neu gegründete Unternehmen trifft erstmalig zum 31.12.01 die Aufbewahrungspflicht. Dazu muss es Räumlichkeiten neu bauen und Regale beschaffen oder beides anmieten. Alternativ nimmt ihm ein Dienstleister diese ganzen Aufwendungen ab. Letztere sind zu vergleichen mit den Kosten des Neubaus und der Beschaffung der Regale oder alternativ deren Anmietung auf unbeschränkte Zeit. Aus der Sicht des 31.12.01 liegen jedenfalls insoweit Grenzkosten vor. Die vorzunehmenden Buchungen wären also:
> - Zum Bilanz**stichtag**: per Baukosten und Kosten der Beschaffung der Regale bzw. Mietaufwendungen an Rückstellung.
> - Im **Folgejahr**: per Rückstellung an Geld. Dabei umfasst „Geld" die Baukosten bzw. Kosten für die Beschaffung der Regale oder alternativ die zu bezahlenden Mieten.

Ab 02 entstehen also keine Aufwendungen für die Aufbewahrung mehr, die Grenzkosten sind schon per 31.12.01 „erschöpft".

5.3 Vollkostenbetrachtung

Das vorstehende Beispiel belegt: Die Grenzkostenbetrachtung eignet sich als Grundlage für unternehmerische **Entscheidungen**, nicht dagegen zur Ermittlung von **Stichtagswerten**. Sie werden auch – vergleichbar – nicht zur Ermittlung von Herstellungskosten herangezogen. Dort geht es vielmehr immer nur um die Frage, inwieweit zu den Einzelkosten Gemeinkosten der Fertigung heranzuziehen sind. Ausgerichtet auf die Rückstellungsbewertung hieße dies: Die Aufbewahrungsverpflichtung für die Geschäftsunterlagen sind zu bewerten mit den effektiven Einzelkosten des Unternehmens zuzüglich anteiliger Gemeinkosten, also mit den „Vollkosten" nach HGB/EStG. Die Frage ist deshalb, ob der **Wortlaut** von IAS 37.37 (Rz 130) wirklich zwingend die **Grenz**kostenbetrachtung erfordert oder nicht doch auch eine **Voll**kostenbewertung erlaubt. Dazu könnte an den *transfer* der Verpflichtung zur Archivierung und Aufbewahrung der Belege etc. auf eine dritte Person angeknüpft werden. Ein solcher Archivierungsspezialist böte seine Dienstleistung

176

zumindest auf längere Sicht nach Maßgabe einer Vollkostenkalkulation an. Der *transfer*-Preis umfasst damit die „vollen" Kosten der Aufbewahrung.

Notwendig erscheint dabei eine Beschränkung des Kostenkalküls auf die vorgegebenen gesetzlichen Aufbewahrungs**fristen** für das jährlich anfallende Archivmaterial (entsprechend der Vorgabe der Finanzverwaltung). Die „Vollkosten" sind als Bewertungsgrundlage durch den gesetzlich vorgegebenen **Zeithorizont** beschränkt. Darin unterscheidet sich diese Bewertungsvorgabe von der Grenzkostenbetrachtung, bei der die unternehmerische Entscheidung nicht von gesetzlich bis zum Bilanzstichtag verursachten Kosten abhängen kann, sondern auch die weiteren künftigen Aufwendungen in die Berechnung einbeziehen muss. Das Vergangenheitsereignis bzw. die wirtschaftliche Verursachung als **stichtagsbezogenes** Tatbestandsmerkmal für den Bilanzansatz kann nur das bis zum Bilanzstichtag angefallene Datenmaterial umfassen.

Auf der Grundlage der Denkfigur des fiktiven Dienstleisters lässt sich somit eine Vollkostenbewertung aus IAS 37.37 ableiten. Dann ist der Schritt nicht mehr weit, auch die „**Selbsterledigung**" auf der Basis von Vollkosten zu bewerten. Denn schließlich sind die beiden Alternativen nur auf der gleichen Berechnungsbasis als Bilanzierungsalternativen sinnvoll darstellbar. Störend wirkt bei einer solchen Situation der Wortlaut des *„settle"*, der auf einen einmaligen Zahlungsvorgang hindeutet. Nun sind aber letztlich alle Aufwendungen – hier also Mieten von Räumen, Brennen von Disketten etc. – irgendwann einmal auch mit Erfüllungs- und damit Zahlungsvorgängen verbunden. So gesehen ist auch die erste Bewertungsalternative in IAS 37.37 *(to settle the obligation)* als Vollkostenbewertung interpretierbar. Nach dem vorläufig nicht weiter verfolgten ED 2010/1 (Rz 189) wird ein Vollkostenansatz unter Berücksichtigung einer Gewinnmarge als Bewertungsgrundlage vorgeschlagen.

Im deutschen Rechnungslegungsrecht ist seit jeher bei **Sachleistungs**verpflichtungen das Ob und Wie der Einbeziehung von Gemeinkosten in die Rückstellungsbewertung streitig. Die überwiegende Meinung fordert für die Handelsbilanz den **Vollkostenansatz**;[164] steuerlich ist die Bewertung mit den „angemessenen Teilen der notwendigen Gemeinkosten" durchzuführen (§ 6 Abs. 1 Nr. 3a Buchstabe b) EStG). Folgende den Vollkostenansatz bestätigende Beispiele der **BFH-Rechtsprechung** können u. E. auch nach IAS 37.37 entsprechend bewertet werden:

Thema	BFH vom	Aktenzeichen	Fundstelle
Einzelgarantiefälle	13.11.1991	I R 129/90	BStBl II 1992, 519
Jahresabschlusserstellung und -prüfung	24.11.1983	IV R 22/81	BStBl II 1984, 301
Erstellung der Jahressteuererklärungen	24.11.1983	IV R 22/81	BStBl II 1984, 301
Abschreibungsverpflichtungen im Baugewerbe	18.1.1995	I R 44/94	BStBl II 1995, 742
Schadensermittlung bei Versicherern	19.1.1972	I R 114/65	BStBl II 1972, 392

---

[164] HOFFMANN/LÜDENBACH, NWB Kommentar Bilanzierung, 5. Aufl. 2014 § 253, Tz. 45.

Thema	BFH vom	Aktenzeichen	Fundstelle
Urlaubsverpflichtungen	8.7.1992	XI R 50/89	BStBl II 1992, 910
	10.3.1993	I R 70/91	BStBl II 1993, 446
	6.12.1995	I R 14/95	BStBl II 1996, 406

Das handelsrechtliche Schrifttum folgt den Entscheidungen des BFH teilweise nicht (ganz). Insbesondere zur Bewertung der Urlaubsrückstellungen differieren die Auffassungen.[165] Nach IFRS-Bilanzierung kann indes jedes betriebswirtschaftlich vertretbare Rechenschema unter Einbeziehung von Gemeinkosten akzeptiert werden.

177

6 Ausweis und Anhangsangaben

6.1 Rückstellungen (*provisions*)

In Ergänzung zum Bilanzausweis sind im Anhang zu den Rückstellungen *(provisions)* – ohne Differenzierung nach den *accruals* (Rz 53) – detaillierte Angaben zu machen, die signifikant über die Pflichten in § 285 Nr. 12 HGB hinausgehen. Zunächst verlangt IAS 37.85 folgende **qualitativen** Angaben:
- Art der Rückstellung in kurzer Beschreibung,
- Darstellung der Ungewissheit der Höhe und der Zeit nach über den Zahlungsabfluss sowie eine informative Darlegung der wesentlichen Annahme über die künftige Entwicklung.
- mögliche Kompensationen von dritter Seite (*reimbursement*; Rz 165 ff.).

Sinnvollerweise sind die Rückstellungen nach **wirtschaftlich definierten Kategorien** zusammenzufassen, also z.B. Gewährleistungsfälle, (anstehende) Passivprozesse, Personalbereich (→ § 19) etc.

178

Die so definierten Rückstellungen sind nach IAS 37.84 vergleichbar einem Anlagespiegel – tabellarisch – von der Anfangsbilanz zur Schlussbilanz zu entwickeln und hinsichtlich bestimmter Kategorien („*classes*") aufzugliedern. Der nachstehende **Rückstellungsspiegel** folgt dieser Vorgabe und enthält die nach IAS 37.84 geforderten Angaben.

179

Art der Rückstellung (Beispiele)	Buchwert 1.1.	+ Zuführung	+/– Zinseffekte	– Inanspruchnahme	– Auflösung	Buchwert 31.12.
Gewinnbeteiligungen						
Sonstige Personalverpflichtung						
Garantien						
Prozesse						
Umweltverpflichtungen						
Summe						

Tab. 1: Rückstellungsspiegel

---

[165] Einzelheiten bei Schubert, Beck'scher Bilanzkommentar, 9. Aufl., § 249 HGB, Tz 100 „Urlaub".

180 Hierzu folgende Erläuterungen: Die Spalte „Zinseffekte" resultiert aus der Bewertungsvorschrift in IAS 37.45 bzw. IAS 37.60, die eine Abzinsung von längerfristig „laufenden" Rückstellungsvorsorgen vorsieht, sowie aus Änderungen des Diskontierungssatzes (IAS 37.84)). Eine **Trennung** dieser beiden Zinseffekte ist nicht verlangt. Besonders wichtig ist die **Unterscheidung zwischen Inanspruchnahme** (*utilized*) und **Auflösung** (*unutilized*). Die Spalte „Auflösung" zeigt die gegenüber dem tatsächlichen Bedarf überhöhte Vorsorge in den Vorjahren. Umgekehrt fehlt die korrespondierende Spalte für eine **zusätzliche Inanspruchnahme**, die über die bilanzielle Vorsorge aus dem Vorjahr hinausgeht. Eine solche ließe sich in rechnerisch abstimmbarer Form nicht darstellen, sondern nur als Zusatzangabe. Erstaunlicherweise schreiben die IFRS diese – für einen Bilanzleser interessante – Information nicht vor (ebenso wenig das HGB).

Zusätzlich zum Inhalt der Tabelle in Rz 179 erscheinen Angaben zur **Fristigkeit** der Zahlungsverpflichtung erforderlich (IAS 37.85b). Üblich ist dabei in der deutschen IFRS-Rechnungslegungspraxis die Aufteilung: bis zu einem Jahr, 1–5 Jahre, über 5 Jahre. Die Tabelle ist außerdem um **qualitative Angaben** zu den einzelnen Rückstellungsposten zu ergänzen; dazu gehören auch Angaben zu den Abzinsungssätzen bei Verpflichtungen mit längerfristiger Laufzeit.

Die vorstehende Tabelle kann für den Konzernabschluss um zwei Spalten für „Änderungen im Konsolidierungskreis" und für „Währungsumrechnungen" ergänzt werden.

Zweifelhaft kann die Darstellung der **unterjährigen** Bewegungen im Rückstellungsspiegel sein.

> **Beispiel**
> Eine Rückstellung für Produktschäden i. H. v. 1.000 muss zum 31.3.01 angesetzt werden. Während des Jahres werden daraus 800 in Anspruch genommen, 200 müssen in das Jahr 02 vorgetragen werden.
> Die Frage ist, ob im Rückstellungsspiegel zum 31.12.01 ein Zugang von 200 (Nettodarstellung) oder von 1.000 mit Inanspruchnahme von 800 (Bruttodarstellung) gezeigt werden muss.

Dazu folgende Überlegungen:
- Der Standard spricht in IAS 37.84(b) von „*additional provisions made in the period*", was eher auf eine Nettodarstellung hindeutet, die als Zugang (*addition*) nur den Unterschiedsbetrag zwischen Schluss- und Eröffnungsbilanz darstellt.
- Für eine Bruttodarstellung spricht hingegen die Parallele zum **Anlagespiegel** (→ § 14 Rz 28), in dem die unterjährigen Zugänge brutto zu zeigen sind.
- Die Bruttodarstellung erleichtert auch die Abstimmung mit Zwischenabschlüssen. Bei vierteljährlicher **Zwischenberichterstattung** (→ § 37) wäre im obigen Beispiel zum 31.3.01 ein Zugang von 1.000 zu zeigen, der im Jahresabschluss zum 31.12.01 mit einer Nettodarstellung nicht korrespondieren würde.

Insgesamt favorisieren wir deshalb eine **Brutto**darstellung, halten die Nettodarstellung aber nicht für unzulässig.

Nicht mehr benötigte Rückstellungen einer Kategorie dürfen nicht (erfolgsneutral) auf eine andere Kategorie **übertragen** werden (IAS 37.61). **Vorjahreszahlen** sind nicht anzugeben, in der Praxis allerdings häufig anzutreffen. Zur weiteren Verdeutlichung folgendes Beispiel:

> **Beispiel**[166]
> Die World Wide AG hat seit Ende 00 einen neuen Vorstand, der die Bilanz 00 in Ausnutzung sämtlicher Ermessensspielräume umfangreich mit Rückstellungen belastet und dadurch das Ergebnis 00 auf 100 Mio. EUR reduziert. U. a. hat er noch im **Dezember 00** die Entlassung sämtlicher Leiter der Übersee-Niederlassungen verkündet und hierfür eine Abfindungsrückstellung von 50 Mio. EUR gebildet. Weiterhin hat er die Garantierückstellungen (durchschnittliche Garantielaufzeit 1 Jahr) neu kalkuliert und deshalb von 15 auf 20 Mio. EUR erhöht. Schließlich hat er für einen Ende 02 endenden Pachtvertrag eine bisher nicht berücksichtigte Altlastenbeseitigungspflicht von 12,1 Mio. EUR (Barwert bei Zins von 10 %: 10 Mio. EUR) bilanziert. In 01 scheiden diverse Country-Manager gegen 24 Mio. EUR Abfindung (davon 12 Mio. EUR Europa) aus. Mit weiteren Abfindungen ist nicht zu rechnen. In 01 kommt es zu Garantie-Kosten von 13 Mio. EUR. Die Garantierückstellung wird wieder von 20 auf 15 Mio. EUR zurückgeführt. Der Jahresüberschuss hat sich von 00 nach 01 verdoppelt, wofür der Vorstand eine ordentliche Sondervergütung erhält.
> Der IFRS-Rückstellungsspiegel 01 stellt sich wie folgt dar:
>
> | Art | Buch-wert 1.1. | Zuführung | Aufzinsung | Inanspruchnahme | Auflösung | Buchwert 31.12. |
> |---|---|---|---|---|---|---|
> | Abfindung Übersee | 50 | | | 12 | 38 | 0 |
> | Garantie | 20 | 15 | | 13 | 7 | 15 |
> | Altlasten | 10 | | 1,0 | | | 11 |
> | Summe | 80 | 15 | 1,0 | 25 | 45 | 26 |
>
> Die Rückstellung Übersee darf nicht für Europa verwendet werden, ihre Auflösung beträgt daher 38 und nicht 26 Mio. EUR. Die Auflösungsspalte ist insgesamt aufschlussreich für den Bilanzleser: Bei angemessener Rückstellungsdotierung wären die Ergebnisse 00 bzw. 01 mit 145 Mio. EUR bzw. 155 Mio. EUR um 45 Mio. EUR höher bzw. niedriger ausgefallen. Aus der Verdoppelung des Jahresüberschusses und der schönen Sondervergütung für den Vorstand wäre nichts geworden.

6.2 Eventualverbindlichkeiten (*contingent liabilities*)

Diese Sonderform der Verbindlichkeit, die hinsichtlich der Wahrscheinlichkeit des Eintretens zwischen „*more likely than not*" (dann Bilanzansatz als *provision;* Rz 51, 53) einerseits und *remote* (dann überhaupt keine Angabe) angesiedelt sind (Rz 119ff.), müssen nach IAS 37.86 näher erläutert werden. Das Gleiche gilt umgekehrt für die *contingent assets* (Rz 125) gem. IAS 37.89. Zunächst ist auch hier eine **Klassifizierung** nach der Art der Verpflichtung vorzunehmen – entsprechend der deutschen Gewohnheit z. B. im Wechselobligo, in Bürgschaften, Schuldbeitritten etc.

---

[166] Aus LÜDENBACH, IFRS, 7. Aufl., 2013, S. 227ff.

Dabei sind folgende Angaben – **soweit wirtschaftlich sinnvoll ermittelbar** – zu machen:
- mögliche finanzielle Auswirkungen,
- Angaben zu den geschätzten Beträgen und dem Zeitpunkt der Bezahlung,
- Möglichkeit einer Kompensation.

Die Formulierungen der IFRS an dieser Stelle sind bewusst vage gehalten, sodass hier weite Interpretationsmöglichkeiten bestehen bis hin zum **Verzicht** auf mögliche Angaben, was auch die Praxis der deutschen IFRS-Bilanzierung beweist.[167]

184 Als weitere Angabe kommen **Verpflichtungen** in Betracht, die **mangels zuverlässiger Bewertbarkeit** nicht bilanziert worden sind (Rz 52), sowie **Restrukturierungsvorhaben**, die **nach** dem Bilanzstichtag, aber **vor** der Bilanzerstellung verkündet wurden (Rz 98). Weiter sind zu nennen bedingte Einzahlungsverpflichtungen in „Entsorgungsfonds" (Rz 80 und Rz 123).

185 Zu den Eventualverbindlichkeiten folgendes **Formulierungsbeispiel**:

> **Beispiel**
> Wir sind eine **Ausfallbürgschaft** mit unbestimmter Laufzeit zugunsten eines wichtigen Zulieferunternehmens i. H. v. TEUR X eingegangen.
> Ein Mitbewerber hat uns wegen Verstößen auf dem Gebiet des Warenzeichenrechtes **verklagt**. Die geltend gemachte Forderung von TEUR Y ist nach Auffassung unserer Rechtsvertreter unbegründet und wurde deshalb nicht als Rückstellung in die Bilanz aufgenommen.
> Für die im Januar vom Vorstand und Aufsichtsrat beschlossene Aufgabe der …produktion rechnen wir mit nicht bilanzierten Verpflichtungen von … TEUR.
> Für bestimmte in die USA ausgelieferte Produkte werden seitens amerikanischer Verbraucherschutzvereinigungen ganz erhebliche **Schadensersatzforderungen** geltend gemacht. Diese Forderungen werden dem Grunde nach von uns bestritten, können vor allem aber auch nicht annähernd zuverlässig geschätzt werden (Rz 52). Ein Bilanzansatz erfolgte deshalb nicht.

6.3 Ereignisse nach dem Bilanzstichtag

186 Der Rückstellungsbereich stellt ein Bilanzierungsfeld dar, das in besonderem Umfang **zukunftsbezogen**, d. h. von mangelnden Erkenntnissen des Managements über das Bestehen und/oder die Höhe einer Verpflichtung gekennzeichnet ist. Deshalb kann es hier häufig (zu materiell bedeutenden) **ansatz- oder wertbegründeten** Erkenntnissen nach dem Bilanzstichtag kommen. Nach IAS 10.20 (→ § 4) ist in diesem Fall eine **Anhangsangabe** erforderlich.
Beispiele (für Bilanzstichtag 31.12.05):

> **Beispiel**
> - Unsere Polyesterfertigungsanlage in Freiburg wurde am 10.1.05 durch Frosteinbrüche erheblich beschädigt. Seitdem liegt diese Produktionslinie still. Inwieweit der Schaden versichert ist, lässt sich derzeit nicht zuverlässig abschätzen.
> - Wir haben am 15.1.05 unseren Entschluss zur Schließung der Glasfaserfabrik in Köln bekannt gemacht. Den damit verbundenen Einmalaufwand von geschätzt X TEUR haben wir nicht im Jahresabschluss zum 31.12.04 berücksichtigt (Rz 97).

---

[167] Vgl. KEITZ, VON, Praxis der IASB-Rechnungslegung, 2003, S. 114 ff.

7 Latente Steuern

Die deutsche Rechnungslegungswelt ist bez. der Rückstellungen von der Spezifizierung zu Ansatz und Bewertung durch die BFH-Rechtsprechung dominiert. Im Rahmen der vorstehenden Kommentierung ist immer wieder ein **Vergleich** zu dieser Rechtsprechung gezogen worden. Auf die Zusammenstellung ist zu **verweisen** (Rz 188). Nach IFRS anzusetzende Drohverlustrückstellungen sind steuerbilanziell wegen § 5 Abs. 4a EStG nicht anzusetzen. Hieraus ergibt sich eine aktive Steuerlatenz. Sofern umgekehrt eine Rückstellungsbildung nach IFRS anders als in der StB nicht oder nur in geringer Höhe in Betracht kommt, ist eine Steuerlatenz zu passivieren (→ § 26 Rz 218). Andererseits ist erneut auf die erheblichen **Ermessensspielräume** zu verweisen, den der Bilanzposten „Rückstellungen" dem Management eröffnet. Deshalb werden sich häufig Abweichungen zwischen EStG- und IFRS-Bilanzansatz vermeiden lassen, was auch im Interesse der **Vereinfachung** erwünscht ist. Eine zu akribische Durchleuchtung einzelner Rückstellungssachverhalte bez. IFRS- bzw. EStG-Tauglichkeit erscheint auch deshalb unangebracht, weil im Augenblick der Bilanzierungsentscheidung des Managements die erst viel später ergehende Beurteilung der **steuerlichen Außenprüfung** unbekannt ist.

187

> **Beispiel**
> Das Unternehmen hat der Bundesregierung die Einführung eines Mautsystems bis zum 2.11.2003 zugesagt. Am 31.12.2003 war das System nicht funktionsfähig mit der Folge, dass die Bundesregierung das Unternehmen auf Vertragsstrafen und Schadenersatz in Anspruch nehmen will.
>
> **Lösung**
> 1. Das Unternehmen stellt in der IFRS-Bilanz und der StB die Vertragsstrafen zurück (keine Steuerlatenz).
> 2. Bezüglich weitergehender **Schadensersatzverpflichtungen** beschränkt sich das Unternehmen in der IFRS-Bilanz auf Anhangserläuterungen (Rz 53, 111ff., 181). In der StB erfolgt demgegenüber ein Ansatz wegen der unterstellten geringeren Wahrscheinlichkeitsschwelle nach der BFH-Rechtsprechung (Rz 42). Das Argument steht allerdings nicht auf festem Fundament, denn die Wahrscheinlichkeitskriterien sind in beiden Rechnungslegungssystemen gleich unbestimmt (Rz 37ff.). Die spätere Entscheidung der Außenprüfung ist nicht vorhersehbar. Bei der getroffenen Bilanzierungsentscheidung muss eine passive Steuerlatenz gebildet werden, ein auch in Betracht kommender Nichtansatz in der StB würde eine Steuerlatenzrechnung vermeiden.

8 Einzelfälle der Rückstellungsbilanzierung (ABC)

188

Abbruchverpflichtung	Ansatzpflicht, soweit faktische oder rechtliche Außenverpflichtung, s. Rz 80 ff., zur Bewertung Rz 84. Wegen Einbeziehung in die Herstellungskosten eines Neubaus s. → § 8 Rz 57. S. auch „Entfernungsverpflichtungen" und „Wiederherstellungsverpflichtungen". BFH, Urteil v. 19.2.1975, I R 28/73, BStBl II 1975 S. 480: Ansatzpflicht bejahend.
Abfindungen (für Arbeitnehmer)	Nicht den Bestimmungen von IAS 37 unterliegend, sondern in IAS 19 geregelt (→ § 22 Rz 94).
Abgabe	„Levy"; s. Rz 113.
Abrechnungsverpflichtung (im Baugewerbe)	Vergangenheitsereignis, dem sich das Unternehmen nicht entziehen kann (Rz 20 ff.). Deshalb Ansatzpflicht. BFH, Urteil v. 18.1.1995, I R 44/94, BStBl II 1995 S. 742. Ansatzpflicht bejahend.
Abschlussgebühren (für Bausparverträge)	Rückzahlungsverpflichtung aufgrund eines Vergangenheitsereignisses (Rz 20), das dann eintritt, wenn der Bausparer auf das Darlehen nach der Ansparphase verzichtet: Die Abschlussgebühr ist dem Bausparer zurückzuerstatten. Deshalb Ansatzpflicht. Die Bewertung erfolgt nach statistischen Erhebungen aus der Vergangenheit. BFH, Urteil v. 12.12.1990, I R 18/89, BStBl II 1991 S. 485: Ansatzpflicht bejahend.
Abschlusskosten	S. „Jahresabschlusskosten".
Abzinsung	Langfristige Verpflichtungen sind abgezinst zu bewerten (Rz 142).
Altersteilzeit	S. → § 22 Rz 82 ff.
Altersversorgung	S. → § 22 Rz 8 ff.
Altfahrzeuge – Rücknahmeverpflichtung	Begründet Rückstellungsansatz mit Bewertung aus Vergangenheitserfahrung (Rz 92).
Arbeitnehmervergütungen	Unterliegen IAS 19, Rz 54.
Arbeitsbehörden (Erstattungsanspruch)	Kompensationsansprüche gegen die Arbeitsbehörde sind getrennt von der Rückstellung zu aktivieren, s. Rz 170.

Arbeitsfreistellung	S. → § 22 Rz 94.
Arzneimittelregistrierung	Keine Ansatzmöglichkeit, da sich das Unternehmen der Verpflichtung durch Verzicht auf die Einführung des Produktes entziehen kann (Rz 20f.). BFH, Urteil v. 25.8.1999, III R 95/87, BStBl II 1989 S. 893: Kein Ansatz.
Aufbewahrungspflichten	Rz 108.
Aufwandsrückstellungen	Nicht ansetzbar (Rz 34).
Aufzinsung	Bei der Rückstellungsbewertung, Rz 154.
Ausgleichsverpflichtung	S. „Handelsvertreter".
Bankenabgabe	S. Rz 118.
Belastende Verträge	Rückstellung ist bei drohendem Verlust zu bilden, s. Rz 55.
Berufsgenossenschaftsbeiträge	Sind bei Zahlungsrückstand anzusetzen, s. → § 22 Rz 94.
Bewertung, verlässliche	Als Ansatzkriterium, Rz 52.
Bewertungseinheiten	S. Rz 170.
Bohrlochverfüllung	Ratierliche Rückstellungsansammlung mit Beginn des Abbaus, s. Rz 89.
Bonusprogramme	S. Kundenbindungsprogramme
Bonusvergütungen	S. „Erfolgsprämien" und „Umsatzbonus".
Buchung laufender Geschäftsvorfälle des Vorjahres	Wie „Jahresabschlusskosten". BFH, Urteil v. 25.3.1992, I R 69/91, BStBl II 1992 S. 1010: Ansatzpflicht.
Bürgschaft	S. Rz 122; → § 28 Rz 13.
Dauerschuldverhältnisse	Als mögliche *onerous contracts*, s. Rz 57.
Dokumentationsverpflichtungen	S. Rz 108.
Drohverlustrückstellungen	Sind anzusetzen, s. Rz 55 ff.

Einzelgarantiefälle	Sind nach Wahrscheinlichkeitsüberlegungen zu bewerten, s. Rz 135.
Einzelverpflichtung	Bewertung, s. Rz 136.
Elektroschrott	Differenzierende Beurteilung der Ansatzpflicht (Rz 91).
Emissionsrechte, Rückgabepflicht	S. → § 13 Rz 47.
Entfernungsverpflichtung	S. Abbruchverpflichtung sowie Rz 80 und 156.
Entsorgung	S. Abbruchverpflichtung sowie Rz 72 ff.
„Entsorgungsfonds"	S. Rz 80.
Erfolgsprämien Arbeitnehmer	Nicht den Bestimmungen von IAS 37 unterliegend, sondern in IAS 19 geregelt, (→ § 22 Rz 94): Ansetzbar, soweit zurückliegende Perioden betreffend. Zur Steuerrechtslage: s. a. BFH, Urteil v. 2.12.1992 I R 46/91, BStBl II 1993 S. 109: Ansatzpflicht.
Erwartungswert	Als Bewertungsmaßstab, Rz 135.
EU-Chemikalienverordnung	S. Rz 109.
Eventualforderungen	Nur ansatzfähig, wenn so gut wie sicher, s. Rz 125.
Eventualschulden	Regelmäßig nicht ansatzfähig, aber Anhangsangabe, s. Rz 119 ff.
Faktische Verpflichtung	U. U. Ansatzpflicht, s. Rz 25 ff.
Garantien	Sind anzusetzen und nach Erfahrungsgrundsätzen zu bewerten, s. Rz 24, 118.
Gemeinkosten	Sind in die Bewertung einzubeziehen, s. Rz 173.
Gewährleistung	S. „Garantie" und „Einzelgarantie".
Gleitzeitguthaben	(→ § 22 Rz 94).
Gratifikationen (an Arbeitnehmer)	Nicht den Bestimmungen von IAS 37 unterliegend, sondern in IAS 19 geregelt, (→ § 22 Rz 94).

Handelsvertreter	Für die Ausgleichsverpflichtung gegenüber **freien** Handelsvertretern ist IAS 37 einschlägig. Passivierungspflicht besteht erst nach Beendigung des Handelsvertretervertrages. Zuvor liegt kein Vergangenheitsereignis i. S. v. IAS 37.19 vor (Rz 20). Während der Laufzeit des Vertretervertrages kann das Unternehmen den Vertrieb der provisionierten Produkte einstellen (IAS 37.19). Für **angestellte** Handelsvertreter (Arbeitnehmer) ist IAS 19 einschlägig, führt aber nicht zu einer anderen Beurteilung der Ansatzverpflichtung. BFH, Urteil v. 14.3.1986, III R 179/82, BStBl II 1986 S. 669: ebenfalls keine Ansatzmöglichkeit.
Hohlraumverfüllung	S. „Bohrlochverfüllung".
Instandhaltung	S. „Reparaturen".
Jahresabschlusskosten	Ansatzpflicht für alle externen und internen Kosten Abschlusskosten, da auf einem Vergangenheitsereignis (Ablauf des Geschäftsjahres) beruhend und sich das Unternehmen kraft öffentlich rechtlicher Bestimmungen (HGB, GenG etc.) der Verpflichtung nicht entziehen kann; Bewertung zu Vollkosten (Rz 20 und 169). BFH, Urteil v. 25.3.1992, I R 69/91, BStBl 1992 II S. 1010.
Jahressteuererklärungen	S. „Jahresabschlusskosten".
Jubiläumsgelder	Abgezinst zu bilanzieren, s. → § 22 Rz 94.
Kaufkraftäquivalenz	Nominal- oder Realzins, s. Rz 147.
Kreditzusagen	S. → § 28 Rz 217.
Kulanzen	Passivierungspflicht, da faktische Verpflichtung, s. Rz 24.
Kundenbindungsprogramme	S. → § 25 Rz 107 ff.
Laufzeitadäquanz	Als Maßstab für die Abzinsung, s. Rz 142.
Leasingverträge	Können *onerous contracts* sein (→ § 15 Rz 150).
Levy	S. Rz 113.
Loan Commitments	(→ § 28 Rz 20)
Mehrerlösabschöpfung	Rückstellungsansatz zweifelhaft (Rz 110).

Nachbetreuungs-leistungen (von Optikern und Hörgeräteverkäufern)	Verpflichtung aus Vergangenheitsereignis, dem sich das Unternehmen nicht entziehen kann; deshalb Ansatzverpflichtung (Rz 20). Zur Steuerrechtslage: s. a. BFH, Urteil v. 10.12.1992, XI R 34/91, BStBl II 1994 S. 158.
Netzentgelte (überhöhte)	S. Mehrerlösabschöpfung.
Patentverletzung	Erst rückstellbar, wenn der Patentinhaber Ansprüche geltend macht. Weitere Voraussetzung ist die Fortführung der „verletzenden" Produktionstätigkeit (s. Rz 20).
Pensionen	S. → § 22 Rz 8 ff.
Pensionssicherungsverein	S. → § 22 Rz 94.
Pfandleergutrückgabe	Die „Einstellung" von Getränkeumschließungen u. Ä. in den sog. Pfandkreislauf begründet eine Rücknahmeverpflichtung und damit verbunden die Rückvergütung des zunächst vereinnahmten Betrages. Es liegt ein ansatzbegründendes Vergangenheitsereignis vor (Rz 20 sowie → § 25 Rz 31).[168]
Plausibilität	Als Beurteilungskriterium, Rz 162 und Rz 164.
Preisregulierung	Begründet keinen Ansatz (Rz 111).
Produkthaftpflicht	Kann nur auf einem Vergangenheitsereignis beruhen, deshalb Ansatzpflicht (s. Rz 20).
Prozessrisiken	Nach Wahrscheinlichkeitsüberlegungen anzusetzen, s. Rz 49.
Rabatt	S. „Umsatzbonus".
Rechtliche Verpflichtung	Tatbestandsvoraussetzung des Bilanzansatzes, s. Rz 24.
Rechtsverfolgungskosten	Stufenweise (instanzenabhängig) ansetzbar, s. Rz 105.
Registrierungskosten (nach der EU-Chemikalienverordnung)	S. Rz 109.
Rekultivierungsverpflichtung	S. Rz 89: ratierliche Ansammlung und abgezinste Bewertung. BFH, Urteil v. 19.5.1983, IV R 205/79, BStBl II 1983 S. 670: Ansatzpflicht.

---

[168] JAKOB/KOBOR, DStR 2004, S. 1596; HOFFMANN, PiR 2006, S. 95; a. A. möglicherweise BFH, Urteil v. 6.10.2009, I R 36/07, BStBl II 2010 S. 232.

Reparaturen	Rückständige Reparaturen sind nicht ansetzbar, da keine Außenverpflichtung (Rz 20).
Restrukturierung	Bei bestimmten tatbestandlichen Voraussetzungen zu bilanzieren, s. Rz 94.
Risiko, schuldspezifisches	Ausfluss der Ergebnisvariabilität, s. Rz 149.
Risikoäquivalenz	Als Maßstab für die Abzinsung, s. Rz 142.
Risikoaversion	Als Grundlage für die Risikoanpassung, s. Rz 138.
Rückbau	S. Rz 80: Bei Inbetriebnahme sind die Kosten des Rückbaus anzusetzen.
Rückgriffsansprüche (*reimbursements*)	Sind getrennt von der Rückstellung zu aktivieren, s. Rz 165.
Schadensersatz u. Ä.	S. Rz 44 und Rz 130.
Schadstoffausstoß	S. Emissionsrechte.
Schätzung, bestmögliche	Ausgangspunkt für die Bewertung, s. Rz 129.
Steuerschulden	S. → § 26 Rz 1.
Umsatzbonus	Vergangenheitsereignis, dem sich der Unternehmer nicht entziehen kann. Daher Ansatzpflicht (Rz 20).
Umweltschutz	S. Rz 72 ff. sowie „Entfernungsverpflichtung" und s. „Abbruchkosten".
Urlaubsverpflichtung	S. → § 22 Rz 94.
Verluste, künftige	Kein Ansatz möglich (Rz 34).
Wahrscheinlichkeitskalkül	Für den Ansatz s. Rz 36 ff., für die Bewertung Rz 134 ff.
Wiederauffüllverpflichtung	S. Rz 89: ratierliche Rückstellungsansammlung.
Wirtschaftliche Verursachung	Als Ansatzkriterium, s. Rz 20.

9 Anwendungszeitpunkt, Rechtsentwicklung

Der Standard IAS 37 ist anzuwenden auf Jahresabschlüsse für Geschäftsjahre, die am 1. Juli 1999 oder später beginnen. IFRIC 21 „*Levies*", speziell zur Bankenabgabe, ist für Geschäftsjahre mit Beginn nach dem 31.12.2013 anzuwenden; zulässig ist eine frühere Anwendung unter Anhangsangabe (IFRIC 21A1). Im Rahmen des Projektes „*Business Combinations Phase II*" (→ § 31 Rz 218) und des Konvergenz-Projektes (mit den US-GAAP) hat der IASB am 30.6.2005 einen **Standardentwurf** zur Änderung des bestehenden IAS 37 (ED IAS 37) vorgelegt. Dieser Entwurf ist bez. der **Bewertung** am 5.1.2010 durch den

189

Exposure Draft ED 2010/1 geändert und ergänzt worden. Beide EDs wurden nicht mehr aktiv weiterverfolgt. Zu ihren wichtigsten Inhalten wird daher auf die 11. Auflage unter Rz 189 verwiesen. Im Dezember 2012 hat der Board das Projekt teilweise reaktiviert und will einen neuen Entwurf vorbereiten. Die Ergebnisse der Bearbeitung sollen in Bestandteile und Bewertungsregeln des *conceptual framework* (→ § 1 Rz 133) einfließen.

190 Mit Wirkung ab 2017 unterliegen als Folgeänderung von IFRS 15 drohverlustbehaftete Fertigungsaufträge nicht mehr Sonderregeln (bisher in IAS 11 enthalten), sondern IAS 37 (Rz 1).

10 Zusammenfassende Praxishinweise

191 Als **Ansatz**kriterien für die Rückstellungen müssen folgende vier erfüllt sein (Rz 18):
- Außenverpflichtung,
- vorhergegangenes Ereignis,
- wahrscheinlicher Abfluss von Ressourcen,
- zufällige Schätzungsmöglichkeit.

Die Verpflichtung kann **rechtlicher** oder **faktischer** Natur sein (Rz 24). Die **Konkretisierung** der Verpflichtung ist aufgrund von Wahrscheinlichkeitskalkülen vorzunehmen, die bei **singulären** Ereignissen (z. B. Schadensersatzprozess) nur scheinbar quantifizierbar sind (Rz 36 ff.).
Kurzfristige **Arbeitnehmervergütungen** unterliegen dem Regelungsgehalt von IAS 19, der nicht nahtlos mit demjenigen nach IAS 37 abgestimmt ist.
Eine unsystematische Sonderstellung nehmen die sog. *accruals* ein, also **quasi-sichere** Verbindlichkeiten (Rz 53). Drohende Verluste aufgrund von **belastenden Verträgen** (*onerous contracts*) sind ansatzpflichtig (Rz 55 ff.). Solche Verluste können bei Beschaffungs-, Absatzgeschäften und bei Dauerschuldverhältnissen bestehen.
Entfernungs- und Wiederherstellungsverpflichtungen, Rückbauverpflichtungen, Rekultivierung etc. sind ansatzpflichtig (Rz 80). Aufgrund von Spezialvorschriften gilt dies ebenfalls zu den Rücknahmeverpflichtungen für den sog. **Elektroschrott** (Rz 91).
Ein weiteres Rückstellungsfeld stellt die **Restrukturierungs**verpflichtungen dar (Rz 94), die **Emissionsrechte** (Rz 104), die Kosten der **Rechtsverfolgung** (Rz 105) sowie die **Dokumentationsverpflichtungen** und Registrierungskosten (Rz 108).
Eventualverbindlichkeiten sind bei überwiegender Wahrscheinlichkeit der Inanspruchnahme anzusetzen, im Übrigen im Anhang zu erwähnen bzw. bei sehr geringen Eintrittswahrscheinlichkeiten überhaupt nicht zu berücksichtigen (Rz 119).
Die **Bewertung** der Rückstellungen muss von dem Ausgangspunkt der bestmöglichen Schätzung (Rz 129) an die jeweiligen Verhältnisse, d. h. an den schuldspezifischen Wert (Rz 149) angepasst werden. Dazu bedarf es einer finanzmathematisch orientierten Modellierung und Berücksichtigung von Laufzeiten bis zur Erfüllung der Verpflichtung, der Ergebnisvariabilität (dem Risikogehalt) sowie der Kaufkraftäquivalenz (Rz 137 ff.).
Bei der Bewertung sind **Gemeinkosten** einzubeziehen (Rz 173). Entfernungs- und Wiederherstellungsverpflichtungen sind bereits bei der **Zugangs**bewertung (abgezinst) zu berücksichtigen (Rz 80 ff.).
Umfangreiche **Anhangangaben** sind möglichst in tabellarischer Form zu machen (Rz 178).

§ 22 LEISTUNGEN AN ARBEITNEHMER, ALTERSVERSORGUNG

Inhaltsübersicht Rz
Vorbemerkung
1 Zielsetzung, Regelungsinhalt und Begriffe................. 1–7
2 Betriebliche Altersversorgung......................... 8–70
  2.1 Bilanzansatz................................. 8–22
    2.1.1 Leistungszusagen (*defined benefit plans*) und Beitragszusagen (*defined contribution plans*)..... 8–12
    2.1.2 Stichtagsbezogener Bilanzansatz.............. 13–17
    2.1.3 Rechnerische Ermittlung des Bilanzansatzes..... 18–22
  2.2 Bewertung.................................. 23–55
    2.2.1 Statische und dynamische Pensionsverpflichtungen 23–24
    2.2.2 Bewertungsmethode....................... 25–26
    2.2.3 Ermittlung der am Bilanzstichtag erdienten Pensionsansprüche............................ 27–31
    2.2.4 Bewertungsparameter..................... 32–38
    2.2.5 Entwicklungsschema der Pensionsrückstellung... 39–40
    2.2.6 Ergebniskomponenten..................... 41
    2.2.7 Zu den Komponenten des Pensionsaufwands..... 42–45
    2.2.8 Neubewertungen (*remeasurements*)........... 46–49
    2.2.9 Mindest- und Höchstansatz der Pensionsrückstellung 50–52
    2.2.10 Überleitung von HGB nach IFRS............. 53–54
    2.2.11 Pensionsspiegel.......................... 55
  2.3 Besonderheiten und Gestaltungen bei Pensionsverpflichtungen.. 56–70
    2.3.1 Zur Auslagerung von Pensionsrückstellungen mittels Treuhandlösungen.................. 56–59
    2.3.2 Rückdeckungsversicherungen, Direktversicherungen, versicherungsförmig geführte Pensionskassen und Pensionsfonds.................. 60–62
    2.3.3 Vermögenswerte, die nur „fast" als *plan assets* gelten 63
    2.3.4 Nachzuverrechnender Dienstzeitaufwand (*past service cost*) für Planänderungen (*plan amendments*) und Kürzungen (*curtailments*) sowie Gewinne/Verluste bei Abfindungen und Übertragungen (*gains and losses on settlements*) bei Pensionsplänen..... 64–67
    2.3.5 Schuldbeitritt mit Erfüllungsübernahme........ 68–70
3 Sonstige Leistungen für Arbeitnehmer (*employee benefits*)................................. 71–78
  3.1 Kurzfristige Leistungsverpflichtungen................ 71
  3.2 Arbeitszeitkontenmodelle, Jubiläumsverpflichtungen.... 72–73
  3.3 Personalstrukturmaßnahmen und *termination benefits*... 74–75
  3.4 Altersteilzeit................................. 76–78
4 Bilanzausweis.. 79

5	Angaben	80–87
	5.1 Angaben für eine Leistungszusage	80
	5.2 Angaben für eine Beitragszusage	81
	5.3 Angaben für eine Gruppenkasse	82–84
	5.4 Formulierungsbeispiel	85–87
6	Einzelfälle (ABC)	88
7	Latente Steuern, Steuern in der GuV	89–92
8	Anwendungszeitpunkt, Rechtsentwicklung	93–94
9	Zusammenfassende Praxishinweise	95

Schrifttum: BAETGE/HAENELT, Pensionsrückstellungen im IFRS-Abschluss, DB 2006, S. 2413; BAUER/GOHDES/LUCIUS/RHIEL, Festlegung des Rechnungszinses bei der internationalen Bewertung von Pensionsverpflichtungen – Ein Verfahrensüberblick, Der Aktuar 2007, S. 86; BUSCHE/RHIEL, Gestaltung und Bewertung von beitragsorientierten Zusagen, BetrAV 2006, S. 509; HAGEMANN/NEUMEIER/VERHUVEN, Begrenzung des Vermögenswerts für eine Leistungszusage (asset ceiling) in der Rechnungslegung von Versorgungsverpflichtungen nach IFRS und die Klarstellungen von IFRIC 14, KoR 2009, S. 631; HAGEMANN/LIEB/NEUMEIER, Altersteilzeitverpflichtungen im IFRS-Jahresabschluss; nach dem DRSC Anwendungshinweis 1 (IFRS), KoR 2013, S. 293; HIRSCH/LIEB/VEIT, Rückstellungen für Altersteilzeitverpflichtungen: BFH widerspricht BMF und IDW, StuB 2006, S. 344; HÖFER/HAGEMANN/NEUMEIER, Bewertungsparameter für Versorgungszusagen in internationalen und deutschen Jahresabschluss 2013, DB 2013, S. 2517; HÖFER/RHIEL/VEIT, Die Rechnungslegung für betriebliche Altersversorgung im Bilanzrechtsmodernisierungsgesetz (BilMoG), DB 2009, S. 1605; IVS, Richtlinie vom 14.06.2010 zur Anwendung von IAS 19 „Employee Benefits" (revised 2008) auf die betriebliche Altersversorgung in Deutschland, Der Aktuar 2010, S. 95; LIEB/RHIEL, Bilanzierung von Altersteilzeitverpflichtungen nach IFRS und US-GAAP, PiR 2006, S. 87; MEHLINGER/SEEGER, Der neue IAS 19: Auswirkungen auf die Praxis der Bilanzierung von Pensionsverpflichtungen, BB 2011, S. 1771; NEUMEIER, Bilanzierung von Pensions- und ähnlichen Verpflichtungen gem. IAS 19 – Vereinfachung aber auch Herausforderung, PiR 2012, S. 145; NEUMEIER, Aktuelle Entwicklungen bei IAS 19, PIR 2013 S. 186; PAWELZIK, Pensionsspiegel für Pensionsrückstellungen nach IAS 19, DB 2005, S. 733; RHIEL, Abzinsung von Pensionsverpflichtungen nach IAS 19: Sollte das Kreditrisiko der Verpflichtung berücksichtigt werden?, PiR 2009, S. 253; RHIEL, Bewertung und Bilanzierung von Rückdeckungsversicherungen bei direkten Pensionszusagen und Unterstützungskassenzusagen, BetrAV 2007, S. 230; RHIEL, Bilanzierung von Arbeitszeitkonten nach IFRS, PiR 2007, S. 183; RHIEL, Das Diskussionspapier des IASB zur Bilanzierung von Pensionen – Die Kunst sich im Walde zu verlaufen, PiR 2008, S. 156; RHIEL, Replik zum Beitrag: „Bilanzierung von Pensionsrückstellungen – Gestaltungsspielräume beim Übergang von HGB zu IAS 19", BetrAV 2006, S. 125; RHIEL/VEIT, Auswirkungen des BilMoG bei der Bilanzierung von Pensionsrückstellungen – Annäherung an die internationalen Rechnungslegungsstandards, PiR 2009, S. 167; RHIEL/VEIT, Bilanzierung von Entgeltumwandlungszusagen nach Steuer- und Handelsrecht sowie IFRS, StuB 2008, S. 506; THEILE, Pensionsverpflichtungen: Erfolgsneutrale Verrechnung versicherungsmathematischer Gewinne und Verluste – Vor- und Nachteile eines neuen Wahlrechts –, PiR 2006, S. 17; THIERER, Bilanzierung von Rückdeckungsversicherungen im Rahmen von IAS 19, DB 2007, S. 1093.

Änderungsmitteilung: Alle bis zum 1.1.2015 neu herausgegebenen oder überarbeiteten Standards, Interpretationen und Entwürfe sind berücksichtigt.

1 Zielsetzung, Regelungsinhalt und Begriffe

Zielsetzung von IAS 19 ist die realistische und zutreffende Berücksichtigung von Leistungen für **Arbeitnehmer** aus dem **Arbeitsverhältnis** *(employee benefits)*, in erster Linie Leistungen der betrieblichen **Altersversorgung** im Jahresabschluss des verpflichteten Arbeitgeberunternehmens. Pensionsrückstellungen sind unter IFRS i.d.R. deutlich höher als unter EStG. Als Ausnahmen hiervon können statische Zusagen (Rz 24) oder auch neuere beitragsorientierte Leistungszusagen mit nicht dienstzeitproportionaler Unverfallbarkeitsgestaltung gem. § 2 Abs. 5a BetrAVG gelten. Die Vorschriften zur Bewertung von Pensionsverpflichtungen nach HGB entsprechen in vielen Punkten denen nach IAS 19. Sowohl gem. HGB als auch gem. IAS 19 steht die **realistische** Bewertung der Pensionsverbindlichkeiten im Vordergrund. Diese wird vollständig in die Bilanz übernommen *(balance sheet approach)*. Beide Rechnungslegungsstandards orientieren sich bei der Wahl des Rechnungszinses an hochwertigen Unternehmensanleihen entsprechender Laufzeit, wobei das HGB einen Durchschnittszins und IAS 19 einen Stichtagszins verwendet. Sowohl nach dem HGB als auch nach IAS 19 werden alle Veränderungen des Jahres auch in der Bilanz berücksichtigt, und zwar im Fall des HGB ausschließlich über die GuV, im Fall von IAS 19 z.T. über die GuV und z.T. erfolgsneutral über das sonstige Ergebnis *(other comprehensive income,* OCI) direkt im Eigenkapital. Letzteres gewährleistet damit weiterhin eine gewisse Glättung des Pensionsaufwandes unter IAS 19.

Der Regelungsinhalt von IAS 19 lässt sich wie folgt systematisieren:

- **Kurzfristig** fällige Leistungen (IAS 19.9–25)
  - Löhne, Gehälter, Beiträge zur Sozialversicherung,
  - vergütete Abwesenheiten (Urlaub, Krankheit),
  - Erfolgsbeteiligungen, Bonuszahlungen (fällig innerhalb eines Jahres),
  - Sachbezüge (z.B. Dienstwagen).
- Leistungen **nach Beendigung** des Arbeitsverhältnisses (IAS 19.26–152)
  - betriebliche Altersversorgung,
  - sonstige Leistungen (Lebensversicherung, Krankheitskosten),
  - Beihilfe zu Krankheitskosten von Betriebsrentnern[1] *(post-employment medical care)* und aktiven Mitarbeitern.
- Andere **langfristig** fällige Leistungen (IAS 19.153–158)
  - Abwesenheitszeiten *(sabbaticals)*,
  - Erwerbsunfähigkeit,
  - Erfolgsbeteiligungen (fällig nach einem Zeitraum von mehr als einem Jahr),
  - Arbeitszeitkonten,

---

[1] Vom BFH als steuerlich rückstellungsfähig anerkannt (aufgrund Auslegung des HGB), vgl. BFH, Urteil v. 30.1.2002, I R 71/00, DStR 2002 S. 1295.

– Jubiläumsgeld,
– Altersteilzeit.
• Leistungen **anlässlich** der **Beendigung** des Arbeitsverhältnisses (IAS 19.159–171)
– Vorruhestand,
– Freisetzung,
– Abfindungen, Entlassungsentschädigungen, Abfertigungen,
– Überbrückungsgelder.

Die Abbildung der Altersversorgungsverpflichtungen im IFRS-Jahresabschluss steht im Mittelpunkt unserer Kommentierung (Rz 8–86). Unter Rz 71–78 sind andere Bestandteile der Arbeitnehmervergütungen kommentiert.

3   Betriebskrankenkassen, die **gesetzliche Rentenversicherung** sowie die **Berufsgenossenschafts**beiträge führen nicht zu Verbindlichkeiten unter IAS 19, da die Verpflichtung des Arbeitgebers nur in der Zahlung seiner Arbeitgeberbeiträge besteht und diese mit Beendigung eines Beschäftigungsverhältnisses (insbesondere auch bei Betriebsstilllegung) wegfällt. Anders ist dies bei den **Zusatzversorgungskassen** für Arbeiter und Angestellte des öffentlichen Dienstes (z.B. Versorgungsanstalt des Bundes und der Länder, VBL), in denen mittlerweile auch viele privatisierte Unternehmen versichert sind. Diese Zusatzversorgungskassen gelten rechtlich als Pensionskassen (Rz 5). Sie unterstehen im Gegensatz zu „normalen" Pensionskassen nicht der Aufsicht der BaFin, sondern meist anderer Behörden. Bei ihnen besteht – im Gegensatz zu den i.d.R. voll dotierten „normalen" Pensionskassen – oft nur eine sehr geringe Kapitaldeckung. Sie sind i.d.R. *multi-employer plans* (Rz 82).

4   Zur Bilanzierung eines Pensionsfonds und einer Pensionskasse selbst und zur Abgrenzung von IAS 19 gegen IAS 26 *(accounting and reporting by retirement benefit plans)* vgl. → § 41.

5   Nach IAS 19.26 und 19.56 erfolgt im Gegensatz zu Art. 28 EGHGB keine Unterscheidung zwischen **unmittelbaren** und **mittelbaren Pensionsverpflichtungen**. Mittelbare Pensionsverpflichtungen sind solche, bei denen der Arbeitgeber einen **externen Versorgungsträger** (Unterstützungskasse, Pensionskasse, Pensionsfonds, Lebensversicherungsunternehmen hinsichtlich Direktversicherung) einschaltet. Dessen Vermögenswerte gelten i.d. R. als sog. *plan assets* (Rz 21). Solche Pensionspläne werden auch als *funded plans* bezeichnet, da sie in dem externen Träger mit Vermögenswerten gedeckt sind. Je nach dem Umfang der Vermögensdeckung (Kapitaldeckung) gelten sie als *fully funded* oder nur als *partially funded*. Unmittelbare Pensionsverpflichtungen (auch Direktzusagen genannt) werden nach angelsächsischem Brauch als *unfunded plans* bezeichnet. Dabei wird verkannt, dass bei vollständiger und marktgerechter Bilanzierung aller Vermögenswerte und Schulden eines Unternehmens die Gesamtheit aller Schulden des Unternehmens durch die Gesamtheit aller Vermögenswerte des Unternehmens **gedeckt** ist; es besteht eben nur keine Zuordnung zwischen einzelnen Schulden und einzelnen Vermögenswerten.

6   Unmittelbare Pensionsverpflichtungen erfahren unter IFRS die **gleiche Behandlung** wie mittelbare. Dabei wird das Vermögen des externen Trägers rechnerisch gleich null gesetzt und die Rentenzahlungen werden wie Zuwendungen an den externen Träger mit sofortiger Weiterleitung an den Rentner behandelt.

7   Die formelle Ausgestaltung der **Rechtsverhältnisse** zwischen Arbeitgeber, Arbeitnehmer und Versorgungseinrichtung (Rechtsanspruch des Arbeitnehmers

gegenüber Arbeitgeber und/oder Versorgungseinrichtung) ist ohne Bedeutung (IAS 19.4). Auch **schriftlich nicht fixierte** Ansprüche (z.B. aufgrund betrieblicher Übung oder solche, denen man sich aus wirtschaftlichen Gründen faktisch nicht entziehen kann) sind zu berücksichtigen. Die Rechtsform eines externen Trägers ist für IAS 19 unbeachtlich (IAS 19.8, Definition der *plan assets*).

2 Betriebliche Altersversorgung

2.1 Bilanzansatz

2.1.1 Leistungszusagen (*defined benefit plans*) und Beitragszusagen (*defined contribution plans*)

Für den Bilanzansatz ist es entscheidend, ob **Leistungs- oder Beitragszusagen** vorliegen. Bei **Beitragszusagen** besteht der Aufwand lediglich aus den zu zahlenden Beiträgen. Einen **Bilanzausweis gibt es nicht** bzw. nur dann, wenn das Unternehmen mit Beitragszahlungen im Verzug ist oder Beiträge im Voraus gezahlt hat (IAS 19.51). Die Bilanzierung von **Leistungszusagen** ist hingegen hoch komplex und steht deshalb im Mittelpunkt des Regelungsgehaltes von IAS 19 (Rz 1) und der nachstehenden Kommentierung (Rz 13–67).

8

Ein *defined contribution plan* liegt dann vor, wenn der Arbeitgeber **nur** zur Erbringung von **Beiträgen** (z.B. in absoluter Höhe oder in relativer Höhe zum Gehalt oder zu einer anderen Bemessungsgröße wie Umsatz oder Gewinn) verpflichtet ist bzw. diese freiwillig zahlt und aus diesen Beiträgen und deren Erträgen die Versorgungsleistungen bestritten werden. Eine schlechte Entwicklung *(performance)* der Versorgungseinrichtung darf zu **keiner Nachschusspflicht** (besser: Auffüllungsverpflichtung) des Arbeitgebers führen. Bei normalem (d.h. planmäßigem oder rechnungsmäßigem) Verlauf ist keine Beitragsminderung oder Beitragsrückvergütung an den Arbeitgeber zulässig. Eine „unerwartete Verbilligung" des Pensionsplans *(upside potential)* darf aber dem Arbeitgeber zugutekommen (IAS 19.BC29).

9

> **Beispiel**
> Es liegt kein *defined contribution plan* vor, wenn bei einer Pensionskasse oder bei einem Direktversicherungsvertrag der erforderliche Beitrag nach vorsichtigen Rechnungsgrundlagen (insbesondere mit einem Rechnungszinssatz zwischen 1,25 % und 3,25 %) ermittelt wird, aber realistischerweise mit einem höheren langfristigen Vermögensertrag von z.B. 3,50 % zu rechnen ist und diese sich planmäßig ergebenden „Überschüsse" (in der Terminologie der Pensionskassen) ganz oder teilweise an den Arbeitgeber zurückfließen, sei es durch Barausschüttung, künftige Beitragsminderung oder durch Anrechnung der (erhöhten) Pensionskassenleistungen auf einen anderen Versorgungsplan des Arbeitgebers.

Da in Deutschland auch bei Einschaltung eines externen Versorgungsträgers oder einer Versicherungsgesellschaft zu guter Letzt immer der Arbeitgeber für die Versorgungsleistungen **haftet** (sog. Subsidiärhaftung des Arbeitgebers nach § 1 Abs. 1 Satz 3 BetrAVG), kann man die streng formale Auffassung vertreten, dass

10

es in der deutschen betrieblichen Altersversorgung keine reinen Beitragszusagen gibt. Der Begriff der Beitragszusage *(defined contribution plan)* ist aber u. E. für **Rechnungslegungszwecke wirtschaftlich** auszulegen. U. E. ist die Subsidiärhaftung bei **versicherungsförmigen Pensionsplänen** lediglich als **Eventualverbindlichkeit** *(contingent liability)* anzusehen (→ § 21 Rz 119). Sie zerstört nicht per se den Charakter als Beitragszusage, sofern die Leistungen von einem solventen Dritten (Versicherungsgesellschaft, ggf. auch analog operierende Pensionskasse oder Pensionsfonds) garantiert und erbracht werden und die Arbeitnehmer primär gegen diesen Dritten einen Rechtsanspruch besitzen (Rz 62).

11 Deshalb sind u. E. eine
- Beitragszusage mit Mindestleistung,
- Entgeltumwandlungszusage,
- beitragsorientierte Leistungszusage und insbesondere auch
- wertpapiergebundene Zusage (als spezielle beitragsorientierte Leistungszusage)

bei Durchführung über eine Versicherungsgesellschaft oder analog operierende Pensionskasse als *defined contribution plans* zu behandeln, wenn alle Überschüsse den Arbeitnehmern zugutekommen und den Arbeitgeber **nur** die o. a. (unwahrscheinliche) Subsidiärhaftung treffen kann. Das Gleiche gilt bei Durchführung einer solchen Zusage über einen analog operierenden Pensionsfonds (Rz 62).

Erst wenn der unwahrscheinliche Fall einer Unterdeckung eintritt, d. h., wenn der Barwert der garantierten Leistungen bzw. Mindestleistungen nicht durch Vermögen des externen Versorgungsträgers gedeckt ist, ist die Unterdeckung beim Arbeitgeber zu bilanzieren.[2] Zur Bewertung der Pensionsansprüche s. Rz 31. Wegen möglicher Änderungen s. Rz 94.

12 Da in Deutschland bei Direkt- und Unterstützungskassenzusagen aus steuerlichen Gründen (§ 6a EStG und § 4d EStG) stets Leistungen (und nicht Beiträge) zugesagt werden müssen, liegen hier immer *defined benefit plans* vor. Zur **rückgedeckten Unterstützungskasse** und zu **rückgedeckten Direktzusagen** vgl. Rz 61.

2.1.2 Stichtagsbezogener Bilanzansatz

13 Als Grundsatz gilt: Aufwand ist **periodengerecht** in dem Jahr zu buchen, in dem er anfällt. Eine **Rückstellung** ist zu bilden, wenn der Arbeitnehmer seine Arbeitsleistung für künftig zu erhaltende Leistungen erbracht hat.

14 IAS 19 basiert nun auch für Pensionsverpflichtungen auf dem sog. **stichtagsbezogenen** Bilanzansatz *(balance sheet approach)*, dem auch das HGB und das EStG folgen, und nicht mehr auf dem (bis Ende 2012 gültigen) **aufwandsbezogenen** Bilanzansatz *(income approach)*. Der nach IFRS anzusetzende Pensionsaufwand *(pension expense)* ist zu **Beginn** des Wirtschaftsjahres auf der Grundlage der zu Beginn des Wirtschaftsjahres maßgeblichen Daten zu ermitteln, aber mit Wertstellung zum **Ende** des Jahres.

---

[2] So auch die IVS-Stellungnahme 2010. Das IASB-Diskussionspapier vom 27.3.2008 führte den Begriff der „contribution based promises" (CBP) ein, nachdem vorher vom IFRIC und IASB die Begriffe „employee benefit plan with a promised return on contributions or notional contributions", „intermediate risk plans" und „defined return plans" geprägt wurden. Näheres in Rz 94.

Der **Pensionsaufwand** nach IFRS **steht** danach i.d.R. zu **Beginn** des Wirtschaftsjahres **fest**. Jedoch wird unter IFRS alles, was am Jahresanfang nicht zu erwarten war (also z.b. außergewöhnliche Sterblichkeit oder Invalidität, Gehaltserhöhungen bei gehaltsabhängigen Pensionszusagen oder Wertveränderungen der *plan assets*), als *remeasurements* im Eigenkapital erfasst und im OCI ausgewiesen (Rz 20). Dadurch gibt es auch i.d.R. keine Aufwandsüberraschungen zum Jahresende. Gerade bei so langfristigen Verpflichtungen wie den Pensionsverpflichtungen ist eine verlässliche und auf Dauer angelegte (überraschungsfreie) Aufwandsverteilung ein sinnvolles Ziel der IFRS. Allerdings bestehen beim IFRS Interpretations Committee Überlegungen, unterjährige Neuberechnungen des Aufwandes zu fordern, wenn sich bei einem Sondereffekt die Prämissen wesentlich verändert haben (Rz. 42). 15

Der **Verpflichtungsumfang** *(defined benefit obligation,* DBO; nach US-GAAP *projected benefit obligation,* PBO) wird zum Bilanzstichtag mit den dann gültigen Bewertungsparametern berechnet und – ggf. nach Saldierung mit *plan assets* (Rz 21) – gem. dem stichtagsbezogenen Bilanzansatz in voller Höhe bilanziert. 16

Das Thema, ob auch **Nebenkosten** der betrieblichen Altersversorgung (insbesondere künftige interne und externe Verwaltungskosten sowie Beiträge zum Pensions-Sicherungs-Verein, PSV) periodengerecht vorauszufinanzieren sind (Rz 13), wird erst seit 2007 ausführlicher diskutiert, nachdem auch in Großbritannien ein Pensionssicherungsverein *(Pension Protection Fund,* PPF) eingeführt wurde. 17

Die vom Unternehmen getragenen **Verwaltungskosten** werden erst bei Anfall gebucht (IAS 19.BC 127), und zwar i.d.R. nicht als Teil der Pensionskosten *(pension expense,* Rz 41ff.), sondern als Teil der Verwaltungskosten im Personalbereich. Die von einem externen Träger (z.B. Unterstützungskasse) getragenen Vermögensverwaltungskosten und Steuern werden nach IAS 19.8 und IAS 19.130 i.d.R. als Minderung des (laufenden) Vermögensertrages (des externen Trägers) behandelt.

Nach IAS 19.76 sind Steuern und Abgaben auf Beiträge und Leistungen, die auf die bisherige Dienstzeit entfallen, bei der Bewertung der Verpflichtung zu berücksichtigen.

2.1.3 Rechnerische Ermittlung des Bilanzansatzes

Die formale Struktur des Bilanzansatzes ist wie folgt *(net defined benefit liability/ asset,* IAS 19.8 und IAS 19.63): 18

Schema der *net defined benefit liability/asset*	
	„Gesamtverpflichtung" (Rz 19)
./.	evtl. externes Kassenvermögen (z.B. einer Unterstützungskasse)
+	Effekt der Vermögenswertbegrenzung *(effect of asset ceiling,* Rz 51)
=	Pensionsrückstellung *(net defined benefit liability/asset)*

Beispiel zur *net defined benefit liability/asset*	
„Gesamtverpflichtung"	15.000.000
./. externes Kassenvermögen	− 4.000.000
+ Effekt der Vermögenswertbegrenzung (*effect of asset ceiling*)	+ 0
= Pensionsrückstellung (*net defined benefit liability/asset*)	=11.000.000

19 Die „Gesamtverpflichtung" der Pensionsverpflichtungen ist nach IFRS (wie auch nach dem HGB, vgl. Rz 32) die *defined benefit obligation* (DBO, der Barwert der erdienten Teilansprüche auf Versorgungsleistungen zum Stichtag). Besteht zur Finanzierung der Pensionsverpflichtungen ein externes Kassenvermögen (z. B. Unterstützungskasse), so ist dieses Vermögen nach IFRS unter bestimmten Voraussetzungen gegenzurechnen (Rz 5).

20 Nicht bilanzierte Beträge wie **Fehlbeträge** (z. B in der Bilanz bisher unberücksichtigte Verluste) oder auch **Überdeckungen** (z. B. in der Bilanz bisher unberücksichtigte Gewinne) kann es nach den aktuellen IAS-Richtlinien (*revised* 2011) nicht mehr geben. Auftretende Neubewertungen (*remeasurements* gem. IAS 19.127ff.) sind sofort erfolgsneutral zu erfassen (Rz 15). Nach HGB darf es zwar bei **unmittelbaren** Pensionszusagen wegen der Passivierungspflicht **keine Fehlbeträge** geben; wegen der Übergangsvorschriften im HGB für sog. Altzusagen (Zusagen, die vor dem 1.1.1987 erteilt wurden) und für die Einführung des BilMoG (Art. 67 Abs. 1 EGHGB) bleibt der Bilanzansatz aber in vielen Fällen hinter der „Gesamtverpflichtung" zurück. Bei **mittelbaren** Verpflichtungen über Unterstützungskassen sind ebenfalls Fehlbeträge mit Anhangangabe erlaubt.

21 Die der Pensionsverpflichtung gegenzurechnenden **Vermögenswerte eines externen Versorgungsträgers** werden unter IFRS als *plan assets* (Rz 5) anerkannt, wenn diese Vermögenswerte ausschließlich dem Versorgungszweck dienen, dem Zugriff anderer Unternehmensgläubiger entzogen sind und höchstens dann an den Arbeitgeber zurückfließen können, wenn sie zur Erstattung von direkten Rentenzahlungen *(reimbursement)* verwendet oder für den Versorgungszweck (endgültig oder mit sehr großer Wahrscheinlichkeit) nicht mehr benötigt werden, d.h., die verbleibenden *plan assets* müssen **ausreichen**, um die bestehenden Versorgungsverpflichtungen zu erfüllen (IAS 19.8, Definition der *plan assets*). Was als ausreichend anzusehen ist, bedarf der Überprüfung im Einzelfall und wird auch von der zulässigen Kapitalanlagestrategie des Versorgungsträgers abhängen. Pauschalaussagen, wonach eine Überdeckung der DBO (*defined benefit obligation*, Verpflichtungsumfang) um z.B. 10 % immer ausreicht, sind nicht möglich. „Ausreichend" wäre wohl sicherlich, wenn ein bonitätsstarker fremder Dritter (z. B. eine Versicherungsgesellschaft) die Versorgungsverpflichtungen mit den verbleibenden *plan assets* übernehmen oder garantieren würde. U. E. ist es als „ausreichend" anzusehen, wenn ein Versorgungsträger nach sehr vorsichtigen nationalen aufsichtsrechtlichen Regelungen Überschüsse erwirtschaftet hat und diese dann an den Arbeitgeber oder Arbeitnehmer ausschütten darf (sog. **Beitragsrückerstattung**).

Plan assets werden dann mit der Brutto-Pensionsverpflichtung (DBO, Rz 26) **saldiert** und führen so zu einer **Bilanzverkürzung** und einer Verbesserung von Bilanzkennzahlen, da nur die Netto-Pensionsverpflichtung ausgewiesen wird. Saldierungsfähige *plan assets* können auch für unmittelbare Pensionszusagen über eine geeignete Treuhandgestaltung (sog. *contractual trust arrangement,* CTA; Rz 56 ff.) oder verpfändete Rückdeckungsversicherungen (*qualifying insurance policies*; Rz 60 f.) geschaffen werden. Nach IAS 19.118 gelten *non-qualifying insurance policies* nicht als *plan assets,* selbst wenn sie ein externer Versorgungsträger hält; sie können in aller Regel aber als *reimbursement* nach IAS 19.116 f. anerkannt werden (Rz 63). Vom Arbeitgeberunternehmen ausgegebene Finanzinstrumente (z. B. Aktien oder Anleihen) werden nur dann als *plan assets* akzeptiert, wenn diese handelbar *(transferable)* sind. Nicht als *plan assets* gelten in aller Regel bspw. Darlehen einer Unterstützungskasse an das Arbeitgeberunternehmen, außer wenn diese wie unter fremden Dritten vereinbart (und gesichert) sind.[3] *Plan assets* sind zum *fair value* anzusetzen (IAS 19.113).

Sind **zwei Versorgungspläne** eines Arbeitgebers so stark miteinander verwoben, dass die Leistungen des einen Plans durch die Leistungen oder die Vermögenswerte *(plan assets)* des anderen Plans stark beeinflusst (z. B. durch Anrechnung) werden, liegt materiell nur ein **einziger** (gemeinsamer) **Versorgungsplan** vor (IAS 19.57 und IAS 19.131).[4]

2.2 Bewertung

2.2.1 Statische und dynamische Pensionsverpflichtungen

Die gegenüber dem § 6a EStG meist **deutlich höhere** Pensionsrückstellung nach IFRS hat folgende Ursache: Dort müssen auch **künftige wahrscheinliche** – und **nicht nur schriftlich rechtsverbindlich** zugesagte – Erhöhungen der Pensionsansprüche sowohl in der Anwartschaftsphase (z. B. bei gehaltsabhängigen Pensionszusagen) als auch in der Rentenphase (z. B. Anpassungen nach Betriebsrentengesetz) zwingend in die Bewertung eingehen.

Je „**dynamischer**" Pensionszusagen sind (s. Beispiele unten), umso deutlicher liegt die Pensionsrückstellung nach IFRS **über** der nach EStG. Bei gänzlich statischen Zusagen (insbesondere betragsmäßig fixierten Kapitalzusagen) liegt die Pensionsrückstellung nach IFRS (aufgrund der unterschiedlichen Bewertungsmethode und Bewertungsparameter) dagegen oft **darunter.**

Beispiele zur Abgrenzung von statischen und dynamischen Versorgungszusagen
- Eine statische Kapitalzusage sieht einen Kapitalbetrag von 1.000 pro Dienstjahr vor, sodass bei Ausscheiden nach 30 Dienstjahren ein Kapital von 30.000 an den Betriebsrentner ausgezahlt wird.
- Da eine statische Rentenzusage von monatlich 10 pro Dienstjahr, die nach 30 Dienstjahren zu einem Rentenanspruch von 300 führt, ab Rentenbeginn nach § 16 BetrAVG (meist entsprechend der Inflationsrate) erhöht werden muss, ist diese Zusage „teildynamisch".

---

[3] IDW RS HFA 2, WPg Supplement 3/2012, S. 33.
[4] Busche/Rhiel, BetrAV 2006, S. 509.

- Wird der Steigerungsbetrag von 10 auch während der Anwartschaftszeit regelmäßig (z. B. analog zur Inflationsrate oder Gehaltsentwicklung) erhöht, liegt eine „volldynamische" Pensionszusage vor. Pensionszusagen mit einer gehaltsabhängigen Formel (z. B. 0,5 % des Gehaltes pro Dienstjahr) sind ebenfalls volldynamisch.
- Bei neueren Betriebsrentensystemen, die Rentenbausteine mit einer rechtsverbindlich garantierten Rentenanpassung von z. B. 1 % p. a. versprechen, liegen die Pensionsrückstellungen nach IFRS oft unter denjenigen nach EStG, da solche garantierten Anpassungen auf jeden Fall berücksichtigt werden müssen. Im obigen Sinne wäre eine solche Zusage nicht dynamisch.

2.2.2 Bewertungsmethode

25 Beim **Teilwertverfahren** nach § 6a EStG wird die gesamte Pensionsverpflichtung gegenüber einem Arbeitnehmer (analog zu einem Versicherungsvertrag) mit einem laufenden Beitrag finanziert, der wegen des Stichtags- und Nominalwertprinzips über die gesamte Dienstzeit gleichbleibend sein soll. Hinzu kommt noch die in der Zuführung enthaltene Aufzinsung der Pensionsrückstellung vom Jahresanfang zum Jahresende, da sich in jedem Jahr der Abzinsungszeitraum (bis zur Fälligkeit der Betriebsrente) um ein Jahr vermindert. Zu Sprüngen im Teilwertverlauf kommt es dann, wenn die erreichbaren Pensionsansprüche von Jahr zu Jahr stark schwanken; dies insbesondere dann, wenn ein kompliziertes und altmodisches Pensionssystem mit jährlich stark schwankenden Bemessungsgrößen (z. B. Berücksichtigung der Sozialversicherungsrente oder Nettolimitierung) vorliegt.

26 Nach **IFRS** (und in den meisten Fällen auch nach HGB) wird der Verpflichtungsumfang (*defined benefit obligation*, DBO) nach dem **Anwartschaftsbarwertverfahren** (*projected unit credit method*, PUCM) ermittelt. Die DBO ist der Barwert der am Bewertungsstichtag erdienten und realistisch bewerteten Pensionsansprüche – inklusive wahrscheinlicher künftiger Erhöhungen von Renten und Gehältern. Der Verpflichtungsumfang (DBO) für einen aktiven Mitarbeiter erhöht sich alljährlich um die Aufzinsung (*interest cost*) und um den Barwert der im Wirtschaftsjahr neu erdienten Pensionsansprüche (*current service cost*; Rz 42).

Beispiel
Wird eine Pension von 0,5 % des Gehalts pro Dienstjahr zugesagt und hat ein Arbeitnehmer 20 Dienstjahre abgeleistet, so hat er einen Pensionsanspruch von 10 % seines Gehalts p. a. erdient. Bei einem Gehalt von z. B. 30.000 p. a. ist die DBO der Anwartschaftsbarwert einer Jahresrente von 3.000. Die *current service cost* für das Folgejahr (Aufwand, der auf die im Geschäftsjahr erdienten Ansprüche entfällt) ist der Anwartschaftsbarwert eines jährlichen Rentenanspruchs von 150 – also 1/20 der DBO.

2.2.3 Ermittlung der am Bilanzstichtag erdienten Pensionsansprüche

27 Die Höhe der DBO hängt entscheidend von der Ermittlung der bis zum Bilanzstichtag insgesamt (bzw. der in einem Wirtschaftsjahr) **erdienten** Pensions-

ansprüche ab. Dies war in obigem Beispiel sehr einfach, da sich der Pensionsanspruch (0,5 % des Gehalts) gleichmäßig über alle Dienstjahre aufbaute. Es gibt aber **kompliziertere Pensionsformeln**. Daher ist dieser Abschnitt etwas technischer, aber nicht weniger wichtig. Die erdienten Pensionsansprüche sollen nach der Pensionsformel ermittelt werden; lediglich bei *backloading* der Pensionsformel, d. h., wenn spätere Dienstjahre mit einem höheren Pensionsanspruch als frühere Dienstjahre belegt werden, ist der Pensionsanspruch gleichmäßig zeitratierlich den Dienstjahren zuzuordnen, in denen effektiv Leistungsansprüche erworben werden (IAS 19.70). Ein *backloading* liegt aber nicht bereits dann vor, wenn der höhere Anstieg in späteren Jahren allein auf die Bezügedynamik zurückzuführen ist (IAS 19.BC117-BC120). Bei oftmals vorkommendem *frontloading* der Pensionsformel, d. h., wenn frühere Dienstjahre mit einem höheren Pensionsanspruch als spätere Dienstjahre belegt werden, wäre jedoch der Pensionsformel zu folgen. In Deutschland ist dies aber nur sinnvoll, wenn auch die Unverfallbarkeit diesem *frontloading* folgen sollte.

28

Auf jeden Fall gelten **unverfallbare** Pensionsansprüche als erdient, da sie auch bei Ausscheiden aus dem Unternehmen aufrechtzuerhalten sind. Außerdem sind diese Ansprüche dynamisch zu bewerten. Daher gilt bei Pensionsplänen (reinen Leistungszusagen) in Deutschland i. d. R. als am Stichtag erdient (und zwar für jede zu erwartende Teilleistung) derjenige Teil der erreichbaren Pensionsleistung, der dem Verhältnis der am Stichtag bereits abgeleisteten zu der beim jeweiligen Leistungsbeginn ableistbaren Dienstzeit entspricht (sog. degressives m/n-tel ab Diensteintritt), mindestens der zum Stichtag (gesetzlich gem. § 2 BetrAVG oder ggf. vertraglich garantierte höhere) unverfallbare, aber dynamisierte Pensionsanspruch.

29

Bei **beitragsorientierten** Leistungszusagen, Beitragszusagen mit Mindestleistung und Entgeltumwandlungszusagen (Rz 8 ff.) bemessen sich die erdienten Pensionsansprüche nach den effektiv bis zum Stichtag geleisteten bzw. zugeteilten „Beiträgen" und den daraus erworbenen Anwartschaften. Bei beitragsorientierten Leistungszusagen sind aber zugesagte oder auch nur wahrscheinliche künftige Beiträge dennoch als Rückstellung zu berücksichtigen, wenn es bei planmäßigem Verlauf zu einem *backloading* von künftigen Leistungsscheiben kommen sollte. Dann ist nach IAS 19.70 der gesamte Beitragsaufwand linear über die Dienstzeit zu verteilen, in der effektiv Leistungsansprüche erworben werden. Im Ergebnis ist also das Maximum beider Berechnungsmethoden (gem. Unverfallbarkeitsverlauf bzw. degressivem m/n-tel, jedoch ab Beginn des Leistungserwerbs) zu verwenden.

30

Hängen die (erdienten) Pensionsleistungen von der Entwicklung eines Aktienindexes oder eines Rentenindexes oder eines speziellen tatsächlichen oder fiktiven *(notional)* Wertpapierportfolios (sog. **wertpapiergebundene Zusagen)** ab, dann ist gem. Wortlaut IAS 19 die Entwicklung dieses Indexes oder Portfolios bestmöglich zu schätzen, um die wahrscheinlichen (erdienten) Pensionsleistungen zu ermitteln, die dann mit dem Zinssatz gem. Rz 33 zu diskontieren sind. Wird die Entwicklung dieses Indexes oder Portfolios anders (z. B. mit 5 % p. a.) eingeschätzt als der Zinssatz (z. B. 4 %), ergibt sich materiell eine unzutreffende Bewertung. Sinnvoller, zutreffender und einfacher wäre eine Bewertung nach Rz 11 und Rz 94, die aber derzeit immer noch in der Diskussion steckt.

31

2.2.4 Bewertungsparameter

32 Nach **deutschem Steuerrecht** werden wegen des **Stichtags- und Nominalwertprinzips** die Pensionsverpflichtungen mit einem **Zinssatz** von 6 % ohne Berücksichtigung künftiger, nicht rechtsverbindlich zugesagter Pensionserhöhungen bewertet. Die Wahrscheinlichkeiten für Tod und Invalidität werden den Standardtabellen der „Heubeck-Richttafeln RT2005G" (Generationentafeln) entnommen. Die Bewertung muss wie nach IAS 19 auf realistischer Basis „i. H. d. nach vernünftiger kaufmännischer Beurteilung notwendigen **Erfüllungsbetrages**" erfolgen, allerdings ist nach § 253 HGB i. V. m. der Rückstellungsabzinsungsverordnung (RückAbzinsV) als Rechnungszins ein 7-Jahresdurchschnitt von laufzeitadäquaten Marktzinssätzen (Festzinsswaps plus Aufschlag in Richtung AA-Unternehmensanleihen) zu verwenden.[5]

33 Nach **IFRS** sollen alle Bewertungsparameter realistisch und zutreffend sein (IAS 19.76). Der **Zinssatz** richtet sich gem. IAS 19.83 nach Stichtags-Marktrenditen langfristiger Unternehmensanleihen hoher Qualität *(high quality corporate bonds)*, wobei nur Unternehmensanleihen in der Währung betrachtet werden, in der auch die Verpflichtungen zu erfüllen sind.[6] Nach IAS 19.84 soll dieser Zinssatz nur den „zeitlichen Wert des Geldes" *(time value of money)* widerspiegeln, nicht aber das versicherungsmathematische Risiko oder das Investmentrisiko *(not the actuarial or investment risk)*. Folglich muss der Zinssatz „relativ risikolos" sein. Nach einhelliger Meinung aller Standardsetter und Experten wird ein AA-Rating als ausreichend sicher angesehen. Dies gilt zumindest bis zur sich in 2008 verschärfenden Finanzmarktkrise, die bei AA-Anleihen zunächst zu einem massiven Zinsanstieg führte. Der üblicherweise deutlich unter einem Prozentpunkt liegende Abstand *(spread)* zum risikolosen Zins erhöhte sich bis Ende 2008 auf über 2 Prozentpunkte, da der Markt auch bei AA-Anleihen eine hohe Ausfallwahrscheinlichkeit befürchtete. Dieser AA-Zinssatz lag in der Eurozone (Ende 2008) aufgrund sehr flacher Zinskurve einheitlich bei etwa 6,5 %. Seit 2009 war ein kontinuierliches Absinken des Zinsniveaus bei allerdings hoher Volatilität und weiterhin hohem „spread" zu beobachten. Ende 2013 lag der AA-Zinssatz von normal strukturierten Personenbeständen bei 3,7 %. Ende 2014 liegt der AA-Zinssatz von

- normal strukturierten Personenbeständen bei 2,0 %,
- reinen Rentnerbeständen bei 1,6 % und
- jungen Aktivenbeständen bei 2,2 %.

Im Laufe des Jahres 2012 wurde aufgrund der Euro-Schuldenkrise die Bonität einer Vielzahl von Unternehmen mit bisher AA-Rating herabgestuft. Die Anzahl der verbleibenden Unternehmensanleihen mit AA-Rating im langfristigen Bereich (über 12 Jahre) ist relativ gering. Derzeit wird noch von einem tiefen Markt ausgegangen. Sollte sich die Anzahl der AA-Anleihen jedoch weiter verringern, muss u. U. der Begriff *„high quality"* neu definiert werden.[7] In diesem Zusammenhang kam es zu einer lebhaften Diskussion, wie der Begriff *„high quality"* zu interpretieren ist. Eine Anfrage an das IASB brachte jedoch keine abschließende

---

5 RHIEL/VEIT, PiR 2009, S. 167.
6 Im Rahmen des Annual Improvement Process 2012–2014 hat das IASB eine Klarstellung aufgenommen, dass es nicht auf das einzelne Land, sondern auf die Währung ankommt. Das entspricht aber ohnehin der gängigen Praxis im Euroraum.
7 HÖFER/HAGEMANN/NEUMEIER, DB 2013, S. 2517.

Klarheit, weil in der Sitzung des IFRS Interpretations Committee im Juli 2013 entschieden wurde, dieses Thema nicht auf die Agenda zu nehmen. Einige Aussagen in der Begründung dieser Entscheidung deuten auf eine Beibehaltung des bisherigen Verständnisses (AA-Anleihen) hin, es gibt jedoch auch Auslegungen, die die Verwendung z. B. von A-Anleihen möglich erscheinen lassen. In der Praxis wird meistens ein einheitlicher Rechnungszinssatz für die Bewertung von Verpflichtung und Ergebnisgrößen verwendet. Nach IAS 19 wäre aber auch die Abzinsung der zu erwartenden zukünftigen Zahlungen in verschiedenen Jahren mit dem zum jeweiligen Fälligkeitszeitpunkt gehörenden Zins („Bewertung mit der Zinsstrukturkurve") möglich. Denkbar ist auch, einen einheitlichen Rechnungszinssatz für die Bewertung der Verpflichtung und einen davon abweichenden Zins für die Bewertung der *current service cost* (Rz 42) anzusetzen, weil Letztere ausschließlich von Aktiven bestimmt wird.

Künftige Rentenanpassungen nach der Inflationsrate werden derzeit mit etwa 1,5 % bis 2 %, gehaltsabhängige Anwartschaftssteigerungen (auch für zu erwartende karrieremäßige Steigerungen) mit etwa 2 % bis 4 % angesetzt. Die Wahrscheinlichkeiten für **Invalidität, Tod** und Verlassen des Unternehmens wegen **Kündigung** sowie das wahrscheinliche **Pensionierungsalter** sind betriebs- bzw. branchenspezifisch zu schätzen bzw. zu modifizieren (vgl. auch Rz 35). Da betriebliche Versorgungssysteme in den meisten Ländern nur eine Ergänzungsfunktion zur staatlichen Rentenversicherung haben, hängt das wahrscheinliche Pensionierungsalter für das betriebliche Versorgungssystem meist auch wesentlich von der Höhe und den Zugangsvoraussetzungen zur staatlichen Rente ab. 34

Manche Bewertungsparameter können von Regelungen des Pensionsplans abhängen bzw. nur im Rahmen der in diesem Plan gesetzten Grenzen (z. B. zwischen einer Unter- und einer Obergrenze) variieren. Die Änderung der Einschätzung solcher Parameter **innerhalb** dieser Grenzen ist nur eine „reine Parameteränderung" und führt zu sog. versicherungsmathematischen Gewinnen und Verlusten (Rz 46 ff.); die Änderung dieser **Grenzen selbst** stellt eine Planänderung dar und kann zu *past service cost* führen (Rz 45), sofern hierdurch effektiv die bestmögliche realistische Wahl des Parameters beeinflusst wird und sich die Bewertung der Pensionsverpflichtung ändert. 35

Ein Beispiel hierfür kann die Begrenzung der Gehaltsabhängigkeit einer Pensionszusage zwischen einer Unter- und einer Obergrenze sein. 36

> **Beispiel**
> Der Pensionsplan begrenzt die pensionssteigernde Wirkung einer Gehaltserhöhung auf 3 %. Der Plan wird alternativ geändert: Erhöhung auf 4 % oder Verminderung auf 2 %. Diese Änderung kann sich auf die Einschätzung des Parameters „Gehaltserhöhung" auswirken. Insoweit liegen positive bzw. negative *past service cost* vor.

Ein weiteres Beispiel für eine solche Parameteränderung ist die Festlegung des wahrscheinlichen **Pensionierungsalters** (Rz 34): Bei einem möglichen Rentenbeginn zwischen Alter 60 und 67 ist die Änderung der bestmöglichen Einschätzung des Pensionierungsalters innerhalb des Pensionsplans eine „reine Parameteränderung"; das gilt allerdings nur, sofern diese auf externen Einflüssen beruht und nicht ggf. auf eine 37 sonstige Änderung des Pensionsplans zurückzuführen ist, wie z. b. einer Verschlechterung der Höhe vorzeitiger Altersrenten. Eine Änderung des Grenzalters 60 und 67 selbst kann zu *past service cost* führen. Das gilt z. b. bei einer Erhöhung des unteren Grenzalters (negative *past service cost*) von 60 auf 63, sofern das wahrscheinliche Pensionierungsalter vorher mit unter 63 eingeschätzt wurde. Umgekehrt hat die Änderung des unteren Grenzalters keine Auswirkung, wenn zuvor das wahrscheinliche Pensionierungsalter mit 63 oder höher eingeschätzt wurde.

Meist sehen Pensionspläne in Deutschland als Pensionierungsalter dasjenige der gesetzlichen Rentenversicherung vor (Jeweiligkeitsklausel). Das RV-Altersgrenzenanpassungsgesetz vom 20.4.2007 erhöht sowohl die Regelaltersgrenzen (langfristig auf 67) als auch die Untergrenze für den frühestmöglichen Bezug (künftig i. d. R. 63 statt 62). Hier gilt entsprechend: Wurde vorher auf Altersgrenze 62 bewertet und muss nun auf 63 übergegangen werden, handelt es sich um (i. d. R. negative) *past service cost*.[8] Eine darüber hinausgehende Erhöhung der angesetzten Altersgrenze (z. B. auf 64) aufgrund bestmöglicher Einschätzung der Zukunft wird man wohl nur als „reine Parameteränderung" ansehen können. Der „Praktiker" wird auf eine Auseinanderrechnung verzichten und alles als „Parameteränderung" behandeln wollen; je nach Wesentlichkeit wird man dies auch akzeptieren. Analog wird die gem. der BAG-Rechtsprechung[9] mögliche „automatische" Anhebung der im Pensionsplan vorgesehenen Altersgrenze 65 bis auf Alter 67 (gem. o. g. RV-Altersgrenzenanpassungsgesetz) zu behandeln sein. Durch das RV-Leistungsverbesserungsgesetz vom 23.6.2014 wurde die Altersgrenze für besonders langjährig Versicherte, ab der unabhängig von der Regelaltersgrenze ein abschlagsfreier Rentenbezug möglich ist, vorübergehend von 65 auf 63 abgesenkt. Auch das kann eine Änderung der Pensionierungsgewohnheiten nach sich ziehen, die als reine Parameteränderung anzusehen ist.

38 Insbesondere börsennotierte Unternehmen stehen oft wegen vermeintlich unzureichender (d. h. zu „schlapper") Bewertungsparameter im Kreuzfeuer der Kritik. Bei internationalen Konzernen kann noch das Problem der mangelnden „Konsistenz der Bewertungsparameter zwischen den einzelnen Ländern" hinzukommen. Daher sollten unbedingt die Parameter Zins, Sterblichkeit (Lebenserwartung), Invalidität und Mitarbeiterkündigung (Fluktuation) nicht „einfach nur grob über den Daumen" mit dem Aktuar und dem Wirtschaftsprüfer abgestimmt werden, sondern anhand eines nachprüfbaren und öffentlich darlegbaren Prozesses *(rigorous assumption setting process)* i. S. e. „*assumption governance*" bestimmt werden. Die Parameter Sterblichkeit und Invalidität können auch schon bei Beständen von weniger als 1.000 Personen unternehmensspezifisch überprüft werden, genauso wie dies auch bei kleineren Pensionskassen von der Aufsichtsbehörde verlangt wird. Zur Ableitung des richtigen laufzeitadäquaten Zinssatzes sollten unbedingt die der Bewertung zugrunde liegenden erdienten Rentenzahlungen *(cash flows)* prognostiziert und ausgewertet werden.[10]

---

[8] Ähnlich Positionspapier des Rechnungslegung Interpretation Committee (RIC) des DRSC zu den Auswirkungen der gesetzlichen Erhöhung des Renteneintrittsalters aufgrund des RV-Altersgrenzenanpassungsgesetzes auf die Bilanzierung leistungsorientierter Pläne nach IAS 19 vom 8.2.2008.
[9] BAG, Urteil v. 15.5.2012, 3 AZR 11/10, BetrAV 06/2012 S. 524.
[10] Vgl. auch RHIEL, BetrAV 2006, S. 125, zum Gestaltungsspielraum bei der Wahl der Bewertungsparameter. Vgl. auch KÜTING/KESSLER, DB 2009, S. 465, insbesondere zum Zinssatz in der Finanzmarktkrise 2008.

2.2.5 Entwicklungsschema der Pensionsrückstellung

Die Pensionsrückstellung entwickelt sich vom Jahresanfang zum Jahresende wie folgt: 39

	Entwicklungsschema der Pensionsrückstellung nach IFRS
	Pensionsrückstellung *(net defined benefit liability)* zum Jahresanfang
+	Pensionsaufwand in der GuV *(defined benefit cost included in P&L)*
+/–	Neubewertungen im OCI *(remeasurements included in OCI)*
+/–	Zahlungen des Unternehmens wie folgt:
./.	direkte Rentenzahlungen
./.	ggf. Zahlungen an einen externen Träger
./.	Abfindungen von Pensionsansprüchen
+/–	Übertragungen von/an andere/n Unternehmen oder Versorgungsträger/n
=	Pensionsrückstellung *(net defined benefit liability)* zum Jahresende

Die Pensionsrückstellung verändert sich also um den vom Versicherungsmathematiker zu errechnenden Pensionsaufwand in der GuV (dessen recht komplexe Ermittlung im nächsten Abschnitt dargestellt wird), den Saldo der Zahlungen des Unternehmens sowie die Neubewertungen. 40

	Beispiel zur Rückstellungsentwicklung		
	Pensionsrückstellung zum Jahresanfang		11.000.000
+	Pensionsaufwand in der GuV	+	990.000
+/–	Neubewertungen im OCI (erfolgsneutraler Pensionsaufwand)	+	370.000
+/–	Zahlungen des Unternehmens wie folgt:		
./.	direkte Rentenzahlungen	–	400.000
./.	ggf. Zahlungen an externen Träger	–	350.000
./.	Abfindungen	–	10.000
+/–	Übertragungen von Fremdunternehmen	+	30.000
=	Pensionsrückstellung zum Jahresende	=	11.630.000

2.2.6 Ergebniskomponenten

Der Pensionsaufwand nach **HGB** ergibt sich aus der Veränderung der Pensionsrückstellung zzgl. der Zahlungen des Unternehmens im Wirtschaftsjahr. Nach **IFRS** werden dagegen die Ergebniskomponenten *(components of defined benefit cost)* originär vom Versicherungsmathematiker folgendermaßen ermittelt (IAS 19.120ff.): 41

- Dienstzeitaufwand *(service cost)*,
- Nettozinsen *(net interest)* und
- Neubewertungen *(remeasurements)*

Nur zwei dieser Kostenkomponenten, nämlich der Dienstzeitaufwand und die Nettozinsen, sind Aufwand in der GuV und stellen damit den Pensionsaufwand *(pension expense)* dar, die Neubewertungen laufen erfolgsneutral über das Eigenkapital.

Schema zu den Ergebniskomponenten nach IFRS

	Dienstzeitaufwand
	davon laufender Dienstzeitaufwand/Prämien *(current service cost)*
+/–	davon nachzuverrechnender Dienstzeitaufwand einschl. Plankürzungen *(past service cost incl. curtailments)*
+/–	davon Auswirkung von Abgeltungen *(settlements)*
+/–	**Nettozinsen/Zinsanteil auf die Rückstellung** *(net interest on the net defined benefit liability)*
=	**Pensionsaufwand in der GuV** *(defined benefit cost included in P&L)*
+/–	**Neubewertungen** *(remeasurements)*, im OCI ausgewiesen
=	**Gesamtkosten** – aufwandswirksam und erfolgsneutral

Beispiel zu den Ergebniskomponenten nach IFRS

	Dienstzeitaufwand		
	davon laufender Dienstzeitaufwand/ Prämien *(current service cost)*		550.000
+	davon nachzuverrechnender Dienstzeitaufwand einschl. Plankürzungen *(past service cost incl. curtailments)*	+	0
./.	davon Auswirkung von Abgeltungen *(settlements)*	–	0
+	**Nettozinsen/Zinsanteil auf die Rückstellung** *(net interest on the net defined benefit liability)* (4 % von 11 Mio. der Pensionsrückstellung; Rz 18)	+	440.000
=	**Pensionsaufwand in der GuV** *(defined benefit cost included in P&L)*	=	990.000
+	**Neubewertungen** *(remeasurements)*, im OCI ausgewiesen		370.000
=	**Gesamtkosten** – aufwandswirksam und erfolgsneutral		1.360.000

2.2.7 Zu den Komponenten des Pensionsaufwands

42 Der Dienstzeitaufwand (Rz 26) enthält zunächst den originär versicherungsmathematisch ermittelten **laufenden Dienstzeitaufwand** *(current service cost)*, der den Barwert der im Wirtschaftsjahr neu erdienten Pensionsansprüche misst (IAS 19.66f.). Beiträge der **Arbeitnehmer** mindern die Kosten für den Arbeitgeber und sind je nach Ausgestaltung als negative Leistungen in die Bewertung

einzubeziehen, als Abzugsbetrag beim laufenden Dienstzeitaufwand zu berücksichtigen oder als Neubewertungen zu behandeln. Der laufende Dienstzeitaufwand wird bereits am Jahresanfang auf Basis der dann geltenden Prämissen ermittelt und i.d.R. nicht mehr verändert. Sofern Sonderereignisse eintreten, ist u.U. eine Korrektur vorzunehmen. Wird bspw. über ein *curtailment* die Zahl der vom Plan versorgten Arbeitnehmer in der Jahresmitte reduziert (Rz 64), so wird für die zweite Jahreshälfte nur noch der anteilige Pensionsaufwand angesetzt. Derzeit bestehen Überlegungen beim IASB, in diesen Fällen nicht nur dem reduzierten Verpflichtungsumfang, sondern auch den zwischenzeitlich möglicherweise geänderten Prämissen Rechnung zu tragen und somit für die zweite Jahreshälfte eine komplette Neuberechnung des Aufwands mit neuen Prämissen durchzuführen. Eine solche Neuberechnung ist jedoch abzulehnen, weil dann der Pensionsaufwand des gesamten Unternehmens von einem Sondereffekt beeinflusst würde, der nur einen Teil der Verpflichtungen betrifft.

Nach IAS 19.92 ist bei Arbeitnehmerbeiträgen zu unterscheiden, ob sie freiwillig erfolgen oder bereits in den Regelungen des Plans vorgesehen sind. Sofern sie freiwillig erfolgen, werden sie vom laufenden Dienstzeitaufwand abgezogen. Andernfalls ist nach IAS 19.93 zu unterscheiden, ob die Arbeitnehmerbeiträge mit der Dienstzeit verknüpft sind oder nicht. Falls ja, reduzieren sie ebenfalls den laufenden Dienstzeitaufwand, und zwar indem sie als negative Leistungen in die Bewertung einbezogen und den einzelnen Dienstzeiträumen zugeordnet werden. Falls nein, verringern sie die Neubewertungen des entsprechenden Jahres. Zu der letzten Unterscheidung hat es eine Standardänderung gegeben.[11] Da die Berücksichtigung der Mitarbeiterbeiträge als negative Leistungen komplex ist und die Gefahr unterschiedlicher Interpretationen nach sich zieht, wurde die Regelung geändert. Falls die Mitarbeiterbeiträge von der Dienstzeit abhängen, sollen sie den einzelnen Dienstzeitperioden zugeordnet werden. Falls die Mitarbeiterbeiträge dagegen nicht von der Dienstzeit abhängen, werden sie vom laufenden Dienstzeitaufwand abgezogen. Die Standardänderung muss noch das Endorsement-Verfahren für die EU-Anwendung durchlaufen, was in Kürze erwartet wird.

Beiträge im Rahmen der Entgeltumwandlung in Deutschland werden allerdings u.U. gar nicht als Arbeitnehmerbeiträge angesehen, weil es sich hierbei um eine Änderung der Vergütungsabrede handelt und somit lediglich der Vergütungsbestandteil „Gehalt" gegen den Vergütungsbestandteil „Altersversorgung" getauscht wird, der Arbeitnehmer also nicht über bereits gezahltes Entgelt verfügt. Bei dieser Sichtweise würde weiterhin der ungekürzte laufende Dienstzeitaufwand berücksichtigt werden. Falls man dieser Sichtweise dagegen nicht folgt, würden die Entgeltumwandlungsbeträge vom laufenden Dienstzeitaufwand abgezogen. Beide Vorgehensweisen wurden in der Praxis schon auf Basis des alten IAS 19 praktiziert und können u.E. somit auch in der Zukunft angewandt werden.

Darüber hinaus umfasst der Dienstzeitaufwand alle Effekte aus **Planänderungen**, die auf zurückliegende Dienstzeiten entfallen (*past service cost*; Rz 45 und Rz 64) einschließlich der Effekte aus Plankürzungen (*curtailments*; Rz 64) sowie Gewinne oder Verluste aus Abgeltungen (*gains and losses on settlement*; Rz 65). Die **Nettozinsen** (*net interest on the net defined benefit liability*) ergeben sich durch Multiplikation des (kapitalmarktorientiert) gewählten Zinssatzes mit der

43

---

[11] Vgl. IASB, Defined Benefit Plans: Employee Contributions, Amendment to IAS 19.

Pensionsrückstellung zu Jahresanfang, Letztere korrigiert um unterjährige Zahlungen (IAS 19.123). Falls eine, in Deutschland allerdings seltene, Begrenzung des Vermögensertrages (*asset ceiling*) existiert, ist diese somit auch zu verzinsen. Auch die Nettozinsen werden bereits am Jahresanfang ermittelt und i. d. R. nicht mehr verändert; wegen der Auswirkungen von Sondereffekten vgl. Rz. 42.

44 Weder der erwartete noch der tatsächliche **Ertrag** eines externen Trägers spielt im Pensionsaufwand eine Rolle. In den Pensionsaufwand fließt ein Zinsertrag auf Basis des Rechnungszinssatzes ein. Abweichungen zum tatsächlichen Ertrag werden erfolgsneutral als *remeasurements* erfasst.

> **Bilanzierungstipp**
> Nach IFRS (nicht aber nach US-GAAP) können die Nettozinsen auch formell unter Zinsaufwand erfolgswirksam gebucht werden (IAS 19.134). Hierdurch vermindert sich der Personalaufwand entsprechend, sodass sich das operative Ergebnis (*earnings before interest and tax*, EBIT) des Unternehmens verbessert (wegen der Behandlung in der Kapitalflussrechnung → § 3 Rz 50).

45 Wird ein Pensionsplan **verbessert**, sodass sich auch die erdienten Pensionsansprüche erhöhen (z. B. der Pensionssteigerungsbetrag von 10 wird auf 15 pro Dienstjahr erhöht), ist dieser Mehraufwand *(past service cost)* wegen Erhöhung der DBO (IAS 19.102) sofort voll zu buchen. Nach US-GAAP ist der Mehraufwand dagegen über die erwartete Restdienstzeit zu verteilen; sog. Dienstzeitverteilung. Führt eine Änderung des Pensionsplans zu einer Minderung der bereits erdienten Pensionsansprüche, handelt es sich um negative *past service cost*. Werden künftig erdienbare Pensionsansprüche gemindert, führt dies insoweit zu künftig geringeren *current service cost*.

2.2.8 Neubewertungen (*remeasurements*)

46 Versicherungsmathematische Gewinne und Verluste (*actuarial gains/losses*) entstehen durch unvorhergesehene Änderungen der DBO (Differenz von erwartetem zu tatsächlichem Verpflichtungsumfang), durch Bestandsveränderungen oder Gehalts- bzw. Rentenerhöhungen oder durch am Ende des Wirtschaftsjahres neu festgelegte Berechnungsparameter. Ebenfalls fallen hierunter Planabgeltungen, die von vornherein im Leistungsplan oder in den Prämissen vorgesehen waren, z. B. die Auszahlung einer Kapitalleistung, soweit sie von den rechnerisch erwarteten Beträgen abweichen.
Die Neubewertungen bestehen insgesamt aus
- den versicherungsmathematischen Gewinnen/Verlusten,
- zzgl. des Teils des tatsächlichen Ertrags aus Planvermögen, der die Verzinsung des Planvermögens mit dem Rechnungszins übersteigt oder unterschreitet,
- zzgl. der Änderung einer Vermögenswertbegrenzung (*asset ceiling*), soweit sie von der unterstellten Verzinsung mit dem Rechnungszins abweicht.

Die Neubewertungen müssen sofort im Eigenkapital erfasst werden. Durch die erfolgsneutrale Berücksichtigung der Neubewertungen wird der bereits zu Beginn des Wirtschaftsjahres ermittelte Periodenaufwand in der GuV nicht mehr verändert.

47 Die erfolgsneutral gebuchten *remeasurements* werden auch nicht nachträglich erfolgswirksam erfasst. Nach US GAAP werden die im Eigenkapital gebuchten Beträge dagegen ab dem Folgejahr teilweise als Aufwand oder Ertrag erfasst,

sobald ein Korridor von 10 % der Verpflichtung bzw. des Planvermögens verlassen wird. Ein solches Recycling sieht IAS 19 nicht vor. Die *remeasurements*, die üblicherweise in den Gewinnrücklagen erfasst werden, können aber nachträglich in andere Eigenkapitalkomponenten umgebucht werden.

Beispiel zu Neubewertungen bei der DBO 48

	DBO Ende Vorjahr	15.000.000
+	Dienstzeitaufwand *(current service cost)*	+ 550.000
+	Zinsaufwand *(interest cost)*	+ 600.000
./.	Rentenzahlungen	− 700.000
./.	Abfindungen	− 10.000
+	Übertragungen	+ 30.000
=	Erwartete DBO zum Jahresende	= 15.470.000

Der Versicherungsmathematiker ermittelt aber zum Jahresende auf Basis der tatsächlichen Personendaten und ggf. neuer Berechnungsannahmen (z.B. Zins) mit 16.000.000 eine um 530.000 höhere tatsächliche DBO, was einen Verlust darstellt. Andererseits meldet der externe Träger (z.B. Unterstützungskasse) um 160.000 höhere tatsächliche Erträge, als sich bei reiner Verzinsung mit dem Rechnungszins ergeben hätten. Per saldo sind also Bewertungsänderungen von 370.000 entstanden, die sofort im Eigenkapital zu erfassen und im OCI auszuweisen sind.

Net defined benefit liability/asset am Jahresende als Kontrolle

	DBO zum Jahresende (lt. Berechnung)	16.000.000
./.	externes Kassenvermögen (lt. Buchhaltung der Kasse)	− 4.370.000
+	Effekt einer Vermögenswertbegrenzung	+ 0
=	Pensionsrückstellung zum Jahresende	= 11.630.000

Diese ist identisch mit der Zahl in Rz 40; dies zeigt, dass richtig gerechnet wurde (vgl. auch mit dem Finanzierungsstatus am Jahresanfang in Rz 18 sowie dem Pensionsspiegel in Rz 55).

Bei **erstmaliger Bilanzierung** nach IFRS ist nach IFRS 1 bereits zum Übergangsstichtag *(date of transition)* eine Eröffnungsbilanz nach IFRS-Grundsätzen zu erstellen, als ob schon immer nach IFRS bilanziert worden wäre. Dabei wird der volle Verpflichtungsumfang (DBO, ggf. abzgl. eines externen Kassen- oder Planvermögens) erfolgsneutral zurückgestellt *(fresh start)*. Der Übergangsstichtag *(date of transition)* ist der Beginn der frühesten Vergleichsperiode, die im ersten IFRS-Jahresabschluss dargestellt wird. I. d. R. müssen dann die Pensionsverpflichtungen bei Übergang auf die IFRS zu drei Stichtagen (mit den jeweils zu diesen Stichtagen passenden Parametern) berechnet werden: zum Bilanzstichtag, zum Vorjahresstichtag und zum Übergangsstichtag (→ § 6 Rz 19). 49

2.2.9 Mindest- und Höchstansatz der Pensionsrückstellung

50 Sofern die Verpflichtungen größer sind als das Planvermögen, verlangen die IFRS keine Mindest- oder Höchstrückstellung.

51 Umgekehrt kann bei einem sehr gut dotierten externen Träger (Pensionskasse oder Pensionsfonds) die Pensionsrückstellung auch negativ (also ein Aktivposten, *net defined benefit asset*; IAS 19.54) sein. Nach IFRS (nicht aber nach US-GAAP; IAS 19.64f.) ist ein Aktivposten beschränkt auf den Barwert des Nutzens („Nutzenbarwert"), den das Unternehmen für sich daraus wirklich ziehen kann (z. B. durch Beitragsrückgewähr oder Beitragssenkung). Die Beschränkung eines Aktivpostens durch ein *asset ceiling* wird erfolgsneutral vorgenommen, jedoch ist die Verzinsung *des asset ceiling* eine Komponente des Pensionsaufwands.

52 Die Ermittlung dieser Limitierung kann in der Praxis durchaus kompliziert werden, wenn der Pensionsplan eine Überdeckung (Marktwert der *plan assets* übersteigt die DBO) hat und das Unternehmen nicht voll auf eine Überdeckung (mittels Rückvergütungen oder künftiger Beitragssenkungen) zugreifen kann (IAS 19.65).

Da die Regelungen zum *asset ceiling* sehr komplex und „undurchsichtig" sind, gab es hierzu schon mehrere Nachbesserungen. IFRIC 14 (IAS 19 – *The Limit on a Defined Benefit Asset, Minimum Funding Requirements and their Interaction*) vom Juli 2007 und die kleine Ergänzung vom November 2009 konkretisieren den Begriff des aktivierbaren Nutzens, den ein Arbeitgeber aus einer Überdeckung ziehen kann, zum einen generell und zum anderen dann, wenn diese Überdeckung aus zusätzlichen Mindestbeitragszahlungen an die Versorgungseinrichtung resultiert, die sich etwa aus Vorschriften lokaler Aufsichtsbehörden über die Versorgungseinrichtung ergeben können. Eine weitere Änderung im Hinblick auf Befugnisse des Treuhänders zur Verwendung einer Überdeckung werden gerade beim IFRS Interpretations Committee diskutiert. Nach IFRIC 14.16 ist der Nutzenbarwert mit den gleichen Rechnungsgrundlagen wie die DBO zu ermitteln. Nach IFRIC 14.11 muss der wirtschaftliche Nutzen einer Überdeckung für das Unternehmen in rechtlicher Hinsicht uneingeschränkt sein; in zeitlicher Hinsicht muss er irgendwann eintreten, sei es sofort oder während der Laufzeit des Plans oder erst bei Beendigung oder Abwicklung des Plans. Falls aufgrund von Mindestdotierungsvorschriften noch zu leistende Zusatzbeitragszahlungen für zurückliegende Dienstzeiten dem Unternehmen nach der Einzahlung in den Plan nicht vollumfänglich als wirtschaftlicher Nutzen zur Verfügung stehen werden, wären nunmehr sogar auch Zusatzrückstellungen und nicht nur Minderaktivierungen aus solchen Vorschriften denkbar. Hauptsächlich betrifft dies Pensionsfonds in Großbritannien, in der Schweiz, in Belgien und in den Niederlanden. Möglich, aber unwahrscheinlich, sind auch Auswirkungen auf deutsche Pensionskassen und Pensionsfonds aufgrund von Solvabilitätsvorschriften der deutschen BaFin.

In Deutschland kommen Überdeckungen einer Versorgungseinrichtung (auch eines CTA als reinem Finanzierungsvehikel; Rz 57), gerechnet als Differenz von Planvermögen zum Zeitwert minus Pensionsverpflichtung DBO, auch tatsächlich irgendwann einmal (spätestens bis zur Abwicklung des Plans) dem Arbeitgeber zugute, sei es als Rückerstattung oder als Beitragsreduktion, soweit und sofern die Überschüsse dem Arbeitgeber zustehen.[12] Insoweit wirken sich auch regulatorische Vorschriften der Aufsichtsbehörden (BaFin) etwa bei Pensionsfonds oder Pensionskassen nicht hinderlich aus. Nach IFRIC 14 kommt dies offenkundig in anderen Ländern, wie etwa der Schweiz, häufig vor. Zu „IFRIC 14 und Schweizer Vorsorgepläne" gibt es eine spezielle Stellungnahme der „Schweizerischen Kammer der Wirtschaftsprüfer und Steuerexperten" aus 2008. In deutschen Pensionsplänen ist (auch schon aus arbeitsrechtlichen Gründen) klar geregelt, wem (Arbeitgeber und/oder Arbeitnehmer) und in welcher Höhe die Überschüsse zustehen. Bei Entgeltumwandlungszusagen stehen die Überschüsse immer den Arbeitnehmern zu, nie dem Arbeitgeber. Bei reinen Leistungszusagen stehen die Überschüsse praktisch immer dem Arbeitgeber in voller Höhe zu. Bei Pensionskassen stehen Überschüsse zumindest in dem Umfange den Arbeitnehmern zu, wie diese die Beiträge entrichtet haben. Insoweit Beiträge vom Arbeitgeber entrichtet wurden, kann, muss aber nicht, der Arbeitgeber ganz oder teilweise ein Überschussbezugsrecht haben. Stehen bspw. 40 % der Überschüsse dem Arbeitgeber zu, wird die formal ermittelte Überdeckung nur zu 40 % aktiviert.

2.2.10 Überleitung von HGB nach IFRS

Das Rechenschema zur Ermittlung der Pensionsrückstellungen zum Jahresende (Rz 40) ist formal auch nach **HGB** möglich und wird auch in vielen Prüfberichten von Wirtschaftsprüfern so vorgenommen. Eine solche Darstellung ist dann eine Kontrollrechnung für den Pensionsaufwand nach HGB, der aus den Zahlungen des Unternehmens und der Veränderung der Verpflichtungswerte (Pensionsrückstellungen) vom Jahresanfang zum Jahresende besteht. Nach **IFRS** wird der Pensionsaufwand zwar originär (Rz 42 f.) ermittelt, durch die sofortige Berücksichtigung der Neubewertungen im Eigenkapital ergibt sich jedoch ebenfalls die zum Jahresende berechnete Pensionsrückstellung. Insoweit ergibt sich für den Buchhalter in der Darstellung grundsätzlich kein Unterschied. 53

Die Buchhaltung eines deutschen Unternehmens erfolgt i. d. R. nach HGB-Konventionen, sodass bei der Überleitung von HGB nach IFRS lediglich der deutsche Pensionsaufwand sowie die deutschen Pensionsrückstellungen zum Jahresanfang und zum Jahresende durch die entsprechenden IFRS-Werte zu ersetzen sind (Anpassungsbuchungen). 54

2.2.11 Pensionsspiegel

Die Staffeldiagramme zum Finanzierungsstand am Jahresanfang (Rz 18), zur Rückstellungsentwicklung (Rz 40), zum Pensionsaufwand (Rz 41), zu den versicherungsmathematischen Gewinnen und Verlusten aus DBO bzw. den Neubewertungen bei einem externen Träger (*plan assets*; Rz 48) und zum Finanzierungsstand am Jahresende (Rz 48) lassen sich übersichtlich in einem „Pensionsspiegel" darstellen.[13] Als interne Arbeitsunterlage wird ein Pensionsspiegel schon länger 55

---

12 Vgl. zu einem einschlägigen Beispiel im Falle eines typischen deutschen CTA LÜDENBACH, PiR 2008, S. 309 ff. s. a. HAGEMANN/NEUMEIER/VERHUVEN, KoR 2009, S. 631 ff., sowie DEITER/SELLHORN, PiR 2008, S. 356 ff., und ZÜLCH/NELLESSEN, PiR 2007, S. 288 ff., zu weitergehenden Beispielen, die auch auf Fallgestaltungen außerhalb des deutschen Rechtskreises anwendbar sind.
13 Vgl. PAWELZIK in HEUSER/THEILE (Hrsg.), IFRS-Handbuch, 4. Aufl. 2012, Tz. 3650.

des Öfteren von Aktuaren, Wirtschaftsprüfern und Buchhaltern genutzt. Allerdings verlangt IAS 19 nur die vielen Staffeldiagramme (Rz 86) und nicht die übersichtliche Darstellung in einem Pensionsspiegel.

Ein Pensionsspiegel muss sämtliche Wirkungen der betrieblichen Altersversorgung auf den Jahresabschluss einbeziehen; also auch *settlements, curtailments* (Rz 64f.), *asset ceiling* (Rz 51f.), Rückübertragungen und *reimbursement rights*. Nicht zutreffende, nur mit Nullen gefüllte Zeilen und Spalten brauchen nicht aufgeführt zu werden. *Reimbursement rights* (Rz 63) können im Pensionsspiegel zunächst wie richtige *plan assets* angesetzt werden; allerdings wird dann in der Bilanz letztlich „brutto" gebucht, d. h., die *reimbursement rights* werden aktiviert und die Pensionsrückstellung wird entsprechend erhöht (Bilanzverlängerung).

Ein mit den Daten unseres Beispiels ausgefüllter Pensionsspiegel könnte wie folgt aussehen:

		Anwartschaftsbarwert DBO	Planvermögen des externen Trägers	Wertberichtigung (WB) (-) wegen Nichtnutzbarkeit einer Überdeckung des Planvermögens	Pensionsrückstellung DBL (+) oder Pensionsaktivwert DBA (-)
		A	B	C	D
1	tatsächliche Werte am Jahresbeginn	15.000.000	4.000.000	0	11.000.000
2	**Pensionsaufwand (in GuV):**				
3	Laufender Dienstzeitaufwand (ArbN-+ArbG-finanziert)	550.000			550.000
4	Arbeitnehmerbeiträge an externen Träger	0			0
5	Zinsaufwand bei der Verpflichtung	600.000			600.000
6	Fiktiver Ertrag eines externen Trägers auf Basis des Rechnungszinses (RZ 44)		160.000		-160.000
7	Berücksichtigung Planänderungen				
8	Aufwand/Ertrag aus Abfindungen und Übertragungen	0			0
9	Aufwand/Ertrag aus Plankürzungen	0			0
10	Zwischensumme Pensionsaufwand:	1.150.000	160.000	0	990.000
11	**Neubewertungen (im OCI):**	530.000	160.000		370.000
12	**Zahlungen für Renten und Zuwendungen:**				
13	Firma an Rentner (Renten)	-400.000			-400.000
14	Firma an externen Träger (Zuwendungen)		350.000		-350.000
15	Arbeitnehmer-Beiträge an externen Träger	0	0		0
16	externer Träger an Rentner (Renten)	-300.000	-300.000		
17	externer Träger an Firma (Erstattungen)		0		0
18	Zwischensumme:	-700.000	50.000		-750.000

		Anwart-schaftsbarwert DBO	Planvermögen des externen Trägers	Wertberichtigung (WB) (-) wegen Nichtnutzbarkeit einer Überdeckung des Planvermögens	Pensionsrückstellung DBL (+) oder Pensionsaktivwert DBA (-)
		A	B	C	D
19	Zahlungen für Abfindungen und Übertragungen:				
20	Firma an Pensionsberechtigte	-10.000			-10.000
21	Firma an (-) bzw. von (+) Übernehmer	30.000			30.000
22	externer Träger an Pensionsberechtigte		0	0	
23	externer Träger an (-) bzw. von (+) Übernehmer		0	0	
24	Zwischensumme:	20.000	0		20.000
25	tatsächliche Werte am Jahresende	16.000.000	4.370.000	0	11.630.000

Zeile	Anmerkungen zu einzelnen Zeilen des Pensionsspiegels:
1	Neukonsolidierungen und Entkonsolidierungen sind hier (bzw. in einer separaten Zeile) zu berücksichtigen.
7	Planänderungen: Erhöhung/Ermäßigung der DBO muss sofort berücksichtigt werden.
8	Wegen Erhöhung/Ermäßigung der DBO.
9	Wegen Erhöhung/Ermäßigung der DBO.

2.3 Besonderheiten und Gestaltungen bei Pensionsverpflichtungen

2.3.1 Zur Auslagerung von Pensionsrückstellungen mittels Treuhandlösungen

Pensionsrückstellungen nach deutschem Recht werden vom Ausland als *unfunded pension obligations* angesehen (Rz 5) und führen oft auch zu Nachteilen beim *credit rating* des Unternehmens. Die zu bilanzierende Pensionsrückstellung verlängert die Bilanz und verschlechtert Bilanzkennzahlen. Da in Deutschland die Umstellung des Durchführungswegs auf einen externen Träger (Unterstützungskasse, Pensionskasse, Pensionsfonds oder Versicherungslösung) meist teurer, oft steuerlich nachteilig und rechtlich kompliziert (meist mitbestimmungspflichtig) ist, bieten sich **Treuhandlösungen** an, die nach internationalen Bilanzierungsgrundsätzen genauso behandelt werden wie die klassischen externen Durchführungswege.

Einige nach US-GAAP bilanzierende Unternehmen führten **Pension-Trust-Modelle** bereits im letzten Jahrtausend ein (z.B. Deutsche Shell und DaimlerChrysler); für nach IFRS bilanzierende Unternehmen waren solche Modelle erst ab 2000 zulässig.

Einem i. d. R. in Form eines Vereins (als Treuhänder) gegründeten Pension Trust (in Deutschland überwiegend *contractual trust arrangement*, CTA, genannt) werden der Höhe und dem Zeitpunkt nach freiwillig Vermögenswerte zugewendet, die **ausschließlich** und **unwiderruflich** nur der Deckung und Finanzierung der direkten Pensionsverpflichtungen des Unternehmens dienen; eine anderweitige Verwendung ist ausgeschlossen. Die Versorgungsberechtigten erwerben nur im Falle der Insolvenz des Unternehmens einen direkten Rechtsanspruch gegen den Pension Trust. Solange das Unternehmen solvent ist, erhält der Versorgungsberechtigte seine Betriebsrente direkt vom Unternehmen. Der Pension Trust erstattet dem Unternehmen nachträglich die gezahlten Betriebsrenten *(reimbursement)*. Natürlich kann der Pension Trust auch direkt, aber dann nur für Rechnung und im Auftrag des Unternehmens, zahlen. Nur wenn nach Erfüllung aller bestehenden und abgesicherten Pensionsverpflichtungen Vermögenswerte des Pension Trust übrig bleiben, dürfen diese nach US-GAAP dem Unternehmen zurückgegeben werden. Nach IAS 19 ist dies auch für zuvor schon „überdotiertes" Trust-Vermögen zulässig; der Begriff der „Überdotierung" ist allerdings auslegungsbedürftig (Rz 21).

Nach IFRS und US-GAAP qualifizieren die Vermögenswerte des Pension Trust als *plan assets;* dabei müssen vom Unternehmen ausgegebene und vom Pension Trust gehaltene Wertpapiere frei handelbar sein. Außerdem vermindert sich der Pensionsaufwand um den Vermögensertrag des Pension Trust, wobei eine Rendite i. H. d. Rechnungszinssatzes unterstellt wird. Marktwertschwankungen (Volatilität) des Trust-Vermögens schlagen wegen der erfolgsneutralen Berücksichtigung der Neubewertungen im Eigenkapital nicht auf den Pensionsaufwand in der GuV durch. Auch viele Bilanzkennzahlen sehen aufgrund der Bilanzverkürzung im internationalen Vergleich besser aus.

58 Auch im HGB-Abschluss sind zugriffsfrei ausgesonderte Vermögenswerte (Deckungsvermögen) mit der Pensionsverpflichtung zu verrechnen (§ 246 Abs. 2 HGB). Nach **deutschem Steuerrecht** gelten die Vermögenswerte des Vereins (Treuhandvermögen) jedoch weiterhin als wirtschaftliches Eigentum des Unternehmens, sodass diese Trust-Lösung steuerlich als nicht existent zu qualifizieren ist und somit weder steuerliche Vorteile noch Nachteile entstehen.

59 Unter einer älteren Fassung von **IAS 19** (*revised* 1998) wurden Pension-Trust-Gestaltungen **nicht** als externe *plan assets* anerkannt. Der IASB hatte in IAS 19 (*revised* 2000) die Bedingung des formellen Rechtsanspruchs der Versorgungsberechtigten gegen den Pension Trust fallen gelassen, sodass seitdem solche Gestaltungen auch nach IFRS anerkannt werden.

2.3.2 Rückdeckungsversicherungen, Direktversicherungen, versicherungsförmig geführte Pensionskassen und Pensionsfonds

60 Ebenso können seit IAS 19 (*revised* 2000) auch ohne Gründung eines Pension Trust vom Unternehmen zur **Rückdeckung** direkter Pensionszusagen eingesetzte Versicherungen (sog. *qualifying insurance policies*) als *plan assets* angesetzt werden, wenn die Versicherungen unwiderruflich und auch im Insolvenzfall des Unternehmens ausschließlich für den Versorgungszweck zur Verfügung stehen (z. B. durch Verpfändung an die Versorgungsberechtigten). Dies gilt jedoch nicht für **andere** zur Rückdeckung eingesetzte Vermögenswerte (z. B. Immobilien

oder Fondsanteile). IAS 19 erkennt *qualifying insurance policies* nur dann an, wenn die Versicherungsgesellschaft, bei der die Verträge abgeschlossen werden, kein mit dem Arbeitgeber verbundenes Unternehmen, sog. *related party* gem. IAS 24 (→ § 30), ist. Diese Einschränkung ist in Deutschland eigentlich unverständlich, weil der Deckungsstock von Versicherungen über einen Treuhänder und im Insolvenzfall durch den Sicherungsfonds Protector abgesichert ist. Versicherungen, die keine *qualifying insurance policies* sind, gelten nach IAS 19.118 nicht als *plan assets*, selbst wenn sie von einer externen Versorgungseinrichtung gehalten werden. Dies betrifft aber nur die Saldierung mit der DBO; ansonsten werden auch *non-qualifying insurance policies* „wie *plan assets*" behandelt (*reimbursement* nach IAS 19.116f.; Rz 21, Rz 63).

Bei Rückdeckungsversicherungen, die die erworbenen Pensionsansprüche vollständig oder auch nur teilweise kongruent abdecken, kann deren Marktwert mit der DBO der rückgedeckten Pensionsverpflichtungen gleichgesetzt werden (IAS 19.115). Dadurch ähnelt ein vollständig rückgedeckter Pensionsplan materiell einem *defined contribution plan*. Bei **kongruent rückgedeckten Unterstützungskassen** (mit beitragsorientierten Leistungszusagen) kann dagegen nach IAS 19.46 als *defined contribution* behandelt werden. 61

Da Rückdeckungstarife jedoch fast nie (z. B. wegen der nicht versicherbaren Rentenanpassungsverpflichtungen nach § 16 BetrAVG) exakt auf deutsche Pensionsverpflichtungen passen, ist die Anwendung von IAS 19.115 „schwierig". Daher wird hier folgendes praktikables Verfahren vorgeschlagen, das IAS 19.115 sogar für alle Arten von Rückdeckungen leicht handhabbar macht:

- Der Rückdeckungsversicherer teilt die zum Bilanzstichtag aus dem Deckungskapital ausfinanzierte beitragsfreie Leistung mit, bzw. sie wird geeignet geschätzt (Angabe der garantierten Leistung und der erwarteten Überschüsse); dies wird i. d. R. nur eine Teilleistung der i. S. v. IAS 19 erdienten Pensionsansprüche sein, im Ausnahmefall auch eine „Überleistung".

- Der Pensionsaktuar der Firma bewertet dann sowohl die nach IAS 19 erdienten Pensionsansprüche in der DBO als auch die beitragsfreie Leistung des Versicherers mit den gleichen nach IAS 19 vorgeschriebenen Parametern, insbesondere Zins und Sterblichkeit, aber auch mit bestmöglicher Ansetzung der erwarteten Überschüsse.

Damit wären Pensionsverpflichtung und fiktiver Rückdeckungsanspruch konsistent bewertet.

Eine exakte Übereinstimmung von Pensionsverpflichtung und Rückdeckungsvermögenswert nach IAS 19.115 erhält man also nur, wenn die erdiente Pensionsleistung und die beitragsfreie Versicherungsleistung übereinstimmen und beide gleiches „Dynamikverhalten" aufweisen. Das wäre z. B. der Fall, wenn genau die Überschüsse der Rückdeckungsversicherungen den Pensionsberechtigten als Dynamisierung gut geschrieben werden, aber auch nur, wenn diese für die Anpassung nach § 16 BetrAVG ausreichen.

Bei betrieblichen **Direktversicherungen** mit üblicher Ausgestaltung verbleibt für den Arbeitgeber nur das Risiko der Subsidiärhaftung nach § 1 Abs. 1 Satz 3 BetrAVG, also Einstandspflicht bei Insolvenz des Versicherers (Rz 10). Diese „**fast risikolosen Direktversicherungen**" zeichnen sich durch folgende Eigenschaften aus: 62

- Der Arbeitnehmer hat einen **Rechtsanspruch** gegen den Lebensversicherer.
- Der Arbeitnehmer ist **versicherte** Person und Bezugsberechtigter der Leistung.
- Die vom Versicherer garantierte Leistung „richtet sich nach den gezahlten **Beiträgen**".
- Die garantierte Leistung ist höchstens mit dem aufsichtsrechtlichen **Höchstzins** von 1,25 % (bzw. früher 1,75 %, 2,75 % oder 3,25 % o. Ä.) ermittelt.
- Die **Überschüsse** kommen ausschließlich den Versicherten zugute.
- Bei Ausscheiden des Mitarbeiters aus dem Unternehmen richtet sich die **unverfallbare Anwartschaft** nach dem vorhandenen Deckungskapital und führt nicht zu einer „Auffüllverpflichtung" des Arbeitgebers (z. B. also Anwendung der versicherungsvertraglichen Lösung gem. § 2 Abs. 2 Satz 2 BetrAVG oder einer ähnlich zuverlässigen Regelung bei beitragsorientierten Leistungszusagen oder bei Beitragszusagen mit Mindestleistung).

Solche „fast risikolosen Direktversicherungen" sind als *defined contribution plan* zu bilanzieren (IAS 19.46f.; Rz 10). Die Subsidiäraftung des Arbeitgebers ist dann nur als Eventualverbindlichkeit *(contingent liability)* anzusehen (→ § 21 Rz 119). Nach IAS 19.46 ist nämlich *defined contribution accounting* anzuwenden, außer wenn „*the entity will have (either directly or indirectly through the plan) a legal or constructive obligation either (a) to pay the employee benefits directly when they fall due; or (b) to pay further amounts if the insurer does not pay all future employee benefits relating to employee service in the current and prior periods.*"

Der Arbeitgeber hat bei diesen „fast risikolosen Direktversicherungen" weder eine Verpflichtung nach (a) noch nach (b): Es liegt keine Verpflichtung nach (b) vor, da alle erworbenen Pensionsansprüche durch den Versicherer gedeckt sind und von ihm erfüllt werden, sodass weitere Beiträge durch den Arbeitgeber zu deren Erfüllung nicht notwendig sind. Auch im Falle der Insolvenz des Versicherers würde der Arbeitgeber natürlich keine weiteren Beiträge mehr an den insolventen Versicherer zahlen, sondern die Ansprüche direkt (oder anders) erfüllen wollen. Es liegt auch keine Verpflichtung nach (a) vor, denn der Nachsatz „*when they fall due*" zeigt unmissverständlich, dass man auf den „normalen" Zahlungszeitpunkt an den Betriebsrentner abstellt (und dann zahlt ja der Versicherer) und nicht auf den Zahlungsverzug oder die Zahlungsunmöglichkeit durch den Versicherer; sonst hätte man formuliert „*when the insurer cannot pay*". Auch IAS 19.49 unterstützt diese Argumentation: Der Versicherungsvertrag ist im Namen eines speziellen Arbeitnehmers abgeschlossen und der Arbeitgeber hat keine Verpflichtung zur Übernahme eines versicherungsmathematischen Verlustes des Versicherungsvertrags *(to cover any loss on the policy)*; diesen trägt der Versicherer (bzw. die Versichertengemeinschaft) selbst. Es wird somit auch hier nicht auf die Insolvenz des Versicherers abgestellt, sondern auf den „normalen" Verlauf der Dinge.

Ein *defined contribution plan* liegt auch dann vor, wenn im Falle einer arbeitgeberfinanzierten „fast risikolosen Direktversicherung" bei verfallbarem Ausscheiden eines Arbeitnehmers das angesammelte Deckungskapital an den Arbeitgeber zurückfällt. Eventuelle Rückflüsse aus verfallbarem Ausscheiden werden erst bei Entstehen des konkreten Rückzahlungsanspruchs erfasst.[14]

---

[14] Vgl. IFRIC Agendaentscheidung aus Juli 2011, abrufbar unter www.ifrs.org.

Wenn **Pensionskassen** und **Pensionsfonds** nach gleichen Grundsätzen, insbesondere hinsichtlich Solvabilität und Insolvenzabsicherung, wie Versicherungsgesellschaften operieren und Tarife wie die o. a. fast risikolosen Direktversicherungen anbieten, liegt insoweit die gleiche Rechtslage (fast risikolos) vor (also *defined contribution accounting*). Umgekehrt ist dies nicht der Fall, wenn z. B. eine Pensionskasse die Möglichkeit hat, bei versicherungstechnischen Verlusten die Leistungen zu mindern oder höhere Beiträge zu verlangen. Dann kann höchstens bei wirtschaftlicher Betrachtung (wenn dieses Risiko gering ist) ein *defined contribution plan* vorliegen. Werden von der Pensionskasse Finanzierungsverfahren gewählt, die nicht die stetige Deckung der erworbenen Ansprüche durch bereits gezahlte Beiträge sicherstellen (z. B. Bilanzausgleichsverfahren, Verfahren der technischen Durchschnittsprämie oder Nichtanwendung der versicherungsvertraglichen Lösung gem. § 2 Abs. 3 Satz 2 BetrAVG oder ähnlicher Lösung), liegt insoweit kein *defined contribution plan* nach IAS 19.8 vor.

Verpfändete rückgedeckte Direktzusagen stellen ebenfalls keinen *defined contribution plan* dar, da der Arbeitgeber rechtlich zur Zahlung verpflichtet bleibt. Dies gilt auch bei **rückgedeckten Unterstützungskassen**, da hier der Versicherer nicht zur Zahlung an den Betriebsrentner verpflichtet ist und sich die Verpflichtung der Unterstützungskasse auf das vorhandene Vermögen beschränkt. Lediglich im Fall der kongruent rückgedeckten Unterstützungskasse, bei der das Vermögen der Unterstützungskasse exakt ausreicht, um die Verpflichtung zu erfüllen, erfolgt nach IAS 19.46 eine Behandlung als *defined contribution plan*.

2.3.3 Vermögenswerte, die nur „fast" als *plan assets* gelten

Vermögenswerte, die zwar der Deckung oder Absicherung von Pensionsverpflichtungen dienen, aber nicht **alle** für die Anerkennung als *plan assets* notwendigen Bedingungen erfüllen, sind nach den jeweiligen Bilanzierungsregeln in der Bilanz des Unternehmens zu aktivieren. Hierdurch wird der Pensionsaufwand nicht berührt. Wenn jedoch die Erstattung der Pensionszahlungen von dritter Seite (*another part*) ziemlich sicher (*virtually certain*) ist, z. B. von einer Versicherungsgesellschaft oder einem bonitätsstarken konzernfremden Dritten im Wege von Schuldbeitritt mit Erfüllungsübernahme (Rz 68 f.), muss dieser Anspruch mit dem Marktwert aktiviert werden, auch wenn dieser Anspruch nicht als *plan assets* qualifiziert wird; der Pensionsaufwand kann dann unter IFRS so bestimmt werden, als ob *plan assets* vorlägen (sog. *plan assets* „zweiter Ordnung"). Insbesondere wirken sich Marktwertschwankungen (Volatilität) nicht auf den Aufwand in der GuV aus, da sie als Bewertungsänderungen, die von der unterstellten Verzinsung abweichen, im Eigenkapital erfasst werden. Auch dies ist allgemein schon ein Vorteil, allerdings weniger von Bedeutung bei klassischen Rückdeckungsversicherungen in Deutschland, da deren Marktwert kaum schwankt. Auch hier kann bei kongruenten Rückdeckungsversicherungen, die die erworbenen Pensionsansprüche vollständig abdecken, deren Marktwert mit der DBO der rückgedeckten Pensionsverpflichtungen gleichgesetzt werden (IAS 19.119).

2.3.4 Nachzuverrechnender Dienstzeitaufwand (*past service cost*) für Planänderungen (*plan amendments*) und Kürzungen (*curtailments*) sowie Gewinne/Verluste bei Abfindungen und Übertragungen (*gains and losses on settlements*) bei Pensionsplänen

64 Nachzuverrechnender Dienstzeitaufwand kann aus **Planänderungen** (*plan amendments*) und **Plankürzungen** (*curtailments*) resultieren. *Plan amendments* gem. IAS 19.104 treten auf, wenn ein *defined benefit plan* eingeführt oder beendet wird oder Leistungen aus einem *defined benefit plan* geändert werden. *Curtailments* gem. IAS 19.105 entstehen bei einer wesentlichen Verringerung der Anzahl der Mitarbeiter z. B. im Zusammenhang mit Umstrukturierungsmaßnahmen wie Betriebs- oder Teilbetriebsschließungen, Entlassungen in größerem Ausmaß, Vorruhestands- und Altersteilzeitregelungen.

Die Höhe des nachzuverrechnenden Dienstzeitaufwands entspricht der Änderung der Leistungsverpflichtung (DBO) bei einer Planänderung oder Plankürzung.

65 Abfindungen und Übertragungen (*settlements* gem. IAS 19.8) können sein:
- **Barabfindungen** an die Versorgungsberechtigten, die im Gegenzug auf ihre Pensionsansprüche verzichten;
- **Übertragung** der Pensionsansprüche (i. S. d. Änderung des Durchführungswegs der betrieblichen Altersversorgung) auf eine Versicherungsgesellschaft, eine Pensionskasse oder auch einen Pensionsfonds (wobei keine oder nur eine unwahrscheinliche finale Arbeitgeberhaftung zurückbleiben darf; vgl. Rz 9 f. und Rz 62) oder auf einen neuen Arbeitgeber;
- Abfindungen, bei denen die Abfindungsleistung in der Gewährung einer entsprechenden **Beitragszusage** (*defined contribution plan*) besteht (Rz 8 f.).

Dabei handelt es sich nur dann um *settlements*, wenn die Abfindung oder Übertragung nicht bereits im Plan und nicht in den Annahmen (z. B. bei Wahlrecht Kapital statt Rente) berücksichtigt waren.

Die Höhe der *gains and losses on settlements* entspricht dem Unterschiedsbetrag zwischen der abgefundenen bzw. übertragenen Verpflichtung und dem Preis für die Übertragung bzw. Abfindung einschließlich übertragenem Planvermögen und getätigter Zahlungen.

66 Nach IAS 19.103 sind *past service cost* zum Zeitpunkt des *plan amendments* bzw. *curtailments* zu erfassen bzw. auch schon früher, wenn Restrukturierungskosten gem. IAS 37 bzw. *termination benefits* (Rz 74 f.) berücksichtigt werden. Die gleiche Regel gilt nach IAS 19.110 für *gains and losses on settlement* mit Berücksichtigung zum Zeitpunkt der Abgeltung.

Nach US-GAAP gelten unterschiedliche und komplexere Rechnungslegungsvorschriften.

67 Gem. IAS 19.99 soll vor der Ermittlung der Höhe der *past service cost* und *gains and losses on settlement* auch die Höhe der Pensionsrückstellung vor Eintritt der o. g. Ereignisse festgestellt werden. Nach IAS 19.100 muss der Gesamteffekt der Änderungen nicht auf die einzelnen o. g. Ereignisse (*plan amendment*, *curtailment* and *settlement*) aufgeteilt werden, soweit die Ereignisse gleichzeitig auftreten.

2.3.5 Schuldbeitritt mit Erfüllungsübernahme

Bestehende Pensionsregelungen können ein Hindernis bei Käufen und Verkäufen von Unternehmen bzw. Betrieben oder Teilbetrieben darstellen, da das deutsche Betriebsrentengesetz keine besonderen erleichternden Regelungen hierfür enthält. Neben den 3 stets möglichen *settlement*-Gestaltungen aus Rz 65 findet man in der Praxis daher oftmals Fälle, insbesondere im Zusammenhang mit **Käufen und Verkäufen von Unternehmen**, in denen ein fremdes Unternehmen die Erfüllung der Pensionsverpflichtungen unter Schuldbeitritt mit Erfüllungsübernahme übernimmt. Im Fall der Insolvenz des Übernehmers **haftet** der abgebende Arbeitgeber. Solche Fälle sind unter IFRS wirtschaftlich zu betrachten, d. h., der effektive, nicht der potenzielle Schuldner bilanziert. 68

Wenn der Übernehmer **sämtliche Risiken** (hinsichtlich der übernommen Vermögenswerte sowie Invalidität, Tod usw.) übernimmt und die ggf. noch weiter zu zahlenden Prämien des abgebenden Arbeitgebers vom weiteren Risikoverlauf beim Übernehmer unabhängig sind, liegt trotz der Haftung im Insolvenzfall wirtschaftlich ein *settlement* vor. Bei solchen Gestaltungen besteht aber die Gefahr, dass der Übernehmer ein unzulässiges Versicherungsgeschäft betreibt; zumindest jedenfalls, wenn er das Todesfall- und Invaliditätsrisiko nicht an eine Versicherungsgesellschaft weitergibt. 69

Wegen der (formal) Gesamtschuldnerschaft des abgebenden und des übernehmenden Unternehmers könnte sich der Rentner auch direkt an das abgebende Unternehmen halten. Dies ändert am Charakter des *settlement* nichts, denn das abgebende Unternehmen wird sich seine Inanspruchnahme vom übernehmenden rückvergüten lassen.

Hängen hingegen die Prämien vom weiteren Risikoverlauf ab (übliche Gestaltung), liegt kein *settlement* vor. Überträgt der Übernehmer die übernommenen Vermögenswerte (und Prämien) in eine externe Versorgungseinrichtung oder nutzt er eine Treuhandlösung (Rz 56 f.), dann liegt aus Sicht des abgebenden Unternehmens ein *funded plan* mit *plan assets* vor. Hält der Übernehmer die übernommenen Vermögenswerte und Prämien im operativen Bereich seines Unternehmens, dann liegen aus Sicht des abgebenden Unternehmens keine *plan assets* vor, sondern lediglich *plan assets* „zweiter Ordnung" (Rz 63).

Aus Sicht des Übernehmers liegen keine Pensionsverpflichtungen i. S. v. IAS 19 vor, da eine Verpflichtung gegenüber **fremden** Personen besteht. Die Verpflichtung analog IAS 19 ist dann gleichwohl zu bewerten und zu bilanzieren. Je nach Fallgestaltung des Schuldbeitritts mit Erfüllungsübernahme wird man analog einer Beitragszusage *(defined contribution plan)* oder einem *defined benefit plan* (mit oder ohne *plan assets*) vorgehen (Rz 8 ff.). 70

3 Sonstige Leistungen für Arbeitnehmer *(employee benefits)*

3.1 Kurzfristige Leistungsverpflichtungen

Kurzfristige (besser: **kurzzeitige**) Verpflichtungen aus dem Arbeitsverhältnis (IAS 19.9, *short-term employee benefits*), die innerhalb von 12 Monaten nach Entstehung fällig werden, sind i. d. R. unmittelbar als Aufwand zu erfassen. 71

Sofern am Bilanzstichtag die Erfüllung noch aussteht, bedarf es für sie im Gegensatz zu langfristigen Verpflichtungen einer **unabgezinsten** Rückstellung. Soweit es **Überzahlungen** gegeben hat, die zu späteren Kürzungen von Leistungen führen, ist eine Forderung zu aktivieren. Das betrifft nach IAS 19.9 neben den Gehaltszahlungen u. a. auch die Beiträge an die Sozialversicherungsträger. Für noch nicht genommene **Urlaubstage** ist eine Rückstellung zu bilden, sofern sie nicht am Bilanzstichtag verfallen. Für **Krankheitstage** ist keine Rückstellung zu bilden, da Krankheitstage nicht vorgetragen werden können und somit Abwesenheiten wegen Krankheit immer die aktuelle Periode betreffen. Eine Erfassung von **Erfolgsbeteiligungen** und **Bonuszahlungen** hängt von der rechtlichen oder faktischen Verpflichtung des Unternehmens ab, diese Zahlungen zu leisten, sofern die Verpflichtung auf Ereignissen der Vergangenheit beruht. Außerdem ist eine zuverlässige **Schätzung** der Verpflichtung notwendig. Diese ist nach IAS 19.22 nur zulässig, wenn die Höhe der Zahlungen
- entweder in der Zusage geregelt ist, oder
- die Beträge vor Verabschiedung des Geschäftsberichts feststehen oder
- die bisherige Praxis klare Hinweise auf die Höhe der Zahlungen gibt.

Für **Bonuszahlungen** für das abgelaufene Geschäftsjahr kann keine Rückstellung gebildet werden, wenn das Unternehmen noch die Möglichkeit hat, die Bonuszahlungen vollständig zu unterlassen. Häufig liegt aber wegen der bisherigen Praxis eine faktische Verpflichtung vor. In diesen Fällen ist eine vernünftige Schätzung vorzunehmen. Sofern die Bonuszahlungen nur erfolgen, wenn der Mitarbeiter noch bis zu einem bestimmten Datum im Unternehmen beschäftigt ist, muss das bei der Bewertung berücksichtigt werden (IAS 19.21).

Soweit die Vergütung des Arbeitnehmers in Form von **Unternehmensanteilen** erfolgt, ist sie nicht Gegenstand von IAS 19, sondern von IFRS 2 (vgl. § 23).

3.2 Arbeitszeitkontenmodelle, Jubiläumsverpflichtungen

72   Für sonstige **längerfristige** Verpflichtungen, die nicht im Rahmen von Pensionsplänen bewertet werden, wie z. B. **Jubiläumsgelder** und Verpflichtungen aus **Arbeitszeitkontenmodellen**, ist der Barwert der den abgelaufenen Wirtschaftsjahren zuzurechnenden (Teil-)Ansprüche (DBO) zurückzustellen, wobei für die Berechnungsmethoden und -annahmen (insbesondere Zins und Dynamisierung) das Gleiche wie bei Pensionszusagen gilt (Rz 25 ff.). Die erfolgsneutrale Berücksichtigung von Bewertungsänderungen wie bei den Pensionsverpflichtungen (Rz 46 ff.) wird jedoch nicht zugestanden (IAS 19.156). Als Folge hiervon kann sich ein stark schwankender Aufwand in der GuV ergeben. *Plan assets* stehen auch hier dem Grunde nach zur Finanzierung der Verpflichtung zur Verfügung, jedoch sieht IAS 19 für *other long-term employee benefits* (im Gegensatz zu *post-employment benefits*) keine *defined contribution plans* vor, was eigentlich unverständlich und wohl als Lapsus aufzufassen ist. Bei Arbeitszeitkontenmodellen liegen oft wertpapiergebundene Zusagen vor mit oder ohne Mindestgarantien (Rz 94).[15]

---

[15] Rhiel, PiR 2007, S. 183.

Zu unterscheiden ist bei Arbeitszeitkontenmodellen nach dem **wirtschaftlichen Inhalt**:
- **Kurzfristige Ausgleichung** von betrieblichen Auslastungsspitzen: sog. Gleitzeitkonten, Behandlung als *short-term employee benefits*, also Bilanzierung so, als ob die Verpflichtung unmittelbar nach dem Bilanzstichtag zu erfüllen wäre (IAS 19.9).
- **Langfristige Urlaubs- und Freizeitgewährung** (sabbaticals) oder **Verkürzung der Lebensarbeitszeit** vor der eigentlichen Pensionierung (wobei das Arbeitsverhältnis üblicherweise formal nicht beendet wird): sog. Langzeitkonten, Behandlung als *other long-term employee benefits* (Rz 72).[16]

73

3.3 Personalstrukturmaßnahmen und *termination benefits*

Termination benefits (IAS 19.159f.) sind Leistungen des Arbeitgebers, jenseits eines Pensionsplans, im Zusammenhang mit einer arbeitgeberseitig gewünschten Beendigung des Arbeitsverhältnisses von Arbeitnehmern, meist im Zusammenhang mit Personalstrukturmaßnahmen, z. B. Einmalzahlungen, periodische Zahlungen (mehrere Jahre; lebenslänglich), Gehaltsfortzahlungen bei faktischer Freistellung oder bei einer Extra-Verbesserung der Betriebsrente. Die Leistungen dürfen nicht von der weiteren Betriebszugehörigkeit abhängen. Meistens findet zusätzlich ein *curtailment* (Kürzung) des normalen Pensionsplans statt. Leistungen, die unabhängig vom Ausscheidungsgrund des Arbeitnehmers gezahlt werden, gelten nicht als *termination benefits*, sondern als Pensionsleistungen oder sonstige *post-employment*-Leistungen. Gewährt der Arbeitgeber bei arbeitgeberseitig veranlasstem Ausscheiden höhere Leistungen als bei freiwilligem Ausscheiden des Arbeitnehmers, so gilt nur die Differenz als *termination benefit*.

74

Die gesamte Verpflichtung ist mit ihrem vollen Barwert ohne Verteilungsmöglichkeit zu bilanzieren, wenn der Arbeitgeber das Angebot von *termination benefits* nicht mehr zurückziehen kann (*when the entity can no longer withdraw the offer...*) oder auch bereits früher, falls das Unternehmen Restrukturierungskosten gem. IAS 37 berücksichtigt, die *termination benefits* nach sich ziehen. Erforderlich ist ein detaillierter formeller Plan mit Angabe von Standort, Funktion, ungefährer Anzahl der betroffenen Arbeitnehmer, Höhe der *termination benefits* nach Job und Funktion sowie Zeitpunkt der Umsetzung, die dann aber unverzüglich erfolgen muss. Für *termination benefits* sieht IAS 19 keine *plan assets* vor.

75

3.4 Altersteilzeit

Ein Altersteilzeit-Modell besteht i. d. R. aus folgenden Eckdaten:
- Reduktion der Gesamtarbeitszeit ab dem 55. bis zum 60. Lebensjahr auf 50 %.
- Kontinuierliches Modell: gleichmäßige Verringerung der Arbeitszeit.

76

---

[16] Vgl. Anwendungshinweis 1 DRSC AH 1 (IFRS) zur Bilanzierung von Aufstockungsverpflichtungen im Rahmen von Altersteilzeitregelungen nach IFRS vom 11.12.2012, Rz. 13. Danach können Aufstockungszahlungen (auch wenn sie während der Freistellungsphase gezahlt werden) nicht als Leistungen nach Beendigung des Arbeitsverhältnisses angesehen werden, weil das Arbeitsverhältnis regelmäßig erst nach der Freistellungsphase beendet wird. Diese Begründung gilt aber auch bei Arbeitszeitkonten, bei denen das Arbeitsverhältnis erst nach der Freistellung beendet wird.

- Blockmodell: Arbeitszeit in den ersten 2,5 Jahren (Arbeitsphase): 100 %; in den letzten 2,5 Jahren (Freistellungsphase): 0 %.
- Aufstockung der Bezüge auf mindestens 70 % des Nettogehalts.
- Aufstockung der Beiträge zur Rentenversicherung auf mindestens 90 % (bezogen auf Vollzeitentgelt).
- Eventuell zusätzliche Abfindung (für vorzeitige Aufgabe des Arbeitsplatzes bzw. als Ausgleich für eine niedrigere gesetzliche Sozialrente bzw. auch Betriebsrente).
- Zusätzlicher Aufwand wegen vorgezogenen Finanzierungsendalters bei der Pensionsverpflichtung.
- Erstattung der Mindestaufstockungsbeträge durch das Arbeitsamt bei Vorliegen bestimmter Voraussetzungen (Wiederbesetzung des frei gewordenen Arbeitsplatzes).

77 Zu Gehaltsaufstockungen im Rahmen von Altersteilzeitregelungen (bei bestehenden Arbeitsverhältnissen) enthält IAS 19 **keine expliziten** Angaben. Aufstockungsleistungen gelten aber wegen der Abhängigkeit von der weiteren Arbeitsleistung des Mitarbeiters nicht mehr als *termination benefits* (Rz 74), sondern als *other long-term employee benefits* (Rz 71f.).[17] Wie bei US-GAAP (Anwendung von FAS 112 aufgrund des EITF 2005–5) sind alle in der Freistellungsphase zu leistenden Zahlungen ratierlich über den Zeitraum von der individuellen Teilnahmeerklärung des Arbeitnehmers bis zum Ende der Arbeitsphase anzusammeln. Bei einer kollektivrechtlichen Vereinbarung müssen die Aufstockungsleistungen bereits ab Abschluss dieser Vereinbarung angesammelt werden, sofern sich aus dem Plan oder den tatsächlichen Umständen der Vereinbarung nichts anderes ergibt. Sofern eine bestimmte Mindestzeit der Beschäftigung für den Abschluss einer Altersteilzeitvereinbarung gefordert wurde, liegt unter IAS 19 *past service cost* i.H.d. Barwerts der Leistungsverpflichtung für Arbeitszeiten über den Zeitraum der Mindestbetriebszugehörigkeit bis zum Vertragsabschluss vor.[18] Die Neufassung von IAS 19 aus 2011 i.V.m. dem Anwendungshinweis DRSC AH 1 (IFRS) wird demnach i.d.R. weiterhin zu einer unterschiedlichen Behandlung der Aufstockungsleistungen im Vergleich zu US-GAAP führen. Außerdem wird es häufig auch Abweichungen zu der Behandlung nach dem HGB geben, Gemäß IDW RS HFA 3 vom 19.06.2013 ist zu klären, ob die Aufstockungsbeträge Abfindungscharakter oder Entlohnungscharakter haben. Im ersten Fall kann die bisherige (HGB-)Behandlung in der Handelsbilanz, also die Bewertung mit dem Barwert, beibehalten werden, im zweiten Fall könnte auch die IFRS-Methodik im HGB zur Anwendung kommen.

Bei Blockmodellen sind auf jeden Fall die Zahlungen für die Freistellungsphase in der Beschäftigungsphase anzusammeln (Rückstellung mit Abzinsung), da insoweit wie bei Jubiläumsgeldern und Arbeitszeitkontenmodellen eine aufgeschobene Vergütung für erbrachte Arbeitsleistungen (ungewisse Verbindlichkeit wegen Erfüllungsrückstands) vorliegt. Für diese Erfüllungsrückstände können nach IAS 19.155 auch *plan assets* bereitgestellt und anerkannt werden (z.B. in einem CTA). Nach HGB und IAS 37.53 sind Erstattungsansprüche zu aktivieren, wenn deren Bezug

---

[17] Vgl. Anwendungshinweis 1 DRSC AH 1 (IFRS) zur Bilanzierung von Aufstockungsverpflichtungen im Rahmen von Altersteilzeitregelungen nach IFRS vom 11.12.2012.
[18] Eine Darstellung der verschiedenen Berechnungsmethoden findet sich in: HAGEMANN/LIEB/NEUMEIER, KoR 2013, S. 293.

faktisch sicher *(virtually certain)* ist, also meist erst bei Wiederbesetzung. Vorher können sie auch nicht rückstellungsmindernd berücksichtigt werden.

Beispiel
Ein Arbeitnehmer erhält ein Vollzeitgehalt (einschließlich Arbeitgeberbeiträgen zur Sozialversicherung) von 100.000. Er will für eine 5-jährige Altersteilzeitphase das Blockmodell (2,5 Jahre Vollbeschäftigung und 2,5 Jahre Freistellung) nutzen. Einschließlich Aufstockungsbeträgen und Arbeitgeberbeiträgen zur Sozialversicherung beträgt sein Gehalt über die 5 Jahre 70.000 statt eines „normalen" Teilzeitgehaltes von 50.000. Die normalen Gehälter für die Freistellungsphase (2,5 mal 50.000) aufgrund Erfüllungsrückstandes zzgl. der Aufstockungsbeträge (2,5 mal 20.000) werden in der Beschäftigungsphase ratierlich angesammelt (abgezinst, mit Gehaltstrend).

Die Rückstellung für die Gehälter in der Freistellungsphase (Erfüllungsrückstand) Rü-Geh bzw. für die Aufstockungsbeträge Rü-Auf entwickelt sich dann (in 6-Monatsschritten) wie in der folgenden Tabelle. Zur Verdeutlichung werden die Rückstellungsverläufe einmal nominal (ohne Abzinsung, ohne künftige Erhöhungen und ohne Sterbewahrscheinlichkeiten) und einmal real (einschließlich Abzinsung, künftiger Erhöhungen und Sterbewahrscheinlichkeiten) dargestellt. Der Zinssatz beträgt 5 % p.a., die Gehaltserhöhung 2 % p.a., die Sterbewahrscheinlichkeiten werden den Heubeck-Tabellen entnommen.

Monat	Rü-Geh nominal	Rü-Auf nominal	Rü-Geh real	Rü-Auf real
0	0	0	0	0
6	25.000	10.000	23.595	8.411
12	50.000	20.000	48.015	17.382
18	75.000	30.000	73.294	26.435
24	100.000	40.000	99.443	36.463
30	125.000	50.000	126.477	46.444
36	100.000	40.000	102.948	38.485
42	75.000	30.000	78.553	29.582
48	50.000	20.000	53.286	20.467
54	25.000	10.000	27.108	10.563
60	0	0	0	0

In der deutschen Steuerbilanz werden die Rückstellungen ratierlich in der Beschäftigungsphase aufgebaut.[19] Ferner: Der Erfüllungsrückstand (Differenz zwischen fiktivem Vollzeitgehalt und dem gezahlten Teilzeitgehalt unter Einbeziehung der Arbeitgeberanteile zur Sozialversicherung ohne Berück-

---

[19] BFH, Urteil v. 30.11.2005, I R 110/04, DB 2006, S. 532; sowie das präzisierende BMF-Schreiben vom 28.03.2007, BStBl I 2007, S. 297. Zur Gesamtthematik ausführlicher vgl. LIEB/RHIEL, BC 2006, S. 209, LIEB/RHIEL, PiR 2006, S. 87, HIRSCH/LIEB/VEIT, StuB 2006, S. 344 und LIEB/RHIEL, StuB 2007, S. 505.

> sichtigung von Aufstockungsbeträgen und Rentenversicherungs-Aufstockungsbeträgen) wird nicht abgezinst (da er i.d.R. mit der Gehaltserhöhung dynamisiert wird) und ohne Sterbewahrscheinlichkeiten berechnet (da er ggf. auch an die Erben ausgezahlt wird). Die Aufstockungsbeträge und Rentenversicherungs-Aufstockungsbeträge werden mit 5,5 % abgezinst und mit Sterbewahrscheinlichkeiten berechnet.

78 Vorruhestands- oder Altersteilzeitregelungen haben meist auch einen **indirekten Effekt** auf den Pensionsplan des Unternehmens, da Vorruheständler und Altersteilzeiter im Allgemeinen ihre Betriebsrente früher als eingerechnet beziehen werden (z. B. mit Alter 60 statt 63). Dies stellt ein *plan amendment* dar (Rz 64 f.), da der Begünstigte aufgrund des Vorruhestands- oder Altersteilzeitvertrages früher in Rente gehen kann. Dies führt meist zu einer Verteuerung des Pensionsplans. Der entsprechende Mehraufwand ist sofort erfolgswirksam zu buchen.

4 Bilanzausweis

79 Bei **Beitragszusagen** (Rz 8) besteht der Aufwand lediglich aus dem zu zahlenden Beitrag, der Ausweis erfolgt im Personalaufwand. Einen Bilanzausweis gibt es nicht bzw. nur dann, wenn das Unternehmen mit Beitragszahlungen in Verzug ist oder Beiträge im Voraus gezahlt hat (IAS 19.51). In diesem Fall erfolgt ein Ausweis unter den kurzfristigen Rückstellungen bzw. den sonstigen kurzfristigen Vermögenswerten. Das Gleiche gilt für kurzfristige Leistungen an Arbeitnehmer.
Bei **Leistungszusagen** ist eine Rückstellung zu passivieren bzw. ein Vermögenswert zu aktivieren (IAS 19.63 ff). Der Ausweis erfolgt im Falle der Passivierung unter den langfristigen Rückstellungen. Sofern ein Vermögenswert zu aktivieren ist, kommt neben einem Ausweis als sonstige Finanzanlagen (also im langfristigen Vermögen) auch ein Ausweis als sonstige kurzfristige finanzielle Vermögenswerte in Betracht, wenn die Überdeckung dem Unternehmen kurzfristig zufließen wird. Ein separater Ausweis der Rückstellungen für Verpflichtungen gegenüber Arbeitnehmern ist nicht erforderlich, eine Aufschlüsselung muss aber zumindest im Anhang erfolgen (→ § 2 Rz 54).

5 Angaben

5.1 Angaben für eine Leistungszusage

80 Nach IAS 19.135 dienen die Anhangsangaben dem Ziel,
- die Merkmale der *defined benefit plans* und die damit verbundenen Risiken zu erläutern (IAS 19.139),
- die in der Bilanz in Bezug auf die defined benefit plans gezeigten Beträge zu erklären (IAS 19.140–144),
- zu beschreiben, wie die *defined benefit plans* die Höhe, Fälligkeit und Unsicherheit der zukünftigen Zahlungsströme beeinflussen (IAS 19.145–147).

Zur Erfüllung der Zielvorgaben muss das Unternehmen nach IAS 19.136 prüfen, welcher Detaillierungsgrad notwendig ist, welches Gewicht den einzelnen Anhangsangaben zu geben ist, inwieweit Angaben zusammenzufassen oder aufzugliedern sind und ob weitere Angaben erforderlich sind. Als Beispiel für zusätzliche Angaben wird die Aufteilung der DBO nach Aktiven, ausgeschiedenen Anwärtern und Versorgungsempfängern oder nach verfallbaren und unverfallbaren Anwartschaften genannt (IAS 19.137). Eine zusätzliche Aufgliederung soll insbesondere wesentlich unterschiedliche Risiken darstellen und somit bspw. nach unterschiedlichen geografischen Standorten oder unterschiedlichen Leistungsplantypen unterscheiden.

Zur Erfüllung des ersten Ziels, der Erläuterung der Merkmale der *defined benefit plans* und der damit verbunden Risiken, sind im Anhang folgende Angaben erforderlich (IAS 19.139):

- Die **Art der Leistungen** aus dem Versorgungsplan (z.B. endgehaltsabhängiger Plan oder beitragsorientierter Plan mit garantierter Mindestverzinsung).
- Eine Beschreibung des **regulatorischen Rahmens**, denen der Versorgungsplan unterliegt (z.B. Mindestdotierungsvorschriften, Auswirkungen von Regelungen auf ein *asset ceiling*).
- Eine Beschreibung der **Verantwortlichkeiten** Dritter hinsichtlich der Steuerung des Versorgungsplans (z.B. Verantwortlichkeiten von Treuhändern).
- Beschreibung von **Risiken**, denen das Unternehmen durch den Versorgungsplan ausgesetzt ist, wobei das Hauptaugenmerk auf außergewöhnliche Risiken und Risikokonzentrationen zu legen ist.
- Eine Beschreibung aller *plan amendments*, *curtailments* und *settlements*

Für das zweite Ziel, die Erläuterung der im Jahresabschluss genannten Beträge, sind gem. IAS 19.140–144 folgende Angaben erforderlich:

- eine **Überleitung der Pensionsrückstellung** (*net defined benefit liability/ asset*) vom Jahresanfang zum Jahresende, wobei jeweils separate Überleitungen des Planvermögens, der DBO und des Effektes des *asset ceiling* zu zeigen sind, sowie, sofern zutreffend, eine Überleitung der *reimbursement rights*.
- jede o.g. Überleitung soll jede der folgenden Komponenten (sofern zutreffend) separat ausweisen:
    - *current service cost* (Barwert der im Geschäftsjahr erdienten Pensionsansprüche),
    - *interest income or expense* (Verzinsung der gebildeten Pensionsrückstellung, der DBO, des Planvermögens, des Effektes eines *asset ceiling* bzw. des *reimbursement rights*),
    - Neubewertungen
    - Einzelnachweise sind erforderlich für:
        - Ertrag aus Planvermögen, der von der unterstellten Verzinsung des Planvermögens abweicht,
        - versicherungsmathematische Gewinne und Verluste bei der DBO, die aus Änderungen in den demografischen Annahmen entstanden sind,
        - versicherungsmathematische Gewinne und Verluste bei der DBO, die aus Änderungen in den finanziellen Annahmen entstanden sind,
        - Veränderung des Effektes des *asset ceiling*, der von der Verzinsung des *asset ceiling* abweicht, unter zusätzlicher Erläuterung der Berechnung des wirtschaftlichen Nutzens.
    - *past service cost* und Gewinne/Verluste aus *settlements*,
    - Auswirkungen von Wechselkursänderungen (sofern Plan in anderer Währung geführt),

- Beiträge zum Planvermögen, getrennt nach Arbeitnehmer- und Arbeitgeberbeiträgen,
- gezahlte Versorgungsleistungen (im Falle von *settlements* separate Angabe dieser Zahlungen),
- Unternehmenskäufe und -verkäufe, Eingliederungen und Ausgliederungen.
• eine **Aufteilung des Marktwerts des Planvermögens** in unterschiedliche Risikoklassen und darüber hinaus in Vermögensklassen mit einem Marktpreis in einem aktiven Markt (*quoted market price in an active market*) und den Rest. IAS 19 gibt beispielhaft 8 Vermögensklassen an: Bargeld, Aktien, Anleihen, Immobilien, Derivate, Investmentfonds, *asset backed securities* und Zertifikate. Des Weiteren soll der Marktwert der eigenen Finanzinstrumente und der eigengenutzten Teile des Planvermögens offengelegt werden.
• die wesentlichen (*significant*) **versicherungsmathematischen Berechnungsparameter** am Bilanzstichtag (soweit anwendbar), und zwar als absolute Zahlen (z. B. als absolute Prozentzahlen) und nicht nur als Differenzbetrag zu anderen Werten (z. B. als Differenz zum Rechnungszinssatz). Hinweise darauf, welche Parameter als *significant* anzusehen sind, sind in der Neufassung von IAS 19 nicht enthalten. Die frühere Fassung, IAS 19 (*revised* 2008), hat folgende Parameter als *principal parameters* aufgezählt, was auch für die Neufassung maßgeblich sein dürfte:
 - Rechnungszinssatz,
 - Steigerungsraten für Gehälter, Pensionsanwartschaften und Renten ab Rentenbeginn,
 - Steigerungsraten für Krankheitskosten (bei einem Krankheitskostenplan, *medical cost plan*),
 - andere wesentliche (*material*) versicherungsmathematischen Annahmen;
Für das dritte Ziel, die Beschreibung von Betrag, Fälligkeit und Unsicherheit künftiger Zahlungsströme, sind gem. IAS 19.145–147 folgende Angaben erforderlich:
• der Effekt einer Erhöhung bzw. Verminderung aller wesentlichen (*significant*) **versicherungsmathematischen Berechnungsparameter** (sog. Sensitivitätsanalyse) auf die DBO,
• die Methoden und Annahmen, die der **Sensitivitätsanalyse** zugrunde liegen,
• eine Erläuterung bei einer Änderung der o. g. **Methodik** und Annahmen und Gründe für die Änderung,
• Bescheibung der Strategie zum Ausgleich von **Risiken** auf Aktiv- und Passivseite (*asset/liability matching strategy*),
• Bescheibung der **Finanzierungsrichtlinien** und -vereinbarungen im Hinblick auf zukünftige Beiträge,
• die erwarteten Beiträge oder Zuwendungen des Arbeitgebers im folgenden Wirtschaftsjahr an das Planvermögen,
• Angaben zum Fälligkeitsprofil der DBO, mindestens die **Duration**, evtl. auch die erwarteten Zahlungen über die nächsten Jahre.

5.2 Angaben für eine Beitragszusage

81 Für einen *defined contribution plan* ist nur der im Geschäftsjahr gebuchte Pensionsaufwand anzugeben (IAS 19.53).

5.3 Angaben für eine Gruppenkasse

Multi-employer-Pläne sind Pläne mit einheitlichen Leistungen und Beiträgen mehrerer (unverbundener) Arbeitgeber und gemeinsamer Kapitalanlage, sodass unterschiedliche Risikoverläufe (Sterblichkeit, Invalidität, vorzeitige Pensionierung etc.) bei Begünstigten einzelner Arbeitgeber gemeinsam von allen Arbeitgebern getragen werden. Bei versicherungsförmig ausgestalteten *multi-employer*-Plänen (wie die meisten neueren überbetrieblichen Pensionskassen und Pensionsfonds) werden die Risiken Tod und Invalidität zwar gemeinsam getragen, aber eine vernünftige Aufteilung der Verpflichtungen und der Vermögenswerte (anhand der Deckungskapitalien) ist möglich.

82

Sind jedoch bei einer als *defined benefit plan* ausgestalteten Gruppenkasse *(multi-employer plan)* die Informationen für eine entsprechende versicherungsmathematische Bewertung nicht verfügbar (IAS 19.34) bzw. gibt es keine vernünftige Grundlage für die Aufteilung der Verpflichtungen und/oder der Vermögenswerte der Gruppenkasse auf die beteiligten Arbeitgeber (IAS 19.36), dann hat der Arbeitgeber wie für einen *defined contribution plan* (DC-Plan) Rechnung zu legen, ist aber zu weiteren umfangreichen Anhangangaben verpflichtet (IAS 19.148). Zu diesen Anhangangaben für alle als *defined benefit plan* ausgestalteten Gruppenkassen gehören eine Beschreibung des Finanzierungsverfahrens einschließlich der Methodik im Hinblick auf die Beitragsfestsetzung und etwaige Mindestdotierungsvorschriften, eine Beschreibung, in welchem Umfang das Unternehmen für Verpflichtungen anderer Unternehmen haftet, sowie eine Beschreibung einer evtl. vereinbarten Zuordnung von Über-/Unterdeckungen bei Planbeendigung oder Austritt aus der Gruppenkasse. Falls eine Gruppenkasse als *defined benefit plan* ausgestaltet ist, aber in der Rechnungslegung wie ein *defined contribution plan* behandelt wird, muss zusätzlich noch erklärt werden, warum für eine Bilanzierung als *defined benefit plan* nicht genügend Informationen verfügbar sind, und der erwartete Beitrag für das folgende Jahr muss angegeben werden. Wenn eine Unter- oder Überdeckung der Gruppenkasse Auswirkungen auf die künftigen Beiträge oder Umlagen zur Gruppenkasse hat, sollen verfügbare Informationen über diese Unter- oder Überdeckung gegeben werden. Diese Situation kann sich insbesondere bei den **Zusatzversorgungskassen** für Arbeiter und Angestellte des öffentlichen Dienstes ergeben (z. B. Versorgungsanstalt des Bundes und der Länder, VBL), in denen mittlerweile auch viele privatisierte Unternehmen versichert sind, oder auch bei pauschal-kollektiver Gestaltung von Pensionskassen (z. B. Bilanzausgleichsverfahren), wenngleich hier die Auswirkungen weniger drastisch als bei der VBL sind. Darüber hinaus sollen Informationen zur Einschätzung des Anteils am Plan, also z. B. der Anteil am Gesamtbeitrag oder der Anteil an den aktiven Begünstigten der Gruppenkasse, offengelegt werden.

Nach IAS 19.37 sind (sofern wie DC bilanziert wird) bereits beschlossene künftige Sonderbeiträge zur Deckung eines bestehenden Defizits einer Gruppenkasse beim Arbeitgeber zu passivieren, bzw. auch umgekehrt sind bereits beschlossene Rückübertragungen zur Verminderung einer Überdeckung beim Arbeitgeber zu aktivieren. Diese Regelung könnte insbesondere die Sanierungsgelder der Zusatzver-

83

sorgungskassen betreffen, die seinerzeit aber i.d.R. wegen einer Übergangsregelung in IAS 19.160 *(revised* 2008) erfolgsneutral eingebucht werden durften.[20] Neue, nach erstmaliger Einbuchung festgelegte **Sanierungsgelder** (also zumindest solche, die nach dem 1.1.2007 festgelegt wurden) sind aber in jedem Fall erfolgswirksam einzubuchen. Vermutlich aber dient die Einführung der Sanierungsgelder nicht dem Übergang auf eine Kapitaldeckung der Zusatzversorgungskassen, sondern der Finanzierung von Altlasten vor Umstellung auf das Punktesystem; sodass sie eher nur als Teil der gesamten Umlagezahlung zu qualifizieren sind. Insoweit läge nur eine „Umbezeichnung" eines Teils der ansonsten benötigten Umlagezahlung vor. Mit dieser Begründung könnte auch das Thema Sanierungsgelder dem Anwendungsbereich von IAS 19.37 gänzlich entzogen werden. Außerdem scheint nach dem Beispiel in IAS 19.37 dieser Paragraf von einer Gruppenkasse auszugehen, die in einem vollen Kapitaldeckungsverfahren arbeitet, nun aber sich in einem Defizit- bzw. Überdeckungsbereich befindet, der beseitigt werden soll.

84 Sonderprobleme können bei einer Gruppenkasse entstehen, die bislang zulässigerweise aufgrund IAS 19.34 wie DC bilanziert, da es für eine Aufteilung von Verpflichtungen und Vermögen auf die beteiligten Arbeitgeber keine vernünftige Grundlage gibt. Wenn in diesem Fall geänderte Finanzierungsregelungen eine solche Aufteilung ermöglichen, dann ist ab sofort wie für einen normalen DB-Plan zu bilanzieren. IAS 19.37 kommt dann nicht mehr zur Anwendung. Bei einem sehr niedrigen Deckungsgrad der Gruppenkasse können dann plötzlich hohe Rückstellungen zu passivieren sein. Die Einbuchung dieser Rückstellungen muss erfolgswirksam erfolgen, da es sich hierbei weder um versicherungsmathematische Verluste noch um die zulässige Änderung eines Bilanzierungsprinzips (nach IAS 8) handelt, sondern um eine nunmehr vernünftig schätzbare und somit zu passivierende Verpflichtung. Dieser Fall könnte eintreten, wenn die Sanierungsgelder einer Zusatzversorgungskasse so verursachungsgenau festgelegt würden, dass jeder beteiligte Arbeitgeber praktisch genau seine eigenen Verpflichtungen finanziert. Da jede Zusatzversorgungskasse ihre Sanierungsgelder eigenständig festlegt, ist entsprechende Aufmerksamkeit geboten.

5.4 Formulierungsbeispiel

85
> **Beispiel**
> „Die über Pensionskassen finanzierten Pensionsverpflichtungen sind Beitragszusagen *(defined contribution plans).* Der Aufwand für die Beitragszusagen betrug 15 Mio. EUR.
> Die Rückstellungen für Pensionen und ähnliche Verpflichtungen beinhalten die Zusagen für eine betriebliche Altersversorgung an Mitarbeiter des Konzerns auf Basis unmittelbarer Direktzusagen. Die erdienten Pensionsansprüche sind teils endgehaltsabhängig, teils basieren sie auf Bausteinplänen (beitragsorientierten Leistungszusagen) mit dynamischer Besitzstandswahrung. Außergewöhnliche Risiken aus diesen Zusagen ergeben sich nicht.

---

[20] RHIEL, DB 2005, S. 293.

> Im abgelaufenen Geschäftsjahr sind Pensionsverpflichtungen im Rahmen einer Unternehmensveräußerung übertragen worden, wodurch sich die DBO um 20 Mio. EUR vermindert hat (*settlement*).
> Bei der Berechnung der DBO (*defined benefit obligation*) wurden konzerneinheitlich folgende Bewertungsparameter zugrunde gelegt:
>
> | | 2012 | 2011 |
> |---|---|---|
> | Zinssatz | 4,0 % | 4,8 % |
> | Gehaltstrend | 2,0–3,0 % | 2,5–3,5 % |
> | Rententrend | 2,0 % | 2,0 % |
>
> Für Sterblichkeit und Invalidität wurden die Heubeck-Richttafeln RT 2005G verwendet. Die Fluktuationswahrscheinlichkeiten wurden konzernspezifisch ermittelt.
> [An dieser Stelle sind weitere Informationen einzufügen, vgl. Rz 86]
> Bei einer Veränderung von Bewertungsparametern ergeben sich die folgenden Veränderungen der DBO:
>
> | | Veränderung des Parameters | Auswirkung auf DBO |
> |---|---|---|
> | Zinssatz | Verminderung um 0,25 Prozentpunkte | Erhöhung um 10 Mio. EUR |
> | Gehaltstrend | Erhöhung um 0,1 Prozentpunkte | Erhöhung um 2 Mio. EUR |
> | Rententrend | Erhöhung um 0,1 Prozentpunkte | Erhöhung um 4 Mio. EUR |
> | Sterblichkeit | Verminderung auf 90 % | Erhöhung um 0,5 Mio. EUR |
>
> Zur Verminderung der Sterblichkeit wurden sämtliche in der Sterbetafel angegebenen Sterbewahrscheinlichkeiten auf 90 % reduziert. Das führt im Altersbereich von 20 bis ca. 70 Jahre zu einer Verlängerung der Lebenserwartung um 0,8 bis 1,2 Jahre, im Altersbereich von ca. 70 bis ca. 90 Jahre um 0,4 bis 0,8 Jahre und im Altersbereich oberhalb von ca. 80 Jahren um weniger als 0,4 Jahre.
> Da kein Planvermögen vorliegt, ist eine Strategie zum Ausgleich von Risiken auf Aktiv- und Passivseite nicht vorhanden. Die Duration der DBO beträgt 11,3 Jahre.

In diesem Beispiel sind noch die Überleitung der Pensionsrückstellung vom Jahresanfang zum Jahresende einschließlich separater Überleitungen der DBO, des Planvermögens und des *asset ceiling* (Rz 18, Rz 48 und Rz 50–52) zu ergänzen; dabei sollen die o. g. Überleitungen die in Rz 41 gezeigten aufwandswirksamen und erfolgsneutralen Einzelkomponenten enthalten.

Auf die **Checkliste „Abschlussangaben"** wird ergänzend verwiesen (→ § 5 Rz 8).

6 Einzelfälle (ABC)

88

Abfindungen	Abfindungen bei Beendigung des *Arbeitsverhältnisses (termination benefits)*, u. a. im Rahmen von Personalstrukturmaßnahmen (Rz 74 ff.); Abfindungen im Rahmen von **Altersteilzeitregelungen** (Rz 76 ff.); Abfindungen von **Pensionsverpflichtungen** (*settlements*; Rz 65 ff.) – jeweils anzusetzen und u. U. abgezinst zu bewerten.
Altersteilzeit	Ansatz geboten, zur Bewertung s. Rz 76 ff.
Altersversorgung	S. Rz 1 ff.
Arbeitgeberbeiträge zur Sozialversicherung	Sind nach IAS 37 anzusetzen (Rz 3).
Arbeitsfreistellung	Im Rahmen von Altersteilzeitregelungen (Rz 76 ff.); ansonsten volle Passivierung mit dem Barwert als Rückstellung (ggf. unabgezinst, wenn kurzfristig).
Beitragszusage	S. „*defined contribution plan*" (Rz 8 ff.).
Berufsgenossenschaftsbeiträge	Sind nach IAS 37 anzusetzen (Rz 3).
Bonus	S. „Gewinnbeteiligungen".
CTA	*Contractual trust arrangements* sind Treuhandlösungen, die Direktzusagen mit *plan assets* unterlegen (Rz 56 ff.).
Defined benefit plan	Leistungszusage (Rz 8 ff.).
Defined contribution plan	Beitragszusage (Rz 8 ff.).
Direktversicherungen	*Defined contribution plans*, wenn sämtliche Überschüsse an die Arbeitnehmer gehen und die Ansprüche der Arbeitnehmer auch bei deren unverfallbarem Ausscheiden gedeckt sind (Anwendung der versicherungsvertraglichen Lösung bei Ausscheiden), ansonsten *defined benefit plans*. S. Rz 62.
Direktzusage	Immer *defined benefit plan*; s. a. CTA.
Entgeltrahmenabkommen	Sieht für die Metallindustrie eine spätere Auszahlung von Vergütungsbestandteilen vor. Es handelt sich um verdiente Lohnbestandteile, die abgezinst zu bewerten sind (Rz 72).
Gewinnbeteiligungen	Sind als Verbindlichkeit anzusetzen, sofern eine rechtliche oder faktische Verpflichtung des Unternehmens besteht (Rz 71).

Gleitzeitguthaben	Im Rahmen von Arbeitszeitkontenmodellen (Rz 73).
Gratifikationen	Bilanzierung analog „Jubiläumsgelder" (Rz 72).
Jubiläumsgelder	Sind anzusetzen und abgezinst zu bewerten (Rz 72).
Krankheitskostenpläne	Wenn der Arbeitgeber für Betriebsrentner Krankenversicherungsbeiträge (teilweise) trägt oder Krankheitskosten direkt (teilweise) erstattet, ist wie für einen Pensionsplan zu bilanzieren, also Ansammlung der Kosten in der Aktivitätszeit. Trägt der Arbeitgeber solche Kosten für noch tätige Aktive, gelten diese hingegen als laufender Lohn (laufender Personalaufwand).
Leistungszusage	S. *„defined benefit plan"*.
Nicht rückgedeckte Unterstützungskasse	Immer *defined benefit plan* (Rz 12).
Pensionen	S. Rz 1 ff.
Pensionsfonds	Wenn der Pensionsfonds wie ein Lebensversicherungsunternehmen geführt wird und die Pensionspläne wie Direktversicherungen gestaltet sind, gilt (zumindest bei wirtschaftlicher Betrachtungsweise) das Gleiche wie bei Direktversicherungen (Rz 62).
Pensionskasse	Wenn die Pensionskasse wie ein Lebensversicherungsunternehmen geführt wird und die Pensionspläne wie Direktversicherungen gestaltet sind, gilt das Gleiche wie bei Direktversicherungen (Rz 62).
Pensionssicherungsverein („Altlast")	Ende 2006 wurde das PSV-Finanzierungsverfahren auf Kapitaldeckung umgestellt (§ 30i BetrAVG). Die Altlast wird durch einen über 15 Jahre zu zahlenden Sonderbeitrag finanziert, der auch durch eine Einmalzahlung abgelöst werden kann. Diese Verbindlichkeit ist mit dem Ratenzahlungsbarwert (IAS 37.45 ff.) anzusetzen; höchstens aber mit dem Ablösungsbetrag (so auch IDW vom 29.11.2006).
Plan assets	S. Rz 21 und Rz 5.

Rückgedeckte Direktzusage	Die Versicherungen gelten bei Verpfändung i.d.R. als *qualifying insurance policies*. Wenn sie außerdem exakt die erdienten Ansprüche decken, kann nach IAS 19.115 praktisch *defined contribution* erreicht werden (Rz 61, 62). Wenn die Versicherungen nicht verpfändet sind, können sie als *plan assets* „zweiter Ordnung" gelten (Rz 63).
Rückgedeckte Unterstützungskasse	Die Versicherungen gelten i.d.R. als *qualifying insurance policies*. Wenn sie exakt die erdienten Ansprüche decken, kann nach IAS 19.46 eine Behandlung als *defined contribution* erfolgen.
Schriftform der Versorgungszusagen	Ist nicht zwingend erforderlich (Rz 7, Rz 24).
Überbrückungsgelder	S. Übergangszahlungen.
Übergangszahlungen	Je nach ihrem Zweck zu bilanzieren: wenn mit dem Ziel der Beendigung des Arbeitsverhältnisses, dann als *termination benefit* (Rz 74f.); wenn mit dem Ziel der Unterstützung des Übergangs in den Ruhestand, dann als betriebliche Altersversorgung.
Urlaubsverpflichtung	Als Schuld anzusetzen (Rz 71).
Verwaltungskosten (der betrieblichen Altersversorgung)	Werden als laufender Aufwand erfasst. Wahlrecht, laufende Verwaltungskosten als Pensionskosten oder als Personalkosten zu buchen. Verwaltungskosten zur Verwaltung des Planvermögens mindern den Vermögensertrag. Vgl. Rz 17.
Vorruhestandsregelung	Staatlich geförderte Vorruhestandsregelungen sind mittlerweile ausgelaufen. Die Bilanzierung ist ähnlich wie bei Altersteilzeit (Rz 76ff.), wobei allerdings im Gegensatz zur Altersteilzeit das Arbeitsverhältnis auch formal beendet ist. Wenn die Vorruhestandsregelung einen Altersbereich betrifft, in dem man auch schon im Ruhestand sein könnte, sollte man wie für Pensionsverpflichtungen bilanzieren, da es sich faktisch um einen Pensionsplan handelt. Die Einführung eines solchen Plans führt zu *past service cost* und ist sofort voll zu bilanzieren (Rz 45).

Zusatzversorgungskasse	Zusatzversorgungskassen führen die Zusatzversorgung der Arbeiter und Angestellten des öffentlichen Dienstes bzw. auch von privatisierten ehemals öffentlichen Arbeitgebern durch (z. B. die Versorgungsanstalt des Bundes und der Länder, VBL). Sie gelten rechtlich als Pensionskassen. Sie unterstehen im Gegensatz zu „normalen" Pensionskassen nicht der Aufsicht der BaFin, sondern meist anderer Behörden. Bei ihnen besteht – im Gegensatz zu den i. d. R. voll dotierten „normalen" Pensionskassen – oft nur eine sehr geringe Kapitaldeckung. Sie sind i. d. R. *multi-employer plans* (Rz 82).

7 Latente Steuern, Steuern in der GuV

Das Steuerbilanzrecht enthält in § 6a EStG eigene Regelungen zu Pensionsrückstellungen. Praxisrelevante Unterschiede zu IAS 19 ergeben sich weniger beim Ansatz als bei der Bewertung. Für die Steuerbilanz gilt: 89

- Karriere- und Gehaltstrends sind nicht zu berücksichtigen (sofern sie nicht schriftlich rechtsverbindlich zugesagt sind),
- Verteilung der Aufwendungen nach dem Teilwertverfahren.
- Diskontierungssatz von 6 %.

Insbesondere der erste Punkt führt i. d. R. zu niedrigeren Rückstellungsansätzen als nach IFRS und damit, isoliert betrachtet, zu aktiven latenten Steuern. Nur ausnahmsweise; bei Verwendung von deutlich über 6 % hinausgehenden Zinssätzen nach IFRS wird dies durch den dritten Punkt überkompensiert.

Die Latenzrechnung bereitet im Übrigen bilanziell keine besonderen Probleme. Wie in allen sonstigen Fällen gilt: Die Steuerlatenz ergibt sich, indem auf die Differenz von IFRS- und Steuerbuchwert der relevante Steuersatz angewandt wird (→ § 26 Rz 43 ff.). 90

Problematisch kann aber die **Aufteilung** der Steuern in der **Ergebnisrechnung** zwischen tatsächlichem und latentem sowie zwischen erfolgswirksamem und erfolgsneutralem Teil sein, da der IFRS-Buchwert infolge versicherungsmathematischer Gewinne oder Verluste auch außerhalb der GuV dotiert worden ist. 91

Beispiel
Eine Pensionszusage wird am Jahresanfang erteilt. Der erwartete (GuV-wirksame) Pensionsaufwand beträgt 100. Tatsächlich wird die Pensionsrückstellung mit 120 dotiert (davon 20 außerhalb der GuV). Steuerlich wird ein Aufwand von 110 erfasst.
Die aktive latente Steuer beträgt bei einem Steuersatz von 30 % somit 0,3 × (120–110) = 3.
Offen ist die Aufteilung der Steuer zwischen GUV-wirksamem und erfolgsneutralem Teil sowie zwischen latentem und tatsächlichem.

Nach IAS 12.63 ist in solchen Fällen eine „angemessene Aufteilung" gefordert. Angemessen ist z. B. die Aufteilung, die (bei fehlenden permanenten Differenzen) in der GuV zur zutreffenden Steuerquote führt. Bei einem GuV-Ergebnis vor Steuern von -100 wäre dies ein Steuerertrag von 30. Hierfür kommen 2 Lösungen infrage:
- 1. Lösung: Die **tatsächliche Steuer** wird so **wie veranlagt** GuV-wirksam behandelt, d. h. im Beispiel mit 0,3 × 110 = 33 als Ertrag. Zur zutreffenden Steuerquote fehlt dann noch ein Aufwand von 3 aus der latenten Steuer. Er lässt sich wie folgt rechtfertigen: Ohne den erfolgsneutralen versicherungsmathematischen Verlust hätte sich eine temporäre Differenz von 100 (IFRS) minus 110 (StBil) = 10 ergeben, die zu einer passiven (!) Latenz von 3 geführt hätte. Wegen des versicherungsmathematischen Verlustes entsteht tatsächlich eine aktive Latenz von 3. Also wird die Latenzierung i. H. e. Aufwands von 3 erfolgswirksam und i. H. e. „Ertrags" von 6 erfolgsneutral behandelt.
- 2. Lösung: Die **tatsächliche Steuer** wird entsprechend dem **planmäßigen IFRS-Pensionsaufwand** mit 30 GuV-wirksam und mit 3 erfolgsneutral behandelt, die Bildung der aktiven Latenz in voller Höhe von 3 erfolgsneutral.
- In beiden Lösungen ergibt sich ein Ertrag von 30 in der GuV und von 6 außerhalb der GUV.

Die 2. Lösung beruht auf der Annahme, für tatsächliche Steuern sei der Betrag in der GuV zu erfassen, der dem planmäßigen Pensionsaufwand lt. IFRS (im Beispiel 100) entspricht. U. E. spricht gegen diese Lösung vor allem Folgendes: Auch ohne versicherungsmathematische Verluste besteht wegen der o.g. Gründe (Rz 89) keine (oder nur eine zufällige) Übereinstimmung zwischen Pensionsaufwand nach IFRS und nach Steuerrecht. Es ist daher nicht ersichtlich, warum der planmäßige Verlauf des Pensionsaufwands nach IFRS für den erfolgswirksam in der GuV zu erfassenden tatsächlichen Steuerertrag maßgeblich sein soll. U. E. ist es weniger artifiziell, wenn die tatsächliche Steuer so wie veranlagt GuV-wirksam behandelt wird (Lösung 1).

92 Die vorstehenden Überlegungen gelten dem Grunde nach entsprechend für Planvermögen und darauf bezogene Neubewertungen (*remeasurements*). Temporäre Differenzen ergeben sich hier insbesondere aus Bewertungsunterschieden, da nach IFRS i.d.R. der *fair value* maßgeblich ist, nach Steuerrecht die Anschaffungskosten. Zusätzliche Fragen ergeben sich, wenn das Planvermögen in Investmentfondsanteilen besteht und steuerlich dem Transparenzprinzip unterliegt. Hierzu wird auf → § 26 Rz 72 verwiesen.

8 Anwendungszeitpunkt, Rechtsentwicklung

93 IAS 19 ist generell anzuwenden, wenn ein Jahresabschluss nach IFRS vorgelegt wird. Zur erstmaligen Bilanzierung nach IFRS vgl. Rz 49.
94 Zur Diskussion um die Bewertung und Bilanzierung von Hybridzusagen, also von Zusagen mit Charakteristiken von Leistungs- und Beitragszusagen: Die IFRIC *Draft Interpretation D9 (Employee Benefit Plans with a Promised Return on Contributions or Notional Contributions)* machte Vorschläge zur geeigneten bilanziellen Behandlung von (meist an Wertpapieren gebundenen) Pensionsverpflichtungen mit garantierten Mindestleistungen. Im Juli 2006 wurde diese Thematik direkt vom IASB übernommen, zunächst unter dem neuen Namen „*inter-*

mediate risk plans", seit 2007 unter dem wiederum neuen Namen *„defined return plans"* und seit 27.3.2008 im Diskussionspapier des IASB unter der Terminologie der *„contribution based promises"* (CBP). Gem. Rz 11 und Rz 62 können solche Pläne (wenn sie versicherungsförmig gestaltet sind) u. E. als *defined contribution* zu bilanzieren sein, wenn die Mindestleistungen von einem solventen Dritten (Versicherungsgesellschaft, ggf. auch analog operierende Pensionskasse oder Pensionsfonds) garantiert und erbracht werden und die Arbeitnehmer primär gegen diesen Dritten einen Rechtsanspruch besitzen. Ansonsten stellen sie *defined benefit plans* dar. Der Verpflichtungsumfang ergibt sich dann i. d. R. als Maximum des Barwerts der garantierten Mindestleistungen und der angesammelten Vermögenswerte. Solange also die garantierten Mindestleistungen gedeckt sind, liegt im Ergebnis wirtschaftlich *defined contribution accouting* vor.

Richtig ist auch die vom IASB im DP vorgeschlagene zusätzliche explizite Berücksichtigung der in der Mindestgarantie steckenden impliziten Option nach den Regeln der Optionspreistheorie. Ob marginale Mindestgarantien, die nur zu minimalen Optionspreisen führen, dann auch tatsächlich berechnet werden müssen, wäre eine „Praktikerfrage". Das IASB-DP fasst aber den Begriff der *„contribution based promises"* (CBP) viel zu weit. Nicht nur an Wertpapiere gebundene Pensionszusagen, sondern auch normale Festbetragszusagen oder auch (in England weit verbreitete) Karrieredurchschnittspläne würden als CBP eingestuft und mit einem „Marktwert" zu bewerten sein. Diese Ausweitung des Begriffs der CBP stößt auf einhellige Ablehnung.[21] Es wird auch nicht mit einer Implementierung gerechnet. Das *Amendment* vom Juni 2011 lässt diese Thematik daher aus. Im Mai 2014 hat das IFRS Interpretations Committee entschieden, das Thema nicht auf die Agenda zu setzen, weil es zu umfangreich für eine Interpretation ist. Unterdessen hat das IASB ein *research project* gestartet, um weitere Untersuchungen zur Behandlung betroffener Zusagen in der Praxis durchzuführen.

9 Zusammenfassende Praxishinweise

Die Besonderheiten von IFRS hinsichtlich Pensionsverpflichtungen und sonstiger Verpflichtungen gegenüber Arbeitnehmern im Vergleich zum Steuerrecht sind die folgenden:
- Bewertungsmethode ist das Anwartschaftsbarwertverfahren (projected unit credit method) und nicht das Teilwertverfahren (Rz 25 f.).
- Nach IFRS und HGB ist realistisch und zutreffend zu bewerten (Rz 1).
- Ungewisse künftige Gehalts- und Rentenerhöhungen sind in erwartetem Umfang mit einzubeziehen. Folge: daher meist deutlich **höhere** auszuweisende Verpflichtungen als nach Steuerrecht; Ausnahmen aber auch möglich, z. B. bei statischen Kapitalzusagen (Rz 23 f.).
- Zinssatz ist auszurichten an Anleihen mit hoher Qualität entsprechender Laufzeit, worunter üblicherweise ein AA-Rating verstanden wird (Rz 33).

---

[21] Vgl. RHIEL, PiR 2008, S. 156, sowie die auf der IASB-Website abgelegten Kommentare, die bis 26.9.2008 einzureichen waren. Der IASB erhoffte sich eine Fertigstellung der Änderungen bis 2011. Vgl. auch BLECHER/RECKE/WIELENBERG, KoR 2009, S. 565, mit einer systematischen Auswertung der auf das Diskussionspapier zu IAS 19 eingegangenen Kommentare.

- Alle anderen Parameter sind firmenbezogen realistisch zu wählen (Rz 34).
- Aufgrund der Zweiteilung der Rückstellungsveränderungen in einen aufwandswirksamen Teil (Pensionsaufwand, bestehend aus *service cost* und *net interest*) und den erfolgsneutralen Teil (*remeasurements*) steht der Pensionsaufwand bereits (im Wesentlichen) zu **Beginn** des Wirtschaftsjahres fest (Rz 15); denn unter IFRS ist alles, was am Jahresanfang nicht zu erwarten war (also z.B. außergewöhnliche Sterblichkeit oder Invalidität, Gehaltserhöhungen bei gehaltsabhängigen Pensionszusagen oder Wertveränderungen der *plan assets)*, als *remeasurement* erfolgsneutral im OCI zu erfassen (Rz 46 ff.). Es gibt daher i.d.R. keine Aufwandsüberraschungen zum Jahresende, wie sie nach Steuerrecht und HGB oftmals vorkommen (Rz 15).
- Nach IFRS sind auch **mittelbare** Pensionsverpflichtungen in der Bilanz zu berücksichtigen, hingegen reichen nach HGB Angaben im Anhang aus (Passivierungswahlrecht nach Art. 28 EGHGB; Rz 5). Nach HGB muss die Bewertung wie nach IAS 19 auf realistischer Basis i.H.d. nach vernünftiger kaufmännischer Beurteilung notwendigen Erfüllungsbetrages" erfolgen, allerdings ist nach § 253 HGB i.V.m. der Rückstellungsabzinsungsverordnung (RückAbzinsV) als Rechnungszins ein 7-Jahres-Durchschnitt von laufzeitäquaten Marktzinssätzen (Festzinsswaps plus Aufschlag in Richtung AA-Unternehmensanleihen) zu verwenden. Auf die **Checkliste „Abschlussangaben"** wird verwiesen (→ § 5 Rz 8).

§ 23 ANTEILSBASIERTE VERGÜTUNGSFORMEN (SHARE-BASED PAYMENT)

Inhaltsübersicht   Rz
Vorbemerkung

1 Zielsetzung, Regelungsinhalt, Begriffe.	1–43
1.1 Schuldrechtlicher Erwerb, gesellschaftsrechtliche Einlage von Gütern und Diensten	1–3
1.2 Art der vom Unternehmen empfangenen Leistung	4–7
1.3 Form der vom Unternehmen geleisteten Vergütung	8–20
1.3.1 Vergütung in Eigenkapital oder bar	8
1.3.2 Identität des Leistungserbringers	9–14
1.3.3 Reale und virtuelle Mitarbeiteroptionen.	15–20
1.4 Anwendungsbereich von IFRS 2	21–25
1.4.1 Zusage durch die bilanzierende Gesellschaft	21
1.4.2 Zusage durch andere Konzernunternehmen oder Gesellschafter	22
1.4.3 Auslagerung auf eine SPE oder einen Trust	23
1.4.4 Vergütungen des Managements einer SPAC.	24–25
1.5 Nichtanwendungsbereiche	26–43
1.5.1 Unternehmenszusammenschlüsse	26–31
1.5.2 Erwerb von Finanzinstrumenten	32–33
1.5.3 Zweifel in der Abgrenzung zu wandelbaren Instrumenten	34–39
1.5.4 Weitere Nichtanwendungsfälle	40–43
2 Grundprobleme der Bilanzierung anteilsbasierter Vergütungen.	44–83
2.1 Abhängigkeit der Bilanzierung von der Vergütungsform.	44–61
2.1.1 Vergütung durch Eigenkapitalinstrumente.	44–52
2.1.2 Anteilsbasierte Barvergütung.	53–58
2.1.3 Vergütungspläne mit Erfüllungswahlrecht.	59–61
2.2 Über Bewertung und zeitliche Verteilung der erhaltenen Leistung bestimmende Faktoren	62–83
2.2.1 Zusagezeitpunkt	62–64
2.2.2 Wartefrist, Ausübungszeitraum und Laufzeit der Option	65
2.2.3 Ausübungsbedingungen	66–71
2.2.3.1 Dienstbedingungen.	66–68
2.2.3.2 Leistungsbedingungen	69–71
2.2.4 Sonstige Bedingungen	72–73
2.2.5 Abgrenzungsschwierigkeiten – *change-of-control*-Klauseln	74
2.2.6 Erfolgreiches IPO als Ausübungshürde	75–77
2.2.7 Zustimmung der Gesellschafterversammlung.	78
2.2.8 Das Preis- und Mengengerüst der Bewertung.	79–83

3 Ausgleich in Eigenkapitalinstrumenten (*equity-settled transactions*) 84–105
   3.1 Bewertung 84
   3.2 Zwischenperiodische Verteilung von Aufwand 85–86
   3.3 Fallunterscheidungen 87–104
      3.3.1 Grundfall: Ausschließlich an Dienstbedingungen geknüpfte Mitarbeiteroptionen 87–90
      3.3.2 Kombinierte Pläne mit nicht marktbasierten Erfolgszielen 91–93
      3.3.3 Kombinierte Pläne mit marktabhängigen Erfolgszielen. 94–97
      3.3.4 Pläne mit *non-vesting conditions* 98
      3.3.5 Umtausch von Optionen 99–100
      3.3.6 Langlaufende Optionen, die bei Zusage weit aus dem Geld sind 101
      3.3.7 Erfüllung einer Zusage in mehreren Tranchen 102–104
   3.4 Ermessensbehaftete Aufwandsverrechnung............ 105
4 Verpflichtung zum Barausgleich – *stock appreciation rights* (SARs) 106–122
   4.1 Schuldcharakter der Vergütungszusage 106–107
   4.2 Bewertung 108–110
   4.3 Zwischenperiodische Verteilung von Aufwand 111–119
   4.4 Behandlung nach Ablauf der *vesting period* 120–121
   4.5 Besonderheiten des Ausweises 122
5 Vergütungsmuster mit Erfüllungswahlrecht 123–138
   5.1 Grundlagen, insbesondere Abgrenzung zu Planänderungen 123–124
   5.2 Wahlrecht des Vertragspartners.................... 125–131
   5.3 Wahlrecht des Stillhalters (Unternehmens) 132–138
6 Planänderungen 139–164
   6.1 Überblick 139–140
   6.2 Änderungen innerhalb eines Plans................... 141–157
      6.2.1 Vergütung mit Eigenkapitalinstrumenten 141–156
          6.2.1.1 Modifizierung des Ausübungspreises oder der Optionsmenge 141–147
          6.2.1.2 Verschlechterung der Optionsbedingungen 148
          6.2.1.3 Widerruf der Optionszusage.......... 149–151
          6.2.1.4 Sonderfälle bei Planänderungen 152–156
      6.2.2 Vergütung durch Barausgleich................ 157
   6.3 Wechsel der vereinbarten Vergütungsform 158–164
      6.3.1 Erfüllung von *equity-settled transactions* in Geld und *cash-settled transactions* in Eigenkapital 158–161
      6.3.2 Wechsel bei Vergütungsmustern mit Erfüllungswahlrecht 162–164
7 Behandlung von anteilsbasierten Vergütungen im Konzernverbund 165–179
   7.1 Divergenz von Empfänger der Fremdleistung und Schuldner der anteilsbasierten Vergütung 165–166

7.2	Vergütung durch Gesellschafter, Muttergesellschaft oder ein sonstiges konzernzugehöriges Unternehmen	167–174
7.3	Widerlegung des Vorliegens einer anteilsbasierten Vergütung	175–179
8	Anteilsbasierte Vergütungen bei *business combinations*	180–192
8.1	Überblick	180
8.2	Ersatz bestehender Vergütungspläne	181–190
8.3	Fortführung bestehender Zusagen	191–192
9	Absicherung von *fair-value*-Schwankungen im Rahmen des *hedge accounting*	193–200
9.1	Ökonomische vs. bilanzielle Sicherung (*hedging* vs. *hedge accounting*)	193–196
9.2	Keine bilanzielle Sicherung von *equity-settled transactions*	197
9.3	*Cash flow hedge* bei *cash-settled transactions*	198–200
10	Anwendungsprobleme nach deutschem Gesellschaftsrecht	201–212
11	Tatsächliche und latente Steuern	213–245
11.1	Betriebsausgabenabzug aus gewährten Optionen	213
11.2	Notwendige Unterscheidung nach Ausgestaltung der Zusage	214–231
11.2.1	Erfolgswirksame Erfassung latenter Steuern bei Zusagen mit Barausgleich	217–218
11.2.2	Aufteilung in erfolgswirksame und -neutrale Steuerabgrenzung bei *equity settlement*	219–228
11.2.3	Besonderheiten für anteilsbasierte Vergütungen im Rahmen von *business combinations*	229–231
11.3	Begrenzte Bedeutung für Unternehmen im deutschen Rechtsraum	232–236
11.3.1	Aktienoptionen und bedingte Kapitalerhöhung	232–233
11.3.2	Aktienoptionen mit Bedienung durch erworbene Aktien	234
11.3.3	*Stock appreciation rights*	235–236
11.4	Übernahme der Besteuerung des Mitarbeiters durch das Unternehmen	237–245
11.4.1	Fehlende Vorgaben für die bilanzielle Erfassung	237–241
11.4.2	Abgrenzungsschwierigkeiten bei Aufteilung/Verlagerung der Steuerverpflichtung	242–245
12	Ausweis	246
13	Angaben	247–249
14	ABC der anteilsbasierten Vergütung	250
15	Anwendungszeitpunkt, Rechtsentwicklung	251–253
16	Zusammenfassende Praxishinweise	254–255
17	ANHANG: Rechnerische Bewertung von (Mitarbeiter-)Optionen	256–281
17.1	Bilanzielle Grundlagen	256
17.2	Ökonomische Grundlagen	257–262
17.3	Mengen- und Preisgerüst	263–264
17.4	Bewertungsmodelle	265–275
17.4.1	Anforderungen an die Datenbasis	265–271
17.4.2	Black-Scholes-Modell	272
17.4.3	Binomialmodell	273

17.4.4 Monte-Carlo-Simulation 274
17.4.5 Optionsbewertung bei fehlender oder junger
Börsennotierung 275
17.5 Objektive Unmöglichkeit der *fair-value*-Bewertung –
Rückgriff auf die *intrinsic value method* 276–279
17.6 Würdigung 280–281

Schrifttum: CASPER, Repricing von Stock Options, DStR 2004, S. 1391; CRASSELT, Bewertung indexierter Mitarbeiter – Aktienoptionen im Binomialmodell, KoR 2005, S. 444; DELOITTE, Share-based Payment, A guide to IFRS 2, June 2007; EKKENGA, Bilanzierung von Stock Options Plans nach US-GAAP, IFRS und HGB, DB 2004, S. 1897; FREIBERG, Earn out-Klauseln beim Unternehmenserwerb, PiR 2008, S. 31; FREIBERG, Schwebende Geschäfte über Güter- und Energielieferungen als Finanzinstrumente, PiR 2007, S. 230; HASBARGEN/SETA, IAS/IFRS ED 2 – Auswirkungen auf aktienbasierte Vergütung, BB 2003, S. 515; HASENBURG/SEIDLER, IFRS 2 Anteilsbasierte Vergütungen, Der Konzern 2005, S. 162; HOFFMANN/LÜDENBACH, Die Bilanzierung aktienorientierter Vergütungsformen nach IFRS 2, DStR 2004, S. 786; KROPP, Aktienoptionen statt finanzielle Gewinnbeteiligung: Wann und in welcher Höhe werden sie aufwandswirksam?, DStR 2002, S. 1919 und S. 1960; KÜTING/DÜRR, IFRS 2 Share-based Payment – ein Schritt zu weltweiter Konvergenz, WPg 2004, S. 609; LANGE, Bilanzierung von Stock Options – Kritische Anmerkungen zu ausgewählten Aspekten von E-DRS 11, WPg 2002, S. 354; OSER/VATER, Bilanzierung von Stock Options nach US-GAAP und IAS, DB 2001, S. 1261; PELLENS/CRASSELT, IFRS 2 „Share-based Payment" – Anwendungsfragen bei nicht börsennotierten Gesellschaften, PiR 2005, S. 35; ROSSMANITH/FUNK/ALBER, Stock options, WPg 2006, S. 664; SCHILDBACH, Personalaufwand aus Managerentlohnung mittels realer Aktienoptionen – Reform der IAS im Interesse besserer Informationen?, DB 2003, S. 893; SCHMIDT, Bilanzierung von Aktienoptionsplänen nach IFRS 2, 2006; SCHREIBER, IFRS 2 Share-based Payment, KoR 2006, S. 298; SCHREIBER/BEIERSDORF, IFRIC D 16 und 17, KoR 2005, S. 338; VATER, Bewertung von Stock Options: Berücksichtigung bewertungsrelevanter Besonderheiten, DStR 2004, S. 1715; VATER, Bilanzierung von Stock Options und ähnlichen Vergütungsinstrumenten nach IFRS 2, StuB 2004, S. 801; VATER, ED zur Ergänzung von IFRS 2, WPg 2006, S. 713; VATER, Zur Bewertung von Executive Stock Options: Bestimmung und Modifikation der Bewertungsparameter, WPg 2004, S. 1246; ZEIMES/THUY, Aktienoptionen sind als Aufwand zu erfassen, KoR 2003, S. 39.

Vorbemerkung
Die Kommentierung bezieht sich auf IFRS 2 in der aktuellen Fassung und berücksichtigt alle Ergänzungen, Änderungen und Interpretationen, die bis zum 1.1.2015 beschlossen wurden.
Einen Überblick über diskutierte oder schon als Änderungsentwurf vorgelegte zukünftige Regelungen enthält Rz 252.

1 Zielsetzung, Regelungsinhalt, Begriffe

1.1 Schuldrechtlicher Erwerb, gesellschaftsrechtliche Einlage von Gütern und Diensten

IFRS 2 regelt die Bilanzierung des Erwerbs von Gütern oder Diensten durch Ausgabe von Anteilen, Optionen auf Anteile oder an die Wertentwicklung der Anteile geknüpfte Barzahlungen *(share-based payment transactions)*. Entgegen der deutschen Überschrift des Standards („Aktienbasierte Vergütung") umfasst der Anwendungsbereich auch Vergütungen, die an Wert oder Wertentwicklung von GmbH- oder Personengesellschaftsanteilen geknüpft sind. Zutreffender und deshalb in dieser Kommentierung überwiegend verwendet, ist deshalb die Bezeichnung **anteilsbasierte Vergütungen**. 1

Die Rezeption von IFRS 2 durch die Praxis hat sich auf den Erwerb von Arbeitsleistungen gegen Gewährung virtueller oder realer Optionen (Rz 15) konzentriert. Der Anwendungsbereich des IFRS 2 umfasst aber 2

- neben der meist auf **schuldrechtlicher** Grundlage erfolgenden anteilsbasierten Vergütung von Arbeits- oder sonstigen Dienstleistungen
- auch die meist auf **gesellschaftsrechtlicher** Basis vorgenommene anteilsbasierte Vergütung von erhaltenen Gütern, somit also **Einlagevorgänge** wie die Kapitalerhöhung gegen Sacheinlage (→ § 8 Rz 51 und → § 20 Rz 79).

Die Kommentierung in diesem Paragrafen behandelt vornehmlich die schuldrechtlichen Fälle. Wegen Sacheinlagen wird auf → § 20 Rz 79 verwiesen.

Anteilsbasierte Vergütungen können weiter unterschieden werden nach 3

- **Art** der vom Unternehmen empfangenen Leistung (Rz 4), wobei nicht alle Leistungen in den Anwendungsbereich von IFRS 2 fallen (Rz 26 und Rz 32), und
- **Form** der vom Unternehmen als Gegenleistung gewährten Vergütung (Rz 8).

1.2 Art der vom Unternehmen empfangenen Leistung

IFRS 2 beschränkt sich **nicht** auf Vergütungen an **Arbeitnehmer** (IFRS 2.3); auch andere „Lieferanten" des Unternehmens können anteilsbasierte Vergütungen erhalten. Überdies fallen zur Förderung des Unternehmensansehens geleistete anteilsbasierte Zuwendungen an karitative oder sonstige gemeinnützige Einrichtungen ebenfalls in den Anwendungsbereich von IFRS 2 (Rz 6). 4

Die erhaltene **Leistung**, für welche die anteilsbasierte Vergütung gewährt wird, kann in – bilanzierbaren oder nicht bilanzierbaren – **Gütern** *(goods)* oder **Dienstleistungen** *(services)* bestehen. Der Begriff „Güter" umfasst gem. IFRS 2.5: 5

- Vorräte *(inventories)*,
- Verbrauchsstoffe *(consumables)*,
- Sachanlagen *(property, plant and equipment)*,
- immaterielle Vermögenswerte *(intangibles)* sowie
- andere nichtfinanzielle Vermögenswerte *(other non-financial assets)*.

Auch die **nicht bilanzierungsfähige** Stärkung von Image und Ansehen kann als „*good*" oder „*service*" in diesem Sinne gelten (Rz 6).
Ein Anwendungsfall von IFRS 2 liegt hingegen **nicht** vor,

- wenn die erhaltene Leistung ein Finanzinstrument darstellt (Rz 32) oder
- die Leistung im Rahmen eines Unternehmenserwerbs zugegangen ist (Rz 26).

Darüber hinaus erfolgte im Rahmen des *Annual Improvements Project* 2009 eine Klarstellung, wonach auch die Gründung von Gemeinschaftsunternehmen (*jointly controlled entities*) sowie *transactions under common control* durch Hingabe eigener Anteile nicht unter IFRS 2 fallen.

6   Eine Anwendung von IFRS 2 wird auch dann nicht ausgeschlossen, wenn sich die erhaltenen Güter oder Dienstleistungen nicht oder zumindest **nicht** vollständig **identifizieren** lassen.[1] Die Gewährung einer anteilsbasierten Vergütung für nicht identifizierbare Güter oder Dienstleistungen (z. B. eine erhoffte Imageverbesserung oder die Vermeidung wirtschaftlicher Nachteile) stellt daher ebenfalls eine *share-based payment transaction* i. S. v. IFRS 2 dar.

Ein Ungleichgewicht zwischen dem *fair value* der identifizierbaren erhaltenen Güter oder Dienstleistungen und dem Wert der gewährten anteilsbasierten Vergütung deutet auf den zusätzlichen Erhalt nicht identifizierbarer Güter oder Dienstleistungen hin. IFRS 2 geht von der Ausgeglichenheit von Leistung und Gegenleistung aus. Daher bestimmt sich der Wert der nicht identifizierbaren Güter oder Dienstleistungen durch die *fair-value*-Differenz zwischen den identifizierbaren erhaltenen Gütern und Dienstleistungen und der gewährten anteilsbasierten Vergütung (IFRS 2.13A).

Bedeutung hat die Identifikation der empfangenen Leistung für die **Erfolgsrechnung**:

- Ist die empfangene Leistung ein **bilanzierungsfähiges Gut**, entsteht Aufwand aus der anteilsbasierten Vergütung erst über die **Abschreibung** oder Weiterveräußerung dieses Guts.
- Ist die empfangene Leistung ein identifizierbarer, sich über eine bestimmte Zeitspanne erstreckender **Dienst**, entsteht Aufwand über diese **Zeitspanne**.
- Liegt eine **nicht bilanzierungsfähige** und/oder nicht identifizierbare **Leistung** vor, entsteht **sofort Aufwand**.

7   Mit der ab 2013 geltenden Verpflichtung auf konzeptionelle Leitlinien zur Bestimmung des beizulegenden Zeitwerts (*fair value*) vor der Klammer der Einzelstandards (→ § 8a) ergibt sich in Abhängigkeit des Bewertungsobjekts die Notwendigkeit einer differenzierten Betrachtung:

- Für die Bewertung der erhaltenen Güter oder Dienstleistungen wird der Bewertungsmaßstab *fair value* durch die einheitlichen Leitlinien als *exit price* konkretisiert (→ § 8a Rz 13).
- Der Bewertungsmaßstab der gewährten anteilsbasierten Vergütung wird zwar ebenfalls als *fair value* bezeichnet, unterliegt aber einem expliziten Ausschluss von den allgemeinen Leitlinien (→ § 8a Rz 9).

Die Bewertungsvorgaben für anteilsbasierte Vergütungen stehen künftig somit neben den allgemeinen Vorgaben; trotz gleicher Bezeichnung als *fair value* ist ein abweichender Bewertungsmaßstab (*measure*) beachtlich. Wesentliche Ursachen für das Auseinanderfallen sind die Verpflichtung auf einen *grant date measurement approach* bei vereinbartem *equity settlement* (Rz 84) und die Unterscheidung in ein Preis- und Mengengerüst der Bewertung (Rz 80).

---

[1] Vgl. Schreiber, KoR 2006, S. 303.

1.3 Form der vom Unternehmen geleisteten Vergütung

1.3.1 Vergütung in Eigenkapital oder bar

Hinsichtlich der für den Erwerb der Güter oder Leistungen vom Unternehmen gewährten Gegenleistung unterscheidet IFRS 2.2 drei Formen anteilsbasierter Vergütung:
- **Vergütungen in Eigenkapitalinstrumenten** (*equity-settled share-based payment transactions*); hierzu gehören z. b. die Kapitalerhöhung gegen Sacheinlage oder die Ausgabe von realen Aktienoptionen an Arbeitnehmer,
- **Barvergütungen**, deren Höhe sich am Wert von Eigenkapitalinstrumenten orientiert (*cash-settled share-based payment transactions)*; wichtigster Anwendungsfall ist die Gewährung virtueller Optionen *(stock* bzw. *share appreciation rights)* an Arbeitnehmer,
- Vergütungen mit **Wahlrecht** des Unternehmens oder des Leistungsempfängers zwischen Erfüllung in Eigenkapitalinstrumenten (Aktien, reale Optionen usw.) oder anteilswertorientierter Barvergütung *(share-based payment transactions with cash alternatives)*.

1.3.2 Identität des Leistungserbringers

Hinsichtlich der Identität der **Gegenpartei** (Empfänger der anteilsbasierten Vergütung) ist nach IFRS 2 zwischen Arbeitnehmern und ähnlich Handelnden (*employees and others providing similar services*) einerseits und sonstigen Leistungserbringern (*non-employees*) andererseits, zu unterscheiden. Die Differenzierung zeitigt insbesondere für die Richtung (empfangene vs. erbrachte Leistung) und den Zeitpunkt der Bewertung, aber nicht hinsichtlich der Berücksichtigung von Ausübungsbedingungen, Relevanz. Die Unterscheidung ist allerdings nur für Zusagen mit vorgesehenem *equity settlement* von Bedeutung. Für *cash settled share-based payment transactions* entfällt die Differenzierung (IFRS 2.30).[2]

Für die Bewertung einer durch Ausgabe von Eigenkapitalinstrumenten bewirkten Transaktion mit *non-employees* ist zwischen einer direkten und einer indirekten *fair value*-Ermittlung zu differenzieren:
- Im Regelfall bestimmt der *fair value* der empfangenen Leistung die Bewertung der Transaktion, somit den ins Eigenkapital einzustellenden Betrag (IFRS 2.13).
- Wenn der *fair value* der empfangenen Leistung ausnahmsweise nicht verlässlich zu ermitteln ist, legt der Wert der gewährten Optionen oder Anteilsrechte den Zugangswert bei bilanzierungsfähigen Vermögenswerten bzw. die Höhe des Aufwands bei nicht bilanzierungsfähigen Vermögenswerten oder Diensten fest (IFRS 2.13A, BC 126, BC 128B, BC 128C).

Erfolgt eine Transaktion hingegen mit *employees or others providing similar services* ist unwiderlegbar davon auszugehen, dass der Wert der empfangenen Leistung nicht verlässlich bestimmt werden kann und demzufolge der Wert der gewährten Optionen oder Anteilsrechte die Bewertung der Transaktion und damit die Höhe des Personalaufwands bestimmt (IFRS 2.11).

Ein weiterer bedeutsamer Unterschied ergibt sich hinsichtlich des Zeitpunktes der Bewertung. Anteilsbasierte Vergütungen, die mit Arbeitnehmern und als solche Handelnden vereinbart werden, sind zwingend (und nur einmalig) im

---

[2] Vgl. KPMG, Share-based payments, Tz. 11.3.20.20.

Zusagezeitpunkt (*grant date*) zu bewerten (IFRS 2.7). Die Vergütung einer Leistungserbringung durch einen *non-employee* erfolgt hingegen zu dem Zeitpunkt, zu dem die Gesellschaft Güter oder Dienstleistungen empfängt. Eine einzelne Vereinbarung mit einem *non-employee* kann daher zu einer Vielzahl von Bewertungsstichtagen führen. Eine einmalige Bewertung zu einem bestimmten *grant date* scheidet aus bzw. ist begrenzt auf Konstellationen, in denen keine konkrete Gegenleistung des Empfängers der anteilsbasierten Vergütung bzw. keine i. H. d. ausgegebenen Werts festzustellen ist.

12 Die Typisierung eines Empfängers einer anteilsbasierten Vergütung als *non-employee* erfolgt – mangels Vorgabe einer Definition – ausschließlich residual. Eine Behandlung als *non-employee* ist somit nur einschlägig für Gegenparteien, die nicht als *employee or others providing similar services* identifiziert werden (IFRS 2.A). Als Mitarbeiter und andere, die ähnliche Leistungen erbringen, gelten Personen, die persönliche Leistungen für die Gesellschaft erbringen und

- (a) die rechtlich oder steuerlich als Mitarbeiter gelten,
- (b) für das Unternehmen auf dessen Anweisung tätig sind, wie Personen, die steuerlich oder rechtlich als Mitarbeiter gelten, oder
- (c) ähnliche Leistungen wie Mitarbeiter erbringen.

In den Katalog eingeschlossen sind neben dem gesamten Management einer Gesellschaft auch alle Personen, die für die Planung, Leitung und Überwachung der Tätigkeiten der Gesellschaft zuständig und verantwortlich sind, einschließlich *non-executive directors*.

13 Die Abgrenzung von *non-employees* ist bei Nichterfüllung der Bedingungen (a) oder (b) ermessensbehaftet und daher einzelfallbezogen unter Würdigung des Sachverhalts vorzunehmen. Für die Abgrenzung kann auf einzelne Indikatoren zurückgegriffen werden.[3] Die Gegenpartei ist als *employee or others providing similar services* anzusehen, wenn

- die Gesellschaft bestimmte Individuen und nicht nur das Ergebnis der Leistung unterschiedlicher, nicht spezifizierter Personen vergütet,
- die Gesellschaft eine Leitungs- oder Aufsichtsfunktion über die leistende Gegenpartei hat,
- die Erfüllung der Leistung von einer vertraglich spezifizierten Partei abhängt,
- die Gesellschaft nahezu die gesamte (Arbeits-)Leistung der Gegenpartei über einen bestimmten Zeitraum abnimmt oder
- die Gegenpartei Leistungen erbringt, die aktuell auch von bestehenden Mitarbeitern erbracht werden.

Der Verweis auf bestehende Mitarbeiter ist restriktiv auszulegen. Die bloße Möglichkeit zur Einstellung von Mitarbeitern, die eine vergleichbare Leistung erbringen, reicht daher für eine Typisierung einer Gegenpartei als *employee* nicht aus.[4] Eine Behandlung als *non-employee* ist geboten, wenn die Gegenpartei eine Leistung erbringt, die von Mitarbeitern der Gesellschaft rechtlich nicht erbracht werden kann oder die eine Technologie voraussetzt, die für die Gesellschaft nicht verfügbar ist.

14 Auch wenn eine Klassifizierung als *employee* ausscheidet, ist für das Handeln einer Gegenpartei, die Leistungen erbringt, denen eines Mitarbeiters entsprechen bzw. denen ähneln, eine Gleichstellung vorgesehen. Notwendige Bedingung für die

---

[3] So auch DELOITTE, Share-based payments, S. 15.
[4] Vgl. Ernst & Young, International GAAP 2015, S. 2246.

Anteilsbasierte Vergütungsformen § 23

Typisierung eines Dritten als *others providing similar services* ist die Möglichkeit des Unternehmens die Leistung selbst *inhouse* mit eigenen Mitarbeitern zu erbringen.

1.3.3 Reale und virtuelle Mitarbeiteroptionen

Auch anteilsbasierte Vergütungsformen gegenüber Arbeitnehmern *(share-based payments)* treten regelmäßig in den drei **Grundtypen** auf (Rz 8): 15
- Als **reale** Aktien**optionen** *(stock* oder *share options)*, die den begünstigten Arbeitnehmern das Recht gewähren, zu einem bestimmten Zeitpunkt oder innerhalb eines bestimmten Zeitraumes zu einem vorab bestimmten oder bestimmbaren Preis Anteile des Arbeitgebers zu zeichnen bzw. zu erwerben *(equity-settled transaction*; Rz 84 ff.). Der bei Optionsausübung für die zu beziehenden Anteile zu entrichtende Preis (Basis- oder Ausübungspreis, *strike price)* ist entweder fixiert oder ermittelt sich aus der Anwendung eines vorab bestimmten Berechnungsmodus.
- Als **virtuelle** anteilsbezogene **Wertsteigerungsrechte** *(stock* oder *share appreciation rights)*, die den begünstigten Arbeitnehmern einen Barvergütungsanspruch i. H. d. positiven Differenz aus dem Kurs der unterliegenden Aktie zum vereinbarten Ausübungszeitpunkt einerseits und vorab vereinbartem Basispreis der Aktien andererseits gewähren – *cash settled transaction* (Rz 106 ff.).
- Dazu gesellen sich **Mischformen**, bei denen der Arbeitgeber oder der Arbeitnehmer die Wahl der Erfüllung in Eigenkapitalinstrumenten oder Geld hat – *cash settlement alternatives* (Rz 123 ff.).

Im Fall von realen Aktienoptionen hat die Gesellschaft die Beschaffung der Aktien zu besorgen, um diese **später** an die Optionsberechtigten weiterleiten zu können. Dies kann entweder durch die Ausgabe neuer Aktien (**Kapitalerhöhung**) oder den **Rückkauf** eigener Aktien am Kapitalmarkt erfolgen (Rz 201 ff.). Bei anteilsbasierter Vergütung in Form einer virtuellen Aktienoption hat die Gesellschaft eine bare Zahlungsverpflichtung gegenüber dem Optionsinhaber. Die Wertentwicklung der Anteile der Gesellschaft ist nur Bewertungsmaßstab der Barvergütung. Auf die Ausgabe von Gesellschaftsanteilen kommt es nicht an.

Unabhängig von ihrer Form führt die anteilsbasierte Vergütung an Arbeitnehmer zu 16 (Personal-)Aufwand bei der eine Option gewährenden Gesellschaft. Unterschiede bestehen jedoch im bilanziellen Gegenkonto und in der Bemessung des Aufwands:
- Bei **realen** Aktienoptionen erfolgt über die Jahre der bis zur Ausübung der Option vereinbarten Wartezeit (Rz 65) jeweils eine Buchung „**per Personalaufwand an Eigenkapital**" (Rz 44 ff.). Die Höhe des insgesamt erfassten Aufwands bemisst sich im Wesentlichen nach dem Wert der Option im Zusagezeitpunkt. Die tatsächliche spätere Wertentwicklung der Aktie (und damit der Option) ist irrelevant, da als zugewendeter „geldwerter Vorteil" die Option und nicht aus Ausübung/Nichtausübung dieser Option tatsächlich dem Arbeitnehmer zufließende Erfolg gilt *(grant date measurement approach)*.
- Bei **virtuellen** Optionen erfolgt über die Jahre der bis zur Ausübung der Option vereinbarten Wartezeit jeweils eine Buchung „**per Personalaufwand an Rückstellung**" (Rz 53 ff.). Die Höhe des insgesamt erfassten Aufwands und der Rückstellung bemisst sich nach der tatsächlichen Wertentwicklung der Aktie. An diese Wertentwicklung ist die Rückstellung während der Wartezeit jeweils anzupassen. Zuwendungsobjekt ist der tatsächlich dem Arbeitnehmer zufließende Geldbetrag.

17 Die Gewährung von Aktienoptionen und anteilsorientierten Wertsteigerungsrechten an **Mitarbeiter** wird als probates Mittel zur Abschwächung des *principal-agent*-Konflikts angesehen, weil durch die Einbeziehung des Anteilswerts bzw. etwaiger Wertsteigerungen in die Bemessungsgrundlage der Entlohnung des Managements (Agenten) deren **Motivationslage** und Risikopräferenzen zumindest teilweise an diejenige der Aktionäre (Prinzipale) angeglichen werden können.[5] Deshalb richten sich entsprechende Vergütungsformen fast ausschließlich an das **Management**, differenziert nach Hierarchiestufen *(executive stock options)*.
Bei Ausgabe von Optionen auf junge Aktien erfahren die **Altaktionäre** infolge ihres Bezugsrechtsverzichts eine **Verwässerung** ihres Aktienvermögens. Die Altaktionäre nehmen dies – bewusst oder unbewusst – im Hinblick auf zusätzliche Kurssteigerungen infolge der erhöhten Mitarbeitermotivation hin.

18 Anteilsbasierte Vergütungen an Mitarbeiter können zwar auch für **bereits erbrachte** Leistungen erfolgen, in der Praxis werden sie indes zumeist für **künftige** gewährt. Demzufolge sind sie an **Bedingungen** geknüpft:

- Regelmäßig muss das Dienstverhältnis mindestens während einer Sperr- oder Behaltefrist, dem sog. Erdienungszeitraum *(vesting period;* Rz 65), aufrechterhalten werden.
- Üblicherweise entspricht der Erwerbspreis der künftig zu erwerbenden Aktien in etwa dem im Zusagezeitpunkt *(grant date)* gültigen Kurs (innerer Wert, *intrinsic value).* In diesem Zeitpunkt ist die Option also „am Geld".
- Bei *premium-priced*-Optionsplänen liegt der Ausübungspreis im Ausgabezeitpunkt sogar über dem (aktuellen) Aktienkurs bzw. Anteilswert, die Option ist hier „aus dem Geld". Nach der Zielsetzung des Optionsprogramms soll die Option im Ausübungszeitpunkt oder -raum „im Geld" sein.

19 Sollten bis zu dem ausstehenden Genehmigungszeitpunkt *(grant date)* bereits Güter transferiert oder Dienstleistungen erbracht worden sein *(performance period),* die anteilsbasiert abgegolten werden, muss i.S.d. zutreffenden Periodisierung eine vorläufige Schätzung des auf die abgelaufene Periode entfallenden Vergütungsanteils erfolgen (IFRS 2.IG4).

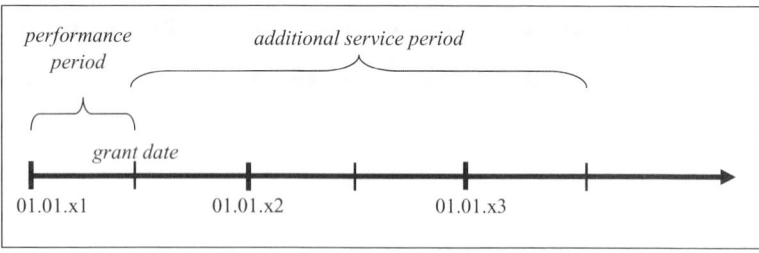

Wurde keine besondere Dienstzeitbedingung vereinbart, fehlt es an einem festgelegten Zeitpunkt für die Erbringung der *additional services.* Der Zeitraum der *additional service period* ist somit variabel und bedarf einer Schätzung (IFRS 2.15(b)/IG14).[6] Im Rahmen der Schätzung der *service period* besteht eine Bindung an die Ausübungsbedingung. Die Schätzung ist im Fall einer Ausübungs-

---

5   Vgl. LANGE, StuW 2001, S. 137 m.w.N.; KROPP, DStR 2002, S. 1919f.
6   Vgl. KPMG, Share-based payments, Tz. 6.4.40.10.

bedingung, die Teil des Mengengerüsts der Bewertung ist, kontinuierlich zu überprüfen.[7] Besteht hingegen eine Bindung der *service period* an eine Bedingung, die als Teil des Preisgerüsts der Zusage erfasst wurde, ist an der erstmaligen Einschätzung festzuhalten.[8]
Mit dem begünstigten Arbeitnehmer der anteilsbasierten Vergütung ist individuell oder durch Betriebsvereinbarung ein **Vertrag** abzuschließen, der u. a. folgende Bestandteile (entsprechend den wesentlichen Determinanten des Optionswertes; Rz 259) enthalten muss oder sollte:[9]

- Zusagezeitpunkt (*grant date*; Rz 62 ff.),
- Ausübungs- bzw. Basispreis der Aktienoption,
- Wartezeit *(vesting period)*, frühester Ausübungszeitpunkt *(vesting date)*, Ausübungszeitraum (Rz 65),
- Ausübungsbedingungen (*vesting conditions;* Rz 66 ff.),
- Übertragbarkeit, Vererbung sowie
- Verfallkriterien.

Zu unterscheiden ist zwischen der **Zusage** von Optionen am *grant date* und ihrer **Ausgabe** am *vesting date*. Im Zwischenzeitraum *(vesting period)* kann die Zusage wegen Ausscheidens aus dem Dienstverhältnis verfallen *(forfeit)* oder danach (ab dem *vesting date*) wegen wirtschaftlicher Wertlosigkeit erlöschen *(expire)*.
Auf der **Zeitachse** sind mithin folgende Daten beachtlich (IFRS 2 App. A):

- **Zusage- oder Gewährungs**zeitpunkt *(grant date)* ist der Tag, an dem der Arbeitnehmer vertraglich das Recht aus dem Optionsplan erhält.
- **Ausgabe**zeitpunkt *(vesting date)* ist der Zeitpunkt, in dem die mit dem Optionsplan verbundenen Bedingungen (z. B. eine Mindestdauer der Fortführung des Dienstverhältnisses) erfüllt sind und deshalb der Berechtigte tatsächlich Optionsinhaber wird.
- **Ausübungs**zeitpunkt *(exercise date)* oder -zeitraum ist der mit Erfüllung aller Bedingungen gegebene Tag oder Zeitraum, an bzw. in dem die Option ausgeübt werden kann.
- **Bewertungs**zeitpunkt *(measurement date)* ist bei Vergütung in Eigenkapitalinstrumenten (realen Optionen) der Tag, an dem der Wert der Vergütung bestimmt wird. Bei Mitarbeiteroptionen fällt dieser Zeitpunkt mit dem Zusage- oder Gewährungszeitpunkt zusammen *(grant date measurement approach)*.

Der Ausübungspreis der Aktienoption entspricht i. d. R. dem Börsenkurs im Zusagezeitpunkt. Ein Erwerbspreis für die Option selbst wird i. d. R. nicht vereinbart. Der Vertrag kann zusätzlich eine Finanzierungshilfe seitens der Gesellschaft für die Erwerbskosten der Aktien enthalten.

---

[7] Vgl. Ernst & Young, International GAAP 2015, S. 2268.
[8] Vgl. Ernst & Young, International GAAP 2015, S. 2276 f.
[9] Einzelheiten mit Vertragsmuster bei BREDOW, Mustervereinbarung zu Aktienoptionsplänen, DStR 1998, S. 380.

1.4 Anwendungsbereich von IFRS 2

1.4.1 Zusage durch die bilanzierende Gesellschaft

21 IFRS 2 bezieht sich auf **sämtliche** Vergütungsformen *(share-based payment transactions)*, bei denen das Unternehmen bzw. der Konzern *(entity)* erhaltene Güter oder Dienstleistungen *(goods or services)*
- in eigenen Eigenkapitalinstrumenten *(equity-settled transactions)* oder
- in einer wertmäßig am Eigenkapital (des Unternehmens) orientierten Barzahlung *(cash-settled transactions)*

vergütet. Der Anwendungsbereich des IFRS 2 umfasst daher neben der meist auf **schuldrechtlicher** Grundlage erfolgenden anteilsbasierten Vergütung von Arbeits- oder sonstigen Dienstleistungen auch die meist auf **gesellschaftsrechtlicher** Basis vorgenommene anteilsbasierte Vergütung von erhaltenen Gütern, somit also Einlagevorgänge wie die Kapitalerhöhung gegen Sacheinlage.
Die in der Praxis wichtigsten Anwendungsbereiche von IFRS 2 sind
- der Erwerb von Gütern oder Diensten gegen Gewährung von Gesellschaftsrechten (Sacheinlage) und/sowie
- die Vergütung von Arbeitnehmern durch reale oder virtuelle Aktienoptionen.

1.4.2 Zusage durch andere Konzernunternehmen oder Gesellschafter

22 Das bilanzierende Unternehmen kann von einem Mitarbeiter, sonstigen Dienstleister oder Lieferanten eine Leistung erhalten, **ohne** eine anteilsbasierte Vergütung **selbst** zu erbringen. Als Vergütungsschuldner kommen auch in Betracht:
- das **Mutterunternehmen**, indem es z. B. seine eigenen Anteile oder darauf lautende Optionsrechte an Vertragspartner des Tochterunternehmens gewährt,
- **sonstige Gesellschafter**/Anteilseigner *(shareholder)* des Unternehmens, indem sie etwa Mitarbeitern zu Vorzugskonditionen Unterbeteiligungen einräumen oder
- **andere** in den **Konzernabschluss** der Unternehmensgruppe einbezogene Unternehmen, indem z. B. ein Schwesterunternehmen seine eigenen Anteile oder darauf lautende Optionsrechte an Vertragspartner des Berichtsunternehmens gewährt.

Im Konzernabschluss ist die Divergenz von Leistungsempfänger und Vergütungsschuldner irrelevant, sofern beide zum gleichen Konsolidierungskreis gehören. Im Einzel- oder Teilkonzernabschluss stellt sich hingegen die Frage, ob bei einer solchen Divergenz gleichwohl IFRS 2 anzuwenden ist.
Voraussetzung für eine Erfassung als anteilsbasierte Vergütung ist ein **Zugang der Leistungen** beim rechnungslegungspflichtigen Unternehmen/Konzern.[10] IFRS 2 ist daher nicht einschlägig, wenn die anteilsbasierte Vergütung durch einen anderen Vergütungsschuldner eindeutig *(clearly)* einem **anderen Zweck** als der Bezahlung von an das Unternehmen gelieferten Gütern und Dienstleistungen dient (IFRS 2.3A).
Wegen Einzelheiten wird auf Rz 165 ff. verwiesen.

---

[10] ZEIMES/THUY, KoR 2003, S. 36.

1.4.3 Auslagerung auf eine SPE oder einen Trust

U.U. tritt als Vergütungsschuldner einer anteilsbasierten Zusage des bilanzierenden Unternehmens ein *employee benefit trust* (oder ähnliche *off-balance*-Konstruktionen) auf.[11] Eine Anwendbarkeit von IFRS 2 ergibt sich aus zwei Gründen:

- Übernimmt der Trust eine anteilsbasierte Vergütung mit Ausgleich in Eigenkapitalinstrumenten, wird dieser Gesellschafter Anteilseigner des Unternehmens. Die Zusage erfüllt die in IFRS 2.3A genannten Voraussetzungen.

- Unabhängig von der Ausgestaltung der Vergütungszusage handelt es sich bei *employee benefit trusts* regelmäßig auch um konsolidierungspflichtige Zweckgesellschaften *(special purpose entities)*, da *equity compensation plans* in den Anwendungsbereich des SIC 12 (→ § 32 Rz 56 ff.) fallen.

1.4.4 Vergütungen des Managements einer SPAC

Alleiniger (Geschäfts-)Zweck einer SPAC *(special purpose acquisiton company)* als börsennotierter „Mantel" ohne eigene operative Tätigkeit ist der künftige Erwerb eines operativ tätigen Geschäfts.[12] Hinter der Gründung und Börseneinführung sowie der Identifizierung eines geeigneten Investitionsobjekts stehen Personen/Organisationen, die ausreichende Erfahrung und eine Erfolgsgeschichte im Investitionsbereich aufweisen können. Die Aufgabe des SPAC-Managements liegt – nach Vorbereitung eines IPO – demzufolge in der Identifizierung eines geeigneten Erwerbsobjekts und der Überzeugung der Hauptversammlung zum Erwerb dieses Objekts innerhalb der satzungsmäßigen Frist. Als Vergütung für die nach Vorstehendem zu erbringenden Dienstleistungen wird dem Management bereits im Rahmen der Gründung ein Recht auf den späteren Erhalt von (liquiden) Stammaktien *(ordinary shares)* zu besonderen Konditionen eingeräumt. Eine laufende Managementvergütung entfällt regelmäßig. Insoweit bei der Gründung wandelbare Instrumente als Abgeltung für die Erbringung von künftigen Leistungen (Organisation des IPO, Mitteleinwerbung, Identifikation eines Erwerbsobjekts etc.) ausgegeben werden, sind diese – unabhängig von der Klassifizierung als Eigen- oder Fremdkapital nach IAS 32 – daraufhin zu untersuchen, ob sie als anteilsbasierte Vergütung nach IFRS 2 zu erfassen sind.

Die von den Gründungsgesellschaftern gezeichneten Anteile und ggf. weitere Instrumente (i.d.R. wandelbare Instrumente) sind als Gesamtpaket Vergütung für die zu erbringenden Dienstleistungen. Trotz der Ausgestaltung als Gesamtpaket ist für die Beurteilung nach IFRS 2 auf die bestehenden Bedingungen der einzelnen Zusagen abzustellen. Für die bilanzielle Behandlung nach IFRS 2 zeitigt eine eventuelle Pflicht zur Synthetisierung verschiedener Finanzinstrumente (→ § 28) daher ebensowenig Relevanz, wie die Frage der Klassifizierung als Eigen- oder Fremdkapitalfinanzinstrument nach IAS 32. Mit einer Zusage können mehrere separat bilanziell zu erfassende Tranchen *(instalments)* von anteilsbasierten Zusagen verbunden sein (Rz 101). Unabhängig von den vorausgehenden Fragen der Klassifizierung nach IAS 32 als Eigen- oder Fremdkapital, ist daher das Vorliegen einer anteilsbasierten Vergütung zu würdigen.

---

[11] Vgl. Roß/SIMONS, in: BAETGE u.a. (Hrsg.), Rechnungslegung nach IFRS, IFRS 2 Tz. 16.
[12] Vgl. BOZICEVIC, Going Public, Februar 2010.

1.5 Nichtanwendungsbereiche

1.5.1 Unternehmenszusammenschlüsse

26 **Ausgenommen** von der Anwendung von IFRS 2 ist der Erwerb von Gütern oder Dienstleistungen im Rahmen eines **Unternehmenszusammenschlusses** (→ § 31) gem. IFRS 3 (IFRS 2.5). Im Rahmen des *Annual Improvements Project* 2009 erfolgte eine Änderungen und Klarstellung von IFRS 2.5: Gründungen von Gemeinschaftsunternehmen auch durch Hingabe eigener Anteile fallen danach nicht in den *scope* von IFRS 2 (Rz 20).

> **Beispiel**
> Unternehmen A erwirbt alle Anteile von Unternehmen B gegen Gewährung von 10 % eigener Anteile. Die Marktkapitalisierung von A beträgt zum Erwerbsstichtag 5.000 GE. Der beizulegende Zeitwert der im Rahmen der *business combination* hingegebenen Leistung beträgt damit 500 GE (→ § 31 Rz 42 ff.).
> Das Vermögen des schuldenfreien B (Sachanlagen, Vorräte, Forderungen) beträgt 300 GE zu Buch- und Zeitwerten. Hieraus ergibt sich auf Basis des Zeitwerts des erworbenen Vermögens ein im Rahmen der Erstkonsolidierung anzusetzender *goodwill* von 500 GE − 300 GE = 200 GE.
> Nach (dem nicht anzuwendenden) IFRS 2 ergibt sich die gleiche Rechtsfolge nur dann, wenn der *goodwill* als Gut i. S. v. IFRS 2.5 interpretiert wird (Rz 5). Überdies würde sich nach IFRS 2 die Frage stellen, ob der Wert des erworbenen Unternehmens tatsächlich 500 GE beträgt. Würde dies verneint, also ein Fehleinkauf und einen Wert von z. B. nur 300 GE unterstellt, dürfte der *goodwill* ggf. nur mit 300 GE − 200 GE = 100 GE angesetzt werden, während der überhöhte Kaufpreisanteil von 200 GE direkt zu Aufwand werden könnte. Alle derartigen Überlegungen werden durch den Vorrang von IFRS 3 (→ obsolet.

27 Allerdings können sich auch im Rahmen eines **Unternehmenszusammenschlusses** Vorgänge *(transactions)* abspielen, die unter den Regelungsbereich von IFRS 2 fallen.

- So kann der Erwerber eines Unternehmens Eigenkapitalinstrumente zugunsten der Beschäftigten des erworbenen Unternehmens im Interesse von deren künftiger Arbeitsleistung ausgeben (Rz 180 ff.) oder
- der Anteilsverkäufer selbst wird vom erworbenen Unternehmen z. B. als Geschäftsführer weiterbeschäftigt und erhält als Arbeitsanreiz Optionen auf die Anteile des erwerbenden Unternehmens.

Es ergeben sich dabei allerdings Abgrenzungsprobleme. Die Vergütungskomponente „Aktien oder Aktienoptionen am erwerbenden Unternehmen" kann einerseits auf von dem Unternehmenserwerb separierbare Dienste entfallen, andererseits aber auch als nachträgliche Anpassung der Anschaffungskosten *(contingent consideration)* des Unternehmenserwerbs zu interpretieren sein (→ § 31 Rz 52 ff.).

28 Zur Abgrenzung zwischen Kaufpreis und Vergütung für sonstige Leistungen kann auf folgende Faktoren zurückgegriffen werden (→ § 31 Rz 54).

Contingent consideration (IFRS 3)	Share-based payment transaction (IFRS 2)
Bindung an Ergebnisgrößen des erworbenen Unternehmens (i. S. v. *earn-out*-Vereinbarungen)	Bindung an eine bestimmte Dauer der Fortsetzung des Beschäftigungsverhältnisses (bzw. *key personnel*)
Entlohnung des Managements ohne anteilsbasierte Vergütung entspricht üblichen Bandbreiten	Übereinstimmung des fixen Kaufpreisbestandteils mit der Bewertungsbandbreite für das erworbene Unternehmen
Höhe der nachträglichen Zahlung bestimmt sich in Abhängigkeit der künftigen Ertragssituation (z. B. 3 × EBIT)	Höhe der Zahlung ist an die Wertentwicklung der Anteile des Erwerbers geknüpft

Beispiel (Fortsetzung zu Rz 26)
Neben den fixen Anschaffungskosten mit einem *fair value* von 500 GE vereinbaren die Parteien eine Beschäftigung des Veräußerers im erworbenen Unternehmen. Neben einer laufenden Vergütung erhält der Veräußerer Optionsrechte auf die Anteile von A, die ausübbar werden, wenn in den nächsten 24 Monaten nach der Transaktion

- das Beschäftigungsverhältnis für zwei Jahre fortgesetzt und
- in diesem Zeitraum ein Kursanstieg von 10 % erzielt wird.

Der erste Aspekt spricht für die Anwendung von IFRS 2, der zweite für eine Behandlung als *contingent consideration*. Eine Gesamtwürdigung ist notwendig. Hierbei ist u. E. von Bedeutung, ob der Veräußerer/Arbeitnehmer bereits ohne die Optionen im Fremdvergleich für seine Beschäftigung angemessen vergütet wird und ob der Kaufpreis ohne den Wert der Aktienoptionen angemessen war.

In der ab 2009/10 geltenden Fassung von IFRS 3 wurde die Behandlung von *contingent considerations* neu konzipiert (→ § 31 Rz 59 ff.).[13] In diesem Zusammenhang wurden die vorstehend geschilderten, bislang nur US-GAAP spezifischen, Regeln zur Abgrenzung gegenüber Mitarbeitervergütungen weitgehend übernommen (IFRS 3.B54 f. rev. 2008).
Überdies enthält der überarbeitete IFRS 3 erstmals Vorgaben zur Behandlung von *share-based payment awards* des erworbenen Unternehmens (IFRS 3.52(b) i. V. m. IFRS 3.B56 ff. rev. 2008). Angesprochen ist der Ersatz bestehender Vergütungspläne gegenüber Arbeitnehmern aufgrund kollektiv- oder einzelvertragsrechtlicher Regeln (Rz 180 ff.). Hiernach sind im Rahmen einer *business combination* auf den Erwerber übergehende *share-based payment awards* mit dem *fair value* zum Erwerbsstichtag anzusetzen. Es ist zu unterscheiden zwischen

---

[13] Vgl. FREIBERG, PiR 2008, S. 31.

- dem Anteil der *fair-value*-Anpassung des bestehenden Plans, der auf erbrachte Dienstleistungen der Anspruchsberechtigten vor dem Unternehmenserwerb entfällt (*pre-combination service*) und als Teil der Anschaffungskosten zu behandeln ist, sowie
- dem Anteil, der künftig noch von dem übernommenen Anspruchsberechtigten erdient wird (*post-combination service*) und Aufwand in der Unternehmensgruppe nach Unternehmenszusammenschluss darstellt.

30 Auch nach den Änderungen an IFRS 3 blieb fraglich, ob die Gründung eines Gemeinschaftsunternehmens i.S.v. IAS 31 oder eine *transaction under common control* durch Hingabe eigener Anteile in den Anwendungsbereich von IFRS 2 fallen könnte.

- Nach IFRS 3.2 fällt die Gründung eines *joint venture* wie auch eine *transaction under common control* nicht in den Anwendungsbereich von IFRS 3.
- IFRS 2 ist hingegen anzuwenden auf Transaktionen, bei denen ein Unternehmen durch Hingabe einer anteilsbasierten Vergütung *goods or services* empfängt.

Mangels Vorliegen einer *business combination* bei Gründung eines Gemeinschaftsunternehmens oder *transactions under common control* könnte die Hingabe eigener Anteile auf einen Anwendungsfall von IFRS 2 deuten (IFRS 2.5). Inzwischen erfolgte eine Klarstellung von IFRS 2.5, nach der „*the contribution of a business*" auch gegen Hingabe eigener Anteile dann nicht in den Anwendungsbereich von IFRS 2 fällt, wenn IFRS 3 einen Ausschluss vom Anwendungsbereich vorsieht. Entscheidend ist das Vorliegen eines *business*. Für den Fall der Übertragung von Vermögenswerten, die kein *integrated set of activities* i.S.v. IFRS 3, also kein *business* konstituieren (→ § 31 Rz 15ff.), bleibt IFRS 2 einschlägig. Für den Fall der Übertragung von Vermögenswerten mit *business*-Qualität gegen Hingabe eigener Anteile scheidet ein Rückgriff auf IFRS 2 auch dann aus, wenn der Erwerb die Gründung eines Gemeinschaftsunternehmens oder eine *transaction under common control* betrifft und deshalb nicht den Regeln von IFRS 3 unterliegt. Für die Bewertung des empfangenen Vermögens besteht im zweiten Fall dann ein Wahlrecht (*accounting policy choice*) gem. IAS 8.10–12. Infrage kommt u.E. eine Bewertung zum beizulegenden Zeitwert (*fresh start basis*) oder zu fortgeführten Buchwerten (*predecessor basis*).

31 Praktisch relevant ist die Frage des Anwendungsbereichs von IFRS 2 und IFRS 3 auch im Fall der Einbringung einer aktiven Gesellschaft in eine *holding/shell company*, wobei die bisherigen Gesellschafter der eingebrachten Gesellschaft die Mehrheit an der Holding erlangen, somit Letztere nur rechtlich Erwerber, wirtschaftlich aber Erwerbsobjekt ist (*reverse acquisition*). Hier ist bei fehlender *business*-Qualität des rechtlichen Erwerbers eine Behandlung der Transaktion nach IFRS 2 geboten.[14]

> **Beispiel**
> Die Holding H-AG ist börsennotiert und konstituiert kein *business* i.S.d. IFRS 3. Im Wege der Sachkapitalerhöhung gibt H eigene Anteile im Tausch für die Einbringung der Anteile an der operativ tätigen, nicht börsennotierten A-AG aus. Nach der Transaktion ist H rechtlich Mutterunternehmen von A.

---

[14] So IFRS IC, IFRIC Update, November 2012.

> Fraglich ist, ob die Transaktion nicht in den Anwendungsbereich von IFRS 3 fällt, die Vorgaben zur Behandlung von *reverse acquisitions* (→ § 31 Rz 200 ff.) daher nicht einschlägig sind, da das wirtschaftliche Erwerbsobjekt kein *business* ist.

Durch Ausgabe der Anteile der aktiven Gesellschaft (im Beispiel A) zur Übernahme von *goods* der Holding (im Beispiel H) liegt eine Transaktion im Anwendungsbereich des IFRS 2 vor. Bei Fehlen identifizierbarer Vermögenswerte als Gegenleistung der Holding ist eine aufwandswirksame Verrechnung der in Anteilen hingegebenen Leistung der A gem. IFRS 2 erforderlich. Die Auffassung ist u. E. erläuterungsbedürftig. Da die eingebrachte aktive Gesellschaft überhaupt keine Anteile ausgibt, kann aus ihrer Sicht zunächst kein Anwendungsfall von IFRS 2 vorliegen. Lediglich bei – seitens des IFRS IC verlangter – Umdeutung des rechtlichen Vorgangs in eine Anteilsgewährung durch die bisherigen Gesellschafter der aktiven Gesellschaft an die bisherigen Gesellschafter der Holding kommt die Anwendung von IFRS 2 infrage. Tatsächlich gewähren die bisherigen Gesellschafter der aktiven Gesellschaft aber keine Anteile an die Altgesellschafter der Holding. Sie tauschen lediglich direkte Anteile an der aktiven Gesellschaft in indirekt über die Holding gehaltene um. Auch kennt IFRS 2 das Konzept der *reverse acquisition*, bei der der rechtliche Erwerber (Holding) wirtschaftlich das Erwerbsobjekt ist, nicht. Das Konzept ist ausschließlich in IFRS 3 und nicht an anderen Stellen des IFRS-Regelwerks formuliert. Nach Auffassung des IFRS IC ist aber eine Anwendung im Analogieschluss geboten.

1.5.2 Erwerb von Finanzinstrumenten

Der Anwendungsbereich *(scope)* von IFRS 2 umfasst den Erhalt von **Gütern** oder **Dienstleistungen** gegen anteilsbasierte Vergütung. Der Begriff Güter umfasst Vorräte, Sachanlagen, immaterielle Vermögenswerte sowie „andere nicht-finanzielle Vermögenswerte" (IFRS 2.5; Rz 5). Nicht völlig geklärt ist die (Nicht-)Einbeziehung **finanzieller** Vermögenswerte:

- **Unstrittig** ist nur: Werden in den Anwendungsbereich von IAS 32/IAS 39 bzw. IFRS 9 (→ § 28) fallende originäre oder derivative Finanzinstrumente gegen anteilsbasierte Vergütung (also etwa durch Sacheinlage) erworben, so liegt kein Anwendungsfall von IFRS 2 vor.
- **Unklar** ist, wie der Erwerb von Anteilen zu werten ist, die einen maßgeblichen Einfluss (IAS 28), gemeinschaftliche Kontrolle (IFRS 11) oder Kontrolle (IFRS 10) an einem anderen Unternehmen gewähren. So ist etwa die Beteiligung an einem assoziierten Unternehmen im **Einzelabschluss** des bilanzierenden Unternehmens zwar ein finanzieller Vermögenswert (IAS 32.11), der allerdings nicht zwingend den Bewertungsvorschriften für Finanzinstrumente unterliegt. Im **Konzernabschluss** ist die Beteiligung im Rahmen der *equity*-Bilanzierung eher als ein Konsolidierungsobjekt anzusehen (IAS 28.21). In Bezug auf den Anwendungsbereich von IFRS 2 kann sich daher eine unterschiedliche Behandlung im Einzel- und Konzernabschluss des bilanzierenden Unternehmens ergeben.

32

Beispiel
Durch Kapitalerhöhungsbeschluss vom 1.1 erwirbt die börsennotierte E 10 Mio. Aktien an der nicht notierten B. Der Erwerb vollzieht sich als Sacheinlage.
- 10 Mio. B-Aktien werden in die E eingebracht.
- E gewährt hierfür 10 Mio. E-Aktien.

Die Durchführung der Kapitalerhöhung steht unter der aufschiebenden Bedingung der kartellrechtlichen Genehmigung. Diese erfolgt am 1.4.
Die Werte der Aktien stellen sich wie folgt dar:
- E-Aktien (Börsenkurse) am 1.1. 10 EUR, am 1.4. 12 EUR.
- Die B-Aktien haben nach einer Unternehmensbewertung einen Wert von 10 EUR pro Aktie.

Zu bestimmen ist der Zugangswert des Anteils an B bei E für folgende Varianten:
- Variante 1: Die B hatte vor der Kapitalerhöhung 190 Mio. Aktien. E erwirbt also 10 / 200 Mio. Aktien = 5 % an B, somit Erwerb eines Finanzinstruments.
- Variante 2: Die B hatte vor der Kapitalerhöhung 30 Mio. Aktien. E erwirbt also 10 / 40 Mio. Aktien = 25 %, somit Erwerb eines Anteils an einem assoziierten Unternehmen.

Variante 1
E erwirbt 5 % an B und damit ein in den Anwendungsbereich von IAS 32 und IAS 39/IFRS 9 fallendes Finanzinstrument. Die Einbuchung erfolgt sowohl im Einzel- als auch im Konzernabschluss mit dem *fair value* der hingegebenen E-Aktien. Sofern die Transaktion nicht als *regular way purchase* qualifiziert wird (→ § 28), erfolgt die Einbuchung zum 1.4. mit 10 Mio. × 12 EUR = 120 Mio. EUR.

Variante 2
E erwirbt 25 % an B, somit einen Anteil an einem assoziierten Unternehmen. Im Einzelabschluss der E ist die Beteiligung gem. IAS 32 als finanzieller Vermögenswert zu qualifizieren. Damit scheidet eine Erfassung des Erwerbs als anteilsbasierte Vergütung gem. IFRS 2 aus. Als Zugangswert ist der Wert der hingegebenen Leistung, also der E-Aktien, anzusehen. Die Einbuchung der B-Aktien erfolgt daher auch hier mit 120 Mio. EUR.
Im Konzernabschluss ist der Anteil an einem assoziierten Unternehmen als Konsolidierungsobjekt (*equity*-Konsolidierung) und damit nicht (zwingend) als finanzieller Vermögenswert zu werten. Wird der Anteil an B als nichtfinanzieller Vermögenswert angesehen, fällt der Erwerb des Anteils in den Anwendungsbereich von IFRS 2. Die Zugangsbewertung bei E erfolgt daher gem. IFRS 2 mit dem Wert der B-Aktien, also mit 100 Mio. EUR.

33 Der Ausschluss der Finanzinstrumente vom Anwendungsbereich von IFRS 2 bezieht sich auch auf **derivative** Verträge (z.B. Warentermingeschäfte) über nichtfinanzielle Werte *(non-financial items)*, die statt durch physische Lieferung bar oder durch Hingabe eines anderen Finanzinstruments ausgeglichen *(net sett-*

lement) werden können (IFRS 2.BC27) und welche die Voraussetzungen eines Finanzderivats (gem. IAS 32.8–10) erfüllen (→ § 28).[15]

> **Beispiel**
> Unternehmen A schließt ein Termingeschäft *(forward)* über den Erwerb von 1.000 t Kupfer ab. Der in bar zu entrichtende Kaufpreis bestimmt sich in Abhängigkeit des Aktienkurses der A-Aktie am vereinbarten Termin. Hintergrund der Transaktion ist eine Spekulation A's auf künftig steigende Kupferpreise, eine physische Lieferung ist nicht intendiert. Der Terminkontrakt sieht daher die Möglichkeit zum *net settlement* vor, A hat im Übrigen in der Vergangenheit mehrfach vergleichbare (Spekulations-)Geschäfte abgewickelt. Der Vertrag fällt insbesondere wegen der Möglichkeit zum *net settlement* in den Anwendungsbereich für Finanzinstrumente und ist daher nicht als *share-based payment transaction* zu behandeln.
>
> **Abwandlung des Beispiels**
> A hat den Terminvertrag mit der Absicht einer physischen Lieferung des Kupfers geschlossen, das für den eigenen Produktionsbedarf benötigt wird. Ein *net settlement* ist nicht vorgesehen, es gibt auch keine entsprechende Historie. Eine Erfassung als Finanzderivat scheitert an der *own use exemption* (→ § 28). Die empfangene Leistung ist ein *good (inventory)* und wird anteilsbasiert vergütet. Die Transaktion fällt unter den Anwendungsbereich von IFRS 2.

1.5.3 Zweifel in der Abgrenzung zu wandelbaren Instrumenten

Kein unmittelbarer Ausschluss vom Anwendungsbereich des IFRS 2 gilt, wenn die Form der Vergütung – etwa ein in Eigenkapital **wandelbares Instrument** *(convertible)* – neben einer anteilsbasierten Vergütung auch als Finanzinstrument angesehen werden kann.[16] Voraussetzung für die Behandlung als Finanzinstrument ist das Vorliegen eines Vertrags, „der gleichzeitig bei einem Unternehmen zu einem finanziellen Vermögenswert und bei dem anderen Unternehmen [dem Empfänger von Gütern oder Dienstleistungen] zu einer finanziellen Verbindlichkeit oder einem Eigenkapitalinstrument führt" (IAS 32.11). Die Behandlung entweder nach IFRS 2 oder IAS 39/IFRS 9 zeitigt (teilweise mit gegenläufiger Konsequenz) Relevanz

- für die Zugangsbewertung (Rz 35), einen evtl. *day one-*Ergebniseffekt, aber auch
- die Folgebewertung (Rz 37), insbesondere wegen unterschiedlicher Vorgaben, eine Bewertung zum beizulegenden Zeitwert *(fair value)*.

Neben der Abgrenzung von anteilsbasierten Vergütungen und Finanzinstrumenten können sich noch weitergehende Anwendungsfragen ergeben (Rz 39).
Das Verhältnis der Anwendungsbereiche und somit die Abgrenzung einer anteilsbasierten Vergütung zu einem Finanzinstrument ist unklar. Der Anwendungsbereich von IFRS 2 ist sehr **weit gefasst** und schließt neben Transaktionen (IFRS 2.4) mit Veranlassung auf Ebene der Gesellschafter *(shareholders in their*

34

35

---

15 Vgl. FREIBERG, PiR 2007, S. 230.
16 Zum Ganzen FREIBERG, PiR 2012, S. 28 ff.

capacity as a holder of an equity instrument) nur bestimmte derivative Kontrakte mit vereinbartem *net settlement* aus (IFRS 2.6).
Für ein in Eigenkapitalinstrumente wandelbares Instrument (*convertible*) kommt daher sowohl eine Klassifizierung als anteilsbasierte Vergütung als auch als Finanzinstrument infrage.

- (Finanz-)Instrumente, die den Zeichner entweder nach dessen Wahl oder in Abhängigkeit von dem Eintritt eines künftigen Ereignisses zur Wandlung in Eigenkapitalinstrumente des Emittenten berechtigen, sind nach IAS 32 **aufzuteilen** und unterliegen IAS 39/IFRS 9.
- Falls die Wandlung zum Erhalt von Anteilen des Emittenten berechtigt, sind auch die Anwendungsvoraussetzungen des IFRS 2 erfüllt. Es liegt dann eine **anteilsbasierte Vergütung mit Erfüllungswahlrecht** (*cash alternative*) des Empfängers vor (IFRS 2.35).

Aus dem Regelwerk ergibt sich kein eindeutiger Vorrang (Rz 38). Wegen der unterschiedlichen Ausgestaltung der Zugangsbewertung besteht der (negative) Anreiz zur „**bilanzpolitischen Optimierung**".

> **Beispiel**
> U bezieht eine Sachanlage gegen Hingabe einer Wandelschuldverschreibung (WSV), die jederzeit (amerikanisch ausgestaltete Option) in Anteile des U wandelbar ist. Die WSV steht einem Versprechen zur Begleichung in Anteilen oder einer Bargütung zum Wert der Anteile gleich. Die WSV erfüllt sowohl die Bedingungen eines Finanzinstruments als auch einer anteilsbasierten Vergütung.
> Der Wert (*fair value*) der Sachanlage wird über ein Bewertungsverfahren verlässlich mit 100 GE bestimmt, der beizulegende Zeitwert der WSV beträgt basierend auf ausschließlich beobachtbaren Inputs 105 GE. In Abhängigkeit von der Klassifizierung ergeben sich unterschiedliche Konsequenzen der Zugangsbewertung.
> **Variante 1:** Bei Behandlung der WSV als Finanzinstrument bestimmt sich der Zugangswert des Vermögenswerts über den beizulegenden Zeitwert des emittierten Instruments in Höhe von 105 GE. Die WSV unterliegt den Vorgaben des IAS 32 und ist daher in einen Eigen- und Fremdkapitalanteil aufzuteilen.
> **Variante 2:** Erfolgt eine Klassifizierung als anteilsbasierte Vergütung, ist der Vermögenswert nur i. H. d. *fair value*, also mit 100 GE zu erfassen. Da der Wert der hingegebenen Leistung den der identifizierbaren Güter oder Dienstleistungen übersteigt, ist i. H. d. Differenz der Empfang einer nichtidentifizierbaren Leistung zu fingieren. Eine Aufwandsbuchung in Höhe von 5 GE ist daher angezeigt. Auf der Passivseite ist wegen des Erfüllungswahlrechts eine Aufteilung der Zusage in einen Eigen- und Fremdkapitalanteil geboten.

36 Fallen erhaltene und hingegebene Leistung wertmäßig auseinander, zwingt ein Rückgriff auf die Vorgaben zur Behandlung anteilsbasierter Vergütungen zur Erfassung eines Ergebniseffekts (IFRS 2.13A). Bei Klassifizierung der hingegebenen Leistung als Finanzinstrument besteht hingegen die Möglichkeit, einen Ergebniseffekt

- insgesamt zu **vermeiden**, wenn für die empfangene Leistung im Zugangszeitpunkt das Anschaffungskostenprinzip (*at cost*) gilt, oder
- zunächst zu **verhindern**, wenn der Zugangswert der empfangenen Leistung (wegen einer Verpflichtung auf den *fair value*) vom Wert der hingegebenen Leistung abweicht, für die Bestimmung des beizulegenden Zeitwerts aber nicht ausschließlich objektivierbare Inputs verwendet wurden.

Besondere Zweifel stellen sich mit der Ausgabe von (wandelbaren) Instrumenten an spezifische Investoren zu **vergünstigten Konditionen** im Zusammenhang mit der Vorbereitung eines Börsengangs (*initial public offering*, IPO). Bei Behandlung als Finanzinstrument kann ein ansonsten zu erfassender *day one loss* vermieden werden, da mangels bereits bestehender Börsennotierung kein objektiver *fair value* zu bestimmen ist.

Beispiel
U plant den Börsengang. Zur Erhöhung des *working capitals* (Deckung der IPO-Kosten) werden bereits vor dem IPO an ausgewählte Investoren in Stammaktien wandelbare Vorzüge (*preference shares*) gegen Barzahlung ausgegeben. Der auf Basis einer – auch Fundamentalerkenntnisse berücksichtigenden – Unternehmensbewertung bestimmte Wert der Vorzüge übersteigt den empfangenen Bestand liquider Mittel um einen wesentlichen Betrag. Für eine Behandlung der *preference shares* als anteilsbasierte Vergütung spricht sowohl die Differenz zwischen empfangener und hingegebener Leistung als auch die Zuweisung ausschließlich an ausgewählte Investoren. Als Folge ist für die bilanzielle Abbildung auf den Wert der Vorzüge abzustellen, die Differenz zum Kassenzugang als nichtidentifizierbare Leistung erfolgswirksam zu stellen. Alternativ kann aber auch der Abschluss eines Finanzinstruments unterstellt werden. Mangels Objektivierbarkeit der *fair value*-Bewertung der Vorzüge (Einstufung als Level 3-Bewertung) bestimmt der Zugangswert der liquiden Mittel den Erstansatz der Vorzüge.

Besteht für den Empfänger einer anteilsbasierten Vergütung ein Erfüllungswahlrecht, ist im Zugangszeitpunkt eine **Aufteilung** in eine Eigen- und eine Fremdkapitalkomponente geboten (IFRS 2.5). Aufgrund abweichender Vorgaben zur Differenzierung von Eigen- und Fremdkapital kann sich auch ein nicht im Einklang mit der dichotomen Kapitalabgrenzung des IAS 32 stehende Trennung einstellen (Rz 53 ff.). So findet insbesondere die *fixed for fixed*-Vorgabe der Kapitalabgrenzung auf anteilsbasierte Vergütungen keine Anwendung (→ § 20 Rz 28).
Darüber hinaus ist für die Folgebewertung auch ein **abweichender Bewertungsmaßstab** beachtlich. Zwar findet der *fair value* auch für anteilsbasierte Vergütungen Anwendung, allerdings bestehen trotz gleichlautender Etikettierung konzeptionelle Unterschiede (IFRS 2.6A). In Abhängigkeit der vereinbarten Erfüllung besteht bei vorgesehenem
- *equity settlement* eine Verpflichtung zur Bewertung nach dem *grant date measurement approach*. Der Betrag der erwarteten Eigenkapitalzuführung ist danach einmalig im Zusagezeitpunkt festzulegen und in künftigen Perioden einzufrieren.
- *cash settlement* die Vorgabe zur *fair value*-Bewertung (i. S. d. Definition des IFRS 2) der Schuld zum Bilanzierungsstichtag.

37

Bei Transaktionen ohne Gewährung von Dienstleistungen über einen längeren Zeitraum ist die Aufteilung im Zugangszeitpunkt erforderlich. In Folgeperioden wird nur noch die bestehende Schuld (als Folge eines möglichen *cash settlement*) bewertet, die Eigenkapitalzuführung bleibt nach IFRS 2 unverändert.

> **Beispiel (Abwandlung zu Rz 35)**
> Die WSV ist in einer Währung, die nicht der funktionalen Währung des U entspricht, denominiert. Für die Behandlung nach IFRS 2 ergeben sich keine weiteren Konsequenzen. Im Zugangszeitpunkt erfolgt eine Aufteilung in Eigen- und Fremdkapital. Der Eigenkapitalanteil ist in Folgeperioden nicht anzupassen, die Verbindlichkeit zum *fair value* zu bewerten.

Anderes gilt bei einer Bilanzierung als zusammengesetztes Finanzinstrument. Nach Aufteilung eines strukturierten Produkts qualifiziert sich das (Basis-)Fremdkapitalinstrument regelmäßig für eine Bewertung zu fortgeführten Anschaffungskosten (*at amortised cost*). Die Folgebewertung des derivativen Teils bestimmt sich in Abhängigkeit der *fixed for fixed*-Bedingung. Insoweit diese erfüllt ist, liegt Eigenkapital vor, eine Folgebewertung scheidet aus. Andernfalls liegt ein (Fremdkapital-)Derivat vor, welches erfolgswirksam zum *fair value* fortzuschreiben ist, wenn nicht das Gesamtinstrument (wahlweise) erfolgswirksam zum *fair value* bewertet wird.

> **Beispiel (Abwandlung zu Rz 35)**
> Wegen Abschluss der WSV in Fremdwährung ist die *fixed for fixed*-Bedingung verletzt, der „Eigenkapitalanteil" daher nach IAS 39/IFRS 9 als Fremdkapitalderivat erfolgswirksam zum *fair value* zu bewerten.

38 Die Unbestimmtheit der Vorgaben zur Abgrenzung einer anteilsbasierten Vergütung von einem Finanzinstrument eröffnet bilanzpolitisches Gestaltungspotential. In Abhängigkeit von dem Betrachtungszeitpunkt gilt für ein *convertible instrument* folgende Differenzierung:
- Erfolgt im Zugangszeitpunkt eine Klassifizierung als Finanzinstrument, kann ein **„drohender" Ergebniseffekt** bei einer Divergenz von Leistung und Gegenleistung vermieden werden.
- Andererseits kann mit Einstufung der hingegebenen Gegenleistung als anteilsbasierte Vergütung ein **Eigenkapitalzugang** erzielt werden, der bei Behandlung als Finanzinstrument nicht möglich ist.

Ohne materielle Änderung der Ausgestaltungsmerkmale könnte daher eine anteilsbasierte Vergütung als Finanzinstrument und ein Finanzinstrument als anteilsbasierte Vergütung **verkleidet** werden.
Auch wenn das Verhältnis der Anwendungsbereiche von IFRS 2 und IAS 39/IFRS 9 auf den ersten Blick nicht eindeutig scheint, besteht u.E. dennoch zunächst ein **Vorrang von IFRS 2**. Eine Nichtberücksichtigung ist nur in restriktiv formulierten Ausnahmesituationen (Transaktionen mit Gesellschaftern, *business combination* oder besondere Finanzinstrumente) vorgesehen. Alle nicht unmittelbar angesprochenen Fälle, bei denen eine Vergütung in eigenen Eigenkapitalinstrumenten oder

einer wertmäßig am Eigenkapital orientierten Barzahlung erfolgt, sind somit im Umkehrschluss unter den Vorgaben des IFRS 2 zu subsumieren. Die vorrangige Erfassung einer hingegebenen Leistung als anteilsbasierte Vergütung **schließt** allerdings eine (spätere) Behandlung als Finanzinstrument **nicht aus**. Wird im Zuge der Gesamttransaktion eine nichtidentifizierbare Leistung (anteilsbasiert) vergütet, ist diese als separate Teilleistung vorgezogen zu beurteilen. Erfolgt der Leistungsaustausch der Gesamttransaktion **zeitpunkt**bezogen, bedarf es also weder für die hingegebene noch die empfangene Leistung einer zeitraumbezogenen Erfassung, ist die **Transaktion** mit dem gegenseitigen Leistungsaustausch **vollzogen**. Für die weitere bilanzielle Behandlung kann sich daher nach Erfassung einer anteilsbasierten Vergütung als Teil der Gesamttransaktion die Pflicht zur Erfassung der verbleibenden Transaktion als Finanzinstrument ergeben.

> **Praxis-Beispiel (Fortsetzung Beispiel Rz 35)**
> **Lösung:**
> Die zugesagte WSV zieht bei ausschließlicher Behandlung als anteilsbasierte Vergütung die Notwendigkeit der Erfassung eines *day one loss* in Höhe von 5 GE nach sich. Ein entsprechender Aufwand wird bei Einstufung als Finanzinstrument vermieden, dafür ist allerdings wegen der Verletzung der *fixed for fixed*-Bedingung die Erfassung von Eigenkapital untersagt. U hat dennoch kein Wahlrecht: Die Transaktion ist zunächst als anteilsbasierte Vergütung zu behandeln, somit ein *day one loss* zu erfassen. Sich unmittelbar anschließend ist die WSV nach der hier vertretenen Auffassung als Finanzinstrument zu erfassen und die „Eigenkapitalkomponente" als Fremdkapitalderivat zu erfassen.

Bestehen Zweifel – einen expliziten Ausschlussgrund ausgeklammert – hinsichtlich des Vorliegens einer anteilsbasierten Vergütung oder eines Finanzinstruments ist u. E. folgendes Vorgehen angezeigt:
- **Vorrangig** ist von dem Vorliegen einer **anteilsbasierten Vergütung** auszugehen. Unterschreitet der Wert der empfangenen Leistung die hingegebene Gegenleistung, ist im Zugangszeitpunkt eine Aufwandsbuchung indiziert.
- **Nach Abklärung** einer eventuellen Ergebnisauswirkung wegen des Empfangs einer nichtidentifizierbaren Leistung ist dann eine **erneute Klassifizierung** geboten, wenn die anteilsbasierte Vergütung nach einer fiktiven Abspaltung von der Gesamttransaktion bereits gegenseitig erfüllt ist.

Bei Empfang einer nichtaktivierbaren Gegenleistung erfolgt die Gegenbuchung nach den allgemeinen Vorgaben im Periodenergebnis (IFRS 2.8). Eine Ausnahme gilt insoweit die Leistung aber im Zusammenhang mit der Beschaffung von Eigenkapital steht. Eine Aufwandsbuchung scheidet aus (IAS 32.22), da in IAS 32 als *lex specialis* die spezifischen Fragen der im Zusammenhang eines IPO anfallenden Aufwendungen behandelt werden. Kosten, die im Zusammenhang mit der Ausgabe neuer Eigenkapitalinstrumente stehen, sind unmittelbar vom Zugangswert des Eigenkapitals abzuziehen.

> **Praxis-Beispiel (Fortsetzung Beispiel Rz 36)**
> Im Zusammenhang mit dem anstehenden Börsengang und der geplanten Emission neuer Anteile werden teilweise *preference shares* an Berater vergeben. Die Differenz zwischen empfangener und hingegebener Leistung wäre als nichtaktivierbare Leistung aufwandswirksam zu erfassen. Insoweit die Aufwendungen allerdings auf die Beschaffung neuer Eigenkapitalinstrumente entfallen, ist eine unmittelbare Verrechnung im Eigenkapital geboten, eine Aufwandserfassung scheidet aus.

Der Vorrang von IAS 32 gilt bei notwendigen Kosten für die Eigenkapitalbeschaffung unabhängig von der Veranlassung, also etwa auch, wenn keine aktivierungsfähige Gegenleistung für eine anteilsbasierte Vergütung empfangen wird.

1.5.4 Weitere Nichtanwendungsfälle

40 Ebenfalls keine *share-based payment transactions* i. S. v. IFRS 2 sind
- Transaktionen zwischen Anteilseignern, denen **kein Vergütungscharakter** für empfangene Güter und Dienste zukommt (Rz 41), und
- Vergütungen, deren Höhe an die buchmäßige **Eigenkapitalvermehrung** des Unternehmens bzw. den ausgewiesenen **(Jahres-)Überschuss** geknüpft sind (Rz 42).

41 Nicht jede Beteiligung der Arbeitnehmer an den Anteilen bzw. der Wertentwicklung der Gesellschaft fällt unter den Anwendungsbereich von IFRS 2. Entscheidend ist, ob gewährte Vorteile ihren Grund in der erbrachten Arbeitsleistung haben oder ob diese gesellschaftsrechtlich veranlasst sind *(causa societas)*. Die Gewährung von Bezugsrechten anlässlich einer Kapitalerhöhung an einen Arbeitnehmer stellt etwa dann keine anteilsbasierte Vergütung dar, wenn er sie in seiner Eigenschaft als **Aktionär** erhält, also so gestellt wird wie alle anderen Aktionäre *(shareholders as a whole)*. Entsprechendes gilt für die Einräumung von Beteiligungen gegen fremdübliche Bedingungen. Werden allerdings Anteile zu günstigen, nicht fremdüblichen Bedingungen ausgegeben *(sweet* bzw. *sweat equity)*, liegt eine Transaktion im Anwendungsbereich von IFRS 2 vor.

> **Beispiel**
> Der neue Finanzvorstand soll am Aktienkapital beteiligt werden. Dazu kauft er eigene Aktien der Gesellschaft zum aktuellen Börsenkurs. Die Valuta wird ihm von der Gesellschaft als Darlehen gewährt, das er in 5 Jahren verzinslich zu tilgen hat.
> Es handelt sich um eine nicht unter IFRS 2 fallende Transaktion.
>
> **Abwandlung des Sachverhalts**
> Der Aktienerwerb erfolgt zu einem gegenüber dem Kurswert ermäßigten Preis *(sweet equity)*.
> Es liegt eine anteilsbasierte Vergütung nach dem Regelungsgehalt von IFRS 2 vor.

Ist eine erfolgsabhängige Vergütung von Mitarbeitern nicht an die Entwicklung 42
der Gesellschaftsanteile, sondern an eine **andere Variable** (z.b. Jahresüberschuss) geknüpft, scheidet die Anwendung von IFRS 2 aus.

> **Beispiel**
> Die Arbeitnehmer erhalten eine erfolgsabhängige Vergütung, abhängig vom ausgewiesenen Gewinn und der damit verbundenen Erhöhung des ausgewiesenen bilanziellen Eigenkapitals.
> Bezugspunkt für den Anwendungsbereich von IFRS 2 ist der Wert der Beteiligung (Aktien) am Unternehmen und nicht dessen buchmäßiges Eigenkapital. Deshalb handelt es sich im Beispielfall um eine Vergütung im Anwendungsbereich von IAS 19 in Form von *employee benefits* (→ § 22 Rz 76).

Voraussetzung für das Vorliegen einer anteilsbasierten Vergütung im Anwendungsbereich von IFRS 2 ist die Bezugnahme der gewährten Gegenleistung auf Anteile des die Vergütung gewährenden Unternehmens. Orientiert sich eine Vergütung wertmäßig nicht an der Wertentwicklung der Anteile bzw. des Eigenkapitals des Vergütungsschuldners, scheidet ein Rückgriff auf IFRS 2 aus. Die bilanzielle Behandlung der bestehenden Verpflichtung richtet sich dann nach der Identität des Vergütungsbegünstigten: 43
- Handelt es sich um einen Mitarbeiter des Vergütungsschuldners, kann die Verpflichtung in den Anwendungsbereich von IAS 19 fallen (→ § 22 Rz 2).
- Andernfalls ist zu untersuchen, ob es sich bei der Verpflichtung um ein Finanzinstrument im Anwendungsbereich von IAS 32/IAS 39 bzw. IFRS 9 handelt. Aufgrund der Bindung der Verpflichtung an die Eigenkapitalentwicklung eines anderen Unternehmens ist eine Untersuchung hinsichtlich der Abspaltungspflicht eines eingebetteten Derivats erforderlich (→ § 28).

Eine Divergenz von Leistungsempfänger und Vergütungsschuldner führt hingegen nicht unmittelbar zu einem Ausschluss vom Anwendungsbereich des IFRS 2 (Rz 14).

2 Grundprobleme der Bilanzierung anteilsbasierter Vergütungen

2.1 Abhängigkeit der Bilanzierung von der Vergütungsform

2.1.1 Vergütung durch Eigenkapitalinstrumente

Die im Rahmen einer anteilsbasierten Transaktion erworbenen Güter sind im Augenblick des **Zugangs** buchmäßig zu erfassen, Dienste über die Dauer von deren Inanspruchnahme zu verteilen (IFRS 2.7). 44
Bezüglich der **Gegenbuchung** ist zu differenzieren:
- Bei Vergütung durch Eigenkapitalinstrumente ist die Gegenbuchung im **Eigenkapital** vorzunehmen.
- Bei einer Barvergütung sind die **Rückstellungen**/Verbindlichkeiten anzusprechen.

Der IASB verzichtet auf eine Spezifizierung des Eigenkapitalkontos und ermöglicht so eine Erfassung, die dem rechtlichen Umfeld des Unternehmens ent- 45 spricht. Die herrschende deutsche Auffassung bevorzugt eine Erfassung in der Kapitalrücklage.[17] Allerdings wird – aufgrund der Notwendigkeit zur nachträglichen Anpassung bei bestimmten Schätzungsänderungen – auch eine Erfassung als Teil der Gewinnrücklage als vertretbar angesehen.[18]

46 Empfangene Güter sind als **Vermögenswerte** (*assets*) auszuweisen, wenn diese die entsprechenden Ansatzvorschriften erfüllen, empfangene Dienstleistungen sind als **Aufwand** zu erfassen (IFRS 2.8).

- Das Eigenkapital **erhöht** sich im Fall einer aktivierungspflichtigen Gegenleistung (IFRS 2.10).
- Es bleibt bei Aufwandsverbuchung **konstant**, da die GuV ein Unterkonto des Eigenkapitals ist.

Das **Ansatzproblem** ist nach allgemeinen Regeln (→ § 1 Rz 88 ff.) zu lösen. Als Beispiel werden in IFRS 2.9 Entwicklungskosten für ein neues Produkt genannt, die die Ansatzkriterien nach IAS 38 nicht erfüllen (→ § 13 Rz 27 ff.).

47 In der Bewertung der durch Ausgabe von Eigenkapitalinstrumenten bewirkten Transaktion ist nach IFRS 2.10 f. wie folgt zu differenzieren:

- **Regel**: Der *fair value* der **empfangenen Leistung** bestimmt die Bewertung der Transaktion, die Sollseite des Buchungssatzes also die Habenseite, d.h. den (ohne Berücksichtigung der GuV) ins Eigenkapital einzustellenden Betrag.
- **Allgemeine Ausnahme**: Wenn der *fair value* der empfangenen Leistung nicht verlässlich zu ermitteln ist, ist umgekehrt die Habenseite des Buchungssatzes wertbestimmend. Der **Wert der gewährten Optionen oder Anteilsrechte** legt den Zugangswert bei bilanzierungsfähigen Vermögenswerten bzw. die Höhe des Aufwands bei nicht bilanzierungsfähigen Vermögenswerten oder Diensten fest.
- **Spezielle Ausnahme für Mitarbeiterleistungen**: Hier ist nach IFRS 2.11 unwiderlegbar davon auszugehen, dass der Wert der empfangenen Leistung nicht verlässlich bestimmt werden kann und demzufolge der **Wert der gewährten Optionen oder Anteilsrechte** die Bewertung der Transaktion und damit die Höhe des Personalaufwands bestimmt. Wie Mitarbeiterleistungen sind „ähnliche Leistungen" zu würdigen. Demnach kommt es unter sonst gleichen Voraussetzungen z.B. nicht darauf an, ob ein Handelsvertreter Arbeitnehmer oder selbstständig ist.

Einen weiteren Anwendungsfall von IFRS 2 stellt die Ausgabe von Eigenkapitalinstrumenten an Minderheiten, karitative Organisationen etc. zur Förderung von Ansehen und **Image** des Unternehmens dar. Ein Rückgriff auf IFRS 2 scheidet nicht aus, wenn keine konkrete Gegenleistung des Empfängers der anteilsbasierten Vergütung bzw. keine i.H.d. ausgegebenen Werts festzustellen ist (IFRS 2.2). Nach IFRS 2.2 (früher IFRIC 8.8) besteht für die Klassifizierung einer Transaktion als anteilsbasierte Vergütung beim Leistungsempfänger nicht die Notwendigkeit zur Identifizierung des Empfangs einer Leistung (*whether or not the entity can identify*). Fehle es an einer **identifizierbaren Gegenleistung**, sei dies ein Hinweis für einen bereits erfolgten oder künftigen Empfang einer solchen. Entsprechend gilt die Vermutung des Empfangs einer „vollwertigen" – dem *fair*

---

[17] Vgl. PELLENS/FÜLBIER/GASSEN, Internationale Rechnungslegung, 6. Aufl., 2006, S. 485; SCHMIDT, Bilanzierung von Aktienoptionsplänen nach IFRS 2, 2006, S. 126; VATER, WPg 2006, S. 715.
[18] Vgl. ROß/SIMONS, in: BAETGE u.a. (Hrsg.), Rechnungslegung nach IFRS, IFRS 2, Tz 51; HASENBURG/SEIDLER, Der Konzern 2005, S. 162.

value des Eigenkapitalinstruments entsprechenden – Gegenleistung. Die Nichtidentifizierbarkeit der Gegenleistung hindert also nicht die Anwendung von IFRS 2 (Rz 6). Wegen weiterer Einzelheiten, insbesondere zu Mitarbeiteroptionen, wird auf Rz 84 ff. verwiesen.

Zentraler Diskussionspunkt bei der Entwicklung des Standards war die offensichtlich nicht nur für die deutsche Betrachtungsweise gewöhnungsbedürftige Buchung von **nicht zu Ausgaben** führenden, **nichtpagatorischen Aufwendungen** mit der Gegenbuchung im Eigenkapital. In den *Basis for Conclusions (BC)* setzt sich der Board ausführlich mit den hierzu vorgetragenen **Bedenken** auseinander (IFRS 2.BC29 ff.). Damit werden auch weitgehend die im deutschen Schrifttum gegen diese Art der bilanzmäßigen Darstellung von Aktienoptionsplänen erhobenen Einwendungen[19] abgehandelt. 48

Die wichtigsten Argumente vom Board gewürdigter Kritikpunkte sind die folgenden: 49

- **Die Mitarbeiter des Unternehmens/Konzerns erhalten anteilsorientierte Vergütungen nicht von diesem, sondern von (anderen Personen, nämlich) den Aktionären** (IFRS 2.BC34 f.).
  Dem hält der Board entgegen: Das Unternehmen/der Konzern, nicht die Gesellschafter/Anteilseigner legten die entsprechenden Vergütungspläne auf und gäben die Optionen aus. Die Eigenkapitalinstrumente seien als Gegenleistung für die erhaltenen Dienstleistungen für das Unternehmen und nicht für die Gesellschafter/Anteilseigner bestimmt.

- **Die Mitarbeiter erbringen ihre Leistung nicht für die Optionen, sondern werden hierfür in bar oder in anderen Sachwerten vergütet** (IFRS 2.BC36 ff.).
  Dem entgegnet der Board: Die Anteile oder Optionen auf diese stellen einen Bestandteil eines Gesamtvergütungspakets dar. Ein solches Paket werde auch sonst nicht in seine Bestandteile (hinsichtlich der Aufwandswirksamkeit) zerlegt.

- **Da bei Vergütungen mit Eigenkapitalinstrumenten das Unternehmen/der Konzern keine Gegenleistung zu erbringen hat, entstehen ihm auch keine buchmäßig auszuweisenden Aufwendungen** (IFRS 2.BC40 ff.).
  Demgegenüber der Board: Auch wenn man keine Ausgaben des Unternehmens feststellen könne, erhalte das Unternehmen/der Konzern gleichwohl wirtschaftliche Ressourcen und verbrauche diese im Produktionszyklus. Im Übrigen gelte unbestritten: Vorräte, Sachanlagen und ähnliche Vermögenswerte, die gegen Aktienausgabe dem Unternehmen zur Verfügung gestellt werden (Sacheinlage), sind zu bilanzieren. Die Nutzung dieser Ressourcen führe aber ebenso zu buchmäßigem Aufwand (durch Verbrauch bzw. Abschreibung) wie die Nutzung von (Arbeitnehmer-)Dienstleistungen.

- Die **zuverlässige Bewertung** *(reliability of measurement)* von anteilsbasierten Vergütungen zum *fair value* ist nur technisch einfach, inhaltlich bzw. in der Festlegung der Prämissen aber anspruchsvoll und verbunden mit reichlichem Schätzungsermessen für das Management.[20]

---

[19] SCHRUFF, in: FS WELF MÜLLER, 2001, S. 235; SCHILDBACH, StuB 2000, S. 1034; LANGE, WPg 2002, S. 354; HERZIG/LOCHMANN, WPg 2002, S. 325.
[20] Detailliert vorgetragen von VATER, Stock Options, 2004, S. 9 ff., sowie WPg 2004, S. 1246; PELLENS/CRASSELT, PiR 2005, S. 36.

Der Board diskutiert umfangreich (IFRS 2.BC294–310) das Bewertungsproblem. Dabei behandelt er der Reihe nach eine ganze Anzahl möglicher Bilanzierungsverfahren, insbesondere den Verzicht auf eine Aufwandsbuchung wegen der Schwierigkeit der Objektivierung der Aufwandshöhe. Der Board verwirft diese Bedenken aber. Fazit des Board: Der *fair value* von *stock options* könne so gut wie immer am Zusagezeitpunkt hinreichend verlässlich ermittelt werden (Rz 276f.).

50 Weitere vom Board widerlegte **Bedenken** gegen die genannte Verbuchung „Aufwand an Eigenkapital" beziehen sich auf die Definition des Aufwandes *(expense*; IFRS 2.BC45 ff.) und auf die Beeinträchtigung der Kennzahl Gewinn pro Aktie *(earnings per share*; → § 35) durch „Doppelerfassung"[21] (IFRS 2.BC54 ff.). Auch diese Argumente lässt der Board in umfangreicher Begründung nicht gelten.

51 Für die IFRS-Bilanzierung ist daher eine **Erfassung** anteilsbasierter Vergütungen mit Ausgleich in Eigenkapitalinstrumenten mit dem *fair value* zum Zusagezeitpunkt *(grant date*; Rz 62) geboten und eine Gegenbuchung im **Eigenkapital** vorzunehmen. Ist der Wert der Vergütung nach dieser Vorgabe einmal bestimmt, kann er nicht wieder rückgängig gemacht oder angepasst werden (IFRS 2.23). Das gilt nicht bei Änderungen im Mengengerüst durch Verfall *(forfeit)* innerhalb der Sperrperiode *(vesting period*; Rz 65).

52 Sofern das begebene Eigenkapitalinstrument vom Empfänger sofort nach der Zusage realisiert werden kann, wird eine **bereits erfolgte** Leistungserbringung unterstellt; der Ansatz ist dann in voller Höhe vorzunehmen (IFRS 2.14). In aller Regel erfolgt die Gewährung von solchen Vergütungen (z. B. Aktienoptionen) aber für **künftige** Leistungen; dann ist der Ansatz als **Ansammlungsbetrag** auf die „Wartefrist" *(vesting period*; Rz 65) zu **verteilen** (IFRS 2.15).

2.1.2 Anteilsbasierte Barvergütung

53 Für die vom **Unternehmen/Konzern** in bar zu erbringenden Gegenleistungen, die der Höhe nach auf der Basis eines Aktienkurses bzw. des Anteilswertes bestimmt werden *(stock appreciation rights*; Rz 8), ist die Verbuchung unter den Schulden *(liabilities)* vorzunehmen. Regelmäßig werden derartige Vergütungen nur bei der Inanspruchnahme nicht aktivierungsfähiger Leistungen vereinbart. Die Dotierung der Schuld erfolgt dann zulasten des Aufwands (IFRS 2.30). *Liability* ist dabei als Oberbegriff zu verstehen, der „sichere" Schulden und Rückstellungen umfasst (→ § 21 Rz 1).

54 Für die Bewertung der durch Barvergütung bewirkten Transaktion gilt nach IFRS 2.30: Der *fair value* der gewährten virtuellen Optionen oder sonstigen virtuellen Anteilsrechte, also die Schuld, determiniert den Zugangswert bilanzierungsfähiger Vermögenswerte bzw. die Höhe des für nicht bilanzierungsfähige Vermögenswerte oder Dienste anzusetzenden Aufwands. Wegen Einzelheiten wird auf Rz 106 ff. verwiesen.

55 Der nach IFRS 2 verwendete *liability*-Begriff weicht von der Unterscheidung Eigen- und Fremdkapital nach IAS 32 ab. Das Vorliegen einer Verbindlichkeit nach IAS 32 führt somit nicht notwendigerweise zu einer Klassifizierung einer anteilsbasierten Vergütung als *cash-settled transaction*.

---

[21] So SCHILDBACH, DB 2003, S. 894; KÜTING/DÜRR, WPg 2004, S. 616.

§ 23

> **Beispiel**
> Der Vorstand der A-AG erhält eine anteilsbasierte Vergütung mit Ausgleich in Eigenkapitalinstrumenten. Die Ausgabe der angebotenen Anteile hängt von der Erreichung bestimmter *performance*-Ziele ab. Insoweit die Ziele erreicht werden, der Anspruch dem Grunde nach also besteht, hat der Vorstand Anspruch auf eine variable Anzahl an Aktien mit einem Wert von 100 GE, die von dem Aktienkurs am Auszahlungstag abhängt. Weder A noch der Vorstand haben die Möglichkeit zum Barausgleich.
> Da die Gesellschaft zur Ausgabe einer variablen Anzahl von wertmäßig finanzierten Anteilen verpflichtet ist, liegt nach IAS 32 eine finanzielle Verbindlichkeit vor (→ § 20 Rz 4). Nach IFRS 2 ist die Transaktion wegen der fehlenden Möglichkeit zum Barausgleich allerdings als *equity-settled* zu behandeln.

Der IASB begründet die konzeptionellen Unterschiede in der **Kapitalabgrenzung** von IAS 32 und der Klassifizierung einer anteilsbasierten Vergütung in den *Basis for Conclusions* (IFRS 2.BC109f.).

- Eine Anwendung der Kapitalabgrenzungskonzeption des IAS 32 – insbesondere hinsichtlich der Klassifizierung von Verpflichtungen zur Leistung einer variablen Anzahl von EK-Instrumenten als Fremdkapital – würde in Bezug auf IFRS 2 zu nicht zu rechtfertigenden Unterschieden, insbesondere der Berücksichtigung der Volatilität, führen.
- Im Übrigen soll die Inkonsistenz zwischen IFRS 2 und IAS 32 im Rahmen der Überarbeitung der Kapitalabgrenzungskonzeption behandelt werden (→ § 20 Rz 112).

Wie bei Vergütung durch Eigenkapitalinstrumente ist der (Personal-)Aufwand auch bei Barvergütung zu realisieren, wenn die entsprechende (Arbeits-)Leistung erbracht worden ist. Sofern die Berechtigung auf die anteilsbasierte Vergütung **sofort** eintritt *(vest immediately)*, ist der Aufwand sofort in voller Höhe zu erfassen. I.d.R. hängt aber die Berechtigung für diese anteilsbasierte Vergütung von der Erbringung einer bestimmten Dauer der (Arbeits-)Leistung ab (Sperrfrist, *vesting period*). In diesem Fall ist die Schuld zeitanteilig über die betreffenden Perioden hin aufzubauen (IFRS 2.32).

56

Der Ansatz einer Schuld würde sich in Anwendung der allgemeinen Regelung in IAS 37.14 (→ § 21 Rz 20) danach richten, ob eine **gegenwärtige** *(present)* Verpflichtung besteht. Der Board hat bez. der Erfüllung dieser Voraussetzung bei *stock appreciation rights* gewisse **Zweifel**, weil während der anstehenden Wartefrist *(vesting period)* noch bestimmte Leistungsmerkmale erfüllt werden müssen. Gleichwohl befürwortet er, gestützt auf den Regelungsgehalt für Arbeitnehmerpensionspläne nach IAS 19 (→ § 22), den ratierlichen Aufbau ab dem Augenblick der Zusage, also mit dem Eintritt der entsprechenden Verpflichtung.

57

Das Bestehen einer vertraglichen Verpflichtung zur anteilsbasierten Vergütung ist **notwendige Bedingung** für das Vorliegen einer *cash-settled share-based payment transaction*. „Verpflichtungen", deren Entstehung/Nichtentstehung bzw. Erfüllung/Nichterfüllung im Ermessen und in der Handlungsfreiheit des Vergütungsschuldners liegt, stellen so lange bilanziell keine Verpflichtungen dar, bis dieser Freiheitsraum beendet und eine unentziehbare rechtliche oder faktische Verpflichtung entstanden ist.

58

- Nach IAS 37.19 begründen daher etwa Ausgaben, „die das Unternehmen durch seine künftigen Aktivitäten vermeiden kann", keine gegenwärtige Verpflichtung (→ § 21 Rz 21).
- Speziell für die Entlohnung von Arbeitnehmern durch Pensionszusagen verlangt IAS 19.52 eine rechtliche oder durch betriebliche Übung begründete faktische Verpflichtung (→ § 22 Rz 7).

Ist weder eine rechtliche noch eine faktische Verpflichtung gegeben, kann sich vielmehr der potenzielle Vergütungsschuldner einseitig und sanktionslos von der (bedingten) Zusage befreien, somit liegt keine bilanziell zu berücksichtigende Verpflichtung vor. Fällt das Zustandekommen der Vergütung allein in den **Entscheidungsbereich des potenziellen Vergütungsschuldners** (Unternehmen, ggf. Gesellschafter), hat der Begünstigte gerade kein Recht auf eine Vergütung. Die Anwendbarkeit von IFRS 2 ist (vor tatsächlicher Vergütung) dann nicht gegeben.

2.1.3 Vergütungspläne mit Erfüllungswahlrecht

59 Die Regulierungsverpflichtung für die empfangenen Güter oder Dienstleistungen kann auch in kombinierter Form als **Wahlrecht** ausgestattet sein (IFRS 2.2). Dabei hat entweder
- der **Leistende** (Arbeitnehmer) ein Wahlrecht auf Begleichung seines Vergütungsanspruches in bar oder durch Entgegennahme eines Eigenkapitalinstrumentes (Aktienoptionen) oder
- das **Unternehmen**/der Konzern ein Wahlrecht zur Begleichung der Schuld in bar oder durch Ausgabe von Eigenkapitalinstrumenten.

IFRS 2.34 spricht hier von anteilsbasierten Vergütungen mit Bar-Alternativen *(share-based payment with cash alternatives)*. Die Art der Bilanzierung richtet sich danach, **welcher Partei** die Wahl der Vergütung zusteht.

60 Steht dem **Leistenden** (Arbeitnehmer) das Vergütungswahlrecht zu, hat das Unternehmen/der Konzern ein **strukturiertes Finanzinstrument** *(compound financial instrument)* ausgegeben. Er bilanziert
- eine **Schuld**komponente für das Recht der Gegenseite zum Erhalt der Vergütung in bar und
- eine **Eigenkapital**komponente für das Recht der Gegenpartei, die Erfüllung der Verbindlichkeit mit einem Eigenkapitalinstrument zu verlangen (IFRS 2.35).

Diese beiden Komponenten sind zu **identifizieren** und nach den **jeweils geltenden** Regeln anzusetzen. Maßgeblich ist dabei nicht der allgemein gültige Regelungsgehalt des IAS 32 (→ § 20 Rz 6), sondern die spezialgesetzliche Vorgabe in IFRS 2 (Rz 86 ff.).

Wegen Einzelheiten wird auf Rz 125 ff. verwiesen.

61 Kann umgekehrt das **Unternehmen**/der Konzern die Vergütungsform auswählen *(share-based payment transaction in which the entity has the choice of settlement)*, muss zunächst (vom Unternehmen/dem Konzern) die **Vergütungsart** bestimmt werden. Eine Aufteilung scheidet aus; es liegt entweder eine *cash-settled* oder eine *equity-settled*-Transaktion vor. Im ersten Fall hat der Ansatz einer Schuld *(liability)* nach den Regeln für die *stock appreciation rights* zu erfolgen. Im zweiten Fall ist der Ansatz des empfangenen aktivierungsfähigen Vermögenswertes oder der nicht aktivierungsfähigen Leistung unter Gegenbuchung im Eigenkapital vorzunehmen. Wegen Einzelheiten wird auf Rz 132 ff. verwiesen.

2.2 Über Bewertung und zeitliche Verteilung der erhaltenen Leistung bestimmende Faktoren

2.2.1 Zusagezeitpunkt

Als Zusagezeitpunkt *(grant date)* definiert IFRS 2 den Tag, an dem der Vergütungsschuldner und die anspruchsberechtigte Gegenpartei eine anteilsbasierte Vergütungsvereinbarung treffen, also ein gemeinsames Verständnis über die Vertragsbedingungen der Vereinbarung erlangt haben (IFRS 2.IG3). Der Vergütungsschuldner verleiht der Gegenpartei am *grant date* das (bedingte) Recht auf den Erhalt eines anteilsbasierten Ausgleichs in Form von
- flüssigen Mitteln oder anderen Vermögenswerten *(cash-settled)* oder
- Eigenkapitalinstrumenten *(equity-settled).*

Unterliegt die Vereinbarung einem Genehmigungsverfahren (z. B. durch die Gesellschafter/Anteilseigner des Vergütungsschuldners), entspricht der *grant date* dem Tag, an dem die Genehmigung erteilt wurde. Sollten bis zu dem ausstehenden Genehmigungszeitpunkt bereits Güter transferiert oder Dienstleistungen erbracht worden sein, die der anteilsbasierten Vergütung unterliegen, muss sich i. S. d. zutreffenden Periodisierung eine vorläufige Schätzung des auf die abgelaufene Periode entfallenden Vergütungsanteils erfolgen (IFRS 2.IG4).

Ist die Ausübung des Rechts an **Bedingungen** – etwa Wartezeiten oder Erfolgsziele – geknüpft, sind diese Bedingungen teils nur bei der Zugangsbewertung des gewährten Rechts und der eventuellen Verteilung des korrespondierenden Aufwands zu berücksichtigen, teils auch bei der Folgebewertung (Rz 80).

Die Bestimmung des Zusagezeitpunkts ist vor allem bei Arbeitnehmervergütungen von praktischer Bedeutung:
- Bei Gewährung realer Optionen ist der Wert der Vergütung gem. IFRS 2.10 auf den Zusagezeitpunkt zu bestimmen.
- Unabhängig davon, ob reale oder virtuelle Optionen gewährt werden, ist der Personalaufwand aus an Wartefristen oder ähnliche Bedingungen gebundene Vergütungen über die Dauer der Wartefrist, d. h. den Zeitraum zwischen Zusagezeitpunkt und Erfüllung der Bedingungen, zu verteilen.

Sichern die Vertragsbedingungen einer anteilsbasierten Vergütung den Anspruchsberechtigten mehrere Tranchen zu, die zeitlich später anfallen (z. B. jede zweite Periode eine neue Tranche), stellt sich die Frage, ob der *grant date* der ersten Tranche gleichermaßen für die später folgenden Tranchen heranzuziehen ist. Voraussetzung für die Festlegung des Zusagezeitpunktes ist das gemeinsame Verständnis der Vertragsparteien in Bezug auf die Ausgestaltungsmerkmale der anteilsbasierten Vergütung. Sehen die Vertragsbedingungen eine jederzeitige Anpassung/Modifizierung für noch nicht ausgegebene Tranchen (z. B. Ausübungspreis, Ausübungshürden, Anzahl und/oder Laufzeit der Optionen etc.) durch den Vergütungsschuldner der laufenden Tranchen vor, stellt u. E. jeder Zuteilungszeitpunkt einer Tranche einen **eigenen** *grant date* dar.

> **Beispiel**
> Die Vertragsbedingungen einer anteilsbasierten Mitarbeitervergütung sichern den teilnahmeberechtigten Mitarbeitern einen Anspruch auf Zuteilung von Optionen in drei aufeinander folgenden Tranchen (jeweils mit einem Jahr

> Abstand) zu. Erstmaliger Zusagezeitpunkt, mit feststehenden Konditionen, ist der 1.1.01. Fraglich ist in diesem Zusammenhang, ob die drei Zuteilungspunkte jeweils einen eigenen *grant date* i.S.d. IFRS 2 darstellen oder nur ein *grant date* mit drei Zuteilungszeitpunkten zu berücksichtigen ist.
> Die Vertragsbedingungen sehen außerdem eine jederzeitige Änderungsmöglichkeit der Vertragskonditionen für zukünftige Tranchen vor, die nicht nur bei Vorliegen eines wichtigen Grunds zum Tragen kommt. Der Vergütungsschuldner kann daher die Konditionen für noch nicht zugeteilte Optionen jederzeit verändern.
> Folglich stellt i.S.d. IFRS 2 jeder Zuteilungszeitpunkt einen eigenständigen *grant date* dar. Als Konsequenz sind für die bilanzielle Beurteilung zum 31.12.01 nur die bereits zugeteilten Optionen zu berücksichtigen (1. Tranche). Die anderen Tranchen zeitigen erst nach Zuteilung (und der damit verbundenen Fixierung der Parameter) eine Auswirkung auf die Bilanz und GuV des Vergütungsschuldners.

2.2.2 Wartefrist, Ausübungszeitraum und Laufzeit der Option

65 Sowohl für die Bewertung wie auch für die zeitliche Verteilung anteilsbasierter Vergütungen ist zwischen verschiedenen Zeiträumen zu unterscheiden:
- Die **Warte- bzw. Sperrfrist** *(vesting period)* beschreibt den Zeitraum zwischen dem Zusagezeitpunkt *(grant date)* der anteilsbasierten Vergütung und dem Zeitpunkt der Erfüllung aller Ausübungskonditionen *(vesting conditions)*, d.h. dem Ausgabezeitpunkt *(vesting date)*. Ist die *vesting condition* eine Dienstbedingung *(service condition)*, welche das Ausübungsrecht der Option an die Ableistung einer bestimmten Dienstzeit knüpft, ist der Personal- oder sonstige aus einer Dauerleistung resultierende Serviceaufwand über diese Dienstzeit zu verteilen. In der amtlichen Übersetzung wird die *vesting period* etwas irreführend als Erdienungszeitraum bezeichnet. Die Wartefrist muss sich aber nicht notwendig auf Dienstzeiten richten.
- Der **Ausübungszeitraum** *(exercise period)* beginnt mit dem Zeitpunkt, ab welchem der Begünstigte sein Recht auf Bezug der anteilsbasierten Vergütung erstmals ausüben kann, und endet mit dem Zeitpunkt, an dem das Recht durch Zeitablauf letztmals geltend gemacht werden kann.
- Die vertraglich vereinbarte **Laufzeit** der Option *(life of the option)* umschreibt die Summe aus *vesting* und *exercise period* einer Option.

Die Laufzeit ist bei Gewährung echter Optionen einer der entscheidenden Bewertungsparameter (Rz 266). Die bewertungsrelevante Laufzeit der anteilsbasierten Vergütung umfasst mindestens die vollständige *vesting period* und längstens den zusätzlichen Ausübungszeitraum.

> **Beispiel**
> Die Vertragsbedingungen einer anteilsbasierten Mitarbeitervergütung sehen für eine Ausübbarkeit zugeteilter Optionen eine Weiterbeschäftigung für die nächsten vier Geschäftsjahre vor *(vesting period)*. Die Option kann in einem zweijährigen Ausübungszeitraum *(excercise period)* nach Erfül-

> lung der Ausübungsbedingung ausgeübt werden. Damit beträgt die maximale (Gesamt-) Laufzeit der Option 6 Jahre.
> Die Bedeutung der verschiedenen Zeiträume liegt in Folgendem:
> - Bei der Bewertung der Option mit einem Optionspreismodell ist – das Ausübungsverhalten der Anspruchsberechtigten ausgeklammert – von einer sechsjährigen Laufzeit auszugehen. Damit ergibt sich ein höherer Wert als unter sonst gleichen Bedingungen bei einer vierjährigen Option.
> - Die Verteilung des auf diese Weise insgesamt ermittelten Personalaufwands erfolgt jedoch über 4 Jahre.

2.2.3 Ausübungsbedingungen

2.2.3.1 Dienstbedingungen

An Arbeitnehmer gewährte anteilsbasierte Vergütungen werden regelmäßig Ausübungsbedingungen (*vesting conditions*) geknüpft. Zu unterscheiden ist zwischen 66

- **Dienst**bedingungen *(service conditions)*, welche das Ausübungsrecht der Option an die Ableistung einer bestimmten Dienstzeit knüpfen, und
- **Leistungs**bedingungen *(performance conditions)*, welche die Unverfallbarkeit des Anspruchs an die Erfüllung bestimmter – meist unternehmensspezifischer, ggf. auch persönlicher – Erfolgsziele knüpfen.

Die Zuordnung von Vertragsbestandteilen als *vesting conditions* ist nicht immer eindeutig (Rz 74).[22]

Im *Annual Improvement 2010–2012 cycle* erfolgte daher eine Überarbeitung der Definitonen von Ausübungsbedingungen (*vesting conditions*). Präzisiert wird insbesondere das Verhältnis von Leistungs- zu Dienstbedingungen, es gilt: 67

- Jede Leistungsbedingung umfasst auch – explizit oder implizit – eine Dienstbedingung.
- Das vereinbarte Erfolgsziel muss innerhalb der Dienstzeit erbracht werden (IFRS 2.BC340).

Darüber hinaus werden auch Erfolgsziele, die nicht das die Vergütung unmittelbar schuldende Unternehmen, sondern ein anderes Unternehmen innerhalb einer (wirtschaftlichen) Einheit betreffen, als Leistungsbedingung eines Plans aufgenommen.

Die Dienst- bzw. Dienstzeitbedingungen sind von zweifacher Bedeutung: 68

- Der insgesamt ermittelte (Personal-)**Aufwand** ergibt sich als **Produkt** aus dem *fair value* des jedem Arbeitnehmer zugewendeten Rechts und der Zahl der Arbeitnehmer, die (voraussichtlich) die Dienstzeitbedingung erfüllen werden. Zu jedem Stichtag sind daher Fluktuationsannahmen zu treffen und fortzuschreiben.
- Der so bestimmte Gesamtaufwand ist über die Dauer der abzuleistenden Dienstzeit zu **verteilen**.

Wird eine *service condition* tatsächlich nicht erfüllt, scheidet eine buchmäßige Erfassung einer anteilsbasierten Vergütung aus, bereits erfasste Beträge sind zu stornieren.

---

[22] Dies noch einmal bestätigend IFRIC, Update Januar 2010.

2.2.3.2 Leistungsbedingungen

69 Leistungsbedingungen *(performance conditions)* knüpfen die Unverfallbarkeit des Anspruchs an die Erfüllung bestimmter – meist unternehmensspezifischer – Erfolgsziele. Leistungsbedingungen lassen sich weiter differenzieren in **marktabhängige** *(market conditions)* und **andere** Ausübungsbedingungen *(non-market conditions)*.
- Eine Leistungsbedingung ist als marktabhängig anzusehen (IFRS 2.A), wenn das gesetzte Erfolgsziel im Zusammenhang mit dem Börsenkurs bzw. bei fehlender Börsennotierung mit dem *fair value* der Unternehmensanteile steht *(market performance conditions)*.
- Alle anderen Leistungsbedingungen sind entsprechend *non-market performance conditions*. Ein Beispiel wäre die Bindung des Optionsrechts an ein bestimmtes Umsatz- oder Ergebniswachstum.

Ist ein vereinbartes Leistungsziel gleichzeitig an eine marktabhängige und eine marktunabhängige Bedingung geknüpft und eine Trennung nicht möglich, ist die gesamte Leistungsbedingung als *market condition* anzusehen.

70 Die Bedeutung der Unterscheidung ist vor allem bei **realen Optionen** groß:
- Marktabhängige Leistungsbedingungen *(market performance conditions)* sind bei der Bewertung der Option zum *grant date* über ein Wahrscheinlichkeitskalkül zu berücksichtigen. Spätere, bessere Erkenntnisse führen nicht zur Anpassung des (Personal-)Aufwands.
- Die erwartete Entwicklung einer *non-market performance condition* ist hingegen (wie auch die der *service conditions*, Rz 66 f.) zu jedem Stichtag neu einzuschätzen.

Bei virtuellen Optionen findet ohnehin eine fortlaufende Anpassung an die Stichtagserkenntnisse statt (Rz 119). Die Unterscheidung ist hier daher von geringerer Bedeutung.

71 Im Zusammenhang mit marktunabhängigen Leistungsbedingungen ist fraglich, ob jede von den Parteien einer anteilsbasierten Vergütung vereinbarte Vertragsbedingung notwendigerweise eine *performance conditon* darstellt. Mangelt es an einem ausreichenden, mit der anteilsbasierten Vergütung im Zusammenhang stehenden Leistungsbezug, ist u. E. eine entsprechende Vertragsbedingung für die bilanzielle Abbildung einer *share-based payment transaction* unbeachtlich.

Beispiel

Die Vertragsbedingungen einer anteilsbasierten Vorstandsvergütung setzen für eine Ausübbarkeit voraus:
- ein kumuliertes EBIT-Wachstum von 25 % über die nächsten vier Jahre oder
- die Installation einer neuen Niederlassung im gleichen Zeitraum.

Die erste Bedingung ist unstrittig eine *non-market performance condition*. Ob die zweite Bedingung ein Erfolgsziel darstellt, hängt vom konkreten Inhalt ab.
- Gilt die Bedingung schon als erfüllt, wenn eine Lagerhalle angemietet und ein Lagerverwalter eingestellt wird, hat diese keinen hinreichenden Bezug zum Unternehmenserfolg. Es liegt keine *performance condition* vor.
- Muss die Niederlassung bereits eigene Tätigkeiten (Erfolge) nachweisen, sind hingegen die Voraussetzungen einer Leistungsbedingung erfüllt.

2.2.4 Sonstige Bedingungen

Anteilsbasierte Vergütungen knüpfen die Ausübungsmöglichkeit einer gewährten Option neben expliziten Ausübungsbedingungen *(vesting conditions)* ggf. auch an sonstige Bedingungen *(non-vesting conditions)*. Non-vesting conditions sind im Rahmen einer Negativdefinition – eine positive Definition wird seitens des IASB abgelehnt (IFRS 2.BC364) – danach alle Bedingungen, welche die Unverfallbarkeit des Anspruchs
- weder an die Erfüllung bestimmter – persönlicher oder unternehmensspezifischer – Erfolgsziele *(performance conditions)*
- noch an die Ableistung einer bestimmten Dienstzeit *(service conditions)*

knüpfen.

Unter dem Oberbegriff *non-vesting conditions* lassen sich daher Vertragsbedingungen subsumieren, die
- von keiner der Vertragsparteien allein kontrolliert werden können (z. B. Bindung an die Entwicklung eines Index) oder
- im Ermessen des Anspruchsberechtigten stehen und nicht die Ableistung einer bestimmten Dienstzeit betreffen (z. B. Einzahlen eines bestimmten Betrages während der *vesting period*) oder
- im Ermessen des Vergütungsschuldners stehen (z. B. jederzeitige Beendigung des Optionsplans).

Bedeutung hat die Identifizierung als *non-vesting conditions* wiederum bei realen Optionen. Wie die marktabhängigen Erfolgsbedingungen (Rz 69) sind auch die *non-vesting conditions* nur einmal, nämlich bei der Ermittlung des *fair value* zum Zusagezeitpunkt, zu berücksichtigen. Eine Anpassung an spätere, bessere Erkenntnisse findet nicht statt. Anderes gilt bei der Zuteilung von virtuellen Optionen, die eine Berücksichtigung besserer Erkenntnisse zu jedem Stichtag erfordern.

72

73

2.2.5 Abgrenzungsschwierigkeiten – *change-of-control*-Klauseln

Die Qualifizierung einer Vertragsbedingung als Ausübungs- oder sonstige Bedingung ist nicht immer eindeutig. Zahlreiche Zweifelsfragen der Abgrenzung werden in einem *Staff Paper* des IASB zusammengefasst.[23]
Insbesondere für *change-of-control*-Klauseln stellt sich die Frage, ob diese eine *vesting condition* darstellen oder als *non-vesting condition* zu behandeln sind. Die Differenzierung ist relevant, da von der Zuordnung die Behandlung in der Bewertung, die Berücksichtigung im *grant date fair value*, abhängt (Rz 80).
Die Frage der Zuordnung stellt sich, da sich in Abhängigkeit des Einzelfalls unterschiedliche **Motivationen** zur Aufnahme einer *change-of-control*-Klausel unterscheiden lassen:
- Zum einen kann eine entsprechende Klausel den Anspruchsberechtigten vor dem Verfall einer zugesagten Option schützen (Schutzwirkung), wenn es zu einer Änderung der Kontrollverhältnisse kommt. Die Klausel bewirkt im tatsächlichen *change-of-control*-Fall ein beschleunigtes *vesting*.
- Zum anderen kann die Klausel aber auch eine Hürde für die Ausübbarkeit der Option sein (Motivationswirkung), wenn die erfolgreiche Veräußerung der Gesellschaft Teil der zu erbringenden Leistung ist.

74

---

[23] Vgl. IASB, Staff Paper 3D on IFRS 2, May 2010.

U.E. hängt die Qualifizierung von *change-of-control*-Klauseln entweder als *vesting* oder *non-vesting conditions* von der jeweiligen Vergütungszusage sowie den Anspruchsberechtigten und dem wirtschaftlich Gewollten der Parteien ab. Ist eine *change-of-control*-Klausel vorrangig als Schutz der Anspruchsberechtigten angelegt, erfolgt eine Qualifizierung als *non-vesting condition*, ist diese eher als Motivation gedacht, als *vesting condition*.

2.2.6 Erfolgreiches IPO als Ausübungshürde

75 Wird die Ausübbarkeit einer – dem als *employee* handelnden Management eingeräumten – anteilsbasierten Vergütung an den erfolgreichen Abschluss eines Börsengangs (IPO) geknüpft, handelt es sich bei der Ausübungshürde um eine *vesting condition*. Eine Klassifizierung als *non-vesting condition* kann sich nur in Ausnahmefällen ergeben und setzt eine Nichtbeeinflussung einer erfolgreichen Umsetzung voraus.

> **Beispiel**
> U plant einen Börsengang innerhalb der nächsten drei Jahre. Die Wahrscheinlichkeit des Erfolgs wird mit 75 % unterstellt. Das Management erhält zum Stichtag eine anteilsbasierte Zusage, die als Ausübungsbedingungen eine Dienstperiode von drei Jahren und den erfolgreichen Abschluss eines IPO vorsieht. Die Dienstzeitbedingung ist als *service condition* im Mengengerüst der Bewertung zu erfassen. Eine Aufnahme in den *grant date fair value* der Zusage scheidet aus. Die IPO-Klausel wurde als Erfolgsbedingung aufgenommen. Insoweit liegt eine *performance condition* vor. Wegen der fehlenden Bindung an eine Marktvariable ist eine Erfassung im Mengengerüst geboten.

76 Trotz der Klassifizierung der Ausübungsbedingung „Erfolgreiches IPO" ergeben sich Besonderheiten für die Bewertung der Zusage, wenn ein *equity settlement*, also die Vergütung durch Hingabe von Anteilen, vereinbart worden ist. Für anteilsbasierte Vergütungen mit vorgesehenem *equity settlement* ist ein *modified grant date measurement* geboten. In den *grant date fair value* nach IFRS 2 sind lediglich *market vesting conditions* und *non-vesting conditions* aufzunehmen, nicht marktabhängige Ausübungsbedingungen aber ausgeschlossen (IFRS 2.19). Wird das erfolgreiche IPO als *non-market performance condition* qualifiziert, ist diese **nicht** (!) im Preisgerüst der Bewertung, also dem *grant date fair value* zu erfassen. Wird die Vergütung dem Management der Gesellschaft eingeräumt, gilt der Wert der empfangenen (Dienst-)Leistung unwiderlegbar als nicht verlässlich bestimmbar. Der Wert der gewährten Optionen oder Anteilsrechte determiniert daher die Bewertung (IFRS 2.11). Im Zeitpunkt der Zusage sind die Anteilsrechte – wegen des noch ausstehendem IPO – allerdings nicht zum Handel an der Börse zugelassen. Im Vergleich zu handelbaren Anteilen weisen diese daher einen Wertabschlag wegen (noch) fehlender Marktgängigkeit (*marketability discount*) auf.

> **Fortsetzung Beispiel Rz 75**
> Zum Stichtag hat U eigene Anteile an einen fremden Dritten übertragen und einen Emissionserlös von 9 GE je Anteil erzielt. Der Wert wurde durch ein Bewertungsgutachten bestätigt, welches die aktuell fehlende Möglichkeit

> zum öffentlichen Handel, aber auch die 75 %-Wahrscheinlichkeit einer späteren Platzierung, berücksichtigt hat. Im Rahmen einer Szenarioanalyse wurde ein Wert von 10 GE unter der Prämisse eines bereits erfolgten IPO bestimmt. Ohne eine Börsenzulassung ergibt sich allerdings nur ein Wert von 6 GE je Anteil. Der *grant date fair value* der gegenüber dem Management gewährten Zusage muss unter Ausklammerung der Ausübungsbedingung erfolgen. Als Konsequenz bleibt auch ein *marketability discount* unbeachtlich, es ergibt sich daher ein Optionswert von 10 GE je Zusage.

Der Forderung nach dem Bewertungsmaßstab *modified grant date fair value* ist durch Ausschluss aller Teile des Mengengerüsts aus der Bewertung Rechnung zu tragen. Abzustellen ist auf das Eigenkapitalinstrument, welches der Anspruchsberechtigte bei tatsächlicher Ausübung auch empfängt. Insoweit die Ausübung eine erfolgreiche Börsenzulassung voraussetzt, kann der Vergütungsberechtigte nur einen handelbaren Anteil empfangen. **Bewertungsobjekt** ist daher der (zum *grant date* bereits fiktiv) zum öffentlichen Handel zugelassene Anteil. Überraschend ist das Ergebnis dennoch, da die Ausübungsbedingung, die i.d.R. nur im Mengengerüst der Bewertung zu erfassen ist, einen höheren *grant date fair value* nach sich zieht, also eine Rückwirkung auf das Preisgerüst zeitigt. 77

2.2.7 Zustimmung der Gesellschafterversammlung

Das Zustimmungserfordernis von Publikumsaktionären für den Vollzug eines Erwerbs (bzw. einer anderen Transaktion) stellt ebenfalls eine Hürde für die Ausübbarkeit einer gewährten Option durch die Anspruchsberechtigten dar und hat daher primär Motivationswirkung (Rz 24). Die erfolgreiche Umsetzung einer Erwartung der Gesellschafter (etwa die Identifizierung einer Zielgesellschaft mit Wertsteigerungspotential) ist entscheidender Teil der zu erbringenden Leistung. Wegen der vorgesehenen Motivationswirkung ist u.E. daher eine Klassifizierung als *vesting condition* geboten. Dafür spricht auch eine Selbstaufgabe des Erfolgsziels durch die Anspruchsberechtigten – i.S.e. Versprechens gegenüber den Gesellschaftern. 78

Eine Behandlung als aufschiebende Bedingung (*discretion clause*) wegen der noch ausstehenden Zustimmung der Gesellschafter für die Zusage der anteilsbasierten Vergütung scheidet daher aus. Die Erfüllung der Bedingung steht nicht im Ermessen der Anspruchsberechtigten. Auch die Gesellschaft als Vertragspartei hat keine Kontrolle über die Ausübung, da das Handeln der Publikumsaktionäre wegen des vorherrschenden Investoreninteresses nicht der Gesellschaft zugerechnet werden kann.[24] Eine Klassifizierung als *non-vesting condition* scheidet – auch wenn die Ausübung durch keine der Parteien beeinflusst werden kann – wegen der inhaltlichen Wertung als Motivationswirkung dennoch aus. Als spezielle Ausübungsbedingung (*vesting condition*) ist die erfolgreiche Identifizierung eines Zielobjekts mit besonderem Wertsteigerungspotential eine Leistungsbedingung (*performance condition*). Da die Leistungsbedingung – mangels Bindung an die Entwicklung des Börsenkurses oder den *fair value* der Anteile – nicht als marktabhängig anzusehen ist (IFRS 2.A), ist eine Behandlung als *non-*

---

[24] So DELOITTE, iGAAP 2014, S. 1399; KPMG, Share-based payments, Tz. 4.6.20.10.

market performance conditions geboten. Das Erreichen des definierten Erfolgsziels (u.U. des einzigen Geschäftszwecks) der Gesellschaft ist daher als Teil des Mengengerüsts der anteilsbasierten Vergütung zu erfassen. Eine Berücksichtigung im *grant date fair value* der Zusage scheidet aus.

2.2.8 Das Preis- und Mengengerüst der Bewertung

79 Mit der Aufnahme der überarbeiteten Definitionen von Dienst- (*service conditions*) und Erfolgsbedingungen (performance conditions) in den Appendix A von IFRS 2 umfassen *service conditions* nur solche Vereinbarungen, die ausschließlich auf eine bestimmte (Mindest-)Dienstzeit verpflichten. Bei vorzeitiger Beendigung verfällt der Anspruch auf die anteilsbasierte Vergütung. Setzt eine Ausübung – auch neben einer Dienstzeitbedingung – die Erreichung nur eines Erfolgsziels (*performance target*) voraus, ist die *vesting condition* insgesamt als *performance condition* zu klassifizieren.

Mit den angepassten Definitionen wird der (einfache) Fall der ausschließlich an den Verbleib im Unternehmen geknüpften Ausübungsbedingung deutlich von anderen Konditionen abgegrenzt. Dem Anwender wird allerdings mit der Anpassung keine besondere Hilfestellung für bestehende praktische Zweifelsfragen (etwa Behandlung von *change of control*-Klauseln, IPO-Zielen etc.) geleistet. Eine prinzipienorientierte Kategorisierung von Ausübungsbedingungen ist schlicht nicht möglich. Da der Standardsetter eine kasuistische Festlegung ausschließt, wird auch künftig die Beurteilung und Einstufung von Ausübungsbedingungen ermessensbehaftet bleiben.

80 Die nachfolgende Übersicht verdeutlicht die Berücksichtigung von *vesting conditions* (und ihrer Unterkategorien) sowie von *non-vesting conditions* im Rahmen der Bewertung und der Bilanzierung von anteilsbasierten Vergütungen durch reale oder virtuelle Optionen.

	Vesting Conditions			Non-vesting Conditions		
	Service Conditions	Performance Conditions		Erfüllung liegt im Ermessen ...		
		Others (non-market conditions)	Market Conditions	keiner der Vertragsparteien	des Anspruchsberechtigten	des Vergütungsschuldners*
Berücksichtigung im *fair value* zum *grant date*?	Nein	Ja *) Bei der Bewertung ist von einer Fortführung des Vergütungsplans auszugehen.				
Bilanzielle Behandlung, wenn die vereinbarte Kondition während der *vesting period* nicht erfüllt wird.		Der Vergütungsschuldner passt die Aufwandsschätzung (i.S.e. *best estimate*) der Anzahl der erwarteten Optionen an (IFRS 2.19).	Keine Änderung der bilanziellen Behandlung. Der erwartete Aufwand wird weiter über die verbleibende *vesting period* verteilt (IFRS 2.21).		Beendigung (*cancellation*) mit sofortiger Erfassung des Aufwandes, der bis zum Ende der *vesting period* erwartet wurde (IFRS 2.28A).	
	Teil des Mengengerüsts			Teil des Preisgerüsts		

Der insgesamt anzusetzende (Personal-)Aufwand ergibt sich als Produkt aus
- Preiskomponente (*fair value* des gewährten bedingten Rechts) und
- Mengenkomponente (Zahl der ausübbar werdenden Rechte).

Anteilsbasierte Vergütungsformen § 23

Die Unterscheidung zwischen einem Mengen- und einem Preisgerüst ist zunächst für die Zugangsbewertung mithilfe von **Optionspreismodellen** von Bedeutung. In die Wertermittlung der gewährten bedingten Rechte fließen ein: 81
- marktabhängige Leistungsbedingungen *(market performance conditions)* und
- sonstige Bedingungen *(non-vesting conditions)*.

Hingegen sind Teile des Mengengerüsts und damit außerhalb des Optionspreismodells zu berücksichtigen:
- Dienst- bzw. Dienstzeitbedingungen *(service conditions)* und
- marktunabhängige Leistungsbedingungen *(other performance conditions)*.

Überdies hat die Unterscheidung Bedeutung je nach **Art** der zugesagten Vergütung: 82
- Im Fall von *equity-settled transactions* sind im Rahmen der Folgebewertung nur Veränderungen des Mengengerüsts, nicht jedoch Veränderungen des Preisgerüsts zu berücksichtigen.
- Bei *cash-settled transactions* sind im Zuge der Folgebewertung sowohl Änderungen des Mengen- als auch des Preisgerüstes zu berücksichtigen.

Wegen ausführlicher Beispiele mit kombinierten Bedingungen wird auf Rz 92f., 83
Rz 94f., Rz 96f. und Rz 98 verwiesen.

3 Ausgleich in Eigenkapitalinstrumenten *(equity-settled transactions)*

3.1 Bewertung

Bei der Bewertung einer anteilsbasierten Vergütungstransaktion mit Ausgleich in 84
Eigenkapitalinstrumenten *(equity-settled share-based payment transaction)* ist in Abhängigkeit von der Art der bezogenen Leistung wie folgt zu unterscheiden:
- Werden **Mitarbeiter** oder ähnliche Leistungsanbieter anteilsbasiert (i.d.R. durch echte Aktienoptionen) vergütet,
  - erfolgt die Bewertung im Zusagezeitpunkt *(grant date model)*,
  - wobei der *fair value* des gewährten Eigenkapitalinstruments (i.d.R. also des Optionsrechtes) den Bewertungsmaßstab darstellt.
- Ist die anteilsbasierte Vergütung Gegenleistung für **sonstige** Dienstleistungen oder erhaltene **Güter**,
  - erfolgt die Bewertung zum Zeitpunkt des Empfangs der Leistung *(service date model)*,
  - wobei Bewertungsmaßstab regelmäßig der *fair value* der empfangenen Leistung ist.

3.2 Zwischenperiodische Verteilung von Aufwand

Die Erfassung **nicht aktivierungsfähiger** Leistungen in der GuV erfolgt 85
- bei **zeitpunkt**bezogenen Leistungen (z.B. Einlage nicht aktivierungsfähiger Vorteile) im Zeitpunkt des Empfangs der Leistung,
- bei einer **zeitraum**bezogenen Leistung über die Perioden, in denen die Leistung erbracht wird, bei Vereinbarung von *vesting conditions* (Rz 66ff.) gem. IFRS 2.15 i.d.R. über die *vesting period* (Rz 65).

> **Beispiel**
> An den Vorstand der A-AG werden Aktienoptionen ausgegeben; einzige Ausübungsbedingung ist ein Verbleib im Unternehmen von mindestens 2 Jahren. Der (Personal-)Aufwand ist über zwei Perioden zu verteilen.

Ausnahmsweise können Aktienoptionen und Gesellschaftsanteile selbst auch für **vergangene** Dienste gewährt werden. In diesem Fall ist im Zusagezeitpunkt eine Verbindlichkeit i. H. d. *fair value* einzubuchen.

86 Innerhalb von IFRS 2 fehlt es allerdings an einer Vorgabe, nach welchem Muster *(pattern)* zeitraumbezogene Leistungen über die *vesting period* zu verteilen sind. Neben einer linearen Verteilung über die *vesting period* könnte in Abhängigkeit von weiteren Ausübungsbedingungen auch ein degressiver oder sogar progressiver Verlauf unterstellt werden.

> **Beispiel**
> Eine *equity-settled*-Zusage sieht eine auf einen Zeitraum von drei Jahren ausgerichtete *service condition* vor. Zusätzlich wird eine auf ein Jahr begrenzte *non-market performance condition* – Anstieg des Umsatzes im ersten Jahr nach der Zusage um 25 % – vereinbart, deren Erreichen eine hohe Herausforderung darstellt.

Für die Bestimmung des Verteilungsschlüssels des erwarteten Aufwands ist u. E. nach der von dem Vergütungsschuldner empfangenen Leistung zu differenzieren. Wird als Hauptleistung die (Weiter-)Beschäftigung des Vergütungsberechtigten angesehen, ist eine lineare Verteilung des Gesamtaufwands über die *vesting period* geboten. Trotz der fehlenden Vorgaben in IFRS 2 halten wir eine lineare Aufwandsverteilung über die *service period* für die vorzuziehende Vorgehensweise. Ein Abweichen ist nur in besonderen Ausnahmen möglich.

> **Beispiel**
> Der erwartete Gesamtaufwand ist über drei Jahre zu verteilen. Die hohe Herausforderung zur Erfüllung der *non-market performance condition* reicht zum Abweichen von einer linearen Aufwandsverrechnung nicht aus. Die Vergütung wird für die Beschäftigung des Anspruchsberechtigten gezahlt, diese soll für drei Jahre aufrecht erhalten bleiben.

3.3 Fallunterscheidungen

3.3.1 Grundfall: Ausschließlich an Dienstbedingungen geknüpfte Mitarbeiteroptionen

87 Ausgegebene Eigenkapitalinstrumente für **künftige** Arbeitsleistungen müssen auf die angenommene Dienstzeit *(service period)* aufwandsmäßig verteilt werden. Die Dienstzeit entspricht in aller Regel der *vesting period*, also dem Zeitraum zwischen der Zusage und der frühestmöglichen Ausübung *(vesting date;* Rz 65). **Nach** Ablauf der *vesting period* sind keine Anpassungen im Hinblick auf verfallene *(forfeit)* oder nicht ausgeübte *(expired)* Optionen vorzunehmen. Lediglich eine Umbuchung von einer zur anderen Eigenkapitalkategorie kommt in Betracht (IFRS 2.23).

- Mithilfe von Bewertungsverfahren (z. B. Optionspreismodell) wird die **Wertkomponente** (i. d. R. der *fair value* der Aktienoption) im Zusagezeitpunkt (Rz 62) auch für die **Folgebewertungen** bis zum Ende der Laufzeit **festgelegt** (wegen Planänderungen vgl. Rz 139 ff.).
- Umgekehrt ist zu jedem Bewertungsstichtag eine Neueinschätzung des zu erwartenden **Ausübungsvolumens** (= Mengengerüst der Bewertung) vorzunehmen mit der Folge einer entsprechenden Anpassung des Zuführungsbetrages unter Berücksichtigung der bislang schon erfolgten Zuführung.

Beispiel (entnommen IFRS 2.IG11)
Die Gesellschaft vereinbart mit 500 Arbeitnehmern die Einräumung von 100 Aktienoptionen je Mitarbeiter. Voraussetzung für die Gewährung ist die Aufrechterhaltung des Dienstverhältnisses über drei Jahre hinweg. Der *fair value* jeder Option wird am *grant date* (Rz 62) auf 15 EUR geschätzt.
Aufgrund eines durchschnittlichen Wahrscheinlichkeitskalküls rechnet das Unternehmen mit einer Ausscheidungsquote von 20 % während der Dreijahresperiode mit der Folge eines entsprechenden Verfalls der zugesagten Optionen.

Planmäßiger Aufwand
Unter der Annahme eines erwartungsgemäßen Verlaufs entwickelt sich die Aufwandsverbuchung (unter Gegenbuchung im Eigenkapital) wie folgt:

Jahr	Berechnung	Vergütungsaufwand je Periode	kumulierter Vergütungsaufwand
		EUR	EUR
1	50.000 Optionen × 80 % × 15 EUR × 1/3 Jahre	200.000	200.000
2	(50.000 Optionen × 80 % × 15 EUR × 2/3 Jahre) – 200.000 EUR	200.000	400.000
3	(50.000 Optionen × 80 % × 15 EUR × 3/3 Jahre) – 400.000 EUR	200.000	600.000

Tatsächlicher Aufwand

Im Jahr 1 scheiden tatsächlich 20 Mitarbeiter aus, daraufhin revidiert das Unternehmen seine Schätzung bez. des Gesamtausscheidens über die Dreijahresperiode von 20 % (= 100 Arbeitnehmer) auf 15 % (= 75 Arbeitnehmer). Im Jahr 2 scheiden weitere 22 Mitarbeiter aus. Daraufhin revidiert das Unternehmen seine Schätzung über das Gesamtausscheiden während der Dreijahresperiode erneut, und zwar von 15 % auf 12 % (= 60 Mitarbeiter). Im Jahr 3 scheiden weitere 15 Mitarbeiter aus. Insgesamt sind deshalb die zugesagten Aktienoptionen von 57 Mitarbeitern während der Dreijahresperiode verfallen und umgekehrt sind insgesamt 44.300 Optionen für die verbliebenen 443 Mitarbeiter am Ende der *vesting period* definitiv ausgegeben.
Aus der realen Entwicklung ergibt sich folgende tatsächliche Aufwandsverteilung:

Jahr	Berechnung	Vergütungs-aufwand je Periode	kumulierter Vergütungs-aufwand
		EUR	EUR
1	50.000 Optionen × 85 % × 15 EUR × 1/3 Jahre	212.500	212.500
2	(50.000 Optionen × 88 % × 15 EUR × 2/3 Jahre) − 212.500 EUR	227.500	440.000
3	(44.300 × 15 EUR) − 440.000 EUR	224.500	664.500

88   Der kumulierte Vergütungsaufwand besagt nichts über korrespondierende **pagatorische** Größen, also den Geldabfluss beim Unternehmen. Ohnehin kann im Unterschied zu virtuellen Optionen die Gewährung echter Optionen nur dann zu Zahlungsabflüssen führen, wenn das Unternehmen die Optionen aus am Markt erworbenen eigenen Aktien und nicht aus einer Kapitalerhöhung bedient (Rz 201). Die betreffende Option im vorstehenden Beispiel kann während der ganzen Ausübungsfrist (Rz 65) „aus dem Geld" sein (Rz 257). Dann entsteht beim Unternehmen kein Erfordernis zum Erwerb eigener Aktien und damit auch kein Geldabfluss. Der gebuchte Aufwand bleibt von dieser Entwicklung des Aktienkurses bzw. Anteilswertes unberührt. Umgekehrt wird dieser durch die effektive Personalfluktuation verändert.
Es kann dabei im Einzelfall auch zu einer „negativen" Zuführung kommen.

89   Bei Nichterfüllung einer *service condition* ist nach IFRS 2.19 eine Stornierung (als *forfeiture*) der bislang im Eigenkapital erfassten Aufwendungen vorzunehmen. Die Vorgaben lassen allerdings offen, wann eine Nichterfüllung gegeben ist. So führt etwa auch eine **Beendigung des Arbeitsverhältnisses** durch **Kündigung durch den Arbeitgeber** zu einer Nichterfüllung einer *service condition* (etwa Mindestverbleib im Unternehmen). Bei Kündigung der Zusage durch das Unternehmen liegt gem. IFRS 2.28 eine *cancellation* (Rz 149 ff.) vor, mit der Folge eines *accelerated vesting* anstelle eines *forfeiture*.
U.E. ist die Kündigung des Arbeitsverhältnisses durch den Arbeitgeber analog einer *cancellation* zu behandeln. Mit der Kündigung des Anstellungsverhältnisses wird auch die anteilsbasierte Zusage gekündigt. Die der Modifizierung eines bestehenden Plans gewidmeten Sonderregeln haben Vorrang vor den allgemeinen Folgebewertungsregeln.

90   U.U. sieht eine anteilsbasierte Vergütung eine **ratierliche Zuteilung** von Eigenkapitalinstrumenten über eine vertraglich vereinbarte Laufzeit vor, die nur an den **Verbleib** des begünstigten Mitarbeiters im Unternehmen geknüpft ist *(service condition)*. Dauert das Beschäftigungsverhältnis über die gesamte vertragliche Laufzeit an, können alle (=100 %) der zugesagten Optionen ausgeübt werden. Bei kürzeren Beschäftigungsverhältnissen wird die Anzahl der ausübbaren Optionen anteilig reduziert.
Die einzige Vertragsbedingung – Fortführung des Beschäftigungsverhältnisses – ist als *service condition* Bestandteil des Mengengerüsts. Allerdings muss die Ausübungsbedingung nicht absolut sein. Die betriebliche oder einzelvertragliche Vereinbarung kann etwa vorsehen, dass bei vorzeitiger Beendigung des Beschäftigungsverhältnisses Optionen nach dem Anteil der geleisteten Dienstzeit ausgeübt werden können. Wirtschaftlich betrachtet führt eine derartige Ausgestaltung der

einzigen Ausübungsbedingung – Fortführung des Beschäftigungsverhältnisses – zur Möglichkeit einer separaten Ausübung einzelner Optionen, die sich im Wert der Optionen niederschlägt. Die anteilsbasierte Vergütung ist dann in mehrere Teiloptionspläne aufzuteilen. Aus einer vertraglichen Zusage werden somit bilanziell mehrere Einzelzusagen.

> **Beispiel**
> Die Mitarbeiter erhalten vertraglich eine anteilsbasierte Vergütung, die nur von der Fortführung des Beschäftigungsverhältnisses abhängt. Nach einem Jahr werden 100 Optionen gewährt, nach drei Jahren weitere 300 und schließlich nach einer Fortführung des Beschäftigungsverhältnisses um weitere drei Jahre nochmals 500 Optionen.
> Für die bilanzielle Abbildung sind drei einzelne *share-based payment transactions* mit unterschiedlichen *vesting periods* (ein Jahr, drei Jahre und im siebten Jahr) zu berücksichtigen.

3.3.2 Kombinierte Pläne mit nicht marktbasierten Erfolgszielen

Die **Konditionen** eines Mitarbeitervergütungsplanes auf der Basis von Aktienoptionen – dem Hauptanwendungsfall von IFRS 2 – können auf die vielfältigste Weise **variieren**. Die bilanzielle Abbildung nach IFRS 2 muss dann immer differenzieren zwischen der

- **Wert**komponente (i.d.R. der *fair value* einer Option) im Zusagezeitpunkt *(grant date)* und der
- **Mengen**komponente, die letztlich zur Ausübung gelangen kann.

Der erstgenannte Betrag bleibt über die *vesting period* hinaus unverändert, die letztgenannte Komponente muss laufend **angepasst** werden (Rz 80).

Anteilsbasierte Vergütungen sehen i.d.R. eine **Kombination** mehrerer Ausübungsbedingungen vor. Für jede einzelne Ausübungsbedingung ist dann eine Beurteilung erforderlich, ob diese Teil des Mengen- oder des Preisgerüsts ist.

- Variiert die Anzahl der zugesagten Aktienoptionen in Abhängigkeit einer nicht marktabhängigen **Leistungsbedingung** (z.B. Umsatzanstieg) und
- ist die Gewährung von Optionen außerdem an einen **Mindestverbleib** im Unternehmen *(service condition)* geknüpft,

sind zwei Ausübungsbedingungen zu berücksichtigen. Beide Bedingungen sind keine *market conditions* und damit Bestandteil des Mengengerüsts. Diese werden in der Optionsbewertung nicht berücksichtigt, sind aber dafür zu jedem Stichtag fortzuschreiben.

> **Beispiel**
> Die Zuteilungsbedingungen sehen einen Mindestverbleib im Unternehmen von zwei Jahren und einen Umsatzanstieg von mindestens 10 % während des Zweijahreszeitraums vor.
> Einzelheiten: Bei einem Umsatzanstieg von 10 % werden pro einbezogenen Mitarbeiter 100 Optionen ausgegeben, bei einem Anstieg von 15 % 150 Optionen und bei einem Umsatzanstieg von 20 % 200 Optionen.

> Die Fluktuationsannahmen über den Verbleib der Mitarbeiter im Unternehmen sind Teil des Mengengerüsts und zu jedem Stichtag anzupassen. Entsprechendes gilt auch für den erwarteten Umsatz. Die Folgebewertung
> - variiert dann mit revidierten Annahmen hinsichtlich der Mitarbeiterzahl und der erwarteten Umsätze,
> - nicht dagegen hinsichtlich des ursprünglich festgelegten *fair value*.

93 Die Unterscheidung zwischen im Mengengerüst fortlaufend zu berücksichtigenden Ausübungsbedingungen und nur einmalig zu bestimmendem Preis versagt dann, wenn neben der Vorgabe eines Mindestverbleibs im Unternehmen *(service condition)* der **Ausübungspreis** der zugesagten Aktienoptionen in Abhängigkeit einer nicht marktabhängigen Leistungsbedingung (z. B. Ergebnisanstieg) variiert. Hier ist u. E. wie folgt zu verfahren:
- Der wahrscheinliche Ausübungspreis ist bei der ursprünglichen *fair-value*-Bewertung der Option zu berücksichtigen.
- Ändert sich die Einschätzung zum Folgestichtag, ist eine Anpassung vorzunehmen.

> **Beispiel**
> Der Vorstandsvorsitzende erhält – vorausgesetzt, er ist nach Ablauf von drei Jahren noch im Dienst – 100 Aktienoptionen. Der Ausübungspreis beträgt 40 EUR, sinkt allerdings dann auf 30 EUR, wenn der ausgewiesene Jahresüberschuss jährlich mindestens mit einer Durchschnittsrate von 10 % über die Dreijahresperiode hin wächst.
> Der mutmaßliche Aufwand ist auf der Grundlage des wahrscheinlichen Ausübungspreises (30 oder 40 EUR) zu bewerten und in die Ergebnisrechnung des betreffenden Jahres einzubuchen.
> Wenn die Einschätzung betreffend Jahresüberschuss und damit Ausübungspreis am Folgestichtag geändert wird, ist eine Anpassung geboten.

3.3.3 Kombinierte Pläne mit marktabhängigen Erfolgszielen

94 Sehen die Vertragskonditionen einer anteilsbasierten Vergütung die Erfüllung einer **marktabhängigen Leistungsbedingung** *(market condition)* vor, ist diese als Bestandteil des Preisgerüsts im Optionspreismodell zu berücksichtigen. Eine Anpassung in der Folgebewertung scheidet, anders als für nicht marktabhängige Leistungsbedingungen, aus. Eine (nachträgliche) Korrektur der vorgängigen Aufwandsverbuchungen darf somit auch dann nicht erfolgen, wenn die Option letztlich nicht zur Ausübung kommt. Wird hingegen eine ebenfalls vereinbarte *service condition* oder *non-market-based performance condition* nicht erfüllt, ist aus der Gesamtvergütung kein Aufwand zu erfassen, in Vorjahren erfasster Aufwand also zu stornieren.

> **Beispiel**
> Der Vorstandsvorsitzende erhält – vorausgesetzt, er ist drei weitere Jahre im Dienst der Gesellschaft – 100 Aktienoptionen. Diese können aber erst ausgeübt werden, wenn der Börsenkurs von 50 EUR im Ausgabezeitpunkt am

Ende des dritten Jahres auf über 65 EUR gestiegen ist. In diesem Fall kann die Option zu jedem Zeitpunkt während der nächsten sieben Jahre, also bis zum Ende des Jahres 10, ausgeübt werden.
Nach Maßgabe eines Binomialmodells zur Optionspreisermittlung (Rz 273) wird die Ausübungsbedingung – Erreichen der 65-EUR-Hürde in der bedungenen Periode – berücksichtigt mit der Folge eines Optionswertes von 24 EUR. Die Bewertung auf dieser Grundlage bleibt während der *vesting period* unverändert.
Allerdings würde das vorzeitige Ausscheiden des Vorstandsvorsitzenden – z.B. im Jahr 3 – zu einer Stornierung des Gesamtaufwandes führen, der in den ersten beiden Jahren der *vesting period* verbucht worden ist.

Werden marktabhängige Leistungsbedingungen im Zusammenhang mit **variablen Ausübungszeiträumen** vereinbart, kann auch ohne separate zeitliche Einschränkung der Ausübungsmöglichkeit (Voraussetzung ist nur die Beschäftigung bei Erfüllung der *market condition*) nicht auf die Festlegung einer *vesting period* verzichtet werden. Im Rahmen der Bewertung über ein Optionspreismodell ist der wahrscheinlichste Zeitraum der Zielerreichung als Bewertungsparameter zu schätzen. Für die bilanzielle Aufwandsverteilung ist als Folge eine *vesting period* zu berücksichtigen, die aus Konsistenzgründen der Länge des Dienstzeitraumes dieser Schätzung entspricht.

95

Beispiel
10 leitende Mitarbeiter erhalten je 100 Aktienoptionen mit 10-jähriger Laufzeit. Diese Optionen werden dann fällig (werden ausübbar), sobald der Aktienkurs des Unternehmens von derzeit 50 EUR auf 70 EUR gestiegen ist und der betreffende Mitarbeiter noch in den Diensten der Gesellschaft steht. Auf der Grundlage eines Optionspreismodells (vorzugsweise Binomialmodell; Rz 265 ff.) wird das Erreichen der Zielvorgabe berücksichtigt. Der ermittelte *fair value* beträgt 25 EUR je Option. Dabei wird als wahrscheinlichster Zeitpunkt des Erreichens der Zielvorgabe das Ende des Jahres 5 unterstellt. Deshalb wird die zu erwartende *vesting period* auf das Ende des Jahres 5 gelegt. Auf diesen Zeitraum muss dann auch die mutmaßliche Ausscheidungsquote der betroffenen Mitarbeiter geschätzt werden.

Komplizierte anteilsbasierte Vergütungen verknüpfen mehrere Ausübungsbedingungen miteinander. Keine Schwierigkeiten bestehen, solange Bedingungen nur das Mengen- oder das Preisgerüst betreffen, da dann entweder keine oder alle *(market conditions)* im Optionspreismodell zu berücksichtigen sind. Anderes gilt, wenn eine anteilsbasierte Vergütung Ausübungsbedingungen vorsieht, die **sowohl** das Mengen- **als auch** das Preisgerüst betreffen. Es ergibt sich die Notwendigkeit einer Trennung aller *market conditions* (bzw. *non-vesting conditions*) von nicht im Optionspreismodell zu erfassenden Ausübungsbedingungen:
- Soweit eine marktabhängige Ausübungsbedingung nicht erfüllt wird, das Mengengerüst aber einen Wert ungleich null aufweist (die entsprechenden Ausübungsbedingungen erfüllt sind), ist an einer Aufwandsbuchung auch bei Nichtausübbarkeit der Option festzuhalten.

96

- Ist allerdings eine Ausübungsbedingung, die Bestandteil des Mengengerüsts ist, nicht erfüllt, wird bislang erfasster Aufwand storniert (Rz 51). Bei mehreren Ausübungsbedingungen ist die **Abgrenzung** von *market conditions* u. U. nicht immer eindeutig möglich.

> **Beispiel**
> Unternehmen A gewährt dem Vorstand Aktienoptionen, die nur dann ausgeübt werden können, wenn eine geplante Neuemission von Aktien zu einem Mindestpreis von 10 EUR/Aktie innerhalb einer festgelegten Periode von vier Jahren gelingt und der Vorstand dann noch beschäftigt ist.
> Fraglich ist, ob
> - zwei Ausübungsbedingungen – eine marktabhängige (Neuemission von Aktien zu einem Mindestpreis von 10 EUR/Aktie innerhalb einer festgelegten Periode) und eine nicht marktabhängige Ausübungsbedingung (Weiterbeschäftigung des Vorstands) – bestehen oder
> - drei Ausübungsbedingungen – eine marktabhängige (Neuemission von Aktien zu einem Mindestpreis von 10 EUR/Aktie) und zwei nicht marktabhängige (Weiterbeschäftigung des Vorstands; Neuemission von Aktien innerhalb der festgelegten Periode) – vorliegen.

Wird auf eine mitunter aufwendige Isolierung marktabhängiger Konditionen verzichtet, ergibt sich die Notwendigkeit einer Aufwandserfassung – ohne Möglichkeit zur Stornierung, wenn die verbleibenden *service conditions* oder *non-market-based performance conditions* erfüllt werden. U.E. ist der Verzicht auf eine Separierung einzelner Ausübungsbedingungen nicht mit der restriktiven Definition marktabhängiger Leistungsbedingungen vereinbar (Rz 69ff.). Bei mehreren Ausübungsbedingungen ist daher eine Isolierung von *market conditions* erforderlich.

> **Beispiel (Fortsetzung)**
> Es liegen drei unterschiedliche Ausübungsbedingungen vor. Erfolgt keine Neuemission von Aktien innerhalb der nächsten 4 Jahre, ist bis dahin erfasster Aufwand zu stornieren.

97 An marktabhängige Erfolgsziele geknüpfte Optionsrechte können die **Zahl** der ausübbaren Optionen am Maß des Erfolgs ausrichten. Der allgemeinen Vorgabe folgend, marktabhängige Konditionen in der Erstbewertung (zum *grant date*) zu berücksichtigen, ist die Wahrscheinlichkeit des unterschiedlichen Grads der Erfolgserreichung in der *fair-value*-Bestimmung des zugesagten Rechts zu ermitteln. Auch wenn ansonsten vereinfacht und i. d. R. zutreffend als Bewertungsobjekt die einzelne Aktienoption angesprochen wird, ist in diesem Fall jedoch zwischen dem Bewertungsobjekt (dem zugesagten Recht) und der Zahl der Optionen zu unterscheiden.

> **Beispiel**
> Die Führungskräfte erhalten am 1.1.01 je eine Option mit u.a. folgenden Bedingungen zugesagt: Die Option kann im Januar 03 ausgeübt werden,

- wenn der Arbeitnehmer sein Dienstverhältnis mindestens bis 31.12.02 fortsetzt *(service condition)* und
- der Aktienkurs zwischen dem 1.1.01 und dem 31.12.02 sich mindestens so gut entwickelt wie der Branchenindex *(market performance condition I)*.

Entwickelt sich der Aktienkurs um mindestens 10 % besser als der Branchenindex, erhöht sich die Zahl der Optionen von 1 auf 2 *(market performance condition II)*.

Bei der Bestimmung des *fair value* je Optionszusage sind neben Basispreis, Aktienkurs, Laufzeit usw. auch die beiden *market performance conditions* zu berücksichtigen, also nicht nur die Wahrscheinlichkeit, dass der Branchenindex mindestens erreicht, sondern auch die, dass er um mindestens 10 % übertroffen wird. Zwar verdoppelt sich bei Übertreffen des Branchenindex um 10 % die Zahl der ausübungsfähigen Optionen, Bewertungsobjekt sind jedoch die Optionszusagen, nicht die einzelnen Aktienoptionen.

Nur die *service conditions* sind variabler Bestandteil des Mengengerüsts. Das Unternehmen hat am 1.1.01 Fluktuationsannahmen zu treffen und diese zum 31.12.01 und 31.12.02 fortzuschreiben.

3.3.4 Pläne mit *non-vesting conditions*

Non-vesting conditions sind wie marktabhängige Erfolgsbedingungen bei der Ermittlung des *fair value* zum *grant date* zu berücksichtigen. Eine Anpassung des so ermittelten Preisgerüsts an spätere, bessere Erkenntnisse findet dann nicht statt, wenn die Erfüllung der *non-vesting conditions* aufgrund eines nicht im Einflussbereich der Vertragsparteien stehenden Ereignisses scheitert.

Liegt die Erfüllung der Bedingungen hingegen im Ermessen des Unternehmens oder des Vertragspartners, so ist die Nichterfüllung als *cancellation* zu behandeln (Rz 149f.).

Beispiel (in Anlehnung an IFRS 2.IG9A)
An eine Optionszusage sind folgende Bedingungen geknüpft:
- Der Arbeitnehmer setzt sein Dienstverhältnis mindestens drei Jahre fort *(service condition)* und
- er spart einen Teil (20 %) seines monatlichen Gehalts (5.000 EUR) im Unternehmen an *(non-vesting condition)*.

Der beizulegende Wert der Option beträgt – unter Berücksichtigung der *non-vesting condition* – 2.500 EUR (Jahresbasis). Aus Sicht des Unternehmens setzt sich die Vergütungsvereinbarung aus drei Komponenten zusammen:
- Gehalt,
- Einbehalt eines Teils des Gehalts unter der Voraussetzung der Zustimmung des Mitarbeiters und
- anteilsbasierte Vergütung.

Die betroffene Gesellschaft erfasst im Jahr 1 einen Aufwand für alle drei Komponenten:

Jahr 1	Aufwand	Kasse	Fremdkapital	Eigenkapital
Ausgezahltes Gehalt	48.000 EUR (12 × 5.000 × 80 %)	48.000 EUR		
Zurückbehaltenes Gehalt	12.000 EUR (12 × 5.000 × 20 %)		12.000 EUR	
share-based payment	2.500 EUR			2.500 EUR
Summe	62.500 EUR			

Die Besonderheit der Transaktion liegt in der Einflussnahme des Mitarbeiters auf die Erfüllung des Plans. Entscheidet dieser sich gegen einen Verzicht auf die monatliche Gehaltskomponente, wird die Vergütung annulliert.

3.3.5 Umtausch von Optionen

99 In IFRS 2 wird noch eine andere Ausprägungsvariante von *stock options* abgehandelt, nämlich solche mit einem *reload feature*.[25] Diese Ausgestaltung der Optionsbedingung berechtigt einen Mitarbeiter zum Empfang zusätzlicher Optionen, wenn dieser den Ausübungspreis für früher erhaltene Optionen nicht in bar, sondern in Aktien der betreffenden Gesellschaft leistet. Im Ergebnis **tauscht** also der begünstigte Arbeitnehmer die (früher) erhaltenen Optionen am Ausübungstag in neue Eigenkapitalinstrumente um.

100 Die Frage ist nun, wie diese **besondere Optionsbedingung** (der ursprünglich gegebenen Optionen) in die **Bewertung** einfließen muss. Der Board hat die verschiedenen Methoden zur Berücksichtigung dieses *reload feature* überdacht (IFRS 2.BC188ff.). Es geht dabei um zwei **Bewertungsvarianten:**
- **Einbeziehung** des *reload feature* in die Bewertung der (ursprünglich) gegebenen Option;
- Ansatz und Bewertung einer **neuen** Option im Zeitpunkt der Ausübung.

Der Board hat sich für die zweite Lösung entschieden (IFRS 2.22). Die ursprüngliche Erfassung des Aufwandes nach den Vorgaben von IFRS 2.10ff. (Rz 52ff.) bleibt deshalb unverändert.

3.3.6 Langlaufende Optionen, die bei Zusage weit aus dem Geld sind

101 Eine Ausgabe von Optionen mit Ausübungspreisen, die im Zusagezeitpunkt (*grant date*) weit aus dem Geld sind (*deeply out of the money options*), kann dann Sinn ergeben, wenn die *exercise period* sehr lang und daher die Wahrscheinlichkeit, aus der Option gleichwohl einen Vorteil zu realisieren, für den Begünstigten nicht gering ist. In Kombination des weit aus dem Geld liegenden Werts und langer Ausübungsfrist wird dann eine (explizite) *service condition* entbehrlich.[26]

> **Beispiel**
> A gewährt den leitenden Mitarbeitern eine anteilsbasierte Vergütung ohne Vereinbarung einer Dienstzeitbedingung. Die Mitarbeiter haben jederzeit die

---

[25] Einzelheiten bei VATER, Stock Options, 2004, S. 40ff.
[26] Dies anerkennend die Vorgaben der US-GAAP (ASC Topic 780.10.35).

Möglichkeit zur Ausübung der Option; die Ausübungsperiode beträgt 10 Jahre nach Zuteilung der Optionen. Der aktuelle Kurs der A-Anteile beträgt 8 EUR am *grant date*. Der Ausübungspreis wird mit 25 EUR festgelegt und ist daher *deeply out of the money*. Bei Beendigung des Arbeitsverhältnisses endet auch der Anspruch auf die Zusage; nicht ausgeübte Optionen verfallen.

Über ein Optionspreismodell (hier: Binomialmodell; Rz 273) wird ein *fair value* der Zusage von 2 EUR je Option festgestellt. Fraglich ist, ob die 2 EUR mangels expliziter *vesting period* unmittelbar als Eigenkapitalzuführung zu erfassen sind oder eine implizite *vesting period* zu unterstellen ist.

Nach den Vorgaben der US-GAAP hat A aus dem Optionspreismodell eine implizite *vesting period* abzuleiten und den Aufwand von 2 EUR je Option über die so indirekt bestimmte *vesting period* zu verteilen (ASC Topic 718.10.35–5).

Mangels eindeutiger Vorgaben innerhalb von IFRS 2 bieten sich zwei mögliche Auslegungen zur bilanziellen Behandlung an:

- Bestimmung einer impliziten *vesting period*: Bei Ausgabe einer *share option*, deren Ausübungspreis weit aus dem Geld ist, hängt der Vorteil des Anspruchsberechtigten von dessen weiterer Beschäftigung und der Entwicklung des Aktienkurses (dem inneren Wert der Zusage) ab. Aus der Gestaltung der Zusage folgt implizit daher eine *market condition* als Ausübungsbedingung. Nach IFRS 2.15b wäre eine Verteilung des Aufwands aus der Zusage über eine „kalkulierte"*vesting period* geboten (ähnlich in dem Beispiel zu IFRS 2.IG6). Die implizite Sperrfrist wäre über den Rückgriff auf ein Optionspreismodell und den in diesem unterstellten wahrscheinlichen Ausübungszeitpunkt festzulegen.
- Mangels expliziter *vesting period* sofortige Aufwandserfassung: Nach IFRS 2.14 ist eine sofortige Aufwandsverrechnung geboten, wenn keine Verpflichtung zur Erfüllung einer *service period* besteht. Der Ausübungszeitpunkt steht nach Gewährung nicht mehr im Ermessen der die Zusage gewährenden Gesellschaft, insoweit besteht auch kein Anspruch auf künftige *services*.

Wir halten die zweite Interpretation für besser begründet. Sie entspricht der Forderung von IFRS 2.BC202, einen Aufwand auch dann sofort anzusetzen, wenn etwa bei einem gerade neu eingestellten Mitarbeiter die Gewährung sofort ausübbarer Optionen logisch zwingend nur in Erwartung künftiger *services* erfolgen kann, auf diese zukünftigen Leistungen bzw. den Verbleib im Unternehmen aber weder ein Rechtsanspruch besteht noch das Optionsrecht daran gebunden ist.

Eine unmittelbare Aufwandsverrechnung halten wir auch für geboten, wenn für eine anteilsbasierte Zusage, deren Ausübungspreis *deeply out of the money* ist, eine bislang bestehende Sperrfrist aufgehoben wird. Ein *accelerated vesting* ist als *modification* (Rz 139 ff.) der bestehenden Zusage zu behandeln (IFRS 2.27).

3.3.7 Erfüllung einer Zusage in mehreren Tranchen

Die Warte- bzw. Sperrfrist (*vesting period*) beschreibt den Zeitraum zwischen dem Zusagezeitpunkt und dem Zeitpunkt der Erfüllung aller Ausübungskonditionen (*vesting conditions*), d.h. dem Ausgabezeitpunkt (*vesting date*). U.U. sieht eine Zusage vor, dass jeweils ein prozentualer Teil der erdienten anteilsbasierten Vergütung in mehreren Schritten/Perioden durch Hingabe von Anteilen erfüllt wird. Für die Aufwandsverrechnung einer solchen **Zusage in Tranchen** (*vesting in instalments*) gilt folgende Besonderheit:

- Es liegt nicht eine Zusage vor, die über eine *vesting period* zu verteilen ist, sondern
- mit der Feststellung der erdienten anteilsbasierten Vergütung einer Periode erfolgt für die Aufwandsverrechnung eine Aufteilung in mehrere (x) einzelne Zusagen mit unabhängigen *vesting periods* (1-x Jahre nach Zuteilung).

Beispiel
Zu jedem Jahresende gewährt die A-AG ausgewählten Mitarbeitern eine *equity-settled* Vergütungszusage. Die Vereinbarung ist lediglich an das Fortbestehen des Beschäftigungsverhältnisses des Zusagebegünstigten für die nächsten 4 Jahre gebunden. Es bestehen keine weiteren Ausübungsbedingungen. Nach dem Inhalt der Zusage werden jeweils 25 % des zum Ende eines Geschäftsjahrs festgestellten Wertbonus zum 1.12. der nachfolgenden 4 Geschäftsjahre ausgezahlt (durch Hingabe von Anteilen). Der zuteilungsfähige Wertbonus ist daher in 4 Tranchen aufzuteilen.
Für die Bestimmung des Aufwands aus der Zusage des Wertbonus ist hinsichtlich der Anzahl der zuteilungsfähigen Anteile und dem Zeitpunkt (in Abhängigkeit der *vesting period*) zu unterscheiden. Ein Anspruchsberechtigter erhält
- 25 % des Wertbonus in Anteilen nach 1 Jahr weiterer Wartefrist,
- 25 % des Wertbonus in Anteilen nach 2 Jahren weiterer Wartefrist,
- 25 % des Wertbonus in Anteilen nach 3 Jahren weiterer Wartefrist,
- 25 % des Wertbonus in Anteilen nach 4 Jahren weiterer Wartefrist.

Der für ein Geschäftsjahr festgestellte Wertbonus ist in Abhängigkeit der jeweiligen *vesting period* der Höhe nach über einen Zeitraum von 2 bis 5 Jahren zu verteilen. Da die Vergütung am Ende eines Geschäftsjahres, aber auch für Leistungen, die in diesem Geschäftsjahr erbracht wurden, erfolgt, ist eine aufwandswirksame Verteilung des beizulegenden Zeitwerts je Vergütungszusage unter Berücksichtigung des bereits abgelaufenen Geschäftsjahres geboten (IFRS 2.IG4). Für die aufwandswirksame Verteilung (per Personalaufwand an Kapitalrücklage) gilt je zugeteiltem Wertbonus eines Jahres:

Verteilungsschlüssel je einzelner Zusage	Relevantes Geschäftsjahr	Jahr 1	Jahr 2	Jahr 3	Jahr 4
Tranche 1	50 %	50 %			
Tranche 2	33,3 %	33,3 %	33,3 %		
Tranche 3	25 %	25 %	25 %	25 %	
Tranche 4	20 %	20 %	20 %	20 %	20 %

In den Folgejahren überlagern sich dann die Zusagen aus unterschiedlichen Geschäftsjahren.

103 In Einzelfällen kann eine Vergütungszusage, die mehrere Tranchen umfasst, an eine (Leistungs-) Bedingung für die tatsächliche Zuteilung (*performance condition*) geknüpft sein (Rz 66 ff.). Kann die vorgesehene Hürde für die Zielerreichung (etwa ein Mindestergebnisziel) für jede Zuteilungsperiode – ohne Möglichkeit zur Beeinflussung durch die Anspruchsberechtigten – festgelegt/verändert wer-

den, fehlt es an dem notwendigen gemeinsamen Verständnis der Vertragsparteien über die Bedingungen (Rz 64). Eine im alleinigen Ermessen des Vergütungsschuldners periodenweise festzulegende Bedingung widerlegt das Vorliegen einer Vergütungszusage mit mehreren Tranchen.

Eine Vergütungszusage mit mehreren Tranchen liegt auch dann nicht vor, wenn der Zeitraum bis zur möglichen Ausübung einer Zusage, somit die Erfüllung der Gegenleistung kürzer bemessen ist als der (Gesamt-)Zeitraum, den die jeweiligen Tranchen umfassen. 104

> **Beispiel (Abwandlung zu Rz 102)**
> Die A-AG schließt mit den leitenden Mitarbeitern eine Ergänzung zum Arbeitsvertrag, der für die nächsten vier Jahre ein betragsmäßig feststehendes Gehalt je Periode vorsieht. Die Ergänzung sieht eine Erfüllung des feststehenden Betrages zu 75 % durch Barzahlung und zu 25 % durch Hingabe einer variablen Anzahl Aktien (Aktienkurs zum 31.12. eines jeden Jahres) vor. Die Aktien stellen aus Sicht des Anspruchsberechtigten lediglich ein Zahlungsmitteläquivalent dar, da die Möglichkeit zum sofortigen Verkauf an einem aktiven Markt (→ § 8a Rz 20 ff.) besteht.
> Da die Aktien nur als Währung dienen, steht der Wert der vereinbarten Leistung i.H.d. garantierten Gehalts je Periode fest. Es liegt zwar eine anteilsbasierte Vergütung im Anwendungsbereich des IFRS 2 vor, aber keine Zusage mit mehreren Tranchen. Bei Beendigung des Arbeitsverhältnisses entfällt auch der Anspruch auf weitere Aktien, daher ist nur eine periodenweise Erfassung der anteilsbasierten Vergütung in Höhe von 25 % des garantierten Gesamtentgelts geboten.

3.4 Ermessensbehaftete Aufwandsverrechnung

Die vorstehenden Beispiele belegen das hohe **Ermessen**, das der verlangten Aufwandsverbuchung zugrunde liegt. Dabei sind die Ermessensspielräume bei der Wahl der Formelinputs in das jeweils gewählte Optionspreismodell noch gar nicht angesprochen (Rz 280).[27] Schätzungsungenauigkeiten stellen einen wesentlichen Bestandteil der Bilanzierung jeglicher Provenienz dar (→ § 5 Rz 51 ff.). I.d.R. gleichen sich zwischenperiodisch derlei Ungenauigkeiten aus. Dies gilt allerdings im hier dargestellten Rechnungslegungssystem für Aktienoptionen nur hinsichtlich der Mengenkomponente. Stellt sich dagegen der bei der Erstverbuchung angenommene *fair value* aus rückwirkender Betrachtung als unzutreffend heraus – so gut wie immer der Fall –, kommt es nicht zu einer entsprechenden Aufwandskorrektur (vgl. das Beispiel und die Erläuterung unter Rz 94; weitere Beispiele im vorstehenden Raster). Es kann auch umgekehrt kommen: Der Gegenwert der ausgeübten Optionen kann höher liegen, als die ursprüngliche *fair-value*-Schätzung angezeigt hat. Die ansonsten durch das Doppik-System gewährleistete Ergebniskorrektur im intertemporären Vergleich versagt im Gefolge der Buchung „Aufwand an Eigenkapital". Das scheint möglicherweise deswegen nicht weiter zu stören, weil letztlich das ausgewiesene Eigenkapital so oder so unverändert bleibt (Rz 46). Zum Umgang von „*Enforcement*"-Behörden, speziell der SEC, mit dem Ermessensproblem wird auf Rz 280 verwiesen. 105

---

[27] Eindrücklich dargestellt von VATER, Stock Options, 2004, S. 52 ff.

4 Verpflichtung zum Barausgleich – *stock appreciation rights* (SARs)

4.1 Schuldcharakter der Vergütungszusage

106 Anteilswertorientierte Barvergütungen, d. h. virtuelle Aktien *(cash settled share-based payment transactions = share stock appreciation rights)*, sind als „normale" **Schuld** zulasten des **Aufwands** zu verbuchen (Rz 53). Es handelt sich bei an Mitarbeitern gewährte Optionen um eine besondere Form der **Tantieme** (erfolgsabhängige Vergütung), deren Wert durch die Entwicklung des Aktienkurses bzw. Anteilswertes bestimmt ist (IFRS 2.31). Anders als bei den echten bzw. realen Optionen ist die Vergütung aus Mitteln der **Gesellschaft** selbst zu erbringen (Rz 58).

107 Wird als Gegenleistung für den Erhalt von *goods or services* ein anteilsbasierter Barausgleich vereinbart (IFRS 2.30), entsteht beim Leistungsempfänger eine Verbindlichkeit *(liability)* aus einem **bedingten Termingeschäft**. Wegen der Bindung der Höhe nach an die Entwicklung des Anteilswert (als *underlying* des Termingeschäfts) scheidet – ungeachtet der Erfüllung aller konstituierenden Merkmale einer finanziellen Verbindlichkeit (IAS 32.11) – eine bilanzielle Behandlung als Finanzinstrument aus (IAS 32.4(f)). Die Passivierung einer Schuld aus einer anteilsbasierten Vergütungszusage erfolgt nur in dem Umfang, in dem eine gegenwärtige Verpflichtung besteht, die Gegenseite also ihrerseits bereits eine **Leistung erbracht** hat. Ist der Anspruch auf die anteilsbasierte Vergütung an die Erbringung einer zeitraumbezogenen Leistung geknüpft, baut sich die zu passivierende Schuld zeitanteilig, also mit Entstehen der Verpflichtung, auf (IFRS 2.BC245).

4.2 Bewertung

108 Die **Zugangsbewertung** hat im Zeitpunkt der Zusage auf der Basis des *fair value* zu erfolgen (IFRS 2.33). Dieser ist wie bei den echten Optionen auf der Grundlage eines Optionspreismodells zu ermitteln (Rz 265). Die am betreffenden Bilanzstichtag auszuweisende Verbindlichkeitsrückstellung (Rz 56) gibt den jeweils neu zu ermittelnden Zeitwert *(fair value)* der virtuellen Optionen wieder, und zwar unter Berücksichtigung der bereits innerhalb der Laufzeit erbrachten zeitanteiligen Arbeitsleistung.

109 Die Bewertung der Verbindlichkeit aus einer anteilsbasierten Vergütung mit vorgesehenem *cash-settlement* erfolgt zum *„fair value"*. Trotz des Verweises auf den – **fehletikettierten** (IFRS 13.BC21 f.) – Maßstab ist für die Bewertung anteilsbasierter Vergütung eine abweichende Konzeption beachtlich (IFRS 13.6(a)).[28] Anstatt einer Klarstellung, welche Bewertungsperspektive zugrunde zu legen ist, wurde ohne weitere Erläuterung (über ein *consequential amendment*) die bestehende *„fair value"*-Definition des IFRS 2 unverändert fortgeführt. Es besteht daher keine Verpflichtung zur Bewertung der Verbindlichkeit zum Veräußerungswert *(exit price)*, folglich bleibt offen, ob in die Bewertung der Verbindlichkeit, die zu einem Abfluss (finanzieller) Ressourcen führt, das **eigene Bonitätsrisiko** einzubeziehen ist.[29] Erfolgt die Bewertung des künftigen Ressourcenabflusses zum

---

[28] Hierzu kritisch Freiberg, PiR 2013, S. 267.
[29] Vgl. Freiberg, PiR 2012, S. 401.

erwarteten Erfüllungsbetrag (*settlement*), kann die eigene Bonität ausgeklammert werden. Der **künftige Erfüllungsbetrag**, und damit der tatsächliche Ressourcenabfluss, entspricht nur dem inneren Wert (*intrinsic value*) eines bedingten Termingeschäfts. Die Bewertung ist dennoch bis zum Zeitpunkt der Erfüllung zum „*fair value*" vorzunehmen (Rz 120), somit neben dem inneren Wert auch dem Zeitwert (*time value*) des bedingten Termingeschäfts Rechnung zu tragen (IFRS 2.BC250). Sollten (ausnahmsweise) mit den Optionen **bereits erbrachte** Arbeitsleistungen abgegolten werden, ist sofort in voller Höhe des Zeitwertes eine Rückstellung zu bilden. Für die (in aller Regel) abzugeltenden **künftigen** Arbeitsleistungen ist demgegenüber die Verbindlichkeitsrückstellung **zeitanteilig** verteilt über die Wartefrist hin aufzustocken (IFRS 2.32).

110

4.3 Zwischenperiodische Verteilung von Aufwand

Die **erstmalige Bewertung** einer anteilsbasierten Vergütung mit vorgesehenem *cash-settlement* erfolgt zum Zugangszeitpunkt (*grant date*). Das Leistungsverhältnis beginnt erst mit dem Zeitpunkt, in dem die beteiligten Parteien ein gemeinsames Verständnis über die Vereinbarung mit gegenseitig bestehenden Rechten und Pflichten erlangt haben (IFRS 2.IG3). Der *grant date fair value* einer anteilsbasierten Zusage ist **unabhängig** von der vereinbarten **Erfüllung** durch Hingabe von Anteilen oder Barausgleich (IFRS 2.BC252).

111

> **Beispiel**
> Unternehmen U gewährt 100 Mitarbeitern am 01.01.20x0 eine anteilsbasierte Vergütung mit vorgesehenem Barausgleich (100 SARs). Unter der Voraussetzung einer Fortführung des Beschäftigungsverhältnisses für die nächsten drei Jahre (also bis zum 31.12.20x2) wird die positive Aktienkursentwicklung (= $Ak_{t3} - Ak_{t0}$) am 31.01.20x3 ausgezahlt. Im Zusagezeitpunkt beläuft sich der Aktienkurs auf 10 GE, der innere Wert des bedingten Termingeschäfts beträgt daher 0 GE. Der Zeitwert je Option beläuft sich auf 6 GE und entspricht dem *grant date fair value*. Bestünde ein Anspruch auf Zuteilung einer Aktie zum aktuellen Kurswert (Ak_{t0}), ergäbe sich der gleiche Betrag.

In dem Umfang, in dem die vereinbarte Leistung bereits erbracht wird, ist der *grant date fair value* als Verbindlichkeit zu passivieren. Wird die Leistung bereits im Zugangszeitpunkt vereinnahmt oder bezieht sich die Vergütung auf bereits erbrachte Leistungen, ist eine unmittelbare Erfassung der Verbindlichkeit in voller Höhe des *grant date fair value* geboten (IFRS 2.32, IFRS 2.BC243-BC245).

112

Abweichend von anteilsbasierten Vergütungen mit vereinbartem *equity-settlement* (Hingabe von Anteilen), ist die Verbindlichkeit aus Zusagen mit Barausgleich **kontinuierlich neu zu bewerten** (*remeasurement*). Die Neubewertung erfolgt zwingend zu jedem Periodenende (IFRS 2.30). Ist der Anspruch aus der anteilsbasierten Vergütung (während der *vesting period*) noch nicht ausübbar (IFRS 2.IG19), wird der Effekt aus der Neubewertung

113

- erfolgswirksam erfasst, insoweit die (Gegen-)Leistung bereits vereinnahmt ist und
- in dem Umfang über die verbleibende *vesting period* verteilt, in dem das Leistungsverhältnis noch nicht erfüllt ist.

Während des Zeitraums der Leistungserbringung führt das *remeasurement* somit nur zu einer (zeit-)**anteiligen Anpassung** (*catch-up adjustment*) des „*fair value*" der Verbindlichkeit. Mit dem Wegfall vorgesehener Ausübungsbedingungen sind Anpassungen der Verbindlichkeit in vollem Umfang erfolgswirksam zu stellen (IFRS 2.32).

114 Die (Folge-)Bewertung einer Verpflichtung aus einer anteilsbasierten Vergütung mit vorgesehenem Barausgleich erfolgt zum „*fair value*" (IFRS 2.33). Im Rahmen der Folgebewertung ist die Verbindlichkeit nicht nur (zeit-)anteilig um den erdienten *grant date fair value* aufzustocken, sondern es ist ein kontinuierliches *remeasurement* der Verbindlichkeit geboten.[30] Zu unterscheiden ist – bereits im *grant date* – zwischen einem

- *mixed approach*, bei dem zwischen der (Wert-)Entwicklung des Preis- und Mengengerüstes unterschieden wird (Rz 80). Nur (Wert-)Auswirkungen aus Änderungen des **Preisgerüsts**, welches *market* und *non-vesting conditions* umfasst, sind als *remeasurement* zu erfassen.
- *full fair value approach*, der ohne Berücksichtigung der Ursache für eine Wertänderung die Periodenänderung der Verbindlichkeit **insgesamt** als *remeasurement* behandelt.

Nur die Anwendung des *mixed approach* trägt der ökonomischen Ähnlichkeit von Zusagen mit *equity*- und *cash-settlement* Rechnung (IFRS 2.BC252). Änderungen des Mengengerüsts – betreffend *service* und *non-market performance conditions* – werden danach als (laufende) **Schätzungsänderung** erfasst.

Beispiel (Fortsetzung zu Rz 111)

Annahmegemäß werden alle 100 SARs nach Ablauf der *vesting period* zur Ausübung gelangen. Es stellen sich also keine Änderungen des Mengengerüsts ein. Bei Abstellen auf den *mixed approach* ergibt sich daher ein konstanter, auf dem *grant date fair value* basierender Periodenaufwand von 200 GE.

in GE	fair value je SAR	erw. Erfüllungsbetrag	Liability der Periode	Periodenaufwand	remeasurement
31.12.x0	9,00	900	300	300	100
31.12.x1	10,20	1.020	680	380	180
31.12.x2	11,00	1.100	1.100	420	220
31.01.x3	10,00	1.000	1.000	-100	-100
Summe				1.000	400

Nur die Änderungen des Preisgerüsts führen daher zu einem *remeasurement*. Der Gesamtaufwand aus der Vergütung beläuft sich auf 1.000 GE, von denen 400 GE auf die kontinuierliche Neubewertung entfallen.

---

[30] Zum Ganzen Freiberg, PiR 2014, S. 350 ff.

Mangels eindeutiger Vorgaben besteht ein **Bilanzierungswahlrecht** (*accounting policy choice*) für die Bewertung anteilsbasierter Vergütung mit *cash-settlement*.[31] Die Festlegung ist bereits für die Zugangsbewertung zu treffen und über die Laufzeit beizubehalten. Aus **Konsistenzgründen** – Gleichbehandlung gleicher Sachverhalte – ist eine Anwendung des *mixed approach* vorzuziehen.

115

Hinsichtlich der Konsequenz der gewählten *accounting policy* ist insbesondere auch danach zu unterscheiden, ob die (Gegen-)Leistung zu einem aktivierungsfähigen Vermögenswert führt oder unmittelbar aufwandswirksam verrechnet wird. Scheidet eine Aktivierung der empfangenen Leistung aus, führt die Festlegung der Reichweite der Neubewertung nur zu einer abweichenden Aufwandsverrechung in den einzelnen Perioden. In einer Totalperiodenbetrachtung entspricht der (Gesamt-)Aufwand dem tatsächlichen Erfüllungsbetrag.

116

Beispiel
Ein leitender Mitarbeiter erhält eine anteilsbasierte Zusage mit *cash-settlement* über 100 SARs, die lediglich eine zweijährige Dienstperiode voraussetzt. Die Leistung führt nicht zu einem aktivierungsfähigen Vermögenswert. Im Zugangszeitpunkt beträgt der *fair value* je SAR 10 GE. Die Erfüllung der Dienstbedingung (Verbleib im Unternehmen) wird als sehr wahrscheinlich (w=90 %) angesehen. Bei Anwendung des *mixed approach* ergibt sich ein *grant date fair value* von 1.000 GE (=100 x 10), die Unsicherheit bezogen auf die Erfüllung der Dienstbedingung ist im Mengengerüst zu erfassen. Wird hingegen der *full fair value approach* gewählt, ergibt sich ein *grant date fair value* von nur 900 GE (=100 x 90 % x 10).

Besondere Bedeutung hat das Wahlrecht, wenn die erbrachte Leistung zu einem aktivierungsfähigen Vermögenswert führt. Die Aktivierung eines Vermögenswerts ist auf den *grant date fair value* der Verpflichtung begrenzt (IFRS 2.IG19). Änderungen der Verbindlichkeit durch ein *remeasurement* sind zwingend ergebniswirksam zu erfassen. Korrespondierend kann eine Neubewertung auch nicht auf den Wertansatz eines über den Zeitraum der Leistungserbringung auf den Vermögenswert zurückwirken.

117

Beispiel (Abwandlung zu Rz 116)
Die anteilsbasierte Zusage mit *cash-settlement* über 100 SARs wird gegenüber einem Mitarbeiter ausgesprochen, dessen Arbeitsleistung als (direkte) Herstellungskosten eines (qualifizierten) Vermögenswerts aktivierungsfähig ist (IAS 2.12). Es wird eine Dienstperiode von zwei Jahren vereinbart. Im Zugangszeitpunkt beträgt der *fair value* je SAR 10 GE, über die Laufzeit bleibt der Wert konstant. Die Erfüllung der Dienstbedingung (Verbleib im Unternehmen) wird als sehr wahrscheinlich (w=90 %) angesehen. Überraschend verlässt der Mitarbeiter 15 Monate später auf eigenen Wunsch das Unternehmen.
Bei Anwendung des *mixed approach* ergibt sich ein *grant date fair value* von 1.000 GE (=100 x 10). Im ersten Jahr nach Zuteilung ist die Verbindlichkeit

---

[31] Gl. A. EY, International GAAP 2015, S. 2346f.; Deloitte, iGAAP 2014, S. 1384; KPMG, Insights into IFRS 2014/15, ch. 4.5.930.50.

> und korrespondierend Vorratsvermögen mit 500 GE (= 1.000 x ½) zu dotieren. Das Ausscheiden des Mitarbeiters im Jahr 2 berührt das Mengengerüst der Bewertung und ist daher nicht als *remeasurement* zu behandeln. Die Zuführungen zur Verbindlichkeit und zum Vorratsvermögen sind zu stornieren. Die anteilsbasierte Vergütung führt weder zu einem Vermögenswert noch zu einer Ergebnisbelastung.
> Nach dem *full fair value approach* beträgt der *grant date fair value* nur 900 GE (=100 x 90 % x 10). Bei unveränderten Annahmen zum Periodenende wird eine Verbindlichkeit und korrespondierend ein Zugang im Vorratsvermögen in Höhe von 450 GE (=900 x ½) erfasst. Die Änderung im Mengengerüst in Periode 2 wird als *remeasurement* erfasst, die bereits erfasste Verbindlichkeit ist ohne Korrektur des bereits erfassten Vermögens ergebniswirksam aufzulösen.

118 Unabhängig von der Wahlrechtsausübung führt die anteilsbasierte Vergütung über die Totalperiode zu den gleichen (Netto-)Kosten. Der kumulierte Betrag der (Netto-)Kosten – aus der Aktivierung als Vermögenswert und/oder der ergebniswirksamen Vereinnahmung – über den Zeitraum der Leistungserbringung entspricht wegen der Verpflichtung zur kontinuierlichen Bewertung des Mengen- und Preisgerüsts dem Barausgleich bei Erfüllung (IFRS 2.30).

119 Anders als bei der Eigenkapitalzuführung im Falle von „echten" Aktienoptionen ist an jedem Bilanzstichtag eine **Neuermittlung** des *fair value* vorzunehmen und **ergebnismäßig** zu berücksichtigen (IFRS 2.33).
Die Bewertung von gewährten Optionen ist jeweils auf der Grundlage eines **Optionspreismodells** unter Berücksichtigung der Zusagebedingungen vorzunehmen. Für die Ermittlung des Gesamtaufwands ist daneben die Personalfluktuation zu berücksichtigen. Es gehen also – anders als bei „echten" Aktienoptionen – sowohl das Mengen- als auch das Preisgerüst (Rz 80) in die jeweilige Bewertung der Verbindlichkeit ein. Eine Übersicht gibt nach das nachfolgende Beispiel:

> **Beispiel**[32]
> 500 Führungskräfte erhalten eine Zusage von je 100 *stock appreciation rights* (SARs). Einzige Bedingung ist ein Verbleib in den Diensten der Gesellschaft für wenigstens drei Jahre.
> Die Fluktuation entwickelt sich wie folgt:
>
> | Jahr | Effektives Ausscheiden | Geschätztes weiteres Ausscheiden in Folgeperioden | Kalkulierter Gesamtabgang bis zum *vesting date* |
> |---|---|---|---|
> | 1 | 35 | 60 | 95 |
> | 2 | 40 | 25 | 100 |
> | 3 | 22 | 97 | |
> | | 97 | | |

---

[32] Entnommen IFRS 2.IG19, Example 12.

Anteilsbasierte Vergütungsformen § 23

- Von den 500 Führungskräften sind bis zum erstmaligen Ausübungszeitpunkt 97 ausgeschieden. Die 403 verbliebenen Führungskräfte üben ihre SARs wie folgt aus:

Jahresende	Anzahl
3	150
4	140
5	113
	403

- Innerer Wert zum Ausübungszeitpunkt

Jahr	fair value EUR	innerer Wert = Geldabfluss EUR
1	14,40	
2	15,50	
3	18,20	15,00
4	21,40	20,00
5		25,00

Entwicklung der Buchungen

Jahr	Berechnung		Aufwand EUR	Verbindlichkeit EUR
1	(500−95) Mitarbeiter × 100 SARs × 14,40 EUR × 1/3		194.400	194.400
2	(500−100) Mitarbeiter × 100 SARs × 2/3 − 194.400 EUR		218.933	413.333
3	(500−97−150) Mitarbeiter × 100 SARs × 18,20 EUR − 413.333 EUR + 150 Mitarbeiter × 100 SARs × 15,00 EUR insgesamt	47.127 225.000	272.127	460.460
4	(253−140) Mitarbeiter × 100 SARs × 21,40 EUR − 460.460 EUR + 140 Mitarbeiter × 100 SARs × 20,00 EUR insgesamt	(218.640) 280.000	61.360	241.820
5	0 EUR − 241.820 EUR + 113 Mitarbeiter × 100 SARs × 25,00 EUR insgesamt Endsumme	(241.820) 282.500	40.680 787.500	

4.4 Behandlung nach Ablauf der *vesting period*

Unabhängig von einer späteren Erfüllung der Verpflichtung zum *intrinsic value* des bedingten Termingeschäfts ist eine laufende Bewertung zum „*fair value*", also der Summe aus innerem Wert und Zeitwert vorgesehen (IFRS 2.33). Letzt-

120

malig im Zeitpunkt der Erfüllung ist eine Bewertung vorgesehen. Der (tatsächliche) Barausgleich erfolgt zum inneren Wert des Termingeschäfts, es stellt sich daher ein Wechsel des Bewertungsmaßstabs von einem „*fair value*" zum *intrinsic value* ein (IFRS 2.BC249). Sehen die Ausübungsbedingungen die mögliche Erfüllung nur zu einem bestimmten Zeitpunkt vor, führen beide Maßstäbe zum gleichen Wert. Hat der Anspruchsberechtigte nach Erfüllung aller Ausübungsbedingungen (*vesting conditions*) ein längeres Fenster zur Geltendmachung seines Anspruches (*exercise period*), entsprechen sich *intrinsic value* und „*fair value*" nur am letztmöglichen Ausübungstag. Wird der Barausgleich vor Ablauf des *exercise period* verlangt, **verzichtet** der Anspruchsberechtigte auf den noch bestehenden **Zeitwert**.

> **Beispiel (Abwandlung zu Rz 116)**
> Unternehmen U gewährt 3 Mitarbeitern am 01.01.20x0 eine anteilsbasierte Vergütung mit vorgesehenem Barausgleich (jeweils 100 SARs). Nach Ablauf einer *vesting period* von drei Jahren sehen die Konditionen ein zweijähriges Ausübungsfenster vor. Einer der Mitarbeiter übt zum frühesten Zeitpunkt, einer nach Ablauf der Hälfte der *exercise period* und einer zum spätest möglichen Zeitpunkt aus. Der neubewertete *fair value* je SAR zum *vesting date* beläuft sich auf 12 GE. In Abhängigkeit von der Wertentwicklung ab dem frühest möglichen Ausübungszeitpunkt ergibt sich mangels einer Aktivierbarkeit der Leistung die folgende Aufwandsbelastung:
>
> | in GE | *fair value* je SAR | *intrinsic value* je SAR | Ergebniseffekt | Barausgleich |
> |---|---|---|---|---|
> | x0-x3 | n/a | n/a | -3.600 | n/a |
> | 31.12.x3 | 12,00 | 10,00 | +200 | 1.000 |
> | 31.12.x4 | 13,50 | 11,50 | -100 | 1.150 |
> | 31.01.x5 | 13,00 | 13,00 | +50 | 1.300 |
> | Summe | | | -3.450 | 3.450 |

121   Mit Ablauf der *vesting period* erfolgt die (Folge-)Bewertung der Verbindlichkeit zum „*fair value*" nur noch als *remeasurement*. Da der Zeitwert eines bedingten Termingeschäfts immer einen Wert > Null einnimmt, führt die Geltendmachung eines Anspruchs aus einer anteilsbasierten Vergütung – ausgestaltet als bedingtes Termingeschäft – zu einem positiven Ergebnisbeitrag aus der Auflösung der Verbindlichkeit.

4.5 Besonderheiten des Ausweises

122   Die Wahlrechtsausübung bezogen auf die Reichweite des gebotenen *remeasurement* (nur Preis- oder auch Mengengerüst) zeigt auch Relevanz für den Ausweis der Ergebniseffekte einer anteilsbasierten Vergütung mit Barausgleich, die gegenüber Mitarbeiter gewährt wird. Die ergebniswirksame Erfassung des *grant date fair value* stellt wegen des unmittelbaren Leistungszusammenhangs **Personalaufwand** (*employee cost*) dar, der bei Gewährung der Zusage an das Führungs-

personal auch in die *related party*-Angabe einzubeziehen ist (IAS 24.17(e)). Mangels eines unmittelbaren Zusammenhangs des Ergebnisses aus dem *remeasurement* mit der Leistungserbringung ist ein Ausweis als *employee cost* nicht zwingend. Wird der Umfang des *remeasurement* auf Änderungen des Preisgerüsts begrenzt, liegt wegen der Bindung an ein *underlying* ein Ausweis innerhalb des **Finanzergebnisses** (optional im sonstigen Ergebnis) nahe. Für einen getrennten Ausweis spricht auch aus Konsistenzgründen der dann vergleichbare Aufwandverlauf in Abgrenzung zu einer anteilsbasierten Vergütung mit vorgesehenem *equity settlement*. Da es aber überhaupt an spezifischen Vorgaben zum Ausweis fehlt, besteht für den Ausweis ebenfalls ein *accounting policy choice* (IAS 8.13). Eine Aufrechnung gegenläufiger Ergebnisse (*offsetting*) scheidet aus (IAS 1.32).

5 Vergütungsmuster mit Erfüllungswahlrecht

5.1 Grundlagen, insbesondere Abgrenzung zu Planänderungen

IFRS 2.2 unterscheidet drei Formen anteilsbasierter Vergütungen (Rz 8):
- Vergütung in **Eigenkapitalinstrumenten** (Aktien, reale Aktienoptionen usw.),
- Vergütung durch **Barausgleich**, der sich der Höhe nach am Wert von Eigenkapitalinstrumenten orientiert (virtuelle Optionen), oder
- Vergütung mit Wahlrecht hinsichtlich der Erfüllungsart, wobei das **Wahlrecht** beim **Unternehmen** oder beim **Leistungsempfänger** liegen kann.

Vereinbaren die Parteien ein Erfüllungswahlrecht, besteht zwar eine Verpflichtung zur Gegenleistung, die Art bzw. Form der Erfüllung liegt allerdings – bereits *at inception* – im Ermessen einer Vertragspartei. Aus Sicht des bilanzierenden Unternehmens ergibt sich für die bilanzielle Abbildung daher die Notwendigkeit einer Festlegung auf eine Vergütungsform. Stellt sich die getroffene Annahme im Nachhinein aufgrund nachträglich besserer Erkenntnis als nicht zutreffend dar, liegt mangels vertraglicher Festlegung der Vergütungsform im Zusagezeitpunkt keine nachträgliche Planänderung vor (Rz 140).

> **Beispiel**
> Ein Unternehmen gewährt den leitenden Mitarbeitern eine anteilsbasierte Vergütung. Die Erfüllung erfolgt nach Wahl des Unternehmens (Variante 1) oder der Mitarbeiter (Variante 2) entweder in virtuellen Aktienoptionen *(stock appreciation rights)* oder in realen Aktienoptionen *(stock options)*. In beiden Fällen geht das Unternehmen zunächst von einer Erfüllung in bar aus.
> - In Variante 1 entspricht die Einschätzung dem späteren tatsächlichen Verlauf.
> - In Variante 2 verlangen die Mitarbeiter entgegen der ursprünglichen Einschätzung Aktien und keinen Barausgleich. Zwar hat das Unternehmen der bisherigen Einschätzung folgend eine Gegenbuchung der erhaltenen (Arbeits-)Leistung unter den Rückstellungen vorgenommen, der Ausgleich in bar stellt aber dennoch keine Planänderung dar.

Die Art der Bilanzierung von anteilsbasierten Vergütungen mit Erfüllungsalternativen *(share-based payment with cash alternatives)* richtet sich danach, welcher **Partei** die Wahl der Vergütung zusteht.

- Steht dem **Vertragspartner** (z. B. Arbeitnehmer) das Vergütungswahlrecht zu, hat das Unternehmen ein **strukturiertes Finanzinstrument** (*compound financial instrument*) ausgegeben (→ § 20 Rz 6) mit einer Schuld- und einer Eigenkapitalkomponente (IFRS 2.35). Diese beiden Komponenten sind zu identifizieren und nach den jeweils geltenden Regeln anzusetzen.

- Kann umgekehrt das **Unternehmen** die Vergütungsform auswählen *(share-based payment transaction in which the entity has the choice of settlement)*, muss zunächst (vom Unternehmen) die Vergütungsart bestimmt werden. Es wird **keine Aufteilung** vorgenommen, es liegt entweder eine *cash-settled-* oder eine *equity-settled-*Transaktion vor.

5.2 Wahlrecht des Vertragspartners

125 Hat der Vertragspartner des Unternehmens – also i. d. R. der **Arbeitnehmer** – das (Wahl-)**Recht** zwischen einer Erfüllung durch Barausgleich oder einer Gewährung echter Anteile (gegen Zahlung des Ausübungspreises), liegt gem. IFRS 2.35 ein **zusammengesetztes** (strukturiertes) **Finanzinstrument** (→ § 28 Rz 167 ff.) mit einer Eigenkapital- und einer Fremdkapitalkomponente (Rz 60) vor. Diese beiden Komponenten sind den entsprechenden Aufwendungen auf der Basis des Zeitwertes *(fair value)* im Zusagezeitpunkt zuzuordnen und über die Wartezeit *(vesting period)* hinweg zeitanteilig aufzubauen.

In der Wertbestimmung der Transaktion mit Wahlrecht der anderen Vertragspartei sowie der Aufteilung in Eigen- und Fremdkapitalkomponente sind zwei Fälle zu unterscheiden.

126 **Fall 1:** Kann der *fair value* der erhaltenen Güter oder Dienstleistungen bestimmt werden, erfolgt im Zusagezeitpunkt gem. IFRS 2.35 eine Ermittlung der Eigenkapitalkomponente durch die Restwertmethode – vergleichbar dem *split accounting* bei zusammengesetzten Finanzinstrumenten (→ § 20 Rz 6):

	fair value der erhaltenen Leistungen (= *fair value* der Transaktion)
–	*fair value* Schuldkomponente
=	*fair value* Eigenkapitalkomponente

127 **Fall 2:** Fehlt hingegen die Möglichkeit einer verlässlichen *fair-value*-Bewertung der erhaltenen Leistung (so unwiderlegbar bei Arbeitsleistungen), erfolgt die Bewertung der Transaktion zum *fair value* der vom Unternehmen **ausgegebenen Leistungen** (IFRS 2.36). Zunächst gilt dabei:

	fair value Schuldkomponente
+	*fair value* Eigenkapitalkomponente
=	*fair value* der Transaktion

Mit der endgültigen Entscheidung des Vertragspartners für einen Erfüllungsmodus verfällt die andere Erfüllungsvariante. Insoweit gilt weiter: Das Ganze ist weniger als die Summe seiner Teile. Einer der beiden *stand alone* ermittelten Komponentenwerte muss deshalb um den *stand-alone*-Wert der anderen Komponente gemindert werden. Nach IFRS 2.37 ist diese Minderung bei der Eigenkapitalkomponente vorzunehmen.

Somit gilt modifiziert:

	fair value Schuldkomponente *(stand alone)*
+	zusätzlicher Wert der Eigenkapitalkomponente
=	*fair value* der Transaktion

In der **Praxis** sind nicht selten die *fair values* beider Ausübungsalternativen **gleich**, weil etwa der Basispreis für eine reale Option dem Basispreis der virtuellen Option entspricht und auch die Laufzeiten identisch sind: In diesem „Spezialfall" entspricht der *fair value* der Schuldkomponente dem *fair value* der Transaktion, während die **Eigenkapitalkomponente null** ist. Die anteilsbasierte Vergütung ist in diesem Spezialfall **insgesamt** als *cash-settled transaction* zu behandeln (Rz 106 ff.).

128

> **Beispiel**
> Ein Unternehmen gewährt einem leitenden Mitarbeiter alternativ 2.000 virtuelle Aktienoptionen *(stock appreciation rights)* oder 2.000 reale Aktienoptionen mit dem gleichen Wert. Der *fair value* der Schuldkomponente entspricht dem Gesamtwert der anteilsbasierten Vergütung, die Eigenkapitalkomponente ist damit null.
> Die Vergütung kann wie eine einfache *cash-settled transaction* behandelt werden.

Bei **unterschiedlichen** *fair values* der Ausübungsalternativen ist die anteilsbasierte Vergütung sowohl *equity-settled* als auch *cash-settled*.
- Für die Komponente *equity-settled transaction* ist das Preisgerüst nur einmalig zum *grant date* zu bestimmen und in der Folge nur noch das Mengengerüst an bessere Stichtagserkenntnisse anzupassen.
- Für die Komponente *cash-settled transaction* ist zu jedem Stichtag das Preis- und Mengengerüst anzupassen (Rz 82).

129

> **Beispiel**[33]
> Ein Unternehmen gewährt einem leitenden Mitarbeiter 1.000 virtuelle Aktienoptionen *(stock appreciation rights)* und damit das Recht auf einen Barausgleich, der dem Wert von 1.000 Anteilen entspricht, oder alternativ 2.000 reale Aktienoptionen. Ausübungsbedingung ist ein Verbleib im Unternehmen für die nächsten zwei Jahre. Bezieht der Mitarbeiter die realen Optionen, müssen die Anteile für zwei Jahre gehalten werden *(transfer restriction)*.
> Unter Berücksichtigung der Haltefrist ergibt sich ein Wert je Option zum Zusagezeitpunkt i. H. v. 40 EUR. Ohne die Transferrestriktion beträgt der *fair value* einer Option 50 EUR zum *grant date* und 60 EUR zum *exercise date*. Zum *grant date* gilt daher:
> - Der Gesamtwert der Fremdkapitalkomponente beträgt 50.000 EUR (1.000 Optionen × 50 EUR/Option),

---

[33] In Anlehnung an IFRS 2.IG22. In dem illustrierenden Beispiel IG.Example 13 wird der *share price* irrtümlich mit dem *fair value* gleichgesetzt; hierbei handelt es sich wohl um ein redaktionelles Versehen.

- für die Eigenkapitalkomponente verbleibt ein Wert von 30.000 EUR
  (2.000 Optionen × 40 EUR/Option − 50.000 EUR).

Für die Folgebewertung gilt (ohne Fluktuation für einen Mitarbeiter):

Jahr	Eigenkapitalkomponente			Fremdkapitalkomponente		
	Mengen- und Preisgerüst	Kumulierter Aufwand	Perioden-aufwand	Mengen- und Preisgerüst	Kumulierter Aufwand	Perioden-aufwand
1	30.000 × 0,5	15.000	15.000	1.000 × 50 × 0,5	25.000	25.000
2	30.000 × 1	30.000	15.000	1.000 × 60	60.000	35.000

130 Die Vorgaben zur bilanziellen Behandlung von kombinierten Vergütungsmustern mit Erfüllungswahlrecht des Optionsinhabers lassen offen, wie mit Optionszusagen umzugehen ist, welche die Erfüllungsalternativen mit **unterschiedlichen Ausübungsfristen** verknüpfen.

> **Beispiel (Abwandlung zu Rz 120)**
> Eine Differenzierung zwischen den Ausübungsalternativen soll optional über unterschiedliche *vesting periods* (nicht durch eine Transferrestriktion) erreicht werden. Bei Wahl der Vergütung in Eigenkapitalinstrumenten verlängert sich die *vesting period* entsprechend um ein Jahr.
> Die Verlängerung der *vesting period* ist im Rahmen des Optionspreismodells zu berücksichtigen und schlägt sich im Preisgerüst zum *grant date* nieder. Im Übrigen erfolgt die Aufwandsverteilung in der Folgebewertung über unterschiedliche Perioden (Eigenkapitalkomponente drei Jahre/Fremdkapitalkomponente zwei Jahre).

Die Vereinbarung unterschiedlicher Ausübungsfristen beeinflusst auch den Zeitpunkt der Erfüllungswahl. Läuft die *vesting period* einer Erfüllungsalternative aus, fällt das Erfüllungswahlrecht weg.

131 Mit Ausübung der **Erfüllungswahl** durch den Vertragspartner verfällt das Recht auf die andere Erfüllungsmöglichkeit. Im Zeitpunkt der Erfüllung *(date of settlement)* ist die Fremdkapitalkomponente noch einmal zum *fair value* zu bewerten (Aktualisierung des Preis- und Mengengerüsts zum *settlement date*). In Abhängigkeit von der Wahl durch den Erfüllungsberechtigten erfolgt anschließend eine erfolgsneutrale Angleichung zwischen der Eigenkapital- und der Fremdkapitalkomponente.

- Bei **Erfüllung mit Eigenkapital** ist zu diesem Zeitpunkt die Verbindlichkeit in das Eigenkapital **umzubuchen** (per Verbindlichkeit an Eigenkapital).
- Bei **Erfüllung in bar** wird die Fremdkapitalkomponente verbraucht (per Verbindlichkeit an Kasse). Der zuvor gebuchte Eigenkapitalanteil wird nicht verändert (IFRS 2.40). Allenfalls eine Umbuchung innerhalb der Eigenkapitalkategorien kommt in Betracht (per Kapitalrücklage an Gewinnrücklage).

> **Beispiel (Fortsetzung zu Rz 120)**
> Zum Zeitpunkt der Ausübung des Wahlrechts durch den Erfüllungsberechtigten zeigt die Bilanz des Erfüllungsschuldners einen Eigenkapitalposten (Kapitalrücklage) i.H.v. 30.000 EUR und eine Rückstellung i.H.v. 60.000 EUR (Fremdkapitalkomponente).

- Bei Ausübung des Wahlrechts durch den Erfüllungsberechtigten in realen Optionen erfolgt eine Umbuchung des Rückstellungsbetrags in das Eigenkapital (per Rückstellung 60.000 EUR an Eigenkapital 60.000 EUR). Eine Aufteilung auf unterschiedliche Eigenkapitalkonten (gezeichnetes Kapital und Kapitalrücklage) hängt von der konkreten Ausgestaltung der Transaktion und den rechtlichen Rahmenbedingungen ab.
- Bei Ausübung des Wahlrechts durch den Erfüllungsberechtigten in bar wird der Rückstellungsbetrag verbraucht (per Rückstellung 60.000 EUR an Kasse 60.000 EUR). Die bislang in der Kapitalrücklage aufgestockte Eigenkapitalkomponente kann wahlweise (anteilig) in die Gewinnrücklage umgebucht werden.

5.3 Wahlrecht des Stillhalters (Unternehmens)

Bei Bestehen des **Wahlrechtes** zur Erfüllung der anteilsbasierten Vergütung beim **Unternehmen** ist wie folgt zu differenzieren: 132
- Besteht eine gegenwärtige **Verpflichtung** (*present obligation*) seitens des Unternehmens zur Erfüllung der Vergütung durch Barausgleich entweder aus rechtlichen oder aus faktischen Gründen, ist nach IFRS 2.42 eine *cash-settled transaction* anzunehmen. Die Bilanzierung über die Laufzeit des Kontrakts erfolgt dann i.d.r. nach den Vorgaben für virtuelle Optionen (*share appreciation rights*; Rz 53ff.). Kommt es im Erfüllungszeitpunkt abweichend von der ursprünglichen Erwartung zu einer Vergütung durch Hingabe von Eigenkapitalinstrumenten, stellt dieser Wegfall der Verbindlichkeit keine Planänderung dar (Rz 140).
- Besteht rechtlich oder faktisch **keine Verpflichtung** zur Erfüllung in bar, erfolgt die Bilanzierung nach Maßgabe der Vergütung durch Einsatz von Eigenkapitalinstrumenten (Rz 84ff.; Buchung per „Aufwand an Eigenkapital").

Das Bestehen einer **gegenwärtigen** Verpflichtung zum *cash-settlement* wird als 133
gegeben unterstellt (IFRS 2.41), wenn
- die Möglichkeit eines Ausgleichs durch Eigenkapitalinstrumente keinen wirtschaftlichen Gehalt hat (z.B. weil dem Unternehmen die Ausgabe von Aktien gesetzlich verboten ist),
- der Barausgleich eine vergangene betriebliche Praxis oder erklärte Richtlinie des Unternehmens war oder
- das Unternehmen im Allgemeinen einen Barausgleich vornimmt, wenn die Gegenpartei diese Form des Ausgleichs wünscht.

Entsprechend hat dann der Ansatz einer Schuld *(liability)* nach den Regeln für die *stock appreciation rights* (Rz 53ff.) zu erfolgen.
Bemerkenswert ist wiederum der **konzeptionelle Unterschied** zur Abgrenzung von Eigen- und Fremdkapital nach IAS 32 (Rz 39). Die Kapitalklassifizierung vernachlässigt die Intention des bilanzierenden Unternehmens und die dokumentierte Praxis und stellt (gem. IAS 32.16) allein auf das Bestehen einer vertraglichen Verpflichtung *(contractual obligation)* ab (→ § 20 Rz 4f.). Für die Bestimmung der bilanziellen Behandlung einer anteilsbasierten Vergütung sind hingegen auch die dokumentierte Intention und Praxis des bilanzierenden Unternehmens relevant.

134 IFRS 2 enthält keine Vorgaben, zu welchem Zeitpunkt die Klassifizierung einer *share-based payment transaction in which the entity has the choice of settlement* vorzunehmen ist. Das Vorliegen einer Verpflichtung zum Barausgleich muss u. E. daher zu jedem Bilanzstichtag einer erneuten Beurteilung unterzogen werden.

135 Wird im Zugangszeitpunkt eine **Erfüllung in Eigenkapitalinstrumenten** unterstellt, ist je nach tatsächlichem Verlauf wie folgt zu unterscheiden (IFRS 2.43):
- Bei effektiver Vergütung in Eigenkapitalinstrumenten **entsprechend der** ursprünglichen **Absicht** wird nach IFRS 2.43(b) die Höhe des Eigenkapitals nur noch über den eventuell zu zahlenden Bezugspreis berührt. In Höhe dieser Zahlung ist dem Begünstigten kein Vorteil gewährt worden, also aus Sicht der Gesellschaft kein Aufwand **entstanden** (per Kasse an Eigenkapital).
- Wenn **entgegen** der ursprünglichen **Absicht** später dennoch eine Barvergütung gewählt wird, ist diese analog zu einem Rückkauf von Eigenkapitalinstrumenten als Minderung des Eigenkapitals anzusehen (per Eigenkapital an Kasse; IFRS 2.43(a)). Die ursprünglichen Aufwandsbuchungen (bei unterstelltem Ausgleich in Eigenkapitalinstrumenten), basierend auf dem Preisgerüst zum *grant date* und der Fortschreibung der Mengenkomponente, bleiben unverändert. Die Differenz zwischen dem Preisgerüst des *grant date* und dem des Erfüllungstages wird nicht aufwandswirksam berücksichtigt. Vielmehr gilt: Die ursprünglichen Wertannahmen haben die Dotierung des Eigenkapitals bestimmt, die aktuellen bestimmen über seine Minderung.

> **Beispiel**
> Die Gesellschaft gewährt ihren Mitarbeitern eine anteilsbasierte Vergütung, behält sich aber vor, ob die Vergütung in Eigenkapitalinstrumenten oder in bar erfolgt. Mangels einer Historie der Erfüllung in bar wird – auch im Hinblick auf die Eigenkapitalquote (Rz 136) – ein Ausgleich in Eigenkapitalinstrumenten unterstellt.
> Der kumuliert im Eigenkapital erfasste (Personal-)Aufwand über die *vesting period* beträgt – basierend auf dem Preisgerüst zum *grant date* und dem von Anfang an zutreffend geschätzten Mengengerüst – 1.500.000 EUR. Der *fair value* der Vergütung bei Barausgleich beträgt – basierend auf dem aktuellen Preis- und Mengengerüst – 2.000.000 EUR.
> Über die *vesting period* werden kumuliert 1.500.000 EUR in die Kapitalrücklage eingestellt (per Personalaufwand 1.500.000 an Eigenkapital 1.500.000). Erfolgt die Vergütung in Eigenkapitalinstrumenten, ergibt sich keine weitere Buchungsnotwendigkeit. Bei einer Vergütung durch Barausgleich ist hingegen noch zu buchen:
>
> | Konto | Soll | Haben |
> |---|---|---|
> | Eigenkapital | 2.000.000 EUR | |
> | Kasse | | 2.000.000 EUR |

136 Besteht bei Zusage der anteilsbasierten Vergütung mit Erfüllungswahlrecht des Unternehmens bereits die Intention einer Erfüllung durch Barausgleich, aber mangels Historie keine Verpflichtung, bietet sich entweder die Behandlung der Transaktion als *equity-settled* oder die Aufnahme eines Wahlrechts zur Erfüllung in Eigenkapitalinstrumenten in die vertragliche Vereinbarung an. Die **Vorteile** liegen auf der Hand:

- Die **Eigenkapitalquote** des Unternehmens wird durch die Vergütungszusage des Unternehmens bis zur Erfüllung nicht berührt (Buchung: per Aufwand an Eigenkapital; Rz 46).
- Während der *vesting period* entfällt die Notwendigkeit einer **Anpassung** der *fair-value*-Bewertung der Option, das Preisgerüst zum *grant date* wird fortgeschrieben und nur Veränderungen des Mengengerüsts werden erfasst (Rz 82).
- Selbst bei tatsächlicher Erfüllung durch Barausgleich ist keine **aufwandswirksame** Anpassung des Preisgerüsts erforderlich. Änderungen des Preisgerüsts zwischen *grant date* und Erfüllungstag werden unmittelbar mit dem Eigenkapital verrechnet (Fiktion eines Aktienrückkaufs; Rz 135).

Die einmalige Erfüllung durch Barausgleich einer anteilsbasierten Vergütung mit Erfüllungswahlrecht begründet allerdings eine entsprechende Historie, die für künftige vergleichbare Vergütungszusagen die Unterstellung einer Vergütung in Eigenkapitalinstrumenten erschwert bzw. ggf. ausschließt (Rz 132).

Ein Sonderfall ist gegeben, wenn die beiden Erfüllungsalternativen – Hingabe von Eigenkapitalinstrumenten oder Barausgleich – einen unterschiedlichen beizulegenden Zeitwert **im Erfüllungszeitpunkt** haben. Sofern sich das Unternehmen/der Konzern – z.B. in Erwartung weiterer Arbeitnehmerleistungen (IFRS 2.BC268) – zu einer Regulierung der Vergütungszusage durch die Erfüllungsvariante mit dem höheren *fair value* zum Erfüllungszeitpunkt entschließt, ist unabhängig von der Erfüllungsart ein **zusätzlicher Aufwand** zugunsten des Eigen- bzw. Fremdkapitals zu verbuchen (IFRS 2.43(c)).

137

Beispiel
Die Mitarbeiter erhalten eine anteilsbasierte Vergütung mit Erfüllungswahlrecht seitens der Gesellschaft. Die Gesellschaft unterstellt einen Ausgleich in Eigenkapitalinstrumenten und bildet die Zusage als *equity-settled transaction* ab. Über die *vesting period* wird ein kumulierter Aufwand unter Berücksichtigung des aktuellen Mengen-, aber des ursprünglichen (bei Zusage ermittelten) Preisgerüsts von 1.500.000 EUR im Eigenkapital erfasst.
Das Preisgerüst bei Vergütung durch Eigenkapitalinstrumente weicht allerdings von dem bei Barausgleich ab.

Variante 1
Der *fair value* beträgt bei Vergütung durch Eigenkapitalinstrumente 1.750.000 EUR und bei Barausgleich 2.000.000 EUR.
1a) Entscheidet sich das bilanzierende Unternehmen zu der günstigeren Eigenkapitalvariante, erfolgt keine Anpassung des bislang erfassten Aufwands an die Stichtagsverhältnisse.
1b) Wird in Erwartung weiterer Arbeitsleistung oder als zusätzliche Entlohnung auf die aus einer *fair-value*-Perspektive für das Unternehmen ungünstigere Variante zurückgegriffen, also in bar ausgeglichen, ergeben sich folgende Buchungen:
- I.H.d. ursprünglich dotierten Eigenkapitals (1.750.000) findet jetzt eine Eigenkapitalminderung statt.
- Darüber hinaus ist eine aufwandswirksame Erfassung der *fair-value*-Differenz zwischen den Ausübungsalternativen notwendig.

In Summe also:

Konto	Soll	Haben
Eigenkapital	1.750.000 EUR	
(Personal-)Aufwand	250.000 EUR	
Kasse		2.000.000 EUR

Variante 2
Der *fair value* beträgt bei Barausgleich 2.000.000 EUR und bei Vergütung durch Eigenkapitalinstrumente 2.500.000 EUR.
2a) Entscheidet sich das Unternehmen für den aus seiner Sicht günstigeren Barausgleich, wird die GuV nicht mehr angesprochen, vielmehr nur eine Minderung des Eigenkapitals wie bei einem Aktienrückkauf gebucht:

Konto	Soll	Haben
Eigenkapital	2.000.000 EUR	
Kasse		2.000.000 EUR

2b) Entscheidet sich das Unternehmen für den aus seiner Sicht ungünstigeren Ausgleich in Aktien, ist eine aufwandswirksame Erfassung der *fair-value*-Differenz zwischen den Ausübungsalternativen, die sich aus Unterschieden des Preis- bzw. Mengengerüsts ergeben, notwendig.

Konto	Soll	Haben
(Personal-)Aufwand	500.000 EUR	
Eigenkapital		500.000 EUR

138 IFRS 2 verweist für die bilanzielle Behandlung einer Vergütungszusage,
- deren Erfüllungsmodus zwar **rechtlich** im **Ermessen** der betroffenen Gesellschaft steht,
- bei der allerdings im Zusagezeitpunkt **faktisch** eine **Barausgleichsverpflichtung** vorliegt,

auf die allgemeinen Vorgaben für *cash-settled transactions* (IFRS 2.42). Unklar bleibt, wie eine tatsächlich davon abweichende spätere Vergütung in bar zu erfassen ist. In IFRS 2.43(a) wird für den entgegengesetzten Fall – eine ursprünglich als *equity-settled* qualifizierte Transaktion wird später tatsächlich in bar erfüllt – eine Kapitalrückzahlung (Aktienrückkauf) fingiert.
U.E. ist bei dem hier zu beurteilenden Fall im Umkehrschluss eine Ausgabe von neuen Anteilen gegen Erlöschen der Verpflichtung zum Barausgleich zu fingieren. Eine rückwirkende Anpassung der Höhe der Eigenkapitalzuführung unter der Fiktion einer Vereinbarung der Vergütung durch Eigenkapitalinstrumente bei der Zusage *(grant date measurement approach)* scheidet daher aus.

Beispiel
Eine anteilsbasierte Vergütung mit Erfüllungswahlrecht der Gesellschaft wird über die *vesting period* als *cash-settled transaction* behandelt. Im Erfüllungszeitraum ist die Verpflichtung zum *fair value* unter Berücksichtigung des aktuellen Mengen- und Preisgerüsts zu bewerten. Der *fair value* zum *vesting date* beträgt 2.000.000 EUR.

Bei planmäßiger Erfüllung durch Barausgleich ist die erfasste Rückstellung zu verbrauchen (per Rückstellung an Kasse). Erfolgt die Vergütung hingegen über die Hingabe von Eigenkapitalinstrumenten, ist der *fair value* der Rückstellung gegen Eigenkapital zu buchen (Unterstellung einer Kapitalerhöhung gegen Erlöschen einer Schuld).

Konto	Soll	Haben
Rückstellung	2.000.000 EUR	
Eigenkapital		2.000.000 EUR

Die Vorgaben für den unter IFRS 2.43(c) erfassten Sonderfall lassen sich – ein Entfallen der Verpflichtung zum Barausgleich während der *vesting period* vorausgesetzt – ebenfalls auf *cash-settled transactions* übertragen. Auf Rz 137 wird deshalb verwiesen.

6 Planänderungen

6.1 Überblick

Als Planänderungen gelten alle **Anpassungen der Vertragsbedingungen** einer anteilsbasierten Vergütungszusage. Explizite Vorgaben zur bilanziellen Abbildung enthält IFRS 2 nur für *equity-settled transactions* (IFRS 2.26–29). Hierbei wird unterschieden zwischen 139

- **Modifizierungen** (*modifications*) des Preis- und/oder Mengengerüsts der anteilsbasierten Vergütungszusage (Rz 141 ff.),
- **Widerruf** (*cancellation*) (Rz 149) und
- **vorzeitiger Erfüllung** (*early settlement*) (Rz 149).

Nicht explizit geregelt sind hingegen folgende Fälle:

- Planänderungen bei **Vergütungszusagen mit Barausgleich** (Rz 157) sowie
- **Wechsel in der Erfüllungsform**, also der Barausgleich einer vertraglich die Vergütung durch Eigenkapital vorsehenden Transaktion und der umgekehrte Fall (Rz 158 ff.).

Keine Planänderung liegt vor, wenn bei Vergütungsplänen mit **Erfüllungswahlrecht** einer Vertragspartei die tatsächliche Erfüllungsform von der im Zuteilungszeitpunkt getroffenen Annahme abweicht. Sahen die Vertragskonditionen schon bei Vertragsschluss (*at inception*) ein Erfüllungswahlrecht vor, ist die spätere Ausübung nicht als Planänderung zu behandeln. Anderes gilt, wenn während der *vesting period* durch Vertragsänderung im Einvernehmen der Vertragsparteien (Vergütungsschuldner und Anspruchsberechtigter) das Erfüllungswahlrecht entfällt, die Vergütung also entweder in Eigenkapitalinstrumenten oder durch Barausgleich erfolgt (Rz 162 ff.). 140

6.2 Änderungen innerhalb eines Plans

6.2.1 Vergütung mit Eigenkapitalinstrumenten

6.2.1.1 Modifizierung des Ausübungspreises oder der Optionsmenge

Anpassungen des vertraglichen Preis- und/oder Mengengerüsts einer anteilsbasierten Vergütung mit Ausgleich in Eigenkapitalinstrumenten sind nur inso- 141 weit zu berücksichtigen, als sich der *fair value* der Optionszusage am Tag der Planänderung gegenüber den bisherigen Bedingungen erhöht. Ein rückblickender Vergleich mit dem *fair value* der Optionszusage am Zusagezeitpunkt *(grant date)* scheidet hingegen aus.

142 Die **Zusatzkosten** errechnen sich aus dem (erhöhten) Wert *(incremental value)* – Differenz zwischen den *fair values* der geänderten und der ursprünglichen Optionen im Änderungszeitpunkt – der noch ausstehenden Optionen.
- Erfolgt die Änderung **nach Ablauf** der *vesting period*, ist die Werterhöhung unmittelbar in vollem Umfang zu verbuchen.
- Erfolgt die Planänderung **während** der *vesting period*, ist neben dem noch zu verteilenden Betrag aus der ursprünglichen Zusage auch der zusätzliche Betrag über die (u. U. neu festgesetzte) Restdauer der *vesting period* zeitanteilig zu erfassen.

Beispiel

Eine Gesellschaft gewährt den Mitarbeitern *stock options*, die im Zusagezeitpunkt einen *grant date fair value* von je 240 GE aufweisen und nur an die Fortsetzung des Arbeitsverhältnisses in den nächsten drei Jahren geknüpft sind. Im ersten Jahr wird ein Personalaufwand von 80 GE gebucht. Nach Ablauf des ersten Jahres werden die gewährten Zusagen unter Beibehaltung der Dienstzeitbedingungen modifiziert:

Alternative 1

Der *fair value* der ursprünglichen Aktienoptionen beträgt zum Zeitpunkt der Planänderung 200 GE. Die Änderung führt zu einer **Erhöhung** des *fair value* auf 220 GE. Die Erhöhung um 20 GE zum Zeitpunkt der Planänderung ist über die Restdauer der *vesting period* aufwandswirksam zu erfassen. In 02 (und 03) werden daher jeweils gebucht: 80 (= 240 / 3) Personalaufwand aus der ursprünglichen Zusage, 10 (= 20 / 2) aus der Modifikation.

Alternative 2

Der *fair value* der ursprünglichen Aktienoptionen beträgt zum Zeitpunkt der Planänderung 250 GE. Die Änderung führt zu einer **Minderung** des *fair value* auf 220 GE. Die Anpassung bleibt daher unbeachtlich. In 02 (und 03) werden daher jeweils nur 80 GE (= 240 / 3) Personalaufwand aus der ursprünglichen Zusage gebucht.

---

143 Eine negative, von der ursprünglichen Erwartung abweichende Entwicklung des Aktienkurses bzw. des Anteilswertes kann das Unternehmen bewegen, während der Sperr- bzw. Wartefrist *(vesting period)* eine **Neufestsetzung** (Ermäßigung) des **Ausübungspreises** für die Optionen *(repricing)* vorzunehmen.[34] Neben Preisänderungen können auch andere **Anpassungen** der Optionsbedingungen erfolgen, die begrifflich unter dem *repricing* zusammengefasst werden (IFRS 2.BC222 ff.). Das *repricing* ist somit nur eine spezielle Form der unter Rz 142 behandelten Anpassung.

---

[34] Zu Bedenken gegen das *repricing* aus Sicht des deutschen AktG und des Corporate Governance Kodex vgl. Casper, DStR 2004, S. 1391.

Bei einem *repricing* mit einer entsprechenden Erhöhung des *fair value* am Stichtag ist ein neuer bzw. zusätzlicher Vergütungsplan über die dann (u. U. neu verhandelte) verbleibende *vesting period* zu berücksichtigen:
- Das Mengengerüst des neuen Plans entspricht dem ursprünglichen Plan.
- Die Werterhöhung ist zum Zeitpunkt der Modifizierung zu bestimmen.
- Über die Restdauer der *vesting period* sind zu verteilen: der aus der ursprünglichen Bewertung zum *grant date* resultierende Betrag und die (aus der Bewertung zum Änderungszeitpunkt) resultierende Werterhöhung.

> **Beispiel**
> Die anteilsbasierte Vergütung von 500 Führungskräften sieht die Zusage von 300 *stock options* je Führungskraft mit einem jeweiligen *grant date fair value* von 12 EUR vor. Als einzige Ausübungsbedingung wird ein Mindestverbleib im Unternehmen von drei Jahren vereinbart.
> Ein Jahr nach Zusage bricht der Aktienkurs der Gesellschaft ein, es wird ein *repricing* der anteilsbasierten Zusage vereinbart. Der beizulegende Zeitwert der zugesagten *stock options* am Stichtag vor dem *repricing* beträgt 8 EUR/Option. Durch Anpassungen des Preisgerüsts wird der *fair value* am Stichtag auf 10 EUR/Option angehoben, die Differenz am Stichtag beträgt 2 EUR/Option.
> Das Mengengerüst entwickelt sich wie folgt:
> - 70 Mitarbeiter verlassen das Unternehmen während des ersten Jahres. Am Ende des ersten Jahres wird vom Verlassen weiterer 130 Mitarbeiter ausgegangen. Insgesamt wird von 300 Mitarbeitern ausgegangen, die die Ausübungsbedingung erfüllen werden.
> - Während des zweiten Jahres verlassen 60 Mitarbeiter das Unternehmen, die gleiche Anzahl wird für Jahr 3 erwartet, insgesamt wird also nun von 310 Mitarbeitern ausgegangen, die die Ausübungsbedingung voraussichtlich erfüllen werden.
> - Im dritten Jahr verlassen tatsächlich nur 40 Mitarbeiter das Unternehmen. 330 erfüllen die Ausübungsbedingungen.
>
> Unter Berücksichtigung der Modifizierung als zusätzliche Zusage ergibt sich Folgendes:
>
> | Jahr | Bestimmung des kumulierten Aufwands | | | Aufwand Periode |
> |---|---|---|---|---|
> | | Ursprüngliche Zusage (a) | Modifizierte Zusage (b) | kum. Gesamt-aufw. (c) | kum. Gesamtaufw. Jahr XX – Vorjahr |
> | 1 | 300 × 300 × 12 EUR × 1/3 | | 360.000 EUR | 360.000 EUR |
> | 2 | 310 × 300 × 12 EUR × 2/3 | 310 × 300 × 2 EUR × 1/2 | 837.000 EUR | 477.000 EUR |
> | 3 | 330 × 300 × 12 EUR | 330 × 300 × 2 EUR | 1.386.000 EUR | 549.000 EUR |

Änderungen von marktabhängigen Ausübungsbedingungen *(market performance conditions)* während der *vesting period* sind analog zu einem *repricing* zu behandeln.

144 Wird im Zuge der Modifikation neben anderen Änderungen (Ausübungspreis oder -menge) auch eine **Verlängerung** der *vesting period* für die gesamte Zusage vereinbart, ist diese nur für den „neuen" Vergütungsplan zu berücksichtigen. Der ursprüngliche Plan ist unter Berücksichtigung des zum Zusagezeitpunkt ermittelten Preisgerüsts *(grant date fair value)* und der ursprünglichen Warte- bzw. Sperrfrist fortzuführen. Konsequenz einer Nichtberücksichtigung der Ausdehnung der *vesting period* für die ursprünglich gegebene Vergütungszusage ist u. U., dass Kosten für Anspruchsberechtigte erfasst werden, die vor Ablaufen der verlängerten Warte- bzw. Sperrfrist ausscheiden, die *service condition* also nicht erfüllt haben. Somit ist wie folgt zu unterscheiden:
- Für die **ursprüngliche** Vergütungszusage sind die Gesamtkosten auf Basis des Preisgerüsts zum Zusagezeitpunkt und das Mengengerüst zum ursprünglich vereinbarten *vesting date* zu bestimmen.
- Für die „**neue**" Vergütungszusage sind die zusätzlichen Kosten auf Basis des Preisgerüsts (Zusatzwert) zum Zeitpunkt der Modifizierung und des Mengengerüsts zum neu vereinbarten *vesting date* zu bestimmen.

Beispiel (Abwandlung zu Rz 143)
Das zu einer Werterhöhung von 2 EUR je Option führende, Anfang des zweiten Jahres vorgenommene *repricing* wird an die Bedingung einer Ausweitung der *vesting period* von drei auf vier Jahre geknüpft. Für die zwischenperiodische Aufwandsverrechnung ist daher zwischen dem ursprünglichen Plan und der Modifizierung zu unterscheiden.
Das Mengengerüst entwickelt sich wie folgt:
- 70 Mitarbeiter verlassen das Unternehmen während des ersten Jahres. Am Ende des ersten Jahres wird von der Annahme ausgegangen, dass weitere 130 Mitarbeiter das Unternehmen verlassen, also insgesamt 300 die Ausübungsbedingung erfüllen werden.
- Während des zweiten Jahres verlassen 60 Mitarbeiter das Unternehmen, die gleiche Anzahl wird für Jahr 3 erwartet, insgesamt wird also nun von 310 Mitarbeitern ausgegangen, die die ursprüngliche Ausübungsbedingung erfüllen würden. Allerdings wird für das vierte Jahr mit einem Ausscheiden von weiteren 20 gerechnet, sodass nur 290 die Ausübungsbedingungen des neuen bzw. zusätzlichen Plans erfüllen würden.
- Im dritten Jahr verlassen tatsächlich nur 40 Mitarbeiter das Unternehmen. Insgesamt haben also 330 Mitarbeitern die (vertraglich gar nicht mehr geltende) ursprüngliche Ausübungsbedingung erfüllt. Für das Jahr 4 wird ein Ausscheiden von weiteren 10 Mitarbeitern unterstellt, im Hinblick auf den neuen bzw. zusätzlichen Plan also mit 320 Ausübungsberechtigten gerechnet
- Tatsächlich verlassen im vierten Jahr genau 10 Mitarbeiter das Unternehmen.

Unter Berücksichtigung der Modifizierung als zusätzliche Zusage ergibt sich Folgendes:

Jahr	Bestimmung des kumulierten Aufwands			Aufwand Periode
	Ursprüngliche Zusage (a)	Modifizierte Zusage (b)	kum. Gesamtaufw. (c)	kum. Gesamtaufw. Jahr XX – Vorjahr
1	300 × 300 × 12 EUR × 1/3		360.000 EUR	360.000 EUR
2	310 × 300 × 12 EUR × 2/3	290 × 300 × 2 EUR × 1/3	802.000 EUR	442.000 EUR
3	330 × 300 × 12 EUR	320 × 300 × 2 EUR × 2/3	1.316.000 EUR	514.000 EUR
4	330 × 300 × 12 EUR	320 × 300 × 2 EUR	1.380.000 EUR	64.000 EUR

Änderungen der Bezugsbedingungen können auch **nach Ablauf** der *vesting period* erforderlich sein, nämlich dann, wenn nach dem Ausgabezeitpunkt die Option „aus dem Geld" ist, also nicht sinnvoll ausgeübt werden kann (der Ausübungspreis ist höher als der Anteilswert; Rz 257). In solchen Fällen wird häufig der **Ausübungspreis reduziert** mit der Folge eines entsprechenden Wertanstieges der Kaufoption (IFRS 2.26). Diese Erhöhung des Optionswertes führt auf der Grundlage der indirekten Methode der Ermittlung des Wertes der erhaltenen (Arbeits-)Leistung (Rz 47) zu einem gegenüber der bisherigen Annahme **erhöhten (Personal-)Aufwand** (IFRS 2.B43a). Dieser ist im Zeitpunkt der Planänderung *(date of repricing)* sofort buchmäßig zu erfassen.   145

> **Beispiel**
> Zum Ablauf der *vesting period* ist der Marktkurs der Anteile der A-AG unter den Ausübungskurs einer anteilsbasierten Vergütung für die Vorstände gefallen. Daraufhin wird der Ausübungskurs reduziert. Die Differenz zwischen dem neuen Ausübungspreis und dem aktuellen Kurs ist als Aufwand zu erfassen (per Aufwand an Eigenkapital).

Die Werterhöhung des Optionsplans kann auch durch eine **Erhöhung** der **Options-Stückzahl** erfolgen (IFRS 2.B43b). Ab dem Zeitpunkt der Modifizierung des Plans ist ebenfalls ein „neuer" Vergütungsplan zugrunde zu legen: 146
- Das **Preis**gerüst bestimmt sich der Höhe nach aus dem beizulegenden Zeitwert der Option am Modifizierungstag und
- dem **Mengen**gerüst in Bezug auf die Erhöhung der Stückzahl unter Berücksichtigung der noch verbleibenden *vesting period*.

Führt die Modifizierung des Vergütungsplans zur Entfernung oder **Abschwächung einer Dienst**bedingung *(service conditon)* oder einer nicht marktabhängigen Leistungsbedingung *(non-market performance condition)*, betrifft diese also aus der Sicht des Vergütungsempfängers positiv das Mengengerüst, ist der bestehende Plan unter den neuen Voraussetzungen fortzuführen.   147

> **Beispiel**
> Eine Unternehmenszusage sieht für 20 Führungskräfte jeweils 500 Aktienoptionen mit einem jeweiligen Wert von 10 EUR/Option bei einem Verbleib für drei Jahre im Unternehmen und das Erfüllen eines Erfolgsziels vor. Die Vorraussetzung für die Erfüllung der Ausübungsbedingung des *stock option*

> *award* ist das Überschreiten eines Umsatzziels (auf kumulierter Basis) von 1.000 Mio. EUR innerhalb der nächsten drei Jahre.
> - Im Jahr 1 der Zusage wird nicht von einem Erreichen des Schwellenwerts ausgegangen. Entsprechend werden keine Kosten für die Zusage erfasst.
> - Im Jahr 2 wird das Erreichen des Umsatzziels nicht mehr als realistisch angesehen. Zur Motivierung der Mitarbeiter wird das Ziel daher auf 500 Mio. EUR reduziert, deren Erreichen als realistisch eingeschätzt wird. Erwartungsgemäß werden noch 15 Führungskräfte nach Ablauf der *vesting period* im Unternehmen sein. Es sind daher Kosten von 50.000 EUR zu erfassen (15 Mitarbeiter × 500 Optionen × 10 EUR/Option × 2/3).
> - Am Ende des Jahres 3 beträgt der kumulierte Umsatz 600 Mio. EUR, es sind allerdings noch 17 Führungskräfte beschäftigt. Die kumuliert über die Laufzeit zu erfassenden Kosten betragen 85.000 EUR (17 Mitarbeiter × 500 Optionen × 10 EUR/Option).

6.2.1.2 Verschlechterung der Optionsbedingungen

148 Sofern die Optionsbedingungen **nachteilig für die Arbeitnehmer** geändert werden, ist wie folgt zu verfahren (IFRS 2.B44):
- Eine Reduzierung des *fair value* (z. B. durch Erhöhung des Ausübungspreises) bleibt unbeachtlich.
- Eine Verringerung der zugesagten Options-Anzahl ist als Teil-Widerruf (Rz 149) zu behandeln.
- Die Verlängerung der Sperrfrist oder die Erhöhung einer Zielvorgabe (z. B. Gewinnzuwachs 20 % statt 10 %) ist ebenfalls zu ignorieren.

Die bilanzielle Erfassung ist für alle drei Fälle nach der ursprünglichen Vorgabe, dem ursprünglichen Preis- und Mengengerüst (Rz 80), weiterzuführen.

> **Beispiel**
> Ausübungsbedingung einer anteilsbasierten Vergütung für den Vorstand ist die Veräußerung von 25.000 Einheiten eines neuen Produkts innerhalb von drei Jahren. Der *grant date fair value* der Option ist 30 EUR/Option, es wurden 100.000 Optionen ausgegeben. Annahmegemäß verbleibt der Vorstand über die *vesting period* im Unternehmen.
> - Aufgrund von Produktionsverzögerungen im Jahr 1 wird nicht von einer Erfüllung der Ausübungsbedingung ausgegangen. Es sind keine Kosten zu erfassen.
> - Im Jahr 2 wird das definierte Erfolgsziel allerdings nahezu erreicht, da das neue Produkt aufgrund intensiver Werbung besser als erwartet abgesetzt werden kann. Das Unternehmen erhöht daher die für die Ausübung der Option geforderte Mindestvertriebsgrenze auf 30.000 Einheiten in der Erwartung einer Erfüllung auch dieser Menge. Die zu erfassenden Kosten betragen 2.000.000 EUR (100.000 Optionen × 30 EUR/Option × 2/3).
> - Am Ende von Jahr 3 beträgt die abgesetzte Menge allerdings nur 27.500 Einheiten. Dennoch ist das ursprünglich gesetzte Ziel von 25.000 Einheiten erfüllt worden. Die kumuliert über die Laufzeit zu erfassenden Kosten betragen daher 3.000.000 EUR (100.000 Optionen × 30 EUR/Option).

> Nur für den Fall eines Nichterreichens der ursprünglichen Ausübungsbedingung oder bei Ausscheiden des Vorstands während der *vesting period* wäre insgesamt kein Aufwand zu erfassen, bisher getätigte Buchungen also zu stornieren.

6.2.1.3 Widerruf der Optionszusage

Eine besondere Form der Planmodifikation ist der **Widerruf** (*cancellation*) der Option (= Planbeendigung), einerlei, welche Vertragspartei widerruft (so in der Klarstellung durch das *Amendment Vesting Conditions and Cancellations* zu IFRS 2). Für den Fall eines Widerrufs innerhalb der *vesting period* gilt nach IFRS 2.28 Folgendes: 149
- Die bislang gewählte Bilanzierung mit der zeitanteiligen Zuführung von (Personal-)Aufwand ist aufzugeben, d. h., der **noch nicht zugeführte Aufwand** nach Maßgabe der noch erwarteten Beträge (Rz 151) ist **sofort** zu erfassen.
- Eine **Ausgleichszahlung** zur Annullierung oder Erfüllung der Zusage an die Gegenseite (i. d. R. Arbeitnehmer) gilt als Kapitalrückzahlung, soweit diese Zahlung den *fair value* der Option oder Aktien im Rückzahlungszeitpunkt nicht übersteigt; ein übersteigender Betrag ist im Aufwand zu verbuchen.
- Sofern im Gegenzug zu der Ungültigkeitserklärung der Zusage **neue** Optionen gewährt werden, ist eine Modifizierung des bestehenden Optionsplans zu unterstellen, wenn die neuen Optionen als Ersatz gedacht sind *(replacement options)*. In diesem Fall ist nach den unter Rz 141 ff. dargestellten Regeln für Modifikationen zu verfahren. Dient die neue Zusage nicht als Ersatz, liegt eine neue Vergütungszusage vor.

> **Beispiel**
> Am Ende des zweiten Jahres nach dem *grant date* ist eine gewährte Option hoffnungslos aus dem Geld. Die noch verbliebenen Führungskräfte verzichten auf ihre Optionen und erhalten von der Gesellschaft zum Ausgleich je eine Sondervergütung von 10.000 EUR. Die begünstigten Führungskräfte bleiben alle insgesamt im Unternehmen tätig, wovon auch bei der Erstauflage des Optionsplans ausgegangen worden ist. Es gilt:
> - Der ursprünglich kalkulierte Personalaufwand ist in den Jahren 1 und 2 (jetzt auch den Rest von Jahr 3 umfassend) in vollem Umfang zugunsten des Eigenkapitals zu buchen.
> - Die „Abfindung" an die begünstigten Mitarbeiter ist bis zur Höhe des *fair value* der rückgekauften Optionen am Rückkauftag als Minderung des Eigenkapitals zu erfassen.
> - Der darüber hinausgehende Abfindungsbetrag ist als Aufwand zu behandeln.

Enthält die *equity-settled-share-based-payment*-Zusage eine Verbindlichkeit des bilanzierenden Unternehmens gegenüber dem Anspruchsberechtigten (z. B. aufgrund einer Einzahlung des Anspruchsberechtigten, die als *non-vesting condition* einzustufen ist), ist diese Verbindlichkeit im Zeitpunkt des Widerrufs zum *fair value* zu bewerten. Zahlungen zur Begleichung der Verbindlichkeit sind als Auflösung zu behandeln.

150 Werden bei Widerruf einer gewährten anteilsbasierten Vergütung **neue Optionen** zugesagt, stellt sich die Frage, ob die Zusage
- als Ersatz für den soeben annullierten Optionsplan oder
- unabhängig von der *cancellation* als neue Vergütungszusage

zu behandeln ist.
Im ersten Fall liegt eine **Modifizierung** des bestehenden Optionsplans vor, die Bewertung erfolgt mit der Differenz zwischen den *fair values* der als Ersatz begebenen und der ursprünglichen Optionen im Änderungszeitpunkt *(incremental value*; Rz 142). Besteht kein Zusammenhang zwischen einer gegebenen Vergütungszusage und einem (zeitnahen) Widerruf einer laufenden Zusage, liegt ein **neuer Plan** vor.
Nicht geklärt wird, auf welche Kriterien sich eine Klassifizierung als *replacement options* stützt. Somit muss das Unternehmen eine Einschätzung hinsichtlich der bilanziellen Behandlung treffen, die allerdings für künftige Transaktionen bindend ist (IAS 8.13).

> **Beispiel**
> Unternehmen A gibt Mitarbeiteroptionen über eine *vesting period* von drei Jahren aus. Der beizulegende Zeitwert der Option für einen Mitarbeiter beträgt 60.000 EUR zum *grant date*. Am Anfang von Jahr 2 werden die Mitarbeiteroptionen annulliert und neue Optionen mit einer *vesting period* von zwei Jahren ausgegeben. Der *fair value* der neu ausgegebenen Optionen beträgt 40.000 EUR, der vergleichbare Wert der widerrufenen Optionen am Stichtag 10.000 EUR. Der bislang erfasste Aufwand für einen Mitarbeiter beträgt 20.000 EUR für Jahr 1 (60.000 × $^1/_3$).
> - Wird die Neuzusage nicht als Ersatz für die widerrufene Zusage angesehen, sind insgesamt Kosten i. H. v. 100.000 EUR pro Mitarbeiter zu erfassen. Hierbei wird der bisher noch nicht verrechnete *grant date fair value* der annullierten Zusage noch im Jahr 2 erfasst und die neue Zusage über die mit ihrer Gewährung beginnenden neuen *vesting periods* verteilt.
> - Erfolgt eine Behandlung als Ersatzoption, liegt eine Modifizierung des ursprünglichen Plans vor. Dieser ist über die vereinbarte *vesting period* fortzuführen. Die *replacement option* ist i. H. d. Differenz zwischen den *fair values* der als Ersatz begebenen und der ursprünglichen Optionen im Änderungszeitpunkt *(incremental value)* fortzuführen. Die Gesamtkosten pro Mitarbeiter betragen 90.000 EUR (60.000 EUR + (40.000 EUR − 10.000 EUR)).

151 Bei Widerruf einer gegenüber Mitarbeitern gewährten anteilsbasierten Vergütung ist der noch nicht dem Eigenkapital zugeführte (Personal-)Aufwand nach Maßgabe des noch über die Restlaufzeit erwarteten Betrags (*the amount that would have been recognised*) sofort zu erfassen. Dieser Betrag bestimmt sich aus dem *grant date fair value* der Vergütungszusage und dem erwarteten Mengengerüst. Innerhalb von IFRS 2 fehlt es an einer Konkretisierung, welche Schätzung für die Mengenkomponente der Bewertung heranzuziehen ist.

Anteilsbasierte Vergütungsformen § 23

> **Beispiel**
> Ein anderes Unternehmen erwirbt Unternehmen A. Für ausstehende Vergütungszusagen wird an die Mitarbeiter von A, die anspruchsberechtigt und im Zeitpunkt der Übernahme beschäftigt sind, eine Vergütung als Entschädigung für die Beendigung der Zusage gezahlt. Der Anspruch der Mitarbeiter bei Erfüllung der *vesting conditions* war an die Ergebnisentwicklung der Gesellschaft geknüpft. Im Zeitpunkt der Übernahme sind noch 200 anspruchsberechtigte Mitarbeiter beschäftigt.
> A geht davon aus, dass bei Fortlaufen der Zusage bis zur *exercise period* noch 160 anspruchsberechtigte Mitarbeiter beschäftigt wären und nur 90 % des (wegen der Übernahme) gezahlten Betrags als Vergütung fällig gewesen wären.
> Für die Höhe der Eigenkapitalzuführung ergeben sich – mangels Konkretisierung in IFRS 2.28a – die folgenden Beträge (in Abhängigkeit der Schätzung des Mengengerüsts):
> - 200 Mitarbeiter und 100 % des erwarteten Betrags,
> - 200 Mitarbeiter und 90 % des erwarteten Betrags,
> - 160 Mitarbeiter und 90 % des erwarteten Betrags.
>
> Die Ausgleichszahlung ist geringer als der Wert, der sich aus jedem der vorstehenden Szenarien des Mengengerüsts ergibt. A erfasst den ausgezahlten Betrag daher als Kapitalrückzahlung, ein zusätzlicher Aufwand fällt nicht an.
> Fraglich ist die Höhe der Eigenkapitalzuführung.

U. E. ist für die Bestimmung des Mengengerüsts von der aktuellen Schätzung vor einer Kündigung einer anteilsbasierten Vergütungszusage auszugehen. Heranzuziehen ist das bei Erfüllung der Zusage erwartete Mengengerüst und nicht der Ist-Bestand im Zeitpunkt der Kündigung.

> **Beispiel (Fortsetzung)**
> Die Höhe der Eigenkapitalzuführung ist ausgehend von 160 Mitarbeitern und 90 % des erwarteten Betrags zu bestimmen.

6.2.1.4 Sonderfälle bei Planänderungen

In der praktischen Anwendung von IFRS 2 ergeben sich zahlreiche Schwierigkeiten in der Abgrenzung von Planänderungen. 152
- Wie sind Anpassungen des vertraglichen Preis- und/oder Mengengerüsts von bestehenden Vergütungszusagen zu behandeln, die sowohl zu einer **Erhöhung** als auch gleichzeitig zu einer **Reduzierung** des Werts (*give and take modifications*) der Optionszusage am Tag der Planänderung gegenüber den bisherigen Bedingungen führen (Rz 153)?
- Ist die Ausgabe von **neuen Optionen** (*parallel share options*), die **alternativ** zu bestehenden, aber wegen ungünstiger Marktentwicklungen mit hoher Wahrscheinlichkeit nicht zur Ausübung kommenden (*deeply out of the money share options*) Optionen begeben werden, einer Kündigung (*cancellation*) gleichzusetzen (Rz 155)?

1275

- Sind die Voraussetzungen eines Ersatzes (*replacement*) erfüllt, wenn Mitarbeiter bei fortlaufenden (jährlich neu aufgelegten) Vergütungszusagen wegen einer **Begrenzung der maximal gehaltenen Optionen** von einer alten Zusage in eine neue wechseln (Rz 156)?

153 Eine besondere Planänderung liegt vor, wenn die Anpassungen der bestehenden Konditionen einer Vergütungszusage im Beurteilungszeitpunkt sowohl eine Wertsteigerung als auch eine Wertminderung bedingen (*give and take modifications*).

> **Beispiel**
> Der Vorstand der A-AG hat bei ursprünglicher Optionszusage 100.000 *share options* mit einem *grant date fair value* von 10 EUR zugesichert bekommen. Aufgrund schlechter Kapitalmarktverhältnisse sinkt der Wert je Option auf 5 EUR; die Gesellschaft und der Vorstand einigen sich daher auf eine Planänderung.
> - Über eine Reduzierung des Ausübungspreises wird der *fair value* je Option nach Rückgriff auf ein Optionspreismodell von 5 EUR auf 12 EUR erhöht,
> - gleichzeitig allerdings die Anzahl der ausübbaren Optionen von 100.000 auf 75.000 reduziert.
>
> Fraglich ist, ob die beiden Planänderungen separat voneinander zu erfassen sind oder nur der Nettoeffekt zu beurteilen ist. Folgende Werte lassen sich für die anteilsbasierte Vergütung feststellen:
> - Gesamtanspruch des Vorstands bei Zusage: 100.000 Optionen × 10 EUR = 1.000.000 EUR
> - Gesamtanspruch des Vorstands vor Planänderung: 100.000 Optionen × 5 EUR = 500.000 EUR
> - Anspruch bei reduzierten Optionen und altem Ausübungspreis: 75.000 Optionen × 5 EUR = 375.000 EUR
> - Gesamtanspruch nach Planänderung: 75.000 Optionen × 12 EUR = 900.000 EUR

Eine Besonderheit von *give and take modifications* ist die (simultane) Änderung des Mengen- und Preisgerüsts einer Zusage, wobei eine Änderung aus Sicht des Anspruchsberechtigten günstig und eine andere unvorteilhaft ist. Aus den Vorgaben von IFRS 2 lassen sich zunächst zwei Interpretationen der Behandlung von *give and take modifications* ableiten:
- als separate Plananpassungen: Die Reduzierung der Anzahl der Anteile ist als *cancellation* zu erfassen und somit ein *accelerated vesting* für die gekündigten Optionen zu berücksichtigen (IFRS 2.B44b). Nur die Erhöhung des Werts der verbleibenden Anteile (etwa durch Reduzierung des Ausübungspreises) ist als *modification* zu behandeln (IFRS 2.B43a);
- als kombinierte/einheitliche Plananpassung: Die Planänderungen werden netto betrachtet. Nur wenn insgesamt eine Verbesserung der Zusage erfolgt, liegt eine *modification* der bisherigen Zusage i. H. d. Saldos aller Plananpassungen vor.

> **Beispiel (Fortsetzung)**
> Die *give and take modification* führt auch in kombinierter Betrachtung zu einem Vorteil des Anspruchsberechtigten. Für die Bestimmung des Gesamtvergütungsaufwands folgen daraus je nach Auslegung der Vorgaben von IFRS 2 folgende Alternativen:
> - Bei getrennter Behandlung der Plananpassungen ergibt sich ein Gesamtaufwand von 1.525.000 EUR, der sich aus dem *accelerated vesting* der ursprünglichen Optionen i. H. v. 250.000 EUR (25.000 Optionen × 10 EUR/Option), dem verbleibenden Aufwand aus den ausstehenden Optionen von 750.000 EUR (75.000 Optionen × 10 EUR/Option) und dem zusätzlichen Aufwand (*incremental value*) aus der Modifizierung i. H. v. 525.000 EUR (75.000 Optionen × (12 − 5 EUR/Option)) bestimmt.
> - Bei Auslegung der Planänderungen als einheitliche Maßnahme ergibt sich hingegen ein Gesamtvergütungsaufwand von 1.325.000 EUR, davon entfallen 1.000.000 EUR (100.000 Optionen × 10 EUR/Option) auf den ursprünglichen Plan und 325.000 EUR (75.000 Optionen × 11 EUR/Option) − (100.000 Optionen × 5 EUR/Option)) auf die Planänderungen in einer Nettobetrachtung.

U. E. ist der zweiten Auslegung − Behandlung als kombinierte Plananpassung − der Vorzug zu geben. Bei zu unterstellendem rationalem Verhalten interessiert die Parteien nur der wirtschaftliche Gesamteffekt der Änderungen. Dies entspricht auch den Vorgaben von IFRS 2.27, wonach bei Modifikationen der Effekt auf den *total fair value* entscheidend ist. Der *total fair value* bzw. der Gesamtwert der Zusage ist gerade das Produkt aus Mengen- und Preisgerüst. Nur wenn zum Zeitpunkt der Plananpassung insgesamt eine Besserstellung des Anspruchsberechtigten erfolgt, liegt eine *modification* vor, die i. H. d. Nettoeffekts zu einer Erhöhung des Gesamtvergütungsaufwands führt.

Im Zusammenhang mit der Modifizierung einer anteilsbasierten Vergütung kann eine Schlechterstellung der Anspruchsberechtigten in einem laufenden Programm auch durch Gewährung eines neuen Programms kompensiert werden. Eine Verschlechterung der Optionsbedingungen zeitigt für die bilanzielle Erfassung einer Zusage mit *equity settlement* keine Relevanz (IFRS 2.B44). Es ist eine Fortführung des bestehenden Programms nach Maßgabe des ursprünglichen Mengen- und Preisgerüstes erforderlich (*grant date fair value*). Es bleibt somit an der notwendigen Fortführung des (planmäßig) erwarteten Aufwandsverlaufs, eine Reduzierung scheidet aus.

Führt eine Planänderung im Beurteilungszeitpunkt zu einer Verschlechterung der Konditionen der bestehenden Vergütungszusage, werden die Nachteile aber durch Gewährung eines weiteren Programms nahezu ausgeglichen, liegt insoweit auch eine − in den Vorgaben zur bilanziellen Abbildung nicht explizit angesprochene − *give and take modification* vor. Mangels Besserstellung der Anspruchsberechtigten in einer Nettobetrachtung liegt keine Modifizierung vor, die eine Änderung der Aufwandserfassung der Höhe nach bedingt. Der basierend auf dem *grant date* bestimmte Aufwand aus dem ursprünglichen Programm vor Änderung ist daher fortzuführen.

154

Bilanziell ist allerdings neben der fortgeführten (Alt-)Zusage nach Modifizierung auch die zur Kompensation der wertmäßigen Schlechterstellung eingeräumte (Neu-)Zusage abzubilden. Da an der ursprünglichen Aufwandsverteilung festzuhalten ist, also zumindest keine isolierte Bestimmung für die (Neu-)Zusage geboten ist, ergibt sich im (Zusage-)Zeitpunkt die Notwendigkeit einer Aufteilung der (planmäßig) erwarteten Aufwendungen aus dem Erhalt von Dienstleistungen. Die bilanzielle Abbildung ist in analoger Anwendung des *Example 9* der *Implementation Guidance* vorzunehmen (IFRS 2.IG15).

155 Als eine Variation zur Modifizierung bzw. Kündigung und Austausch bestehender Optionen ist auch die Ausgabe von *parallel share options* denkbar. Anspruchsberechtigten einer anteilsbasierten Vergütung, deren Optionen *deeply out of the money* sind, wird ein Anspruch auf eine gleiche Anzahl von Optionen zu günstigeren Konditionen (etwa reduzierter Ausübungspreis) eingeräumt. Bei Ausübung entweder der alten oder der neuen Zusage verfallen entsprechende Optionen der nicht ausgeübten Vergütungsabrede.

> **Beispiel**
> Die A-AG hat zum 1.1. 10.000 Optionen mit *non-market vesting conditions* und einem Ausübungspreis von 10 EUR/Option bei einem Kurs bei Ausgabe von 9 EUR ausgegeben. Die *vesting period* beträgt 5 Jahre. Zwei Jahre nach Einräumung der Zusage sinkt der Kurs der Anteile auf 2 EUR.
> Anstatt einer Anpassung des bestehenden Plans werden neue Optionen mit identischer *non-market vesting condition,* aber einer *vesting period* von 3 Jahren, an die Zusageberechtigten zu einem Ausübungspreis von 3 EUR ausgegeben. Die Ausübungsbedingungen der neuen Zusage sind flexibler gestaltet als die der ursprünglichen.
> Die Gesamtzusage ist auf eine Ausübung von 10.000 Optionen begrenzt.
> Werden Optionen der ursprünglichen oder neuen (parallelen) Zusage ausgeübt, verfällt eine entsprechende Anzahl der Vergütungsalternative.
> Fraglich ist, ob der Wegfall der parallelen Optionen bei Ausübung einer der Zusagen als *cancellation* oder die Ausgabe der zusätzlichen Zusage als Modifikation der bestehenden Vergütungsabrede zu behandeln ist.

Aus der Perspektive der Anspruchsberechtigten entspricht die Ausgabe von *parallel share options* einer Modifizierung (i.S.e. Verbesserung) des ursprünglichen Plans. Eine Anpassung der ursprünglichen Optionen hinsichtlich der Ausübungsbedingungen und des -preises zeitigt den gleichen Effekt wie die Ausgabe der *parallel share options.* Da die Bedingungen nur die Ausübbarkeit einer Zusage vorsehen, sind beide Vergütungsalternativen als *linked* anzusehen und als eine „synthetische" Option zu behandeln. Aufgrund der Verknüpfung der beiden Zusagen ist u. E. eine Behandlung als *modification* geboten. Die gegenteilige Auffassung einer Behandlung als separate Zusage führt u. E. zu einer ungerechtfertigten Erhöhung des Gesamtvergütungsaufwands (mit jeder Ausübung wäre auch ein *accelerated vesting* für gekündigte Paralleloptionen zu erfassen) und muss überdies den Nachweis des Empfangs einer Leistung erbringen.

156 Bei fortlaufenden Optionsplänen mit einem jährlich neu aufgelegten Vergütungsplan werden u. U. Begrenzungen der maximal von den Anspruchsberech-

tigten gehaltenen *share options* vereinbart.[35] In kumulierter Betrachtung über unterschiedliche von der Gesellschaft aufgelegte Pläne darf ein Mitarbeiter nur eine bestimmte Anzahl von *share options* halten. Aufgrund der Begrenzung der *share options* besteht ein Anreiz zum Wechsel von einem Plan zu einem anderen, wenn die Konditionen eines Alternativplans von dem Anspruchsberechtigten als günstiger empfunden werden.

Aus den Vorgaben von IFRS 2 geht nicht hervor, ob der Wechsel zwischen alternativen Zusagen
- als Ersatz für den soeben annullierten Optionsplan oder
- unabhängig von der *cancellation* als neue Vergütungszusage

zu behandeln ist (Rz 150). U. E. lässt sich aufgrund der besonderen Ausgestaltung – Begrenzung der maximalen Anzahl der gehaltenen *share options* – ein Zusammenhang zwischen dem Wechsel aus einer bislang in Anspruch genommenen Vergütungszusage und der Teilnahme an dem neuen Plan feststellen. Es erfolgt kein Widerruf einer laufenden Zusage, somit liegt auch ein **kein neuer Plan** vor. Bei Nachweis der Verknüpfung der Zusagen (*linked transactions*) durch die Limitierung der Anzahl der Optionen ist u. E. der Wechsel der Vergütungszusage als *modification* zu behandeln. Es liegt ein *replacement* vor, ein *accelerated vesting* der bisherigen Zusage wegen einer *cancellation* scheidet aus.

6.2.2 Vergütung durch Barausgleich

IFRS 2 enthält keine Vorgaben über die Behandlung von Planänderungen bei anteilsbasierten Vergütungen mit Barausgleich. Allerdings sind entsprechende Vorgaben auch entbehrlich, da *cash-settled transactions* ohnehin an die besseren **Stichtagserkenntnisse** anzupassen sind. Somit gilt unter Berücksichtigung der für *equity-settled transactions* getroffenen Unterscheidung Folgendes:
- Modifizierungen des Preis- oder Mengengerüsts der Vergütungszusage sind in der Periode der Anpassung im Wert der Verbindlichkeit zu berücksichtigen.
- Bei Widerruf der Vergütungszusage während der *vesting period* ist die Verbindlichkeit aufzulösen, die Gegenbuchung erfolgt in der Gewinn- und Verlustrechnung (per Verbindlichkeit an Ertrag/Aufwand).
- Bei vorzeitiger Erfüllung des Vergütungsplans ist die Verbindlichkeit zu verbrauchen und jede verbleibende Differenz zwischen Auszahlungsbetrag und Verbindlichkeit ergebniswirksam zu vereinnahmen.

6.3 Wechsel der vereinbarten Vergütungsform

6.3.1 Erfüllung von *equity-settled transactions* in Geld und *cash-settled transactions* in Eigenkapital

Wird nach Ablauf der *vesting period* eine anteilsbasierte Vergütung, deren Erfüllung **ursprünglich** in **Eigenkapitalinstrumenten** (ohne Erfüllungswahlrecht) vorgesehen war, **tatsächlich** durch **Barausgleich** vergütet, ist wie folgt zu verfahren:

---

[35] Ein Beispiel sind „SAYE" (save as you earn)-Pläne, die in UK weit verbreitet sind, bei denen aus steuerlichen Gründen eine Begrenzung des Optionsvolumens besteht. Vgl. http://www.hmrc.gov.uk/shareschemes/saye_general_eer.htm.

- Das Unternehmen hat eine Kürzung des Eigenkapitals bis zur Höhe des *fair value* der Eigenkapitalinstrumente am Tag der Planänderung (= Erfüllungstag) vorzunehmen.
- Für darüber hinausgehende Zahlungen ist eine Aufwandsverrechnung notwendig (IFRS 2.29).
- Für unter dem *fair value* der Eigenkapitalinstrumente liegende Zahlungen ist hingegen kein Ertrag zu buchen.

159 Für den umgekehrten Fall, eine vertraglich den Barausgleich vorsehende Transaktion wird tatsächlich in Eigenkapital erfüllt, enthält IFRS 2 keine Vorgaben. U. E. sind die unter Rz 158 erläuterten Bestimmungen spiegelbildlich anzuwenden. Die Ausgabe von Eigenkapitalinstrumenten zur Bedienung der Verpflichtung ist daher als **Kapitalerhöhung** anzusehen.

- Entspricht der *fair value* der hingegebenen Eigenkapitalinstrumente am Tag der Planänderung (= Erfüllungstag) dem *fair value* der zum gleichen Stichtag bewerteten Rückstellung, liegt eine Kapitalerhöhung gegen Einlage der dem Arbeitnehmer zustehenden Forderung vor. Unbeachtlich ist der am *grant date* ermittelte *fair value*.
- Übersteigt der *fair value* der hingegebenen Eigenkapitalinstrumente am Tag der Planänderung den *fair value* der zum gleichen Stichtag bewerteten Rückstellung, liegt u. e. insoweit zusätzlicher Aufwand vor (per Aufwand an Eigenkapital).
- Liegt der *fair value* der hingegebenen Eigenkapitalinstrumente am Tag der Planänderung (= Erfüllungstag) unter dem *fair value* der zum gleichen Stichtag bewerteten Rückstellung, scheidet u. e. eine Ertragsbuchung aus.

160 IFRS 2 enthält keine Vorgaben für den Wechsel der vereinbarten Erfüllungsform **während** der *vesting period*. U. E. ist im Falle des Wechsels von einer *equity*- zu einer *cash-settled transaction* unter analoger Anwendung von IFRS 2.29 wie folgt zu verfahren:

- Die Bildung der Rückstellung ist bis zur Höhe des beizulegenden Zeitwerts der Eigenkapitalinstrumente im Zeitpunkt der Planänderung (damit nicht nach Maßgabe des *grant date fair value*) als Reduzierung des Eigenkapitals zu erfassen.
- Ein darüber hinausgehender Rückstellungsbetrag ist sofort aufwandswirksam zu vereinnahmen (IFRS 2.29).
- Die Rückstellung wird nach den normalen Grundsätzen für *cash-settled transactions* zu den Folgestichtagen fortgeschrieben.

Beispiel

Der *fair value* einer anteilsbasierten Zusage mit einer Mindestdienstpflicht von drei Jahren *(service condition)* zum *grant date* beträgt 60.000 EUR. Im ersten Jahr wird ein Aufwand von 20.000 EUR erfasst (60.000 EUR × 1/3). Das Unternehmen beschließt Anfang des zweiten Jahres entgegen der ursprünglichen Vereinbarung eine Umstellung auf Vergütung durch Barausgleich:

Variante 1

Der *fair value* der ursprünglichen Zusage im Zeitpunkt der Planänderung beträgt 75.000 EUR.

> Das Unternehmen behandelt die Planänderung i. H. v. 20.000 EUR (60.000 EUR / 3) als Reduzierung des Eigenkapitals (per EK an Rückstellung).
> 5.000 EUR (1/3 × (75.000 EUR – 60.000 EUR) werden sofort als Aufwand erfasst (per Aufwand an Rückstellung).
> Die Rückstellung wird nach den normalen Grundsätzen von *cash-settled transactions* zu den Folgestichtagen fortgeschrieben.
>
> **Variante 2**
> Der *fair value* der ursprünglichen Zusage beträgt im Zeitpunkt der Planänderung 30.000 EUR.
> Das Eigenkapital wird nur i. H. v. 10.000 EUR (1/3 × 30.000 EUR) reduziert (per Aufwand an Rückstellung). Die verbleibenden – in der Vorperiode erfassten – 10.000 EUR sind im Eigenkapital „einzufrieren" und werden auch in den Folgeperioden nicht weiter angepasst. Die Rückstellung wird nach den normalen Grundsätzen von *cash-settled transactions* zu den Folgestichtagen fortgeschrieben.

IFRS 2 enthält ebenfalls keine Vorgaben für den umgekehrten Fall, einem Wechsel von *cash settlement* hin zu einem Ausgleich in Eigenkapitalinstrumenten **während** der *vesting period*. U. E. ist wie folgt zu verfahren:[36]
- Wird der Anspruch aus einer anteilsbasierten Vergütung auf Barausgleich in einen Anspruch auf Eigenkapitalinstrumente umgewandelt, erfolgt unter der Fiktion einer Kapitalerhöhung gegen Schuldentilgung eine Erhöhung des Eigenkapitals um den *fair value* der Rückstellung, die daraufhin aufzulösen ist.
- Für die weitere Aufwandsverrechnung bildet der Tag der Planänderung einen neuen *grant date* für die anteilsbasierte Vergütung mit Ausgleich in Eigenkapitalinstrumenten.

Die vorstehende Behandlung entspricht den Vorgaben innerhalb der US-GAAP (ASC Topic 718.20.55.135f.). Sieht die Planänderung überdies eine zusätzliche Kompensation des Anspruchsberechtigten vor, indem etwa die Konditionen der Zusage verbessert werden, sind für diesen Teil die allgemeinen Vorgaben zur Erfassung von Planänderungen durch Modifizierung einschlägig (siehe Rz 141 ff.).

> **Beispiel**
> Eine über eine *vesting period* von drei Jahren ausgegebene Mitarbeiteroption mit Vereinbarung zum Barausgleich hat zum *grant date* einen *fair value* von 54.000 EUR. Am Ende des ersten Jahres beträgt der *fair value* einer Option 51.000 EUR, es sind Kosten von 17.000 EUR (51.000 EUR × 1/3) zu erfassen. Ebenfalls am Ende des Jahres wird ein Wechsel in der Vergütungsform vereinbart: Bei Erfüllung der *service condition* erfolgt der Ausgleich in Eigenkapitalinstrumenten.
> Die Planänderung markiert einen neuen *grant date*, bislang als Rückstellung erfasste Beträge werden in das Eigenkapital umgebucht. Das Preisgerüst im Zeitpunkt der Planänderung ist über die verbleibende *vesting period* fortzuführen.

---

[36] A. A. DELOITTE, Share-based payments, a guide to IFRS 2, June 2007, S. 74.

6.3.2 Wechsel bei Vergütungsmustern mit Erfüllungswahlrecht

162 Weicht bei Vergütungsmustern mit Erfüllungswahlrecht die tatsächliche Erfüllungsform von der im Zuteilungspunkt getroffen Annahme ab, liegt ohne Vertragsänderung **keine Planänderung** vor (Rz 140). Es gelten die Regeln für Vergütungsmuster mit Erfüllungswahlrecht (Rz 125 ff. und Rz 132 ff.). Eine Planänderung liegt nur dann vor, wenn während der *vesting period* durch Vertragsänderung das Erfüllungswahlrecht entfällt, eine Vergütung also entweder in Eigenkapitalinstrumenten oder durch Barausgleich vereinbart wird. Die bilanzielle Folge ergibt sich dann in Abhängigkeit davon, welche Partei (Vergütungsschuldner (Rz 163) oder -empfänger (Rz 164)) das Erfüllungswahlrecht hat.

163 Liegt das **ursprüngliche Erfüllungswahlrecht** bei dem **Unternehmen** (dem Stillhalter) der Optionszusage, erfolgt die bilanzielle Abbildung entweder insgesamt als *cash-settled* oder insgesamt als *equity-settled* (Rz 124). Verzichtet das Unternehmen auf sein Erfüllungswahlrecht, ist die bilanzielle Folge von der Erfüllungsform (Ausgleich in Eigenkapitalinstrumenten oder in bar) abhängig, die im Zusagezeitpunkt der Vergütung *(grant date)* zugrunde gelegt wurde.

Ursprüngliche Behandlung als ...	Die Planänderung bewirkt einen Wechsel hin zu einer ...	
	cash-settled transaction.	*equity-settled transaction.*
equity-settled transaction	Erhöhung der Rückstellung durch Reduzierung des Eigenkapitals bis zur Höhe des *fair value* der Eigenkapitalinstrumente im Zeitpunkt der Planänderung. Ein darüber hinausgehender Betrag ist sofort aufwandswirksam zu erfassen.	Ohne Änderungen des Preis- und Mengengerüsts keine bilanziellen Folgen. Bei Änderungen des Preis- und/oder Mengengerüsts Behandlung als Modifikation (Rz 141 ff.) des ursprünglichen Plans.
cash-settled transaction	Aufwandswirksame Anpassung an das Preis- und Mengengerüst nach Planänderung.	(Kapital-)Erhöhung des Eigenkapitals um den *fair value* der Rückstellung. Der Tag der Planänderung ist neuer *grant date*. Änderungen des Preis- und/oder Mengengerüsts sind als Modifizierung (Rz 141 ff.) zu behandeln.

164 Hat umgekehrt der **Vertragspartner ursprünglich** das **Wahlrecht** zwischen einer Erfüllung durch Barausgleich oder Gewährung echter Anteile (gegen Zahlung des Ausübungspreises), liegt regelmäßig ein **zusammengesetztes** Finanzinstrument mit einer **Eigenkapital-** und einer **Fremdkapital**komponente vor (Rz 124). Sind Fremdkapital- und Eigenkapitalkomponente wertmäßig gleich, entspricht der *fair value* der Schuldkomponente dem *fair value* der Transaktion,

während die Eigenkapitalkomponente gleich null ist (Rz 128). In Abhängigkeit von der Aufteilung des zusammengesetzten Instruments sind folgende Unterscheidungen geboten:

Ursprüngliche Klassifizierung der Vergütungszusage	Die Planänderung bewirkt einen Wechsel hin zu einer ...	
	cash-settled transaction.	equity-settled transaction.
Fremdkapital- + Eigenkapitalkomponente = *fair value* der Optionszusage	Erhöhung der Rückstellung durch Reduzierung des Eigenkapitals bis zur Höhe des *fair value* der Eigenkapitalinstrumente im Zeitpunkt der Planänderung. Ein darüber hinausgehender Betrag ist sofort aufwandswirksam zu erfassen.	Unter der Fiktion einer Kapitalerhöhung gegen Schuldentilgung ist das Eigenkapital um den *fair value* der Rückstellung zu erhöhen. Der Tag der Planänderung ist neuer *grant date* der *equity-settled-* Zusage. Verbesserungen der Konditionen der Zusage sind als Modifizierung (Rz 141 ff.) zu behandeln.
Fremdkapitalkomponente = *fair value* der Optionszusage und Eigenkapitalkomponente = 0	Aufwandswirksame Anpassung an das Preis- und Mengengerüst nach Planänderung.	

7 Behandlung von anteilsbasierten Vergütungen im Konzernverbund

7.1 Divergenz von Empfänger der Fremdleistung und Schuldner der anteilsbasierten Vergütung

Das bilanzierende Unternehmen kann vom Vertragspartner eine Leistung erhalten, ohne die hierfür vereinbarte anteilsbasierte Vergütung selbst zu erbringen. Folgende Fälle sind zu unterscheiden:
- Die **Muttergesellschaft** des bilanzierenden Unternehmens gewährt eigene Anteile oder darauf lautende Optionsrechte an Mitarbeiter (oder sonstige „Lieferanten") des Tochterunternehmens.
- Ein anderes in den Konzernabschluss der Unternehmensgruppe einbezogenes Unternehmen, z. B. ein **Schwesterunternehmen**, gewährt eigene Anteile oder darauf lautende Optionsrechte an Mitarbeiter des Berichtsunternehmens.
- Ein **nicht beherrschender Gesellschafter** des bilanzierenden Unternehmens gewährt dessen Mitarbeitern einen anteilsbasierten Vorteil, etwa durch die Einräumung einer Unterbeteiligung zu Vorzugskonditionen.

Im **Konzernabschluss** ist die Divergenz von Leistungsempfänger und Vergütungsschuldner irrelevant, sofern beide zum gleichen Konsolidierungskreis gehören. Im Einzel- oder Teilkonzernabschluss stellt sich hingegen die Frage, ob bei einer solchen Divergenz gleichwohl IFRS 2 anzuwenden ist. Zu Beson-

165

derheiten der Steuerlatenzrechnung – unter der Voraussetzung einer steuerlichen Anrechnungsfähigkeit des Aufwandes aus einer Vergütungszusage – siehe die Ausführungen unter Rz 228.

166 Das bisherige Recht enthielt (im nunmehr gestrichenen IFRS 2.3) nur Vorgaben für die Vergütung in Eigenkapitalinstrumenten durch Gesellschafter. Die Behandlung einer Barvergütung wurde nicht bzw. nicht eindeutig behandelt. Ein Ausschluss von Vergütungen mit Barausgleich ließ sich durch die bisher engere Definition von anteilsbasierten Vergütungen begründen. *Cash-settled share-based payments transactions* waren nach bisherigem Recht nur dann anzusetzen, wenn eine vertragliche Verpflichtung und daraus resultierend eine bilanzielle Schuld zur Leistung einer Zahlung besteht (*by incurring a liability*). Hieran fehlt es aber bei dem Empfänger der Leistung regelmäßig, da das Mutterunternehmen oder ein anderes Konzernunternehmen oder ein (beherrschender) Gesellschafter mit dem Erbringer der Leistung keinen Vertrag zulasten Dritter, also des empfangenden Unternehmens, abschließen kann.

7.2 Vergütung durch Gesellschafter, Muttergesellschaft oder ein sonstiges konzernzugehöriges Unternehmen

167 Als allgemeine Voraussetzung für die Berücksichtigung der vom Mutter- oder Schwesterunternehmen gewährten anteilsbasierten Vergütung fordert IFRS 2 einen **Zugang** von Leistungen beim **bilanzierenden** Unternehmen. IFRS 2 ist daher nicht einschlägig, wenn die anteilsbasierte Vergütung klar (*clearly*) einem anderen Zweck als der Bezahlung der an das Unternehmen gelieferten Güter und Dienstleistungen dient (IFRS 2.3A).

168 In der neuen Fassung von IFRS 2 wird auf eine Differenzierung nach Art der Erfüllung (*cash-* oder *equity-settled*) verzichtet. Eine anteilsbasierte Vergütung liegt vor, wenn ein Unternehmen eine Leistung empfängt und ein Unternehmen desselben Konsolidierungskreises oder ein Anteilseigner (*shareholder*) irgendeines Unternehmens der Gruppe die Verpflichtung zur Erfüllung der anteilsbasierten Vergütung übernimmt (IFRS 2.3A).
Mangels Vorliegen einer Vergütungsverpflichtung durch den Leistungsempfänger liegt bei diesem ein unentgeltlicher Zugang der Leistung vor. Er ist als (mittelbare) Einlage des als Vergütungsschuldner auftretenden (Konzern-)Unternehmens bzw. Anteilsigners zu qualifizieren (IFRS 2.B45). Die anteilsbasierte Vergütung ist dabei von dem Leistungsempfänger als *equity-settled* zu klassifizieren.

169 Der Einlagefiktion trägt die Neufassung von IFRS 2 durch eine erweiterte Definition von *equity-settled share-based payment transactions* Rechnung: Eine anteilsbasierte Vergütung ist als *equity-settled* zu behandeln, wenn das berichtende Unternehmen Güter oder Dienstleistungen für die
- Hingabe eigener Anteile oder darauf lautende Optionsrechte erhält (wie bisher) oder
- keine Verpflichtung zur Erbringung einer Gegenleistung hat (Neufassung).

Die Einlagefiktion setzt eine **gesellschaftsrechtliche Veranlassung** der Vergütung voraus. Korrespondierend sieht die Neufassung von IFRS 2 eine erweiterte Definition für das Vorliegen einer anteilsbasierten Vergütung vor, die explizit andere Konzernunternehmen und Anteilseigner der Gruppe als Vergütungsschuldner umfasst.

Bei **Schwestergesellschaften** ist anders als bei einer Übernahme der Verpflichtung durch das Mutterunternehmen eine Einlage nur mittelbar denkbar (Schwestergesellschaft gewährt Vorteil an Muttergesellschaft und diese an das berichtende, die Leistung empfangende Unternehmen).

Sind die vom primären Vergütungsschuldner getätigten Aufwendungen durch den Leistungsempfänger zu ersetzen (**Umlage** bzw. *repayment arrangement*), bleibt dies bei der über die Bewertung entscheidenden Klassifizierung einer anteilsbasierten Vergütung unbeachtlich (IFRS 2.43b), kann aber Einfluss auf den Bilanzausweis zeitigen.

Die bilanzielle Erfassung anteilsbasierter Vergütungen im Konzernverbund ist abhängig von dem Schuldner und der gewählten/vereinbarten Erfüllungsform und gilt unabhängig von dem in der Darstellung unterstellten Mutter-Tochter-Verhältnis analog für eine Übernahme der Verpflichtung durch andere Unternehmen innerhalb einer Gruppe:

170

Empfänger der Leistungen (*goods or services*)	Schuldner der Gegenleistung	Erfüllung in…	Klassifizierung im…		
			Einzelabschluss (*separate accounts*) TU	Einzelabschluss (*separate accounts*) MU	Konzernabschluss (*group accounts*)
Tochterunternehmen	Mutterunternehmen	Anteilen MU	equity-settled	equity-settled	equity-settled
		Barausgleich	equity-settled	cash-settled	cash-settled
		Anteilen TU	equity-settled	cash-settled	equity-settled

Weiterhin nicht explizit angesprochen wird auch in der Neufassung von IFRS 2 das Gegenkonto für die Übernahme der Verpflichtung aus einer anteilsbasierten Vergütung, deren Leistungsempfänger ein Unternehmen der Gruppe ist, im Einzelabschluss (*separate accounts*) des Vergütungsschuldners.

Gewährt die Muttergesellschaft Optionen auf ihre Anteile an Mitarbeiter der Tochtergesellschaft, unterliegt die Transaktion – sowohl im Konzernabschluss des Mutterunternehmens als auch im Einzel-/Teilkonzernabschluss des Tochterunternehmens – dem Anwendungsbereich **von IFRS 2**. In beiden Abschlüssen ist sie als „*equity-settled*" zu qualifizieren.

171

Gewährt die Tochtergesellschaft ihren Mitarbeitern Optionen auf Anteile der Muttergesellschaft, tritt eine Divergenz von Leistungsempfänger und Vergütungsschuldner gar nicht auf. Das Tochterunternehmen empfängt die Leistung seiner Arbeitnehmer und schuldet die Vergütung. Da es die Vergütung jedoch nicht aus eigenen Anteilen erbringt, liegt aus seiner Sicht eine *cash-settled transaction* vor (IFRS 2.3A). Im **Konzern**abschluss ist die Vergütung hingegen als *equity-settled* zu behandeln: Der Konzern gibt reale Optionen aus.

172

Besonderheiten ergeben sich im Fall eines **Arbeitsplatzwechsels** von Mitarbeitern **innerhalb** eines Konzerns unter Beibehaltung noch nicht ausübbarer Options-

173

rechte. Besteht seitens des Gruppenunternehmens keine explizite Verpflichtung zur Erfüllung, ist die Zusage als *equity-settled* zu behandeln. Bei einem Wechsel des Arbeitsplatzes zwischen einzelnen Gruppenunternehmen ohne Verpflichtung zur Erfüllung sind die Bewertungsgrundlagen für den Optionsplan (wegen des *grant date measurement approach*) nicht zu ändern (IFRS 2.B59). Vielmehr gehen diese unverändert unter Berücksichtigung des Zeitablaufs der Wartefrist auf das Konzernunternehmen über, welches die Dienstleistung des Arbeitnehmers übernimmt.

Beispiel
10 Mitarbeiter, die am 1.1.02 zu Tochterunternehmen TU wechseln, haben am 1.1.01 eine Optionszusage vom Mutterunternehmen erhalten. Der Wert je Zusage betrug 100 GE am *grant date*, die *vesting period* drei Jahre. Am 1.1.01 und 31.12.01/1.1.02 wird von einer Erfüllung der Wartefrist durch 10 Mitarbeiter ausgegangen. Am 31.12.02 wird diese Schätzung auf neun revidiert. Tatsächlich sind am 31.12.03 nur noch sieben Mitarbeiter im Konzern.
Der Wechsel der Mitarbeiter zu TU stellt weder einen neuen *grant date* noch eine Nichterfüllung einer *vesting condition* dar, da die Mitarbeiter im Konzern verbleiben. Der zugesagte Optionsplan ist daher aus Konzernsicht fortzuführen:

Jahr	Bestimmung des kumulierten Aufwands		Aufwand Periode
	Ursprüngliche Zusage	kum. Gesamtaufw.	kum. Gesamtaufw. Jahr XX – Vorjahr
1	10 × 100 GE × 1/3	333 GE	333 GE
2	9 × 100 GE × 2/3	600 GE	267 GE
3	7 × 100 GE	700 GE	100 GE

Im Teilkonzernabschluss TU sind nur die Aufwendungen aus den Perioden 2 und 3 zu erfassen.

174 Hat das die Leistung empfangende Unternehmen eine Verpflichtung zur Erfüllung der Zusage in Anteilen eines anderen (Gruppen-)Unternehmens, liegt eine *cash-settled* Zusage vor (Rz 172). In Abhängigkeit der (anteiligen) Dienstzeit des anspruchsberechtigten Mitarbeiters sind der *grant date fair value* der Eigenkapitalinstrumente und deren *fair-value*-Änderung zu erfassen (IFRS 2.B60). Bei Nichterfüllung einer *vesting condition*, die keine *market condition* ist, sind die bislang erfassten Beträge zu stornieren (IFRS 2.B61 i.V.m. IFRS 2.19).

7.3 Widerlegung des Vorliegens einer anteilsbasierten Vergütung

175 IFRS 2 ist nicht einschlägig, wenn die durch ein anderes Konzernunternehmen oder einen Gesellschafter erfolgende Übernahme der anteilsbasierten Vergütungsverpflichtung eindeutig (*clearly*) einem anderen Zweck als der Vergütung von an das bilanzierende Unternehmen gelieferten Gütern und Dienstleistungen dient (IFRS 2.3A). Transaktionen, denen kein Vergütungscharakter für empfangene Güter und Dienste zukommt, fallen daher nicht in den Anwendungsbereich von IFRS 2.

Entscheidend ist, ob gewährte Vorteile ihren Grund in der erbrachten Leistung haben oder ob diese gesellschaftsrechtlich veranlasst sind (causa societas). Die Gewährung von Bezugsrechten anlässlich einer Kapitalerhöhung an einen Dienstleister oder Arbeitnehmer stellt etwa dann keine anteilsbasierte Vergütung dar, wenn diese Gewährung dem Anspruchsberechtigten in seiner Eigenschaft als Aktionär gewährt wird (Rz 41), der Berechtigte also so gestellt wird, wie alle anderen Aktionäre (*shareholders as a whole*). Entsprechendes gilt für die Einräumung von Beteiligungen gegen fremdübliche Bedingungen.

Der Vergütungscharakter ist insbesondere dann fraglich, wenn ein Anteilseigner der Gruppe eine Verpflichtung zur Erfüllung einer (vermeintlich) anteilsbasierten Vergütung übernimmt. Zu unterscheiden ist insoweit zwischen dem Handeln im Interesse des Leistungsempfängers oder aus **Partikularinteressen** des Anteilseigners.

Für die Frage, ob bei Übernahme einer Vergütungsverpflichtung durch den Anteilseigner eine andere Zwecksetzung gegeben ist, muss konzeptionell zwischen
- dem Handeln beherrschender Gesellschafter (Mutterunternehmen) bzw. dem Handeln der Gesellschaftermehrheit und
- dem individuellen Handeln nicht beherrschender Gesellschafter

unterschieden werden. Eine solche Unterscheidung scheint auch deshalb geboten, weil die Trennung zwischen Gesellschafts- und Gesellschaftersphäre ein das gesamte IFRS-Regelwerk durchdringender und somit zum Prinzip verfestigter Rechtsgedanke ist. Lediglich das Handeln der Gesellschafter als Mehrheit bzw. Kollektiv wird in einzelnen Kontexten, etwa bei der Abgrenzung zwischen Eigen- und Fremdkapital in IAS 32, der Gesellschaft zugerechnet.

Vor diesem Hintergrund wären u.E. für die Beurteilung anteilsbasierter Vergütungen bei der Divergenz von Empfänger und Schuldner der Leistung in dem besonderen Fall der Leistungserbringung durch einen Anteilseigner der Gruppe folgende Wertungen geboten:
- Wird die anteilsbasierte Verpflichtung vom beherrschenden Gesellschafter oder den Gesellschaftern als Kollektiv (durch Mehrheitsentscheidung) begründet, können Gesellschafts- und Gesellschafterebene ausnahmsweise gleichgesetzt werden.
- Erfolgt die Zusage hingegen individuell durch einen nicht beherrschenden Gesellschafter, bliebe es bei der Trennung der Sphären.

Die Neufassung von IFRS 2 geht allerdings anders vor; eine Trennung zwischen Gesellschafts- und Gesellschaftersphäre unterbleibt.

Aus Sicht des Leistungsempfängers wird sich daher (auch) bei Übernahme der Verpflichtung zur anteilsbasierten Vergütung durch einen nicht beherrschenden Gesellschafter i.d.R. nur schwerlich belegen lassen, dass die Übernahme der Verpflichtung nicht im Zusammenhang mit bereits erbrachten oder künftig zu erbringenden Gegenleistungen des Gesellschafters steht. Auch die *Basis for Conclusions* enthalten nur einen wenig zielführenden Hinweis (Fußnote zu IFRS 2.BC18D), wann eine Transaktion nicht als anteilsbasierte Vergütung anzusehen ist, und verweisen abstrakt auf das Fehlen von Faktoren, die auf eine gesellschaftsrechtliche Veranlassung hinweisen. Gelingt der entsprechende Nachweis nicht, bleibt aus Sicht des Leistungsempfängers somit nur die Behandlung der Transaktion im Anwendungsbereich von IFRS 2.

> **Beispiel**
> Ein Investor ohne beherrschenden Einfluss gewährt dem Vorstand der A-AG eine befristete Unterbeteiligung an seinen Anteilen. Bei Beendigung des Unterbeteiligungsvertrags durch Fristablauf oder Veräußerung der Anteile erhält der Vorstand eine Beteiligung an der bis dahin eingetretenen Kurssteigerung; an einer Kursminderung ist er nicht beteiligt.
> Die Gewährung einer anteilsbasierten Vergütung mit Barausgleich durch einen nicht beherrschenden Gesellschafter rechtfertigt nach der Neufassung von IFRS 2 aus Sicht der A-AG noch keine Nichterfassung der Vergütung. Als Gegenkonto für die empfangene Leistung steht unter der Fiktion einer (verdeckten) Einlage des Gesellschafters das Eigenkapital zur Verfügung. Die Gewährung von Vorteilen an den Vorstand durch einen nicht beherrschenden Gesellschafter allein und nicht durch das Gesellschafterkollektiv oder den beherrschenden Gesellschafter ist zwar konzeptionell ein Indiz für die Verfolgung von Partikularinteressen. Der erforderliche Nachweis, dass die aktienbasierte Leistung eindeutig einem anderen Zweck als der Vergütung vom Unternehmen empfangener Leistungen dient, ist aber regelmäßig nicht zu erbringen.

179 Der Anwendungsbereich von IFRS 2 bezieht sich auf alle anteilsbasierten Vergütungen, die von Gesellschaftern oder im Konzernverbund gewährt werden. I. S. e. weiten Auslegung sind als Gesellschafter auch Unternehmen mit maßgeblichem Einfluss oder der Möglichkeit zur gemeinschaftlichen Führung über das die Leistung empfangende Unternehmen anzusehen. Auch im folgenden Fall liegt daher eine anteilsbasierte Vergütung vor, wenn die Übernahme der anteilsbasierten Vergütungsverpflichtung nicht eindeutig (*clearly*) einem anderen Zweck als der Vergütung von an das bilanzierende Unternehmen gelieferten Gütern und Dienstleistungen dient:

> **Beispiel**
> Unternehmen A steht unter gemeinschaftlicher Führung der beiden *venturer* B und C. B und C gewähren den Mitarbeitern von A eine anteilsbasierte Vergütung, die in gleichem Verhältnis (*proportionately*) mit Anteilen an B und C erfüllt wird. Der jeweilige Anteil von B und C in A unterliegt daher keiner Verwässerung (*dilution*).
> Unabhängig davon, dass B und C nicht Teil des Konzernverbunds (*group*) sind, handeln sie bei der Gewährung der Vergütung als Gesellschafter. A erfasst – mangels Vorliegen einer Verpflichtung zur Erfüllung der Zusage – einen Eigenkapitalzugang (*capital contribution*), die anteilsbasierte Vergütung also als *equity-settled*. Der Wert der Eigenkapitalzuführung richtet sich aus der Perspektive von A nach dem *grant date fair value* der Optionen auf die *venturer shares*.

8 Anteilsbasierte Vergütungen bei *business combinations*

8.1 Überblick

Bei Erwerb der Kontrolle über ein anderes Unternehmen können anteilsbasierte Vergütungen gegenüber den Mitarbeitern des erworbenen Unternehmens in unterschiedlicher Weise eine Rolle spielen. Folgende Grundkonstellationen sind i. d. R. zu unterscheiden: 180

- **erstmalige Begründung** von anteilsbasierten Vergütungsplänen gegenüber „normalen" Arbeitnehmern oder
- als Arbeitnehmer **übernommene Gesellschafter** des erworbenen Unternehmens;
- **unveränderte Fortgeltung** bestehender Vergütungspläne gegenüber Arbeitnehmern aufgrund kollektiv- oder einzelvertragsrechtlicher Regeln;
- **Ersatz** bestehender Vergütungspläne gegenüber Arbeitnehmern durch Gewährung von auf die Anteile des erwerbenden Unternehmens lautende Vergütungen (*replacement awards*) oder durch Abfindung in Geld.

Im ersten Fall stellt die Vergütungszusage keinen Bestandteil der *business combination* bzw. der Erstkonsolidierung dar und unterliegt den allgemeinen Regeln von IFRS 2.

Im zweiten Fall stellt sich die Frage, ob die Vereinbarung als erfolgsabhängiger Kaufpreisbestandteil gem. IFRS 3 Teil der *business combination* ist oder eine separat zu behandelnde, erstmalig in der logischen Sekunde nach dem Zusammenschluss gem. IFRS 2 zu erfassende Vergütung vorliegt. Hinsichtlich der Abgrenzung gelten hier die in § 31 Rz 52 ff. dargestellten Kriterien.

Im dritten Fall ist u. a. zu fragen, ob und ggf. in welcher Höhe die bestehenden und fortgeltenden Pläne eine ansatzfähige Schuld begründen, die im Rahmen der Erstkonsolidierung anzusetzen ist (Rz 191).

Im vierten Fall stellt sich die Frage, ob die besonderen Regelungen von IFRS 2 zu *replacement awards* (Rz 150) anzuwenden sind oder der Ersatz nur oder daneben als Teil der Anschaffungskosten des Unternehmenserwerbs gem. IFRS 3 zu qualifizieren ist (Rz 181).

Der allgemeinere dritte Fall ist nach Ansicht des IASB – mit Ergänzung von IFRS 3 im Rahmen des *Annual Improvements Project* 2010 – nach den gleichen Grundsätzen wie der speziellere vierte Fall zu behandeln (IFRS 3.30).[37] Insoweit werden nachfolgend zunächst die *replacement awards* behandelt, um erst anschließend den allgemeineren Fall der Fortsetzung bestehender Pläne zu behandeln.

Zu Besonderheiten im Zusammenhang mit der Steuerlatenzrechnung – unter der Voraussetzung einer steuerlichen Anrechnungsfähigkeit des Aufwandes aus einer Vergütungszusage – wird auf Rz 229 ff. verwiesen.

8.2 Ersatz bestehender Vergütungspläne

Anteilsbasierte Vergütungszusagen – sowohl *equity*- als auch *cash-settled* (IFRS 3.B61) – gegenüber Mitarbeitern eines erworbenen Unternehmens sind in Abhängigkeit des Vorliegens einer Verpflichtung zum Ersatz als Teil der 181

---

[37] Zur entsprechenden Behandlung vor Umsetzung des Annual Improvements Project; IASB, Board Meeting July 2009.

Anschaffungskosten (*consideration transferred*) zu berücksichtigen (→ § 31 Rz 52 ff.). Die besonderen Bewertungsvorgaben für anteilsbasierte Vergütungen (Differenzierung zwischen Preis- und Mengengerüst) sind allerdings auch im Fall einer Mitarbeiterübernahme (von dem erworbenen Unternehmen) im Zuge einer *business combination* beizubehalten. Eine Bewertung zum *fair value* scheidet i. S. e. **Ausnahmeregel** aus (IFRS 3.30).

Auch bei *cash-settled transactions* gilt: Änderungen des Preisgerüsts (*market-based measure*) anteilsbasierter Vergütungen mit Barausgleich sowie Steuereffekte sind nicht als Teil der *business combination* zu erfassen (IFRS 3.B61).

182 Für die Behandlung von im Rahmen eines Unternehmenszusammenschlusses ersetzten anteilsbasierten Vergütungen, die von dem Erwerbsobjekt zugesagt wurden, ist eine Differenzierung geboten, ob die Zusagen

- eine Vergütung für Dienstleistungen vor dem Erwerbsstichtag (*pre-combination services*) darstellten, Anspruchsberechtigte also Anteilseignern (*in the capacity of shareholders*) gleichgestellt werden, und somit als Teil der Anschaffungskosten der *business combination* zu erfassen sind;
- noch zu erbringende Dienstleistungen (*post-combination services*) der übernommenen Mitarbeiter vergütet und damit separat von der *business combination* zu erfassen, also nicht Teil des Unternehmenserwerbs und damit der *consideration transferred*, sind;
- sowohl *pre-* als auch *post-combination services* vergütet werden und daher eine Aufteilung geboten ist.

Die Erfassung ersetzter anteilsbasierter Vergütungszusagen als Teil des Unternehmenserwerbs setzt eine **Verpflichtung zum Ersatz** der vorherigen Vergütungsinstrumente voraus. Die Vorgaben in IFRS 3 unterscheiden folgende Konstellationen:

- Der Erwerber (*acquirer*) ist nicht verpflichtet anteilsbasierte Vergütungszusagen des erworbenen Unternehmens (*acquiree*), die aufgrund der *business-combination* verfallen, zu ersetzen (*to replace*), macht dies aber freiwillig (Rz 183).
- Der Erwerber ist verpflichtet zum Ersatz anteilsbasierter Vergütungen (Rz 184 ff.).

Analog geregelt ist der Fall einer Fortführung bestehender Zusagen ohne eine Verpflichtung des Erwerbers, diese zu ersetzen (Rz 191).

183 Bei **freiwilligem** Ersatz von an die Mitarbeiter des erworbenen Unternehmens gewährten anteilsbasierten Zusagen durch den Erwerber ist der Gesamtaufwand der (Ersatz-)Zusage im Ergebnis der zusammengeschlossenen Einheit als *remuneration cost*, also nach dem Erwerbsstichtag (*post-combination expense*) zu erfassen (IFRS 3.B56). Falls keine weiteren Leistungen von den Arbeitnehmern erbracht werden müssen, ist eine sofortige Erfassung als Aufwand geboten, andernfalls eine Verteilung über eine *vesting period* erforderlich. Die übertragene Gegenleistung (*consideration transferred*) und damit ein evtl. *goodwill* aus dem Unternehmenszusammenschluss sind nicht betroffen.

184 Bei Vorliegen einer **Verpflichtung** zum Ersatz einer anteilsbasierten Vergütung ist der nach IFRS 2 bestimmte Wert (also nicht der *fair value*) der hingegebenen Zusage als Teil der Gegenleistung (*consideration transferred*) der *business combi-*

nation zu berücksichtigen. Eine Verpflichtung ergibt sich aus den Konditionen der Zusage, die seitens des erworbenen Unternehmens gegenüber ausgewählten Mitarbeitern gewährt wurde, oder aus arbeitsrechtlichen Bestimmungen. Nicht erforderlich ist, dass die Verpflichtung bereits vor dem Vertrag über den Erwerb bestand, sie muss lediglich vor dem Erwerbsstichtag (*change of control*) bestanden haben. Daher sind auch im Rahmen des *sale and purchase agreement* getroffene Vereinbarungen zum Ersatz einer anteilsbasierten Zusage bei der Bestimmung der Höhe der Gegenleistung zu berücksichtigen.

Der (verpflichtende) Ersatz einer anteilsbasierten Vergütungszusage übernommener Mitarbeiter ist im Einzelnen wie folgt zu behandeln: Zum Erwerbsstichtag ist der IFRS-2-Wert der bestehenden Zusage und der Ersatzvergütung zu bestimmen. Übersteigt der Wert der als Ersatz gewährten Vergütung den Wert der vor der *business combination* bestehenden Zusage, ist die Differenz – unter Berücksichtigung der Bedingungen für ein evtl. *vesting* – als Aufwand nach dem Unternehmenszusammenschluss (*post-combination expense*) zu erfassen. Hinsichtlich der Behandlung von *post-combination expense* fehlt es innerhalb von IFRS 3 an einer Festlegung, ob *post-combination remuneration cost* als *modification* (Rz 139 ff.) des ursprünglichen Plans oder als *new grant* im Zuge der *business combination* qualifiziert werden. U.E. ist die Referenzierung auf die Vorgaben zum *modification accounting* (IFRS 3.B56–61) allgemeiner Natur. Mit dem vollzogenen Unternehmenszusammenschluss stellt der Austausch der bislang bestehenden Vergütung eine neue Zusage (*new grant* date) dar. Die bestehende Zusage wird allerdings nicht aufgehoben, sodass keine *cancellation* vorliegt. Wird die Zusage als *new grant* behandelt, ist der den Wert der ursprünglichen Zusage übersteigende Wert der *replacement shares* gem. IFRS 2.15 über die nach dem Stichtag der Kontrollerlangung verbleibende *vesting period* gleichmäßig zu verteilen. Für die Behandlung des Beteiligungsansatzes im Einzelabschluss (*separate financial statements*) des Erwerbers, insbesondere der Bestimmung und Abgrenzung der Anschaffungskosten (allgemein → § 32 Rz 174 ff.), ist u. E. – analog zur Behandlung im Gruppenabschluss – eine Aufteilung nach den gleichen Vorgaben einschlägig.

185

Der verbleibende Wert der *replacement shares* (in gleicher Höhe wie die bisherige Zusage) ist auf vor dem Erwerbsstichtag erbrachte und nach dem Erwerbsstichtag noch zu erbringende Leistungen aufzuteilen. Der Anteil, der auf *pre-combination services* entfällt, ist als Bestandteil der Anschaffungskosten der *business combination* zu erfassen, der verbleibende Wert wird *post-combination* aufwandswirksam (für weitere Beispiele wird auf IFRS 3.IE61–71 verwiesen).

186

Beispiel

Im Zeitpunkt des Unternehmenszusammenschlusses hat die Zusage der anspruchsberechtigten Mitarbeiter des erworbenen Unternehmens einen Wert von 20 EUR/Option. Die ursprünglich vereinbarte *vesting period* beläuft sich auf sechs Jahre, wovon drei Jahre bereits abgelaufen sind.
Der Erwerber gewährt ein Ersatzinstrument (*replacement share*) mit einem entsprechenden Wert von 20 EUR/Option. An der ursprünglichen *vesting period* wird festgehalten.
Auf die übernommene Verpflichtung und damit als Teil der Anschaffungskosten sind 10 EUR/Option zu erfassen. Die Höhe ergibt sich aus dem Wert

der Zusage, multipliziert mit dem Anteil der bereits abgelaufenen *vesting period* im Verhältnis zur gesamten *vesting period* (hier 50 %). Die verbleibenden 10 EUR/Option sind als *post-combination*-Aufwand zu erfassen.

187 Die Vorgaben von IFRS 3 verpflichten (i. S. e. *anti-abuse provision*), für die Aufteilung zwischen dem *pre-* und *post-combination*-Anteil der *replacement shares* die längere *vesting period* im Vergleich der alten und neuen Zusage heranzuziehen (IFRS 3.B58). Eine Verkürzung der *vesting period* der *replacement shares* durch den Erwerber führt daher nicht zu einer Verlagerung von *post-combination expenses* in die Anschaffungskosten der *business combination*.

Beispiel (Abwandlung zu Rz 186)
In Variation zu dem Festhalten an der ursprünglichen *vesting period* überlegt der Erwerber diese
- als Alternative 1 auf 1 Jahr zu verkürzen bzw.
- als Alternative 2 auf 5 Jahre auszudehnen.

Bei Gestaltung in der Variante 1 ändert sich die Aufteilung des Werts der bereits erdienten bzw. der noch zu erbringenden Leistung nicht. Auf die übernommene Verpflichtung und damit als Teil der Anschaffungskosten sind 10 EUR/Option zu erfassen. Die Höhe ergibt sich aus dem Wert der Zusage, multipliziert mit dem Anteil der bereits abgelaufenen *vesting period* im Verhältnis zur ursprünglichen *vesting period* (hier 50 %). Die verbleibenden 10 EUR/Option sind allerdings als *post-combination*-Aufwand mit Ablauf der geänderten *vesting period* (hier 1 Jahr) zu erfassen.
Bei Gestaltung in der Variante 2 kommt es zu einer geänderten Aufteilung des *pre-* und *post-combination*-Anteils der Verpflichtung. Auf die übernommene Verpflichtung und damit als Teil der Anschaffungskosten sind 7,5 EUR/Option zu erfassen. Die Höhe ergibt sich aus dem Wert der Zusage, multipliziert mit dem Anteil der bereits abgelaufenen *vesting period* im Verhältnis zur neu vereinbarten *vesting period* (hier 37,5 %). Die verbleibenden 12,5 EUR/Option sind als *post-combination*-Aufwand mit Ablauf der geänderten *vesting period* (hier 5 Jahre) zu erfassen.

188 Als Alternative zur Ausgabe von *replacement shares* kann auch ein einmaliger **Barausgleich** (*cash settlement*) der anspruchsberechtigten Mitarbeiter erfolgen. An expliziten Vorgaben zur bilanziellen Behandlung fehlt es in IFRS 3. U. E. sind die Vorgaben für *replacement shares* hinsichtlich der Aufteilung in eine Vergütung von *pre-* und *post-combination services* allerdings analog anzuwenden.

189 Leistet der Erwerber einen (einmaligen) Barausgleich für bereits ausübbare Optionen (*vested awards*), kann der Betrag, der dem beizulegenden Zeitwert der Vergütungszusage entspricht, als Teil der Anschaffungskosten berücksichtigt werden. Eine verbleibende Differenz ist als Aufwand nach dem Unternehmenszusammenschluss (*compensation cost*) zu erfassen.
Erfolgt ein Barausgleich für noch nicht ausübbare Optionen (*unvested awards*) und wird keine weitere Dienstleistung (*service*) nach erfolgtem Unternehmenserwerb mehr verlangt, ist mangels Verpflichtung zur Erbringung von *post-com-

bination services ein *accelerated vesting* zugrunde zu legen. Als Teil der Anschaffungskosten der *business combination* ist nur der Teil des Aufwands zu erfassen, der sich auf *pre-combination services* bezieht, der verbleibende Anteil wird *post-combination expense*. Sind noch künftig Leistungen von den übernommenen Mitarbeitern zu erbringen, tritt anstelle eines *accelerated vesting* eine *vesting period*. Der bereits für noch zu erbringende Leistungen gezahlte Teil wird über die vereinbarte Sperrfrist aufwandswirksam und ist entsprechend vorher aktivisch abzugrenzen.

Wird der Barausgleich noch von dem erworbenen Unternehmen (*acquiree*) geleistet, erfolgt eine Erfassung des Aufwands (*settlement expense*) gem. IFRS 2.28 (analog einer *cancellation*, Rz 149 ff.) in dessen Abschluss (*pre-combination*), wenn dieser nicht als *agent* des Erwerbers handelt. Erfolgt der Ausgleich aber im Auftrag des Erwerbers (*acquirer*), ist der Ausgleich so zu behandeln, als hätte der Erwerber unmittelbar einen Ausgleich gewährt (Rz 189; analog → § 31 Rz 40).

190

Eine Erstattung (*reimbursement*) der Aufwendungen des erworbenen Unternehmens – entweder direkt oder indirekt über den Kaufpreis – ist ein deutlicher Hinweis für eine Qualifizierung des Barausgleichs als Handeln des Erwerbers.

8.3 Fortführung bestehender Zusagen

Für den Fall einer **freiwilligen unveränderten Fortführung** einer bestehenden anteilsbasierten Zusage des *acquiree* gegenüber den übernommenen Mitarbeitern oder bei **freiwilligem Ersatz** sind die gleichen Vorgaben wie für den verpflichtenden Ersatz heranzuziehen. Die vorgesehenen Vorgaben für ein *replacement* (Rz 182) finden Anwendung auf alle anteilsbasierten Vergütungen. Somit gilt:

191

- Wenn eine fortgeführte, anteilsbasierte Vergütungszusage ein *cash-settlement* vorsieht, ist die Erfassung einer Verbindlichkeit (Rückstellung) zum *fair value* insoweit nicht gerechtfertigt, wie sich die Vergütung auf künftig noch zu empfangende (Dienst-/Arbeits-)Leistungen bezieht. IFRS 2 und damit auch die besondere Bewertungskonzeption (zeitanteilige Erfassung der Verpflichtung) sind einschlägig.

- Bei Fortführung einer zugesagten *equity-settled share-based payment transaction* gelten die gleichen Vorgaben wie für deren Ersatz (*replacement*).

Aufgrund der Vergleichbarkeit anteilsbasierter Vergütungszusagen mit sonstigen langfristigen Vergütungszusagen (etwa Pensionszusagen) ist eine zeitanteilige Erfassung konzeptionell vorzuziehen. Im Rahmen einer zeitabhängigen Verteilung stellt die *business combination* dann ein punktuelles Ereignis dar, welches eine Trennung in *pre-combination* und *post-combination services* markiert. U. E. ist daher für unverändert fortgeführte anteilsbasierte Zusagen übernommener Mitarbeiter eine Behandlung in Analogie zum verpflichtenden Ersatz gerechtfertigt.

192

9 Absicherung von *fair-value*-Schwankungen im Rahmen des *hedge accounting*

9.1 Ökonomische vs. bilanzielle Sicherung (*hedging* vs. *hedge accounting*)

193 Mit der Zusage einer anteilsbasierten Vergütung mit Barausgleich geht der Vergütungsschuldner eine feste (Zahlungs-)Verpflichtung *(contractual obligation)* ein, deren Höhe von der Wertentwicklung der Anteile des betroffenen Unternehmens abhängt. Mit der Knüpfung der Zahlungsverpflichtung an eine nur bedingt durch das Unternehmen selbst beeinflussbare, im Übrigen aber von externen Einflüssen abhängige Größe, entsteht dem Vergütungsschuldner ein finanzielles Risiko in Bezug auf den sich über die *vesting period* zu verteilenden Gesamtaufwand und die am *vesting date* zu leistende Auszahlung.

194 Zur Absicherung des finanziellen Risikos aus der anteilsbasierten Vergütungszusage (als Grundgeschäft) kann allerdings ein Sicherungsgeschäft zur Risikominimierung *(hedging)* abgeschlossen werden. Ökonomisch (nicht notwendigerweise auch bilanziell) zählt dann nur noch das Gesamtergebnis aus Grund- und Sicherungsgeschäft. Eine ökonomisch effektive Absicherung wird erzielt, wenn dieses Gesamtergebnis weitestgehend immun gegen Schwankungen des Preis-, ggf. auch des Mengengerüsts der anteilsbasierten Zusage ist.

Als Sicherungsinstrument kommen ökonomisch folgende Transaktionen infrage:
- Rückkauf eigener Anteile *(treasury shares)* im Zusagezeitpunkt *(grant date)*, um diese Anteile bei Erfüllung der Ausübungsbedingungen wieder zu veräußern.
- Erwerb einer (Kauf-)Option *(call option)* auf die eigenen Aktien-Anteile mit oder ohne Möglichkeit zum Barausgleich *(net cash settlement)* zum *vesting date*.

Im ersten Fall wird das finanzielle Risiko aus der Kursentwicklung aufgehoben, da die Auszahlung für die Vergütung der Zusage vorgezogen wird. Im zweiten Fall wird ein Sicherungsinstrument eingesetzt, dessen Wert wie die Vergütungszusage an die künftige Wertentwicklung der Unternehmensanteile geknüpft ist, diese allerdings mit umgekehrtem Vorzeichen berücksichtigt.

> **Beispiel**
>
> Eine anteilsbasierte Vergütung mit Barausgleich sieht als einzige Ausübungsbedingung einen Mindestverbleib der Anspruchsberechtigten im Unternehmen für die nächsten drei Jahre vor. Im Zusagezeitpunkt wird als künftige Vergütung die positive Wertentwicklung der Unternehmensanteile während der Sperr- bzw. Wartefrist *(vesting date fair value – grant date fair value)*, gerechnet auf 5.000 Unternehmensanteile, gewährt.
> Folgende alternativen Szenarien werden zur ökonomischen Absicherung der Risikoposition (Wertentwicklung der Anteile über drei Jahre) diskutiert:
> - Rückkauf von 5.000 eigenen Anteilen *(treasury shares)* im Zusagezeitpunkt, die zum *vesting date* am Markt veräußert werden. Mit dem erzielten Veräußerungserlös soll die Verpflichtung bedient werden.
> - Abschluss einer Kaufoption auf 5.000 eigene Anteile im Zusagezeitpunkt zu einem festen Betrag am Ende der Sperr- bzw. Wartefrist. Die durch Ausübung der Option erworbenen Anteile sollen nach Erhalt

> unmittelbar am Markt veräußert werden, um den Veräußerungserlös zur Bedienung der Vergütungszusage zu verwenden.
> - Abschluss einer Kaufoption auf 5.000 eigene Anteile im *grant date* zu einem festen Betrag am *vesting date*. Die Kaufoption sieht einen Barausgleich *(net cash settlement)* der Wertdifferenz der Unternehmensanteile vor. Der erwartete Betrag soll zur Bedienung der Vergütungszusage herangezogen werden.

Aus **bilanzieller Perspektive** kann nicht ohne Weiteres auf das Gesamtergebnis aus Grund- und Sicherungsgeschäft abgestellt werden (→ § 28 Rz 46). Die IFRS formulieren **restriktive Anforderungen** an die bilanzielle Berücksichtigung von Sicherungszusammenhängen *(hedge accounting)*. Entscheidend für die Zulässigkeit des Abstellens auf das Gesamtergebnis aus einem Grund- und einem Sicherungsgeschäft ist die Tauglichkeit

- der anteilsbasierten Vergütung als **Grundgeschäft** für das *hedge accounting* unter Berücksichtigung der Art des abzusichernden Risikos und der daraus resultierenden Qualifikation als *fair value* oder *cash flow hedge*.
- des ökonomisch eingesetzten Sicherungsinstruments als **Sicherungsgeschäft** für das *hedge accounting*.

195

Ein Rückgriff auf das *hedge accounting* setzt zusätzlich die Erfüllung der formalen und quantitativen Kriterien voraus, insbesondere die Dokumentation der Sicherungsbeziehung und den Nachweis der Effektivität.

196

9.2 Keine bilanzielle Sicherung von *equity-settled transactions*

Zur bilanziellen Anerkennung einer ökonomischen Sicherungsbeziehung muss das Grundgeschäft *(hedged item)* eine Risikoposition des Unternehmens begründen, die erfolgswirksam Auswirkungen auf die Gesamtergebnisrechnung zeitigt. Bei einer anteilsbasierten Vergütung mit Ausgleich in Eigenkapitalinstrumenten liegt kein die GuV berührendes Risiko aus der Wertentwicklung der Aktien vor, da die (kursabhängige) Bewertung der Transaktion zum *grant date* erfolgt. Ein *hedge accounting* für anteilsbasierte Vergütungen mit Ausgleich in Eigenkapitalinstrumenten scheidet somit aus.

197

Für eine Sicherung besteht andererseits auch kein Bedürfnis. Der durch die Zusage der anteilsbasierten Vergütung bedingte Aufwand steht durch „Einfrieren" des Preisgerüsts bereits am *grant date* fest (Rz 82). Spätere Kursentwicklungen können zwar – je nach Modus der Begebung der Eigenkapitalinstrumente (Erwerb eigener Aktien statt Kapitalerhöhung) – den späteren *cash flow* berühren, nicht aber die GuV.

Entsprechendes gilt für anteilsbasierte Vergütungen mit Erfüllungswahlrecht, die als *equity-settled transactions* behandelt werden.

9.3 *Cash flow hedge* bei *cash-settled transactions*

Bei einer anteilsbasierten Vergütung mit Barausgleich führt die Erfüllung der Ausübungsbedingungen bei positivem Wert der virtuellen Optionen zu einem **Ressourcenabfluss**, der nur wertmäßig an Eigenkapitalinstrumente geknüpft ist, bei dem Vergütungsschuldner. Das Preisgerüst der Zusage ist zu jedem Stichtag neu zu

198

bestimmen. Sich bis zum *vesting date* ergebende Wertentwicklungen berühren den *cash flow* und werden bei virtuellen Mitarbeiteroptionen und ähnlichen Vergütungen als Aufwand in der **Gewinn- und Verlustrechnung** erfasst (IFRS 2.30). Somit sind Verpflichtungen aus einem als *cash-settled plan* als Grundgeschäfte einem *hedge accounting* im Wege des *cash flow hedge* zugänglich.[38] Für anteilsbasierte Vergütungen mit Erfüllungswahlrecht, die als *cash-settled transactions* behandelt werden, muss allerdings die Möglichkeit, statt einer Barzahlung eine Aktienausgabe zu verlangen (Wahlrecht des Anspruchsberechtigten) oder anzubieten (Wahlrecht des Vergütungsschuldners), so gut wie sicher ausgeschlossen sein. Sollte diese Gewissheit nicht bestehen, würde es an der für einen *cash flow hedge* geforderten hohen Wahrscheinlichkeit des prognostizierten *cash flow* fehlen (IAS 39.88(c)).

199 Allerdings sind – für Zwecke des *hedge accounting* – auch an das Sicherungsinstrument **besondere Anforderungen** zu stellen. Mit Ausnahme hier nicht einschlägiger Ausnahmen lassen die Vorgaben ein *hedge accounting* nur zu, wenn das Sicherungsinstrument ein **Finanzderivat** ist. Dies setzt u. a. voraus, dass es nicht als Eigenkapitalinstrument zu qualifizieren ist.

Für die verschiedenen Formen der ökonomischen Absicherung des Risikos künftiger Wertschwankungen aus der anteilsbasierten Barvergütung ergibt sich hieraus bilanziell:

- Der **Rückkauf** eigener Anteile *(treasury shares)* zum Zusagezeitpunkt oder der Erwerb einer Kaufoption auf eine feste Anzahl eigener Anteile zu einem festen Preis sind Transaktionen mit Eigenkapitalinstrumenten des Unternehmens. Eine Klassifizierung als Finanzderivat scheidet aus. Damit entfällt auch die Möglichkeit zum *hedge accounting*.
- Der Erwerb einer **Kaufoption** auf eigene Anteile, die durch Barausgleich *(net cash settlement)* erfüllt wird, ist hingegen ein Finanzderivat und damit mögliches Sicherungsinstrument *(hedging instrument)* zum *hedge accounting*.

200 Sind die Voraussetzungen des *hedge accounting* für anteilsbasierte Vergütungen mit Barausgleich erfüllt, ist in der Gewinn- und Verlustrechnung jeder Periode nur das **Gesamtergebnis** aus Grund- und Sicherungsgeschäft zu erfassen. Da die anteilsbasierte Barvergütung unter Berücksichtigung des aktuellen Preis- und Mengengerüsts am jeweiligen Stichtag ratierlich über die *vesting period* verteilt wird, bedeutet dies:

- Zu jedem Stichtag erfolgt i. H. d. ratierlich entstandenen (Personal-)Aufwands aus der Vergütungszusage eine (gegenläufige) erfolgswirksame Erfassung der *fair-value*-Änderungen des als Sicherungsinstrument eingesetzten Finanzderivats. Bei vollständiger Sicherung und einer *vesting period* von drei Jahren wäre also etwa nach einem Jahr von der bis dahin eingetretenen *fair-value*-Änderung des Sicherungsinstruments ein Drittel erfolgswirksam zu erfassen.
- Darüber hinausgehende Änderungen des *fair value* sind (für den effektiven Teil der Absicherung) in der Neu- oder Zeitbewertungsrücklage zu parken und in späteren Perioden in die GuV zu übernehmen *(recycling)*.

---

[38] Vgl. DIG 29f-2 der Derivatives Implementation Group des FASB (nach codification übernommen in ASC Topic 815). So auch PwC, IAS 39 – Achieving hedge accounting in practice, Dezember 2005, S. 40.

10 Anwendungsprobleme nach deutschem Gesellschaftsrecht

Der Gesellschaft stehen nach deutschem Aktienrecht insbesondere zwei Wege der Aktienbeschaffung zur Verfügung:
- die **bedingte Kapitalerhöhung**, also die Schaffung junger Aktien sowie
- der **Aktienrückkauf**, also die Verwendung bereits umlaufender Stücke.

Zur Gewährung von auf einem **bedingten Kapital** beruhenden *stock options* ist ein Hauptversammlungsbeschluss nach den §§ 192 Abs. 2 Nr. 3, 193 Abs. 2 Nr. 4 AktG herbeizuführen. Dabei müssen **Erfolgsziele** definiert werden; deshalb kommt nur die Ausgestaltung der Optionsrechte in Form von *performance vesting share options* in Betracht. Deren Ausübbarkeit hängt vom Erreichen bestimmter Erfolgskriterien ab (Höhe des Aktienkurses bzw. Anteilswertes, Indexierung betriebswirtschaftlicher Kennzahlen).

Zur Begebung von auf einem **Aktienrückkauf** basierenden *stock options* ist ein Hauptversammlungsbeschluss nach § 71 Abs. 1 Nr. 8 AktG herbeizuführen. Dabei müssen ebenfalls **Erfolgsziele** festgestellt werden. Kraft der Verweisung in § 71 Abs. 1 Nr. 8 Satz 5 AktG gelten die in § 193 Abs. 2 Nr. 4 AktG niedergelegten Anforderungen an Beschlüsse nach § 192 Abs. 2 Nr. 3 AktG für den Erwerb eigener Aktien zum Zwecke der Absicherung von *stock options* entsprechend.

Zwingende aktienrechtliche Regelungen für *stock appreciation rights* existieren nicht. Im Schrifttum werden freilich Überlegungen angestellt, die aktienrechtlichen Erfordernisse in § 193 Abs. 2 Nr. 4 AktG, insbesondere die **Pflicht** zur Feststellung **von Erfolgszielen**, auch auf *stock appreciation rights* auszudehnen.[39] Mit dem Gesetzeswortlaut ist dies nicht vereinbar. Die *shareholder-value*-Orientierung des KonTraG könnte eine solche entsprechende Anwendung dagegen nahelegen.

Ein deutscher IFRS-Anwender ist zwar nach § 315a HGB (→ § 7) von der HGB-Konzernrechnungslegung befreit, unterliegt indes unverändert dem zwingenden Vorgaben des **Gesellschaftsrechts**, hier also in aller Regel dem AktG. Folgerichtig ist die Frage nach der „Verträglichkeit" der Bilanzierungsvorschriften nach IFRS 2 mit den (insbesondere) aktienrechtlichen Vorgaben zu stellen.[40] Zu unterscheiden ist dabei, ob die aktienunterlegte Vergütung (meistens an Mitarbeiter) **schuld**- oder **gesellschafts**rechtlich ausgestaltet ist.

Bei den *stock appreciation rights* (Rz 53) ist die Antwort am einfachsten: Die Vergütung erfolgt hier schuldrechtlich durch die **Gesellschaft** selbst, sie hat die Verbindlichkeit und muss entsprechend über die Laufzeit hinweg eine Verbindlichkeitsrückstellung aufbauen.

Gerade umgekehrt liegt der bilanzierungsrelevante Sachverhalt, wenn die (spätere) Vergütung aus einem **bedingten Kapital** gem. § 192 Abs. 2 Nr. 3 AktG mit neuen Aktien des Unternehmens erfolgen soll („nackte Aktienoptionen"). Hier hat die Gesellschaft keine eigentliche schuldrechtliche Leistungsverpflichtung.

---

[39] So namentlich HIRTE, in: SCHMIDT/RIEGGER (Hrsg.), Gesellschaftsrecht 1999, RWS-Forum 15, Köln 2000, S. 220f.; hierzu auch SCHWARK, in: HOMMELHOFF/LUTTER/SCHMIDT/SCHÖN/ULMER (Hrsg.), Corporate Governance, Beiheft der Zeitschrift für das gesamte Handelsrecht und Wirtschaftsrecht, Heft 71, 2002, S. 96; FREY, in: Großkommentar AktG, 4. Aufl., 2001, § 192 AktG Anm. S. 108; EKKENGA, DB 2004, S. 1897.

[40] Vgl. hierzu EKKENGA, DB 2004, S. 1897.

Die Leistungsverpflichtung trifft vielmehr die **Altaktionäre**, die durch den Bezugsrechtsausschluss im Wege der **Kapitalverwässerung** die Vergütung an die Neuaktionäre (Optionsinhaber) erbringen (sollen). Außerdem erhält (umgekehrt) die Gesellschaft eine Vergütung i. H. d. Ausübungspreises.

Auf diese Gestaltung nach deutschem Gesellschaftsrecht „passen" die Bilanzierungsregeln von IFRS 2 zu den Eigenkapitalinstrumenten nur bedingt. Die Zulässigkeit der von IFRS 2 vorgesehenen Buchung „per Aufwand an Kapitalrücklage" ist daher nach deutschem Gesellschaftsrecht fraglich. Bestehende Auffassungsunterschiede sind aber insoweit von geringer Relevanz, als die IFRS-Vorschriften nur auf den IFRS-Abschluss, also gerade nicht auf den (gesellschaftsrechtlichen) HGB-Abschluss anzuwenden sind; die Mitgliedschaftsrechte auf Dividenden, Liquidationserlösteilhabe usw., aber auch die Gläubigerrechte richten sich auf den handelsrechtlichen Einzelabschluss und werden von einem „falschen" Kapitalausweis in der IFRS-Einzel- oder Konzernbilanz nicht berührt.

208 Als Modus der Bedienung echter Optionsrechte kommt neben der Ausgabe neuer Aktien aus bedingtem Kapital auch der Erwerb eigener **Aktien** nach § 71 Abs. 1 Nr. 8 AktG infrage.

209 Bei Erfüllung echter Optionspläne durch Erwerb eigener **Aktien** sind **drei Schritte** zu unterscheiden:
- ergebniswirksame Gewährung der Optionen,
- Erwerb der eigenen Aktien gegen bar (erfolgsneutral) sowie
- „Verkauf" der eigenen Aktien gegen bar (erfolgsneutral).

Aus Erwerb und Verkauf entsteht auch dann kein **Aufwand** oder Ertrag, wenn der Erwerbspreis für die eigenen Aktien vom Ausübungskurs für die Aktienoptionen abweicht. Die Gewährung der Optionen als Gegenleistung für empfangene Dienste ist hingegen **ergebniswirksam** zu verbuchen (Rz 46). Maßgeblich ist der nach Optionspreismodellen ermittelte *fair value* des Optionsrechts am *grant date*.

210 Die effektiv beim Unternehmen entstehenden **pagatorischen** Aufwendungen in Form von erwarteten Auszahlungsüberschüssen (Erwerbspreis der eigenen Aktien ist größer als der Optionsausübungspreis) sind hingegen nicht aufwandswirksam darzustellen.

> **Beispiel**
> Die Gesellschaft hat sich verpflichtet, leitenden Mitarbeitern unter Beachtung einer Sperrfrist etc. Aktien zu einem Ausübungspreis von 100 GE zu verschaffen. Die erforderlichen Aktien erwirbt sie an der Börse zu 150 GE. Dieser Erwerb ist als Einlagenrückgewähr im Eigenkapital zu kürzen. Nach Ende der Sperrfrist *(vesting period)* üben die begünstigten Mitarbeiter ihr Optionsrecht aus. Der Börsenkurs beträgt in diesem Augenblick für die Aktien 180 GE.
> Die Gesellschaft erhält für die abgehenden Aktien einen Kurs von 100 GE (Ausübungskurs), es entsteht in Summe eine Eigenkapitalminderung von 50 GE.
> Buchungen für den Erwerb:
>
> | Konto | Soll | Haben |
> |---|---|---|
> | EK | 150 | |
> | Geld | | 150 |

Für die Abgabe:

Konto	Soll	Haben
Geld	100	
EK		100

Das Eigenkapital ist insofern um 50 GE gemindert. Daneben führt der *fair value* der Option im Zusagezeitpunkt zu einem pro rata zu erfassenden Aufwand, der jedoch gegen Kapitalrücklage und somit ohne zusätzliche Änderung des Eigenkapitalbetrags gebucht wird.

Beispiel (Abwandlung)

Die Gesellschaft erwirbt während der Haltefrist *(vesting period)* keine eigenen Aktien und muss deshalb ihrer Stillhalterverpflichtung am Ausübungstag auf der Grundlage eines Kurses von 180 nachkommen.
Die entstehende Eigenkapitalminderung errechnet sich nunmehr mit 180 – 100 GE = 80 GE
Buchungen:

Konto	Soll	Haben
EK	180	
Geld		180
Geld	100	
EK		100

Sowie wiederum Aufwand aus dem *fair value* der Option.

Sachverhalt (Abwandlung)

Die Gesellschaft sichert den erforderlichen Aktienerwerb im Rahmen einer ökonomischen Sicherung z. T. durch eine zeitlich gleichlautende Gegenposition *(call option* mit einem Basispreis von 100 GE). Ein Rückgriff auf die Vorgaben zum *hedge accounting* scheidet aus (Rz 197). Sie zahlt hierfür eine Optionsprämie von 5 GE.
Hier entsteht für die Gesellschaft Aufwand i. H. d. Optionspreises und der eventuellen Zusatzaufwendungen wegen nicht identischer Absicherung. Die sich daran anschließende Frage ist auf die Verteilung eines entsprechenden Aufwandes über den Zeitraum zwischen der Ausgabe der Optionen *(grant date)* und dem Beginn der Ausübungsfrist *(vesting date)* gerichtet. Hier bietet sich eine analoge Anwendung der Regeln für die *stock appreciation rights* (Rz 106 ff.) an. Die nachstehende Tabelle zeigt die buchungstechnischen[41] Zusammenhänge. Die Ergebnisauswirkungen resultieren jeweils aus dem *fair value* der Optionen und dem Ausgabeeffekt.
Buchungsschema:

Prämissen: Aktienkurs 1.1. 105
Aktienkurs 31.12. 110
Basispreis 100
vesting period 1 Jahr (= bis 31.12.01)
Optionswert 1.1. 10

---

[41] HOFFMANN/LÜDENBACH, DStR 2004, S. 791.

					EK-Veränderung
Optionsgewährung	Personalaufwand	10	an KapRL	10	0
Erwerb *call option*	Vermögenswert	5	an Geld	5	0
Aktienkauf (Ausübung *call option*)	EK	110	an Geld an Vermögenswert	105 5	−110
Aktienverkauf	Geld	100	an EK	100	+100
					− 10

211 Unklar ist im handels- und steuerrechtlichen Schrifttum, ob die latente Verpflichtung aus der Stillhalterposition des Unternehmens nach HGB und EStG als **Verbindlichkeits-**[42] oder als **Drohverlust**rückstellung[43] auszuweisen ist. Für die IFRS-Bilanzierung kommt diesem Thema nur indirekt über die Steuerlatenzrechnung (Rz 232) Bedeutung zu.

212 Bei Optionsgewährung an Vorstände ist das am 18.6.2009 im Bundestag verabschiedete Gesetz zur Angemessenheit der Vorstandsvergütung (**VorstAG**) beachtlich. Hiernach besteht ein engerer Rahmen für die Gestaltung der Top-Manager-Vergütung. Mit der gesetzlichen Regulierung erfolgt eine stärkere Ausrichtung der Vorstandsvergütung auf eine langfristig orientierte und nachhaltige Unternehmensführung. Die gesetzliche Neuregelung hat wesentliche Bedeutung für anteilsbasierte Vergütungen des Vorstandes, weil die **gesetzliche Sperrfrist** für eine Ausübung von Optionen von zwei auf **vier Jahre** verlängert wird. Die Angemessenheit der Vergütung im Marktvergleich ist einer regelmäßigen Prüfung zu unterziehen. Über eine Erweiterung der Haftung des (gesamten) Aufsichtsrats wird dessen Kontrollfunktion nochmals besonders betont.

11 Tatsächliche und latente Steuern

11.1 Betriebsausgabenabzug aus gewährten Optionen

213 Im Zusammenhang mit anteilsbasierten Vergütungen (insbesondere gegenüber Mitarbeitern) ergeben sich regelmäßig auch steuerliche Konsequenzen. Die Auswirkungen von aktuellen und latenten Steuern bestimmen sich in Abhängigkeit von dem jeweils anwendbaren, länderspezifischen Steuerrecht. Das – die anteilsbasierte Vergütung – gewährende **Unternehmen** kann bei virtuellen Optionen fast immer, bei echten Optionen nur in bestimmten Ländern (z. B. Großbritannien) aus gewährten Zusagen einen Betriebsausgabenabzug geltend machen.

11.2 Notwendige Unterscheidung nach Ausgestaltung der Zusage

214 Aus Sicht des Unternehmens ergeben sich in Abhängigkeit von dem anwendbaren Steuerrecht ggf. Vorteile in Form eines (künftigen) Betriebsausgabenabzugs aus der Zusage von anteilsbasierten Vergütungen (so auch IAS 12.68A). Allerdings weicht i.d.R., insoweit überhaupt eine Anerkennung erfolgt, der steuerlich anrechenbare Betrag hinsichtlich des **Zeitpunkts** des Anfalls und der **Höhe** nach von der im Einklang mit IFRS 2 stehenden Aufwandsbuchung ab. Damit kommt eine Latenzrechnung infrage.

---

[42] So z. B. HERZIG/LOCHMANN, WPg 2002, S. 325 ff. m. w. N.
[43] So z. B. LANGE, WPg 2002, S. 354, 362 ff. m. w. N.

Die Erfassung latenter Steuern (*deferred taxes*) setzt nach allgemeinen Regeln die Identifizierung einer **temporären Differenz**, somit von Buchwertunterschieden zwischen IFRS-Bilanz (*carrying amount*) und steuerlichem Wertansatz (*tax base*; → § 26 Rz 43) voraus.
Die Buchwertunterschiede müssen sich in späteren Perioden (steuerwirksam) wieder umkehren. Die Erfassung von Steuerlatenzen scheidet aus, wenn dauerhafte (*permanent*) Unterschiede zwischen Wertansätzen nach IFRS und Steuerrecht vorliegen, keine Umkehr im Zeitablauf erfolgt oder eine solche das steuerliche Ergebnis nicht beeinflusst (→ § 26 Rz 45). 215

Für die Erfassung latenter Steuern aus anteilsbasierten Vergütungen beim Empfänger der Leistung (eine Divergenz von Empfänger der Leistung und Vergütungsschuldner ausgeklammert; Rz 165) ist zwischen Vergütungen, die *equity-settled* sind oder so behandelt werden (etwa Zusagen mit Erfüllungswahlrecht; Rz 123), und *cash-settled transactions* zu unterscheiden. 216

- Bei Gewährung einer Vergütung mit **cash settlement** erfasst das Unternehmen eine nichtfinanzielle Verbindlichkeit (Rückstellung) in Abhängigkeit des Preis- und Mengengerüstes am Bilanzstichtag (Rz 44). Aus der vorstehenden Gleichung (Rz 215) lässt sich daher auch ein Ergebnis, somit eine temporäre Differenz, ableiten (Rz 211 f.).
- Bei Zusagen, die als *equity-settled* behandelt werden (Rz 84 ff.), fehlt es – wegen der buchmäßigen Erfassung „per Aufwand an Kapitalrücklage" (Rz 44 f.) – hingegen an einem Buchwert (*carrying amount*) nach IFRS bzw. dieser beträgt null. Für die Bestimmung einer temporären Differenz bedarf es daher eines Steuerwertes (Rz 218). Fehlt es auch an diesem oder ist dieser ebenfalls null, scheidet die Erfassung latenter Steuern aus.

Die IFRS tragen vorstehender Unterscheidung nicht explizit Rechnung. Sie sehen spezielle Vorgaben nur für die Erfassung latenter Steuern aus *equity-settled*-Zusagen vor (IAS 12.68 Aff.). Diese Vorgaben haben z. T. kasuistischen Charakter und können zum Ansatz einer Latenz auch dort führen, wo i.e.S. keine temporäre Differenz vorliegt.

11.2.1 Erfolgswirksame Erfassung latenter Steuern bei Zusagen mit Barausgleich

Im Rahmen der bilanziellen Erfassung anteilsbasierter Vergütungen mit Barausgleich (*cash settlement*) ergeben sich für die Steuerlatenzrechnung i.d.R. keine besonderen Probleme (Rz 216). Das Unternehmen als Leistungsempfänger (und Vergütungsschuldner) erfasst nach IFRS eine nichtfinanzielle Verbindlichkeit unter Berücksichtigung des aktuellen Preis- und Mengengerüstes (Rz 80). Veränderungen der Verbindlichkeit und die daraus resultierenden latenten Steuern sind ergebniswirksam zu erfassen (Rz 119). Sofern nach Steuerrecht die Schuld zum gleichen Zeitpunkt und in gleicher Höhe passiviert wird, entsteht keine Latenz; sofern es Divergenzen in Zeitpunkt und/oder der Höhe gibt, ist eine solche anzusetzen. 217

> **Beispiel (Fortsetzung zu Rz 87)**
> 500 Führungskräfte erhalten eine Zusage von je 100 *stock appreciation rights* (SARs). Einzige Bedingung ist ein Verbleib in den Diensten der Gesellschaft für wenigstens drei Jahre. Steuerlich (unterstellt) kann die Gesellschaft wäh-

rend der Sperrfrist zeitanteilig einen Aufwand i.H.d. inneren Werts der erteilten (virtuellen) Optionen zum jeweiligen Stichtag geltend machen (eine Abzinsung entfällt). Für das Mengengerüst ist auch steuerlich auf die erwartete Anzahl der Ansprüche nach Ablauf der Sperrfrist abzustellen. Mit Ausübbarkeit der Optionen ist der Zuwendungsbetrag vollständig steuerlich abzugsfähig. Der relevante (Unternehmens-)Steuersatz beträgt 30 %.

Die bilanzielle Behandlung nach IFRS und die steuerliche Abbildung bestimmen sich nach folgenden Prämissen:

Jahr	Ist-Ansprüche	Erwartete Ansprüche nach Sperrfrist	Inanspruchnahme	Optionswert (*fair value* gem. IFRS 2) in EUR	Innerer Wert in EUR
1	46.500	40.500		14,40	5,00
2	42.500	40.000		15,50	10,00
3	40.300		15.000	18,20	15,00
4			14.000	21,40	20,00
5			11.300	25,00	25,00

Die Aufwandsbestimmung und die Fortschreibung der Verbindlichkeit nach IFRS ergeben sich in folgender Höhe:

Jahr	Berechnung	Aufwand EUR	Verbindlichkeit EUR
1	(500 – 95) Mitarbeiter × 100 SARs × 14,40 EUR × 1/3	194.400	194.400
2	(500 – 100) Mitarbeiter × 100 SARs × 15,50 EUR × 2/3 – 194.400 EUR	218.933	413.333
3	(500 – 97 – 150) Mitarbeiter × 100 SARs × 18,20 EUR – 413.333 EUR + 150 Mitarbeiter × 100 SARs × 15,00 EUR insgesamt	47.127 225.000 272.127	460.460
4	(253 – 140) Mitarbeiter × 100 SARs × 21,40 EUR – 460.460 EUR + 140 Mitarbeiter × 100 SARs × 20,00 EUR insgesamt	(218.640) 280.000 61.360	241.820
5	0 EUR – 241.820 EUR + 113 Mitarbeiter × 100 SARs × 25,00 EUR insgesamt Endsumme	(241.820) 282.500 40.680 787.500	

Steuerlich richtet sich die Bestimmung der Verbindlichkeit nach den erwarteten Ansprüchen unter Berücksichtigung des inneren Werts der Zusage zum Bilanzstichtag (eine Abzinsung unterbleibt):

Jahr	Berechnung	Aufwand EUR		Verbindlichkeit EUR
1	40.500 × 5,00 EUR × 1/3		67.500	67.500
2	40.000 × 10,00 EUR × 2/3 – 67.500 EUR		199.167	266.667
3	25.300 × 15.00 EUR – 266.667 EUR + 15.000 × 15,00 EUR Insgesamt	112.833 225.000	337.833	379.500
4	11.300 × 20,00 EUR – 379.500 EUR + 14.000 × 20,00 EUR Insgesamt	(153.500) 280.000	126.500	226.000
5	0 EUR – 226.000 EUR + 11.300 × 25,00 EUR Insgesamt Endsumme	(226.000) 282.500	56.500 787.500	

Für die Erfassung latenter Steuern (laufende Steuern, insbesondere Umbuchungen zwischen latenten und laufenden Steuern, ausgeklammert) ergibt sich Folgendes:

Jahr	temporary differences EUR	(+) deferred tax asset/ (–) deferred tax liability EUR	(–) Steueraufwand/ –(+) Steuerertrag EUR
1	126.900	(+) 38.070	(+) 38.070
2	146.666	(+) 44.000	(+) 5.930
3	80.960	(+) 24.288	(–) 19.712
4	15.820	(+) 4.746	(–) 19.542
5	0	0	(–) 4.746

Die Erfassung latenter Steuern auf anteilsbasierte Vergütungen mit Barausgleich führt – unter der Prämisse, dass der bis zum jeweiligen Stichtag kumulierte, steuerlich anrechenbare Aufwand kleiner ist als der entsprechende IFRS-Aufwand und sich diese Divergenz mit Ausübung der Option aber aufhebt – zur Erfassung eines latenten Steueranspruchs (*deferred tax asset*). Nur wenn der kumulierte, steuerlich anrechenbare Aufwand (ausnahmsweise) während der Ausübungsfrist einer anteilsbasierten Vergütung den kumulierten IFRS-Aufwand übersteigt, ist die Bildung einer passiven latenten Steuer (*deferred tax liability*) zulässig (IFRS 2.BC314).

11.2.2 Aufteilung in erfolgswirksame und -neutrale Steuerabgrenzung bei *equity settlement*

Die Erfassung latenter Steuern im Zusammenhang mit *equity settled transactions* setzt das Bestehen einer temporären Differenz voraus (Rz 216). Mangels Erfassung eines Vermögenswerts oder einer Schuld fehlt es allerdings an einem IFRS-Buchwert (*carrying amount*). Erfolgt auch in der Steuerbilanz kein Ansatz eines Vermögenswerts oder einer Schuld, würde nach der allgemeinen Definition der *tax base* in IAS 12.5 dann gelten: Es fehlt an einer temporären Differenz und damit an den Voraussetzungen einer Latenzierung. Bestenfalls wäre die spätere steuerliche Abzugsfähigkeit als *tax credit* zu erfassen, IAS 12.67B erweitert jedoch unter Bezugnahme auf IAS 12.9 und IAS 12.26b den Begiff der *tax base* über den Stichtagsbuchwert der „Steuerbilanz" hinaus auf einen (nach deutschem Steuerrecht allerdings ausgeschlossenen; Rz 232) Betriebsausgabenabzug, der noch nicht am Stichtag, aber in der Zukunft möglich sein wird. U. E. handelt es sich hierbei um Kasusistik, die den allgemeinen Grundsätzen der Latenzrechnung widerspricht, aber gleichwohl angesichts des klaren Wortlauts von IAS 12.67B zu beachten ist. Die spätere steuerliche Abzugsfähigkeit führt damit i. d. R. zu einer aktiven latenten Steuer.

220 Der Höhe nach bestimmt sich der Betrag der aktivischen Steuerabgrenzung aus dem erwarteten steuerlichen Anrechnungsbetrag bei unterstellter Ausübung der Vergütung zum Bilanzstichtag und dem Mengengerüst der Zusage, insbesondere einer vereinbarten Sperrfrist *(vesting period)*. Der erwartete (Gesamt-)Betrag des künftigen steuerlichen Erstattungsanspruchs ist danach über die Dauer einer *vesting period* zu verteilen (so *Example* 5 in IAS 12.IE). Analog zur Behandlung von zeitraumbezogenen Leistungen gem. IFRS 2.15 halten wir eine **lineare Verteilung** über die *vesting period* für die vorzuziehende Vorgehensweise (Rz 86). Sollte der steuerliche Erstattungsanspruch (ausnahmsweise) vor der Erfassung der Vergütungszusage im IFRS-Abschluss erfolgen, ist in analoger Anwendung der nachstehenden Ausführungen die Bildung einer passiven latenten Steuer *(deferred tax liability)* geboten (IFRS 2.BC314).

221 Ist der zukünftige steuerliche Abzugsbetrag zum Bilanzstichtag der Höhe nach unbekannt, muss eine Schätzung auf Basis der am Stichtag verfügbaren Informationen erfolgen (IAS 12.68B). Insoweit die Anrechnungsfähigkeit der Höhe nach an eine zum Stichtag beobachtbare Größe anknüpft (etwa der Marktwert zugesagter Anteile), ist für die Schätzung verpflichtend auf den Stichtagswert abzustellen.

Die Höhe der steuerlichen Anrechnungsfähigkeit stellt somit das **Preisgerüst** der Bewertung für die Latenzrechnung dar. Dieses ist in Abhängigkeit des anwendbaren (nationalen) Steuerrechts – abweichend von der Bestimmung des zu verrechnenden Aufwandes nach IFRS (Rz 84) – zu jedem Stichtag anzupassen.

Neben dem Preisgerüst ist auch ein **Mengengerüst** der Steuerlatenzrechnung zugrunde zu legen. Nach den Ausführungen von IAS 12 ist ein Abstellen auf das Mengengerüst am Stichtag *(the number of options outstanding at each year-end)* gefordert (so *Example* 5 in IAS 12.IE). Somit ergibt sich ein weiterer Unterschied im Hinblick auf die Vorgaben für die bilanzielle Behandlung der anteilsbasierten Vergütung (Rz 87). Anstelle einer Neueinschätzung des zu erwartenden Ausübungsvolumens (= Mengengerüst), ist – in enger Auslegung der Vorgaben des IAS 12 – auf das Volumen abzustellen, welches sich bei fiktiver Ausübbarkeit am Stichtag ergäbe. Der erwartete (Gesamt-)Vorteil ist zwar über die *vesting period* zu verteilen (Rz 221), Auswirkungen von *vesting conditions* auf das erwartete Mengengerüst der Bewertung wegen einer notwendigen Stichtagsbetrachtung wären jedoch auszublenden.

Die Vorschriften zur Bestimmung des Mengengerüsts stehen bei wörtlicher Auslegung ebenso wie diejenigen des Preisgerüsts nicht im Einklang mit dem *grant date measurement approach* (Rz 87), entsprechen aber den Vorgaben der Steuerlatenzrechnung (IAS 12.68B), die auch in anderen Fällen (etwa bei der

Bestimmung des relevanten Steuersatzes, IAS 12.47) ein strenges **Stichtagsprinzip** verfolgt. Insoweit halten wir ein Abstellen auf feststellbare Parameter des Preis- und Mengengerüsts der Bewertung am Stichtag für die Latenzrechnung für vorziehungswürdig, das Abstellen auf erwartete Größen scheidet somit aus.[44]

Als Folge der für die *tax base* herangezogenen Fiktion (Rz 219) für die Steuerlatenzrechnung im Rahmen von *equity-settled transactions* ist für jede Periode eine Gegenüberstellung des kumulierten Aufwands nach IFRS und des „Steuerbuchwerts" geboten (IFRS 2.BC326). 222

- Die Erfassung latenter Steuern erfolgt **ergebniswirksam**, wenn der aktivierungsfähige künftige Erstattungsanspruch kleiner oder gleich dem kumulierten Aufwand aus der Vergütungszusage ist.
- Übersteigt der aktivierungsfähige Steuererstattungsanspruch den kumulierten Aufwand, ist eine erfolgsneutrale Erfassung **unmittelbar im Eigenkapital** (*directly in equity*), somit ohne Beeinflussung des erfolgsneutralen Teils der Gesamtergebnisrechnung (*other comprehensive income*) geboten (IAS 12.68C).

Die Erfassung aktiver latenter Steuern über das Eigenkapital ist Folge eines Abstellens auf den *grant date fair value measurement approach* (Rz 84). Erfolgt die Bestimmung des steuerlich absetzbaren Erstattungsanspruchs mit Ende der Sperrfrist (*exercise date measurement*), ist die Wertdifferenz den Vergütungsberechtigten als Eigenkapitalgebern (*in their capacity as equity participants*) zuzurechnen (IFRS 2.BC318). Ein Übersteigen des steuerlichen Erstattungsanspruchs ist somit analog zu Transaktionen der Gesellschaft mit ihren Gesellschaftern (*transactions with owners in their capacity as owners*) zu behandeln (IAS 1.109) und im *statement of changes in equity* (ggf. in einer gesonderten Zeile) aufzunehmen (→ § 20 Rz 63ff.).

Die Erfolgswirksamkeit der Steuerabgrenzung für *equity-settled transactions* wird für jede Berichtsperiode durch den kumulierten Betrag der im IFRS-Abschluss erfassten Leistung begrenzt. Für einen darüber hinaus bestehenden steuerlichen Erstattungsanspruch (etwa wegen Unterschieden im Bewertungszeitpunkt, Rz 222) greifen die Besonderheiten für die Bestimmung temporärer Differenzen nicht (Rz 219). 223

Die Unterscheidung in einen ergebniswirksamen und einen ergebnisneutralen Teil der Steuerabgrenzung zeitigt auch im Fall einer **Reduzierung** des steuerlichen Vorteils (etwa durch einen Wertverlust der Option und damit geminderten inneren Wert) Relevanz. Bei der Minderung eines *deferred tax asset* ist zunächst ein erfolgsneutral zugeführter Teil zu berücksichtigen und nur eine darüber hinausgehende Minderung erfolgswirksam zu erfassen.[45]

Besonderheiten ergeben sich, wenn – abweichend von dem in IAS 12 behandelten Fall (*Example* 5) – unterschiedliche Ausübungszeitpunkte (*exercise dates*) bestehen (Rz 226).

---

[44] Wohl a.A. ERNST & YOUNG, International GAAP 2015, S. 2166f., welche die Inkonsistenz in den Vorgaben von IAS 12 (im Vergleich zu IFRS 2) auf ein redaktionelles Versehen reduzieren „We assume that this is simply a drafting slip by the IASB". Ebenfalls a.A. PwC, IFRS Manual of Accounting 2015, Tz 13.205.1.

[45] Gl. A. PwC, IFRS Manual of Accounting 2015, Tz 13.206.6.

Beispiel (Fortsetzung zu Rz 87)
Die Gesellschaft vereinbart mit 500 Arbeitnehmern die Einräumung von 100 Aktienoptionen je Mitarbeiter. Voraussetzung für die Gewährung ist die Aufrechterhaltung des Dienstverhältnisses über drei Jahre hinweg. Der *fair value* jeder Option wird am *grant date* (Rz 62) auf 15 EUR geschätzt. Die Ausübung aller nicht verfallenen Optionen erfolgt im Jahr 5.

Mit Ausübung der Optionen ist der Zuwendungsbetrag (= innerer Wert) nach dem anwendbaren nationalen Steuerrecht auf Ebene des Unternehmens vollständig steuerlich abzugsfähig. Der relevante (Unternehmens-)Steuersatz beträgt 30 %.

Die bilanzielle Behandlung nach IFRS und die steuerliche Abbildung bestimmen sich nach folgenden Prämissen:

Jahr	Ist-Ansprüche in EUR	Erwartete Ansprüche nach Sperrfrist in EUR	Inanspruchnahme in EUR	Innerer Wert in EUR
1	48.000	42.500		5,00
2	45.800	44.000		10,00
3	44.300			17,00
4	44.300			20,00
5			44.300	25,00

Die Aufwandsbestimmung und die Bestimmung der Eigenkapitalzuführung nach IFRS ergeben sich in folgender Höhe:

Jahr	Berechnung	Vergütungsaufwand je Periode in EUR	kumulierter Vergütungsaufwand in EUR
1	50.000 Optionen × 85 % × 15 EUR × 1/3	212.500	212.500
2	(50.000 Optionen × 88 % × 15 EUR × 2/3) − 212.500 EUR	227.500	440.000
3	(44.300 × 15 EUR) − 440.000 EUR	224.500	664.500
4			664.500
5			664.500

Steuerlich richtet sich die Bestimmung der Verbindlichkeit nach dem Mengen- und Preisgerüst zum Bilanzstichtag (Rz 221). Die temporäre Differenz ergibt sich i. H. d. steuerlichen Vorteils (der Anrechnungsfähigkeit, da der IFRS-Buchwert (*carrying amount*) null entspricht (Rz 219)).

Jahr	Mengengerüst = Ist-Ansprüche (vor Inanspruchnahme) in EUR	Preisgerüst = innerer Wert je Option in EUR	Summe innerer Wert in EUR	Verteilungsschlüssel (*vesting period*) in EUR	Temporäre Differenz = *tax base* in EUR
1	48.000	5,00	240.000	1/3	80.000
2	45.800	10,00	458.000	2/3	305.333

Anteilsbasierte Vergütungsformen § 23

Jahr	Mengengerüst = Ist-Ansprüche (vor Inanspruchnahme) in EUR	Preisgerüst = innerer Wert je Option in EUR	Summe innerer Wert in EUR	Verteilungsschlüssel (*vesting period*) in EUR	Temporäre Differenz = tax base in EUR
3	44.300	17,00	753.100	3/3	753.100
4	44.300	20,00	886.000	3/3	886.000
5	44.300	25,00	1.107.500	3/3	1.107.500

Die ergebniswirksame Erfassung der aktiven Steuerlatenz ist auf die temporäre Differenz i. H. d. kumulierten Vergütungsaufwands je Periode begrenzt (maximal 664.500 EUR). Es ergibt sich folgende Aufteilung:

Jahr	Steuerlicher Vorteil (*tax asset**) in EUR	Zuführung erfolgswirksam in EUR	Zuführung direkt im EK in EUR	Kumulierte Obergrenze erfolgswirksame Zuführung in EUR	Kumulierter Vergütungsaufwand in EUR
1	24.000	24.000		63.750	212.500
2	91.600	67.600		132.000	440.000
3	225.930	107.750	26.580	199.350	664.500
4	265.800		39.870	199.350	664.500
5	332.250		66.450	199.350	664.500

* Bis Jahr 4 ist ein Ausweis als *deferred tax asset*, ab Jahr 5 als *current tax asset* geboten. Mit dem Periodenwechsel ist entsprechend eine Umbuchung vorzunehmen.

Im Jahr 5 ist die aktive Steuerlatenz in eine tatsächliche Steuerforderung umzubuchen. Im Jahr 3 ergibt sich die Notwendigkeit einer Aufteilung der Zuführung des *tax asset* in einen erfolgswirksamen Teil (107.750 EUR), der sich aus einer Gegenüberstellung der Obergrenze der erfolgswirksamen Zuführung und den bereits erfassten Zuführungen ergibt, und einen (residual bestimmten) direkt im Eigenkapital zu verrechnenden Teil (26.580 EUR).

Für die Steuerlatenzrechnung ist bei Vorliegen mehrerer Vergütungszusagen eine **getrennte Beurteilung** geboten (*on a discrete scheme-by-scheme basis*). Positive Abweichungen zwischen dem Steuervorteil und dem *grant date value* einer Zusage sind den Vergütungsberechtigten in ihrer Stellung als Eigenkapitalgeber (*in their capacity as equity participants*) zuzurechnen (Rz 222), eine erfolgswirksame Erfassung scheidet aus. Somit kann ein steuerlicher Vorteil aus einer Zusage – mit der Absicht einer erfolgswirksamen Erfassung – **nicht** auf eine weitere anteilsbasierte Vergütungszusage **übertragen** werden.

224

Beispiel
Eine Gesellschaft hat zum Stichtag noch zwei ausstehende anteilsbasierte Vergütungszusagen (Zusage A und Zusage B) mit vereinbartem *equity settlement*, die zu unterschiedlichen Zeitpunkten begeben wurden. Mit Ausübung der Optionen ist der Zuwendungsbetrag (= innerer Wert) auf

> Ebene des Unternehmens vollständig steuerlich abzugsfähig. Der relevante (Unternehmens-)Steuersatz beträgt 30 %.
> Zum Bilanzstichtag weisen die beiden *equity-settled share based payment schemes* folgende Eigenschaften auf:
>
> | | Zusage A | Zusage B |
> |---|---|---|
> | Kumulierter Vergütungsaufwand gem. IFRS 2 EUR | 500.000 | 1.000.000 |
> | Innerer Wert gem. IAS 12 EUR | 0 | 1.500.000 |
> | Kumulierte Obergrenze für eine erfolgswirksame Erfassung latenter Steuern EUR | 150.000 | 300.000 |
> | Steuerlicher Vorteil (*tax asset*) EUR | 0 | 450.000 |
>
> Eine Zusammenlegung beider Zusagen für die Steuerlatenzrechnung scheidet aus. Insgesamt ist zwar ein *deferred tax asset* i. H. v. 450.000 EUR zu erfassen, die erfolgswirksame Zuführung ist allerdings auf 300.000 EUR begrenzt. Für Zusage A ergibt sich kein steuerlicher Vorteil, auch nicht indirekt durch Übertragung der kumulierten Obergrenze für eine erfolgswirksame Erfassung auf Zusage B.

225 In Abhängigkeit der Ausgestaltung einer anteilsbasierten Vergütung kann ggf. eine **Aufspaltung** für Zwecke der Steuerlatenzrechnung erforderlich sein. Anhaltspunkte für eine separate Beurteilung einer Vergütungszusage mit *equity settlement* sind
- das Bestehen unterschiedlicher *grant date fair values*, da sich entweder die Ausgestaltungsmerkmale in Abhängigkeit der Vergütungsberechtigten unterscheiden (z. B. Ausübungsbedingungen werden in Abhängigkeit der Betriebszugehörigkeit ausformuliert) oder die Zusage unterschiedlichen Mitarbeitern gewährt wird, die sich durch heterogene Ausübungsverhalten auszeichnen (z. B. gehobenes Management vs. Angestellte),
- die Möglichkeit zur Geltendmachung von steuerlichen Vorteilen in unterschiedlichen Rechtskreisen und/oder
- Unterschiede in der steuerlichen Anerkennung einer Vergütungszusage wegen der Beteiligung mehrerer Vergütungsberechtigter in unterschiedlichen Rechtseinheiten innerhalb eines Steuergebietes.

226 Hinsichtlich der Aufteilung der Steuerabgrenzung in einen erfolgswirksamen und einen erfolgsneutralen Teil ergeben sich Besonderheiten, wenn zwar eine einheitliche Sperrfrist (*vesting period*) besteht und somit eine Aufteilung entfällt (Rz 225), die steuerlich anrechenbare Zusage aber zu unterschiedlichen Zeitpunkten ausgeübt (*exercise date*) wird. Für die Bestimmung der Obergrenze einer erfolgswirksamen Zuführung des *tax asset* sind nur zum Stichtag nicht ausgeübte Optionen beachtlich, der **Gesamtbetrag** also um bereits ausgeübte Optionen zu **reduzieren**. Andernfalls käme es – analog einer Vermengung unterschiedlicher Zusagen (Rz 224) – zu einer Vermischung von steuerlichen Vorteilen, die sich in Bezug auf den *grant date value* ergeben, und solchen, die den Vergütungsberechtigten in ihrer Stellung als Eigenkapitalgeber (*in their capacity as equity participants*) zustehen (Rz 222).

Anteilsbasierte Vergütungsformen § 23

Beispiel (Abwandlung zu Rz 223)
Die Gesellschaft vereinbart mit 500 Arbeitnehmern die Einräumung von 100 Aktienoptionen je Mitarbeiter. Voraussetzung für die Gewährung ist die Aufrechterhaltung des Dienstverhältnisses über 3 Jahre hinweg. Der *fair value* jeder Option wird am *grant date* (Rz 62) auf 15 EUR geschätzt. Bereits am Ende von Jahr 3 werden 50 % der bestehenden Ansprüche ausgeübt, obwohl der innere Wert zum Stichtag nur 12,00 EUR je Option beträgt. Alle verbleibenden Ansprüche werden im Jahr 5 gezogen. Mit Ausübung der Optionen ist der Zuwendungsbetrag (= innerer Wert) auf Ebene des Unternehmens vollständig steuerlich abzugsfähig. Der relevante (Unternehmens-)Steuersatz beträgt 30 %.

Die bilanzielle Behandlung nach IFRS und die steuerliche Abbildung bestimmen sich – abweichend vom Ausgangsbeispiel (Rz 223) – nach folgenden Prämissen:

Jahr	Ist-Ansprüche	Erwartete Ansprüche nach Sperrfrist	Inanspruchnahme (abweichend vom Ausgangsfall)	Innerer Wert in EUR (abweichend vom Ausgangsfall)
1	48.000	42.500		5,00
2	45.800	44.000		10,00
3	22.150		22.150	12,00
4	22.150			14,00
5			22.150	20,00

Die Aufwandsbestimmung und die Bestimmung der Eigenkapitalzuführung nach IFRS ergeben sich in (gleicher) folgender Höhe:

Jahr	Berechnung	Vergütungsaufwand je Periode EUR	kumulierter Vergütungsaufwand EUR
1	50.000 Optionen × 85 % × 15 EUR × 1/3	212.500	212.500
2	(50.000 Optionen × 88 % × 15 EUR × 2/3) – 212.500 EUR	227.500	440.000
3	(44.300 × 15 EUR) – 440.000 EUR	224.500	664.500
4			664.500
5			664.500

Steuerlich richtet sich die Bestimmung der Verbindlichkeit nach dem Mengen- und Preisgerüst zum Bilanzstichtag (Rz 221). Die temporäre Differenz ergibt sich i.H.d. steuerlichen Vorteils (der Anrechnungsfähigkeit, da der IFRS-Buchwert (*carrying amount*) null entspricht (Rz 219)).

Jahr	Mengengerüst = Ist-Ansprüche (vor Inanspruchnahme) in EUR	Preisgerüst = innerer Wert je Option in EUR	Summe innerer Wert in EUR	Verteilungsschlüssel (vesting period) in EUR	Temporäre Differenz = tax base in EUR
1	48.000	5,00	240.000	1/3	80.000
2	45.800	10,00	458.000	2/3	305.333
3	44.300	12,00	531.600	3/3	531.600
4	22.150	14,00	310.100	3/3	310.100
5	22.150	20,00	443.000	3/3	443.000

Die ergebniswirksame Erfassung der aktiven Steuerlatenz ist auf die temporäre Differenz i. H. d. kumulierten Vergütungsaufwands je Periode begrenzt (maximal 664.500 EUR). Die Grenze ist allerdings bei (teilweiser) Ausübung bestehender Optionen anzupassen. Da im Jahr 3 bereits 22.150 ausgeübt werden, ist für die Folgejahre von einer angepassten Obergrenze i. H. v. 332.250 EUR (= 22.150 × 15 EUR) auszugehen. Es ergibt sich folgende Aufteilung:

Jahr	Steuerlicher Vorteil (*tax asset**) in EUR	Zuführung erfolgswirksam in EUR	Zuführung direkt im EK in EUR	Kumulierte Obergrenze erfolgswirksame Zuführung in EUR	Kumulierter Vergütungsaufwand** in EUR
1	24.000	24.000		63.750	212.500
2	91.600	67.600		132.000	440.000
3	159.480	67.880		199.350	664.500
3r***	79.740	79.740		99.675	332.250
4	93.030	13.290		99.675	332.250
5	132.900	6.645	33.225	99.675	332.250

* Bis Jahr 2 ist ein Ausweis als *deferred tax asset*, im Jahr 3 sind 50 % des *tax asset* in ein *current tax asset* umzubuchen und ab Jahr 5 ist auch ein Ausweis des verbleibenden Betrags als *current tax asset* geboten. Mit dem jeweiligen Periodenwechsel ist entsprechend eine Umbuchung vorzunehmen.
** Angepasst um die Anzahl der bereits ausgeübten Optionen.
*** Anpassung der Aufteilung aufgrund der Ausübung von 22.150 Optionen in Jahr 3 (Jahr 3r = *revised*).

Im Jahr 3 ist die aktive Steuerlatenz zu 50 % (mit einem Betrag von 79.740 EUR) in eine tatsächliche Steuerforderung umzubuchen. Für die Fortführung der Steuerlatenzrechnung ab Jahr 4 ist von einer reduzierten Anzahl ausstehender Anteile auszugehen. Der als *current tax asset* umgebuchte Betrag wurde in der Aufteilung ab Jahr 4 ausgeklammert. Erst im Jahr 5 ergibt sich die Notwendigkeit einer Aufteilung der Zuführung des *tax asset* in einen

> erfolgswirksamen Teil (6.645 EUR), der sich aus einer Gegenüberstellung der Obergrenze der erfolgswirksamen Zuführung und den bereits erfassten Zuführungen, jeweils angepasst an die Anzahl der noch ausstehenden Optionen, ergibt, und einen (residual bestimmten) direkt im Eigenkapital zu verrechnenden Teil (33.225 EUR).

Eine weitere Besonderheit ergibt sich im Hinblick auf das Ausübungsverhalten, wenn entgegen der Erwartung und Ausübungsmöglichkeit nicht alle Optionen in Anspruch genommen werden und somit entfallen. Knüpft der steuerliche Vorteil an eine Ausübung der Option und den inneren Wert bei Ausübung, wird dieser nicht realisiert, wenn ausübbare Optionen verfallen (*lapse*). Der Verfall von Optionen wegen Auslaufens der *exercise period* führt u. E. nicht zu einer Anpassung der erfolgten Zuführung zu einem *deferred tax asset*, sondern ist im Rahmen der Umbuchung auf das *current tax asset* zu erfassen.[46] Im Zeitpunkt der Umbuchung ergibt sich ein Auseinanderfallen der erfolgswirksamen Buchung in Soll (Auflösung *deferred tax asset*) und Haben (Zuführung *current tax asset*).

Innerhalb einer Gruppe werden (Konzern-)Unternehmen, die an einem einheitlichen Vergütungsplan partizipieren, regelmäßig per Umlage (*recharge*) an den Aufwendungen beteiligt (zu der Behandlung von Vergütungen im Konzernverbund vgl. Rz 165 ff.). Auswirkungen auf die Steuerberechnung können sich ergeben, wenn die Umlage anstelle der Ausübung der gewährten Optionen auf Ebene der einzelnen Konzerneinheit steuerlich abzugsfähig ist. Besteht ein unmittelbarer Zusammenhang zwischen der Umlage und der anteilsbasierten Vergütung, gelten für die Steuerlatenzrechnung auf Ebene der konsolidierten Einheit die Vorgaben aus IAS 12.68A-C analog (Rz 222).[47]

- Ist der aus der Umlage steuerlich anerkannte Vorteil kleiner oder gleich dem kumulierten Vergütungsaufwand, ist eine **erfolgswirksame** Erfassung geboten.
- Übersteigt der Vorteil aus der Umlage den kumulierten Vergütungsaufwand, ist eine Erfassung **unmittelbar im Eigenkapital** der Gruppe geboten.

Fehlt es an einem Zusammenhang zwischen der steuerlichen Anerkennung der Umlage und dem kumulierten Vergütungsaufwand aus der anteilsbasierten Zusage, ist der (Gesamt-)Betrag des steuerlichen Vorteils erfolgswirksam zu vereinnahmen. Steht die Erhebung einer Umlage allein im Ermessen des Mutterunternehmens einer Gruppe und fehlt es an einer durchsetzbaren Vereinbarung, scheidet die Berücksichtigung des Vorteils aus der steuerlichen Anrechnungsfähigkeit der Umlage auf Ebene einer untergeordneten Einheit mangels Entstehen dem Grunde nach aus. Entsprechendes gilt für die Erfassung eines *deferred tax asset* im Konzernabschluss, die ebenfalls zu unterbleiben hat.

11.2.3 Besonderheiten für anteilsbasierte Vergütungen im Rahmen von *business combinations*

Erfolgt im Rahmen einer *business combination* der (verpflichtende) Ersatz einer anteilsbasierten Vergütungszusage übernommener Mitarbeiter (*replacement sha-*

---

[46] Gl. A. PwC, IFRS Manual of Accounting 2015, Tz 13.206.7.
[47] Gl. A. PwC, IFRS Manual of Accounting 2015, Tz 13.206.9.

res), die Vergütung für erbrachte Dienstleistungen vor dem Erwerbsstichtag darstellt, ist der Wert der Vergütung als Teil der Anschaffungskosten (*consideration transferred*) zu erfassen (Rz 181). Unter der Voraussetzung einer steuerlichen Anrechenfähigkeit der anteilsbasierten Vergütung ist nach Maßgabe des Preis- und Mengengerüsts zum Erwerbsstichtag (Rz 221) eine aktive latente Steuer zu erfassen (so auch *Example* 6 in IAS 12.IE).

> **Beispiel**
> Unternehmen A erwirbt zum 31.12. alle Anteile an Unternehmen B. Im Zeitpunkt des Unternehmenszusammenschlusses hat die ausübbare Zusage (*fully vested*) auf Anteile (*equity settlement*) der anspruchsberechtigten Mitarbeiter des erworbenen Unternehmens B einen Wert von 10 Mio. EUR. Im Zuge der *business combination* gewährt der Erwerber Optionen auf Anteile an A mit gleichem Wert (*replacement shares*), die ebenfalls sofort ausübbar sind (*fully vested*). Der innere Wert zum Erwerbsstichtag beträgt 7 Mio. EUR, der relevante Steuersatz 30 %. Eine steuerliche Anrechnungsfähigkeit i. H. d. inneren Werts setzt eine Ausübung der gewährten Optionen voraus. Für den steuerlichen Vorteil ist im Rahmen der *business combination* eine aktive latente Steuer i. H. v. 2,1 Mio. EUR (= 7 Mio. EUR × 30 %) zu erfassen (zur erforderlichen Kaufpreisallokation siehe → § 31 Rz 129ff.).

230 Für die **Fortführung** der Steuerlatenzrechnung nach vollzogener *business combination*, also der erfassten aktiven latenten Steuer nach Maßgabe des inneren Werts des Steuervorteils zum Preis- und Mengengerüst am Erwerbsstichtag, fehlt es an konkreten Vorgaben in IAS 12. Unklar ist insbesondere, ob Anpassungen der aktiven latenten Steuer wegen Veränderungen des inneren Werts vor Ausübung erfolgswirksam oder erfolgsneutral zu verrechnen sind. Da der Zugang der anteilsbasierten Vergütung im Rahmen der *business combination* erfolgte, somit – unter der Prämisse der freien Ausübbarkeit im Zugangszeitpunkt – keine Historie für einen kumulierten Vergütungsaufwand besteht, halten wir eine Erfassung der Änderungen des steuerlichen Vorteils unmittelbar im Eigenkapital für geboten (Rz 222). Aus Sicht des Erwerbers erfolgte der Zugang der anteilsbasierten Vergütung als Teil der **Anschaffungskosten** (*consideration transferred*), eine erfolgswirksame Fortführung des *deferred tax asset* scheidet aus.

> **Beispiel (Fortsetzung zu Rz 229)**
> Zum 31.12.x2 sind die *replacement shares* noch nicht ausgeübt worden. Der innere Wert ist allerdings von 7 Mio. EUR auf 9 Mio. EUR angestiegen. Das *deferred tax asset* ist somit um 0,6 Mio. EUR auf 2,7 Mio. EUR (= 9 Mio. EUR × 30 %) zu erhöhen. Mangels Bestehen der Historie eines kumulierten Vergütungsaufwands ist die Zuführung unmittelbar im Eigenkapital zu erfassen, den Vergütungsberechtigten somit in ihrer Rolle als Eigenkapitalgeber (*in their capacity as equity participants*) zuzurechnen.

231 Stellt ein Teil der *replacement shares* Vergütung für den Zeitraum nach der *business combination* dar, ist eine Aufteilung der (Gesamt-)Zusage in *pre-* und *post-combination services* erforderlich. Der als *post-combination expense* identi-

fizierte Teil stellt u. E. eine **neue Zusage** (*new grant date*) dar (Rz 185). Wird die Ausgabe von *replacement shares* (teilweise) als *new grant* behandelt, ist der den Wert der ursprünglichen Zusage übersteigende Wert der *replacement shares* gem. IFRS 2.15 über die nach dem Stichtag der Kontrollerlangung verbleibende *vesting period* gleichmäßig zu verteilen. Entsprechendes gilt u. E. für die Bestimmung der Steuerlatenz, auch hier ist (anteilig) eine neue Zusage zu unterstellen.

11.3 Begrenzte Bedeutung für Unternehmen im deutschen Rechtsraum

11.3.1 Aktienoptionen und bedingte Kapitalerhöhung

IFRS 2 sieht für die anteilsbasierte Vergütung auf der Grundlage eines **bedingten Kapitals** (*equity settlement*) eine aufwandswirksame Ansammlung der unterstellten Arbeitsleistung unter Gegenbuchung im Eigenkapital vor. Die Übernahme dieser Bilanzierungsregel in das deutsche **HGB** ist umstritten, in die steuerliche Gewinnermittlung nach **EStG** derzeit nicht denkbar.[48] Eine Aufwandsbelastung zugunsten der Kapitalrücklage lässt sich mit dem Einlagetatbestand des deutschen Steuerrechts nicht vereinbaren. Dies bestätigt auch die BFH-Rechtsprechung:[49] Die Ausgabe der Optionen stelle sich dem BFH zufolge allein als Vermögensverlust der Altaktionäre dar, die durch die bedingte Kapitalerhöhung eine **Verwässerung** ihres Aktienwerts in Kauf nehmen müssten. Das aktienrechtliche und auch ertragsteuerliche **Trennungsprinzip** erlaube keinen Transfer des Vermögensnachteils der Aktionäre in die Besteuerungsebene der Gesellschaft.

Eine Abweichung von IFRS- und steuerlichem Ergebnis ist deshalb bei Ausgabe von *equity-settled share-based payment*-Zusagen unvermeidlich.[50] Mangels einer steuerlichen Anrechnungsfähigkeit besteht keine temporäre Differenz, eine Steuerlatenzrechnung scheidet aus (Rz 219). Abweichungen zwischen IFRS-Ergebnis und Steuerergebnis sind im Rahmen der Überleitungsrechnung nach IAS 12.81 (→ § 26 Rz 246) zu erfassen.

Allenfalls kann sich die Frage stellen, ob im Zeitpunkt der Optionsausübung mit der Folge einer **Zuflussbesteuerung** beim Arbeitnehmer[51] eine Aufwandsverbuchung bei der Gesellschaft steuerlich wirksam möglich ist. Eine einigermaßen überzeugende Befürwortung des Betriebsausgabenabzugs in diesen Fällen ist weder im Schrifttum,[52] geschweige denn bei der Finanzverwaltung oder beim BFH feststellbar. Das dahintersteckende ökonomische Problem liegt in der **Person** des Vergütungsschuldners: Nicht die Gesellschaft, sondern die Altaktionäre erbringen (durch Kapitalverwässerung) die Gegenleistung (Rz 49). Ohne eine steuerliche Anerkennung scheidet eine Steuerlatenzrechnung aber aus.[53]

---

[48] HERZIG/LOCHMANN, WPg 2002, S. 255 ff.
[49] BFH, Urteil v. 25.8.2010, I R 103/09, DStR 2010, S. 2453.
[50] Ausführlich HOFFMANN, PiR 2011, S. 30 ff.
[51] BFH, Urteile v. 24.1.2001, I R 100/98, DB 2001, S. 1173, sowie I R 119/98, DB 2001, S. 1176.
[52] HERZIG/LOCHMANN, WPg 2002, S. 325 ff.
[53] Für eine kritische Auseinandersetzung HOFFMANN, PiR 2011, S. 30 ff.

11.3.2 Aktienoptionen mit Bedienung durch erworbene Aktien

234 Eine Steuerlatenz kann sich aus der Stillhalteverpflichtung ergeben, sofern diese nicht als Drohverlustrückstellung gewertet wird. Nach IFRS 2 ist die **Bewertung** zum *fair value* vorzunehmen, in der deutschen Steuerbilanz muss die Bewertung auf der Grundlage des inneren Wertes *(intrinsic value)* erfolgen. Es kommt dann zu einer aktiven Steuerlatenz mit der Auflösung im Zuge der Ausübung (→ § 26 Rz 10).

11.3.3 Stock appreciation rights

235 Zu klären ist zunächst, ob eine Bilanzierung dem Grunde nach analog zu den Vorgaben der IFRS (Rz 53) auch in der Steuerbilanz in Betracht kommt. Vom BFH wurde ein solcher Fall bislang nicht entschieden. In der Auslegung sollte deshalb von einer Analogie zur **erfolgsabhängigen** Vergütung ausgegangen werden, die eine Verbindlichkeitsrückstellung auch steuerlich erforderlich macht. Die zeitanteilige Zuführung kann u. E. in der Steuerbilanz ebenfalls nachvollzogen werden. Es werden damit die in der **Vergangenheit** erbrachten Arbeitsleistungen abgegolten.

236 Die Bewertung ist mit dem *fair value* vorzunehmen (Rz 54). Dem kann das Steuerrecht nicht folgen.[54] Hier ist die Bewertung mit dem innewohnenden Wert (Optionskurs abzüglich aktuellen Aktienkurses bzw. Anteilswerts) vorzunehmen (ausführlich Rz 211 f.). In der Haltefrist ist der Steueraufwand deshalb zu hoch ausgewiesen mit der Folge des Ansatzes einer aktiven Steuerlatenz (→ § 26 Rz 109).

11.4 Übernahme der Besteuerung des Mitarbeiters durch das Unternehmen

11.4.1 Fehlende Vorgaben für die bilanzielle Erfassung

237 In Abhängigkeit von dem zugrunde liegenden Steuerrecht ergibt sich aus einer anteilsbasierten Vergütungszusage gegenüber Mitarbeitern für den Vergütungsschuldner die Verpflichtung zur Zahlung von Steuern *(employment taxes)* und/ oder Sozialleistungen *(social security contributions)*. Mangels Vorgaben für die bilanzielle Erfassung besteht zur **Lückenfüllung** (→ § 1 Rz 77) ein Wahlrecht für einen Rückgriff auf Vorgaben in anderen Standards (IAS 8.11a), welches allerdings stetig auszuüben ist (IAS 8.14; → § 24 Rz 5 ff.).
Für die Erfassung von Auszahlungen im Zusammenhang mit gewährten anteilsbasierten Vergütungen, die nicht dem Vergütungsberechtigten, sondern (nachfolgend i. s. e. einheitlichen Begriffsverwendung) dem Fiskus zufließen, kommt eine Behandlung als
- nichtfinanzielle Verbindlichkeit (IAS 37),
- zusätzliche Vergütung mit Barausgleich (IFRS 2) oder
- sonstige Leistung an Arbeitnehmer (IAS 19)

infrage. Eine Behandlung als finanzielle Verbindlichkeit scheidet mangels Vorliegen einer vertraglichen Zahlungsverpflichtung *(contractual obligation)* aus (IAS 32.AG12).

---

[54] Herzig, DB 1999, S. 1, 10.

U.E. ist die bilanzielle Erfassung einer bestehenden Verpflichtung des Unternehmens zur Zahlung von Steuern und/oder Sozialleistungen vorrangig durch einen **Rückgriff** auf die Vorgaben in **IAS 37** oder **IAS 19** zu lösen. 238
- Gegen einen Rückgriff auf die Vorgaben in IFRS 2 spricht insbesondere das Bestehen der Verpflichtung gegenüber dem Fiskus, der nicht als „*supplier of ... goods or services*" auftritt (IFRS 2.5).
- Eine Anwendung von IAS 19 kann zumindest für Sozialleistungen gerechtfertigt werden, da diese in IAS 19 als Teil von kurzfristigen Leistungen an Arbeitnehmer aufgeführt werden (IAS 19.8a; → § 22 Rz 76). Regelmäßig werden Zahlungsverpflichtungen gegenüber dem Fiskus aber nicht als kurzfristige, sondern als langfristige Mitarbeitervergütungen zu klassifizieren sein.
- Die Vorgaben in IAS 37 greifen lediglich residual (als Auffanglösung), wenn eine Behandlung nach IFRS 2 oder IAS 19 ausgeschlossen wird (IAS 37.5; → § 21 Rz 16).

In der **Totalperiode** ergeben sich in Abhängigkeit von der Wahlrechtsausübung **keine Auswirkungen** auf die Ertragssituation eines Unternehmens. Der Höhe nach entspricht der zu erfassende Aufwand immer der Auszahlung an den Fiskus. Unterschiede ergeben sich allerdings hinsichtlich des Zeitpunktes der Aufwandserfassung und der anschließenden zeitlichen Verteilung.

Die Vorgaben zur Passivierung einer Verbindlichkeit für Leistungen gegenüber 239
Arbeitnehmern gem. IAS 19 – anteilsbasierte Zusagen zunächst ausgeklammert (für eine Behandlung analog Zusagen mit Barvergütungen; Rz 106 ff.) – orientieren sich an den **Ansatz**kriterien nichtfinanzieller Verbindlichkeiten im Anwendungsbereich von IAS 37 (IAS 19.BC4l). Die Ansatz- und Bewertungskriterien sind allerdings nur ähnlich (*similar*) und nicht identisch (etwa IAS 19.BC93). Die Erfassung einer Verbindlichkeit ist geboten (→ § 21 Rz 18), wenn das Unternehmen
- eine gegenwärtige (am Bilanzstichtag) bestehende rechtliche oder faktische Verpflichtung (*present obligation*)
- als Ergebnis einer früheren Begebenheit (*past event*)
- mit erwartetem (künftigem) Ressourcenabfluss zur Regulierung (*outflow of resources*)
- bei zuverlässiger Möglichkeit zur Schätzung der Verpflichtungshöhe (*reliable estimate*) hat.

Für den **Zeitpunkt** der Passivierung der Verpflichtung ergeben sich daher keine (oder nur marginale und praktisch vernachlässigbare) Unterschiede. U. E. ist auf den Zusagezeitpunkt (*grant date*) der Vergütungszusage abzustellen (Rz 62). Besondere Bedeutung kommt der **zeitlichen Verteilung** des erwarteten Aufwands zu. 240
- Wird (analog) auf die Vorgaben von IAS 19 abgestellt, bestimmt sich die Höhe der zu passivierenden Verpflichtung nach dem Umfang der zum Bilanzstichtag erhaltenen Leistung (IAS 19.10/128). Aus den Vorgaben zur Verteilung der Gesamtverpflichtung (*attributing benefits to periods of service*) ergibt sich u. E. die Notwendigkeit, für die Passivierung der Verbindlichkeit aus *employee benefits* auch auf eine evtl. *vesting period* (i. S. e. Sperrfrist) abzustellen (IAS 19.69 f.).[55] Erfolgt die Behandlung der Zah-

---
[55] Vgl. FREIBERG, PiR 2010, S. 85 ff.

lungsverpflichtung gegenüber dem Fiskus (analog) im Anwendungsbereich von IAS 19, ergeben sich somit die gleichen Verteilungsregeln wie für anteilsbasierte Vergütungen (IFRS 2.BC245). Passivierungspflichtig ist nicht der Gesamtbetrag der künftig erwarteten Verpflichtung, sondern der Anteil, der bereits zum Bilanzstichtag durch den vergütungsberechtigten Mitarbeiter „erdient" wurde.

- Wird analog auf die Vorgaben von IAS 37 abgestellt, scheidet ein entsprechendes Vorgehen, also eine zeitliche Aufwandsverteilung, zunächst aus. Mit Erfüllung der Ansatzvoraussetzungen wäre eine Verbindlichkeit für den erwarteten Ressourcenabfluss zu passivieren (→ § 21 Rz 130). Wir halten eine zeitliche Aufwandsverteilung allerdings dennoch für zulässig, sehen diese sogar als vorrangig an. Eine entsprechende Auslegung wird durch eine Interpretation für die UK-GAAP zu FRS 12, als inhaltlich identischer Standard zu den Vorgaben in IAS 37, bestätigt.[56]

Nicht vermeidbare Unterschiede ergeben sich im Hinblick auf den anwendbaren Zinssatz – nach IAS 37 Verpflichtung zum Abstellen auf eine risikolose Alternativanlage, ggf. unter Berücksichtigung eines unternehmensspezifischen *credit spread* (→ § 21 Rz 142 ff.), und nach IAS 19 auf die beobachtbare Rendite erstrangiger, festverzinslicher Industrieanleihen (→ § 22 Rz 34) – für die Barwertbestimmung bei langfristigen (Zahlungs-)Verpflichtungen gegenüber dem Fiskus.[57]

241 Eine **zeitliche Verteilung** des erwarteten Aufwands aus Verpflichtungen zur Zahlung von Steuern für den Arbeitnehmer oder Sozialleistungen scheidet aus, wenn die Zahlungsverpflichtung (ausnahmsweise) im Zusagezeitpunkt besteht und ein Rückgriffsanspruch gegenüber dem Arbeitnehmer oder dem Fiskus nicht besteht.

Beispiel

Das zugrunde zu legende Steuerrecht des Wirtschaftsraums, in dem anteilsbasierte Vergütungen zugesagt werden, sieht eine Verpflichtung des Unternehmens zur Zahlung von *employment taxes* vor. Für die Bestimmung des abzuführenden Betrags ist auf den inneren Wert zugesagter Optionen bei Ausübung abzustellen; werden Optionen nicht ausgeübt, besteht auch keine Pflicht zur Zahlung von Steuern. Alternativ hat das Unternehmen das Recht, eine Besteuerung im Zusagezeitpunkt der Vergütung zu verlangen. Die Höhe der *employment taxes* richtet sich dann nach Maßgabe des im Zusagezeitpunkt bestehenden (Stichtags-)Werts. Wird das Wahlrecht ausgeübt, scheidet eine Erstattung in späteren Perioden und auch eine zeitliche Verteilung des Steueraufwands aus; dieser ist in voller Höhe im Zusagezeitpunkt der Vergütung zu erfassen.

---

[56] Vgl. Urgent Issues Task Force of United Kingdom Accounting Standards Board, UITF 25 – National Insurance contributions on share option fains, July 2000.
[57] Vgl. FREIBERG, Diskontierung in der Internationalen Rechnungslegung, Rz 425.

11.4.2 Abgrenzungsschwierigkeiten bei Aufteilung/Verlagerung der Steuerverpflichtung

Das Bestehen einer Verpflichtung zur Zahlung von Steuern oder Sozialleistungen im Zusammenhang mit gewährten anteilsbasierten Vergütungen schränkt den bestehenden (ökonomischen) Vorteil aus einer Zusage mit vorgesehenem *equity settlement* ein. Zwar stellt die Zusage weiterhin eine Möglichkeit zur liquiditätsschonenden Vergütung von empfangenden Leistungen dar, eine Verpflichtung gegenüber dem Fiskus löst aber dennoch einen Ressourcenabfluss aus. Zur (ökonomischen, nichtbilanziellen) Absicherung der Zahlungsverpflichtung kann das Unternehmen als Vergütungsschuldner eigene Vorsorge treffen (Rz 243). Alternativ kommt eine Übertragung der Verpflichtung zur Leistung von Steuerzahlungen und Sozialabgaben auf den Vergütungsberechtigten infrage, indem von diesem entweder die Hingabe 242

- von liquiden Mitteln durch Bestehen einer direkten Zahlungsverpflichtung bzw. eines (anteiligen) Einbehalts einer in bar geleisteten Gehaltszahlung (Rz 244) oder
- von Anteilen zur Erfüllung der Zahlungsverpflichtung (Rz 245)

verlangt wird.

Eine Möglichkeit zur liquiditätsschonenden Erfüllung einer Verpflichtung gegenüber dem Fiskus aus der Zusage von anteilsbasierten Vergütungen für eigene Mitarbeiter ist die Veräußerung von eigenen Anteilen zusätzlich zu den im Rahmen der Optionsausübung gewährten Anteilen. Der Erwerb und die Veräußerung von eigenen Anteilen (*treasury shares*) stellen eine **separate Transaktion** dar und sind unabhängig von der anteilsbasierten Vergütung und der bilanziellen Verpflichtung zur Erfüllung einer bestehenden Steuerverpflichtung zu erfassen (zur bilanziellen Behandlung → § 20 Rz 85 ff.). 243

Verlangt das Unternehmen als Vergütungsschuldner vom Anspruchsberechtigten einer anteilsbasierten Vergütung einen Barausgleich (*remuneration*) i.H.d. von dem Unternehmen zu leistenden Steuerzahlungen bzw. Sozialleistungsverpflichtung, ergeben sich in Abhängigkeit von der (vertraglichen) Ausgestaltung Auswirkungen auf die bilanzielle Abbildung der Vergütung. Die Verpflichtung des Vergütungsschuldners zur Leistung von Zahlungen an den Fiskus stellt in jedem Fall eine separat zu erfassende Transaktion dar. 244

- Wird die Verpflichtung des Anspruchsberechtigten zum Barausgleich als Bestandteil des Ausübungspreises (*exercise price*) der gewährten Zusage behandelt/interpretiert, ergeben sich Auswirkungen auf das Preisgerüst der Option (Rz 80).
- Alternativ kann die Verpflichtung zum Barausgleich auch separat von der anteilsbasierten Vergütung als Rückgriffsanspruch (*reimbursement*) erfasst werden (→ § 21 Rz 165 ff.).

Mindestens für eine erteilte Zusage ist gem. IAS 8.14 eine einheitliche Behandlung geboten (→ § 24 Rz 5 ff.), für unterschiedliche Zusagen besteht u.E. ein separat ausübbares Wahlrecht.

> **Beispiel**
> An den Vorstand der A werden Aktienoptionen mit einer Sperrfrist (*vesting period*) von (annahmegemäß) zwei Jahren ausgegeben, der Ausübungspreis der Optionen beträgt null. Aufgrund steuerlicher Vorgaben muss A bei

Ausübung der Option 15 % des Marktwertes der Anteile (= innerer Wert der Option) als *employment tax* abführen. Im Fall einer Ausübung besteht eine Verpflichtung des Vorstands gegenüber A zur Zahlung eines Betrags, der 15 % des Marktpreises bei Ausübung entspricht. Im Zusagezeitpunkt beträgt der innere Wert der Optionen 120.000 EUR, im Ausübungszeitpunkt ist der innere Wert auf 300.000 EUR angestiegen. Die Verpflichtung gegenüber dem Fiskus beträgt daher 45.000 EUR, die bei Ausübung unmittelbar nach Ablauf der *vesting period* (noch im Jahr 2) auch von dem Vorstand an die Gesellschaft gezahlt wird.

Alternative 1: Behandlung der Zahlung des Vorstands als Ausübungspreis der Option

Für die bilanzielle Abbildung ist eine anteilsbasierte Vergütung mit einem variablen Ausübungspreis zu unterstellen. Die Zahlungsverpflichtung geht in die Optionsbewertung (*grant date measurement approach*) ein. Wird der Zeitwert der Option vernachlässigt, beträgt der Optionswert im Zusagezeitpunkt 102.000 EUR. Es ergeben sich in kumulierter Betrachtung die folgenden bilanziellen Konsequenzen (den Zu- und Abfluss liquider Mittel ausgeklammert):

Personalaufwand (IFRS 2) in EUR	Personalaufwand (Steuern) in EUR	Eigenkapitalzuführung (IFRS 2) in EUR	Eigenkapitalzuführung (*remuneration*) in EUR
Σ 102.000	45.000	102.000	45.000
Σ 147.000		147.000	

Der Empfang der Ausgleichszahlung durch den Vorstand wird als Eigenkapitalzuführung behandelt.

Alternative 2: Separate Erfassung der Zahlung als *reimbursement*

Die Zahlungsverpflichtung steht nicht im Zusammenhang mit der Vergütung und beeinflusst auch nicht die Optionsbewertung. Wird der Zeitwert der Option vernachlässigt, beträgt der Optionswert im Zusagezeitpunkt 120.000 EUR. Es ergeben sich in kumulierter Betrachtung die folgenden bilanziellen Konsequenzen (den Zu- und Abfluss liquider Mittel ausgeklammert):

Personalaufwand (IFRS 2) in EUR	Personalaufwand (Steuern) in EUR	Eigenkapitalzuführung (IFRS 2) in EUR	Eigenkapitalzuführung (*reimbursement*) in EUR
Σ 120.000	0	120.000	0
Σ 120.000		120.000	

Der Empfang der Ausgleichszahlung durch den Vorstand storniert als *reimbursement* die Aufwandsbuchung aus der Begleichung der Verpflichtung gegenüber dem Fiskus.

Anteilsbasierte Vergütungsformen § 23

Der zu erfassende Gesamtaufwand beider Alternativen unterscheidet sich i. H. v. 27.000 EUR. Die Differenz erklärt sich für Alternative 2 durch die Nichtberücksichtigung der Ausgleichsverpflichtung in der Bewertung der anteilsbasierten Vergütung (kumuliert + 18.000 EUR) und der Stornierung des Aufwands aus der Begleichung der Steuerverpflichtung (kumuliert – 45.000 EUR).

Alternativ zu einem Barausgleich kann auch eine Verpflichtung des Vergütungsberechtigten zur Erstattung der Zahlungsverpflichtung gegenüber dem Fiskus durch Rückgabe von **Anteilen** vereinbart werden. Dann ist u. E. eine Anpassung des Mengengerüsts der Bewertung (Rz 80) geboten. Bereits mit Zusage ist eine Nettobetrachtung geboten (keine Aufwandsverrechnung für rückzugewährende Anteile). 245

Beispiel (Abwandlung zu Rz 244)
An den Vorstand der A werden 1.000 Aktienoptionen mit einer Sperrfrist (*vesting period*) von (annahmegemäß) zwei Jahren ausgegeben, der Ausübungspreis der Optionen beträgt null. Aufgrund steuerlicher Vorgaben muss A bei Ausübung der Option 15 % des Marktwerts der Anteile (= innerer Wert der Option) als *employment tax* abführen. Im Fall einer Ausübung besteht eine Verpflichtung des Vorstands gegenüber A zur Rückerstattung einer Anzahl von Anteilen mit einem Wert, der der Verpflichtung gegenüber dem Fiskus entspricht.
Im Zusagezeitpunkt beträgt der innere Wert der 1.000 Optionen 120.000 EUR, im Ausübungszeitpunkt ist der innere Wert auf 300.000 EUR angestiegen. Die Verpflichtung gegenüber dem Fiskus beträgt daher 45.000 EUR. Bei Ausübung der Option ist der Vorstand verpflichtet, 150 Anteile ohne Vergütung an A zurückzugewähren.
Für die bilanzielle Abbildung ist das Mengengerüst der anteilsbasierten Vergütung anzupassen. Der Vorstand hat keinen Anspruch auf 1.000 Aktien, sondern bei Ausübung nur auf 85 %. Für die Aufwandsverteilung ist daher eine Nettobetrachtung geboten. Das Preisgerüst der Bewertung wird nicht angepasst; wird der Zeitwert vernachlässigt, beträgt der Optionswert 120 EUR. Es ergeben sich in kumulierter Betrachtung die folgenden bilanziellen Konsequenzen (den Zu- und Abfluss liquider Mittel ausgeklammert):

	Personalaufwand (IFRS 2) in EUR	Personalaufwand (Steuern) in EUR	Eigenkapitalzuführung (IFRS 2) in EUR	Steuerverbindlichkeit in EUR
Σ	102.000	45.000	102.000	45.000

A erfasst die Verpflichtung zur Steuerzahlung separat von der anteilsbasierten Vergütung.

Für den Fall des Bestehens eines Erfüllungswahlrechts des Anspruchsberechtigten aus der anteilsbasierten Vergütung scheidet eine Anpassung des Mengengerüsts aus. Die Verpflichtung mit Erfüllungswahlrecht ist separat von der anteilsbasierten Vergütung, die in vollem Umfang aufwandswirksam wird, als Rückgriffsanspruch (*reimbursement*) zu erfassen (→ § 21 Rz 165 ff.).

12 Ausweis

246 Der aus den anteilsorientierten Vergütungsformen resultierende Aufwand ist in der **GuV** (als Teil der Gesamtergebnisrechnung) nach den Regeln des dafür gewählten Formates – Umsatzkosten- oder Gesamtkostenverfahren (→ § 2 Rz 56 ff.) – auszuweisen. Eine Erfassung im erfolgsneutralen Teil der Gesamtergebnisrechnung (*other comprehensive income*) scheidet aus.
In der **Bilanz** sind entweder das Eigenkapital oder die Verbindlichkeiten als Ausweisposition zu wählen. IFRS 2 macht diesbezüglich keine weiteren Vorgaben. Sinnvollerweise erfolgt der Ausweis im Eigenkapital in der Kapitalrücklage (→ § 20 Rz 93) und bei den Verbindlichkeiten unter den nichtfinanziellen Verbindlichkeiten bzw. Rückstellungen (*provisions*; → § 21 Rz 178). Besonderheiten des Ausweises ergeben sich bei anteilsbasierten Vergütungen mit zugesagtem Barausgleich (Rz 122).

13 Angaben

247 Leitlinie der Angabepflichten (IFRS 2.44) ist die **Offenlegung** von Informationen, die dem Abschlussadressaten ein tieferes Verständnis für die angewandten Bilanzierungs- und Bewertungsmethoden im Zusammenhang mit anteilsorientierten Informationssystemen liefern sollen *(information to enable users)*.
Drei **Hauptgliederung**spunkte können geortet werden:
- der **Inhalt** der in der Rechnungslegungsperiode bestehenden Vereinbarungen *(arrangements*; IFRS 2.45).
- die **Methoden** zur Ermittlung der in das Rechenwerk eingebuchten Zeitwerte *(fair values*; IFRS 2.46).
- die Auswirkungen aktienunterlegter Transaktionen auf das **Periodenergebnis** (IFRS 2.50).

248 Die damit einhergehende **Detaillierung** umfasst u. a. folgende Angabepflichten:
- Art der ausgegebenen Rechte, also z. B. Optionen oder bar zu erbringende Vergütungen (Rz 8),
- Zeitpunkt der Ausgabe,
- begünstigte Personen und Personengruppen,
- vertragliche Laufzeit von Optionen,
- Bestimmung des Ausübungspreises (fix oder variabel),
- Behaltebedingungen einschließlich Leistungsvoraussetzungen,
- Anzahl und durchschnittliche Ausübungspreise für Aktienoptionen, und zwar in Entwicklung vom Beginn der Periode bis zum Ende in folgender Aufgliederung (Rz 20):
  – umlaufende Optionen zu Beginn der Periode,
  – Neuzusagen,
  – Verfall,
  – Ausübung,
  – Erlöschen,
  – Umlauf am Ende der Periode sowie
  – ausübbar am Ende der Periode.
- für die während der Rechnungsperiode ausgeübten Optionen der durchschnittliche Ausübungspreis,

- für die am Periodenende noch offenen Optionen, das Spektrum der Ausübungspreise und die durchschnittliche verbleibende Laufzeit,
- im Falle der indirekten Wertermittlung der erhaltenen Leistungen (Rz 47),
  - der durchschnittlich während der Periode für neu ausgegebene Optionen ermittelte *fair value*,
  - die Inputs in das Optionspreismodell zur Ermittlung des *fair value*,
  - die Vergangenheits-Volatilität, die dem Optionsmodell zugrunde liegt, mit Erläuterung der Unterschiede zur erwarteten Volatilität,
  - Ermittlung des risikofreien Zinssatzes und
  - die in der Sperrfrist zu beachtenden Besonderheiten.
- bei Ausgabe anderer Eigenkapitalinstrumente als Optionen (z.B. Aktien) Angaben zu Art und Umfang sowie Details zur Ermittlung des *fair value*,
- Einzelheiten zur (Plan-)Änderung von anteilsbasierten Vereinbarungen (Rz 139ff.),
- die Bewertungsgrundlagen zur Ermittlung des *fair value* für Barvergütungen auf der Grundlage von Aktienkursen bzw. Anteilswerten *(stock appreciation rights)*,
- Darlegung der Methode zur Feststellung des direkt ermittelten *fair value* von Gütern und Dienstleistungen, ggf. Widerlegung der dortigen Vermutung,
- das Volumen des (ergebniswirksamen) Aufwands aus anteilsorientierten Vergütungen unter getrennter Angabe der Aufwendungen aufgrund des Einsatzes von Eigenkapitalinstrumenten (IFRS 2.51a) sowie
- die Verbindlichkeiten aufgrund anteilswertgestützter Vergütungen (IFRS 2.51b),
- der innere Wert *(intrinsic value)* der Verbindlichkeiten, welche die Berechtigten sich am Periodenende in bar oder in anderen Vermögenswerten vergüten lassen können.

Die Praxis wird sich mehr als sonst an **Musterlösungen** für die Darstellung orientieren, dazu lieferten die Appendices A bis D verwendbare Muster, die der endgültigen Fassung von IFRS 2 nicht mehr beigefügt worden sind. Die nachstehenden Beispiele beruhen auf denjenigen in den genannten Appendices. Im Übrigen wird auf die **Checkliste „Abschlussangaben"** verwiesen (→ § 5 Rz 8).

Beispiel
Share options arrangement 1
Am 15.12.2003 hat die Gesellschaft 1.000 Optionen an alle 50 Mitarbeiter der Hierarchiestufe *„senior management"* ausgegeben. Der Ausübungspreis war im Zusagezeitpunkt festgelegt worden und die Optionen hatten eine Vertragslaufzeit von zehn Jahren. Voraussetzung für die Ausübung der Option war das Verbleiben in den Diensten der Gesellschaft für zwei Jahre ab dem Ausgabezeitpunkt und außerdem ein Anstieg des Börsenkurses der Gesellschaft um 10 % bis zum 15.12.2005. Dieses Ziel ist erreicht worden.

Share options arrangement 2
Zum 1.1.2005 hat die Gesellschaft 100 Optionen an jeden ihrer 750 Mitarbeiter im Rang unterhalb des Bereiches *„senior manager"* gewährt. Voraussetzung für die Ausübung des Optionsrechtes ist der Verbleib in den Diensten der Gesellschaft für drei Jahre. Der Ausübungspreis ist im Zeitpunkt der Zusage festgelegt worden, die Optionen haben eine Vertragslaufzeit von zehn

Jahren. Die Gesellschaft schätzte den *fair value* jeder ausgegebenen Option auf 18,81 EUR. Der *fair value* wurde berechnet auf der Grundlage des Black-Scholes-Optionspreismodells (Rz 272). Den Modellberechnungen liegen als Annahme zugrunde:
- Aktienkurs im Gewährungszeitpunkt = Ausübungspreis 60 EUR
- Erwartete Volatilität des Aktienkurses 40 %
- Erwarteter Dividendenertrag 1 %
- Mutmaßliche Laufzeit 5 Jahre
- Risikofreier Zinssatz von 5 %.

Die Volatilität in der Vergangenheit betrug 45 %, und zwar unter Einbezug der ersten Jahre des Bestehens der Gesellschaft. Sie geht davon aus, dass sich die Volatilität der Aktienkurse im Laufe der Zeit reduziert. Der risikofreie Zinssatz entspricht dem Ertrag eines staatlichen *zero bond* zum Ausgabezeitpunkt mit einer Restlaufzeit von fünf Jahren.

Die Option erlaubt einen Optionsumtausch *(reload feature;* Rz 99f.), der eine zusätzliche Ausgabe von weiteren Optionen vorsieht für den Fall, dass der Mitarbeiter den Ausübungspreis für die ursprünglich gewährten Optionen statt in bar in Aktien der Gesellschaft erbringt. Der Wert dieses Umtauschprogramms ist nicht in die Berechnung des *fair value* eingegangen. Deshalb werden die im Umtausch ausgegebenen neuen Optionen *(reload options)* als neue Optionen behandelt.

Shares
Am 15.12.2005 hat die Gesellschaft 500 Aktien an die zehn Mitglieder der Geschäftsleitung ausgegeben. Voraussetzung zum Erwerb ist das Verbleiben im Unternehmen bis zum 31.12.2007 und eine Steigerung des Gewinns je Aktie um 12 % bis zu diesem Zeitpunkt. Die Gesellschaft schätzt den *fair value* jeder ausgegebenen Aktie auf 55,46 EUR. Diese Einschätzung erfolgte unter Anpassung des Börsenkurses von 65 EUR am Ausgabetag aufgrund der erwarteten Dividenden von 1,25 EUR je Aktie und des erwarteten durchschnittlichen Verfalls wegen Verfehlens der Performanceziele. Diese Wahrscheinlichkeit schätzt die Gesellschaft im Rahmen des angewandten Binomialmodells auf 13 % ein.

Share appreciation rights (SARs)
Am 1.1.2005 gewährte die Gesellschaft 500 SARs an alle 50 Mitarbeiter in der Hierarchiestufe „*senior management*". Dadurch werden die Mitarbeiter zu einer Barzahlung entsprechend dem Anstieg des Aktienkurses über 60 EUR berechtigt; vorausgesetzt ist dabei ein Verbleiben in den Diensten der Gesellschaft für 3 Jahre ab dem Zusagezeitpunkt. Die SARs haben eine Vertragslaufzeit von 10 Jahren ab dem Ausgabezeitpunkt. Die Gesellschaft schätzte den *fair value* jedes ausgegebenen SARs auf 19,75 EUR. Diese Einschätzung erfolgte unter Anwendung des Black-Scholes-Optionspreismodells, wobei der errechnete Wert nach Maßgabe des gewichteten Durchschnitts des möglichen Verfalls auf 16 % geschätzt wurde. Die Modell-Inputs sind die gleichen wie vorstehend für die *share options*.

Weitere Angaben sollten in Form eines „Optionsspiegels" erfolgen, der – unter Beifügung der Vorjahreswerte (→ § 2) – etwa wie folgt aufgebaut werden könnte (nach dem Beispiel in IG23):

	Entwicklung der Aktienoptionen			
	2004		2005	
	Anzahl der Optionen	Durchschnittlicher Ausübungspreis	Anzahl der Optionen	Durchschnittlicher Ausübungspreis
		EUR		EUR
Stand 1.1.	0	–	45.000	40
Zusage	50.000	40	75.000	50
Verfall	(5.000)	40	(8.000)	46
Ausübung	0	–	(4.000)	40
Erlöschen	0	0	0	0
Stand 31.12.	45.000	40	108.000	46
ausübbar am Jahresende	0	40	38.000	40

Der gewichtete Aktienkurs der Ausübung betrug in der Periode 2005 42 EUR. Die am Bilanzstichtag 2005 noch ausstehenden Optionen haben einen Ausübungspreis von 40 EUR und eine durchschnittliche Laufzeit von 8,63 Jahren.

Der *fair value* der in 2004 gegebenen Zusagen auf Aktienoptionen ist auf 18,60 EUR und derjenige für die Zusagen in 2005 auf 19,50 EUR geschätzt worden. Diese Schätzung erfolgt unter Anwendung eines Binomialmodells (Rz 273). Die Modellannahmen beruhen auf einem Aktienkurs von 50 EUR, einem Ausübungspreis von 50 EUR, einer erwarteten Volatilität von 30 %, keiner Dividendenauszahlung, einer Vertragslaufzeit von 10 Jahren und einem risikofreien Zinssatz von 5 %. Die Vergangenheitsvolatilität betrug 40 %, wir gehen von einer Reduktion dieser Volatilität aus. Bei der Modellpreisermittlung wurde die vorzeitige Ausübung dann unterstellt, wenn der Aktienkurs doppelt so hoch ist wie der Ausübungspreis.

14 ABC der anteilsbasierten Vergütung

250

Absicherung von *fair-value*-Schwankungen *(hedge accounting)*	GuV-relevante *fair-value*-Schwankungen von Vergütungszusagen mit Barausgleich *(cash-settled transactions)* können durch den Einsatz eines geeigneten Finanzderivats als Grundgeschäft im Rahmen des *hedge accounting* abgesichert werden (Rz 198 ff.). *Hedge accounting* ist nur möglich bei anteilsbasierten Barvergütungen. Es scheidet aus bei Vergütungszusagen mit Ausgleich in Eigenkapitalinstrumenten (Rz 197).
Aktienbeschaffung	Nach deutschem Gesellschaftsrecht stehen für Vergütungszusagen mit Ausgleich in Eigenkapitalinstrumenten zwei Wege der Aktienbeschaffung zur Verfügung: • Bedingte Kapitalerhöhung (Rz 202). • Aktienrückkauf (Rz 203).
Ausübungsbedingungen *(vesting conditions)*	An anteilsbasierte Vergütungen werden regelmäßig Ausübungsbedingungen geknüpft (Rz 66 ff.). Vor Ausübung der zugesagten Optionen sind die Bedingungen zu erfüllen. Es ist zu unterscheiden zwischen • Dienstbedingungen *(service conditions)* und • Leistungsbedingungen *(performance conditions)*. Darüber hinaus sind ggf. noch sonstige Ausübungsbedingungen *(non-vesting conditions)* zu berücksichtigen.
Ausübungszeitpunkt *(vesting date)*	Bei Erfüllung aller Ausübungsbedingungen können die zugesagten Optionen ausgeübt werden (Rz 65).
Barvergütungen *(cash-settled transactions)*	Der Wert der gewährten Gegenleistung orientiert sich am Wert der Eigenkapitalinstrumente, wichtigster Anwendungsfall ist die Gewährung virtueller Optionen *(stock appreciation right*s) an Arbeitnehmer (Rz 8, Rz 53 ff.).
Basispreis	Zum Basispreis (bzw. Bezugskurs) kann ein zugesagtes Optionsrecht ausgeübt werden (Rz 257).
Beizulegender Zeitwert *(fair value)* einer Option	Der beizulegende Zeitwert einer Option setzt sich zusammen aus dem inneren Wert *(intrinsic value)* und dem Zeitwert *(time value)* der Option (Rz 257).

Bewertungszeitpunkt *(measurement date)*	Der Bewertungszeitpunkt ist bei Vergütung in Eigenkapitalinstrumenten (realen Optionen) der Tag, an dem der Wert der Vergütung bestimmt wird (Rz 20). Bei Mitarbeiteroptionen fällt er mit dem Zusage- oder Gewährungszeitpunkt zusammen *(grant date measurement approach)*.
Bewertung zum inneren Wert *(intrinsic value method)*	Bei objektiver Unmöglichkeit einer *fair-value*-Bewertung einer Optionszusage kann der Zeitwert *(time value)* einer Option vernachlässigt werden und die Bewertung der Option allein auf den inneren Wert *(intrinsic value)* gestützt werden (Rz 276 ff.).
Binomialmodell	Über das Binomialmodell lassen sich die meisten Optionszusagen unter Berücksichtigung der meisten Ausübungsbedingungen bewerten (Rz 273). Ein nennenswerter Nachteil ist die hohe Komplexität.
Black-Scholes-Modell	Einfachstes Modell zur Bestimmung eines Optionswerts. Allerdings ist die Anwendbarkeit des Modells erheblich eingeschränkt (Rz 272).
Dienstbedingungen *(service conditions)*	Dienstbedingungen sind Bestandteil des Mengengerüsts der Bewertung und knüpfen das Ausübungsrecht einer Option an die Ableistung einer bestimmten Dienstzeit (Rz 66). An Dienstbedingungen geknüpfte Aufwendungen werden zeitlich über den Dienstzeitraum verteilt. Hierbei werden Fluktuationsannahmen berücksichtigt.
Dienstleistungen *(services)*	Empfangene Dienstleistungen i. S. v. IFRS 2 sind positive Nutzenvorteile bzw. negative vermiedene Nachteile, die sich aus Dienstverträgen, Nutzungsüberlassungsverträgen usw. ergeben.
Direkte Bewertung	Bei direkter Bewertung, dem Regelfall von IFRS 2, bestimmt der *fair value* der empfangenen Leistung die Bewertung einer anteilsbasierten Vergütung, die Sollseite des Buchungssatzes also die Habenseite (Rz 47). Wichtigste Ausnahme von der Regel ist die anteilsbasierte Vergütung von Mitarbeitern.
Empfangene Leistung	Als empfangene Leistung im Anwendungsbereich von IFRS 2 kommen Güter *(goods)* oder Dienstleistungen *(services)*, aber auch nicht bilanzierungsfähige Stärkung von Image oder Ansehen, infrage (Rz 5).

Erfüllungswahlrecht des Anspruchsberechtigten	Steht dem Anspruchsberechtigten ein Wahlrecht auf Erfüllung in Geld oder Eigenkapitalinstrumenten zu, hat der Vergütungsschuldner ein zusammengesetztes Finanzinstrument ausgegeben (Rz 60, Rz 125 ff.): • eine Schuldkomponente für das Recht auf Barausgleich, • eine Eigenkapitalkomponente für den Anspruch auf Eigenkapitalinstrumente.
Erfüllungswahlrecht des Vergütungsschuldners	Steht dem Vergütungsschuldner ein Erfüllungswahlrecht zu, muss eine Vergütungsart – Ausgleich in bar oder durch Eigenkapitalinstrumente – festgelegt und nach dieser bilanziert werden (Rz 61, Rz 132 ff.).
Ersatz/Fortführung von anteilsbasierten Vergütungen bei *business combinations*	Bei Vorliegen einer Verpflichtung zum Ersatz anteilsbasierter Vergütung übernommener Mitarbeiter ist eine Aufteilung in Anschaffungskosten gem. IFRS 3 als Teil der *business combination* und eine separat zu behandelnde, erstmalig in der logischen Sekunde nach dem Zusammenschluss gem. IFRS 2 zu erfassende, Vergütung vorzunehmen (Rz 180 ff.). Besonderheiten gelten im Fall einer unveränderten Fortführung (Rz 191).
Fehlende Börsennotierung	Die Verpflichtung zur Bewertung anteilsbasierter Vergütungszusagen ist nicht auf börsennotierte Unternehmen beschränkt. Mangels beobachtbarer Marktdaten ergeben sich bei fehlender Börsennotierung erhöhte Bewertungsprobleme (Rz 275). Bei objektiver Unmöglichkeit der Optionsbewertung kann die Bewertung auf den inneren Wert einer Option begrenzt werden.
Finanzinstrumente	Werden Finanzinstrumente gegen anteilsbasierte Vergütung erworben, liegt kein Anwendungsfall von IFRS 2 vor (Rz 32 ff.).
Fluktuation	An Mitarbeiter gewährte Optionen sind regelmäßig an eine Dienstbedingung geknüpft. Nur diejenigen Mitarbeiter, die während der Wartefrist *(vesting period)* das Unternehmen nicht verlassen, haben Anspruch auf Erfüllung der Zusage. Zu jedem Stichtag ist die erwartete Fluktuation bis zum Ausübungszeitpunkt als Teil des Mengengerüsts zu schätzen.

Form der geleisteten Vergütung	Es lassen sich drei Formen der anteilsbasierten Vergütung unterscheiden (Rz 8): • Vergütung in Eigenkapitalinstrumenten, • Ausgleich in bar und • Gegenleistung mit Erfüllungswahlrecht des Leistungsempfängers oder Vergütungsschuldners.
Gegenleistung mit Erfüllungswahlrecht *(cash alternatives)*	Anteilsbasierte Vergütungszusagen, bei denen entweder der Vergütungsschuldner oder der Leistungsempfänger die Form der Vergütung – Ausgleich in bar oder Eigenkapitalinstrumenten – wählen kann (Rz 59ff.).
Güter	Unter dem Begriff Güter sind gem. IFRS 2.5 • Vorräte und Verbrauchsstoffe, • Sach- und immaterielle Anlagen sowie • andere nichtfinanzielle Vermögenswerte zu subsumieren (Rz 5).
Indirekte Bewertung	Wenn der *fair value* der für eine anteilsbasierte Vergütung erhaltenen Leistung nicht zuverlässig ermittelbar ist (so unwiderlegbar bei Mitarbeiterleistungen), bestimmt der Wert der gewährten Vergütung den Zugangswert der erhaltenen Leistung (Rz 47).
Innerer Wert *(intrinsic value)*	Der innere Wert einer Option entspricht dem wirtschaftlichen Vorteil bei Ausübung einer Option zum Stichtag, also der Differenz zwischen Basispreis und Stichtagswert des Anteils (Rz 257).
Latente Steuern	Für die Erfassung latenter Steuern ist zwischen der Form der Vergütung und dem Steuersubjekt zu unterscheiden (Rz 232ff.).
Laufzeit der Option	Die Laufzeit der Option ist entscheidender Bewertungsparameter bei Rückgriff auf Optionspreismodelle (Rz 266). Sie umfasst mindestens die *vesting period* und maximal die zusätzliche Ausübungsperiode (Rz 65).
Leistungsbedingungen *(performance conditions)*	Leistungsbedingungen knüpfen die Erfüllung einer anteilsbasierten Zusage an die Erreichung bestimmter Erfolgsziele. Zu unterscheiden ist zwischen marktabhängigen und anderen (nicht marktabhängigen) Konditionen (Rz 69).

Marktabhängige Bedingungen *(market conditions)*	Eine marktabhängige Ausübungsbedingung setzt das Erreichen eines bestimmten Aktienkurses bzw. Anteilswerts absolut oder im Vergleich zu einem Marktindex voraus (Rz 69). Marktabhängige Ausübungsbedingungen sind als Teil des Preisgerüsts im *grant date fair value* zu berücksichtigen (Rz 70). Für ein Beispiel siehe Rz 94 ff.
Mengengerüst	Das Mengengerüst umfasst Dienstbedingungen und nicht marktbasierte Leistungsbedingungen (Rz 80). Im Optionspreismodell bleibt das Mengengerüst unberücksichtigt (Rz 81).
Modifizierung der Vergütungszusage	Eine Modifizierung einer laufenden Vergütungszusage mit Ausgleich in Eigenkapitalinstrumenten i. S. e. Verbesserung ist beginnend mit der Planänderung als Zusatzkosten zu berücksichtigen (Rz 141 ff.). Verschlechterung der Optionsbedingungen bleiben hingegen unbeachtlich (Rz 148). Anderes gilt für zugesagte Barvergütungen, bei denen Modifizierungen in beide Richtungen in die Stichtagsbewertung der Rückstellung eingehen (Rz 157).
Monte-Carlo-Simulation	Die Monte-Carlo-Simulation kann uneingeschränkt zur Bewertung von Optionen selbst mit den kompliziertesten Ausübungsbedingungen herangezogen werden. Der Optionswert ergibt sich als gewichteter Mittelwert einzelner Simulationen (Mindestanzahl: 10.000). Wesentlicher Nachteil ist die Notwendigkeit der Programmierung eines Berechnungsschemas (Rz 274).
Nicht marktabhängige Bedingungen *(non-market conditions)*	Nicht marktabhängige Leistungsbedingungen – wie die Bindung der Optionszusage an die Erzielung eines unternehmensspezifischen Umsatz- oder Ergebnisziels (Rz 69) – sind Teil des Mengengerüsts der Bewertung (Rz 80). Zur Berücksichtigung bei *equity-settled transactions* siehe beispielhaft Rz 91 ff.
Optionsarten	In Abhängigkeit von dem Zeitpunkt der Ausübungsmöglichkeit lassen sich amerikanische (jederzeitige Ausübung) und europäische Optionen (Ausübung nur am Ende einer Sperrfrist) unterscheiden (Rz 260). Mitarbeiteroptionen sind regelmäßig als europäische Optionen ausgestaltet.

Planänderungen	Für anteilsbasierte Zusagen mit Ausgleich in Eigenkapitalinstrumenten sind besondere Vorgaben für die Berücksichtigung von Planänderungen (Modifizierungen, Widerruf oder vorzeitige Erfüllung) zu berücksichtigen (Rz 139 ff.). Erfolgt eine Zusage mit Barvergütung, sind Planänderungen im Rahmen der ohnehin vorzunehmenden Stichtagsbewertung zu berücksichtigen (Rz 157).
Preisgerüst	Das Preisgerüst der Optionsbewertung umfasst neben den wesentlichen Determinanten des Wertes einer Option, also dem Basispreis, der Volatilität der Aktie, der Laufzeit der Option usw. (Rz 259), auch marktabhängige Ausübungsbedingungen (Rz 70) und sonstige Bedingungen (Rz 72).
Reale Optionen	Reale Optionen berechtigen den Leistungsempfänger zum Erwerb von Unternehmensanteilen in der Zukunft zu einem festgelegten Basispreis (Rz 15).
Sonstige Bedingungen im Zusammenhang mit Vergütungszusagen (*non-vesting conditions*)	*Non-vesting conditions* liegen i. S. e. Negativabgrenzung vor, wenn die Unverfallbarkeit einer Vergütungszusage neben • der Erfüllung bestimmter Erfolgsziele und • Dienstbedingungen an weitere Bedingungen geknüpft wird (Rz 72). Für ein Beispiel siehe Rz 98.
Umtausch von Optionen (*reload features*)	U. U. berechtigt eine anteilsbasierte Zusage den Anspruchsberechtigten zum Erhalt zusätzlicher Optionen; diese sind als „neue" Optionszusage zu berücksichtigen (Rz 99 f.).
Unternehmenszusammenschluss (*business combination*)	Werden Güter oder Dienstleistungen im Rahmen eines Unternehmenszusammenschlusses (*business combination*) gegen anteilsbasierte Vergütung erworben, liegt kein Anwendungsfall von IFRS 2 vor (Rz 26). Zu Besonderheiten siehe auch Rz 27 ff.
Vergütung in Eigenkapitalinstrumenten (*equity-settled transaction*)	Erfolgt eine anteilsbasierte Vergütung gegen Hingabe von Eigenkapitalinstrumenten, ist die Habenbuchung im Eigenkapital (i. d. R. der Kapitalrücklage) vorzunehmen (Rz 44). Im Fall einer Optionszusage ist für die Bewertung über die Laufzeit das Preisgerüst des Zusagezeitpunkts (*grant date measurement approach*) fortzuführen (Rz 82).
Vergütungsschuldner	Neben dem bilanzierenden Unternehmen kommen auch dessen Mutter- sowie andere Konzernunternehmen (Rz 167 ff.) oder Gesellschafter als Vergütungsschuldner infrage.

Volatilität	Die Volatilität beschreibt die kurzfristige Abweichung des Anteilswerts vom langfristigen Trend und ist – mit Auswirkung auf den Zeitwert einer Option – wesentliche Determinante des Optionswerts (Rz 267).
Wartezeit/Sperrfrist *(vesting period)*	Die *vesting period* beschreibt den Zeitraum zwischen der Zusage einer anteilsbasierten Vergütung und dem Zeitpunkt der Erfüllung aller Ausübungsbedingungen *(vesting conditions*; Rz 65).
Wechsel der Erfüllungszusage	Eine besondere Form der Planänderung ist der Wechsel zwischen den Erfüllungsformen einer anteilsbasierten Vergütung. Zu unterscheiden ist zwischen einem Wechsel nach Ablauf und während der *vesting period* (Rz 158ff.). Der Wechsel von *equity-* zu *cash-settled* ist als Kapitalherabsetzung und der umgekehrte Fall spiegelbildlich als Kapitalerhöhung zu erfassen.
Widerruf der Zusage *(cancellation)*	Unabhängig davon, welche Vertragspartei widerruft, ist für Zusagen mit • Ausgleich in Eigenkapitalinstrumenten die bislang gewählte Bilanzierung aufzugeben und noch nicht erfasster Aufwand nach Maßgabe der Schätzung am *grant date* sofort zuzuführen (Rz 149), • Barausgleich eine bislang gebildete Rückstellung ergebniswirksam aufzulösen (Rz 157).
Zeitwert *(time value)* einer Option	Der Zeitwert einer Option hängt entscheidend von der Volatilität des der Vergütung zugrunde liegenden Anteils und der Laufzeit der Option ab. Im Zeitwert schlägt sich überdies die asymmetrische Risikostruktur einer Optionszusage nieder (Rz 258).
Zusage durch nicht beherrschende Gesellschafter	Wird eine Vergütungszusage für erhaltene Güter oder Dienstleistungen des bilanzierenden Unternehmens durch einen nicht beherrschenden Gesellschafter übernommen, ist diese bei der Gesellschaft zu erfassen, es sei denn, es gelingt der eindeutige Nachweis, dass die Übernahme auf das Individualinteresse des Gesellschafters zurückzuführen ist (Rz 175ff.).

Zusage durch Konzernunternehmen oder einen beherrschenden Gesellschafter	Unter der Voraussetzung des Zugangs von Gütern oder Dienstleistungen beim bilanzierenden Unternehmen kommt eine Erfassung einer anteilsbasierten Vergütung auch dann in Betracht, wenn der Vergütungsschuldner die Muttergesellschaft oder ein anderes Konzernunternehmen ist (Rz 167 ff.).
Zusagezeitpunkt (*grant date*)	Der *grant date* markiert den Tag, an dem Vergütungsschuldner und Leistungsempfänger Einigkeit über die Bedingungen einer Optionszusage erlangen und eine erste Bewertung der Zusage zum beizulegenden Zeitwert erforderlich ist (Rz 62).

15 Anwendungszeitpunkt, Rechtsentwicklung

IFRS 2 ist für Geschäftsjahre ab dem 1.1.2005 anzuwenden.

Zu IFRS 2 gab es ein weitreichendes *Amendment* in 2009, welches bestehende IFRIC-Interpretationen aufhebt. Im fünften Zyklus des Annual Improvement Project wurden separate Definitonen zur Abgrenzung von Leistungsbedingungen (*performance conditions*) und Dienstbedingungen (*service conditions*) aufgenommen (Rz 67).

Aufgrund diverser Anfragen an das IFRS IC wurde am 25.11.2014 ED/2014/5 Classification and Measurement of Share-based Payment Transactions mit diversen Vorschlägen zur Anpassung von IFRS 2 (narrow-scope amendment) veröffentlicht. Der Entwurf umfasst

- Klarstellungen zur Berücksichtigung von Ausübungsbedingungen (Dienstbedingungen, Marktbedingungen und anderen Leistungsbedingungen) im Rahmen der Bewertung anteilsbasierter Vergütungen mit Barausgleich. Entsprechende Ausübungsbedingungen sollen analog zu anteilsbasierten Zusagen mit *equity settlement* behandelt werden. Auch bei vorgesehenem Barausgleich ist danach zwischen einem Mengen- und Preisgerüst der Bewertung zu unterscheiden (hierzu Rz 108 ff.).
- Die Bilanzierung beim Wechsel des Erfüllungswegs (von *cash-settled* zu *equity-settled*). Ab dem Zeitpunkt der Modifikation soll die bisherige Zusage als *equity-settled* behandelt werden, wobei die Bewertung unter Bezugnahme auf ihren *fair value* im Modifikationszeitpunkt stattfindet (neuer *grant date*). Zum Modifikationszeitpunkt soll daher die Verbindlichkeit aus der abgelösten *cash-settled share-based payment* Vereinbarung ausgebucht werden. Die Differenz zwischen dem Buchwert der „abgelösten" Verbindlichkeit und dem neuen im Eigenkapital erfassten Wert aus der *equity-settled share-based* payment Transaktion soll erfolgswirksam erfasst werden (hierzu mit anderer Lösung Rz 161).

251
252
253

- Klassifizierung von anteilsbasierten Vergütungen, die unter der Berücksichtigung einer persönlichen Steuerbelastung des Empfängers der Zusage einen Nettoausgleich vorsehen. In manchen Rechtskreisen behalten Unternehmen bspw. bei einer *equity-settled share-based payment* Zusage einen gewissen Anteil an Eigenkapitalinstrumenten (Anteile) ein, um – durch Verkauf – die Steuerverpflichtung des Anspruchsberechtigten in bar zu erfüllen (Steuereinbehalt bzw. Steueranteil der Vergütung). Die Verpflichtung an den Mitarbeiter wird entsprechend netto, d.h. nach Abzug des Einbehalts für die Steuerschuld, erfüllt. Infolge der Änderung soll die Transaktion (also die Vergütung und die Übernahme der Steuerverpflichtung) einheitlich als *equity-settled* behandelt werden, vorausgesetzt die Einstufung wäre auch ohne das *net settlement feature* so vorgenommen worden (hierzu Rz 242 ff.).

Der Entwurf enthält noch kein explizites Erstanwendungsdatum. Eine vorzeitige Anwendung ist jedoch vorgesehen. Hinsichtlich der Übernahme wird eine prospektive Anwendung vorgeschlagen.

16 Zusammenfassende Praxishinweise

254 IFRS 2 befasst sich allgemein mit Vergütungsformen des Unternehmens, die sich am eigenen **Anteilswert** orientieren. Dabei werden drei Vergütungsvarianten unterschieden (Rz 8):
- Eigenkapitalinstrumente (insbesondere *stock options*),
- Barvergütungen *(stock appreciation rights)*
- kombinierte Vergütungspläne mit Ausübungswahlrechten *(cash alternatives)*.

Wichtigste Anwendungsformen in der Praxis sind
- Sacheinlagen (per Vermögenswert an Eigenkapital; → § 20 Rz 80 ff.)
- die Vergütung von Arbeitnehmern (per Personalaufwand an Eigenkapital bei echten Optionen, per Personalaufwand an Verbindlichkeit bei virtuellen Optionen).

255 Der bei Gewährung von Mitarbeiteroptionen entstehende Personalaufwand ist über die Wartefrist zu verteilen (Rz 65).
- Die **Bewertung** echter Optionen hat dabei auf der Basis des *fair value* zum Gewährungszeitpunkt zu erfolgen (Rz 62). Dabei sind in Ermangelung von Börsen- oder Marktpreisen **Optionspreismodelle** heranzuziehen (Rz 265 ff.). Die **Verteilung** des Aufwandes hat unter Anwendung des so ermittelten *fair value* unter ex-ante-Abschätzung der letztlich ausgeübten Optionen (**Mengen**komponente) zu erfolgen. Der so im Zusagezeitpunkt bewertete Gesamtaufwand ist bis zum Ende der Sperrperiode nur noch hinsichtlich der Mengen-, nicht aber der Wertkomponente anzupassen (Rz 82).
- Für **Barvergütungen** durch die Gesellschaft, die sich am Aktienkurs bzw. Anteilswert orientieren *(stock appreciation rights)*, gelten die gleichen Buchungsgrundsätze wie für die *stock options*; allerdings hat die Gegenbuchung für den Aufwand unter den **Rückstellungen** zu erfolgen und die Wertkomponente ist laufend anzupassen (Rz 82).

Nach deutschem Gesellschaftsrecht ist die Ausgestaltung von Optionsplänen auf Aktien auch durch **Rückkauf** (der Aktien) durch die Gesellschaft möglich. In diesem Fall müssen die Regelungen in IFRS 2, die nicht unmittelbar auf diese Ausgestaltung ausgerichtet sind, sinnvoll angepasst werden (Rz 201 ff.).

Steuerlatenzrechnungen sind in verschiedenen Konstellationen erforderlich (Rz 232 f.). Umfangreiche **Anhangsangaben** einschließlich eines „Optionsspiegels" sind zu beachten und nach dem *materiality*-Prinzip sinnvoll zu interpretieren (Rz 247 ff.).

17 ANHANG: Rechnerische Bewertung von (Mitarbeiter-)Optionen

17.1 Bilanzielle Grundlagen

Anteilsbasierte Vergütungen an **Mitarbeiter** erfolgen typischerweise in der Form von **echten** oder **virtuellen** Optionen.   256

- Bei Gewährung **echter** Optionen (Rz 8) an Arbeitnehmer ist der Wert der Transaktion von der Optionsseite her zu bestimmen. Der *fair value* der Option im Zusagezeitpunkt (Rz 62) bestimmt den je gewährter Option zu buchenden Personalaufwand (IFRS 2.11), Anpassungen an die spätere Wertentwicklung von Anteil und Option finden nicht statt. Der insgesamt zu buchende Personalaufwand ergibt sich jedoch als Produkt aus Preis (Optionswert) und Menge (Zahl der ausübungsberechtigt werdenden Optionen). Die Mengenkomponente hängt bei einer vereinbarten Mindestdauer der Fortsetzung des Dienstverhältnisses von der Fluktuation ab; die Fluktuationsannahmen sind zu jedem Bilanzstichtag an neue Erkenntnisse anzupassen.
- Bei Gewährung virtueller Optionen (Rz 8) an Arbeitnehmer bestimmt der *fair value* der Verpflichtung *(liability)* die Höhe des Personalaufwands (IFRS 2.33). In die Bewertung der Verpflichtung gehen sowohl die Preis- als auch die Mengenannahmen ein. Beide Annahmen sind über die Optionsdauer jeweils an neue Erkenntnisse anzupassen.

Sieht die anteilsbasierte Vergütung einen **Barausgleich** vor, scheidet eine Bewertung der Verpflichtung des Vergütungsschuldners über den beizulegenden Wert der erhaltenen Güter oder Dienstleistungen aus (IFRS 2.33).

17.2 Ökonomische Grundlagen

Der gesamte **beizulegende Zeitwert** (*fair value*) einer Option setzt sich zusammen aus dem   257
- inneren Wert *(intrinsic value)* und dem
- Zeitwert *(time value)*.

Die Zusammenhänge zwischen beizulegendem Zeitwert, innerem Wert und Zeitwert einer Aktienoption lassen sich wie folgt verdeutlichen:[58]

---

[58] Vgl. PELLENS/FÜLBIER/GASSEN, Internationale Rechnungslegung, 6. Aufl., 2006, S. 489.

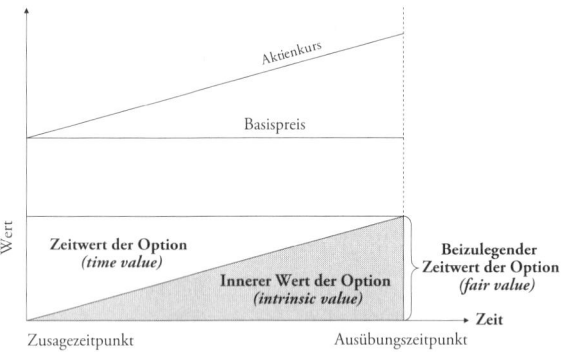

Der **innere** Wert entspricht dem wirtschaftlichen Vorteil bei (fiktiver) sofortiger Ausübung der Option im Zusagezeitpunkt. Es handelt sich um die (Stichtags-)Differenz zwischen dem Aktienkurs bzw. Anteilswert und dem Basis- oder Ausübungspreis (auch Bezugskurs genannt), zu dem der Optionsberechtigte eine Aktie erwerben darf. Folgende Fälle sind zu unterscheiden:
- Basispreis < Anteilswert → innerer Wert > 0 (Die Option ist „im Geld".)
- Basispreis = Anteilswert → innerer Wert = 0 (Die Option ist „am Geld".)
- Basispreis > Anteilswert → innerer Wert < 0 (Die Option ist „aus dem Geld".)

258 Für die Werthaltigkeit einer anteilsbasierten Vergütung muss der Anteilswert allerdings nicht notwendigerweise über dem Basispreis liegen („im Geld"). Auch eine Option, deren Wert im Zusagezeitpunkt nicht über dem Basispreis bzw. Kurs liegt, kann wegen des Zeitwerts einen positiven Wert haben.

Im **Zeitwert** der Option schlägt sich die **asymmetrische Risikostruktur** nieder. Eine ungünstige Wertentwicklung und damit einen Verlust braucht der aus einer Kaufoption Berechtigte nicht zu fürchten, da er in diesem Fall auf die Ausübung der Kaufoption verzichten würde. Insoweit kann der Optionswert im Zeitablauf nicht negativ werden, während der mögliche positive Wert im Ausübungszeitpunkt nach oben theoretisch unbegrenzt ist.

Diese Asymmetrie wirkt aus Sicht des Zusagezeitpunkts umso stärker, je länger der **Optionszeitraum** und je **volatiler** die Aktie ist. Neben diesen beiden wichtigsten Determinanten des Zeitwertes bestimmt auch der **Zinsgewinn** aufgrund des erst später zu zahlenden Kaufpreises für die Aktien sowie „als Gegenposten" die **entgehende Dividendenrendite** die Höhe des Zeitwertes.[59]

259 Die wesentlichen **Determinanten** des *fair value* einer einfachen Option sind demzufolge
- der Ausübungspreis des Optionsrechts,
- der Aktienkurs bzw. Anteilswert am Bewertungsstichtag,
- die erwartete künftige Volatilität des Aktienkurses (bzw. Anteilswerts),
- das Zeitintervall bis zur letztmaligen Ausübungsmöglichkeit,
- erwartete Dividendenzahlungen während der Laufzeit des Optionsrechts und
- der laufzeitäquivalente, risikolose Zinssatz.

---

[59] Vgl. HASBARGEN/SETA, BB 2003, S. 515, 517.

Hierbei gilt: Der *fair value* einer Option ist umso höher,
- je stärker die erwartete Volatilität des Basiswerts ist,
- je länger die Restlaufzeit ist,
- je höher der laufzeitäquivalente, risikolose Zinssatz ist,
- je niedriger die erwarteten Dividendenzahlungen auf die dem Optionsrecht zugrunde liegenden Aktien bzw. Anteile sind.

Bei einfachen Optionen ist zwischen **amerikanischen** und **europäischen Optionen** zu unterscheiden: 260
- Amerikanische Optionen sind während der Laufzeit der Option jederzeit ausübbar,
- europäische Optionen nur am Ende der Laufzeit.

Das jederzeitige Ausübungsrecht bei amerikanischen Optionen führt bei sonst gleichen Bedingungen zu einem höheren *fair value*.

In aller Regel 261
- entsprechen die Konditionen der Mitarbeiteroptionen nicht anderen öffentlich gehandelten Optionen über die gleiche Aktie oder
- es werden überhaupt keine Optionen der betreffenden Gesellschaft am Markt gehandelt.

In beiden Fällen können die Mitarbeiteroptionen mangels Marktpreisen nur auf der Grundlage von **Optionsbewertungsmodellen** ermittelt werden. IFRS 2.B5 befasst sich mit der Frage, welches der gängigen Modelle zu favorisieren ist, legt sich diesbezüglich allerdings nicht fest. Genannt wird expressis verbis außer Binomialmodellen[60] nur das Black-Scholes-Modell, ohne aber dieses gegenüber anderen zu bevorzugen. Darüber hinaus kann auch auf eine Monte-Carlo-Simulation zurückgegriffen werden.

Bei **nicht börsennotierten** Unternehmen ist dem eigentlichen Optionsbewertungsmodell vorgelagert eine Anteils- bzw. **Unternehmensbewertung** vorzunehmen, um eine Ersatzgröße für den fehlenden Aktienkurs zu ermitteln. Zur Problematik fehlender Börsenpreise und Vergangenheits-Volatilitäten bei **nicht** oder **neu notierten** Unternehmen siehe Rz 275. 262

17.3 Mengen- und Preisgerüst

Ein Optionspreismodell ermittelt den Wert einer einzelnen Option. Für die Höhe des insgesamt zu buchenden Personalaufwands ist neben dieser Preiskomponente die Mengenkomponente, d. h. die Zahl der voraussichtlich zur Ausübung gebrachten Optionen, von Bedeutung. Hierbei ist wie folgt zu unterscheiden: 263
- Das **Preis**gerüst umfasst die wesentlichen Determinanten des beizulegenden Zeitwerts einer einfachen Option (Rz 80) sowie **marktabhängige** Leistungsbedingungen *(market performance conditions)* und alle *non-vesting conditions* (Rz 72).
- Bestandteil des **Mengen**gerüsts sind hingegen alle **nicht marktabhängigen** Leistungsbedingungen *(non-market performance conditions)* sowie die Dienstbedingungen *(service conditions)*.

---

[60] Vgl. hierzu die mathematischen Grundlagen bei CRASSELT, KoR 2005, S. 444.

> **Beispiel**
> Die Führungskräfte erhalten am 1.1.01 je eine Option mit u.a. folgenden Bedingungen zugesagt: Die Optionen können im Januar 03 ausgeübt werden,
> - wenn der Arbeitnehmer sein Dienstverhältnis mindestens bis 31.12.02 fortsetzt *(service condition)* und
> - der Aktienkurs zwischen dem 1.1.01 und dem 31.12.02 sich mindestens so gut entwickelt wie der Branchenindex *(market performance condition I)*.
>
> Entwickelt sich der Aktienkurs um mindestens 10 Prozentpunkte besser als der Branchenindex, erhöht sich die Zahl der Optionen von eins auf zwei *(market performance condition II)*.
> - Bei der Bestimmung des *fair value* je Optionszusage sind neben Basispreis, Aktienkurs, Laufzeit usw. auch die *market performance conditions* zu berücksichtigen, also nicht nur die Wahrscheinlichkeit, dass der Branchenindex mindestens erreicht, sondern auch die, dass er um mindestens 10 % übertroffen wird. Zwar verdoppelt sich bei Übertreffen der 10 Prozentpunkte die Zahl der ausübungsfähigen Optionen, Bewertungsobjekt sind jedoch die Optionszusagen. Nur die *service conditions* sind variabler Bestandteil des Mengengerüsts. Das Unternehmen hat am 1.1.01 Fluktuationsannahmen zu treffen und diese zum 31.12.01 und 31.12.02 fortzuschreiben.

264 Die Vorgaben zur **Trennung** der einzelnen Vertragsbedingungen in *non-vesting* und *vesting conditions* (mit weiterer Untergliederung) findet sich innerhalb von IFRS 2 nur in Bezugnahme auf echte Optionen bzw. *equity-settled transactions* (IFRS 2.19–21).

Allerdings sind auch virtuelle Optionen *(cash-settled transactions)* regelmäßig ebenfalls an vertraglich spezifizierte Ausübungsbedingungen geknüpft, die sich in *vesting* und *non-vesting conditions* unterscheiden lassen (IFRS 2.IG12). Aus der Erfüllungsform der anteilsbasierten Verpflichtung ergeben sich daher auch keine Unterschiede für die Bewertung der gewährten Option (IFRS 2.33). Im Rahmen der Optionsbewertung ist daher auch bei vereinbartem *cash settlement* zwischen Preis- und Mengengerüst zu unterscheiden. Im Optionspreismodell ist nur das Preisgerüst zu erfassen. Änderungen des Mengengerüsts *(service conditions* und *non-market performance conditions)* fließen nur in die Bewertung der Verpflichtung ein.

Anders als für echte Optionen gilt für virtuelle aber:
- Zu jedem Stichtag ist der *fair value* der Verpflichtung neu zu bestimmen;
- in diese Bestimmung gehen auch die marktabhängigen Ausübungsbedingungen ein;
- wenn eine Ausübungsbedingung (auch eine marktabhängige) nicht erfüllt wird, entstehen dem Vergütungsschuldner keine Aufwendungen.

Nur im Zusagezeitpunkt *(grant date)* entsprechen sich daher der Optionswert einer realen und einer virtuellen Option. Aufgrund der Festschreibung der Bewertungsprämissen bei realen Optionen am *grant date*, im Unterschied zu deren Fortschreibung bei virtuellen Optionen auf jeden Bilanzstichtag, ergeben sich regelmäßig Unterschiede in den Folgeperioden, die sich auf Änderungen der Bewertungsparameter und nicht des Bewertungsmodells zurückführen lassen.

17.4 Bewertungsmodelle

17.4.1 Anforderungen an die Datenbasis

Bei Anwendung eines Optionspreismodells sind gem. IFRS 2.B6 als Preisgerüst mindestens folgende **Faktoren** (Basis-Determinanten einer Option; Rz 259) mit ins Kalkül einzubeziehen:[61]

- Ausübungspreis der Option,
- der augenblickliche Marktwert des Optionsgegenstandes (Unternehmensaktien),
- Laufzeit der Option (bzw. Zeitpunkt der Optionsausübung bzw. erwartete Haltedauer),
- die erwartete Volatilität des Marktpreises,
- die zu erwartenden Dividenden auf die Aktien sowie
- der risikofreie Zinssatz für die Laufzeit der Option.

Über die ersten beiden Faktoren wird der **innere Wert** der Option bestimmt; die folgenden – insbesondere der zugrunde gelegte Bewertungshorizont (Rz 266) – beeinflussen die Höhe des sog. **Zeitwerts**. Bei anteilsbasierten Vergütungen mit Ausgleich in Eigenkapitalinstrumenten ist darüber hinaus noch ein Verwässerungs-/Kapitalstruktureffekt zu berücksichtigen.

Schließlich sind neben den Determinanten des Optionswerts im Optionspreismodell auch in den Vertragsbedingungen festgehaltene *non-vesting conditions* und *market performance conditions*, die Teil des Preisgerüsts sind, zu berücksichtigen (Rz 80). Die Festlegung der einzelnen Parameter zeichnet sich in der praktischen Anwendung durch erhebliche Unsicherheiten aus. Dennoch sind die Anforderungen an die zugrunde gelegte Datenbasis für die Bestimmung des Zeitwerts hoch.[62]

Nach empirischer Belegung neigen Optionsberechtigte zu einer frühzeitigen Ausübung einer gewährten Option. Ein gewährter langfristiger **Ausübungszeitraum** wird entsprechend regelmäßig nicht ausgenutzt. Gründe einer frühzeitigen Ausübung können Risikoaversion, Vermögens- oder Liquiditätsbeschränkungen sowie unzureichende Diversifikation des privaten Vermögens sein (IFRS 2.BC158).

Bei der Anwendung eines Optionspreismodells ist

- entweder die **bewertungsrelevante Laufzeit** (erwartete Haltedauer), somit der Zeitraum zwischen der Zusage der Option *(grant date)* und dem erwarteten Zeitpunkt der Optionsausübung, zugrunde zu legen
- oder ein **pfadabhängiges Ausübungsverhalten** abzubilden und somit eine explizite Modellierung des Ausübungsverhaltens vorzunehmen (IFRS 2.BC169).[63]

Regelmäßig wird die bewertungsrelevante Laufzeit der Option über eine **Prognose** des Ausübungsverhaltens bestimmt.[64] Gegen die Modellierung eines pfadabhängigen Ausübungsverhaltens spricht die zusätzliche Modell- und damit Bewertungskomplexität.

Voraussetzung für eine belastbare Prognose der bewertungsrelevanten Laufzeit ist die Berücksichtigung der folgenden Faktoren:

---

[61] Vgl. hierzu Oser/Vater, DB 2001, S. 1261.
[62] Vgl. Roß/Simons, in: Baetge u. a. (Hrsg.), Rechnungslegung nach IFRS, IFRS 2, Tz. 106.
[63] Vgl. zu weiteren Restriktionen Vater, WPg 2005, S. 1275.
[64] Exemplarisch Vater, in: Thiele/ Keitz, von/Brücks, (Hrsg.), Internationales Bilanzrecht 2008, IFRS 2 Tz 231.

- die Länge der *vesting period*, während der eine Ausübung der Option noch nicht möglich ist;
- das beobachtete tatsächliche Ausübungsverhalten bereits ausgegebener Optionen in der Vergangenheit;
- der Marktpreis des zugrunde liegenden Anteils, da es bei Erreichen bestimmter (Schwellen-)Kurse zu einer verstärkten Ausübung kommen kann;[65]
- die erwartete Volatilität des zugrunde liegenden Anteils; Risikoaversion der Optionsberechtigten unterstellt, werden Optionen bei volatileren Anteilen früher ausgeübt als bei solchen mit geringen Wertschwankungen;
- das individuelle Rendite-Risiko-Profil der Optionsberechtigten (bei Mitarbeiteroptionen die Hierarchiestufe bzw. die Stellung im Unternehmen).

Bilden die Optionsberechtigten eine heterogene Gruppe (z. B. Vorstand und Manager unterer Führungsebenen), sind ggf. durchschnittlich erwartete Haltedauern für einzelne Gruppen festzulegen (IFRS 2.B21), um einer Über- oder Unterschätzung des Optionswerts entgegenzuwirken (IFRS 2.B20). Entsprechende Differenzierungen nach Gruppen innerhalb der (Gesamt-)Anspruchsberechtigten ergeben allerdings nur bei bereits bestehender Kenntnis eines unterschiedlichen Ausübungsverhaltens Sinn (IFRS 2.B19). Empirische Untersuchungen zeigen regelmäßig eine Optionsausübung spätestens ein Jahr nach Ablauf der *vesting period*.[66]

267 Die (Aktienkurs-)**Volatilität** beschreibt die kurzfristige Abweichung des Anteilswerts von der langfristigen Trendentwicklung. Statistisch entspricht diese der Standardabweichung der Zufallsvariablen „Anteilswert". Als Parameter der Optionspreisbewertung drückt die Volatilität die künftig zu erwartenden positiven/negativen Abweichungen – bezogen auf das jährliche Mittel – von dem Anteilswert am Bewertungsstichtag aus (IFRS 2.B24).
Die künftige Volatilität steht zum Bilanzstichtag – aufgrund der Abhängigkeit von der Kursentwicklung – freilich noch nicht fest. Aufgrund der **hohen Bedeutung** der Volatilität für den Wert einer Option sind folgende Faktoren bei der Prognose der Volatilität einzubeziehen (IFRS 2.B25):
- die implizite Volatilität; sie lässt sich aus beobachtbaren Marktpreisen für gehandelte Optionen des bilanzierenden Unternehmens bestimmen;
- die historische Volatilität; sie ergibt sich aus einer Analyse der Veränderung der Aktienkurse in der Vergangenheit über einen Betrachtungshorizont, der der erwarteten Haltedauer der Optionen entspricht;
- der Zeitraum, seit dem börsennotierte Preise für Anteile des bilanzierenden Unternehmens beobachtbar sind; ist dieser kurz (z.B. bei neu gegründeten Gesellschaften oder kurz nach einem Börsengang), ist die beobachtbare Volatilität d. R. zu hoch und damit nicht repräsentativ für den langfristigen Trend.

Darüber hinaus ist bei der Bestimmung der Volatilität auf konstante Prämissen hinsichtlich des zugrunde gelegten **Zeitintervalls** (Monate/Wochen/Tage), des Beobachtungszeitpunktes (Eröffnungs-/Höchst-/Schlusskurs) und der Währung im Verhältnis zum Ausübungspreis *(exercise price)* zurückzugreifen. Besondere Einflüsse auf den beobachtbaren Anteilswert und Tendenzen des langfristigen Mittels sind zu berücksichtigen.

---

[65] Vgl. BLENS/FÜLBIER/GASSEN, Internationale Rechnungslegung, 6. Aufl. 2006, S. 494.
[66] Vgl. SUTNER/WEBER, BB 2005, S. 2736f.

Die historische Volatilität wird als **Trendfortschreibung** vergangenheitsbezogener Daten maßgeblich durch die Länge des Beobachtungszeitraums beeinflusst. Die Aussagefähigkeit der impliziten Volatilität ist hingegen insoweit fraglich, als sich die Volatilität von Finanzmarktoptionen wegen anderer Ausgestaltungsmerkmale (Laufzeit, Ausübungsbedingungen etc.) nicht direkt auf vergütungshalber gewährte Optionen übertragen lässt.

Die Schätzung der Volatilität bietet unabhängig von dem Rückgriff auf implizite oder historische Erkenntnisse erhebliche bilanzpolitische **Ermessensspielräume**. Ein klarer Vorrang der zu verwendenden Datenbasis ist daher auch nicht gegeben.

Partizipieren die Anspruchsberechtigten aus der anteilsbasierten Vergütung zusätzlich zu ihrem Optionsrecht ausnahmsweise schon an künftigen **Dividendenausschüttungen** (IFRS 2.B31), sind diese für das Optionspreismodell unbeachtlich (IFRS 2.B32). Regelmäßig sieht eine anteilsbasierte Vergütung allerdings kein Dividendenbezugsrecht vor. Hierdurch reduziert sich der *fair value* der Option für die Perioden, in denen keine Ausübung der Option möglich ist. Als Schätzung der künftigen Dividendenhöhe kann eine um Einmaleffekte bereinigte Extrapolation beobachtbarer Vergangenheitswerte herangezogen werden.[67]

268

Als „quasi"-risikoloser Zinssatz ist regelmäßig auf die beobachtbare Rendite von **Staatsanleihen** zurückzugreifen, die in

269

- der (Rest-)Laufzeit und
- der Währung

der erwarteten Haltedauer der Option entsprechen. Eine Anpassungsnotwendigkeit ergibt sich für Staatsanleihen, die einem gewissen Ausfallrisiko unterliegen (IFRS 2.B37).

Wird eine anteilsbasierte Vergütung mit Ausgleich in Eigenkapitalinstrumenten (*equity-settled transaction*) durch die Ausgabe von Anteilen zu einem Bezugspreis unter dem *fair value* bewirkt, erfahren die Gesellschafter/Anteilseigner einen Verwässerungseffekt (**Kapitalstruktureffekt**). Dieser betrifft nicht nur die bestehenden Gesellschafter/Anteilseigner, sondern auch die Optionsberechtigten hinsichtlich ihres Ausübungsgewinns (IFRS 2.B39). Die Höhe des Verwässerungseffektes und damit der *fair value* der Optionen hängen ab von

270

- dem Bezugsverhältnis von vorhandenen zu neu zugeteilten Aktien und
- dem Grad der Einpreisung des erwarteten Verwässerungseffekts in den beobachtbaren Anteilswert.

Eine Minderung des Optionswertes durch Verwässerungs-/Kapitalstruktureffekte ist im Optionspreismodell zu berücksichtigen. Die Anpassung erfolgt unter Berücksichtigung des Verhältnisses der neu zu emittierenden Anteile zur Anzahl bestehender Anteile (λ). Der Optionswert vor Berücksichtigung des Verwässerungseffekts wird mit dem Wert $1/(1 + \lambda)$ multipliziert.[68]

Unabhängig von der Ausgestaltung der anteilsbasierten Vergütung – *cash-settled* oder *equity-settled transaction* – sind neben evtl. in den Vertragsbedingungen festgehaltenen *non-vesting conditions* auch *market-based performance conditions*

271

---

[67] Vgl. VATER, StuB 2004, S. 804.
[68] Vgl. VATER, in: THIELE/KEITZ, VON/BRÜCKS (Hrsg.), Internationales Bilanzrecht 2008, IFRS 2 Tz 253.

als Teil der *vesting conditions* im Optionspreismodell zu berücksichtigen (Rz 80). Mit Ausnahme der marktabhängigen Leistungsbedingungen dürfen *vesting conditions* nicht in die Berechnungsparameter des Optionspreismodelles einfließen (IFRS 2.19). Nicht in der *fair-value*-Bewertung der Option zu berücksichtigende Ausübungsbedingungen sind z. B.:
- Beibehaltung der Arbeitnehmerstellung *(service conditions)*,
- Erfüllung einer nicht vom Anteilswert abhängigen Zielvorgabe, z. B. Umsatzvolumen, Gewinnanstieg, Gewinn je Aktie.

Für die Bestimmung des Werts der hingegebenen Leistung über die indirekte Bewertung ist im Zusagezeitpunkt *(grant date = measurement date)* abzuschätzen, wie viele der zugesagten Optionen nach Ablauf der *vesting period* (Rz 65) tatsächlich ausgeübt werden. Insbesondere ist dabei die Einschätzung der Mitarbeiterfluktuation angesprochen, aber auch die übrigen eben genannten Vorgaben, die nicht marktabhängig sind. Diese Ausübungsbedingungen sind also nicht bei der **Bewertung** der einzelnen Option, sondern bei der Abschätzung des **Umfanges** der Vergütungsinstrumente zu berücksichtigen, die letztlich ausgeübt werden (IFRS 2.20). Die letztgenannte Wertermittlungskomponente stellt das – nach deutschem Sprachverständnis – **Mengengerüst** der Bewertung dar, das Optionspreismodell oder – ausnahmsweise – der Markt liefert dazu die **Wertkomponente**.[69]

17.4.2 Black-Scholes-Modell

272 Das Black-Scholes-Modell stellt das einfachste Optionspreismodell dar. Die einfache Anwendung ist Ergebnis einer geschlossenen Bewertungsgleichung, die allerdings die Flexibilität und damit Anwendbarkeit des Modells erheblich einschränkt.[70] Es ist daher fraglich, ob das Black-Scholes-Modell die Merkmale als Vergütung gewährter Optionen zutreffend widerspiegelt (IFRS 2.BC131). Eine Bewertung über das Black-Scholes-Modell ist – abgesehen von den Anforderungen an den Kapitalmarkt[71] – möglich, wenn folgende Annahmen erfüllt sind:
- Es werden keine (wesentlichen) Dividenden während der Optionslaufzeit erwartet,
- die Optionsausübung ist nur am Ende der Laufzeit möglich und
- der erwartete risikolose Zinssatz ist bis zum Fälligkeitszeitpunkt im Wesentlichen konstant.

Bei Nichterfüllung der vorstehenden Annahmen lässt sich das Bewertungsmodell unter Anpassung der Bewertungsgleichung modifizieren. Ebenso ist eine Anpassung erforderlich, wenn Ausübungsbedingungen (hier: *market conditions*) in dem Optionspreismodell zu berücksichtigen sind. Jegliche Anpassung des Bewertungsmodells ist allerdings aufwendig, das Black-Scholes-Modell aus Kosten-Nutzen-Erwägungen somit nur für „einfach" ausgestaltete Optionszusagen heranzuziehen.
Die **Stärken** und **Schwächen** des Black-Scholes-Modells zur Bewertung von Optionszusagen lassen sich wie folgt zusammenfassen:

---

[69] KÜTING/DÜRR unterscheiden begrifflich zwischen (nicht) marktabhängigen Erfolgszielen (WPg 2004, S. 609, 612 f.).
[70] Vgl. PELLENS/FÜLBIER/GASSEN, Internationale Rechnungslegung, 6. Aufl., 2006, S. 490.
[71] Vgl. ROß/SIMONS, in: BAETGE u. a. (Hrsg.), Rechnungslegung nach IFRS, IFRS 2, Tz. 83.

Stärken des Modells	Schwächen des Modells
Einfachheit und weite Akzeptanz des Modells	Begrenzter Anwendungsbereich des Modells, da Parameter über die Laufzeit fixiert sind *(closed form solution)*
Optionswertberechnungsprogramme sind bei Kenntnis der Bewertungsparameter im Internet frei verfügbar	Ausübungsbedingungen lassen sich nicht oder nur umständlich in der Bewertung berücksichtigen
Bewertungsergebnisse sind leicht nachvollziehbar	Bewertung nur bei einem festen Ausübungszeitpunkt, keine Anwendung auf amerikanische Optionen (Rz 260)

17.4.3 Binomialmodell

Als vielseitigere und dennoch (verhältnismäßig) „einfache" Alternative bietet sich zur Bewertung von Optionszusagen der Rückgriff auf ein Binomialmodell an. Die Bewertung über das Binomialmodell **unterstellt** einen arbitragefreien Kapitalmarkt und die Möglichkeit zur Reproduktion der sicheren Anlage. Die Bewertung erfolgt als zweistufiger Prozess, bei dem der *fair value* zu diskreten äquidistanten Zeitpunkten betrachtet wird:

- In einem **ersten Schritt** ist die künftige Entwicklung des *fair value* des Optionsobjekts zu modellieren. Mit jeder künftigen Periode kann sich der Wert um einen von der Volatilität abhängigen Faktor erhöhen oder reduzieren. In Abhängigkeit von der Rendite auf risikolose Anlagen und der Schwankungsbandbreite (positive und negative Wertabweichung) ergeben sich risikoneutrale Wahrscheinlichkeiten, die für die Entwicklung eines Zustandsbaumes *(decision tree)*, der alle möglichen Ausprägungen der Wertentwicklung widerspiegelt, heranzuziehen sind.[72] Am Ende des Betrachtungszeitraumes sind die Resultate aller Wertentwicklungen einfach zu bestimmen, sie entsprechen dem inneren Wert (Differenz zwischen Ausübungspreis und Endwert). Faktoren, die die Wertentwicklung der Anteile beeinflussen (z.B. Dividendenzahlungen), sind bei der Fortschreibung zu berücksichtigen.

- Ausgehend von den unterschiedlichen Werten am Ende des Beurteilungszeitpunktes kann in einem **zweiten Schritt** der Optionswert zu jedem Zeitpunkt zwischen Zusage- und Ausübungszeitpunkt rekursiv ermittelt werden. Konsistent zu der Entwicklung des Zustandsbaumes, bei der risikoneutrale Wahrscheinlichkeiten unterstellt wurden, sind Risikoneutralität für die Gewichtung der positiven und negativen Abweichungen und eine Abzinsung zu unterstellen. Ausübungsbedingungen können im jeweiligen Zeitpunkt des Zustandsbaumes berücksichtigt werden.

Die Güte des Bewertungsergebnisses bei Rückgriff auf das Binomialmodell hängt von der Anzahl der verwendeten Zwischenschritte (dem Umfang des Zustandsbaumes) ab. Bei einem Bewertungshorizont von drei Jahren sind daher zur Verbesserung der Aussagefähigkeit des Modells auch unterjährige Betrachtungszeiträume zugrunde zu legen. Als Untergrenze sollten mindestens 100 Zwischenschritte gewählt werden. Werden keine marktabhängigen Leistungsbedingungen

---

[72] Ausführlich ROSS/SIMONS, in: BAETGE u.a. (Hrsg.), Rechnungslegung nach IFRS, IFRS 2, Tz. 88 ff.

vereinbart, entsprechen sich die Optionswerte, die mittels Black-Scholes-Modell und Binomialmodell ermittelt werden.

Die **Stärken und Schwächen** des Binomialmodells zur Bewertung von Optionszusagen lassen sich wie folgt zusammenfassen:

Stärken des Modells	Schwächen des Modells
Weiter Anwendungsbereich des Modells, da Parameter über die Laufzeit angepasst werden können (open form solution)	Höhere Komplexität, Notwendigkeit zur Erstellung eines optionsspezifischen Modells
Berücksichtigung der meisten Ausübungsbedingungen	

17.4.4 Monte-Carlo-Simulation

274 In Ausnahmefällen kann es notwendig sein, den *fair value* einer Option über eine Monte-Carlo-Simulation zu bestimmen (z.B. komplexe Ausübungsbedingungen, die sich nur schwer über ein Binomialmodell erfassen lassen).

Über eine Monte-Carlo-Simulation werden unterschiedliche künftige Wertentwicklungen in Abhängigkeit von identifizierten Treibern per Zufallsgenerator ermittelt.

Basierend auf jedem Simulationsergebnis werden die Ausübbarkeit der Option und der Wertzuwachs des Anspruchsberechtigten bestimmt und mit Rückgriff auf den risikolosen Zinssatz auf den Zusagezeitpunkt diskontiert. Über eine kontinuierliche Wiederholung des Simulationsprozesses wird eine Vielzahl von Barwerten ermittelt. Der Erwartungswert aus allen möglichen Barwerten entspricht dem beizulegenden Zeitwert der Option.

Die Aussagefähigkeit des Modells wird entscheidend durch die Anzahl der Simulationen bestimmt. Der resultierende *fair value* ist ein Näherungswert, der sich als Erwartungswert unterschiedlicher Simulationsergebnisse ergibt. Wird nur eine geringe Anzahl von Simulationen ausgeführt, unterliegt der *fair value* der Option ggf. erheblichen Schwankungen von Berechnung zu Berechnung. Als eine Untergrenze wird eine Anzahl von mindestens 10.000 Simulationen (Berechnungsdurchläufen) als angemessen angesehen.[73] Im Einzelfall können aber auch über 1.000.000 Einzelberechnungen erforderlich sein.

Die **Stärken und Schwächen** der Monte-Carlo-Simulation zur Bewertung von Optionszusagen lassen sich wie folgt zusammenfassen:

Stärken des Modells	Schwächen des Modells
Keine Einschränkung des Anwendungsbereichs, jede Vertragsbedingung kann berücksichtigt werden	Hohe Anforderung an die Programmierung der Simulation, einfache Tabellenkalkulationsprogramme müssen erweitert werden
Hoher Grad der Nachvollziehbarkeit, da einzelne Simulationswerte aufgezeigt werden	Aussagefähigkeit hängt von der Anzahl der Simulationen ab, bei einer zu geringen Anzahl schwankt der Erwartungswert mit jeder Berechnung

---

[73] Vgl. DELOITTE, Share-based payments, A guide to IFRS 2, June 2007, S. 115.

17.4.5 Optionsbewertung bei fehlender oder junger Börsennotierung

Die Verpflichtung zur bilanziellen Abbildung und damit der Bewertung anteilsbasierter Vergütungstransaktionen ist **nicht** auf börsennotierte Unternehmen beschränkt, sondern umfasst mit den gleichen Vorgaben auch Unternehmen, für deren Eigenkapitalinstrumente weder Marktpreise noch historische Daten verfügbar sind. Werden Optionen als anteilsbasierte Vergütungen ausgegeben, scheidet eine allein auf den inneren Wert der Option gestützte Bewertung aus.

275

Für die Bestimmung des Zeitwerts *(time value)* der Optionszusage fehlt bei fehlender oder junger Börsennotierung insbesondere die **Volatilität** der Unternehmensanteile als wesentlicher Parameter des Optionswerts.

Zur Schätzung der Volatilität stehen folgende Möglichkeiten zur Verfügung:
- Werden durch das bilanzierende Unternehmen regelmäßig Optionszusagen getätigt, kann die Preisvolatilität auf einem **internen Markt** (Handel der Optionsberechtigten untereinander) herangezogen werden (IFRS 2.B28). I.d.R. ist ein interner Markt allerdings nicht verfügbar oder hinreichend liquide, ein Rückgriff auf unternehmensspezifische Daten scheidet also aus.
- Alternativ kann eine **Vergleichsgruppe** börsennotierter Unternehmen, die in möglichst vielen Charakteristika mit dem bilanzierenden Unternehmen übereinstimmen, herangezogen werden. Stellvertretend für die unternehmensspezifische Volatilität kann dann aus den Preisinformationen für die Vergleichsgruppe *(peer group)* die Volatilität der Anteile abgeleitet werden.

17.5 Objektive Unmöglichkeit der *fair-value*-Bewertung – Rückgriff auf die *intrinsic value method*

Die Bewertungsvorschriften beruhen auf der **unterstellten Möglichkeit**, im Zeitpunkt der Optionsgewährung *(grant date)* den Optionswert zuverlässig zu bewerten (IFRS 2.BC197). Gleichwohl wird auch die Existenz von unüblichen und sehr komplex ausgestalteten Anteilen berücksichtigt, die aus Sicht des Board in **seltenen Fällen** *(rare cases)* eine zuverlässige Schätzung unmöglich machen (IFRS 2.BC199).

276

Für den Fall der objektiven Unmöglichkeit einer *fair-value*-Bewertung einer anteilsbasierten Vergütung mit Ausgleich in Eigenkapitalinstrumenten über ein Optionspreismodell ist es alternativ zulässig, den Zeitwert *(time value)* einer Option zu vernachlässigen und die Bewertung allein auf den inneren Wert *(intrinsic value)* zu stützen (IFRS 2.24–25). Die Folge ist dann eine **Nichterfassung** von **Aufwand** im Zusagezeitpunkt, wenn im Zusagezeitpunkt der Ausübungspreis dem Aktienkurs bzw. Anteilswert entspricht, ein innerer Wert also nicht vorhanden ist.

Die Wertänderung vom Zusagezeitpunkt *(grant date)* bis zur letztendlichen Ausübung bzw. zum Verfall *(settlement)* ist zu jedem Stichtag erfolgswirksam zu verbuchen. Der *fair value* als Wertkomponente wird in diesen Fällen durch den **inneren Wert** *(intrinsic value)* ersetzt. Abweichend von der Regel hat daher auch bei echten Optionen zu jedem Bilanzstichtag eine erneute Bewertung zu erfolgen (Rz 82). Die Bewertung über die Laufzeit insgesamt entspricht dann dem Ausübungsgewinn des Optionsinhabers.[74] Unberührt bleibt

277

---

[74] Vgl. PELLENS/CRASSELT, PiR 2005, S. 40.

indes die Mengenkomponente der Bewertung gem. IFRS 2.15, also die Einschätzung der letztlich ausübbaren Optionen (IFRS 2.24b). Die Vorschriften zum *repricing* u. Ä. (Rz 141 ff.) sind dann nicht anzuwenden. Wenn allerdings während der Wartezeit *(vesting period)* eine Ablösung der Optionsverpflichtung *(settlement)* erfolgt, ist der noch nicht erfasste Aufwandsteil sofort zu erfassen und etwaige Ausgleichszahlungen sind bis zur Höhe des inneren Wertes zulasten des Eigenkapitals zu verbuchen (IFRS 2.25); ein übersteigender Betrag ist im Aufwand zu erfassen.

278 Eine Bewertung zum inneren Wert, also der Differenz zwischen dem Ausübungspreis und dem *fair value* des zugrunde liegenden Anteils am Bewertungsstichtag, ist, anders als eine *fair-value*-Bewertung der Option (innerer Wert + Zeitwert), nicht nur zum *grant date*, sondern zu jedem Periodenende erforderlich.

279 Diese Ausnahmeregel spricht explizit nur echte Optionen an. Die Bewertung von Optionszusagen ist allerdings unabhängig von der Vergütungsform (Rz 264). Somit gilt u. E. auch für virtuelle Optionen *(cash-settled transactions)*: Lässt sich der Optionswert nicht zuverlässig ermitteln, kann vereinfachend auf eine Bestimmung des Zeitwerts der gewährten Option verzichtet werden.

17.6 Würdigung

280 Die Bewertung von anteilsbasierten Vergütungen über Optionspreismodelle ist äußerst ermessensbehaftet (zur **generellen** Kritik an der Bewertung auf der Grundlage von Optionspreismodellen vgl. → § 28 Rz 235 ff.[75]). Die gesamte Problematik ficht den Board allerdings nicht an (Rz 49): Die Bewertung hat fast ausnahmslos (Rz 276) zum *fair value* zu erfolgen, der auf der Grundlage von Optionspreismodellen zu ermitteln ist. Eine **Unmöglichkeit** der Wertermittlung wird als unwahrscheinlich erachtet (IFRS 2.BC197). Die Bilanzierungspraxis kann dieser optimistischen Einschätzung nicht unbedingt folgen und relativiert daher zum Teil ihre Berechnungen sogleich wieder:

> **Beispiel aus einem Jahresabschluss[76]**
> *„The Black-Scholes option valuation model was developed for use in estimating the fair value of traded options which have no vesting restrictions and are fully transferable. In addition, option valuation models require the input of highly subjective assumptions including the expected stock price volatility. Because the company's stock options have characteristics significantly different from those of traded options and because changes in the subjective input assumptions can materially affect the fair value estimate, in management's opinion, the existing models do not necessarily provide a reliable single measure of the fair value of its employee stock options."*

Schätzungen stellen an sich einen notwendigen Bestandteil der Bilanzierung dar (IFRS F.86); sie stellen sich ex post fast immer als „falsch" heraus. Im Falle von echten Optionen sind die Diskrepanzen wegen des Einfrierens der Options-

---

[75] Grundlegend zur Kritik an den Optionspreismodellen VATER, Stock Options, 2004, S. 9 ff., sowie ders., DStR 2004, S. 1715; außerdem PELLENS/CRASSELT, PiR 2005, S. 39 f.
[76] Aus dem Annual Report 2002 der Wal-Mart INC. (zum ausgewiesenen Pro-forma-Aufwand); zitiert nach VATER, WPg 2004, S. 1258.

bewertung (des Preisgerüsts) im Zusagezeitpunkt (Rz 82) besonders hoch. Im Rahmen der US-amerikanischen Börsenaufsicht ist dieses Thema im Hinblick auf die strenge Vorgehensweise der SEC in die Diskussion gelangt und hat die SEC zur Veröffentlichung des SAB 107 veranlasst, wo die einschlägigen Passagen von ASC Topic 718 kommentiert werden.[77]

Zentral geht es dabei um die Frage, ob das Auseinanderklaffen der *fair-value*-Schätzung des Zugangswertes mit seiner später nicht mehr änderbaren Wertkomponente und dem letztlich von den Mitarbeitern realisierten Wert von der SEC beanstandet werden kann. Die Antwort lautet kurz gefasst:

- Selbst eine **bedeutende** Abweichung *(no matter how significant)*
- ist aus Sicht der *faithful presentation* nicht **irreführend** *(materially misleading)*,
- sofern sie sich auf anerkannte und vernünftig angewandte **Bewertungstechniken** stützt.

Eine Präferenz für ein bestimmtes Bewertungsmodell enthält die SEC-Stellungnahme nicht. Letztlich verlangt die SEC die Anwendung eines *good faith fair value estimate*.

SAB 107 erlaubt auch den **Wechsel** von einer Bewertungstechnik zur anderen bei einer späteren Neuausgabe von Vergütungstiteln. Es handle sich nicht um eine Änderung der Bewertungsmethode *(change in accounting policy*; → § 24 Rz 5 ff.). Nur ständiges *(frequently)* Hin- und Herwechseln wird als unzulässig angesehen. Jedenfalls ist eine Offenlegung der Änderung des Bewertungsverfahrens im Anhang geboten. Empirische Studien schreiben wegen der mangelnden Zuverlässigkeit der Optionsbewertung der Erfassung des zugehörigen Personalaufwandes fast keine **Entscheidungsrelevanz** für die Abschlussadressaten (→ § 1 Rz 29) zu.[78]

Der Board hat auch **andere** (künftig möglicherweise auftretende) Varianten des *share-based payment* überdacht, allerdings keine weiteren spezifischen Regeln mehr vorgesehen. Er verzichtet auf die Beschreibung ausführlicher Anwendungsvorschriften, die durch die tatsächliche Entwicklung sehr schnell überholt sein könnten. In diesen Fällen sind die zuvor herausgearbeiteten allgemeinen Grundsätze zur bilanziellen Abbildung des *share-based payment* zu beachten (IFRS 2.BC193 ff.).

---

[77] Vgl. hierzu VATER, WPg 2005, S. 1269.
[78] VATER, WPg 2005, S. 1269.

Ergebnisrechnung

§ 24 STETIGKEITSGEBOT, ÄNDERUNG BILANZIERUNGSMETHODEN UND SCHÄTZUNGEN, BILANZBERICHTIGUNG

Inhaltsübersicht	Rz
Vorbemerkung	
1 Zielsetzung, Regelungsinhalt und Begriffe................	1–4
1.1 Innere und äußere Vergleichbarkeit als Zielsetzung von IAS 8	1–2
1.2 Verhältnis von IAS 8 zu IAS 1 und zum Framework	3–4
2 Änderung von Ausweis- und Bilanzierungsmethoden........	5–33
2.1 Grundsatz der Methodenstetigkeit	5–6
2.2 Geltungsbereich des Stetigkeitsgebots................	7–17
2.2.1 Hinreichende Gleichartigkeit der Sachverhalte ...	7
2.2.2 Echte und unechte Wahlrechte................	8–10
2.2.3 Keine Geltung für individuelle Schätzungen	11–13
2.2.4 Grenzen des Stetigkeitsgebots bei Schätzverfahren, unbestimmten Rechtsbegriffen und Neuzugängen.	14–17
2.3 Zulässige Abweichungen vom Stetigkeitsgebot.........	18–27
2.3.1 Überblick	18
2.3.2 Durch die Rechtsvorschriften verlangte Methodenänderungen	19–22
2.3.2.1 Erstmalige Anwendung eines Standards .	19–20
2.3.2.2 *Non-IFRIC*-Entscheidungen	21
2.3.2.3 Übergang auf die IFRS-Rechnungslegung	22
2.3.3 Methodenänderungen zur Verbesserung der Darstellung	23–27
2.4 Technische Darstellung des Methodenwechsels.........	28–33
2.4.1 Grundsatz: Retrospektiv und erfolgsneutral......	28–29
2.4.2 Ausnahmen von der retrospektiven Anpassung ...	30–31
2.4.3 Steuerfolgen einer Methodenänderung..........	32–33
3 Revision von Schätzungen, Bilanzkorrektur	34–59
3.1 Abgrenzung zwischen Revision von Schätzungen und Bilanzkorrektur	34–38
3.2 Was sind Bilanzierungsfehler?......................	39–51
3.2.1 Objektiver und subjektiver Fehlertatbestand.....	39–40
3.2.2 Ermessensspielräume......................	41–42
3.2.3 Strafrechtliche Konsequenzen von Bilanzierungsfehlern	43
3.2.4 Fehlerfeststellungen im *enforcement*-Verfahren...	44–51
3.3 Vorgehen bei der Revision von Schätzungen	52
3.4 Technische Darstellung der Korrektur von Fehlern......	53–59
3.4.1 Grundsatz: Retrospektiv und erfolgsneutral......	53–55
3.4.2 Ausnahmen von der retrospektiven Korrektur....	56
3.4.3 Steuerfolgen einer Bilanzkorrektur	57

3.4.4	Interaktion von IAS 8 mit Gesellschaftsrecht.....	58
3.4.5	Rückwärtsberichtigungen	59
4 Angaben		60–63
5 Anwendungszeitpunkt, Rechtsentwicklung		64–66
6 Zusammenfassende Praxishinweise		67

Schrifttum: ERCHINGER/MELCHER, Fehler in der internationalen Rechnungslegung, KoR 2008, S. 616 ff. und 679 ff.; FINK/ZEYER, Änderung von Rechnungslegungsmethoden und Schätzungen nach IFRS, PiR 2011. S. 181 ff.; HENNRICHS, Fehlerbegriff und Fehlerbeurteilung im Enforcementverfahren, DStR 2009, S. 1445 ff.; HENRICHS, Fehlerhafte Bilanzen, Enforcement und Aktienrecht, ZHR 168 (2004), S. 383; HOFFMANN, Bilanzierungsfehler, BC 2005, S. 1 ff.; KEITZ, VON/STOLLE, Fehlerfeststellung, -veröffentlichung und -korrektur im Rahmen des deutschen Enforcement, KoR 2008, S. 213 ff.; KUMM/MÜLLER, Fehlerveröffentlichung im Enforcementverfahren, IRZ 2009, S. 77 ff.; KÜTING/WEBER/BOECKER, Fast Close – Beschleunigung der Jahresabschlusserstellung: (zu) schnell am Ziel?!, StuB 2004, S. 1; RUHNKE/BERLICH, Behandlung von Regelungslücken innerhalb der IFRS, DB 2004, S. 389; SORGENFREI, Bilanzstrafrecht und IFRS, PiR 2006, S. 38 ff.; WEILEP/WEILEP, Nichtigkeit von Jahresabschlüssen, BB 2006, S. 147 ff.

Vorbemerkung
Die Kommentierung bezieht sich auf IAS 8 in der aktuellen Fassung und berücksichtigt alle Ergänzungen, Änderungen und Interpretationen, die bis zum 1.1.2015 beschlossen wurden. Einen Überblick über ältere Fassungen sowie über diskutierte oder schon als Änderungsentwurf vorgelegte künftige Regelungen enthält Rz 64 f.

1 Zielsetzung, Regelungsinhalt und Begriffe

1.1 Innere und äußere Vergleichbarkeit als Zielsetzung von IAS 8

1   IAS 8 ist in gewisser Weise ein „**Omnibus-Standard**". Eine Reihe ganz verschiedenartiger Themen wird behandelt:
- Anwendung und Auswahl der **Bilanzierungsmethoden** (z.B. nach Maßgabe der *materiality* oder bei Regelungslücken),
- die Zulässigkeit von und das buchhalterische Vorgehen bei der Änderung von Bilanzierungsmethoden (**Ausnahmen vom Stetigkeitsgebot**),
- das Vorgehen bei der **Revision von Schätzungen**,
- die Buchungs- und Darstellungsweise bei der Bilanzberichtigung (**Korrektur von Fehlern** aus Vorperioden).

2   Inhaltliche Klammer dieser Themen soll die **Zielsetzung der inneren und äußeren Vergleichbarkeit** von Abschlüssen sein (IAS 8.1).

1.2 Verhältnis von IAS 8 zu IAS 1 und zum Framework

3   Als besondere Themenklammer taugt die Vorgabe der inneren und äußeren **Vergleichbarkeit** kaum. Die Vergleichbarkeit ist eine ganz grundlegende Anforderung an die Rechnungslegung, die über IAS 8 hinaus in vielen anderen

Standards eine Rolle spielt. Betroffen sind vor allem das *Framework* und IAS 1. Zwischen diesen drei Standards bestehen vor allem in der Frage der Anwendung und Auswahl von Bilanzierungsmethoden *(application and selection of accounting policies)* starke **Überlappungen.**

- Welches die auf einen IFRS-Abschluss **anwendbaren Regeln** sind bzw. unter welchen Voraussetzungen ein Abschluss als IFRS-Abschluss bezeichnet werden darf, wird sowohl in IAS 1.15ff. als auch in IAS 8.7ff. und im *Framework* behandelt (→ § 1 Rz 51).
- Wie im Falle **unspezifischer** oder **fehlender Regelung** zu verfahren ist, behandelt vorrangig IAS 8.10ff., benutzt aber dabei Konzepte (Relevanz, *faithfulness* usw.), die nur in IAS 1.15ff. und im *Framework* erläutert sind (→ § 1 Rz 17).
- Jede (ökonomisch sinnvolle) Regelanwendung steht unter dem **Vorbehalt der** *materiality.* Auf unwesentliche Sachverhalte brauchen komplexe Regeln nicht angewandt zu werden. Ausführungen zur *materiality* finden sich sowohl in IAS 1.29ff. als auch in IAS 8.8 und wiederum im *Framework* (→ § 1 Rz 61ff.).
- Die (sinnvolle) Anwendung der Rechnungslegungsregeln unterliegt weiterhin dem **Vorbehalt der** *true and fair presentation.* Bilanzierungsregeln sind insoweit nicht anzuwenden, als dies zu einer falschen bzw. verzerrten Darstellung führen würde. Umgekehrt findet auch die Nichtanwendung von Regeln unter Verweis auf die *immateriality* ihre Grenzen, wo das Ziel die bewusste Verzerrung der Darstellung ist. Ausführungen zu diesen Punkten finden sich in IAS 1.15ff., IAS 8.10ff. und im *Framework* (→ § 1 Rz 61ff.).
- Schließlich gibt der Zweck der zeitlichen Vergleichbarkeit der Regelanwendung eine **Stetigkeitsvorgabe.** Regeln sollen konsistent angewendet werden. Dieses Problem wird in IAS 1.45, in IAS 8.14ff. und erneut im *Framework* behandelt.

Das IFRS-Regelwerk fragmentiert diese Themen, indem es sie an verschiedenen Stellen mit teils gleichen, teils unterschiedlichen Aussagen und Schwerpunkten behandelt. Das kommentierende Schrifttum hat hier die Aufgabe der **Defragmentierung.** Es hat zusammenzuführen, was zusammengehört. In diesem Sinne behandelt unsere Kommentierung die vorgenannten Punkte einheitlich, und zwar überwiegend in → § 1. Es wird deshalb verwiesen
- zu den anwendbaren Regeln auf → § 1 Rz 43 ff.,
- zum Vorgehen bei Regelungslücken auf → § 1 Rz 77 ff.,
- zum Vorbehalt der *materiality* auf → § 1 Rz 61 ff.,
- zum Vorbehalt der *true and fair presentation* auf → § 1 Rz 69 ff.

Hingegen werden in diesem Paragrafen behandelt:
- die **Stetigkeit** der Regelanwendung (Rz 5) und
- die **Ausnahmen vom Stetigkeitsgebot** (Rz 18),
- die **Revision von Schätzungen** (Rz 52) und
- die **Korrektur von Fehlern** (Rz 53).

2 Änderung von Ausweis- und Bilanzierungsmethoden

2.1 Grundsatz der Methodenstetigkeit

5 Der Grundsatz der Methodenstetigkeit findet sich im IFRS-Regelwerk u.a. an folgenden Stellen:
- Im *Framework* erfolgt der positive Hinweis auf das Erfordernis der Änderung von Bilanzierungsmethoden *(accounting policies)*, wenn bessere Alternativen existieren (F.QC30)
- IAS 1.45 fordert die **Ausweisstetigkeit**, d. h. die Konsistenz in der Klassifizierung von Vorfällen bzw. der Gliederung von Posten, in Bilanz, GuV, Eigenkapitaländerungs- und Kapitalflussrechnung (→ § 2 Rz 17 ff.).
- In **IAS 8.**13 findet sich schließlich das Gebot, Ansatz- und Bewertungsmethoden (kurz: Bilanzierungsmethoden) beizubehalten (**materielle Stetigkeit**).

Die Frage der Ausweis- oder Darstellungsstetigkeit ist vorrangig nicht in IAS 8, sondern in IAS 1 geregelt (→ § 2 Rz 17). IAS 1.44 verweist zwar hinsichtlich der Rechtsfolgen einer geänderten Darstellung auf IAS 8, die in IAS 1.41f. enthaltenen Regelungen entsprechen jedoch weitgehend den Anforderungen von IAS 8. Der Verweis ist insoweit redundant.

6 Die Stetigkeitsgebote sollen keine „Fortschritte" verhindern. Methodenänderungen sind daher in bestimmten Ausnahmefällen erlaubt. Unter Einbeziehung dieser Ausnahmen stellen sich drei Fragen:
- **Geltungsbereich:** Unterliegt nur die Ausübung echter Methodenwahlrechte dem Stetigkeitsgebot oder gilt das Gebot auch für die sog. **unechten Wahlrechte** durch Ermessensspielräume etc. (Rz 8)?
- **Zulässige Ausnahmen:** Wann darf ausnahmsweise von dem Stetigkeitsgebot abgewichen werden (Rz 18)?
- **Darstellungstechnik:** Welche Buchungen und Darstellungen sind im Falle einer zulässigen Abweichung vom Stetigkeitsgebot zur Wahrung der Vergleichbarkeit geboten (Rz 28)?

2.2 Geltungsbereich des Stetigkeitsgebots

2.2.1 Hinreichende Gleichartigkeit der Sachverhalte

7 Eine einheitliche (**sachlich** stetige) und im Zeitablauf gleichbleibende (**zeitlich** stetige) Bilanzierung kann nur für **hinreichend gleichartige** Sachverhalte gefordert werden. Folgerichtig wird deshalb bspw. in IAS 2.25 festgehalten, dass für alle Vorräte, die „von ähnlicher Beschaffenheit und Verwendung für das Unternehmen sind, das gleiche Kosten-Zuordnungsverfahren" (Verbrauchsfolge usw. → § 17 Rz 27) anzuwenden ist, während umgekehrt bei Unterschiedlichkeit der Vorräte verschiedene Verfahren zum Einsatz gelangen können. Auch ohne explizite Hinweise gelten entsprechende Überlegungen für andere Standards, etwa für die ermessensbehaftete Festlegung der Nutzungsdauer von Sachanlagen (Rz 14).

2.2.2 Echte und unechte Wahlrechte

8 Die Stetigkeit von Darstellung, Ansatz- und Bewertung bedarf dort keiner besonderen Regelung, wo eindeutig **nur eine Bilanzierungsweise zugelassen** ist. Der Wechsel von einer unzulässigen zu einer zulässigen Bilanzierung stellt demgemäß keinen Methodenwechsel, sondern eine **Bilanzkorrektur** dar (Rz 35 und Rz 53).

Soweit aber Wahlrechte bestehen, sollen diese nicht nur am jeweiligen Stichtag einheitlich für alle **Konzernunternehmen** angewandt (IFRS 10.B87), sondern im Interesse der inneren Vergleichbarkeit auch im **Zeitablauf** einheitlich ausgeübt werden. Die **Wahlrechtsausübung** ist daher ein Anwendungsbereich des **Stetigkeitsgebots**. Zur Konkretisierung dieses Anwendungsbereichs ist zwischen **zwei Arten** von Wahlrechten zu unterscheiden:

- **Echte Wahlrechte:** Das Regelsystem lässt ausdrücklich alternative Darstellungen, Ansätze oder Bewertungen zu. **Beispiele** sind:
  - die Anwendung der Fifo-Methode auf Vorräte (→ § 17 Rz 27),
  - die *fair-value*-Bewertung von *investment properties* (→ § 16 Rz 40),
  - die Neubewertung von Sachanlagen (→ § 8 Rz 70 ff.),
  - der passivische Ausweis von Investitionszuschüssen (→ § 12 Rz 26).
- **Unechte oder faktische Wahlrechte:** Das Regelsystem enthält keine ausdrücklichen Alternativen. Die Anwendung der Regeln erfordert aber **Ermessensentscheidungen** in der Form der
  - **Auslegung unbestimmter Begriffe**,
  - Auswahl von **Schätzverfahren** bei Unsicherheit,
  - Auswahl konkreter **Prämissen** für Schätzungen im Einzelfall (individuelle Schätzungen).

Der Begriff des **Schätzverfahrens** ist allerdings u. U. **mehrstufig** zu sehen. Verfahrensentscheidungen auf nachgelagerten Stufen können dabei als Schätzungs-, statt Methodenänderungen angesehen werden.

Beispiel[1]
Der *fair value* einer nicht börsennotierten Beteiligung ist für verschiedene Stichtage zu bestimmen. Infrage kommt eine Bewertung über Multiplikatoren (auf EBITDA etc.) oder eine DCF-Bewertung. Aus IFRS 13 ergibt sich im konkreten Fall kein klarer Vorrang für eines der beiden Verfahren. Das Unternehmen entscheidet sich für die DCF-Bewertung (Verfahrensentscheidung der Stufe 1), wobei es den maßgeblichen Diskontierungszinssatz (bzw. dessen Eigenkapitalkostenanteil) im CAPM-Modell ermittelt (Verfahrensentscheidung der Stufe 2). Zum nächsten Bilanzstichtag ermittelt es den Diskontierungszinssatz nicht mehr nach dem CAPM-Modell, sondern nach dem Realoptionsansatz.

Beurteilung
Es liegt nur eine Schätzungsänderung und keine Methodenänderung vor, da nur die Bestimmung eines Parameters der nachgelagerten Verfahrensstufe betroffen ist.

Noch weitergehender hält IFRS 13.66 fest: „*Revisions resulting from a change in the valuation technique or its application shall be accounted for as a change in accounting estimate.*" U.E. kann dieser Vorgabe auch außerhalb des Anwendungsbereichs von IFRS 13 gefolgt werden.

---

[1] Nach FINK/ZEYER, PiR 2011, S. 181 ff., mit umfangreicher Diskussion zahlreicher weiterer Grenzfälle zwischen Schätzungs- und Methodenänderung.

10 Das Stetigkeitsgebot von IAS 8.13 umfasst u. E. sowohl echte als auch unechte Wahlrechte. Dies ergibt sich insbesondere aus IAS 8.IGExample 3, wo folgender Fall behandelt wird:

> **Beispiel**
> Die U hat für das jeweilige Anlagegut bisher überwiegend eine einheitliche Nutzungsdauer unterstellt. Eine Aufteilung des Abschreibungsverlaufs nach Maßgabe der unterschiedlichen Nutzungsdauern der Komponenten wurde überwiegend nicht vorgenommen (→ § 10 Rz 7). Zwar verlangt IAS 16.43 eine derartige Abschreibung nach Komponenten *(components approach)*, interpretationsbedürftige Voraussetzung ist aber, dass sich **wesentliche Teile** des Anlagegegenstandes **signifikant** in den Nutzungsdauern unterscheiden. Diese unscharfen Voraussetzungen wurden von U bisher auch mangels detaillierter Untersuchungen nicht bejaht. U hat aber nunmehr eine technische Begutachtung vornehmen lassen und entscheidet sich als Ergebnis dieser Begutachtung, den *„components approach more fully"* anzuwenden.

2.2.3 Keine Geltung für individuelle Schätzungen

11 Die in IAS 8 enthaltene Ausdehnung des Stetigkeitsgebotes auf **unechte** Wahlrechte entspricht der herrschenden handelsrechtlichen Auslegung von § 252 Abs. 1 Nr. 6 HGB und § 246 Abs. 3 HGB.

12 Allerdings kann dies nach Handelsrecht wie nach IFRS nicht unterschiedslos für alle Ermessensfälle gelten. Eine erste Grenze ist bei den oben (Rz 9) aufgeführten individuellen Schätzungen zu ziehen. Die konkrete, sich im Zeitablauf ändernde Beurteilung eines **mit Unsicherheiten behafteten Einzelfalls** kann nicht mehr Gegenstand des Stetigkeitsgebots sein:[2]

> **Beispiel**
> U hat in 01 eine 10 MWp Großwindkraftanlage errichtet. Die bisher installierten Anlagen hatten eine Leistung von 1 MWp und eine wirtschaftliche Nutzungsdauer von 20 Jahren. U rechnet mit einer höheren Reparaturanfälligkeit der Großanlage, unterstellt aber, dass die Nutzungsdauer sich nicht sehr wesentlich von der der kleinen Anlagen unterscheidet. Er nimmt eine Nutzungsdauer von 16–20 Jahren an und schreibt die Großwindkraftanlage deshalb über 18 Jahre linear ab.
> Bereits im ersten Jahr kommt es bei der Großanlage zu einigen Reparaturen und Stillstandszeiten. Sie häufen sich in 05. U revidiert daraufhin in 05 seine Nutzungsdauerschätzung von 18 auf 10 Jahre (bzw. die Restnutzungsdauer von 13 auf 5 Jahre).
>
> **Beurteilung**
> U muss in der Anwendung des Begriffs der Nutzungsdauer zu Schätzungen greifen. Die ursprüngliche Schätzung ist im Jahre 05 nicht mehr aufrechtzuhalten. Die Schätzung muss der besseren Erkenntnis angepasst werden.

---

[2] Gl. A. DRIESCH, in: BECK'sches IFRS-Handbuch, 4. Aufl., 2013, § 44, Tz. 13.

Soweit im Einzelfall unklar ist, ob eine Methodenänderung oder die Revision einer Schätzung vorliegt, ist nach IAS 8.35 von der Revision einer Schätzung auszugehen. In der Grenzziehung zu den Schätzungen ist der Begriff der **Methodenänderung** also **eng** auszulegen.

13

2.2.4 Grenzen des Stetigkeitsgebots bei Schätzverfahren, unbestimmten Rechtsbegriffen und Neuzugängen

Da bei unklarer Abgrenzung im Zweifel nicht von einem Methodenwechsel, sondern von einer revidierten Schätzung auszugehen ist (Rz 13), stellt sich die Frage, ob neben der individuellen Schätzung des Einzelfalls auch die in Rz 9 aufgeführten **Schätzverfahren** aus dem Anwendungsbereich des Stetigkeitsgebots ausscheiden. Die Frage ist eng verknüpft mit der nach der Ausstrahlung von Bilanzierungsmethoden älterer Zugänge auf **Neuzugänge**. Das handelsrechtliche Schrifttum ist in diesem zweiten Punkt uneinheitlich. Unter Berufung auf den Einzelbewertungsgrundsatz wird zum Teil die Zulässigkeit einer von Jahr zu Jahr wechselnden Bewertungsmethode vertreten.[3]

14

Beispiel (Fortsetzung zu Rz 12)
U errichtet in 02 eine weitere Großwindkraftanlage. Die in 01 errichtete Anlage wurde und wird zu diesem Zeitpunkt noch linear über 18 Jahre abgeschrieben. Die Anlage des Jahres 02 möchte U geometrisch-degressiv abschreiben, beginnend mit einem Abschreibungssatz von 10 %.

Beurteilung
IAS 16.50 schreibt vor, die Herstellungskosten auf **systematischer Basis** über die Nutzungsdauer zu verteilen. Die Auswahl zwischen linearer und degressiver Methode ist kein echtes Wahlrecht, sondern es ist die Methode anzuwenden, die den Anforderungen von IAS 16.50 am besten entspricht. Angesichts der begrifflichen Unbestimmtheit der Voraussetzungen besteht in vielen Fällen aber ein unechtes bzw. **faktisches Wahlrecht**.
Zu fragen ist aber, ob die in diesem Ermessensrahmen von U getroffene Festlegung für die Windkraftanlage des Jahres 01 ihn für die Anlage des Jahres 02 bindet.
U. E. ist dies jedenfalls dann nicht der Fall, wenn U willkürfrei handelt. Nach den Reparaturproblemen des Jahres 01 mit der ersten Großanlage kann er (willkürfrei) unterstellen, dass ein schneller Abschreibungsverlauf, also die degressive Abschreibung, angesichts der Unwägbarkeiten ein besseres (Schätz-)Verfahren zur Verteilung der Kosten über die Nutzungsdauer darstellt.
Hinsichtlich der möglichen Rückwirkung auf die lineare Abschreibung der ersten Anlage ist nun zwischen 2 Fällen zu unterscheiden:
Fall 1: Die Annahme, dass die degressive Abschreibung ein besseres Schätzverfahren darstellt, ist plausibel, gleichwohl bleibt auch die lineare Abschreibung eine vertretbare Variante. In diesem Fall wird die lineare Abschreibung für die Altanlage beibehalten.

---

3 SÖFFING, DB 1987, S. 2598 ff.; a. A. KUPSCH, DB 1998, S. 1101 ff.

Fall 2: Reparaturanfälligkeit und Stillstandszeiten zeigen, dass die gleichmäßige jährliche Wertminderung evident dem tatsächlichen Werteverzehr widerspricht. In diesem Fall ist die Abschreibungsmethode für die Altanlage zu ändern, ggf. retrospektiv in der unter Rz 29 ff. dargestellten Technik.

Unter Beachtung des Einzelbewertungsprinzips entfalten u. E. die **Schätzverfahren der vergangenen Perioden** i. d. R. **keine Bindungswirkung für Neuzugänge** der laufenden und zukünftigen Perioden.[4]

15 Diese Auslegung des Stetigkeitsgebots findet jedoch dort ihre Grenze, wo es weder um konkrete Schätzungen noch um Schätzverfahren, sondern um die **Ausfüllung unbestimmter Rechtsbegriffe**, z. B. durch unternehmensinterne Bilanzierungshandbücher *(accounting manuals)*, geht.

Beispiel
U hat als Leasingnehmer in 01 bis 03 diverse Leasingverträge abgeschlossen. Das Verhältnis von Vertragsdauer zur Nutzungsdauer liegt jeweils bei 80 % der Nutzungsdauer.
IAS 17 bindet die Zurechnung von Leasinggegenständen u. a. daran, ob die Vertragsdauer sich über den „*major part*" der Nutzungsdauer erstreckt (→ § 15 Rz 37 f.). U verfährt im Umgang mit diesem Merkmal wie folgt:
In 01 interpretiert er „*major part*" als 90 % und kommt zu dem Schluss, dass die Leasingobjekte der Verträge 01 nicht zu bilanzieren sind.
In 02 gelangt er nach Lektüre einschlägiger Aufsätze zur Auffassung, dass das amerikanische Laufzeitkriterium von 75 % (SFAS 13.7) eine sinnvollere Grenze darstellt. Er bilanziert daher die Zugänge des Jahres 02.
In 03 besucht U diverse Seminare zur internationalen Rechnungslegung und erfährt dabei, dass 90 % eine vertretbare und weit verbreitete Auslegung von „*major part*" darstellen. Er bilanziert deshalb die Objekte der Leasingverträge 03 nicht.

Beurteilung
Die unternehmensinterne Konkretisierung des unbestimmten Rechtsbegriffs fällt in den Anwendungsbereich des Stetigkeitsgebots.
U verstößt also gegen das Stetigkeitsgebot.
Ein Verstoß gegen das Stetigkeitsgebot ist nur dann zulässig, wenn dies ausnahmsweise, etwa im Interesse der besseren Lagedarstellung, erlaubt ist (Rz 23). Ein solcher Ausnahmefall liegt nicht vor. U verstößt daher gegen die IFRS-Regeln.

16 Die **Neuinterpretation unbestimmter Rechtsbegriffe** (*major part, near future* etc.) stellt u. E. auch dann einen **Verstoß gegen das Stetigkeitsgebot** dar, wenn sie willkürfrei erfolgt und nur auf Neuzugänge angewendet wird.[5] Ein solches Vorgehen ist daher nur dann zulässig, wenn eine gesetzliche Ausnahmevorschrift

---

[4] Ähnlich KÖSTER, in: THIELE/KEITZ, VON/BRÜCKS (Hrsg.), Internationales Bilanzrecht, 2008, IAS 8, Tz. 157.
[5] Gl. A. KÖSTER, in: THIELE/KEITZ, VON/BRÜCKS (Hrsg.), Internationales Bilanzrecht, 2008, IAS 8, Tz 154.

die Änderung der Bilanzierungsmethode erlaubt (Rz 18). Betroffen ist neben dem behandelten Leasingfall (Rz 15) z.b. die Ausbuchung von Forderungen beim Factoring. Sie setzt nach IAS 39/IFRS 9 im Allgemeinen voraus, dass nicht „so gut wie alle Risiken" *(substantially all of the risks)* beim Forderungsverkäufer verbleiben (→ § 28 Rz 71). In der unternehmensinternen Konkretisierung dieses Begriffs wird man die Grenzziehung nicht von Jahr zu Jahr anders vornehmen können.

Ähnlich ist die Ausübung **echter** Wahlrechte zu beurteilen. Hier ergibt sich i.d.R. schon aus der Wahlrechtsregel selbst die periodenübergreifende Anwendungspflicht:

- Nach IAS 16.36 kann das Wahlrecht der **Neubewertung von Sachanlagen** nur einheitlich für ganze Klassen *(entire classes)* ausgeübt werden (→ § 8 Rz 76). Bei einer Änderung der Bilanzierungsmethode anlässlich von Neuzugängen sind daher auch Altanlagen der gleichen Gruppe umzubewerten.
- Nach IAS 40.30 kann die Entscheidung zwischen Anschaffungskosten- oder *fair-value*-Bewertung nur einheitlich für alle *investment properties* getroffen werden (→ § 16 Rz 43). Auch hier sind bei einer durch Neuzugänge ausgelösten Methodenänderung Altanlagen ebenso umzubewerten.

Eine Ausnahme unter den echten Wahlrechten stellt IFRS 3.19 i. V. m. IFRS 3.32 dar. Danach ist der beim mehrheitlichen, aber nicht 100 %igen Erwerb eines Unternehmens *(business combination)* entstehende Minderheitenanteil *(non-controlling interest)* wahlweise mit dem anteiligen Zeitwert des Nettovermögens des Erwerbsobjekts oder mit dem anteiligen Unternehmenswert zu berücksichtigen (→ § 31 Rz 134). Dieses Wahlrecht ist je Unternehmenserwerb *(for each business combination)* frei auszuüben.

Keine Änderung der Bilanzierungsmethoden und damit kein Anwendungsfall von IAS 8 ist die Wahl einer Bilanzierungsmethode für **neue Ereignisse oder Geschäftsvorfälle**, die sich von früheren Ereignissen oder Geschäftsvorfällen unterscheiden (IAS 8.16a).

Keinen Methodenwechsel stellt auch der von vornherein **geplante Übergang von der degressiven zur linearen Abschreibung** dar, sobald die lineare Verteilung des Restbuchwertes zu einer höheren Abschreibung führt als die Fortsetzung der degressiven Abschreibung.

2.3 Zulässige Abweichungen vom Stetigkeitsgebot

2.3.1 Überblick

Von den Geboten der Ausweisstetigkeit und der materiellen Stetigkeit gibt es zwei **Ausnahmen**. Eine Änderung der bisher angewandten Bilanzierungsmethoden ist demnach nicht nur zulässig, sondern auch geboten, wenn sie

- durch **Gesetz** oder sonstige **verbindliche Regel** verlangt wird (IAS 1.45b und IAS 8.14a) oder
- zu einer **angemessenen** (*more appropriate*) bzw. **relevanteren oder verlässlicheren Darstellung** von Geschäftsvorfällen führt (IAS 1.45a und IAS 8.42).

2.3.2 Durch die Rechtsvorschriften verlangte Methodenänderungen

2.3.2.1 Erstmalige Anwendung eines Standards

19 Bilanziert ein Unternehmen bereits nach den IFRS-Vorschriften, so kann es nur um eine **Neufassung** oder erstmalige **Verabschiedung einer IFRS-Regel** gehen. Insbesondere bei erstmaliger Anwendung eines neu oder grundlegend überarbeiteten Standards werden diesem häufig spezifische Übergangs- bzw. Anwendungsvorschriften beigefügt. Nach diesen speziellen Vorschriften ist dann vorzugehen (IAS 8.19a). Soweit die spezifischen Übergangsregelungen keine oder nur hinter IAS 8 zurückbleibende Erläuterungspflichten vorsehen, bleiben die allgemeinen Erläuterungspflichten von IAS 8.28 relevant.

20 Fehlt es an speziellen Übergangsvorschriften, so gelten für die Anwendung eines neuen Standards die allgemeinen Regelungen, d.h., i.d.R. ist die Anpassung **retrospektiv** unter Korrektur von Eröffnungsbilanzwerten (IAS 8.19b) bzw. unter Anpassung der vorjährigen Klassifizierungen (IAS 1.41) und Aufstellung einer dritten Bilanz (Eröffnungsbilanz des Vorjahres) vorzunehmen (Rz 28).

2.3.2.2 Non-IFRIC-Entscheidungen

21 Regelmäßig richtet die Praxis an das *IFRS Interpetations Committee* (früher IFRIC) Fragen zur Behandlung tatsächlicher oder vermeintlich unklarer Fälle. Soweit das *Committee* die Fragestellung nicht bearbeitet oder nicht auf seine Agenda nimmt, wird diese „*Agenda Rejection*" mit knapper Begründung veröffentlicht. Diesen sog. *Non-IFRICs* wird folgende Bemerkung vorangestellt: „*The following informations are published for information only and do not change existing IFRS requirements.*" Gleichwohl entfalten die *Non-IFRICs* eine faktische Bindungswirkung (→ § 1 Rz 55) mit der möglichen Folge, an einer bisher für vertretbar gehaltenen Bilanzierungsmethode nicht mehr festhalten zu können. Die Anpassung ist retrospektiv unter Korrektur von Eröffnungsbilanzwerten (IAS 8.19b; Rz 28) vorzunehmen.

Beispiel

Die Auftragsbedingungen von U sehen bei Warenlieferungen ein Zahlungsziel von 6 Wochen sowie Skonti von 2 % bei Zahlungen innerhalb von 3 Wochen vor. Lieferungen, bei denen die Skontofrist zum Bilanzstichtag noch nicht abgelaufen war, hat U bisher mit 100 % als Umsatz angesetzt, die tatsächlich gezogenen Skonti erst in neuer Rechnung als Erlösminderung verbucht.
Nach Ergehen eines *Non-IFRIC*[6] ist dieses Vorgehen nicht mehr vertretbar. U muss die Erlösminderung zukünftig noch in alter Rechnung auf geschätzter Basis (bei *fast close* → § 4) oder auf Basis der nach dem Stichtag erlangten „Werterhellung" (→ § 4) berücksichtigen.

---

[6] IFRIC, Update Juli 2004.

2.3.2.3 Übergang auf die IFRS-Rechnungslegung

Das Vorgehen bei erstmaliger Aufstellung eines Abschlusses ist in IFRS 1 geregelt. Zum Vorgehen im Einzelnen und zu Ausnahmen von der Retrospektion wird auf → § 6 Rz 29ff. verwiesen.

22

2.3.3 Methodenänderungen zur Verbesserung der Darstellung

Bilanzierungsmethoden dürfen und sollen trotz des Grundsatzes der Stetigkeit geändert werden, wenn hierdurch bei sachgerechter Beurteilung des Einzelfalls eine **verbesserte Darstellung** der Vermögens-, Finanz- und Ertragslage resultiert (IAS 8.14b).

23

Formell ist der für diese Stetigkeitsausnahme z.T. verwendete Begriff des „*voluntary change in accounting policy*" irreführend, da bei Vorliegen der Voraussetzungen (verbesserte Darstellung) die Bilanzierungsmethode ggf. zu ändern **ist** und im Übrigen dort, wo wirklich die freie Wahl zwischen zwei Bilanzierungen besteht, wegen des Vorrangs spezifischer Regeln IAS 8 z.T. überhaupt nicht anwendbar ist. Dies gilt etwa nach IAS 8.17 für den Wechsel von der Anschaffungs-/Herstellungskostenbewertung zur Neubewertung nach IAS 16 oder IAS 38 (→ § 8 Rz 70ff.).

Tatsächlich aber erfordert die Beurteilung, wann eine Verbesserung der Darstellung vorliegt, die Ausübung von **Ermessen im Einzelfall**. Generelle Regeln, etwa der Art, dass z.B. der Übergang von einer Alternativ-Methode zu einer *benchmark*-Methode immer die Darstellung verbessern würde, sind durch die Ausführungen in IAS 8 nicht gerechtfertigt. Die Beispiele in der *Guidance on Implementing IAS 8* begnügen sich mit sehr weichen Begründungen:

Beispiel 1
Unternehmen Gamma wechselt bez. des Finanzierungsaufwandes für Anschaffungs- oder Herstellungskosten von der Aktivierung der Fremdkapitalkosten zur Aufwandsverrechnung (→ § 9 Rz 43). Die in den *notes* zu liefernden Begründungen formuliert IAS 8.IG2 beispielhaft wie folgt:
Das Management ist der Auffassung, dass die Aufwandsverrechnung **zuverlässigere und relevantere Informationen** liefert, da sie die Finanzierungskosten **transparenter** behandelt und mit der lokalen **Branchenpraxis** konsistent ist.

Beispiel 2
Unternehmen Delta schreibt das jeweilige Anlagegut nicht mehr einheitlich, sondern nach der Nutzungsdauer der wichtigsten Komponenten ab (→ § 10 Rz 7). IAS 8.IG3 lässt folgende Begründung in den *notes* genügen:
Das Management ist der Ansicht, dass der Komponentenansatz **zuverlässigere und relevantere Informationen** liefert, da er sich **akkurater** mit den Komponenten befasst.

Die Illustrationen des IASB lassen folgenden Schluss zu: Die in IAS 8.14b vorausgesetzte Verbesserung der Lagedarstellung muss mehr **behauptet** als im Detail **belegt** werden. Ein Verweis auf Zuverlässigkeit, Relevanz, Branchenpraxis, De-

24

tailgenauigkeit etc. reicht regelmäßig aus.[7] Nur ausnahmsweise sind strengere Maßstäbe anzulegen, etwa beim Übergang von einer *fair value*-Bewertung der *investment properties* zu einer Anschaffungskostenbewertung (→ § 16 Rz 43), da eine damit einhergehende Verbesserung der Darstellung nach IAS 40.31 unwahrscheinlich (*highly unlikely*) ist.

25 Weitere Ermessensspielräume ergeben sich aus der Unbestimmtheit des **Zeit- und Sachhorizonts** für die geforderte Verbesserung der Darstellung. Die sachgerechte Ermessensausübung bez. einer Methodenänderung kann u. U. **kurz**fristig, also für den aktuellen Jahresabschluss, keinen wesentlichen Informationsgewinn liefern, wohl aber bei **länger**fristiger Betrachtung. Nach unserer Auffassung wäre die langfristige Perspektive ausreichend, um eine Methodenänderung zu rechtfertigen. **Sachlich** kann eine Methodenänderung nicht die Ertrags-, wohl aber der Vermögenslage besser darstellen. Auch hier wäre eine Methodenänderung zulässig. Soweit es zu Zielkonkurrenzen kommt – z. B. kurzfristige Darstellung sogar verschlechtert, langfristige dafür verbessert –, sind Vor- und Nachteile argumentativ (und nicht mathematisch) abzuwägen.

26 Eine „freiwillige" Änderung der Bilanzierungsmethode liegt nach IAS 8.21 auch dort vor, wo der Bilanzierende zur Lückenfüllung auf **anderes** Recht (z. B. US-GAAP) zurückgreift, sich die Vorschriften dieses anderen Rechts aber ändern und der Bilanzierende diese Änderung nachvollzieht.

27 Einer besonderen Begründung bedarf ein **mehrfacher Wechsel** der Bilanzierungsmethode:

> **Beispiel:**[8]
> Immobilien des Sachanlagevermögens bilanziert U bis 05 im Anschaffungskostenmodell. In 06 wird zur Neubewertung (*revaluation*) übergegangen (→ § 8 Rz 75). In 08 erfolgt die „Rückkehr zum Anschaffungskostenmodell", weil U von X erworben ist und nach konzerneinheitlicher Bilanzierungsrichtlinie (auch für Einzel- und Teilkonzernabschlüsse) auf eine Neubewertung verzichtet werden soll.
> Da die Änderung der Bilanzierungsmethode Folge geänderter Umstände (Konzernierung) ist, kann sie ausnahmsweise als zulässig gelten.

2.4 Technische Darstellung des Methodenwechsels

2.4.1 Grundsatz: Retrospektiv und erfolgsneutral

28 Ein *change in accounting policies* ist nach IAS 8.22 retrospektiv und **erfolgsneutral** durchzuführen:
- Bilanzansatz und Bilanzwert sind so zu ermitteln, als ob immer schon nach der neuen Methode verfahren worden wäre **(retrospektive Anwendung)** (IAS 8.22).
- Daraus resultierende Differenzen gegenüber dem bisherigen Ansatz bzw. Wert sind in der **Eröffnungsbilanz** des Vorjahres gegen Gewinnrücklagen **erfolgsneutral** einzubuchen (IAS 8.22). Präsentiert das Unternehmen mehr als eine Vergleichsperiode, ist gleichwohl die Eröffnungsbilanz des Vorjahres und nicht die des frühesten präsentierten Jahres anzupassen (IAS 1.10f und IAS 1.40D).
- Alle Vergleichsinformationen **(Vorjahresbeträge)** sind **anzupassen** (IAS 8.26).

---

[7] Ähnlich KPMG, Insights into IFRS 2014/15, Tz. 2.8.50.10.
[8] In Anlehnung an KPMG, Insights into IFRS 2014/15 Tz. 2.8.50.30.

- In der Bilanz müssen neben den aktuellen Zahlen und denen des (angepassten) Vorjahres auch die **Eröffnungsbilanzwerte** des **Vorjahres** präsentiert werden (IAS 1.39; → § 2 Rz 19).
- Für jeden betroffenen Posten der Bilanz, GuV usw. ist der **Anpassungsbetrag offenzulegen**, der Wert vor Anpassung dem Wert nach Anpassung gegenüberzustellen (IAS 8.28f und IAS 8.29c).

Eine retrospektive Anpassung ist dort nicht notwendig, wo spezifischere Vorschriften hiervon befreien. Dies gilt etwa für die erstmalige Neubewertung von Sach- und immateriellen Anlagen, bei der nach IAS 8.17 nur die Vorschriften von IAS 16 und IAS 38 (→ § 8 Rz 70 ff.) anzuwenden sind (Rz 23). Die Werte früherer Perioden sind daher nicht für Vergleichszwecke neu zu ermitteln.

Das nachfolgende Beispiel zeigt die Anwendung für den Fall eines Übergangs von der Durchschnitts- zur Fifo-Bewertung von Vorräten (→ § 8 Rz 44 ff.):

Beispiel
Ein Unternehmen hat Vorräte bis einschließlich 01 nach der Durchschnittsmethode bewertet. In 02 wird auf Fifo umgestellt.
Ohne Berücksichtigung der Umstellung hätte das Ergebnis vor Steuern in beiden Perioden 200 betragen. Nachfolgend zunächst die angenommenen Werte für einen Steuersatz von 50 % sowie die Gewinnauswirkung für den Fall, dass schon immer nach Fifo bewertet worden wäre.

Vorräte in Bilanz	Fifo	Durchschnitts-methode	Differenz
1.1.01	100	110	−10
31.12.01	150	180	−30
31.12.02	120	140	−20

Auswirkung auf Gewinn	Vor Steuern	Steuern	Nach Steuern
vor 01	−10	−5	−5
+ auf Gewinn 01	−20	−10	−10
= Summe 1.1.02	−30	−15	−15
+ auf Gewinn 02	+10	+5	+5
= Summe 31.12.02	−20	−10	−10

Nach der retrospektiven Methode ergibt sich in 02 ein um 10 auf 210 erhöhtes Ergebnis vor Steuern, in 01 ein um −20 auf 180 angepasstes Ergebnis. Im Anhang sind die angepassten Posten zu zeigen:

GuV und Gewinnänderung	01 angepasst	01 vorher
Materialaufwand	620	600
Ergebnis vor Steuern	180	200
Steuern	90	100
Periodengewinn	90	100

> Im **Anhang** wäre außerdem folgende Erläuterung geboten:
> Die Gesellschaft ist in 02 von der Durchschnitts-Methode der Vorratsbewertung zur Fifo-Methode übergegangen, da diese zunehmend den Branchenstandard der Vorratsbewertung darstellt und dadurch auch die Darstellung verbessert wird. Die Auswirkung der Methodenänderung ist retrospektiv berücksichtigt worden. Die Vergleichsbeträge des Jahres 01 sind so angepasst worden, als ob schon in 01 (und den Vorperioden) zu Fifo bewertet worden wäre. Dabei sind die Gewinnrücklagen per 1.1.01 wegen der Anpassungen in den Vorperioden um −5 (nach Berücksichtigung von 5 Steuern) angepasst worden. Zum 1.1.02 beträgt der Anpassungsbetrag −15 (nach 15 Steuern). Der Periodengewinn 01 hat sich um 10 vermindert (nach 10 Steuern). Der Periodengewinn 02 ist um 5 erhöht (nach 5 Steuern). Die angepassten und die ursprünglichen Beträge der GuV 01 ergeben sich aus obiger Tabelle.

2.4.2 Ausnahmen von der retrospektiven Anpassung

30 Eine Änderung der Bilanzierungsmethoden muss ausnahmsweise insoweit nicht retrospektiv durchgeführt werden, als die Ermittlung der kumulierten und/oder periodenbezogenen Anpassungsbeträge nicht durchführbar *(impracticable)* ist (IAS 8.23 ff. bzw. IAS 8.54). In derartigen Fällen kommt es zu einer sog. prospektiven Anpassung.[9]

31 Der **Begriff der** *impracticability* ist nicht in einem theoretischen Szenario zu interpretieren. Er setzt nicht voraus, dass die Beträge objektiv unter keinen denkbaren Umständen ermittelt werden können. Eine Ermittlung ist gem. IAS 8.5 bereits dann *impracticable*, wenn **vernünftige Anstrengungen (***reasonable efforts***)** nicht zum Ziel führen würden (→ § 1 Rz 62).

2.4.3 Steuerfolgen einer Methodenänderung

32 Methodenänderungen (oder Bilanzkorrekturen), die Bilanzansatz oder Bewertung steuerpflichtiger Vermögenswerte und Schulden betreffen, haben mittelbare Auswirkungen auf die Steuerposten. Mit Änderung des IFRS-Buchwertes geht etwa eine Änderung **temporärer** Differenzen einher, die sich auf die Höhe der latenten Steuern in Bilanz und GuV auswirkt (→ § 26 Rz 240). Gem. IAS 8.4 sind derartige Steuerfolgen nach IAS 12 **offenzulegen**.
Zur Offenlegung enthält IAS 12 allerdings nur eine spezielle Vorschrift: Soweit wegen des Praktikabilitätsvorbehalts die Wirkungen von Methodenänderungen (oder Bilanzkorrekturen) nicht retrospektiv, sondern in laufender Rechnung erfasst werden, ist der sich hieraus ergebende Steueraufwand oder -ertrag gesondert anzugeben (IAS 12.80h). Bei retrospektiver Erfassung sind die **allgemeinen** Angabepflichten von IAS 12 zu beachten. U. U. ist etwa die Steuerüberleitungsrechnung anzupassen (→ § 26 Rz 243).

33 Steuerposten können aber nicht nur mittelbar betroffen, sondern **selbst** Ausgangspunkt der **Methodenänderung** (oder Bilanzkorrektur) sein (→ § 26 Rz 22 und Rz 93). In diesen Fällen ist IAS 8 auch auf die Steuern anwendbar.[10]

---

[9] Vgl. ALEXANDER/ARCHER, Miller International Accounting Standards Guide 2002, IAS 26.10 ff., zur Kritik dieses Begriffes.
[10] Gl. A. KÖSTER, in: THIELE/KEITZ, VON/BRÜCKS (Hrsg.), Internationales Bilanzrecht, 2008, IAS 8, Tz. 107.

3 Revision von Schätzungen, Bilanzkorrektur

3.1 Abgrenzung zwischen Revision von Schätzungen und Bilanzkorrektur

Die Vornahme von Schätzungen ist ein elementarer Bestandteil der Rechnungslegung (IAS 8.33). Für die Bemessung von planmäßigen Abschreibungen muss die voraussichtliche **Nutzungsdauer** des Vermögenswertes für die **Wertberichtigung** dubioser Forderungen des voraussichtlich noch zu erwartenden Geldeinganges eingeschätzt werden. Werden derartige Schätzungen revidiert (*changes in accounting estimates*), weil der Erkenntnisstand einer späteren Periode sich gegenüber dem der ursprünglichen Periode verbessert hat (verbesserte **Informationen**) oder weil sich die Umstände anders als erwartet entwickelt haben (veränderte **Sachlage**), so ist dieser Effekt normal im Ergebnis zu berücksichtigen (IAS 8.36f.). 34

Von der Revision von Schätzungen zu unterscheiden ist die **Korrektur von Fehlern** (*correction of errors*), also die **Bilanzkorrektur**. Fehler können gem. IAS 8.41 den Ausweis (einschließlich Angaben), die Bewertung oder den Ansatz betreffen. Die Vorschriften zur Korrektur beziehen sich auf jeden dieser Fälle. IAS 8.41 und IAS 8.8 treffen noch eine weitere Unterscheidung von Fehlerarten. Abschlüsse sind nicht IFRS-konform, wenn sie 35

- **wesentliche Fehler** (*material errors*) oder
- **unwesentliche Fehler** (*immaterial errors*) enthalten, die in der Absicht begangen wurden, eine bestimmte Lagedarstellung (*particular presentation*) zu bewirken.

Die **technischen Vorschriften** zur Fehlerkorrektur (IAS 8.42) erwähnen nur **wesentliche** Fehler. Die Behandlung absichtlicher **unwesentlicher** Fehler bleibt unklar. Ohnehin liegt im Begriff des **absichtlichen unwesentlichen Fehlers** ein gewisser **Widerspruch**. Das absichtliche Abweichen von einer Vorschrift macht gerade einen Hauptzweck des *materiality*-Prinzips aus. Vorschriften brauchen auf unwesentliche Sachverhalte nicht angewendet zu werden (IAS 8.8). Insoweit ist ein immaterieller „Fehler" i.d.R. kein Regelverstoß und damit auch kein Fehler bzw. führt jedenfalls nicht zur Fehlerhaftigkeit des Abschlusses.[11] Nach IAS 8.8 ist es jedoch unangemessen (*inappropriate*), unwesentliche Abweichungen von den Regeln vorzunehmen, um dadurch eine bestimmte Lagedarstellung (*particular presentation*) zu erreichen. Unter dieser besonderen Voraussetzung ist das *materiality*-Prinzip nicht anwendbar und deshalb auch ein immaterieller „Fehler" ausnahmsweise tatsächlich ein Fehler. Nach der Definition in IAS 8.5 sind Fehler wesentlich, wenn sie für sich oder auch nur in Summe die ökonomischen Entscheidungen von Bilanzadressaten beeinflussen könnten. Fehler, die die Lagedarstellung verzerren und deshalb die Entscheidung der Bilanzadressaten beeinflussen könnten, sind daher immer materiell. Ein absichtlicher immaterieller Fehler müsste also einerseits die Lagedarstellung verzerren, andererseits aber nicht geeignet sein, die Bilanzadressaten zu beeinflussen (sonst: materiell). Es ist schwer vorstellbar, wie dieses zu bewerkstelligen sein soll.[12] Intendiert ist offenbar etwas anderes: Prozentual kleine Abweichungen von den Rechnungslegungsvorschriften können bewusst eingesetzt werden, um dadurch eine bestimmte Lagedar- 36

---

[11] Gl. A. HENNRICHS, DStR 2009, S. 1446ff.
[12] Ähnlich ERNST & YOUNG, International GAAP 2014, Ch. 3 sCh 4.6, die das Konzept als „a little curious" bezeichneten.

stellung zu bewirken, Analystenerwartungen nicht zu enttäuschen usw. Der (in unzutreffender prozentualer Betrachtung) unwesentliche Fehler wird dadurch zu einem wesentlichen, auf den die Korrekturvorschriften von IAS 8 anzuwenden sind. Im Einzelnen wird auf → § 1 Rz 65 verwiesen.

37 Nicht mehr in IAS 8 enthalten ist die noch in IAS 8.31 (1993) vorgenommene Unterscheidung zwischen Fehlern bei der Anwendung von **Bilanzierungsmethoden** sowie der Fehlbeurteilung von **Sachverhalten**. Hierzu folgendes Beispiel:

> **Beispiel**
> **Methodenfehler**
> Vorratsvermögen wurde nach Hifo oder Lofo bewertet, obwohl als Verbrauchsfolge-Fiktionen nur Fifo zulässig ist (→ § 17 Rz 21).
> Es handelt sich um einen Fehler bei der Anwendung von Bewertungsmethoden.
>
> **Sachverhaltsfehler**
> Eine Forderung gegenüber dem (geschäftsunfähigen) B wird ausgewiesen, obwohl die Forderung wegen Nichtigkeit des Vertrages (in anderen Fällen aus anderen Gründen) tatsächlich und rechtlich nicht existiert.

38 Das Beispiel der nichtigen Forderung zeigt die **Grenzen zwischen Neueinschätzung und Fehlerkorrekturen**. Wenn bei der ursprünglichen Bilanzierung der Forderung auch unter Anwendung aller erforderlichen Sorgfalt von einer Nichtigkeit der Forderung nicht ausgegangen werden konnte, weil die Geschäftsunfähigkeit des Vertragspartners überhaupt nicht erkennbar war, so liegt eine unvermeidliche Fehleinschätzung und kein Fehler vor (Rz 39). Eine Regel zur Behandlung von Grenzfällen enthält IAS 8 nicht. IAS 8.35 verlangt lediglich, in schwierigen Abgrenzungsfällen zwischen einer Revision von Schätzungen und einer Änderung von Bilanzierungs- oder Bewertungsmethoden von einer **Schätzrevision** auszugehen. Nach unserer Auffassung sollte dieser Grundsatz analog für die Abgrenzung zwischen einer Revision von Schätzungen und einer Korrektur von Fehlern gelten.[13]

3.2 Was sind Bilanzierungsfehler?

3.2.1 Objektiver und subjektiver Fehlertatbestand

39 IAS 8.5. definiert Fehler als
- „Auslassungen oder fehlerhafte Angaben in den Abschlüssen eines Unternehmens für eine oder mehrere Perioden,
- die sich aus einer Nicht- oder Fehlanwendung von zuverlässigen Informationen ergeben haben, die a) zu dem Zeitpunkt, an dem die Abschlüsse für die entsprechenden Perioden zur Veröffentlichung genehmigt wurden, zur Verfügung standen; und b) hätten eingeholt und bei der Aufstellung und Darstellung der entsprechenden Abschlüsse berücksichtigt werden können."

Das erste Definitionselement – Auslassung oder fehlerhafte Angabe – betont die **objektive** Tatbestandsseite des Fehlers. Ein Fehler setzt eine im Widerspruch zu den objektiven Verhältnissen stehende **unrichtige Darstellung** voraus. Das

---

[13] Gl. A. KPMG, Insights into IFRS, 2014/15, Tz. 2.8.110.50.

zweite Definitionselement betont die **subjektive** Seite: Die unrichtige Darstellung muss auf eine **vermeidbare** Nicht- oder Fehlanwendung bis zum Ende des Wertaufhellungszeitraums **verfügbarer** Informationen zurückzuführen, i.w.S. also schuldhaft verursacht sein.

IAS 8.5 erfordert die **kumulative** Erfüllung **beider** Voraussetzungen:
- Wenn also etwa das Unternehmen objektiv zu Unrecht eine Forderung ausweist, weil diese rechtsunwirksam (Rz 37) oder nicht werthaltig ist, unter Anwendung aller erforderlichen Sorgfalt hiervon aber nicht ausgehen konnte, liegt kein Fehler vor.
- Der bessere Erkenntnisstand späterer Perioden stellt eine Neueinschätzung dar. Die „Korrektur" erfolgt demgemäß nicht erfolgsneutral und retrospektiv durch Anpassung von Eröffnungsbilanzwerten (Rz 45), sondern erfolgswirksam in laufender Rechnung (Rz 52).

Sorgfaltserfordernis und subjektive Seite des Fehlerbegriffs betreffen nicht nur die Eruierung des Sachverhalts, sondern ebenso die der Auslegung der Rechtsnormen. Besteht zur Zeit der Bilanzerstellung noch keine Rechtsprechung und keine einheitliche Auffassung von Schrifttum, Standardsettern usw. zu einer Bilanzierungsfrage, ist jede vertretbare Bilanzierung als richtig anzusehen. Eine abweichende spätere Entwicklung von Rechtsprechung etc. macht die Bilanzierung nicht nachträglich fehlerhaft. Eine vergleichbare Auffassung hatte der BFH in der Vergangenheit für das Steuerbilanzrecht vertreten. Diese Auffassung wurde aber durch Beschluss des Großen BFH-Senats aufgegeben.[14]

Fraglich ist, welches Maß an Sorgfalt insbesondere in Zeiten der *fast-close*-Abschlüsse (→ § 4) zu verlangen ist. Unkritisch ist der kürzere Werterhellungszeitraum. Ein Widerspruch zu Informationen, die erst nach Ende des Werterhellungszeitraums verfügbar sind, begründet nach IAS 8.5 keinen Fehler. Kritisch zu hinterfragen ist die Sorgfalt im Umgang mit den vorher verfügbaren Informationen. Bei gegebener Personalstärke kann der „*fast closer*" auf die Auswertung und Beschaffung aller schon zum Bilanzstichtag verfügbaren Informationen nicht so viel Sorgfalt aufwenden wie der „*slow closer*," dem 1–3 Monate mehr Zeit zur Verfügung stehen. Als Rechtfertigung könnte die im *Framework* (F.QC29 und F.QX34) angesprochene Abwägung zwischen Zeitnähe und Relevanz bzw. Tatsachentreue der Informationen dienen.[15] Ein Freibrief für eine geringe Sorgfalt im *fast close* wird damit nicht erteilt. Gefordert ist eben eine Abwägung. Wenn Zahl und Qualifikation des mit Abschlussarbeiten i.w.S. betrauten Personals nicht ausreichend sind, um zugleich Zeitnähe und hohe Qualität des Abschlusses zu gewährleisten, muss der Erstellungszeitraum ggf. ausgeweitet werden.

Beispiel
Die mittelständische U erstellt mit kleiner Mannschaft den Jahresabschluss zum 31.12. Um den großen Vorbildern nachzueifern, wird der Abschluss am 20.1. freigegeben.
Im Februar und März stellen sich einige wesentliche Unrichtigkeiten des Abschlusses heraus.

---

14 BFH, Beschluss vom 31.01.2013, GrS 1/10.
15 KÜTING/WEBER/BOECKER, StuB 2004, S. 1.

> - A) Ein kleinerer Teil ist auf erst nach dem 20.1. verfügbare Informationen zurückzuführen,
> - B) ein größerer Teil auf Informationen, die schon vorher verfügbar waren, in der Kürze der Zeit aber nicht beschafft oder nicht angemessen ausgewertet wurden.
>
> Die Unrichtigkeiten vom Typ A sind keine Fehler, da die Informationen erst nach dem Werterhellungszeitraum verfügbar waren.
>
> Die Unrichtigkeiten vom Typ B sind nur dann keine Fehler, wenn bei Beschaffung und Auswertung der Informationen mit der erforderlichen Sorgfalt vorgegangen wurde. Hieran ist bei einer für einen *fast close* zu kleinen Mannschaft zu zweifeln.

40 Wegen des *materiality*-Prinzips setzt ein Fehler im Allgemeinen (zu Ausnahmen Rz 36) objektiv voraus, dass die Fehldarstellung zur **Beeinflussung** der **Entscheidungen** potenzieller Kapitalgeber geeignet ist. Neben der **Größe** des „Fehlers" spielen **qualitative** Aspekte eine Rolle. Tendenziell gilt:
- Bei gleicher Quantität führen Unrichtigkeiten in der Darstellung von Kerngeschäftsaktivitäten eher zu einem wesentlichen Fehler als solche, die einmalige oder „außerordentliche" Effekte betreffen, die der „durchschnittliche" Kapitalgeber bei der Ableitung von Trends ohnehin bereinigen würde.[16]
- Auch prozentual kleine Unrichtigkeiten können aus qualitativer Sicht wesentlich sein, wenn durch sie gerade ein falscher Eindruck von Trends, Erreichung oder Verfehlung von Schwellenwerten usw. erweckt wird (hierzu → § 1 Rz 65).

3.2.2 Ermessensspielräume

41 IAS 8 **unterscheidet** zwischen „Fehlern" bei **Schätzungs**vorgängen *(changes in accounting estimates)* und „**eigentlichen**" Fehlern *(errors*; Rz 34). Daraus erschließt sich zunächst ein wesentlicher Gesichtspunkt: Dem die Erstellung eines IFRS-Abschlusses durchziehenden Erfordernis der Vornahme von Schätzungen wohnt im Kern immer der „Fehler" inne.[17] Im Zeitverlauf wird auch der Bilanzersteller klüger, er erkennt die unzutreffende Einschätzung der Nutzungsdauer eines Anlagegutes (→ § 10 Rz 34) oder den endgültigen Betrag der Entsorgungskosten nach jahrelanger Auseinandersetzung mit der zuständigen Behörde und den schlecht kalkulierbaren damit verbundenen Kosten (→ § 21 Rz 129). Solche besseren Erkenntnisse über unsichere Zukunftsgrößen decken keine Fehler bei der früheren Bilanzierung auf, sie stellen lediglich eine **Neueinschätzung** dar.
Mit dieser Erkenntnis ist kein Freibrief für das Schätzungsverfahren allgemein und die diesen zugrunde liegenden Annahmen verbunden. Diese müssen sich innerhalb eines **vernünftigen Ermessens** bewegen. Die Frage ist dann, wo dessen **Grenzen** liegen.

---

[16] Vgl. ERCHINGER/MELCHER, KoR 2008, S. 679 ff.
[17] Vgl. hierzu und zu den folgenden Ausführungen HOFFMANN, BC 2005, S. 1.

> **Beispiel**
> **Sachverhalt 1**
> Die Bauentwicklungs-AG hat eine Büro-Großimmobilie fertiggestellt. Die Baukosten entsprechen der Planung mit einer Monatsmiete der vermietbaren Fläche von durchschnittlich 25 EUR/m^2. Die Vermietung verläuft schleppend. Am Bilanzstichtag 01 sind erst 40 % der Fläche vermietet. Aufgrund der langfristig angelegten Prognosen von unabhängigen Agenturen ist in der vergleichbaren Lage mit einem größeren Bedarf von Büroflächen in den nächsten 10 Jahren zu rechnen. Man spricht dabei von erzielbaren Quadratmeter-Mietpreisen zwischen 30 und 35 EUR/m^2 p. m.
>
> **Lösung**
> Der Vorstand verzichtet im Rahmen seines Ermessens auf eine außerplanmäßige Abschreibung.
>
> **Sachverhalt 2**
> Der Großbaukonzern X hat in Berlin ein Bürohochhaus mit luxuriöser Innenausstattung und einer ebensolchen Außenfassade erstellt. Bei der Kalkulation der Baukosten ging man von einer durchschnittlichen Quadratmetermiete von 48 EUR/m^2 p. m. aus. Diese Annahme beruhte auf den „Gesetzmäßigkeiten" der (im Planungszeitraum) boomenden *bubble economy*. Zum Bilanzstichtag 01 besteht keine nennenswerte Nachfrage nach vergleichbaren Büroimmobilien. Der Vorstand hofft auf eine Änderung dieser Szene wegen der in den nächsten 5 Jahren zu erwartenden Neuansiedlung international tätiger Anwalts- und Beratungskonzerne und rechnet mit dann zu erzielenden Quadratmetermieten von bis zu 75 EUR p. m. Er stützt sich dabei auf einschlägige Marktuntersuchungen zur Büroraumentwicklung in Singapur.
>
> **Lösung**
> In diesem Fall überschreitet der Vorstand seinen Ermessensspielraum. Die „Schätzung" ist unzulässig und schon a priori fehlerhaft.

In der Praxis liegen die Fälle häufig nicht in klar abgrenzbaren Bereichen. Die Unterscheidung zwischen vertretbarer und fehlerhafter Schätzung ist **fließend**. Die IFRS liefern keine nähere Anleitung zu diesem Problem oder eine Definition des *error* bei der Bilanzierung.

Entsprechendes gilt auch für die Handelsbilanz: Das HGB selbst befasst sich nicht mit Bilanzierungsfehlern, es verlangt nur die Erstellung des Jahresabschlusses nach den Grundsätzen ordnungsmäßiger Buchführung (§ 243 HGB) sowie die Beachtung des *true and fair view* im Einzelabschluss von Kapital- und Kap.-&-Co.-Gesellschaften (§ 264 Abs. 2 Satz 1 HGB) und ebenso für den Konzernabschluss (gem. § 297 Abs. 2 Satz 1 HGB).

Aus der (spärlichen) **Rechtsprechung** sind nennenswerte **Definitionen** nicht ersichtlich. Aus dem **Schrifttum** sollen beispielhaft zwei Zitate ausgewählt werden:

„Eine Bilanz ist nur dann fehlerhaft, wenn sie objektiv gegen gesetzliche Vorschriften verstößt und subjektiv ein ordentlicher Kaufmann diesen Verstoß nach den im Zeitpunkt der Bilanzaufstellung (bzw. -feststellung) bestehenden Erkenntnismöglichkeiten über die zum Stichtag gegebenen objektiven Verhältnisse bei pflichtgemäßer und gewissenhafter Prüfung erkennen konnte."[18] Anders ausgedrückt: Der Kaufmann ist kein Hellseher.

Der HFA des IDW[19] definiert indirekt den fehlerhaften Jahresabschluss als einen solchen, der gegen gesetzliche Vorschriften verstößt (**objektiver** Tatbestand), wobei der Kaufmann den Verstoß spätestens im Zeitpunkt der Feststellung bei pflichtgemäßer und gewissenhafter Prüfung hätte erkennen können (**subjektiver** Tatbestand). Wann dies der Fall ist, wird nicht weiter dargestellt, der Rechtsanwender bleibt insofern auf seine eigenen Ansichten zum Thema der Fehlerhaftigkeit der Bilanz zurückgeworfen.

Eine Fehlerhaftigkeit des Jahresabschlusses ist weiter in § 258 Abs. 1 AktG angesprochen, nämlich die vermutete **Unterbewertung** oder unvollständige Anhangsangaben. Vorrangig ist aber § 256 Abs. 5 AktG zu erwähnen: Imparitätisch wird die **Nichtigkeit** des Jahresabschlusses festgelegt als
- Überbewertung oder
- vorsätzliche Unterbewertung.

Bei der Auslegung dieser unbestimmten Rechtsbegriffe vermag die kommentierende Literatur dem Rechtsanwender keine Entscheidungshilfe zu geben. Eindeutig ist nur die **Negativ**aussage: Nicht jede Über- oder Unterbewertung hat die Nichtigkeit zur Folge, deshalb spricht man logisch elegant von Fehlern ober- und unterhalb der **Nichtigkeitsschwelle**.[20]

Schließlich versagt auf der Suche nach einer näheren Definition der fehlerhaften Bilanz bzw. des Bilanzierungsfehlers auch der Griff in einschlägige **Kommentare**. Im umfangreichsten Erläuterungswerk zur kaufmännischen Rechnungslegung[21] findet sich im Registerband auf 222 eng beschriebenen Seiten mit ungefähr 5.000 Einträgen kein Verweis auf die beiden genannten Stichworte. „Bilanzierungsfehler" bzw. „fehlerhafte Abschlüsse" scheint es nicht zu geben, jedenfalls keinen Kommentierungsbedarf.

3.2.3 Strafrechtliche Konsequenzen von Bilanzierungsfehlern

43 Unabhängig von den bilanz- und zivilrechtlichen Konsequenzen kann eine fehlerhafte Bilanzierung strafrechtliche Konsequenzen haben. Infrage kommen u. a.:
- unrichtige Darstellung bzw. Verschleierung der Verhältnisse nach § 331 Nr. 1a und Nr. 2 HGB,
- Betrug nach § 263 StGB (etwa bei Vorlage eines unrichtigen Abschlusses zur Krediterlangung oder zum Unternehmensverkauf),
- Kreditbetrug (ohne Schädigung) nach § 265b Abs. 1 Nr. 1a StGB,
- Bankrott nach § 283 Abs. 1 Abs. 7 StGB.[22]

Die Anforderungen an das Vorliegen eines Straftatbestands sind allerdings hoch. Eine strafrelevante unrichtige Darstellung liegt bei Wahl einer unangemessenen Bilanzierungsmethode erst dann vor, wenn die Methode schlechthin unvertretbar ist; verschiedene Schrifttumsauffassungen (im Rahmen des Vertretbaren) sind daher – so das Kammergericht Berlin – vom Strafrecht zu akzeptieren.[23]

---

18 HENRICHS, ZHR 168 (2004), S. 384 (Fußnote).
19 IDW RS HFA 6, Tz. 14.
20 So z. B. HENRICHS, ZHR 168 (2004), S. 384 (Fußnote), und W. MÜLLER, ZHR 168 (2004), S. 414 ff.
21 ADS, 6. Aufl.
22 Vgl. im Einzelnen: SORGENFREI, PiR 2006, S. 38 ff., und WEILEP/WEILEP, BB 2006, S. 147 ff.
23 *KG Berlin*, 1. Strafsenat Beschluss vom 11. 2. 2010–1 Ws 212/08, wistra 2010 S. 235 ff.

Dem zuletzt zitierten Beschluss lag folgender HGB-Fall zugrunde: Im Zuge der Auflage verschiedener geschlossener Immobilienfonds wurde die prospektierte Miete für die Dauer von i.d.R. 25 Jahren garantiert. Die jeweilige Mietgarantiegebühr wurde für den gesamten vereinbarten Garantiezeitraum vorab als Einmalbetrag gezahlt und von dem Garanten in voller Höhe sofort ertragswirksam verbucht. Die Staatsanwaltschaft beurteilte – u.E. in Übereinstimmung mit der ganz h.M. – diese Art der Bilanzierung als Verstoß gegen die Pflicht zur periodengerechten Erfolgsermittlung, hier durch passive Abgrenzung gem. § 250 HGB. Das Kammergericht Berlin hielt eine sofortige Ertragsrealisierung hingegen nicht für schlechthin unvertretbar.[24] Der Beschluss hinterlässt insgesamt den Eindruck, dass außerhalb der Bilanzfälschung durch frei erfundene Vorgänge (Luftbuchungen) und ähnlich Massives eine strafbare unrichtige Wiedergabe i.S. von § 331 HGB kaum je zu bejahen ist.

3.2.4 Fehlerfeststellungen im *enforcement*-Verfahren[25]

Zum Zwecke der Durchsetzung (*enforcement*) von Rechnungslegungsregeln unterwerfen § 342b HGB und § 37p Abs. 1 Satz 2 Nr. 1 WpHG Jahres-, Konzern- und Zwischenabschlüsse **kapitalmarktorientierter** Unternehmen einer **Prüfung** durch eine von den Bundesministerien der Justiz und der Finanzen anerkannte privatrechtlich organisierte **Prüfstelle (DPR)**. Das *enforcement*-Verfahren ist **zweistufig** organisiert:

44

- Nur bei freiwilliger Mitwirkung des Unternehmens kommt es zu einer Prüfung durch die DPR.
- Verweigert das Unternehmen die Mitwirkung, erfolgt jedoch regelmäßig gem. § 37p Abs. 1 Satz 2 Nr. 1 WpHG eine Prüfung durch die BaFin.

Eine Prüfung findet gem. § 342b Abs. 2 Satz 3 HGB statt bei
- konkreten Anhaltspunkten für Rechnungslegungsverstöße (**Anlassprüfung**),
- auf **Verlangen der BaFin** oder
- aufgrund einer **Stichprobe**.

Eine Stichprobenprüfung stellt den Regelfall (mehr als 80 %) der Prüfungen der Jahres- und Konzernabschlüsse dar und soll bei den einem DAX-Segment (DAX, MDAX, SDAX und TecDAX) angehörenden Unternehmen im Durchschnitt zu einem Prüfungsturnus von 4–5 Jahren, bei den übrigen Unternehmen von 8–10 Jahren führen.

Oft erfolgt die Prüfung der DPR durch einen einzigen Fallverantwortlichen. Dies zeigt bereits im Verhältnis zum personellen Aufwand der Abschlussprüfung kapitalmarktorientierter Unternehmen die stärkere Fokussierung der Prüfung durch die DPR. Sie ist **keine zweite Abschlussprüfung**, sondern beschränkt sich vielmehr auf nach den Verhältnissen des jeweiligen Falls ausgewählte **Einzelfragen**. Wegen des eingeschränkten Prüfungsumfangs stellt auch eine DPR-Prüfung, die zu keinen Beanstandungen führte, **kein positives Gesamturteil** über die geprüften Abschluss dar. Hierauf weist die DPR die geprüften Unternehmen ausdrücklich hin, damit diese auf dem Verweis auf eine beanstandungsfreie Prüfung keinen falschen Eindruck in der Öffentlichkeit erwecken.

45

---

[24] Vgl. zur Besprechung des KG-Beschlusses in seinen Einzelheiten EISOLT, StuB 2010 S. 533 ff.
[25] Nachfolgende Ausführungen z.T. entnommen HOFFMANN/LÜDENBACH, NWB Kommentar Bilanzierung, 5. Aufl. 2014, § 342b.

§ 24　Stetigkeitsgebot, Änderung Methoden, Bilanzberichtigung

46　Die Prüfung der DPR ist eine **Entsprechensprüfung**. Nach § 342b Abs. 2 Satz 1 HGB prüft die Prüfstelle, ob der Jahresabschluss/Lagebericht, Konzernabschluss/Konzernlagebericht oder Halbjahresabschluss/Zwischenlagebericht den gesetzlichen Vorschriften einschließlich der GoB bzw. den sonstigen durch Gesetz zugelassenen Rechnungslegungsstandards **entspricht**. Anzuwendende **Rechnungslegungsvorschriften** sind für den Konzernabschluss die IFRS sowie die in § 315a Abs. 1 HGB genannten Vorschriften, für den i. d. R. konsolidierten Zwischenabschluss die IFRS.

47　Nicht jeder Verstoß gegen eine Rechnungslegungsnorm begründet aber eine Fehlerhaftigkeit des Unternehmensberichts als Ganzes. Voraussetzung eines Rechnungslegungsverstoßes ist vielmehr, dass die Abweichung der Ist- von der Soll-Darstellung die Entscheidungen der Berichtsadressaten beeinflussen könnte, in diesem Sinne also **wesentlich** ist. Es gelten zwar für die Abschlussprüfung und die Prüfung durch die DPR die gleichen Wesentlichkeitskriterien.[26] Sehr häufig wird in der ermessensbehafteten Wesentlichkeitsfrage aber **mehr** als **eine** Beurteilung möglich sein. Das der Fehlerfeststellung immanente Wesentlichkeitsurteil der Prüfstelle (oder BaFin) kann dann von dem des **Abschlussprüfers** abweichen. Deshalb ist aus einer Fehlerfeststellung der DPR zu einem mit uneingeschränktem Bestätigungsvermerk versehenen Abschluss nicht zwingend auf eine nicht gewissenhafte Berufsausübung durch den Abschlussprüfer zu schließen.[27] Wegen Versuchen der Konkretisierung des Wesentlichkeitsbegriffs wird auf → § 1 Rz 61 ff. verwiesen.

48　Zeitlich **erster** Adressat des Prüfungsergebnisses ist das **Unternehmen**. Die Prüfstelle teilt ihm nach Beendigung der Prüfung das Ergebnis mit (§ 342b Abs. 5 Satz 1 HGB). Nur im Falle einer fehlerhaften Rechnungslegung hat sie das Ergebnis zu begründen und dem Unternehmen eine angemessene Frist zu geben, das Einverständnis oder Nichteinverständnis zu erklären. Das **Ergebnis** der Prüfung und im Falle der **Fehlerfeststellung** das Einverständnis/Nichteinverständnis des Unternehmens werden als **Zweites** der **BaFin** mitgeteilt: Bei Nichteinverständnis ordnet die BaFin in aller Regel eine *enforcement*-**Prüfung** auf der 2. Stufe an (§ 37p Abs. 1 Satz 2 Nr. 1 WpHG). Bei Einverständnis leitet die BaFin das **Veröffentlichungsverfahren** gem. § 3q Abs. 2 WpHG ein.

49　Zum Veröffentlichungsverfahren trifft § 37q Abs. 2 WpHG folgende Regelungen:
- Die BaFin verlangt keine Veröffentlichung, wenn ein **öffentliches Interesse** fehlt. In aller Regel besteht aber ein öffentliches Interesse. Die BaFin ordnet dann die unverzügliche Bekanntmachung des Fehlers und der wesentlichen Teile der Begründung der Fehlerfeststellung im elektronischen Bundesanzeiger sowie entweder in einem Börsenpflichtblatt oder über ein weit verbreitetes elektronisches Informationssystem an.

- Das Unternehmen kann einen Verzicht auf die Veröffentlichungsanordnung beantragen, wenn die Veröffentlichung den berechtigten **Interessen** des **Unternehmens** schaden kann. Die zwischenzeitliche Vorlage eines neuen Abschlusses mit Korrektur des festgestellten Fehlers lässt das öffent-

---

[26]　Vgl. OLG Frankfurt am Main, Beschluss v. 22.1.2009, WpÜG 1 und 3/08, DB 2009, S. 333 ff.; vgl. ZÜLCH/HOFFMANN, StuB 2010, S. 83.
[27]　So HENNRICHS, DStR 2009, S. 1446 ff.

liche Interesse jedoch nicht entfallen. Die Vermeidung eines durch die Fehlerveröffentlichung erwarteten Rückgangs des Aktienkurses ist kein berechtigtes Unternehmensinteresse.[28] Gegen die Anordnung der BaFin zur Fehlerveröffentlichung kann nach § 37t WpHG bei der BaFin **Widerspruch** eingelegt werden. Gegen eine Ablehnung des Widerspruchs ist die Beschwerde nach § 37u WpHG i. V. m. § 48 Abs. 4 WpÜG beim OLG Frankfurt gegeben. Widerspruch und Beschwerde haben **keine aufschiebende Wirkung** (§§ 37t Abs. 2 bzw. 37u Abs. 1 Satz 2 WpHG). Nach § 37u Abs. 2 WpHG i. V. m. § 50 Abs. 3 WpÜG kann das Beschwerdegericht aber bei „ernsthaften Zweifeln an der Rechtmäßigkeit" der Anordnung der BaFin eine aufschiebende Wirkung anordnen.[29]

Tatsachen, die den Verdacht einer Straftat im Zusammenhang mit der Rechnungslegung eines Unternehmens begründen, hat die Prüfstelle nach § 342b Abs. 8 HGB der **Strafverfolgungsbehörde** (Staatsanwaltschaft) anzuzeigen. Gegenüber der **Wirtschaftsprüferkammer** besteht eine Anzeigepflicht bei Tatsachen, die auf das Vorliegen einer Berufspflichtverletzung durch den Abschlussprüfer schließen lassen. Ein entsprechender „Anfangsverdacht" ist i. d. R. gegeben, wenn die Prüfstelle den Abschluss als fehlerhaft feststellt, der Abschlussprüfer aber einen (insoweit) uneingeschränkten Bestätigungsvermerk erteilt hat.[30]

Seit November 2009 beantwortet die DPR einzelne Voranfragen zu konkreten Bilanzierungsproblemen von kapitalmarktorientierten Unternehmen (sog. *pre-clearance*). Anders als entsprechende Institute im Steuer(bilanz)recht hat die Auskunft der DPR **keine verbindliche** Wirkung. Anforderungen an den Antrag auf *pre-clearance* sind u. a. eine Begründung der vom Unternehmen für einen konkreten Sachverhalt erwogenen bilanziellen Behandlung unter Beifügung einer Stellungnahme des **Abschlussprüfers.** Der Nutzen des *pre-clearance* ist im Schrifttum umstritten,[31] die Zahl der bisher vorgelegten Anfragen gering.

3.3 Vorgehen bei der Revision von Schätzungen

Zu den Rechtsfolgen der Revision einer Schätzung enthält IAS 8 zwei Regelungen:
- Nach **IAS 8.37** ist die Wirkung einer geänderten Schätzung von Vermögens-, Schulden- oder Eigenkapitalposten durch **Buchwertanpassung** des entsprechenden Postens zu berücksichtigen.
- Nach **IAS 8.36** sind die Auswirkungen der Änderung einer Schätzung **ergebniswirksam** zu erfassen, „außer es handelt sich um eine **Änderung i. S. d. Paragrafen 37**."

Unklar ist das **Verhältnis beider Vorschriften**:[32]
- In erster Betrachtung behandeln sie den **gleichen Tatbestand**, regeln aber **unterschiedliche Rechtsfolgen**, IAS 8.36 die Rechtsfolge für die GuV, IAS 8.37 die Rechtsfolge für die Bilanz. Am Beispiel einer Neueinschätzung

---

[28] OLG Frankfurt am Main, Beschluss v. 14.6.2007, WpÜG 1/07, DB 2007, S. 1913 ff.; vgl. dazu ZÜLCH/PRONOBIS, StuB 2007, S. 863.
[29] Einzelheiten zum Rechtsschutz bei GELHAUSEN/HÖNSCh, AG 2007, S. 308 ff.
[30] Vgl. BERGER/ZEMPEL, in: Haufe HGB Bilanz Kommentar, 3. Aufl. Freiburg 2013, § 342b, , unter Verweis auf BegrRegE BilKog, BT-Drucks. 15/3421, S. 16.
[31] Vgl. SCHILDBACH, StuB 2006 S. 924; BERGER, DB 2008, S. 1843 ff., vs. SCHÖN, DB 2008, S. 1027 ff.
[32] Zum Ganzen: ANTONAKOPOULOS: Gewinnkonzeptionen und Erfolgsdarstellung nach IFRS – Analyse der direkt im Eigenkapital erfassten Erfolgsbestandteile, Wiesbaden 2007.

des Einzelwertberichtigungsbedarfs einer Forderung ergäbe sich folgendes Zusammenspiel: Ertrag oder Aufwand in der GuV nach IAS 8.36, Erhöhung oder Minderung des Buchwertes der Forderung in der Bilanz.
- Gegen diese Interpretation spricht aber die in IAS 8.36 verwendete Formulierung „außer es handelt sich um eine Änderung i. S. d. Paragrafen 37." Danach müsste es in 8.36 um **erfolgswirksame** Fälle ohne **Anpassung** eines **Bilanzpostens** gehen. Relevante Anwendungsfälle dafür sind kaum erkennbar.
- Eine dritte Lesart ist u. E. schlüssiger: In **Ausnahmefällen** hat die **Bilanzanpassung keine Rückwirkung auf die GuV.** Beispiele hierfür wären etwa die Neueinschätzung von **Rückbaukosten** nach IFRIC 1 (Buchung: „Per Anlagenvermögen an Rückstellung") (→ § 21 Rz 91) oder die Neubeurteilung des *fair value* eines *available-for-sale asset* (Buchung: „per Finanzinstrument an Eigenkapital"; → § 28 Rz 185). IAS 8.37 betrifft unausgesprochen nur diese Fälle, in denen in der laufenden Periode kein Ergebniseffekt auftritt. Diese Interpretation wird durch die Entstehungsgeschichte bestätigt. Der *Exposure Draft* zu IAS 8 sah ohne Ausnahme eine Berücksichtigung von Schätzungsänderungen in der GuV vor. In den eingehenden Stellungnahmen wurde jedoch darauf hingewiesen, dass manche Änderungen zugleich Vermögenswerte und Schulden betreffen und daher saldiert keinen Eigenkapital- oder Ergebniseffekt haben (Rückbaukostenfall), andere Fälle zwar zur Anpassung eines Vermögenswertes führen würden, diese Anpassung aber nach den allgemein für den Vermögenswert geltenden Regeln erfolgsneutral im Eigenkapital zu verbuchen sei *(available-for-sale-asset-*Fall). Nach IAS 8.BC33 sollte die Einfügung des im *Exposure Draft* noch nicht enthaltenen IAS 8.37 solche Ausnahmefälle abdecken. Insoweit ergibt sich folgendes Verhältnis der Vorschriften:

Die **Revision** von Schätzungen betreffend Vermögenswerte und Schulden ist:
- **i. d. R. erfolgswirksam** in der Periode selbst und, soweit betroffen, zusätzlich in den Folgeperioden vorzunehmen (IAS 8.36),
- es sei denn, die Revision bleibt **ausnahmsweise** saldiert ohne Wirkung auf das Eigenkapital, oder die Wirkung auf das Eigenkapital ist nach allgemeinen Grundsätzen erfolgsneutral als *other comprehensive income* zu erfassen.

Zu unterscheiden sind damit **3 Fälle**:
- **GuV der lfd. Periode und Bilanz** betroffen – Beispiel: An der Annahme der Wertlosigkeit einer Forderung wird nicht mehr festgehalten. Buchung: per Forderung an Ertrag
- **GuV der lfd. und zukünftiger Perioden sowie Bilanz** betroffen – Beispiel: Die Restnutzungsdauer wird niedriger eingeschätzt als im Vorjahr. Buchung: per (Mehr-)Abschreibung an Anlagen in lfd. Periode, entsprechend in Folgeperioden (IAS 8.38)
- **nur Bilanz** betroffen – Beispiel: Rückbaukosten werden höher als bisher eingeschätzt (Buchung: per Anlagen an Rückstellung)

Bei geänderten Annahmen zur Nutzungsdauer eines Anlagegegenstandes ist der lineare Abschreibungssatz anzupassen (→ § 10 Rz 42). Nach IAS 8.38 ist bei Ermittlung der neuen Restnutzungsdauer auf den Periodenanfang abzustellen, ein höherer Abschreibungssatz wird also bereits in der laufenden Periode erfolgs- und bilanzwirksam. Dies gilt nicht, wenn die für die Neueinschätzung der

Nutzungsdauer maßgeblichen Umstände erst nach Bilanzstichtag auftreten und somit kein werterhellender, sondern ein wertändernder Umstand vorliegt:

> **Beispiel**
> **Sachverhalt**
> Für eine Windkraftanlage wird am 31.12.00 unter Berücksichtigung der Subvention durch Stromeinspeisevergütungen eine wirtschaftliche Restnutzungsdauer von 15 Jahren unterstellt. Der Buchwert beträgt 1.500.
> Alternative 1: Die Subventionsgesetze werden im Dezember 01 geändert. Bestehende Anlagen werden danach nur noch bis 31.12.10 gefördert.
> Alternative 2: Die entsprechende Änderung wird erst im Januar 02 beschlossen.
>
> **Beurteilung**
> In der 1. Alternative ist mit „Rückwirkung" auf den 1.1.01 eine Restnutzungsdauer von 10 Jahren anzunehmen. Die Abschreibung 01 beträgt 150, der Buchwert 31.12.01 1.350.
> In der 2. Alternative bleibt die Nutzungsdauereinschätzung des Jahres 01 unberührt. Die Abschreibung beträgt 100, der Buchwert per 31.12.01 1.400. Er ist ab 02 mit 1/9 pro Jahr abzuschreiben.

3.4 Technische Darstellung der Korrektur von Fehlern

3.4.1 Grundsatz: Retrospektiv und erfolgsneutral

Nach IAS 8.42 ist anders als im Handelsrecht nur noch die **erfolgsneutrale** Korrektur zulässig. Folgende Feststellungen und Anpassungen sind erforderlich:

- Bilanzansatz und Bilanzwert sind so zu ermitteln, als ob der Fehler nie passiert wäre **(retrospektive Anwendung)** (IAS 8.42).
- Daraus resultierende Differenzen gegenüber dem bisherigen Ansatz bzw. Wert sind in der **Eröffnungsbilanz** des betroffenen ersten im Abschluss präsentierten Jahres (bei nur einer Vergleichsperiode also des Vorjahres) gegen Gewinnrücklagen **erfolgsneutral** einzubuchen (IAS 8.42b).
- Alle Vergleichsinformationen **(Vorjahresbeträge)** sind anzupassen (IAS 8.42a).
- In der Bilanz müssen neben den aktuellen Zahlen und denen des (angepassten) Vorjahres auch die **Eröffnungsbilanzwerte** des Vorjahres präsentiert werden (IAS 1.39; → § 2 Rz 10 und 18).
- Für jeden betroffenen Posten der Bilanz, GuV usw. ist der **Anpassungsbetrag offenzulegen**, der Wert vor Anpassung dem Wert nach Anpassung gegenüberzustellen (IAS 8.49b).

53

> **Beispiel**
> Ein Unternehmen entdeckt in 02, dass in 01 irrtümlich eine lineare Abschreibung von 10 auf ein Verwaltungsgebäude unterblieben ist. Die Vorsteuer-Gewinne 01 und 02 vor Aufdeckung des Fehlers betragen 100 (Bruttoergebnis vom Umsatz 120 minus Verwaltungsaufwendungen 20). Der Steuersatz ist 50 %.

54

	02	01 angepasst	01 vorher
Ergebnis vor Steuern	100	90	100
Steuern	50	45	50
Periodengewinn	50	45	50

Die nachfolgende Tabelle zeigt die Auswirkungen:

Im Anhang wären folgende Angaben zu machen:
Das Unternehmen hat in 01 irrtümlich eine Gebäudeabschreibung von 10 unterlassen. Die Vergleichszahlen für das Jahr 01 sind entsprechend angepasst worden (vgl. Tabelle 1).

55 Bei Fehlerkorrekturen sind im Anhang nach IAS 8.49 die **Art** des korrigierten Fehlers sowie die betroffenen Beträge anzugeben. Ziel ist eine verständliche Darstellung des Fehlers und seiner Korrektur. Diesen Vorgaben wird nicht entsprochen, wenn der Fehler nicht einmal **als solcher kenntlich** gemacht, sondern ausschließlich von „Änderung nach IAS 8" oder „Restatement nach IAS 8" die Rede ist.

Beispiel
Die I Bank hat in 01 Verbriefungsgesellschaften fälschlich nicht konsolidiert. In 02 ändert sie dies retrospektiv und tituliert die Anpassung als „Änderung nach IAS 8", ohne den Begriff „Fehler" oder „Korrektur" zu verwenden.

Beurteilung
Der Abschluss 02 suggeriert, dass die retrospektive Anpassung Folge einer geänderten Ermessensausübung (*accounting policy*) sein könnte, mit der eine zulässige Bilanzierung durch eine andere zulässige ersetzt wird. Wenn die Nichtkonsolidierung in 01 unzulässig, also falsch war, wird mit der fehlenden Offenlegung dieses Umstandes in 02 der nächste Fehler begangen.

3.4.2 Ausnahmen von der retrospektiven Korrektur

56 Eine Bilanzkorrektur muss ausnahmsweise nicht retrospektiv durchgeführt werden, soweit die Ermittlung der kumulierten und/oder periodenbezogenen Anpassungsbeträge nicht durchführbar (*impracticable*) ist (IAS 8.43 ff.).
Wie bei der Änderung von Bilanzierungs- und Bewertungsmethoden ist die Praktikabilität periodenbezogen zu beurteilen. Retrospektiv ist also insoweit zu berichten, wie es praktikabel ist. Im Einzelnen wird auf Rz 31 verwiesen.

3.4.3 Steuerfolgen einer Bilanzkorrektur
57 Wegen der Steuerfolgen wird auf Rz 32 verwiesen.

3.4.4 Interaktion von IAS 8 mit Gesellschaftsrecht
58 Für den handelsrechtlichen Jahresabschluss (= **Einzel**abschluss) sieht das AktG verschiedene Sanktionsmechanismen bei (potenziellen) Fehlern vor, insbeson-

dere die Sonderprüfung nach § 258 AktG und die Nichtigkeitsklage auf der Grundlage von § 256 Abs. 5 AktG (Rz 40). Diese Normen kreisen um Probleme des Gläubiger- und Aktionärsschutzes, insbesondere auch von Minderheitsaktionären. Die Frage geht dann u. a. nach den **Rechtsfolgen** eines festgestellten, aber (möglicherweise) fehlerhaften **Jahres**abschlusses. Diese Probleme stellen sich beim IFRS-**Konzern**abschluss nicht. Gesellschaftsrechtliche Funktionen kommen ihm nicht zu, seine „Werthaltigkeit" beschränkt sich i. d. R. auf die **Informationsfunktion**. Daraus können i. d. R. „nur" Ansprüche auf Schadensersatz fehlgeleiteter Adressaten des Konzernabschlusses gegenüber dem Vorstand oder gegenüber der Konzernmuttergesellschaft erhoben werden. Gleichwohl sind nationale Regeln bez. der Korrektur von Konzernabschlüssen u. U. durchaus sinnvoll.[33] Zwar bedarf es keiner materiellen (d. h. bilanzrechtlichen) Vorschriften zur Korrektur von Fehlern aus Vorjahren *(prior period errors)* in Folgeabschlüssen. Die diesbezüglichen Regeln ergeben sich vielmehr aus IAS 8.[34] IAS 8 enthält aber keine expliziten Regeln zur Rückwärtsberichtigung des falschen Abschlusses. Hier kann die Einbindung in ein nationales Rechtssystem relevant werden (Rz 59).[35]

3.4.5 Rückwärtsberichtigungen

IAS 8 behandelt nur die Korrektur von Fehlern früherer Berichtsperioden *(prior period errors)* im Abschluss der laufenden Periode. Ausgeklammert ist das Problem der **Rückwärtsberichtigung,** also der Rücknahme des ursprünglichen Abschlusses und des Ersatzes durch einen „geänderten". Zur Frage, unter welchen Voraussetzungen eine solche Rückwärtsberichtigung notwendig ist, trifft IDW RS HFA 6 Regelungen:
- Fehlerhafte Konzernabschlüsse, die auch **schuldrechtliche** Wirkungen (etwa auf die Höhe von Mitarbeitertantiemen oder Gewinnansprüchen stiller Gesellschafter usw.) haben, sind regelmäßig zu korrigieren, einer Nachtragsprüfung zu unterwerfen, den zuständigen Gesellschaftsorganen zum Zwecke der Billigung erneut vorzulegen und zu veröffentlichen.[36]
- Bei einem ausschließlich der **Information** dienenden fehlerhaften Konzernabschluss bedarf es einer Rückwärtsberichtigung jedoch nur dann, wenn nicht ohnehin **zeitnah** nach der Entdeckung des Fehlers der Folgeabschluss veröffentlicht wird.[37]
- Eine **freiwillige** Rückwärtsberichtigung ist in jedem Fall zulässig.[38]

---

[33] HENRICHS, ZHR 168 (2004), S. 395 ff.; → § 7.
[34] Demgegenüber war der Entwurf § 37q Abs. 1 WpHG-E im Verhältnis zum materiellen Recht noch undeutlich: Ergibt die Prüfung durch die Bundesanstalt, dass die Rechnungslegung oder die Berichterstattung im Lagebericht fehlerhaft ist, so stellt die Bundesanstalt den Fehler fest. Sie kann im Einklang mit den materiellen Rechnungslegungsvorschriften anordnen, dass der Fehler unter Berücksichtigung der Rechtsauffassung der Bundesanstalt im nächsten Abschluss oder unter Neuaufstellung des Abschlusses für das geprüfte Geschäftsjahr zu berichtigen ist. Die im Dezember 2004 verabschiedete endgültige Fassung lautet demgegenüber kurz: „Ergibt die Prüfung durch die Bundesanstalt, dass die Rechnungslegung fehlerhaft ist, so stellt die Bundesanstalt den Fehler fest."
[35] ERCHINGER/MELCHER, KoR 2008, S. 679 ff.
[36] IDW RS HFA 6, Tz. 46 i. V. m. Tz. 16.
[37] IDW RS HFA 6, Tz. 46 i. V. m. Tz. 43 und 17.
[38] IDW RS HFA 6, Tz. 46 i. V. m. Tz. 42.

> **Beispiel**
> Nach Veröffentlichung des festgestellten und geprüften Konzernabschlusses 01 wird ein erheblicher Fehler im Abschluss entdeckt.
> **Variante 1:**
> Die **Tantiemen** des Vorstandes und einiger leitender Mitarbeiter der Konzernmutter sind an das IFRS-Ergebnis gebunden und fallen aufgrund des Fehlers erheblich zu niedrig aus.
> Der IFRS-Abschluss hat nicht nur Informations-, sondern auch Zahlungsbemessungsfunktion.
> Aufgrund der **materiellen (schuldrechtlichen) Wirkungen** ist der Abschluss 01 zu korrigieren, u. a. einer Nachtragsprüfung zu unterwerfen, den zuständigen Gesellschaftsorganen zum Zwecke der Billigung erneut vorzulegen und offenzulegen (IDW RS HFA 6, Tz. 46 i. V. m. Tz. 16).
> **Variante 2:**
> Der Konzernabschluss hat **ausschließlich Informationsfunktion**. Der Fehler wird Mitte Mai 02 entdeckt.
> Bis zur Veröffentlichung des Abschlusses 02, in dem der Fehler als *prior period error* korrigiert und offengelegt werden könnte, vergeht noch fast ein Jahr. Das Bedürfnis der Abschlussadressaten an/nach einer **zeitnahen Richtigstellung** verlangt eine Korrektur des Abschlusses 01 (IDW RS HFA 6 Tz. 46 i. V. m. Tz. 43 und 17).
> **Variante 3:**
> Wie Variante 2, jedoch wird der Fehler erst im Februar 03 im Zuge der Abschlussarbeiten für 02 entdeckt.
> Die Feststellung und Offenlegung des Abschlusses 02, der den Fehler 01 korrigieren und offenlegen wird, sind kurzfristig zu erwarten. Eine Rückwärtsberichtigung des Abschlusses 01 ist nicht erforderlich (IDW RS HFA 6, Tz. 46, i. V. m. Tz. 43 und 17), aber zulässig (IDW RS HFA 6, Tz. 46 i. V. m. Tz. 42).
> Nimmt U eine erfolgswirksame Korrektur vor oder passt U die Vorjahresbeträge nicht an (obwohl keine Praktikabilitätseinwände bestehen), begeht U den nächsten Fehler, der zum erneuten Eingreifen der BaFin führen kann.

4 Angaben

60 Die durch IAS 8 geforderten Anhangsangaben wurden im Wesentlichen schon in den o. g. Beispielen behandelt. Auf Rz 29 und Rz 54 sowie auf die **Checkliste „Abschlussangaben"** (→ § 5 Rz 8) wird deshalb verwiesen. An dieser Stelle sollen deshalb nur drei Sonderfragen behandelt werden.

61 Bei Methodenänderung zur Verbesserung der Lagedarstellung oder infolge der erstmaligen Anwendung eines Standards sind u. a. die Anpassungsbeträge für alle im Abschluss dargestellten Jahre (einschließlich des aktuellen Jahres) sowie für die Eröffnungsbilanz des ersten präsentierten Jahres anzugeben (IAS 8.28). Bei dem letztgenannten Punkt ist häufig eine Angabe im Eigenkapitalspiegel ausreichend (→ § 20 Rz 64 ff.).

Die Ermittlung der Anpassungsbeträge des laufenden Jahres erfordert eine **Schattenrechnung.** Der Anpassungsbetrag ergibt sich aus der Differenz zwischen dem tatsächlich ab Periodenbeginn angewandten neuen Standard und dem ab Periodenbeginn nicht mehr angewandten alten Standard. Die Bilanzierung nach alten Regeln muss somit noch über deren eigentliches „Verfallsdatum" hinaus in einer Parallelrechnung durchgeführt werden. Die damit einhergehenden Aufwendungen können ein solches Maß erreichen, dass der für die Angabe der Anpassungsbeträge geltende Praktikabilitätsvorbehalt (IAS 8.28) greift:

Beispiel
X wendet ab 1.1.2015 IFRS 9 statt IAS 39 an. Die Ermittlung der Anpassungsbeträge für 2015 würde eine duale Buchhaltung, einerseits nach IFRS 9, andererseits nach IAS 39, erfordern. Hierbei gilt:
Haben die Finanzinstrumente eine massenhafte Bedeutung für das Unternehmen (z. B. bei Finanzinstitutionen), wäre eine entsprechende Anhangsangabe zwar wesentlich, aber nur mit hohem, u. U. nicht mehr vertretbarem Aufwand (*impracticability*) zu leisten.
Ist der Umfang der Finanzinstrumente gering, sind die Anpassungsbeträge zwar mit vertretbarem Aufwand zu ermitteln, aber u. U. nicht wesentlich.
Mit unterschiedlicher Begründung kann eine Angabe in beiden Fällen entbehrlich sein.

Alle Angaben unterliegen dem **Vorbehalt der** *materiality* (→ § 1 Rz 61 ff.). Diesem kommt insbesondere im Bereich der **Schätzungen** eine hohe Bedeutung zu. Die Anpassung geschätzter Werte an die besser gewordene Erkenntnis würde angesichts der Vielzahl betroffener Fälle (Rückstellungen, Wertberichtigungen, Restnutzungsdauern usw.) zu einer **Inflation von Angaben** (*information overload*) führen. Eine strenge Beurteilung, ob eine Angabe notwendig ist, dient daher nicht nur den Unternehmen, sondern auch den Bilanzadressaten. 62

Auch die durch IAS 8.30 ff. geforderten Angaben zu **zukünftig wirksamen Standards** sind in dieser Hinsicht sorgfältig zu prüfen. Die Verabschiedung von 15 revidierten Standards im Dezember 2003 stellte ein besonders eklatantes Beispiel dar. Man konnte von den Unternehmen nicht verlangen, die Arbeiten für die Bilanz 31.12.2003 erst einmal zurückzustellen, um sich mit den revidierten, ab 2005 anwendbaren Regeln zu befassen und deren Folgen abzuschätzen. Der **Konzernabschluss** ist **kein Proseminar zur Bilanzierung.** Ein derartiges Bilanzseminar war weder den Unternehmen noch ihren Bilanzadressaten zuzumuten, zumal zum Bilanzerstellungszeitpunkt alle genannten Standards noch ohne *endorsement* durch die EU waren. 63

5 Anwendungszeitpunkt, Rechtsentwicklung

IAS 8 ist auf alle Abschlüsse anzuwenden, deren Berichtsperiode ab dem 1.1.2005 beginnt. 64

Gegenüber früheren Fassungen von IAS 8 unterscheidet sich die ab 1.1.2005 anzuwendende vor allem durch den Fortfall der **Wahlrechte** zur erfolgswirksamen Behandlung von Methodenänderungen (Rz 28) und Fehlerkorrekturen (Rz 43). Es ist zwingend retrospektiv und erfolgsneutral zu verfahren. 65

66 Ein Projekt zur Überarbeitung einiger Aspekte von IAS 8 ist im Oktober 2012 von der Agenda genommen worden.

6 Zusammenfassende Praxishinweise

67 Der Grundsatz der **Methodenstetigkeit** ist in IAS 8 für **Ansatz** und **Bewertung** und in IAS 1 für den **Ausweis** geregelt (Rz 5).
In den Anwendungsbereich des Stetigkeitsgebots fallen neben **echten auch unechte Wahlrechte** (Rz 9).
Im Bereich der **unechten** Wahlrechte ist aber eine enge Auslegung geboten:
- Keinen Stetigkeitsanforderungen unterliegen konkrete **Schätzungen im Einzelfall** (Rz 12).
- Unter Beachtung des Einzelbewertungsprinzips entfalten aber auch die Schätz**verfahren** der vergangenen Perioden i. d. R. keine Bindungswirkung für Neuzugänge (Rz 14).

Abweichungen vom Stetigkeitsgebot sind dann zulässig und geboten, wenn
- dies durch **neue Rechtsvorschriften** verlangt wird (Rz 19) oder
- die Methodenänderungen der **Verbesserung der Darstellung** dienen (Rz 23).

Die Illustrationen des IASB zum 2. Punkt lassen folgenden Schluss zu: Eine Verbesserung der Lagedarstellung muss mehr behauptet als im Detail belegt werden. Ermessensspielräume ergeben sich auch daraus, dass der **Zeit- und Sachhorizont** für die geforderte Verbesserung der Darstellung unklar ist (Rz 24).
Im Falle eines zulässigen Methodenwechsels ist die **neue** Bilanzierungsmethode **retrospektiv** anzuwenden. Anpassungsbeträge sind **erfolgsneutral** zu verbuchen (Rz 28).
Ausnahmen von der retrospektiven Anpassung ergeben sich aus dem **Praktikabilitätsvorbehalt**. Ein Verfahren ist bereits dann *impracticable*, wenn vernünftige Anstrengungen *(reasonable efforts)* nicht zum Ziel führen würden (Rz 31).
Auch eine Korrektur von Fehlern **(Bilanzkorrektur)** ist **erfolgsneutral und retrospektiv** vorzunehmen, wobei die Retrospektion wiederum dem Praktikabilitätsvorbehalt unterliegt (Rz 45).
Die Korrekturvorschriften von IAS 8 geben den materiellen Rahmen vor, in dem sich **Korrekturvorschriften des formellen Rechts** bewegen können (Rz 58).
Die **Revision von Schätzungen** ist **erfolgswirksam** in der laufenden Periode, bei Dauersachverhalten über die zukünftigen Perioden verteilt, durchzuführen (Rz 52).
Bei Methodenänderungen, Bilanzkorrekturen und Revision von Schätzungen sind zahlreiche **Anhangsangaben** geboten (Rz 60), die aber einem strengen *materiality*-Vorbehalt unterworfen werden müssen (Rz 62).
Auf die **Checkliste „Abschlussangaben"** wird verwiesen (→ § 5 Rz 8).

§ 25 Erlöse aus Verträgen mit Kunden

Inhaltsübersicht   Rz
Vorbemerkung

1 Zielsetzung, Regelungsinhalt und Begriffe..................	1–10
1.1 Überblick....................................	1–6
1.2 Umsatzerlöse und (andere) Erträge und Erlöse.........	7
1.3 Folgerungen für den GuV-Ausweis (sowie Ansatz und Bewertung und Angaben).........................	8
1.4 IFRS 15 – Zwischen Prinzip und Kasuistik............	9
1.5 Vergleich zum HGB.............................	10
2 (Nicht-)Anwendungsbereiche von IFRS 15................	11–18
2.1 Vom Anwendungsbereich ausgeschlossene Transaktionen	11–12
2.2 Differenzierte Betrachtungen beim Tausch gleichartiger oder verwandter Güter...........................	13–18
3 Identifikation von Kundenverträgen.....................	19–46
3.1 Wirksamer Vertrag..............................	19–23
3.2 Nichtige, schwebend unwirksame oder sonst rechtsmängelbehaftete Verträge................................	24–31
3.2.1 Rechtliche Bedingungen der Übertragung des wirtschaftlichen Eigentums: *no substance without form*..................................	24
3.2.2 Nichtige Geschäfte........................	25–29
3.2.3 Schwebend unwirksame Geschäfte............	30–31
3.3 Kunde nicht notleidend..........................	32–35
3.4 Vertrag mit wirtschaftlichem Gehalt.................	36–37
3.5 Zusammenfassung von Verträgen...................	38–43
3.6 Vertragsänderungen und -ergänzungen, neue Verträge...	44–46
4 Identifikation von Leistungsverpflichtungen..............	47–88
4.1 Grundlagen...................................	47–50
4.2 Mehrkomponentengeschäfte......................	51–75
4.2.1 Problemstellung..........................	51–52
4.2.2 Begriff.................................	53–58
4.2.3 Wichtige Anwendungsfälle der Mehrkomponentenregelungen.............................	59–68
4.2.4 Sachboni, Rabattgutscheine, Kundenbindungsprogramme..............................	69–74
4.2.5 Mehrkomponentengeschäft beim Leistungsbezieher?	75
4.3 Kommissions- und kommissionsähnliche Geschäfte und andere *principal-agent*-Beziehungen.................	76–88
5 Bestimmung und Aufteilung des Transaktionspreises........	89–125
5.1 Überblick....................................	89–91
5.2 Bestimmung des Transaktionspreises................	92–118
5.2.1 Bereinigung des Entgelts um signifikante Finanzierungskomponenten.......................	92–96
5.2.2 Variable Vergütungen......................	97–106
5.2.3 Erlösschmälerungen.......................	107

5.2.4	Nachträgliche Minderung des Rechnungspreises . .	108
5.2.5	Zahlungen an den Kunden – Gesonderter Leistungstausch oder Minderung des Transaktionspreises	109–112
5.2.6	Tausch	113–117
5.2.7	Prinzipal oder Agent	118

5.3 Aufteilung des Transaktionspreises auf die Leistungsverpflichtungen 119–125
    5.3.1 Relative Einzelveräußerungspreise 119–121
    5.3.2 Aufteilung von Paketabschlägen oder -zuschlägen . 122–123
    5.3.3 Aufteilung variabler Entgelte 124
    5.3.4 Spätere Änderungen des Transaktionspreises 125

6 Realisationszeitpunkt 126–208
  6.1 Grundlagen 126–129
    6.1.1 Erlösrealisierung mit Erfüllung der Leistungsverpflichtung durch Übergang der Beherrschung 126–128
    6.1.2 Zeitpunkt- vs. zeitraumbezogene Leistungsverpflichtungen 129
  6.2 Zeitraumbezogene Leistungsverpflichtungen 130–153
    6.2.1 Anwendungsbereich 130–135
    6.2.2 Bestimmung des Leistungsfortschritts 136–153
        6.2.2.1 Input- und Outputverfahren im Überblick 136–137
        6.2.2.2 Auswahl des angemessenen Verfahrens . . 138–142
        6.2.2.3 Spezifika des *cost-to-cost*-Verfahrens 143–148
        6.2.2.4 Revidierte Einschätzung des Leistungsfortschritts 149–150
        6.2.2.5 Folgeaufträge, Anpassungen des Auftragsumfangs 151
        6.2.2.6 Verlässlichkeit der Schätzung – *zero-profit*-Methode 152–153
  6.3 Zeitpunktbezogene Leistungen 154–172
    6.3.1 Anwendungsbereich 154–156
    6.3.2 Bestimmung des Leistungszeitpunkts – Grundlagen 157
    6.3.3 Bestimmung des Leistungszeitpunkts – Einzelfälle 158–172
        6.3.3.1 Übergang der Preisgefahr, Versendungskauf, „*bill and hold*"-Verkäufe 158–162
        6.3.3.2 Ausstehende Montage und Installation . . 163
        6.3.3.3 Kauf auf Probe 164
        6.3.3.4 Ausstehende Abnahme, Abnahmeverzug 165
        6.3.3.5 Vermittlungs-, Makler- und Vertreterprovisionen 166–171
        6.3.3.6 Künstlerische Veranstaltungen 172
  6.4 Sonderfälle 173–208
    6.4.1 Verkauf mit Einräumung eines Rückgabe- oder Rücknahmerechts 173–186
        6.4.1.1 Überblick 173–174

	6.4.1.2	Veräußerungen unter Einräumung eines kurzfristigen Rückgaberechtes zum ursprünglichen Preis im Massengeschäft .	175–178
	6.4.1.3	Veräußerungen einzelner Güter an Handelsintermediäre unter Einräumung eines kurzfristigen Rückgaberechtes zum ursprünglichen Preis................	179–180
	6.4.1.4	Veräußerungen an Nutzer mit bedingter oder unbedingter Rücknahmevereinbarung..........................	181–185
	6.4.1.5	Faktische Rücknahmeverpflichtungen ..	186
6.4.2	Verkauf mit Erlös-, Preis- oder Renditegarantie...		187–191
6.4.3	Mitgliedschaftsentgelte, *up-front fees*, Franchise ..		192–193
6.4.4	Lizenzierungen..........................		194–200
6.4.5	Softwareindustrie		201–208
	6.4.5.1	Überblick.......................	201
	6.4.5.2	Auftragsfertigung, *customizing*	202–203
	6.4.5.3	Lizenzierung von Standardsoftware	204–206
	6.4.5.4	Mehrkomponentengeschäfte über Software........................	207
	6.4.5.5	Preiskonzessionen bei lang laufenden Vereinbarungen	208

7 Vertragskosten 209–214
7.1 Kosten für den Erhalt eines Vertrags 209
7.2 Kosten der Vertragserfüllung 210–212
7.3 Abschreibungen auf Vermögenswerte für Kosten des Erhalts und der Erfüllung eines Vertrags 213–214
8 Ausweis 215–220
9 Anhang... 221–223
10 Anwendungszeitpunkt, Rechtsentwicklung 224–225
11 ABC der Umsatzerlöse 226

Schrifttum: BAETGE/CELIK, Umsatzerlöse nach IFRS 15 – ein inkonsistenter Ansatz, IRZ 2014, S. 365; BARCKOW, IFRS 15 zur Erlöserfassung – Much Ado About Nothing?, BB 2014, S. 1; BAUR/LÜPOLD/WITTE, Ermessensspielräume im Umgang mit IFRS 15, IRZ 2014, S. 469; BEIERSDORFER/SCHMIDT, Umsatzerfassung – Bestimmung von Auftraggeber (Prinzipal) und Vermittler (Agent), IRZ 2014, S. 457; FISCHER, Bilanzierung von Mehrkomponentenverträgen nach IFRS 15, PiR 2014, S. 217; FISCHER, Umsatzrealisation bei Fertigungsaufträgen nach IFRS 15, PiR 2014, S. 253; GROTE/HOLD, IFRS 15: Die neuen Vorschriften zur Umsatz- und Gewinnrealisierung (Teil 1), IRZ 2014, S. 405; GROTE/HOLD, IFRS 15: Die neuen Vorschriften zur Umsatz- und Gewinnrealisierung (Teil 2), IRZ 2014, S. 474; GROTE/HOLD/PILHOFER, IFRS 15: Die neuen Vorschriften zur Umsatz- und Gewinnrealisierung – Was sich (nicht) ändert!, IRZ 2014, S. 339; HAGEMANN, IFRS 15 – Erfassung von Umsatzerlösen aus Kundenverträgen, PiR 2014, S. 227; HOFFMANN, Variable Vergütungen, PiR 2015, S. 34; KIRSCH, Bilanzierung von langfristigen Kundenaufträgen nach IFRS 15, KoR 2014, S. 474;

KONOLD/MÜLLER, Umsatzrealisierung bei Mehrkomponentenverträgen nach IFRS 15, IRZ 2015, S. 5; LÜDENBACH, Umsatzrealisierung beim Versicherungsvertreter nach IFRS 15, PiR 2015, S. 33; LÜDENBACH, Werbekostenzuschüsse und Platzierungsgebühren an Kunden, PiR 2014, S. 319; LÜHN, Bilanzierung von Kundenbindungsprogrammen nach IFRS 15, PiR 2014, S. 261; MORICH, IFRS 15, Neue Regeln zur Erlöserfassung nach IFRS, DB 2014, S. 1997; THUROW, Erstanwendungsregeln des IFRS 15 machen den Standard bereits ab 2015 relevant, IRZ 2014, S. 464; WÜSTEMANN/WÜSTEMANN, Grundsätze für die Erfassung von Umsatzerlösen aus Verträgen mit Kunden – IFRS 15 ‚Revenue from Contracts with Customers', WPg 2014, S. 929; ZÜLCH, Die Neuregelungen der Ertragsrealisation nach IFRS 15 – Ein gravierendes Umdenken?, DB 2014, S. 1696.

Vorbemerkung
Die Kommentierung bezieht sich auf den ab 2017 anzuwendenden IFRS 15. Wegen IAS 18 wird auf die Vorauflage verwiesen, außerdem auf die Online-Version des Kommentars (ebenda unter dem Haufe-Index 7641269), wegen des ebenfalls durch IFRS 15 aufgehobenen IAS 11 auf → § 18.

1 Zielsetzung, Regelungsinhalt und Begriffe

1.1 Überblick

1   IFRS 15 ersetzt mit Wirkung ab 2017 die bisherigen Erlösstandards **IAS 11** (Erlöse aus Fertigungsaufträgen) und **IAS 18** (andere Umsatzerlöse). In systematischer Reihenfolge verlangt die Anwendung von IFRS 15 die Beantwortung folgender Fragen:
   - Betrifft der potenzielle Ertrag einen Erlös gegenüber Kunden im **Anwendungsbereich** von IFRS 15 (Rz 2)?
   - Existiert ein **wirksamer Vertrag** oder eine zusammenzufassende Gruppe von Verträgen **mit wirtschaftlichem Gehalt** (Rz 3)?
   - Welche unterscheidbaren **Leistungsverpflichtungen** (Rz 4) und
   - welchen **Transaktionspreis** (Rz 5) begründet der Vertrag?
   - Wie ist der Transaktionspreis bei mehreren Leistungsverpflichtungen **aufzuteilen** (Rz 5)?
   - Zu welchem **Zeitpunkt** oder in welchem **Zeitraum** ist die jeweilige Leitungsverpflichtung erfüllt, der Umsatz also zu realisieren (Rz 5)?

2   Zunächst ist demnach zu klären, ob überhaupt ein **Umsatzerlös** (Erlös gegenüber Kunden – *revenue from contract with customers*) vorliegt, und falls ja, ob dieser Umsatzerlös nicht vom Anwendungsbereich des IFRS 15 ausgeschlossen ist (*scope out*; Rz 11). In diesem Zusammenhang stellt sich auch die Frage nach der Abgrenzung von IFRS 15 unterliegenden Erlösen gegenüber anderen Erlösen und Erträgen in der GuV (Rz 7).

3   Ausgangspunkt der eigentlichen Bilanzierung nach IFRS 15 ist der **Vertrag** mit einem Kunden. Zu klären ist deshalb, ob ein wirksamer Vertrag vorliegt und dieser wirtschaftlichen Gehalt hat (Rz 19). Bei der Identifikation der vertraglichen Grundlage kann es geboten sein, mehrere gleichzeitig oder in zeitlicher Nähe mit demselben oder nahestehenden Kunden geschlossene Verträge **zusammengefasst**

zu betrachten (Rz 38). Besondere Probleme ergeben sich bei der Behandlung (schwebend) unwirksamer bzw. **rechtsmängelbehafteter Verträge** (Rz 24). Der Vertrag setzt den Rahmen für die Bilanzierung, ist aber noch nicht das Bilanzierungsobjekt. Das Unternehmen hat seine **Leistungsverpflichtungen zu identifizieren** (Rz 47). Dabei gilt: Ein Vertrag oder die Summe der zusammengefassten Verträge kann mehre Leistungsverpflichtungen umfassen, die je eigenen Regelungen hinsichtlich des Realisationszeitpunktes unterliegen. Angesprochen ist damit die Problematik der **Mehrkomponentengeschäfte** (Rz 51). 4

Nach Maßgabe der Erfüllung der Leistungsverpflichtung ist der Transaktionspreis als Erlös zu erfassen. Diese setzt 5
- zunächst die Bestimmung des **Transaktionspreises** (Rz 89),
- sodann seine **Verteilung** auf einzelne Leistungskomponenten (Rz 119) und
- schließlich die Bestimmung des **Zeitpunktes** bzw. des Maßes der Erfüllung der Leistungsverpflichtung voraus (Rz 125).

Die Bestimmung des **Transaktionspreises** kann dort Probleme bereiten, wo Entgelte vertragsgemäß wesentlich vor oder nach der Leistungserfüllung erbracht werden **(implizites Kreditgeschäft**; Rz 92) oder die Entgelte ganz bzw. in wesentlichen Teilen **variabel** sind (Rz 97).

Umfasst ein Vertrag **mehrere Leitungsverpflichtungen**, so ist der Transaktionspreis auf ebendiese zu **verteilen**. Dies geschieht im Verhältnis der relativen Einzelveräußerungspreise. Probleme können sich dabei nicht nur für die Bestimmung der Einzelveräußerungspreise, sondern auch bei der Aufteilung variabler Vergütungskomponenten und der Aufteilung nachträglicher Preisänderungen ergeben (Rz 119).

Hinsichtlich der **Erfüllung** der Leistungsverpflichtungen ist zwischen **zeitpunktbezogenen** Leistungen (z. B. Verkauf von Standardgütern) und **zeitraumbezogenen** Leistungen (Dienstleistungen, aber auch bestimmte Fertigungsaufträge) zu unterscheiden (Rz 127). Bei zeitraumbezogenen Leistungen ist eine angemessene Methode zur Bestimmung des Leistungsfortschritts anzuwenden (Rz 134).

Je nach Verhältnis von bereits erbrachter Leistung und bereits erhaltenen Zahlungen des Kunden ist ein **vertraglicher Vermögenswert** *(contract asset)* oder eine vertragliche Schuld *(contract liability)* auszuweisen. Unbedingte Zahlungsansprüche sind, auch wenn sie Anzahlungen betreffen, mit Fälligkeit als Forderung *(receivable)* auszuweisen (Rz 213). Vertragliche Vermögenswerte unterliegen den Wertberichtigungsregeln von IFRS 9. 6

Fallen inkrementale Kosten zur **Erlangung des Vertrags** (z. B. Provisionen) an, sind diese als *contract cost assets* zu erfassen und planmäßig sowie bei Bedarf außerplanmäßig abzuschreiben (Rz 207).

1.2 Umsatzerlöse und (andere) Erträge und Erlöse

Nicht jede Form von Erträgen *(income)* stellt auch **Erlöse** *(revenues)* dar, nicht jeder Erlös auch einen Erlös mit Kunden (nachfolgend i. d. R. kurz: Umsatzerlös). IFRS 15.A nimmt diesbezüglich folgende Spezifizierungen vor: 7
- **Ertrag** *(income)* sind Nutzenzugänge der Periode in Form einer nicht auf Beiträgen von Gesellschaftern resultierenden Eigenkapitalmehrung.

- **Erlös** *(revenue)* ist dieser Ertrag dann, wenn er Folge der **gewöhnlichen Geschäftstätigkeit** *(ordinary activities)* des Unternehmens ist.
- **Erlös mit Kunden** (in bisher bewährter Terminologie: **Umsatzerlös**) ist ein solcher Erlös dann, wenn er auf der **Lieferung von Gütern oder der Erbringung von Serviceleistungen** *(services)* an Kunden beruht, wobei die Leistung Output der gewöhnlichen Geschäftstätigkeiten des Unternehmens ist.

Diese Abgrenzung wirft **Probleme** auf:
- Nach den *Basis for Conclusions* (IFRS 15.BC28) begründen Dividenden und (GuV-wirksame) **Wertänderungen** von *investment properties* zwar Erlöse *(revenues)*, aber nicht solche gegenüber Kunden. Das Framework bestimmt demgegenüber in F.4.29 und F.4.31, dass Dividenden zu Erlösen *(revenues)* führen, Wertsteigerungen langfristiger Vermögenswerte (hier: *investment properties*) hingegen zwar Ertrag in der Form eines *gain* sind, aber kein Erlös. Die bisherige Regel, dass nicht durch Verkauf realisierte Wertsteigerungen kein Erlös sind, ist also durch IFRS 15 hinfällig.
- Nach dem Standard selbst (IFRS 15.5) stellen **Erlöse aus Nutzungsüberlassungen**, Versicherungsverträgen (bei Versicherern) und Finanzinstrumenten zwar Erlöse mit Kunden (Umsatzerlöse) dar, sind aber wegen des Vorrangs spezifischer Vorschriften vom Anwendungsbereich des IFRS 15 ausgeschlossen. Danach ist der **Service-Begriff** des IFRS 15 sehr weit auszulegen und beschränkt sich nicht auf Dienstleistungen, sondern umfasst eben auch Nutzungsüberlassungen oder Kapitalüberlassungen, unabhängig davon, ob der entsprechende Geschäftsvorfall IFRS 15 unterliegt (so z. B. die Lizenzierung von Software als spezifische Form der Nutzungsüberlassung) oder nicht (so z. B. die Nutzungsüberlassung von Sachanlagen).

1.3 Folgerungen für den GuV-Ausweis (sowie Ansatz und Bewertung und Angaben)

8   Die (bisher) in § 277 HGB bei der Definition von Umsatzerlösen enthaltene Bezugnahme auf von für das Unternehmen „**typische**" Fälle von Lieferungen, Services, Nutzungsüberlassungen fehlt bez. des Begriffs der „Erlöse mit Kunden" in IFRS 15. Hieraus folgt etwa:
- Entgelte aus der **Lizenzierung von Know-how** unterliegen IFRS 15, unabhängig davon, ob es sich um ein typisches Geschäft (Softwareunternehmen) oder ein untypisches Geschäft (**Immobilienunternehmen**) handelt.
- Entgelte aus der **Überlassung von Grundstücken** stellen sowohl im typischen Fall (**Immobilienunternehmen**) als auch im untypischen Fall (**Stahlkonzern**) Erlöse mit Kunden (Umsatzerlöse) dar, die jedoch in beiden Fällen wegen des *scope out* in IFRS 15.5 nicht IFRS 15, sondern IAS 17 unterliegen. Soweit im ersten Fall IFRS 15 zur Anwendung gelangt, gilt dieser hinsichtlich sämtlicher Inhalte, also Ansatz (Realisationszeitpunkt) und Bewertung sowie Ausweis und Angaben.

Fraglich ist dann, ob für Zwecke des **GuV-Ausweises** der bisherigen Praxis folgend weiterhin eine Differenzierung zwischen **typischen Erlösen (= Umsatzerlösen) und untypischen Erlösen** möglich ist. U. E. ist dies der Fall: IFRS 15.113 verlangt zwar eine Unterscheidung zwischen (IFRS 15 unterliegenden) Erlösen aus Verträgen mit Kunden und anderen Erlösquellen, dies jedoch wahlweise in der GuV bzw. im GuV-Teil der Gesamtergebnisrechnung oder im Anhang. Soweit die Praxis daher auch zukünftig an dem auch analytisch (Umsatzmultiplikatoren zur Unternehmensbewertung usw.) bewährten Begriff „Umsatzerlöse" festhalten und ihn anstelle des sperrigen Begriffs „Erlöse mit Kunden" verwenden sollte, ergäben sich dann diverse **Ausweiswahlrechte**, wie folgende Beispiele zeigen:

> **Beispiel**
> **Beispiel 1**
> Stahlkonzern S erzielt neben IFRS 15 unterliegenden Erlösen aus Stahl i. H. v. 10 Mrd. EUR auch nicht IFRS 15 unterliegende Erlöse aus Grundstücksverpachtung i. H. v. 1 Mrd. EUR. U. E. bestehen folgende Ausweiswahlrechte:
> 1. Jeweils separater Ausweis von Umsatzerlösen (Erlöse mit Kunden) i. H. v. 10 Mrd. EUR und von sonstigen Erträgen/Erlösen i. H. v. 1 Mrd. EUR in der GuV,
> 2. Ausweis von Umsatzerlösen i. H. v. 11 Mrd. EUR in der GUV, Angabe des IFRS 15 unterliegenden Teils von 10 Mrd. EUR im Anhang.
>
> **Beispiel 2**
> Immobilienunternehmen I erzielt 5 Mrd. EUR aus Vermietung von Grundstücken und 0,2 Mrd. EUR aus der Lizenzierung einer selbst entwickelten Software für die Wohngeldabrechnung. U. E. bestehen folgende Ausweiswahlrechte:
> 1. Ausweis von Umsatzerlösen (Erlöse mit Kunden) i. H. v. 5 Mrd. EUR sowie von sonstigen Erträgen/Erlösen i. H. v. 0,2 Mrd. EUR in der GuV. Erläuterung im Anhang, dass 0,2 Mrd. EUR IFRS 15 unterliegen.
> 2. Ausweis von Umsatzerlösen (Erlöse mit Kunden) i. H. v. 0,2 Mrd. EUR sowie von sonstigen Erträgen/Erlösen i. H. v. 5 Mrd. EUR in der GuV.
> 3. Ausweis von 5,2 Mrd. EUR Umsatzerlösen (Erlöse mit Kunden) in der GUV. Erläuterung im Anhang, dass nur 0,2 Mrd. IFRS 15 unterliegen.

Insbesondere die zweite Alternative in Beispiel 2 ist hinsichtlich der Erwartungen der Bilanzadressaten unbefriedigend, u. E. aber durch die **„unglücklichen"** Unterscheidungen von IFRS 15 gedeckt.

1.4 IFRS 15 – Zwischen Prinzip und Kasuistik

Auch wenn IFRS 15 seinem Anspruch und auch seinem tatsächlichen Gehalt nach stärker **prinzipienorientiert** ist als die Vorgängerstandards, ist die Anwendung der Prinzipien auf komplexe Geschäftsvorfälle nicht in allen Fällen einfach und evident: Der Standard selbst enthält daher insbesondere in IFRS 15.B und IFRS 15.IE zahlreiche „Illustrationen" zur Anwendung der Prinzipien auf typische Fälle. Unsere Kommentierung erweitert diese „Illustrationen" und enthält außerdem unter Rz 226 ein „ABC der Umsatzerlöse."

9

1.5 Vergleich zum HGB

10 Der (auch) kasuistische Gehalt von IFRS 15 wird besonders im Vergleich zum HGB deutlich. Während IFRS 15 inkl. der *Illustrative Examples* und der *Basis for Conclusions* etwa 350 Seiten umfasst, kommt das Handelsrecht in § 252 Abs. 1 Nr. 4 HGB mit einem dünnen Satz aus: „Gewinne sind nur zu berücksichtigen, wenn sie am Abschlussstichtag realisiert sind." Mit diesem Satz wird allerdings nur die Aufgabenstellung – es ist zu bilanzieren, keine Einnahmen-Ausgaben-Rechnung zu erstellen – hingegen noch keine Lösung formuliert. Wann Gewinne (und Umsätze) realisiert sind, bleibt offen bzw. vollständig dem kommentierenden Schrifttum und der Rechtsprechung des BFH überlassen. Die IFRS führen demgegenüber zahlreiche Fälle der Lösung im Standard selbst zu.

2 (Nicht-)Anwendungsbereiche von IFRS 15

2.1 Vom Anwendungsbereich ausgeschlossene Transaktionen

11 IFRS 15 findet nur Anwendung auf Erlöse gegenüber Kunden *(revenue from contracts with customers)*. Derartige Erlöse sind nach IFRS 15.A gekennzeichnet, durch
- die **Lieferung** von Gütern oder
- die Erbringung von **Serviceleistungen** *(services)*, wobei der Service-Begriff weit gefasst ist und z. B. auch **Nutzungsüberlassungen oder Lizenzierungen** einschließt.

Keine Serviceleistung und damit abweichend vom Vorgängerstandard IAS 18 kein Umsatzerlös sind Dividenden.

12 Zwar als Erlöse gegenüber Kunden anzusehen, aber **explizit** vom Anwendungsbereich des IFRS 15 **ausgenommen** *(scope out)* sind nach IFRS 15.5
- Erlöse aus IAS 17 unterliegenden **Leasingverhältnissen**;
- Erlöse aus IFRS 4 unterliegenden **Versicherungsverträgen**;
- Erlöse aus **Finanzinstrumenten** im Anwendungsbereich von IFRS 9 (z. B. Zinsen);
- Erlöse aus dem **Tausch von** nichtmonetären Gütern zwischen Unternehmen, die **im gleichen Geschäftsfeld** tätig sind und den Tausch nur zum Zwecke der Erleichterung der Kundenbelieferung vornehmen (Rz 13);
- Erlöse aus vertraglichen Rechten im Anwendungsbereich von IFRS 11, IAS 27 „Einzelabschlüsse" und IAS 28.

Die letzte Ausnahme erschließt sich nicht, da Erträge aus der Beteiligung an einem Tochterunternehmen, assoziierten Unternehmen oder Gemeinschaftsunternehmen ohnehin nicht zu Erlösen mit Kunden führen.

2.2 Differenzierte Betrachtungen beim Tausch gleichartiger oder verwandter Güter

13 Ein der **Erleichterung der Kundenbelieferung** dienender Tausch zwischen Unternehmen **gleichen Geschäftsfelds** *(same line of business)* unterliegt nicht IFRS 15 (Rz 12). Reichweite und Bedeutung dieser Tauschausnahme in IFRS 15.5 sind nicht völlig eindeutig. Einerseits begründet auch bei Unternehmen verschiedener Geschäftsfelder nicht jeder Tausch einen Umsatz (Rz 18),

Erlöse aus Verträgen mit Kunden § 25

andererseits stellt sich hinsichtlich geschäftsfeldidentischer Unternehmen die Frage, wann die Erleichterung der Kundenbelieferung nicht mehr der dominierende Zweck ist, und daher doch ein Umsatz vorliegt. Bezüglich dieser Fragen, ist zunächst zwischen dem Tausch
- gleichartiger (Rz 14) und
- ungleichartiger Güter (Rz 17)

zu unterscheiden.

Beim Tausch **gleichartiger** Güter, insbesondere vertretbarer Sachen *(commodities)* ist hinsichtlich der Motive wie folgt zu differenzieren: 14
- Die Transaktion ist ganz überwiegend **bilanzpolitisch motiviert** (Aufblähung der Erlöse). Sie hat, wie sich etwa an der Gleichartigkeit von hingegebenem und erhaltenem Gut zeigt, keinen wirtschaftlichen Gehalt. Eine Umsatzrealisierung ist schon deshalb abzulehnen (Rz 36), und zwar unabhängig davon, ob die Tauschpartner, wie in IFRS 15.5 vorausgesetzt, im gleichen Geschäftsfeld tätig sind.
- Die Transaktion ist **ökonomisch begründet**, sie dient z. B. der Reduktion von Transportkosten oder dem Ausgleich von Unterschieden zwischen der vorrätigen und der von Endkunden nachgefragten Qualität eines Rohstoffs. Erst IFRS 15.5 verhindert bei Tätigkeit **im gleichen Geschäftsfeld** den Ausweis eines Umsatzerlöses.

Zu **bilanzpolitisch** motivierten Transaktionen folgendes Beispiel: 15

Beispiel
Die Telefonprovider A und B sind börsennotiert. Die Analystenbewertungen fußen zu einem großen Teil auf Umsatzmultiplikatoren. A und B kommen daher auf die Idee, Leitungskapazitätsrechte in der gleichen Region in der Weise zu tauschen, dass B für die Nutzung der Kapazität von A zahlt und umgekehrt. Die vereinbarten Entgelte sollen zusätzlich zum Endkundenumsatz in der GuV als Umsatz ausgewiesen werden.

Zu **wirtschaftlich begründeten** Tauschgeschäften hingegen folgendes Beispiel:

Beispiel
Ölgesellschaft T fördert auf einem texanischen Feld Rohöl, das vor Ort raffiniert wird. Der Benzinabsatz erfolgt über ein eigenes Tankstellennetz. überwiegend an der Golfküste. Ölgesellschaft G fördert Öl im Golf von Mexiko. Es wird in der Nähe von New Orleans raffiniert. Der Benzinverkauf erfolgt überwiegend über ein texanisches Tankstellennetz.
T und G tauschen gleiche Benzinmengen derart, dass T das texanische Zentrallager von G beliefert und G das am Golf gelegene Zentrallager von T. Hierdurch gelingt den Unternehmen eine erhebliche Reduktion ihrer Transportkosten.
Trotz wirtschaftlicher Substanz darf wegen IFRS 15.5 kein Umsatz aus dem Tauschgeschäft ausgewiesen werden.

16 Ist der Tauschgegenstand zwar gleich(artig), werden aber **unterschiedliche Mengen** hingegeben und der übersteigende Betrag durch Geld ausgeglichen, ist hinsichtlich des übersteigenden Betrags eine Anwendung von IFRS 15 gegeben.

> **Beispiel**
> Das Elektrizitätsunternehmen E-1 veräußert Strom in der Region 1 an Wettbewerber E-2 und erhält im Gegenzug in der Region 2 Strom von E-2. Ein Umsatzerlös ist bei E-1 insoweit auszuweisen, als die Lieferung an E-2 die empfangene Leistung übersteigt.

Die Restriktionen für den Tausch können nicht dadurch umgangen werden, dass mit geringem **Zeitversatz** Geld hin und her gezahlt wird bzw. formal zwei Kaufverträge – statt eines Tauschvertrags – vorliegen. Jedenfalls bei zeitlicher Nähe der beiden Kaufverträge sind diese zusammengefasst zu betrachten und es liegt in zusammengefasster Betrachtung ein Tausch vor.

17 Tauschgegenstand können auch **ungleichartige,** wenngleich verwandte Güter sein: IFRS 15.5 schließt nur solche Tauschgeschäfte vom Anwendungsbereich aus, die zwischen Unternehmen des gleichen Geschäftsfelds zustande kommen und (kumulativ) zur Erleichterung der Belieferung von (potenziellen) Kunden. Die zweite Voraussetzung ist i.d.R. bei hinreichend ungleichartigen Gütern nicht mehr gegeben, sodass es hier zur Anwendung von IFRS 15 kommt.

> **Beispiel**
> Ölgesellschaft T fördert hauptsächlich Leichtöl, in nicht unbedeutendem Umfang aber auch Schweröl. Bei Ölgesellschaft G sind die Verhältnisse umgekehrt. T hat aktuell Kaufangebote über Schweröl erhalten, die sie aus eigenem Bestand und Förderung nicht decken kann. Bei G geht umgekehrt die aktuelle Nachfrage nach Leichtöl über Bestand und Förderung hinaus. T und G tauschen daher Schwer- gegen Leichtöl, die Preisdifferenz wird in Geld ausgeglichen.
> Schwer- und Leichtöl sind zwar verwandt, aber u.E. nicht hinreichend gleichartige Produkte. Eine Anwendung von IFRS 15 ist daher sachgerecht

18 Auch der Tausch ungleichartiger Güter oder sonstiger Leistungen führt nicht zwangsläufig zu einem sofortigen Umsatz. Voraussetzung der Umsatzrealisierung ist die **verlässliche Messbarkeit der Erlöshöhe**. Hieran mangelt es, wenn der *fair value* der anstelle von Geld erhaltenen Leistung nicht zuverlässig bestimmt werden kann.

3 Identifikation von Kundenverträgen

3.1 Wirksamer Vertrag

19 IFRS 15 gilt nur für jene **Verträge,** bei denen die Gegenpartei ein **Kunde** ist. Bei einem solchen handelt es sich um eine Partei, die mit dem berichtenden Unternehmen einen Vertrag über den **entgeltlichen** Erhalt von Gütern oder Dienstleistungen – die wiederum ein Resultat der **gewöhnlichen Geschäftstätigkeit** des berichtenden Unternehmens sind – abgeschlossen hat (IFRS 15.6 und 15.A).

Der Standard normiert die folgenden **kumulativen Anforderungen an Verträge** mit Kunden (IFRS 15.9): 20
- Die Vertragsparteien haben dem Vertrag **zugestimmt** (bspw. in Schriftform) und sind zur Erfüllung der gegenseitigen Leistungen **verpflichtet**.
- **Identifizierbarkeit der Rechte** einer jeden Partei sowie der **Zahlungsbedingungen** hinsichtlich der zu liefernden Güter bzw. der zu erbringenden Dienstleistungen ist gegeben.
- Der Vertrag hat wirtschaftlichen **Gehalt** *(commercial substance)* (i. S. einer erwarteten Auswirkung auf die künftigen Geldflüsse des Unternehmens; Rz 36).
- Der **Eingang des Entgelts** beim Unternehmen ist **wahrscheinlich** (Rz 32).

Das **dritte** Merkmal trifft etwa **rein bilanzpoltisch** motivierte Tauschgeschäfte über gleichartige Güter (Rz 14).

Die **beiden ersten** Merkmale halten in nicht ganz gelungener Diktion nur fest, dass es einen wirksamen und bindenden Vertrag geben muss. Dies setzt nach IFRS 15.10 voraus, dass es nach dem jeweils anwendbaren Zivil- bzw. Vertragsrecht **durchsetzbare Rechte und Pflichten** gibt. Kein Vertrag i. S. v. IFRS 15 liegt vor, wenn bzw. solange **beide** Vertragsparteien (also nicht nur eine) über das einseitig durchsetzbare Recht verfügen, einen zur Gänze unerfüllten Vertrag zu beenden (etwa durch Rücktritt oder Kündigung), ohne die andere Vertragspartei entschädigen zu müssen (IFRS 15.12). Ein Rücktrittsrecht oder Kündigungsrecht nur einer Partei (etwa als „Umtauschrecht" im Versandhandel) steht der Anwendung von IFRS 15 nicht entgegen.

Zur Frage, wie mit unwirksamen oder schwebend unwirksamen, allgemeiner mit rechtsmängelbehafteten Geschäften umzugehen ist, wird auf Rz 24 verwiesen.

Wird der unter Rz 20 angeführte Kriterienkatalog bei **Vertragsbeginn** erfüllt, so 21
findet in der Folge nur dann eine **erneute Beurteilung** statt, wenn ein Indikator auf eine signifikante Änderung der Fakten und Umstände existiert (z.B. eine signifikante Verschlechterung der Zahlungsfähigkeit des Kunden). Entspricht ein Vertrag hingegen am Anfang nicht dem Kriterienkatalog, so ist umgekehrt zu hinterfragen, ob die Kriterien nicht im Nachhinein erfüllt werden (IFRS 15.13 f.).

Erfüllt ein Vertrag nicht den Kriterienkatalog, erhält das Unternehmen aber 22
gleichwohl ein Entgelt vom Kunden, so darf dieses nur dann als Erlös erfasst werden, wenn einer der folgenden beiden **Ausnahmetatbestände** vorliegt (IFRS 15.15):
- Das Unternehmen hat **keine noch ausstehenden Verpflichtungen** zur Lieferung von Gütern bzw. zur Erbringung von Dienstleistungen an den Kunden. Darüber hinaus muss das Unternehmen die gesamte oder im Wesentlichen die gesamte Gegenleistung vom Kunden **erhalten haben**. Diese darf auch **nicht rückzahlbar** sein.
- Der Vertrag wurde **beendet** und das vom Kunden erhaltene Entgelt ist **nicht rückzahlbar**.

Vom Kunden erhaltene Entgelte sind so lange als Schuld zu erfassen, bis der unter 23
Rz 20 angeführte Kriterienkatalog in der Folge erfüllt wird bzw. bis einer der beiden Ausnahmetatbestände (Rz 22) eintritt (IFRS 15.16).

Unabhängig davon, ob diese Schuld Sachleistungscharakter (Verpflichtung, Güter oder Dienste zu transferieren) oder Geldleistungscharakter (Verpflichtung, das erhaltene Entgelt zurückzuerstatten) hat, ist sie i. H. d. **erhaltenen Entgelts** auszuweisen (IFRS 15.16.).

3.2 Nichtige, schwebend unwirksame oder sonst rechtsmängelbehaftete Verträge

3.2.1 Rechtliche Bedingungen der Übertragung des wirtschaftlichen Eigentums: *no substance without form*[1]

24 Die **zivile Rechtslage** ist für die personale Zurechnung eines Vermögenswertes und damit für den **Realisationszeitpunkt** nicht irrelevant. In diesem Sinne führte die Einleitung des Kapitels „*Sale of Goods*" in IAS 18.IE noch an: „*In particular, the law may determine the point at time at which the entity transfers the significant risks and rewards of ownership.*"
Es gilt somit zwar die Maxime *substance over form*, aber eben nicht *substance without form*. Unabhängig davon, ob das wirtschaftliche Eigentum bzw. der Zeitpunkt seiner Übertragung (Realisation) etwa wie im Steuerrecht tatbestandsseitig an der Sachherrschaft oder an den Chancen und Risiken festgemacht wird, gilt: Das Zivilrecht entscheidet in vielen Fällen allein, in fast allen Fällen aber mindestens mit über das Innehaben der Sachherrschaft bzw. das Tragen von Risiken und Chancen. Eine „freischwebende" wirtschaftliche Betrachtungsweise kann es in keiner Rechtsverordnung geben. Auch die „Wirtschaft" bewegt sich im Gehäuse von Recht und Gesetz.
Entsprechendes hat der BGH[2] für das **Handelsrecht** entschieden und daher einer unkontrollierten wirtschaftlichen Betrachtungsweise eine klare Absage erteilt. Im Urteilsfall ging es um ein auf fremdem Grund und Boden ohne gesicherte Rechtsposition erbautes Gebäude. Der BGH lehnt eine Bilanzierung beim Erbauer des Gebäudes mit folgenden Gründen ab:

---

[1] Vgl, zum Ganzen auch LÜDENBACH/HOFFMAN, DB 2009, S. 861 ff.
[2] BGH, Urteil v. 6.11.1995, II ZR 164/94, BB 1996, S. 155 ff. Hervorhebungen von den Verfassern; vgl. hierzu die Kommentierung von GROH, BB 1996, S. 1487, in Gegenüberstellung zur einschlägigen BFH-Rechtsprechung.

„*Vermögensgegenstände dürfen in der Handelsbilanz des Kaufmanns nur dann aktiviert werden, wenn sie seinem Vermögen (§ 242 Abs. 1 HGB) zugerechnet werden können. Es ist zwar im Grundsatz allgemein anerkannt, dass über die Vermögenszugehörigkeit in diesem Sinne nicht die materiell-rechtliche Zuständigkeit, sondern die wirtschaftliche Zurechenbarkeit entscheidet … Diese … wirtschaftliche Betrachtungsweise darf jedoch nicht den Blick dafür verstellen, dass die Zugehörigkeit eines Gegenstandes zu einem bestimmten Vermögen zumindest in erster Linie von den zivilrechtlichen Regelungen bestimmt wird, die darüber entscheiden, wer einen Gegenstand nutzen, als Kreditunterlage einsetzen und über ihn verfügen kann. Die Vernachlässigung dieses Befundes zugunsten einer unkontrollierten wirtschaftlichen Betrachtungsweise, die auf die notwendige, die Zuordnung zum Vermögen des bilanzierenden Kaufmanns erst rechtfertigende zivilrechtliche Absicherung seiner Position verzichtet, würde zu einer gegen das auch hier geltende Vorsichtsprinzip … verstoßenden irreführenden, weil zu günstigen Darstellung der Vermögenslage führen. Die Bilanzierung von Vermögensgegenständen, die zivilrechtlich einem anderen Rechtssubjekt gehören, unter dem Gesichtspunkt „wirtschaftliches Eigentum" muss deshalb als Ausnahmetatbestand aufgefasst werden, der allenfalls in Betracht kommen kann, wenn das bilanzierende Unternehmen gegenüber dem bürgerlich-rechtlichen Eigentümer eine auch rechtlich abgesicherte Position hat, die es ihm ermöglicht, diesen dauerhaft dergestalt von der Einwirkung auf die betreffenden Vermögensgegenstände auszuschließen, dass seinem Herausgabeanspruch bei typischem Verlauf zumindest tatsächlich keine nennenswerte praktische Bedeutung zukommt. Substanz und Ertrag des Vermögensgegenstandes müssen mithin, und sei es auch nur aufgrund schuldrechtlicher Berechtigungen, vollständig und auf Dauer dem bilanzierenden Unternehmen und nicht dem bürgerlich-rechtlichen Eigentümer zuzuordnen sein. Nur unter dieser Voraussetzung kann von der formalen zivilrechtlichen Eigentumslage abgesehen und der in dem Gegenstand verkörperte Vermögenswert mit den entsprechenden bilanzrechtlichen Folgen dem Vermögen des mit dem Eigentümer nicht identischen bilanzierenden Unternehmens zugerechnet werden."*

Die Chancen, d.h. die Möglichkeiten zur Realisierung von Wertsteigerungen und/oder zur Fruchtziehung, liegen häufig beim rechtlichen Eigentümer. Einem anderen ist sie zuzurechnen, wenn dieser den rechtlichen Eigentümer auf Dauer davon abhalten kann, seinerseits die Wertsteigerung oder Fruchtziehung zu realisieren. In unserer Rechtsordnung setzt dies das Innehaben entsprechender schuldrechtlicher Ansprüche gegenüber dem Eigentümer voraus. Diese Überlegungen gelten auch für die Risiken. Die Gefahr der Wertminderung liegt regelmäßig beim rechtlichen Eigentümer. Zur Verlagerung auf einen anderen bedarf es schuldrechtlicher Ansprüche, z.B. der Put-Option des Eigentümers bei Wertminderung.

3.2.2 Nichtige Geschäfte

Beim **nichtigen**, weil z.B. **formunwirksamen Geschäft** liegen **Sachherrschaft** sowie **Risiken** und Chancen der Wertänderung regelmäßig beim rechtlichen

> Eigentümer. Für eine abweichende bilanzielle Zuordnung und eine vorzeitige Ertragsrealisierung ist damit i.d.R. kein Raum.
>
> **Beispiel**
> Am 30.12.01 vereinbaren die ehrbaren hanseatischen Kaufleute V und K mündlich die Übertragung des Eigentums an der Immobilie X. Die Schlüssel werden sofort übergeben. K nimmt die Immobilie noch am 31.12. in Besitz. Am 6.1. schließen beide den notariellen und damit wirksamen Kaufvertrag ab.
>
> **Beurteilung**
> Im Zeitraum bis zum 6.1. kann V – ähnlich wie der Inhaber einer Call-Option – die Immobilie jederzeit zurückfordern. Umgekehrt kann K – ähnlich wie der Inhaber einer Put-Option – sie jederzeit zurückgeben.
> Bei aus Objektvierungsgründen typisiert zu unterstellendem rationalem Verhalten wird V die „Call-Option" ausüben, wenn es vor notariellem Vertag zu überraschenden Wertsteigerungen der Immobile kommt, K umgekehrt die „Put-Option" ausüben, wenn überraschend eine Wertminderung eintritt.
> Die Chance der Wertsteigerung und das Risiko der Wertminderung bleiben also bis zum Abschluss des formwirksamen Vertrags bei K. Für die Sachherrschaft gilt Entsprechendes. Der Umsatz darf daher erst in neuer Rechnung erfasst werden.

26 Verallgemeinert gilt: Haben sich beide Parteien am Stichtag noch nicht endgültig gebunden, ist es also beiden möglich, den Vollzug des Vertrags noch zu verhindern, ließe sich eine gleichwohl vorgenommene Erlösrealisation beim Veräußerer nur mit dem mutmaßlichen Willen der Beteiligten und insofern mit einem subjektiven Moment begründen. Dies widerspräche nicht nur den **Objektivierungserfordernissen** der Rechnungslegung, sondern überdies dem **Stichtagsprinzip**: Die rechtswirksame und bindende Erklärung des Willens im neuen Jahr ist kein ansatzerhellendes, sondern ein **ansatzbegründendes** Ereignis (→ § 4 Rz 17ff.). Der Übergang von der bloßen Absicht zur durchsetzbaren rechtlichen Bindung ist eben kein deklaratorischer, sondern ein konstitutiver Akt: „Drum prüfe (in unserer Rechtsordnung), wer sich (ewig) bindet. ... Der Wahn ist kurz, die Reue lang."

27 Diese Überlegungen spiegeln sich auch in IFRS 15.9(a) wider. Solange die Vertragsparteien zur Erfüllung der gegenseitigen Leistungen nicht **verpflichtet** sind bzw. nach dem einschlägigen Zivilrecht keine durchsetzbaren Rechte und Pflichten bestehen (IFRS 15.10), können keine Umsatzerlöse i.S.v. IFRS 15 entstehen.

28 Fraglich kann allenfalls sein, ob vorstehende Überlegungen auch für ein **Portfolio rechtsmängelbehafteter Verträge** gelten oder hier u.U. der Erlös auch ohne bzw. bereits vor Rechtswirksamkeit des Geschäfts realisiert werden kann. Für die zweite Möglichkeit könnte die Behandlung eines analogen Problems sprechen: Bei Lieferungen mit Rückgaberecht des Käufers, also bis zum Ablauf der Rücktrittsfrist nicht endgültig wirksamer Geschäfte, macht eine handelsrechtliche Meinung in Übereinstimmung mit IFRS 15 (Rz 175) die Aktivierung einer

Kaufpreisforderung sowie die Realisation von Umsatz davon abhängig, ob die Rückabwicklungsquote wie etwa im Versandhandel statistisch fassbar ist.[3] Eine Portfoliobetrachtung verlagert die Bilanzierung von der Ansatzfrage (Ja-Nein-Entscheidung) auf eine statistische Bewertungsfrage (Mehr-oder-Weniger-Entscheidung). Für Fälle einer „*large population*" (Gesetz der großen Zahl; F.4.40) scheint dies bei erster Betrachtung angemessen (→ § 1 Rz 91). **Rechtliche Mängel** eines Aktivportfolios würden dann nicht anders behandelt als **wirtschaftliche** Mängel, die etwa in Bonitätsfällen über pauschale Wertberichtigungen berücksichtigt werden.

> **Beispiel**
> Versicherungsmakler X hat in der Vergangenheit Verträge über Lebensversicherungen vermittelt, bei denen die versicherte Person ein unter 7 Jahre altes Kind des Versicherungsnehmers war. Die Verträge enthalten in nicht wenigen Fällen eine Todesfallleistung, die auch bei Tod des Kindes vor der Vollendung des 7. Lebensjahrs den Betrag der gewöhnlichen Beerdigungskosten übersteigt. Derartige Verträge bedürfen gem. § 159 Abs. 3 VVG (Versicherungsvertragsgesetz) der Einwilligung des Kindes qua Einschaltung eines Ergänzungspflegers. Bei den genannten Verträgen wurde diesem Erfordernis häufig nicht Rechnung getragen. Die betreffenden Verträge sind daher rechtlich (noch) nicht wirksam. Soweit die Unwirksamkeit von einem Versicherungsnehmer erfolgreich geltend gemacht wird, hat X die Abschlussprovisionen zu Unrecht erhalten und daher zu erstatten. Bisher ist dieser Fall aber nur in ganz wenigen Fällen (0,1 %) eingetreten. Mit einer wesentlichen Erhöhung dieser Zahl wird nicht gerechnet.
> Da das VVG keine Rechtsfolgenregel trifft, sind die Auswirkungen einer fehlenden Beteiligung eines Ergänzungspflegers zwar strittig, herrschend wird aber von einer Nichtigkeit ausgegangen:

Fraglich ist in Fällen wie dem vorstehenden, ob angesichts eines Portfolios mit **verlässlich schätzbarer Quote** der Nichtgeltendmachung der Nichtigkeit eine Erlösrealisierung nach Maßgabe dieser Quote möglich ist. Die Antwort findet sich in IFRS 15.9a und IFRS 15.10. Ohne einen wirksamen Vertrag mit durchsetzbaren Rechten und Pflichten darf **kein Umsatzerlös** angesetzt werden. Infrage käme allenfalls der Ausweis eines **sonstigen Ertrags/Erlöses**. Hierfür könnte sprechen, dass wegen der Nichtigkeit der Geschäfte nur bereicherungsrechtliche Rückzahlungspflichten und damit keine vertraglichen Verbindlichkeiten i. S. v. IFRS 9 vorliegen, demzufolge also IAS 37 Vorrang vor IFRS 9 hätte und nur für die erwartete Rückzahlungsquote ertragsmindernd eine Rückstellung zu bilden wäre. Einer solchen „Lösung" steht aber IFRS 15.16 entgegen. Danach hat ein Unternehmen das von einem Kunden erhaltene Entgelt so lange als Schuld auszuweisen, bis die Vertragskriterien des IFRS 15.9 erfüllt sind (Rz 20) oder (hier nicht einschlägig) einer der Ausnahmefälle aus IFRS 15.15 vorliegt (Rz 22). Unabhängig von den auf Wahrscheinlichkeiten und im Falle von Portfoliorisiken auf Erwartungswerten abstellenden Regelungen von IAS 37 ist

29

---

[3] So z. B. ADS, § 246, Tz. 57.

daher nach IFRS 15 eine Schuld anzusetzen, und zwar, wie IFRS 15.16 weiter bestimmt, **in voller Höhe des erhaltenen Entgelts**. Somit ist das vereinnahmte Entgelt erfolgsneutral, ohne Ausweis eines sonstigen Erlöses/ Ertrags zu erfassen.

3.2.3 Schwebend unwirksame Geschäfte

30 Anders als nichtige können **schwebend unwirksame Geschäfte** zu beurteilen sein. Hängt die Wirksamkeit an der Zustimmung eines Dritten, also etwa an **behördlichen Genehmigungen,** verfügt keine der Vertragsparteien über das einseitig durchsetzbare Recht, den Vertrag entschädigungslos zu beenden (IFRS 15.12). Hat das Unternehmen seine Leistung schon erbracht, ist Raum für Wahrscheinlichkeitsbeurteilungen, ob es zur Rückabwicklung kommen wird. Diese Beurteilung ist dann darauf gerichtet, ob objektive Gründe für oder gegen den Erhalt der externen Zustimmung sprechen. Die Absichten und Intentionen der Bilanzierenden (also subjektive Momente) sind nicht tangiert. Das Objektivierungsprinzip wird gewahrt. Ist danach die Erteilung der Zustimmung mit hoher Sicherheit zu erwarten, bestehen bei Erfüllung der übrigen Voraussetzungen, z. B. in Lieferfällen, keine Bedenken gegen die Annahmen eines sofortigen Übergangs des wirtschaftlichen Eigentums und damit einer sofortigen Erlösrealisierung.

31 Hängt die Wirksamkeit des Geschäfts hingegen noch an der Zustimmung von **internen Gremien** der Vertragsparteien ab (Gremienvorbehalt), gilt: Solange diese Zustimmungen nicht vorliegen, fehlt es an durchsetzbaren Rechten und Pflichten i. S. v. IFRS 15.9a und damit an der Möglichkeit einer Umsatzrealisierung.

3.3 Kunde nicht notleidend

32 Der Kunde kann **bereits im Lieferzeitpunkt** von Zahlungsunfähigkeit bedroht oder jedenfalls in erheblichen Zahlungsschwierigkeiten sein. Die Motive für eine dennoch erfolgende Lieferung können vielschichtig sein:
- Unkenntnis über die Liquiditätssituation,
- Spezialanfertigung für den Kunden ohne anderweitige Verwertbarkeit,
- besonderes Interesse am Weiterbestehen der (umfangreichen) Geschäftsbeziehung,
- Überbestand an Waren bzw. Erzeugnissen.

33 Ein Umsatzerlös darf nach IFRS 15.9e zunächst nur dann ausgewiesen werden, wenn bei **Vertragsbeginn** *(contract inception)* wahrscheinlich ist, dass die vereinbarte Vergütung oder ein signifikanter Teil davon auch vereinnahmt wird. Ist davon zwar bei Vertragsbeginn, aber nicht mehr bei späterem tatsächlichem **Beginn der Leistungserfüllung** auszugehen, ist nach IFRS 15.13 eine Umsatzrealisierung gleichwohl unzulässig. Tritt die Schieflage des Kunden hingegen erst **nach erfolgter Leistungserbringung** ein, ist dies allein eine Frage der Wertberichtigung der Forderung nach IFRS 9/IAS 39.
Das Berichtsunternehmen muss nicht notwendig den vollen Eingang der vereinbarten Vergütung für wahrscheinlich halten, um einen Vertrag i. S. v. IFRS 15 anzunehmen. Der Fall eines erwarteten Teileingangs kann als Preiskonzession

bzw. variable Vergütung zu würdigen sein; tangiert ist dann die Erlöserfassung nicht dem Grunde, sondern nur der Höhe nach (Rz 98).
Der nachträglich eintretende Fall der Bonitätsverschlechterung hat besondere Bedeutung bei **Dauerschuldverhältnissen**. Hierzu folgendes Beispiel in Anlehnung an IFRS 15.IE14ff.: 34

> **Beispiel**
> Ein Unternehmen U lizenziert an seinen Kunden K eine Patent auf 5 Jahre gegen jährlich nachschüssige Zahlung von 1 Mio. EUR. In den ersten beiden Jahren kommt der Kunde seinen Zahlungsverpflichtungen nach. Im Verlaufe des dritten Jahres geht U weiterhin von einer ordnungsgemäßen Ertragserfüllung aus. Durch unvorhersehbare Ereignisse gerät K aber am Ende des dritten Jahres in finanzielle Schwierigkeiten, so dass U nun nicht mehr davon ausgehen kann, dass K seinen Zahlungsverpflichtungen nachkommen wird. Mangels alternativer Verwendungsmöglichkeit wird gleichwohl de Weiternutzung für 04 bis 05 zugelassen.
>
> **Beurteilung**
> Für 01 und 02, aber auch für 03 weist U noch einen Umsatz aus. Die daraus resultierende Forderung von 1 Mio. EUR per 31.12.03 wird nach IFRS 9 (bzw. IAS 39) abgeschrieben. Für 04 und 05 wird kein Umsatz mehr ausgewiesen. Insoweit entsteht auch keine Forderung mehr, die auf Wertberichtigungsbedarf zu prüfen wäre.

Verallgemeinert gilt: Die Neueinschätzung eines Kunden als notleidend tangiert nicht den Umsatz, der auf im Zeitpunkt der Erkennbarkeit der finanziellen Schieflage bereits erfüllte Leistungsverpflichtungen entfällt. Betroffen hiervon wären etwa Fertigungsaufträge ohne alternative Verwendungsmöglichkeit, die bei Erkennbarkeit der Schieflage bereits zu einem großen Teil erfüllt sind.
IFRS 15.9e soll **missbräuchlicher** Umsatzrealisierung entgegenwirken. Prototypisch ist die Auslieferung von anderweitig nicht absetzbaren Überbeständen an dubiose Kunden. U. E. ist die Vorschrift daher nicht auf Fälle anzuwenden, in denen die Zahlungsschwierigkeiten auch bei Anwendung aller erforderlichen Sorgfalt bei Leistungserfüllung noch nicht erkennbar waren. 35

3.4 Vertrag mit wirtschaftlichem Gehalt

Nach IFRS 15.9d muss ein **Vertrag wirtschaftlichen Gehalt** (*commercial substance*) i. S. einer erwarteten Auswirkung auf die künftigen Geldflüsse des Unternehmens haben. 36
Hieran kann es nicht nur beim bilanzpolitisch motivierten **Tausch** gleichartiger Güter zwischen **zwei Parteien** fehlen (Rz 14), sondern auch bei Einschaltung einer **dritten Partei**, sofern die handelnden Parteien „abgestimmt" handeln. Die amerikanische Rechnungslegungspraxis spricht in solchen Fällen von *round trip sales*. Die Struktur ist im einfachsten Fall wie folgt:

A verkauft Produkt an B. B verkauft gleiches Produkt an C und C wiederum an A.

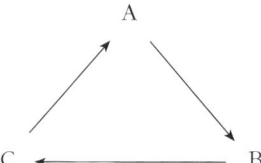

Formal: A erzielt Umsatz an B und tätigt Wareneinkauf von C
Wirtschaftlich: gar keine Transaktion

Abb. 1: *Round trip sales* – Grundfall

Eine komplexere, von der SEC ebenso beanstandete Variante wurde im Fall *Homestore* angewandt:

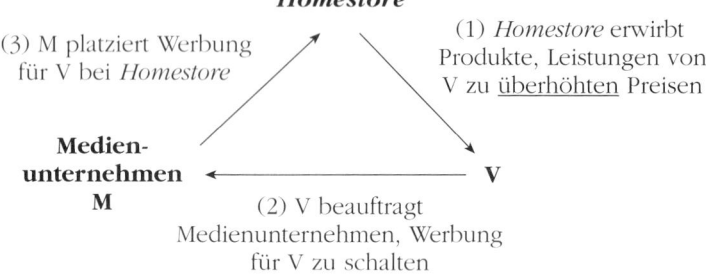

Quelle: SEC *Report Persuant to Section 704 of the Sarbanes Oxley Act of* 2002, 2003

Abb. 2: *Round trip sales* – Variante

Fraglich ist, ob die Voraussetzungen für den Ausweis eines Werbeumsatzes gegenüber M bei *Homestore* vorliegen. Die SEC verneint dies, da dieser „Umsatz" letztlich mit eigenen Geldmitteln (überhöhtes Entgelt an V) gezahlt worden sei. Diese Beurteilung ist Ausfluss des *substance-over-form*-Gedankens und daher dem Grunde nach auf IFRS (und HGB) übertragbar. Der Beurteilung der SEC wird man allerdings nur insoweit folgen können, als das abgestimmte Verhalten aller drei Parteien, im Beispiel insbesondere der zwischen überhöhten Zahlungen der *Homestore* und Werbeplatzierung bei ihr, evident ist.

37 *Round trip sales* sind Beispiel für den Abschluss von Geschäften, die ausschließlich oder ganz überwiegend bilanzpolitisch motiviert sind, bei denen ein **valider ökonomischer Zweck**[4] also fehlt. Wegen der **pagatorischen Basis** der Rech-

---

[4] Entsprechend der Begrifflichkeit des valid bzw. legitimate business purpose in der analogen amerikanischen Regelung EITF Issue No. 04–13 (ASC 84510–30–5) Accounting for Purchases and Sales of Inventory with the Same Counterparty.

nungslegung ist ein Umsatz gleichwohl auszuweisen, wenn mit der Transaktion eine Änderung der Zahlungsströme oder Zahlungsstromerwartungen einhergeht.

Einer generellen Bindung der Umsatz- oder Ertragsrealisierung an das Vorhandensein eines *valid business purpose* hat der IASB jedenfalls bei der in 2003 verabschiedeten Neufassung der Regeln zum Tausch von Sach- und immateriellen Anlagen eine Absage erteilt.[5] Falls eine Transaktion zu realen Veränderungen der (erwarteten) Zahlungsströme führt, ist dies in einer pagatorisch fundierten Rechnung buchhalterisch abzubilden, unabhängig davon, ob es gute Gründe für die Transaktion gibt oder nicht.

Nur wenn oder soweit die bilanzpolitisch agierenden Parteien sich gegenseitig **neutralisierende Transaktionen** abgeschlossen haben, sodass es in Summe gerade nicht zu realen Veränderungen kommt, kann das bilanzpolitisch motivierte Geschehen ungebucht bleiben. Ein Beispiel sind neben *round trip sales* bestimmte *lease-and-lease-back*-Geschäfte im Rahmen des sog. *cross border leasing* (→ § 15 Rz 172). Neutralisieren sich die bilanzpolitisch motivierten Transaktionen nicht, kann der *substance-over-form*-Gedanke nur zu einer Umdeutung des Geschäfts führen.

3.5 Zusammenfassung von Verträgen

Für Zwecke der Bilanzierung nach IFRS 15 sind mehrere Verträge nach IFRS 15.17 zusammenzufassen, d. h. **als ein einziger Vertrag zu betrachten**, wenn zwei generelle und mindestens eine von drei speziellen Bedingungen erfüllt sind:

- **Generelle Bedingungen**:
  - Die Verträge werden gleichzeitig bzw. **in zeitlicher Nähe** geschlossen **und**
  - dies mit dem**selben Kunden** bzw. **nahestehenden** Parteien des Kunden.
- **Spezielle Bedingungen**:
  - Die Verträge werden **als Paket** ausgehandelt und verfolgen ein einziges wirtschaftliches Ziel **oder**
  - der Betrag der in einem Vertrag zu zahlenden **Gegenleistung** hängt vom Preis oder Ergebnis (*performance*) des anderen Vertrags ab **oder**
  - bei den in den Verträgen zugesagten Gütern oder Serviceleistungen – bzw. bei manchen Gütern oder Dienstleistungen, die in jedem der Verträge zugesagt werden – handelt es sich um **eine einzige Leistungsverpflichtung**.

38

Der **Zweck der zusammengefassten Betrachtung** erschließt sich nicht sofort, da andererseits Gegenstand der Erlösrealisation nicht Verträge, sondern die einzelnen in einem oder den zusammengefassten Verträgen enthaltenen Leistungsverpflichtungen sind (Rz 47). Aus dieser Sicht könnte sich die Frage stellen, warum erst aggregieren (Zusammenfassung von Verträgen), wenn anschließend in die einzelnen Leistungsverpflichtungen zu disaggregieren ist. Weniger „umständlich" könnte da erscheinen, auf die Aggregation und damit auch auf die Disaggregation zu verzichten und von vornherein die unaggregierten Verträge der Erlöserfassung zugrunde zu legen. Ein solcher *„short cut"* verbietet sich jedoch aus folgendem Grund: Im Hinblick auf bilanzpolitische Zielsetzungen

39

---

[5] IASB Board Meeting im Oktober 2003 in Toronto, Information for Observers.

könnten die Parteien versucht sein, das in Summe zweier als Paket verhandelter Verträge zu entrichtende Entgelt willkürlich auf die beiden Verträge aufzuteilen. IFRS 15 sorgt demgegenüber für eine an objektiven Kriterien ausgerichtete **Aufteilung des Transaktionspreises**, indem
- zunächst nach IFRS 15.17 die Verträge zusammenzufassen sind und für sie der zusammengefasste Transaktionspreis festzustellen ist und sodann
- dieser zusammengefasste Transaktionspreis nach den Kriterien von IFRS 15.73 (relativ) willkürfrei den identifizierten Leistungsverpflichtungen zuzuordnen ist.

Hierzu folgendes Beispiel:

> **Beispiel**
> Softwareunternehmen S veräußert mit Vertrag 1 vom 28.12.01 eine Lizenz (zeitpunktbezogene Leistung mit sofortiger Umsatzrealisierung) an K und schließt zeitgleich als Vertrag 2 einen 3-jährigen Softwarewartungsvertrag (zeitraumbezogene Leistung mit Pro-rata-Umsatzrealisierung). Für Vertrag 1 wird ein Entgelt von 3,5 Mio. EUR, für Vertrag 2 von 1 Mio. EUR vereinbart. Unter Berücksichtigung von üblichen Einzelveräußerungspreisen usw. (Rz 120) wären 1,5 Mio. EUR für Vertrag 1 und 3 Mio. EUR für Vertrag 2 angemessen.
>
> **Beurteilung**
> Ohne Aggregation (Zusammenfassung der Verträge) und anschließende Disaggregation (Aufteilung des Gesamtpreises auf die Leistungsverpflichtungen) würde S in 01 einen Umsatz von 3,5 Mio. EUR und in 02 bis 04 einen Umsatz von je 0,33 Mio. EUR ausweisen. Zutreffend ist hingegen ein Umsatz von 1,5 Mio. EUR in 01 und je 1 Mio. EUR in 02 bis 04.

40 **Generelle Bedingungen** der Zusammenfassung von Verträgen sind die zeitliche Nähe sowie Identität des Vertragsgegenübers, als Substitut für die Identität auch, dass das Vertragsgegenüber aus dem einen Vertag dem aus dem anderen nahe steht
Das Merkmal der **zeitlichen Nähe** ist u. E. nicht eng auszulegen. Bei Abschluss mehrerer sehr lang laufender Verträge kann etwa auch ein Zeitraum von 6 bis 12 Monaten zwischen den Vertragsschlüssen im Einzelfall noch nah genug sein. **Identität oder Nahestehen** der Vertragspartner spricht IFRS 15.17 nur für die Kundenseite an. Mindestens aus Sicht des Konzernabschlusses muss aber auch aufseiten der Sachleistungsverpflichteten keine rechtliche Identität bestehen. Wenn im Beispiel unter Rz 39 das Mutterunternehmen Vertrag 1 abschließen würde und das vollkonsolidierte Tochterunternehmen Vertrag 2, wäre ebenfalls eine Zusammenfassung der Verträge geboten.

41 Die **speziellen Bedingungen** (Rz 38), die mindestens in einem Punkt erfüllt sein müssen, um Verträge zusammenzufassen, **überlappen** sich in vielen Fällen:
- Wenn etwa der Bau eines Gebäudes in zwei Verträge – Rohbau und Innenausbau – separiert wird, aber der **Preis** für beide Verträge so bestimmt wird, dass er zwar nicht je einzeln, aber in Summe angemessen ist (Bedingung 2), indiziert dies zugleich die Aushandlung als Paket (Bedingung 1).
- Wenn für die Erstellung einer komplexen Industrieanlage einzelne Verträge mit einzelnen Preisen, Zahlungsbedingungen und Abnahmeprozeduren ge-

schlossen werden, die Verträge aber hinsichtlich Minderungsansprüchen, Gewährleistung usw. insgesamt unter dem Vorbehalt des Funktionierens der Anlage als Ganzes stehen (**Gesamtfunktionsrisiko**), zeigt dies nicht nur, dass die Verträge als Paket ausgehandelt wurden (Bedingung 1), sondern belegt auch, dass eine einzige (Gesamt-)Leistungsverpflichtung vorliegt (Bedingung 2).

Von den Regelungen zur Zusammenfassung von Verträgen zu unterscheiden ist der in IFRS 15.4 erlaubte **Portfolioansatz**. Bei Letzterem geht es darum, dass IFRS 15 nicht auf die einzelnen Verträge, sondern auf ein Portfolio gleichartiger Verträge angewandt werden kann, wenn sich hieraus im Vergleich zur Einzelbetrachtung kein wesentlicher Effekt ergibt. Die Regelung hat lediglich klarstellenden Charakter, da sich die gleiche Schlussfolgerung schon aus dem allgemeinen Wesentlichkeitsprinzip ergibt.

42

Im Übrigen bestehen Regelungen zur Zusammenfassung von Verträgen auch an deren Stellen des IFRS-Regelwerks, so etwa für Zwecke der Entkonsolidierung in IFRS 10 (→ § 31 Rz 175).

43

3.6 Vertragsänderungen und -ergänzungen, neue Verträge

Die Frage, ob aus bilanzieller Sicht, insbesondere im Hinblick auf den Transaktionspreis (Rz 89), Verträge bzw. vertragliche Regelungen zusammenzufassen sind, stellt sich **nicht nur bei Beginn** einer Kundenbeziehung (Rz 38), sondern auch, wenn in zeitlicher Distanz zum ursprünglichen Vertragsschluss **später neue bzw. abändernde Regelungen** getroffen werden. Unabhängig davon, ob die späteren Regelungen zivilrechtlich allein als Abschluss eines neuen Vertrages (kombiniert aus Abschluss eines neuen Vertrags und Aufhebung des bisherigen) oder „nur" als Vertragsänderung anzusehen sind, muss eine bilanzrechtliche Qualifikation vorgenommen werden. Danach sind bei Vertragsmodifikationen (*contract modifications*) gem. IFRS 15.20f folgende Differenzierungen notwendig:

44

- **Keine unterscheidbare Zusatzleistung**: Wenn durch die Vertragsmodifikation keine eigenständige bzw. unterscheidbare (*distinct*) Zusatzleistung vereinbart wird, ist die Modifikation als bloße Ergänzung des ursprünglichen Vertrags anzusehen. Die sich evtl. ergebenden Auswirkungen der Modifikation auf den Transaktionspreis und/oder den Leistungsfortschritt sind als Anpassung der Erlöse (*cumulative catch-up*) zu buchen.
- **Eigenständige bzw. unterscheidbare Zusatzleistungen mit angemessenem *stand-alone*-Preis**: Die Vertragsmodifikation führt bilanzrechtlich als separater Vertrag zu einem eigenständigen Erlösstrom, wenn unterscheidbare zusätzliche Leistungen vereinbart werden und der Preis für die Zusatzleistungen im Großen und Ganzen unter Berücksichtigung üblicher Rabatt- und Einspareffekte dem *stand-alone*-Verkaufspreis entspricht (IFRS 15.20).
- **Unterscheidbare Zusatzleistungen ohne angemessenen *stand-alone*-Preis**: Die Modifikation ist bilanzrechtlich als Beendigung des bisherigen Vertrags und Abschluss eines neuen Vertrags zu würdigen. Der noch unerfüllten Leistungsverpflichtung ist i.d.R. der noch nicht als Erlös erfasste Teil des bisherigen Transaktionspreises und der Änderungsbetrag aufgrund der Modifikation zuzuordnen.

Zum Merkmal „Unterscheidbarkeit/ Eigenständigkeit" wird auf Rz 51 ff. verwiesen. Zu den Differenzierungen im Übrigen folgende Beispiele in Anlehnung an IFRS 15.18IE ff.:

Beispiel
Unterscheidbare Güter
U vereinbart ursprünglich die Lieferung von 120 Einheiten eines bestimmten Produkts zum Preis von 100 EUR/Stück, in Summe also 12.000 EUR. Als 90 Einheiten ausgeliefert sind, wird eine Vertragsmodifikation vereinbart, die die Gesamtmenge auf 150 Einheiten ausweitet.

Variante 1
Für die 30 zusätzlichen Einheiten wird ein Preis von 95 EUR/Stück, zusammen 2.850 EUR, vereinbart.
Die Zusatzvereinbarung ist als eigener Vertrag (*separate contract*) zu würdigen, da der Preis unter Berücksichtigung ersparter Kosten (etwa für die Vertragsanbahnung) und üblicher Rabatte dem *stand-alone* Preis entspricht. Die Auslieferung der 30 noch ausstehenden „alten" Einheiten führt mit je 100 EUR zu Umsatz, die der neuen 30 Einheiten mit je 95 EUR.

Variante 2
Die schon gelieferten Einheiten enthalten kleinere Mängel. Die Parteien kommen deshalb überein, 900 EUR im Wege der „stillen" Verrechnung mit den zusätzlichen Einheiten zu erstatten. Für die zusätzlichen Einheiten wird deshalb ein Preis von 2.850 EUR – 900 EUR = 1.950 EUR = 65 EUR/Stück vereinbart, der signifikant vom *stand-alone*-Preis abweicht.
Die Zusatzvereinbarung ist als Beendigung des bisherigen Vertrags über bereits gelieferte 90 Einheiten und als Abschluss eines neuen Vertrags über 60 Einheiten (30 aus dem „Alt-Vertrag" und 30 aus dem Neu-Vertrag) anzusehen. Die „stille" Verrechnung von 900 EUR ist den bereits ausgelieferten Produkten zu belasten, insoweit also eine Minderung bisher gebuchter Erlöse vorzunehmen. Bereits korrigiert um diese 900 EUR wird das Unternehmen für die verbleibenden 60 Einheiten 30 × 100 + 30 × 95 erhalten, zusammen also 5.850 EUR oder 97,5 EUR/Stück. Jede noch gelieferte Einheit führt mit dem letztgenannten Betrag zu Umsatz.

Beispiel
Nicht unterscheidbare Leistungen
Ende 01 beginnt U auf dem Grundstück des K mit dem Bau eines schlüsselfertigen Hochhauses für einen Preis von 120 Mio. EUR, bei erwarteten Kosten von 108 Mio. EUR. Ende 02 sind 54 Mio. EUR Kosten angefallen; weiterhin ist mit Gesamtkosten von 108 Mio. EUR zu rechnen. U ermittelt den Leistungsfortschritt nach der *cost-to-cost*-Methode und weist daher zunächst einen Umsatz von 54 / 108 × 120 = 60 Mio. EUR für 02 aus. Ende 02 wird jedoch als nicht unterscheidbare Leistung ein umfangreicher Nachtrag für das Gebäude vereinbart für einen Preis von 20 Mio. EUR bei geschätzten Kosten von 12 Mio. EUR.

> **Beurteilung**
> Der Gesamterlös erhöht sich auf 140 Mio. EUR, die Gesamtkosten auf 120 Mio. EUR. Der Fertigstellungsgrad ist nun nicht mehr 50 %, sondern 54 / 120 = 45 %. Angewandt auf die 140 Mio. EUR ergibt sich ein Erlös von 0,45 × 140 = 63 Mio. EUR. Da schon 60 Mio. EUR gebucht sind, ist eine Anpassung (*cumulative catch-up*) von 3 Mio. EUR als zusätzlicher Erlös in 02 notwendig.

War bereits im ursprünglichen Vertrag eine preislich fixierte **Option des Kunden auf den Folgeauftrag/Nachtrag** enthalten, kommt eine Separierung i.d.R. nur noch dann infrage, wenn sich die Auftragsgegenstände nach Technik, Funktion, Design erheblich unterscheiden oder der ursprüngliche Auftrag bereits vollständig erfolgswirksam erfasst ist. Ohne eine solche Option kann hingegen schon das Kriterium der **losgelösten Preisverhandlung** eine Zusammenfassung der Aufträge verhindern. Allerdings darf dieses Kriterium u.E. **nicht formal** interpretiert werden. Wird etwa im Hochbau zu einem späteren Zeitpunkt eine Zusatzleistung vereinbart und deren Preis separat verhandelt, so wäre zu prüfen, wie frei diese Preisverhandlungen sind. Hat der Auftraggeber wegen der technischen und zeitlichen Abstimmung der Arbeiten keine realistische Alternative, einen neuen Unternehmer zu beauftragen, haben die späteren Verhandlungen wirtschaftlich eher den Charakter von Nachträgen zum ursprünglichen Vertrag und sind deshalb mit diesem als eine Einheit zu sehen. 45

Wird die „Vertragsänderung" erst rechtswirksam, **nachdem** der ursprüngliche Auftrag fertiggestellt wurde, kommt eine Zusammenfassung beider Vertragsteile/ Verträge i.d.R. nicht mehr infrage. Ihr steht vor allem entgegen, dass der ursprüngliche Auftrag mit Erledigung den Anwendungsbereich von IFRS 15 schon verlassen hat und nur noch die nach IFRS 9 bzw. IAS 39 auszuweisende Forderung bilanziell besteht. Dieser Qualitätswechsel kann nicht rückwirkend durch eine „Vertragsänderung" ungeschehen gemacht werden. 46

4 Identifikation von Leistungsverpflichtungen

4.1 Grundlagen

Leistungsverpflichtungen sind bei Vertragsbeginn zu identifizieren (IFRS 15.22). Bei einer Leistungsverpflichtung handelt sich um jede vertragliche Zusage eines **eigenständigen Gutes**, einer **eigenständigen Serviceleistung** (z.B. Herstellung eines Gegenstands im Auftrag des Kunden) oder eines **eigenständiges Bündels** aus Gütern und Serviceleistungen gegenüber dem Kunden. 47
Auch bei einer **Reihe** eigenständiger Güter bzw. Serviceleistungen kann es sich um eine einzige Leistungsverpflichtung handeln. Letzteres setzt voraus, dass die Güter bzw. Serviceleistungen im Wesentlichen dieselben sind und auch dasselbe Schema der Übertragung an den Kunden aufweisen (IFRS 15.22f., 15.26h und 15.Anhang A).
Leistungsverpflichtungen umfassen **nicht alle Tätigkeiten** des Leistungserbringers. Nicht zu den Leistungsverpflichtungen gehören etwa **administrative Aktivitäten** zur Vorbereitung eines Geschäfts, bei denen für den Kunden noch kein Nutzenzufluss feststellbar ist. Entscheidend ist stets, dass es zum Transfer von 48

Gütern bzw. Serviceleistungen an den Kunden kommt (IFRS 15.25). Ein solcher Transfer liegt z.b. nicht vor, wenn für den Kunden beim Beitritt zu einem Fitnessclub eine Registrierung (Aufnahme von persönlichen Daten) erfolgt: Eine evtl. hierfür in Rechnung gestellte „Registrierungsgebühr" ist vielmehr als Teil des gesamten Transaktionspreises über den Zeitraum der kontrahierten Mitgliedschaft zu verteilen (Rz 192). Ist ein zugesagtes Gut bzw. eine zugesagte Serviceleistung nicht eigenständig (zum Merkmal Eigenständigkeit vgl. Rz 54), so hat so lange eine Zusammenfassung mit anderen zugesagten Gütern bzw. Serviceleistungen zu erfolgen, bis ein **eigenständiges Bündel** an Gütern bzw. Serviceleistungen identifiziert wird. Dies kann dazu führen, dass der Vertrag für Zwecke der Bilanzierung nur eine einzige Leistungsverpflichtung aufweist (IFRS 15.30).

49 Der Begriff der Leistungsverpflichtungen beschränkt sich nicht notwendigerweise auf die im Vertrag **explizit** genannte Leistungen *(explicit promises)*. Vielmehr können sie sich auch **implizit** ergeben (z.B. aus den üblichen **Geschäftspraktiken** des Unternehmens), sofern bei Vertragsabschluss eine berechtigte Erwartung seitens des Kunden auf Erhalt dieser Leistungen existiert (IFRS 15.24), auch dann, wenn der Kunde diese Erwartung rechtlich nicht durchsetzen kann (IFRS 15.BC87). Ein Beispiel dafür sind etwa die Nachbetreuungsleistungen eines Augenoptikers oder Hörgeräteakustikers. Wenn es übliche Geschäftspraxis ist, bei verkauften Brillen oder Hörgeräten binnen z.b. drei Folgejahren Einstellungen und kleinere Reparaturen kostenlos vorzunehmen, liegt neben der Lieferverpflichtung bez. Brille oder Hörgerät eine weitere Leistungsverpflichtung in Form der Nachbetreuung vor (Rz 62).

50 Auch jenseits des Bereichs der Mehrkomponentengeschäfte ist nicht immer offensichtlich, welche Leistungsverpflichtung dem Unternehmen eigentlich obliegt. Inhalt und Art der Leistungsverpflichtung hängen davon ab, ob das Unternehmen in eigener Sache handelt (als Prinzipal) oder rechtlich – ggf. auch nur wirtschaftlich – als **Agent** für einen anderen. Im zweiten Fall bringt das Unternehmen statt einer Lieferung oder einer anderen originären Leistung lediglich eine Vermittlungsleistung (Rz 76 und Rz 118).

4.2 Mehrkomponentengeschäfte

4.2.1 Problemstellung

51 Die Ansatz- bzw. Realisationskriterien sind auf einzelne Leistungsverpflichtungen anzuwenden. In diesem Kontext ergeben sich zwei spiegelbildliche Probleme:
- **Umdeutung mehrerer zivilrechtlicher Geschäfte in eine einzige Leistungsverpflichtung**: Mehrere zivilrechtliche Verträge können in wirtschaftlicher Betrachtung als ein einziger Geschäftsvorfall zu würdigen sein. Zu denken wäre etwa an den Verkauf einer Maschine mit gleichzeitiger Vereinbarung eines Rückkaufes weit vor Ende seiner Nutzungsdauer. Zivilrechtlich liegen zwei Geschäfte (An- und Rückkauf) vor, bilanzrechtlich möglicherweise nur ein Geschäft, nämlich eine entgeltliche Nutzungsüberlassung (Rz 179), bei der sich aus der Differenz von Verkaufs- und Rücknahmepreis das für die Dauer der Überlassung zu zahlende Nutzungsentgelt ergibt.

- **Mehrkomponentengeschäfte** *(multiple deliverables):* Ein Vertrag oder eine Gruppe zusammenzufassender Verträge enthält mehrere Leistungsverpflichtungen gegenüber dem gleichen Abnehmer. Bilanzrechtlich stellt sich hier die Frage, ob die Leistungen als Komponenten einer von einheitlichen wirtschaftlichen Motiven getragenen Transaktion separaten Erlösrealisierungskriterien unterliegen oder der Realisationszeitpunkt einheitlich, z. B. nach Maßgabe der Erbringung der letzten Leistungskomponente, zu beurteilen ist. Diese Frage stellt sich unabhängig davon, ob der Vertrag den Gesamtpreis zivilrechtlich in Teilentgelte für die Einzelkomponenten aufteilt oder nicht. Da die Rechnungslegung der wirtschaftlichen Betrachtungsweise *(substance over form)* folgt, können die vertraglichen Vereinbarungen nicht mehr als ein Indiz für das tatsächliche wirtschaftliche Geschehen und damit für die bilanzrechtliche zutreffende Aufteilung des Gesamtentgelts sein.

Die Frage nach getrennter oder einheitlicher Erlösrealisierung erlangt praktische Relevanz nur, wenn die identifizierbaren Teilleistungen **unterschiedlichen Erlösrealisierungszeitpunkten** unterliegen. Nur dann ist von Interesse, ob der Erlös nur insgesamt, mit Erbringung der letzten Teilleistung oder separiert nach Maßgabe der jeweiligen Komponente zu realisieren ist. Entsprechen sich hingegen die Erlösrealisierungszeitpunkte der Komponenten, besteht kein Unterschied zwischen zusammengefasster oder komponentenweiser Betrachtung.

52

Beispiel
U liefert am 31.12.01 einen Laserdrucker mit einer speziellen, für 1.000 Normseiten reichenden Erstausstattungsdruckpatrone zum Gesamtpreis von 150 EUR an K. Außerhalb der Erstausstattung veräußert U an diverse Kunden normale, für 3.000 Druckseiten reichende Druckpatronen für 60 EUR.

Beurteilung
Ob der Verkauf des Druckers als Mehrkomponentengeschäft anzusehen ist (Lieferung Patrone für 60 / 3 = 20 EUR, Lieferung Drucker für 150–20 = 130 EUR), ist nicht von praktischem Interesse, da „beide" Umsätze zum gleichen Zeitpunkt getätigt werden, unabhängig von der (Nicht-)Separierung in 01 also 150 EUR Umsatz realisiert werden.

4.2.2 Begriff

Die **Realisationskriterien** des IFRS 15 sind nicht auf einen Vertrag als Ganzes, sondern auf die für diesen identifizierten eigenständigen *(distinct)* **Leistungsverpflichtungen** anzuwenden. Eine **Ausnahme** hiervon besteht nach IFRS 15.22b nur dann, wenn eine Reihe *(series)* von zwar eigenständigen, aber gleichartigen Gütern oder Serviceleistungen nach dem gleichen Muster an den Kunden gewährt wird. Das Muster ist nach IFRS 15.23 dann gleich, wenn jede Leistung zeitraumbezogenen Charakter hat (Rz 128) und der Leistungsfortschritt für jede Leistung nach der gleichen Methode bestimmt wird (Rz 134). Ein Anwendungsbeispiel der Ausnahmeregelung wäre etwa ein für ein Jahr abgeschlossener Gebäudereinigungsvertrag mit wöchentlichem Reinigungsintervall. Hier liegen nicht 52 Erlösrealisationstatbestände, sondern ein einziger vor, der pro rata zu Umsätzen führt.

53

54 Ein Mehrkomponentengeschäft liegt vor, wenn innerhalb eines Vertrags oder einer Gruppe zusammenzufassender Verträge (Rz 38) mehrere eigenständige bzw. unterscheidbare *(distinct)* Leistungsverpflichtungen begründet werden. **Eigenständigkeit** ist gegeben, wenn beide der folgenden Kriterien erfüllt werden (IFRS 15.27):
- **Abstrakte Eigenständigkeit** (IFRS 15.27a): Der Kunde kann aus einem Leistungsgegenstand unabhängig von anderen Vertragsleistungen **Nutzen** ziehen, indem er ihn verwendet, verbraucht, über seinem Schrottwert hinaus verkauft usw. Der Nutzen kann dabei entweder aus dem zu betrachtenden Leistungsgegenstand allein gezogen werden oder in Verbindung mit anderen Ressourcen, die der Kunde bereits hat oder die leicht erwerbbar *(readily available)* sind.
- **Konkrete Eigenständigkeit im Vertragskontext** (IFRS 15.27b): Die Leistungsverpflichtung ist unterscheidbar von anderen aus dem Vertrag resultierenden Leistungsverpflichtungen, nicht lediglich deren unselbstständiger Bestandteil.

55 Zum Zusammenwirken beider Kriterien folgendes Beispiel in Anlehnung an IFRS15.IE 45 ff.:

> **Beispiel**
> U schuldet K die schlüsselfertige Erstellung eines Gebäudes. K hat U deshalb beauftragt, um alle Leistungen aus einer Hand zu erhalten, nur einen Ansprechpartner für Abwicklung, Mängelrügen usw. zu haben. Der Bau beinhaltet u. a. folgende Leistungen:
> - Bauplanung und Durchführung des Genehmigungsverfahrens,
> - Erdarbeiten,
> - Rohbau,
> - Innenausbau.
>
> Jede dieser Leistungen könnte K auch einzeln kontrahieren und die übrigen Leistungen separat am Markt erwerben. Die **abstrakte** Eigenständigkeit ist gegeben.
> Es fehlt aber an der **konkreten** Eigenständigkeit. Die Vereinbarung zwischen U und K ist gerade auf den schlüsselfertigen Bau eines Gebäudes gerichtet. Die vorgenannten Leistungen sind lediglich Input dieser eigentlich geschuldeten Leistung.
> U tätigt daher nur eine Leistung.

56 Als beispielhaften Indikator für die Erfüllung des ersten Kriteriums, also **der abstrakten Eigenständigkeit**, nennt IFRS 15.28 die Tatsache, dass das leistende Unternehmen die zu betrachtende Leistungen **regelmäßig auch separat veräußert** oder erbringt. Hinsichtlich des ersten Kriteriums soll es im Übrigen nach dem Schrifttum[6] auch auf die **Reihenfolge** ankommen, in der der Kunde Leistungen erhält.

---

[6] PWC, Revenue from contracts with customers, 2014, Example 3–1; KPMG, Insights into IFRS 2014/15, Tz 4.2A.70.40.

> **Beispiel**
> U erhält von Zeitungsverlag Z den Auftrag zur Erstellung einer Druckmaschine sowie zur vorsorglichen Erstellung bestimmter Ersatzteile. Die Maschine kann wahrscheinlich (auf längere Sicht) ohne die Ersatzteile genutzt werden, die Ersatzteile haben ohne die Maschinen keinen Nutzen. Beide Leistungsgegenstände sind nicht leicht am Markt erwerbbar.
>
> **Variante 1: Die Maschine wird zuerst geliefert**
> Es liegen zwei eigenständige/unterscheidbare Leistungen vor, zum einen die Maschine, die allein für sich genutzt werden kann, zum anderen die Ersatzteile, die mit der Maschine (als schon vorhandenem Vermögenswert) genutzt werden können.
>
> **Variante 2: Die Ersatzteile werden zuerst geliefert**
> Die beiden Leistungen sind nicht eigenständig/unterscheidbar. Die Ersatzteile haben ohne die Maschinen keinen Nutzen.

Gegen eine Berücksichtigung der Reihenfolge spricht bei erster Betrachtung IFRS 15.22, weil danach die Identifizierung der eigenständigen/unterscheidbaren *(distinct)* Leistungsverpflichtungen **bei Vertragsbeginn** *(inception)*, nicht nach Erbringung von Teilleistungen vorzunehmen ist. Gestützt wird die Schrifttumsauffassung aber andererseits durch IFRS 15.28. Dort ist festgehalten, dass eine Eigenständigkeit/Unterscheidbarkeit i.S.v. IFRS 15.27a durch Nutzung mit anderen leicht verfügbaren Gütern (Rz 54) auch gegeben ist, wenn das andere Gut aus demselben Vertrag stammt: *„A readily available resource is a good or service that is sold separately (by the entity or another entity) or a resource that the customer has already obtained from the entity (including goods or services that the entity will have already transferred to the customer under the contract) ..."*

Als Indikatoren für das zweite Merkmal, also die **konkrete Eigenständigkeit**, führt IFRS 15.29 folgende Beispiele an:

- Das leistende Unternehmen integriert die betrachtete Leistung nicht mit anderen Leistungen zu einem Leistungsbündel, d.h., die betrachtete Leistung ist **nicht lediglich Input** einer vom Kunden bestellten Gesamtleistung.
- Die betrachtete Leistung besteht nicht darin, einen anderen Leistungsgegenstand des Vertrags in signifikanter Weise zu **modifizieren** bzw. an die kundenspezifischen Bedürfnisse anzupassen.
- Die betrachtete Leistung ist nicht in hohem Maße von anderen Leistungen aus dem Vertrag abhängig. Der Kunde könnte die betrachtete Leistung allein erwerben, ohne dass dies die anderen Leistungen signifikant treffen würde.

57

Der **erste Indikator** ist nicht sehr scharf. Bei Bestellung mehrerer **komplementärer** Leistungen sind die einzelnen Leistungen stets Input einer Gesamtleistung. Es wird dann darauf ankommen, ob der „Bezug aus einer Hand" gerade ein besonderes Motiv für den Kunden darstellt, wie dies etwa bei schlüsselfertiger Gebäudeerrichtung (Rz 55), aber auch beim Kauf von Geräten mit Anlieferung und Installationsleistung (Rz 60) der Fall sein kann.

58

Ein Anwendungsbeispiel zur Erfüllung der anderen Kriterien der konkreten Eigenständigkeit enthält IFRS 15.IE44ff.

> **Beispiel**
> Softwareunternehmen S verpflichtet sich gegenüber K
> - zur Gewährung einer Softwarelizenz,
> - zur Installation der Software auf den Systemen des K,
> - zu technischer Unterstützung (Hotline).
>
> Die Software funktioniert auch ohne technische Unterstützung. Die Installation erfordert kein signifikantes *customizing* der lizenzierten Software. Installations- und technische Unterstützungsleistungen können leicht am Markt erworben werden.
>
> **Beurteilung**
> Es liegen drei unterscheidbare Leistungen vor.
>
> **Fallvariante**
> Zur Anpassung an die Systeme des Kunden muss die Software in signifikantem Maße angepasst werden. Entsprechende *customizing*-Leistungen sind leicht am Markt erwerbbar.
>
> **Beurteilung**
> Es liegen zwar möglicherweise aus abstrakter Sicht drei unterscheidbare Leistungen vor, jedoch aus konkreter Sicht nur zwei, nämlich Lizenzierung und technische Unterstützung. Die Softwareanpassung (*customizing*) im Rahmen der Installation ist nur unselbstständiger Inputfaktor einer Gesamtleistung, nämlich des Erwerbs einer funktionierenden integrierten Software.

4.2.3 Wichtige Anwendungsfälle der Mehrkomponentenregelungen

59 Praktisch besonders relevant sind folgende Fälle von Mehrkomponentengeschäften:
- Verkauf oder Lizenzierung mit **Transport- und Installationsleistung** (Rz 60)
- Verkauf mit **erweiterten Garantien** (Rz 61)
- Verkauf mit sonstigen **Nachbetreuungsleistungen** (Rz 62)
- Verkauf im Rahmen von Kundenbindungs- bzw. **Treueprämienprogrammen** („Miles and More"; Rz 69)
- Verkauf mit Einräumung eines **Rückgaberechts** (Rz 173)
- **Verdeckte Leasingverhältnisse** (Rz 181)
- Im weiteren Sinne auch **Beitrittsgelder** (*up-front fees*; Rz 192)

60 Bei Verkauf oder Lizenzierung mit **Transport- oder Installationsleistung** ist notwendige Bedingung der Eigenständigkeit der „Nebenleistungen", dass diese leicht verfügbar sind (Rz 54). Aber auch, wenn dies gegeben ist, kann es an der Eigenständigkeit fehlen. Im Bereich der Softwarelizenzierung ist dies etwa dann der Fall, wenn die Installation zur Modifikation der Grundleistung, also zum *customizing* der Software führt. Bei Verkäufen von Waren kommt es unter dem Gesichtspunkt der **konkreten Eigenständigkeit** darauf an, wie bedeutsam die Installation für den Vertragsschluss ist. Kommt es wie bei der Beauftragung des schlüsselfertigen Baus eines Gebäudes dem Kunden gerade darauf an, **alles aus einer Hand** zu beziehen (Rz 55), liegt nur eine einheitliche Leistung vor. Dies

impliziert, dass ein subjektives Moment, nämlich die **Motivlage des Kunden**, für die Bilanzierung relevant ist. Es kommt dann darauf an, die Motivlage möglichst weitgehend zu objektivieren.

> **Beispiel**
> U verkauft Wachmaschinen, die lokale Wettbewerber im Schnitt zu einem Abholpreis von 500 EUR anbieten, für 750 EUR, dies aber als *full service* inklusive Anlieferung, Installation und Mitnahme des Altgerätes. Der Kunde kann die Zusatzleistungen auch abwählen, muss dann aber immer noch 675 EUR für die Waschmaschine zahlen. Ein vornehmlich älterer Kundenkreis entscheidet sich fast ausschließlich für die *full-service*-Variante. Abholverkäufe finden nur in unwesentlichem Umfang statt.
>
> **Beurteilung**
> Liefer-, Installation – und Abholdienste sind leicht verfügbar. Die abstrakte Eigenständigkeit (Rz 54) ist also gegeben.
> Waschmaschinenverkauf, Anlieferung, Installation und Mitnahme der Altmaschine sind jedoch komplementäre Leistungen. U. E. ist daher unter dem Aspekt der konkreten Eigenständigkeit (Rz 54) zu prüfen, ob der *full service*, der „Kauf aus einer Hand", gerade ein herausragendes Motiv für den Vertragsschluss ist. Preis und Abnehmerkreis indizierten eine solche Sachlage. Daher sind die abstrakt unterscheidbaren Einzelleistungen konkret als Inputfaktoren eines Leistungsbündels anzusehen. Der Erlös von 750 EUR ist nicht aufzuteilen, sondern mit Erbringung der Installationsleistung und Mitnahme des Altgeräts zu realisieren.

Anders als im vorstehenden Beispiel sind Fälle zu würdigen, bei denen – dokumentiert durch eine relevante Quote der Verkäufe ohne Service und belegt durch die Preisgestaltung (fremdübliche Aufschläge für die Nebenleistungen) – der *full service* kein alles überragendes Interesse der Kundschaft ist. Hier liegen insgesamt eigenständige Leistungen vor, die je eigenen Realisationszeitpunkten unterliegen können.
Im Übrigen stellt sich bei Transportleistungen, für die der Unternehmer einen Spediteur einschaltet, noch die Frage, ob der Unternehmer überhaupt Leistungserbringer ist oder nicht vielmehr als Agent arbeitet (Rz 76).

Gesetzliche Garantiepflichten begründen i.d.R. keine separaten Leistungsverpflichtungen. Der Umsatz ist mit Verkauf der Güter realisiert, für die Garantieleistungen ist eine Rückstellung zu bilden. In einzelnen Branchen, etwa bei Verkauf von Computern, wird dem hohen Interesse des Kunden an der Betriebsbereitschaft des gekauften Guts jedoch durch das Angebot **erweiterter Garantien** entsprochen, deren Inhalt (z.B. Austauschgerät für die Dauer der Reparatur, Abholung des Geräts bzw. Vor-Ort-Reparatur) oder Dauer (z.B. Ausdehnung auf 48 Monate) das gesetzlich gebotene Garantievolumen überschreitet. Die erweiterte Garantie stellt regemäßig eine eigenständige Leistungsverpflichtung dar, mit der Folge, dass der auf sie entfallende Teil des Transaktionspreises über den Garantiezeitraum abzugrenzen ist (IFRS 15.B29).

Für den Verkauf mit sonstigen **Nachbetreuungsleistungen** ist aus Sicht der deutschen (Steuerbilanz-)Rechtsprechung klassisch der Fall des **Augenoptikers**

61

62

oder Hörgeräteakustikers. Nach IFRS 15 gilt: Auch dann, wenn Nachbetreuungsleistungen (Einstellungen, kleinere Reparaturen) ohne vertragliche Bindung erfolgen, aber **übliches Geschäftsgebaren** sind, liegt eine eigenständige Leistung vor, sodass ein Teil des Verkaufspreises für diese Leistung als Schuld anzusetzen und erst über die Nachbetreuungsdauer zu realisieren ist.

Vertragliche Regelungen zur Nachbetreuung führen zum gleichen Ergebnis, so etwa kostenfreie **Inspektion, Service- und Reparaturleistungen im Kfz-Handel**. Im Bereich der **Softwareindustrie** wäre etwa einschlägig der Verkauf von Software i.V. Wartungsleistungen sowie Optionen auf Upgrades (Rz 205 ff.).

63 Bei Verkauf im Rahmen von **Kundenbindungs- bzw. Treueprämienprogrammen** („Miles and More") liegen i.d.R. zwei Leistungsverpflichtungen vor, die jetzige Lieferung/sonstige Leistung sowie die aus dem Bonus resultierende Verpflichtung zu einer zukünftigen Leistung (IFRS 15.B40). Hinsichtlich der zukünftigen Leistung ist der Unternehmer dann nur Agent, wenn die Treueprämien nicht bei ihm, sondern bei einem anderen Unternehmen einzulösen sind. Wegen Details und Anwendungsbeispielen wird auf Rz 69 verwiesen.

64 Abgabe bzw. **Verkauf von Geräten können mit komplementären Nutzungs- bzw. Abonnementverträgen** verbunden sein. Keine eigenständigen Leistungen liegen etwa in folgendem Fall von **Pay-TV** vor:

> **Beispiel**
> Ein Pay-TV-Anbieter lieferte Satellitenreceiver, mit denen seine codierten Programme und nur diese für die nächsten 12 Monate empfangen werden können. Eine über diesen Zeitraum hinausgehende Nutzung des Receivers ist nur möglich, wenn der Kunde das Programmabonnement verlängert und einen ihm dabei zugeteilten Freischaltungscode im Gerät eingibt.

Anders hingegen die übliche Geschäftspraktik in der **Mobilfunkbranche**: Wird etwa bei Abschluss eines 24-monatigen Mobilfunkvertrags ein vertragsunabhängig nutzbares Mobiltelefon geliefert (*stand-alone*-Nutzbarkeit), liegen zwei eigenständige Leistungen vor.

65 Beim **Verkauf mit Einräumung eines Rückgaberechts** (Umtauschrechts) begründet die Rücknahmeverpflichtung i.d.R. keine (Sach-)Leistungsverpflichtung, sondern lediglich eine Verpflichtung zur Erstattung des Kaufpreises (*refund liability*; IFRS 15.B22). U.U. kann ein eingeräumtes Rückgaberecht oder eine fest vereinbarte Rücknahme aber zur Umdeutung des Verkaufsgeschäfts in eine Konsignationslieferung oder in ein Leasingverhältnis (Rz 181) führen. In einen Vertrag über die Lieferung von Energie, Zulieferteilen usw. kann je nach den Umständen ein **Leasingvertrag** über die Anlagen **eingebettet** sein, mit denen der Liefergegenstand erstellt wird. Auf → § 18 Rz 67 und → § 15 Rz 5 wird verwiesen.

66 Bei der **Kombination mehrerer Verkäufe** ist zunächst zu fragen, ob nicht ohnehin alle Verkäufe in der gleichen Periode zu realisieren wären und daher die Zerlegung in Komponenten irrelevant ist (Rz 52). Liegt ein relevanter Fall vor, kommt es darauf an, ob der Unternehmer ein **Gesamtfunktionsrisiko** trägt bzw. der Abnehmer zur Wandlung insgesamt berechtigt ist, wenn nicht sämtliche Anlagen bzw. deren Verbund einwandfrei arbeiten. Bei einem Gesamtfunktions-

risiko liegt regelmäßig nur eine einzige einheitliche Leistung vor, im gegenteiligen Fall i. d. R. mehrere eigenständige Leistungen.
Wird im Rahmen eines längerfristigen Vertrags, z. b. einem **Franchisevertrag** oder einer **Mitgliedschaft** in einem Fitnessclub, bei Vertragsbeginn eine besondere, von den laufenden Entgelten rechtlich unterschiedene **Beitritts- oder Aufnahmegebühr** gezahlt, kommt es vor allem darauf an, ob der anfänglichen Gebühr überhaupt eine Leistung an den Kunden gegenübersteht (Rz 48). Ist dies der Fall, muss weiter geprüft werden, ob die Leistung eigenständig ist.

67

Bei einem Zeitvertrag ist zu prüfen, ob er auf eine **echte Zeitraumleistung** gerichtet ist oder ob die Vertragsdauer nur den zeitlichen Rahmen für Einzelleistungen bildet (sog. **Zeitrahmenvertrag**). Im zweiten Fall liegt ein Mehrkomponentengeschäft vor, bei dem Umsatz nach Maßgabe der Erfüllung der einzelnen Leistungen entsteht

68

Beispiel[7]
Die S AG übernimmt die Steuerberatung eines geschlossenen Immobilienfonds gegen eine im Voraus zu zahlende Pauschalvergütung. Die steuerliche Beratung umfasst insbesondere
- die Erstellung der Steuererklärungen bis zum Abschluss des Kalenderjahres, in dem das Bauvorhaben fertiggestellt ist (01 und 02),
- die Betreuung der abschließenden Außenprüfung (04).

Beurteilung
Es liegen 3 Teilleistungen – Erklärungen 01 und 02, Betreuung Außenprüfung – vor. Diese haben für den Auftraggeber einen **eigenständigen Wert**. Wenn, aus welchen Gründen auch immer, der Steuerberatungsvertrag vor Erbringung der Gesamtleistung beendet würde, also etwa nach Erstellung der Steuererklärung 01 oder 02, wäre die empfangene Leistung für den Auftraggeber nicht wertlos. Er könnte vielmehr mit den noch ausstehenden Leistungen einen Dritten beauftragen. Dem entspricht im Übrigen auch die **zivilrechtliche Würdigung**, nach der bei vorzeitiger Beendigung eines Pauschalhonorarberatungsvertrags die schon erbrachten Teilleistungen verdient sind, das Pauschalhonorar lediglich auf einen den bereits erbrachten Teilleistungen entsprechenden Teil herabzusetzen ist.[8]

4.2.4 Sachboni, Rabattgutscheine, Kundenbindungsprogramme

Dem Kunden kann ein sofortiger Sachbonus etwa folgender Art gewährt werden: „Buy two – get third for free". Bei entsprechenden Verkaufsaktionen im Einzelhandel ergeben sich keine besonderen Ausweisprobleme, da Grundlieferung und Bonuslieferung zeitgleich erfolgen, sich die Frage der Umsatzabgrenzung also nicht stellt. Überdies liegt bei substanzieller Betrachtung nicht wirklich ein Sach-Bonus vor. Der Kunde hat drei Produkte für einen dem doppelten Listen-

69

---

[7] Nach LÜDENBACH, PiR 2013, S. 201; Vgl. auch FG Berlin, Urteil v. 24.3.2003, 8 K 8572/99, EFG 2003, S. 980 und BFH, Urteil v. 10.9.1998, IV R 80/96, BStBl 1999 II S. 21.
[8] Vgl. OLG Düsseldorf, Urteil v. 16.6.1994, 13 U 175/93, GL 1995, S. 80 ff.

preis entsprechenden Paketpreis erworben, mithin (bei drei identischen Produkten) einen baren Preisnachlass von 1/3 erhalten.
In anderen Fällen, insbesondere bei Kundenbindungs- bzw. **Treueprämienprogrammen** (*Miles & More, Payback* usw.), liegt zwischen den bonusbegründenden Verkäufen/Leistungen und der Inanspruchnahme des Bonus ein längerer Zeitraum. Zu unterscheiden ist dabei nach
- der sachlichen **Reichweite** des Programms: zwischen unternehmensindividuellen Programmen und solchen, bei denen sich mehrere Unternehmen zusammenschließen,
- der Waren-/Produkt**art**: zwischen Eigen- und Fremdwaren/-produkten,
- dem **Freiheitsgrad**: zwischen festgelegten und von Kunden aus einem Katalog wählbaren Produkten.

Das Problem der **zeitlichen Verzögerung** ist aber in allen Varianten gegeben. Fraglich ist daher, ob
- über einen Schuldposten bilanziell Vorsorge für die zukünftigen Bonusinanspruchnahmen getroffen werden soll und
- der Passivposten **umsatzkürzend** oder **aufwandswirksam** zu bilden ist.

70 IFRS 15 entscheidet sich (wie zuvor IFRIC 13) für die **umsatzkürzende** Einbuchung eines Schuldpostens. Der Verkauf unter Gewährung von Treuepunkten wird danach als **Mehrkomponentengeschäft** gedeutet. Der Gesamtpreis entfällt mit einem (i.d.R. dem größten) Teil auf die jetzige Leistung/Lieferung, mit einem zweiten (dem i.d.R. geringeren) Teil auf die zukünftige Leistung/Lieferung.

71 Die **Aufteilung** zwischen aktuellem und zukünftigem Umsatz erfolgt unter Berücksichtigung des relativen Einzelveräußerungspreises der beiden Leistungen, für den Bonusteil aber angepasst um die Wahrscheinlichkeit der Inanspruchnahme des Bonus und um eine eventuelle Vergünstigung, die der Kunde ohnehin bei Kauf der zukünftigen Leistung erhalten würde (IFRS 15.B42).
Bei **Wahlrechten** der Kunden hinsichtlich des konkreten Bonus und unterschiedlichen Werten der Bonusalternativen sind die wählbaren Ausübungsalternativen u.E. in gewichteter Wahrscheinlichkeit zu berücksichtigen. Lautet der Sachbonus nicht auf eigene, sondern auf **fremde** Leistungen (etwa: Hotel gewährt Punkte für Flugbonusprogramme), stellt der an den Fremden (hier vom Hotel an die Fluglinie) je Bonuspunkt zu zahlende Betrag eine angemessene Ausgangsschätzung des Einzelveräußerungspreises dar, ist jedoch um die im Geschäft des Fremden übliche Profitmarge zu erhöhen.

72 Die Wahrscheinlichkeit von **Verfall/Nichtausübung** des Bonusrechts ist sowohl bei der Zugangs- als auch bei der Folgebewertung der Bonusschuld zu berücksichtigen. Der Auflösungsbetrag der jeweiligen Periode entspricht dem Verhältnis von eingelösten Bonusansprüchen zu insgesamt erwarteten Einlösungen. Wenn die diesbezüglichen Annahmen sich zu einem späteren Zeitpunkt als korrekturbedürftig erweisen, ist der Passivposten anzupassen.

Beispiel
Bei einer Einzelhandelskette erhält der Kunde aufgrund eines am 2.1.01 neu aufgelegten Bonusprogramms pro 1 EUR Einkauf einen Treuepunkt. Der Wert eines Treuepunktes beträgt 0,0111 EUR **vor** Berücksichtigung der Einlösungswahrscheinlichkeit. Die Punkte sind unbefristet, aber nur bei Einkauf

in den Läden der Kette einlösbar. In 01 wurden 1 Mrd. Punkte ausgegeben und 450 Mio. Punkte eingelöst. Das Management geht von einer Einlösung von insgesamt 90 % der Punkte aus, davon je 225 Mio. in 02 und 03. In 02 wird die Gesamterwartung bei tatsächlich 150 Mio. eingelösten Punkten auf 75 % revidiert. Nach weiteren 150 Mio. in 03 eingelösten Punkten wird nicht mehr mit weiteren wesentlichen Einlösungen gerechnet.

Der Schuldposten ist mit 1 Mrd. × 0,0111 × 90 % = 10 Mio. einzubuchen. Der Umsatz 01 von 1 Mrd. EUR zunächst um diesen Wert zu kürzen, sodann aber um den Umsatz aus bereits in 01 eingelösten Punkten zu erhöhen. Der Schuldposten entwickelt sich wie folgt:

in 01 ausgegebene Punkte		1.000.000.000
× EUR/Punkt (**nach** Berücksichtigung der Einlösungswahrscheinlichkeit von 90 %)		0,01
= Schuld vor Auflösung		10.000.000 EUR
insgesamt erwartete Einlösung von Punkten	900.000.000	
schon in 01 eingelöste Punkte	450.000.000	
in % Gesamterwartung	50,00 %	
Auflösung in 01		−5.000.000 EUR
= Schuld 31.12.01		5.000.000 EUR
revidierte Gesamterwartung 31.12.02	750.000.000	
in 02 eingelöste Punkte	150.000.000	
in % revidierte Gesamterwartung	20,00 %	
planmäßige Auflösung in 02		−2.000.000 EUR
„Nachholung" für 01 50 % × (900 / 750−1)	10,00 %	−1.000.000 EUR
= Schuld 31.12.02		2.000.000 EUR
unveränderte Gesamterwartung 31.12.03	750.000.000	
in 03 eingelöste Punkte	150.000.000	
in % revidierte Gesamterwartung	20,00 %	
Auflösung in 03		−2.000.000 EUR
= Schuld 31.12.03		0 EUR

Kann der Kunde den **Sachbonus** nur **beim Unternehmen selbst** gegen Waren, die das Unternehmen in seinem regelmäßigen Angebot hat, einlösen, führt dies i. H. d. Auflösung des Schuldpostens zu **Umsatz**. Lautet der Bonus hingegen auf vom Unternehmen selbst nicht angebotene **Leistungen Dritter**, reduziert sich die Rolle des Unternehmens regelmäßig auf die eines Agenten (Rz 76). Ein Umsatz aus den Boni entsteht dann nur i. H. d. Differenz zwischen dem Wert

73

des Bonus und dem für den Bonus vom Unternehmen an den Dritten zu zahlenden Betrag. Sofern Anspruch des Kunden und Zahlungsverpflichtung des Unternehmens gegenüber dem Dritten dem Grunde nach sofort entstehen, ist auch der kommissionsähnliche Umsatz sofort zu vereinnahmen.

> **Beispiel**
> Bei einer Hotelkette erhält der Kunde aufgrund eines am 2.1.01 neu aufgelegten Bonusprogramms pro 1 EUR Übernachtungspreis einen Treuepunkt, der bei einer Fluglinie eingelöst werden kann. Der Zeitwert eines Treuepunktes wird vor Berücksichtigung der Einlösungswahrscheinlichkeit auf 0,01 EUR geschätzt. An die Fluggesellschaft zahlt die Hotelkette 0,006 EUR/Punkt. Die Differenz von 0,004 EUR/Punkt erklärt sich z.T. aus der unterstellten Gewinnmarge der Fluggesellschaft, z.T. aus der einvernehmlichen Schätzung von Hotel und Fluggesellschaft, dass nur 75 % der Punkte eingelöst werden. Die Zahlung an die Fluggesellschaft ist 4 Wochen nach Ablauf des Geschäftsjahres fällig. Die Kunden können die Punkte sofort einlösen.
> Der Umsatz aus dem Sachbonus ergibt sich wie folgt:
>
> | | |
> |---|---:|
> | in 01 ausgegebene Punkte | 1.000.000.000 |
> | × EUR/Punkt (Zeitwert) | 0,01 |
> | = Bruttoumsatz aus Sachbonus | 10.000.000 |
> | – Zahlung an den Dritten aus Sachbonus | –7.500.000 |
> | = Nettoumsatz aus Sachbonus | 2.500.000 |

Hat der Kunde ein Wahlrecht, die Bonuspunkte entweder für Leistungen des Berichtsunternehmens oder für die eines anderen Unternehmens zu verwenden (z.B. bei Hotelübernachtung „verdiente" Punkte können für zukünftige Übernachtungen oder für Flüge verwendet werden), steht bis zur Ausübung der Wahl nicht fest, welche Leistung das Unternehmen erbringt, und kann folgerichtig erst dann ein Umsatz als Prinzipal (in vollem Umfang) oder als Agent (i.H.d. Spanne) ausgewiesen werden (IFRS 15.BC385).

74 Auch außerhalb von langfristigen Kundenbindungsprogrammen können **Rabattgutscheine** *(discount vouchers)* gewährt werden. Hierzu folgendes Beispiel in Anlehnung an IFRS 15.IE250ff.:

> **Beispiel**
> U verkauft Produkt A Ende Dezember 01 für jeweils 100 EUR und gewährt den Kunden einen Gutschein, demzufolge sie im Januar auf Einkäufe bis zu einem Preis von 100 EUR einen Rabatt von 40 % erhalten. Der übliche saisonbedingte Rabatt im Januar beträgt 10 %, der Einzelveräußerungswert des Rabattgutscheins damit nur 30 %.
> U rechnet damit, dass 80 % der Gutscheine eingelöst werden, jedoch nicht für Einkäufe von 100, sondern im Durchschnitt 50 EUR. Der Einzelveräußerungspreis der Gutscheine wird daher auf 30 % × 50 × 80 % = 12 EUR geschätzt. Von je 100 Einnahmen im Dezember

- sind 100 × 100 / 112 = 89 EUR im Dezember als Umsatz zu realisieren,
- entfallen auf den erwarteten Januarumsatz (Schuld per 31.12.01) 12 / 112 = 11 EUR.

4.2.5 Mehrkomponentengeschäft beim Leistungsbezieher?

Die Regelungen zum Mehrkomponentengeschäft in IFRS betreffen die Umsatzrealisierung beim leistenden Unternehmer. Hinsichtlich des potenziellen Erlösobjekts wird aber bez. der Eigenständigkeit der Leistung die Perspektive des Leistungsbeziehers mit einbezogen (Rz 54). Hierin kommt eine logische Zwangsläufigkeit zum Ausdruck: Wenn aus Sicht des Leistenden ein Mehrkomponentengeschäft vorliegt, gilt dies **spiegelbildlich** auch für den **Leistungsempfänger**. Handelt es sich bei dem Empfänger um einen Unternehmer, gilt daher Folgendes:

75

- Wo der leistende Unternehmer zwar in zivilrechtlicher Sicht nur eine Leistung gegen ein Gesamtentgelt erbringt, wirtschaftlich aber mehrere Leistungen,
- erhält auch das empfangende Unternehmen nicht die eine zivilrechtlich vereinbarte Leistung, sondern wirtschaftlich mehrere Leistungen.

Zu untersuchen ist dann die Bilanzierung beim empfangenden Unternehmer.

Beispiel

K erwirbt am 30.6.01 gegen 1.180 EUR bar von U einen Computer mit einer wirtschaftlichen Nutzungsdauer von 60 Monaten.
Der Kaufvertrag sieht eine zeitlich und inhaltlich erweiterte Garantie vor. Mängel, die innerhalb von 42 Monaten auftreten, sind unabhängig vom Nachweis, seit wann der Mangel besteht, zu beheben, und zwar binnen 48 Stunden. Ohne die 48-Stunden-Zusage und mit Begrenzung der vollen Garantie auf gesetzlich nur 6 Monate (weitere 18 Folgemonate nur noch bei Nachweis von Anfang an vorhandenen Mangels) wird das Gerät für 1.000 EUR angeboten.

Beurteilung bei U
Der Gesamterlös von 1.180 EUR ist aufzuteilen.

Beurteilung bei K
Der Gesamterwerbspreis von 1.180 EUR ist wie folgt aufzuteilen:
- 1.000 EUR als Anschaffungskosten des Computers, die über dessen Nutzungsdauer von 60 Monaten als Abschreibung zu verteilen sind, d. h. in 01 mit 6/60 Monaten = 100, ab 02 mit 12/60 Monaten = 200.
- 180 EUR werden hingegen separiert und erst ab 02 pro Jahr mit 180 / (42–6) × 12 abgeschrieben. Offen ist nur, ob die 180 als Komponente des Sachanlagegegenstandes angesehen und mit anderem Abschreibungsbeginn und anderer Nutzungsdauer als der „restliche" Anlagegegenstand abgeschrieben (→ § 10 Rz 7) oder ob sie mit gleicher zeitlicher Wirkung als Anschaffungskosten eines abschreibbaren immateriellen Vermögenswertes verstanden werden.

4.3 Kommissions- und kommissionsähnliche Geschäfte und andere *principal-agent*-Beziehungen

76 Die zuvor in IAS 18 Appendix Tz 21 enthaltenen Vorschriften zur Abgrenzung zwischen einem Handeln
- in **eigener** Sache (als Prinzipal) oder
- in **fremder** Sache (als Agent)

sind im Kern nach IFRS 15.B34 ff. übernommen worden. Der IASB betont in IFRS 15.BC382 aber die unterschiedliche konzeptionelle Einbettung der Vorschriften: Während es nach IAS 18 unvermittelt um die Frage ging, ob Zahlungen von Dritten (in Höher einer Spanne bzw. Provision) netto auszuweisen sind, stellt IFRS 15 zunächst die Frage in den Mittepunkt, **welche Leistungsverpflichtung** dem Berichtsunternehmen eigentlich obliegt, nämlich entweder
- der **Transfer** vom Unternehmen **selbst kontrollierter Güter/Leistungen** an einen Kunden (Handeln als **Prinzipal**) oder
- die Erleichterung des Transfers bzw. die **Vermittlung** einer Leistung, die ein anderes Unternehmen an den Kunden erbringt (Handeln als **Agent**).

Je nachdem, welcher dieser beiden Fälle vorliegt, ergibt sich dann ganz zwangsläufig die **Konsequenz** für den Transaktionspreis und damit für den Umsatz. Der **Agent**
- kann nicht das vom Kunden gezahlte Entgelt für die Ware oder sonstige Leistung als Umsatz ausweisen, da er diese Leistung gar nicht erbringt,
- sondern nur das in Form einer Provision, Kommission oder feststehenden Spanne für die Vermittlungsleistung entstehende Entgelt.

77 Ein wichtiger Anwendungsfall des Handelns als Agent ist die **Verkaufskommission** bzw. ein wirtschaftlich der Verkaufskommission ähnliches Handeln (Rz 82). Der Kommissionär handelt nach § 383 Abs. 1 HGB zwar im **eigenen Namen**, aber **für Rechnung eines Dritten**. Nach IFRS 15 erbringt er keine Warenlieferung, sondern eine Vermittlungsleistung und hat daher nicht den dem Kunden in Rechnung gestellten Betrag, sondern nur seine **Spanne** bzw. **Provision** als Erlös auszuweisen. Der Kommittent darf gem. IFRS 15.B77 die **Konsignationslieferung** an den Kommissionär noch nicht als Umsatz ausweisen. Indikatoren für eine Konsignationslieferung sind gem. IFRS 15.B78 der Verbleib der Verfügungsmacht beim Kommittenten, insbesondere in der Weise, dass er die Rückgabe der Ware verlangen kann.

78 Eine Qualifikation als Vermittlungsleistung kann aber auch dann geboten sein, wenn zwar rechtlich keine Verkaufskommission vorliegt, aber der Verkäufer **wirtschaftlich wie ein Verkaufskommissionär** handelt. Ob ein Unternehmen in eigener Sache *(as a principal)* oder als Quasi-Kommissionär *(as an agent)* handelt, ist hier eine Sache der Fakten und Umstände des Einzelfalls und ihrer Würdigung. Dabei gilt **konzeptionell**:
- Ein Handeln in eigener Sache ist anzunehmen, wenn das Berichtsunternehmen die dem Kunden versprochenen Güter oder sonstigen Leistungen vor ihrer Übertragung an den Kunden **kontrolliert**. Ein durchleitender Erwerb rechtlichen Eigentums ist für sich genommen weder Beleg noch Widerlegung dieser Kontrolle (IFRS 15.B35).
- Ein Handeln als Agent ist indiziert, wenn die Leistungsverpflichtung des Berichtsunternehmens im Kern darin besteht, die Lieferung von Gütern oder sonstige Leistungen eines anderen Unternehmens zu „arrangieren" (IFRS 15.B35).

Dieses Konzept wird durch **Indikatoren** konkretisiert. Folgende Umstände indizieren nach IFRS 15.B37 ein Handeln als Agent: 79
1. Ein anderes Unternehmen hat die primäre **Verantwortung für die Vertragserfüllung** (ist etwa für deren ordnungs- und vertragsgemäßen Zustand verantwortlich und trägt – mindestens im Innenverhältnis – das **Gewährleistungsrisiko** (Rz 81).
2. Das Berichtsunternehmen trägt vor oder nach Eingang des Kundenauftrags, während des Transports oder bei Rückgabe nicht das **Bestandrisiko** (*inventory risk*).
3. Das Berichtsunternehmen bestimmt nicht den **Absatzpreis** der Leistung (weder direkt oder noch durch auf eigene Rechnung gehendes Angebot wesentlicher kostenloser Zusatzleistungen).
4. Das Entgelt des Unternehmens hat die **Form eines Kommissionsentgelts** (*form of a commission*; Rz 80).
5. Das Berichtsunternehmen trägt kein auf den Kunden bezogenes **Bonitätsrisiko** (Rz 81).

Der **vierte Indikator** verwundert zunächst, da er auf die **Form** des Entgelts und 80 nicht auf den wirtschaftlichen Gehalt abstellt. Um Letzteres geht es aber gerade jenseits der einfachen Fälle, die schon rechtlich als Vermittlungs- oder Kommissionsleistung zu würdigen sind. Was gemeint ist, erschließt sich aber aus IFRS 15.IE232. Verbleibt dem Berichtsunternehmen netto ein **feststehender Prozentsatz** des (von ihm nicht beeinflussbaren) Absatzpreises, so hat sein Entgelt die „Form eines Kommissionsentgelts". Dies impliziert aber umgekehrt: Sofern das Berichtsunternehmen bei feststehenden Einkaufspreisen über die eigene Gestaltung des Verkaufspreises oder umgekehrt bei feststehenden Verkaufspreisen über Verhandlungsspielräume bei der Gestaltung des Einkaufspreises sein „**Nettoentgelt**" **selbst gestalten** kann, liegt kein Handeln als Agent vor. Der Anwendungsbereich der kommissionsähnlichen und sonstigen Agententätigkeiten ist unter diesen Umständen eng gehalten. Hierzu folgendes Beispiel aus dem Kfz-Handel:

Beispiel

Kunde K möchte bei Kfz-Händler H einen Neuwagen mit bestimmten Ausstattungsmerkmalen für Motor, Interieur, Exterieur usw. bestellen und über die Bank des Autoherstellers finanzieren. Nach Erteilung der Finanzierungszusage wird der Kaufvertrag unbedingt und gibt H die Bestellung an den Automobilhersteller weiter, von dem er das dann noch herzustellende Fahrzeug zu feststehenden Preiskonditionen erwirbt.

Beurteilung

Der Hersteller übernimmt (mindestens im Innenverhältnis) die Verantwortung für die ordnungsgemäße Herstellung des Fahrzeuges und die Gewährleistung.
Der Händler hat auch kein Bestandsrisiko und wegen der Bankfinanzierung kein Bonitätsrisiko.
Aber: Er bestimmt in seinen Verhandlungen mit dem Kunden den Absatzpreis. Bei feststehendem Einkaufspreis erhält er daher netto kein Entgelt in Form eines feststehenden Prozentsatzes, sondern erzielt eine von seinem

> Geschick bei den Preisverhandlungen mit dem Kunden abhängige Marge. Der Händler ist daher nicht Agent des Automobilproduzenten, sondern handelt in eigener Sache.

81 Zu den **Indikatoren 1 und 5** (Rz 79) noch folgende Anmerkungen:
- Wenn in der Transaktion kein **relevantes Bonitätsrisiko** besteht, etwa weil die Geschäfte in bar oder über Kreditkarte abgewickelt werden, indiziert dies zwar nicht allein, aber i. V. m. anderen Indikatoren die Stellung als Agent.
- Ob ein „Händler" schon dann Agent ist, wenn er zwar im Außenverhältnis gegenüber dem Kunden das **Gewährleistungsrisiko** trägt, aber im **Innenverhältnis** vollständig auf Produzenten oder Vorlieferanten zurückgreifen kann, erscheint zweifelhaft. Das Beispiel in IFRS 15.IE234ff. setzt jedenfalls voraus, dass der Händler den Kunden unmittelbar an den Produzenten/Vorlieferanten verweisen kann, also auch im Außenverhältnis nicht für die Gewährleistung geradesteht (IFRS 15.IE 236). Möglicherweise ist dies aber nur deshalb im Beispiel enthalten, um die Regelungen des Standards durch einen völlig eindeutigen Fall zu illustrieren. Jedenfalls ist IFRS 15.B37 nicht so formuliert, dass sämtliche Indikatoren vollständig erfüllt sein müssen. U.E. steht im Rahmen einer Gesamtwürdigung die Tragung der Gewährleistung nur im Außenverhältnis gegenüber dem Kunden der Qualifikation als Agent dann nicht entgegen, wenn die anderen Indikatoren umso deutlicher ausgeprägt sind.

82 Zum Ganzen noch folgendes Beispiel aus dem Bereich des **Internethandels** in Anlehnung an IFRS 15.IE231ff.:

> **Beispiel**
> U betreibt einen Internethandel. Die Kunden zahlen direkt per Kreditkarte. Die Bestellung wird nach Kreditkartenprüfung an den Produzenten P weitergeleitet, der die Ware unmittelbar an den Kunden ausliefert und im Innenverhältnis P – U für alle Gewährleistungsfälle geradesteht. Nach verbindlicher Absprache mit P kalkuliert U seine Verkaufspreise so, dass sie 150 % des zwischen ihm und P vereinbarten „Einkaufspreises" entsprechen. Folgende Aspekte weisen auf ein Handeln des U als Agent des P hin:
> - U hat keine Risiken aus Vorratsvermögen, deren physischer oder preislicher Wertminderung.
> - U bestimmt nicht – jedenfalls nicht allein – den Absatzpreis.
> - Angesichts der Kreditkartenzahlung besteht kein relevantes Delkredererisiko.
> - Das bei U verbleibende Nettoentgelt entspricht einem festen Prozentsatz des Verkaufspreises und hat daher „die Form eines Kommissionsentgelts".
> - Problematisch bleibt allein, dass U gegenüber dem Kunden die Gewährleistungspflichten obliegen. Zwar trägt er diese im Innenverhältnis, d.h. wirtschaftlich, gerade nicht. IFRS 15.IE236 könnte aber in isolierter Interpretation u.U. so verstanden werden, dass dies für eine Qualifikation als Agent nicht ausreicht. U. E. wäre eine solche Interpretation jedoch unangemessen (Rz 81). Angesichts der klaren Ausprägung aller anderen Indikatoren ist U als Agent zu qualifizieren. U handelt deshalb kommis-

> sionsähnlich und weist nur die Differenz von Verkaufs- und Einkaufspreis als Erlös aus.

Bei der Tätigkeit eines **Reisebüros** oder einer äquivalenten Internetplattform ist Folgendes beachtlich:
Mit dem Flug- oder Bahnkartenverkauf verpflichtet sich das Reisebüro naturgemäß nicht zu einer Personenbeförderungsleistung. Eine solche scheidet als Leistungsverpflichtung also aus. Hieraus folgt aber noch nicht zwangsläufig, dass das Reisebüro lediglich Agent des Flug- oder Bahnunternehmens ist, also lediglich eine Beförderungsleistung als Quasi-Kommissionär vermittelt.
Nach IFRS 15.IE239ff. i.V.m. IFRS 15.BC381 könnte die „**originäre**" **Leistung** des Reisebüros im **Verkauf des Rechts auf Beförderung** bestehen. Dies würde aber z.b. voraussetzen, dass das Reisebüro nach Beauftragung durch den Kunden nicht erst die Airline anfragen muss, ob Plätze frei sind, sondern selbstständig einen Platz im Flugzeug vergeben kann.

- Nur wenn das Reisebüro auf eigenes Absatzrisiko bereits Tickets von der Airline erworben hat, um dann mit eigener Preisgestaltung Käufer für diese Tickets zu finden, gibt es mit den Tickets **selbst kontrollierte Leistungen** an seinen Kunden ab ((FRS 15.B35).
- In den meisten **praxisrelevanten Fällen** eines Ticketverkaufs wäre die Tätigkeit des Reisebüros unter diesen Umständen als Tätigkeit eines Agenten anzusehen.

Anders kann aber die Sachlage dann sein, wenn das Reisebüro auch **eigene Reisepakete** schnürt, etwa eine 5-tägige Busreise nach Pisa inkl. Übernachtung und Frühstück zu einem vom ihm festgelegten Gesamtpreis anbietet. Es ist dann regelmäßig i.S.v. §§ 651aff. BGB (und den analogen Umsetzungen der Pauschalreiserichtlinie in anderen EU-Ländern) als **Reiseveranstalter** (Veranstalter einer Pauschalreise) anzusehen und hat das gesamte Entgelt als Umsatzerlös zu erfassen. Auch bei Zusammenstellen eines Reisepaktes im **Internet zu einem Gesamtpreis** *(dynamic packaging)*[9] ist das im Internet auftretende Unternehmen i.d.R. Reiseveranstalter und damit Prinzipal.

Die Ausführungen in IFRS 15 lassen offen, **wessen Agent** das Berichtsunternehmen im Zweifelsfall ist, oder anders ausgedrückt, wer in der Terminologie von IFRS 15 Kunde des Agenten ist. Im Reisebürofall kann sich diese Frage etwa in folgender Konstellation stellen:

> **Beispiel**
> Ein Reisewilliger beauftragt das Reisebüro A, einen möglichst günstigen Flug von Frankfurt nach Singapur zu buchen. A findet für den geplanten Flugtermin die günstigste Möglichkeit bei Emirates und bucht nach Rücksprache mit dem Kunden diesen Flug. Der Kunde bezahlt das Ticket beim Reisebüro, dieses leitet den Betrag an die Airline weiter und erhält von dieser eine Provision.

---

[9] Vgl. Palandt, 74. Aufl. 2015, Einf. vor § 651a, Tz 4.

Die **Provisionsregeln** sprechen dafür, dass das Reisebüro **Verkaufskommissionär** oder Agent der Airline ist. Tatsächlich ist das Reisebüro aber nicht für die Airline auf die Suche nach Reisewilligen gegangen, sondern umgekehrt für den Reisewilligen auf die Suche nach einer möglichst günstigen Airline. Ist nun im Beispiel die Airline der Kunde i. S. v. IFRS 15, da sie das Entgelt in Form einer Provision zahlt? Hiergegen spricht, dass das Reisebüro der Airline gegenüber keine Leistungsverpflichtung *(performance obligation)* hat. Eine **Leistungsverpflichtung** besteht **nur gegenüber dem Reisewilligen**, der auf der Suche nach einem möglichst günstigen Flug war. Der Reisewillige bezahlt aber andererseits das Reisebüro nicht. Es gilt pointiert:
- Die Airline ist kein Kunde. Sie zahlt zwar, ihr gegenüber besteht aber keine Leistungsverpflichtung.
- Der Reisewillige ist ebenfalls kein Kunde. Er erhält zwar eine Leistung – Vermittlung des preisgünstigsten Flugs –, zahlt aber kein Entgelt an das Reisebüro.

Ein – von uns nicht geteilter – möglicher Schluss wäre, dass auf diesen Vorgang IFRS 15 gar nicht anwendbar ist.

85 Verallgemeinert stellt sich aber folgende Frage: Die Anwendungsbeispiele in IFRS 15 orientieren sich eher an dem einer Verkaufskommission ähnlichen Geschäft. Ob analog auch bei einer **Einkaufskommission** ähnlichen Geschäften Agententätigkeit anzunehmen und der Umsatz nur in **Margenhöhe** auszuweisen ist, wird nicht völlig klar. U. E. ist hier Zurückhaltung geboten. Ein Einkauf (beim Zulieferer) nach Bestellungseingang (vom Handelskunden) stellt im Großhandel längst keinen Ausnahmefall mehr dar. Eine Anwendung des Agentenkonzepts auf solche Fälle ist u. E. nicht nur aus Praktikabilitätsgründen nicht angezeigt. Sie würde auch nicht dem Zweck der Rechnungslegung dienen, interperiodische und zwischenbetriebliche Vergleiche zu ermöglichen, da je nach zeitlichen Abläufen (Bestellung beim Zulieferer vor oder nach Eingang der Kundenbestellung) und Bonitätsrisiken (mit oder ohne Vorkasse) die Umsätze trotz gleicher rechtlicher und tatsächlicher Verhältnisse unterschiedlich ausgewiesen würden.

86 Das **Remissionsrecht im Verlagswesen** führt anders als nach IAS 18[10] nach IFRS 15 i. d. R. nicht mehr zu einem kommissionsähnlichen Handeln der Zeitschriften- und Buchhändler- bzw. Pressegrossisten. Zwar besteht ein Rückgaberecht des Händlers für den Fall, dass er keinen Endabnehmer findet. Anders als bei der Konsignationslieferung (Rz 77) findet jedoch bei der Lieferung des Verlages an den Händler ein Übergang der Kontrolle statt (IFRS 15.B78a) und kann der Verlag das gelieferte Produkt nicht zurückfordern (IFRS 15.B78b). Vielmehr liegt ein *sale with a right of return* vor, bei dem der Verlag mit Lieferung an den Handel den Umsatz nach Abzug der verlässlich geschätzten Remissionsquote ausweist (Rz 175).

87 Als **branchenübergreifend** wichtiger Anwendungsfall der (möglichen) Agententätigkeit sind **Gütertransportleistungen** anzusehen, die der Lieferant **als** „Nebenleistung" anbietet, aber nicht selbst erbringt, sondern durch Speditionen oder Paketdienste erbringen lässt. Für die Frage, ob das liefernde Unternehmen

---

[10] Zu beiden Aspekten UNKELBACH, PiR 2008, S. 135 ff.

als Prinzipal und nicht als Einkaufsagent des Kunden oder Verkaufsagent des Transportunternehmens handelt, ist nach der **Preisgestaltung** zu differenzieren:
- Häufig erhält der Kunde die Ware „**versandkostenfrei**" oder gegen eine (oft invers) vom Preis der Ware abhängige **Versandkostenpauschale**. In diesen Fällen ist es allein Sache des Lieferanten, die Spedition auszuwählen und mit ihr den Preis auszuhandeln. Der Lieferant handelt als Prinzipal.
- Der Lieferant ist hingegen im Allgemeinen als Agent anzusehen, wenn dem Kunden nur die (meist volumen- und gewichtsabhängigen) **Versandkosten des Spediteurs weiterbelastet** werden.

Im **Internethandel** kommt meist der erste Fall zum Tragen.

Teilweise werden Überlegungen zur Prinzipal-Agent-Problematik im Schrifttum[11] auch für die Beurteilung **durchlaufender Kosten** (*out of pocket expenses*) herangezogen. Betroffen sind etwa **Beratungsunternehmen**, die neben dem eigentlichen Honorar auch **Reisekosten** (Flüge, Bahnfahrten, Pkw-Fahrten, Hotels usw.) in Rechnung stellen. Fraglich ist dann, ob die Erstattung dieser Kosten als Umsatzerlös oder als Reduktion der korrespondierenden Kosten zu verbuchen ist. Dies soll nach dem zitierten Schrifttum davon abhängen, ob das Beratungsunternehmen als Prinzipal Beförderungsmittel und Unterkunft selbst aussucht, die Preise selbst verhandelt und für die Zahlung der Tickets und Unterkünfte selbst verantwortlich ist oder umgekehrt Auswahl des Anbieters der Reiseleistung, Verhandlung des Preises und Bezahlung durch den Kunden des Beratungsunternehmens erfolgen. Unterschlagen wird dabei, dass für den zweiten Fall die Lösung bereits in den Sachverhalt hineingelegt ist: Da der Kunde des Beratungsunternehmens den Reiseanbieter bucht und bezahlt, ergeben sich beim Beratungsunternehmen gar keine durchlaufenden Kosten mehr, deren bilanzielle Behandlung zu beurteilen wäre.

88

Relevant ist somit nur der erste Fall. U. E. ist die Rechtsfigur des Agenten hier kaum geeignet, das Rechnungslegungsproblem zu lösen. Vielmehr gilt Folgendes: Das Beratungsunternehmen kauft die Tickets und Hotelübernachtungen nicht für den Kunden, sondern nutzt sie wie Arbeitsmittel oder den Firmen-Pkw, mit dem die Dienstreise durchgeführt wird, um seiner eigenen Arbeit nachzugehen. Der gesonderte Ausweis der Reisekosten im Rahmen der Abrechnung dient dann – ähnlich wie Stundennachweise bei einem vereinbarten Stundenhonorar – lediglich dem Nachweis, dass die Abrechnung auch insoweit berechtigt ist. Unabhängig davon, ob die Reisekosten extern entstehen (Autovermieter) oder intern (Nutzung Firmen-Pkw), sind sie daher bei Einbezug in die Rechnung als **Umsatzerlöse** zu erfassen.

5 Bestimmung und Aufteilung des Transaktionspreises

5.1 Überblick

Aus dem Transaktionspreis, d.h. dem vom Kunden für die IFRS 15 unterliegenden Leistungsverpflichtungen zu zahlenden Entgelt, ergibt sich der **insgesamt** aus einem Vertrag resultierende Erlös mit Kunden (Umsatzerlös). Für Zwecke der **Periodisierung** dieses Gesamterlöses ist der Transaktionspreis bei Mehr-

89

---

[11] Vgl. z. B. PWC, Revenue from contracts with customers, 2014, Kap. 20.4.

komponentengeschäften auf die einzelnen Komponenten aufzuteilen, wenn sich für diese unterschiedliche Realisationszeitpunkte ergeben. Somit bestehen zwei Aufgabenstellungen hinsichtlich des Transaktionspreises:
- Bestimmung (Rz 90) und
- Aufteilung (Rz 91).

90 Bei der **Bestimmung** des Transaktionspreises können sich folgende Probleme stellen:
- Der Zeitpunkt der Leistungserbringung und der vereinbarte Zahlungszeitpunkt weichen signifikant voneinander ab. Der Vertragspreis ist um diese **Finanzierungskomponente** zu bereinigen, um den auf die IFRS 15 unterliegenden Leistungsverpflichtungen entfallenden Transaktionspreis zu bestimmen (Rz 92).
- Die vertragliche Regelung enthält ein ganz oder in Teilen **variables Entgelt**, etwa erfolgs- oder mengenabhängige Preisbestandteile. Hier ist eine Schätzung des voraussichtlich aus der variablen Regelung resultierenden Betrags erforderlich, die besonderen Wahrscheinlichkeitsanforderungen unterliegt (Rz 97).
- Der Vertrag sieht neben Zahlungen des Kunden an das Unternehmen auch Zahlungen in umgekehrter Richtung, etwa als Platzierungsgebühren im Einzelhandel oder Werbekostenzuschüsse, vor. Hier stellt sich die Frage, ob diese **Zahlungen an den Kunden** als Reduktion des Transaktionspreises bzw. Minderung des Umsatzes zu würdigen sind oder Aufwand für eine vom Kunden erbrachte Leistung darstellen (Rz 109).
- Die Gegenleistung des Kunden besteht nicht in Geld, sondern in Sachleistungen (**Tauschgeschäfte**). Zu klären ist, wie der Transaktionspreis in solchen Fällen zu bemessen ist (Rz 113).
- Der Transaktionspreis oder Teile von diesem können Leistungsverpflichtungen zuzuordnen sein, die das Berichtsunternehmen zwar formal schuldet, die aber möglicherweise in substanzieller Betrachtung von einem anderen Unternehmen erbracht und vom Berichtsunternehmen lediglich vermittelt werden. Hier ist eine Unterscheidung notwendig, ob das Unternehmen als **Prinzipal** (in eigener Sache) oder als **Agent** (in fremder Sache) handelt (Rz 118).

91 Bei der **Aufteilung** des Transaktionspreises ist Folgendes beachtlich:
- Maßstab der Aufteilung sind nach IFRS 15 die **relativen Einzelveräußerungspreise**. Nicht in jedem Fall sind diese direkt beobachtbar. Sie müssen dann mit geeigneten Verfahren geschätzt werden (Rz 120).
- Das vertraglich festgelegte Entgelt unterschreitet häufig die Summe der Einzelveräußerungspreise der Güter bzw. Serviceleistungen. Durch die Verteilung des Transaktionspreises auf Basis der relativen Einzelveräußerungspreise wird dieser **Preisnachlass** automatisch auf die Komponenten des Vertrags verteilt. In begründeten – im Standard definierten – Ausnahmefällen ist jedoch eine Zuordnung des Preisnachlasses zu lediglich einer der Leistungsverpflichtungen erforderlich (Rz 122).
- Ähnlich ist bei **variablen Vergütungskomponenten** nicht immer eine Zuordnung zum Gesamtvertrag und damit eine Teilhabe an der relativen Aufteilung des Transaktionspreises geboten. In bestimmten Fällen kann auch die Zuordnung zu einer einzelnen Leistungskomponente notwendig sein (Rz 124).

5.2 Bestimmung des Transaktionspreises

5.2.1 Bereinigung des Entgelts um signifikante Finanzierungskomponenten

Beim **Transaktionspreis** handelt es sich gem. IFRS 15.A um das Entgelt, auf das das Unternehmen – aufgrund der Übertragung der zugesagten Güter bzw. Serviceleistungen an einen Kunden – erwartungsgemäß Anspruch hat. Bei der Ermittlung des Transaktionspreises ist der **Zeitwert des Geldes** zu berücksichtigen, sofern der zeitliche Anfall der Zahlungen entweder dem Kunden (Zahlung nach Erhalt der Leistung) oder dem leistenden Unternehmen (Zahlung vor Erbringung der Leistung) einen **signifikanten Finanzierungsvorteil** verschafft. Der vertraglich vereinbarte Preis ist für Zwecke der Bestimmung des Umsatzerlöses dann um die „signifikante Finanzierungskomponente" zu bereinigen (IFRS 15.60). Das Ziel der Berücksichtigung des Zeitwerts des Geldes besteht darin, die Erlöse in einer Höhe zu erfassen, die dem **Barverkaufspreis** *(cash selling price)* entspricht (IFRS 15.61).

92

Die Bereinigung ist nicht nur dann nötig, wenn die Finanzierungskomponente lediglich **implizit** durch den Zeitversatz zwischen Leistung und Gegenleistung gegeben ist. Auch Verträge mit **expliziten** Zinsregelungen bedingen Anpassungen, wenn der explizit vereinbarte Zins den tatsächlichen Gegebenheiten nicht entspricht (IFRS 15.60).

93

> **Beispiel**
>
> Implizite Finanzierungskomponente: Ein Anbieter von Unterhaltungselektronik wirbt mit „Null-Prozent-Finanzierung", d.h., ein bar für 480 EUR angebotenes Gerät kann stattdessen auch in 48 Monatsraten à 10 EUR bezahlt werden.
>
> Explizite Finanzierungskomponente: Ein Autohändler bietet Pkws mit einer „1,2 %-Finanzierung" mit 48 Raten an, d.h., ein Fahrzeug mit einem Listenpreis von 48.000 EUR kann mit (gerundet) 48 Monatsraten à 1.025 EUR erworben werden. Berücksichtigt man allerdings, dass Barzahler im Durchschnitt einen Rabatt von 10 % auf den Listenpreis des Fahrzeugs erhalten, also 43.200 EUR bezahlen, entsprechen die 48 Monatsraten von 1.025 EUR einer tatsächlichen Verzinsung von etwa 6,5 %. Nur 43.200 EUR darf der Händler als Verkaufsumsatz erfassen. Der „Rest" ist Zinsertrag.

Der für die Berechnung des Finanzierungsanteils zu verwendende **Zinssatz** ist **konzeptionell** der Zins, den das Unternehmen dem Kunden in einer separaten Finanzierungsvereinbarung bei Vertragsabschluss unter Berücksichtigung der Bonität und der Sicherheiten – auch der Sicherheit aus dem Liefergegenstand selbst (Eigentumsvorbehalt) – berechnen würde. **Praktisch** darf dieser Zinssatz als **interner Zinsfuß** ermittelt werden. Der interne Zinsfuß ist der Zins, der – angewandt auf die Zahlungsströme – zu einem Barwert führen würde, der dem effektiven Barverkaufspreis unter Berücksichtigung üblicher Rabatte entsprechen würde (IFRS 15.64). Im vorstehenden Kfz-Beispiel (Rz 93) entspricht dies etwa dem rabattierten Preis von 43.200 EUR und nicht dem Listenpreis von 48.000 EUR.

94

95 IFRS 15.62 normiert einige **Ausnahmetatbestände**, in denen keine signifikante Finanzierungskomponente vorliegt.
- Der Kunde zahlt für den Erhalt von Gütern bereits im Vorhinein, der Zeitpunkt der Erfüllung der Leistungsverpflichtung durch das Unternehmen liegt aber im Ermessen des Kunden (Lieferung auf Abruf).
- Ein wesentlicher Teil der Vergütung ist variabel und hängt von dem Eintritt künftiger, von keiner der Parteien kontrollierbaren Ereignissen ab (z.B. umsatzabhängige Gebühr für den Erwerb einer Lizenz).
- Die Differenz zwischen vereinbarter Vergütung und Barverkaufspreis dient nicht der Finanzierung, sondern anderen Zwecken, z.B. im Falle einer Dauerleistung gegen ein Vorabentgelt der Reduzierung von Kosten des Debitoren-Management und der Dauerhaftigkeit der Kundenbeziehung (IFRS 15.IE152ff.) oder bei einem langfristigen Fertigungsauftrag der Absicherung eines hinter dem Leistungsfortschritt zurückbleibenden Zahlungsplans (IFRS 15.IE143ff.).

Darüber hinaus existiert noch eine **praktische Erleichterung**: Von einer Berücksichtigung des Zeitwerts des Geldes kann abgesehen werden, wenn bei Vertragsbeginn erwartet wird, dass der Zeitraum zwischen Erfüllung der Leistungsverpflichtung und Zahlung **nicht mehr als ein Jahr** beträgt (IFRS 15.63). Diese Ausnahme ist Ausdruck des Wesentlichkeitsprinzips und lässt Rückschlüsse auf die Behandlung anderer Fälle zu. Wenn der Standardsetter selbst bei Verzicht auf jede explizite Verzinsung („Null-Prozent-Finanzierung") Zinseffekte aus einem Zeitversatz von bis zu einem Jahr für unwesentlich erklärt, ist u.E. bei einer expliziten, aber vom angemessenen Zinssatz abweichenden Vereinbarung (z.B. „1 %-Finanzierung" bei einem angemessenen Zins von 3 %) eine von den vertraglichen Vereinbarungen abweichende Diskontierungsrechnung (im Beispiel mit 3 %) u.U. auch dann entbehrlich, wenn der Zeitversatz deutlich mehr als ein Jahr beträgt.

96 Die Effekte der Finanzierung (**Zinsaufwendungen bzw. -erträge**) sind in der Gesamtergebnisrechnung **separat** von den Erlösen aus Verträgen mit Kunden auszuweisen (IFRS 15.65, .IE140, .IE143ff.). Zinsaufwendungen bzw. -erträge werden **nur so weit erfasst**, als aus einem Kundenvertrag ein vertraglicher Vermögenswert, eine Forderung (*receivable*) oder eine vertragliche Schuld erfasst wird (IFRS 15.65).

5.2.2 Variable Vergütungen

97 Ist das vertragliche Entgelt ganz oder in Teilen variabel, wird eine Schätzung des voraussichtlich aus der variablen Regelung resultierenden Betrags erforderlich (IFRS 15.50), die besonderen Wahrscheinlichkeitsanforderungen unterliegt (Rz 101).
Die Variabilität kann bezogen auf den „Grundpreis" nicht nur nach oben, also **erhöhend** ausgestaltet sein, sondern auch **mindernd**, etwa in der Form eines Preisnachlasses, der bei Überschreitung bestimmter Bestellmengen für alle, auch für die schon gelieferten Güter gewährt wird (**mengenabhängige Boni**; Rz 105). Auch Zusatzentgelte für die besonders gelungene Erreichung bestimmter Vertragsziele (z.B. Prämie für das Überschreiten garantierter Mindestleistungsmerkmale oder für die vorzeitige Fertigstellung eines Bauvorhabens) und umgekehrt

Vertragsstrafen (z.B. für die verzögerte Erbringung einer Leistung) haben den Charakter eines variablen Entgelts (IFRS 15.51). Der Transaktionspreis ist unter Berücksichtigung des variablen Teils zu jedem Bilanzstichtag **erneut zu schätzen** (IFRS 15.59).

Die Variabilität muss sich nicht explizit aus vertraglichen Rechten und Pflichten ergeben, sondern kann auch die Form von rechtlich nicht geschuldeten, aber nach dem allgemeinen **Geschäftsgebaren** oder den konkreten Vertragszielen erwartbaren **Preiszugeständnissen** haben (IFRS 15.52). Hierzu folgendes Beispiel in Anlehnung an IFRS 15.IE7ff.:   98

> **Beispiel**
> Ein Unternehmen verkauft Kücheneinrichtungen für 2 Mio. EUR an ein neues Möbelhaus in einer noch strukturschwachen Region, erwartet aber angesichts zahlreicher schon genehmigter Ansiedlungsvorhaben von Privaten und Unternehmen einen baldigen Aufschwung der Region. Das Unternehmen geht davon aus, dass der Kunde im Nachhinein wegen noch schleppender Absätze Preiskonzessionen in der Größenordnung von 20 % verlangen wird, und würde diesem angesichts erwarteter mittelfristig lukrativer Geschäftsmöglichkeiten entsprechen.
> Die Differenz zwischen dem Vertragspreis und der erwarteten Vergütung stellt einen nicht vertraglich fixierten Preisnachlass dar.

Der praktische Anwendungsbereich dieser besonderen, schon bei Vertragsschluss erwarteten, aber nicht vereinbarten Preiskonzessionen ist nicht allzu groß (vgl. aber Rz 208 zur Softwareindustrie). In vielen Fällen wird sich die Konzessionsfrage erst im Nachhinein angesichts von Absatz- und Zahlungsschwierigkeiten des Kunden stellen und betrifft dann nur die **Wertberichtigung** der Forderungen aus Lieferung und Leistung, nicht den Umsatz. Ist ein signifikant über dem Üblichem liegendes (Teil-)Ausfallrisikos des Kunden bereits bei Vertragsschluss bekannt, stellt sich **einzelfallabhängig** die Frage, ob ein gleichwohl ohne besondere Sicherung geschlossener Vertrag eine normale unternehmerische Risikoentscheidung darstellt oder durch Umstände, Strategien usw. ein Fall der verdeckten Preiskonzession indiziert ist (IFSR 15.BC 194).

Formell rechnet IFRS 15 auch aus **Rückgaberechten** resultierende Unsicherheiten über den endgültig beim Unternehmen verbleibenden Transaktionspreis zu den variablen Vergütungen (IFRS 15.51), verweist aber für deren Behandlung in IFRS 15.55 auf die besonderen Vorschriften der IFRS 15.B20ff. (Rz 173).   99

Die **Ermittlung** der variablen Vergütung basiert – je nachdem, welche Methode das Unternehmen für besser geeignet hält – entweder auf dem **Erwartungswert** oder auf dem **wahrscheinlichsten Wert (IFRS 15.53)**.   100
- Der Erwartungswert empfiehlt sich im Falle einer großen Zahl ähnlicher Verträge (IFRS 15.53a).
- Der wahrscheinlichste Wert ist im Falle von nur zwei möglichen Ergebnissen (z.B. Erreichung oder Verfehlung einer Leistungsprämie) heranzuziehen (IFRS 15.53b).

In einem einzigen Vertrag können beide Schätzverfahren zur Anwendung gelangen, so etwa nach IFRS 15.IE105ff., wenn beim Bau einer Anlage eine

Prämie/Strafe für jeden Tag des Unterschreitens/Überschreitens der vertraglichen Frist anfällt sowie eine Sonderzahlung bei Erreichen bestimmter qualitativer Leistungsziele. Die fristbezogene Zahlung ist dann im Erwartungswertverfahren zu schätzen, die Erlangung/Nichterlangung der Qualitätsprämie mit dem wahrscheinlichsten Wert.

101 Die so vorgenommene „neutrale" Schätzung rechtfertigt allerdings noch nicht den Einbezug in den Transaktionspreis. In Ausformung eines speziellen – im Widerspruch zu den Vorgaben des Framework (neutrale Bewertungen) stehenden – **Vorsichtsgedankens**[12] verlangt IFRS 15.46 i.V.m. IFRS 15.56 Folgendes: Der geschätzte variable Betrag darf nur insoweit in den Transaktionspreis einbezogen werden, wie es **hoch wahrscheinlich** *(highly probable)* ist, dass es dadurch bei Auflösung der Unsicherheit zu **keiner signifikanten Umkehr** (Stornierung) der kumulativ bereits erfassten Erlöse kommen wird (IFRS 15.46 i.V.m. 15.56f.). **Indikatoren**, die gegen eine ausreichende Wahrscheinlichkeit sprechen, sind gem. IFRS 15.57:

- Die Vergütung hängt von **hoch volatilen Faktoren** außerhalb der Kontrolle des Unternehmens ab.
- Die Unsicherheit über die Vergütungshöhe bleibt während eines **langen Zeitraums** bestehen.
- Das Unternehmen hat nur **geringe Erfahrungen** mit ähnlichen Verträgen bzw. Regelungen oder die Erfahrungen haben (etwa wegen geänderter Umstände oder hoher Varianz der Vergangenheitswerte) nur einen geringen Vorhersagewert.
- Das Unternehmen hat bei vergleichbaren Verträgen häufig und mit unterschiedlichsten Werten **Preiszugeständnisse** und Zugeständnisse bei Zahlungsbedingungen gewährt.
- Der Vertrag weist eine hohe Anzahl möglicher, **weit auseinanderliegender Vergütungshöhen** auf.

102 Die Wahrscheinlichkeitsanforderung bezieht sich von der Wirkungsseite (keine signifikante Umkehr bereits erfasster Erlöse) inhaltlich nicht allein auf den variablen Teil, sondern auf die **insgesamt** bereits erfassten Erlöse. Dabei bleibt allerdings unklar, ob sich die Signifikanz als relative Größe aus dem Verhältnis des potenziellen Umkehrbetrags zum insgesamt aus dem **Vertrag** erfassten Erlös ergibt oder der potenzielle Umkehrbetrag nur in Bezug zu dem auf die **betroffene Leistungsverpflichtung** entfallenden Erlös zu setzen ist.[13] U.E. ist die erste Interpretation vorzuziehen, da die Vorschriften des IFRS 15.56f. im Kapitel *„Determining the transaction price"* und nicht im Kapitel *„Allocating the transaction price to performance obligations"* platziert sind.
Unabhängig von dieser Einschätzung bleibt es aber dabei, dass sich die Signifikanzanforderung nicht nur auf den variablen Vergütungsteil bezieht, sondern der fixe mit einzubeziehen ist.[14] Dies impliziert: **Je geringer der variable Anteil** am Entgelt ist, umso weniger signifikant sind Fehleinschätzungen hinsichtlich des variablen Teils und umso schwächer sind daher die an die Wahrscheinlichkeitsbeurteilung zu stellenden Anforderungen. Vor allem bei zeitraumbezogenen

---

[12] Vgl. auch KPMG, Revenue form Contracts with Customers 2014, S. 40.
[13] Vgl. PWC, Revenue from Contracts with Customers, 2014, Kap. 4.3.
[14] Gl.A. ERNST & YOUNG, International GAAP 2015, Ch 29 sCh5.1.2.

Leistungen mit sukzessiver Umsatzrealisierung spielt zusätzlich eine Rolle, ob sich die Unsicherheit ohnehin voraussichtlich erst bei weit **fortgeschrittenem Leistungsstadium** auflösen wird. Je näher der zu erwartende Zeitpunkt dieser Auflösung an die Vollendung der Leistung heranreicht, umso weniger wahrscheinlich ist eine signifikante Umkehr bereits verbuchter Umsatzerlöse.

> **Beispiel**
> Für den Bau einer kundenspezifischen Anlage erhält U neben dem Festpreis von 2 Mio. EUR eine Prämie von 0,2 Mio. EUR, wenn die Anlage statt zum 30.6.02 schon zum 31.3.02 fertig ist. U ermittelt den Leistungsfortschritt inputorientiert nach der *cost-to-cost*-Methode. Am 31.12.01 ist die Leistung danach zu 75 % erbracht. U hätte danach einen Umsatz von 1,5 Mio. EUR ohne Prämie und von 1,65 Mio. EUR mit Prämie auszuweisen. Angenommen sei, dass U sich aufgrund von positiven Erfahrungen mit ähnlichen Objekten für 1,65 Mio. EUR entscheiden will.
> Sofern U nun bis zum 31.3. zwar nicht alle Restarbeiten (25 %), aber doch den größten Teil (20 %) erledigt, wäre der Umsatz per 31.3.02 95 % von 2 Mio. EUR, also 1,9 Mio. EUR. Zu einer Umkehrung der kumulierten bis zum 31.12.01 erfassten Umsatzerlöse käme es nicht.
>
> **Variante**
> Wegen eines massiven Wintereinbruchs ruhen die Arbeiten im Januar und Februar. Bis zum 31.3. wird der Leistungsfortschritt daher nur von 75 % auf 80 % erhöht. Danach wären per 31.3.02 80 % von 2 Mio. EUR, also 1,6 Mio. EUR, als Umsatz auszuweisen. Es käme also zu einer Umkehr (allerdings einer kaum signifikanten).

Im Beispiel wird unterstellt, dass der auf Umkehrgefahren zu prüfende **kumulierte Umsatz** der bis zum Datum des letzten vorhergehenden Abschlusses ist. Dies würde eine unterschiedliche Behandlung von Quartals- und Jahresbilanzierern implizieren. Eine Gleichstellung ergäbe sich nur, wenn nicht auf die kumuliert in Abschlüssen erfassten Umsatzerlöse, sondern auf die in der Buchhaltung erfassten abgestellt würde.

Hängt die variable Vergütung von Umständen ab, die sich erst in Perioden **nach dem Zeitpunkt der Leistungsvollendung** klären, ergibt sich bei zunächst positiver Einschätzung der Umstände stets das Risiko einer Umkehrung bereits verbuchter Umsatzerlöse. In diesem Fall sind daher bei Signifikanz des variablen Anteils besonders **hohe Anforderungen** an die Wahrscheinlichkeit eines positiven Ausgangs zu stellen.

103

> **Beispiel**
> Medizingerätehersteller U liefert an Krankenhaus K ein besonders innovatives, aber mit 2 Mio. EUR auch besonders teures MRT-Gerät. Der vereinbarte Grundpreis reduziert sich um 0,5 Mio. EUR, wenn das Krankenhaus nicht binnen 2 Jahren nach Inbetriebnahme des Geräts mindestens 2.000 abrechenbare Diagnosen vornimmt. Die Inbetriebnahme erfolgt Ende 01.

> **Beurteilung**
> Geht U bei seiner Schätzung des Transaktionspreises von einem Erreichen der Diagnosezahl und damit von einem Transaktionspreis von 2 Mio. EUR aus und bestätigt sich diese Einschätzung später nicht, so kommt es in 03 zu einer signifikanten Umkehrung des zunächst in 01 realisierten Umsatzes. U darf daher nur dann in 01 schon 2 Mio. EUR Umsatz verbuchen, wenn die Erreichung der Fallzahl hoch wahrscheinlich ist. Erfahrungen der Vergangenheit können eine solche Einschätzung möglicherweise nicht belegen, weil das Gerät neu (innovativ) ist.

104 Die notwendige Wahrscheinlichkeit kann u. U. nur für einen **Teil des variablen Entgelts** gegeben sein. Dann ist dieser Teil in den Transaktionspreis einzubeziehen. Hierzu das Beispiel eines *Contracting*:

> **Beispiel**
> Contractor C erneuert die Heizungsanlage vom Kunden K und erhält hierfür neben einer fixen Vergütung von 1 Mio. EUR eine Vergütung von 50 TEUR für je 5 % Reduktion der Heizkosten, die im 1. Betriebsjahr der Neuanlage unter Berücksichtigung einer rechnerischen Anpassung an ein klimatisches Normaljahr im Vergleich zur Altanlage erzielt werden.
> C rechnet nach Erfahrungen mit ähnlichen Anlagen und Gebäuden mit Folgendem:
>
> | Reduktion Verbrauch um | variables Entgelt | Wahrscheinlichkeit | Erwartungswert |
> |---|---|---|---|
> | 5 % | 50 | 5 % | 2,5 |
> | 10 % | 100 | 80 % | 80,0 |
> | 15 % | 150 | 5 % | 7,5 |
> | 20 % | 200 | 5 % | 10,0 |
> | 25 % | 250 | 5 % | 12,5 |
> | | | 100 % | 112,5 |
>
> C bezieht nicht 112,5 TEUR (den Erwartungswert) in den Transaktionspreis ein, sondern 80 TEUR, weil nur mit einer Wahrscheinlichkeit von 5 % ein schlechteres Ergebnis und damit eine (signifikante) Umkehr von Erlösen denkbar ist.

105 Der variable Teil des Transaktionspreises muss nicht immer komplex gestaltet sei. Auch „triviale" Anwendungsfälle wie etwa **Skonti** für rechtzeitige Zahlung oder **mengenabhängige Boni** (Rz 107) begründen Variabilität. Hier ist das erwartete Zahlungsverhalten (Skonti) bzw. die erwartete Mengenabnahme (Boni) zu schätzen und zu beurteilen, ob auf Basis des geschätzten Wertes eine signifikante Umkehr der Erlöse hoch unwahrscheinlich ist.

106 Bei **umsatz- oder absatzorientierten Vergütungen für Lizenzen** gilt für den Lizenzgeber gem. IFRS 15.58 die Sonderregelung des IFRS 15.B63. Hiernach

führt die variable Vergütung jeweils nur dann und insoweit zu Umsatzerlösen, als die das Lizenzentgelt begründenden Um- oder Absätze des Lizenznehmers stattfinden. Dies bedeutet dem Grunde nach beim Lizenzgeber eine Realisierung erst in den jeweiligen Nutzungsperioden (Rz 199).

5.2.3 Erlösschmälerungen

Nach IAS 1.36 sind bestimmte Erlöse mit gewährten Preisnachlässen und Rabatten zu **saldieren**. Entsprechend ist mit in bar gewährten Boni zu verfahren. Anders kann je nach konkreter Ausgestaltung bei Sach-Boni, etwa im Falle von Kundenbindungs- bzw. **Treueprämienprogrammen**, umzugehen sein (Rz 69). 107

Mit **Skonti** ist nach noch zu IAS 18 ergangener Auffassung des IFRIC[15] wie folgt zu verfahren:
- Bei kurz vor dem Stichtag erfolgten Verkäufen und einer erst nach dem Stichtag endenden Skontofrist ist die Umsatzkürzung noch in **alter Rechnung** und der Höhe nach auf Basis des wahrscheinlichen Zahlungsverhaltens vorzunehmen.
- Nach dem Stichtag erlangte Erkenntnisse sind wie ein werterhellender Tatbestand zu berücksichtigen.

U. E. kann dem wegen der Fundierung dieser Ansicht durch IAS 10 auch für IFRS 15 gefolgt werden.

5.2.4 Nachträgliche Minderung des Rechnungspreises

Kommt es nachträglich zur Anpassung des Rechungspreises nach unten, sei es nach Fälligkeit der (Teil-)Zahlungen oder vorher, so ist zu prüfen, ob hier eine bonitätsbedingte Wertberichtigung des vertraglichen Vermögenswertes bzw. der Forderung vorliegt (Behandlung nach IFRS 9) oder eine umsatzkürzende Anpassung des Transaktionspreises. 108

5.2.5 Zahlungen an den Kunden – Gesonderter Leistungstausch oder Minderung des Transaktionspreises

Der Verkauf kurzfristiger Konsumgüter (Lebensmittel, Kosmetika etc.) konzentriert sich immer stärker auf wenige Handelsketten. Die dadurch entstehende **Einkaufsmacht** wird u. a. für die Erhebung von „**Einstandsgebühren**" genutzt. Der Produzent zahlt eine Platzierungsgebühr *(slotting* oder *placement fee)*, um gelistet, d. h. überhaupt oder speziell in die günstiger gelegenen Verkaufsregale aufgenommen zu werden. Drei Varianten der buchmäßigen Behandlung dieser Gebühren sind diskussionswürdig: 109
- Aktivierung als immaterieller Vermögenswert (Belieferungsrecht),
- Verbuchung als Aufwand (Vertriebskosten),
- Verbuchung als Erlösminderung.

Die erste Lösung scheitert regelmäßig schon am **fehlenden Exklusivrecht**: Die Machtverhältnisse sind hier anders als bei der Einstandszahlung einer Brauerei für den exklusiven Bierbezug einer Gaststätte. Die Handelsketten lassen sich auf Exklusivvereinbarungen kaum ein. Selbst wo dies ausnahmsweise der Fall ist, werden keine Mengenabnahmen und keine längerfristigen Platzierungen garan-

---

[15] IFRIC, Update Juli 2004, Agenda Rejection („Non-IFRIC").

tiert. Der potenzielle Nutzen der Platzierung – Aktivierungsvoraussetzung nach IAS 38.21 (→ § 13 Rz 18) – ist unter diesen Umständen nicht hinreichend verlässlich belegbar.
Eher ist eine Nähe zu den in IAS 38.69c mit einem **Aktivierungsverbot** belegten Vertriebs- und Werbekosten erkennbar (→ § 13 Rz 68), bei einem neuen Produkt ggf. auch zu den ebenso zu behandelnden „*pre-operating cost for launching new products*" (IAS 38.69a). Jedenfalls dienen die Aufwendungen dem Vertrieb der (neuen) Produkte.
Im Vergleich zu anderen **vertriebsfördernden** Kosten (z. B. Handelsvertreterprovisionen oder Werbeaufwendungen) besteht aber eine Besonderheit: **Empfänger** der Zahlung ist nicht ein Dritter, sondern der **Abnehmer** der Produkte. Wenn der Handel die Produkte nur kauft, sofern ihm der Produzent eine Sonderzahlung leistet, hat die Zahlung den Charakter eines besonderen **Rabatts** oder Bonus. Der Unterschied zu normalen Rabattierungen besteht dann hauptsächlich im **Zeitelement**: Die Platzierungsgebühr entsteht vor dem Verkauf, der normale Rabattanspruch danach. Die Regelungen in IFRS 15 sehen diesen Unterschied als nicht wesentlich an und verlangen daher im **Regelfall** auch die Behandlung von an den Käufer geleisteten Vorabzahlungen (Platzierungsgebühren etc.) als Erlösminderung.

110 Im Einzelnen gilt nach IFRS 15.70 ff. Folgendes:
- Wenn die Gegenleistung des Kunden nicht (ausnahmsweise) eigenständig i. S. v. IFRS 15.26 ff. ist (Rz 54), liegt eine **Minderung des Transaktionspreises** vor.
- Ist die Leistung zwar eigenständig, überschreitet das Entgelt aber den *fair value* der Leistung, ist der überschießende Teil als Minderung des Transaktionspreises anzusehen.
- Kann der *fair value* **nicht verlässlich** bestimmt werden, mindert das gesamte Entgelt den Transaktionspreis.

111 Hinsichtlich des **Zeitpunkts** der Umsatzkürzung gilt: Eine Minderung des Transaktionspreises ist nicht schon dann anzusetzen, wenn die **Zahlung** an den Kunden **geleistet** oder (i. S. d. Begründung einer rechtlichen oder faktischen Verbindlichkeit) **versprochen** wird, vielmehr muss auch der korrespondierenden Umsatz bereits zu erfassen sein (IFRS 15.72b).
Zum Ganzen folgendes Beispiel:

Beispiel
Die M AG ist Markenartikelhersteller von Schokolade und erzielt ihren Umsatz hauptsächlich gegenüber Handelsketten. Diese verlangen neben üblichen Preiszugeständnissen (Boni etc.) besondere Zuschüsse und Gebühren. So muss M etwa vorab pro Jahr sog. **Werbekostenzuschüsse** zahlen. Als „Gegenleistung" wird in den Wochenzeitungen usw. beigelegten Werbeprosekten des Händlers auch für die Produkte der M geworben. M hat keinen Einfluss auf die Größe und Häufigkeit der Werbeanzeige, die Verteilungsreichweite usw. und keinen Rückerstattungsanspruch, wenn die Werbeleistung unbefriedigend ist.
Außerdem verlangen einige Händler **Platzierungsgebühren** dafür, dass die Ware der M in den Verkaufsmärkten in besserer Regalposition (etwa augen-

> hoch statt bodennah) präsentiert wird. Die dafür pro Jahr vorab gezahlte Gebühr wäre zu erstatten, wenn der Händler eine schlechtere Platzierung als abgesprochen vornehmen würde.

Für die Beurteilung der **Werbekostenzuschüsse und Platzierungsgebühren** kommt es darauf an, ob das zahlende Unternehmen hierfür eine eigenständige Leistung erhält. Für die Konkretisierung des Kriteriums eigenständige Leistung *(distinct good or service)* liefert IFRS 15.IE160 nur ein, hier nicht unmittelbar einschlägiges Beispiel. Wichtiger ist ein Hinweis in den *Basis of Conclusions*. „*Previous requirements in US GAAP ... used the term `identifiable benefit'... The boards concluded that the principle in IFRS 15 for assessing whether a good or service is distinct is similar to the previous requirements in US GAAP*." Demnach sind die tiefergehenden Konkretisierungen in den (früheren) US-GAAP Regelungen auch für die IFRS heranzuziehen. Sie sahen in EITF 01–09 Folgendes vor:
- Bei Zahlungen an einen Kunden besteht die Grundvermutung, dass diese erlösmindernden Charakter haben.
- Diese Vermutung lässt sich nur widerlegen, wenn ein **identifizierbarer Nutzen** (*identifiable benefit*) der formell vereinbarten Gegenleistung belegt werden kann.
- Dies setzt u. a. voraus, dass die Leistung auch bei einem Dritten hätte beschafft werden können. Für die Platzierungsgebühr scheidet die **Drittbezugsmöglichkeit** aus. Sie sind erlösmindernd zu buchen. Bei den Werbekostenzuschüssen scheitert eine Widerlegung der Grundvermutung meist am **Fehlen fremdüblicher Konditionen** (Vereinbarung der Intensität der Werbung, Nachweis der Wahrung der Vereinbarung, Rückerstattung bei Nichtwahrung usw.).

Die Regeln von IFRS 15 halten wir für sachgerecht. Die Erfindung immer neuer „Gebühren" (z. B. Delkredereprovision an die Konzernmutter des Abnehmers oder Werbekostenzuschüsse) hat weniger mit substanziell neuen Leistungsspektren zu tun als mit dem Karrierewettbewerb der Einkäufer und der internen Konkurrenz zwischen den Profitcentern der Handelskonzerne. Aus wirtschaftlicher Sicht geht es immer darum, den Einkaufspreis zu mindern – und damit den Erlös der Hersteller zu **schmälern** –, einerlei wie die jeweilige Gebühr oder Erlösminderung nun benannt wird.

5.2.6 Tausch

Ein Unternehmen kann Güter oder Serviceleistungen statt gegen einen Geldanspruch auch gegen einen Anspruch auf Sachleistungen erbringen. Bei derartigen Tauschgeschäften ist zweierlei zu prüfen:
- Erfassung **dem Grunde nach**: Je nach Tauschgegenstand (ähnliche oder unähnliche Güter), Verhältnis der Parteien (gleiche oder unterschiedliche Branchen) und Zweck des Tauschgeschäfts (Bilanzpolitik oder wirtschaftliche Gründe) führt der Tausch möglicherweise gar nicht zu einem Umsatz. Hierzu wird auf Rz 13 und Rz 20 verwiesen.
- Erfassung **der Höhe nach**: Liegt dem Grunde nach ein Umsatz vor, ist weiter zu prüfen, mit welchem Wert dieser zu erfassen ist.

Der zweite Punkt zielt auf die Bestimmung des Transaktionspreises. Er ergibt sich nach IFRS 15.66 aus dem **Zeitwert** (*fair value*) **der erhaltenen Gegen-**

§ 25 Erlöse aus Verträgen mit Kunden

leistung, korrigiert um evtl. Barelemente der Transaktion. Eine „Buchwertfortführung", bei der der Buchwert des abgehenden Vermögenswertes den Erlös sowie daneben die Anschaffungskosten des neuen Gutes bestimmt, ist nicht zulässig.

Unklar bleibt in IFRS 15, auf welchen **Zeitpunkt** der *fair value* der erhaltenen Gegenleistung zu bestimmen ist. Bei **preisvolatilen Gegenleistungen** (etwa Aktien oder börsennotierte Rohstoffe) kann der Bewertungszeitpunkt eine wichtige Rolle spielen. Infrage kommt der Zeitpunkt des Vertragsschlusses, der Zeitpunkt der Erfüllung der Leistungsverpflichtung des Berichtsunternehmens oder der Zeitpunkt des Erhalts der Gegenleistung. Eine analoge Problematik besteht bei Fakturierung in Fremdwährung (→ § 27). Hier ist der Umsatz mit dem Kurs des eigenen Leistungszeitpunktes einzubuchen. Wechselkursänderungen zwischen Vertragsschluss und Leistungszeitpunkt sind unerheblich, Wechselkursänderungen zwischen Leistungszeitpunkt und Zeitpunkt des Eingangs der Gegenleistung (Zahlungszeitpunkt) berühren die Bewertung der Forderung aus Lieferung und Leistung, aber nicht mehr die Höhe des Umsatzes. Eine analoge Anwendung auf Tauschgeschäfte, d.h. eine Bewertung auf den Zeitpunkt der **Erfüllung der eigenen Leistungsverpflichtungen** halten wir für angemessen. Sie impliziert das bei späterer Erfüllung der Gegenleistungsverpflichtung zunächst eine Sachleistungsforderung eingebucht wird, die dann bis zu Erfüllung der Sachleistung fortzuschreiben ist.

> **Beispiel**
> B liefert am 1.10.01 Waren an Kunde K und erhält im Gegenzug am 2.1.02 Rohstoffe von K. Die Rohstoffe haben folgenden *fair value*:
> - bei Vertragsschluss: 95,
> - bei Warenlieferung (1.10.01): 120,
> - zum Bilanzstichtag (31.12.01) sowie bei Rohstofflieferung (2.1.02): 105.
>
> **Buchungen**
> 1.10.01: Per Sachleistungsforderung 120 an Umsatz 120
> 31.12.01: Per Aufwand 15 an Sachleistungsforderung 15
> 2.1.02: Per Vorräte 105 an Sachleistungsforderung 105

115 Kann der *fair value* der erhaltenen Leistung **nicht verlässlich** bestimmt werden, ist **hilfsweise** auf die Einzelveräußerungspreise (*stand alone selling prices*) der vom Berichtsunternehmen selbst erbrachten Leistungen zurückzugreifen, wobei im Fall von nach Art des Kunden (Großhändler, Endverbraucher usw.) differenzierenden Preisen der jeweils zutreffende Preis maßgeblich ist (IFRS 15.67, .IE156ff.). Die früher in SIC 31 enthaltene Regelung, wonach kein Erlös zu erfassen ist, wenn der *fair value* der Gegenleistung nicht verlässlich bestimmt werden kann, ist durch IFRS 15 entfallen. Einer Erlöserfassung kann aber entgegenstehen, dass es der Transaktion an wirtschaftlichem Gehalt *(commercial substance)* mangelt (Rz 36).

> **Beispiel**
> Eine Zeitung kann ihren Anzeigenraum nicht mehr voll zu „vernünftigen" Preisen veräußern. Einem privaten Radiosender geht es ähnlich mit seinen

> Werbezeiten. Sie vereinbaren deshalb eine Rundfunkwerbung in der Zeitung im Tausch gegen Werbespots des Rundfunksenders für die Zeitung.
> Nach SIC 31 konnte eine Erlösrealisierung bei der Zeitung daran scheitern, dass der *fair value* der empfangenen Gegenleistung nicht verlässlich bestimmbar war, etwa weil Werbezeiten zu völlig unterschiedlichen Preisen (vom Listenpreis bis zu 90 % Abschlag darauf) veräußert wurden.
> Nach IFRS 15 muss die Zeitung in einem solchen Fall auf die Preise der eigenen Leistungen (Anzeigen) abstellen, dabei naturgemäß berücksichtigen, wenn wegen schwacher Auftragslage Großinserenten enorme Preisnachlässe gewährt werden. Vorauszusetzen ist dabei, dass der Tausch überhaupt einen realen (nicht nur bilanzpolitischen) Zweck verfolgt, also wirtschaftlichen Gehalt hat; fehlt es daran, kommt es auch nach IFRS 15 nicht zu Umsatz.

Stellt der Kunde dem Berichtsunternehmen Güter oder Dienste zur Verfügung, um die Erfüllung von ihm gegenüber bestehenden Leistungsverpflichtungen des Berichtsunternehmen zu erleichtern (**Beistellung von Material, Arbeit** usw.), liegt ein Tauschgeschäft nur vor, wenn das Berichtsunternehmen ausnahmsweise dauerhaft die Kontrolle über die „beigestellten" Leistungen erhält (IFRS 15.69). 116

Wegen der Regelungen, die beim Tausch von Anlagevermögen gelten, wird auf IAS 16.24 (→ § 14 Rz 13) und IAS 38.45 (→ § 13 Rz 25 und 82) verwiesen. 117

5.2.7 Prinzipal oder Agent

Soweit das Berichtsunternehmen Leistungen an den Kunden ganz oder teilweise nicht **in eigener Sache**, sondern z. B. wie ein Kommissionär oder wirtschaftlich ähnlich Handelnder für einen Dritten erbringt, ist nicht das vom Kunden entrichtete Bruttoentgelt als Transaktionspreis und Umsatz anzusehen, sondern nur die kommissionsähnliche Provision, also das **netto** beim Berichtsunternehmen verbleibende Entgelt (IFRS 15.B36). Wegen Anwendungsbeispielen wird wie folgt verwiesen: 118

- **Internethandel** (Rz 82),
- **Reisebüroleistungen** (Rz 83),
- **Transportleistungen als Nebenleistungen** einer Lieferung (Rz 87).

5.3 Aufteilung des Transaktionspreises auf die Leistungsverpflichtungen

5.3.1 Relative Einzelveräußerungspreise

Enthält ein Vertrag mit einem Kunden lediglich eine einzige Leistungsverpflichtung oder zwar mehrere, aber zeitgleich erfüllte (Rz 52), so erübrigt sich eine Aufteilung des Transaktionspreises. Umfasst ein Vertrag hingegen mehrere Leitungsverpflichtungen, die nicht synchron erfüllt werden, so ist der Transaktionspreis zu verteilen. Dies geschieht im **Verhältnis der Einzelveräußerungspreise** der Leistungsverpflichtungen zu Vertragsbeginn (IFRS 15.7ff.). Hierzu folgendes Beispiel aus der **Mobilfunkbranche**: 119

> **Beispiel**
> Mobilfunkunternehmen M veräußert Handys vom Typ X für 240 EUR. Schließt der Käufer gleichzeitig einen 2-jährigen Mobilfunkvertrag mit monatlicher Zahlung von 25 EUR ab, erhält er das Handy für 60 EUR. Kunden, die einen 2-jährigen Mobilfunkvertrag ohne Erwerb eines Handys abschließen, zahlen 20 EUR pro Monat.
> 1. Beim Abschluss eines kombinierten Vertrags entsteht ein Gesamtentgelt (Transaktionspreis) von 60 EUR + 24 × 25 EUR = 660 EUR.
> 2. Für die Verteilung dieses Betrags sind die relativen Einzelveräußerungspreise maßgeblich. Die Summe der Einzelveräußerungspreise beträgt 240 EUR + 24 × 20 EUR = 720 EUR, der Anteil des Handys 240 / 720 = 33,3 %, der Anteil der Netznutzung somit 67,7 %.
> 3. Angewandt auf den tatsächlichen Transaktionspreis von 660 EUR sind 220 EUR dem Handyverkauf zuzuordnen (Umsatz sofort) und 440 EUR der Netznutzung (Verteilung auf 24 Monate).

120 Beim **Einzelveräußerungspreis** handelt es sich um jenen Preis, zu dem das Unternehmen ein zugesagtes Gut bzw. eine zugesagte Dienstleistung separat an einen Kunden verkaufen würde. Der beste Nachweis eines Einzelveräußerungspreises ist der bei einem separaten Verkauf – unter ähnlichen Umständen und an ähnliche Kunden – **beobachtbare Preis** des Gutes bzw. der Dienstleistung (IFRS 15.77). **Listenpreise** sind nur dann Indikationen für den Einzelveräußerungspreis, wenn unter ähnlichen Umständen und an ähnliche Kunden zu diesem Listenpreis veräußert wird.

Ist der Einzelveräußerungspreis nicht direkt bestimmbar, muss eine **Schätzung** vorgenommen werden. Als nicht abschließende Liste geeigneter Schätzverfahren nennt IFRS 15.79 folgende Methoden:

- **Methode angepasster Marktwerte** *(adjusted market assessment approach)*: Durch Analyse des Marktes wird die (durchschnittliche) Zahlungsbereitschaft der Kunden für den einzelnen Vertragsgegenstand geschätzt. Dabei sind ggf. auch die Preise der Konkurrenz für ähnliche Vertragsgegenstände zu berücksichtigen. Die so ermittelten Marktwerte sind an die Kosten und Gewinnmargen des Unternehmens anzupassen. Die Methode ist dann wenig geeignet, wenn es sich um eine neu eingeführte, am Markt bisher auch noch nicht von Wettbewerbern angebotene Leistung handelt.
- **Kostenzuschlagsmethode** *(expected cost plus margin approach)*: Der Einzelveräußerungspreis ergibt sich, indem auf die erwarteten Kosten zur Erfüllung der einzelnen Leistungsverpflichtung eine realistische (nicht: gewünschte) Gewinnmarge aufgeschlagen wird. Die Methode stößt dort an ihre Grenzen, wo die Erfüllung der Leistungsverpflichtung kaum mit variablen, direkt zurechenbaren Kosten verbunden ist (z. B. in bestimmten Fällen der Softwarelizenzierung).
- **Restwertmethode** *(residual approach)*: Voraussetzung für die Anwendung dieser Methode ist, dass einerseits der Einzelveräußerungspreis der zu bewertenden Leistungskomponente in hohem Maße ungewiss ist, andererseits die Einzelveräußerungspreise der anderen Komponenten bestimmt werden können. Die Ungewissheit bez. des Bewertungsobjekts kann sich daraus ergeben,

dass die Leistung neu eingeführt ist (noch keine etablierten Preise) oder mit höchst unterschiedlichen Preisen an Kunden abgesetzt wird. Bei Erfüllung der vorgenannten Voraussetzung bestimmt sich der Einzelveräußerungspreis aus der Differenz zwischen dem Transaktionspreis und den Einzelveräußerungspreisen der anderen Leistungsverpflichtungen des Vertrages.

Die Schätzung soll **alle verfügbaren Informationen**, insbesondere Marktbedingungen, unternehmensspezifische Faktoren, aber auch Informationen über die Art des Kunden berücksichtigen (IFRS 15.78). Relevant können z. B. sein:
- die Intensität des Wettbewerbs,
- der Marken-/Branchentrend,
- der Lebenszyklus des Marktes,
- der geografische Absatzmarkt,
- die eigene Marktstellung, qualitativ (Renommee usw.) und quantitativ (Marktanteil usw.),
- die Preisgestaltung durch Wettbewerber,
- die eigene Kostenstruktur,
- die Art des Kunden (Endverbraucher, Händler usw.).

Enthält ein Vertrag neben Komponenten, die IFRS 15 unterliegen, auch solche, die nach anderen Standards zu bilanzieren und bewerten sind, muss der Transaktionspreis gem. IFRS 15.7a zunächst um den nach dem anderen Standard ermittelten Wert bereinigt werden.

121

Beispiel

U verkauft zu einem Gesamtpreis von 55 GE an K 2 Rohstoffe X und Y (Einzelveräußerungspreise 20 GE und 30 GE) und gewährt K gleichzeitig eine Option auf weitere Käufe, wobei die Stillhalterposition wegen Verfehlens der *own-use*-Ausnahme (→ § 28a) als Finanzderivat i.S.v. IAS 39/IFRS 9 zu würdigen und daher mit dem *fair value* von 10 einzubuchen ist. Der Transaktionspreis ist wie folgt zu allozieren:

Gesamtpreis	55
abzüglich Finanzderivat *(fair value)*	-10
= verbleibender Transaktionspreis	45
Anteil X (20 / 50 von 45)	18
Anteil Y (30 / 50 von 45)	27

5.3.2 Aufteilung von Paketabschlägen oder -zuschlägen

Häufig unterschreitet der Transaktionspreis für ein Bündel an Gütern bzw. Serviceleistungen die Summe der Einzelveräußerungspreise dieser Gegenstände. Der aus dem *„package deal"* (oder anderen Umständen) resultierende Preisnachlass *(discount)* nimmt i.d.R. an der Verteilung des Transaktionspreises auf Basis des Verhältnisses der Einzelveräußerungspreise teil und wird daher automatisch bei allen Leistungsverpflichtungen des Vertrags berücksichtigt (IFRS 15.81). **Ausnahmeweise** ist jedoch eine Zuordnung des Preisnachlasses zu lediglich einem Teil der Leistungsverpflichtungen erforderlich, wenn alle Leistungsverpflichtungen regelmäßig auch einzeln angeboten werden und dabei für eine

122

Teilmenge der Gesamtleistung ein Preisnachlass vereinbart wird, der dem gesamten Preisnachlass des Vertrags entspricht (IFRS 15.82). Hierzu folgendes Beispiel in Anlehnung an IFRS 15.IE167ff.:

> **Beispiel**
> Ein Unternehmen verkauft regelmäßig die Produkte A, B und C in separaten Transaktionen zu folgenden Einzelveräußerungspreisen:
> - Produkt A: 50 EUR
> - Produkt B: 25 EUR
> - Produkt C: 75 EUR
> - Summe: 150 EUR
>
> Das Unternehmen schließt einen Vertrag über die Lieferung der 3 Produkte für insgesamt 100 EUR ab. Die Produkte A und B werden in 01, Produkt C in 02 geliefert.
>
> **Beurteilung**
> Der Anteil am Transaktionspreis beträgt für
> - Produkt A: 100 / 150 × 50 EUR = 33,3 EUR (in 01)
> - Produkt B: 100 / 150 × 25 EUR = 16,7 EUR (in 01)
> - Produkt C: 100 / 150 × 75 EUR = 50 EUR (in 02)
>
> Je 50 EUR Umsatz sind somit in 01 und in 02 zu erfassen.
>
> **Variante**
> B und C werden regelmäßig auch als „kleineres Paket" für 50 EUR veräußert. A wird nicht in kleineren Paketen oder wenn, dann nur ohne Nachlass angeboten.
>
> **Beurteilung**
> Der Preisnachlass ist allein auf B (mit ¼ = 12,50 EUR) und C (mit ¾ = 37,50 EUR) aufzuteilen. Somit ergeben sich folgende Umsätze:
> - Produkt A: 50,00 EUR (in 01)
> - Produkt B: 12,50 EUR (in 01)
> - Produkt C: 37,50 EUR (in 02)

123 Liegt der Transaktionspreis ausnahmsweise über der Summe der Einzelveräußerungspreise, kann dies ein Hinweis darauf sein, dass die Einzelveräußerungspreise falsch geschätzt wurden. Infrage kommt aber auch ein **Paketzuschlag**, den der Kunde zahlt, damit er **alles aus einer Hand** hat, sich um die Komptabilität der Komponenten nicht kümmern muss. Wie bei einem Paketabschlag ist der Transaktionspreis i.d.R. nach dem Verhältnis der Einzelveräußerungspreise aufzuteilen, sodass der Zuschlag anteilig bei allen Komponenten berücksichtigt wird.

5.3.3 Aufteilung variabler Entgelte

124 Variable Entgelte sind **i.d.R.** dem **gesamten Vertrag** zuzuordnen. Hiervon gibt es nach IFRS 15.84f. zwei relevante **Ausnahmen**:
- Bei Dauerleistungen bzw. einer Serie von Teilleistungen findet eine Anpassung des Preises im Zeitablauf statt (etwa bei einem 2-jährigen Gebäudereinigungsvertrag eine Inflationsanpassung in Periode 2).

- Die variable Vergütung ist daran geknüpft, ob, wann oder in welchem Maße eine **einzelne** Leistungsverpflichtung erfüllt wird (z.B. Lieferung von mehreren Anlagen, dabei Sondervergütung, wenn Anlage 1 vor der vertraglichen Frist geliefert wird).

5.3.4 Spätere Änderungen des Transaktionspreises

Spätere Änderungen des Transaktionspreises sind auf dieselbe Art aufzuteilen, wie der Transaktionspreis bei Vertragsbeginn. Änderungen, die dabei schon erfüllte Leistungsverpflichtungen zugeordnet werden, sind als Erlös oder Erlösschmälerung zu erfassen (IFRS 15.87ff.).

6 Realisationszeitpunkt

6.1 Grundlagen

6.1.1 Erlösrealisierung mit Erfüllung der Leistungsverpflichtung durch Übergang der Beherrschung

Die **Erlöserfassung** erfolgt **mit Erfüllung einer Leistungsverpflichtung** durch Übertragung des zugesagten Gutes oder der sonstigen Leistung *(service)* – als eines Vermögenswertes – an den Kunden. Die **Übertragung** geschieht mit Erlangung der **Beherrschung** über diesen Vermögenswert (IFRS 15.31) bzw. den aus ihm resultierenden Nutzen (IFRS 15.33) durch den Kunden.

Gewöhnungsbedürftig ist, dass IFRS 15 auch *services,* die beim Kunden nicht zu einem (aktivierungsfähigen) Vermögenswert werden, als **Vermögenswerte** begreift, also etwa eine Gebäudereinigungs- oder eine Schulungsleistung, die an den Kunden erbracht wird. Begründet wird dies in IFRS 15.33 mit einer Art Konzept der logischen Sekunde: *„Goods and services are assets, even if only momentarily, when they are received and used (as in the case of many services)."* Es mag dahingestellt bleiben, ob es zwischen Erbringung einer Reinigungs- oder Schulungsleistung und deren „Konsum" durch den Kunden eine nicht artifizielle logische Sekunde gibt oder sich nicht vielmehr beides notwendig zeitgleich vollzieht. Selbst mit dem Konstrukt der logischen Sekunde ist nicht erkennbar, wie ein *asset* i.S.v. § 4.4ff. des Framework vorliegen soll. Das Abstellen auf einen Vermögenswert scheint eher dem Bestreben nach theoretischer Eleganz geschuldet, dem Bemühen nämlich, eine einheitliche konzeptionelle Grundlage für alle Leistungstatbestände zu finden. In der Anwendung dieses Konzepts kommt aber schon der Standard selbst nicht ohne Kasuistik aus, wie die vielen Sonderfälle in Appendix B und die Illustrative Examples zeigen. Hier ist das vermögenswertbasierte Konzept zwar nicht immer von Nutzen, richtet andererseits aber auch keinen großen Schaden an. Kurzum: Man muss dieses Konzept nicht durchgängig ernst nehmen, um IFRS 15 anwenden zu können.

Der Leistungserbringer hat den Umsatz insoweit zu realisieren, als der Kunde die **Beherrschung** über die Leistung (den „Vermögenswert") erlangt, d.h. er die Fähigkeit zur Bestimmung seiner Verwendung und des Erhalts aller wesentlichen Vorteile im Zusammenhang mit diesem gewinnt, und zwar unter Ausschluss Dritter. Bei den Vorteilen handelt es sich um die Verbesserung der potenziellen Geldflüsse, die – bspw. durch Verkauf des Vermögenswerts oder dessen Verwendung in der Produktion – erzielt werden kann (IFRS 15.33).

128 Ausnahmsweise kann ein Erlös auch erfasst werden, obwohl das Unternehmen seine Leistungsverpflichtung nicht erfüllt hat. Betroffen sind Fälle, in denen Kunden schon vorab gezahlt haben, aber ganz **unwahrscheinlich** (*remote*) ist, dass die **Kunden** ihr Recht auf Erhalt der Gegenleistung **ausüben** (IFRS 15.B 44ff.).

> **Beispiel**
> Eine Parfümeriekette verkauft in 01 für insgesamt 1 Mio. EUR „Geschenkgutscheine" (mit Einzelbeträgen zwischen 5 und 100 EUR), die unbefristet gegen Waren der Kette eingelöst werden können. Das Unternehmen bucht zunächst: Per Geld 1 Mio. EUR an Schuld 1 Mio. EUR. Zum 31.12.01 sind 0,7 Mio. EUR eingelöst. Nach den Erfahrungen der Vergangenheit werden weitere 0,2 Mio. EUR in den Folgejahren eingelöst werden, 0,1 Mio. EUR hingegen mit ganz hoher Wahrscheinlichkeit von den Kunden ungenutzt gelassen. Das Unternehmen bucht in 01:
> - Per Schuld 0,7 Mio. EUR an Umsatz 0,7 Mio. EUR für die eingelösten Gutscheine
> - Per Schuld 0,1 Mio. EUR an Umsatz 0,1 Mio. EUR für die mit höchster Wahrscheinlichkeit ungenutzten Gutscheine

6.1.2 Zeitpunkt- vs. zeitraumbezogene Leistungsverpflichtungen

129 Hinsichtlich der für die Erlösrealisation maßgeblichen Frage, wann die erbrachte Leistung in den Herrschaftsbereich des Kunden übergeht, unterscheidet IFRS 15 zwischen
- **zeitraumbezogenen** (Rz 130) und
- **zeitpunktbezogenen** (Rz 154)

Leistungsverpflichtungen (IFRS 15.32 und 15.B2–15.B13). Diese Differenzierung ist keine Spezifik der IFRS, sondern findet sich z. B. auch in Rechtsprechung und Schrifttum zum HGB/EStG.

Eine Besonderheit von IFRS 15 ist aber, dass der **Begriff der zeitraumbezogenen Leistung** sehr **weit gefasst** ist. Er betrifft in zivilrechtlicher Terminologie nicht nur die meisten Dienstleistungen, sondern auch viele Werkleistungen (etwa Reparaturen) und kundenspezifische Werklieferungen (Fertigungsaufträge), also etwa die Herstellung und Veräußerung eines Gebäudes auf zuvor dem leistenden Unternehmen gehörenden Grund und Boden oder den Bau einer Spezialmaschine. Aus dem Zeitraumbezug der Leistung folgt im Übrigen noch nicht, dass der Erlös pro rata zu erfassen ist. Konzeptionell ist immer eine Erlösrealisierung **nach Leistungsfortschritt** geboten. Dies kann bei über einen längeren Zeitraum geschuldeten Dienstleistungen oder Lizenzierungen auf eine Pro-rata-Realisierung hinauslaufen, nicht aber in den vorgenannten Fällen des Bauunternehmers oder Maschinenbauers. Zur Bestimmung des Leistungsfortschritts bzw. Fertigstellungsgrades wird auf Rz 136 verwiesen.

6.2 Zeitraumbezogene Leistungsverpflichtungen

6.2.1 Anwendungsbereich

Eine zeitraumbezogene Leistungsverpflichtung liegt vor, wenn eines der folgenden Kriterien erfüllt ist (IFRS 15.35): 130
a) Der Kunde zieht **kontinuierlich Nutzen**, d. h., er erhält und konsumiert gleichzeitig die Vorteile aus der Leistungserbringung (Rz 131).
b) Das Unternehmen erstellt oder verbessert einen **vom Kunden beherrschten Vermögenswert** (Rz 132).
c) Es existiert nach einer zu Vertragsbeginn vorzunehmenden Beurteilung **aus rechtlichen oder tatsächlichen Gründen keine alternative Nutzungsmöglichkeit** des Vermögenswerts für das leistungserbringende Unternehmen, d. h. der Vermögenswert ist **kundenspezifisch** (IFRS 15.36). Gleichzeitig verfügt das Unternehmen grundsätzlich jederzeit über einen durchsetzbaren Anspruch auf Zahlung für die bereits erbrachten Leistungen, wenn der Vertrag aus nicht von ihm zu vertretenden Gründen vorzeitig beendet würde (IFRS 15.37; Rz 133).

Wichtige Anwendungsfälle dieser Regelungen sind wie folgt:

Ad a): 131
Eine **kontinuierliche Nutzenziehung** durch den Kunden ist etwa bei **klassischen Dienstleistungen** über einen längeren Zeitraum, etwa einem Schulungs- oder Gebäudereinigungsvertrag über ein Jahr mit täglicher, wöchentlicher oder monatlicher Teilleistung gegeben.

Aber auch *stand-by*-**Leistungen**, etwa ein gegen Pauschalentgelt für eine bestimmte Zeitdauer abgeschlossener **Reparatur- bzw. Wartungsvertrag** mit Arbeiten nur nach Bedarf, fallen hierunter.

Bei **Lizenzierung** von nicht kundenspezifischer Software kommt es auf die Umstände des Einzelfalls an, ob eine zeitpunkt- oder eine zeitraumbezogene Leistung vorliegt (Rz 204).

Ad b): 132
Die **Erstellung** eines vom Kunden beherrschten **Vermögenswertes** liegt etwa bei **Baumaßnahmen** auf dem **Kundengrundstück** vor, die **Verbesserung** eines solchen Vermögenswerts bei energetischer Sanierung eines Kundengebäudes, **Reparaturen** des Gebäudes usw.

Ad c): 133
An der **alternativen Nutzungsmöglichkeit** des (herzustellenden) Vermögenswertes fehlt es aus **rechtlichen Gründen** etwa in folgendem Fall des Baus und Verkaufs einer **Eigentumswohnung** (IFRS 315.IE81 ff.):

> **Beispiel**
> B errichtet auf eigenem Grundstück ein Wohnhaus, um es in Form von Eigentumswohnungen zu veräußern. Vor Baubeginn (oder jedenfalls vor weitgehender Fertigstellung) veräußert er die Eigentumswohnung Nr. 6 im 2. Stock links, Gartenseite, an den Käufer K. Die Wohnung unterscheidet sich in Größe, Ausstattung, Raumaufteilung usw. nicht von den Wohnungen Nr. 4 und Nr. 2 im gleichen Gebäude. Gleichwohl ist sie kundenspezifisch i. S. v. IFRS 15.35c, da der Kaufvertrag B zur Übereignung der konkret lokalisierten Wohnung Nr. 6 (2. Stock links, Gartenseite) verpflichtet, also B –

> abgesehen von einer nach IFRS 15.B6 nicht beurteilungsrelevanten Vertragsauflösung oder Vertragsänderung – selbst dann aus rechtlichen Gründen gehindert ist, die Wohnung an einen anderen zu verkaufen, wenn er eine gleichwertig andere Wohnung anbietet. Im Unterschied zur bisherigen Regelung (IAS 11 und IAS 18 i.V.m. IFRIC 15) ist also ein Bau nach kundenspezifischen, individuell ausgehandelten Vorgaben an Raumaufteilung, Größe usw. nicht mehr Voraussetzung für eine zeitraumbezogene Bauleistung.

Kein substanzielles rechtliches Hindernis liegt nach IFRS 15.B7 vor, wenn der versprochene Vermögenswert austauschbar ist, also an einen anderen gegeben werden könnte und ohne Vertragsbruch dem eigentlichen Kunden der gleichartige Vermögenswert geliefert werden könnte. Aus **tatsächlichen Gründen** *(practical limitations)* scheidet eine alternative Nutzung nach IFRS 15.B8 aus, wenn der Vermögenswert nach spezifischen Vorgaben des Kunden erstellt wird und ohne **signifikante ökonomische Einbußen** (in der Form von Preisabschlägen oder kostenintensiven Anpassungsarbeiten) nicht an einen anderen Kunden verkauft werden könnte. Das erforderliche Signifikanzurteil ist naturgemäß ermessensbehaftet, wie folgendes Beispiel aus dem **Flugzeugbau** zeigt:

> **Beispiel**
> Flugzeugbauer F produziert für die Airline A 10 Flugzeuge. Die wichtigsten Komponenten der Flugzeuge (Turbinen, Fahrwerk, Rumpf, Flügel, Ruder usw.) sind nicht kundenspezifisch. Die Airline hat aber spezielle Anforderungen an die Innenausstattung samt Unterhaltungselektronik, die Außenlackierung usw. Möglicherweise reichen diese Anforderungen so weit, dass bei Veräußerung der fertiggestellten Flugzeuge an einen Dritten eine Kombination von Preisabschlägen und Umbaumaßnahmen zu einem signifikanten Verlust führen würde.

Beim **Maschinen- und Anlagenbau** können ähnliche Ermessensentscheidungen erforderlich sein. Die alternative Nutzungsmöglichkeit durch das Berichtsunternehmen ist dabei umso eher zu verneinen, je mehr der Auftrag auf eine **integrierte Anlage** (sei es mit beim Kunden schon vorhandenen Vermögenswerten oder mit ebenfalls vom Berichtsunternehmen zu liefernden) hinausläuft.

134 Zeitraumbezogen sind auch die meisten Beratungs- und **beratungsnahen Leistungen**, entweder wegen kontinuierlicher Nutzenziehung (IFRS 15.35a) oder wegen Kundenspezifität (IFRS 15.35c). Betroffen ist etwa die Erstellung von Steuererklärungen durch einen **Steuerberater** oder die Durchführung der Abschlussprüfung durch einen **Wirtschaftsprüfer**. Dabei ist – im Unterschied zur Handelsbilanz – unerheblich, dass der Prüfungsvertrag nach ständiger Rechtsprechung[16] ein Werkvertrag ist, der erst mit Auslieferung des Prüfungsberichts erfüllt ist.

---

[16] Vgl. u.a. BGH, Urteil v. 1.2.2000, X ZR 198/97, DStR 2000, S. 480, und OLG Hamburg, Urteil v. 26.3.1981, 6 U 63/80, Stbg 1981, S. 188.

Bei einem Zeitvertrag ist zu prüfen, ob er auf eine echte Zeitraumleistung gerichtet ist oder die Vertragsdauer nur den zeitlichen Rahmen für Einzelleistungen bildet (sog. **Zeitrahmenvertrag**). Im zweiten Fall liegt ein Mehrkomponentengeschäft vor, bei dem die einzelnen Leistungen auf ihren Charakter – Zeitraum- oder Zeitpunktbezug – zu prüfen sind (Rz 68).

6.2.2 Bestimmung des Leistungsfortschritts

6.2.2.1 Input- und Outputverfahren im Überblick

Um die Erlöse aus einer zeitraumbezogenen Leistung den einzelnen Berichtsperioden zuordnen zu können, ist gem. IFRS 15.39 zu jedem Bilanzstichtag (oder Stichtag einer Zwischenberichtsperiode) der **Leistungsfortschritt** bzw. **Fertigstellungsgrad** *(progress towards complete satisfaction of that performance obligation)* zu ermitteln. Für jede Leistungsverpflichtung ist eine einzige Methode anzuwenden. Diese ist auf ähnliche Leistungsverpflichtungen und unter ähnlichen Umständen **konsistent** anzuwenden (IFRS 15.40).
Zur **Ermittlung des Leistungsfortschritts** kommen Einsatz- und Leistungsverfahren, d.h. in- und outputorientierte Verfahren, in Betracht:
- Bei **inputorientierten Verfahren** wird der Fertigstellungsgrad durch das Verhältnis des bis zum Stichtag bereits erfolgten Faktoreinsatzes zum erwarteten gesamten **Faktoreinsatz** gemessen.
- Bei **outputorientierten Verfahren** wird hingegen der dem Kunden bereits durch Erfüllung der Leistungsverpflichtung zugeflossene **Nutzen** zum Gesamtnutzen (in Form von Gütern und sonstigen Leistungen) aus der Leistungsverpflichtung ins Verhältnis gesetzt.

Wichtigstes **Inputverfahren** ist die *cost-to-cost*-Methode. Sie bestimmt den Leistungsfortschritt nach dem Verhältnis der bis zum Stichtag angefallenen Auftragskosten zu den geschätzten gesamten Auftragskosten. Andere Inputverfahren bemessen den Faktoreinsatz nicht in Geld, sondern an einem Mengenmaßstab (geleistete Bemühungen bzw. *efforts expended*), also etwa bei lohnintensiver Tätigkeit an der Zahl der geleisteten Arbeitsstunden (im Verhältnis zur geschätzten Gesamtzahl) oder bei anlageintensiver Tätigkeit an der Zahl der Maschinenstunden.
Outputverfahren können bei einem zu erbringenden Gesamtwerk (z.B. Brückenbau) auf **physische Teilleistungen** (z.B. Brückenpfeiler) oder auf vertraglich festgelegte *milestones* abstellen, bei einer Summe von nacheinander erbachten Einzelleistungen (z.B. 10 Einfamilienhäusern) auf die Zahl der bereits fertiggestellten Einheiten (*units produced*).
Abb. 1 zeigt die Bandbreite der Methoden.

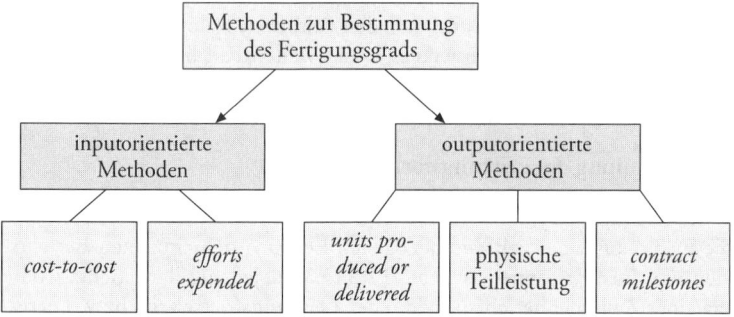

Abb. 3: Methoden zur Bestimmung des Fertigungsgrads

6.2.2.2 Auswahl des angemessenen Verfahrens

138 Die Wahl des Verfahrens hängt von der Art des Gutes bzw. der Dienstleistung ab (IFRS 15.41 und 15.B14ff.). Dieser Grundsatz wird im Standard teils für triviale Fälle, teils für komplexere Konstellationen wie folgt **konkretisiert**:
- Eine Methode ist dann angemessen, wenn sie zu einer getreuen Wiedergabe *(faithful depiction)* der Leistung *(performance)* des Unternehmens führt (IFRS 15.B15). Für die **Outputmethode** bedeutet dies: Eine Beurteilung auf Basis der **fertiggestellten oder ausgelieferten Einheiten** *(units produced or units delivered)* würde dann zu einer unangemessenen, nämlich zu geringen Bemessung des Leistungsfortschritts führen, wenn die Leistung des Unternehmens zu einem signifikanten Teil noch in **unfertigen Erzeugnissen** steckt (IFRS 15.B15). Zum umgekehrten Fall einer zu hohen Bemessung des Leistungsfortschritts nach der Outputmethode wird auf Rz 139 verwiesen.
- Wenn sich der Entgeltanspruch proportional zur erbrachten Leistung verhält, etwa bei auf Stundenbasis abzurechnenden **Serviceleistungen mit fixem Stundenhonorar**, kann der Leistungsfortschritt **outputorientiert** einfach an der Zahl der geleisteten Stunden festgemacht werden (IFRS 15.B16). Es bleibt unklar, warum der Standard dies als ein Spezifikum der Outputmethode darstellt. Tatsächlich sind die geleisteten Stunden (zugleich) Faktoreinsatz und damit Inputgröße.
- Wenn die Leistungen des Unternehmens sich **gleichmäßig über die gesamte Vertragsdauer** verteilen (etwa 2-Jähriger Gebäudereinigungsvertrag mit wöchentlicher Reinigung), führt die Anwendung der Inputmethode (u.E. aber auch der Outputmethode) zu einer Erlösrealisierung **pro rata** *(straight-line basis*; IFRS 15.B18).
- Bei der Inputmethode sollen alle Effekte eliminiert werden, die keinen Zusammenhang mit dem fortschreitenden Transfer der Leistung an den Kunden haben (IFRS 15.B19). Als Beispiel werden für die **kostenbasierte Inputmethode** genannt:
  a) **signifikante Ineffizienzen** (Material- oder Arbeitszeitverschwendungen),
  b) Kosten, die keinen **proportionalen** Zusammenhang zum Leistungsfortschritt haben (gemeint sind möglicherweise nur Kostenverläufe, die zu-

nächst unterproportional zum Leistungsfortschritt sind).
Im Fall b) könne die beste Darstellung des Leistungsfortschritts darin bestehen, Umsätze nur i.H.d. angefallenen Kosten zu erfassen; dies soll insbesondere bez. solcher Güter gelten, die das Unternehmen von Dritten bezieht, die aber als unselbstständiger Teil der Gesamtleistung vor den auf das Gut anzuwendenden Arbeiten in die Kontrolle des Kunden übergehen. Betroffen wären bei einem schüsselfertigen Bauauftrag etwa **Baumaterialien**, die das Berichtsunternehmen auf eigene Rechnung von einem Dritten beschafft und auf das Gelände des Kunden bringen lässt.

IFRS 15.B19 ist darin zuzustimmen, dass bei *cost-to-cost*-Verfahren und anderen inputorientierten Methoden
(1) eine Bereinigung um Ineffizienzen und
(2) eine besondere Berücksichtigung von Dritten bezogener Subleistungen notwendig sein kann.

Der dem zweiten Punkt vorangestellte Hinweis auf die Problematik mangelnder **Proportionalität von Kosten und Leistung** sollte u.E. aber nicht dahingehend übergeneralisiert werden, dass Outputmethoden generell Inputverfahren überlegen seien. Hierzu folgendes Beispiel:

Beispiel
Das Tiefbauunternehmen T hat für einen Festpreis von 120 Mio. EUR den Auftrag zum Bau von 6 km Autobahn (incl. erforderlicher kleinerer Brückenbauwerke) erhalten. In der Periode 1 werden 4,5 km (75 %) fertiggestellt, in der Periode 2 die verbleibenden 1,5 km (25 %). Die Kosten (Personal, Material, Gemeinkosten) von insgesamt 100 Mio. EUR verteilt sich mit je 50 Mio. EUR gleichmäßig auf die beiden Perioden.
Die Verteilung der Kilometerleistungen (75 % zu 25 %) weicht von der der Kosten (50 % zu 50 %) ab, weil im 2. Streckenabschnitt mehr Brückenbauwerke enthalten sind.
Um einen möglichst hohen Umsatz in Periode 1 auszuweisen, möchte die T den Umsatzanteil der Periode nicht input- bzw. kostenorientiert (mit 50 % von 120 Mio. EUR), sondern output- bzw. kilometerorientiert (mit 75 % von 120 Mio. EUR) bestimmen.

Beurteilung
Die Wahl der Outputmethode würde deshalb zu einem eklatant höheren Umsatzanteil der Periode 1 führen, weil der outputorientiert festgelegte Fertigungsgrad (hier 75 %) deutlich von dem nach der *cost-to-cost*-Methode (hier 50 %) abweicht. Erklärend ist der höhere Anteil an Brückenbauwerken im 2. Bauabschnitt. Die verbleibenden 25 % der Kilometer sind wegen der vermehrten Brückenbauwerke deutlich aufwendiger als die ersten 75 %. Unter diesen Umständen halten wir eine nur an der Kilometerleistung orientierte Bestimmung des Fertigungsgrades für unzulässig.
Die T schuldet nicht beliebige 6 km Autobahnbau in einer topografisch idealen, brückenfreien Lage, sondern den Bau auf einer örtlich genau bestimmten Strecke, zu der eine genau bestimmte Zahl von Brückenbauwerken gehört. Diese Bauwerke sind Teil der geschuldeten Gesamtleistung. Wenn alle Bauabschnitte eine gleichmäßige Zahl von Brückenbauten aufweisen würden,

> wäre die Kilometerleistung möglicherweise ein geeigneter Maßstab für den Leistungsfortschritt. Wenn, wie im Fallbeispiel, der zweite Streckenabschnitt mehr Brückenbauwerke fordert, repräsentiert der Kilometermaßstab gerade nicht mehr die ingenieurtechnischen und ökonomischen Verhältnisse. Ggf. müssten die Kilometer unter Berücksichtigung der unterschiedlichen Aufwendungen gewichtet werden, was im Resultat ein Übergehen zur *cost-to-cost*-Methode bedeuten würde.

Dieses Ergebnis lässt sich wie folgt verallgemeinern:
- Nach IFRS 15 ist der Leistungsfortschritt durch das **Verhältnis der erbrachten zur insgesamt geschuldeten Leistung** definiert.
- Da die Erledigung eines Bauauftrags (und vieler anderer Aufträge) eine technische und ökonomische, seine bilanzielle Abbildung eine rein ökonomische Veranstaltung ist, kann mit diesem **Verhältnis nur ein ökonomisches** gemeint sein.
- Eine nach (naiven) physischen Größen vorgehende Outputbemessung des Fertigungsgrades führt nur dann zu dem von IFRS 15 geforderten tatsachengetreuen Ergebnis *(faithful depiction)*, wenn eine annähernd **lineare Beziehung** zwischen Kosten und physischem Aufteilungsmaßstab besteht oder eine solche Beziehung über **Gewichtungsfaktoren** hergestellt wird.
- Wo dies der Fall ist, ergeben sich keine wesentlichen Abweichungen zur *cost-to-cost*-Methode. Wo dies nicht der Fall ist, halten wir die Anwendung der Outputmethode für unzulässig, weil sie nicht das **ökonomische Verhältnis** von erbrachter zur insgesamt geschuldeten Leistung widerspiegelt.

140 Auch in anderen Fällen stoßen outputorientierte Verfahren an ihre Grenzen, so etwa bei einer unreflektierten Anwendung der *milestones*-Methode auf **kundenspezifische Softwarefertigung:**

> **Beispiel**
> Die S-GmbH hat einen Festpreisauftrag zur Entwicklung einer kundenspezifischen Software angenommen. Der Auftrag definiert 100 logisch aufeinander aufbauende Funktionalitätserfordernisse. Am Bilanzstichtag sind 80 % der Funktionalitäten programmiert. Die S-GmbH entschließt sich daher, auf Basis der *milestones*-Methode 80 % des vereinbarten Festpreises als Erlös auszuweisen, und setzt in der Gewinnermittlung die bisher angefallenen Kosten (hauptsächlich Löhne) dagegen. Der in IT-Angelegenheiten unbewanderte Wirtschaftsprüfer WP fragt nach, wie viele Stunden noch anfallen werden, um die restlichen 20 % zu programmieren. Die Antwort ist: „Ungefähr genauso viele Stunden wie für die 80 %." Der WP ist hier nicht bereit, einem technisch interpretierten Fertigungsgrad von 80 % auch bilanziell zu folgen. Er will vielmehr nur einen „naiven" Fertigungsgrad von 50 % annehmen.

Erneut geht es um folgendes Problem: Outputorientierte Verfahren bemessen den Auftragsfortschritt am **Verhältnis der erreichten Leistung zur Gesamtleistung**. Bei einer über den gesamten Auftrag gleichbleibenden Leistungsart, z.B. Asphaltierung einer bestimmten Straßenkilometerzahl) ist die Anwendung

der Methode auf den ersten Blick einfach (im Beispiel: asphaltierte Kilometer/ Gesamtkilometer). In vielen Fällen fehlt es jedoch bei einer zweiten Betrachtung an einfachen, annähernd **linearen Beziehungen.** Bei einem **Tunnelbau** ist etwa das Verhältnis der gebohrten Kilometer zu den Gesamtkilometern dann kein verlässlicher Indikator, wenn wegen unterschiedlicher Gesteinsschichten mit unterschiedlicher Vortriebsgeschwindigkeit zu rechnen ist. Beim **Hochbau** kann nicht unmittelbar aus dem Verhältnis der errichteten Geschosse oder Kubikmeter zur Gesamtzahl der Geschosse oder Kubikmeter auf den Fertigstellungsgrad geschlossen werden, wenn Gründungs- und Erdarbeiten einen relevanten Anteil an der Gesamtleistung haben oder die Herstellung der Geschosse unterschiedlich aufwendig ist. Im Softwarebeispiel ergibt die Zahl der programmierten Funktionalitäten noch nicht den Leistungsfortschritt. In derartigen Fällen muss die einfache **Mengenbetrachtung gewichtet** werden. Geeignete Gewichtungsfaktoren können u. a. die Kosten oder die Arbeitsstunden sein, also typische Inputfaktoren. Die Grenzen zu den inputorientierten Verfahren verwischen sich dann.
Ganz grundsätzlich müssen **outputorientierte Verfahren** auf **Erfahrungswerte** zurückgreifen (z. B. Rohbau = x % des schlüsselfertigen Gesamtbaus). Diese Erfahrungsrelationen kommen nicht ohne Blick auf die **in Kosten gewichtete Inputseite** aus. Der Fertigstellungsgrad kann auf Basis eines outputorientierten Verfahrens ermittelt werden. Wenn sich dabei erhebliche Abweichungen von einer *cost-to-cost*-Betrachtung ergeben, stellt dies aber i. d. R. einen Indikator dafür dar, dass das outputorientierte Verfahren den Fertigstellungsgrad nicht tatsachengetreu widerspiegelt.

141

Im Übrigen ist das in IFRS 15.B19 enthaltene Bedenken, Inputverfahren könnten bei unerwarteter **Verschlechterung der Effizienz** im Zeitablauf zu einer zu frühen Umsatzrealisierung führen, zwar zutreffend, aber insoweit irreführend, als sie nicht spezifisch für inputorientierte Methoden gilt.

142

Beispiel
Das auf archäologische Grabungen spezialisierte Unternehmen A übernimmt für einen Festpreis von 1.000.000 EUR den Auftrag zur Ausgrabung einer am Niederrhein entdeckten römischen Siedlung. Das Geschäftsjahr der A endet am 31.10. Der Auftrag soll in den Monaten September, Oktober, November mit jeweils 5.000 Arbeitsstunden ausgeführt werden. Die dafür kalkulierten Kosten belaufen sich auf 900.000 EUR. Wesentliche Material- und Maschinenkosten entstehen nicht.
Bis zum Bilanzstichtag sind 10.000 Stunden (= 2/3 der insgesamt geplanten) erbracht und das Grabungsfeld ist zu 2/3 freigelegt. Durch einen unerwartet frühen Wintereinbruch im November sinkt die Arbeitsproduktivität. Statt der geplanten 5.000 Arbeitsstunden (November) fallen nach dem Bilanzstichtag noch 10.000 Arbeitsstunden (Summe November und Dezember) an. Wendet A **inputorientiert** die *cost-to-cost*-Methode oder die *efforts-expended*-Methode in der Variante *labour hours* an, werden zum Bilanzstichtag 2/3 der Erlöse, also 667.000 EUR, ausgewiesen. Der realisierte Gewinn der Periode beträgt demzufolge 67.000 (667.000–600.000) EUR. Eine rückblickende Betrachtung hätte hingegen zu einer Realisierung von nur 1/2 der Erlöse (10.000 / 20.000 Stunden), also 500.000 EUR, geführt.

> Die gleiche Fehleinschätzung würde sich jedoch bei **outputorientierter Betrachtung** ergeben. Da das Grabungsfeld am Bilanzstichtag zu 2/3 freigelegt war, hätte man auch aus dieser Sicht 2/3 der Erlöse, also 667.000 EUR, ausgewiesen.

Das Beispiel zeigt, dass, unabhängig von der Art des Verfahrens, eine **fortlaufende Überprüfung** notwendig ist, ob die ursprünglich geschätzten Gesamtgrößen noch zu halten sind. Wo diese Prüfung unterbleibt oder spätere Entwicklungen auch bei bester Prüfung unvorhersehbar sind, können Umsätze und Gewinne zu früh und drohende Verluste zu spät realisiert werden.

6.2.2.3 Spezifika des *cost-to-cost*-Verfahrens

143 In der bisherigen Praxis der Anwendung von IAS 11 auf Fertigungsaufträge war das *cost-to-cost*-Verfahren weit verbreitet. Voraussichtlich wird es auch für die Anwendung von IFRS 15 eine bedeutende Rolle spielen. Von Interesse ist daher, welche besonderen Fragen sich bei der Anwendung dieses Verfahrens ergeben. Vor allem geht es darum, **welche Kosten** in die Bemessung des Auftragsfortschritts einfließen. Betroffen sind im Einzelnen folgende Punkte:
- **vorlaufende Kosten**, Kosten der Auftragserlangung (Rz 144),
- **Ineffizienzen** (Rz 145),
- von Dritten bezogene **Vorleistungen**, die in den Auftrag einfließen (Rz 146).

144 Für **vorlaufende Kosten** bzw. Kosten der Auftragserlangung ist nach IFRS 15.91 ff. ein besonderer Vermögenswert anzusetzen und über den Zeitraum der Auftragserfüllung zu amortisieren. Dies impliziert u.E. zugleich, dass die vorlaufenden Kosten bei der Bemessung des Auftragsfortschritts nach der *cost-to-cost*-Formel nichts zu suchen haben. Zu vorlaufenden Kosten wird auf Rz 209 ff. verwiesen.

145 **Ineffizienzen** sind bei der Bemessung des Leistungsfortschritts in der Weise zu berücksichtigen, dass sowohl die angefallenen Kosten (also der Zähler) als auch die erwarteten Gesamtkosten (also der Nenner) um die Ineffizienzen bereinigt werden. Diese Bereinigung gilt naturgemäß nur für die Ermittlung des Leistungsfortschritts, nicht für den Ansatz der Kosten in der GuV.

146 Bei **von Dritten bezogenen Vorleistungen**, die im Rahmen der Leistungsverpflichtung des Berichtsunternehmens keine Eigenständigkeit haben (Rz 54 ff.), aber zeitlich vor den eigenen Arbeiten des Berichtsunternehmens auf den Kunden transferiert werden (*uninstalled materials*), soll nach IFRS15.B19 ein Umsatz nur i.H.d. Kosten erfasst werden. Die diesbezüglichen Vorschriften und Anwendungsbeispiele sind jedoch mit Unklarheiten behaftet: Insbesondere ist eine Limitierung des Umsatzes durch die Kosten nur dann vorgesehen, wenn der Übergang der Beherrschung an dem Material **signifikant vor Erhalt der Services** liegt, die sich auf dieses Material **beziehen**. Damit stellen sich zwei Fragen:
- Welche Services „beziehen sich" auf das Material?
- Wann ist der Zeitversatz „signifikant"?

Zu beiden Fragen folgendes Beispiel einer **Bauleistung**:

Beispiel

Sanitärunternehmen S baut für einen Festpreis von 60 TEUR Sanitäreinrichtungen (Waschbecken, Whirlpool, Dusche usw.) in das großzügige Badezimmer des Kunden K. Der Festpreis wird dem Kunden nach 45 TEUR für die Sanitäranlagen (Basis: unverbindliche Preisempfehlung des Herstellers) und 15 TEUR Arbeitslohn aufgeschlüsselt. Tatsächlich zahlt S nur 20 TEUR an die Sanitärgroßhändler und rechnet mit Arbeitskosten von 13 TEUR. Am 22.12.01 werden die Sanitärobjekte auf der „Baustelle" angeliefert und beginnt S mit der Entfernung der Altobjekte. Wegen der Feiertage erfolgt der Einbau der neuen Gegenstände jedoch erst in der ersten Woche des Jahres 02. Zum 31.12.01 sind erst ca. 15 % (2 TEUR) der erwarteten Arbeitskosten) angefallen. S möchte aber noch in 01 40 TEUR Umsatz ausweisen und begründet dies wie folgt:
- erwartete Gesamtkosten (20 TEUR für Material + 13 TEUR für Löhne): 33 TEUR
- angefallene Kosten (20 TEUR für Material und 2 TEUR für Löhne): 22 TEUR
- Fertigstellungsgrad: 22 / 33 = 66,7 %
- Umsatz somit: 67 % × 60 TEUR = 40 TEUR
- (nachrichtlich: Umsatzkosten 01 = 22 TEUR, Gewinn 01: 18 TEUR)

Eine andere Beurteilung würde sich nach IFRS 15.B19 i. V. m. IFRS 15.IE95 ff. ergeben, wenn auf die Sanitäranlagen bezogene Arbeiten erst signifikant nach dem Transfer der Anlagen übergegangen sein sollten. Dann dürfte bez. der Sanitäranlagen (*uninstalled materials*) ein Umsatz nur i. H. d. Kosten ausgewiesen werden. Die Lösung wäre wie folgt:
- Transaktionspreis: 50 TEUR
- abzüglich Kosten der Sanitäranlagen: 20 TEUR
- = adjustierter Transaktionspreis: 30 TEUR
- davon als Umsatz anzusetzen auf Basis der erledigten Arbeiten 2/13 = 15 % = 4,5 TEUR
- zuzüglich Sanitäranlagen i. H. d. Kosten: 20 TEUR
- = Umsatz 01: 24,5 TEUR
- (nachrichtlich: Umsatzkosten 01: 22 TEUR, Gewinn 01: 2,5 TEUR)

Die im Beispiel von S bevorzugte Lösung kann sich auf zwei Argumente stützen: Zum einen kann der **Abriss der Altanlagen** schon als Teil der auf die Installation der Neuanlagen bezogenen Arbeiten gedeutet werden. Jedenfalls bei dieser Deutung erfolgt der Transfer der Anlagen nicht signifikant vor den darauf bezogenen Arbeiten. Selbst wenn man die Abrissarbeiten nicht gelten lassen wollte, blieb aber noch das Argument, dass bei einer Installation in der ersten Januarwoche nur 10 Tage und damit ein **insignifikanter Zeitversatz** vorläge. Eine gegenteilige Beurteilung zum zweiten Punkt könnte dahin gehen, dass bei Anlieferung der Drittmaterialien vor dem Bilanzstichtag und Beginn der darauf bezogenen Arbeiten nach dem Bilanzstichtag Signifikanz stets gegeben sei. U. E. wäre eine solche Interpretation aber verfehlt. Wenn der Standardsetter hinsichtlich des Signifikanzkriteriums auf Vor- und Nachlauf zum Bilanzstichtag hätte abstellen wollen, wäre es ein Leichtes gewesen, den Standard oder die Anwendungsbeispiele so zu konkretisieren. Da der IASB dies nicht getan hat, ist das Kriterium signifikanter Zeitversatz im üblichen Wortsinn, also im Sinne einer nicht ganz kurzen Zeitspanne, auszulegen, unabhängig davon, ob sich diese Zeitspanne über den Bilanzstichtag erstreckt oder nicht.

147 Keine expliziten Regelungen enthält IFRS 15 für den Fall, dass nicht als eigenständig, sondern als Teil einer einheitlichen Gesamtleistung anzusehende Materialien oder sonstige **Komponenten** nicht von einem Dritten bezogen, sondern **selbst hergestellt** werden. Zum Verbrauch i.S.d. Kostenrechnung ist es dann bereits im Zuge der Herstellung der Komponenten gekommen. Fraglich ist aber, ob damit schon ein hinreichender Zusammenhang mit dem Fertigungsauftrag gegeben ist. Eine Möglichkeit wäre wie folgt zu differenzieren:
- **Spezifisch** für den Auftrag hergestellte Komponenten usw. gehen mit ihrer Erstellung in die Bestimmung des Auftragsfortschritts ein. Mit der Herstellung spezifischer Komponenten beginnt bereits die Erledigung des konkreten Fertigungsauftrags. Die Zuordnung zum Auftrag kann eindeutig und willkürfrei vorgenommen werden.
- **Auftragsunabhängige,** standardisierte Teile finden erst dann Berücksichtigung, wenn sie in den Herrschaftsbereich des Kunden übergehen, also auf die Baustelle verbracht oder eingebaut bzw. installiert werden. Erst dann steht auch die endgültige Verwendung für die Zwecke des Fertigungsauftrags fest.

Beispiel
S stellt sowohl standardisierte als auch individuelle Fassadenelemente her, in die Solarmodule integriert sind. Die individuell für besondere Fassadenverhältnisse gefertigten Module werden fast ausschließlich, die standardisierten Module nur teilweise als System angeboten und schlüsselfertig beim Auftragnehmer eingebaut.
Die Kunden K-1 und K-2 haben jeweils einen Auftrag für ein schlüsselfertiges System über 1,1 Mio. EUR erteilt. S kalkuliert in beiden Fällen mit Gesamtkosten von 1 Mio. EUR. Zum Bilanzstichtag sind 20 % der Module eingebaut oder auf der Baustelle der Kunden. Die übrigen Module sind aber bereits hergestellt. Im Übrigen unterscheiden sich die Aufträge wie folgt:
- Die Fassade von K-1 ist kleiner, verlangt aber den Einbau individuell gefertigter Module. S kalkuliert mit Kosten von 800 für die Fertigung der Module und 200 für den Einbau.
- Bei K-2 werden Standardmodule verwendet. S kalkuliert mit Kosten von 600 für die Module und 400 für den Einbau.

Beurteilung Auftrag 1: Individuell gefertigte Module
Für die Erledigung des Auftrags von K-1 verwendet S individuell gefertigte Module. Bei erwarteten und am Bilanzstichtag bereits realisierten Modulkosten von 800 sowie erwarteten Arbeitskosten von 200, von denen bis zum Stichtag 20 % = 40 angefallen sind, ergibt sich folgende Rechnung:

Kosten Module	800 EUR
Kosten Arbeitsleistung (20 %)	40 EUR
bis zum Stichtag angefallene, berücksichtigungsfähige Kosten	= 840 EUR
in % Gesamtkosten (= POC)	84 %
× Auftragswert	× 1.100 EUR
= Umsatzerlös 01	= 924 EUR

Das Vorratsvermögen wird nicht mehr angesprochen.

Beurteilung Auftrag 2: Standardmodule
Für die Erledigung des Auftrags von K-2 verwendet S standardisierte Module. Bei erwarteten und bereits realisierten Modulkosten von 600 bzw. erwarteten Arbeitskosten von 400, von denen bis zum Stichtag jeweils 20 % = 40 angefallen sind, ergibt sich folgende Rechnung:

Kosten Module (20 %)	120 EUR
Kosten Arbeitsleistung (20 %)	80 EUR
bis zum Stichtag angefallene, berücksichtigungsfähige Kosten	= 200 EUR
in % Gesamtkosten (= POC)	20 %
× Auftragswert	× 1.100 EUR
= Umsatzerlös 01	= 220 EUR

Die am Bilanzstichtag noch nicht zur Baustelle verbrachten Module (80 % von 600 = 480) werden als Vorratsvermögen ausgewiesen.

Alle Überlegungen zur Einbeziehung von fertiggestellten oder bezogenen, aber noch nicht eingebauten materiellen Teilen in die Ermittlung des Fertigungsfortschritts **erübrigen** sich, wenn es wirtschaftlich von vornherein an der **Einheitlichkeit des Geschäfts** fehlt. Als Beispiel kann ein zu einem Gesamtpreis vereinbarter Auftrag über die Lieferung von Hardware und die Fertigung kundenspezifischer Software dienen. In wirtschaftlicher Sicht liegt – anders als im Falle des Fassadenbaus im obigen Beispiel – ein **Mehrkomponentengeschäft** (Rz 51) vor. Der Gesamtpreis ist in einen Erlös für die Lieferung der Hardware und einen Umsatz aus der Fertigung der Software aufzuteilen. Nur der zweite Teil ist nach Leistungsfortschritt zu realisieren; der erste Teil wird bei Auslieferung als Hardware erfasst.

148

6.2.2.4 Revidierte Einschätzung des Leistungsfortschritts

Solange ein Auftrag nicht vollständig erledigt ist, muss die Einschätzung des Leistungsfortschritts zu jedem Stichtag unter Berücksichtigung der Stichtagsverhältnisse vorgenommen werden. Soweit dabei frühere Einschätzungen zu revidieren sind, ist dies nach IFRS 15.43 als Schätzungsänderung i.S.v. IAS 8 und damit **prospektiv** zu berücksichtigen (→ § 24 Rz 11). Die revidierte Ein-

149

schätzung kann dazu führen, dass ursprünglich angenommene und zum Teil bereits realisierte Gewinne zu einem späteren Zeitpunkt tatsächlich nicht mehr erwartet werden. Der notwendige Korrekturbetrag ist **sofort erfolgswirksam** auszuweisen. Eine sog. Reallokation (Verteilung auf den Restzeitraum) ist unzulässig. Das nachfolgende Beispiel zeigt die Wirkungsweise der sofortigen Korrektur:

Beispiel
Die Groß-Anlagen GmbH errichtet für ihren Kunden eine Fertigbeton-Misch- und -Verladeanlage zum Festpreis von 10 Mio. EUR und zu geschätzten Kosten von 8 Mio. EUR, die nach Erkenntnisstand 31.12.01 zu je 2 Mio. in 01 und 03 sowie zu 4 Mio. in 02 anfallen.
In 02 fallen tatsächlich aber 6 Mio. EUR Kosten an. Die Gesamtkostenschätzung wird deshalb Ende 02 auf 10 revidiert:

	01	02	03
a) geschätzte Gesamtkosten	8	10	10
b) Kosten der Periode	2	6	2
c) Kosten per Periodenende, kumuliert	2	8	10
d) dito in % geschätzte Gesamtkosten	25	80	100
e) Festpreis	10	10	10
f) Umsatz per Periodenende, kumul. (= e × d)	2,5	8,0	10,0
g) dito per Ende Vorjahr	0	2,5	8,0
h) Umsatz der Periode (= e – f)	2,5	5,5	2,0
i) Gewinn der Periode (= h – b)	0,5	–0,5	0,0

150 Schätzänderungen können sich nicht nur auf die Kosten-, sondern auch auf die Erlösseite beziehen, insbesondere bei variablen Vergütungen (Rz 97).

6.2.2.5 Folgeaufträge, Anpassungen des Auftragsumfangs

151 Wegen der Frage, ob „Folgeaufträge" lediglich als Anpassung des Auftragsumfangs (mit Anpassung von Transaktionspreis und Leistungsfortschritt) anzusehen sind oder als eigenständige neue Aufträge wird auf Rz 44 ff. verwiesen.

6.2.2.6 Verlässlichkeit der Schätzung – *zero-profit*-Methode

152 Die Erlöserfassung setzt im Falle einer zeitraumbezogenen Leistungsverpflichtung voraus, dass eine **vernünftige Bewertung** *(reasonable measurement)* des Leistungsfortschritts möglich ist, d.h. verlässliche *(reliable)* Information vorliegen (IFRS 15.44). Vor allem in den frühen Phasen eines Auftrags und bei mangelnden Erfahrungen mit ähnlichen Aufträgen ist das Ergebnis einer Leistungsverpflichtung ggf. nicht vernünftig bewertbar, obwohl die Wiedererlangung der zur Erfüllung der Leistungsverpflichtung eingegangenen Kosten erwartet wird; dann sind die Erlöse – bis zur Erlangung der Fähigkeit der vernünftigen Bewertung – lediglich **im Ausmaß der eingegangenen Kosten** zu erfassen (sog. *zero-profit*-Methode; IFRS 15.45).

Die diesbezüglichen Ausführungen in IFRS 15 sind **nicht** besonders **schlüssig**. Wenn in einer frühen Phase eines Auftrages noch große Schätzunsicherheiten bestehen, aber ein Null-Ergebnis oder ein Überschuss (in ungewisser Höhe) wahrscheinlich ist, sollen zunächst nur die Kosten und nicht der Gewinn aktiviert werden. Wenn umgekehrt ein negatives Ergebnis wahrscheinlich, aber dessen Höhe ungewiss ist, ist in Höhe dieses annahmegemäß gerade nicht bekannten Betrages eine Drohverlustrückstellung nach IAS 37 geboten. Da andererseits auch IAS 37 als Voraussetzung für den Ansatz einer Rückstellung eine verlässliche Schätzung verlangt, aber nur in extrem selten Fällen *(extremely rare cases)* die Verlässlichkeit als nicht gegeben ansieht (IAS 37.25), ergeben sich offensichtlich im Widerspruch zum Framework **imparitätische Anforderungen** an eine vernünftige/verlässliche Schätzung: Für die Realisierung eines Gewinns gilt eine höhere Verlässlichkeitshürde als für den Ansatz eines drohenden Verlusts. Im Hinblick auf diese Widersprüchlichkeit und wegen der mangelnden Bestimmung (Bestimmbarkeit) der zentralen Begriffe der Verlässlichkeit und der Wahrscheinlichkeit ergeben sich faktische **Ermessensspielräume**. Bei der Ausübung dieser Spielräume ist allerdings **bilanzpolitische Vorsicht** geboten. Wer sich gegen **Branchenkonventionen** nur für die Kostenaktivierung entscheidet, erweckt beim Bilanzadressaten den Eindruck, über eine weniger verlässliche Auftragskalkulation als die Wettbewerber zu verfügen. In der Bilanzierungspraxis der einschlägigen Branchen (Hoch-, Tiefbau, Anlagenbau usw.) wurde in der Anwendung von IAS 11 der real gegebene Grad der Kalkulationszuverlässigkeit regelmäßig als ausreichend i. S. d. POC-Methode angesehen. **Gegen** die großzügige Annahme eines faktischen Wahlrechts spricht außerdem noch folgende Überlegung: Die allgemeine Berufung auf fehlende Schätzzuverlässigkeit würde insgesamt die Ordnungsmäßigkeit des Abschlusses infrage stellen.[17]

153

Der Verweis auf Probleme der verlässlichen Schätzung von Leistungsfortschritt und Leistungserfolg erfolgt unter diesen Umständen nur bei **ungewöhnlichen** oder **seltenen** Fällen, etwa Aufträgen, bei denen es zu unkalkulierbaren rechtlichen Problemen (z. B. drohende Enteignung im Ausland) oder ganz ungewöhnlichen technischen Schwierigkeiten kommt. In diesen Fällen geht es aber ohnehin meist nicht um den Ansatz eines *zero profit*, sondern um die Passivierung eines drohenden Verlustes.

6.3 Zeitpunktbezogene Leistungen

6.3.1 Anwendungsbereich

Wird (bei Vertragsbeginn) keine zeitraumbezogene Erfüllung der Leistungsverpflichtung festgestellt, so liegt i. S. einer **Negativabgrenzung** zwingend eine zeitpunktbezogene Leistungsverpflichtung vor (IFRS 15.32 und 15.38). Praktisch bedeutsame Anwendungsfälle sind wie folgt:

154

- **Lieferung von Waren** durch Handelsunternehmen,

---

[17] In diesem Sinne in der ehemaligen amerikanischen Vorschrift: ASC 605–35–25–59: „… many contractors have informal estimating procedures that may result in poorly documented estimates … However, procedures and systems should not influence the development of accounting principles and should be dealt with by management as internal control, financial reporting and auditing concerns."

- Lieferung **auftragsunabhängig hergestellter Erzeugnisse** durch produzierende Unternehmen,
- Lieferung von Erzeugnissen, die zwar erst nach Eingang des Kundenauftrags produziert werden, aber auch an einen andern Kunden geliefert werden könnten, und zwar ohne Verstoß gegen den Vertrag mit dem ersten Kunden (dieser erhält ein anderes gleichartiges Gut) und ohne wesentliche ökonomische Einbuße (die Lieferung an einen anderen Kunden würde weder kostenintensive Modifikationen noch besondere Preiskonzessionen verlangen). Angesprochen ist damit vor allem die **Fertigung von Massengütern nach Auftragseingang** wie etwa in der Automobil- oder Möbelindustrie (Rz 153), i.d.R. hingegen nicht die kundenspezifische Fertigung im Anlagen- und Maschinenbau.
- **Makler-, Kommissions-, Handelsvertreterleistungen**, bei denen der Anspruch auf das Entgelt frühestens mit Abschluss eines vermittelten Vertrags entsteht.

155 Hinsichtlich der Fälle einer **Fertigung nach Eingang des Auftrags** ist Folgendes beachtlich: Der Käufer eines Autos kann i.d.R. zwischen einer Vielzahl von Ausstattungsvarianten wählen, zwischen z.B. mehr als 20 Lackierungen, einer ähnlich großen Anzahl von Polsterstoffen, verschiedenen Radiotypen, verschiedenen Bereifungen, verschiedenen Belüftungssystemen, verschieden teilbaren Rückbänken usw. In der Multiplikation der Möglichkeiten ergibt sich leicht eine Auswahl zwischen einigen tausend Ausstattungsvarianten. Unter diesen Voraussetzungen werden Fahrzeuge in der **Automobilindustrie** kaum noch auf Lager produziert, sondern erst nach Eingang des Kundenauftrags. Ähnliche Verhältnisse finden sich bei nicht ganz so zahlreichen Varianten z.B. in der **Möbelindustrie**, in der ebenfalls der Fertigungsbeginn erst nach Auftragseingang dominiert. Der Kunde kann in beiden Fällen zwar spezielle Ausstattungsvarianten bestimmen, dies jedoch nur nach einem „Menü". Die alternative Nutzungsmöglichkeit durch den Produzenten – Lieferung des bestellten Fahrzeuges an einen anderen Kunden ohne signifikante ökonomische Einbuße, Herstellung eines gleichartigen Fahrzeuges für den ursprünglichen Kunden (IFRS 15.35c) – ist gegeben. Es liegt eine zeitpunktbezogene Leistung vor. Zeitraumbezogene Leistungen sind allerdings auch im Fahrzeugbau denkbar, etwa wenn es nicht um Pkws, sondern um Transportfahrzeuge mit besonderen, individualisierten Aufbauten geht.
Der Unterschied zwischen einer Selektion aus einem vorgegebenen Ausstattungsmenü (zeitpunktbezogene Leistungen) und kundenspezifischen Fertigungen i.e.S. (zeitraumbezogene Leistung) kann im Kontrast von Pkw- zum **Schiff- und Flugzeugbau** verdeutlicht werden: Auch Containerschiffe, erst recht aber Linienflugzeuge sind hinsichtlich ihrer Basiskomponenten ein Serienprodukt. Die Besteller geben aber i.d.R. individuelle Spezifikationen vor, die von der inneren und äußeren Optik über die Ausstattung mit Elektronik bis zu besonderen Anforderungen an schiff- oder flugtechnische Komponenten reichen. Im Vergleich zu einem Serien-PKW wird ein „Serienschiff" oder „Serienflugzeug" in stärkerem Maße den individuellen Kundenwünschen angepasst. I. d. R. liegt eine kundenspezifische Fertigung vor (Rz 133).
Ähnlich sind die Verhältnisse in weiten Bereichen des **Anlagenbaus**. Hydraulische Großhämmer werden bspw. auf der Basis von Standardtypen hergestellt,

die aber je nach Kundenwunsch in erheblichem Maße modifiziert werden. Auch hier sind zumeist zeitraumbezogene Leistungen anzunehmen.

Insbesondere in **Zulieferbetrieben,** etwa der Automobilbranche, ist die kundenspezifische Fertigung zugleich eine Massenfertigung: Das nach kundenspezifischen Vorgaben entwickelte Produkt wird über eine längere Dauer und in hoher Stückzahl auf Basis von **Sukzessivlieferverträgen** an den Abnehmer geliefert. Folgende Konstellationen können auftreten: 156
- Das entwickelte Produkt kann mit geringem Aufwand so verändert werden, dass es auch an andere Abnehmer geliefert wird; ein solches Vorgehen ist mangels Exklusivitätsvereinbarung rechtlich zulässig und auch beabsichtigt. Es liegt keine kundenspezifische Fertigung vor. Die Entwicklungskosten sind nach IAS 38, die sachlichen Produktionsmittel nach IAS 16 zu bilanzieren. Der Absatz der Produkte führt zu zeitpunktbezogenen Erlösen.
- Das entwickelte Produkt ist aus tatsächlichen oder rechtlichen Gründen nicht oder nur mit kostenintensiven Modifikationen an Dritte veräußerbar. Hier können eine kundenspezifische, zeitraumbezogene Fertigung von Know-how und Werkzeugen (Leistung) und eine zeitpunktbezogene Lieferung der einzelnen Produkte vorliegen.

6.3.2 Bestimmung des Leistungszeitpunkts – Grundlagen

Die Erlösrealisation erfolgt bei zeitpunktbezogenen Leistungen zu dem Datum, an dem der Kunde die Beherrschung über die Leistung erhält und das Unternehmen eine Leistungsverpflichtung erfüllt. Konzeptionell ist darauf abzustellen, wann der Kunde den Nutzen über die Leistung (den Vermögenswert) erlangt (Rz 126). Als beispielhafte **Indikatoren** für den Übergang der Beherrschung führt IFRS 15.38 Folgendes an:[18] 157
a) **Gegenwärtiger Zahlungsanspruch** *(present right to payment)* gegenüber dem Kunden. Das Merkmal zielt offenbar darauf ab, dass das Berichtsunternehmen zivilrechtlich seine Leistungsverpflichtung erfüllt hat und daher der Anspruch auf die Gegenleistung entstanden (nicht notwendig schon fällig) ist. Das Kriterium ist u. a. dann nicht einschlägig, wenn die Parteien Vorkasse vereinbart haben.
b) **Übergang des rechtlichen Eigentums** auf den Kunden: Der Übergang ist keine notwendige Bedingung für die Umsatzrealisation. Der Standard hält selbst fest, dass bei einem aus Sicherungsgründen noch nicht erfolgten Übergang des Eigentums (Lieferung unter Eigentumsvorbehalt) der Kunde gleichwohl die Beherrschung über den Leistungsgegenstand erlangt haben kann (wirtschaftliches Eigentum) und damit das Berichtsunternehmen seine Leistungsverpflichtung erfüllt und den Umsatz zu realisieren hat.
c) **Physischer Besitz des Vermögenswerts** durch den Kunden: Physischer Besitz ist weder notwendige noch hinreichende Bedingung für Kontrollübergang und Umsatzrealisation. Auch ohne Erlangung des physischen Besitzes durch den Kunden kann die Leistung erbracht sein *(bill-and-hold*-Geschäfte, Rz 159). Umgekehrt kann trotz Übertragung des Besitzes die Kontrolle über den Vermögenswert beim Unternehmen verblieben sein, etwa bei Konsig-

---
[18] Vgl. HAGEMANN, PiR 8/2014, S. 233.

nationslieferungen (Rz 77 und 86) oder bei Rückforderungsrechten des Unternehmens (Rz 179 ff.).

d) **Übergang der wesentlichen eigentümertypischen Risiken und Chancen** des Vermögenswerts (also des **wirtschaftlichen Eigentums**) auf den Kunden. Besondere Würdigung bedarf dieses Kriterium etwa bei schwimmender oder rollender Ware (Rz 162).

e) **Abnahme** (*acceptance*) des Vermögenswerts durch den Kunden. Als Abnahme wird – in Übereinstimmung mit § 640 BGB – die Anerkennung der Leistung als im Wesentlichen vertragsgerecht begriffen (IFRS 15.B83). Eine Umsatzrealisation vor vertraglich oder gesetzlich vorgesehener Abnahme bzw. vor Verstreichen der Abnahmefrist (vgl. § 640 Abs. 1 Satz 3 BGB sowie für den Handelskauf § 377 Abs. 2 HGB) ist nach IFRS 15.B84 dann möglich und geboten, wenn die Abnahme sich auf leicht feststellbare Merkmale (z.B. Größe oder Gewicht des Liefergegenstandes) bezieht und das Unternehmen selbst durch Ausgangskontrollen, Erfahrungswerte usw. so gut wie sicher ausschließen kann, dass diesbezüglich ein Mangel vorliegen könnte (Rz 165 ff.).

6.3.3 Bestimmung des Leistungszeitpunkts – Einzelfälle

6.3.3.1 Übergang der Preisgefahr, Versendungskauf, „*bill and hold*"-Verkäufe

Der Übergang der wesentlichen eigentümertypischen Risiken und Chancen ist ein Indikator für die Erfüllung der Leistung (Rz 157). Von Bedeutung sind für den Risikoübergang hier die **rechtlichen** Bedingungen, wie sie sich aus Gesetz, vertraglicher Einzelabrede, allgemeinen Auftragsbedingungen oder im internationalen Handel auch aus Incoterms ergeben. Je nach Gesetzes- bzw. Rechtslage können daher (bei **gleichem physischen** Lieferzeitpunkt) unterschiedliche Erlösrealisierungszeitpunkte vorliegen. Wichtig ist u. a. der **Übergang der Preisgefahr**, d. h. der Zeitpunkt, zu dem die Gefahr des zufälligen Untergangs auf den Käufer übergeht. Hier ist etwa zwischen „normalem" und Versendungskauf zu unterscheiden.

Beispiel
U liefert Waren an K. Die Parteien haben als Erfüllungsort den Sitz des K vereinbart. Nach § 446 BGB geht die Preisgefahr mit Übergabe an K auf diesen über. Erst in diesem Zeitpunkt ist auch der Umsatz nach IFRS 15 realisiert.

Variante
Erfüllungsort ist der Sitz des U. U soll jedoch auf Verlangen des K die Ware durch einen Spediteur an K liefern. Am 30.12. erfolgt die Übergabe an den Spediteur, der die Ware am 2.1. an K übergibt. Es liegt ein **Versendungskauf** nach § 447 BGB vor (Versand auf Verlangen des Käufers an anderen Ort als Erfüllungsort). Mit der Übergabe an den Spediteur ist die Preisgefahr auf K übergegangen und hat U seine Pflichten erfüllt. Der Erlös ist deshalb bei U noch im alten Jahr zu realisieren.

Das **Eigentum** an beweglichen Sachen geht im Normalfall durch Einigung und 159
Übergabe über (§ 929 BGB). Die Übergabe kann durch Vereinbarung eines
Besitzmittlungsverhältnisses ersetzt werden (§ 930 BGB). IFRS 15.B79 spricht
in anderer angelsächsischer Terminologie von „*bill and hold*"-Verkäufen. Die
Umsatzerlöse aus solchen Verkäufen sind nach IFRS 15.B81 realisiert, sofern
folgende Bedingungen kumulativ erfüllt sind:
- Es gibt **substanzielle Gründe** für das *bill and hold arrangement*, d.h., die
  Vereinbarung ist nicht allein bilanzpolitisch durch das Bestreben, den Realisationszeitpunkt vorzuverlegen, motiviert. Ein Indikator hierfür sind u.a.
  übliche Preise und Zahlungsbedingungen. Der substanzielle Grund kann u.a.
  darin bestehen, dass sich der Kunde im Interesse der Versorgungssicherheit
  jetzt schon das Eigentum sichern, aber aus logistischen Gründen (Transportkostenoptimierung, verfügbarer Lagerpatz usw.) erst später den physischen
  Besitz erlangen will.
- Die Ware ist als Eigentum des Kunden **identifiziert** (*identified separately as belonging to the customer*).
- D. h. auch: Das Berichtsunternehmen hat nicht mehr die Möglichkeit, die Ware **anderweitig** zu verwenden.
- Die Ware ist für den **physischen Transfer** (Besitzübergang) **bereit**.

Das Kriterium der **Identifizierung** kann insbesondere bei Gattungsschulden
(§ 243 BGB) Schwierigkeiten bereiten.

Beispiel

Landwirt L verkauft 10 Tonnen Getreide an Landhändler H mit der Maßgabe, es erst später zu liefern. Folgende Bedingungen sind (alternativ) vereinbart:

Alternative 1

Das für H bestimmt Getreide lagert L in einem 10-Tonnen-Silo. Der Inhalt wird rechtlich auf H übertragen, das Eigentumsrecht des H durch Kennzeichnung am Silo und in der Lagerbuchführung dokumentiert.

Alternative 2

Das für H bestimmte Getreide lagert L mit anderem Getreide in einem 25-Tonnen-Silo. Der gesamte Inhalt des Silos wird rechtlich auf H übertragen. Am Silo und in der Lagerbuchführung wird dokumentiert: 10 Tonnen stehen im Eigentum von H. Nach Vereinbarung zwischen L und H darf der Siloinhalt nie unter 10 Tonnen sinken.

Den rechtlichen Erfordernissen ist in beiden Fällen Genüge getan. Fraglich ist jedoch, ob in der 2. Alternative das Identifikationserfordernis erfüllt ist.

Zur Konkretisierung des Identifikationserfordernisses finden sich in IFRS 15 keine Hinweise. Mit dem Problem haben sich jedoch andere Instanzen, u.a. in Interpretation des deutschen Handels- und Steuerrechts der BFH sowie in Interpretation der US-GAAP die SEC, befasst.

Im **BFH**-Fall[19] ging es um die Bilanzierung **schwimmender Ware** (Rohkaffee). Der dem Erwerber auszuliefernde Rohkaffee war jeweils eine dem Gewicht nach bezeichnete Teilmenge der von dem Veräußerer auf dem Seeweg eingeführten Partien an Rohkaffee gleicher Beschaffenheit. Der BFH lehnte eine Aktivierung beim Käufer mit folgender Begründung ab: „Als nur der Gattung nach und durch das Gewicht als unabgeschiedener Teil einer (dem Käufer) nicht bekannten Menge gattungsmäßig bezeichneter Ware ist der gekaufte Rohkaffee **nicht hinreichend individualisiert**, um als Gegenstand des wirtschaftlichen Verkehrs Teil des Vermögens der Klägerin zu sein. Dies ist erst in dem Augenblick möglich, in dem der von der Klägerin gekaufte Rohkaffee aus der Gesamtladung Rohkaffee gleicher Beschaffenheit erkennbar ausgesondert wird. Das Finanzgericht hat festgestellt, dass eine solche Aussonderung – die etwa durch **Nummerierung** der einzelnen Säcke oder auf andere Weise sichtbar gemacht worden wäre – nicht erfolgt ist."

Die **SEC**[20] gelangt (allerdings für einen früheren Rechtstand) zu ähnlichen Ergebnissen: Da eine Umsatzrealisierung **vor** physischer Lieferung eine **Abweichung** von den allgemeinen Regelungen *(departure from the general rules)* sei, müssten die Umstände einer solchen Transaktion besonders belegt *(specially verified)* werden. Hierzu gehöre insbesondere, dass die vertragsgegenständlichen Güter vom sonstigen Inventar des Veräußerers segregiert seien und nicht mehr zur Ausführung anderer Umsätze zur Verfügung stünden. An der letztgenannten Voraussetzung fehlt es bei der lediglich mengenmäßigen Bestimmung des Vertragsobjekts. Plakativ gesprochen hindert eine solche Bestimmung nicht die Auslieferung des einzelnen Getreidekorns oder der einzelnen Kaffeebohnen an einen Dritten und steht daher der Umsatzrealisierung entgegen.

160 Das *bill-and-hold*-Geschäft kann gem. IFRS 15.B82 zugleich ein **Mehrkomponentengeschäft** sein (Rz 51 ff.), etwa dann, wenn die Lagerung für den Kunden vorrausichtlich einen beträchtlichen Zeitraum einnehmen wird. Neben die (meist zeitpunktbezogene) Lieferleistung tritt dann die zeitraumbezogene Lagerleistung (IFRS15.IE322ff.).

161 Bei **Ratenzahlungen** kann von vornherein vereinbart sein, dass eine Ware erst geliefert wird, wenn die letzte Rate bezahlt ist. Soweit die Ware bereits vor Auslieferung identifiziert und beiseitegelegt ist *(lay-away sales)*, kommt eine Umsatzrealisierung vor der Lieferung infrage. Voraussetzung ist, dass mit dem Eingang der Gegenleistung zu rechnen ist. Dies kann u.a. dadurch belegt werden, dass ein wesentlicher Teil der Raten geleistet wurde und nach Erfahrungswerten mit Leistung der restlichen Zahlungen zu rechnen ist.

162 Die Umsatzrealisierung aus Verkäufen setzt i.d.R. neben dem Übergang der Preisgefahr den Verlust der Verfügungsmacht voraus. Zum **Zusammenwirken** beider Kriterien folgendes Beispiel:

---

[19] BFH, Urteil v. 9.2.1972, I R 23/69, BStBl II 1972 S. 563.
[20] Im Accounting and Auditing Enforcement Release No. 108 v. 5.8.1986.

> **Beispiel**[21]
> A verkauft B am 10.12. abessinischen Rohkaffee „FOB Djibuti, netto Verschiffungsgewicht". Die Partie wird am 30.12. verladen. Das darüber ausgestellte Konnossement lautet auf die Commercial Bank of Ethiopia und wurde von dieser blanko indossiert. Das Konnossement wird am gleichen Tag an das Bankhaus Bremen verschickt, bei dem B für die Bezahlung der Warenschuld ein Akkreditiv hatte eröffnen lassen. Der Käufer erhält die Konnossemente erst im neuen Jahr. Erst dadurch erlangt er den Anspruch auf Herausgabe der Ware.
> Die Warenpartie wurde schon vor dem Bilanzstichtag verschifft, sodass die Preisgefahr nach der vereinbarten FOB-Klausel mit der Verbringung an Bord des Schiffes auf die Klägerin überging. Daraus folgt noch nicht der Verlust der Verfügungsmacht. Verfügungsberechtigt ist der jeweilige berechtigte Inhaber des Konnossements.
> Mit der Absendung der Waren und dem Gefahrenübergang ist aber das Schweben des Verkaufsgeschäfts für den Verkäufer dann beendet, wenn er zugleich das Konnossement abgegeben hat. Ob es andererseits schon beim Käufer angekommen ist und dieser schon wirtschaftliches Eigentum erlangt hat, ist dann nicht mehr entscheidend.

Die Bezugnahme auf **zivilrechtliche** Kriterien der Preisgefahr und des Eigentums kann allerdings dann **versagen**, wenn Garantien, Rücknahmevereinbarungen u. Ä. das zivilrechtliche Veräußerungsgeschäft so überlagern, dass in **wirtschaftlicher** Betrachtung gar keine Veräußerung mehr vorliegt, sondern z.B. Leasing (Rz 181ff.).

6.3.3.2 Ausstehende Montage und Installation

Bei Verkauf oder Lizenzierung mit Montage- oder **Installationsleistung** liegt ein Mehrkomponentengeschäft vor, wenn die Montageleistung leicht verfügbar ist (abstrakte Eigenständigkeit) und es dem Kunden nicht gerade in besonderer Weise darauf ankommt **alles aus einer Hand** zu beziehen (konkrete Eigenständigkeit): Wegen Einzelheiten wird auf Rz 55ff. verwiesen.

163

Bei Eigenständigkeit der Installationsleistung kann der Umsatz in zwei Perioden anfallen, nämlich dann, wenn die Verfügungsmacht am Liefergegenstand noch in alter Rechnung auf den Kunden übergeht, die Montageleistung aber erst nach dem Abschlussstichtag erbracht wird.

6.3.3.3 Kauf auf Probe

Der Kauf auf Probe ist **zivilrechtlich** nach § 454 BGB ein Kauf unter der aufschiebenden Bedingung, dass der Käufer den Vertragsgegenstand innerhalb einer vereinbarten oder vom Verkäufer bestimmten angemessenen Frist billigt. Durch Billigung oder unwidersprochenen Ablauf der Billigungsfrist entsteht der Zahlungsanspruch des Verkäufers. Erst mit dessen Entstehen soll der Verkäufer nach IFRS 15.B86 den Umsatz realisieren.

164

---

[21] In Anlehnung an BFH, Urteil v. 3.8.1988, I R 157/84, BStBl II 1988 S. 21.

Der Anwendungsbereich dieser – der steuerbilanziellen Behandlung[22] entsprechenden – Regelung ist u.e. aber eng auszulegen, um jedenfalls bei Massengeschäften nicht in Widerspruch zu den Regeln, betreffend eine Lieferung mit Einräumung eines Rückgaberechts (*sale with a right of return*), zu geraten (Rz 175). Wenn Endverbrauchern oder Handelsintermediären ein Rückgaberecht eingeräumt wird, kann es nicht darauf ankommen, ob diese Formal nach den zivilrechtlichen Regeln eines Kaufs auf Probe oder als „einfacher" Kauf mit Rückgaberecht gestaltet wird.

6.3.3.4 Ausstehende Abnahme, Abnahmeverzug

165 Ist die Abnahme des Liefergegenstandes, d.h. die Anerkennung als im Wesentlichen vertragsgemäß bzw. mängelfrei, gesetzlich oder vertraglich vorgesehen, sind der Kontrollübergang und damit der Realisationszeitpunkt i.d.R. erst mit Vollzug der Abnahme gegeben (IFRS 15.B83). Eine erste Ausnahme hiervon ist in IFRS 15.B84 für den Fall vorgesehen, dass nach sehr verlässlicher Einschätzung die Mängelfreiheit so gut wie sicher gegeben ist (Rz 157).
Eine **weitere Ausnahme** besteht u.E. beim Abnahmeverzug. Ist der Auftraggeber eines Werkvertrags über unbewegliche Sachen mit der **Abnahme in Verzug**, findet ein Gefahrenübergang bereits mit Eintritt des Verzugs statt (§ 644 BGB). Zum Verzugszeitpunkt kann der Umsatz bereits realisiert werden, wenn der Kunde zu diesem Zeitpunkt bereits die Verfügungsgewalt über den Vertragsgegenstand erlangt hat. Entsprechendes gilt für den Kaufvertrag, wenn die Ware wegen Annahmeverzugs des Käufers nicht übergeben werden kann. Für den Werklieferungsvertrag über bewegliche Sachen gilt nach § 651 BGB das Kaufvertragsrecht; eine Abnahme entfällt. Die Übergabe der Sache bzw. der Zeitpunkt des **Annahmeverzugs** ist i.d.R. entscheidend.

6.3.3.5 Vermittlungs-, Makler- und Vertreterprovisionen

166 **Werbeprovisionen** sind u.E. abweichend von der bisherigen Regelung (IAS 18.IE12) gem. IFRS 15 nicht erst im Zeitpunkt der Veröffentlichung der vermittelten Werbung, sondern bei Vermittlung der Werbung zu erfassen, da das Berichtsunternehmen zu diesem Zeitpunkt seine Leistung erfüllt hat und es nicht darauf ankommt, wann der Kunde die Leistung nutzt.

167 Entsprechend entstehen auch **Abschlussprovisionen von Versicherungsvertretern** mit Abschluss des Versicherungsvertrags. Sind mit der Provision spätere Leistungsverpflichtungen abgegolten, etwa die sog. **Bestandspflege**, liegt ein Mehrkomponentengeschäft vor (Rz 51ff.). Das Transaktionsentgelt (Gesamtprovision) ist aufzuteilen und hinsichtlich des Anteils der Bestandspflege über den damit verbundenen Zeitraum zu realisieren. Erhält der Versicherungsvertreter hingegen neben dem Abschluss später jährlich eine angemessene Bestandspflegeprovision, wird die Abschlussprovision mit Beginn des Versicherungszeitraums sofort zu Ertrag.

---

[22] OFD Münster, DStR 1989, S. 402.

> **Beispiel**
> Die X GmbH betreibt eine Generalagentur. Anfang Dezember 01 vermittelt sie Y eine Unfall-Versicherung der Z-Versicherungsgesellschaft. Der Vertrag wird am 30.12.01 (Ablauf der Rücktrittsfrist des Versicherungsnehmers) wirksam. Versicherungsbeginn ist der 1.1.02, Versicherungsablauf der 31.12.04.
> Der Provisionserlös ist i.H.d. auf den Abschluss entfallenden Entgelts in 01 auszuweisen. Auf den späteren Beginn des Versicherungszeitraums kommt es nicht an.
> Ob die Provision in 01 in voller Höhe zu realisieren oder mit einem Teilbetrag auf 02 bis 04 zu verteilen ist, hängt davon ab, ob spätere Leistungen (Schadensabwicklung, Inkasso etc.) gesondert, z.b. über eine Bestandspflegeprovision, vergütet werden.

Wird die Bestandspflegeprovision ohne relevante Leistungspflichten (kein Inkasso usw.) der Sache nach lediglich für den Verbleib des Kunden im Vertrag gezahlt, stellt sich die Frage, ob sie in wahrscheinlicher und diskontierter Höhe bereits mit Vertragsschluss zu Umsatz führt. Der IFRIC hat diese Frage für IAS 18 in einem vergleichbaren Fall (Vermittlung von Anlegern an einen Fonds, dafür neben Abschlussprovision eine an der Dauer des Verbleibs des Kunden im Fonds geknüpfte „*trailing commission*") nicht beantworten wollen oder können.[23]
In der Praxis der Versicherungsvermittlung werden Abschlussprovisionen zwar mit Zahlung der 1. Prämie durch den Versicherungsnehmer fällig, sind jedoch voll „nur in der Höhe verdient", in welcher der Versicherungsnehmer über einen prozentual an der Laufzeit des Versicherungsvertrags orientierten sog. **Provisionshaftungszeitraum** auch tatsächlich seine Prämien zahlt. Zum unter diesen Voraussetzungen zweckmäßigen Vorgehen folgendes Beispiel:[24]

168

> **Beispiel**
> Für in 01 getätigte Vermittlungen entstehen Abschlussprovisionen i.H.v. 1.000 EUR. Hiervon werden 10 % als Stornoreserve einbehalten. Nach den Erfahrungen der Vergangenheit ist nur mit einer Inanspruchnahme von 2,5 % zu rechnen. Es ergeben sich für 01 folgende Buchungen:
>
> | Konto | Soll | Haben |
> | --- | --- | --- |
> | Geld | 900 | |
> | Forderung (Stornoreserve) | 100 | |
> | Erlöse | | 1.000 |
> | Erlöse | 25 | |
> | Forderung (Stornoreserve) | | 25 |

---

[23] So auch der IFRIC, Update September 2008.
[24] Ausführlich: LÜDENBACH, StuB 2010, S. 670 ff.

169 Die Entstehung des Provisionsanspruchs richtet sich zivilrechtlich nach den zwischen den Versicherungen und dem Versicherungsvertreter geschlossenen Verträgen.
- § 92 Abs. 4 HGB überlässt es dabei der **Vertragsgestaltung**, welche Prämienzahlung zur Entstehung des Provisionsanspruchs führen soll.
- Die Entstehung des Provisionsanspruchs kann vertraglich z.b. von der Zahlung der ersten Prämie durch den Versicherungsnehmer, aber auch von der **Zahlung einer bestimmten Anzahl von Monatsprämien** abhängig gemacht werden.

Im letzten Fall entsteht der Erlös nach Auffassung des BFH[25] **handels- und steuerbilanziell pro rata**. Für die Umsatzrealisierung nach IFRS 15 kommt es hingegen allein darauf an, ob eine zeitpunkt- oder zeitraumbezogene Leistung vorliegt (IFRS 15.32). Bei einer von der Anzahl der Monatsprämien abhängigen Provision könnte sich der Zeitraumbezug nur aus IFRS 15.35a ergeben. Danach liegt eine zeitraumbezogene Leistung vor, wenn der Kunde (die Versicherung) den Nutzen **immer dann** erhält, **wenn** der Leistungserbringer leistet.

> **Beispiel**
> Die V GmbH vermittelt u.a. den **Abschluss von 12 oder mehr Jahre dauernden Lebensversicherungsverträgen**. Die V erhält nicht schon beim Zustandekommen eines Versicherungsvertrags von der Versicherung eine an der Laufzeit und der Versicherungssumme bemessene Provision. Vielmehr sehen die Verträge mit den Versicherungen vor, dass der Provisionsanspruch
> - planmäßig sukzessive über die ersten 5 Versicherungsjahre mit je 1/60 entsteht, wenn die jeweilige Monatsprämie vom Versicherungsnehmer gezahlt wurde,
> - außerplanmäßig i.H.d. noch nicht ausgezahlten 60stel bei Tod des Versicherten innerhalb der 5 Jahre.
>
> Auf dieser Basis wird V nach mehrjährigen Erfahrungen im Durchschnitt 97 % der vollen (60/60) Provision verdienen.

Selbst wenn man im Beispiel als Leistungen des Vermittlers die Vermittlung eines Vertrags mit 5 Jahren ordentlicher Prämienzahlung ansehen würde, wäre die vorgenannte **Simultanitätsbedingung** nicht erfüllt, da der Nutzen der Verträge (Prämienzahlungen) bei planmäßigem Verlauf nicht nur 5, sondern 12 oder mehr Jahre anfällt. Es liegt somit eine **zeitpunktbezogene** Leistung vor. Als der Versicherung verschaffter Nutzen ist die Erlangung des Versicherungsvertrags anzusehen. Mit Abschluss des jeweiligen Vertrags ist **dem Grunde nach** ein Umsatz auszuweisen.

Der Provisionsanspruch ist im Beispiel allerdings der Höhe nach wegen der Bindung an die 60 Monate Prämienzahlung mit Unsicherheiten behaftet. Nach IFRS 15.50 ff. liegt ein **variabler Transaktionspreis** vor. Hier ist eine **Schätzung** des erwarteten Entgelts geboten (IFRS 15.53) und der geschätzte Wert insoweit als Erlös zu realisieren, als eine signifikante Stornierung so gebuchter Erlöse **hoch unwahrscheinlich** wäre (IFRS 15.56).

---

[25] BFH, Urteil v. 17.03.2010, X R 28/08, BFH /NV 2010 S. 2033 N.

Diese Schätzung kann erfahrungsorientiert auf Portfoliobasis erfolgen und führt im Beispiel dazu, dass 97 % der Gesamtprovisionsansprüche aus in der jeweiligen Periode neu vermittelten Verträgen sofort als Umsatz ausgewiesen werden.

Bei **Maklertätigkeit** ist u.E. wie folgt zu verfahren: Der Makler hat seine Leistung zwar vollendet („fertiggestellt"), wenn er seine Nachweis- oder Vermittlungsleistung erbracht hat. Auf die Leistungserbringung („Fertigstellung") kommt es jedoch nicht an, da ein Anspruch auf Maklerlohn nur dann entsteht, wenn es tatsächlich zu einem Vertrag über das nachgewiesene oder vermittelte Geschäft kommt (§ 652 BGB). Ist der vermittelte Vertrag und damit indirekt auch die Provision an Bedingungen geknüpft, wird das Provisionsentgelt zu einer variablen Größe und kann erst mit verlässlicher und hoch wahrscheinlicher Einschätzung des Bedingungseintritts erfasst werden (Rz 97 ff.). Bei Betrachtung eines einzelnen Geschäftes könnte dann i.d.R. erst mit Gewissheit über die Bedingung der Erlös realisiert werden. Mit Blick auf das Kriterium der Wahrscheinlichkeit und dessen Behandlung bei Veräußerungen mit Rückgaberecht ist bei Betrachtung eines Portfolios von Geschäften eine andere Lösung angemessen. 170

> **Beispiel**
> M betreibt einen Strukturvertrieb für Immobilien. Die Kunden erwerben Wohneigentum auf der Grundlage eines notariellen Geschäftsbesorgungsvertrages mit dem Treuhänder T, der dann seinerseits unmittelbar Grundstückskaufverträge und zeitlich versetzt (nach Bonitätsprüfung durch die zum Initiatorenkreis gehörende Bank) Finanzierungsverträge für die Kunden abschließt. M erhält mit Abschluss des Geschäftsbesorgungs- und Grundstückskaufvertrags eine Immobilien- und eine Finanzierungsvermittlungsprovision. Beide Provisionen werden unbedingt, sobald die Finanzierungszusage der Bank vorliegt. Finanziert die Bank den Kunden nicht, ist die Provision zurückzuzahlen.
> Ende Dezember kommt es durch Vermittlung von M zu 100 Geschäftsbesorgungs- und Grundstückskaufverträgen. Die Bonitätsprüfung im neuen Jahr führt in 5 Fällen zur Rückabwicklung. Diese Quote entspricht dem langjährigen Mittel.
>
> **Beurteilung**
> M hat seine Arbeit im alten Jahr beendet („fertiggestellt"). Die Wahrscheinlichkeit eines (endgültigen) Erlöses kann er verlässlich einschätzen. Gegen eine Erlösrealisierung im alten Jahr ist daher nichts einzuwenden.

Der Provisionsanspruch des **Handelsvertreters** entsteht ebenfalls erst mit Abschluss des Vertrages (§ 87 HGB). Fällig wird der Anspruch mit Ausführung des Geschäftes durch den Prinzipal, bei entsprechender Vereinbarung erst mit Zahlung durch den Dritten (§ 87a Abs. 1 HGB). Evtl. bereits vorher erhaltene Provisionen oder Vorschüsse sind bei Nichtleistung des Dritten zurückzugewähren (§ 87a Abs. 2 HGB). Bei Betrachtung des einzelnen Geschäftes ist der Erlös nach handelsbilanzieller Auffassung erst mit Ausführung des Geschäftes durch den Prinzipal realisiert, im Fall einer entsprechenden Vereinbarung sogar erst mit Leistung durch den Dritten. Nach IFRS ist jedenfalls bei Portfoliobetrachtung (IFRS 15.4) eine frühere Realisierung angezeigt. 171

> **Beispiel**
> H ist als Handelsvertreter ausschließlich für U tätig. Die im Dezember vermittelten und durch Auftragsbestätigungsschreiben rechtsverbindlich zustande gekommenen Geschäfte werden im Januar ausgeführt und erst im Februar von den Kunden bezahlt. Der Handelsvertretervertrag sieht vor, dass der Anspruch auf Provision erst mit Bezahlung durch die Kunden entsteht. Kann H aufgrund vergangener Erfahrungen eine zuverlässige Schätzung über die Storno- und die Forderungsausfallquote abgeben, ist der unter Berücksichtigung dieser Quote errechnete Provisionsanspruch noch im alten Jahr realisiert.

6.3.3.6 Künstlerische Veranstaltungen

172 Bei **künstlerischen** Veranstaltungen entsteht der Erlös des Veranstalters aus den Eintrittsgeldern mit dem Aufführungszeitpunkt. Vorlaufende Kosten können ggf. zu aktivieren sein.

> **Beispiel**
> Die Musical AG begibt sich ab 2.1.01 nach 3-monatigen Proben auf eine 6-monatige Tournee. Alle Aufführenden sind Angestellte der Musical AG.
>
> **Variante A**
> Die Musical AG ist für einen Konzertveranstalter tätig und erhält ein festes Honorar pro Abend.
> Die Kosten der Proben sind als Kosten der Erfüllung eines Vertrags mit einem Kunden (IFRS 15.95; Rz 210) im alten Jahr zu aktivieren. Der Umsatz ist erst im neuen Jahr zu realisieren.
>
> **Variante B**
> Das Honorar variiert mit der Höhe der Eintrittsgelder.
> Gleiche Lösung wie zuvor.
>
> **Variante C**
> Die Musical AG ist selbst Veranstalter.
> Es ist fraglich, ob die Kosten der Probe bereits Kosten der Erfüllung eines Vertrags sind. Da sie sich nicht auf einen einzelnen Vertag beziehen, liegen u. E. allgemeine Kosten vor, für die eine Aktvierung höchstens nach IAS 38 infrage kommen könnte.

6.4 Sonderfälle

6.4.1 Verkauf mit Einräumung eines Rückgabe- oder Rücknahmerechts

6.4.1.1 Überblick

173 Rückgabe- oder Rücknahmevereinbarungen bez. veräußerter Produkte können in verschiedenen Formen auftreten. Nach der **rechtlichen Struktur** ist zu unterscheiden
- zwischen Vereinbarungen **unbedingter** (Forwards) und **bedingter** (Optionen) Art,

- bei den bedingten weiter danach, ob der Veräußerer ein **Rückforderungsrecht** (Call-Option) oder eine **Rücknahmepflicht** (geschriebene Put-Option) hat.

Nach dem **Inhalt der** Vereinbarungen ist zu differenzieren,
- einerseits zwischen Vereinbarungen, bei denen die (eventuelle) Rücknahme erst nach einem (längeren) Zeitraum der **Nutzung** durch den Kunden erfolgt, und solchen, die nur für das (weitgehend) **ungenutzte** Produkt gelten (z. B. klassische Umtauschrechte),
- andererseits nach dem Verhältnis des **Rücknahmepreises** zum ursprünglichen Verkaufspreis.

Entlang dieser Kriterien ergeben sich folgende **Hauptanwendungsfälle** von Rücknahmevereinbarungen:
- Veräußerungen an Endnutzer oder Handelsintermediäre im **Massengeschäft** unter Einräumung eines **Rückgaberechtes** (geschriebene Put-Option) zum ursprünglichen Preis und nur binnen einer kurzen Frist. Hier ist i.d.R. ein Umsatz mit Lieferung auszuweisen, aber i.H.d. geschätzten Retourenquote zu kürzen (Rz 175).
- Veräußerungen **einzelner** oder zwar mehrerer, aber keine Portfoliobetrachtung erlaubender Gegenstände **an Handelsintermediäre** unter Einräumung eines Rückgaberechtes (geschriebene Put-Option) zum ursprünglichen Preis. Regelmäßig kommt mangels verlässlicher Schätzung der Rückgabequote keine Umsatzrealisierung vor Ablauf der Rückgabefrist infrage (Rz 179).
- Veräußerungen **an Nutzer** unter Einräumung eines Rückgaberechtes oder unter unbedingter Vereinbarung einer Rücknahme, wobei der Gegenstand vom Käufer bis zur Rückgabe genutzt wird, Rücknahmeobjekt also nicht ein neuwertiger, sondern ein Gebrauchtgegenstand ist und der Rücknahmepreis dementsprechend signifikant unter dem ursprünglichen Verkaufspreis liegt. Hier ist häufig ein verdecktes Leasing gegeben. In besonderen Fällen kann auch eine Behandlung wie in Fall 1 sachgerecht sein (Rz 181).
- Veräußerungen mit Rückforderungsrecht (Call-Option) oder Rückgaberecht (geschriebene Put-Option) oder unter unbedingter Vereinbarung der Rücknahme (Forward) zu einem Preis, der **über** dem ursprünglichen Veräußerungspreis liegt. Hier ist wirtschaftlich i.d.R. die Aufnahme einer besicherten Finanzierung gegeben (Rz 184).[26]

6.4.1.2 Veräußerungen unter Einräumung eines kurzfristigen Rückgaberechtes zum ursprünglichen Preis im Massengeschäft

Im **Versand- und Internethandel**, aber auch bei langlebigen Produkten (Textilien, Haushaltsgeräte usw.) auch im **Einzelhandel**, wird dem Käufer i.d.R. ein „Umtauschrecht" gewährt, die Ware binnen einer kurzen Frist (z. B. 14 Tage) gegen Erstattung des Kaufpreises oder gegen einen Warengutschein entsprechender Höhe zurückzugeben. Entsprechende Regelungen kommen im Massengeschäft außerdem zwischen Produzenten und Handelsintermediären infrage. IFRS 15.B20 ff. bezeichnet solche Fälle als *„sale with a right of return"* und bestimmt folgende Behandlung beim liefernden Unternehmen:
- Ausweis eines **Umsatzes** i.H.d. Kaufpreises der gelieferten Produkte, **abzüglich** des nach verlässlicher Schätzung **erwarteten Erstattungs- oder Gutschriftbetrags** (IFRS 15.B21a). Aus der Rückgabemöglichkeit ergibt sich die

---

[26] Vgl. zum Ganzen auch: Lüdenbach/Freiberg PiR 2015, Heft 4.

Variabilität des Transaktionspreises. Nach den allgemein für variable Transaktionspreise anzuwendenden Regeln gilt deshalb: Die Retourenquote muss so verlässlich geschätzt werden können, dass eine signifikante Umkehr des unter Berücksichtigung dieser Quote gebuchten Umsatzes hoch unwahrscheinlich ist (Rz 97 ff.). Auf Portfoliobasis (Massengeschäft) ist eine solche Schätzung regelmäßig möglich (IFRS 15.4). Kann die Retourenquote **ausnahmsweise** nicht verlässlich geschätzt werden, ist Umsatz erst nach Ablauf der Rückgabefrist auszuweisen.

- Ausweis einer **Erstattungsverbindlichkeit** *(contract liability* oder *refund liability)* für den wahrscheinlichen Erstattungsbetrag (IFRS 15.B21b i.V.m. IFRS 15.55).
- **Kürzung der Materialaufwendungen** (Gesamtkostenverfahren) bzw. Umsatzkosten (Umsatzkostenverfahren) um die erwarteten Retouren (IFRS 15.B21c), dabei Bewertung der Retouren i.H.d. Buchwerte der Produkte bei Auslieferung (Anschaffungs-/Herstellungskosten oder niedrigerer Nettoveräußerungswert; IFRS 15.B25).
- **Ansatz eines Vermögenswertes** für die erwarteten Retouren i.H.d. Buchwerte der Produkte bei Auslieferung, abzüglich eventueller Kosten für die Rücknahme (z.B. Transport; IFRS 145.B25).

Zum Ganzen folgendes Beispiel in Anflehung an IFRS 15.IE110 ff.:

Beispiel
Ende Dezember werden 1.000 Produkte für je 100 EUR, also zusammen 100.000 EUR, vom Händler H unter Einräumung eines 30-tägigen Rückgaberechts veräußert. Die Anschaffungskosten jedes Produktes betrugen 60 EUR. Die erwartete Rückgabequote beträgt 3 %. Alle Lieferungen erfolgen gegen erst nach Ablauf der Rückgabefrist fällige Rechnung.
Buchungen per Ende Dezember:
Per Forderungen L+L 100.000

an Umsatz	97.000
an Erstattungsverbindlichkeit	3.000
Per Umsatzkosten/Materialaufwand	58.200
Per Vermögenswert	1.800
an Vorräte	60.000

Der Vermögenswert für erwartete Retouren darf nicht im Vorratsvermögen ausgewiesen werden.

Verursacht der Vorgang abweichend vom vorstehenden Fall **Rücknahmekosten** (Porto usw.), ist der Vermögenswert für erwartete Retouren entsprechend niedriger anzusetzen. Als Gegenkonto für die Kosten sollten u.E. nicht der Materialaufwand bzw. die Umsatzkosten, sondern sonstige betriebliche Aufwendungen bzw. Vertriebskosten angesprochen werden.

176 Die vorstehenden Regelungen gelten im Massengeschäft nicht nur bei Lieferungen an Endkunden, sondern ebenso bei solchen **an Handelsintermediäre**.

177 Bei einer während des **Bilanzaufstellungszeitraums** erlangten Erkenntnis über die Retourenquote handelt es sich u.E. um **werterhellende** Umstände. Dies

ergibt sich daraus, dass IFRS 15 das Rückgaberecht nur als Problem der Schätzung eines variablen Entgelts behandelt. Wie andere Schätzungen sollte aber auch diese die beste Erkenntnis über die Umstände des Stichtags repräsentieren.

> **Beispiel**
> Die in 01 gegründete Firework AG liefert im Dezember Feuerwerk an den Handel aus. Mit Rücksicht auf die Vorschriften des Sprengstoffgesetzes und der Sprengstofflagerrichtlinie hat sie sich zur Rücknahme aller bis 31.12.01 nicht an Endkunden weiterveräußerten Waren verpflichtet.
> Mangels Erfahrungswerten der Vergangenheit kann die Firework AG die Rückgabewahrscheinlichkeit nicht verlässlich einschätzen. Bei erster Betrachtung dürfte sie in 01 keinen Umsatz ausweisen.
> Dieses Ergebnis scheint kaum sachgerecht. Die tatsächlich im Januar und Februar erfolgenden Retouren sind u.E. werterhellend i.S.v. IAS 10. Bei Bilanzaufstellung im März 02 sollte daher ein Umsatz für 01 ausgewiesen werden.
>
> **Variante**
> In 05 geht die Firework AG an die Börse. Dem allgemeinen Erwartungsdruck folgend erstellt sie ihre Jahresabschlüsse jetzt im *„fast close"* auf. Die Bücher werden am 10.1. geschlossen, um wenige Tage später bereits das Jahresergebnis zu verkünden.
> Die tatsächliche Retourenhöhe ist zu diesem Zeitpunkt noch nicht bekannt. Die Firework AG kann aber die Retouren der Jahre 01–04 auswerten und auf Basis dieser Erfahrungswerte die wahrscheinliche Retourenhöhe einschätzen.

Ein Rückgaberecht an einem Teilbereich der Lieferung erhält branchenüblich der Abnehmer von ausreichend werthaltigen Warenumschließungen, typischerweise im Bereich des Getränkehandels (sog. **Pfandkreislauf**). Die dort benutzten Warenumschließungen – Fässer und Kästen – sind im Vergleich zur gehandelten Ware werthaltiger als z.B. Faltkartons und werden deshalb vom Hersteller „verpfändet". Dieser fakturiert an den Abnehmer (hier Getränkehändler) neben dem eigentlichen Warenwert ein sog. Pfandgeld mit der Verpflichtung zur Rückzahlung bei Rückgabe des Pfandgutes.

Mit der Lieferung der eigentlichen Getränke ist das Risiko an der Warenumschließung also noch nicht übergegangen. Vielmehr erwirbt der Leistungsempfänger durch Bezahlung des Pfandgeldes eine Option zur Rückgabe. Diese *Put*-Option bezieht sich auf qualitativ identische Umschließungen, also auf vertretbare Güter. Die Option ist tief im Geld (*deeply in the money*), weil der Optionspreis spürbar höher ist als der Sachwert des Pfandgutes. Die Rückgabe des Pfandgutes ist wahrscheinlich, wodurch der Abfüller u.E. an der Ausbuchung des Leerguts gehindert ist. Soweit nicht aus *materiality*-Gründen ein anderes Vorgehen zulässig erscheint, ist daher i.H.d. fakturierten Pfandentgelts kein Umsatz auszuweisen.

178

6.4.1.3 Veräußerungen einzelner Güter an Handelsintermediäre unter Einräumung eines kurzfristigen Rückgaberechtes zum ursprünglichen Preis

179 Bei Veräußerungen einzelner oder einer kleinen Zahl gleichartiger Güter fehlt es i.d.R. an der **verlässlichen Einschätzbarkeit** der Rückgabe und damit gem. IFRS 15.B23 i.V.m. IFRS 15.47ff. an der Möglichkeit, die variable (nämlich von der Ausübung des Rückgaberechts abhängigen) Gegenleistung verlässlich und mit hinreichender Wahrscheinlichkeit einzuschätzen (Rz 97ff.).
- Ein **Umsatz** ist dann erst mit Ablauf des Optionsrechts einzubuchen.
- Gleichwohl ist aber regelmäßig die **Verfügungsmacht** über den veräußerten Gegenstand schon früher auf den Erwerber übergegangen, da dieser anders als ein Kommissionär oder Quasikommissionär in der Weiterveräußerung frei ist bzw. umgekehrt das Berichtsunternehmen anders als bei Konsignationslieferungen (Rz 77) nicht die Rückgabe des Gegenstandes verlangen kann.
Nach IFRS 15.B21 ff. ist dann im Zeitpunkt der ursprünglichen Lieferung wie folgt vorzugehen:
- Kein Ausweis von Umsatz, Umsatzkosten und Materialaufwendungen,
- stattdessen **Aktivierung eines Vermögenswertes** i.H.d. Buchwertes des übertragenen Gegenstandes und **Passivierung einer Rückerstattungsverbindlichkeit** i.H.d. vereinbarten Kaufpreises.

180
> **Beispiel**
> Die Bauprojektentwicklungs-GmbH verkauft in 04 ein für 2 Mio. EUR fertiggestelltes Gebäude mit aufteilbaren Eigentumswohnungen zum Preis von 2,5 Mio. EUR an eine Grundstücksvermarktungs-GmbH. Besitz, Nutzen, Lasten und Gefahren gehen durch notariellen Vertrag im Jahr 04 auf den Erwerber über; das Gleiche gilt für die Eigentumsumschreibung im Grundbuch. Im Kaufvertrag war ein Rücktrittsrecht des Käufers vom Vertrag unter folgenden Voraussetzungen vereinbart worden:
> Dem Käufer gelingt nicht bis Ende 05 ein Weiterverkauf des Grundstücks nach Aufteilung in Eigentumswohnungen.
> Tatsächlich übt der Käufer in 06 – nach Bilanzerstellung des Verkäufers für 04 – das Rücktrittsrecht aus.

Das Beispiel ist einem BFH-Urteil[27] nachgebildet. Der BFH sieht bei seiner Rechtsfindung den Realisationsvorgang im Zeitpunkt des Übergangs von Besitz, Gefahr, Lasten und Nutzung, stützt sich also auf das traditionelle Beurteilungsraster nach Maßgabe schuldrechtlicher Zuordnungskriterien. Unter Beachtung des wirtschaftlichen Gehalts des Vertragswerkes ist das formale verkaufsrechtliche Realisationskriterium des Gefahrübergangs hingegen nicht mehr vorrangig. Der Gefahrübergang als Realisationszeitpunkt wird mit der Risikobeschränkung des Verkäufers auf Gewährleistungsansprüche des Käufers und auf den Zahlungsausfall begründet. Im Beispiel ist indes der Risikogehalt des Verkäufers spürbar höher, genauer: Das **Risiko aus der Vermarktung** des Gebäudes ist bei ihm verblieben. Der Gefahrübergang i.S.d. Schuldrechtes führte aufgrund der

---

[27] BFH, Urteil v. 25.1.1996, IV R 114/94, BStBl II 1997 S. 382, mit Anm. Hoffmann, BB 1996, S. 1821.

Marktzwänge und der daraus abgeleiteten Vertragsgestaltung nicht zu einer Risikominderung beim Verkäufer. Eine unbeeinflusste Nachfrage nach dem entsprechenden Gebäude oder den daraus aufzuteilenden Eigentumswohnungen ist offensichtlich dem veräußernden Bauträger nicht verfügbar gewesen. Dieser wollte mit der Veräußerung ein besonderes Vertriebskonzept in die Welt setzen. Gleichwohl liegt kein Fall der Verkaufskommission oder ein wirtschaftlich gleichwertiges Geschäft vor, sodass der Veräußerer zwar eine Rücknahmepflicht (Stillhalterposition) hat, aber kein Rückforderungsrecht (IFRS 15.B77f.). Die Unmöglichkeit einer zur verlässlichen Schätzung der Rückgabe führenden Portfoliobetrachtung führt allerdings dazu, dass der variable, weil von der Rückgabeoption abhängige, Kaufpreis unberücksichtigt bleibt. Wenn gleichwohl die Kontrolle (das wirtschaftliche Eigentum) über den Liefergegenstand schon auf den Handelsintermediär übergeht, hat das liefernde Unternehmen eine Erstattungsverbindlichkeit i.H.d. vereinbarten Kaufpreises auszuweisen sowie den Erstattungsanspruch als sonstigen Vermögenswert i.H.d. eigenen Herstellungs-/Anschaffungskosten anzusetzen.

> **Beispiel (Fortsetzung)**
> Die Grundstücks GmbH bucht:
> - Per Forderungen L+L 2,5 Mio. EUR an Erstattungsverbindlichkeit 2,5 Mio. EUR
> - Per Sonstiger Vermögenswert 2 Mio. EUR an Vorräte 2 Mio. EUR

6.4.1.4 Veräußerungen an Nutzer mit bedingter oder unbedingter Rücknahmevereinbarung

Langlebige Gegenstände (Gebrauchsgüter) können mit der Maßgabe an den Nutzer veräußert werden, dass nach einer bestimmten **Mindestdauer der Nutzung** eine **Rücknahme** entweder zwingend erfolgt oder von einer der Parteien verlangt werden kann, wobei unter Berücksichtigung der zwischenzeitlichen Abnutzung des Gegenstandes der Rückgabepreis unter dem ursprünglichen Verkaufspreis liegt sowie bei Einräumung einer Option an den Käufer dieser (z.B. aufgrund der Preisgestaltung) bei typisiertem Verlauf einen signifikanten Anreiz zur Ausübung der Option hat. Hier ist nach IFRS 15.B66a und IFRS 15.B70 regelmäßig ein **verdecktes Leasingverhältnis** anzunehmen, dass dann weiter nach IAS 17 zu beurteilen ist.

> **Beispiel**
> Ein Automobilhersteller H veräußert Anfang 01 10.000 Pkws des Typs X für 100 Mio. EUR an einen Autovermieter V. Gleichzeitig wird eine Rücknahme der Fahrzeuge nach 2 Jahren zu einem jetzt **vereinbarten Preis** (50 Mio. EUR, ggf. angepasst wegen außergewöhnlicher Abnutzung) vereinbart.[28]
> Im Beispiel werden zeitgleich der Verkauf und die Rücknahme der Fahrzeuge vereinbart. Das rechtliche Eigentum geht auf das Mietwagenunternehmen über. Vom wirtschaftlichen Eigentum wird man dies nicht behaupten können.

---

[28] Nachgebildet folgendem Sachverhalt: FG Bremen, Urteil v. 26.8.2004, EFG 2004, S. 1588.

Es liegt ein verdecktes Leasingverhältnis vor, das nach IAS 17 zu bilanzieren ist. I. d. R. führt dies zur Qualifizierung als *operating lease*. Aus der Differenz von Verkaufs- und Rückkaufpreis ergibt sich eine zwischen den Vertragspartnern vereinbarte **Marge**, die dem **wirtschaftlichen Gehalt** nach keinen Kaufpreis, sondern eine **Nutzungsvergütung** darstellt. Diese ist beim *operating lease* über den Nutzungszeitraum hin abzugrenzen.

Der Hersteller bucht – unter Vernachlässigung von Zinseffekten – wie folgt:

Datum	Konto	Soll	Haben
Anfang 01:	Geld	100 Mio.	
	Verbindlichkeit		100 Mio.
Ende 01:	Verbindlichkeit	25 Mio.	
	Erlöse aus Nutzungsüberlassung		25 Mio.
Ende 02:	Verbindlichkeit	25 Mio.	
	Erlöse aus Nutzungsüberlassung		25 Mio.
	Verbindlichkeit	50 Mio.	
	Geld		50 Mio.

Dem vorstehenden Lösungsansatz folgen im Wesentlichen (für IAS 18) die deutsche und die europäische Automobilindustrie. Sofern das verdeckte Leasingverhältnis als *operating lease* zu beurteilen ist, muss die Differenz zwischen Verkaufs- und Rücknahmepreis linear über den Zeitraum zwischen Veräußerung und Rücknahme verteilt werden. In diesem Sinne verfahren die großen bzw. größten europäischen Automobilhersteller.[29] Ausnahmsweise kann aber auch ein verdecktes *finance lease* vorliegen und damit ein sofortiger Übergang wirtschaftlichen Eigentums auf den Kunden/Nutzer. Dies kommt z. B. infrage, wenn der Zeitraum zwischen Verkauf und Rücknahme (also die vertragliche Nutzungsdauer) im Verhältnis zur wirtschaftlichen Nutzungsdauer des Fahrzeugs sehr groß oder die Rücknahme nur zum Verkehrswert vorgesehen ist.

Gegen den vorstehenden Lösungsansatz wird (handelsrechtlich) eingewandt,[30] der Autovermieter sei nicht zur Rückgabe eines *identischen* (bestimmt durch die Fahrgestellnummer), sondern nur eines *gleichartigen* (hinsichtlich der Ausstattung) Fahrzeugs verpflichtet gewesen. U. E. ist diesem Kriterium jedenfalls nach IFRS keine entscheidende Bedeutung beizumessen. Geboten ist vielmehr eine Portfoliobetrachtung (vgl. Rz 29f.).

182 Das vorstehende Beispiel unterstellt eine von vornherein feststehende Rückgabe. Im nachstehenden Beispiel wird demgegenüber ein ähnliches „Flottengeschäft" mit Rückgabeoption dargestellt.

---

[29] WENK/JAGISCH, KoR 2010, S. 33 ff.
[30] KOSSOW, StuB 2001, S. 209, mit Kommentierung von HOFFMANN, StuB 2001, S. 550.

> **Beispiel**
> Ein Automobilhersteller veräußert 10.000 Pkws des Typs X an einen Autovermieter. Der Autovermieter hat nach 2 Jahren ein Rückgaberecht zu einem aus Sicht des Vertragsschlusses für ihn **günstigen** Rückgabepreis.

Der ursprüngliche Verkauf bezieht sich auf einen Neuwagen, die spätere Rücklieferung auf einen Gebrauchtwagen; es liegt also – anders als bei Wertpapierpensionsgeschäften – kein wirtschaftlich identisches Gut vor. Bei einem unechten Wertpapierpensionsgeschäft mit wahrscheinlicher Ausübung der *put option* würde die „Kaufpreiszahlung" wirtschaftlich in eine Darlehensgewährung uminterpretiert. Im Falle des Beispiels ist dies schon wegen der Differenz zwischen dem ursprünglichen Verkaufs- und dem späteren Rücknahmepreis nicht möglich. Diese Differenz stellt dem wirtschaftlichen Gehalt nach aus Sicht des Autovermieters das Entgelt für Gebrauch bzw. Abnutzung dar. Der **Differenzbetrag** hat also den Charakter einer **Nutzungsvergütung**. I. H. d. ursprünglich vereinbarten Verkaufspreises liegt deshalb kein Umsatzerlös vor, vielmehr ist die Differenz zwischen Verkaufs- und Rücknahmepreis zeitanteilig als Umsatzerlös zu erfassen.

Diese Lösung – **Umdeutung eines zivilrechtlichen Veräußerungsgeschäftes in eine wirtschaftliche Nutzungsüberlassung** – verhält sich spiegelbildlich zum eher geläufigen Fall des *finance lease*. Hier wird eine zivilrechtliche Nutzungsüberlassung unter bestimmten Umständen (z.B. im Falle einer günstigen Kaufoption zugunsten des Leasingnehmers gem. IAS 17.10b) wirtschaftlich als Veräußerung interpretiert (→ § 15 Rz 30). Nach der gleichen Systematik, allerdings unter gespiegelten Verhältnissen, „verwandelt" sich der Autoverkaufsfall im Beispiel wirtschaftlich in eine Nutzungsüberlassung. Übereinstimmungen und Unterschiede sind in der folgenden Tabelle dargestellt:

Sachverhalt	Optionsart	schuldrechtlicher Gehalt	wirtschaftliche Substanz	wirtschaftlicher Eigentümer	rechtlicher Eigentümer
Autoverkauf mit günstigem Andienungsrecht des Erwerbers	*put*	Verkauf	Nutzungsüberlassung	Verkäufer	Käufer
Autoleasing mit günstigem Erwerbsrecht des Leasingnehmers	*call*	Nutzungsüberlassung	Verkauf	Mieter	Vermieter

"Flottengeschäfte" zwischen Automobilherstellern und Autovermietern müssen nicht zwingend im Vorhinein einen **festen** Rücknahmepreis vorsehen.

> **Beispiel**[31]
> A kauft im Rahmen eines riesigen Flottengeschäftes von G 350.000 Autos in den kommenden 5 Jahren. G nimmt im Durchschnitt nach 6 Monaten die "verkauften" Autos zurück. Ein fester Rücknahmepreis zwischen A und G wird nicht vereinbart. Stattdessen verpflichten sich die Vertragspartner zu einem gemeinsamen Marketing des Wiederverkaufes.

In diesem Fall schlägt sich die **hohe Marktmacht** des Autovermieters nieder. G kann zwar einen "Verkauf" von Fahrzeugen verbuchen (besser: vermelden). Ob ein wirklicher Realisationsvorgang durch Transfer des wirtschaftlichen Risikos stattgefunden hat, hängt vom Inhalt der Vermarktungsvereinbarungen ab. Eine sofortige Umsatzrealisierung für den vereinbarten "Kaufpreis" kommt z. B. dann nicht in Betracht, wenn die Risiken des Wiederverkaufs wesentlich bei dem Autohersteller verbleiben, der Hersteller also etwa einen aus heutiger Sicht sehr günstigen Wiederverkaufspreis garantiert.

183 Bei **wörtlicher Auslegung** von IFRS 15.B66a wäre eine Leasingvereinbarung auch dann stets anzunehmen, wenn der Verkäufer ein Rückforderungsrecht (*call option*) zu einem **unter dem ursprünglichen Verkaufspreis** liegenden Preis hat. Verkannt würde dabei die **zwischenzeitliche Abnutzung** des Gegenstandes. Für der Abnutzung unterliegende Gegenstände gilt: Bei einem längeren Zeitraum zwischen Verkauf und Ausübbarkeit des Rückforderungsrechts ist eine Rückforderungsoption mit nur leicht unter dem ursprünglichen Verkaufspreis liegendem Ausübungspreis wirtschaftlich bedeutungslos. In gebotener typisierter Betrachtung wird diese Option nie ausgeübt und kann u. E. daher auch nicht zur Umdeutung in ein Leasing führen. Sachgerechter Maßstab für den Rücknahmepreis ist daher der **voraussichtliche Zeitwert** des überlassenen Gegenstandes im Zeitpunkt der Optionsausübung. Wenn der Ausübungspreis voraussichtlich deutlich über diesem Zeitwert liegt, kommt u. E. eine Umdeutung in ein Leasing nicht infrage.

184 Ausnahmsweise kann der Rücknahmepreis auch **über dem ursprünglichen Verkaufspreis** liegen, In diesem Fall liegt nach IFRS 15.B66b bei unbedingten Rücknahmevereinbarungen und *Call*-Optionen, eine **Finanzierungsvereinbarung** vor. Der erhaltene Kaufpreis ist als finanzielle Verbindlichkeit zu passivieren. Entsprechendes gilt nach IFRS 15.B73, wenn bei einer geschriebenen *Put*-Option der Ausübungspreis zugleich höher als der ursprüngliche Kaufpreis und höher als der erwartete Marktwert ist. Wegen eines Beispiels wird auf IFRS15.IE 315 ff. verwiesen.

185 Hat der Käufer keinen signifikanten ökonomischen Anreiz zur Ausübung einer Rückgabeoption ist der Verkauf nach IFRS 15.B72 und 73 wie ein *sale with a right of return* (Rz 175) zu behandeln.

---

[31] FAZ v. 3.11.2003, S. 16.

6.4.1.5 Faktische Rücknahmeverpflichtungen

Die Kategorien des Schuldrechts beruhen auf einer unterstellten „Vertragsfreiheit" auch im wirtschaftlichen Sinn, also einer einigermaßen **gleichen Marktmacht**. Die Realität des Wirtschaftslebens stellt sich indes häufig ganz anders dar.

186

> **Beispiel**
> Der Einzelhandelsriese A bietet wöchentlich umfangreich beworbene Sonderverkaufsaktionen an. Dazu erhält der Elektrowerkzeughersteller F den Auftrag zur Anlieferung von 20.000 Geräten, verteilt auf 1.500 Filialen in Deutschland am Tag X zwischen 14 und 16 Uhr.
> Nach Beendigung der Aktion bleiben 5.000 Geräte bei A unverkauft. Eine Rücknahmepflicht des F war nicht vereinbart. Gleichwohl nimmt F die unverkauften Geräte zurück.

Nach Schuldrecht ist ein Rückgaberecht von A aus dem Kaufvertrag nicht abzuleiten. Der sog. Gefahrenübergang ist erfolgt und damit nach herkömmlichem Lösungsmuster der Realisationszeitpunkt spätestens bei Anlieferung in den Filialen gegeben. Bei F verbleiben „nur" das Gewährleistungs- und das Forderungsausfallrisiko. In der Realität kann F allerdings seine Ansprüche aus dem Kaufvertrag nicht durchsetzen. Verweigert er die nicht vereinbarte Rücknahme der unverkauften Geräte, wird er von A nie mehr einen Auftrag erhalten. U. E. ist daher eine **Gleichbehandlung** mit der rechtlichen Rücknahmepflicht geboten.[32]

Der Rechnungslegungs**praxis** bereitet die **Identifizierung** faktischer Rücknahmepflichten allerdings ungleich größere Probleme als die entsprechender rechtlicher Vereinbarungen. Die Frage, ob und wie weit sich Machtverhältnisse zu einem Rücknahmezwang verdichtet haben, kann einzelfallabhängig gegen eine Berücksichtigung solcher Verhältnisse sprechen.

6.4.2 Verkauf mit Erlös-, Preis- oder Renditegarantie

Garantiert der Verkäufer direkt oder indirekt in wesentlichem Ausmaß die Erlöse oder Renditen des Erwerbers, ist der Kaufpreis insoweit variabel und kann i. H. d. Variabilität ein Umsatz nur dann erfasst werden, wenn eine verlässliche, hoch wahrscheinlich nicht zu Umkehreffekten führende Schätzung des variablen Teils möglich ist (Rz 97 ff.).

187

> **Beispiel**
> Bauträger A verkauft Ende 01 ein Gebäude zum überhöhten Preis von 4.000 EUR/qm an Erwerber E und übernimmt im Gegenzug bei tatsächlichen Marktmieten von 15 EUR/qm/Monat eine 10-jährige Mietgarantie über 35 EUR/qm/Monat.
> Die Mietgarantie „kostet" voraussichtlich 12 × (35–15) = 240 EUR/Jahr/qm.
> Bei Annahme eines 6 %igen Zinses beträgt der Barwert der 10 Zahlungen 1.766 EUR/qm, also beinahe die Hälfte des Veräußerungserlöses.
> A bucht (pro qm):

---

[32] LÜDENBACH, PiR 2005, S. 15 ff.

Per Forderung L+L	4.000
an Umsatz	1.766
an Vertragliche Schuld (contract liability)	2.237

188 Der Verkäufer kann dem Käufer einen **Preisschutz** gewähren *(price protection clause)*. In wettbewerbsintensiven Märkten wird etwa den Endverbrauchern eine nachträgliche Preisminderung garantiert, sofern innerhalb einer bestimmten Zeitspanne das gekaufte Produkt bei einem anderen Händler zu einem niedrigeren Preis angeboten wird (Wettbewerberklausel). Eine andere, eher bei Verkauf an Handelsintermediäre gebräuchliche Klausel sieht eine Gutschrift vor, wenn der Verkäufer in der Garantieperiode seine eigenen Preise senkt (Meistbegünstigungs- bzw. *„most favored notion" clause).*
Bedenken gegen eine volle Erlösrealisierung ergeben sich in solchen Fällen wiederum aus der Frage, ob die Höhe des Erlöses **verlässlich und mit hinreichend hoher Wahrscheinlichkeit bestimmt** werden kann, solange ein Risiko der Preisminderung besteht (Rz 97ff.). Bei einer **Meistbegünstigungsklausel** sind die Bedenken gering, da das Unternehmen selbst den zu einer Gutschrift führenden Tatbestand in der Hand hat. Bei **Wettbewerberklauseln** gilt dies zwar nicht, regelmäßig ist aber der Preisgarantiezeitraum so kurz (14 Tage), dass auch hier i.d.R. eine wesentliche Kürzung des Umsatzbetrags nicht notwendig erscheint.

189 Wird der **Preisschutz** nicht im Verhältnis Händler zu Endkunde, sondern vom Produzenten gegenüber dem Händler in der Weise gewährt, dass der Produzent einen **Mindestwiederverkaufspreis** absichert, ist unter den allgemeinen Voraussetzungen beim Produzenten nur der hoch wahrscheinlich anfallende Betrag sofort als Umsatz zu erfassen.

Beispiel[33]
Ein Computerhersteller vertreibt seine Produkte über Zwischenhändler. Der reguläre Verkaufspreis („Listenpreis") des Computermodells „XPS" beim Verkauf an Zwischenhändler beträgt 1.000 EUR. Auf dieser Basis wird am 31.12.01 an Zwischenhändler Z geliefert.
Angesichts des ständigen Preisverfalls bei den wesentlichen Komponenten (z.B. Monitor, Speicher, Prozessor) räumt der Computerhersteller Z als Zugeständnis bei Lieferung eine *price protection* bei 950 EUR ein, und zwar für die Dauer eines Monats. Er steht also bis maximal 50 EUR für Verluste, bezogen auf den Wareneinstandspreis des Händlers, beim Weiterverkauf an den Endkunden ein. Weitergehende Preiszugeständnisse bzw. Preisverfälle gehen dann zu Lasten des Händlers.
Am 31.12.01 sind die Umsatzerlöse i.H.v. 950 EUR hinreichend sicher und damit bei Lieferung an den Händler zu realisieren.

190 Soweit sich eine Verwertungsgarantie auf den Weiterveräußerungspreis bezieht, kommt es u.E. nicht darauf an, ob dem Kunde ein Mindestweiterveräußerungs-

---

[33] Beide nachfolgenden Beispiele aus UNKELBACH, PiR 2008, S. 344ff.

erlös durch „Auffüllung" garantiert oder ein Rückgaberecht eingeräumt wird. In beiden Fällen scheitert der Ausweis eines Umsatzes an der nicht mit hinreichender Wahrscheinlichkeit einschätzbaren Höhe des Erlöses.

Eine **Ertragsgarantie** in Form eines garantierten Weiterveräußerungserlöses ähnelt also wirtschaftlich der Einräumung eines **Rückgaberechts**. Auf die obigen Ausführungen kann deshalb verwiesen werden.

191

6.4.3 Mitgliedschaftsentgelte, *up-front fees*, Franchise

Nicht anrechenbare Gebühren zum **Anfang** einer Vertragsbeziehung *(non-refundable up-front fees)* sind z. B. bei der Gewährung von **Mitgliedschaften** (Aufnahmegebühr), aber auch beim Abschluss von **Telefonverträgen** (Anschlussgebühr bzw. Aktivierungsgebühr) üblich. Nach IFRS 15 ist folgende Differenzierung geboten:

192

- Erhält der Kunde für die Anfangsgebühr keine besondere Leistung, liegt eine erhaltene Anzahlung *(advance payment)* vor, die i. d. R. über die vereinbarte Mindestvertragsdauer als Umsatz zu realisieren ist, ausnahmsweise über einen längeren Zeitraum, wenn der Kunde eine günstige Verlängerungsoption hat (IFRS 15.B49).
- Erhält der Kunde eine besondere und eigenständige Leistung (z. B. „kostenlose" Trainerstunden und Gesundheitscheck nur zum Beginn einer Mitgliedschaft im Fitnessclub), sind Beitrittsentgelt und laufende Gebühr der Mindestvertragsdauer zu einem Gesamttransaktionspreis zusammenzufassen und auf die Anfangs- und Folgeleistungen aufzuteilen (IFRS 15.B50; Rz 119 ff.)

Up-front fees bzw. *initial fees* sind auch bei Abschluss von **Franchise-Verträgen** üblich und sind hier nach den vorgenannten Kriterien zu würdigen. Häufig erhält der Franchise-Nehmer für die Anfangsgebühr eine Erstausstattung mit Geräten, Mobiliar usw. und zahlt für die laufende Nutzung von Marke, Know-how usw. des Franchise-Gebers eine laufende, umsatzabhängige Gebühr. Nach IFRS 15.IE 289 ff. liegt ein Mehrkomponentengeschäft mit unterscheidbaren Leistungen vor. Soweit die Anfangsgebühr in einem angemessenen Verhältnis zum Einzelveräußerungspreis der Erstausstattung steht, gilt dann für den Franchise-Geber Folgendes:

193

- Realisierung des Anfangsentgelts bei Auslieferung der Erstausstattung (zeitpunktbezogene Leistung).
- Realisierung der laufenden Entgelte gem. IFRS 15.B63 wenn die jeweiligen lizenzbehafteten Umsätze des Franchise-Nehmers anfallen (zeitraumbezogene Leistung).

6.4.4 Lizenzierungen

IFRS 15.B52 definiert die Lizenzierung als die Etablierung des Rechts **eines Kunden am immateriellen Vermögen** *(intellectual property)* des Lizenzgebers und führt als **Beispiele** an:
(a) **Software- und Technologie**-Lizenzen,
(b) **Medien**-Lizenzen (Filme, Musik usw.),
(c) **Franchise**-Verträge (Rz 193) sowie in teilweiser Überlappung zu a) und b)
(d) Lizenzen über Patente, Marken, Urheberrechte.

194

195 Da die Lizenzierung häufig i.V.m. anderen Leistungen (z.B. Wartungsverträge, Hardwarelieferungen usw.) gewährt wird, ist gem. IFRS 15.B53 vorrangig zu prüfen, ob i.S. eines **Mehrkomponentengeschäfts** (Rz 51) die Lizenzierung eine eigenständige Leistung darstellt. Fehlt es an der Eigenständigkeit, liegt eine **einheitliche Leistung** vor, die insgesamt der Umsatzrealisierung zu unterwerfen ist, und zwar je nach Einzelfall **zeitpunkt-** oder **zeitraumbezogen**. Beispiele hierfür sind nach IFRS 15.B54 Lizenzen, die integraler Bestandteil eines physischen Liefergegenstandes sind oder Lizenzen deren Nutzen der Kunden nur i.V.m. anderen, nicht leicht am Markt beschaffbaren Leistungen (etwa *customizing*) erlangt.

196 Ist die **Eigenständigkeit** der Lizenzierung hingegen zu bejahen (oder liegt überhaupt kein Mehrkomponentengeschäft, sondern nur eine Lizenzierungsleistung vor), muss beurteilt werden, ob die Lizenzierung eine zeitraum- oder zeitpunktbezogene Leistung darstellt. Dabei ist nach IFRS 15.B56 zu prüfen, ob der Kunde

- ein **Recht auf Zugang** (*right to access*) zum lizenzierten immateriellen Vermögen in der Form hat, wie es während der Lizenzperiode **jeweils** existiert – **zeitraumbezogene Leistung** – oder
- ein **Recht auf Nutzung** (*a right to use*) hat, wie der lizenzierte Gegenstand zum **Zeitpunkt der Lizenzgewährung** existiert – **zeitpunktbezogene** Leistung

197 Ist nach vertraglicher Vereinbarung gesichert oder wegen Geschäftspraktiken davon auszugehen, dass der **Lizenzierungsgegenstand fortlaufend verändert** wird, und betreffen die Änderungen in signifikantem Maße den Nutzen des Kunden, liegt ein Zugangsrecht, also eine **zeitraumbezogene Leistung** vor (IFRS 15.B57 i.V.m. IFRS 15.B60). Nach der spezifisch in IFRS15.B58 vorgenommenen Konkretisierung dieses Umstands ist ein Zugangsrecht (zeitraumbezogene Leistung) insbesondere dann gegeben, wenn folgende Kriterien kumulativ erfüllt sind:

- Nach Lizenzvertrag oder berechtigter Kundenerwartung wird der Lizenzgeber Aktivitäten unternehmen, die den Lizenzgegenstand signifikant betreffen, d.h. auch: Der Kunde ist direkt den positiven oder negativen Effekten der Aktivitäten des Lizenzgebers ausgesetzt.
- Durch die Aktivitäten des Lizenzgebers werden jedoch keine weiteren Güter oder Dienste übertagen.

198 Eine **berechtigte Kundenerwartung** kann sich aus Geschäftspraktiken, veröffentlichter Unternehmenspolitik usw. ergeben, aber auch aus dem gemeinsamen ökonomischen Interesse von Lizenzgeber und Lizenznehmer, insbesondere einer wesentlich umsatzbasierten Lizenzgebühr (IFRS 15.B59). Als Beispiel für die berechtigte Kundenerwartung lässt sich in Anlehnung an IFRS 15.IE309ff. folgender Fall der Lizenzvergabe durch einen **Profisportverein** anführen:

> **Beispiel**
> Ein Erstliga-Fußballverein vergibt in Lizenz an einen Sportbekleidungshersteller die Nutzung von Vereinsnamen, Vereinslogo usw. gegen teils umsatzabhängige Gebühr, außerdem die Nutzung des Stadionnamens an einen

Versicherungskonzern gegen eine Gebühr, die sich bei Abstieg in die zweite Liga reduziert.

Beurteilung
Auf Basis der bisherigen Geschäftspraktiken und des Eigeninteresses des Vereins, aber auch auf Basis der umsatz- bzw. ligabhängigen Entgelte, können die Lizenznehmer berechtigterweise erwarten, dass der Verein Aktivitäten unternehmen wird (den Spielbetrieb fortsetzen, die Wettbewerbsfähigkeit des Teams erhalten oder stärken), die den Wert der überlassenen Rechte und damit auch den Kunden direkt betreffen. Da andererseits durch diese Aktivitäten keine zusätzliche Leistung auf die Lizenznehmer übertragen wird, gilt: Die Lizenznehmer erhalten eine zeitraumbezogene Leistung.

Bei **umsatz- oder nutzungsabhängiger Lizenzierung** (z.B. Stücklizenzen) realisiert der Lizenzgeber seinen Umsatz i.d.R. dann, wenn die gebührenbegründenden Umsätze bzw. Nutzungen des Kunden anfallen. Voraussetzung ist, dass der Lizenzgeber seine Leistungsverpflichtung zu diesem Zeitpunkt bereits erfüllt hat (IFRS 15.B63). Ist die Lizenzvergütung vollständig umsatz- oder nutzungsabhängig, kommt es daher auf die Unterscheidung zwischen zeitraum- und zeitpunktbezogener Leistung nicht mehr an, da der Umsatz des Lizenzgebers in jedem Fall erst mit den gebührenbegründenden Umsätzen/Nutzungen des Kunden anfällt. Hierzu in Anlehnung an IFRS 15.IE307f. folgendes Beispiel aus der **Filmindustrie:**

199

Beispiel
Ein Filmunternehmen lizenziert Mitte Dezember 01 einen Film an eine Kinokette. Die Vergütung ist vollständig an den Ticketverkauf geknüpft.

Beurteilung
Unabhängig davon, ob eine zeitraum- oder zeitpunktbezogene Leistung vorliegt, ist der Umsatz des Filmunternehmens nach IFRS 15.B63 erst dann zu realisieren, wenn die Tickets verkauft werden.

Bei **gemischter Vergütung** bleibt die Unterscheidung zwischen zeitraum- und zeitpunktbezogener Leistung von Bedeutung, da der fixe Vergütungsteil hier unabhängig von den Kundenumsätzen/-nutzungen zu realisieren ist.
Bei einer **zeitpunktbezogenen Leistung,** also dem Recht auf die Nutzung eines immateriellen Vermögenswertes, so wie er bei Lizenzgewährung existiert, ist noch der **konkrete** Realisationszeitpunkt zu bestimmen. Regelmäßig liegt er nicht vor dem Beginn des Lizenzierungszeitraums. Er kann später liegen, wenn der Lizenznehmer erst später die Nutzungsmöglichkeit erlangt, etwa eine Software mit Beginn des Lizenzzeitraums am 31.12.01 erhält, den Code für die Nutzung aber erst am 2.1.02 (IFRS 15.B61).

200

6.4.5 Softwareindustrie

6.4.5.1 Überblick

201 Für die Umsatzrealisierung in der Softwareindustrie sind vor allem die unter Rz 194 ff. dargestellten Regeln zur **Lizenzierung** von Bedeutung. Sie werden in diesem Kapitel mit spezieller Konkretisierung für die Softwarelizenzierung sowie mit weiteren Aspekten, wie etwa den typischerweise in der Softwareindustrie verwendeten Mehrkomponentengeschäften, behandelt. Im Einzelnen wird Folgendes dargestellt:
- **Auftragsfertigung,** *customizing* (Rz 202),
- Lizenzierung von **Standardsoftware** (Rz 204),
- **Mehrkomponentengeschäfte** (Rz 207),
- erwartbare **Preiskonzessionen** bei lang laufenden Verträgen (Rz 208).[34]

6.4.5.2 Auftragsfertigung, *customizing*

202 Zu unterscheiden ist zunächst zwischen **kundenspezifischer Softwarefertigung** und Lizenzierung von Standardsoftware. Die kundenspezifische Softwarefertigung ist wie andere kundenspezifische Fertigungen (Rz 130) eine **zeitraumbezogene** Leistung. Als kundenspezifisch gilt dabei nicht nur die Herstellung individueller Software nach Kundenvorgaben, sondern ebenso das signifikante Modifizieren oder *customizing* von Standardsoftware. Die Schwelle für die Signifikanz des *customizing* ist dabei nicht zu hoch zu legen. Wird etwa die überlassene Software angepasst, um mit anderen Anwendungen des Kunden interagieren zu können, stellen Lizenzierung und *customizing* keine eigenständigen Leistungen mehr dar. Nach IFRS 15.IE54 ff. liegt vielmehr eine einheitliche Leistung – Lieferung einer Software, die mit den sonstigen Anwendungen des Kunden interagiert – vor und ist diese Leistung als zeitraumbezogen zu qualifizieren.

203 Der Umsatz ist bei kundenspezifischer Fertigung und signifikantem *customizing* nach **Leistungsfortschritt** zu realisieren. Die Bestimmung des Leistungsfortschritts kann **output**orientiert erfolgen, wenn der durch den jeweiligen Fertigungsschritt hinzugefügte Wert verlässlich bestimmbar ist. An dieser Voraussetzung fehlt es im Allgemeinen, sodass häufiger **input**orientierte Verfahren, insbesondere die *cost-to-cost*-Methode, zum Tragen kommen (Rz 136 ff.). Bei ihrer Anwendung dürfen nur solche Kostenbestandteile zur Bestimmung des Fertigungsgrades eingehen, die spezifisch für den Auftrag anfallen.

> **Beispiel**
> Der Kunde erhält Software, die in signifikantem Maße für die Kundenbedürfnisse modifiziert wurde. Die Gesamtkalkulation des Herstellers sieht wie folgt aus:
>
> | | Erlös | Kosten |
> | --- | --- | --- |
> | Lizenz | 300 | 0 |
> | *customizing* | 500 | 300 |
> | | 800 | 300 |

---

[34] Vgl. zum Ganzen auch: Lüdenbach/Freiberg PiR 2015, Heft 5.

> Bis zum Stichtag sind Kosten von 60 für das *customizing* angefallen, entsprechend 20 % des Gesamtbetrages. Für die vergebenen Lizenzen selbst fallen keine Kosten an.
> Der Fertigstellungsgrad beträgt daher 60 / 300 = 20 %. Die resultierenden Umsatzerlöse sind 20 % × 800 = 160.
> Die dagegenzusetzenden Kosten betragen 60 für das *customizing*.
> Der Nettoertrag der Periode beträgt 160–60 = 100. Dies entspricht 20 % des erwarteten gesamten Nettoertrages von 500.

6.4.5.3 Lizenzierung von Standardsoftware

Liegen die Merkmale einer kundenspezifischen Fertigung nicht vor und wird die Software auch nicht im ununterscheidbaren Bündel mit anderen Serviceleistungen lizenziert, so stellt sich gem. IFRS 15.B56 (Rz 196) die Frage, ob der Kunde

- ein **Recht auf Zugang** *(right to access)* zur lizenzierten Software in der Form hat, wie es während er Lizenzperiode jeweils existiert – **zeitraumbezogene** Leistung –, oder
- ein **Recht auf Nutzung** *(right to use)*, wie die Software zum Zeitpunkt der Lizenzgewährung existiert – **zeitpunktbezogene** Leistung.

Hierbei sind Rechte oder berechtigte Erwartungen (Rz 198) bez. **Updates** von besonderer Relevanz. Zwei Grundfälle sind zu unterscheiden:

- Der Lizenzvertrag sieht für ein einheitliches Entgelt neben der Lizenzierung der Software im jetzigen Zustand (Version 1.0) ein **großes Update** in 3 Jahren (auf Version 2.0) vor. Es liegt ein **Mehrkomponentenvertrag** vor. Der Transaktionspreis ist auf die Überlassung der jetzigen Software und auf das Update-Recht aufzuteilen (IFRS 15.IE52). Beide Leistungen sind **zeitpunktbezogen**, die erste ist sofort, die zweite nach 3 Jahren zu realisieren.
- Ein Update ist vertraglich nicht vorgesehen. Nach der Geschäftspraxis des Lizenzgebers und der daraus resultierenden berechtigten Erwartung der Lizenznehmer (Rz 198) kommt es aber immer wieder zu **kleineren und mittleren Updates** (von Version 1.0 auf 1.1., 1.2 usw.), die dann kostenlos den Lizenznehmern zur Verfügung gestellt werden. Hier ist nach dem in IFRS 15.B61 niedergelegten Rechtsgedanken zu beurteilen, ob die Updates zu einer wesentlichen Ausweitung der Funktionalität oder hauptsächlich lediglich zu einer Ausmerzung von Fehlern führen. Bei **Ausweitung der Funktionalität** ist der Lizenzvertrag als Recht zum Zugang zur jeweils aktuellen Version der Software zu interpretieren und es liegt daher eine **zeitraumbezogene** Leistung vor; diese ist bei einem fehlenden expliziten Vertragszeitraum über den Zeitraum zu realisieren, über den das Unternehmen gewöhnlich eine derartige „Pflege" seiner Software vornimmt. Bei **sicherheitspflegenden Updates** begründet der Lizenzvertrag eine **zeitpunktbezogene** Leistung:

> **Beispiel**
> S lizenziert ein Betriebssystem für PCs. Dieses wird in unregelmäßigen Abständen upgedatet, um neu bekannt werdende Sicherheitslücken auszumerzen.

> **Beurteilung**
> Der Kunde erwartet ein sicheres Betriebssystem mit bestimmten Funktionalitäten. Die Updates wahren nur die Sicherheit des Systems bei neu bekannt gewordenen Bedrohungen, erweitern aber nicht die Funktionalität. Es liegt ein Recht auf Nutzung der Software vor, wie sie zum Zeitpunkt der Lizenzgewährung versprochen wurde (nämlich als sicher). In erweiterter Auslegung von IFRS 15.56 ist der Lizenzvertrag als Recht zur Nutzung der Software in de ursprünglichen Verfassung anzusehen, die Lizenzierung daher eine zeitpunktbezogene Leistung.
>
> **Fallvariante**
> Neben der Ausmerzung von Sicherheitslücken erweitert der Lizenzgeber in seinen Updates auch ständig die Funktionalitäten der Software, nach durchschnittlich 6 Jahren stellt er den Verkauf des Betriebssystems ein und ersetzt es durch ein neues. Das alte System wird dann noch 4 weitere Jahre wegen Sicherheitsmängeln upgedatet, danach seine Pflege ganz eingestellt.
> Es liegt eine zeitraumbezogene Leistung vor, die über den erwarteten Zeitraum bis zur Herausgabe des neuen Betriebssystems zu realisieren ist. Auf den noch längeren Pflegezeitraum (weitere 4 Jahre) kommt es nicht an, da hier keine weiteren Funktionalitäten hinzugefügt werden. Die Verteilung auf den Zeitraum bis zum neuen Betriebssystem impliziert, dass das Entgelt für in 01 vergebene Lizenzen über 6 Jahre, für in 04 vergebene Lizenzen nur noch über 3 Jahre zu verteilen ist.

Entsprechende Unterscheidungen sind bei expliziter Vereinbarung einer Lizenzierungsdauer angezeigt.[35]

> **Beispiel**
> Ein Kunde erhält eine Lizenz für 2 Jahre. Die Funktionalität verändernde Updates sind während des 2-Jahres-Zeitraums nicht zu erwarten. Mit Auslieferung der Software ist das komplette Entgelt für die 2-jährige Nutzung zu realisieren.

206 Sofern eine **zeitpunktbezogene** Lizenzierung vorliegt, stellt sich noch die Frage nach dem genauen Leistungszeitpunkt. Folgende Fälle können unterschieden werden:
- Ist die Software **physisch per CD oder Diskette ausgeliefert**, der Kunde jedoch noch nicht in Besitz eines für die Inbetriebnahme notwendigen **Autorisierungsschlüssels**, den er jederzeit über Internet abrufen kann, ist der Erlös realisiert. Der Verkäufer hat seine Leistungsverpflichtungen erfüllt. Der verzögerte Abruf des Autorisierungsschlüssels liegt nicht in seinem Verantwortungsbereich.
- Enthält der Datenträger auch **zusätzliche Software**, für die der Kunde zunächst keine Lizenz erwirbt und sie deshalb erst mit einem weiteren Autorisierungsschlüssel betriebsfähig wird, ist die Erlösrealisierung in dem Zeit-

---
[35] Weitere Einzelheiten bei LÜDENBACH, PiR 2009, S. 314 ff.

punkt vorzunehmen, in dem der Kunde vertragsgemäß auf diesen Zusatzschlüssel zugreifen **kann**. Auf den tatsächlichen Zugriff kommt es nicht an.
- Umfasst der Softwarevertrag das Recht des Kunden, gegen ein Gesamtentgelt eine bestimmte Maximalzahl von **Kopien** zu beziehen bzw. anzufertigen, ist der gesamte Erlös mit Auslieferung der 1. Kopie bzw. des Produktmasters realisiert. Ist die Lizenzgebühr hingegen eine Funktion der Zahl der Kopien, entsteht der Erlös nur sukzessive mit jeder weiteren Kopie.
- Wird die Software im Rahmen einer *hosting*-Vereinbarung geliefert, die den Betrieb der Software auf der Hardware des Lieferanten vorsieht, kommt es darauf an, ob das *hosting* optional oder verpflichtend ist. Hat der Kunde das Recht und die tatsächliche Möglichkeit, jederzeit unmittelbar die Software in Besitz zu nehmen, ist der auf dieses Recht entfallende Anteil des Erlöses mit Entstehen der Besitznahmemöglichkeit realisiert. An einer ausreichenden Besitznahmemöglichkeit fehlt es dann, wenn die Software nur auf spezialisierter, bei den meisten Kunden nicht vorhandener Hardware läuft oder der Kunde trotz Inbesitznahme noch für eine signifikante Mindestzeit für das *hosting* zahlen muss. In beiden Fällen liegen zeitraumbezogene Leistungen vor.

6.4.5.4 Mehrkomponentengeschäfte über Software

Die Lieferung von Software geht häufig mit der Vereinbarung von Serviceleistungen einher. Soweit die **Serviceleistungen** nicht im *customizing* bestehen und damit keine kundenspezifische Fertigung vorliegt, handelt es sich um ein **Mehrkomponentengeschäft**. Dieses ist dann bei Eigenständigkeit der Leistungen in Lizenzlieferung einerseits und Service andererseits zu disaggregieren, und zwar nach dem **Preis**, den das Unternehmen **bei separatem Verkauf** bzw. Leistung erzielt oder erzielen könnte (Rz 119). Preisnachlässe, die aufgrund gleichzeitigen „Verkaufs" mehrerer Elemente vereinbart werden, hindern die Wertaufteilung nicht. Sie sind nach dem Verhältnis der Einzelveräußerungspreise auf die Einzelelemente aufzuteilen. Ist zwar der Einzelveräußerungspreis eines Elementes nicht bestimmbar, jedoch der des anderen Elementes, so ist eine residuale Wertaufteilung zulässig und geboten (Rz 120).

207

> **Beispiel**
> U vergibt ohne funktionserweiternde Updates die zeitlich unbefristete Lizenz L i. V. m. einem als eigenständig zu beurteilenden (auch bei anderen Unternehmen beziehbaren) *post customer support* (PCS) für das 1. Jahr. Der Gesamtpreis beträgt 80 TEUR. Der Kunde kann den PCS jeweils für ein weiteres Jahr für einen Betrag von 15 TEUR verlängern. Der Kunde erhält außerdem einen 55 %igen Rabatt auf den Listenpreis für alle Produkte, die in den nächsten 3 Jahren auf den Markt gelangen.
> Der Gesamtpreis von 80 TEUR abzüglich der PCS-Jahresrate von 15 TEUR führt unbereinigt, d.h. vor Rabatt, zu einem Residualwert von 65 TEUR. Bei einem angenommenen Listenpreis von 100 TEUR entspräche dies einem Rabatt von 35 TEUR, zusammengesetzt aus kostenlosem Support des 1. Jahres von 15 TEUR als Naturalkomponente (abzugrenzen) und einer Geldkomponente von 20 TEUR.

Diesem 35 %igen Rabatt steht ein 55 %iger Rabatt auf die zukünftigen Produkte (jeweils bezogen auf den Listenpreis) gegenüber. Die Differenz von 20 % ist auf den 3-jährigen Rabattzeitraum abzugrenzen. Es ergeben sich somit folgende Buchungen:

Konto	Soll	Haben
Forderung	80	
Lizenzerlös		45
Abgrenzung PCS		15
Abgrenzung Zusatzrabatt		20

6.4.5.5 Preiskonzessionen bei lang laufenden Vereinbarungen

Sind die übrigen Voraussetzungen einer sofortigen Erlösrealisierung gegeben, sieht die Vereinbarung aber eine über mehr als 12 Monate gestreckte Zahlung vor *(extended payment term)*, war nach **früherem US-GAAP** der Erlös nur **sukzessive** mit Fälligkeit der Raten *(due date oder cash accounting)* zu realisieren. Begründet wurde die hinausgeschobene Realisierung mit der raschen technischen „Verderblichkeit" von Softwareprodukten, mit der im Verlauf einer langfristigen Zahlungsvereinbarung die Wahrscheinlichkeit von Zugeständnissen (Zahlungsnachlässe, Rabatte für Folgeprodukte usw.) einhergehe.
Nach IFRS 15.62 und IFRS 15.IE7 ff. liegt hier ein Fall der **variablen Vergütung** vor (Rz 98). Dies impliziert keine vollständige Verlagerung der Realisation, sondern im Wesentlichen nur eine Reduzierung des sofort auszuweisenden Umsatzes.

> **Beispiel**
> Ein Unternehmen veräußert Software (zeitlich unbefristete Lizenzierung) an institutionelle Kunden mit Zahlungsvereinbarungen, die sich regelmäßig über 5 Jahre erstrecken. In der Vergangenheit ist als Anreiz des Erwerbs neuer Produkte in einem technologisch schnelllebigen Umfeld regelmäßig die letzte Rate erlassen worden.
> Unter Vernachlässigung der Diskontierung wäre der Erlös in 01 mit 80 % der über die 5 Jahre vereinbarten Raten zu erfassen.

7 Vertragskosten

7.1 Kosten für den Erhalt eines Vertrags

Die **zusätzlichen Kosten** für den Erhalt eines Vertrags mit einem Kunden – d. h. jene Kosten, welche ohne Erhalt des Vertrags nicht angefallen wären – sind zu **aktivieren**, wenn das Unternehmen deren **Wiedererlangung** erwartet. Betroffen sind etwa Provisionen, die zur Erlangung des Auftrags an Dritte gezahlt werden. Als **praktische Erleichterung** darf allerdings von einer Aktivierung abgesehen

werden, wenn die Laufzeit des Vermögenswerts (Rz 223) nicht mehr als ein Jahr betragen würde (IFRS 15.91f. und 15.94).
Andere Kosten des Erhalts eines Vertrags – d.h. jene Kosten, die unabhängig vom Erhalt des Vertrags angefallen sind – dürfen hingegen nicht aktiviert werden, es sei denn, diese sind explizit – unabhängig vom Erhalt des Vertrags – an den Kunden verrechenbar (IFRS 15.93).

7.2 Kosten der Vertragserfüllung

Kosten der Erfüllung eines Vertrags mit einem Kunden, welche (IFRS 15.95-15.97 und 15.8) 210
- sich im Anwendungsbereich eines **anderen Standards** befinden (z.B. IAS 2 „Vorräte", IAS 16 „Sachanlagen" oder IAS 38 „Immaterielle Vermögenswerte"), sind nach dem jeweiligen anderen Standard zu behandeln.
- nicht in den Anwendungsbereich eines **anderen Standards** fallen, sind zu aktivieren, wenn die folgenden drei Kriterien kumulativ erfüllt werden:
  - Die Kosten beziehen sich **direkt** auf einen Vertrag bzw. auf einen erwarteten Vertrag, den das Unternehmen spezifisch identifizieren kann. Direkte Kosten umfassen u.a. das Fertigungsmaterial, die Fertigungslöhne, die planmäßige Abschreibung der zur Auftragsdurchführung benötigten Maschinen, Zahlungen an Subunternehmer und lt. Vertrag explizit an den Kunden verrechenbare Kosten. Ein weiteres Beispiel sind Kosten für den Entwurf eines Vermögenswerts, der nach einem noch nicht fixierten spezifischen Vertrag auf den Kunden übertragen wird.
  - Die Kosten **schaffen oder erhöhen Ressourcen** des Unternehmens, welche bei der künftigen Erfüllung – bzw. Fortsetzung der Erfüllung – von Leistungsverpflichtungen verwendet werden.
  - Die **Wiedererlangung der Kosten** wird erwartet.

Der Sache nach sind Kosten für solche Ressourcen betroffen, die nicht bereits als Leistung an den Kunden übergehen. Die Kosten müssen sich also einerseits auf noch nicht erfüllte Leistungsverpflichtungen beziehen, dürfen andererseits nicht im Anwendungsbereich anderer Standards (Vorräte, Sachanlagen) liegen. Hierzu zwei Beispiele: 211

> **Beispiel 1**
> Ein niederländisches Unternehmen erhält den Auftrag ein vor der italienischen Küste gekentertes Schiff zu bergen.
> Bergungsschiff und sonstige Ausrüstungen müssen von Rotterdam durch den Kanal, die Biskaya und die Straße von Gibraltar erst nach Italien gebracht werden. Während dieser Zeit fallen Kosten für die Abnutzung der Schiffe, Treibstoff, Personal usw. an, ohne dass der Kunde bereits einen Teil der Leistung erhalten hat. Diese Kosten sind unter den vorgenannten Voraussetzungen zu aktivieren.
>
> **Beispiel 2**
> U erhält den Auftrag eines Mobilfunkunternehmens, für dieses ein Call-Center über mindestens 3 Jahre ab dem 1.1.02 gegen eine monatliche Vergütung zu betreiben. Die Leistungserfüllung gegenüber dem Kunden beginnt erst mit

> dem 1.1.02. In Vorbereitung der Aufgabe fallen jedoch in 01 bereits Kosten für die Einstellung und Schulung von Personal, für Büroeinrichtung usw. an. Ein Teil der Kosten ist nach anderen Standards zu aktvieren, etwa die Büroeinrichtung nach IAS 16. Der nach anderen Standards nicht aktivierbare Teil (z. B. Einstellung und Schulung Personal) wird nach IFRS 15 aktiviert.

212 Ein **Aktivierungsverbot** gilt u. a. für die folgenden Kosten (IFRS 15.98):
- Nicht an den Kunden verrechenbare Verwaltungs- und allgemeine Kosten.
- Kosten für Ausschuss und Fehlarbeiten, welche nicht im Preis enthalten sind.
- Kosten, welche sich auf bereits erfüllte (Teile von) Leistungsverpflichtungen beziehen.
- Kosten, bei denen das Unternehmen nicht unterscheiden kann, ob sie sich auf erfüllte oder noch nicht erfüllte Leistungsverpflichtungen beziehen.

7.3 Abschreibungen auf Vermögenswerte für Kosten des Erhalts und der Erfüllung eines Vertrags

213 Als Vermögenswerte aktivierte Kosten für den Erhalt eines Vertrags sowie die Vertragserfüllung sind auf einer systematischen Grundlage **planmäßig abzuschreiben**, die mit der Übertragung der Güter bzw. Dienstleistungen – auf die sich der Vermögenswert bezieht – auf den Kunden konsistent ist (IFRS 15.99 f.). Bei einer zeitraumbezogenen Leistung entspricht der Abschreibungszeitraum der erwarteten Dauer der Leistungserbringung. Im Call-Center-Beispiel unter Rz 211 sind dies etwa zwei Jahre. Ein **Wertminderungsverlust** ist in jenem Ausmaß in der GuV zu erfassen, in dem der **Buchwert** eines solchen Vermögenswerts **größer ist als** (IFRS 15.101 f.)
- die restliche – um das Kreditrisiko des Kunden angepasste – **Gegenleistung**, welche für die Güter bzw. Dienstleistungen, auf die sich der Vermögenswert bezieht, erwartet wird, abzüglich
- der **Kosten**, welche einen **direkten** Bezug zur Bereitstellung dieser Güter bzw. Dienstleistungen aufweisen und die noch nicht GuV-wirksam erfasst wurden.

214 Beim **Wertminderungstest** wird genau genommen in **drei Schritten** vorgegangen (IFRS 15.103):
(1) Zunächst sind etwaige Wertminderungsverluste für mit dem Vertrag in Zusammenhang stehende Vermögenswerte zu erfassen, welche nach einem anderen Standard (z. B. IAS 2, IAS 16 und IAS 38) zu erfassen sind.
(2) Danach erfolgt erst der Vergleich des Buchwerts des für Kosten des Erhalts und der Erfüllung eines Vertrags angesetzten Vermögenswerts mit der angepassten Gegenleistung, abzüglich direkter Kosten.
(3) Schließlich ist der aus Schritt (2) resultierende Buchwert des Vermögenswerts in den Buchwert jener zahlungsmittelgenerierenden Einheit einzubeziehen, zu der er – für Zwecke der Anwendung von IAS 36 – gehört.
Im Falle des Wegfalls der Wertminderungsumstände bzw. deren Milderung ist in der GuV – in Bezug auf eine in Schritt (2) in der Vergangenheit erfasste Wert-

minderung – ein **Wertaufholungsgewinn** zu erfassen. Allerdings darf nicht über jenen fiktiven Buchwert (nach Abzug planmäßiger Abschreibungen) hinaus aufgewertet werden, welcher existieren würde, wenn an vorherigen Bilanzstichtagen kein Wertminderungsverlust erfasst worden wäre (IFRS 15.104).

8 Ausweis

Im Zeitpunkt des Vertragsabschlusses entstehen dem berichtenden Unternehmen einerseits eine Leistungsverpflichtung und andererseits ein Anspruch auf Gegenleistung. Diese sind saldiert auszuweisen. Hat im Zeitpunkt des Vertragsabschlusses noch keine der Parteien ihre Leistung erbracht, so entsprechen sich beide Posten und es bleibt daher bei der **Nichtbilanzierung schwebender Geschäfte**.[36]

Das berichtende Unternehmen hat eine **vertragliche Schuld** (Vertragsschuld) auszuweisen, wenn
- ein Kunde eine Gegenleistung entrichtet hat (erhaltene Anzahlungen usw.) oder
- das Unternehmen ein unbedingtes Recht auf Gegenleistung hat (d. h. eine Forderung und sei es auch nur auf eine Anzahlungsrate) besitzt, bevor das Unternehmen an den Kunden ein Gut bzw. eine Dienstleistung überträgt. Der Ausweis erfolgt im Zahlungs- bzw. im Fälligkeitszeitpunkt, je nachdem, welcher der beiden der frühere ist (IFRS 15.106 und 15.Anhang A).

Ein **vertraglicher Vermögenswert** (Vertragsvermögenswert) repräsentiert das Recht des Unternehmens auf Gegenleistung – für Güter bzw. Dienstleistungen, welche das Unternehmen an einen Kunden übertragen hat –, wenn dieses Recht noch von etwas anderem abhängt, als dem Ablauf von Zeit. Ein Vertragsvermögenswert ist auszuweisen, wenn das Unternehmen Güter bzw. Dienstleistungen an einen Kunden überträgt, und zwar
- vor der Zahlung durch den Kunden oder
- vor Fälligkeit der Zahlung.

Für **vertragliche Vermögenswerte** gelten im Hinblick auf **Wertminderungen** die Vorschriften von **IFRS 9** (IFRS 15.107 i. V. m. IFRS 9.2.2). Vertragliche Vermögenswerte sind separat von den Vermögenswerten auszuweisen, die aus Kosten für Erlangung und Erfüllung des Vertrags entstehen.[37]

Ein **unbedingtes Recht** auf Gegenleistung ist allerdings separat als **Forderung** auszuweisen. Bei letzteren handelt es sich nicht mehr um vertragliche Vermögenswerte. **Unbedingtheit** liegt vor, wenn lediglich der Ablauf von Zeit erforderlich ist, bevor die Zahlung der Gegenleistung fällig wird. Unterliegt der Betrag einer eventuellen künftigen Rückerstattung, so ändert dies nichts an der Qualifizierung als unbedingt. Forderungen sind nach **IFRS 9** zu behandeln. Bei **Ersterfassung** einer Forderung aus einem Vertrag mit einem Kunden ist eine Differenz zwischen dem Wert der Forderung gem. IFRS 9 und dem korrespondierenden erfassten Erlös als Aufwand (z. B. als Wertminderungsverlust) auszuweisen (IFRS 15.105, 15.107 f. und 15.Anhang A).

---

[36] Vgl. HAGEMANN, PiR 8/2014, S. 228.
[37] Gl. A. ERNST & YOUNG, International GAAP 2015, Ch 29, sCh 9.1.

219 Zum Ganzen drei Beispiele:

> **Beispiel 1**
> U liefert an einen Einzelkunden unter Einräumung eines Rückgaberechts, dessen Ausübung nicht verlässlich und hoch wahrscheinlich eingeschätzt werden kann. Der Kunde zahlt sofort. Die Rückgabefrist endet erst im neuen Jahr.
> U bucht:
> Per Geld an Vertragliche Schuld
>
> **Beispiel 2**
> Vereinbarungsgemäß hat der Kunde eine Anzahlung zu leisten. Diese ist per 31.12.01 fällig wird aber tatsächlich erst im neuen Jahr geleistet. Erst im neuen Jahr erbringt auch das Unternehmen seine Leistung
> Buchung per 31.12.01:
> Per Forderung L+L an Vertragliche Schuld
>
> **Beispiel 3**
> Am 1.1.01 schließt die X-AG mit ihrem Kunden K einen nicht kündbaren Vertrag über die Lieferung eines Produkts an Letzteren ab. Lt. Vertrag muss die X-AG ihre Leistungsverpflichtung am 31.3.01 erfüllen. Die Gegenleistung von GE 50 ist von K bereits am 31.1.01 im Vorhinein zu entrichten. Am 15.1.01 wird die Rechnung an K übermittelt. K zahlt schlussendlich erst am 1.3.01. Am 31.3.01 liefert die X-AG vereinbarungsgemäß das Produkt.
> Am Tag der Fälligkeit der Gegenleistung (31.1.01) ist eine Forderung zu erfassen, da die X-AG ab diesem Zeitpunkt ein unbedingtes Recht auf Gegenleistung hat. Gleichzeitig ist eine Vertragsverbindlichkeit anzusetzen.
>
> | 31.1.01 | | Forderung L+L | 50 | |
> |---|---|---|---|---|
> | | an | Vertragliche Schuld | | 50 |
>
> Am 1.3.01 erhält die X-AG die Zahlung von K:
>
> | 1.3.01 | | Geld | 50 | |
> |---|---|---|---|---|
> | | an | Forderung | | 50 |
>
> Am 31.3.01 erfüllt die X-AG ihre Leistungsverpflichtung und erfasst daher die Umsatzerlöse:
>
> | 31.3.01 | | Vertragsverbindlichkeit | 50 | |
> |---|---|---|---|---|
> | | an | Umsatzerlöse | | 50 |

220 Wegen des Ausweises in der **GuV** wird auf Rz 8, Rz 221 und Rz 96 verwiesen.

9 Anhang

221 IFRS 15.110 ff. enthält umfangreiche Angabepflichten, die allerdings mit der Maßgabe versehen sind, nützliche Informationen **nicht** durch ein **Übermaß** an

unbedeutenden Detaildarstellungen zu verdecken (IFRS 15.111). Im Wesentlichen geht es um folgende Angaben:
- **Erlöse mit Kunden** sind von **anderen Erträgen** zu unterscheiden, sofern nicht schon in der GuV geschehen (IFRS 15.113; Rz 8).
- Erlöse mit Kunden sind so zu **disaggregieren**, dass **Art, Timing, Grad der Gewissheit** usw. deutlich werden (IFRS 15.114).
- Die kundenbezogenen **Bilanzposten** (Forderungen, vertragliche Vermögenswerte und Schulden) sind in ihrer Entwicklung darzustellen (IFRS 15.116).
- Angaben zum **Realisationszeitpunkt, d.h. Angabe, wann die Leistungsverpflichtung typischerweise erfüllt ist** (*for example, upon shipment, upon delivery, as services are rendered or upon completion of service*; IFRS 15.119), Angaben zur Beurteilung des Leistungsfortschritts bei zeitraumbezogenen Leistungen und zur Bestimmung des Leistungszeitpunkts bei zeitpunktbezogenen Leistungen (IFRS 15.124f.).
- Angabe zur **Schätzung** der **Transaktionspreise** und zu deren **Aufteilung** bei Mehrkomponentengeschäften (IFRS 15.126).

Je komplexer das Geschäftsmodell, umso umfangreicher sind die Erfordernisse der Erläuterung. Standardformulierungen, die im Grunde nicht mehr besagen als „Umsatz realisiert, wenn Leistung erbracht", aber gerade offenlassen, wann die Leistungen genau erbracht sind, reichen nicht mehr.

> **Beispiel**[38]
> Wir erzielen Erlöse aus
> (a) der **Veräußerung** von Spielautomaten und der **Fertigung** und Lieferung von Lotteriesystemen,
> (b) dem **Betreiben von Casino-Spielen** und **Spielautomaten** sowie
> (c) der **Platzierung** von allein stehenden und vernetzten Spielautomaten.
> (a) Erlöse aus der **Veräußerung** von Spielautomaten, Lotteriesystemausstattungen usw. werden im Allgemeinen bei Auslieferung an den Kunden realisiert, Erlöse aus kundenspezifischer **Fertigung** von Lotteriesystemen nach Maßgabe der *percentage-of-completion*-Methode.
> (b) In Übereinstimmung mit der Branchenpraxis werden Erlöse aus dem **Betreiben von Casino-Spielen und Spielautomaten** als Nettobetrag aus Wetteinsatz der Spieler und Auszahlung an diese ausgewiesen. Erlöse werden zusätzlich um die den Vielspielern gewährten Rabatte und die allen Spielern gewährten Gratisgetränke und -speisen gekürzt. Als Kürzungsbetrag wird der im Einzelhandel erzielbare Verkaufspreis der Getränke und Speisen angesetzt.
> (c) Wir **platzieren Spielautomaten** in Casinos nach einem breiten Spektrum von Preis- und Vertragsgestaltungen, darunter (c1) **Einzelverträge** zu *flat fees* oder mit Gewinnpartizipation, (c2) Verträge über elektronisch **vernetzte Automaten**, bei denen sich der Jackpot aus den Einzahlungen aller vernetzten Automaten aufbaut, (c3) hybride bzw. **strukturierte** Verträge, die gleichzeitig ein Veräußerungs- und ein laufendes Entgelt enthalten:

---

[38] In Anlehnung an einen Geschäftsbericht der International Game Technology Inc., Reno (Nevada).

(c1) Die Erlöse aus **Einzelverträgen** werden bei einer *flat fee* pro rata, bei einer Gewinnbeteiligung auf Basis unseres Anteils an den Nettoeinnahmen (Spieleinsätze minus Spielgewinne) realisiert.
(c2) Abhängig vom jeweiligen Bundesstaatenrecht führen die Casinos aus den Nettoeinnahmen der **vernetzten Automaten** i.d.R. einen Prozentanteil an einen Trust ab, der hieraus den Jackpot finanziert. Die Abwicklung von Zahlungs- und Anlagenverkehr wird i.d.R. von uns gegen eine *cash-flow*-abhängige Gebühr übernommen. Diese Gebühren werden nach Maßgabe der geschätzten Einbringlichkeit als Erlös realisiert. Soweit die anteiligen Nettoeinnahmen uns selbst zustehen, werden diese ohne Abzug der Jackpotdotierung oder Jackpotauszahlung realisiert; die den Jackpot betreffenden Beträge werden als Aufwand erfasst.
(c3) Wenn **strukturierte** Verträge insgesamt den Charakter eines *operating-lease*-Vertrages haben, wird die Gesamtvergütung verteilt über die Laufzeit realisiert; soweit nach den Regeln für Mehrkomponentengeschäfte eine Aufteilung in Veräußerung und eine Serviceleistung möglich und geboten ist, wird der Veräußerungserlös mit Auslieferung realisiert, der Serviceerlös mit Erbringung der Dienstleistung.

223 Im Übrigen wird auf die „Checkliste Abschlussangaben" verwiesen

10 Anwendungszeitpunkt, Rechtsentwicklung

224 IFRS 15 ist für Geschäftsjahre anzuwenden, die am oder nach dem 1.1.2017 beginnen (IFRS 15.C1). Die Anwendung kann **wahlweise**
- **voll retrospektiv** mit einigen Erleichterungsmöglichkeiten erfolgen (IFRS 15.C3a und IFRS 15.C5), sodass dann insbesondere die GuV des Vorjahres bereits nach den neuen Regeln abgebildet wird, oder
- **modifiziert retrospektiv** in der Weise, dass (bei kalendergleichem Geschäftsjahr) die kumulierten Unterschiede zwischen der Erfassung nicht vollendeter Verträge nach altem und neuem Recht per 1.1.2017 gegen Gewinnrücklagen gebucht werden (IFRS 15.C3b und IFRS 15.C7).

Auf neue Verträge mit Beginn der Leistungserfüllung ab dem 1.1.2017 ist IFRS auch bei Entscheidung für die zweite Alternative anzuwenden. Für (bei kalendergleichem Geschäftsjahr) zum 1.1.2017 noch nicht vollendete Verträge ist bei modifizierter Retrospektion IFRS 15 ab dem 1.1.2017 anzuwenden.

225 Mit Anwendung von IFRS 15 gelten folgende Standards nicht mehr:
- IAS 11 *Construction Contracts;*
- IAS 18 *Revenue;*
- IFRIC 13 *Customer Loyalty Programmes;*
- IFRIC 15 *Agreements for the Construction of Real Estate;*
- IFRIC 18 *Transfers of Assets from Customers; and*
- SIC 31 *Revenue – Barter Transactions Involving Advertising Services*

11 ABC der Umsatzerlöse

Abnahme, Abnahmeverzug	Rz 165
Agent vs. Prinzipal	Rz 76
Agent, Kundenbindungsprogramm	Rz 73
Agent, Nettoausweis	Rz 118
Angabe	Rz 221
Anhang	Rz 221
Anlagenbau	Rz 131, Rz 153
Annahmeverzug	Rz 165
Aufnahmegebühr	Rz 192
Augenoptiker, Nachbetreuungsleistung	Rz 49, Rz 62
Autoindustrie, Fertigung nach Auftragseingang	Rz 155
Autoindustrie, Verkauf an Mietwagenunternehmen	Rz 181
Bauleistungen, auf dem Grundstück des Kunden	Rz 134
Bauleistungen, Bemessung Leistungsfortschritt	Rz 146
Bauleistungen, Errichtung Eigentumswohnungen	Rz 133
Bauleistungen, Prämie für vorzeitige Fertigstellung	Rz 97
Bauleistungen, schlüsselfertig	Rz 55
Bauleistungen, Tiefbau	Rz 139
Bauleistungen, Tunnelbau	Rz 140
Bauleistungen, *cost-to-cost*-Verfahren	Rz 146
Beitrittsgelder	Rz 192
Beratungsleistungen	Rz 133
Beratungsunternehmen, Reisekosten	Rz 88
Besitzmittlungsverhältnis	Rz 159
Bestandspflegeprovision	Rz 169
Bilanz-Ausweis	Rz 216
bilanzpolitisch motivierte Geschäfte	Rz 36, Rz 15
bill-and-hold-Geschäfte	Rz 159
Boni, als variable Entgelt	Rz 105

contracting	Rz 104
cost-to-cost-Verfahren	Rz 143
customizing, Softwareindustrie	Rz 202
Delekredereprovisionen, Zahlung an den Kunden	Rz 111
durchlaufende Kosten (*out of pocket expenses*)	Rz 88
Einzelhandel, Verkauf mit Rückgaberecht	Rz 175
Erlösgarantie, Verkauf mit	Rz 187
Fertigung, nach Auftragseingang	Rz 154
Fertigungsaufträge, kundenspezifische	Rz 130, Rz 155, Rz 202
Filmindustrie	Rz 199
Finanzierungskomponente, Bereinigung des Transaktionspreises	Rz 92
Finanzierungskomponente, GuV-Ausweis	Rz 96
Fitnessclub	Rz 48
Flugzeugindustrie	Rz 133, Rz 155
Franchise	Rz 67, Rz 193
Garantien, erweiterte	Rz 61
Gebäudereinigung	Rz 131, Rz 138
Gesamtfunktionsrisiko	Rz 66
Geschäftspraxis, implizite Leistungsverpflichtung	Rz 49
GuV-Ausweis	Rz 8, Rz 96
Handelsvertreter	Rz 171
Hörgeräteakkustiker, Nachbetreuungsleistung	Rz 49 und Rz 62
Incoterms	Rz 158, Rz 162
Input- und Outputverfahren, Leistungsfortschritt	Rz 136
Installationsleistung, als Nebenleistung	Rz 60, Rz 163
Internethandel, Agent oder Prinzipal	Rz 82

Kauf auf Probe	Rz 164
Kfz-Handel, Agent oder Prinzipal	Rz 80
Kfz-Handel, Nachbetreuungsleistungen	Rz 62
Konnossemente	Rz 162
Konsignationslieferung	Rz 77, Rz 86
Kosten der Vertragserfüllung	Rz 210
Kosten der Vertragserlangung	Rz 209
Kundenbindungsprogramme	Rz 69
kundenspezifische Fertigung	Rz 130, Rz 155, Rz 202
künstlerische Veranstaltungen/Aufführungen	Rz 172
lay-away sales	Rz 161
Leasing, verdecktes	Rz 183
Leistungsfortschritt, Input- und Outputverfahren	Rz 136
Leistungsverpflichtung, Abgrenzung zu administrativer Tätigkeit	Rz 48
Leistungsverpflichtung, explizite vs. implizite	Rz 49
Lizenzierung, gegen umsatz-/nutzungsabhängiges Entgelt	Rz 199
Lizenzierung, zeitraum- vs. zeitpunktbezogene	Rz 196
Maklertätigkeit	Rz 170
Maschinenbau	Rz 133
Mehrkomponentengeschäfte, Begriff	Rz 53
Mehrkomponentengeschäfte, erweiterte Garantien	Rz 61
Mehrkomponentengeschäfte, Problemstellung	Rz 51
Mehrkomponentengeschäfte, Softwareindustrie	Rz 58
Mehrkomponentengeschäfte, Transport und Installation	Rz 60
Mehrkomponentengeschäfte, Aufteilung Transaktionspreis	Rz 121
milestones, Softwareindustrie	Rz 140
Möbelindustrie	Rz 155
Mobilfunkindustrie, Mehrkomponentengeschäft	Rz 64
Montageleistung, als Nebenleistung	Rz 60, Rz 163

Nachbetreuungsleistungen	Rz 49 und Rz 62
Nachbetreuungsleistungen, Augenoptiker	Rz 49 und Rz 62
Nachbetreuungsleistungen, KfZ-Handel	Rz 62
nichtige Geschäfte	Rz 25
notleitender Kunde	Rz 32
Novation, Neuvertrag	Rz 44
Outputverfahren, Leistungsfortschritt	Rz 136
package deal	Rz 122
Pakteab- und -zuschläge	Rz 122
Pay-TV	Rz 64
Pfandkreislauf	Rz 178
placement fee	Rz 109
Platzierungsgebühr, Zahlung an den Kunden	Rz 109
Portfolio-Ansatz	Rz 29, Rz 42, Rz 169, Rz 174
Prämie für vorzeitige Fertigstellung	Rz 97
Preiskonzessionen, erwartbare	Rz 98, Rz 208
Preisnachlässe	Rz 122
Preisschutz, Verkauf mit	Rz 188
Prinzipal vs. Agent	Rz 76
Profisport, Lizenzierung Name, Logo usw.	Rz 198
Rabattgutscheine	Rz 74
Realisationszeitpunkt, Grundlagen	Rz 126
Realisationszeitpunkt, zeitpunktbezogene Leistungen	Rz 154
Realisationszeitpunkt, zeitraumbezogene Leistungen	Rz 130
Registrierungsgebühr	Rz 48
Reisebüro oder Reiseportal, Agent oder Prinzipal	Rz 83
Reisekosten, bei Beratungsunternehmen	Rz 88

Remissionsrecht im Verlagswesen	Rz 86
rollende Ware	Rz 162
round trip sales	Rz 36
Rückgabe- oder Rücknahmerecht bei Veräußerungen	Rz 173
Rückgaberecht des Kunden im Massengeschäft	Rz 175
Rückgaberecht, des Handelsintermediärs	Rz 179
Rückgaberecht, des Nutzers (verdecktes Leasing)	Rz 181
Rücknahmeverpflichtung, faktische	Rz 186
Sachboni	Rz 69
Schiffsbau	Rz 155
schlüsselfertiger Bau	Rz 55
Schulungsleistung	Rz 131
schwebend unwirksame Geschäfte	Rz 30
schwimmende Ware	Rz 159, Rz 162
Skonti	Rz 107
slotting fee	Rz 109
Softwareindustrie, *customizing*	Rz 202
Softwareindustrie, Lizenzierung von Standardsoftware	Rz 204
Softwareindustrie, Mehrkomponentengeschäfte	Rz 58, Rz 207
Softwareindustrie, *milestones*	Rz 140
Softwareindustrie, Preiskonzessionen	Rz 208
Softwareindustrie, Updates	Rz 205
Softwareindustrie, *hosting*	Rz 206
Softwareindustrie, kundenspezifische Fertigung	Rz 202
Steuerberatung	Rz 68, Rz 134
Sukzessivlieferverträge	Rz 156
Tausch, Bilanzierung dem Grunde nach	Rz 13 und Rz 36
Tausch, Bilanzierung der Höhe nach	Rz 113
Tiefbau, Straßenbau	Rz 139

Transaktionspreis, Aufteilung bei Mehrkomponentengeschäften	Rz 119
Transaktionspreis, Bereinigung um Finanzierungskomponente	Rz 92
Transaktionspreis, Bestimmung	Rz 90
Transaktionspreis, Tauschgeschäft	Rz 113
Transaktionspreis, variabler	Rz 97
Transportleistung, als Nebenleistung	Rz 60 und Rz 87
Treueprämienprogramme	Rz 69
Tunnelbau	Rz 140
up-front fee	Rz 192
variables Entgelt, Vorsichtsprinzip	Rz 101
variables/r Entgelt/Transaktionspreis	Rz 97
Verkauf mit Erlös- oder Renditegarantie	Rz 187
Verkauf mit Preisschutz	Rz 188
Verkauf mit Transport- und Installationsleistung	Rz 60
Verkaufskommission	Rz 77
Verlagswesen, Remissionsrecht	Rz 86
Versendungskauf	Rz 158
Versicherungsvertreter/-makler	Rz 167
Vertrag, wirksamer (als Ansatzvoraussetzung)	Rz 19
Vertragsstrafen, als variables Entgelt	Rz 97
Vertragsänderungen	Rz 44
Wartungsleistung	Rz 131
Werbekostenzuschuss, Zahlung an den Kunden	Rz 111
Werbeprovisionen	Rz 166
wirtschaftlicher Gehalt (*commercial substance*)	Rz 36
Zahlungen an den Kunden	Rz 109
Zeitrahmenvertrag	Rz 68
zeitraumbezogene Leistungen, Begriff und Abgrenzung	Rz 130
zero-profit-Methode	Rz 151
Zulieferindustrien	Rz 156
Zusammenfassung von Verträgen	Rz 38

§ 26 STEUERN VOM EINKOMMEN

Inhaltsübersicht	Rz
Vorbemerkung	
1 Zielsetzung, Regelungsinhalt, Begriffe.	1–19
1.1 Tatsächliche und latente Steuern	1–5
1.2 Anwendungsbereich von IAS 12 (*Scope*)	6–19
1.2.1 Einkommensteuern vs. sonstige Steuern und Abgaben	6–9
1.2.2 Zinsen und steuerliche Nebenleistungen	10
1.2.3 Kapitalertrag-, Abzug- und Quellensteuern (*withholding taxes*)	11–12
1.2.4 Steuerliche Fördermaßnahmen	13–19
2 Tatsächliche (laufende) Steuern	20–42
2.1 Überblick	20
2.2 Ansatz	21–23
2.3 Transaktionen mit Gesellschaftern	24–25
2.3.1 Gespaltener Steuersatz bei Ausschüttungen	24
2.3.2 Eigenkapitalbeschaffung	25
2.4 Steuerguthaben und -schulden aus dem Übergang zum Halbeinkünfteverfahren	26–27
2.5 Abtretung von Steuerguthaben	28–29
2.6 Unsichere Steuerposten.	30–42
2.6.1 Lösungshinweise nach US-GAAP	30–33
2.6.2 Lösungsansätze in IAS 37	34–36
2.6.3 Unsichere Forderungen vs. unsichere Verbindlichkeiten	37–38
2.6.4 Betriebsprüfungsrisiko	39–42
3 Latente Steuern (*deferred taxes*)	43–138
3.1 Grundlagen (*temporary differences*)	43–46
3.2 Steuerwert (*tax base*).	47–63
3.2.1 Der Steuerwert als Vergleichsgröße zum IFRS-Buchwert.	47–51
3.2.2 Der Steuerwert von Vermögenswerten	52–54
3.2.3 Der Steuerwert von Schulden.	55–60
3.2.4 Steuerwerte ohne Posten in der IFRS-Bilanz und/oder Steuerbilanz.	61–63
3.3 Besonderheiten bei Personenhandelsgesellschaften	64–68
3.3.1 Steuerarten und -tarife	64
3.3.2 Sonder- und Ergänzungsbilanzen	65–68
3.4 Besonderheiten der transparenten Besteuerung	69–76
3.4.1 Grundlagen, Anwendungsbereiche	69–71
3.4.2 Investment- und Spezialfonds	72–75
3.4.3 Mitunternehmerische Personengesellschaft	76
3.5 Unsichere Steuerwerte (Betriebsprüfungsrisiko)	77–81

3.6	Isolierte Änderungen des Steuerwertes	82–88
3.6.1	Gesellschafterwechsel	82–83
3.6.2	Konzerninterne Umstrukturierungen	84–85
3.6.3	Indexierter Steuerbuchwert für Veräußerungen	86–87
3.6.4	Erhöhte steuerliche Abschreibungsbasis	88
3.7	Beim Zugang entstehende temporäre Differenzen	89–91
3.8	Investments in Beteiligungen u. Ä.	92–99
3.9	Temporäre Differenzen auf den *goodwill*	100–108
3.9.1	*Initial recognition exception*	100–102
3.9.2	Konzerninterne Umstrukturierungen	103–108
3.10	Besondere Anforderungen für den Ansatz einer aktiven Steuerlatenz	109–138
3.10.1	Abzugsfähige temporäre Differenzen	109–124
3.10.2	Verlustvorträge	125–137
3.10.2.1	Wahrscheinlichkeit der Verlustnutzung als Ansatzkriterium	125–130
3.10.2.2	Erhöhte Anforderungen bei Verlusthistorie	131–133
3.10.2.3	Berufung auf Steuergestaltungsmöglichkeiten	134–137
3.10.3	Zinsvorträge	138
4	Die Steuerlatenz im Unternehmensverbund	139–199
4.1	Überblick: inside and outside basis differences	139–141
4.2	Steuerlatenz im Konzernabschluss	142–167
4.2.1	Zugangsbewertung beim Unternehmenserwerb, insbesondere Behandlung des *goodwill*	142–150
4.2.1.1	Grundfall	142–147
4.2.1.2	Unternehmenserwerb mit anschließender Verschmelzung des erworbenen Unternehmens	148
4.2.1.3	Anschaffungsnebenkosten beim Unternehmenserwerb	149–150
4.2.2	Kontrollwahrende Abstockung einer Beteiligung	151
4.2.3	*Inside* und *outside basis differences* bei der Folgekonsolidierung	152–162
4.2.3.1	Systematische Grundlegung	152–154
4.2.3.2	Buchungstechnik	155–157
4.2.3.3	Anwendungsbeschränkungen der outside basis differences	158–162
4.2.4	Abhängigkeit der *outside basis differences* von der Rechtsformkonstellation	163–167
4.2.4.1	Mutter und Tochter Kapitalgesellschaft	163
4.2.4.2	Mutter Kapital-, Tochter Personenhandelsgesellschaft T2.120	164–165
4.2.4.3	Mutter Personen-, Tochter Kapitalgesellschaft	166
4.2.4.4	Mutter und Tochter Personengesellschaft	167

4.3	Verbundbeziehungen im Einzelabschluss	168–179
4.3.1	Tochter Kapitalgesellschaft	168–169
4.3.2	Mutter Kapital- und Tochter Personenhandelsgesellschaft	170–178
4.3.3	Mutter und Tochter Personengesellschaft	179
4.4	Gruppenbesteuerungssysteme.	180–190
4.4.1	Überblick über die Organisationsstrukturen	180–181
4.4.2	Transnationale Verlustzurechnung	182–185
4.4.3	Ergebniszurechnung innerhalb der Gruppe	186
4.4.4	Zeitliche Abwicklung der temporären Differenzen	187
4.4.5	Behandlung von Verlustvorträgen bei Eintritt in die Gruppe	188–189
4.4.6	Aufdeckung von Firmenwerten bei Begründung der Gruppe	190
4.5	Speziell deutsche Organschaft.	191–197
4.6	Kapitalgesellschaften mit einem einzigen Vermögenswert (*corporate wrapper*).	198–199
5 Bewertung tatsächlicher und latenter Steuern		200–217
5.1	Anzuwendende Steuersätze.	200–202
5.2	Steuersatzänderung.	203–204
5.3	Änderungen im Steuerstatut (Rechtsformwechsel)	205
5.4	Steuersätze national und international	206–208
5.5	Realisationsabhängige Steuersätze oder Steuerbuchwerte .	209–213
5.6	Abzinsung	214
5.7	Kontinuierliche Nach- bzw. Werthaltigkeitsprüfung.	215–217
6 Ausweis		218–238
6.1	GuV, Gesamtergebnisrechnung und Eigenkapitalspiegel. .	218–235
6.1.1	Regel-Ausnahme-Verhältnis	218–219
6.1.2	Erfassung im sonstigen Gesamtergebnis.	220–222
6.1.3	Erfassung unmittelbar im Eigenkapital	223–227
6.1.4	Sonderfragen bei mezzaninen Finanzinstrumenten	228–231
6.1.5	Aufteilung und Darstellung des Steuerergebnisses .	232–235
6.2	Bilanz.	236–238
7 Angaben		239–254
7.1	Allgemein.	239–242
7.2	Insbesondere die Überleitungsrechnung, Konzernsteuerquote	243–254
8 Anwendungszeitpunkt, Rechtsentwicklung		255–260
9 Zusammenfassende Praxishinweise		261

Schrifttum: DAHLKE/EITZEN, VON, Steuerliche Überleitungsrechnung im Rahmen der Bilanzierung latenter Steuern nach IAS 12, DB 2003, S. 2207; ERNSTING/LOITZ, Zur Bilanzierung latenter Steuern bei Personengesellschaften nach IAS 12, DB 2004, S. 1053; FREIBERG, Bedeutung der Zeitkongruenz für aktive latente Steuern, PiR 2013, S. 132; FREIBERG, Erfassung von tatsächlichen und latenten Steuern, PiR 2013, S. 294; HEUSER/THEILE/PAWELZIK, Die Auswirkung von Betriebsprüfungen auf IFRS-Abschlüsse, DStR 2006, S. 717; HIRSCHLER/SCHINDLER, Die österreichische Gruppenbesteuerung als Vorbild für Europa?,

IStR 2006, S. 505; KÜTING/ZWIRNER, Abgrenzung latenter Steuern nach IFRS in der Bilanzierungspraxis, WPg 2007, S. 555; LIENAU, Bilanzierung latenter Steuern im Konzernabschluss nach IFRS, 2006; LIENAU/ERDMANN/ZÜLCH, Bilanzierung latenter Steuern auf Verlustvorträge nach IAS 12, DStR 2007, S. 1094; LOITZ, Latente Steuern für Outside Basis Differences, WPg 2008, S. 1110; LÜDENBACH, Aktivierung von Vorteilen aus taxholidays, Passivierung von Nachteilen aus Nachversteuerung ausländischer Verluste, PiR 2008, S. 101; LÜDENBACH, Latente Steuern auf konsolidierte Fondsanteile, PiR 2012. S. 267; LÜDENBACH, Latenzierung des goodwill im Konzernabschluss, StuB 2013, S. 146; LÜDENBACH/FREIBERG, Möglichkeiten und Grenzen des Werthaltigkeitsnachweises für aktive latente Steuern nach IFRS und HGB, BB 2011, S. 2603; LÜHN, Der Einfluss latenter Steuern auf die Steuerplanung, KoR 2007, S. 550; LÜHN, Konzeption und Aussagekraft der tax reconciliation in IFRS-Konzernabschlüssen, KoR 2009, S. 235; MEYER, Berücksichtigung von Steuergestaltungen in der internationalen Rechnungslegung, DStR 2013, S. 2019; MEYER/BORNHOFEN/HOMRIGHAUSEN, Anteile an Personengesellschaften nach Steuerrecht und IFRS, KoR 2005, S. 285 und S. 504; PRYSTAWIK, Latente Steuern nach BilMoG und IFRS 1 – Besonderheiten bei Pensionsrückstellungen im Investmentfonds als Planvermögen, DB 2010, S. 345; RUBERG, Bilanzierung latenter Steuern auf passive Abgrenzungsposten, PiR 2014, S. 9; RUBERG, (Nicht-)Berücksichtigung zukünftig entstehender abzugsfähiger temporärer Differenzen in der Werthaltigkeitsprüfung, DStR 2013, S. 2589; SCHÄFER/SUERMANN, Ansatz aktiver latenter Steuern nach IAS 12, DB 2010, S. 2742; SENGER/BRUNE/HOEHNE, Steuerunsicherheiten in der internationalen Rechnungslegung, WPg 2010, S. 673.

Vorbemerkung

Die Kommentierung bezieht sich auf IAS 12 in der aktuellen Fassung und berücksichtigt alle Ergänzungen, Änderungen und Interpretationen, die bis zum 1.1.2015 beschlossen wurden. Einen Überblick über aktuell diskutierte zukünftige Regelungen enthält Rz 259.

1 Zielsetzung, Regelungsinhalt, Begriffe

1.1 Tatsächliche und latente Steuern

1   IAS 12 befasst sich nach seiner Zielsetzung mit der buchmäßigen Behandlung der Steuern (in deutscher Terminologie) vom Einkommen und Ertrag (kurz **Ertragsteuern**, *income taxes*). Substanz- und Verbrauchsteuern sind nicht Gegenstand von IAS 12 und daher auch getrennt von diesen zu erfassen (zum Ausweis in der Ergebnisrechnung vgl. → § 2 Rz 62). In Deutschland umfasst der Anwendungsbereich die Körperschaftsteuer mit Solidaritätszuschlag bei Kapitalgesellschaften sowie bei allen Rechtsformen die Gewerbesteuer (Rz 6).
Inhaltlich geht es in IAS 12 um
- die **tatsächlichen** Steuerforderungen und -schulden nach IAS 12.12 für das laufende und frühere Geschäftsjahr (*current tax for current and prior periods*; Rz 20ff.);
- **künftige**, deshalb **latente** Steuerwirkungen, die sich aus der Weiterentwicklung von Bilanzansätzen aktiver und passiver Art oder aus Verlustvorträgen ergeben (*deferred tax liability or asset;* Rz 43ff.).

Das dem IAS 12 zugrunde liegende Konzept umfasst also nach IAS 12.6: 2
- die bis **zum Bilanzstichtag entstandenen** Erstattungsansprüche (*current tax assets*) und Schulden (*current tax liabilities*) für Steuern vom Einkommen (**tatsächlicher** Steueraufwand; Rz 20);
- die **noch nicht entstandenen** (latenten) Ansprüche (*deferred tax assets*, IAS 12.24) und Schulden (*deferred tax liabilities*, IAS 12.15) für solche Steuern aufgrund unterschiedlicher Buchwerte in der IFRS-Bilanz einerseits und der Steuerbilanz andererseits (latente Steuerbe- und -entlastungen). Dabei kommt es für Zwecke der Bilanzierung nicht darauf an, ob der Buchwertunterschied erfolgswirksam oder erfolgsneutral (Rz 218) entstanden ist;
- **künftige** Steuererstattungsansprüche aus bislang ungenutzten **Verlustvorträgen** (*carry forward of unused tax losses* nach IAS 12.13; Rz 125) sowie **Zinsvorträge** nach der nationalen Zinsschrankenregelung sowie bislang nicht beanspruchte **Steuergutschriften** (*unused tax credits*; Rz 16) – Letztere nicht nach deutschem Steuerrecht.

Außerdem behandelt IAS 12
- den **Ausweis** in Bilanz- und GuV-Rechnung (*financial statement;* Rz 218 ff.),
- die zugehörigen Erläuterungen im **Anhang** (Rz 239 ff.).

Insbesondere in den **Buchwertunterschieden** und deren künftiger Realisierung 3 kommt der Kerngedanke der (auch sog.) **Steuerabgrenzung** zum Ausdruck. Ihr liegt das bilanzorientierte *temporary*-Konzept zugrunde. Die Buchwertunterschiede umfassen auch solche aus Konsolidierungsvorgängen.
Die Buchwertunterschiede (Differenzen) können sein (Rz 45):
- zeitlich begrenzt („*temporary*"),
- quasi-permanent (Auflösungszeitpunkt nicht ersichtlich, z. B. für das selbst genutzte Fabrikgrundstück).

Dagegen führen **permanente** Differenzen aufgrund z.B. nicht abzugsfähiger 4 Betriebsausgaben, steuerfreier Einnahmen nicht zur Latenzierung (Rz 45). Die dem *temporary*-Konzept zugrunde liegende *liability*-Methode erfasst jeden **einzelnen** Buchwertunterschied im Gegensatz zum früher gültigen *timing*-Konzept, das **zusammenfassend** GuV-orientiert ausgerichtet war.
Bei folgenden Vorgängen muss nach derzeitiger Rechtslage als kasuistische 5 Ausnahme der Ansatz eines Steuerlatenzpostens **unterbleiben**:
- Nach IAS 12.15a: Erstmaliger Ansatz eines *goodwill* (Rz 91).
- Nach IAS 12.15b und IAS 12.24: Erfolgsneutraler Zugang eines Vermögenswertes oder einer Schuld außerhalb eines Unternehmenserwerbs (Rz 89).
- Nach IAS 12.39: Bei Kontrolle des Dividendenverhaltens einer Tochtergesellschaft, sofern in absehbarer Zeit keine Ausschüttung oder Veräußerung geplant ist (Rz 92).

1.2 Anwendungsbereich von IAS 12 (*Scope*)

1.2.1 Einkommensteuern vs. sonstige Steuern und Abgaben

Betroffen sind nach IAS 12.2 nach deutschem Recht die **Körperschaftsteuer mit** 6 **Solidaritätszuschlag** und die **Gewerbesteuer** und vergleichbare ausländische Steuern, letztere im deutschen IFRS-Einzelabschluss für Gewinne aus ausländischen Betriebsstätten oder aufgrund von einbehaltener Quellensteuer. Im **Konzern**abschluss schlagen sich auch die bei konsolidierten Beteiligungen anfallenden ausländischen Steuern vom Einkommen als laufender oder latenter Steueraufwand nieder. Bemessungsgrundlage (*basis*) muss jeweils ein ***taxable*** *profit* sein.

7 In anderen Steuerhoheiten kommen auch sog. **hybride** Steuern zur Anwendung. Die Bemessungsgrundlage setzt sich dabei aus zwei Elementen zusammen:
- einem steuerlichen Einkommen (*profit*), definiert als **Netto**größe (Saldo aus bestimmten, nicht notwendigerweise aus allen Erträgen und Aufwendungen),
- einer **Bruttoerfolgs**größe (Umsätze etc.) oder einer gar nicht auf den Erfolg bezogenen Größe wie die Aktivwerte in der Bilanz, das Eigenkapital oder andere Kennzahlen.

Beispielhaft sind folgende Ausgestaltungen der hybriden Steuern möglich:
- Die Steuer beträgt 9 % des steuerlichen Gewinns, mindestens aber 3 % des Eigenkapitals.
- Die Steuer beträgt 9 % des steuerlichen Gewinns, mindestens aber 1 % des Aktivvermögens.

In beiden Fällen errechnet sich die Steuerschuld aus dem **höheren** Betrag. Die Komponente „Eigenkapital" oder „Aktivvermögen" stellt eine Mindeststeuer dar. Ein Ausweis als **Steueraufwand in** der GuV kommt nur für den gewinnabhängigen Teil in Betracht; der Restbetrag ist im sonstigen betrieblichen Aufwand darzustellen. In einer steuerlichen Verlustperiode, in der sich nach dem Gewinn keine Steuer ergäbe, ist daher nur ein sonstiger betrieblicher Aufwand zu zeigen. Zur Steuerlatenzierung in diesen Fällen vgl. Rz 124.

8 In bestimmten Ländern wird eine Steuer auf eine irgendwie definierte Nettomarge erhoben, berechnet nach den Einnahmen abzüglich bestimmter Aufwendungen (*taxable margin*). Diesen Abgaben (*margin taxes*) liegt die Struktur einer Steuer vom Einkommen zugrunde. IAS 12 ist anzuwenden. Anders sind Steuern zu würdigen, deren Bemessungsgrundlage Verkäufe oder andere Bruttoerfolgsgrößen sind (Rz 7). In diesem Fall ist IAS 12 nicht anwendbar,[1] auch dann nicht, wenn die bruttoerfolgsbezogene Besteuerung formalrechtlich (wie etwa bei der Tonnagesteuer nach § 5a EStG[2]) als Einkommensteuer gilt. Ein Ausweis von entsprechenden Abgaben als Steuern vom Einkommen bzw. eine Vermischung mit solchen scheidet aus.

9 Ein weiteres Beispiel für eine **Nichtsteuer** stellt eine Abgabe in Neuseeland auf die Erdölförderung dar.

Beispiel

In Neuseeland bedarf die Erdölförderung der Entrichtung einer laufenden Lizenzgebühr in zweierlei Ausgestaltungen der Bemessungsgrundlage:
- entweder 5 % auf die erzielten Erlöse
- oder 20 % des Buchgewinnes im Gefolge der Erdölproduktion.

Dabei ist der höhere der beiden Beträge geschuldet. Für die Erhebung dieser Abgabe ist nicht die Finanzbehörde, sondern eine andere Abteilung des Verwaltungsapparates zuständig. Die Abgabe ist bei der Einkommensbesteuerung abzugsfähig.

---

[1] So auch PwC, Manual of Accounting 2015, Tz. 13.10; KPMG, Insights into IFRS 2010/2011, 3.13.10.55.
[2] IFRIC, IFRIC-Update Mai 2009.

> **Lösung**
> U. E. handelt es sich bei dieser Abgabe nicht um eine Steuer i.S.v. IAS 12, sondern um einen Kostenbestandteil der Erdölförderung. Der Abgabebetrag beläuft sich mindestens auf die Bemessungsgrundlage der Umsatzerlöse. Selbst wenn man die zweite Alternative als „Margensteuer" ansieht, verbleibt es immer noch bei der Brutto-Bemessungsgrundlage in der ersten Alternative. U. E. ist der Anwendungsbereich von IAS 12 nicht eröffnet.

Zu einem ähnlichen Sachverhalt hat sich der IFRS-IC in einer „Non IFRIC"-Entscheidung geäußert.[3] Die an ihn gerichtete Anfrage betraf eine Lizenzabgabe (*„royalty payments"*) an eine steuererhebungsberechtigte Instanz. Die Lizenzabgabe wird nach einer Produktionsmenge erhoben. Diese Zahlung ist bei der Ermittlung der Bemessungsgrundlage für die Besteuerung vom Einkommen – zu zahlen an eine andere Behörde – **abzugsfähig** (etwa wie früher die deutsche Gewerbesteuer). Nach Auffassung des IFRS-IC sollte diese Lizenzabgabe wie andere bei der Ermittlung des steuerpflichtigen Einkommens abzugsfähige Betriebsausgaben behandelt werden. Der Ausweis als Steuer vom Einkommen scheidet für die Lizenzabgaben nach dem Definitionsmerkmal in Rz 1 aus.

Nicht unter den Regelungsbereich von IAS 12 fällt nach IFRIC 21 „Levies" die **Bankenabgabe** in Deutschland und vergleichbar öffentlich-rechtliche Belastungen in anderen Ländern (→ § 21 Rz 113ff.), weil die Bemessungsgrundlage nicht an einen *„profit"* anknüpft.

1.2.2 Zinsen und steuerliche Nebenleistungen

Auf Steuerschulden oder -guthaben werden unter bestimmten Voraussetzungen **Zinsen** erhoben oder gewährt (in Deutschland nach § 233a AO). Dazu können sich **Säumnis-** und **Straf**zuschläge gesellen. Die Bemessungsgrundlage beruht jeweils nicht auf einem *taxable profit* (Rz 7), weshalb hierfür u.E. der Anwendungsbereich von IAS 12 nicht geöffnet ist.[4] Bilanziell sind keine Ertragsteuerschulden, sondern sonstige Schulden, in der GuV keine Ertragsteueraufwendungen, sondern Zins- oder sonstige betriebliche Aufwendungen zu zeigen. Nach anderer Auffassung[5] wird unterschieden bez. der steuerlichen **Abzugsfähigkeit**: Sofern Zinsen und Strafzuschläge bei der steuerlichen Einkommensermittlung
- nicht abzugsfähig sind, soll eine Behandlung als Steuerbestandteil zulässig sein,
- abzugsfähig sind, sollen sie zwingend als nicht steuerlicher Aufwand zu erfassen sein.

Wenn entsprechend unserer Auffassung kein Ausweis im Steuerbereich der GuV-Rechnung erfolgt, sind Zinsen als **Finanzerträge** oder **-aufwendungen** auszuweisen. Dies mag auch für Säumniszuschläge wegen des impliziten Zinscharakters zutreffen. Für Letztere kommt aber auch ein Ausweis im sonstigen betrieblichen Aufwand in Betracht. Bei Verspätungszuschlägen und Strafzahlungen (*penalties*) kommt nur der sonstige betriebliche Aufwand infrage.

10

---

[3] IFRIC, IFRIC-Update Juli 2012.
[4] So auch PwC, Manual Accounting 2015, Tz. 13.82: *„Strong argument"*; eindeutig keine Steuer: DELOITTE; GAAP 2014, S. 876.
[5] So ERNST & YOUNG, International GAAP 2015, Ch 30 sCh 4.4.

Beratungshonorare, die sich an Steuerersparniseffekten orientieren, fallen nicht unter IAS 12.[6]

1.2.3 Kapitalertrag-, Abzug- und Quellensteuern (*withholding taxes*)

11 Für die Bilanzierung der zugunsten der Steuerschuld des Anteilseigners einbehaltene **Kapitalertragsteuer** beim ausschüttenden Unternehmen sieht IAS 12.65A die gleiche Behandlung wie nach deutschem Bilanzrecht vor, nämlich eine erfolgsneutrale Verrechnung mit dem **Eigenkapital** mit der Buchung:

Konto	Soll	Haben
Eigenkapital (Bilanzgewinn)	100	
Nettodividende (Bank)		80
Kapitalertragsteuer (Verbindlichkeit FA))		20

Der Dividendenempfänger bucht spiegelbildlich – allerdings nicht periodengleich (→ § 4 Rz 39):

per Dividendenanspruch (Bank)   an Beteiligungsertrag

per Steueranrechnungsguthaben (Forderung
an Finanzamt)

Entsprechend sind **Zins-** oder **Lizenzerträge**, für die das vergütende Unternehmen Quellensteuer zugunsten des Ausschüttungsempfängers einbehalten hat, zu verbuchen.

Eine ähnliche Verpflichtungsstruktur mit der Ausweisfolge für die Kapitalertragsteuer weist die **Bauabzugsteuer** nach § 48 EStG auf.

12 Aus internationaler Sicht muss die Belastung einer **Gewinnausschüttung** durch die Kapitalgesellschaft nicht unbedingt den Charakter einer **Kapitalertragsteuer** (*withholding tax*) einnehmen.

> **Beispiel**
> In Indien wird eine *Dividend Distribution Tax* (DDT) erhoben. Der Steuersatz beträgt 15 % der Ausschüttung. Für inländische (indische) Aktionäre ist im Gefolge die Dividende steuerfrei, wirkt insoweit wie die deutsche Abgeltungsteuer. Entsprechend erhält der Anteilseigner auch mit der abgeführten DDT keine Anrechnungsmöglichkeit gegenüber sonst entstandenen Einkommensteuerschulden. Technisch wird die Dividende in vollem Umfang ausgeschüttet und löst einen zusätzlichen Aufwand bei der Gesellschaft i. H. d. genannten 15 % aus.
> U. E. ist auch auf diese besondere Form der Ausschüttungsbesteuerung IAS 12.65 anzuwenden, d. h., die DDT ist zu Lasten des Eigenkapitals zu verbuchen. Andererseits scheint auch eine Wertung als gespaltener Körperschaftsteuertarif wie in früheren deutschen Körperschaftsteuerregimen möglich; dann wäre die DDT als Aufwand zu verrechnen. Zweifel an der Anwendbarkeit von IAS 12.65 auf diesen Sachverhalt ergeben sich aus der nicht möglichen Anrechnung der einbehaltenen Steuer auf die persönliche Steuerschuld des Dividendenempfängers („*on behalf of shareholders*").

---

[6] So auch PwC, Manual of Accounting 2015, Tz. 13.88.

1.2.4 Steuerliche Fördermaßnahmen

Vor der bilanziellen Abbildung von steuerlichen Förderungsmaßnahmen bedarf 13
es einer Differenzierung nach Maßnahmen, die wirken auf
- die Bemessungsgrundlage,
- den Tarif.

An den **Tarif** knüpfen an:
- zeitweise Steuerverzicht bzw. Steuersatzminderung (*tax holidays;* Rz 14),
- Steuergutschriften (*tax credits;* Rz 15),
- steuerliche Investitionsförderungen (*investment tax credits;* Rz 16).

Der **zeitweise Verzicht** auf Steuererhebung *(tax holidays)* oder eine generelle 14
Tarifermäßigung kommt in Deutschland allenfalls gewerbesteuerlich in Sonderfällen kommunaler Wirtschaftsförderung in Betracht, kann aber im Konzernabschluss für ausländische Tochterunternehmen eine Rolle spielen.

> **Beispiel**[7]
> MU-D hat am 31.12.07 eine Tochtergesellschaft im EU-Beitrittsland X gegründet. Abweichend vom normalen Steuersatz von 35 % in X muss die Tochtergesellschaft auf die Gewinne der nächsten 5 Jahre nur 5 % Steuern zahlen.
> **Beurteilung**
> 1. Kein tatsächlicher Steueranspruch: Nach IAS 12.12 ist als tatsächlicher Steueranspruch eine für die laufende und frühere Perioden erwartete Steuererstattung aufgrund von überhöhten Vorauszahlungen oder Verlustrückträgen anzusetzen. Die *tax holidays* erfüllen diese Voraussetzungen nicht. Sie sind weder dem Jahr 07 noch einem früheren Jahr zuzuordnen.
> 2. Kein latenter Steueranspruch: Ein latenter Steueranspruch wegen Verlustvorträgen oder temporärer Differenzen liegt offensichtlich nicht vor. Nach IAS 12.34 sind latente Steueransprüche aber auch für Steuergutschriften (*tax credits*) anzusetzen. IAS 12.34 und IAS 12.5 beschreiben den *tax credit* als einen noch nicht genutzten, vortragsfähigen Steuervorteil. Angesprochen sind damit Fälle, in denen etwa Investitionen für Forschung oder Umweltschutz primär zu einer Reduzierung der Steuern der aktuellen Periode führen, bei fehlendem Gewinn der Periode aber vortragsfähig sind. Der sofortige Abzug oder Vortrag hat in Abhängigkeit von der Höhe der Investition und der Höhe des Gewinns Auswirkung auf den effektiven Steuersatz. Bei der gewährten Tarifermäßigung kommt es hingegen zu einer zeitlich befristeten Reduzierung des nominellen Steuersatzes, die auch wegen fehlender Vortragsfähigkeit keinen *tax credit* darstellt, daher in der jeweiligen Gewinnperiode zu berücksichtigen und nicht abzugrenzen ist. Die Minderbelastung des zukünftigen Einkommens ist somit auch nicht als latenter Steueranspruch aktivierungsfähig.

Steuergutschriften (*tax credits*) werden in manchen Ländern zur Förderung 15
bestimmter unternehmerischer Verhaltensweisen erteilt.

---

[7] Nach Lüdenbach, PiR 2008, S. 101 ff.

> **Beispiel**
> Die Einstellung von X Arbeitslosen p.a. führt bei Verzicht auf Entlassungen zu einer Ermäßigung der Steuerschuld X × 1.000 EUR.

Diese Gutschriften sind bei ausreichender Steuerschuld im Rahmen der **Überleitungsrechnung** (Rz 243) zu berücksichtigen. Sofern sie die Steuerschuld übersteigen, aber in Folgeperioden genutzt werden können, sind sie wie ein **Verlustvortrag** (Rz 125) zu behandeln (IAS 12.34).

16 Steuerliche **Investitionsförderungen** *(investment tax credits)* sind vom Anwendungsbereich des IAS 12 ausgeschlossen (IAS 12.4), allerdings auch von IAS 20 (→ § 12 Rz 3). IAS 12 soll dagegen in Form des (einfachen) *tax credit* anwendbar sein, wenn **zusätzliche** Förderungsbedingungen neben der eigentlichen Investition zu beachten sind.[8]

> **Beispiel**
> Das mit leicht wachsenden Umsätzen für die nächsten Jahre rechnende Unternehmen U beschäftigt 750 (alternativ 1.000) Arbeitnehmer. Es erhält eine Investitionsförderung i.H.v. 20 % des investierten Betrages in Form des Abzugs von der Steuerschuld. Voraussetzung ist der Erhalt von wenigstens 750 Arbeitsplätzen auf 3 Jahre.
> In der Grundvariante kann ein *tax credit* unterstellt werden, da neben der Investition noch andere (gewichtige) Auflagen zu beachten sind; umgekehrt in der Alternativvariante, da die Auflagen das Unternehmen kaum einschränken, vielmehr nach den Umsatzplanungen ohnehin mit mehr als 750 Arbeitnehmern geplant wird (dann *government grant*).

Ist ein *investment tax credit* anzunehmen, kann die bilanzielle Behandlung mangels Regelung in einem Standard nur durch **Analogie**schlüsse beurteilt werden. Im Schrifttum werden dazu folgende Vorschläge unterbreitet:[9]
- Anwendung von IAS 12 trotz des Ausschlusses nach IAS 12.4, also Abzug der Förderung bei den laufenden Steuern oder Vortrag in Jahre mit (mutmaßlich) höherem Steuersubstrat.
- Anwendung von IAS 20 mit Einbuchung des Förder- oder Ermäßigungsbetrages als *deferred income* oder als Kürzung von den Anschaffungs- oder Herstellungskosten (→ § 12 Rz 26). Der Passivposten ist analog zum Abschreibungsverlauf aufzulösen.

Beide Alternativen erscheinen als Hilfslösungen akzeptabel.

17 Anders stellt sich die Entscheidungssituation dar, wenn die öffentliche Förderung den Charakter eines **Aufwands**- oder **Ertrags**zuschusses (→ § 12 Rz 7) aufweist, also nicht für eine Investition in Sachanlagen oder immaterielle Anlagewerte gewährt wird (wie im Beispiel 3 unter → § 12 Rz 7 für laufenden Forschungsaufwand).

---

[8] So PwC, IFRS Manual of Accounting 2012, Tz. 13.275.9. An diese Fundstelle ist auch das folgende Beispiel angelehnt.
[9] Vgl. PwC, IFRS Manual of Accounting 2012, Tz. 13.275.11 ff.; ähnlich KPMG, Insights into IFRS 2010/2011, Tz. 3.13.600.10.

> **Beispiel**
> In Kanada erhalten Unternehmen bei Einhaltung bestimmter Bedingungen für Forschungs- und Entwicklungsausgaben einen Steuernachlass (bezogen auf die Steuern vom Einkommen) von 20 % dieser Ausgaben im Besteuerungszeitraum. Soweit für diesen Zeitraum keine ausreichende Steuerschuld zur Verrechnung vorliegt, besteht die Möglichkeit eines zeitlich unbeschränkten Vortrages des Förderungsbetrages. Die Abzugsfähigkeit des geförderten Aufwands bei der Gewinnermittlung bleibt unberührt.

Soweit mit dieser Förderung von FuE keine Sachinvestitionen verbunden sind, sie also nur Personal- und andere Verwaltungskosten betrifft, liegt ein *tax credit* vor, der nicht unter den Anwendungsbereich von IAS 20 (→ § 12 Rz 3) fällt, wohl aber von IAS 12 erfasst wird (Rz 16). IAS 12.4 schließt lediglich die *investment tax credits*, nicht aber die *tax credits* aus seinem Regelungsbereich aus. Bei Inanspruchnahme des *tax credit* in künftigen Besteuerungszeiträumen durch Vortrag liegt ein *deferred tax asset* nach IAS 12.34 vor. Die dann zu beachtenden Ansatzvoraussetzungen sind in Rz 125 ff. kommentiert. Der Ertrag aus dem Steuernachlass ist in der GuV-Rechnung bzw. im GuV-Teil der Gesamtergebnisrechnung beim Steueraufwand zu kürzen.[10]   18

Möglicherweise umfassen die steuerlichen Förderungsmaßnahmen aber **sowohl** *investment tax credits* **als auch** *tax credits*.   19

> **Beispiel**
> Die im Beispiel unter Rz 16 dargestellten Zuwendungen der öffentlichen Hand in Kanada für Forschungs- und Entwicklungstätigkeiten differenzieren nicht zwischen Aufwands- und Investitionszuwendungen (→ § 12 Rz 7). Die Förderung kann sich dann bspw. auf laufende Forschungsaufwendungen zusammen mit dem Neubau eines Labors erstrecken.

U. E. ist in diesem Fall die Förderung einheitlich nach IAS 12 zu behandeln, teils im Wege der Analogie, teils durch „Direktzugriff".

2 Tatsächliche (laufende) Steuern

2.1 Überblick

Die laufenden Steuern werden in IAS 12 gegenüber den latenten eher stiefmütterlich behandelt. Beherrscht wird das insoweit recht „offene" Regelwerk vom Gedanken der zutreffenden **Periodisierung**. Dabei stellt sich mit der Darstellung der laufenden Steuern im gesamten IFRS-Rechenwerk samt der *notes* eine ganze Reihe von Problembereichen:[11]   20
- Bilanzansatz für Steuerforderungen und -verbindlichkeiten (Rz 21),
- Bewertung von Steuerguthaben und -verbindlichkeiten (Rz 200 ff.),
- Darstellung in der Bilanz (Rz 236),
- Darstellung in der Ergebnisrechnung und im Eigenkapital (Rz 218 ff.),

---

[10] So PwC, Manual of Accounting 2012, Tz. 13.275.7.
[11] Vgl. PwC, Manual of Accounting 2015, Tz. 13.42.

- Behandlung von Quellensteuer auf Dividenden, Zinsen (Rz 11),
- Behandlung der Erträge und Aufwendungen bei gespaltenen Steuersätzen (Rz 24),
- Behandlung von Steuern auf bei Eigenkapitalbeschaffungen entstehende Transaktionskosten (Rz 25),
- Ansatz (Rz 30 ff.) und Berücksichtigung der Wahrscheinlichkeit (Rz 80) unsicherer Steuerposten,
- Angaben und Erläuterung (Rz 239 ff.).

2.2 Ansatz

21 Regelmäßig sind die Ertragsteuern Jahressteuern. Bei Übereinstimmung von Geschäftsjahr und steuerlichem Wirtschaftsjahr sind dann die Steuerverbindlichkeiten bzw. -forderungen mit Ablauf des Jahres anzusetzen. Bei Abweichungen der Perioden kommt es auf die steuerrechtlichen Zurechnungsregeln an.

> **Beispiel**
> **1. Alternative**
> Die inländische Ostereier GmbH stellt ihr bisher kalendergleiches Geschäftsjahr auf den 1.4. bis 31.3. um. In 02 bildet sie deshalb ein Rumpfgeschäftsjahr (1.1. bis 31.3.02).
> **2. Alternative**
> Das bisher am 31.3. endende Wirtschaftsjahr wird auf den 31.12.02 umgestellt.

Nach § 4a Abs. 1 Nr. 2 EStG, § 7 Abs. 4 KStG, § 7 Abs. 1 Satz 1 GewStG ist der in der handelsrechtlichen Bilanz ermittelte Gewinn der Besteuerung zu unterwerfen.
Im Beispiel die 1. Alternative:
Der Gewinn des Rumpfgeschäftsjahres ist der Besteuerung zu unterwerfen. Die Umstellung des Wirtschaftsjahres bedarf der Zustimmung des Finanzamtes.
Im Beispiel die 2. Alternative:
Im Jahr 02 ist der Gewinn des Wirtschaftsjahres 1.4.01 bis 31.3.02 und des Rumpfgeschäftsjahres 01.04.02 bis 31.12.02 zu versteuern. Die Umstellung auf das Kalenderjahr bedarf nicht der Zustimmung des Finanzamtes.

22 Der Bilanzansatz für (laufende) Steuerguthaben und -verbindlichkeiten entspricht im Allgemeinen den Ergebnissen der später einzureichenden **Steuererklärung**. Dabei kann sich ausnahmsweise ein wesentlicher Fehler (*material error*) einschleichen, der dann im Folgejahr nach IAS 8.42 retrospektiv korrigiert werden muss (→ § 24 Rz 36). Üblicherweise sind Korrekturen des ausgewiesenen Steueraufwandes aber als Neueinschätzung zu behandeln (→ § 24 Rz 52) mit Korrektur im laufenden Geschäftsjahr. Anzusetzen im laufenden Jahr sind auch Steuererstattungsansprüche aufgrund von Verlust**rück**trägen.

23 Hinsichtlich des Ansatzzeitpunkts von durch Dividenden bedingten Steuerminderungen bei gespaltenen Steuersätzen wird auf Rz 24 verwiesen, zu Körperschaftsteuerguthaben aus dem Übergang auf das Teileinkünfteverfahren auf Rz 26.

2.3 Transaktionen mit Gesellschaftern

2.3.1 Gespaltener Steuersatz bei Ausschüttungen

Die Höhe der Steuerbelastung einer Gesellschaft kann vom Umfang der getätigten Gewinnausschüttung für das betreffende Geschäftsjahr abhängen. Dieser sog. gespaltene Steuersatz galt in Deutschland bis 2000 im **Anrechnungsverfahren**. Dadurch kam es zu einem **Steuerguthaben** beim Dividendenempfänger, das durch die **Vorbelastung** bei ausschüttenden Unternehmen gespeist wurde. Diese in einigen Ländern noch geltende Spaltung des Steuertarifs ist streng von der Kapitalertragsteuer auf Dividende etc. zu unterscheiden (Rz 13).

In der Vergangenheit war unklar, wie mit aufgrund der Ausschüttung entstehenden Steuerminderungen umzugehen ist. IAS 32.35 a.F. bestimmte hier: „*Distributions to holders of an equity instrument shall be debited by the entity directly to equity, net of any related income tax benefit.*" Die Steuerminderung war demnach erfolgsneutral unmittelbar im Eigenkapital zu verbuchen. Dies stand im Widerspruch zu IAS 12.52B, wonach die Steuerminderung im Jahr der Fassung des Dividendenbeschlusses – regelmäßig also im Folgejahr – „*in profit or loss*", also in der GuV anzusetzen ist. Dieser Widerspruch ist durch die *Annual Improvements 2009–2011 Cycle* beseitigt worden. Die bisher in IAS 32.35 a.F. enthaltene Bezugnahme auf Steuern ist entfallen und stattdessen mit IAS 32.35A folgende Bestimmung eingefügt: „*Income tax relating to distributions to holders of an equity instrument and to transaction costs of an equity transaction shall be accounted for in accordance with IAS 12.*" Danach gilt nur noch IAS 12 mit der Folge einer erfolgswirksamen Behandlung.

24

2.3.2 Eigenkapitalbeschaffung

Durch die *Annual Improvements 2009–2011 Cycle* sollte mit Einfügung des IAS 32.35A (Rz 24) noch eine weitere vermeintliche Inkonsistenz zwischen IAS 32 und IAS 12 beseitigt werden. Nach dem (neuen) Paragrafen sind nicht nur Ertragsteuereffekte aufgrund von Ausschüttungen an Anteilseigner, sondern auch solche infolge von Transaktionskosten auf Eigenkapitalzuführungen (*income tax relating to distributions to transaction costs of an equity transaction*) nach den Regeln des IAS 12 zu bilanzieren. Hieraus ergibt sich aber keine materielle Rechtsänderung, da die bisher in IAS 32.35 a.F. enthaltene Vorgabe der erfolgsneutralen Verrechnung mit dem Eigenkapital ohnehin schon den (nicht geänderten) Vorgaben von IAS 12.65A entsprach.

25

> **Beispiel**
> Die nicht gelistete A AG nimmt eine Kapitalerhöhung um 5 Mio. EUR zuzüglich 500 TEUR Agio vor. Es fallen direkt zurechenbare Kosten für Beratung, Notariat und Handelsregister i.H.v. 50 TEUR an. Der Steuersatz beträgt 30 %. Nach IAS 12.61A(b) sind Steuern auf direkt im Eigenkapital erfasste Grundsachverhalte ebenfalls direkt im Eigenkapital zu erfassen (Rz 223).

Es ist zu buchen:

	Soll	Haben
1. KAPITALERHÖHUNG		
Geld	5.500.000	
Gezeichnetes Kapital		5.000.000
Kapitalrücklage		500.000
2. TRANSAKTIONSKOSTEN		
Kapitalrücklage	50.000	
Geld		50.000
3. STEUERMINDERUNG DURCH ABZIEHBARKEIT TRANSAKTIONSKOSTEN		
Steuerforderung	15.000	
Kapitalrücklage		15.000

Auf → § 20 Rz 73 zu den Eigenkapitalbeschaffungskosten wird verwiesen; wegen des **Ausweises** auf Rz 223 und wegen der Latenzierung bei Verlustvorträgen auf Rz 233.

2.4 Steuerguthaben und -schulden aus dem Übergang zum Halbeinkünfteverfahren

26 Die aus dem Übergang vom Anrechnungs- zum Halbeinkünfteverfahren verbliebenen Körperschaftsteuerguthaben waren gem. § 37 Abs. 4 KStG zum 31.12.2006 verbindlich festzustellen und in zehn gleichen Jahresbeträgen ab dem 30.9.2008 auszuzahlen. Eine Verzinsung unterbleibt. Der **Erstattungsanspruch** entstand unabhängig (unbedingt) von irgendwelchen Ausschüttungsbeschlüssen mit Ablauf des 31.12.2006 und war somit in der IFRS-Bilanz zu diesem Stichtag zu aktivieren (bei abweichendem Wirtschaftsjahr zum nächstnachfolgenden Bilanzstichtag). Die Zugangsbewertung hatte abgezinst zum Barwert zu erfolgen (→ § 28 Rz 119). Der fristadäquate, risikolose Zinssatz ergibt sich aus den öffentlich zugänglichen Daten zur Zinsstruktur der Deutschen Bundesbank und ist zum 31.12.2013 mit ca. 2 % anzunehmen. Der Aufzinsungsertrag in der Folgebewertung ist steuerfrei. Das Steuerguthaben kann veräußert/abgetreten werden (Rz 28).

27 Ebenfalls aus dem Anrechnungsverfahren können gem. § 38 Abs. 4 KStG noch Bestände an sog. EK 02 in den Akten des Unternehmens schlummern. Diese wurden nach dem Jahressteuergesetz 2008 in eine Körperschaftsteuerschuld von 3/100 des EK 02-Betrages umgewandelt. Diese Schuld ist ab 30.9.2008 in zehn gleichen Jahresraten zu tilgen. Ein Antrag auf sofortige Zahlung ist bis zum 30.9.2015 möglich. Die dann noch bestehende Schuld ist abgezinst mit 5,5 % zu entrichten. Die abgezinste Schuld nach Steuerrecht ist mit dem entsprechenden Betrag unter Anwendung des fristadäquaten, risikolosen Zinses zu vergleichen (Rz 26). Die Bewertung muss mit dem niedrigeren der beiden so ermittelten Beträge erfolgen, da das Unternehmen nur insoweit belastet ist. Das Abzinsungsverbot gem. IAS 12.53 gilt **nur** für Steuer**latenz**posten, also nicht für sonstige Steuerguthaben.

2.5 Abtretung von Steuerguthaben

Bestehende **Steuerguthaben** können u. U. abgetreten (verkauft) werden. Das ist z. b. in den USA für einige der unter Rz 16 dargestellten *investment tax credits* möglich. Einen vergleichbaren Fall im deutschen Steuerrecht stellt das per 31.12.2006 festzustellende **Körperschaftsteuerguthaben** aufgrund des früheren Anrechnungsverfahrens dar. Diese Forderung gegen den Fiskus ist ab dem 30.9.2008 in zehn gleichen Jahresbeträgen auszubezahlen. Sie kann (zu einem marktgerecht abgezinsten) Betrag verkauft und abgetreten werden. Das Körperschaftsteuerguthaben war erstmals im Jahresabschluss zum 31.12.2006 (abgezinst) zu aktivieren.

28

Der Forderungsbetrag kann im Einzelfall noch von einem **Betriebsprüfungsrisiko** begleitet sein. Nach IAS 12.46 sind Guthaben außerhalb der Steuerlatenzrechnung mit dem erwarteten Erstattungsbetrag (Rz 200) zu bewerten. Fraglich ist dann weiter die Behandlung des Betriebsprüfungsrisikos.[12] Dazu bedarf es eines erneuten Analogieschlusses unter Heranziehung von IAS 39 (→ § 28 Rz 127). Dieser bestimmt zur Ermittlung des *fair value* bzw. eines Wertminderungsbedarfs (IAS 39.63) nur das **Bonitäts-**, nicht aber das **Veritäts**risiko. Das erstgenannte Risiko ist beim Schuldner BRD kein Problem, wohl aber die Verität, die weder in IAS 12 noch in IAS 39 behandelt ist.

29

Wenn nun dieses Guthaben an eine **Bank verkauft** wird, muss die Frage der Ausbuchung des Guthabens wiederum in Analogie zu IAS 39 behandelt werden, da IAS 12 nur die Vereinnahmung eines Steuerguthabens, nicht aber die Abtretung der Forderung regelt. Nach IAS 39.20 ist bez. der Ausbuchbarkeit nur auf die Bonität des Schuldners zu achten, nicht auf die Verität und deren Risiko. Deshalb steht einer Ausbuchung der abgetretenen Forderung nichts im Weg.

2.6 Unsichere Steuerposten

2.6.1 Lösungshinweise nach US-GAAP

Die Unsicherheit der Besteuerung findet im Regelwerk von IAS 12 keine explizite Beachtung. Dabei ist jeder Steuerbilanzposten wenigstens aus Sicht der deutschen Erhebungspraxis bis zum Vorliegen einer endgültigen Veranlagung „unsicher" (Rz 39). In einer Interpretation zu SFAS 109 – *Accounting for Uncertain Tax Positions* – (FIN 48) nahm sich der FASB für die US-GAAP des Themas an.[13] FIN 48 wurde zum 1.7.2009 zusammen mit allen anderen Rechnungslegungsregeln mit seinem wesentlichen Gehalt in die *Accounting Standards Codification* (ASC) des FASB überführt, dort als Section 740. Betroffen sind sowohl die **tatsächlichen** Steuern (*current taxes*), deren Bemessungsgrundlage der Steuerbuchwert ist, als auch die **latenten** Steuern, die sich aus der Differenz von Steuerwert und US-GAAP-Buchwert ergeben (Rz 43).

30

Der FASB stellt auf den **Wahrscheinlichkeitsgrad** (→ § 21 Rz 38 ff.) der Anerkennung eines abzugsfähigen Steuerpostens durch die Finanzverwaltung ab. Die Einschätzung der Wahrscheinlichkeit beruht auf folgenden Kriterien (ASC Topic 740–25–7):

---

[12] Vgl. hierzu im Einzelnen LÜDENBACH, PiR 2008. S. 276.
[13] Vgl. hierzu umfassend DAHLKE, KoR 2007, S. 311.

- Eine vollständige Prüfung durch die zuständige Behörde ist zu unterstellen.
- Eine gründliche Prüfung der Rechtslage hat zu erfolgen.
- Erfahrungen mit der Vorgehensweise der Verwaltung bei der Beurteilung eines ähnlichen Sachverhaltes sind zu berücksichtigen.
- Kompensationsmöglichkeiten mit anderen denkbaren Streitpunkten („Paketlösungen") bleiben außer Betracht.

31 Das Management kann aus dem als abzugsfähig deklarierten Posten nur insoweit eine Steuerentlastung bilanzieren, als von der Anerkennung mit einer **überwiegenden** Wahrscheinlichkeit (*more likely than not*) auszugehen ist.

Die **Bewertung** hat nach ASC Topic 740–10–30–7 mit dem höchsten Betrag der Steuerentlastung zu erfolgen, die mit einer mehr als 50 %igen Wahrscheinlichkeit eintreten wird.

> **Beispiel**
> Das Unternehmen bildet eine Rückstellung für einen Einzelgewährleistungsfall i. H. v. 250 und fertigt entsprechend die Steuererklärung auf dieser Grundlage. Daraus errechnet sich eine **maximale** Steuerermäßigung von 100 (Steuersatz 40).
>
> | Mögliche Steuerermäßigung | Wahrscheinlichkeit der Anerkennung durch Finanzverwaltung | Kumulierte Wahrscheinlichkeit |
> |---|---|---|
> | 100 | 5 % | 5 % |
> | 80 | 25 % | 30 % |
> | 60 | 25 % | **55 %** |
> | 50 | 20 % | 75 % |
> | 40 | 10 % | 85 % |
> | 20 | 10 % | 95 % |
> | 0 | 5 % | 100 % |
>
> 60 ist der höchste Betrag der Steuerermäßigung mit einer 50 % übersteigenden Wahrscheinlichkeit des Eintretens. Dieser Betrag ist als Steuerguthaben oder Reduzierung der Steuerschuld zu bilanzieren.

32 Zu jedem Stichtag ist die ansatzbegründende Wahrscheinlichkeitsschwelle zu überprüfen. Sofern sie übersprungen wird, ist die Bewertung nach dem vorstehend dargestellten Szenario weiterzuführen. Bei Nichterfüllung des Ansatzkriteriums (*less likely than not*) muss eine Ausbuchung mit der Folge des Ansatzes einer Steuerschuld oder einer niedrigeren aktiven Steuerlatenz erfolgen.

Beispiel

	Ansatz IFRS-Bilanz	Ansatz StB	Steuervorteil lt. Erklärung	Steuervorteil lt. Erwartung	Differenz
31.12.00	250	250	100	60	40
31.12.01	250	250	100	0	100

Zum 31.12.00 ist eine „vorsorgliche" Steuerverbindlichkeit von 40 ergebniswirksam einzubuchen, der zwar auch Latenzcharakter zukommt, aber nicht auf „temporary differences" i. S. d. „eigentlichen" Steuerlatenzrechnung beruht. Dieser Posten repräsentiert eine mögliche künftige Steuerzahllast und darf nicht unter den Steuerlatenzposten ausgewiesen werden.
Zum 31.12.01 ist das „more likely than not"-Kriterium nicht (mehr) erfüllt. Eine zusätzliche (befürchtete) Steuerschuld von 60 ist einzubuchen.

Bei all diesen mathematischen Übungen sind die gebotenen systematischen **Vorbehalte** zu beachten (→ § 21 Rz 41).

In der Praxis ist in vielen Fällen (Rückstellung, Wertberichtigung usw.) „nur" die Periode ungewiss, in der der betreffende Aufwand auch steuerlich zu berücksichtigen ist. Eine durch FASB ASC 740 gebotene vorsichtige Einschätzung der sofortigen steuerlichen Anerkennung mindert/erhöht damit zwar laufende Steuerforderungen/-schulden, erhöht/mindert aber zugleich den Aktiv-/Passivsaldo latenter Steuern. Von bestimmten Ausnahmefällen – Steuersatzsenkung in zukünftigen Perioden, Zweifel an der Realisierbarkeit aktiver latenter Steuern – abgesehen, ergibt sich ein **Nullsummenspiel** (Rz 39). 33

2.6.2 Lösungsansätze in IAS 37

Die Überlegungen aus ASC Topic 740 (in vollem Umfang) sind nicht unbedingt mit den IFRS verträglich. Formal kommt eine Anwendung nach IAS 8.10 (→ § 1 Rz 79) nur dann in Betracht, wenn in den IFRS eine **Regelungslücke** vorliegt. Zunächst ist daher zu untersuchen, ob die IFRS-Regelungen zum Umgang mit **Risiken**, niedergelegt insbesondere in IAS 37.14 (→ § 21 Rz 18), auf Steuerrisiken anwendbar sind. Angesprochen ist damit das Verhältnis von IAS 12 und IAS 37:[14] 34

- Für eine Anwendung von IAS 12 auf Steuerrisiken könnte IAS 37.5b sprechen. Danach haben Standards, die sich mit spezifischen Fällen von Rückstellungen oder ungewissen Forderungen beschäftigen, Vorrang vor IAS 37. Als einer der vorrangigen Standards wird IAS 12 benannt.
- Tatsächlich enthält IAS 12 aber keine speziellen Regeln für den Bilanzansatz und die Bewertung von Steuerrisiken aus möglichen Betriebsprüfungen, Rechtsbehelfsverfahren und Prozessen; daher greift der abstrakt formulierte Vorrang im konkreten Fall nicht.

---

[14] Vgl. hierzu LÜDENBACH, PiR 2008, S. 242; SENGER/BRUNE/HOEHNE, WPg 2010, S. 674.

Dieses Ergebnis wird durch IAS 12.88 bestätigt (Rz 241), wonach auch für die Offenlegung rechtstrittiger Steueransprüche oder -verbindlichkeiten die Vorschriften von IAS 37 gelten.
Die Regelungen in IAS 37 sehen folgende **Differenzierung** vor:
- **Forderungen** dürfen nach IAS 37.33 nur angesetzt werden, wenn sie so gut wie sicher (*virtually certain*) sind (→ § 21 Rz 125).
- **Verbindlichkeiten** sind nach IAS 37.23 bereits dann anzusetzen, wenn sie *more likely than not* sind (→ § 21 Rz 51).

35 Auf die Verhältnisse des Steuerverfahrens passt diese Unterscheidung nur **bedingt**. Ob eine Forderung oder eine Verbindlichkeit besteht, hängt nicht allein davon ab, ob die Finanzverwaltung die Steuer wie erklärt veranlagt, sondern davon, in welchem Verhältnis die sich aus der Erklärung ergebende Steuer zu den geleisteten **Vorauszahlungen** steht. Hinsichtlich der Vorauszahlungen besteht aber keine Unsicherheit. Die Risiken beziehen sich nur auf die Übereinstimmung von erklärter und festgesetzter Steuer. Von theoretischen Fällen abgesehen geht dieses Risiko immer in **eine** Richtung: Die festgesetzte Steuer kann über der erklärten liegen. Zerlegt man daher die aus der Jahreserklärung resultierende Steuerschuld oder Forderung in die Vorauszahlungskomponente einerseits und die festgesetzte Steuer andererseits und beschränkt die Risikobetrachtung auf den zweiten Aspekt, so geht es **stets** um eine ungewisse **Verbindlichkeit** und **nie** um eine ungewisse **Forderung**. Da ungewisse Verbindlichkeiten nach IAS 37 anzusetzen sind, wenn sie sich als *more likely than not* darstellen, wird eine Betrachtung notwendig (→ § 21 Rz 37), welche Abweichung von der erklärten Steuer zu mehr als 50 % wahrscheinlich ist.

> **Beispiel**
> U erklärt ein zu versteuerndes Einkommen von 10 Mio. EUR. Darin sind enthalten problematische Wertberichtigungen von 1 Mio. EUR und ebensolche Rückstellungen gleicher Höhe.
> Nach seinen bisherigen Erfahrungen werden in einer Betriebsprüfung beide Posten von der Betriebsprüfung aufgegriffen. Nach den gleichen Erfahrungen kommt es zu einer Einigung mit einem zu versteuernden Einkommen von 11 Mio. EUR. Dabei werden folgende Wahrscheinlichkeiten angenommen:
>
> - Keine Steuernachforderung 10 %
> - Steuernachforderung von 1 Mio. EUR × 40 % = 0,4 Mio. EUR 80 %
> - Steuernachforderung von 2 Mio. EUR × 40 % = 0,8 Mio. EUR 10 %
>
> Eine Steuernachforderung überhaupt ist überwiegend wahrscheinlich und damit als (zusätzliche) Verbindlichkeit oder bei übersteigenden Vorauszahlungen als Kürzung der Forderung zu berücksichtigen.
> Nach IAS 37.40 kann der wahrscheinlichste Wert, hier 0,4 Mio. EUR, angesetzt werden (→ § 21 Rz 136).

Das Beispiel unterstreicht die **zweistufige** Wahrscheinlichkeit im Ansatz und in der Bewertung nach IAS 37 (→ § 21 Rz 131). Bei **singulären** Risiken – wie im Beispiel die Steuernachforderung aus den zwei Sachverhalten – ist regelmäßig der **wahrscheinlichste** Wert anzusetzen. Die Bildung einer **kumulierten** Wahrscheinlichkeit wie sonst nach US-GAAP ist nicht erforderlich. In der sonstigen Tendenz entspricht die hier vorgeschlagene Lösung aber den Vorgaben in FASB ASC 740 (Rz 33). Der Ansatz der erwarteten Steuernachforderung ist nach Aufgreifen des Vorganges durch die Außenprüfung, spätestens nach Durchführung der entsprechenden Berichtigungsveranlagung, vorzunehmen. Im derzeit nicht mehr weiter verfolgten Entwurf ED/2009/2 (Rz 256) wurden Ansatz und Bewertung der unsicheren Steuerschuld aufgegriffen. Danach soll anhand von gewichteten Wahrscheinlichkeiten der Erwartungswert als Bilanzierungsgröße verwendet werden.[15] Hinsichtlich des Ansatzes ist nach geltendem Recht eine Entscheidung (*agenda rejection*) des IFRS IC beachtlich (Rz 38).

36

2.6.3 Unsichere Forderungen vs. unsichere Verbindlichkeiten

Wie unter Rz 34 dargestellt, gilt nach IAS 37 für unsichere **Forderungen** eine höhere **Ansatzschwelle** als für unsichere Verbindlichkeiten *(virtually certain vs. more likely than not;* → § 21 Rz 125).
Zum daraus resultierenden Problem folgendes Beispiel:

37

> **Beispiel**
> Das Finanzamt erkennt im Rahmen der Steuererklärung für 01 geltend gemachte Betriebsausgaben von 3.000 TEUR wegen angeblicher privater Veranlassung nicht an. Die entsprechende Veranlagung mit einer Nachzahlung von 1.000 TEUR steht am Bilanzstichtag 31.12.01 noch aus. Der Vorstand bildet hierfür keine Rückstellung, da er im Rechtsmittelverfahren von der überwiegenden Wahrscheinlichkeit der Durchsetzung des eigenen Standpunktes ausgeht. Das Gutachten eines Steuerexperten bestätigt ihn in dieser Ansicht.
> Ende 02 ergeht der Bescheid. Das Unternehmen legt Einspruch ein. Wegen der Zinseffekte beantragt der Vorstand jedoch keine Aussetzung der Vollziehung, sondern bezahlt die festgesetzte Schuld.
>
> **Lösung**
> Die buchmäßige Erfassung zum 31.12.02 hängt von der Beurteilung der Ansatzkriterien für Steuerguthaben und -schulden (Rz 35) ab. Zum 31.12.01 war der Nichtansatz wegen Unterschreitens der Wahrscheinlichkeitsschwelle *„probable"* zutreffend. Zum 31.12.02 hat sich scheinbar die Rechtslage geändert: Da es nun um den Ansatz einer Forderung geht (strittiger Betrag nicht ausgesetzt, sondern bezahlt), käme es bei (analoger) Anwendung der (Ansatz-)Vorgaben des IAS 37 darauf an, ob diese *„virtually certain"* ist. Dieser Effekt beruht allerdings lediglich auf einem Zahlungsvorgang. Wenn dies eine Veränderung bez. des erforderlichen Wahrscheinlichkeitsgrades für den Bilanzansatz bewirken soll, dann im Widerspruch zum für die Bilanzierung konstitutiven *accrual principle*: (Erfassung von Aufwand/Ertrag, nicht von Einzahlungen/Auszahlungen), da ein Aufwand nur im Zahlungsfall (per Aufwand an Geld), nicht hingegen im Aussetzungsfall zu buchen wäre.

---

15 Vgl. hierzu KESSLER/SCHOLZ-GÖRLACH, PiR 2009, S. 288.

Entscheidend ist in Fällen wie dem vorstehenden also, ob das *accrual principle* als vorrangig gegenüber den Kriterien zur **Bilanzierung ungewisser Forderungen** *(virtually certain)* bzw. ungewisser Verbindlichkeiten *(more likely than not)* angesehen werden kann. Würde man dies bejahen, wäre eine auf die strittige Steuer geleistete Zahlung (ähnlich wie sonst „*deferred expenses*") in voller Höhe aktivierbar, vorausgesetzt die überwiegende Wahrscheinlichkeit eines erfolgreichen Rechtsmittelverfahrens bestünde. Allerdings ist das IFRS-Framework eher durch einen Vorrang der Bilanz vor der zutreffenden Periodisierung von Aufwand und Ertrag gekennzeichnet (sog. *asset liability appoach;* → § 1 Rz 118). Zum Ausdruck kommt dies etwa in F.4.50 mit der Vorgabe, das (dem *accrual principle* verwandte) *matching concept* erlaube nicht, Posten zu bilanzieren, die keine Vermögenswerte oder Schulden seien. Im Übrigen ist auch in anderen Kontexten der Zahlungsvorgang für die Bilanzierung nicht unerheblich. Bezahlt etwa ein Unternehmen für eine seines Erachtens mangelhafte Leistung statt des Vertragspreises von 100 GE nur 80 GE, ist keine Rückstellung zu bilden, wenn der Erfolg einer Klage der anderen Vertragspartei nicht überwiegend wahrscheinlich ist. Zahlt das Unternehmen hingegen zunächst 100 GE und macht dann die Minderung geltend, kann die Rückforderung nur angesetzt werden, wenn ihre Durchsetzung so gut wie sicher ist. Eine analoge Differenzierung bei Steuerschulden bzw. -forderungen erscheint dann nicht von vornherein unangebracht.

38 In seiner Sitzung im Mai 2014[16] stellte das IFRS IC unterschiedliche Ansichten in der Praxis bez. des **Vorrangs von IAS 37 gegenüber IAS 12** in dem Kontext des Ansatzes unsicherer Steueransprüche (*current income tax on uncertain tax position*) fest. Entsprechend beschloss das IFRS IC vorläufig, dieses Thema für eine Interpretation aufzubereiten. Davon abweichend wurde bereits in der Sitzung im Juli 2014[17] die **Ansatzfrage zugunsten der Vorgaben in IAS 12** abschließend beantwortet. Der Ansatz eines unsicheren Steueranspruchs ergibt sich nach Auffassung des IFRS IC nach IAS 12.12:

- Eine Steuerverbindlichkeit ist in dem Umfang zu passivieren, als sie entstanden, aber noch nicht bezahlt ist.
- Eine Steuerforderung ist zu erfassen, wenn der bereits gezahlte Betrag, die Steuerverbindlichkeit vorheriger Perioden übersteigt.

Wenn Steuern vorausgezahlt werden und der bereits entrichtete Betrag, der der Höhe nach fest steht (*certain amount*), die erwartete Steuerverbindlichkeit (*uncertain amount*) übersteigt, ist daher ein Vermögenswert anzusetzen. Der Verweis in IAS 12.88 hinsichtlich der Offenlegung von *tax-related contingent assets/liabilities* rechtfertigt keine Beurteilung der Ansatzfähigkeit unsicherer Steuerwerte nach IAS 37. Es besteht daher für den Ansatz keine Verpflichtung eines Nachweises einer überwiegenden Wahrscheinlichkeit (*virtually certain*) eines (Ressourcen-)Zuflusses. Nach Auffassung des IFRS IC in der Sitzung im Juli 2014 sind die Vorgaben in IAS 12 ausreichend.[18] Allerdings wurde die Bewertung unsicherer Steuerwerte auf die Agenda genommen (Rz 80).[19]

---

[16] IFRS IC, IFRIC Update, May 2014.
[17] IFRS IC, IFRIC Update, July 2014.
[18] Relativierend gesteht das IFRS IC in der Sitzung im November 2014 aber folgendes ein: „*IAS 12 does not explicitly set the threshold of recognition for a current tax asset or liability.*", IFRIC Update, November 2014.
[19] IFRS IC, IFRIC Update, November 2014.

2.6.4 Betriebsprüfungsrisiko

Die Erhebung der Steuern vom Einkommen und Ertrag ist wenigstens im Bereich von mittleren und großen Unternehmen durch das Merkmal der **Vorläufigkeit** gekennzeichnet. Regelmäßig werden eingereichte Steuererklärungen ohne materielle Prüfung unter dem Vorbehalt der Nachprüfung nach § 164 AO veranlagt. Erst durch die im Anschluss daran – oft einige Jahre später – erfolgende steuerliche Außenprüfung (umgangssprachlich Betriebsprüfung) kommt es dann zu einer endgültigen Veranlagung, möglicherweise mit noch offenen, gerichtlich zu entscheidenden Streitfragen. Bis zu deren Klärung, die sich durchaus auf 15 Jahre nach dem Bilanzstichtag hin erstrecken kann, besteht also ein **Steuerrisiko** in abgestufter Form.

39

Dieses Steuerrisiko kann sich im Rahmen der Ermittlung der Besteuerungsgrundlage beziehen auf:[20]

- Steuer**bilanzwerte**,
- Bestimmung der steuer**freien** Erträge,
- Umfang der steuerlichen **Zurechnungen** „außerhalb der Bilanz",
- **verdeckte** Gewinnausschüttungen, Zurechnungen nach § 1 AStG,
- **Anrechnung** ausländischer Quellensteuern.

Die vier letztgenannten Sachverhaltskonstellationen stellen **permanente** Differenzen dar (Rz 45); etwaige Risiken, betreffend die Nichtanerkennung oder abweichende Beurteilung durch die Betriebsprüfung, können auf der Grundlage von Wahrscheinlichkeitsüberlegungen bez. der mutmaßlichen Akzeptanz durch die Verwaltung bilanziell abgebildet werden.

Der erste Fall betrifft das Risiko der **Nichtanerkennung** eines Bilanzpostens (z.B. einer Rückstellung oder einer Wertminderung auf Aktiva), also aus Sicht der IFRS-Bilanzierung die *tax base* (Rz 47). Behält in solchen Streitfällen das Finanzamt die Oberhand, **erhöht** sich die **tatsächliche** (aktuelle) Steuerschuld; bei unveränderter Bilanzierung in der IFRS-Bilanz bewirkt dies einen temporären Unterschiedsbetrag mit der Folge einer (zusätzlichen) **aktiven** Steuerlatenz. Der erhöhte laufende Steueraufwand wird durch den Ertrag aus der Steuerlatenz **kompensiert**.[21]

Beispiel
Sachverhalt
Durch eine Betriebsprüfung in 02 wird für das letzte geprüfte Wirtschaftsjahr 01 eine Abschreibung auf ein an einen notleidenden Kunden vergebenes Darlehen (→ § 28 Rz 125) aufgegriffen (Darlehensbetrag 100, Abschreibung/Wertberichtigung 50). Die Betriebsprüfung erkennt die Abschreibung nicht an. Die Steuerabteilung akzeptiert die Prüfungsfeststellung. Zwei Fallvarianten sind zu unterscheiden:
- Variante 1: Die Forderung ist auch per 31.12.02 noch offen und wird in der IFRS-Bilanz weiter mit 50 geführt.
- Variante 2: Die Forderung ist bereits erledigt. Sie ist in 02 zu 100 eingegangen.

---

[20] Vgl. DAHLKE, KoR 2006, S. 582.
[21] Vgl. hierzu SENGER/BRUNE/HOEHNE, WPg 2010, S. 673.

> **Lösung**
> In beiden Fällen gilt: Für das Jahr der „Aufdeckung" des – aus Sicht der steuerlichen Bilanzierung – Fehlers entsteht tatsächlicher zusätzlicher Steueraufwand mit folgender Buchung in der IFRS-Bilanz (die zeitliche Abfolge vernachlässigt):
> per laufender Steueraufwand an Steuerschuld 20 (40 % v. 50).
>
> **Variante 1**
> Am Bilanzstichtag des Aufdeckungsjahres beträgt die *tax base* 100 und der IFRS-Buchwert 50. Folge ist eine aktive Steuerlatenz.
> Buchung: per aktive Steuerlatenz an Steueraufwand/-ertrag 20.
> Tatsächlicher Steueraufwand und latenter Steuerertrag saldieren sich zu null.
>
> **Variante 2**
> Die Forderung ist erledigt. Es besteht keine temporäre Differenz, damit auch kein latenter Steuerertrag, der den tatsächlichen Steueraufwand ausgleichen würde. Die Erledigung der Forderung ist in der Steuerbilanz 02 erfolgsneutral (per Geld 100 an Forderung 100). In der IFRS-Bilanz 02 führt sie zu einem Ertrag (per Geld 100 an Forderung 50 und Ertrag 50). Diesem Ertrag entspricht der tatsächliche Steueraufwand quantitativ, lediglich die zeitliche Zuordnung ist im Anhang zu erläutern (Steueraufwand aus Nachforderung für 01, korrespondierender Bruttoertrag in IFRS-Bilanz in 02).

40 Bezüglich des **Zeitpunkts** der Einbuchung entsprechender Steuerrisiken bzw. drohender -nachzahlungen ist zu differenzieren:
- Bei Einbuchung eines dem Grunde oder der Höhe nach von vornherein in seiner steuerlichen Abzugsfähigkeit **zweifelhaften** Bilanzpostens kann ein Vorgehen nach dem Beispiel unter Rz 39 in Betracht kommen.
- Bei „Aufdeckung" durch eine Betriebsprüfung, die vom Unternehmen **anerkannt** wird, erfolgt die Einbuchung der zusätzlichen Steuerschuld mit Entdeckung (vgl. Rz 39).
- Bei Aufrechterhaltung der Rechtsauffassung in einem nachfolgenden **Rechtsbehelfs**verfahren ergibt sich die unter Rz 34 f. dargestellte Problematik.

Im Rahmen einer Betriebsprüfung können auch Sachverhalte aufgedeckt werden, die in früheren Zeiträumen **sowohl** nach IFRS **als auch** nach Steuerrecht **falsch** behandelt worden sind.

> **Beispiel**
> **Sachverhalt**
> Im Jahr 04 stellt der Betriebsprüfer Umbaumaßnahmen in einer Fabrikhalle im Jahr 03 fest, die eine spürbar effizientere Ausnutzung des Maschinenpotenzials erlauben. Die Umbaumaßnahmen wurden sowohl nach IFRS als auch in der Steuerbilanz als Aufwand behandelt. Der Betriebsprüfer sieht darin Herstellungsaufwand, dem die Steuerabteilung und auch die IFRS-Bilanzabteilung folgen (→ § 8 Rz 33). Fraglich ist die Behandlung im IFRS-Abschluss 03.
>
> **Lösung**
> Es handelt sich im vorliegenden Fall um einen Bilanzierungsfehler (*error*) mit der Folge einer erfolgsneutralen Bilanzberichtigung gem. IAS 8.42 (→ § 24

Rz 53). Die Korrektur ist auch durchführbar, d.h. nicht *impractable* nach IAS 8.43ff. Eine erfolgswirksame Korrektur in 04 könnte nur ausnahmsweise unter dem *materiality*-Gesichtspunkt (→ § 1 Rz 61) infrage kommen.

Eine Berichtigung in **laufender** Rechnung aufgrund von Betriebsprüfungs-Feststellungen (Bp) kommt dagegen im Falle von **Schätzungsänderungen** (*changes in accounting estimates*) in Betracht (→ § 24 Rz 41). 41

Beispiel
Sachverhalt
Die Bauentwicklungs-AG hat eine Büro-Großimmobilie fertiggestellt (vgl. Beispiel in → § 24 Rz 41). Am Bilanzstichtag 01 sind 40 % der Nutzfläche vermietet. Die Kostenplanungen beruhen auf einer erzielbaren Quadratmetermiete von 35 bis 40 EUR/qm. Im Augenblick ist eine Vermietung, wenn überhaupt, nur auf der Basis von 25 EUR/qm möglich. Entsprechend wird eine außerplanmäßige bzw. *impairment*-Abschreibung (→ § 11 Rz 19) auf das Bürohaus im Umfang von 20 % der Herstellungskosten vorgenommen. Im Prüfungszeitraum haben sich die Mietverhältnisse aus Sicht der Vermieter verbessert. Nach Feststellungen des Betriebsprüfers im Jahr 03 ist mit Mieterträgen in vergleichbarer Lage zwischen 30 und 35 EUR/qm zu rechnen, die Betriebsprüfung sieht auch eine weiter steigende Tendenz.

Lösung
Die Steuer- und die Bilanzabteilung akzeptieren die Prüfungsfeststellungen, weil ihnen ein Rechtsstreit über die Erkenntnismöglichkeit im Jahre 01 nicht sinnvoll erscheint. Die – in deutscher Terminologie – Anpassung des Buchwertes der Immobilie und der laufenden Steuerschuld an die Prüferbilanz im IFRS-Abschluss erfolgt dann erfolgswirksam in 03. Eine Steuerlatenzrechnung ist entbehrlich, da Ende 03 *tax base* und *carrying amount* (Rz 43) übereinstimmen.

Zur Behandlung von Nachzahlungs**zinsen** und **Straf**zuschlägen aufgrund von Bp-Feststellungen wird verwiesen auf Rz 10. 42

3 Latente Steuern (*deferred taxes*)

3.1 Grundlagen (*temporary differences*)

Steuerlatenzen entstehen durch **Unterschiedsbeträge** zwischen IFRS- (*carrying amount*) und Steuerwert (*tax base*) eines Vermögenswertes oder einer Schuld, sofern daraus in künftigen Perioden steuerlich abzugsfähige oder steuerpflichtige Beträge bei Realisation dieser Posten entstehen. Zumindest in der Perspektive des deutschen Steuerrechtes entspricht der Steuerwert regelmäßig, aber nicht immer dem Buchwert in der Steuerbilanz (Rz 47). Die Berechnung der Steuerlatenz beruht deshalb auf Vermögensunterschieden (IAS 12.5), also einer **bilanzorientierten** Betrachtung, und nicht auf Differenzen zwischen IFRS- und steuerlichem **Ergebnis** (*timing*-Konzept). Entsprechend soll sich der Steuereffekt von solchen Differenzen nicht erst im Zeitraum der steuerlichen Effektuierung, 43 sondern bereits in dem Wirtschaftsjahr niederschlagen, in dem die Ursache gelegt worden ist. „*Temporary*" beruht auf der letztlich immer eintretenden Umkehrung (*reverse*) des Buchwertunterschiedes. *Taxable temporary differences* (IAS 12.15) sind Buchwertunterschiede, die sich in späterer Periode im steuerlichen Ergebnis niederschlagen. Grundlegend für diese Bilanzierungsmethode ist aktivisch die Unterstellung eines wirtschaftlichen Vorteils durch einen bilanzierten Vermögenswert (IAS 12.16); dieser Vorteil wird sich sofort (laufende Steuern) oder eben später (*deferred tax*) im steuerlichen Gewinn niederschlagen.

> **Beispiel**[22]
> Die vorausgezahlten Ertragsteuern der Tax Base GmbH entsprechen der veranlagten Steuer. Zwischen der IFRS-Bilanz und der Steuerbilanz besteht jedoch folgender Unterschied: Aufgrund von Sonderabschreibungen in der Vergangenheit hat ein Gebäude in der Steuerbilanz einen Wert von 500 TEUR und in der IFRS-Bilanz einen Wert von 900 TEUR. Der Ertragsteuersatz beträgt 40 %. Die IFRS-Bilanz weist eine **Schuld für latente Steuern** von 120 TEUR (30 % von 400) aus. Dies ist der Betrag, den die GmbH in zukünftigen Perioden auf die **Wertdifferenz** zahlen muss, weil die zukünftigen steuerlichen Abschreibungen hinter der IFRS-Abschreibung zurückbleiben (→ § 10) und/oder der zukünftige steuerliche Veräußerungsgewinn höher ausfällt als der nach IFRS.

Allgemein gilt
für Vermögenswerte

IFRS-Buchwert höher als Steuerwert:	→ latente Steuerschuld[23]
IFRS-Buchwert niedriger als Steuerwert:	→ latentes Steuerguthaben.

für Schulden

IFRS-Buchwert höher als Steuerwert:	→ latente Steuerschuld
IFRS-Buchwert niedriger als Steuerwert:	→ latentes Steuerguthaben.

Bezüglich der Begriffswahl gilt:
- *taxable temporary differences* (zu versteuernde temporäre Differenzen) begründen künftige Steuerbelastungen,
- *deductible temporary differences* (abzugsfähige temporäre Differenzen) führen zu künftigen Steuer**entlastungen**.

44 In IAS 12 wird bez. der Ansatzpflicht nicht nach Aktiv- und Passivlatenz unterschieden (generelle Ansatzpflicht).

> **Beispiele für Wertunterschiede beim Zugang** (vgl. auch Rz 86)
> - Eine Rückstellung für Maschinenanpassungen im Umweltschutzbereich ist nach IFRS im Jahr 01 anzusetzen, nach EStG erst im Jahr 04 (Aktivlatenz).

---

[22] Nach LÜDENBACH, IFRS, 7. Aufl., 2013, S. 264.
[23] Beispiel in IAS 12.16.

- Forschungsaufwand ist nach Steuergesetz bei Anfall sofort abzugsfähig, nach IFRS (*tax base* null) muss der Aufwand kapitalisiert werden (Passivlatenz).
- Identifizierbare Vermögenswerte sind im Rahmen einer Unternehmensakquisition durch *share deal* im IFRS-Konzernabschluss zum *fair value* angesetzt (→ § 31 Rz 209; Passivlatenz).
- Die Gewährleistungsverpflichtung ist im IFRS-Abschluss mit X EUR angesetzt, steuerlich besteht ein Ansatzverbot (Aktivlatenz).

Der **Zeitpunkt** der Realisierung eines Wertunterschiedes (zwischen IFRS-Buchwert und Steuerwert) ist ohne Bedeutung. Es kann eine **zeitliche Begrenzung** vorliegen (*temporary*) – z.b. bei unterschiedlichen Abschreibungsverläufen – oder ein nicht bekannter Zeitpunkt (*quasi-permanent*; Rz 3) – z.b. der Verkauf des Fabrikgrundstücks. Eine Barwertbetrachtung ist ausgeschlossen; Steuerlatenzen sind **unabgezinst** zu bewerten (Rz 214).

Permanente Unterschiede aufgrund außerbilanzieller Zu- und Abrechnungen zur steuerlichen Gewinnermittlung werden nicht latenziert (Rz 4), sondern gehen nur in die Steuersatzüberleitungsrechnung (Rz 243) ein.

Schematisch lassen sich die einschlägigen Begriffe wie folgt strukturieren:[24]

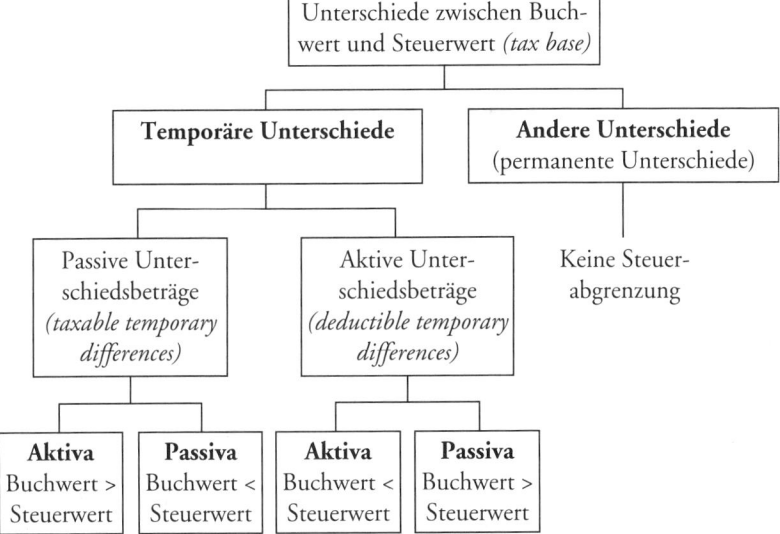

Abb. 1: Typen von Buchwert-Unterschieden

---

[24] Nach WAGENHOFER, IAS, 5. Aufl., 2005, S. 324.

3.2 Steuerwert (*tax base*)
3.2.1 Der Steuerwert als Vergleichsgröße zum IFRS-Buchwert

47 Nach der konzeptionellen Definition in IAS 12.5 entspricht der Steuerwert eines nach IFRS bilanzierten Vermögenswertes oder einer Schuld dem diesen für Zwecke der Besteuerung beizulegenden Betrag. Nach deutschem Steuerrecht entspricht der Steuerwert i.d.R. dem **Steuerbuchwert**, in anderen Steuersystemen ist dies nicht zwingend der Fall. Deshalb umschreibt IAS 12.7 für Vermögenswerte und IAS 12.8 für Schulden den Inhalt des Steuer**wertes** näher und verdeutlicht dies durch eine Reihe von Beispielen (Rz 53 ff.).

- Der Steuerwert eines **Vermögenswertes** ist der steuerlich abzugsfähige Betrag, der gegen die Steuerbemessungsgrundlage bei Nutzung oder Abgang verrechnet werden kann (IAS 12.7).
- Der Steuerwert einer **Schuld** entspricht dem IFRS-Buchwert, abzüglich des Betrages, der für diese Schuld später bei der Ermittlung der Steuerbemessungsgrundlage abzugsfähig ist (IAS 12.8).

Dem Steuerwert ist ein **weiterer** Inhalt zuzuordnen, als er sich gewöhnlich im Steuerbilanzbuchwert niederschlägt. Anders ausgedrückt: Der Steuerbilanzbuchwert stellt nur eine – allerdings große – **Teilmenge** des Steuerwertes, der *tax base*, dar. In einem ausländischen Steuersystem erfolgt die Gewinnermittlung möglicherweise auf einer *cash-flow*-Basis. Dann stünde zur Ermittlung der *tax base* gar kein Steuerbilanzbuchwert zur Verfügung.

48 Der Steuerwert und damit der Steuerbuchwert ist auch nach deutschem Recht nicht immer eindeutig zu bestimmen. Ein Grund liegt in der möglicherweise vom deklarierten Wert abweichenden Auffassung eines Finanzamtes oder eines Finanzgerichtes über den richtigen Ansatz (Rz 39).

49 In anderen Steuerregimen kann einem Vermögenswert oder einer Schuld **mehr als ein** Steuerwert zugeordnet werden; das kann von der **Art** der Realisation des Vermögenswertes oder der Tilgung der Schuld abhängen. Beim Vermögenswert kann die Realisation (*recovery*) durch **Nutzung** oder **Verkauf** stattfinden. Darauf können eine unterschiedliche Bemessungsgrundlage, aber auch unterschiedliche Steuersätze (Rz 210) anzuwenden sein.

50 Generell kann in komplexen Situationen die Ermittlung des Steuerwertes schwierig sein. Regelmäßig kann man sich in den schwierigen Fällen mit einer mathematischen **Formel** behelfen (Rz 53), ansonsten verweist IAS 12.10 auf das **Fundamentalprinzip**, das dem Standard zugrunde liegt. Dieses besagt mit wenigen Ausnahmen: Eine Latenzierung einer Schuld oder eines Vermögenswertes ist dann vorzunehmen, wenn die Realisierung des zugehörigen Buchwertes (in der IFRS-Bilanz) künftige Steuerzahlungen erhöht oder ermäßigt gegenüber einer Realisation ohne entsprechende steuerliche Konsequenzen.

51 In **konsolidierten** Abschlüssen ist nach IAS 12.11 das betreffende Steuerregime maßgeblich: Erfolgt die Besteuerung auf einer konsolidierten Basis, dann ist der Steuerwert aus der konsolidierten Bilanz abzuleiten, ansonsten – wie in Deutschland bei trotz Konzernzugehörigkeit weiter bestehender Steuersubjektivität der einzelnen Konzernmitglieder – ist der Steuerwert nach den Einzelabschlüssen der Gruppenunternehmen abzuleiten.

3.2.2 Der Steuerwert von Vermögenswerten

Aus der unter Rz 47 wiedergegebenen Definition des Steuerwertes von Vermögenswerten in IAS 12.7 lässt sich folgende Grund**formel** ableiten:[25]

Künftig steuerlich abzugsfähiger Betrag
= Steuerwert

Diese Grundformel steht aber im gewissen Widerspruch zur Definition von IAS 12.5, nach der der Steuerwert der für Steuerzwecke maßgebliche Wert ist. Reicht etwa U ein Darlehen von 100 GE aus, aus dem bei planmäßigem Verlauf (Rückzahlung des Darlehens) überhaupt keine abzugsfähigen Beträge entstehen, wäre der Steuerwert nach IAS 12.7 Satz 1 null, nach IAS 12.5 hingegen 100 GE. Der Lösung von IAS 12.5 folgt paradoxerweise auch das in IAS 12.7 enthaltene Beispiel 5: „*The repayment of the loan will have no tax consequences. The tax base is 100.*"

U. E. ist daher (in Analogie zu den Regeln von IAS 12.8 für Schulden; Rz 55) folgender modifizierter Formelansatz geboten:

Buchwert nach IFRS-Bilanz

– darin enthaltener, steuerlich aber schon abgezogener Betrag

– darin enthaltener, aber (bei entsprechender Wertentwicklung) erst künftig steuerpflichtiger Betrag

+ darin nicht enthaltener, aber (bei entsprechender Wertentwicklung) künftig abzugsfähiger Betrag

+ darin nicht enthaltener, aber schon versteuerter Betrag

= Steuerwert

In der Regel sind nicht alle Posten der Formel mit von null abweichenden Werten zu besetzen.

Beispiele aus IAS 12.7
Eine Maschine mit Anschaffungskosten von 1.000 GE ist nach IFRS mit kumuliert 200 GE abgeschrieben. Der IFRS-Buchwert ist also 800 GE. Steuerlich beträgt die kumulierte Abschreibung 300 GE. Der Steuerwert errechnet sich nach obiger Formel wie folgt:

+	Buchwert nach IFRS-Bilanz	+ 800
–	darin enthaltener, steuerlich aber schon abgezogener Betrag	– 100
=	Steuerwert	+ 700

temporary difference = 100 [800–700]

Eine Forderung von 1.100 GE enthält aufgelaufene Zinsen von 100 GE. Die Zinsen werden steuerlich erst bei Geldeingang erfasst (*cash base*):

---

[25] Vgl. hierzu PwC, Manual of Accounting 2015, Tz. 13.117; ADS International, Abschn. 20, Tz. 66.

Buchwert nach IFRS-Bilanz	+ 1.100
– darin enthaltener, aber erst künftig steuerpflichtiger Betrag	– 100
= Steuerwert	1.000

temporary difference = 100 [1.100–1.000]

Eine Forderung von 1.000 GE ist nach IFRS auf 600 GE wertberichtigt. Steuerlich wird die Abschreibung mangels Nachweis der Dauerhaftigkeit des Wertverlustes noch nicht anerkannt:

Buchwert nach IFRS-Bilanz	+ 600
– darin nicht enthaltener, aber bei entsprechender Wertentwicklung künftig abzugsfähiger Betrag	+ 400
= Steuerwert	1.000

temporary difference = – 400 [600–1.000]

Ein unbebautes Grundstück hat einen IFRS-Buchwert zu Beginn des Wirtschaftsjahres von 1.000 GE. Zum Bilanzstichtag erfolgte eine Neubewertung (→ § 8 Rz 70ff.) um 500 GE. Für Steuerzwecke beträgt der (durch Abschreibung oder Buchwertabgang abziehbare) Buchwert infolge einer Indexierung (Rz 63) 1.100 GE.

Buchwert nach IFRS-Bilanz	+ 1.500
– darin enthaltener, aber (bei entsprechender Wertentwicklung) künftig steuerpflichtiger Betrag	– 400
= Steuerwert	+ 1.100

temporary difference = 400 [1.500–1.100]

3.2.3 Der Steuerwert von Schulden

55 Für Schulden liefert IAS 12.8 zwei Definitionen des Steuerwerts:
- **Grundvariante** (Rz 56)
  Der Steuerwert der Schuld entspricht dem IFRS-Buchwert abzüglich aller steuerlich abzugsfähigen Beträge für diese Schuld in künftigen Perioden.
- **Sonderfall** (Rz 57)
  Für im Voraus erhaltene Erträge (nach HGB und EStG passive Abgrenzung) ist der Steuerwert der entsprechenden Verbindlichkeit gleich dem IFRS-Buchwert abzüglich der in den Folgeperioden nicht zu versteuernden Beträge aus diesen Erlösen.

56 Die etwas umständliche Formulierung der Grundvariante meint Folgendes: Sofern im IFRS-Buchwert Beträge enthalten sind, die steuerlich erst in Folgeperioden als Betriebsausgaben wirksam werden (*deductible in future periods*), fällt der Steuerwert um diesen Betrag niedriger aus.

> **Beispiel**[26]
> Eine Darlehensschuld beträgt 1.100 GE, davon aufgelaufene Zinsen von 100 GE, die steuerlich erst bei Zahlung abzugsfähig sind:
>
> | | |
> |---|---|
> | Buchwert nach IFRS-Bilanz | 1.100 |
> | – steuerlich erst zukünftig abzugsfähige Beträge | – 100 |
> | = Steuerwert | 1.000 |
>
> *temporary difference* = 100 [1.100–1.000]

Der umgekehrte Fall – der IFRS-Buchwert enthält Beträge, die steuerlich schon abgezogen wurden – ist in der Definition von IAS 12.8 nicht berücksichtigt. In spiegelbildlicher Handhabung ist der unterscheidende Betrag dem IFRS-Buchwert hinzuzurechnen (statt abzuziehen).

57

> **Beispiel**
> Kreditbeschaffungskosten von 50 GE für einen am 31.12.01 aufgenommenen Kredit von 1.000 GE wurden steuerlich sofort abgezogen, nach IFRS sind sie über die Laufzeit des Kredits zu verteilen:
>
> | | |
> |---|---|
> | Buchwert nach IFRS-Bilanz (31.12.01) | 950 |
> | + steuerlich schon abgezogene Beträge | + 50 |
> | = Steuerwert | 1.000 |
>
> *temporary difference* = – 50 [950–1.000]

Die Grunddefinition kann also wie folgt **formelmäßig** dargestellt werden:

Buchwert nach IFRS-Bilanz
– steuerlich erst künftig abzugsfähige Beträge
+ steuerlich schon abgezogene Beträge
= Steuerwert

Häufig beträgt der steuerlich erst künftig abziehbare oder der steuerlich schon abgezogene Betrag einer Finanzverbindlichkeit null, da Schulden üblicherweise bei der Rückzahlung nicht abzugsfähig sind. Der IFRS Buchwert entspricht dann dem Steuerwert, die temporäre Differenz ist null.

58

> **Beispiel**[27]
> Eine Darlehensschuld weist einen IFRS-Buchwert von -1.000 GE aus. Die Rückzahlung wird ohne steuerliche Konsequenzen erfolgen:

---

[26] Nach IAS 12.8, PwC, Manual of Accounting 2015, Tz. 13.122.1; ADS International, Abschn. 20, Tz. 72ff.
[27] Nach IAS 12.8, PwC, Manual of Accounting 2015, Tz. 13.122.1; ADS International, Abschn. 20, Tz. 72ff.

Buchwert nach IFRS-Bilanz	1.000
− künftig steuerlich abzugsfähige Beträge	− 0
+ steuerlich schon abgezogene Beträge	0
= Steuerwert	− 1.000
temporary difference = 0 [1.000−1.000]	

59 Mit dem formelmäßigen Zusammenhang lassen sich auch Fälle erfassen, bei denen der IFRS-Buchwert Beträge enthält, die steuerlich nie (weder in der Zukunft noch in der Vergangenheit) abziehbar sind.

> **Beispiel**
> Für steuerlich nicht abzugsfähige Strafzahlungen sind in der IFRS-Bilanz 1.000 GE bilanziert:
>
> | | |
> |---|---:|
> | Buchwert nach IFRS-Bilanz | − 1.000 |
> | + künftig steuerlich abzugsfähige Beträge | + 0 |
> | − künftige steuerpflichtige Beträge | − 0 |
> | = Steuerwert | − 1.000 |
> | *temporary difference* = 0 [1.000−1.000] | |
>
> Das Ergebnis lässt sich aber auch anders darstellen: Bei einer angenommenen *tax base* von null läge zwar eine temporäre Differenz von 1.000 GE vor, diese hätte aber permanenten Charakter und wäre daher nicht zu latenzieren.

60 Für den Ausnahmefall der im Voraus erhaltenen Erlöse (Rz 54) definiert IAS 12.8 den Steuerwert als Differenz von IFRS-Buchwert und dem (auch) darin enthaltenen, in Zukunft nicht steuerpflichtigen Teil. Hier lautet die Formel also:

Buchwert nach IFRS-Bilanz
− darin enthaltene, künftig nicht zu versteuernde Beträge
= Steuerwert

> **Beispiel**
> Eine Investitionszuwendung von 1.000 GE ist in der IFRS-Bilanz passiv abgegrenzt worden (→ § 12 Rz 26), in der Steuerbilanz hingegen sofort als Ertrag verbucht. Die Investitionszuwendung ist (Alt. 1) steuerfrei, (Alt. 2) steuerpflichtig:
>
> | | Alt. 1 | Alt. 2 |
> |---|---:|---:|
> | Buchwert nach IFRS-Bilanz | 1.000 | 1.000 |
> | − darin enthaltene, künftig nicht zu versteuernde Beträge | 1.000 | − 1.000 |
> | = Steuerwert | 0 | 0 |
> | *temporary difference* = 1.000 [1.000−0] | | |

Variante von Alt. 2: Die steuerpflichtige Zuwendung ist auch steuerbilanziell abgegrenzt worden, d. h., sie wird zukünftig steuerpflichtig (Alt. 2a):

	Alt. 2a
Buchwert nach IFRS-Bilanz	1.000
– darin enthaltene, künftig nicht zu versteuernde Beträge	– 0
= Steuerwert	1.000

temporary difference = 0 [1.000–1.000]

3.2.4 Steuerwerte ohne Posten in der IFRS-Bilanz und/oder Steuerbilanz

IAS 12.9 erwähnt bestimmte Geschäftsvorfälle, die zwar einen Steuerwert haben, aber nicht als Vermögenswert oder Schuld in der IFRS-Bilanz angesetzt sind.   61

Beispiel
Forschungsaufwendungen von 500 GE werden nach IFRS bei Anfall ergebniswirksam verbucht, aber erst in einer späteren Periode zum Steuerabzug zugelassen.
Ausgedrückt in der Formel aus Rz 57 gilt:

Buchwert nach IFRS-Bilanz	0
+ darin nicht enthaltene, steuerlich aber künftig abzugsfähige Beträge	+ 500
= Steuerwert	+ 500

temporary difference = – 500 [0–500]

Für deutsche Unternehmen führt die Bildung einer steuermindernden **Reinvestitionsrücklage** zu einem Steuerwert, dem kein Wertansatz in der IFRS-Bilanz gegenübersteht.

Beispiel
Das deutsche Unternehmen bildet eine steuermindernde Rücklage von 100 GE nach § 6b EStG oder § 5 Abs. 7 EStG:

+ Buchwert nach IFRS-Bilanz	0
+ darin nicht enthaltene, künftig aber steuerpflichtige Beträge	+ 100
= Steuerwert	+ 100

temporary difference = – 100 [0–100]

Neben den vorstehend behandelten Fällen, in denen zwar in der IFRS-Bilanz kein Posten enthalten ist, aber in der Steuerbilanz, ist noch von Interesse, wie mit **außerbilanziellen Hinzurechnungs- oder Abzugsbeträgen** umzugehen ist, die sich weder in der IFRS-Bilanz noch in der Steuerbilanz widerspiegeln.   62

Als Beispiel hierfür kann der **Investitionsabzugsbetrag** nach § 7g EStG für später geplante Anlagenzugänge herangezogen werden, der wegen der Anwendungsbeschränkung nach § 7g Abs. 1 Satz 2 EStG zwar bei IFRS-Bilanzierern wenig praxisrelevant ist, aber besonders einfach die auch handelsrechtlich diskutierte[28] konzeptionelle Frage verdeutlicht, ob temporäre Differenzen auch dort entstehen können, wo es in beiden Bilanzen keinen Buchwert gibt.

> **Beispiel**
> Unternehmen U bildet in 01 einen Investitionsabzugsbetrag nach § 7g EStG für später geplante Anlagenzugänge. Dieser Abzugsbetrag mindert das steuerpflichtige Einkommen von 01 und erhöht die Steuerbelastung im späteren Jahr der Anschaffung/Herstellung von 1.000 GE. Ein Buchwert ist aber weder in der IFRS-Bilanz noch in der Steuerbilanz vorhanden:
>
> | +/− | Buchwert nach IFRS-Bilanz | 0 |
> |---|---|---|
> | + | künftiger zu versteuernder Betrag | + 1.000 |
> | = | Steuerwert | + 1.000 |
>
> *temporary difference* = − 1.000 [0–1.000]

Während im Handelsrecht umstritten ist, ob außerbilanzielle Posten zu Latenzen führen können, ist dies für die IFRS also klar zu bejahen.

63 Bei **Sonderbetriebsvermögen** ergibt sich eine ähnliche Sachlage insoweit, als das Sonderbetriebsvermögen weder in der IFRS-Bilanz noch in der Steuerbilanz der Gesamthand enthalten ist. Gleichwohl generiert es etwa im Fall von Sachanlagen steuerlich abzugsfähige Aufwendungen durch planmäßige oder außerplanmäßige Abschreibungen.

> **Beispiel**
> Ein vom Gesellschafter an die Personengesellschaft überlassenes Gebäude hat einen Buchwert von 1.000 GE (in der Sonderbilanz). Es ergibt sich folgende Rechnung:
>
> | | Buchwert nach IFRS-Bilanz | 0 |
> |---|---|---|
> | + | darin nicht enthaltener, künftig aber abzugsfähiger Betrag | + 1.000 |
> | = | Steuerwert | + 1.000 |
>
> *temporary difference* = −1.000 [0–1.000]

Dieses systematisch aus der Formel (Rz 53) abgeleitete Ergebnis widerspricht allerdings der Mehrheitsmeinung zur Latenzierung von Sonderbetriebsvermögen (Rz 66).

---

[28] Vgl. hierzu HOFFMANN/LÜDENBACH, NWB Kommentar Bilanzierung, 6. Aufl., 2014, § 274, Rz 16; vgl. KPMG, Insights into IFRS 2014/15, 3.13.120.

3.3 Besonderheiten bei Personenhandelsgesellschaften

3.3.1 Steuerarten und -tarife

Bei deutschen Personengesellschaften bezieht sich die IFRS-Steuerlatenzrechnung nach Maßgabe des Kriteriums der Steuerschuldnerschaft nur auf die **Gewerbesteuer** (Rz 1). Der effektive **Steuersatz** schwankt nach Maßgabe der Hebesätze und der Zuordnung von Arbeitslöhnen auf die hebeberechtigte Gemeinde (Zerlegung). Eine eher großzügig ausgestaltete **Durchschnittsrechnung** zur Ermittlung des anzuwendenden Steuersatzes erscheint angebracht (Rz 223). Der Progressionseffekt durch § 11 Abs. 1 Satz 2 Nr. 1 GewStG im Gefolge des Freibetrages kann u. E. aus Wesentlichkeitsgesichtspunkten (→ § 1 Rz 63 ff.) vernachlässigt werden.[29] Im IFRS-**Konzernabschluss** einer Personengesellschaft mit Beteiligungen an Kapitalgesellschaften ist neben der Gewerbe- auch die (in- oder ausländische) Körperschaftsteuer zu berücksichtigen.

Die **zwischenbetriebliche** Vergleichbarkeit mit Kapitalgesellschaften ist mangels körperschaftsteuerlicher Rechtssubjektivität der Personengesellschaft nicht gegeben. Die Einbeziehung einer **fiktiven** Körperschaftsteuerbelastung in das IFRS-Rechenwerk soll diesem Mangel de lege ferenda abhelfen.[30] U. E. kann dieses Problem nur unter umfassender Berücksichtigung der gesellschaftsrechtlichen Struktur und deren Abbildung im Abschluss gefunden werden. Wir befürworten eine Zusatzangabe in der Überleitungsrechnung (Rz 243).

3.3.2 Sonder- und Ergänzungsbilanzen

Eine Besonderheit der Besteuerung mitunternehmerischer Personengesellschaften stellt das Institut des positiven oder negativen **Sonderbetriebsvermögens** dar, insbesondere
- Vermögenswerte im Eigentum des Gesellschafters, genutzt von der Gesellschaft,
- Verbindlichkeiten des Gesellschafters zur Finanzierung des Erwerbs der Beteiligung.

IAS 12 befasst sich nicht mit dieser Besonderheit der deutschen **Mitunternehmensbesteuerung**. Eine Steuerlatenzrechnung unter Einbeziehung des **Sonderbetriebsvermögens** wird im Schrifttum nur vereinzelt für vertretbar gehalten.[31] Dagegen spricht scheinbar die Konzeption der Steuerlatenzrechnung in IAS 12, die in der Praxis auf dem **Vergleich der Buchwerte** in der IFRS-Bilanz und der Steuerbilanz (der Gesamthand) beruht (Rz 43). Wenn aber in beiden Bilanzen kein Buchwert vorliegt, kann auch kein Buchwertunterschied und damit scheinbar keine Latenz ermittelt werden.[32] Die Effekte des Sonderbetriebsvermögens auf den ausgewiesenen Steueraufwand der Personengesellschaft sind dann im Rahmen der **Überleitungsrechnung** (Rz 243) zu berücksichtigen.

---

29 A. A. möglicherweise KIRSCH, DStR 2002, S. 1875. Wie hier ERNSTING/LOITZ, DB 2004, S. 1055.
30 Befürwortet von DAHLKE/EITZEN, VON, DB 2003, S. 2237, S. 2239; LIENAU, Bilanzierung latenter Steuern im Konzernabschluss nach IFRS 2006, S. 237.
31 So möglicherweise KIRSCH, DStR 2003, S. 1875, S. 1877; vermutlich auch THIELE/ECKERT, in: THIELE/VON KEITZ/BRÜCKS, Internationales Bilanzrecht, IAS 12, Tz. 283.
32 So RING, FR 2003, S. 1054; a. A. ohne Begründung ERNSTING/LOITZ, DB 2004, S. 1060.

66 Die Herausnahme des **Sonderbetriebsvermögens** aus der Steuerlatenzierung entspricht der absolut herrschenden Meinung im Schrifttum[33] und wurde von uns bis zur 11. Auflage uneingeschränkt vertreten. Aus der Systematik zur Ermittlung der *tax base* können hierzu Zweifel auftauchen. Diese sind in dem auf IAS 12.7 beruhenden Rechenschema (Rz 53), das in Rz 63 auf das Sonderbetriebsvermögen angewandt ist, begründet.

67 Für **Ergänzungsbilanzen** gelten diese Vorbehalte nicht. Sie bilden Wertkorrekturen zu den Steuerbilanzwerten der **Gesellschaft** und sind deshalb zur Latenzierung den entsprechenden IFRS-Buchwerten gegenüberzustellen (vgl. unter Rz 86). Hier liegt der Unterschied zu den Sonderbilanzen, die **kein Pendant** in der IFRS-Bilanz aufweisen.

68 Eine *tax base* des **Sonderbetriebsvermögens** besteht unzweifelhaft dann, wenn dieses **seinerseits** in einer IFRS-Bilanz geführt wird (z. B. Mutter-Personen- oder -Kapitalgesellschaft). Dann liegt eine „*mixed*" *tax base* vor, die zur **gesplitteten** Latenzrechnung (Rz 232) führt.

3.4 Besonderheiten der transparenten Besteuerung

3.4.1 Grundlagen, Anwendungsbereiche

69 Unter transparenter Besteuerung versteht man im internationalen Steuerjargon eine Besteuerungssituation, bei der ein Unternehmen selbst mit seinen Gewinnen nicht der Ertragsbesteuerung unterliegt, sondern die dort entstandenen Besteuerungsmerkmale bei einem übergeordneten Steuersubjekt in dessen Bemessungsgrundlage eingeht. Den typischen Anwendungsbereich nach deutschem Recht stellt die **Personenhandelsgesellschaft** dar, deren Gewinne (auch negative) **festgestellt** werden, um sie dann den Anteilseignern „hinaufzureichen". Das kann sich über mehrere Stufen hinweg vollziehen (sog. doppel- oder mehrstöckige Personengesellschaft). Am Ende der Beteiligungskette nach oben wird dann das Steuersubstrat aus der untergeordneten Personenhandelsgesellschaft (bzw. auf der untersten nachgelagerten Einheit) den „obersten" Gesellschaftern zugerechnet, z. B. einer Kapitalgesellschaft oder aber natürlichen Personen.
Die Steuertransparenz der Personenhandelsgesellschaft gilt allerdings nicht für die **Gewerbesteuer**, da die Personenhandelsgesellschaft als eigenständiges Gewerbesteuersubjekt gilt. Im Rahmen der Kommentierungen zu den *inside* und *outside basis differences* in Rz 139ff. wird diese Besteuerungssituation angesprochen.

70 Transparent besteuert werden auch Anteile an **Investmentgesellschaften** auf der Grundlage des Investmentsteuergesetzes (InvStG). Dort ist allerdings die Situation einfacher, weil die Gewerbesteuer nicht als Störfaktor auftaucht. Inländische Investmentanteile sind nach § 11 Abs. 1 Satz 2 InvStG von der Gewerbe- und Körperschaftsteuer befreit, weil nach der Systematik des InvStG die (Fonds-)Inhaber so besteuert werden sollen, als wenn sie die betreffenden Vermögenswerte (Aktien etc.) **direkt** hielten. Diese Art der transparenten Besteuerung bezieht sich auf

---

[33] So auch PAWELZIK, IAS/IFRS-Handbuch, 5. Aufl., 2012, Tz. 4089; SCHULZ-DANSO, in: BECK'sches IFRS-Handbuch, 4. Aufl., 2013, § 25, Tz. 90.

- die sog. **ausschüttungsgleichen** Erträge (§ 2 Abs. 1 Satz 2 InvStG), die per Fiktion zum Stichtag des Fondswirtschaftsjahres beim Fondsanteilseigner als zugeflossen gelten. Zur Vermeidung einer Doppelbesteuerung bei der späteren effektiven Ausschüttung oder bei der Veräußerung der Anteile wird in der Steuerbilanz des oder der Investoren ein aktiver Ausgleichsposten gebildet, gegen den die dann entstehenden Erträge verrechnet werden können. Ausschüttungsgleiche Erträge bestehen aus Dividenden, Zinsen und Grundstückserträgen.
- den **besitzanteiligen** Ertrag (§ 8 InvStG), der erst bei Veräußerung der Investmentanteile entsteht. Soweit der bei der Veräußerung der Anteile entstehende Gewinn auf während der Besitzdauer entstandene Kursgewinne in den Anteilen an einer (Investment-)Kapitalgesellschaft entfällt, gelten für den Investor das Teileinkünfteverfahren (§ 3 Nr. 40 EStG) bzw. eine Steuerfreiheit von 95 % des Gewinns (§ 8b KStG). Der Besteuerungstatbestand tritt beim Fondsinhaber erst mit der Vereinnahmung durch Veräußerung von Fondsanteilen in Kraft.

Eine Besonderheit ergibt sich, wenn die Steuerbefreiung einer (Investment-)Gesellschaft unter Vorbehalt der Erfüllung bestimmter Auflagen gewährt wurde. Die Steuerbefreiung einer deutschen **REIT-Aktiengesellschaft** ist nach § 16 REITG (i.V.m. §§ 8–15 REITG) an zahlreiche Auflagen (Anmeldung, Sitz, Börsenzulassung, Mindeststreuung der Aktien, Vermögens- und Ertragsanforderungen, Mindestausschüttung, Ausschluss Immobilienhandel, Mindesteigenkapital) geknüpft. Zum Bilanzstichtag liegt die Erfüllung der Auflagen mit Ausnahme der Ausschüttung einer Mindestdividende von 90 % des ausschüttungsfähigen Betrags nach § 13 Abs. 1 REITG im Ermessen der Gesellschaft und bereitet regelmäßig keine besonderen Probleme.

Die Steuerbefreiung könnte allerdings an der zum Stichtag noch nicht erfolgten Ausschüttung der Mindestdividende scheitern. Nach IAS 12.52B sind steuerliche Konsequenzen von Dividendenzahlungen erst dann berücksichtigungsfähig, wenn eine Verbindlichkeit passiviert wird. Der Ansatz einer Verbindlichkeit setzt allerdings den Beschluss zur Gewinnverwendung voraus, der zum Bilanzstichtag noch nicht vorliegt und nach IAS 10.12f. als *non-adjusting event* anzusehen ist (→ § 4 Rz 39). Der Status der Steuerbefreiung lässt sich für die Bilanzierung einer REIT-AG nur aufrechterhalten, wenn, bezogen auf die Verpflichtung zur Ausschüttung einer Mindestdividende, keine restriktive formale Position bezogen wird. Ein möglicher Ausweg zur Erhaltung der Steuerbefreiung trotz fehlenden Ausschüttungsbeschlusses am Stichtag ist das Abstellen auf das Bestehen einer faktischen/ökonomischen Verpflichtung (etwa wegen der Festsetzung einer Zahlung durch das FA nach § 16 Abs. 5 REITG). Eine REIT-Aktiengesellschaft wäre danach faktisch steuerbefreit (*in substance tax exempt*).

3.4.2 Investment- und Spezialfonds

Aus der unter Rz 70 dargestellten transparenten Besteuerung folgt für die Latenzierung von Anteilen an offenen Publikumsfonds, die von einer Kapitalgesellschaft gehalten werden:

- Die Transparenz der Besteuerung führt im Rahmen des Teileinkünfteverfahrens zu einer permanenten Differenz, soweit der potenzielle Ertrag aus dem Anteil aus Dividenden von Kapitalgesellschaften im In- und Ausland gespeist wird.
- Anders verhält es sich für die übrigen Ertragsquellen des Anteils, also insbesondere Zinsen oder Mieteinkünfte. Diese sind bei der Inhaberin des Fondsanteils „normal" zu besteuern.

Dazu folgendes Beispiel:[34]

> **Beispiel**
>
> | | |
> |---|---:|
> | Die A-GmbH kauft am 1.1.01 einen Investmentanteil (Nebenkosten = Ausgabeaufschlag vernachlässigt) zu | 100 |
> | Der (anteilige) Fondsinhalt bezieht sich zu diesem Zeitpunkt auf | |
> | – Aktien zu | 50 |
> | – Anleihen zu | 50 |
> | Am 31.12.01 beträgt das Wertverhältnis | |
> | – Aktien | 0 |
> | – Anleihen | 100 |
>
> Wie ist die Latenzierung bei der A-GmbH vorzunehmen?
>
> **Lösung**
> - Bezüglich der Aktien liegt eine nicht latenzierbare permanente Differenz vor.
> - Im Zugangszeitpunkt ist (nur die Anleihen betreffend) kein Buchwertunterschied zwischen IFRS und StB gegeben.
> - Am 31.12.01 stellt sich die Latenzierungsgrundlage wie folgt dar:
>
> | | |
> |---|---:|
> | – IFRS-Buchwert des Investmentanteils | 100 |
> | – StB-Wert, soweit steuerbelastungsrelevant, also nur Anleihenanteil | 50 |
>
> - Passiv zu latenzieren ist die Differenz aus der Höherbewertung der Anleihen um 50 GE mit einem kombinierten Steuersatz von ca. 30 %.
> - Der Wertverlust des Aktienanteils ist wegen der permanenten Differenz nicht in die Latenzierung einzubeziehen.
> - Ökonomisch lässt sich die Passivlatenz wie folgt erklären: Bei der zu unterstellenden Veräußerung des Investmentanteils entsteht in der Stichtagsperspektive kein Gewinn/Verlust in der IFRS-Bilanz, wohl aber ein steuerwirksamer Veräußerungsgewinn von 50 GE, da die Wertsteigerung des Anleiheanteils noch unversteuert ist. Keine Kompensation liefert der Wertverlust aus dem Aktienanteil wegen der permanenten Differenz (nach § 8b Abs. 3 Satz 3 KStG).

---

[34] Nach Hoffmann, PiR 2010, S. 30.

Im Gegensatz zu den Publikumsfonds (Rz 72) sind **Spezialfonds** auf die Belange einiger **weniger** Investoren ausgerichtet, häufig auch nur auf **einen** Investor. Das kann z. B. im Fall der Verwaltung von Wertpapiervermögen zur Sicherung der betrieblichen Altersversorgung (→ § 22 Rz 59 ff.) oder aber zur vorübergehenden Anlage von überschüssiger Liquidität einer Aktiengesellschaft nach förmlicher Kapitalerhöhung in Betracht kommen. Es ist daher regelmäßig der Einbezug eines Spezialfonds in den **Konsolidierungskreis** eines Investors bzw. einer Gruppe von Investoren zu prüfen. Die Beschränkung des Anlegerkreises auf einige wenige oder nur einen Investor ist den Ausnahmebestimmungen von IAS 12.44 und IAS 12.39 unterworfen (Rz 92). Bei nur **einem** Investor oder bei einigen **wenigen** mit gleichgerichtetem Interesse kann das Kriterium des Abbaus der temporären Differenzen gegenstandslos sein, weil die Kontrolle über den Zeitpunkt des Umkehreffektes in der Hand des oder der Investoren liegt und außerdem eine Ausschüttung aus dem Fonds nicht beabsichtigt ist.

73

Wurde ein offener Spezialfonds mit festgelegter Anlagestrategie (etwa Investition in inländische Finanzinstrumente) zugunsten nur **eines einzigen Investors** aufgesetzt, ist der Fonds als *structured entity* im Wege der Vollkonsolidierung in den Konsolidierungskreis des Investors einzubeziehen. Die Steuerbefreiung der Investmentgesellschaften (Rz 70) führt zu *permanent differences* (Rz 43) beim Fonds selbst. Aus Konzernperspektive ist zwischen *inside* und *outside basis differences* zu unterscheiden (Rz 139). Uneingeschränkt latenzierungspflichtig sind nur *inside-basis*-Differenzen zwischen dem Konzernbuchwert des konsolidierten Vermögens und dem Steuerwert auf der Ebene des einbezogenen Tochterunternehmens. Mangels eines eigenen Steuerwerts auf der Ebene des Fonds können *inside basis differences* (Rz 139) bei einem Investor in einen Spezialfonds allerdings nicht vorliegen.

74

Es bliebe **formal** somit nur eine Behandlung identifizierter Differenzen als *outside*-basiert. Für Differenzen zwischen dem konsolidierten Vermögen und dem Beteiligungsbuchwert des Fonds in der Steuerbilanz des Mutterunternehmens (des Investors) unterbleibt jedoch eine Latenzierung, wenn sich die Differenz in absehbarer Zeit nicht umkehren wird (Rz 92).

Gegen eine rein formale Betrachtung und damit einen Verzicht auf eine Steuerlatenzrechnung spricht aber das **Transparenzprinzip**. Die fiktive Zurechnung des Fondsvermögens mit all seinen Aufwendungen und Erträgen beim Investor verlagert das Problem der Steuerlatenzierung und damit auch die *inside basis differences* vom Fonds auf den Fondsinhaber.

Die **Konzern**perspektive des Problems soll anhand des folgenden Beispiels[35] dargestellt werden:

75

> **Beispiel**
> Am 2.1.01 wird zugunsten von U als alleinigem Investor ein nur in inländische Aktien investierender, thesaurierender Spezialfonds mit einem Startvolumen von 10 Mio. EUR aufgelegt. Bei der Gründung vorgegebene Anlagerichtlinien und ein von U beherrschter Anlageausschuss sorgen dafür, dass die Investitionspolitik des Fonds den Vorstellungen des U entspricht. In 01

---

[35] Nach Lüdenbach, PiR 2012, S. 267.

erzielt der Fonds einen sofort reinvestierten Gewinn aus Dividenden i. H. v. 1 Mio. EUR und einen unrealisierten Gewinn aus Kurssteigerungen i. H. v. 2 Mio. EUR. Die 1 Mio. EUR gelten U gem. § 2 Abs. 1 Satz 2 InvStG am 31.12.01 als steuerlich zugeflossen. Nach § 8b KStG ist dieser Gewinn nur i. H. v. 5 % steuerpflichtig. Es entsteht bei einem Steuersatz von 30 % eine tatsächliche Steuer von 15 TEUR. Für den fiktiv zugeflossenen Gewinn ist ein Ausgleichsposten in der Steuerbilanz des U zu bilden. U beabsichtigt nicht, den Fonds in absehbarer Zeit aufzulösen bzw. die Anteilsscheine zurückzugeben. Der Steuersatz des U beträgt 30 %.
Nach IFRS 10 (→ § 32) handelt es sich beim Spezialfonds um eine Zweckgesellschaft (*structured entity*), deren Chancen und Risiken allein von U getragen werden. Er ist im Konzernabschluss der U voll zu konsolidieren. Das Vermögen des Fonds (hier Aktien) ist mit dem *fair value* nach IAS 39 bzw. IFRS 9 anzusetzen (→ § 31 Rz 69).
Die temporäre Differenz errechnet sich wie folgt (in TEUR):

Buchwert Aktien IFRS-Konzernabschluss des U:		13.000
Buchwert Fonds in Steuerbilanz des U:		
a) Anteile	10.000	
b) Ausgleichsposten	1.000	11.000
Differenz		2.000

- Unter Berücksichtigung von § 8b KStG könnte sich hieraus eine passive latente Steuer von 30 % × 5 % × 2 Mio. EUR = 30 TEUR ergeben. Die Dividenden von 1 Mio. EUR führen hingegen zu keiner temporären Differenz, da sie steuerbilanziell per Zuflussfiktion und im IFRS-Abschluss per Reinvestment berücksichtigt sind.
- **Formal** ist die oben ermittelte Differenz *outside*-basiert. Latente Steuern fielen nicht an. Gegen eine formale Sichtweise spricht aber das **Transparenzprinzip**. Der Verlagerung der Besteuerung vom Fonds auf die Ebene des Anteilseigners entspricht es, alle damit verbundenen Differenzen als *inside*-basiert anzusehen. Die zu erfassende Passivlatenz beträgt nach dieser Auffassung 30 TEUR.

3.4.3 Mitunternehmerische Personengesellschaft

76 Im Rahmen der üblicherweise angewandten **Spiegelbildmethode** (Rz 164) kann die transparente Besteuerung ebenfalls zur Beachtung permanenter Differenzen zwingen.
Dazu folgendes Beispiel auf der Datengrundlage des Beispiels unter Rz 72:

> **Beispiel**
> Eine GmbH & Co. KG hat ein Eigenkapital von 100 GE, das der Finanzierung von Aktien und Anleihen im Wert von jeweils 50 GE dient. Der dauerhafte Wertverlust des Aktienanteils im Jahr 01 erfordert eine Teilwertabschreibung zum 31.12.01 von 50 GE. Die Werterhöhung bei den Anleihen

um 50 GE erlaubt wegen der Deckelung auf die Anschaffungskosten keine entsprechende Zuschreibung.
Die Auswirkungen der transparenten Besteuerung und damit des Teileinkünfteverfahrens auf die Steuerlatenzierung einer Personenhandelsgesellschaft lassen sich anhand der Datenkonstellation im Beispiel unter Rz 72 veranschaulichen.

> **Beispiel**
>
> IFRS-Buchwert 31.12.01   100
>
> *tax base*
> - Aktien   0
> - Anleihen   −50   −50
>
> Unterschiedsbetrag   <u>50</u>
> („Buchwertunterschied")
>
> Die daraus entstehende Passivlatenz für den Anleihenanteil erklärt sich ökonomisch genauso wie im obigen Beispiel zum Investmentanteil.
> Die Latenzierung bezieht sich dabei auf **zwei** verschiedene **Besteuerungsebenen:**[36]
> - mit einem Steuersatz von ca. 14 % (GewSt) auf die Personenhandelsgesellschaft,
> - mit einem Steuersatz von ca. 16 % (KSt/Solz) auf die Mutter-Kapitalgesellschaft.
>
> Für die Latenzierung von Personengesellschaftsanteilen ergibt sich aus dem vorstehenden Beispiel das Erfordernis, etwa vorhandene Buchwertunterschiede auf das Vorhandensein von permanenten Unterschieden hin zu analysieren. I. H. d. permanenten Differenz ist eine Berechnungskorrektur einzufügen, die allerdings bei geringem Aktienbesitz im Hinblick auf den *cost-benefit*-Gedanken (→ § 1 Rz 68) im Einzelfall auch wieder unterbleiben kann.

3.5 Unsichere Steuerwerte (Betriebsprüfungsrisiko)

Unter Rz 30 ff. ist das Problem der unsicheren Steuerbuchwerte insbesondere in der Perspektive des deutschen Steuersystems aus Sicht der **laufenden** Besteuerung dargestellt worden. Dabei fehlte nicht der Hinweis auf die wenig konkreten Vorgaben des IAS 12 zu diesem Thema. Es fehlt insgesamt an Vorgaben zum Umgang mit der Wahrscheinlichkeit für den Ansatz von unsicheren Steuerwerten. Einem Rückgriff auf den Inhalt von IAS 37 (→ § 21) steht eine agenda rejection des IFRS IC entgegen (Rz 38). Unklar ist mangels eigenständiger Vorgaben innerhalb der IFRS, ob nach Maßgabe des IAS 8.10 (→ § 1 Rz 79) auf US-GAAP-Regeln zurückgegriffen werden kann.

Recht praxisnah liefert der ASC Topic 740 ein Beispiel für die Latenzrechnung bei „**steuertaktischem**" Vorgehen.

---

[36] Vgl. z.B. ERNSTING/LOITZ, DB 2004, S. 1055.

> **Beispiel**
> Zu Beginn des Jahres 1 erwirbt das Unternehmen einen nicht planmäßig abschreibbaren immateriellen Vermögenswert mit unbestimmter Nutzungsdauer (→ § 13 Rz 93ff.) zu 15 Mio. EUR. Im Hinblick auf die bestehende Unsicherheit in der steuerlichen Wertung behandelt das Unternehmen den Erwerb in der Steuererklärung als sofort abzugsfähige Betriebsausgabe. Die Anerkennung dieser Behandlung durch die Verwaltung ist allerdings nicht wahrscheinlich (< 50 %); vielmehr rechnet man eher mit einer „Nachaktivierung" durch die Außenprüfung mit einer Nutzungsdauer von 15 Jahren. Der Steuersatz beträgt 40 %.
>
> **Lösung**
> Nach Auffassung des FASB soll in diesem Fall – nicht ausreichende Wahrscheinlichkeit der Anerkennung – eine laufende Steuerschuld ausgewiesen werden, soweit am Bilanzstichtag noch ein potenzieller Buchwertunterschied vorliegt. Anzusetzen sind daher auf der Basis der wahrscheinlichen Veranlagung:
> - passive Steuerlatenz 40 % × (15 IFRS-Buchwert – 14 wahrscheinlicher Steuerbuchwert) = 0,4 Mio. EUR,
> - tatsächliche Steuerverbindlichkeit 40 % × (15–1) = 5,6 Mio. EUR,
> - in Summe also 6,0 Mio. EUR.
>
> Auf Basis der Steuererklärung wäre ebenfalls ein Betrag von 6,0 Mio. EUR anzusetzen. Der Betrag würde aber ausschließlich eine passive Steuerlatenz darstellen: 40 % × (15 IFRS-Buchwert – 0 deklarierter Steuerbuchwert) = 6,0 Mio. EUR. Dieser Ausweis ist unzulässig, weil eine Nichtanerkennung des sofortigen Betriebsausgabenabzugs, also des deklarierten Steuerbuchwerts von 0, wahrscheinlich ist.

79 Die Überlegungen aus ASC Topic 740 (in vollem Umfang) sind nicht unbedingt mit den IFRS verträglich. Auf die Kommentierung unter Rz 30ff. wird verwiesen. Dort (Rz 39) ist insbesondere auch die Wechselwirkung zwischen tatsächlichen und latenten Steuern dargestellt, die sich ergibt, wenn die Betriebsprüfung bzw. das Finanzamt zu von der Deklaration abweichenden Steuerbuchwerten kommt. Häufige Folge ist dann eine aktive Latenzierung, die den Effekt aus der Erhöhung laufender Steuern ausgleicht.

80 Die Frage des Ansatzes eines unsicheren Steuerwerts dem Grunde nach richtet sich nach Auffassung des IFRS IC nach den Vorgaben des IAS 12.12 (Rz 37a). Eine Steuerforderung ist daher zu aktivieren, wenn mit überwiegender Wahrscheinlichkeit (*probable recognition threshold*) ein (Ressourcen-)Zufluss erwartet wird, ein Rückgriff auf die Ansatzschwelle *virtually certain* scheidet aus. In der Abgrenzung der Unsicherheit ist das Entdeckungsrisiko (*detection risk*) der steuerlichen Betriebsprüfung nach Auffassung des IFRS IC auszublenden.[37] Eine vollständige Information und Zugriff auf alle Unterlagen der Steuerprüfung ist zu unterstellen.

---

[37] IFRS IC, IFRIC Update, September 2014.

Hinsichtlich der Berücksichtigung der Wahrscheinlichkeit/Unsicherheit in der Bewertung (ohne *detection risk*), also der Erfassung unsicherer Steuerwerte der Höhe nach, erkennt das IFRS IC allerdings das Fehlen konkreter Vorgaben an und plant daher die Entwicklung einer Interpretation.[38] Bislang sind folgende (vorläufige) Entscheidungen – zusammengefasst innerhalb eines Staff Papers[39] – getroffen worden:

81

- Es wird keine Verlautbarung mit einem begrenzten Anwendungsbereich geben, adressiert werden alle unsicheren Steuerwerte, für die ein Ansatz wegen Erreichen der probable-Hürde erforderlich ist.
- Die Abgrenzung des Bilanzierungsobjekts (*unit of account*) erfordert eine Ermessensentscheidung.
- Für die Berücksichtigung der Wahrscheinlichkeit soll ein Wahlrecht eingeräumt werden, nachdem entweder auf den Modalwert (*most likely amount*) gem. IAS 37 (→ § 21) oder den Erwartungswert (*expected value*) gem. IFRS 15 (→ § 25) zurückgegriffen werden kann.

Ein Rückgriff auf die Vorgaben der US-GAAP, nach denen auf einen *more likely than not amount* abzustellen ist, scheidet danach aus.

3.6 Isolierte Änderungen des Steuerwertes

3.6.1 Gesellschafterwechsel

Die *tax base* (Rz 47) kann ohne Berührung des IFRS-Rechenwerkes und damit des IFRS-Buchwertes (*carrying amount*) geändert werden. Musterfälle dafür sind:[40]

82

- der Ein- oder Austritt der Gesellschafter von **Personen**gesellschaften,
- **konzerninterne** Umstrukturierungen.

Beim Ein- oder Austritt von Gesellschaftern einer Personengesellschaft oder bei der Übertragung sämtlicher Anteile an neue Gesellschafter entstehen für steuerliche Zwecke regelmäßig **Ergänzungsbilanzen**[41] (Rz 65) mit dem Inhalt einer Wertkorrektur gegenüber den Bilanzausweisen in der steuerlichen Gesamthandsbilanz. Solche Transaktionsvorgänge bewegen sich außerhalb der **Gesellschafts**-Sphäre und tangieren damit auch nicht die IFRS-Bilanz der Gesellschaft. Es entstehen Anschaffungskosten für den **Gesellschafter** und damit – i.d.R. – erhöhte steuerliche Buchwerte der Wirtschaftsgüter durch Aufdeckung der stillen Reserven und Ansatz eines *goodwill*. Indirekt ergeben sich wegen des Folgeeffektes für die **Gewerbesteuer** allerdings auch Auswirkungen auf die Besteuerungssituation der Gesellschaft.

83

Daran schließt sich die Frage an, ob im Zeitpunkt der Veränderung der *tax base* durch den Beteiligungserwerb (Gesellschafterwechsel) auf die dann entstehende Differenz zum *carrying amount* eine Steuerlatenz zu bilden ist. **Abzugrenzen** ist dieser Tatbestand von dem Regelungsbereich des IAS 12.15 bzw. 12.24. An diesen Stellen wird die Bildung von Steuerlatenzen auf Differenzen, die schon

---

38 IFRS IC, IFRIC Update November 2014.
39 Vgl. IFRS IC, Staff Paper, How should current tax assets and liabilities be measured when tax position is uncertain, November 2014.
40 Vgl. zu beiden Fällen Freiberg, PiR 2006, S. 205.
41 Vgl. hierzu im Einzelnen Lienau, Bilanzierung latenter Steuern im Konzernabschluss nach IFRS 2006, S. 233.

beim **Zugang** von **Vermögenswerten** entstehen, untersagt (Rz 89). Im hier behandelten Fall gehen der Gesellschaft (dem Bilanzierungssubjekt) aber gerade keine Vermögenswerte zu. Eine Latenzrechnung für die Gewerbesteuer ist damit geboten. Hierzu folgendes Beispiel:

Beispiel[42]
- Beteiligt an der XYZ OHG sind

	Kapital	Teilwert
X mit	500	700
Y mit	250	350
Z mit	250	350
	1.000	1.400

- Verkehrswert der bilanzierten Vermögenswerte 1.400 GE.
- X erwirbt den Anteil von Y zu 500 GE.
- Die Buchwerte in der IFRS-Gesamthandsbilanz werden durch den Beteiligungserwerb nicht berührt.
- Der von X bezahlte Mehrwert von 250 GE gegenüber dem erworbenen Kapitalanteil von 250 GE entfällt auf

stille Reserven (25 % von 400)	100
goodwill	150
	250

- Die Erhöhung der Steuerlatenzwerte in der Ergänzungsbilanz gegenüber den IFRS-Werten in der Gesamthandsbilanz führt bei einem Steuersatz von 14 % zu einer Aktivlatenz von 35 GE.
- Der Steuersatz berücksichtigt nur die Gewerbesteuer, für welche die OHG Steuerschuldnerin ist.

3.6.2 Konzerninterne Umstrukturierungen

84 Bei **konzerninternen** Umstrukturierungen in Form von Verschmelzungen, Spaltungen, Umhängungen von Beteiligungen etc. werden für Steuerbilanzzwecke u. U. stille Reserven und *goodwill* aufgedeckt. In diesen Fällen kommt es nach IFRS regelmäßig nicht zur Aufdeckung stiller Reserven, die Buchwerte der abgebenden Gesellschaft sind von der aufnehmenden fortzuführen (→ § 31 Rz 186). Wie im vorstehenden Fall der steuerlichen Ergänzungsbilanz (Rz 67) ist das Verbot zur Bildung einer Steuerlatenz nach IAS 12.15 und 12.24 – bestätigt durch das IFRS IC[43] – nicht einschlägig (Rz 89).

---

[42] In Anlehnung an FREIBERG, PiR 2006, S. 205; weiteres Beispiel bei SCHULZ-DANSO, in: BECK'sches IFRS-Handbuch, 4. Aufl., 2013, § 25, Rz 80.
[43] IFRS IC, IFRIC Update May 2014.

> **Beispiel[44]**
> Im Rahmen eines *sidestream merger* wird die Tochter A der MU AG auf die Tochter B verschmolzen. Es entsteht ein steuerlicher *goodwill* i. H. v. 15 Mio. EUR. Die Erfassung eines korrespondierenden *goodwill* im IFRS-Konzernabschluss der MU scheidet aus. Unter Berücksichtigung des Konzernsteuersatzes von 30 % ergibt sich eine aktive Steuerlatenz i. H. v. 4,5 Mio. EUR. Der steuerliche *goodwill* wird linear über 15 Jahre abgeschrieben (§ 7 Abs. 1 Satz 3 EStG). Der Steuerlatenzposten ist daher jährlich um 0,3 Mio. EUR zu reduzieren.

Fraglich ist, ob der aus dem Gesellschafterwechsel (Rz 83) oder der Umstrukturierung (Rz 84) resultierende Steuerlatenzposten **erfolgswirksam** einzubuchen und in den Folgejahren zu reduzieren ist. Für die Beantwortung ist IAS 12.58 nicht relevant, da es dort um Geschäftsvorfälle oder Bewertungsmaßnahmen geht, die nicht nur die Steuerbilanz, sondern auch die IFRS-Bilanz betreffen. Bei den hier betrachteten Wechseln von Gesellschaftern bzw. Umstrukturierungen sind die Wertansätze der IFRS-Bilanz hingegen überhaupt nicht berührt. Eine Regelung findet sich aber insofern in IAS 12.65. Danach ist bei Änderungen der Steuerbasis durch steuerliche „Neubewertung" zu unterscheiden, ob

- diese zeitversetzt – früher oder später – mit einer Neubewertung nach IFRS korreliert – dann erfolgs**neutrale** Buchung der Steuerlatenz, oder
- die IFRS-Bilanz überhaupt nicht betroffen ist – dann erfolgs**wirksame** Buchung.

U. E. entspricht der Gesellschafterwechsel regelmäßig dem zweiten Fall. Die Steuerlatenzbuchung ist daher erfolgswirksam.[45] Dies bestätigt auch das IFRS IC in einer Agendaentscheidung.[46]
Die gegenteilige Ansicht schließt aus der Nichtanwendbarkeit von IAS 12.15a und IAS 12.66 (Differenzen im Anschaffungszeitpunkt) auf eine erfolgsneutrale Buchung. Die Nichtanwendung der genannten Vorschriften ist unbestritten. Eine Rechtsfolge lässt sich hieraus aber nicht ableiten. Sie ergibt sich im oben dargestellten Sinne aus IAS 12.65.

3.6.3 Indexierter Steuerbuchwert für Veräußerungen

In manchen Ländern ist es erlaubt, den Veräußerungsgewinn für einen Vermögenswert steuerlich auf der Basis eines indexierten Buchwertes zu ermitteln. Diese Indexierung kann auf einem Inflationsindex beruhen oder auf einem festen jährlichen Betrag (Buchwert zu Beginn der Periode plus 5 % p. a.) oder auf einem auf sonstiger Basis beruhenden Index. Dabei stellt sich die Frage, ob die *tax base* (Rz 47) einen indexierten (Steuer-)Wert in der Zukunft berücksichtigen muss/kann oder unverändert auf der Basis (z. B.) der Anschaffungskosten bestehen bleibt. U. E. ist für die Steuerlatenzrechnung auf den indexierten Steuerwert zum Stichtag abzustellen.

85

86

---

[44] In Anlehnung an FREIBERG, PiR 2006, S. 206.
[45] FREIBERG, PiR 2006, S. 206; SCHULZ-DANSO, in: BECK'sches IFRS-Handbuch, 4. Aufl., 2013, § 25, Rz 91 (für den Einzelabschluss).
[46] IFRS IC, IFRIC Update May 2014.

> **Beispiel**
> Die Gesellschaft hat ein betrieblich genutztes Grundstück mit den Anschaffungskosten von 2.000 GE bilanziert, Abschreibungen werden hierauf nicht vorgenommen. Nach gültiger Steuerrechtslage kann ein allfälliger Veräußerungsgewinn in der Zukunft auf der Basis einer indexierten Preisveränderung errechnet werden. Am Ende des Jahres beträgt der Inflationsindex 125 und ändert somit den Steuerwert von 2.000 GE auf 2.500 GE. Der *fair value* des Grundstücks beträgt am Jahresende 2.800 GE, der IFRS-Buchwert weiterhin 2.000 GE. Auf längere Sicht wird diese Konstellation – höherer *fair value* als indexierter Steuerbuchwert – erhalten bleiben. Eine Veräußerung des Grundstücks ist nicht geplant. Dargestellt in der Rechenformel zur Ermittlung der *tax base* (Rz 45) ergibt sich Folgendes:
>
> | | |
> |---|---|
> | Buchwert nach IFRS-Bilanz | + 2.000 |
> | – darin nicht enthaltener, künftig aber steuerlich abzugsfähiger Betrag | + 500 |
> | = Steuerwert | + 2.500 |
>
> *temporary difference* = 500 [2.500–2.000]
>
> Die Frage ist, ob auf die zum Stichtag bereits entstandene temporäre Differenz eine Aktivlatenz zu bilden ist. Dagegen könnte die Anweisung in IAS 12.51 sprechen, wonach die Bewertung der Steuerlatenz auf der erwarteten Verwertung des Grundstücks beruhen muss (Rz 209). Daraus ließe sich ein Verzicht auf die Latenzierung ableiten, da ein Verkauf des Grundstücks nicht geplant ist. Allerdings ist der Regelungsgehalt von IAS 12.51 auf unterschiedliche Steuertarife für Gewinne im laufenden Geschäft einerseits und Veräußerungen andererseits gerichtet. Unter dem Vorbehalt der Werthaltigkeit (Erwartung zukünftig zu versteuernden Einkommens) ist daher eine aktive latente Steuer zu erfassen.

87 Dagegen geht IAS 12.25 von einer beliebigen Verwertung – sei es durch Verkauf oder durch Nutzung – aus („*combined basis*"), auch wenn einstweilen nur die Nutzung in Betracht kommt. Das Erfordernis einer Verwertungs- bzw. Steuerplanung ist jedenfalls in diesem Kontext nicht gegeben. Im spiegelbildlichen Fall einer Neubewertung nur in der IFRS-Bilanz (→ § 8 Rz 70) wäre eine Passivlatenz zu bilden. Dem entspräche im Fall der Indexierung des steuerlichen Buchwertes eine Aktivlatenz. Insgesamt präferieren wir den Ansatz einer aktiven Steuerlatenz bei diesen Sachverhalten (Rz 64).

3.6.4 Erhöhte steuerliche Abschreibungsbasis

88 Unter manchen Steuerregimen wird die Abschreibungsbasis (z.B. zur Inflationsanpassung) **über** die (fortgeführten) Anschaffungskosten erhöht, z.B. durch Ansatz eines Marktwertes. Diese stellt dann die *tax base* (Rz 47) dar, die dem IFRS-Buchwert gegenüberzustellen ist. Aus dieser ist i.d.R. (Ausnahme z.B. bei Neubewer-

tung nach IAS 16.31) eine Aktivlatenz abzuleiten.⁴⁷ Die Darstellung in der Formel entspricht derjenigen im vorstehenden Fall (Rz 86) des indexierten Steuerwertes.

3.7 Beim Zugang entstehende temporäre Differenzen

Bei der Zugangsbewertung von Vermögenswerten und Schulden entstehende Wertdifferenzen zwischen IFRS- und der Steuerbilanz führen nicht in allen Fällen zu einer Steuerlatenz. Zu unterscheiden ist zwischen **einfachen** Zugängen und solchen, die sich aus einem **Unternehmenszusammenschluss** ergeben. Für Bewertungsdifferenzen bei einfachen Zugängen ist keine Steuerlatenz zu bilden, wenn – wie im Regelfall – der Zugang selbst weder nach IFRS noch nach Steuerrecht erfolgswirksam ist. Begründet wird die Ausnahmeregel damit, dass sonst der **Zugangsbetrag selbst verändert** würde (IAS 12.22c sowie IAS 12.15b, IAS 12.24b sowie IAS 12.33). Der Board plant seit Längerem eine **Abschaffung** dieser Ausnahme von der Steuerlatenzrechnung. Die weitere Entwicklung ist derzeit nicht absehbar (Rz 256).

89

Die Ausnahmeregel für Zugänge kommt etwa in folgenden Fällen zum Tragen:
- **Einlagen** von Vermögenswerten zum Buchwert (des Einbringenden) in der IFRS-Bilanz und zum Verkehrswert in der Steuerbilanz nach § 6 Abs. 6 Satz 2 EStG (→ § 8 Rz 51).
- Abweichende Qualifikation des **Leasingvertrages** (→ § 15 Rz 189).⁴⁸
- Sofortige (steuerfreie) Vereinnahmung von **Investitionszulagen** in der Steuerbilanz, Kürzung von Anschaffungs-, Herstellungskosten in der IFRS-Bilanz (→ § 12 Rz 31).
- Anschaffung eines Grundstücks, auf das eine 6b-Rücklage übertragen wird. Weitere Beispiele finden sich unter Rz 60.

Die Nichtbilanzierung von Steuerlatenzen bei der **Zugangs**bewertung setzt sich nicht bei der **Folge**bewertung fort; vergrößert sich etwa die temporäre Differenz nach Zugangsbewertung, so ist auf die zusätzliche, neu entstehende Differenz eine Latenzierung geboten.⁴⁹

90

> **Beispiel**
> Ein Grundstück wird mit 100 GE nach IFRS und 90 GE in der Steuerbilanz eingebucht.
> - Fall A: Zwei Jahre später erfolgt nach IFRS eine Neubewertung auf 150 GE. Die temporäre Differenz von 60 GE ist nun mit einem Teil von 50 GE zu latenzieren. In Höhe der ursprünglichen, mit einem Ansatzverbot belegten temporären (Zugangs-)Differenz von 10 GE entfällt eine Steuerlatenzrechnung.
> - Fall B: Zwei Jahre später erfolgt nach IFRS eine außerplanmäßige Abschreibung des Grundstücks auf 70 GE ohne korrespondierende steuerliche Behandlung. Es entsteht, ausgehend von einem Vergleich des IFRS-Buchwerts mit dem korrespondierenden Steuerwert des Grundstücks, eine temporäre Differenz von 20 GE. Die Wertminderung nach IFRS beläuft

---

⁴⁷ IFRIC, IFRIC-Update Juli 2012.
⁴⁸ Vgl. IFRIC, IFRIC-Update April 2005.
⁴⁹ Vgl. PwC, Manual of Accounting 2015, Tz. 13.164.2.

> sich allerdings auf 30 GE, eine ausschließliche Verteilung des Unterschiedsbetrags i. H. v. 10 GE auf die mit einem Ansatzverbot belegte (Zugangs-)Differenz scheidet aus. Es ist eine Aufteilung nach einem relativen Verhältnis geboten. Die Wertminderung macht insgesamt 30 % des Zugangswerts aus und betrifft daher auch nur 30 % der ursprünglichen Zugangsdifferenz, somit einen Betrag von 3 GE (= 10 GE × 30 %). Es verbleibt eine mit einem Latenzierungsverbot belegte Differenz von 7 GE. Die Wertminderung des IFRS-Buchwerts führt unter Berücksichtigung der Zugangsdifferenz zu einer temporären Differenz von 27 GE.

91 Im Ausnahmefall einer nach IFRS und/oder Steuerrecht **erfolgswirksam** entstehenden Zugangsdifferenz kommt es gem. IAS 12.22b schon im Zugangszeitpunkt zu einer Steuerlatenz. Einschlägig wäre z. B. ein **Investitionszuschuss**, der nach dem steuerlichen Wahlrecht sofort erfolgswirksam vereinnahmt, in der IFRS-Bilanz hingegen von den AK/HK abgezogen wird (→ § 12 Rz 25 u. 36).

> **Beispiel**
> U erwirbt am 1.1.01 eine Anlage, Nutzungsdauer 10 Jahre, zu Anschaffungskosten von 1.000 GE. Hierauf erhält er eine steuerfreie Investitionszulage von 100 GE sowie einen steuerpflichtigen Investitionszuschuss von 200 GE. U realisiert die Zuwendungen in der StBil über die GuV, während er sie in der IFRS-Bilanz passivisch abgrenzt. Der Steuersatz beträgt 30 %.
>
> **Lösung**
>
> | | IFRS-Buchwert | tax base | z. verst. temp. Diff. |
> |---|---|---|---|
> | Anlage | 1.000 | 1.000 | 0 |
> | passiv. Posten InvZusch | −200 | 0 | −200 |
> | passiv. Posten InvZul | −100 | 100 | 0 |
> | Summe | | | -200 |
> | passive latente Steuer | | | 60 |
>
> IAS 12.15(b) verbietet den Ansatz einer latenten Steuerschuld auf die Investitionszulage, da sie auf die Differenz bei der Erstbewertung/Zugangsbewertung entstanden ist und weder das IFRS-Ergebnis (nicht über GuV vereinnahmt) noch das zu versteuernde Einkommen (steuerfrei) beeinflusst hat. Es entsteht allerdings auch überhaupt keine temporäre Differenz. Für den Investitionszuschuss gilt diese Vorschrift nicht, da die Differenz das zu versteuernde Einkommen beeinflusst hat.

3.8 Investments in Beteiligungen u. Ä.

92 Eine **Sonderregelung** zur Passivlatenzierung enthält IAS 12.39 für Investments in Tochtergesellschaften (→ § 32), Zweigniederlassungen, assoziierten Unter-

nehmen (→ § 33) und Unternehmen unter gemeinsamer Vereinbarung (→ § 34 Rz 7). Hier sind **passive** Steuerabgrenzungen dann nicht vorzunehmen, wenn
- der Investor (z. B. Muttergesellschaft) den Zeitpunkt der Umkehrung der *temporary difference* **bestimmen** (*control*) kann und
- diese Umkehrung voraussichtlich (*probable*) auf absehbare Zeit (*foreseeable future*) **nicht erfolgen** wird.

Häufige Ursachen entsprechender Differenzen sind (IAS 12.38):
- Der Gewinn der Tochtergesellschaft etc. wird **thesauriert**; es kommt zu einer *outside basis difference*, wenn sich der IFRS-Buchwert anders als der Steuerwert erhöht.
- **Wechselkursschwankungen** liegen vor, wenn Mutter und Tochter mit unterschiedlicher funktionaler Währung in unterschiedlichen Währungshoheiten operieren.
- Eine **Wertminderungsabschreibung** (*impairment*) erfolgt nach IFRS, aber nicht nach Steuerrecht (dann Aktivlatenz).

Die Buchwertdifferenzen können sich durch Ausschüttung der Tochter etc. oder Beteiligungsverkauf auflösen. Das Latenzierungsverbot ist aufgehoben, wenn sich die Auflösung in absehbarer Zeit (*foreseeable future*) vollzieht.

Die **absehbare Zukunft** (*foreseeable future*) ist als Zeitraum im Standard IAS 12 nicht definiert. Innerhalb des Regelwerks findet der Begriff *foreseeable future* auch im Zusammenhang mit der Beurteilung der *going-concern*-Annahme Verwendung (IFRS.Framework 4.1). Eine analoge Interpretation ist daher naheliegend. Im Schrifttum wird von 12–18 Monaten ausgegangen.[50] 93

Fraglich ist, ob die Ausnahmebestimmung des IAS 12.39 nur für *outside-basis*-Differenzen im **Konzernabschluss** oder auch für die Beteiligungsbewertung im **Einzelabschluss** gilt. Hierzu wird auf Rz 74 verwiesen. 94

Die weiter zu beantwortende Frage richtet sich nach dem Einfluss des Investors auf die Vornahme von **Ausschüttungen** oder den **Beteiligungsverkauf**: 95
- Bei den **Tochtergesellschaften** und den **Zweigniederlassungen** ist die Kontrolle regelmäßig gegeben, also besteht ein Latenzierungsverbot.
- Bei *investments* in **assoziierten** Gesellschaften hat der Investor zwar signifikanten Einfluss auf die Geschäftstätigkeit, doch eine Kontrolle kann nur bei einer entsprechenden Vereinbarung unter den Investoren – einstweilen keine Ausschüttung oder Beteiligungsverkauf – vorliegen, also Latenzierungsgebot ohne eine solche Vereinbarung (IAS 12.42).
- Bei Unternehmen unter **gemeinsamer Vereinbarung** verhält es sich ähnlich wie bei assoziierten Unternehmen – also Latenzierungsgebot.[51]

Die Auflösung einer temporären Differenz kann bei freier Entscheidungsbefugnis über die Ausschüttungspolitik vom Unternehmen gesteuert werden, wenn also keine Bindung hinsichtlich der Verwendung erzielter Überschüsse vorliegt. Hinsichtlich der Auslegung der Vorgaben besteht mangels Konkretisierung durch den Standardsetter allerdings eine Unklarheit. Für die Anforderungen von IAS 12.39 lassen sich in Bezug auf die Steuerung des künftigen Ausschüttungsverhaltens zwei Lesarten anführen: 96

---

50 So z. B. KPMG, Insights into IFRS 2014/15, 3.13.280.10.
51 PwC, Manual of Accounting 2015, Tz. 13.267.

- **1. Lesart**: Eine Latenzierung unterbleibt zumindest so lange, wie das Management mangels einer Bindung den zeitlichen Verlauf der Auflösung steuern kann. Die Passivierung latenter Steuern scheidet daher aus, wenn die Umkehr einer bestehenden temporären *outside basis difference* im **Ermessen** des Managements steht (bzw. ist nur geboten, wenn z.B. eine Bindung durch Ausschüttungsbeschluss oder Veräußerung besteht).
- **2. Lesart**: Der Nichtansatz latenter Steuern setzt eine **Dokumentation** der Verwendungsabsicht von erwirtschafteten Überschüssen voraus, da andernfalls eine Ausschüttung zu unterstellen ist.

Nach einer Literaturmeinung setzt der Nichtansatz latenter Steuern auf *outside-basis*-Differenzen „ausreichend Nachweise" (*sufficient evidence*)[52] voraus, die die Intention des Managements zur Reinvestition der kumulierten Ergebnisse belegen. Ohne den Gegenbeweis über eine fehlende Absicht zur Umkehr soll also gerade eine solche unterstellt werden.[53]

Aus dem Standard (und auch im Hinblick auf analog heranzuziehende Vorgaben) lässt sich eine solche Lesart u. E. allerdings nicht herleiten. Die Ausführungen von IAS 12.39 sind nicht zweifelsfrei. Daher ist in gewissem Umfang in der Auslegung ein (eingeschränkter) Ermessensspielraum festzustellen. Dieser ist durch Festlegung einer Bilanzierungsmethode (*accounting policy*) zu schließen, die dem Grundsatz der Methodenstetigkeit unterliegt (IAS 1.45 und IAS 8.13).

97 Eine **Aktivlatenz** bei Investments ohne Vereinbarung einer Nichtausschüttung (IAS 12.43 identisch mit IAS 12.39) ist nach IAS 12.44 anzusetzen, wenn wahrscheinlich (Rz 113)
- der Umkehreffekt in absehbarer Zeit (*foreseeable future*) vonstatten geht und
- dann steuerliches Einkommen zur Absorption der Aktivabgrenzung zur Verfügung steht.

98 Nichtmonetäre Vermögenswerte und Schulden einer **ausländischen** Tochtergesellschaft können in ihrer funktionalen Währung (→ § 27 Rz 14) erfasst werden. Dann weicht das steuerliche Einkommen und deshalb auch der Steuerwert dieser Vermögen und Schulden vom Wert in der IFRS-Bilanz ab, wenn sich die Austauschverhältnisse der beiden Währungen verändern. Daraus resultieren ergebniswirksam zu erfassende Latenzen (IAS 12.41).

99 **Kapitalanlagegesellschaften** (*investment entities*) konsolidieren ihre Tochtergesellschaften nicht (→ § 32 Rz 100). Die Beteiligung wird, abgesehen von Ausnahmefällen, zum *fair value* erfolgswirksam (über die GuV) bewertet (IFRS 10.31). Die Frage ist, wie diese *investments* im Regelungsbereich des IAS 12.38ff. zu orten sind. Folgende Lösungen sind diskussionswürdig:
- IAS 12.38 befasst sich mit konsolidierten Tochtergesellschaften („*net assets*"). Die Ausnahmen des IAS 12.39 und 12.44 gelten nicht; es ist „**normal**" zu latenzieren.
- Man kann IAS 12.38 auch anders lesen: Tochtergesellschaften sind **generell** erfasst, einerlei ob sie konsolidiert oder zum *fair value* erfolgswirksam bilanziert werden. Allerdings kann das Kriterium der Nichtumkehrung der Buchwertdifferenzen in absehbarer Zeit (Rz 93) nicht erfüllt werden, weil

---

[52] Vgl. PwC, Manual of Accounting 2015, Tz. 13.258.
[53] Konkreter DELOITTE, die auf „*active plans for the undistributed profits to be reinvested*" abstellen, iGAAP 2014, S. 933, Example 4.4.6.1.A.

Kapitalgesellschaften nach IFRS 10.B85F eine **Ausstiegsstrategie** für die Beteiligungen mit festem Zeitrahmen dokumentieren müssen. Auch diese Interpretation von IAS 12.39 führt zum Ergebnis einer „normalen" Latenzierung.
- Die *foreseeable future* muss **nicht** mit den Vorgaben des IFRS 10.B85F identifiziert werden; sie kann kürzer angesetzt werden als der Zeitrahmen für die *exit*-Strategie. Nach dieser Interpretation würde die Latenzierung unterbleiben.

Wir präferieren die erste Lösung, können aber auch die zweite akzeptieren. Die dritte Variante eröffnet ein Quasi-Wahlrecht, dem wir uns nicht anschließen.

3.9 Temporäre Differenzen auf den *goodwill*

3.9.1 *Initial recognition exception*

Regelmäßig sind nach IAS 12.66 temporäre Differenzen, die bei einer *business combination* durch Aufdeckung stiller Reserven (→ § 31 Rz 15) entstehen, zu latenzieren (Rz 103). Als kasuistische **Ausnahme** in IAS 12.15a sowie IAS 12.21 muss die Latenzierung temporärer **passiver** Differenzen im Gefolge eines Unternehmenserwerbs (*business combination*) bez. des *goodwill* unterbleiben (*initial recognition exception*).

Eine **Rückausnahme** gilt nach IAS 12.32A, wenn der Steuer-*goodwill* den IFRS-*goodwill* übersteigt, aber nur für den **Differenzbetrag**. Im Einzelnen ist für die *business combination* bez. des „Höhenunterschiedes" zwischen IFRS und Steuerbilanz wie folgt zu differenzieren:

- *Goodwill* entsteht nach IFRS, nicht aber nach Steuerrecht (z. B. *share deal* mit Kapitalgesellschaften): keine Passivlatenz (IAS 12.15a).
- *Goodwill* entsteht nach IFRS und nach Steuerrecht, letzterer ist aber kleiner: keine Passivlatenz (IAS 12.15a).
- Beide *goodwills* sind gleich hoch: keine Latenzierung, da es an einer temporären Differenz fehlt.
- *Goodwill* nach Steuerrecht ist höher als IFRS-*goodwill*: Auf den Unterschiedsbetrag ist eine Aktivlatenz zu bilden (IAS 12.32A).

Gründe für unterschiedliche *goodwills* können in der differenzierenden Bestimmung der Anschaffungskosten und in unterschiedlicher Bewertung des Zugangsvermögens (→ § 31 Rz 38 ff.) liegen.

Eine weitere Rückausnahme vom Latenzierungsverbot gilt nach IAS 12.21B, wenn sich Buchwertunterschiede **nach** der Ersterfassung des *goodwill* ergeben. Typisches Fallbeispiel nach deutschem Steuerrecht stellt der *share deal* von Personenhandelsgesellschaften dar.[54]

> **Beispiel**
> Der *goodwill* ist nach IFRS nicht abschreibbar, steuerlich auf 15 Jahre; Steuersatz 30 %.

---

[54] So auch SCHULZ-DANSO, in: Beck'sches IFRS-Handbuch, 4. Aufl., 2013, § 26, Tz. 96; KPMG, Insights into IFRS 2014/15, 3.13.1050.10; PwC, Manual of Accounting 2015, Tz. 13.161.

	IFRS-Bilanz	Steuerbilanz	Unterschied	Passiv-Latenz
Zugang 31.12.00	15.000	15.000		
Abschreibung 01	0	1.000		
Buchwert 31.12.01	15.000	14.000	1.000	900

Weiteres Beispiel
Sachverhalt wie zuvor, allerdings außerplanmäßige Abschreibung auf den *goodwill* in der IFRS-Bilanz, nicht in der Steuerbilanz.

	IFRS-Bilanz	Steuerbilanz	Unterschied	Passiv-Latenz
Zugang 31.12.00	15.000	15.000		
Abschreibung 01	5.000	1.000		
Buchwert 31.12.01	10.000	14.000	4.000	1.200

3.9.2 Konzerninterne Umstrukturierungen

103 Ein steuerlicher *goodwill* kann im Gefolge konzerninterner Umstrukturierungen entstehen, z.B. im Rahmen eines *asset deal* oder eines *share deal* mit einer Personenhandelsgesellschaft. Die dabei aufgedeckten stillen Reserven einschließlich eines *goodwill* sind aus **Konzernsicht** als konzerninterne Transaktion ohne Belang. Allerdings verändert die Transaktion die **Steuerwerte**. Dies führt einerseits im einfachsten Fall zu deren Anpassung an die Konzernbuchwerte, andererseits zur Entstehung eines steuerlichen Abschreibungsvorteils gegenüber der Ausgangssituation. Fraglich ist, ob dann keine Latenzen zu bilden sind (Übereinstimmung Konzern- und Steuerwerte) oder doch (Vorteil im Vergleich zur Ausgangssituation).[55]

> **Beispiel**[56]
> Die von MU erworbene TU1 verkauft ihr Geschäft im *asset deal* an TU2, die ebenfalls Tochter von MU ist. Dem (neu entstehenden) steuerlichen *goodwill* von 100 GE steht (aus Erwerb TU1) ein IFRS-*goodwill* von ebenfalls 100 GE gegenüber.
> Die Umstrukturierung verschafft einen steuerlichen Vorteil. Fraglich ist, ob dieser zu bilanzieren ist, da die bisherige, mit einem passiven Latenzierungsverbot belegte temporäre Differenz lediglich beseitigt wird, sodass aus Konzernsicht nach dem *asset deal* keine temporäre Differenz mehr besteht.

104 Zu einer bilanziellen Erfassung des steuerlichen Vorteils kann man nur gelangen, wenn der steuerliche *goodwill* und der IFRS-*goodwill* als zwei unterschiedliche Vermögenswerte/Wirtschaftsgüter angesehen würden. Dann stünden sich im Beispiel Vermögenswert bzw. Wirtschaftsgut aus Erwerb der TU1 im *share deal*

---
[55] Vgl. auch MELCHER/WATERSCHEK-CUSHMAN, DB 2012, S. 1396.
[56] Nach LÜDENBACH, StuB 2013, S. 146.

transaction angenommen werden (anders als im Beispiel oben). Das zeitliche Beurteilungskriterium erfährt eine notwendige Ergänzung durch **qualitative** Merkmale.

107 Das Problem der „Trennung" eines *goodwill* stellt sich dann nicht, wenn dem durch die konzerninterne Umstrukturierung entstehenden Steuer-*goodwill* kein akquisitionsbedingter in der IFRS-Bilanz gegenübersteht.

> **Beispiel**
> Die von MU gegründete TU1 verkauft ihr Geschäft nach einigen Jahren im *asset deal* an TU2. Dem (neu entstehenden) steuerlichen *goodwill* steht (da TU1 gegründet und nicht erworben) kein IFRS-*goodwill* gegenüber. Die temporäre Differenz ist aktiv zu latenzieren. Die Latenzierungsverbote von IAS 12.15a und 21 greifen nicht unmittelbar, da sie passive Latenzen betreffen, können aber auch nicht analog angewandt werden, da nach IFRS gar keine *business combination* vorliegt.

108 Nach **österreichischem** Steuerrecht kann der im Rahmen des Erwerbs einer (österreichischen) Kapitalgesellschaft im Kaufpreis abgegoltene *goodwill* bei bestehender oder im Zuge des Erwerbs begründeter **Gruppenbesteuerung** (Rz 190) vom Beteiligungsbuchwert auf 15 Jahre abgeschrieben werden. Allerdings gilt dieser *goodwill* nach § 9 Abs. 7 ÖKStG nicht als Wirtschaftsgut. Die Abschreibung stellt sich als auf 15 Jahre zu verteilende Betriebsausgabe dar, der zwingend eine entsprechende Minderung des steuerlichen Buchwertes der Beteiligung gegenübersteht.

Wenn nach einem Unternehmenserwerb das Mutterunternehmen sofort die zur Begründung der Gruppenbesteuerung erforderlichen Maßnahmen ergreift (z. B. Antragstellung bei der Finanzbehörde), soll es sich nach Ansicht des österreichischen Standardsetters (AFRAC) zufolge gleichwohl nicht um eine *linked transaction* handeln. Die Aufdeckung des steuerlichen *goodwill* folge nicht den Regeln des IAS 12.15a, IAS 12.21 und IAS 12.32.4, da sie nicht im Zusammenhang mit der *business combination* stehe. Stattdessen erwägt der AFRAC eine Erfassung des Steuervorteils als *tax credit* (Rz 15).

3.10 Besondere Anforderungen für den Ansatz einer aktiven Steuerlatenz

3.10.1 Abzugsfähige temporäre Differenzen

109 Der Ansatz der aktiven Steuerlatenz (*deductible temporary difference*) nach IAS 12.24 setzt gegenüber der passiven **zusätzlich** die **Wahrscheinlichkeit**[59] („*more likely than not*"-Kriterium mit einer Eintrittswahrscheinlichkeit von mehr als 50 %; → § 21 Rz 37 ff.) eines künftig ausreichend vorhandenen Einkommens voraus, um einen steuerwirksamen Abzug des Verrechnungspotenzials vornehmen zu können (IAS 12.27). Die Wahrscheinlichkeit der künftigen Verrechnungsmöglichkeit (*deductible*) der aktiven Steuerlatenz wird (als Ansatz- und Bewertungskriterium) in IAS 12.28, IAS 12.29 und IAS 12.30 näher **spezifiziert**. Danach sind ausreichende steuerliche Gewinne zu **unterstellen**, wenn und soweit den (zu aktiven Latenzen führenden) abzugsfähigen temporären Differenzen entsprechend hohe (zu passiven Latenzen führende) steuerpflichtige

---

[59] LÜDENBACH/HOFFMANN, KoR 2003, S. 5.

(*goodwill* I) mit Werten von 100 GE (IFRS) und 0 GE (Steuerbilanz) gegenüber, Vermögenswert bzw. Wirtschaftsgut aus Verkauf TU1 an TU2 im *asset deal* (*goodwill* II) mit Werten von 0 GE (IFRS) und 100 GE (Steuerbilanz). Die erste Differenz wäre wegen des speziellen Ansatzverbots aus IAS 12.15a nicht (passiv) zu latenzieren, die zweite hingegen (aktiv) doch.

Gegen eine solche Theorie der **zwei** Vermögenswerte/Wirtschaftsgüter in Gestalt des *goodwill* spricht u. E. aber: Der *goodwill* ist immer nur ein Konstrukt, nämlich ein **Residuum** aus Kaufpreis und erworbenem Vermögen. Ein derartiges Residuum ist eine reine Rechengröße. Es fehlt also am konkreten physischen oder immateriellen Gehalt, der sonst die Unterscheidung zwischen Gut I und Gut II erlaubt. In der Praxis ließe sich der zweigeteilte *goodwill* nur durch höchst artifizielle Berechnungen darstellen.

Nach einer *agenda rejection*[57] des IFRS IC ist für die Beurteilung der Auswirkungen konzerninterner Umstrukturierungen auf Steuerwerte zwischen der Perspektive der Gruppe (*consolidated group*) und der der rechtlichen Einheit (*each entity* i. d. R. = Steuersubjekt) zu unterscheiden. Das spezielle Ansatzverbot im Zugangszeitpunkt (*initial recognition exception*) ist danach zunächst aus Sicht der konsolidierten Gruppe beachtlich (Rz 89). Eine konzerninterne Umstrukturierung (Transfer von *goodwill* zwischen rechtlichen Einheiten) fällt nicht unter das spezielle Ansatzverbot. Die Bestimmung etwaiger temporärer Differenzen erfolgt auf Ebene der einzelnen rechtlichen Einheiten, die Teil der konsolidierten Gruppe sind. In der Konsequenz sind daher latente Steuern zu erfassen.

Eine steuermotivierte Umstrukturierung (oder äquivalente Maßnahme) kann mit einer *business combination* eine einheitliche Maßnahme (*linked transaction*) bilden. Ein solcher Zusammenhang ist insbesondere dann indiziert, wenn die steuerliche Maßnahme als Teil eines **Gesamtplanes zeitnah** nach der *business combination* vollzogen wird.

> **Beispiel**
> MU möchte TU2 im *asset deal* erwerben. Steuerliche Interessen des Veräußerers und/oder zivilrechtliche Restriktionen stehen dem jedoch entgegen. MU erwirbt TU2 daher im *share deal*, um sogleich nach Erwerb durch eine Verschmelzung von TU2 auf TU1 *goodwill* und stille Reserven auch steuerlich aufzudecken. U. E. stellt sich die unter Rz 103–101a diskutierte Frage, wie mit einem durch Umstrukturierung entstehenden steuerlichen *goodwill* umzugehen ist, hier überhaupt nicht. Die Umstrukturierung ist wirtschaftlich **Teil** des Unternehmenserwerbs.

Nicht immer ist der einheitliche Gestaltungsplan so deutlich ersichtlich wie im vorigen Beispiel. Ein wichtiges Beurteilungskriterium stellt das **Zeit**element dar: Je dichter (im Zeitablauf) die erforderlichen Gestaltungsschritte (*transactions*) vorgenommen werden, desto eher ist von einem Gesamtplan (so die steuerliche Terminologie) auszugehen.[58] Wenn ein Jahr nach erfolgter Akquisition wegen geänderter Steuerrechtslage oder umgestellter Konzernstrategie eine Umhängung der zuvor erworbenen Tochtergesellschaft im *asset deal* erfolgt, kann keine *linked*

---

57 Vgl. IFRS IC, IFRIC Update May 2014.
58 MELCHER/WATERSCHEK-CUSHMAN, DB 2012, S. 1398.

temporäre Differenzen gegenüberstehen (Rz 112), die sich auf die **gleiche** Steuerbehörde beziehen und **die steuerpflichtigen Differenzen** entweder
- **zeitkongruent** anfallen (IAS 12.28a) oder
- in Perioden anfallen, in die der Aufwand (Verlust) aus der Auflösung der abzugsfähigen temporären Differenzen **vor- oder -rückgetragen** werden kann (IAS 12.28b).

Sofern die vorstehenden Kriterien nicht erfüllt sind, gelten **hilfsweise** folgende alternative Ansatzkriterien für die aktive Steuerlatenz:
- Für den **Zeitraum** (Rz 112) des Wirksamwerdens des Steuererstattungsanspruches liegen beim gleichen **Steuerschuldner** (Konzerngesichtspunkt: keine Verrechnungsmöglichkeit zwischen verschiedenen Steuersubjekten) gegenüber der gleichen **Steuerbehörde** „wahrscheinlich" (*probable*) ausreichend steuerpflichtige **Gewinne** vor (IAS 12.29a).
- Es stehen **steuerplanerische** Ansätze zur Generierung von steuerpflichtigen Einkommen zur Verfügung (IAS 12.29b; Rz 99).

Nach keineswegs einhelliger Schrifttumsauffassung soll den erforderlichen Planungsrechnungen in Analogie zu IAS 36.33 (→ § 11 Rz 52) ein Zeitraum von maximal fünf **Jahren** zugrunde gelegt werden (Rz 127).[60] Bei *start-up*-Unternehmen wird dann höchst selten eine Verlustaktivierung möglich sein.

Zusammengefasst setzt die Aktivierung einer Steuerlatenz voraus:[61]
- entweder ausreichende passive Latenzen beim gleichen Steuersubjekt und der gleichen Fiskalinstanz oder
- ausreichende Wahrscheinlichkeit des künftigen Entstehens steuerpflichtiger Gewinne.

Voraussetzung für den Ansatz einer aktiven latenten Steuer ist die Erwartung eines zukünftig zu versteuernden Gewinns. Der bei späterer Umkehr der temporären Differenzen anzunehmende Gewinn ist **vor** Berücksichtigung des Umkehreffektes anzusetzen und so der Buchwertdifferenz gegenüberzustellen.

110

Beispiel[62]
Der Steuerwert eines Wirtschaftsguts beträgt 150 GE, der korrespondierende Wertansatz in der IFRS-Bilanz beläuft sich auf 100 GE. Zum Stichtag besteht daher eine temporäre Differenz von 50 GE, die sich über die planmäßige Abschreibung oder einen Verkauf des Vermögenswerts auflöst. Ein steuerlicher Gewinn im Zeitpunkt der Umkehr wird erwartet, die Werthaltigkeit einer aktiven latenten Steuer ist damit belegt.

Steuerbilanzwert	150	Steuerlicher Gewinn bei Umkehr (angenommen)	200
IFRS-Buchwert	100	temporäre Differenz × Steuersatz 30 % = 15	
temporäre Differenz	50		

- Es ist bei einem unterstellten Steuersatz von 30 % eine aktive latente Steuer von 15 GE anzusetzen.

---

[60] BERGER, DB 2006, S. 2474.
[61] Ähnlich SCHULZ-DANSO, in: BECK'sches IFRS-Handbuch, 4. Aufl., 2013, § 25, Tz. 50 ff.
[62] Nach REINHOLDT/ZWIRNER, KoR 2012, S. 440.

111 Für Beteiligungen an **Gesellschaften** u. Ä. (Rz 92) setzt der Ansatz einer aktiven Steuerlatenz die Umkehrung der Buchwertdifferenzen in absehbarer Zeit (*foreseeable future*) voraus (IAS 12.44).[63]

112 Besondere Beachtung verlangt in allen Fällen die **Zeitkongruenz**[64] (vgl. Rz 109).

> **Beispiel**
> Die steuerpflichtige temporäre Differenz aus einer steuerlichen Sonderabschreibung zum 31.12.01 löst sich in den nächsten 2 Jahren jeweils hälftig auf. Die abzugsfähige temporäre Differenz aufgrund einer steuerlich nicht bilanzierten Drohverlustrückstellung wird durch Berücksichtigung des Verlustes im Jahr 05 steuerwirksam.
> Die steuerpflichtige temporäre Differenz ist bereits nach 2 Jahren „verbraucht" und steht für die Verrechnung mit der abzugsfähigen nicht (mehr) zur Verfügung. Deren Aktivierung setzt das Vorhandensein ausreichenden steuerlichen Einkommens im Jahr 05 voraus. Etwas anderes würde nur dann gelten, wenn Verluste des Jahres 05 nach 02 und 03 zurückgetragen werden könnten.

Bei einer **Vielzahl** von latenzierten Bilanzposten lässt sich eine Analyse wie im vorstehenden Beispiel kaum durchführen. Das wird von IAS 12 auch nicht gefordert. Insbesondere bei **quasi-permanenten** Differenzen (Rz 3) erscheint eine Ermittlung des Umkehrzeitpunkts als unmöglich.
Unterstellt man modellhaft eine langfristige IFRS-Ergebniserwartung von null, gilt bei zeitlich unbegrenzter Verlustvortrags- und nur begrenzter Rücktragsmöglichkeit Folgendes:[65]
- Die abzugsfähigen temporären Differenzen sind voll werthaltig, wenn sich mindestens gleich hohe zu versteuernde temporäre Differenzen **zeitgleich** oder bei **unbegrenztem Verlustvortrag später** auflösen.
- Lösen sich die zu versteuernden temporären Differenzen hingegen **früher** auf, sind die abzugsfähigen Differenzen nur mit dem Teil werthaltig, der sich im gleichen Zeitraum umkehrt oder bei späterer Umkehrung als Verlustrücktrag in diesen Zeitraum zurückgetragen werden kann.

113 Die Umkehrung steuerpflichtiger temporärer Differenzen **zeitgleich** mit der Umkehrung abzugsfähiger temporärer Differenzen **allein** berechtigt nicht zur aktiven Latenzierung. Entsprechendes gilt für die aktive Latenzierung von Verlustvorträgen. Gefordert ist in beiden Fällen eine Verminderung der voraussichtlichen Steuerzahllast; vgl. aber Rz 115.
Dazu folgendes Beispiel:

> **Beispiel**
> **1. Variante**
> Das nachhaltig zu erwartende IFRS-Ergebnis ist null. Es liegen am Stichtag 31.12.01 steuerpflichtige temporäre Differenzen i. H. v. 100 GE vor, die sich in 02 und 03 mit jeweils 50 GE auflösen. Daraus entsteht ein steuerlicher

---

[63] Zur Konkretisierung ziehen MEYER/BORNHOFEN/HOMRIGHAUSEN (KoR 2005, S. 506) einen Analogieschluss zu IAS 36.33b und plädieren für eine 5-Jahres-Frist.
[64] FREIBERG, PiR 2013, S. 132.
[65] LÜDENBACH, StuB 2013, S. 305.

Gewinn in dieser Höhe. Unbeschränkt vortragsfähige Verluste können in diesem Umfang aktiv latenziert werden.

2. Variante
In 02 und 03 sind negative IFRS-Ergebnisse von 50 GE (oder noch schlechter) zu erwarten. Die Auflösung der Passivlatenz um jeweils 50 GE lässt keinen zu versteuernden Gewinn entstehen. Der Ansatz einer Aktivlatenz scheidet aus.

Für die Ansatzberechtigung einer Aktivlatenz (aus Verlustvorträgen oder abzugsfähigen temporären Differenzen) sind **zwei Quellen** zu beachten: 114
- das IFRS-Ergebnis,
- die zeitkongruente Auflösung von temporären Differenzen.

Die **Summe** aus diesen beiden Posten muss zu einem **steuerlichen Gewinn** führen, der insoweit die Aktivlatenzierung erlaubt (IAS 12.27).

Beispiel[66]
Das Unternehmen weist steuerpflichtige temporäre Differenzen zu Beginn des Betrachtungszeitraums von 60.000 GE aus. Diese sollen sich jährlich mit 20.000 GE im steuerpflichtigen Einkommen niederschlagen. Eine Drohverlustrückstellung (abzugsfähige Zeitdifferenz) von 40.000 GE löst sich im Jahr 02 auf. Es liegen Verlustvorträge von 40.000 GE vor.

Vorgang	Jahr 01	Jahr 02	Jahr 03
Erwartete Entwicklung des Umkehreffektes der steuerpflichtigen Buchwertdifferenz Stand 1.1.	60.000	40.000	20.000
erfasst im steuerlichen Einkommen	−20.000	−20.000	−20.000
Stand 31.12.	40.000	20.000	0
Erwartete Entwicklung der abzugsfähigen Buchwertdifferenz Stand 1.1.	40.000	40.000	
abgezogen vom steuerlichen Einkommen		−40.000	
Stand 31.12.	40.000	0	
Steuerlicher Verlustvortrag	40.000	50.000	40.000
+ Zunahme/- Nutzung	+10.000	−10.000	−20.000
Stand 31.12.	50.000	40.000	20.000
Σ abzugsfähige Differenz	90.000	40.000	20.000

---

[66] Vereinfacht nach PwC, Manual of Accounting, 2015, 13.134.

Vorgang	Jahr 01	Jahr 02	Jahr 03
Möglicher Ansatz einer Aktivlatenz, begrenzt auf den jeweiligen Stand der steuerpflichtigen Buchwertdifferenz	40.000	20.000	0

115 Eine andere Standardinterpretation (als die in Rz 114 dargestellte) kann sich auf die apodiktische Aussage in IAS 12.28 stützen, indem sie die vorhergehende Aussage in IAS 12.27 erweiternd interpretiert: Die Bedingung des IAS 12.27 ist bei (nur) vorhandenen passiven Buchwertdifferenzen erfüllt. Diese Betrachtungsweise differenziert zwischen den tatbestandlichen Voraussetzungen in IAS 12.28 einerseits und IAS 12.36 andererseits bez. des Merkmals „*sufficient probable future taxable profit*". Mit dieser Sicht ist auch eine unterschiedliche Inhaltsinterpretation von abzugsfähigen Buchwertdifferenzen einerseits und ungenutzten Verlustvorträgen andererseits verbunden.

Diese Standardauslegung widerspricht u.E. der Aussage von IAS 12.35 Satz 1. Andererseits kann der Terminus „*considers*" als nachgiebiger interpretiert werden als die Aussage in IAS 12.35 Satz 3 „*only to the extent*". Lässt man eine zeitkongruent sich auflösende Passivlatenz als Aktivierungskriterium genügen, bedarf es **keines** dann vorhandenen **steuerlichen Einkommens**, gegen das die Aktivlatenz aus Verlustvorträgen verrechnet werden kann.[67] Künftig (nach dem Stichtag) entstehende Aktivlatenzen dürfen nach IAS 12.29(a) Satz 2 jedoch in keinem Fall in die Werthaltigkeitsprüfung der am Stichtag vorhandenen Aktivlatenzen einbezogen werden.[68]

116 Mit diesem Themenbereich hat sich der IFRS IC befasst und eine Nichtaufnahme in seine Bearbeitungsliste beschlossen.[69] Seine Begründungen lauten:
- Bei Bestehen ausreichender **Passivlatenzen** müssen Aktivlatenzen aufgrund von Verlustvorträgen angesetzt werden, sofern der „Verlusttyp" (die Besteuerungsart) identisch mit den Passivlatenzen ist und die Buchwertumkehr zeitkongruent erfolgt. Dadurch können dem IFRS IC zufolge ungenutzte steuerliche Verlustvorträge genutzt werden. Das steuerliche Ergebnis in der Zukunft ist dabei unerheblich.
- In Steuersystemen mit **Mindestbesteuerung** (wie in Deutschland) kann die Minderung der Passivlatenzen nur eingeschränkt eine Verlustnutzung erlauben. Die Passivlatenzen können deshalb nur bedingt als Werthaltigkeitsnachweis für eine Aktivlatenzierung aufgrund von Verlustvorträgen dienen. Auch in dieser Konstellation kommt es auf das künftige steuerliche Ergebnis nicht an.
- Liegen in den beiden genannten Konstellationen nicht genügend Passivlatenzen in Bezug auf vorhandene steuerliche Verlustvorträge vor, kommt der Ansatz von Aktivlatenzen nur im Rahmen von IAS 12.29 und IAS 12.36 in Betracht: also genügend steuerliches Einkommen in der Abbauperiode (Rz 109) oder Vorliegen von Steuerplanungen (Rz 134ff.).

---

67 Ähnlich MEYER, DStR 2013, S. 2020.
68 Zweifelnd hierzu RUHKAMP, DStR 2013, S. 2589.
69 Non-IFRIC-Entscheidung May 2014; vgl. hierzu RUBERG, PiR 2014, S. 234

Für Steuersysteme, bei denen steuerliche Gewinne lediglich in bestimmter 117
Höhe für die Verrechnung mit vorgetragenen Verlusten verwendet werden
dürfen (sog. Mindestbesteuerung), sind laut IFRS IC die folgenden Besonderheiten zu beachten:
- Verrechenbare zu versteuernde temporäre Differenzen sind zwar zum **Werthaltigkeitsnachweis** für den Ansatz aktiver Steuerlatenzen heranzuziehen,
- jedoch nur im Umfang der **steuerrechtlichen Beschränkung** des jeweiligen Rechtskreises.

In Deutschland gilt (nach § 10d EStG) folgende Mindestbesteuerungsregelung: Verluste aus Vorjahren können nur bis zu einem Sockelbetrag des laufenden Gewinns von 1 Mio. EUR unbeschränkt verrechnet werden. Eine darüber hinausgehende Verrechnung ist auf 60 % beschränkt. Als Konsequenz kann daher auch nur eine anteilig reduzierte, aktive Steuerlatenz als Folge der erwarteten Nutzung steuerlicher Verlustvorträge angesetzt werden. Dient hingegen ein passiver Überhang an Latenzen dem Nachweis der Werthaltigkeit von aktiven latenten Steuern, besteht nach IAS 12.36a eine mengenmäßige Beschränkung. Entsteht bei Umkehr der zu versteuernden temporären Differenz ein steuerlicher Ertrag, kann dieser – in Deutschland nach Berücksichtigung des freigestellten Sockelbetrags – wegen der Mindestbesteuerung nur zu 60 % einer tatsächlichen Verlustnutzung herangezogen werden. Als Konsequenz kann eine passive Steuerlatenz auch nur zu 60 % (in Deutschland nach Erfassung des Sockelbetrags) die Werthaltigkeit der aktiven latenten Steuern auf einen bislang nicht genutzten Verlustvortrag belegen.

> **Beispiel**
> Im Abschluss des Unternehmens U (in Deutschland ansässig) stehen sich am Bilanzstichtag eine zu versteuernde temporäre Differenz und in gleicher Höhe ein steuerlicher Verlustvortrag i. H. v. EUR 5 Mio. gegenüber. Der Steuersatz liegt bei 30 %. U passiviert aufgrund der zu versteuernden temporären Differenz passive Latenzen i. H. v. EUR 1,5 Mio. (EUR 5 Mio. x 30 %), die sich zu einem bestimmten Zeitpunkt innerhalb einer Verlustphase umkehren werden. Aufgrund der Mindestbesteuerungsregelung in Deutschland darf U aber lediglich EUR 1,02 Mio. aktive Latenzen auf die Verlustvorträge ansetzen. Folgende Berechnung liegt dem zugrunde:
> Schritt 1: EUR 5 Mio. -EUR 1 Mio. = EUR 4 Mio.
> Schritt 2: EUR 4 Mio. x 60 %= EUR 2,4 Mio.
> Schritt 3: (EUR 2,4 Mio. + EUR 1 Mio.) x 30 % = EUR 1,02 Mio.

Kehrt sich eine temporäre Differenz, für die eine passive Steuerlatenz erfasst 118
wurde, in einer **Gewinnphase** des Unternehmens um, entfaltet die Mindestbesteuerung auch tatsächlich eine Wirkung. Werden aber künftig keine Gewinne, sondern Verluste erwartet, besteht nach der Auffassung des IFRS IC ebenfalls eine Verpflichtung zur Berücksichtigung der Mindestbesteuerung. Ungeachtet der fehlenden Wirkung (kein zu versteuerndes Einkommen) sollen passive (Steuer-)Latenzen auch bei einer erwarteten **Verlustsituation** nur eine durch die Mindestbesteuerung eingeschränkte Werthaltigkeit aktiver latenter Steuern belegen.

119 Trotz **konzeptioneller** Bedenken besteht eine Verpflichtung zur Berücksichtigung der Non-IFRIC- Entscheidung (so auch bestätigt durch den IFRS-FA). Zwar stellen Non-IFRIC- Entscheidungen – auch nach Ansicht des IASB – lediglich **nicht autoritative Stellungnahme** dar, die nicht in EU-Recht übernommen werden (→ § 1 Rz 55), dennoch wird die Berücksichtigung solcher Entscheidungen bei der Bilanzierung explizit erwartet (etwa von der ESMA). Bei einer Abkehr von der bisherigen Bilanzierungspraxis ist daher eine retrospektive Anpassung gem. IAS 8 erforderlich (→ § 24).

120 Ein spezielles Problem der Aktivlatenzierung wurde vom IFRS IC und vom IASB diskutiert.[70] Es geht dabei um den Ansatz von Aktivlatenzen auf nach IFRS wertgeminderte **festverzinsliche Wertpapiere**, die nach IFRS erfolgsneutral zum beizulegenden Zeitwert und steuerlich zu höheren Anschaffungskosten bilanziert werden. Das Erfordernis ausreichender steuerlicher Gewinne zur Aktivlatenzierung wird als zweifelhaft angesehen, wenn solche Papiere bis zur Endfälligkeit gehalten werden (sollen). Die abzugsfähige temporäre Differenz baut sich im Zeitverlauf „automatisch" ab, ob nun ausreichendes steuerliches Einkommen vorhanden ist oder nicht. Diese Erkenntnis stärkt allgemein die Standardauslegung (Rz 115), wonach ein Steuerminderungseffekt nicht zwingend für den Ansatz einer Aktivlatenz vorauszusetzen ist.

121 Der IASB hat dieses Thema förmlich im ED/2014/3 *„Recognition of Deferred Tax Assets for Unrealised Losses"* vom August 2014 aufgegriffen. Konkret geht es um Schuldinstrumente im Handelsbestand (bewertet *at fair value through other comprehensive income* → § 28) mit (zinsinduzierter) Wertänderung, vornehmlich Wert**minderung**. Die Bonität des Schuldners ist dabei unterstellt. Das Problem wird im ED anhand eines Beispiels dargestellt: Ein Schuldpapier mit einer Laufzeit von fünf Jahren und einem Zinskupon von 2 % (bei Begebung marktkonform) wird mit einer Zinserhöhung auf 5 % konfrontiert; entsprechend sinkt der *fair value* und damit der Buchwert. Der Steuerwert ändert sich demgegenüber durch die Zinsänderung nicht.[71] Der entstehende Buchwertunterschied gleicht sich bis zum Rückzahlungszeitpunkt aus. Gleichwohl ist dem IASB zufolge eine **Aktivlatenzierung** dem Grunde nach geboten (ED/2014/3 BC6). Das gilt unabhängig davon, ob das Schuldinstrument bis zur Fälligkeit gehalten oder zuvor verkauft werden soll.

122 Für die **Bewertungsebene** begrenzt nach Auffassung des IASB der Buchwert eines Vermögenswertes nicht den aus ihm möglicherweise zu generierenden künftigen Steuerertrag (ED 2014/3 IAS .29A und ED 2014/3 BC 12). Allerdings ist die Annahme eines solchen Ertrages nicht immer zutreffend, z. B. bei einem jüngst wertgeminderten Vermögenswert (ED 2014/3 IAS 12.29A und ED 2014/3 BC 15). Die Werthaltigkeit der Aktivlatenz hängt vom Vorliegen ausreichender steuerlicher Gewinne im Zeitpunkt der Buchwertumkehrung ab. Das Vorliegen von entsprechenden Buchwertdifferenzen allein berechtigt nicht zur Latenzierung (ED 2014/3 IAS 29(a) (i)), weil sonst eine Doppelerfassung stattfände (ED 2014/3 BC 18).

---

[70] IFRIC 14./15.5.2013 Agenda Paper 12 sowie IASB vom 13.-18.12.2012 Agenda Paper 9; vgl. hierzu RUBERG, PiR 2014, S. 9.
[71] So auch vom BFH entschieden im Urteil vom 08.06.2011 I R 98/10, BStBl II 2012, S. 716.

Eine **getrennte** Verlustverrechnungsmöglichkeit je nach Einkommenskategorie – z. B. Sondertarif für Veräußerungsgewinne – erfordert eine entsprechend eigenständige Latenzierung der jeweiligen Kategorie (ED 2014/3 IAS 27A).

Auch eine – abhängig vom nationalen Steuerrecht – vorgesehene **Mindestbesteuerung** (Rz 129) kann Einfluss auf die Zeitkongruenz ausüben. Trotz der zeitlich unbeschränkten Vortragsfähigkeit kann die Verrechenbarkeit einer abzugsfähigen Differenz in einen Zeitraum fallen, in dem keine Passivlatenz mehr zur Verfügung steht. Ohne ausreichendes steuerliches Ergebnis in diesem Zeitraum scheidet eine Aktivlatenzierung aus.

123

Besondere Aspekte wirft die Latenzierung **hybrider Steuern** auf (Rz 7). Diese sind geprägt als Mindeststeuer auf der Basis des Aktivvermögens, des Eigenkapitals, der Verkaufserlöse etc. Diese Komponente der Besteuerung unterliegt nicht dem Regelungsbereich des IAS 12 (Rz 7). Dazu gesellt sich als zweite Komponente eine (eigentliche) Einkommensteuer, sofern das steuerliche Ergebnis nicht ohnehin null ist. Diese zweite Komponente unterliegt als Teilmenge der gesamten Steuerlast der Latenzierung nach IAS 12. Auf deren Grundlage ist die einer *temporary difference* (Rz 43) zuzurechnende künftige Steuerbe- oder -entlastung zu errechnen. Nur insoweit liegt eine Verrechnungsmöglichkeit für ein latentes Steuerguthaben (Rz 109) vor.

124

3.10.2 Verlustvorträge

3.10.2.1 Wahrscheinlichkeit der Verlustnutzung als Ansatzkriterium

Nach IAS 12.34 ist der Steuereffekt aus einem am Bilanzstichtag **vorhandenen Verlustvortrag** (lt. Steuerbilanz) zu aktivieren, wenn mit ausreichender Wahrscheinlichkeit[72] (*probable*) künftig genügend steuerlicher Gewinn zur Verlustverrechnung verfügbar ist. Die Beurteilung des Wahrscheinlichkeitsmaßstabs erfolgt dabei gem. IAS 12.35 dem Grunde nach nach **denselben** Kriterien, die auch für die aktive Steuerlatenz aus Buchwertunterschieden (Rz 109) Gültigkeit haben. Diese Kriterien werden in IAS 12.36 in weitgehender Übereinstimmung mit den Ausführungen zu abzugsfähigen temporären Differenzen in IAS 12.28 und IAS 12.39 aufgelistet.

125

Danach gelten folgende Kriterien zur Bestimmung der **Wahrscheinlichkeit** einer entsprechenden Verlustnutzung:[73]

126

- Es liegen ausreichend **passive Latenzen** vor, gegen die bislang ungenutzte Verlustvorträge vor ihrem Verfall beim selben Unternehmen und der gleichen Steuerbehörde geltend gemacht werden können (Rz 109).
- Mit Wahrscheinlichkeit (*probable*) – nachgewiesen durch entsprechende **Planungsrechnungen** – erzielt das Unternehmen ausreichende Gewinne zur Verrechnung mit Verlustvorträgen vor deren Verfall (Rz 127).
- Die Verlustvorträge sind aus **Ereignissen** entstanden, die sich voraussichtlich **nicht mehr wiederholen** (Rz 131).
- Es liegen steuerliche **Gestaltungsmöglichkeiten** zur Verlustnutzung innerhalb eines evtl. Verfallzeitraumes vor (Rz 135).

---

[72] In Anlehnung an FREIBERG, PiR 2006, S. 206.
[73] Vgl. auch MEYER, DStR 2013, S. 2020.

Bei der Ermittlung der wahrscheinlichen künftigen Gewinne sind Steuer**schulden** und ähnliche Verlustverrechnungs**beschränkungen**[74] zu beachten[75] (IAS 12.27A). Nach deutschem Steuerrecht ist einschlägig die Verlustnutzung durch Gewinne aus der gleichen Quelle, z.B. Begrenzung nach § 15a Abs. 1 EStG, oder bei Steuerstundungsmodellen.[76]

127 Bei allem ist unabhängig von der Gefahr des Untergangs von Verlustvorträgen zu fragen, über welchen **Zeitraum verlässliche Prognosen** überhaupt erstellt werden können. Als Grenze für die Prognose von künftigen Gewinnen werden im Schrifttum fünf Jahre befürwortet,[77] andererseits wird wohl mehrheitlich eine feste Grenze zeitlicher Art abgelehnt[78] und auf die individuellen Verhältnisse des Unternehmens/Konzerns abgestellt. Der Zeithorizont kann nur als Teilmenge zur Bestimmung der Überzeugungskraft der Planungsrechnung und nicht der überwiegenden Wahrscheinlichkeit des Eintretens gewertet werden. Es bedarf jedenfalls einer ausreichend evidenten Planung, die intersubjektiv nachprüfbar und willkürfrei ist (Rz 133).[79] § 274 HGB sieht für das deutsche Handelsrecht eine Beschränkung auf einen Zeitraum von fünf Jahren vor.

Beispiel
Nach Verlustjahren hat die Biotechnik AG die verlustbringende Sparte „Tiermedizin" geschlossen und die zugehörigen Kosten zurückgestellt. Die Planungsrechnungen für den verbleibenden Humanbereich liefern für die nächsten 5 Jahre nennenswert positive Ergebnisse und sind durch die Ist-Zahlen der vergangenen Jahre eindeutig verifizierbar. Die Verrechnung der Verluste mit künftigen Gewinnen ist plausibel (wahrscheinlich). Die daraus resultierende Steuerlatenz ist aktivierbar.

Abwandlung
Die Biotechnik AG sieht nach 4 Verlustjahren ihr Heil unter den Fittichen eines Pharmakonzerns. Realistischerweise kommt nur eine Vollübernahme in Betracht, die die Verrechenbarkeit der Verlustvorträge nach § 8c KStG, § 10a GewStG unter den dort festgelegten Tatbestandsmerkmalen gefährdet. Eine Aktivierung der Steuerlatenz ist unzulässig (→ § 29 Rz 76).

Zwischen diesen beiden Extremsachverhalten (in den Beispielen) verbleiben reichlich Fälle mit **hoher Ermessensabhängigkeit** bei der Bilanzierung von Steuerlatenzen aus Verlustvorträgen[80] und entsprechendem Gestaltungspotenzial, dem weder das Stetigkeitsprinzip noch Offenlegungspflichten entgegenstehen.[81] Je-

---

[74] HOFFMANN, PiR 2012, S. 335.
[75] AIP, Cycle 2010–2012.
[76] REINHOLDT/ZWIRNER, KoR 2012, S. 439; LÜDENBACH, PiR 2012, S. 333.
[77] So BERGER, DB 2006, S. 2473, dagegen der DRSC in einer Verlautbarung vom 15.1.2007. Indizien für und wider das Vorliegen künftiger Gewinne zur Verlustkompensation bei LIENAU, Bilanzierung latenter Steuern im Konzernabschluss nach IFRS, 2006, S. 139. Die DPR scheint eher auf dem Fünf-Jahres-Zeitraum zu bestehen.
[78] PwC, Manual of Accounting 2015, 13.135.4: „*no arbitrary cut off*".
[79] LIENAU/ERDMANN/ZÜLCH, DStR 2007, S. 1095 f.
[80] So auch KÜTING/ZWIRNER, WPg 2003, S. 301, S. 312. Sie sprechen von einem „faktischen Ansatzwahlrecht". Vgl. hierzu auch WAGENHOFER, IAS, 5. Aufl., 2005, S. 329.
[81] ENGEL-CIRIC, DStR 2002, S. 781.

denfalls **verwandeln** sich **Verluste** aufgrund von positiven Ertragserwartungen in aktivierbare **Vermögenswerte**, die dann bei Nichteintreten der Gewinne aufwandswirksam abzuschreiben sind und dadurch die wider Erwarten eingetretenen Verluste noch erhöhen.[82]

Auch eine Berufung auf entgegenstehende **Passivlatenzen** muss u. U. eine **zeitliche** Komponente beachten (Rz 112). Eindeutig gilt dies dort, wo (anders als in Deutschland) Verlustvorträge in ihrer Verrechenbarkeit im Zeitverlauf **verfallen**.

128

> **Beispiel**[83]
> U weist Passivlatenzen aus für:
> • betriebsnotwendigen Grund und Boden und
> • auf 5 Jahre abzuschreibende Maschinen.
> Der Umkehreffekt für Grund und Boden ist zeitlich ungewiss, für die Maschinen auf 5 Jahre geplant. Sofern der Verlustvortragszeitraum sich z. B. auf 10 Jahre beschränkt, ist die (durch keine anderen Umstände gerechtfertigte) Aktivierung eines Steuerguthabens auf die Passivlatenz für die Maschinen begrenzt, diejenige für den Grund und Boden scheidet aufgrund des beschränkten Verlustvortragszeitraums aus. Diese Vorgabe der Zeitkongruenz kann sich auf eine Erweiterungsanalogie zur zeitlichen Vorgabe in IAS 12.28 stützen und entspricht dann ASC 740.

Eine weitere Aktivierungsbeschränkung für verlustbedingte Steuerlatenzen kann die Verlustverrechnungsschranke der **Mindestbesteuerung** (Rz 123) darstellen. Schon die zeitliche Streckung der Verlustverrechnungsmöglichkeit kann wegen der zunehmenden Unsicherheit über künftige Gewinnentwicklungen den Ansatz einer Verlustlatenz verhindern.[84] Auch der „sichere Hafen" des Bestehens ausreichender (im Umfang des Verlustvortrages) passiver Latenzen berechtigt nur zu einem begrenzten Ansatz (von z. B. 60 % nach deutschem Recht), sofern in den Folgeperioden nicht mit ausreichenden steuerlichen Gewinnen zuzüglich passiver Buchwertdifferenzen zu rechnen ist (Rz 113).

129

Durch einen **Unternehmenszusammenschluss** können sich Änderungen bez. der Verlustverrechnungsmöglichkeiten gem. IAS 12.67 im Zeitpunkt des Erwerbs ergeben und gem. IAS 12.68 danach. Auf die Kommentierung in → § 31 Rz 114 wird verwiesen.

130

Zur Aktivierung von Steuerlatenzen aufgrund von Verlustvorträgen im **Konzernabschluss** vgl. → § 32 Rz 187, zur Organschaft (Gruppenbesteuerung) im **Einzel**abschluss vgl. Rz 195. Zur **grenzüberschreitenden** Verlustnutzung vgl. Rz 189. Wegen der **Anhangsangaben** vgl. Rz 241.

3.10.2.2 Erhöhte Anforderungen bei Verlusthistorie

IAS 12.35 behandelt die **negative Beweiskraft** von bestehenden Verlustvorträgen. Eine Folge steuerlicher Verluste in der näheren Vergangenheit, etwa in den letzten drei Jahren (*history of recent losses*), begründet für sich allein starke **Zweifel** an der Realisierbarkeit des Verlustvortrages durch zukünftige Gewinne. Sollen gleichwohl aktive Steuerlatenzen angesetzt werden, bedarf es einer klaren **Wider-**

131

---

[82] KÜTING/ZWIRNER, WPG 2003, S. 301, S. 312, bezeichnen diesen Effekt als „paradox".
[83] In Anlehnung an ASC 740 (US-GAAP); ein ähnliches Beispiel bei FREIBERG, PiR 2013, S. 132.
[84] LÜDENBACH, PiR 2012, S. 333.

legung dieser Zweifel durch ausreichend passive Steuerlatenzen oder andere überzeugende Gründe (*convincing other evidence*).

132 Der Katalog des IAS 12.36 dient der Konkretisierung der grundlegenden Ansatzkriterien in IAS 12.35. Somit sind bei Verlusten in der jüngeren Vergangenheit (*history of recent losses*) Verlustvorträge i.d.R. **nur insoweit** zu aktivieren als[85]
- ausreichende passive Latenzen existieren und/oder
- überzeugende andere Belege (*convincing other evidence*) für hinreichendes zukünftiges positives Einkommen bestehen.

133 IAS 12.34–12.36 lassen sich in eine logische Struktur einbinden:
- IAS 12.34 normiert allgemeine Anforderungen: Latenzierung der Verlustnutzung nur bei **Wahrscheinlichkeit** der Nutzung (Rz 125).
- IAS 12.35 stellt besondere Anforderungen bei einer **Verlusthistorie** (Rz 131): Latenzierung von Verlustvorträgen nur bei überzeugenden substanziellen Hinweisen, also bei hohem Wahrscheinlichkeitsgrad der Nutzung.
- IAS 12.36 listet die **Beurteilungskriterien** für die Beurteilung des Wahrscheinlichkeitsgrades auf (Rz 126).

Der **Aussagegehalt** dieser drei Paragrafen lässt sich danach wie folgt zusammenfassen:[86]
- Es genügt nicht, wenn nach Planungs- oder Gestaltungsüberlegungen in der Zukunft nur **Verlustvorträge reduziert** werden. Vielmehr muss insoweit **steuerpflichtiges Einkommen** zur Verfügung stehen.
- Die Tatsache der **Verlustsituation allein** spricht gegen die Möglichkeit der Verlustnutzung. Die entstandenen Verluste müssen zur Begründung der Aktivierung auf früheren Ereignissen (*identifiable causes*) beruhen, die voraussichtlich **nicht mehr eintreffen**, z.B. deshalb, weil die verlustbringende Zweigniederlassung geschlossen worden ist (Verlusthistorie beendet), und umgekehrt, wenn das bisherige verlustbringende Geschäftsfeld weitergeführt wird.
- Waltet diese Verlusthistorie unverändert am Bilanzstichtag – also kein davorliegendes Gewinnjahr bei noch bestehenden Verlustvorträgen –, bedarf es der zum Bilanzansatz **überzeugenden** Belege (*convincing evidence*) für die mögliche Verlustnutzung.
- Die entsprechenden Planungen – auch zu Steuergestaltungen – müssen „**überzeugend**" sein, d.h., es genügt nicht die (überwiegende) Wahrscheinlichkeit des *more likely than not*; vielmehr muss der Gegenbeweis gegen die Verlusthistorie mit höherer Wahrscheinlichkeitsstufe (z.B. 90 %) gegenüber dem üblichen Wahrscheinlichkeitsgrad von 51 % für eine zutreffende Budgetierung geführt werden.[87]
- Dieser Nachweis wird mit **zunehmendem Zeithorizont** immer schwieriger zu führen sein; so gesehen stellt der Fünf-Jahres-Zeitraum u.E. oft eine Grenze für die Überzeugungskraft der Planung dar (Rz 133). Der Fünf-Jahres-Zeitraum darf aber nicht als **feste Größe** (*bright line*) interpretiert werden, dessen sich der Standard „prinzipienorientiert" bewusst enthält (Rz 127).[88]

---

[85] Vgl. hierzu auch PwC, IFRS Manual of Accounting, 2015, 13.150.
[86] Eher verstärkend bez. der Ansatzberechtigung lauten die Vorgaben im derzeit nicht weiter verfolgten ED/2009/2 B16–25 (Rz 256); vgl. SIMLACHER/SCHURBOHM-EBNETH, KoR 2009, S. 395.
[87] A. A. SCHÄFER/SUERMANN, DB 2010, S. 2745.
[88] Ähnlich PwC, Manual of Accounting, 2015, 13.135.4: *no arbitrary cut off*.

Die (am Bilanzstichtag) bestehende Verlusthistorie deutet auf eine erforderliche **Umstrukturierung** der Geschäftstätigkeit mit frischem Kapital hin; in der Folge steigt die Wahrscheinlichkeit eines Verfalls des Verlustvortrages nach § 8c KStG, § 10a GewStG.

Deshalb verfängt das häufig verwendete **Argument** nicht: Ohne Aktivierung von Steuerlatenzen aus Verlustvorträgen werde dem Abschlussadressaten suggeriert, das Management selbst halte eine positive Ergebnisentwicklung für unrealistisch. Dieses Argument ist deswegen **unzutreffend**,[89] weil die budgetierten Gewinne (nur) wahrscheinlich sein müssen, die „*convincing evidence*" einen (vgl. zuvor) sehr viel höheren Wahrscheinlichkeitsgrad des Eintretens der Gewinne verlangt. Der **Realitätsgehalt** der **Budgetierung** wird also durch die Nichtaktivierung von Steuerlatenzen aus Verlustvorträgen **nicht** widerlegt.

3.10.2.3 Berufung auf Steuergestaltungsmöglichkeiten

Die bei einer *history of losses* geforderte überzeugende Evidenz für eine zukünftige Verlustnutzung ist durch **Planungsrechnungen** und **passive Latenzen** allein häufig nicht zu erbringen. Als „Ausweg" bleibt dann nur die Berufung auf **Steuergestaltungsmöglichkeiten**.

U. E. sind an Steuergestaltungen folgende **Anforderungen** zu stellen:
- Nach IAS 12.36b müssen solche Gestaltungsmöglichkeiten **objektiv** vorhanden sein.[90]
- Nach IAS 12.36 hängt die Beurteilung der Wahrscheinlichkeit möglicher künftiger Verlustnutzungen zusätzlich vom **Willen** zu deren Nutzung ab. Entsprechend heißt es in IAS 12.30 „*would take*" und nicht „*could take*".[91] **Abstrakt** vorhandene Steuergestaltungsmöglichkeiten zur Verlustnutzung erfüllen dann nicht das Kriterium der *convincing evidence*, wenn solche (wie dies regemäßig der Fall ist) mit Kosten und Risiken verbunden sind und das Management bis zur Bilanzerstellung keine spezifizierte Planung unter Berücksichtigung der Vor- und Nachteile einer entsprechenden Gestaltung vorgenommen hat und demzufolge auch noch keinen konkretisierten Willen zur Durchsetzung haben kann.[92] Ein „In-Erwägung-Ziehen" reicht u. E. nicht aus,[93] ebenso wenig die Durchführung als „ultima ratio".[94]
- Die Verfügbarkeit des Steuergestaltungspotenzials am Stichtag verlangt die Möglichkeit unmittelbarer Umsetzung. Hängt umgekehrt die Vorteilhaftigkeit von künftig eintretenden **gestaltungsunabhängigen** Faktoren ab, kann dadurch die *convincing evidence* nicht begründet werden.[95]
- Die mit der Gestaltung verbundenen **Kosten** sind vom ggf. zu aktivierenden Betrag abzuziehen.[96]

---

[89] Ähnlich BERGER, DB 2006, S. 2474.
[90] LOITZ, WPg 2007, S. 785.
[91] ERNST & YOUNG, International GAAP, 2015, Ch 30.7.4.3.
[92] PwC, IFRS Manual of Accounting, 2015, Tz. 13.138; LÜDENBACH/FREIBERG, BB 2011, S. 2603. Auf die erforderliche Abwägung der mit der Durchführung der Maßnahme verbundenen Nachteile verweist KPMG, Insights into IFRS 2014/15, 3.13.270.20.
[93] So aber SCHULZ-DANSO, in: BECK'sches IFRS-Handbuch, 4. Aufl., § 25, Tz. 53: „ernsthafte Erwägung" reicht aus.
[94] So PAWELZIK, in: HEUSER/THEILE, IFRS-Handbuch, 5. Aufl., Tz. 4031.
[95] LOITZ, WPg 2007, S. 785.
[96] SCHÄFER/SUERMANN, DB 2010, S. 2749; PwC, IFRS Manual of Accounting, 2015, Tz. 13.142.

136 Eine Maßnahme, die lediglich eine Umkehr abzugsfähiger temporärer Differenzen, aber keine steuerlichen Gewinne bewirkt, stellt u.E. keine Steuergestaltungsmaßnahme nach IAS 12.30 und IAS 12.36 dar.[97]

> **Beispiel**
> Die X AG kauft eine Anleihe und bewertet sie zum beizulegenden Zeitwert (→ § 28 Rz 108): Anschaffungskosten 100 GE, Kurswert am Bilanzstichtag 80 GE, ergebniswirksamer Verlust 20 GE. Üblicherweise hält die X AG Anleihen nicht bis zur Endfälligkeit, tut dies gelegentlich aber doch zur Vermeidung einer Verlustrealisierung. Andere Latenzierungsposten liegen nicht vor; mit künftigen steuerlichen Gewinnen rechnet die X AG nicht. Das Halten der Anleihe stellt kein Steuergestaltungspotenzial dar, da es keine Gewinne generiert, sondern die Verlustrealisierung verhindert.

137 Eine Steuergestaltung zur Verlustnutzung kann auch auf die **Aufdeckung stiller Reserven** durch Veräußerungen von Vermögenswerten an andere **Konzerngesellschaften** gerichtet sein. Nach den Regeln der IFRS (Einheitstheorie) ist innerhalb des Konzerns eine Buchwertfortführung geboten. Eine Steuergestaltung kann darauf zielen, Verluste zu nutzen, indem stille Reserven steuerbilanziell durch Veräußerung von Vermögenswerten an andere Gesellschaften des gleichen Konsolidierungskreises (und damit nach IFRS unter Buchwertführung) aufgedeckt werden. Hierbei gilt aus Konzernsicht:

- Hinsichtlich der aufgedeckten stillen Reserven in der Steuerbilanz **wandelt** sich der Verlustvortrag in abzugsfähige temporäre Differenzen.
- Für diese gelten nach IAS 12.31 im Falle einer **Verlusthistorie** IAS 12.35 und 12.36 entsprechend (Rz 131).

Eine derartige Steuergestaltung ist daher objektiv zur Belegung der Werthaltigkeit von Verlustvorträgen ungeeignet, wenn das erwerbende Unternehmen eine **neu gegründete** Gesellschaft ist, welche die bisherigen Geschäfte lediglich als anderes Rechtssubjekt fortsetzt. In substanzieller Betrachtung gilt dann: Die Verlusthistorie der veräußernden Gesellschaft **mutiert** zur Verlusthistorie der erwerbenden. Eine *convincing evidence* i.S.d. IAS 12.35 liegt nicht vor (→ § 32 Rz 141 ff.).

3.10.3 Zinsvorträge

138 Ab 2008 gesellt sich nach deutschem Steuerrecht zum Verlustvortrag auch der **Zinsvortrag** nach § 4h EStG (sog. Zinsschranke). Der Zinsvortrag resultiert aus einem in einem Veranlagungszeitraum nicht abzugsfähigen Zinsaufwand nach folgendem beispielhaftem Berechnungsschema:

Steuerlicher Gewinn/Einkommen	100	100
+ Zinsaufwand/- Zinsertrag	30	60
+ Abschreibungen ohne Teilwertabschreibung	50	20
EBITDA	180	180
davon höchstens 30 % des Zinsüberhangs abziehbar	30	54
Zinsvortrag	0	6

---

[97] REINHOLDT/ZWIRNER, KoR 2012, S. 440.

Der Zinsvortrag kann in späteren Jahren im Rahmen des dann anfallenden Gesamt-Zinsaufwandes abgezogen werden. Die Abzugsfähigkeit des Zinsaufwandes hängt neben der Ertragskomponente entscheidend von der Finanzierungsstruktur ab: Je höher das zinstragende Fremdkapital, desto eher droht die Zinsschranke mit dem Zinsvortrag und umgekehrt. Einen weiteren Berechnungsparameter stellt die Abschreibung dar. Der Zinsvortrag führt bei (späterer) Verrechnungsmöglichkeit zu einer **Steuerermäßigung**, vergleichbar dem Verlustvortrag. Er ist aber von den weiteren dargestellten Berechnungsgrößen abhängig. Die Aktivierung eines im Zinsvortrag schlummernden Steuerermäßigungsbetrages verlangt eine spürbar detailliertere Ergebnisplanung als diejenige, die „nur" den Verlustvortrag belegen muss.[98] Insgesamt ist die Realisierung der Steuerermäßigung aus dem Zinsvortrag gegenüber dem Verlustvortrag[99] mit einer **geringeren Wahrscheinlichkeitsquote** behaftet.

4 Die Steuerlatenz im Unternehmensverbund

4.1 Überblick: inside and outside basis differences

Im **systematischen** Vorgehen zur Ermittlung von Steuerlatenzen aus der Verbundsituation (von zwei oder mehreren Unternehmen) darf nicht im ersten Schritt auf die möglichen steuerrechtlichen Befreiungsvorschriften abgehoben werden. Vielmehr ist von **rechnungslegungsspezifischen** Grundlagen auszugehen. Danach können im Unternehmensverbund folgende **Quellen** von Steuerlatenzen festgestellt werden:[100]

- Buchwerte der IFRS-Bilanz I vs. Steuerwerte der Tochter: *inside basis differences I*;[101]
- Buchwerte der IFRS-Bilanz II (aus Neubewertung etc.) vs. Steuerwerte der Tochter (→ § 31 Rz 69 ff.): *indside basis differences II;*
- Buchwerte der (konsolidierten) IFRS-Bilanz vs. Steuerwert des Beteiligungsansatzes: *outside basis differences*.

Die *inside basis differences* sind bereits bei der **Erst**konsolidierung beachtlich (Rz 144), die *outside basis differences* erst bei der **Folge**konsolidierung (Rz 154). Ob insbesondere die *outside basis differences* tatsächlich zu Steuerlatenzen führen, hängt dann u.a. vom **spezifischen Steuerrecht** (Befreiungsvorschriften) ab. Danach sind z.B. bei einer Beteiligung einer deutschen Kapital- an einer anderen Kapitalgesellschaft wegen der Befreiungsvorschriften die *outside basis differences* unter Wesentlichkeitsgesichtspunkten häufig gegenstandslos. Die Systematik des Steuerrechts ist aber auch **unabhängig** von evtl. Befreiungsvorschriften beachtlich.

- *Outside basis differences* im Konzernabschluss reflektieren bei der Beteiligung an einer **Kapitalgesellschaft** den Systemunterschied zwischen dem konzernbilanziellen und dem steuerrechtlichen **Abgang** der Tochterkapitalgesell-

---

[98] Vgl. KIRSCH, PiR 2007, S. 237.
[99] Vgl. HOFFMANN, Die Zinsschranke, 2008, S. 251; ähnlich LOITZ/NEUKAMM, WPg 2008, S. 196; BRÄHLER/BRUNE/HEERDT, KoR 2008, S. 289.
[100] Ausführlich hierzu LIENAU, Bilanzierung latenter Steuern im Konzernabschluss nach IFRS, 2006, S. 93 ff.
[101] Zur Begriffsbildung im Sprachgebrauch, der ebenfalls aus den USA übernommen worden ist (*basis* statt *base*), vgl. ERNSTING, WPg 2001, S. 19.

schaft. Das Konzernrecht fingiert die Einzelveräußerung des Nettovermögens, steuerrechtlich geht hingegen die Beteiligung ab. Die (vorbehaltlich einer Steuerbefreiung) entstehende Differenz zwischen abgehendem Nettovermögen (IFRS) und abgehendem Beteiligungsbuchwert (Steuerbilanz der Mutter) ist in der *inside*-Perspektive noch nicht enthalten und daher zusätzlich zu berücksichtigen.

- Anders bei der Beteiligung an einer **Personengesellschaft**: Sie ist auch steuerrechtlich als Anteil an deren Nettovermögen (Aktiva und Passiva) konzipiert. Im Falle der Gewinnrealisierung durch Veräußerung ergibt sich daher kein Systemunterschied zwischen IFRS-(Konzern-)Bilanz und Steuer(einzel)bilanz des Mutterunternehmens. Sowohl konzernbilanziell (Entkonsolidierung) als auch steuerbilanziell geht nicht eine Beteiligung, sondern das Nettovermögen der Tochterpersonengesellschaft ab (→ § 31 Rz 164).

141 Die Relevanz der unterschiedlichen Arten von Buchwert-Differenzen ist also abhängig von der (rechtlichen) Beteiligungs- und Konzern**struktur**. Hieran orientiert sich die nachfolgende Darstellung. Zusätzlich ist nach **Konzern**- (Rz 101) und **Einzel**abschluss (Rz 168) zu differenzieren.
Dazu folgendes Schema:

Inside und *outside basis differences* im Konzern- und Einzelabschluss nach Beteiligungsstruktur[102]					
		Mutter KapG Tochter KapG	Mutter KapG Tochter PersG	Mutter PersG Tochter KapG	Mutter PersG Tochter PersG
KONZERN-BILANZ	*inside basis difference* I + II	Buchwertdifferenz TU-Vermögen in IFRS-Bilanz II und Steuerbilanz (Latenzierung, soweit keine permanente Differenz und/oder keine aus erfolgsneutraler Zugangsbewertung)			
	outside basis difference	Differenz EK TU IFRS II zu Beteiligungs-BW TU in Steuerbilanz MU (Einzelveräußerungsfiktion in IFRS-Konzern vs. Abgang Beteiligung in Steuerbilanz)	**keine** Differenz, da Veräußerungsszenario TU konzeptionell gleich (Einzelveräußerungsfiktion in IFRS-Konzern- und Steuerbilanz der MU)	Differenz EK TU IFRS II zu BeteiligungsBW TU in Steuerbilanz MU (Einzelveräußerungsfiktion in IFRS-Konzern vs. Abgang Beteiligung in Steuerbilanz)	**keine** Differenz, da Veräußerungsszenario TU konzeptionell gleich (Einzelveräußerungsfiktion in IFRS-Konzern- und Steuerbilanz der MU)
EINZELBILANZ	*inside basis difference* I + II	**irrelevant**, da im Veräußerungsszenario nach IFRS nicht Nettovermögen TU abgeht, sondern Beteiligungsbuchwert TU in MU-Bilanz (IFRS-Buchwerte TU somit ohne Bedeutung)			
	outside basis difference	Beteiligungs-BW TU in IFRS-B. MU-StBil. MU	Beteiligungs-BW TU in IFRS-B. MU-EK der TU lt. StBil. TU (da Einzelveräußerungsfiktion in Steuerbilanz MU)	Beteiligungs-BW TU in IFRS-B. MU-StBil. MU	Beteiligungs-BW TU in IFRS-B. MU-EK TU lt. StBil. TU (da Einzelveräußerungsfiktion in Steuerbilanz MU)

Nicht in der vorstehenden Tabelle berücksichtigt sind **konsolidierungstechnisch** veränderte Buchwerte bei Tochter-PersG, z. B. aus Zwischengewinneliminierungen und Schuldenkonsolidierungen.[103] Diese sind im Rahmen der Folgekonsolidierung zusätzlich den *outside basis differences* zuzuordnen, da der Steuerbilanz-

---

[102] Im Konzernabschluss nur für den Fall der Erstkonsolidierung.
[103] Diese Erkenntnis verdanken wir einem Hinweis von ROLF UWE FÜLBIER.

Buchwert der Beteiligung beim Mutterunternehmen nach Maßgabe der Spiegelbildmethode (Rz 164) nur unkonsolidierte Bilanzwerte abbilden kann.
Die **steuerökonomischen** Grundlagen für die erforderliche Differenzierung sind in Rz 154, die anzuwendenden **Buchungstechniken** in Rz 155 dargestellt.

4.2 Steuerlatenz im Konzernabschluss

4.2.1 Zugangsbewertung beim Unternehmenserwerb, insbesondere Behandlung des *goodwill*

4.2.1.1 Grundfall

Bei einem Unternehmenserwerb (*business combination*) sind folgende **Grundfälle** zu unterscheiden (→ § 31 Rz 1):
- Erwerb der Anteile (Aktien oder GmbH-Anteile): *share deal*;
- Erwerb der Unternehmenssubstanz: sog. *asset deal*;
- Fusion (legal merger).

Im Falle des *asset deal* sind Steuerlatenzen immer dann zu berücksichtigen, wenn die erworbenen Vermögenswerte und die übernommenen Schulden infolge des Unternehmenszusammenschlusses nach IFRS **anders bewertet** werden als nach der Steuerbilanz. Dieser Fall ist jedoch eher selten, da beim *asset deal* sowohl nach IFRS als auch nach Steuerrecht eine neue Bewertungsbasis (Aufteilung des Kaufpreises nach Maßgabe der Zeit- bzw. Teilwerte) an die Stelle der alten tritt.
Bei einem *share deal* ist nach IAS 12.66 i.V.m. IAS 12.19, 12.21 und 12.26c **differenziert** vorzugehen: Im Rahmen der **Erstkonsolidierung** (→ § 31 Rz 208) ist der Kaufpreis für die *shares* den (anteiligen) Buchwerten der erworbenen Vermögensgegenstände und Schulden gegenüberzustellen. Alsdann sind der IFRS-Bilanz II die stillen Reserven und Lasten in den bilanzierten und nicht bilanzierten Vermögenswerten aufzudecken. Der verbleibende Betrag ist als *goodwill* anzusetzen. In der Steuerbilanz können diese Aufwertungen bei Erwerb einer Kapitalgesellschaft wegen deren eigener Steuerrechtssubjektivität nicht nachvollzogen werden. Insoweit entstehen Steuerlatenzen zwischen den neuen Buchwerten des Vermögens der erworbenen Kapitalgesellschaft in der IFRS-Konzernbilanz und den fortgeführten Buchwerten in der Steuerbilanz. Hierzu folgendes Beispiel (vgl. auch → § 31 Rz 210):

Beispiel			
Steuerlatenz beim *share deal* bei der Zugangsbewertung			
Erwerb aller Anteile an einer Tochter-AG; Anschaffungspreis 1.000 GE, übernommenes EK 100 GE. Der Kaufpreis entfällt auf:			
Kaufpreisallokation vor Steuerlatenz	Steuerlatenz bei Tarif 40 %	Kaufpreisallokation nach Steuerlatenz	Bilanzposten
100	0		Eigenkapital (Buchwert der Aktiva abzüglich der Passiva) des erworbenen Unternehmens
200	80 pass.		stille Reserven im Grund und Boden
500	200 pass.		nicht bilanziertes Warenzeichen

Kaufpreisallokation vor Steuerlatenz	Steuerlatenz bei Tarif 40 %	Kaufpreisallokation nach Steuerlatenz	Bilanzposten
–200	80 akt.		höherer Ansatz der Pensionsrückstellung
	–280	–280	passive Latenz
	80	80	aktive Latenz
400	0	600	Firmenwert
1.000	200	1.000	Summe

IAS 12.15(a) und IAS 12.66 verbieten die **Zuordnung** einer **Steuerlatenz** zu dem steuerlich nicht abschreibbaren **erworbenen** (positiven oder negativen) *goodwill*, weil eine solche Zuordnung den Firmenwert selbst wieder erhöhen würde (Iteration; vgl. auch Rz 100). Der *goodwill* anlässlich des Unternehmenserwerbes behält also seinen Charakter als **Residualgröße** (→ § 31 Rz 210).

145 Nach IFRS 3.B6 ist auch eine förmliche **Fusion** (*legal merger*) als Anschaffungsvorgang unter Aufdeckung der stillen Reserven des als erworben geltenden Unternehmens zu werten (→ § 31 Rz 2). Die Abbildung in der IFRS-Bilanz erfolgt nach den Regeln des *share deal*.

146 Im Rahmen eines Unternehmenszusammenschlusses darf der Erwerber nach IAS 12.67 Überlegungen anstellen, ob bisher in seinem (*stand alone*) Abschluss nicht aktivierbare Steuerlatenzen nunmehr aufgrund der „gekauften Gewinne" im erworbenen Unternehmen eine **Verrechnungsmöglichkeit** eröffnen (→ § 31 Rz 113). Die Behandlung erfolgt – anders als für erworbene Verrechnungsmöglichkeiten des *acquiree* – außerhalb der *business combination*. Das ist allerdings nach deutschem Steuerrecht in Fällen des *share deal* wegen der fehlenden Konzernbesteuerung allenfalls beim Erwerb von Anteilen an Personengesellschaften möglich.

147 Im Konzernabschluss kann ein im Rahmen der Erstkonsolidierung nicht identifizierbarer Erstattungsanspruch auf latente Steuern, begründet durch Verrechnungsmöglichkeiten des *acquiree*, bei der **Folgekonsolidierung** eingebucht werden, sofern die weiteren Voraussetzungen (Rz 126) erfüllt sind.
Nach IAS 12.68 ist wie folgt zu differenzieren (→ § 31 Rz 127):
- **Innerhalb** der speziellen Bewertungsperiode (*measurement period*, zwölf Monate ab dem Erstkonsolidierungszeitpunkt; → § 31 Rz 125; → § 4 Rz 17) ergeben sich ansatz- und wertaufhellende Informationen über am **Erwerbszeitpunkt vorhandene** Tatsachen und Umstände. Die Wertanpassung führt zum Buchungssatz: per aktive latente Steuern an *goodwill*.
- **Innerhalb** der *measurement period* ergeben sich geänderte Umstände, die am Erwerbszeitpunkt **noch nicht** vorlagen. Die Wertanpassung ist wie folgt zu verbuchen: per aktive latente Steuer an Steuerertrag; in Sonderfällen direkt im Eigenkapital (Rz 223).
- Erforderliche Anpassungen **nach** der *measurement period* sind zu buchen: per aktive latente Steuern an Steuerertrag.

Ergänzend ist in der ersten Variante eine Ertragsbuchung vorzunehmen, wenn die zu aktivierende aktive latente Steuer größer ist als der *goodwill*.

Zur Unterscheidung der beiden erstgenannten Sachverhaltsvarianten folgendes Beispiel:

> **Beispiel**
> Die Holdinggesellschaft H GmbH hat zum 31.12.01 alle Anteile an dem Tochterunternehmen TU übernommen. Die Kaufpreisallokation zum 31.12.01 erfolgte vorläufig, insbesondere die *fair-value*-Bewertung des übernommenen Vermögens war noch nicht abgeschlossen. Aktive latente Steuern wurden im Rahmen der vorläufigen Kaufpreisallokation nur in dem Umfang angesetzt, in dem passive latente Steuern gebildet wurden.
> Mit Abschluss der Bewertung und nachträglicher Anpassung des Zugangswerts des erworbenen immateriellen Vermögens wurden zusätzliche passive latente Steuern von 100 GE erfasst. Ausgehend von dem erhöhten Bestand passiver latenter Steuern, wurden auch aktive latente Steuern nachaktiviert. Als Gegenkonto dient innerhalb der *measurement period* der *goodwill*. Bei späterer Anpassung erfolgt eine ergebniswirksame Erfassung.

4.2.1.2 Unternehmenserwerb mit anschließender Verschmelzung des erworbenen Unternehmens

Einem isoliert betrachtet zu temporären Differenzen führenden *share deal* kann mit mehr oder minder großem Zeitversatz ein konzerninterner *asset deal* folgen, um die stillen Reserven auch steuerlich aufzudecken. Die Frage ist dann, ob die **beiden** rechtlichen Schritte jeweils **getrennt** zu würdigen oder als wirtschaftliche **Einheit** anzusehen sind (Rz 106).

148

> **Beispiel**
> Die Muttergesellschaft M erwirbt die Tochtergesellschaft T im *share deal*. Im Rahmen der Kaufpreisallokation (→ § 31 Rz 69) werden die erworbenen immateriellen Vermögenswerte zum *fair value* angesetzt. Diesen neuen Buchwerten stehen steuerliche Buchwerte von null gegenüber. Daraus wird eine passive Latenz im Konzernabschluss ausgewiesen.
> Ein Jahr später wird die T auf die M verschmolzen; steuerlich können dadurch die für die stillen Reserven bei den immateriellen Vermögenswerten bezahlten Anschaffungskosten bei der verbleibenden Muttergesellschaft abgezogen werden. Die Berechnungsbasis bezieht sich auf die einzelnen identifizierten immateriellen Vermögenswerte.
>
> **Lösung**
> Bei getrennter Betrachtung liegen Buchwertunterschiede mit entsprechender passiver Latenzierungspflicht vor, diese entfiele im Gefolge des zweiten Rechtsschrittes (der Fusion), weil dann keine Buchwertunterschiede mehr bestünden. Die Passivlatenz wäre nach IAS 12.58 erfolgswirksam aufzulösen (Rz 218). Wertet man umgekehrt die beiden Rechtsschritte als **wirtschaftliche Einheit**, so wird im ersten Schritt bei der Kaufpreisallokation keine passive Latenz erfasst, entsprechend kommt es dann bei der späteren Fusion nicht zu einer Auflösung dieses Passivpostens.

Das Problem ähnelt demjenigen, das nach deutschem Steuerrecht unter dem Stichwort „Gesamtplan" diskutiert wird. Die Lösung hängt hier wie da von verschiedenen Faktoren ab, u. a. vom Zeitablauf zwischen den beiden Transaktionen: Je länger die Frist, desto eher sind zwei Vorgänge bilanziell abzubilden und umgekehrt. Dazu muss die Absicht des Managements zum späteren *asset deal* schon beim Unternehmenserwerb vorliegen und entsprechend dokumentiert sein. Ein weiterer Gesichtspunkt geht dahin, ob solche Muster eines Unternehmenserwerbs in der betreffenden Branche üblich sind. Ein wichtiges Merkmal ist sodann darin zu sehen, inwieweit die Parteien bei den Kaufpreisverhandlungen den Steuereffekt dieser Gestaltung in ihr Kalkül einbezogen haben. Wegen entsprechender Überlegungen für den *goodwill* wird auf Rz 106 verwiesen.

4.2.1.3 Anschaffungsnebenkosten beim Unternehmenserwerb

149 Anschaffungsnebenkosten sind nach IFRS 3.53 als Aufwand zu behandeln (→ § 31 Rz 39). Steuerlich ist eine Aktivierung geboten, beim *asset deal* bezogen auf die erworbenen Einzelwirtschaftsgüter, beim *share deal* über eine Kapitalgesellschaft auf die Beteiligung. Hieraus entstehen beim *asset deal inside basis differences*, beim *share deal outside basis differences*.

> **Beispiel**
> Die M-GmbH erwirbt im *asset deal* das Vermögen der Y in folgender Konstellation:
>
> | | |
> |---|---:|
> | Kaufpreis | 1.000 GE |
> | neu bewertete Vermögenswerte und Schulden (inkl. Steuerlatenz) | 750 GE |
> | *goodwill* | 250 GE |
> | Erwerbskosten | 130 GE |
>
> Die Erwerbskosten sind nach IFRS 3.53 als Aufwand zu behandeln (→ § 31 Rz 39). Die *tax base* (Rz 47) der Erwerbskosten beträgt 130 GE und deren *carrying amount* (Rz 43) 0 GE. Eine Latenzierung ist geboten.

150 Wenn abweichend vom Beispiel (Rz 108) ein *share deal* über ein Personenunternehmen vorliegt, stellt sich die Frage, ob die *temporary difference* als *outside basis difference* (Rz 100) zu behandeln ist. Dagegen könnte die beispielhafte Aufzählung in IAS 12.38 sprechen, weil dort nur Buchwertdifferenzen genannt sind, die **nach** einem Unternehmenserwerb entstehen. U. E. ist diese Bezugnahme auf IAS 12.38 nicht zwingend; wir favorisieren eine Behandlung der aus Erwerbsnebenkosten resultierenden Differenz als *outside basis difference*. Diese ist allerdings nicht als separater Vermögenswert zu betrachten, sondern „hängt" an den erworbenen Wirtschaftsgütern. Die Abschreibung bestimmt auch den (fortgeschriebenen) Wert der Erwerbsnebenkosten. Diese steuerliche Buchwertentwicklung ändert auch den Unterschiedsbetrag zum *carrying amount*. In der Folge ist die Steuerlatenzänderung in der GuV oder im GuV-Teil der Gesamtergebnisrechnung zu erfassen, sofern die weiteren Voraussetzungen des IAS 12.44 (Rz 89) erfüllt sind.

Die vorstehende Lösung hängt vom Steuerstatut ab. Beim Unternehmenserwerb im *share deal* (Erwerb von Kapitalgesellschaftsanteilen) käme es nach deutschem Recht nach § 8b Abs. 2 i. V. m. Abs. 5 KStG zu einem Steuereffekt von lediglich 5 %.

4.2.2 Kontrollwahrende Abstockung einer Beteiligung

Die kontrollwahrende Abstockung einer Beteiligung ist nach IFRS ein erfolgsneutraler Vorgang (→ § 31 Rz 173). Fraglich ist, ob auch die Latenzeffekte erfolgsneutral sind.

151

Beispiel
Die Muttergesellschaft MU war bisher zu 100 % an TU beteiligt. Sie verkauft 49 % der Anteile an fremde Dritte. Bis dahin waren die Ausnahmeregeln in IAS 12.39 (Rz 69) erfüllt. Nun besteht – trotz Fortbestands des beherrschenden Einflusses auf die Geschäftsaktivitäten der TU – nach Maßgabe der gesellschaftsvertraglichen Regelungen die Wahrscheinlichkeit eines Umkehreffektes für die Buchwertdifferenzen in der absehbaren Zukunft und eine Kontrolle über den Umkehreffekt entfällt. Annahmegemäß liegen Buchwertunterschiede aufgrund nicht ausgeschütteter Gewinne der TU vor, die nunmehr zur Latenzierung anstehen. Die Frage ist nun, ob der Latenzierungseffekt anlässlich des Anteilsverkaufes direkt im **Eigenkapital** (→ § 31 Rz 173) oder in der **Ergebnisrechnung** zu erfassen ist.

Lösung
Nach IAS 12.61A (Rz 210) folgt die Steuerlatenzierung der Behandlung der zugrunde liegenden Transaktion (*item*). Im vorliegenden Fall könnte der Anteilsverkauf das *item* darstellen. Konsequenterweise müsste die vorzunehmende Steuerlatenzierung direkt im Eigenkapital erfolgen, weil das zugrunde liegende Geschäft nach IFRS 10.23 als erfolgsneutrale Transaktion zwischen den Eigenkapitalgebern (hier MU) und den (neuen) Minderheitsgesellschaftern zu werten ist (→ § 31 Rz 173).
Es ist allerdings auf die Ursachen für die vorhandenen *temporary differences* abzustellen, hier auf die einbehaltenen Gewinne der Tochtergesellschaft. Der Verkauf der Anteile und die daraus folgende Einschränkung, bezogen auf die (fortgesetzte) Thesaurierung erzielter Gewinne, ist danach nicht anders zu behandeln als eine geänderte Festlegung von MU, bezogen auf die Dividendenpolitik. Mit der Transaktion stellt sich auch eine andere Situation bezogen auf die *outside basis differences* ein. Die Steuerlatenzrechnung ist daher auf die Ursache für das Entstehen der Differenz zu beziehen (*backward tracing approach*). Insoweit die *outside basis difference* auf die Thesaurierung ausschüttungsfähiger Gewinne zurückzuführen ist, besteht eine Verpflichtung zur erfolgswirksamen Erfassung (IAS 12.B52).

4.2.3 Inside und outside basis differences bei der Folgekonsolidierung

4.2.3.1 Systematische Grundlegung

152 Bei der Folgekonsolidierung (von erworbenen Kapitalgesellschaften) sind **zwei Arten** von Differenzen zu unterscheiden:
- *Inside basis differences* aus dem Unterschied zwischen den Buchwerten, mit denen das **Vermögen** des Tochterunternehmens im Konzernabschluss (in der IFRS-Bilanz II) erfasst wird, zu den Buchwerten in der eigenen Steuerbilanz des Tochterunternehmens.
- *Outside basis differences* aus dem Unterschied zwischen dem in der Konzernbilanz erfassten Nettovermögen des Tochterunternehmens und dem **Beteiligungs**buchwert, mit dem es in der Steuerbilanz der Mutter erfasst wird.

Die latente Steuer auf *inside basis differences* spiegelt in einem **Veräußerungsszenario** die steuerliche Mehr- oder Minderbelastung wider, die sich beim Verkauf von **einzelnen** Vermögenswerten durch das Tochterunternehmen ergibt, wenn aus der IFRS-Konzernbilanz ein anderer Buchwert abgeht als aus der Steuerbilanz der Tochter. Diese Differenz wird bereits bei der Erstkonsolidierung berücksichtigt. Sie ist in dem Maße, in dem sich die Differenzen bei der Folgekonsolidierung (z. B. durch Abschreibung aufgedeckter stiller Reserven) verändern, erfolgswirksam fortzuschreiben.

153 Die latente Steuer auf *outside basis differences* spiegelt in einem auf die **vollständige Veräußerung** des Tochterunternehmens gerichteten Szenario den eventuellen konzeptionellen Unterschied zwischen IFRS-Konzernabschluss und Steuerbilanz wider: Zur Ermittlung des Veräußerungserfolgs ist dem Veräußerungserlös in der IFRS-Bilanz das IFRS-II-Vermögen des TU gegenüberzustellen, da die Entkonsolidierung als Einzelveräußerung fingiert wird. Steuerlich geht hingegen (bei einem Tochterunternehmen in der Rechtsform einer Kapitalgesellschaft) eine Beteiligung ab. Aus der Differenz von abgehendem Nettovermögen (lt. IFRS II) und abgehendem Beteiligungsbuchwert (lt. Steuerbilanz) können sich Steuerbe- oder -entlastungen ergeben.

154 Steuerökonomisch resultiert das *outside-basis*-Problem aus der – vereinfacht angenommenen – **wirtschaftlichen Einheit** des Verbunds, die im Gegensatz zum an der **Rechtsperson** anknüpfenden Besteuerungssystem steht. Diese unabgestimmte Konstellation birgt immer die latente Gefahr einer doppelten oder gar mehrfachen Besteuerung ein und desselben Gewinns in wirtschaftlicher Betrachtung in sich.

> **Beispiel**
> Die Tochtergesellschaft[104] hat Gewinne thesauriert. Der spätere Transfer dieser gespeicherten Gewinne an die Mutter durch Dividenden oder eine Fusion löst (möglicherweise) dort eine weitere Besteuerung aus.
> Dividenden einer Auslandstochter unterliegen einer Quellensteuer, die nicht (voll) auf die deutsche Steuerschuld der Mutter angerechnet werden kann.
> Die Muttergesellschaft hat eine außerplanmäßige (*impairment*) Abschreibung (→ § 11 Rz 13 ff.) und eine steuerliche Teilwertabschreibung auf die Toch-

---

[104] „Muttergesellschaft" und „Tochtergesellschaft" sind hier zu verstehen als „Ober-" und „Untergesellschaft".

> tergesellschaft vorgenommen. Möglicherweise sind damit potenzielle Steuerlasten in der Zukunft verbunden (z.B. nach § 8b Abs. 2 Satz 4 KStG, § 12 Abs. 2 Satz 2 UmwStG).

Die nationalen Steuersysteme bedienen sich der verschiedensten Instrumente zur **Vermeidung** von derlei Mehrfachbelastungen des wirtschaftlich identischen Steuersubstrats. In Deutschland sind hierzu das frühere Anrechnungs- und jetzige Halbeinkünfteverfahren sowie die Organschaft zu nennen. Einen durchgehenden „Schutz" gegen Doppelbelastungen liefern diese Instrumente indes nicht; Beispiele bieten die Regeln über einbringungsgeborene Anteile gem. § 8b Abs. 4 KStG oder die tatbestandlichen Voraussetzungen zur Gewährung der Schachtelbefreiung bei der Gewerbesteuer (§ 9 Nr. 2a GewStG).

4.2.3.2 Buchungstechnik

Das Zusammenwirken der verschiedenen Arten von Differenzen, insbesondere aber die bei der Folgekonsolidierung auftauchende Problematik der Ermittlung von *outside basis differences*, lassen sich sinnvoll anhand der einzelnen Buchungsvorgänge des **Vollkonsolidierungs**verfahrens darstellen. Es geht dabei um den **Unterschiedsbetrag** zwischen dem Beteiligungsbuchwert in der Steuerbilanz der Mutter und dem Eigenkapital in der IFRS-Bilanz II der Tochter. Die nachstehende Darstellung dient der Systematik. Im Rahmen der Vollkonsolidierung auf Konzernebene lösen sich im Ergebnis die systematischen Unterschiede von *inside* und *outside differences* auf. Umgekehrt verhält es sich im Einzelabschluss (vgl. insbesondere unter Rz 168 ff.).

155

> **Beispiel**
> Die Anschaffungskosten der Beteiligung an TU betragen 1.500 GE (*tax base*). In der Steuerbilanz steht den Anschaffungskosten ein Nettovermögen (= Eigenkapital) von 1.000 GE gegenüber. Die Abweichungen nach IFRS zur Steuerbilanz sind nachfolgend aufgeführt:
> - Die in der nachfolgenden Tabelle in 2–4 dargestellten Werte haben sich in der 1. Periode (01) nach der Erstkonsolidierung nicht verändert.
> - Die Tochter erzielt in 01 einen Gewinn vor Steuern von 100 GE, bei einem Steuersatz von 40 % somit einen Gewinn nach Steuern von 60 GE.
>
> | Vorgang | IFRS I | IFRS II | Lat. St. „*inside*" | IFRS II nach Steuern |
> |---|---|---|---|---|
> | (1) | (2) | (3) | (4) | (5) |
> | EK-StB | 1.000 | | | 1.000 |
> | POC-Mehrwert | 70 | | −28 | 42 |
> | Drohverlustrückstellung | −40 | | 16 | −24 |
> | Warenzeichen | | 80 | −32 | 48 |
> | | 1.030 | 80 | −44 | 1.066 |
> | *goodwill* | | | | 434 |
> | AK-Beteiligung = *tax base* | | | | 1.500 |

Per Ende 01 stellt sich bei Annahme einer ansonsten unverändert fortbestehenden Differenz von Steuer- und IFRS-Bilanz (keine Abschreibung stiller Reserven im Warenzeichen, Fortbestehen der Drohverlustrückstellung) unter Berücksichtigung des Gewinns nach Steuern von 60 GE das Konsolidierungsergebnis wie folgt dar:

Beteiligung – *tax basis*	1.500
EK-Tochter – *parents book basis*	−1.126
goodwill	−434
Gewinnrücklage = *outside basis difference*	60

156 Eine aus Sicht der Vollkonsolidierung durch den (versteuerten) Gewinn bei der Tochter für die Mutter bestehende Differenz kann zu einer **späteren** (deshalb jetzt latenten) Steuerbelastung bei der Mutter führen.

Beispiel
- Es gelten die Ausgangswerte wie im Beispiel unter Rz 155. Die Tochter wird per Ende 01 (fiktiv) zu 1.800 GE verkauft. Die Einzelvermögenswerte mit *goodwill* bei der Tochter betragen 1.500 GE (wie zuvor) zuzüglich 60 GE Gewinn in 01 (= 1.560 GE).

Lösung

	Steuer-B	IFRS-B	Δ
Verkaufspreis	1.800	1.800	0
Buchwert(e)	1.500	1.560	60
Gewinn	300	240	60

Für die IFRS-Bilanz gilt die Einzelveräußerungsfiktion (Entkonsolidierung; → § 31 Rz 164), für die Steuerbilanz hingegen nur bei Tochter-Personengesellschaften (Rz 164), sonst aber die Gesamtbetrachtung in Form der Beteiligung. Der Unterschiedsbetrag von 60 GE begründet (im Fall der Tochterkapitalgesellschaft) eine latente (passive) Steuerlatenz, also eine *temporary difference* ohne Berücksichtigung von Befreiungsvorschriften etc. Bezugspunkt dafür ist eine künftige Veräußerung der Beteiligung (*reversal*).

157 Eine bestehende (passive) Steuerlatenz, die aus einer *outside basis difference* herrührt, kann durch eine spätere **Dividendenpolitik** (teilweise) zurückgebildet werden. Auch eine **außerplanmäßige Abschreibung** (*impairment*; → § 11 Rz 13 ff.) kann die *outside basis difference* beeinflussen.

Beispiel (Fortsetzung zu Rz 156)
Sachverhalt 1

EK Tochter IFRS II am 31.12.01	1.126
Dividende in 02 (keine andere EK-Bewegung)	−50
EK 31.12.02	1.076

Konsolidierung	
Beteiligung	1.500
– *goodwill*	– 434
– EK-Tochter	– 1.076
Gewinnvortrag = *outside basis difference*	– 10

Sachverhalt 2
- Im Jahr 03 erzielt die Tochter ein Ergebnis von 0 GE. Die Mutter nimmt eine außerplanmäßige Abschreibung von 700 GE (nur) in der IFRS-Bilanz (nicht in der konsolidierten Bilanz) vor. In der Steuerbilanz ist keine Teilwertabschreibung möglich.

Lösung

Buchwertbeteiligung in der IFRS-Bilanz 31.12.03	800
EK-Tochter	– 1.076
outside basis difference (führt zur aktiven Latenz)	– 276

4.2.3.3 Anwendungsbeschränkungen der outside basis differences

Eine **aktive** Steuerlatenzrechnung auf die *outside basis differences* ist nach IAS 12.44 vorgesehen für die **Beteiligung** an
- Tochterunternehmen (→ § 32 Rz 6 ff.),
- assoziierten Unternehmen (→ § 33 Rz 125),
- Joint Ventures (→ § 34 Rz 54).

Voraussetzungen für den Ansatz sind (Rz 109):
- Die *temporary*-Differenz wird sich in der absehbaren Zukunft **umkehren**.
- **Ausreichendes steuerliches Einkommen** wird zur Nutzung dieser Steuerlatenzen verfügbar sein.

Eine **passive** Steuerlatenzrechnung auf *outside basis differences* ist nach IAS 12.39 ff. für den gleichen Unternehmenskreis vorgesehen, wenn *temporary*-Differenzen vorliegen, es sei denn,
- die Obergesellschaft kann den Zeitpunkt der Umkehrung bestimmen – i. d. R. nur bei Mehrheitsstimmrecht denkbar – **und**
- voraussichtlich (*probable*) wird sich die *temporary*-Differenz in der absehbaren Zukunft nicht umkehren.

Damit wird eine vom Mutterunternehmen **kontrollierbare** *permanent difference* unterstellt. Entsprechendes gilt für aktive Steuerlatenzen gem. IAS 12.44.
Im derzeit nicht weiter verfolgten ED/2009/2 (Rz 256) war die Übernahme der einschlägigen US-GAAP-Regeln vorgesehen, wonach Beteiligungen an Auslandsgesellschaften von der Latenzierung unter den bislang gültigen Voraussetzungen befreit sind. Für Inlandsbeteiligungen sollte die Ausnahmeregelung dagegen entfallen.
Angesprochen sind damit die Fälle einer **nachhaltigen Thesaurierung** von Gewinnen beim Beteiligungsunternehmen. Sobald für die Tochtergesellschaft eine Veräußerungsabsicht besteht, entfallen diese Voraussetzungen für den Nichtansatz latenter Steuern (Rz 95).

> **Beispiel**
> Das deutsche Mutterunternehmen hält 100 % der Aktien und der Stimmrechte an einer niederländischen Kapitalgesellschaft. Diese fungiert seit Neuestem als Zwischenholding für eine ganze Reihe neu aufzubauender ausländischer Vertriebsgesellschaften. Zur Stärkung der Eigenkapitalbasis ist nach den Geschäftsplänen in den nächsten 6 Jahren eine Ausschüttung nicht geplant.
>
> **Lösung**
> Wegen der Kontrolle über das Ausschüttungsverhalten (IAS 12.40) entfällt die passive Latenz auf eine *outside basis difference* (Rz 95).

161 Auf die zeitliche Steuerung der Dividendenpolitik nach IAS 12.39 ff. kommt es allerdings nicht an, soweit die Beteiligungserträge (und -aufwendungen) **mangels Steuerbarkeit** in Deutschland zu dauerhaften Differenzen (*permanent differences*) führen (Rz 45). Deshalb ist die **Struktur** der (deutschen) Unternehmensbesteuerung als weiteres Beurteilungskriterium heranzuziehen.

Beim Tochterunternehmen ist entsprechend dem jeweiligen Steuer**statut** – Kapitalgesellschaft Körperschaft- und Gewerbesteuer, Personengesellschaft nur Gewerbesteuer – eine Steuerlatenzrechnung auf die individuellen *temporary differences* vorzunehmen (sog. *inside basis differences;* Rz 139). Die Folgewirkung für die Steuerlatenz beim Mutterunternehmen aufgrund von *outside basis differences* (Rz 139) richtet sich an der jeweiligen Steuer**art** aus.

162 Für die Passivlatenzierung kann sich im Einzelfall die Frage stellen, ob die beiden Ausnahmeregeln gegenüber der Latenzierungspflicht in IAS 12.39 auch auf einen **Teilbereich** einer *outside basis difference* anzuwenden sind. Dazu folgendes Beispiel:[105]

> **Beispiel**
> Ein Investor eines (aus seiner Perspektive) assoziierten Unternehmens nimmt nicht an einer Kapitalerhöhung teil. Die Zeichner der neuen Anteile zahlen ein hohes Agio, womit sich der *equity*-Buchwert des Investors erhöht (→ § 33 Rz 119). Steuerlich entsteht ein Gewinn aus dem Wertzuwachs erst mit Veräußerung des Anteils oder der Liquidation des assoziierten Unternehmens. Das Agio ist nach der gesetzlichen Vorgabe in eine Kapitalrücklage einzustellen und darf nur durch die Liquidation der Gesellschaft dem Investor zugeführt werden. Eine Liquidation der Gesellschaft ist aktuell nicht geplant und stellt auch strategisch keine Option dar. Ebenso ist keine Veräußerung der Anteile beabsichtigt.
> Das zweite Tatbestandsmerkmal zur Begründung der Nichtlatenzierung in IAS 12.39(b) ist damit erfüllt. Das erste Tatbestandsmerkmal für den Ausschlussgrund (IAS 12.39(b)) ist bei einer assoziierten Beteiligung üblicherweise nicht gegeben, da der Minderheitsgesellschafter die Ausschüttungspolitik nicht kontrollieren kann. Die Besonderheit der Nichtausschüttbarkeit des vereinnahmten Agios (Kapitalrücklage) bis hin zur Liquidation macht jedoch das

---

[105] Vgl. LÜDENBACH, PiR 2012, S. 66.

Erfordernis der gesellschaftsrechtlichen Kontrolle über die Realisierung des Agios überflüssig. Das gesetzliche Ausschüttungsverbot ersetzt das Tatbestandsmerkmal der gesellschaftsrechtlichen Kontrolle.
Eine *outside basis difference* kann aber auch durch thesaurierte Gewinne der Beteiligungsgesellschaft generiert werden (Rz 155), für die das Latenzierungsgebot zweifellos gilt. Daraus ergibt sich die Frage, ob zur Steuerlatenzierung eine **gesplittete** *outside basis difference* zu beachten ist. Die zwei möglichen Antworten lauten:
- Es gibt nur **eine** *outside basis difference*, hier das Agio aus der Anteilsreduktion und thesaurierten Gewinnen bei der Tochtergesellschaft. Diese kann der Minderheitsgesellschafter nicht (bzw. nicht im Ganzen) kontrollieren. Die Rückführung des Agios im Zeitpunkt der Liquidation ist als „ultimative" Gewinnausschüttung zu würdigen. Der Ausnahmetatbestand in IAS 12.39(a) ist nicht erfüllt, eine Passivlatenzierung hat zu erfolgen.
- Die *outside basis difference* ist **gesplittet** zu beurteilen. Das Agio stellt eine separate Komponente dieser Differenz dar, die durch spätere Dividendenausschüttungen keinem Umkehreffekt unterliegt. Nur durch die Liquidation oder den Verkauf der Beteiligung kann der Unterschiedsbetrag zur Steuerbilanz korrigiert werden. Deshalb ist der Ausnahmetatbestand des IAS 12.39(a) erfüllt, IAS 12.39(b) ist ohnehin unproblematisch. Auf eine Latenzierung kann verzichtet werden.

Wir favorisieren den ersten Lösungsansatz, schon um nicht die ohnehin extreme Komplexität der Steuerlatenzierung mit der Folge der Überleitungsrechnung (Rz 243) noch weiter anzureichern. Andererseits hat die zweite Lösung Aufhänger im Wortlaut von IAS 12.39, wo das **Ausmaß** (*extent*) der Erfüllung der beiden Ausnahmetatbestände angesprochen ist. Diese Formulierung könnte als Erlaubnis zum Splitting der Steuerlatenzierung in diesen Fällen herangezogen werden.

4.2.4 Abhängigkeit der *outside basis differences* von der Rechtsformkonstellation

4.2.4.1 Mutter und Tochter Kapitalgesellschaft

Dem Grunde nach können in der Konstellation Mutter- und Tochterunternehmen in der Rechtsform einer Kapitalgesellschaft *outside basis differences* entstehen (Rz 153). Deren „Wirkung" wird allerdings aus Sicht einer deutschen Mutterunternehmung infolge der Befreiungsvorschriften des § 8b KStG bzw. des § 9 Nr. 2a GewStG weitgehend neutralisiert. Die *outside basis differences* sind deshalb im Konzernabschluss irrelevant. Für die *inside basis differences* gelten die allgemeinen Regeln (Rz 152).
Spezifische **Besonderheiten** der deutschen Unternehmensbesteuerung sind dabei nicht berücksichtigt, z.B. die Pauschalzurechnung von 5 % der Dividende bzw. des Veräußerungsgewinns (§ 8b Abs. 3 KStG).

163

4.2.4.2 Mutter Kapital-, Tochter Personenhandelsgesellschaft T2.120

164 Eine Beteiligungsstruktur Mutterunternehmen als Kapitalgesellschaft und Tochterunternehmen in der Rechtsform einer Personengesellschaft wird in der IFRS-Konzernbilanz und in der Steuereinzelbilanz der Mutter konzeptionell **gleich** behandelt: Sowohl aus IFRS-Konzernsicht als auch steuerlich tritt an die Stelle des Vermögenswertes/Wirtschaftsgutes „Beteiligung" der Anteil an den zum Gesellschaftsvermögen gehörenden (aktiven und passiven) Vermögenswerten/Wirtschaftsgütern. In der Steuerbilanz der Mutterunternehmung wird entsprechend auch nicht eine eigentliche Gewinnermittlung für den Bilanzposten „Beteiligung" an der Personengesellschaft durchgeführt, vielmehr geht der beim Tochterunternehmen festgestellte Gewinn in die Besteuerungssphäre des Mutterunternehmens ein. Umgangssprachlich wird diese Bilanzierung als **Spiegelbildmethode** bezeichnet.

165 Bezüglich der *outside basis differences* gilt demnach im Rahmen der Spiegelbildmethode:

- Der **laufende** Gewinn der Tochterpersonengesellschaft ist in beiden Rechenwerken unabhängig von einer förmlichen Ausschüttung dem Mutterunternehmen zuzurechnen.
- Der Gewinn aus einem Verkauf der Tochter-Personengesellschaft ist sowohl in der IFRS-Bilanz als auch in der Steuerbilanz nach Maßgabe der **Einzelveräußerungsfiktion** abzubilden; dem Verkaufserlös ist in beiden Fällen das abgehende Nettovermögen gegenüberzustellen.
- Die **Bewertungsunterschiede** dieses Nettovermögens der Tochter sind bereits als *inside basis differences* berücksichtigt.
- Steuerbefreiungsvorschriften (Rz 163) und IFRS-spezifische Beschränkungen (Rz 161) für die Steuerlatenzierung können **unberücksichtigt** bleiben.

Outside basis differences können also nur bei Verzicht auf die Spiegelbildmethode entstehen.

Bezüglich der *inside basis differences* ergeben sich konsolidierungstechnisch keine Unterschiede gegenüber dem Fall „Tochter-Kapitalgesellschaft". Allerdings sind die **unterschiedlichen Steuersätze** zu berücksichtigen. Dazu folgendes Beispiel:

Beispiel	
	TEUR
Steuerlich nicht ansetzbare Drohverlustrückstellung bei der Tochter-Personengesellschaft (PersG)	– 200
14 % latente Gewerbesteuer bei PersG (aktiv)	+ 28
Gesamtes IFRS-Eigenkapital der PersG	
• vor der Latenzrechnung	+ 3.000
• nach der Latenzrechnung	3.028
Die laufende Gewerbesteuer aus der Drohverlustrückstellung ist beim EK der Personengesellschaft bereits gekürzt.	

Daraus folgt die

IFRS-Bilanz der PersG (HB II)

Aktive Latenz GewSt	28	EK	3.028
Sonstiges	3.000		
	3.028		3.028

StB der PersG (HB I)

Sonstiges	3.200	– EK IFRS-Bilanz	3.000
		– Drohverlustrückstellung (nicht passiviert)	200
	3.200	Gesamtes EK	3.200

Für den Eigenkapitalunterschied von 172 GE (= 3200–3028) ist keine weitere Latenzrechnung aufgrund einer *outside basis difference* bei der Mutter durchzuführen. Dort ist nur die Körperschaftsteuer zu berücksichtigen. Der zur Vereinfachung häufig verwendete Steuersatz von 30 % kann mit 14 % auf GewSt und 16 % auf KöSt verteilt werden (angenommener Gewerbesteuerhebesatz 400).

Konsolidierungstechnisch ist die Körperschaftsteuerlatenz sinnvollerweise bereits bei der **Neubewertung** für die Tochter-Personengesellschaft zu erfassen. Nach Maßgabe des weitergeführten Beispiels unter dieser Rz stellt sich diese wie folgt dar (16 % von 200):

IFRS-Bilanz II der PersG

Aktive Latenz KöSt	32	EK	32

4.2.4.3 Mutter Personen-, Tochter Kapitalgesellschaft

Die Beurteilung bez. einer konsolidierungstechnisch möglichen *outside basis difference* (nur für Gewerbesteuer) ist **nicht eindeutig**, weil

- einerseits Gewinnanteile im Rahmen der Schachtelbefreiung (§ 9 Nr. 2a GewStG) nicht,
- andererseits Veräußerungsgewinne (Rl 61 Satz 9 GewStRl) der Besteuerung unterliegen.

Wir befürworten eine Orientierung an der **Verwendungsabsicht**. Soll die Beteiligung in absehbarer Zeit verkauft werden, muss die *outside basis difference* als Latenzgrundlage berücksichtigt werden, umgekehrt bei Haltensabsicht.
Die *inside basis differences* (Rz 152) bei der Tochter-Kapitalgesellschaft sind mit Körperschaft- und Gewerbesteuer belegt in den Konzernabschluss einzubeziehen.

4.2.4.4 Mutter und Tochter Personengesellschaft

167 Die *outside basis differences* sind unbeachtlich, da in beiden Rechenwerken die Einzelveräußerungsfiktion gilt (Rz 165).

4.3 Verbundbeziehungen im Einzelabschluss

4.3.1 Tochter Kapitalgesellschaft

168 Bei Tochter-Kapitalgesellschaften können (z.b. aufgrund steuerlich nicht anerkannter außerplanmäßiger Abschreibungen) Differenzen zwischen den Beteiligungsansätzen in der IFRS-Einzelbilanz der Mutter und in der Steuerbilanz der Mutter entstehen. Diese Differenzen begründen nur dann eine Latenz, wenn aus der Beteiligung steuerpflichtige Erträge entstehen können.
Bei Beteiligung einer **Kapitalgesellschaft** an einer in- oder ausländischen **Kapitalgesellschaft** liegt aus Sicht der deutschen Besteuerung i.d.R. wegen § 8b KStG i.V.m. § 7 GewStG im Umfang der Steuerbefreiung eine *permanent (outside basis) difference* vor (Rz 45). Die Steuerlatenzierung entfällt. Diese Feststellung gilt unabhängig davon, ob die Beteiligung beim Mutterunternehmen im Einzelabschluss *at cost* oder *at fair value* geführt wird (→ § 32 Rz 175).

169 Schwieriger ist die Beurteilung der Beteiligung einer **Mutter-Personen-** an einer Tochter-Kapitalgesellschaft. Eine Differenz der Beteiligungsansätze **kann**, aber **muss nicht** Gewerbesteuer auslösen,

- weil einerseits Gewinnanteile im Rahmen der Schachtelbefreiung (§ 9 Nr. 2a GewStG) steuerbefreit sind,
- andererseits Veräußerungsgewinne (Rl 61 Satz 7 GewStRl) der Besteuerung unterliegen.

Die Latenzierung könnte sich an der Verwendungsabsicht orientieren. Bei Verkaufsabsicht in absehbarer Zeit muss die *outside basis difference* als Latenzgrundlage berücksichtigt werden, umgekehrt bei Haltensabsicht.

4.3.2 Mutter Kapital- und Tochter Personenhandelsgesellschaft

170 Eine Beteiligung einer deutschen **Kapitalgesellschaft** an einer deutschen **Personenhandelsgesellschaft** stellt in der IFRS-Bilanz (und in der Handelsbilanz) einen Vermögenswert dar, nicht dagegen in der Steuerbilanz.[106] Aus steuerlicher Sicht tritt an die Stelle des Wirtschaftsgutes „Beteiligungen" die Summe aller Anteile an den zum Gesellschaftsvermögen gehörenden (aktiven und passiven) Wirtschaftsgütern (Spiegelbildmethode). In der Steuerbilanz der Mutterunternehmung wird entsprechend auch nicht eine eigentliche Gewinnermittlung betreffend die Beteiligung an der Personengesellschaft durchgeführt, vielmehr geht der beim Tochterunternehmen festgestellte Gewinn in die Besteuerungssphäre des Mutterunternehmens ein, und zwar unabhängig davon, ob dort in der IFRS-Bilanz eine Wertveränderung vorgenommen worden ist.
Diese rechtsdogmatische Konstellation bereitet seit jeher im nationalen Abschluss **Schwierigkeiten**. Die Verfasser der IFRS haben sie nicht erkennbar in

---

[106] So ständige BFH-Rechtsprechung, z.B. BFH, Beschluss v. 25.2.1991, GrS 7/89, BStBl II 1991, S. 691. BFH 23.7.1975 BStB 1976 II S 73. BFH 29.2.1981 BStB 1978 II S 730. Weiterführend DIETEL, Bilanzierung von Anteilen an Personengesellschaften in Handels- und Steuerbilanz, DStR 2002, S. 2140; HOFFMANN, BB 1988, Beilage 2.

ihre Überlegungen einbezogen. Die bilanzielle Abbildung muss deshalb dem allgemeinen Regelungsgehalt des IAS 12 entsprechen. Wegen der Kompliziertheit der Materie – in Teilbereichen nachfolgend dargestellt – ist dem *cost-benefit*-Aspekt (→ § 1 Rz 68) gebührend Beachtung zu schenken. Weitere Schwierigkeiten bereitet das (möglicherweise) Fehlen von Eigenkapital im IFRS-Abschluss **von** Personenhandelsgesellschaft mit der Qualifizierungsfolge für die Beteiligung an Personenhandelsgesellschaft. Im Folgenden wird der Beteiligungscharakter gleichwohl unterstellt.

Eine denkbare Lösung aufgrund eines **formalistischen** Ansatzes könnte sich auf das **Nichtvorhandensein** einer Beteiligung (im eigentlichen Sinn) in der Steuerbilanz stützen mit der Folge, dass ein Steuerwert (*tax base*; Rz 47) nicht bestünde. Als mögliche Konsequenz entfiele wegen der dann anzunehmenden permanenten Differenz eine Steuerlatenzrechnung oder die Steuerlatenz wäre auf die wechselnden Differenzen des IFRS-Beteiligungsansatzes zum steuerbilanziellen Null-Ansatz zu bilden. Diese Lösung ist u.E. nicht sachgerecht, abzustellen ist auf den Steuerwert. 171

Sinnvollerweise sollte man sich durch das von IAS 12 gewählte *temporary concept* (Rz 34) leiten lassen. Im Gegensatz zur Behandlung der Personen-Tochtergesellschaft im Konzernabschluss – **keine** *outside basis differences* (Rz 165) – ist die Steuerlatenzrechnung (hinsichtlich der IFRS-Einzelbilanz) dann **ausschließlich** auf die *outside basis difference* gerichtet, was sich auf den Wortlaut von IAS 12.39 stützen kann (*associated with investments*). Hinzu kommt die unterschiedliche Besteuerungshoheit für Körperschaft- und Gewerbesteuer. 172

Der **Beteiligungsbuchwert** der Mutter-Kapitalgesellschaft ist mit dem (anteiligen) **Steuerbilanzkapital** samt Ergänzungsbilanzen (Rz 67; zur Sonderbilanz vgl. Rz 66) der Tochter-Personengesellschaft zu vergleichen. Letzteres stellt die *tax base* (Rz 47) der Beteiligung dar. Ein Unterschiedsbetrag entspricht der *outside basis difference*.[107] Diese ist bei der Mutter-Kapitalgesellschaft mit dem vollen (kombinierten) Steuertarif zu belegen (Rz 161). Das folgt aus der fiktiven Veräußerung der Beteiligung als Tatbestand des *reversal* (Rz 34) wegen § 7 Satz 2 Nr. 1 GewStG.

Wegen der **zeitlichen Beschränkung** betreffend die Umkehrung wird auf Rz 112 verwiesen. 173

Insbesondere die *outside basis differences* (Rz 45), aber nicht nur, hängen in ihrer Entstehung und Entwicklung entscheidend von der **Bilanzierungsmethode** für die **Beteiligung** an der Tochter-Personengesellschaft nach den IFRS (→ § 32 Rz 4) ab. Hierzu folgendes Beispiel[108] zu typischen Sachverhalten: 174

> **Beispiel**
> Die K-AG erwirbt 100 % der Anteile an der V-GmbH & Co. KG. Der Erwerbspreis beträgt 1.000 GE, das anteilige Eigenkapital der KG 600 GE. Der Differenzbetrag wird als *goodwill* identifiziert und bei der KG in einer steuerlichen Ergänzungsbilanz aktiviert und auf 15 Jahre mit 27 GE p.a.

---

[107] ERNSTING/LOITZ, DB 2004, S. 1054.
[108] Weiterführend MEYER/BORNHOFEN/HOMRIGHAUSEN, KoR 2005, S. 287.

abgeschrieben. Die nachstehend genannten Sachverhalte führen als Ceteris-paribus-Betrachtung jeweils zu einer Veränderung des steuerlichen Eigenkapitals der KG.

Lösung bei Beteiligungsbilanzierung in der IFRS-Bilanz *at cost*
Zum Anschaffungszeitpunkt besteht keine Differenz. Bei der Folgebilanzierung ist zu differenzieren:
- Abschreibung auf *goodwill* oder andere aufgedeckte stille Reserven in der StB, nicht in der IFRS-Bilanz
  → passive Latenz
- vorläufig thesaurierter Gewinn der KG
  → aktive Latenz
- außerplanmäßige Abschreibung auf die Beteiligung in der IFRS-Bilanz, nicht in der StB
  → aktive Latenz
- laufender Verlust der KG (ohne Verlustübernahmeverpflichtung)
  → passive Latenz (es liegt keine *liability* vor)
- Gewinnvereinnahmung
  → passive Latenz[109]

Lösung bei der Folgebilanzierung in der IFRS-Bilanz *at equity* (wieder zulässig)
- Abschreibung auf *goodwill* in der StB mit 27, in der IFRS-Bilanz mit 20
  → passive Latenz
- vorläufig thesaurierter Gewinn der KG
  → keine Latenz (Differenz fehlt)
- außerplanmäßige Abschreibung auf die Beteiligung in der IFRS-Bilanz, nicht in der StB
  → aktive Latenz
- laufender Verlust der KG
  → keine Latenz (Differenz fehlt)

Lösung bei der Folgebilanzierung in der IFRS-Bilanz *at fair value*
Keine eindeutige Regel möglich. Eine Steuerlatenz errechnet sich zu jedem Bilanzstichtag aus dem Unterschiedsbetrag (*difference*) zwischen IFRS-*fair-value* und anteiligem steuerlichen Eigenkapital (ohne *inside basis differences*) der Tochter-KG.

175 Die **Ergänzungsbilanz** (Rz 67; zu den Sonderbilanzen vgl. Rz 66) bildet systematisch die Neubewertung einschließlich *goodwill*-Ermittlung im Rahmen der Erstkonsolidierung (→ § 31 Rz 11 ff. für die Vollkonsolidierung) ab. Inhaltlich entspricht die Ergänzungsbilanz der IFRS-Bilanz II (ohne die dortige Steuerlatenz aus *inside basis differences*). Gleichwohl kann es im Rahmen der **Folgekonsolidierung** zu *inside basis differences* kommen.

---

[109] Nach IDW RS HFA 18 bedarf es einer Feststellung des Jahresabschlusses, also nur phasenverschobene Vereinnahmung in der IFRS-Bilanz möglich (→ § 4 Rz 39). Wie hier MEYER/BORNHOFEN/HOMRIGHAUSEN, KoR 2005, S. 290 IDW RS HFA 18, Rz 12.

> **Beispiel**
> Der Mehrwert von 400 GE (Beispiel in Rz 155) ist in der Steuerbilanz auf 15 Jahre mit jährlich 27 GE abzuschreiben. In der IFRS-Bilanz der KG erfolgt keine Abschreibung. Die im Zugangsjahr bei der Tochter-Personengesellschaft zu passivierende Steuerlatenz (bei der KG) beträgt bei einem Steuersatz von 14 % für die Gewerbesteuer 56 GE. Die Steuerlatenz ist jährlich mit 3,7 GE zugunsten des Steueraufwandes der KG aufzulösen.
> Bei der Mutter-Kapitalgesellschaft ist derselbe Latenz-Effekt mit einem Steuersatz von 16 % für die Körperschaftsteuer zu belegen.

Die **Veränderung** der **Anteilsquote** einer Kapital- an einer Personengesellschaft kann bei der erstgenannten (Mutter-)Gesellschaft zur Änderung eines Steuerlatenzpostens aus dem Körperschaftsteuerbereich führen. Die Gewerbesteuer bleibt dabei wegen der insoweit bestehenden Steuerrechtssubjektivität der Personengesellschaft unberührt. Die Körperschaftsteuerbelastung aus laufenden und latenten Steuern geht mit der Beteiligungsquote der Muttergesellschaft in ihren Einzel- und in den Konzernabschluss ein.

176

Die Berücksichtigung der persönlichen Steuerverhältnisse der **Minderheitsbeteiligten** an der Personengesellschaft können im Konzernabschluss der beherrschenden Mutter-Kapitalgesellschaft nicht berücksichtigt werden. Die wirtschaftliche Einheit des Konzerns ist davon nicht betroffen.

Für den Körperschaftsteueranteil an den Latenzen ergeben sich daraus im Falle der Änderung der Beteiligungsquote durch Kauf oder Verkauf von Teilanteilen an der Personengesellschaft ohne Kontrollverlust (→ § 31 Rz 58) Bewertungsänderungen: z. B. ist die bisher zu 60 % bewertete Steuerlatenz auf 80 % zu erhöhen oder auf 55 % zu reduzieren.

177

Dann stellt sich die Frage,[110] ob diese Veränderung
- die Auf- oder Abstockung der Beteiligung sozusagen begleitet, also als **Teil**bestandteil des Vorgangs bei der Erstkonsolidierung **erfolgsneutral** oder
- als **Folge**effekt des Vorgangs **erfolgswirksam**

zu erfassen ist.

Eine spezifische Lösung findet sich weder in IFRS 10 noch in IFRS 3 (→ § 31). Deshalb ist auf einen **Analogie**schluss zurückzugreifen.

178

- Nach IAS 12.66 sind die bei der Erstkonsolidierung entstehenden Latenzen **erfolgsneutral** als Zugang zu buchen. Allerdings wird die Bewertungsänderung der Steuerlatenzen durch die Buchwertauf- oder -abstockung und nicht durch den Erwerb von Vermögensgegenständen und Schulden ausgelöst.
- Nach IAS 12.67 kann sich die bisherige Bewertung von **aktiven** Latenzen wegen „gekaufter Gewinne" verändern mit der Folge einer **ergebniswirksamen** Behandlung des Unterschiedsbetrages. Allerdings „passt" die Beschränkung auf die Aktivseite nicht zur alternativen Situation der Auf- **und** Abstockung.

Beide Analogieschlüsse „hinken" also, ein anderer ist im Standardgeflecht nicht auszumachen. Beide Lösungen sind vertretbar mit der Folge eines **faktischen** Wahlrechtes.

---

[110] Vgl. hierzu Freiberg, PiR 2008, S. 380.

4.3.3 Mutter und Tochter Personengesellschaft

179 In mehrstöckigen Personengesellschaftsstrukturen entfällt auf der oberen Konzernebene die vom Tochterunternehmen induzierte Steuerlatenzrechnung „mangels Masse" (kein Steuersubstrat aus der Beteiligung nach § 9 Nr. 2 bzw. § 8 Nr. 8 GewStG). Erst wenn in der Beteiligungskette nach oben eine Kapitalgesellschaft erscheint, wird aus der unteren Beteiligungsebene (von Personengesellschaften) u. U. eine Steuerlatenzrechnung „hinaufgereicht" und wirkt sich dort (nur) bei der Körperschaftsteuer aus.

4.4 Gruppenbesteuerungssysteme

4.4.1 Überblick über die Organisationsstrukturen

180 Die nationalen Steuersysteme versuchen auf unterschiedliche Weise eine Vermeidung einer doppelten oder mehrfachen Belastung **eines** ökonomischen Gewinnes im Zuge von Gewinntransfers innerhalb des Konzerns und dann weiter an die Anteilseigner. Beispiele sind das in Deutschland aufgegebene Anrechnungs- oder das gültige Teileinkünfteverfahren. Gleichwohl verbleibt die latente Gefahr einer mehrfachen Besteuerung **eines** wirtschaftlich verstandenen Gewinns innerhalb eines Konzerns. Der systematische Grund liegt in der Rechtssubjektivität der einzelnen Konzerngesellschaften für Zwecke der Ertragsbesteuerung, die dem einheitlichen und wirtschaftlichen Gebilde „Konzern" widerspricht.

Diesem Problem wollen sog. **Gruppenbesteuerungssysteme** zu Leibe rücken, die wir in Deutschland in langer Tradition in Form einer sog. **Organschaft** kennen. Im europäischen Bereich sind u. a. in folgenden Ländern grenzüberschreitende Gruppenbesteuerungssysteme gesetzlich eingerichtet und wie folgt strukturiert:[111]

Voraussetzungen	Dänemark	Italien	Frankreich	Österreich	Deutschland
Beteiligungsquote	50 %	> 50 %	50 %	> 50 %	> 50 %
EAV	nein	nein	nein	nein	ja
Gruppenvertrag	Steuerausgleich	nein	nein	Steuerausgleich	nein
Mindestdauer	10 Jahre*	5 Jahre, danach 3	5 Jahre	3 Jahre	5 Jahre
Verlustausgleich Ausland	ja	ja	ja	ja	nein

* mit Ausnahmen

181 Für Zwecke der Steuerlatenzrechnung sind folgende **Struktur**merkmale der Gruppenbesteuerungssysteme von besonderem Interesse:
- Ausschließliche **Zurechnung** zum **Gruppenträger** (GT) oder **Verteilung** des gesamten steuerlichen Ergebnisses nach bestimmten Schlüsseln auf die **Gruppengesellschaften** (Steuerumlage; Rz 186).
- Behandlung bestehender **Verlustvorträge** beim **Eintritt** in die Gruppe (Rz 188).

---

[111] Vgl. KESSLER, in: WIESNER/KIRCHMAYR/MAYR, Gruppenbesteuerung, 2. Aufl., 2008. Wegen der Voraussetzungen zur Einrichtung einer solchen Gruppenbesteuerung und Ausprägung im Einzelnen wird verwiesen auf HIRSCHLER/SCHINDLER, IStR 2006, S. 505.

- **Abwicklung** der temporären Differenzen in- und außerhalb des Gruppenbesteuerungszeit**raumes** (Rz 187).
- Möglichkeit der Verlustübernahme von **ausländischen** Gruppenunternehmen (Rz 182).

4.4.2 Transnationale Verlustzurechnung

Der Aspekt der Verlustübernahme von ausländischen Gruppenunternehmen ist von besonderer fiskalischer Brisanz, da kein nationaler Fiskus „bestrebt" ist, im **Ausland** angefallene Verluste zur Minderung des **inländischen** Steueraufkommens anzuerkennen. Andererseits können gegen eine Abschottung ausländischer Verluste von der inländischen Steuerbemessungsgrundlage europarechtliche Bedenken bestehen, wenn nämlich die Verlustübernahme aus nationalen Gruppenmitgliedern möglich, aus ausländischen Gruppengesellschaften in der EU dagegen unzulässig ist. Dieses Thema ist vom EuGH im Fall Marks & Spencer beurteilt worden.[112] Aus diesem EuGH-Urteil folgt generell für die „Verlustübernahme" von ausländischen Kapitalgesellschaften auf inländische Muttergesellschaften Folgendes:

- **Primär** müssen die von den ausländischen Tochtergesellschaften eines Konzerns ermittelten Verluste bei **diesen** Rechtsträgern selbst steuerlich geltend gemacht werden.
- Nur wenn die ausländische Tochtergesellschaft im Sitzstaat alle Möglichkeiten einer Berücksichtigung von Verlusten **ausgeschöpft** hat und dort keine Möglichkeit einer Verlustverrechnung in irgendeiner Form besteht, ist die Muttergesellschaft zur „Übernahme" der ausländischen Verluste in die eigene Bemessungsgrundlage berechtigt.

Die anschließende Frage geht nach der Definition von solchen Möglichkeiten oder Nichtmöglichkeiten der Verlustnutzungen dieser ausländischen Gesellschaft in deren Jurisdiktionsbereich. Im „Normalfall" **scheidet** eine Verlustübernahme von ausländischen Tochtergesellschaften **aus**. **Ausnahmen** können in folgender Konstellation in Betracht kommen:[113]

- Im Staat der Tochtergesellschaft erfolgt überhaupt **keine** Unternehmensbesteuerung – besteuert wird nur die Ausschüttung –, weshalb auch eine Verlustberücksichtigung entfällt.
- Die Verlustvortragsmöglichkeit ist **zeitlich** beschränkt.[114]
- Die ausländische Gruppengesellschaft wird **liquidiert**.
- Die ausländische Gruppengesellschaft wird auf einen **anderen** Rechtsträger **verschmolzen** oder **verkauft** mit der Folge eines zwingenden oder möglichen Untergangs des Verlustvortrages, vergleichbar § 12 Abs. 3 Satz 2 UmwStG oder § 8 Abs. 4 KStG.

Daraus folgt für die Zwecke der Steuerlatenzrechnung im **Einzel**abschluss:

- Verlustvorträge können nur zu einer aktiven Steuerlatenz beim **verlusterzielenden** Tochterunternehmen führen, solange dessen Ergebnis nicht in die Bemessungsgrundlage der (ausländischen) Muttergesellschaft übergeht. Dies

---

[112] EuGH, Urteil v. 13.12.2005, C-446/03, IStR 2006, S. 19; die Rechtslage ist allerdings durch weitere EuGH-Urteile eher infrage gestellt worden.
[113] Scheunemann, IStR 2006, S. 145.
[114] Vgl. hierzu die Auflistung für den EU-Bereich bei Scheunemann, IStR 2006, S. 148.

entspricht der nationalen Rechtslage, weil in diesen Fällen ohnehin die aktive Steuerlatenz aus Verlustvorträgen ausgebucht werden muss.
- Wenn (in Ausnahmefällen s. o.) ein Verlustübergang auf die Gruppenträgerin möglich ist, kann die Steuerlatenz aus dem Verlustvortrag der Tochtergesellschaft bei der **Mutter**gesellschaft **eingebucht** werden.
- Die Aus- und Einbuchung hat mit dem jeweiligen **nationalen** Steuersatz zu erfolgen mit der in Rz 159 dargestellten Folge.

184 Unabhängig von der **europarechtlich** vorgegebenen „ultimativen" transnationalen Verlustübertragung im Konzernsteuerbereich besteht in fünf der unter Rz 180 aufgeführten EU-Mitgliedstaaten nach **nationaler Gesetzesvorgabe** die Möglichkeit eines Verlusttransfers von ausländischen Tochterunternehmen eines Konzerns in die Bemessungsgrundlage der inländischen Konzernmutter. Dazu dienen spezifische **Gruppenbesteuerungssysteme** in unterschiedlicher Ausprägung. In **Dänemark** kann der im Ausland erzielte Verlust **unabhängig** von der die 50 % übersteigenden **Beteiligungsquote** in vollem Umfang verrechnet werden, in den drei anderen Staaten nur pro rata.

185 Im **österreichischen** Gruppenbesteuerungssystem führen **spätere** Gewinne der ausländischen Gruppengesellschaft zu einer **Nach**versteuerung beim sog. Gruppenträger, auf den die steuerlichen Ergebnisse ausschließlich zugerechnet werden. Im Zusammenspiel von tatsächlichem Steueraufwand und demjenigen aus der Steuerlatenzrechnung ergibt sich in diesen Fällen eine **besondere Konstellation**, die systematisch auf einer zwischenstaatlich nicht abgestimmten Zuordnung der Steuerbemessungsgrundlage begründet ist:
- Der Verlust einer (angenommen) deutschen Tochter-Kapitalgesellschaft bleibt der **deutschen** „Steuerhoheit" als Vortragspotenzial erhalten.
- Der (gleiche) Verlust – identische Gewinnermittlung unterstellt – wird in die Bemessungsgrundlage der angenommenen **österreichischen** „Gruppe" übernommen (Rz 144).

Danach folgt für den IFRS-**Einzel**abschluss der
- deutschen Gruppen-Tochtergesellschaft mit (nationalem) Verlustvortrag: Aktivierung einer Steuerlatenz (bei Vorliegen der spezifischen Voraussetzungen; Rz 142),
- österreichischen Gruppenträgerin: Minderung des laufenden (nationalen) Steueraufwandes.

Im IFRS-**Konzern**abschluss der österreichischen Gruppenträgerin ist dieser Effekt zu **konsolidieren**. Aus der Einheitsperspektive ($\rightarrow$ § 32 Rz 117) besteht kein Verlustvortrag der deutschen Tochtergesellschaft, also muss im Rahmen der Konsolidierungsbuchungen die darauf gebildete aktive Steuerlatenz storniert werden. Genau umgekehrt ist bei einem späteren Gewinn der deutschen Tochtergesellschaft vorzugehen, der beim österreichischen Gruppenträger zu einer Nachversteuerung führt.

4.4.3 Ergebniszurechnung innerhalb der Gruppe

186 Weiter stellt sich für die Steuerlatenzrechnung die Frage nach der **ergebnismäßigen Zuordnung** des in der Gruppe **insgesamt** erzielten Ergebnisses auf die einzelnen Gruppengesellschaften. In der steuerlichen **Organschaft** nach deutschem Recht werden die Ergebnisse der Organschaften der (obersten) Gruppen-

trägerin zugerechnet. Dann müsste konsequent die Steuerlatenzrechnung auch auf deren Einzelabschluss ausgerichtet werden. Das Ergebnis dieser Anknüpfung an das nationale Steuerrecht erscheint wenig sachgerecht. Eher bietet sich ein Analogieschluss auf der Grundlage von IAS 8.10ff. (→ § 1 Rz 77) nach Maßgabe von ASC Topic 740–25–7 (US-GAAP) an.[115] Danach ist das gruppenweit erzielte Ergebnis den einzelnen Gruppenunternehmen nach einer wirtschaftlich vernünftigen **Schlüsselung** zuzuordnen. Diese Anweisung entspricht in großen Zügen der in **Deutschland** üblichen Vorgehensweise bei der Körperschaft- und Gewerbesteuer**umlage** im Organschaftskonzern. Dabei sind für Zwecke der IFRS-Rechnungslegung sowohl die *stand-alone*-Methode als auch die Verteilungsmethode zulässig.[116] Im **österreichischen** Gruppenbesteuerungssystem wird vergleichbar vorgegangen mit der Folge einer Bilanzierung der Steuerlatenzen bei den einzelnen Gruppenunternehmen. Diese Umlage „ersetzt" den nach österreichischem Gruppenbesteuerungssystem nicht erforderlichen **Gewinnabführungsvertrag**, der nach deutschem Organschaftsrecht ein zwingendes tatbestandliches Erfordernis darstellt.

In diesen Fällen einer Steuerumlage auf Gruppenunternehmen unabhängig von der rechtlich bestehenden Steuersubjektivität kann u.E. die Steuerlatenzrechnung im IFRS-Einzelabschluss des jeweiligen Gruppenmitglieds angesiedelt werden.

4.4.4 Zeitliche Abwicklung der temporären Differenzen

Einen weiteren Problembereich stellt die Frage nach dem **zeitlichen** Abspiel der Begründung bzw. Entstehung von temporären Differenzen und deren Umkehr **innerhalb** der **Gruppenbesteuerungsperiode** oder **außerhalb** dar. Nach deutschem Körperschaftsteuerrecht spricht man von **vor**- und **nach**organschaftlichen Ergebnissen und solchen **innerhalb** der Organperiode.[117] U. E. kommt diesem Problem der zeitlichen Zuordnung der Differenzumkehr dann keine Bedeutung zu, wenn nach dem vorigen Vorschlag (Rz 186) das einzelne Gruppenunternehmen in eine *stand-alone*-Situation für Zwecke der Ergebniszuordnung gebracht wird. Sie wird dann bez. des Steueraufwandes so behandelt, als ob sie nicht der Gruppe angehörte, weshalb dann nach Beendigung der Gruppenbesteuerung die temporären Differenzen unverändert weitergeführt werden können.

4.4.5 Behandlung von Verlustvorträgen bei Eintritt in die Gruppe

Unterschiedliche Regeln bestehen in den unter Rz 180 aufgeführten EU-Staaten zur Behandlung der beim Eintritt in die Besteuerungsgruppe vorhandenen Verlustvorträge der betreffenden Gesellschaft. Nach **deutschem** Recht spricht man von „**vororganschaftlichen** Verlusten". Diese können während des Bestehens der Organschaftsstruktur nicht verwertet werden, bleiben allerdings bei dem betreffenden Gruppenunternehmen (Organgesellschaft) erhalten. Aus der Perspektive dessen Einzelabschlusses ist im Zeitpunkt des Eintretens die **Werthaltigkeit** des Verlustvortrages nicht mehr gegeben. Eine darauf gebildete aktive Steuerlatenz ist

---

[115] So auch LIENAU, Bilanzierung latenter Steuern im Konzernabschluss nach IFRS, 2006, S. 227.
[116] Zur gesellschaftsrechtlichen Zulässigkeit nur der Verteilungsmethode vgl. BGH, Urteil v. 1.3.1999, II ZR 312/97, DStR 1999.
[117] Zur Unterscheidung von vier möglichen „Umkehr-Perioden" für die temporären Differenzen vgl. LIENAU, Bilanzierung latenter Steuern im Konzernabschluss nach IFRS, 2006, S. 225.

ergebniswirksam auszubuchen. Steuergestalterisch besteht deshalb ein Interesse, eine „verlusttragende" Gesellschaft als Gruppenträgerin zu installieren, weil deren Verluste nicht von der Neutralisierungswirkung der Organschaft betroffen sind. Dadurch kann eine zuvor verlorene Werthaltigkeit eines Verlustvortrages bei der Organträgerin durch Eintritt eines gewinnträchtigen Tochterunternehmens in die Gruppe wieder an Werthaltigkeit gewinnen. Das gilt im Übrigen unabhängig vom Gruppenbesteuerungsstatut (→ § 32 Rz 187).

189 Das **österreichische** und das **dänische** Gruppenbesteuerungssystem regeln die „Vorgruppenverluste" anders als das deutsche Organschaftsrecht: Diese Verluste sind zuvörderst mit späteren – nach Eintreten in die Gruppe – anfallenden Gewinnen zu verrechnen (vergleichbar der Regelung im früheren gewerbesteuerlichen Organschaftsrecht in Deutschland). In diesen Fällen sind die bei Eintritt in die Gruppenbesteuerung ggf. vorhandenen Steuerlatenzen im IFRS-Einzelabschluss dieser Gesellschaft unverändert weiterzuführen.

4.4.6 Aufdeckung von Firmenwerten bei Begründung der Gruppe

190 Nach österreichischem Recht ist der für den Erwerb einer Kapitalgesellschaft gezahlte Kaufpreis über die Gruppenbesteuerung z.T. in einen steuerlich abschreibbaren **Firmenwert** transformierbar (Rz 108). Zu den Folgen für die Latenzrechnung wird auf Rz 101 verwiesen.

4.5 Speziell deutsche Organschaft

191 Die Steuerlatenzrechnung im Falle einer ertragsteuerlichen Organschaft nach §§ 14ff. KStG und § 2 Abs. 2 GewStG wirft bez. der Steuerlatenzrechnung insbesondere folgende Fragen auf:
- Sind die Steuerlatenzen beim Organ**träger** oder der Organ**gesellschaft** anzusetzen?
- Wie hat die **Bewertung** der Latenzen zu erfolgen?
- Wie ist beim **Ein-** und **Austritt** in und bei **Beginn** und **Beendigung** der Organschaft zu verfahren?
- Wie sind Konzernsteuer**umlagen** zu behandeln?

192 Die wesentlichen **Strukturmerkmale** einer ertragsteuerlichen Organschaft sind:
- Der Organ**träger** muss unbeschränkt steuerpflichtig im Inland sein; die Rechtsform ist nicht auf die Körperschaften beschränkt, auch eine Personenhandelsgesellschaft kommt als Organträgerin infrage.
- Umgekehrt muss die **Organgesellschaft** eine Kapitalgesellschaft mit unbeschränkter Steuerpflicht und Sitz im Inland sein.
- Die Organschaft kann **mehrstufig** ausgerichtet sein, d.h., ein Organträger ist dann gleichzeitig Organgesellschaft.
- Gesellschaftsrechtlich ist die **finanzielle** Eingliederung mit der Stimmrechtsmehrheit der Tochter- in die Muttergesellschaft erforderlich, zusätzlich der Abschluss eines **Gewinnabführungs**vertrages mit einer Mindestlaufzeit von fünf Jahren.

193 Die steuerlichen Folgen für die laufende Besteuerung sind:
- Gewerbeertrag und Einkommen der Organgesellschaft werden dem **Organträger** unbeschadet der dem Grunde nach weiterbestehenden Steuerpflicht der Organgesellschaft zur Versteuerung **zugerechnet**.

- Effektiver **Steuerschuldner** ist im Regelfall (Ausnahme Garantiedividende) der Organträger.
- Beim Organträger erfolgt eine Ergebnis**verrechnung** von positiven und negativen Ergebnissen der Organgesellschaften.
- **Vororganschaftliche** Verluste der **Organ**gesellschaft werden während des Bestehens der Organschaft „eingefroren".
- Umgekehrt beim Organ**träger**: Hier bleiben die **vororganschaftlichen** Verluste in der üblichen Form fungibel.

In der **Zeitschiene** sind folgende Stadien zu unterscheiden: 194
- vororganschaftlicher Zeitraum,
- Organschaftszeitraum,
- Nachorganschaftszeitraum.

Auf die Steuerlatenzrechnung hat diese Rechtskonstruktion folgende Auswirkungen: 195
- Mangels effektiver Steuerschuldnerschaft sind nach h. M. aktive und passive Bilanzansätze auf temporäre Differenzen **nicht** bei der Organ**gesellschaft**, sondern beim Organ**träger** anzusetzen (sog. „**formale** Betrachtungsweise"). Es wird auch in der Minderheit eine „**wirtschaftliche** Betrachtungsweise" vertreten, derzufolge die Latenzierung bei der verursachenden Gesellschaft erfolgen soll.
- **Verluste** in organschaftlicher Zeit wirken sich bei der Organgesellschaft nicht aus, sie werden im Ergebnis des Organträgers **verrechnet** und können bei einem Gesamtverlust aus dem Organbereich beim Organträger unter den weiteren Voraussetzungen latenziert werden.
- Die **Bewertung** der Latenzposten muss mit dem Steuersatz des Organträgers erfolgen, im Falle von Personenhandelsgesellschaften also mit dem Gewerbesteuersatz.

Im Übergang vom **Vor**organschafts- zum Organschafts**zeitraum** ergeben sich folgende Auswirkungen:
- Die Organgesellschaft verliert ihren effektiven (nicht rechtlichen) Status als Steuerschuldnerin mit der Folge einer **Auflösung** der Bilanzansätze für temporäre Differenzen und **Übertragung** dieser auf den Organträger.
- Dabei ist eine **Neubewertung** erforderlich, z. B. wegen nicht mehr bestehender oder neu eintretender Wahrscheinlichkeit des Ausgleichs aktiver Latenzen in der Zukunft.
- (Fast) zwingende Auflösung einer aktivierten Steuerlatenz aus **Verlustvorträgen** bei der Organgesellschaft wegen des mindestens fünfjährigen Zeitraumes der fehlenden steuerlichen Nutzungsmöglichkeit; beim Organträger ist dieser Verlustvortrag nicht verwendbar, deshalb keine Übertragung von der Organgesellschaft auf den Organträger.

Die voraussichtliche **Beendigung** der Organschaft führt zu folgenden Effekten:
- Ist ein Ende der Organschaft abzusehen, sind Latenzen wieder bei der **Organgesellschaft** als „eigene" zu bilden, sofern die Umkehr der temporären Differenzen im nachorganschaftlichen Zeitraum zu erwarten ist.
- Deren **Bewertung** richtet sich nach dem künftigen Steuersatz der Organgesellschaft.
- Wird eine **Verlustverrechnungsmöglichkeit** der Organgesellschaft im nachorganschaftlichen Zeitraum (wieder) wahrscheinlich, ist eine entsprechende Latenzierung vorzunehmen.

196 Die aus betriebswirtschaftlichen Erwägungen bez. des Einblicks in die Ertragslage der Organgesellschaften für sinnvoll erachteten und häufig praktizierten **Steuerumlagen** (für Körperschaft- und Gewerbesteuer) mindern den ausgewiesenen Abführungsbetrag. Hieraus folgt:
- Bei der Organgesellschaft erscheinen in der **GuV**-Rechnung Steuern vom Einkommen und Ertrag.
- Entsprechend sind latente Steuern auf temporäre Differenzen der **Organ**gesellschaft bei dieser im Steueraufwand auszuweisen.
- In der Bilanz sind die entsprechenden **Schulden** oder **Forderungen** auszuweisen, im **kurz**fristigen Bereich z. B. als „Forderungen/Verbindlichkeiten aus der Umlage tatsächlicher Steuern", im **lang**fristigen z. B. als „Umlage latente Steuern".
- Beim Organträger erscheinen die Steuerumlagen als **negativer Steueraufwand**. Die Latenzierung temporärer Differenzen bei der Organgesellschaft erscheint im Abschluss des Organträgers nicht.

197 Aus **Praktikabilitätsgründen** werden im Einzelabschluss der Organgesellschaft häufig auch ohne das Vorliegen von Steuerumlageverträgen latente Steuern auf temporäre Differenzen gezeigt, auch wenn eine Umkehr im nachorganschaftlichen Zeitraum nicht zu erwarten ist. Die Bewertung erfolgt dabei mit dem Steuersatz des Organträgers.

Diese Handhabung ist arbeitsökonomisch bedingt, weil bei der Organgesellschaft die erforderlichen Daten vorliegen und nicht eigens in das Rechenwerk des Organträgers transferiert werden müssen. Eine Rechtfertigung für diese nicht der Gesetzeslage entsprechende Handhabung liegt in der geringen Relevanz des IFRS-Einzelabschlusses der Organgesellschaft.

4.6 Kapitalgesellschaften mit einem einzigen Vermögenswert (*corporate wrapper*)

198 Ungeklärt ist, ob der Wertansatz der Steuerlatenz für Tochtergesellschaften, denen lediglich ein einziger Vermögenswert zuzurechnen ist, sich am Beteiligungswert oder demjenigen der einzelnen Vermögenswerte und Schulden ausrichten muss. Das IFRS IC hat sich dieses Themas am Sachverhalt einer Kapitalgesellschaft angenommen, deren Vermögen sich auf einen einzigen Gegenstand (z. B. Bürogebäude) beschränkt („*corporate wrapper*"). Im Rahmen einer Agenda Decision wurde beschlossen, das Thema nicht weiter zu verfolgen, da die Vorgaben des IAS 12 abschließend seien. Eine weitere Beschäftigung ist dem IASB in dem research project zur bilanziellen Abbildung von Income Taxes vorbehalten.[118]

199 Das IFRS IC kommt zu folgender Einschätzung: Aus **Konzernsicht** werden die Vermögenswerte und Schulden und nicht der Beteiligungsanteil bilanziert. Dies spricht für eine Latenzierung auf der Basis des Buchwertes im Konzernabschluss. Eine Bezugnahme auf die künftige Art einer Verwertung – *share deal* oder *asset deal* scheidet daher aus. Folgendes differenziertes Vorgehen ist geboten:
- Für die Latenzierung ist zunächst der IFRS-Buchwert des Vermögenswerts im konsolidierten Abschluss dem Steuerwert gegenüberzustellen (IAS 12.11).
- Zusätzlich ist die Erfassung einer (latenten) Steuerwirkung aufgrund einer bestehenden *outside basis difference* (Rz 152 ff.) zu beurteilen.

---
[118] IFRS IC, Update July 2014.

5 Bewertung tatsächlicher und latenter Steuern

5.1 Anzuwendende Steuersätze

Die Bewertung der **aktuellen** (*current*) Steuerguthaben und -verbindlichkeiten (Rz 20) für das laufende und frühere Wirtschaftsjahre ist nach IAS 12.46 mit den zum Ende der Periode gültigen Tarifen vorzunehmen. Sofern eine Gesetzesänderung bis dahin als *substantively enacted* gilt, so ist der neue Tarif bei gesetzlicher Rückwirkung für dieses Geschäftsjahr anzuwenden. Die künftigen Steuersätze sind hier nach IAS 12.12 irrelevant. Anders ist die Sachlage hingegen bei **latenten** Steuern.

200

> **Beispiel**
> Der Vermittlungsausschuss von Bundestag und Bundesrat einigt sich im Dezember 03 auf einen ab 04 geltenden neuen Steuersatz. Die Verkündung im BGBl (Inkrafttreten) erfolgt im Januar 04. Bereits zum 31.12.03 ist für die Latenzierung mit den neuen Steuersätzen zu rechnen.[119]

Der Board will sich der Deutungshoheit über die Interpretation der Verbindlichkeit einer Gesetzesankündigung nicht begeben und lehnt deren „Abgabe" an die nationalen Standardsetter ausdrücklich ab.[120] U. E. ist dadurch keine optimale **Arbeitsteilung** zwischen IASB/IFRIC einerseits und den nationalen Standardsettern gewährleistet. Die Umsetzung einer prinzipienorientierten Regel wie das *„substantive enactment"* in die nationale Rechtsstruktur von 100 oder mehr Staaten kann länderübergreifend nicht gelingen.

201

Scheinbar dem *deferral*-Konzept verpflichtet, schreibt IAS 12.47 (1. Satz) zunächst eine Bewertung der Steueransprüche und -verbindlichkeiten aus Steuer**latenzen** mit den **mutmaßlichen Steuersätzen** im Zeitraum der angenommenen Realisierung vor. Im Folgesatz wird diese Anweisung allerdings gleich wieder aufgehoben; es sollen die am Bilanzstichtag gültigen oder angekündigten **Steuersätze** angewendet werden. Dem *deferral*-Konzept wird somit tatsächlich nicht Rechnung getragen.

202

5.2 Steuersatzänderung

Die Realisation bzw. Erledigung eines latenzierten Vermögenswertes bzw. einer Schuld kann sich über **längere Zeiträume** hinziehen. Dazwischen ändert sich möglicherweise der anzuwendende Tarif gegenüber demjenigen, der bei der Erstlatenzierung anzuwenden war. Die Bewertung der Latenz ist nach IAS 12.46 mit dem am betreffenden Stichtag gültigen bzw. *„substantively enacted"* (Rz 200) Tarif vorzunehmen. Künftig – nach dem Stichtag – erwartete Steuersatzänderungen sind nicht zu berücksichtigen.[121]

203

---

[119] So bestätigt im Board Meeting vom Januar 2005 (IASB, Update Februar 2005). Dort sind auch vergleichbare Fälle anderer Länder dargestellt.
[120] IASB, Update Juli 2008.
[121] PwC, Manual of Accounting 2012, 13.166.1, dort auch das nachfolgende Beispiel.

> **Beispiel**
> Eine Ermäßigung des Tarifs von 30 % auf 28 % ist am 26.6.07 mit Wirkung ab 1.4.08 eingeführt. Bis zum 1.4.08 ist die Tarifänderung für die Bewertung der laufenden Steuern ohne Bedeutung. Für die Bewertung latenter Steuern ist dagegen die Rechtslage nach dem 25.6.07 beachtlich.
> Dabei ist der Zeitpunkt des Umkehreffektes (*reversal*; Rz 34) und der dann gültige Tarif anzuwenden. Liegt der Umkehreffekt vor dem 1.4.08, hat dies keine Auswirkung auf die Bewertung der Latenz, umgekehrt bei Umkehreffekten in Bilanzen mit Stichtag nach dem 31.3.08. Für Berichtsperioden, die vor dem 26.6.07 enden, ist über die Änderung des Tarifs nach IAS 10.22h als „*non-adjusting post balance sheet event*" zu berichten (→ § 4 Rz 17).

204 Eine Steuersatz**änderung** hat nach IAS 12.60a Einfluss auf die Bewertung der **Latenz**posten. Die Anpassung des Latenzpostens folgt der früheren Einbuchung (i. S. e. *backwards tracing*) als erfolgs**wirksam** bzw. -**neutral** (Rz 218).

> **Beispiel**[122]
> Die A-AG hält in ihrem Portfolio sowohl Wertpapiere der Kategorien „*held for trading*" (erfolgswirksame Bewertung) als auch „*available for sale*" (afs, erfolgsneutrale Bewertung). Der *fair value* der Wertpapiere lag bereits zum Periodenbeginn über den Anschaffungskosten und hat sich seitdem nicht wesentlich verändert. Eine für das Unternehmen relevante Steuersatzänderung von 40 % auf 25 % wird am 30.12. beschlossen. Folgende Anpassungen sind vorzunehmen:
>
> | in TEUR | Ansatz IFRS | Ansatz Steuerbilanz | Temporäre Differenz | Latente Steuer 1.1. s = 40 % | Latente Steuer 31.12. s = 25 % | Steuersatzbedingte Änderung |
> |---|---|---|---|---|---|---|
> | *Trading securities* | 100.000 | 90.000 | 10.000 | 4.000 | 2.500 | 1.500 |
> | *Afs securities* | 80.000 | 60.000 | 20.000 | 8.000 | 5.000 | 3.000 |
>
> Die Reduzierung der Steuerlatenzposten aus den Wertpapieren der Kategorie „*held for trading*" ist zum Stichtag erfolgswirksam (per Steuerrückstellung an Steuerertrag 1.500) und die der Kategorie „*available for sale*" erfolgsneutral (per Steuerrückstellung an Neubewertungsrücklage afs 3.000) zu erfassen.

5.3 Änderungen im Steuerstatut (Rechtsformwechsel)

205 Die Steuerlatenzrechnung kann der Höhe nach durch **Umwandlung** aus dem Statut der Kapitalgesellschaft heraus in das der Personenhandelsgesellschaft hinein und umgekehrt beeinflusst werden. Die **Personenhandels**gesellschaft unterliegt nur der Gewerbesteuer, die **Kapital**gesellschaft zusätzlich der Körperschaftsteuer mit Solidaritätszuschlag. Dabei gilt:[123]
Der Wechsel von
- einer Personenhandels- in eine Kapitalgesellschaft **erhöht**,
- einer Kapital- in eine Personenhandelsgesellschaft **vermindert**

die Steuerlatenzposten.

---

[122] Nach FREIBERG, PiR 2006, S. 177.
[123] Vgl. hierzu und zum folgenden Beispiel FREIBERG, PiR 2006, S. 178.

Die daraus entstehenden Bewertungsänderungen sind nach SIC 25.4 ergebniswirksam zu erfassen, soweit sie nicht zuvor auf direkt im Eigenkapital erfassten Latenzposten beruhen.

Beispiel
Die A-OHG wurde zum 31.12. formwechselnd in eine AG umgewandelt. Der anzuwendende Unternehmenssteuersatz erhöht sich aufgrund der zusätzlichen Körperschaftsteuerpflicht von 14 % (nur Gewerbeertragsteuer) auf 30 %. Zum Stichtag hat die A aktive Buchwertdifferenzen, die sich später umkehren, i. H. v. 1.000. Die Bewertung erhöht sich durch die Einbeziehung der Körperschaftsteuer von 140 auf 300. Buchung: per aktive Latenzen an Steuerertrag.

5.4 Steuersätze national und international

Sofern das Unternehmen/der Konzern in der Rechtsform der **Kapitalgesellschaft (als Muttergesellschaft)** sich weitaus überwiegend im **Inland** betätigt, kommt bei Kapitalgesellschaften sinnvollerweise für die Latenzrechnung die **zusammengefasste Tarifbelastung** von Körperschaft- und Gewerbesteuer sowie Solidaritätszuschlag zur Anwendung (Rz 1). Der Gewerbesteuersatz ist wegen der Zerlegung auf Gemeinden mit unterschiedlichen Hebesätzen meistens nur überschlägig zu ermitteln. 206

Bei nennenswerter **Auslandsaktivität** ist im Konzernabschluss die Anwendung eines **Durchschnittssteuersatzes** nach IAS 12.49 geboten. Dem widerspricht auch IAS 12.11 (für den Konzernabschluss) nicht. Dort ist nur von der länderspezifischen *tax base* die Rede, nicht dagegen von dem zugehörigen Steuersatz.[124] Eine entsprechende Konsolidierung bei einer Vielzahl von Steuersystemen wäre auch nicht praktikabel und würde im Hinblick auf andere erhebliche Bewertungsunsicherheiten – z. B. wegen des künftigen Steuersatzes (Rz 202) – nur eine nicht existierende Scheingenauigkeit suggerieren. Ein ähnliches Problem entsteht bei progressiver Tarifgestaltung. 207

Die Vorgabe des Durchschnittssteuersatzes wird allerdings durch IAS 12.85 relativiert, wonach im Rahmen der **Überleitungsrechnung** (Rz 243) der am **meisten aussagekräftige** Steuersatz herangezogen werden soll.[125] Vielfach wird in der deutschen IFRS-Praxis auch bei nennenswerten Auslandsaktivitäten der in den USA übliche *home-based approach* angewandt, also der **inländische** Steuersatz. Diese Lösung birgt den Vorteil einer längerfristigen Stabilität und fördert die zwischenperiodische Vergleichbarkeit im Gegensatz zum jährlich neu zu bestimmenden **gewichteten Durchschnittssatz**.[126] Beide Varianten – *home-based approach* und Mischsteuersatz – erscheinen als zulässig (Rz 244). Dem *materiality*-Gedanken (→ § 1 Rz 63 ff.) ist gebührend Rechnung zu tragen. Bei Personengesellschaften ist zwischen Einzel- und Konzernabschluss zu unterscheiden (vgl. Rz 170 und Rz 164). 208

---

[124] Vgl. SCHULZ-DANSO, in: BECK'sches IFRS-Handbuch, 4. Aufl., 2013, § 25, Tz. 163; ADS International, Abschnitt 20, Tz. 195.
[125] Vgl. DAHLKE/VON EITZEN, DB 2003, S. 2237, S. 2238.
[126] Vgl. HERZIG, WPg 2003, Sonderheft S. 80, S. 91.

5.5 Realisationsabhängige Steuersätze oder Steuerbuchwerte

209 Die Bewertung muss auch die **Art** der Besteuerung berücksichtigen, die bei **Realisierung** der mit einer Steuerlatenzrechnung behafteten Vermögenswerte entstehen (IAS 12.51). Angesprochen sind damit primär die Fälle, in denen nach ausländischem Steuerrecht der Steuersatz für laufendes Einkommen von demjenigen für Gewinne aus der Veräußerung einzelner Vermögenswerte differiert. Fraglich ist, ob dies aus Sicht der deutschen Besteuerung nur unter der *going-concern*-Prämisse oder auch für Betriebsveräußerungen gilt.

Steuerlatenz bei geplanter Unternehmensveräußerung
Der Einzelunternehmer will in fünf Jahren das Unternehmen (bzw. einen Teilbetrieb) verkaufen. Folgende Steuerlatenzen bestehen unter Berücksichtigung eines (angenommenen) ermäßigten Tarifs von 20 % für die Veräußerung.

Bilanzposten	IFRS-Buchwert	Steuerbilanzwert	Steuersatz 20 %
Grund und Boden	400	100	− 60
selbst erstellte immaterielle Vermögenswerte	500	0	− 100
Pensionsrückstellungen	700	500	+ 40
Steuerlatenz (passiv) (aktiv)			− 160 + 40

Die Lösung verträgt sich höchstens dann mit dem *going-concern*-Gedanken, wenn von der Veräußerung eines Teilbetriebs ausgegangen wird.

---

210 Die in ausländischen Steuerhoheiten mitunter anzutreffenden Differenzierungen des Steuertarifs und des Steuer(buch)wertes (Rz 64) zwischen laufender Nutzung eines Vermögenswertes und dessen Veräußerung sind in IAS 12.51A, 12.51B, 12.51C, 12.51D und 12.51E behandelt.
Ein nationales Steuerregime kann die Steuerbemessungsgrundlage je nach Art der Realisation eines Vermögenswertes oder der Erledigung einer Schuld festlegen (nicht nach deutschem Steuerrecht). Ein Vermögenswert kann durch **Nutzung**, durch **Verkauf** oder durch **beides** realisiert werden. Ein typisches Beispiel stellt die ermäßigte Besteuerung beim Verkauf eines Vermögenswertes (*capital gain*) dar. Zwei Varianten der differenzierenden steuerlichen Behandlung kommen nach IAS 12.51A in Betracht:
- Veränderung der *tax base* des Vermögenswertes oder der Schulden,
- Veränderung des Tarifs.

Z.B. kann die Variation der Bemessungsgrundlage durch **Indexierung** des steuerlichen Abzugsbetrages (Rz 86) erfolgen. Bei unterschiedlicher Besteuerung von Nutzung und Verkauf ist die am Bilanzstichtag erwartete (künftige) Realisation zugrundezulegen.

Beispiel (nach IAS 12.51 Beispiel A)
Der Steuersatz für die Erträge aus laufender Nutzung eines Vermögenswertes beträgt 30 %, aus der Veräußerung 20 %. Die *tax base* beträgt 60 GE, der Buchwert nach IFRS-Bilanz 100 GE.
Die Passivlatenz beläuft sich auf
20 % von 40 GE = 8 GE bei erwarteter Realisation durch Verkauf,
30 % von 40 GE = 12 GE bei erwarteter Realisation durch Nutzung.

Die Unterschiede beim Steuer**tarif** oder bei der **Bemessungsgrundlage** für die Steuer aus der **Veräußerung** sind auch anzuwenden auf 211
- **nicht abnutzbare Anlagegüter** unter dem **Neubewertungsmodell** nach IAS 16 (→ § 8 Rz 70 ff.), also Grund und Boden: Die Steuerlatenz ist mit dem auf den Veräußerungsgewinn anwendbaren Steuersatz bzw. nach der Bemessungsgrundlage für Veräußerungsgewinne zu bewerten (IAS 12.51B).
- als **Finanzinvestitionen** gehaltene Immobilien nach IAS 40, die nach dem *fair-value*-Modell (→ § 16 Rz 40 ff.) bewertet werden: Widerlegbar ist die **Veräußerung** der Steuerlatenzierung zugrunde zu legen, es sei denn, das Geschäftsmodell ist auf **dauerhafte Nutzung** ausgelegt. Die Widerlegung ist einzelfallabhängig nach konsistent angewandten Prinzipien durchführbar.[127] Dies gilt auch bei der Bewertung im Rahmen eines Unternehmenserwerbs (IAS 12.51C).

Die Methoden zur Latenzierung bei unterschiedlichen Steuersätzen oder Bemessungsgrundlagen für die Veräußerungsgewinne von Anlagegütern können nicht alle nationalen steuerlichen Besonderheiten beachten. Nach **belgischem** Steuerrecht ist etwa eine Einstellung der Veräußerungsgewinne von Anlagevermögen bei Kapitalgesellschaften in eine **steuerfreie Rücklage** zulässig. Die Besteuerung erfolgt bei Auflösung dieser Rücklage oder bei Liquidation der Gesellschaft. Dabei kommt praktisch eine Auflösung der Rücklage nur dann in Betracht, wenn diese zur Generierung von **Ausschüttungspotenzial** benötigt wird. Das wird nur in Sonderfällen gegeben sein, wenn ein Verfall von Verlustvorträgen droht oder ausländische Quellensteuern mangels genügend vorhandenen Gewinnes nicht oder unzulänglich angerechnet werden können. Verschiedene Lösungen sind erwägenswert: 212

Lösung 1: Orientiert man sich streng am *temporary*-Konzept (Rz 43), kann die steuerfreie Rücklage als Steuerwert beurteilt werden. Dann weist die IFRS-Bilanz, die keinen entsprechenden Buchwert kennt, ein Mehrvermögen gegenüber der Steuerbilanz aus mit der Folge einer passiven Steuerlatenz (Rz 47). Diese Situation entspricht der nach deutschem Recht erfolgten Einstellung eines Veräußerungsgewinns in eine 6b-Rücklage. Die Bewertung der so definierten Buchwertdifferenz hat mit dem normalen Steuertarif zu erfolgen.

Lösung 2: Die Bildung der steuerfreien Rücklage entspricht einem Steuersatz von 0 %. Da die Rücklage fast ausschließlich zur Bestreitung einer Dividende aufgelöst wird, führt dieser Mechanismus in praxi im Ergebnis zu unterschiedlichen Steuersätzen für zurückbehaltene und ausgeschüttete Gewinne. Diese Aussage gilt allerdings nur, wenn tatsächlich nach den Steuerplanungen der Gesell-

---
[127] IFRS, Update November 2011.

schaft die steuerfreie Rücklage nur zur Bestreitung einer Dividende aufgelöst wird. Die Dividende kann im Normalfall auch aus laufendem Gewinn ohne Veräußerungsgewinn von Anlagevermögen finanziert werden, sodass insoweit kein Unterschied im Steuertarif zwischen ausgeschüttetem und thesauriertem Gewinn besteht.
Wir favorisieren die Lösung 1 wegen der unmittelbaren Anwendbarkeit des *temporary*-Konzepts.

213 Sofern die Steuersätze für **einbehaltene** und **ausgeschüttete** Gewinne divergieren (Rz 24), ist derjenige für einbehaltene bei der Steuerlatenzrechnung anzuwenden,[128] es sei denn, für die Ausschüttung ist eine Verbindlichkeit passiviert.

5.6 Abzinsung

214 Guthaben und Verbindlichkeiten aus Steuer**latenzen** sind **nicht abzuzinsen** (IAS 12.53). Begründung: Häufig sei eine detaillierte Berechnung des Zeitpunktes für die Realisierung der Latenzen nicht möglich (IAS 12.54). Dieses Argument steht bei den ohnehin höchst ermessensbehafteten Ansatzregeln auf schwachen Füßen. Das Abzinsungsverbot bezieht sich nicht auf **laufende** Steuern. Sofern aktive oder passive Posten für laufende Steuern erst zwölf Monate oder später nach dem Bilanzstichtag fällig sind, ist bei Wesentlichkeit eine Abzinsung geboten.[129] Die Ab- und Aufzinsungen sind im Finanzergebnis (→ § 2 Rz 78) auszuweisen. Die Abzinsung ist mit dem fristenadäquaten risikolosen Zinssatz vorzunehmen (→ § 21 Rz 144). Zum Sonderproblem bei der Kapitalkonsolidierung vgl. → § 31 Rz 213.
Eine systematisch zutreffende Begründung für die Nichtabzinsung der latenten Steuern lässt sich für Buchwertunterschiede dann feststellen, wenn Letztere auf einem Vergleich von **Zeitwerten** mit steuerlichen Buchwerten beruhen. Zeitwerte stellen im **Barwertkalkül** eine abgezinste Größe dar; deshalb enthält auch der Differenzbetrag zwischen Buchwert (Zeitwert) und Steuerwert eine Abzinsungskomponente. Eine Diskontierung der sich daraus ergebenden Steuerlatenz käme einem *double counting* gleich.[130]

5.7 Kontinuierliche Nach- bzw. Werthaltigkeitsprüfung

215 Nach IAS 12.56 ist eine **Nachprüfung** (*review*) der Bewertung von **aktivierten** Ansprüchen aus Steuerlatenzen vorzunehmen, ggf. hat eine **Abwertung** zu erfolgen, sofern die Wahrscheinlichkeit der Realisierung des bisherigen Buchwertes nicht mehr besteht. Abwertungserfordernisse nach deutschem Recht können sich z. B. durch einen geplanten Unternehmensverkauf (beim Verkaufsobjekt) wegen eines dann drohenden **Untergangs** des Verlustvortrages nach § 8c KStG und § 10a GewStG, ebenso bei einer Verschmelzung ergeben. Ein weiteres Beispiel für die notwendige Abschreibung auf eine aktivierte Steuerlatenz wegen Verlustvortrages ist die Einbeziehung in ein steuerliches

---

[128] IASB, Update April 2005.
[129] Vgl. im Einzelnen LÜDENBACH, PiR 2008, S. 276.
[130] Vgl. hierzu mit einem Beispiel FREIBERG, Diskontierung in der internationalen Rechnungslegung 2010, Tz. 379; so auch PwC, Manual of Accounting 2015, TZ. 13.180.

Gruppenbesteuerungssystem (Rz 188). In ausländischen Steuerhoheiten ist u. U. der zeitliche **Verfall** von Verlustvorträgen zu beachten.

Eine **Zuschreibung** ist in späteren Zeiträumen bei Umkehrung der Voraussetzungen geboten (IAS 12.56). Dabei ist der Zuschreibungsbetrag auf die Höhe des ursprünglichen Buchwertes „gedeckelt". Als Beispiel für die Wiedergewinnung der Werthaltigkeit eines Verlustvortrages kann die Implementierung der (Verlust-)Gesellschaft als Organträgerin dienen, wenn aus dem Organkreis Gewinnzuweisungen zu erwarten sind (Rz 188). Wegen weiterer Einzelheiten und Beispiele vgl. → § 31 Rz 164. 216

Die Bilanzierung einer Aktivlatenz ist mit dem **werthaltigen** Teil vorzunehmen. Nach dem einstweilen nicht mehr verfolgten Entwurf des ED/2009/2 (Rz 256) sollte entsprechend den Vorgaben in den US-GAAP in zwei Schritten vorgegangen werden: zunächst Ermittlung des gesamten potenziellen Aktivierungsvolumens, dann Wertberichtigung auf den mutmaßlichen Ertrag in der Zukunft. Das Ergebnis unterscheidet sich nicht von der bisherigen Vorgehensweise. 217

6 Ausweis

6.1 GuV, Gesamtergebnisrechnung und Eigenkapitalspiegel

6.1.1 Regel-Ausnahme-Verhältnis

IAS 12.58 bestimmt Folgendes: 218
- „Die tatsächlichen und latenten Steuern sind als Ertrag oder Aufwand zu erfassen und in den Gewinn- oder Verlust einzubeziehen,
- ausgenommen in dem Umfang, in dem die Steuer herrührt"
- aus Geschäftsvorfällen, die im sonstigen Ergebnis (IAS 12.62) (Rz 220), oder
- direkt im Eigenkapital (IAS 12.62A) angesetzt werden (Rz 223) oder
- aus einem Unternehmenszusammenschluss (allgemeine Erfolgsneutralität der Erstkonsolidierung).

Damit ist eine
- erfolgswirksame Erfassung die **Regel**,
- eine erfolgsneutrale Erfassung die **Ausnahme**.

Eine Saldierung der Steuereffekte zwischen den verschiedenen Kategorien ist unzulässig.[131] 219

Beispiel
Unternehmen U erzielt ein steuerbares Ergebnis von 40.000 GE, welches bei einem Steuersatz von 30 % zu einer Steuerverbindlichkeit von 12.000 GE führt. Das Periodenergebnis ist zurückzuführen auf einen operativen Gewinn von 60.000 GE und einen im OCI erfassten Verlust von 20.000 GE. Im Gesamtergebnis ist ein erfolgswirksamer Effekt von -18.000 GE (als Aufwand) und eine erfolgsneutrale Erfassung im OCI von +6.000 GE geboten, eine Verrechnung und ein Nettoausweis von -12.000 GE in der GuV scheiden aus.

---

[131] FREIBERG, PiR 2012, S. 294, dort auch das nachstehende Beispiel.

6.1.2 Erfassung im sonstigen Gesamtergebnis

220 Für die nicht im GuV-Bereich der Gesamtergebnisrechnung, sondern als *other comprehensive income* (OCI) auszuweisenden Geschäftsvorfälle ist auch der Steuereffekt Teil des OCI (IAS 12.61A). Relevant sind folgende Beispiele:
- **Neubewertung** für Sach- und Immaterialanlagevermögen nach IAS 16.31 und IAS 38.75.
- **Versicherungsmathematische Gewinne oder Verluste** sind bei einer leistungsorientierten Pensionszusage nach IAS 19.120(c) im OCI zu erfassen und nicht zu *recyceln*. Die Pensionsverpflichtung wird aber zum anderen Teil auch über die GuV-Rechnung dotiert, deshalb ist nach IAS 12.63 eine Aufteilung geboten (Rz 233).
- Der Bewertungserfolg aus bestimmten **Finanzinstrumenten** sowie aus *cash flow hedges*.
- **Die Währungsumrechnung im Konzernabschluss.**

In den beiden letztgenannten Fällen gilt: Nach Realisation der Wertänderung verwandelt sich die Passivlatenz in eine effektive Steuerschuld.[132] Letztere ist erfolgswirksam einzubuchen, die Latenz im OCI auszubuchen. Eine Saldierung ist nicht möglich.

Zu den Buchungen im Fall eines *available-for-sale*-Finanzinstruments folgendes Beispiel:

Beispiel
Die Anschaffungskosten eines Wertpapieres belaufen sich auf 100 GE. Der beizulegende Zeitwert zum 31.12.01 beträgt 150 GE, am 2.1.02 erfolgt ein Verkauf zu 150 GE. Das *recycling* wird – bei einem Steuersatz von 40 % – wie folgt verbucht:

Wertpapiere	50	an OCI	50
OCI für Steuern	20	an Passivlatenz	20

Bei Verkauf ergeben sich folgende Buchungen:

Geld	150	Wertpapiere	150
OCI	50	Sonst. betr. Ertrag	50
Passivlatenz	20	OCI für Steuern	20
Steueraufwand	20	Steuerschuld	20

221 Wird ein Vermögenswert im Zuge der Folgebewertung nach dem **Neubewertungsmodell** bilanziert (IAS 16.31/IAS 38.75) und liegt der Neubewertungswert über dem Steuerwert (*tax base*), ergibt sich eine (steuerbare) temporäre Differenz. Die Neubewertung von (im)materiellem Vermögen wird i.d.R. im *other comprehensive income* erfasst und gegen eine Neubewertungsrücklage (*revaluation surplus*) verrechnet. Wegen der Bindung an den für die temporäre Differenz ursächlichen Sachverhalt wird auch die Steuerlatenz entsprechend behandelt (IAS 16.39/IAS 38.85).

---

[132] Nach FREIBERG, PiR 2013, S. 295.

Die **Realisierung des Neubewertungsbetrags** erfolgt entweder durch Werteverzehr oder Veräußerung. Im Fall einer Veräußerung (eines Abgangs) ist ein in der Neubewertungsrücklage fortgeführter Betrag nicht erfolgswirksam zu stellen (*recyclen*), sondern *net of tax* in die Gewinnrücklage (*retained earnings*) umzubuchen (IAS 12.64). An die Stelle der latenten Steuerschuld tritt durch Realisation eine tatsächliche Steuerpflicht. Wird das neu bewertete Vermögen im Unternehmen genutzt, unterliegt es einem (planmäßigen) Werteverzehr. Als Konsequenz der Aufwandsverrechnung des Werteverzehrs erfolgt auch die Auflösung der Steuerlatenz erfolgswirksam.[133] Eine Umbuchung der Neubewertungs- in die Gewinnrücklage ist, bezogen auf die gebotene Mehrabschreibung, nach erfolgter *revaluation* zulässig, aber – als Ausnahme von dem Wahlrecht zur Bruttoerfassung – auf einen Betrag nach Steuern begrenzt (IAS 12.64).

Für bestehende (leistungsorientierte) betriebliche **Pensionsverpflichtungen** besteht eine Pflicht zur stichtagsbezogenen Bilanzierung des tatsächlichen Finanzierungsdefizits (IAS 19.57). Für die Berechnung der Verpflichtung ist das Anwartschaftsbarwertverfahren (*projected unit credit method*) beachtlich, welches eine kontinuierliche (periodenbezogene) Schätzung ökonomischer und bestandsspezifischer Annahmen voraussetzt. Eine Revision führt zu einem versicherungsmathematischen Gewinn/Verlust, welcher zum Stichtag im sonstigen Gesamtergebnis (*other comprehensive income*) zu erfassen ist (IAS 19.120). Eine (temporäre) Differenz zwischen Bilanzansatz und Steuerwert zieht die Erfassung einer Steuer(latenz) nach sich. Da die **Pensionsverpflichtung** allerdings sowohl erfolgswirksam als auch über das *other comprehensive income* dotiert wird, ist eine (angemessene) Aufteilung der Steuerwirkung geboten (IAS 12.63). Da tatsächliche und latente Steuern nur ausnahmsweise erfolgsneutral zu erfassen sind (IAS 12.58), gilt:[134]

- Im Umfang des **planmäßigen**, in der GuV erfassten Pensionsaufwands ist eine erfolgswirksame Behandlung der latenten Steuern geboten.
- Eine **verbleibende Differenz** ist im *other comprehensive income* zu verrechnen.

6.1.3 Erfassung unmittelbar im Eigenkapital

Die Ausgabe/Platzierung und der (Rück-)Erwerb eigener (nicht kündbarer) Anteile sind als Transaktion der Gesellschaft mit den Gesellschaftern **unmittelbar im Eigenkapital** zu erfassen (IAS 32.16, IAS 32.35). Auch die Kosten einer Eigenkapitalbeschaffungsmaßnahme sind direkt mit dem Eigenkapital zu verrechnen (IAS 32.37; Rz 25). Die Erfassung von Steuereffekten folgt der Behandlung des Grundsachverhalts. Daher sind auch Steuerkonsequenzen direkt im Eigenkapital zu erfassen (IAS 12.61A).

Beispiel

Im Zusammenhang mit der Platzierung neuer Anteile fallen im Unternehmen U Transaktionskosten von 100 GE an, die steuerlich (Steuersatz: 40 %) abzugsfähig sind. Das Unternehmen macht allerdings derzeit steuerlich keine Gewinne. Infrage kommt der Ansatz einer aktiven Steuerlatenz, wenn die

---

[133] Vgl. DELOITTE, iGAAP 2014, Example 4.7.2.1, S. 967f.
[134] So auch KPMG, Insights into IFRS 2014/15, ch. 3.13.580.10; PwC, Manual of Accounting IFRS 2015, Tz. 13.203.8, DELOITTE, iGAAP 2014, S. 1018.

> Nutzbarkeit des durch die Transaktionskosten entstandenen oder erhöhten Verlusts durch Verrechnung mit künftigen positiven Steuerergebnissen nachgewiesen ist. Zum Stichtag erwartet U eine Nutzbarkeit von nur 50 % bestehender künftiger Steuerforderungen. Daher ist nur eine aktive latente Steuer i. H. v. 20 GE (= 100 × 50 % × 40 %) – unmittelbar gegen das Eigenkapital verrechnet – anzusetzen (IAS 12.63). Wird in künftigen Perioden die Erwartung hinsichtlich der Nutzbarkeit geändert, sind Anpassungen der erfassten Steuerlatenz ebenfalls direkt im Eigenkapital zu erfassen.

224 Hinsichtlich der Erfassung von Steuereffekten ist bei Auskehrungen an die Gesellschafter eine Differenzierung zwischen Dividendenzahlungen und sonstigen Ausschüttungen geboten (IAS 12.52A/B). Bedeutung hat die Unterscheidung allerdings nur, wenn eine Ausschüttung andere Steuerkonsequenzen als eine Thesaurierung zeitigt, also für Jurisdiktionen, in denen die Besteuerung in Abhängigkeit von der Gewinnverwendung erfolgt (IAS 12.52B Example). Ein an die Ausschüttung einer Dividende geknüpfter Steuereffekt ist erst mit **Passivierung der Dividendenverbindlichkeit** zu erfassen. Insoweit eine Dividendenzahlung im Zusammenhang mit Geschäftsvorfällen/Ereignissen der Vergangenheit steht, determiniert deren bilanzielle Erfassung die Steuerdotierung (IAS 12.52B). Die Steuerwirkung ist – losgelöst von der Erfassung der Ausschüttung als Transaktion mit Gesellschaftern, die unmittelbar im Eigenkapital erfolgt – Reflex der Behandlung der Quelle für die vorgenommene Ausschüttung. Ist die Dividende auf das operative Ergebnis zurückzuführen, sind Steuerkonsequenzen *in profit or loss* zu erfassen. Eine Ausnahme gilt nur, wenn die Ausschüttung auf einen (direkt oder über das *other comprehensive income*) erfolgsneutral erfassten Sachverhalt zurückzuführen ist.

225 Verpflichtet ein Staat bei Zahlung von Dividenden zum Einbehalt von **(Quellen-)Steuern** (*withholding tax*) und zur Abführung an die Steuerbehörde im Namen der Gesellschafter, ist die Steuer direkt im Eigenkapital zu erfassen (IAS 12.65A; Rz 11). Die Behandlung weicht somit von der Erfassung einer zusätzlichen Ertragsteuer ab, die bei Ausschüttung anfällt.

> **Beispiel**
> Im Staat 1 entfällt auf Dividendenzahlungen im Vergleich zu einer Thesaurierung eine zusätzliche Steuerbelastung von 10 %. Mit Passivierung der Verbindlichkeit zur Ausschüttung ist eine erfolgswirksame Erfassung des Steuereffekts geboten, wenn die Ausschüttung sich nicht aus einer erfolgsneutral erfassten (Eigenkapital-)Zuführung speist.
> Im Staat 2 ist eine Quellensteuer von 10 % auf alle Dividendenzahlung einzubehalten und im Namen der Gesellschafter durch die Gesellschaft abzuführen. Die Steuerwirkung ist wie die Dividendenzahlung selbst direkt im Eigenkapital zu dotieren.

Die bilanzielle Behandlung hängt davon ab, ob die Gesellschaft die Steuerlast im Namen der Gesellschafter, somit als Agent übernimmt oder selbst Steuerschuldnerin ist.

Werden die bislang angewendeten Bilanzierungs- und Bewertungsmethoden wegen Anwendung eines neuen Standards (IAS 8.14(a)) oder freiwillig (IAS 8.14(b)) geändert, ist eine **retrospektive Anpassung** in der Eröffnungsbilanz geboten (IAS 8.22; → § 24 Rz 28). Entsprechendes gilt für die Korrektur eines (wesentlichen) Fehlers in vorherigen Perioden (IAS 8.42; → § 24 Rz 35). Die Anpassung erfolgt unmittelbar im Eigenkapital. Die Erfassung von Auswirkungen auf tatsächliche und latente Steuern folgt der Anpassungsbuchung. Jegliche Steuerwirkung ist somit im Anpassungszeitpunkt ebenfalls im Eigenkapital (*directly in equity*) zu dotieren.

226

Ein entsprechendes Vorgehen gilt für die Erstanwendung der IFRS nach IFRS 1 (→ § 6) und die retrospektive Ermittlung der Eröffnungsbilanzwerte.

227

6.1.4 Sonderfragen bei mezzaninen Finanzinstrumenten

Bei hybriden/mezzaninen Finanzierungen ist nach IFRS häufig eine Aufteilung in eine Schuld- und Eigenkapitalkomponente (*split accounting*) geboten (IAS 32.28 f.; → § 20 Rz 11). In Jurisdiktionen, in denen steuerlich keine Aufteilung des Emissionsbetrags sondern eine vollständige Erfassung als Verbindlichkeit erfolgt, stellt sich eine temporäre Differenz i. H. d. nach IFRS residual zu bestimmenden Eigenkapitalkomponente ein. Als Folge ist eine passive latente Steuer anzusetzen, die direkt gegen das Eigenkapital zu dotieren ist (IAS 12.23). Die Umkehr der temporären Differenz erfolgt mit der (erfolgswirksamen) Aufzinsung der Schuldkomponente, korrespondierend sind Steuereffekte der planmäßigen Fortschreibung in der GuV zu erfassen (IAS 12.IE Example 4).

228

Fehlt es neben einer Rückzahlungsverpflichtung auch an einer Pflicht zur Erbringung eines Kapitaldienstes oder steht diese im Ermessen des Emittenten (IAS 32.AG26), ist ein Finanzinstrument – unabhängig von der rechtlichen Qualität – bilanziell als Eigenkapital zu klassifizieren. Eine besondere Relevanz besteht für **ewige Anleihen** (*perpetual bonds*), deren Zinszahlung im ausschließlichen Ermessen des Emittenten steht (→ § 20 Rz 20).

229

Die bilanzielle Behandlung richtet sich nach der Klassifizierung der Zahlung an die Anleihenzeichner. Sehen die Konditionen eines nur bilanziell als Eigenkapital erfassten Finanzinstruments eine – im Ermessen des Emittenten stehende – Zahlung vor, die substanziell den **Charakter einer Dividende** aufweist, sind Steuerwirkungen analog zu denen aus Ausschüttungen bei gespaltenem Körperschaftsteuersatz ergebniswirksam zu verrechnen. Ein substanzieller Dividendencharakter ist zu unterstellen, wenn die Zahlung an die Anleihengläubiger in einem relativen Verhältnis zum erzielten Ergebnis und/oder zur Ausschüttung an die Aktionäre steht.

230

Beispiel
Unternehmen U hat eine ewige Anleihe begeben, bei der auch die Leistung des Kapitaldienstes im Ermessen – in Abhängigkeit einer Dividendenausschüttung an Stammaktionäre – der U steht. Der Höhe nach sind die Zahlungen an das Ergebnis der abgelaufenen Periode geknüpft. Nach IFRS erfolgt eine Klassifizierung der Anleihe als Eigenkapital (IAS 32.15.AG26). Steuerlich sind „Zinszahlungen" auf die Anleihe zu einem Steuersatz von 40 % abzugsfähig, nach IFRS erfolgt eine Erfassung direkt im Eigenkapital. Die

> steuerliche Abzugsfähigkeit der Zahlungen rechtfertigt den Ansatz eines (tatsächlichen/künftigen) Steuervorteils.
> Im laufenden Jahr leistet U eine Zahlung von 100 GE an die Anleihengläubiger. Nach aktuellem Recht ist die Steuerwirkung erfolgswirksam zu erfassen (IAS 32.35A i. V. m. IAS 12.52A/B).
>
> | Eigenkapital 100 | an | Zahlungsmittel 100 |
> |---|---|---|
> | Steuerforderung 40 | an | Steuern E+E 40 |

231 Sind Zahlungen an Gläubiger einer bilanziell als Eigenkapital klassifizierten Anleihe substanziell nicht als Dividende anzusehen, müssen etwaige Steuerwirkungen direkt im Eigenkapital verrechnet werden.

> **Beispiel**
> Eine im Ermessen der U stehende Zahlung (nicht nur Dividende, sondern auch andere Ereignisse) an die Zeichner der ewigen Anleihe ist der Höhe nach vorherbestimmt. Erfolgt eine „Ausschüttung", besteht ein (Verzinsungs-)Anspruch i. H. v. 10 % des Nominalbetrags der gezeichneten Anleihen. Da sich der Dividendencharakter verneinen lässt, kommt auch nach aktuellem Recht eine Erfassung der Steuerwirkung direkt im Eigenkapital in Betracht.

6.1.5 Aufteilung und Darstellung des Steuerergebnisses

232 Die Erfassung von Steuerwirkungen ist in **drei Posten** möglich (Rz 218):
- erfolgswirksam,
- im sonstigen Gesamtergebnis (OCI),
- direkt im Eigenkapital.

Der Ansatz von aktiven latenten Steuern auf abzugsfähige temporäre Differenzen setzt deren künftige Nutzbarkeit voraus, ist dem Umfang nach daher **begrenzt**. Sind abzugsfähige temporäre Differenzen sowohl auf erfolgs**wirksame** als auch erfolgs**neutrale** Transaktionen zurückzuführen, kann aber nicht für alle vorhandenen abzugsfähigen temporären Differenzen ein Aktivposten erfasst werden, ist eine Aufteilung vorzunehmen.
Sind zum Stichtag vorhandene abzugsfähige temporäre Differenzen **sowohl** erfolgswirksam als auch neutral entstanden, kann eine *Pro-rata*-Aufteilung vorgenommen werden, wenn keine andere Vorgehensweise eine sachgerechte Verteilung ermöglicht (IAS 12.63). Nur ausnahmsweise – etwa bei einer detaillierten Steuerplanung der Umkehr der bestehenden temporären Differenzen – kann u. E. von dieser Aufteilungsmethode abgewichen werden.

233 Bei dem Ansatz eines aktiven Latenzpostens ist nach der Zusammensetzung der zugrunde liegenden Berechnungsgrößen zu fragen. Sofern zum Stichtag der Umfang der vorhandenen abzugsfähigen temporären Differenzen das Aktivierungsvolumen übersteigt, ist zu klären, welcher Ausweismöglichkeit die Sollbuchungen zuzuordnen sind. IAS 12 liefert hierzu keine Antwort, wohl aber US-GAAP zur vergleichbaren Frage der Wertberichtigung einer bilanzierten aktiven Steuerlatenz in FAS 740–10–30–5. Nach IAS 8.12 (→ § 1 Rz 79) kann

dies u. E. für IFRS analog herangezogen werden.[135] Die Lösung besteht danach in einer **ratierlichen Aufteilung** des Wertberichtigungsaufwands auf die drei möglichen Ausweiskategorien.

Beispiel

Im Jahr 01 sind folgende Latenzen neu entstanden:

– aus Verlustvortrag	100
– aus OCI-wirksamer Differenz	100
– aus GuV-wirksamer Differenz	20
	220
erforderliche Wertberichtigung	70
Bilanzansatz Aktivlatenz	150

Wertberichtigung in % der Summe vor Wertberichtigung	31,82 %		
Verteilung der Wertberichtigung (WB)	vor WB	WB	nach WB
aus Verlustvortrag	100,00	31,82	68,18
aus OCI-wirksamer Differenz	100,00	31,82	68,18
aus GuV-wirksamer Differenz	20,00	6,36	13,64
	220,00	70,00	150,00

Für die Darstellung in der Stromgrößenrechnung gilt (für die GuV nach IAS 12.58) kein Saldierungsgebot. Es gilt:

- Im **erfolgswirksamen** Teil der Gesamtergebnisrechnung sind – gesondert in einer Zeile (IAS 1.82(d)) – Gewinnsteuern auszuweisen, eine Aufnahme ergebniswirksamer sonstiger Steuern scheidet aus (→ § 2 Rz 61).
- Die **erfolgsneutral** im OCI erfassten Steuererträge und -aufwendungen können wahlweise in der Gesamtergebnisrechnung selbst oder im Anhang ausgewiesen werden (→ § 2 Rz 98). Für die unmittelbar im Eigenkapital erfassten Steuerwirkungen besteht ein Wahlrecht zur Erfassung.

Die nicht erfolgswirksame Erfassung eines – eine Steuerwirkung auslösenden – Geschäftsvorfalls kann entweder **vor oder nach** (*gross or net of tax*) **Steuerlatenz** erfolgen. Für Bestandteile des *other comprehensive income* ergibt sich das Ausweiswahlrecht aus den allgemeinen Gliederungsvorschriften (IAS 1.91). Eine bislang bestehende Pflicht zum Nettoausweis von Steuern aus (temporären) Differenzen als Folge der Kapitalabgrenzung und somit eine Inkonsistenz zu den Vorgaben der Steuer(latenz)rechnung entfällt durch Aufnahme eines Verweises (IAS 32.35A) und Streichung spezifischer Vorgaben (IAS 32.35 sowie IAS 32.37) im Zuge des *Annual Improvements to IFRSs 2009–2011 Cycle*. Auch in der Eigenkapitalveränderungsrechnung (*statement of changes in equity*) ist

---

[135] So auch RIEDL/GÖTZE, PiR 2012, S. 309. Dort auch das nachstehende Beispiel in abgeänderter Form.

daher ein **Bruttoausweis** der ursächlichen Transaktion einerseits und einer separaten Zeile für Steuern andererseits **zulässig**.[136]

6.2 Bilanz

236 Für den Bilanzausweis gelten die Regelungen in IAS 1.68 (→ § 2 Rz 45ff.) mit folgendem **Inhalt**:

- Aktiva und Passiva aus laufenden und latenten Steuern sind **getrennt** von den übrigen Vermögenswerten und Schulden zu zeigen.
- Die Erstattungsansprüche und die Verpflichtungen aus **tatsächlichen** Steuerschulden sind **getrennt** von denjenigen aus der **Steuerlatenz** auszuweisen.
- Die Aktiv- und Passivposten aus der Steuerlatenz dürfen gem. IAS 1.70 **nicht als laufende** (kurzfristige, *current*) Vermögenswerte oder Schulden im Gliederungsschema erscheinen (→ § 2 Rz 47), sind also den langfristigen Vermögenswerten/Schulden zuzuordnen.
- Die **tatsächlichen** Steueransprüche sind (ausnahmsweise) mit Schulden **saldiert** auszuweisen, wenn eine Aufrechnung oder zeitgleiche Erledigung möglich und beabsichtigt ist (IAS 12.71).
- Die Aktiv- und Passivposten aus **latenten** Steuern sind **saldiert** auszuweisen, wenn sie aufrechenbar (für das betreffende Steuersubjekt) gegenüber der gleichen Steuerbehörde bestehen, sonst getrennter Ausweis (IAS 12.74).

237 Der in IAS 12.74 genannten Saldierungsmöglichkeit für verschiedene rechtliche Einheiten (im Konzern) kommt aus Sicht der deutschen Besteuerung nur eingeschränkte Bedeutung zu, da die Voraussetzungen der **identischen Steuereinheit** (*same taxable entity*) bzw. der innerkonzernlichen Steuerverrechnung nicht vorliegen.

Eine Aufrechnungsmöglichkeit fehlt im deutschen Steuersystem auch zwischen der Körperschaft- und der Gewerbesteuer wegen der **unterschiedlichen Verwaltungshoheit** über die beiden Steuerarten.

238 Hinsichtlich des **Fristigkeitskriteriums** (*current/non current*; → § 2 Rz 30ff.) sind die Ausweisregeln der IFRS **nicht konsistent**. Die Aktiva und Passiva aus der Steuerlatenz dürfen auch insoweit nicht als kurzfristig ausgewiesen werden, wie sie sich binnen 12 Monaten auflösen. Vielmehr sind die Posten in vollem Umfang im langfristigen Bereich der Bilanz auszuweisen (→ § 2 Rz 33ff.). Der einstweilen nicht mehr verfolgte Standardänderungsentwurf ED/2009/2 (Rz 256) wollte entsprechend den Gliederungsvorgaben von ASC 740 (US-GAAP) nach „*current/non-current*" (→ § 2 Rz 33ff.) unterscheiden.

7 Angaben

7.1 Allgemein

239 Für den Anhang sind nach IAS 12.79 die wesentlichen Bestandteile des Steueraufwandes bzw. -ertrags (*major components*) offenzulegen. Eine exemplarische Erläuterung zur Unterscheidung von *major components* findet sich in IAS 12.80. Weitere Pflichtangaben werden in IAS 12.81 konkretisiert.

---

[136] Gl. A. ERNST & YOUNG, International GAAP 2015, Ch. 10.3.5.

Nach IAS 12.79 sind die Hauptkomponenten des Steueraufwands offenzulegen. Als mögliche Komponenten identifiziert IAS 12.80:
- Aufwand aus laufender Steuern,
- Aufwand/Ertrag aus Korrektur laufender Steuern (z.B. nach Betriebsprüfung),
- Aufwand bzw. Ertrag aus der Latenzrechnung infolge der **Entstehung** oder **Umkehrung** von temporären Unterschieden,
- **Minderung** des tatsächlichen oder latenten Steueraufwandes aufgrund bislang nicht berücksichtigter **Verlustvorträge** bzw. bislang nicht berücksichtigter temporärer Differenzen,
- Aufwand bzw. Ertrag aus **Abwertungen** von aktiven Latenzen oder deren **Rückgängigmachung**,
- Ertragsteueraufwand bzw. -ertrag aus **Änderungen** der Bilanzierungs- und Bewertungsmethoden nach IAS 8, soweit erfolgswirksam erfasst (→ § 24 Rz 30).

Weitere Angabepflichten ergeben sich aus IAS 12.81:
- Die Posten für laufende Steuern sowie Steuerlatenzposten, die unmittelbar im **Eigenkapital** verbucht worden sind (Rz 223);
- die **Überleitungsrechnung** vom anzuwendenden (nominellen) Steuersatz (oder dem sich daraus fiktiv ergebenden Steueraufwand) zum effektiven Steuersatz (oder effektiven Steueraufwand; Rz 244);
- Aufwand für latente Steuern aufgrund von **Änderungen** der Steuersätze oder Erhebung neuer Steuern (Rz 203);
- **Gesamtbetrag** der *temporary differences* im Zusammenhang mit Anteilen an **Tochtergesellschaften, assoziierten und Gemeinschaftsunternehmen**, für die in der Bilanz keine latenten Steuern angesetzt sind (Rz 92);
- Steuereffekte aus der **Stilllegung** von Unternehmensbereichen (→ § 29 Rz 75);
- Steuereffekte von **Ausschüttungen** (nicht mehr in Deutschland) wegen gespaltenen Steuertarifs (Rz 24);
- Erklärung der **Änderung** des anzusetzenden **Steuersatzes** (Rz 203), ggf. unter Darstellung der damit verbundenen Ergebnisauswirkungen;
- der Betrag und ggf. das Verfalldatum für **nicht aktivierte** Latenzen aus steuerlichen Verlustvorträgen (Rz 125) und *temporary differences* (Rz 109);
- **Einzelheiten** zu allen temporären Differenzen, die zu aktiven und passiven Steuerlatenzposten geführt haben, sowie der zugehörige Aufwand bzw. Ertrag, soweit diese Beträge nicht aus der Bilanz oder Gewinn- und Verlustrechnung ersichtlich sind (vgl. das Beispiel unter Rz 242);
- der Betrag der **aktiven** Steuerlatenz und eine **Begründung** für den Ansatz, sofern (Rz 126)
  - der Betrag die passiven Latenzen übersteigt und
  - das Unternehmen in der laufenden und der vorherigen Periode einen Verlust erzielt hat (IAS 12.82);
- offene **Streitpunkte** mit den Steuerbehörden (nach IAS 12.88; Rz 34).

Die **Herkunft** der Steuerlatenzposten ist sinnvollerweise tabellarisch darzustellen. Als Beispiel dient ein Auszug aus dem Anhang zum Konzernabschluss des Schweizer Bucher-Konzerns.

Beispiel
Latente Ertragsteuern

CHF Mio.	Aktiven	Passiven	Aktiven	Passiven
	2012		2011	
Sachanlagen	0,5	22.6	1.8	20.7
Finanzanlagen und übriges Anlagevermögen	2.4	20.8	2.5	22.4
Vorräte	30.6	3.4	26.7	3.8
Übriges Umlaufvermögen	1.9	10.3	2.2	7.9
Rückstellungen	3.6	3.3	4.0	10.0
Übrige Verbindlichkeiten	11.1	2.4	10.1	2.1
Verlustvorträge	4.6	–	7.2	–
Latente Ertragsteuern inkl. Anrechnungen	54.7	62.8	54.5	66.9
Verrechnung	–19.1	–19.1	–20.4	–20.4
Latente Ertragsteuerforderungen	35.6		34.1	
Latente Ertragsteuerverbindlichkeiten		43.7		46.5

Zuzüglich werden die Veränderungen der latenten Steuern aufgelistet:
Veränderung latente Ertragsteuern

CHF Mio.	Aktiven	Passiven	Aktiven	Passiven
	2012		2011	
Bestand per 1.1.	34.1	46.5	25.6	38.7
Bildung/Auflösung über Erfolgsrechnung	2.2	–3.9	4.1	–0.6
Bildung/Auflösung über Gesamtergebnisrechnung	–0.2	1.3	–	0.3
Konsolidierungskreisänderungen	–	0.1	5.2	8.4
Währungsdifferenzen	–0.5	–0.3	–0.8	–0.3
Bestand per 31.12.	**35.6**	**43.7**	**34.1**	**46.5**

Sodann wird die Entwicklung der Verlustvorträge wiedergegeben:

Steuerliche Verlustvorträge		
CHF Mio.	2012	2011
Total steuerliche Verlustvorträge	99.8	114.7
Davon unter latenten Ertragsteuern berücksichtigte Verlustvorträge	38.2	40.0
Unberücksichtigte steuerliche Verlustvorträge	61.6	74.7
Davon verfallen:		
Innerhalb eines Jahres	2.4	–
In 1–5 Jahren	26.0	31.4
In mehr als 5 Jahren	5.9	8.1
Unbeschränkt anrechenbar	27.3	35.2
Steuereffekt auf unberücksichtigten Verlustvorträgen	12.2	17.7

7.2 Insbesondere die Überleitungsrechnung, Konzernsteuerquote

Die größten Probleme bereitet in der Praxis die **Überleitungsrechnung** vom anzuwendenden (nominellen) zum **effektiven** Steuersatz/Steueraufwand. Das Steuerabgrenzungskonzept in IAS 12 gewährleistet keine unmittelbare Ableitbarkeit des ausgewiesenen Steueraufwandes aus dem Ergebnis vor Steuern. Mit der Überleitungsrechnung nach IAS 12.81c wird dargestellt, welche Einflussgrößen vom **erwarteten** Steueraufwand (Multiplikation des gesetzlichen Steuersatzes mit dem Ergebnis der gewöhnlichen Geschäftstätigkeit) zum **tatsächlichen** Steueraufwand führen.[137] Die Einflussfaktoren auf die ausgewiesene **Konzernsteuerquote**[138] (Rz 254) sollen dem Abschlussadressaten Anhaltspunkte über die Bilanz- und Steuerpolitik verschaffen. Ein nachweislicher Zusammenhang zwischen der Konzernsteuerquote und der Aktienkursentwicklung konnte empirisch nicht festgestellt werden.[139]

Am Beginn der Überleitungsrechnung steht bei **relativer** Betrachtung der nominelle Steuersatz, bei **absoluter** der entsprechende Steueraufwand. Als anzuwendender nomineller Steuersatz wird in der Praxis der deutschen Kapitalgesellschaften mehrheitlich der kumulierte Ertragsteuersatz aus Körperschaft- und Gewerbesteuer von 30 % ab 2008, zuvor z.B. 37,5 % gewählt. Die amerikanische US-GAAP-Praxis nimmt hingegen nur den Körperschaftsteuersatz (*corporate tax*) als Ausgangspunkt und behandelt der deutschen Gewerbesteuer vergleichbare lokale und Bundesstaatensteuern bereits als Überlei-

---

[137] Vgl. hierzu DAHLKE/EITZEN, VON, DB 2003, S. 2237.
[138] HERZIG, WPg 2003, S. 80; einschränkend zur Aussagefähigkeit der IAS-Konzernsteuerquote, HANNEMANN/PFEFFERMANN, BB 2003, S. 727, zum internationalen Vergleich s. SPENGEL, in: ÖSTERREICHER (Hrsg.), Internationale Steuerplanung, 2005, S. 89ff. Zum Aufbau einer solchen Rechnung vgl. LÜHR, KoR 2009, S. 235.
[139] GÖTTSCHE/BRÄHLER, WPg 2009, S. 924.

tungsgrößen. Zurückbezogen auf deutsche Verhältnisse macht die Verwendung des inländischen **kumulierten Ertragsteuersatzes** (*home-based approach*) (Rz 147) nach ASC 740, nach IAS 12.85 Satz 2 favorisiert) u. U. dann keinen Sinn, wenn eine inländische Mutter reine Holdingfunktion ausübt und alle wesentlichen Erträge in einem ausländischen Staat anfallen. Entsprechendes gilt für eine Schweizer Muttergesellschaft, die unter dem Holding-Privileg mit einem Steuersatz von unter 10 % belastet wird. Die Verwendung eines konzernweiten **Mischsteuersatzes** (Rz 208) nach Maßgabe des Gewichtes der Aktivitäten in den verschiedenen Staaten gem. IAS 12.85 Satz 4[140] würde dann zu zutreffenderen Ergebnissen führen. Ähnliche Probleme ergeben sich im Fall eines rein inländischen Konzerns, wenn die Holdinggesellschaft eine Personengesellschaft und die Tochtergesellschaften Kapitalgesellschaften sind. Der ansonsten bei Personengesellschaften gebotene Ausgang vom Gewerbesteuersatz führt dann nicht zu sinnvollen Überleitungen. Zutreffend wäre die Wahl des kombinierten Ertragsteuersatzes (Rz 208). Generell entfällt in der Überleitungsrechnung der Posten „Steuersatzunterschiede" bei Verwendung eines kombinierten (in- und ausländischen) Steuersatzes, anders beim *home-based approach*.

245 In IAS 12.84 sind einige – nicht vollständige – Posten wiedergegeben, die in eine Überleitungsrechnung einfließen können. Eine ausführlichere[141] Überleitungsrechnung wird nachstehend entwickelt.

Beispiel		
Steuerliche Überleitungsrechnung (*tax reconciliation*)	00	01
Ergebnis der gewöhnlichen Geschäftstätigkeit		
Anzuwendender (gesetzlicher) Steuersatz		
Erwarteter Steueraufwand		
Steuersatzabweichungen		
a) Auswirkungen von Steuersatzänderungen	(+/−)	(+/−)
b) *foreign tax rate differential* (Effekt aus Steuersatzdifferenzen ausländischer Steuerhoheiten)	(+/−)	(+/−)
c) Abweichungen aus unterschiedlichen Gewerbesteuer-Hebesätzen	(+/−)	(+/−)
d) Latente Steuern aus Zurechnungen nach § 8b Abs. 5 KStG oder Gewerbesteuer nach § 7 Satz 2 GewStG auf Anteile an konsolidierten oder *at equity* einbezogenen Unternehmen und laufende Steuern nach diesen Vorschriften auf Gewinne aus anderen Unternehmen		
Steuereffekte aus Abweichungen in der steuerlichen Bemessungsgrundlage		

---

[140] Vgl. dazu AKTAY/RIES, WPg 2008, S. 761.
[141] Nach DAHLKE/EITZEN, VON, DB 2003, S. 2237 f.; ein anderes Beispiel gibt KIRSCH, DStR 2003, S. 703, S. 706.

Steuerliche Überleitungsrechnung (*tax reconciliation*)	00	01
a) Abschreibung eines steuerlich nicht absetzbaren *goodwill*	(+)	(+)
b) Steuerfreie Beteiligungserträge und Veräußerungsgewinne	(−)	(−)
c) Nicht abziehbare Aufwendungen, z. b. wegen Zinsschranke	(+)	(+)
d) Sonstige steuerfreie Erträge	(−)	(−)
Ansatz und Bewertung aktiver latenter Steuern		
a) Vornahme einer Wertberichtigung/Nichtansatz von aktiven latenten Steuern	(+)	(+)
b) Zuschreibung/nachträglicher Ansatz latenter Steuern	(−)	(−)
Aperiodische Effekte		
a) Laufende und latente Steuern Vorjahre (z. B. aus einer Betriebsprüfung)	(+/−)	(+/−)
b) KSt-Erhöhungen bzw. -minderungen wegen Ausschüttungen	(−)	(−)
c) Nicht abzugsfähige/anrechenbare Quellensteuer oder Steuer nach § 8b Abs. 5 KStG bzw. *capital gains tax* oder GewSt. Nach § 7 Satz 2 GewStG bei Ausschüttung durch bzw. Veräußerung von konsolidierten oder *at equity* einbezogenen Unternehmen (soweit nicht durch die Auflösung einer latenten Steuer kompensiert)	(+)	(+)
d) Steuererstattungen aus einem Verlustrücktrag	(−)	(−)
e) Andere aperiodische Steueraufwendungen bzw. -erträge	(+/−)	(+/−)
Sonstige		
...		
Tatsächlicher Steueraufwand (Gesamtsteueraufwand)		
Steuer- bzw. Konzernsteuerquote	%	%

Drei wesentliche **Abweichungsfaktoren** sind die folgenden:
- Aufwendungen sind steuerlich **nicht absetzbar** (Beispiel Bußgelder).
- Erträge sind **steuerfrei** (Beispiel Investitionszulagen).
- Der Konzern ist in **verschiedenen Steuerrechtskreisen** mit unterschiedlichen Steuersätzen tätig.

Das nachfolgende **Beispiel kombiniert** diese drei Positionen.

> **Beispiel**
> **Überleitungsrechnung effektiver Steuersatz und -aufwand**
> Der Konzern hat ein Ergebnis vor Steuern von 2.000 erwirtschaftet. Davon entfallen 1.500 auf die inländische Mutter und 500 auf die ausländische Tochter. Der inländische Steuersatz (KöSt + SolZ + GewSt) beträgt 30 %, der ausländische 20 %.
> Im inländischen Ergebnis ist ein Betrag von 300 aus Investitionszulage sowie eine nicht abzugsfähige Betriebsausgabe von 50 enthalten.
> Der effektive Steueraufwand beträgt 475 und ergibt sich wie folgt:
> inländisch: 30 % von (1.500 − 300 + 50) = 375
> ausländisch: 20 % von 500 = 100.
> Nachfolgend die Überleitungsrechnung in **absoluten** Beträgen und in **Prozenten**. Im Anhang muss nur eines dieser Formate gezeigt werden (Wahlrecht).
>
> | Überleitungsrechnung Steuersatz | |
> | --- | --- |
> | Anzuwendender Steuersatz 30 % | 30,0 % |
> | Steuerbefreiung Investitionszulage (300 / 2.000 × 30 %) | − 4,5 % |
> | Nicht abziehbare Betriebsausgaben (50 / 2.000 × 30 %) | + 0,75 % |
> | Niedrigere ausländische Steuer (30 % − 20 %) × (500 / 2.000) | − 2,5 % |
> | Effektiver Steuersatz (Konzernsteuerquote) | 23,75 % |
> | **Überleitungsrechnung Steueraufwand** | |
> | Steuern zum anzuwendenden Steuersatz von 30 % | 600 |
> | Steuerbefreiung Investitionszulage (30 % × 300) | − 90 |
> | Nicht abziehbare Betriebsausgaben (30 % × 50) | + 15 |
> | Niedrigere ausländische Steuer ((30 % − 20 %) × 500) | − 50 |
> | Effektiver Steueraufwand | 475 |

247 In der deutschen IFRS-Rechnungslegungspraxis wird fast ausschließlich die Überleitungsrechnung in **absoluten** Zahlen gewählt, im Ausland dominiert das **relative** Format (Überleitung auf den effektiven Steuersatz). Bei der „absoluten" Methode muss noch durch Division mit dem Ergebnis vor Steuern die Konzernsteuerquote errechnet werden.

248 Auswirkungen von **Steuersatzabweichungen** seien anhand des nachfolgenden Beispiels[142] dargestellt:

> **Beispiel**
> In Periode 1 wird eine Steuersatzsenkung von 50 % auf 40 % verabschiedet, die in der nachfolgenden Periode wirksam wird (1. Fall) bzw. zu einer Senkung des Steuersatzes in Periode 1 von 50 % auf 40 % führt (2. Fall). Der Bestand an passiven latenten Steuern aufgrund einer temporären Differenz von 200 GE beträgt zu Beginn der Periode 100 GE und ist in beiden Fällen aufgrund der

---

[142] Nach DAHLKE/VON EITZEN, DB 2003, S. 2237, S. 2239f.

Steuern vom Einkommen § 26

Steuersatzänderung mit 20 GE aufzulösen (10 % von 200). Das Ergebnis in Periode 1 beträgt 1.000 GE. Ein steuerliches Mehreinkommen aufgrund der Umkehrung temporärer Differenzen von 40 führt zu einem zu versteuernden Einkommen von 1.040 GE und damit zu laufenden Steueraufwendungen i.H.v. 520 GE (50 % von 1.040 GE) und latenten Steuererträgen i.H.v. 16 GE (40 % von 40 GE). Im 1. Fall ist die Überleitungsposition aus der Steuersatzänderung mit 4 GE zu korrigieren, da sich die passiven latenten Steuern wegen der Umkehrung der temporären Differenzen in Periode 1 mit einem Steuersatz i.H.v. 50 % realisieren.

	Bestand zum Beginn der Periode 1	Auflösung (+)/ Zuführung (–)		Bestand zum Ende der Periode 1	
		1. Fall	2. Fall	1. Fall	2. Fall
Passive latente Steuern	– 100	20 16	20 16	– 64	– 64
Rückstellung laufende Steuern Periode 1	0	– 520	– 416	– 520	– 416
Summe der Steuerpositionen	– 100	– 484	– 380	– 584	– 480

Steuerliche Überleitungsrechnung	1. Fall	2. Fall
Ergebnis nach IFRS vor Steuern	1.000	1.000
Anzuwendender Steuersatz	× 50 %	× 40 %
Erwarteter Steueraufwand	– 500	– 400
Steuereffekt aus der Änderung des Steuersatzes	20	20
Korrektur des Steuereffekts aus der Änderung des Steuersatzes wegen der Umkehrung temporärer Differenzen zum Steuersatz der Periode 1	– 4	0
Tatsächlicher Steueraufwand	– 484	– 380

Ein weiterer Effekt auf die Überleitungsrechnung kann sich aus den **Besonderheiten für die aktive** Steuerlatenz ergeben. Es geht dabei um eine eventuell geänderte Einschätzung der Wahrscheinlichkeit über die künftige **Verlustverrechnungsmöglichkeit** – z.B. wegen der in Deutschland gültigen sog. Mindestbesteuerung – oder einen drohenden zeitlichen Verfall (Rz 125 ff.). Auch eine geänderte positive Einschätzung bez. der möglichen Verlustnutzungen ist denkbar.
Sodann sind auch **aperiodische** Effekte denkbar, insbesondere aus Nachbelastungen aufgrund steuerlicher Betriebsprüfungen.
Ungeklärt nach IAS 12 ist der Grad der erforderlichen **Detaillierung** hinsichtlich der vorstehenden Berechnungsgrößen. Nach US-GAAP gilt ein Größenmerkmal von 5 % der Abweichung der tatsächlichen von der erwarteten Steuer als Aufgliederungskriterium. IAS 12 kennt keine solche Darstellungsgrenze (*bright line*). Deshalb kann eine Entscheidung nur unter Berücksichtigung der

249

250

Verhältnisse des Einzelfalles unter Beachtung der allgemeinen Wesentlichkeitseinschätzung getroffen werden.[143]

251 Als Muster einer Überleitungsrechnung ist diejenige des Schweizer Bucher-Konzerns für das Geschäftsjahr 2012 dargestellt.

Beispiel
Laufende Ertragsteuern

CHF Mio.

	2012	2011
Ordentliche Ertragsteuern	68.4	49.1
Latente Ertragsteuern	– 6.1	– 4.7
Ertragsteuern	**62.3**	**44.4**
Überleitungsrechnung:		
Ergebnis vor Steuern	216.5	171.8
Gewichteter Durchschnittssteuersatz	33.5 %	29.3 %
Theoretische Ertragsteuerbelastung	**72.5**	**50.4**
Verwendung von nicht aktivierten Verlustvorträgen	– 4.1	– 2.8
Neubeurteilung von Verlustvorträgen mit Änderung Steueraktiven	2.4	– 1.2
Wertberichtigung von Verlusten sowie auf latenten Steueraktiven	0.5	0.2
Steuerlich nicht anerkannte Aufwendungen/steuerbefreite Erträge	– 3.7	0.3
Periodenfremder Steueraufwand/-ertrag	– 1.9	– 0.5
Übrige Differenzen	– 3.4	– 2.0
Effektive Ertragssteuern	**62.3**	**44.4**
Effektiver Steuersatz	28.8 %	25.8 %

252 Die Überleitungsrechnung ist auch erforderlich ohne Vorliegen von latenten Steuern.
Im Übrigen wird auf die **Checkliste „Abschlussangaben"** verwiesen (→ § 5 Rz 8).

253 Wenigstens in drei Fällen können wesentliche Einflussfaktoren auf die Konzernsteuerquote im Zeitverlauf **nicht** in der Überleitungsrechnung dargestellt werden:[144]
- Änderungen der **Rechnungslegungsstandards**, soweit sie sich auf den Steueraufwand auswirken.

---

[143] A. A. DAHLKE/EITZEN, VON, DB 2003, S. 2237, S. 2243, die für eine Anwendung der US-GAAP-Regel auf IFRS plädieren.
[144] Vgl. LÜHN, KoR 2009, S. 244 f. Das von LÜHN gewählte Beispiel der ab 2005 nicht mehr zulässigen planmäßigen Abschreibung auf den *goodwill* erscheint nicht passend, da daraus eine (zusätzliche) Steuerlatenzierung entsteht, ein Überleitungsposten also gar nicht benötigt wird.

- Steuerrechtsänderungen mit der Auswirkung auf **laufende** Steuern, da keine fiktiven Vorjahreszahlen unter Anwendung des geänderten Rechts anzugeben sind.
- Änderungen des **Konsolidierungskreises**.

Die Überleitungsrechnung stellt einen unverzichtbaren Bestandteil zur Darstellung und Erläuterung der **Konzernsteuerquote** dar. Diese steht im Mittelpunkt der Bilanzanalyse internationaler Konzerne. Unabdingbare Voraussetzung für die Sinnhaftigkeit der Überleitung ist eine ausgeprägte Steuerlatenzrechnung, weil diese die Steuereffekte der Geschäftstätigkeit tendenziell zutreffend periodisiert. Besonderes Gewicht kommt in der Überleitungsrechnung der Darstellung steuerneutraler Sondereffekte – Superdividenden, Unternehmensverkäufe im *share deal*, hohe Geldbußen – zu. Diese Effekte schlagen sich insbesondere auch in der Zwischenberichterstattung nieder (→ § 37 Rz 24).

Die Konzernsteuerquote ist **definiert** als der Quotient aus Konzernsteueraufwand (tatsächlich und latent) und Konzernergebnis vor Ertragsteuern. In der Folge beeinflusst sie insbesondere das Ergebnis je Aktie (→ § 35 Rz 9 ff.) als wichtige bilanzanalytische Kennzahl. 254

8 Anwendungszeitpunkt, Rechtsentwicklung

IAS 12 ist für Geschäftsjahre, die am 1.1.2001 oder später beginnen, anzuwenden. Durch *Amendments* von anderen geänderten oder neu herausgegebenen Standards haben sich **Veränderungen** bei einzelnen Paragrafen gegenüber der ab 1.1.2001 gültigen Version ergeben, im Wesentlichen betreffend die **Anhangsangaben**. 255

Am 31.3.2009 hatte der IASB einen Standardentwurf ED/2009/2 *Income Taxes* veröffentlicht, der den IAS 12 ablösen sollte. Dieser Entwurf war zusammen mit dem FASB im Rahmen des kurzfristigen Konvergenzprojekts erarbeitet worden. Der FASB hat dann allerdings seine Bearbeitung eingestellt, um die Auswertungen der zum ED/2009/2 eingegangenen Stellungnahme abzuwarten. Diese waren zu Händen des IASB ausgesprochen negativ ausgefallen. Das mag der Grund für die einstweilige Nichtweiterverfolgung dieses Projekts durch den IASB sein. 256

Die *Amendments to IAS 12*, betreffend *Deferred Tax: Recovery of underlying Assets*, erschienen im Dezember 2010, behandeln eine nähere Spezifizierung der zu berücksichtigenden Verwertung des mit einer Steuerlatenzierung behafteten Vermögenswertes und des dann anzuwendenden Steuer**tarifs** (Rz 68). Anzuwenden sind diese *Amendments* auf nach dem 31.12.2011 beginnende Geschäftsjahre. 257

Im *AIP 2009–2011 Cycle* wurden Klarstellungen zu Transaktionen von Gesellschaftern zur Gesellschaft (Rz 25) und Änderungen zur steuerlichen Erfassung von Ausschüttungen (Rz 24) verfasst, die auf ab dem 1.1.2013 beginnende Geschäftsjahre anzuwenden sind. 258

Der Stillstand in der Neubearbeitung des IAS 12 durch den IASB hat offensichtlich die EFRAG (*European Financial Reporting Advisoring Group*) zusammen mit dem UK-Standardsetter, UK-Accounting Standards Board (ASB), zur Verabschiedung eines Diskussionspapiers im Dezember 2011 veranlasst. Mitverfasser dieses Diskussionspapiers ist auch das DRSC. In dem Papier werden insbesondere die Bedürfnisse der Anwender, aber auch der Ersteller von IFRS-Abschlüssen betont. Beanstandet wird teilweise die Fehlerhaftigkeit des zugrunde liegenden Prinzipienansatzes, konkret aber vor allem der Verzicht auf die **Abzinsung** der 259

Steuerlatenzposten (Rz 214), sowie das Fehlen von Anweisungen zur Behandlung **unsicherer Steuerbuchwerte** (Rz 30). Die Anwender der IFRS-Rechnungslegung (*users*) beanstanden insbesondere auch die häufig völlig undurchsichtige Darstellung der **Überleitungsrechnung** vom anzuwendenden nominellen zum effektiven Steuersatz bzw. Steueraufwand (Rz 245).

260 Im August 2014 wurde im Entwurf ED/2014/3 – nach einer Bearbeitung durch das IFRS IC (Rz 120) – eine Ergänzung der Vorgaben zur Bestimmung temporärer Differenzen aus beim Emittenten als Fremdkapital zu klassifizierende Finanzinstrumente, die im IFRS-Abschluss zum beizulegenden Zeitwert und für steuerliche Zwecke zu Anschaffungskosten bewertet werden, veröffentlicht (*Exposure Draft Recognition of Deferred Tax Assets for Unrealised Losses (Proposed amendments to IAS 12)*). Folgende Klarstellungen des geltenden Rechts werden vorgeschlagen (Rz 121):

- Im IFRS-Abschluss unrealisierte Verluste durch eine Bewertung von Fremdkapital-Finanzinstrumenten *at fair value through other comprehensive income*, die steuerrechtlich zu Anschaffungskosten erfasst werden, begründen eine abzugsfähige temporäre Differenz.
- Die Absicht, das Finanzinstrument zu halten oder zu veräußern, ist dabei nicht von Relevanz.
- Die obere Grenze der zu erwartenden (noch nicht realisierten) Gewinne bemisst sich nicht am Buchwert des Vermögenswertes nach IFRS; die erwartenden steuerlichen Gewinne sind um die Auflösung abzugsfähiger temporärer Differenzen zu mindern.

9 Zusammenfassende Praxishinweise

261 IAS 12 behandelt **auch** die **laufenden** Steuerschulden einschließlich der Ansprüche aus Verlustrückträgen (Rz 18). Hier ergibt sich keine systematische Abweichung gegenüber den Bilanzierungsregeln nach HGB.
Im **Mittelpunkt** des Standards stehen die Ansprüche und Verbindlichkeiten aus der **Steuerlatenzrechnung**. Diese resultiert entsprechend dem *temporary*-Konzept (Rz 34) aus Abweichungen zwischen IFRS-Bilanz- und Steuerwert (*tax base*). Daraus folgt aus Sicht der Ergebnisrechnung ein „unpassendes" Verhältnis von Ertragsteueraufwand zum Jahresergebnis, also der Steuerquote (Rz 254). Die Weiterentwicklung der entsprechenden Buchwerte in den künftigen Jahresabschlüssen führt dann irgendwann einmal zur **Umkehrung** dieses Effektes (Rz 43) mit entsprechender (folgerichtiger) Anpassung der Steuerquote.
Das der Steuerlatenzrechnung nach IAS 12 zugrunde liegende *temporary*-Konzept umfasst nicht nur **ergebniswirksam** gewordene Abweichungen zwischen IFRS- und Steuerbilanz, sondern auch **erfolgsneutrale**, also direkt im Eigenkapital oder im OCI verbuchte Wertunterschiede von Bilanzposten im Zeitverlauf. Die hierfür geforderte Steuerlatenzrechnung ist in der Konsequenz ebenfalls entweder erfolgswirksam oder direkt im Eigenkapital oder im *other comprehensive income* (OCI) (erfolgsneutral) vorzunehmen (Rz 232).
Dauerhafte Unterschiede (*permanent differences*) sind bei der Steuerlatenzrechnung nicht zu erfassen, wohl aber die sog. quasi-permanenten (Rz 3).

Einschränkenden Voraussetzungen unterliegt der Ansatz einer **aktiven** Steuerlatenz (Rz 111), zu der auch die mögliche Aktivierung eines künftigen Steuererstattungsanspruches aus einem **Verlustvortrag** gehört (Rz 125).
Besonderheiten ergeben sich für die Steuerlatenzrechnung im Rahmen von **Konsolidierungsbuchungen** (Rz 101 ff.). Komplexe Berechnungen sind für die Steuerlatenz im Unternehmensverbund unter systematischer Trennung von *inside* und *outside basis differences* erforderlich (Rz 152 ff.).
Die **Bewertung** hat mit den mutmaßlichen künftigen Steuersätzen, ggf. mit Durchschnittssätzen, zu erfolgen und das unter gebührender Beachtung des *materiality*-Grundsatzes (Rz 207). Eine **Abzinsung** der latenten Steuern kommt nicht in Betracht (Rz 214), wohl aber der laufenden.
Es besteht eine getrennte Ausweispflicht für aktive und passive Steuerlatenzen, nur ausnahmsweise ist ein **saldierter** Ausweis zulässig (Rz 236).
In der **GuV selbst** ist der Aufwand bzw. Ertrag aus laufenden Steuern und aus der Steuerlatenzrechnung auszuweisen, soweit er auf das ordentliche Geschäft entfällt.
Umfangreiche Anhangsangaben sind vorgeschrieben (Rz 239). Dem *materiality*-Grundsatz ist gebührende Beachtung zu schenken.
Die wichtigsten **Anhangsangaben** sind (Rz 240):
- tatsächlicher Steueraufwand,
- Aufwand aus der Steuerlatenzrechnung,
- Überleitungsrechnung vom nominellen zum effektiven Steuersatz (Konzernsteuerquote).

ÜBERGREIFENDE FRAGEN

§ 27 WÄHRUNGSUMRECHNUNG, HYPERINFLATION

Inhaltsübersicht	Rz
Vorbemerkung	
1 Zielsetzung, Regelungsinhalt und Begriffe	1–14
1.1 Ziel und Inhalt von IAS 21, Verhältnis zu IAS 39 und IAS 29	1–3
1.2 Anwendungsbereiche von IAS 21	4–7
1.2.1 Umrechnung von Geschäften in fremder Währung	4–5
1.2.2 Umrechnung von Abschlüssen ausländischer Beteiligungsunternehmen, Niederlassungen usw.	6–7
1.3 Darstellungswährung und funktionale Währung	8–13
1.4 Währungsumrechnung in der Terminologie der funktionalen Theorie, ein Vergleich mit IAS 21 (1993)	14
2 Umrechnung von Geschäften in fremder Währung	15–29
2.1 Erstverbuchung	15
2.2 Folgebewertung monetärer Bilanzposten zum Stichtagskurs	16–17
2.3 Folgebewertung nichtmonetärer Bilanzposten	18–29
2.3.1 Abgrenzung von monetären Posten	18–20
2.3.2 Regelfall: Keine Stichtagsumrechnung nichtmonetärer Posten	21–22
2.3.3 Sonderfall: *fair-value*-Ansatz (Finanzinstrumente usw.), Zweifelsfall Niederstwertansatz (Anlagen, Vorräte)	23–27
2.3.4 Grundregel: Erfolgswirksame Behandlung	28
2.3.5 Sonderfall: Umrechnung bei erfolgsneutraler Neu- und Zeitbewertung	29
3 Umrechnung von ausländischen Abschlüssen im Konzernabschluss	30–77
3.1 Theorie und Praxis der Währungsumrechnung	30–35
3.1.1 Funktionale Theorie	30–33
3.1.2 Funktionslose Theorie? Währungsumrechnung in der Praxis	34–35
3.2 Umrechnung von Abschlüssen integrierter ausländischer Einheiten	36–49
3.2.1 Abgrenzung gegenüber selbstständigen Einheiten	36
3.2.2 Umrechnung der Bilanz	37–38
3.2.3 Umrechnung der GuV	39–42
3.2.4 Erfolgswirksame Berücksichtigung der Umrechnungsdifferenzen, Buchungstechnik	43–44
3.2.5 Sonderfall I: Wertminderungen auf Anlagen und Vorräte	45–47
3.2.6 Sonderfall II: Währungsverluste auf konzerninterne Forderungen und Schulden	48
3.2.7 Umklassifizierung in selbstständige Einheit, Wechsel der funktionalen Währung	49

3.3 Umrechnung von Abschlüssen selbstständiger
ausländischer Einheiten. 50–77
   3.3.1 Abgrenzung zu integrierten Einheiten 50
   3.3.2 Umrechnung der Bilanz. 51–53
   3.3.3 Umrechnung der GuV. 54
   3.3.4 Ermittlung der Umrechnungsdifferenzen,
          Einstellung in das Eigenkapital 55–58
   3.3.5 Erfolgsrealisierung beim (Teil-)Abgang der Einheit 59–61
   3.3.6 Sonderfall I: *Goodwill* und nicht beherrschende
          Anteile 62
   3.3.7 Sonderfall II: Währungsverluste auf konzerninterne
          Forderungen und Schulden 63–67
   3.3.8 *Cash flow hedge* antizipierter konzerninterner
          Transaktionen 68
   3.3.9 *Hedge* eines Nettoinvestments. 69–70
   3.3.10 Währungsumrechnung und Währungssicherung im
          mehrstufigen Konzern. 71–74
   3.3.11 Umklassifizierung in integrierte Einheit, Wechsel
          der funktionalen Währung. 75–77
4 Hyperinflation 78–84
  4.1 Ziel und Anwendungsbereich von IAS 29 78–80
  4.2 Anwendung bei Beteiligungsunternehmen:
      7-Stufen-Ansatz 81–84
5 Latente Steuern. 85–88
6 Ausweis Währungsumrechnungsdifferenzen. 89
7 Angaben 90–93
8 Anwendungszeitpunkt, Rechtsentwicklung 94
9 Zusammenfassende Praxishinweise 95

Schrifttum: BEIERSDORF/DRIESCH/RAMSCHEID: Behandlung des Währungsausgleichspostens bei Liquidation des ausländischen Tochterunternehmens, IRZ 2014, S. 89ff.; BRENDLE, Währungsumrechnung des goodwill aus der Kapitalkonsolidierung nach IAS 21, IRZ 2010, S. 215ff.; BRUNE, Abbildung von Vorjahres-Vergleichswerten im IFRS-Abschluss bei gleichzeitigem Wechsel sowohl der funktionalen als auch der Berichtswährung, IRZ 2013, S. 317ff.; FREIBERG, Recycling von Währungsumrechnungsdifferenzen, PiR 2009 S. 343ff.; FREIBERG, Ausweis von Umrechnungsdifferenzen als Umsatzerlös? PiR 2012, S. 63 GASSEN/DAVARCIOGLU/FISCHKIN/KÜTING, Währungsumrechnung nach IFRS im Rahmen des Konzernabschlusses, KoR 2007, S. 171ff.; LIENAU, Die Bilanzierung latenter Steuern bei der Währungsumrechnung nach IFRS, PiR 2008, S. 7ff.; LINGNER, Währungsumrechnung selbstständiger ausländischer Einheiten bei der Erst- und Folgekonsolidierung, PiR 2005, S. 99ff.; LÜDENBACH, Berichtswährung und funktionale Währung bei einer Holding-Struktur, PiR 2010, S. 182ff.; LÜDENBACH, Währungsdifferenzen und Währungssicherung im mehrstufigen Konzern, PiR 2008, S. 292ff.; PLEIN, Die Eliminierung von Effekten aus Wechselkursänderungen bei indirekt erstellten Kapitalflussrechnungen, WPg 1998, S. 10ff.

Währungsumrechnung, Hyperinflation § 27

Vorbemerkung
Die Kommentierung bezieht sich auf IAS 21 und IAS 29 in der aktuellen Fassung und berücksichtigt alle Ergänzungen, Änderungen und Interpretationen, die bis zum 1.1.2015 beschlossen wurden. Einen Überblick über ältere Fassungen sowie über diskutierte oder schon als Änderungsentwurf vorgelegte künftige Regelungen enthält Rz 94.

1 Zielsetzung, Regelungsinhalt und Begriffe

1.1 Ziel und Inhalt von IAS 21, Verhältnis zu IAS 39 und IAS 29

IAS 21 regelt die **Umrechnung** von
- Geschäftsvorfällen in fremder Währung im **Einzelabschluss** (Rz 15 ff.) sowie
- ausländischen Abschlüssen im Rahmen der Konsolidierung für den **Konzernabschluss** (Rz 30 ff.).

Fragen der Währungsumrechnung werden daneben in **IAS 39/IFRS 9** unter dem Gesichtspunkt der Bilanzierung von **Fremdwährungsderivaten** sowie der Berücksichtigung von **Sicherungszusammenhängen** *(hedge accounting)* behandelt. Beide Aspekte sind aus dem Anwendungsbereich von IAS 21 ausgenommen (IAS 21.3a). Sofern ein Sicherungszusammenhang vorliegt, berührt dieser im Allgemeinen die Umrechnung des Grundgeschäftes (z. B. Fremdwährungsforderungen) nicht. Gegebenenfalls können sich aber Auswirkungen auf die erfolgswirksame oder erfolgsneutrale Behandlung von Umrechnungsdifferenzen ergeben (→ § 28a Rz 43). Für die Umrechnung konsolidierungsbedingter Währungsdifferenzen wird auf Rz 70 verwiesen. Die Umrechnung von *cash flows* in fremder Währung für Zwecke der Kapitalflussrechnung unterliegt ebenfalls nicht IAS 21 (IAS 21.7), sie ist in IAS 7.25 ff. geregelt (→ § 3 Rz 98).

IAS 29 behandelt die kaufkraftorientierte Rechnungslegung in Ländern mit **Hochinflation** (bzw. Hyperinflation) mit dem Ziel der **Scheingewinneliminierung**. Aus der Sicht des deutschen Anwenders sind diese Regelungen nur insoweit relevant, als es um zu konsolidierende Beteiligungsunternehmen in Hochinflations-Ländern geht. In derartigen Fällen ist die Bilanz des Beteiligungsunternehmens zunächst um die Inflationseffekte zu bereinigen und erst anschließend die Währungsumrechnung durchzuführen (Rz 78 ff.).

1.2 Anwendungsbereiche von IAS 21

1.2.1 Umrechnung von Geschäften in fremder Währung

Erster Anwendungsbereich von IAS 21 ist die Umrechnung von **Geschäften** in fremder Währung. Es geht hierbei um Fälle, in denen Ein- oder Ausgangsleistungen in fremder Währung fakturiert sind, sowie um Fälle der Aufnahme oder Gewährung von Darlehen in fremder Währung usw. Bei derartigen Geschäftsvorfällen stellt sich die Frage, wie Wechselkursänderungen nach dem Erstverbuchungszeitpunkt in Bilanz und GuV zu erfassen sind.
Als **Grundregel** gilt (Rz 15 ff.):
- Umrechnung **nichtmonetärer** Bilanzposten (z. B. Sachanlagevermögen) zum **Erstverbuchungskurs**;

1611

- Umrechnung **monetärer** Bilanzposten (z.b. Forderungen) zum **Kurs** des jeweiligen **Bilanz**stichtages mit **erfolgswirksamer** Verbuchung der Kursdifferenzen. Wichtige **Ausnahmen** sind unter Rz 23 ff. dargestellt.

1.2.2 Umrechnung von Abschlüssen ausländischer Beteiligungsunternehmen, Niederlassungen usw.

6 Zweiter Anwendungsbereich von IAS 21 ist die **Konsolidierung** von ausländischen Tochterunternehmen, Gemeinschaftsunternehmen oder assoziierten Unternehmen. Bei der Einbeziehung dieser Unternehmen in den Konzernabschluss (aber auch bei der Übernahme der Buchhaltungszahlen einer selbstständigen ausländischen Niederlassung) müssen Bilanz- und GuV-Zahlen in die **Berichtswährung des Konzerns** „übersetzt" werden (Rz 30 ff.).

7 - Die Umrechnung von **monetären** Posten erfolgt dabei zu Stichtagskursen.
- Die Umrechnung **nichtmonetärer** Posten sowie die Behandlung von Umrechnungsergebnissen (GuV-wirksam oder erfolgsneutral) folgt hingegen der sog. **funktionalen Theorie der Währungsumrechnung** (Rz 8 ff. und 30 ff.). Hiernach hängt die Währungsumrechnung davon ab, ob die ausländische Einheit weitgehend selbstständig oder lediglich „verlängerter Arm" der Konzernmutter ist, ob ihre funktionale Währung die eigene Landeswährung oder die des Mutterunternehmens ist.

1.3 Darstellungswährung und funktionale Währung

8 IAS 21.8 definiert zwei Währungsbegriffe:
- **Funktionale Währung** *(functional currency)* als Währung der primären operativen Umwelt des Unternehmens/Konzerns.
- **Berichts- oder Darstellungswährung** *(presentation currency)* als Währung, in der der Einzel- oder Konzernabschluss präsentiert wird.

Bei einem deutschen Unternehmen oder einem Konzern mit deutschem Mutterunternehmen ist der **Euro** regelmäßig sowohl funktionale als auch Berichtswährung.
Eine Pflicht zur Wahl des Euro als Berichtswährung ergibt sich aus IAS 21 nicht (IAS 21.19 und 38 sowie IAS 21.BC13). Allerdings schreibt § 315a Abs. 1 HGB i.V.m. § 298 Abs. 1 und § 244 HGB für die Erfüllung der inländischen gesetzlichen Bilanzierungspflicht den **Euro als Berichtswährung** vor. Ein Unternehmen/Konzern kann aber daneben freiwillig (z.B. für *benchmarking*-Zwecke) oder aus rechtlichen Gründen (z.B. für die Berichterstattung an ausländischen Börsen oder für ausländische Emissionsprospekte) seinen Abschluss in einer anderen Währung (z.B. USD) präsentieren. Die in diesem Fall erforderliche Umrechnung von funktionaler Währung (Euro) in Berichtswährung (z.B. USD) folgt gem. IAS 21.38 ff. den Regelungen zur Umrechnung selbstständiger ausländischer Einheiten und ist deshalb insbesondere erfolgsneutral (Rz 50 ff.).

9 Ausnahmsweise kann auch bei einem **deutschen** Unternehmen oder einem **Konzern** mit deutschem Mutterunternehmen als **funktionale Währung** insgesamt eine **ausländische** anzusehen sein. Die Darstellung in der gesetzlich

vorgesehenen Berichtswährung „Euro" ist dann den Regeln der Fremdwährungsumrechnung unterworfen. Betroffen sind vor allem **Holdingstrukturen**.

Beispiel[1]
Die *China Tea and Food AG* (C) mit Sitz und Börsennotierung (amtlicher Markt) in Frankfurt hat 2 chinesische Tochtergesellschaften. Diese produzieren in China auf gepachtetem Land mit örtlichen Arbeitskräften und einheimischen Maschinen und Werkzeugen Tee, Kräuter und diverse andere als gesund geltende Lebensmittel.
Der Verkauf erfolgt überwiegend nach Europa. Fakturiert wird nicht nur in chinesischer Währung (RMB), sondern zu einem nicht unwesentlichen Teil auch in Euro. Basis ist aber jeweils die Preisliste in RMB, die unter Berücksichtigung der Produktionskosten, aber auch der chinesischen Wettbewerber aufgestellt ist. Bei Fakturierung in Euro wird der (um Mengenrabatte etc. adjustierte) Betrag gem. RMB-Preisliste nach den Verhältnissen des Wechselkurses zum Auftragszeitpunkt in Euro umgerechnet. Die Funktion der C für den Konzern beschränkt sich auf die Finanzierung. Ihr satzungsmäßiger Zweck ist Erwerb/Gründung, Halten und Veräußern von Beteiligungen. Durch den Börsengang und die Emission einer Euro-Anleihe beschaffte Mittel wurden in die chinesischen Tochterunternehmen investiert. Sowohl die Produktion als auch der Vertrieb werden ausschließlich von den Tochterunternehmen organisiert.
Börsengang, Anleihenemission und Investition in die Tochterunternehmen fanden Ende 01 statt. Seitdem hat sich der Kurs des Euro gegenüber dem der chinesischen Währung (RMB) deutlich verschlechtert.

Beurteilung
- Der **Euro** ist **Darstellungswährung** des Konzernabschlusses nach § 315a Abs. 1 HGB i. V. m. § 244 HGB.
- Die Bestimmung der funktionalen Währung erfolgt **nicht aggregiert** für den Konzern als Ganzes, sondern **jeweils einzeln** für das Mutterunternehmen und seine ausländischen Einheiten (*foreign operations*) (IAS 21.17 und 21.11). Der RMB ist funktionale Währung der Tochterunternehmen der C, weil die relevanten **Beschaffungskosten** (Personal, Pachten usw.) in **RMB** anfallen, die **Ausgangsleistungen** zwar in Euro fakturiert werden, die Kalkulation aber auf Basis der **Wettbewerbslage** (*competitive forces*) im RMB-Währungsraum erfolgt (IAS 21.9(a)).
Funktionale Währung der C ist wegen des in IAS 21.12 bestimmten Vorrangs von IAS 21.9 von IAS 21.10 ebenfalls der RMB, da die von der C erwarteten Einnahmen ausschließlich von der Entwicklung der chinesischen Töchter abhängen, die Qualifikation des RMB als für die Töchter relevante Währung somit durchschlägt.
- Folgerung: **Monetäre Euro-Posten** sind daher auf Ebene der für die Konsolidierung benötigten Einzelbilanzen nach den Regeln zur Umrechnung von Fremdwährungsgeschäften **erfolgswirksam** in RMB umzurechnen (Rz 8). Ein sinkender Kurs des Euro führt hier bei den Euro-Anleihen der

---

[1] Nach LÜDENBACH, PiR 2010, S. 182 ff.

> C AG zu Kursgewinnen. Die Umrechnung aus dem RMB als funktionaler Währung der C und ihrer Töchter in den Euro als Darstellungswährung ist erfolgsneutral vorzunehmen (IAS 21.39). Die zuvor im RMB-Abschluss enthaltenen Kursgewinne (oder -verluste) aus Geschäftsvorfällen in Euro werden dadurch nicht storniert, sondern lediglich in **anderer Währungseinheit ausgedrückt**.

10 Besondere Fragen wirft die Divergenz von funktionaler und Darstellungs- bzw. lokaler Währung bei **Pensionsverpflichtungen** auf. Derartige Verpflichtungen haben monetären Charakter (Rz 16) und sind daher mit dem jeweils aktuellen Stichtagskurs umzurechnen. Dies wirkt sich auch auf das in Verpflichtungen enthaltene Deckungsvermögen aus.

> **Beispiel**
> Die in Deutschland ansässige M hat auf EURO lautende Pensionspläne für die Vorstände. Die funktionale Währung der U lautet jedoch auf RMB. Die Pensionsverpflichtungen sind z. T, durch Planvermögen gedeckt. Dieses beinhaltet auch auf RMB lautende monetäre und non-monetäre Vermögenswerte.

U. E. ist hier die zunächst in EURO zu ermittelnde Nettopensionsverpflichtung *(net defined benfit liability)* erfolgswirksam in die funktionale Währung RMB umzurechnen. Die non-monetären Gegenstände des Planvermögens nehmen damit abweichend von sonst auf non-monetäres anzuwendenden Regeln (Rz 18 ff.) indirekt an der erfolgswirksamen Währungsumrechnung teil. Sodann ist die erfolgsneutrale „Rückrechnung" in die Darstellungswährung EURO vorzunehmen.

11 Bei einem Wechsel der Darstellungswährung sind Bilanz, GuV usw. so darzustellen, als ob immer schon die neue Darstellungswährung angewandt worden wäre. Dies betrifft auch die VorjahresVergleichszahlen, Besonderheiten hinsichtlich der Vorjahreszahlen bestehen, wenn sich gleichzeitig die funktionale Währung ändert (Rz 38).

12 Anders als im Fallbeispiel unter Rz 9 lässt sich die funktionale Währung einer Holding dann nicht unmittelbar aus den Verhältnissen der Tochterunternehmen ableiten, wenn diese selbst in **unterschiedlichen** Ländern tätig sind und untereinander unterschiedliche funktionale Währungen haben. Die Bestimmung der funktionalen Währung der Holding bleibt dann hoch ermessensbehaftet.[2]

13 Tochterunternehmen in **Hochinflationsländern** (Rz 78 ff.) dürfen ihren Abschluss i. d. R. nicht in der Hartwährung des Mutterunternehmens (oder einer anderen Hartwährung) aufstellen, sondern haben zunächst eine Inflationsbereinigung in eigener Währung durchzuführen, bevor die normale Währungsumrechnung im Rahmen der Konsolidierung vorgenommen wird (IAS 21.IN8).

---

[2] Vgl. Agenda Decision des IFRIC im IFRIC-Update März 2010.

1.4 Währungsumrechnung in der Terminologie der funktionalen Theorie, ein Vergleich mit IAS 21 (1993)

IAS 21 (1993) (Rz 94) unterschied die Umrechnung von
- Fremdwährungsgeschäften (erfolgswirksam),
- integrierten ausländischen Einheiten (erfolgswirksam),
- selbstständigen ausländischen Einheiten (erfolgsneutral).

14

Die Umrechnung **integrierter** ausländischer Einheiten ist in der ab 2005 geltenden Neufassung von IAS 21 nicht mehr erwähnt, aber gleichwohl ohne materiellen Unterschied gegenüber IAS 21 (1993) geregelt. Die scheinbare Abweichung beruht lediglich auf einer **terminologischen Neupositionierung** in IAS 21, deren Fixpunkt der Begriff der **funktionalen Währung** ist.

Danach gilt als Fremdwährung nur noch die Währung, die mit der funktionalen Währung nicht identisch ist (IAS 21.8). Regelungsinhalt von IAS 21 (2005) ist dann gem. IAS 21.3:
- die erfolgswirksame Umrechnung von Geschäften und Salden in fremder Währung in die funktionale Währung sowie
- die erfolgsneutrale Umrechnung ausländischer Einheiten für den Konzernabschluss,
- daneben außerdem die Umrechnung in eine abweichende Berichtswährung.

Die **integrierte** ausländische Einheit ist dadurch charakterisiert, dass ihre **funktionale Währung** diejenige des Mutterunternehmens ist. Umgekehrt stellt die **lokale Währung** der integrierten ausländischen Einheit aus funktionaler Sicht eine **Fremdwährung** dar. Alle in lokaler Währung getätigten Geschäfte gelten deshalb als Fremdwährungsgeschäfte. Nach IAS 21.17 muss folglich die integrierte ausländische Einheit bereits vor der eigentlichen Konsolidierungsphase, technisch gesprochen schon in der IFRS-Bilanz II (in der die Anpassung an konzerneinheitliche Bilanzierungsvorschriften erfolgt), die Umrechnung in die funktionale Währung nach den Grundsätzen der Umrechnung von Fremdwährungsgeschäften vornehmen. Eine Umrechnung für Konsolidierungszwecke (d.h. eine in der Konzernwährung erstellte IFRS-Bilanz III) ist dann nicht mehr erforderlich:[3]

Beispiel
Die Software GmbH hält 100 % der Anteile an einer unselbstständigen **indischen Softwareentwicklungsgesellschaft**. Die indische Gesellschaft ist ausschließlich für die GmbH tätig und in deren Cash Pool eingebunden. Entwicklungsleistungen werden in Euro fakturiert. In Rupien fallen die örtlichen Löhne und Mieten an. Funktionale Währung der indischen Gesellschaft ist der Euro.
- Mit der Zahlung der Löhne und Mieten in Rupien tätigt die indische Gesellschaft Fremdwährungsgeschäfte(!). Verbindlichkeiten aus Löhnen, Lohnsteuern, Sozialabgaben usw. sind Fremdwährungsverbindlichkeiten(!).

---

[3] „It follows, that it is not necessary, to translate the results and financial position of an integral foreign operation when incorporating them into the financial statements of the parent – they will already be measured in the parents functional currency." (IAS 21.BC7).

> - Die Fakturierung der Entwicklungsleistungen gilt hingegen nicht als Fremdwährungsgeschäft. Die daraus resultierenden Euro-Forderungen sind **keine** Fremdwährungsforderungen.
>
> Die Währungsumrechnungsaufgabe kann nun **auf zwei** Arten bewältigt werden:
>
> **1. Theoretisch bevorzugtes Vorgehen**
> Stellt die indische Gesellschaft ihren IFRS-Einzelabschluss II bereits in der funktionalen Währung Euro auf, ist eine Umrechnung für Konsolidierungszwecke nicht mehr erforderlich.
> Fremdwährungsverbindlichkeiten (Löhne, Lohnsteuer usw. in Rupie) werden einzelbilanziell erfolgswirksam zum Stichtagskurs umgerechnet. Die Umrechnung des korrespondierenden Aufwands erfolgt zum Kurs des Entstehungstages oder zu Durchschnittskursen.
>
> **2. Praktisch dominierendes Vorgehen**
> Die indische Gesellschaft bilanziert in Rupie.
> Bei der Umrechnung des Einzelabschlusses für Konsolidierungszwecke werden die Verbindlichkeiten aus Löhnen, Lohnsteuer usw. erfolgswirksam zum Stichtagskurs in Euro umgerechnet (wie oben). Die Umrechnung des entsprechenden Aufwands erfolgt zu Transaktions-, ggf. zu Durchschnittskursen (ebenfalls wie oben).

Eine konzernbilanzielle Umrechnung von der IFRS-Bilanz II zur IFRS-Bilanz III ist nur noch für selbstständige ausländische Einheiten notwendig, deren funktionale Währung sich von der des Konzerns unterscheidet. Da die Vorschriften zur Umrechnung von Fremdwährungsgeschäften schon bisher inhaltlich den Vorschriften für die Umrechnung integrierter Einheiten entsprachen, führt die terminologische Neuorientierung zu **keinen materiellen Änderungen**. Die Neufassung von IAS 21 behält den zutreffenden Aussagen des IASB in IAS 21.IN3 zufolge den Grundansatz *(fundamental approach)* des Vorgängerstandards bei.
Die Neukonzeption zeichnet eine gewisse theoretische Eleganz aus, da sie mit weniger Fallunterscheidungen und weniger Redundanzen auskommt. Der Praxis wird aber nicht immer leicht zu vermitteln sein, dass eine integrierte Tochtergesellschaft in den USA, die ihre Löhne in USD zahlt, damit ein Fremdwährungsgeschäft tätigt, da nunmehr der Euro und nicht der USD ihre funktionale Währung darstellt. Die Praxis sieht eine Umrechnung in den Euro eher als eine konzernbilanzielle Aufgabe (IFRS-Bilanz III) an. Die **nachfolgende Kommentierung** orientiert sich daher gliederungstechnisch (nicht in den behandelten Einzelregelungen) an den bisherigen praxistauglichen und dem Sprachgebrauch entsprechenden Unterscheidungen.[4]

---

[4] Ausführlich zur funktionalen Theorie und zur Frage, ob bereits IAS 21 (1993) diesem Konzept verpflichtet war: KÜTING/WIRTH, 2003, S. 376 ff.

2 Umrechnung von Geschäften in fremder Währung

2.1 Erstverbuchung

Bei der Fakturierung von Umsätzen in fremder Währung, dem Erwerb von Gütern oder Dienstleistungen in fremder Währung, der Gewährung oder Aufnahme von Darlehen in fremder Währung usw. erfolgt die **Erstverbuchung** in der funktionalen Währung durch Umrechnung mit dem **Wechselkurs am Tag der Transaktion** (IAS 21.21). Die Verwendung eines Wochen- oder Monats-**Durchschnittskurses** für alle Transaktionen der betreffenden Periode ist zulässig, sofern der Wechselkurs nicht in signifikanter Weise schwankt (IAS 21.22).

Aus praktischen Gründen ist bei nicht zu großen Schwankungen auch gegen die Verwendung des **Endkurses** der **Vorperiode** (Woche oder Monat) für die Buchungen der laufenden Periode nichts einzuwenden.

Tag der Transaktion ist nicht das Datum der Rechnungsstellung, sondern bei erhaltenen oder geleisteten Warenlieferungen oder Diensten der Tag der **Leistungserbringung**, bei Warenlieferungen also i. d. R. etwa der Tag des Übergangs des wirtschaftlichen Eigentums.

Wegen der Besonderheiten bei **Parallelkursen** wird auf Rz 51. verwiesen.

2.2 Folgebewertung monetärer Bilanzposten zum Stichtagskurs

Monetäre Bilanzposten, d. h. neben Zahlungsmitteln und Zahlungsmitteläquivalenten alle Vermögenswerte und Schulden, die zu einem festen oder bestimmbaren Geldeingang oder Geldausgang führen (IAS 21.8), sind zu jedem Bilanzstichtag unter Verwendung des **Stichtagskurses** umzurechnen (IAS 21.23a). Eine Begrenzung nach oben auf die Anschaffungskosten (Aktiva) bzw. nach unten auf den Rückzahlungsbetrag (Passiva) besteht nicht.

> **Beispiel**
> Aufnahme eines Darlehens von 90 USD beim Kurs USD/EUR von 0,9. Der Stichtagskurs beträgt 1,0 USD/EUR. Die (nur handelsrechtlich wegen § 256a HGB relevante) Restlaufzeit am Stichtag beträgt mehr als ein Jahr.
> **Erstverbuchung:** 90/0,9 = 100 EUR.
> **Stichtagsumrechnung:** 90/1,0 = 90 EUR (handelsrechtlich: weiterhin 100 EUR, da Höchstwertprinzip für Verbindlichkeiten).
> **Variante**
> Vergabe eines Darlehens von 90 USD beim Kurs USD/EUR von 0,9. Der Stichtagskurs beträgt 0,8 USD/EUR, die Restlaufzeit mehr als 1 Jahr.
> **Erstverbuchung:** 90/0,9 = 100 EUR.
> **Stichtagsumrechnung:** 90/0,8 = 112,5 EUR (handelsrechtlich: weiterhin 100 EUR, da Niederstwertprinzip für Forderungen).

Bei als **veräußerbare Werte** (*available-for-sale assets*) qualifizierten Fremdkapitalinstrumenten ist das Umrechnungsergebnis nur zum Teil erfolgswirksam:
- Soweit die Wertänderung in fremder Währung auf die Amortisation von Disagien, Anschaffungsnebenkosten etc. entfällt und somit erfolgswirksamen Zinscharakter hat, ist der entsprechende Umrechnungserfolg ebenfalls in der GuV zu berücksichtigen.

- Soweit die Wertänderung in fremder Währung auf die Änderung der Bonitätseinschätzung, des Marktzinsniveaus etc. entfällt und damit erfolgsneutral behandelt wird, ist der entsprechende Umrechnungserfolg ebenfalls erfolgsneutral (IAS 39.AG83).

Bei als veräußerbare Werte qualifizierten Eigenkapitalinstrumenten (nichtmonetärer Posten) ist eine derartige Differenzierung nicht notwendig (Rz 24).

17 Als monetäre Posten sind i.d.R. auch Rückstellungen (Rz 19) und latente Steuern (Rz 20) zu qualifizieren.

2.3 Folgebewertung nichtmonetärer Bilanzposten

2.3.1 Abgrenzung von monetären Posten

18 Zu den nichtmonetären Posten rechnen neben einfach zu qualifizierenden Fällen wie **Sachanlagen, immateriellen Vermögenswerten,** *goodwills* und **Vorräten** auch folgende Posten:
- erhaltene und geleistete **Anzahlungen** (IAS 21.16),[5] es sei denn, sie befinden sich wegen Leistungsstörung im Rückabwicklungsstadium und sind daher nicht mehr Sachverbindlichkeit bzw. Sachforderung, sondern Geldverbindlichkeit bzw. Geldforderung,
- sonstige **Sachleistungsforderungen** und sonstige **Sachleistungsverbindlichkeiten,**
- **Abgrenzungsposten,** z.B. für vorausbezahlte Mieten (IAS 21.16) einschließlich der Abgrenzungsposten für erhaltene Investitionszuwendungen,
- **Eigenkapital.**

19 **Rückstellungen** sind im Allgemeinen als monetärer Posten zu qualifizieren. Überwiegt der Sachleistungscharakter (Gewährleistungen usw.), ist eine andere Beurteilung geboten (IAS 21.16).
Aktien, GmbH-Anteile usw. gelten gem. IAS 39.IGE.3.3. als nichtmonetäre Posten (Rz 22 und 23). Es besteht, anders als in IAS 21.16 für monetäre Posten gefordert, **kein Recht auf Erfüllung** in Geld oder in *assets* mit einem bestimmbaren *fair value*.

20 **Latente Steuern** repräsentieren zukünftige Mehr- oder Minderzahlungen an Steuern und stellen daher u.E. monetäre Posten dar. Bei Latenzen auf quasi-permanente Differenzen (z.B. betriebsnotwendiger Grund und Boden) wird auch eine Qualifizierung als non-monetär für zulässig gehalten.[6]

2.3.2 Regelfall: Keine Stichtagsumrechnung nichtmonetärer Posten

21 **Nichtmonetäre Posten,** die zu (fortgeführten) Anschaffungs- oder Herstellungskosten zu bewerten sind, werden zum Stichtag nicht umgerechnet. Maßgeblich bleibt der Kurs am Tag der **Erstverbuchung** (IAS 21.23b). Die wörtliche Bestimmung, dass die Umrechnung zu Einstandskursen erfolge, ist formal richtig, aber inhaltlich irreführend. Tatsächlich findet z.B. bei Maschinen, die in fremder Währung angeschafft wurden, nur eine einzige Umrechnung zum Erwerbszeitpunkt statt. Zum späteren Bilanzstichtag wird nicht mehr umgerechnet.

---

[5] Zur Abgrenzung zwischen nichtmonetären Anzahlungen (prepayments) und monetären Sicherungsleistungen (deposits) ERNST & YOUNG, International GAAP 2014, Ch. 15 sCh 5.4.1.
[6] KPMG, Insight into IFRS 2014/15, Tz. 2.7.120.30.

Für Eigenkapitalinstrumente (Aktien usw.) ist der Kurs der Erstverbuchung 22
jedoch nur dann maßgeblich, wenn der *fair value* nicht bestimmbar ist und
deshalb die Bewertung nach IAS 39 hilfsweise zu Anschaffungskosten erfolgt.

2.3.3 Sonderfall: *fair-value*-Ansatz (Finanzinstrumente usw.), Zweifelsfall Niederstwertansatz (Anlagen, Vorräte)

Für nichtmonetäre Posten, die mit ihrem **beizulegenden Zeitwert** (*fair value*) 23
bewertet werden, sieht IAS 21.23c eine Umrechnung zum **Stichtagskurs** vor.
Bedeutung hat diese Regel vor allem für **Anteile** und **Beteiligungen** (Rz 19),
daneben für zum *fair value* angesetzte Renditeliegenschaften (*investment properties*; → § 16 Rz 40). Zu Anteilen folgendes Beispiel:

> **Beispiel**
> Ein Unternehmen hat im Januar 01 100 US-Aktien zu einem Börsenkurs von
> 9 Dollar je Aktie erworben. Der USD/EUR-Kurs zum Anschaffungszeitpunkt betrug 0,9. Die Anschaffungskosten von 100 × 9 USD = 9.000 USD
> entsprechen somit zum Erstverbuchungszeitpunkt 9.000/0,9 = 10.000 EUR.
> Zum Bilanzstichtag notiert die Aktie mit 9,5 Dollar. Der USD/EUR-Kurs
> beträgt nun 1,0. Die Aktien sind gem. IAS 39/IFRS 9 zum Stichtag mit dem
> *fair value* anzusetzen (→ § 28). Er beträgt 9.500 USD. Die Umrechnung
> erfolgt zum Stichtagskurs also mit 9.500/1,0 = 9.500 EUR.

Die Wertänderung in fremder Währung nominierter Eigenkapitalinstrumente ist 24
erfolgsmäßig einheitlich zu behandeln. Bei als veräußerbare Werte (*available-for-sale assets*) qualifizierten Anteilen ist daher **keine** Unterscheidung in Kurs- und Währungsergebnis notwendig. Die saldierte Wertänderung ist erfolgsneutral
in das Eigenkapital einzustellen (IAS 39.AG83). Zur abweichenden Behandlung
bei Fremdkapitalinstrumenten vgl. Rz 16.

Fraglich könnte sein, wie Fälle zu behandeln sind, in denen **Anlagevermögen** 25
oder **Vorräte außerplanmäßig** abgeschrieben werden. Einerseits sind nicht
mehr die AK/HK maßgeblich (keine Anwendung von IAS 21.23b). Andererseits
entspricht der unter den Anschaffungskosten liegende erzielbare Betrag von
Sachanlagen nach IAS 36 (→ § 11 Rz 32 ff.) bzw. der unter den Anschaffungskosten liegende Netto-Veräußerungswert von Vorräten nach IAS 2 (→ § 17
Rz 35) nicht oder nur zufällig dem beizulegenden Zeitwert (keine wörtliche
Anwendung von IAS 21.11c). Eine Regelungslücke entsteht hieraus jedoch nicht;
denn nach IAS 21.25 ist der **Niederstwert** wie folgt zu bestimmen:
- Umrechnung der (fortgeführten) AK/HK mit dem Erstverbuchungskurs,
- Umrechnung des erzielbaren Betrages bzw. Nettoveräußerungswertes mit
  dem aktuellen Kurs.
- Ansatz des niedrigeren der beiden Werte.

Diese Regelung macht nur Sinn, wenn der Erlös oder sonstige Nutzen aus dem
Vermögenswert in der fremden Währung anfällt.

> **Beispiel**
> Das Handelsunternehmen H hat Edelmetalle für 1.000.000 USD = 1.000.000 EUR erworben und beabsichtigt, sie nach dem Stichtag für 1.050.000 USD zu veräußern. Zwischen Transaktionstag und Stichtag hat der Dollar 10 % gegenüber dem Euro verloren.
> Historische Kosten: 1.000.000 USD = 1.000.000 EUR
> Nettoveräußerungswert: 1.050.000 USD = 945.000 EUR.
> Ansatz: 945.000 EUR
>
> **Variante**
> Die Weiterveräußerung soll zu 975.000 EUR erfolgen.
> Der Nettoveräußerungswert ist originär in Euro bestimmt. Eine Umrechnung ist weder notwendig noch sinnvoll.
> Ansatz: 975.000 EUR

26 Wenn, wie bei **Sachanlagen** der Regelfall, die Niederstwerte primär **absatzmarktorientiert** zu ermitteln sind und deshalb der Fremdwährungs-(Beschaffungs-)Markt irrelevant ist, kommt dem Stichtagskurs und damit den Regelungen von IAS 21.23c und IAS 21.25 keine Bedeutung zu.

> **Beispiel**
> Eine regionale deutsche Fluggesellschaft hat im Januar 01 ein Flugzeug in den USA für 900.000 USD = 900.000 EUR erworben und schreibt es auf 5 Jahre linear ab. Zum Bilanzstichtag 31.12.02 ist wegen einer Krise der Luftfahrtindustrie eine mögliche außerplanmäßige Abschreibung indiziert. Die Abschreibung kann nur dann unterbleiben, wenn Nettoveräußerungswert und/oder Nutzungswert nicht unter dem Buchwert von 800.000 EUR liegen.
> - Der **Nettoveräußerungswert** (*fair value less costs of disposal*) bestimmt sich aus den Preisen des Gebrauchtflugzeugmarktes. Gibt es einen europäischen Markt, in dem Gebrauchtflugzeuge in Euro fakturiert werden, ist der Dollar-Stichtagskurs nicht unmittelbar relevant, da der Nettoveräußerungspreis i. S. v. IAS 36 auf den Absatzmarkt (für Gebrauchtflugzeuge) und nicht auf den Beschaffungsmarkt (für Neuflugzeuge) abstellt.
> - Der **Nutzungswert** (*value in use*) ergibt sich aus den abgezinsten zukünftigen Erträgen des Flugzeuges. Der Nutzungswert könnte zufällig mit dem Dollarkurs im Zusammenhang stehen, wenn die Erträge und laufenden Kosten überwiegend in Dollar anfielen. In diesem Fall würde aber der zukünftige und nicht der stichtagsbezogene Dollarkurs interessieren.
> Eine Umrechnung eines „Dollar-Niederstwertes" in Euro findet somit überhaupt nicht statt.

27 Wie der Niederstwert von Anlagevermögen wird auch der Niederstwert von Vorräten nach IFRS i.d.R. nicht beschaffungsmarktorientiert ermittelt. Nur zufällig, wenn die in fremder Währung angeschafften Vorräte auch in dieser fremden Währung (nach oder ohne Weiterverarbeitung) weiterveräußert werden sollen, ist der Stichtagskurs der fremden Währung von Bedeutung. Behandlung der Umrechnungsdifferenzen.

Währungsumrechnung, Hyperinflation § 27

2.3.4 Grundregel: Erfolgswirksame Behandlung

Umrechnungsdifferenzen zwischen Erst- und Folgebewertung sowie zwischen vorherigem und jetzigem Bilanzstichtag sind **erfolgswirksam** zu erfassen (IAS 21.15). Wird z.b. eine Maschine auf Ziel in Dollar angeschafft und ist die Verbindlichkeit zum Stichtag noch nicht beglichen, so ist die sich bei der Verbindlichkeit ergebende Umrechnungsdifferenz nicht etwa als Änderung der Anschaffungskosten des Anlagevermögens zu behandeln, sondern als Aufwand oder Ertrag in der GuV.

28

2.3.5 Sonderfall: Umrechnung bei erfolgsneutraler Neu- und Zeitbewertung

Bestimmte Bewertungsergebnisse sind nach IAS 16 und IAS 38 sowie nach IAS 39 **erfolgsneutral** in das Eigenkapital einzustellen, und zwar Ergebnisse aus der
- **Neubewertung von Sachanlagen** (*revaluation*; → § 8 Rz 74ff.) und
- **Zeitbewertung von veräußerbaren Werten** (*available-for-sale assets*; IAS 39.55b).

29

Nach IAS 21.22c sind in diesen Fällen auch nonmonetäre Vermögenswerte nicht mehr mit dem Einstandskurs fortzuführen, sondern mit dem Kurs zum Zeitpunkt der Feststellung des Neu- bzw. Zeitwertes. Die dabei entstehende Differenz zum bisherigen Umrechnungskurs teilt nach IAS 21.30 das Schicksal der Grundbewertung. Da das Ergebnis der Grundbewertung erfolgsneutral im Eigenkapital zu berücksichtigen ist, muss auch die **Umrechnungsdifferenz erfolgsneutral** dort eingestellt werden (vgl. Rz 16).

3 Umrechnung von ausländischen Abschlüssen im Konzernabschluss

3.1 Theorie und Praxis der Währungsumrechnung

3.1.1 Funktionale Theorie

Für Zwecke eines in Euro aufzustellenden Konzernabschlusses müssen die Abschlüsse konsolidierungspflichtiger ausländischer Tochterunternehmen, assoziierter Unternehmen, Gemeinschaftsunternehmen (*joint ventures*) oder Niederlassungen mit Einzelabschlüssen in fremder Währung in Euro umgerechnet werden. Die Art der Umrechnung und ihre erfolgsmäßige Behandlung hängen gem. der **funktionalen Theorie** von der wirtschaftlichen Selbstständigkeit des konsolidierungspflichtigen Teils ab. Zu unterscheiden ist dabei
- zwischen wirtschaftlich **selbstständigen** Einheiten, deren Geschäftstätigkeit kein **integrierter Bestandteil** der Tätigkeit des Konzerns ist, und
- **unselbstständigen** ausländischen Einheiten, die in den Geschäftsbetrieb des Konzerns **integriert** sind.

30

Nach der **funktionalen Theorie der Währungsumrechnung** rechtfertigt sich die Unterscheidung wie folgt: Ist die ausländische Einheit überwiegend in lokaler Währung (oder sonstiger Drittwährung) tätig und finanziert sie sich überwiegend aus eigenen Mitteln oder jedenfalls nicht aus Fremdkapitalaufnahmen in Konzernwährung, so reagiert der operative *cash flow* dieser Einheit nur wenig auf Währungsschwankungen. Die ausländische Einheit gilt dann als **selbstständige Teileinheit** und wird zum Stichtagskurs erfolgsneutral konsolidiert, d.h. von

31

ihrer eigenen funktionalen Währung (lokale Währung) in die abweichende funktionale Währung des Mutterunternehmens (i.d.R. zugleich Berichtswährung des Konzerns) umgerechnet. Im umgekehrten Fall, wenn die ausländische Einheit nur ein „**verlängerter Arm**" ist, d.h. ihre lokale Währung nicht ihre funktionale Währung darstellt, wird entsprechend der Behandlung eigener Fremdwährungsgeschäfte der Mutter eine **erfolgswirksame** Umrechnung in die funktionale Währung des Mutterunternehmens vorgenommen (Währungsumrechnung als Bewertungsvorgang).

32 Zur Bestimmung der funktionalen Währung und damit aus Sicht der Praxis (Rz 34) zur Abgrenzung zwischen selbstständigen und unselbstständigen, d.h. integrierten Einheiten enthält IAS 21.9 zwei Primär**indikatoren**. Soweit sie nicht zu einer eindeutigen Qualifizierung führen, sind ergänzend die in IAS 21.10 und 11 genannten weiteren sechs Indikatoren heranzuziehen (IAS 21.12). Eine Zusammenstellung der Indikatoren liefert die nachstehende Tabelle.

Kriterien zur Bestimmung der funktionalen Währung	selbstständige Einheit (funktionale Währung ≠ Konzernwährung)	integrierte Einheit (funktionale Währung = Konzernwährung)
Absatzpreise/ Umsatz IAS 21.9a	Preise vorwiegend durch lokale Währung* determiniert/Umsatz vorwiegend so fakturiert	Preise vorwiegend durch Konzernwährung determiniert/Umsatz vorwiegend so fakturiert
Personal-, Material-, sonstiger Aufwand IAS 21.9b	vorwiegend durch lokale Währung* determiniert	vorwiegend durch Konzernwährung determiniert
Finanzierung IAS 21.10a	vorwiegend aus lokalem Kapital*	vorwiegend aus Kapital in Konzernwährung
operative cash inflows IAS 21.10b	vorwiegend in lokaler Währung*	vorwiegend in Konzernwährung
Führung der Geschäfte IAS 21.11a	weitgehend unabhängig von denen des Konzerns	weitgehend abhängig von denen des Konzerns
Geschäftsvorfälle (Umsätze usw.) mit Konzern IAS 21.11b	kein großes Gewicht relativ zu Drittgeschäften (z.B. reine Vertriebsgesellschaft)	großes Gewicht von Konzerngeschäften
direkter Einfluss *cash flows* auf Konzern-*cash-flows* IAS 21.11c	nicht gegeben	gegeben
cash in Relation zu Verpflichtungen IAS 21.11d	eigene *cash flows* ausreichend, um Verpflichtungen selbst zu erfüllen	Verpflichtungen nur mit Rückgriff auf Konzernmittel erfüllbar
* oder Drittwährung		

Tab. 1: Bestimmung der funktionalen Währung, Abgrenzung selbstständiger von integrierter Einheit

Schon die **primären** Bestimmungsfaktoren – determinierende Währung auf der Umsatz- und Kostenseite – lassen einigen Interpretationsspielraum: 33

> **Beispiel**[7]
> Die inländische Mutter hat eine amerikanische Tochter, die Metalle in US-Dollar von Dritten einkauft und nach Weiterverarbeitung in Dollar weiterverkauft.
> Auf den ersten Blick liegt ein klarer Fall einer selbstständigen Tochter mit funktionaler Währung US-Dollar vor.
> Bei zweiter Betrachtung ist auch eine andere Beurteilung vertretbar: Ist es international wie bei vielen anderen Commodities üblich, die Metalle in US-Dollar zu fakturieren, weil der Metallmarkt ein globaler Markt und der Dollar die für globale Transaktionen notwendige liquide Währung ist, werden die Einstands- und Absatzpreise weniger durch den Dollar determiniert als durch das globale Verhältnis von Angebot und Nachfrage nach Metall. Der Dollar wäre in dieser Beurteilung nicht die funktionale Währung.

Noch offensichtlicher sind die Interpretationsspielräume in den Fällen, in denen einige Indikatoren in Richtung **Selbstständigkeit** und andere in Richtung **Integration** weisen. Eine ermessensbehaftete Gesamtwürdigung der Verhältnisse ist dann geboten (IAS 21.12). In der **Praxis** fällt sie wegen der leichteren Handhabung der Stichtagsumrechnung bisher fast immer **zugunsten der Selbstständigkeit** aus (Rz 34 ff.). Die funktionale Währung einer Zweckgesellschaft/strukturierten Einheit (→ § 32) stimmt meist mit der des Mutterunternehmens überein.[8]

3.1.2 Funktionslose Theorie? Währungsumrechnung in der Praxis

Die funktionale Theorie unterscheidet bei der Umrechnung ausländischer Abschlüsse zwischen **selbstständigen** und **integrierten** ausländischen Einheiten. Die Abgrenzung beider Fälle ist meist eine Frage des **Ermessens** (IAS 21.12). Von Interesse ist, wie dieses Ermessen in der **Praxis** ausgeübt wird. Die Umrechnung **selbstständiger** ausländischer Einheiten bereitet **wenig Aufwand**, da sie zu Stichtags- bzw. Jahresdurchschnittskursen erfolgt. Außerordentlich aufwendig wäre hingegen die Umrechnung unselbstständiger ausländischer Einheiten, da alle nichtmonetären Positionen, also insbesondere Sach- und immaterielle Anlagen, zu Einstandskursen umzurechnen sind. Bei einem Anlagevermögen, das aus Hunderten von Positionen mit unterschiedlichen Anschaffungszeitpunkten besteht, wären entsprechend Hunderte von Wechselkursen für die Umrechnung heranzuziehen. Untersucht man in dieser Hinsicht die IFRS-Rechnungslegungs**praxis großer (deutscher) Konzerne**, so ist Folgendes festzustellen: Umrechnungen zu individuellen Einstandskursen werden nicht vorgenommen. Durchweg findet sich in den Abschlüssen die Behauptung, dass „**sämtliche Tochterunternehmen** ihre Geschäfte **selbstständig** in ihrer Landeswährung betreiben."[9] Etwas seltener findet sich der Hinweis, dass dies nur für die wesentlichen Auslandsgesellschaften gelte, 34

---

[7] In Anlehnung an KPMG, Insights into IFRS, 2014/15, Tz. 2.7.70.80.
[8] KPMG, Insights into IFRS 2014/15, Tz. 2.7.210.10.
[9] Vgl. hierzu auch KEITZ, VON, Praxis der IASB-Rechnungslegung, 2003, S. 190.

wobei dann die Frage offenbleibt, warum auch die weniger wesentlichen mit der Stichtagsmethode umgerechnet wurden. Der Bilanzadressat muss annehmen, dass kaum ein deutscher Großkonzern in seinem durchweg umfangreichen Auslandsportfolio **unselbstständige** Vertriebs-, Einkaufs- oder Zuliefergesellschaften hält. Er mag sich aber, wie der zuweilen zu findende Hinweis auf die wesentlichen Auslandsgesellschaften nahelegt, in dieser Beurteilung auch täuschen: Das IFRS-*Framework* sieht (jedenfalls für das Standardsetting) die Abwägung von **Nutzen** und **Kosten** vor (→ § 1 Rz 62). Der aus einer Information abzuleitende Nutzen muss höher sein als die Kosten für die Bereitstellung der Informationen. Die Abschätzung von Nutzen und Kosten ist jedoch im Wesentlichen eine Ermessensfrage (F.QC39). Dieses **Ermessen** könnte der Grund dafür sein, dass hervorragende akademische Arbeiten zur tatsachengetreuen und funktionsgerechten Währungsumrechnung in der Praxis ebenso wenig Widerhall finden wie die theoretisch überzeugenden Überlegungen des IASB.

Schon die ermessensbehaftete Prüfung, ob eine ausländische Einheit eher selbstständig oder unselbstständig ist (Rz 33), erfolgt offenbar eher nach der pragmatischen Regel „**im Zweifel für die Selbstständigkeit**". Nur für unselbstständige Einheiten, die auf dieser ersten Stufe nicht erledigt wurden, ist dann auf einer zweiten Stufe kritisch zu fragen, ob sie für den Konzern **wesentlich** sind und/ oder ob den deutlich erhöhten **Kosten der Umrechnung** mit früheren Kursen ein noch höherer Nutzen gegenübersteht.

Die Beispiele der großen Konzerne zeigen, dass die Antwort recht gleichmäßig ausfällt, und erwecken den Eindruck, dass man weder sich noch dem Publikum die Anwendung unterschiedlicher Methoden zumuten möchte. Den **mittelständischen** IFRS-Anwender könnte diese herrschende Praxis der IFRS-Rechnungslegung ermuntern, die vermeintliche Unselbstständigkeit ausländischer Einheiten kritisch zu hinterfragen und, wo dies nicht hilft, ebenso kritisch Nutzen und Kosten einer Umrechnung zu Anschaffungskursen abzuwägen, um zu ähnlichen Resultaten zu gelangen wie die größeren Vorbilder.

Man mag – und muss aus theoretischer Sicht – ein solches Vorgehen tadeln. In der Praxis eines **zeitnahen Jahresabschlusses** *(fast close)* bleibt indes häufig **keine realistische Alternative**. Damit stellt sich aber die Frage, ob es nicht besser wäre, die praktischen Notwendigkeiten und die Nutzen-Kosten-Abwägung von der Anwender- auf die Regelungsebene zu befördern. Einer einheitlichen und ehrlichen Rechnungslegung könnte mehr gedient sein, wenn IAS 21 die Umrechnung zu **Einstandskursen auf Ausnahmefälle** erhöhter Inflationen und erhöhter Abwertungen begrenzte, statt Praktikabilität und Kosten-Nutzen-Abwägung in die Hände des einzelnen Anwenders zu legen. Bis es so weit kommt, wird die Praxis fortfahren, IAS 21 nur zu 50 % zu verstehen und nur zur praktikablen Hälfte anzuwenden.

35 Das BilMoG folgt für die handelsrechtliche Rechnungslegung dem von uns vertretenen pragmatischen Ansatz. § 308a HGB sieht die Umrechnung von Eigenkapital zu historischen, aller sonstigen Bilanzpositionen zu Stichtagskursen vor. Die nach der funktionalen Theorie geforderte Differenzierung zwischen selbstständigen und unselbstständigen Einheiten wird abgelehnt. Zur Begründung wird darauf verwiesen, dass in der bisherigen IFRS-Praxis die Beurteilung der ausländischen Einheit aus Praktikabilitätsgründen fast immer zugunsten der Selbstständigkeit ausfällt.

3.2 Umrechnung von Abschlüssen integrierter ausländischer Einheiten

3.2.1 Abgrenzung gegenüber selbstständigen Einheiten

Für die Abgrenzung integrierter gegenüber selbstständigen Einheiten wird auf Rz 30 ff. verwiesen. 36

3.2.2 Umrechnung der Bilanz

Die Bilanz einer ausländischen integrierten Einheit ist so umzurechnen, als wären die Geschäftsvorfälle beim berichtenden Unternehmen (Konzern) selbst angefallen, da die lokale Währung der integrierten Einheit schon für diese selbst als Fremdwährung gilt (Rz 14). Anzuwenden sind somit die oben unter Rz 1 für Einzelabschlüsse genannten Grundsätze, d. h. insbesondere: 37
- Umrechnung aller **monetären** Werte zum **Stichtags**kurs,
- Umrechnung **nichtmonetärer Posten** regelmäßig zum Kurs des **Erstverbuchungszeitpunkts** (Rz 21), jedoch **ausnahmsweise** zum Stichtagskurs, wenn der nichtmonetäre Posten zum beizulegenden Zeitwert anzusetzen ist (z. B. Anteile) (Rz 23).

Ein Grundstück wird deshalb bspw. zu dem im Anschaffungszeitpunkt geltenden Wechselkurs umgerechnet, während börsennotierte Anteile (beizulegender Zeitwert) mit dem Stichtagskurs umgerechnet werden (Rz 23). 38
Der Stichtagskurs ist darüber hinaus i. d. R. auch bei wertberichtigten Anlagegegenständen und Vorräten heranzuziehen (Rz 25). Der konzernbilanzielle Anwendungsbereich ist (theoretisch) größer als derjenige entsprechender Wertberichtigungsfälle in der Einzelbilanz (Rz 25 f.).
Die in der **Vorjahresspalte** für Vergleichszwecke anzugebenden Zahlen (→ § 2; *comparative amounts*) werden durch Kursänderungen in der aktuellen Berichtsperiode nicht tangiert. Es bleibt insoweit bei den im Vorjahresabschluss verwendeten Umrechnungskursen (IAS 21.39a).

3.2.3 Umrechnung der GuV

Die Posten der GuV einer ausländischen integrierten Einheit werden regelmäßig zu **Jahresdurchschnittskursen** umgerechnet. Bei stärkeren **Schwankungen** und/oder **saisonalem** Verlauf der Geschäfte ist der Kurs des Transaktionstages oder der Durchschnittskurs eines kleineren Zeitintervalls (z. B. Wochendurchschnittskurs) zu nehmen (Rz 15). Die **Vorjahresvergleichszahlen** (→ § 2) werden nicht neu errechnet, sondern zu den im Vorjahr verwendeten Kursen (i. d. R. Durchschnittskurs des Vorjahres) geführt. 39
Die Umrechnung zu Jahresdurchschnittskursen würde bei planmäßigen **Abschreibungen** zu unangemessenen Ergebnissen führen. Wird der abzuschreibende Vermögenswert bzw. die Bemessungsgrundlage der Abschreibung zu Kursen des Erstverbuchungszeitpunktes umgerechnet, ist es sachgerecht, auch auf die Abschreibungen diesen Kurs anzuwenden, um so Anschaffungskosten, kumulierte Abschreibungen und Buchwert in Übereinstimmung zu bringen. 40

41 Ob aus ähnlichen Gründen der Betrag einer nicht (mehr) benötigten **Rückstellung** mit dem Kurs bei Bildung der Rückstellung umzurechnen ist,[10] scheint fraglich. Man müsste dann ggf. bei über mehrere Perioden laufenden Rückstellungen weiter zwischen ursprünglichem Kurs und letztem Stichtagskurs differenzieren. Die sich hieraus ergebenden Komplizierungen sind unter *materiality-* und *cost-benefit-*Gesichtspunkten (→ § 1 Rz 61 ff.) nur ausnahmsweise gerechtfertigt.

42 Aus Vereinfachungs- und Kostengedanken werden regelmäßig auch **Vorräte** (nichtmonetäre Güter) bilanziell zum Stichtagskurs erfasst,[11] sodass dann auch gegen eine Umrechnung des **Materialaufwandes** mit dem Jahresdurchschnittskurs nichts einzuwenden ist.

3.2.4 Erfolgswirksame Berücksichtigung der Umrechnungsdifferenzen, Buchungstechnik

43 Da **Bilanz-** und **GuV**-Positionen einer ausländischen integrierten Einheit **nicht** mit einem **einheitlichen** Stichtagskurs, sondern mit unterschiedlichen Kursen umgerechnet werden, entsteht eine **Umrechnungsdifferenz**, die **erfolgswirksam** zu berücksichtigen ist. Technisch ist folgendes Vorgehen angezeigt:
- **Schritt 1:** Alle Salden werden mit dem für sie maßgeblichen Kurs umgerechnet, d. h. monetäre Positionen mit dem Stichtagskurs, nichtmonetäre Salden i. d. R. mit dem Anschaffungskurs und GuV-Salden i. d. R. mit dem Durchschnittskurs.
  Hierbei ist die Zusammensetzung eines Bilanzpostens bzw. eines Saldos zu beachten. Anlagevermögen, das zu unterschiedlichen Zeitpunkten angeschafft wurde, ist mit dem jeweiligen Einstandskurs umzurechnen. Entsprechend ist das Eigenkapital (ohne Jahresüberschuss, der sich aus der GuV ergibt) darauf zu untersuchen, zu welchen Kursen es entstanden ist. Bei Gewinnrücklagen und Gewinnvorträgen sind je nach Entstehungszeitpunkt unterschiedliche Umrechnungskurse zugrunde zu legen.
- **Schritt 2:** Die sich aus der Anwendung unterschiedlicher Umrechnungskurse ergebende Differenz von Soll- und Haben-Salden ist als Aufwand oder Ertrag in der GuV zu berücksichtigen.
- **Schritt 3:** Der sich auf diese Weise (nach Währungsaufwand, Währungsertrag) ergebende Jahresüberschuss ist in die Bilanz einzustellen.

44 Zum Ganzen folgendes Beispiel:

> **Beispiel**
> Ein deutsches Unternehmen erwirbt zum 1.1.01 100 % der Anteile an einer amerikanischen Gesellschaft. Die Kurse betragen
> - zum 1.1.01: 1,2 EUR/USD;
> - zum 31.12.01: 1,4 EUR/USD, im Durchschnitt 01: 1,3 EUR/USD;
> - zum 31.12.02: 1,6 EUR/USD, im Durchschnitt 02: 1,5 EUR/USD.
> Nachfolgend zunächst die Bilanz zum 1.1.01 in USD und EUR.

---

[10] MUJKANOVIC/HEHN, WPg 1996, S. 605 ff.
[11] OECHSLE/MÜLLER/DOLECZIK, IAS 21, Tz. 59, in: BAETGE u. a., Rechnungslegung nach IAS.

Währungsumrechnung, Hyperinflation §27

Aktiva			1.1.01		Passiva	
	USD	EUR			USD	EUR
Maschinen	150	180	gez. Kap.		200	240
Forderungen	90	108	RL		40	48
	240	288			240	288

In 01 wird bei Umsätzen von 75 und Abschreibungen von 50 ein Jahresüberschuss von 25 USD erzielt. Die Saldenliste ergibt sich danach wie folgt:

	USD		× Kurs =	EUR	
	S	H		S	H
Maschinen	100		× 1,2	120,0	
Forderungen	165		× 1,4	231,0	
gez. Kapital		200	× 1,2		240,0
Rücklagen		40	× 1,2		48,0
Umsatz		75	× 1,3		97,5
Abschreibung	50		× 1,2	60,0	
Summe I	315	315		411,0	385,5
Differenz (Ertrag, da Haben-Saldo)					25,5
Summe II				411,0	411,0

Hieraus ergeben sich GuV 01 und Bilanz 31.12.01 wie folgt:

	USD		EUR
Umsatz	75	× 1,3	97,5
Abschreibung	–50	× 1,2	– 60,0
Ertrag aus Umrechnung			25,5
Jahresüberschuss	25		63,0

Aktiva			31.12.01		Passiva	
	USD	EUR			USD	EUR
Maschinen	100	120	gez. Kap.		200	240
Forderungen	165	231	Rücklagen		40	48
			JÜ		25	63
	265	351			265	351

In 02 wird bei Umsätzen von 130 und Abschreibungen von 50 ein Jahresüberschuss von 80 USD erzielt. Bei der Umrechnung des Eigenkapitals ist nunmehr als neue Komponente der Gewinnvortrag aus dem Jahresüberschuss des Vorjahres zu beachten. Er ist mit seinem ursprünglichen Euro-Wert, d.h. mit 63 EUR zu erfassen. Auf dieser Grundlage ergibt sich folgende Bilanz per 31.12.02:

Aktiva			31.12.02		Passiva
	USD	EUR		USD	EUR
Maschinen	50	60	gez. Kap.	200	240
Forderungen	295	472	Rücklagen	40	48
			Gewinnvortrag	25	63
			JÜ*	80	181
	345	532		345	532

* im Jahresüberschuss enthalten: 46 EUR Umrechnungsertrag

3.2.5 Sonderfall I: Wertminderungen auf Anlagen und Vorräte

45 **Wertminderungen** auf Anlagen und Vorräte sind für Zwecke des Konzernabschlusses aus der **Perspektive des Konzerns** zu beurteilen. Möglicherweise sind dann zuvor im Abschluss der integrierten ausländischen Einheit berücksichtigte Verluste rückgängig zu machen. Umgekehrt können Wertminderungen auch im Rahmen der Konsolidierung erstmals zu berücksichtigen sein, da sie zwar aus Konzernperspektive, aber nicht aus Perspektive des ausländischen Geschäftsbetriebes eingetreten sind.

46 Nach IAS 21.25 sind **Anlagewerte**, die zum niedrigeren erzielbaren Betrag, und **Vorräte**, die zum Netto-Veräußerungswert angesetzt werden, nicht mit den bisherigen Kursen, sondern i.d.R. mit Kursen des Abwertungszeitpunktes anzusetzen. Ist die Abwertung währungsbedingt, ergibt sich hier die aus Konzernsicht zutreffende Beurteilung tendenziell schon von alleine.

47 Hierzu folgendes Beispiel:

> **Beispiel**
> Das ausländische Tochterunternehmen TU hat zum Jahresanfang Vorräte in EUR erworben, die überwiegend auch in EUR weiterveräußert werden. Die eigene Währung des TU wird in 01 erheblich gegenüber dem EUR aufgewertet. Der Nettoveräußerungspreis der Vorräte in EUR bleibt konstant. Der Nettoveräußerungspreis in TU-Währung sinkt demzufolge. Das TU nimmt deshalb im Einzelabschluss eine außerplanmäßige Abschreibung auf die Vorräte vor.
> Die Umrechnung des Einzelabschlusses in EUR erfolgt hinsichtlich der abgeschriebenen Vorräte nicht zum Einstands-, sondern zum Stichtagskurs. Hierdurch hebt sich die Abwertung, die aus Konzernsicht (EUR) nicht gegeben ist, tendenziell auf.
> Zahlenbeispiel:
> - Anschaffung für 100 EUR beim Kurs 1 EUR/1 TU,
> - Stichtagskurs 1 EUR/2 TU,
> - deshalb Abwertung in TU-Währungsabschluss auf 50 TU.

Währungsumrechnung, Hyperinflation § 27

- Umrechnung TU-Abschluss in EUR: 50 × 2 = 100 EUR. Hieraus ergibt sich ein „Umrechnungsgewinn" von 50 EUR, der aber tatsächlich aufgrund des aus Konzernsicht nicht gegebenen Abwertungsbedarfs zu neutralisieren ist.
- Sachgerechte Umbuchung: „Umrechnungsertrag an Abschreibung Vorräte".

3.2.6 Sonderfall II: Währungsverluste auf konzerninterne Forderungen und Schulden

In der Einzelbilanz der integrierten ausländischen Einheit oder der inländischen Mutter können währungsbedingte Verluste oder Gewinne auch aus **konzerninternen Forderungen und Verbindlichkeiten** entstehen. Derartige Umrechnungsdifferenzen gleichen sich im Rahmen der Konsolidierung aus: 48

> **Beispiel (vgl. Rz 58)**
> Die inländische Mutter MU gewährt der integrierten amerikanischen Tochter TU Ende 01 zum Erwerb eines Grundstücks ein Darlehen von 1 Mio. EUR bei einem Wechselkurs von 1/1. Zum Bilanzstichtag 02 hat sich der Kurs des Dollars auf 1,1 USD/1,0 EUR verschlechtert, sodass TU in ihrer USD-Bilanz eine Verbindlichkeit von nunmehr 1,1 Mio. USD und in der GuV einen korrespondierenden Verlust von 0,1 Mio. USD ausweist. In der GuV der MU ist bei unveränderter Forderung von 1 Mio. EUR kein Ertrag entstanden. Der USD-Abschluss der TU ist für Konzernzwecke in Euro umzurechnen. Bei Ausklammerung übriger Bilanz- und GuV-Positionen entsteht folgende Umrechnungsdifferenz:
> a) Die Bilanz weist im hier zu betrachtenden Ausschnitt keine Vermögensänderung aus.
> - Das Grundstück wird unverändert mit dem Einstandskurs von 1/1, d.h. mit 1 Mio. EUR angesetzt.
> - Die Verbindlichkeit von 1,1 Mio. USD hat mit dem aktuellen Kurs von 1,0 USD/1,1 EUR unverändert einen Umrechnungswert von 1 Mio. EUR.
> b) Dem unveränderten Vermögen – Gewinn aus Sicht der Vermögensvergleichsrechnung = null – steht im Einzelabschluss ein GuV-Verlust von 100 TUSD bzw. bei einem Durchschnittskurs von 1,05/1,00 von 100 TUSD/1,05 = 95 TEUR gegenüber. In entsprechender Höhe entsteht eine Differenz zwischen Soll- und Haben-Salden, die durch Ansatz eines Umrechnungsertrages auszugleichen ist (Rz 43 ff.). Somit:
>
> | | |
> |---|---|
> | Währungsverlust Einzelbilanz TU | 95 TEUR |
> | Ertrag Umrechnung für Konzern | 95 TEUR |
> | Summe | 0 TEUR |
>
> Begründet ist dieses Ergebnis in der funktionalen Währung der US-Tochter. Da sie unselbstständig ist, ist der Euro ihre funktionale Währung. Einzelbilanziell tritt ein Umrechnungserfolg aus Euro-Darlehen nur in dem in US-Dollar, also „falscher" Währung, erstellten Einzelabschluss auf. Bei Erstellung des Abschlusses in der funktional „richtigen" Währung, nämlich in Euro, wäre schon einzelbilanziell kein Umrechnungsverlust entstanden.

1629

Für die Behandlung konzerninterner Differenzen bei **selbstständigen** ausländischen Einheiten wird auf Rz 63 verwiesen.

3.2.7 Umklassifizierung in selbstständige Einheit, Wechsel der funktionalen Währung

49 Wird eine bisher integrierte ausländische Einheit zu einer selbstständigen Einheit, so ändert sich die Methode der Währungsumrechnung. Alle Posten, auch die nichtmonetären, sind zum Wechselkurs des Änderungszeitpunkts umzurechnen. Die resultierenden Beträge gelten als neue historische Kostenbasis. Eine Einstellung aufgelaufener Differenzbeträge in das Eigenkapital, wie bei Umrechnung einer selbstständigen Einheit, erfolgt jedoch nicht. Die Regeln zur Umrechnung selbstständiger Einheiten sind nur **prospektiv**, ab dem Datum des Wechsels der funktionalen Währung anzuwenden (IAS 21.35).

3.3 Umrechnung von Abschlüssen selbstständiger ausländischer Einheiten

3.3.1 Abgrenzung zu integrierten Einheiten

50 Für die Abgrenzung der selbstständigen Teileinheit gegenüber der integrierten ausländischen Einheit wird auf Rz 30 ff. verwiesen.

3.3.2 Umrechnung der Bilanz

51 Bei der Umrechnung der Bilanzposten selbstständiger Einheiten ist nicht zwischen monetären und nichtmonetären Posten zu differenzieren. Vielmehr sind **sämtliche Vermögenswerte und Schulden zum Stichtagskurs** umzurechnen (IAS 21.39a). Bestehen z. B. in Ländern mit Devisenbewirtschaftung **Parallelkurse** *(dual exchange rates)*, etwa ein offizieller und ein inoffizieller Kurs, oder nach Art der Transaktion unterscheidende offizielle Kurse, gilt Folgendes: Da das inländische Mutterunternehmen sein ausländisches Investment primär durch Dividenden, Kapitalrückzahlungen und Liquidationserlöse amortisieren kann, ist der für diese Transaktionen geltende Kurs maßgeblich.

52 Ausgenommen von der Stichtagsbewertung ist lediglich das Eigenkapital. Der Eigenkapital-Anfangsbestand, d. h. das **Eigenkapital der Vorjahre**, wird weiter mit seinen jeweiligen **Einstandskursen** fortgeführt. Es muss nicht erneut umgerechnet werden. Der Jahresüberschuss des laufenden Jahres ergibt sich aus der GuV.

Als **Einstandskurse** der Eigenkapitalvorträge gelten:
- für das bereits bei Erstkonsolidierung **vorhandene** Eigenkapital die Kurse des Erstkonsolidierungszeitpunkts;
- für die **Kapitalzuführungen späterer Jahre** die Kurse der Zuführungszeitpunkte;
- für die nach **Erstkonsolidierung** thesaurierten Gewinne die Stichtagskurse des jeweiligen Gewinnentstehungsjahres;
- für die in das *other comprehensive income* eingestellten **Ergebnisse** aus Neubewertung, *available-for-sale assets* usw. die Stichtagskurse des Einstellungszeitpunkts.

Währungsumrechnung, Hyperinflation § 27

Eine Umrechnung des Eigenkapitals mit aktuellen Stichtagskursen wird ebenfalls für zulässig gehalten, sofern die Differenz zum Einstandskurs nicht in die Währungsumrechnungsrücklage, sondern in die allgemeinen Gewinnrücklagen eingestellt wird.[12] Eine Vereinfachung bringt ein solches Vorgehen nicht, da für Zwecke der Differenzfeststellung auch hier in einer (Neben-)Rechnung die ursprünglich gültigen Kurse zu berücksichtigen sind.

Die in der **Vorjahresspalte** für Vergleichszwecke (→ § 2) anzugebenden Zahlen *(comparative amounts)* werden durch Kursänderungen in der aktuellen Berichtsperiode nicht tangiert. Es bleibt insoweit bei den im Vorjahresabschluss verwendeten Umrechnungskursen (IAS 21.39a). Ausnahmen bestehen für den Fall, dass sowohl die funktionale Währung der selbstständigen Einheit als auch die des Konzerns hyperinflationär sind (IAS 21.42a). 53

3.3.3 Umrechnung der GuV

Sämtliche Ertrags- und Aufwandsposten sind zu den Kursen des Transaktionszeitpunktes, bei nicht zu großen Währungsschwankungen aus Vereinfachungsgründen mit **Durchschnittskursen** (Rz 15) umzurechnen (IAS 21.39b i.V.m. IAS 21.40). Hinsichtlich der **Vorjahresvergleichszahlen** (→ § 2) bleibt es i.d.R. bei der Umrechnung zum Vorjahresdurchschnittskurs (IAS 21.39b). Zu Ausnahmen wird auf Rz 52 verwiesen. 54

3.3.4 Ermittlung der Umrechnungsdifferenzen, Einstellung in das Eigenkapital

Auch bei der Umrechnung selbstständiger Teileinheiten nach der Stichtagsmethode ergeben sich im System der Doppelten Buchführung Umrechnungsdifferenzen, da nicht sämtliche Soll- und Haben-Salden zum Stichtagskurs umgerechnet werden, sondern abweichend davon das Alteigenkapital mit Einstands- und die GuV mit Durchschnittskursen. Es entsteht eine buchhalterische **Umrechnungsdifferenz**, die **erfolgsneutral** in das Eigenkapital einzustellen ist (IAS 21.39c). Die Umrechnungsdifferenz wird dort unter geeigneter Bezeichnung, z.B. als „Währungsumrechnungsrücklage" oder als „Differenz aus der Währungsumrechnung" separat festgehalten. Soweit Minderheiten (nicht beherrschende Gesellschafter) an der selbstständigen ausländischen Einheit beteiligt sind, ist der entsprechende Teil der Umrechnungsdifferenz mit dem Minderheitenanteil zu verrechnen (IAS 21.41) 55

Technisch ermittelt sich die Umrechnungsdifferenz als Summe aus folgenden Beträgen: 56

- **Wertänderung des Eigenkapitals:** Eigenkapitalanfangsbestand, multipliziert mit der Differenz aus neuem und alten Stichtagskurs.
- **Differenz GuV:** Jahresergebnis, multipliziert mit der Differenz aus Stichtagskurs und Durchschnittskurs (bzw. Transaktionskurs).

Wegen der Besonderheiten der Ermittlung und Zuordnung der Währungsdifferenz in mehrstufigen, auf den einzelnen Stufen unterschiedliche Fremdwährungen umfassenden Konzernstrukturen, wird auf Rz 71 verwiesen.

---

12 Vgl. ERNST & YOUNG, International GAAP 2014, Ch 15 sCh 6.2.

57 Änderungen des Kapitals durch **Ausschüttung, Kapitalherabsetzungen, Kapitalzuführungen** usw. sind zusätzlich zu berücksichtigen. Wird etwa ein Jahresergebnis in 01 von 100 USD zum Durchschnittskurs 01 von 1,2 in EUR umgerechnet (120 EUR), aber in 02 bei einem Kurs von 1,4 ausgeschüttet (140 EUR), so ergibt sich eine zu berücksichtigende Differenz i. H. v. 20.

58 Zum Ganzen folgendes Beispiel:

> **Beispiel**
> Im nachfolgenden Beispiel werden die genannten Grundsätze auf das unter Rz 44 wiedergegebene Beispiel angewendet:
> - Kurs bis 1.1.01: 1,2 EUR/USD;
> - Kurs 31.12.01: 1,4 EUR/USD;
> - Kurs 31.12.02: 1,6 EUR/USD.
>
> Vereinfacht wird angenommen, dass der Wechselkurs bis zum 1.1.01 konstant war, es also in der Bilanz 1.1.01 keine Währungsdifferenz gibt. (Bei einer realistischen Annahme würde das Währungsdifferenzkonto bereits per 1.1.01 einen Saldo ausweisen. Im Gegenzug würde das Eigenkapital per 1.1.01 andere Einstandskurse ausweisen.)
> Unterschiede zu der unter Rz 44 vorgenommenen Umrechnung ergeben sich also erst zum 31.12.01, und zwar dort bei den Positionen Maschinen und Jahresüberschuss sowie bei der Position Währungsdifferenz.
>
> | Aktiva | 1.1.01 | | | Passiva | | |
> |---|---|---|---|---|---|---|
> | | USD | EUR | | | USD | EUR |
> | Maschinen | 150 | 180 | gez. Kap. | | 200 | 240 |
> | Forderungen | 90 | 108 | RL | | 40 | 48 |
> | | 240 | 288 | | | 240 | 288 |
>
> - Das **Eigenkapital** ist mit den Einstandskursen fortzuführen.
> - Alle Aufwendungen und Erträge 01 und damit einfacher der **Jahresüberschuss** 01 sind zum Jahresdurchschnittskurs umzurechnen. Der Jahresüberschuss in EUR beträgt demnach: 25 × 1,3 = 32,5.
>
> Die **Umrechnungsdifferenz 01** ergibt sich wie folgt:
>
> | | |
> |---|---:|
> | EK Jahresanfang × (neuer – alter Stichtagskurs) = 240 × 0,2 | 48,0 |
> | JÜ × (Stichtagskurs – Durchschnittskurs) = 25 × 0,1 | 2,5 |
> | Dividende × (Entstehungskurs – Transaktionskurs) | 0,0 |
> | Summe = | 50,5 |
>
> Hieraus resultiert bei Umrechnung der übrigen Bilanzposten zum Stichtagskurs folgende Bilanz per 31.12.01:

Währungsumrechnung, Hyperinflation § 27

Aktiva	31.12.01		Passiva		
	USD	EUR		USD	EUR
Maschinen	100	140	gez. Kap.	200	240
Forderungen	165	231	Rücklagen	40	48
			Währungsdiff.		50,5
			JÜ	25	32,5
	265	371		265	371

Bei Abschreibungen in 02 auf die Maschinen von 50 USD, einem Jahresüberschuss 02 von 80 USD ergibt sich Folgendes per 31.12.02:
- Das **Eigenkapital** ist mit den Einstandskursen fortzuführen, d. h. das schon per 1.1.01 vorhandene Eigenkapital (gezeichnetes Kapital und Rücklagen) weiter mit 1,2, der thesaurierte Gewinn 01 (nun Gewinnvortrag) weiter mit dem Jahresdurchschnittskurs 01 von 1,3.
- Alle Aufwendungen und Erträge 02 und damit (einfacher) der **Jahresüberschuss 02** sind zum Jahresdurchschnittskurs umzurechnen. Der Jahresüberschuss in Euro beträgt demnach: 80 × 1,5 = 120.

Die neu zu berücksichtigende **Umrechnungsdifferenz** ergibt sich technisch wie folgt:

EK Jahresanfang × (neuer − alter Stichtagskurs) = 265 × 0,2 =	53,0
JÜ × (Stichtagskurs − Durchschnittskurs) = 80 × 0,1 =	8,0
Dividende × (Entstehungskurs − Transaktionskurs) =	0,0
Summe Zuführung	61,0
+ Vortrag Währungsdifferenzkonto	50,5
= Währungsdifferenzkonto per 31.12.02	111,5

Dass es sich bei dem Betrag von 61 nur um den **Zuführungsbetrag** (nicht um den Endbestand) handelt, ergibt sich u. a. daraus, dass die Eigenkapitalumrechnungsdifferenz von 53,0 nur die Wertänderung zwischen 1.1.02 und 31.12.02 (nicht die Wertänderung in 01) wiedergibt.

Hieraus resultiert insgesamt folgende Bilanz per 31.12.02:

Aktiva	31.12.02		Passiva		
	USD	EUR		USD	EUR
Maschinen	50	80	gez. Kap.	200	240
Forderungen	295	472	Rücklagen	40	48
			Gewinnvortrag	25	32,5
			Währungsdiff.		111,5
			JÜ	80	120
	345	552		345	552

3.3.5 Erfolgsrealisierung beim (Teil-)Abgang der Einheit

59 Die Währungsdifferenzen können **nicht auf** „ewig" erfolgsneutral im Eigenkapital verbleiben. Beim Abgang einer wirtschaftlich selbstständigen Einheit sind die bis dahin aufgelaufenen Umrechnungsdifferenzen in den **Abgangserfolg** mit einzubeziehen (IAS 21.48). Als Abgang gelten nicht nur der **Verkauf** und die **Liquidation**, sondern auch **die Kapitalrückzahlung** (IAS 21.48f.). In der bis 2008 anwendbaren Fassung von IAS 21 sind auch Dividenden dann als Kapitalrückzahlungen und Abgang („**Superdividende**") zu qualifizieren, wenn sie wirtschaftlich eine (Teil-)Rückzahlung des Investments darstellen. Dies war etwa der Fall, wenn ein mit erheblichem thesaurierten Gewinn erworbenes Tochterunternehmen diese Altrücklagen auskehrte. Mit Wirkung ab 2009 ist IAS 21.49 neugefasst worden, sodass ab 2009 Dividendenzahlungen nicht mehr als Abgang gelten. Für die Frage, ob die Rückführung von Forderungen/Verbindlichkeiten, die in das Investment einbezogen wurden als **Teilabgang** *(partial disposal)* zur Auflösung von Teilen der Umrechnungsrücklage führt, wird auf Rz 63 ff. verwiesen.

60 Mit Wirkung ab 2009 ist der Realisationszeitpunkt erfolgsneutral gebildeter Umrechnungsrücklagen neu geregelt worden.
- Nach IAS 21.48A ist der Verlust der Kontrolle über ein Tochterunternehmen als dessen vollständige Aufgabe *(net disposal)* anzusehen mit der Folge: Die gesamte auf das Tochterunternehmen entfallende Umrechnungsrücklage ist aufzulösen, der davon auf die Minderheit entfallende Teil erfolgsneutral (IAS 21.48B).
- Nach IFRS 10.23 und IAS 21.48C sind bei Abstockung einer Mehrheitsbeteiligung ohne Kontrollverlust *(partial disposal)* der Minderheitenanteil und das den Gesellschaftern des Mutterunternehmens zuzurechnende Eigenkapital erfolgsneutral anzupassen. Der dem veräußerten Anteil entsprechende Teil der Umrechnungsrücklage ist daher erfolgsneutral dem Minderheitenanteil gutzuschreiben/zu belasten.
- Der Verlust des maßgeblichen Einflusses auf ein assoziiertes Unternehmen bzw. ein *joint venture* gilt ebenfalls als vollständiger Abgang (IAS 21.48A). Bei Veräußerung eines Teils der Anteile an einem assoziierten Unternehmen unter Wahrung des maßgeblichen Einflusses ist nur der dem veräußerten Anteil entsprechende Teil der Umrechnungsrücklage erfolgswirksam aufzulösen.

Hierzu folgende Anwendungsfälle:

> **Beispiel**
> **1. Abstockung einer Mehrheitsbeteiligung**
> MU hält 80 % an TU und veräußert weitere 20 % an Dritte. Der Minderheitenanteil *(non-controllig interest)* erhöht sich von 20 % auf 40 %. MU behält die Beherrschung über TU. Die Währungsumrechnungsdifferenz beträgt vor der Transaktion 100, davon 80 als Rücklage ausgewiesen, 20 im Minderheitenanteil berücksichtigt.

> **Beurteilung**
> Nach IAS 21.48C wird die Währungsumrechnungsdifferenz bei einer Abstockung nicht erfolgswirksam. Sie ist lediglich neu auf Mehrheit und Minderheit zu verteilen (per WUD Rücklage 20 an Minderheit 20).
> **2. Kontrollverlust**
> MU hält 80 % an TU und veräußert weitere 40 % an Dritte. Der Anteil der MU verringert sich von 80 % auf 40 %. MU verliert die Beherrschung über TU. Es kommt zur erfolgswirksamen Entkonsolidierung. Die Währungsumrechnungsdifferenz beträgt vor der Transaktion 100, davon 80 als Rücklage ausgewiesen, 20 im Minderheitenanteil berücksichtigt.
> **Beurteilung**
> Nach IAS 21.48A und IAS 21.48B ist die Währungsumrechnungsdifferenz aufzulösen. Der separat ausgewiesene, MU zuzuordnende Teil von 80 wird GuV-wirksam, der der (bisherigen) Minderheit zuzurechnende Teil von 20 beeinflusst den Abgangserfolg nicht.
> **3. Abstockung einer *equity*-Beteiligung**
> MU hält 30 % an aU und hat signifikanten Einfluss auf aU. 5 % der Anteile werden an einen Dritten veräußert. MU behält den signifikanten Einfluss. Der Anteil an der aU ist weiterhin *at equity* zu bilanzieren. Die Rücklage für Währungsumrechnungsdifferenz beträgt vor der Transaktion 30.
> **Beurteilung**
> Nach IAS 21.48c wird die Währungsumrechnungsdifferenz mit 5 erfolgswirksam.

Fraglich ist die Behandlung der **Liquidation** eines Tochterunternehmens.

> **Beispiel**
> MU hält 100 % an der schuldenfreien TU und beschließt im Oktober 01 deren Liquidation. Die werbende Tätigkeit wird daraufhin eingestellt. Die Liquidation vollzieht sich wie folgt:
> - Noch in 01 werden alle Vorratsbestände und beweglichen Anlagen, zusammen (in Zeitwerten) 50 % des Vermögens, „versilbert". Der Erlös wird am 30. Dezember an MU ausgeschüttet.
> - In 02 werden fast alle Immobilien, zusammen also weitere 45 % des ursprünglichen Vermögens, liquidiert und auch dieser Erlös an MU ausgeschüttet.
> - Die Verwertung eines letzten Grundstücks gestaltet sich schwieriger und gelingt erst in 03.

Offen ist im vorstehenden Beispiel, ob die Liquidation des Tochterunternehmens schon **fortlaufend**, im Maß der realisierten und ausgeschütteten Liquidationserlöse oder erst mit Versilberung des letzten Vermögenswerts zu einem **(Teil-)Abgang** der ausländischen Einheit i. S. v. IAS 21 und damit zur (Teil-)Realisierung der Umrechnungsdifferenz führt. Für das **Handelsrecht** wird die Auffassung vertreten, Teile der Umrechnungsrücklage können bereits in dem Maße erfolgswirksam aufgelöst werden, wie der Liquidationsprozess durch Versilberung (Umwandlung Sach- in Nominalwerte) vorangeschritten ist.[13] Gegen eine entsprechende Behandlung nach IFRS könnte sprechen, dass IAS 21.48D als „*partial disposal*" nur „*reductions in ownership interest*" anspricht. Wird „*ownership interest*" i. S. d. amtlichen deutschen Übersetzungen als „Beteiligungsquote", also **prozentual** verstanden, liegt kein Teilabgang vor, da sich der Prozentsatz der Beteiligung nicht ändert. Allerdings hat das IFRS Interpretations Committee in einer *Agenda Rejection* vom September 2010 offengelassen, ob „*reduction in ownership interest*" absolut oder prozentual zu interpretieren ist. Selbst wenn der Begriff **absolut** aufgefasst wird, würde je nach Interpretation des IAS 21.48C (Rz 62 ff.) eine fortlaufende Realisierung aber ausscheiden.

U. E. liegt die Lösung an einer anderen Stelle. Der Begriff der *foreign operation* setzt nach IAS 21.8 Aktivitäten (*activities*) voraus. Diese können schon mit Aufgabe der werbenden Tätigkeit zu verneinen sein, bestehen aber spätestens bei sehr weit fortgeschrittenem Liquidationsprozess nicht mehr. Der damit einhergehende Verlust des Status *foreign operation* stellt u. E. bereits ein *disposal* dar. Bei einer entsprechenden Vorabauskehrung des Liquidationserlöses in Raten ist eine erfolgswirksame Realisierung der in der Währungsumrechnungsrücklage angesammelten Beträge daher mindestens dann geboten, wenn der Liquidationsprozess im Wesentlichen vollzogen ist und nur noch ein unbedeutender Teil des Liquidationsanfangsvermögens der Verwertung harrt (im Beispiel am Ende der Periode 2).[14]

Entsprechend lässt sich eine (Teil-)Realisierung u. U. dann vertreten, wenn eine ausländische Tochter mehrere ganz unterschiedliche Aktivitäten (*operations*) unter einem rechtlichen Mantel vereint, und einen dieser „Teilbetriebe" liquidiert. Mit Aufgabe oder Veräußerung der Aktivitäten eines bedeutenden Teilbetriebs liegt möglicherweise ein Abgang (*disposal*) und nicht lediglich ein Teilabgang einer *foreign operation* vor. Ein *recycling* wäre daher geboten. Hat der Konzern die Währungsumrechnung in der Vergangenheit einheitlich für ein Tochterunternehmen ohne Differenzierung nach Teilbetrieben vorgenommen, ist als Aufteilungsmaßstab für bestehende Umrechnungsdifferenzen auf das relative, dem Teilbetrieb buchmäßig zuzuordnende Eigenkapital abzustellen.

3.3.6 Sonderfall I: *Goodwill* und nicht beherrschende Anteile

Der beim Erwerb einer selbstständigen Einheit entstehende *goodwill* sowie die dabei aufgedeckten stillen Reserven konnten nach IAS 21.33 (1993) für Zwecke der Währungsumrechnung wahlweise der **Teileinheit oder dem berichtenden Konzern** zugeordnet werden. Im zweiten Fall wurden die Einstandskurse fortgeführt. Die Fortschreibung von *goodwill* und stillen Reserven blieb von Wechselkursänderungen unberührt. Im ersten Fall war/ist eine jährliche Neuberechnung zu Stichtagskursen vorzunehmen. Die entstehenden Umrechnungsdifferenzen waren/sind dabei erfolgsneutral zu behandeln.
Mit der Neufassung von IAS 21 im Dezember 2003 ist das **Wahlrecht entfallen**. Der *goodwill* sowie die aufgedeckten stillen Reserven und Lasten (*fair*

---

[13] HOFFMANN/LÜDENBACH, NWB Kommentar Bilanzierung, 5. Aufl. 2014, § 308a; DEUBERT, DStR 2009, S. 340 ff.
[14] Gl. A. FREIBERG, PiR 2009, S. 343 ff.; ähnlich Beiersdorf/Driesch/Ramscheid, IRZ 2014, S. 89 ff.

value adjustments) sind als Vermögenswerte bzw. Schulden der ausländischen Einheit zu betrachten (IAS 21.47). Die Neufassung ist nur prospektiv anzuwenden, d. h. auf Unternehmenserwerbe, die ab der Periode der erstmaligen Anwendung von der Neufassung von IAS 21 (d. h. ab 2005) getätigt werden (IAS 21.59).

Folgende Konsequenzen ergeben sich für die **Erst**- und **Folge**konsolidierung:
- Der Kaufpreis muss im Rahmen der **Erstkonsolidierung** zum Kurs des Erwerbszeitpunktes in die funktionale Währung des ausländischen Geschäftsbetriebes umgerechnet werden. Nach Bewertung der übernommenen Vermögenswerte und Schulden zum beizulegenden Zeitwert (Aufdeckung stiller Reserven) wird der verbleibende Unterschiedsbetrag *(goodwill)* ebenfalls in der funktionalen Währung des ausländischen Geschäftsbetriebes in dessen Bilanz eingestellt. Hierdurch erhöht sich dessen konsolidierungstechnisches Eigenkapital. Erst danach wird die Währungsumrechnung wie gewohnt durchgeführt. Bei der Erstkonsolidierung entspricht dadurch der Wert des konsolidierungstechnischen Eigenkapitals der Tochter in Berichtswährung (Euro) der bei der Muttergesellschaft bilanzierten Beteiligung. Differenzen bei der Kapitalkonsolidierung entstehen nicht.
- Bei der **Folgekonsolidierung** wird der nun in der funktionalen Währung des ausländischen Geschäftsbetriebes bilanzierte *goodwill* jeweils zum Kurs des Bilanzstichtages umgerechnet. Dadurch verändert sich der ausgewiesene Wert des *goodwill* zu jedem Bilanzstichtag. Bei den sehr großen *goodwill*-Beträgen in den Bilanzen vieler Konzerne kann es bei entsprechenden Währungsschwankungen zu erheblichen Abweichungen beim Ansatz des *goodwill* zwischen den Bilanzstichtagen kommen.

Der **Effekt** der Währungsumrechnung des *goodwill* ist nicht zu unterschätzen. Nach einer empirischen Untersuchung stellt sie etwa für die Jahre 2005 bis 2008 bei den 30 DAX-Unternehmen die zweitwichtigste Veränderungsgröße des *goodwill* (nach den Zugängen) dar.[15]

Eine Währungsumrechnung des *goodwill* kann nicht durch eine komplette oder überwiegende Zuordnung zum inländischen Teil des erwerbenden Konzerns vermieden werden, selbst wenn die erwarteten Synergien eine solche Zuordnung nahelegen. Eine solche Zuordnung zu bereits vor Erwerb bestehenden Einheiten ist zwar für Zwecke des *impairment test* (IAS 36) möglich und ggf. geboten, jedoch für die **Währungsumrechnung** unzulässig (IAS 21.BC32). Zur Aufteilung des *goodwill* für Währungszwecke kommt es nur dann, wenn bei **Erwerb** eines **Teilkonzerns** dessen Einheiten untereinander unterschiedliche funktionale Währungen haben (IAS 21.BC32).

Wenn das Mutterunternehmen nicht zu 100 % an seinem zu konsolidierenden Tochterunternehmen beteiligt ist, müssen im Konzernabschluss **Minderheitenanteile** (nicht beherrschende Anteile) ausgewiesen werden, wobei in der Praxis regelmäßig auf die *full-goodwill* Methode verzichtet, der Minderheit daher kein *goodwill* zugerechnet wird. Der *goodwill* ist in der funktionalen Währung der Tochtergesellschaft in deren (IFRS II-)Abschluss einzustellen. Erst danach wird die Währungsumrechnung durchgeführt. Die bei der Folgekonsolidierung entstehenden Währungsdifferenzen auf den *goodwill* sind jedoch (bei Verzicht auf

---

[15] BRENDLE, IRZ 2010, S. 215 ff.

die *full-goodwill*-Methode) ausschließlich dem Mehrheitsgesellschafter zuzurechnen, da die Minderheit zwar am Vermögen inklusive der stillen Reserven, i.d.R. nicht aber am *goodwill* beteiligt ist (→ § 31 Rz 124). Der auf die Minderheiten entfallende Anteil der Währungsdifferenzen muss daher in einer Nebenrechnung ermittelt werden. Hierzu nachfolgend ein **Beispiel** unter der Annahme eines 20 %igen Minderheitenanteils und eines Erstkonsolidierungskurses von 1,2 sowie eines Stichtagskurses von 1,4.

	USD	Kurs	100 %	80 %	20 %
EK IFRS zum Stichtag	100	1,4	140		
dito bei Erstkonsolidierung	100	1,2	120		
Kursdifferenz			20	16	4
Stille Reserven zum Stichtag	500	1,4	700		
dito bei Erstkonsolidierung	500	1,2	600		
Kursdifferenz			100	80	20
goodwill zum Stichtag	1.520	1,4	2.128		
dito bei Erstkonsolidierung	1.520	1,2	1.824		
Kursdifferenz			304	304	0
Gesamte Kursdifferenzen			424	400	24

Tab. 2: Beispiel zur Zuordnung von Umrechnungsdifferenzen auf den Minderheitenanteil[16]

3.3.7 Sonderfall II: Währungsverluste auf konzerninterne Forderungen und Schulden

In der Einzelbilanz der ausländischen Tochter oder der inländischen Mutter können währungsbedingte Verluste oder Gewinne auch aus konzerninternen **Forderungen und Verbindlichkeiten** entstehen. Derartige **Umrechnungsdifferenzen** sind im Rahmen der Konsolidierung **nicht zu neutralisieren** (IAS 21.45).

Beispiel (vgl. Rz 43)
Die inländische Mutter MU gewährt der selbstständigen amerikanischen Tochter TU Ende 01 zum Erwerb eines Grundstücks ein Darlehen von 1 Mio. EUR bei einem Wechselkurs von 1 USD/1 EUR. Zum Bilanzstichtag 02 hat sich der Kurs des Dollar auf 1,1 USD/1,0 EUR verschlechtert, sodass TU in ihrer USD-Bilanz eine Verbindlichkeit von nunmehr 1,1 Mio. USD und in der GuV einen korrespondierenden Verlust von 0,1 Mio. USD ausweist. In der GuV der MU ist bei unveränderter Forderung von 1 Mio. EUR kein Ertrag entstanden.
Der US-Dollar-Abschluss der TU ist für Konzernzwecke in Euro umzurechnen.
- Das **Grundstück** ist mit dem aktuellen Kurs von 1,1 USD/1 EUR, d.h. mit 909 TEUR anzusetzen.
- Die **Verbindlichkeit** von 1,1 Mio. USD hat mit dem aktuellen Kurs von 1,1 USD/1,0 EUR unverändert einen Umrechnungswert von 1 Mio. EUR.

---

[16] Nach Lingner, PiR 2005, S. 99 ff.

- Aus Sicht der **Vermögensvergleichsrechnung** (Nettovermögen Periodenende minus Nettovermögen Periodenanfang) ist ein Verlust von 91 TEUR entstanden.
- Dem steht ein **GuV**-Verlust von 100 TUSD entsprechend 95 TEUR bei einem angenommenen Durchschnittskurs von 1,05/1,00 gegenüber. Nur die Differenz von 4 TEUR zwischen zum Durchschnittskurs ermitteltem GuV-Verlust und zum Stichtagskurs ermitteltem Vermögensvergleichsverlust stellt eine konsolidierungstechnische Umrechnungsdifferenz dar und ist damit erfolgsneutral in die Rücklage für Währungsdifferenzen einzustellen.

JFB zum Durchschnittskurs = 100/1,05 =	95 TEUR
– JFB zum Stichtagskurs = 100/1,1 =	– 91 TEUR
= erfolgsneutrale Umrechnungsdifferenz (Rz 55)	4 TEUR

Der Währungsverlust von 100 TUSD/1,1 = 91 TEUR geht hingegen in das Konzernergebnis ein.

Dass (einzelbilanzielle) Währungsverluste oder -gewinne aus konzerninternen Forderungen und Schulden im Rahmen der Konsolidierung **nicht eliminiert** werden, mag aus Sicht der **Einheitstheorie** befremden: Die wirtschaftliche Einheit Konzern verleiht das Geld nur an sich selbst und scheint hieraus kein Währungsergebnis erzielen zu können. Die Nichteliminierung der einzelbilanziellen Ergebnisse ist aber Konsequenz der wirtschaftlichen Selbstständigkeit der ausländischen Einheit (Rz 32). Die ausländische Einheit ist dann als selbstständig zu qualifizieren, wenn sie ihre *cash flows* überwiegend in lokaler Währung generiert.

Aus dieser Sicht lässt sich das obige Beispiel ökonomisch wie folgt interpretieren: Um das mit 1 Mio. EUR = 1 Mio. USD aufgenommene Darlehen zurückzuzahlen, hätte die amerikanische Tochter bei unveränderten Wechselkursen einen *cash flow* von 1 Mio. USD erwirtschaften müssen. Bei auf 1,1/1,0 verschlechtertem Dollarkurs muss sie 1,1 Mio. USD, d. h. zusätzlich 100 TUSD bzw. 91 TEUR für die Rückzahlung erwirtschaften. Dieses Zusatzerfordernis hat auch aus der einheitstheoretischen Sicht des Konzerns Bestand: Der Konzern muss (durch seine ausländische Tochter) zusätzliche 100 TUSD erzielen, um die mit der Finanzierung bewirkte Investition zu amortisieren.

Währungserfolge aus konzerninternen Forderungen/Schulden gegenüber einer selbstständigen ausländischen Einheit können einerseits durch *hedge accounting* vermieden werden. Abweichend von der allgemeinen Regelung, dass konzerninterne Vermögenswerte/Schulden nicht *hedge*-tauglich sind (IFRS 9.6.3.5) bestimmt IFRS 9.6.3.6: „*However, as an exception to paragraph 6.3.5, the foreign currency risk of an intragroup monetary item (for example, a payable/receivable between two subsidiaries) may qualify as a hedged item in the consolidated financial statements if it results in an exposure to foreign exchange rate gains or losses that are not fully eliminated on consolidation in accordance with IAS 21…* ".

Eine zweite Möglichkeit Währungserfolge zu vermeiden, besteht darin, nur die konzerninterne **Forderung/Schuld als Teil des Nettoinvestments** *(net investments)* in die ausländische Einheit, d. h. als Quasi-Eigenkapital, zu qualifizieren ist. IAS 21.32 bestimmt, dass in diesem Fall die **Umrechnungsdifferenz erfolgsneutral** im Eigenkapital zu erfassen ist. Sie ist von dort in dem Zeitpunkt erfolgswirksam umzubuchen, indem die selbstständige ausländische Einheit ganz oder teilweise veräußert wird. Als Teilveräußerung *(partial disposal)* ist u. E. auch die Tilgung der als *net investment* behandelten Forderung/Verbindlichkeit anzusehen. Zum Ganzen folgendes Beispiel:

Beispiel
MU gründet Anfang 01 gegen eine Bareinlage von 10 TEUR die amerikanische Tochter TU. TU gewährt 5 TUSD sofort als Darlehen zurück. TU erzielt in allen Perioden Ergebnisse von 0. Der Dollarkurs fällt kontinuierlich. MU erzielt Währungsgewinne aus dem Kursverlust des Dollars, weil der für die (fiktive) Tilgung aufzuwendende Euro-Betrag entsprechend sinkt. Ende 02 wird das Darlehen tatsächlich zurückgezahlt, Anfang 03 wird TU zu 8,34 TEUR veräußert. Zunächst die Bilanzen und Konzernerfolge für den Fall, dass das Darlehen nicht als (negativer) Teil des *net investment* betrachtet wird, dann für den umgekehrten Fall:

Gründung
1.1.01   1,00   USD/EUR

Bilanz TU

	USD	EUR		USD	EUR
Vorräte	5,00	5,00	StKap	10,00	10,00
Forderung	5,00	5,00			
	10,00	10,00		10,00	10,00

FALL 1: FORDERUNG KEIN TEIL DES *NET INVESTMENT* (Rz 63)
31.12.01   1,10   USD/EUR

Bilanz TU

	USD	EUR		USD	EUR
Vorräte	5,00	4,55	StKap	10,00	10,00
Forderung	5,00	4,55	JÜ	0,00	0,00
			WUD		−0,91
	10,00	9,09		10,00	9,09

Berechnung WUD (Rz 60 ff.):

EK neuer Kurs	9,09
EK alter Kurs	−10,00
WUD 31.12.01	−0,91

31.12.02   1,20   USD/EUR

Währungsumrechnung, Hyperinflation § 27

	USD	EUR	Bilanz TU	USD	EUR
Vorräte	5,00	4,17	StKap	10,00	10,00
Forderung	0,00	0,00	GewinnV	0,00	0,00
Bank	5,00	4,17	JÜ	0,00	0,00
			WUD		−1,66
	10,00	8,34		10,00	8,34
			Berechnung WUD:		
			EK neuer Kurs		8,34
			EK alter Kurs		−9,09
			Zuführ. WUD		−0,75
			Vortrag WUD		−0,91
			WUD 31.12.02		−1,66

Veräußerung Anfang 03 für 8,33 EUR

Mit der Veräußerung gehen die Vermögenswerte der TU (Vorräte und Bank) gegen Geld ab.
Außerdem ist die Währungsumrechnungsdifferenz erfolgswirksam aufzulösen, daher folgende **Entkonsolidierungsbuchungen:**

Soll		Haben	
Geld	8,34	Vorräte	4,17
Aufwand	1,66	Bank	4,17
		WUD	1,66
	10,00		10,00

Der Erfolg des Konzerns (der jeweiligen Periode) ermittelt sich aus
(a) dem Ergebnis der TU (jeweils 0),
(b) dem Ergebnis der MU (jeweils Währungsertrag) und
(c) Konsolidierungsbuchungen. Derartige Konsolidierungsbuchungen sind in 01 und 02 nicht erforderlich, da der Währungsertrag **nicht** eliminiert wird. In Periode 03 entsteht der oben ermittelte Entkonsolidierungsaufwand aus der Auflösung der WUD. Somit folgender **Erfolg des Konzerns:**

Periode	TU	MU	Konsolid.	Summe
1	0,00	0,45	0,00	0,45
2	0,00	0,38	0,00	0,38
3			−1,66	−1,66
Summe				−0,83

Im Vergleich: Erfolg Einzelbilanz MU

Periode				
1				0,45
2				0,38
3			8,34	
			−10,00	−1,66
Summe				−0,83

Fazit

Da TU in allen Perioden ein Ergebnis von 0 erwirtschaftet, muss das einzel- und das konzernbilanzielle Ergebnis der MU gleich sein. Dieser Gleichklang wird gerade durch Nichteliminierung der Währungserträge aus konzerninternen Salden bewirkt.

FALL 2: FORDERUNG ALS TEIL DES *NET INVESTMENT* (Rz 64)
Bilanzen TU wie im Fall 1.
Aber: Neben WUD I (Bilanz TU) ist eine WUD II (für das Darlehen) im Rahmen der Konsolidierung zu berücksichtigen. Sie neutralisiert die einzelbilanziell bei MU entstandenen Währungserträge.

Veräußerung Anfang 03 für 8,34 EUR

Entkonsolidierungsbuchungen

Soll		Haben	
Geld	8,34	Vorräte	4,17
Aufwand	0,83	Bank	4,17
WUD II	0,83	WUD I	1,66
	10,00		10,00

Erfolg Konzern

Periode	TU	MU	Konsolid.	Summe
1	0,00	0,45	–0,45	0,00
2	0,00	0,38	–0,38	0,00
Zwischensumme				0,00
3			–0,83	–0,83
Summe				–0,83

Erfolg Einzelbilanz MU

Periode			
1			0,45
2			0,38
Zwischensumme			0,83
3		8,34	
		–10,00	–1,66
Summe			–0,83

Fazit

Ein Gleichklang von einzel- und konzernbilanziellem Ergebnis wird nur in Summe erreicht. Die konzernbilanzielle Eliminierung der Währungserträge führt hingegen in 01 und 02 zu Abweichungen. Sie ließen sich nur dann vermeiden, wenn die Verbindlichkeit der MU auch einzelbilanziell als (negativer) Teil der Beteiligung qualifiziert und damit in der Einzelbilanz der MU kein Währungsertrag angesetzt würde.

Das Beispiel zeigt insgesamt, dass die Behandlung konzerninterner Forderungen/Verbindlichkeiten als eigenständig oder als Teil des *net investment* zwar nicht den Gesamterfolg, wohl aber die Periodenerfolge beeinflusst. Bei Behandlung der **Forderung/Verbindlichkeit als Teil des** net investment sind die **Periodenerfolge** der Konzern- und der Einzelbilanz des Mutterunternehmens **nicht mehr identisch**. Erklärend ist im Beispiel, dass einzelbilanziell ein Währungsertrag des Mutterunternehmens angesetzt wird, weil einzelbilanziell die Verbindlichkeit der Mutter als Verbindlichkeit und nicht als (Minderung der) Beteiligung gilt, während der gleiche Ertrag konzernbilanziell neutralisiert wird (WUD II). Zur Frage, ob die Tilgung des Darlehens als *partial disposal* des *net investment* anzusehen ist, wird auf Rz 67 verwiesen. 65

Da die Qualifizierung von Forderungen/Verbindlichkeiten als *net investment* oder als eigenständiger Posten den Periodenerfolg prägt, kommt der Abgrenzung beider Fälle eine hohe Bedeutung zu. IAS 21.15 gibt für die monetären Posten, die Teil des **Nettoinvestments** sind, folgende **Definition**: 66

- Eine Tilgung oder sonstige Begleichung *(settlement)* darf für die absehbare Zukunft *(forseeable future)* weder geplant noch wahrscheinlich *(likely)* sein.
- Langfristige Forderungen (Erhöhung des Investments) und langfristige Verbindlichkeiten (Minderung des Investments) des Mutterunternehmens können (may) diese Bedingung erfüllen.
- Forderungen und Verbindlichkeiten aus Lieferungen und Leistungen sind jedoch nicht als Teil des Nettoinvestments anzusehen.

Unklar ist die Bedeutung des Begriffs „absehbare Zukunft". U. E. ist für die Qualifizierung von Darlehen ohne bereits fixierten Tilgungstermin als *net investment* mindestens ein erwarteter Zeitraum von mehr als einem Jahr, in der Terminologie von IAS 1.57 die Grenze zwischen kurz- und langfristig, zu fordern. Steht hingegen die Tilgung des Darlehens zu einem bestimmten Zeitpunkt bereits fest, kommt eine Qualifizierung als *net investment* auch dann nicht in Frage, wenn die Laufzeit deutlich mehr als 1 Jahr, z. B. 5 Jahre beträgt.[17] Darüber hinaus bestehen Ermessensspielräume. Gestaltungsmöglichkeiten gibt es bei der Behandlung der Forderungen und Verbindlichkeiten aus Lieferungen und Leistungen. Da die allgemeine Definition des *net investment* zukunftsgerichtet ist, kann die Genese einer Forderung oder Verbindlichkeit u. E. dann keine Rolle mehr spielen, wenn durch Novation in ein Darlehen ein neuer Schuldgrund geschaffen wird. Bei sog. Verrechnungskonten zwischen den verbundenen Unternehmen ist entsprechend danach zu differenzieren, ob sie als Kontokorrent gegenseitige Ansprüche saldieren (kein Teil des *net investment*) oder sich Verpflichtungen zu Lasten der einen Seite kumulieren (dann ggf. *net investment*).[18]

In IAS 21.8 ist das *net investment* definiert als „*the amount of the reporting entity's interest in the net assets of that operation*". Wie in der Verwendung des „*net*"-Begriffs bereits angelegt, ist damit eine **Saldobetrachtung** gefordert. Hieraus folgt: Gewährt zunächst das Mutterunternehmen dem Tochterunternehmen ein Darlehen (positiver Teil des *net investment*) und später zusätzlich die Tochter der Mutter Darlehensmittel, so sind beide Vorgänge zu saldieren. Folge der zweiten Darlehens-

---

[17] Vgl. PWC, Manual of Accounting IFRS 2014, Tz. 7.95
[18] Vgl. ERNST & YOUNG, International GAAP 2014, Ch. 15 sCh 6.3.

vergabe ist daher eine **Rückführung** des *net investment* und damit ggf. (Rz 67) eine Teilrealisierung der Währungsumrechnungsdifferenz.

> **Beispiel**
> In 01 gründet MU die ausländische TU. Die Finanzierung erfolgt bis auf eine vernachlässigbare Einlage über ein Darlehen.
> In 02 bis 05 erwirtschaftet TU hohe Gewinne, die aus steuerlichen Gründen aber weder ausgeschüttet noch zur Darlehensrückzahlung verwendet werden. Vielmehr verwendet TU die thesaurierten Gewinne am 1.1.06 zur Gewährung eines Darlehens an MU, das der Höhe nach ½ des weiter bestehenden Darlehens umgekehrter Richtung beträgt.
> Zum 31.12.05 weist die Währungsumrechnungsrücklage einen hohen negativen Betrag aus.
> **Beurteilung**
> Am 1.1.06 wird durch das neue Darlehen das bisherige *net investment* zu ½ zurückgeführt. Zur Frage, ob dadurch ½ der Umrechnungsdifferenz erfolgswirksam wird, kann auf die Ausführungen unter Rz 67 verwiesen werden.

Eine **erfolgsneutrale Einbeziehung** des dem Tochterunternehmen gewährten oder von diesem erhaltenen **Darlehens** in das *net investment* war nach alter Fassung von IAS 21.33 nicht zulässig, wenn das Darlehen in einer anderen als der funktionalen Währung des berichtenden Unternehmens oder des ausländischen Geschäftsbetriebes valutiert, also etwa ein deutsches Mutterunternehmen seiner amerikanischen Tochter ein Darlehen in Britischen Pfund gewährt. Kursdifferenzen aus diesen Posten verblieben bisher im Ergebnis des Konzerns und durften nicht als separater Bestandteil des Eigenkapitals umgegliedert werden.[19] Das im Dezember 2005 verabschiedete *Amendment* zu IAS 21 „*Net Investments in a Foreign Operation*" hat diese Einschränkung aufgehoben (IAS 21.33). Er stellt im Übrigen auch klar, dass die zu einem *net investment* führende Schuldbeziehung nicht notwendig zwischen Mutter- und Tochterunternehmen bestehen muss. Auch das Darlehen des Tochterunternehmens 2 an das Tochterunternehmen 1 ist bei Erfüllung der übrigen Voraussetzungen als *net investment* des Mutterunternehmens anzusehen (IAS 21.15A).

Für die Behandlung konzerninterner Differenzen bei integrierten ausländischen Einheiten wird auf Rz 48 verwiesen, für die Möglichkeit des *hedging* konzerninterner Transaktionen auf Rz 68.

67 Bei Einbeziehung von Darlehen in das *net investment* stellt sich in besonderer Weise die Frage nach dem **Realisationszeitpunkt** zunächst erfolgsneutral behandelter Differenzen (Rz 59). Nach IAS 21.32 ist für die erfolg**swirksame** Realisierung von bisher erfolgs**neutral** behandelten Umrechnungsdifferenzen eine Rückführung des *net investment* („*disposal*") erforderlich. Die Bestimmung wird durch IAS 21.49 konkretisiert. Danach gilt:
- Das *net investment* muss nicht vollständig aufgegeben werden, eine **teilweise** Rückführung *(partial disposal)* berechtigt zur teilweisen Auflösung der Umrechnungsdifferenz.

---

[19] Vgl. LINGNER, PiR 2005, S. 99 ff.

- Ein *disposal* verlangt **keine Veräußerung (*sale*)** der Beteiligung oder von Teilen der Beteiligung. Auch die Rückzahlung von Eigenkapital *(repayment of share capital)* erfüllt den Tatbestand.
- Nicht erwähnt wird die **Rückführung** von Forderungen oder Verbindlichkeiten. IAS 21.15 stellt diese schuldrechtlichen Kapitalüberlassungen aber unter bestimmten Umständen dem gesellschaftsrechtlichen Eigenkapitalinvestment gleich und verweist hinsichtlich der Rechtsfolgen beider Formen einheitlich auf IAS 21.32. Damit ist die Darlehensrückführung, auch wenn sie in der beispielhaften (nicht abschließend aufzählenden) Regelung in IAS 21.49 nicht erwähnt wird, möglicherweise als Teilabgang des *net investment* zu würdigen. Allerdings widerspricht dem die Definition des Teilabgangs in IAS 21.48D. Die danach notwendige „*reduction of ownership interest*" ist jedenfalls in der amtlichen deutschen Übersetzung prozentual (als Verringerung der „Beteiligungsquote") beschrieben und nicht absolut (als Verringerung des Betrags des Investments) (Rz 61). Bei prozentualer Interpretation würde somit gelten: Schon mangels (Teil-)Abgang könnte die Rückführung eines Darlehens nicht zur Auflösung von Teilen der Umrechnungsrücklage führen. Selbst bei absoluter Interpretation bestünden aber noch Zweifel an einer Auflösungsmöglichkeit. Entscheidend ist hier die Auslegung von IAS 21.48C. Die Vorschrift lautet vollständig wie folgt:

„Bei einem teilweisen Abgang eines Tochterunternehmens, zu dem ein ausländischer Geschäftsbetrieb gehört, ist der entsprechende Anteil an den kumulierten Umrechnungsdifferenzen, die im sonstigen Gesamtergebnis erfasst sind, den nicht beherrschenden Anteilen an diesem ausländischen Geschäftsbetrieb wieder zuzuordnen. Bei allen anderen teilweisen Abgängen eines ausländischen Geschäftsbetriebs hat das Unternehmen nur den entsprechenden Anteil der kumulierten Umrechnungsdifferenzen ins Ergebnis umzugliedern, der im sonstigen Gesamtergebnis erfasst war."

Die Vorschrift ist als *Consequential Amendment* zur Neufassung von IAS 27 in 2008 in IAS 21 eingefügt worden. Da IAS 27 rev. 2008 (wie IFRS 10) Abstockungsfälle (mehrheitswahrende Anteilsveräußerungen) als erfolgsneutrale Transaktion zwischen Eigenkapitalgebern (Mehrheit und Minderheit) qualifiziert, war aus Konsistenzgründen auch eine erfolgsneutrale Behandlung der vor der Abstockung bestehenden Umrechnungsdifferenzen erforderlich. In dieser historischen Perspektive würde der Bezug von „alle anderen teilweisen Abgänge" auch die Rückführung von als Teil des Nettoinvestments qualifizierten Darlehen einschließen. Die Rückführung würde daher zur erfolgswirksamen Auflösung eines Teils der Umrechnungsrücklage führen. In den historischen Kontext unberücksichtigt lassender anderer Lesart sind „alle anderen teilweisen Abgänge" nur solche, die nicht Tochterunternehmen (sondern z.B. *equity*-Beteiligungen) betreffen.[20] Die Rückführung eines Darlehens hätte danach keine Auswirkungen auf die Umrechnungsrücklage.

Angesichts des starken doppelten Zweifels, ob überhaupt ein Teilabgang vorliegt (IAS 21.48D) und, falls ja, ob dieser zur Auflösung der Rücklage berechtigt (IAS 21.48D), halten wir die Auflösung der Umrechnungsrücklage bei Rückführung eines Darlehens ab 2010 nicht mehr für angemessen.

---

20 Vgl. z.B. ERNST & YOUNG, International GAAP 2014, Ch 15 sCh 6.6.

3.3.8 Cash flow hedge antizipierter konzerninterner Transaktionen

68 Für die bis 2004 anwendbare Fassung von IAS 39 hatte der *Guidance on Implementation* (IGC 137–13) ein erfolgsneutrales *cash flow hedging* (→ § 28a Rz 49) auf konzerninterne Transaktion zugelassen.

> **Beispiel**
> Das inländische Mutterunternehmen der Automobilindustrie plant in 02 eine Veräußerung von Fahrzeugen an seine selbstständige amerikanische Tochter, damit diese sie wiederum in den USA absetzen kann. Die konzerninternen Lieferungen werden in Dollar fakturiert. Ein in 01 abgeschlossener Dollarterminverkauf kann nach IAS 39 (2000) als *cash flow hedge* der konzerninternen Transaktion mit der Wirkung der Erfolgsneutralität des Sicherungsgeschäftes per 31.12.01 designiert werden.

In der im Dezember 2003 verabschiedeten, ab 2005 geltenden Fassung von IAS 39 war diese Regelung nicht mehr enthalten. Eine in 2005 verabschiedete Ergänzung zu IAS 39 – „*Cash Flow Hedge Accounting of Forecast Intragroup Transactions*" führt aber eine funktional gleichwertige Lösung ein (IAS 39.AG99a). Diese ist 2014 in IFRS 9 übernommen worden (IFRS 9.B6.3.5).

> **Beispiel**
> Ein inländisches Mutterunternehmen MU hat zwei Tochterunternehmen:
> - die inländische Produktionstochter PTU mit funktionaler Währung Euro,
> - die amerikanische Vertriebstochter VTU mit funktionaler Währung Dollar.
>
> PTU fakturiert Lieferungen an VTU (Innenumsätze) in Dollar. VTU tätigt hieraus zeitnah Außenumsätze in Dollar, wobei der Aufschlag gegenüber dem konzerninternen Einkaufspreis 20 % beträgt. Die wichtigsten Aufwendungen des Konzerns, insbesondere die inländischen Produktionskosten, fallen in Euro an.
> Eine Änderung der Euro-Dollar-Parität hat deshalb folgende Wirkungen auf den Konzern:
> - die Umsatzerlöse variieren,
> - die konsolidierten Herstellungskosten bleiben unverändert.
>
> Zur Absicherung des Währungsrisikos auf die voraussichtlichen Lieferungen 02 von PTU an VTU (Volumen: 100) schließt der Konzern in 01 einen Dollarterminverkauf (Volumen: 100) mit Fälligkeit 02 ab.
> Nach IAS 39 kann ein konzerninterner Vorgang kein gesichertes Grundgeschäft im Rahmen eines *cash flow hedge* sein. IAS 39.AG 99a sieht aber folgende Möglichkeit vor:
> - Der Konzern bestimmt (designiert) den erwarteten externen Umsatz (120) mit einem Anteil von 100 als gesichertes Grundgeschäft.
> - Der Erfolg aus dem Dollarterminverkauf kann daher per 31.12.01 gegen Eigenkapital gebucht werden.
> - Er ist erst dann in der GuV zu berücksichtigen, wenn auch das Grundgeschäft (Außenumsatz) Berücksichtigung findet.

3.3.9 *Hedge* eines Nettoinvestments

Nach IAS 39.86c bzw. IFRS 9.6.5.2c besteht die Möglichkeit, das Währungs- 69
risiko aus einem *net investment* in eine selbstständige ausländische Einheit den
Regeln des *hedge accounting* zu unterwerfen (→ § 28a Rz 42). Taugliche Sicherungsinstrumente sind neben Derivaten auch originäre finanzielle Vermögenswerte oder Verbindlichkeiten. Durch das *hedging* wird im Umfang der Sicherungseffektivität das Währungsergebnis aus dem Sicherungsinstrument ebenso
erfolgsneutral behandelt wie das Ergebnis aus der Umrechnung der Einheit
(IAS 39.102 bzw. IFRS 9.6.5.13 und IFRS 9.6.5.14).

> **Beispiel**
> M-D ist seit einigen Jahren Alleingesellschafter der T-US. Das Eigenkapital
> (*net assets*) der T beträgt per 1.1.01 9 Mio. USD. Zu diesem Zeitpunkt nimmt
> M-D eine US-Anleihe i. H. v. 15 Mio. USD auf. In 01 erhöht sich der Kurs des
> USD von 1,5 USD/1,0 EUR auf 1/1.
> Ohne Widmung der Anleihe als *hedge* resultiert aus der Kurserhöhung des
> USD ein Währungsverlust von 5 Mio. EUR (15/1,0–15/1,5).
> M-D hat jedoch die Möglichkeit, 60 % der Anleihe (9 Mio. USD) als Sicherungsinstrument zu bestimmen. Der darauf entfallende Kursverlust (3 Mio.
> USD) wird dann erfolgsneutral behandelt und im Eigenkapital mit dem
> entgegenstehenden Kursgewinn aus der Umrechnung der T-US saldiert.
> Das anteilige Kursergebnis der Anleihe (3 Mio. EUR) wird nicht schon mit
> Tilgung der Anleihe, sondern erst mit (Teil-)Veräußerung der ausländischen
> Einheit erfolgswirksam (IAS 39.102 bzw. IFRS 9.6.5.14).

Das Eigenkapital der ausländischen Einheit limitiert den *hedge*-fähigen Anteil
des Sicherungsinstruments. Bei starken Änderungen des Eigenkapitals innerhalb der Periode wird man daher ggf. gewichtete Durchschnittsbetrachtungen
vornehmen müssen.

Der in 2008 verabschiedete IFRIC 16 *Hedges of a Net Investment in a Foreign* 70
Operation klärt Zweifelsfragen beim *hedge* eines Nettoinvestments. Zwei Aspekte
stehen im Mittelpunkt von IFRIC 16:
- Was ist als *hedge*-taugliches Risiko, d.h. a) als Nettoinvestition und b) als
 dafür relevante Wechselkursbeziehung anzusehen?
- Wo innerhalb einer mehrstufigen Unternehmensgruppe kann das Sicherungsinstrument zur Minderung dieses Risikos gehalten werden?

Hinsichtlich des zweiten Punktes – Währungssicherung im mehrstufigen Konzern – wird auf Rz 71 verwiesen. Die Antworten des IFRIC 16 zum ersten Punkt
sind wie folgt:
- Sicherungsfähig ist das Wechselkursrisiko aus in den Abschluss des Konzerns
 einbezogenem **Nettovermögen** eines ausländischen Geschäftsbetriebs. Eine
 derartige Einbeziehung ist nicht nur bei vollkonsolidierten Unternehmen,
 sondern ebenso bei quotal oder *equity*-konsolidierten gegeben (IFRIC 16.7).
- **Quantitative** Beschränkung: Tauglich für das *hedge accounting* ist ein Betrag,
 der nicht höher als der **Buchwert** der einbezogenen **Nettovermögen** des
 ausländischen Geschäftsbetriebs ist (IFRIC 16.11).

- Qualitative Beschränkung: *Hedge-accounting*-fähig ist nur das Risiko aus der Umrechnung der **funktionalen Währung** des ausländischen Geschäftsbetriebs in die abweichende funktionalen Währung eines Mutterunternehmens, hingegen nicht das der Umrechnung in eine abweichende Präsentationswährung eines Mutterunternehmens (IFRIC 16.9 und IFRIC 16.19).

Zur quantitativen Beschränkung wird auf das Beispiel unter Rz 69 verwiesen, zur **qualitativen Beschränkung** folgender Fall:

Beispiel
Funktionale Währung der M ist der EUR.
M hat diverse Tochterunternehmen in Neuseeland, deren funktionale Währung der neuseeländische Dollar (NZD) ist.
Für Zwecke amerikanischer Investoren stellt M den Konzernabschluss in USD auf.

Beurteilung
Dem *hedge accounting* der neuseeländischen Investments ist nur die Umrechnungsdifferenz zwischen dem NZD und dem EUR zugänglich, hingegen nicht die zwischen USD und NZD oder USD und EUR.

3.3.10 Währungsumrechnung und Währungssicherung im mehrstufigen Konzern

71 Neben den unter Rz 69f. dargestellten allgemeinen Regeln für ein *hedge accounting* einer Investition in eine selbständige ausländische Einheit gelten nach IFRIC 16 für den mehrstufigen Konzern folgende Besonderheiten:
- Absicherungsfähig ist das Wechselkursrisiko, das zwischen der funktionalen Währung des ausländischen Geschäftsbetriebs und der funktionalen Währung **irgendeines Mutterunternehmens** (unmittelbares, mittelbares oder oberstes Mutterunternehmen) entsteht (IFRIC 16.12).
- Im **dreistufigen Konzern** ist somit nicht nur das Wechselkursrisiko zwischen funktionaler Währung des Enkelunternehmens und funktionaler Währung des Mutterunternehmens *hedge*-tauglich, sondern ebenso das Wechselkursrisiko zwischen funktionaler Währung von Enkel- und Tochterunternehmen oder Tochter- und Mutterunternehmen. Die Stufe innerhalb des Konzerns, auf der das Sicherungsinstrument gehalten werden kann, ist insoweit unerheblich.
- Nach Änderung von IFRIC 16.14 durch das *Annual Improvements Project* 2009 kann das Sicherungsinstrument auch von der ausländischen Einheit gehalten werden, deren Risiko abzusichern ist, also etwa vom Enkelunternehmen.
- Das aus einer Nettoinvestition in einem ausländischen Geschäftsbetrieb entstehende Währungsrisiko kann jedoch nur **einmal** als *hedge accounting* abgebildet werden (IFRIC 16.13). Wird dasselbe Risiko von mehr als einem Mutterunternehmen (z.B. unmittelbares und mittelbares Mutterunternehmen) innerhalb des Konzerns gesichert, ist nur eine Sicherungsbeziehung für das *hedge accounting* im Konzernabschluss zulässig (IFRIC 16.13).

Beispiel
Die Struktur eines Konzerns ist wie folgt:

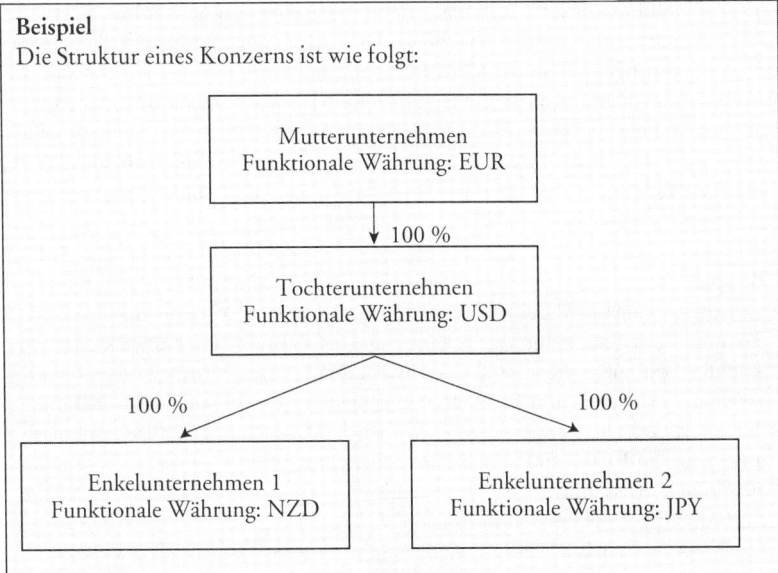

Beurteilung Teilkonzernabschluss T
Wenn T einen Teilkonzernabschluss aufstellt, kann sie *hedge accounting* auf das Währungsrisiko mit E1 (USD/NZD) und E 2 (USD/Yen) anwenden.

Beurteilung Konzernabschluss M
In den Konzernabschluss von M darf eine von T abgeschlossene Sicherungsbeziehung USD/NZD nur dann berücksichtigt werden, wenn M das Währungsrisiko EUR/NZD nicht selbst gesichert hat. Hat M das Risiko EUR/NZD gesichert, ist die von T vorgenommene Sicherung USD/NZD im Konzernabschluss zu neutralisieren.
Hat T das Währungsrisiko USD/NZD gesichert, kann M das Währungsrisiko EUR/USD sichern.
Nicht *hedge*-tauglich ist das Risiko NZD/Yen zwischen Enkelunternehmen E1 und E2.

Unabhängig davon, ob die Risiken *gehedged* werden, bestehen in einem mehrstufigen Konzern noch folgende Besonderheiten:[21] Die Konsolidierung kann **stufenweise** oder nach der **direkten** Methode erfolgen.
- Nach der **direkten Methode** werden die direkten Tochterunternehmen mit den indirekten (Enkelunternehmen usw.) in einer Summenbilanz zusammengeführt, um sodann die Beteiligungen der unterschiedlichen Ebenen gegen das jeweilige Kapital des untergeordneten Unternehmens zu verrechnen.
- Nach der **Stufenmethode** (*step-by-step method*) werden zunächst Teilkonzernabschlüsse gebildet, also etwa die Enkelunternehmen mit ihrer jeweiligen Mutter zu einem Teilkonzern konsolidiert, um sodann die Teilkonzerne mit der obersten Mutter zum Gesamtkonzern zusammenzufassen.

72

---

[21] Nachfolgende Ausführungen entnommen: LÜDENBACH, PiR 2008, S. 292 ff.

Das **Konsolidierungsergebnis** ist unabhängig von der gewählten Methode. Haben die Unternehmen der verschiedenen Stufen jedoch unterschiedliche funktionale Währungen, kann die Konsolidierungsmethode Einfluss auf die **Zusammensetzung** (nicht hingegen die Gesamthöhe) der Währungsumrechnungsdifferenz haben. Diese Zusammensetzung erlangt Relevanz, wenn nicht ein gesamter Teilkonzern veräußert wird, sondern nur ein Enkelunternehmen abgeht. IFRIC 16 befasst sich mit der Frage, ob insoweit der Abgangserfolg abhängig von der Konsolidierungsmethode ist. Hierzu folgendes Beispiel:

Beispiel
Das deutsche Mutterunternehmen M gründet am 1.1.01 eine amerikanische Tochter T per Bareinlage von 1.800 USD. Das Vermögen der amerikanischen Tochter von anfänglich 1.800 besteht zur Hälfte aus sonstigen Vermögenswerten, im Übrigen aus einer Beteiligung an dem zeitgleich mit der Gründung der amerikanischen Tochter von dieser gegründeten neuseeländischen Enkelunternehmen E. T erzielt einen Jahresüberschuss von 300 USD, E einen von 300 NZD. Ausschüttungen werden nicht vorgenommen. Nachfolgend die Erst- und die Folgekonsolidierung
Die Kurse am 1.1.01 (Erstkonsolidierung) sowie am 31.12.01 sind wie folgt:

Kurse	1.1.	31.12.	Mittel
EUR/USD	1	0,8	0,9
EUR/NZD	0,8	0,6	0,7
USD/NZD	0,8	0,75	0,775

Im Geschäftsjahr hat sich danach an dem Umrechnungskurs USD/NZD wenig, an den Umrechnungskursen beider Währungen gegenüber dem Euro viel verändert.
1. Direkte Methode
Bei Anwendung der direkten Methode wird das Umrechnungsverhältnis USD/NZD nicht benötigt. Entscheidend sind nur die Kursänderungen gegenüber dem Euro.
Lösung
S. u. Tabelle „Direkte Methode".
2. Stufenmethode
Nach der Stufenmethode ist die neuseeländische Tochter zunächst auf ihre amerikanische Mutter zu konsolidieren, um sodann den Teilkonzern mit der Konzernmutter zum Gesamtkonzern zusammenzufassen. Im ersten Konsolidierungsschritt entsteht für E nur eine Währungsumrechnungsdifferenz auf die Veränderung zwischen USD und NZD. Da diese gering ist, fällt auch die Währungsumrechnungsdifferenz gering aus.
Im zweiten Konsolidierungsschritt ist der Teilkonzernabschluss mit dem Mutterunternehmen zu konsolidieren. Hierbei entsteht eine Währungsumrechnungsdifferenz auf die Veränderung zwischen EUR und USD. Diese wird allein der amerikanischen Tochter als Spitze des Teilkonzerns zugerechnet.
Lösung
S. u. Tabelle „Stufenmethode".

Die Wirkung von direkter und indirekter Methode im vorstehenden Beispiel zeigt im Vergleich: 73
- Bis auf eine (durch die Verwendung von Durchschnittskursen für die GuV bedingte) Rundungsdifferenz fällt die **Gesamthöhe** der Währungsumrechnungsdifferenz nach beiden Methoden **gleich** aus.
- Die **Aufteilung** nach Enkel- und Tochterunternehmen ist aber eklatant **unterschiedlich.** Da sich der Umrechnungskurs USD/NZD nur wenig geändert hat, wird dem Enkelunternehmen nach der Stufenmethode nur ein geringer Anteil an der Gesamtdifferenz zugeordnet, nach der direkten Methode hingegen mehr als die Hälfte.
- Solange T und E im **Konzernverbund** bleiben, ist dieser Unterschied **ohne Relevanz.** Auch wenn beide Unternehmen gleichzeitig entkonsolidiert werden, etwa bei einer Veräußerung von T inklusive E, spielt die Zusammensetzung keine Rolle, da dann ohnehin der gesamte auf T und E entfallende Teil der Umrechnungsrücklage erfolgswirksam aufzulösen ist.
- **Relevanz** entsteht in einer dritten Konstellation: Wird **nur E veräußert**, die Beteiligung an T hingegen beibehalten, ist bei der Ermittlung des Entkonsolidierungsergebnisses die auf E entfallende Umrechnungsrücklage erfolgswirksam aufzulösen. Bei einer Veräußerung am 1.1.01 würde hieraus nach der direkten Methode eine Minderung des Abgangserfolgs von 225, bei der Stufenmethode hingegen nur von 51 eintreten.

Direkte Methode

1.1.01	M-EUR	T-USD	Kurs	T-EUR	E-NZD	Kurs	E-EUR	Summe EUR	Soll	Haben	Konzern
Bet an T	1.800,00							1.800,00		1.800,00	0
Bet an E		900,00	1,00	900,00	1.125,00	0,80	900,00	900,00		900,00	–
so. Vermögensw.	10.000,00	900,00	1,00	900,00				11.800,00			11.800,00
Summe	11.800,00	1.800,00		1.800,00	1.125,00		900,00	14.500,00			11.800,00
diverses EK	11.800,00	1.800,00	1,00	1.800,00	1.125,00	0,80	900,00	14.500,00	2.700,00		11.800,00
Summe	11.800,00	1.800,00		1.800,00	1.125,00		900,00	14.500,00	2.700,00	2.700,00	11.800,00
31.12.01											
Bet an T	1.800,00			–				1.800,00		1.800,00	–
Bet an E		900,00	0,80	720,00	1.425,00	0,60	855,00	720,00		720,00	–
so. Vermögensw.	10.000,00	1.200,00	0,80	960,00				11.815,00			11.815,00
Summe	11.800,00	2.100,00		1.680,00	1.425,00		855,00	14.335,00	–		11.815,00
diverses EK	11.800,00	1.800,00	1,00	1.800,00	1.125,00	0,80	900,00	14.500,00	2.700,00		11.800,00
WUD T				– 390,00			– 255,00	– 390,00			– 210,00
WUD E							210,00	– 255,00			– 255,00
JÜ		300,00	0,90	270,00	300,00	0,70		480,00		180,00	480,00
Summe	11.800,00	2.100,00		1.680,00	1.425,00		855,00	14.335,00	2.700,00	2.700,00	11.815,00

	WUD T				WUD E			
	USD	abw. Sticht.k.	EUR		NZD	abw. Sticht.k.	EUR	
div. EK kons.	900,00	–0,2	– 180,00	div. EK	1.125,00	–0,2	– 225,00	
JÜ	300,00	–0,1	– 30,00	JÜ	300,00	–0,1	– 30,00	
			– 210,00				– 255,00	

Stufenmethode

1. TK US 31.12.01	T-USD	E-NZD	Kurs	E-USD	Summe-USD	Soll	Haben	TK-USD
Bet an T	900,00			–	–		900,00	–
Bet an E	1.200,00	1.425,00	0,75	1.068,75	900,00 2.268,75			– 2.268,75
so. Vermögensw.	2.100,00	1.425,00		1.068,75	3.168,75			2.268,75
Summe	1.800,00	1.125,00	0,80	900,00	2.700,00	900,00		1.800,00
diverses EK								
WUD T								
WUD E		300,00		– 63,75	– 63,75			– 63,75
JÜ	300,00		0,775	232,50	532,50			532,50
Summe	2.100,00	1.425,00		1.068,75	3.168,75	900,00	900,00	2.268,75

2. GK EUR 31.12.01	TK-USD	Kurs	TK-EUR	MU-EUR	Summe EUR	Soll	Haben	Konzern
Bet an T				1.800,00	1.800,00		1.800,00	
Bet an E	–							
so. Vermögensw.	2.268,75	0,80	1.815,00	10.000,00	11.815,00			11.815,00
Summe	2.268,75		1.815,00	11.800,00	13.615,00			11.815,00
diverses EK	1.800,00	1,00	1.800,00	11.800,00	13.600,00	1.800,00		11.800,00
WUD T			– 413,25		– 413,25			– 413,25
WUD E	– 63,75	0,80	– 51,00		– 51,00			– 51,00
JÜ	532,50	0,90	479,25		479,25			479,25
Summe	2.268,75		1.815,00	11.800,00	13.615,00	1.800,00	1.800,00	11.815,00

	WUD T	USD	abw. Sticht.k.	EUR
div. EK TK		1.800,00	–0,2	– 360,00
JÜ TK		532,50	–0,1	– 53,25
				– 413,25

Das Schrifttum hatte vor Erlass von IFRIC 16 z.T. die Ansicht vertreten, nur die Berücksichtigung der nach der direkten Methode ermittelten Differenz sei in einem solchen Veräußerungsszenario angemessen.

- IFRIC 16.17 und 16.IE5 schließt sich dem nicht an, sondern lässt dem nach der **Stufenmethode** bilanzierenden Unternehmen ein nach IFRIC 16.BC28 stetig auszuübendes **Wahlrecht** (*policy choice*): Es kann die Umrechnungsdifferenz bei Abgang so ermitteln, als ob stets die direkte Methode angewandt worden wäre.
- Im umgekehrten Fall, bei ursprünglicher Anwendung der **direkten Methode**, besteht **kein Wahlrecht**, da die direkte Methode die Ökonomie der Umrechnungsrisiken besser reflektiert (IFRIC 16.BC38) und keine Rechtfertigung besteht, bei Entkonsolidierung bilanzpolitisch motiviert auf eine ökonomisch weniger angemessene Methode umzustellen.

74 Ist das Währungsrisiko eines Konzernunternehmens unterer Ebene (Enkelunternehmen usw.) im Konzern gegen die Währungsdifferenz zur obersten Ebene gesichert, ergibt sich ein (weitgehender) Ausgleich von *hedge*-Rücklage und Währungsumrechnungsrücklage nur bei der Verwendung der direkten Methode. Mittelbar wird dadurch auch die von IFRIC 16.BC38 für die direkte Methode angenommene bessere Widerspiegelung des ökonomischen Risikos bestätigt. Hierzu folgende Fortsetzung des Beispiels aus Rz 72:

> **Beispiel (Fortsetzung zu Rz 72)**
> M hat per 1.1.01 beim Kurs EUR/NZD von 0,8/1,0 eine Anleihe über 1.125 NZD (= 900 EUR) emittiert und diese als *hedge* des Investments in das neuseeländische Enkelunternehmen designiert.
> Am 31.12. beträgt der Kurs EUR/NZD nur noch 0,6/1,0. Die Anleihe ist daher mit 675 EUR zu bewerten. Der Währungsgewinn von 225 EUR wird erfolgsneutral in das Eigenkapital eingestellt.
> Wird nun am 1.1.02 das Enkelunternehmen veräußert, ist die *hedge*-Rücklage von 225 ertragswirksam aufzulösen.
> Gleichzeitig ist nach IAS 21 die auf E entfallende Währungsumrechnungsrücklage aufwandswirksam aufzulösen. Sofern von vornherein die direkte Methode angewandt wurde oder vom Wahlrecht der rückwirkenden Anwendung Gebrauch gemacht wird, beträgt der Aufwand 255, davon 225 auf das ursprüngliche Investment, 30 auf den Jahresüberschuss 01. Den Jahresüberschuss 01 ausgeklammert, gleichen sich also beide Effekte aus.
> Bei Anwendung der Stufenmethode entsteht hingegen eine hohe Differenz zwischen der Auflösung der *hedge*-Rücklage und der Währungsumrechnungsrücklage.

3.3.11 Umklassifizierung in integrierte Einheit, Wechsel der funktionalen Währung

75 Wird aus einer zuvor selbstständigen eine integrierte Einheit, d.h. ändert sich die funktionale Währung der Einheit, so findet zugleich ein **Wechsel** von der **erfolgsneutralen** zur **erfolgswirksamen** Behandlung von Umrechnungsdifferenzen statt. Die Umklassifizierung erfolgt **prospektiv** (IAS 21.35). Die bis zum

Zeitpunkt der Umklassifizierung aufgelaufenen und ins Eigenkapital eingestellten Umrechnungsdifferenzen werden nicht aufgelöst. Sie werden nach allgemeinen Grundsätzen erst im Zeitpunkt des (Teil-)Abgangs erfolgswirksam (IAS 21.37).

Ob im eher seltenen Fall eines **gleichzeitigen Wechsels von Darstellungs- und funktionaler Währung**[22] eine prospektive Behandlung ebenfalls zulässig ist, scheint fraglich.

- Der Wechsel der Darstellungswährung ist ein Wechsel der Bilanzierungsmethode (*accounting policy*) und daher nach IAS 8.14ff. retrospektiv darzustellen.
- Der Wechsel der funktionalen Währung ist hingegen nach IAS 21.35 prospektiv abzubilden.

Zu untersuchen ist dann, ob wegen der Einbindung des (freiwilligen) Wechsels der Darstellungswährung in den (durch die Umstände gebotenen) Wechsel der funktionalen Währung auch für die Darstellungsseite auf eine Retrospektion verzichtet werden kann. U. E. ist dies nicht der Fall, d. h. es ist so zu bilanzieren, als ob die neue Darstellungswährung schon immer angewandt worden wäre. Die Vorjahresbeträge sind anzupassen, alle Vermögenswerte und Schulden von der funktionalen in die neue Darstellungswährung mit dem Wechselkurs zu Beginn des Vorjahres und sodann mit dem Schlusskurs des Vorjahres umzurechnen.

Keine expliziten Regeln bestehen für die Auswirkung einer Änderung der funktionalen Währung auf die Bilanzierung zusammengesetzter Finanzinstrumente:

> **Beispiel**
> M gibt in 01 eine Wandelanleihe in Euro aus. Zum Ausgabezeitpunkt ist der Euro auch die funktionale Währung der TU. Der Emissionserlös wird nach den Regeln des *split accounting* (→ § 20 Rz 6ff.) teils in das Eigenkapital-, teils in das Fremdkapital eingestellt.
> In 03 ändert sich die funktionale Währung der M in USD. Wäre die auf Euro lautende Wandelanleihe erst zu diesem Zeitpunkt ausgegeben worden, hätte wegen Nichtwahrung der *fixed-to-fixed*-Bedingung (→ § 20 Rz 23) kein Teil des Emissionserlöses dem Eigenkapital zugerechnet werden können. Unklar ist nun, ob in 03 eine Umklassifizierung des bisherigen Eigenkapitalanteils in Fremdkapital stattfindet oder es mangels Vorschriften für ein *reassessment* bei der ursprünglichen Klassifizierung bleibt. U. E. besteht hier ein faktisches Wahlrecht.

4 Hyperinflation

4.1 Ziel und Anwendungsbereich von IAS 29

Ein Rechnungslegungssystem, das Anlagevermögen, Vorräte usw. zu Anschaffungs- oder Herstellungskosten ansetzt, verliert seine Aussagekraft in Zeiten einer Hyperinflation. Hierzu folgendes Beispiel:

---

[22] Vgl. dazu BRUNE, IRZ 2013, S. 317ff.

> **Beispiel**
> Ein Tochterunternehmen in einem Land mit einer Inflationsrate von 100 % ist am 1.1.01 mit einer Bareinlage von 100 in Landeswährung (LW) gegründet worden. Die operative Tätigkeit beginnt erst Anfang 02. Bis dahin bestehen folgende Investitionsalternativen:
> - A) Kauf von Vorräten für 100 LW
> - B) Kauf eines mit 60 % verzinsten Wertpapiers für 100 LW.
>
> Ohne Inflationsbereinigung, d.h. in Nominalwerten, sieht die Bilanz per 31.12. wie folgt aus:
> **Fall A: Vorräte 100 LW, Kapital 100 LW, Jahresüberschuss 0 LW**
> **Fall B: Wertpapiere und Geld 160 LW, Kapital 100 LW, Jahresüberschuss 60 LW.**
> Im Fall B werden Anfang Januar 02 die Wertpapiere liquidiert, um die gleiche Menge Vorräte für jetzt 200 LW zu beschaffen. Die Bilanz Anfang Januar zeigt Vorräte von 200 LW, Eigenkapital von 160 LW und erstmalig **Verbindlichkeiten von 40 LW**.
> - Bei real gleichem Vorratsvermögen wie im Fall A ist das Unternehmen im Fall B im **Januar 02** mit 40 LW verschuldet. Seine Vermögens- und Finanzlage ist schlechter als im Fall A, weil die 60 LW Zinsertrag aus 01 nicht ausreichten, um den Kaufkraftverlust von 100 LW zu decken.
> - Per **31.12.01** täuschten die nicht inflationsbereinigten Zahlen hingegen im Fall B eine bessere Lage als im Fall A vor.

79 Bei Hochinflationsländern schreibt daher IAS 29 bestimmte **Anpassungen** vor. Insbesondere sind nichtmonetäre Posten (Anlagevermögen, Vorräte usw.) mit dem Kaufkraftindex fortzuschreiben (IAS 29.11). Außerdem sind Gläubigerverluste und Schuldnergewinne aus monetären Posten im Periodenergebnis zu berücksichtigen (IAS 29.28).

80 Für den deutschen Anwender ist IAS 29 insoweit interessant, als es um die Bilanzierung ausländischer Einheiten (Tochterunternehmen usw.) in Hochinflationsländern geht. Praktisch können die Kaufkraftanpassungen i.d.R. nur **vor Ort** und nicht in der Konzernzentrale vorgenommen werden. Die deutsche Konzernzentrale und der deutsche Abschlussprüfer sollten aber die Grundzüge der kaufkraftangepassten Bilanzierung verstehen, um die Schlüssigkeit entsprechender Bilanzen beurteilen zu können oder zum Beispiel Bilanzplanung und Bilanzpolitik nicht auf falschen Prämissen aufzubauen. Die nachfolgende Kommentierung ist für diesen eingeschränkten Anwendungsbereich auf Grundzüge von IAS 29 beschränkt.

4.2 Anwendung bei Beteiligungsunternehmen: 7-Stufen-Ansatz

81 Die Anwendung der Vorschriften über die Hyperinflation vollzieht sich in 7 Schritten:
Schritt 1: Vorliegen einer Hyperinflation?
Damit IAS 29 zur Anwendung gelangt, muss eine Hyperinflation vorliegen. Eine **Inflationsrate**, die kumuliert über drei Jahre in der Nähe von **100 %** liegt, ist nicht notwendigerweise, aber regelmäßig der härteste Indikator (IAS 29.3e). Eine über 50 % liegende, aber stark steigende Inflationsrate kann ebenfalls für eine Hyperinflation sprechen.

Schritt 2: Auswahl eines Preisindexes
Für die Kaufkraftanpassung ist **ein** allgemeiner **Preisindex** anzuwenden. Existieren mehrere Preisindizes (z. B. Industriegüter, Konsumgüter usw.), ist die Auswahl des zutreffenden Index eine Frage des sachgerechten Ermessens (IAS 29.11 und 29.17).

Schritt 3: Anpassung nichtmonetärer Bilanzposten
Nichtmonetäre Bilanzposten, d. h. insbesondere Vorräte, Sachanlagen und immaterielle Anlagewerte, sind durch Anwendung des **Preisindex** auf die Anschaffungs- oder Herstellungskosten (und die kumulierten Abschreibungen) anzupassen. Maßgeblich ist nicht die Entwicklung des Index in der Periode, sondern die Entwicklung vom Anschaffungszeitpunkt bis zum Bilanzstichtag (IAS 29.15).

Schritt 4: Anpassung der GuV
Alle Posten der **GuV** sind mit der Kaufkraft des Bilanzstichtages auszudrücken. Bei Erträgen und Aufwendungen, die sich relativ gleichmäßig über das Jahr verteilen (kein Saisongeschäft usw.), und bei einer Inflationsrate, die ebenfalls relativ gleichmäßig über das Jahr verteilt ist, kann die Umrechnung gegebenenfalls mit der halben Inflationsrate der Periode erfolgen (IAS 29.26).

Schritt 5: Ermittlung Schuldnergewinn/Gläubigerverlust
Ist ein Unternehmen in einer Netto-Gläubigerposition (mehr Guthaben und Forderungen als Schulden), so erleidet es durch die Entwertung dieser Position einen **Gläubigerverlust**. Umgekehrt erzielt ein Netto-Schuldner einen **Schuldnergewinn** aus der Inflation. Der Gewinn oder Verlust ist in der GuV zu berücksichtigen (IAS 29.27). Seine Berechnung wird im nachfolgenden Beispiel unter Rz 83 erläutert.

Schritt 6: Anpassung Vorjahreszahlen
Die **Vorjahreszahlen** werden i. d. R. mit dem alten Preisindex und bei Umrechnung in Euro mit dem alten Wechselkurs, d. h. auf Konzernebene mit den ursprünglichen Werten, dargestellt (IAS 29.34 i. V. m. IAS 21.42b).

Schritt 7: Umrechnung in Berichtswährung Euro
Erst nach Inflationsanpassung erfolgt mit den normalen Regeln der Währungsumrechnung die Umrechnung in die Berichtswährung des Konzerns (IAS 29.35). Zur Qualifikation verschiedener Länder hinsichtlich Hyperinflation (Schritt 1) nachfolgende Übersicht auf Basis von Daten des Internationalen Währungsfonds (IMF):

Hyperinflationäre Länder 2013/14
Äthiopien
Iran
Sudan
Syrien
Venezuela
Weißrussland

Die Aussagekraft kumulierter Inflationsraten ist begrenzt, da eine zunehmende Zahl von Ländern (u. a. Kongo, Libyen, Sudan, Syrien, Vanuatu, Zimbabwe) keine Inflationsraten mehr an den IMF meldet. Teilweise wird daher versucht, die letzt verfügbaren Daten auf Grund von Wechselkursentwicklungen (implizite Prämisse; Kaufkraftparität) zu extrapolieren. Auf diese Weise wird etwa Syrien wegen einer schon bis 2013 hohen Inflation und danach einer extremen Abwertung gegenüber dem USD als hyperinflationär angesehen. In anderen Ländern (so etwa in Argentinien mindestens bis 2013) bestehen Zweifel an der offiziellen Statistik. Von privaten Institutionen erstellte Indizes zeigen höhere Inflationsraten als die amtliche Statistik.

83 Das nachfolgende Beispiel zeigt die Anwendung der Schritte 3–5:

> **Beispiel**
> Für Zwecke des Konzernabschlusses ist der Einzelabschluss einer Hyperinflationstochter auf den 31.12.02 an die Kaufkraft anzupassen.
> Im Vorjahr wurde bereits eine entsprechende Indizierung vorgenommen. Aus ihr ergeben sich folgende Werte per **31.12.01**:
>
> | Aktiva | | Bilanz 31.12.01 | | Passiva |
> |---|---|---|---|---|
> | Masch. (alt) | | 100 | gezK+KRL | 100 |
> | Vorräte (alt) | | 80 | GewinnRL | 60 |
> | Ford./Bank | | 20 | Verbindl. | 40 |
> | | Index 01 | 200 | Index 01 | 200 |
>
> In 02 ereignen sich bei einer Inflationsrate von 50 % u. a. folgende Geschäftsvorfälle:
> - **Abschreibung alte Maschinen** (RND 5 Jahre) mit 20 (auf den per 31.12.01 indizierten Wert).
> - **Anschaffung neuer Maschinen** am 1.7. für 100. Abschreibung 20 bei RND von 2,5 Jahren.
> - **Anschaffung neuer Vorräte** zur Jahresmitte für 240. Davon zur Hälfte in 02 verbraucht.
> - Außerdem werden **alle alten Vorräte** in 02 **verbraucht.**
>
> Hieraus ergibt sich bei einem angenommenen JÜ von 40 folgende Bilanz per 31.12.02 (Maschinen alt und Eigenkapital alt noch zu Indexwerten 1.1.02, d. h. ohne 50 % Aufschlag):
>
> | S | | vorläufige Bilanz 31.12.02 | | H |
> |---|---|---|---|---|
> | Masch. (alt) | | 80 | gezKap+ KapRL | 100 |
> | Masch. (neu) | | 80 | GewinnRL | 60 |
> | Vorräte (alt) | | 0 | JÜ | 40 |
> | Vorräte (neu) | | 120 | | |
> | Ford./Bank | | 60 | Verbindl. | 140 |
> | | | 340 | | 340 |
>
> Bei der Kaufkraftanpassung der Bilanzposten auf den 31.12.02 ist wie folgt vorzugehen:
> - **monetäre Posten** (Forderungen, Verbindlichkeiten, Geld): **Keine Anpassung**
> - **EK,** d. h. gezeichnetes Kapital, Kapitalrücklage und Gewinnrücklagen: jeweils × **150 %**

- **Vorräte und Maschinen:** laut nachfolgenden Konten (jeweils links nominale bzw. bei alten Maschinen und alten Vorräten alte Indexwerte, jeweils rechts inklusive Anpassung an 50 % Inflation)
  Erläuterung Vorräte: Per 31.12.02 sind alle alten Vorräte verbraucht und die neuen noch zur Hälfte vorhanden. Die Anschaffungskosten dieser Hälfte betrugen 120. Wegen Anschaffung zur Jahresmitte ist dieser Wert nur mit 25 % zu indexieren. Der Endbestand ergibt sich daher mit 120 × 125 % = 150. Für die Ermittlung des Verbrauchs ist der Anfangsbestand mit 50 %, der Zugang der Jahresmitte mit 25 % zu indizieren. Der Verbrauch beträgt somit 80 × 150 % + 240 × 125 % − 150 = 270. Die Differenz von 70 zum nominellen Verbrauch entfällt mit 40 (= 80 × 50 %) auf die alten und mit 30 (=120 × 25 %) auf die zugegangenen Vorräte:

S		Vorräte 31.12.02		H
AB	80	80	Verbrauch	200	200
Anpassung		40	Anpass. Verbr.		70
Zugang	240	240	EB	120	150
Anpassung		60			
	320	420		320	420

Bei den Maschinen ist ebenfalls zu beachten, dass die Altbestände und ihre Abschreibung für ein ganzes Jahr (50 %), die Neuzugänge und ihre Abschreibungen nur für ½ Jahr (25 %) zu indizieren sind.

S		Maschinen 31.12.02		H
AB (M. alt)	100	100	AfA (M. alt)	20	20
Anpass. (M. alt)		50	Anpassung		10
Zugang (M. neu)	100	100	AfA (M. neu)	20	20
Anpass. (M. neu)		25	Anpassung		5
			EB	160	220
	200	275		200	275

Zur Erstellung der indizierten Bilanz fehlen nun noch GuV und Schuldnergewinn. Die nominalen GuV-Werte sind wie folgt zu indizieren:
- **Umsätze und sonstige Aufwendungen** mit 25 % (Unterstellung: gleichmäßiger Anfall über das Jahr).
- **Materialverbrauch alt** und **Abschreibung alt** mit 50 %.
- **Materialverbrauch neu** und **Abschreibung neu** mit 25 %, da Anschaffung zur Jahresmitte.

Die GuV zeigt jeweils links die alten Werte und rechts die neu indexierten Werte:

S			GuV 02		H
Material alt	80	120	Umsatz	320	400
			Schuldnergewinn		25
Material neu	120	150			
AfA alt	20	30			
Afa neu	20	25			
Sonstiges	40	50			
JÜ	40	50			
	320	425		320	425

Der **Schuldnergewinn** kann im Rahmen der Doppik über ein **Kaufkraftausgleichskonto** ermittelt werden. Es enthält die Anpassung aller Anfangsbestände und Zugänge der nichtmonetären Bilanzposten (Buchungen: „Kaufkraftkonto an gezeichnetes Kapital", „Maschinen an Kaufkraftkonto" usw.).
- Der Saldo des Kaufkraftkontos sollte ungefähr dem rechnerischen Schuldnergewinn entsprechen.
- Die Nettoschuldnerposition (Verbindlichkeit – Forderungen/Bank) beträgt 80 (= 140–60) per Jahresende und 20 (= 40–20) per Jahresanfang. Die Veränderung ist also 60, gemittelt über das Jahr somit 60/2 = 30.
- Das Kaufkraftkonto weist mit einem Saldo von 25 in etwa den gleichen Wert aus.
- In die Bilanz geht der Kontenwert, nicht der rechnerische Wert ein.

S		Kto. Kaufkraftausgleich	H
gezKap/kapRL	50	Masch. alt	50
GewinnRL	30	Masch. neu	25
Umsatz	80	Vorräte (AB+Zugang)	100
SALDO	25	sonstige Aufw.	10
	185		185

Somit stehen alle Werte für die angepasste Bilanz per 31.12.02 zur Verfügung:

S		Bilanz 31.12.02	H
Masch. (alt)	120	gez-Kap+KapL	150
Masch. (neu)	100	GewinnRL	90
Vorräte (alt)	0	JÜ	50
Vorräte (neu)	150		
Ford./Bank	60	Verbindl.	140
Index 02	430	Index 02	430

> Diese Werte in Landeswährung sind nun noch nach den allgemeinen Grundsätzen der Währungsumrechnung in die Berichtswährung des Konzerns (Euro) umzurechnen.

Der im November 2005 verabschiedete IFRIC 7 „*Applying the Restatement Approach IAS 29 Financial Reporting in Hyperinflationary Economies for the first time*" enthält u.a. besondere Regelungen für das Jahr der erstmaligen Feststellung einer Hyperinflation. IAS 29 ist retrospektiv, d.h. so anzuwenden, als ob die Hyperinflation immer schon bestanden hätte. Ausgangspunkt der Preisindexierung von Sachanlagen wäre dann etwa der u.U. sehr weit zurückliegende Zeitpunkt der Anschaffung/Herstellung. Daneben trifft IFRIC 7 Regelungen zu latenten Steuern sowie zur Umrechnung der Vorjahresvergleichszahlen indexierter Posten. Anzuwenden ist danach z.b. auf das Sachanlagevermögen des Vorjahres der Index des aktuellen Jahres. IFRIC 7 ist auf Geschäftsjahre anzuwenden, die ab 1. März 2006 beginnen. 84

5 Latente Steuern

Sowohl bei der Umrechnung von Fremdwährungsgeschäftsfällen als auch bei der Währungsumrechnung für Konzernzwecke kann es zu Abweichungen von Bilanzposten zwischen dem **Steuer-** und dem **IFRS-Wert** kommen. Die sich hieraus ergebenden Steuereffekte sind gem. IAS 21.50 nach den Regeln von IAS 12 zu bilanzieren (→ § 26). Deshalb ist z.b. bei erfolgsneutraler Erfassung der Differenz im *other comprehensive income, OCI* auch der Steuereffekt erfolgsneutral zu erfassen. 85

Abweichungen zur Steuerbilanz und damit latente Steuern ergeben sich bei **Fremdwährungsgeschäften** aus dem **Realisationsprinzip**. Wird der Euro aufgewertet, so sinkt der Euro-Wert einer Fremdwährungsverbindlichkeit. Nach derzeitigem deutschem Steuerrecht bleibt es hingegen in der Steuerbilanz beim Ansatz des höheren Rückzahlungsbetrages. Auf den Differenzbetrag sind passive latente Steuern zu bilden. Ebenfalls sind passive latente Steuern zu bilden, wenn der Euro abgewertet wird und deshalb der Euro-Wert einer Fremdwährungsforderung in der IFRS-Bilanz steigt, während in der Steuerbilanz die Euro-Anschaffungskosten nicht überschritten werden dürfen (Rz 16). Die Bilanzierung der latenten Steuern aus Umrechnungsdifferenzen bei Fremdwährungsgeschäften ist im Allgemeinen **erfolgswirksam** vorzunehmen. Eine Ausnahme besteht nach IAS 12.61 für Neu- und Zeitbewertungsfälle, in denen die Umrechnungsdifferenz selbst erfolgsneutral erfasst wird (Rz 29). Ebenfalls unmittelbar im Eigenkapital erfasst werden die Differenzen aus der Umrechnung **selbstständiger Einheiten im Konzern**. Auch hier ist daher die korrespondierende latente Steuer **erfolgsneutral** zu bilanzieren (IAS 21.61c). 86

Bei der Währungsumrechnung selbstständiger ausländischer Tochterunternehmen für Konzernzwecke sind latente Steuern zum einen als **Objekt** der Währungsumrechnung zu betrachten, zum andern als deren **Folge**. Im Falle der Beteiligung einer inländischen an einer selbstständigen ausländischen Kapitalgesellschaft stellen sich diese beiden Dimensionen wie folgt dar: 87

- Das ausländische Tochterunternehmen ermittelt in seiner Währung die abziehbaren oder steuerpflichtigen temporären Differenzen zwischen IFRS- und Steuerbuchwert der Vermögenswerte und Schulden. Die aus diesen sog. *inside basis differences* (→ § 26 Rz 139) entstehende latente Steuer erfasst die steuerlichen Konsequenzen, die aus einem Verkauf der Vermögenswerte bzw. der Ablösung der Schuld resultieren würden. Die Latenzposten sind auf Basis der Steuersätze der Tochtergesellschaft und zunächst in deren Währung zu berechnen. Wie alle anderen Vermögenswerte und Schulden sind die aktiven und passiven latenten Steuern sodann mit dem Stichtagskurs in die Konzernwährung umzurechnen (Rz 86).
- Zusätzlich sind als sog. *outside basis differences* (→ § 26 Rz 139) die steuerlichen Konsequenzen einer Veräußerung der Beteiligung zu erfassen. Aus Konzernsicht ergäbe sich der Veräußerungsgewinn als Differenz von Veräußerungserlös und über die Entkonsolidierung abgehendem Nettovermögen des Tochterunternehmens zu Konzernbuchwerten. Aus steuerlicher Sicht ist dem Veräußerungserlös der Abgang des Beteiligungsbuchwerts gegenüberzustellen. Sofern Nettovermögen und Beteiligungsbuchwert nicht übereinstimmen, entsteht bei der Mutter eine latente Steuer nach Maßgabe inländischer Steuersätze und Vorschriften. Im Falle einer deutschen Muttergesellschaft sind wegen § 8b Abs. 2, 3 und 5 KStG sowie § 9 Nr. 7 GewStG nur 5 % des Veräußerungsgewinns zur Steuer heranzuziehen, woraus nach Maßgabe eines allgemeinen Steuersatzes von 30 % eine effektive Besteuerung von 0,3 × 5 % = 1,5 % resultiert. Wird in absehbarer Zeit *(forseeable future)* weder eine Ausschüttung noch eine Veräußerung des Tochterunternehmens geplant, sind nach IAS 12.39 und 12.40 keine latenten Steuern auf die *outside basis differences* anzusetzen.[23]

> **Beispiel**
> Die inländische Kapitalgesellschaft erwirbt am 1.1.01 bei einem Kurs von 1 EUR/1 FW eine 100 %ige Beteiligung an einer schuldenfreien ausländischen Kapitalgesellschaft zu einem Preis von 1.000 FW = 1.000 EUR. Bei der Erstkonsolidierung werden stille Reserven i.H.v. insgesamt 625 im Anlage und Umlaufvermögen aufgedeckt.
> Zum 31.12.01 hat sich der Kurs der Fremdwährung auf 2 EUR/1 FW erhöht.
> Am 2.1.02 wird der ausländische Geschäftsbetrieb zum Konzernbuchwert des Nettovermögens veräußert, der Gewinn ausgeschüttet und die ausländische Gesellschaft liquidiert.
> Der ausländische Steuersatz beträgt 20 %, der inländische 30 %. Dividenden und Veräußerungsgewinne sind im Inland nur zu 5 % zur Steuer heranzuziehen.

---

[23] Vgl. zum Ganzen auch LIENAU, PiR 2008, Heft 1.

1.1.01	IFRS	StBil	stpfl. temp. Differenz		pLatSt
Anlagevermögen	525	100	425	×20 % =	85
+ Umlaufvermögen	600	400	200	×20 % =	40
	1.125				125
− pLatSt	−125				
= Nettovermögen (FW)	1.000	500			
× Umrechnungskurs	×1,0				
Nettoverm. (FW)/StBW Bet.	1.000	1.000	0	×1,5 % =	0
					125

31.12.01	IFRS	StBil	stpfl. temp. Differenz		pLatSt
Anlagevermögen	410	110	300	×20 % =	60,0
+ Umlaufvermögen	400	400	0	×20 % =	0,0
	810				60,0
− pLatSt	−60				×2,0
= Nettovermögen (FW)	750	510			120,0
× Umrechnungskurs	×2,0				
Nettoverm. (Euro)/StBW Bet.	1.500	1.000	500	×1,5 % =	7,5
					127,5

2.1.02	Gewinn USA	Gewinn D			Steuer
VP Nettovermögen	810	810			
− StBW Nettovermögen	−510				
= zu versteuern im Ausland	300				
× Steuersatz darauf	×20 %				
= Steuer Ausland	60	−60	×2,0		120,0
Ausschüttung Div. (FW)		750			
× Umrechnungskurs		×2			
= Ausschüttung Div. (Euro)		1.500			
− Ausbuchung BetBW StBil		−1.000			
= Gewinn Inland		500			
× Steuersatz darauf		×1,5 %			
= Steuer Inland		7,5			7,5
Steuer gesamt					127,5

Im vorstehenden Beispiel nicht explizit berücksichtigt sind Währungsdifferenzen, die aus der Verwendung unterschiedlicher Kurse (Durchschnitt für die GuV, Stichtag für die Bilanz) bei der Umrechnung des ausländischen Abschlusses in die inländische Währung entstehen können (Rz 55). Diese Währungsdifferenz ist **erfolgsneutral** zu bilden, ebenso die korrespondierende Steuerlatenz (IAS 21.44 i.V.m. IAS 21.44 sowie IAS 12.62c i.V.m. IAS 12.41). Die Währungsumrechnungsrücklage ist nichts anderes als ein Teil des Eigenkapitals. An der Höhe des Nettovermögens und an der Höhe der latenten Steuern ändert dies nichts.

6 Ausweis Währungsumrechnungsdifferenzen

89 Folgende **besondere** Ausweisvorschriften sind zu beachten:
- **Konzernbilanz:** Die **erfolgsneutralen** Umrechnungsdifferenzen aus **selbstständigen** ausländischen Teileinheiten sind als **separater** Posten im Eigenkapital oder im Anhang zu zeigen (IAS 21.42b).
- **GuV:** Für den Ausweis **erfolgswirksamer** Umrechnungsdifferenzen in der GuV enthält IAS 21 **keine Vorschriften.** Die Einbeziehung in die sonstigen Erträge/Aufwendungen kommt ebenso infrage wie die Bildung eines besonderen Postens. Eine Berücksichtigung im Finanzergebnis ist u. E. insoweit vorzuziehen, als die Differenzen Finanzinstrumente betreffen und sich daher von anderen Erfolgen aus Finanzinstrumenten (insbesondere Zu- und Abschreibungen) nicht grundlegend unterscheiden. Bei Umrechnungserfolgen aus kurzfristigen, durch Umsatzleistungen entstandenen Forderungen ist ein Ausweis im operativen Ergebnis vorzuziehen.[24] Die **Saldierung** von Umrechnungsgewinnen und -verlusten ist nach IAS 1.34 und 37 zulässig, ggf. geboten (→ § 2 Rz 25).
- **Anlagespiegel:** Bei der Anwendung der **Stichtagsmethode** geht die Überleitung der Anschaffungskosten und der kumulierten Abschreibungen vom 1.1. auf den 31.12. sowie die Überleitung beider Größen auf den Buchwert nicht auf. Die Anschaffungskosten und kumulierten Abschreibungen per 1.1. sind vom alten Stichtagskurs auf den neuen Stichtagskurs (31.12.) **anzupassen,** z.B. durch Einfügung von **Währungsdifferenzspalten** in den Anlagespiegel (→ § 14 Rz 29).

7 Angaben

90 IAS 21 verlangt die Vornahme folgender Angaben auf aggregierter Basis:
- Betrag der **im Periodenergebnis** erfassten **Umrechnungsdifferenzen** mit Ausnahme derer, die bei nach IAS 39 erfolgswirksam zum *fair value* bilanzierten Finanzinstrumenten entstehen (IAS 21.52a),
- Betrag und Entwicklung der **als Eigenkapitaländerung** behandelten **Umrechnungsdifferenzen** (IAS 21.52b),
- bei **Abweichung** zwischen **Berichts- und funktionaler Währung:** Angabe und Begründung dieser Tatsache (IAS 21.53),
- bei **Änderung der funktionalen Währung** des Unternehmens bzw. Konzerns oder einer wesentlichen *(significant)* ausländischen Einheit: Angabe und Begründung dieser Tatsache.

91 Die **erste** Angabe ist Teil der Erläuterungen der **GuV**-Posten (z.B. Zusammensetzung sonstiger Erträge bzw. Aufwendungen). Die zweite Angabe ergibt sich unmittelbar aus der **Eigenkapitaländerungsrechnung** (Eigenkapitalspiegel), wenn in dieser eine besondere Spalte für die Umrechnungsdifferenz geführt wird (→ § 20 Rz 66). Die dritte Angabe betrifft einen nach Maßgabe von § 315a Abs. 1 HGB seltenen Fall (Rz 8). Die vierte Angabe hat angesichts einer Bilanzpraxis, die sämtliche signifikanten Einheiten als selbstständig qualifiziert (Rz 34), ebenfalls eine geringe Relevanz.

---

[24] Vgl. FREIBERG, PiR 2012, S. 63 ff.

Darüber hinaus ist die **Methode** der **Währungsumrechnung** im Rahmen der allgemeinen Beschreibung der Bilanzierungs- und Bewertungsmethoden mit zu erläutern (IAS 1.97 und IAS 1.99p; → § 5 Rz 24ff.). 92

Nachfolgend ein **Formulierungsbeispiel**, das auch die Angaben zur Hyperinflation berücksichtigt: 93

Formulierungsbeispiel Währungsumrechnung

In den Einzelabschlüssen der Gesellschaften werden Geschäftsvorfälle in fremder Währung mit dem Kurs zum Zeitpunkt der Erstverbuchung bewertet. Kursgewinne und -verluste werden ergebniswirksam berücksichtigt.

Im Konzernabschluss werden die Jahresabschlüsse ausländischer Tochterunternehmen gem. IAS 21 nach dem Konzept der funktionalen Währung in Euro umgerechnet. **Da sämtliche Tochterunternehmen ihre Geschäfte selbstständig betreiben, ist die jeweilige Landeswährung die funktionale Währung.** Bei der Umrechnung der Eigenkapitalfortschreibung von ausländischen Unternehmen, die nach der *equity*-Methode bilanziert werden, wird entsprechend vorgegangen. Die Umrechnung der Vermögensgegenstände und Schulden erfolgt zum Mittelkurs am Bilanzstichtag, während die GuV mit dem Jahresdurchschnittskurs und das übrige Eigenkapital mit ursprünglichen Kursen umgerechnet werden. Umrechnungsdifferenzen werden ergebnisneutral im Eigenkapital verrechnet. Zum Zeitpunkt der Entkonsolidierung von Konzerngesellschaften werden die jeweiligen kumulierten Umrechnungsdifferenzen erfolgswirksam aufgelöst.

Die Jahresabschlüsse von Tochterunternehmen in Hochinflationsländern werden gem. IAS 29 (*financial reporting* in *hyperinflationary economies*) umgerechnet. Dies betrifft Konzernunternehmen mit Sitz in R und T. Dabei werden die den geänderten Kaufkraftverhältnissen entsprechenden Aufwands- und Ertragsposten einschließlich des Jahresergebnisses zum jeweiligen Stichtagskurs umgerechnet. Die Buchwerte der nichtmonetären Bilanzposten dieser Gesellschaften wurden vor einer Umrechnung in Euro auf Grundlage geeigneter Indizes zur Messung der Kaufkraft an die im Geschäftsjahr eingetretenen Preisänderungen angepasst. Die sich aus der Indizierung ergebenden Kaufkraftgewinne oder -verluste werden erfolgswirksam in den sonstigen finanziellen Erträgen/Aufwendungen im übrigen Finanzergebnis erfasst.

Für die Währungsumrechnung wurden hinsichtlich der für den Konzern wichtigsten Währungen der Länder, die nicht an der Europäischen Währungsunion teilnehmen, folgende Wechselkurse zugrunde gelegt: (es folgt die Angabe von Stichtags- und Jahresdurchschnittskursen).

Auf die **Checkliste „Abschlussangaben"** wird verwiesen (→ § 5 Rz 8).

8 Anwendungszeitpunkt, Rechtsentwicklung

IAS 21 bzw. IAS 29 sind für alle Berichtsperioden anzuwenden, die ab dem 1.1.2005 bzw. 1990 beginnen. Die Unterschiede von IAS 21 (1993) zu IAS 21 stellen sich wie folgt dar: 94

- Redaktionelle Änderungen: IAS 21 differenziert begrifflich nicht mehr zwischen selbstständigen und integrierten ausländischen Einheiten. Konzernbilanzielle Umrechnungsregeln für integrierte Einheiten sind theoretisch entbehrlich, weil die Währung der inländischen Mutter als funktionale Währung der Einheit gilt und damit theoretisch bei der Tochter bereits einzelbilanziell (in der Vorkonsolidierungsphase) zugrunde zu legen ist (Rz 15).
- Fremdwährungsderivate und Fremdwährungs-*hedging* waren z. T. in IAS 21 (1993) geregelt. Nach IAS 21 ist für diesen Bereich nur noch IAS 39 einschlägig (Rz 2).
- IAS 21 (1993) sah Wahlrechte zur Behandlung von Umrechnungsdifferenzen beim Verfall der eigenen Währung (Rz 28) und bei der Behandlung des *goodwill* (Rz 62) vor. Diese Wahlrechte sind durch IAS 21 entfallen.
- IAS 21 enthält ausdrückliche Regelungen zur Umrechnung der Vorjahresvergleichszahlen (Rz 52 f.).

Die in 2005 verabschiedete Ergänzung zu IAS 39 sieht die Möglichkeit des *cash flow hedging* konzerninterner Transaktionen vor (Rz 68).

Die in 2006 verabschiedete Ergänzung zu IAS 21 sieht Erleichterungen bei der Einbeziehung von Darlehensverhältnissen zwischen Mutter und Tochter in das „*net investment*" vor (Rz 64 ff.). Der in 2008 vorgelegte IFRIC 16 *Hedges of a Net Investment in a Foreign Operation* bringt vor allem Klarstellungen zur Sicherung im mehrstufigen Konzern. (Rz 70 ff.).

Das im Mai 2008 verabschiedete *Amendment* zu IFRS 1 und IAS 27 veränderte den die einzelbilanzielle Bewertung von Tochterunternehmen betreffenden Anschaffungskostenbegriff. Ausschüttungen von Altrücklagen gelten ab 2009 nicht mehr als Rückzahlung des Investments. IAS 21.49 ist entsprechend angepasst worden (Rz 59).

9 Zusammenfassende Praxishinweise

95 IAS 21 enthält Regelungen zur Umrechnung von Fremdwährungsgeschäften und -salden sowie zur Umrechnung von voll-, quotal oder *at equity* zu konsolidierenden ausländischen Einheiten. Die wesentlichen Bestimmungen sind wie folgt:

Fremdwährungsgeschäfte:
- **Die Erstverbuchung** von Geschäften in fremder Währung erfolgt in der funktionalen Währung durch Umrechnung mit dem Wechselkurs am **Tag der Transaktion** (IAS 21.21; Rz 15).
- **Monetäre Bilanzposten** sind zu jedem Bilanzstichtag unter Verwendung des **Stichtagskurses** umzurechnen (IAS 21.23a). Anders als im Handelsrecht ist dabei keine Begrenzung nach oben auf die Anschaffungskosten (Aktiva) bzw. nach unten auf den Rückzahlungsbetrag (Passiva) gegeben (Rz 16).
- **Nichtmonetäre Posten**, die zu (fortgeführten) Anschaffungs- oder Herstellungskosten zu bewerten sind, werden zum Stichtag nicht umgerechnet. Maßgeblich bleibt der Kurs am Tag der **Erstverbuchung** (IAS 21.23b; Rz 21). Lediglich für solche nichtmonetären Posten, die – insbesondere wegen außerplanmäßiger Abschreibung – mit ihrem **beizulegenden Zeitwert** *(fair value)* bewertet werden, sieht IAS 21.23c eine Umrechnung zum **Stichtagskurs** vor (Rz 23).

- **Umrechnungsdifferenzen** zwischen Erst- und Folgebewertung sowie zwischen jetzigem und vorherigem Bilanzstichtag sind **erfolgswirksam** zu erfassen (IAS 21.15; Rz 28).

Umrechnung ausländischer Einheiten im Konzern
Aus Sicht der **funktionalen Theorie** ist zu unterscheiden zwischen der
- Umrechnung **integrierter** Einheiten (erfolgswirksam, teils zu Stichtags-, teils zu Einstandskursen) und
- Umrechnung **selbstständiger** Einheiten (erfolgsneutral, zu Stichtagskurs).
- Die Abgrenzungskriterien sind stark ermessensbehaftet. Die **Praxis** qualifiziert ausländische Einheiten fast immer als **selbstständig** (Rz 36).
- Bei **selbstständigen Einheiten** gilt:
  - **Sämtliche** Vermögenswerte und **Schulden** sind zum **Stichtagskurs** umzurechnen (Rz 51).
  - Die Umrechnung der GuV erfolgt i. d. R. zu **Durchschnittskursen** (Rz 54).
  - Die aus der Anwendung unterschiedlicher Kurse entstehende Umrechnungsdifferenz wird unter geeigneter Bezeichnung, z. B. als „**Währungsrücklage**" oder als „Differenz aus der Währungsumrechnung" **erfolgsneutral** ins Eigenkapital eingestellt (Rz 55). Ein Erfolg ist erst beim **Abgang** der Einheit zu realisieren (Rz 59).
  - Währungserfolge aus **konzerninternen Forderungen/Schulden** sind i. d. R. nicht zu eliminieren (Rz 62). Eine **Neutralisierung** gegen die Währungsrücklage ist nur dann möglich, **wenn** die Forderung/Schuld als Teil des **Nettoinvestments** *(net investment)* in die ausländische Einheit, d. h. als Quasi-Eigenkapital, zu qualifizieren ist (Rz 65).

Ausweisvorschriften (Rz 89)
- **Konzernbilanz**: Die erfolgsneutralen Umrechnungsdifferenzen aus selbstständigen ausländischen Teileinheiten sind als separater Posten im Eigenkapital oder im Anhang zu zeigen (IAS 21.42b).
- **GuV**: Für den Ausweis in der GuV enthält IAS 21 keine expliziten Vorschriften. Soweit die Währungsergebnisse überwiegend operativen Charakter haben, sich z. B. vor allem aus Kundenforderungen, Vorräten oder Lieferantenverbindlichkeiten ergeben, kommt eine Einbeziehung in die sonstigen Erträge/Aufwendungen ebenso in Frage wie die Bildung eines besonderen Postens im operativen Teil der GuV. Soweit die Ergebnisse überwiegend dem Finanzierungsbereich zuzuordnen sind, z. B. auf Darlehen entfallen, ist eine Einbeziehung in das Finanzergebnis i. d. R. sachgerechter. Die Saldierung von Umrechnungsgewinnen und -verlusten ist nach IAS 1.34 und 37 zulässig, ggf. geboten. Werden operative Währungsergebnisse und solche des Finanzbereichs getrennt ausgewiesen, ergeben sich Saldierungsmöglichkeiten nur innerhalb des jeweiligen Bereichs.

Angabepflichten (Rz 90)
- Betrag der **im Periodenergebnis erfassten Umrechnungsdifferenzen**, mit Ausnahme derer, die nach IAS 39 erfolgswirksam zu *fair-value*-bilanzierten Finanzinstrumenten entstehen (IAS 21.52a), sowie
- Betrag und Entwicklung der **als Eigenkapitaländerung behandelten Umrechnungsdifferenzen** (IAS 21.52b).
Auf die **Checkliste „Abschlussangaben"** wird verwiesen (→ § 5 Rz 8).

§ 28 FINANZINSTRUMENTE

Inhaltsübersicht   Rz

1 Zielsetzung, Regelungsinhalt und Begriffe. 1–46
   1.1 Arbeitsteilung der IFRS. 1–2
   1.2 Definition und Differenzierung des Finanzinstruments . . 3–11
   1.3 Anwendungsbereich der Vorgaben (*scope* und *scope out*) . 12–16
   1.4 Bilanzierung von derivativen Finanzinstrumenten 17–20
   1.5 Warentermingeschäfte – *own use exemption*. 21–32
   1.6 Kreditzusagen (*loan commitments*) 33–41
   1.7 *Substance over form* – Synthetisierung von Finanzinstrumenten. 42–46

2 Ansatz und Ausbuchung von Finanzinstrumenten 47–105
   2.1 Zugang bei Abschluss der vertragsähnlichen Vereinbarung 47–56
      2.1.1 Zeitpunkt der Erbringung der (Gegen-)Leistung . . 47–50
      2.1.2 Divergenz von Vertrags- und Erfüllungstag – *regular way contracts*. 51–56
   2.2 Ausbuchung (*derecognition*) 57–105
      2.2.1 Konzeptionelle Grundlagen. 57–69
      2.2.2 Einzelfälle der Ausbuchung von finanziellen Vermögenswerten 70–92
         2.2.2.1 Factoring, *asset backed securities* (ABS), *off-balance*-Finanzierungen 70–80
         2.2.2.2 *Bondstripping* und sonstige Teilveräußerungen 81–82
         2.2.2.3 Rückübertragungsregelungen, insbesondere Wertpapierpension und -leihe, *total-return*-Swaps. 83–88
         2.2.2.4 Verkauf von Anteilen mit zeitlich nachgelagerter Abtretung (Termingeschäfte) 89–92
      2.2.3 Ausbuchung von Verbindlichkeiten. 93–105
         2.2.3.1 Verjährung, Umschuldung, Rückkauf von Anleihen. 93–99
         2.2.3.2 Umwandlung in Eigenkapital (*debt-for-equity*-Swap) 100–105

3 Bewertung finanzieller Vermögenswerte 106–159
   3.1 Erst klassifizieren, dann bewerten 106–113
   3.2 Geschäftsmodellkriterium (subjektive Bedingung). 114–120
   3.3 Zahlungsstromkriterium (objektive Bedingung). 121–134
      3.3.1 Ausschließlich Zins und Tilgung 121–132
      3.3.2 Verbriefungen und strukturierte Instrumente 133–134
   3.4 Verhältnis zu den Bewertungskategorien des IAS 39 135–159
      3.4.1 Vier Kategorien und eine Option. 135–138
      3.4.2 Kredite und Forderungen (*loans and receivables*). . 139–142
      3.4.3 Fälligkeitswerte (*held-to-maturity assets*). 143–150
      3.4.4 Handelswerte (FVTPL). 151–154
      3.4.5 Veräußerbare Werte (AfS) 155–159

4	Umklassifizierung finanzieller Vermögenswerte	160–174
4.1	Änderung des Geschäftsmodells nach IFRS 9	160–165
4.2	Umklassifizierung nach IAS 39	166–174
5	Klassifizierung finanzieller Verbindlichkeiten	175–203
5.1	Abgrenzungen zum Eigenkapital	175
5.2	Nur geringfügige Änderungen durch IFRS 9	176–178
5.3	Regelbewertung von Finanzverbindlichkeiten	179–182
5.4	Verbindlichkeiten aus stillen Beteiligungen oder partiarischen Darlehen	183–185
5.5	Bürgschaften und andere Finanzgarantien beim Garanten	186–203
5.5.1	Selbstständige und unselbstständige Garantien	186–187
5.5.2	Abgrenzung gegenüber *credit-default*-Swaps und anderen Kreditderivaten	188–189
5.5.3	Zugangs- und Folgebewertung von Finanzgarantien	190–203
6	Behandlung strukturierter Produkte	204–227
6.1	Eingebettete Derivate und das *mixed model*	204–209
6.2	Strukturierte Anleihen	210–213
6.3	Zugangsbewertung nach *split accounting*	214–218
6.4	Stille Beteiligungen, Genussrechte, partiarische Darlehen nach IAS 39	219–227
6.4.1	Separierung des Derivats oder einheitliche Bilanzierung – faktisches Wahlrecht	219–220
6.4.2	Bewertung und Ertragsrealisierung bei einheitlicher Bilanzierung	221–223
6.4.3	Bewertung und Ertragsrealisierung bei Behandlung der Erfolgsbeteiligung als Derivat	224–227
7	Zugangsbewertung von Finanzinstrumenten	228–247
7.1	*Fair value* als nomineller Bewertungsmaßstab	228–232
7.2	Restriktionen einer Zugangsbewertung zum *fair value*	233–240
7.3	Abgrenzung eines nicht objektivierbaren Zugangsergebnisses	241–243
7.4	Bestimmung und Abgrenzung von Transaktionskosten	244–247
8	Folgebewertung von Finanzinstrumenten	248–303
8.1	Bewertung zu fortgeführten Anschaffungskosten	248–265
8.1.1	Grundlagen der Effektivzinsmethode	248–250
8.1.2	Variabel verzinsliche Finanzinstrumente	251–255
8.1.3	Un- und unterverzinsliche Instrumente	256–259
8.1.4	Modifizierung der vertraglichen Konditionen	260–264
8.1.5	Fremdwährungsinstrumente	265
8.2	Erfolgswirksame Bewertung zum beizulegenden Zeitwert	266–285
8.2.1	Begriff des *fair value* und Methodik der Bestimmung	266–267
8.2.2	Vorliegen eines (in-)aktiven Markts	268–276
8.2.3	Erfolgswirksame *fair value*-Bewertung von Verbindlichkeiten	277–281
8.2.4	Folgebewertung von nicht für Sicherungszwecke verwendeten Derivaten	282–285
8.3	Erfolgsneutrale Bewertung zum beizulegenden Zeitwert	286–299
8.3.1	Ausnahmecharakter	286–288

	8.3.2	Unwiderufliche Designation von Eigenkapitalinstrumenten nach IFRS 9	289–293
	8.3.3	Schuldinstrumente mit divergenter Zielsetzung nach IFRS 9	294–296
	8.3.4	Veräußerbare Werte als Restkategorie nach IAS 39	297–299
8.4		Ausnahmsweise Bewertung *at cost*	300–303
9 Erfassung von Wertberichtigungen			304–340
9.1		Die Berücksichtigung des erwarteten Verlusts (*expected loss*) nach IFRS 9	304–324
	9.1.1	Anwendungsbereich und vereinfachtes Modell ...	304–311
	9.1.2	Einführung eines dreistufigen Modells..........	312–321
	9.1.3	Allgemeine Regeln zur Bestimmung des *expected loss*......................................	322–324
9.2		Wertberichtigung und Zuschreibung bei *incurred loss* nach IAS 39	325–340
	9.2.1	Erfassung eines *impairment* dem Grunde nach....	325–326
	9.2.2	Wertberichtigung bei einer Bewertung *at amortised cost*	327–336
	9.2.3	Wertberichtigung für veräußerbare Werte	337–340
10 Latente Steuern auf Finanzinstrumente			341–346
11 Ausweis			347–360
11.1		Bilanz und Gesamtergebnisrechnung	347–358
	11.1.1	Allgemeine Anforderungen	347–351
	11.1.2	Aufspaltung von Derivaten in kurz- und langfristig?	352–355
	11.1.3	Saldierung von finanziellen Vermögenswerten und Verbindlichkeiten	356–358
11.2		GuV und Kapitalflussrechnung	359–360
12 Angaben			361–399
12.1		Überblick	361–364
12.2		*Materiality*-Überlegungen........................	365–367
12.3		Angaben zu Bilanzierungs- und Bewertungsmethoden...	368–373
12.4		Überleitung von Bewertungskategorien auf Bilanzposten.	374
12.5		Angaben zur Umklassifizierung von Finanzinstrumenten	375
12.6		Angaben zur GuV	376–377
12.7		Angaben zur Wertberichtigung	378
12.8		Angaben zu Zeitwerten (*fair values*) und zur Nutzung der *fair value option*................................	379–382
12.9		Angaben zum *hedge accounting*	383
12.10		Sonstige Angaben	384
12.11		Angaben zu Risiken und Risikomanagement	385–397
12.12		Verhältnis zum Lagebericht	398–399
13 Anwendungszeitpunkt, Rechtsentwicklung			400–404
14 ABC der Finanzprodukte			405

Schrifttum: BISCHOFF, Latente Steuern nach IFRS bei festen, noch nicht bilanzierten Verpflichtungen und erwarteten Transaktionen in Sicherungsbeziehungen, PiR 2007, S. 68ff.; BURKHARDT/WEIS, Bilanzierung von Kreditderivaten nach IAS 39, IRZ 2007, S. 47ff.; CHRISTIAN, Erweiterung von IFRS 9 um finanzielle Verbindlichkeiten PiR 2011. S. 6ff.; CHRISTIAN, IFRS 9 – Finanzinstrumente und Folgeänderungen anderer Standards, PiR 2009, S. 364ff.; CORTEZ/ SCHÖN, Messung der Hedge Effektivität nach IAS 39 IRZ 2010, S. 171ff.; FLADT/ VIELMEYER, IdW ERS HFA 25, Einzelfragen zur Bilanzierung von Verträgen über den Kauf oder Verkauf von nicht-finanziellen Posten nach IAS 39, WPg 2008, S. 1070ff.; FLICK/GEHRER/MEYER, Neue Vorschriften für die Fair Value Ermittlung von Finanzinstrumenten durch IFRS 13, IRZ 2011, S. 387ff.; FLICK/ KRAKUHN/THEISS, Restrukturierung von Kreditvereinbarungen, IRS 2013, S. 37ff.; FREIBERG, Behandlung von dinglichen und personellen Sicherungen von at amortised cost bewerteten Finanzinstrumenten nach IFRS, PiR 2010, S. 256ff.; FREIBERG, Fair value-Bewertung von Finanzinstrumenten bei illiquiden Märkten, PiR 2007, S. 361ff.; FREIBERG, Vorzeitige Beendigung der Bilanzierung von Sicherungsbeziehungen (hedge accounting), PiR 2010, S. 264ff.; FREIBERG/LUKAT, Saldierung von Finanzinstrumenten, PiR 2013, S. 113ff.; GAHLEN, Bilanzierung von Forderungsverzichten gegen Besserungsschein und von Verlustbeteiligungen aus Mezzanine-Kapital nach HGB und nach IFRS, BB 2009, S. 2079ff.; GEISEL/BERGER, Geänderte Vorschläge zur Saldierung von finanziellen Vermögenswerten und finanziellen Verbindlichkeiten, WPg 2011, S. 1120ff.; GRÜNBERGER, Bilanzierung von Finanzgarantien nach der Neufassung von IAS 39, KoR 2006, S. 81ff.; GRÜNE/BURKARD, Bilanzierung von Debt-Equity-Swaps, IRZ 2012, S. 277ff.; HALLPAP/LELLMAN, Die Bedeutung der Geschäftsmodell-Bedingung nach IFRS 9 für Kreditinstitute, WPg 2011, S. 722ff.; HEINTGES/URBANCZIK, Debt for Equity Swaps und die Auswirkungen auf die Vermögens-, Finanz- und Ertragslage, DB 2010, S. 1469ff.; HOFFMANN, Der Forderungsverzicht mit Besserungsvereinbarung PiR 2009, S. 214ff.; HOFFMANN/LÜDENBACH, Die bilanzielle Abbildung der Hypothekenkrise und die Zukunft des Bilanzrechts, DB 2007, S. 2213ff.; KIRSCH/EWELT-KNAUER, Die unsichtbare Finanzgarantie, KoR 2011, S. 337ff.; LOTZ/GRYSHCHENKO, Änderungen durch IFRS 9, Implikationen für Verbriefungstransaktionen, PiR 2011 S. 149ff.; LÜDENBACH, Abtretung bundesgedeckter Forderungen (preinsured assets), PiR 2009, S. 56ff.; LÜDENBACH, Bilanzierung einer Verbindlichkeit aus partiarischem Darlehen, PiR 2009, S. 248ff.; LÜDENBACH, Verzinsung geleisteter oder empfangener Anzahlungen, PiR 2009, S. 346ff.; LÜDENBACH, Zusammenfassung einer Verbindlichkeit und eines Swap zu einem einzigen Bilanzierungsobjekt, PiR 2005, S. 95ff.; LÜDENBACH, Ausbuchung von Forderungen bei Abtretungsverbot, PiR 2013, S. 234; LÜDENBACH/FREIBERG, Strittige Fragen der IFRS-Bürgschaftsbilanzierung beim Garanten, BB 2007, S. 650ff.; SCHARPF/ WEIGEL/LÖW, Die Bilanzierung von Finanzgarantien und Kreditzusagen nach IFRS, WPg 2006, S. 1492ff.; SCHREIBER/SCHMIDT, Begleichung finanzieller Verbindlichkeiten durch Eigenkapitalinstrumente nach IFRS, WPg 2010, S. 637ff.; STRUFFERT/NAGELSCHMITT, Darlehenskonditionen im Lichte von IFRS 9, WPg 2012, S. 924 ff; SCHWAMBORN/GEHRER/PFEIL, IFRS 9/IFRS 13, Praxisbeispiele der Forderungs- und Beteiligungsbewertung, IRZ 2011, S. 428ff.; WIECHENS/ KROPP, Bilanzierung finanzieller Verbindlichkeiten nach IFRS 9, KoR 2011, S. 225ff.

Die Kommentierung bezieht sich sowohl auf IAS 39 als auch auf den Nachfolgestandard IFRS 9. Soweit sich die Regelungen nicht entsprechen, so inbesondere bei der Kategorisierung von finanziellen Vermögenswerten und bei deren außerplanmäßiger Wertberichtigung (*impairment*), wird jeweils zunächst IFRS 9 dargestellt und sodann vergleichend IAS 39. Neben den beiden genannten Standards berücksichtigt die Kommentierung die Vorgaben aus IAS 32 und IFRS 7, auch hier jeweils mit allen Ergänzungen, Änderungen und Interpretationen, die bis zum 1.1.2015 beschlossen wurden. Einen produktbezogenen Zugang zur Kommentierung liefert das unter Rz 405 wiedergegebene ABC der Finanzprodukte. Die Regelungen zum *hedge accounting* werden in → § 28a kommentiert.

1 Zielsetzung, Regelungsinhalt und Begriffe

1.1 Arbeitsteilung der IFRS

1 Für die bilanzielle Abbildung von Finanzinstrumenten sehen die IFRS nicht einen, sondern mehrere arbeitsteilige Standards vor. Die relevanten Vorgaben zur Bilanzierung und Offenlegung von Finanzinstrumenten finden sich in:
- IAS 32 „Finanzinstrumente: Darstellung": In IAS 32 werden Finanzinstrumente (finanzielle Vermögenswerte, finanzielle Verbindlichkeiten und Eigenkapital) definiert (IAS 32.11). Vornehmlich finden sich in IAS 32 die Vorgaben zur (dichotomen) Abgrenzung von Eigen- und Fremdkapital (→ § 20 Rz 3 ff.), aber auch zur Saldierung (*offsetting*) finanzieller Vermögenswerte und Verbindlichkeiten (Rz 356).
- IFRS 9/IAS 39 „Finanzinstrumente: Ansatz und Bewertung": Die umfangreichsten Vorgaben zur bilanziellen Abbildung von Finanzinstrumenten sind den Bereichen Ansatz (*recognition*), Ausbuchung (*derecognition*) und Bewertung (*measurement*) gewidmet. Darüber hinaus werden auch die Vorgaben zur Bilanzierung von Sicherungsbeziehungen in IFRS 9/IAS 39 abgehandelt.
- IFRS 7 „Finanzinstrumente: Angaben": Die Offenlegungspflichten im Zusammenhang mit Finanzinstrumenten werden – ausgenommen Angaben zum beizulegenden Zeitwert (*fair value*), die in IFRS 13 angesprochen werden (→ § 8a Rz 142) – gänzlich in IFRS 7 geregelt.

Die Grundsätze zur Währungsumrechnung von Finanzinstrumenten sind in IAS 21 niedergelegt (und werden auch in diesem Zusammenhang kommentiert; → § 27).

2 Für die bilanzielle Abbildung eines Geschäftsvorfalls und somit auch von Finanzinstrumenten ist zwischen Vorgaben betreffend den Ansatz (*recognition*), die Bewertung (*measurement*), die Darstellung (*presentation*) und die Offenlegung (*disclosure*) zu unterscheiden. Ausgeklammert werden daher an dieser Stelle die Vorgaben zur Abgrenzung von Eigen- und Fremdkapital (→ § 20 Rz 3 ff.) und die Anforderungen an die Offenlegung bei einer Bewertung zum beizulegenden Zeitwert (→ § 8a Rz 142 ff.). Die Vorgaben zur bilanziellen Abbildung von Sicherungszusammenhängen (*hedge accounting*) sind in → § 28a zusammengefasst.

1.2 Definition und Differenzierung des Finanzinstruments

Ein **Finanzinstrument** ist „ein Vertrag, der gleichzeitig bei einem Unternehmen zu einem finanziellen Vermögenswert und bei dem anderen Unternehmen zu einer finanziellen Verbindlichkeit oder einem Eigenkapitalinstrument führt" (IAS 32.11). Als Finanzinstrumente gelten somit alle auf rechtsgeschäftlicher Grundlage stehenden vertraglichen Ansprüche und Verpflichtungen (Rz 47), die unmittelbar oder mittelbar auf den Austausch von Zahlungsströmen gerichtet sind (IAS 32.AG3-AG10). Die deutsche Rezeption von IFRS 9/IAS 39 wird außerhalb der Fachkreise durch den Begriff des **Finanzinstruments** etwas erschwert. Der allgemeine Sprachgebrauch sieht in Finanzinstrumenten eher **Wertpapiere** (analog § 2b WpHG) oder komplexe, innovative **Finanzprodukte** (analog den Erlassen zu § 20 Abs. 2 Nr. 2ff. EStG). Zwar ist der Begriff durch das Bilanzrechtsreformgesetz erstmalig und dies in seiner weiten Fassung in das HGB eingegangen (§ 285 Nr. 18f. HGB und § 289 Abs. 2 Nr. 2 HGB), gleichwohl tut sich ein Teil der Praxis noch nicht leicht, z. B. Debitoren oder Kreditoren als „Finanzinstrumente" wahrzunehmen und die sie betreffenden Regelungen in den Vorgaben des IFRS 9/IAS 39 zu suchen, der genau dieser weiten Interpretation folgt.

- Unter den (Ober-)Begriff des finanziellen Vermögenswerts sind zu subsumieren
- **flüssige Mittel**, also Zahlungsmittel und -äquivalente, Bankguthaben und Einlagen (IAS 32.AG3)
- als Aktivum **gehaltene Eigenkapitalinstrumente** anderer Unternehmen (also Anteile an anderen Unternehmen),
- das **vertragliche Recht**,
    - (i) flüssige Mittel oder andere finanzielle Vermögenswerte von einem anderen Unternehmen (oder einer Privatperson) zu erhalten (insbesondere alle Forderungen gem. IAS 32.AG4) oder
    - (ii) finanzielle Vermögenswerte oder Verbindlichkeiten mit einem anderen Unternehmen unter potenziell vorteilhaften Bedingungen austauschen zu können (hierzu gehören Finanzderivate, deren *fair value* zum Bilanzstichtag positiv ist),
- jede Art von Vertrag, der in den **eigenen Eigenkapitalinstrumenten** des Unternehmens erfüllt werden wird oder werden muss – somit also als „Währung" eingesetzt wird – und der
    - (i) ein nicht-derivatives Finanzinstrument ist, welches das Unternehmen verpflichtet oder verpflichten könnte, eine variable Zahl eigener Eigenkapitalinstrumente zu erwerben, oder
    - (ii) ein derivatives Finanzinstrument ist, das anders erfüllt werden kann oder muss als durch den Austausch eines festen Geldbetrags oder einer festen Zahl anderer finanzieller Vermögenswerte gegen eine feste Zahl eigener Eigenkapitalinstrumente.
    - Die angesprochenen eigenen Eigenkapitalinstrumente umfassen dabei keine Instrumente, die selbst Verträge über den zukünftigen Erwerb oder die zukünftige Lieferung eigener Eigenkapitalinstrumente darstellen.

Eine **finanzielle Verbindlichkeit** umfasst Schulden – spiegelbildlich zu den finanziellen Vermögenswerten – aus

- einer **vertraglichen Verpflichtung**,
  - flüssige Mittel oder einen anderen finanziellen Vermögenswert an ein anderes Unternehmen (oder eine Privatperson) abzugeben oder
  - finanzielle Vermögenswerte oder Verbindlichkeiten mit einem anderen Unternehmen unter potenziell nachteiligen Bedingungen austauschen zu müssen (hierzu gehören Finanzderivate, deren *fair value* zum Bilanzstichtag negativ ist);
- jeder Art von Vertrag, der in den **eigenen Eigenkapitalinstrumenten** des Unternehmens (als „Währung") erfüllt werden wird oder muss und der
  - (i) ein nicht-derivatives Finanzinstrument ist, das das Unternehmen verpflichtet oder verpflichten könnte, eine variable Zahl eigener Eigenkapitalinstrumente zu liefern, oder
  - (ii) ein derivatives Finanzinstrument ist, das anders erfüllt werden kann oder muss als durch den Austausch eines festen Geldbetrags oder einer festen Zahl anderer finanzieller Vermögenswerte gegen eine feste Zahl eigener Eigenkapitalinstrumente.

Die eigenen Eigenkapitalinstrumente umfassen dabei keine Instrumente, die selbst Verträge über den zukünftigen Erwerb oder die zukünftige Lieferung eigener Eigenkapitalinstrumente darstellen.

6 Ein **Eigenkapitalinstrument** ist ein Vertrag, der einen Residualanspruch an den Vermögenswerten eines Unternehmens nach Abzug aller dazugehörigen Schulden begründet. Für die bilanzielle Behandlung von Eigenkapitalinstrumenten ist zwischen Emittent und Zeichner zu unterscheiden:
- Aus Sicht des **Emittenten** bedarf es wegen der Verpflichtung auf eine dichotome Kapitalstruktur einer Abgrenzung von Eigen- und Fremdkapital (IAS 32.15), somit einer Unterscheidung nach den Kapitalquellen des Unternehmens (→ § 20 Rz 3ff.). Die einzelnen Finanzierungsquellen sind in Abhängigkeit des Vorliegens einer vertraglichen Verpflichtung (*contractual obligation* gem. IAS 32.16f.) in Eigen- oder Fremdkapital zu klassifizieren. Eine **Folgebewertung** von als Eigenkapital klassifizierten Finanzinstrumenten **scheidet aus**.
- Aus Sicht des **Zeichners** liegt ein finanzieller Vermögenswert vor, der wegen Nichterfüllung der Voraussetzungen für eine **Bewertung** zu fortgeführten Anschaffungskosten (*at amortised cost*) zum **beizulegenden Zeitwert** (*fair value*) fortzuführen ist.

7 Der **Definitionskatalog** des IAS 32 ist nicht nur wegen seines hohen Abstraktionsgrades und der verwendeten Begriffe **nicht sehr geglückt**. Insbesondere entspricht die Bindung an einen Vertrag und an ein anderes Unternehmen nicht durchweg herrschender Praxis. Nach diesen Kriterien fielen etwa nicht nur – wie beabsichtigt – Steuerschulden und -forderungen aus dem Anwendungsbereich von IAS 39 bzw. IFRS 9 (kein Vertrag, kein anderes Unternehmen), sondern z.B. auch Kundenforderungen gegenüber Privatpersonen (kein anderes Unternehmen). Bei rechtskräftig festgestellten Schadensersatzansprüchen oder -foderungen wäre etwa nach der Grundlage des Schadensersatzes (z.B. Vertragsrecht oder unerlaubte Handlung) und dem Status der anderen Partei (Privatperson oder Unternehmen) zu unterscheiden.

8 Es bietet sich praktisch daher eher eine Negativabgrenzung eines Finanzinstruments an. Als Finanzinstrument gelten danach

- **aktivisch** alle Positionen, die nicht immaterielles Vermögen, Sachanlagevermögen, Vorratsvermögen, Steueransprüche, Sachleistungsforderung oder Abgrenzungsposten sind;
- **passivisch** alle Positionen, die nicht Eigenkapital, Sachleistungsverpflichtung, Abgrenzungsposten oder Rückstellung sind.

Dieser Praxis entsprechen im Übrigen auch die Erläuterungen, die der IASB selbst in IAS 32.AG6ff. zu seinen Definitionen gibt.

Positivbeispiele	Negativbeispiele
• Kundenforderungen	• (im-)materielle Vermögenswerte (IAS 32.AG10)
• Anleihen beim Inhaber (aktivisch) bzw. Emittenten (passivisch)	• abgegrenzte, im Voraus erhaltene bzw. bezahlte Einnahmen bzw. Ausgaben (Anzahlungen), deren Gegenleistung in zukünftigen Güterlieferungen, Dienstleistungen usw. besteht, sowie nichtfinanzielle Garantieverpflichtungen (IAS 32.AG11)
• Darlehen beim Darlehensgeber (aktivisch) bzw. -nehmer (passivisch)	
• finanzielle Garantien (Bürgschaften usw.) beim Garantiegeber bzw. -nehmer	
• Forderungen und Verbindlichkeiten aus *finance leases*	• Steuern und faktische Verpflichtungen (IAS 32.AG12)
• Eigenkapitalinstrumente, d. h. Anteile an anderen Gesellschaften	

Ein expliziter Ausschluss von Verpflichtungen zur Lieferung von Geld oder anderen Vermögenswerten vom Anwendungsbereich der bilanziellen Vorgaben für Finanzinstrumente gilt nur im **Ausnahmefall** (IAS 32.AG12).

- Nicht als Finanzinstrumente zu erfassen sind gesetzlich begründete Verpflichtungen (*statutory requirement*). Angesprochen sind **Steuerverbindlichkeiten**, die von der öffentlichen Hand auf Grundlage gesetzlicher Vorschriften erhoben werden (→ § 26 Rz 21).
- Ein weiterer Ausschluss besteht wegen der fehlenden rechtlichen Verpflichtung für **faktische Verpflichtungen** (*constructive obligations*), die – bei Erfüllung der Ansatzvoraussetzungen (IAS 37.14ff.) – als nichtfinanzielle Verbindlichkeiten zu erfassen sind (→ § 21 Rz 14).

Im Fall der *constructive obligation* fehlt es überhaupt an einem durchsetzbaren Anspruch einer anderen Partei. Eine Klassifizierung als Finanzinstrument scheidet daher aus. Die bilanzielle Behandlung von Steuerverbindlichkeiten richtet sich nach separaten Vorgaben (IAS 12), insoweit ist die Nichtbehandlung als Finanzinstrument gerechtfertigt.

Unklar ist die Reichweite des Ausschlusses gesetzlich begründeter Verpflichtungen (*statutory requirement*). So beruhen rechtlich begründete Ansprüche/Verpflichtungen auf Schadensersatz, bereicherungsrechtlicher Ausgleich usw. nicht oder nicht notwendigerweise auf einem Vertrag zwischen zwei oder mehreren Parteien (Rz 7). Da das Vorliegen eines Finanzinstruments allerdings auch durch eine Kette von Rechten und Verpflichtungen begründet werden kann, solange es letztlich zu einem Ausgleich in Zahlungsmitteln/-äquivalenten oder anderen finanziellen Vermögenswerten kommt (IAS 32.AG7) und daher andere Standards zur Regelung der vorgenannten Fälle fehlen, ist u.E. auch in derartigen Fällen eine Behandlung als Finanzinstrument vorziehungswürdig.

11 Nicht als Finanzinstrument zu behandeln sind auch erhaltene/geleistete Anzahlungen (IAS 32.AG11). Solange sie nicht wegen Leistungsstörung in ein Rückabwicklungsstadium eingetreten sind, fehlt es an der Verpflichtung zur Lieferung/dem Anspruch auf den Erhalt von Geld oder anderen finanziellen Vermögenswerten. Entsprechendes gilt für Rechnungsabgrenzungsposten.

1.3 Anwendungsbereich der Vorgaben (*scope* und *scope out*)

12 Der Anwendungsbereich für die bilanzielle Abbildung von finanziellen Vermögenswerten und Schulden **umfasst** weder **jedes** Finanzinstrument, noch ist **jeder** nichtfinanzielle Vermögenswert bzw. jede nichtfinanzielle Schuld aus dem Anwendungsbereich **ausgeschlossen**. So sind Anteile an einem anderen Unternehmen zwar stets Finanzinstrumente, unterliegen i.d.R. im konsolidierten Abschluss (*consolidated financial statement*) jedoch nur dann den spezifischen Vorgaben, wenn die Beteiligungsschwelle für mindestens maßgeblichen Einfluss nicht erreicht ist. Umgekehrt sind bestimmte Verträge über den Kauf nichtfinanzieller Vermögenswerte, etwa nicht auf die Deckung eigenen Bedarfs gerichtete Warenterminkontrakte, so zu behandeln, *as if the contracts were financial instruments* (IAS 32.8).

13 Die Vorgaben betreffend Ansatz, Bewertung und Ausweis enthalten eine Liste von Finanzinstrumenten, deren Rechnungslegung ausdrücklich nach anderen Vorgaben der IFRS erfolgen soll. Im Wesentlichen geht es um folgende Fälle:
- Anteile an **Tochterunternehmen** (IAS 27; → § 32), **assoziierten Unternehmen** (IAS 28; → § 33) und **Joint Ventures** (IFRS 11; → § 34) im Einzelabschluss (*separate financial statement*); in den Anwendungsbereich fallen jedoch bestimmte derivative Kontrakte über diese Anteile, etwa der Verkauf eines Anteils an einem assoziierten Unternehmen auf Termin, hingegen aber nicht unbedingte Terminkontrakte über den Kauf oder Verkauf eines Tochterunternehmens, bei denen die Zeitspanne zwischen Vertragsschluss und -erfüllung nicht länger dauert, als für die Erlangung von Genehmigungen und die Durchführungshandlungen vernünftigerweise gebraucht wird.
- Rechte und Pflichten aus **Leasing**-Verträgen (IAS 17; → § 15). Eine generelle Rückausnahme gilt für in den Leasingvertrag eingebettete Derivate. Spezielle Rückausnahmen bestehen für Leasingforderungen (Anwendung der allgemeinen Vorgaben für Finanzinstrumente auf Ausbuchung und *impairment*) sowie für Verbindlichkeiten des Leasingnehmers aus *finance lease* (Anwendung der Ausbuchungs-, jedoch nicht der Bewertungsvorgaben).
- Vermögenswerte und Verpflichtungen aus **Altersversorgungsplänen** (IAS 19; → § 22).
- Vom Unternehmen **selbst emittierte** Aktien, Optionen und sonstige **Eigenkapitalinstrumente** gem. IAS 32.
- Kaufverträge im Rahmen eines **Unternehmenszusammenschlusses**, die den Kauf bzw. Verkauf eines Unternehmens zu einem **künftigen Zeitpunkt**

vorsehen und bei denen die Zeitspanne zwischen Vertragsschluss und -erfüllung nicht länger dauert, als für die Erlangung von Genehmigungen und die Durchführungshandlungen vernünftigerweise gebraucht wird.
- **Darlehenszusagen** *(loan commitments)*, für die keine Möglichkeit eines Barausgleichs besteht. Eine (freiwillige) Rückausnahme besteht, wenn das Unternehmen die Zusage gem. der *fair value option* als ein zum *fair value* zu erfassendes Finanzinstrument gewillkürt hat. Eine (verpflichtende) Rückausnahme gilt für den Fall, dass das Unternehmen in der Vergangenheit wiederholt die aus einer Zusage resultierenden Darlehen kurzfristig weiterveräußert hat. Mit Umsetzung der Vorgaben des IFRS 9 fallen Darlehenszusagen unter die Wertberichtigungsvorgaben; es ist daher ein *expected credit loss* zu erfassen.
- Finanzinstrumente, Verträge und Verpflichtungen im Rahmen **anteilsbasierter Vergütungen**, die unter IFRS 2 (→ § 23) fallen (insbesondere Mitarbeiter-Aktienoptionen). Eine Rückausnahme gilt allerdings für aktienbezogene Vergütungen für den Erwerb von Waren. Damit sind Warentermingeschäfte mit einem vom Aktienkurs des Käufers abhängigen Kaufpreis angesprochen; Voraussetzung für die Rückausnahme ist allerdings die Möglichkeit eines Barausgleiches, wenn vom Gebrauch dieser Möglichkeit auszugehen ist (IFRS 2.2, IFRS 2.BC25 ff.).

In Bezug auf den Anwendungsbereich des **IFRS 4** zur bilanziellen Abbildung von Versicherungsverträgen ergeben sich folgende **Abgrenzungen**:

14

- Rechte und Verpflichtungen aus **Versicherungsverträgen** und anderen Verträgen, die unter IFRS 4 fallen (→ § 39 Rz 5 ff.), sind nicht nach den allgemeinen Vorgaben für Finanzinstrumente zu bilanzieren. In solche Verträge eingebettete Derivate fallen allerdings unter die allgemeinen Vorgaben (Rückausnahme), sofern die Derivate nicht selbst wiederum unter IFRS 4 fallen (Rückausnahme von der Rückausnahme).
- **Wetterderivate**: Bestimmte Wetterereignisse sind Gegenstand von Versicherungsverträgen, so etwa bei der Sturm- und Hagelversicherung. Andere klimatische Faktoren, etwa die Sonnenscheindauer im Sommerhalbjahr oder die Zahl der Hitzetage, sind nicht Gegenstand von üblichen Versicherungen, obwohl sie z. B. für Energieanbieter eine wichtige Rolle spielen können. Wegen der Schwierigkeiten bei der Abgrenzung zwischen ausgeklammerten Versicherungsverträgen und derivativen Wetterinstrumenten wurde in den Vorgaben für Finanzinstrumente zunächst generell auf die Einbeziehung von Wetterderivaten verzichtet. Angesichts der Unzahl sonstiger Abgrenzungsprobleme war diese Entscheidung von Anfang an nicht unbedingt konsequent. Mit der Einführung des IFRS 4 zur Bilanzierung von Versicherungsverträgen (→ § 39) ist die Bilanzierung von Wetterderivaten weitergehend geklärt worden. Danach gehören sie dann in den Anwendungsbereich der allgemeinen Vorgaben für Finanzinstrumente, wenn sie nicht unter IFRS 4 fallen. Dies ist insbesondere dann der Fall, wenn aufseiten des Sicherungsnehmers kein tatsächliches eigenes Risiko besteht (IFRS 4.Appendix B.18(l)). Wetterderivate werden daher regelmäßig als Derivate zu bilanzieren sein.

Bei **finanziellen Garantien** (unabhängig davon, ob sie als Bürgschaft, Akkreditiv, Kreditderivat oder anders ausgestaltet sind) ist zu differenzieren:

15

- Finanzielle **Garantien, die bei Übertragung eines Finanzinstruments** abgeschlossen (oder zurückbehalten) wurden, fallen stets in den Anwendungsbereich der Finanzinstrumente. Diese Vorschrift steht im Zusammenhang mit den Regeln zur Ausbuchung von Finanzinstrumenten.
- **Nicht bei Übertragung** eines Finanzinstruments **abgegebene Finanzgarantien,** die den Ersatz eines Verlusts vorsehen, wenn ein Schuldner seinen Zahlungsverpflichtungen nicht nachkommt (z.B. Bürgschaften), unterliegen den Vorgaben für die bilanzielle Abbildung von Finanzinstrumenten.

16 Neben normalen Garantien (Bürgschaften etc.) gibt es **exotische Konstruktionen,** die z.B. eine Zahlung bei einer Änderung eines Bonitätsratings, ggf. eines Zinssatzes, eines Wertpapierkurses, eines Rohstoffpreises, eines Wechselkurses, eines Kurs- oder Zinsindexes oder einer anderen Variablen vorsehen. Sie haben eher den Charakter von Derivaten und fallen deshalb ausnahmsweise in den Anwendungsbereich der Finanzinstrumente.

> **Beispiel**
> X hält 10 Mio. EUR-Anleihen des UMTS-Anbieters Y. Y wird von den Rating-Agenturen mit B bewertet. X befürchtet eine Verschlechterung des Ratings und in der Folge einen Kursverlust bei den Anleihen. X schließt deshalb mit der Bank Z einen Vertrag ab, der eine Zahlung für den Fall garantiert, dass es innerhalb einer spezifizierten Zeitspanne zu einer Verschlechterung des Ratings kommt. Nach der ökonomischen Substanz handelt es sich nicht um eine Bürgschaft, die bei Zahlungsunvermögen von Y greift, sondern um eine Kursabsicherung der Anleihe. Diese Absicherung wird wie andere Absicherungen (z.B. über Verkaufsoptionen) als Derivat behandelt.

1.4 Bilanzierung von derivativen Finanzinstrumenten

17 Zu den Finanzinstrumenten zählen **originäre und derivative Instrumente** (IAS 32.AG15). Derivative Finanzinstrumente leiten ihren Wert aus der Entwicklung eines bestimmten Basisobjekts ab, werden erst in Zukunft erfüllt und weisen kein festes oder bestimmbares Zahlungsstromprofil auf. Zu unterscheiden ist zwischen
- unbedingten Termingeschäften (Festtermingeschäfte): In der Gegenwart vereinbarte Konditionen führen in der Zukunft zu unbedingter Ausübung.
- bedingten Termingeschäften (optionsartige Termingeschäfte): In der Gegenwart vereinbarte Konditionen werden nach Wahl eines der Vertragspartner in der Zukunft ausgeübt, der andere Vertragspartner ist Stillhalter.

Beispielhaft sind folgende Derivate voneinander zu unterscheiden:

Vertragsart	Basisobjekt
Zinsswap (unbedingtes Termingeschäft)	Zinssatz
Währungsswap (unbedingtes Termingeschäft)	Wechselkurs
Kreditswap (unbedingtes Termingeschäft)	Kreditrating, Kreditindex

Finanzinstrumente §28

Vertragsart	Basisobjekt
Optionen auf Anleihen (bedingtes Termingeschäft)	Zinssatz, Zinsindex
Optionen auf Rohstoffe (bedingtes Termingeschäft)	Rohstoffpreis
Optionen auf Aktien (bedingtes Termingeschäft)	Aktienkurs, Aktienindex

In den Anwendungsbereich von IAS 39/IFRS 9 fallen alle Finanzderivate. Dies sind insbesondere unbedingte **Termingeschäfte** (*forwards, futures, Swaps*) und **Optionen** (als bedingte Termingeschäfte) auf Fremdkapitalinstrumente (Anleihen), Fremdwährungen, Eigenkapitalinstrumente (Aktien) oder auf entsprechende Indizes. Options- und Bezugsrechte auf **Eigenkapitalinstrumente** gelten nur beim Rechtsinhaber als Derivat. Beim Emittenten werden sie – in Abhängigkeit von den Ausgestaltungsmerkmalen des derivativen Finanzinstruments – entweder als Bestandteil des Eigenkapitals oder des Fremdkapitals eingestuft (IAS 32.16). Von den *freestanding*-Derivaten sind eingebettete Derivate, die Bestandteil hybrider Finanzinstrumente sind, zu unterscheiden. Hierzu wird auf Rz 204 verwiesen. 18

Ein derivatives Finanzinstrument zeichnet sich durch **drei Definitionselemente** aus: 19
- Der Wert des Finanzinstrumentes reagiert auf **Änderungen des Wertes eines Basisobjektes**. Basisobjekte können sein: Zinssätze, Wertpapierkurse, Rohstoffpreise, Wechselkurse, Preis- oder Zinsindizes, Bonitätsratings oder Kreditindizes und ähnliche Variablen. Mit IFRS 4 wurde – zur Abgrenzung von Derivaten gegenüber Versicherungsverträgen – dieses Definitionselement erweitert: Für den Fall, dass sich der Vertrag auf eine **nichtfinanzielle Variable** bezieht (z. B. Wetterbedingungen), liegt ein Derivat nur dann vor, wenn keine Vertragspartei bez. dieser Variablen einem tatsächlichen Risiko ausgesetzt ist und der Vertrag insofern keinen Versicherungscharakter besitzt (Rz 14).
- Eine **anfängliche Netto-Investition entfällt** oder ist, verglichen mit ähnlich reagierenden Verträgen, **niedrig** (*no or smaller initial net investment*).
- Das Geschäft wird erst in **Zukunft** erfüllt (Termingeschäft).

Finanzderivate können **spekulativ** oder zu **Sicherungszwecken** eingesetzt werden. Eine Verkaufsoption auf den Dollar kann etwa erworben worden sein, um eine erwartete Dollarabwertung spekulativ auszunutzen. Erwerbsmotiv mag aber auch die Absicherung einer in Dollar valutierenden Kundenforderung sein, die gegen Wertverluste geschützt werden soll. Nicht Sicherungszwecken dienende Finanzderivate sind erfolgswirksam zum *fair value* zu bilanzieren. Im Spekulationsfall führt die Bewertung **nicht** zu **Inkonsistenzen**, da die in der GuV abgebildete Volatilität Ausdruck des eingegangenen Risikos ist. Im Sicherungsfall würde sich hingegen ein **Widerspruch** ergeben, wenn der zu sichernde Wert zu Anschaffungskosten oder erfolgs**neutral** zum *fair value*, das Derivat hingegen erfolgs**wirksam** zum *fair value* erfasst wird. 20

> **Beispiel**
> Unternehmen A hält einige Anteile an der börsennotierten Gesellschaft B. Eine unmittelbare Verkaufsabsicht besteht nicht. Die Anteile werden erfolgsneutral zum *fair value* bewertet, die Wertänderungen erfolgsneutral im Eigenkapital berücksichtigt. A hat jedoch eine Verkaufsoption auf die Aktien der B erworben. Der Kurs der Aktien fällt, wodurch der Wert der Option steigt. Diese Steigerung ist erfolgswirksam in der GuV zu erfassen. Die Behandlung der Kurswirkung nach den Normalregeln ist inkonsistent. Die positive Wirkung auf die Option wird erfolgswirksam, die negative Wirkung auf die Anteile bliebe erfolgsneutral. Bei Bestehen eines dokumentierten und effektiven Sicherungszusammenhangs werden daher die Normalregeln durch Sonderregeln für das *hedge accounting* substituiert. Dies geschieht im vorliegenden Fall (sog. *fair value hedge*) dadurch, dass die erfolgsneutrale Behandlung der Anteile nicht fortgeführt wird.

Die Regeln zum *hedge accounting* dienen der Bewältigung solcher, sich aus dem *mixed model* ergebenden Widersprüche. Im Beispiel – *fair value hedge* – wird in die Bilanzierungsregeln für das gesicherte Grundgeschäft eingegriffen, in anderen Fällen – *cash flow hedge* – erfolgt der Eingriff bei den Bilanzierungsregeln für die Derivate, deren Wertänderung dann nicht mehr erfolgswirksam, sondern erfolgsneutral zu behandeln ist. Zu Einzelheiten wird auf → § 28a verwiesen.

1.5 Warentermingeschäfte – *own use exemption*

21 Finanzderivate sind auch bei erwartetem Gewinn anzusetzen, während für schwebende nichtfinanzielle Geschäfte das Imparitätsprinzip gilt (Ansatz nur bei drohendem Verlust). Deshalb ist für den Bilanzansatz in Gewinnfällen von Bedeutung, wann ein schwebendes Geschäft als **Finanzderivat** zu qualifizieren ist. Die Differenzierung ist nach wirtschaftlichen Kriterien vorzunehmen. Auch ein **Warentermingeschäft** kann deshalb in den Anwendungsbereich von IAS 39/IFRS 9 fallen (IAS 32.8). Im Einzelnen ist bei Termingeschäften über Waren oder Rohstoffe wie folgt zu unterscheiden:

- Soweit die Geschäfte auf die **physische Lieferung** des Vertragsgegenstands in der Zukunft und die anschließende Verwendung im Unternehmen des Erwerbers gerichtet sind, fallen sie i. d. R. **nicht** in den Anwendungsbereich der Vorgaben für Finanzinstrumente (IAS 32.8).
- **Finanzderivate** sind hingegen solche Warentermingeschäfte, die von vornherein nicht auf die physische Lieferung gerichtet sind. Infrage kommen folgende Fälle:
  - Der Vertrag sieht für mindestens eine der beiden Parteien eine **Option** zum **Barausgleich** (*net settlement*) von vereinbartem Terminkurs und Kassakurs am Erfüllungstag vor (IAS 32.9a).
  - Der Vermögenswert aus dem Termingeschäft kann jederzeit am **Markt** in **Geld** umgesetzt werden (IAS 32.9d).
  - Der Vertrag enthält zwar keine explizite Option zum *net settlement*, das Unternehmen hat aber in der **Vergangenheit** entsprechende Verträge regelmäßig in **bar** erledigt, sei es durch Einigung mit dem Vertragspartner,

durch Abschluss eines gegenläufigen Kontrakts oder durch Veräußerung des Kontrakts an einen Dritten (IAS 32.9b).
- Das Unternehmen hat in der Vergangenheit Vermögenswerte aus vergleichbaren Termingeschäften unmittelbar nach ihrer Lieferung regelmäßig veräußert, um einen **kurzfristigen Veräußerungsgewinn** zu erzielen (IAS 32.9c).

Die vorgenannten Bedingungen führen **nicht zwingend** zu einem Finanzderivat. 22
Zu prüfen ist, ob der der Kontrakt nach Maßgabe der erwarteten Einkaufs-, Verkaufs- oder Verbrauchsnotwendigkeiten *(own use)* des Unternehmens für Zwecke des tatsächlichen Einkaufs oder Verkaufs der Ware bzw. des Rohstoffs abgeschlossen wurde. Ist dies der Fall, scheidet eine Qualifizierung als Finanzderivat aus *(own use exemption)*. Zu deren Beurteilung ist wie folgt zu differenzieren:
- Die in IAS 32.9b und IAS 32.9c formulierten Kriterien stellen bereits auf das tatsächliche Verhalten in der Vergangenheit ab. Nur wenn Verträge ohne *net-settlement*-Option oder ohne leichte Umsetzbarkeit in Geld in der Vergangenheit tatsächlich regelmäßig in Geld erledigt wurden oder das Vertragsobjekt kurz nach Erhalt ohne güterwirtschaftliche Wertschöpfung tatsächlich regelmäßig weiterveräußert wurde, liegt ein Finanzderivat vor. Fehlt es an einer solchen Praxis, liegt von vornherein kein Finanzderivat vor; ist hingegen eine entsprechende Historie gegeben, kann die *own use exemption* nach IAS 32.9b generell nicht mehr und nach IAS 32.9c nur dann zum Tragen kommen, wenn die Weiterveräußerung nicht spekulativ, sondern operationell (etwa überraschender Rückgang des operativen Bedarfs) bedingt ist (IAS 32.9 Satz 3). Ein potenziell zum Finanzderivat führender Weiterveräußerungsfall liegt im Übrigen nur vor, wenn die Weiterveräußerung ohne güterwirtschaftliche Wertschöpfung erfolgt. Als güterwirtschaftliche Wertschöpfung gilt u. U. bereits die Größen-, Raum- oder Zeittransformation.[1]
- In den beiden anderen Fällen – explizite *net-settlement*-Option (IAS 32.9a) oder leicht in Geld umsetzbarer Vermögenswert (IAS 32.9d) – verlangt IAS 32.9 eine Würdigung, ob ein *own-use*-Fall vorliegt. Eine derartige Würdigung hat u. a. zu berücksichtigen:
  - bei expliziter *net-settlement*-Option das **Verhalten in der Vergangenheit** sowie das Verhältnis von optionalem Bestellvolumen bzw. Liefervolumen zum eigenen Bedarf bzw. zur eigenen Lieferkapazität (Rz 23).
  - bei der Frage, ob der Vermögenswert leicht in Geld umzusetzen ist, die Art des Vermögenswertes (Lagerfähigkeit usw.), der Zugang des Terminkäufers zu Absatzmärkten für das Gut (Rz 24).

Die Beurteilung des Verhaltens in der Vergangenheit ist dann problematisch, wenn 23
Verträge von vornherein zu unterschiedlichen Zwecken abgeschlossen wurden.

Beispiel
Ein Unternehmen schließt neben Terminkontrakten zur Eigenbedarfsdeckung gleichzeitig solche zur Abdeckung von Preisrisiken. Die Bedarfsdeckungsverträge werden physisch erfüllt, die Sicherungsverträge durch Glattstellung ausgeglichen.

---

[1] So auch IDW, RS HFA 25 Tz. 14.

Fraglich ist in solchen Fällen, ob der Abschluss und die Glattstellung von Sicherungsverträgen auf die Bedarfsdeckungsverträge zurückwirken und hier die Inanspruchnahme der *own use exemption* unmöglich macht. U. E. ist dies dann nicht der Fall, wenn das Unternehmen eine sog. Buchstruktur schafft, also im Zeitpunkt des Vertragsschlusses Sicherungsverträge einem „Handelsbuch" und die Bedarfsdeckungsverträge einem „Eigenbedarfsbuch" zuordnet.[2] Wird diese Buchstruktur nicht nur formal dargestellt, sondern findet im Rahmen des Risikomanagements eine (organisatorische) Trennung beider Bereiche statt, werden die Bedarfsdeckungsverträge nicht vom Barausgleich der Sicherungsverträge infiziert. Die Untersuchung des *own-use*-Verhaltens in der Vergangenheit kann sich dann auf die Bedarfsdeckungsverträge beschränken.[3] Werden Verträge, die ursprünglich dem Eigenbedarf dienten und dem entsprechenden Buch zugeordnet wurden, aufgrund veränderter Umstände verkauft oder geschlossen, kann in diesem Buch regelmäßig nicht länger von einer physischen Erfüllung der Verträge ausgegangen werden, es sei denn, die Änderung sei Folge unvorhergesehener außerordentlicher Umstände.[4]

24 Der Leistungsempfänger wird sich bei überhaupt nicht oder nur kurzfristig lagerfähigen Gütern wie Strom regelmäßig ausbedingen, den über den Eigenbedarf hinausgehenden Lieferanspruch an Dritte weiterreichen zu dürfen. Diese Drittverwertungsoption führt allerdings nur dann zu einem Finanzderivat, wenn das Unternehmen Zugang zu einem relevanten (Weiterveräußerungs-)Markt hat **und** durch die Historie sich nicht der Zweck der Sicherung des Eigenbedarfs nachweisen lässt.

25 Ob die *own use exemption* greift, ist nach herrschender Auffassung für den Gesamtvertrag zu prüfen.[5] Eine teilweise Qualifizierung eines Warentermingeschäfts als *own use contract* wird im Schrifttum als nicht zulässig angesehen. Eine Verringerung des Eigenbedarfs über die Vertragslaufzeit kann daher bei Möglichkeit einer Umsetzung der Überschussmenge in Zahlungsmittel zu einer Behandlung des ganzen Vertrages als Finanzderivat führen.

> **Beispiel**
> Der in 01 über eine in 03 zu liefernde Strommenge geschlossene Vertrag zwischen Aluminiumhersteller X und Energieversorger Y sieht die Möglichkeit einer Weiterveräußerung/Abtretung nicht benötigter Strommengen an andere Unternehmen vor. Ende 01 geht X noch davon aus, den gesamten Strom zu benötigen. Nach einem Konjunktureinbruch in 02 wird diese Annahme revidiert. X benötigt dann nach eigener Einschätzung nur noch 75 % des kontrahierten Stroms. Ende 02 wird daher der Anspruch auf 25 % der kontrahierten Strommenge an ein anderes Unternehmen veräußert. Spätestens mit der Veräußerung verliert das gesamte Termingeschäft die *own-use*-Qualität und ist daher insgesamt (zu 100 %) als Finanzinstrument zu behandeln.

26 Die vorstehend aus der Perspektive des Termin**käufers** dargestellten Überlegungen gelten sinngemäß auch für den Termin**verkäufer**. Eine Besonderheit für den

---

2   Vgl. IDW RS HFA 25 Tz. 20 ff.
3   Weitere Einzelheiten hierzu und zu IDW RS HFA 25 insgesamt bei FLADT/VIELMEYER, WPg 2008, S. 1070 ff.
4   IDW RS HFA 25.27.
5   Vgl. KUHN/SCHARPF, Rechnungslegung von Financial Instruments nach IFRS, 3. Aufl. 2006, S. 60.

Terminverkäufer ergibt sich jedoch dann, wenn er eine Stillhalterposition einnimmt (IAS 32.10). Hat er sich gegenüber dem Terminkäufer zur Bereitstellung einer bestimmte Maximalmenge zu einem fixierten Preis verpflichtet, scheidet der Rückgriff auf die *own use exemption* aus, wenn der Empfänger die rechtliche oder tatsächliche Möglichkeit zum *net settlement* hat.

In der Praxis weisen entsprechende Verträge häufig eine Kombination von Mindestabnahmemenge und maximalem Zusatzvolumen auf (sog. **Volumenoption**), wobei keine rechtliche, ggf. aber eine faktische Möglichkeit zum *net settlement* besteht. Zu fragen ist dann, ob

- der gesamte Vertrag einheitlich als Finanzinstrument oder schwebendes nichtfinanzielles Geschäft zu würdigen ist oder
- u. U. die dem Abnehmer eingeräumte Option auf Mehrmenge als trennungspflichtiges eingebettetes Finanzderivat *(embedded derivative)* zu identifizieren sowie zu behandeln ist, während für den (nach Abspaltung) verbleibenden Teil (Mindestmenge) bei entsprechender Sachlage die *own use exemption* in Anspruch genommen werden kann.

In der Beantwortung dieser Frage ist nach Art des **Empfängers** und dem **Gegenstand** des Kontrakts zu differenzieren:

- Handelt es sich bei dem Empfänger der Leistung um einen **Endabnehmer** und ist die Leistung **nicht** oder nur kurze Zeit **lagerfähig** (z. B. Strom), scheidet für ihn die Möglichkeit eines faktischen *net settlement* regelmäßig aus. Der Endabnehmer hätte zwar die theoretische Möglichkeit zum Bezug einer über den Eigenbedarf hinausgehenden Menge, im Gegenzug aber mangels Zugangs zu einem Absatzmarkt keine praktische Möglichkeit der Verwertung. Ökonomische Rechtfertigung für den Abschluss des Termingeschäfts ist aus Endverbrauchersicht gerade eine Absicherung des eigenen Warenbedarfs und nicht die Mitnahme kurzfristiger Spekulationsgewinne. In diesem Fall ist der Vertrag auch beim Lieferanten einheitlich, und zwar als nichtfinanzieller Vertrag zu behandeln.[6]
- Hat der Empfänger hingegen eine **eigene Absatzmöglichkeit** und kann daher das Vertragsobjekt leicht in Geld umwandeln, ist mindestens die eingeräumte Volumenoption, ggf. sogar der ganze Vertrag, einheitlich als Finanzinstrument zu behandeln.

U. E. ist in der zweiten Konstellation nicht der gesamte Vertrag betroffen, vielmehr eine **getrennte** Behandlung geboten oder zulässig. Die Gründe hierfür sind wie folgt:

- IAS 32.10 untersagt für den Stillhalter bedingter (optionaler) Termingeschäfte die Berufung auf die *own use exemption*, während IAS 32.9 sie für das unbedingte Termingeschäft vorschreibt. Ein Vorrang der einen oder anderen Regel ist nicht zu erkennen. Die zusammengefasste Würdigung eines Vertrags, der beide Elemente enthält, hinsichtlich der Mindestmenge unbedingtes, hinsichtlich der Volumenoption bedingtes Termingeschäft ist, begäbe sich daher in das Dilemma, entweder nach IAS 32.10 (unter Verstoß gegen IAS 32.9) oder nach IAS 32.9 (unter Verstoß gegen IAS 32.10) vorgehen zu müssen. Vorzuziehen ist demgegenüber eine Interpretation, die nicht zu Widersprüchen führt. Dem wird entsprochen, wenn ein Vertrag, der beide Elemente enthält, hinsichtlich

---

6 IDW RS HFA 25, Tz. 41.

des einen Elements nach IAS 32.10, hinsichtlich des anderen nach IAS 32.9 beurteilt wird.
- Eine derartige Trennung eines Vertrags in verschiedene Elemente entspricht überdies dem allgemeinen „*substance over form*"-Gedanken (→ § 1 Rz 81), wonach es nicht darauf ankommen darf, ob unterscheidbare Leistungsbeziehungen in einem oder in mehreren Verträgen festgehalten werden. Gerade für die Bilanzierung von Finanzinstrumenten wird diesem Gedanken eine besondere Rolle zugewiesen, indem etwa die Aufteilung des durch einen Vertrag begründeten strukturierten Finanzproduktes in Basisinstrument und eingebettetes Derivat verlangt wird oder bei bestimmten mezzaninen Finanzierungen die Aufteilung der vertraglichen Pflichten in eine Fremd- und in eine Eigenkapitalkomponente vorgesehen ist (IAS 32.28 ff.; → § 20 Rz 17) oder ein zivilrechtlich einheitlicher Verkauf eines finanziellen Vermögenswertes über Aus- und Einbuchung verschiedener Vermögenswerte und Schulden abzubilden ist. Diese Ausrichtung muss bei der Grundfrage, ob einzelne Vertragselemente überhaupt in den Anwendungsbereich von IAS 32 fallen, umso mehr beachtet werden.

29 U. E. hat daher die Qualifizierung einer Volumenoption als Finanzinstrument keine Ausstrahlung auf die anderen Vertragsbestandteile. Der RIC hat sich im November 2009 für eine Aufnahme der Frage, was *unit of account* bei Kontrakten mit Volumenoption ist, in das Arbeitsprogramm des IFRIC ausgesprochen.[7]

Beispiel

Terminkäufer K verpflichtet sich gegenüber Stromproduzent P zur Abnahme von mindestens 75 MWh und ist zur Anforderung weiterer 25 MWh zum gleichen Festpreis berechtigt.
1. Sofern K weder rechtlich noch tatsächlich die Möglichkeit zum *net settlement* hat, unterliegt der Vertrag auch aus Sicht von P insgesamt nicht IAS 32.
2. Hat K die Möglichkeit zur Veräußerung nicht benötigter Abnahmemengen an Dritte, ist der Vertrag u. E. aus Sicht von P zu splitten. Für die 25 MWh ist wegen des Vorliegens einer Stillhalterposition IAS 32 anzuwenden, für die 75 MWh bei *own-use*-Nachweis jedoch nicht.

Der IFRIC hat im Übrigen im März 2007 bekräftigt, dass für Stromlieferverträge an Endverbraucher regelmäßig die *own use exemption* greift.[8]

30 Vorrangig vor der Qualifikation von Warenterminverträgen nach IAS 32.9 ist u. E. zu klären, ob die Verträge überhaupt dem Berichtsunternehmen **bilanziell zuzurechnen** sind. Im Schrifttum ist diesbezüglich anerkannt: Erfolgt der Terminverkauf von X an Y nicht unmittelbar, sondern durch Zwischenschaltung eines Intermediärs, der mit X einen Terminkaufvertrag und mit Y einen nach Zeit, Menge usw. abgestimmten Terminverkaufsvertrag abschließt, so ist vorrangig zu prüfen, ob der Intermediär in wirtschaftlicher Betrachtung für sich selbst (als Prinzipal) oder für Lieferant und Abnehmer (als deren Agent) han-

---

[7] http://www.standardsetter.de/drsc/docs/press_releases/37_RIC-Sitzung_Ergebnisbericht_D.pdf.
[8] IFRIC, Update März 2007.

delt.[9] Die Kriterien für die Abgrenzung von **Prinzipal und Agent** sind in den Vorgaben für die Erlösrealisation niedergelegt (→ § 25). Hiernach ist eine ermessensabhängige Gesamtwürdigung geboten. Diese Würdigung kann sich an Indikatoren orientieren, wobei es im Wesen des Indikatorenkonzepts und der gebotenen Gesamtwürdigung liegt, dass nicht alle Indikatoren in die gleiche Richtung weisen müssen. Folgende Indikatoren indizieren danach im Allgemeinen ein Handeln in eigener Sache:
- Verantwortlichkeit für die Akzeptabilität der Leistung,
- Tragung eines Vorratsrisikos,
- signifikante eigene preispolitische Entscheidungsspielräume und
- Tragung der Bonitätsrisikos für den vom Kunden zu erhaltenden Betrag (amounts receivable).

Beispiel
B schließt zeitgleich Terminverträge über den Kauf von Rohöl mit dem Lieferanten L und über den Verkauf mit Kunden K ab. Beide Verträge entsprechen sich nach Ölqualität, Abnahmemengen, Abnahmezeitpunkten usw. Der Kauf erfolgt zum jeweiligen Marktpreis, der Verkauf zum Marktpreis zuzüglich einer mengenabhängigen marktüblichen Marge. K holt das Öl zum jeweiligen Liefertermin mit eigenen Schiffen unmittelbar bei L ab. B nimmt es demzufolge zu keinem Zeitpunkt in Besitz. Für etwaige Ansprüche des K wegen Mängeln in der Qualität hat im Innenverhältnis L einzustehen. Vor Belieferung hat K jeweils einen *Letter of Credit* einer angesehenen Großbank vorzulegen.

Beurteilung aus Sicht des B
Eine Anwendung der o. g. Indikatoren auf den vorliegenden Sachverhalt ergibt Folgendes:
- Dem Merkmal der Akzeptabilität der Leistung kommt keine ausgeprägte Bedeutung zu, da es sich um ein fungibles bzw. standardmäßig erzeugtes Produkt handelt. Bei ausnahmsweise doch auftretenden Mängeln würde überdies deren Kosten im Innenverhältnis L tragen. Ein Handeln als Prinzipal ist dadurch nicht indiziert.
- B trägt kein Vorratsrisiko, da das Öl physisch unmittelbar von L an K übergeht. Dies weist auf ein Handeln als Agent hin.
- B erzielt in der Gesamtschau beider Verträge eine im Verhältnis zum Kontraktpreis geringe mengenabhängige Marge, die für die gesamte Dauer des Vertrags im Wesentlichen fixiert ist. Auch dies indiziert ein Handeln als Agent.
- B hat bezogen auf den vom Kunden zu erhaltenden Betrag *(amounts receivable)* kein relevantes Bonitätsrisiko, da Lieferungen an K jeweils erst nach Vorliegen eines *Letter of Credit* erfolgen. Auch dies weist auf ein Handeln als Agent hin.

Insgesamt ist damit eher eine Agentenstellung als eine Rolle als Prinzipal indiziert. Ein Handeln als Agent ist regelmäßig dann gegeben, wenn der von Unternehmen verdiente Betrag im Wesentlichen vorherbestimmt ist, also

---

[9] Vgl. u. a. KPMG Insights 2014/15, Tz. 7.1.160.90.

> durch Änderungen im Marktgeschehen, Angebots- und Nachfrageverhältnis nicht signifikant beeinflusst wird. Diese Voraussetzung ist bei B gegeben.
> Folge der Agentenstellung von B ist:
> - Die Terminkontrakte sind B in wirtschaftlicher Betrachtung nicht zuzurechnen. Die Anwendung von IAS 32.9 scheidet deshalb aus.
> - B hat, ab Beginn der Erfüllung der Terminkontrakte, die Marge aus den beiden Verträgen als Erlös auszuweisen (Nettobetrachtung). Eine Bruttobetrachtung (Umsatz gegenüber K, Umsatzkosten gegenüber L) scheidet aus.

31 Die **Bewertung** eines Warentermingeschäftes hängt von den vorstehend beschriebenen Klassifizierungen ab:
- Fällt der gesamte Vertrag aus dem Anwendungsbereich von IAS 32, kommt eine Bewertung wegen des Grundsatzes der Nichtbilanzierung schwebender Geschäfte nur bei einem drohenden Verlust gem. IAS 37.68 infrage (→ § 21 Rz 56). Beim Lieferanten droht ein Verlust nicht schon dann, wenn der vereinbarte Verkaufspreis unter dem Marktpreis liegt, entscheidend ist vielmehr, ob er die Herstellungs- bzw. Einstandskosten (jeweils erhöht um Verkaufskosten) unterschreitet. Beim Abnehmer ist hingegen das Verhältnis von Kontraktpreis zum Marktpreis entscheidend. Sofern nicht ausnahmsweise schon gegenläufige Verkaufskontrakte zu ebenfalls (aus Stichtagssicht) überhöhten Preisen abgeschlossen wurden, führt ein über dem Marktpreis des Stichtages liegender Kontraktpreis zu einem drohenden Verlust.
- Unterliegt der gesamte Vertrag oder ein Vertragsteil IAS 32, ist das Termingeschäft insoweit erfolgswirksam zum *fair value* zu bewerten. Hat der Lieferant das Recht zur kurzfristigen Anpassung des Preisniveaus und der Empfänger das Recht zur kurzfristigen Kündigung, ist i. d. R. allerdings von einem geringen *fair value* auszugehen.

32 In IFRS 9 werden die Vorgaben zur Behandlung von Warentermingeschäften, insbesondere die *own use exemption*, unverändert fortgeführt. Allerdings besteht wahlweise die Möglichkeit, ein Warentermingeschäft über die Ausübung der *fair value option* (Rz 165) für eine erfolgswirksame Bewertung zum *fair value* zu designieren (IFRS 9.2.5), wenn damit ein *accounting mismatch* (Rz 138) beseitigt wird.

1.6 Kreditzusagen (*loan commitments*)

33 **Unwiderrufliche Kreditzusagen** (*loan commitments*) kommen in zwei ökonomischen Grundvarianten vor:
- bei **konditionsfixierenden** Kreditzusagen schreiben Kreditgeber und Kreditnehmer zu einem frühen Zeitpunkt die Kreditkonditionen, insbesondere den Zins, fest, die Kreditmittel werden jedoch erst später benötigt und ausgereicht (Rz 34);
- **sicherungshalber** gegebene Kreditzusagen in der Form von Patronatserklärungen, Kreditfazilitäten, *Letter of Credit* usw. stellen im Interesse von Gläubigern die Zahlungsfähigkeit eines Schuldners sicher (Rz 38).

34 Bei **konditionsfixierenden** Kreditzusagen hat der Schwebezustand zwischen Vertrags- und Erfüllungstag den Charakter eines Finanzderivats. Der Schwebezustand muss dann nicht als Derivat bilanziert werden, wenn er von kurzer

Dauer ist, insbesondere den Zeitraum nicht übersteigt, der gewöhnlich gebraucht wird, um die Auszahlungsvoraussetzungen zu schaffen, etwa ein Gutachten für Besicherungsobjekte zu erstellen und die Bonität des Kreditnehmers zu beurteilen (sog. *regular way contracts*; Rz 51).

Geht der Schwebezustand über diesen Zeitraum hinaus, wäre nach den allgemeinen Regeln für Finanzinstrumente die erfolgswirksame Bilanzierung eines Derivats geboten. Für ein Festzinsdarlehen würde dies etwa bedeuten: 35
- Bei im Schwebezeitraum ansteigendem Marktzins hätte der Kreditgeber einen Passivposten (negativer *fair value*), der Kreditnehmer einen Aktivposten (positiver *fair value*) anzusetzen.
- Bei sinkendem Marktzins ergibt sich wegen des optionalen Charakters der Kreditzusagen keine direkt umgekehrte Entwicklung.

Anstatt der allgemeinen Regeln gelten jedoch **Sondervorschriften**. Hiernach sind als Finanzderivate beim Kreditgeber nur Kreditzusagen zu behandeln, die 36
- als Teil eines Portfolios zum *fair value* gemanagt werden und deshalb der *fair-value*-Option (Rz 108) unterworfen werden oder
- routinemäßig kurz nach Begründung weiterveräußert werden oder
- einen Barausgleich zulassen, bei denen also etwa bei Veränderung der Marktzinsen die hierdurch benachteiligte Partei gegen Zahlung des Barwerts der Differenz von Markt- und Vertragszins das Kreditverhältnis vor Auszahlung beenden kann, oder
- von Anfang an eine Kreditvergabe unter Marktzins vorsehen.

In allen Fällen erfolgt die Erstbewertung zum *fair value*. Bei der Folgebewertung ist wie folgt zu differenzieren:
- In den drei ersten Fällen ist eine erfolgswirksame Folgebewertung zum *fair value* vorgesehen.
- Bei Kreditvergabe unter Marktzins ist von den beiden folgenden Werten der höhere Wert anzusetzen:
  - der sich nach IAS 37 ergebende drohende Verlust.
  - der sich aus Fortschreibung des Zugangswertes (*fair value*) um bereits anteilig realisierte Erträge reduzierte Betrag.

Alle weiteren Fälle, also insbesondere nicht zur Veräußerung bestimmte marktkonforme Zusagen von Festzinskrediten, hat der Kreditgeber nach IAS 37 zu bilanzieren. Ein Aktivposten kommt hiernach erst mit tatsächlicher Kreditausreichung infrage, eine Passivierung im Schwebezustand erfolgt nur, wenn ein belastender Vertrag (*onerous contract*) vorliegt (→ § 21 Rz 56), also die vereinbarten Zinsen unter den Refinanzierungskosten des Kreditgebers liegen.

Begründet eine Kreditzusage eine zum *fair value* zu bilanzierende derivative Verbindlichkeit, stellt sich für **ohne besonderes Entgelt** gewährte Zusagen noch die Frage, ob die Verbindlichkeit aufwandswirksam oder gegen Bildung eines Abgrenzungspostens (*deferred charges*) erfolgsneutral zu buchen ist. 37

> **Beispiel**
> B erteilt K eine Kreditzusage, wonach K binnen 180 Tagen einen Kredit aufnehmen kann. Entsprechend den Marktverhältnissen bei Erteilung der Kreditzusage ist der maximale Darlehenszins festgelegt worden. Steigende Marktzinsen bis zur Aufnahme des Kredits gehen zulasten der Bank, sinkende

führen zu einer Anpassung des Kreditzinses. Eine Darlehensaufnahme ist so gut wie gewiss. Die Bank ist in einer Stillhalterposition und bucht eine derivative Verbindlichkeit mit dem *fair value* ein. Als Soll-Buchung kommt Aufwand, aber auch die Bildung eines Abgrenzungspostens infrage. Eine aufwandswirksame Behandlung entspricht der Annahme, Darlehenszusage und spätere Darlehensaufnahme seien zwei getrennte Geschäftsvorfälle. Jedenfalls bei sehr hoher Wahrscheinlichkeit der Kreditaufnahme liegt u. E. aber ein **zusammenhängender Geschäftsvorfall** vor. Die abgegrenzten Kosten werden mit Ausreichung des Darlehens in die Effektivverzinsung einbezogen und erst über die Darlehenslaufzeit erfolgswirksam.

38 **Sicherungshalber gegebene Kreditzusagen** (Fazilitäten, Patronatserklärungen, *Letter of Credit* etc.) sind ökonomisch mit Finanzgarantien (Rz 186) vergleichbar. In beiden Fällen geht es um die Absicherung von Gläubigern gegen Zahlungsschwierigkeiten des Schuldners. Ein Unterschied besteht nur im Empfänger des Sicherungsversprechens. Bei Finanzgarantien ist dies der Gläubiger, bei Fazilitäten und Patronatserklärungen dessen Schuldner.

Beispiel
Die in Irland residierende Zweckgesellschaft Z erwirbt langfristige amerikanische Hypothekenkredite (Aktivgeschäft) und refinanziert sich durch die Ausgabe kurzfristiger Wertpapiere *(commerical papers)* an institutionelle Anleger. Im Hinblick auf den häufigen Wechsel der Anleger ist die Abdeckung von deren Risiken durch Finanzgarantien nicht praktikabel. Stattdessen werden sog. Kreditfazilitäten vereinbart. Hiernach ist die deutsche Bank B bei Liquiditätsproblemen der Z, also insbesondere, wenn die revolvierende Ausgabe der Wertpapiere nicht gelingt, verpflichtet, 10 Mrd. EUR Kredit an die Z zu geben und hieraus u. a. die Rückzahlung der fälligen Wertpapiere zu leisten. Aus der Sicherungsperspektive der Anleger ist die Fazilität ökonomisch gleichwertig mit einer Bürgschaft.

39 Trotz dieser Parallelen unterliegen die sicherungshalber gegebenen Kreditzusagen nach noch geltendem Recht (IAS 39.2h), anders als die Finanzgarantien, ausschließlich den Regelungen von IAS 37.

Beispiel
Die B unterstellt bei Einräumung der Kreditfazilität von 10 Mrd. EUR in 06, dass diese mit einer Wahrscheinlichkeit von 2 % in Anspruch genommen wird und dann die Hälfte der gewährten Kreditsumme nicht wiedererlangt werden kann. Im Frühjahr 07 ziehen Wolken am amerikanischen Hypothekenhimmel auf. Die Wahrscheinlichkeitseinschätzung wird von 2 % auf 20 % erhöht. Im Rahmen einer Erwartungswertbilanzierung nach IAS 39 i. V. m. IAS 37 hätte die B in 06 2 % × ½ × 10 Mrd. = 100 Mio. zu passivieren gehabt und diesen Betrag zum 1. oder 2. Quartal 07 auf 1 Mrd. erhöhen müssen. Nach den anzuwendenden Vorschriften von IAS 37 ist die Kreditzusage jedoch nur zu passivieren, wenn aus ihr mit überwiegender Wahrscheinlichkeit ein Ver-

> lust droht. Dies ist weder in 06 noch im 1. Halbjahr 07 der Fall. Die Bank passiviert daher nichts.

Rechtskritisch ist bezogen auf das geltende Recht zu fragen, warum sicherungshalber gegebene *loan commitments* anders als in der ursprünglichen Fassung von IAS 39 und anders als Finanzgarantien nicht als Finanzinstrumente behandelt werden. Gute Gründe hierfür sind nicht erkennbar. Auch in den US-GAAP sind Kreditzusagen Gegenstand zahlreicher kasuistischer Ausnahmen.[10] 40

Mit dem Wechsel auf die Vorgaben des IFRS 9 sind *loan commitments* künftig ausschließlich als Finanzinstrument zu bilanzieren (IFRS 9.2.1(g)). Auch für bloße Darlehenszusagen findet das Wertberichtigungsmodell des *expected credit loss* Anwendung (Rz 312). Ein Verweis auf die Vorgaben des IAS 37 zur Erfassung als *onerous contract* wird aufgehoben. In den *Basis for Conclusions* wird die Änderung zur bisherigen Bilanzierung (*previously accounted for in accordance with IAS 37*) besonders hervorgehoben (IFRS 9.BC5.125). Für *loan commitments*, die nicht erfolgswirksam zum *fair value* bewertet werden, sind daher künftig lediglich die Wertberichtigungsvorgaben des IFRS 9 beachtlich, eine Behandlung als *onerous contract* scheidet aus. 41

1.7 *Substance over form* – Synthetisierung von Finanzinstrumenten

Ein Vertrag über ein Finanzinstrument ist als Derivat zu beurteilen, wenn er die *„no or smaller initial net investment"*-Bedingung erfüllt (Rz 19). Ob dies der Fall ist, muss unter *substance-over-form*-Gesichtspunkten beurteilt werden. Auf die zivilrechtliche Form kommt es demzufolge nicht an. Aus **formaler Sicht** können z. B. **zwei Verträge** zwischen den gleichen Parteien vorliegen, mit jeweils bedeutsamen Anfangsinvestments der einen Seite, die aber **wirtschaftlich eine Einheit** bilden, wobei sich in substanzieller Betrachtung die Anfangsinvestitionen der Parteien gegen null neutralisieren. 42

> **Beispiel**
> **Zinsswap mit Bruttoausgleich**
> A tritt in einen Swap mit B ein. A zahlt fix 8 % und erhält variabel EURIBOR + 2 %, jeweils bezogen auf 10 Mio. bei Quartalszahlung. Die Parteien vereinbaren eine Bruttoregelung. A zahlt zu Anfang (und Ende) 10 Mio. an B und B die gleiche Summe an A. Auch Quartalszinsen werden nicht netto (i. H. d. Zinsdifferenz), sondern brutto (in beide Richtungen) entrichtet. Trotz Bruttoregelungen ist die *„no or smaller initial net investment"*-Bedingung erfüllt. Durch das Hin- und Herzahlen des Geldes wird bei substanzieller Betrachtung keine Nettoinvestition getätigt. Es liegt ein Derivat vor (IAS 39.IG.B.3).

Notwendige, aber nicht hinreichende Voraussetzung für die Zusammenfassung von Verträgen zu einem Finanzinstrument ist die **Identität der Vertragspartner**. 43

---

10 Dazu HOFFMANN/LÜDENBACH, DB 2007, S. 2217.

> **Beispiel**[11]
> U schließt mit der Bank B zeitgleich und fristenkonform einen ersten Vertrag über ein variabel verzinsliches Yen-Darlehen und einen zweiten über einen *cross-currency-Swap* ab. In der wirtschaftlichen Gesamtwirkung stellen die Verträge U so, als ob er ein festverzinsliches Euro-Darlehen aufgenommen hätte. Fraglich ist, ob die Bilanzierung dieser wirtschaftlichen Betrachtungsweise folgen kann, also statt zwei Finanzinstrumenten (nach komplizierten Regeln) eines (nach einfachen Regeln) zu erfassen ist.

44 Ein Lösungshinweis ergibt sich aus dem Vergleich von IAS 39.IG.B.6 mit IAS 39.IG.C.6: In IAS 39.IG.B6 ist Unternehmen A Gläubiger eines an B gewährten Euro-Festzinsdarlehens und Schuldner eines von B gewährten variabel verzinslichen Darlehens mit jeweils gleicher Laufzeit und gleichen Beträgen, wobei zugleich eine Aufrechnungsabrede getroffen wird. Der IASB erkennt in dieser Konstruktion **nicht zwei Geschäftsvorfälle** (zwei Darlehensverträge), **sondern einen Geschäftsvorfall** (Swapvertrag). Als Begründung führt er an:
- **inhaltliche Abstimmung** der Verträge (nach Frist, Betrag usw.),
- **Identität der Vertragspartner**,
- **Fehlen einer substanziellen Geschäftsnotwendigkeit** *(substantive business purpose)* für die Aufteilung der Transaktion auf zwei Verträge.

45 In IAS 39.IG.C6 vergibt Unternehmen A ein variabel verzinsliches Darlehen an Unternehmen B und schließt gleichzeitig sowie betrags- und fristenkongruent einen Swap mit C ab, der A zum Erhalt fixer und zur Zahlung variabler Zinsen berechtigt bzw. verpflichtet. In der wirtschaftlichen Gesamtwirkung scheint U so gestellt, als ob er ein Festzinsdarlehen an B begeben hätte. Indessen unterliegt jeder Vertrag eigenen Bewertungs-, insbesondere Ausfallrisiken. Wird etwa B insolvent und fällt daher das Darlehen wirtschaftlich weg, bleibt U gleichwohl gegenüber C aus dem Swapvertrag verpflichtet. Eine **Synthetisierung scheidet aus**, da
- **keine Identität der Vertragspartner** besteht und
- **daher jeder Vertrag eigenen Risiken** unterliegt.

Die Anwendung dieser Kriterien auf das obige Beispiel ergibt:
- Darlehens- und Swapvertrag werden gleichzeitig und abgestimmt abgeschlossen.
- Die Vertragspartner beider Geschäfte sind identisch.
- Bei Aufrechenbarkeit sind die Risiken der Verträge gemeinsam zu würdigen.
- Das wirtschaftliche Ergebnis – Festzinsdarlehen in Euro – hätte auch durch Abschluss nur eines Geschäftes erreicht werden können.
- Der wirtschaftlichen Betrachtungsweise folgend ist daher ein Euro-Festzinsdarlehen zu bilanzieren.

46 Eine wirtschaftliche Betrachtungsweise ist nicht nur zulässig, sondern immer dort, wo die Möglichkeit der Abweichung des formalrechtlichen vom wirtschaftlichen Gehalt besteht, **zwingend**. Hierbei kann es zur Zusammenfassung (Synthetisierung) von Finanzinstrumenten kommen. Die Identität der Vertragspartner ist hierfür eine notwendige, aber nicht hinreichende Bedingung. Es bleibt Aufgabe des bilanzierenden Unternehmens, die ökonomische Wirkungsweise

---

[11] Entnommen LÜDENBACH, PiR 2005, S. 95 ff.

der vertraglichen Vereinbarungen zu beurteilen und mit normalen Verträgen zu vergleichen. Wegen der Begründung des *substance-over-form*-Gedankens wird allgemein auf → § 1 Rz 81 verwiesen.

2 Ansatz und Ausbuchung von Finanzinstrumenten

2.1 Zugang bei Abschluss der vertragsähnlichen Vereinbarung

2.1.1 Zeitpunkt der Erbringung der (Gegen-)Leistung

Ein finanzieller Vermögenswert und/oder eine finanzielle Schuld sind anzusetzen, wenn das **Unternehmen Partei eines entsprechenden Vertrags** (bzw. einer vertragsähnlichen Vereinbarung) wird (IFRS 9.3.1.1). Diesem Grundsatz folgend hat ein Unternehmen auch sämtliche vertraglichen Rechte oder Verpflichtungen aus derivativen Finanzinstrumenten als Vermögenswerte oder Schulden zu bilanzieren. 47

Auch unbedingte Termingeschäfte und Optionen sind mit **Abschluss** des entsprechenden Vertrages anzusetzen. Als Zugangswert gilt der *fair value*, d.h. der zwischen fremden Dritten *(at arm's length)* erzielbare **Transaktionspreis** (Rz 230). 48

- Zum Zeitpunkt des marktkonformen Abschlusses eines unbedingten **Termingeschäfts** zwischen fremden Dritten stehen sich aber Rechte und Pflichten gleichwertig gegenüber, sodass der *fair value* null ist und kein Einbuchungsbetrag anfällt (IAS 39.AG35c bzw. IFRS 9.B3.1.2c).
- Beim marktkonformen **Optionsgeschäft** – als bedingtes Termingeschäft – ist die gezahlte/erhaltene Optionsprämie die beste Schätzgröße für den positiven/negativen *fair value* der erworbenen Option/Stillhalterposition.

Unterschiede entstehen erst bei der **Folgebewertung** (Rz 242). Hat etwa das unbedingte Termingeschäft zum Bilanzstichtag einen positiven *fair value*, d.h., überwiegt aus der Perspektive des Bilanzierenden der Anspruch aus dem Geschäft die Verpflichtung, ist dieser Wert nach IFRS zu erfassen.

Der Grundsatz, einen finanziellen Vermögenswert oder eine finanzielle Schuld bereits mit Vertragsschluss anzusetzen, bleibt praktisch auf **Finanzderivate beschränkt**, da er für die originären Finanzinstrumente (Forderungen und Verbindlichkeiten) mehrfach eingeschränkt wird. Es wird bestimmt (IAS 39.AG35b bzw. IFRS 9.B.3.1.2b), dass „als Folge einer **festen Verpflichtung** zum An- oder Verkauf von Waren oder Dienstleistungen zu erwerbende Vermögenswerte oder einzugehende Schulden [...] im Allgemeinen erst dann angesetzt werden, wenn mindestens eine der Vertragsparteien im Rahmen der vertraglichen Vereinbarungen zugesagte Leistungen erbracht hat" (für Forderungen aus Lieferung und Leistung → § 25). 49

Etwas anderes gilt, wenn ein Vertrag eine Möglichkeit zum Barausgleich *(net settlement)* vorsieht und voraussichtlich von dieser Möglichkeit Gebrauch gemacht wird (IAS 32.8). Derartige Verträge zum An- bzw. Verkauf von Waren oder Dienstleistungen werden als Finanzderivate qualifiziert. Darüber hinaus kann insbesondere bei Transaktionen über finanzielle Vermögenswerte oder bei Kreditgeschäften im Einzelfall der Schwebezustand zwischen Vertrags- und Erfüllungstag als Finanzderivat zu deuten sein. 50

2.1.2 Divergenz von Vertrags- und Erfüllungstag – *regular way contracts*

51 Bei einer Divergenz von Vertrags- (IFRS 9.B3.1.5) und Erfüllungstag (IFRS 9.B3.1.6) bei Finanzinstrumenten stellt sich die Frage, ob der zwischen beiden Tagen liegende Schwebezustand als Finanzderivat zu erfassen ist. Für sog. **marktübliche Verträge** (*regular way contracts*), bei denen sich die Zeitdifferenz aus Marktvorschriften oder Marktkonventionen ergibt, wird dies in IAS 39.AG12 bzw. IFRS 9.BA.4 verneint: Die Festpreisverpflichtung zwischen Handelstag und Erfüllungstag erfüllt zwar die Definition eines derivativen Finanzinstrumentes (Termingeschäft), aufgrund der kurzen Dauer wird der Schwebezustand jedoch nicht als derivatives Finanzinstrument erfasst.

52 Ein *regular-way*-Vertragsverhältnis ist ohne Weiteres zu bejahen, wenn **börsennotierte Finanzinstrumente** im Rahmen der vom Börsenregelwerk vorgesehenen Zeitspanne nach dem Geschäftsabschluss übertragen werden. Bei anderen nicht börsennotierten Finanzinstrumenten fehlt es hingegen an einem scharfen Beurteilungsmaßstab. Die Vorgaben etablieren lediglich einen „**weichen**" **Zeitbegriff**, der nicht mehr nur auf präzise Marktvorschriften und Konventionen rekurriert, sondern auf den *acceptable time frame* bzw. die *period customarily required*. Voraussetzung ist aber, dass sich der Schwebezustand aus objektiven und nicht aus willkürlichen Gründen ergibt.

53 Objektive Gründe können sich aus technisch notwendigen Abwicklungsschritten (z. B. Prüfung der Besicherung als Auszahlungsvoraussetzung) ergeben. In anderen Fällen können z. b. auch **gesellschafts- oder kartellrechtliche Genehmigungsvorbehalte** objektiv einen Schwebezustand bedingen. Hierzu folgendes Beispiel:

> **Beispiel**
> Ein Unternehmen schließt am 21.12. Kaufverträge über
> A. das Unternehmen X, Eigentumsübergang bei Genehmigung der Kartellbehörden,
> B. nicht Mehrheit verschaffende vinkulierte Namensaktien des Unternehmens Y, Eigentumsübergang bei Genehmigung durch den Vorstand der Y AG.
> Die Kaufpreise werden sofort entrichtet. Zum Stichtag stehen die Genehmigungen noch aus.
> **Beurteilung**
> Nur der Fall B unterliegt IAS 39/IFRS 9. Fall A ist hingegen als Unternehmenserwerb nach den Regeln von IFRS 3 zu beurteilen. Bei Fall B ist fraglich, ob zum Stichtag ein Derivat auszuweisen ist. Dagegen spricht zunächst schon die Kaufpreiszahlung, die im Widerspruch zur „*no or small initial net investment*"-Regel steht. Dagegen spricht außerdem, dass die 10 Tage bis zum Bilanzstichtag noch im üblichen Rahmen (*acceptable timeframe*) liegen.

54 In den Fällen eines *regular way contract* hat der Bilanzierende gem. IAS 39.38 bzw. IFRS 9.3.1.2 ein **Wahlrecht**. Er kann den Kauf oder Verkauf entweder zum **Handels**tag (*trade date*) oder zum **Erfüllungs**tag (*settlement date*) bilanzieren. Die gewählte Methode ist innerhalb einer Kategorie von finanziellen Vermögenswerten einheitlich auszuüben.

Die praktische Bedeutung des Wahlrechtes liegt primär **nicht** in der GuV-Behandlung der zwischenzeitlich eingetretenen Wertänderungen. Diese ergibt sich vielmehr aus der (Bewertungs-)Kategorie des erworbenen Vermögenswertes. Die Relevanz des Wahlrechtes liegt auf der Bilanz**ansatz**ebene. Der Vermögenswert wird beim *trade date accounting* schon früher erfasst als beim *settlement date accounting*. Die nachfolgende Tabelle zeigt an einem **Beispiel** die Unterschiede. Das Beispiel berücksichtigt, dass bei zu fortgeführten Anschaffungskosten (*at amortised cost*) geführten Vermögenswerten der Wert des *trade date* auch dann maßgeblich bleibt, wenn die Einbuchung zum *settlement date* erfolgt. 55

Beispiel

Kauf eines Wertpapiers (WP) mit folgenden Daten:
a) Handelstag: 29.12.01, Kurs 100
b) Bilanzstichtag: 31.12.01, Kurs 102
c) Erfüllungstag: 4.1.02; Kurs 105

Kategorie	Einbuchung zum Handelstag (*trade date*)				Einbuchung zum Erfüllungstag (*settlement date*)			
	Buchungstag bzw. -satz a) 29.12.01 b) 31.12.01 c) 04.01.02				Buchungstag bzw. -satz b) 31.12.01 c) 04.01.02			
at amortised cost	a) WP b) entfällt c) entfällt	100	an Verb.	100	b) entfällt c) WP		100	an Verb. 100
fair value through profit/ loss	a) WP b) WP c) WP	100 2 3	an Verb. an Ertrag an Ertrag	100 2 3	b) Ford. c) WP	2 105	an Ertrag an Verb. an Ertrag an Ford.	2 100 3 2
veräußerbarer Wert	a) WP b) WP c) WP	100 2 3	an Verb. an EK an EK	100 2 3	b) Ford. c) WP	2 105	an EK an Verb. an EK an Ford.	2 100 3 2

Das zeitliche Buchungswahlrecht zwischen Handelstag und Erfüllungstag gilt entsprechend für die **Ausbuchungen** von finanziellen Vermögenswerten. Wählt der Veräußerer den Erfüllungstag und der Erwerber den Handelstag, kann die Situation eintreten, dass ein Vermögenswert zum Bilanzstichtag noch in der Bilanz des Veräußerers und schon in der Bilanz des Erwerbers, also **zweimal** erfasst ist. 56

2.2 Ausbuchung *(derecognition)*
2.2.1 Konzeptionelle Grundlagen

Die Vorgaben für Finanzinstrumente unterscheiden hinsichtlich der Ausbuchung in IAS 39.17 ff. bzw. IFRS 9.3.2.3 ff. **zwei** Grundfälle. Bei finanziellen Verbindlichkeiten ist i. d. R. nur der erste Fall einschlägig: 57

- **Fall 1 – Erledigung:** Das (vertragliche) Recht zum Erhalt oder die (vertragliche) Verpflichtung zur Lieferung von Geld oder einem anderen finanziellen Ver-

mögenswert existiert nicht mehr. Es hat sich durch Zahlung, Erlass, Verjährung, Aufrechnung oder in sonstiger Weise erledigt.
- **Fall 2 – Übertragung:**
  – Das (vertragliche) Recht zum Erhalt von Geld oder einem anderen finanziellen Vermögenswert ist noch existent, aber auf eine andere Person übertragen worden und (kumulativ)
  – die relevanten Risiken sind ganz oder teilweise auf den Erwerber übergegangen.

Zu einer Ausbuchung eines Finanzinstruments kann es auch durch Modifikation der vertraglichen Bedingungen kommen (Rz 95).

58 Die **Erledigungsfälle** werden allerdings nur unscharf und unvollständig behandelt. Während finanzielle Vermögenswerte nach der Grunddefinition in IAS 32.11 durch Rechte auf *cash flows* oder sonstige finanzielle Vermögenswerte bestimmt sind, sieht die korrespondierende Vorgabe zur Ausbuchung nur den Fall der Erledigung des Rechtes auf *cash flows* vor, berücksichtigt also nicht etwaige Rechte auf sonstige finanzielle Vermögenswerte. Überdies müssen, wie das Beispiel rechtskräftig festgestellter Schadensersatzforderungen aus unerlaubten Handlungen zeigt, einen finanziellen Vermögenswert begründende Rechte auch nicht unbedingt eine **vertragliche Grundlage** haben. Im Übrigen bereitet der erste Fall aber in der Praxis nur selten Probleme. Folgende Grenzfälle sind relevant:
- **Umschuldung:** Ist die alte Verbindlichkeit/Forderung wirtschaftlich fortzuführen oder gegen Ansatz des neuen Vertrages auszubuchen (Rz 95)?
- **Verjährung:** Ist eine Verbindlichkeit mit der rechtlichen Verjährung auch wirtschaftlich erledigt (Rz 93)?
- **Rückkauf von Anleihen:** Ist bei Absicht einer erneuten Platzierung am Markt eine Ausbuchung vorzunehmen (Rz 99)?

59 Für die Ausbuchung eines Finanzinstruments im Rahmen der Übertragung ist eine **Kombination** von **formalrechtlichem** und **ökonomischem** Konzept beachtlich. Mit Ausnahme der Sonderregelungen zu Durchleitungsvereinbarungen (Rz 62) fordern die Vorgaben von IAS 39.18ff. bzw. IFRS 9.3.2.4ff. für die Ausbuchung von Forderungen, Anteilen usw. in Veräußerungsfällen kumulativ:
- **den rechtswirksamen** Vollzug des dinglichen Geschäfts (**Abtretung**) und
- die Übertragung von **Chancen und Risiken**.

Fehlt es an der Abtretung, ist das Finanzinstrument weiter zu bilanzieren, auch wenn die Risiken und Chancen durch Festschreibung des Veräußerungspreises, Ausschluss von Bonitätsgarantien etc. schon vollständig übergegangen sind. Ist die rechtwirksame Abtretung erfolgt, kommt es gem. IAS 39.20 bzw. IFRS 9.3.2.6 auf die **Risiken und Chancen** an. Sind diese
- so gut wie vollständig beim **Veräußerer** verblieben, darf er das Finanzinstrument **nicht ausbuchen** (Beispiel: **unechtes Factoring**, bei dem der Forderungskäufer den Forderungsverkäufer für alle Ausfälle voll in Regress nehmen kann);
- so gut wie vollständig **übertragen**, ist das Finanzinstrument auszubuchen (Beispiel: **echtes Factoring**);
- **teils** beim Forderungsverkäufer verblieben, **teils** auf den Forderungskäufer übergegangen, gelten komplexe **Sonderregeln**.

Die Regelungen für die Ausbuchung eines Finanzinstruments im Übertragungsfall in IAS 39/IFRS 9 fallen entsprechend komplex aus. Drei Fragen stehen im Mittelpunkt: 60

1) **Innen- und Außenverhältnis:** Muss die Übertragung der Rechte auch das Außenverhältnis betreffen oder reicht (wie in Fällen der stillen Abtretung einer Forderung) eine Übertragung im Innenverhältnis aus (Rz 61)?
2) **Tatsächliche Risikofeststellung:** Welche Ausfall-, Wertänderungs- oder sonstigen Risiken markieren den tatsächlichen Übergang des Risikos (Rz 63)?
3) **Risikoteilung:** Wie ist in Fällen zu verfahren, in denen die relevanten Risiken teilweise auf den Erwerber übergehen, teilweise beim Veräußerer verbleiben (Rz 66)?

Eine **Übertragung** *(transfer)* der vertraglichen Rechte auf den *cash flow* ist gem. IAS 39.17f. bzw. IFRS 9.3.2.4 Grundvoraussetzung für die Ausbuchung eines finanziellen Vermögenswerts. Fehlt es an ihr, führt auch die Übertragung aller Chancen und Risiken nicht zur Ausbuchung. Ein *transfer* ist nach IAS 39.19 bzw. IFRS 9.3.2.5 auch dann gegeben, wenn das Recht zum Einzug/Erhalt der *cash flows* zwar beim Veräußerer verbleibt (**Außenverhältnis**), dieser aber aufgrund der Vereinbarungen mit dem Erwerber (Innenverhältnis) den Vermögenswert nicht mehr weiterveräußern oder beleihen darf und verpflichtet ist, die eingehenden Zahlungen (und nur diese) unverzüglich an den Erwerber weiterzuleiten *(pass-through arrangements)*. Als Durch- oder Weiterleitungsvereinbarung gilt nicht die stille Forderungsabtretung mit Recht des Käufers, ggf., insbesondere bei Vertragsverletzungen des Abtretenden, die Umwandlung in eine offene zu verlangen. Diese außerhalb von Verbriefungsstrukturen dominierende Form der stillen Abtretung wird vielmehr der offenen gleichgestellt.[12] 61

In besonderen Fällen kann es zum Zusammenwirken des Grundfalls des Transfers durch Übertragung vertraglicher Rechte (Abtretung) und dem Erweiterungsfall des Transfers per Durchleitungsvereinbarung kommen. Betroffen sind etwa Globalabtretungen von Forderungen, bei denen für den Fall eines wirksamen **Abtretungsverbots** ersatzweise die treuhänderische Vereinnahmung durch den Forderungsverkäufer vereinbart ist. 62

> **Beispiel**[13]
> Das stark in die Schweiz exportierende Produktionsunternehmen P schließt mit der Factoringbank F einen Vertrag ab, demzufolge P verpflichtet ist, alle zukünftig entstehenden Forderungen aus Lieferungen und Leistungen gegen Schweizer Debitoren zum Kauf anzubieten, und F verpflichtet ist, diese Forderungen anzukaufen. Forderungen, deren Abtretung nicht wirksam ist, hält der Kunde als Treuhänder für den Factor und leitet die eingehenden Gelder unverzüglich an den Factor weiter.
> Nach Art. 164 Abs. 1 des Schweizer Obligationenrechts ist für die Wirksamkeit der Abtretung zwar die Zustimmung des Primärschuldners nicht erforderlich, jedoch kann dieser mangels einer § 354a HGB entsprechenden

---

12 IDW RS HFA 9, Tz. 120.
13 Nach LÜDENBACH, PiR 2013, S. 234.

> Schweizer Regelung (z.B. auch durch AGBs) ein Abtretungsverbot aussprechen. Entsprechende Abtretungsverbote berühren jedoch nur die Wirksamkeit der Abtretung (Verfügungsgeschäft), nicht hingegen die Gültigkeit des zwischen P und F geschlossenen Kaufvertrags (Verpflichtungsgeschäft). Der Factoringvertrag sieht demzufolge für Fälle des Abtretungsverbots nur eine Auffanglösung für das Verfügungsgeschäft (Treuhandschaft) vor. Eine derartige Lösung genügt den Voraussetzungen für *pass-through arrangements*. Die nicht mit einem Abtretungsverbot belegten Forderungen werden hingegen transferiert.

63 Die tatsächliche Feststellung, ob die relevanten Risiken übertragen oder beim Veräußerer verblieben sind, ist in der Form eines **Vorher-Nachher-Vergleichs** durchzuführen. Zu beurteilen ist, ob sich die **Schwankungsrisiken des Barwertes** der erwarteten Einnahmen vor und nach dem Transfer wesentlich unterscheiden.

- Bei **Wertpapieren** besteht das relevante Risiko in der **Kursschwankung**. Eine Risikoübertragung hat daher nicht stattgefunden, wenn im Rahmen eines echten Pensionsgeschäftes ein Rückkauf zu einem bei der Veräußerung bereits festgelegten Preis vereinbart ist. Der Erwerber trägt dann kein Kursschwankungsrisiko. Dieses verbleibt vielmehr beim Veräußerer, der seine Position am Rückerwerbstag nicht durch sofortige Weiterveräußerung erfolgsneutral glattstellen kann. Anders soll demzufolge der Fall eines Rückerwerbs zum *fair value* des Rückerwerbstages zu beurteilen sein (IAS 39.AG39b bzw. IFRS 9.B3.2.4b).
- Bei **Forderungen** besteht das relevante Risiko hingegen im **Ausfall**. Demgemäß hat eine Risikoübertragung regelmäßig nicht stattgefunden, wenn das Ausfallrisiko beim Veräußerer verbleibt. Eine Ausnahme soll nach IAS 39.AG40e bzw. IFRS 9.B3.2.5e für den Fall gelten, dass ein Ausfall nicht wahrscheinlich *(likely)* ist.

64 Für den notwendigen Vorher-Nachher-Vergleich kann als Risikomaß etwa die Summe der wahrscheinlichkeitsgewichteten positiven und negativen Abweichungen vom Erwartungswert oder die Standardabweichung gewählt werden (IFRS 9.3.2.7).[14] In beiden Varianten ist nicht entscheidend, wer im *worst case* die höhere Belastung hat, sondern wer die realistisch erwartbaren Risiken trägt. Besonders deutlich zeigt sich dies, wenn bei der Forderungsabtretung ein *first loss piece* vereinbart ist, nach dem nur ein geringer prozentualer Anteil des denkbaren Gesamtausfalls beim Forderungsverkäufer bleibt, Ausfälle aber zunächst gegen diesen Anteil und erst bei Überschreiten zulasten des Forderungskäufers gehen.

> **Beispiel**
> Ein Forderungsportfolio von nominal 1.000 TEUR wird verkauft. Der Verkäufer trägt nur die ersten 3,5 % (35 TEUR) eventueller Ausfälle. Nach den Erfahrungen der Vergangenheit sind Geldeingänge von 1.000 und 950 mit je 5 % wahrscheinlich und ein Geldeingang von 970 mit 90 %. Der Vorher-

---

14 IDW RS HFA 9, Tz. 132.

Nachher-Vergleich im Wege der wahrscheinlichkeitsgewichteten Abweichungen fällt wie folgt aus:

Vorher

erwarteter Geldeingang	Wahrscheinlichkeit	Geldeingang wahrscheinlichkeitsgewichtet	Abweichung von Erwartungswert	Pos. Abw. gewichtet	Neg. Abw. gewichtet
1.000,00	5 %	50,00	29,50	1,475	
970,00	90 %	873,00	−0,50		−0,45
950,00	5 %	47,50	−20,50		−1,025
Erwartungswert (EW)		970,50		1,475	−1,475

Nachher

1.000,00	5 %	50	28,75	1,4375	
970,00	90 %	873	−1,25		−1,125
965,00	5 %	48,25	−6,25		−0,3125
Erwartungswert (EW)		971,25		1,4375	−1,4375

| Nachher-Risiko im Vergleich zum Vorher-Risiko | | | | 97,5 % | |

Damit bleiben so gut wie alle realistischen Risiken beim Forderungsverkäufer. Eine (Teil-)Ausbuchung der Forderungen kommt nicht infrage.

Besondere Probleme bereitet der Vorher-Nachher-Vergleich bei versicherten Forderungen *(preinsured assets)*.[15]

> **Beispiel**
> U hat Forderungen aus Exportgeschäften, die zu 80 % durch eine Ausfallgarantie von H gedeckt sind. U verkauft die so gesicherten Forderungen an eine Bank. H erteilt die Zustimmung zum Verkauf. Ein Forderungsausfall geht nach der Abtretung zu 80 % zulasten der Bank, die sich aber insoweit an H wenden kann, und zu 20 % zulasten des U. Durch den Forderungsverkauf hat sich an der Risikosituation von U (vorher und nachher maximal 20 %) nichts geändert. Fraglich ist, ob bei Erfüllung der übrigen Voraussetzungen trotzdem ein Forderungsabgang vorliegt.

Bei der Risikobeurteilung der Abtretung von *preinsured assets* besteht nach Auffassung des IFRS IC ein faktisches Wahlrecht für eine
- Bruttobetrachtung, unter Außerachtlassung der Versicherung, oder
- Nettobetrachtung, unter Berücksichtigung der Versicherung.

Nur in der Nettobetrachtung hat sich im vorstehenden Beispiel an der Risikosituation des Abtretenden nichts geändert (keine Ausbuchung). In der Brutto-

---

[15] Ausführlich LÜDENBACH, PiR 2009, S. 56 ff.

betrachtung liegen hingegen – Erfüllung der sonstigen Bedingungen unterstellt – die Voraussetzungen für eine Ausbuchung vor.

66 Der Transfer eines Vermögenswertes unter **Übertragung** so gut wie aller relevanten Risiken *(substantially all)* führt gem. IAS 39.20a bzw. IFRS 9.3.2.6a zur Ausbuchung, wobei „so gut wie alle" u. E. quantitativ als 90 % oder mehr interpretiert werden kann. Ein Transfer unter **Rückbehalt** so gut wie **aller** relevanten Risiken verhindert gem. IAS 39.20a bzw. IFRS 9.3.2.6a den Abgang des Vermögenswertes; ein ggf. bereits erhaltener Kaufpreis ist zu passivieren, der Vorgang wie eine besicherte Darlehensaufnahme zu behandeln (IAS 39.29 bzw. IFRS 9.3.2.15). Probleme ergeben sich im Fall der **Risikoteilung:** Primär ist nach IAS 39.20c bzw. IFRS 9.3.2.6c zu prüfen, ob das weiterhin in einen Teil des Risikos involvierte Unternehmen die **Kontrolle** (Verfügungsmacht) über den Vermögenswert aufgegeben hat.

- Wurde die Verfügungsmacht aufgegeben, ist der Vermögenswert vollständig auszubuchen. Darüber hinaus sind die im Zuge der Übertragung zurückbehaltenen oder neu begründeten Rechte bzw. Pflichten bilanziell zu erfassen; d. h., ein verbleibendes Risiko ist separat auf seine Passivierungspflicht zu prüfen und mit dem *fair value* anzusetzen (IAS 39.25 bzw. IFRS 9.3.2.11).
- Hat der Veräußerer hingegen die Verfügungsmacht behalten, führt er den Vermögenswert insoweit fort, als er weiterhin in das Risiko involviert ist (IAS 39.20c(ii) bzw. IFRS 9.3.2.6c(ii)). Bei einer Wert- oder Ausfallgarantie ergibt sich der als sog. verbundene Verbindlichkeit *(associated liability)* zu passivierende Betrag als Summe aus der maximal zu leistenden Garantiezahlung einerseits und dem *fair value* der Garantie andererseits (IAS 39.30 bzw. IFRS 9.3.2.16).

> **Beispiel**
> A veräußert eine Forderung von 100 für 95 an ein Factoringunternehmen. 50 % eines evtl. Forderungsausfalls gehen zulasten von A (**Risikoteilung**). Die Wahrscheinlichkeit eines Forderungsausfalls wird mit 4 % eingeschätzt.
>
> **Variante 1: A gibt die Kontrolle über die Forderung auf**
> A bucht die Forderung aus:
>
> | Konto | Soll | Haben |
> |---|---|---|
> | Geld | 95 | |
> | Forderung | | 100 |
> | Aufwand | 7 | |
> | Garantieverbindlichkeit | | 2 |

Variante 2: A behält die Kontrolle über die Forderung
A führt die Forderung in Höhe seines Risikoanteils (50 %) fort:

Konto	Soll	Haben
Geld	95	
Verbundene Verbindlichkeit		52
Aufwand	7	
Forderung		50

Wer die **Verfügungsmacht** hat, beurteilt sich nach der praktischen Fähigkeit *(practical ability)* des Erwerbers, das Vertragsobjekt ohne Auferlegung besonderer Restriktionen an einen Dritten zu veräußern (IAS 39.23 bzw. IFRS 9.3.2.9). Dabei kommt es gem. IAS 39.AG42 bzw. IFRS 9.B3.2.7 nicht nur auf die vertraglichen Rechte oder Pflichten *(contractual rights or prohibitions)*, sondern auch auf die praktische Fähigkeit zur Ausübung an. Ein solcher Fall liegt etwa vor, wenn der Erwerber eine günstige Put-Option zur Rückveräußerung hat. In diesem Fall wird er nicht oder nur unter restriktiven Bedingungen, die den Wert seiner Put-Option sichern, an einen Dritten veräußern. Nicht anders ist der Fall zu beurteilen, in dem ein Forderungsabtretungsvertrag (offen oder still) ein **Verbot jeder Weiterveräußerung** vorsieht. Allerdings wäre damit eine vertragliche Restriktion angesprochen, auf die (allein) es gerade nicht ankommen soll. Ausgeblendet wird in allen Betrachtungen die Frage der Verfügungsmacht des ersten Veräußerers. Ob er ebenfalls vertraglichen oder faktischen Restriktionen unterliegt, ist nach dem Wortlaut der Vorschriften unerheblich. Wenn also keine der Parteien ohne die andere verfügen kann, erfolgt die Zurechnung zum Veräußerer. Dieser kann aufgrund dieser Fiktion **Verfügungsmacht** haben, **ohne tatsächlich verfügen zu können**. 67

Das Verhältnis der vorgenannten Kriterien lässt sich beispielhaft am Fall der **stillen Abtretung** einer Forderung darstellen: 68

- Eine stille Abtretung **ohne Risikobehalt** führt, unabhängig davon, ob ein Transfer i.S.v. IAS 39.18a oder i.S.v. IAS 39.18b (bzw. IFRS 9.3.2.4a oder IFRS 9.3.2.4b) vorliegt, zur Ausbuchung.
- Bei **stiller** Abtretung ohne Anspruch auf Umwandlung in eine offene scheidet ein Transfer nach IAS 39.18a bzw. IFSR 9.3.2.4a aus. Erfolgt die Abtretung unter **Behalt eines Teilrisikos**, wäre bei enger Interpretation aber **auch ein spezieller Transfer** i.S.e. Durchleitungsvereinbarung zu verneinen, da ein solcher Transfer voraussetzt, dass der Veräußerer ausschließlich zur Weiterleitung der vereinnahmten Beträge und zu keinen anderen Zahlungen verpflichtet ist. Die Forderung wäre daher in vollem Umfang fortzuführen. Möglicherweise sind die Vorgaben von IAS 39.18b bzw. IFRS 9.3.2.4b aber auch extensiv auszulegen und ein **Transfer** zu bejahen. Die Forderung wäre dann ganz oder nach Maßgabe des übertragenen Risikos auszubuchen. In der Entscheidung zwischen diesen beiden Alternativen käme es auf die Kontrolle an.
  - Kann der Erwerber die Forderung ohne Einschränkungen weiterveräußern, verpfänden usw., ist die Forderung beim Veräußerer **zu 100 % auszubuchen**.

– Ist dies nicht der Fall, erfolgt eine **Fortführung nach Maßgabe des verbleibenden Risikos.** Sämtliche für die Variante 2 diskutierten Lösungen stehen allerdings unter dem Vorbehalt, dass es überhaupt ein **relevantes Ausfallrisiko** gibt. Ist ein Forderungsausfall unwahrscheinlich, etwa bei Forderungen gegen die öffentliche Hand, laufen die Risikokriterien ins Leere (IAS 39.20c(ii) bzw. IFRS 9.3.2.6c(ii)), mit der Folge einer Vollausbuchung in jeder Variante.

69 Unabhängig davon, ob man das vorstehend beschriebene und in nachfolgender Abbildung zusammengefasste System als zu kompliziert betrachtet, leidet das Konzept an der **Unschärfe der zentralen Konzepte.** Nicht oder nur kasuistisch wird klar,
- was ein **Transfer** ist,
- wann ein **Risiko** irrelevant, weil **unwahrscheinlich** ist,
- wo die Messlatte für *substantially all of the risks* liegt,
- wie sich **Kontrolle als praktische Fähigkeit** definiert.

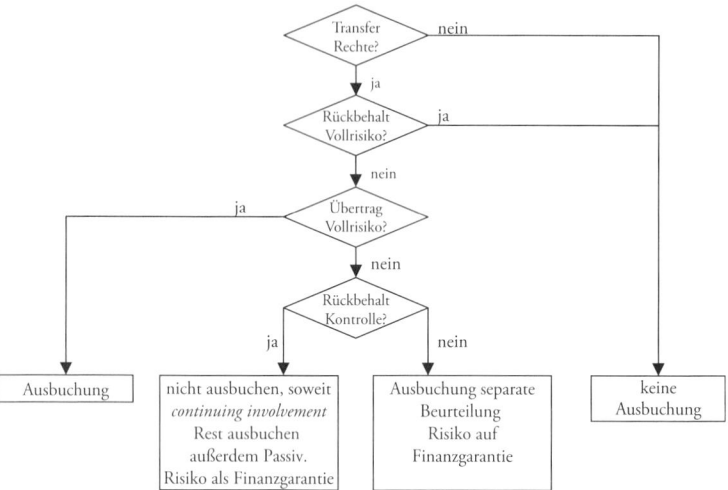

2.2.2 Einzelfälle der Ausbuchung von finanziellen Vermögenswerten

2.2.2.1 Factoring, *asset backed securities* (ABS), *off-balance*-Finanzierungen

70 Die Ausbuchung einer Forderung kommt – mit der hier zunächst nicht interessierenden Ausnahme der Durchleitungsvereinbarung – nur infrage, wenn der Forderungsverkäufer seine Rechte gegenüber dem Schuldner mit Wirksamkeit nach außen übertragen hat, durch
- **offene** Forderungsabtretung mit Anweisung an den Schuldner, nur noch an den Käufer zu zahlen, oder

- dem Schuldner nicht angezeigte **stille Abtretung**, die der Forderungskäufer spätestens bei Vertragsverletzung des Abtretenden in eine offene Abtretung **wandeln kann**.[16]

Damit sind nur die rechtlichen Voraussetzungen der Ausbuchung, aber noch nicht die kumulativ zu erfüllenden ökonomischen angesprochen: Die **Risiken** aus der Forderung (Bonitäts- bzw. Ausfallrisiko) müssen zusätzlich ganz oder in wesentlichen Teilen auf den Forderungskäufer übergehen. Hierbei gilt:

- Übernimmt der Factor (Forderungskäufer) das ganze Ausfallrisiko (**echtes Factoring**), ist die Forderung beim **abtretenden Unternehmen auszubuchen** und beim Factor zu bilanzieren (IAS 39.20a bzw. IFRS 9.3.2.6a).
- Verbleibt das ganze Ausfallrisiko beim abtretenden Unternehmen (**unechtes Factoring**), ist die Forderung weiter beim **abtretenden Unternehmen** zu bilanzieren, da sie nur rechtlich, nicht jedoch wirtschaftlich übertragen ist (IAS 39.20b vgl. IFRS 9.3.2.6b). Ein gleichwohl schon vom Factor gezahltes Entgelt ist daher nicht gegen die Kundenforderung zu buchen, sondern wie ein empfangenes Darlehen oder eine erhaltene Anzahlung zu passivieren (per Geld an Verbindlichkeit gegen Factor).
- Im Fall der **Risikoteilung** ist nach IAS 39.20c bzw. IFRS 9.3.2.6c primär zu prüfen, ob der weiterhin in einen Teil des Risikos involvierte ursprüngliche Forderungsinhaber die **Kontrolle** (Verfügungsmacht) über den Vermögenswert aufgegeben hat.
  - Wurde die **Verfügungsmacht aufgegeben**, ist der Vermögenswert **vollständig auszubuchen**, daneben das verbleibende Risiko separat mit seinem *fair value* zu passivieren.
  - Hat der Veräußerer hingegen die **Verfügungsmacht behalten**, führt er den Vermögenswert insoweit fort, als er weiterhin in das Risiko involviert ist (*continuing involvement*). Bei einer Ausfallgarantie ergibt sich der fortzuführende Betrag aus der maximal zu leistenden Garantiesumme. Daneben ist eine Verbindlichkeit anzusetzen, deren Höhe sich als Summe aus Maximalgarantie und dem *fair value* der Garantie ergibt.

Beispiel

U veräußert eine Forderung von 100 für 95 an ein Factoringunternehmen F. 50 % eines evtl. Forderungsausfalls gehen zulasten von U (**Risikoteilung**). Die Wahrscheinlichkeit eines Forderungsausfalls wird mit 4 % eingeschätzt.

Variante 1: Abtretung ohne Einschränkungen für den Forderungskäufer
Der Forderungskäufer ist berechtigt, die Forderung weiterzuveräußern, sie zu verpfänden usw. U bucht die Forderung aus:

Konto	Soll	Haben
Geld	95	
Aufwand	5	
Forderung		100

---

[16] Vgl. IDW RS HFA 9, Tz. 120.

Die Vereinbarung, 50 % eines Forderungsausfalls zu übernehmen, ist eine Finanzgarantie. Anzusetzen ist deren *fair value*, hier 50 % × 4 % × 100 = 2. Somit ist zusätzlich wie folgt zu buchen:

Konto	Soll	Haben
Aufwand	2	
Garantieverbindlichkeit		2

Variante 2: Abtretung mit Einschränkungen für den Forderungskäufer
Darf der Forderungskäufer keine Weiterveräußerungen oder Beleihungen der Forderung vornehmen oder ist er faktisch daran gehindert (etwa weil er die Umwandlung einer stillen Abtretung in eine offene unter keinen Umständen verlangen darf), verbleibt die Kontrolle über die Forderung beim Forderungsverkäufer. Damit greift das Konzept des *continuing involvement*. U führt die Forderung in Höhe seines Maximalrisikos (50) fort. Da dem vereinnahmten Geld in gleicher Höhe noch keine Forderungsveräußerung gegenübersteht, ist der Maximalbetrag zu passivieren. Zusätzlich hat U den *fair value* der Garantie, d. h. 50 % × 4 % × 100 = 2 anzusetzen. Er bucht daher:[1]

Konto	Soll	Haben
Geld	95	
Verbindlichkeiten (50 + 2)		52
Aufwand	7	
Forderung		50

71 Der Fall des **Rückbehalts des Servicerechtes** (Einzug, Verwaltung der Forderung) hindert den Abgang der Forderung (oder des sonstigen finanziellen Vermögenswertes) nicht. Erhält der Forderungsverkäufer für seine Dienste keine Gebühr oder eine Gebühr, die den Dienstaufwand nicht kompensiert, so ist eine entsprechende **Schuld** einzubuchen. Wird umgekehrt der Aufwand überkompensiert, ist ein Servicerecht zu **aktivieren** (IAS 39.24 bzw. IFRS 9.3.2.10).

72 Für den Fall des Rückbehalts so gut wie aller Risiken beim Forderungsverkäufer ist ein für den Verkauf **erhaltenes Entgelt** *(consideration received)* zu passivieren (IAS 39.29 bzw. IFRS 9.3.2.15). Erfolgt die Bezahlung nicht sofort, sondern wird die Fälligkeit des Kaufpreises in x Tagen vereinbart, stellt sich die Frage, ob schon die Begründung der Kaufpreisforderung oder erst deren Bezahlung als *consideration received* zu qualifizieren ist. Je nach Beantwortung ist der Vorgang brutto oder netto zu buchen.

Beispiel
V verkauft und überträgt still am 31.12.01 eine in 3 Monaten fällige Forderung von 100 zum Preis von 98, fällig in 1 Monat, an Factor F. So gut wie alle Risiken der verkauften Forderung bleiben bei V.

Nettobetrachtung

Datum	Konto	Soll	Haben
31.12.01:	keine Buchung		
31.01.02:	Geld	98	
	Verbindlichkeit gegen F		98
31.03.02:	Geld	100	
	Debitor		100
	Verbindlichkeit gegen F	98	
	Aufwand	2	
	Geld		100

Bruttobetrachtung

Datum	Konto	Soll	Haben
31.12.01:	Forderung gegen F	98	
	Verbindlichkeit gegen F		98
31.01.02:	Geld	98	
	Forderung gegen F		98
31.03.02:	Geld	100	
	Debitor		100
	Verbindlichkeit gegen F	98	
	Aufwand	2	
	Geld		100

Für eine Bruttobetrachtung spricht, dass der Forderungsverkäufer im Zeitpunkt der Abtretung der Kundenforderung einen vertraglichen Zahlungsanspruch gegen den Factor und damit zwar kein Geld, aber einen finanziellen Vermögenswert erwirbt. Eine Nettobetrachtung wird hingegen durch die Vorgaben für die Ausbuchung von Rechten, die den Charakter derivativer Instrumente haben, gestützt. Für den Fall einer Übertragung, die nicht zur Ausbuchung führt, ist eine Doppelerfassung von Rechten und Pflichten (Bruttobetrachtung) explizit untersagt, wenn die Rechte den Charakter **derivativer** Finanzinstrumente haben. Es sind keine Gründe ersichtlich, warum bei **originären** Finanzinstrumenten (hier Forderungen an den Factor) etwas anderes gelten soll. Die Nettobetrachtung ist daher u. E. vorzuziehen.

ABS-Transaktionen *(asset-backed securities)*[17] sind eine besondere Form des Factoring. Die Forderungen werden von einem Unternehmen (Originator) an eine eigens gegründete Zweckgesellschaft (SPE = *special purpose entity* bzw. *structured entity*) verkauft. Die Zweckgesellschaft finanziert sich durch die Ausgabe von Wertpapieren an externe, vor allem institutionelle Investoren. Die Wertpapiere werden aus dem Zahlungsstrom (Zins- und Tilgungszahlungen) der Forderungen bedient. Üblicherweise verbleibt ein Teil des Forderungsausfallrisikos beim Veräußerer, sei es durch die direkte Abgabe von Garantien, sei es durch die Finanzierung der Zweckgesellschaft durch zwei Klassen von Wertpapieren. Im zweiten Fall halten die Externen die Senior-Papiere, die vorrangig bedient werden, und der Forderungsverkäufer die Junior-Papiere, die nur nachrangige Rechte

---

[17] Zur handelsrechtlichen Behandlung: IDW RS HFA 8.

enthalten. Der Forderungsverkauf selbst unterliegt im Wesentlichen den allgemeinen o. g. Regeln (Abgang, Teilabgang usw.).

75 Bilanzneutrale Finanzierungen (*off-balance-sheet*-Finanzierungen) sind im Gefolge des Enron-Skandals (US-GAAP!)[18] in Verruf geraten. Hierbei ist zwischen **zwei Problemkreisen** zu unterscheiden:
- Einerseits geht es um die **allgemeinen Regeln zur Ausbuchung** von Forderungen (Factoring), aber auch von Anlagegegenständen *(sale and lease back).*
- Zum anderen geht bzw. ging es um die mögliche **Eliminierung** von Vermögenswerten aus dem Konzernabschluss ohne Übertragung an Fremde, weil die Regelungen zur Konsolidierung von Zweckgesellschaften entweder kasuistisch umgangen werden können (US-GAAP) oder zu stark ermessensbehaftet sind (→ § 31).

76 Forderungen dürfen im Wesentlichen nur dann oder insoweit ausgebucht werden, als der Veräußerer nicht für die Werthaltigkeit garantiert. Darüber hinaus werden besondere Anforderungen für den zur Ausbuchung erforderlichen Transfer formuliert: Die vertraglichen Rechte zum Erhalt der Zahlungsströme aus den Forderungen (Forderungstilgung) müssen auf den Erwerber übergehen. Sofern es sich um eine **stille Zession** ohne Recht der Umwandlung in eine offene handelt, ist zu prüfen, ob eine Weiterleitung der Zahlungseingänge aus den transferierten Forderungen an den Erwerber vereinbart wurde. Weiterleitungsvereinbarungen werden als *pass-through arrangements* bezeichnet. Sie stellen in der Praxis von ABS-Transaktionen die dominierende Strukturierungsvariante dar. An Weiterleitungsvereinbarungen sind allerdings restriktive Anforderungen gestellt. Eine Übertragung ist nur anzunehmen, wenn der Veräußerer verpflichtet ist,
- die eingehenden Zahlungen (und nur diese) **weiterzuleiten**, und zwar
- **ohne wesentliche Verzögerung** *(without material delay).*

Hiernach sind insbesondere revolvierende Forderungsankäufe problematisch.

> **Beispiel**
> Zwischen dem Forderungsverkäufer und einer Zweckgesellschaft werden ein Transfer von Forderungen auf revolvierender Basis sowie eine stille Zession vereinbart. Um Kosten zu sparen, werden die wechselseitigen Zahlungsansprüche aus dem Verkauf der Forderungen und der Weiterleitung der eingehenden Zahlung von Schuldnerseite aufgerechnet. Abrechnungstermin ist jeweils der letzte Werktag im Quartal.

77 Bei revolvierenden Forderungsankäufen erfolgt grundsätzlich keine Weiterleitung der eingehenden Tilgungsbeträge aus den Forderungen an den Erwerber. Stattdessen werden die eingehenden Zahlungen *(collections)* zum Kauf der nächsten Tranche von Forderungen genutzt. Zivilrechtlich bewirkt die Aufrechnung die Tilgung der Hauptforderung und ist damit ein Erfüllungssurrogat. Wirtschaftlich kann nichts anderes gelten: Wenn durch die Vereinbarung einer Aufrechnung nur ein unwirtschaftlicher Transfer von Geldmitteln vermieden wird, entspricht das Ergebnis einer Barmittelübertragung. Deshalb ist u. E. die Aufrechnung als Weiterleitung anzusehen. Unklar ist weiterhin, ob die Weiterleitung ohne we-

---

[18] Vgl. dazu HOFFMANN/LÜDENBACH, StuB 2002, S. 541, und LÜDENBACH/HOFFMANN, DB 2002, S. 1169.

sentliche Verzögerung erfolgt. Ausgehend vom Sinnzusammenhang mit IAS 7.7 kann jedoch eine mittlere Zahlungsverzögerung von 45 Tagen u. E. nicht schädlich für die Erfüllung des Kriteriums sein. Infolgedessen gelten im skizzierten Beispiel die Rechte aus den Forderungen als übertragen.

Sofern sich eine direkte oder indirekte Übertragung der Rechte zum Erhalt der *cash flows* aus den Forderungen ergibt, schließt sich die Beurteilung der Chancen- und Risikoverteilung und ggf. der Kontrolle an. Üblicherweise verbleibt bei ABS-Transaktionen ein Teil des Forderungsausfallrisikos beim Veräußerer. Dies geschieht durch

- die Abgabe von **Garantien** *(financial guarantees)*,
- die Finanzierung der Zweckgesellschaft durch zwei **Klassen von Wertpapieren** *(subordination)* oder
- andere Sicherungsmechanismen *(credit enhancements)*, wie z. B. **Rückkaufzusagen** *(recourse obligation)*, **Patronatserklärungen** *(letter of comfort)*, **Übersicherung** *(overcollateralization)* und **Reservefonds** *(excess spread)*.

Bei einer derartigen **Risikoteilung** ist zu prüfen, ob der Erwerber die **Kontrolle** über die Forderung hat (Rz 66).

Eine **Konsolidierungspflicht** der die Forderungen erwerbenden **Zweckgesellschaft** beim Originator hätte zur Konsequenz, dass die Forderungen nur einzelbilanziell, jedoch nicht aus Konzernsicht auszubuchen wären. Die Beurteilung der Konsolidierungspflicht erfolgt nach IFRS 10, hier insbesondere nach dem Kriterium der Risikotragung (→ § 32). Alle mit der Zweckgesellschaft in Verbindung stehenden Personen sind auf den Umfang ihrer individuellen Risikotragung hin zu untersuchen. Ein Kontrollverhältnis ist dann zu vermuten, wenn eine Partei verpflichtet ist, mehrheitlich die **eigentümertypischen Risiken** aus der Unternehmenstätigkeit der Zweckgesellschaft zu übernehmen.

78

79

> **Beispiel**[19]
> Die V-AG (Originator) hält Forderungen aus Lieferungen und Leistungen gegenüber einer Vielzahl von Kunden. Um die Liquiditätssituation zu verbessern, verkauft die V-AG diese Forderungen an die Zweckgesellschaft SPE-GmbH. Die SPE-GmbH verbrieft die Forderungen durch die Begebung von Wertpapieren an institutionelle Investoren. Um den Investitionsanreiz für die Investoren zu steigern, wird eine Renditegarantie von der SPE-GmbH gewährt. Die SPE-GmbH kann aus dieser Garantie resultierende Aufwendungen gegenüber der V-AG geltend machen.
> Unabhängig davon, ob der Originator den Investoren direkt eine Mindestrendite garantiert oder wie im Beispiel indirekt für sie einsteht, trägt der Originator eigentümerähnliche Risiken. Demgegenüber ist die Gewinn- und Verlustpartizipation der Investorenseite begrenzt. In dieser vereinfachten Betrachtung trägt der Originator die Mehrheit der Risiken aus der ABS-Transaktion. Das führt zur Annahme einer Beherrschung und damit zur Konsolidierung der SPE beim Originator. Eine Konsolidierung bei den Investoren kommt nicht in Betracht, da diese weder einen signifikanten Anteil am Reinvermögen haben noch eigentümertypischen Risiken ausgesetzt sind.

---

[19] Entnommen: ENGEL-CIRIC/SCHULER, PiR 2005, S. 19ff.

80 Eine Zweckgesellschaft kann zugunsten mehrerer Unternehmen tätig sein (*multiseller*-Modelle). Eine oberflächliche Betrachtung ergäbe dann Folgendes:
- Der einzelne Originator hat nur das Recht, einen Teil der Nutzen der Zweckgesellschaft zu ziehen, und
- trägt auch nur einen Teil der Risiken der Zweckgesellschaft.

Die Konsolidierung wird durch eine derartige **zellulare Strukturierung** der Zweckgesellschaft jedoch i.d.R. nicht vermieden. Trägt der Originator nur die Risiken und Chancen aus dem von ihm veräußerten Forderungspool, gewährleisten die gesellschaftsvertraglichen, schuldrechtlichen und wertpapierrechtlichen Vertragsbedingungen eine Immunisierung gegen die Wertentwicklung der von anderen Originatoren veräußerten Forderungen, werden der eigene Forderungspool und die für seinen Kauf von der Zweckgesellschaft ausgegebenen Wertpapiere zu einem selbstständigen Konsolidierungsobjekt (→ § 32 Rz 77).

2.2.2.2 *Bondstripping* und sonstige Teilveräußerungen

81 Unter *bondstripping* versteht man das Trennen des Zinscoupons vom Mantel einer Anleihe mit dem Ziel, die einzelnen Zinscoupons separat behandeln zu können (*strip = separate trading of interest and principal*). Die Anleihe ist gem. IAS 39.27 bzw. IFRS 9.3.2.13 nur **teilweise**, nach dem Verhältnis der Zeitwerte des verkauften und des zurückbehaltenen Teils, auszubuchen.

> **Beispiel**
> Eine Anleihe im Nominalwert von 100 und mit einem Nominalzins von 10 % hat noch eine Restlaufzeit von einem Jahr. Der Zinscoupon wird abgetrennt und für 9,30 veräußert. Die Anleihe ist mit 100 bilanziert. Die aktuelle Marktrendite der Anleihe beträgt 8 %. Der Kurswert der Anleihe ist 101,86. Die Aufteilung des Buchwerts ergibt sich auf Basis der Marktrendite von 8 % wie folgt:
> - Marktwert Stammrecht: 100/1,08 = 92,6 = 90,9 %
> - Marktwert Zinscoupon: 10/1,08 = 9,26 = 9,1 %
>
> Von den 100 Buchwert sind 9,1 % = 9,10 als Abgang des Zinscoupons zu buchen. Somit ergibt sich folgende Buchung:
>
> | Konto | Soll | Haben |
> | --- | --- | --- |
> | Geld | 9,30 | |
> | Wertpapier (Zinscoupon) | | 9,10 |
> | Ertrag | | 0,20 |
>
> Der Ertrag von 0,20 erklärt sich wie folgt: Der Marktwert des Zinscoupons (9,26) liegt um 0,16 über seinem (anteilig im Wertpapier enthaltenen) Buchwert. Außerdem ist der Kaufpreis (9,30) um 0,04 höher als der Marktwert.

82 Maßstab für die Aufteilung des Buchwertes in abgehenden und verbleibenden Teil ist das **Verhältnis der Marktwerte**. Dieses ergibt sich im Beispiel aus der Marktrendite von 8 % und nicht aus der Buchwertrendite. Handelsrechtlich gilt auch die Aufteilung nach der Buchwertrendite als zulässig.[20] Die vorstehenden Regelungen sind nicht auf den Fall des *bondstripping* beschränkt. Sie gelten in gleicher Weise für den Teilabgang sonstiger Vermögenswerte.

---

[20] Vgl. IDW RH BFA 1.001.

2.2.2.3 Rückübertragungsregelungen, insbesondere Wertpapierpension und -leihe, *total-return*-Swaps

Ein Vermögenswert kann unter gleichzeitiger Vereinbarung einer (eventuellen) Rückübertragung veräußert werden. Zum Abgang eines Vermögenswertes beim Übertragenden führen derartige Vereinbarungen nur, wenn

- alle wesentlichen Risiken und Erwerbschancen auf den Erwerber übergehen oder
- bei Teilverbleib der Risiken die Verfügungsmacht aufgegeben wird.

Risikotragung und Kontrolle variieren mit
- der **Art des Rückübertragungsrechts:**
  - Rückerwerbsrecht des Veräußerers *(call option),*
  - Rückgaberecht des Erwerbers *(written put option),*
  - unbedingter Rückübertragungsvertrag;
- der **Art des Vermögenswertes:**
  - jederzeit am Markt verfügbar (insbesondere notierte Wertpapiere),
  - sonstiger Vermögenswert;
- dem vereinbarten **Rücknahmepreis:**
  - fester Preis oder Veräußerungspreis plus zinsähnlicher Aufschlag,
  - Zeitwert am Tag der Rücknahme.

Bei **unbedingten Rücknahmevereinbarungen** (echte Pensionsgeschäfte) kommt es auf den Rückübertragungs**preis** an:

- Rückübertragungen zu einem festen Preis hindern die Ausbuchung, weil die Wertänderungsrisiken beim Veräußerer verbleiben (IAS 39.AG51a bzw. IFRS 9.B3.2.16a).
- Rückübertragungen zum *fair value* des Rückübertragungstages führen zur Ausbuchung, weil die Wertänderungsrisiken übergehen (IAS 39.AG51a bzw. IFRS 9.B3.2.16a).

Wie unbedingte Geschäfte sind u. e. **wechselseitig eingeräumte Optionen** zu würdigen, bei denen die *call option* des ursprünglichen Verkäufers und die *put option* des Käufers auf den gleichen Ausübungspreis lauten.

Wird bei einer auf einen festen Preis lautenden Rücknahmevereinbarung das ursprüngliche Veräußerungsentgelt *(consideration received)* in bar entrichtet, ist der Vorgang als besicherte Darlehensaufnahme zu buchen (per Geld an Verbindlichkeit gegenüber Wertpapierkäufer). Besteht das Entgelt darin, dass der Wertpapierverkäufer seinerseits andere Wertpapiere unter äquivalenten Vereinbarungen erwirbt, stellt sich die Frage, wie *consideration received* zu interpretieren ist, ob also eine Netto- oder eine Bruttobetrachtung angezeigt ist.

Beispiel

A verkauft am 31.12.01 in echter Pension Wertpapiere X zu einem Veräußerungspreis von 100 an B. Der vereinbarte Rücknahmepreis beträgt ebenfalls 100. B veräußert gleichzeitig Wertpapiere Y mit gleicher Kondition an A. Am 31.3.02 veräußert A die Wertpapiere Y zu 120 am Markt. Am 31.12.02 beschafft er sie am Markt wieder zu 115. Der Wert der Papiere X bleibt während des gesamten Betrachtungszeitraums konstant bei 100. Bei A ergeben sich folgende Buchungen:

Nettobetrachtung

Datum	Konto	Soll	Haben
31.12.01:	keine Buchung		
31.03.02:	Geld	120	
	Verbindlichkeit gegen B		100
	Ertrag		20
31.12.02:	Verbindlichkeit gegen B	100	
	Aufwand	15	
	Geld		115

Bruttobetrachtung

Datum	Konto	Soll	Haben
31.12.01:	Wertpapiere Y	100	
	Verbindlichkeit gegen B		100
31.03.02:	Geld	120	
	Wertpapiere Y		100
	Ertrag		20
31.12.02:	Wertpapiere Y	115	
	Geld		115
	Verbindlichkeit gegen B	100	
	Aufwand	15	
	Wertpapiere Y		115

86   Call- und Put-**Optionen**, die ein **Rückübertragungsrecht** zum *fair value* vorsehen, führen ebenfalls zur Ausbuchung des Vermögenswertes (IAS 39.AG51j bzw. IFRS 9.B3.2.16j). Bei Rücknahme-/Rückgabe-**Optionen zu einem vorher vereinbarten Preis** ist zunächst auf die Konditionen der Optionen, sodann ggf. noch auf die Art des Vermögenswertes abzustellen:
- Ein besonders **günstiger Ausübungspreis** (*option deeply in the money*) hindert die Risikoübertragung und damit die Ausbuchung beim Veräußerer, weil die Ausübung der Option durch den Erwerber, d.h. die Rückübertragung, wahrscheinlich ist (IAS 39.AG51g bzw. IFRS 9.B3.2.16g).
- Besonders **ungünstige Ausübungspreise** (*option deeply out of the money*) führen umgekehrt zur Ausbuchung.
- Ist der Ausübungspreis weder besonders günstig noch besonders ungünstig (*option at the money*), liegen Wertänderungsrisiken und -chancen teils beim Veräußerer, teils beim Erwerber. Unter diesen Umständen kommt es darauf an, ob der Veräußerer die **Verfügungsmacht** aufgegeben hat. Dies hängt von der **Art** des Vermögenswertes ab:
  - Eine *call option* auf einen **jederzeit am Markt verfügbaren** Vermögenswert führt zur Ausbuchung beim Veräußerer: Der Erwerber kann den Vermögenswert ohne Rücksicht auf die *call option* weiterveräußern, da er ihn bei Ausübung der *call option* jederzeit wieder beschaffen kann (IAS 39.AG51h bzw. IFRS 9.B3.2.16h).
  - Eine *call option* auf einen **nicht jederzeit am Markt verfügbaren** Wert führt nicht zur Ausbuchung beim Veräußerer: Der Erwerber kann den

Vermögenswert nicht frei weiterveräußern, da er mit der Rückforderung durch den Veräußerer rechnen muss.

- Eine dem Erwerber gewährte *put option (written put option)* auf einen **jederzeit am Markt verfügbaren Vermögenswert** führt zur Ausbuchung beim Veräußerer: Der Erwerber kann den Vermögenswert ohne Rücksicht darauf, ob er die *put option* ggf. ausüben möchte, weiterveräußern (IAS 39.AG51h bzw. IFRS 9.B3.2.16h).

- Bei einer gewährten *put option* auf einen **nicht jederzeit am Markt verfügbaren Vermögenswert** soll es darauf ankommen, dass die Option hinreichend wertvoll *(sufficiently valuable)* ist, um den Erwerber von der Weiterveräußerung abzuhalten; dann kein Kontrollübergang und keine Ausbuchung beim Veräußerer (IAS 39.AG51i bzw. IFRS 9.B3.2.16i).

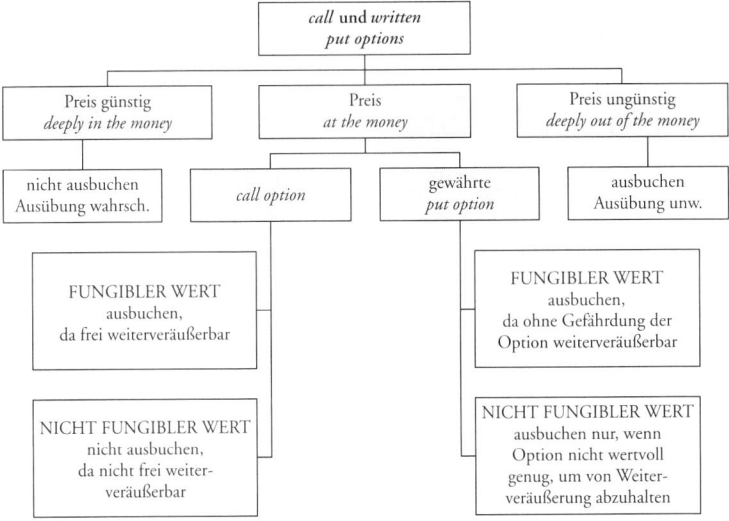

Die Bedingung der jederzeitigen Verfügbarkeit am Markt ist insbesondere bei börsengängigen **Wertpapieren** gegeben. In diesem Bereich sind deshalb wegen der leichten Wiederbeschaffbarkeit, aber auch wegen der leichten Bewertbarkeit, **Pensionsgeschäfte** üblich. Die nachfolgende Tabelle zeigt den Regelausweis des Pensionsgutes beim Pensionsgeber, sodass dann der Geldfluss bei Veräußerung als **Kredithingabe** und der spätere Rückfluss als **Kreditrückzahlung** zu behandeln ist.

87

Art	Rechte/Pflichten	Bilanzierung bei
echte Pension	bindender Rückübertragungsvertrag	Pensionsgeber
	Rückerwerbsrecht des Pensionsgebers	Pensionsnehmer (jedoch Pensionsgeber, wenn Ausübungspreis *deeply in the money*)

Art	Rechte/Pflichten	Bilanzierung bei
unechte Pension	Andienungsrecht des Pensionsnehmers	Pensionsnehmer
gemischte Pension	Rückerwerbsrecht PG + Andienungsrecht PN	Pensionsgeber
Wertpapierleihe	wie echtes Pensionsgeschäft	wie echtes Pensionsgeschäft
total-return-Swap	Marktrisiko und Erträge bleiben beim Veräußerer	Veräußerer

88 Beim *total-return*-Swap werden die Erträge und Risiken des verkauften Wertpapiers sogleich auf den Verkäufer **rückübertragen**. Er behält somit sämtliche Erträge, d. h. Zinsen oder Wertsteigerung, aus dem veräußerten Vermögenswert. Die Veräußerung i. V. m. einem *total-return*-Swap führt somit nicht zur Ausbuchung beim Veräußerer (IAS 39.AG51o bzw. IFRS 9.B3.2.16o).

2.2.2.4 Verkauf von Anteilen mit zeitlich nachgelagerter Abtretung (Termingeschäfte)

89 Bei Anteilsveräußerungen kommt es nicht selten zu einer **zeitlichen Divergenz** von obligatorischem Geschäft (Kaufvertrag) und dinglichem Vollzug (Abtretung). Die Parteien schreiben etwa noch im alten Jahr den Kaufpreis und alle sonstigen Konditionen fest (Kaufvertrag), die Abtretung erfolgt aber aus steuerbilanziellen oder sonstigen Gründen erst im neuen Jahr. Mit der Festschreibung des Kaufpreises gehen jedenfalls dann bereits **alle Risiken und Chancen** (Wertänderung der Anteile) auf den Erwerber über, wenn diesem schon alle ab Datum des Kaufvertrags entstehenden Gewinne zustehen. Bei einem primär an den Chancen und Risiken orientierten Konzept müsste daher der Veräußerer den Anteil schon mit Datum des Kaufvertrags ausbuchen.

90 Die Vorgaben zur Ausbuchung (*derecognition*) folgen aber zunächst einem **formalen Ansatz**. Solange die Rechte aus den Anteilen zivilrechtlich noch nicht übertragen (abgetreten) sind, hat der Veräußerer diese **weiter zu bilanzieren** (IAS 39.18a bzw. IFRS 9.3.2.4a). Die Chancen und Risiken finden dann in anderer Weise Berücksichtigung. Die zeitliche Divergenz von obligatorischem und dinglichem Geschäft stellt einen Terminkontrakt und damit ein Finanzderivat dar (IAS 39.AG9 bzw. IFRS 9.BA1). Dieses Derivat unterliegt den Regelungen zur bilanziellen Abbildung von Finanzinstrumenten, da IAS 39.2a bzw. IFRS 9.2.1a zwar Anteile an Tochterunternehmen, assoziierten Unternehmen und Gemeinschaftsunternehmen vom Anwendungsbereich ausschließt, aber eine Rückausnahme für Derivate über diese Anteil enthält.

91 Eine Rückausnahme von der Rückausnahme besteht nach IAS 39.2g bzw. IFRS 9.2.1f für Kontrakte über eine zukünftige *business combination*. Danach sind unbedingte Terminkontrakte *(forward contracts)* über den Erwerb oder die Veräußerung von Tochterunternehmen nicht als Finanzderivate zu behandeln, sofern die Laufzeit (Differenz von Vertrags- und Erfüllungsdatum) nicht die

vernünftige Zeitspanne (*reasonable period*) überschreitet, die normalerweise zum Vollzug, Erhalt von Genehmigungen etc. benötigt wird. Bedingte Kontrakte unterliegen (als Finanzderivate) hingegen den Regelungen von IAS 39 bzw. IFRS 9.

Alle (bedingten und unbedingten) Terminkontrakte über Anteile an assoziierten Unternehmen und Gemeinschaftsunternehmen sind zum Bilanzstichtag mit dem *fair value* anzusetzen. Der *fair value* entspricht i.d.R. der Wertänderung zwischen Kaufvertrag und Bilanzstichtag. Ein sich daraus ergebender GuV-Effekt kann ggf. durch *hedge accounting* (→ § 28a) verhindert werden.

92

> **Beispiel**
> Zum 1.10.01 veräußert A die Anteile an der assoziierten X-AG zu 100 an B. Der Gewinn des Jahres 01, mit dessen Ausschüttung nicht vor März 02 gerechnet wird, steht bereits B zu. Der Übergang von Besitz, Nutzen und Lasten soll jedoch erst am 2.1.02 erfolgen. Erst zu diesem Datum werden daher die Anteile abgetreten. Zwischen dem 1.10.01 und dem 31.12.01 erhält die X-AG überraschend viele Neuaufträge. Der Wert der zur Übertragung bestimmten Anteile wird daher zum 31.12.01 auf 120 geschätzt. Alle (Vermögens-)Rechte gegenüber der X-AG bleiben bis zur Abtretung bei A. Eine Ausbuchung im alten Jahr kommt daher auch dann nicht infrage, wenn schon alle Chancen und Risiken übergegangen sind. Die Divergenz von Vertrags- und Erfüllungstag führt jedoch zu einem mit dem *fair value* anzusetzenden Finanzderivat. Zum 1.10.01 ist dessen Wert angesichts der zu vermutenden Ausgeglichenheit von Leistung (Anteilsübertragung) und Gegenleistung (Kaufpreis) null. Zum 31.12.02 liegt diese Ausgeglichenheit nicht mehr vor. Aus Sicht von A beträgt der Wert des Derivats –20. Eine finanzielle Verbindlichkeit in entsprechender Höhe ist aufwandswirksam einzubuchen. Der Aufwand kann ggf. durch eine ertragswirksame Zuschreibung bei den Anteilen ausgeglichen werden.

2.2.3 Ausbuchung von Verbindlichkeiten

2.2.3.1 Verjährung, Umschuldung, Rückkauf von Anleihen

Die Ausbuchung von Verbindlichkeiten setzt deren Erlöschen voraus (IAS 39.39 bzw. IFRS 9.3.3.1). Wichtige Formen des Erlöschens sind neben der Bezahlung die Entlassung aus der Schuld durch den Gläubiger (**Erlass**) oder durch Gesetz (**Verjährung**) (IAS 39.AG57 bzw. IFRS 9.B3.3.1). Eine verjährte Verbindlichkeit ist in Analogie zu IAS 37.14 (faktische Verpflichtungen aus üblichem Geschäftsgebaren) ausnahmsweise weiter zu passivieren, wenn der Kaufmann aus faktischen Gründen (Erhalt der Geschäftsbeziehung etc.) von der Einrede der Verjährung keinen Gebrauch machen kann.

93

Verschlechtert sich die wirtschaftliche Lage eines Schuldners derart, dass Zinsen und Tilgungen nicht mehr bedient werden können, und kommt es in diesem Zusammenhang zur **Restrukturierung des Schuldverhältnisses** durch Prolongationen, Verminderungen des Zinssatzes, Verminderung des Tilgungsbetrages usw., stellt sich die Frage nach der buchmäßigen Behandlung beim **Schuldner**.

94

95 Die Antwort betrifft zunächst den Bilanz**ansatz** und nicht die Bewertung. Bei der **Umschuldung von Krediten** oder der Modifizierung der Konditionen eines Kredits stellt sich die Frage, ob ein **Abgang** der **alten** und ein **Zugang** einer **neuen** Verbindlichkeit anzunehmen ist oder die alte Verbindlichkeit zu geänderten Bedingungen fortgeführt wird. Die Grenzlinie ist gem. IAS 39.40 bzw. IFRS 9.3.3.2 anhand der **Vertragsbedingungen** zu ziehen. Unterscheiden sich diese **substanziell** – etwa quantitativ durch Abweichung des Barwertes der neuen Verpflichtung um mindestens 10 % gegenüber der alten Verpflichtung –, ist ein Abgang der alten und ein Zugang der neuen Verpflichtung anzunehmen (IAS 39.AG62 bzw. IFRS 9.B3.3.6). Für die Barwertberechnung ist die Effektivverzinsung des alten Kredites maßgeblich. Als wesentlich gelten Änderungen, die zu einer mindestens **10 %igen Barwertabweichung** führen. Auch qualitative Änderungen können als substanziell einzustufen sein, ohne dass eine 10-%-Änderung des Barwerts vorliegt (z. B. Wechsel in der Nachrangigkeit oder in der Währung). Weitere wesentliche Änderungen sind:[21]
- Änderungen der Laufzeit,
- Änderungen der Währung, in der die Verbindlichkeit zu bedienen ist,
- Wechsel von einer „normalen" zu einer erfolgsabhängigen Verzinsung,
- Änderungen bez. eingebetteter Derivate.

Das nachfolgende Beispiel zeigt die Vorgehensweise bei Überschreiten der 10-%-Grenze.

> **Beispiel**
> Eine Verbindlichkeit wurde am 1.1.01 zu pari begründet. Die Zinsen von 10 % sind jährlich nachschüssig fällig. Die Verbindlichkeit ist am 31.12.06 zurückzuzahlen. Angesichts einer wirtschaftlichen Notlage des Schuldners wird am 1.1.04 eine Anpassung des Zinses auf 5 % vereinbart. Die mit dem alten Effektivzins berechneten Barwerte betragen 100 für das alte Darlehen und 87,57 für das neue Darlehen. Die Abweichung beträgt mehr als 10 %. Die Barwertdifferenz von 12,43 kann per 1.1.04 als Ertrag gebucht werden:
>
> | Konto | Soll | Haben |
> |---|---|---|
> | Verbindlichkeit alt | 100,00 | |
> | Verbindlichkeit neu | | 87,57 |
> | Ertrag | | 12,43 |
>
> Die neue Verbindlichkeit mit Anschaffungskosten von 87,57 ist mit der alten Effektivverzinsung aufzuzinsen. Somit:
> - 31.12.04: $87,57 \times 1,1 - 5,00 = 91,32$
> - 31.12.05: $91,32 \times 1,1 - 5,00 = 95,45$
> - 31.12.06: $95,45 \times 1,1 - 5,00 - 100 = 0$

Eine Ausbuchung ist u. E. nicht vorzunehmen, wenn bei unverändertem Inhalt des Schuldverhältnisses ein neuer Gläubiger an die Stelle des alten tritt, etwa weil der alte seine Forderung verkauft und abgetreten hat.

96 Als *troubled debt restructuring* werden allgemein Änderungsvereinbarungen bezeichnet, mit denen durch Fristverlängerung, Stundung, Zins- und Tilgungs-

---

[21] Vgl. FLICK/KRAKUHN/THEISS, IRZ 2013, S. 37 ff.

reduzierungen oder eine Kombination dieser und anderer Elemente den finanziellen Schwierigkeiten eines Schuldners Rechnung getragen wird. Neben der Rettung der Forderung („Besser später bzw. weniger als nie bzw. gar nichts") können auch **Sanierungsabsichten** eine wichtige Rolle spielen. Die **allgemeinen Regeln für die Aus- und Einbuchung von Forderungen und Verbindlichkeiten** (Rz 57) gelten auch für Umschuldungsfälle. Dies bedeutet etwa: Auch wenn zivilrechtlich kein neuer Vertrag an die Stelle des alten tritt, sondern „nur" eine Vertragsänderung vorliegt, kann unter Anwendung der 10-%-Regel (Rz 95) ein Abgang der „alten" Forderung und Zugang einer „neuen" zu verbuchen sein. Die Abgangsbuchung führt dann zur Verlustrealisation, die Zugangsbuchung erfolgt zu Anschaffungskosten (Rz 179).

Bei der Umschuldung entstehende Gebühren und sonstige Kosten sind bei Ausbuchung der Altverbindlichkeit sofort erfolgswirksam zu erfassen. Wird die 10-%-Grenze nicht überschritten und liegt auch qualitativ kein neues Darlehensverhältnis vor, sind die Kosten vom fortgeführten Altdarlehen abzuziehen und über die Restlaufzeit zu amortisieren.

Vorstehende Regelungen sind auch bei einem **Forderungsverzicht gegen Besserungsschein** anzuwenden.[22] Zum Zeitpunkt des Forderungsverzichts ist

- eine Umschuldung (Novation) von der unbedingten in eine bedingte Verbindlichkeit zu fingieren,
- bei der die alte (unbedingte) Verbindlichkeit mit ihrem Buchwert (fortgeführte Anschaffungskosten) ausgebucht und
- die neue mit dem (regelmäßig sehr niedrigen) *fair value* eingebucht wird,
- wobei i. H. d. Differenz ein Ertrag entsteht.

Die Wahrscheinlichkeit der Besserung bestimmt dabei die Höhe des *fair value* (und des Ertrags). Erhöht sie sich in den Folgejahren, ist die Verbindlichkeit bei Fortführung nach der Effektivzinsmethode erfolgswirksam zu erhöhen (IAS 39.AG8 bzw. IFRS 9.B5.4.6).

Bei einem **Rückkauf von Anleihen** mit der Absicht der erneuten Platzierung am Markt ist gem. IAS 39.AG58 bzw. IFRS 9.B3.3.2 wie folgt zu verfahren: Die Verbindlichkeit erlischt, da die Gesellschaft keine Verbindlichkeit gegen sich selbst haben kann (Konfusion). Eine eventuelle Differenz zwischen Rückkaufswert und Buchwert ist erfolgswirksam zu behandeln. Die erneute Platzierung begründet eine neue Schuld.

2.2.3.2 Umwandlung in Eigenkapital (*debt-for-equity*-Swap)

Zur Tilgung einer (i. d. R. notleidenden) Verbindlichkeit durch Umwandlung in Eigenkapital (*debt-for-equity*-Swap) hat das IFRS IC im November 2009 die Interpretation **IFRIC 19** verabschiedet. Sie ist nur aus Sicht des Schuldners, nicht auch aus der des Gläubigers anzuwenden (IFRIC 19.2) und nur insoweit, als der Verzicht auf die Rückzahlung in Geld nicht im Gesellschaftsverhältnis begründet ist (IFRIC 19.3a). Die Beurteilung, ob eine **gesellschaftsrechtliche Veranlassung** vorliegt, charakterisiert IFRIC 19.BC7 zutreffend als *a matter of judgement depending on the facts and circumstances*.

---

[22] Ausfürlich HOFFMANN, PiR 2009, S. 214 ff., und GAHLEN, BB 2009, S. 2079 ff.

> **Beispiel**
> Der X droht die Überschuldung. Wesentliche Gläubiger sind zu etwa gleichen Teilen der Gesellschafter A sowie die Banken B und C. Gegen Gewährung von Anteilen verzichtet nur A auf seine Forderung. Eine Veranlassung durch das Gesellschaftsverhältnis ist anzunehmen. Ein Gewinn aus der Transaktion entsteht nicht.
>
> **Variante 1**
> A, B und C verzichten in gleichem Maße. Eine Veranlassung durch das Gesellschaftsverhältnis ist nicht anzunehmen, Differenzen zwischen Verbindlichkeiten und Zeitwert der gewährten Anteile sind Erfolg.
>
> **Variante 2**
> Einziger Darlehensgläubiger ist A. Er verzichtet auf seine Forderung. Der erste Anschein spricht für eine gesellschaftsrechtliche Veranlassung. Dieser Anschein kann im Einzelfall widerlegt werden, etwa wenn X ein nicht oder nur schwer zu substituierender Zulieferer von A ist.

101 Ebenfalls vom Anwendungsbereich des IFRIC 19 ausgenommen sind Transaktionen zwischen **Gesellschaften unter gemeinsamer Kontrolle** (z. B. Schwestergesellschaften), sofern die Transaktion wirtschaftlich *(in substance)* eine Kapitaleinlage darstellt (IFRIC 19.3b). Nach dem Wortlaut wäre die Zusatzbedingung stets erfüllt, da der *debt-for-equity*-Swap immer mit einer Eigenkapitalzuführung verbunden ist. Gemeint ist offensichtlich etwas anderes: Die Frage der zum Ausschluss von IFRIC 19 führenden gesellschaftsrechtlichen Veranlassung ist auch dort zu prüfen, wo nicht der beherrschende Gesellschafter auf eine Forderung verzichtet, sondern ein anderer von diesem ebenfalls beherrschter Gläubiger, also insbesondere ein **Schwesterunternehmen**. In steuerrechtlicher Terminologie würde man von mittelbaren verdeckten Einlagen sprechen.

102 Liegt ein Anwendungsfall von IFRIC 19 vor, gilt:
- Die Ausgabe der Anteile ist als **Entgelt** für die Tilgung der Verbindlichkeit zu werten (IFRIC 19.5).
- Das Entgelt wird vorrangig nach dem beizulegenden *fair value* der **Anteile** im Zeitpunkt der Tilgung der Verbindlichkeit bestimmt (IFRIC 19.6), **hilfsweise** nach dem beizulegenden Zeitwert der **Verbindlichkeit**, wenn der Wert der ausgegebenen Anteile ausnahmsweise nicht verlässlich bestimmt werden kann (IFRIC 19.7).
- Die Differenz zwischen dem Tilgungsentgelt und dem Buchwert der Verbindlichkeit ist **erfolgswirksam** zu behandeln (IFRIC 19.9) und in der GuV (bzw. dem GuV-Teil der Gesamtergebnisrechnung) oder im Anhang gesondert auszuweisen.

103 Wird nur ein **Teil** der Verbindlichkeit durch die Ausgabe von Anteilen getilgt und werden gleichzeitig die Bedingungen der verbleibenden Verbindlichkeit (insbesondere Laufzeit und Zinsen) verbessert, ist das in Form der Anteilsausgabe gewährte Entgelt auf die Tilgung des einen Teils und die Modifikation des anderen Teils zu verteilen (IFRIC 19.8). Das auf den verbleibenden Teil entfallende Entgelt ist Bestandteil der Beurteilung, ob diesbezüglich die Fortsetzung

eines Schuldverhältnisses oder ein erfolgswirksamer Austausch der alten gegen eine neue Verbindlichkeit vorliegt (IFRIC 19.10).
Anfallende **Transaktionskosten** sind nicht in IFRIC 19 behandelt. Es kommen drei Vorgehensweisen infrage:
1) **Abzug** vom **Emissionserlös** der ausgegebenen Eigenkapitalinstrumente (IAS 32.33).
2) **Erfassung** als **Teil** des **Abgangserfolgs** aus der Tilgung von Verbindlichkeiten oder aus einer der Tilgung gleichstehenden substanziellen Änderung von Vertragsbedingungen (IAS 39.AG62 bzw. IFRS 9.B3.3.6).
3) **Anpassung** des Buchwerts einer **Verbindlichkeit**, deren Bedingungen nicht substanziell geändert wurden (IAS 39.AG62 bzw. IFRS 9.B3.3.6).

Im Falle einer **vollständigen Tilgung** durch die Ausgabe von Anteilen treffen die beiden ersten Möglichkeiten zusammen und erfordern eine (ermessensbehaftete) Aufteilung der Transaktionskosten.[23]

104

> **Beispiel**
> Eine Verbindlichkeit mit einem Nominalwert und fortgeführten Anschaffungskosten von 1.000 TEUR wird gegen Ausgabe von Anteilen mit einem Zeitwert von 800 TEUR getilgt. Transaktionskosten fallen i.H.v. 12 TEUR an, davon geschätzt 6 TEUR für die Ausgabe der Anteile (Änderung Gesellschaftsvertrag, Beachtung der Vorschriften zur Sachkapitalerhöhung usw.), 3 TEUR für die Tilgung der Verbindlichkeit (Freigabe Grundpfandrechte etc.), 3 TEUR für nicht zurechenbare Teile. Wird der nicht zurechenbare Teil nach dem Verhältnis der zurechenbaren aufgeteilt, entfallen Transaktionskosten von 8 TEUR auf die Ausgabe der Anteile und von 4 TEUR auf die Tilgung. Die Buchungen sind dann wie folgt:
>
> **1. Vor Transaktionskosten**
>
> | Konto | Soll | Haben |
> |---|---|---|
> | Verbindlichkeit | 1.000 | |
> | Eigenkapital | | 800 |
> | Ertrag aus Abgang Verbindlichkeit | | 200 |
>
> **2. Transaktionskosten**
>
> | Konto | Soll | Haben |
> |---|---|---|
> | Eigenkapital | 8 | |
> | Ertrag aus Abgang Verbindlichkeit | 4 | |
> | Geld | | 12 |

Wird nur ein **Teil** der **Verbindlichkeit** getilgt und der **verbleibende** Teil nicht substanziell geändert, treffen alle drei o. g. Möglichkeiten zusammen.

105

---

23 Vgl. SCHREIBER/SCHMIDT, WPg 2010, S. 637 ff., sowie GRÜNE/BURKARD, IRZ 2012, S: 277 ff., dort jeweils auch Beispiele zur Verbuchung von Transaktionskosten.

Beispiel

Eine Verbindlichkeit mit einem Nominalwert und fortgeführten Anschaffungskosten von 1.000 TEUR wird gegen Ausgabe von Anteilen mit einem Zeitwert von 400 TEUR zur Hälfte getilgt. Transaktionskosten i. H. v. insgesamt 12 TEUR entfallen zu 8 TEUR auf die Ausgabe der Eigenkapitalinstrumente, mit je 2 TEUR auf die anteilige Tilgung sowie die anteilige Fortführung der Verbindlichkeit. Die Buchungen sind wie folgt:

1. Vor Transaktionskosten

Konto	Soll	Haben
Verbindlichkeit	500	
Eigenkapital		400
Ertrag aus Teilabgang Verbindlichkeit		100

2. Transaktionskosten

Konto	Soll	Haben
Eigenkapital	8	
Ertrag aus Teilabgang Verbindlichkeit	2	
Verbindlichkeit (fortgeführter Teil)	2	
Geld		12

Die auf den fortgeführten Teil entfallenden Transaktionskosten werden in den Folgejahren über die Effektivzinsmethode erfolgswirksam.

Fallvariante

Werden die Bedingungen der verbleibenden Verbindlichkeit substanziell verändert, ist wie folgt zu buchen:

1. Vor Transaktionskosten

Konto	Soll	Haben
Verbindlichkeit alt	1.000	
Eigenkapital		400
Ertrag		100
Verbindlichkeit neu		500

2. Transaktionskosten

Konto	Soll	Haben
Eigenkapital	8	
Ertrag aus Abgang Verbindl. alt	4	
Geld		12

Sofern die Transaktionskosten (zur Definition Rz 244) insgesamt (Ausnahmefall) oder in Teilen nicht zugeordnet werden können, ist eine erfolgswirksame Behandlung des nicht zugeordneten Betrags vertretbar.[24]

---

[24] HEINTGES/URBANCZIK, DB 2010, S. 1469 ff.

3 Bewertung finanzieller Vermögenswerte

3.1 Erst klassifizieren, dann bewerten

Die Bewertung der finanziellen Vermögenswerte erfolgt in drei Schritten: 106
1) Erste Aufgabe ist die **Klassifizierung** des Finanzinstrumentes.
2) Abhängig von dieser Klassifizierung erfolgt die **Bewertung** entweder zu fortgeführten (amortisierten) Anschaffungskosten oder zum *fair value*.
3) Im *fair-value*-Fall ist dann ggf. noch zu entscheiden, ob Wertänderungen **erfolgswirksam** (über GuV) oder **erfolgsneutral** (innerhalb des *other comprehensive income*) zu verbuchen sind.

Dieser logische Vorrang der Klassifizierung gilt sowohl für IFRS 9 wie für IAS 39. Nachfolgend werden jedoch zunächst nur die Regelungen von IFRS 9 dargestellt. Wegen IAS 39 wird auf Rz 135 verwiesen.

Finanzielle Vermögenswerte müssen im Zeitpunkt des **erstmaligen** Ansatzes in die 107
für die Folgebewertung maßgeblichen Kategorien fortgeführte Anschaffungskosten (*at amortised cost*) bzw. beizulegender Zeitwert (*fair value*) klassifiziert werden (IFRS 9.4.1.1 und IFRS 9.5.1 ff.). Die Klassifizierung in die (Bewertungs-)Kategorie **fortgeführte Anschaffungskosten** erfolgt nur dann, wenn kumulativ **beide** der folgenden Kriterien erfüllt werden (IFRS 9.4.1.2):
- **Subjektive** Bedingung: Das Ziel des Geschäftsmodells für die Gruppe der Vermögenswerte, zu welcher der betreffende Vermögenswert gehört, besteht im Halten der Vermögenswerte zur Realisierung der vertraglichen Geldflüsse.
- **Objektive** Bedingung: Die vertraglichen Bestimmungen für den finanziellen Vermögenswert führen zu Geldflüssen an festgelegten Zeitpunkten, welche ausschließlich Zins und Tilgung (*solely payments of principal and interest*) auf die ausstehende Kapitalsumme darstellen.

Sofern ein finanzieller Vermögenswert keines oder nur eines dieser Kriterien erfüllt, ist er zum **beizulegenden Zeitwert** zu bilanzieren (IFRS 9.4.4). Betroffen hiervon sind in jedem Fall Eigenkapitalinstrumente (Anteile an anderen Unternehmen), da diese nicht zu Zins- und Tilgungsflüssen führen.

Ungeachtet der Abgrenzungskriterien zwischen den Bewertungskategorien für die 108
Folgebewertung kann gem. IFRS 9.4.1.5 ein finanzieller Vermögenswert beim Zugang **wahlweise** in die Kategorie *fair value through profit or loss* designiert werden (*fair value option*). Voraussetzung dafür ist, dass dadurch eine Bewertungs- oder Ansatzinkonsistenz beseitigt oder signifikant reduziert wird. Eine nach IAS 39 noch zulässige Zeitwertoption für ein nach Zeitwerten gemanagtes Portfolio sowie für ein strukturiertes Instrument mit eingebetteten Derivaten wird aufgrund der Systematik von IFRS 9 nicht mehr benötigt:
- Im Fall des nach Zeitwerten gemanagten Portfolios erschöpft sich die Investitionsabsicht gerade nicht in der Vereinnahmung vertraglicher Zuflüsse, weshalb schon pflichtweise zum *fair value* zu bilanzieren ist (subjektive Bedingung).
- Im Fall strukturierter Finanzinstrumente gilt Entsprechendes wegen Nichtwahrung der objektiven Bedingung, da i.d.R. nicht sämtliche Zahlungen in Tilgung oder Zins bestehen.

In IFRS 9 sind drei Kategorien zur Klassifizierung und Folgebewertung von 109
finanziellen Vermögenswerten vorgesehen. Infrage kommen:

- eine Bewertung zu fortgeführten Anschaffungskosten (*at amortised costs*) (IFRS 9.4.1.2),
- eine Bewertung zum beizulegenden Zeitwert im sonstigen (Gesamt-)Ergebnis (*fair value through* OCI) (IFRS 9.4.1.2A) und
- eine Bewertung erfolgswirksam zum beizulegenden Zeitwert (*fair value through profit or loss*) (IFRS 9.4.1.4).

Unter Berücksichtigung der *fair value option* ergibt sich folgendes Klassifizierungsschema für finanzielle Vermögenswerte:

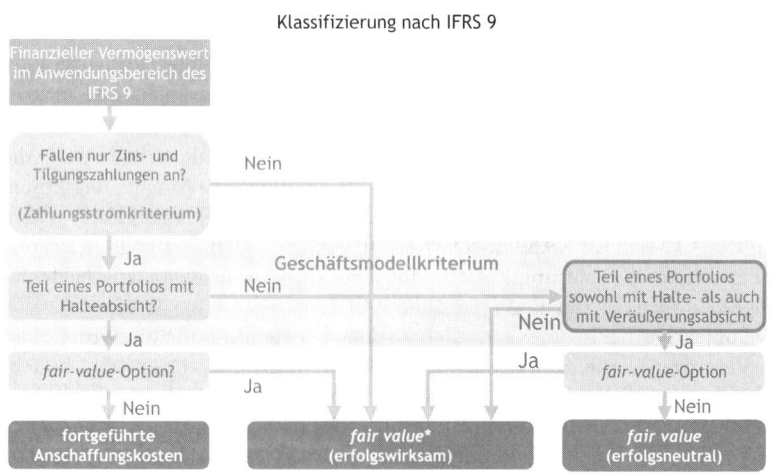

*Für EK-Instrumente, die nicht zu Handelszwecken gehalten werden: Wahlrecht zur Folgebewertung im OCI

110 Die Zuordnung eines finanziellen Vermögenswertes zu der (Bewertungs-)Kategorie **fortgeführte Anschaffungskosten** (*at amortised costs*) erfolgt, sofern er kumulativ das Geschäftsmodell- und das Zahlungsstromkriterium erfüllt und kein Wahlrecht für eine *fair-value*-Bewertung in Anspruch genommen wurde. Die Folgebewertung erfolgt *at amortised costs* unter Anwendung der Effektivzinsmethode (Rz 248). Die Durchführung von Verkäufen einzelner Instrumente vor (End-)Fälligkeit scheidet nach diesem Geschäftsmodell aus. Werden gleichwohl vereinzelt Vermögensgegenstände verkauft, führt dies jedoch nicht per se zu einer abweichenden Klassifikation des Restbestands. Das Geschäftsmodell ist aber erneut zu beurteilen, wenn man unter Berücksichtigung von Häufigkeit, Volumen und zeitlichem Anfall der Verkäufe zu dem Schluss gelangt, dass die Zahlungsströme nicht in der Art realisiert werden, wie es zur Zeit der Klassifizierung antizipiert war. Beachtlich sind auch die Gründe für einen Verkauf vor Fälligkeit. Unschädlich sind Transaktionen der finanziellen Vermögenswerte, wenn sie kurz vor deren Fälligkeit stattfinden. Solche Transaktionen können als Fortsetzung der Vereinnahmung der vertraglichen Zahlungsströme betrachtet werden. Deutet jedoch der Umfang der Verkäufe auf eine Abkehr vom ursprünglichen Geschäftsmodell hin, so kommt grundsätzlich eine Fehlerkorrektur gem. IAS 8.41 in Betracht. In IFRS 9 selbst werden keine Konsequenzen angeführt.

Insbesondere kennt der Standard keine „Strafe", wie sie IAS 39 in Form der *tainting rule* bei Verkäufen aus der Kategorie *held to maturity* vorsah (Rz 147).

Die Ziele des Geschäftsmodells können sowohl die Vereinnahmung der vertraglichen Zahlungsströme aus den finanziellen Vermögenswerten als auch die Generierung von Erträgen aus deren Veräußerung vorsehen. Eine solche auf den ersten Blick divergente Zielsetzung ergibt sich u. a. zur Aufrechterhaltung einer bestimmten Liquidität oder zur Anpassung der zeitlichen Struktur von Aktiv- und Passivseite. Sofern die finanziellen Vermögenswerte auch das Zahlungsstromkriterium erfüllen, erfolgt die Bilanzierung innerhalb der Kategorie *fair value through OCI*. Eine Beurteilung der Verkäufe – analog der Kategorie *at amortised costs* – muss nicht vorgenommen werden, da das Geschäftsmodell auch die Realisierung von Erträgen aus Veräußerungen der finanziellen Vermögenswerte beinhaltet. Die Folgebewertung erfolgt zum beizulegenden Zeitwert. Zinsen werden erfolgswirksam anhand der Effektivzinsmethode vereinnahmt. Über die Anschaffungskosten hinausgehende Änderungen des *fair value* werden erfolgsneutral im OCI erfasst. Bei Erfüllung der Voraussetzungen ist ein ergebniswirksames *recycling* der im OCI erfassten und fortentwickelten *fair-value*-Schwankungen in die Gewinn- und Verlustrechnung vorzunehmen. 111

Besteht das Ziel des jeweiligen Geschäftsmodells nicht darin, die finanziellen Vermögenswerte zu halten oder zu halten und zu veräußern, sind die finanziellen Vermögenswerte in der Kategorie *fair value through profit or loss* zu erfassen. Dies gilt unabhängig von der Einhaltung des Zahlungsstromkriteriums. Zu diesen finanziellen Vermögenswerten gehören solche, die zu Handelszwecken gehalten werden. Ein finanzieller Vermögenswert wird zu Handelszwecken gehalten, sofern dieser 112

- primär mit dem Ziel des kurzfristigen Verkaufs/Zurückkaufs erworben wurde,
- bei Erstansatz Bestandteil eines gemeinsam verwalteten Portfolios ist und es innerhalb dieses Portfolios in der näheren Vergangenheit kurzfristige Gewinnentnahmen gab oder
- die Merkmale eines Derivats erfüllt.

Allerdings sind Derivate auszunehmen, die entweder als finanzielle Garantie oder wirksames Sicherheitsinstrument klassifiziert werden. Auch wenn mit der Absicht, bspw. einer kurzfristigen Veräußerung, auch die Vereinnahmung vertraglicher Zahlungsströme einhergehen kann, ist jedoch die primäre Absicht zur Verwendung maßgeblich. Die Folgebewertung innerhalb dieser Kategorie geschieht zum *fair value*, dessen Änderungen ergebniswirksam erfasst werden.

Abweichend von der Klassifizierung in Abhängigkeit des Zahlungsstroms (objektives Merkmal) und des Geschäftsmodells (subjektives Merkmal) ist auch eine **gewillkürte Festlegung** einer Bewertung zum *fair value* möglich. 113

- *fair-value*-**Option:** Zwecks Vermeidung eines *accounting mismatch* besteht die Möglichkeit, einmalig und ausschließlich bei Erstansatz finanzielle Vermögenswerte der Kategorie *fair value through profit or loss* zuzuordnen. Die gewählte Bilanzierungsweise ist beizubehalten.
- *Fair-value-through-OCI*-**Option:** Sofern bei Eigenkapitaltiteln kein vertraglicher Zinsanspruch, sondern lediglich ein Residualanspruch besteht, ist das Zahlungsstromkriterium nicht erfüllt und die Zuordnung zur Kategorie *financial assets through profit or loss* die Folge. Sofern ein Eigenkapitaltitel

jedoch nicht im Handelsbestand gehalten wird, darf er durch Ausübung der *fair-value*-Option innerhalb der Kategorie *fair value through OCI* bilanziert werden. Nur Dividenden werden dabei nach wie vor erfolgswirksam erfasst.

3.2 Geschäftsmodellkriterium (subjektive Bedingung)

114 Das aus **subjektiver** Sicht klassifizierungsrelevante **Geschäftsmodell** wird vom Management in Schlüsselpositionen i.S.v. IAS 24 (→ § 30 Rz 11) festgelegt (IFRS 9.B4.1.1). Dabei sind nicht die Absichten in Bezug auf einen **einzelnen** finanziellen Vermögenswert ausschlaggebend. Es ist vielmehr auf höhere Aggregationsebenen (**Gruppen**) abzustellen (IFRS 9.B4.1.2). Innerhalb eines Unternehmens können unterschiedliche zahlreiche Portfolios mit abweichenden Geschäftsmodellen geführt werden. Folgende Geschäftsmodelle sind für die Klassifizierung von Finanzinstrumenten zu unterscheiden:
- **Halten** zur Vereinnahmung von Zins- und Tilgungsleistung (*held to collect*): Vereinnahmung vertraglicher Cashflows mit nur seltenen (*infrequent*) oder im Wert unbedeutenden Verkaufsaktivitäten.
- **Halten und Verkaufen** (*both held to collect and for sale*): Vereinnahmung von Cashflows sowohl durch Bestandshaltung als auch durch Verkäufe.
- **Andere** als Residualkategorie (*other business models*): Insbesondere Handelsportfolios mit Steuerung auf *fair-value*-Basis, Vereinnahmung vertraglich vereinbarter Cashflows ist nebensächlich, Hauptziel ist die Maximierung von Cashflows durch kurzfristige Käufe und Verkäufe.

115 Wenn Vermögenswerte einer zum Halten bestimmten Gruppe **vor Fälligkeit verkauft** werden, widerlegt dies das Geschäftsmodell nicht, sofern der Verkauf Folge bestimmter Anforderungen an die Gruppe (etwa Mindestbonität) ist oder sich aus einem Finanzierungsbedarf für Erweiterungsinvestitionen ergibt.[25] Erfolgen solche Verkäufe allerdings mit einer bestimmten Häufigkeit (*more than infrequent*), ergeben sich **Zweifel** am behaupteten Geschäftsmodell (IFRS 9.B4.3f.). Somit gilt folgende praktische Differenzierung für das **Geschäftsmodell Halten**:
- Erfolgen Verkäufe nur selten, widerlegt dies das Geschäftsmodell nicht.
- Erfolgen Verkäufe häufig, muss substanziiert dargelegt werden, warum gleichwohl das Geschäftsmodell bestehen bleibt.[26]

116 Der Bezug auf Gruppen von Vermögenswerten impliziert auch, dass innerhalb eines Unternehmens oder Konzerns verschiedene Geschäftsmodelle betrieben werden können.[27] Die **beabsichtigte Veräußerung eines Geschäftsbereichs**, der auf Halten von Vermögenswerten angelegt ist, führt daher auch aus Konzernsicht nicht zur Umqualifizierung der Vermögenswerte dieses Bereichs.

Beispiel
Zum Finanzkonzern F gehört als Tochtergesellschaft das Verbraucherkreditunternehmen V. F beabsichtigt die Trennung von dieser Sparte und beginnt mit der aktiven Suche nach einem Käufer. Das Tochterunternehmen bzw. die ihm zuzurechnenden Vermögenswerte und Schulden sind daher für den

---

[25] Vgl. HALLPAP/LELLMANN, WPg 2011, S. 722 ff., und ERNST & YOUNG, International GAAP 2015, Ch 46 sCh 5.2.1.
[26] HALLPAP/LELLMANN, WPg 2011, S. 722 ff.
[27] Gl.A. ERNST & YOUNG, International GAAP 2015, Ch 46 sCh 5.1.

Finanzinstrumente § 28

> Ausweis im Konzernabschluss nach IFRS 5 umzuklassifizieren. Die Bewertung der Finanzinstrumente unterliegt jedoch weiterhin den Regeln von IFRS 9 (IFRS 5.5c). Hierbei gilt: Zwar werden je nach Verhältnis von Fälligkeit der Verbraucherkredite und Zeitpunkt der Veräußerung der V einzelne Verbraucherkredite aus Konzernsicht nicht mehr durch Einzug, sondern durch Veräußerung (Einzelveräußerungsfiktion) erledigt. Veräußerungsobjekt sind jedoch nicht die betroffenen Forderungen, sondern das gesamte Geschäft der V. Diese wird wiederum unter anderer Herrschaft ihr Geschäftsmodell voraussichtlich unverändert fortführen. Durch die beabsichtigte Veräußerung ist jedenfalls noch keine Änderung des maßgeblichen Geschäftsmodells gegeben.

Für die Bilanzierung zu Anschaffungskosten schädliche Veräußerungen liegen **nicht** vor, wenn finanzielle Vermögenswerte lediglich rechtlich übertragen werden, wegen Risikorückbehalt (unechtes Factoring) oder Rückkaufvereinbarung (Wertpapierpension) aber bilanziell weiter dem Veräußerer zuzurechnen sind. Führen die für die Zukunft geplanten Verkäufe/Transfers von finanziellen Vermögenswerten aber zu einem Abgang i. S. v. IFRS 9, werden die zur Veräußerung vorgesehenen Vermögenswerte im Zeitpunkt der Klassifizierung nicht gehalten, um die vertraglichen Zahlungen zu vereinnahmen. Werden etwa regelmäßig Forderungen im Rahmen einer Factoringvereinbarung veräußert und führt die Veräußerung/Vereinbarung auch zu einem Abgang, besteht das Geschäftsmodell für das betroffene Portfolio nicht im Halten der finanziellen Vermögenswerte zur Vereinnahmung der vertraglichen Zahlungen. Entsprechendes gilt, wenn aus den geplanten Verkäufen/Transfers nur ein Teilabgang der finanziellen Vermögenswerte unter Berücksichtigung des verbleibenden *continuing involvement* resultiert. 117

Die Festlegung des zugrunde liegenden Geschäftsmodells eines Portfolios stellt kein Wahlrecht dar und kann auch nicht auf bloße Behauptungen/Erklärungen (*assertion*) des Managements gestützt werden. Die Festlegung erfolgt anhand der beobachtbaren Aktivitäten des Unternehmens zur Erreichung des Ziels des Geschäftsmodells (IFRS 9.B4.1.2B, IFRS 9.BC4.20). Bei der Bestimmung des Geschäftsmodells sind daher alle relevanten und zum Zeitpunkt der Beurteilung verfügbaren Informationen zu berücksichtigen. Anhand folgender Informationen kann die Festlegung getroffen werden: 118

- Die Art und Weise der Messung und internen Berichterstattung an Personen in Schlüsselpositionen über die Performance eines Geschäftsmodells und die zugehörigen finanziellen Vermögenswerte (IFRS 9.B4.1.2B(a), IFRS 9.B4.1.6, IFRS 9.BC4.20).
- Die bestehenden Risiken und die Art, diese zu steuern, bezogen auf ein Geschäftsmodell und die dazugehörigen finanziellen Vermögenswerte (IFRS 9.B4.1.2B(b)).
- Die Ausgestaltung der bestehenden Vergütungsmodelle für die zuständigen Manager (IFRS 9.B4.1.2B(c)).
- Dokumentierte Investitions- bzw. Anlagerichtlinien für einzelne Portfolios.

§ 28　Finanzinstrumente

Die Bestimmung der Aggregationsebene für die Einstufung des Geschäftsmodells hat u. a. folgende Aspekte zu berücksichtigen:[28]
- Aufbauorganisation,
- Internes Berichtswesen,
- Gestaltung unternehmens-/konzerninterner Geschäfte,
- Investitions- und Anlagerichtlinien und
- Vergütungssysteme der Geschäftsmodellverantwortlichen.

119　Die konkreten Ausführungen des IASB zum Geschäftsmodell haben den Finanz- und Versicherungssektor im Fokus. Beispielhaft wird im Standard selbst nur auf Investmentbanken (IFRS 9.BC41) und Versicherungen (IFRS 9.B4.1.3b) eingegangen, wiederholt thematisiert, wie ein *portfolio of investments* (IFRS 9.B4.1.2) bzw. ein *portfolio of financial assets* (IFRS 9.B4.1.4–4.1.6) gemanagt wird. Die tatsächliche Sachlage bei den meisten Industrie-, Handels- und Dienstleistungsunternehmen treffen diese Beispiele und Konkretisierungen nicht. Auch das Schrifttum zur Geschäftsmodellthematik konzentriert sich auf Banken.[29]

120　Fraglich bleibt damit, welche praktische Bedeutung die Geschäftsmodellbedingung für **Industrie, Handel und Dienstleistung** hat. Im Wesentlichen gilt hier u. E. Folgendes:
- **Kundenforderungen** sind ebenso wie **Forderungen an nahestehende**/verbundene Unternehmen, Arbeitnehmerdarlehen usw. regelmäßig nicht zur Veräußerung bestimmt. Geschäftsmodell ist i. d. R. das **Halten**. Die Bewertung erfolgt zu fortgeführten **Anschaffungskosten**.
- Soweit das Unternehmen **Kundenforderungen** an Banken oder Factoringunternehmen **veräußert,** die Forderungen aber wegen Risikorückbehalt nicht ausgebucht werden, bleibt es bei der vorstehenden Beurteilung (vgl. Rz 117). Führt das Factoring hingegen zeitgleich/-nah zum Zeitpunkt der Entstehung der Forderungen zu deren Ausbuchung, stellt sich die Frage der Klassifizierung mangels Bilanzansatz nicht. Werden aus einem Pool von Kundenforderungen solche, die bestimmte Kriterien erfüllen, bilanzwirksam veräußert, andere, die diese Bedingungen nicht erfüllen, weiter bilanziert, liegen i. S. v. IFRS 9 zwei Portfolios vor (vgl. Rz 114). Die Veräußerungen im ersten Portfolio berühren die Qualifizierung des zweiten Portfolios als zum Halten bestimmt nicht.
- Werden überschüssige Mittel in Fremdkapitalinstrumente (**Anleihen usw.**) investiert, kommt es darauf an, ob nach der (dokumentierten) **Anlagepolitik** die Realisierung von Wertsteigerungen im Vordergrund steht. Erfolgen Verkäufe der Fremdkapitalinstrumente nicht oder nur selten vor Fälligkeit, kann ohne Weiteres von einem Geschäftsmodell „Halten" ausgegangen werden. Bei häufiger vorkommenden Veräußerungen vor Fälligkeit ist zu untersuchen, ob die Veräußerungen Folge bestimmter Umstände, etwa eines Finanzbedarfs für Erweiterungsinvestitionen, sind.

Die größte Änderung gegenüber IAS 39 ergibt sich für Industrie, Handel und Dienstleistung demzufolge nicht aus der Geschäftsmodellbedingung, sondern aus der Frage, ob das Finanzinstrument nur zu Zahlungsströmen aus Tilgung und (nicht gehebelten) Zinsen führt, sowie hinsichtlich der Behandlung von Eigenkapitalinstrumenten (Anteilen).

---

[28] HALLPAP/LELLMANN, WPg 2011, S. 722 ff.
[29] Vgl. z. B. HALLPAP/LELLMANN, WPg 2011, S. 722 ff.

3.3 Zahlungsstromkriterium (objektive Bedingung)

3.3.1 Ausschließlich Zins und Tilgung

Die Klassifizierung eines finanziellen Vermögenswerts in die Kategorie fortgeführte Anschaffungskosten setzt aus **objektiver** Sicht auch voraus, dass die vertraglichen Bestimmungen für den finanziellen Vermögenswert zu Geldflüssen zu festgelegten Zeitpunkten führen, welche **ausschließlich Zins** und **Tilgung** auf die ausstehende Kapitalsumme darstellen. Die Beurteilung der vertraglichen Zahlungsmerkmale ist anhand der bei Zugang geltenden Vertragsbedingungen für jedes einzelne Finanzinstrument durchzuführen (*instrument by instrument*). Zinsen i. S. v. IFRS 9 sind ein (ggf. auch negatives) Entgelt für die Bereitstellung von Geld über einen bestimmten Zeitraum unter Berücksichtigung des Kreditrisikos (IFRS 9.4.1.3 und IFRS 9.B4.1.7) und eines eventuellen Liquiditätsrisikos (IFRS 9.BC29). Zinsen sind definiert als Entgelt für

- den Zeitwert des Geldes (Geldüberlassung),
- das Kreditausfallrisiko, das mit dem ausstehenden Kapital verbunden ist,
- andere Risiken der grundlegenden/einfachen Kreditgewährung (*other basic lending risks*), z. b. das Liquiditätsrisiko,
- andere Kosten der grundlegenden/einfachen Kreditgewährung (*other basic lending costs*), z. b. die Verwaltungskosten, sowie
- eine Gewinnmarge, die mit einer grundlegenden/einfachen Kreditvereinbarung konsistent ist (IFRS 9.4.1.3(b), IFRS 9.B4.1.7A).

In außergewöhnlichen ökonomischen Situationen kann das vereinbarte Entgelt für die Kapitalüberlassung auch negativ sein, falls der Inhaber eines finanziellen Vermögenswerts bspw. explizit oder implizit für die Verwahrung seines Geldes zahlt und die hierfür anfallende Gebühr das Entgelt für den Zeitwert des Geldes, das Kreditausfallrisiko und die anderen Risiken und Kosten der Kreditgewährung übersteigt (IFRS 9.B4.1.7A). Es handelt sich bei dem vereinbarten Entgelt in diesen Ausnahmefällen dennoch um Zinsen (IFRS 9.4.1.3(b)).

Die Erfüllung der objektiven Bedingung setzt keine explizite Verzinsungsabrede voraus. Die Vertragsbedingungen einer **Nullkuponanleihe** (*zero coupon bond*) sehen regelmäßig keine laufenden Zinszahlungen vor. Das vereinbarte Entgelt für die Kapitalüberlassung ergibt sich durch die Gegenüberstellung von Erwerbs- und Rückzahlungswert der Anleihe. Der Zeitpunkt der (Zins-)Zahlung bleibt für die Klassifizierung unbeachtlich, auch die Vereinbarung einer endfälligen Zinszahlung steht daher im Einklang mit der objektiven Bedingung für eine Klassifizierung zur Bewertung zu fortgeführten Anschaffungskosten.

Ein in den Konditionen der Kapitalüberlassung vorgesehener **Hebeleffekt** (*leverage*) stellt keinen Zins mehr dar (IFRS 9.B4.1.9). Eine variable Verzinsung ist – auch in Kombination mit Zinsober- und -untergrenzen – unschädlich, wenn die Variabilität ausschließlich den Zeitwert des Geldes darstellt (IFRS 9.B4.1.12). Die Zeitwertbedingung kann auch bei Vereinbarung einer **Inflationsindexierung** gewahrt sein. Wenn hier kein Hebeleffekt besteht, dient die Indexierung nur der Überleitung eines vereinbarten Realzinses auf einen Nominalzins.

> **Beispiel**
> Es wird für eine Kapitalüberlassung eine Klausel vereinbart, welche die Anpassung der Zins- (und ggf. Tilgungs-)Zahlungen an die Inflationsrate

> vorsieht. Die Inflationsanpassung bezieht sich auf die Währung, in der das Instrument emittiert wurde, und sie ist nicht mit einem Hebeleffekt verbunden. In diesem Fall liegen ausschließlich Zins- und Tilgungszahlungen auf die ausstehende Kapitalsumme i. S. v. IFRS 9.B4.1.13 vor.
>
> **Variante**
> Die Zahlungen sind an die Entwicklung des Goldpreises gebunden. Sie stellen nicht mehr ausschließlich Zins (und Tilgung) dar.

125 Derivative Finanzinstrumente – bedingte oder unbedingte Termingeschäfte (Rz 17) – zeichnen sich generell durch eine Hebelwirkung aus, da die Anschaffungsauszahlung kleiner ist als die Auszahlung für einen anderen Kontrakt, der in gleicher Weise auf Veränderungen der Wertbestimmungsfaktoren reagiert. Eine Bewertung zu fortgeführten Anschaffungskosten oder erfolgsneutral (im OCI) zum beizulegenden Zeitwert scheidet für freistehende Derivate aus (IFRS 9.B4.1.9).

126 Fraglich ist, ob eine inflationsindexierte und/oder an einen Referenzzinssatz gebundene Anleihe oder Forderung dann noch zu amortisierten Kosten bewertet werden darf, wenn **zeitliche Divergenzen** zwischen Zinszahlung und zugrunde liegendem Index/Referenzzins bestehen. IFRS 9.B4.1.13 Example B enthält hier für den Referenzzins folgende Einschränkung: Die Laufzeit des Referenzzinses darf die Restlaufzeit der Forderung nicht überschreiten.

> **Beispiel**
> A erwirbt eine Anleihe mit einer Laufzeit von 5 Jahren und jährlichen Zinszahlungen. Vereinbart ist ein variabler Zins, der jährlich neu nach einem Referenzzinssatz bestimmt wird, jedoch stets auf Basis eines Referenzzinssatzes für eine 5-jährige Laufzeit. Außer bei der Zeichnung der Anleihe besteht eine Divergenz zwischen Restlaufzeit der Anleihe (weniger als 5 Jahre) und Laufzeit des Referenzzinses. Die Anleihe ist daher zum *fair value* zu bewerten.

127 Bei Inflationsindexierung können sich zeitliche Verwerfungen in anderer Hinsicht ergeben. Von Relevanz ist insbesondere der **Zeitversatz** zwischen Veröffentlichung von Inflationsdaten und dem Zeitraum, auf den sich diese beziehen. U. E. liegen hier (bei Erfüllung der übrigen Voraussetzungen) noch Finanzinstrumente mit ausschließlich Zins und Tilgungen vor, wenn der Zeitversatz über die praktischen Notwendigkeiten nicht hinausgeht und auch bei der Bestimmung des Basisindexwertes berücksichtigt wird.

> **Beispiel**
> A erwirbt am 1.1.02 eine Anleihe mit Indexierung von Zins und Tilgung. Zinsen sind jährlich zum 31.12. fällig. Als Basiszeitpunkt für die vereinbarte Indexierung wird der 31.10.01 zugrunde gelegt, als Maßstab für die aktuelle Inflation der Indexwert für den 31.10. des jeweiligen Jahres. Die Indexwirkung auf die Zinsen für das 1. Jahr (02) ergibt sich z. B. durch Veränderung der Inflationsrate vom 31.10. 01 bis zum 31.10.02, also genau für 12 Monate

(entsprechend dem Zinszeitraum). Der Zeitversatz von 2 Monaten zwischen Indexwert und Zinszahlung entspricht praktischen Notwendigkeiten. Die Anleihe kann daher bei Erfüllung der übrigen Voraussetzungen zu amortisierten Kosten bilanziert werden.

Die Beurteilung, ob vertragliche Zahlungen *solely payments of principal and interest* (SPPI) auf das ausstehende Kapital darstellen, erfolgt in der **Währung**, die für den finanziellen Vermögenswert vertraglich vereinbart wurde (IFRS 9.B4.1.8). Ein Abweichen der Währung des Finanzinstruments von der funktionalen Währung des Emittenten oder Zeichners führt nicht automatisch zu einer Verletzung der objektiven Bedingung, eine Klassifizierung als zu fortgeführten Anschaffungskosten bewertet bleibt daher zulässig. Sieht der finanzielle Vermögenswert allerdings eine Fremdwährungsoption vor (z.B. *dual redemption bond*), bei denen der Wechselkurs bereits zum Ausgabezeitpunkt des Instruments festgelegt wurde, scheidet eine Bewertung zu fortgeführten Anschaffungskosten aus, die Zahlungen dienen nicht ausschließlich der Abgeltung von Tilgungs- und Zinsleistung auf das ausstehende Kapital. 128

Bestimmbar bleiben Zinsen auch dann, wenn sie bei **Bonitätsänderungen** des Schuldners angepasst werden können und die Anpassung in vernünftiger Relation zur Bonitätsänderung steht, also insbesondere nicht gehebelt ist.[30] Keine bestimmbaren Zinsen und Tilgungen ergeben sich aus **Geldmarktfondsanteilen, stillen Beteiligungen** und i.d.R. auch nicht aus **partiarischen Darlehen**. Diese sind daher erfolgswirksam zum *fair value* zu bewerten. Bei **ewig laufenden Anleihen** (*perpetual bonds*) kommt es auf die Ausgestaltung an (Rz 122). An bestimmbaren *cash flows* fehlt es jedenfalls dann, wenn die Höhe der Zinszahlungen vom Ergebnis oder dem Dividendenbeschluss des Emittenten abhängig ist. 129

Nach IFRS 9.4.1.3 qualifiziert sich ein finanzieller Vermögenswert nur dann für die Kategorie *at amortised cost*, wenn der Zins die Gegenleistung (*consideration*) für den Zeitwert des Geldes (*time value of money*) und das Bonitätsrisiko darstellt. Nicht vorausgesetzt wird in dieser Vorgabe, dass die Gegenleistung angemessen ist. Deshalb kann auch ein **zinsgünstiges Darlehen** (etwa an Arbeitnehmer) *at amortised cost* bilanziert werden. Im Rahmen der Zugangsbewertung ist allerdings der *fair value* anzusetzen. Aus der Differenz von Vertragszins und angemessenem Zins resultiert dabei ein *day one loss risk*. Bei zinsgünstigen Darlehen im Verhältnis Mutter zu Tochter kann die Differenz auch als verdeckte Einlage bzw. verdeckte Ausschüttung interpretiert werden. 130

Gewährte Kredite bzw. gehaltene Schuldinstrumente können auch **vorzeitige Rückzahlungsrechte** vorsehen. Solche Rückzahlungsrechte sind für die Klassifizierung zu fortgeführten Anschaffungskosten unschädlich, wenn sie die folgenden Kriterien kumulativ erfüllen (IFRS 9.B4.10): 131
- Sie dienen dem Schutz des Gläubigers gegen eine Bonitätsverschlechterung des Emittenten (z.B. Kündigungsoptionen bei Verletzung von Kreditvereinbarungen) oder einer Änderung der Beherrschung des Emittenten oder dem Schutz einer Partei gegen Änderungen der anzuwendenden (Steuer-)Rechts.

---

[30] Gl.A.: KPMG, Insights into IFRS 2014/15, Tz. 7.A.90.20.

- Der Betrag, zu dem die vorzeitige Zahlung erfolgt, muss im Wesentlichen ungezahlte Beträge an Zinsen und Tilgung auf das ausstehende Kapital darstellen. Eine angemessene zusätzliche Entschädigung für die vorzeitige Vertragsbeendigung ist unschädlich.

Fraglich ist, ob die erste der beiden vorgenannten Bedingungen auch bei anderen außergewöhnliche Fälle betreffenden Vorfälligkeitsklauseln greift.

> **Beispiel**
> B gibt an Technologiehersteller T ein Darlehen. Die Darlehensbedingungen gewähren U ein außerordentliches Kündigungsrecht für den Fall, dass T eine fundamentale Veränderung seines Geschäfts vornimmt, etwa vom Hersteller zum Händler wird.
>
> **Beurteilung**
> U. E. kann B unter Bezugnahme auf IFRS 9.B4.1.18 – *contractual cash flow characteristic that are not genuine* – diese Bedingung ignorieren und das Instrument dennoch in der Bewertungskategorie *at amortised cost* fortführen.

132 Anstatt einer Vorfälligkeitsentschädigung kann das Recht zur vorzeitigen Kündigung auch durch einen angemessenen Zinsaufschlag abgegolten werden. Ein Zinsaufschlag stellt zwar ein Entgelt für die Einräumung der (Kündigungs-)Option dar, solange allerdings der Zinscharakter überwiegt, der Aufschlag also angemessen ist, verletzt dies nicht die objektive Bedingung. Für **Verlängerungsoptionen** gelten ähnliche bzw. teils identische Kriterien (IFRS 9.B4.1.11).[31]

3.3.2 Verbriefungen und strukturierte Instrumente

133 Bei **ABS-Papieren (Verbriefungen)**, die eine Zahlung an den Gläubiger nur insoweit vorsehen, wie *cash flows* aus dem zugrunde liegenden *asset pool* anfallen, kommt es für die Qualifizierung der ABS-Papiere als Finanzinstrumente *at amortised cost* auf die Struktur des Pools an (sog. *looking through*). Er darf im Wesentlichen nur Instrumente mit Zins und Tilgungen enthalten, zusätzlich ggf. Derivate zur Anpassung der Zahlungsstromvariabilität der Grundinstrumente, z.B. Zinsswaps (IFRS 9.B4.1.20ff.).[32] Schematisch gilt folgender Zusammenhang:

---

[31] Vgl. im Einzelnen STRUFFERT/NAGELSCHMITT, WPg 2012, S. 924ff.
[32] Im Detail: LOTZ/GRYSHCHENKO, PiR 2011, S. 149ff.

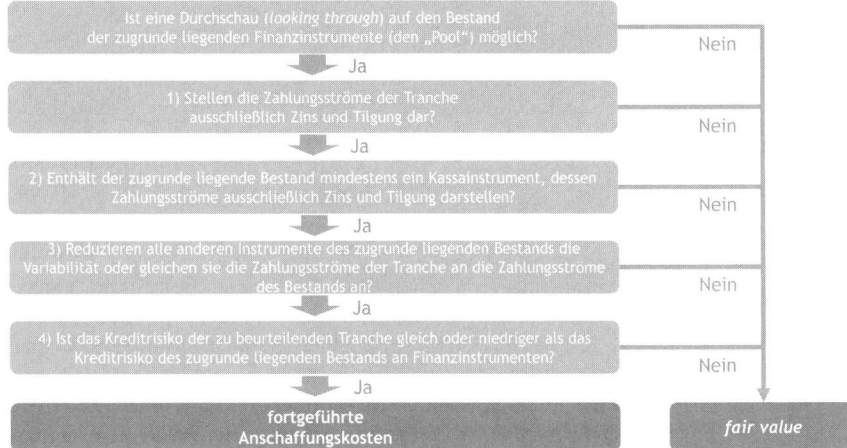

Bei **strukturierten Produkten** ist nach dem nicht derivativen Grundelement wie folgt zu differenzieren: 134
- Das Grundelement ist ein finanzieller Vermögenswert im Anwendungsbereich von IFRS 9. Die Vorschriften von IFRS 9 sind auf den gesamten hybriden Vertrag anzuwenden (IFRS 9.4.3.2), mit der Folge, dass i.d.R. wegen nicht feststehender Zinsen und Tilgungen eine erfolgswirksame Bilanzierung zum *fair value* erfolgt (z.B. Wandelschuldverschreibungen).
- Das Grundelement ist eine **finanzielle Verbindlichkeit**. In diesem Fall ist wie bisher (IAS 39) zu beurteilen, ob das Derivat trennungspflichtig ist (IFRS 9.3.3). Hier kommt es darauf an, ob das Derivat „*closely related*" ist. Die Konkretisierung dieses Kriteriums in IFRS 9.B4.3.1 ff. entspricht der bisherigen Konkretisierung in IAS 39 (IFRS 9.BC4.91). Darüber hinaus wurden die Regeln von IFRIC 9 in IFRS 9 integriert: Die Beurteilung, ob ein eingebettetes Derivat und der Basisvertrag separat voneinander zu bilanzieren sind, erfolgt daher zu dem Zeitpunkt, zu dem das Unternehmen erstmals Vertragspartei wird; eine spätere Neubeurteilung ist nur im Falle einer Vertragsänderung, die eine signifikante Änderung der Geldflüsse bewirkt, vorzunehmen (IFRS 9.7.3.1, 9.B4.3.11–9.B4.3.12 und 9.BC4.98). Falls eine Trennungspflicht bejaht wird, ist das Grundelement gem. IFRS 9.4.3.4 i.V.m. IFRS 9.4.2.1 i.d.R. zu fortgeführten Anschaffungskosten zu bilanzieren, das Derivat entweder als Eigenkapital (z.B. bei Wandelschuldverschreibungen) oder als derivative Verbindlichkeit erfolgswirksam zum *fair value* (IFRS 9.4.2.1a). Ist keine Trennung vorzunehmen, erfolgt die Bilanzierung insgesamt zu fortgeführten Anschaffungskosten. In beiden Fällen kann u.U. von der *fair value option* Gebrauch gemacht werden.
- Das Grundelement unterliegt dem Anwendungsbereich eines anderen Standards. Ein Beispiel ist ein **Leasingvertrag**, bei dem die Leasingzahlungen inflationsabhängig sind (→ § 15 Rz 54). Die Basis ist nach den für sie relevanten Standards (z.B. IAS 17) zu bilanzieren, bei dem Derivat ist wiederum zu differenzieren, ob es einen Vermögenswert oder eine Verbindlichkeit begründet.

3.4 Verhältnis zu den Bewertungskategorien des IAS 39

3.4.1 Vier Kategorien und eine Option

135 Auch die Vorgaben des bisherigen Rechts sehen ein dreistufiges (Bewertungs-)System vor, nach dem zwischen einer Bewertung zu fortgeführten Anschaffungskosten sowie erfolgswirksam oder erfolgsneutral zum beizulegenden Zeitwert zu unterscheiden ist (Rz 106). Anders als die Vorgaben des IFRS 9, welche die Klassifizierung von einer objektiven (Rz 120 ff.) und einer subjektiven (Rz 113 ff.) Bedingung abhhängig machen, ist aktivisch zwischen vier Arten von Finanzinstrumenten zu unterscheiden:
- „normale", nicht an einer Börse oder einem anderen aktiven Markt notierte **Ausleihungen** und **Forderungen** (*loans and receivables* bzw. LaR) bzw. **Verbindlichkeiten**, die zu (fortgeführten) Anschaffungskosten bewertet werden (Rz 139);
- bis zur Endfälligkeit zu haltende, börsennotierte **Finanzinvestitionen** in Fremdkapitaltiteln (*held-to-maturity investments* bzw. HTM bzw. **Fälligkeitswerte**), die ebenfalls zu (fortgeführten) Anschaffungskosten erfasst werden (Rz 143);
- zu **Handels-** bzw. **Spekulations**zwecken gehaltene finanzielle Vermögenswerte (*trading assets* bzw. *financial assets at fair value through profit or loss* bzw. FVTPL bzw. **Handelswerte**) oder **Schulden** (*trading liabilities* bzw. *financial liabilities at fair value through profit or loss*) und Finanzderivate, die zum *fair value* erfasst werden (Rz 151), und
- zur **Veräußerung** verfügbare finanzielle Vermögenswerte (*available-for-sale financial assets* bzw. AfS bzw. **veräußerbare Werte**), die in keine der drei ersten Kategorien (Rz 155) fallen und ebenfalls zum *fair value* erfasst werden, wobei die Wertänderungen zwischen den Stichtagen im Gegensatz zu den Handelswerten nicht erfolgswirksam zu erfassen, sondern erfolgsneutral gegen Eigenkapital zu buchen sind.

136 Die nachfolgende Tabelle fasst die **Grundregeln der Bewertung von aktiven Finanzinstrumenten** zusammen. Wegen der Regeln zur Umklassifizierung wird auf Rz 166 verwiesen.

	Fälligkeitswerte ebenso Darlehen/ Forderungen	veräußerbare Werte (*available for sale*)	Handelswerte (*trading*) (einschl. gewillkürter Handelswerte gem. *fair value option*)
bei Empfänger	Fremdkapital	FK oder EK	EK oder FK
Funktion	Absicht und Fähigkeit, bis Fälligkeit zu halten	Negativdefinition: keine der anderen Klassen	Spekulationsabsicht, kurzfristige Gewinne
Erstbewertung	AK (nom. FV)	AK (nom. FV)	AK (nom. FV)

Finanzinstrumente § 28

	Fälligkeitswerte ebenso Darlehen/ Forderungen	veräußerbare Werte *(available for sale)*	Handelswerte *(trading)* (einschl. gewillkürter Handelswerte gem. *fair value option)*
Folgebewertung	fortgeführte AK (Effektivzinsmethode)	*fair value*	*fair value*
Erfolg aus Änderung *fair value*	entfällt	erfolgsneutral	Aufwand/Ertrag
außerplanmäßige Abschreibung	Aufwand	zuvor in EK berücksichtigten Verlust in GuV übernehmen	entfällt
Zuschreibung nach außerplanmäßiger Abschreibung	Ertrag	Ertrag bzw. Eigenkapital	entfällt

Nicht ausdrücklich dargestellt sind in der Tabelle sog. **hybride Produkte**. Hierbei sind in ein Basisinstrument (meist Anleihe) bestimmte Rechte oder Pflichten eingebettet, die bei isolierter Betrachtung als Derivate gelten würden. Neben dem klassischen Instrument der **Wandelschuldverschreibung** (Schuldverschreibung als Basisinstrument, Option zur Umwandlung in Aktien als eingebettetes Derivat) gibt es inzwischen eine Unzahl sinnvoller, aber auch überaus exotischer Varianten hybrider bzw. strukturierter Produkte (Rz 210).

Diese nach **tatsächlichen** Merkmalen und Verwendungsabsichten zu unterscheidenden Grundkategorien werden ergänzt um einen **gewillkürten** Fall: Finanzielle Vermögenswerte (und auch Verbindlichkeiten) können durch entsprechende Widmung bei der Zugangsbuchung als „*financial asset or financial liability at fair value through profit or loss*", kurz als **Handelswerte (FVTPL)**, **gewillkürt** werden (sog. *fair value option*). Eine Ausübung ist allerdings nur in zwei Fällen zulässig: Die Ausübung der Option
- führt zu relevanteren Informationen (IAS 39.b) oder
- reduziert die Komplexität oder erhöht die Verlässlichkeit der Bewertung (IAS 39.11A bis 13).

137

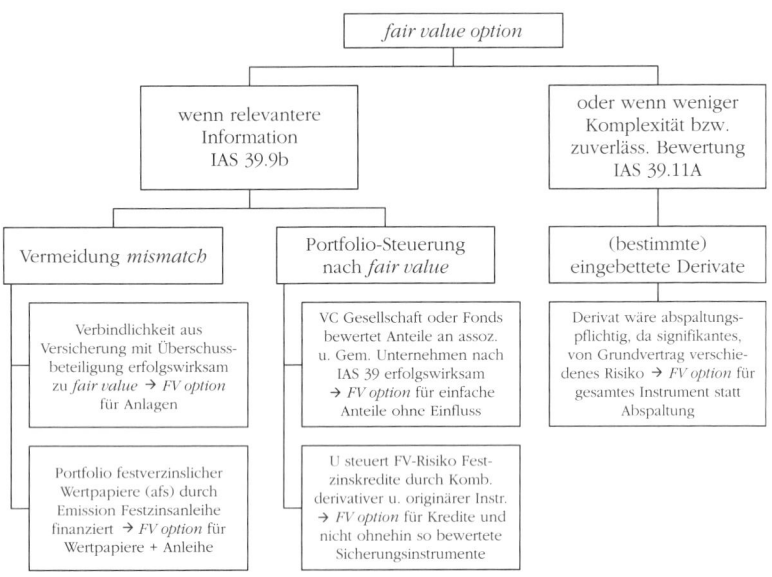

138 Die *fair value option* kann eine Alternative zum *fair value hedge accounting* sein. Bei Sicherungszusammenhängen können die unterschiedlichen Bewertungs- und/oder Ertragsrealisierungsvorschriften für das Sicherungsinstrument einerseits (erfolgswirksame *fair-value*-Bewertung) und das gesicherte Geschäft andererseits (erfolgsneutrale *fair-value*-Bewertung oder Anschaffungskostenbewertung) in Summe zu einem GuV-Erfolg aus Änderungen von Zinssätzen, Börsenkursen etc. führen, obwohl in der Gesamtbetrachtung beider sich insoweit wirtschaftlich saldierender Geschäfte das Unternehmen gerade nicht mehr von den Änderungen der gesicherten Variablen tangiert ist. Der Vermeidung solcher künstlichen Ergebnisse *(accounting mismatches)* dienen die Regeln des *hedge accounting*. Ihre Anwendung unterliegt jedoch hohen formellen Hürden i. S. d. Dokumentation des Sicherungszusammenhangs, dem Nachweis der Sicherungseffizienz usw. Die durch Option bewirkte erfolgswirksame *fair-value*-Bewertung des Grundgeschäfts kann hier zu einer **äquivalenten Lösung** führen, ohne dass ähnlich strenge Anforderungen erfüllt sein müssen.

3.4.2 Kredite und Forderungen (*loans and receivables*)

139 Die Kategorie Kredite und (andere) Forderungen *(loans and receivables – LaR)* ist nicht zivilrechtlich definiert. Verbriefte, an einem aktiven Markt gehandelte Forderungen (Rentenpapiere, Anleihen) sind vielmehr ausgeschlossen. **Notwendige** Voraussetzung für die Qualifizierung als *loans and receivables* ist somit die fehlende Notierung an einem **aktiven Markt** (IAS 39.9). **Hinreichend** ist dies noch nicht. Drei weitere Voraussetzungen sind gefordert:
- Weder darf eine kurzfristige Veräußerungsabsicht bestehen (da sonst die Kategorisierung als Handelswert Vorrang hätte),

- noch darf die *fair value option* (Rz 135) oder die Option zur Designation als veräußerbarer Wert genutzt werden (da in diesem Fall die Designation Vorrang hätte),
- noch darf die volle Rückzahlung des Instruments aus anderen Gründen als Bonitäts- bzw. Liquiditätsproblemen des Schuldners **gefährdet sein**.

Die **Notierung** auf einem aktiven Markt ist dann gegeben, wenn für das Fremdkapitalinstrument
- **notierte Preise** leicht und regelmäßig verfügbar sind,
- die tatsächliche und sich regelmäßig ereignende **Markttransaktionen** unter fremden Dritten repräsentieren (Rz 268).

Von der Erfüllung dieser Voraussetzungen muss aus Sicht des Zugangszeitpunkts für die gesamte (Rest-)Laufzeit des Finanzinstruments ausgegangen werden können. Die notierten Preise stammen im einfachsten Fall von einer Börse, in anderen Fällen von einem Händler oder Broker, einer Branchengruppe *(industry group)*, einer Preis-Service-Agentur oder einer Aufsichtsbehörde *(regulatory agency*; IAS 39.AG71).

Für Fremdkapitalinstrumente, die auf einem organisierten Markt i. S. d. § 2 Abs. 5 WpHG notiert sind (hierzu zählen der amtliche Markt und der geregelte Markt der deutschen Wertpapierbörsen), kann im Regelfall von einem aktiven Markt ausgegangen werden. Bei Preisnotierungen aus anderen Quellen ist eine Einzelfallbetrachtung notwendig. Aus **produktbezogener** Sicht lässt sich Folgendes festhalten:[33]

- Vom Unternehmen **ausgereichte Darlehen** (Ausleihungen) und **Kundenforderungen** sind in Ermangelung einer Notierung als *loans and receivables* zu kategorisieren.
- Für **Schuldscheindarlehen** gilt im Regelfall Entsprechendes.
- Für *asset-backed securities (ABS)* wird häufig der über die gesamte Laufzeit geforderte aktive Markt nicht vorliegen.
- Auch bei **Sekundärmarktkrediten** ist im Zweifel nicht von einem aktiven Markt auszugehen.
- Bei **Pfandbriefen** kommt es auf den Einzelfall an.
- Für **Jumbo-Pfandbriefe** (großvolumige, bestimmten Standards genügende Pfandbriefe) liegt hingegen regelmäßig ein aktiver Markt vor.

Im Falle eines aktiven Marktes kommt für das Fremdkapitalinstrument eine Kategorisierung als *loan and receivable* nicht infrage; stattdessen ist es als Fälligkeitswert (HTM; Rz 143 ff.), Handelswert (FVTPL; Rz 151) oder veräußerbarer Wert (AfS; Rz 155 ff.) einzuordnen. Falls für ein als *loan and receivable* kategorisiertes Finanzinstrument später ein aktiver Markt entsteht, ist es nachträglich als Fälligkeitswert oder veräußerbarer Wert umzuklassifizieren.

Die Voraussetzung, dass die volle Rückzahlung des Instruments aus keinen anderen Gründen als aus Bonitäts- bzw. Liquiditätsproblemen des Schuldners gefährdet sein darf, ist z. B. bei eine Verlustteilhabe vorsehenden **Genussrechten** oder **stillen Beteiligungen** nicht erfüllt. Wegen Einzelheiten zu diesen Produkten wird auf Rz 219 verwiesen.

Die **Einbuchung** von Darlehen und anderen Forderungen erfolgt nominell zum *fair value*, tatsächlich i. d. R. zu Anschaffungskosten. Anschaffungsnebenkosten

---

[33] IDW RS HFA 9, Tz. 90 ff.

sind im Zugangswert zu berücksichtigen (IAS 39.43). Bei der Bewertung zu fortgeführten Anschaffungskosten bleibt es auch dann, wenn diese wegen Disagien usw. vom nominellen Darlehensbetrag abweichen. Eine Differenz zum Nominalbetrag ist im Rahmen der **Effektivzinsmethode** zu berücksichtigen (Rz 248). Aus der Verteilung des Differenzbetrags über die Laufzeit ergeben sich die zum jeweiligen Stichtag anzusetzenden **fortgeführten Anschaffungskosten**.

3.4.3 Fälligkeitswerte (*held-to-maturity assets*)

143 An einem aktiven Markt (Rz 268) notierte – aus Sicht des Emittenten – Fremdkapitalinstrumente können als Fälligkeitswert *(held-to-maturity asset)* klassifiziert werden (IAS 39.9), sofern
- sie **objektiv** eine **feste** Laufzeit (Endfälligkeit) aufweisen und
- die Rückzahlung des Investments außer in Fällen der Bonitäts- oder Liquiditätsprobleme des Emittenten **nicht gefährdet** ist sowie
- **subjektiv** die **Absicht** und die **Fähigkeit** des Unternehmens bestehen, den Wert bis zur **Endfälligkeit** zu halten.

Anlagen, die eine Verlustbeteiligung vorsehen, etwa bestimmte Genussrechte (Rz 219), oder die im Falle einer bestimmten Entwicklung externer Variablen (Aktienkurs etc.) vertraglich nicht die volle Rückzahlung gewährleisten, sind keine Fälligkeitsinvestments.

144 Ebenso können Eigenkapitalinstrumente (Aktien usw.) in Ermangelung einer Endfälligkeit nicht als *held to maturity* klassifiziert werden. Aber auch für **Fremd**kapitalinstrumente, die die o. g. Kategoriemerkmale erfüllen, kommt die Kategorisierung als Fälligkeitswert nicht infrage, falls im Zugangszeitpunkt
- eine kurzfristige Veräußerungsabsicht besteht (Handelswert – FVTPL; Rz 151);
- die *fair value option* (Rz 137) oder die Option zur Designation als veräußerbarer Wert (AfS) genutzt wird (gewillkürter Handelswert oder veräußerbarer Wert; Rz 113).

Darüber hinaus ist die Abgrenzung zur Kategorie *loans and receivables* (Rz 137) zu beachten. So sind Fremdkapitalinstrumente, die alle vorgenannten Voraussetzungen zur Kategorisierung eines Fälligkeitswerts erfüllen, aber nicht auf einem aktiven Markt notiert sind, als *loans and receivables* zu bilanzieren. Zur Frage, bei welchen Fremdkapitalinstrumenten ein aktiver Markt vorliegt, wird auf Rz 268 verwiesen.

145 Das Kriterium der festen Laufzeit kann bei **vorzeitiger Kündigungsmöglichkeit** zu verneinen sein: Kann der **Emittent** einer Anleihe vorzeitig kündigen, ist dies allerdings regelmäßig irrelevant. **Ausnahmsweise** schädlich für eine Klassifizierung als Fälligkeitswert beim Gläubiger ist ein Kündigungsrecht des Emittenten dann, wenn bei seiner Ausübung wesentlich weniger als die fortgeführten Anschaffungskosten zu vergüten sind (IAS 39.AG18).

146 Wenn der **Gläubiger** einer Anleihe vorzeitig kündigen kann, soll eine Klassifizierung als Fälligkeitswert hingegen nicht infrage kommen (IAS 39.AG19). Als Begründung wird angeführt, dass es inkonsistent sei, einerseits eine Optionsprämie für die vorzeitige Rückgabemöglichkeit des Finanzwertes *(put option)* zu zahlen, andererseits aber eine Absicht zu behaupten, den Wert bis zur Fälligkeit halten zu wollen. Die Begründung muss jedenfalls in den Fällen nicht einschlägig

sein, in denen beide Parteien nach einer Mindestlaufzeit kündigen können und auch implizit über Zinsdifferenzbetrachtungen keine Put-Optionsprämie bestimmbar ist.

Die Absicht, einen Vermögenswert bis zur Endfälligkeit zu halten, bedarf als subjektive Tatsache der **Objektivierung** durch Umstände oder Verhalten. IAS 39.9 bestimmt hierzu Folgendes: Hat ein Unternehmen im laufenden Geschäftsjahr oder während der vorangegangenen zwei Geschäftsjahre mehr als einen unwesentlichen Teil der Fälligkeitswerte vor Endfälligkeit verkauft, darf es keine Vermögenswerte mehr als *held to maturity* klassifizieren (Rz 108). Das nachfolgende Beispiel zeigt die Bedeutung dieser als **Sperre** wirkenden *tainting rule*. 147

> **Beispiel**
> Ein Unternehmen hat in 01 Anleihen als *held to maturity* qualifiziert, sie aber in 02 veräußert. Das Unternehmen erwirbt in 02 bis 04 neue Anleihen mit der Absicht, diese bis zur Fälligkeit zu halten. In 03 bis 05 werden keine Verkäufe getätigt. Das Unternehmen darf Anleihen erstmals wieder in 05 als *held to maturity* qualifizieren, da erst aus Sicht des Jahres 05 die Bedingung keine Verkäufe in laufendem Jahr (05) und in den zwei Vorjahren (03 und 04) erfüllt ist.

Keine Sperre tritt ein bei Verkäufen **nahe am Fälligkeitstag** sowie bei Verkäufen, die einem **isolierten Sachverhalt** zuzurechnen sind, der sich der Kontrolle des Unternehmens entzieht, von einmaliger Natur ist und von diesem praktisch nicht vorhergesehen werden konnte (IAS 39.9). Als beispielhafte Kriterien für Verkäufe infolge eines **isolierten** Sachverhalts nennt IAS 36.AG22: 148

- eine wesentliche Verschlechterung der **Bonität** des Emittenten (Beispiel: Verkauf von griechischen Staatsanleihen nach Bonitätsherabstufung durch Moody's im Mai 2010),
- Änderungen der **Steuergesetzgebung** mit wesentlicher Auswirkung auf die Rentabilität der Anlage,
- **aufsichtsrechtliche** Veräußerungszwänge (bei Banken),
- Unternehmens**zusammenschlüsse** und Unternehmens**umstrukturierungen**, bei denen zur Erhaltung der vorherigen Risikoposition Teilveräußerungen des Portfolios notwendig sind.

Greift die Sperre von IAS 39.9 (noch) nicht, so führt die **Aufgabe** der ursprünglichen Halteabsicht bzw. ihre **Umwandlung** in eine Veräußerungsabsicht nicht zur Umklassifizierung in einen Handelswert. Zulässig – und bei Eintritt der Sperre oder Aufgabe der Halteabsicht geboten – ist nur die Umklassifizierung in einen veräußerbaren Wert (IAS 39.51). Wie Darlehen und Forderungen können auch Fälligkeitswerte durch Widmung im Zugangszeitpunkt als Handelswerte oder veräußerbare Werte **gewillkürt** und damit den Regeln der *fair-value*-Bewertung unterworfen werden (IAS 39.9; Rz 135 und Rz 137). 149

Wie bei Darlehens- und Kundenforderungen erfolgt die **Erstbewertung** von Fälligkeitswerten formell zum *fair value*, faktisch regelmäßig zu Anschaffungskosten (inklusive Nebenkosten; Rz 228), die **Folgebewertung** zu fortgeführten Anschaffungskosten (nach Maßgabe der Effektivzinsmethode). Wegen der Einzelheiten wird auf Rz 248 ff. verwiesen. 150

3.4.4 Handelswerte (FVTPL)

151 Ein finanzieller Vermögenswert wird als Handelswert (*asset held for trading* oder kurz: *trading asset*) klassifiziert, wenn er hauptsächlich zum Zweck der kurzfristigen *(near term)* Weiterveräußerung erworben wurde. Abzustellen ist – wie bei allen Klassifizierungen – primär auf die ursprüngliche, beim Erwerb gegebene Absicht.

Unabhängig von der Erwerbsabsicht ist eine Klassifizierung als Handelswert erforderlich, wenn der Vermögenswert Teil eines Portfolios gemeinsam verwalteter *(managed)* Finanzinstrumente ist, das bisher mit Handelsabsicht gesteuert wurde (IAS 39.9). Das im Mai 2008 verabschiedete *Annual Improvements Project 2008* hat hierzu in IAS 39.9a(ii) eine Klarstellung eingefügt, wonach die Zugehörigkeit zu dem Portfolio im Zeitpunkt des Zugangs des finanziellen Vermögenswerts bestehen muss. Eine spätere Klassifizierung als Handelswert kommt daher auch nach diesem Kriterium nicht infrage.

Daneben dürfen aktive Finanzinstrumente der Kategorien *loans and receivables*, *held-to-maturity* und *available-for-sale financial assets* unter bestimmten Voraussetzungen durch Widmung im Zugangszeitpunkt der erfolgswirksamen *fair-value*-Bewertung unterworfen werden *(fair value option)*.

152 Eine Umgliederung gewillkürter Handelswerte *(fair value option)* oder von Derivaten ist unzulässig.

Eine **nachträgliche** Zuordnung eines finanziellen Vermögenswerts in die Kategorie Handelswerte ist ebenfalls nicht zulässig (IAS 39.50). Hieran hat auch das *Amendment* zu IAS 39 aus Oktober 2008 nichts geändert. Nach IAS 39.50A liegt allerdings dann keine unzulässige Umklassifizierung vor, wenn

- ein Derivat erst nach seinem Zugang als Sicherungsinstrument im Rahmen des *hedge accounting* designiert wird und somit ab diesem Zeitpunkt die bisherige Klassifizierung als Handelswert beendet wird oder
- für ein Derivat die Designation als Sicherungsinstrument, i. R. d. *hedge accounting*, vorzeitig beendet wird (z. B. weil die Voraussetzungen entfallen sind) und es ab diesem Zeitpunkt als Handelswert klassifiziert wird.

153 Ein Handelswert ist bei der **erstmaligen Erfassung** nominell mit dem *fair value*, tatsächlich i. d. R. mit seinen **Anschaffungskosten** anzusetzen (Rz 230). Transaktions- und sonstige Anschaffungsnebenkosten sind im Gegensatz zu den anderen (Bewertungs-)Kategorien nicht anzusetzen, sondern sofort aufwandswirksam zu vereinnahmen (IAS 39.43).

Beispiel

Wertpapiere werden am 29.12. zu einem Kurs von 100, bei Anschaffungsnebenkosten von 2 erworben. Zum 31.12. beträgt der Kurs 102. Es ergeben sich folgende Buchungen:

Datum	Konto	Soll	Haben
29.12.:	Wertpapiere	100	
	Aufwand	2	
	Geld		102
31.12.:	Wertpapiere	2	
	Ertrag		2

Die **Folgebewertung** ist zum *fair value* (beizulegender Zeitwert) vorzunehmen (IAS 39.46). Im Falle von Eigenkapitalinstrumenten ist der Ansatz der Anschaffungskosten dann auch bei der Folgebewertung maßgeblich, wenn der *fair value* – im absoluten Ausnahmefall – nicht mit hinreichender Sicherheit bestimmt werden kann (IAS 39.46(c); Rz 301 ff.). **Wertänderungen** zwischen Zugangs- und Folgebewertung sowie Veränderungen zwischen verschiedenen Folgebewertungen sind als **Erfolg** in der GuV zu erfassen. 154

3.4.5 Veräußerbare Werte (AfS)

Veräußerbare Werte (AfS) stellen eine **Restkategorie** dar. Alle aktiven Finanzinstrumente, die weder Darlehen/Forderungen (LaR) noch Fälligkeitswerte (HTM), noch notwendige oder gewillkürte Handelswerte (FVTPL) sind, also alle Werte, die keiner der anderen bisher erläuterten Klassen angehören, fallen in die Kategorie **veräußerbare** Werte. Für die Abgrenzung zu den anderen Bewertungskategorien ist die **ursprüngliche** Verwendungsabsicht maßgeblich. Ein ursprünglich ohne kurzfristige Veräußerungsabsicht erworbenes Eigenkapitalinstrument wird daher auch dann nicht zum Bilanzstichtag umklassifiziert, wenn nunmehr die Veräußerung alsbald nach dem Stichtag geplant ist. 155

In allen Fällen erfolgt die **Erstbewertung** der veräußerbaren Werte nominell zum *fair value*, tatsächlich zu **Anschaffungskosten**. Anschaffungsnebenkosten sind zu aktivieren. Für die Folgebewertung in der Bilanz gelten die gleichen Regelungen wie bei den **Handelswerten** (Rz 151 ff.). Primärer Bewertungsmaßstab ist der *fair value*. Ist der *fair value* nicht hinreichend sicher bestimmbar, kommen hilfsweise die Anschaffungskosten (Bewertung *at cost*) zum Ansatz. 156

Die Änderungen des *fair value* gegenüber den (fortgeführten) Anschaffungskosten bzw. gegenüber dem *fair value* zum letzten Bewertungsstichtag sind gem. IAS 39.55b **erfolgsneutral** im sonstigen Gesamtergebnis zu erfassen (*other comprehensive income*; IAS 39.55b). 157

Beispiel

Aktien werden ohne eine Spekulationsabsicht bei einem Kurs von 100 und Anschaffungsnebenkosten von 3 erworben. Zum ersten Stichtag notieren die Aktien mit 98, zum zweiten mit 108. Zu diesem Wert werden sie kurz nach dem zweiten Stichtag auch veräußert. Die Wertänderungen werden zunächst in einer **Rücklage für Zeitbewertung** (RLZBW) erfasst, die bei Veräußerung erfolgswirksam aufzulösen ist (Buchungen bei Steuerfreiheit von Veräußerungsgewinnen und Abschreibungen auf Aktien):

Datum	Konto	Soll	Haben
Erwerb:	Aktien	103	
	Geld		103
1. Stichtag:	Sonstiges Gesamtergebnis	5	
	Aktien		5
2. Stichtag:	Aktien	10	
	Sonstiges Gesamtergebnis		10
Verkauf:	Geld	108	
	Aktien		108
	Sonstiges Gesamtergebnis	5	
	Ertrag		5

158 Die aus dem sonstigen Gesamtergebnis gespeiste **Rücklage für Zeitbewertung** muss nicht notwendigerweise als **eigene Kategorie** innerhalb der Bilanz und/oder der Eigenkapitalveränderungsrechnung aufgeführt werden. Eine Zusammenfassung mit anderen reyclingfähigen Rücklagen ist zulässig. Jedoch muss durch eine Gesamtergebnisrechnung erkennbar sein, welcher Wertänderungsbetrag bei veräußerbaren Werten unmittelbar im Eigenkapital erfasst ist (→ § 2 Rz 93).

159 Bei Anleihen oder anderen Fremdkapitalinstrumenten mit fester Laufzeit kann nicht unberücksichtigt bleiben, dass **Transaktionskosten, Agien** usw. den Charakter von **Effektivzinsminderungen** haben, die als solche auch erfolgswirksam **im Zinsergebnis** berücksichtigt werden sollten. IAS 39.55b sieht daher für Fremdkapitalinstrumente mit fester (Mindest-)Laufzeit die zeitliche **Verteilung der Transaktionskosten** und sonstigen Unterschiedsbeträge vor. Das Instrument hierzu ist die **Effektivzinsmethode** (Rz 248). Im einfachsten Fall einer unverzinslichen Anleihe *(Zerobond)* lässt sich aus der Differenz von Anschaffungskosten (inkl. Nebenkosten) und Rückzahlungen der Effektivzins ermitteln. Dessen Anwendung auf die (fortgeführten) Anschaffungskosten ergibt den in jeder Periode erfolgswirksam zu berücksichtigenden Betrag. Bei verzinslichen Anleihen ist zusätzlich die Nominalverzinsung zu berücksichtigen. Ist die (Mindest-)Laufzeit des Fremdkapitalinstruments nicht bestimmbar, kann die Effektivzinsmethode nicht zur Anwendung gelangen. Anschaffungsnebenkosten und sonstige Unterschiedsbeträge sind dann erst bei Veräußerung zu berücksichtigen (IAS 39.AG67).

> **Beispiel**
> Ein Unternehmen behandelt alle Anleihen als veräußerbare Werte. Zum 1.1.01 erwirbt es auf dem Primärmarkt eine Anleihe zu folgenden Konditionen:
> - Laufzeit 5 Jahre
> - Nominalbetrag = 100, Ausgabebetrag = 102 (d. h. Prämie 2)
> - Verzinsung 6 % (marktüblich weniger, deshalb höherer Ausgabebetrag)
> - Anschaffungsnebenkosten 3
> - Der Zeitwert der Anleihe per 31.12.01 soll bei geändertem Marktzins 106 betragen.
>
> Bei unveränderten Marktbedingungen wären per 31.12.01 auszuweisen:
> 100 + (2 Prämie + 3 ANK) – 1 **Auflös. Prämie u. ANK** = 104.
> In das EK ist demnach nicht die Differenz von Zeitwert und gesamten Anschaffungskosten (106 – 105 = 1) einzustellen. Die im Zinsergebnis zu berücksichtigende Auflösung von Prämie und ANK ist zu berücksichtigen. Einzustellen sind daher 106 – (105 – 1) = 2.
> Per 31.12.01 sind (unter Vernachlässigung der Zinseszinseffekte und bei linearer Amortisierung) folgende Buchungen vorzunehmen:
>
> | Konto | Soll | Haben |
> | --- | --- | --- |
> | Anleihe | 2 | |
> | EK (über das sonstige Ergebnis) | | 2* |
> | Geld | 6 | |
> | Zinsertrag | | 6 |
> | Zinsertrag | 1 | |
> | Anleihe | | 1** |
>
> * (wg. Zeitwertänderung)
> ** (wg. Amortisierung Prämie u. ANK).

4 Umklassifizierung finanzieller Vermögenswerte

4.1 Änderung des Geschäftsmodells nach IFRS 9

Eine Umklassifizierung eines finanziellen Vermögenswertes innerhalb der Bewertungskategorien des IFRS 9 setzt eine Änderung des Geschäftsmodells (der subjektiven Klassifizierungsbedingung) voraus (IFRS 9.4.4.1). Der tatsächliche Eintritt einer solchen Änderung ist nach Auffassung des IASB sehr selten und muss 160

- durch das *senior management* als Ergebnis externer oder interner Änderungen festgelegt werden,
- signifikant sein für die operative Tätigkeit des Bilanzierenden und
- nachweisbar sein gegenüber externen Parteien (IFRS 9.B4.4.1).

Abzustellen ist nach IFRS 9.B4.4.1 auf eine Entscheidung des *senior management*, nicht des für die Bestimmung des Geschäftsmodells heranzuziehenden „*key management personnel*" i.S.v. IAS 24 (Rz 112). Es bedarf daher keiner Übereinstimmung der Management-Ebenen, die Umklassifizierung ist von einer höheren Ebene auszulösen.

Ändert das Unternehmen sein **Geschäftsmodell** für das Management einer Gruppe finanzieller Vermögenswerte, so ist eine Umklassifizierung der betroffenen finanziellen Vermögenswerte jedenfalls dann geboten, wenn die Änderung sich nicht graduell (schleichend) vollzieht (IFRS 9.4.4.1). Die Neuklassifizierung erfolgt nach den allgemeinen Klassifizierungsvorschriften, d. h. gem. IFRS 9.4.1.1 – IFRS 9.4.1.4. 161

Der Umklassifizierungstag ist der **erste Tag der ersten Berichtsperiode** im Anschluss an die Änderung des Geschäftsmodells, welche zur Umklassifizierung finanzieller Vermögenswerte geführt hat (IFRS 9 Anhang A). Werden finanzielle Vermögenswerte (gem. IFRS 9.4.9) umklassifiziert, so erfolgt dies **prospektiv** ab dem Umklassifizierungstag. Somit sind bis dahin erfasste Gewinne, Verluste bzw. Zinsen nicht anzupassen (IFRS 9.5.6.1). Nach IFRS 9 sind **zwei Arten** von Umklassifizierungen denkbar (IFRS 9.5.6.2 f.): 162

- Bei Umklassifizierung von der Kategorie „fortgeführte Anschaffungskosten" in die Kategorie „beizulegender Zeitwert" muss der beizulegende Zeitwert des finanziellen Vermögenswerts zum Umklassifizierungstag festgestellt werden. Die Differenz zum bisherigen Buchwert ist erfolgswirksam zu erfassen.
- Bei Umklassifizierung in umgekehrter Richtung verwandelt sich der beizulegende Zeitwert am Umklassifizierungstag zum neuen Buchwert des finanziellen Vermögenswerts.

Eine Änderung des Geschäftsmodells setzt belastbare Nachweise voraus, es besteht nur ein geringer Ermessensspielraum. Keine Änderung des Geschäftsmodells liegt daher vor, wenn 163

- für einzelne finanzielle Vermögenswerte, nicht aber für ein gesamtes Portfolio sich eine Änderung der Verwertungsabsicht einstellt (auch bei wesentlichen Änderungen der Marktbedingungen),
- kurzzeitig für einzelne finanzielle Vermögenswerte ein illiquider Markt festgestellt wird oder
- einzelne finanzielle Vermögenswerte zwischen Unternehmensteilen mit unterschiedlichen Geschäftsmodellen übertragen werden (IFRS 9.B4.4.3).

- Das dauerhafte Verschwinden eines aktiven Marktes kann allerdings den Wechsel eines zuvor unter der Erwartung eines liquiden Handels ausgewählten Geschäftsmodells auslösen.
164 Für die Beurteilung, ob ein Wechsel des Geschäftsmodells vollzogen wurde, ist zwischen den einzelnen Steuerungsebenen des Managements zu unterscheiden:
- Besteht für ein Geschäftsfeld, in welchem finanzielle Vermögenswerte zur Vereinnahmung der vertraglichen Zahlungen geführt wurden, eine Entscheidung zur Einstellung, die Aufgabe jeglichen Neugeschäfts und die Absicht, das bestehende Portfolio am Markt zum Verkauf anzubieten, liegt eine Änderung des Geschäftsmodells vor (IFRS 9.B4.4.1(b)).
- Wird die Entscheidung getroffen, das gesamte Geschäftsfeld zu veräußern, ohne allerdings vorher die laufenden Aktivitäten zu ändern, ist das bestehende Geschäftsmodell bis zum Verkauf/Abgang fortzuführen (Rz 116).
165 Wurde für einen finanziellen Vermögenswert eine gewillkürte Klassifizierung *at fair value through profit or loss* vorgenommen, scheidet eine Umklassifizierung aus. Die Entscheidung zur *fair value option* ist endgültig (IFRS 9.4.1.5). Eine Umklassifizierung scheidet ebenfalls aus, wenn ein vertragliches Merkmal eines finanziellen Vermögenswerts, welches die Bewertung zu fortgeführten Anschaffungskosten oder zum *fair value* mit Wertänderungen im sonstigen Ergebnis bei erstmaliger Erfassung verhindert hatte, im Zeitablauf wegfällt bzw. ausläuft (IFRS 9.3.1.1, IFRS 9.4.4.1).

> **Beispiel**
> Ein Unternehmen hat in 01 eine Wandelanleihe gezeichnet. Das Wandlungsrecht ist auf 3 Jahre befristet, läuft also in 04 aus. Die Anleihe hat insgesamt eine Laufzeit von 10 Jahren. Wird also nicht innerhalb der ersten 3 Jahre gewandelt, besteht nur noch ein Anspruch auf Zins und Tilgung. Im Zugangszeitpunkt scheidet eine Klassifizierung als *at amortised cost* aus, die objektive Bedingung ist verletzt. Eine Umklassifizierung in 04 scheidet ebenfalls aus, wenn es an einer Änderung des Geschäftsmodells fehlt.

4.2 Umklassifizierung nach IAS 39

166 Hinsichtlich der Umklassifizierung von Finanzinstrumenten ist zu unterscheiden zwischen
- allgemein notwendigen oder zulässigen Fällen (Rz 165) und
- speziellen, nur ganz ausnahmsweise zulässigen Fällen.
167 Als **allgemeine Anlässe** für die Umklassifizierung von Finanzinstrumenten nach IAS 39 sind im Wesentlichen folgende Fälle zu unterscheiden:
- Ein Fälligkeitswert (HTM) darf nicht mehr als solcher ausgewiesen werden, weil entweder die Halteabsicht freiwillig **aufgegeben** wird (Einzelbetrachtung) oder weil wegen Veräußerung anderer *held-to-maturity*-Werte (Gesamtbetrachtung) eine **Sperrwirkung eintritt** (IAS 39.51 und 52). Der Fälligkeitswert wird zu einem veräußerbaren Wert (IAS 39.51).
- Wegen **Zeitablaufs** entfällt die Sperrwirkung. Zuvor zwangsweise als *available for sale* ausgewiesene Finanzinstrumente können entsprechend der individuellen Halteabsicht in *held-to-maturity*-Werte um- bzw. rückklassifiziert werden (IAS 39.54).

Finanzinstrumente § 28

- Eine nicht marktnotierte Forderung (LaR) ist wegen Handelsabsicht im Zugangszeitpunkt als *held for trading* (FVTPL) klassifiziert worden, die Handelsabsicht ist entfallen, die Forderung soll für die absehbare Zukunft *(foreseeable future)* oder bis zur Fälligkeit im Bestand bleiben (IAS 39.50D). Die Forderung kann (Wahlrecht) nach LaR umklassifiziert werden.
- Eine nicht marktnotierte Forderung ist im Zugangszeitpunkt als AfS designiert worden, die Forderung soll für die absehbare Zukunft *(foreseeable future)* oder bis zur Fälligkeit im Bestand bleiben (IAS 39.50E). Sie kann (Wahlrecht) nach LaR umklassifiziert werden.

Zulässig ist damit in beide Richtungen der **Wechsel zwischen** Fälligkeits- und veräußerbaren Werten, einseitig der Wechsel aus der Kategorie Handelswerte (FVTPL) bzw. veräußerbare Werte (AfS) in die Kategorie Forderungen und Ausleihungen (LaR). Unzulässig bleibt eine Umklassifizierung in die Kategorie FVTPL. Auch die bevorstehende Veräußerung eines bisher ohne oder mit bedingter Veräußerungsabsicht gehaltenen Finanzinstrumentes klassifiziert diesen z.B. nicht in einen Handelswert um.

Darüber hinaus kann in seltenen Ausnahmefällen *(rare circumstances)* ein Finanzinstrument aus der Kategorie Handelswerte (FVTPL) in die Kategorie Fälligkeitswerte (HTM) bzw. veräußerbare Werte (AfS) umklassifiziert werden. Als solche Ausnahmefälle gelten ausweislich einer Presseerklärung des IASB vom 13.10.2008 die Finanzmarktkrise sowie der drastische Preisverfall des russischen Rubel Anfang 2015. Neben der **objektiven** Bedingung – *rare circumstances* – setzt die Umklassifizierung **subjektiv** einen Wegfall der Handelsabsicht voraus, entweder für einzelne finanzielle Vermögenswerte oder für ein Portfolio, bei Umkategorisierung in die Kategorie HTM außerdem die Erfüllung der für die Kategorie in IAS 39.9 geforderten Voraussetzungen zum Zeitpunkt der Umkategorisierung.[34]

168

Fraglich ist das Verhältnis von IAS 39.50B zu IAS 39.50D. Nach der wohl h.M. ist die letztgenannte Vorschrift als abschließende Regelung für die Umklassifizierung nach LaR anzusehen; daher hat IAS 39.50B für diese Zielkategorie keine Relevanz. Würden für LaR IAS 39.50B und IAS 39.50D nebeneinander gelten, läge der Vorteil von IAS 39.50B darin, dass hier nicht positiv das Verbleiben der Forderung für die absehbare Zukunft im Bestand vorausgesetzt wird, sondern das aktuelle Fehlen einer Handelsabsicht ausreichend wäre. Aus dem Wortlaut des Standards ergibt sich nicht unbedingt der abschließende Charakter von IAS 39.50D. Nach der Auffassung des IdW soll hiervon aber auszugehen sein.[35] Eine Umklassifizierung von FVTP oder AfS in LaR setzt danach voraus:

169

- Fortfall der kurzfristigen Verkaufs- oder Rückkaufsabsicht (nur bei Umklassifizierung aus FTPL).
- Erfüllung der Voraussetzungen für eine LaR zum Zeitpunkt der Umkategorisierung.
- Absicht und Fähigkeit, den Vermögenswert auf absehbare Zeit oder bis zur Endfälligkeit zu halten (IAS 39.50E).

Mit der Umklassifizierung von Fälligkeitswerten (HTM) in veräußerbare Werte (AfS) oder umgekehrt bzw. von Handelswerten (FTPL) oder veräußerbaren

170

---
[34] IDW RS HFA 26, Tz. 14f.
[35] IDW RS HFA 26, Tz. 17ff.

1739

Werten (AfS) in Fälligkeitswerte (HTM) oder Forderungen (LAR) ist ein **Wechsel der Bewertungsmethode** verbunden. Findet der Wechsel **von der Anschaffungskostenbewertung zur Zeitbewertung** statt, so ist die Differenz zwischen fortgeführten Anschaffungskosten und beizulegendem Zeitwert des Umwidmungszeitpunkts regelmäßig erfolgsneutral gegen **Eigenkapital** zu buchen.

171 Im umgekehrten Fall des Übergangs **von der Zeitbewertung zu den Anschaffungskosten** ergibt sich die neue Anschaffungskostenbasis (als Grundlage für die Effektivzinsmethode) aus dem Zeitwert des Umwidmungszeitpunkts. Die Behandlung von vor dem Umwidmungszeitpunkt liegenden, bisher erfolgsneutral im Eigenkapital berücksichtigten Wertänderungen bei AfS hängt davon ab, ob das fragliche Aktivum eine bestimmbare **Restlaufzeit** hat. Ist dies nicht der Fall, so wird die im Eigenkapital aufgelaufene Wertänderung erst dann in die GuV umgebucht, wenn der Vermögenswert **abgeht** (IAS 39.54b). Hat der Vermögenswert hingegen eine **feste** Laufzeit, so ist der im Eigenkapital aufgelaufene Betrag über die Restlaufzeit zu amortisieren. Eine Differenz zwischen der neuen Anschaffungskostenbasis und dem bei Endfälligkeit rückzahlbaren Betrag wird wie jedes „normale" Agio oder Disagio ebenfalls über die Laufzeit amortisiert (IAS 39.54a). In beiden Fällen ist der im Eigenkapital aufgelaufene Betrag außerdem im Fall einer Abschreibung aufzulösen und in der GuV zu erfassen.

172 Die nachfolgende Tabelle fasst **Anlässe und Behandlung** der Umklassifizierung nach den Regeln von IAS 39 zusammen. Die davon abweichenden Regelungen von IFRS 5 kommen auch dann nicht zur Anwendung, wenn Finanzinstrumente im Paket mit anderen Vermögenswerten veräußert werden sollen (→ § 29 Rz 4).

Umwidmung in die Bewertungskategorie…					
Ursprungs-kategorie	held for trading	designated at fair value	loans and receivables	held to maturity	available for sale
held for trading		Nein	Ja*	Ja*	Ja*
designated at fair value	Nein		Nein	Nein	Nein
loans and receivables	Nein	Nein		Nein	Nein
held to maturity	Nein	Nein	Nein		Ja
available for sale	Nein	Nein	Ja*	Ja	

*) Änderung durch das *Amendment* zu IAS 39 vom Oktober 2008.

173 Buchungsmäßig **komplex** ist insbesondere die Umwidmung von veräußerbaren Werten *(available for sale)* in Fälligkeitswerte *(held to maturity)*. Neben der Amortisierung des Eigenkapitalbetrages und der Differenz zwischen neuer An-

Finanzinstrumente § 28

schaffungskostenbasis und späterem Rückzahlungsbetrag sind auch ursprüngliche Agien und Disagien zu berücksichtigen. Das nachfolgende Beispiel fasst die relevanten Komplizierungen zusammen.

Beispiel
Wegen Ablauf der Sperrfrist kann eine zum 31.12.01 mit einem Agio von 3 erworbene Anleihe (nominal 100, Zins 5 %, AK 103) zum 1.1.03 von *available for sale* nach *held to maturity* umklassifiziert werden. Die Anleihe läuft bis zum 1.1.05. Der Zeitwert zum Umklassifizierungszeitpunkt beträgt 96. Die Zinsen sind zum 31.12.02 usw. fällig.

Folgende Probleme sind zu unterscheiden:
- Die Auflösung des Agios von 3 war im Gegensatz zu anderen Wertänderungen nicht im EK, sondern über die Laufzeit im Zinsergebnis zu erfassen (IAS 39.55b; Rz 159). Mit Übergang zur AK-Bewertung (Effektivzinsmethode) entfällt die gesonderte Betrachtung.
- Zum 31.12.02 sind daher nicht 103 – 96 = 7, sondern nur 6 (7 – 1 Auflösung Agio) als Zeitwertänderung im EK zu erfassen. Diese 6 sind mit Umwidmung, d. h. ab 03, über die (Rest-)Laufzeit zu verteilen.
- Die neue AK-Basis von 96 liegt um 4 unter dem Nominalbetrag von 100. Dieser Differenzbetrag ist wie ein „normales" Disagio über die (Rest-)Laufzeit zu amortisieren.

Somit ergeben sich folgende Buchungssätze:

Datum	Konto	Soll	Haben
31.12.02	Geld	5	
	Zinsertrag		5
	Zinsertrag	1	
	Wertpapier (w/Amortisierung Agio)		1
	EK	6	
	Wertpapier (w/Wertänderung 7–1)		6

31.12.03 und 31.12.04 jeweils

Konto	Soll	Haben
Geld	5	
Zinsertrag		5
Zinsertrag	3	
EK (w/Amortisierung 6 EK auf 2 Jahre)		3
Wertpapier	2	
Zinsertrag (w/Amort. 100 nom. – 96 neue AK)		2

Als Ergebnis aller Buchungen beträgt per 31.12.04
- die EK-Rücklage: $0 = -6 + 3 + 3$
- das Wertpapier: $100 = 103 - 1 - 6 + 2 + 2$
- der Gesamtertrag 03 und 04: $8 = 2 \times 5 - 2 \times 3 + 2 \times 2 = 2 \times 5 - 2$

Ähnliche Probleme wie bei der Umklassifizierung stellen sich dann, wenn der *fair value* nicht mehr feststellbar ist und deshalb **hilfsweise** zum **Anschaffungskostenmodell** gewechselt werden muss (IAS 39.54) oder umgekehrt der *fair value* erstmalig festgestellt werden kann und deshalb vom hilfsweisen Anschaffungskostenansatz zum *fair value* zu wechseln ist (IAS 39.53).

Beispiel
Eine erfolgswirksam als Handelswert *(trading)* qualifizierte Aktie wird Anfang 01 zu 100 angeschafft. Ab Ende 01 notiert sie mit 60. In 02 wird die Aktiengesellschaft wegen finanzieller Schwierigkeiten aus der Börsennotierung entfernt *(delisted)*. Mangels Börsennotierung und sonstiger Informationen ist danach kein *fair value* mehr bestimmbar. Ende 03 erhält die bilanzierende Gesellschaft jedoch zwei Kaufangebote, eines über 100, eines über 200. Die Angebote werden nicht angenommen. Die GuV-Ergebnisse sind wie folgt:
- in 01: –40
- in 02: 0
- in 03: 0 (oder +90)

Der Wert zum *delisting*-Zeitpunkt gilt gem. IAS 39.54 per Fiktion als Anschaffungskosten. Die Kaufangebote in 03 liefern Hinweise auf eine Werterholung von mindestens 40. Angesichts der Differenz der Angebote bzw. der Breite des Intervalls wird man die Angebote jedoch kaum als hinreichend zuverlässigen Indikator für den *fair value* nehmen können (IAS 39.AG80). Die Bilanzierung bleibt im Anschaffungskostenmodell. Eine Zuschreibung über die fiktiven (!) Anschaffungskosten hinaus auf (die ursprünglichen Anschaffungskosten von) 100 kommt daher nicht infrage. Sähe man jedoch die Kaufangebote bzw. deren Mittelwert (150) als hinreichend zuverlässige *fair-value*-Indikation an, wäre ein Rückwechsel zur *fair-value*-Bewertung vorzunehmen (IAS 39.53). Der Rückwechsel würde zu einem Erfolg von 150–60 = 90 führen.

Variante:
Die Aktie wird in bedingter Veräußerungsabsicht, als *available for sale* gehalten. Die GuV-Ergebnisse sind wie folgt:
- in 01: 0
- in 02: –40 (wegen objektiver Evidenz impairment)
- in 03: 0

In 03 entsteht wegen IAS 39.53 i. V. m. IAS 39.55b nunmehr auch bei einem Rückwechsel zur *fair-value*-Bewertung kein Erfolg.

5 Klassifizierung finanzieller Verbindlichkeiten

5.1 Abgrenzungen zum Eigenkapital

175 Den Bewertungsüberlegungen vorauszuschalten ist in Grenzfällen die Frage, ob ein Finanzinstrument aus Sicht des Unternehmens überhaupt Fremdkapitalcharakter hat (d. h. Finanzverbindlichkeit ist) oder als Eigenkapital eingestuft werden muss. Die Abgrenzungskriterien sind in IAS 32 enthalten und werden in → § 20 im Einzelnen erläutert. An dieser Stelle erfolgt daher nur ein kurzer Überblick:

- **Mezzanine Finanzierungen:** Eine schuldrechtliche Kapitalüberlassung bleibt auch dann Finanzverbindlichkeit, wenn sie wie bei bestimmten Genussrechten, stillen Beteiligungen usw. durch Verlustbeteiligung, Insolvenznachrang etc. dem Eigenkapital wirtschaftlich nahekommt (→ § 20 Rz 20).
- **Leistungsbezug gegen Gewährung von Anteilsrechten:** Ist ein Vertrag über den „Einkauf" von Leistungen statt mit Geld durch die Aus- bzw. Hingabe von Eigenkapital zu vergüten, führt die bereits „vereinnahmte", aber noch nicht „bezahlte" Leistung nur dann schon zu Eigenkapital, wenn die Zahl der zu gewährenden Aktien feststeht. Ist die Aktienzahl variabel (insbesondere umgekehrt proportional zur Kursentwicklung), liegt vorübergehend Fremdkapital vor (→ § 20 Rz 23).
- **Derivative Kontrakte in eigenen Aktien:** Gibt die Gesellschaft ein bindendes Angebot auf den Erwerb oder die Lieferung eigener Aktien ab, ist der am Bilanzstichtag bestehende Schwebezustand als Finanzverbindlichkeit auszuweisen. Ein wichtiger Anwendungsfall sind freiwillige Erwerbsangebote nach WpÜG (→ § 20 Rz 26).
- **Abfindungen bei Ausscheiden von Gesellschaftern:** Wird bei Personengesellschaften oder Genossenschaften gesetzlich oder statuarisch vorgesehen, dass Kündigung oder Tod zum Ausscheiden aus der Gesellschaft gegen Abfindung führt, können diese Abfindungspflichten bereits abstrakt, d. h. vor Eintritt des auslösenden Ereignisses, zur Umqualifizierung des gesellschaftsrechtlichen Eigen- in bilanzielles Fremdkapital führen.

5.2 Nur geringfügige Änderungen durch IFRS 9

Verbindlichkeiten sind nach IFRS 9.4.2.1 entweder in die **Kategorie** 176
- fortgeführte Anschaffungskosten (*amortised cost*) oder
- erfolgswirksame *fair-value*-Bewertung (*fair value through profit or loss*)

einzustufen. Besondere, gegenüber IAS 39 unveränderte Regelungen bestehen für Verbindlichkeiten, die auf
- einer nicht zur (vollständigen) Ausbuchung führenden Übertragung von finanziellen Vermögenswerten (Rz 70),
- Finanzgarantien (Rz 186) oder
- Kreditzusagen (Rz 33)

beruhen.

Der **Normalfall** ist die Bewertung von finanziellen Verbindlichkeiten zu fortgeführten Anschaffungskosten. Die *fair-value*-Kategorisierung kommt pflichtweise (wegen der *fair-value*-Option vgl. Rz 108 und Rz 137) wie bisher nur bei derivativen Verbindlichkeiten und Verbindlichkeiten des Handelsbestands (etwa aus spekulativen Leerverkäufen) zum Tragen. Abweichend von IAS 39 gilt dabei: Derivative Verbindlichkeiten, die an nicht börsennotierte Eigenkapitalinstrumente gebunden und durch diese zu erfüllen sind, dürfen nicht mehr unter Berufung auf mangelnde verlässliche Bewertbarkeit zu Anschaffungskosten bewertet werden (IFRS 9.BC5.20). Sie sind zwingend zum *fair value* zu bewerten.[36] 177

Bei **zusammengesetzten Finanzinstrumenten** mit Charakteristika von Eigen- und Fremdkapital (z. B. Wandelschuldverschreibungen) ist wie bisher eine Auf- 178

---

[36] Vgl. auch WIECHENS/KROPP, KoR 2011, S. 225 ff.

teilung des Emissionserlöses geboten *(split accounting)*. Das durch IFRS 9 eingeführte Trennungsverbot für entsprechende finanzielle Vermögenswerte (Rz 205) wird nicht auf die Verbindlichkeiten übertragen.

5.3 Regelbewertung von Finanzverbindlichkeiten

179 Sämtliche Finanzverbindlichkeiten (dazu gehören **auch solche aus Lieferungen und Leistungen**) sind im **Zugangszeitpunkt** nominell zum *fair value*, tatsächlich i.d.R. **zu Anschaffungskosten**, zu bewerten (IAS 39.43). Die Anschaffungskosten ergeben sich i.d.R. aus dem vereinnahmten Betrag. In der **Folgezeit** ist nach Maßgabe der Effektivzinsmethode eine Aufzinsung vorzunehmen (**fortgeführte Anschaffungskosten**), sodass sich zum Ende der Laufzeit der Rückzahlungsbetrag ergibt. Hierzu folgendes Beispiel:

> **Beispiel**
> Ein Darlehen von 100 wird zum 1.1.01 aufgenommen. Das Disagio beträgt 5 %. Der Nominalzins von 7,12 % ist jeweils zum 31.12. fällig. Das Darlehen ist zum 1.1.03 zurückzuzahlen.
> Rechnerisch ergibt sich ein Effektivzins von 10 %. Hieraus leiten sich fortgeführte Anschaffungskosten von 97,38 zum 31.12.01 und von 100 zum 31.12.02 ab.
>
> | | 1.1. | + 10 % effektiv | – 7,12 % Zahlung | = 31.12. |
> |----|-------|-----------------|------------------|----------|
> | 01 | 95,00 | 9,50 | –7,12 | = 97,38 |
> | 02 | 97,38 | 9,74 | –7,12 | = 100 |

Die Folgebewertung zu fortgeführten Anschaffungskosten ist die **Regelbewertung**. Sie gilt für alle finanziellen Schulden, außer für Schulden, die zu **Handelszwecken** gehalten werden, und für **derivative Schulden**.

180 Soweit Verbindlichkeiten **objektiv** zu Handelszwecken gehalten *(trading liabilities)* oder entsprechend **gewillkürt** werden, hat die Folgebewertung zum *fair value* zu erfolgen. Das Anwendungsfeld der objektiv zu Handelszwecken gehaltenen originären Finanzverbindlichkeiten ist außerhalb des Finanzdienstleistungsbereichs gering. Infrage kommen insbesondere Verbindlichkeiten aus **Wertpapierleerverkäufen** und mit der Absicht eines kurzfristigen Rückerwerbs begebene Verbindlichkeiten (u.U. Anleihen).

181 Eine Verbindlichkeit kann unter restriktiven Voraussetzungen durch Widmung im Zugangszeitpunkt als **Handelsverbindlichkeit** gewillkürt und damit der erfolgswirksamen *fair-value*-Bewertung zugeführt werden. Durch eine solche Widmung führt der mit einer Verschlechterung der Bonität einhergehende Verfall eines **Anleihekurses beim Schuldnerunternehmen zu einer** (gem. IAS 39 in der GuV, gem. IFRS 9 im OCI oder in der GuV) zu berücksichtigenden (Rz 182) **Gewinnerhöhung** (!) im Gefolge der Minderung des Verbindlichkeitswerts, es sei denn, der Zinssatz der vom Unternehmen ausgegebenen Anleihe ist selbst bonitätsabhängig. Die nachfolgende Tabelle zeigt Zusammenhänge zwischen Marktzins und Bonität.

	Anleihentyp	
Ereignis	festverzinslich	variabel (z.B. EURIBOR + X %)
Marktzins sinkt	Kurs steigt	Kurs konstant
Bonität sinkt	Kurs sinkt	Kurs sinkt (es sei denn, X ist bonitätsabhängig)

Mit der Widmung einer Schuld als Handelsverbindlichkeit erfolgt die Bewertung in der Bilanz des Schuldners – u.E. systematisch unzutreffend – aus der Sicht des Gläubigers. Der Schuldner zeigt in seinem Vermögensausweis dann nicht mehr, wie viel er schuldet. Je schlechter die Bonitätsbeurteilung des Schuldnerunternehmens ausfällt, desto mehr Erträge werden bei ihm generiert – aus überkommener deutscher Betrachtung ein gewöhnungsbedürftiges Ergebnis. Zusätzliche Erläuterungen sind deshalb geboten.[37] Anzugeben sind:

- der Betrag der Änderung des *fair value*, der nicht durch Zinsänderungen (sondern insbesondere durch Bonitätsänderungen) hervorgerufen wurde;
- der Unterschied zwischen dem Buchwert (= *fair value*) und dem Rückzahlungsbetrag (IAS 32.94 f.).

182

Beispiel
Unternehmen U rechnet nach internen Planungen kurz- bis mittelfristig mit einer Verschlechterung seiner Bonität. Es gelingt ihm, einen größeren Finanzierungsbedarf noch durch Platzierung einer Festzins-Anleihe zu Konditionen erster Bonität zu decken. Die Verbindlichkeit aus der Anleihe wird als Handelsverbindlichkeit gewillkürt. Einige Zeit nach der Anleihenplatzierung verschlechtert sich die Bonität von U. Neue Fremdmittel würden nur mit einem erheblich höheren Zinssatz aufgenommen werden können. Das verschlechterte Rating senkt den Marktwert der Anleihe. U erzielt einen Bewertungsgewinn aus der verschlechterten Bonität und bucht demzufolge:
per Verbindlichkeit an Ertrag oder OCI (wegen gesunkener Bonität).

5.4 Verbindlichkeiten aus stillen Beteiligungen oder partiarischen Darlehen[38]

Die bilanzielle Behandlung erfolgsabhängig verzinslicher Verbindlichkeiten (partiarische Darlehen) oder vergleichbarer Schulden (stille Beteiligungen ohne Verlustteilhabe) hängt wesentlich davon ab, ob der erfolgsabhängige Zins als **separierungspflichtiges eingebettetes Derivat** zu qualifizieren ist. Dies setzt zunächst voraus, dass eine entsprechende *stand alone* vereinbarte Erfolgsbeteiligung überhaupt als Derivat gelten würde. Nach der Definition von Derivaten in IAS 39.9 wäre dies dann nicht der Fall, wenn der Wert des eingebetteten Vertragselements von einer nichtfinanziellen Variablen abhängt, die spezifisch für eine Partei des Vertrags ist. Das IFRSIC hat bisher allerdings offengelassen, ob die Bindung an Erfolgsgrößen des Emittenten (EBT, EBITDA etc.) als finanzielles oder nicht-

183

---

[37] STARBATTY, WPg 2001, S. 543, 548.
[38] Nachfolgende Überlegungen entnommen LÜDENBACH, PiR 2009, S. 248 ff.

finanzielles *underlying* anzusehen ist und eine i.d.R.ung liegende Unklarheit bestätigt (Rz 220). Insoweit besteht zunächst ein **faktisches Wahlrecht:**
- Wird die Erfolgsbeteiligung als nichtfinanzielle Variable qualifiziert, fällt sie nicht unter die Definition eines Derivats. Die gesamte Verbindlichkeit stellt ein **einheitliches Bilanzierungsobjekt** dar.
- Wird die Erfolgsbeteiligung hingegen als finanzielle Variable gewürdigt, so stellt sie ein eingebettetes Derivat dar, das **separat** zu bilanzieren ist, wenn Derivat und Basisvertrag nicht eng verbunden (*closely related*) sind. In der Beurteilung der engen Verbundenheit kann IAS 39.AG33(a) analog zu berücksichtigen sein. Danach besteht bei Zinshebelprodukten dann keine Trennungspflicht, wenn der Hebel nicht zu einem Zins führen kann, der den anfänglichen und den Marktzins des Grundvertrags zumindest verdoppeln kann. Innerhalb dieses Intervalls gilt die für ein nicht strukturiertes Darlehensprodukt typische Bindung der Zahlungen an Laufzeit, Kapital und Marktzins noch als hinreichend gewahrt. Diesem Gedanken folgend kann u. E. auch der erfolgsabhängige Zins aus partiarischen Darlehen oder stillen Beteiligungen dann als eng verbunden angesehen werden, wenn die Verzinsung weniger als das Doppelte des ursprünglich erwarteten Zinses sowie des für ein laufzeitäquivalentes Festzinsdarlehen zu zahlenden Marktzinses begrenzt ist.

184 Bei **einheitlicher Bewertung** erfolgt die Zugangsbuchung nominell zum *fair value*, tatsächlich zum vereinnahmten Betrag (sog. Anschaffungskosten), da dieser als beste Schätzung des *fair value* gilt. Für die **Folgebewertung** gilt:
- Bei **planmäßigem Verlauf** ergeben sich die fortgeführten Anschaffungskosten aus Erhöhung der Verbindlichkeit um den **Effektivzins** und Minderung um Zins- oder Tilgungszahlungen. Der Effektivzins ist aus den ursprünglichen Erwartungen zur Höhe des erfolgsabhängigen Zinses abzuleiten.
- Sind die Zinserwartungen in Folgejahren nach unten zu **revidieren,** gelten die Regelungen für Schätzungsänderungen der Effektivzinsmethode. Danach ist bei revidierten *cash-flow*-Erwartungen (hier *cash outflow* aus Zinszahlungen) der Buchwert der Verbindlichkeit **erfolgswirksam** anzupassen. Der neue Buchwert ergibt sich, indem die revidierten *cash-flow*-Erwartungen mit dem ursprünglichen Effektivzins diskontiert werden. Auf diese Weise ergeben sich ähnliche Effekte wie bei Nutzung der *fair-value*-Option (Rz 181).

Beispiel
In einem Nischenmarkt produziert die U Edelstahlflanschen. Ende 05 muss sie einige auslaufende mittelfristige Darlehen refinanzieren. Sie tut dies einerseits über ein Fälligkeitsdarlehen mit einer Laufzeit von fünf Jahren mit markt- und bonitätsgerechter Verzinsung von 5,7 %, andererseits über ein partiarisches Darlehen gleicher Laufzeit. Beide Darlehensbeträge werden am 1.1.06 vereinnahmt.
Das partiarische Darlehen sieht eine vom Ergebnis vor Steuern (EBT) abhängige Verzinsung nach folgender Staffel vor:
EBT $\geq$ 150 TEUR $\rightarrow$ Zins 0 %
150 TEUR < EBT < 500 TEUR $\rightarrow$ Zins 6 %
EBT $\geq$ 500 TEUR $\rightarrow$ Zins 10 %.

Finanzinstrumente § 28

In den Jahren 01 bis 05 lag das Ergebnis der U vor Steuern jeweils zwischen 275 TEUR und 375 TEUR. Die U und der Gläubiger des partiarischen Darlehens erwarten deshalb übereinstimmend eine Verzinsung von 6 %. In 06 tritt ein kapitalstarker Wettbewerber in den Nischenmarkt und sorgt mit aggressiven Preisen für Umsatz- und Margenrückgänge bei der U. Das Ergebnis 06 beträgt daher nur 50 TEUR, der Zins nur 0 %. Bei der Bilanzaufstellung 06 wird mit keiner Besserung für die nächsten 4 Jahre (= Restlaufzeit) gerechnet.

Beurteilung
Der auf Basis der Ausgangserwartungen ermittelte ursprüngliche Effektivzins beträgt 6 %. Bei **planmäßigem**, den ursprünglichen Erwartungen entsprechendem Verlauf würde sich daher die Verbindlichkeit in 06 wie folgt entwickeln:

Verbindlichkeit 1.1.06	100
+ Effektivzins 06 (6 %)	+6
– Zinszahlung 06	–6
Fortgeführte AK 31.12.06	100

Tatsächlich wird für 06 **kein Zins** gezahlt und für die Folgejahre nach revidierter Einschätzung auch keine Zinszahlung mehr erwartet. Der neue Buchwert per 31.12.06 ergibt sich, indem die revidierten *cash-flow*-Erwartungen mit dem **ursprünglichen** Effektivzins (*original effective interest rate*) diskontiert werden.

	Erwartete Zahlungen			
	Zins	Tilgung	Summe	Diskontiert mit 6 %
für 07	0,0		0,0	0,0
für 08	0,0		0,0	0,0
für 09	0,0		0,0	0,0
für 10	0,0	100,0	100,0	79,2
			Barwert 31.12.06	79,2

Die Differenz zum bisherigen Buchwert von 100 ist **erfolgswirksam** zu buchen:

Konto	Soll	Haben
Darlehen	21,8	
Ertrag		21,8

Bei nicht weiter veränderten Erwartungen ist das Darlehen in der Folgezeit mit dem Effektivzins 6 % fortzuschreiben, d.h. bis zur Fälligkeit auf 100 **aufzuzinsen**.

185 Nach im Schrifttum vertretener Ansicht[39] sind die vorstehenden Überlegungen analog auf stille Beteiligungen mit Verlustteilhabe anzuwenden. Die Neuberechnung nach IAS 39.AG8 umfasst dann neben den revidierten Zins- die revidierten Tilgungserwartungen.

5.5 Bürgschaften und andere Finanzgarantien beim Garanten[40]

5.5.1 Selbstständige und unselbstständige Garantien

186 Als Finanzgarantien definieren IAS 39.9 bzw. IFRS 9.A Verträge, nach denen der Garant den Begünstigten für den (Teil-)Ausfall einer Forderung zu entschädigen hat. Unabhängig davon, ob die Finanzgarantie rechtlich als Bürgschaft, Garantie, Akkreditiv, Kreditderivat oder anders ausgestaltet ist, muss in der Behandlung beim Garanten (zur Behandlung beim Sicherungsnehmer Rz 335) unterschieden werden zwischen

- **unselbstständig,** im Rahmen der **Veräußerung einer Forderung** gegenüber dem Forderungskäufer abgegebenen Garantien,
- **selbstständig** begründeten Garantien.

Unselbstständig begründete Garantien sind im Zusammenhang mit den Ausbuchungsregeln für Forderungen, insbesondere dem *risks-and-rewards*-Konzept, zu würdigen (Rz 70).

187 Für **selbstständig** begründete Garantien kommt wegen ihres **Versicherungscharakters** eine Anwendung von IFRS 4 (→ § 39) konzeptionell ebenso infrage wie eine Anwendung der Vorgaben zur bilanziellen Abbildung von Finanzinstrumenten. Demgemäß sehen IAS 39.2.e bzw. IFRS 9.2e ein bedingtes Wahlrecht vor:

- Hat der Garant in früheren Fällen abgegebene Garantien explizit in **Vorjahresberichten** oder gegenüber **Aufsichtsbehörden** oder in **Vertragsunterlagen** als Versicherungsverträge behandelt, kann er die jetzt abgegebenen Garantien **wahlweise** nach IFRS 4 oder IAS 39 bzw. IFRS 9 bilanzieren.
- Fehlt es, wie regelmäßig bei Industrie- und Handelsunternehmen, an einer derartigen Historie, ist **zwingend** IAS 39 bzw. IFRS 9 anzuwenden.

Die Darstellung unter Rz 188 ff. beschränkt sich auf den zweiten Fall, zu IFRS 4 wird auf → § 39 verwiesen.

5.5.2 Abgrenzung gegenüber *credit-default*-Swaps und anderen Kreditderivaten

188 Kreditderivate lassen sich zum Handel eines Ausfall- oder Bonitätsrisikos einsetzen. Der Sicherungsnehmer überträgt über ein Kreditderivat Risiken, die sich aus einem anderen Finanzinstrument ergeben, auf einen Sicherungsgeber. Drei Grundtypen sind zu unterscheiden:

- *Credit-default*-Swaps transferieren das **Verzugs-** und **Ausfallrisiko** (default risk) eines Finanzinstruments.
- *Credit-spread*-**Produkte** (etwa *credit spread options*) decken das **gesamte Bonitätsrisiko** eines Finanzinstruments, also neben dem Ausfallrisiko auch das Bonitätsänderungsrisiko.

---

[39] GAHLEN, BB 2009, S. 2079 ff.
[40] Nachfolgende Ausführungen sind z. T. entnommen aus LÜDENBACH/FREIBERG, BB 2007, S. 650 ff.

- *Total-return*-Swaps übertragen neben dem **Bonitätsrisiko** auch **Marktpreisrisiken**.

In der Abgrenzung zu Finanzgarantien gilt Folgendes: Eine Finanzgarantie liegt vor, wenn der Sicherungsnehmer von dem Sicherungsgeber für einen tatsächlich eingetretenen Verlust – eine zugesagte Zahlung erfolgt nicht oder nicht fristgerecht – entschädigt wird (IAS 39.AG4b bzw. IFRS 9.B2.5b). Von den vorgenannten Produkten kann daher nur für *credit-default*-Swaps – wegen der Begrenzung auf das Ausfallrisiko *(default risk)* – eine Behandlung als Finanzgarantie infrage kommen. Credit- spread- und *total-return*-Produkte sind hingegen derivative Finanzinstrumente. Voraussetzung für die tatsächliche Behandlung eines *credit-default*-Produktes als Finanzinstrument ist, dass der Sicherungsnehmer das gegen das Ausfallrisiko abzusichernde (Schuld-)Instrument *(underlying)* in seinem Bestand hält. Ohne diese **Bestandsbedingung** ist auch ein *credit-default*-Swap als derivatives Finanzinstrument zu qualifizieren.[41] Die nachstehende Abbildung fasst vorstehende Unterscheidungen zusammen.

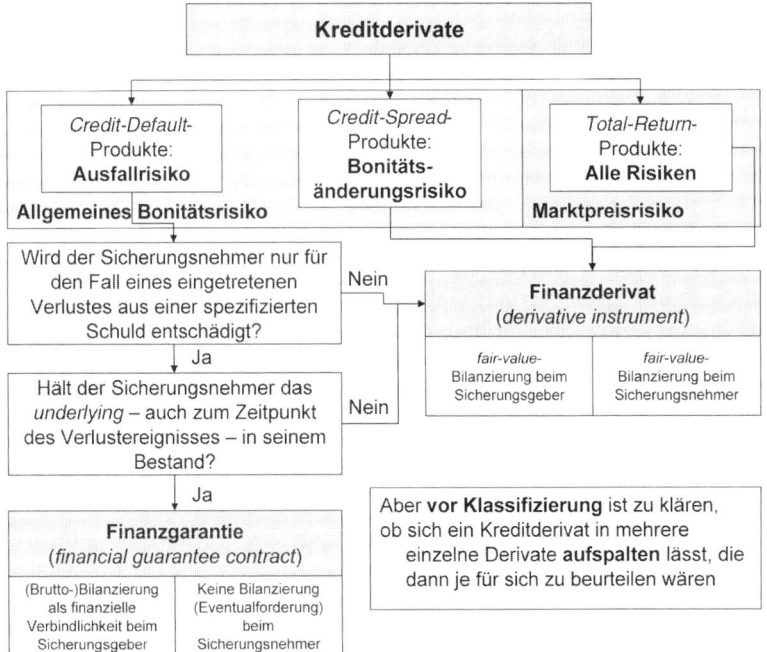

Die Frage nach der Abgrenzung zu Derivaten stellt sich außerdem noch, wenn ein Sicherungsvertrag die Übernahme der gesamten gesicherten Forderung durch den „Garanten" schon für den Fall der **Überfälligkeit** einzelner Leistungsraten vorsieht. U. E. liegt hier eine Finanzgarantie nur dann vor, wenn der Gläubiger bei Überfälligkeit der Rate das Recht zur Fälligstellung der gesamten Forderung innehat. Ohne diese Zusatzbedingung kompensiert die Übernahme durch den

---

[41] Vgl. ausführlich: BURKHARDT/WEIS, IRZ 2007, S. 37 ff.

Garanten nicht, wie in IAS 39.9 bzw. IFRS 9.A verlangt, ausschließlich für eingetretene Verluste *(incurred losses)*, sondern eher für Bonitätsverschlechterungen.

> **Beispiel**
> A hat an B ein in 10 gleichmäßigen Raten zu tilgendes Darlehen gegeben. „Garant" muss die Forderung zum Nominalwert übernehmen, wenn eine Leistungsrate mehr als 60 Tage überfällig ist.
> Abhängig davon, ob A das Darlehen bei Überfälligkeit einer Leistungsrate insgesamt fällig stellen kann, stellt der Vertrag mit G eine Finanzgarantie oder ein Derivat dar.

5.5.3 Zugangs- und Folgebewertung von Finanzgarantien

190 Wie für alle Finanzinstrumente ist auch für Finanzgarantien eine **Zugangsbewertung** zum *fair value* vorgesehen (IAS 39.43 bzw. IFRS 9.5.1.1). Als *fair value* dient regelmäßig der Transaktionspreis (IAS 39.AG64 bzw. IFRS 9.B5.1.1). Bei **entgeltlichen** Bürgschaften entspricht dieser dem **Barwert der vereinbarten Avalprovisionen**.
- Bei **Vorauszahlung** der Avalprovisionen wäre demnach zu buchen: per Geld an Garantieverbindlichkeit;
- bei **nachschüssigen** oder **laufenden** Avalprovisionen: per Forderung auf die Avalprovisionen an Garantieverbindlichkeit.

Die herrschende Meinung[42] nimmt jedoch für den **zweiten Fall** ein Wahlrecht an. Eine Bruttodarstellung (Ausweis von Forderung und Garantieverbindlichkeit) soll zwar zulässig, die **Nettodarstellung** (Saldierung beider Posten somit i.d.R. eine Zugangsbewertung von null) aber vorzugswürdig sein. Zur Begründung wird auf IAS 39.AG4a (jetzt IFRS 9.B2.5a) verwiesen. Danach ist bei einer zwischen fremden Dritten vereinbarten Garantie der *„fair value at inception – … likely to equal the premium received"*. Da hier nur von der bereits erhaltenen, nicht von den noch zu beanspruchenden Provisionen *(premiums to be received)* die Rede sei, ergebe sich ein Vorrang der Nettomethode.

191 Gegen diese Meinung lässt sich Folgendes als Minderheitsmeinung anführen:
- IAS 39.AG4 bzw. IFRS 9.B2.5 sind im Abschnitt *„Scope"* (Anwendungsbereich) der *Application Guidance* enthalten. Behandelt wird dort die Frage, wann eine Garantie als **Finanzgarantie** anzusehen und den Regeln von IAS 39 bzw. IFRS 9 zu unterwerfen ist. In diesem Kontext wird lediglich **exemplarisch** auf die bilanzielle Behandlung einer in den Anwendungsbereich fallenden Finanzgarantie hingewiesen. Aus dem in einer exemplarischen Erläuterung gewählten Tempus – hier: Vergangenheitsform – lässt sich u.E. keine allgemeine Aussage über die Bilanzierungsfolgen ableiten.
- Wie **alle Finanzinstrumente** sind Finanzgarantien im Zugangszeitpunkt mit dem *fair value* (plus evtl. Transaktionskosten) anzusetzen. Auch für diesen *fair value* formuliert IAS 39.AG64 bzw. IFRS 9.B5.1.1 die Vermutung, dass er i.d.R. der gegebenen oder erhaltenen Gegenleistung *(consideration given or*

---

[42] Vgl. z.B. SCHARPF/WEIGEL/LÖW, WPg 2006, S. 1492 ff.

received) entspreche. In der Literatur wird aus der auch hier gewählten Vergangenheitsform aber nicht geschlossen, der *fair value* hänge (abgesehen von evtl. Diskontierungseffekten) vom Zahlungszeitpunkt ab. Eine solche Auffassung wird auch deshalb nicht vertreten, weil sie dem Basisprinzip der Periodenabgrenzung *(accrual basis of accounting)* widerspräche (→ § 1 Rz 17).
- Das Ergebnis ist **inkonsequent**. Aus der Verwendung der Vergangenheitsform im explizit der Zugangsbewertung gewidmeten IAS 39.AG64 bzw. IFRS 9.B5.1.1 wird (zu Recht) kein Wahlrecht zwischen Brutto- und Nettodarstellung abgeleitet, aus der Verwendung der Vergangenheitsform im überhaupt nicht der Bewertung gewidmeten IAS 39.AG4 bzw. IFRS 9.B2.5 werden aber solche weitreichenden Folgen gezogen.
- Schließlich widerspräche die Nettodarstellung dem **Saldierungsverbot** von IAS 32.42. Hiernach dürfen finanzielle Vermögenswerte (hier: Provisionsanspruch) und finanzielle Verbindlichkeiten (Garantieverpflichtung) nur bei einer Aufrechnungslage saldiert werden. Diese Voraussetzung ist bei einer Bürgschaft regelmäßig nicht gegeben, da die Vertragspartner nicht übereinstimmen, der Provisionsanspruch gegenüber dem Schuldner, die Garantieverpflichtung gegenüber dem Gläubiger der Hauptforderung besteht.[43]

Bei **unentgeltlichen Bürgschaften** gegenüber Fremden kann der Zugangswert nicht durch den Transaktionspreis bestimmt werden. Der *fair value* der Garantieverbindlichkeit ist vielmehr auf Basis von **Bürgschaftsbetrag** und **erwarteter Ausfallwahrscheinlichkeit** zu schätzen. Soweit die unentgeltliche Bürgschaft dem Bürgen nicht ausnahmsweise einen aktivierungsfähigen Vorteil verschafft, ist bei Begebung der Bürgschaft zu buchen:
- per Aufwand an Garantieverbindlichkeit.

Ökonomisch können derartige Bürgschaftszusagen durch die Erwartung nicht aktivierungsfähiger **Vorteile** motiviert sein, etwa die Sicherung der eigenen Produktion durch Stützung eines notleidenden, kurzfristig nicht substituierbaren Lieferanten. Die aufwandswirksame Einbuchung entspricht dem in IFRS 2 für die Vergabe von Anteilen oder Optionen ohne unmittelbare Gegenleistung vorgeschriebenen Vorgehen, im Übrigen auch den vergleichbaren Vorgaben für die Bilanzierung von Bürgschaften innerhalb der US-GAAP (Fin 45.11(e)).

192

Bei gegebenem Betrag von Bürgschaft und Hauptschuld zum Zeitpunkt des Vertragsabschlusses hängt der *fair value* der Garantieverbindlichkeit entscheidend von dem Risiko des **Zahlungsausfalls** ab. Wird nicht ein „normales" Kreditrisiko abgesichert, sondern etwa eine **Stützungsbürgschaft** zur Abwendung von ernsthaften Zahlungsschwierigkeiten oder drohender Insolvenz des Schuldners gewährt, kann als Untergrenze für das Bürgschaftsrisiko der Zinssatz für nachrangigste Darlehen bzw. bonitätsgefährdete Anleihen *(junk bonds)* herangezogen werden.

193

Beispiel
Ein Hauptlieferant H des U informiert diesen zum Jahresanfang über die drohende Zahlungsunfähigkeit. Da U kurzfristig keine alternative Bezugsquelle für die von H bezogenen Produkte hat, bürgt er unentgeltlich für ein

---

[43] Vgl. zum Ganzen auch KIRSCH/EWELT-KNAUER, KoR 2011, S. 337 ff., die (abgesehen von speziellen Ausnahmefällen) ebenfalls die Bruttobilanzierung für geboten halten.

> Darlehen (Nominalbetrag 2.000 TEUR) des H. Risikokapitalgeber verlangen bei der Darlehensfinanzierung vergleichbarer Fälle eine Rendite von 35 %, also etwa 30 % Aufschlag auf den quasi sicheren Basiszins. Für die Ermittlung des *fair value* der Garantieverbindlichkeit wird ein Zinssatz von 30 % herangezogen. Der Basiszins bleibt unberücksichtigt, da mangels Zahlungsmittelabflusses keine Opportunitätskosten aus entgehenden Zinserträgen entstehen. Somit ergibt sich der *fair value* als 30 % von 2.000 TEUR = 600 TEUR. Da U keine aktivierungsfähige Gegenleistung erhält, ist zu buchen: per Aufwand 600 TEUR an Verbindlichkeit 600 TEUR.

194 Wird zwar ein Entgelt für die Bürgschaft vereinbart, bleibt dieses aber deutlich hinter dem unter Risikogesichtspunkten angemessenen zurück, ist die Transaktion in eine entgeltliche und eine unentgeltliche Komponente zu zerlegen. Hinsichtlich des vereinbarten Betrags gelten die Grundsätze entgeltlicher Bürgschaften, bzgl. des darüber hinausgehenden angemessenen Betrags die vorstehend erläuterten Regeln.

195 Bei unentgeltlicher Verbürgung für Verbindlichkeiten einer **Tochtergesellschaft** wird z. T. eine Aktivierung des *fair value* der Garantie auf dem Beteiligungskonto in der Einzelbilanz der Mutter für zulässig gehalten (per Beteiligung an Garantieverbindlichkeit).[44] U. E. ist dies nicht sachgerecht. Die Beteiligung ist gem. IAS 27.10 entweder zu Anschaffungskosten, *at equity* oder zum *fair value* zu bilanzieren. Anschaffungskosten scheiden aus, da ein (nachträglicher) Anschaffungsvorgang nicht vorliegt. Der Bürgschaft kann auch keine isolierbare *fair-value*-Wirkung zugesprochen werden. Soweit sie mit anderen Faktoren den *fair value* tatsächlich erhöht, ist der Gesamtbetrag der Erhöhung nach den Grundsätzen für *available-for-sale assets* zum Bilanzstichtag erfolgsneutral zu buchen. Im Zusagezeitpunkt bleibt es hingegen bei der Aufwandsbuchung.

196 Die Folgebewertung von Finanzgarantien kann ausnahmsweise dann zum *fair value* erfolgen, wenn Bürgschaften geschäftsmäßig in großer Zahl begeben werden und das Unternehmen das resultierende Portfolio unter *fair-value*-Gesichtspunkten managt (IAS 39.9b bzw. IFRS 9.Ab). In diesem Fall erfolgt zu jedem Bilanzstichtag eine erfolgswirksame Neubewertung der Bürgschaft (IAS 39.47a bzw. IFRS 9.4.2.1a). Da es regelmäßig an beobachtbaren Marktpreisen fehlt, ist der *fair value* über Bewertungstechniken zu bestimmen (IAS 39.AG76 bzw. IFRS 9.B5.1.2A). Im Falle der Anwendung der Bruttomethode gilt: Bei konstant bleibender Bonität des Hauptschuldners ist für ein Fälligkeitsdarlehen die Restdauer der Bürgschaft der wichtigste Bewertungsparameter. Der *fair value* nimmt im Zeitablauf ab, korrespondierend entstehen in der GuV zeitlich verteilt Erträge.

197 In allen anderen Fällen erfolgt die **Folgebewertung** von Finanzgarantien nach dem in IAS 39.47c bzw. IFRS 9.4.2.1c vorgesehenen **Höchstwerttest**.
- Anzusetzen ist mindestens der **fortgeführte Zugangswert**, d. h. entweder der Zugangswert selbst oder, soweit die Provision nach IFRS 15/IAS 18 ratierlich zu vereinnahmen ist, der um den Vereinnahmungsbetrag geminderte Wert.
- Soweit sich jedoch in Anwendung der für Rückstellungen geltenden Regeln von **IAS 37** ein höherer Wert ergibt, ist dieser Betrag anzusetzen.

---

[44] KPMG, Insights into IFRS, 2014/15, Tz. 7.1.70.30.

IAS 37 (→ § 21) ist nur dann von Bedeutung, wenn ein **Verlust** aus der Bürgschaft droht, die Inspruchnahme also überwiegend wahrscheinlich wird. Unterhalb dieser Schwelle besagt der Verweis auf IFRS 15/IAS 18 implizit: Der **Realisationszeitpunkt** der Avalprovision bestimmt die Fortschreibung der Garantieverbindlichkeit.

Zur Bestimmung des Realisationszeitpunkts ist entscheidend, ob Avalprovisionen   198
- Entgelte für die Erbringung von Diensten (IAS 18.20 ff.) sind oder
- Zinscharakter haben (IAS 18.29 ff.).

In der Abgrenzung beider Fälle trifft IAS 18.Appendix 14 **Unterscheidungen** zwischen im Umfeld einer Darlehensbeziehung anfallenden **Entgelten:**
- Die bei der Begründung einer Forderung zugunsten des Gläubigers vereinbarten Entgelte *(origination fees)*, etwa für die Bonitätsprüfung, die Begutachtung von Beleihungsgegenständen, die Strukturierung der Finanzierung usw., sind als **Zinsbestandteil** anzusehen.
- Demgegenüber sind aus der Kreditvermittlung, Kreditverwaltung etc. entstehende Entgelte als **Serviceentgelte** zu werten.

Das zwischen Hauptschuldner und Bürgen vereinbarte Entgelt ist trotz geläufiger Bezeichnung als „Avalzins" (gem. §§ 13–18 KWG) kein Bestandteil der Effektivverzinsung, da der Schuldner es nicht dem Gläubiger, sondern einem **Dritten** (dem Bürgen) schuldet. Aus dem Bürgschaftsverhältnis erbringt der Bürge mithin eine Serviceleistung. Erträge aus Serviceleistungen sind nach dem erbrachten **Leistungsgrad** *(stage of completion)* zu realisieren. Bei einer **zeitraum**bezogenen, über einen bestimmten Zeitraum geschuldeten Leistung ergibt sich hieraus eine **ratierliche** Realisierung, bei einer **zeitpunkt**bezogenen Hauptleistung (bei Kreditvermittlung etwa der Abschluss des vermittelten Vertrags) eine Realisation mit **Erbringung** dieser Hauptleistung. Beim **Bürgschafts**verhältnis fehlt es an einer herausragenden zeitpunktbezogenen Hauptleistung. Gegenstand des Verhältnisses ist daher die Erbringung einer zeitraumbezogenen Serviceleistung. Daher ist die Provision unabhängig von dem zeitlichen Anfall (Zahlung vorschüssig oder laufend) über die Dauer des Bürgschaftsvertrags zu realisieren.   199

Da das Zahlungsausfallrisiko der Höhe nach bis zum letzten Tag erhalten bleibt, könnte jedenfalls bei Fälligkeitsdarlehen eine ertragswirksame Vereinnahmung der Garantieprämie erst mit Tilgung der vollständigen Zahlungsverpflichtung angemessen erscheinen. **Gegen** eine solche Verschiebung der Ertragsrealisierung bis zum Ablauf des Bürgschaftszeitraums sprechen aber systematische Gründe: 200
- Zunächst **nimmt** bei normaler geschäftlicher Entwicklung des Schuldners das Risiko der Bürgschaftsinanspruchnahme im **Zeitablauf ab**, da etwa die kumulierte Wahrscheinlichkeit, durch unvorhergesehene externe Ereignisse insolvent zu werden, über den Gesamtzeitraum höher ist als über einen geringeren verbleibenden Restzeitraum. Dem entspricht das Verhalten der Marktteilnehmer, die Provisionen regelmäßig laufzeitabhängig ausgestalten (bspw. beträgt die Provision für die Verbürgung eines einjährigen Darlehens 1 % der Darlehenssumme und wird bei zweijährigen Darlehen verdoppelt). Eine lineare Vereinnahmung der Provisionen mit entsprechender Minderung des fortgeführten Zugangswertes entspricht somit der als rational zu unterstellenden Marktpreisbildung am besten.
- Weiterhin ist die **Saldierungsfrage** zu beachten. Das ökonomische Gesamtergebnis einer eingegangenen Bürgschaft steht in der Tat erst mit dem Ablauf

der Bürgschaft fest, da vereinnahmte Provisionen bis zum letzten Tag jederzeit durch den Eintritt des Haftungsfalls überkompensiert werden können. Dieses Ergebnis ist aber nicht spezifisch für den Bürgschaftsvertrag. Bei Ausreichung eines zweijährigen kalenderjahrgleichen Darlehens ist etwa der Zins der ersten Periode unstrittig mit Ablauf dieser Periode zu vereinnahmen. Zu diesem Zeitpunkt steht aber noch nicht fest, ob das ökonomische Gesamtergebnis der Darlehensvergabe positiv sein wird. Der Darlehensnehmer kann in den verbleibenden 12 Monaten insolvent werden, die Tilgung daher ausfallen. Gleichwohl ist nicht mit der Realisierung der Darlehenszinsen bis zur Tilgung des Darlehens zu warten. Der systematische Grund für die „vorgezogene" Realisierung besteht im **Stichtagsprinzip** und im Saldierungsverbot. Jedenfalls in den Fällen, in denen aus Sicht des Bilanzstichtags mit einem Ausfall des Darlehens nicht zu rechnen ist, wird ein Zinsertrag ausgewiesen, ein eventueller späterer Ausfall des Darlehens nicht als nachträgliche Minderung dieses Ertrags, sondern unsaldiert als Aufwand ausgewiesen. Übertragen auf den Bürgschaftsfall sprechen auch hier Stichtagsprinzip und Saldierungsverbot dagegen, mit der Ertragsrealisierung so lange zu warten, bis in zukünftigen Perioden feststeht, ob der Ertrag nicht durch einen Aufwand überkompensiert wird.

201 Bei einer Bürgschaft über ein laufenden Tilgungen unterliegendes **Ratendarlehen mindert** sich der Zugangswert mindestens entsprechend der Tilgung des verbürgten Darlehens. Im Unterschied zu anderen Stimmen in der Literatur halten wir daher die ratierliche Vereinnahmung des Ertrags aus den Provisionen für angemessen und geboten.[45] Bei einer Bürgschaft über ein planmäßig verlaufendes Ratendarlehen ist daneben das durch die Ratenzahlungen abnehmende Risiko zu berücksichtigen. Durch die Tilgungen mindert sich kontinuierlich die Höhe des potenziellen Zahlungsausfalls, damit die Höhe der möglichen Leistungsverpflichtung des Bürgen und somit bei rationaler Preisbildung auch die als Prozentsatz des verbürgten Betrags ausgedrückte laufende Provision.

202 Bei **lang laufenden** Bürgschaften ist neben dem Ertrag aus der Erbringung der Serviceleistung zusätzlich ein **Zinseffekt** zu berücksichtigen. Wird die Provision für eine lange Garantieperiode bereits vorschüssig gezahlt, entspricht sie bei rationalem Verhalten der Parteien gerade dem Barwert laufender Zahlungen. Der implizite Effektivzinsanteil ist daher in den Folgeperioden durch Aufzinsung der Garantieverbindlichkeit zu berücksichtigen: Wird die Provision laufend gezahlt, ist neben der Verbindlichkeit auch die zunächst diskontiert eingebuchte Forderung auf die Provisionen um die Zinsanteile zu erhöhen.

> **Beispiel**
> U bürgt am 1.1.01 für ein in zwei gleichen Raten zu tilgendes Darlehen des X (Nominalbetrag: 1 Mio. EUR, Laufzeit: 2 Jahre). X zahlt eine laufende Provision von 12,1 TEUR am Ende des ersten und 6,05 TEUR am Ende des zweiten Jahres. Bei einem risikoäquivalenten Zinssatz von 10 % beträgt der Barwert der laufenden Zahlung 16 TEUR. Im Falle einer über die Laufzeit

---

[45] Vgl. GRÜNBERGER, KoR 2006, S. 81 ff.

unveränderten Einschätzung des Ausfallrisikos wird die Transaktion wie folgt erfasst (Bruttomethode):
1. Zugangsbewertung:
Zu passivieren ist der *fair value*, dessen beste Schätzung der Transaktionspreis, d.h., der Barwert der Avalprovisionen, ist, somit 12,1/1,1 + 6,05/1,21 = 11 + 5 = 16.

Datum	Konto	Soll	Haben
1.1.01:	Forderung auf Avalprovisionen	16	
	Garantieverbindlichkeit		16

2. Aufzinsung und Tilgung Forderung;

Datum	Konto	Soll	Haben
31.12.01:	Forderung	1,6 TEUR	
	Zinsertrag		1,6 TEUR
	Geld	12,1 TEUR	
	Forderung		12,1 TEUR
31.12.02:	Forderung	0,55 TEUR	
	Zinsertrag		0,55 TEUR
	Geld	6,05 TEUR	
	Forderung		6,05 TEUR

3. Aufzinsung und planmäßige Auflösung Passivposten

Datum	Konto	Soll	Haben
31.12.01:	Zinsaufwand	1,6 TEUR	
	Verbindlichkeit		1,6 TEUR
	Verbindlichkeit	12,1 TEUR	
	Provisionsertrag		12,1 TEUR
31.12.02:	Zinsaufwand	0,55 TEUR	
	Verbindlichkeit		0,55 TEUR
	Verbindlichkeit	6,05 TEUR	
	Provisionsertrag		6,05 TEUR

Erhöht sich im Rahmen der Folgebewertung die Risikoeinschätzung und ergibt sich dadurch nach IAS 37 (→ § 21) ein höherer Ansatz der Garantieverbindlichkeit als nach Maßgabe des um die Ertragsvereinnahmung fortgeführten Zugangswertes, ist dieser höhere Wert anzusetzen. Die Reichweite des Verweises auf IAS 37 ist allerdings unklar. Nach herrschender Meinung[46] sind damit sowohl die Ansatzbestimmungen des IAS 37.15 (wonach Risiken zu berücksichtigen sind, soweit sie *„more likely than not"* sind) als auch die Bewertungsvorschriften des IAS 37.36 *(best estimate)* relevant. Gleichwohl kommt auch eine Bezugnahme allein auf die Bewertungsvorschriften von IAS 37 mit dem Argument in Betracht, dass die Ansatzfrage bereits durch IAS 39 bzw. IFRS 9 beantwortet ist. Danach wäre abweichend von den Regeln des IAS 37, die einen Ansatz bei Risiken, die nicht *„more likely than not"* sind, ausschließen (→ § 21 Rz 52), auch bei einem Ausfallrisiko von unter 50 % für Zwecke der Finanzgarantie die in IAS 37

203

---

[46] Vgl. SCHARPF/WEIGEL/LÖW, WPg 2006, S. 1499; GRÜNBERGER, KoR 2006, S. 89.

vorgesehene Bewertung mit dem besten Schätzwert *(best estimate)* vorzunehmen (→ § 21 Rz 132). Sie entspricht dem Produkt aus Ausfallwahrscheinlichkeit und verbürgtem Betrag. Hierzu das folgende Beispiel:

Beispiel (Fortsetzung zu Rz 202)
Das Risiko einer Inanspruchnahme aus der Bürgschaft für das Ratendarlehen des Y hat sich zum 31.12.01 erhöht. Y hat zwar laufende Raten und Zins in 01 gezahlt. Angesichts rückläufiger Geschäfte besteht jedoch ein erhöhtes Risiko für 02. U rechnet mit einer Wahrscheinlichkeit von 10 % mit einer Inanspruchnahme für den am 31.12.01 valutierenden Restdarlehensbetrag von 500 TEUR.

Herrschende Meinung: Da trotz gestiegener Ausfallwahrscheinlichkeit die Inanspruchnahme nicht *more likely than not* ist, bleibt es bei der Lösung gem. Rz 202. U passt die Garantieverbindlichkeit auf den höheren Erwartungswert von 50 TEUR an. Buchungen:

Datum	Konto	Soll	Haben
31.12.01:	Zinsaufwand	1,6 TEUR	
	Verbindlichkeit		1,6 TEUR
	Verbindlichkeit	12,1 TEUR	
	Provisionsertrag		12,1 TEUR
	Garantieaufwand	44,5 TEUR	
	Verbindlichkeit		44,5 EUR

Falls die weitere Tilgung des Darlehens in 08 planmäßig verläuft, ist zu buchen:

Datum	Konto	Soll	Haben
31.12.02:	Zinsaufwand	5,0 TEUR	
	Verbindlichkeit		5,0 TEUR
	Verbindlichkeit	55,0 TEUR	
	Ertrag		55,0 TEUR

Der neue Buchwert ist in den Folgeperioden gem. IFRS 15/IAS 18 fortzuschreiben bzw. bei steigendem Risiko einer Inanspruchnahme gem. IAS 37 entsprechend auf den Erwartungswert zu erhöhen.

---

6 Behandlung strukturierter Produkte

6.1 Eingebettete Derivate und das *mixed model*

204 **Strukturierte** oder **hybride Produkte** zeichnen sich durch eine besondere Kombination von Rechten und Pflichten aus:
- Ein Basisinstrument (meist Anleihe oder sonstiges Fremdkapitalinstrument, ggf. aber auch ein Vertrag, der kein Finanzinstrument, z. B. Kaufvertrag über Waren oder Leasingvertrag, ist) ist
- mit zusätzlichen Rechten und Pflichten versehen, die bei isolierter Betrachtung als Derivat gelten würden.

Neben dem klassischen Instrument der **Wandelschuldverschreibung** (Schuldverschreibung als Basisinstrument, Option zur Umwandlung in Aktien als eingebettetes Derivat) gibt es eine Unzahl weiterer, z.T. überaus exotischer Strukturierungen.

Für die Klassifizierung finanzieller Vermögenswerte nach IFRS 9 scheidet eine Aufteilung eines strukturierten Produkts in einen Basisvertrag (*host contract*) und ein eingebettetes Derivat aus. Für hybride Instrumente ist daher eine erfolgswirksame *fair value*-Bilanzierung geboten, die objektive Klassifizierungsbedingung ist verletzt. Anderes gilt für zusammengesetzte finanzielle Verbindlichkeiten. Eine Aufteilung des Emissionserlöses ist geboten (*split accounting*). Nach IAS 39 galt die Trennungspflicht noch gleichermaßen für finanzielle Vermögenswerte und Verbindlichkeiten. Darüber hinaus bleibt eine Trennungspflicht für eingebettete Derivate bestehen, die nicht in den Anwendungsbereich des IFRS 9/IAS 39 fallen. 205

Ein Bewertungsproblem ergibt sich aus dem *mixed model* für Finanzinstrumente. 206

- Derivate sind erfolgswirksam zum *fair value* zu erfassen,
- Fremdkapitalinstrumente hingegen zu fortgeführten Anschaffungskosten oder erfolgsneutral zum *fair value*, es sei denn, sie würden ausnahmsweise Handelszwecken dienen.

Eine einheitliche Bilanzierung des strukturierten Produkts zu Anschaffungskosten oder erfolgsneutral zum *fair value* würde die Wertänderung des eingebetteten Derivats nicht oder nicht erfolgswirksam wiedergeben und zu einem anderen bilanziellen Ergebnis führen als die Abbildung eines wirtschaftlich gleichwertigen separaten Erwerbs von Basisinstrument und Derivat.

Die Analyse und bilanzielle Zerlegung hybrider Finanzinstrumente in das Trägerinstrument und das eingebettete Derivat können im Einzelfall sehr **aufwendig** sein. Zur Vermeidung dieser Problematik erlaubt das geltende Recht (IAS 39.11A) daher, hybride Produkte – unter bestimmten Voraussetzungen – **insgesamt erfolgswirksam** zum *fair value* zu bewerten. Durch entsprechende Widmung als Handelswert (*fair value option*) wird die Separierung des eingebetteten Derivats überflüssig und unzulässig (IAS 39.11c). Für strukturierte Produkte, deren Basisvertrag kein Finanzinstrument ist, besteht diese Möglichkeit jedoch nicht. 207

Falls ein Finanzinstrument **eingebettete Derivate** aufweist, sind diese gem. IAS 39.11 unter den folgenden kumulativen Voraussetzungen bilanziell von dem Basisinstrument **abzutrennen** und **separat** zu bilanzieren: 208

- Das strukturierte Produkt wird **nicht erfolgswirksam** zum *fair value* erfasst.
- Es besteht **keine enge Verbindung** zwischen den wirtschaftlichen Merkmalen und Risiken des eingebetteten Derivates einerseits und des Basisvertrags andererseits.
- Bei **isolierter Betrachtung** würde das eingebettete Instrument die Definitionskriterien eines Derivates erfüllen.

In der **ersten** Voraussetzung ist der Bewertungszweck der **Separierung** eingebetteter Derivate angesprochen: Derivate unterliegen – mit bestimmten Ausnahmen beim *hedge accounting* – der erfolgswirksamen *fair-value*-Bewertung. Eine Gesamtbewertung des strukturierten Produkts stellt diese Bewertung nur dann sicher, wenn das gesamte hybride Instrument erfolgswirksam zum *fair value* bewertet, im Falle eines Finanzinstruments also als Handelswert *(trading asset)* geführt wird. Die **zweite** Voraussetzung soll eine künstliche Trennung von gleichartigen und zusammengehörigen Merkmalen und Risiken verhindern. An einer **engen Verbindung** fehlt es z.B. regelmäßig dann, wenn der Basisvertrag ein Fremdkapitalinstrument (Anleihe, Forderung, sonstiges Gläubigerrecht) ist, das eingebettete Derivat hingegen den Charakter eines Eigenkapitalinstrumentes hat.

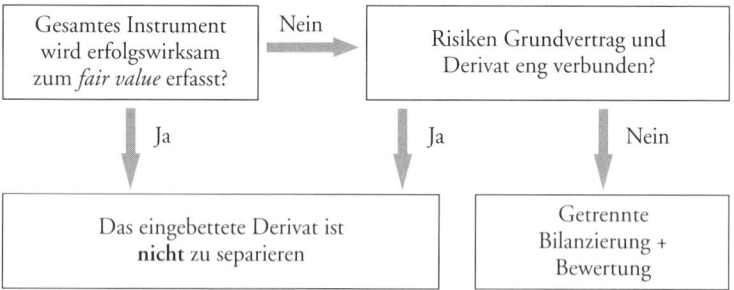

209 Der im März 2006 verabschiedete IFRIC 9 *Reassessment of Embedded Derivatives*, der in den Regelungsinhalt von IFRS 9 übernommen wurde, stellt klar: Die Beurteilung, ob ein abspaltungspflichtiges eingebettetes Derivat vorliegt, ist aus Sicht des Vertragsbeginns zu treffen. Eine spätere Neubeurteilung *(reassessment)* ist nur zulässig (und dann auch geboten), wenn die Vertragsbedingungen und dadurch die *cash flows* signifikant geändert wurden. Nach dem im März 2009 verabschiedeten *Amendment* zu IFRIC 9 ist eine Neubeurteilung der Separierung außerdem erforderlich, wenn (etwa als Folge der Finanzmarktkrise) ein bisher erfolgswirksam zum *fair value* bilanziertes Finanzinstrument in eine Kategorie umgewidmet wird.

6.2 Strukturierte Anleihen

210 Zum gesamten Komplex der **eingebetteten Derivate** gibt es eine umfangreiche Kasuistik, die teils in IAS 39.AG30ff., teils in IAS 39.IG.C.1ff. enthalten ist. Die nachfolgende Tabelle bietet einige Beispiele strukturierter Anleihen:

Typ	Analytische Beurteilung aus Anlegersicht	zu separieren? N = Nein J = Ja
Bonitäts-Anleihe; Verzinsung/ Tilgung steigt, wenn Rating sinkt *(credit sensitive bond)*	Anleihe + Verkaufsoption auf Rating	N
Anleihe mit Gläubigerkündigungsrecht *(puttable bond)*	Anleihe + Verkaufsoption auf Anleihe	N

Finanzinstrumente § 28

Typ	Analytische Beurteilung aus Anlegersicht	zu separieren? N = Nein J = Ja
Indexanleihe mit variabler Rückzahlung (*variable principal redemption bond*)	Anleihe + Stillhalter aus Option auf einen Index (Währung, Aktien, Rohstoff usw.)	i. d. R. J
knock-in- oder *knock-out-*Anleihen; Rückzahlungsoption (Art/Höhe) entsteht/verfällt, wenn Index, Währung usw. bestimmten Wert erreicht	Festzinsanleihe + Stillhalter aus *knock-in-* oder *knock-out-*Option	i. d. R. J
Stufenzinsanleihe (*step-up/step-down bond*)	Festzinsanleihe + Zinstermingeschäft	N
Anleihe mit Schuldnerkündigungsrecht (*callable bond*)	Anleihe + Stillhalter aus einer Kaufoption	N
super floater, leveraged/bear floater: z × Basiszins – x % (nicht negativ)	variable Anleihe + Aufn. Festzinskredit + *floor*	N, wegen *floor*
Umgekehrter *floater, reverse/bull floater* x % – Basiszins	Festzinsanleihe + variable Kreditaufnahme + i. d. R. *cap* (sonst Negativzins)	N, es sei denn ohne *cap*
Variabel verzinsliche Anleihe mit Mindestzins (*floored FRN*)	variable Anleihe + *floor* (d. h. Optionen auf Zins)	N
Variabel verzinsliche Anleihe mit Maximalzins (*capped FRN*)	variable Anleihe + *cap* (d. h. Stillhalter aus Zinsoption)	N
Variabel verzinsliche Anleihe mit Mindest- und Höchstzins (*collared FRN*)	variable Anleihe + *floor* (Optionsinhaber) + *cap* (Stillhalter)	N
Wandelanleihe (*convertible bond*)	Festzinsanleihe + Wandlungsoption	J

Auch **aktienindizierte** Anleihen, bei denen die Höhe der Zinsen oder der Rückzahlung (Fremdkapital) an den Wert von Aktien (Eigenkapital) geknüpft ist, erfordern regelmäßig eine Separierung des Derivats, da das Derivat Eigenkapital-, der Basisvertrag hingegen Fremdkapitalcharakter hat (IAS 39.AG 30d). Bei **Laufzeitoptionen** oder bei **Kauf-** oder **Verkaufs**optionen ausgegebenes Schuldinstrument kommt es auf die Konditionen der Optionsausübung an. Findet zum Zeitpunkt der Ausübung einer Verlängerungsoption keine Anpassung an den herrschenden Marktzins statt oder erfolgt bei vorzeitiger Kündigung oder Ausübung einer Kauf- oder Verkaufsoption weder eine Erledigung zum ab- oder aufgezinsten Betrag noch ein Ersatz des Vorfälligkeitsschadens, so fehlt es an einem engen Zusammenhang. Eine **getrennte** Bilanzierung ist i.d.R. erforderlich (IAS 39.AG30c und g).

212 In eine Anleihe eingebettete **Kreditderivate**, die dem Schuldner des originären Schuldinstruments die Möglichkeit der Übertragung des Ausfallrisikos einer Referenzadresse auf den Gläubiger einräumen, sind i.d.r. nicht eng mit dem originären Schuldinstrument verbunden (IAS 39.AG30h).[47] Dagegen ist bei Bindung der Zinszahlungen an einen **Zinsindex** ein enger Zusammenhang regelmäßig zu bejahen, es sei denn, das Derivat habe eine so ausgeprägte Hebelwirkung, dass der Zins je nach Indexentwicklung das Doppelte oder mehr des Marktzinses erreichen bzw. der eingesetzte Kapitalbetrag nicht vollständig zurückerlangt werden könnte (IAS 39.AG33a).

213 Ein vertragliches Recht des Schuldners, die **Laufzeit zu verlängern**, stellt ein eingebettetes Derivat dar.
- Dieses ist gem. IAS 39.AG30c eng mit dem Grundvertrag verbunden und daher nicht separat zu bilanzieren, wenn bei Ausübung der Verlängerungsoption eine Anpassung an den bonitätsgerechten Marktzins stattfindet.
- Ist eine solche Anpassung nicht vorgesehen, fehlt es an der engen Verbindung zum Grundvertrag und das Derivat wäre getrennt zum *fair value* zu bilanzieren.

Im Schrifttum wird für den zweiten Fall aber noch eine **alternative Bilanzierungsmöglichkeit** (faktisches Wahlrecht) befürwortet:[48] Die Verlängerungsoption kann als *loan commitment* bzw. Kreditzusage (der Gegenseite) und damit unter Berufung auf IAS 39.4 als vom Anwendungsbereich des IAS 39 ausgeschlossen angesehen werden. Bei Ausübung dieses Wahlrechts unterbleibt eine Bilanzierung der Verlängerungsoption während der Grundlaufzeit: Es stellt sich aber die Frage, wie bei Ausübung der Option zu verfahren ist, wenn der Zins für den Verlängerungszeitraum von dem des Basiszeitraums abweicht. Hier ist u.E. gem. IAS 39.AG8 eine erfolgsneutrale Anpassung des Buchwertes der Verbindlichkeit vorzuziehen. Vertretbar erscheint aber auch, die Verlängerung als Tilgung des „Altdarlehens" und Zugang eines Neudarlehens anzusehen.

6.3 Zugangsbewertung nach *split accounting*

214 Bei der **Zugangsbewertung** strukturierter Anleihen sind die Anschaffungskosten wie folgt auf den Basisvertrag und das separierungspflichtige Derivat zu verteilen:
- Zunächst ist das eingebettete Derivat zum *fair value* zu bewerten.
- Die Erstbewertung des Basisinstruments ergibt sich residual aus der Differenz von gesamten Anschaffungskosten zum *fair value* des eingebetteten Derivats. Ist der *fair value* des Basisinstruments verlässlicher bestimmbar als derjenige des Derivats, wird umgekehrt verfahren (IAS 39.13).

---

[47] Vgl. zu Kreditderivaten auch: IDW RS BFA 1.
[48] Deloitte, iGAAP 2015, Cg. C5, sCh 7.2.

Finanzinstrumente § 28

Hat das eingebettete Derivat keinen Optionscharakter, sondern den eines unbedingten Termingeschäftes, d.h., verkörpert es nicht nur Rechte, sondern auch Pflichten, z.B. neben dem Recht auf Gewinnbeteiligung auch die Pflicht zu Verlustteilhabe, ist der Zeitwert des Derivates im Zugangszeitpunkt mit null anzusetzen (IAS 39.AG28). Die gesamten Anschaffungskosten entfallen auf das Basisinstrument. 215

Die Methodik der Zuordnung der Anschaffungskosten zur Anleihe und zu einem Eigenkapital verkörpernden Options- oder Wandlungsrecht unterscheidet sich bei dem Emittenten und dem Erwerber. Während der Inhaber, wie dargestellt, den Wert des Basisvertrags residual ermittelt, muss der Emittent nach IAS 32.32 gerade umgekehrt vorgehen: 216

- Schritt 1: Ermittlung des **Zeitwertes** der Anleihe durch Diskontierung der Zahlungen und
- Schritt 2: Ermittlung des Optionswertes als **Restwert**.

Wenn für ein abtrennungspflichtiges **eingebettetes Derivat** im Einzelfall eine **Bewertung** zum *fair value* nicht möglich ist (sei es bei Erwerb der Anleihe oder später), gilt für die gesamte Anleihe zwingend der *fair-value*-Ansatz (IAS 39.12). Damit werden im Ergebnis nicht nur die abtrennungspflichtigen eingebetteten Derivate, sondern auch alle anderen Bestandteile der strukturierten Anleihe (insbesondere das Trägerinstrument) zum *fair value* bewertet. 217

> **Beispiel**
> Ein Unternehmen hat bei einem Marktzins von 10 % Wandelanleihen mit einem Zins von 6 % platzieren können. Der vergleichsweise niedrige Zinssatz resultiert daraus, dass die Anleihe zu Bedingungen in Aktien umgewandelt werden kann, die nach Einschätzung der Marktteilnehmer als vorteilhaft gelten. Einige Zeit nach der Platzierung hat sich der Aktienkurs wider Erwarten drastisch verschlechtert. Der Kurs der Anleihe sinkt, nicht wegen verschlechterten Bonitätsratings (dieses ist nach wie vor gut), sondern weil sich der Aktienmarkt in einer Baisse befindet und dadurch eine Entwertung des Umtauschrechtes eingetreten ist. Unternehmen A hat Teile der Anleihe bei Emission erworben und will sie bis zur Fälligkeit halten. Würde der Ausweis insgesamt zu fortgeführten Anschaffungskosten erfolgen, hätte der Kursrückgang keine Bewertungsrelevanz. Hätte A dagegen eine normale Anleihe mit 6 % Nominalverzinsung zu einem beträchtlichen Disagio (zum Ausgleich der unter Marktniveau liegenden Verzinsung) erworben und aus dem Disagiobetrag Aktienoptionen gekauft, so wären die Optionen jetzt abzuwerten. Erst die Separierung des eingebetteten Derivats und die Bewertung zum *fair value* führen zur Gleichbehandlung beider Fälle. Unternehmen B hat ebenfalls Teile der Anleihe erworben, will aber mit ihnen handeln. Erfolgt der Ausweis insgesamt zum *fair value*, besteht keine Notwendigkeit (und nach IAS 39.11c auch kein Recht) zur Separierung des Derivats.

Umgekehrt ist es aufgrund des Aufwands, der mit der Analyse und ggf. erforderlichen bilanziellen Zerlegung strukturierter Anleihen in das Trägerinstrument und das eingebettete Derivat verbunden ist, gem. IAS 39.11A auch erlaubt, auf eine solche Aufteilung zu verzichten und stattdessen freiwillig die Anleihe insgesamt 218

erfolgswirksam zum *fair value* zu bewerten (*fair value option*). Die Anwendung der *fair value option* ist allerdings dann unzulässig, wenn
* das eingebettete Derivat nicht signifikant ist (IAS 39.11A(a)) oder
* ohne weitere Analyse klar ist, dass eine Abtrennung des eingebetteten Derivats gem. IAS 39.11 nicht zulässig ist (IAS 39.11A(b)). Ein Beispiel hierfür wäre eine Anleihe, die ein Kündigungsrecht aufweist.

Insgesamt rechtfertigt damit das Vorliegen (mindestens) eines wesentlichen eingebetteten Derivats die Anwendung der *fair-value*-Option für strukturierte Anleihen, es sei denn, die Unzulässigkeit einer Abtrennung des eingebetteten Derivats ist ohne Weiteres erkennbar.

6.4 Stille Beteiligungen, Genussrechte, partiarische Darlehen nach IAS 39

6.4.1 Separierung des Derivats oder einheitliche Bilanzierung – faktisches Wahlrecht

219 In der Unternehmenspraxis spielen folgende erfolgsabhängig ausgestaltete Finanzinstrumente eine wichtige Rolle:
* partiarische Darlehen , d. h. Darlehen mit **erfolgsabhängiger** Verzinsung,
* typische oder atypische stille Beteiligungen mit oder ohne Verlustteilnahme,
* unechte (keine Beteiligung an stillen Reserven vorsehende) oder echte Genussrechte mit oder ohne Verlustbeteiligung.

Im Normalfall sehen atypische stille Beteiligungen und echte Genussrechte eine **Verlustbeteiligung** vor. Die nachfolgenden Erläuterungen erfolgen unter dieser Prämisse.

220 Die Behandlung der vorgenannten Anlagen nach dem noch geltenden Recht hängt wesentlich davon ab, ob die Erfolgsbeteiligung als separierungspflichtiges eingebettetes Derivat zu qualifizieren ist. Dies setzt zunächst voraus, dass eine entsprechende *stand alone* vereinbarte Erfolgsbeteiligung überhaupt als Derivat gelten würde. Nach der Definition von Derivaten in IAS 39.9 wäre dies dann nicht der Fall, wenn der Wert des eingebetteten Vertragselements von einer nichtfinanziellen Variablen abhängt, die spezifisch für eine Partei des Vertrags ist. Das IFRIC hat bisher allerdings offengelassen, ob die Bindung an Gewinn oder andere Erfolgsgrößen des Emittenten (*revenues*, EBITDA etc.) als finanzielles oder nichtfinanzielles *underlying* anzusehen ist und eine i.d.R.ung liegende Unklarheit bestätigt.[49] Entsprechend uneinheitlich ist die Praxis. Insoweit hat der Inhaber eines mit Erfolgsbeteiligung versehenen Investments ein **faktisches Wahlrecht**:
* Qualifiziert er die Erfolgsbeteiligung als nichtfinanzielle Variable, so fällt sie nicht unter die Definition eines Derivats. Das gesamte Investment stellt ein einheitliches Bilanzierungsobjekt dar.
* Qualifiziert er die Erfolgsbeteiligung als finanzielle Variable, so stellt sie ein eingebettetes Derivat dar, das separat zu bilanzieren ist, es sei denn, Derivat und Basisvertrag seien ausnahmsweise eng verbunden oder das gesamte Investment würde erfolgswirksam zum *fair value* bilanziert.

---

[49] IFRIC, Update Juli 2006.

6.4.2 Bewertung und Ertragsrealisierung bei einheitlicher Bilanzierung

Bei einheitlicher Behandlung des gesamten Investments ist noch über dessen Kategorisierung zu entscheiden. Sofern das Investment weder Handelszwecken dient, noch der *fair-value*-Option oder der *available-for-sale*-Option unterworfen wird, gilt: Eine Behandlung als **Kredit** oder **Forderung** (loans and receivables) kommt nur infrage, wenn das Finanzinstrument weder börsennotiert ist noch die volle Rückzahlung des Investments aus anderen Gründen als Zahlungsunfähigkeit usw. des Emittenten unterbleiben kann. Als Kredit oder Forderung können daher nur gelten:

- partiarische Darlehen (keine Verlustbeteiligung),
- typische stille Beteiligungen ohne Verlustbeteiligung,
- unechte Genussrechte ohne Verlustbeteiligung und ohne Börsennotierung.

Die Bilanzierung erfolgt zu **fortgeführten Anschaffungskosten**. Für die Realisierung von **Erträgen** gilt:

- Setzt der Anspruch auf die Erfolgsbeteiligung einen Beschluss der Gesellschafterversammlung des Emittenten voraus, etwa bei Abhängigkeit der Erfolgsbeteiligung von Gewinnausschüttungsbeschluss, kann der Inhaber den Ertrag erst mit der Beschlussfassung erfassen. Die Erfolgsbeteiligung hat **dividendenähnlichen** Charakter (→ § 4 Rz 24) und kann auch unter Berufung auf die wirtschaftliche Betrachtungsweise oder das Wertaufhellungsprinzip nicht schon mit Ablauf des Geschäftsjahres oder von Zwischenperioden (IAS 34.38; → § 37) realisiert werden. Der Anspruch auf einen unabhängig vom Erfolg des Unternehmens bestehenden Mindestzins ist jedoch abzugrenzen.
- Entsteht der Rechtsanspruch dem Grunde nach mit Ablauf des Geschäftsjahres des Emittenten (Bindung an Jahresüberschuss, EDBIT usw., jedoch nicht an Dividende), bedarf aber zur Konkretisierung noch der Aufstellung und Feststellung des Jahresabschlusses, haben diese Rechtsakte demgegenüber nur wertaufhellenden Charakter, sodass (bei Identität der Geschäftsjahre von Inhaber und Emittent) eine phasengleiche Realisierung zulässig ist.

Eine Behandlung eines Finanzinstruments als **Fälligkeits**investment *(held to maturity asset)* setzt voraus:

- Notierung an einem aktiven Markt (Börse).
- Halteabsicht bis zur Fälligkeit.
- Die volle Rückzahlung des Investments kann aus anderen Gründen als der Zahlungsunfähigkeit usw. des Emittenten unterbleiben.
- Als *held-to-maturity assets* kommen daher nur börsennotierte Genussrechte ohne Verlustbeteiligung mit Halteabsicht bis zur Fälligkeit in Betracht.

Die Bilanzierung erfolgt zu fortgeführten Anschaffungskosten.

Sofern weder Handelszwecke noch die *fair-value*-Option einschlägig sind, werden alle anderen Anlagen als *available-for-sale assets* qualifiziert. Betroffen sind:

- typische oder atypische stille Beteiligungen mit Verlustbeteiligung,
- echte oder unechte Genussrechte mit Verlustbeteiligung,
- börsennotierte unechte Genussrechte ohne Verlustbeteiligung, sofern keine unbedingte Halteabsicht besteht.

Die Bewertung hat erfolgsneutral zum *fair value* zu erfolgen. Zins und Gewinnbeteiligung werden jedoch erfolgswirksam erfasst. Verluste bedingen ggf. den Übergang von erfolgsneutraler zu erfolgswirksamer *fair-value*-Bewertung.

6.4.3 Bewertung und Ertragsrealisierung bei Behandlung der Erfolgsbeteiligung als Derivat

224 Wird die Erfolgsbeteiligung als Derivat gewertet, ist das Derivat **separat** zu bilanzieren, sofern es nicht ausnahmsweise eng mit dem Basisvertrag verbunden ist oder das gesamte Instrument erfolgswirksam zum *fair value* bilanziert wird. Eine **enge Verbindung** zwischen Derivat und Basisvertrag kann gem. IAS 39.AG27 nicht angenommen werden, wenn der Grundvertrag kein residuales Interesse am Nettovermögen des Kapitalnehmers repräsentiert, das eingebettete Derivat aber Charakteristika von Eigenkapital aufweist. Ein hauptsächlich am Gewinn oder Verlust orientierter laufender Anspruch des Kapitalgebers gibt dem Derivat i.d.R. Eigenkapitalcharakter. Eine enge Verbindung setzt daher voraus, dass auch der Basisvertrag Eigenkapitalcharakter hat, d.h. mindestens eine Beteiligung an den stillen Reserven, ggf. auch eine unbegrenzte Laufzeit vorsieht. Angewandt auf die hier zu behandelnden Instrumente trifft dies nur zu auf
- echte Genussrechte und
- atypische stille Beteiligungen.

Bei ihnen ist das eingebettete Derivat nicht abzuspalten. Bei begrenzter Laufzeit ist auch eine Qualifizierung des Basisvertrags als Fremdkapitalinstrument vertretbar mit der Folge einer Abtrennungspflicht des Derivats.

225 Eine Abspaltungspflicht besteht hingegen (immer unter der Prämisse, die Erfolgsbeteiligung sei überhaupt ein Derivat) bei
- typischen stillen Beteiligungen,
- unechten Genussrechten,
- ggf. bei partiarischen Darlehen.

Bei partiarischen Darlehen kommt es nicht darauf an, ob die Zinsobergrenze das Doppelte oder mehr des für ein einfaches Darlehen angemessenen Zinses beträgt. Die entsprechende Differenzierung in IAS 39.AG33a betrifft nur hebelartig an Marktzinssätze oder Zinsindizes gebundene Zinsvereinbarungen.

226 Im Fall der Trennungspflicht gelten die Regeln des *split accounting*:
- Hiernach ist i.d.R. zunächst das eingebettete Derivat zum *fair value* zu bewerten,
- während sich die Erstbewertung des Basisinstruments residual aus der Differenz von gesamten Anschaffungskosten zum *fair value* des eingebetteten Derivats ergibt.

Verkörpert das eingebettete Derivat neben dem Recht auf Gewinnbeteiligung auch die Pflicht zur Verlustteilhabe, ist der Zeitwert des Derivates im Zugangszeitpunkt mit null anzusetzen (IAS 39.AG28). Die gesamten Anschaffungskosten entfallen auf das Basisinstrument. Bezogen auf die hier zu beurteilenden Produkte ergeben sich folgende **Unterscheidungen**: Bei
- typischen stillen Beteiligungen **mit** Verlustbeteiligung und
- unechten Genussrechten **mit** Verlustbeteiligung

ist der Zugangswert des Derivats null. Der Basisvertrag ist mit 100 % der Anschaffungskosten einzubuchen. Soweit sich die Erfolgsaussichten im Zeitablauf verschlechtern, wird der Wert negativ, bei steigenden Erfolgsaussichten positiv. Jede Wertänderung des Derivats ist erfolgswirksam zu behandeln. Für den Grundvertrag kommt wegen der Verlustbeteiligung eine Qualifizierung unter *held-to-maturity assets* oder *loans and receivables* nicht infrage. Die Zuordnung erfolgt zu

Kategorie *available-for-sale assets* mit erfolgsneutraler Behandlung von Wertänderungen, es sei denn, eingetretene Verluste führen zu einer Wertminderung.
Im Fall von
- typischen stillen Beteiligungen **ohne** Verlustbeteiligung,
- unechten Genussrechten **ohne** Verlustbeteiligung sowie von
- partiarischen Darlehen

hat das abzuspaltende (bei partiarischen Darlehen evtl. abzuspaltende) Derivat optionalen Charakter. Der Zugangswert des Derivats ist größer null. Soweit sich die Erfolgsaussichten im Zeitablauf verbessern, kann der Wert steigen, soweit sie sich verschlechtern, maximal auf null sinken. Bei begrenzter Laufzeit ergibt sich im Übrigen auch im Falle gleich bleibender Gewinnerwartungen eine Wertänderung des Derivats durch Zeitfortschritt. Jede Wertänderung des Derivats ist erfolgswirksam zu behandeln. Das Grundinstrument wird unter *loans and receivables* (partiarische Darlehen, typische stille Beteiligung, nicht börsennotiertes unechtes Genussrecht) oder unter *held-to-maturity* bzw. *available-for-sale assets* (je nach Halteabsicht bei börsennotiertem unechtem Genussrecht) ausgewiesen. Die Bilanzierung erfolgt somit regelmäßig zu fortgeführten Anschaffungskosten, bei als *available-for-sale assets* qualifizierten börsennotierten Genussrechten erfolgsneutral zum *fair value*.

7 Zugangsbewertung von Finanzinstrumenten

7.1 *Fair value* als nomineller Bewertungsmaßstab

Bei der **erstmaligen Erfassung** eines Finanzinstruments ist dieses gem. IAS 39.43 bzw. IFRS 9.5.1.1 mit dem *fair value*, ggf. zuzüglich Transaktionskosten, anzusetzen. Nach IAS 39.IG.E.1.1 bzw. IFRS 9.IG.E.1.1 sind neben Transaktionskosten auch alle anderen **Anschaffungsnebenkosten** zu erfassen, sofern sie nur den Charakter von der Anschaffung zuzurechnenden Einzelkosten *(incremental cost directly attributable to the acquisition)* haben (→ § 8 Rz 11). Zu den Anschaffungsnebenkosten gehören z. B. Verkehrs- oder Stempelsteuern sowie alle Arten von Gebühren, Provisionen usw., daneben auch Beraterhonorare. Unzulässig ist die Aktivierung von Anschaffungsnebenkosten bei Handelswerten (FVTPL). In den übrigen Fällen hat der Zugangswert teils *fair value*-Charakter, teils (nämlich in den Nebenkosten) Anschaffungskostencharakter und vermengt somit zwei im IFRS-Regelwerk ansonsten fein getrennte **Bewertungsmaßstäbe**.

Der für den Zugang verwendete Bewertungsmaßstab entscheidet darüber, ob ein Anschaffungsvorgang erfolgsneutral oder erfolgswirksam ist. Das **Anschaffungskostenprinzip** stellt die **Erfolgsneutralität des Erwerbsvorgangs** sicher. Buchungstechnisch drückt sich diese in einem Aktivtausch („Wertpapiere an Geld") oder in einer einfachen Bilanzverlängerung („Wertpapiere an Verbindlichkeit") aus (→ § 8 Rz 5). Beim Ansatz des *fair value* kann es hingegen zur Divergenz von Zugangswert *(fair value)* und Erwerbspreis kommen. Die Folge wäre ein **sofortiger Ertrag** bei einem günstigen bzw. ein **sofortiger Aufwand** bei einem ungünstigen Erwerbspreis. Konsequenterweise müsste dann jeder Anschaffungsvorgang auf das **Verhältnis** von **Erwerbspreis** und **erhaltener Leistung** geprüft werden. Folgende Fragen wären dann etwa zu stellen:

- Hat die für 100 angeschaffte, nichtbörsennotierte Aktie einen *fair value* von 90 (dann 10 Aufwand) oder von 110 (dann 10 Ertrag)?
- Ist die Verzinsung der mit 100 ausgezahlten Darlehensforderung bonitäts- und marktgerecht (dann Einbuchung mit 100) oder zu niedrig (dann Aufwand und Einbuchung mit einem niedrigeren Betrag) oder zu hoch (dann Ertrag und Einbuchung mit einem höheren Betrag)?
- Beträgt der *fair value* der Kundenforderung von 100 wegen des jeder Forderung anhaftenden und hier nicht durch Zinsen kompensierten Ausfallrisikos 98 (dann Einbuchung mit 98 und sofort Aufwand von 2 erfassen)?

230 Die Dauerbeschäftigung mit solchen Fragestellungen könnte ein Unternehmen in ein Labor für *fair-value*-Untersuchungen verwandeln und jede operative Tätigkeit zum Erliegen bringen. Solchen **praktischen Bedenken** tragen zwei Hinweise IAS 39 bzw. IFRS 9 Rechnung:
- Nach IAS 39.AG64 bzw. IFRS 9.B5.1.1 ist der *fair value* eines Finanzinstruments im Zugangszeitpunkt „normalerweise der Transaktionspreis" (d. h. der *fair value* der hingegebenen Leistung). Ein unvoreingenommener Betrachter wird diesen Wert als Anschaffungskosten bezeichnen: Ein Gegenstand, der gegen die Hingabe einer Geldsumme von 100 erworben wird, ist nach erprobtem Sprachgebrauch und bewährten Regeln mit Anschaffungskosten von 100 zu aktivieren. Nach den Regeln von IAS 39 bzw. IFRS 9 erfolgt die Aktivierung zwar mit dem *fair value*, dieser wird jedoch in IAS 39.AG64 bzw. IFRS 9.B5.1.1 mit dem *fair value* des hingegebenen Geldes und daher ebenfalls mit den Anschaffungskosten gleichgesetzt.
- IAS 39.AG76 und IFRS 9.B5.1.2A bestätigen und konkretisieren diese Feststellungen:
  – „Die **beste Evidenz** des *fair value* eines Finanzinstruments beim Zugang ist der **Transaktionspreis** (d. h. der *fair value* der hingegebenen Leistung …), es sei denn,
  – der *fair value* des Instruments lässt sich aus einem Vergleich mit anderen **beobachtbaren aktuellen Markttransaktionen im gleichen Instrument** … ableiten oder
  – er basiert auf einer Bewertungstechnik, deren Variablen **ausschließlich beobachtbare Marktdaten** enthalten."

231 Die in diesem Hinweis enthaltenen Anforderungen an den *fair value* führen zu einer **Zweiteilung** des *fair-value*-Begriffs:
- Der fair value **der Folgebewertungen** kann ggf. auch aus **nicht aktuellen Transaktionen** oder aus Transaktionen über zwar ähnliche, aber **nicht gleiche Instrumente** abgeleitet werden; soweit es an Transaktionen überhaupt fehlt und deshalb eine DCF-Bewertung durchzuführen ist, muss dieser maximal, aber nicht ausschließlich **marktbasierte** Inputdaten nutzen.
- Für den fair value **der Zugangsbewertung** *(fair value at initial recognition)* sind hingegen **nur beobachtbare, aktuelle Preise des gleichen Instrumentes** zugelassen oder Bewertungsverfahren, die **ausschließlich beobachtbare Marktdaten** verarbeiten.

232 Die gebotene **pragmatische Interpretation** dieser besonderen Bedingungen für den *fair value* der Zugangsbewertung führt zu folgendem Ergebnis:

Finanzinstrumente § 28

- Bewertungsregel für den Normalfall: **Zugangswert = Anschaffungskosten** (d. h. *fair value* der hingegebenen Leistung), evtl. zuzüglich Anschaffungsnebenkosten.
- Bewertungsregel für **Sonderfälle** (nur bei offensichtlicher, ausschließlich aus beobachtbaren Marktdaten bestimmbarer Divergenz von Anschaffungskosten und *fair value* des erworbenen Vermögenswertes): **Zugangswert** = fair value des erworbenen Vermögenswertes.

7.2 Restriktionen einer Zugangsbewertung zum *fair value*

Im Fall einer **wertmäßigen Ausgeglichenheit** von Leistung und Gegenleistung entspricht der *fair value* dem Transaktionspreis (IAS 39.AG64/IFRS 9.B5.1.1). Da allerdings auf den *fair value* als Bewertungsmaßstab abzustellen ist, kann es zu einer **Divergenz** zwischen Zugangswert und hingegebener Leistung kommen. Ist eine festgestellte Abweichung nicht separat bilanzierungsfähig, bliebe nur eine **ergebniswirksame Erfassung** als *day1 gain/loss*. Ein solcher wird aber ausgeschlossen (IAS 39.AG76(a)/IFRS 9.B5.1.2A(a)), wenn der beizulegende Zeitwert eines Finanzinstruments   233
- durch Vergleich mit anderen beobachtbaren aktuellen Markttransaktionen belegt wird oder
- Ergebnis eines Bewertungsverfahrens ist, welches ausschließlich auf beobachtbaren Marktdaten basiert.

Die Erfassung einer **nicht objektivierbaren** Divergenz des Zugangswerts scheidet – auch für die Folgebewertung (*day2*) – aus, wenn diese nicht auf die Änderung einer auch von Marktteilnehmern beachteten Prämisse zurückzuführen ist (IAS 39.AG76(b)/IFRS 9.B.5.1.2A(b)).

Der beizulegende Zeitwert ist definiert als der „*price that would be received to sell an asset or paid to transfer a liability in an orderly transaction between market participants at the measurement date*" (IFRS 13.9), somit als Veräußerungswert (*exit price*). Der im Zugangszeitpunkt aufgewendete (Transaktions-)Preis für ein Finanzinstrument stellt hingegen einen *entry price* dar (IFRS 13.57), entspricht also streng genommen nicht dem geforderten Bewertungsmaßstab, soll mit diesem aber gleichzusetzen sein (IFRS 13.58).   234

Als dennoch mögliche (aber widerlegbare) **Anhaltspunkte** für eine Divergenz zwischen (Transaktions-)Preis und *fair value* im Zugangszeitpunkt gelten (IFRS 13.B4):
- Transaktionen zwischen nahestehenden Personen,
- Handeln mindestens einer der beteiligten Parteien unter (ökonomischem) Zwang,
- Differenz der Wertdimension (*unit of account*) einer beobachtbaren Preisstellung und dem Bewertungsobjekt und/oder
- Stattfinden der Transaktion auf einem Markt, der nicht hauptsächlich in Anspruch genommen wird bzw. am vorteilhaftesten ist.

Für die Behandlung einer begründeten Divergenz erfolgt ein Verweis auf das allgemeine Regelwerk (IFRS 13.60). Für Finanzinstrumente sind – anders als etwa nach IFRS 3/IAS 41 – besondere Restriktionen beachtlich.

Wird der beizulegende Zeitwert im Zugangszeitpunkt über ein Bewertungsverfahren bestimmt (*mark-to-model*) und weicht der Modellwert von dem als   235 beizulegenden Zeitwert zu verwendenden (Transaktions-)Preis ab, ist eine Anpassung der unterstellten Prämissen geboten (IFRS 13.64). Im Rahmen einer Kalibrierung ist eine **Übereinstimmung von Modellwert und Transaktionspreis** sicherzustellen.

> **Beispiel**
> U erwirbt 10 % der Anteile an der nicht börsennotierten A AG für 100,0 GE. Es liegen keine Anhaltspunkte für ein Auseinanderfallen von Transaktionspreis und fair value vor. Das Ergebnis einer Modellbewertung beträgt für die 10 %ige Beteiligung an A 120,0 GE. Für die Bewertung der A wurde ein nachhaltiges (Jahres-)Ergebnis von 75,0 GE geschätzt und auf einen marktbasiert bestimmten Diskontierungszins von 6,25 % (= Ergebnismultiplikator von 16) zurückgegriffen. Für die Kalibrierung der Modellbewertung ist das nachhaltige Ergebnis auf einen Betrag von 62,5 GE zu korrigieren.

Die im Zugangszeitpunkt durch Kalibrierung angepassten Parameter sind für die **Folgebewertung fortzuführen**. Eine spätere Anpassung
- ist für beobachtbare und damit objektivierbare (Bewertungs-)Parameter verpflichtend,
- scheidet für nicht objektivierbare Annahmen aus, wenn diese nicht aus der Perspektive beliebiger Marktteilnehmer bedeutsam sind.

236 Bei einer festgestellten Abweichung zwischen (Transaktions-)Preis und beizulegendem Zeitwert im Zugangszeitpunkt ist die ergebniswirksame Erfassung eines *day1 gain/loss* lediglich ultima ratio (IFRS 13.60). Die bilanzielle Abbildung einer Divergenz richtet sich allgemein nach der Motivationslage der an einer Transaktion beteiligten Parteien. Mögliche Gründe für ein Auseinanderfallen von Preis und (beizulegendem Zeit-)Wert sind
- ein **Handeln zwischen Gesellschafter und Gesellschaft** (*transactions with owners in their capacity as owners*), welches keine Auswirkung auf das Gesamtergebnis zeitigt (IAS 1.106(d)(iii)) oder
- ein Ausgleich für den **Austausch weiterer Güter oder Dienstleistungen** neben der identifizierten (Haupt-)Leistung.

Im ersten Fall liegt die causa für eine bestehende Divergenz außerhalb der Sphäre der Gesellschaft. Eine ergebniswirksame Erfassung scheidet daher aus, geboten ist eine Verrechnung unmittelbar im Eigenkapital (*directly in equity*).[50] Im zweiten Fall ist ein Mehrkomponentengeschäft (*multiple-element arrangement*) ursächlich für das Auseinanderfallen von Preis und Wert einer (Teil-)Leistung, daher eine Aufteilung der Vereinbarung geboten.

> **Beispiel**
> A gewährt dem langjährigen und wichtigen Kunden B am 31.12.01 ein zinsloses, am 31.12.03 rückzahlbares Darlehen über 121. Der beobachtbare Marktzins für zweijährige Ausleihungen an Schuldner mit gleicher Bonität wie B beträgt 10 %. Eine Diskontierungsrechnung ergibt per 31.12.01 einen Barwert *(fair value)* von 100. Sofern die Differenz von 21 zum verausgabten

---

[50] Gl. A. Deloitte, iGAAP 2015, Volume C, S. 404 f.

Betrag keinen bilanzierungspflichtigen sonstigen Vermögenswert darstellt, ist zu buchen:

Konto	Soll	Haben
Forderung (*fair value*)	100	
Aufwand	21	
Geld		121

Die Reichweite der Restriktion für die Erfassung eines *day1 gain/loss* im Zugangszeitpunkt eines Finanzinstruments ist nicht zweifelsfrei.[51] Nach den Ausführungen der *Application Guidance* scheidet die Erfassung eines Zugangsergebnisses aus, wenn ein vom Transaktionspreis abweichender *fair value* über eine beobachtbare Preisstellung objektiviert wird (IAS 39.AG76/IFRS 9.B5.1.2A). Unklar ist, ob eine (vom kontrahierten Transaktionspreis) abweichende ergebniswirksame Zugangsbewertung auch bei einem **offensichtlichen Missverhältnis** zwischen Leistung und Gegenleistung ausscheidet.

Die zur Rechtfertigung einer Wertdivergenz angeführten Anhaltspunkte suchen den Grund für ein Auseinanderfallen immer nur bezogen auf den Zugang des Finanzinstruments selbst (IFRS 13.B4), klammern also das Vorliegen eines *multiple element arrangement* aus. Werden im Zusammenhang mit der Vereinbarung über den Zugang eines Finanzinstruments andere Güter oder Dienstleistungen (*goods or services*) abgegolten, ist – bei vorrangiger Bewertung des Finanzinstruments – die Gegenleistung (*consideration given or received*) auf die einzelnen Bestandteile auzuteilen. Ist eine zusätzliche Leistung ansatzfähig (regelmäßig bei *goods*), verbleibt keine ergebniswirksam zu erfassende Differenz. Entsprechendes gilt für die Erbringung sonstiger Dienstleistungen (*services*), die ihren Ursprung im Gesellschafterverhältnis haben und daher unmittelbar im Eigenkapital zu verrechnen sind. Ein offensichtliches Missverhältnis zwischen Leistung und Gegenleistung kann aber auch auf sonstige Leistungen (*services*) zurückzuführen sein, die nicht ansatzfähig sind und auch nicht aus dem Gesellschafterverhältnis erwachsen. Liegen Anhaltspunkte für die Abgeltung einer sonstigen Leistung vor, wird eine erfolgswirksame Vereinnahmung nicht durch die Restriktionen für einen *day1 gain/loss* eines Finanzinstruments ausgeschlossen. Nur eine **nicht durch die Motivationslage** der beteiligten Parteien erklärbare Divergenz zwischen (Transaktions-)Preis und (beizulegendem Zeit-)Wert unterliegt danach dem Verbot einer ergebniswirksamen Verrechnung.

Bei Vorliegen eines Anhaltspunktes für eine fehlende wertmäßige Ausgeglichenheit von Leistung und Gegenleistung ist der Zugangswert eines Finanzinstruments über ein Bewertungsverfahren (*mark-to-model*) zu bestimmen (IAS 39.AG64/IFRS 9.B5.1.1). Eine verbleibende Differenz ist dann nach **allgemeinen Ansatzkriterien** zu beurteilen. Ist eine identifizierte Divergenz von (Transaktions-)Preis und Wert durch das Gesellschafterverhältnis (etwa eine *common control transaction*) veranlasst, ist der residual zu bestimmende (*off-market*) Teil der Vereinbarung als (verdeckte[52]) **Einlage im Eigenkapital** zu erfassen. Ist eine Differenz auf eine Bezuschussung durch die öffentliche Hand zurückzuführen

---

51 Dies anerkennend Ernst&Young, International GAAP 2015, S. 3384f.
52 Vgl. Lüdenbach/Freiberg, BB 2007, S. 1545ff.

(etwa ein *below-market rate loan* nach IAS 20.10A), wird der residual bestimmte Teil als *government grant* erfasst. Denkbar ist ebenfalls die explizite (aber auch implizite) Vereinbarung eines Ausgleichs für eine *off-market*-Komponente, die eine Divergenz zwischen Transaktionspreis und *fair value* eines Finanzinstruments erklärt (IAS 39.AG65/IFRS 9.B5.1.2). Vorbehalte bestehen bezogen auf die ergebniswirksame Vereinnahmung einer Divergenz im Zugangszeitpunkt.

239 Die ergebniswirksame Erfassung eines *day1 gain/loss* im Zugangszeitpunkt eines Finanzinstruments scheidet aus,[53] wenn ein vom (Transaktions-)Preis abweichender *fair value* nicht
- auf einem beobachtbaren Marktpreis basiert oder
- Ergebnis einer Modellbewertung mit ausschließlich beobachtbaren Parametern ist.

Zur Vermeidung eines zu restriktiven Umgangs mit der Einschränkung bedarf es der Festlegung einer **Wesentlichkeitsgrenze** (*materiality treshold*), nach der nicht jede Anpassung beobachtbarer Parameter bereits die Erfassung eines Zugangsergebnisses ausschließt.

> **Beispiel**
> U kontrahiert mit Bank B außerbörslich (over the counter) ein derivatives Finanzinstrument zur ökonomischen Sicherung bestehender Risikopositionen. Bank C bietet ein vergleichbares Instrument an der Börse an. Der beobachtbare Marktpreis für das Produkt von C markiert den fair value für das mit B kontrahierte OTC-Derivat. Ein Rückgriff wäre nur dann nicht zulässig, wenn in wesentlichen Parametern (etwa Kontrahentenrisiko) keine Übereinstimmung vorliegen würde. Nur unwesentliche Unterschiede bleiben hingegen unbeachtlich, stehen also auch der Erfassung eines Zugangsergebnisses nicht entgegen.

240 Steht zum (Bewertungs-)Stichtag ein beobachtbarer Marktwert (*level 1 measure* nach IFRS 13.76) zur Verfügung, markiert dieser zwingend den Zugangswert. Eine Divergenz zum Transaktionspreis führt daher zu einem *day1 gain/loss*, und zwar unabhängig von den Gründen für die beobachtbare Preisbildung. Reaktionen des Marktes auf eine Transaktion aber auch eine hohe Volatilität bleiben unbeachtlich.

> **Beispiel**
> U erwirbt mit Halteabsicht eine strategische Beteiligung von 6 % an der börsennotierten B AG für einen Preis je Aktie von 7,5 GE von einem bisherigen Gesellschafter. Für die *fair value*-Bewertung ist auf die einzelne Aktie als *unit of account* abzustellen. Der beobachtbare Marktpreis je Aktie beläuft sich allerdings auf 5,0 GE im Zugangszeitpunkt. Mangels Widerlegbarkeit eines *fair value* von 5,0 GE je Aktie hat U je Aktie einen Verlust von 2,5 GE ergebniswirksam zu vereinnahmen, wenn dieser nicht als Transaktionskosten interpretiert und in die Zugangsbewertung des Finanzinstruments einbezogen werden kann.

---

[53] Wohl a. A. in der praktischen Anwendung KPMG, Insights into IFRS 2014/15, Ch. 7.6.25.60.

7.3 Abgrenzung eines nicht objektivierbaren Zugangsergebnisses

Fehlt es an einer objektivierbaren Preisstellung für ein Finanzinstrument, ist – aus Gründen einer *reasonable assurance* und Konvergenz mit US GAAP (IAS 39.BC104/IFRS 9BCZ5.10) – eine identifizierte Divergenz zwischen *fair value* und Transaktionspreis im Zugangszeitpunkt abzugrenzen (*deferred difference*). Der abzugrenzende, nicht ergebniswirksame Betrag ist nicht Teil des bilanziell zu erfassenden beizulegenden Zeitwerts, sondern in einer **Nebenbuchhaltung** als eigene (Kalibrierungs-)Größe separat zu erfassen.

241

> **Beispiel (Fortsetzung zu Rz 235)**
> Die auf eine Schätzung des nachhaltigen Ergebnisses zurückzuführende Differenz zwischen Transaktionspreis und Modellwert in Höhe von 20,0 GE ist im Zugangszeitpunkt abzugrenzen, eine bilanzielle Erfassung scheidet aus. Bei alternativer Börsennotierung der A AG und einem Marktwert der 10 %igen Beteiligung von 120,0 GE (basierend auf pxq) wäre der Differenzbetrag von 20,0 GE als *day1 gain* ergebniswirksam zu vereinnahmen.

Eine im Zugangszeitpunkt wegen fehlender objektivierbarer Preisstellung nicht erfasste Differenz zwischen Transaktionspreis und *fair value* unterliegt auch in der Folgebewertung besonderen Restriktionen. Eine unmittelbare Verrechnung im Ergebnis nach erfolgtem Zugang (also *day2*) scheidet aus.[54] Im Rahmen der Folgebewertung ist eine *deferred difference* nur in dem Umfang erfolgswirksam zu stellen, der auf eine Änderung eines Bewertungsparameters (inkl. Zeitablauf) zurückzuführen ist, die auch Marktteilnehmer bei der Preisstellung berücksichtigen (IAS 39.AG76(b)/IFRS 9.B5.1.2A(b)). Eine ergebniswirksame Erfassung ist im Zeitpunkt einer möglichen Bewertung über eine objektivierbare Preisstellung, spätestens aber mit Auslaufen der Vereinbarung geboten.

242

Mangels einer weiteren Konkretisierung der gebotenen Folgebewertung bedarf es der Festlegung einer *accounting policy* (IAS 8.10).[55] Das Bestehen einer **echten Regelungslücke** wird durch besondere Offenlegungsvorschriften bestätigt (IFRS 7.28(a)). Vorbehalte bestehen lediglich bezogen auf eine linearisierte Verteilung einer *deferred difference*, die nur ausnahmsweise als zulässig erachtet wird (IAS 39.BC222(v)(ii)). Als Bilanzierungsmethode zur Auswahl stehen

243

- eine Kalibrierung der Modellbewertung auf den Transaktionspreis über eine Anpassung nicht beobachtbare Parameter und Erfassung der *deferred difference* im Ergebnis bei objektivierter Änderung der angepassten Parameter.
- eine systematische (ggf. lineare) Verteilung der *deferred difference* über die Laufzeit des Finanzinstruments.

Neben der festgelegten *accounting policy* ist auch die festgestellte *deferred difference* im Zugangszeitpunkt und deren Fortentwicklung offenzulegen (IFRS 7.28(b)/IFRS 7.IG14).

---

[54] Vgl. Ernst&Young, International GAAP 2015, S. 3384.
[55] So auch PwC, Manual of Accounting IFRS 2015, ch. 6.7.149.

> **Beispiel**
> U vereinbart mit dem beherrschenden Gesellschafter der A AG ein Andienungsrecht für die gehaltenen Anteile an A gegen Zahlung von 5,0 GE. Das Andienungsrecht ist als Derivat erfolgswirksam zum beizulegenden Zeitwert zu bewerten. Basierend auf einem Optionspreismodell bestimmt U einen *fair value* im Zugangszeitpunkt von 7,0 GE. Der vereinbarte Transaktionspreis von 5,0 GE stellt den Zugangswert dar, es entsteht somit eine *deferred difference* von 2,0 GE.
> Für die Folgebewertung steht nur eine Modellbewertung zur Verfügung, es bedarf daher der Festlegung einer *accounting policy* in Abhängigkeit der Entwicklung des Modellwerts. Steigt der Modellwert etwa auf 8,0 GE, scheidet die Erfassung eines Ertrags von 3,0 GE aus, wenn bezogen auf die *deferred difference* weiterhin keine objektivierbaren Parameter vorliegen. Im umgekehrten Fall, einem Modellwert von nur noch 2,0 GE, bedarf es ebenfalls einer Validierung, ob die ergebniswirksame Abwertung des Andienungsrechts auf 3,0 GE (ausgehend vom Zugangswert) begrenzt ist oder vollumfänglich mit 5,0 GE zu vereinnahmen ist. Da das Andienungsrecht ein bedingtes Termingeschäft darstellt, scheidet die Erfassung einer Verbindlichkeit des U aus, ist eine bilanzielle Abwertung also auf 5,0 GE begrenzt.

7.4 Bestimmung und Abgrenzung von Transaktionskosten

244 Unter den Transaktionskosten sind alle zusätzlich angefallenen Gebühren/Kosten zu subsumieren, die dem Erwerb, der Emission oder der Veräußerung eines Finanzinstruments unmittelbar zugerechnet werden können (Rz 244). Entscheidend ist die Verursachung der Kosten (*incremental cost*) im Zusammenhang mit einem Finanzinstrument. Die bilanzielle Behandlung der Transaktionskosten erfolgt gem. IAS 39.IG.E.1.1 bzw. IFRS 9.IG.E.1.1 in Abhängigkeit von der Klassifizierung des Finanzinstruments:
- Bei einer erfolgswirksamen Bewertung zum beizulegenden Zeitwert sind Transaktionskosten im Zugangszeitpunkt ebenfalls ergebniswirksam zu stellen.
- Andernfalls sind die Transaktionskosten in den Zugangswert einzubeziehen und über die Effektivzinsmethode fortzuschreiben.

Sind Transaktionskosten unterschiedlichen Finanzinstrumenten zuzurechnen, fehlt es an einer Vorgabe für die Aufteilung. U. E. ist eine Aufteilung im Verhältnis der relativen Anteile (nicht notwendigerweise *fair values*) geboten.

245 Von den Transaktionskosten abzugrenzen sind „sonstige Entgelte", die im Zusammenhang mit Finanzinstrumenten zwischen zwei Vertragsparteien vereinbart werden. Zu unterscheiden ist zwischen Entgelten,
- die das Unternehmen über den Zeitraum der Leistungserstellung hinweg verdient und
- die mit der Ausführung einer bestimmten Tätigkeit verdient werden.

Zeitraumbezogen werden etwa kreditbegleitende Bearbeitungs- und Abwicklungsleistungen oder Bereitstellungs- bzw. Zusageentgelte im Zusammenhang mit der Vergabe von Kapital verdient. Ebenso sind Entgelte für die Verwaltung von Kapitalanlagen oder für die Bereitstellung von Finanzgarantien zeitraumbezogen. Provision und Vermittlungsentgelte sind Entlohnung für die Ausführung bestimmter Tätigkeiten.

Besondere Bedeutung haben Bereitstellungsgebühren für Darlehen und Kreditlinien für den Fall einer noch nicht Inanspruchnahme eines bereits ausgehandelten/vereinbarten Gesamtvolumens. Ein im Zusammenhang mit der Vereinbarung einer in mehreren Tranchen ziehbaren Kreditlinie vereinbartes Bereitstellungsentgelt ist zunächst in dem Umfang, in dem dieses inkremental der Darlehensaufnahme zuzurechnen ist und noch keine Inanspruchnahme erfolgt, abzugrenzen.

> **Beispiel**
> U vereinbart mit einem Konsortium die Gewährung eines in drei Tranchen ziehbaren (Gesamt-)Darlehens von insgesamt 100 Mio. GE. Die erste Tranche beläuft sich auf 20 Mio. GE, die beiden weiteren lauten jeweils auf 40 Mio. GE. Für den Gesamtbetrag von 100 Mio. GE wird eine vorfällig zu zahlende Gebühr von 2 Mio. GE vereinbart. In 20x5 ruft U zunächst die erste Tranche ab und leistet die vorfällige Gebühr von 2 Mio. GE. Die vorfällig zu leistende Gebühr stellt incremental cost dar, die allerdings nur insoweit als Transaktionskosten zu berücksichtigen sind, als die Kreditlinie gezogen wird. In 20x5 sind lediglich 20 % der Gebühr als Transaktionskosten im Zugangswert der Verbindlichkeit zu erfassen, die Bewertung erfolgt mit 19,6 Mio. GE (= 20–20 % × 2). Die verbleibende Auszahlung von 1,6 Mio. GE ist zunächst abzugrenzen und als Transaktionskosten bei Inanspruchnahme der weiteren Tranchen zu erfassen oder erfolgswirksam aufzulösen, wenn nicht mehr mit einer Kreditaufnahme gerechnet wird.

Gebühren, die unabhängig von der Inanspruchnahme eines Kreditrahmens zu zahlen sind, können hingegen nicht, auch nicht zu einem späteren Zeitpunkt, in die Zugangsbewertung einbezogen werden. So sind Vertragsanbahnungskosten, die eben nicht mit der Entstehung einer finanziellen Verbindlichkeit zusammenhängen (keine *incremental costs*), als sonstiges Entgelt mit Empfang/Erbringung der Leistung erfolgswirksam zu erfassen. (Vertragsanbahnungs-)Kosten stehen im Zusammenhang mit der Schaffung einer Kreditlinie (= Rahmenvereinbarung). Die nachgelagerte Emission einer finanziellen Verbindlichkeit (neue Transaktion) ist davon losgelöst zu betrachten.

8 Folgebewertung von Finanzinstrumenten

8.1 Bewertung zu fortgeführten Anschaffungskosten

8.1.1 Grundlagen der Effektivzinsmethode

Als Stichtagswert bestimmter Finanzinstrumente sind die fortgeführten Anschaffungskosten (*amortised cost*) anzusetzen. Eine Bewertung zu fortgeführten Anschaffungskosten kommt
- aktivisch (wahlweise) für alle nicht in Veräußerungsabsicht gehaltenen Finanzinstrumente mit festen oder bestimmbaren Zahlungsströmen und
- passivisch für alle nicht zum beizulegenden Zeitwert bewerteten Verbindlichkeiten infrage.

Der Wert des Finanzinstruments im Zugangszeitpunkt ist danach unter Berücksichtigung von Disagien, Anschaffungsnebenkosten etc., aber ohne bereits im Kaufpreis enthaltene Stückzinsen mit dem Effektivzinssatz (= interner Zinsfuß) fortzuführen.

249 Der interne Zinsfuß ist finanzmathematisch der Zinssatz, mit dem die künftig erwarteten Zahlungen (*estimated cash flows*) aus dem vertraglich vereinbarten Kapitaldienst (Zins und Tilgung) diskontiert in der Summe dem Zugangswert entsprechen (IAS 39.9 bzw. IFRS 9.A). Er spiegelt somit implizit das Risiko eines Zahlungsausfalls (*default risk*), das in die Zinsforderung eingeht, als auch die Inflationserwartung des Gläubigers wider. Die Anwendung der **Effektivzinsmethode** erfolgt **zweistufig**:
- im ersten Schritt ist der **Effektivzins** zu bestimmen, wie er sich unter Beachtung von Nominalzins, Disagio etc. ergibt;
- im zweiten Schritt sind aus den Anschaffungskosten (ausgereichter Betrag, d.h. nicht Nominalbetrag, sondern Summe nach Disagio) der effektiven Verzinsung und den tatsächlichen Zahlungseingängen die **fortgeführten Anschaffungskosten** zu bestimmen.

Beispiel
Unternehmen U begibt ein Fälligkeitsdarlehen mit 3-jähriger Laufzeit mit einem Nominalbetrag von 100, einem Disagio von 10, Anschaffungsnebenkosten von 0,05 und einem Nominalzins von 6 %.

1. Effektivzins-Ermittlung

AK	Zins 01	Zins 02	Zins + Tilg. 03	Effektivzins
– 90,05	6	6	106	10 %

2. Buchwert-Berechnung

Jahr	a amort. AK 1.1.	b = a × 10 % eff. Zinsertrag	c *cash flow*	d = a + b + c amort. AK 31.12.
01	90,05	9,01	– 6,00	93,06
02	93,06	9,31	– 6,00	96,36
03	96,36	9,64	– 106,00	0,00

250 In Abhängigkeit des Effektivzinses bestimmt sich die Höhe des periodenspezifischen Aufzinsungsbetrags (*unwinding of discount*). Für finanzielle Vermögenswerte, deren Bewertung zu fortgeführten Anschaffungskosten erfolgt, ist der Effektivzinssatz auch für die Bestimmung des abgezinsten erwarteten Zahlungsstroms im Fall einer Wertberichtigung (*impairment*) als *catch-up adjustment* maßgebend. Der ursprünglich festgelegte Effektivzinssatz ist daher zunächst für die Folgeperioden bindend.

8.1.2 Variabel verzinsliche Finanzinstrumente

Keine Schwierigkeit bei der Bestimmung des Effektivzinses und somit der Anwendung der Effektivzinsmethode ergeben sich, wenn die Zahlungsströme eines Finanzinstruments der Höhe und dem zeitlichen Anfall nach vertraglich feststehen und so auch erwartet werden. Anderes gilt bei Unsicherheit in Bezug auf die erwarteten Zahlungsströme, insbesondere bei Finanzinstrumenten, die von vornherein mit einer variablen bzw. der Höhe nach nicht festen, aber wegen einer Bindung an einen Marktzinssatz dennoch bestimmbaren Zahlung abgeschlossen werden.   251

Bei variabel verzinslichen Finanzinstrumenten i.e.S. (*floating rate instruments*) steht die absolute Höhe der künftigen Zahlungsströme im Zeitpunkt des Zugangs nicht fest. Die Höhe der Verzinsung wird regelmäßig an die Entwicklung eines Marktzinssatzes, die vertraglich festgelegte Zinsstruktur, angepasst. Trotz Unsicherheiten hinsichtlich der Höhe der erwarteten Zahlungsströme sind die vertraglichen Konditionen des Finanzinstruments i.d.R. eindeutig. Vertraglich fixiert werden   252

- der relevante Marktzins (Bezugsgröße),
- der Risikoaufschlag (*credit spread*) auf diesen Marktzins und
- der Zeitraum bis zur nächsten Anpassung des Zinssatzes.

Eine Unterscheidung ist geboten für variabel verzinsliche Instrumente i.w.S., deren Zinszahlung nicht an die Entwicklung eines Marktzinssatzes sondern einer sonstigen Bezugsgröße geknüpft ist. Wird die objektive Bedingung der Klassifizierung (Rz 121) verletzt, scheidet nach IFRS 9 eine Bewertung *at amortised cost* aus. Darüber hinaus ist die Pflicht zur Abspaltung eines eingebetteten Derivats zu prüfen.

Mit einer Änderung des Marktzinssatzes ist der Effektivzinssatz eines variabel verzinslichen Finanzinstruments neu zu bestimmen. Der (Effektiv-)Zins gilt immer für die aktuelle Periode bis zum vertraglich vereinbarten Zeitpunkt der nächsten Anpassung. Sind weder Disagien noch Anschaffungsneben-/Transaktionskosten angefallen – entsprechen also die Anschaffungskosten des Finanzinstruments dem festgelegten Rückzahlungsbetrag –, zeitigt eine Neukalkulation des Effektivzinssatzes keine Auswirkung auf den Buchwert des Finanzinstruments (IAS 39.AG7 bzw. IFRS 9.B5.4.5).   253

Für eine Beurteilung der Werthaltigkeit von finanziellen Vermögenswerten ist der jeweilige Effektivzinssatz der Periode heranzuziehen (IAS 39.AG84 bzw. IFRS 9.B5.4.6). Aufgrund der Unsicherheiten hinsichtlich der erwarteten künftigen Zahlungsströme bestimmt sich der Effektivzinssatz einer *floating rate note* daher immer nur unter Berücksichtigung des aktuellen Kupons, künftige Erwartungen über Zahlungsströme, die aus *forward rates* geschätzt werden könnten, bleiben unbeachtlich.   254

> **Beispiel**
> Am 01.01.20x0 zum Periodenanfang (PA) erwirbt A einen variabel verzinslichen Bonds zu einem Preis (= *fair value*) von 100 GE. Transaktionskosten fallen nicht an. Die Verzinsung erfolgt jährlich zum Periodenende (PE) und bestimmt sich nach dem 12-Monats-LIBOR zu Beginn des Jahres. Eine Rückzahlung erfolgt nach drei Jahren zum Nominalbetrag von 100 GE. Im

> Zugangszeitpunkt beträgt der 12-Monats-LIBOR 4 %. Anhand von aktuell verfügbaren *forward rates* geht A von einem Anstieg von 50 Basispunkten pro Jahr aus. Ein geschätzter Effektivzins betrüge daher 4,5 %. Unterstellt, die tatsächliche Entwicklung des 12-Monats-LIBOR entspricht exakt den Erwartungen des A, gilt:
>
> | in GE | | Geschätzter (Effektiv-)Zins | | | Variabler (Markt-)Zins | | |
> |---|---|---|---|---|---|---|---|
> | Jahr | Zahlung | Buchwert PA | Zinsertrag (effektiv) | Buchwert PE | Buchwert PA | Zinsertrag (variabel) | Buchwert PE |
> | 20x0 | 4,0 | 100,0 | 4,5 | 100,5 | 100,0 | 4,0 | 100,0 |
> | 20x1 | 4,5 | 100,5 | 4,5 | 100,5 | 100,0 | 4,5 | 100,0 |
> | 20x2 | 5,0 | 100,5 | 4,5 | 0 | 100,0 | 5,0 | 0 |
> | | | Nicht zulässig | | | Gebotene Behandlung | | |
>
> Der Effektivzins des Bonds variiert von Periode zu Periode und entspricht dem Verhältnis von Zahlungsstrom zu Buchwert. Eine Verwendung des geschätzten Effektivzinssatzes scheidet aus, da sich andernfalls nicht zulässige Schwankungen im Buchwert des Finanzinstruments ergäben.

255 Für Finanzinstrumente, deren Zinszahlungen der Höhe nach ungewiss, Schwankungen des Kapitaldienstes der Höhe nach aber nicht marktindiziert sind, ist – insoweit eine Bewertung *at amortised cost* weiterhin zulässig bleibt – nach IFRS 9 einmalig im Rahmen der Zugangsbewertung eine Schätzung der erwarteten Zinsentwicklung, also die Bestimmung eines „festen" Effektivzinssatzes, erforderlich.
Weicht die tatsächliche Zinszahlung in späteren Perioden von der Erwartung ab bzw. ändern sich die Erwartungen, ergeben sich durch die Abzinsung einer veränderten Zahlungsreihe mit dem ursprünglichen „festen" Effektivzinssatz Auswirkungen auf den Buchwert des Finanzinstruments, die ergebniswirksam zu vereinnahmen sind (IFRS 9.B5.4.6).

> **Beispiel**
> Am 01.01.20x0 begibt A ein Darlehen mit einem Nominal von 1.000 GE und einer Laufzeit von drei Jahren (Vereinnahmungsbetrag = Rückzahlungsbetrag). Das Darlehen sieht eine ergebnisabhängige Verzinsung vor:
> - Weicht die künftige Ertragslage von A während der Laufzeit nicht wesentlich von der Ergebnissituation der letzten Perioden ab, ist am Jahresende ein Zins von 5,0 % zu zahlen.
> - Bei wesentlicher Verbesserung verpflichtet sich A zur Zahlung von 7,5 %, bei Verschlechterung entfällt eine Zinspflicht.
>
> A und der Gläubiger des Darlehens erwarten wegen guter Prognosen anhand des Business Plans übereinstimmend eine Verzinsung von 5,0 %. Das Darlehen wird *at amortised cost* bewertet und mit 1.000 GE passiviert, der Effektivzinssatz mit 5,0 % bestimmt. Noch in der gleichen Periode tritt ein kapitalstarker Wettbewerber in den Markt und sorgt mit aggressiven Preisen für

Umsatz- und Margenrückgänge bei A. Das Ergebnis verschlechtert sich signifikant, der Zins für das Darlehen reduziert sich auf 0 %. Es wird mit keiner Besserung für die Restlaufzeit gerechnet. Der neue Buchwert am Ende der ersten Periode ergibt sich, indem die revidierten Zahlungsstromerwartungen mit dem ursprünglichen Effektivzins (*original effective interest rate*) diskontiert werden.

	x1	x2	Summe
Erwartete Zinszahlung	0,0	0,0	0,0
Erwartete Tilgung	n/a	1000,0	1000,0
Kapitaldienst	0,0	1000,0	1000,0
Diskontierungsfaktor gem. Effektivzinssatz	0,95	0,91	
Barwert der Verbindlichkeit	907,0		

A erfasst daher einen Gewinn von 93 GE. Bei nicht weiter veränderten Erwartungen ist das Darlehen in der Folgezeit mit dem Effektivzins von 5,0 % fortzuschreiben, also bis zur Fälligkeit auf 1.000 GE aufzuzinsen.

8.1.3 Un- und unterverzinsliche Instrumente

Für eine zu niedrige Verzinsung von Finanzinstrumenten, die einer Bewertung *at amortised cost* zugänglich sind (i.d.R. Forderungen), kommen im Wesentlichen zwei Gründe infrage: 256
- **Impliziter Zins:** Der Einkaufspreis unter Fremden wird von vornherein auf längere Zeit gestundet. Bei wirtschaftlicher Betrachtung enthält die Kaufpreisforderung einen impliziten Zins.
- **Besondere Beziehungen**: Ein zinsloses oder unterverzinsliches Darlehen wird z.B. an eine nahestehende Person vergeben.

Zur Behandlung unverzinslich geleisteter (oder erhaltener) Anzahlungen wird auf → § 17 Rz 25 verwiesen.[56]

Bei **unverzinslichen Forderungen** entsteht im Zugangszeitpunkt eine Differenz zwischen Anschaffungskosten und *fair value* (= marktgerecht ermittelter Barwert), anzusetzen ist aber der *fair value* (Rz 233). Bei **kurzfristigen** Forderungen *(short-term receivables)* kann mangels Wesentlichkeit regelmäßig auf eine Abzinsung verzichtet werden. Bei einer Stundung von **mehr als einem Jahr** dürfte der Effekt hingegen regelmäßig wesentlich sein. Die Abzinsung führt dann zu einer Reduzierung des Veräußerungserlöses und einer Verminderung des Veräußerungserfolgs (→ § 25). Der Erfolgsausgleich findet in den Folgeperioden über den Zinsertrag statt. 257

Der zweiten Kategorie können **zinslose Darlehensvergaben** zugerechnet werden, aus denen der Darlehensgeber andere zukünftige Vorteile wie eine bessere oder preisgünstigere Belieferung oder einen Einfluss auf die Aktivitäten des anderen 258

---

[56] Ausführliches Beispiel bei LÜDENBACH, PiR 2009, S. 346 ff.

Unternehmens erwartet. In diesem Fall kann von **zwei Vermögenswerten** auszugehen sein. Das **Darlehen** als erster Vermögenswert ist mit dem marktüblichen Zinssatz zu diskontieren. Beim zweiten Vermögenswert, den **erwarteten** Vorteilen, ist zu prüfen, ob er die Ansatzvoraussetzungen des *Framework* (→ § 1 Rz 84 ff.) erfüllt. Ist dies nicht der Fall, führt die Differenz zwischen Nominal- und Barwert zu sofortigem Aufwand. Hierzu folgendes Beispiel:

> **Beispiel**
> Unternehmen A gibt Unternehmen B am 31.12.x1 ein zinsloses Darlehen von 1.331, fällig zum 31.12.x4. Bei einem marktüblichen Zins beträgt der Barwert 1.331 / $(1,1)^3$ = 1.000. Das Darlehen ist mit 1.000 anzusetzen. Sofern die Differenz sich nicht als bilanzierungsfähiger Vermögenswert qualifiziert (bloße Erwartung allgemeiner Vorteile), führt sie zu sofortigem Aufwand. Der Buchungssatz wäre dann:
>
> | Konto | Soll | Haben |
> |---|---|---|
> | Forderung | 1.000 | |
> | Aufwand | 331 | |
> | Geld | | 1.331 |

Die Beurteilung ist aus der Sicht der zutreffenden Darstellung der Vermögenslage angemessen. Aus der Sicht der zutreffenden Darstellung der Ertragslage wäre ggf. auch eine andere Beurteilung (Verteilung der Differenz auf die Jahre der Unverzinslichkeit, somit Verzicht auf Abzinsung) denkbar.

259 Es erscheint theoretisch sachgerecht, eine Forderung, die eine nur ganz minimale Verzinsung aufweist, nicht anders zu behandeln als eine Forderung, die völlig unverzinslich ist. Andererseits würde aber eine generelle Abzinsung unterverzinslicher Forderungen zu **schwierigen praktischen** Beurteilungsfragen darüber führen, was der für den Darlehensnehmer, seine Bonitätsklasse usw. angemessene Marktzins ist, wann und in welchem Maße also überhaupt eine Unterverzinslichkeit vorliegt. Insoweit spricht aus praktischer Sicht, aber auch unter dem Gesichtspunkt der *materiality* (→ § 1 Rz 61 ff.), alles dafür, Abzinsungen nur dort vorzunehmen, wo der fremdübliche Zins ganz erheblich und ganz unzweifelhaft unterschritten wird.

8.1.4 Modifizierung der vertraglichen Konditionen

260 Mit Anwendung von IFRS 9 sind (erstmalig) Vorgaben zur Behandlung von **Anpassungen** der vertraglichen Konditionen betreffend die erwarteten Rückflüsse in der Bewertung finanzieller Vermögenswerte *at amortised cost* zu beachten (IFRS 9.5.4.3). Wenn der vertragliche Anspruch auf den Erhalt von Zahlungsflüssen ausläuft (*expire*), ist ein finanzieller Vermögenswert auszubuchen (Rz 57). Mit einer wesentlichen Veränderung (*substantial modification*) der vertraglichen Konditionen eines Finanzinstruments ist eine Ausbuchung erforderlich. Keine wesentliche Anpassung soll allerdings vorliegen, wenn der Buchwert des modifizierten finanziellen Vermögenswert um 30 % von dem bisherigen Bilanzansatz abweicht (IFRS 9.IE68-IE69). U. E. können die Vorgaben für die Beurteilung finanzieller Verbindlichkeiten spiegelbildlich herangezogen werden (Rz 95).

Führt eine Modifizierung nicht zu einer Ausbuchung (*derecognition*), ist eine Anpassung des Buchwerts durch Bestimmung des Barwerts der modifizierten (erwarteten) Zahlungsströme mit dem ursprünglichen Effektivzinssatz erforderlich (Rz 255). Eine bestehende Differenz zum bisherigen Buchwert ist erfolgswirksam zu vereinnahmen. Ein gegenläufiger (Ergebnis-)Effekt stellt sich durch die erforderliche Anpassung der vorgenommenen Risikovorsorge (Rz 312) ein. Durch die Modifizierung der vertraglichen Vereinbarung ändert sich auch das Zahlungsstromprofil und damit auch der Umfang eines *expected loss* (Rz 322). 261

Beispiel
Unternehmen A hat aufgrund einer positiven Geschäftsentwicklung sein Kreditrating signifikant verbessern können und tritt mit der Bank B, die wesentliche Teile der Fremdfinanzierung stellt, zur Nachverhandlung der Kreditkonditionen in Kontakt. Zur Fortführung der guten Geschäftsbeziehung stimmt B einer Reduzierung der Kreditkosten für die bestehenden Verbindlichkeiten zu. Die Modifizierung führt nicht zu einer wesentlichen Änderung der Kreditbedingungen, B erfasst daher einen Verlust, der auf die reduzierte Zahlungsstromerwartung (Barwert mit dem ursprünglichen Effektivzinssatz) zurückzuführen ist. Da B von geringeren Zahlungsströmen ausgeht, ist eine Revision der vorgenommenen Risikovorsorge erforderlich. Wurde der *expected loss* als relativer Anteil der Zahlungsstromerwartung bestimmt, ist wegen der Anpassung des Erwartungswerts nach unten eine teilweise Auflösung der Risikovorsorge erforderlich.

Transaktionskosten, die im Zusammenhang mit der Modifizierung anfallen, sind über die Restlaufzeit zu verteilen. Da die Kosten zu einer Anpassung des Buchwerts des finanziellen Vermögenswerts führen, ist eine Adjustierung des Effektivzinssatzes nach der Modifizierung erforderlich, da andernfalls die Fortschreibung zu (nicht-auflösbaren) Differenzen führt (Rz 248). 262

Führt eine Modifizierung hingegen wegen einer substanziellen Änderung der Bedingungen zu einer Ausbuchung (*derecognition*), ist ein neuer finanzieller Vermögenswert unter Beachtung der Zugangsvorgaben (Rz 47) zu erfassen (IFRS 9.B5.5.25). Anders als für die Ausbuchung einer finanziellen Verbindlichkeit (Rz 93) fehlen Vorgaben zur Behandlung von (Transaktions-)Kosten, eine Zurechnung kann daher sowohl bezogen auf den neuen finanziellen Vermögenswert oder in der Bestimmung des Abgangsergebnisses des bisherigen Vermögenswerts erfolgen. 263

Die Vorgaben betreffend die Modifizierung von Finanzinstrumenten sind zunächst nur auf die Anwendung auf finanzielle Vermögenswerte ausgerichtet. Die korrespondierende Behandlung einer Modifizierung bei der Gegenpartei (dem Schuldner) ist somit nicht explizit angesprochen. Wegen einer Anpassung der allgemeinen Vorgaben zum Umgang mit geänderten Schätzungen (Rz 255) sind u. E. die Vorgaben aber analog auf finanzielle Verbindlichkeiten zu übertragen. 264

8.1.5 Fremdwährungsinstrumente

In Fremdwährung notierende Finanzinstrumente, die sich für eine Bewertung at amortised cost qualifizieren, werden zum Stichtagskurs umgerechnet. Wechsel- 265 kursbedingte Wertänderungen der Forderung sind erfolgswirksam zu erfassen (IAS 21.23; → § 27 Rz 18).

8.2 Erfolgswirksame Bewertung zum beizulegenden Zeitwert

8.2.1 Begriff des *fair value* und Methodik der Bestimmung

266 Eine erfolgswirksame Bewertung zum *fair value* ist geboten für **Handelswerte** (FVTPL) und damit für
- **alle Derivate** sowie
- bestimmte, in Handelsabsicht erworbene oder entsprechend gewillkürte **Fremdkapitalinstrumente** (Rz 113).

Wegen der erfolgswirksamen Fortschreibung entfallen außerplanmäßige Zu-, aber auch Abschreibungen. Zu jedem Stichtag ist eine erfolgswirksame Anpassung des Bilanzansatzes erforderlich.

267 Die Hierarchie der *fair-value*-Ermittlung richtet sich nach den allgemeinen Vorgaben des IFRS 13 und ist wie folgt:
- Bei Notierung an aktiven Märkten (Rz 268) ist als *fair value* zwingend der **notierte Marktpreis** am Bewertungsstichtag anzusetzen.
- Wenn zwar am Stichtag keine entsprechenden Marktpreise existieren, sich jedoch **zeitnahe Markt- oder Transaktionspreise** für (im Wesentlichen) gleiche Vermögenswerte beobachten lassen, sind Letztere zugrunde zu legen. Falls sich die wirtschaftlichen Umstände seit der letzten Transaktion/Notierung signifikant geändert haben, ist der letzte verfügbare Preis sachgerecht anzupassen. Infrage kommen z. B. Zu- und Abschläge in Abhängigkeit von der Entwicklung eines Referenzindex oder dem Bewertungsobjekt ähnlicher Vermögenswerte. Eine Preisanpassung ist außerdem geboten, wenn das Unternehmen nachweisen kann *(can demonstrate)*, dass die beobachteten Transaktionspreise aus erzwungenen Verkäufen *(forced transactions, distressed sales)* resultieren und daher nicht den *fair value* repräsentieren (Rz 269).
- Wenn (seit Längerem) kein aktiver Markt für ein Finanzinstrument besteht und zeitnahe Transaktionspreise ebenfalls fehlen, ist der *fair value* mit Hilfe einer **Bewertungsmethode** zu ermitteln. Infrage kommt der Vergleich mit aktuellen **Transaktionspreisen ähnlicher Vermögenswerte** oder ein **DCF-Modell**. Bei der Ermittlung des *fair value* mittels Bewertungsmethoden sind im größtmöglichen Umfang beobachtbare Marktdaten und möglichst wenig unternehmensspezifische Daten zu verwenden (Rz 273).

8.2.2 Vorliegen eines (in-)aktiven Markts

268 Die Bestimmung des *fair value* ist einfach, wenn, wie insbesondere bei Wertpapieren, **notierte Marktpreise** vorliegen. Notierte Preise in aktiven Märkten gelten als beste Schätzung für den *fair value* (Rz 240). Ein **aktiver Markt** setzt das Vorliegen folgender Tatbestandsmerkmale voraus:
- Notierte Preise sind leicht und regelmäßig *(readily and regularly)* verfügbar und
- repräsentieren tatsächliche und sich regelmäßig *(actual and regularly)* ereignende Markttransaktionen auf *arm's-length*-Basis.

Bei nur noch sporadisch vorliegenden Transaktionen liegt kein aktiver Markt mehr vor. Das Vorliegen eines aktiven Markts ist dabei aus quantitativer und qualitativer Sicht zu prüfen. Aus **quantitativer** Sicht gilt: Ein im Verhältnis zum Marktvolumen und zu früheren Transaktionsmengen stark herabgesetztes Transaktionsvolumen impliziert ein geringeres Aktivitätsniveau als zuvor, aber noch nicht notwendigerweise die Inaktivität des Marktes.

> **Beispiel**
> Ein offener Fonds ist in *collaterized debt obligations* (CDOs) investiert. Das Investitionsvolumen beträgt 10 Mrd. EUR. Vor der Hypothekenkrise wurden börsentäglich Fondsanteilsscheine im Wert von 300 bis 500 Mio. EUR (= 3 bis 5 % des Gesamtvolumens) gehandelt. Mit Eintritt der Krise verringert sich dieses Volumen auf 50 bis 100 Mio. (= 0,5 % bis 1 %). Der Markt ist weiterhin als aktiv anzusehen, da auch ein absolut zwischen 50 und 100 Mio. EUR und relativ zwischen 0,5 % und 1 % liegendes Volumen noch tatsächliche und sich regelmäßig ereignende Transaktionen repräsentiert.

Aus **qualitativer** Sicht ist für die Abgrenzung von aktiven zu inaktiven Märkten zwischen **Schwankungen** der Angebots- und Nachfragekurve und **Notverkäufen** *(forced transactions)* zu unterscheiden.

- Der Notverkauf unterstellt durch singuläre Umstände erzwungene Transaktionen, die nicht repräsentativ für den Betrag sind, zu dem regulär ein Finanzinstrument gehandelt werden könnte. Repräsentieren die notierten Preise überwiegend Notverkäufe, kommt ihnen kein besonderer Aussagewert zu.
- Wenn im Falle einer Kredit- und Liquiditätskrise jedoch der gesamte Markt für ein Finanzinstrument betroffen ist und auch die Parteien, die ohne Not einen Käufer suchen, diesen nur zu niedrigen Preisen finden, stellen diese Preise kein singuläres Ereignis dar, sondern reflektieren eine für den Gesamtmarkt von unabhängigen Marktteilnehmern zugrunde gelegte Einschätzung. Derartige Preise repräsentieren den *fair value* und keine Notverkäufe.

In einem anlässlich des Ausbruchs der Subprime-Krise herausgegebenen Positionspaper des IDW[57] aus 2007 wird auf die Untauglichkeit von **Notverkaufspreisen** und Abwehrpreisen eingegangen. Das Papier hält zum ersten Punkt zutreffend fest: „Solange auf einem Markt Transaktionen stattfinden, wenn auch in stark verringertem Volumen, ist der Verweis auf erzwungene Geschäfte, zwangsweise Liquidationen und Notverkäufe nur selten sachgerecht." Hinweise darauf, wann ausnahmsweise von Notverkäufen ausgegangen werden kann, finden sich nicht. Hier liefert das als *Educational Guidance* vom IASB veröffentlichte Papier „*Expert Advisory Panel: Measuring and disclosing the fair value of financial instruments in markets that are no longer active*" mehr Klarheit. Nach Tz 24 f. und 41 des Papiers kann eine *forced transaction* im Allgemeinen dann nicht mehr angenommen werden, wenn Verkäufer genügend Zeit *(reasonable amount of time)* zur Veräußerung des Vermögenswertes hatten und/oder mehr als ein Subjekt als potenzieller Käufer infrage kam.

---

[57] Positionspapier des IDW zu Bilanzierungs- und Bewertungsfragen im Zusammenhang mit der Subprime-Krise, http://www.idw.de/idw/download/Subprime-Positionspapier.pdf?id=425604&property=Datei.

271 Im IDW-Papier sowie einem zeitgleich erschienenen Papier des DRSC[58] wird im Übrigen noch auf **Abwehrpreise** eingegangen, zu denen etwa eine sponsernde Bank Fondszeichnern die Rückgabe von Fondsanteilen anbieten könnte. Abwehrpreise werden generell als ungeeignete Bewertungsgrundlage angesehen. Sprachlich auffällig ist, dass in diesem Zusammenhang immer nur von „sogenannten Abwehrpreisen" die Rede ist. Zum Ausdruck kommt darin die Unsicherheit, was unter einem Abwehrpreis eigentlich zu verstehen ist. U. E. ist den Ausführungen von DRS und IDW nur dann zuzustimmen, wenn eine **enge Definition** etwa folgender Art zugrunde gelegt wird: „Abwehrpreis ist das jeden potenziellen Verkäufer abschreckende Preisangebot eines potenziellen Käufers, der den fraglichen Kaufgegenstand in keinem Fall erwerben möchte." Hier ist die Grenze zum Scheinangebot erreicht. Will ein potenzieller Käufer hingegen eine Finanzkrise nur nutzen, um die Finanzinstrumente vom pessimistischeren Teil der potenziellen Anbieter zu einem (aus seiner Sicht) günstigen Preis einzukaufen, liegt kein Abwehrpreis, sondern ein Kaufkalkül vor. Hat dieses Erfolg und kommt es zeitnah zum Bilanzstichtag zu Transaktionen auf Basis der niedrigen Angebotspreise, bestimmen diese den *fair value*. Kommt es nicht zu Transaktionen, markiert der Angebotspreis nur die Untergrenze der *fair-value*-Schätzung.

272 Letztlich kommt es bei der Prüfung der quantitativen und qualitativen Kriterien für das Vorliegen eines aktiven Marktes auf die individuellen Verhältnisse im Einzelfall (Produkt, Markt usw.) an. So stellt auch das *Expert Advisory Panel* in Para 17 seiner im November 2008 veröffentlichten *Educational Guidance* (Rz 111) fest: „*There is no bright line between active and inactive markets.*" Liegt nach den vorgenannten Kriterien ein aktiver Marktpreis vor, ist die Wertentwicklung nach dem Bilanzstichtag irrelevant. Darüber hinaus ist die *fair-value*-Entwicklung im „Werterhellungszeitraum" (→ § 4 Rz 5) regelmäßig irrelevant. Die *fair-value*-Bewertung ist eine strenge Anwendungsform des Stichtagsprinzips. Der *fair value* ist demnach der (fiktive) Preis, zu dem ein Finanzinstrument am Stichtag (und nicht einige Wochen danach) erworben oder veräußert werden könnte.

Beispiel
Unternehmen U hält Anteile an diversen börsennotierten Fondsgesellschaften, die in CDOs investiert sind. U hat die Fondsanteile als *trading assets* qualifiziert. Kurz vor dem Stichtag sind die Börsenkurse um mehr als 50 % gegenüber den Anschaffungskosten und dem vorherigen Kurs gesunken. Zwei Wochen nach dem Bilanzstichtag hat allerdings eine Stabilisierung der Kurse eingesetzt. 6 Wochen nach dem Bilanzstichtag und damit noch im „Werterhellungszeitraum" beträgt der Wert 80 % des vorherigen Buchwerts. U möchte an dem Buchwert vor dem Bilanzstichtag festhalten, mindestens aber den des Werterhellungszeitraums ansetzen und verweist auf die außerordentliche Marktsituation zum Bilanzstichtag. Im Übrigen sei langfristig von einer vollständigen Werterholung auszugehen. Die *fair-value*-Bewertung ist eine Stichtagsbewertung, die Berufung auf eine „Werterhellung" daher unzulässig.

---

[58] DRSC, Bewertung von Finanzinstrumenten – Questions and Answers (Q&A), http://www.drsc.de/docs/press_releases/071210_RIC_QA_Impairment%20FI_FV.pdf.

Finanzinstrumente § 28

Fehlt es an aktiven Marktpreisen, ist auf etablierte **Bewertungstechniken** zurückzugreifen. Zu diesen zählt: 273
- der **Vergleich** mit aktuellen Transaktionspreisen von identischen oder im Wesentlichen identischen Finanzinstrumenten,
- die Analyse von **diskontierten** cash flows (DCF-Bewertung) sowie
- **Optionspreismodelle.**

Dieser Regelungsrahmen ist nach Ausbruch der Finanzmarktkrise von der Praxis unterschiedlich interpretiert worden. Zuweilen sind z. B. bei der DCF-Methode nicht marktgerechte Stichtagswerte als Inputparameter verwandt worden, sondern von psychologischen Überzeichnungen des Marktes bereinigte Parameter, die man als fundamental richtig erachtet. Solchen „Missverständnissen" begegnet das *„Expert Advisory Panel"*. Es hält Folgendes fest:

- Para 7 – **Markt- und Stichtagsbezug:** *„To meet the objective of a fair value measurement (that is, to arrive the price at which an orderly transaction would take place between market participants at the measurement date), an entity measures the fair value of financial instruments by considering all relevant market information that is available."*
- Para 8 und 19 – **Relevanz der Transaktionspreise ähnlicher Finanzinstrumente:** *„A thorough understanding of the instrument being valued allows an entity to identify and evaluate the relevant market information available about identical or similar instruments. Such information to be considered includes, for example, prices from recent transactions in the same or a similar instrument …" The valuation „technique chosen should reflect current market conditions. Therefore, a transaction price in the same or a similar instrument should be considered in the assessment of fair value as a current transaction price is likely to reflect current market conditions."*
- Para 8 – **Kalibrierung der DCF-Werte am Markt:** *„When using a valuation technique, an entity periodically calibrates the valuation model to observable market information to ensure that the model reflects current market conditions.…"*

Eine „freihändige", auf Fundamentalwertüberlegungen ruhende DCF-Bewertung ist danach unzulässig. Entsprechend dem zeitlichen Bezug der *fair-value*-Ermittlung (strenges Stichtagsprinzip) und der sachlichen Zielsetzung (Bestimmung des Wertes, zu dem das Finanzinstrument am Markt gehandelt werden könnte) ist auch in der gegenwärtigen Finanzkrise gerade nicht von der „Irrationalität" aktueller Marktentwicklungen zu abstrahieren. Mindestens zur Plausibilisierung *(calibration)* einer DCF-Bewertung sind deshalb zeitnahe Transaktionspreise in gleichen oder ähnlichen Instrumenten heranzuziehen, es sei denn, diese könnten ganz ausnahmsweise als Notverkaufspreise qualifiziert werden. Eine DCF-gestützte Ermittlung des *fair value* muss im Übrigen mit adäquaten Diskontierungszinsen erfolgen. Hier ergibt sich aus dem *Expert Advisory Panel* (Rz 273), dass neben dem allgemeinen Zuschlag für das Bonitätsrisiko bei illiquiden Märkten und komplexen Instrumenten auch Illiquiditäts- und Komplexitätszuschläge zu berücksichtigen sind. 274

Die einheitliche Verwendung des *fair value* verwischt **die** tatsächlichen **Unterschiede zwischen Marktpreisen und Modellwerten.** Aus dem vordergründigen Doppelmix des *mixed model approach* für Finanzinstrumente von (fortgeführten) Anschaffungskosten und Marktpreisen wird ein **Dreifachmix,** wie nachfolgende Tabelle zeigt: 275

Zeitdimension	Wertgeber	Ermessen
AK	Vergangenheit	extern, Transaktions-Preis	gering
Marktpreis	Gegenwart	extern, Markt-Preis	gering
DCF-Wert	Zukunft	intern, Modell-Wert, Management	hoch

276 Eine Bewertung *at amortised cost* und die Marktpreisbewertung unterscheiden sich im Wesentlichen nur im **Vergangenheits- oder Gegenwartsbezug.** In beiden Fällen ergeben sich die Preise extern (als Transaktions- oder Marktpreis) und sind ohne oder mit geringem Ermessen zu bestimmen. **Finanzmathematische Modellwerte,** wie etwa der diskontierte *cash flow* (DCF), sind hingegen wesentliche **Zukunftswerte,** die sich aus Annahmen über zukünftige Entwicklungen (von *cash flows,* bei Optionspreismodellen z. B. von zukünftigen Volatilitäten) ergeben. Derartige Zukunftseinschätzungen sind notwendig **subjektiv und ermessensbehaftet.** Das Management ist aufgerufen, Annahmen über zukünftige *cash flows,* risikoangemessene Diskontierungszinssätze, Fortgeltung der Volatilitäten der Vergangenheit für die Zukunft usw. festzulegen, aus denen sich dann die Modellwerte ergeben. Hierbei kann sowohl der nichtlineare Zusammenhang zwischen einer einzelnen Modellprämisse und dem Modellwert als auch die mulitiplikative Verknüpfung verschiedener Modellparameter dazu führen, dass kleinste Änderungen in den Prämissen zu größten Abweichungen beim Berechnungsergebnis führen. Die **kapitalmarkt**orientierte kann sich dadurch in eine **management**orientierte Rechnungslegung verwandeln. Diese verliert dann unter Umständen auch ihre **dienende** Funktion der Abbildung von Realitäten und **schafft** selbst Realitäten, indem das Management vermehrt in solche Werte investiert, deren Bilanzierungserfolg (kurz- und mittelfristig) manipulierbar ist.[59]

8.2.3 Erfolgswirksame *fair value*-Bewertung von Verbindlichkeiten

277 Werden finanzielle Verbindlichkeiten ausnahmsweise – als Konsequenz einer Anwendung der *fair value option* (Rz 181) – erfolgswirksam zum *fair value* bewertet, sind nach IAS 39 alle Wertänderungen erfolgswirksam zu erfassen, während nach IFRS 9 vorrangig eine Aufspaltung der Wertänderung erforderlich ist:
- Erträge und Aufwendungen, die sich aus einer Änderung des Kreditausfallrisikos *(changes in the credit risk)* bzw. des Preises für das Kreditausfallrisiko ergeben, sind im sonstigen Ergebnis *(other comprehensive income)* zu erfassen.
- Der verbleibende Betrag der Änderung des beizulegenden Zeitwerts der Verbindlichkeit muss im Periodenergebnis *(profit or loss)* ausgewiesen werden (IFRS 9.5.7.1(c), IFRS 9.5.7.7f.).

---

[59] Vgl. zu den Problemen des fair value accounting, insbesondere bei Fehlen von Marktpreisen: BALLWIESER/KÜTING/SCHILDBACH, BFuP 2004, S. 529 ff.; HOMMEL/HERMANN, DB 2003, S. 2501 ff.; HOFFMANN/LÜDENBACH, StuB 2002, S. 541 ff.; LÜDENBACH/HOFFMANN, DB 2002, S. 1169; LÜDENBACH/HOFFMANN, DStR 2002, S. 231; VATER, BBK F20, S. 655.

Auf eine Aufspaltung kann allerdings verzichtet werden, wenn die Erfassung der Änderungen des Kreditausfallrisikos der Verbindlichkeit im sonstigen Ergebnis (*other comprehensive income*) einen *accounting mismatch* im Periodenergebnis (*profit or loss*) verursacht oder verstärkt. Bei der *fair-value*-Option für **Kreditzusagen** oder **Finanzgarantien** ist eine Aufteilung nicht vorzunehmen, vielmehr der gesamte Bewertungserfolg in der GuV zu erfassen (IFRS 9.5.7.9).

Die i.d.R. als sonstiges Ergebnis (*other comprehensive income*) zu erfassende kreditrisikobedingte Wertänderung betrifft die Veränderung des Risikos, dass wegen Nichterfüllung der Vertragspflichten beim Vertragspartner ein finanzieller Verlust entsteht (IFRS 7.Anhang A). Der Ausdruck Kreditrisiko bezieht sich dabei auf genau jene Verbindlichkeit, für die die Zeitwertoption ausgeübt wurde, und nicht notwendigerweise auf die Bonität des Emittenten (IFRS 9.B5.7.13). 278

Beispiel
Die X-AG emittiert sowohl eine dinglich besicherte (*collaterised*) Verbindlichkeit als auch eine nicht dinglich besicherte Verbindlichkeit. Beide Verbindlichkeiten sind ansonsten identisch. In diesem Fall wird dennoch das Kreditrisiko der besicherten Verbindlichkeiten anders, nämlich geringer, sein als jenes der nicht besicherten. Das Kreditrisiko einer dinglich besicherten Verbindlichkeit kann in der Nähe von null liegen. Dessen ungeachtet ist die Bonität der X-AG natürlich in beiden Fällen stets dieselbe.

Das Kreditrisiko ist vom vermögenswertspezifischen (Abschneidens-)Risiko (*asset-specific performance risk*) zu unterscheiden. Bei Letzterem geht es nicht um das Risiko, dass ein Unternehmen einer bestimmten Verpflichtung nicht nachkommen wird. Vielmehr geht es um das Risiko, dass ein Vermögenswert oder eine Gruppe von Vermögenswerten schlecht abschneidet, d.h. einen nicht zufriedenstellenden oder gar keinen Nutzen erwirtschaftet (IFRS 9.B5.7.14–9.B5.7.15). 279

Die **Ermittlung kreditrisikobedingter Zeitwertänderungen** kann sich als schwierig erweisen (IFRS 9.BC4.49e). Die im sonstigen Gesamtergebnis auszuweisende kreditrisikobedingte Zeitwertänderung ist nach einer der folgenden Methoden zu ermitteln (IFRS 9.B5.7.16ff.): 280

- Als Betrag der Zeitwertänderung, die nicht auf Änderungen der Marktbedingungen zurückzuführen ist, welche zu Marktrisiken führen (**Restwertmethode**). Änderungen der Marktbedingungen, die zu Marktrisiken führen, umfassen u.a. Änderungen eines Referenzzinssatzes und eines Wechselkurses.
- Nach einer **alternativen Methode**, die nach Ansicht des Unternehmens zu einer getreueren Ermittlung der kreditrisikobedingten Zeitwertänderung führt.

Der Standard erläutert die Berechnung für den einfachen Fall, dass Zeitwertänderungen, welche aus anderen Faktoren resultieren, als Änderungen des Kreditrisikos des Instruments oder Änderungen eines beobachteten (Referenz-)Zinssatzes nicht signifikant sind. Diese Methode stellt in der Praxis in vielen Fällen eine hinreichend gute Annäherung dar (IFRS 9.B5.7.18f., 9.BC5.58f. und BC5.62). Sind jedoch Zeitwertänderungen aus diesen anderen Faktoren signifikant, so ist die Anwendung einer alternativen Methode erforderlich. Enthält das Instrument etwa ein eingebettetes Derivat, so darf die Änderung des beizulegenden Zeitwerts von diesem Derivat nicht in den im sonstigen Gesamtergebnis zu erfassenden Betrag einbezogen werden (IFRS 9.B5.7.19). Bei der Ermittlung der kreditrisikobedingten Wertänderung ist im Übrigen soweit wie möglich auf Marktparameter zurückzugreifen (IFRS 9.B5.7.20).

> **Beispiel**
> Die X-AG emittiert am 1.1.01 eine Schuldverschreibung zu den folgenden marktüblichen Konditionen:
>
> Fixe Verzinsung: 8 % p.a. (zahlbar im Nachhinein)
> Nennwert: 150.000 EUR
> Laufzeit: 10 Jahre
>
> Das Unternehmen verwendet den EURIBOR als beobachtbaren Referenzzinssatz, welcher im Emissionszeitpunkt 5 % beträgt. Am 31.12.01 ist der EURIBOR auf 4,75 % gesunken. Der notierte Marktwert der Schuldverschreibung beträgt 154.000 EUR. Die Veränderung des EURIBOR ist die einzig relevante Veränderung der Marktkonditionen. Der interne Zinssatz der Verbindlichkeit beträgt am 1.1.01 8 %, d.h., der Nominalzins entspricht dem Effektivzins. Der EURIBOR zu Jahresbeginn beträgt 5 %. Auf dieser Grundlage kann die ursprüngliche Kreditmarge (*credit spread*) von 3 % ermittelt werden. Zum 31.12.01 ergibt sich auf Basis dieser ursprünglichen Kreditmarge, aber des aktuellen EURIBOR, d.h. diskontiert mit 7,75 % ein Barwert von 152.367 EUR. Die Differenz dieses Barwerts zum Marktwert (1.633 EUR) ergibt den im sonstigen Ergebnis zu erfassenden Betrag.

281 In **seltenen Fällen** könnte der Ausweis der kreditrisikobedingten Zeitwertänderungen nach der Restwertmethode zur Entstehung bzw. Vergrößerung einer Inkonsistenz im Periodenerfolg (d.h. in der GuV) führen, mit der Folge, dass dann sämtliche Zeitwertänderungen in die GuV einfließen (IFRS 9.B5.7.5). Bei dieser Beurteilung kommt es darauf an, ob das Unternehmen bereits im Zugangszeitpunkt erwartet, dass die Auswirkungen der Änderung des Kreditrisikos der Schuld im Periodenerfolg durch eine Änderung des beizulegenden Zeitwerts eines anderen Finanzinstruments ausgeglichen werden, das ebenfalls erfolgswirksam zum beizulegenden Zeitwert bilanziert wird. Eine solche Erwartung muss auf einer wirtschaftlichen Beziehung zwischen den Eigenschaften der Verbindlichkeit, für die die Zeitwertoption ausgeübt wird, und den Eigenschaften des anderen Finanzinstruments basieren (IFRS 9.B5.7.6, 9.B5.7.11, 9.BC5.37 und 9.BC5.40). Eine solche wirtschaftliche Beziehung wird in vielen Fällen auf einer vertraglichen Verbindung (*contractual linkage*) zwischen den betroffenen Finanzinstrumenten beruhen. Dies muss allerdings nicht immer der Fall sein (IFRS 9.B5.7.10–9.B5.7.11 und 9.BC5.41). Ein Beispiel für die Inanspruchnahme der Ausnahmeregel ist der Fall, dass ein Unternehmen große Portfolien finanzieller Vermögenswerte erfolgswirksam zum beizulegenden Zeitwert bilanziert und eine (oben beschriebene) wirtschaftliche Beziehung zu den Verbindlichkeiten, für die die Zeitwertoption ausgeübt wird, besteht (IFRS 9.BC5.37). Für Zwecke dieser Beurteilung sind nur solche Inkonsistenzen anerkannt, welche auf der beschriebenen ausgleichenden wirtschaftlichen

Beziehung basieren, und nicht solche, welche einzig und allein auf Messungenauigkeiten zurückzuführen sind (IFRS 9.B5.7.12).

8.2.4 Folgebewertung von nicht für Sicherungszwecke verwendeten Derivaten

Nicht zur Sicherung gehaltene Derivate fallen gem. IAS 39.9 bzw. IFRS 9.A stets in die Kategorie der zu Handelszwecken gehaltenen Vermögenswerte oder Schulden *(held for trading)*. Die **Erstbewertung** erfolgt nominell zum *fair value*, faktisch häufig zu Anschaffungskosten (Rz 179). Dabei lassen sich hinsichtlich der **Höhe** der Anschaffungskosten zwei Konstellationen unterscheiden:

- Anschaffungskosten sind **null**: Insbesondere bei Termingeschäften und Zinsswaps entstehen i.d.R. keine Anschaffungskosten, weil bei diesen Geschäften die Risiken zwischen den beiden Vertragsparteien gleichmäßig verteilt sind. Nur bei nicht marktgerechten Vertragsparametern (z.B. weil der in einem Devisentermingeschäft festgelegte Kurs nicht dem aktuellen Terminkurs am Devisenmarkt entspricht) ist der Marktwert eines Termingeschäfts oder Swaps bei Begründung ungleich null.
- Anschaffungskosten sind **ungleich null**: Derivate, die eine asymmetrische Risikoverteilung zwischen den Vertragsparteien aufweisen (insb. Optionen), haben bei ihrer Begründung einen von null verschiedenen Marktwert. Der Marktwert einer Option ist im Zeitpunkt ihrer Begründung beim Optionsinhaber positiv (und damit zu aktivieren), hingegen beim Stillhalter negativ (und somit zu passivieren).

Die **Folgebewertung** von derivativen Instrumenten, die nicht als Sicherungsinstrument innerhalb eines *cash flow hedge* eingesetzt werden, ist erfolgswirksam zum *fair value* vorzunehmen (IAS 39.46 bzw. IFRS 9.5.2.1c): Der *fair value* am Stichtag ist in der Bilanz auszuweisen; Änderungen des *fair value* gegenüber dem letzten Stichtag sind in der GuV zu erfassen. Auch hier bestehen **wesentliche** Unterschiede zwischen Termingeschäften und Optionen:

- Der *fair value* eines Termingeschäfts kann für den Terminverkäufer oder den Terminkäufer positiv oder negativ sein. Die Höhe des *fair value* hängt dabei maßgeblich von dem Verhältnis zwischen dem im Termingeschäft fixierten Kurs bzw. Preis und dem aktuellen, für entsprechende Restlaufzeiten geltenden Terminkurs bzw. -preis ab.
- Der *fair value* eines Optionsgeschäfts ist für den Optionsinhaber nie negativ und für den Stillhalter nie positiv. Die Höhe des *fair value* hängt nicht nur von dem Verhältnis zwischen dem in der Option fixierten Kurs bzw. Preis und dem aktuellen Marktkurs bzw. -preis ab (= innerer Wert der Option). Bestandteil des *fair value* ist darüber hinaus auch der sog. Zeitwert der Option, der – vereinfacht – Ausdruck der Möglichkeit ist, dass sich der innere Wert der Option in der Zukunft erhöht (→ § 23 Rz 272).

Beispiel
Aktienderivatgeschäft Käufer **darf** (Option)/**muss** *(forward)* für 99 kaufen.
Kurse:
a) bei Vertragsschluss 100,
b) in t – 1: 120,
c) in t – 2: 80.
Optionsprämie 1 = innerer Wert bei Vertragsabschluss (Vernachlässigung Zeitwert, Beschränkung auf inneren Wert)

	Optionsgeschäft		Termingeschäft	
	Bilanz	GuV	Bilanz	GuV
a) Erstbewertung				
Käufer	1		1	
Verkäufer	– 1		– 1	
b) Folgebewertung t – 1: Kurs von 100 auf 120				
Käufer	21	20	21	20
Verkäufer	– 21	– 20	– 21	– 20
c) Folgebewertung t – 2: Kurs von 120 auf 80				
Käufer	0	– 21	– 19	– 40
Verkäufer	0	21	19	+ 40
d) Gesamterfolg				
Käufer		– 1		– 20
Verkäufer		+ 1		+ 20

In der Mehrzahl der Fälle treten Bewertungsmodelle an die Stelle von Marktpreisen.

284 Es stellt sich die Frage, wie verlässlich eine Wertermittlung sein muss, um zur verlässlichen *fair-value*-Bewertung zu führen. Würdigt man in dieser Hinsicht etwa das gängige **Black-Scholes-Modell** zur Bewertung von Optionen, so könnten sich Zweifel an der Angemessenheit des Modells aus der Verwendung realitätsfremder Prämissen ergeben. Hierzu gehört etwa die Annahme einer über die Laufzeit konstanten Volatilität des Basiswertes, eines über die Laufzeit risikolosen Zinssatzes, die Geltung des *law of one price* (Fehlen von Arbitrage-Chancen), das Fehlen von Transaktionskosten und Steuern, die beliebig hohe Aufnahme von Fremdmitteln, die Öffnung des Marktes zu jeder Stunde und Minute (Fehlen von Kurssprüngen). Einem derartigen grundlegenden **Zweifel** wird man bei der Bilanzierung jedoch nicht folgen können, da Optionspreismodelle ausdrücklich als an den Finanzmärkten etablierte Verfahren gelten.

285 Ein weiterer **Zweifel** ergibt sich jedoch aus der Verlässlichkeit der Anwendung im Einzelfall (→ § 23 Rz 272). Das Ergebnis einer Optionspreisbewertung nach

Black-Scholes hängt wesentlich von den **Volatilitätsannahmen** ab. Ein **erster Mangel** an Verlässlichkeit entsteht dann, wenn für den der Option zugrunde liegenden **Basiswert selbst keine** aus Börsenkursen ableitbaren Volatilitäten vorliegen und deshalb ersatzweise auf Branchenvolatilitäten, Volatilitäten ähnlicher börsennotierter Unternehmen usw. zurückgegriffen werden muss. Ein **zweiter Mangel** an Verlässlichkeit ergibt sich aus dem **Vergangenheitscharakter**, während die richtige Bestimmung des Optionspreises Zukunftsvolatilitäten voraussetzen würde. Die Zulässigkeit einer Zukunfts-Extrapolation von Vergangenheitswerten ist Sache des Einzelfalls.

8.3 Erfolgsneutrale Bewertung zum beizulegenden Zeitwert

8.3.1 Ausnahmecharakter

Innerhalb des *mixed model approach* für Finanzinstrumente stellt die erfolgsneutrale Bewertung zum beizulegenden Zeitwert eine Ausnahme dar. Die Änderungen des *fair value* gegenüber dem Bilanzansatz zum letzten Bewertungsstichtag sind über das *other comprehensive income* (OCI) **erfolgsneutral** im Eigenkapital zu erfassen (IAS 39.55b bzw. IFRS 9.5.7.1d). Hierin liegt ein wesentlicher **Unterschied** zu der **erfolgswirksamen** Erfassung von *fair value*-Änderungen.

286

Die **Rücklage für Zeitbewertung** muss nicht notwendigerweise als **eigene Kategorie** innerhalb der Bilanz und/oder der Eigenkapitalveränderungsrechnung aufgeführt werden. Eine Zusammenfassung mit anderen Rücklagen ist zulässig. Jedoch muss durch eine Gesamtergebnisrechnung erkennbar sein, welcher Wertänderungsbetrag bei veräußerbaren Werten unmittelbar im Eigenkapital erfasst ist (→ § 2 Rz 93).

287

Für die erfolgsneutrale Bewertung zum beizulegenden Zeitwert gelten ansonsten die gleichen Restriktionen wie bei einer erfolgswirksamen Erfassung (Rz 266). Durch die Erfassung im sonstigen Gesamtergebnis (OCI) wird allerdings eine Volatilität der GuV (zunächst) ausgeschlossen. Hinsichtlich der Folgebilanzierung ist danach zu unterscheiden, ob

288

- die *fair value*-Änderungen nur im Eigenkapital „geparkt" und anlassbezogen in die GuV umklassifiziert (*recycling*) werden oder
- es bei einer erfolgsneutralen Folgebewertung bleibt, die *fair value*-Änderung also in keiner späteren Periode erfolgswirksam wird.

Es fehlt im geltenden Recht an einer konzeptionellen Auseinandersetzung mit dem sonstigen Gesamtergebnis (*other comprehensive income*). Eine grundlegende Vorgabe ist dem laufenden Projekt zur Neufassung des Rahmenkonzepts (*conceptual framework*) vorbehalten.

8.3.2 Unwiderrufliche Designation von Eigenkapitalinstrumenten nach IFRS 9

Im Zugangszeitpunkt besteht für Investitionen in Eigenkapitalinstrumente (*equity instruments*), die in den Anwendungsbereich von IFRS 9 fallen und weder zu Handelszwecken (*held for trading*) gehalten werden, noch eine vom Erwerber bilanzierte bedingte Gegenleistung (*contingent consideration*) im Rahmen eines Unternehmenszusammenschlusses nach IFRS 3 darstellen (→ § 31 Rz 60), ein unwiderrufliches Wahlrecht, alle Änderungen des beizulegenden

289

Zeitwerts im sonstigen Ergebnis (*other comprehensive income*) zu erfassen (IFRS 9.5.7.1(b) und IFRS 9.5.7.5). Das Wahlrecht kann für jedes einzelne Finanzinstrument (*instrument-by-instrument approach*) gesondert ausgeübt werden (IFRS 9.B5.7.1). Werden mehrere (Eigenkapital-)Anteile an einem Unternehmen erworben, besteht die Möglichkeit zur teilweisen Designation über die OCI-Option und zwar unabhängig davon, ob die Anteile zum gleichen oder zu unterschiedlichen Zeitpunkten erworben wurden.

290 Wird das Wahlrecht ausgeübt, sind sämtliche Änderungen des beizulegenden Zeitwerts im sonstigen Gesamtergebnis zu erfassen. Auch bei Abgang des Finanzinstruments erfolgt kein *recycling*. Bei Ausübung des Wahlrechts zur erfolgsneutralen Bilanzierung von Eigenkapitalinstrumenten sind Dividenden aus solchen Anteilen aber weiterhin **erfolgswirksam** zu erfassen. Eine erfolgswirksame Erfassung ist allerdings ausgeschlossen, wenn die Dividende eindeutig eine Rückerlangung eines Teils der Anschaffungskosten des Instruments darstellt (IFRS 9.5.7.6 und IFRS 9.B5.7.1). Nach IFRS 9 ist deshalb nur bei eindeutiger Zuordnung eine erfolgsneutrale Behandlung geboten. Ein solcher eindeutiger Fall liegt vor allem bei Ausschüttungen unmittelbar nach Erwerb vor, bei späteren Ausschüttungen nur insoweit, als die Höhe der Ausschüttung das kumulierte Ergebnis seit Erwerb übersteigt. Beträge, die danach im sonstigen Gesamtergebnis enthalten sind, dürfen nicht in die GuV umgebucht werden (IFRS 9.B5.7.1 und IFRS 9.BC86(b)).

291 Für Zwecke des IFRS 9 ist die Definition des Begriffs „Eigenkapitalinstrument" aus IAS 32 heranzuziehen (IFRS 9, Appendix A). Die OCI-Option besteht daher – nach einem **Korrespondenzprinzip** – nur für Finanzinstrumente, die beim Emittenten als Eigenkapital zu klassifizieren sind. Nicht einschlägig ist die OCI-Option für Finanzinstrumente, die beim Emittenten als finanzielle Verbindlichkeit i.S.v. IAS 32 zu definieren sind, ausnahmsweise aber aber dennoch als Eigenkapitalinstrumente klassifiziert werden (→ § 20 Rz 32), weil sie über alle in IAS 32.16A-D beschriebenen Merkmale verfügen und die dort genannten Bedingungen erfüllen (IFRS 9.BC5.21). Betroffen sind kündbare Finanzinstrumente (*puttable financial instruments*) und Instrumente, die den Bilanzierenden dazu verpflichten, einer anderen Partei einen proportionalen Anteil seines Nettovermögens (nur) im Fall der Liquidation abzugeben. Somit ist die OCI-Option auf Einlagen in deutsche Personenhandelsgesellschaften und auf Anteile an offenen Investmentfonds regelmäßig nicht anwendbar. Verbleiben Zweifel, ob ein Finanzinstrument beim Emittenten der Eigenkapitaldefinition in IAS 32 entspricht, darf die OCI-Option ebenfalls nicht angewendet werden.

292 Bei **hybriden Instrumenten** mit Eigenkapitalkomponente (etwa Wandelschuldverschreibungen) ist die Option zur GuV-neutralen Erfassung nicht gegeben. IFRS 9.4.3.2 verbietet (anders als beim Emittenten) eine Aufteilung des Finanzinstrumentes. Dies ist vielmehr als Ganzes zu qualifizieren, stellt als Ganzes aber kein Eigenkapitalinstrument dar. Da es sich andererseits wegen der Eigenkapitalkomponenten aber auch nicht in Zins- und Tilgungsströmen erschöpft, ist es erfolgswirksam zum *fair value* zu erfassen. Auch derivative Finanzinstrumente, die beim Emittenten wegen der Erfüllung der *fixed-for-fixed*-Bedingung als Eigenkapital ausgewiesen werden, qualifizieren sich nicht für die OCI-Option.

293 Wenig konsistent ist die Behandlung von **Transaktionskosten** bei GuV-neutral behandelten Eigenkapitalinstrumenten. Beim Erwerb entstehende Transaktions-

kosten sind gem. IFRS 9.5.1.1 erfolgsneutral zu behandeln, eine entsprechende
Möglichkeit ist für bei Veräußerung anfallende Transaktionskosten jedoch nicht
vorgesehen, Letztere sind daher erfolgswirksam zu behandeln.[60]

Beispiel
Am 30.12.01 erwirbt U (ohne Handelsabsicht) Aktien für 100 + Transaktionskosten von 3. Der Börsenkurs am 31.12.01 beträgt ebenfalls 100. Am 1.7.02 werden die Aktien entgegen der ursprünglichen Absicht veräußert, und zwar für 110, wobei Transaktionskosten von 2 anfallen.

Datum	Konto	Soll	Haben
30.12.02:	Aktien	100	
	Geld		100
	Aktien	3	
	Geld		3
31.12.01	EK	3	
	Aktien		3
1.7.02:	Geld	110	
	Aktien		100
	EK		10
	Aufwand	2	
	Geld		2

8.3.3 Schuldinstrumente mit divergenter Zielsetzung nach IFRS 9

Die Ziele des Geschäftsmodells eines Unternehmens können sowohl die Vereinnahmung der vertraglichen Zahlungsströme aus den finanziellen Vermögenswerten als auch die Generierung von Erträgen aus deren Veräußerung vorsehen (Rz 114). Eine solche, auf den ersten Blick divergente Zielsetzung, ergibt sich u. a. zur Aufrechterhaltung einer bestimmten Liquidität oder zur Anpassung der zeitlichen Struktur von Aktiv- und Passivseite. Sofern die finanziellen Vermögenswerte auch das Zahlungsstromkriterium erfüllen, erfolgt die Bilanzierung innerhalb der zusätzlichen Kategorie *fair value through OCI* (Rz 286), für die ein *recycling* zunächst im Eigenkapital zu parkender fair value-Änderungen vorgesehen ist.

Eine Beurteilung etwaiger Verkäufe aus dem Bestand – analog der Kategorie *at amortised costs* – muss nicht vorgenommen werden, da das Geschäftsmodell auch die Realisierung von Erträgen aus Veräußerungen der finanziellen Vermögenswerte beinhaltet. Die Folgebewertung erfolgt zunächst erfolgsneutral zum beizulegenden Zeitwert. Zinsen werden erfolgswirksam anhand der Effektivzinsmethode vereinnahmt. Über die Anschaffungskosten hinausgehende Änderungen des *fair value* werden erfolgsneutral im OCI erfasst. Bei Abgang des Finanzinstruments ist ein ergebniswirksames *recycling* der im OCI erfassten und fortentwickelten *fair value*-Schwankungen in die Gewinn- und Verlustrechnung vorzunehmen.

---

[60] Gl. A. KPMG, Insights into IFRS 2014/15, Tz. 7A.270.10.

296 Die Bewertung von Schuldinstrumenten in der Kategorie *fair value through other comprehensive income* wurde erst nachträglich in den Katalog der Bewertungsvorschriften des IFRS 9 aufgenommen. Die Vorgaben entsprechen weitgehend der bilanziellen Behandlung von Schuldinstrumenten, die nach IAS 39 als *available for sale instruments* klassifiziert wurden. Eine Abweichung ergibt sich allerdings durch den geforderten Nachweis des Geschäftsmodells. Eine residuale Einstufung als erfolgsneutral zum *fair value* bewertet scheidet aus.

8.3.4 Veräußerbare Werte als Restkategorie nach IAS 39

297 Veräußerbare Werte (AfS) stellen nach den noch geltenden Vorgaben des IAS 39 eine **Restkategorie** dar. Alle aktiven Finanzinstrumente, die weder Darlehen/Forderungen (LaR) noch Fälligkeitswerte (HTM), noch notwendige oder gewillkürte Handelswerte (FVTPL) sind, also alle Werte, die keiner der anderen bisher erläuterten Klassen angehören, fallen in die Kategorie **veräußerbare** Werte. Für die Abgrenzung zu den anderen Bewertungskategorien ist die **ursprüngliche** Verwendungsabsicht maßgeblich. Ein ursprünglich ohne kurzfristige Veräußerungsabsicht erworbenes Eigenkapitalinstrument wird daher auch dann nicht zum Bilanzstichtag umklassifiziert, wenn nunmehr die Veräußerung alsbald nach dem Stichtag geplant ist. Durch das im Oktober 2008 verabschiedete *Amendment* zu IAS 39 ist es jedoch zu Erleichterungen bei der Umklassifizierung von AfS nach Darlehen/Forderungen (LaR) oder in Fälligkeitswerte (HTM) gekommen (Rz 172).

298 Für die Folgebewertung von *available for sale instruments* gilt gem. IAS 39.55b im Fall von Wertänderungen in der Folgeperiode:
- Die GuV bleibt von normalen Wertschwankungen (Volatilitäten) zunächst unberührt. Das **Bewertungsergebnis** wird **im Eigenkapital „geparkt"**.
- Erst mit tatsächlicher Realisation der Wertänderung durch **Veräußerung** oder bei **gravierender Wertminderung** (außerplanmäßige Abschreibung) erfolgt eine Umbuchung aus der *afs*-Rücklage in die GuV (*recycling*).

Hinsichtlich der Folgebewertung, insbesondere nach Erfassung einer erfolgswirksamen Abwertung (*impairment*) ist eine Differenzierung zwischen Eigenkapital- und Schuldinstrumenten erforderlich (Rz 156).

299 Notiert ein als *available for sale* qualifiziertes Finanzinstrument in **fremder Währung**, ist bez. der Behandlung des Währungsumrechnungserfolgs gem. IAS 39.AG83 wie folgt zu differenzieren:
- Bei **monetären** *available for sale assets* (z.B. Rentenpapiere) ist der Umrechnungseffekt in einen erfolgswirksamen Teil (soweit auf Amortisierung der Anschaffungsnebenkosten etc. entfallend) und ein erfolgsneutrales Element (soweit auf Änderungen von Marktbedingungen etc. entfallend) zu splitten.
- Bei **nicht-monetären** *available for sale assets* (z.B. Aktien und sonstige Anteile) ist auch der Umrechnungseffekt wie jede andere Wertänderung erfolgsneutral zu behandeln (→ § 27 Rz 18).

8.4 Ausnahmsweise Bewertung *at cost*

300 Im Anwendungsbereich von IFRS 9 gilt: Die Anschaffungskosten eines Finanzinstruments können in begrenzten Umständen ausnahmsweise eine geeignete Schätzung des beizulegenden Zeitwerts darstellen. Dies ist möglicherweise der

Finanzinstrumente § 28

Fall, wenn unzureichende aktuelle Informationen zur Ermittlung des Zeitwerts verfügbar sind, oder wenn eine weite Bandbreite möglicher Zeitwerte existiert und die Anschaffungskosten die beste Schätzung des Zeitwerts in dieser Bandbreite darstellen. Treten nach Anschaffung signifikante und zum Anschaffungszeitpunkt nicht antizipierte Veränderungen in externen Umständen (z.b. wirtschaftliche Entwicklung der Branche, Änderung branchentypischer Bewertungsmultiplikatoren) oder internen Bedingungen (z.b. grundlegende Revision der Businesspläne) auf, sind die Anschaffungskosten aber kein geeigneter Schätzungsmaßstab.[61] Für Anteile, die von bestimmten Unternehmen wie Finanzinstitutionen und Investmentfonds gehalten werden, ist die Ausnahmeregelung unabhängig von solchen Veränderungen nie anwendbar (IFRS 9.BC80).

IAS 39 konzediert demgegenüber, dass in einzelnen Fällen eine verlässliche *fair value*-Ermittlung unmöglich sein kann, generell gilt: Die **Bewertungstechniken** müssen eine **verlässliche Bestimmung** des *fair value* ermöglichen. Diese Möglichkeit wird für Fremdkapitalinstrumente generell bejaht (IAS 39.AG77). Eine DCF-Bewertung von Fremdkapitalinstrumenten kann danach durch den Vergleich der Marktkonditionen bei der Anschaffung des Instrumentes mit den aktuellen Marktkonditionen (oder Zinsen aktueller vom Unternehmen begebener Fremdkapitalinstrumente) immer eine hinreichende Zuverlässigkeit erreichen. Für **nicht-notierte Eigenkapitalinstrumente** wird hingegen die nicht verlässliche Bestimmbarkeit des *fair value* als – wenn auch seltene (IAS 39.AG80f.) – Möglichkeit eingeräumt. Der Ansatz solcher Instrumente erfolgt dann **hilfsweise zu Anschaffungskosten** (IAS 39.46c). 301

Eine *fair value*-(Folge-)Bewertung scheidet nur aus, wenn bei fehlender Möglichkeit zur Beobachtung eines objektivierbaren Werts der Rückgriff auf Bewertungstechniken zu einer Vielzahl unterschiedlicher Ergebnisse führt, denen keine Eintrittswahrscheinlichkeit zugewiesen werden kann. Die Zulässigkeit einer Bewertung zu Anschaffungskosten setzt kumulativ voraus, dass 302
- über den Einsatz einer oder mehrerer unterschiedlicher Bewertungstechniken nur ein breites Intervall möglicher Werte festgestellt wird,
- welches nicht über eine Einschätzung der Eintrittswahrscheinlichkeit verschiedener Ausgänge begrenzt werden kann.

Hinsichtlich der ersten Bedingung ist allerdings eine Beschränkung auf *„reasonable fair value estimates"* beachtlich (IAS 39.AG80), eine willkürliche Auswahl unterschiedlicher Annahmen und Prämissen zur Erreichung eines breiten Intervalls möglicher Werte also ausgeschlossen.

Damit stellt sich die Frage, wie **hoch die Anforderungen an die Verlässlichkeit** der *fair-value*-Bestimmung sein müssen, um den hilfsweisen Anschaffungskostenansatz auszuschließen. Die Antwort erfolgt konzeptionell (nicht begrifflich) in der Form einer **widerlegbaren Vermutung**: 303
- Nach der **Grundannahme** ist **auch der** *fair value* **von Eigenkapitalinstrumenten normalerweise verlässlich bestimmbar** (IAS 39.AG81).
- Liefert die Anwendung einer Bewertungsmethode kein eindeutiges Ergebnis, sondern ein Intervall möglicher Werte, ist dies unschädlich, sofern das **Intervall keine signifikante Breite** aufweist **und/oder** den Werten innerhalb des

---

[61] Vgl. KPMG, Insights into IFRS 2014/15, Tz. 7A.220.20ff.

1793

Intervalls begründete Wahrscheinlichkeiten zur Gewichtung zugeordnet werden können (IAS 39.AG80).
- Nur wenn beide Voraussetzungen nicht erfüllt sind, d.h. die **Varianz der Werte weder insignifikant noch über Wahrscheinlichkeiten gewichtungsfähig** ist, fehlt es an der nötigen Verlässlichkeit der *fair-value*-Bestimmung (IAS 39.AG81).

Die Folgebewertung hat dann **hilfsweise zu Anschaffungskosten** (*at cost*) zu erfolgen (IAS 39.46c i.V.m. IAS 39.AG 80–81). Für die Rechtfertigung einer außerplanmäßigen Abschreibung (auf den Barwert der zukünftig erwarteten Rückflüsse) gelten ebenfalls die Kriterien aus IAS 39.59 (Rz 325). Eine spätere Wertaufholung ist hier allerdings generell unzulässig (IAS 39.66).

9 Erfassung von Wertberichtigungen

9.1 Die Berücksichtigung des erwarteten Verlusts (*expected loss*) nach IFRS 9

9.1.1 Anwendungsbereich und vereinfachtes Modell

304 In den Anwendungsbereich der Wertminderungsvorschriften des IFRS 9 fallen gem. IFRS 9.5.5.1 die finanziellen Vermögenswerte folgender Kategorien:
- *at amortised costs*
- *fair value through OCI* (für die allerdings besondere Ausweisvorschriften bei der Bildung der Risikovorsorge beachtlich sind, Rz 358).

Zudem umfasst der Anwendungsbereich auch die nach IFRS 15 aktivierten Vertragskosten (→ § 25) und Leasingforderungen gem. IAS 17. Auf diese Weise soll die Bilanzierungspraxis an die interne Steuerung der finanziellen Vermögenswerte angenähert werden. Ausgeschlossen sind allerdings Eigenkapitalinstrumente und finanzielle Vermögenswerte, die erfolgswirksam zum *fair value* bewertet werden. Eine Gruppierung von finanziellen Vermögenswerten ist unter Beachtung einer Homogenitätsanforderung zulässig.

305 Eine Erfassung von Kreditzusagen (*loan committments*, Rz 33) und Finanzgarantien (Rz 186) ist gleichfalls innerhalb des Wertminderungsmodells vorgesehen (Rz 41). Abzustellen ist nicht auf den Zeitpunkt der bilanziellen Erfassung, sondern auf den Zeitpunkt des Zustandekommens der vertragsähnlichen (Rz 47) Vereinbarung.

306 Das allgemeine Wertminderungsmodell von IFRS 9 sieht drei Stufen der Risikovorsorge vor (Rz 312). Es besteht nach IFRS 9.5.5.15 f. ein Wahlrecht für bestimmte Vermögenswerte statt diesem allgemeinen ein vereinfachtes Modell anzuwenden. Betroffen von dem Wahlrecht sind
- Forderungen aus Lieferungen und Leistungen,
- Forderungen aus Leasingverhältnissen und
- gemäß IFRS 15 aktivierte Vertragskosten.

Bei Ausübung des Wahlrechts sind die betroffenen finanziellen Vermögenswerte ausschließlich den (Wertberichtigungs-)Stufen 2 und 3 zuzuordnen. Dies ergibt sich dadurch, dass hier eine Pflicht zur Berücksichtigung der kumulierten Ausfallwahrscheinlichkeiten über die Restlaufzeit besteht.

307 Für die Bestimmung der erforderlichen Risikovorsorge für Forderungen aus Lieferung und Leistung (*trade receivables*) kann als Vereinfachung auf eine

Risikovorsorgematrix (*provision matrix*) abgestellt werden, die in Abhängigkeit der (Über-)Fälligkeit homogener Portfolien von finanziellen Vermögenswerten unterschiedliche Abschläge als *lifetime expected loss* vorsieht (IFRS 9.B5.5.35). Für die Herleitung der *provision matrix* sind Erfahrungswerte aus der Vergangenheit und aktuelle (auch makroökonomische) Erwartungen heranzuziehen, die allerdings fortlaufend auf ihre Aktualität zu überprüfen sind.

Beispiel
Unternehmen U hat diverse Forderungen aus der Veräußerung eigener Produkte mit einem Gesamtvolumen von 100.000 GE gegenüber einer Vielzahl, einzeln nicht wesentlicher Kunden in der gleichen Region, die alle keine wesentliche Finanzierungskomponente aufweisen. Für die Bestimmung der erforderlichen Risikovorsorge (in Ausübung des Wahlrechts basierend auf dem *lifetime expected loss*) verwendet U eine Matrix in Abhängigkeit der (Über-)Fälligkeit der einzelnen Forderungen. Die *provision matrix* wurde basierend auf historischen Erfahrungswerten und aktuellen Erwartungen aufgestellt und wird zu jedem Stichtag aktualisiert. Für den aktuellen Stichtag ergibt sich folgende Risikovorsorge:

	expected credit loss	*trade receivables*	Risikovorsorge
Nicht fällig	0,25 %	40.000	100
1–30 Tage überfällig	1,5 %	25.000	375
31–60 Tage überfällig	3,5 %	20.000	700
61–90 Tage überfällig	6,5 %	10.000	650
Über 90 Tage überfällig	10,5 %	5.000	525
Summe		100.000	2.350

Sollte das vereinfachte Wertminderungsmodell Anwendung finden und bereits bei Erstansatz des finanziellen Vermögenswertes objektive Hinweise auf eine Wertminderung vorliegen (*credit impaired financial instrument*), gelten besondere Bilanzierungsregeln (IFRS 9.5.5.13f.). Bei Anwendung der Effektivzinsmethode ist dann anstatt der vertraglichen auf die erwarteten Zahlungsströme zurückzugreifen. Diese Zahlungsströme sind bereits um erwartete Verluste gemindert. Alle Verluste werden mit dem so berechneten Effektivzins errechnet und erfolgswirksam erfasst. Bei der Berechnung von Zins- und Tilgungsanteil ist der bereits um die zu erwartenden Verluste geminderte Buchwert des finanziellen Vermögenswertes anzuwenden (wie auch bei Stufe 3). Die Erfassung eines *expected loss* scheidet aus. Die Klassifizierung eines Finanzinstruments im Zugangszeitpunkt als bereits *credit impaired* stellt aber eine absolute Ausnahme dar.
Von den Vorgaben zur pflichtweisen Erfassung einer Risikovorsorge im Zugangszeitpunkt sind gem. IFRS 9.B5.5.22 finanzielle Vermögenswerte mit einem nur geringen Ausfallrisiko (*low credit risk exception*) ausgenommen. Es besteht eine Wahlmöglichkeit zur Anwendung der Ausnahme für einzelne Finanzinstrumente (*instrument by instrument*). Als Beispiel für ein Finanzinstrument mit

geringem Ausfallrisiko wird eine externe Krediteinschätzung (*rating*) als *investment grade* angesehen (IFRS 9.B5.5.23). Die Klassifizierung von finanziellen Vermögenswerten als solche mit geringem Ausfallrisiko kann nur ausnahmsweise (etwa für quasi-risikolose Staatsanleihen, die nahezu kein Ausfallrisiko aufweisen) in Anspruch genommen werden.

310 Für die Abgrenzung des Anwendungsbereichs der Vermögenswerte, für die eine Wertberichtigung nach dem *expected loss model* vorgesehen ist, kann auf folgenden Entscheidungsbaum zurückgegriffen werden:

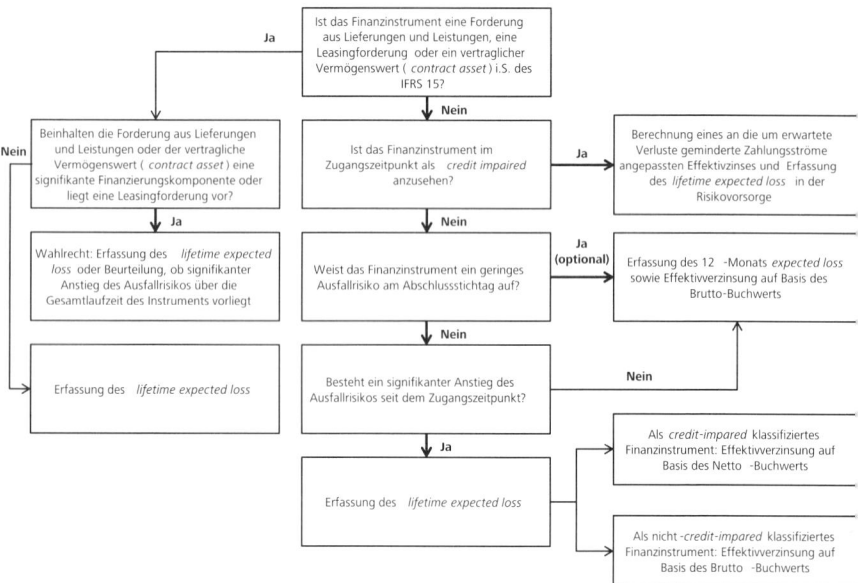

311 Unklar ist das Verhältnis der Vorgaben von IFRS 9 zu den Vorschriften der Zugangsbewertung eines finanziellen Vermögenswerts im Rahmen einer *business combination*. Wir halten die Erfassung einer Risikovorsorge im Zugangszeitpunkt für den erwarteten Verlust innerhalb der nächsten 12 Monate unabhängig von einer *fair value*-Bewertung der finanziellen Vermögenswerte zum Erstkonsolidierungszeitpunkt (→ § 31 Rz 98) für geboten.

9.1.2 Einführung eines dreistufigen Modells

312 In Abkehr von dem *incurred loss model* aus IAS 39 (Rz 314) sind nach IFRS 9 erwartete Verluste *(expected losses)* zu erfassen, auch wenn zum Zeitpunkt der Bilanzierung noch keine konkreten Hinweise für einen Zahlungsausfall vorliegen. Das neue Wertminderungsmodell sieht eine Gliederung der finanziellen Vermögenswerte in drei Stufen der Wertberichtigung vor. Für die Bestimmung des erforderlichen Umfangs der Risikovorsorge ist auf die *loan loss provisioning methodology* zurückzugreifen. Für die Bestimmung des *expected credit loss* (ECL) bedarf es einer Bestimmung des Produkts aus
- dem **erwarteten** (Netto-)**Anspruch** (*exposure at default*, EAD) aus dem Finanzinstrument, der i.d.R. dem vereinbarten Kapitaldienst, somit als der Summe aus Zins- und Tilgungsleistungen entspricht,

- der **periodenbezogenen Ausfallwahrscheinlichkeit** (*probability of default*, PD), die in Abhängigkeit von der Verfügbarkeit von Informationen aus historischen Erkenntnissen (*actual historic default rates*) oder impliziten aktuellen Erwartungen (*implied current market default rates*) abzuleiten ist, und
- dem **Verlust bei tatsächlichem Ausfall** (*loss given default*, LGD) unter Berücksichtigung eines noch zu vereinnahmenden anteiligen Betrags (*recovery rate*).

Die Zugehörigkeit zu einer Stufe richtet sich nach der Höhe der zu erwartenden Verluste und den zu realisierenden Zinsen. 313

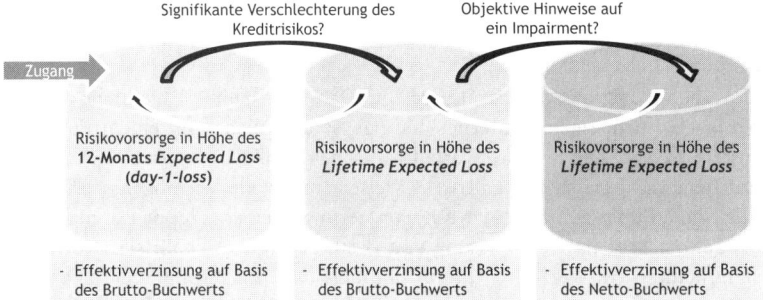

In der Regel werden unter Stufe 1 bei Erstansatz alle finanziellen Vermögenswerte subsumiert. Die Höhe der innerhalb von 12 Monaten nach Zugangszeitpunkt zu erwartenden Verluste muss bestimmt werden. Zur Berechnung der Verluste werden die erwarteten Zahlungsströme gem. IFRS 9.5.5.17 mit der Wahrscheinlichkeit eines Ausfalls innerhalb der 12 auf den Abschlussstichtag folgenden Monate multipliziert. Für die Berechnung der erwarteten Verluste sind – entgegen der Bezeichnung des „*12-month expected credit loss*" – die für die Gesamtlaufzeit erwarteten Zahlungsströme zugrunde zulegen. Die Erfassung der Wertminderung erfolgt gem. IFRS 9.5.5.8 ergebniswirksam. Im Hinblick auf die Anwendung der Effektivzinsmethode ist jedoch nach IFRS 9.B5.5.33 weiterhin der Wert des finanziellen Vermögenswertes vor Wertminderung maßgeblich. 314

> **Beispiel**
> Bank B reicht am 01.01.20x1 ein Darlehen mit einem Nominalbetrag von 1.000 GE und einer Laufzeit von 5 Jahren aus. Unter Berücksichtigung aller verfügbarer, auch makroökonomischer Informationen und Erwartungen geht B von einer Ausfallwahrscheinlichkeit (*probability of default*, PD) von 0,25 % innerhalb der nächsten 12 Monate aus. Eine Änderung der 12-Monats PD wird als Anhaltspunkt für eine Verschlechterung des Kreditrisikos für die Gesamtlaufzeit des Darlehens angesehen, somit ein Zusammenhang unterstellt. Es gilt daher: Änderungen der 12-Monats-Ausfallwahrscheinlichkeit stellen eine zulässige Approximation der Veränderungen des (Gesamt-)Kreditrisikos dar. Im Zugangszeitpunkt geht B – unter Berücksichtigung bestehender Sicherheiten – von einem Verlust im Umfang von 20 % des Nominalbetrags (*loss given default*, LGD) bei Ausfall des Schuldners aus. Für die Berechnung der erforderlichen Risikovorsorge wendet B folgende Formel an:

> ECL = LGD × PD (12 Monate) × Nominalbetrag (= *exposure at default*)
> Die notwendige Risikovorsorge ergibt sich somit mit einem Betrag von 0,5 GE. Die 12-Monats-Ausfallwahrscheinlichkeit wird auf den gesamten Nominalbetrag und nicht nur die Zahlungen der nächsten 12 Monate bezogen.

315 Sofern das Ausfallrisiko eines finanziellen Vermögenswerts signifikant ansteigt, ist dieser gem. IFRS 9.5.5.9 der Stufe 2 zuzuordnen. Maßgeblich ist das Risiko am Abschlussstichtag. Geboten ist eine Gegenüberstellung des relativen Ausfallrisikos zum aktuellen und zum vorangegangenen Stichtag. Unbeachtlich bleibt die Höhe des absoluten Ausfallrisikos (*loss given default*). Entscheidend ist der relative Anstieg in der Wahrscheinlichkeit eines Ausfalls (*probability of default*).

> **Beispiel**
> Unternehmen B klassifiziert ausgereichte Darlehen in unterschiedliche Gruppen nach einem eigenen internen Ratingsystem, welches auf einem Punktesystem basiert. Die höchste Ausfallwahrscheinlichkeit wird mit 20 Punkten beziffert, das geringste Kreditrisiko weisen finanzielle Vermögenswerte mit nur einem Punkt auf. Bei einer Kategorisierung in einer Gruppe mit maximal 5 Punkten liegt nach Auffassung von B ein geringes Ausfallrisiko vor. Als signifikanter Anstieg wird intern eine absolute Steigerung innerhalb der Kategorisierung um 5 Punkte festgelegt. Zum 01.01.20x1 gibt B zwei Darlehen aus, die ein unterschiedliches Kreditrisiko aufweisen. Für beide Darlehen wird im Zugangszeitpunkt der 12-Monats-*expected loss* erfasst.
> - Das Ausfallrisiko des Darlehens 1 wird im Zugangszeitpunkt mit 2 Punkten bewertet. Nach Ablauf einer Periode erfolgt wegen einer Bonitätsverschlechterung des Schuldners eine Bewertung mit 8 Punkten.
> - Das Risiko eines Ausfalls für Darlehen 2 wird im Zugangszeitpunkt bereits mit 5 Punkten bewertet. Bis zum nächsten Stichtag erfolgt eine Anpassung auf ebenfalls 8 Punkte.
>
> Beide Darlehen weisen zum nächsten Stichtag ein vergleichbares Ausfallrisiko auf. Allerdings liegt nur für Darlehen 1 ein signifikanter Anstieg vor und ist daher ein Wechsel von einer Ausweitung der Risikovorsorge von dem 12-Monats-*expected loss* auf den *lifetime expected loss* geboten. Für Darlehen 2 scheidet eine Umwidmung innerhalb der „Töpfe" der Risikovorsorge aus.

316 Für die Bestimmung der erforderlichen Risikovorsorge bei einer Zuordnung eines Finanzinstruments in die Stufe 2 ist gem. IFRS 9.B5.5.33 der Barwert aller innerhalb der Restlaufzeit zu erwartenden Verluste ergebniswirksam zu erfassen. Im Unterschied zur Stufe 1 werden nun zusätzlich solche Ausfälle berücksichtigt, deren Eintritt für den über 12 Monate hinausgehenden Zeitraum erwartet werden.

> **Beispiel (Fortsetzung zu Rz 314)**
> Zum nächsten Stichtag (31.12.20x1) stellt B einen Anstieg in der erwarteten 12-Monats Ausfallwahrscheinlichkeit von 0,25 % auf 1,0 % fest und stuft die eingetretene Vervierfachung der Ausgangserwartung als wesentlichen Anstieg ein. Die Ausfallwahrscheinlichkeit für die Gesamtlaufzeit (*lifetime pro-*

Finanzinstrumente § 28

> *bability of default*) wird mit 2,5 % bestimmt. Mit Verschiebung des Darlehens in die Stufe 2 der Risikovorsorge ergibt sich bei einer unveränderten Erwartung bezogen auf den Verlust bei einem tatsächlichen Ausfall ein *expected credit loss* von 5 GE (= 2,5 % × 20 % × 1.000).

Es fehlt innerhalb der Vorgaben des IFRS 9 an einer Definition des Begriffs „Ausfall" (*default*). Es obliegt damit dem bilanzierenden Unternehmen eine einheitliche Definition festzulegen und stetig anzuwenden. Als widerlegbare Vermutung wird ein *default* angenommen, wenn ein Finanzinstrument mehr als 90 Tage überfällig (*past due*) ist (IFRS 9.B5.5.37). 317

Sollte zu dem Kriterium der Stufe 2 zusätzlich ein objektiver Indikator für eine Wertminderung vorliegen, ist der finanzielle Vermögenswert gem. IFRS 9.5.5.3 der Stufe 3 zuzuordnen. Die Wertminderung erfolgt analog der Stufe 2. Da bereits der erwartete Verlust für die verbleibende (Gesamt-)Restlaufzeit mit Widmung in die Stufe 2 der Risikovorsorge erfasst wurde, stellt sich nicht zwangsläufig auch noch ein zusätzlicher Risikovorsorgebedarf ein. Bei der Anwendung der Effektivzinsmethode ist jedoch gem. IFRS 9.5.5.14 der bereits geminderte Buchwert des finanziellen Vermögenswertes anzuwenden. 318

Ob ein signifikanter Anstieg des Ausfallrisikos auf Basis des einzelnen Instruments besteht, muss zu jedem Abschlussstichtag überprüft werden. Sofern an einem Abschlussstichtag kein signifikantes Ausfallrisiko mehr besteht, muss ein finanzieller Vermögenswert von Stufe 2 zurück nach Stufe 1 gegliedert werden. 319

> **Beispiel (Fortsetzung zu Rz 316)**
> Zum Ende der nächsten Periode (31.12.20x2) korrigiert B die Erwartung bezogen auf einen Ausfall des Schuldners zurück auf die ursprüngliche Erwartung, die 12-Monats-PD beträgt nur noch 0,25 %. Es ist eine Umgliederung zurück in Stufe 1 der Risikovorsorge erforderlich. Die Risikovorsorge ist bei einer unveränderten Erwartung hinsichtlich des Umfangs des *loss given default* auf 0,5 GE zu reduzieren (= 0,25 % × 20 % × 1.000).

Wenn ein signifikanter Anstieg des Ausfallrisikos nicht umgehend einem einzelnen finanziellen Vermögenswert zugeordnet werden kann, muss die Prüfung auf aggregierter Basis stattfinden (IFRS 9.5.5.4). Indikatoren für einen signifikanten Anstieg des Ausfallrisikos können u. a. sein: 320
- Änderungen der Konditionen bei einem fiktiven erneuten Abschluss.
- Änderungen der Werte, die im Zusammenhang mit dem Verlustrisiko stehen (z. B. *credit spread* o. Ä.).
- Zahlungsverzug des Schuldners.
- Verringerung der Unterstützung des Schuldners durch das Mutterunternehmen.

Bei der Bestimmung der Risikovorsorge der Höhe nach sind gem. IFRS 9.B5.5.55 Sicherungen (*collateral*) zu berücksichtigen (Rz 322).

> **Beispiel**
> Bank B gibt ein Portfolio von zahlreichen vergleichbaren Hypothekendarlehen (*mortgage loans*) an unterschiedliche Schuldner aus. Für vergleichbare

> Portfolios wurde in der Vergangenheit zur Feststellung einer erforderlichen kollektiven Risikovorsorge (*collective provisioning*) auf einen Anstieg des Zinssatzes für Hypothekendarlehen abgestellt. Basierend auf den Erfahrungswerten aus der Vergangenheit leitet B das Vorliegen eines signifikanten Anstiegs des Ausfallrisikos bezogen auf das Gesamtportfolio bei einem Anstieg des Zinssatzes um 1 % ab. Betroffen sind dann allerdings nur 10 % des *mortgage loan* Portfolios. Als Konsequenz eines erwarteten Zinsanstiegs um 1 % ergibt sich daher die Notwendigkeit zur Bestimmung einer Risikovorsorge, die sich zusammensetzt aus
> - einem *lifetime expected loss* für 10 % des Darlehensportfolios und
> - einem erwarteten 12-Monatsausfall für 90 % des Portfolios.

321 Aus Gründen der Praktikabilität sieht der Standard Ausnahmen bei der Prüfung der Zugehörigkeit der finanziellen Vermögenswerte zu den drei Stufen vor:
- Ein finanzieller Vermögenswert kann ohne Prüfung des signifikanten Anstiegs des Ausfallrisikos der Stufe 1 zugeordnet werden, wenn dieser ein geringes Ausfallrisiko aufweist (IFRS 9.5.5.10). Ein geringes Ausfallrisiko lässt sich bspw. unterstellen, wenn das Finanzinstrument als „*investment grade*" bewertet wurde.
- Die Prüfung eines Anstiegs des Ausfallrisikos darf mittels der Ausfallwahrscheinlichkeit innerhalb der kommenden zwölf Monate (sog. 12-Monats-Ausfallwahrscheinlichkeit) gemessen werden, sofern keine Betrachtung der über die gesamte Laufzeit kumulierten Ausfallwahrscheinlichkeit angezeigt ist.
- Sofern ein Zahlungsverzug von mehr als 30 Tagen besteht, gilt nach IFRS 9.5.5.11 die widerlegbare Vermutung, dass eine Zuteilung von Stufe 1 zu Stufe 2 vorgenommen werden muss. Dies muss jedoch dann nicht geschehen, wenn der Anstieg des Ausfallrisikos bei einem Zahlungsverzug von mehr als 30 Tagen nicht signifikant ist.

Maßgeblich für die Umgliederung von finanziellen Vermögenswerten in die Stufe 3 ist gem. IFRS 9.5.5.3 das Vorliegen eines objektiven Indikators für eine Wertminderung. Die Hinweise für das Vorliegen eines objektiven Indikators für eine Wertminderung entsprechen den bereits aus IAS 39 bekannten Indikatoren (Rz 325).

9.1.3 Allgemeine Regeln zur Bestimmung des *expected loss*

322 Bei der Schätzung der zu erwartenden Verluste sind die diskontierten Erwartungswerte zu berechnen. Dabei ist gem. IFRS 9.B5.5.49 Folgendes zu beachten: Sämtliche dem Unternehmen zugänglichen Informationen sind zu würdigen. Darunter fallen Erfahrungswerte aus der Vergangenheit, Informationen zum derzeitigen wirtschaftlichen Stand und erwartete wirtschaftliche Entwicklungen. Die Informationen sollen den Schuldner an sich betreffen, aber auch die allgemeinen wirtschaftlichen Entwicklungen berücksichtigen. In die Bestimmung des Erwartungswerts sind auch Erlöse aus der Verwertung von dinglichen Sicherheiten (*collateral*) einzubeziehen (IFRS 9.B5.5.55). Die Berücksichtigung personaler Sicherungen ist nicht explizit geregelt (Rz 334).

Erfahrungswerte sind stets auf ihre Aussagekraft zu prüfen. Insbesondere zu untersuchen ist, ob die Verlustschätzungen des Modells mit den tatsächlich eingetretenen Verlusten übereinstimmen. Der zu erwartende Verlust wird in IFRS 9.B5.5.29 als Differenz zwischen den vertraglich vereinbarten und den zu erwartenden Zahlungsströmen definiert. Dabei sind die Barwerte beider Zahlungsströme zu errechnen. Als Diskontierungszinssatz ist in beiden Fällen der Effektivzins anzuwenden (IFRS 9.B5.5.44). Erlöse aus der Verwertung von Sicherheiten sind einzubeziehen (IFRS 9.B5.5.55).

Für die Bestimmung des *expected loss* der Höhe nach ist auf den Betrag abzustellen (*cash shortfall*), der aufgrund des erwarteten Ausfalls des Schuldners nicht vereinnahmt werden kann (IFRS 9.B5.5.28). In die Bestimmung einzubeziehen sind sowohl **positive als auch negative Abweichungen** der erwarteten von den vertraglichen (bzw. ursprünglich erwarteten) Rückflüssen. Bei der Bewertung ist dem Zeitwert des Geldes (*time value of money*) Rechnung zu tragen (IFRS 9.B5.5.44).

Beispiel

Unternehmen U vergibt zum Periodenanfang 01.01.20x1 ein Darlehen mit einer Laufzeit von 4 Jahren mit einem Nominalbetrag von 100 GE, für welches jährlich endfällige Zinszahlungen von 5 GE vorgesehen sind. Das Darlehen wird zum Ablauf der 4 Jahre in einer Summe getilgt. Im Falle eines Ausfalls des Schuldners rechnet U mit folgenden Rückflüssen, die auch durch die Verwertung bestehender Sicherheiten abhängen:

Datum	Vertraglicher Rückfluss	Erwarteter Rückfluss bei Ausfall	*cash shortfall*
31.12.20x1	5 GE	4 GE	1 GE
31.12.20x2	5 GE	2 GE	3 GE
31.03.20x3	n/a	2 GE	-2 GE
31.12.20x3	5 GE	0 GE	5 GE
31.12.20x4	105 GE	65 GE	40 GE
31.03.20x5		20 GE	-20 GE

Für die Bestimmung der Risikovorsorge sind sämtliche Abweichungen (positive als auch negative) der erwarteten Zahlungsströme bei Ausfall von der vertraglichen Vereinbarung zu berücksichtigen.

9.2 Wertberichtigung und Zuschreibung bei *incurred loss* nach IAS 39

9.2.1 Erfassung eines *impairment* dem Grunde nach

Für die Wertminderung von IAS 39 unterliegenden finanziellen Vermögenswerten gelten nicht die Regelungen von IAS 36 (→ § 11 Rz 3). Die Vorschriften in IAS 39.58 ff. stimmen jedoch weitgehend mit IAS 36 überein. Der *impairment*-Test erfolgt in zwei Schritten:

- **Erstens** ist mithilfe von internen Indizien (z.b. Verzug von Zahlungen) oder externen Hinweisen (Informationen über erhebliche finanzielle Schwierigkeiten des Vertragspartners) zu beurteilen, ob objektive substanzielle **Hinweise** auf eine Wertminderung schließen lassen (IAS 39.59).
- Liegt ein solcher Tatbestand vor, ist **zweitens** der **Barwert** der noch erwarteten künftigen *cash flows* auf der Basis des ursprünglichen effektiven Zinssatzes zu ermitteln (IAS 39.63). Liegt der Barwert *(present value)* unter dem Buchwert *(carrying amount)* des Vermögenswertes, so ist eine außerplanmäßige Abschreibung vorzunehmen (IAS 39.63).

326 Für Finanzinstrumente, die nicht erfolgswirksam zum beizulegenden Zeitwert *(fair value)* bewertet werden, ergibt sich die Notwendigkeit einer fortlaufenden Werthaltigkeitsprüfung. Nach Maßgabe des *incurred loss model* sind Wertberichtigungen nur bei bereits eingetretenen Wertminderungen zulässig. Eine Abwertung eines Finanzinstruments für erwartete Verluste *(expected losses)* sowie eine pauschale Wertberichtigung ohne objektive Evidenz sind somit ausgeschlossen (IAS 39.59/IAS 39.E.4.6).

9.2.2 Wertberichtigung bei einer Bewertung *at amortised cost*

327 Vorrang haben **Einzelwertberichtigungen** (IAS 39.AG87). Nicht einzelwertberichtigte Forderungen sind, soweit sie gleichwohl einem statistischen Ausfallrisiko unterliegen, auf Portfolio-Basis (Gesamtbewertung) zu berichtigen (IAS 39.AG87). Die Ermittlung der Höhe einer Wertminderung muss daher nicht verpflichtend für jedes Finanzinstrument einzeln, sondern kann (bei einer Folgebewertung *at amortised cost*) auch für eine Gruppe von Finanzinstrumenten erfolgen. Die Einzelwertberichtigung hat allerdings Vorrang vor einer Portfoliowertberichtigung (IAS 39.64). Der Rückgriff auf eine Gruppenbewertung ist nur für Finanzinstrumente von untergeordneter *(not individually significant)* Bedeutung zulässig, die im Rahmen einer Einzelbetrachtung nicht wertzuberichtigen waren. Eine Portfoliowertberichtigung scheidet überdies für nicht-homogene Gruppen von Finanzinstrumenten aus (IAS 39.BC122).

328 Für den Ausnahmefall eines beobachtbaren Marktpreises für ein *at amortised cost* bewertetes Finanzinstrument kann eine Wertberichtigung auf den beizulegenden Zeitwert erfolgen (IAS 39.AG84). An einer systematischen Begründung für den Bruch mit der Bewertungssystematik fehlt es ebenso wie an einer Erläuterung, warum zwar der *fair value* als beobachtbarer Marktpreis, nicht aber als Ergebnis eines Bewertungsverfahrens maßgeblich ist. Es fehlt innerhalb der IFRS an einer konzeptionellen Begründung für die Ausnahme; einzige Rechtfertigung ist eine Annäherung an Vorgaben der US GAAP (IAS 39.BC221f). Wird für die Feststellung einer Wertminderung auf einen beobachtbaren Marktpreis abgestellt, ist nach erfolgter Wertberichtigung ein „neuer" Effektivzinssatz aus einer Gegenüberstellung des Marktpreises und des erwarteten künftigen Zahlungsstroms erforderlich.

329 Bei individuell signifikanten Fremdkapitalinstrumenten ergibt sich die Höhe einer evtl. Wertberichtigung aus einem Vergleich des Buchwerts mit dem abgezinsten Wert der erwarteten künftigen Zahlungsströme. Die Erfassung einer Wertminderung erfolgt unter der Prämisse einer Fortführung des Zugangswerts als *catch-up adjustment*.

Finanzinstrumente § 28

- Der Zahlungsstrom des Finanzinstruments ist – unter Berücksichtigung evtl. Erlöse aus Sicherheiten (IAS 39.AG84) – an geänderte Zins- und Tilgungserwartungen (also an ein geändertes Adressenausfallrisiko) anzupassen.
- Als Diskontierungszinssatz ist auf den Effektivzinssatz des Finanzinstruments zurückzugreifen, aktuelle Marktzinssätze bleiben unbeachtlich (IAS 39.63).

Führt die im Rahmen einer **Einzelwertberichtigung** durchgeführte Berechnung zu einem Intervall von Barwerten, ist der beste Schätzwert *(best estimate)* innerhalb dieses Intervalls anzusetzen (IAS 39.AG86).

Die Abzinsung zur Bestimmung eines Wertberichtigungsbedarfs vernachlässigt die Stichtagsverhältnisse. Das Kalkül vermischt aktuelle Erwartungen hinsichtlich der erzielbaren Zahlungsströme mit einem fixierten, nicht aktuellen Zinssatz. Im Zeitablauf gestiegene Risikozuschläge für Bonität, Intransparenz, Illiquidität des Marktes etc. spielen bei der Barwertberechnung keine Rolle. Der aktuelle Zins kann aber für die Kalibrierung der *cash-flow*-Erwartungen von Bedeutung sein. 330

Beispiel
U hat am 31.12.01 für 100 eine von E emittierte nicht börsennotierte Anleihe, Laufzeit 10 Jahre, Ausgabe zu pari, Nominal- und Effektivzins 6 %, gezeichnet. E hat ein AAA-Rating. Das Ausfallrisiko ist vernachlässigbar. Eine Wertberichtigung wird deshalb bestenfalls auf Portfolioebene vorgenommen. In 02 wird E auf BB herabgestuft. U kann neuen Kapitalbedarf nur durch Emission einer 9-jährigen Anleihe zu einem Zinssatz von 12 % decken. Das Marktzinsniveau von fristengleichen AAA-Anleihen beträgt 7 %. Der Kurs der ersten Anleihe bricht im außerbörslichen Handel von 100 auf 68 ein. Die Herabstufung des Ratings und der wesentlich über den allgemeinen Anstieg des Marktzinsniveaus hinausgehende Zinsanstieg der neuen Anleihe indizieren ernste Bonitätsprobleme. Die Vernachlässigung des Ausfallrisikos in der Zahlungsreihe ist unter diesen Umständen nicht mehr angemessen.

Liegt der Barwert *(present value)* unter dem Buchwert *(carrying amount)* des Vermögenswertes, so ist eine außerplanmäßige Abschreibung vorzunehmen (IAS 39.63). Nach durchgeführter Einzelwertberichtigung sind **zinstragende Forderungen** mit dem ursprünglichen Effektivzinssatz **aufzuzinsen**. Ein **Zinsertrag** ist somit auch dann auszuweisen, wenn keine Zinszahlungen mehr eingehen bzw. bei Annuitätendarlehen eingehende unzureichende Raten nach zivilrechtlichen Vorschriften (z. B. § 497 BGB für Verbraucherkredite) vorrangig als Tilgung und nicht als Zins anzurechnen sind. 331

Beispiel
Am 1.1.01 gewährt A an B ein Darlehen über nominal 1.000 mit Laufzeit bis zum 1.1.06, einem zum Jahresultimo fälligen Nominalzins von 7 % und einem Disagio von 10 %. Die erste Zinszahlung wird ordnungsgemäß von B geleistet, die zweite kann A nur durch Aufrechnung mit einer gegenüber B bestehenden Lieferantenverbindlichkeit sichern. Per 31.12.03 erwartet A daher keine weiteren Zinszahlungen mehr, im Hinblick auf eine entspre-

1803

chende Sicherheit aber eine Endzahlung von etwa ½ des geschuldeten Nominalbetrags.

	1.1.01	31.12.02	31.12.03	31.12.04	31.12.05	1.1.06
Vertragliche Zahlungsreihe	−900	70	70	70	70	1.000
daraus errechneter Effektivzins	10,2 %					
Planmäßiger Bilanzansatz	900	922	945	970	1.000	0
Erwartete Zahlungen 31.12.03				0	0	500
Barwert erw. Zahl (zugl. Bilanzansatz)			412	454	500	0
Wertberichtigung			945−412 = 533			
Zinsertrag			900×10,2 % = 92	922×10,2 % = 93	412×10,2 % = 42	454×10,2 % = 46

332 Bei Forderungen von untergeordneter Bedeutung ist eine **Wertberichtigung auf Portfolio-Basis** (Gesamtbewertung) zulässig, bei keinem erkennbaren Einzelrisiko, aber statistischen Risiken unterliegenden Forderungen geboten (IAS 39.64 und IAS 39.AG87). Diese **pauschalen Wertberichtigungen** müssen sich der Höhe nach an Erfahrungswerten orientieren. Spezifische Informationen über einen Einzelwertberichtigungsbedarf haben jedoch Vorrang und bedingen die Aussonderung der betreffenden Forderung aus dem pauschaliert wertberichtigten Portfolio (IAS 39.AG88).[62] Üblich ist die Einteilung der nicht einzelwertberichtigten Forderungen in **mehrere Portfolien**, um so der **Homogenitätsanforderung** von IAS 39.AG87 zu genügen:

> **Beispiel**
> U fakturiert seine Leistungen mit einem Zahlungsziel von 2 Wochen. Angesichts der Wettbewerbsintensität des Marktes toleriert U ohne Mahnung aber auch Zahlungen erst in der 3. und 4. Woche. Nach Ablauf der 4. Woche ergeht die 1. Mahnung, nach Ablauf weiterer 2 Wochen die 2., nach weiteren 2 Wochen erfolgt die Einschaltung eines Inkassounternehmens. Zum Bilanzstichtag unterteilt U die Debitoren nach der Altersstruktur *(aging method)*. Nach statistischer Auswertung der letzten Jahre ergeben sich folgende Wertberichtigungssätze. Für Forderungen mit einem Alter von
> - bis zu 2 Wochen (noch nicht fällige) – 0,25 %
> - 3 bis 4 Wochen – 0,5 %
> - bis 6 Wochen (Mahnstufe 1) – 5 %
> - bis 8 Wochen (Mahnstufe 2) – 50 %
> - mehr als 8 Wochen (Inkasso) – 100 %.
>
> In den drei letzten Klassen werden nur Forderungen von untergeordneter Bedeutung berücksichtigt. Größere Forderungen mit einem Alter von mehr als 4 Wochen werden auf Einzelwertberichtigungsbedarf untersucht.

333 Ist ein Darlehen oder eine andere Forderung **dinglich besichert** *(collaterised)*, ist der aus einer Verwertung der Sicherheit erwartete Erlös (abzüglich Kosten) bei der Barwertermittlung zu berücksichtigen (IAS 39.AG84). Die Berücksichtigung

---

[62] Zu Einzelheiten HACKENBERGER, PiR 2007, S: 38 ff.

personaler Sicherungen (Bürgschaften etc.) ist nicht ausdrücklich geregelt. U.E. sind sie nicht bei den *cash-flow*-Erwartungen bzw. Barwertermittlungen zu berücksichtigen:[63]
Die Bilanzierung personaler Sicherheiten (Finanzgarantien) wird in IAS 39 und IFRS 9 **nur** für den **Sicherungsgeber** (Rz 186), nicht für den Sicherungsnehmer geregelt. Die Sicherung stellt für den Sicherungsnehmer zunächst ein **derivatives Finanzinstrument** i.S.v. IAS 39.9 dar, weil   334
- für die Übertragung des Ausfall- bzw. Bonitätsrisikos eine Risikoprämie gezahlt wird, die im Verhältnis zum Sicherungsbetrag *(underlying)* nur eine geringe Investition darstellt *(little or no initial investment)*,
- die Erfüllung des Sicherungsgeschäfts *(settlement)* zeitlich nicht (eng) mit dem Abschluss des Vertrags zusammenfällt und
- das zugrunde liegende Risiko keine nichtfinanzielle Variable ist, die für eine der beiden Parteien des Sicherungsverhältnisses spezifisch wäre.

Andererseits sind Finanzgarantien aber i.S.d. Definitionen von IFRS 4 auch Versicherungsverträge (IFRS 4.B18(g) und (f)) und deshalb gem. IAS 39.2e vom Anwendungsbereich des IAS 39 ausgenommen. Trotz der Einstufung als Versicherungsvertrag findet allerdings auch IFRS 4 keine Anwendung, da die Bilanzierung beim Sicherungsnehmer – *reinsurance contracts* ausgeklammert – in IFRS 4 nicht behandelt wird (IFRS 4.4(f)).

Da somit **weder IAS 39 (bzw. IFRS 9) noch IFRS 4** für die bilanzielle Abbildung beim Sicherungsnehmer einschlägig sind (IFRS 4.IG2 Example 1.11), besteht für den Sicherungsnehmer als faktisches **Bilanzierungswahlrecht** die Möglichkeit zur Behandlung wie   335
- eine **Eventualforderung** *(contingent asset)* nach den Vorgaben von IAS 37 (IAS 37.5(e)) oder
- ein **derivatives Finanzinstrument** nach den Vorgaben von IAS 39.

Nach der möglicherweise noch h.M. ist eine Behandlung als *contingent asset* geboten.[64] Wegen der Ähnlichkeit von personellen Sicherungen mit (Kredit-)Derivaten ist u.E. eine Behandlung nach IAS 39 bzw. IFRS 9 vorzuziehen.[65] In Abhängigkeit von der Wahlrechtsausübung gilt Folgendes:
- Bei einer Behandlung als *contingent asset* sind die restriktiven Ansatzvoraussetzungen beachtlich. Ist der Zufluss nicht so gut wie sicher *(virtually certain)*, scheidet ein Ansatz nach IAS 37.33 aus (→ § 21 Rz 128), auch wenn ggf. eine Wertberichtigung auf das besicherte Finanzinstrument zu erfassen ist.
- Bei Behandlung als derivatives Finanzinstrument ist eine Einbuchung zum *fair value* und dessen erfolgswirksame Fortschreibung geboten.

Eine außerplanmäßige Abschreibung ist **rückgängig** zu machen, wenn sich die Wertminderung verringert und „diese Verringerung objektiv auf einen nach der außerplanmäßigen Abschreibung aufgetretenen Sachverhalt zurückgeführt werden" kann (IAS 39.65). Es kommt für das **Zuschreibungsgebot** nicht darauf an,   336

---

[63] Gl. A. FREIBERG, PiR 2010, S. 256ff., ähnlich ERNST & YOUNG, International GAAP 2015, Ch 47 Ch 7.2.2; a. A. GRÜNBERGER, KoR 2006, S. 81ff.; SCHARPF/WEIGEL/LÖW, WPg 2006, S. 1492ff.
[64] Vgl. GRÜNBERGER, KoR 2006, S. 81ff.; SCHARPF/WEIGEL/LÖW, WPg 2006, S. 1492ff.; KUHN/SCHARPF, Rechnungslegung von Financial Instruments nach IFRS, 3. Aufl. 2006, Tz. 1315/1700.
[65] FREIBERG. PiR 2010, S. 256ff.

ob die ursprünglichen Gründe entfallen sind. Eine Kompensation durch andere Gründe reicht aus.[66]

9.2.3 Wertberichtigung für veräußerbare Werte

337 Durch das „**Parken**" **von Wertänderungen** im Eigenkapital soll die GuV von Volatilitäten freigehalten werden (Rz 298). Diese Rechtfertigung für eine erfolgsneutrale Behandlung besteht **nicht** mehr, wenn ein **Abwärtstrend** eingetreten ist, mit dessen Umkehr nicht oder nicht kurzfristig zu rechnen ist. Nach IAS 39.59 sind Anhaltspunkte für eine erfolgswirksame Wertminderung z.B. signifikante Schwierigkeiten des Beteiligungsunternehmens, volkswirtschaftliche Entwicklungen, mit denen ein Verfall des Wertes einhergeht usw. Angesprochen sind damit vor allem Fälle, in denen keine kurzfristige Wertschwankung (Volatilität) mehr vorliegt, sondern ein voraussichtlich dauerhafter Wertverfall eingetreten ist. Gem. IAS 39.61 ist eine erfolgswirksame Wertminderung bei Eigenkapitalinstrumenten (Anteilen) spätestens dann vorzunehmen, wenn der beizulegende Zeitwert signifikant und/oder anhaltend *(significant or prolonged decline)* unter dem Buchwert der Anteile liegt (IAS 39.61).

338 Der Veräußerungszeitpunkt ist der **späteste** Zeitpunkt, zu dem zuvor im Eigenkapital berücksichtigte Wertänderungen Eingang in die GuV finden. Eine Berücksichtigung in der GuV bereits zu einem früheren Zeitpunkt ist bei einer sich **ankündigenden außerplanmäßigen Abschreibung** erforderlich. IAS 39.58 bestimmt hierzu Folgendes:
1. An jedem Bilanzstichtag ist zu **prüfen**, ob es objektive Hinweise *(objective evidence)* für die Wertminderung *(impairment)* gibt (IAS 39.58).
2. **Objektive Hinweise** sind
   – für alle Finanzinstrumente
     a) signifikante finanzielle Schwierigkeiten des Emittenten (Schuldners),
     b) das aus finanziellen Schwierigkeiten resultierende Verschwinden eines aktiven Marktes,
     c) beobachtbare Daten, die eine messbare Verschlechterung der Aussichten eines Segmentes (Marktes/Branche usw.) indizieren, dem das *asset* zuzurechnen ist,
     d) der Eintritt von Ereignissen, die einen zuverlässig messbaren negativen Einfluss auf die Aussichten des Segmentes oder *assets* hat.
   – für Fremdkapitalinstrumente zusätzlich:
     e) Vertragsbruch und
     f) drohende Insolvenz des Schuldners *(borrower*; IAS 39.59).
   – für Eigenkapitalinstrumente zusätzlich:
     g) ein signifikanter oder anhaltender Rückgang des *fair value* gegenüber den Anschaffungskosten (IAS 39.61).
3. Gibt es derartige **Evidenzen**, ist die Differenz zwischen den Anschaffungskosten und dem niedrigeren *fair value* erfolgswirksam zu behandeln (IAS 39.68). Evtl. bisher **erfolgsneutral** behandelte Wertminderungen sind aus dem Eigenkapital auszubuchen (IAS 39.67).

---

[66] Das entspricht auch der Kommentarmeinung zum anders lautenden Gesetzeswortlaut in § 280 HGB (ADS, 6. Aufl., § 280 HGB, Tz. 13 ff.).

Finanzinstrumente § 28

Ein signifikanter oder anhaltender *(prolonged)* Rückgang des *fair value* eines Eigenkapitalinstrumentes unter seine Kosten begründet eine objektive Evidenz eines *impairment*. Vergleichsmaßstab für die Signifikanz sind die Anschaffungskosten, nicht der Wert nach letzter Abschreibung.[67] Mithin ist nach dem ersten *impairment* jeder weitere noch so kleine Wertrückgang ebenfalls als *impairment* anzusehen. Weitere Auslegungshinweise werden nicht gegeben. Insbesondere hat das IFRIC in einer *Agenda Decision (Non-IFRIC)* vom Juli 2009 die Interpretation des Signifikanz- und Dauerhaftigkeitskriteriums offengelassen. Als signifikant gilt jeder Rückgang von mindestens 20 % gegenüber den Anschaffungskosten, als anhaltend ein Unterschreiten der Anschaffungskosten für mehr als 9 Monate.[68] In pragmatischer Betrachtung gilt daher: Je länger und je größer eine Wertbewegung nach unten ist, umso eher ist eine außerplanmäßige Abschreibung geboten. Zur buchungsmäßigen Behandlung nach IFRS gilt Folgendes:

339

Beispiel[69]
Die X-GmbH hat 10 % der Anteile an der börsennotierten Z-AG zum 1.1.00 erworben. Die Anschaffungskosten betragen 100 GE, zum 31.12.00 ist ein leichter Kursrückgang um 5 % zu verzeichnen. Am 31.12.01 notiert die Aktie bei nur noch 30 % des initialen Anschaffungspreises. Folgende Buchungen sind vorzunehmen:

Datum	Konto	Soll	Haben
1.1.00	einfache Anteile	100	
	Geld		100
31.12.00	AfS-Rücklage	5	
	einfache Anteile		5
31.12.01	*impairment*	70	
	einfache Anteile		65
	AfS-Rücklage		5

Vom Umstieg auf die erfolgswirksame Abschreibung ist nicht nur die Wertminderung des Jahres 01 (65 GE), sondern auch der zuvor im Eigenkapital geparkte Betrag (5 GE) betroffen.

Für den **Wegfall der Wertminderung**, d.h. für die Wertaufholung bei veräußerbaren Werten, gilt Folgendes:
- Zuschreibungen auf **Eigen**kapitalinstrumente (Aktien, Anteile) sind erfolgsneutral vorzunehmen (IAS 39.69).
- Zuschreibungen auf **Fremd**kapitalinstrumente sind insoweit erfolgswirksam vorzunehmen, als der Zeitwert objektiv aufgrund eines nach Erfassung der Wertminderung im Periodenergebnis stattfindenden Ereignisses ansteigt (IAS 39.70). Die fortgeführten Anschaffungskosten bestimmen die Obergrenze der Wertaufholung.

340

---

[67] IFRIC, Update Juni 2005.
[68] KPMG, Insights into IFRS 2014/15, Tz. 7.6.430.35.
[69] Entnommen Freiberg, PiR 2006, S. 12 ff.

10 Latente Steuern auf Finanzinstrumente

341 Soweit eine Kapitalgesellschaft Anteile an einer anderen Kapitalgesellschaft hält, sind nach deutschem Steuerrecht Veräußerungsgewinne, Veräußerungsverluste und Abschreibungen auf diesen Anteil i.d.R. durch § 8b Abs. 3 KStG zu 95 % von der Körperschaftsteuer freigestellt. Bei einer bilanzierenden Kapitalgesellschaft führen deshalb Abweichungen zwischen dem Anteilswert laut IFRS-Bilanz (z.B. *fair value* über Anschaffungskosten) und dem Anteilswert laut Steuerbilanz *(tax base)* nur i.H.d. Steuersatzes × 5 % (also etwa bei einem Steuersatz von 30 % nur mit 1,5 % der temporären Differenz) zu latenten Steuern, da die Differenz im Übrigen nicht zu versteuern bzw. steuerlich nicht abzugsfähig ist (IAS 12.5 ff.). Unter Wesentlichkeitsgesichtspunkten ist der verbleibende Betrag (z.B. 1,5 %) ggf. vernachlässigbar.

342 Handelt es sich bei dem Berichtsunternehmen dagegen um eine **Personengesellschaft**, so führen Abweichungen zwischen dem steuerlichen und dem IFRS-Anteilswert (wie andere Abweichungen) i.H.d. **Gewerbesteuersatzes** zu einer Steuerlatenz. Zur Behandlung von Anteilen an Personengesellschaften wird auf → § 26 Rz 174 ff. verwiesen.

343 Werden Fremdkapitalinstrumente, insbesondere Anleihen, aufgrund des *fair-value*-Ansatzes über Anschaffungskosten angesetzt (Rz 228), so steht dies im Widerspruch zu § 6 EStG; auf die Differenz ist eine passive latente Steuer zu bilden. Im Falle von erfolgsneutral bewerteten Finanzinstrumenten erfolgt die Bildung des steuerlichen Abgrenzungspostens über das sonstige Gesamtergebnis im Eigenkapital (Rz 288 sowie → § 26 Rz 231). Liegt der nach IFRS anzusetzende *fair value* unter den Anschaffungskosten, so ist nach § 6 Abs. 1 EStG zu prüfen, ob die Wertminderung voraussichtlich von Dauer ist. Soweit dies verneint wird, sind aktive latente Steuern zu bilden.[70]

344 Pauschalwertberichtigungen werden von der Finanzverwaltung i.d.R. anerkannt, wenn sie den Betrag von 1 % nicht überschreiten (Nichtbeanstandungsgrenze). Ein höherer Ansatz muss durch die Historie der Forderungsausfälle (Statistik) begründet werden.[71] In diesem Fall bestehen keine besonderen Unterschiede zu IAS 39, wo für portfoliooorientierte Wertberichtigungen (Pauschalwertberichtigungen im weiteren Sinne) ebenfalls die Orientierung an Erfahrungssätzen vorgesehen ist (Rz 322).

345 Nach IAS 21 sind Vermögenswerte und Schulden in fremder Währung i.d.R. zum Stichtagskurs umzurechnen (→ § 27 Rz 18). Eine Begrenzung nach oben auf die Anschaffungskosten (Vermögenswerte; Rz 265) bzw. nach unten durch den Rückzahlungsbetrag (Verbindlichkeiten; Rz 179) besteht nicht. Führt die Umrechnung einer Forderung demnach zu einem über den Anschaffungskosten liegenden Wert, so entstehen passive latente Steuern. Der währungsbedingte Ansatz von Verbindlichkeiten unter dem Rückzahlungsbetrag führt ebenfalls zu einer passiven Steuerlatenz.

346 Droht aus Derivaten ein Verlust, so ist dieser Verlust im Regelfall gem. § 5 Abs. 4a EStG steuerbilanziell nicht zu berücksichtigen. I. H. d. negativen *fair value* der IFRS-Bilanz liegt eine temporäre Differenz vor, die zu aktiven latenten

---

[70] Vgl. LUDENBACH/HOFFMANN, DB 2004, S. 85.
[71] Vgl. BFH, Urteil v. 27.8.1992, IV R 89/90, BStBl 1992 II S. 766.

Steuern führt. Passive latente Steuern ergeben sich, wenn in der IFRS-Bilanz ein positiver *fair value (asset)* anzusetzen ist, hingegen in der Steuerbilanz nach den Grundsätzen schwebender Geschäfte ein Ansatz unterbleibt. Mit der seit 2006 geltenden Einfügung des § 5 Abs. 1a EStG kann es in bestimmten Ausnahmefällen zur Angleichung von Steuer- und IFRS-Bilanz kommen. Nach § 5 Abs. 1a EStG sind die Ergebnisse der in der Handelsbilanz gebildeten Bewertungseinheiten auch für die Steuerbilanz maßgeblich. Das steuerbilanzielle Passivierungsverbot für Drohverluste gilt insoweit nicht (§ 5 Abs. 4a Satz 2 EStG). Soweit daher ein Sicherungsderivat einen negativen *fair value* hat und dieser Verlustsaldo wegen der handelsrechtlichen Bildung einer Bewertungseinheit auch in der Steuerbilanz zu berücksichtigen ist, entstehen hier keine temporären Differenzen mehr. Zu beachten bleibt aber: Die handelsrechtliche Bildung von Bewertungseinheiten erfolgt lediglich kompensatorisch, d.h., übersteigt die positive Wertänderung des Sicherungsgeschäftes die negative des Grundgeschäftes, ist der verbleibende positive Saldo als unrealisierter Gewinn nicht ansatzfähig. Hier bleibt es bei der Differenz zur IFRS-Bilanz.[72]

11 Ausweis

11.1 Bilanz und Gesamtergebnisrechnung

11.1.1 Allgemeine Anforderungen

Das Finanzvermögen bereitet auf der Ebene der Bilanz selbst keine besonderen Ausweisprobleme.
- **Finanzanlagen:** Die Position Finanzanlagen wird in der (deutschen) IFRS-Praxis entweder gar nicht – oder wie von IAS 1.68d und e verlangt (→ § 2 Rz 45) – lediglich in *equity*-Beteiligungen einerseits und übrige Finanzanlagen andererseits unterteilt.
- **Kurzfristiges Vermögen:** Im Umlaufvermögen sieht IAS 1.68 i.V.m. IAS 1.51 eine Mindestuntergliederung in Forderungen *(trade and other receivables)*, Zahlungsmittel *(cash and cash equivalents)* und sonstige kurzfristige finanzielle Vermögenswerte vor (→ § 2 Rz 46). Die Forderungen *(receivables)* sind wahlweise in der Bilanz oder im Anhang weiter zu untergliedern in Forderungen aus Lieferung und Leistung, Forderungen gegen nahestehende Personen, Vorauszahlungen und sonstige Forderungen (IAS 1.75b).

Die relevanten Erläuterungen und Untergliederungen des Finanzvermögens finden sich demgemäß nicht auf der Ebene der Bilanz, sondern in den *notes*. Insoweit wird auf Rz 254ff. und → § 5 verwiesen.

Für Verbindlichkeiten sieht IAS 1.68 mindestens den gesonderten Ausweis folgender Posten in der Bilanz selbst vor (→ § 2 Rz 46):
- **Verbindlichkeiten aus Lieferung und Leistung und sonstige Verbindlichkeiten,**
- **Finanzschulden.**

Soweit in diesen Kategorien jeweils sowohl kurzfristige als auch langfristige Teile enthalten sind, müssen diese separiert werden (IAS 1.51).

---

[72] Vgl. zum Ganzen BISCHOFF, PiR 2007, S. 68ff.

§ 28 Finanzinstrumente

350 Zusätzliche Posten sind auszuweisen, wenn sie notwendig sind, um die Vermögens- und Finanzlage des Unternehmens den tatsächlichen Verhältnissen entsprechend darzustellen (IAS 1.69; → § 2 Rz 54). Diese Formulierung lässt viele **Spielräume** offen und führt zu einer **uneinheitlichen** Bilanzierungspraxis: Teils werden nur die Posten Verbindlichkeiten und latente Steuern in der Bilanz selbst ausgewiesen und alle anderen Angaben in den Anhang verlagert. Teils wird die Passivseite in langfristiges und kurzfristiges Fremdkapital untergliedert, wobei im langfristigen Fremdkapital langfristige Finanzschulden und übrige langfristige Verbindlichkeiten ausgewiesen werden, im kurzfristigen Fremdkapital kurzfristige Finanzschulden, Verbindlichkeiten aus Lieferungen und Leistungen und übrige kurzfristige Verbindlichkeiten. Die erste Lösung führt nicht wirklich zu einem geringeren Aufstellungsaufwand, da ohnehin für den Anhang eine Aufgliederung nach Fristigkeiten gefordert ist.

351 Besonderer Berücksichtigung in der Gesamtergebnisrechnung bedürfen erfolgsneutrale *fair-value*-Änderungen. Wegen Einzelheiten wird auf → § 2 Rz 93 verwiesen.

11.1.2 Aufspaltung von Derivaten in kurz- und langfristig?

352 Innerhalb der IFRS fehlt es an konkreten Vorgaben hinsichtlich des Ausweises von **derivativen Finanzinstrumenten** in der Bilanz (*statement of financial position*). Abzustellen ist daher auf die allgemeinen (Gliederungs-)Vorgaben gem. IAS 1. Der (Bilanz-)Ausweis von derivativen Finanzinstrumenten bestimmt sich – Finanzinstitute ausgeklammert – danach insbesondere in Abhängigkeit von der **Fristigkeit**. Vermögenswerte und Schulden sind in Abhängigkeit von dem verbleibenden Zeitraum bis zur Realisierung bzw. Fälligkeit in **kurz-** (*current*) **und langfristig** (*non-current*) zu unterscheiden. Für eine Klassifizierung eines Derivats als *non-current* ist auf den **Erfüllungstag** (*basis of its settlement*) und die erwartete **Restlaufzeit** (*maturity*) abzustellen (IAS 1.BC38C). Die Ausführungen in den *Basis for Conclusions* geben allerdings Anlass zu Zweifeln hinsichtlich des Ausweises, da sie über Abstellen auf den **Singular** implizieren, ein derivatives Finanzinstrument hätte nur einen (!) Erfüllungstag bzw. eine einheitliche (!) Restlaufzeit.

353 Hinsichtlich des Zahlungsstromprofils eines derivativen Finanzinstruments ergibt sich bei restriktiver Lesart der Gliederungsvorgaben folgende notwendige **Differenzierung**: Sieht die vertragliche Vereinbarung
- **nur einen Erfüllungstag** vor (etwa bei Termingeschäften) und ist die Restlaufzeit zum Stichtag länger als 12 Monate, ist ein Ausweis als *non-current* geboten.
- **mehrere Erfüllungstage** und somit unterschiedliche Fälligkeiten (etwa bei Zinsswaps oder Zinsbegrenzungsvereinbarungen, also *caps* oder *floors*) vor, ist eine Aufteilung des *fair value* für das (Gesamt-)Instrument in Abhängigkeit der Restlaufzeiten der einzelnen Zahlungsströme geboten.

Nur eine Aufteilung eines derivativen Finanzinstruments in kurz- und langfristig steht bei restriktiver Lesart im Einklang mit den Vorgaben von IAS 1.

354 Die in IAS 1 formulierten Anforderungen an den (Bilanz-)Ausweis finden Anwendung auf alle derivativen Finanzinstrumente. Setzt sich ein Derivat aus mehreren einzelnen Zahlungsströmen mit unterschiedlicher Fälligkeit (teils

Finanzinstrumente § 28

kurz-, teils langfristiger Restlaufzeit) zusammen, ist für den Ausweis im *statement of financial position* **dem Grunde nach** eine **Aufteilung** in *current* und *non-current* geboten. Es fehlt allerdings an Vorgaben seitens des Standardsetters hinsichtlich der Aufteilung der Höhe nach. Das IFRS IC fühlt sich nicht zuständig, da jede Aussage eher Anwendungshilfe (*application guidance*), damit allgemeiner Natur und somit nicht eine in den Verantwortungsbereich des IFRS IC fallende Interpretation ist. Auch eine Klarstellung im Rahmen eines *Annual Improvements Project* wird ausgeschlossen.[73] Wegen der Unklarheit der Vorgaben halten wir es daher auch vertretbar, auf eine Aufteilung eines derivativen Finanzinstruments in einen kurz- und einen langfristigen Anteil zu verzichten. Wird dennoch eine Aufteilung für einen Ausweis in Abhängigkeit der Fristigkeit vorgenommen, ist für die Aufteilung eines derivativen Finanzinstruments mit mehreren Fälligkeitszeitpunkten (*settlement dates*) in *current* und *non-current* zwischen **bedingten und unbedingten** Termingeschäften zu unterscheiden:[74]

355

- Optionsgeschäfte räumen als bedingte Termingeschäfte einer Partei das Recht gegenüber dem Kontraktpartner auf die Erfüllung des Vertragsgegenstandes (diverse Basisobjekte) innerhalb einer bestimmten Frist ein. Der beizulegende Zeitwert eines bedingten Termingeschäfts ist – den Fall beobachtbarer Marktpreise ausgeklammert – über den Rückgriff auf ein Optionspreismodell zu bestimmen. Bündelt ein Derivat mehrere bedingte Termingeschäfte (etwa ein *cap* oder *floor*), erfolgt eine Aufteilung des Gesamtwerts über eine Bewertung jedes einzelnen Geschäfts.
- Unbedingte Termingeschäfte verpflichten die Kontraktpartner auf den künftigen Austausch eines spezifischen Basiswerts zu einem bereits bei Vertragsschluss definierten Preis. Der beizulegende Zeitwert ergibt sich aus einem Vergleich des Barwerts des (Zahlungs-)Anspruchs (*receiver leg*) und der (Zahlungs-)Verpflichtung (*payer leg*). Sieht ein kontrahiertes Derivat mehrere Austauschzeitpunkte in einem festgelegten Zeitraum vor (etwa ein Zinsswap), erfolgt die Bestimmung des kurzfristigen Anteils über eine Barwertbestimmung der Austauschrelationen während der nächsten 12 Monate.

11.1.3 Saldierung von finanziellen Vermögenswerten und Verbindlichkeiten

Nach IAS 1.32 sind Vermögenswerte und Schulden nur dann saldierungsfähig, wenn die **Saldierung** durch einen IFRS-Standard erlaubt oder vorgeschrieben wird. Von Interesse ist hier IAS 32.42, mit dem Gebot, finanzielle Vermögenswerte und Verbindlichkeiten zu saldieren, wenn

356

- aus **objektiver Sicht** ein gegenwärtig (*currently*) durchsetzbares **Recht auf Aufrechnung** besteht (IAS 32.42a) und
- aus **subjektiver** Sicht das Unternehmen entweder eine Aufrechnung oder die zeitgleiche Realisierung von Vermögenswert und Verbindlichkeit **beabsichtigt** (IAS 32.42b).

---

[73] Vgl. IFRIC/IASB, Information for Observer, March 2007; sowie IASB, Information for Observers, March 2008.
[74] Hierzu ausführlich Freiberg, Diskontierung in der Internationalen Rechnungslegung, Herne 2010, Rz 239ff.

1811

357 Uneinheitliche Auslegungen dieser Kriterien in der Praxis waren für den IASB Anlass, im Dezember 2011 „*Amendments to IAS 32 Offsetting Financial Assets and Financial Liabilities*" zu verabschieden. Die ab 2014 anzuwendenden Regelungen (IAS 32.97l) ersetzen die bisherigen Anwendungsleitlinien von IAS 39.AG38 durch konkretere Bestimmungen (IAS 39.AG38B-E). Im Einzelnen gilt danach:
- Die **objektive** Anforderung des IAS 32.43a ist nur erfüllt, wenn die Aufrechnungsmöglichkeit nicht von zukünftigen **Bedingungen** (etwa Vertragsverletzungen der anderen Seite) abhängt. Schädlich ist deshalb etwa eine Vereinbarung, nach der es nur bei Zahlungsausfall einer Partie zur (dann automatischen) Aufrechnung kommt.[75] Eine Saldierung ist aber ebenfalls ausgeschlossen, wenn im Umkehrfall die Aufrechnung zwar unter normalen Bedingungen, jedoch nicht in Sonderfällen, etwa bei Insolvenz einer Partei, möglich ist. Nach deutscher Rechtslage gilt: Ist die Aufrechnung in der Insolvenz durch § 187 Abs. 1 InsO i.V.m. § 29 Abs. 1 Nr. 2 InsO bis zum allgemeinen Prüfungstermin gehemmt, scheidet eine Saldierung bilanziell aus, und zwar auch dann, wenn keinerlei Anzeichen für eine drohende Insolvenz einer der beiden Parteien bestehen. Aus ähnlichen Gründen eignen sich **Nachrangverbindlichkeiten** generell nicht für eine Saldierung. Bei Teilnahme an einem **Clearing-System mit Margenkonten** (etwa im Handel mit Futures) kommt eine Saldierung dann nicht infrage, wenn über die Margenkonten nur bei Vertragsverletzung, also nur bedingt verfügt werden kann.[76] U. E. kommt es in allen Fällen nur auf die Aufrechnungsmöglichkeit durch das Berichtsunternehmen an. Der Hinweis in IAS 32.BC80, alle Parteien (also auch die Gegenseite) müssten aufrechnungsberichtigt sein, widerspricht dem Wortlaut des Standards.
- Aus **subjektiver** Sicht kommt es hinsichtlich der Aufrechnungsabsicht auf die bisherige **Praxis** des Unternehmens im Umgang mit gleichartigen Vermögenswerten und Verbindlichkeiten an. Für die zeitgleiche Erledigung gilt: Clearing-Systeme im Derivatehandel sorgen zwar im Allgemeinen für eine Aufrechnung äquivalente zeitgleiche Erledigung, erfüllen aber, wie im vorherigen Punkt dargestellt, u. U. nicht die objektiven Voraussetzungen.

Als Folge der *Amendments* zu IAS 32 sind auch die **Anhangvorschriften** von IFRS 7 erweitert worden (IFRS 7.13C). Bei Saldierung ist eine Überleitung von Brutto- zu Nettopositionen vorzunehmen. Zusätzlich sind bestimmte Angaben zu (bedingt) zurechnungsfähigen, aber nicht saldierten Positionen zu leisten.

358 Besondere Ausweisvorschriften ergeben sich nach IFRS 9 für die Erfassung einer Risikovorsorge i.H.d. *expected loss* (Rz 322) für Fremdkapitalinstrumente (Rz 113), die erfolgsneutral zum beizulegenden Zeitwert (*at fair value through other comprehensive income*) bewertet werden (IFRS 9.5.5.2). Die Erfassung eines separaten Postens für die Risikovorsorge (*loss allowance*) scheidet aus, da eine bilanzielle Abbildung zum beizulegenden Zeitwert vorgesehen ist. Es bedarf aber gesonderter Angaben zum Umfang der erfassten Risikovorsorge (IFRS 7.16A).

---

[75] Vgl. FREIBERG/LUKAT, PiR 2013, S. 113ff.
[76] Vgl. GEISEL/BERGER, WPg 2011, S. 1120ff.

Finanzinstrumente § 28

> **Beispiel**
> Zum 01.01.20x1 erwirbt Unternehmen U für einen Betrag von 1.000 GE ein Fremdkapitalinstrument, welches sich für eine Klassifizierung als *at fair value through other comprehensive income* qualifiziert (Rz 294) und entsprechend auch gewidmet wird. Im Zugangszeitpunkt ist das Finanzinstrument nicht bereits als *credit impaired* (Rz 308) anzusehen. Der nach Stufe 1 der Risikovorsorge zu bestimmende 12-Monatsausfall (Rz 314) wird mit 10 GE bestimmt. Es ergeben sich (ohne Berücksichtigung latenter Steuern) folgende Buchungen:
>
> | Finanzieller Vermögenswert 1.000 GE | an | Kasse 1.000 GE |
> |---|---|---|
> | Wertberichtigung (*impairment*) 10 GE | an | *Other comprehensive income* 10 GE |
>
> Da der beizulegende Zeitwert des Finanzinstruments im Zugangszeitpunkt 1.000 GE beträgt, scheidet eine Anpassung des Bilanzansatzes für die Risikovorsorge aus.
> Zum Periodenende (31.12.20x1) sinkt der beizulegende Zeitwert des Finanzinstruments auf einen Betrag von nur noch 950 GE. U sieht keine Anhaltspunkte für einen signifikanten Anstieg des Kreditrisikos (Rz 315) und bestimmt eine Risikovorsorge anhand des erwarteten 12-Monatsausfalls von 30 GE. Folgende Buchungen sind (wiederum ohne latente Steuern) erforderlich:
>
> | *Other comprehensive income* 30 GE | an | Finanzieller Vermögenswert 50 GE |
> |---|---|---|
> | Wertberichtigung (*impairment*) 20 GE | an | |
>
> Der Bilanzansatz des Fremdkapitalinstruments ist auf den *fair value* von 950 GE zu reduzieren. Erfolgswirksam ist die zusätzliche Erhöhung der Risikovorsorge von 20 GE (= 30 GE – 10 GE) zu erfassen, ein Betrag von 10 GE wurde bereits im Zugangszeitpunkt erfasst. Zur gesamten (kumulierten) Risikovorsorge sind Angaben zu machen. Ein Betrag von 30 GE ist im OCI zu erfassen und erklärt die Differenz zwischen der fair value-Änderung und der zum Stichtag zusätzlich zu erfassenden Risikovorsorge.

11.2 GuV und Kapitalflussrechnung

Das Mindestschema der **GuV** aus IAS 1.81 sieht **zwei** Angaben für die Ergebnisse aus Finanzinstrumenten vor: 359
- das *equity*-Ergebnis aus assoziierten und Gemeinschaftsunternehmen sowie
- das Zinsergebnis *(financial cost)*.

In der Praxis wird häufig wie folgt verfahren (→ § 2 Rz 82):
- Gewinne und Verluste aus dem Abgang von Finanzinstrumenten werden in den Posten **sonstige betriebliche Erträge** oder **sonstige betriebliche Aufwendungen** erfasst. Das Gleiche gilt für Abschreibungen und Zuschreibungen auf Forderungen sowie Währungsgewinne und Währungsverluste.

- In der Position **übriges Finanzergebnis** (nach den Posten Beteiligungsergebnis und Zinsergebnis) werden Abschreibungen und Zuschreibungen auf Finanzanlagen sowie Ergebnisse aus der Marktbewertung von Derivaten und anderen *trading assets* (Rz 151) erfasst. Hierbei dürfen im Allgemeinen Gewinne und Verluste aus zu Handelszwecken gehaltenen Finanzinstrumenten saldiert werden, d. h., auch im Anhang ist nicht zwischen Gewinn- und Verlustfällen zu differenzieren (IAS 1.37).

360 In der **Kapitalflussrechnung** sind neben den allgemeinen Regelungen (z. B. Darlehensaufnahme und Darlehensrückzahlung im Finanzierungsbereich) folgende besonderen Bestimmungen zu beachten:
- Wertpapiere und Anleihen, die zu **Handelszwecken** gehalten werden, sollen gem. IAS 7.15 den zur Weiterveräußerung bestimmten Vorräten ähneln. *Cash flows* aus dem Erwerb und Verkauf derartiger Wertpapiere sind deshalb im operativen Bereich der *cash-flow*-Rechnung zu berücksichtigen. Entsprechendes gilt für Derivate, die zu Handelszwecken gehalten werden (→ § 3 Rz 53).
- Bei Auszahlungen für **Derivate**, die als *hedges* verwendet werden, ist zu differenzieren: Beziehen sie sich auf ein bestimmtes Sicherungsgeschäft (z. B. Kundenforderungen in Fremdwährung), so ist der *cash flow* des Derivates so zu behandeln wie der des Grundgeschäftes (im Beispiel operativ). Fehlt es an einem solchen besonderen Bezug, so können nicht als *trading* zu qualifizierende Derivate je nach den Umständen der Investitions- oder Finanzierungstätigkeit zugerechnet werden (IAS 7.16g; → § 3 Rz 53).
- Auszahlungen für *available-for-sale*-**Werte** sind im Allgemeinen im Investitionsbereich zu berücksichtigen.
- Bei großer **Umschlaghäufigkeit**, d. h. vorrangig in der Kategorie *trading*, können Ein- und Auszahlungen auch **saldiert** dargestellt werden (IAS 7.22b).

12 Angaben

12.1 Überblick

361 Die Angabepflichten des IFRS 7 lassen sich in zwei Blöcke aufteilen:
- **Bedeutung** von Finanzinstrumenten für das Unternehmen (IFRS 7.7–30) und
- Art und Umfang der aus den eingesetzten Finanzinstrumenten resultierenden **Risiken** (IFRS 7.31–44).

362 Bei den die **Bedeutung** der eingesetzten Finanzinstrumente betreffenden Angaben verlangt IFRS 7 von Finanzinstrumenten teils eine Aufschlüsselung nach „*classes*", teils nach „*categories*".
- **Kategorien** sind die in IFRS 7.8 unterschiedenen Bewertungskategorien.
- Eine **Klasse** ist eine Zusammenfassung von Finanzinstrumenten zu einer Gruppe, die in Abhängigkeit von der Art der nach IFRS 7 geforderten Angaben sowie der Merkmale der im Unternehmen eingesetzten Finanzinstrumente vorgenommen wird. Daher sind die Klassen durch das Unternehmen individuell festzulegen. Dabei muss die Klassenbildung mindestens zwischen zu fortgeführten Anschaffungskosten und zum *fair value* bilanzierten Finanzinstrumenten unterscheiden (IFRS 7.B2). Im einfachsten Fall (bei fehlender unternehmensspezifischer Untergliederung) ergäben sich also zwei Klassen,

Finanzinstrumente § 28

zum einen zu fortgeführten Anschaffungskosten bilanzierte Finanzinstrumente, zum andern zum *fair value* bilanzierte. Die Erläuterung der Finanzinstrumente nach **Klassen** steht **im Vordergrund** von IFRS 7. Die Bewertungskategorien haben keine so hohe Bedeutung. Wichtigste Ausnahmen sind IFRS 7.8 mit der Überleitung von Bewertungskategorien auf Bilanzposten (Rz 374) sowie IFRS 7.20a mit einer Aufgliederung von Nettogewinnen oder -verlusten aus Finanzinstrumenten nach Bewertungskategorien (Rz 376).

Im Einzelnen sind zur Bedeutung von Finanzinstrumenten Angaben zu folgenden Punkten gefordert: 363
- **Bilanzierungs- und Bewertungsmethoden** (Rz 368),
- **Überleitung** der Bewertungskategorien auf die Bilanz und GuV-Positionen, Umgliederungen zwischen den Kategorien (Rz 374),
- Aufschlüsselung der **Nettogewinne und -verluste** nach Bewertungskategorien (Rz 376), Angabe des Wertminderungsaufwands je Klasse (Rz 378),
- **Zinserträge und -aufwendungen** für nicht erfolgswirksam zum *fair value* erfasste Finanzinstrumente (Rz 371) sowie der Zinsertrag aus wertgeminderten finanziellen Vermögenswerten (sog. *unwinding*, Rz 378),
- Höhe von **Zeitwerten** (*fair values*) nach Klassen, soweit der Zeitwert nicht bereits aus der Bilanz ersichtlich ist, Ermittlung der Zeitwerte, Nutzung der *fair value option* (Rz 379),
- *hedge accounting* (§ 28a Rz 115),
- **sonstige** Angaben zur Bedeutung von Finanzinstrumenten (Rz 384).

Zur Kennzeichnung der **Risiken** aus den eingesetzten Finanzinstrumenten sind Angaben zu 364
- Ausfallrisiken (Rz 386),
- Liquiditätsrisiken (Rz 387) und
- Markt(preis)risiken (Rz 392)

erforderlich (Rz 385). Diese können aber statt im Anhang in einem **Lagebericht** gemacht werden, der mit den *financial statements* offengelegt wird (IFRS 7.B6). Hierdurch lassen sich Redundanzen vermindern.

12.2 *Materiality*-Überlegungen

Betrachtet man den Anhang von Großunternehmen aus Luftfahrt, Versorgung, Handel usw., fällt der wesentlich größere **Umfang** der Erläuterungen der Finanzinstrumente im Verhältnis zum Sach- und immateriellen Anlagevermögen und zu den Vorräten auf. Ein unvoreingenommener Betrachter könnte angesichts dieser Schwerpunktsetzung den Eindruck gewinnen, dass die betroffenen Unternehmen nicht vor allem Passagiere befördern, Energie produzieren bzw. Warenhandel betreiben, sondern sich eher auf finanzielle als auf operative Tätigkeiten konzentrieren würden. Wer als mittelständischer Anwender einen solchen Eindruck nicht vermitteln will bzw. auch den mit manchen Angaben verbundenen Aufwand scheut, muss den *materiality*-Grundsatz (→ § 1 Rz 63 ff.) extensiv auslegen. 365

Wie alle IFRS-Regelungen unterliegen auch die Bestimmungen von IFRS 7 dem Vorbehalt der Nichtanwendung auf **unwesentliche** Sachverhalte (→ § 1 Rz 64). Daneben finden sich aber noch spezielle Hinweise: 366

1815

- „Ein Unternehmen entscheidet angesichts der individuellen Umstände, wie viele Details es angibt, um den Anforderungen dieses IFRS gerecht zu werden, wie viel Gewicht es auf verschiedene Aspekte dieser Anforderungen legt und wie es Informationen zusammenfasst, um das Gesamtbild darzustellen" (IFRS 7.B3).
- „Der Umfang der Angabepflichten hängt vom Umfang des Einsatzes von Finanzinstrumenten und der betreffenden Risikoexposition ab" (IFRS 7.IN4).
- „Zur Erfüllung der Anforderungen muss ein Unternehmen nicht alle in der *Implementation Guidance* empfohlenen Informationen angeben." (IFRS 7.IG5).

367 Im Vergleich zu anderen Standards ist der wiederholte Hinweis auf den *materiality*-Grundsatz auffällig. Erklärend ist offenbar ein gewisses Unbehagen damit, den bankspezifischen Standard IAS 30 abgeschafft und seine Inhalte in IFRS 7 integriert zu haben. Als Folge dieser Entscheidung unterliegt die Elektro Müller GmbH vor Berücksichtigung des *materiality*-Gedankens den gleichen Offenlegungsvorschriften für Finanzinstrumente wie die Deutsche Bank AG. Da dies im Ergebnis nicht richtig sein kann, muss der *materiality*-Grundsatz bei IFRS 7 besonders betont werden. Von praktischer Bedeutung ist dann die Interpretation des Grundsatzes. Würde er rein quantitativ, etwa als Anteil der Finanzinstrumente an der Bilanzsumme verstanden, wäre dem **mittelständischen** Unternehmen nur halb (u. a. kaum auf der Passivseite) geholfen. Bei qualitativer Betrachtung sind aber Informationen nur dann als wesentlich anzusehen, wenn sie für die Beurteilung der Lage des Unternehmens wichtig sind. Für ein überwiegend im Euroraum tätiges und überwiegend festverzinslich finanziertes mittelständisches Unternehmen werden Währungs- und Zinsentwicklungen etwa qualitativ unwesentlich, Sensitivitätsanalysen zu diesen Größen daher entbehrlich sein. Bei konsequenter Anwendung des *materiality*-Grundsatzes kann der Mittelständler mit verhältnismäßig wenigen, zumeist aus dem Handelsrecht bekannten Angaben (Laufzeiten usw.) auskommen und so – im Interesse des *true and fair view* – seine Berichterstattung vom **finanziellen Kopf** auf die **operativen Füße** stellen.

12.3 Angaben zu Bilanzierungs- und Bewertungsmethoden

368 Bezüglich der Angabepflichten zu den Bilanzierungs- und Bewertungsmethoden verweist IFRS 7.21 lediglich auf die diesbezüglich allgemeine Angabepflicht in IAS 1.117. Für Finanzinstrumente dürfte danach im Wesentlichen eine
- Angabe der Bewertungsmethoden,
- der Kriterien für die Ein- und Ausbuchung sowie
- für die Realisation der Erträge und Aufwendungen.
relevant sein.

369 Zum **Einbuchungszeitpunkt** ist anzugeben, ob Finanzinstrumente am Erfüllungs- oder Handelstag erfasst werden (Rz 57).

370 Besondere Angabepflichten bestehen für Finanzinstrumente, die trotz Übertragung *(transfer)* **nicht ausgebucht** wurden oder bei denen nach Übertragung ein continuing involvement existiert (IFRS 7.42A). Ein *continuing involvement* im Sinne dieser Anhangvorschriften ist gem. IFRS 7.42C gegeben, wenn auf den übertragenen Vermögenswert bezogene Rechte oder Pflichten zurückbehalten oder neu begründet wurden. Kein *continuing involvement* liegt jedoch vor bei Verbleib des Veritätsrisikos, bedingten oder unbedingten Termingeschäften, die eine Rücknahme des übertragenen Vermögenswertes zum *fair value* vorsehen,

Finanzinstrumente § 28

sowie Durchleitungsverpflichtungen. Für finanzielle Vermögenswerte, die bei Übertragung **nicht vollständig ausgebucht** worden sind, müssen im Einzelnen folgende Angaben geleistet werden (IFRS 7.42D):
- Art der übertragenen Vermögenswerte,
- Art der beim Unternehmen verbleibenden Chancen und Risiken,
- Art der Beziehung zwischen dem übertragenen Vermögenswert und damit verbundenen Verbindlichkeiten (*associated liabilities*), etwa Beschreibung der Restriktionen, die sich aufgrund der Übertragung für die Verwertung des Vermögenswerts beim Unternehmen ergeben,
- falls die Gegenpartei wegen eventueller Ansprüche nur Rückgriff auf die übertragenen Vermögenswerte nehmen kann, Angaben zum *fair value* von Vermögenswerten, verbundenen Verbindlichkeiten und der Differenz von beidem.

Für finanzielle Vermögenswerte, die nach Übertragung **vollständig weiter bilanziert** werden, sind Angaben zum Buchwert von Vermögenswert und verbundenen Verbindlichkeiten gefordert.

Falls das Unternehmen den Vermögenswert nach Übertragung gem. IAS 39.20c(IIs) im Maße des continuing involvement weiter bilanziert, müssen Angaben zum Buchwert der Vermögenswerte vor und nach Übertragung sowie der verbundenen Verbindlichkeiten geleistet werden. Für alle Vermögenswerte, die bei Übertragung **vollständig ausgebucht** wurden, bei denen aber ein *continuing involvement* im o. g. Sinne vorliegt, bestehen folgende, nach IFRS 7.42F ggf. aggregiert erfüllbare, Angabepflichten (IFRS 7.42E und G):
- Buchwert und *fair value* der für das *continuing involvement* relevanten Vermögenswerte und/oder Verbindlichkeiten,
- maximales Risiko aus dem *continuing involvement*,
- undiskontierter *cash flow*, der für den Rückkauf des übertragenen Vermögenswerts benötigt würde, sowie eine an den Restlaufzeiten des *continuing involvement* orientierte Fälligkeitsanalyse dieser *cash flows*,
- Angabe der Erträge oder Aufwendungen die a) bei Übertragung, b) in der Berichtsperiode, c) seit Übertragung erzielt wurden,
- besondere Angaben, wenn Ergebnisse aus der Übertragung von Vermögenswerten nicht relativ gleichmäßig über die Berichtsperiode, sondern konzentriert, insbesondere zeitnah zum Bilanzstichtag, angefallen sind.

Die Erläuterung der Ertrags- und Aufwandsrealisierung kann beispielhaft wie folgt aussehen:

> **Beispiel**
> **Erträge und Aufwendungen aus Finanzinstrumenten**
> **Dividendenerträge** werden erfasst, wenn der Rechtsanspruch auf Zahlung entstanden ist.
> **Zinserträge** werden mittels des maßgeblichen Effektivzinssatzes zeitlich abgegrenzt. Davon ausgenommen sind Finanzinstrumente, die erfolgswirksam zum Zeitwert erfasst werden, der rechtlich noch nicht verselbstständigte Zinsanspruch ist hier Teil der Zeitbewertung.
> **Zinsaufwendungen** aus Verbindlichkeiten werden ebenfalls auf Basis des Effektivzinssatzes abgegrenzt. Im Zinsergebnis ist außerdem der Zinsanteil in den Zuführungen zu Rückstellungen berücksichtigt.

371

> Wertminderungen auf finanziellen Vermögenswerten, die nicht erfolgswirksam zum beizulegenden Zeitwert erfasst sind, werden aufwandswirksam erfasst. Gewinn und Verluste aus der **Veräußerung** von Finanzinstrumenten werden in voller Höhe erfasst, wenn alle wesentlichen Risiken und Chancen übertragen sind. Bei teilweiser Übertragung der Chancen und Risiken ist danach zu differenzieren, ob die Kontrolle beim Unternehmen verbleibt oder übertragen wird.

372 Über diese allgemeinen Angaben hinaus sieht IFRS 7.B5 eine Reihe von **spezifischen Angaben** vor. Von besonderer Bedeutung ist dabei die in IFRS 7.B5f geforderte Angabe der Kriterien, anhand derer über die Notwendigkeit einer **Wertminderung** (*impairment*) entschieden wird. Unternehmen werden sich bez. dieser Angabepflicht nicht mit einer Wiedergabe der Indikatoren begnügen können. Vielmehr sind hierzu weitere unternehmensindividuelle Konkretisierungen erforderlich (z.b. durch Bezugnahme auf Mahnstufen). In dem Zusammenhang ist auch anzugeben, inwieweit Wertberichtigungen direkt von Forderungen abgesetzt werden oder ob ein separates Wertberichtigungskonto verwendet wird und – in letzterem Fall – nach welchen Kriterien das Konto ausgebucht und die Forderung direkt abgeschrieben wird (IFRS 7.B5d).

373 Bei Nutzung der *fair value option* bestehen besondere Angabepflichten (IFRS 7.B5a).

12.4 Überleitung von Bewertungskategorien auf Bilanzposten

374 IFRS 7.8 sieht eine **Aufgliederung der bilanziellen Buchwerte nach den Bewertungskategorien** vor, sofern sich diese nicht ausnahmsweise bereits aus der Bilanz ergeben. Für die **Aktivseite** verlangt dies eine Aufgliederung der Bilanzposten. In analoger Weise erfolgt die Aufgliederung der **Passivposten**.

12.5 Angaben zur Umklassifizierung von Finanzinstrumenten

375 Im Zusammenhang mit den in der Bilanz verwendeten Bewertungskategorien sind Angaben dann erforderlich, wenn ein finanzieller Vermögenswert **umklassifiziert** wurde. Dabei unterscheiden die von IFRS 7 geforderten Angaben danach, ob es sich um eine Umklassifizierung handelt (Rz 160), die
- erst durch die im Oktober 2008 erweiterten Umklassifizierungswahlrechte neu geschaffen wurde (Angaben gem. IFRS 7.12A) oder
- bereits vor Oktober 2008 zulässig bzw. verpflichtend war (Angaben gem. IFRS 7.12).

Unklarheit besteht über eine Angabepflicht, wenn für ein bisher zu Anschaffungskosten bewertetes Eigenkapitalinstrument nunmehr ein verlässlicher *fair value* verfügbar ist. Zwar ändert sich der Bewertungsmaßstab (*fair value* statt *cost*), jedoch findet kein Wechsel der Bewertungskategorie statt (weiterhin AfS). Im Zweifel sollte eine Angabe vorgenommen werden.

12.6 Angaben zur GuV

376 Wie für die Bilanz wird auch für die **GuV** eine **Aufgliederung der Nettogewinne und -verluste** nach **Kategorien** gefordert (IFRS 7.20a). Unter **Nettogewinnen**

und -verlusten (*gains and losses*) sind alle in der GuV der Periode erfassten Bewertungs- und Abgangserfolge zu verstehen. Hierunter fallen für Finanzinstrumente, die **zu (fortgeführten) Anschaffungskosten** oder **erfolgsneutral zum** fair value bewertet werden, nicht die laufenden Zinsen oder Dividenden, hingegen:
- **Wertberichtigungen, Zuschreibungen** sowie Eingänge aus abgeschriebenen Forderungen,
- Gewinne bzw. Verluste aus der **Veräußerung** von Vermögenswerten und
- Gewinne bzw. Verluste aus dem **Rückkauf** von Verbindlichkeiten.

Im Falle von erfolgsneutral zum beizulegenden Zeitwert bewerteten Instrumenten ist in diesem Zusammenhang auch anzugeben, welcher Betrag unmittelbar in der **Zeitbewertungsrücklage** erfasst wurde und welcher Betrag (aufgrund von Bewertungs- und Veräußerungseffekten) aus der Zeitbewertungsrücklage in die GuV gebucht wurde (IFRS 7.20a(i)). Für **erfolgswirksam zum** *fair value* bewertete Finanzinstrumente sind alle Effekte aus der laufenden Bewertung einzubeziehen. Darüber hinaus werden hier auch Gewinne bzw. Verluste aus der Veräußerung bzw. dem Rückkauf ausgewiesen (Unterschiedsbetrag zwischen der letzten Bewertung zum *fair value* und dem Transaktionspreis). Die gesamten Nettogewinne und -verluste können für jede Kategorie **in einer Zahl** angegeben werden; weitergehende Aufgliederungen sind nicht erforderlich.

Im Anwendungsbereich von IFRS 9 bestehen analoge Vorschriften nach der an IFRS 9 angepassten Version von IFRS 7.20, wobei hier aktivisch nur zwischen zwei Kategorien zu unterscheiden ist (Rz 106). Gem. IFRS 7.B5e dürfen in das Nettoergebnis aus Handelsbeständen auch Zinsen und Dividenden einbezogen werden. Für Nicht-Handelsbestände ist dies unzulässig. IFRS 7.20b verlangt vielmehr eine separate Angabe der Gesamtzinserträge und der Gesamtzinsaufwendungen für Finanzinstrumente, die zu (fortgeführten) Anschaffungskosten oder erfolgsneutral zum *fair value* bewertet werden. Eine Aufgliederung nach Kategorien (oder Klassen) ist – anders als bei den Nettogewinnen/-verlusten – nicht notwendig.

377

12.7 Angaben zur Wertberichtigung

Im Zusammenhang mit **Wertberichtigungen** bzw. **Abschreibungen** werden Angaben sowohl zur Bilanz wie zur GuV verlangt. Regelmäßig werden **portfolio**orientierte Wertberichtigungen, teilweise aber auch **Einzel**wertberichtigungen über eigene Konten geführt. In diesem Fall verlangt IFRS 7.16 eine nach Klassen (Rz 362) gegliederte Entwicklung der Wertberichtigungen („Wertberichtigungsspiegel"). Bei Nichtbanken sind meist nur die Forderungen aus Lieferungen und Leistungen betroffen. Anzugeben sind außerdem

378

- der Betrag der in der Periode in der GuV erfassten **Wertminderungen**. Die Angabe ist für jede Klasse finanzieller Vermögenswerte erforderlich, die nicht erfolgswirksam zum *fair value* bewertet wird.
- der Betrag des im Rahmen der Ermittlung von Wertberichtigungen ermittelten *unwinding* (IFRS 7.20d; Rz 127, 140). Die Angabe kann in einer Zahl erfolgen.

12.8 Angaben zu Zeitwerten (*fair values*) und zur Nutzung der *fair value* option

379 Nach IFRS 7.25 ist für **jede Klasse** von finanziellen Vermögenswerten und finanziellen Schulden der beizulegende **Zeitwert** *(fair value)* anzugeben und mit dem korrespondierenden Buchwert in der Bilanz zu vergleichen. Die sich daraus ergebende Differenz stellt den Betrag der stillen Reserven (oder Lasten) in den Finanzinstrumenten dar, der z. B. im Zuge eines Verkaufs realisiert werden könnte (oder müsste). Eine Angabe der *fair values* ist dann nicht erforderlich, wenn der Buchwert (wie etwa bei kurzfristigen Kundenforderungen) eine vernünftige Approximation des *fair value* darstellt (IFRS 7.29). Die Angabe von *fair values* ist nur für Finanzinstrumente erforderlich, die nicht bereits zum *fair value* bilanziert werden. Zu einem vom Buchwert abweichenden *fair value* kann es dabei vor allem bei festverzinslichen Finanzinstrumenten im Falle einer wesentlichen Zinsänderung kommen. Dabei ist die Auswirkung einer Marktzinsänderung umso größer, je länger die Restlaufzeit des Geschäfts ist. Die Ermittlung und Angabe des *fair value* ist daher für Finanzinstrumente mit einer nur kurzen Laufzeit nicht erforderlich. Es genügt bei kurzen Restlaufzeiten (oder kleinen Marktzinsänderungen) regelmäßig die Angabe, dass die Buchwerte im Wesentlichen den Marktwerten entsprechen (IFRS 7.29a). Eine entsprechende „**Negativangabe**" reicht auch für alle variabel verzinslichen Forderungen, Wertpapiere und Schulden.

380 Abgesehen von den vorgenannten Ausnahmen muss für alle Finanzinstrumente der *fair value* ermittelt werden, sei es für die Bilanz oder für die Angabe im Anhang. Hierzu sehen IFRS 7.27 ff. umfangreiche Angaben zu den **Ermittlungsmethoden** der *fair values* vor. Sie entsprechen im Wesentlichen den mit Ablösung von IAS 39 durch IFRS 9 anstelle von IFRS 7.27 ff. tretenden Regelungen in IFRS 13 (§ 8a).

381 Weiterhin sind Angaben zu sog. *day-one profits/losses* vorzunehmen (IFRS 7.28, IFRS 7.IG14).

382 Hat ein Unternehmen die *fair value option* (Rz 108) genutzt, sind – zusätzlich zu den Ausführungen über die Bilanzierungs- und Bewertungsmethoden (Rz 368) sowie zu den diesbezüglichen Buchwerten (Rz 374) und GuV-Auswirkungen (Rz 376) – weitere quantitative Angaben für den Fall vorzunehmen, dass die *fair value option* für Darlehen und Forderungen oder Finanzverbindlichkeiten gezogen wurde:

- Bei Anwendung der *fair value option* ist das maximale Ausfallrisiko anzugeben. Hinsichtlich der in der GuV erfassten Bewertungsgewinne bzw. -verluste ist der Teil anzugeben, der aus einer Änderung des Ausfallrisikos des Schuldners (und nicht aus Zinseffekten) resultiert. Wurden zur Absicherung Kreditsicherungsinstrumente (z. B. Garantien oder Kreditderivate) eingesetzt, ist anzugeben, inwieweit diese das Ausfallrisiko reduzieren und welche GuV-Wirkung sich daraus ergeben hat (IFRS 7.9).
- Bei Anwendung der *fair value option* auf **Finanzverbindlichkeiten** ist der Teil der in der GuV erfassten Bewertungsgewinne bzw. -verluste anzugeben, der aus einer Änderung des Ausfallrisikos des Emittenten (und nicht aus Zinseffekten) resultiert. Da es sich bei dem Emittenten um das bilanzierende Unternehmen handelt, sind die GuV-Effekte anzugeben, die sich aus der

Finanzinstrumente § 28

eigenen Bonitätsänderung ergeben. In dem Zusammenhang ergibt sich das nicht intuitive Ergebnis, dass eine Verschlechterung der eigenen Bonität einen Gewinnausweis bewirkt und umgekehrt. Weiterhin ist der Unterschiedsbetrag zwischen dem Buchwert (= *fair value*) und dem vertraglichen Rückzahlungsbetrag der Verbindlichkeit im Anhang anzugeben (IFRS 7.10).

12.9 Angaben zum *hedge accounting*

Hierzu wird auf § 28a verwiesen. 383

12.10 Sonstige Angaben

IFRS 7 verlangt Angaben zu **Sicherheiten**, und zwar sowohl für die Sicherungsgestellung (als Sicherungs**geber**) als auch für die Hereinnahme von Sicherheiten (als Sicherungs**nehmer**). Als **Sicherungsgeber** hat das Unternehmen gem. IFRS 7.14a den Buchwert aller als Sicherheit gestellten finanziellen Vermögenswerte anzugeben. Hierzu zählen auch solche Sicherheiten, die das Unternehmen in seiner Bilanz getrennt ausweist, weil der Sicherungsnehmer diese weiterveräußern oder verpfänden darf. Bei Gestellung von Sicherheiten durch nichtfinanzielle Vermögenswerte (z. B. Grundpfandrechte) ist eine Angabe nicht erforderlich. Barmittel (z. B. gezahlte Kautionen) stellen finanzielle Sicherheiten dar und begründen daher eine Angabepflicht. Weiterhin sind Angaben zu den **Konditionen** der Sicherheitenstellung zu machen (IFRS 7.14b), wie z. b. Ausführungen zur Laufzeit oder der Frage, ob die Sicherheiten vom Sicherungsnehmer veräußert werden dürfen. Ist das Unternehmen in der Position des **Sicherungsnehmers**, beziehen sich die Angabepflichten des IFRS 7.15 – abweichend von IFRS 7.14 – 384

- weitergehend auf finanzielle und auf nichtfinanzielle Sicherheiten (wie z. B. Grundschulden),
- einschränkender nur auf solche Sicherheiten, die unabhängig vom Ausfall des Schuldners (= Sicherungsgeber) durch das bilanzierende Unternehmen (= Sicherungsnehmer) verwertet werden dürfen. Dies wird im Regelfall nur auf finanzielle Sicherheiten (wie z. b. im Rahmen einer Wertpapieranleihe gestellte Wertpapiersicherheiten oder erhaltene Kautionen) zutreffen, nicht aber auf nichtfinanzielle Sicherheiten (wie eine Grundschuld).

Der Sicherungsnehmer hat hierzu den *fair value* der erhaltenen Sicherheiten, den *fair value* der weiterveräußerten bzw. verpfändeten Sicherheiten und die Konditionen der Sicherheitenstellung anzugeben.

12.11 Angaben zu Risiken und Risikomanagement

IFRS 7.31 ff. unterscheidet drei **berichtspflichtige Arten von Risiken**, die sich aus Finanzinstrumenten ergeben können: 385
- **Marktrisiken:** Der Wert (*fair value* oder die künftigen Zahlungen *cash flows*) eines Finanzinstruments ändert sich infolge der Änderung von Wechselkursen, Zinsen oder anderen Marktpreisen (z. B. Aktienkursen).
- **Kreditrisiken**: Vertragspartner kommen ihren Verpflichtungen aus Finanzinstrumenten nicht nach, z. B. bei Kundenforderungen (Wertberichtigungen) oder Wertpapieren.

1821

- **Liquiditätsrisiken:** Ein Unternehmen kann seine aus Finanzinstrumenten resultierenden Zahlungsverpflichtungen nicht termingerecht erfüllen.

Ein Unternehmen hat für jede Risikoart **qualitative** Angaben zum Ausmaß und den Ursachen der Risiken sowie zu den Zielen und zum Prozess des Risikomanagements, einschließlich der Methoden zur Risikomessung, zu machen (IFRS 7.33). Für die **quantitativen** Angabepflichten nach IAS 7.34a ist jedoch (anders als noch nach IAS 32) ausdrücklich vorgeschrieben, dass sie auf dem internen Managementinformationssystem (*management approach*) basieren sollen. Allerdings wird dieser Grundsatz durch sog. Mindestanforderungen an die Berichterstattung über Kredit-, Liquiditäts- und Marktrisiken durchbrochen (IFRS 7.34b). Im Rahmen des *Annual Improvements Project* 2010 ist durch Einfügung von IFRS 7.32A klargestellt worden, dass qualitative und quantitative Informationen, da sie in der Ableitung eines Gesamtbildes durch die Bilanzadressaten interagieren, auch vom Bilanzersteller entsprechend, also etwa mit gegenseitiger Bezugnahme oder durch Behandlung an gleicher Stelle, präsentiert werden sollen.

386 Bezüglich der **Kreditrisiken** ist für jede Klasse von finanziellen Vermögenswerten die Angabe des maximalen Ausfallrisikos (ohne Berücksichtigung von Sicherheiten) erforderlich. Da dieses typischerweise am besten durch den Buchwert (nach Abzug ggf. erforderlicher Wertberichtigungen) repräsentiert wird, genügt in der bis 2010 anwendbaren Fassung im Regelfall ein entsprechender globaler Hinweis (IFRS 7.36a und IFRS 7.B9). Aufgrund der Änderung durch das *Annual Improvements Project* 2010 entfällt bei Vermögenswerten, deren maximales Ausfallrisiko dem Buchwert entspricht, ab 2011 die Angabepflicht überhaupt. Zur Beurteilung der Kreditrisiken sind auch Angaben zu erhaltenen Sicherheiten zu machen (IFRS 7.36b). Mit IFRS 7 neu eingeführt wurden die Verpflichtungen, für finanzielle Vermögenswerte,
- die weder Zahlungsstörungen aufweisen noch wertberichtigt sind, Angaben zur **Kreditqualität** zu machen. Dabei ist der Inhalt der Angaben bewusst in das Ermessen des Unternehmens gestellt; infrage kommt z. B. die Angabe zur Art der Vertragspartner, historischen Ausfallraten oder internen oder externen Ratings (IFRS 7.36c, IG23);
- deren Zahlungsbedingungen mit dem Schuldner **neu verhandelt** wurden, weil sie ansonsten in Zahlungsverzug geraten wären, die Buchwerte anzugeben (IFRS 7.36d);
- die **Zahlungsstörungen** ohne Wertberichtigungen aufweisen (Verzug), eine Analyse der Dauer des Zahlungsverzugs vorzunehmen (IFRS 7.37a). Dabei hängt die Anzahl der für die Analyse verwendeten Laufzeitenbänder von den individuellen Verhältnissen des Unternehmens ab. IFRS 7.IG28 empfiehlt vier Laufzeitenbänder (bis drei Monate, drei bis sechs Monate, sechs Monate bis ein Jahr und über ein Jahr);
- die **bereits wertberichtigt** sind, weitere Angaben zu machen (z. B. Angabe des Buchwerts vor Wertberichtigung und der Betrag der Wertberichtigung).
- Für die beiden letztgenannten Fälle sind darüber hinaus bis 2010 (Änderung durch das *Annual Improvements Project* 2010) eine Beschreibung vorhandener **Sicherheiten** sowie eine **Schätzung** von deren *fair value* (sofern mit vertretbarem Aufwand möglich) vorzunehmen (IFRS 7.37c).

Finanzinstrumente § 28

Nicht geregelt ist in IFRS 7 die Frage, wann von einem Zahlungsverzug auszugehen ist. Ein sehr kurzer Zahlungsverzug (wenige Tage) kann jedenfalls der Intention der Offenlegungspflichten unter *materiality*-Gesichtspunkten nicht gerecht werden. Bei Banken könnte die im Kontext von den Basel-Vorgaben verwendete 90-Tage-Frist (Rz 317) einen Anhaltspunkt darstellen. Letztlich kommt es aber auf die individuellen Verhältnisse des Unternehmens an. Hat ein Unternehmen während der Berichtsperiode im Rahmen der Sicherheitenverwertung Vermögenswerte übernommen, die die Ansatzvoraussetzungen in der Bilanz erfüllen, so ist hierüber zu berichten. Dies gilt unabhängig davon, ob es sich um einen finanziellen oder nichtfinanziellen Vermögenswert handelt. Anzugeben sind (IFRS 7.38):
- Art und Buchwert der übernommenen Vermögenswerte und
- für nicht marktgängige Vermögenswerte *(assets not readily convertible to cash)* die vorgesehene Form der Verwertung bzw. Nutzung im Unternehmen.

Die Angabepflichten zu **Liquiditätsrisiken** (IFRS 7.39) erfordern 387
- eine Restlaufzeitengliederung für nicht derivative finanzielle Verbindlichkeiten einschließlich Finanzgarantien (IFRS 7.39a),
- eine Fälligkeitsanalyse für derivative finanzielle Verbindlichkeiten, die allerdings nur in bestimmten Fällen (etwa nach IFRS 7.B11B bei Zinsswaps und Kreditzusagen) auf die vertraglichen Laufzeiten, im Übrigen auf die verwendeten Risikomanagementmethoden abstellt (IFRS 7.39b), und
- eine Beschreibung der Steuerung des sich aus der Restlaufzeitengliederung ergebenden Liquiditätsrisikos (IFRS 7.39b).

In die Restlaufzeitengliederung sind die künftigen **vertraglichen Zahlungs**ver- 388
pflichtungen aufzunehmen (IFRS 7.B14). Einzubeziehen sind
a) nicht (nur) die Buchwerte der Passivseite, sondern weitergehend alle mit den Verbindlichkeiten verbundenen **künftigen** Zahlungen und
b) vertraglich vereinbarte Zahlungstermine und nicht (ggf. später) **erwartete** Zahlungstermine.

Aus a) ergibt sich Folgendes:
- Für „**klassische**" Verbindlichkeiten (aufgenommene Bankdarlehen, emittierte Anleihen, Verbindlichkeiten aus Lieferung und Leistung usw.) sind die vertraglichen **Rückzahlungsbeträge** sowie die **Zinsen** zu berücksichtigen. Dabei ist – im Unterschied zur Bilanz – von undiskontierten künftigen Zahlungsflüssen auszugehen.
- Für **Derivate** kommt es nicht auf die Aufgliederung des in der Bilanz ausgewiesenen *fair value*, sondern auf die aus dem Derivat resultierenden **Zahlungsverpflichtungen** an (z. B. den in einem Termingeschäft über Finanzinstrumente festgelegten Kaufpreis. Sofern Derivate (z. B. Zinsswap) eine Nettozahlung vorsehen, ist bei der Beurteilung der Angabepflicht darauf abzustellen (IFRS 7.B11D).
- Für **Kreditzusagen** ist – obwohl sie im Regelfall nicht bilanziell erfasst werden (vgl. Rz 218) – der zugesagte Kreditbetrag anzugeben.

Hinsichtlich der unter b) angesprochenen Zahlungstermine
- ist – im Sinne einer *worst-case*-Betrachtung – auf (vertraglich festgelegten) **frühestmöglichen** Rückzahlungstermin abzustellen. Hierin wird die Zielsetzung der Angabe im Anhang deutlich: Liquiditätsrisiko = Risiko, dass ein Unternehmen Schwierigkeiten bei der Erfüllung seiner aus finanziellen Verbindlichkeiten resultierenden Verpflichtungen hat (IFRS 7.B12, BC57).

- darf nicht auf das erwartete **Gläubigerverhalten** abgestellt werden. So müssen Banken etwa für Sicht- und Spareinlagen der Kunden auf das vertragliche Kündigungsrecht (z.b. täglich oder in drei Monaten) abstellen, obwohl fundierte Erfahrungen über das tatsächliche Kundenverhalten vorliegen, wonach Kundengelder regelmäßig länger zur Verfügung stehen (sog. Bodensatztheorien; → § 38 Rz 29). In gleicher Weise müssen Unternehmen im Falle einer Kontokorrent-Verbindlichkeit bei einer Bank auf die (regelmäßig kurzfristigen) vertraglichen Möglichkeiten der Bank, eine Rückzahlung einzufordern, abstellen (IFRS 7.12). Das mit dieser Angabe gezeichnete *worst-case*-Szenario müsste dann ggf. im Zuge der (gem. IFRS 7.39b verpflichtenden) Angaben zum Management der Liquiditätsrisiken wieder ins rechte Licht gerückt werden.

389 Die Struktur der Laufzeitbänder (Anzahl und Länge) ist dem Unternehmen überlassen. Zweckmäßig ist ein **Verbindlichkeitsspiegel**. Weiterhin sind Angaben darüber vorzunehmen, wie das aus dem Verbindlichkeitsspiegel ersichtliche Liquiditätsrisiko **gesteuert** wird (IFRS 7.39b). Hierzu bieten sich Angaben darüber an, inwieweit das Unternehmen

- Vermögenswerte vorhält, die der Absicherung dieses Liquiditätsrisikos dienen (**Liquiditätsreserve**). Dabei wird es sich in erster Linie um Wertpapiere handeln; da die Papiere ihre Funktion als Liquiditätsreserve nur erfüllen können, wenn sie auf einem aktiven Markt gehandelt und daher jederzeit kurzfristig veräußerbar sein müssen, kann ein entsprechender Vermerk über die Verwertbarkeit vorgenommen werden;
- über **weitere Finanzierungsmöglichkeiten** verfügt; dies können z.b. ungenutzte Kreditlinien oder andere Kreditfazilitäten oder nicht ausgenutzte Emissionsprogramme sein, die eine kurzfristige Begebung von Anleihen ermöglichen.
- mit einer von den vertraglichen Bedingungen (wie im Verbindlichkeitsspiegel dargestellt) abweichenden **späteren Rückzahlung** rechnet. In diesem Zusammenhang verweist IFRS 7.IG30 auf die Möglichkeit der Aufstellung einer auf erwarteten Rückzahlungsterminen basierenden Laufzeitengliederung zusätzlich zum o.g. Verbindlichkeitsspiegel. Dabei sollten die Unterschiede zwischen den beiden Tabellen erläutert werden.

390 Im Zusammenhang mit der Berichterstattung über Liquiditätsrisiken bietet es sich auch an, auf die von IFRS 7.18 geforderten Angaben zu **Zahlungsstörungen** und **Vertragsverletzungen** einzugehen. Danach besteht eine Angabepflicht immer dann, wenn das Unternehmen in der abgelaufenen Periode seinen Zahlungsverpflichtungen aus Darlehensverbindlichkeiten *(loans payable)* nicht nachkommen konnte. Dabei kann es sich um Zins- oder Tilgungsverpflichtungen handeln. Nicht betroffen von der Angabepflicht sind Zahlungsstörungen, die sich bei Verbindlichkeiten aus Lieferung und Leistung mit marktüblichen Laufzeiten ergeben. Ausdrücklich ausgenommen von der Angabepflicht sind auch Zahlungsstörungen aus Verbindlichkeiten, die am Bilanzstichtag nicht mehr bilanziert werden (weil das Unternehmen in der Zwischenzeit getilgt hat oder sie von dem Gläubiger erlassen wurden).
Liegen die vorgenannten Bedingungen zur Angabepflicht vor, so muss das Unternehmen angeben:

- Einzelheiten zu den Zahlungsstörungen,
- Buchwert der Verbindlichkeit und

Finanzinstrumente §28

- ob die Zahlungsstörung bis zum Zeitpunkt der Freigabe des Abschlusses zur Veröffentlichung beseitigt wurde.

IFRS 7.19 verlangt analoge Angaben, wenn andere Vertragsbestandteile einer Verbindlichkeit verletzt wurden und sich daraus vorzeitige Kündigungsrechte des Gläubigers ergeben. Angesprochen sind sog. *covenants*, die als Voraussetzung für den Fortbestand des Darlehens Bedingungen vorsehen (z. B. ein bestimmtes Rating des Unternehmens oder eine bestimmte Eigenkapitalquote). Bereits vor Verletzung der *covenants* können sich Angabepflichten nach IFRS 7.31 ergeben. Beispiel: 391

> **Beispiel**
> „Verträge im Zusammenhang mit Fremdkapitalmitteln in Höhe von XXX Mio. EUR enthalten jedoch Regelungen, die den Gläubigern das Recht einräumen, im Falle der Nichteinhaltung bestimmter Unternehmenskennzahlen, die vorzeitige Rückzahlung der Darlehen zu verlangen. Die hierfür relevanten Kennzahlen werden laufend überwacht und an den Vorstand berichtet. Bei den Kennzahlen handelt es sich im Wesentlichen um Kennzahlen zum Verschuldungsgrad und zum Eigenkapital. Diese Kennzahlen haben sich im Geschäftsjahr aufgrund der angespannten Ertragslage deutlich verschlechtert. Dadurch besteht eine erhöhte Gefahr, dass die Kennzahlen überschritten werden."

Analoge Angabenotwendigkeiten können für den Risikoteil des (Konzern-)**Lageberichts** bestehen.

Bezüglich der **Marktrisiken** wird für jede relevante Form (Währungs-, Zins- und sonstige Preisrisiken (Kursrisiken etc.)) eine **Sensitivitätsanalyse** verlangt. Diese soll die Auswirkungen einer hypothetischen Änderung der Marktrisikofaktoren (Wechselkurse, Zinssätze, Kurse usw.) auf 392

- die Gewinn- und Verlustrechnung und
- das Eigenkapital

angeben. Angaben zum Marktrisiko (= Angaben zum Risiko einer Änderung des Wertes *(fair value)* oder der künftigen Zahlungsströme *(cash flows)* eines Finanzinstruments sind daher nur insoweit erforderlich, als diese sich **bilanziell** niederschlagen. Insofern ist der Umfang der Angabe nicht nur abhängig vom **Umfang** der im **Unternehmen** eingesetzten – ein Marktrisiko begründenden – Finanzinstrumente; vielmehr kommt es auch auf die für die Finanzinstrumente angewendeten **Bilanzierungsregeln** an. Darüber hinaus sind in die Sensitivitätsanalyse nur am Bilanzstichtag im **Bestand** befindliche Finanzinstrumente einzubeziehen. Hypothetische Änderungen der GuV bzw. des Eigenkapitals aus in der Berichtsperiode abgegangenen bzw. ausgelaufenen Finanzinstrumenten bleiben somit unberücksichtigt (IFRS 7.40.B18a). Für die **Sensitivitätsanalyse** sollen sinnvolle *(reasonable)* Änderungen der Risikofaktoren verwendet werden, wobei das ökonomische Umfeld des berichtenden Unternehmens bis zum nächsten Berichtstermin zugrunde zu legen ist. Ausdrücklich nicht gefordert sind *worst-case*-Analysen oder *stress tests* (IFRS 7.40a.B19). Angaben zur Sensitivität sind für jede (relevante) **Marktrisikoart** getrennt vorzunehmen. Dabei ist nach den Auswirkungen auf die **GuV** und das **Eigenkapital** zu unterscheiden.

393 Daraus ergibt sich für das **Zinsrisiko** Folgendes: Aus einer Änderung des Zinsniveaus resultiert bei einem **festverzinslichen** Finanzinstrument eine Änderung seines *fair value*. Eine Berichtspflicht hierüber besteht aber nur, sofern Geschäfte zum *fair value* bilanziert werden, da *fair-value*-Änderungen andernfalls weder das Eigenkapital noch das GuV-Ergebnis berühren. Anzugeben ist die aus der hypothetischen Zinsänderung resultierende *fair-value*-Änderung des Finanzinstruments, bei **variabel verzinslichem** Finanzinstrument eine Änderung seiner *cash flows*. Nach herrschender Meinung sollen die Auswirkungen einer hypothetischen Zinsänderung auf die GuV (Zinsergebnis) offenlegungspflichtig sein (IFRS 7.B18a). Die konkreten Anforderungen an die **quantitative** Analyse sind in IFRS 7 allerdings unklar formuliert. Eine mögliche Auslegung wäre wie folgt: Zum Bilanzstichtag erfolgt ein Abgleich des effektiven Ergebnisses aus variabel verzinslichen Finanzinstrumenten mit einem in absoluter Höhe geänderten Zinssatz. Die Auswirkungen einer solchen Zinsänderung entsprechen dann dem Produkt aus hypothetischer Zinsänderung und dem Nennbetrag der variabel verzinslichen Finanzinstrumente. Allerdings sind auch andere Auslegungen vertretbar.

394 Diese wohl herrschende Auslegung verträgt sich schwer mit dem **Stichtagsprinzip**. Die Sensitivitätsanalyse soll zeigen, wie Eigenkapital und Ergebnis ausgefallen wären, wenn die Risikovariable einen anderen Wert angenommen hätte. Diese Betrachtung ist gem. IFRS 7.40 zum Bilanzstichtag vorzunehmen. Für Positionen, die sich unterjährig erledigt haben (etwa eine am 1.11. getätigte Lieferung in die USA, aus der die USD-Forderung am 1.12. eingegangen ist) sind daher keine Angaben gefordert. Für variabel verzinsliche Finanzinstrumente wäre nach dem auf Auswirkungen der Änderung von Stichtagsparametern abstellenden Wortlaut von IFRS 7.40 daher eine hypothetische Änderung der während der abgelaufenen Periode geltenden Zinsen irrelevant.

Die herrschende Meinung interpretiert IFRS aber im Sinne einer solchen Angabepflicht. Das Ergebnis ist inkonsequent: Für am Stichtag noch vorhandene variabel verzinsliche Positionen ist danach eine hypothetische Zinsänderung über die gesamte Periode anzunehmen, für kurz vor dem Stichtag erledigte Positionen aber unter Berufung auf das Stichtagsprinzip von jeder Sensitivitätsanalyse abzusehen. Nach der hier vertretenen Minderheitsauffassung ist in beiden Fällen keine Angabe notwendig.[77]

395 Für **Zinsderivate** (insb. Zinsswaps, -caps und -floors) ist eine Änderung des *fair value* darzustellen. Derivate werden unabhängig davon, ob sie als *held for trading* kategorisiert sind oder im (*fair value* oder *cash flow*) *hedge accounting* verwendet werden, zum *fair value* bilanziert. Sie sind daher mit der aus der hypothetischen Zinsänderung resultierenden *fair-value*-Änderung in die Sensitivitätsanalyse einzubeziehen.

396 Angaben zum **Währungsrisiko** sind nur erforderlich für monetäre Finanzinstrumente, die nicht in der funktionalen Währung des Unternehmens denominiert sind (IFRS 7.B23; zum Begriff monetärer Posten → § 27 Rz 18). Daher müssen bspw. Eigenkapitalpapiere in fremder Währung nicht in die Angabe einbezogen werden. Hingegen muss ein Unternehmen, das in erheblichem Umfang über angabepflichtige Finanzinstrumente in verschiedenen Währungen verfügt, hierzu separate Sensitivitätsangaben machen (IFRS 7.B24).

---

[77] Zum Ganzen FREIBERG, PiR 2007, S. 290.

Als Regel sieht IFRS 7 eine **separate** Sensitivitätsanalyse für jede Risikoart vor. Für Unternehmen, die zum Risikomanagement eine Sensitivitätsanalyse verwenden, die die **wechselseitigen Abhängigkeiten** der Risikoparameter berücksichtigt (z. b. eine *value-at-risk*-Analyse), besteht allerdings die Möglichkeit, die Angaben zum Marktrisiko auf dieser Grundlage vorzunehmen (IFRS 7.41). Dies gilt selbst für den (Regel-)Fall, dass sich aus einer solchen Analyse keine Angaben über die potenziellen Auswirkungen auf GuV bzw. Eigenkapital ergeben. Unabhängig davon, wie die Angabe zum Marktrisiko ermittelt wurde, sind erläuternde Angaben zu der **Berechnungsmethodik** und den dabei **verwendeten Annahmen** und **Parametern** vorzunehmen. Wenn nach Ansicht des Unternehmens die Angaben das Marktrisiko nicht angemessen widerspiegeln, ist dies unter Angabe der Gründe darzulegen. Das ist möglicherweise dann der Fall, wenn das anzugebende Zinsrisiko für ein Zinsderivat faktisch nicht besteht, weil es zur Absicherung einer Verbindlichkeit dient, jedoch die komplexen Regelungen des *hedge accounting* nicht angewandt wurden. Insgesamt stellen die von IFRS 7 geforderten Angaben zu den Marktrisiken für viele Unternehmen eine erhebliche Herausforderung dar, da sie regelmäßig nicht über die dafür erforderlichen **Analyseinstrumente** verfügen. Es ist daher im Rahmen des *materiality*-Grundsatzes (Rz 365) zu entscheiden, ob und in welchem Umfang im Einzelfall diesbezügliche Angaben erforderlich sind.

397

12.12 Verhältnis zum Lagebericht

Spezifische Informationen zu den Finanzinstrumenten werden nach HGB (und damit auch für alle gem. § 315a HGB nach IFRS bilanzierenden Konzerne) im **Lagebericht** bzw. **Konzernlagebericht** verlangt. In Bezug auf die Verwendung von Finanzinstrumenten durch die Gesellschaft bzw. den Konzern sind, sofern dies für die Beurteilung der Lage und Entwicklung von Belang ist, u. a. anzugeben:

398

- die **Risikomanagementziele und -methoden** der Gesellschaft bzw. des Konzerns einschließlich der Methoden zur Absicherung (§§ 289 Abs. 1 Nr. 2a und 315 Abs. 2 Nr. 2a HGB) sowie
- die **Preisänderungs-, Ausfall-, Liquiditäts- und Zahlungsstromschwankungsrisiken**, denen die Gesellschaft bzw. der Konzern ausgesetzt ist (§§ 289 Abs. 1 Nr. 2b und 315 Abs. 2 Nr. 2b HGB; Rz 283).[78]

Überlappungen von IFRS-Anhang und nach § 315a HGB gefordertem **Konzernlagebericht** können sich insbesondere bei Risiko- und Risikomanagementangaben zu Finanzinstrumente ergeben.

399

- Die drohende Redundanz kann nicht durch einen Verweis des Konzernlageberichts auf den Anhang vermieden werden, da nach DRS 20 der Konzernlagebericht ohne Rückgriff auf den Konzernabschluss verständlich sein muss.
- Durch IFRS 7.BG ist jedoch umgekehrt ein Verweis vom Anhang auf den Lagebericht erlaubt.

---

[78] Vgl. zum Ganzen: HOFFMANN/LÜDENBACH; GmbHR 2004, S. 145 ff., sowie PFITZER/OSER/ORTH, DB 2004, S. 2593 ff.

13 Anwendungszeitpunkt, Rechtsentwicklung

400 Kein anderer Standard des IASB hat eine derartige Vielzahl von Änderungen erfahren wie IAS 39 (und damit im Zusammenhang stehend IAS 32 bzw. IFRS 7). Wegen der Rechtsentwicklung von IAS 39 (rev. 2000) und IFRS 7 wird auf die Vorauflagen verwiesen.

401 Durch den in 2011 verabschiedeten IFRS 13 sind die bisher in IFRS 9 (bzw. IAS 39) enthaltenen Vorschriften zur Ermittlung des *fair value* vor die Klammer der Einzelstandards gezogen worden (→ § 8a).[79]

402 Die Veröffentlichung von IFRS 9 Financial Instruments in 2014 stellt den letzten Baustein der Reaktion des IASB auf die Finanzmarktkrise dar. Die Zielsetzung mit Aufnahme des „Meilenstein"-Projekts bestand zunächst darin, die hohe Komplexität und die Vielzahl von Sonderregelungen unter IAS 39 in einem neuen Standard zu beseitigen. So sagte der ehemalige Vorsitzende des IASB, Sir David Philip Tweedie, über IAS 39: *„If you understand it, you haven't read it properly."* Im Rahmen der Verabschiedung des IFRS 9 wurden die Regelungen zur Klassifikation von Finanzinstrumenten, der Bildung von Wertberichtigungen sowie zum hedge accounting (→ § 28a) inhaltlich grundlegend überarbeitet. Noch ausgeklammert sind spezielle Vorgaben zur Bilanzierungen von *macro hedge*-Beziehungen.

403 Die Anwendung der neuen Vorgaben ist verpflichtend für Geschäftsjahre vorgesehen, die nach dem 01.01.2018 beginnen. Eine wahlweise frühzeitige Anwendung ist zulässig. Die Vorschriften des IFRS 9 zu Kategorisierung und Bewertung (IFRS 9.7.2.1) sowie zum *impairment* (IFRS 9.7.2.17) sind grundsätzlich retrospektiv anzuwenden. Eine Ausnahme von der retrospektiven Anwendung besteht gem. IFRS 9.7.2.22 für die Anforderungen des *hedge accounting*, sofern diese gem. IFRS 9.7.2.21 bereits ab 1. Januar 2018 angewendet werden (zu Rückausnahmen IFRS 9.7.2.26).

404 Im Rahmen dieser retrospektiven Anwendung ist im konkreten Falle von IFRS 9 jedoch keine Anpassung der Vergleichsperioden notwendig (IFRS 9.7.2.15). Zur Entlastung der Anwender wurde auf die verpflichtende Angabe verzichtet.

14 ABC der Finanzprodukte

405

ABC DER FINANZPRODUKTE

Akkreditiv	Rz 15, 103
Anleihe mit Gläubigerkündigungsrecht *(puttable bond)*	Rz 210
Anleihe mit Schuldnerkündigungsrecht *(callable bond)*	Rz 210
Anleihen (beim Emittenten)	Rz 8
Anleihen (beim Inhaber)	Rz 8
Anleihen, Rückkauf von	Rz 58, 99
Anteile an anderen Gesellschaften	Rz 4, 8, 107
Anteile an assoziierten Unternehmen	Rz 90
Anteile an Gemeinschaftsunternehmen	Rz 90

---

[79] Vgl. dazu auch SCHWAMBORN/GEHRER/PFEIL, IRZ 2011, S. 428 ff., sowie FLICK/GEHRER/MEYER, IRZ 2011, S. 387 ff.

Finanzinstrumente § 28

ABC DER FINANZPRODUKTE

Anteile an Tochtergesellschaften	Rz 90
Anteilsbasierte Vergütungen	Rz 13
Anzahlungen	Rz 70
Asset-backed securities	Rz 74, Rz 140
Ausleihungen	Rz 135, 140, 167
Bear floater	Rz 210
Bond stripping	Rz 81
Bonitäts-Anleihe *(credit sensitive bond)*	Rz 210
Bürgschaft	Rz 15, Rz 186
Bürgschaft für Tochtergesellschaft	Rz 195
Call und *put option* bei Veräußerung finanz. Vermögenswerte	Rz 86
Callable bond	Rz 210
Cap	Rz 210
Capped floating rate note	Rz 210
Collared floating rate note	Rz 210
Collaterized debt obligations	Rz 268
Convertible bond	Rz 210
Credit default swap	Rz 188
Credit sensitive bond	Rz 210
Credit Spread Option	Rz 188
Darlehen beim Darlehensgeber	Rz 139
Darlehen beim Darlehensnehmer	Rz 179
Devisentermingeschäft	Rz 282
Disagio	Rz 171, 173, 217, 249
Factoring	Rz 59, 70 ff., 117
Financial guarantees	Rz 186
Financial liabilities at fair value through profit or loss	Rz 135
Finanzgarantien	Rz 186
Finanzverbindlichkeiten, Abgrenzung zum Eigenkapital	Rz 175
Finanzverbindlichkeiten, Disagio, Effektivzinsmethode	Rz 179
Floor	Rz 210
Floored floating rate note	Rz 210
Forderungen	Rz 139
Fremdwährungsinstrumente	Rz 265
Futures und *forwards* auf Aktien	Rz 17
Garantie	Rz 186
Garantieverbindlichkeit	Rz 190 ff.
Genussrechte (beim Emittenten)	Rz 219
Genussrechte (beim Kapitalgeber)	Rz 175
Geschriebene Optionen	§ 28a Rz 12
Hybride Produkte	Rz 204
Hypothekenkrise	Rz 268
Illiquider Markt	Rz 163, 268, 274, 330
Indexanleihe mit variabler Rückzahlung *(variable principal redemption bond)*	Rz 210

ABC DER FINANZPRODUKTE

Interne Sicherungsgeschäfte	§ 28a Rz 10
Jumbo-Pfandbriefe	Rz 140
Knock-in- oder *knock-out*-Anleihen	Rz 210
Kombinationsoptionen	§ 28a Rz 12
Kreditderivate	Rz 15, 186, 188 ff., 225
Kreditfazilitäten	Rz 33
Kreditswap	Rz 17
Kreditzusagen *(loan committments)*	Rz 33, 213
Kreditzusagen, beim Kreditnehmer	Rz 36
Kreditzusagen, konditionsfixierende	Rz 33 f.
Kreditzusagen, sicherungshalber erteilte	Rz 33, 38
Kundenforderungen	Rz 8
Leasing, Forderungen und Verbindlichkeiten aus	Rz 13, 304, 306
Letter of Credit	Rz 33, 38
Leveraged floater	Rz 210
Loan committments	Rz 33, 213
Mitarbeiteroptionen	Rz 13
Notleidende Forderungen, Restrukturierung	Rz 96
Optionen auf Anleihen	Rz 17
Partiarische Darlehen (beim Darlehensgeber)	Rz 219
Partiarische Darlehen (beim Darlehensnehmer)	Rz 183
Patronatserklärungen,	Rz 33, 78
Pauschalwertberichtigung	Rz 332, 344
Pensionsgeschäfte	Rz 63, 84, 87
Pfandbriefe	Rz 140
Puttable bond	Rz 210
Rentenpapiere	Rz 139, 299
Reverse/bull floater	Rz 210
Rückkauf von Anleihen	Rz 58, 99
Schuldscheindarlehen	Rz 140
Sekundärmarktkredite	Rz 140
Sicherheiten	Rz 322
Sicherheiten (beim Sicherungsnehmer)	Rz 333
Step-up/step-down bond	Rz 210
Steuerforderungen und -verbindlichkeiten	Rz 8
Stille Beteiligungen (beim Beteiligungsnehmer)	Rz 219
Stille Beteiligungen (beim Kapitalgeber)	Rz 175, 183
Stromliefervertrag	Rz 25
Strukturierte Anleihen	Rz 204
Strukturierte Produkte	Rz 204
Stückzinsen	Rz 248
Stufenzinsanleihe *(step-up/step-down bond)*	Rz 210
Stützungsbürgschaft	Rz 193
Super floater	Rz 210
Swap	Rz 17, § 28a Rz 45

Finanzinstrumente § 28

ABC DER FINANZPRODUKTE

Synthetische Instrumente	Rz 42
Total return swap	Rz 83
Troubled debt restructuring beim Gläubiger	Rz 96
Troubled debt restructuring beim Schuldner	Rz 94
Umgekehrter *floater (reverse/bull floater)*	Rz 210
Umschuldung von Verbindlichkeiten	Rz 95
Unternehmenserwerb, Kaufvertrag	Rz 13
Unterverzinsliche Darlehen	Rz 256
Unverzinsliche Darlehen	Rz 256
Variabel verzinsliche Anleihe mit Maximalzins *(capped FRN)*	Rz 210
Variabel verzinsliche Anleihe mit Mindest- und Höchstzins *(collared FRN)*	Rz 210
Variabel verzinsliche Anleihe mit Mindestzins *(floored FRN)*	Rz 210
Variable principal redemption bond	Rz 210
Verjährte Verbindlichkeiten	Rz 93
Versicherungsverträge	Rz 14, 187, 334
Währungsswap	Rz 17
Währungstermingeschäft	Rz 210
Wandelschuldverschreibungen	Rz 136, 178, 204, 292
Warentermingeschäfte	Rz 21
Warentermingeschäfte mit Volumenoption	Rz 25
Wertpapierleihe	Rz 87
Wertpapierpension	Rz 87
Wetterderivate	Rz 14
Written options	§ 28a Rz 12
Zinsloses Darlehen	Rz 256
Zinsswap	Rz 17, § 28a Rz 45

§ 28a BILANZIERUNG VON SICHERUNGSBEZIEHUNG

Inhaltsübersicht	Rz
Vorbemerkung	
1 Zielsetzung, Regelungsinhalt und Begriffe	1–6
2 *Hedge-accounting*-taugliche Sicherungsinstrumente	7–21
2.1 Regelsicherung durch Finanzderivate, Ausnahmen bei Währungsrisiken	7–9
2.2 Untauglichkeit interner Sicherungsgeschäfte	10–11
2.3 Kombinations- und geschriebene Optionen	12–16
2.4 Umfang der Designation des Sicherungsinstruments	17–21
3 Sicherungsfähige vs. sicherungsuntaugliche Grundgeschäfte und Risiken	22–40
3.1 Zulässige Grundgeschäfte	22
3.2 Absicherung erwarteter Transaktionen	23–25
3.3 Zusammenfassung von Grundgeschäften zu einem Portfolio	26–28
3.4 Konzerninterne Transaktionen als Grundgeschäft?	29–30
3.5 Absicherung einzelner Risikokomponenten	31–36
3.6 Unzulässige und begrenzt zulässige Grundgeschäfte	37–40
4 Vornahme der Sicherungsbilanzierung	41–55
4.1 Abgrenzung *cash flow*, *fair value* und Währungs-*hedge*	41–48
4.2 Bilanzierungs- und Buchungstechnik bei *hedges*	49–55
4.2.1 Synchronisation in Abhängigkeit des Grundgeschäfts	49
4.2.2 *Fair-value-hedge*-Beziehungen	50–51
4.2.3 *Cash-flow-hedge*-Beziehungen	52–55
5 Formale Voraussetzungen des *hedge accounting*: Dokumentation und Effektivitätsnachweis	56–87
5.1 Überblick	56
5.2 Dokumentationserfordernisse	57–63
5.3 Notwendiger Nachweis der Effektivität	64–87
5.3.1 Allgemeine Anforderungen	64–68
5.3.2 Der prospektive Nachweis	69–70
5.3.3 Der retrospektive Nachweis	71–87
5.3.3.1 Freie, aber stetig auszuübende Methodenwahl	71–72
5.3.3.2 Anwendung der *dollar-offset*-Methode	73–75
5.3.3.3 Rückgriff auf ein hypothetisches Derivat	76–79
5.3.3.4 Nachweis mittels Regressionsanalyse	80–84
5.3.3.5 Quellen für Ineffizienz	85–87
6 Enstehen und Wegfall einer Sicherungsbeziehung	88–109
6.1 Beginn des Sicherungszusammenhangs	88–89
6.2 Beendigung des Sicherungszusammenhangs	90–94
6.3 Nachträgliches Entstehen eines Sicherungszusammenhangs	95–106
6.3.1 Ineffektivität bei Rückgriff auf bestehende Derivate	95–101

6.3.2	Unzulässigkeit der Abspaltung einer *off-market*-Komponente	102–105
6.3.3	Ausnahme für die Novation von Derivaten	106
6.4	Diskrepanz zwischen Erwartung und tatsächlicher Realisation	107–109
6.4.1	Zeitliches Auseinanderfallen von Grund- und Sicherungsgeschäft.	107
6.4.2	Prolongation eines bestehenden Sicherungszusammenhangs	108–109
7	*Fair value option* als Alternative zum *hedge accounting*	110–112
8	Latente Steuern	113–114
9	Angaben zum *hedge accounting*.	115–118
10	Anwendungszeitpunkt, Rechtsentwicklung	119–120
11	Das überarbeitete *hedge-accounting*-Modell des IFRS 9.	121–138
11.1	Überblick	121–122
11.2	Ausweitung des Portfolios möglicher Sicherungsinstrumente	123–125
11.3	Erleichterungen für die Festlegung von Grundgeschäften	126–130
11.4	Der gemilderte Effektivitätstest.	131–132
11.5	Keine freiwillige De-Designation, Pflicht zum *rebalancing*	133–134
11.6	Zusätzlicher Katalog von Anhangsangaben	135
11.7	Wahlrecht, bezogen auf die Anwendung des neuen Modells	136–138
12	ABC des *hedge accounting*	139

Vorbemerkung

Die Kommentierung bezieht sich auf IAS 39, IAS 32 und IFRS 7 und berücksichtigt alle Ergänzungen, Änderungen und Interpretationen, die bis zum 1.1.2015 beschlossen wurden. Die Regelungen von IFRS 9 werden unter Rz 121 ff. dargestellt.

1 Zielsetzung, Regelungsinhalt und Begriffe

Zur Absicherung finanzieller Risiken können Unternehmen die Risiken eines Grundgeschäfts durch Abschluss eines gegenläufigen Sicherungsgeschäfts minimieren (*hedgen*). Aus **ökonomischer Sicht** zählt nur das Gesamtergebnis aus Grund- und Sicherungsgeschäft. Das *hedging* ist effektiv und erfolgreich, wenn dieses Gesamtergebnis weitgehend immun gegen die Änderung der Risikovariablen ist. Aus **bilanzieller Perspektive** kann nicht ohne Weiteres auf das Gesamtergebnis abgestellt werden. Ein solches Vorgehen könnte nicht nur dem Einzelbewertungsprinzip widersprechen, sondern außerdem gegen das Stichtagsprinzip verstoßen, wenn etwa das Sicherungsgeschäft bereits jetzt bilanzwirksam ist, das Grundgeschäft aber erst in Folgeperioden. In den IFRS finden sich daher restriktive Anforderungen an die bilanzielle Berücksichtigung von Sicherungszusammenhängen (*hedge accounting*). 1

Die Notwendigkeit für spezielle Regelungen zum *hedge accounting* resultiert auch aus dem *mixed model approach* des IAS 39 (→ § 28 Rz 205). So schreiben die allgemeinen Bewertungsvorschriften des IAS 39 regelmäßig eine unterschied- 2 liche Bewertung für die gesicherten Grundgeschäfte und die Sicherungsderivate vor. Während Derivate (einschl. Sicherungsderivate) erfolgswirksam zum *fair value* zu bewerten sind, ist für die Grundgeschäfte (abgesehen von Handelswerten) eine andere Bewertung vorgeschrieben:

(a) erfolgsneutrale Bewertung zum *fair value* für veräußerbare Werte,
(b) Bewertung zu fortgeführten Anschaffungskosten (*at amortised cost*) für Fälligkeitswerte sowie Darlehen und Forderungen oder
(c) außerbilanzielle Behandlung für schwebende nichtfinanzielle Geschäfte und erwartete Transaktionen.

Infolge dieser unterschiedlichen Bewertungsvorschriften würden sich die (gegenläufigen) Risiken aus Grund- und Sicherungsgeschäft bei isolierter Betrachtung in unterschiedlicher Weise im Abschluss niederschlagen: Während die Änderungen des *fair value* des Derivats erfolgswirksam in der GuV zu berücksichtigen wären, würden die gegenläufigen Effekte im Fall (a) im Eigenkapital verrechnet und blieben in den Fällen (b) und (c) unberücksichtigt.[1] Konsequenz einer solchen unterschiedlichen Behandlung zusammengehöriger Effekte wäre eine ökonomisch nicht gerechtfertigte Volatilität der Ergebnisse.

3   Keine Notwendigkeit für ein *hedge accounting* besteht demgemäß, sofern für das Grund- und das Sicherungsgeschäft keine unterschiedlichen Bewertungsregeln bestehen. Dies gilt insbesondere für Fälle, in denen Grundgeschäfte, die als Handelswerte klassifiziert oder entsprechend gewillkürt sind *(fair value option)*, mit Derivaten abgesichert wurden. Da Grund- und Sicherungsgeschäfte erfolgswirksam zum *fair value* bewertet werden, fehlt es an Verwerfungen in der GuV, die durch Anwendung von *hedge-accounting*-Regeln zu beseitigen wären.

4   In der Unternehmenspraxis werden derivative Finanzinstrumente gewöhnlich nicht mit spekulativen Absichten, sondern zur **Absicherung von Risiken** abgeschlossen. Mit dem Abschluss eines unbedingten oder bedingten Termingeschäfts wird daher keine Risikoposition begründet, sondern eine aus anderen Geschäften des Unternehmens resultierende Risikoposition geschlossen. Typische Beispiele sind in diesem Zusammenhang:

- Eine variabel verzinsliche Schuld, z.B. eine Anleihe, unterliegt dem Risiko eines Anstiegs des Zinsniveaus und einer damit verbundenen Erhöhung der Zinsaufwendungen (**Zinsrisiko**). Zur Absicherung wird ein Zinsswap abgeschlossen.
- Eine Fremdwährungsverbindlichkeit unterliegt dem Risiko einer Aufwertung der Fremdwährung und einer damit verbundenen Zunahme des Rückzahlungsbetrags in der Berichtswährung (**Wechselkursrisiko**). Zur Absicherung wird ein Devisenterminkauf getätigt. Ein geplanter Warenverkauf in Fremdwährung unterliegt dem Risiko einer Abwertung der Fremdwährung und eines damit verbundenen Rückgangs des Umsatzerlöses in der Berichtswährung (Wechselkursrisiko). Zur Absicherung wird ein Devisenterminverkauf getätigt.
- Ein Aktienbestand unterliegt dem Risiko eines Rückgangs des Aktienkurses (**Aktienkursrisiko**). Zur Absicherung wird eine Verkaufsoption erworben.

---

1   Dies gilt nicht für Wechselkurseffekte, die gem. IAS 21 regelmäßig in der GuV erfasst werden.

Schließt das Unternehmen Derivate in der Absicht ab, Risiken zu beseitigen bzw. zu reduzieren, handelt es sich um **Sicherungsderivate**, die im Verhältnis zu dem gesicherten Grundgeschäft einen Sicherungszusammenhang begründen.

Aufgabe der Regelungen des *hedge accounting* ist es, die Schwäche des *mixed model* zu beseitigen, indem die allgemeinen Bilanzierungs- und Bewertungsregelungen durch besondere Regelungen für die bilanzielle Abbildung von Sicherungsbeziehungen überlagert werden. Hierzu wird geklärt, 5
- welche **Sicherungsinstrumente** für das *hedge accounting* anerkannt werden (Rz 7 ff.);
- welche **Grundgeschäfte** für das *hedge accounting* anerkannt werden (Rz 22 ff.);
- welche **Methoden des *hedge accounting*** zur Verfügung stehen, nach welchen Regeln also das Grund- und das Sicherungsgeschäft zu bilanzieren sind, um die vorgenannten Verwerfungen in der GuV zu vermeiden (Rz 41 ff.), und
- unter welchen weiteren **Voraussetzungen** das *hedge accounting* angewandt werden darf (Rz 56).
- Die Regelungen des *hedge accounting* sind **komplex** und ihre Umsetzung im Einzelfall (insbesondere für die Unternehmen, die ansonsten nur in geringem Umfang mit Finanzinstrumenten zu tun haben) sehr aufwendig. Als praktische Alternative zum *hedge accounting* bietet sich daher (zumindest im Bereich des *fair value hedge accounting*) die Nutzung der *fair value option* an (Rz 110 ff.). Zu den Besonderheiten des *hegde accounting* im Bereich von **Kreditinstituten** wird verwiesen auf → § 38 Rz 25 ff.

Hedging und *hedge accounting* sind keine Synonyme. Das *hedging* ist die ökonomische (erfolgreiche) Minimierung der Risiken durch gegenläufige Geschäfte, das *hedge accounting* die bilanzielle Abbildung des Sicherungszusammenhangs in Abweichung von den allgemeinen durch *mixed model* und Stichtagsprinzip geprägten Regeln. Das erfolgreiche *hedging* ist notwendige, aber nicht hinreichende Bedingung für ein *hedge accounting*. 6
- Die Anwendung der Regeln des *hedge accounting* innerhalb der IFRS erfolgt freiwillig. Ein Unternehmen kann identifizierte Risiken *hedgen*, braucht den ökonomisch gewählten Sicherungszusammenhang mit der Folge von Ergebnisvolatilitäten aber nicht bilanziell darzustellen.
- Ein ökonomisch effektives *hedging* belegt noch nicht, dass die Anwendung des *hedge accounting* notwendig oder möglich ist. An der Notwendigkeit fehlt es, wenn die gesicherte Grundposition selbst der erfolgswirksamen *fair-value*-Bewertung unterliegt, sich also die gegenläufigen Wertentwicklungen schon nach den Allgemeinregeln in der GuV ausgleichen. Die Möglichkeit besteht dann nicht, wenn das Sicherungsinstrument zwar ökonomisch funktioniert, innerhalb der IFRS aber als Sicherungsinstrument nicht anerkannt wird, etwa weil es kein Finanzderivat ist.
- Die Regeln zum *hedge accounting* treffen keine Aussagen über ökonomischen Sinn und Effektivität einer Risikomanagementstrategie. Sie beschreiben lediglich die Regelungen zur Bilanzierung. Das Verhältnis von primärem Sachverhalt (*hedging*) und sekundärer bilanzieller Darstellung (*hedge accounting*) kann sich in der Realität aber auch umkehren. Aus den zum Teil sehr restriktiven *hedge-accounting*-Regeln (z. B. Anforderungen an die Effektivität und Dokumentation einer Sicherungsbeziehung) ergeben sich faktisch Rück-

wirkungen auf die Ausgestaltung des Risikomanagements. Das bilanzpolitische Interesse, keine Ergebnisvolatilitäten zu zeigen, kann zum Abschluss *hedge-accounting*-tauglicher Sicherungsgeschäfte „zwingen", deren ökonomische Effektivität hinter anderen, nicht *hedge-accounting*-tauglichen Geschäften zurückbleibt.

2 *Hedge-accounting*-taugliche Sicherungsinstrumente

2.1 Regelsicherung durch Finanzderivate, Ausnahmen bei Währungsrisiken

7 Als *hedge-accounting*-taugliche **Sicherungsinstrumente** kommen gem. IAS 39.72 infrage:
- für alle Risiken **derivative Finanzinstrumente**,
- für **Währungsrisiken** zusätzlich **originäre Finanzinstrumente**.

Finanzderivate (→ § 28 Rz 18) zeichnen sich durch Folgendes aus (IAS 39.9):
- Rechtlich sind sie bedingte Termingeschäfte (etwa Optionen) oder unbedingte Termingeschäfte (Forwards, Futures, Swaps), d. h., zwischen Vertragsschluss und Erfüllung liegt ein mehr oder weniger langer Zeitraum.
- Sie reagieren auf Änderungen des Wertes einer Risikovariablen (*underlying*), z. b. des Wechselkurses, der Zinsen, der Aktienkurse usw. (IAS 39.IG.B2).
- Sie erfordern keine oder im Vergleich zur künftigen möglichen Wertentwicklung kleine Anfangsinvestitionen (*no or smaller initial net-investment*).

Reagieren der Wert des Sicherungsinstruments und des Grundgeschäft mit gleichem Betrag, aber umgekehrten Vorzeichen auf eine Änderung der Risikovariablen, begründet der Abschluss daher kein neues Risiko, sondern schließt eine aus dem Grundgeschäft resultierende Risikoposition. Hierzu folgende Beispiele:

Beispiel 1

Unternehmen A erwirbt ein festverzinsliches Wertpapier *(available for sale)* mit einem Nominalbetrag von 1 Mio. EUR und einer (Rest-)Laufzeit von 5 Jahren. A möchte sich gegen das Risiko eines – durch eine Zinserhöhung hervorgerufenen – Marktwertrückgangs des Wertpapiers absichern und erwägt hierzu zwei Alternativen:
- Abschluss eines Zinsswaps über 1 Mio. EUR, bei dem die festen Zinsen gegen variable Zinsen getauscht werden. Marktwertänderungen des Wertpapiers werden durch gegenläufige Änderungen des *fair value* des Zinsswaps kompensiert.
- Refinanzierung des Wertpapiers mit einer fristenkongruenten, festverzinslichen Verbindlichkeit über 1 Mio. EUR. Auch hier gleichen sich die Marktwertänderungen des Wertpapiers und der Verbindlichkeit aus.

Obwohl die Alternativen 1 und 2 aus ökonomischer Sicht (weitgehend) identisch zu beurteilen sind, erkennt IAS 39 nur den Zinsswap (derivatives Finanzinstrument), nicht hingegen die Verbindlichkeit (originäres Finanzinstrument) für Zwecke des *hedge accounting* an.

> **Beispiel 2**
> Unternehmen B kauft eine Maschine für 10 Mio. USD; die Lieferung und Bezahlung finden in 3 Monaten statt (schwebendes Geschäft). Um das Risiko einer Abwertung des Euro gegenüber dem US-Dollar (und damit eines höheren Kaufpreises in EUR in 3 Monaten) abzusichern, erwägt B zwei Alternativen:
> - Abschluss eines Termingeschäfts zum Kauf von 10 Mio. USD in 3 Monaten zu einem festen Kurs in EUR (Devisenterminkauf). Im Falle einer Abwertung des Euro wird der gestiegene Kaufpreis der Maschine in EUR durch einen gegenläufigen Gewinn aus dem Termingeschäft ausgeglichen.
> - Einsatz einer Forderung über 10 Mio. USD mit einer (Rest-)Laufzeit von 3 Monaten. Im Falle einer Abwertung des Euro wird der gestiegene Kaufpreis der Maschine in EUR durch einen gegenläufigen Gewinn aus der Rückzahlung der Forderung ausgeglichen.
>
> IAS 39 erkennt – neben dem Termingeschäft (derivatives Finanzinstrument) – auch die Forderung (originäres Finanzinstrument) als Sicherungsinstrument an, da es sich um die Absicherung eines Wechselkursrisikos handelt.

Ein Rückgriff auf **Kassainstrumente** (also keine derivativen Finanzinstrumente) als *hedging instrument* (inkl. bis zur Fälligkeit gehaltene Instrumente, IAS 39.AG95) ist ausnahmsweise für die Absicherung von Währungsrisiken zulässig. Rechtfertigung für die Restriktion ist der Ausschluss der Möglichkeit einer Änderung des Bewertungsmaßstabs als Folge einer Designation als Sicherungsinstrument. Die Zulässigkeit für die Absicherung von Währungsrisiken (IAS 39.IG.F.1.1/2) folgt der pflichtweisen Bewertung unter Berücksichtigung von Währungsrisiken monetärer Posten nach IAS 21 (→ § 27 Rz 28).

Als Sicherungsinstrument scheiden (eigene) Eigenkapitalinstrumente aus (IAS 39.AG96). Der Ausschluss ist konsequent, da für eigenkapitalklassifizierte Instrumente keine (Folge-)Bewertung vorgesehen ist und der Einsatz als *hedging instrument* somit eine – im Ermessen des Bilanzierers stehende – Änderung des Bewertungsmaßstabs bedingen würde.

2.2 Untauglichkeit interner Sicherungsgeschäfte

Nicht für das *hedge accounting* anerkannt sind gem. IAS 39.73 **interne** Sicherungsgeschäfte, also Derivate, die zwischen Vertragspartnern innerhalb eines Unternehmens bzw. Konzerns abgeschlossen werden. Solche internen Geschäfte werden – insbesondere in größeren Unternehmen – verwendet, um die Risiken in einer zentralen Organisationseinheit (z. B. dem *Treasury Center*) zu sammeln, die dann verantwortlich für das Management dieser Risiken und den damit verbundenen Abschluss von (unternehmens- bzw. konzern)externen Sicherungsgeschäften ist. Gem. IAS 39.73.IG.F.1.4 können interne Geschäfte keine Sicherungsderivate im Rahmen des *hedge accounting* sein, da diese im Zuge der Abschlusserstellung eliminiert werden. Es findet über interne Geschäfte lediglich eine Risikoverlagerung von einer Einheit auf eine andere statt, im Konzern bleibt das Risiko aber erhalten (IAS 39.BC170).

> **Beispiel**
> Unternehmen C ist Tochterunternehmen von D und möchte das Zinsrisiko aus einem festverzinslichen Wertpapier (in EUR) mit einem Zinsswap absichern. Gem. Konzernvorgabe von D darf C hierzu nicht selbstständig den Swap am Markt abschließen, sondern muss diesen mit der zentralen *Group Treasury* von D kontrahieren. C wendet in seinem Einzelabschluss für den Zinsswap und das Wertpapier *fair value hedge accounting* an (unterstellt, dass alle Voraussetzungen hierzu erfüllt sind). Bei Erstellung des Konzernabschlusses ist der interne Swap zu eliminieren und damit entfallen auch – auf Konzernebene – die Voraussetzungen für die Anwendung des *hedge accounting*.

11 Die Vorgaben zur bilanziellen Abbildung von Sicherungszusammenhängen folgen somit einem Grundsatz, nach dem nur solche Sicherungsinstrumente im Rahmen des *hedge accounting* designiert werden können, die mit einer aus Sicht des berichtenden Unternehmens **externen** Partei abgeschlossen wurden. Daraus folgt zweierlei:
- Das Designationsverbot gilt **nicht für untergeordnete Abschlüsse**. So stellt in dem obigen Beispiel der Zinsswap auf der Ebene des Einzelabschlusses von C ein zulässiges Sicherungsinstrument dar.
- Um das *hedge accounting* auf Konzernebene anwenden zu können, muss der Konzern ein Sicherungsinstrument mit einem konzernexternen Vertragspartner abschließen. Für Banken bedeutet dies z.B.: Es ist auf Konzernebene eine (unternehmensübergreifende) Sicherungsbeziehung zwischen dem Grundgeschäft von C und einem konzernexternen Sicherungsderivat des *Treasury Center* in D herzustellen. Dies scheitert aber häufig daran, dass das *Treasury Center* Risikopositionen aus internen Geschäften zunächst gegeneinander aufrechnet und nur die verbleibende Nettorisikoposition mit Derivaten extern am Markt schließt. Damit ist die Designation einer den Anforderungen des IAS 39 genügenden Sicherungsbeziehung auf Konzernebene kaum mehr möglich.

2.3 Kombinations- und geschriebene Optionen

12 Obgleich es sich um Finanzderivate handelt, werden **geschriebene Optionen** *(written options)*, also **Stillhalterpositionen**, als Sicherungsinstrumente **nicht anerkannt,** da ein möglicher Verlust erheblich höher ausfallen kann als ein möglicher Wertzuwachs aus dem damit gesicherten Grundgeschäft. Ein für das *hedge accounting* anzuerkennendes wirksames Mittel zur Risikoreduzierung liegt daher nicht vor. Hiervon besteht jedoch wiederum eine **Rückausnahme** für eine geschriebene Option, die zur Absicherung einer gekauften Option (bspw. ein Kündigungsrecht des Unternehmens in einer Anleihe) eingesetzt wird (IAS 39.AG94).

13 Von geschriebenen Optionen sind zusammengesetzte Optionen (**Kombinationsoptionen**) zu unterscheiden, bei denen das Unternehmen teils in der Stillhalterposition, teils in der Optionsinhaberposition ist. Derartige Produkte bietet der Finanzsektor etwa im Bereich der **Währungs- oder Zinssicherung** an, indem eine Währungs- bzw. Zinsobergrenze mit einer Untergrenze verknüpft wird.

> **Beispiel**
> Zur Absicherung eines variabel verzinslichen Darlehens (Zinssatz Libor) schließt U bei einem aktuellen Libor von 4,5 % eine Zinsbegrenzungsvereinbarung *(collar)* mit einer Bank. Die Vereinbarung sieht vor:
> - eine Zahlung der Bank i. H. v. Libor – 6 %, wenn der Libor über 6 % steigt. Hierdurch wird die effektive Zinsbelastung des Unternehmens nach oben auf 6 % begrenzt *(cap)*. Beispiel: Bei einem Libor von 6,5 % zahlt die Bank 0,5 % an das Unternehmen und reduziert dessen Nettobelastung auf 6,5 % – 0,5 % = 6 %;
> - eine Zahlung des Unternehmens i. H. v. 3 % – Libor, wenn der Libor unter 3 % fällt. Hierdurch wird die effektive Zinsbelastung des Unternehmens nach unten auf 3 % begrenzt *(floor)*. Beispiel: Bei einem Libor von 2,5 % zahlt das Unternehmen an die Bank 0,5 % und erhöht seine Belastung auf 2,5 % + 0,5 % = 3 %.
> Hinsichtlich der Zinsobergrenze ist das Unternehmen Optionsinhaber, hinsichtlich der Zinsuntergrenze Stillhalter.

Eine **Kombinationsoption** ist nur dann *hedge-accounting*-tauglich, wenn in einer **Nettobetrachtung** aus Sicht des Unternehmens keine geschriebene Option vorliegt, also die Risikoübernahme gegenüber dem Kontraktpartner nicht die Risikoübertragung auf ihn überwiegt (IAS 39.77). Die Risikoübernahme überwiegt, wenn das Unternehmen in Nettobetrachtung eine **Optionsprämie** erhält, denn rational handelnde Parteien werden für die Übernahme eines (größeren) Risikos eine Prämie verlangen. 14

> **Beispiel (Abwandlung zu Rz 13)**
> Zur Absicherung eines variabel verzinslichen Darlehens (Zinssatz Libor, aktuell 4,5 %) schließt U eine Zinsbegrenzungsvereinbarung *(collar)* mit einer Bank. Die Vereinbarung sieht vor:
> - eine Zahlung der Bank i. H. v. Libor – 5 %, wenn der Libor über 5 % steigt *(cap 5 %)*;
> - eine Zahlung des Unternehmens i. H. v. 5 % – Libor, wenn der Libor unter 3 % fällt *(floor 3 %)*. In dieser Variante ist die sich aus dem *cap* ergebende Stillhalterposition digital gestaltet. Das Unternehmen profitiert wie im Ausgangsbeispiel von einem Rückgang des Libor auf 3 % durch einen entsprechenden Rückgang seiner Darlehenszinsen. Ein weiterer Rückgang bringt ihm aber im Unterschied zum Ausgangsbeispiel nicht nur keinen Vorteil mehr, sondern verschlechtert seine Situation. Sänke der Libor etwa von 3,0 auf 2,9 %, muss das Unternehmen 5 % – 2,9 % = 2,1 % an die Bank zahlen, mit den Zahlungen an die Darlehensgläubiger also in Summe 2,1 % + 2,9 % = 5 %.
> Für diese Verschlechterung gegenüber dem Ausgangsbeispiel (einfacher *floor* von 3 %) wird das Unternehmen indirekt entschädigt. Bei einem aktuellen Libor von 4,5 % betrug
> - im Ausgangsbeispiel die Zinsobergrenze 6 % (4,5 % + 1,5 %) und die Zinsuntergrenze 3 % (4,5 % – 1,5 %);

> - nunmehr beträgt die Zinsobergrenze nur 5 % (4,5 % + 0,5 %), als Entschädigung für die zwar nach wie vor bei 3 % (4,5 % – 1,5 %) liegende, aber jetzt digital und somit risikoreicher ausgestaltete Zinsuntergrenze.

15 Fraglich ist, ob im vorstehenden Beispiel (Rz 14) das Vorliegen einer **Nettostillhalterposition** noch verneint werden kann.
- Gegen eine **Nettostillhalterposition** spricht **vordergründig** das Fehlen einer **Optionsprämienzahlung** an das Unternehmen.
- Bei rationalem Verhalten wird das Unternehmen die risikoreiche digitale Position aber nicht ohne eine Entschädigung (Prämie) eingegangen sein. Es fehlt zwar an einer **Geldzahlung** an das Unternehmen,
- die Bank hat dem Unternehmen aber durch die **Herabsetzung des Cap** einen Vorteil eingeräumt. Dieser **indirekte Vorteil** ist als „verdeckte" **Prämienzahlung** zu würdigen. Aus Sicht des Unternehmens ist die Kombinationsoption daher netto als geschriebene Option anzusehen. Ein *hedge accounting* scheidet daher gem. IAS 39.77 aus.

Die verdeckte Nettoprämie besteht in der Abweichung von dem Normalfall, im Beispiel in der Vereinbarung eines *cap* bei 5 % statt „normal" 6 %.

16 In der Praxis ist die **Identifikation des Normalfalls** und damit der verdeckten Prämie naturgemäß schwierig und ermessensbehaftet. Die analogen **US-GAAP**-Vorschriften sehen deshalb zur Objektivierung einen **speziellen Symmetrietest** vor. *„That test is met if all possible percentage favorable changes in the underlying (from zero percent to 100 percent) would provide at least as much favorable cash flows as the unfavorable cash flows that would be incurred from an unfavorable change in the underlying of the same percentage."*[2] Für das vorstehende Beispiel würde dieser Test wie folgt ausfallen: Ausgehend von einem aktuellen Libor von 4,5 %, bedeutet
- ein Rückgang des Libor um 100 % auf 0 % eine Zahlung an die Bank *(unfavorable cash flow)* von 5 %;
- ein Anstieg des Libor um 100 % auf 9 % eine Einnahme *(favorable cash flow)* von nur 4 %.
- Der Symmetrietest ist nicht erfüllt. Die Kombinationsoption ist netto als geschriebene Option anzusehen.

Eine **analoge Anwendung** der amerikanischen Vorschriften erscheint **sachgerecht**. Die ihnen zugrunde liegende Logik, dass die eingegangenen Risiken nicht überproportional zu den Chancen sein dürfen, liegt auch IAS 39.77 zugrunde. Die analoge Anwendung liegt bei Produkten der beschriebenen Art im Übrigen auch im Interesse des Unternehmens. Sie vermeidet aufwendige, prospektive Effektivitätstests, die angesichts der Disproportionalität von Risiko und Chance bei realistischen Prämissen ohnehin nicht bestehen würden.

---

[2] FASB Staff Implementation Guide, A Guide to Implementation of Statement 133 on Accounting for Derivative Instruments and Hedging Activities (DIG Issues), Question E 5; vgl auch SANGIULO/SEIDMAN, Miller Financial Instruments 2006, Tz. 14.10.

2.4 Umfang der Designation des Sicherungsinstruments

Nach den allgemeinen Vorgaben zur bilanziellen Abbildung von Sicherungsbeziehungen darf ein (derivatives) Sicherungsinstrument **inhaltlich und zeitlich nur im Ganzen** designiert werden. Es bestehen allerdings drei Ausnahmen:

- Für **Optionen** (bedingte Termingeschäfte) ist eine Designation allein des inneren Wertes (*intrinsic value*) und damit eine Ausklammerung der Zeitwertkomponente (IAS 39.74(a)) möglich. Wird die Zeitwertkomponente (*time value*) aus der Sicherungsbilanzierung ausgeklammert, sind Wertänderungen unmittelbar im P&L-Ergebnis zu erfassen (IAS 39.IG.F.1.10). Die Ausklammerung der Zeitwertkomponente ist aber nicht zwingend; bei einer deltaneutralen Absicherungsstrategie wird das bedingte Termingeschäft in Gänze als *hedging instrument* designiert (IAS 39.IG.F.1.9).
- Für unbedingte **Termingeschäfte** ist allein eine Designation der Kassakomponente und damit eine Ausklammerung der Zinskomponente (IAS 39.74(b)) erlaubt. Nur Veränderungen des Spotkurses (Kassakomponente) werden innerhalb des Sicherungszusammenhangs erfasst, der Swapsatz (Terminkurs) wird unmittelbar im Periodenergebnis gezeigt.
- Darüber hinaus ist es zulässig, nur einen **prozentualen Anteil** (*proportion*) am Volumen des (derivativen) Finanzinstruments als *hedging instrument* zu designieren (IAS 39.75).

Die Ausnahmen sind abschließend, weitere Möglichkeiten zur Aufspaltung (derivativer) Finanzinstrumente sind ausgeschlossen.[3] Gerechtfertigt wird die Zulässigkeit, aber auch das Verbot weiterer Ausnahmen mit der Möglichkeit einer objektiven Bemessung der auf einen Teil des *hedging instrument* entfallenden Wertänderungen. Das Verbot gilt auch unabhängig von der tatsächlichen Möglichkeit einer wertmäßigen Differenzierung einzelner Komponenten eines (derivativen) Finanzinstruments (IAS 39.IG.F.1.8).

Ein Unternehmen kann sich bei Abschluss eines bedingten Termingeschäfts entscheiden, als Sicherungsinstrument im Rahmen des *hedge accounting*
- nur den inneren Wert der Option zu designieren; die Zeitwertkomponente wird dann als Handelswert klassifiziert (IAS 39.74(a)) und kann damit zu einer Volatilität in der GuV führen.
- die gesamte Option (innerer Wert und Zeitwert) zu designieren.

Mit der Ausklammerung des Zeitwerts bzw. der Zinskomponente eines Termingeschäfts kann im Regelfall die Effektivität des Sicherungszusammenhangs erhöht werden. Der ausgeklammerte Teil des Sicherungsderivats wird dann wie ein Handelswert (*trading*) bilanziert (→ § 28 Rz 150 ff.). Bei der Absicherung einseitiger Risiken (*one-sided risks*), also in Fällen, in denen nur der Anstieg eines Preises, Zinses usw. oder nur dessen Rückgang durch eine gekaufte Option gesichert wird (Rz 33), ist die *hedge*-Beziehung zwingend auf den inneren Wert der gekauften Option beschränkt (IAS 39.AG99BA).

---

[3] So auch IFRIC, IFRIC Update March 2007.

19 Es ist nicht erlaubt, ein Sicherungsinstrument nur für einen Teil seiner **Restlaufzeit** zu designieren (IAS 39.75). Ein (derivatives) Finanzinstrument mit einer Restlaufzeit von n Jahren kann für die Designation als *hedging instrument* daher nicht (artifiziell) in mehrere Instrumente, deren kumulierte Laufzeit n Jahre beträgt, aufgeteilt werden (IAS 39.IG.F.1.11). Keine Probleme bereitet hingegen der Einsatz eines (derivativen) Sicherungsinstruments mit einer (Rest-)Laufzeit von n Jahren für ein Grundgeschäft mit einer verbleibenden Laufzeit von n + m Jahren.

20 Auch die Designation nur **eines** Risikobestandteils eines Derivats (z. B. lediglich der Währungskomponente bei einem kombinierten Zins-/Währungs-Swap) ist i. d. R. unzulässig. Nicht ausgeschlossen ist aber die Absicherung von mehr als nur einem Risiko durch ein (derivatives) Instrument (etwa durch einen Zins-Währungs-Swap). Der Einsatz eines Sicherungsinstruments zur **Absicherung mehrerer Risiken** steht allerdings unter dem Vorbehalt der Erfüllung folgender kumulativer Bedingungen (IAS 39.IG.F.1.12 f. und IAS 39.IG.F.2.18):

- Die abgesicherten Risiken lassen sich eindeutig abgrenzen.
- Die Wirksamkeit des Sicherungszusammenhangs (*effectiveness*) kann für jede Risikoart gesondert nachgewiesen werden.
- Eine gesonderte Designation des (einheitlichen) Sicherungsinstruments auf die verschiedenen Risiken ist gewährleistet.

Für die Bemessung der auf die Einzelrisiken entfallenden Wertänderungen des Gesamtinstruments sind – analog der Erweiterung bei einer Bruchrechnung – dem Zahlungsstromprofil des *hedging instrument* zwei fiktive, gegeneinander aufrechenbare Zahlungsströme hinzuzufügen (IAS 39.IG.F.1.13).[4] Die Erweiterung des Zahlungsstromprofils ist nur für die Bemessung und Verteilung der Wertänderung zulässig, ein Ansatz der fiktiven Zahlungen scheidet aus (IAS 39.IG.C.1).

21 Eine bilanzielle Sicherungsbeziehung kann auch durch gleichzeitigen und gemeinsamen Einsatz **mehrerer separater Sicherungsinstrumente** begründet werden. Auch Instrumente mit gegenläufigen Risiken können gemeinsam als *hedging instrument* designiert werden, insoweit in einer Nettobetrachtung aus der Kombination keine geschriebene Option resultiert (Rz 14). Besondere Bedeutung hat die Kombination mehrerer (derivativer) Sicherungsinstrumente für **dynamische Absicherungsstrategien**, bei denen ein bestehender Sicherungszusammenhang trotz einer (im Zeitablauf) veränderten Risikoposition nicht aufgelöst wird, sondern nur für das (Risiko-)Delta ein Neugeschäft kontrahiert wird. Die Absicherung einer (Risiko-)Spitze stellt eine auch für die bilanzielle Abbildung zulässige Strategie dar (IAS 39.BC214 f.).

Bei Einsatz einer dynamischen Absicherung besteht allerdings kein unmittelbarer Bezug mehr zu einem Grundgeschäft (*hedged item*), da nur eine Deltaposition abgesichert wird. Im Einzelfall wird daher eine Kombination des ursprünglichen (risikoverursachenden) Kassageschäfts – als allein zulässiges Grundgeschäft eines bilanziell zulässigen Sicherungszusammenhangs (Rz 22) – und bereits designierter derivativer Sicherungsgeschäfte als neues *hedged item* designiert.

---

[4] Vgl. IFRIC, IFRIC Update July 2007.

3 Sicherungsfähige vs. sicherungsuntaugliche Grundgeschäfte und Risiken

3.1 Zulässige Grundgeschäfte

Folgende **Grundgeschäfte** (*hedged item*) kommen gem. IAS 39.78 und IAS 39.86 für ein *hedge accounting* infrage, sofern sich aus dem abgesicherten Risiko Auswirkungen auf die GuV des Unternehmens ergeben können:
- **Bilanzierte Vermögenswerte** und **Finanzverbindlichkeiten**: Absicherung von in der Bilanz erfassten finanziellen Vermögenswerten bzw. Verbindlichkeiten (insbesondere Forderungen, Kredite, Aktien oder Anleihen), aber auch nichtfinanziellen Vermögenswerten (z. B. Vorräte).
- **Schwebende Geschäfte**: Absicherung von Ansprüchen und Verpflichtungen aus Verträgen, die bisher von keiner Vertragsseite erfüllt und daher bilanziell noch nicht erfasst wurden (insbesondere Liefer- bzw. Kaufverpflichtungen zu einem festgelegten Preis).
- **Erwartete künftige Transaktionen**: Absicherung von künftigen Transaktionen, für die das Unternehmen (anders als bei schwebenden Geschäften) noch keine rechtliche Verpflichtung eingegangen ist (insbesondere künftig erwarteter Verkauf von Produkten oder Kauf von Rohstoffen), deren Eintritt aber mit hoher Wahrscheinlichkeit erwartet wird (IAS 39.IG.F.2.2/4).
- **Netto-Investition** in eine wirtschaftlich selbstständige **ausländische Teileinheit** (Niederlassung, Betriebsstätte usw.), mit besonderen Vorgaben nach IFRIC 16 *Hedges of a Net Investment in a Foreign Operation*.

Die eingeräumte Freiheit bei der Auswahl der designationsfähigen Grundgeschäfte wird allerdings durch spezielle Restriktionen eingeschränkt.

3.2 Absicherung erwarteter Transaktionen

Handelt es sich bei dem gesicherten Geschäft nicht um eine vertraglich fixierte, sondern um eine von dem Unternehmen **erwartete Transaktion** (*forecasted transaction*), kann diese nur dann als zulässiges Grundgeschäft im Rahmen des *hedge accounting* (als *cash flow hedge*) verwendet werden, wenn eine **hohe Wahrscheinlichkeit** für den tatsächlichen Eintritt dieser Transaktion nachgewiesen wird. Dieser Nachweis ist nicht nur bei Beginn, sondern über die gesamte Laufzeit des Sicherungszusammenhangs zu erbringen. Dabei stellt IAS 39.IG.F.3.7 deutlich klar, dass eine Wahrscheinlichkeit von mehr als 50 % (*more likely than not*) nicht ausreichend ist, die Transaktion muss vielmehr als quasi-sicher gelten. Allgemein ist u. E. daher eine Eintrittswahrscheinlichkeit von mehr als 90 % zu fordern.

Für den Nachweis der hohen Wahrscheinlichkeit sind bloße Absichtserklärungen des Unternehmens allerdings nicht ausreichend. Vielmehr sind diese durch nachprüfbare Fakten und die Rahmenbedingungen des Unternehmens im Einzelnen zu unterlegen (IAS 39.IG.F.3.7). Ein solcher Nachweis kann u. a. dadurch erbracht werden, dass
- in der Vergangenheit vergleichbare Transaktionen stattgefunden haben,
- der Eintritt der Transaktion durch aktuelle Business-Pläne des Unternehmens untermauert wird,

- die Güte vergleichbarer früherer Pläne mittels vergangenheitsbezogener Plan-Ist-Analysen belegt wird,
- das wirtschaftliche Umfeld des Unternehmens (gesamtwirtschaftliche Rahmenbedingungen, Konkurrenzsituation usw.) angemessen berücksichtigt wurde,
- das Unternehmen aufgrund seiner finanziellen und operativen Kapazitäten in der Lage sein wird, die Transaktion umzusetzen,
- die Nichtdurchführung der Transaktionen erhebliche negative Auswirkungen auf das Unternehmen haben wird.

25 Grundsätzlich wird der Nachweis einer hohen Wahrscheinlichkeit umso besser zu erbringen sein, je kürzer der Prognosezeitraum ist. Auch wird sich die hohe Wahrscheinlichkeit besser nachweisen lassen für eine Vielzahl – als Portfolio (Rz 26 ff.) – gleichartiger künftiger Transaktionen (z. B. erwartete Fremdwährungserlöse aus Verkäufen im Ausland) als für eine einzelne Transaktion (z. B. wenn das Unternehmen an einem Bieterwettbewerb für einen Großauftrag im Ausland teilnimmt). Dabei lässt sich die Wahrscheinlichkeit dadurch erhöhen, dass lediglich ein **Prozentsatz** der künftig erwarteten Transaktionen als Grundgeschäft in einer Sicherungsbeziehung designiert wird (Rz 31 ff.). Geht ein Unternehmen bspw. – gestützt durch entsprechende Planungen und Erfahrungen aus der Vergangenheit – von einem Verkaufsvolumen von 100.000 Stück aus, so lässt sich die geforderte hohe Eintrittswahrscheinlichkeit dadurch erreichen, dass lediglich 80.000 Stück davon als Grundgeschäft im Rahmen der Sicherungsbeziehung designiert werden. In diesem Zusammenhang ist es ratsam, keine aggressive Auslegung des Wahrscheinlichkeitskriteriums vorzunehmen, da das wiederholte Ausbleiben erwarteter Transaktionen die Möglichkeit zur Nutzung des *cash flow hedge accounting* in der Zukunft einschränken wird. Zudem ist zu bedenken, dass gem. IFRS 7.23b hierüber im Anhang zu berichten ist. Letztlich kommt es aber auf die Gesamtheit der Umstände im Einzelfall an, ob die für das *cash flow hedge accounting* erforderliche hohe Wahrscheinlichkeit der erwarteten Transaktion gegeben ist.

3.3 Zusammenfassung von Grundgeschäften zu einem Portfolio

26 Jedes der vorgenannten Geschäfte (Rz 22) kann entweder einzeln oder als **Gruppe** von untereinander im Risiko ähnlichen Geschäften als Grundgeschäft designiert werden (IAS 39.78). Voraussetzung für die Anerkennung einer solchen Gruppe als Grundgeschäft im Rahmen des *hedge accounting* ist allerdings, dass die in der Gruppe zusammengefassten Geschäfte die gleichen **Risikocharakteristika** aufweisen und sich die **Sensitivität** jedes einzelnen Geschäfts im Hinblick auf das abgesicherte Risiko annähernd proportional zur Sensitivität der gesamten Gruppe verhält (IAS 39.83). Hiervon kann ausgegangen werden, wenn sich das Verhältnis der Sensitivitäten in einer Spanne zwischen 90 % bis 110 % bewegt.

> **Beispiel**
> Unternehmen C hat Kaufverträge über Rohstoffe mit zwei Lieferanten in den USA i. H. v. jeweils 50 Mio. USD fest abgeschlossen. Die Lieferung soll jeweils in 3 Monaten erfolgen. Um sich gegen das Risiko einer Aufwertung

> des USD und damit eines Anstiegs des Kaufpreises in EUR abzusichern, hat C folgende Optionen:
> - Abschluss zweier separater Termingeschäfte über den Kauf von USD in 3 Monaten i.H.v. jeweils 50 Mio. USD und damit Begründung von zwei Sicherungsbeziehungen.
> - Abschluss eines Termingeschäfts zum Kauf von USD in 3 Monaten i.H.v. 100 Mio. USD und damit Begründung einer Sicherungsbeziehung für die beiden schwebenden Kaufverträge.
>
> IAS 39.78 erkennt beide Alternativen an. Die Alternative 2 (Portfolio-*hedge*) wird zugelassen, da sich die aus einer Änderung des Wechselkurses resultierenden Änderungen des *fair value* jedes Grundgeschäfts proportional zur Änderung des *fair value* des Portfolios verhalten.

Nicht zulässig ist die Designation einer (globalen) Nettoposition aus Geschäften, die ein gegenläufiges Chancen-Risiko-Profil aufweisen (IAS 39.84). **Netto-Risikopositionen** können zwar für Zwecke des betrieblichen Risikomanagements festgestellt und gesteuert (IAS 39.AG101, IAS 39.IG.F.6.1), also gehedgt werden (Rz 1), eine Designation als bilanzieller Sicherungszusammenhang, also das *hedge accounting*, wird aber untersagt (IAS 39.IG.F.2.21). Ein Aktien- oder Indexportefeuille (etwa eine Nachbildung des DAX oder STOXX durch Erwerb einzelner Werte) kann daher nicht als Grundgeschäft einer bilanziellen Sicherung designiert werden (IAS 39.IG.F.2.20). 27

Im Falle des *portfolio hedge* von **Zinsrisiken** (*portfolio hedge of interest rate risk*) – als Ausnahme vom Verbot einer Zusammenfassung unterschiedlicher Geschäfte – gem. IAS 39.81A kann als Grundgeschäft ein Teil eines Portfolios von finanziellen Vermögenswerten oder von finanziellen Verbindlichkeiten, die demselben Risiko unterliegen, als Stellvertreter einer Nettoposition, die als *hedged item* ausscheidet, designiert werden (IAS 39.78). Der *portfolio hedge* von Zinsrisiken ist eine Form des *hedge accounting*, die für sog. *macro-hedging*-Strategien entwickelt wurde. Hierzu das folgende Beispiel: 28

> **Beispiel**
> Ein Unternehmen verfügt über festverzinsliche Vermögenswerte von 100 Mio. EUR und festverzinsliche Verbindlichkeiten von 90 Mio. EUR mit identischen (Rest-)Laufzeiten von 3 Jahren. Soll das Festzinsrisiko aus diesen Geschäften abgesichert werden (also durch Tausch einer festen Verzinsung in eine variable), so ist es aus ökonomischer Sicht sinnvoll, lediglich für das verbleibende Netto-Risikovolumen von 10 Mio. EUR einen Zinsswap über 10 Mio. EUR abzuschließen. Dies würde die „automatische" Absicherung i.H.v. 90 Mio. EUR zwischen den Vermögenswerten und den Verbindlichkeiten berücksichtigen. Das gesicherte Grundgeschäft im Rahmen eines solchen *macro hedging* ist somit die sich aus den Vermögenswerten und Verbindlichkeiten ergebende Netto-Position.

Zu Einzelheiten des *portfolio hedge* von Zinsrisiken wird auf → § 38 Rz 27 ff. verwiesen.

3.4 Konzerninterne Transaktionen als Grundgeschäft?

29 Als gesicherte Grundgeschäfte kommen regelmäßig nur Geschäfte mit (konzern)**externen** Vertragspartnern infrage (IAS 39.80), da interne Geschäfte im Rahmen der Konsolidierung eliminiert werden. Hier gelten analoge Überlegungen wie bei internen Sicherungsgeschäften (Rz 10f.).

30 Von dem Grundsatz eines Ausschlusses konzerninterner Grundgeschäfte bestehen zwei Ausnahme für
- die Absicherung des **Wechselkursrisikos** aus **konzerninternen monetären** Geschäften (insbesondere Forderungen und Verbindlichkeiten) im Konzernabschluss, falls sich die Wechselkursgewinne und -verluste – aufgrund der Umrechnungsvorschriften des IAS 21.45 – im Rahmen der Konsolidierung nicht vollständig eliminieren und insofern auf das Konzernergebnis auswirken. Dies ist dann der Fall, wenn das konzerninterne Geschäft zwischen zwei Konzerneinheiten unterschiedlicher funktionaler Währungen besteht (→ § 27 Rz 63).
- Geschäfte, die der **Währungssicherung erwarteter konzerninterner Umsätze** dienen, **indirekt** dem *cash flow hedge accounting* unterworfen werden, indem der konzernexterne Anschlussumsatz als Grundgeschäft designiert wird. Wegen eines Beispiels wird auf → § 27 Rz 68 verwiesen.[5]

Eine ausnahmsweise Designation als Grundgeschäft setzt eine Erfüllung aller Voraussetzungen der jeweiligen Alternative voraus. Entscheidend ist der Nachweis einer Auswirkung der zunächst konzerninternen Transaktion auf das Periodenergebnis nach Durchführung der Konsolidierungsmaßnahmen.

3.5 Absicherung einzelner Risikokomponenten

31 Es bedarf keiner Absicherung des Grundgeschäfts **insgesamt**. IAS 39 erlaubt vielmehr auch die Absicherung von Teilen eines Grundgeschäfts. Die Möglichkeiten hierzu unterscheiden jedoch wesentlich zwischen finanziellen und nichtfinanziellen Grundgeschäften.[6]

32 Bei **finanziellen Grundgeschäften** gilt der allgemeine Grundsatz, wonach sich die Absicherung auf Risiken beziehen darf, denen nur ein Teil der *cash flows* bzw. des *fair value* des Geschäfts ausgesetzt ist (sog. *portion* gem. IAS 39.81), sofern die Effektivität hierfür gemessen werden kann. Dies erlauben z.B. folgende Absicherungen:
- Bestimmte Risikokomponenten. Ein verzinsliches Finanzinstrument unterliegt z.B. verschiedenen Risiken (Zins-, Währungs- und Ausfallrisiko), die jeweils einzeln abgesichert werden können. So kann bspw. eine separierbare und messbare Komponente des Zinsrisikos (wie der risikofreie Zins oder ein Benchmark-Zins (z.B. EURIBOR)) als gesichertes Risiko designiert werden.
- Prozentuale Anteile des gesamten Finanzinstruments (wenn sich die Absicherung z.B. nur auf 50 % des Marktwerts eines Wertpapiers bezieht).
- Einzelne vertragliche *cash flows* eines Finanzinstruments (z.B. die ersten drei Zins-*cash-flows* einer variabel verzinslichen Verbindlichkeit).

---

[5] Zum Überblick über die betriebswirtschaftlichen und bilanziellen Probleme der Steuerung von Fremdwährungsrisiken im Konzern vgl. WÜSTEMANN/DUHR, BB 2003, S. 2501ff.
[6] Ausführlich FREIBERG, PiR 2011, S. 206ff.

- Ein Grundgeschäft nur für einen Teil seiner (Rest-)Laufzeit *(partial term hedge*; IAS 39.IG.F.2.17).
Gleichwohl wird der Begriff der *portion* in IAS 39.81 nicht abschließend konkretisiert. Hieraus haben sich in der Praxis verschiedene Auslegungsfragen ergeben. Der IASB hat daher in einem im September 2007 veröffentlichten *Exposure Draft „Exposures Qualifying for Hedge Accounting"* einen Vorschlag vorgelegt, der alle als *portion* designierbaren Teile bzw. Teilrisiken eines Grundgeschäfts abschließend aufführt. In dem hierzu im Juli 2008 verabschiedeten IAS 39 Amendment *„Eligible Hedged Items"* hat sich der IASB jedoch entschieden, den bestehenden prinzipienbasierten Ansatz des IAS 39.81 beizubehalten und stattdessen ergänzend klarzustellen, dass sich die Teil-Absicherung entweder auf

- einzelne Risiken des Geschäfts *(some – but not all – risks)* oder
- einzelne *cash flows* des Geschäfts *(some – but not all – cash flows)*

beziehen kann. Es muss sich dabei allerdings um eine separat identifizierbare Komponente des Geschäfts handeln, die verlässlich messbar ist (IAS 39.AG99E, F). Danach gilt z. B.:

- Bei einem festverzinslichen Finanzinstrument erfüllt der risikofreie oder ein Benchmark-Zins im Allgemeinen diese Voraussetzung (IAS 39.AG99F(a)).
- Hingegen erfüllt das Inflationsrisiko (Nominal- vs. Realzins) diese Voraussetzung nicht, es sei denn, der Zins des Grundgeschäfts sei wie bei einem *inflation-linked bond* vertraglich zu einem expliziten Teil an die Inflationsentwicklung gebunden (IAS 39.AG99F(b)).

Im Zusammenhang mit der Absicherung eines Teilrisikos ist auch das *carve-out* für die innerhalb der EU anzuwendende – dem *endorsement*-Prozess unterliegende – Fassung des IAS 39 beachtlich. So wurde IAS 39.AG99C, welcher vorsieht, dass der designierte Teil eines *hedge in portions* kleiner sein muss als die insgesamt zu leistenden/empfangenen Zahlungen, nicht in EU-Recht übernommen (→ § 38 Rz 44).

Für **nichtfinanzielle Grundgeschäfte** (z. B. Vorräte) bestehen nur eingeschränkte Möglichkeiten zur Absicherung von Teilrisiken. So ist es nur zulässig, entweder die Gesamtheit **aller** Risiken gleichzeitig abzusichern oder die Absicherung auf ein vorhandenes **Währungs**risiko zu beschränken (IAS 39.82). Dies wird damit begründet, dass eine Abspaltung und separate Bewertung einzelner Risikofaktoren bei nichtfinanziellen Geschäften nur beim Währungsrisiko zuverlässig möglich sind (IAS 39.BC.137f.).[7]

Beispiel
Unternehmen D möchte den für das nächste Quartal geplanten Kauf von Kerosin gegen den Teil der Preisrisiken absichern, der aus Änderungen des Marktpreises für Rohöl resultiert. Hierzu schließt es ein Termingeschäft auf Rohöl als Sicherungsgeschäft ab. Wenn D die durch Änderungen des Rohölpreises induzierten Preisänderungen des Kerosins als Grundgeschäft (= gesichertes Risiko) designiert, kommt die Anwendung des *hedge accounting* für das Termingeschäft nicht infrage. D kann allenfalls alle Risiken des geplanten

---

[7] Dies bestätigend IFRIC, IFRIC Update October 2004.

> Kerosinkaufs designieren. In diesem Fall wird das *hedge accounting* aber wahrscheinlich an mangelnder Effektivität scheitern, da der Kerosinpreis nicht nur vom Preis des Rohöls abhängt (ggf. keine hinreichende Korrelation).

Zulässig bleibt damit für nichtfinanzielle Grundgeschäfte eine (Teil-)Absicherung, die sich lediglich auf einen
- **prozentualen** Anteil eines nichtfinanziellen Grundgeschäfts oder
- Teil der (Rest-)**Laufzeit** (*partial term hedge*) eines Instruments

bezieht (IAS 39.AG100). So kann (wahlweise) auf die Vorgaben zum *hedge accounting* zurückgegriffen werden, wenn eine prozentuale oder zeitanteilige Begrenzung des Gesamtrisikos den Nachweis eines effektiven Sicherungszusammenhangs gewährleistet.

35 Die Separierung von (Teil-)Risiken eines nichtfinanziellen Grundgeschäfts wird auf das Währungsrisiko begrenzt. Bei einer engen Auslegung der Vorgabe scheidet eine Ausweitung der Separierbarkeit auf die **Teilmenge** aller Nicht-Währungsrisiken aus. Rechtfertigung für die Restriktionen hinsichtlich der Aufteilung nichtfinanzieller Grundgeschäfte ist die nur für das Währungsrisiko für möglich gehaltene zuverlässige Trenn- und Bewertbarkeit von dem Gesamtrisiko. Mit der Anerkennung einer zuverlässigen Abspaltung und separaten Bewertung des Währungsrisikos ist logisch notwendig, aber zugleich die zuverlässige Abspaltung und Bewertung aller Nicht-Währungsrisiken (sog. **Residualrisiko**) verbunden. Implizit ist die Einschränkung aus IAS 39.82 u. E. daher i. S. d. Mengenlehre erweitert auszulegen:
- Neben der Designation des **Gesamtrisikos** eines Grundgeschäfts und
- einer Beschränkung des Sicherungszusammenhangs auf das **Währungsrisikos**
- kann auch das gesamte **Nicht-Währungsrisiko** (als Teil- bzw. Untermenge) designiert werden.

Lediglich eine weitere Unterteilung in einzelne Komponenten des Residualrisikos (wie für finanzielle Vermögenswerte oder Verbindlichkeiten), bleibt bei nichtfinanziellen Grundgeschäften danach unzulässig.

> **Beispiel**
> Die funktionale Währung des D ist der Euro. Innerhalb der kommenden Periode besteht ein erwarteter Bedarf an Rohöl für Produktionszwecke. Der künftige Einkaufspreis ist in USD zu zahlen. Zur Absicherung des Beschaffungspreises schließt D einen Forward mit Barausgleich (*cash settlement*) auf Rohöl ab. Der Ausübungspreis (*strike price*) des Forward ist in USD denominiert, ein Abschluss in EUR war mangels Bestehen eines Alternativmarktes nicht möglich. Gem. der Risikomanagementstrategie des D erfolgt eine Sicherung des USD-Beschaffungspreises. Das Wechselkursrisiko EUR zu USD wird bewusst nicht gesichert. Die Effektivität des Sicherungszusammenhangs kann bilanziell nur dargestellt werden, wenn das Währungsrisiko separiert wird, somit nur eine Sicherung aller Risiken des Grundgeschäfts exklusiv der Wechselkursentwicklung erfolgt. Als Grundgeschäft für Zwecke des *hedge accounting* kann D – im Einklang mit der Risikomanagementstrategie – nur das Warenpreisrisiko als gesichertes Risiko (i. S. e. residualen Gesamtrisikos) designieren. Wäre das Grundgeschäft allerdings auf den Er-

> werb von Kerosin (Beispiel Rz 31) anstatt auf Rohöl ausgerichtet, schiede eine Teil-Designation des Warenpreisrisikos nur bezogen auf den Rohölpreis aus, das gesamte auf den Erwerb von Kerosin gerichtete Grundgeschäft wäre mit der Folge von Ineffektivität zu designieren.

Voraussetzung für eine Designation des gesamten Nicht-Währungsrisikos eines Grundgeschäfts ist allerdings das Vorliegen einer identifizier- und separierbaren **Währungskomponente**. Entspricht die Währung des Grundgeschäfts der funktionalen Währung des Unternehmens, scheidet – mangels Fremdwährungsbelastung – eine Separierung des Währungsrisikos aus, auch wenn das Sicherungsgeschäft in einer abweichenden Währung denominiert ist (IAS 39.F.6.5).

Unabhängig davon, ob das gesicherte Grundgeschäft finanzieller oder nichtfinanzieller Natur ist, kann es gegen **einseitige** Risiken (also die Änderungen der *cash flows* oder des *fair value* des Grundgeschäfts über oder unter eine bestimmte Schwelle) abgesichert werden (Rz 18). So kann bspw. der erwartete Kauf von Rohstoffen (= Grundgeschäft) lediglich gegen das Risiko eines Anstiegs des Rohstoffpreises (bei Identität der Risikoposition) abgesichert werden. Zur Absicherung eines solchen *one-sided risk* werden insb. **Optionen** als Sicherungsinstrumente eingesetzt. Der *fair value* einer Option (→ § 28 Rz 276 f.) setzt sich zusammen aus dem   36

- **inneren Wert** = der Betrag, um den der aktuelle Preis bzw. Kurs besser als der Ausübungskurs/-preis der Option ist, und dem
- **Zeitwert** = der Wert, der sich (vereinfacht) aus der Möglichkeit ergibt, dass der innere Wert der Option in der Zukunft zunimmt. Der Zeitwert nimmt mit abnehmender Restlaufzeit der Option ab und beträgt bei Fälligkeit der Option null.

3.6 Unzulässige und begrenzt zulässige Grundgeschäfte

Für ausgewählte Transaktionen ist ein expliziter Ausschluss als zulässiges Grundgeschäft einer bilanziellen Sicherungsbeziehung zu beachten. Das Verbot einer Desigantion als *hedged item* bezieht sich allerdings nicht – i.S.e. kasuistischen Ausschlusses – auf eine bestimmte Gruppe von Transaktionen, sondern ist auf das Fehlen eines absicherungsfähigen (identifizier- und bestimmbaren) Risikos zurückzuführen. Die Absicherung allgemeiner Geschäftsrisiken (IAS 39.AG110), aber auch ein ökonomischer *hedge* gegen das Risiko eines Nichteintritts einer Transaktion (IAS 39.IG.F.2.8) im Rahmen des *hedge accounting* scheidet daher aus.   37

Fälligkeitswerte (*held-to-maturity assets*) kommen als Grundgeschäfte nur eingeschränkt infrage. IAS 39 erkennt eine Absicherung nur solcher Risiken an, die auch bei einem Halten des Geschäfts bis zu seiner Fälligkeit bestehen. Daher wird eine Absicherung von Fälligkeitswerten gegen   38

- **Zins**risiken nicht anerkannt, weil das Risiko zum Laufzeitende nicht mehr besteht;
- das Risiko einer **vorzeitigen Kündigung** nicht anerkannt, weil es der Intention der Kategorie widerspricht (IAS 39.79, IG.F.2.9).

Anerkannt wird hingegen die Absicherung gegen
- das **Wechselkurs**risiko, weil dieses Risiko am Laufzeitende noch besteht;

- das **Ausfall**risiko, weil auch dieses Risiko unabhängig von der Halteabsicht besteht (IAS 39.73).
  Für Finanzinstrumente der Kategorie Darlehen und Forderungen (→ § 28 Rz 138) gelten hingegen keine vergleichbaren Einschränkungen, da IAS 39.9 für diese Geschäfte keine Absicht des Haltens bis zur Fälligkeit vorschreibt.

39 Einschränkungen, bezogen auf die Möglichkeit einer Designation als Grundgeschäft, sind auch bezogen auf einen vertraglich bereits fixierten (und damit hoch wahrscheinlichen) Unternehmenserwerb (*business combination*) beachtlich (IAS 39.AG98). Abgesichert werden kann im Rahmen des *hedge accounting* – analog zu nichtfinanziellen Grundgeschäften (Rz 31) – lediglich ein bestehendes Fremdwährungsrisiko.

40 Darüber hinaus können die folgenden Geschäfte nicht als Grundgeschäfte im Rahmen des *hedge accounting* designiert werden:
- Derivate, unabhängig davon, ob es sich um freistehende Derivate oder um abtrennungspflichtige, eingebettete Derivate handelt (IAS 39.IG.F.2.1). Eine Rückausnahme besteht für erworbene Optionen, die dann als Grundgeschäft designiert werden dürfen, wenn sie mittels einer geschriebenen Option abgesichert werden (IAS 39.AG94);
- als Eigenkapital klassifizierte Instrumente des Unternehmens sowie Transaktionen, die sich im Eigenkapital des Unternehmens niederschlagen, da hier kein Risiko vorliegt, welches sich in der GuV niederschlagen kann (IAS 39.IG.F.2.7). Dies betrifft z. B. einen erwarteten Kauf von Unternehmensanteilen. Besonderheiten sind für anteilsbasierte Vergütungen mit vereinbartem *cash settlement* beachtlich (→ § 23 Rz 193 ff.).
- Anteile an assoziierten Unternehmen und an Tochtergesellschaften (IAS 39.AG99), da es wegen der vorgesehenen Vorgaben zur Folgebewertung (*at equity* oder Vollkonsolidierung) an Auswirkungen von *fair-value*-Wertänderungen im (Konzern-)Abschluss fehlt.

4 Vornahme der Sicherungsbilanzierung

4.1 Abgrenzung *cash flow*, *fair value* und Währungs-*hedge*

41 Aufgabe der Regelungen des *hedge accounting* ist eine **Synchronisierung** von Grund- und Sicherungsgeschäft, bezogen auf die Behandlung im Periodenergebnis. IAS 39.86 unterscheidet drei Arten von Sicherungsbeziehungen:
- *fair value hedge,*
- *cash flow hedge,*
- *hedge of a net investment in a foreign operation* (Währungs-*hedge*).

42 Die Zuordnung einer Sicherungsbeziehung zu einer bestimmten (Sicherungs-)Form hängt von der Art des gesicherten Risikos ab. Ein Unternehmen muss daher zunächst eine Klassifizierung des *hedge* nach Maßgabe des gesicherten Risikos vornehmen. Dabei gelten die folgenden Regeln:
Dient das Sicherungsgeschäft dazu,
- das Risiko einer Änderung des *fair value* eines bilanzierten oder schwebenden Geschäfts (genauer einer spezifischen faktorinduzierten Änderung) abzusichern, handelt es sich um einen *fair value hedge;*

- das Risiko einer Schwankung der künftigen Zahlungsströme *(cash flows)* eines bilanzierten oder erwarteten Geschäfts abzusichern, handelt es sich um einen *cash flow hedge;*
- das Wechselkursrisiko einer Nettoinvestition in eine wirtschaftlich selbstständige Teileinheit (ausländisches Tochterunternehmen, assoziiertes Unternehmen oder Joint Venture oder Filiale) abzusichern, liegt ein sog. *hedge of a net investment in a foreign operation* vor.

Der Währungs-*hedge* ist – mit Blick auf das abgesicherte Risiko – keine eigenständige dritte Sicherungsform, sondern faktisch ein *cash flow hedge*. Der Währungs-*hedge* ist im Übrigen nicht mit IAS 39 eingeführt worden, sondern war schon vor der erstmaligen Verabschiedung von IAS 39 in IAS 21 geregelt. Umrechnungsdifferenzen aus Nettoinvestitionen in ausländische Einheiten sind erfolgsneutral im Eigenkapital zu verrechnen (IAS 21.32; → § 27 Rz 55). Sichert sich ein Unternehmen gegen das Wechselkursrisiko aus einer solchen Investition ab (z.B. mit einer Refinanzierung in der gleichen Währung), dürfen die Umrechnungsgewinne oder -verluste aus dem Sicherungsgeschäft ebenfalls im Eigenkapital verrechnet werden. Mit der Neufassung von IAS 21 sind die Regelungen zum *hedge* eines *net-investment* in eine ausländische Einheit aus IAS 21 entfernt worden und nur noch in IAS 39 enthalten. Die Aufnahme in den Katalog der Sicherungsbeziehungen in IAS 39.86 dient dem Zweck, die in IAS 39.88 geregelten Voraussetzungen für die Anerkennung der Sicherungsbeziehung für das *hedge accounting* (Effektivität usw.; Rz 64) sicherzustellen. Für die weitere Behandlung kann daher auf die Ausführungen zum *cash flow hedge* verwiesen werden.

43

Bei einem *fair value hedge* wird nicht notwendigerweise der (gesamte) beizulegende Zeitwert eines Grundgeschäfts gesichert. Gegenstand des bilanziellen Sicherungszusammenhangs kann auch nur eine Teiländerung des beizulegenden Zeitwerts sein, die auf einen speziellen Risikofaktor, auf den der *fair value* reagiert (etwa Zins-, Wechselkurs- und Bonitätsänderungen einer Fremdwährungsanleihe), zurückzuführen ist (IAS 39.86(a)).

44

Die Unterscheidung zwischen dem *fair value hedge* (unter der Prämisse einer Sicherung des gesamten Marktwerts und Ausklammerung weiterer Komponenten) und dem *cash flow hedge* lässt sich an dem folgenden Beispiel der Absicherung von Zinsrisiken erläutern:

45

> **Beispiel**
> **1. Absicherung Festzinsanleihe durch Swap**
> Unternehmen A erwirbt eine 3-jährige Anleihe über 100 Mio. EUR mit einem festen Zinscoupon von 6 %. Aufgrund der fixen Zinsen unterliegt die Anleihe dem Risiko einer Marktwertänderung *(fair-value-*Risiko): Im Falle steigender (sinkender) Zinsen nimmt der Marktwert ab (zu). Um dieses Risiko einer Marktwertänderung abzusichern, tritt A in einen Zinsswap ein, der die fixen Zinsen aus der Anleihe gegen variable Zinsen (z.B. den 3-Monats-EURIBOR) austauscht. Der Zinsswap macht aus der festverzinslichen eine variabel verzinsliche Anleihe, die keinem *fair-value-*Risiko mehr unterliegt.[8]
> **Ergebnis:** Die Sicherungsbeziehung ist ein *fair value hedge*.

---

[8] Genauer unterliegt die Anleihe nach Absicherung durch den Zinsswap noch einem fair-value-Risiko bis zum jeweils nächsten Zinsanpassungstermin des EURIBOR im Swap.

> **2. Absicherung variabel verzinslicher Anleihe**
> Unternehmen B erwirbt eine 3-jährige Anleihe über 100 Mio. EUR mit einem variablen Zinscoupon (3-Monats-EURIBOR). Aufgrund der variablen Zinsen unterliegt die Anleihe nicht dem Risiko einer Marktwertänderung (*fair-value*-Risiko), sondern dem Risiko einer Änderung der künftigen Zinszahlungsströme (*cash-flow*-Risiko): Im Falle steigender (sinkender) Zinsen nehmen die künftigen Zinszahlungen zu (ab). Um dieses Risiko einer Änderung der künftigen Zinszahlungen abzusichern, tritt A in einen Zinsswap ein, der die variablen Zinsen aus der Anleihe gegen feste Zinsen austauscht. Der Zinsswap macht aus der variabel verzinslichen eine festverzinsliche Anleihe, die keinem *cash-flow*-Risiko mehr unterliegt.
> **Ergebnis:** Die Sicherungsbeziehung ist ein *cash flow hedge*.

Die Zuordnung zu einer bestimmten Sicherungsform bestimmt sich aus der Perspektive der gesicherten Grundgeschäfte.

46 Für die **Absicherung bilanzierter Geschäfte** gilt: In Abhängigkeit von der Art des bilanzierten Grundgeschäfts und des gesicherten Risikos kann es sich um einen *fair value hedge* oder einen *cash flow hedge* handeln, z. B.:
- Absicherung eines **festverzinslichen Wertpapiers** gegen Änderungen des Marktwerts mit einem Zinsswap (= *fair value hedge*).
- Absicherung eines **Aktienbestands** gegen Änderungen des Aktienkurses mit einem Aktientermingeschäft oder einer Aktienoption (= *fair value hedge*).
- Absicherung einer **Forderung in Fremdwährung** gegen das Wechselkursrisiko mit einem Devisenterminverkauf oder einer Devisenverkaufsoption (= *fair value hedge*).
- Absicherung einer begebenen **Anleihe mit variabler Verzinsung** gegen das Risiko steigender Zinsaufwendungen mit einem Zinsswap (= *cash flow hedge*).

47 Für die **Absicherung schwebender Geschäfte** besteht ein Wahlrecht: Im Grundsatz stellt die Absicherung schwebender Geschäfte einen *fair value hedge* dar. Die Absicherung des Wechselkursrisikos eines schwebenden Geschäfts kann alternativ auch als *cash flow hedge* behandelt werden (IAS 39.87). Typische Beispiele sind:
- Absicherung eines **schwebenden Vorratskaufs in Fremdwährung** gegen das Wechselkursrisiko mit einem Devisenterminkauf oder einer Devisenkaufoption (= *fair value hedge*, ggf. nach IAS 39.87 **optional** auch *cash flow hedge*).
- Absicherung eines **schwebenden Warenverkaufsgeschäfts in Fremdwährung** gegen das Wechselkursrisiko mit einem Devisenterminverkauf oder einer Devisenkaufoption (= *fair value hedge*, ggf. nach IAS 39.87 **optional** auch *cash flow hedge*).
- Absicherung eines **schwebenden Rohstoffkaufs** gegen das Preisrisiko mit einem Terminverkaufsgeschäft oder einer Verkaufsoption auf den Rohstoff oder einen Rohstoffindex (= *fair value hedge*).

48 Die **Absicherung erwarteter Transaktionen** stellt **stets** einen *cash flow hedge* dar, z. B.:

- Absicherung eines erwarteten Kaufs von Rohstoffen oder Anlagen in Fremdwährung gegen das Wechselkursrisiko mit einem Devisenterminkauf oder einer Devisenkaufoption.
- Absicherung eines erwarteten Verkaufs von Produkten in Fremdwährung gegen das Wechselkursrisiko mit einem Devisenterminverkauf oder einer Devisenverkaufsoption.
- Absicherung eines erwarteten Kaufs von Rohstoffen (z.B. Öl) in Berichtswährung gegen das Preisrisiko mit einem Terminverkaufsgeschäft oder einer Verkaufsoption auf das Öl.
- Absicherung einer erwarteten Emission einer Anleihe gegen einen Zinsanstieg mit einem *forward*-Zinsswap.

4.2 Bilanzierungs- und Buchungstechnik bei *hedges*

4.2.1 Synchronisation in Abhängigkeit des Grundgeschäfts

Aufgabe des *hedge accounting* ist es, eine **Synchronisierung der Wirkungen aus dem Grundgeschäft und dem Sicherungsderivat** in der GuV herzustellen, wo die allgemeinen Bewertungsregeln eine solche Synchronisierung nicht gewährleisten (IAS 39.85). In Abhängigkeit von der Art der Sicherungsbeziehung wird diese Synchronisierung bewirkt

- entweder durch Unterwerfung des gesicherten Geschäfts, abweichend von den normalen Regeln, unter eine erfolgswirksame *fair-value*-Bewertung
- oder durch zunächst nicht erfolgswirksame Erfassung des *fair value* des (derivativen) Sicherungsgeschäfts (abweichend von den normalen Regeln).

Eine zusammenfassende Darstellung der Behandlung des *hedge accounting* gibt Abb. 1.

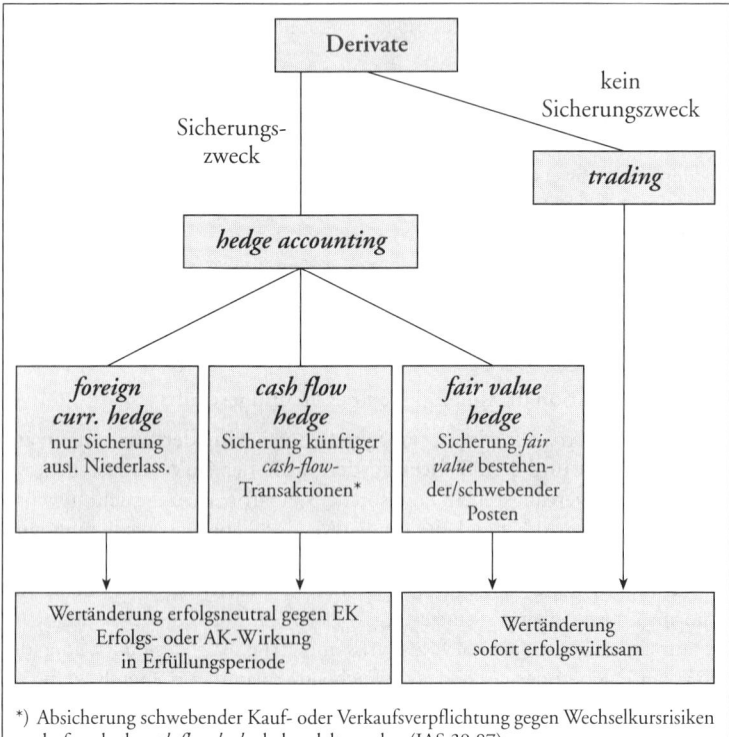

Abb. 1: Derivate und *hedge accounting*

Zusammenfassend gilt: Während das *fair value hedge accounting* eine Abweichung von den allgemeinen Bewertungsregeln aufseiten des gesicherten Grundgeschäfts vorsieht, erfolgt die Abweichung beim *cash flow hedge accounting* aufseiten des Sicherungsderivats.

4.2.2 Fair-value-hedge-Beziehungen

50 Beim *fair value hedge* werden – zusätzlich zu den Änderungen des *fair value* des Sicherungsderivats – auch die Änderungen des *fair value* **des gesicherten Grundgeschäfts** (soweit sie aus dem gesicherten Risiko resultieren; Rz 41) in der **GuV** erfasst. Damit kompensieren sich die Effekte aus dem Grund- und dem Sicherungsgeschäft in der GuV. Soweit sich in der GuV kein vollständiger Ausgleich ergibt, ist dies Ausdruck einer nicht perfekten Effektivität des *hedge* (obwohl der *hedge* sich noch innerhalb der geforderten Effektivitätsgrenze von 80 % – 125 % befindet; vgl. hierzu Rz 66). Die Synchronisation wird im Übrigen **technisch** wie folgt bewirkt:
- **Forderungen oder Verbindlichkeiten**: Die (fortgeführten) Anschaffungskosten (→ § 28 Rz 227 ff.) werden um die aus dem gesicherten Risiko resultie-

renden *fair-value*-Änderungen angepasst (**Buchwertanpassung**). Die Anpassung ist erfolgswirksam.

- Wertpapiere *(available for sale)*: Da *available-for-sale assets* bereits nach den allgemeinen Bewertungsregeln zum *fair value* bilanziert werden (→ § 28 Rz 155 ff.), ist keine Buchwertanpassung erforderlich. Jedoch ist die aus dem gesicherten Risiko resultierende *fair-value*-Änderung nicht im Eigenkapital, sondern in der **GuV** zu erfassen. Die *fair-value*-Änderungen sind somit aufzuspalten in den aus dem gesicherten Risiko resultierenden Teil (der synchron zum Derivat in der GuV erfasst wird) und den sonstigen Teil (der im Eigenkapital erfasst wird).

Das nachfolgende Beispiel zeigt die buchmäßige Behandlung des *fair value hedge* im Falle der Absicherung eines schwebenden Kaufvertrags für Rohstoffe in Fremdwährung.

Beispiel[9]
Unternehmen A hat am 30.9.03 Rohstoffe in den USA für 50 Mio. USD bestellt. Die Lieferung und Bezahlung erfolgen am 31.1.04. Zur Absicherung gegen das Risiko einer Aufwertung des USD und einer damit verbundenen Erhöhung des Kaufpreises in EUR kauft A zum Zeitpunkt des Vertragsabschlusses 50 Mio. USD auf Termin per 31.1.04 zum Kurs von 1,16 USD/EUR (= 43,1 Mio. EUR). Der Kaufpreis ist damit bei 43,1 Mio. EUR festgeschrieben.
Der Wechselkurs beträgt am 31.12.03 1,26 USD/EUR und am 31.1.04 1,24 USD/EUR. Am 31.1.04 werden die Rohstoffe geliefert und bezahlt. Aufgrund der Aufwertung des Euro ist der Kaufpreis der Rohstoffe in Euro gesunken (= 40,3 Mio. EUR) und die Differenz muss in das Termingeschäft gezahlt werden (= 43,1 ./. 40,3 = 2,8 Mio. EUR). Das Unternehmen bucht – unter Vernachlässigung der Auswirkung latenter Steuerwirkungen – wie folgt:[10]

Datum	Konto	Soll	Haben
30.9.03:	–		
31.12.03:	Aufwand	3,4 Mio.	
	Derivat		3,4 Mio.
	Vermögenswert	3,4 Mio.	
	Ertrag		3,4 Mio.
31.1.04:	Derivat	0,6 Mio.	
	Ertrag		0,6 Mio.
	Derivat	2,8 Mio.	
	Geld		2,8 Mio.
	Aufwand	0,6 Mio.	
	Vermögenswert		0,6 Mio.
	Rohstoffe	40,3 Mio.	

---

[9] In dem Beispiel wird (vereinfachend) von einer Identität des Termin- und Kassakurses ausgegangen.
[10] Unter der Annahme, dass das Unternehmen das Wahlrecht des IAS 39.87, die Absicherung von schwebenden Geschäften gegen Wechselkursrisiken als cash flow hedges zu behandeln, nicht ausübt (siehe aber Abwandlung in Rz 54).

Datum	Konto	Soll	Haben
	Geld		40,3 Mio.
	Rohstoffe	2,8 Mio.	
	Vermögenswert		2,8 Mio.

Erläuterung
Zum 30.9.03 wird das Devisentermingeschäft (DTG) buchungstechnisch erfasst, weist aber einen *fair value* von null aus. Das schwebende Kaufgeschäft bleibt bilanziell unberücksichtigt. Zum 31.12.03 wird der (durch die Abwertung des USD verursachte) negative *fair value* des DTG aufwandswirksam bilanziert. Der aus der Abwertung des USD resultierende positive Bewertungseffekt auf das schwebende Kaufgeschäft wird als sonstiger Vermögenswert ertragswirksam aktiviert. Aufgrund des perfekten *hedge* gleichen sich die GuV-Effekte vollständig aus. Bis zum 31.1.04 hat sich der Wert des USD wieder leicht erholt. Der negative *fair value* des DTG reduziert sich um 0,6 Mio. EUR zugunsten der GuV auf -2,8 Mio. EUR, die dann von A an die Bank zu zahlen sind.

Die korrespondierende Abnahme des *fair value* des schwebenden Geschäfts wird aufwandswirksam bilanziert. Die Rohstoffe werden zu 50 Mio. USD gekauft und mit dem aktuellen Kurs zu 40,3 Mio. EUR aktiviert. Der negative *fair value* des schwebenden Geschäfts von -2,8 Mio. EUR wird zur Anpassung der Anschaffungskosten der Rohstoffe ausgebucht *(basis adjustment)*. Die Rohstoffe werden somit zu dem am 30.9.03 gesicherten Kurs von 43,1 Mio. EUR eingebucht.

4.2.3 Cash-flow-hedge-Beziehungen

52 Beim *cash flow hedge* werden hingegen die *fair-value*-**Änderungen des Sicherungsderivats** – abweichend von den allgemeinen Bewertungsvorschriften für Derivate – über das *other comprehensive income* im **Eigenkapital** erfasst und dort „geparkt" (bis zu einem späteren *recycling*). Sofern der *cash flow hedge* keine 100 % Effektivität aufweist (sich gleichwohl noch innerhalb der geforderten Effektivitätsgrenze von 80 % – 125 % befindet; vgl. hierzu Rz 66), wird der ineffektive Teil des *fair value* des Sicherungsderivats nicht im *other comprehensive income*, sondern unmittelbar in der GuV berücksichtigt. Die Aufteilung der *fair-value*-Änderungen des Sicherungsgeschäfts in die im Eigenkapital bzw. in der GuV zu erfassenden Teil wird nach folgender Regel vorgenommen (IAS 39.96):
- Im Eigenkapital wird der kleinere Betrag der kumulierten *fair-value*-Änderung des Sicherungsgeschäfts und der kumulierten *fair-value*-Änderung der gesicherten *cash flows* erfasst.
- Soweit die kumulierte *fair-value*-Änderung des Sicherungsgeschäfts größer als die kumulierte *fair-value*-Änderung der gesicherten *cash flows* ist *(overhedge)*, ist die Differenz in der GuV zu erfassen.
- Soweit die kumulierte *fair-value*-Änderung des Sicherungsgeschäfts hingegen kleiner ist als die kumulierte *fair-value*-Änderung der gesicherten *cash flows* *(underhedge)*, ergibt sich keine Auswirkung auf die GuV.

Hinsichtlich des **effektiven** Teils wird mit den zunächst im Eigenkapital **geparkten** Wertänderungen bei Durchführung des gesicherten Grundgeschäfts wie folgt verfahren: 53
- Führt die gesicherte Transaktion unmittelbar zu einem Aufwand oder Ertrag (z. B. weil variable Zinsrisiken gesichert wurden), ist der im Eigenkapital erfasste Betrag zum gleichen Zeitpunkt auszubuchen und in der GuV zu erfassen.
- Resultiert die gesicherte Transaktion in die Erfassung eines **Vermögenswertes** (z. B. weil ein erwarteter Rohstoffkauf in Fremdwährung gegen Wechselkursrisiken gesichert wurde) oder einer Verbindlichkeit, so ist wie folgt zu differenzieren:
  - Handelt es sich um einen **finanziellen Vermögenswert** oder eine **finanzielle Verbindlichkeit**, so wird der im Eigenkapital erfasste Betrag erst dann ausgebucht, wenn der gesicherte *cash flow* (etwa durch einen Swap abgesicherte Zinszahlungen) sich in der GuV niederschlägt (IAS 39.97).
  - Handelt es sich hingegen um einen **nichtfinanziellen Vermögenswert**, so besteht ein Wahlrecht. Der im Eigenkapital erfasste Betrag kann im Zeitpunkt des Zugangs des gesicherten Gegenstands ausgebucht und als Anpassung der Anschaffungskosten erfasst werden (IAS 39.98b; sog. *basis adjustment*) oder er kann zunächst fortgeführt und erst dann erfolgswirksam dem Eigenkapital entnommen werden, wenn das gesicherte Grundgeschäft selbst erfolgswirksam wird (IAS 39.98a). Im Falle der Absicherung eines erwarteten Kaufs einer Maschine würde die erste Alternative zu einer Anpassung der Anschaffungskosten (und damit der Abschreibungsbemessungsgrundlage) führen, die zweite zu einer Auflösung der Eigenkapitalposition parallel zu den Abschreibungen.

Das nachfolgende Beispiel ist eine Abwandlung des exemplarischen Falls einer 54 *fair-value-hedge*-Beziehung (Rz 51) und zeigt die buchmäßige Behandlung des *cash flow hedge* im Falle der Absicherung eines erwarteten Kaufs (anstelle einer festen Bestellung) von Rohstoffen in Fremdwährung.

> **Beispiel (Abwandlung zu Rz 51)**[11]
> Am 30.9.03 geht Unternehmen A mit einer hohen Wahrscheinlichkeit von einem Kauf von Rohstoffen in den USA für 50 Mio. USD am 31.1.04 aus. Ein Kaufvertrag wurde noch nicht abgeschlossen (erwartete Transaktion). Zur Absicherung des Währungsrisikos aus dem erwarteten Rohstofferwerb kauft A am 30.9.03 50 Mio. USD auf Termin per 31.1.04 zum Kurs von 1,16 USD/EUR (= 43,1 Mio. EUR). Der erwartete Kaufpreis für die Rohstoffe ist damit bei 43,1 Mio. EUR festgeschrieben.
> Der Wechselkurs beträgt am 31.12.03 1,26 USD/EUR und am 31.1.04 1,24 USD/EUR. Am 31.1.04 werden die Rohstoffe wie erwartet gekauft, geliefert und bezahlt. Aufgrund der Aufwertung des Euro ist der Kaufpreis der Rohstoffe in Euro gesunken (= 40,3 Mio. EUR) und die Differenz muss in das Termingeschäft gezahlt werden (= 43,1 ./. 40,3 = 2,8 Mio. EUR). Das

---

[11] In dem Beispiel wird (vereinfachend) davon ausgegangen, dass der Terminkurs stets dem Kassakurs entspricht.

Unternehmen bucht – wiederum unter Vernachlässigung von latenten Steuerwirkungen – wie folgt:			
Datum	**Konto**	**Soll**	**Haben**
30.9.03:	–		
31.12.03:	EK	3,4 Mio.	
	Derivat		3,4 Mio.
31.1.04:	Derivat	0,6 Mio.	
	EK		0,6 Mio.
	Derivat	2,8 Mio.	
	Geld		2,8 Mio.
	Rohstoffe	40,3 Mio.	
	Geld		40,3 Mio.
	Rohstoffe	2,8 Mio.	
	EK		2,8 Mio.

Erläuterung
Zum 30.9.03 wird das Devisentermingeschäft (DTG) buchungstechnisch erfasst, weist aber einen *fair value* von null aus. Die erwartete Transaktion bleibt bilanziell unberücksichtigt. Zum 31.12.03 wird der (durch die Abwertung des USD verursachte) negative *fair value* des DTG zu Lasten des Eigenkapitals bilanziert (es wird ein perfekter *hedge* und daher keine in der GuV zu erfassende Ineffektivität unterstellt). Die erwartete Transaktion bleibt weiterhin unberücksichtigt. Bis zum 31.1.04 hat sich der Wert des USD wieder leicht erholt. Der negative *fair value* des DTG reduziert sich um 0,6 Mio. EUR zugunsten des Eigenkapitals auf -2,8 Mio. EUR, die dann von A an die Bank zu zahlen sind.
Die Rohstoffe werden zu 50 Mio. USD gekauft und mit dem aktuellen Kurs zu 40,3 Mio. EUR aktiviert. Der im Eigenkapital „geparkte" Betrag von -2,8 Mio. EUR wird zur Anpassung der Anschaffungskosten der Rohstoffe ausgebucht *(basis adjustment)*. Die Rohstoffe werden somit insgesamt zu dem am 30.9.03 gesicherten Kurs von 43,1 Mio. EUR eingebucht.

Alternative Behandlung (ohne *basis adjustment*)
Das Unternehmen kann auf die Anpassung der Anschaffungskosten *(basis adjustment)* verzichten, die Eigenkapitalposition zunächst fortführen und erst dann erfolgswirksam auflösen, wenn das Grundgeschäft erfolgswirksam wird, es also zum Verbrauch der Rohstoffe kommt (IAS 39.98a).

55 Aus bilanzpraktischer Sicht stellt das *basis adjustment* (Rz 52) für die Beendigung einer *cash-flow-hedge*-Beziehung, bei der künftige (Aus-)Zahlungen für ein nichtfinanzielles Grundgeschäft gesichert werden, die einfachere Alternative dar. Jedenfalls bei der wiederholten Anschaffung von langlebigen Anlagegütern in Fremdwährung ist sie eindeutig zu bevorzugen, da andernfalls viele Eigenkapitalpositionen über Jahre (nämlich die jeweilige Nutzungsdauer) nachgehalten werden müssen.

5 Formale Voraussetzungen des *hedge accounting*: Dokumentation und Effektivitätsnachweis

5.1 Überblick

Ob ein Unternehmen die (wahlweise zur Verfügung stehenden) Regelungen des *hedge accounting* anwenden darf, kann angesichts der Bedeutung des *hedge accounting* für die Volatilität der Unternehmensergebnisse nicht ins Belieben des Bilanzierenden gestellt werden. **Objektive** Anwendungsvoraussetzungen sind für die Vornahme des *hedge accounting* erforderlich. Nach IAS 39.98 müssen folgende Voraussetzungen sämtlich erfüllt sein:

- Formale **Dokumentation** des Sicherungszusammenhangs sowie der damit verfolgten Zielsetzung zu Beginn der Sicherung (IAS 39.88a).
- Hohe **Effektivität** des Sicherungszusammenhangs und verlässliche Messung der Effektivität (IAS 39.88b und d).
- Im Falle der Absicherung von künftig erwarteten Transaktionen (als *cash flow hedges*) muss eine **hohe Wahrscheinlichkeit** für den tatsächlichen Eintritt dieser Transaktionen bestehen (IAS 39.88c).

Diese Voraussetzungen müssen bei Begründung der Sicherungsbeziehung kumulativ vorliegen, sonst darf das *hedge accounting* nicht begonnen werden. Wird eine der Voraussetzungen während des Bestehens der Sicherungsbeziehung nicht mehr erfüllt, so ist die Anwendung des *hedge accounting* zu beenden. Letzteres ist insbesondere der Fall, wenn

- sich die Sicherungsbeziehung **retrospektiv** als nicht hinreichend effizient erwiesen hat;
- für die Sicherungsbeziehung **zukünftig** nicht mehr von einer hohen Effizienz ausgegangen werden kann;
- eine abgesicherte Transaktion nicht mehr oder nicht mehr mit hoher Wahrscheinlichkeit **erwartet** wird (z.B. weil Umsatzerwartungen deutlich reduziert werden müssen oder die Wahrscheinlichkeit für die Berücksichtigung in einer Ausschreibung im Ausland gesunken ist).

5.2 Dokumentationserfordernisse

Die **Dokumentation** eines Sicherungszusammenhangs ist ausnahmslos zu Beginn der Sicherungsbeziehung vorzunehmen und kann nicht nachgeholt werden (z.B. im Zuge der Erstellung des Abschlusses, in dem für die Sicherungsbeziehung erstmals *hedge accounting* angewandt werden soll, oder infolge der Feststellung des Abschlussprüfers). Sie muss die folgenden Bestandteile aufweisen:

- eindeutige Designierung des Grund- und des Sicherungsgeschäfts (also der Sicherungsbeziehung),
- mit der Absicherung verfolgte Ziele und Strategien,
- Art des abgesicherten Risikos und
- Methoden zur Messung der Effektivität der Sicherungsbeziehung.

Wenn die Sicherungsstrategie eine Anschlusssicherung (*roll-over*-Strategie oder Prolongation) vorsieht, ist diese ebenfalls in die formale Dokumentation, die den Ausgangspunkt der Sicherungsbeziehung markiert, aufzunehmen.

58 Die Identifizierung des **Grundgeschäfts** bezieht sich auf den abgesicherten bilanzierten Vermögenswert bzw. die (Finanz-)Verbindlichkeit, das schwebende Geschäft oder die erwartete künftige Transaktion (Rz 23 ff.). Im Falle eines Vermögenswerts, einer Verbindlichkeit oder eines schwebenden Geschäfts kann die Identifizierung vergleichsweise einfach (z. b. über eine Geschäftsnummer) erfolgen, weil hierzu ein vertraglich festgelegtes Geschäft vorliegt. Die Dokumentation sollte darüber hinaus eine inhaltliche Kennzeichnung des Grundgeschäfts vornehmen. Im Falle der Absicherung einer künftig erwarteten Transaktion ist der Umfang der erforderlichen Dokumentationsarbeiten regelmäßig größer. Die Dokumentation bezieht sich dabei insbesondere auf:
- Art und Gegenstand der erwarteten Transaktion, die erwartete Menge bzw. den Währungsbetrag sowie den Zeitpunkt bzw. -raum des Eintritts der erwarteten Transaktion und die
- Eintrittswahrscheinlichkeit der erwarteten Transaktion mit entsprechenden Nachweisen (Rz 24).

59 Auch die **Identifizierung** des **Sicherungsgeschäfts** kann vergleichsweise einfach (z. B. über eine Geschäftsnummer) erfolgen und sollte um eine Kennzeichnung des Geschäfts ergänzt werden.

Die Aufnahme eines nur (prozentualen) **Anteils** eines Grund- und/oder Sicherungsgeschäfts in die Sicherungsbeziehung (Rz 17 f.) ist entsprechend zu dokumentieren. Gleiches gilt für die Sicherung nur eines Teils der Restlaufzeit eines Grundgeschäfts (Rz 19) oder wenn mehrere Grundgeschäfte Bestandteil einer Sicherungsbeziehung sind (Rz 26).

60 Aufbauend auf der dokumentierten Sicherungsbeziehung ist die **Art** des gesicherten Risikos zu beschreiben. Hierzu ist darzulegen, welches aus dem Grundgeschäft resultierende Risiko Gegenstand der Absicherung ist. Hierzu gehört, ob es sich um
- ein Zins-, Wechselkurs-, Aktien-, Kredit- oder ein nichtfinanzielles Preisrisiko (z. B. Ölpreis) handelt. Damit wird für Grundgeschäfte mit mehreren Risiken geklärt, welches der Risiken Gegenstand der Absicherung ist. So kann z. B. ein erwarteter Kauf von Öl in Fremdwährung allein gegen das Preisrisiko für Öl abgesichert werden oder sich die Absicherung eines Wertpapiers in Fremdwährung allein auf das Wechselkursrisiko beziehen;
- ein *fair-value*-Risiko (also das Risiko einer Änderung des Werts des Grundgeschäfts) oder ein *cash-flow*-Risiko (also das Risiko der Änderung künftiger *cash flows*) handelt. So stellt z. B. das Ölpreisrisiko aus dem erwarteten Kauf von Öl in Fremdwährung ein *cash-flow*-Risiko, umgekehrt das Wechselkursrisiko aus einem Wertpapier in Fremdwährung ein *fair-value*-Risiko dar.

61 Auf dieser Grundlage ist die mit der Absicherung verfolgte **Strategie** des **Risikomanagements** zu beschreiben. Dabei ist zu erläutern, in welcher Weise das in der Sicherungsbeziehung gekennzeichnete Sicherungsgeschäft das vorab darzustellende Risiko aus dem Grundgeschäft absichert. Dabei wird auch dargelegt, um welche Form des *hedge accounting* es sich bei der Absicherungsstrategie handelt: *fair value hedge, cash flow hedge* oder *hedge of a net investment*. Weiterhin ist hier festzulegen, ob der gesamte Wert des Sicherungsderivats zur Absicherung designiert oder ein Teil (insbesondere der Zeitwert einer Option oder die Zinskomponente eines Termingeschäfts) ausgeklammert wird (Rz 18).

Schließlich ist darzulegen, mit welcher **Methode** das Unternehmen die **Effektivität** messen möchte (Rz 72). Die Messmethode muss bereits zu Beginn des Sicherungszusammenhangs festgelegt und dokumentiert werden. So kann z.B. die Frage, ob die Messung auf der Basis der *fair-value*-Änderungen der Periode oder der kumulierten seit Sicherungsbeginn erfolgt (Rz 73), nicht erst im Zeitpunkt der Messung beantwortet werden. 62

Die genaue Ausgestaltung der Dokumentation ist dem Unternehmen überlassen. IAS 39 macht hierzu keine Vorgaben. Letztlich wird die Ausgestaltung von dem Umfang und der Art der Sicherungsbeziehungen abhängen. Mit zunehmender Anzahl an gleichartigen *hedges* lässt sich die Dokumentation dabei vermehrt standardisieren und in der EDV unterlegen. Bei nur vereinzelten Abschlüssen von Sicherungsgeschäften wird die Dokumentation stark individuell auf den einzelnen *hedge* zugeschnitten sein. Folgendes Beispiel beschreibt die Dokumentation bei einer Absicherung einer variabel verzinslichen Darlehensverbindlichkeit gegen das Zinsrisiko: 63

> **Beispiel**
> U nimmt am 1.7.01 ein variabel verzinsliches Darlehen über 10 Mio. EUR mit Fälligkeit zum 30.6.03 auf, für das er den 6-Monats-EURIBOR zahlt. Da U mit einer Erhöhung der EUR-Zinsen und dadurch mit einem Anstieg der Zinskosten aus dem Darlehen rechnet, schließt er mit seiner Bank gleichzeitig einen marktgerechten *payer*-Zinsswap über nominal 10 Mio. EUR mit Laufzeit ebenfalls bis zum 30.6.03 ab, aus dem er einen Festzinssatz von 3 % zahlt und den 6-Monats-EURIBOR erhält. Bei Abschluss der Geschäfte beträgt der 6-Monats-EURIBOR 3 %; die nächste Zinsanpassung erfolgt am 1.1.02. Die Dokumentation könnte wie folgt aussehen:
> „*Hedge* Nr. x/01, Datum 1.7.01
> a) **Grundgeschäft:** Künftige variable Zins-*cash-flows* des variabel zum 6-Monats-EURIBOR (anfänglich 3 %) verzinslichen Darlehens über 10 Mio. EUR für die gesamte Laufzeit vom 1.7.01 bis 30.6.03. Das gesicherte Risiko ist der 6-Monats-EURIBOR-Zins.
> b) **Sicherungsinstrument:** *Payer*-Zinsswap (Referenznummer 0277–01) über 10 Mio. EUR mit einer Laufzeit vom 1.7.01 bis 30.6.03, aus dem U den festen Zins von 3 % zahlt und den 6-Monats-EURIBOR (anfänglich 3 %) erhält.
> c) **Risikomanagementstrategie:** Absicherung gegen das Risiko einer Veränderung der variablen künftigen Zinszahlungen aus dem Darlehen. Nach Absicherung durch den Zinsswap ergibt sich aus dem Darlehen (synthetisch) ein fester Zinssatz von 3 %.
> d) **Prospektive Effektivität:** Beurteilung auf qualitativer Basis (*critical term match*) zum Vertragsschluss und zum Bilanzstichtag, da die wesentlichen Ausstattungsmerkmale (Nominale, Laufzeit, Referenzzins, Zinsanpassungstermine) des Darlehens und des Zinsswaps identisch sind.
> e) **Retrospektive Effektivität:** Messung nach der *dollar-offset*-Methode, in der Form der *hypothetical-derivative*-Methode. Dabei wird zum Bilanz-

> stichtag getestet, ob die kumulierte Änderung des *fair value* des Zinsswaps im Verhältnis zu der kumulierten Änderung des *fair value* eines hypothetischen Derivats (das stellvertretend für das gesicherte Grundgeschäft verwendet wird und alle wesentlichen Ausstattungsmerkmale des Grundgeschäfts aufweist) in einer Bandbreite von 80 % – 125 % liegt (vgl. zur retrospektiven Effektivitätsmessung mit der *hypothetical-derivative*-Methode Rz 76).
> Erstellt von: XX, geprüft von: NN"

5.3 Notwendiger Nachweis der Effektivität

5.3.1 Allgemeine Anforderungen

64 Effektivität bezeichnet allgemein die **Güte** der Sicherungsbeziehung und ist in Abhängigkeit von der Art der Sicherungsbeziehung wie folgt definiert (IAS 39.9):
- *fair value hedge:* Grad, zu dem die *fair-value*-Änderungen des gesicherten Grundgeschäfts, soweit sie aus dem gesicherten Risiko resultieren, durch *fair-value*-Änderungen des Sicherungsinstruments ausgeglichen werden.
- *cash flow hedge:* Grad, zu dem die *cash-flow*-Änderungen der gesicherten Transaktion, soweit sie aus dem gesicherten Risiko resultieren, durch *cash-flow*-Änderungen aus dem Sicherungsinstrument ausgeglichen werden.

65 Der **Nachweis** der Effektivität ist die zentrale Voraussetzung für die Anwendung des *hedge accounting* und muss in zweierlei Weise erbracht werden:
- **Prospektive** Effektivität: Auf die Zukunft gerichtet muss für die gesamte (verbleibende) Laufzeit der Sicherungsbeziehung eine hohe Effektivität erwartet werden (IAS 39.88b/AG105a).
- **Retrospektive** Effektivität: Auf die Vergangenheit gerichtet muss sich die Sicherungsbeziehung als hocheffektiv erwiesen haben (IAS 39.88e/AG105b).

Deshalb muss im Zeitpunkt der Begründung der Sicherungsbeziehung der erste (prospektive) Effektivitätstest durchgeführt werden. Nur bei Bestehen dieses Tests darf das *hedge accounting* begonnen werden. Während der Laufzeit der Sicherungsbeziehung sind jeweils ein prospektiver und ein retrospektiver Effektivitätstest durchzuführen. Wenn einer der beiden Tests nicht bestanden wird, ist das *hedge accounting* zu beenden.

66 Eine Sicherungsbeziehung gilt als **hoch effektiv** *(highly effective)*, wenn die Effektivität innerhalb der Spanne von **80 % – 125 %** liegt. Danach wäre z. B. ein *fair value hedge* mit einer *fair-value*-Änderung für das Grundgeschäft von -50 und für das Sicherungsgeschäft von +55 effektiv, da die Effektivität bei 110 % (= 55/50) bzw. 91 % (= 50/55) liegt. Bei einer *fair-value*-Änderung des Sicherungsgeschäfts von +62 wäre die Sicherungsbeziehung mit einer Effektivität von 126 % (= 63/50) bzw. 79 % (= 50/63) hingegen nicht hinreichend effektiv. Obwohl die vorgenannte Effektivitätsspanne in IAS 39 ausdrücklich nur für die retrospektive Effektivitätsmessung geregelt ist (IAS 39.AG105), wird allgemein von der Gültigkeit auch für den prospektiven Test ausgegangen.

67 Eine bestimmte Methode zur Effektivitätsmessung wird in IAS 39 nicht vorgeschrieben. Allerdings richtet sich die gewählte Methode nach der dokumentierten Risikomanagementstrategie (Rz 57) für die Sicherungsbeziehung. So wird die Effektivitätsmessung z. B. für den Fall, dass **einzelne** Komponenten des

Sicherungsderivats nicht designiert wurden (Rz 17), allein auf der Grundlage der **verbleibenden** Bestandteile des Derivats vorgenommen. Daher wird die Effektivität bei
- einer Option, für die die Zeitwertkomponente aus der Designation ausgeklammert wurde, auf Grundlage des inneren Werts, bzw.
- einem Termingeschäft, für das die Zinskomponente ausgeklammert wurde, auf Grundlage der Kassakomponente vorgenommen.

Durch die Ausklammerung der Zeitwertkomponente bzw. Zinskomponente lässt sich regelmäßig die Effektivität der Sicherungsbeziehung verbessern. Die ausgeklammerte Komponente ist unmittelbar in der GuV zu erfassen.

Eine einmal gewählte Methode zur Effektivitätsmessung ist (von begründeten Ausnahmen abgesehen) über die Laufzeit beizubehalten und konsistent für vergleichbare Geschäfte anzuwenden (IAS 39.AG107, IG.F.4.4). Es gilt somit eine Verpflichtung auf eine Berücksichtigung des allgemeinen Stetigkeitsgebots (→ § 24 Rz 8 ff.). Unter Berücksichtigung des Stetigkeitsgebots (IAS 8.13) ist es allerdings möglich, für unterschiedliche Sicherungszusammenhänge verschiedene Methoden zum Nachweis der Effektivität anzuwenden (IAS 39.AG107).

5.3.2 Der prospektive Nachweis

Für die **prospektive** Effektivitätsmessung sieht IAS 39 eine aus praktischer Sicht wesentliche Erleichterung in Form des sog. *critical term match* vor. Danach kann auf eine quantitative Berechnung der prospektiven Effektivität verzichtet werden, wenn die wesentlichen Ausgestaltungsmerkmale des Grund- und des Sicherungsgeschäfts (also insbesondere Betrag, Laufzeit, Zinstermine usw.) identisch sind. Im Falle solcher perfekten Sicherungsbeziehungen kann eine hohe Effektivität unterstellt werden (IAS 39.AG108). Dies gilt unabhängig davon, welche Form des *hedge accounting* vorliegt *(fair value hedge, cash flow hedge* oder *hedge of a net investment).* Hierzu die folgenden Beispiele:
- Absicherung des **Zins**risikos einer variabel verzinslichen Verbindlichkeit mit einem marktgerecht abgeschlossenen Zinsswap (= *cash flow hedge),* wenn die Nominalbeträge, Laufzeiten, Zinsanpassungstermine, Termine für Zins- und Tilgungszahlungen sowie der Referenzzins für die Bemessung der Zinszahlungen (z.B. EURIBOR) für die Verbindlichkeit und den Zinsswap identisch sind.
- Absicherung des **Wechsel**kursrisikos aus erwarteten Verkaufserlösen in Fremdwährung mit einem marktgerecht abgeschlossenen Devisentermingeschäft (= *cash flow hedge),* sofern die Währung, das Volumen und die Laufzeit der Geschäfte identisch sind.
- Absicherung eines **festverzinslichen** Wertpapiers mit einem marktgerecht abgeschlossenen Termingeschäft auf das gleiche Wertpapier (= *fair value hedge),* falls die Nominalbeträge, Laufzeiten und Währungen des Wertpapiers und des Termingeschäfts identisch sind.

Ein *critical term match* muss, solange sich die Ausstattungsmerkmale der Geschäfte nicht verändern, nur zu Beginn der Sicherungsbeziehung durchgeführt werden. Eine perfekte Sicherungsbeziehung kann allerdings auch ein Hinweis auf eine Pflicht zur Synthetisierung von Grund- und Sicherungsgeschäft erfordern

(→ § 28 Rz 41 ff.), die eine getrennte Bilanzierung und damit auch die Anwendung der Vorgaben zum *hedge accounting* ausschließt.

70 Liegen die Bedingungen für die Anwendung des *critical term match* hingegen nicht vor, ist die prospektive Effektivität rechnerisch zu ermitteln. Hierzu nennt IAS 39.AG105a beispielhaft zwei Methoden:
- **Historische *dollar-offset*-Methode:** Dabei werden *fair-value-* bzw. *cash-flow*-Änderungen des Grund- und Sicherungsgeschäfts aus der Vergangenheit verglichen und die Einhaltung der Effektivitätsspanne von 80 % – 125 % geprüft. Methodisch entspricht dies der auch im Rahmen der retrospektiven Effektivitätsmessung verwendeten *dollar-offset*-Methode (Rz 73), mit dem Unterschied, dass beim prospektiven Test auf Wertänderungen zurückgegriffen wird, die vor Bestehen der Sicherungsbeziehung entstanden sind.
- **Statistische Verfahren:** Dabei werden ebenfalls historische *fair-value-* bzw. *cash-flow*-Änderungen des Grund- und Sicherungsgeschäfts in der Vergangenheit herangezogen. Dazu bedarf es allerdings der Heranziehung umfangreichen historischen Datenmaterials, um daraus die Effektivität z. B. mithilfe einer Regressionsanalyse nachzuweisen (Rz 80 ff.).

Daneben kann die prospektive Effektivität auch mittels **Sensitivitätsanalysen** nachgewiesen werden. Anders als bei den vorgenannten – auf historischen Daten basierenden – Methoden wird bei der Sensitivitätsmethode eine fiktive Änderung eines Risikofaktors unterstellt und ermittelt, welche *fair-value-* bzw. *cash-flow-*Änderungen sich für das Grund- und Sicherungsgeschäft ergeben. So wird bspw. im Falle der Absicherung von Zinsrisiken eine Änderung der Zinskurve (z. B. um 100 Basispunkte) und im Falle der Absicherung von Wechselkursrisiken eine fiktive Änderung der Wechselkurse (z. B. um 20 %) unterstellt.[12]

5.3.3 Der retrospektive Nachweis

5.3.3.1 Freie, aber stetig auszuübende Methodenwahl

71 Für die **retrospektive** Effektivitätsmessung sieht IAS 39 – anders als für den prospektiven Effektivitätstest – kein *critical term match* für perfekte Sicherungsbeziehungen vor (IAS 39.BC134). Hier besteht ein Unterschied zu den Regelungen der US-GAAP, die mit der sog. *short-cut-*Methode den Verzicht auf einen rechnerischen Test auch für den retrospektiven Effektivitätsnachweis zulassen. Begründet wird die Unzulässigkeit der *short-cut-*Methode insbesondere mit den potenziellen Auswirkungen einer Verschlechterung des Ausfallrisikos des Vertragspartners des Sicherungsderivats und den damit einhergehenden negativen Auswirkungen auf die Effektivität der Sicherungsbeziehung (IAS 39.AG109, F.4.7, F.5.2.). Eine rechnerische Messung der retrospektiven Effektivität ist daher verpflichtend.

72 Für die gebotene quantitative Messung der retrospektiven Effektivität lassen sich mehrere (sowohl mathematische als auch statistische) Methoden unterscheiden (IAS 39.IG.F.5.5). Es wird aber keine bestimmte Methode vorgeschrieben (IAS 39.IG.F.4.4). Zum Nachweis der geforderten retrospektiven Effektivität

---

[12] Zu den Vor- und Nachteilen der Methoden sowie zu Methodenvarianten vgl. CORTEZ/SCHÖN, IRZ 2010, S. 171 ff.

lassen sich drei Methoden mit unterschiedlichen Vor- und Nachteilen unterscheiden:
- Die *dollar-offset*-Methode vergleicht die Wertänderungen des zu sichernden Grundgeschäfts mit den Wertänderungen des Sicherungsinstruments innerhalb eines bestimmten Zeitraums, wobei die Effektivität bei einer Verhältniszahl innerhalb der Bandbreite 80 % – 125 % als Verhältniszahl gegeben ist.
- Im Rahmen der **Varianz-Reduktionsmethode** wird durch eine Gegenüberstellung der *fair-value*-Schwankungen des isolierten Grundgeschäfts und der gesamten Sicherungsbeziehung untersucht, ob die Sicherungsbeziehung insgesamt zu einer Verringerung der *fair-value*-Schwankungen führt. Die Effektivität wird über die Varianz der Schwankung ausgedrückt.
- Die **Regressionsanalyse** ermöglicht eine Aussage über das Verhältnis einer abhängigen (der Regressand) und einer bzw. mehrerer unabhängigen Variablen (die Regressoren) bei Vorliegen einer metrisch skalierten Grundgesamtheit von Daten.[13] Die Effektivität ergibt sich über die Erklärung der *fair-value*-Änderung des Sicherungsgeschäfts durch die Änderung des *hedge fair value* des Grundgeschäfts.

Zusammenfassend lassen sich bzgl. der einzelnen Methoden folgende Vor- und Nachteile festhalten:

	*dollar-Offset-*Methode	Varianz-Reduktionsmethode	Regressionsanalyse
Vorteil	Einfache Berechnung, gute Verständlichkeit	Effektivität kann auch bei Ausreißern und der Verwendung kleiner Zahlen nachgewiesen werden	
Nachteil	Bei kleinen Änderungen misslingt der Nachweis der Effektivität	Notwendige und komplexe Ermittlung, die überdies wenig anschaulich ist	Verlässliche Messung verlangt Vorhandensein mehrerer Datenpunkte

Abb. 2: Vor- und Nachteile der Methoden zum Effektivitätsnachweis

Für den Nachweis der retrospektiven Effektivität kommen insbesondere die *dollar-offset*-Methode und die Regressionsanalyse zur Anwendung.

5.3.3.2 Anwendung der *dollar-offset*-Methode

Die *dollar-offset*-Methode leitet sich unmittelbar aus der Definition der Effektivität nach IAS 39.9 ab und ist die einfachste rechnerische Methode zur Effektivitätsmessung. Danach wird die Effektivität wie folgt bestimmt:
- Bei *fair value hedges* als das Verhältnis der *fair-value*-Änderungen des Grundgeschäfts zu den *fair-value*-Änderungen des Sicherungsgeschäfts.
- Bei *cash flow hedges* als das Verhältnis der *fair-value*-Änderungen der künftig erwarteten *cash flows* der gesicherten Transaktion zu den *fair-value*-Änderungen des Sicherungsgeschäfts.

---

[13] Ausführlich: Backhaus/Erichson/Plinke/Weiber, Multivariate Analysemethoden, 9. Aufl., Berlin 2000, Kapitel 1, S. 1 ff..

Der Effektivitätstest kann dabei auf **kumulierter Basis** vorgenommen werden, indem alle *fair-value*-Änderungen seit Beginn des Sicherungszusammenhangs in der Messung berücksichtigt werden. Auch eine **periodenbezogene** Durchführung kommt in Betracht, indem nur *fair-value*-Änderungen in der abgelaufenen Periode berücksichtigt werden (IAS 39.IG.F.4.2.). Regelmäßig führt die kumulierte Messung allerdings zu besseren Ergebnissen. So ist die Fortführung des *hedge accounting* auch dann möglich, wenn der *hedge* für die abgelaufene Periode aufgrund eines Ausreißers ineffektiv war, bei kumulierter Betrachtung allerdings weiterhin als effektiv gilt.

> **Beispiel**
> A begründet am 1.1. eines Jahres eine Sicherungsbeziehung, die am 31.12. des Jahres endet. Die Effektivität wird zu jedem Quartalsende gemessen. Dabei ergeben sich für das Grund- und das Sicherungsgeschäft die folgenden periodenbezogenen bzw. kumulierten *fair-value*-Änderungen, die zur Effektivitätsmessung mittels der *dollar-offset*-Methode verwendet werden.
>
> | Periodenbezogen | 31.3. | 30.6. | 30.9. |
> |---|---|---|---|
> | - Grundgeschäft | 100 | 50 | -70 |
> | - Sicherungsgeschäft | -90 | -65 | 70 |
> | - Effektivität *dollar-offset* | 111 % | 77 % | 100 % |
> | Kumuliert | 31.3. | 30.6. | 30.9. |
> | - Grundgeschäft | 100 | 150 | 80 |
> | - Sicherungsgeschäft | -90 | -155 | -85 |
> | - Effektivität *dollar-offset* | 111 % | 96 % | 94 % |
>
> Bei einer periodenbezogenen Betrachtung muss das *hedge accounting* am 30.6. beendet werden (77 % Effektivität). Bei kumulierter Betrachtung kann das *hedge accounting* hingegen weitergeführt werden (96 % Effektivität).

74 Die *dollar-offset*-Methode ist für *fair value hedges* uneingeschränkt anwendbar. Schwierigkeiten können sich hingegen im Falle bestimmter *cash flow hedges* ergeben. So wird sich im Falle der Absicherung von Zahlungsstromrisiken u. U. auch bei perfekten Sicherungsbeziehungen eine nicht hinreichende retrospektive Effektivität ergeben. Die Ursache hierfür liegt in der Logik der *dollar-offset*-Methode: Sie sieht den Vergleich der *fair-value*-Änderungen aus dem Grund- und dem Sicherungsgeschäft vor, obwohl das Ziel eines *cash flow hedge* nicht in der Absicherung von *fair-value*-Änderungen, sondern von *cash-flow*-Änderungen besteht. Bei genauerer Betrachtung des Effektivitätstests nach der *dollar-offset*-Methode ergibt sich folgendes Bild:

> **Beispiel**
> Die variablen Zinsrisiken eines Darlehens (Grundgeschäft) werden mittels eines Zinsswaps (Sicherungsgeschäft) gegen feste Zinszahlungen getauscht.

- Das Grundgeschäft weist lediglich **eine** Zahlungsstruktur auf: die künftig **variablen** Zins-*cash-flows*. Für diese ist der *fair value* zu berechnen. Die (kumulierten) Änderungen dieser *fair values* fließen in den Effektivitätstest ein.
- Der Zinsswap weist hingegen **zwei** Zahlungsstrukturen auf:
  - die künftigen **variablen** Zins-*cash-flows* (der sog. *floating leg*) des Zinsswaps, der die variablen Zins-*cash-flows* des Grundgeschäfts kompensiert und
  - die **fixen** Zins-*cash-flows* (der sog. *fixed leg*) des Zinsswaps.

Für **beide** Zahlungsstrukturen ist der *fair value* zu berechnen. Die (kumulierten) Änderungen dieser beiden *fair values* fließen in den Effektivitätstest ein. Bei perfekter Absicherung werden sich die *fair-value*-Effekte aus dem variablen *leg* des Zinsswaps und aus dem Grundgeschäft entsprechen. Bei ausschließlicher Einbeziehung dieser beiden Effekte in die Effektivitätsmessung ergäbe sich eine Effektivität von 100 %. Probleme ergeben sich nun daraus, dass aufseiten des Zinsswaps zusätzlich die *fair-value*-Änderung des *fixed leg* hinzukommt. Hieraus kann sich bei Anwendung der *dollar-offset*-Methode für den (ökonomisch perfekten) *cash flow hedge* zweierlei ergeben:
- Die Effektivität liegt infolge des Störeffekts des *fixed leg* außerhalb des zulässigen Bandes 80 % – 125 %. In diesem Fall darf das *cash flow hedge accounting* nicht genutzt werden; der Zinsswap ist vollständig als Handelswert erfolgswirksam zum *fair value* zu verbuchen.
- Die Effektivität liegt trotz des Störeffekts des *fixed leg* innerhalb des zulässigen Bandes 80 % – 125 %. Im Zuge der Anwendung der Bilanzierungsregeln des *cash flow hedge accounting* kann sich aber eine in der GuV zu erfassende Ineffektivität dann ergeben, wenn die kumulierten *fair-value*-Änderungen des Zinsswaps betragsmäßig größer als die kumulierten *fair-value*-Änderungen der gesicherten *cash flows* aus dem Grundgeschäft sind.

Für den Effektivitätsnachweis von *fair-value-hedge*-Beziehungen, bei denen Zinsswaps als Sicherungsinstrument für festverzinsliche Grundgeschäfte eingesetzt werden, kann – über eine Festlegung in der formalen Dokumentation – wahlweise auf einen *clean price* oder *dirty price* für die Bestimmung der Wertänderung von Grund- und Sicherungsgeschäft abgestellt werden.[14] Bei zulässiger Erfassung von Wertänderungen des Zinsswaps auf Basis des *clean price* – vorherrschende kontinentaleuropäische Buchungssystematik – sind die anteiligen Zinsen in der Effektivitätsbestimmung herauszurechnen. Eine ausschließlich auf abweichende Zinsanpassungstermine (*roll over dates*) entfallende Ineffektivität kann so für *fair-value-hedge*-Beziehungen ausgeschlossen werden.
Die Konsequenz einer Ausklammerung von Zinsabgrenzungen (Differenz zwischen *dirty price* und *clean price*) ist allerdings eine ergebniswirksame Erfassung dieser Komponente für das Sicherungsgeschäft, bei gleichzeitig nicht erfolgswirksamer Bewertung des nur in Bezug des *clean-price*-gesicherten Grund-

---

[14] Gl. A. KPMG, Insight into IFRS 2013/14, Ch. 7.7.650; PwC, Manual of Accounting – IFRS 2014, Ch. 6.8.209.

geschäfts. Im laufenden Ergebnis wird daher ein Teil der *fair-value*-Änderung des als Sicherungsinstrument eingesetzten Derivats erfasst, dem keine ausgleichende Wertbewegung des Grundgeschäfts gegenübersteht.

5.3.3.3 Rückgriff auf ein hypothetisches Derivat

76 Zur Vermeidung derartiger Effekte erlaubt IAS 39 die Durchführung der *dollar-offset*-Methode in anderer Form. Statt der oben beschriebenen sog. *change-in-fair-value*-Methode kann – ausschließlich für *cash-flow-hedge*-Beziehungen – die **hypothetical-derivative-Methode** verwendet werden (IAS 39.IG.F.5.5). Dabei wird die Berechnung der in den Effektivitätstest eingehenden *fair-value*-Änderung der gesicherten *cash flows* mithilfe eines hypothetischen Derivats ermittelt, das als Stellvertreter für die gesicherten *cash flows* fungiert. Da dieses Derivat ebenfalls einen *fixed leg* aufweist (wie das Sicherungsderivat), wird ein eventueller Störeffekt (Beispiel Rz 74 aus dem *fixed leg* des Zinsswaps) ausgeglichen. Für die Effektivitätsmessung wird der *clean fair value* des hypothetischen Derivats (also der *fair value* ohne die Zinsabgrenzung) verwendet.

77 Das **hypothetische Derivat** ist dabei so auszugestalten, dass es alle relevanten Parameter des gesicherten Grundgeschäfts (Nominale, Laufzeit, Referenzzins, Zinsanpassungstermine usw.) aufweist. Die Anwendung der *hypothetical-derivative*-Methode ist dabei nicht auf **Zinsswaps** beschränkt, sondern kommt auch für **andere Termingeschäfte** (Devisen-, Aktientermingeschäfte usw.) infrage (IAS 39.IG.F.5.6.).
Nachfolgendes Beispiel illustriert die Anwendung der *dollar-offset*-Methode in der Untervariante der hypothetischen Derivate-Methode für die Absicherung eines aufgenommenen variabel verzinslichen Darlehens mittels eines *payer*-Zinsswaps:

> **Beispiel**
> Das für die Messung der retrospektiven Effektivität erforderliche *hypothetical derivative* weist die folgenden Merkmale auf: *receiver swap* über 10 Mio. EUR mit einer Laufzeit vom 1.7.01 bis 30.6.03, aus dem (hypothetisch) ein fester Zins von 3 % empfangen und der 6-Monats-EURIBOR gezahlt wird.
> Im Weiteren werden die folgenden Zinsentwicklungen (bei flacher Zinskurve) unterstellt:
>
> | 1.7.01 | 31.12.01 | 30.6.02 | 31.12.02 | 30.6.03 |
> |---|---|---|---|---|
> | 3 % | 3,5 % | 4 % | 4,5 % | 5 % |
>
> Zahlungen für das Darlehen (ungesichert) in EUR:
>
> | 1.7.01 | 31.12.01 | 30.6.02 | 31.12.02 | 30.6.03 |
> |---|---|---|---|---|
> | – | -150.000 | -175.000 | -200.000 | -225.000 |
>
> Zahlungen aus dem *payer*-Zinsswap in EUR:
>
> | 1.7.01 | 31.12.01 | 30.6.02 | 31.12.02 | 30.6.03 |
> |---|---|---|---|---|
> | – | 0 | +25.000 | +50.000 | +75.000 |

Zahlungen für das synthetische (gesicherte) Darlehen in EUR:

1.7.01	31.12.01	30.6.02	31.12.02	30.6.03
–	-150.000	-150.000	-150.000	-150.000

Fair value payer-Zinsswap – clean price, d.h. ohne Zinsabgrenzung (vereinfacht) in EUR:

1.7.01	31.12.01	30.6.02	31.12.02	30.6.03
–	75.000	100.000	75.000	0

Fair value hypothetisches Derivat für den Effektivitätstest – clean price (vereinfacht) in EUR:

1.7.01	31.12.01	30.6.02	31.12.02	30.6.03
–	-75.000	-100.000	-75.000	0

Buchungen zum 1.7.01:
Das Darlehen wird eingebucht, der *payer*-Zinsswap (*fair value* = 0) wird in einem Nebenbuch erfasst:

Konto	Soll	Haben
Geld	10 Mio. EUR	
Derivat	0 Mio. EUR	
Verbindlichkeit		10 Mio. EUR

Buchungen zum 31.12.01:
Prospektiver Effektivitätstest gem. *critical term match*
Retrospektiver Effektivitätstest gem. *hypothetical-derivative*-Methode:
Effektivität = absolute kumulierte *fair-value*-Änderungen *payer swap* / absolute kumulierte *fair-value*-Änderungen *hypothetical receiver swap* = 75.000 EUR / 75.000 EUR = 100 %. Der *hedge* ist somit voll effektiv.
Buchung der Zinsabgrenzungen (die am Periodenende gezahlt werden) für *payer swap* und Darlehen:

Konto	Soll	Haben
Zinsaufwand aus Darlehen	0,15 Mio. EUR	
Geld		0,15 Mio. EUR
Geld	0,0 Mio. EUR	
Zinsertrag aus Derivat		0,0 Mio. EUR

Zinsaufwand gesamt = 0,15 Mio. EUR. Dies entspricht dem gesicherten Zinsniveau von 3 %.
Buchung Änderung *clean price payer swap* vollständig im Eigenkapital, da der *hedge* voll effektiv ist:

Konto	Soll	Haben
Derivat	0,75 Mio. EUR	
Eigenkapital		0,75 Mio. EUR

Buchungen zum 30.6.02:
Retrospektive Effektivität = 100.000 EUR / 100.000 EUR = 100 %. Der *hedge* ist somit voll effektiv.
Buchung der Zinsabgrenzungen (die am Periodenende gezahlt werden) für *payer swap* und Darlehen:

Konto	Soll	Haben
Zinsaufwand aus Darlehen	0,175 Mio. EUR	
Geld		0,175 Mio. EUR
Geld	0,25 Mio. EUR	
Zinsertrag aus Derivat		0,25 Mio. EUR

Zinsaufwand gesamt = 0,15 Mio. EUR. Dies entspricht dem gesicherten Zinsniveau von 3 %.
Buchung Änderung *clean price payer swap* vollständig im Eigenkapital, da der *hedge* voll effektiv ist:

Konto	Soll	Haben
Derivat	0,25 Mio. EUR	
Eigenkapital		0,25 Mio. EUR

Buchungen zum 31.12.02:
Retrospektive Effektivität = 75.000 EUR / 75.000 EUR = 100 %. Der *hedge* ist somit voll effektiv.
Buchung der Zinsabgrenzungen (die am Periodenende gezahlt werden) für *payer swap* und Darlehen:

Konto	Soll	Haben
Zinsaufwand aus Darlehen	0,2 Mio. EUR	
Geld		0,2 Mio. EUR
Geld	0,05 Mio. EUR	
Zinsertrag aus Derivat		0,05 Mio. EUR

Zinsaufwand gesamt = 0,15 Mio. EUR. Dies entspricht dem gesicherten Zinsniveau von 3 %.
Buchung Änderung *clean price payer swap* vollständig im Eigenkapital, da der *hedge* voll effektiv ist:

Konto	Soll	Haben
Eigenkapital	0,25 Mio. EUR	
Derivat		0,25 Mio. EUR

Buchungen zum 30.6.02 (Fälligkeit Darlehen und Derivat):
Retrospektive Effektivität = 0 EUR / 0 EUR = 100 %. Der *hedge* ist somit voll effektiv.
Buchung der Zinsabgrenzungen (die am Periodenende gezahlt werden) für *payer swap* und Darlehen:

Konto	Soll	Haben
Zinsaufwand aus Darlehen	0,225 Mio. EUR	
Geld		0,225 Mio. EUR
Geld	0,075 Mio. EUR	
Zinsertrag aus Derivat		0,075 Mio. EUR

Zinsaufwand gesamt = 0,15 Mio. EUR. Dies entspricht dem gesicherten Zinsniveau von 3 %.

Buchung Änderung *clean price payer swap* vollständig im Eigenkapital, da der *hedge* voll effektiv ist:

Konto	Soll	Haben
Eigenkapital	0,75 Mio. EUR	
Derivat		0,75 Mio. EUR

Die hypothetische Derivate-Methode bildet das Grundgeschäft als ein (hypothetisches) Derivat nach. Im Rahmen der *dollar-offset*-Methode werden die *fair-value*-Änderungen des Sicherungsinstruments und des hypothetischen Derivats – Letzteres als Stellvertreter für das Grundgeschäft (die erwarteten Zahlungsströme) – gegenübergestellt. Unter Beachtung der weiteren Voraussetzung für *cash flow hedge accounting* ist bei vollständiger (100 %iger) Effektivität die gesamte *fair-value*-Änderung des Sicherungsinstruments bis zum Eintritt des Grundgeschäfts über das sonstige Gesamtergebnis (*other comprehensive income*) zu erfassen.

Das hypothetische Derivat als Nachbildung des Grundgeschäfts hat im Zugangszeitpunkt zwingend einen *fair value* von null. Die aus dem Grundgeschäft erwarteten zukünftigen Zahlungsströme – bei Zinsswaps der Festzinsseite – sind mit einer im Zugangszeitpunkt einmalig festzulegenden Zinskurve (*historical forward rate*) zu diskontieren und der Kurs (bei Währungssicherung) bzw. der Preis zu bestimmen, der bei unterstelltem Abschluss eines (tatsächlichen) Derivats erzielt worden wäre.

Mit der hypothetischen Derivate-Methode geht in einigen Fällen eine Scheinquantifizierung einher, die lediglich deshalb „notwendig" wird, weil IAS 39 die qualitative Beurteilung (*critical terms match*) nur für den prospektiven, nicht aber für den retrospektiven Effektivitätstest zulässt.

Die logische Struktur der hypothetischen Derivate-Methode ist bei perfekten Sicherungsbeziehungen dann nur bei oberflächlicher Betrachtung wie folgt:

I. Das hypothetische Derivat entspricht, bezogen auf das Zahlungsstromprofil, dem Grundgeschäft.
II. Der Zusammenhang von hypothetischem Derivat und Sicherungsgeschäft ist (vollständig) effektiv.

Folgerung aus I. und II.:

III. Der Zusammenhang von Grundgeschäft und Sicherungsgeschäft ist (vollständig) effektiv.

Bei näherer Betrachtung sind die in den einzelnen Sätzen angenommenen Relationen aber zu spezifizieren. Die unter Punkt I angenommene Entsprechung von hypothetischem Derivat und Grundgeschäft ist qualitativ auf Basis von *critical terms*, die in Punkt II ermittelte Effektivität hingegen quantitativ. Aus der

Verknüpfung einer qualitativen und einer quantitativen Aussage folgt aber keine quantitative Aussage. Es gilt nach den Regeln der Aussagen- und Messlogik vielmehr: Das niedrigste Skalenniveau im Prämissenzusammenhang determiniert das Skalenniveau des Gesamtergebnisses. Insoweit ist die logische Struktur wie folgt anzupassen:

I. Das hypothetische Derivat entspricht in qualitativer Betrachtung dem Grundgeschäft.

II. Der Zusammenhang von hypothetischem Derivat und Sicherungsgeschäft ist in quantitativer Betrachtung vollständig effektiv.

Folgerung aus I. und II.:

III. Der Zusammenhang von Grundgeschäft und Sicherungsgeschäft ist in qualitativer Betrachtung vollständig effektiv.

Die hypothetische Derivate-Methode ist im Falle qualitativ perfekter Sicherungen daher gewissermaßen ein Griff in die Trickkiste. Mit erheblichem Dokumentations- und Rechenaufwand wird der Eindruck erweckt, die von den IFRS (u. E. überflüssigerweise auch für perfekte Sicherungen) geforderte quantitative Bestimmung der retrospektiven Effektivität sei erbracht.[15]

5.3.3.4 Nachweis mittels Regressionsanalyse

80 Bei der **Regressionsanalyse** wird die Effektivitätsmessung am Stichtag nicht nur anhand eines Datenpaares (*fair-value*-Änderungen aus Grund- und Sicherungsgeschäft am Stichtag) durchgeführt, sondern es werden die bisher gemessenen Datenpaare der Sicherungsbeziehung ebenfalls berücksichtigt, indem (vereinfacht ausgedrückt) eine durchschnittliche Effektivität über alle bisherigen Messungen ermittelt wird. Dies geschieht mathematisch dadurch, dass alle Datenpunkte in eine Grafik abgetragen (x-Achse: *fair-value*-Änderungen aus Grundgeschäft, y-Achse: *fair-value*-Änderungen aus Sicherungsgeschäft) werden und dann mithilfe statistischer Verfahren eine Gerade ermittelt wird, die die vorhandenen Datenpunkte am besten repräsentiert.

81 Die (Mindest-)Voraussetzung der (linearen) Einfach-Regressionsrechnung ist ein konstantes Verhältnis zwischen einer abhängigen (der *fair-value*-Änderung des Sicherungsgeschäfts) und einer unabhängigen (Änderung des *hedge fair value* des Grundgeschäfts) Variablen. Für den Nachweis einer retrospektiven Effektivität einer Sicherungsbeziehung sind, ausgehend von den beobachteten *fair-value*-Änderungen, im Wesentlichen zwei (Berechnungs-)Schritte erforderlich:
- Zunächst wird über die Bestimmung eines Korrelationskoeffizienten das Verhältnis zwischen der *fair value*-Änderung des Sicherungsgeschäfts und der Änderung des *hedge fair values* des Grundgeschäfts ermittelt.
- In einem zweiten Schritt ist über die Ermittlung des Bestimmtheitsmaßes eine Prüfung vorzunehmen, inwieweit die Regressionsfunktion als Ganzes die abhängige Variable (den Regressand) erklärt.

Weitere Berechnungen (Maße zur Prüfung der Regressionsfunktion oder des Korrelationskoeffizienten) können für den Nachweis der retrospektiven Effektivität i.d.R. vernachlässigt werden, da es sich annahmegemäß um eine lineare Einfach-Regression handelt.

---

[15] Vgl. wegen weiterer Einzelheiten dieser Kritik HOFFMANN/LÜDENBACH, NWB Kommentar Bilanzierung, 5. Aufl. 2014, § 254, Rz 77.

Ausgehend von dem Vorliegen einer Sicherungsbeziehung gilt annahmegemäß folgender linearer Zusammenhang zwischen den beobachtbaren *fair-value*-Änderungen:

$$Y = b_0 + b_1 * X$$

mit: Y: Änderung des *fair value* des Sicherungsderivats

X: Änderung des *hedge fair value* des Grundgeschäfts

b_0: konstantes Glied, welches den X-Wert für Y = 0 angibt

b_1: Steigung der Geraden, ausgedrückt durch $\Delta Y / \Delta X$

Unbekannte der Gleichung ist der Korrelationskoeffizient b_1, das Maß der Steigung der Regressionsgeraden. Da nur eine erklärende Variable herangezogen wird und somit nur ein Koeffizient zu bestimmen ist, lässt sich die Regressionsanalyse mathematisch lösen,[16] aber auch grafisch darstellen. Ausgehend von einem linearen Zusammenhang zwischen den *fair-value*-Änderungen, kann eine Gerade ermittelt werden, die eine Punkteverteilung in einem XY-Koordinatensystem erklärt. Die Gerade, die in das Koordinatensystem übertragen wird, minimiert die Summe aller quadrierten Punktabstände.

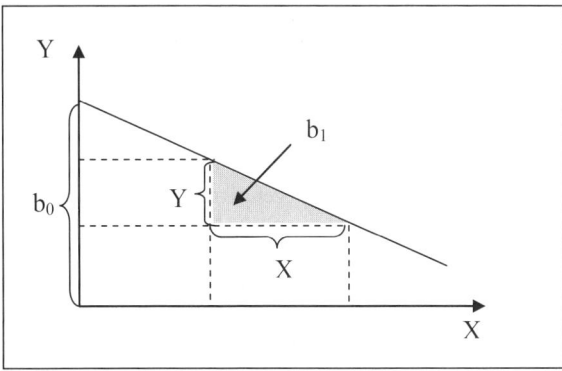

Abb. 3: **Grafische Regressionsanalyse**

Aufgrund der vergleichenden Gegenüberstellung der *fair-value* Änderungen des Sicherungs- und des Grundgeschäfts ist der Verlauf der Regressionsgeraden zwingend negativ. Bei steigendem Marktwert des Derivats sinkt der Marktwert des Grundgeschäfts (und vice versa). Folgende Ergebnisse aus der Bestimmung der Regressionsgeraden weisen auf eine retrospektive Effektivität der untersuchten Sicherungsbeziehung hin:
- Die Steigung (b_1) der Regressionsgeraden muss in einem Intervall zwischen -0,8 und -1 liegen und
- der Achsenabschnitt (b_0), welcher als nicht erklärende Restgröße anzusehen ist, muss hinreichend gering sein.

---

[16] Beispielhaft bei Anwendung von Excel über die Steigungsfunktion: Steigung(Y_Werte;X_Werte).

83 Bei Anwendung der Regressionsanalyse zum Nachweis der retrospektiven Effektivität einer Sicherungsbeziehung ist neben der Ermittlung der Steigung auch eine Beurteilung des Erklärungsgehalts der Regressionsgeraden in Bezug auf die zugrunde gelegten Werte notwendig. Das Bestimmtheitsmaß (als quadrierte Korrelation) gibt den Erklärungsgehalt der Regressionsfunktion für die Änderung des *fair value* des Sicherungsderivats an.[17] Die Güte der Regressionsgeraden drückt sich in dem Verhältnis der erklärten Streuung zu der nicht erklärten Streuung aus und kann nur Werte zwischen 0 bis 1 annehmen.

Je größer das Bestimmtheitsmaß ist, desto größer ist der Anteil der erklärten Abweichungen und desto geringer die Auswirkungen anderer Variablen, die nicht in der Regressionsfunktion berücksichtigt worden sind. Von Relevanz für den angenommenen Verwerfungsbereich der Regressionsanalyse sind insbesondere die Größe der zur Verfügung stehenden Datenmenge, der Beobachtungszeitraum, deren Skalierung und Komplexität.

84 Im Vergleich zur *dollar-offset*-Methode führt die Regressionsmethode häufig zu besseren Ergebnissen bei der Effektivitätsmessung, weil sich einzelne Ausreißer weniger auswirken. Sie kann allerdings erst angewandt werden, wenn eine hinreichende Anzahl an Messwerten vorliegt; so ist eine Mindestanzahl von 25 Werten heranzuziehen. Die Regressionsmethode ist komplexer und daher nur bei einer höheren Anzahl (komplexer) *hedges* sinnvoll anwendbar. Sofern lediglich eine überschaubare Anzahl perfekter oder annähernd perfekter Sicherungsbeziehungen abgeschlossen wird, dürfte die *dollar-offset*-Methode vollkommen ausreichend sein.

5.3.3.5 Quellen für Ineffektivität

85 Bei den Effektivitätsmessungen sind auch die infolge der Finanzmarktkrise möglicherweise gestiegenen Ausfallrisiken der Gegenpartei zu berücksichtigen (IAS 39.IG.F.4.3). Hiernach gilt:
- Ein *cash flow hedge* wird ineffektiv, wenn der Ausfall der anderen Vertragspartei des Sicherungsinstruments wahrscheinlich (*probable*) wird.
- Beim *fair value hedge* beeinflusst jede Änderung der Bonität der anderen Partei den *fair value* des Sicherungsinstruments und damit das Ergebnis der Effektivitätsmessung.

86 Aktuell sind – insbesondere seit der Finanzmarktkrise – an den Märkten wesentliche Abweichungen bei den vereinbarten Zinssätzen in Abhängigkeit vom **Tenor** (der **Zahlungsfrequenz**) zu beobachten. Auch bei der Bepreisung (somit Bewertung) von Derivaten ist neben den allgemeinen Risikokomponenten der Tenor beachtlich (→ § 8a Rz 82 ff.).[18] Als revidierte Marktkonvention sind Zahlungsströme eines Derivats mit OIS-Diskontierungskurven abzuzinsen (in 2010 war der LCH.Clearnet Ltd. das erste Clearinghouse, das OIS-Kurven für Handelsgeschäfte in ausgewählten Währungen nutzte). Für die Bewertung von Derivaten – unabhängig davon, ob diese als Sicherungsinstrument designiert wurden – ist daher auf tenorspezifische Strukturkurven abzustellen (etwa OIS-Kurven, *European OverNight Index Average*).

---

[17] Bei Ermittlung über Excel über die Funktion: Bestimmheitsmass(Y_Werte;X_Werte).
[18] Vgl. KPMG, IFRS Practice. Issues for Banks: Fair value measurement of derivatives – the basics, September 2012, S. 12.

Für *fair-value-hedge*-Beziehungen kann die Umstellung von einem *single-curve*- auf einen *multi-curve*-Ansatz Ursache für eine nur begrenzte prospektive und retrospektive Effektivität der Sicherungszusammenhänge sein. Für *cash-flow-hedge*-Beziehungen stellen sich – bei Rückgriff auf ein hypothetisches Derivat – keine Auswirkungen auf die Effektivität des Sicherungszusammenhangs ein.

Im Rahmen der *fair-value*-Bewertung von Derivaten ist dem **Kontrahentenrisiko** (Anpassung um CVA oder DVA) Rechnung zu tragen (→ § 8a Rz 85). Änderungen des Risikos eines Ausfalls (*default*) einer Kontraktpartei können eine Ineffektivität des Sicherungszusammenhangs begründen, wenn sich diese nicht gleichermaßen im *fair value* von Grund- und Sicherungsgeschäft niederschlagen. Wird für den Nachweis der Effektivität eines Sicherungszusammenhangs – einer *cash-flow-hedge*-Beziehung – auf ein hypothetisches Derivat zurückgegriffen, kann u. E. nicht auf eine Erfassung des Kontrahentenrisikos in der *fair-value*-Bewertung von Grund- und Sicherungsgeschäft verzichtet werden.[19]

6 Enstehen und Wegfall einer Sicherungsbeziehung

6.1 Beginn des Sicherungszusammenhangs

Hinsichtlich des **Zeitpunkts**, zu dem eine Sicherungsbeziehung begründet werden kann, sieht IAS 39 keine wesentlichen Begrenzungen vor. Danach sind die folgenden Konstellationen möglich:

- **Grund- und Sicherungsgeschäft** werden **gleichzeitig** begründet und von Beginn an als Sicherungsbeziehung dokumentiert (Beispiel: Eine variabel verzinsliche Verbindlichkeit wird in t_0 begründet und durch den gleichzeitigen Abschluss eines Zinsswaps gegen das *cash-flow*-Risiko abgesichert.).
- Ein Grundgeschäft wird begründet, aber **erst später** durch Abschluss eines *hedge*-Geschäfts abgesichert (Beispiel: Eine Aktie wird in t_0 erworben und erst in t_1 mit einem Aktientermingeschäft gegen Verluste gesichert.).
- Ein Derivat wird begründet, aber erst zu einem späteren Zeitpunkt als Sicherungsgeschäft für ein **neu begründetes Grundgeschäft** designiert (Beispiel: In t_0 wird ein Devisentermingeschäft abgeschlossen, aber erst in t_1 als Sicherungsgeschäft für eine zu diesem Zeitpunkt abgeschlossene Bestellung von Rohstoffen in USD designiert.).
- Ein Unternehmen verfügt in t_0 über ein Grund- und ein Sicherungsgeschäft, die **Sicherungsbeziehung** – zwecks Anwendung der Regelungen des *hedge accounting* – wird erst **später**, d. h. in t_1, begründet (retroaktive Widmung).

In allen Fällen werden die Regeln des *hedge accounting* erst ab Beginn der Dokumentation des Sicherungszusammenhangs angewandt. In dem dritten und vierten o. g. Fall wird bis zur Absicherung eingesetztes Derivat bis zu diesem Zeitpunkt als Handelswert und erst danach als Sicherungsderivat klassifiziert. Dies stellt jedoch keine unzulässige Umklassifizierung i. S. v. IAS 39.50 dar (vgl.

---

[19] Wohl a. A. (allerdings nach US-GAAP) Ernst & Young, Derivative instruments and hedging activities, Revised September 2011, S. 186, die zwischen einem „financial concept" und der Effektivitätsmessung als „accounting construct" unterscheiden und für letzteres eine Kürzung um das Kontrahentenrisiko für vertretbar halten. Unklar allerdings für IFRS: Ernst & Young, International GAAP 2014, S. 3451.

die Klarstellung in IAS 39.50A, die mit dem im Mai 2008 verabschiedeten *Annual Improvements Project* 2008 neu eingefügt wurde). Bis zu diesem Zeitpunkt eingetretene Wertänderungen sind nach den allgemeinen Regelungen zu behandeln (zu Besonderheiten für den Effektivitätsnachweis vgl. Rz 95ff.). **Unzulässig** ist eine **retrospektive Designation** eines Sicherungszusammenhangs (IAS 39.IG.F.3.8), indem bspw. ein am Beginn eines Quartals abgeschlossenes Grund- und Sicherungsgeschäft erst zum Ende des Quartals rückwirkend für die abgelaufene Periode als Sicherungszusammenhang dokumentiert wird.

6.2 Beendigung des Sicherungszusammenhangs

90 Die Anwendung der Regeln des *hedge accounting* ist unter den folgenden Bedingungen zu **beenden**:
- das **Grundgeschäft fällt weg** (Veräußerung, Abschreibung etc.) oder läuft aus;
- das **Sicherungsgeschäft fällt weg** (Veräußerung, Glattstellung etc.) oder läuft aus;
- die Sicherungsbeziehung erfüllt die **Voraussetzungen** für die Anwendung des *hedge accounting* nicht mehr (insbesondere aufgrund mangelnder Effektivität oder weil im Falle des *cash flow hedge* die Erwartung einer künftigen Transaktion nicht mehr hinreichend sicher ist);
- das **Unternehmen beendet die Designation** des Sicherungsgeschäfts und damit die Sicherungsbeziehung, obwohl das Grund- und das Sicherungsgeschäft noch bestehen („De-designation").

Für die **buchmäßige** Behandlung bei einer **Beendigung** der Sicherungsbeziehung ist zwischen *fair value hedges* (Rz 92) und *cash flow hedges* (Rz 93) zu differenzieren.

91 Keine Beendigung des *cash flow hedge* ist u. E. geboten, wenn die Sicherungsbeziehung ein Tochterunternehmen betrifft, auf Ebene des Tochterunternehmens der Eintritt der gesicherten Transaktion nach wie vor hochwahrscheinlich oder sicher ist, das Tochterunternehmen aber voraussichtlich veräußert wird und daher nach IFRS 5 (→ § 29) zu qualifizieren ist.

> **Beispiel**
> Tochterunternehmen TU hat die Risiken aus einem langfristigen, variabel verzinslichen Darlehen durch einen Zinsswap abgesichert. Zum Bilanzstichtag wird mit hoher Wahrscheinlichkeit mit einer Veräußerung des TU in den nächsten 12 Monaten gerechnet. Große Teile des abgesicherten *cash flow* werden daher nicht mehr während der Dauer der Konzernzugehörigkeit anfallen. U. E. ist die Frage der Wahrscheinlichkeit des Eintritts des gesicherten Geschäfts auf Ebene des Tochterunternehmens zu beurteilen und daher auch für Zwecke des Konzernabschlusses unverändert gegeben.

92 Wenn im Falle eines *fair value hedge*
- das Sicherungsgeschäft wegfällt oder
- die Sicherungsbeziehung die Voraussetzung für das *hedge accounting* nicht mehr erfüllt oder
- die Sicherungsbeziehung „de-designiert" wird,

werden für das Grundgeschäft keine weiteren Buchwertanpassungen mehr vorgenommen. Der bis zu diesem Zeitpunkt aufgelaufene Anpassungsbetrag wird vielmehr wie folgt behandelt:
- Im Falle eines zinstragenden Grundgeschäfts wird der Anpassungsbetrag bis zu dessen Fälligkeit amortisiert (unter Verwendung der Effektivzinsmethode, wobei der Effektivzins zum Zeitpunkt der Beendigung des *hedge accounting* neu berechnet wird). Anwendungsbereiche sind Darlehen und Verbindlichkeiten, aber auch zinstragende *available-for-sale*-Wertpapiere.
- Bei allen anderen Geschäften wird der Anpassungsbetrag nicht amortisiert, sondern verbleibt bis zur Veräußerung oder Abschreibung in der Bilanz.

Zur Amortisation folgendes Beispiel:

> **Beispiel**
> Unternehmen A hat ein in der Bewertungskategorie LaR erfasstes festverzinsliches Finanzinstrument im Rahmen eines *fair value hedge* gegen Zinsänderungsrisiken abgesichert. Der ursprüngliche Effektivzins beträgt 7 %. Nach 2 Jahren wird der Sicherungszusammenhang aufgelöst. Für das Grundgeschäft wird die Buchwertanpassung gestoppt und es wird der Normalbewertung *at amortised cost* zugeführt. Unter Berücksichtigung der aktuellen Buchwertanpassung ist ein neuer Effektivzinssatz zu bestimmen (IAS 39.AG8).

Fällt hingegen das **Grundgeschäft weg**, ist dessen Buchwert (einschließlich des Anpassungsbetrags aus dem *fair value hedge accounting*) auszubuchen.

Wenn im Falle eines *cash flow hedge* 93
- das Sicherungsderivat wegfällt,
- die Sicherungsbeziehung nicht mehr effektiv ist,
- der Eintritt des Grundgeschäfts nicht mehr zu erwarten ist oder
- die Designation der Beziehung entfällt,

werden keine weiteren Anpassungen im Eigenkapital mehr vorgenommen. Der bis zu diesem Zeitpunkt im Eigenkapital aufgelaufene Betrag wird – den allgemeinen Regeln des *cash flow hedge accounting* folgend (Rz 53) – ausgebucht, wenn die gesicherte Transaktion eintritt oder mit deren Eintritt nicht mehr zu rechnen ist (IAS 39.101). Ab dem Zeitpunkt der Beendigung der *hedge*-Beziehung wird das Sicherungsinstrument nach den allgemeinen Regeln behandelt; im Falle eines Derivats folgt daraus eine Behandlung als Handelsgeschäft *(trading)* mit einer Erfassung der *fair-value*-Änderung in der GuV (→ § 28 Rz 153). Zur Absicherung eingesetzte Derivate sind (sofern sie nicht weggefallen sind) ab dem Zeitpunkt der Beendigung des *hedge accounting* nicht mehr als Sicherungsderivat, sondern als Handelswert zu klassifizieren. Dies stellt jedoch keine unzulässige Umklassifizierung i.S.v. IAS 39.50 dar, wie der mit dem im Mai 2008 verabschiedeten *Annual Improvements Project* 2008 neu eingefügte IAS 39.50A klarstellt.

Die Übersicht in Abb. 4[20] fasst die Konsequenzen der Beendigung von *hedge*- 94 Beziehungen zusammen.

---

[20] Entnommen aus FREIBERG, PiR 2009, S. 264 ff.

Grund der Beendigung	*fair value hedge*	*cash flow hedge*
Das *hedging*-Instrument ist ausgelaufen, wurde verkauft, beendet oder ausgeübt.	Aussetzen der erfolgswirksamen *fair-value-*Bewertung des Grundgeschäfts. Buchwertanpassungen des *hedged item* unterliegen den allgemeinen Vorgaben zur Folgebewertung.	Bislang erfolgsneutrale Ergebnisse verbleiben bis zum Anfall der erwarteten Transaktion im Eigenkapital.
Effektivitätsnachweis misslingt.		
Freiwillige Beendigung (De-Designation).		
Der Eintritt des Grundgeschäfts ist nicht mehr hochwahrscheinlich, wird aber noch erwartet.	Nicht anwendbar.	
Der Eintritt des Grundgeschäfts wird nicht mehr erwartet.	Nicht anwendbar.	Realisation der bislang erfolgsneutral erfassten *fair-value-*Änderungen (*recycling*).

Abb. 4: Beendigung des *hedge accounting*

6.3 Nachträgliches Entstehen eines Sicherungszusammenhangs

6.3.1 Ineffektivität bei Rückgriff auf bestehende Derivate

95 Ein Unternehmen muss nicht mit jedem neuen Grundgeschäft, das es absichern möchte, auch ein neues Derivat als Sicherungsgeschäft kontrahieren. Werden die sonstigen, allgemeinen Kriterien für ein *hedge accounting* erfüllt, kann auch ein **bereits bestehendes Derivat** als *hedging instrument* designiert werden. Dies gilt nicht nur für bisher als *held for trading* klassifizierte Derivate, sondern ebenso für Derivate, die vormals als Sicherungsinstrumente in einer *hedge*-Beziehung designiert wurden, sich jedoch nicht mehr (etwa weil das ursprüngliche Grundgeschäft nicht mehr eintritt) für die ursprünglich vorgesehene *hedge*-Beziehung qualifizieren. Allerdings ergeben sich Rückwirkungen für den Nachweis der Effektivität des vorgesehenen Sicherungszusammenhangs, wenn das Grundgeschäft und das Sicherungsgeschäft im Designationszeitpunkt unterschiedliche Werte aufweisen, da der Formelnachweis eines perfekten Sicherungszusammenhangs über Δ *fair value hedged item* = Δ *fair value hedging instrument* nicht gelingt.

96 Ein bereits vor Begründung eines Sicherungszusammenhangs kontrahiertes oder mit einem *upfront payment* geschlossenes Derivat (unbedingtes Termingeschäft) weist bereits im **Designationszeitpunkt** einen von null abweichenden *fair value* auf. Im Verhältnis zu den (Markt-)Bedingungen im Designationszeitpunkt eines *hedge* zeichnet sich das *hedging instrument* daher durch „*off market terms*" aus. Besondere Einschränkungen für die Effektivität ergeben sich für *cash-flow-hedge*-Beziehungen, bei denen für die quantitative Analyse auf ein hypothetisches Derivat zurückgegriffen wird. Wegen des Auseinanderfallens der Bedingungen – das hypothetische Derivat weist im Designationszeitpunkt zwingend einen *fair value* von null auf – entsprechen sich der *fair value* von Sicherungsgeschäft und hypothetischem Derivat

im Designationszeitpunkt nicht, der (neue) *hedge* wird nicht in hohem Maße effektiv sein.[21] Für einen *fair value hedge* ergeben sich nicht zwangsläufig die gleichen Einschränkungen. Wenn das zur Designation vorgesehene Grundgeschäft eine gegenläufige *off-market*-Komponente aufweist, kann anders als für einen *cash flow hedge* u. U. ein effektiver Sicherungszusammenhang nachgewiesen werden.

Ein festgestellter *off-market*-Charakter des (Sicherungs-)Derivats kann (ökonomisch) als eine **eingebettete Finanzierungs-/Kreditkomponente** (*embedded loan*) beschrieben werden, die unabhängig von einer ökonomisch perfekten Sicherung eine Quelle von Ineffektivität für die bilanzielle Abbildung bereits im Designationszeitpunkt darstellen kann. Wird ein bereits kontrahiertes (unbedingtes) Termingeschäft als Sicherungsinstrument eingesetzt, ist dieses zu einem bestimmten Stichtag ökonomisch äquivalent zu der Kombination aus

- einem *zero fair value* (unbedingten) Termingeschäft, welches zu aktuellen Marktbedingungen geschlossen wird, und
- der barwertigen Summe von den über die Laufzeit noch ausstehenden Zahlungen aus der eingebetteten Finanzierungs-/Kreditkomponente, die aus der Differenz der Marktbedingungen folgen.

97

Der Grad der Ineffektivität eines designierten Sicherungszusammenhangs bestimmt sich in Abhängigkeit der Finanzierungskomponente, insbesondere der Anzahl der noch ausstehenden Zahlungszeitpunkte.

Wird im Rahmen einer Absicherung künftiger Zahlungsströme (*cash flow hedge*) auf ein bereits vor Designation des Sicherungszusammenhangs kontrahiertes (unbedingtes) Termingeschäft abgestellt, weist das SG einen von null abweichenden *fair value* auf, der eine Ineffektivität des Sicherungszusammenhangs begründet. Die Designation einer *hedge*-Beziehung ist insgesamt ausgeschlossen, wenn die retrospektive Effektivität nicht in einer Bandbreite zwischen 80 % – 125 % liegt (Rz 66).

98

> **Beispiel**[22]
> U designiert mit Abschluss der formalen Dokumentation am 6.2.20x4 einen ursprünglich seit dem 15.3.20x2 vertraglich laufenden Zinsswap (*pay fixed, receive variable*) mit einem *fair value* ungleich null als *hedging instrument* für halbjährlich fällige Termin-Zinszahlungen (*hedged item*) bis zum 15.3.20x7. Ein zum Designationszeitpunkt abgeschlossener Zinsswap würde abweichend von dem bereits kontrahierten Swap andere Konditionen für die Verpflichtungsseite (*fixed leg terms*) aufweisen. In der Gegenüberstellung ergeben sich die folgenden Konditionen:
>
> | | Bestehender Swap | Aktueller Swap |
> | --- | --- | --- |
> | Entstehungsdatum | 15.3.20x2 | 6.2.20x4 |
> | Endfälligkeit | 15.3.20x7 | 15.3.20x7 |
> | Nominalbetrag | EUR 2.000.000 | EUR 2.000.000 |
> | *Fixed leg terms* | 2,5 % halbjährlich | 1,5 % halbjährlich |
> | *Floating leg terms* | LIBOR | LIBOR |

---

21 Vgl. DELOITTE, iGAAP 2013, Volume C, S. 723f.; ERNST & YOUNG, International GAAP 2013, S. 3487; PwC, Manual of Accounting – IFRS 2014, Ch. 6.8.205; FREIBERG, PiR 2012, S. 130ff.
22 Entnommen aus FREIBERG, PiR 2012, S. 130ff.

Bei Abschluss eines Swaps zu aktuellen Konditionen hätte U nur noch feste Zinszahlungen (*fixed rate*) von 1,5 % anstatt 2,5 % halbjährlich zu leisten. Daher hat der alte *pay-fixed swap* zum ursprünglichen Entstehungsdatum (6.2.20x4) einen negativen *fair value* (Datum der Re-Designation). Anhand des fixen Zinsteils (*fixed rate leg*) des hypothetischen, perfekten Swaps kann angenommen werden, dass die erwarteten zukünftigen variablen Zahlungen (*floating rates*) – wie ursprünglich aus der *forward curve* vom 6.2.20x4 abgeleitet – niedriger sein werden. Aufgrund des Auseinanderfalls der ursprünglichen (höheren) und der nun beobachtbaren (niedrigeren) Zinskurve resultiert für den hypothetischen Swap eine niedrigere fixe Zinszahlung und entsprechend ein anderer *fair value*.

Der ursprünglich seit dem 15.3.20x2 vertraglich laufende Zinsswap lässt sich ökonomisch, aber nicht für Zwecke der bilanziellen Abbildung zerlegen in

- einen aktuellen Zinsswap, endfällig am 15.3.20x7 mit fixen halbjährlichen Zahlungsverpflichtungen von 30.000 EUR (1,5 % x 2.000.000 EUR) und variablen Zahlungen i. H. v. LIBOR x 2.000.000 EUR und
- sieben Zahlungen i. H. v. 20.000 EUR, die der fixen Zinszahlungsdifferenz ((2,5 % – 1,5 %) x 2.000.000 EUR) entsprechen.

Der negative *fair value* des Zinsswaps beträgt im Designationszeitpunkt unter Berücksichtigung der aktuellen Zinsstruktur (ohne *credit valuation adjustment*), somit zum 6.2.20x4 –133.120 EUR. Der beizulegende Zeitwert des bestehenden Zinsswaps im Designationszeitpunkt entspricht gerade dem Barwert der Finanzierungskomponente:

		in EUR
(1)	Pay 1,5 % *fixed/receive LIBOR* Zinsswap, endfällig am 15.3.20x7; halbjährliche Zahlungen	0
(2a)	Zahlung: 20.000 EUR am 15.3.20x4 (*zero-coupon-discount*-Faktor = 0,998)	-19.960
(2b)	Zahlung: 20.000 EUR am 15.9.20x4 (*zero-coupon-discount*-Faktor = 0,985)	-19.700
(2c)	Zahlung: 20.000 EUR am 15.3.20x5 (*zero-coupon-discount*-Faktor = 0,970)	-19.400
(2d)	Zahlung: 20.000 EUR am 15.9.20x5 (*zero-coupon-discount*-Faktor = 0,954)	-19.080
(2e)	Zahlung: 20.000 EUR am 15.3.20x6 (*zero-coupon-discount*-Faktor = 0,936)	-18.720
(2f)	Zahlung: 20.000 EUR am 15.9.20x6 (*zero-coupon-discount*-Faktor = 0,917)	-18.340
(2g)	Zahlung: 20.000 EUR am 15.3.20x7 (*zero-coupon-discount*-Faktor = 0,896)	-17.920
Summe		**-133.120**

> Da Komponente 1) das (perfekte) hypothetische Äquivalent eines aktuellen zu Marktkonditionen am 6.2.20x4 kontrahierten Swaps darstellt, ist jegliche Ineffektivität des Sicherungszusammenhangs der eingebetteten Finanzierungskomponente 2(a)-(g) zuzurechnen. Der negative *fair value* des bestehenden Zinsswaps lässt sich auf die sieben eingebetteten Finanzierungskomponenten (*loan payables*) zurückführen. Im Rahmen eines quantitativen Tests stellt U hinsichtlich der erwarteten Auswirkungen der sieben *loan payables* auf die *hedge*-Effektivität als Minimum eine Ineffektivität von 6.880 EUR fest. Diese resultiert im Designationszeitpunkt aus dem kumulierten Zuwachs an Zinszahlungen auf den (Bar-)Wert von Komponente 2) i.H.v. 133.120 EUR zu der Gesamtzahlung der sieben Einzelzahlungen i.H.v. je 20.000 EUR, in Summe somit 140.000 EUR.

Die Veränderung des Marktwerts des Sicherungsinstruments weist ab dem nachträglichen Designationszeitpunkt bis Laufzeitende einen **Restlaufzeiteneffekt** (*pull-to-par*-Effekt) auf, der unabhängig von zukünftigen Marktzinsbewegungen und allein durch Zeitablauf beeinflusst ist. Ein im Designationszeitpunkt festgestellter von null abweichender Ausgangswert des Sicherungsderivats wird über die (Rest-)Laufzeit unabhängig von der Zinsentwicklung des Marktes – wegen des *pull-to-par*-Effekts – auf null zurückgehen.

Durch Rückgriff auf einen Sensitivitätstest hinsichtlich der Auswirkungen von geänderten Marktbedingungen auf den *fair value* der Finanzierungs-/Kreditkomponente lässt sich beurteilen, ob die Ineffektivität möglicherweise einer Designation für die Gesamtlaufzeit entgegensteht. Der (retrospektive) Effektivitätskorridor ist hinsichtlich der *fair-value*-Differenz zu einem hypothetischen Derivat, welches keine Finanzierungskomponente aufweist, auf 80 % – 125 % begrenzt. Mit Ablauf der Laufzeit reduziert sich allerdings auch eine potenzielle Auswirkung auf den *fair value*. Mit jeder erfolgten Zahlung auf die Finanzierungskomponente wird ein Teil (*portion*) der *off-market*-Bedingungen ausgeglichen und der im Startzeitpunkt (*design*) angelegte Grund für Ineffektivität behoben.

Die nach geltendem Recht bestehenden Restriktionen für die bilanzielle Abbildung einer Sicherungsbeziehung bei Rückgriff auf ein Sicherungsinstrument mit *off-market*-Eigenschaften wird im Zusammenhang mit einer vorgenommenen Anpassung zu IAS 39, betreffend die **Novation von Derivaten**, nochmals bestätigt.[23] In den *Basis for Conclusions* rechtfertigt der IASB die Anpassung der Vorgaben zum *hedge accounting* wie folgt (IAS 39.BC220G): *„The IASB noted ... that although an entity could designate the new derivative as the hedging instrument in a new hedging relationship, this could result in more hedge ineffectiveness, especially for cash flow hedges, compared to a continuing hedging relationship. This is because the derivative that would be newly designated as the hedging instrument would be on terms that would be different from a new derivative, ie it was unlikely to be ‚at-market' (for example, a non-option derivative such as a swap or forward might have a significant fair value) at the time of the novation."*

---

[23] IASB, Amendments to IAS 39: Novation of Derivatives and Continuation of Hedge Accounting, June 2013.

6.3.2 Unzulässigkeit der Abspaltung einer *off-market*-Komponente

102 Ein von Null abweichender *fair value* eines vorgesehenen Sicherungsgeschäfts wirkt sich auf das Design der Sicherungsbeziehung aus. Bei Begründung einer *cash-flow-hedge*-Beziehung weist das als Stellvertreter des Grundgeschäfts vorgesehene hypothetische Derivat zwingend einen *fair value* von null auf. Der Wert des für Sicherungszwecke vorgesehenen Derivats im gleichen Zeitpunkt entspricht bei Rückgriff auf ein unbedingtes Termingeschäft abweichend vom Zugangszeitpunkt **nicht** (oder nur zufällig) null. Es kommt somit zwangsläufig zu einer – nicht vermeidbaren (Rz 95 ff.) – Ineffektivität des Sicherungszusammenhangs (IAS 39.AG108(b)).

103 Der von null abweichende beizulegende Zeitwert eines Derivats kann bei der Bestimmung der Effektivität des Sicherungszusammenhangs nicht ausgeklammert werden.[24] Eine Abspaltung – des beizulegenden Zeitwerts des Sicherungsderivats, der dem *pull-to-par*-Effekt entspricht (Rz 99) – für Zwecke des *hedge accounting* verstößt gegen IAS 39.74 i.V.m. IAS 39.IG.F.5.5 und steht daher nicht im Einklang mit den IFRS. Die Aufzählung in IAS 39.74 hinsichtlich der möglichen Separierung einzelner Komponenten eines *hedging instrument* ist abschließend.[25] Dies bestätigt auch das IFRIC, bezogen auf eine Anfrage aus 2007, bezogen auf die Effektivitätsmessung für einen als Sicherungsinstrument designierten Zinsswap im Rahmen eines *cash flow hedge*:[26] *„IAS 39 paragraph 74 does not allow the bifurcation of the fair value of a derivative hedging instrument for hedge designation purposes, unless the derivative hedging instrument is an option or a forward contract. The only exceptions permitted in IAS 39 paragraph 74 are separating the intrinsic value and time value of an option and separating the interest element and the spot price of a forward contract."*

104 In den begleitenden *Information for Observers* findet sich eine Konkretisierung der Anfrage an das IFRIC aus 2007.[27] Die Anfrage betraf den Nachweis eines effektiven Sicherungszusammenhangs für einen *cash flow hedge* bei Rückgriff auf einen *interest rate swap with a non-zero fair value* im Designationszeitpunkt als Sicherungsinstrument. Im Ergebnis wurde die Zulässigkeit einer Aufspaltung eines derivativen Finanzinstruments für Zwecke des *hedge accounting* abgelehnt.

- Nach IAS 39.74 und IAS 39.IG.F.5.5 scheidet eine Aufspaltung eines Derivats aus, *„IAS 39 does not permit the bifurcation of a derivative for the purpose of assessing effectiveness"*.
- Die Ausführungen in IAS 39.AG107 beziehen sich lediglich auf die Dokumentationsanforderungen einer Sicherungsbeziehung und sind keine Rechtfertigung für eine Ausklammerung des Zeitwerts des Geldes im Effektivitätsnachweis, *„IAS 39 only requires the hedge documentation to state clearly whether the time value of money is included in assessing hedge effectiveness"*.

105 Gegen die Zulässigkeit der Aufspaltung eines als Sicherungsinstruments eingesetzten Derivats – Vernachlässigung einer *off-market*-Komponente – spricht

---

[24] A. A. KPMG, Insights into IFRS 2013/2014, Ch. 7.7.670.
[25] Gl. A. DELOITTE, iGAAP 2013, Volume C, S. 724.
[26] Vgl. IFRIC, IFRIC Update March 2007.
[27] Vgl. IAS, Information for Observers, January 2007. Project: IAS 39 Financial Instruments: Recognition and Measurement – Assessing Hedge Effectiveness of an Interest Rate Swap in a Cash Flow Hedge (Agenda Paper 14(v)).

auch die Ergänzung der bestehenden Vorgaben zum *hedge accounting* für regulatorisch verpflichtende De- und Re-Designationen bei Einsatz einer *clearing*-Stelle (Rz 106). Durch das *Amendment* sollten für einen spezifischen Sachverhalt die Konsequenzen für den Effektivitätsnachweis von Sicherungsbeziehungen ausgeschlossen werden (IAS 39.BC220G). Bestünde de lege lata die Möglichkeit zur Vernachlässigung einer *off-market*-Komponente – explizit verneint durch den IASB in IAS 39.BC220G – hätte keine, zumindest aber keine so dringliche Notwendigkeit zur Ergänzung der Vorgaben zum *hedge accounting* bestanden.

6.3.3 Ausnahme für die Novation von Derivaten

Als Reaktion auf die Vorgaben der European Market Infrastructure Regulation (EMIR), nach der bei Überschreitung bestimmter Volumina kontrahierter **OTC-Derivate** ein *clearing* über eine zentrale Gegenpartei erforderlich wird, hat der IASB eine begrenzte Änderung an IAS 39 verabschiedet. Zur Vermeidung einer Ineffektivität, bezogen auf bestehende Sicherungsbeziehungen durch eine bloße Novation bestehender Termingeschäfte über eine zentrale Gegenpartei, wurde eine eng gefasste Erweiterung veröffentlicht, die verpflichtend für in 2014 beginnende Geschäftsjahre, aber freiwillig auch vorher anzuwenden ist. Eine bestehende Sicherungsbeziehung ist danach trotz formaler De- und anschließender Re-Designation des Sicherungszusammenhangs fortzuführen, wenn

106

- eine Novation eingesetzter Sicherungsinstrumente ausschließlich als Folge bestehender oder neuer gesetzlicher Anforderungen und nicht bereits in deren Erwartung stattfindet.
- durch die Novation ein Zentralkontrahent Gegenpartei für die beiden ursprünglichen Vertragsparteien wird.
- sich eine Änderung der Vertragskonditionen allein auf solche Änderungen (Besicherungsanforderungen, Aufrechnungslagen, erhobene Gebühren) beschränkt, die wegen der Übertragung auf die zentrale Gegenpartei erforderlich werden.

Die vorgesehenen Ergänzungen sind als Methodenwechsel retrospektiv anzuwenden. Bestehende Sicherungsbeziehungen können daher fortgeführt werden.

6.4 Diskrepanz zwischen Erwartung und tatsächlicher Realisation

6.4.1 Zeitliches Auseinanderfallen von Grund- und Sicherungsgeschäft

Ergeben sich während eines Sicherungszusammenhangs **geänderte Erwartungen** hinsichtlich des Eintritts einer geplanten Transaktion, sind diese hinreichender Beleg für eine fehlende Effektivität, rechtfertigen aber keinen Widerruf einer beschlossenen Designation (IAS 39.IG.F.5.4). Auf der Zeitachse sind zwei Fälle zu unterscheiden:

107

- Fällt ein Grundgeschäft **früher** als erwartet an, fehlt es an einer Sicherungsbeziehung für die Fortführung des Sicherungsinstruments. Wegen der nicht gegebenen Zulässigkeit eines *part time hedge* (IAS 39.75/IAS 39.IG.F.1.11) kann (und wird regelmäßig) der notwendige Effektivitätsnachweis scheitern. Ein Derivat ist für die (Gesamt-)Laufzeit als Sicherungsinstrument zu designieren, muss also für den geforderten Nachweis der Effektivität eine Restlaufzeit aufweisen, die nicht größer ist als die des Grundgeschäfts. Zwar ist bei De-Designation eines bestehenden Sicherungszusammenhangs eine erneute (Re-)Designation eines *hedging instrument* zulässig (IAS 39.IG.F.5.4), insbesondere bei Einsatz unbedingter Termingeschäfte (*non-optional derivatives*) ergeben sich allerdings besondere Schwierigkeiten hinsichtlich des geforderten Effektivitätsnachweises (Rz 95 ff.).

- Läuft ein Sicherungsinstrument vor Eintritt der erwarteten Transaktion, deren Eintritt sich **zeitlich verzögert**, aus, besteht für das Unternehmen die Möglichkeit der Prolongation des bestehenden Sicherungsinstruments oder optional die Designation eines bestehenden oder neu abgeschlossenen Sicherungsinstruments. War die Absicht einer **Anschlusssicherung** (*roll over*) bereits in der ursprünglichen Dokumentation des Sicherungszusammenhangs (*is part of the entity's documented hedging strategy*) festgehalten, führt die Umsetzung nicht zur Unterbrechung des Sicherungszusammenhangs (IAS 39.91a/101a).

6.4.2 Prolongation eines bestehenden Sicherungszusammenhangs

108 Insbesondere im Rahmen des *cash flow hedge accounting* kann die **Prolongation** oder Anschlusssicherung (*roll over strategy*) eines bestehenden Sicherungszusammenhangs im Fall eines verzögerten (aber bereits bei Abschluss antizipierten) Eintritts des Grundgeschäfts (geeigneter) Bestandteil der Risikomanagementstrategie sein. Vorteil einer *roll over strategy* ist die Möglichkeit zur Designation von Sicherungsinstrumenten mit kurzer Restlaufzeit zusammen mit Grundgeschäften mit längerfristigem Risiko (*partial term hedging*). Besondere Relevanz zeigt eine entsprechende Sicherungsstrategie für nichtfinanzielle Grundgeschäfte, für die – anders als für finanzielle Grundgeschäfte (IAS 39.IG.F.2.17) – eine zeitanteilige Absicherung ausscheidet. Im Rahmen von *roll over*-Strategien zur Absicherung von langfristigen nichtfinanziellen Grundgeschäften ergeben sich allerdings nichtperfekte (von 100 % abweichende) Sicherungszusammenhänge.

Beispiel

A sichert einen erwarteten Zufluss von USD in 10 Monaten mit zwei aufeinanderfolgenden USD-Terminverkäufen gleichen Volumens mit einer Laufzeit von 6 Monaten (Forward 1) und bei vorgesehenem *roll over* einer Restlaufzeit von noch 4 Monaten (Forward 2) ab. Die Sicherung steht im Einklang mit der dokumentierten Risikomanagementstrategie. Unabhängig von der möglichen Designation des Risikos (*spot rate* oder *forward rate risk*), welches sich in Bezug auf die (wechselkursbedingte) Wertentwicklung der erwarteten Transaktion ergibt, zeigt die Sicherung wegen der unterschiedlichen Fristigkeiten des Grundgeschäfts und der Sicherungsinstrumente keine perfekte Effektivität. Eine gewisse Ineffektivität ergibt sich auch, wenn A Forward 1 durch ein nichtderivatives Sicherungsinstrument (Aufnahme einer USD-Verbindlichkeit bei Fälligkeit von Forward 1) überführen würde. Als nichtderivatives Finanzinstrument unterliegt eine Fremdwährungsverbindlichkeit gem. IAS 21 nur einer Umrechnung zur *spot rate*.

Sollen Grund- und Sicherungsgeschäft in der gleichen Periode abgerechnet werden, ist im Falle eines – bei Designation eines Sicherungszusammenhangs nicht antizipierten – verspäteten Zuflusses/Abflusses von Zahlungsströmen des Grundgeschäfts das **Sicherungsinstrument** zu **prolongieren**. Für die Prolongation kann (etwa bei Devisengeschäften) wahlweise auf eine aktuelle oder historische (bei ursprünglicher Designation der Sicherung bestehende) Kursbasis abgestellt werden. Eine Prolongation auf historischer Kursbasis unterliegt besonderen bankaufsichtsrechtlichen Restriktionen, eine Abwicklung auf aktueller Basis ist daher häufig vorziehungswürdig.[28] Hauptargument gegen ein Abstellen auf aktuelle Kursverhältnisse ist allerdings die Notwendigkeit zur bilanziellen Erfassung eines (Schein-)Ergebnisses aus der Erfassung eines Korrekturpostens zur Anschlusssicherung. Dieser kann erst mit Endabwicklung des Grundgeschäfts aufgelöst werden.

> **Beispiel**
> A erhält Anfang x1 einen Auftrag zur Lieferung von Produkten zum Preis von 10.000 USD, die Zahlung ist zum Zeitpunkt der erwarteten Lieferung für Mitte x1 (nach 6 Monaten) vereinbart. Funktionale Währung des A ist der Euro, zur Absicherung der USD-EUR-Parität vereinbart A daher mit Bank B einen USD-Terminverkauf zum erwarteten Zeitpunkt des USD-Zuflusses (Laufzeit 6 Monate). Der Kassakurs Anfang x1 beträgt 1,2000 USD/EUR, der Aufschlag für den Terminverkauf 0,0060. Der für A gesicherte Wert aus dem Terminverkauf beträgt daher 8.291,87 EUR. Aufgrund eines von A zu verantwortenden Lieferverzugs ist erst Anfang x2 (somit 6 Monate später) von einer Zahlung, somit dem Devisenzufluss auszugehen. A vereinbart daher mit Bank B eine Prolongation des Termingeschäfts um weitere 6 Monate. Der Kassakurs beträgt Mitte x1 wegen eines Anstiegs des USD 1,1000 USD/EUR, der Aufschlag für einen Terminverkauf für weitere 6 Monate 0,0040.
> Bei einer Prolongation auf aktueller Basis kauft A zur Erfüllung der Verpflichtung aus dem Sicherungsgeschäft 10.000 USD am Kassamarkt an (alternativ kann auch ein USD-Darlehen bei B aufgenommen werden). Auf Basis des Kassakurses sind hierfür seitens A 9.090,91 EUR zu zahlen. Im Rahmen der Erfüllung des Terminverkaufs entsteht zunächst ein (Schein-)Ergebnis von –799,04 EUR (= 8.291,87–9.090,91), insoweit also ein Verlust, welcher zunächst als Korrekturposten zur Kurssicherung anzusetzen ist.
> Auf aktueller Kursbasis ist ein neuer Terminverkauf (unter Berücksichtigung des Aufschlags) abzuschließen, da wegen des verzögerten Eintritts des Grundgeschäfts weiterhin ein Sicherungsbedarf besteht. Die nach der Prolongation bestehende Kurssicherung (Terminverkauf zu 1,1040 USD/EUR) ist aus Sicht von A „günstig". Der Budgetkurs zur Deckung der EUR-Ausgaben im Zusammenhang mit der erwarteten Transaktion beträgt 1,2060 USD/EUR. Der Unterschiedsbetrag von 799,04 EUR entspricht einer aktiven Wertberichtigung der Terminverkaufssicherung von 1,1040 USD/EUR. Mit Endabwicklung des Auftragsverhältnisses und Begleichung des prolongierten Terminverkaufs mit dem Devisenzufluss in USD ergibt sich in entsprechender Höhe ein Gewinn, der eine erfolgsneutrale Ausbuchung des Korrekturpostens ermöglicht.

---

28 Vgl. PwC, Derivative Finanzinstrumente in Industrieunternehmen, 4. Aufl. 2008, S. 136 ff.

7 Fair value option als Alternative zum hedge accounting

110 Zur Anwendung der Regeln des *hedge accounting* müssen Unternehmen eine Reihe von **Voraussetzungen** erfüllen (Rz 56):
- Designation und **Dokumentation** der Sicherungsbeziehung,
- prospektive und retrospektive **Messung der Effektivität** der Sicherungsbeziehung,
- Durchführung von *hedge-accounting*-**spezifischen** Bewertungen und
- Anwendung der **Buchungsregeln** des *hedge accounting*.

Gerade für Unternehmen, die nur im geringen Umfang Finanzinstrumente einsetzen, bedeutet dies einen nicht unerheblichen Aufwand, u. U. sogar die Unmöglichkeit der Nutzung des *hedge accounting* überhaupt. Als praktische Alternative zu den Regelungen des *hedge accounting* bietet sich in solchen Fällen u. U. die *fair value option* (IAS 39.9) an. Diese erlaubt die Designation eines Finanzinstruments im Zugangszeitpunkt als gewillkürten Handelsbestand (→ § 28 Rz 107 und Rz 150) und damit eine erfolgswirksame Bewertung zum *fair value*, wenn dadurch Bilanzierungs- bzw. Bewertungsdifferenzen (sog. *accounting mismatch*) vermieden werden können und sich insofern die Aussagekraft des Abschlusses erhöht (IAS 39.9b).

111 Diese Voraussetzungen werden typischerweise bei den Anwendungsfällen des *fair value hedge accounting* erfüllt: Ein originäres Finanzinstrument (*loan and receivable, held-to-maturity investment, available-for-sale financial asset* oder finanzielle Verbindlichkeit) wird mit einem Derivat gegen Änderung seines *fair value* abgesichert:
- Bewertungs**differenzen** resultieren in solchen Fällen aus dem *mixed model*, da das Sicherungsderivat erfolgs**wirksam** zum *fair value* bewertet wird, wohingegen das gesicherte originäre Finanzinstrument entweder erfolgs**neutral** zum *fair value* (*available-for-sale financial asset*) oder zu fortgeführten Anschaffungskosten (*loan and receivable, held-to-maturity investment* oder finanzielle Verbindlichkeit) bewertet wird. Durch Anwendung der *fair value option* auf das originäre Finanzinstrument wird die Bewertungsdifferenz ohne Anwendung des *fair value hedge accounting* beseitigt.
- Die Aussagekraft des Abschlusses wird dadurch erhöht, dass der Risikozusammenhang zwischen dem Grund- und dem Sicherungsgeschäft adäquat in der Bilanz und der GuV abgebildet und nicht durch unterschiedliche Bewertungskonzepte verzerrt wird.

112 Die *fair value option* kann aber nicht nur als Alternative zum *fair value hedge accounting* genutzt werden, sondern auch für die Bilanzierung solcher Sicherungsbeziehungen, für die IAS 39 die Anwendung des *fair value hedge accounting* nicht erlaubt. Dies gilt insbesondere für solche Fälle, in denen das Sicherungsgeschäft kein Derivat, sondern ein originäres Finanzinstrument ist (Rz 8). Ein typischer Anwendungsfall ist eine als *available-for-sale financial asset* klassifizierte festverzinsliche Anleihe, die mit einer laufzeitkongruenten festverzinslichen Verbindlichkeit gegen Zinsrisiken abgesichert wird. Da das *fair value hedge accounting* in diesem Fall nicht angewendet werden darf (IAS 39.72), kommt es infolge der einseitigen Bewertung der Anleihe zum *fair value* zu einer Bewertungsdifferenz im Eigenkapital. Mit der Anwendung der *fair value option*

für beide Geschäfte lässt sich diese Bewertungsdifferenz beseitigen, weil beide Geschäfte erfolgswirksam zum *fair value* bewertet werden.
Als Alternative zum *cash flow hedge accounting* scheidet die *fair value option* hingegen **aus**.

8 Latente Steuern

Wird als Sicherungsinstrument auf ein Derivat zurückgegriffen, führt die verpflichtende *fair-value*-Bewertung regelmäßig zu einer temporären Differenz, die Ausgangspunkt einer Steuerlatenzrechnung ist.

- Weist ein derivatives Finanzinstrument einen negativen beizulegenden Zeitwert auf, droht also ein Verlust, so ist dieser im Regelfall gem. § 5 Abs. 4a EStG steuerbilanziell nicht zu berücksichtigen. I. H. d. negativen *fair value* der IFRS-Bilanz liegt eine temporäre Differenz vor, die – insoweit die Ansatzkriterien erfüllt sind (→ § 26 Rz 109) – zu aktiven latenten Steuern führt.
- Passive latente Steuern ergeben sich, wenn in der IFRS-Bilanz ein positiver *fair value (asset)* anzusetzen ist, hingegen in der Steuerbilanz nach den Grundsätzen schwebender Geschäfte ein Ansatz unterbleibt.

Die bilanzielle Erfassung einer aktiven/passiven Steuerlatenz richtet sich nach der Art der Sicherungsbeziehung (Rz 49). Ist die temporäre Differenz auf einen *fair value hedge* zurückzuführen, ist die Steuerlatenzrechnung erfolgswirksam vorzunehmen. Für temporäre Differenzen aus *cash-flow-hedge*-Beziehungen ist eine Unterscheidung zwischen erfolgsneutraler (*other comprehensive income*) und erfolgswirksamer (*profit and loss*) Erfassung geboten (→ § 26 Rz 218 und Rz 220).

Mit der seit 2006 geltenden Einfügung des § 5 Abs. 1a EStG kann es in bestimmten Ausnahmefällen zur Angleichung von Steuer- und IFRS-Bilanz kommen. Nach § 5 Abs. 1a EStG sind die Ergebnisse der in der Handelsbilanz gebildeten Bewertungseinheiten auch für die Steuerbilanz maßgeblich. Das steuerbilanzielle Passivierungsverbot für Drohverluste gilt insoweit nicht (§ 5 Abs. 4a Satz 2 EStG). Soweit daher ein Sicherungsderivat einen negativen *fair value* hat und dieser Verlustsaldo wegen der handelsrechtlichen Bildung einer Bewertungseinheit auch in der Steuerbilanz zu berücksichtigen ist, entstehen hier keine temporären Differenzen mehr. Zu beachten bleibt aber: Die handelsrechtliche Bildung von Bewertungseinheiten erfolgt lediglich kompensatorisch,[29] d. h., übersteigt die positive Wertänderung des Sicherungsgeschäftes die negative des Grundgeschäftes, ist der verbleibende positive Saldo als unrealisierter Gewinn nicht ansatzfähig. Hier bleibt es bei der Differenz zur IFRS-Bilanz.[30]

9 Angaben zum *hedge accounting*

Wenn ein Unternehmen über Sicherungsbeziehungen (insbesondere unter Verwendung von Derivaten) verfügt und es dafür die Regeln des *hedge accounting* anwendet, sind eine Reihe von Angaben im Anhang erforderlich (IFRS 7.22 ff.). Auf die Checkliste der Anhangsangaben wird daher verwiesen (→ § 5).

---

[29] Ausführlich HOFFMANN/LÜDENBACH, NWB-Kommentar, 5. Aufl. 2014, § 254.
[30] Vgl. zum Ganzen BISCHOFF, PiR 2007, S. 68 ff.

116 Werden die Vorgaben des *hedge accounting* angewendet, ist getrennt nach den vom Unternehmen im Einzelnen genutzten Formen des *hedge accounting (fair value hedge, cash flow hedge* und *hedge of a net investment in a foreign operation)* anzugeben (IFRS 7.22):
- eine Beschreibung jeder **Art von Sicherungsbeziehungen**;
- eine Kennzeichnung der **Art der gesicherten Risiken** und
- eine Beschreibung der dabei als **Sicherungsinstrumente** eingesetzten und designierten Finanzinstrumente, einschließlich ihrer *fair values*.

Dabei ist nicht jede einzelne Sicherungsbeziehung anzugeben. Vielmehr kann die Angabe zu gleichartigen Sicherungszusammenhängen zusammengefasst werden. Dies gilt z. B., wenn ein Unternehmen erwartete Umsatzerlöse in Fremdwährung über verschiedene Zeiträume mit einer Vielzahl von Devisentermingeschäften absichert.

117 Verwendet das Unternehmen *cash flow hedge accounting*, sind zusätzlich Angaben erforderlich (IFRS 7.23):
- zu den Perioden, in denen die gesicherten *cash flows* erwartet werden und in denen sie sich voraussichtlich auf die GuV auswirken,
- eine Beschreibung jeder erwarteten Transaktion, für die bisher *cash flow hedge accounting* angewandt wurde, das aber aufgrund der Tatsache, dass mit dem Eintritt der Transaktion nicht mehr gerechnet wird, gem. IAS 39.101c beendet werden musste,
- zum Betrag, der in der Periode in das Eigenkapital eingestellt wurde,
- zum Betrag der Entnahmen aus dem Eigenkapital, hinsichtlich der Gegenbuchung unterschieden nach Berücksichtigung in der GuV oder als bilanzielle Anpassung in der Zugangsbewertung abgesicherter Vermögenswerte oder Schulden.

118 Zur Erläuterung des in der **GuV** berücksichtigten Erfolgs aus der Anwendung des *hedge accounting* sind die folgenden Angaben nötig (IFRS 7.24):
- Gewinne/Verluste aus *fair value hedges*, getrennt nach dem Erfolg beim Sicherungsinstrument und beim Grundgeschäft,
- Gewinne/Verluste aus der Ineffektivität von *cash flow hedges*,
- Gewinne/Verluste aus der Ineffektivität von *net investment hedges*.

10 Anwendungszeitpunkt, Rechtsentwicklung

119 Abweichend von den sonstigen in IAS 39 und IFRS 7 angesprochenen Vorgaben zur Bilanzierung und Offenlegung von Finanzinstrumenten unterlagen die Regeln zum *hedge accounting* nur geringfügigen Anpassungen im Zeitablauf (→ § 28 Rz 387 ff.).

Mit Abschluss des *Annual Improvements Project* 2009er-Zyklus wurde der Zeitpunkt des *recycling* des im Eigenkapital geparkten *fair value* des Sicherungsgeschäfts für die Absicherung einer erwarteten Transaktion im Rahmen des *cash flow hedge* spezifiziert. Führt der Eintritt der erwarteten Transaktion zur Erfassung eines finanziellen Vermögenswerts bzw. einer finanziellen Verbindlichkeit, erfolgt die Verrechnung in der GuV, wenn der gesicherte *cash flow* (und nicht etwa der gesamte finanzielle Vermögenswert bzw. einer finanziellen Verbindlichkeit) in der GuV erfasst wird.

120 Als Reaktion auf die am 4.7.2012 verabschiedete Verordnung (EU) Nr. 648/2012 des Europäischen Parlaments und des Rates über OTC-Derivate, zentrale Ge-

genparteien und Transaktionsregister (EMIR) wurde am 27.6.2013 – in einem beschleunigten Verfahren, mit einer auf 30 Tage begrenzten Kommentierungsfrist – eine Ergänzung zu IAS 39 veröffentlicht. Danach können bestehende Sicherungsbeziehungen unter restrikitven Voraussetzungen auch nach einer Novation der Gegenpartei fortgesetzt werden (Rz 106).

11 Das überarbeitete *hedge-accounting*-Modell des IFRS 9

11.1 Überblick

Am 19.11.2013 wurde mit der Veröffentlichung von neuen Regeln zur bilanziellen Abbildung von Sicherungsbeziehungen eine weitere Phase (Phase 3) des IFRS 9 abgeschlossen.[31] Das – bereits im ED/2010/13 angelegte und im Entwurf 2012 bestätigte – vorgesehene allgemeine Modell zur bilanziellen Abbildung von Sicherungszusammenhängen trägt dem Risikomanagmentgedanken, also der ökonomischen Entscheidung des bilanzierenden Unternehmens, stärker Rechnung als die bisherigen Vorgaben in IAS 39. Die Vorschriften klammern allerdings den Themenkomplex „*Macro Hedge Accounting*", für den ein eigenes Diskussionspapier vorgesehen ist, zunächst aus. Einer Anwendung von Unternehmen innerhalb der EU steht allerdings noch das fehlende (und auf der Zeitschiene noch nicht absehbare) *endorsement* entgegen.

121

Ausgangspunkt für die bilanzielle Abbildung von Sicherungsinstrumenten ist nach dem überarbeiteten *hedge-accounting*-Modell das **unternehmensspezifische Risikomanagement**. Die Bilanzierung von Sicherungszusammenhängen (*hedge accounting*) ist danach Reflex der getroffenen Entscheidung auf der Sachverhaltsebene (*hedging*). Durch Reduzierung der quantitativen und qualitativen Anforderungen für die Abbildungsebene wird der Anwendungsbereich des *hedge accounting* ausgeweitet. Als Restriktionen einer bilanziellen Abbildung von Sicherungsbeziehungen bleiben allerdings

122

- Begrenzungen der zulässigen Grund- und Sicherungsgeschäfte,
- die Pflicht zur formalen Designation und Dokumentation des Zusammenhangs mit Erläuterung der Risikomanagementstrategie und -zielsetzung und
- ein (gemilderter) Nachweis der Effektivität des Sicherungszusammenhangs.

11.2 Ausweitung des Portfolios möglicher Sicherungsinstrumente

Hinsichtlich des Umfangs der einsetzbaren Sicherungsinstrumente sind die neuen Vorgaben weniger restriktiv als das bisherige Recht. Keine Änderung stellt sich für die folgenden Anforderungen an ein Sicherungsinstrument ein:

123

- Es können weiterhin nur extern geschlossene Vereinbarungen als Sicherungsinstrument herangezogen werden (Rz 10 und Rz 29),
- die in einer Nettobetrachtung keine geschriebene Option (Ausnahme zur Sicherung einer gegenläufigen, gekauften Option) darstellen, somit keine Risikoposition begründen (Rz 12). In die Zusammenfassung kann allerdings eine geschriebene Option aufgenommen werden.

---

[31] Vgl. LÜDENBACH/FREIBERG, BB 2013, S. 3115 ff.

Der Kreis zulässiger (Finanz-)Instrumente umfasst nach dem neuen Modell aber alle diejenigen, die erfolgswirksam zum beizulegenden Zeitwert bewertet werden, somit nicht nur derivative, sondern auch **originäre** Instrumente.

124 Eine Änderung zu den bisherigen Vorgaben ergibt sich für die Interpretation der Zeitwertkomponente von bedingten sowie der Terminkomponente von unbedingten derivativen Finanzinstrumenten, die nicht in den (bilanziellen) Sicherungszusammenhang einbezogen werden müssen. Nach dem neuen Modell zur Bilanzierung von Sicherungsbeziehungen ist ein im Designationszeitpunkt festgestellter Zeitwert – sowohl für bedingte als auch unbedingte Termingeschäfte – gem. IFRS 9.6.5.15 bzw. 16 als **(Anschaffungs-)Kosten der Absicherung** anzusehen (*cost of hedging*). Der Ausschluss – zwingend für Optionsprämien, wahlweise für Terminpunkte – für das *hedge accounting* erhöht die Effektivität des Sicherungszusammenhangs. Als Versicherungsprämie wird die abgetrennte Komponente, begrenzt auf den hypothetischen Wert einer perfekten Abstimmung zu den Konditionen des Grundgeschäfts, in einer gesonderten Position des sonstigen Gesamtergebnisses fortgeführt (IFRS 9.B6.5.33 bzw. 38). Eine verbleibende Differenz ist erfolgswirksam zu erfassen. Der zunächst im sonstigen Ergebnis erfasste Betrag ist in Abhängigkeit der Sicherung transaktions- oder zeitraumbezogen (IFRS 9.B6.5.29 und IFRS 9.B6.5.34) in das laufende Ergebnis umzugliedern (*recycling*).

125 Die Möglichkeit zur Abspaltung einer Komponente eines Sicherungsinstruments wird auch auf ein Währungsbasisrisiko (keine arbitragefreie Möglichkeit zum Tausch einer Zinskomponente zwischen unterschiedlichen Währungen) ausgedehnt. Relevanz hat dies insbesondere bei Zins-Währungsswaps. Eine Ausdehnung auf andere Basisrisiken, insbesondere solchen aus unterschiedlichen Zahlungsfrequenzen (sog. Tenorrisiko, Rz 86), scheidet aus. Die Ausklammerung von Basisrisiken ist insbesondere für den Effektivitätsnachweis von *cashflow-hedge*-Beziehungen relevant. Die Berücksichtigung von Währungsbasisrisiken wird in der Konstruktion eines hypothetischen Derivats als Stellvertreter für ein Grundgeschäft explizit ausgeschlossen (IFRS 9.B6.5.5). Zur Vermeidung von Ineffektivität sind daher Währungsbasisrisiken außerhalb eines designierten Sicherungszusammenhangs fortzuführen.

11.3 Erleichterungen für die Festlegung von Grundgeschäften

126 Die in IFRS 9 angelegten Vorgaben sehen weniger Begrenzungen für qualifizierende Grund- und Sicherungsgeschäfte als die bisherigen Regeln vor. So kann auch für bilanzielle Sicherung die Absicherung auf einzelne **(Risiko-)Komponenten nichtfinanzieller Grundgeschäfte** erfolgen (IFRS 9.6.3.7), solange diese eigenständig identifizierbar und verlässlich bewertbar sind (IFRS 9.B6.3.10).

> **Beispiel (Abwandlung zu Rz 34)**
> Unternehmen D möchte den für das nächste Quartal geplanten Kauf von Kerosin gegen den Teil der Preisrisiken absichern, der aus Änderungen des Marktpreises für Rohöl resultiert. Hierzu schließt es ein Termingeschäft auf Rohöl als Sicherungsgeschäft ab. Die im Kerosinpreis enthaltene Rohölkomponente kann als Grundgeschäft designiert werden.

Trotz der gewollten Bindung der bilanziellen Anforderungen an Sicherungszusammenhänge sieht das überarbeite Modell zur bilanziellen Abbildung von Sicherungsbeziehungen kasuistische Ausnahmen für die Designation von Risikokomponenten vor. So soll 127
- das **Inflationsrisiko** nur im Fall einer vertraglichen Spezifizierung als Risikokomponente designierbar sein (IFRS 9.B6.3.13–14) und
- die Designation des **Kreditrisikos** finanzieller Posten wegen der praktisch schwierigen bzw. unmöglichen Isolier- und Bewertbarkeit ausscheiden (IFRS 9.BC6.42).

Nach dem neuen *hedge-accounting*-Modell gelten Derivate sowie Gruppen (IFRS 9.6.3.4) von Geschäften (etwa bereits geschlossene und mit hoher Wahrscheinlichkeit erwartete Transaktionen) und **Nettopositionen** (keine Notwendigkeit zur Identifizierung eines Stellvertretergeschäfts) künftig als zulässige Grundgeschäfte (IFRS 9.6.6.1), wenn das unternehmensspezifische Risikomanagement eine entsprechende Strategie vorsieht und diese praktiziert wird.[32] 128
Auch die Designation einer Null-Nettoposition, bei der sich die (gegenläufigen) Risiken verschiedener Grundgeschäfte ohne Rückgriff auf ein Sicherungsinstrument ausgleichen, ist zulässig (IFRS 9.6.6.6). Für den Ausweis in der Ergebnisrechnung ist ein separater Posten vorgesehen (IFRS 9.6.6.4).

Mit den neuen, am Risikomanagement ausgerichteten Vorgaben zum *hedge accounting* ist es auch zulässig, einzelne Teilbereiche (*layer*) eines größeren Portfolios von (homogenen) Grundgeschäften als *hedged item* zu designieren (IFRS 9.B6.3.18). Explizit erlaubt ist künftig auch die Designation eines **Bodensatzes** (*bottom layer*) als Teilbereich eines Portfolios. Allerdings wurde trotz intensiver Diskussion keine Ausweitung der zulässigen Grundgeschäfte für Bodensätze von Sichteinlagen oder *sub-benchmark*-Risiken[33] in die neuen Vorgaben aufgenommen. Die auf zulässige Grundgeschäfte bezogenen Einschränkungen, die zum *carve out* des IAS 39 beim *endorsement* geführt haben (Rz 33), bleiben somit erhalten. 129

Es bleibt weiterhin unzulässig, nur (konzern)interne Geschäfte als Sicherungsinstrument zu designieren (Rz 10 und Rz 29). Innerhalb einer Gruppe zur Risikoverlagerung kontrahierte derivative Sicherungsinstrumente stellen daher keine zulässigen *hedging instruments* dar. Im Rahmen der (externen) Absicherung einer Nettoposition werden aber auch (konzern)interne Derivate, die Risiken bündeln und verlagern, mit abgesichert. 130

11.4 Der gemilderte Effektivitätstest

Die bilanzielle Abbildung einer ökonomischen Sicherungsentscheidung setzt die Effektivität, also einen wirksamen Risikoausgleich, voraus. Im Vordergrund des erforderlichen Effektivitätsnachweises steht nur noch der Nachweis der Anbindung der Abbildungsebene an das Risikomanagement und die dort eingesetzten Methoden (IFRS 9.B6.4.18). Das neue Modell formuliert daher nur noch drei Anforderungen für den erfolgreichen Nachweis (IFRS 9.6.4.1(c)): 131

---

32 Vgl. GARZ/HELKE, WPg 2012, S. 1211 f.; WIESE/SPINDLER, PiR 2012, S. 348.
33 Siehe hierzu vor allem das Agenda Paper 9A vom September 2011, abrufbar unter http://www.ifrs.org/Meetings/Pages/IASB-Meeting-September-2011.aspx.

- Es besteht überhaupt ein wirtschaftlicher Zusammenhang zwischen Grund- und Sicherungsgeschäft.
- Ein Risikoausgleich ist auf gegenläufige Wertentwicklungen, die nicht rein zufällig sind, zurückzuführen.
- Die sich aus der Sicherungsbeziehung ergebenden Wertänderungen sind nicht im Wesentlichen durch ein geändertes, den Zusammenhang störendes Ausfallrisiko bedingt.

Die Wirksamkeit des Risikoausgleichs ist im Zeitpunkt der Designation, aber auch fortlaufend für die Zukunft nachzuweisen. Es bleibt damit bei einem zwingenden **prospektiven** Effektivitätsnachweis (Rz 69). Es entfällt die Verpflichtung zum retrospektiven Effektivitätsnachweis (Rz 71). Gestrichen werden aber auch die bisherigen quantitativen Schwellenwerte (Bandbreite von 80 % – 125 %).

132 Die gewählte Sicherungsquote (*hedge ratio*) für Grund- und Sicherungsgeschäft entspricht der ökonomischen Ausgangssituation. Die bilanzielle Abbildung ist also Reflex der Sicherungsstrategie. Rein bilanzpolitisch motivierte Designationen scheiden daher aus. Da eine auf Ineffektivität zurückzuführende Wertänderung des Sicherungsinstruments weiterhin unmittelbar in der GuV zu erfassen ist, besteht allerdings unverändert die Notwendigkeit der Berechnung der Effektivität.

11.5 Keine freiwillige De-Designation, Pflicht zum *rebalancing*

133 Nach erfolgter Designation können geänderte Rahmenbedingungen eine Anpassung des ökonomischen Sicherungszusammenhangs erforderlich machen. Das neue Modell sieht bilanziell eine Fortführung bei (Re-)Kalibrierung (*rebalancing*) der Bedingungen vor, verpflichtet also nicht auf eine Beendigung des bestehenden und Begründung eines neuen Sicherungszusammenhangs (IFRS 9.B6.5.7). Die Auswirkungen des *rebalancing* sind abhängig von der Art der Anpassung der Sicherungsquote (mit komplizierten Nebenwirkungen; IFRS 9.B6.5.16–20). Adjustiert werden kann
- das Volumen der Sicherungsinstrumente mit der Folge eines Ausschlusses oder einer Einbindung in den Sicherungszusammenhang, aber auch
- das Volumen der Grundgeschäfte, was wegen der notwendigen *layer*-Bildung und Nachverfolgung (Rz 129) die kompliziertere Variante darstellt.

Es gelten dieselben Kriterien wie für die Beendigung eines *hedge accounting*. Durch eine Adjustierung der Sicherungsquote, aber auch durch das Entfallen der Verpflichtung zum retrospektiven Effektivitätsnachweis wird das Problem der Ineffektivität bei einer nachträglichen Designation eines Sicherungszusammenhangs vermieden (Rz 95 ff.).

134 Eine Aufhebung einer bilanziellen Sicherung steht nicht mehr im freien Ermessen des Unternehmens (IFRS 9.B6.5.23), sondern setzt
- den Aus-/Wegfall des Grund- bzw. Sicherungsgeschäfts (IFRS 9.6.5.6) oder
- eine Änderung der Risikomanagementzielsetzung voraus (IFRS 9.B6.5.23).

Ermöglicht wird ein kontinuierliches Neu-Designieren (*proxy hedging*) von bestehenden Sicherungsbeziehungen als Reflex geänderter Risikomanagementziele.

11.6 Zusätzlicher Katalog von Anhangsangaben

Die weitreichende Flexibilität des neuen *hedge-accounting*-Modells geht einher mit einer Ausweitung der Anhangsangaben. Offenzulegen sind insbesondere die Risikomanagementstrategie des Unternehmens und die Auswirkungen der Sicherungsbilanzierung auf den Abschluss.[34] Bereitgestellt werden sollen nach IFRS 7.21A Informationen

- zur übergreifenden Risikomanagementstrategie des Unternehmens und zum Umgang mit den vorliegenden Risiken,
- zum Einfluss der getroffenen Absicherungsmaßnahmen auf zukünftige *cash flows* (Höhe, Zeitpunkt und Unsicherheit) und
- zu den Effekten, die sich aufgrund von *hedge accounting* auf Bilanz, Gewinn- und Verlustrechnung und Eigenkapitalveränderungsrechnung ergeben.

135

11.7 Wahlrecht, bezogen auf die Anwendung des neuen Modells

Die Anwendung der Vorgaben zum *hedge accounting* steht auch weiterhin im Ermessen des Bilanzierers. Alternativ ermöglicht IFRS 9, Kreditrisikopositionen erfolgswirksam zum *fair value* zu bewerten, wenn das Risiko mit einem Kreditderivat gesteuert wird.

136

Bis zum Abschluss des (Gesamt-)Projekts Bilanzierung von Finanzinstrumenten besteht darüber hinaus – zumindest für alle Unternehmen, die nicht auf ein *endorsement* warten müssen – ein einmalig ausübbares Wahlrecht zum Rückgriff auf die bestehenden Vorgaben nach **IAS 39** insgesamt (IFRS 9.7.2.16) oder nur bezogen auf die Absicherung offener Portfolien (*macro hedge accounting*). Als zeitlich begrenzte Zwischenlösung – zur Vermeidung von Inkonsistenzen – können die bestehenden Vorgaben des IAS 39 zum *hedge accounting* bis zum Abschluss des Projekts *macro hedge accounting* fortgeführt werden.

137

Mit dem Abschluss einer weiteren Phase des IFRS 9 wurde auch der verpflichtende Erstanwendungszeitpunkt von IFRS 9 gestrichen. Eine erneute Festlegung wird bis zur Fertigstellung des (Gesamt-)Projekts zurückgestellt. Eine vorzeitige Anwendung bleibt – innerhalb der EU nach derzeit allerdings noch nicht absehbarem *endorsement* – zulässig.

138

12 ABC des *hedge accounting*

139

Ausgeschlossene Grundgeschäfte	Die restriktiven Vorgaben zum *hedge accounting* schließen einige Transaktionen als Grundgeschäfte aus (Rz 37 ff.).
cash flow hedge	Absicherung zukünftiger Zahlungsströme gegen einzelne Risiken (Rz 52)
Dokumentation	Der Sicherungszusammenhang ist für die bilanzielle Anerkennung zu dokumentieren, der Zeitpunkt der Dokumentation markiert den Beginn der Zulässigkeit des *hedge accounting* (Rz 57).

---

[34] Vgl. *Wiese/Spindler*, PiR 2012 S. 351 f.

*Dollar-offset-*Methode	Einfache Berechnung der relativen Wertänderung von Grund- und Sicherungsgeschäft für den Effektivitätsnachweis, allerdings misslingt der Nachweis bei kleinen Änderungen (Rz 73).
Effektivitätsnachweis	Die Fortführung einer Sicherungsbeziehung setzt den Nachweis einer gegenläufigen Entwicklung von Grund- und Sicherungsgeschäft, bezogen auf die identifizierte Risikoposition, voraus (Rz 65), andernfalls ist der Zusammenhang aufzulösen (Rz 90).
Einseitige Risiken	Die Absicherung gegen *one-sided risks* kann über bedingte Termingeschäfte erfolgen (Rz 36).
Erwartete Transaktionen	Die Eignung als Grundgeschäft setzt eine hohe Wahrscheinlichkeit für den tatsächlichen Eintritt voraus (Rz 23).
fair value hedge	Absicherung einer auf eine Risikokomponente zurückzuführenden Änderung des beizulegenden Zeitwerts (Rz 50).
fair value option	Anstatt der Begründung einer *fair-value-hedge*-Beziehung bietet sich u. U. auch der Rückgriff auf eine gewillkürte *fair-value*-Bewertung an (Rz 110).
Geschriebene Optionen	Ausschluss als Sicherungsinstrument, da diese eine Risikoposition begründen (Rz 12).
Grundgeschäft	Als zulässige Grundgeschäfte gelten alle originären Finanzinstrumente, ausgeschlossen sind alle derivativen Finanzinstrumente (Rz 22 ff.).
Hoch effektiver Sicherungszusammenhang	Eine Sicherungsbeziehung gilt als *highly effective* und die Anwendung des *hedge accounting* ist erlaubt, wenn die Wertänderungen von Grund- und Sicherungsgeschäft sich in einer relativen Bandbreite von 80 % – 125 % bewegen (Rz 66).
Hypothetisches Derivat	Konstruktion eines fiktiven Derivats, welches das Zahlungsstromprofil eines Grundgeschäfts erlaubt, damit die *dollar-offset*-Methode zum Effektivitätsnachweis angewendet werden kann. Das hypothetische Derivat kann nur für *cash-flow-hedge*-Beziehungen angewendet werden und hat im Designationszeitpunkt zwingend einen Wert von null (Rz 76).
Ineffektivität	Der Begriff hat eine zweifache Bedeutung, eine Ineffektivität außerhalb der Bandbreite von 80 % – 125 % führt zur Beendigung des bilanziellen Sicherungszusammenhangs. Eine Ineffektivität innerhalb der Bandbreite bedingt eine anteilige Erfassung von Wertänderungen außerhalb des fortzuführenden Sicherungszusammenhangs.

Interne Geschäfte	Keine Designation als Grund- (Rz 29) oder Sicherungsgeschäft (Rz 10).
Nachträgliche Designation	Werden bestehende (unbedingte) Termingeschäfte als Sicherungsinstrumente eingesetzt, entsteht zwangsläufig eine Ineffektivität des Sicherungszusammenhangs.
Portfoliosicherung	Homogene Grundgeschäfte können zusammen als ein *hedged item* designiert werden (Rz 26).
Prolongation	Fallen Grund- und Sicherungsgeschäft zeitlich nicht synchron an, kann eine bestehende Sicherungsbeziehung verlängert werden, wenn das Grundgeschäft später anfällt (Rz 108).
Prospektive Effektivität	Stimmen die *critical terms* von Grund- und Sicherungsgeschäft überein, kann die Effektivität qualitativ nachgewiesen werden (Rz 69), andernfalls ist ein quantitativer Nachweis nach einer im Ermessen des Bilanzierers stehenden Methode zu verifizieren (Rz 70).
Regressionsanalyse	Statistisch-mathematischer Nachweis der Effektivität eines Sicherungszusammenhangs, die auch bei geringen Datenpunkten verlässlich ist (Rz 80).
Retrospektive Effektivität	Die retrospektive Effektivität ist zwingend quantitativ nachzuweisen, ein qualitativer Beleg (vergleichbar einer nach US-GAAP zulässigen *short-cut*-Methode) scheidet aus (Rz 71).
Risikokomponenten	Für die Teil-Designation der Risiken eines Grundgeschäfts ist zwischen finanziellen und nichtfinanziellen Transaktionen zu unterscheiden (Rz 31 ff.).
Sicherungsgeschäft	Für alle Risiken können derivative Finanzinstrumente eingesetzt werden, für Währungsrisiken zusätzlich Kassainstrumente (Rz 7).
Teildesignation (*hedging in proportions*)	Sicherungsinstrumente dürfen – zur Erhöhung der Effektivität des Sicherungszusammenhangs – i. H. e. prozentualen Anteils ihres Gesamtvolumens designiert werden (Rz 17).
Währungsabsicherung	Die Absicherung einer Nettoinvestition in eine wirtschaftlich selbstständige Teileinheit folgt den Regeln für *cash flow hedge accounting* (Rz 43).

§ 29 ZU VERÄUSSERNDES LANGFRISTIGES VERMÖGEN UND AUFGEGEBENE GESCHÄFTSBEREICHE

Inhaltsübersicht	Rz
Vorbemerkung	
1 Zielsetzung, Regelungsinhalt, Begriffe....................	1–5
1.1 Prognoserelevante Abgrenzung fortzuführender gegenüber auslaufenden Aktivitäten..........................	1
1.2 Ersatz allgemeiner Ausweis- und Bewertungsvorschriften.	2
1.3 Abgrenzung zwischen zur Veräußerung bestimmtem Anlagevermögen und aufgegebenen Bereichen.........	3
1.4 Finanzinstrumente und andere nur den Ausweis-, nicht den Bewertungsvorschriften von IFRS 5 unterliegende Fälle..	4
1.5 Überblick über die in IFRS 5 enthaltenen Qualifizierungen und deren Rechtsfolgen..........................	5
2 Definition der zur Veräußerung bestimmten langfristigen Vermögenswerte und der Veräußerungsgruppe.............	6–17
2.1 Abgrenzung zum Umlaufvermögen..................	6–7
2.2 Verfügbarkeit zur sofortigen Veräußerung im gegenwärtigen Zustand..........................	8
2.3 Veräußerung und Sachdividenden...................	9–10
2.4 Hohe Wahrscheinlichkeit der Veräußerung............	11–13
2.5 12-Monats-Kriterium............................	14–16
2.6 Zeitpunkt der erstmaligen Klassifizierung.............	17
3 Definition des aufgegebenen Bereichs....................	18–35
3.1 Stilllegung oder Veräußerung nach einheitlichem Plan....	18–20
3.2 Abgrenzbarer geschäftlicher oder geografischer Bereich (CGU-Qualität)................................	21–23
3.3 Negativabgrenzungen, Grenzfälle, Ermessensspielräume.	24–30
3.4 Mit Veräußerungsabsicht erworbene Tochtergesellschaft.	31–33
3.5 Zeitpunkt der erstmaligen Klassifizierung.............	34–35
4 Bewertung	36–47
4.1 Bewertung zum niedrigeren Nettozeitwert............	36–43
4.2 Bewertung nach Änderungen eines Veräußerungsplans...	44–47
5 Ausweis und Angaben................................	48–74
5.1 Beschreibende Angaben	48–50
5.2 Separierung Vermögen und Schulden in der Bilanz und im Anhang.......................................	51–53
5.3 Separierung von Ergebnis und *cash flows* in GuV und Kapitalflussrechnung	54–59
5.4 Angabe von Umbewertungserfolgen.................	60
5.5 Verhältnis zu den Angabevorschriften nach IFRS 7, IFRS 8, IFRS 12 usw....................................	61–63

Aufgegebene Geschäftsbereiche § 29

5.6 Besonderheiten im Konzern	64–74
5.6.1 Transaktionen der zu veräußernden Einheit mit anderen Konzerneinheiten – IFRS 5 vs. IFRS 10 ..	64–67
5.6.2 Beabsichtigte Teilveräußerung eines Tochterunternehmens (Abwärtskonsolidierung)	68–69
5.6.3 Übergang von *equity*-Methode zu IFRS 5	70–74
6 Latente Steuern sowie Steueraufwand	75–77
7 Anwendungszeitpunkt, Rechtsentwicklung	78–79
8 Zusammenfassende Praxishinweise	80–83

Schrifttum: DOBLER/DOBLER, Zweifelsfälle der Bewertung von zur Veräußerung gehaltenen Abgangsgruppen nach IFRS 5, KoR 2010, S. 353 ff.; FREIBERG, Aktuelle Anwendungsfragen der Bilanzierung nach IFRS 5, PiR 2011, S. 142 ff.; KÜTING/REUTER, Bilanz- und Ertragsausweis nach IFRS 5, Gefahr der Fehlinterpretation in der Bilanzanalyse, BB 2007, S. 1942 ff.; LÜDENBACH, Bewertung von Anteilen an assoziierten Unternehmen bei Veräußerungsabsicht, PiR 2006, S. 45 ff.; LÜDENBACH, Discontinued operations im Segmentbericht, PiR 2012, S. 164; MEYER, Einzelfragen zur Darstellung von Ertragsteuern im Anwendungsbereich von IFRS 5, PiR 2013, S. 277 ff.; MEYER, Bedeutung des IFRS 5 für den Ansatz und die Bewertung latenter Steuern, PiR 2013, S. 307 ff.; ROGLER/TETTENBORN/STRAUB, Bilanzierungsprobleme und -praxis von zur Veräußerung gehaltenen langfristigen Vermögenswerten und Veräußerungsgruppen, KoR 2012, S. 381; SCHILDBACH, Was leistet IFRS 5?, WPg 20050, S. 554 ff.; ZÜLCH/ LIENAU, Bilanzierung zum Verkauf stehender langfristiger Vermögenswerte sowie aufgegebener Geschäftsbereiche nach IFRS 5, KoR 2004, S. 442 ff.

Vorbemerkung
Die Kommentierung beruht auf IFRS 5 in der aktuellen Fassung und berücksichtigt alle Änderungen, Ergänzungen und Interpretationen, die bis zum 1.1.2015 beschlossen wurden. Abweichungen zu früheren Regelungen sowie diskutierte oder schon als Änderungsentwurf vorgelegte zukünftige Regelungen sind unter Rz 78 dargestellt.

1 Zielsetzung, Regelungsinhalt, Begriffe

1.1 Prognoserelevante Abgrenzung fortzuführender gegenüber auslaufenden Aktivitäten

IFRS 5 enthält **besondere Bewertungs- und Ausweisvorschriften** für 1
- zur Aufgabe vorgesehene, nicht fortgeführte Bereiche *(discontinued operations)* und
- zur Veräußerung gehaltenes langfristiges Vermögen *(non-current assets held for sale)*.

Die Sondervorschriften sollen den Bilanzadressaten ermöglichen, die finanzielle Wirkung von **Einstellungs-** und **Veräußerungsplänen** zu beurteilen (IFRS 5.30). Der Separierung aufgegebener von fortzuführenden Bereichen wird **Prognoserelevanz** zugesprochen (IFRS 5.BC62). Die Abschlussadressaten sollen zwischen auch zukünftig **zu erwartenden** und zukünftig **nicht mehr gegebenen** Aktivitäten unterscheiden können, um dies in ihren Prognosen, Extrapolationen usw. zu berücksichtigen.

1897

1.2 Ersatz allgemeiner Ausweis- und Bewertungsvorschriften

2 Der Vorgängerstandard IAS 35 enthielt nur Regelungen zu **Ausweis und Anhang**. IFRS 5 erweitert den Bereich der Sondervorschriften auf die **Bewertung**. Nur der Ansatz, d.h. insbesondere der **Ausbuchungszeitpunkt** von Anlagevermögen, unterliegt den allgemeinen Vorschriften von IAS 16 (→ § 14 Rz 21) und IAS 38 (→ § 13 Rz 96; IFRS 5.24). Für Ausweis und Bewertung gelten hingegen im Kern folgende Regeln:

- **Bewertungsmaßstab:** Zur Veräußerung bestimmtes Anlagevermögen ist mit dem **Nettozeitwert** *(fair value less costs to sell)*, jedoch maximal mit dem bisherigen Buchwert *(carrying amount)* anzusetzen (Rz 36).
- **Bilanzausweis:** In der Bilanz ist das zur Veräußerung bestimmte langfristige Vermögen (Anlagen), bei Veräußerung einer Sachgesamtheit (Veräußerungsgruppe bzw. *disposal group)* auch das zugehörige kurzfristige Vermögen (Umlaufvermögen), separat auszuweisen, ggf. auch zugehörige Verbindlichkeiten (Rz 51).
- **GuV-Ausweis:** Soweit die zur Aufgabe bestimmte Sachgesamtheit *(disposal group)* ein bedeutendes sachliches oder geografisches Geschäftsfeld repräsentiert *(discontinued operation)*, ist überdies eine Separierung in der GuV (→ § 2 Rz 56) und in der Kapitalflussrechnung (→ § 3 Rz 144) geboten, und zwar abweichend vom Anwendungsbereich der vorstehenden Sonderregeln auch bei der Stilllegung *(abandonment;* Rz 54).

Auf Abbildung 1 sowie die Übersicht in Rz 5 wird verwiesen.

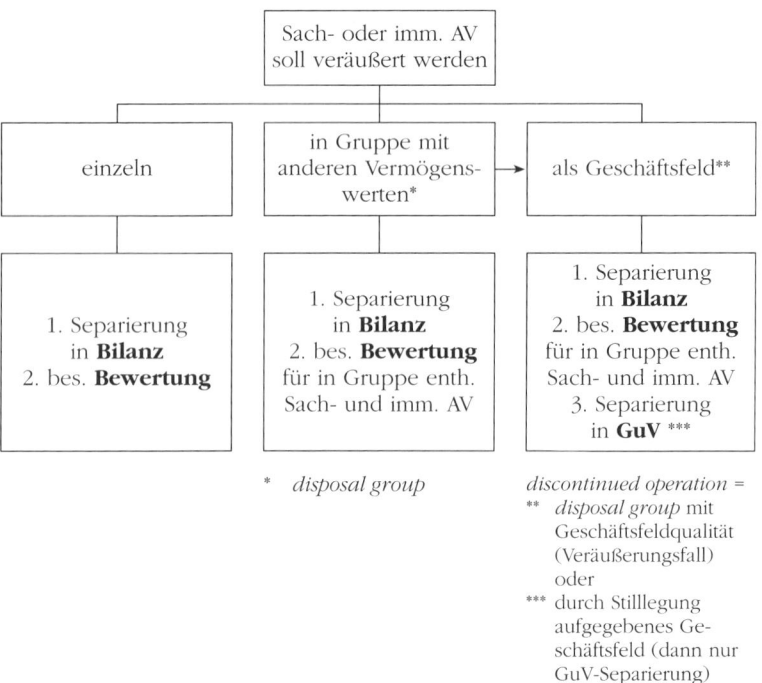

Abb. 1: Überblick über IFRS 5

1.3 Abgrenzung zwischen zur Veräußerung bestimmtem Anlagevermögen und aufgegebenen Bereichen

Zur **Veräußerung** vorgesehen und damit als *held for sale* kann zu qualifizieren sein:
- ein einzelner Anlagegegenstand *(non-current assets held for sale)*,
- eine **Sachgesamtheit**, d. h. eine Veräußerungsgruppe, die neben Anlagegegenständen auch Umlaufvermögen und Verbindlichkeiten enthalten kann *(disposal group)*, oder
- ein bedeutender sachlicher oder geografischer **Geschäftsbereich** *(discontinued operation)*.

Bei Beschränkung der Betrachtung auf **Veräußerungsfälle** würden sich die *discontinued operations* nur durch ihr größeres Gewicht und ihre Eigenständigkeit (Geschäftsfeldqualität) von der *disposal group* unterscheiden. Der Begriff der *discontinued operations* berücksichtigt jedoch im Unterschied zu dem der *disposal group* auch Einstellungen eines Bereichs, die sich nicht durch Verkauf, sondern durch **Stilllegung** *(abandonment)* vollziehen. Auch in diesem Fall ist eine Separierung des Erfolgs in der GuV (Rz 54) und des *cash flow* im Anhang oder in der Kapitalflussrechnung (jedoch nicht des Vermögens in der Bilanz) geboten (Rz 2). Anders als bei der Veräußerung beginnt die Separierung jedoch nicht mit dem Einstellungs**beschluss**, sondern erst im Jahr des tatsächlichen **Vollzugs** der Einstellung (Rz 35). In dieser Hinsicht vermittelt die amtliche Übersetzung von IFRS 5.32 im Übrigen einen irreführenden Eindruck vom Anwendungsbereich des Standards: Die Rede ist nur von einem „veräußerten oder zur Veräußerung gehaltenen Geschäftsbereich". Der englische Originaltext spricht jedoch von einem Geschäftsbereich „*that either has been disposed of, or is classified as held for sale*", wobei der Begriff „*disposal*" auch die Einstellungen durch Stilllegung umfasst.

Zum Verhältnis der zentralen Kategorien von IFRS 5 und zu den an sie anknüpfenden Rechtsfolgen wird auf Tabelle 1 (Rz 5) verwiesen.

1.4 Finanzinstrumente und andere nur den Ausweis-, nicht den Bewertungsvorschriften von IFRS 5 unterliegende Fälle

Hinsichtlich des Anwendungsbereichs der in IFRS 5 enthaltenen Sondervorschriften ist wie folgt zu differenzieren:
- Die Regeln zum **separaten Bilanzausweis** gelten für alle als *non-current assets held for sale* klassifizierten Vermögenswerte bzw. bei *disposal groups* oder *discontinued operations* auch für in der Veräußerungsgruppe enthaltene sonstige Vermögenswerte und Schulden (IFRS 5.2).
- Die **besonderen Bewertungsvorschriften** gelten jedoch für die sonstigen Vermögenswerte und Schulden selbst dann nicht, wenn sie in einer *disposal group/discontinued operation* enthalten sind. Betroffen von der **Ausnahme** sind neben dem Umlaufvermögen *(non-current assets)*, wobei hier gem. IFRS 5.5 noch folgende langfristigen Vermögenswerte von den Bewertungsvorschriften des IFRS 5 ausgenommen sind:
  - latente Steuern nach IAS 12 (→ § 26);
  - Vermögenswerte aus Versorgungsplänen *(plan assets)* i. S. v. IAS 19 (→ § 23);
  - Finanzinstrumente i. S. v. IAS 39/IFRS 9 (→ § 28);
  - im *fair-value*-Modell bewertete *investment properties* gem. IAS 40 (→ § 16 Rz 54);

- im fair-value-Modell bewertete Anlagen des Agrarbereichs nach IAS 41;
- Vertragsrechte aus Versicherungsverträgen nach IFRS 4 (→ § 39).
- Kurz gefasst gelten die besonderen Bewertungsvorschriften somit nur für **Sachanlagen** und **immaterielle Anlagen**.

1.5 Überblick über die in IFRS 5 enthaltenen Qualifizierungen und deren Rechtsfolgen

5 Nachstehende Tabelle 1 gibt einen Überblick über die nach IFRS vorzunehmenden **Qualifizierungen** als
- zur Veräußerung gehaltenes langfristiges Vermögen *(non-current assets held for sale*; Rz 6ff.),
- Veräußerungsgruppe *(disposal group*; Rz 6ff.) und
- aufgegebener Geschäftsbereich *(discontinued operation*; Rz 18)

sowie die damit verbundenen **Rechtsfolgen** für
- Bewertung (Rz 36),
- Bilanzausweis (Rz 51) und
- GuV-Ausweis (Rz 54)

in Abhängigkeit von der **Art**
- des zur Veräußerung bestimmten Anlagegegenstandes bzw.
- Vermögenswerts (Rz 37).

	besond. Bewertung	sep. Bilanzausweis	sep. GuV-Ausweis	Beispiel
zur veräußerndes langfristiges Vermögen *(non-current assets held for sale)*, jedoch nicht Finanzinstrumente etc.	++	++	–	Veräußerung Lagerhalle
zur Veräußerung bestimmte Sachgesamtheit *(disposal group)* ohne Geschäftsfeldqualität	+/–**	++	–	Veräußerung Lagerhalle incl. Maschinen u. Rohstoffe
zur Veräußerung bestimmte Sachgesamtheit mit Geschäftsfeldqualität *(discontinued operations)*	+/–**	++	++	Veräußerung Produktionslinie Agrarchemie
zur Stilllegung bestimmtes Geschäftsfeld	–	–	++	Rückzug aus Südostasien
** besondere Bewertung nicht für in der *disposal group/discontinued operation* enthaltenes Umlaufvermögen, außerdem nicht für bestimmte Anlagen (Finanzanlagen, zum *fair value* erfasste *investment properties* etc.), vgl. Rz 4.				

Tab. 1: Grundbegriffe und ihre Rechtsfolgen

2 Definition der zur Veräußerung bestimmten langfristigen Vermögenswerte und der Veräußerungsgruppe

2.1 Abgrenzung zum Umlaufvermögen

Soweit es um die Veräußerung eines einzelnen Vermögenswertes geht, findet IFRS 5 nur auf langfristiges Vermögen *(non-current assets)* Anwendung. In *disposal groups* bzw. *discontinued operations* kann hingegen auch kurzfristiges Vermögen enthalten sein, für das dann – jedenfalls auf Einzelbewertungsebene – nur die besonderen Blianzausweisvorschriften gelten (Rz 37).
In der **Abgrenzung** zwischen lang- und kurzfristigem Vermögen verfährt IFRS 5. App. A wie folgt:

6

- Der Begriff des *non-current asset* wird negativ und tautologisch definiert als ein Vermögenswert, der kein *current asset* ist.
- Der Begriff des *current asset* wird in Übereinstimmung mit IAS 1 (→ § 2 Rz 45) durch das Vorliegen von mindestens einem der folgenden Merkmale definiert: Umlaufvermögen *(current assets)* sind
  - zur Realisierung durch Verbrauch oder Veräußerung innerhalb des Geschäftszyklus *(operation cycle)* vorgesehene Vermögenswerte (z.B. Rohstoffe und Erzeugnisse),
  - zu Handelszwecken gehaltenes Vermögen (z.B. Waren sowie Wertpapiere des Handelsbestandes),
  - Zahlungsmittel sowie
  - zur Realisierung innerhalb von 12 Monaten (gerechnet vom Bilanzstichtag) vorgesehene Vermögenswerte.

Vor allem das letzte Kriterium gibt im Verhältnis zur Definition der *non-current assets held for sale* Rätsel auf, da diese in IFRS 5.6 als *non-current assets* definiert sind, deren Buchwert gerade nicht durch fortgesetzte Nutzung, sondern durch Verkauf binnen i.d.R. 12 Monaten (IFRS 5.8) realisiert werden soll.[1] **Zwei Lesarten** zum Verhältnis von langfristigem Vermögen und *non-current assets held for sale* bieten sich an:

- Eine eng am **Wortlaut** orientierte Interpretation sähe wie folgt aus:
  - Den Sondervorschriften von IFRS 5.6ff. unterliegen nur solche langfristigen Vermögenswerte, die innerhalb von i.d.R. 12 Monaten veräußert werden sollen.
  - Gem. IAS 1 und IFRS 5.App. A sind langfristige Vermögen nur solche Vermögenswerte, die nicht zur Veräußerung oder zum Verbrauch innerhalb von 12 Monaten bestimmt sind.
  - Die Vorschriften von IFRS 5.6ff. zu den *non-current assets held for sale* laufen demzufolge ins **Leere**. Sie gelten einerseits nicht für Vermögenswerte, die zur Veräußerung innerhalb von 12 Monaten bestimmt und daher *current assets* sind. Sie gelten andererseits nicht für *non-current assets*, die nicht zur Veräußerung innerhalb von 12 Monaten bestimmt und daher keine *held-for-sale assets* sind.

---

[1] Ähnlich SCHILDBACH, WPg 2005, S. 554.

- Eine über die definitorischen Schwächen von IFRS 5 hinwegsehende, den Absichten des IASB entgegenkommende **geltungserhaltende** Interpretation sieht demgegenüber wie folgt aus:[2]
  - Den Sondervorschriften von IFRS 5.6 ff. unterliegen nur solche langfristige Vermögenswerte, die **innerhalb von i.d.R. 12 Monaten veräußert** werden sollen.
  - Gegen den Wortlaut von IFRS 5.App. A sind als langfristig solche Vermögenswerte anzusehen, die entweder (a) **ursprünglich mit Dauerverwendungsabsicht**, d.h. ursprünglich ohne Absicht der Veräußerung oder des Verbrauchs innerhalb von 12 Monaten, beschafft oder hergestellt wurden oder die (b) beim Unternehmen **typischerweise Anlagevermögen** sind.
  - **Entfällt** bei Vermögenswerten des Typs a zu einem späteren Zeitpunkt die Weiterverwendungs- und tritt an ihre Stelle eine Veräußerungsabsicht, so sind sie ab diesem Zeitpunkt nicht mehr als normale *non-current assets*, sondern als *non-current assets held for sale* zu qualifizieren.

7 Die nachfolgenden Ausführungen folgen der zweiten, geltungserhaltenden Lesart. Sie hat den Vorzug, die umfangreichen Ausführungen des IASB in IFRS 5 nicht ohne Anwendungsbereich stehen zu lassen. Als ein Nachteil mag die gewisse Unschärfe angesehen werden, die im Begriff des „**typischen langfristigen Vermögens**" enthalten ist. Diese Kategorie ist jedoch notwendig, um einen bereits mit Veräußerungsabsicht erworbenen Vermögenswert gem. IFRS 5.11 ebenfalls als *non-current asset held for sale* qualifizieren zu können.

> **Beispiel**
> Das Unternehmen U baut und veräußert Gebäude. Aus der Insolvenzmasse eines Wettbewerbers konnte U einige Baumaschinen erwerben. Für einen Teil der nur im Paket erwerbbaren Maschinen bestand von vornherein eine Veräußerungsabsicht.
> Nach IAS 1 und IFRS 5.App. A wären die mit Veräußerungsabsicht erworbenen Maschinen Umlaufvermögen. Gem. IFRS 5.11 sowie IFRS 5.IG.E3 sind sie jedoch als *non-current assets held for sale* zu qualifizieren. Diese Zuordnung kann nur durch Verwendung eines **Typusbegriffs** gerechtfertigt werden. Da U kein Baumaschinenhändler, sondern Bauunternehmer ist und daher Baumaschinen bei ihm typischerweise Anlagevermögen sind, hat er die von vornherein zur Veräußerung bestimmten Maschinen als *non-current assets held for sale* zu klassifizieren und sie entsprechend auszuweisen und zu bewerten.
>
> **Fallvariante**
> U erwirbt aus der Insolvenzmasse Immobilien mit der Absicht der Weiterveräußerung. Da die Veräußerung von Immobilien typischer Geschäftszweck von U ist, kommt nur eine Qualifizierung als Vorratsvermögen infrage.

Die Notwendigkeit einer Typusbetrachtung wird auch durch IAS 16.68A unterstrichen. Hiernach sind Sachanlagen, die nach Vermietung an Dritte routine-

---

[2] Mit ähnlicher Kritik und etwas anderem Lösungsansatz (Berufung auf lex specialis) ZÜLCH/LIENAU, KoR 2004, S. 442 ff.

Aufgegebene Geschäftsbereiche § 29

mäßig im Rahmen des Geschäftsmodells veräußert werden (Beispiel: Autovermieter) mit Beendigung der Vermietung in das Vorratsvermögen umzugliedern. IFRS 5 wird hier nicht einschlägig (→ § 14 Rz 22).
Bei einer mit Veräußerungsabsicht erworbenen Veräußerungsgruppe *(disposal group)* (Rz 5), die typisches Anlagevermögen und Umlaufvermögen enthält, teilt u. E. das Umlaufvermögen das Schicksal des Anlagevermögens, wenn es in einem Akt mit diesem, d. h. i. d. R. an den gleichen Erwerber veräußert werden soll.
Im Übrigen ist der Begriff der Veräußerungsgruppe **unscharf**. IFRS 5.4 stellt im Wesentlichen nur auf die Intention ab, mehrere Vermögenswerte in einer Transaktion zu veräußern. Dabei könne es sich um eine Zahlungsmittel generierende Einheit (CGU) i. S. v. IAS 36 (→ § 11 Rz 100 ff.) handeln, aber auch höher aggregiert um Gruppen von CGUs oder weniger aggregiert um Teile von CGUs.[3]

2.2 Verfügbarkeit zur sofortigen Veräußerung im gegenwärtigen Zustand

Ein langfristiger Vermögenswert *(non-current asset)* qualifiziert sich gem. IFRS 5.7 nur dann als zur Veräußerung bestimmt *(held for sale)*, wenn er **zur sofortigen Veräußerung im gegenwärtigen Zustand verfügbar** ist *(available for immediate sale in its present condition)*. In Anlehnung an die *Guidance on Implementing* IFRS 5 lässt sich dieses Merkmal an folgenden Beispielen erläutern (IFRS 5.IG1 und IG3): 8

Beispiel
U plant die Veräußerung der drei folgenden Gebäude:
1) ein nicht mehr genutztes Produktionsgebäude nach **Räumung und Reinigung**.
2) ein leer stehendes Lagergebäude nach – zur Anhebung des Veräußerungspreises – **umfassender Renovierung**.
3) ein altes Verwaltungsgebäude nach Herstellung eines neuen **Ersatzgebäudes**.

Beurteilung
1) Das Produktionsgebäude steht zur sofortigen Veräußerung im gegenwärtigen Zustand zur Verfügung. Räumungs- und Reinigungsarbeiten zur Übergabe im besenreinen Zustand sind bei der Veräußerung solcher Anlagen üblich und hindern die Klassifizierung als *non-currrent asset held for sale* nicht.
2) Das Lagergebäude soll nicht in seinem gegenwärtigen Zustand, sondern nach Renovierung, d. h. als ein Gut anderer Marktgängigkeit, veräußert werden. Erst mit Abschluss der Renovierungsarbeiten kommt eine Qualifizierung als *non-currrent asset held for sale* infrage.
3) Das Verwaltungsgebäude soll bis zur Fertigstellung des neuen Gebäudes weiter genutzt werden. Selbst wenn bereits vor Baubeginn des neuen Gebäudes ein Kaufvertrag über das alte Gebäude geschlossen wird, kommt eine sofortige Klassifizierung als *non-currrent asset held for sale* nicht in Frage. Hierzu muss erst das neue Gebäude fertig gestellt sein.

---

[3] Kritisch hierzu VÖLKNER, PiR 2005, S. 78.

Die Voraussetzung der sofortigen Veräußerbarkeit im gegenwärtigen Zustand muss auch bei einer *disposal group* oder *discontinued operation* (Rz 5) erfüllt sein. Zur Erfüllung des Merkmals der **sofortigen Veräußerbarkeit bei Auftragsbeständen** enthält IFRS 5.IG2 folgendes Beispiel:

> **Beispiel**
> U will die Produktionsstätte C veräußern. Der Veräußerungsplan sieht die Veräußerung der entsprechenden Produktionslinie (d. h. mit Arbeitnehmern, Auftragsbeständen, Vorräten usw.) vor.
> Unerledigte Bestellungen (Auftragsbestände) hindern die Qualifizierung als *non-currrent asset held for sale* nicht, da die Auftragsbestände mit veräußert werden sollen.
>
> **Fallvariante**
> Nur die Produktionsstätte soll veräußert werden. Dies setzt die Erfüllung aller noch unerledigten Aufträge voraus.
> Eine Qualifizierung als *non-currrent asset held for sale* kommt erst mit Einstellung der Produktion in Frage. Hieran ändert auch ein bereits vorher geschlossener Kaufvertrag nichts.

2.3 Veräußerung und Sachdividenden

9 Mit begrenzten Ausnahmen für *discontinued operations* (Rz 3) gelangen die Regelungen von IFRS 5 nur bei (beabsichtigter) **Veräußerung** langfristigen Vermögens oder einer Veräußerung gleichgestellten **Sachdividenden** zur Anwendung.
Grundfall der Veräußerung ist die Übertragung durch **Kaufvertrag**, und zwar unabhängig davon, ob der Veräußerer ein Entgelt erzielt oder wegen der Übertragung höherer Lasten als Vermögenswerte umgekehrt selbst ein Entgelt zahlen muss **(negativer Kaufpreis). Weitere Fälle** sind wie folgt zu beurteilen:
- Ein beabsichtigter *sale and finance lease back* stellte keine Veräußerung dar (IFRS 5.IG Example 4; → § 15 Rz 169).
- Ein **Tausch** langfristiger Vermögenswerte gegen andere langfristige Vermögenswerte gilt nur dann als Veräußerung, wenn der Tauschvorgang wirtschaftliche Substanz hat, insbesondere die erwarteten *cash flows* verändert (IFRS 5.10 i. V. m. IAS 16.24f und IAS 38.45g; → § 14 Rz 13).

Als Folgeänderung zur Verabschiedung von IFRIC 17 werden für Geschäftsjahre ab 1.6.2009 auch auf langfristige Vermögenswerte bezogene **Sachdividenden**, etwa in der Form von Abspaltungen nach § 123 Abs. 2 UmwG, Veräußerungen gleichgestellt (IFRS 5.5A). Terminologisch wird zwar eine Unterscheidung gegenüber dem Grundfall der „zur Veräußerung gehaltenen langfristigen Vermögenswerte" *(non-current assets held for sale)* vorgenommen, indem von „zur Ausschüttung an Eigentümer gehaltenen langfristigen Vermögenswerten" *(non-current assets held for distribution to owners)* die Rede ist; hinsichtlich Darstellungs- und Bewertungsvorschriften von IFRS 5 werden aber beide Fälle gleichgestellt. Die Nichtanwendung von IFRIC 17 auf Fälle, in denen der Gegenstand der Sachdividende vor und nach der Verteilung unter gleicher Kontrolle liegt (IFRIC 17.5), ist ohne Auswirkung auf IFRS 5. Auch in solchen Fällen sind die Ausweis-, Anhangs- und Bewertungsvorschriften von IFRS 5 zu beachten.[4] Zum Ausweis einer Ausschüttungsverbindlichkeit aus der Sachdividende kommt es erst mit Beschlussfassung der Gesellschafter (→ § 4 Rz 39), der separate Ausweis des zur Ausschüttung vorgesehenen langfristigen Vermögens und dessen besondere Bewertung nach IFRS 5 erfolgen jedoch i.d.R. schon mit der Entscheidung des Vorstands, den Gesellschaftern die Sachdividende vorzuschlagen.[5] Wegen weiterer Einzelheiten der Sachdividende wird auf → Rz 70 sowie auf → § 31 Rz 195 verwiesen

Als Veräußerung gilt auch die Abgabe eines langfristigen Vermögenswertes oder einer Veräußerungsgruppe zu einem **negativen Kaufpreis**.[6]

10

2.4 Hohe Wahrscheinlichkeit der Veräußerung

Gem. IFRS 5.7 muss eine Veräußerung als hoch wahrscheinlich *(highly probable)* anzusehen sein, um die *held-for-sale*-Qualifizierung zu bewirken.

11

Den Begriff der **hohen Wahrscheinlichkeit** definiert Appendix A zu IFRS 5 in zwei Schritten, aus denen sich ein dritter Schritt ableiten lässt:

- *Probable = more likely than not* (= 51 % Wahrscheinlichkeit).
- *Highly probable = significantly more likely than probable.*
- Somit: hohe Wahrscheinlichkeit = signifikant über 51 % liegende Wahrscheinlichkeit.

Die **Grenzen** einer solchen Quantifizierung singulärer Ereignisse haben wir an anderer Stelle dargelegt (→ § 21 Rz 38). Wichtiger als derartige Zahlenspiele sind daher die **Bedingungen**, die IFRS 5.8 zur Beurteilung der hohen Wahrscheinlichkeit formuliert. Danach soll eine Veräußerung hoch wahrscheinlich sein, wenn am Bilanzstichtag (IFRS 5.12) folgende Voraussetzungen kumulativ erfüllt sind:

- A) Die angemessene **Hierarchieebene** *(appropriate level of management)* hat sich auf einen Plan zur Veräußerung der Anlagen **verpflichtet**.
- B) Ein **aktives Programm** zur Suche eines Käufers und zur Umsetzung des Plans ist initiiert worden.
- C) Die Anlagen (oder die *disposal group* bzw. *discontinued operations*) werden **aktiv vermarktet** zu einem im Verhältnis zum gegenwärtigen *fair value* vernünftigen Preis.
- D) Der Vermögensabgang binnen **12 Monaten** wird erwartet; eine Ausdehnung dieses Zeitraums ist ggf. zulässig (Rz 15).
- E) Eine Stornierung oder **signifikante Veränderung** des Plans ist **unwahrscheinlich** *(unlikely)*.

Die Kriterien sind **unscharf** und dienen deshalb der Objektivierung der Rechnungslegung nicht. Interpretationsfähig ist z.B., was unter aktiver Käufersuche, aktiver Vermarktung und vernünftigem Preis zu verstehen ist. Auch die Kriterien der Verpflichtung des Managements bzw. der Unzulässigkeit von Planänderungen bleiben unbestimmt. Möglicherweise ist an ein Management gedacht, das – den Empfehlungen der präskriptiven Entscheidungslehre und seinen Sorgfaltspflichten entgegenlaufend – immer nur starre Pläne formuliert,

---

4 Gl. A. KPMG, Insights into IFRS 2014/15, Tz. 5.4.35.10.
5 HEINTGES/KRONER/UNBANCZIK, KoR 2009, S. 494 ff.
6 PWC, Manual of Accounting IFRS 2014, Tz. 26.71.2

flexible Planungsstrategien daher vermeidet und Verwertungsalternativen (Verpachtung etc.) von vornherein ausblendet, in diesem Sinne also Veräußerungen immer nur ohne Wenn und Aber beschließt.

> **Beispiel**
> Die U verfügt an verschiedenen Standorten, u.a. im Grenzgebiet zu Tschechien, über ungenutzte Lager. Vor dem Bilanzstichtag wird ein Vorstandsbeschluss gefasst, überflüssige Immobilien optimal zu verwerten, d.h. bevorzugt zur veräußern, wo dies binnen 12 Monaten nicht zu einem fairen Wert möglich ist, bestmöglich zu vermieten. Mit der Umsetzung ist der Bereich „Immobilien" beauftragt. Er inseriert in einem örtlichen Anzeigenblatt für einen Preis von „100.000 EUR Verhandlungsbasis" in der Erwartung, diesen Preis im Verhandlungswege um bis zu 50 % nachzulassen.
>
> **Beurteilung der Kriterien**
> A) und E): Unklar ist, ob der Vorstand oder der Bereich „Immobilien" die **angemessene Hierarchieebene** ist. Im ersten Fall könnte eine Qualifizierung als *held for sale* schon an der bedingten Formulierung scheitern. In diesem Zusammenhang ist nicht deutlich, wem gegenüber der Vorstand eine **Verpflichtung** eingegangen sein muss. Nach IFRS 5.9 ist an eine Art **Selbstverpflichtung** gedacht, wie sie in einem unflexiblen Planungssystem ohne in die Planung eingebaute Änderungsoptionen zu finden ist. Bei einer flexiblen Planung, die von vornherein Optionen für den Fall formuliert, dass bestimmte Erwartungen nicht eintreten, wäre danach die erforderliche Selbstverpflichtung nicht gegeben. Für eine solche Interpretation spricht auch, dass signifikante Planänderungen sanktioniert werden. Da bei einer flexiblen Planung Änderungsoptionen Teil der Planung selbst sind, würde die Sanktionsvorschrift ansonsten ins Leere laufen.
> B) und C): Ob die Inserierung in einem örtlichen Anzeigenblatt eine **aktive Käufersuche** und eine **aktive Vermarktung** darstellt oder mehr getan, z.B. ein Makler beauftragt werden muss, ist ebenso zweifelhaft wie die Qualifizierung des Preisangebotes. Wenn die Immobilienabteilung von einem Zeitwert von 50.000 EUR ausgeht, angesichts regionaltypischer Verhandlungsverläufe aber mit 100.000 EUR inseriert, wäre in formaler Betrachtung gerade keine Vermarktung mit einem im Verhältnis zum **Zeitwert vernünftigen Preis** dokumentiert. U.E. ist allerdings eine solche formale Betrachtung nicht sachgerecht.[7]
> D): Der Veräußerungsplan sieht eine Veräußerung binnen 12 Monaten, genauer maximal über 12 Monate laufende Veräußerungsbemühungen vor. Ob diese **bedingte 12-Monats-Erwartung** – wenn Veräußerung, dann in 12 Monaten – den Anforderungen von IFRS 5.8 genügt, ist unklar.

12 Bedarf der spätere Vollzug der geplanten Veräußerung der Zustimmung des Aufsichtsrats oder sonstiger **Gremien**, kommt es darauf an, ob eine Zustimmung ohne wesentliche Eingriffe in den ursprünglichen Plan hochwahrscheinlich ist. Ansonsten sind, anders als in IFRS 5.8 gefordert, Planänderungen nicht (sehr) unwahrscheinlich.

---

[7] Gl. A. PWC, Manual of Accounting IFRS 2014 Tz. 26.48

Bei schon in Veräußerungsabsicht erworbenen langfristigen Vermögenswerten (praktisch bedeutsam: erworbene Tochterunternehmen; → Rz 31) reicht es nach IFRS 5.11 aus, wenn aktive Käufersuche und Vermarktung spätestens 3 Monate nach Erwerb gegeben sind.

13

2.5 12-Monats-Kriterium

Eine Veräußerung gilt nur dann als hoch wahrscheinlich (Rz 9), wenn ein Abgang des Vermögenswertes binnen 12 Monaten ab Klassifizierung als *held for sale* erwartet wird (IFRS 5.8). Ob unter **Beginn** der 12-Monats-Frist die Erfüllung der übrigen Voraussetzungen (Verabschiedung eines Veräußerungsplans, der Beginn der aktiven Vermarktung etc.) oder der erste Bilanzstichtag nach Erfüllung der Voraussetzungen zu verstehen ist, bleibt im Standard offen. Der ersten Interpretation ist u. E. der Vorzug zu geben (Rz 17).

14

> **Beispiel**
> Das Management von U verabschiedet im März 04 einen Plan zur Veräußerung diverser Verwaltungsgebäude und Produktionsgebäude. Es rechnet mit Vollzug des Plans in den nächsten 12 Monaten (Verwaltungsgebäude) bzw. 18 Monaten (Produktionsgebäude). Nach zunächst vergeblichen Bemühungen findet sich im März 05, unmittelbar vor Feststellung des Jahresabschlusses für 05, doch noch ein Käufer, der die Gebäude mit wirtschaftlichem Eigentumsübergang 1.7.05 erwirbt.
> Bezogen auf den Bilanzstichtag 31.12.04 ist eine Veräußerung innerhalb von 12 Monaten sicher. Eine Qualifizierung als *held for sale* käme für beide Gebäudearten in Frage. Konsequenz wäre nicht nur ein separater Bilanzausweis. Die Gebäude dürften außerdem in 05 nicht mehr planmäßig abgeschrieben werden (Rz 37).
> Wird demgegenüber der März 04 als maßgebliches Datum angesehen, unterbleibt schon in 04 die planmäßige Abschreibung für die Gebäude. Die tatsächlich eintretende Überschreitung der 12-Monats-Frist ist unter bestimmten Umständen unschädlich (Rz 15).

Eine **Ausdehnung** der 12-Monats-Frist ist gem. IFRS 5.9 i. V. m. Appendix B sowie IFRS 5.IG.E5 bis E7 zulässig, wenn vom Unternehmen nicht zu vertretende Verzögerungen auftreten, das Unternehmen aber gleichwohl seinem Veräußerungsplan verpflichtet bleibt. Drei **unschädliche** Verzögerungstatbestände sind zu unterscheiden:
- Die Veräußerung bedarf der **Genehmigung** durch eine außen stehende, insbesondere kartell- oder aufsichtsrechtliche Instanz. Diese Genehmigung kann erst nach Abschluss des binnen 12 Monaten zustande gekommenen Verkaufsvertrages beantragt werden.
- Der Erwerber verweigert die Eigentumsübertragung unter Hinweis auf nach dem Vertragsschluss entdeckte **Mängel**, z. B. Umweltschäden. Mit deren Beseitigung wird unverzüglich begonnen. Die Nachbesserungsarbeiten führen aber zu einem Überschreiten der 12-Monats-Frist.

15

- Externe Umstände, insbesondere **Marktpreise,** ändern sich überraschend während der ursprünglichen 12 Monate. Die Unternehmung reagiert darauf, passt insbesondere ihre Preisforderung an die geänderten Umstände an.
16 Keine Rechtfertigung für eine Ausdehnung der Zwölf-Monats-Frist ist eine mangelnde Marktliquidität.

> **Beispiel**
> Eine Reihe vor der Finanzkrise von der Bank B gegen Gewährung von Sicherheiten in Form von Mehrheitsanteilen an den jeweils darlehensnehmenden Gesellschaften vergebenen Darlehen wird notleidend. B bedient sich der Sicherheiten und wird dadurch selbst Mutterunternehmen von diversen branchenfremden Gesellschaften. Beabsichtigt ist eine schnellstmögliche Veräußerung der Anteile. Angesichts wenig liquider Märkte ist jedoch eine Realisierung binnen 12 Monaten nicht wahrscheinlich.
>
> **Beurteilung**
> Die unfreiwillig erworbenen Tochterunternehmen sind (vorbehaltlich Unwesentlichkeit) zu konsolidieren. Die für den Erwerb mit wahrscheinlicher Weiterveräußerung binnen 12 Monaten bestehenden Erleichterungen (Rz 31) greifen nicht.

2.6 Zeitpunkt der erstmaligen Klassifizierung

17 Zur Veräußerung bestimmte Anlagen und Sachgesamtheiten einschließlich zur Veräußerung bestimmte *discontinued operations* sind ab dem Zeitpunkt gesondert zu bewerten (Rz 36) sowie bilanziell separat auszuweisen (Rz 51), ab dem die vorstehend genannten Voraussetzungen erfüllt sind, d. h. insbesondere ein Veräußerungsbeschluss gefasst und das Vermögen in veräußerungsbereitem Zustand ist. Abweichend von IAS 35.29 ist die erstmalige Erfüllung der Voraussetzungen **nach Ende des Geschäftsjahres** aber vor der formellen Freigabe bzw. Genehmigung des Abschlusses **nicht ausreichend.** Sie führt nicht zur Anwendung der Sondervorschriften (IFRS 5.15). Ein separater **Bilanzausweis** ist erst im Folgejahr zulässig.

> **Beispiel**
> Die Geschäftsführung beschließt im Februar 02 die Veräußerung bestimmter veräußerungsbereiter Anlagen. Der Jahresabschluss 01 wird im März festgestellt und veröffentlicht.
> Das Vermögen aus dem einzustellenden Bereich ist im Abschluss 01 noch nicht zu separieren.
> Eine Separierung ist jedoch in der Bilanz 02 vorzunehmen, soweit das Vermögen bis dahin noch nicht veräußert ist, aber weiterhin die Veräußerungsabsicht besteht und aktiv umgesetzt wird.
> Soweit Quartalsberichte erstellt werden (→ § 37), ist im Beispiel schon ein Sonderausweis zum 31.3.02 geboten.

Während sich die Frage des Bilanzausweises ohnehin nur am Bilanzstichtag (oder Quartalsstichtag) stellt, ist hinsichtlich der **Bewertung** von Bedeutung, wie bei

erstmals **unterjähriger** Erfüllung aller Voraussetzungen zur Qualifizierung als *held for sale* zu verfahren ist. Alle einschlägigen Vorschriften beziehen sich auf das Datum *(date)* der Qualifizierung (vgl. z. B. IFRS 5.IN6, IFRS 5.11, 13 und 27). Mithin ist bei unterjähriger Erfüllung der Voraussetzungen für Bewertungszwecke wie folgt zu verfahren:
- Abnutzbares Anlagevermögen ist bis zu diesem Zeitpunkt noch planmäßig abzuschreiben,
- ab diesem Zeitpunkt jedoch nicht mehr.
- Auf den unterjährigen Umklassifizierungszeitpunkt ist eine evtl. außerplanmäßige Abschreibung durchzuführen (Rz 37).
- Auch die 12-Monats-Frist für die Veräußerung (Rz 14) läuft u. E. ab dem unterjährigen Zeitpunkt.[8]

Für den gesonderten Ausweis in **GuV** und Kapitalflussrechnung bestehen abweichende Regeln (Rz 34).

3 Definition des aufgegebenen Bereichs

3.1 Stilllegung oder Veräußerung nach einheitlichem Plan

Einen **aufgegebenen, nicht fortgeführten Bereich** *(discontinued operation)* können nach IFRS 5.32a und b nur solche Bestandteile eines Unternehmens bilden, die   18
- im Rahmen eines einzelnen (einheitlichen) Plans *(single-coordinated plan)* als Gesamtheit oder stückweise **veräußert** oder
- ebenfalls im Rahmen eines einzelnen (einheitlichen) Plans durch **Stilllegung** eingestellt werden.

Unter die Kategorie der **Veräußerung** fallen nach Folgeänderung durch   19
IFRIC 17 auch Sachdividenden, z. B. im Rahmen von Spaltungen. Auf Rz 9 und
→ § 31 Rz 195 ff. wird verwiesen.

Beim **stückweisen Verkauf** erlangt das Kriterium des **einheitlichen Plans** beson-   20
dere Bedeutung. Nur über die Klammer des einheitlichen Plans können einzelne
Verkaufsfälle einer isolierten Betrachtung entzogen und einer Gesamtperspektive
zugeführt werden. Die Problematik ähnelt insoweit der steuerlichen Rechtslage
zur Betriebs- bzw. Teilbetriebsaufgabe (§ 16 Abs. 3 EStG). Steuerlich ist die durch
Freibeträge und Steuersatzermäßigungen begünstigte (Teil-)Betriebsaufgabe von
der nicht begünstigten allmählichen Liquidierung einzelner Vermögensteile zu
unterscheiden. In IFRS 5 geht es darum, nicht mehr prognoserelevante und damit
in der Berichterstattung zu separierende Auslaufbereiche von solchen Vermögensteilen zu **trennen**, deren außerplanmäßige Abschreibung oder deren Abgangserfolg Bestandteil des normalen Ergebnisses aus *continued operations* ist (Rz 1).

3.2 Abgrenzbarer geschäftlicher oder geografischer Bereich (CGU-Qualität)

Damit die besonderen Ausweis- bzw. Angabevorschriften für einzustellende   21
Bereiche, also insbesondere die Separierung in GuV und Kapitalflussrechnung,
greifen, muss der zu veräußernde oder aufgebende Bereich identifizierbar und

---

[8] Jetzt auch IDWRS HFA 2, Tz. 93.

von den fortzuführenden Bereichen unterscheidbar sein. **Einzelne** Vermögenswerte oder Aktivitäten erfüllen diese Voraussetzung regelmäßig nicht. IFRS 5.32a und 31 verlangen vielmehr
- das Vorliegen eines **wesentlichen** Geschäftszweiges oder **geografischen** Bereiches *(major line of business or geographical area of operations)*,
- der operativ und für Zwecke der Rechnungslegung **abgrenzbar** ist, d. h. vor Einstellungsbeschluss regelmäßig eine (oder mehrere) Zahlungsmittel generierende Einheit (CGU) dargestellt hat (→ § 11 Rz 100).

22 Ein sachliches oder geografisches **Segment** i. S. v. IFRS 8 (→ § 36 Rz 15 ff.) erfüllt normalerweise die Kriterien. Eine zu enge Anlehnung an IFRS 8 erschien jedoch bisher nicht sinnvoll. Auch **Teile** eines Segments oder etwa eine größere Produktlinie eines überhaupt nicht segmentierten Unternehmens können als gesonderter wesentlicher Geschäftszweig oder geografischer Bereich und damit als aufgegebener Bereich gelten (IFRS 5.BC71) (zu vorgesehenen Änderungen Rz 30).

23 Das Kriterium der **betrieblichen und rechnungsmäßigen Abgrenzung** ist erfüllt, wenn einem Bereich *cash inflows* direkt zugerechnet werden können. Es muss **klar** sein, welche *cash inflows* entfallen werden (IFRS 5.BC70). Wo dies nicht klar ist, z. B. wenn im Rahmen eines plakativen Programms der „Kernkompetenzfokussierung und Kostensenkung" nur prozentuale Hoffnungen gehandelt werden, ohne konkret wegfallende Aufwendungen benennen zu können, fehlt ein Definitionskriterium des einzustellenden Bereichs. Da alle Kriterien kumulativ erfüllt sein müssen, greifen dann die Vorschriften von IFRS 5 nicht. Zur Frage, ob alle relevanten *cash flows* entfallen, enthält der analoge amerikanische Standard u. a. folgende Beispiele:[9]

> **Beispiel**
> **Fall 1**
> U stellt unter eigener Marke Sportfahrräder und andere Sportartikel her. Die Fahrradproduktion soll veräußert (outgesourct) werden, der Vertrieb von Rädern unter der eigenen Marke aber bestehen bleiben.
>
> **Beurteilung nach US-GAAP**
> Das Unternehmen gibt das Geschäftsfeld Fahrräder nicht auf. Es bleibt, wenngleich nicht als Hersteller, im *bicycle business*. Eine *discontinued operation* liegt nicht vor.
>
> **Fall 2**
> U ist Franchisegeber für Schnellrestaurants, betreibt in nicht unbedeutendem Umfang aber auch eigene Restaurants. Die eigenen Restaurants sollen nun an den wichtigsten Franchisenehmer veräußert werden.
>
> **Beurteilung nach US-GAAP**
> Durch das Franchising bleibt U mittelbar in das Management (Marketing, Einkauf usw.) der veräußerten Restaurants involviert. Eine *discontinued operation* liegt nicht vor.

---

[9] ASC 205–20–55–27 ff., früher SFAS 144 Appendix A, Beispiele 12–15.

Die amerikanischen Vorschriften bzw. ihre Konkretisierungen sind jedoch nur bedingt auf IFRS übertragbar. Nach IFRS 5.31 darf eine *discontinued operation* nicht kleiner als eine Zahlungsmittel generierende Einheit (CGU) sein:
- In einem vertikal integrierten Konzern (Fall 1 des obigen Beispiels) können die vorgelagerte Stufe (hier die Produktion der Fahrräder) und die nachgelagerte (hier: deren Vertrieb und Verkauf) durchaus eigene CGUs sein. Die Veräußerung nur einer der vertikalen Stufen schließt somit eine *discontinued operation* nicht aus.
- In einem horizontal integrierten Konzern (Fall 2 des obigen Beispiels) sprechen die Verwandtschaft und die Berührungspunkte der nebeneinander betriebenen Geschäfte (hier: eigene Restaurants und Franchising) nicht gegen selbstständige CGUs und selbstständige *operations*.

3.3 Negativabgrenzungen, Grenzfälle, Ermessensspielräume

Als Beispiel für Tätigkeiten, die „**nicht unbedingt**" die Kriterien des einzustellenden Bereichs erfüllen, nannte IAS 35.8 u. a.:
- Auslaufenlassen einer Produktionslinie,
- Einstellung mehrerer Produkte eines weitergeführten Geschäftszweiges,
- Standortverlagerung einiger Produktionsaktivitäten,
- Stilllegung einer Produktionsstätte *(facility)* zur Erzielung von Einsparungen.

Im Gegensatz zu diesen (möglichen) Negativfällen sollte andererseits die Einstellung einer größeren Produktlinie bei einem nicht segmentierten Unternehmen die Kriterien des einzustellenden Bereichs erfüllen „**können**" (IAS 35.9). Die gesamte **Abgrenzungsproblematik** war in IAS 35 in einer **vorsichtigen** und **weichen** Terminologie behandelt worden. Es war nicht von Fällen die Rede, die außerhalb des Anwendungsbereichs liegen, sondern von Fällen, die „*nicht unbedingt*" im Anwendungsbereich liegen. Es war ebenso nicht die Rede von Fällen, die innerhalb des Anwendungsbereichs zu lokalisieren *sind*, sondern von Fällen, die so zu lokalisieren „*sein können*". Einzig erkennbar war das Bemühen.

IFRS 5 setzt diese Linie fort. Auf die Angabe von **Beispielen**, die konkretisieren könnten, wann ein aufgegebener Bereich (nicht) vorliegt, wird von vornherein verzichtet. Die Ausführungen beschränken sich auf abstrakte Hinweise. Für den zentralen Begriff der „*major line of business or geographical area*" fehlt eine Definition. Aus IFRS 5.31 wird lediglich klar, dass der abgehende Geschäftsbereich nicht kleiner als eine Zahlungsmittel generierende Einheit (CGU) sein soll. Er kann aber mehrere CGUs umfassen.[10]

Deshalb besteht bei der Beantwortung der Frage, ob Aktivitäten als aufgegebener Bereich zu qualifizieren sind, ein **weiter Ermessensspielraum**, der vom Management „öffentlichkeitspolitisch" genutzt werden kann.

Beispiel
Ein Unternehmen produziert unter einheitlicher Marke
- Körpercremes,
- Haarpflege- und Haartönungsmittel,
- Deos,
- Parfüms und Duftwässer.

---

[10] Im Einzelnen HEUSER/THEILE, IFRS-Handbuch, 5. Aufl., Tz. 4221 ff.

> Die Deo-„Sparte" soll eingestellt werden.
> **Alternative A**: Aus dem Verkauf wird ein **Gewinn** erwartet.
> Der Deobereich wird weiter als fortzuführende Tätigkeit ausgewiesen mit dem Argument, dass es sich lediglich um eine dem fortzuführenden Parfum- und Duftwässerbereich ähnelnde Produktlinie handelt. In beiden Fällen dienen Duftstoffe als Rohmaterial. In beiden Fällen werden Spraybehälter als Primärverpackung benötigt. In beiden Fällen werden gleiche Vertriebswege genutzt.
> **Alternative B**: Aus dem Verkauf wird ein **Verlust** erwartet.
> Der Deobereich wird als aufgegebener Bereich behandelt mit dem Argument gegenüber dem Duft- und Parfumbereich unterschiedlicher Endkunden (Geschlecht, Alter, Einkommen), unterschiedlicher Konkurrenzlagen (Deos gegen Eigenmarken des Handels, Parfums gegen Marken von Modefabrikanten) und unterschiedlicher Duftträgerrohstoffe (Duftwässer und Parfums alkoholbasiert, eigene Deo-Serie alkoholfrei).

27   Eine sachgerechte Anwendung des Begriffs der *discontinued operation* hat u. E. die Größe und Vielfalt der Tätigkeit des Unternehmens zu berücksichtigen. Bei horizontal oder konglomeral diversifizierten **Großunternehmen** stellt die Aufnahme neuer und Einstellung alter Tätigkeiten einen normalen Aspekt der Geschäftsentwicklung dar. Nur bei **Wesentlichkeit**, festzumachen etwa daran, ob der betroffene Bereich ein berichtspflichtiges Segment i. S. v. IFRS 8 ist, liegt daher u. E. eine *discontinued operation* vor.

> **Beispiel**
> Der Energiegroßkonzern U hat einige Jahre Solarmodule produziert und hieraus, gemessen am Konzernumsatz, Umsatzanteile im niedrigen einstelligen Prozentbereich erzielt. In einem turbulent wachsenden, überdies durch Fördergesetze national sehr unterschiedlichen Markt war U im Vergleich zu flexibler und in flacheren Hierarchien agierenden mittelgroßen Unternehmen wenig erfolgreich. U beschließt daher die Veräußerung des Bereichs. Erwartet wird ein Abgangsverlust. Als vorzugswürdig gilt der Ausweis als *discontinued operation*.
>
> **Beurteilung**
> Für den Großkonzern war die „Sparte" nicht wesentlich. Ein Ausweis als *discontinued operation* wäre nicht sachgerecht.

28   Verkauf oder Schließung einzelner **Standorte oder Filialen** sind dann nicht als *discontinued operation* zu qualifizieren, wenn die Tätigkeit im betreffenden Geschäftsbereich oder der betreffenden Region nicht komplett eingestellt wird.

> **Beispiel**
> Der Mischkonzern M betreibt u. a. Baumärkte auf der iberischen Halbinsel. Angesichts eines schwierigen Marktumfeldes sollen die meisten Filialen veräußert oder geschlossen, einige lukrativere aber fortgeführt werden.

> **Beurteilung:**
> Es liegt keine *discontinued operation* vor, da die Tätigkeit in der Region, wenn auch auf niedrigerem Niveau, fortgeführt werden soll.

Anteile an **assoziierten Unternehmen** sind nur ganz ausnahmsweise als *discontinued operation* zu qualifizieren. 29

Der Subjektivität der bisherigen Regelungen (Rz 26) und ihrem unklaren Bezug zum Wesentlichkeitskriterium (Rz 27) sollte durch den im September 2008 vorgelegten **ED eines Amendment zu IFRS 5** begegnet werden: 30
- Eine *discontinued operation* sollte nach ED IFRS 5.32 nicht mehr als wesentlicher Geschäftszweig oder geografischer Bereich *(major line of business or geographical area of operations)* definiert werden (Rz 21),
- sondern als **operatives Segment** bzw. berichtspflichtiges operatives Segment[11] i. S. v. IFRS 8 (Rz 23).

Damit sollte nur noch im Rahmen einer **strategischen Neuorientierung** des Unternehmens *(strategic shift in its operations)* eine *discontinued operation* angenommen werden. Da die Abgrenzung operativer Segmente nach IFRS 8 darauf abstellt, wie das Unternehmen auf Führungsebene gesteuert wird, geht mit der Veräußerung eines (berichtspflichtigen) operativen Segments i. d. R. ein Strategiewechsel einher (ED IFRS 5.BC7). Ein Nachteil der vorgesehenen Neuregelung lag darin, dass auch nicht börsennotierte, nicht zur Segmentberichterstattung verpflichtete Unternehmen operative Segmente hätten identifizieren, also Teile von IFRS 8 anwenden müssten. Der Entwurf liegt derzeit auf Eis.[12]

3.4 Mit Veräußerungsabsicht erworbene Tochtergesellschaft

Eine ausschließlich mit Veräußerungsabsicht erworbene Tochtergesellschaft ist gem. IFRS 5.32a bei Erfüllung der übrigen Voraussetzungen (Veräußerung binnen 12 Monaten usw.; Rz 11) als *discontinued operation* zu qualifizieren. Für den Erwerb einer Tochtergesellschaft in Veräußerungsabsicht bestehen folgende Erleichterungen gegenüber einer normalen *discontinued operation*: 31
- Die aktivisch und passivisch jeweils nur in einem Betrag auszuweisenden Vermögenswerte sind auch im Anhang nicht aufzuschlüsseln (IFRS 5.39).
- Die Aufschlüsselung des Ergebnisses aus der *discontinued operation* nach Erträgen, Aufwendungen und Steuern ist auch im Anhang nicht nötig (IFRS 5.33b).
- Entsprechendes gilt für die *cash flows* (IFRS 5.33c).

Im Einzelnen wird auf → § 32 Rz 97 verwiesen.
Nach IFRS 5.IG Example 13 ist abweichend von IFRS 3 eine vollständige Kaufpreisallokation für die mit Veräußerungsabsicht erworbenen Tochterunternehmen nicht erforderlich. Vielmehr kann vereinfacht unterstellt werden, dass sich der Gesamtwert der erworbenen Vermögenswerte als Summe aus *fair value* des Tochterunternehmens und *fair value* der Schulden ergibt. Dies bedeutet etwa, dass die erworbenen, beim Erwerbsobjekt selbst nicht aktivierten immateriellen Vermögenswerte nicht identifiziert und bewertet werden müssen.

---

[11] IASB, Update Juli 2009.
[12] IASB, Update März 2011.

32 Soll ein ursprünglich ohne Veräußerungsabsicht erworbenes Tochterunternehmen später veräußert werden, ist nach den allgemeinen Kriterien zu beurteilen, ob es die Qualität eines Geschäftsfelds *(discontinued operation)* hat. Unabhängig davon sind die Vermögenswerte und Schulden daraufhin zu würdigen, ob sie als *non-current assets held for sale* oder *disposal group* zu qualifizieren sind.

33 Durch den im September 2008 vorgelegten Entwurf eines *Amendment* zu IFRS 5 sollte von der rechtlichen Form des Erwerbsobjekts bzw. -vorgangs *(share deal,* d.h. Erwerb einer Tochtergesellschaft, vs. *asset deal,* d.h. Erwerb einer Sachgesamtheit) abstrahiert werden. Das Erwerbsobjekt sollte „nur" noch die Qualität eines *business* haben müssen (→ § 31 Rz 15). Der Entwurf liegt derzeit auf Eis (Rz 30).

3.5 Zeitpunkt der erstmaligen Klassifizierung

34 Für **Bilanzausweis und Bewertung zur Veräußerung bestimmter** *discontinued operations* gelten die unter Rz 17 dargestellten zeitlichen Regeln (IFRS 5.32). Insbesondere ist danach bei erstmaliger unterjähriger Erfüllung der Voraussetzungen zur Qualifizierung einer *discontinued operation as held for sale* bis zu diesem Zeitpunkt noch planmäßig abzuschreiben, ab diesem Zeitpunkt jedoch nicht mehr (Rz 37).

Eigenen Regeln unterliegt jedoch der separate Ausweis der *discontinued operations* in **GuV und Kapitalflussrechnung.** Bei unterjähriger Klassifizierung als *held for sale* ist wie folgt zu verfahren:

- Das gesamte Periodenergebnis, nicht nur der Zeitanteil nach Klassifizierung als *discontinued operation* ist separat in der **GuV** (→ § 2 Rz 56ff.) auszuweisen (IFRS 5.33).
- Entsprechend ist außerdem mit allen für **Vergleichszwecke** präsentierten Vorjahren zu verfahren (IFRS 5.34; → § 2 Rz 28ff.).
- Mit den wahlweise in der Kapitalflussrechnung selbst oder im Anhang (→ § 3 Rz 144) vorzunehmenden besonderen Angaben zu den *cash flows* aus der *discontinued operation* ist entsprechend zu verfahren (IFRS 5.33c und 34).

> **Beispiel**
> Im Juni 03 wird die Veräußerung der Produktionsstätte C beschlossen. Ab Juli 03 befindet sich die Produktionsstätte in einem veräußerungsbereiten Zustand. Die Veräußerung wird Mitte 04 vollzogen.
> Das abnutzbare Anlagevermögen der Produktionsstätte ist bis einschließlich Juni 03 abzuschreiben.
> Zum 1.7.03 erfolgt die Bewertung zum niedrigeren Wert aus Buchwert und Nettozeitwert, d.h., im Falle eines niedrigeren Nettozeitwertes ist eine außerplanmäßige Abschreibung geboten (Rz 37).
> In der GuV 03 wird das gesamte Ergebnis der Produktionsstätte einschließlich der evtl. außerplanmäßigen Abschreibung als Ergebnis aus *discontinued operations* ausgewiesen.
> Entsprechend wird mit den Vorjahresvergleichszahlen 02 (und, sofern 2 Vergleichsjahre präsentiert werden, auch mit 01) verfahren.
> In der GuV 04 wird ebenfalls das gesamte Ergebnis der Produktionsstätte, einschließlich des Abgangserfolges, separat dargestellt.
> In der Bilanz per 31.12.03 werden Vermögen und Schulden separiert. Eine Anpassung des Vorjahresausweises findet nicht statt.

Bei Einstellung eines Geschäftsfeldes durch **Stilllegung** (*abandonment*) ist die   35
Qualifizierung als *discontinued operation* erst in der Periode zulässig, in der die
Stilllegung vollzogen worden ist (IFRS 5.32).

> **Beispiel**
> In 05 wird der Stilllegungsbeschluss über eine größere Produktionslinie
> gefasst. In 06 wird die Produktionslinie tatsächlich eingestellt.
> Der Ausweis in der GuV ist wie folgt:
> - in 05 als *continued operation*,
> - in 06 als *discontinued operation* (retrospektiv, d. h. unter Anpassung der
>   Vorjahresvergleichszahlen).

4 Bewertung

4.1 Bewertung zum niedrigeren Nettozeitwert

IAS 35.17 bestimmte noch ausdrücklich, dass für den Ansatz und die Bewer-   36
tung von Posten der Bilanz, der GuV und der Kapitalflussrechnung „die in
anderen International Accounting Standards enthaltenen Ansatz- und Bewertungsgrundsätze anzuwenden" seien und demgemäß IAS 35 keinerlei Ansatz-
und Bewertungsgrundsätze aufstelle (IAS 35.18). Tatsächlich wurde in IAS 35
teilweise gegen diese Vorgabe verstoßen. Hierzu wird auf Rz 52 und Rz 47 der
1. Auflage verwiesen.

IFRS 5 enthält hingegen besondere Bewertungsregeln. Zur **Einzel**veräußerung   37
bestimmte Anlagen bzw. zur Veräußerung im Rahmen einer **Sachgesamtheit**
(disposal group) bestimmte Anlagen sind gem. IFRS 5.15 im Umqualifizierungszeitpunkt mit dem **niedrigeren** der beiden folgenden Werte anzusetzen:
- **Buchwert** vor Klassifizierung des Anlagegutes oder der Sachgesamtheit als
  held for sale
- **Nettozeitwert**, d. h. *fair value* minus Veräußerungskosten

und sodann **nicht mehr planmäßig abzuschreiben.**
IFRS 5 schreibt also eine besondere Form **imparitätischer** Bilanzierung vor
(→ § 1 Rz 21 f.), bei der in die Bestimmung des Niederstwertes die **Veräußerungskosten** *(cost to sell)* eingehen. Diese umfassen nach IFRS 5. App. A alle
inkrementalen und direkt der Veräußerung zurechenbaren Kosten mit Ausnahme von Steuern und Finanzierungskosten (z. B. auch solche aus erwarteten
Vorfälligkeitsentschädigungen). Fraglich ist, ob hierzu auch Arbeitnehmerabfin-
dungen (Rz 54 f.) und andere rückstellungspflichtige Vorgänge gehören, die
anlässlich der Veräußerung entstehen. Angesprochen ist damit das Verhältnis
der Vorschriften von IAS 37 bez. Restrukturierungsrückstellungen (→ § 21
Rz 94 ff.) zu den Regelungen von IFRS 5. Hierzu folgendes Beispiel:

> **Beispiel**
> U beschließt Ende 01 die Veräußerung von Geschäftsfeld A.
> Der Buchwert des schuldenfreien Geschäftsfelds beträgt 100.
> Aus der Veräußerung wird ein Erlös von 100 erwartet. Mit der Geschäftsfeld-
> veräußerung sind Arbeitnehmerabfindungen i. H. v. 10 verbunden. Die Vo-

raussetzungen einer Restrukturierungsrückstellung und die Anwendungsbedingungen von IFRS 5 sind erfüllt. Bei isolierter Anwendung von IFRS 5 und IAS 37 würde die Abfindung zweimal bilanz- und GuV-wirksam, zum einen als Rückstellung/Rückstellungsdotierung, zum anderen in dem Nettozeitwert/der außerplanmäßigen Abschreibung.
Sachgerecht ist u. E. die erste Lösung (linke Spalte der nachfolgenden Tabelle).

	cost to sell ohne Abfindung	Abfindung als cost to sell
fair value − *cost to sell*	100 0	100 − 10
= Nettozeitwert − Buchwert	100 100	90 100
= Abschreibung	0	10
BILANZ 01 Aktiva − Rückstellung Abfindung	100 − 10	90 − 10
= „Nettovermögen" IFRS 5/IAS 37 − Nettovermögen nach Veräußerung	90 90	80 90
= Differenz	0	− 10
GuV 01 − Abschreibung − Dotierung Rückstellung	0 − 10	− 10 − 10
= Ergebnis	− 10	− 20

Die Einbeziehung rückstellungspflichtiger Veräußerungskosten in die Nettozeitwertermittlung würde zur Doppelberücksichtigung von Aufwand führen. Sachgerecht ist es daher, den Begriff der Veräußerungskosten enger auszulegen. Nicht mehr Veräußerungs**kosten** sind dann solche erwarteten Zahlungen, die durch Rückstellungsbildung bereits unabhängig von IFRS 5 als Kosten verbucht sind. Dies entspricht auch der Forderung, notwendige Buchwertanpassungen (hier Einbuchung einer Rückstellung) der Anwendung von IFRS 5 vorzuschalten (Rz 40). Vermieden wird damit „nur" die Doppelberücksichtigung von Aufwand; hingegen werden keine Kompensationsmöglichkeiten eröffnet. Eine Restrukturierungsrückstellung wäre demnach auch dann zu bilden, wenn der erwartete Veräußerungserlös selbst nach Abzug dieser Rückstellungen den Buchwert noch überschreiben würde.

Falls ein Vermögenswert bereits mit Veräußerungsabsicht **erworben** wird und – nach Maßgabe der übrigen Voraussetzungen – schon im Erstverbuchungszeitpunkt als *held for sale* (Rz 3) zu klassifizieren ist, muss der Nettozeitwert mit dem fiktiven Buchwert, d. h. i. d. R. mit den Anschaffungskosten, verglichen werden. Durch die „Niederstwertregel" wird ein „day-one profit" jedoch nicht ein „day-one loss" verhindert.

Beispiel
Der ahnungslose Tiefbauunternehmer T erwirbt von seinem etwas liquiditätsschwachen Kunden P einen Oldtimer-Porsche mit Weiterveräußerungsabsicht. In dem Glauben, es handele sich um ein homologisiertes Sondermodell, das mindestens 80.000 EUR wert sei, bezahlt U (durch Aufrechnung) 50.000 EUR. Der Marktpreis beträgt jedoch nur 30.000 EUR.
Unter der Prämisse, dass ein Anwendungsfall von IFRS 5 vorliegt (Rz 7), vergleicht der Buchhalter von U den fiktiven Buchwert (Anschaffungskosten) mit dem Nettozeitwert. Anzusetzen als Zugangswert ist der niedrigere Betrag. B bucht daher:

Konto	Soll	Haben
zur Veräußerung bestimmtes AV	30.000	
außerplanmäßige Abschreibung	20.000	
Ford.		50.000

Variante
Es handelt sich tatsächlich um ein homologisiertes Raritätenmodell. Der Marktwert ist 80.000 EUR. B vergleicht diesen mit dem (fiktiven) Buchwert (Anschaffungskosten) und setzt den niedrigeren Betrag an. B bucht daher:

Konto	Soll	Haben
zur Veräußerung bestimmtes AV	50.000	
Ford.		50.000

Unabhängig davon, ob anlässlich der erwarteten Veräußerung entstehende Kosten bei der Bemessung des *fair value less cost to sell* zu berücksichtigen sind, müssen sie im Fall einer *discontinued operation* regelmäßig als Teil des Ergebnisses aus dem aufgegebenen Bereich qualifiziert werden.

Eine **planmäßige Abschreibung** (→ § 10) ist nach Klassifizierung als *held for sale* auch dann nicht mehr zulässig, wenn der abnutzbare Anlagegegenstand bis zum Vollzug der Veräußerung noch weiter genutzt wird (IFRS 5.25). Die planmäßige Abschreibung wird als Bewertungsmaßnahme ausgesetzt bzw. durch den Niederstwerttest ersetzt. Hierin liegt ein konzeptioneller Widerspruch zu IAS 16.50, der die planmäßige Abschreibung nicht als Bewertungsverfahren, sondern in erster Linie als Allozierung der Investitionsausgaben auf die Nutzungsperioden versteht.[13]

38

Soweit der Nettozeitwert bei der Erstklassifizierung oder später unter dem Buchwert liegt, ist die Wertminderung als **außerplanmäßige Abschreibung** *(impairment loss)* erfolgswirksam zu buchen (IFRS 5.20). Eine **Zuschreibung** ist nur nach dem Maße der vorherigen außerplanmäßigen Abschreibung zulässig (→ § 11).

---

13 SCHILDBACH, WPg 2005, S. 554.

39 Sind dem zur Veräußerung bestimmten Gegenstand bzw. der Veräußerungsgruppe kumulierte erfolgsneutrale Beträge *(other comprehensive income OCI;* → § 20 Rz 96) zuzuordnen, die nur bei Veräußerung erfolgswirksam werden (so etwa Währungsumrechnungsdifferenzen aus selbständigen Tochterunternehmen; → § 27 Rz 55), gilt: In den als Vergleichsgröße des Nettozeitwerts anzusetzenden Buchwert ist das OCI nicht einzubeziehen.[14]

40 Bei Anwendung der vorstehenden Regeln auf eine *disposal group* ergibt sich ein komplexes **Zusammenspiel von Einzel- und Gruppenbewertung**:
- Einerseits ist nach IFRS 5.15 auch eine *disposal group* (insgesamt) mit dem niedrigeren Wert aus Buchwert und Nettozeitwert anzusetzen.
- Andererseits nimmt IFRS 5.4f in der *disposal group* enthaltenes Umlaufvermögen sowie bestimmte in ihr enthaltene Anlagen (insbesondere Finanzanlagen und zum *fair value* bewertete *investment properties*) von den besonderen Bewertungsvorschriften aus.

Der drohende **Widerspruch** zwischen beiden Vorgaben ist wie folgt zu lösen:
- Unmittelbar vor Klassifizierung einer Sachgesamtheit als *disposal group* sind die darin enthaltenen Vermögenswerte und Schulden nach Maßgabe der für sie geltenden allgemeinen Regeln zu bewerten (**Einzel**bewertung) (IFRS 5.18). Ein nach allgemeinen Vorschriften (z. B. IAS 36, IAS 2 oder IAS 39) regelmäßig nur auf den Bilanzstichtag vorzunehmender **Wertminderungstest** ist daher zum **unterjährigen** Umklassifizierungszeitpunkt zwingend durchzuführen.[15]
- Dem sich daraus ergebenden Buchwert der *disposal group* (Vermögen minus Schulden) ist deren Nettozeitwert gegenüberzustellen (**Gruppen**bewertung) (IFRS 5.4).
- Soweit dabei auf Gruppenebene ein außerplanmäßiger **Abschreibungs**bedarf festgestellt wird, ist er gem. IFRS 5.23 auf die Sach- und immateriellen Anlagen in der **Reihenfolge** von IAS 36 zu verteilen, d. h. vorrangig einem eventuell enthaltenen derivativen *goodwill* zu belasten, danach den Sach- und immateriellen Anlagen (→ § 11 Rz 179). In Ausnahmefällen kann der gesamte Gruppenabwertungsbedarf den Buchwert der langfristigen Vermögenswerte übersteigen. Offen ist dann aber, ob der Mehrbetrag den kurzfristigen Vermögenswerten abzusetzen ist (Rz 41).
- Bei späterer **Werterholung** ist die Zuschreibung auf den Buchwert vor Klassifizierung als *disposal group* beschränkt. Soweit die ursprüngliche außerplanmäßige Abschreibung zum Teil auf den *goodwill* entfiel, ist strittig, ob insoweit auch dem *goodwill* wieder zugeschrieben werden darf. Für eine solche Zuschreibung spricht u. E. der fehlende Verweis von IFRS 5.22 und IFRS 5.23 auf das Zuschreibungsverbot von IAS 36.124. Auch das IFRS IC hält daher eine Zuschreibung nicht für unzulässig.[16] Nach anderer Auffassung muss eine Zuschreibung auf den *goodwill* zwar unterbleiben, ohne jedoch dadurch den Gesamtbetrag zu kürzen, andere langfristige Vermögenswerte können vielmehr über ihrem Buchwert vor Anwendung von IFRS 5 angesetzt werden.[17]

---

[14] Gl. A. PWC, Manual of Accounting IFRS 2014 Tz. 26.90
[15] So auch IDW RS HFA 2, Tz. 98; mit beachtlichen Argumenten a. A. DOBLER/DOBLER, KoR 2010, S. 353 ff.
[16] IFRS IC, Update Mai 2010.
[17] IDW RS HFA 2, Tz. 103: vgl. insgesamt zum Zuschreibungsproblem auch FREIBERG, PiR 2011, S. 142 ff.

- Da es bei der Ermittlung der Gruppenabschreibung nur auf den Vergleich von Gruppenzeitwert und Gruppenbuchwert ankommt, ist die Aufteilung des Zeitwertes auf bilanzierungs- und nichtbilanzierungsfähiges Vermögen irrelevant. Soweit man sie doch vornähme, würde z.B. ein implizit im Gruppenwert enthaltener originärer *goodwill* die Abschreibung der Sach- und immateriellen Anlagen vermindern oder verhindern.[18]

Beispiel
U beabsichtigt die Veräußerung des Geschäftsfeldes X ohne die zugehörigen Verbindlichkeiten, jedoch incl. der enthaltenen Forderungen. Die Forderungen haben aufgrund von Ereignissen nach dem letzten Bilanzstichtag ¾ ihres Wertes verloren.
Der Veräußerungspreis für das Geschäftsfeld soll dem *fair value* entsprechen. Dieser wird ertragswertorientiert mit Hilfe des DCF-Verfahrens ermittelt. Der errechnete Wert beträgt 375. Mit wesentlichen Veräußerungskosten wird nicht gerechnet.
In der nachfolgenden Tabelle sind die Buchwerte und Zeitwerte sowie die Abschreibungen auf Einzel- und Gesamtbewertungsbasis dargestellt. Auf Folgendes ist besonders hinzuweisen:
Unmittelbar vor Umklassifizierung ist der Buchwert der einzelnen Vermögenswerte festzustellen. Betroffen sind im Beispiel die Forderungen, für die zum letzten Abschlussstichtag noch keine Wertberichtigung notwendig war, auf den Umklassifizierungstag aber nach IAS 39 eine Abschreibung vorzunehmen ist.
Die wiederbeschaffungsorientiert ermittelten niedrigeren Zeitwerte des nichtmonetären Vermögens führen vor Anwendung von IFRS 5 nicht zu Abwertungen, da die Wiederbeschaffungswerte sowohl nach IAS 36 (Anlagen) als auch nach IAS 2 (Vorräte) nicht relevant sind.
Der nach IFRS in Gruppenbetrachtung zu ermittelnde Abschreibungsbetrag ergibt sich durch Gegenüberstellung der um Einzelabschreibungen korrigierten Buchwerte (betroffen im Beispiel nur die Forderungen) mit dem *fair value* der gesamten Gruppe. Die Abschreibung ist entsprechend IAS 36 nach dem Verhältnis der Buchwerte aufzuteilen (→ § 11 Rz 179), wobei u.E. Vermögenswerte, die nicht den Vorschriften von IAS 36 unterliegen (z.B. Vorräte), ebenso wenig in die Verteilung einzubeziehen sind wie diejenigen, die nicht den Bewertungsvorschriften von IFRS 5 unterliegen (Rz 4).
Der so insgesamt verbleibende Buchwert liegt über den Zeitwerten der einzelbilanzierungsfähigen Vermögenswerte. Im Beispiel kann dies auf den **Kompensationseffekt** des nicht bilanzierungsfähigen Vermögens (originäre Marken, Kunden, *goodwill*) zurückgeführt werden. Eine Ermittlung des Zeitwertes dieses Vermögens oder gar keine Aufteilung ist aber nicht nötig, da es sich dem Grunde nach nur um einen rechnerischen Ausgleichsposten zur Ableitung des *fair value* der Gruppe handelt. Aus dieser Gesamtgröße ergibt sich ein Ansatz der Sachanlagen mit 105 (statt mit 75), der Patente mit 70 (statt mit 50) und der Vorräte mit 150 (statt mit 100).

---

[18] A.A. möglicherweise ZÜLCH/LIENAU, KoR 2004. S. 432ff., mit dem Hinweis, dass ein originärer *goodwill* eine Abwertung einzelner Vermögenswerte nicht verhindern dürfe.

	Buchwert	Zeitwert	Einzelbewertung (vor IFRS 5)	Verteilung Gruppenabschreibung	Wert nach Umklass.
Sachanlagen	150	75 (Wiederbeschaffungskosten)	150	45	105
erworbene Patente	100	50	100	30	70
Rohstoffe	150	100 (Wiederbeschaffungskosten)	150		150
Forderungen	200	50 (Wertberichtigung)	50		50
goodwill	0	100	0		0
Summe	600	375	450		375
fair value group			375		
Gruppenabschreibung			75	75	

Beim Zugang von *non-current assets held for sale* im Rahmen eines **Unternehmenserwerbs** ist abweichend von den Normalregeln von IFRS 3 (→ § 31 Rz 39 ff.) nicht der Zeitwert, sondern der Nettozeitwert anzusetzen (IFRS 5.16). Die eventuelle Differenz wird nicht als außerplanmäßige Abschreibung erfasst.

41 Übersteigt der Wertminderungsbedarf einer Veräußerungsgruppe den Buchwert der den Bewertungsvorschriften des IFRS 5 unterliegenden Vermögenswerte *(scope-in assets; vgl.* Rz 5), ist das Vorgehen unklar.[19] U. E. sind die **sonstigen** Vermögenswerte *(scope-out assets)* in diesem Fall aus folgenden Gründen **nicht abzustocken:** Der IASB hat kurzfristige Vermögenswerte (z.B. Vorräte), aber auch bestimmte Vermögenswerte langfristiger Art (z.B. bestimmte Finanzinstrumente, aktive latente Steuern oder zum *fair value* bewertete *investment properties*) bewusst aus dem Anwendungsbereich der Bewertungsvorschriften von IFRS 5 ausgenommen, u.a. deshalb, weil das IFRS 5 prägende besondere Imparitätsprinzip (Rz 37) auf latente Steuern oder auf zum *fair value* erfasste Vermögenswerte konzeptionell nicht passen würde. Hätte er gleichwohl unter Inkaufnahme konzeptioneller Brüche im Falle einer *disposal group* auch für diese Vermögenswerte eine Bewertung nach IFRS 5 zulassen wollen, so wäre hierzu eine ausdrückliche kasuistische Bestimmung erforderlich gewesen. Diese gibt es aber in IFRS 5 nicht. U. E. kann daher auch nicht über die Hintertür der Gruppenbewertung der Ausschluss bestimmter Vermögenswerte von den Bewertungsvorgaben des IFRS 5 rückgängig gemacht werden. Überdies würde eine Abstockung in vielen Fällen, etwa bei monetären Gütern (z.B. Bankguthaben) zu unvertretbaren Ergebnissen führen. U. E. muss eine Verteilung eines verbleiben-

---

[19] IFRIC, Update November 2009.

den Wertminderungsbetrags auf nicht den Bewertungsvorgaben von IFRS 5 unterliegende Vermögenswerte daher unterbleiben.[20] Auch einen Ansatz negativer Buchwerte oder eines technischen Schuldpostens, der tatsächlich weder nach IFRS 9/IAS 39 noch nach IAS 37 als Schuld zu qualifizieren ist, halten wir nicht für gerechtfertigt.[21] In Kauf zu nehmen ist dann, dass der überschießende Gruppenwertberichtigungsbedarf unerfasst bleibt.

Der Übergang zur Niederstbewertung nach IFRS 5 stellt noch keinen veräußerungsgleichen Vorgang dar und führt daher nicht zum *recycling* von Währungsumrechnungsdifferenzen und anderen Formen des kumulierten sonstigen Ergebnisses *(other comprehensive income)*.[22] 42

Kommt es nach ursprünglicher Niederstwertabschreibung zu einem Anstieg des *fair value less costs to sell*, ist dieser bei Veräußerungsgruppen bilanziell wie folgt nachzuvollziehen: 43

- Zunächst sind Zuschreibungen bei nicht den Bewertungsregeln von IFRS 5 unterliegenden Vermögenswerten vorzunehmen, wenn die jeweils einschlägigen Standards dies zulassen oder gebieten (z. B. IAS39/IFRS 9 für bestimmte Finanzinstrumente).
- Sodann sind die anderen Vermögenswerte bis zum Buchwert unmittelbar vor Anwendung von IFRS 5 zuschreibungsfähig.
- Ein danach eventuell noch verbleibender Wertanstieg muss unberücksichtigt bleiben.

Strittig ist, ob nach diesem Vorgehen auch ein *goodwill* bis zu seinem früheren Buchwert zuschreibungsfähig ist. U. E. ist dies durch IFRS 5.22 gestattet (→ Rz 46).

4.2 Bewertung nach Änderungen eines Veräußerungsplans

Wird die Veräußerungsabsicht aufgegeben, ist gem. IFRS 5.27 zu diesem Zeitpunkt der niedrigere der beiden folgenden Werte anzusetzen: 44
- fortgeführter ursprünglicher Buchwert,
- erzielbarer Betrag i. S. v. IAS 36.

Ein durch die Reklassifizierung entstehender **Bewertungsunterschied** ist **erfolgswirksam** zu verbuchen.

Beispiel 45
Eine Maschine wird am 30.6.04 als held *for sale* qualifiziert. Der Buchwert beträgt zu diesem Zeitpunkt 100, die Restnutzungsdauer 5 Jahre. Der Nettozeitwert zu allen Zeitpunkten ist 60. Mitte 05 steht fest, dass die Maschine weiter genutzt werden soll. Folgende Buchungen sind notwendig:

Datum	Konto	Soll	Haben
30.6.04:	1. per *non-current assets held for sale*	100	
	Anlagevermögen		100
	2. per Aufwand	40	
	non-current assets held for sale		40

---

[20] Gl. A: Freiberg, PiR 2011, S. 142 ff.
[21] Gl. A. PWC, Manual of Accounting IFRS 2014, Tz. 26.121 ff. A. A. Deloitte, iGAAP 2014, Ch 20 s4.3A.
[22] Dobler/Dobler, KoR 2010, S. 353 ff. und PWC, Manual of Accounting IFRS 2014 Tz. 26.90.

Datum	Konto	Soll	Haben
30.6.05:	3. per Anlagevermögen	60	
	non-current assets held for sale		60
	4. per Anlagevermögen	20	
	Ertrag		20

Wobei Buchung Nr. 4 zu dem Wert führt, zu dem die Maschine per 30.6.05 anzusetzen gewesen wäre, wenn es keine Umqualifizierung gegeben hätte (100 per 30.6.04 minus ⅕ lineare Abschreibung = 80 per 30.6.05). Die Buchung ist nur dann zulässig, wenn per 30.6.04 mit Blick auf IAS 36 *(impairment)* kein Ansatz von 60 notwendig ist. Die Zugehörigkeit zu einer profitablen CGU kann z.B. den Wertansatz von 80 nach IAS 36 rechtfertigen.

Datum	Konto	Soll	Haben
31.12.05:	5. per planm. Abschreibung	10	
	Anlagevermögen		10

46 Bei Aufgabe der Veräußerungsabsicht kann es abweichend von den Regelung des IAS 36.124 auch zu einer **Zuschreibung** auf den *goodwill* kommen, limitiert aber auf den Betrag, der vor dem Zeitpunkt der Klassifizierung als zur Veräußerung gehaltenes langfristiges Vermögen gültig war.[23]

47 Die ab 2016 anzuwendenden Annual Improvements to IFRSs 2012–2014 Cycle stellen durch Einfügung von IFRS 5.26B klar, dass der Übergang von einer Veräußerungsabsicht zur Absicht, den Vermögenswert als Sachdividende auszukehren (→ Rz 9) oder ein Übergang in umgekehrter Richtung keine Folgen für Ausweis und Bewertung haben.

5 Ausweis und Angaben

5.1 Beschreibende Angaben

48 An verbalen Angaben verlangt IFRS 5.41:
- eine **Beschreibung** der zur Veräußerung bestimmten **Anlagen** und *disposal groups* bzw. einzustellenden **Bereiche**,
- die Nennung des oder der **Segmente**, zu denen der einzustellende Bereich gehört,
- die Angabe von Fakten und Umständen, die **Zeitablauf** und **Art** der Veräußerung betreffen.

49 Eine kurze Musterformulierung könnte wie folgt aussehen:

Beispiel
Am 15. November 01 hat die Geschäftsführung nach Genehmigung durch den Aufsichtsrat den Plan zur Veräußerung des Segments „Damenoberbekleidung" bekannt gegeben. Die geplante Veräußerung entspricht der **langfristigen Strategie** des Unternehmens, sich auf die Bereiche „Herrenober-

---

[23] IDW RS HFA 2, Tz. 105.

Aufgegebene Geschäftsbereiche § 29

> bekleidung" und „Sportbekleidung" zu konzentrieren und sich von damit nicht in Zusammenhang stehenden Tätigkeiten zu trennen. Das Unternehmen bemüht sich aktiv um einen Käufer für das Segment „Damenoberbekleidung" und hofft, den Verkauf bis Ende 02/Anfang 03 abschließen zu können.

Bei der gleichzeitigen Veräußerung **verschiedener** Bereiche sind die geforderten Angaben für jeden wesentlichen Bereich zu machen. Auf die **Checkliste** „Abschlussangaben" wird verwiesen (→ § 5 Rz 8). 50

5.2 Separierung Vermögen und Schulden in der Bilanz und im Anhang

Zu jedem Bilanzstichtag, zu dem das zur Veräußerung bestimmte Vermögen tatsächlich noch nicht veräußert ist, sind die Vermögenswerte und im Falle der *disposal group* (Rz 6)/*discontinued operation* (Rz 18) auch die damit verbundenen Schulden gesondert anzugeben. Gefordert ist damit **eine** Aktiv- und **eine** Passivangabe je einzustellenden Bereich: 51

- auf der Aktivseite als „**zur Veräußerung bestimmtes langfristiges Vermögen**"(*non-current assets qualified as held for sale*) und
- auf der Passivseite ein **Posten** „**Schulden aus zur Veräußerung bestimmtes langfristiges Vermögen**" (*liabilities associated directly with non-current assets qualified as held for sale*).

Die Darstellung der **Bilanz** ist dementsprechend wie folgt:

Langfristiges Vermögen	Eigenkapital
Kurzfristiges Vermögen	Langfristige Schulden
	Kurzfristige Schulden
Zur Veräußerung bestimmtes langfristiges Vermögen	Schulden im Zusammenhang mit zur Veräußerung bestimmten Anlagen

Alternativ kann, wie vom DRSC in RIC 1 empfohlen, die Summe der abgehenden Vermögenswerte bzw. Schulden als Unterposition der kurzfristigen Vermögenswerte bzw. Schulden dargestellt werden. Für die weitere Aufschlüsselung des Aktiv- und Passiv(unter)postens reicht in jedem Fall der **Anhang**. Die bilanziellen Anforderungen gelten **nicht retrospektiv**. Vorjahresvergleichszahlen sind daher nicht umzuklassifizieren (IFRS 5.IE12). In IFRS 5.4 sind u.a. **latente Steuern** und **Finanzinstrumente** vom Anwendungsbereich der **Bewertungs**vorschriften des IFRS 5 ausgenommen. Für den **Ausweis** bleibt IFRS 5 hingegen anwendbar. Zu sich hieraus ergebenden Folgen am Beispiel der Steuerlatenz wird auf Rz 75 verwiesen.
Im Anhang oder in der Bilanz ist eine **Aufschlüsselung** des Aktiv- und Passivbetrags nach den wesentlichen Gruppen *(major classes of assets and liabilities)* vorzunehmen (IFRS 5.38). Eine Aufschlüsselung nach unterschiedlichen *disposal groups/discontinued operations* ist nicht unbedingt erforderlich, kann sich aber bei nicht zu vielen Fällen empfehlen. Danach könnte eine Aufschlüsselung wie folgt aussehen:

Beispiel	Diverse	Geschäftsfeld Südpazifik	Gesamt
Sachanlagen	5.000	10.000	15.000
Immaterielle Anlagen	1.000	2.000	3.000
available-for-sale-Finanzinstrumente	1.000	2.000	3.000*
kurzfristiges Vermögen		1.000	1.000
Summe Vermögenswerte	7.000	15.000	22.000
Finanzverbindlichkeiten		2.000	2.000
Sonstige Verbindlichkeiten		1.000	1.000
Schulden		3.000	3.000

* davon erfolgsneutraler im EK erfasster Erfolg: 500

Ein in den zur Veräußerung bestimmten Vermögenswerten enthaltener, direkt im **Eigenkapital** erfasster **Bewertungserfolg** ist nach IFRS 5.38 zu vermerken.

52 Vermögenswerte und Schulden eines mit Veräußerungsabsicht erworbenen **Tochterunternehmens**[24] (Rz 31) sind zwar in die besonderen Aktiv- und Passivposten einzubeziehen, jedoch weder im Anhang noch in der Bilanz nach den darin enthaltenen Klassen von Vermögen/Schulden aufzugliedern (IFRS 5.39).

53 Der Inhalt der Position „**Schulden aus zur Veräußerung bestimmtes langfristiges Vermögen**" *(liabilities associated directly with non-current assets qualified as held for sale)* ist restriktiv auszulegen. Schulden sind etwa nur dann Teil einer Abgangsgruppe *(disposal group;* Rz 6), wenn sie bei der Veräußerung der Vermögenswerte mit übertragen werden (IFRS 5.Anhang A.). Die Passivposition umfasst daher **nur die Schulden, die der Erwerber übernimmt**, regelmäßig also nicht die mit einem abgehenden Vermögenswert durch dingliche Sicherung verbundenen Schulden, ebenso wenig die passiven latenten Steuern (Rz 75).

Beispiel
U qualifiziert Bürogrundstücke als zur Veräußerung bestimmt. Die Grundstücke sind mit Grundschulddarlehen belastet. Die Bank wird nur gegen Tilgung der Darlehen die wirtschaftlich für eine Veräußerung erforderliche dingliche Freigabe erteilen.
Die Grundschulddarlehen sind keine „Schulden aus zur Veräußerung bestimmten langfristigen Vermögenswerten" i.S.v. IFRS 5, da sie nicht auf den Erwerber übergehen werden.

---

[24] Dazu: KÜTUNG/KESSLER/WIRTH, KoR 2003, S. 533 ff.

Bedeutung erlangt die Passivposition in zwei Fällen: Bei der
- **Veräußerung von Tochterunternehmen im** *share deal*, wo (mit der evtl. Ausnahme von passiven latenten Steuern; → Rz 75) sämtliche Schulden des Tochterunternehmens aus Konzernsicht auf den Erwerber übertragen werden,
- bei **Verkauf von Anlagen**, mit denen eine **Rückbauverpflichtung** verbunden ist, die der Erwerber regelmäßig übernimmt.

5.3 Separierung von Ergebnis und *cash flows* in GuV und Kapitalflussrechnung

Im Falle eines durch Veräußerung oder Stilllegung **aufgegebenen** (bzw. aufzugebenden) **Bereichs** (*discontinued operation*) ist in der GuV der **separate** Ausweis des Gesamterfolgs aus den Einstellungen *(post-tax profit or loss of discontinued operations)* geboten (IFRS 5.33a). Das Vorjahr ist anzupassen (Rz 34f.). Wahlweise in der GuV oder im Anhang ist eine **Aufschlüsselung dieses Erfolges** vorzunehmen (IFRS 5.33b) nach
- Erträgen *(revenues)*,
- laufenden Aufwendungen,
- Ergebnis vor Steuern,
- Steuern,
- Anteil des Umbewertungs- und Abgangserfolges an dem Ergebnis vor Steuern und an den Steuern.

Nachfolgend ein Beispiel für eine Separierung innerhalb der GuV:

> **Beispiel**
> - Im Januar 02 genehmigt der Aufsichtsrat der Core Clothes AG den **Plan** des Vorstandes, das Segment Damenoberbekleidung (DOB) zu veräußern. Mit der aktiven Suche nach einem Käufer wird sofort begonnen. Der erzielbare Veräußerungspreis wird auf ca. 60 Mio. EUR geschätzt.
> - Zum **Vertragsschluss** kommt es im **September 02**. Der Vertrag sieht für ein übergehendes Buchvermögen von (aktuell) 70 Mio. EUR einen Veräußerungspreis von 60 Mio. EUR vor.
> - Der Vertrag wird Ende **Januar 03 vollzogen**.
>
> Nicht übernommene Arbeitnehmer werden von der AG mit 30 Mio. EUR abgefunden. Der Gewinn nach Steuern aus den fortgeführten Geschäftsbereichen beträgt in allen Jahren 100 Mio. EUR. Der abgehende Geschäftsbereich hat vor Steuern und Einmalaufwendungen ein operatives Ergebnis von 5 Mio. EUR in 01 und jeweils -5 Mio. EUR in 02 und 03.
> Die erwartete Arbeitnehmerabfindung ist direkt der Veräußerung zuzuordnen, gleichwohl nicht als *costs to sell* zu qualifizieren, da bereits als Rückstellung berücksichtigt (Rz 37). Somit ergibt sich ein erwarteter Nettozeitwert von 60 Mio. EUR minus 30 Mio. EUR = 30 Mio. EUR.
> Ihm steht ein Buchvermögen von 70 Mio. EUR gegenüber, sodass es zu einer außerplanmäßigen Abschreibung von 10 Mio. EUR kommt.
> Die GuV der drei Jahre (01 als Vergleichsjahr im Abschluss 02 rückwirkend angepasst) ergibt sich bei einem Steuersatz von 40 % wie folgt:

GuV-Untergliederung nach Fortführung/Einstellung (Staffelformat)			
	03	02	01 angepasst
FORTZUFÜHRENDE BEREICHE			
....	...	...	...
Gewinn	100	100	100
AUFGEGEBENER BEREICH			
Umsatz	5	30	40
– betriebl. Aufwendungen	–10	–35	–35
= Zwischensumme	–5	–5	5
– Abfindungen	0	–30	0
– außerplanm. Abschr.	0	–10	0
= Ergebnis vor Steuern	–5	–45	5
– Steuern (davon auf außerplanm. Abschr. 16 Mio.)	2	18	–2
= Verlust/Gewinn	–3	–27	3
UNTERNEHMENSGEWINN GESAMT	97	73	103

55 Für die Erläuterung des Ergebnisses aus aufgegebenen Bereichen in der GuV kommt statt der vorstehenden vertikalen Darstellung (Staffelformat) auch eine horizontale Aufteilung (Drei-Spalten- bzw. Matrix-Format) infrage. Sie ist wie folgt aufgebaut:

GuV-Untergliederung nach Fortführung/Einstellung (Matrixformat)			
	fortgeführte Aktivitäten	aufgegebene Aktivitäten	Konzern
Umsatzerlöse	400	5	405
– Umsatzkosten	–200	–5	–205
= Bruttoergebnis vom Umsatz	200	0	200
– Vertriebskosten	–25	0	–25
– Verwaltungskosten	–25	–5	–30
+ sonstige Erträge	+10	0	+10

GuV-Untergliederung nach Fortführung/Einstellung (Matrixformat)

	fortgeführte Aktivitäten	aufgegebene Aktivitäten	Konzern
– sonstige Aufwendungen	–10	0	–10
+ Finanzerträge	+20	0	+20
– Finanzaufwendungen	–20	0	–20
= Ergebnis vor Steuern	150	–5	145
– Steuern	–50	2	–52
= Verlust/Gewinn	100	–3	97

Das Matrixformat ist in der Praxis nur wenig verbreitet.[25]

Als Folge der Neufassung von IAS 27 in 2008 ist auch IFRS 5 geändert worden. IFRS. 5.33d sieht vor, dass entweder
- im Anhang oder
- in der GuV (bzw. im GuV-Teil der Gesamtergebnisrechnung) selbst

der Anteil der Eigenkapitalgeber der Muttergesellschaft am Konzernergebnis aufzuschlüsseln ist nach
- dem Anteil an fortgeführten Bereichen und
- dem Anteil an aufgegebenen Bereichen.

Während ein anlässlich der Einstellung zu erwartender **Verlust** gegebenenfalls bereits im Wege der **außerplanmäßigen Abschreibung** zu berücksichtigen ist, kann ein aus der Einstellung zu erwartender **Gewinn** erst im **Realisierungszeitpunkt** ausgewiesen werden. Hierzu folgendes Beispiel:

Beispiel
Das Beispiel unter Rz 54 wird dahingehend variiert, dass der Veräußerungspreis nicht 60 Mio. EUR, sondern 120 Mio. EUR beträgt.
Eine außerplanmäßige Abschreibung in 02 ist nicht mehr erforderlich, da der Nettozeitwert (Veräußerungspreis minus Veräußerungskosten) über dem Buchwert liegt.
Fraglich ist, ob die Arbeitnehmerabfindung gesondert in 02 zurückzustellen ist. U. E. ist das der Fall. Rückstellungspflichtige „Veräußerungskosten" sind auch dann zu passivieren, wenn sie durch einen erwarteten Veräußerungsgewinn überkompensiert werden. Ökonomisch sinnvoll ist dieses Resultat nicht, der Wortlaut der Vorschriften lässt aber u. E. nicht zu, die Abfindung in einer derartigen Konstellation wie andere Veräußerungskosten erst im Abgangszeitpunkt anzusetzen.
Aus dem aufgegebenen Bereich wird auf der Grundlage unserer Auffassung im Vergleich zum Ursprungsbeispiel ausgewiesen:

---

[25] Vgl. Küting/Reuter, BB 2007, S. 1942 ff.

> - in 02 ein um 6 Mio. EUR besseres Ergebnis (außerplanmäßige Abschreibung von 10 Mio. EUR entfällt, Steuermehraufwand von 4 Mio. EUR entsteht);
> - in 03 ein um 30 Mio. EUR besseres Ergebnis (Ertrag aus Segmentveräußerung 120 Mio. EUR minus 70 Mio. EUR = 50 Mio. EUR, Steuermehraufwand 20 Mio. EUR).
> - In der Summe beider Jahre ist das Ergebnis vor Steuern um 60 Mio. EUR höher als im Ausgangsbeispiel. Dies entspricht dem um 60 Mio. EUR höheren Veräußerungspreis.

58 Auch in den Jahren nach vollzogener Aufgabe eines Geschäftsbereichs kann diese noch **Erfolgswirkungen** zeigen. Als Beispiele führt IFRS 5.35 u. a. an:
- Auflösung von Unsicherheiten, die durch die Bedingungen des Veräußerungsgeschäfts entstehen (Kaufpreisanpassungen etc.);
- beim Verkäufer verbliebene Verpflichtungen aus Umwelt- und Produkthaftung.

Entsprechende Effekte sind nach IFRS 5.35 als Ergebnisse aus aufgegebenen Geschäftsbereichen anzugeben *(shall be disclosed)*. Hierzu reicht eine Anhangsangabe aus.[26]

59 Entsprechend der GuV ist auch für die **Kapitalflussrechnung** (→ § 3 Rz 144, 167) eine Separierung von fortlaufenden *cash flows* und dem aufgegebenen Bereich zuzuordnenden *cash flows* nach den vier Bereichen der Kapitalflussrechnung (operativ, investiv, finanziell, Finanzmittelfond) geboten (IFRS 5.33c). Wie für die GuV ist auch eine Anpassung der **Vorjahresbeträge** vorzunehmen (IFRS 5.34).

Für die Separierung der *cash flows* kommen drei Formate infrage:
- **Davon-Vermerke** zu den aufgegebenen Bereichen in den vier Teilen der Kapitalflussrechnung,
- **Dreispaltendarstellung** mit einer Spalte für die fortgeführten *cash flows*, einer weiteren für die aus aufgegebenen Bereichen und einer Summenspalte,
- Aufschlüsselung der vier Teile der Kapitalflussrechnung nach fortgeführten Bereichen und aufgegebenen im **Anhang**.[27]

Der aufgegebene Geschäftsbereich kann bis zum Abgang weiterhin Investitions- und Finanzierungstätigkeiten ausüben (IFRS 5.33c).

5.4 Angabe von Umbewertungserfolgen

60 Soweit nicht ohnehin, wie bei aufgegebenen Bereichen, der Umbewertungserfolg in der GuV oder im Anhang separat auszuweisen ist, ergibt sich eine Anhangsangabepflicht aus IFRS 5.41c.

Auf die **Checkliste „Abschlussangaben"** wird verwiesen (→ § 5 Rz 8).

---

[26] A. A. KEITZ, VON/HEYD, in: THIELE/KEITZ, VON/BRÜCKS (Hrsg.), Internationales Bilanzrecht 2008, IFRS 5, Tz. 213.
[27] IDW RS HFA 2, Tz. 120.

5.5 Verhältnis zu den Angabevorschriften nach IFRS 7, IFRS 8, IFRS 12 usw.

Fraglich war in der Vegangenheit, ob mit Umklassifizierung von Vermögenswerten und Schulden als zur Veräußerung bestimmt neben den **Angabevorschriften** von IFRS 5 auch die **anderer Standards** weiterhin gelten, etwa für die in einer Abgangsgruppe enthaltenen Sachanlagen die Vorschriften von IAS 16.73 oder für Finanzinstrumente IFRS 7. In der Beantwortung dieser Frage ist wie folgt zu differenzieren: 61

- IAS 16.3a, IAS 38.3h und IAS 36.3 formulieren eine explizite **Nichtanwendung** *(scope out)* für IFRS 5 unterliegende Vermögenswerte. Die allgemein für Sachanlagen und immaterielle Vermögenswerte bzw. für außerplanmäßige Abschreibungen geforderten Angaben sind mithin bei Umklassifizierung „in zur Veräußerung bestimmt" nicht mehr anzuwenden.
- Andere Standards, etwa **IAS 2 (Vorräte)** oder **IFRS 7 (Finanzinstrumente)** schließen (als Teil einer Veräußerungsgruppe) nach IFRS 5 qualifizierte Vermögenswerte und Schulden **nicht** von ihrem Anwendungsbereich aus. Formal wären daher hier neben allen Angaben nach IFRS 5 **zusätzlich** diejenigen nach dem jeweiligen Standard geforderten zu leisten.

Dem **Sinn** und **Zweck** von IFRS 5 entspricht die Ergänzung um allgemeine Angaben aber **nicht**. Mit der Umqualifizierung nach IFRS 5 sollen Vermögenswerte und Schulden gerade nicht mehr den allgemeinen Ausweis- und Angabeprozeduren unterworfen, sondern im Interesse prognose- und entscheidungsnützlicher Information gesondert behandelt werden (Rz 1). Eine Fortführung der allgemeinen Angaben würde diesem Ziel widersprechen.

Angesichts dieses Widerspruchs ist im Rahmen des *Annual Improvements Project* 2009 eine Ergänzung von IFRS 5 erfolgt. Nach IFRS 5.5B gelten **Angabepflichten** anderer Standards nur noch in folgenden Fällen:

- Der andere Standard sieht ausdrücklich Angaben für zur Veräußerung bestimmtes langfristiges Vermögen, Abgangsgruppen oder aufgegebene Geschäftsbereiche vor (z.B. IAS 33.68 eine Angabe des auf aufgegebene Geschäftsbereiche entfallenden Ergebnisses pro Aktie; → § 35 Rz 54).
- Der andere Standard enthält Vorschriften zur Offenlegung der Bewertung (Methoden, Prämissen etc.) von Vermögenswerten und Schulden, wobei die betreffenden Vermögenswerte und Schulden in einer Abgangsgruppe enthalten sind, aber – z.B. als Finanzinstrumente oder Pensionsverpflichtungen – nicht den Bewertungsvorschriften von IFRS 5 unterliegen.
- Es sind Angaben notwendig, um eine tatsachengetreue Darstellung zu erzielen (IAS 1.15) oder wesentliche Schätzunsicherheiten offenzulegen (IAS 1.125).

> **Beispiel**
> MU beabsichtigt die Veräußerung der TU. TU stellt eine Veräußerungsgruppe dar. Die TU hat u.a. Finanzinstrumente und Pensionsverpflichtungen, die auf den Erwerber übergehen sollen.

> **Beurteilung**
> **a) Finanzinstrumente**
> Angaben zur Bewertung der Finanzinstrumente sind erforderlich (etwa IFRS 7.27), hingegen keine Angaben zu Kredit-, Markt- und Liquiditätsrisiken (IFRS 7.34 ff.).
> **b) Pensionsverpflichtungen**
> Angaben zu den versicherungsmathematischen Annahmen und zum *fair value* des Planvermögens sind in jedem Fall erforderlich (IAS 19.120A k und n). Hinsichtlich weiterer Angaben (etwa Aufteilung des Aufwands in der GuV – IAS 19.120A(g) – ist zu differenzieren:
> - Stellt die Veräußerungsgruppe keinen aufgegebenen Bereich dar und fließt daher ihr „Pensionsergebnis" allgemein in die GuV ein, setzt eine verständliche und nachvollziehbare Erläuterung der Zusammensetzung des Aufwands die Einbeziehung auch der aus der Abgangsgruppe stammenden Teile voraus.
> - Ist die Veräußerungsgruppe hingegen ein aufgegebener Bereich und daher eine Zweiteilung der GuV nach fortgeführter und aufgegebener Tätigkeit geboten, besteht keine Pflicht zur Erläuterung der auf die aufgegebene Tätigkeit entfallenden Komponenten des Pensionsaufwands.

62 Nicht eindeutig ist das Verhältnis von IFRS 5 zu IFRS 8.

> **Beispiel**
> Der Konzern K hat bisher nach den Segmenten A, B, C und Sonstige (unwesentliche) berichtet. C ist nunmehr zur Veräußerung bestimmt und stellt eine *discontinued operation* dar. C erfüllt weiterhin die nach IFRS 8 für die Identifizierung eines berichtspflichtigen Segments maßgeblichen quantitativen Kriterien (→ § 36 Rz 36 ff.).
> **Alternative 1**: Unter Berufung auf IFRS 5.5B werden die Angabepflichten nach IFRS 8 nicht mehr für einschlägig gehalten. Ergebnisse und Vermögen/Schulden des Bereichs C werden mit denen der sonstigen Segmente zusammengefasst (→ § 36 Rz 53).
> **Alternative 2**: IFRS 5 wird nicht für einschlägig erachtet, da IFRS 8 keine spezifische Regelung für einzelne Angaben, sondern solche für einen gesamten Berichtsteil enthält. Es bleibt bei der bisherigen Segmentierung (→ § 36 Rz 69 ff.).
> U. E. ist die erste Auffassung vorzuziehen.[28]

63 IFRS 12 verlangt bestimmte **Angaben zu konsolidierten Unternehmen**. Dabei hält IFRS 12.B17 fest, dass die Angabe zusammengefasster finanzieller Informationen über die konsolidierten Unternehmen nicht erforderlich ist, wenn die Beteiligung an diesen Unternehmen gem. IFRS 5 als Veräußerungsgruppe qualifiziert ist. In diesem Zusammenhang könnte fraglich erscheinen, ob die sonstigen nach IFRS 12 verlangten Angaben für ein nach IFRS 5 qualifiziertes untergeordnetes Unternehmen gleichwohl gefordert sind. U.E. ist dies nicht der Fall. Es

---

[28] Nach LÜDENBACH, PiR 2012, S. 164.

bleibt bei der Regelung von IFRS 5.5B, wonach Angaben sonstiger Standards für IFRS 5 unterliegende Veräußerungsgruppen nur gefordert sind, wenn der andere Standard dies explizit fordert. Eine solche explizite Bestimmung enthält IFRS 12 nicht. IFRS 12.B17 ist daher lediglich als Bekräftigung von IFRS 5.5B anzusehen.

5.6 Besonderheiten im Konzern

5.6.1 Transaktionen der zu veräußernden Einheit mit anderen Konzerneinheiten – IFRS 5 vs. IFRS 10

Soweit das durch Veräußerung aufgegebene Vermögen eine *discontinued operation* darstellt, entsteht ein **potenzieller Konflikt** zwischen den Ausweis- und Bewertungsvorschriften von IFRS 5 und den Konsolidierungsvorschriften von IFRS 10.

- **IFRS 10** liegt die **Einheitstheorie** zu Grunde. Forderungen und Schulden, Aufwendungen und Erträge zwischen den (rechtlich selbstständigen) Teileinheiten des Konzerns sind zu saldieren.
- **IFRS 5** verlangt demgegenüber tendenziell eine *stand-alone*-Betrachtung. Der Abschlussadressat soll darüber informiert werden, mit welchen Ergebnis- und Vermögensbestandteilen er auch zukünftig rechnen kann (Erträge und Aufwendungen aus *continued operations*, nicht umqualifizierte Vermögenswerte und Schulden) und mit welchen nicht mehr zu rechnen ist (Erträge und Aufwendungen aus *discontinued operation*, zur Veräußerung bestimmtes Anlagevermögen und damit zusammenhängende Schulden).
- Hieraus ergeben sich **Konfliktpotenziale** bei der Behandlung von konzerninternen Erträgen und Aufwendungen bzw. Forderungen und Schulden. Wird etwa in einer vertikalen Leistungskette, die oberste am Markt tätige Einheit veräußert, stellt sich die Frage, ob die bisher allein von ihr getätigten Außenumsätze im aufgegebenen Bereich auszuweisen sind mit der Folge, bei den fortgeführten Bereichen nur noch Aufwendungen und keine Umsätze zu zeigen.

Die Lösung solcher Fragen muss sich u. E. am alles **überragenden Regelungsziel** von IFRS 5 orientieren. Der Bilanzadressat soll informiert werden, mit welchen Erträgen, Aufwendungen, Vermögens- und Schuldpositionen er zukünftig weiterhin rechnen kann und mit welchen nicht. Würden Beträge nach Konsolidierung der Innenbeziehungen aufgeführt, wäre dieser Informationszweck verfehlt. Andererseits würde aber eine *stand-alone*-Betrachtung zu Doppelzählungen von Umsatz und Aufwendungen führen. Eine vermittelnde Lösung ist daher angezeigt. Sie weist dem *discontinued*-Bereich, die (Grenz-)Erlöse und (Grenz-)Aufwendungen zu, die durch die Aufgabe des Bereichs entfallen.

Zu dieser **Grenzbetrachtung** *(incremental approach)* im Vergleich zu den beiden anderen Möglichkeiten folgendes Beispiel:

> **Beispiel**
> Der Kapitalanlagen- und Bau-Konzern besteht u. a. aus einer Bau-AG sowie einer Vertriebs-GmbH. Die von der Bau-AG erstellten Eigentumswohnungen erwirbt die Vertriebs-GmbH zu fremdüblichen Preisen und veräußert sie mit einem Aufschlag von 20 % an Kapitalanleger.

- Die Bau-AG erwirtschaftet einen Umsatz von 1.000 gegenüber der Vertriebs-GmbH, der bei ausschließlich externen Kosten von 900 zu einem Ergebnis von 100 führt.
- Die Vertriebs-GmbH veräußert die Wohnungen für 1.200. Bei konzerninternen Kosten von 1.000 und externen Kosten von 100 erwirtschaftet auch sie ein Ergebnis von 100.

Die Vertriebs-GmbH soll im Management-*buy-out* veräußert werden. Der Erwerber wird voraussichtlich zu unveränderten Konditionen weiterhin für die Bau-AG tätig sein.

Nachfolgend die Konsolidierungstabelle sowie die drei Alternativen für die Darstellung von aufgegebenem und fortgeführtem Bereich:

Konsolidierungstabelle		*continued*	*discontinued*	Summe	Konsolidierung	Konzern
	Umsatz	1.000	1.200	2.200	–1.000	1.200
	Aufwand	–900	–1.100	–2.000	1.000	–1.000
	Ergebnis	100	100	200		200

Darstellungsalternativen		*stand alone*	*incremental*	konsolidiert
	Continued			
	Umsatz	1.000	1.000	0
	Aufwand	–900	–900	–900
	Ergebnis	100	100	–900
	Discontinued			
	Umsatz	1.200	200	1.200
	Aufwand	–1.100	–100	–100
	Ergebnis	100	100	1.100
	Konzernergebnis	200	200	200

66 Die **Grenzbetrachtung** (*incremental approach*) ist u. E. **vorzuziehen**. Sie zeigt zutreffend, mit welchen Umsätzen und Aufwendungen nach Vollzug der Veräußerung weiterhin bzw. nicht mehr zu rechnen ist. Abzulehnen ist der konsolidierte Ansatz. Sein absurder Aussagegehalt wäre, dass zukünftig nur noch Aufwendungen und keine Umsätze zu erwarten sind. Nicht von vornherein abzulehnen ist der *stand-alone*-Ansatz, da er jeden Bereich für sich gesehen zutreffend darstellt. In der Summe vermittelt er aber ein falsches Bild, da Umsätze und Aufwendungen doppelt gezählt werden.

Wenn in Ausübung des entsprechenden Wahlrechts (Rz 54) der aufgegebene Bereich in der GuV nicht in seinen Einzelpositionen dargestellt wird, sondern in der **GuV nur** sein (dann im Anhang) zu erläuternder **Saldo** präsentiert wird, stellt sich das Problem der Doppelzählung der Umsätze nicht. **Inkrementaler und** *stand-alone*-**Ansatz entsprechen** sich auf Saldo- und somit GuV-Ebene. In

Aufgegebene Geschäftsbereiche § 29

diesem Fall ist eine Angabe der unkonsolidierten Umsätze und Aufwendungen des aufgegebenen Bereichs im Anhang und damit eine implizite „Doppelangabe" der Umsätze und Aufwendungen zulässig.[29] Unabhängig von der Darstellungsalternative darf das Gesamtergebnis des Unternehmens nicht verändert werden. **Zwischenergebniseliminierungen** sind daher vorzunehmen, und zwar beim die Leistungen empfangenden Bereich.[30]

Die Frage nach dem Verhältnis von IFRS 10 und IFRS 5 stellt sich nicht nur aus **GuV-Sicht**, sondern auch hinsichtlich der **Bilanz** bzw. der **Schulden**konsolidierung. 67

Beispiel
Der Kapitalanlagen- und Bau-Konzern besteht aus einer als Holding fungierenden GmbH, diversen Tochter-GmbHs für den Vertrieb von Kapitalanlagen sowie einer Bau-AG, deren Erzeugnisse von den Schwestergesellschaften gegen fremdübliche Strukturvertriebsprovisionen veräußert werden. Die Bau-AG erwirtschaftet gerade ein ausgeglichenes Ergebnis und soll daher veräußert werden. Da die AG ertraglos ist, orientiert sich der voraussichtliche Veräußerungspreis am Substanzwert. Die Bilanz der Bau AG ist vereinfacht wie folgt:

Bilanz (im Staffelformat):	*stand alone* und *stand alone incremental*	konsolidiert
Anlagevermögen	100	100
– Diverse Schulden	– 30	– 30
– Verbindlichkeiten gegen Schwester-GmbHs	– 25	0
= Eigenkapital/Nettovermögen	45	70

Beurteilung
Der **außerplanmäßige Abschreibungsbedarf** ermittelt sich aus einer Gegenüberstellung von Nettozeitwert und Nettovermögen der abgehenden *disposal group*. Er beträgt 45 – 45 = 0 und nicht 45 – 70 = 25. Ein außerplanmäßiger Abschreibungsbedarf ist gerade nicht gegeben, da der voraussichtliche Veräußerungspreis dem Buchwert entspricht.
Das **zum Abgang bestimmte Vermögen** ist daher wie folgt darzustellen:

Zum Abgang bestimmte Anlagen	100
Damit zusammenhängende Schulden	– 55

Ein Ansatz der Schulden nur i.H.v. 30 wäre unzutreffend. Der Bilanzadressat müsste davon ausgehen, dass sich das Nettovermögen des Konzerns durch den bevorstehenden Abgang nur um 70 (= 100–30) und nicht um 45 (= 100–55) mindert.

---

[29] IDW RS HFA 2, Tz. 110 ff.
[30] IDW RS HFA 2, Tz. 115.

§ 29　　　　　　　　　　　　　　　　　　　　　　Aufgegebene Geschäftsbereiche

Unsere Auffassung hat Konsequenzen auch für das nicht zur Veräußerung bestimmte Vermögen und die *discontinued operation*. Wenn das als zum Abgang bestimmte Vermögen die Forderungen/Schulden der *discontinued operation* gegenüber dem fortgeführten Bereich enthält, müssen andererseits die Schulden/Forderungen des fortgeführten Bereichs gegenüber der *discontinued operation* unter geeigneter Bezeichnung ausgewiesen werden.

5.6.2 Beabsichtigte Teilveräußerung eines Tochterunternehmens (Abwärtskonsolidierung)

68　Sollen Anteile an einem Tochterunternehmen veräußert und dadurch die Kontrolle aufgegeben werden, stellen aus Konzernsicht die Vermögenswerte und Schulden des Tochterunternehmens das zum Abgang bestimmte Vermögen dar. Soweit im Vermögen Anlagengegenstände enthalten sind, die einer **planmäßigen Abschreibung** unterliegen, ist diese Abschreibung mit dem Zeitpunkt der Umqualifizierung in zur Veräußerung bestimmte Anlagen nicht mehr fortzuführen (Rz 37).

Stehen nicht sämtliche Anteile am Tochterunternehmen zur Veräußerung, sondern soll ein nicht die Kontrolle vermittelnder Anteil beibehalten werden, stellt sich die Frage, ob die Abschreibungen mit dem Zeitpunkt der Umqualifizierung nach IFRS 5 **insgesamt** oder nur nach dem beabsichtigten **Veräußerungsanteil** zu stoppen sind.

Für die Zulässigkeit eines Splits in den Abschreibungen fand sich schon in IFRS 5 kein Hinweis. Eine endgültige Klarstellung ist im Rahmen des *Annual Improvements Project* 2008 durch Einfügung von IFRS 5.8A erfolgt. Danach müssen auch bei geplantem Rückbehalt eines Minderheitenanteils am bisherigen Tochterunternehmen dessen Vermögenswerte und Schulden mit Veräußerungsabsicht vollständig und nicht nur quotal als zur Veräußerung bestimmt qualifiziert werden Unerheblich ist, ob der verbleibende Anteil ein Finanzinstrument oder eine *equity*-Beteiligung darstellt.

69　Als beabsichtige Veräußerung eines Tochterunternehmens gilt auch die Zustimmung zu einer Kapitalerhöhung, an der das Berichtsunternehmen nicht teilnehmen und durch die es daher die Beherrschung über das Tochterunternehmen verlieren wird.[31]

5.6.3 Übergang von *equity*-Methode zu IFRS 5

70　Solange keine Veräußerungsabsicht besteht, müssen Anteile an assoziierten Unternehmen (IAS 28) konzernbilanziell *at equity* konsolidiert werden. Bei Anteilen an Gemeinschaftsunternehmen ist die *equity*-Methode bis 2012 wahlweise (IAS 31), ab 2013/14 pflichtweise (IFRS 11) anzuwenden. Sobald die Beteiligung insgesamt zur Veräußerung bestimmt wird (vgl. zur Teilveräußerung Rz 73), ist jedoch von der *equity*-Methode zur Bewertung nach IFRS 5 zu wechseln (IAS 28.20). Ob Entsprechendes auch für die Auskehrung einer *equity*-Beteiligung im Wege einer Sachdividende (*non-current asset held for distribution* statt *held for sale*) gilt, ist fraglich. Zwar werden Sachdividenden in IFRS 5.5A mit Veräußerungen gleichgestellt (→ Rz 9), IAS 28.20 belässt es aber bei dem Begriff

---

[31] PWC, Manual of Accounting IFRS 2014, Tz. 26.71.11

der Veräußerung *(held for sale)* und sieht selbst keine Gleichstellung mit Ausschüttungsfällen *(held for distribution)* vor. Eine beabsichtigte Veräußerung ändert den Bilanz- und GuV-Ausweis. An die Stelle der Beteiligung (Bilanz) bzw. des Ergebnisses (GuV) aus *equity*-konsolidierten Unternehmen tritt der Ausweis als zur Veräußerung bestimmtes langfristiges Vermögen bzw. des Bewertungserfolgs als sonstiger betrieblicher oder finanzieller Ertrag.

Im Umwidmungszeitpunkt ist der bisherige *equity*-Wert oder der niedrigere Nettoveräußerungswert *(fair value less costs to sell)* anzusetzen (IFRS 5.15). In dem Zwischenzeitraum zwischen Umwidmung und Veräußerung kommt nach den Regeln von IFRS 5 eine Zuschreibung nicht, eine Abschreibung nur dann in Frage, wenn eine Wertminderung *(impairment)* vorliegt (IFRS 5.20). Eine planmäßige Fortschreibung des Vermögenswertes ist nicht mehr zulässig (IFRS 5.25). Für Beteiligungen an Personenunternehmen kann sich hieraus ein Problem wegen solcher Entnahmen, Gewinne oder Verluste ergeben, die im Zwischenzeitraum anfallen:

71

- Bei (unzulässiger) Fortführung der *equity*-Methode hätten die Entnahmen und anteiligen Verluste den Buchwert gemindert, die Gewinne ihn erhöht.
- Mit Anwendung von IFRS 5 können Verluste und Entnahmen insoweit gegen den Buchwert erfasst werden, als sie eine Wertminderung in entsprechender Höhe begründen. Für Gewinne entfällt wegen des Verbots der Zuschreibung eine solche Möglichkeit von vornherein, für Verluste und Entnahmen, die keine Wertminderung begründen, ist sie zweifelhaft.

> **Beispiel**[32]
> U hält eine 20-%ige Beteiligung an der X KG. Zum 30.9.01 liegen erstmals alle Voraussetzungen zur Qualifizierung des Anteils nach IFRS 5 vor. Zu diesem Zeitpunkt beträgt der *equity*-Wert 100. Der erwartete Nettoveräußerungserlös 130 oder 150, abhängig davon, ob der erwartete Gewinnanteil des Jahres 01 i. H. v. 20 schon dem Erwerber zustehen soll oder nicht. Der Gewinn der ersten drei Quartale beträgt 15, der erwartete Gewinn des vierten Quartals 5 (jeweils anteilig für U).
> Ein Kaufvertrag wird erst Anfang 02 abgeschlossen und vollzogen. U hat noch im November 01 einen Betrag von 15 als „Vorschuss" auf den erwarteten Jahresgewinn entnommen. In 02, kurz vor der Veräußerung, entnimmt er den verbleibenden Teil.
> Da der Nettoveräußerungswert höher als der *equity*-Buchwert ist, findet per 30.9. keine Umbewertung, sondern lediglich eine Umgliederung von „*equity*-Beteiligung (Finanzanlagen)" in „zur Veräußerung bestimmte langfristige Vermögenswerte" statt.
> Probleme bereitet die Entwicklung im IV. Quartal. Hier ist zunächst ein Blick auf die fiktive Fortsetzung der *equity*-Methode instruktiv. Nach diesem (im IV. Quartal nicht mehr zulässigen) Verfahren hätte sich der Anteil (Abschreibungen auf stille Reserven vernachlässigt) bis zum Jahresende wie folgt entwickelt:

---

[32] Entnommen LÜDENBACH, PiR 2006, S. 45 ff.

equity-Anteil 30.9.:	100
Entnahme November:	– 15 (Buchung: per Geld an Anteil)
Gewinn IV. Quartal:	5 (Buchung: per Beteiligung an Ertrag)
equity-Anteil 31.12.:	90

Mit dem Fortfall der *equity*-Methode stellt sich vor allem die Frage nach der Verbuchung der im November getätigten Entnahme. Bei den gegebenen Zahlen wird eine Entnahme den voraussichtlichen Nettoveräußerungswert nicht unter 100 reduzieren. Diskussionswürdig sind daher zunächst folgende Varianten:
- Vorgezogene Realisierung eines Gewinnanteils aus der Aufgabe der Beteiligung:
per Geld 15 an Ertrag 15
- Deutung der Entnahme als Teilabgang der Beteiligung:
per Geld 15 an Beteiligung 15
- Deutung der Entnahme als Teilabgang der Beteiligung nur insoweit, als die Entnahme aus „Altgewinnen" entnommen und nicht durch „Neugewinne" gedeckt ist:
per Geld 15 an Beteiligung 10
an Ertrag 5

Zusätzlich ist in allen Alternativen noch der aus dem Ergebnis des vierten Quartals entstehende Gewinnanspruch zu berücksichtigen, einschlägig ist lAS 18.30c. Danach sind Dividenden erst dann als Ertrag zu vereinnahmen, wenn sie durch Beschluss oder Gesellschaftsvertrag entnahmefähig geworden, also vom Mitgliedschafts- zum Gläubigerrecht geworden sind. Sofern der Gesellschaftsvertrag einer KG nichts anderes vorsieht, ist diese Voraussetzung gem. § 167 Abs. 2 HGB mit dem Ablauf des jeweiligen Jahres erfüllt. Da unterjährig schon 15 entnommen wurden, bleibt insofern nur noch zu buchen: per Forderung 5 (20–15) an Ertrag 5.

Gegen die erste Alternative – Verbuchung der Entnahme als Ertrag – spricht die Totalgewinnbetrachtung. Der entnommene „Altgewinn" ist bereits während der *equity*-Konsolidierung als Ertrag behandelt worden, er darf nicht ein zweites Mal berücksichtigt werden.
Gegen die zweite Alternative – Deutung der Entnahme als Teilabgang – spricht, dass der Entnahme der Altgewinne ein Zugang entnahmefähigen Neugewinns gegenübersteht. Bestenfalls der Saldo könnte als Teilabgang interpretiert werden. Diesem letzten Gedanken trägt die dritte Variante Rechnung. Sie leidet aber (wie die zweite) daran, dass der Beteiligungsbuchwert vermindert wird, obwohl weder eine Wertminderung *(impairment)* noch ein wirklicher Abgang vorliegt.
Die Lösung liegt u. E. daher in einer vierten Variante, die bereits zum Zeitpunkt der Umqualifizierung in einem zur Veräußerung bestimmten Vermögenswert ansetzt. Zu diesem Datum wird im Vorgriff auf die spätere Entnahmefähigkeit des aufgelaufenen, anteiligen Jahresgewinns der Buchwert gesplittet. In obigem Beispiel würden 15 als sonstiger Vermögenswert ausgewiesen, 85 als Anteil. Die spätere Entnahme ist dann einfach als Aktivtausch zu buchen (per Geld an Sonstiger Vermögenswert). Für den nach Umqualifizierung entstehenden Ge-

winn (im Beispiel 5) und den insoweit per 31.12. gegebenen zusätzlichen Entnahmespruch bleibt es bei der Buchung „per Forderung an Ertrag". Soweit im IV. Quartal ein Verlust entstünde und der nach Ablauf der ersten drei Quartale bereits entnommene Betrag insoweit z.T. zurückzuzahlen wäre, ergäbe sich für den Verlust folgende Buchung: per Aufwand an Verbindlichkeit. Die Beteiligung würde noch nicht bzw. erst dann über eine Abschreibung angesprochen, wenn der Verlust so hoch wäre, dass zugleich der Nettoveräußerungswert unter den bisherigen Buchwert sinken würde.

Diese Lösung hat u. E. den Vorzug, die in IFRS 5 enthaltenen Bewertungsregeln ernst zu nehmen, die Beteiligung also nur dann zu mindern, wenn der Nettoveräußerungswert unter den Buchwert sinkt.

Der für den Anteil an einem assoziierten Unternehmen entscheidende maßgebliche Einfluss kann bereits mit Veräußerungsvertrag (obligatorisches Geschäft), aber vor Abgang der Anteile (dingliches Geschäft) verloren gehen. Die **Beteiligung mutiert in ein Finanzinstrument**, das nicht den Bewertungsregeln von IFRS 5 unterliegt. Wegen Einzelheiten wird auf → § 28 verwiesen.

Im Rahmen des ED 2009/11 *Improvements to IFRSs* war folgende Regelung zur Teilveräußerung von Anteilen an **assoziierten Unternehmen** vorgesehen (Rz 69):
- Führt die beabsichtigte Teilveräußerung zu einem Verlust des maßgeblichen Einflusses, sollte insgesamt von der *equity*-Bewertung auf IFRS 5 überzugehen sein.
- Wird der maßgebliche Einfluss auch nach Teilveräußerung bestehen bleiben, sollte insgesamt weiterhin die *equity*-Methode anzuwenden sein.
- Eine prozentuale Aufteilung sollte nicht stattfinden.

In den im Mai 2010 verabschiedeten endgültigen Standard (*Improvements to IFRSs 2010*) ist dies jedoch nicht aufgenommen worden. Stattdessen ist im Mai 2011 in Abstimmung mit den neuen Standards zu Tochter- und Gemeinschaftsunternehmen (IFRS 10 und IFRS 11) eine **revidierte Fassung von IAS 28** verabschiedet worden. Sie enthält in IAS 28.29 folgende Regelungen zu bisher *at equity* konsolidierten assoziierten und Gemeinschaftsunternehmen.
- Unabhängig davon, ob die beabsichtigte Teilveräußerung zu einem Verlust des maßgeblichen Einflusses/der gemeinschaftlichen Kontrolle führt oder nicht, ist nur für den zur **Veräußerung vorgesehenen** Teil von der *equity*-Bewertung auf IFRS 5 überzugehen, während für den anderen Teil weiterhin eine *equity*-Bewertung erfolgt.
- Erst mit **tatsächlichem Vollzug** der geplanten Teilveräußerung ist zu differenzieren: Gewährt der verbleibende Teil weiterhin einen maßgeblichen Einfluss oder gemeinschaftliche Kontrolle, bleibt es für ihn auch in der Folge bei der *equity*-Bewertung. Sichert der verbleibende Teil keinen maßgeblichen Einfluss mehr, so ist er zum Zeitpunkt des Einflussverlustes (= Abgang des anderen Teils) in ein Finanzinstrument umzuqualifizieren; dabei ist der *fair value* zum Umqualifizierungszeitpunkt anzusetzen und eine evtl. Differenz zum bisherigen *equity*-Wert erfolgswirksam auszubuchen (IAS 28.22).

Entstehen beim assoziierten Unternehmen selbst Ergebnisse, die nach IFRS 5 als solche aus aufgegebenen Bereichen zu qualifizieren sind, hat der Investor seinen *at equity* erfassten Ergebnisanteil entsprechend nach fortgeführten und aufgegebenen Bereichen aufzuschlüsseln.[33]

6 Latente Steuern sowie Steueraufwand

75 Zum Umklassifizierungszeitpunkt sind zur Veräußerung bestimmte langfristige Vermögenswerte sowie *disposal groups* mit dem Buchwert oder dem niedrigeren Nettozeitwert anzusetzen (Rz 36). Durch den Zeitwertansatz können sich **Differenzen** zu den Steuerbuchwerten verändern oder erstmals ergeben. Latente Steuern sind dann mit geänderten Werten oder erstmalig anzusetzen.

> **Beispiel**
> Ein Gebäude soll veräußert werden. Steuerbuchwert 100, IFRS-Buchwert bisher 175, nach Umklassifizierung 150.
> Die passive latente Steuer verringert sich von 30 (40 % von 75) auf 20 (40 % von 50).

Auch in anderen Fällen kann die beabsichtigte Veräußerung die Höhe der latenten Steuern beeinflussen. Dies gilt etwa, wenn bei nicht steuerbefreiter Beteiligung an einer Tochtergesellschaft wegen IAS 12.39 bisher keine latenten Steuern auf *outside-basis*-Differenzen angesetzt wurden, weil Ausschüttung und Veräußerung bisher nicht geplant und damit mit einer Umkehr der Differenzen nicht zu rechnen war. Mit Aufnahme der Veräußerungsabsicht ändert sich diese Einschätzung. Latente Steuern sind dann erstmals zu bilden.

Für den **Ausweis** der latenten Steuern in der Bilanz gelten die Vorschriften von IFRS 5, da IFRS 5.5 die latenten Steuern nur aus dem Anwendungsbereich der besonderen Bewertungsvorschriften von IFRS 5, nicht dagegen der Ausweisvorschriften ausnimmt (Rz 4). Fraglich ist deshalb, ob latente Steuern auch nach Klassifizierung der zugrunde liegenden Vermögenswerte als *held for sale* noch IAS 1.56 folgend in den langfristigen Vermögenswerten und Schulden (→ § 2 Rz 47) oder gem. IFRS 5.38 unter den zur Veräußerung bestimmten langfristigen Vermögenswerten (aktive latente Steuern) bzw. den mit der Veräußerung von langfristigen Vermögenswerten verbundenen Schulden (passive latente Steuern) auszuweisen sind (Rz 51).

U. E. kann es (mit einer unten dargestellten Ausnahme) bei der Anwendung von IAS 1.56, d.h. dem **einheitlichen Ausweis aller** aktiven oder passiven latenten Steuern, unabhängig davon, ob sie im Zusammenhang mit zu veräußernden langfristigen Vermögenswerten oder Veräußerungsgruppen stehen oder nicht. Dies ergibt sich aus folgender Überlegung:

- Als *non-current assets held for sale* definiert IFRS 5.6ff. (zuvor) langfristige Vermögenswerte, die zur Veräußerung bestimmt sind. Diese Vermögenswerte müssen in einem veräußerungsfähigen Zustand sein (IFRS 5.7) und bestimmte weitere Voraussetzungen erfüllen. Auf die aktiven latenten Steuern treffen die Merkmale nicht zu. Zwar erledigen sie sich mit Vollzug der Veräußerung. Dies ist aber nur Reflex der Veräußerung und macht die latenten **Steuern nicht** selbst zum **Veräußerungsgegenstand**. Demzufolge können die aktiven

---

[33] Zu den dabei denkbaren Ausweisformaten: SCHMIDT, PiR 2010, S. 61 ff.

latenten Steuern auch keinen veräußerungsfähigen Zustand haben und verfehlen auch die sonstigen in IFRS 5.6 ff. genannten Bedingungen.
- Infrage käme damit nur noch die Einbeziehung der aktiven latenten Steuern in eine Veräußerungsgruppe *(disposal group)* und die Berücksichtigung der passiven latenten Steuern als Schulden aus zur Veräußerung bestimmten Anlagen *(liabilities associated directly with non-current assets qualified as held for sale)*. Als **Veräußerungsgruppe** definiert IFRS 5. Anhang A aber eine Gruppe von Vermögenswerten, die gemeinsam in einer einzigen Transaktion durch Verkauf oder auf andere Weise **veräußert** werden sollen. Gemeinsame Klammer: ist auch hier der Abgang durch Veräußerung. Diese Klammer umfasst nicht die aktiven latenten Steuern, da diese nicht durch Veräußerung abgehen (übertragen werden), sondern sich lediglich anlässlich der Veräußerung erledigen. Entsprechendes gilt für die passiven latenten Steuern, da Schulden gem. IFRS 5.Anhang A nur dann als Teil einer Veräußerungsgruppe anzusehen sind, wenn sie bei der Veräußerung der Vermögenswerte **mit übertragen** werden. Die passiven Steuern werden aber nicht vom Erwerber übernommen. Er hat neue Anschaffungskosten, die zu neuen temporären Differenzen führen. Für den Veräußerer gilt lediglich, dass sich seine passiven latenten Steuern mit Vollzug der Veräußerung erledigen. Eine solche Erledigung stellt nicht die von IFRS 5 geforderte Übertragung auf einen neuen Schuldner dar.

Als Anwendungsbereich der in IFRS 5.5a vorgesehenen Geltung der Ausweisvorschriften für (aktive) latente Steuern bleibt damit nur die **Steuerlatenz aus Verlustvorträgen**. Soweit Mantelkaufvorschriften dem nicht entgegenstehen, wird bei der Veräußerung eines Tochterunternehmens die in den aktiven latenten Steuern verkörperte vermögenswerte Eigenschaft der Verlustvorträge auf den Erwerber übertragen, also veräußert. Nur für diese Steuerlatenzen ist u. E. eine Einbeziehung in die Veräußerungsgruppe möglich.

Im Schrifttum wird vorstehender, am Wortlaut der Vorschriften orientierter Auslegung z.T. die Teleologie entgegengehalten. Das „Institut" der Veräußerungsgruppe diene gerade dazu, den geplanten Nettovermögensabgang transparent darzustellen. Diese Darstellung sei aber unvollständig, wenn nicht mindestens bei einer geplanten Veräußerung im Wege des *share deals* die latenten Steuern in den Sonderausweis mit einbezogen würden.[34] Gegen eine solche Argumentation lässt sich u. a. einwenden, dass die auf den Bilanzausweis bezogenen Vorschriften des IFRS 5 nicht alle Abgänge, sondern lediglich solche in der Form einer Veräußerung betreffen. Eine über diese Begrenzung hinwegsehende, also überschießende teleologische Interpretation, halten wir nicht für angemessen.

Bei Aufgabe eines Geschäftsbereichs ist das Ergebnis der *discontinued operation* gem. IFRS 5.33 in der **GuV** nach Steuern darzustellen. Dies setzt eine **Aufteilung** der insgesamt anfallenden **Steueraufwendungen** auf den fortgeführten Bereich einerseits und den aufgegebenen andererseits voraus. Dem aufgegebenen Geschäftsbereich sind folgende Ertragsteuern zuzuordnen:
- Ertragsteuern, die das **bis** zum Vollzug der Veräußerung anfallende Ergebnis des aufgegebenen Geschäftsbereichs betreffen.

---

34 MEYER, PiR 2013, S. 277ff.: Ähnlich, PWC, Manual of Accouting IFRS 2014, Tz. 26.146.20ff.

- Ertragsteuern, die **auf** den **Veräußerungsgewinn** anfallen, sei es bei dem eine eigene Gesellschaft bildenden Geschäftsbereich oder bei der Muttergesellschaft; dies gilt etwa auch für die Körperschaftsteuer, die aus der Veräußerung einer als *discontinued operation* zu qualifizierenden Tochterpersonengesellschaft resultiert.[35]
- Neben den tatsächlichen Steuern sind auch die **latenten** Steuern zu berücksichtigen; diese können sich etwa aus dem Übergang von der Regelbewertung zum *fair value less costs to sell* (→ Rz 75) oder aus der Nichtvornahme planmäßiger Abschreibungen (→ Rz 37) ergeben.[36]

Beispiel
Der Konzern X hatte bisher aktive latente Steuern auf die Verluste des Tochterunternehmens T angesetzt. Nunmehr soll dieses veräußert werden. Mit einer Realisierung der Vorteile aus den Verlustvorträgen im Konzern wird nicht mehr gerechnet, mit einer Vergütung durch den Erwerber angesichts restriktiver Mantelkaufvorschriften ebenso wenig. Die latente Steuer wird daher auf null wertberichtigt.
Der entstehende Aufwand ist dem aufgegebenen Bereich zuzuordnen.

Fallvariante
Der Verlustvortrag ist beim Mutterunternehmen entstanden. Seine Werthaltigkeit wurde bisher im Hinblick auf Steuerplanungsoptionen (Aufdeckung stiller Reserven in Sachanlagen durch Veräußerung an die Tochter) positiv beurteilt. Mit Veräußerungsabsicht für die Tochter entfallen diese Planungsoptionen.
Der Aufwand aus der Wertberichtigung der aktiven latenten Steuern ist dem fortgeführten Bereich zuzuordnen.

77 Obwohl die latenten Steuern selbst nicht den Bewertungen von IFRS 5 unterliegen (→ Rz 4), kann die Umqualifizierung von Vermögenswerten (und bei Veräußerungsgruppen zugehörigen Schulden) in zur Veräußerung bestimmte Folgen für die Bewertung der Latenzen haben. Von besonderer Bedeutung sind zwei Effekte:
- Die Voraussetzungen für einen Nichtansatz latenter Steuern auf *outside basis differences* (→ § 26 Rz 139) für Anteile an Tochterunternehmen (IAS 12.39 und 12.44) entfallen mit Veräußerungsabsicht. Der entstehende Ertrag oder Aufwand ist dem aufgegebenen Bereich zuzuordnen.
- Die Werthaltigkeit aktiver Latenzen, insbesondere solche auf Verlustvorträge, kann neu zu beurteilen sein. Bei Verlustvorträgen gilt etwa: Sie sind nur noch in dem Umfang werthaltig, wie ihre Nutzung bis einschließlich zur Veräußerung nachgewiesen werden kann. Dies wirkt wie der Übergang von einem (rechtlich) unbegrenzten Verlustvortragszeitraum zu einer (wirtschaftlich) begrenzten Vortragsmöglichkeit.[37]

---

[35] Vgl. IDW RS HFA 2, Tz. 117
[36] Darstellung von Einzelfällen bei MEYER, PiR 2013, S. 277 ff.
[37] Vgl. Meyer, PiR 2013, S. 307 ff.

7 Anwendungszeitpunkt, Rechtsentwicklung

IFRS 5 ist für alle Berichtszeiträume ab dem 1. Januar 2005 anzuwenden. Der Vorgängerstandard IAS 35 unterscheidet sich von IFRS 5 wie folgt: Er enthielt 78
- keine besonderen Bewertungsvorschriften und
- besondere Bilanzausweisvorschriften nur für *discontinued operations*.
- Die GuV-bezogenen Vorschriften waren nicht zwingend in der GuV zu erfüllen, Anhangangaben reichten aus.
- Anwendungsbereich von IAS 35 waren nur *discontinued operations*, d.h. weder einzelne zur Veräußerung bestimmte Anlagen noch zur Veräußerung bestimmte Sachgesamtheiten ohne Geschäftsfeldqualität (Rz 18).

Im Rahmen des *Annual Improvements Project* 2008 ist klargestellt worden, wie 79
bei Veräußerung der Mehrheit an einem Tochterunternehmen bei Rückbehalt eines Minderheitenanteils zu verfahren ist. Wegen Einzelheiten wird auf Rz 68 verwiesen. Eine entsprechende Klarstellung für Teilveräußerung der Anteile an assoziierten und Gemeinschaftsunternehmen ist durch die Neufassung von IAS 28 in 2011 erfolgt (IFRS 11.28; Rz 73).

Der bislang unbefriedigenden, weil hoch subjektiven Definition von *discontinued operations* wollte der im September 2008 vorgelegte ED eines *Amendment* zu IFRS 5 durch eine Anlehnung an IFRS 8 und den dort verwandten Begriff des operativen Segments begegnen.[38] Das Projekt wird aktuell nicht mehr aktiv verfolgt.

Nach dem *Annual Improvements Project* 2009 gelten Angabepflichten anderer Standards nur noch in Ausnahmen für IFRS 5 unterliegende Fälle (Rz 61).

Die ab 2016 anzuwendenden Annual Improvements to IFRSs 2012–2014 Cycle stellen durch Einfügung von IFRS 5.26B klar, dass der Übergang von einer Veräußerungsabsicht zur Absicht, den Vermögenswert als Sachdividende auszukehren oder ein Übergang in umgekehrter Richtung, keine Folgen für Ausweis und Bewertung hat (→ Rz 47).

8 Zusammenfassende Praxishinweise

Aus **theoretischer** Sicht ist IFRS 5 weniger systematisch und überzeugend als die 80
meisten anderen IFRS-Standards: **Widersprüche** bereits in den Grunddefinitionen (Rz 6), **Unbestimmtheiten** in den Anwendungsvoraussetzungen (Rz 9 und Rz 26).

Aus **praktischer** Sicht bietet IFRS 5 vor allem bei *discontinued operations* ein 81
reizvolles bilanzpolitisches Aktionsfeld. Wo sich die Ertragslage dauerhaft verschlechtert hat und deshalb z.B. ein Programm der Besinnung auf die Kernkompetenzen verkündet wird, können die entsprechenden Aufgabe- und Veräußerungspläne alsbald genutzt werden, um aus „schlechten" (weil auch zukünftig zu erwartenden) Verlusten „unschädliche", weil zukünftig nicht mehr zu erwartende, Verluste zu machen (Rz 26). Die unklaren Formulierungen in IFRS 5 (Rz 22) sind kaum das geeignete Mittel, solchen bilanzpolitischen Akzentuierungen einen Riegel vorzuschieben.

---

[38] IASB, Update Januar 2010.

82 Auch das **kommentierende** Schrifttum könnte dies nicht leisten. Es ist kein Standardsatz und hätte kein Recht, der bilanzierenden und prüfenden Praxis Türen zu versperren, die der IASB weit öffnet. Die relevante **Grenze** für eine derartige Bilanzpolitik bildet eher die Geduld der Bilanzadressaten. Die Langmut des Publikums mag überstrapaziert werden, wenn allzu häufig das Argument wiederholt wird, bestimmte Verluste hätten keinen nachhaltigen Charakter. Wie prominente amerikanische Beispiele zeigen, liegt diese Schwelle aber nicht ganz niedrig.[39]

83 Im Einzelnen enthält IFRS 5 folgende Regelungen:
- **Bilanzausweis:** Zur Veräußerung bestimmtes Anlagevermögen bzw. zur Veräußerung bestimmte Sachgesamtheiten *(disposal groups* einschl. *discontinued operations)* sind in der Bilanz separat auszuweisen (Rz 51).
- **Bewertung:** Soweit es sich um Sachanlagen oder immaterielle Anlagen handelt, ist das Niederstwertprinzip in einer **besonderen** Ausprägung anzuwenden: Anzusetzen ist der niedrigere Wert aus Buchwert vor Umklassifizierung und Nettozeitwert **im** Zeitpunkt der Umklassifizierung (Rz 37). Diese besondere Bewertung gilt jedoch nicht für das in einer Sachgesamtheit enthaltene Finanzanlage- oder Umlaufvermögen (Rz 5).
- **GuV und Kapitalflussrechnung:** Nur bei einer Sachgesamtheit mit Geschäftsfeldqualität (Rz 21), d. h. bei einer *discontinued operation*, ist ein **separater** Ausweis in GuV und Kapitalflussrechnung geboten. Zu einer Separierung der Ergebnisse kommt es auch dann, wenn das Geschäftsfeld durch Stilllegung eingestellt werden soll. Die besonderen Bilanzausweis- und Bewertungsregeln greifen jedoch im Stilllegungsfall nicht (Rz 3 und 37).

Zum Verhältnis der in IFRS 5 enthaltenen Qualifizierungen – *non-current assets held for sale, disposal group, discontinued operations* – und den unterschiedlichen Rechtsfolgen wird im Übrigen auf Abbildung 1 (Rz 2) und Tabelle 1 (Rz 5) verwiesen.

---

[39] Zu Kellogs, General Motors und diversen anderen Beispielen aus der „Vor-Enron-Zeit": LÜDENBACH/HOFFMANN, DB 2002, S. 1169 ff.

§ 30 ANGABEN ÜBER BEZIEHUNGEN ZU NAHESTEHENDEN UNTERNEHMEN UND PERSONEN

Inhaltsübersicht Rz
Vorbemerkung
1 Zielsetzung und Regelungsinhalt........................ 1–9
2 Nahestehende „Parteien" (*related parties*)................ 10–22
   2.1 Die expliziten Definitionen....................... 10–20
   2.2 Besondere Beachtung des wirtschaftlichen Gehaltes..... 21–22
      2.2.1 Mittelbare Beziehungen.................... 21
      2.2.2 Konzertierter Einfluss..................... 22
3 Die offenzulegenden Geschäftsvorfälle................... 23–34
   3.1 Beispielhafte Aufzählung......................... 23–24
   3.2 Das Nahestehen „an sich" (Beteiligungsspiegel)........ 25
   3.3 Speziell die *arm's-length*-Bedingung................ 26
   3.4 Organbezüge................................... 27–32
   3.5 Dividenden an nahestehende Personen............... 33
   3.6 Zwischenberichterstattung....................... 34
4 Das Berichtsformat................................. 35–51
   4.1 Die Aufgliederung nach nahestehenden Parteien........ 35–36
   4.2 Aggregierung und *materiality*..................... 37–38
   4.3 Geschäftsbeziehungen zur öffentlichen Hand
      (*government related entities*)...................... 39–47
      4.3.1 Ausnahmen von Angabepflichten............. 39–42
      4.3.2 Voraussetzungen für die Inanspruchnahme der
          Befreiung................................ 43–44
      4.3.3 Besondere Ausprägung des Wesentlichkeitsgrundsatzes?............................. 45–47
   4.4 Bisherige Rechnungslegungspraxis.................. 48–49
   4.5 Darstellungsmuster.............................. 50–51
5 Anwendungszeitpunkt, Rechtsentwicklung............... 52
6 Zusammenfassende Praxishinweise..................... 53

Schrifttum: BÖCKEM, Die Reform von IAS 24, WPg 2009, S. 644; BÖMELBURG/LANDGRAF/LUCE, Angaben zu nahestehenden Unternehmen und Personen vor dem Hintergrund der geplanten Änderung durch ED IAS 24, PiR 2007, S. 243; KÜTING/GATTUNG, Nahe stehende Unternehmen und Personen nach IAS 24, WPg 2005, S. 1065 und S. 1105; KÜTING/SEEL, Die Berichterstattung über Beziehungen zu related parties, KoR 2008, S. 227; LÜDENBACH/FREIBERG, Organvergütungen im IFRS-Konzernabschluss im Spannungsfeld zwischen Berichtspflicht nach § 315a HGB und originären IFRS-Angaben, BB 2013, S. 2539.

Vorbemerkung
Die Kommentierung bezieht sich auf IAS 24 in der im November 2009 verabschiedeten Fassung (Zitat: IAS 24) und berücksichtigt alle Ergänzungen, Än-

derungen und Interpretationen, die bis zum 1.1.2015 beschlossen wurden. Die Vorgängerversion (Rz 52) wird als IAS 24 (2003) zitiert.

1 Zielsetzung und Regelungsinhalt

1 Der Regelungsgehalt von IAS 24 *(related party disclosures)* beruht auf der allgemein gültigen Erkenntnis, dass Geschäftsbeziehungen zwischen verbundenen Unternehmen und anderen nahestehenden Personen **mangels wirtschaftlicher Interessengegensätze** durch außerunternehmerische Zielsetzungen beeinflusst werden können, sich also von vergleichbaren Geschäftsvorfällen zwischen **unabhängigen Parteien** unterscheiden (IAS 24.1). Der Abschlussadressat soll über **mögliche** Einflüsse informiert werden, die entstehen können durch
- das Bestehen einer *related-party*-Beziehung (Rz 6),
- Geschäftsvorfälle,
- offene Posten,
- Bürgschaften u. Ä.

mit einer solchen *„party"*. Dabei stellen nach IAS 24.5 Geschäftsbeziehungen mit nahestehenden Unternehmen und Personen ein übliches Geschäftsgebaren dar, insbesondere bei (gemeinsamer) Beherrschung und signifikantem Einfluss. Bei Abwicklung von derlei Geschäftsbeziehungen sind allerdings Vorgänge denkbar, die zwischen fremden Dritten nicht auftreten könnten.

Der Standard ist demgemäß anzuwenden (IAS 24.2)
- auf die Erfassung von **Beziehungen** und
- von **Geschäftsvorfällen** sowie
- zur Darlegung der **offenen Posten** und Eventualverbindlichkeiten aus dem Geschäftsverkehr mit nahestehenden Personen (natürliche Personen und Unternehmen, *related parties).*

Außerdem muss das **Umfeld** *(circumstances)* der Geschäftsbeziehungen mit nahestehenden Personen bestimmt werden, um die erforderlichen Erläuterungen im Anhang zu geben.

Die Berichterstattung zu den nachstehenden Personen hat auf **europarechtlicher** Grundlage (Transparenzrichtlinie) an Gewicht gewonnen. Im **Zwischenbericht** börsengelisteter Unternehmen sind die Angabepflichten zu den *related parties* besonders hervorgehoben (→ § 37 Rz 43). Das BilMoG begibt sich bei dem neu gefassten § 285 Nr. 21 HGB zumindest bez. der Definition von „nahestehend" in das Fahrwasser von IAS 24.

2 Als Anwendungsbereich der Berichterstattung erwähnt IAS 24.3 den
- (Teil-)Konzernabschluss eines Mutterunternehmens (→ § 32 Rz 6) ohne die Geschäfte mit bzw. zwischen vollkonsolidierten Gesellschaften gem. IAS 24.4 (Rz 9),
- separaten Abschluss (→ § 32 Rz 174)

eines Mutterunternehmens, eines „Investors" beim assoziierten Unternehmen (→ § 33 Rz 1) oder eines Beteiligten an einem Joint Venture → § 34 Rz 2). Nach IAS 24.3 ist der Standard auf den Konzern- und Einzelabschluss eines Mutterunternehmens (→ § 32 Rz 6) und eines „Investors" i.S.d. IFRS 11 (→ § 34) bzw. i.S.v. IAS 28 (→ § 33) anzuwenden. Bezüglich des Investors i.S.v. IFRS 11 ergibt sich folgendes Problem: In der *related parties* definierenden Norm des IAS 24.9 (b)(ii) ist (unverändert) von

„joint venture" die Rede, obwohl sich der Inhalt dieses Begriffs durch IFRS 11 geändert hat. Nach dem Vorgängerstandard IAS 31 umfasste der Begriff neben Gemeinschaftsunternehmen auch gemeinsam kontrollierte Vermögenswerte und Geschäftstätigkeiten. Der neue Standard unterscheidet unter der Überschrift „gemeinsame Vereinbarungen" hingegen zwischen Gemeinschaftsunternehmen *(joint ventures)* und gemeinschaftlichen Tätigkeiten *(joint operations)*. Fraglich könnte nun sein, ob entsprechend der „alten" Bedeutung von *joint venture* auch nicht das Gemeinschaftsunternehmen betriebene gemeinschaftliche Vereinbarungen *(joint operations* bzw. *assets)* Angabepflichten nach IAS 24 begründen oder IAS 29.9 nach Erlass von IFRS 11 *joint operations* (und *assets)* nicht mehr erfasst.

Für die zweite Lesart spricht u. a. IFRS 12.BC52. Dort heißt es „*Assets and liabilities arising from joint operations are an entitiy's assets and liabilities and consequently are recognised in the entitiy's financial statements.*" Die *joint operation* ist daher aus Sicht der Rechnungslegung ein **Teil des Unternehmens selbst**. Es fehlt daher an dem Dritten, zu dem *related party*-Beziehungen bestehen könnten.[1]

Zu *related-party*-Beziehungen im Rahmen von **Leasing**verhältnissen wird verwiesen auf → § 15 Rz 108.

Das „Nahestehen" muss zur Begründung der Berichtpflicht nicht während des **gesamten** Berichtszeitraums (Wirtschaftsjahr oder Zwischenberichtsperiode; → § 37) bestanden haben. Daraus entsteht die Frage nach der Berücksichtigung eines **unterjährigen** Wechsels. Dazu muss zwischen **Dauersachverhalt** und **Einzelgeschäften** differenziert werden.

3

Beispiel
A wird, begleitet mit dem Dienstvertrag vom 15.1.01, ab 1.5.01 zum Vorstandsvorsitzenden der A AG bestellt. Zur Erleichterung des Umzugs in die neue Region verkauft ihm die A mit Vertrag vom 31.3.01 eine repräsentative Villa zur Eigennutzung zum gutachterlich ermittelten Kaufpreis von 1.000.
U.E. ist der Erwerb der Villa nach dem Sinngehalt von IAS 24.5 (Rz 1) angabepflichtig, auch wenn förmlich im Zeitpunkt der Transaktion (31.3.01) der Tatbestand des Nahestehens noch nicht erfüllt war.[2]

Beispiel[3]
Die M AG erwirbt am 25.2.01 die assoziierte aU (Rz 11) und verkauft sie am 20.11.01. Während des gesamten Geschäftsjahres 01 liefert aU wichtige Rohmaterialien an M.
Die Lieferungen zwischen dem 25.2.01 und dem 20.11.01 sind im Anhang für 01 angabepflichtig; Entsprechendes gilt für die Zwischenberichterstattung (→ § 37) aller 4 betroffenen Quartale.

---

[1] Im Ergebnis gleicher Auffassung Deloitte iGAAP 2014 unter A23 4.2.1.1.
[2] So vergleichbar BFH, Urteil v. 24.1.1989, VIII R 74/84, BStBl II 1989 S. 419.
[3] PwC, IFRS Manual of Accounting 2014, Tz. 29.183.

> **Beispiel**
> Der leitende Angestellte L erhält am 5.2.01 nach den internen Richtlinien der H GmbH ein Darlehen zur Finanzierung seines Einfamilienhauses. Am 1.4.02 wird L zum Geschäftsführer bestellt.
> Die Berichtspflicht im Geschäftsjahr 02 könnte im Hinblick auf den Regelungszweck des Standards nach IAS 24.5 (Rz 1) zu verneinen sein, denn die Darlehensbeziehung entspringt dem Grunde nach nicht der *related-party*-Beziehung. Folgt man diesem Gedanken nicht, ist der Darlehenssaldo zum 31.12.02 und der Zinsertrag für die Zeit vom 1.4.02 bis zum 31.12.02 im Jahresbericht der H für das Jahr 02 anzugeben.
> Wenn L am 30.9.05 in Pension geht, erlischt die Angabepflicht ab diesem Zeitpunkt (Rz 36).

4   Nicht geklärt ist in allen Fällen des unterjährigen Wechsels das **Verhältnis** zwischen der Standard-Zielsetzung (Rz 1) und den Einzelnormen.[4]

> **Beispiel**
> Die (spätere) Muttergesellschaft M schließt mit der T-GmbH am 1.2.01 einen Mietvertrag. Am 1.7.01 wird die T-GmbH Tochtergesellschaft der M.
> - Bei **wortgetreuer** Auslegung (Rz 23) ist das Mietverhältnis ab 1.7.01 anzugeben.
> - Nach der „**ratio legis**" entfällt die Angabepflicht, weil bei Vertragsabschluss noch kein Nahestehen vorlag und deshalb keine **Möglichkeit** zur Beeinflussung des Jahresabschlusses gegeben war (Rz 1).
> Die gilt für die Einzelabschlüsse von Mutter und Tochter.

> **Beispiel**
> Zwischen der Muttergesellschaft M und der Tochtergesellschaft T-GmbH (Stand 1.1.01) besteht ein Dauerbelieferungsvertrag für Komponenten. Aus diesen resultieren am 31.12.01 offene Posten. Am 30.12.01 wird die T-GmbH verkauft, womit das Nahestehen der beiden Gesellschaften endet.
> - Eindeutig ist die Angabepflicht für die **Stromgrößen** (Umsatz bzw. Warenbezug) im Zeitraum bis 30.12.01.
> - Bei **wortgetreuer** Auslegung (Rz 24) ist hingegen der **Saldo** der offenen Posten zum 31.12.01 **nicht** offenzulegen.
> - Nach der „ratio legis" (Rz 1) muss der **Saldo** zum 31.12.01 angegeben werden, denn in diesem **können** Verbundbeziehungen enthalten sein.
> Dies gilt für die Einzelabschlüsse von Mutter- und Tochtergesellschaft.

5   Unterschieden werden kann zwischen Geschäften, die
   - dem **Grunde** nach oder
   - der **Höhe** nach

mit **fremden** Personen nicht abgeschlossen worden wären. In vielen Fällen liegen **beide** Tatbestandsmerkmale beim konkreten Sachverhalt vor.

---

[4] Vgl. hierzu auch DELOITTE, iGAAP, 2014 A 23 3.3.

> **Beispiel**[5]
> Die in wirtschaftliche Schwierigkeiten geratene Hotelkette H AG hält die zum Hotelbetrieb erforderlichen Immobilien nicht in ihrem Eigentum. Vielmehr sind Eigentümer verschiedene Immobilienfonds, was als branchenüblich bezeichnet werden kann. Die mit 40 % am Aktienkapital der H AG beteiligte Familie E ist auch in großem Umfang an den von einer Firma E & Partner aufgelegten Fonds beteiligt. Die Fonds erzielten trotz der Krise im Bereich der Luxushotellerie gute Renditen, während die AG in die Verlustzone gerät. Die Interessenverflechtung führte nach erheblichem Rückgang des Aktienkurses zu einem Rückzug der Familie aus dem Aufsichtsratsvorsitz.
>
> **Weiteres Beispiel**[6]
> Wartungstätigkeiten werden von Großunternehmen auf Dienstleistungsunternehmen ausgelagert. Als Beispiel dienen bei Mineralölgesellschaften die Reinigung und das Instandhalten von Tankstellen. An der diese Wartungsarbeiten durchführenden GmbH ist die Ehefrau des Vorstandsvorsitzenden der Mineralölgesellschaft mehrheitlich beteiligt.

IAS 24 geht dabei von einem recht **weiten** „Beeinflussungshorizont" aus. Dieser umfasst nicht nur die einbezogenen **Personen** (Rz 10), sondern auch die **Sachverhalte**. So unterliegen nicht nur **erfolgte** Transaktionen mit Nahestehenden – vgl. die beiden Beispiele in Rz 5 – dem Regelungsgehalt von IAS 24, sondern auch das „reine" Nahestehen als solches *(the mere existence of the relationship)*, Letzteres aber **nur** im Mutter-Tochter-Verhältnis (Rz 25). Dieses kann zur Aufnahme oder zur Unterlassung von Geschäftsvorfällen *(transactions)* führen, die ohne das Nahestehen nicht denkbar gewesen wären (IAS 24.7).

6

> **Beispiel**
> Eine Muttergesellschaft erwirbt eine (neue) Tochter, die in einem bestimmten Geschäftsbereich tätig ist. Die vorher schon vorhandene Tochtergesellschaft (Schwester der neu erworbenen) ist im selben Geschäftsbereich tätig. Aufgrund der Neuakquisition gibt die Alt-Tochtergesellschaft ihren entsprechenden Tätigkeitsbereich auf und beendet damit die Leistungen an die Mutter.
>
> **Weiteres Beispiel**
> Eine Muttergesellschaft weist ihre Tochter an, künftig nicht mehr im Bereich der Forschung und Entwicklung zu agieren, etwa weil diese Aktivität künftig allein von der Muttergesellschaft ausgeübt werden soll.

Auch gewinnorientierte Unternehmen unter staatlichem Einfluss (Rz 20) unterliegen dem Regelwerk von IAS 24, allerdings mit bestimmten Ausnahmen (Rz 39). Der **Anwendungsbereich** von IAS 24 ist also entsprechend der vorstehenden Übersicht sehr **weit**. Andererseits ist er an einer entscheidenden Stelle **eingeschränkt**: Anzugeben (Rz 26 ff.) sind lediglich die Verbundbeziehungen als solche und deren Folgen in Form von Transaktionen oder Unterlassungen; dagegen

---

[5] Nach ZIMMERMANN, StuB 2002, S. 889.
[6] Nach NIEHUS, WPg 2003, S. 521.

ist **keine wertende** Darlegung dahingehend erforderlich, wie der Jahresabschluss ausgesehen hätte, wenn die Geschäftsbeziehungen mit den nahestehenden Personen durchgehend mit fremden Dritten erfolgt wären *(at arm's length)*. Es wird also **keine Stellungnahme zur Angemessenheit** verlangt (weder vom Management noch vom Abschlussprüfer). Der in Geschäftsberichten deutscher IFRS-Anwender häufig zu findende Hinweis auf die allseits vorliegende *arm's-length*-Bedingung ist also aus Sicht der Regeln überflüssig,[7] kommunikationspolitisch aber erklärlich, da eine Unterlassung dieser Aussage bei Abschlussadressaten die Vermutung von Nicht-*arm's-length*-Bedingungen auslösen könnte (Rz 26).

IAS 24 hebt sich insofern spürbar von der Situation der internationalen **Besteuerungspraxis** bei nahestehenden Personen ab (Rz 26). Folgerichtig sind die Hinweise auf die verschiedenen Preisvergleichsmethoden, die z. B. im Anwendungsbereich des § 1 AStG Gültigkeit haben, in der Neufassung von IAS 24 (Rz 43) nicht erwähnt, anders als früher in der Standardversion von 1994.

7 IAS 24 ist inhaltlich weitgehend **identisch** mit dem ASC 850[8] (US-GAAP) und dem DRS 11.[9]

Das deutsche Handels- und Gesellschaftsrecht hatte vor Verabschiedung des BilMoG das persönliche „Nahestehen" bei der Rechnungslegung nur in Sonderfällen berücksichtigt:
- Im **Abhängigkeitsbericht** gem. §§ 311–313 AktG zu Händen des Aufsichtsrates.
- Offenlegung von **Verbundbeziehungen** nach § 271 HGB in Bilanz und GuV-Rechnung.
- **Organbezüge** nach § 285 Nrn. 9 und 10 HGB.

8 Die durch das BilMoG in das HGB eingefügten Angabepflichten nach § 285 Nr. 21 HGB für den Einzelabschluss und nach § 314 Nr. 13 HGB für den Konzernabschluss entsprechen bez. des Inhalts von „Nahestehen" und den betroffenen Personen und Unternehmen der konzeptionellen Vorgabe des IAS 24. Allerdings ist eine Berichterstattung nach HGB nur **zwingend** bei Geschäften zu markt**un**üblichen Bedingungen und das auch nur bei **Wesentlichkeit**.[10]

9 **Systematisch** betrachtet regelt IAS 24 drei Fragen:
- **Wer?** – die betroffenen Personen bzw. Unternehmen (Rz 10 ff.).
- **Was?** – die offenzulegenden Geschäftsvorfälle oder Beziehungen (Rz 23 ff.).
- **Wie?** – das Berichtsformat (Rz 35 ff.).

2 Nahestehende „Parteien" (*related parties*)

2.1 Die expliziten Definitionen

10 Die „Partei" (*party*) erscheint zu Beginn des Definitionskatalogs in IAS 24.9 als **Oberbegriff** für
- natürliche Personen (*person*) und
- Unternehmenseinheiten (*entities*).

---

[7] Das IDW (WPg 2006, S. 741) wehrt sich dementsprechend auch vehement gegen entsprechende Prüfungsanforderungen in dem Standard-Entwurf 550 des IASB.
[8] Einzelheiten bei KÜTING/WEBER/GATTUNG, KoR 2003, S. 53, S. 59.
[9] Einzelheiten bei ZIMMERMANN, StuB 2002, S. 889.
[10] Vgl. hierzu HOFFMANN/LÜDENBACH, NWB Kommentar Bilanzierung, 5. Aufl., 2014, § 285, Tz 138.

Unter Letzteren kann man subsumieren
- ein Einzelunternehmen,
- einen Konzern,
- eine öffentliche Hand (*government*) (Rz 17).

Das „Nahestehen" („*related*") bezieht sich auf die **berichtspflichtige** Unternehmenseinheit (*reporting entity*). Dabei sind beide betroffenen Unternehmen **wechselseitig** („*by symmetry*") nahestehend (IAS 24.BC19e).
Die nachfolgenden Darstellungen (Rz 11–18) beziehen sich alle auf den Einzelabschluss der betreffenden Unternehmen. Im Konzernabschluss entfallen Angaben zu Beziehungen und Geschäften zwischen den **vollkonsolidierten** Unternehmen (IAS 24.4). Bei **gemeinsamer** Kontrolle und (letztmalig in 2012 bzw. in der EU in 2013 anwendbarer) **quotaler Konsolidierung** (→ § 34 Rz 59 ff.) sind die nicht konsolidierten Transaktionen und Posten angabepflichtig, bei *equity*-Konsolidierung von Gemeinschafts- oder assoziierten Unternehmen (→ § 33 Rz 7) sämtliche Posten (IAS 24.4).
Das „Nahestehen" einer „Partei" (*party*) kann in **gerader** Linie (Rz 11) oder in der „**Seiten**linie" (Rz 12) und in **Sonderfällen** (Rz 17) gegeben sein.
Die Beziehungen in **gerader** Linie umfassen nach IAS 24.9(a):

- **Beherrschung** (*control*; → § 32 Rz 6): Herr Müller oder die Müller AG halten 100 % oder 70 % der Aktien an der Tochter AG; diese wiederum 80 % der Anteile an der Enkel-GmbH. Nach IAS 24.9b(i) sind alle Konzernunternehmen untereinander nahestehend (*group*; → § 32 Rz 6). Steht an der Spitze nicht die Müller AG, sondern Herr Müller, ist dieser gem. IAS 24.9(a)(i) aus Sicht der Tochter AG nahestehend und gem. IAS 24.9(b)(vi) i. V. m. IAS 24.9(a) auch aus Sicht der Enkel-GmbH. Eine Beherrschung kann u. E. auch bei gesicherter Präsenzmehrheit bei der Tochter-AG vorliegen (§ 32).[11]
- **Geteilte Beherrschung** (→ § 34 Rz 59 ff.): Herr Müller oder die Müller AG halten jeweils 50 % der Kapitalanteile an der Venture OHG, ein Dritter die andern 50 %. Nach IAS 24.9(b)(ii) sind die Müller AG (sowie ihre Tochtergesellschaften) und die Venture OHG untereinander nahestehend. Tritt an die Stelle der Müller AG Herr Müller, ist dieser nach IAS 24.9(a)(i) nahestehend aus Sicht der Venture OHG.
- **Signifikanter Einfluss** (→ § 33 Rz 7): Herr Müller oder die Müller AG sind zu 25 % an der aU-GmbH beteiligt. Nach IAS 24.9(b)(ii) sind die Müller AG und die aU GmbH einander nahestehend. Tritt an die Stelle der Müller AG Herr Müller, ist dieser nach IAS 24.9(a)(ii) nahestehend zu aU-GmbH.
- Die Stellung als Mitglied des (Rz 29) zentralen **Managements** (*key management personnel*) der Berichtseinheit oder deren Muttergesellschaft (IAS 24.9(a)(iii)).

Die Beziehungen in der **Seitenlinie** setzen zunächst einen Bezug in **gerader** Linie voraus, der durch eine **Seitwärts**beziehung ergänzt wird. Dazu folgende Beispiele nach den Definitionen in IAS 24.9(b):
- Die Müller AG hält 70 % (40 %, s. u.) der Anteile an der T AG. Gleichzeitig hält die Müller AG 50 % der Anteile an der Venture OHG und 25 % der Anteile an der assoziierten aU-GmbH. Auch die Venture OHG und die aU-GmbH sind **untereinander** nahestehend (IAS 24.9(b)(ii)). Tritt an die Stelle der Müller AG

---

[11] IASB, Update Oktober 2005; ähnlich KÜTING, DB 2009, S. 73. Zum Ganzen vgl. LÜDENBACH, PiR 2011, S. 28 ff.

Herr Müller, ergibt sich das Nahestehen zwischen der Venture OHG und der aU-GmbH aus IAS 24.9(vi) oder (vii) i.V.m. IAS 24.9(a). Nach IAS 24.12 sind in beiden Konstellationen auch Tochtergesellschaften der Venture OHG bzw. der aU-GmbH in den Definitionsbereich von „nahestehend" einbezogen (Teilkonzernbetrachtung).[12] Vorstehendes Ergebnis gilt auch, wenn die Müller AG nur 40 % der Anteile an der T AG hält, aber dort über eine gesicherte Präsenzmehrheit verfügt (Rz 11). Damit ist für die Venture OHG und die U GmbH die praktische Schwierigkeit verbunden, die Präsenzqualität der Müller AG zu beurteilen.

- Herr Müller oder die Müller AG sind zu je 50 % an der Venture GmbH und der Venture SA beteiligt: In gerader Linie sind Herr Müller oder die Müller AG im Verhältnis zur GmbH und der SA als „nahestehend" definiert (Rz 11). In der Seitenlinie sind die beiden Venture-Gesellschaften **untereinander** nahestehend, entweder nach IAS 24.9(b)(iii), wenn an der Spitze die Müller AG steht, oder nach IAS 14.9(b)(vi) i.V.m. IAS 24.9(a), wenn an der Spitze Herr Müller steht.
- Herr Müller oder die Müller AG sind zu je 50 % an der Venture GmbH und zu 25 % an der aU-GmbH beteiligt. Nach derselben Struktur wie im vorhergehenden Aufzählungspunkt sind die Venture GmbH und die aU als **untereinander** nahestehend definiert, und zwar gem. IAS 24.9(b)(iv), wenn an der Spitze die Müller AG steht, nach IAS 24.9(b)(vii) i.V.m. IAS 24.9(a), wenn an der Spitze Herr Müller steht.
- Herr Müller oder die Müller AG üben signifikanten Einfluss auf die aU1 und die aU2 aus. Die beiden aU stehen Herrn Müller oder der Müller AG nahe, **nicht** dagegen die beiden aU untereinander (IAS 24.BC19(d)).
- Herr Müller oder die Müller AG beherrscht allein oder gemeinsam mit einer dritten Einheit oder hat signifikanten Einfluss auf die M GmbH oder gehört ihrem zentralen Management an. Daneben kontrollieren Herr Müller oder die Müller AG allein (100 %) oder gemeinsam mit einem Partner (50 %) die Müller Rechtsanwalts-GmbH (IAS 24.9(b)(vi): Die Müller AG **steht** der Müller Rechtsanwalts-GmbH **nahe** und **umgekehrt** (IAS 24.BC19(c)).
- Herr Müller kontrolliert allein oder gemeinsam mit einer dritten Partei die Müller AG. Herr Müller ist signifikant (mit 25 %) an der Müller Rechtsanwalts-GmbH beteiligt. Die Müller AG **steht** gem. IAS 24.9(b)(vii) i.V.m. IAS 24.9(a)(i) der Müller GmbH **nahe**.
- Herr Müller ist Aufsichtsratsvorsitzender der Müller AG und/oder mit 30 % an der Müller AG beteiligt und ist außerdem signifikant (mit 25 %) an der Müller Rechtsanwalts-GmbH beteiligt oder ist deren Geschäftsführer. Die Müller AG steht gem. IAS 24.9(b)(vii) der Müller Rechtsanwalts-GmbH **nicht** nahe, da der Verweis in IAS 24.9(b)(vii) nicht auf IAS 24.9(a)(iii) gerichtet ist (anders als im vorstehenden Aufzählungspunkt).
- Herr Müller oder die Müller AG sind zu 25 % an der aU1 GmbH und zu 35 % an der aU2 SA beteiligt. In der geraden Linie sind Herr Müller oder die Müller AG den beiden aU nahestehend, **nicht** die beiden aU untereinander (IAS 24.BC25). Das gilt wiederum nicht, wenn Herr Müller (Rz 25) oder die Müller AG mit ihren 35 % Beteiligung eine gesicherte Präsenzmehrheit (Rz 11) an der aU2 SA halten: Dann sind die beiden aU untereinander nahestehend.

---

[12] Vgl. ZÜLCH/POPP, PiR 2011, S. 92.

Die vorstehende Aufzählung ist zum besseren Verständnis in ihrer **Systematik** näher zu erläutern. 13
- Im Ausgangspunkt werden natürliche Personen (*person*) bzw. deren nahe Familienmitglieder (Rz 18) und Unternehmen bzw. (Teil-)Konzerne (*entities*) unterschieden.
- Bei Nahestehen in **gerader** Linie (Rz 10) ist die Unterscheidung nach natürlicher Person (IAS 24.9(a)) und Unternehmen etc. (IAS 24.9(b)) unerheblich.
- Bei Nahestehen in der **Seitenlinie** gilt der vorstehende Befund mit den Ausnahmen in den beiden letzten Aufzählungspunkten unter Rz 12.
- Das Nahestehen zweier Parteien besteht immer **wechselseitig** (IAS 24.BC19(e)) (Rz 10).

Förmlich nicht geregelt in IAS 24.9 ist die **Geschäftsführungsfunktion** eines 14 **Unternehmens**, in Deutschland die typische Situation der GmbH & Co. KG, bei der die Komplementär-GmbH regelmäßig zur Geschäftsführung bestellt ist. Unter Anwendung der Beherrschungs- und Beeinflussungskriterien sind u. a. folgende Sachverhaltskonstellationen – jeweils Geschäftsführungsbefugnis der GmbH für die KG unterstellt – und nach dem Standardwortlaut wie folgt zu würdigen.
- 4 natürliche Personen sind zu gleichen Teilen sowohl an der GmbH und der KG beteiligt. Geschäftsführer der GmbH ist Herr Schulze, mit den Gesellschaftern nicht verwandt und nicht verschwägert: Die beiden Gesellschaften sind einander nicht nahestehend (IAS 24.9(b)(vii)), wohl aber die 4 Gesellschafter zu beiden Gesellschaften (IAS 24.9(a)(ii)).
- Wie im vorstehenden Aufzählungspunkt, allerdings sind die 4 Personen auch Geschäftsführer der GmbH: Die 4 Personen sind der KG und der GmbH nahestehend (IAS 24.9(a)(ii)), nicht aber die Gesellschaften untereinander (IAS 24.9(b)(vii)). Die Geschäftsführungsfunktion ändert daran nichts, denn der letztzitierte Standardparagraf verweist nicht auf IAS 24(a)(iii)).
- Die Meyer AG ist zu 100 % an der Meyer-Komplementär GmbH und der Meyer KG beteiligt: Die Meyer AG (IAS 24.9(b)(i)) ist der Meyer-Komplementär GmbH und der Meyer KG nahestehend, die beiden letztgenannten Gesellschaften untereinander ebenfalls (IAS 24.9(b)(i)).
- Frau Meyer ist zu 100 % an der Meyer-Komplementär GmbH und der Meyer KG beteiligt. Frau Meyer ist der Meyer GmbH und der Meyer KG nahestehend (IAS 24.9(a)(i)), die beiden Gesellschaften untereinander ebenfalls (IAS 24.9(b)(vi)).
- Die Meyer KG ist alleinige Gesellschafterin der Meyer-Komplementär GmbH (sog. Einheitsgesellschaft). An der Meyer KG sind 4 natürliche Personen zu gleichen Teilen beteiligt: Die 4 Personen sind der KG nahestehend (IAS 24.9(a)(i)), ebenso der GmbH (IAS 24.9(b)(i)). Wer die Geschäftsführungsfunktion bei der GmbH ausübt, ist unerheblich.
- Die Bank AG ist an der Komplementär-GmbH, die Investor AG an der Immobilien KG mit jeweils 100 % beteiligt. Die Bank AG und die Komplementär GmbH sowie die Müller AG und die Immobilien KG sind einander nahestehend (IAS 24.9(b)(i)). Die Komplementär GmbH und die Immobilien KG sind einander nicht nahestehend, da IAS 24.9(a)(iii) nur auf natürliche Personen anzuwenden ist.

Bei der Beurteilung darf die gesellschaftsrechtliche **Besonderheit** der **GmbH &** 15 **Co. KG** nicht unbeachtet bleiben, da sie im Standard förmlich nicht angesprochen wird. Beachtlich könnte hier der wirtschaftliche Gehalt (IAS 24.10) sein. Danach ist in den beiden ersten und im letzten Aufzählungspunkt unter Rz 14 das fehlende „Nahestehen" der GmbH und KG untereinander unbedeutend, wenn die GmbH – wie häufig – keinerlei aktive Geschäftstätigkeit ausübt. Anders könnte es sich verhalten, wenn die GmbH mit der KG durch intensiven Geschäftsverkehr verbunden ist. Dann muss u.U. gem. IAS 24.10 das Nahestehen beider Gesellschaften bejaht werden.

16 Durch *AIP 2010–2012 Cycle* ist der Umfang der nahestehenden „Parteien" um einen weiteren Tatbestand erweitert worden. Dabei geht es um höhere Managementaufgaben (*„key -management"*), die durch eine andere Gesellschaft (*management entity*) ausgeführt werden. Die Managementgesellschaft selbst und darüber hinaus auch deren Gruppenmitglieder gelten als nahestehend (IAS 24.9). Die Definition lautet: *„The entity, or a member of its group, provides key-management personnel services to the reporting entity."* Als Rechtsfolge ist eine gesonderte Anhangsangabe der vom Berichtsunternehmen an die Managementgesellschaft erbrachten Vergütung (IAS 24.18A) vorgesehen. Dagegen sollen die Vergütungen der Managementgesellschaft an die natürlichen Personen, die letztlich die Managementaufgabe beim berichtenden Unternehmen ausführen, nicht erwähnt werden.

Aus deutscher Rechtssicht berührt die Änderung von IAS 24 insbesondere auch die Komplementär-GmbH bei der typischen GmbH & Co. KG.[13] Die Vergütung der KG an die geschäftsführende GmbH ist dem Ergänzungsvorschlag zufolge bei der Berichterstattung der ersteren zu berücksichtigen. Die Definitionserweiterung der *related party* durch IAS 24.9 (oben zitiert) lässt auch eine Angabepflicht für (z.B.) von der Komplementär-GmbH der KG ausgereichte Darlehen im Anhang der KG erkennen.

Die Änderungist ist für Geschäftsjahre, die nach dem 30.06.2014 beginnen, anzuwenden. Die vorzeitige Beachtung unter entsprechender Angabe ist erlaubt.

17 Als **Sonderfall** wird in IAS 24.9(b)(v) ein **Pensionsfonds** genannt, der als nahestehend mit dem berichtenden Trägerunternehmen oder mit einem diesem wiederum nahestehenden Unternehmen gilt. Bei mehrfacher Trägerschaft des Pensionsfonds sind die Trägerunternehmen ebenfalls mit dem berichtenden Unternehmen verbunden. Außer Pensionsfonds sind nach deutschem Recht Pensionskassen (→ § 22 Rz 63), Unterstützungskassen (→ § 22 Rz 60) und *Contractual Trust Agreements* (→ § 22 Rz 60) betroffen.[14]

18 Die natürliche Person (*person*) in IAS 24.9(a) wird tatbestandlich identifiziert mit den **nahen Familienmitgliedern** (*close members of family*). In den vorherigen Aufzählungen der Definitionsnormen des IAS 24.9 kann deshalb immer Herr Müller durch den Herrn Schwiegersohn Schmitz oder die Mutter Herta Müller „ersetzt" werden. Diesen Familienmitgliedern wird die wirtschaftlich gleichgewichtete **Interessenlage** unterstellt und damit auch ein potenzieller **Einfluss** des Gesellschafters oder Organmitglieds auf die Geschäfte (*dealings*) mit dem berichtenden Unternehmen/Konzern. Es handelt sich allerdings nur um eine Vermutung *(may be expected to influence)*. Es fehlt aber andererseits an einer Erläuterung, wann diese Vermutung gilt bzw. wie sie zu widerlegen ist.

---

13 So auch LUCE, PiR 2012, S. 241.
14 BÖMELBURG/LUCE, in: THIELE/VON KEITZ/BRÜCKS, Internationales Bilanzrecht, IAS 24, Tz. 143.

Als *related party* gelten nach der Aufzählung in IAS 24.9 neben den signifikant oder mehrheitlich beteiligten Gesellschaftern oder Organmitgliedern
- deren eigene Kinder,
- deren Ehe- oder sonstige Lebenspartner,
- sonstige abhängige Personen,
- die Kinder des „Lebenspartners" (also zusätzlich zu den eigenen Kindern),
- sonstige abhängige Personen, auch des Lebenspartners,

sofern eine Beeinflussung (aktiv oder passiv) vernünftigerweise **angenommen** werden kann.

Folgende **Differenzierung** scheint uns sinnvoll:
- Bei wirtschaftlicher Abhängigkeit (etwa minderjährige oder in Ausbildung befindliche Kinder) und/oder gemeinsamer Haushaltführung (Ehegatten) ist ein Nahestehen **fast immer** gegeben.
- Bei nicht haushaltszugehörigen, wirtschaftlich **selbstständigen** Angehörigen spricht der 1. Anschein **gegen** ein Nahestehen.
- Der allgemein gültige Grundsatz *substance over form* (→ § 1 Rz 49) wird besonders betont (IAS 24.10). Eine **kleinliche** Standardinterpretation erscheint deshalb als unangebracht. Andererseits kommt auch eine inhaltliche **Ausweitung** von *„close"* in Betracht, wenn z.B. Geschwister und deren Abkömmlinge gemeinsam als Interessengruppe agieren („Familienclan").[15] Diese Sichtweise wird durch die Neufassung von IAS 24.9 (Rz 43) bestärkt: Es heißt nun statt *„may include"* (nur) noch *„include"*. Das *acting in concert* (Rz 22) liegt hier besonders nahe.

Explizit **ausgeschlossen** aus dem Definitionsgehalt von *„related"* sind nach IAS 24.11:
- 2 Unternehmen mit Personalunion einer Direktorenstellung oder einer anderen Schlüsselposition bei 2 Unternehmen.
- 2 Unternehmen *(two venturers)*, die ein Joint Venture betreiben, im Verhältnis zueinander nur aufgrund des Vorliegens eines solchen Joint Venture (also nicht aus anderen Gründen) stehen.
- Finanzdienstleister (Banken).
- Gewerkschaften.
- Öffentliche Versorgungsunternehmen.
- Verwaltungsinstanzen.
- Hauptlieferant oder -kunde o. Ä., mit dem ein erheblicher Teil des Geschäftsvolumens der betreffenden Unternehmung abgewickelt wird.

Der sicher häufig bestehende bedeutende Einfluss von **Hausbanken, Großlieferanten** und **Hauptabnehmern** auf ein Unternehmen ist also für den Normalfall – wohl aus Praktikabilitätsgründen – aus dem Anwendungsbereich von IAS 24 ausgenommen. Dieser Befund nach IAS 24.11 ist aber nicht zwingend *(not necessarily)*. Anders kann es sich verhalten, wenn in einer Liquiditätskrise ein Konzern alle wichtigen unternehmerischen Entscheidungen nur im Einvernehmen mit der Hausbank, die eine ungesicherte Kreditlinie zu verwalten hat, treffen kann.

19

---

[15] ERNST & YOUNG, International GAAP 2014, Ch 35, 227 Ex. 35.2. Ähnlich ANDREJEWSKI/BÖCKEM, KoR 2005, S. 170, die eine förmliche Stimmrechtsbindung durch Vertrag verlangen, um dem „Clan" die Eigenschaft als „party" zukommen zu lassen.

20 Auch die **öffentlichen Hände** in den verschiedensten Ausprägungen gehören zu den „parties", die anderen Unternehmen nahestehen können (Rz 10). Der Standard spricht hier von „government" (IAS 24.9) und zieht den Begriffsinhalt ausgesprochen weit von lokalen Institutionen bis hin zu vergleichbaren internationalen Instanzen. Diese können (gemeinsam) Kontrolle oder signifikanten Einfluss auf ein Unternehmen/einen Konzern ausüben (Rz 10). Für die Berichterstattung dieser öffentlich beherrschten Unternehmen/Konzerne stellt der Standard Erleichterungen (*exemptions*) zur Verfügung (Rz 40).

2.2 Besondere Beachtung des wirtschaftlichen Gehaltes

2.2.1 Mittelbare Beziehungen

21 Die Grundregel der *substance over form* (→ § 1 Rz 49) gewinnt im Fall der *related-party*-Beziehungen besonderes Gewicht. Dies wird durch die Hervorhebung in IAS 24.10 untermauert. Ein berichtspflichtiger Vorgang kann auch durch die Einschaltung einer **scheinbar** *unrelated party* nicht vermieden werden.

> **Beispiel**[16]
> Unternehmen A, in finanziellen Schwierigkeiten, verkauft ein wertvolles Patent weit unter Wert zu 50 an Unternehmen B. B verkauft zu 50 weiter an Unternehmen C. Bei A und C ist Herr X alleiniger Gesellschafter und Geschäftsführer. Bei B übt Herr Y die gleichen Funktionen aus. X und Y sind nicht verwandt und nicht verschwägert und auch sonst nicht nahestehend.
>
> ```
> (Geschäftsführer X            (Geschäftsführer Y)          (Geschäftsführer X
>  Gesellschafter)                                            Gesellschafter)
>                                   Con-
>   Control      Einfluss           trol        Einfluss          Control
>      ↓            ↘                ↓             ↗                 ↓
>   [ A ]  Verkauf  →  [ B ]  Verkauf  →  [ C ]
> ```

Der Verkauf unter Wert mag ein Notverkauf sein oder ein Substanzentzug zu Lasten der Gläubiger von A. B wirkt im Gesamtgeschehen als Agent für den Transfer, da er daraus weder Gewinn noch Verlust zieht. So könnten Herr Y und B als *related party* zu A und C anzusehen sein, weil sie zu dieser Transaktion durch Herrn X entscheidend veranlasst (*significantly influenced*) worden sind. A und C müssten in ihren Abschlüssen über dieses Geschäft berichten, u. a. durch Hinweis auf die beidseits vorliegende Beherrschung durch Herrn X. Die Berichtspflicht stützt sich auf IAS 24.18: „*necessary for users to understand*".

---

[16] In Anlehnung an PwC, IFRS Manual of Accounting 2014, Tz. 29.78: *Parties related in substance*.

2.2.2 Konzertierter Einfluss

Ein anderes Problem bei der Beurteilung der wirtschaftlichen Substanz i.S.d. IAS 24.10 (Rz 21) einer Transaktion stellt sich, wenn im Beispiel unter Rz 21 neben X als weitere Person Z zu je 50 % an A und C beteiligt ist und sie dort **gemeinsam** als **Geschäftsführer** fungieren. Dann taucht das Thema des *acting in concert* auf, dem sich IAS 24 förmlich nicht widmet, allerdings nach der *substance-over-form*-Regel in IAS 24.10 berichtspflichtig sein kann. Der vergleichbare UK-Standard FRS 8 erwähnt „*concert parties*" als *related*. Als Beispiel für auch nach IAS 24 berichtspflichtige Verhältnisse dienen Stimmrechtsbindungsverträge zwischen Gesellschaftergruppen, die häufig durch generationenübergreifende Familienbande und Erbgänge entstanden sind und ihre Interessen am Unternehmen in speziellen Gesellschaften bündeln.[17] Solche *concert parties* sind nicht notwendig identisch mit den in IAS 24.9 genannten *close members of the family* (Rz 18).

22

Beispiel[18]

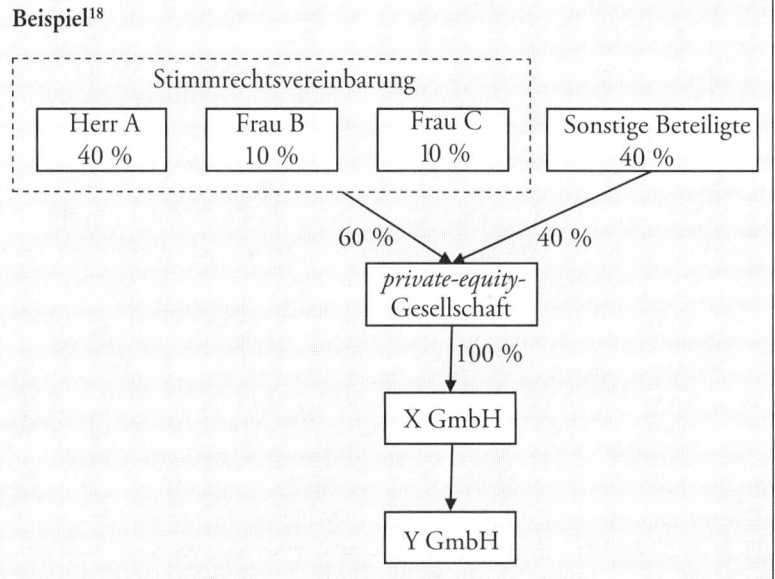

A, B und C sind durch die Stimmrechtsbindung „*concert parties*" und üben das *ultimate controlling interest* aus (IAS 24.13), was von der Y GmbH zu berichten ist, auch wenn keine Geschäftsbeziehungen bestehen (Rz 25). A, B und C verfügen über eine kollektive Kontrolle – vergleichbar der Regelung nach IFRS 3.B2 (→ § 31 Rz 189) – über die Stimmrechte der *private-equity*-Gesellschaft, die wiederum die X GmbH und Y GmbH beherrscht. Ohne die Stimmrechtsvereinbarung wäre die *private-equity*-Gesellschaft als *ultimate controlling party* (Rz 25) zu qualifizieren (IAS 24.16) und Herr A als nahestehend wegen des ihm zukommenden signifikanten Einflusses.

---

[17] Vgl. dazu den aktuellen Geschäftsbericht der Henkel KGaA.
[18] Nach PwC, IFRS Manual of Accounting 2014, Tz. 29.116.

3 Die offenzulegenden Geschäftsvorfälle

3.1 Beispielhafte Aufzählung

23 Zu den – auch unentgeltlichen – Geschäftsvorfällen *(transactions)* zwischen nahestehenden Unternehmen und Personen *(related party transactions)* werden außer der Definition in IAS 24.9 in IAS 24.21 eine ganze Reihe von **Positivbeispielen** aufgeführt, welche den weit gefassten Inhalt der Definitionsnorm unterstreichen:
- Kauf oder Verkauf von fertigen oder unfertigen Gütern
- Kauf oder Verkauf von Grundstücken und anderen Vermögenswerten
- Gewährung oder Erhalt von Dienstleistungen
- Leasingverträge
- Übertragung von Forschungs- und Entwicklungsergebnissen
- Vergütungen *(transfers)* aufgrund von Lizenzverträgen
- Vergütungen für Finanzierungsvereinbarungen (Darlehen, Bar- und Sacheinlagen in das Eigenkapital)
- Vergütungen für Avale und sonstige Garantien
- Tilgung von Verbindlichkeiten zugunsten des Unternehmens (durch nahestehende Personen) oder umgekehrt durch das Unternehmen von Verbindlichkeiten einer nahestehenden Person
- vom Eintritt bestimmter Bedingungen abhängige Tätigkeiten einschließlich schwebender Verträge *(executory contracts;* → § 21 Rz 55).

Das HGB verlangt demgegenüber nur die Angabe der **nicht** zu **marktüblichen** Bedingungen zustande gekommenen Geschäfte **wesentlichen** Gehalts, erlaubt aber („zumindest") weitere Angaben (Rz 8).

24 Bestehen Geschäftsbeziehungen zwischen nahestehenden Personen *(related parties)*, dann hat das Unternehmen/der Konzern in seinem Jahresabschluss gem. IAS 24.18 über die Geschäftsvorfälle *(transactions)* und die daraus resultierenden noch **offenen Posten** in der Bilanz *(outstanding balances)* zu berichten. Diese Angaben sind allerdings nur insoweit erforderlich, als aus ihnen mögliche **Auswirkungen** des Nahestehens *(relationship)* auf den **Inhalt** des Jahresabschlusses abgeleitet werden können *(necessary for an understanding of the potential effect of the relationship on the financial statements)*. Man kann in diesem Vorbehalt eine Betonung des *substance-over-form*-Grundsatzes erkennen (vgl. das Beispiel unter Rz 21). Wegen der Ausnahmen für staatlich beherrschte Unternehmen vgl. Rz 39 ff. Dieses ausgesprochen **weit** angelegte Volumen von potenziellen Angabepflichten wird in IAS 24.18 wie folgt **systematisiert**:
- **Art** der Beziehung
- **Strom**größen:
  - Alle in Währung (absoluten Zahlen) auszudrückenden Geschäftsvorfälle *(transactions)*, die mindestens aufzuführen sind (Rz 26).
- **Bestands**größen:
  - die Beträge **offener Posten** (Forderungen oder Verbindlichkeiten) sowie **Haftungsverhältnisse** aus diesen Transaktionen in Ausweitung der Darstellungspflichten nach IAS 1 (→ § 2 Rz 49 ff.; IAS 24.20),
  - deren **Vertragsbedingungen** einschließlich der gegebenen Sicherheiten und der vorgesehenen Tilgung,
  - entsprechende Angaben zu gegebenen oder erhaltenen **Garantien**,

– **Abschreibungen** auf entsprechende Forderungen,
– **Aufwendungen** (Verluste) aufgrund von Forderungen an nahestehende Personen.

Der unterschiedliche Detaillierungsgrad zwischen Strom- und Bestandsgrößen ist auffallend. U. E. ist daraus – trotz der „Mindestregel" *(at a minimum)* – ein **Verzicht** auf die zusätzliche Angabe von Bestandsgrößen herauszulesen (z. B. noch nicht verbrauchtes Rohmaterial aus Lieferungen einer nahestehenden Person).
Zur Darstellungstechnik, insbesondere des Ausmaßes der **Aggregierung**, vgl. Rz 37. Zur **personellen** Struktur der Angabepflichten nach IAS 24.19 vgl. Rz 35.

3.2 Das Nahestehen „an sich" (Beteiligungsspiegel)

Die Tatsache des „**Nahestehens**" *(related party relationship)* als solche ist unbedingt anzugeben (IAS 24.14), auch wenn **keinerlei Geschäftsvorfälle** *(transactions)* zwischen dem berichtenden und dem kontrollierten Unternehmen vorgekommen sind (Rz 5).
Dieser Angabepflicht kann im Einzelabschluss eines **Mutterunternehmens** durch den üblichen „Beteiligungsspiegel", also ohne Inhalte der ggf. entstandenen Geschäftsvorfälle *(transactions)*, entsprochen werden. Wegen der Darstellungstechnik überhaupt vgl. Rz 50.
Für den Einzel- oder (Teil-)Konzernabschluss eines untergeordneten Unternehmens gilt nach IAS 24.13: Anzugeben ist der Name des Mutterunternehmens *(parent)* und, falls abweichend, der Name des obersten beherrschenden Unternehmens *(ultimate controlling party)*. Nur die amtliche deutsche Fassung spricht von „Unternehmen". Nach der u. e. maßgeblichen englischen Originalfassung kommt es auf die Unternehmenseigenschaft der beherrschenden Partei hingegen nicht an. Die *„(ultimate) controlling party"* kann daher auch eine natürliche Person oder Gemeinschaft natürlicher Personen, ebenso eine nicht als Unternehmen (i. S. d. PublG) zu qualifizierende Stiftung sein.[19]
Sofern das „Mutterunternehmen" bzw. die oberste kontrollierende Einheit *(the ultimate controlling party)* keine Jahresabschlüsse offenlegt, ist das oberste „Unternehmen" zu nennen, das Jahresabschlüsse veröffentlicht (IAS 24.13).

3.3 Speziell die *arm's-length*-Bedingung

Mysteriös klingt die Angabepflicht über die Einhaltung der *arm's-length*-Konditionen für die Geschäftsbeziehungen. Solche Angaben sollen nach IAS 24.23 nur erfolgen, wenn sie **substanziiert** werden können *(can be substantiated)*. Eine – offenzulegende – „Substanziierung" im eigentlichen Sinn würde im Grunde eine Dokumentation wenigstens über die Preisfindung etwa nach Maßgabe des § 90 Abs. 3 AO erforderlich machen. Eine solche „Darstellungstiefe" kann indes für Zwecke der kaufmännischen Rechnungslegung und der *fair presentation* derselben nicht sinnvoll sein, schon deswegen nicht, weil dabei sehr schnell die Grenze der Offenlegung von **Geschäftsgeheimnissen** erreicht würde. Hinzu kommt die dem Inhalt von IAS 24 generell zugrunde liegende **Beschränkung**

---

[19] Vgl. BÖMBELBURG/LUCE, in: THIELE/KEITZ, VON/BRÜCKS, Internationales Bilanzrecht, IAS 24, Tz. 163; ADS International, Abschn. 27, Tz. 106: Auch natürliche Personen sind zu nennen.

auf die **Offenlegung** der Geschäftsbeziehungen mit nahestehenden Personen, die gerade eine **Angemessenheitsbeurteilung** ausschließt (Rz 6).

Nach **einer** vertretbaren Auffassung kann deshalb im Anhang auf die eher floskelhafte Versicherung der Angemessenheit aller vereinbarten Transaktionen mit nahestehenden Unternehmen **verzichtet** werden. IAS 24 verlangt keine Angabe über die Preispolitik.
Aber auch eine **andere** Auslegung von IAS 24.23 erscheint zulässig: Der **Ort** der Dokumentation lässt sich nicht eindeutig interpretieren. Möglich erscheint auch ein **internes Arbeitspapier**, dann allerdings mit der Angabepflicht im Anhang: „Der Leistungsaustausch erfolgt zu fremdüblichen Bedingungen. Die Fremdüblichkeit wird laufend dokumentiert und überwacht; ggf. erforderliche Anpassungen werden zeitnah vorgenommen." Für die letztgenannte Interpretation von IAS 24.23 spricht auch folgende – praktische – Überlegung: Wer den Hinweis auf die Fremdüblichkeit unterlässt, kann im Vergleich zu Mitbewerbern den Eindruck erwecken, er habe gerade nicht zu *arm's-length*-Konditionen mit Nahestehenden gehandelt. Wird aber tatsächlich ganz überwiegend mit fremdüblichen Preisen agiert, ohne dass dies im Detail im Anhang dargelegt werden kann, spricht das Interesse an der Vermeidung eines gegenteiligen falschen Eindrucks auch aus Sicht der *true and fair presentation* (→ § 1 Rz 69 ff.) für einen verkürzten Hinweis auf Fremdüblichkeit und deren externe Dokumentation und Kontrolle.
Empirisch für Deutschland erfolgt ein ähnlicher Hinweis in 73 % der einbezogenen Untersuchungsmenge.[20]

3.4 Organbezüge

27 Für das Management in Schlüsselpositionen *(key management personnel)* (Rz 11) ist der **Gesamtbetrag** der geleisteten Vergütungen *(compensation)* in einer **sachlichen** Aufgliederung folgenden Inhalts anzugeben (IAS 24.17):
- **laufende** Bezüge fester und variabler Art *(short-term employee benefits)*;
- Vorsorgen für (spätere) **Ruhestandsbezüge** *(post employment benefits)*, z.B. **Einzahlungen** in einen Pensionsfonds- oder den **Aufwand** bei Direktzusagen nach deutschem Recht *(current service cost;* → § 22 Rz 42);
- sonstige Bezüge **längerfristig** ausgerichteter Art, z.B. *deferred compensation*, Jubiläumszahlungen, Arbeitsfreistellungen *(other long-term benefits)*;
- **Abfindungen** *(termination benefits)*;
- **aktienkursorientierte** Vergütungen *(equity compensation benefits)*.

Beim Aufwand aus Direktzusagen reicht u.E. die Angabe des Dienstzeitaufwands *(sevice costs)* aus. Zins- und zinssatzbedingte Aufwendungen sind nicht zwingend anzugeben.[21]
Die vorstehende Aufzählung gibt den Inhalt des Definitionskatalogs von IAS 24.9 nur **verkürzt** wieder. Dessen Inhalt ist **umfassend** (IAS 24.17: „*in total*"). Jede Art der Vergütung des betroffenen Personenkreises (Rz 29) ist anzugeben. Definitionsvariationen und Begriffsneubildungen sollen kein Entkommen aus der Angabepflicht erlauben. Der Wesentlichkeitsgesichtspunkt (Rz 45) muss hier mit großer

---

[20] KÜTING/SEEL, KoR 2008, S. 234.
[21] Vgl. ERNST & YOUNG, International GAAP 2014, Ch 35 2.6.3.

Zurückhaltung angewandt werden. Dominierend ist dabei nicht so sehr die Perspektive des Unternehmens, sondern diejenige der betroffenen Person.[22] Fraglich ist allerdings, ob in einem dualistischen System deutscher Prägung die Aufsichtsratsmitglieder überhaupt eine „*compensation*" i.S.v. IAS 24.17 beziehen. Hiergegen spricht u.E. Folgendes: Sowohl in IAS 24.17a) und b) selbst als auch bei der Definition von *compensation* in IAS 24.9 werden *employee benefits*, also Leistungen an Arbeitnehmer vorausgesetzt. Als Arbeitnehmer können in der gebotenen wirtschaftlichen Betrachtung zwar Vorstände angesehen werden, u.E. aber nicht Aufsichtsratsmitglieder, die nur unregelmäßig und ohne jede Eingliederung in den Betrieb tätig sind[23] (→ § 7 Rz 20). U.E. sind Vergütungen an Aufsichtsräte deshalb zwar nach den allgemeinen Vorgaben von IAS 24.13 und IAS 24.18, jedoch ohne Subsumtion unter die spezifische Untergliederung nach IAS 24.17 anzugeben. Die h.M. und Praxis setzt sich über diese Bedenken allerdings hinweg; sie unterstellt eine Angabepflicht auch für Aufsichtsratsmitglieder und fragt dann nur noch, ob für die **Arbeitnehmervertreter** im Aufsichtsrat **auch** die laufenden Tätigkeitsvergütungen in ihrer Eigenschaft als Arbeitnehmer anzugeben sind. Hierzu wird auf → § 7 Rz 20 verwiesen.

Zusätzlich sind die sonstigen Transaktionen des Unternehmens mit den Mitgliedern des **Top-Managements** anzugeben, z.B. Warenbezüge, Wohnraumnutzung etc. Dies gilt nach IAS 24.18 auch für Sondervergütungen an Aufsichtsräte aufgrund von Beratungsverträgen.[24] Nicht angabepflichtig sind Vergütungen für z.B. Vorstandsmitglieder, die nach Abberufung noch als Berater fungieren. Bei Personalunion der Geschäftsführertätigkeit in mehreren Gesellschaften sind Vergütungen nur von einer Gesellschaft (regelmäßig Muttergesellschaft) zu nennen. Bei Weiterbelastung ist durch die belastete Gesellschaft die (anteilige) Vergütung offenzulegen.

> **Beispiel**
> Aus dem Geschäftsbericht der Unilever Group für 2006:[25]
> Der Vorstandsvorsitzende N. N. und seine Ehefrau haben von einem Konzernunternehmen (Ltd.) ein Haus für 2.042.255 EUR gekauft. Die unabhängigen Direktoren der Ltd. einschließlich des Vorsitzenden des Audit Committee waren informiert. Der Preis ist in einem öffentlichen Bietungsverfahren zustande gekommen.

Nicht eindeutig geklärt ist der **zeitliche** Bezug der „*compensation*" (Vergütung) in IAS 24.17 für besondere längerfristig orientierte Entlohnungsformen, die gerade für das *key management personnel* (Rz 29) vorkommen können.

> **Beispiel**
> Der Geschäftsführer einer GmbH erhält im Jahre 00 eine Zusage über einen Bonus von 300 TEUR, sofern in den folgenden 3 Geschäftsjahren kumulierte bestimmte betriebswirtschaftliche Kennzahlen erreicht werden. Weitere Vo-

---

22 „Gleichgewichtig" nach PwC, IFRS Manual of Accounting 2014, Tz. 29.93.
23 Vgl. LÜDENBACH/FREIBERG, BB 2013, S. 2539ff.
24 So auch BÖMELBURG/LUCE, in: THIELE/KEITZ, VON/BRÜCKS, Internationales Bilanzrecht, IAS 24, Tz. 166.
25 Nach ERNST & YOUNG, International GAAP 2008, S. 2614.

> raussetzung ist der Verbleib im Unternehmen wenigstens bis zum Ende des Jahres 03. In die Bilanz zum 31.12.01 wird ein Betrag von 100 TEUR zurückgestellt, nachdem in 01 die Kennzahlen erreicht wurden und auch in 02 und 03 mit überwiegender Wahrscheinlichkeit erreicht werden können. Wider Erwarten bricht das Geschäft in 02 ein. Mit einer Wiederbelebung vor 04 wird nicht gerechnet. Zum 31.12.02 wird deshalb die Rückstellung aufgelöst. Überraschenderweise bessert sich die Lage schon in 03 so stark, dass die kumulierten Erfolgsziele erreicht werden. Zum 31.12.03 wird deshalb die Rückstellung mit 300 TEUR eingebucht.

Die Anhangsangabe zur „*compensation*" kann zeitlich
- dem Jahr des „**Erdienens**", hier 01 mit 100 TEUR und 03 mit 200 TEUR, oder
- der **GuV-wirksamen** Verbuchung, hier 01 100 TEUR Aufwand, 02 mit 100 TEUR Ertrag und 03 mit 300 TEUR Aufwand,

zugeordnet werden. Der Standard äußert sich dazu nicht, u. E. ist die 2. Variante vorzugswürdig, weil dem Adressaten des (aktuellen) Jahresabschlusses nach IAS 24.18 Satz 1 die Ertrags- und Vermögensauswirkungen dieser Vergütungsformen dargelegt werden sollen. Die Anhangsangabe würde dann dem *matching* oder *accrual principle* folgen. Dieser Gedanke kommt in anderem Zusammenhang in IAS 24.18(d) zum Ausdruck, wonach für zweifelhafte Forderungen gegen nahestehende Personen/Unternehmen der Periodenaufwand (-ertrag) aus der Dotierung oder Auflösung von Wertberichtigungen anzugeben ist.
In der Konsequenz dieses Lösungsvorschlags muss in 02 der Ergebniseffekt durch Auflösung der Rückstellung um 100 TEUR in der Anhangsangabe nachvollzogen werden. Das kann durch eine entsprechende Saldierung innerhalb der insgesamt anzugebenden Bezüge erfolgen.
So müsste u. E. auch vorgegangen werden, wenn der Geschäftsführer Ende 02 nicht mehr dem *key management personnel* angehört, denn die Angabe des Aufwandes in 01 und dessen Kürzung in 02 ist Ausfluss der Geschäftsführerstellung.

29   Schwierig kann auch die Abgrenzung in **persönlicher** Hinsicht sein. Eindeutig ist jedenfalls das Nichterfordernis der **Aufgliederung** auf die jeweilige der Geschäftsleitung angehörende natürliche Person. Es genügt die Angabe eines **Gesamtbetrages**. Die entscheidende Frage ist dann aber, welcher Personenkreis unter die Definition des Managements in Schlüsselpositionen *(key management personnel)* fällt. IAS 24.9 nennt als Definitionskriterium die Berechtigung und Verantwortung für die Planung, Leitung und Kontrolle der Unternehmenstätigkeit, und zwar in direkter oder indirekter Form. Spezifisch aufgeführt wird dabei die aktive oder passive „Direktorenstellung" bei dem betreffenden Unternehmen. Der letztgenannte Begriff gibt einen Anhaltspunkt zur sinnvollen Interpretation der Definitionsvorgaben in IAS 24.9 im **deutschen** Rechtskreis. Dieser ist durch das **duale** System der Unternehmensleitung – Vorstand und Aufsichtsrat – gekennzeichnet. Demgegenüber ist der Definitionskatalog in IAS 24.9 eher auf die **monistische** Struktur (Board-System) nach angelsächsischem Vorbild ausgerichtet, zählt dabei aber geschäftsführende „Direktoren"*(executives)* ebenso zum „*key management personel*" wie „Direktoren in Aufsichtsfunktion"*(„whether executive or not")*. Daraus folgt die Notwendigkeit von Angaben zum

geschäftsführenden Organ. Zum **Aufsichtsrat** und speziell zu den **Arbeitnehmervertretern** im Aufsichtsrat wird auf § 7 Rz 20 verwiesen.
Die anschließende Frage ist dann, bis zu welcher **Ebene** der Unternehmenshierarchie das Definitionskriterium der Berechtigung und Verantwortlichkeit für die Unternehmensplanung etc. herunterzubrechen ist (Rz 29). Die Antwort muss auf der Grundlage der sonstigen Standardvorgaben gefunden werden. Entscheidend ist dabei die Angabepflicht für den **Gesamt**betrag der betreffenden Vergütungen, also **ohne Aufgliederung** auf Einzelpersonen (Rz 29). Je mehr Unternehmenshierarchien – nach dem Vorstand auch der Generalbevollmächtigte, der Generaldirektor, der Bereichsvorstand etc. – in die Angabepflicht einbezogen werden, desto geringer ist die **Aussagekraft** dieses Gesamtbetrages. Außerdem würde die **zwischenbetriebliche** Vergleichbarkeit durch die Auffächerung auf die jeweils individuell definierten Hierarchieebenen abhandenkommen.

30

> **Beispiel**
> Die Deutsche Post World Net differenziert in ihrem Geschäftsbericht 2008 zwischen Vorstand und Aufsichtsrat einerseits und der 2. Führungsebene andererseits. Für den letztgenannten Bereich werden Geschäftsbeziehungen unter Einschluss der jeweiligen Familienangehörigen aufgeführt.
> Die Deutsche Bahn AG erläutert im Geschäftsbericht 2008 nur die Beziehungen zum Vorstand und Aufsichtsrat.

U. E. ist entsprechend der bisherigen nach HGB vorgegebenen Beschränkung der Angabepflicht auf die **förmliche Organstellung** – Vorstand bzw. Geschäftsführer – die sinnvolle Interpretation der personellen Vorgaben nach IAS 24.17 (abgesehen von der Trennung nach Vorstand und Aufsichtsrat; Rz 34). Allerdings umfasst diese Angabepflicht auch die sog. **faktische Geschäftsführung**, also Fälle, in denen eine Person zwar nicht förmlich im Handelsregister als Geschäftsführer (oder Vorstand) eingetragen ist, in Wirklichkeit aber das eigentliche Exekutivorgan darstellt. Wenn demgegenüber die Einbeziehung weiterer Zonen außerhalb des eigentlichen Vorstandes in die Angabepflicht für richtig erachtet wird, müssen u. e. diese Personen (neben dem Vorstand) **namentlich** im „offiziellen" Teil des Jahresabschlusses, also im Anhang, genannt werden.

Interpretationsbedürftig, wenigstens aus deutscher Sicht, ist auch der Inhalt der *post employment benefits* (Rz 27), wo als Beispiele auch *„pensions"* genannt werden. U. E. handelt es sich dabei nicht um Angaben für **ehemalige** Organmitglieder und deren Hinterbliebene nach der Vorgabe in § 285 Nr. 9b) HGB. Diese Auffassung erschließt sich aus dem Definitionsgehalt des betroffenen Personenkreises *(key management personnel)*, der – in welcher Hierarchiestufe auch immer – mit der Unternehmens**leitung** betraut ist (Rz 29). Ruheständler und deren Witwen und Waisen üben keine geschäftsleitende Tätigkeit aus. Die Angabepflicht für „Ehemalige" gem. § 285 Nr. 9b) HGB besteht deshalb unter dem Regime des IFRS nicht. Stattdessen sind altersversorgungsbezogene Vergütungsbestandteile der **aktiven** *„key manager"* anzugeben (Rz 27).

31

Für den handelsrechtlichen Konzernabschluss sieht § 314 Abs. 1 Nr. 6 HGB Angaben zu Organbezügen teils im Anhang, teils im Konzernlagebericht vor. Dabei erlaubt DRS 17.12, die Angaben nach § 314 Abs. 1 Nr. 6a Sätze 5–8 HGB

32

und § 315 Abs. 2 Nr. 4 HGB sowie ggf. weitergehendere Angaben zur Vergütung, die aufgrund des Deutschen Corporate Governance Kodex gemacht werden, in einem Vergütungsbericht zusammenzufassen, der Teil des Konzernlageberichts ist. Die Angaben nach § 314 Abs. 1 Nr. 6a Sätze 1–4, 6b und 6c HGB können zusätzlich zu der verpflichtenden Darstellung im Konzernanhang auch in diesen Vergütungsbericht aufgenommen werden. Alternativ darf im Vergütungsbericht auf diese Angaben im Konzernanhang verwiesen werden.

Für den zur Erfüllung der inländischen Konzernrechnungslegungspflicht erstellten IFRS-Konzernabschluss sind die vorgenannten Vorschriften durch Verweis in § 315a Abs. 1 HGB ebenfalls zu beachten. Von Bedeutung ist dann der Umgang mit der Schnittmenge der Angabepflichten, also den Angaben, die zugleich nach (1) IAS 24 und (2) § 314 Abs. 1 Nr. 6 und § 315 Abs. 2 Nr. 4 i. V. m. § 315a HGB gefordert werden. Systematisch kommen vor allem die folgenden Lösungen in Betracht:

- Im IFRS-Konzernanhang werden neben den Angaben nach IAS 24 darüber hinausgehende Angaben nach § 314 HGB aufgeführt, im Konzernlagebericht die Angaben nach § 315 HGB.
- Alle Angaben werden im IFRS-Konzernanhang aufgeführt. Der Konzernlagebericht verweist darauf.
- Alle Angaben werden im Konzernlagebericht zusammengefasst. Der Konzernanhang verweist darauf.

Die erste Variante ist gesetzeskonform, wegen der Aufsplittung einer einheitlichen Materie aber wenig leserfreundlich. Für die beiden anderen Varianten gilt das Gegenteil: Der Lagebericht muss nach DRS 20.13 aus sich heraus verständlich sein; dem genügt die zweite Variante nicht. Die dritte Variante führt wiederum aus Sicht der IFRS zu einem unvollständigen Konzernabschluss, weil durch IAS 24 für den Abschluss (Anhang) geforderte Angaben dort nicht geleistet werden. Wegen Einzelheiten wird auch auf → § 7 Rz 18 ff. verwiesen.

3.5 Dividenden an nahestehende Personen

33 Die weitgefasste Begriffsdefinition des „Geschäftsvorfalls mit nahestehenden Unternehmen und Personen" (*related party transactions*; Rz 23) umfasst als Übertragung von Ressourcen (*transfer of resources*) auch die „gewöhnliche" Dividende, die vom Berichtsunternehmen etwa an eine signifikant beteiligte (IAS 24.9(a)(ii)) oder im Vorstand oder Aufsichtsrat vertretene (IAS 24.9(a)(iii)) natürliche Person ausgeschüttet wird,

> **Beispiel**
> Der Vorstand NN der G-AG ist mit 40 % an dieser beteiligt. Die restlichen 60 % stehen im Eigentum von Kleinaktionären. Die Angabepflicht nach IAS 24 umfasst unzweifelhaft die (angemessene) Vorstandsvergütungen von 200 TEUR. Daneben erhält NN je Aktie die gleiche Dividende wie die Kleinaktionäre. Bei einer Gesamtausschüttung von 5 Mio. EUR also einen Betrag von 2 Mio. EUR. Sind als „Ressourcenübertragung" an NN 0,2 Mio. EUR oder 2,2 Mio. EUR anzugeben?

Gegen eine Ausdehnung der Angabepflicht auf die Dividenden spricht, dass es sich bei der Dividende im engeren Sinne nicht um den Vorfall eines Geschäfts zwischen der Gesellschaft und ihrem Gesellschafter-Geschäftsführer handelt, sondern um einen rein gesellschaftsrechtlich begründeten Vorgang, nämlich die Wandlung eines Mitgliedschaftsrechts in ein Gläubigerrecht. Zudem ist über Dividenden bereits nach IAS 1.137a im Anhang (ohne Personenbezug) zu berichten.[26] U. E. kann daher in o. g. Beispiel auf eine *related-party*-Angabe zu den Dividenden verzichtet werden.

3.6 Zwischenberichterstattung

Wegen der Besonderheit bei der Zwischenberichterstattung nach IAS 34 wird verwiesen auf → § 37 Rz 38. Bemerkenswert an dieser Stelle ist das **Gewicht**, das in IAS 34 der Berichterstattung über die Beziehungen zu Nahestehenden beigemessen wird.

34

4 Das Berichtsformat

4.1 Die Aufgliederung nach nahestehenden Parteien

Die Angaben nach IAS 24.18 (Rz 22) sind gem. IAS 24.19 nach folgenden Gruppen nahestehender **Personen aufzugliedern**:

- das **Mutterunternehmen** (aus Sicht der Tochter),
- aus Sicht eines beherrschten Unternehmens: die Unternehmen, die eine **gemeinsame Kontrolle** oder einen wesentlichen Einfluss ausüben,
- **Tochterunternehmen** (aus Sicht der Mutter),
- **assoziierte** Unternehmen,
- die **beherrschenden** Unternehmen *(venturers)* im Rahmen eines Joint Venture,
- **Managementmitglieder** in Schlüsselpositionen des Unternehmens oder der Mutterunternehmung (Rz 36),
- **sonstige** nahestehende Personen (Rz 18).

35

Soweit **assoziierte** Unternehmen (→ § 33) oder **Gemeinschafts**unternehmen (→ § 34) nach der *equity*-Methode konsolidiert werden, bleiben anteilige Posten aus Geschäftsbeziehungen mit nahestehenden Personen im Abschluss enthalten. Diese Posten sind dann offenzulegen. Bei Vollkonsolidierung unterliegen sie im Übrigen dem Vorbehalt nach IAS 24.4 (Rz 9), also keine Angabepflicht, soweit diese Positionen durch **Konsolidierung** aus Bilanz und GuV-Rechnung eliminiert worden sind. Ebenso entfällt eine Berücksichtigung der Verbundbeziehungen von assoziierten Unternehmen untereinander im separaten und Konzernabschluss des Mutterunternehmens (Rz 11, 4. Aufzählungspunkt).

Die Berücksichtigung von **Managementmitgliedern** beschränkt sich nach dem Standard-Wortlaut von IAS 24.9 und IAS 24.19(f) auf das **berichtende** Unternehmen selbst und das **Mutterunternehmen**. Bei tiefer gliederten Konzernstrukturen kann entgegen dem Wortlaut auch ein Management-Mitglied einer „höher" angesiedelten Einheit als nahestehend zu berücksichtigen sein.[27]

36

---

[26] ERNST & YOUNG, International GAAP 2014 Ch 35 2.7.1.
[27] So auch ERNST & YOUNG, International GAAP, 2014, Ch 35 2.2.1.D: „or of another entity in the same group".

4.2 Aggregierung und *materiality*

37 Nach IAS 24.24 können **sachliche** Vorgänge (Rz 24) vergleichbarer Art *(items of a similar nature)* in **aggregierter** Form dargestellt werden, sofern nicht eine besondere Erläuterung im Interesse des besseren Verständnisses über die Einflüsse der betreffenden Geschäftsbeziehungen auf den Jahresabschluss erforderlich erscheint. Die Aggregationsmöglichkeit entspricht den Kommentarmeinungen zu § 312 AktG über das Erfordernis von Zusammenfassungen im Abhängigkeitsbericht.[28]

38 Wo die **Grenzlinie** einer sinnvollen **Aggregierung** der sachlichen Angabepflichten zu ziehen ist, kann allgemein nicht bestimmt werden. Bei laufenden Geschäftsbeziehungen zwischen 2 Unternehmen wäre es schlichtweg unsinnig, jede einzelne Transaktion im Anhang aufzulisten (Rz 43). Hier muss die Angabe des Gesamtvolumens, ausgedrückt in Währung, genügen. Anders ist die Situation bei der Übernahme einer Kreditgarantie, etwa der Holding, zugunsten eines oder mehrerer Tochterunternehmen. Hier wird in aller Regel eine Einzelangabe erforderlich sein. Allerdings muss an dieser Stelle nochmals auf den allgemein gültigen *materiality*-**Grundsatz** verwiesen werden (→ § 1 Rz 63 ff.), denn ohne sinnvolle Beschränkung der Angaben würde der Adressat des Jahresabschlusses in den gegebenen Informationen über die Beziehungen zu nahestehenden Personen geradezu ertrinken (typischer Anwendungsfall des *information overkill*). Die Offenlegung von **Geschäftsgeheimnissen** ist jedenfalls nicht die zwingende Folgerung aus den Auflagen in IAS 24. Das HGB enthält in § 285 Nr. 21 und § 314 Nr. 13 einen förmlichen Hinweis auf den Wesentlichkeitsgrundsatz (Rz 8).

4.3 Geschäftsbeziehungen zur öffentlichen Hand (*government related entities*)

4.3.1 Ausnahmen von Angabepflichten

39 Das *materiality*-Problem (Rz 38) stellt sich aber nicht nur bei der Frage, **wie**, d. h. in welchem Aggregierungsgrad, berichtet werden soll; vorgelagert geht es darum, ob **überhaupt** zu berichten ist. Die Frage nach dem „Überhaupt" ist besonders virulent bei **staatlich beherrschten** Unternehmen (Rz 20). In Fällen der Post-, Bahn- oder Telekom-Unternehmen kann die Zahl der nahestehenden Einheiten leicht eine 5- oder 6-stellige Größenordnung annehmen. Dann ist eine Entscheidung darüber zu treffen, ob im Bericht des Bahnunternehmens in die Posten „Umsätze mit nahestehenden Unternehmen" auch die Fahrkartenverkäufe an das Postunternehmen (aggregiert oder nicht) einzubeziehen sind und umgekehrt in den Posten „bezogene Leistungen" die Briefmarkenkäufe.

40 Die Neufassung von IAS 24 (2009) hat sich dieses Themas besonders angenommen (Rz 52). Auslöser waren die dem Board vorgebrachten Bedenken gegen den Umfang der Angabepflichten und der Möglichkeiten zur Datenerhebung in Staaten mit großem Einfluss der Regierungen auf das Wirtschaftsleben (IAS 24.BC34).

---

[28] ADS, 6. Aufl., § 312 AktG, Tz. 69.

IAS 24.25 entbindet ein berichterstattendes Unternehmen von den Angabepflichten nach IAS 24.18 (Rz 25) bei kumulativer Erfüllung folgender **Voraussetzungen**: 41
- Eine öffentliche Hand (*government*)
  - beherrscht (*control*; → § 32 Rz 6) oder
  - beherrscht gemeinsam mit einem anderen Unternehmen (→ § 34 Rz 59 ff.) oder
  - übt signifikanten Einfluss (→ § 3 Rz 7)
  auf das berichtende Unternehmen aus (IAS 24.25(a)) und
- ein anderes Unternehmen/Konzern ist dem berichtenden deswegen nahestehend, weil die **gleiche** öffentliche Hand einen der 3 vorstehend genannten Sachverhalte (Beherrschung, gemeinsame Beherrschung, Einfluss) auf beide Unternehmen/Konzerne ausübt (IAS 24.25(b)).

Nach IAS 24.25(b) sind Unternehmen **untereinander** nur dann nahestehend, wenn sie von der gleichen öffentlichen Hand (*same government*) beherrscht etc. werden. 42

> **Beispiel**
> Die Landesbank Baden-Württemberg steht der Bayerischen Landesbank nicht nahe, da die beiden Landesbanken von einer je verschiedenen Landesregierung beherrscht bzw. wesentlich beeinflusst werden.

4.3.2 Voraussetzungen für die Inanspruchnahme der Befreiung

Bei Inanspruchnahme der Befreiung nach IAS 24.25 (Rz 36) muss das berichtende Unternehmen gem. IAS 24.26 mit folgendem Inhalt **offenlegen**: 43
- Die Bezeichnung der öffentlichen Hand (IAS 24.26(a)),
- die Informationen mit dem Detaillierungsgrad, der dem Abschlussadressaten eine Beurteilung der Auswirkung der Transaktionen mit den nahestehenden Parteien (Rz 10) auf den Jahresabschluss erlaubt (IAS 24.26(b)).

Zur Erfüllung des letztgenannten Erfordernisses bedarf es folgender Angaben:
(1) Die Art und der Betrag bzw. das Volumen (*amount*) jedes **für sich gesehen** (*individually*) bedeutenden (*significant*) Geschäftsvorfalls (*transaction*).
(2) Für in **Summe** (*collectively*) bedeutende (*significant*) Geschäfte sind qualitative oder quantitative Anhaltspunkte (*indications*) offenzulegen; deren Art ist in IAS 24.21 (Rz 21) aufgeführt.

> **Beispiel zu (1)**
> Die Stadt F bringt die Müllentsorgungs-GmbH in die Wasser und Abwasser AG gegen Gewährung von Gesellschaftsrechten ein: Berichtspflicht der AG.
> An der Fußballarena AG ist die Stadt G mit 35 % beteiligt. Die AG erhält von der Energieversorgungs GmbH, die vollständig im Eigentum der Stadt G steht, ein Darlehen von X Mio. EUR: Berichtspflicht der AG und der GmbH.

> **(Positives) Beispiel zu (2)**
> Die Verkehrs-AG der Stadt F bezieht den Strom zum Betrieb der Straßenbahn von der Energieversorgungs-GmbH: Berichtspflicht der AG, zweifelhaft bei der GmbH.

> **(Negatives) Beispiel zu (2)**
> Die Verkehrs-AG der Stadt F bezieht laufend Wasser zur Reinigung der Busse und Wagen in der Waschhalle von der Wasser und Abwasser AG: Keine Berichtspflicht beider AGs.

44 Bei der **Ermessensausübung** (*judgement*) zur Bestimmung der Detaillierung der Angabe nach IAS 24.26(b) (Rz 38) soll das berichtende Unternehmen die „Nähe des Nahestehens" (*the closeness of the realted party relationship*) und Faktoren zur Beurteilung des **Signifikanzniveaus** des oder der Geschäftsvorfälle heranziehen, als da sind (IAS 24.27):
- Volumen;
- Durchführung nicht zu Marktpreisen;
- Transaktionen jenseits des täglichen Geschäfts, z.B. Unternehmenserwerbe und -verkäufe;
- Transaktionen, verursacht durch Regulierungs- oder Aufsichtsbehörden;
- Berichterstattung an höhere Management-Ebenen;
- Genehmigungsvorbehalt der Gesellschafter.

4.3.3 Besondere Ausprägung des Wesentlichkeitsgrundsatzes?

45 Die bedingte Befreiung der unter der Beherrschung oder dem signifikanten Einfluss einer öffentlichen Hand operierenden Unternehmen und Konzerne von einer detaillierten Berichterstattung nach Maßgabe der allgemeinen Regeln des IAS 24 stellt eine spezifische Ausprägung des **Wesentlichkeitsgrundsatzes** dar (Rz 39). Nochmals zur Erinnerung: Die Deutsche Bahn AG soll nicht das Volumen der Briefmarkeneinkäufe bei der Deutschen Post AG berichten. Ein vergleichbares Berichterstattungsproblem kann sich auch außerhalb des Einflusses der öffentlichen Hand ergeben.

> **Beispiel**
> Der Kraftsackpapierhersteller, die W GmbH, mit einem außerkonzernlichen Jahresumsatz von 500 Mio. EUR kauft bei einem assoziierten Unternehmen der Muttergesellschaft Briefpapier in Höhe von jährlich 900 EUR ein.

> **Beispiel**
> Herr Meier ist Vorstandsvorsitzender der X AG, die einen Weltkonzern beherrscht. Herr Meier wohnt in der Villa seiner Gattin. Zur Unterstellung seiner Dienstlimousine vergütet die X AG seiner Ehefrau einen Monatsbetrag von 50 EUR.

Auf diese Beispiele zu **privatwirtschaftlich** beherrschten Unternehmen/Konzernen folgt die Frage, ob die besondere *materiality*-Qualifikation für öffentlich beherrschte etc. Unternehmen nach IAS 24.25 (Rz 36) Einfluss auf die Auslegung im Rahmen des IAS 24 **allgemein** hat. 2 Lesarten des Standards kommen in Betracht:

- Wenn es zur Auslegung des *materiality*-Konzeptes einer besonderen Ausnahmeregelung bedarf, gibt es in anderen Fällen (hier außerhalb der öffentlich beherrschten Unternehmen) **keinen Raum** für *materiality*-Überlegungen. Daraus würde folgen: Ihrer Art nach sind die *related-party*-Beziehungen immer materiell; im vorherstehenden Beispiel müssten beide genannten Gruppenunternehmen den Einkauf von Briefpapier über einen Jahresbetrag von 900 EUR im Anhang erwähnen bzw. der Großkonzern im Konzernabschluss die Garagenmiete von 600 EUR pro Jahr.
- Nach einer anderen Lesart des IAS 24 soll das allgemein gültige Wesentlichkeitskriterium nach dem Framework (→ § 1 Rz 63) durch die Ausnahmeregelungen in IAS 24.25 und IAS 24.26 **nicht ausgehebelt** werden. Es kann innerhalb der IFRS nur ein **einziger** Wesentlichkeitsbegriff Gültigkeit besitzen. Die genannten Sonderregeln in IAS 24 sollen die **Ermessensentscheidungen** des Managements über die Wesentlichkeit nach Möglichkeit **willkürfrei** gestalten, also mehr **Rechtssicherheit** gewähren. Einen Sonderstatus außerhalb des Regelungsbereichs des *Framework* kann IAS 24 bez. des *materiality*-Prinzips nicht gewähren. Wesentlich kann auch nach IAS 24 nur das sein, was einen potenziellen Anleger oder einen anderen Adressaten des Jahresabschlusses in seinen Entscheidungen beeinflussen könnte. In IAS 24.25 und IAS 24.26 ist auch durchgehend von „*significant*" und nicht von „*material*" (bei gleichem Inhalt) die Rede; dadurch könnte die standardübergreifende *materiality* sprachlich als von den Sondervorschriften unberührt dargestellt werden.

Nach der von uns für zutreffend erachteten 2. Lesart des Standards **muss** ein Unternehmen (außerhalb der Beherrschung durch die öffentliche Hand) den Einkauf des Briefpapiers bzw. die Garagenmiete in den beiden vorstehenden Beispielen nicht angeben. U.E. **darf** sie das gar **nicht**, um nicht dem überall lauernden Problem des *information overload* Vorschub zu leisten (→ § 5 Rz 67 ff.). Der vor die Klammer der Einzelvorschriften gezogene *materiality*-Vorbehalt in IAS 8.8 (→ § 1 Rz 64) ist aber offenbar in der Rechtspraxis nicht stark genug, um Prüfungs- und „*Enforcement*"-Stellen von einer **radikalen Beschränkung** der Angaben auf das Wesentliche zu überzeugen. In der Praxis der Jahresabschlüsse finden sich daher z. B. noch Angaben zu Darlehens- oder Dienstbeziehungen, deren Wert sich im Vergleich zu gleichartigen Kontrakten mit Fremden im Promillebereich bewegt. Möglicherweise wird durch IAS 24.25 und IAS 24.26 eine solche Praxis sogar weiter zementiert (Rz 45). Wenn die Ausnahmen für staatliche Unternehmen nichts als die bloße Konkretisierung **allgemeiner** Wesentlichkeitsüberlegungen interpretiert werden, sondern als ein **Sonderrecht**, wird man im Umkehrschluss privaten Unternehmen jede ähnliche Erleichterung verweigern. Systematischer und prinzipientreuer wäre es, mit Wirkung für alle Unternehmen noch nachdrücklicher als bisher den *materiality*-Gedanken zu betonen (→ § 1 Rz 64),

- nicht nur als **Recht** des Unternehmens, zur Entlastung des Bilanzerstellungsprozesses bestimmte Angaben wegzulassen,
- sondern als **Pflicht**, im Interesse der Verständlichkeit für den Bilanzadressaten die Angaben auf das Wesentliche zu beschränken.

46

47 Eine Beschränkung der Angaben auf solche Geschäfte, die möglichen Einfluss auf die Beurteilung der VFE-Lage haben und damit entscheidungserheblich und somit wesentlich i. S. v. IAS 8.8 (→ § 1 Rz 64) sind, würde nicht nur zu **quantitativen**, sondern auch zu **qualitativen** Unterscheidungen führen. Gerade im Falle von Anhangsangaben kann es für die Beurteilung der Wesentlichkeit nicht (allein) auf absolute oder relative Beträge ankommen. Zwar besteht ceteris paribus zwischen dem Betrag eines Geschäftes und der vorrangig qualitativen Frage nach der Entscheidungserheblichkeit der Information ein Zusammenhang, dies aber nur unter sonst **gleichen Bedingungen**. Auf diese Bedingungen kommt es jedoch in diesem Zusammenhang gerade an. Hier ist etwa zwischen umsatz- oder ertragswirksamen Geschäften einerseits („kollektiven", Rz 43) und Anschaffungsgeschäften andererseits („individuellen", Rz 43) zu unterscheiden. Stammt ein hoher Anteil der Umsätze oder Erträge aus Geschäften mit nahestehenden Personen, so berührt dies die prognostische Beurteilung darüber, wie sehr das Unternehmen aus sich selbst heraus (Drittgeschäft) lebensfähig und wie sehr es andererseits von der *related-party*-Beziehung abhängig ist. Wird umgekehrt von einer nahestehenden Person in einer einmaligen Transaktion ein Vermögenswert zu fremdüblichen Bedingungen erworben, so mag zwar die Tatsache des Zugangs des Vermögenswertes sowie der Kaufpreis prognose- und beurteilungsrelevant sein, die Identifizierung des Kontraktpartners als nahestehend und damit die Einbeziehung in den *related-party*-Bericht ist es aber häufig nicht. Für einen instruktiven Fall wird auf das Beispiel unter Rz 27 verwiesen.

4.4 Bisherige Rechnungslegungspraxis

48 Über den Aggregierungs- bzw. Detaillierungsgrad besteht in der deutschen Rechnungslegungspraxis **keine einheitliche Marschroute**, abgesehen vom Verzicht auf die unsinnige Auflistung jedes einzelnen Geschäftsvorfalles bei umfangreichen Geschäftsbeziehungen (Rz 38). Die uneinheitliche Rechnungslegungspraxis mag mit der Vielgestaltigkeit der konkret vorkommenden Geschäfte und auch in der jeweils unterschiedlichen Interpretation des *substance-over-form*-Gesichtspunktes nach IAS 24.10 (Rz 25) und des *materiality*-Prinzips (Rz 45) begründet sein.

49 Versucht man, eine Tendenz hinsichtlich der **Aggregierung** von Angabepflichten nach der deutschen IFRS-Rechnungslegungspraxis auszumachen, können **Orientierungsmarken** festgehalten werden:
- Zusammenfassung nach den **sachlichen** Inhalten (Rz 24);
- **namentliche** Detaillierung nach den (nahestehenden) Personen und Unternehmen.

Der erstgenannte Angabebereich ist in der nachstehenden tabellarischen Darstellung (Rz 50) berücksichtigt. Fraglich erscheint allerdings das Erfordernis der Detaillierung bzw. der Möglichkeit der Aggregierung bez. der **Personen**. In IAS 24.19 ist eine (positive) Regelung des Detaillierungsgrads (bzw. die mögliche Aggregierung) für die **personelle** Struktur der Angabepflichten vorgegeben. Die Aufgliederung der **sachlichen** Angaben bis auf die Ebene der **einzelnen Person** ist also **nicht vorgeschrieben**, auf freiwilliger Basis natürlich möglich. IAS 24.24 fordert ein **Aufbrechen** des (nicht definierten) Aggregationsgrades im Interesse eines besseren Verständnisses des Jahres- bzw. Konzernabschlusses.

Dies wird indes nur für die **sachlichen** Angabepflichten *(items of similar nature)*, nicht aber für die **Personen**gruppen nach IAS 24.19 verlangt (Rz 35). „*Similar nature*" meint homogene Geschäftsvorfälle,[29] verbietet also bspw. die Zusammenfassung von Leasingleistungen mit Warenlieferungen.

4.5 Darstellungsmuster

Sinnvollerweise wird eine solche aggregierte Darstellung in **tabellarischer Form** („Spiegel") vorgenommen:

Beispiel Zusammengefasste Geschäftsbeziehungen eines Mutterunternehmens mit nahestehenden Personen*					
Personengruppe/ Geschäftsbeziehung	Tochtergesellschaften	Assoziierte Gesellschaften	Joint Ventures	Organmitglieder	Andere nahestehende Personen
Waren- und Dienstleistungsverkehr (TEUR)**	5.370	3.280	370	–	7.100
Ausstehende Forderungen (TEUR)	332	180	–	835	3.205
– Zinssatz p.a.	–	–	–	3	0–4
– Erhaltene Garantien (TEUR)	–	35	–	–	500
– Laufzeiten	Kurzfristig	Kurzfristig	–	1–8 Jahre	1–10 Jahre
Gegebene Garantien (TEUR)	2.000	30	80	2.500	–
Erhaltene Garantien für Kreditlinien	–	10	–	–	1.825
Forderungsabschreibung	–	10	–	–	760

* Die Vorjahresvergleichszahlen (→ § 2) sind sinnvollerweise in einer formal identischen Tabelle gegenüberzustellen. Möglich ist auch eine Angabe mit „i. V." jeweils unter oder neben der Zahl für das aktuelle Jahr.
** Eine Trennung nach gegebenen und erhaltenen Leistungen wird nicht verlangt. Der Angabepflicht wird dann mit einer kumulierten Zahl Genüge getan.

Das (abstrakte) Beispiel zielt inhaltlich auf die **auffälligen** Ausweise, betreffend die „anderen nahestehenden Personen" ab. Hier schlägt sich das Ergebnis eines regen Geschäftsverkehrs nieder, der aber nach den Vorgaben von IAS 24 allenfalls der **Sache** nach (nicht hinsichtlich der **Personen**) weiter aufzugliedern ist (Rz 49). In Weiterführung des Beispieles in Rz 50 könnte folgende Formulierung zu finden sein:

---

[29] KÜTING/SEEL, KoR 2008, S. 233.

> **Beispiel**
> Die von uns gegebenen Garantien von 2.500 TEUR zugunsten von Organmitgliedern umfassen eine Position von 2.300 TEUR. Sie ist vom Aufsichtsrat in seiner früheren Zusammensetzung genehmigt worden. Wir stehen in Verhandlungen mit dem Ziel der Ablösung dieser Garantie.
> Die ausstehenden Forderungen gegen andere nahestehende Personen betreffen mit 3.000 TEUR eine der Ehefrau eines Geschäftsführers einer Tochterunternehmung nahestehende GmbH, mit der wir umfangreiche Geschäftsbeziehungen eingegangen waren. Die Werthaltigkeit dieser Forderung hat sich im Berichtsjahr als zweifelhaft erwiesen. Wir haben deshalb die Gesamtforderung teilweise i. H. d. in der obigen Tabelle enthaltenen Betrages abschreiben müssen.
>
> **Lösungshinweis**
> Eine namentliche Nennung z. b. der eben genannten Forderung an die Ehefrau etc. und die daraus resultierende Forderungsabschreibung ist nicht erforderlich. Der 2. Absatz im vorstehenden Beispiel braucht nicht geschrieben zu werden. Der Inhalt des 1. Absatzes genügt den Vorgaben.

5 Anwendungszeitpunkt, Rechtsentwicklung

52 Die im November 2009 verabschiedete Standardversion (Zitat IAS 24) hat diejenige der IAS 24 (2003) abgelöst und ist dieser Kommentierung zugrunde gelegt. Wegen der Kommentierung von IAS 24 (2003) wird auf die 8. Auflage verwiesen. Die Neufassung von IAS 24 ist verpflichtend auf Jahresabschlüsse mit Geschäftsjahresbeginn nach dem 31.12.2010 anzuwenden.
Im *AIP 2010–2012 Cycle* wird eine Erweiterung der Angabepflichten für durch externe Gesellschaften erbrachte Managementleistungen eingeführt (Rz 16). Weitere Standardänderungen sind derzeit nicht geplant.

6 Zusammenfassende Praxishinweise

53 Im **Anhang** (*notes*) sind umfassende Angaben über **Verbundbeziehungen** („Nahestehen") erforderlich (Rz 5). Es geht dabei nicht nur um tatsächlich ausgeübte Geschäftsbeziehungen (*transactions*), sondern auch um das Nahestehen „an sich" (Rz 25). IAS 24 liefert einen umfangreichen **Katalog** der infrage kommenden **Personen** und **Unternehmen** (Rz 10 ff.) und **Geschäftsvorfälle** (*transactions*; Rz 23 ff.). Für **staatlich** beherrschte Unternehmen bestehen Sonderbedingungen (Rz 39 ff.).
Dieser Gliederungsvorgabe – nach Geschäftsvorfällen und Personen – folgt auch die **Strukturierung der Angabepflichten** (Rz 35 ff.). Dabei muss eine sinnvolle Abwägung von geforderter **Detaillierung** und notwendiger **Aggregierung** (Rz 37 f.) erfolgen.
Beispiele der bisherigen deutschen Rechnungslegungspraxis sind in Rz 50 aufgeführt. IAS 24 verlangt allerdings nicht die vielfach anzutreffende Aufgliederung nach **einzelnen Personen** (Rz 49).
Eine zusammenfassende Darstellung in **tabellarischer** Form ist als Muster in Rz 50 wiedergegeben.

KONZERNABSCHLUSS

§ 31 UNTERNEHMENSZUSAMMENSCHLÜSSE

Inhaltsübersicht	Rz
Vorbemerkung	
1 Zielsetzung, Regelungsinhalt und Begriffe.................	1–10
1.1 Formen von Unternehmenszusammenschlüssen: *share deal*, *asset deal*, *legal merger*...................	1
1.2 Unternehmenserwerb, umgekehrter Erwerb, Transaktionen unter gemeinsamer Kontrolle................	2–4
1.3 Regelungen, die gleichermaßen Einzel- und Konzernabschluss betreffen: *goodwill* usw.....................	5–6
1.4 Regelungen, die nur den Konzernabschluss betreffen: Nicht beherrschende Anteile (Minderheiten)................	7
1.5 Verhältnis von IFRS 3 zu IAS 27.....................	8–10
2 Erstkonsolidierung nach der Erwerbsmethode.............	11–144
2.1 Grundlagen der Erstkonsolidierungstechnik...........	11–14
2.2 Erwerbsobjekt: Unternehmen oder Gruppe von Vermögenswerten?..............................	15–27
2.3 Bestimmung des Erwerbs-/Erstkonsolidierungszeitpunktes	28–37
2.4 Bestimmung der Anschaffungskosten................	38–68
2.4.1 Kaufpreisstundung........................	38
2.4.2 Anschaffungsneben- und Emissionskosten......	39–41
2.4.3 Anschaffung gegen Tausch von Anteilen oder anderen Vermögenswerten..................	42–49
2.4.4 Anschaffungskosten in (gesicherter oder ungesicherter) Fremdwährung.....................	50–51
2.4.5 Abgrenzung eines *earn-out*-Kaufpreises von Vergütungen für Geschäftsführung- oder sonstige Leistungen................................	52–57
2.4.6 Bedingte Kaufpreisbestandteile: Erfolgs-, Kurs- und Bilanzgarantien.......................	58–68
2.4.6.1 Anschaffungskosten nach tatsächlichen Zahlbeträgen oder nach *fair value* der Garantie?........................	58–61
2.4.6.2 *Earn-out*-Klauseln.................	62
2.4.6.3 Kursgarantien.....................	63–64
2.4.6.4 Eigenkapitalgarantien oder Garantien einzelner Posten...................	65–66
2.4.6.5 Ungewisse Kaufpreisbestandteile beim Veräußerer......................	67
2.4.6.6 Aktienoptionen...................	68
2.5 Ansatz der erworbenen Vermögenswerte und Schulden..	69–98
2.5.1 Grundlagen..........................	69–74
2.5.2 Immaterielles Anlagevermögen...............	75–90
2.5.2.1 Abgrenzung vom *goodwill*...........	75–76
2.5.2.2 Nutzenwahrscheinlichkeit nur als Bewertungsparameter...............	77

		2.5.2.3	Systematisierung des immateriellen Vermögens	78
		2.5.2.4	Kundenbeziehungen und Marken	79–83
		2.5.2.5	In process research and development	84
		2.5.2.6	Vertragliches Wettbewerbsverbot	85
		2.5.2.7	Schwebende Verträge mit Gewinn- oder Verlusterwartung	86–89
		2.5.2.8	Rückerworbene Rechte	90
	2.5.3		Risikofreistellungsansprüche (*indemnification assets*)	91
	2.5.4		Abgrenzungsposten für Erlöse und Investitionszuwendungen	92
	2.5.5		Eventualschulden	93
	2.5.6		Restrukturierungsrückstellungen	94
	2.5.7		Rückbau- und ähnliche Verpflichtungen aus erworbenen Vermögenswerten	95
	2.5.8		Umklassifizierung von Leasingverhältnissen	96–98
2.6			Bewertung der erworbenen Vermögenswerte und Schulden	99–128
	2.6.1		*Fair value* und weitere Bewertungsmaßstäbe	99–100
	2.6.2		Bewertungstechniken	101–112
	2.6.3		Verlustvorträge, Bewertung und Ansatz latenter Steuern	113–116
	2.6.4		Zeitbewertung von *preexisting relationships*	117–123
	2.6.5		Volle Aufdeckung von auf Minderheiten entfallenden stillen Reserven	124
	2.6.6		Nachträgliche bessere Erkenntnis über Umfang und Wert des erworbenen Vermögens	125–128
2.7			*Goodwill* und negativer Unterschiedsbetrag	129–144
	2.7.1		Überblick	129–132
	2.7.2		Berechnung mit und ohne Minderheiten	133–140
	2.7.3		*Reassessment* des negativen Unterschiedsbetrags	141–142
	2.7.4		Negativer Kaufpreis – Abgrenzung zu Vergütungen für Leistungen des Erwerbers	143–144
3			Folgekonsolidierung nach der Erwerbsmethode	145–151
3.1			Gegenstand und Technik der Folgekonsolidierung	145–146
3.2			Keine planmäßige Abschreibung des *goodwill*	147–148
3.3			Fortschreibung von Eventualschulden und indemnification assets	149–150
3.4			Fortschreibung von in *process research and development*	151
4			Hinzuerwerb und Veräußerung von Anteilen	152–176
4.1			Überblick	152
4.2			Kontrollerlangung durch sukzessiven Anteilserwerb (Aufwärtskonsolidierung)	153–158
4.3			Mehrheitswahrende Aufstockung	159–163
4.4			Veräußerung sämtlicher Anteile (Entkonsolidierung)	164–169
	4.4.1		Grundfall ohne nicht beherrschende Anteile	164–166
	4.4.2		*Goodwill* bei der Entkonsolidierung	167
	4.4.3		Entkonsolidierung bei nicht beherrschenden Anteilen	168
	4.4.4		Entkonsolidierung ohne Veräußerung von Anteilen	169

4.5 Veräußerung eines Teils der Anteile mit Verlust des
Tochterstatus (Abwärtskonsolidierung) 170–172
4.6 Mehrheitswahrende Anteilsveräußerung (Abstockung)... 173–174
4.7 Verhinderung von Missbrauch bei Kontrollverlust in
mehreren Schritten 175–176
5 Kapitalkonsolidierung in Sonderfällen................... 177–208
   5.1 Kontrollerlangung/-verlust ohne Erwerb/Veräußerung
      von Anteilen.................................. 177–178
   5.2 Mehrstufiger Konzern........................... 179–185
      5.2.1 Problemstellung, Fallunterscheidungen......... 179–180
      5.2.2 Konzernerweiterung nach unten.............. 181–184
      5.2.3 Konzernerweiterung nach oben............... 185
   5.3 Konzerninterne Umstrukturierungen, Transaktionen unter
      gemeinsamer Kontrolle, Sachdividenden.............. 186–198
      5.3.1 Motive und Formen........................ 186–187
      5.3.2 Schaffung von Holding-Strukturen mit und ohne
            common control........................... 188–192
      5.3.3 Verschmelzungen: *side-*, *down-* und *upstream*
            mergers 193–194
      5.3.4 Spaltungen und Sachdividenden............... 195–198
   5.4 Abfindung eines Gesellschafters aus Gesellschaftsvermögen 199
   5.5 Umgekehrter Erwerb (*reverse acquisition*) 200–206
      5.5.1 Überblick über die Besonderheiten............ 200–201
      5.5.2 Bestimmung der Anschaffungskosten 202
      5.5.3 Kaufpreisallokation........................ 203
      5.5.4 Konzerneigenkapital....................... 204
      5.5.5 Nicht beherrschende Anteile................. 205
      5.5.6 *Reverse asset acquisition*, Einbringung in eine
            NewCo................................. 206
   5.6 Erstmalige Konsolidierung einer bisher unwesentlichen
      Tochter....................................... 207–208
6 Latente Steuern.................................... 209–214
7 Ausweis 215–216
8 Angaben 217
9 Anwendungszeitpunkt, Rechtsentwicklung 218–223
10 Zusammenfassende Praxishinweise 224
11 APPENDIX – Technik der Zeitwertbestimmung an
ausgewählten Beispielen 225–242
   11.1 Selbst genutzte Sachanlagen 225
   11.2 Marken....................................... 226–230
   11.3 Erzeugnisse und Waren.......................... 231
   11.4 Auftragsbestände 232–234
   11.5 Dauervertragskunden 235–236
   11.6 *In process research and development* 237–239
   11.7 Hyperlizenzen 240–241
   11.8 *Tax amortization benefit*......................... 242

Schrifttum: ANDREJEWSKY, Bilanzierung der Zusammenschlüsse von Unternehmen unter gemeinsamer Beherrschung als rein rechtliche Umgestaltung, BB 2005, S. 1436; CASTEDELLO/KLINGBEIL/SCHRÖDER, IDW RS HFA 16: Bewertungen bei der Abbildung von Unternehmenserwerben und bei Werthaltigkeitsprüfungen nach IFRS, WPg 2006, S. 1028 ff.; DIETRICH/STOEK, Immobilienerwerbe als Unternehmenszusammenschluss, IRZ 2013, S. 227 ff.; FREIBERG, Anschaffungsnebenkosten beim Beteiligungserwerb im Konzern- und Einzelabschluss, PiR 2009, S. 311 ff.; FREIBERG, Earn out-Klauseln beim Unternehmenserwerb, PiR 2008, S. 31 ff.; FREIBERG, Was ist ein business i.S. von IFRS 3?, PiR 2010 S. 114 ff.; FREIBERG, Identifizierung des Erwerbers bei (umgekehrtem) Erwerb, PiR 2011, S. 116 ff.; HAAKER, Das Wahlrecht zur Anwendung der full goodwill method nach IFRS 3 (2008), PiR 2008, S. 188 ff.; HEINTGES/BOGGEL/ URBANCZIK, Entkonsolidierung mit Rückbehalt von Anteilen nach IAS 27 (rev. 2008), PiR 2010, S. 221 ff.; HUSMANN/HETTICH, Aufkauf von Minderheitenanteilen im IFRS-Konzernabschluss, PiR 2008, S. 150 ff.; KASPERZAK/NESTLER, Zur Berücksichtigung des Tax Amortisation Benefit bei der Fair-Value-Ermittlung immaterieller Vermögenswerte, DB 2007, S. 473 ff.; KESSLER/BECK/CAPPELL/MOHR, Identifizierung des Unterschiedsbetrags nach IFRS 3.51 ff. beim Erwerb mehrerer businesses in einer einheitlichen Transaktion, PiR 2007, S. 125 ff.; KÜTING/LEINEN, Die Kapitalkonsolidierung bei Erwerb eines Teilkonzerns, Anmerkungen zum Beitrag von FRÖHLICH, WPg 2004, S. 70 ff.; KÜTING/METZ, Variable Kaufpreisvereinbarungen bei Unternehmenszusammenschlüssen nach IFRS 3 – Gestaltungsformen und Abgrenzungsfragen, KoR 2012, S. 394 ff.; KÜTING/WEBER/WIRTH, Kapitalkonsolidierung im mehrstufigen Konzern, KoR 2013, S. 43 ff.; KÜTING/WIRTH, Controlerlangung über Tochterunternehmen mittels sukzessiven Anteilserwerbs, KoR 2010, S. 362 ff. und 455 ff.; LANDGRAF/RATTLER/ROOS, Zweifelsfragen der erstmaligen Konsolidierung bis dato nicht einbezogener, Tochterunternehmen, KoR 2012, S. 335 ff.; LIECK, Bilanzierung von Umwandlungen nach IFRS, Wiesbaden 2011; LÜDENBACH, Erlangung von Kontrolle ohne Erwerb (weiterer) Anteile, PiR 2008, S. 70 ff.; LÜDENBACH, Erstmalige Einbeziehung eines bisher aus Wesentlichkeitsgründen nicht konsolidierten Unternehmens, PiR 2006, S. 121 ff.; LÜDENBACH, Erwerb eines Konkurrenten in Stilllegungsabsicht, PiR 2008, S. 411 ff.; LÜDENBACH, Kontrollerlangung und nachfolgender Resterwerb als einheitliche Maßnahme, PiR 2012, S. 300 ff.; LÜDENBACH, Other comprehensive income und eliminierte Zwischengewinne bei Abwärtskonsolidierung eines Tochterunternehmens, PiR 2010, S. 28 ff.; LÜDENBACH, Pensionsverpflichtungen bei Unternehmenserwerb im asset deal, PiR 2014, S. 127; LÜDENBACH/FREIBERG, Zweifelhafter Objektivierungsbeitrag des Fair Value Measurement-Projekts, KoR 2006, S. 437 ff.; LÜDENBACH/HOFFMANN, Beziehungen zum erworbenen Unternehmen (preexisting relationships) bei der Erstkonsolidierung nach IFRS 3, BB 2005, S. 651; LÜDENBACH/PRUSACZYK, Bilanzierung von Kundenbeziehungen, KoR 2004, S. 204; LÜDENBACH/VÖLKNER, Abgrenzung des Kaufpreises von sonstigen Vergütungen bei der Erst- und Entkonsolidierung, BB 2006, S. 1435 ff.; MELCHER/WATERSCHEK-CUSHMAN, Auswirkungen eines (fehlenden) ökonomischen Zusammenhangs zwischen steuerlichem Firmenwert und konsolidierungsbedingtem Goodwill auf latente Steuern, DB 2012, S. 1393 ff.; OSER, Auf- und Abstockung von Mehrheitsbeteiligungen nach IAS 27, IRZ 2012, S. 325 ff.;

PELLENS/BASCHE/SELLHORN, Full Goowill Method, KoR 2003, S. 1 ff.; RÖM-GENS, Behandlung des auf die Minderheiten entfallenden Goodwills im mehrstufigen Konzern, BB-Special 19 (Beil. zu Heft 39), 2005, S. 21 ff.; WATRIN/HÖHNE/RIEGER, Übergangskonsolidierung nach IAS 27 (2008), IRZ 2009, S. 307 ff. und S. 359 ff.; WEBER/WIRTH, Goodwillbehandlung einer teilweisen Endkonsolidierung ohne Wechsel der Konsolidierungsmethode (Teilabgang), KoR 2014, S. 18 ff.; WEISER, Earn-out-Unternehmenserwerbe im Konzernabschluss nach US-GAAP, IFRS und HGB/DRS, WPg 2005, S. 269 ff.; ZÜLCH/WÜNSCH, Indikative Kaufpreisallokation bei der Bilanzierung von Business Combinations nach IFRS 3, KoR 2008, S. 474 ff.

Vorbemerkung

Die Kommentierung bezieht sich auf IFRS 3 und IFRS 10 in der aktuellen Fassung und berücksichtigt alle Ergänzungen, Änderungen oder Interpretationen, die bis zum 1.1.2015 beschlossen wurden. Einen Überblick über ältere Fassungen sowie über diskutierte oder schon als Änderungsentwurf vorgelegte künftige Regelungen enthalten Rz 218 ff.

1 Zielsetzung, Regelungsinhalt und Begriffe

1.1 Formen von Unternehmenszusammenschlüssen: *share deal, asset deal, legal merger*

IFRS 3 gilt für **alle** rechtlichen Formen von Unternehmenszusammenschlüssen. Im Wesentlichen sind gem. IFRS 3.B6 zu unterscheiden:

- **Anteilserwerbe** (*share deals*), die zu einer Mutter-Tochter-Beziehung führen. Die Vorschriften von IFRS 3 gelten in diesem Fall nur für den **Konzernabschluss** (Aufdeckung eines *goodwill* usw.). Die Bilanzierung erworbener Anteile an einem Tochterunternehmen im **Einzelabschluss** des Mutterunternehmens erfolgt hingegen nach IAS 27.10 wahlweise zu Anschaffungskosten oder zum beizulegenden Zeitwert (→ § 32).
- **Unternehmenskäufe** (*asset deals*), bei denen ein Unternehmen ein anderes Unternehmen (oder wesentliche Teile des anderen Unternehmens inklusive Firmenwert) erwirbt, ohne dass es zum Anteilserwerb und zu einer Mutter-Tochter-Beziehung kommt. In diesem Fall wendet der Erwerber IFRS 3 sowohl in seinem **Einzel-** als auch in einem evtl. **Konzernabschluss** an.
- Unternehmenszusammenschlüsse durch **Fusionen** (*legal mergers*) im Wege der Verschmelzung des einen auf das andere Unternehmen. Auch in diesem Fall ist IFRS 3 sowohl auf den **Einzel-** als auch auf einen evtl. **Konzernabschluss** anzuwenden. Erfolgt die Verschmelzung von zwei (oder mehr) Unternehmen auf ein dadurch **neu gegründetes** Unternehmen, liegt keine *business combination* mit dem neu gegründeten Unternehmen, sondern nur eine der beiden verschmolzenen vor (Rz 2).
- Die Erlangung von Kontrolle ohne Erwerb von (zusätzlichen) Anteilen durch **Änderung vertraglicher Grundlagen**, also etwa durch den Abschluss eines Beherrschungsvertrags oder die Ersetzung qualifizierter durch einfache Mehrheitserfordernisse im Gesellschaftsvertrag (Rz 177).

1.2 Unternehmenserwerb, umgekehrter Erwerb, Transaktionen unter gemeinsamer Kontrolle

2 Unternehmenszusammenschlüsse sind **zwingend** nach der **Erwerbsmethode** *(acquisition method)* (IFRS 3.14), d.h. unter Aufdeckung von *goodwill* und stillen Reserven, zu bilanzieren.

In jedem Fall eines Unternehmenszusammenschlusses ist somit **eine Partei** als **Erwerber** zu identifizieren, d.h. als derjenige, der die Kontrolle über die zusammengeführten Einheiten oder Geschäfte *(entities or businesses)* erlangt (IFRS 3.6). Zum Begriff der **Kontrolle** verweist IFRS 3.7 auf IFRS 10 (→ § 32 Rz 6ff.). Danach gilt:

- Die **Mehrheit der Stimmrechte** begründet i.d.R. die Vermutung der Kontrolle.
- **Ohne** Stimmrechtsmehrheit kann gleichwohl ein Kontrollverhältnis bestehen, aufgrund
  - vertraglicher Abreden mit anderen Anteilseignern (**Stimmrechtsbindungsverträge**),
  - **Beherrschungsverträgen**,
  - der Möglichkeit, die **Mehrheit** der Mitglieder des **Geschäftsführungs-** und/oder **Aufsichtsorgans** zu bestimmen.

Ist die Identifikation des Kontrollinhabers und damit des Erwerbers im Einzelfall schwierig, sollen nach IFRS 3.B14f. folgende **Indikatoren** auf eine Stellung als Erwerber hinweisen:

- ein **signifikanter Größenvorsprung** einer der zusammengeschlossenen Einheiten,
- die **Zahlung von Geld** durch eine der Einheiten, während die andere nur in Aktien zahlt,
- die Fähigkeit, die **Auswahl des Managements** der zusammengeschlossenen Einheit zu dominieren.

Die **relative Größe** der zusammengefassten Einheiten ist nach IFRS 3 B.16 „zum Beispiel" in Vermögenswerten, Erlösen oder Gewinnen" zu messen. Ein einseitiges Abstellen auf solche auf den Jahresabschluss bezogene Größen ist u.E. jedenfalls dann nicht angemessen, wenn die Verhältnisse des Wertes beider Unternehmen sich gerade umgekehrt verhalten. Hierzu folgende Beispiele:

- Ein **ertragsschwächeres, anlageintensives** Unternehmen fusioniert mit einem **ertragsstärkeren Dienstleistungs**unternehmen. Ein Abstellen auf die relative Größe der bilanzierten Vermögenswerte wäre unangemessen.
- Ein aktuell noch ertragsstärkeres, aber **stagnierendes Unternehmen** fusioniert mit einem **Wachstumsunternehmen,** dessen Ertrag zwar aktuell noch leicht niedriger ist, angesichts der erwarteten Wachstumsrate aber schon bald den des ersten Unternehmens übertreffen wird. Ein Abstellen auf die relative Größe der Umsätze und Erträge wäre unangemessen.

U.E. sollte in derartigen Fällen eher auf den Unternehmenswert abgestellt werden.

Zur Anwendung auch der anderen Indikatoren folgendes Beispiel:

> **Beispiel**
> Die Unternehmen A und B werden zu einem neuen Unternehmen NewCo verschmolzen. Die Alt-Anteilseigner von A und B erhalten je 50 % der Anteile an NewCo, obwohl der Unternehmenswert von A als signifikant höher bewertet wurde als der von B. Als „Ausgleich" erhalten die Gesellschafter der A mehr Einfluss bei der Auswahl des Managements der NewCo.

> A ist als Erwerber zu identifizieren, da A den signifikant höheren Unternehmenswert und die Gesellschafter der A mehr Einfluss auf die Zusammensetzung des Managements der NewCo haben.

Werden im Rahmen einer **Umstrukturierung** bestehende Unternehmen in einer **neu gegründeten Holding** zusammengefasst – durch Sachgründung der Holding oder Verschmelzung im Wege der Neugründung (§ 2 Nr. 2 UmwG) –, ist nicht die Holding als Erwerber anzusehen, sondern
- bei Einbringung eines Unternehmens (oder Konzerns) das eingebrachte Unternehmen (Rz 3 und Rz 186 ff.),
- bei Einbringung oder Verschmelzung mehrerer Unternehmen eines dieser Unternehmen (IFRS 3.B18).[1]

Anders können Fälle zu würdigen sein, in denen die neu gegründete Holding die bestehenden Unternehmen gegen Geld erwirbt.[2] Hier ist die NewCo regelmäßig Erwerber (IFRS 3.B18). Dies gilt u. E. aber dann nicht, wenn nach Art einer **verdeckten Sacheinlage** die bisherigen Gesellschafter der erworbenen operativen Einheiten, zugleich neue Gesellschafter der NewCo, Letztere mit Geld ausstatten, um sich dieses sogleich für den Verkauf der operativen Gesellschaften wieder zurückgeben zu lassen.

Als Erwerb gilt auch ein **umgekehrter Unternehmenserwerb** (*reverse acquisition*). In diesem Fall ist das Unternehmen, das formell erworben wurde, in wirtschaftlicher Betrachtung tatsächlich der Erwerber. Hinsichtlich der Bestimmung des *goodwill* und der aufzulösenden stillen Reserven ist dem wirtschaftlichen Sachverhalt zu folgen (IFRS 3.B19). Zum umgekehrten Unternehmenserwerb folgendes Beispiel:

Beispiel
Die börsennotierte Online AG **O** erwirbt sämtliche Anteile der Verlags GmbH **V**. Die Transaktion wird als Kapitalerhöhung gegen Einlage in der Weise durchgeführt, dass die Gesellschafter der V neue Aktien der O erhalten. Nach der Kapitalerhöhung halten die **Gesellschafter der V** die **Mehrheit** an der O-AG.
- O ist nur formell Erwerber.
- In wirtschaftlicher Betrachtung erfolgt der Erwerb durch V.
- Gemäß IFRS 3.B19 liegt daher ein umgekehrter Unternehmenserwerb vor, bei dem die V als Erwerber zu identifizieren ist.

Beträgt bspw. (unter Vernachlässigung stiller Reserven) der Unternehmenswert der O 100, bei einem buchmäßigen Eigenkapital von 50, und der Unternehmenswert der V 200, bei einem buchmäßigen Eigenkapital von 120, so ist wie folgt zu verfahren:
- Die Buchwerte der V und nicht der O sind fortzuführen.
- Der als stille Reserven und *goodwill* aufzudeckende Unterschiedsbetrag beträgt nicht 80 (200 ./. 120; nach Maßgabe der Werte von V), sondern 50 (100 ./. 50; nach Maßgabe der Werte von O).

---

[1] A.A. BALZER, KoR 2013, S. 43 ff. mit der klar im Widerspruch zu IFRS 3.B18 stehenden Behauptung, bei einer Verschmelzung von zwei selbständigen Unternehmen auf eine NewCo sei „die neu gegründete Gesellschaft stets als Erwerber zu identifizieren."
[2] Vgl. IFRIC, Update März 2006.

Zu den **buchungs-** und **bewertungs**technischen Besonderheiten des umgekehrten Unternehmenserwerbs wird auf Rz 200 verwiesen.

4 IFRS 3 ist nicht auf *business combinations* anwendbar, die Unternehmen unter **gemeinsamer Kontrolle** betreffen (IFRS 3.2c). Derartige Transaktionen sind dadurch gekennzeichnet, dass die ultimative Kontrolle über die beteiligten Unternehmen vor und nach der Transaktion bei den gleichen Personen liegt (IFRS 3.B1). Sie kommen insbesondere bei Umstrukturierungen von Konzernen vor. Wegen Einzelheiten wird auf Rz 186 ff. verwiesen.

1.3 Regelungen, die gleichermaßen Einzel- und Konzernabschluss betreffen: *goodwill* usw.

5 IFRS 3 enthält u. a. Regelungen zu folgenden Bereichen eines Unternehmenserwerbes:
- Bestimmung und Verteilung der **Anschaffungskosten** eines Unternehmenserwerbs,
- Bestimmung des **beizulegenden Zeitwerts** des erworbenen Vermögens,
- Bestimmung des *goodwill*,
- **Fortschreibung** von stillen Reserven und *goodwill*.

6 Diese Regelungen gelten im Konzernabschluss in gleicher Weise für *asset deal* und *share deal*, im Einzelabschluss nur für den *asset deal* (Rz 1).

1.4 Regelungen, die nur den Konzernabschluss betreffen: Nicht beherrschende Anteile (Minderheiten)

7 In geringem Umfang enthält IFRS 3 Regelungen, die nur die Abbildung des Unternehmenserwerbs im Konzernabschluss betreffen. Dies gilt vor allem für nicht beherrschende Anteile (Minderheiten). Im Einzelnen wird hierzu auf Rz 124 und Rz 134 verwiesen.

1.5 Verhältnis von IFRS 3 zu IAS 27

8 Für den Konzernabschluss bzw. die Konsolidierung von Tochterunternehmen sind sowohl IFRS 3 als auch IFRS 10 von Bedeutung. Hierbei behandelt
- **IFRS 10** Fragen des **Konsolidierungskreises**, des **Konzernbilanzstichtags**, der **Einheitlichkeit der Bilanzierungsmethoden**, der **Zwischenergebniseliminierung**, der **Schulden- und Aufwandskonsolidierung** usw., während
- **IFRS 3** die **Kapitalkonsolidierung** (Unterschiedsbeträge, insbesondere *goodwill*) regelt.

9 Undeutliche Zuständigkeiten ergeben sich insbesondere bei den komplexen Kapitalkonsolidierungsfragen im Rahmen der Übergangskonsolidierung. Von einer **Übergangskonsolidierung** wird dann gesprochen, wenn sich der Status einer Beteiligung ändert:
- im Rahmen einer **Aufwärtskonsolidierung**, wenn schon vor dem Hinzuerwerb Anteile gehalten wurden (z. B. einfache Beteiligung oder ein assoziiertes Unternehmen wird durch Hinzuerwerb Tochterunternehmen),
- im Rahmen einer **Abwärtskonsolidierung**, wenn die Anteilsquote durch eine Teilveräußerung unter 50 % sinkt (Tochterunternehmen wird assoziiertes Unternehmen oder einfache Beteiligung).

Die Behandlung dieser Fragen erfolgt mit unterschiedlichen Schwerpunkten und Perspektiven teils in IFRS 3 (Aufwärtskonsolidierung), teils in IFRS 10 (Abwärtskonsolidierung), teils in IAS 28. Schwerpunktmäßig werden in diesem Paragrafen des Kommentars behandelt: 10
- die **Aufwärtskonsolidierung zum Tochterunternehmen** in Rz 153;
- die **Abwärtskonsolidierung von Tochterunternehmen** in Rz 170;
- die **Auf- und Abstockung** einer Mehrheitsbeteiligung (ohne Änderung des Kontrollstatus) in Rz 159 und Rz 172.

2 Erstkonsolidierung nach der Erwerbsmethode

2.1 Grundlagen der Erstkonsolidierungstechnik

Kernproblem eines Unternehmenserwerbs ist die sog. **Kaufpreisallokation** (*purchase price allocation*). Beim *asset deal* ist für Einzel- oder Konzernabschluss ohne Weiteres klar, dass die Buchwerte des Veräußerers nicht fortgeführt werden dürfen. Über den Bilanzansatz beim Erwerber entscheiden vielmehr dessen Anschaffungskosten, die unter Aufdeckung stiller Reserven auf die einzelnen Vermögenswerte und Schulden zu verteilen sind, wobei ein eventuell verbleibender Unterschiedsbetrag zu positivem oder negativem *goodwill* führt. 11

Beim *share deal* in Form des Erwerbs einer Tochtergesellschaft ist im Konzernabschluss entsprechend zu verfahren, da im Konzernabschluss nicht ein Vermögenswert „Beteiligung an Tochterunternehmen" ausgewiesen wird. Fingiert wird vielmehr der Erwerb der dahinter stehenden Vermögenswerte und Schulden sowie eines evtl. *goodwill* (**Einzelerwerbsfiktion**). 12

Der Kaufpreisallokation vorgelagert ist die Frage nach dem Vorliegen eines Unternehmenserwerbs überhaupt sowie die Bestimmung von Erwerber, Erwerbszeitpunkt und Anschaffungskosten. In einfachen Fällen beantworten sich diese Punkte von selbst. In anderen Fällen kann unklar sein, 13
- ob überhaupt ein **Unternehmenserwerb** vorliegt und damit IFRS 3 zur Anwendung gelangt oder die erworbenen Anteile bzw. Gegenstände gar kein Unternehmen (*business*) repräsentieren (Rz 15),
- wer der **Erwerber** ist (umgekehrter Erwerb bzw. *reverse acquisition*; Rz 3),
- auf welches Datum der **Erwerbszeitpunkt** zu bestimmen ist (Rz 28 ff.) oder
- wie nicht in Geld bestehende **Anschaffungskosten** (Tauschvorgänge) zu bewerten sind (Rz 39 ff.).

In **zeitlich** und **logisch** gestaffelter Betrachtung stellen sich somit folgende **Aufgaben** bei der Erstkonsolidierung: 14
1. Vorab ist zu klären, ob erworbene Gesellschaft (*share deal*) bzw. erworbene Gegenstände (*asset deal*) überhaupt ein **Unternehmen** (*business*) bilden (Rz 15). Nur wenn dies bejaht wird, gelangt IFRS 3 zur Anwendung und kann es zum Ansatz eines *goodwill* kommen.
2. Der **Erwerber** ist nicht nach rechtlichen, sondern **wirtschaftlichen** Gesichtspunkten, d. h. unter Beachtung der Regeln zum umgekehrten Erwerb, zu identifizieren (Rz 3 und Rz 200).
3. Der **Erwerbszeitpunkt** (= **Stichtag der Erstkonsolidierung**) ist zu bestimmen, um u. a. gekaufte Ergebnisse des erworbenen Unternehmens (bis zum

Stichtag angefallen, daher Teil der Erstkonsolidierung) von nach dem Unternehmenszusammenschluss anfallenden Ergebnissen abzugrenzen (Rz 28).
4. Die **Anschaffungskosten** des Erwerbs sind zu berechnen unter Beachtung der Bewertungsregeln für nicht in Geld bestehende Kostenbestandteile (z. B. beim **Anteilstausch**; Rz 42 ff.) und unter Beachtung ungewisser Anschaffungskosten (z. B. aus ergebnisabhängigen *earn-out*-Vereinbarungen; Rz 58 ff.). Bei Kontrollerlangungen ohne Erwerb (zusätzlicher) Anteile, etwa durch Abschluss eines Beherrschungsvertrags (Rz 1), tritt an die Stelle pagatorisch fundierter Anschaffungskosten der *fair value* eventuell bisher schon gehaltener Anteile. Gibt es weder Alt- noch Neuanteile (alle Anteile gehören den nicht beherrschenden Gesellschaftern), ist der *goodwill* wahlweise mit null anzusetzen oder als Differenz von Unternehmenswert und *fair value* des erworbenen Nettovermögens (Rz 177).
5. Die **Aufteilung** der Anschaffungskosten ist vorzunehmen. Diese **Kaufpreisallokation** erfordert Folgendes:
5a) Die beizulegenden **Zeitwerte** der Vermögenswerte und Schulden sind zu bestimmen, d. h., stille Reserven und stille Lasten sind aufzudecken. Auch bei nicht 100 %iger Beteiligung sind zwingend 100 % der stillen Reserven und Lasten darzustellen (Rz 124).
5b) Die **latenten Steuern** (→ § 26) sind zu ermitteln. Sie erfahren durch die Aufdeckung der stillen Reserven und stillen Lasten eine Änderung gegenüber dem Ansatz beim Veräußerer (Rz 113 und Rz 208).
5c) Schließlich ist der *goodwill* als **Unterschiedsbetrag** von Anschaffungskosten einerseits und Zeitwert sowie latenten Steuern andererseits zu bestimmen. Der *goodwill* ist **Residualgröße**. Diese ist bei **positivem** Unterschiedsbetrag ohne Weiteres als *goodwill* zu bilanzieren (Rz 129). Bei **negativem** Unterschiedsbetrag sind die zur Residualgröße führenden Ausgangswerte (Kaufpreis, Zeitwert des Nettovermögens) erneut zu untersuchen *(reassesment)*. Ein nach dem *reassesment* verbleibender Negativbetrag ist sofort als Ertrag zu buchen (Rz 142). Für den *goodwill* besteht ein Wahlrecht, ihn nur nach Maßgabe des Mehrheitsanteils oder unter Einbeziehung der Minderheit (sog. *full-goodwill*-Methode) anzusetzen (Rz 134).

2.2 Erwerbsobjekt: Unternehmen oder Gruppe von Vermögenswerten?

15 Nach IFRS 3.3 gelangen die Regelungen zur *business combination* nur dann zur Anwendung, wenn das Erwerbsobjekt ein Geschäftsbetrieb bzw. **Unternehmen** (*business*) und nicht lediglich eine Gruppe von Vermögenswerten *(collection of assets)* ist. Wird eine **Sachgesamtheit** ohne Unternehmensqualität erworben, sind die Anschaffungskosten nach Maßgabe der relativen *fair values* auf das erworbene Vermögen aufzuteilen (IFRS 3.2b). Dies steht bei Erwerb von **Finanzinstrumenten** im Konflikt zu der in IAS 39/IFRS 9 vorgesehenen Erstbewertung zum *fair value*.

> **Beispiel**
> Für einen Kaufpreis von 125 Mio. EUR erwirbt Bank K von Bank V einen „Geschäftsbereich" ohne Unternehmensqualität. Neben einigen unwesentlichen Sachanlagen geht vor allem ein Pool von Finanzinstrumenten mit einem *fair value* von 150 Mio. EUR über:
> 1. **Buchung nach IFRS 3:**
>   per Finanzinstrumente 125 **an Geld 125**
> 2. **Buchung nach IAS 39/IFRS 9**
>
> per Finanzinstrumente 150   an Geld 125
>
>   an Eigenkapital 25
>
> U.E. besteht hier ein faktisches Wahlrecht, wobei in der zweiten Lösung noch unklar ist, ob der Differenzbetrag von 25 Mio. EUR unmittelbar gegen Eigenkapital oder als *day-one gain* ertragswirksam zu buchen ist.

Vergleichbare Konflikte ergeben sich im Verhältnis von IFRS 3 zu IFRS 2, wenn **nichtfinanzielle Vermögenswerte** ohne *business*-Qualität gegen Ausgabe von Anteile erworben werden. Da der Erwerb nichtfinanzieller Vermögenswerte aber anders als der finanzieller (IFRS 2.6) nicht vom Anwendungsbereich des IFRS 2 ausgeschlossen ist, hat hier IFRS 2 Vorrang.

> **Beispiel**
> Gegen Ausgabe von Eigenkaptalinstrumenten mit einem *fair value* von 125 TEUR werden Sachanlagen usw. mit einem *fair value* von 150 TEUR erworben:
> 1. **Bei unzutreffender Berufung auf IFRS 3 wäre die Buchung:**
>   per Sachanlagen 125 an Eigenkapital 125
> 2. **Zutreffende Buchung nach IFRS 2.10**
>   per Sachanlagen 150 an Eigenkapital 150.

Zur Unterscheidung zwischen Unternehmenserwerb und Erwerb eines sonstigen Vermögens ist weder auf die rechtliche Form des Erwerbsobjekts noch auf seine Verwendung beim Erwerber abzustellen.[3]

16

> **Beispiel**
> U benötigt zur Arrondierung seines Betriebsareals bestimmte brachliegende Grundstücke des Nachbarn A. Der Nachbar hält diese aus steuerlichen Gründen in einer A-GmbH, die keine Schulden und außer den Grundstücken keine Vermögenswerte hat. U erwirbt die GmbH-Anteile. Wegen des Arrondierungsinteresses zahlt U einen Preis von 10 Mio. EUR, obwohl der Zeitwert der Grundstücke (und damit der GmbH) nur 3 Mio. EUR beträgt. Der steuerliche Buchwert der Grundstücke beträgt 0,5 Mio. EUR, der relevante Steuersatz 40 %. Würde der Vorgang als eine *business combination* gewertet, hätte U die Grundstücke mit 3 Mio. anzusetzen, eine latente Steuer von 1 Mio. (40 % von 2,5 Mio.) zu passivieren und i.H.d. Differenz zum Kaufpreis einen *goodwill* von 8 Mio. EUR (10 Mio. – 3 Mio. Grundstück + 1 Mio. latente Steuer) auszuweisen.

---

[3] Vgl. HOMMEL/BENKEL/WICH, BB 2004, S. 1267 ff., sowie LÜDENBACH, PiR 2005, S. 48 ff.

> Das erworbene Vermögen (brachliegende Grundstücke) repräsentiert jedoch kein *business*. Als erworben gelten deshalb die Grundstücke. Sie sind bei U mit ihren Anschaffungskosten von 10 Mio. anzusetzen. Eine Steuerlatenz ist wegen der Sondervorschrift von IAS 12.22c (Buchwertdifferenz entsteht bei Zugangsbewertung) nicht zu bilden (→ § 26 Rz 89). Ob die Grundstücke zum Folgestichtag außerplanmäßig abzuschreiben sind, hängt von den Erträgen der Zahlungsmittel generierenden Einheit ab, der sie beim Erwerber zuzuordnen sind (§ 11 Rz 100 ff.).

17 Gesellschaften, die sich im Wesentlichen auf das Halten von einzelnen Vermögenswerten (Grundstücke, Marken, Lizenzen) beschränken, fehlt auch dann i. d. R. die Unternehmensqualität, wenn sie durch dieses Halten Erträge (Mieten, Lizenzentgelte usw.) erzielen, da es an den für ein Unternehmen geforderten **Prozessen** (Rz 19) fehlt. Wird hingegen ein Portfolio von Vermögenswerten aktiv verwaltet bzw. vermarktet, ist die Unternehmensqualität regelmäßig zu bejahen. Bei Vermietung von Vermögenswerten kommt es auf die Umstände (Zahl der Mietverträge, Häufigkeit des Mieterwechsels usw.) an. Die *Annual Improvements to IFRSs 2011–2013 Cycle* betonen die Bedeutung der Einzelfallwürdigung im neu eingefügten IAS 40.14A.

18 IFRS 3 gibt weder in **zeitlicher** (Verhältnisse bei Vertragsschluss oder bei dinglichem Vollzug?) noch in **inhaltlicher** Hinsicht (wodurch zeichnet sich ein *business* aus?) konkrete Vorgaben für die Bestimmung der Unternehmensqualität. Zu den **zeitlichen** Kriterien folgende Abwandlung des vorstehenden Beispiels in Rz 16:

> **Beispiel**
> Auf den von U benötigten Grundstücken betrieb die A-GmbH unter Beschäftigung von Aushilfskräften einen Parkplatz. Im Anteilskaufvertrag mit A ist geregelt, dass die Anteile erst dann übergehen, wenn mit den Aushilfskräften und Dauerparkern Aufhebungsvereinbarungen getroffen und vollzogen worden sind.
> Beim Vertragsabschluss betrieb die GmbH noch ein Unternehmen, nämlich den Betrieb eines Parkplatzes. An diesem Unternehmen hat der Erwerber aber gerade kein Interesse. Deshalb wird das Unternehmen bis zum dinglichen Vollzug der Anteilsübertragung „liquidiert". Fraglich ist nun, ob auf die Verhältnisse bei Vertragsabschluss (dann Unternehmenserwerb) oder die bei Vollzug (dann Erwerb von Grundstücken) abzustellen ist.

Nach IFRS 3.3 kommt es aber nicht auf die Verwendung des Erwerbsobjektes beim Erwerber (Fortsetzung des Unternehmens), sondern auf die **Qualität** des Erwerbsobjektes **vor** dem Erwerb an. Der Erwerber, der das Zielobjekt dinglich noch im Unternehmenszustand erwirbt, den bisherigen „Betrieb" aber sogleich danach einstellt, tätigt noch einen Unternehmenserwerb. U. E. gilt dies entsprechend, wenn die Einstellung der unternehmerischen Tätigkeit zwar schon zwischen Vertragsabschluss und dinglichem Vollzug geschieht, aber bereits durch das Verwendungsinteresse des Erwerbers bedingt ist.

19 **Inhaltliche** Kriterien für die Abgrenzung von *business* und Vermögen sind in IFRS 3.B7 ff. enthalten. Danach besteht ein *business* im Allgemeinen aus

- **Inputfaktoren** (z. B. Anlagevermögen, *Know-how*, Angestellte),
- **Prozessen**, in denen diese Faktoren eingesetzt werden, um daraus
- Leistungen *(outputs)* zu produzieren, die zu **Erträgen** oder anderen ökonomischen Vorteilen (z. B. Kosteneinsparungen) bei den Eignern führen.

Irrelevant ist, wie der Erwerber mit erworbenen Vermögen und Prozessen umgehen wird (IFRS 3.B11).

- Kein *business* liegt daher vor, wenn das Zielobjekt noch **keine Erträge** erwirtschaftet und sich dies in absehbarer Zeit nicht ändern kann. Bei einer noch im Aufbau befindlichen development stage entity kommt es demzufolge vor allem darauf an, ob mit der Vorbereitung von Produktions- und Vermarktungsaktivitäten bereits begonnen wurde und deshalb in absehbarer Zeit mit Erlösen zu rechnen ist (IFRS 3.B10).[4]
- Umgekehrt ist es unschädlich, wenn der Erwerber das Zielobjekt stilllegt und **keine Erlöse mehr** hieraus generieren wird.

> **Beispiel**
> Im Rahmen eines *re-* bzw. *insourcing*-Programms erwirbt U die Mehrheit an der vor einigen Jahren outgesourcten und an das Bereichsmanagement veräußerten IT-GmbH zurück. Einziger wesentlicher Kunde von IT ist U. Entscheidend ist u. E. der abstrakte Zustand von IT vor Rückerwerb. Beliefert IT U zu im Wesentlichen marktüblichen Preisen, ist IT ein *business*. Ist umgekehrt IT nur deshalb überlebensfähig, weil U es durch überhöhte Preise subventioniert, fehlt es an einem eigenständigen Erlösstrom. IT ist kein *business*.[5]

> **Beispiel**
> U erwirbt 100 % der Anteile an der Z-GmbH. Das Zielobjekt Z ist in der fortgeschrittenen Phase der Entwicklung eines biotechnischen Patents. Umsätze werden noch nicht erzielt.
> Für die Beurteilung kommt es darauf an, ob in absehbarer Zeit mit Erlösen zu rechnen ist.
> Ist die Entwicklung des Patents im Wesentlichen abgeschlossen und mit der Vorbereitung der Vermarktung begonnen worden (Entwicklung eines Vertriebskonzepts, Einstellung des zukünftigen Produktionsleiters usw.), liegt ein *business* vor. Ein über den Wert der Patente (und des sonstigen Nettovermögens) hinausgehender Kaufpreis ist *goodwill*.
> Ist die Erzielung von Erlösen noch ungewiss oder liegt sie in weiter Ferne, stellt das Zielobjekt kein *business* dar. Ein etwa aus Synergiegründen über dem Wert der Patente liegender Kaufpreis ist als dessen Anschaffungskosten zu aktivieren.

> **Beispiel**
> Um eine monopolähnliche Stellung zu erlangen, erwirbt U den einzigen Wettbewerber Z. Erwerbsmotiv ist die Einstellung des Unternehmens Z, Entlassung der Mitarbeiter und Liquidation der Vermögenswerte.

---

[4] Vgl. auch KMPG, Insights into IFRS 2014/15, Tz. 2.6.30.10 ff.
[5] Vgl. im Übrigen zum Thema „Insourcing" Rz 117 ff.

> U erwirbt ein *business* und damit bei entsprechendem Kaufpreis einen *goodwill*. Je nach Zuordnung des *goodwill* geht dieser nicht mit der Veräußerung der Vermögenswerte ab, sondern bleibt bestehen.
>
> **Beispiel**
> U erwirbt eine Immobiliengesellschaft im Ausland im strategischen Interesse eines Eintritts in den dortigen Markt.
> Die strategisch begründete Erwerbsabsicht ist – wie alle Absichten des Erwerbers – unerheblich.[6] Es kommt allein auf die Qualität des Erwerbsobjekts vor Erwerb an.

20 Der Kauf eines rechtlich selbstständigen Objekts kann nur dann als Erwerb eines *business* qualifiziert werden, wenn
- das Erwerbsobjekt als rechtlich selbstständige Einheit überhaupt über relevante **Produktionsfaktoren** verfügt,
- die Faktoren als **integriertes** *set* gemanagt werden, d. h. mehr als eine bloße Sammlung von Vermögenswerten darstellen,
- es mithin relevante **Prozesse** gibt, die einen integrierten Umgang mit den Vermögenswerten gewährleisten.

Auch **Nutzungsrechte** können **Inputfaktoren** begründen. Voraussetzung ist aber eine nachhaltige Möglichkeit zur Nutzung der vertraglich eingeräumten Rechte. Die Qualifizierung einer Gruppe von Vermögenswerten als *business* scheitert, wenn die einzelnen Teile nicht oder nur mit größeren Ergänzungen in der Lage sind, nachhaltig Erträge zu generieren. Entsprechend der – die gesamte Erstkonsolidierung beherrschenden – *fair-value*-Konzeption ist dabei die Verwertungsmöglichkeit aus Sicht eines Marktteilnehmers, nicht aus der des Veräußerers oder Erwerbers zu entscheiden. Kann ein fiktiver Dritterwerber durch den Erwerb selbst kein *set* von Inputfaktoren, sondern nur einen einzigen (möglicherweise) relevanten Vermögenswert erhalten und ein integriertes *set* lediglich durch den Abschluss von Nutzungsverträgen mit dem Erwerber oder Dritten herstellen, ist die *business*-Qualität widerlegt. Der Abschluss solcher Verträge ist nicht das automatische Ergebnis des Anteilserwerbs, sondern Folge zusätzlicher Handlungen.

Das Vorliegen eines *business* setzt das Zusammenwirken einer Gruppe von Vermögenswerten in dem Erwerbsobjekt voraus, die aufgrund implementierter **Prozesse** in Gesamtheit zur Erzielung eines Umsatzes oder zwecks Kosteneinsparungen genutzt werden können. Ein Beleg für das Vorliegen eines integrierten *set* von Vermögenswerten und Schulden ist die Beschäftigung von qualifizierten Mitarbeitern, welche die Vermögenswerte zur Erzielung von *outputs* nutzen und in deren Know-how sich die Prozesse verkörpern. Haben übernommene Mitarbeiter des Erwerbsobjekts lediglich Koordinationsaufgaben außerhalb des Kernbereichs übernommen, stellen diese gerade nicht eine Arbeitnehmerschaft dar, die die notwendigen Kenntnisse und Verfahrensregeln zur Bereitstellung der notwendigen Inputfaktoren und Prozesse beherrscht.

---

[6] A. A. Loitz/van Delden, WPg 2009, S. 502 ff.

Unter Berufung auf IFRS 3.B8 wird z.T. die Auffassung vertreten, der Unternehmenskäufer müsse gar keine Inputfaktoren und/oder Prozesse erwerben, da es ausreiche, wenn diese Inputs und/oder Prozesse von einem typischen Erwerber am Markt hinzuerworben werden könnten.[7] Eine so weit gehende Interpretation lässt IFRS.B8 u.E. aber nicht zu. Dort wird lediglich Folgendes festgehalten: „*However, a business need not include **all** of the inputs or processes that the seller used in operating that business if market participants are capable of acquiring the business and continuing to produce outputs, for example, by integrating the business with their own inputs and processes.*" Die Betonung ist hier auf „*all*" zu setzen. U.E. muss der Erwerber somit zwar nicht alle Inputfaktoren und/oder Prozesse, aber doch die **wesentlichen** übernehmen.

Die wesentlichen Prozesse müssen nicht notwendig von Mitarbeitern betrieben werden. Auch bei einer Auslagerung an Dritte in Form von Geschäftsbesorgungsverträgen oder Ähnlichem kann ein Unternehmenserwerb vorliegen. Hierzu folgendes Beispiel in Anlehnung an eine von der ESMA veröffentlichten *enforcement*-Entscheidung.[8]

> **Beispiel**
> M erwirbt alle Anteile an der Holding H, die wiederum zu 100 % an diversen Zweckgesellschaften beteiligt ist, die jeweils ein Frachtschiff besitzen. Weder die Holding noch die Zweckgesellschaften haben Arbeitnehmer. Dritte erledigen als Geschäftsbesorger vielmehr den Abschluss von Charterverträgen, Wartungsverträgen usw.
> Jedenfalls dann, wenn wesentliche Verträge mit Dritten automatisch als Folge des Kaufs auf den Erwerber übergingen, liegt ein Unternehmenserwerb vor.

Soweit ein nach den vorstehenden Kriterien nicht als *business* zu qualifizierendes Zielobjekt zu 100 % erworben wird, ergeben sich für den Konzernabschluss des Erwerbers die in Rz 15 beschriebenen **Rechtsfolgen**:
- Das zugehende Vermögen ist mit den Anschaffungskosten, d.h. ggf. über *fair value* anzusetzen;
- ein *goodwill* und latente Steuern sind nicht auszuweisen.

Werden **mehrere Vermögenswerte**, daneben eventuell auch Schulden erworben, so sollen die Anschaffungskosten nach IFRS 3.2b entsprechend der **relativen** *fair values* auf die Erwerbsobjekte aufgeteilt werden. Diese Vorgabe macht u.a. dann keinen Sinn, wenn im erworbenen Nettovermögen auch nominale bzw. **monetäre Vermögenswerte** und Schulden enthalten sind. Diesen kann sinnvollerweise kein Anteil an einem Unterschiedsbetrag alloziert werden.

> **Beispiel**
> U erwirbt die Bio-startup-GmbH, deren Vermögen im Wesentlichen aus Know-how und Patenten (*fair value* 100) besteht. Mit dem Erwerb übernimmt U diverse, kurzfristig nicht kündbare Festgeldkonten (5) und eine Umsatzsteuer-Forderung gegenüber dem Finanzamt (15). Sonstige Ver-

---
[7] Vgl. DIETRICH/STOECK, IRS 2013, S. 227 ff.
[8] ESMA, Decision ref. 0113–07.

> mögenswerte oder Schulden bestehen nicht. Der aus Synergieerwartungen getriebene Erwerbspreis beträgt 240.
>
> **Beurteilung**
> U zahlt das Doppelte des *fair value*. Eine Aufteilung des Unterschiedsbetrags von 240−120 = 120 auf alle Vermögenswerte nach dem Verhältnis ihrer *fair values* würde eine Aufwertung der Geldkonten von 5 auf 10 und der Umsatzsteuer-Forderung von 15 auf 30 implizieren. Dieses Ergebnis wäre sinnwidrig. Angemessener ist folgende Interpretation: „Eigentlicher" Erwerbsgegenstand war nur das immaterielle Vermögen. Der Erwerb der Festgeldkonten und der Umsatzsteuer-Forderung wurde lediglich in Kauf genommen und im Rahmen der Kaufverhandlungen adjustierend berücksichtigt. Die Anschaffungskosten des eigentlichen Erwerbsobjekts betragen damit 220 und sind den einzelnen Komponenten des immateriellen Vermögens nach dem Verhältnis von deren *fair values* zuzuordnen. Die darüber hinaus angefallenen Anschaffungskosten von 20 sind den Geldkonten mit 5 und der Umsatzsteuer-Forderung mit 15 zuzurechnen.

Nicht völlig eindeutig sind die Rechtsfolgen eines *share deal* über ein „Nicht-Unternehmen", bei dem **weniger als 100 %** der Anteile übergehen. Die in IFRS 3 enthaltenen Vorschriften über den **Minderheitenanteil** (Rz 124 ff.) sind nicht anwendbar, da gerade keine *business combination* vorliegt. **Bruchteilseigentum** an den Vermögenswerten der Zielgesellschaft ist ebenfalls nicht gegeben. Anwendbar sind aber möglicherweise die Vorschriften von IFRS 10, die Vollkonsolidierung von Töchtern *(subsidiaries)* mit Minderheitenausweis vorsehen, wobei eine Tochter als *„entity controlled by another entity"* definiert ist (IFRS 10.A), ohne explizit eine Unternehmensqualität der Tochter zu verlangen. Die amtliche deutsche Übersetzung spricht allerdings von Tochter**unternehmen** und definiert auch den nicht beherrschenden Anteil als Minderheitenanteil an einem Tochterunternehmen. U. E. sind daher neben einer **Netto**darstellung in Analogie zum Bruchteilseigentum (Ansatz des Vermögens nach der Quote) zwei **Brutto**darstellungen vertretbar: Ansatz von 100 % des Vermögens unter

- Bildung eines im Anhang zu erläuternden passiven Ausgleichspostens, der anders als ein Minderheitenanteil an einem Unternehmen aber nicht im Eigenkapital auszuweisen wäre,
- Ausweis eines Minderheitenpostens im Konzerneigenkapital.[9]

Unabhängig von der Erwerbsquote ergeben sich die Rechtsfolgen eines als *share deal* vollzogenen „Nicht-Unternehmens-Erwerbs" im **Einzelabschluss des Anteilseigners**. Da der Einzelabschluss die rechtliche Hülle nicht ignoriert, vielmehr auch die gesellschaftsrechtliche Beteiligung an einem *business* als Anteil (und nicht als hinter diesem Anteil liegendes Nettovermögen zeigt), sollte u. E. entsprechend der gesellschaftsrechtlichen Beteiligung an einem „Nicht-*business*" verfahren werden. Auf → § 32 wird deshalb verwiesen.

22 Werden 100 % an dem kein *business* darstellenden Zielobjekt nicht in einem einzigen, sondern in **mehreren Erwerbsschritten** erworben, kommt u. E. eine analoge Anwendung der Regelungen zum sukzessiven Unternehmenserwerb

---

[9] Für die 2. Lösung THEILE/PAWELZIK, in: HEUSER/THEILE, IFRS-Handbuch, 5. Aufl., 2012, Tz. 3213, und KÖSTER/MISSLER, in: THIELE/VON KEITZ/BRÜCKS, Internationales Bilanzrecht, IFRS 3, Tz. 130.

(Rz 153) nicht infrage. Vielmehr ergeben sich die Anschaffungskosten aus der Summe der Erwerbsschritte unter Berücksichtigung eventueller zwischenzeitlicher Abschreibungen.

Beispiel
Ende 01 beteiligt sich M mit 20 % bzw. 2 Mio. an der Gründung einer nur eine einzige Immobile haltenden Gesellschaft I. Die Immobilie wird auf 20 Jahre abgeschrieben. I erzielt in 02 ein ausgeglichenes Ergebnis. Per 1.1.03 erwirbt M die verbleibenden 80 % nicht entsprechend der Hochrechnung der bisherigen Anschaffungskosten für $4 \times 2 = 8$ Mio., sondern für 12 Mio. Der höhere Kaufpreis erklärt sich aus einem Ende 02 neu abgeschlossenen Mietvertrag mit wesentlich besseren Konditionen.

Beurteilung
Per 31.12.02 weist U seinen Anteil an der Immobilie mit 1,9 Mio. (2 Mio. minus 1/20 Abschreibung) aus.
Per 1.1.03 erhöht sich der Buchwert der nun mit 100 % auszuweisenden Immobilie um 12 Mio. auf 13.9 Mio. Eine analoge Anwendung von IFRS 3 würde hingegen zu einem Ansatz von 15 Mio. und zu einem Veräußerungsgewinn von 1,1 Mio. bezogen auf die Altanteile führen. Die entsprechenden Regelungen in IFRS 3 stellen jedoch spezifisch auf die tauschähnliche Transformation eines nicht mehrheitsverschaffenden Anteils an einem Unternehmen in eine Mehrheit (Übergang zu Vollkonsolidierung) ab und sind auf andere Fälle u. E. nicht übertragbar.

Wird ein **mehr als 50 %iger Anteil** in einem zweiten Schritt auf 100 % **aufgestockt**, so hängt die Behandlung u. E. von der Bilanzierung des ursprünglichen Anteiles (Rz 21) ab. 23
- Wurde zunächst Quasi-Bruchteilseigentum ausgewiesen (**Nettodarstellung**), sind nun zusätzliche Anschaffungskosten zu aktivieren.
- Bei ursprünglicher **Bruttodarstellung** ist der Kaufpreis für den zweiten Erwerbsschritt gegen den passiven Ausgleichsposten bzw. das Minderheitenkapital zu verrechnen und ein evtl. darüber hinausgehender Betrag u. E. analog der Vorgehensweise bei Aufstockungen (Rz 159) gegen Eigenkapital zu verrechnen.

Wird beim *asset deal* ein Unternehmen nicht komplett, sondern nur in Teilen erworben (**Teilerwerb**), sind zwei Fälle zu unterscheiden: 24
- Die erworbenen Teile sind schon in ihrer Beschaffenheit bei Übergabe oder jedenfalls mit jederzeit am Markt leicht beschaffbaren Ergänzungen in der Lage, eigene Erträge zu generieren. Das Erwerbsobjekt ist daher ein *business*.
- Die erworbenen Teile sind nicht oder nur mit größeren, nicht sofort und leicht am Markt beschaffbaren Ergänzungen in der Lage, Erträge zu generieren. Das Erwerbsobjekt ist daher eine Gruppe von Vermögenswerten und kein *business*.

Entscheidend kommt es dabei darauf an, ob die für die Generierung von *outputs* im Einzelfall **funktional wesentlichen** Betriebsgrundlagen (*inputs* und Prozesse) übertragen werden. Nicht notwendig ist daher eine Übertragung sämtlicher Produktionsfaktoren und Prozesse. Umgekehrt ist es demgegenüber schädlich, wenn die zentralen Elemente nicht übertragen werden. Es reicht also nicht aus, wenn irgendwelche Produktionsfaktoren (z. B. auch Nutzungsrechte oder Kun-

denlisten) und Prozesse (z.B. auch in Form von Mitarbeiter-Know-how) übertragen werden. Unter Beachtung der Definition des *business* als *integrated set of activities and assets* (IFRS 3.A) ist für das Verhältnis von Prozessen (*activities*) zu Inputfaktoren und Leistungen (*outputs*) Folgendes zu beachten:
- Die Prozesse müssen sich eindeutig auf die Faktoren beziehen, sonst liegt nur eine „*collection of assets*" vor.
- Es werden die wesentlichen Prozesse zur Erzielung/Produktion der Leistungen übertragen.

25 Notwendig ist immer eine Einzelfallbeurteilung. Hierzu folgendes Beispiel in Anlehnung an den amerikanischen EITF 98–13:

> **Beispiel**
> U betreibt eine europäische Hotelkette, die in den großen Städten gut im Luxussegment, aber schwach im Economy-Segment vertreten ist. Deshalb erwirbt U 50 Economy-Hotels von Z. Übernommen werden die Mitarbeiter, die Verträge mit Zulieferern sowie aus wirtschaftlicher Sicht auch wesentliche Teile der Stammkundenbeziehungen, da sich diese z.t. aus den Standorten (Hotellagen) ergeben. Nicht übernommen werden die Marke, unter der Z die Economy-Hotels betrieb, sowie das Reservierungs-, Buchungs-, Rechnungs- und Mahnsystem.
> Die Übernahme stellt einen Grenzfall dar. **Wesentlich** für ein Unternehmen sind neben den Input-Faktoren (Anlagen und Mitarbeiter) die Kundenbeziehungen und die Prozesse.
> - Die Kundenbeziehungen sind teilweise, soweit sie standortinduziert sind, übergegangen, teilweise, soweit sie markeninduziert sind, jedoch nicht übertragen worden. Soweit man den Standortfaktor für deutlich wichtiger hält, ist die Nichtübertragung der Marke unwichtig.
> - Die Abrechnungsprozesse sind nicht übertragen worden. Auf diese kommt es nach IFRS 3.B7b nicht an, da Systeme der Rechnungslegung, Fakturierung, Gehaltsabrechnung und andere allgemeine Verwaltungsprozesse i.d.R. nicht als notwendige Prozesse gelten.
> - Hinsichtlich des Reservierungssystems ist zu differenzieren: Soweit man die Kosten und Schwierigkeiten der Implementierung solcher Prozesse als gering einstuft, ist die Nichtübertragung unerheblich. Hierbei kommt es nicht auf die spezielle Perspektive des Erwerbers an. Ob er bereits über entsprechende Prozesse verfügt, ist unerheblich. Wichtig ist, ob die genannten Prozesse auf dem Markt leicht und kostengünstig zu beschaffen wären, das übertragene Vermögen also auch ohne die spezielle Beziehung zum Erwerber ohne erheblichen Aufwand Erlöse generieren könnte.

26 Entscheidend ist danach, ob die **funktional wesentlichen Betriebsgrundlagen** und **Prozesse** übertragen wurden. Je nach Einzelfall können unterschiedliche Faktoren wesentlich sein.
- Bei einem **Beratungsunternehmen** ist etwa der Übergang der Arbeitsverträge mit den Beratern sowie der Kundenlisten und -beziehungen wesentlich, der Übergang von Sachanlagen (Schreibtische, Hardware) hingegen regelmäßig irrelevant.[10]

---

[10] Ausführliches Beispiel bei LÜDENBACH, PiR 2008, S. 411.

- Bei **Immobilien verwaltenden Gesellschaften** wird man als wesentliche Prozesse im Allgemeinen das Mietmanagement (Auswahl der Mieter, Aushandlung der Konditionen usw.) sowie im Portfoliofall Investment- und Desinvestmententscheidungen ansehen, bei bestimmten Immobilien (etwa Shopping-Centern) auch das Marketing und die Bewirtschaftung von Gemeinflächen. Bei sich im Zeitablauf wenig änderndem Mieterbestand ist eine Gesellschaft mit einer oder wenigen Wohnimmobilien dann regelmäßig kein Unternehmen.

Für den Umgang mit **Zweifelsfällen** gibt IFRS 3.B12 einen Hinweis. Danach begründet ein in einer Gruppe von Vermögenswerten enthaltener *goodwill* die Vermutung eines *business*. Diese schon in IFRS 3 rev. 2004 enthaltene Vorgabe ist in formaler Hinsicht wegen ihres zirkulären Charakters kritisiert worden.[11] Der IASB hat gleichwohl an dieser Vorgabe festgehalten, weil der/er die Kritik zwar wahrgenommen hat, sie aber u. E. zu Recht nicht teilt (IFRS 3.BC19). Hinsichtlich des Zirkularitätsproblems ist nämlich eine Unterscheidung der verschiedenen **Spielarten** des *goodwill* geboten:

- Der *goodwill* ist einerseits Residualgröße (Kaufpreis eines Unternehmens abzüglich erworbenes Vermögen). In dieser Hinsicht besteht das Zirkularitätsproblem: Der **residuale** *goodwill* kann nur beim Unternehmenserwerb entstehen, setzt also die Unternehmensqualität des Erwerbsobjekts bereits voraus und kann deshalb seinerseits kein Kriterium für diese Qualität sein.
- Der *goodwill* ist andererseits aber als *core goodwill* oder *going concern goodwill* auch der von Kauf und Kaufpreis unabhängige Mehrwert einer integrierten Gruppe von Vermögenswerten gegenüber der Summe von deren Zeitwerten (IFRS 3.BC313). In dieser Hinsicht geht es nicht um den subjektiven Wert, den ein Erwerber einer Gruppe von Vermögenswerten im Hinblick auf u. U. nur von ihm erzielbare sog. echte Synergien zurechnet, sondern um die Differenz zwischen objektiviertem Zeitwert des Ganzen (Ertragswert) und Summe der objektivierten Einzelwerte. Hinsichtlich dieser sog. unechten Synergien stellt sich das Zirkularitätsproblem nicht: Wenn der Ertragswert der erworbenen Sachgesamtheit deutlich höher ist als die Summe der Einzelwerte, deutet diese auf einen signifikanten *core* oder *going concern goodwill* und damit auf die Unternehmensqualität des Erwerbsobjekts hin.

Aus IFRS 3.B12 lässt sich so eine **pragmatische Regel** zur Behandlung von Zweifelsfällen (nicht von vornherein klar als *business* oder als Gruppe von Vermögenswerten zu qualifizierende Fälle) formulieren.
- Ein deutlich **über** dem Zeitwert des erworbenen Vermögens liegender Kaufpreis begründet die Vermutung eines *core* oder *going concern goodwill* und damit einer *business combination*.
- Diese Vermutung kann durch ein **spezielles** Interesse des Erwerbers am erworbenen Vermögen widerlegt werden, z. B. durch ein Grundstücksarrondierungsinteresse bei Erwerb der Anteile an einer inaktiven Grundstücksgesellschaft (Rz 15).
- **Fehlt** es an einem solchen speziellen Interesse, ist von einer *business combination* auszugehen.

---

11 So die Kritik von HOMMEL/BENKEL/WICH, BB 2004, S. 1267 ff.

2.3 Bestimmung des Erwerbs-/Erstkonsolidierungszeitpunktes

28 Die Bestimmung des **Erwerbszeitpunktes** (*acquisition date*) **ist von mehrfacher Bedeutung:**[12]
- Der Erwerbszeitpunkt grenzt die mitgekauften **alten Gewinne** von selbst erwirtschafteten **neuen Gewinnen** ab. Die alten Gewinne gehen in die Erstkonsolidierung ein. Die ab dem Tag des Unternehmenserwerbs entstehenden Gewinne sind Bestandteil der GuV des Erwerbers.
- Bei einem Erwerb in einem Schritt sind auf den Erwerbszeitpunkt die Werte der nicht in Geld bestehenden Bestandteile des **Kaufpreises** (insb. hingegebene Anteile) zu bestimmen (IFRS 3.43 und 3.32).
- Auf den Erwerbszeitpunkt werden die beizulegenden **Zeitwerte** bestimmt und dementsprechend die erworbenen Vermögenswerte und Schulden einschließlich stiller Reserven sowie der *goodwill* (IFRS 3.18).
- Der Erwerbszeitpunkt ist somit zugleich **Erstkonsolidierungszeitpunkt**.

29 Der **Erwerbszeitpunkt** (*acquisition date*) ist nach IFRS 3.8 der Tag, an dem die **Beherrschung** des erworbenen Unternehmens auf den Erwerber übergeht, dieser also die Möglichkeit erlangt, die relevanten Aktivitäten des erworbenen Unternehmens zu bestimmen (→ § 32 Rz 12). Der dingliche Abschluss einer Transaktion ist nicht erforderlich. Der Standard nennt als Beispiel eine schriftliche Vereinbarung, die dem Erwerber schon vor dem *closing* (im Innenverhältnis) eine Kontrolle über das Erwerbsobjekt ermöglicht (IFRS 3.9).

30 Die Bestimmungen von IFRS 3 bleiben allerdings in dieser Hinsicht allgemein. Eine praxisorientierte Konkretisierung hat u. E. folgende **Fallunterscheidungen** vorzunehmen:
- Vereinbarungen, nach denen dem Erwerber abweichend von der dispositiven gesetzlichen Ausgangslage (§ 101 BGB) das **Gewinnbezugsrecht** bereits ab einem Zeitpunkt vor Erwerb zusteht (Rz 31).
- **Vertragliche Rückwirkungen**, bei denen die Parteien bspw. in der notariellen Urkunde vom 10.1. einen Eigentumsübergang am 1.1. vereinbaren (Rz 32).
- **Genehmigungsvorbehalte**, insbesondere gesellschaftsrechtlicher (z. B. bei vinkulierten Namensaktien) oder kartellrechtlicher Art, als Voraussetzung für die Rechtswirksamkeit des Unternehmens- oder Anteilserwerbs (Rz 33).

31 Regelungen über die **Aufteilung des (unterjährigen) Gewinns** zwischen Erwerber und Veräußerer beeinflussen i. d. R. den Erwerbszeitpunkt nicht. Nach § 101 BGB (Verteilung der Früchte nach der Besitzzeit) ist der Veräußerer bei unterjährigem Verkauf berechtigt, die bis dahin erwirtschafteten Gewinne zu beziehen. Diese Regelung wird in der Praxis häufig abbedungen. Bei Vertragsschluss am Ende eines Geschäftsjahrs wird etwa dem Erwerber das Gewinnbezugsrecht für das gesamte Geschäftsjahr gewährt. Eine solche Abrede beeinflusst nur die Höhe des erworbenen Vermögens.

Beispiel
Am 30.6. erwirbt MU jeweils 100 % der Anteile an der TU-1 und der TU-2. In den Kauf- und Abtretungsverträgen ist Folgendes bestimmt:

---

[12] Vgl. zum Nachfolgenden auch VÖLKNER, PiR 2005, S. 30 ff.

- Vertrag über TU-1: Der Kaufpreis beträgt 1.060, das Eigenkapital der TU (Buchwert = Zeitwert) 260 per 30.6. Darin enthalten ist ein Betrag von 60 aus dem Gewinn des ersten Halbjahres. Gewinne der TU-1 stehen MU bereits ab Jahresanfang zu.
- Vertrag über TU-2: Der Kaufpreis beträgt 1.000, das Eigenkapital der TU (Buchwert = Zeitwert) 260 per 30.6. Die Gewinne des ersten Halbjahres stehen noch dem Veräußerer zu, an den ein entsprechender Betrag nach Erwerb noch auszuschütten ist.

Die Konsequenzen sind wie folgt:
- Im Falle der TU-1 beträgt das erworbene Vermögen 260, der *goodwill* somit 800 (1.060 – 260).
- Im Falle der TU-2 erwirbt MU ein mit einer Ausschüttungsverpflichtung zugunsten des Altgesellschafters belastetes Vermögen. Unter Berücksichtigung dieser bereits bei der Erstkonsolidierung zu passivierenden Schuld beträgt das erworbene Nettovermögen nur 200, der *goodwill* wie in Fall 1 also 800 (1.000 – 260 – 60).

Eine Vereinbarung, wonach dem Erwerber auch die „Altgewinne" zustehen, führt somit nicht zu einer Vorverlagerung des Erwerbszeitpunktes. Die „Altgewinne" bleiben **vorkonzernliche** Gewinne, die nicht in die Konzern-GuV eingehen. Lediglich der Umfang des Erstkonsolidierungs**vermögens** sowie ggf. der **Kaufpreis** werden beeinflusst. Wird die Gewinnbezugsabrede zutreffend im Kaufpreis berücksichtigt, bleibt der *goodwill* unberührt. Ist der Kaufpreis ohne Rücksicht auf die Gewinnbezugsrechte zustande gekommen, variiert mit dem Erstkonsolidierungsvermögen die Höhe des *goodwill*.

Im Falle **vertraglicher Rückwirkungen** ist u. E. der frühere vereinbarte Eigentumsübergangszeitpunkt ohne weiteres dann heranzuziehen, wenn zu diesem Zeitpunkt tatsächlich **Besitz, Kontrolle, Fruchtziehungsrecht** usw. übergegangen sind. Hingegen wird man Fälle ohne tatsächlichen früheren Besitzübergang unter dem Gesichtspunkt früherer **faktischer Übertragungsverpflichtung** und faktischen Geschäftsgebarens im Zwischenzeitraum im Einzelfall würdigen müssen (Rz 35). Eine kurze Rückwirkung kann daneben unter *materiality*-Gesichtspunkten zulässig sein. So wird man bspw. bei einer Einigung am 10.1. mit Rückwirkung auf den 1.1. das frühere Datum schon deshalb als Erstkonsolidierungszeitpunkt wählen, weil sich dadurch die Aufstellung eines Zwischenabschlusses auf das spätere Datum erübrigt.

32

Im Falle **gesellschaftsrechtlicher Gremienvorbehalte** gilt Folgendes:
- Bedarf die Wirksamkeit der Anteilsübertragung einer Zustimmung durch Aufsichtsrat oder Gesellschafterversammlung des **Veräußerers**, ist bis zur Erteilung dieser Zustimmung aus Sicht des Erwerbers völlig unsicher, ob der Vertrag wirksam wird. Der beherrschende Einfluss geht noch nicht über.
- Besteht der Gremienvorbehalt hingegen nur noch zugunsten eines Organs des **Erwerbers**, liegt der Einfluss über das Erwerbsobjekt bereits in seiner Sphäre.

33

Bei **kartellrechtlichen Genehmigungsvorbehalten** ist zunächst auf die Wahrscheinlichkeit der Genehmigung abzustellen. Ist das Ermessen der Behörde eher gering und muss sie die Genehmigung mit hoher Wahrscheinlichkeit erteilen, kann ein Kontrollübergang bereits vor Genehmigung infrage kommen.

Ist der Veräußerer gehalten, im Schwebezeitraum (**quasi-)treuhänderisch** zu handeln, wesentliche Investitions-, Personalentscheidungen usw. nicht oder nur in Absprache mit dem Erwerber zu treffen, kann auch bei ermessensbehaftetem Genehmigungsverfahren ein Übergang bereits **vor** dem Genehmigungsdatum denkbar sein.

34 Verallgemeinert stellt sich hier die Frage, welches Datum als Erwerbszeitpunkt infrage kommt, wenn zwischen Verhandlung über und dinglichem Vollzug des Erwerbs eine Reihe von Zwischenschritten liegt. Zur Veranschaulichung dieses Problems ist in Abb. 1 der **Erwerbsprozess als Zeitstrahl** wiedergegeben. Entscheidend sind die wirtschaftlichen Wirkungen der einzelnen Erwerbsschritte, die mit ihrer rechtlichen Qualität zwar tendenziell, aber nicht als 1:1-Beziehung zusammenhängen.

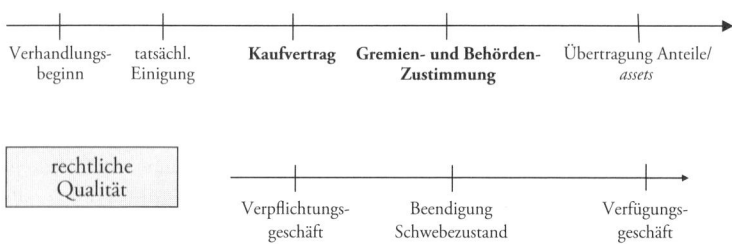

Abb. 1: Erwerbsprozess als Zeitstrahl

- **Frühester Erwerbszeitpunkt** ist i.d.R. die **Unterzeichnung** des Kaufvertrages, mit dem nicht oder nur noch eingeschränkt umkehrbare Erwerbsansprüche entstanden sind. Als noch früherer Erwerbszeitpunkt kann ausnahmsweise die tatsächliche Einigung und/oder ein *Memo of Understanding* infrage kommen, wenn dadurch faktische Erwerbszwänge (z.B. Rufschädigung durch Rücknahme einer den Kauf ankündigen Ad-hoc-Meldung) oder rechtliche Pflichten (Schadenersatzpflicht bei Abbruch der Verhandlung) entstehen.
- **Spätester Erwerbszeitpunkt** ist der endgültige **dingliche Vollzug** des Erwerbs durch Abtretung der Anteile *(share deal)* oder Übertragung des Eigentums am vertragsgegenständlichen Vermögen *(asset deal)*. Eine evtl. noch spätere Zahlung des Kaufpreises ist unerheblich. Soweit die Abtretung/Eigentumsübertragung zwar sofort, aber zunächst schwebend unwirksam erfolgt und zur Erlangung der Wirksamkeit noch bestimmter Genehmigungen bedarf, ist als spätester Erwerbszeitpunkt das Vorliegen aller Genehmigungen anzunehmen. Stellen Behördengenehmigungen nur eine Formalität dar, d.h., ist mit an Sicherheit grenzender Wahrscheinlichkeit eine auflagenfreie Genehmigung zu erwarten, erfolgt der Erwerb bereits mit Vereinbarung der Abtretung.
- Die Entscheidung zwischen Kaufvertragszeitpunkt (Verpflichtungsgeschäft) oder dem Zeitpunkt seines wirksamen Vollzugs (dingliches Geschäft) bereitet dann Probleme, wenn die **Rechte des Veräußerers im Zwischenzeitraum beschränkt** sind. Soweit der **Veräußerer** wesentliche Investitions-, Kredit-, Personalentscheidungen nur noch in Absprache mit dem Erwerber treffen darf,

hat er i.d.R. die alleinige Kontrolle verloren, da er über die Geschäfts- und Finanzpolitik nicht mehr allein entscheiden kann. Andererseits kann auch der Erwerber in diesem Zwischenzeitraum noch keine neuen Strategien, riskanten Geschäftsmodelle etc. etablieren. Der **Erwerber** hat eher ein **Vetorecht** als Gestaltungsbefugnisse. Aus formaler, rechtlich orientierter Sicht würde daher der Zwischenzeitraum häufig als ein Zustand **gemeinsamer** Kontrolle zu kennzeichnen sein. Der Begriff der Kontrolle hat jedoch zwei Dimensionen. Die Beherrschung über ein Unternehmen übt nicht schon derjenige aus, der die Geschicke des Unternehmens bestimmt, also Verfügungsgewalt *(power)* hat, es kommt ebenso darauf an, in wessen Interesse bzw. zu wessen Nutzen *(returns)* sie bestimmt werden (→ § 32 Rz 6). Aus dieser Sicht ist der Zwischenzeitraum zwischen Vertrag und Vollzug einer **Einzelfallwürdigung** zu unterziehen. Soweit dabei schon die Interessen des Erwerbers im Vordergrund stehen, kann eine frühere Erlangung der Kontrolle möglich sein. Irrelevant ist hingegen unter *substance-over-form*-Gesichtspunkten die rechtliche Gestaltung des Schwebezustandes, also etwa die Frage, ob eine kartellrechtliche Genehmigung auflösende Bedingung eines rechtlich schon vollzogenen Erwerbs oder aufschiebende Bedingung für den Erwerb ist.[13]

Zum Ganzen folgendes Beispiel:

35

> **Beispiel**
> **Sachverhalt**
> Die M AG erwirbt mit notarieller Urkunde vom 10.8.01 100 % der Anteile an der T GmbH von der A AG. Die Urkunde sieht Folgendes vor:
> - Übergang von **Besitz, Nutzen und Lasten zum 1.8.01.** Alle Ergebnisse bis zum 31.7.01 stehen noch der A AG zu (Ende Juli 01 haben M und A abgestimmte Ad-hoc-Meldungen über den bevorstehenden Verkauf veröffentlicht).
> - Rechtswirksamkeit der Anteilsübertragung mit **kartellrechtlicher Genehmigung** (diese erfolgt im November 01).
> - Im **Zwischenzeitraum** bis zur kartellrechtlichen Genehmigung hat die A AG die Geschäfte der T GmbH mit der Sorgfalt eines ordentlichen Kaufmanns **im Interesse der M GmbH** so zu führen, dass das Anlagevermögen in einem ordentlichen und betriebsbereiten Zustand verbleibt. Größere Investitionen, Neueinstellungen, Entlassungen usw. sollen ebenso wie Änderungen von Produktionsverfahren, der Abschluss von Risikogeschäften, die Umschuldung von Darlehen usw. unterbleiben oder nur nach vorheriger Zustimmung der M AG vorgenommen werden dürfen. Die M AG hat ein Initiativrecht für solche Geschäfte, d.h., sie darf die A AG innerhalb bestimmter Grenzen entsprechend anweisen, muss die A AG aber im Falle eines von ihr nicht verschuldeten Scheiterns der Anteilsübertragung so stellen, als ob dieses Geschäft nicht getätigt worden wäre. Als Sicherheit dient der A AG eine erhebliche Anzahlung auf den Kaufpreis.

---

13 Restriktiver KÖSTER/MISSLER, in: THIELE/VON KEITZ/BRÜCKS (Hrsg.), Internationales Bilanzrecht 2008 ff., IFRS 3, Tz. 207.

> **Beurteilung**
> Die A AG verliert spätestens am 10.8.01 die Kontrolle über die T GmbH, da sie im Zeitraum bis zur kartellrechtlichen Genehmigung nur formell die Geschicke der T GmbH bestimmen kann, tatsächlich aber wie ein **uneigennütziger Treuhänder** die Geschäfte im Interesse der M AG führen muss. Schon vor der rechtlichen Wirksamkeit der Anteilsübertragung geht daher bei wirtschaftlicher Betrachtung die Kontrolle auf die M AG über.
> Möglicherweise ist der Kontrollübergang sogar bereits auf den 1.8.01 erfolgt. Zu diesem Zeitpunkt bestanden im Hinblick auf die öffentliche Bekanntmachung (Ad-hoc-Meldung) bereits **faktische Verpflichtungen**. In analoger Anwendung des Rechtsgedankens aus IAS 37.14a und IAS 37.72b sowie nach dem Grundsatz *substance over form* wird daher nicht auf die Rechtsverbindlichkeit der Anteilsübertragungsverpflichtung durch Beurkundung, sondern auf die frühere faktische Einigung abgestellt werden können. Unter dem Gesichtspunkt der *materiality* ist dies mindestens bei einem verhältnismäßig kurzen Zeitraum zwischen früher vereinbartem Übergang und Beurkundung vertretbar.
>
> **Variante**
> Das Kartellamt verweigert im November endgültig die Genehmigung. Zur Anteilsübertragung kommt es nicht.
> Die A AG hat bei rückwirkender Betrachtung nicht wirklich in der Art einer uneigennützigen Treuhand gehandelt, da sie die Erfolge des Zwischenzeitraums anders als im Falle der Genehmigung nicht an die M AG abführen muss. Eine Erstkonsolidierung zum August und Entkonsolidierung im November würde bei nachträglicher Betrachtung den Gesamtvorgang nicht zutreffend wiedergeben (und wäre überdies aufwändig und wenig praxisgerecht). Falls Quartalsabschlüsse (→ § 37) erstellt wurden und deshalb tatsächlich schon eine Erstkonsolidierung erfolgt ist, scheint ein „fehlerkorrigierendes" *restatement* sachgerecht (→ § 24 Rz 17).

36 Die Auswirkungen, die eine unterschiedliche Bestimmung des Erwerbs- und Transaktionszeitpunktes für die Höhe der Anschaffungskosten haben kann, werden unter Rz 46 dargestellt.

37 Im (üblichen) Fall einer zeitlichen Divergenz von Vertragsschluss und Erlangung der Kontrolle bzw. der dinglichen Rechte an den kontrollvermittelnden Anteilen, stellt sich die weitere Frage, wie **Wertänderungen** im **Zwischenzeitraum** zu würdigen sind. Wie bei anderen Geschäften über Finanzinstrumente mit Divergenz von Vertrags- und Erfüllungsdatum (Termingeschäften) könnte ein erfolgswirksam zu erfassendes **Finanzderivat** vorliegen. IAS 39.2(g) bzw. IFRS 9.2.1(f) schließen eine entsprechende Behandlung jedoch. aus, wenn der Zeitraum zwischen Vertragsschluss und Kontrollerlangung nicht länger ist, als vernünftiger Weise für die Abwicklung der Transaktion und die Erlangung von Genehmigungen benötigt wird (→ § 28).

> **Beispiel**
> Am 1.11.01 schließen K als Käufer und der nicht nahestehende B als Verkäufer einen Kaufvertrag über 100 % der Anteile an der TU. Der Kaufpreis wird mit 100 fixiert und entspricht nach Einschätzung der Parteien dem Unternehmens-/Anteilswert. Die Übertragung des Eigentums an den Anteilen findet planmäßig am 2.1.02 statt. Per 31.12.01/1.1.02 ist der Wert der Anteile durch nicht vorhersehbare Ereignisse auf 80 gesunken. Fraglich ist, ob K per 31.12.01 eine derivative Verbindlichkeit von 20 aufwandswirksam einzubuchen und V einen derivativen Vermögenswert gleichen Betrags ertragswirksam zu erfassen hat.
>
> **Beurteilung**
> Nach IAS 39.2g ist bei beiden Parteien kein Derivat zu erfassen.

Die Nichtanwendung von IAS 39/IFRS 9 gilt, wie durch das *Annual Improvements Project* 2009 klargestellt, nur für **unbedingte Termingeschäfte** (über mehrheitsvermittelnde Anteile), hingegen nicht für bedingte Kontrakte (**Optionen**). Zu Optionen wird auf → § 32 Rz 165 ff. verwiesen.

2.4 Bestimmung der Anschaffungskosten

2.4.1 Kaufpreisstundung

Der Kaufpreis für den Unternehmenserwerb ergibt sich in erster Linie aus dem *fair value* der hingegebenen Vermögenswerte IFRS 3.37. Erfolgt die Kaufpreiszahlung in Geld, ist der Geldbetrag aber erst deutlich nach dem Erwerbszeitpunkt zu entrichten, ist eine **Abzinsung** vorzunehmen. Als Abzinsungssatz können die Grenzfremdkapitalkosten des Erwerbers dienen.[14]

38

2.4.2 Anschaffungsneben- und Emissionskosten

In der Behandlung von Anschaffungsnebenkosten unterscheiden sich die die alte und die ab 2009/10 anwendbare Fassung von IFRS 3.
- Nach IFRS 3.29 rev. 2004 sind **direkt zurechenbare Kosten** des Unternehmenserwerbs in die Anschaffungskosten einzubeziehen. Beispielhaft werden **Honorare** für Wirtschaftsprüfer, Rechtsberater, Gutachter und andere im Zusammenhang mit dem Unternehmenserwerb tätige Berater genannt. Somit gehören z.B. auch Kosten einer *due diligence* zu den Anschaffungskosten ebenso Grunderwerbsteuern. Nicht einzubeziehen sind hingegen **Verwaltungsgemeinkosten**, die z.B. als Personalkosten in einer Abteilung *mergers and acquisitions* entstehen; sie sind **aufwandswirksam** zu verbuchen.
- Nach IFRS 3.53 sind anschaffungsbezogene Kosten *(acquisition related costs)* hingegen immer als **Aufwand** zu behandeln, unabhängig davon, ob sie direkt zurechenbar sind oder nicht.

39

Zur Behandlung von direkt zurechenbaren **Transaktionskosten,** die noch **im** Geltungsbereich des **alten Rechts** (i.d.R. also bis 31.12.2009) angefallen sind, während sich der **Unternehmenszusammenschluss** selbst erst im Geltungszeitraum des **neuen Rechts** vollzieht, wird auf die 10. Aufl. verwiesen.

---

[14] HEUSER/THEILE, IFRS-Handbuch, 5. Aufl., 2012, Tz. 5561.

40 Die Aufwandsverrechnung von Anschaffungsnebenkosten kann nicht dadurch umgangen werden, dass die Transaktionskosten dem **Veräußerer** auferlegt und im Rahmen des Kaufpreises vergütet werden (IFRS 3.52). Als tatsächlicher Kaufpreis gilt dann nur der nach Abzug dieser Kosten verbleibende Betrag. Ebenso ist u. E. eine Aufwandsverrechnung geboten, wenn sich der Veräußer die im Rahmen einer *vendor due diligence* entstandenen Kosten vom späteren Käufer ersetzen lässt.

Die unterschiedliche Behandlung anschaffungsbezogener direkter Kosten nach IFRS 3 – Aufwand – und nach Steuerrecht – Aktivierung als Nebenkosten des Beteiligungserwerbs – kann bereits zum Erstkonsolidierungszeitpunkt zu einer **Steuerlatenzierung** wegen *outside basis differences* führen (→ § 26 Rz 139). Wegen der bei **Aufstockungen** anfallenden Anschaffungsnebenkosten wird auf Rz 161 verwiesen.

41 Kosten der Eigenkapitalausgabe (**Emissionskosten**) beim Erwerb durch Anteilstausch, Kapitalerhöhung usw. sind nicht als Aufwand zu behandeln (IFRS 3.53), sondern vielmehr vom **Eigenkapital abzuziehen**.

Die **Abgrenzung** von anschaffungsbezogenen und Emissionskosten kann im Einzelfall schwierig sein. Auch aus *materiality*-Gründen sind dann pragmatische Entscheidungen zu treffen.

> **Beispiel**
> Die TU GmbH wird gegen Kapitalerhöhung in die MU AG eingebracht. Im Rahmen der Einbringung entstehen u. a. Kosten für die aktienrechtliche Prüfung der Werthaltigkeit der eingebrachten Anteile, für die notarielle Beurkundung der Abtretung der GmbH-Anteile und deren Registeranmeldung, für die Ausgabe der neuen Aktien und für Grunderwerbsteuer.
>
> **Beurteilung**
> - **Grunderwerbsteuer**, Notar- und (die GmbH betreffende) Handelsregisterkosten wären auch dann entstanden, wenn der Erwerb der GmbH-Anteile gegen Geld und nicht durch Ausgabe junger Aktien erfolgt wäre. Sie sind daher als anschaffungsbezogene Kosten zu berücksichtigen.
> - Die Kosten für die **Ausgabe** der neuen Aktien sind demgegenüber gegen den Kapitalerhöhungsbetrag zu verrechnen.
> - Pragmatisch ist hinsichtlich der Kosten der **Werthaltigkeitsprüfung** zu entscheiden: Einerseits ist sie aktienrechtlich durch die Ausgabe der jungen Aktien veranlasst, andererseits sind Wertfeststellungen auch unabhängig von dieser Vorgabe notwendig *(due diligence)*. Tritt die Werthaltigkeitsprüfung neben eine *due diligence*, können die Kosten gegen Eigenkapital verrechnet werden. Trägt die Prüfung Züge einer ansonsten nicht stattfindenden *due diligence*, ist eine Behandlung als anschaffungsbezogene Kosten sachgerecht.

2.4.3 Anschaffung gegen Tausch von Anteilen oder anderen Vermögenswerten

42 Die Anschaffungskosten bestimmen sich im einfachsten Fall aus den hingegebenen Zahlungsmitteln oder Zahlungsmitteläquivalenten. Wird der Erwerb (teilweise) durch den **Tausch** von Anteilen oder anderen Vermögenswerten abgewickelt, ist deren beizulegender **Zeitwert** zum Erwerbszeitpunkt *(acquisition date)* maßgeblich.

Bei **Ausgabe eigener börsengängiger Wertpapiere** ergeben sich die Anschaffungskosten aus dem Börsenkurs zum Transaktionszeitpunkt, es sei denn, der Börsenkurs sei ein unzuverlässiger Indikator, etwa wegen eines engen Marktes (*thinness of the market*; IFRS 3.33). 43

Gilt der Kursverlauf des Wertpapiers in der Vergangenheit trotz Marktenge als zuverlässiger Wertindikator, ist es in der Nähe des Transaktionszeitpunktes aber zu **außergewöhnlichen Kursschwankungen** gekommen, können die Preise während einer angemessenen Zeit vor oder nach der Veröffentlichung der Bedingungen des Unternehmenserwerbs heranzuziehen sein. 44

Gilt der Kursverlauf wegen der Marktenge generell als nicht hinreichend zuverlässig oder **fehlt** es überhaupt an einer **Börsennotierung**, ist der Zeitwert der ausgegebenen Anteile zu schätzen. Hierbei kommt auch eine **umgekehrte Wertermittlung** infrage. Ist der Wert der vom Erwerber hingegebenen Anteile nicht verlässlich bestimmbar, der der erworbenen Anteile hingegen doch, determiniert der letztgenannte Wert den Kaufpreis (IFRS 3.33). Dies gilt auch für den Erwerb von assoziierten Unternehmen (→ § 33 Rz 51). 45

Zum Ganzen Abbildung 2 und das nachfolgende Beispiel:

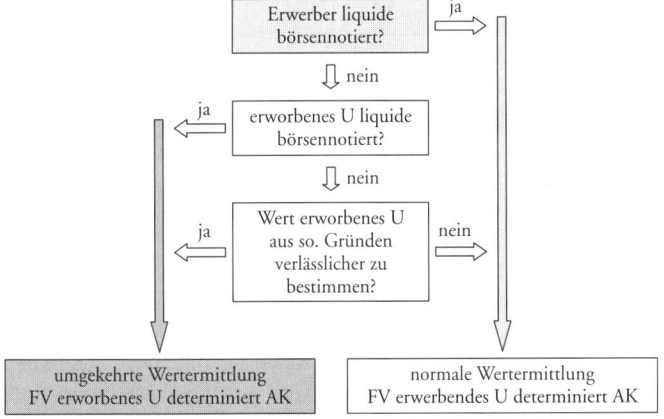

Abb. 2: Wertermittlung bei Anteilstausch

> **Beispiel**
> Die größere börsennotierte **A AG**, schon länger im Besitz von 46 % der Anteile der kleineren B AG, erwirbt gegen Anteilstausch (Kapitalerhöhung bei der A AG) weitere 5 % der Aktien der B AG von einer Investorengruppe. Beide Gesellschaften sind börsennotiert.
> Wegen eines geringen *free floats* sind die börsentäglichen Umsätze in der A-Aktie absolut etwa gleich groß wie die in der B-Aktie, relativ zur jeweiligen Gesamtkapitalisierung aber sehr viel kleiner.
> Der Kurs der A-Aktie ist vor allem an Tagen mit überdurchschnittlichen Umsätzen volatiler als der der B-Aktie.
> Die A AG muss mit Erwerb der Mehrheit eine Erstkonsolidierung durchführen.

> Für die alten Anteile an der B AG (46 %) sind nicht deren **Anschaffungskosten** sondern deren aktueller *fair value* maßgeblich (Rz 38). Für die neuen Anteile sind die jetzigen Anschaffungskosten maßgeblich, und zwar vorbehaltlich einer abweichenden Gesamtwürdigung eher der **Kurs der B-Aktie**. Beträgt der Gesamtkurswert der neu erworbenen B-Aktien bspw. 1 Mio., der der neu geschaffenen A-Anteile hingegen 1,1 Mio., so sind 1,0 Mio. und nicht 1,1 Mio. Anschaffungskosten die Basis für die Kaufpreisallokation. Entsprechendes gilt dann auch für den Beteiligungsansatz im Einzelabschluss, sofern dieser überhaupt zu Anschaffungskosten erfolgt.

46 **Anschaffungskosten** sind auf den Erwerbsstichtag (*acquisition date*; Rz 28) zu bestimmen. Auf diesen Stichtag ist auch die Bewertung hingegebener Anteile vorzunehmen, **es sei denn**, der **Stichtagswert** ist wegen Marktenge **kein zuverlässiger Indikator**. Dies kann insbesondere dann der Fall sein, wenn die vorhergehende Veröffentlichung der anstehenden Transaktionen den Kurswert der vom Erwerber hingegebenen Anteile stark beeinflusst. In diesem Fall ist es sachgerecht, die Kurse vor und nach der Veröffentlichung zu analysieren.

47 Zum Ganzen folgendes Beispiel in Fortsetzung zu Rz 35:

> **Beispiel (Fortsetzung zu Rz 35)**
> Die börsennotierte M AG erwirbt mit notarieller Urkunde vom 10.8.01 100 % der Anteile an der T GmbH von der A AG. Die Urkunde sieht Folgendes vor:
> - Übergang von Besitz, Nutzen und Lasten zum 1.8.01. Alle Ergebnisse bis zum 31.7.01 stehen noch der A AG zu. Am 20.7.01 haben M und A abgestimmte Ad-hoc-Meldungen über den bevorstehenden Verkauf veröffentlicht.
> - Rechtswirksamkeit der Anteilsübertragung mit kartellrechtlicher Genehmigung (diese erfolgt am 20.11.01).
> - Im Zeitraum bis zur kartellrechtlichen Genehmigung hat die A AG die Geschäfte der T GmbH mit der Sorgfalt eines ordentlichen Kaufmanns im Interesse der M AG und bei allen wesentlichen Entscheidungen nur mit vorheriger Zustimmungen der M AG zu führen. Die M AG hat ein Initiativrecht für solche Geschäfte, d.h., sie darf die A AG innerhalb bestimmter Grenzen entsprechend anweisen, muss die A AG aber im Falle eines von ihr nicht verschuldeten Scheiterns der Anteilsübertragung so stellen, als ob dieses Geschäft nicht getätigt worden wäre.
> - Der Kaufpreis wird durch Hingabe von 1 Mio. M-Aktien entrichtet. Die M-Aktie notiert wie folgt:
> - am 17.7. mit 47
> - am 18.7. mit 48
> - am 19.7. mit 50
> - am 20.7. (Ad-hoc-Meldung) mit 60 (u. a. weil nach Investoren- und Analystenmeinung der Erwerb der T GmbH die strategischen Aussichten der M AG entscheidend verbessert)
> - am 1.8. (Rückwirkungsdatum) mit 55 (der ersten Euphorie folgt erste Ernüchterung)

> - am 10.8. (Vertrag) mit 58 (erneute Euphorie)
> - am 20.11. (Rechtswirksamkeit) mit 40 (allgemeine Baisse).
>
> Die Anschaffungskosten sind auf den Transaktionstag, d.h. den Tag des Übergangs der Kontrolle, zu bestimmen. Wegen des treuhandähnlichen Verhältnisses bis zur kartellrechtlichen Genehmigung ist dies u.E. spätestens der 10.8. Auch der 1.8. ist u.E. vertretbar (Rz 35).
> Wird als **Erwerbsstichtag** der 10.8. bestimmt, stellt sich noch die Frage, ob als Anschaffungskosten und damit als Grundlage für die *goodwill*-Ermittlung usw. nach dem Kurs dieses Tages 58 Mio. anzusetzen sind oder ob der Kurs vom 19.7. (letzter **Kurs vor Ad-hoc-Veröffentlichung**) ein besserer Indikator für die Bemessungsgrundlage der Anschaffungskosten ist.
> **Beide** Lösungen sind **vertretbar, soweit** eine **Enge des Marktes** für die Aktie *(thinness of the market)* begründet werden kann:
> Für die 58 Mio. spricht die Kurstendenz nach oben schon vor der Ad-hoc-Mitteilung (Kursentwicklung 17. bis 19.7.). Eine positive Entwicklung des gesamten Aktienmarktes (oder der Branche) in der Zeit zwischen Mitte Juli und 10.8. würde diese Argumentation zusätzlich stützen.
> Für die 50 Mio. spricht, dass dies der letzte von dem Erwerb noch nicht beeinflusste Kurs war. In diesem Fall ist die Abweichung von 8 Mio. im Anhang anzugeben und zu begründen.
> Wird als Erwerbsstichtag der 1.8. bestimmt, kann entsprechend zwischen 55 Mio. und 50 Mio. gewählt werden.

Wie das Beispiel zeigt, verlangt die Anschaffungskostenbestimmung bei der Hingabe von eigenen Anteilen eine Einzelfall- und Gesamtwürdigung und ist damit zum Teil eine Angelegenheit der Gewichtung von **Argumenten**.

Unklar ist, wie Restriktionen zu berücksichtigen sind, die der Erwerber dem Veräußerer bez. der hingebenen Aktien auferlegt. In erster Linie kommen hier Veräußerungsbeschränkungen infrage, etwa Vereinbarungen, nach denen der Veräußerer von den als Entgelt erhaltenen börsennotierten Aktien des Unternehmenserwerbers binnen 24 Monaten nicht mehr als 10 % veräußern darf. Nach allein auf den Börsenwert der einzelnen Aktien abstellender Perspektive von IFRS 13 (→ § 8a) würde gelten: Börsenkurs / Aktien × Anzahl der Aktien = Zeitwert des Aktienpakets. Ein Wertabschlag auf das Paket wäre nicht zu berücksichtigen. Dem Zweck von IFRS 3.37 entspräche es jedoch eher, auf die hingegebenen Gesamtleistung, hier also das Aktienpaket mit seinen Restriktionen, abzustellen. Die erste Variante wird durch ED/2014/4 gestützt. Dort ist für anderen Zwecke, insbesondere die Bewertung von Anteilen an Tochter-, assoziierten oder Gemeinschaftsunternehmen, festgehalten: Der *fair value* einer Beteiligung (Paket) an einem börsennotierten Unternehmen ist das Produkt von Kurs der einzelnen Aktien und Zahl der Aktien, ohne Aufschlag für den Mehrwert der Beteiligung. Bei analoger Anwendung auf den hier betrachteten Fall, wären die Veräußerungsrestriktionen für die Bewertung unerheblich.

48

49

2.4.4 Anschaffungskosten in (gesicherter oder ungesicherter) Fremdwährung

50 Insbesondere beim Erwerb ausländischer Unternehmen kann der **Kaufpreis** in **Fremdwährung** festgesetzt sein. **Ohne Absicherung** des den Zeitraum zwischen Vertragsschluss und Erlangung der Kontrolle betreffenden Kursänderungsrisikos gilt hier: Maßgeblich für die Höhe der Anschaffungskosten ist der Kurs zum Zeitpunkt der Erlangung der Kontrolle (IFRS 3.32a(i) i.V.m. IAS 21.21).

51 Nimmt der Erwerber nach IAS 39.AG98 bzw. IFRS 9.B6.3.1 eine **Absicherung** des Kursänderungsrisikos (z.b. durch Währungstermin- oder -optionsgeschäfte) vor und sind die Voraussetzungen des *hegde accounting* im Übrigen erfüllt, sind drei Vorgehensweisen diskussionswürdig:

- Die **Anschaffungskosten** ergeben sich aus dem Sicherungskurs. Das Sicherungsgeschäft beeinflusst daher die Höhe des *goodwill*.
- Das Sicherungsgeschäft beeinflusst die Zugangswerte aller (oder alternativ nur der non-monetären) **Vermögenswerte und Schulden**. Der „Erfolg" aus dem Sicherungsgeschäft wird als Anpassung der vorgenannten Zugangswerte verrechnet.
- Das Sicherungsgeschäft ist mit Vollzug des Unternehmenszusammenschlusses **erfolgswirksam** in der GuV zu berücksichtigen.

Gegen die dritte Variante spricht, dass sie den tatsächlich gegebenen Sicherungszusammenhang ignoriert, den Unternehmenszusammenschluss vielmehr so bilanziert, also ob es keine Sicherung gegeben hätte. Die zweite Lösung fingiert umgekehrt Sicherungszusammenhänge auf einer Ebene, auf der sie tatsächlich gar nicht bestehen, da nicht der Kaufpreis einzelner Vermögenswerte oder Schulden, sondern der einer unternehmerischen Sachgesamtheit abgesichert wird. Die **erste Lösung** ist deshalb **vorzuziehen.** Sie entspricht dem auf den Gesamtkaufpreis, also die Anschaffungskosten, gerichteten ökonomischen Sicherungskalkül.

2.4.5 Abgrenzung eines *earn-out*-Kaufpreises von Vergütungen für Geschäftsführung- oder sonstige Leistungen

52 Bei Unternehmenstransaktionen wird neben einer fixen Basiszahlung häufig eine **erfolgsabhängige** Zusatzzahlung vereinbart (*earn-out*-**Klausel**). IFRS 3.39f. enthält Regelungen, wann und wie solche Zusatzzahlungen in die Erstkonsolidierung einzubeziehen sind (Rz 58).[15]
Logisch vorgeschaltet ist aber die Frage, ob die erfolgsabhängigen Zahlungen tatsächlich einen *earn-out* bzw. Kaufpreisbestandteil darstellen. Sie stellt sich insbesondere dann, wenn der Veräußerer zu fortgesetzten Leistungen verpflichtet wird, etwa für eine längere Übergangszeit als Geschäftsführer des veräußerten Unternehmens tätig ist.[16]

---

[15] Die nachfolgenden Überlegungen sind überwiegend entnommen: LÜDENBACH/VÖLKNER, BB 2006, S. 1435 ff.
[16] Vgl. auch WEISER, WPg 2005, S. 269.

> **Beispiel**
> Die V-AG veräußert 100 % der Anteile an dem Beratungsunternehmen T-GmbH an die K-AG zu einem festen Kaufpreis von 1.000. Da das Geschäft der T-GmbH stark personenabhängig ist, vereinbaren die Parteien, dass der bisherige Geschäftsführer GF, der aus dem V-Konzern nicht ausscheiden soll und möchte, für 2 Jahre in der T-GmbH tätig bleibt. Die K-AG hat der V-AG für diese „Personalgestellung" die fixe Jahresvergütung des GF i. H. v. 200 zu erstatten. Darüber hinaus erhält die V-AG eine ergebnisabhängige Vergütung i. H. v. 300, falls über die 2 Jahre ein definiertes Ergebnisziel erreicht wird.
> Unklar ist, ob die erfolgsabhängige Zahlung Kaufpreisbestandteil oder als Geschäftsführungsvergütung zu qualifizieren ist. Folgendes ist beurteilungserheblich:
> - Die Vergütung des Geschäftsführers ist, wenn nur der fixe Teil betrachtet wird, im Fremdvergleich unangemessen niedrig.
> - Eine DCF-Bewertung verschiedener Szenarien führt zu Unternehmenswerten zwischen 800 und 1.100.

Bilanzielle Folgen hat die Qualifikation der erfolgsabhängigen Zahlung sowohl beim Erwerber wie beim Veräußerer:
- **Erwerber:** Werden die variablen Zahlungen als Teil der Anschaffungskosten qualifiziert, erhöhen sie den anzusetzenden *goodwill;* erfolgt umgekehrt eine Beurteilung als Vergütung für Geschäftsführung, Personalgestellung usw., sind sie als Aufwand zu buchen.
- **Veräußerer:** Werden die variablen Zahlungen als Teil des Veräußerungserlöses angesehen, erhöhen sie den Entkonsolidierungsgewinn, bei Interpretation als Entgelt für Personalgestellung etc. sind sie hingegen sonstiger Ertrag.

Nach allgemeinen (u. a. in IAS 18.13 und IFRS 15 festgehaltenen) Grundsätzen, kann es unter *substance-over-form*-Gesichtspunkten erforderlich sein,
- ein **formal** (zivilrechtlich) **einheitliches** Geschäft bilanzrechtlich als eine Mehrzahl von Transaktionen (*multi-element transaction* bzw. **Mehrkomponentengeschäft**) oder
- umgekehrt **formal getrennte** Geschäfte bilanzrechtlich als einen **einheitlichen** Geschäftsvorfall zu würdigen.

Diese Grundsätze werden in IFRS 3.51 und IFRS 3.B50 ff. für den Unternehmenserwerb konkretisiert. Hiernach sind u. a. folgende Faktoren bei der Abgrenzung zwischen Kaufpreis und Vergütung für sonstige Leistungen zu beachten:
- **Angemessenheit** der nicht erfolgswirksamen Vergütung der **sonstige Leistungen,**
- Höhe der fixen Kaufpreiszahlung im Verhältnis zur **Bewertungsbandbreite** für das **erworbene Unternehmen.**

Im Beispiel unter Rz 52 kommt es danach u. a. darauf an, ob die Vergütung für die Geschäftsführungsleistung ohne Einbeziehung der variablen Komponente im Fremdvergleich zu niedrig ist und ob der fixe Kaufpreis schon am oberen Ende des Intervalls möglicher Unternehmenswerte liegt. Wird beides bejaht, ergibt sich ein eindeutiges Ergebnis: Die erfolgsabhängige Vergütung ist kein *earn out,* sondern Geschäftsführungsvergütung. In vielen Fällen ist die Würdigung unter

Mehrkomponentengesichtspunkten jedoch nicht so eindeutig, sondern „*a matter of judgement that depends on the relevant facts and circumstances*".[17]

55 Probleme bereitet in Fällen der fortgesetzten Beschäftigung (*continuing employment*) des Veräußerers (*selling shareholder*) oder anderer bei Veräußerung verbleibender Beschäftigten (vgl. Beispiel unter Rz 52) die Auslegung von IFRS 3.B55 bei bedingten, an eine **Mindestbeschäftigungsdauer** geknüpften Zahlungen:
- Nach IFRS 3.B55a Satz 3 gilt: „A contingent consideration arrangement in which the payments are automatically forfeited is remuneration for post-combination services." Hiernach wäre bei einer bedungenen Mindestbeschäftigungsdauer die variable Vergütung **immer** Personalaufwand bzw. nie Kaufpreis.
- Nach IFRS 3.B55 Satz 1 sind die in den Buchstaben a) – h) genannten Umstände hingegen lediglich **Indikatoren**, die einer Einzelfallwürdigung zugrunde zu legen sind.

Das IFRS IC hat mit einer Entscheidung vom Januar 2013 zum Verhältnis beider Regelbestandteile wie folgt Stellung genommen. „An arrangement in which contingent payments are automatically forfeited if employment terminates would lead to a conclusion that the arrangement is compensation for post-combination services rather than additional consideration for an acquisition, unless the service condition is not substantive." Danach ist IFRS 3.B55a Satz 3 zwar im Normalfall als „rule" zu verstehen, die weitere Untersuchungen erübrigt. Dies gilt jedoch dann nicht, wenn die variable Vergütung im Verhältnis zu im Gegenzug erwarteten Diensten so unangemessen hoch ist, dass die Grenze zu einem Scheinvertrag erreicht ist.

> **Beispiel**
> Während eines langen und erfolgreichen Berufslebens hat X eine Drogeriemarktkette aufgebaut. Diese verkauft der inzwischen 90-Jährige, von diversen Krankheiten geplagte X an K. Der Kaufvertag enthält erhebliche variable Bestandteile, die daran geknüpft sind, dass X mindestens 3 Jahre weiterhin im Unternehmen tätig bleibt: Ein früheres Ausscheiden ist nur dann unschädlich, wenn es nicht von X zu verschulden ist (z. B. todes- oder krankheitsbedingt). Der Weiterbeschäftigungsvereinbarung allein kann man wenig Substanz zusprechen. Eine Würdigung weiterer Umständen (Rz 54) ist daher notwendig.

Einen Grenzfall stellt folgende Zeitbedingung dar.

> **Beispiel**
> Anteilseigner der ABCDE Beratungs-GmbH waren bisher mit je 1/5 die Gesellschaftergeschäftsführer A bis E. X erwirbt die GmbH gegen einen Kaufpreis von 20 Mio. (4 Mio. je Anteilsveräußerer), dem ein Nettovermögen von 8 Mio. gegenübersteht. Der Kaufvertrag sieht eine Fortsetzung der Geschäftsführungstätigkeit der Veräußerer für mindestens 3 Jahre vor. Scheidet einer der Veräußerer vor Ablauf der 3 Jahre als Geschäftsführer aus, so verfällt sein Kaufpreisanspruch und erhöht sich gleichzeitig der der verbleibenden. Scheiden alle aus, reduziert sich der Kaufpreis auf null. Ein solcher Fall gilt aber als extrem

---

[17] EITF 95–8, EITF Discussion.

unwahrscheinlich, da der letzte Verbliebene mit seinem Ausscheiden auf eine ihm sonst allein zustehende Zahlung von 20 Mio. verzichten würde.

Beurteilung
Bei wörtlicher Anwendung von IFRS 3.B55a sind die 20 Mio. insgesamt als Personalaufwand zu qualifizieren. Beim Unternehmenserwerb entstünde somit ein sofort ertragswirksamer negativer Unterschiedsbetrag von 8 Mio. (Kaufpreis 0 Mio. minus Nettovermögen von 8 Mio.).
Unter Berücksichtigung des Einleitungssatzes zu IFRS 3.B55 scheint es aber nicht völlig unvertretbar, im Hinblick auf die extreme Unwahrscheinlichkeit eines Ausscheidens aller 5 Veräußerer einen fixen Kaufpreis von 20 Mio. anzunehmen, somit keinen Personalaufwand anzusetzen und einen *goodwill* von 12 Mio. zu erfassen.

Auch **außerhalb** des Geschäftsführungsfalls können sich Abgrenzungsprobleme zum Kaufpreis ergeben. Dazu folgendes Beispiel: 56

Beispiel
Die V-AG ist hauptsächlich Kapitalanlagevermittler. In der Vergangenheit hat sie in geringem Umfang auch durch die eigene Tochtergesellschaft B-GmbH errichtete Immobilien vertrieben. Im Rahmen der Fokussierung auf die Kapitalanlagevermittlung veräußert die V-AG ihre Bausparte an das Bauunternehmen K-AG. Die Parteien vereinbaren im Kaufvertrag einen Gesamtkaufpreis, der in einem Teilbetrag unbedingt und sofort zahlbar ist, in einem weiteren davon abhängt, dass die V-AG für einen Zeitraum von 3 Jahren ab dem *closing date* weiterhin in einem bestimmten Mindestumfang (die Hälfte des bisherigen Vermittlungsvolumens) von der B-GmbH errichtete Immobilien an Kapitalanleger vermittelt. Unabhängig von der Erreichung dieses Gesamtziels erhält die V-AG auf Basis eines Maklerrahmenvertrags für jede einzelne Vermittlungsleistung den branchenüblichen Provisionssatz.

Die zivilrechtliche Bezeichnung und Behandlung der variablen Zahlung ist nach dem Grundsatz *substance over form* unerheblich. Eine wirtschaftliche Betrachtung ist notwendig. Sie steht vor folgendem **Abwägungsproblem:**
- Dass die V-AG für ihre Vermittlungstätigkeit bereits eine Einzelvergütung erhält, die für sich betrachtet ein marktübliches Niveau erreicht, spricht **gegen** die Qualifizierung der erfolgsabhängigen Vergütung als Vermittlungsentgelt und für einen Kaufpreisbestandteil *(earn-out)*.
- Dieser Qualifizierung steht allerdings entgegen, dass *earn-out*-Klauseln i.d.R. an Erfolgsgrößen des Veräußerungsobjekts wie z.B. den Umsatz oder das EBIT anknüpfen. Die bedingte Zahlung im Beispiel ist hingegen von der eigenen Vermittlungsleistung des Veräußerers abhängig und insbesondere nicht mit Gesamtgrößen saldierungsfähig. Bleibt etwa der Gesamtumsatz des Veräußerungsobjekts hinter den Erwartungen der Parteien zurück, vermittelt aber der Veräußerer die Hälfte des bisherigen Durchschnittsumsatzes, hat er Anspruch auf seine Zusatzvergütung: Übertrifft der Gesamtumsatz alle Erwartungen, hat aber der Veräußerer weniger beigetragen als vereinbart, verfällt sein Anspruch.

Da somit Gründe für wie gegen das Vorliegen eines *earn-out* sprechen, ist nach der **ökonomischen Zielsetzung** der Regelung, also danach zu fragen, warum die Parteien keine Abhängigkeit vom Gesamtumsatz vereinbart haben. Erklärend könnte sein, dass der Veräußerer Gesamtgrößen wie Umsatz oder EBIT nicht beeinflussen kann. Eine entsprechende Regelung würde daher den Zweck von *earn-out*-Klauseln, Informationsasymmetrien zwischen Veräußerer und Erwerber abzubauen sowie gleichzeitig dem Vertragsgeist nicht entsprechende Handlungen des Erwerbers zu vermeiden, nur unzureichend erfüllen. Dies könnte erklären, warum eine spezifischere *(earn-out-)*Klausel zur Anwendung gelangt. Allerdings ist zuzugestehen, dass die **Grenzen** zwischen als Kaufpreis zu wertenden *earn-out*-Klauseln und Vergütungen für sonstige Leistungen wie in vielen Fällen auch hier **nicht eindeutig** zu ziehen ist, Abgrenzungsentscheidungen also stark **einzelfall-** und **ermessens**abhängig sind.

57 Wegen der Qualifizierung beim Unternehmenserwerb gewährter Anteilsvergütungen an Arbeitnehmer (**Aktienoptionen**) wird auf → § 23 Rz 180 verwiesen.

2.4.6 Bedingte Kaufpreisbestandteile: Erfolgs-, Kurs- und Bilanzgarantien

2.4.6.1 Anschaffungskosten nach tatsächlichen Zahlbeträgen oder nach *fair value* der Garantie?

58 Ein Vertrag über einen Anteils- oder Unternehmenserwerb kann eine Anpassung des Kaufpreises vorsehen, wenn
- das erworbene Unternehmen in einem bestimmten Zeitraum nach dem Erwerb bestimmte Erfolgsziele unter- oder überschreitet *(earn-out*-Modelle) (**Erfolgs-"Garantie"**) oder
- die als Kaufpreis(bestandteil) hingegebenen Anteile innerhalb einer bestimmten Frist bestimmte Kurswerte unterschreiten (**Kursgarantie des Erwerbers**).
- die Höhe des Eigenkapitals oder einzelner Bilanzposten einen garantierten Betrag nicht erreicht (**Bilanzgarantie des Veräußerers**).

Bei *earn-out*-Regelung ist vorab zu klären, ob tatsächlich ein erfolgsabhängiger Kaufpreis vorliegt oder ein Mehrkomponentengeschäft (Rz 52), in dem der Veräußerer neben der Übertragung des Erwerbsobjekts auch **unterscheidbare** sonstige Leistungen **verspricht** und dafür ein **Entgelt erhält**.

59 Fraglich ist, ob bei der Einbeziehung bedingter Kaufpreisbestandteile in die Konsolidierung
- auf den nach Beseitigung der Unsicherheit tatsächlichen gezahlten/nicht gezahlten Wert abzustellen oder
- der *fair value* zum Erstkonsolidierungszeitpunkt maßgeblich ist und Abweichungen des tatsächlichen Verlaufs von diesem Wert die Konsolidierung nicht mehr betreffen.

Dem ersten Ansatz folgte IFRS 3 rev. 2004. Ungewisse Anschaffungskosten *(cost contingent on future events)* waren im Erwerbszeitpunkt nur insoweit zu berücksichtigen, als sie **verlässlich bestimmbar** und **wahrscheinlich** waren. Bei einer späteren Revision der ursprünglichen Annahmen waren die Anschaffungskosten gegen *goodwill* (*earn*-out), Eigenkapital (Kursgarantie) anzupassen (IFRS 3.33f. rev. 2004).

IFRS 3 rev. 2008 folgt dem zweiten Ansatz: Gewährte Garantien sind im Rahmen der Erstkonsolidierung mit ihrem *fair value* anzusetzen (IFRS 3.39). Der so

bestimmte Wert der Garantie ist Bestandteil der Anschaffungskosten. Die davon abweichende spätere tatsächliche Entwicklung führt hingegen
- bei *earn-out*-Klauseln zu Ertrag oder Aufwand (IFRS 3.58b),
- bei Kursgarantien immer dann zu Ertrag oder Aufwand, wenn die Garantie in bar geleistet und deshalb als finanzielle Verbindlichkeit zu qualifizieren ist; dann nicht immer zu Ertrag oder Aufwand, wenn die Garantie durch Ausgabe weiterer Aktien erfüllt und deshalb ggf. als Eigenkapitalinstrument gilt (IFRS 3.58a).

Eine Anpassung der Erstkonsolidierung findet nur für die binnen 12 Monaten nach dem Erwerbsstichtag erlangte bessere Erkenntnis statt (IFRS 3.45).

Die Abgrenzung zwischen einer finanziellen **Verbindlichkeit** und **Eigenkapital** ist dann nicht immer eindeutig, wenn **mehrere Bedingungen** in der Vereinbarung enthalten sind. U.E ist jedenfalls dann eine getrennte Behandlung gefordert, wenn die Bedingungen sich auf leicht unterscheidbare und voneinander unabhängige Risiken beziehen.

60

Beispiel
MU erwirbt 100 % an TU. Der Kaufpreis wird in Aktien der MU entrichtet, ist aber zugleich von der Erreichung nicht kumulativer Jahreserfolge abhängig. Der Veräußerer erhält 1 Mio. Aktien, wenn TU im 1. Geschäftsjahr nach Erwerb einen Gewinn von mindestes 10 Mio. erzielt. Entsprechendes gilt für das 2. Geschäftsjahr. Eine kumulierte Betrachtung des Ergebnisses beider Geschäftsjahre findet nicht statt.

Lösung 1
Wegen der nicht kumulativen Gestaltung liegen zwei unabhängige Vereinbarungen vor, die bei MU jeweils als Eigenkapital zu qualifizieren sind.

Lösung 2
Das Risikoprofil der Vereinbarung hängt einerseits von der Erfolgsentwicklung der TU, andererseits von der Wertentwicklung der Aktien der MU ab. Beide Effekte sind nicht leicht zu separieren. Die Vereinbarung führt insgesamt zu einer finanziellen Verbindlichkeit.

Die Neuregelung in IFRS 3 bedingte eine Abstimmung mit IAS 39. Zuvor unterlagen im Rahmen eines Unternehmenserwerbs vereinbarte *contingent considerations* aus Sicht des Erwerbers nicht den Regelungen für Finanzinstrumente (IAS 39.2f). Als Folgeänderung von IFRS 3 rev. 2008 ist diese Ausnahme vom Anwendungsbereich des IAS 39 (bzw. jetzt IFRS 9) gestrichen worden.
Die *Annual Improvements to IFRSs 2010–2012 Cycle* stellen durch eine Änderung von IFRS 3.40 und IFRS 3.58 klar: Ein **bedingter** Kaufpreisbestandteil kann nur Eigenkapital oder finanzielle Verbindlichkeit sein, weshalb nur IAS 32 oder IAS 39/IFRS 9 einschlägig sind; ein anderer Standard kommt nicht in Betracht.

61

2.4.6.2 *Earn-out*-Klauseln

Nach IFRS 3.39ff. sind **bedingte Anschaffungskosten** (*contingent consideration*) wie folgt zu erfassen:
- Sie sind bei der Erstkonsolidierung mit ihrem *fair value* zu berücksichtigen (IFRS 3.39).

62

- Soweit die bedingten Anschaffungskosten zu einer bedingten finanziellen Verbindlichkeit führen – wovon bei *earn-out*-Klauseln regelmäßig auszugehen ist –, erfolgt auch die Folgebewertung zum *fair value*, wobei dessen Änderung erfolgswirksam zu buchen ist (IFRS 3.58(a)(i)).
- Eine Ausnahme besteht lediglich für Anpassungen binnen 12 Monaten nach Erwerb. Sie führen zu einer Anpassung der Anschaffungskosten und damit des *goodwill* (IFRS 3.45), sofern sie wertaufhellenden Charakter haben und nicht aus nacherwerblichen (wertändernden) Ereignissen (*post combination events*) resultieren.

Beispiel

Erwerber E verhandelt mit Veräußerer V über den Erwerb der zu 100 % von V gehaltenen C. Der Buchwert des Vermögens (= Zeitwert) entspricht 1.000 GE. Aufgrund einer vorsichtigen Einschätzung des künftigen Ertragspotenzials ist E bereit, 1.200 GE für die Anteile zu zahlen. V verlangt allerdings 1.500 GE.

Zur Beschleunigung des Verhandlungsprozesses und Vermeidung einer zu kosten- und zeitintensiven *due diligence* vereinbaren die Parteien neben einer festen Zahlung von 1.200 GE eine erfolgsabhängige Zahlung. Sie beträgt 150 GE, wenn das EBITDA der C in den 3 Jahren nach Erwerb kumuliert mindestens 400 GE beträgt, 300 GE, wenn kumuliert mindestens 450 erreicht werden.

A hat zum Erwerbszeitpunkt 31.12.00 folgende Erwartungen:

EBITDA	bedingter Kaufpreis K	Wahrscheinlichkeit p	K × p
< 400	0	20 %	0
< 400, aber < 450	150	30 %	45
>= 450	300	50 %	150

fair value: 195

U bucht per 31.12.00:

Konto	Soll	Haben
Vermögen C	1.000 GE	
Geld		1.200 GE
goodwill	395 GE	
Kaufpreisverbindlichkeit		195 GE

Das 1. Jahr nach Erwerb entwickelt sich nicht ganz so gut wie erwartet. Per 31.12.01 korrigiert U daher seine Wahrscheinlichkeitseinschätzungen und berechnet den *fair value* der bedingten Kaufpreisverbindlichkeit neu mit 100. Die Anpassung erfolgt binnen 12 Monaten und ist daher als Korrektur des *goodwill vorzunehmen, wenn* die revidierte Ergebniserwartung Folge besserer Erkenntnisse (Wertaufhellung) und nicht Folge geänderter Verhältnisse (Wertänderung) ist:

Konto	Soll	Haben
Kaufpreisverbindlichkeit	95 GE	
goodwill		95 GE

Das 2. Jahr entwickelt sich sehr viel besser. Insgesamt entspricht die Entwicklung nunmehr wieder den ursprünglichen Erwartungen. U erhöht die Kaufpreisverbindlichkeit wieder auf 195, diesmal jedoch erfolgswirksam.

Konto	Soll	Haben
Aufwand	95 GE	
Kaufpreisverbindlichkeit		95 GE

Im 3. Jahr gibt es einen Konjunktureinbruch. Das untere Erfolgsziel der 3 Jahre wird knapp verpasst. Per 31.12.03 bucht U daher:

Konto	Soll	Haben
Kaufpreisverbindlichkeit	195 GE	
Ertrag		195 GE

Aus der Folgebewertung von *contingent considerations* nach IFRS 3 ergeben sich **Fehlanreize** für die hoch subjektive *fair-value*-Bewertung im Erwerbszeitpunkt. Aus der Sicht des Erwerbers besteht ein Anreiz zur **Überschätzung** der künftigen Verpflichtung im Erwerbszeitpunkt. Diese führt

- im Erwerbszeitpunkt ceteris paribus zu einem **höheren Unterschiedsbetrag** und zeitigt daher keine Ergebniswirkung,
- in der Folgebewertung zu einem **Ertrag aus der Auflösung** der zu hoch angesetzten Verbindlichkeit.

Dabei befindet sich der Erwerber nur vordergründig in einer Zwickmühle. Während der Kaufverhandlungen wird er im taktischen Interesse eines niedrigen Kaufpreises tendenziell Pessimist, nach dem Erwerb im bilanzpolitischen Interesse eher Optimist sein. Diesen Optimismus kann ihm auch im Blick auf eine dokumentierte gegenteilige Haltung während der Verhandlungen niemand verwehren, da er immer behaupten kann, der vorherige Pessimismus sei nur Verhandlungstaktik gewesen.

2.4.6.3 Kursgarantien

Auch Kursgarantien sind im Erstkonsolidierungszeitpunkt mit dem *fair value* zu berücksichtigen (IFRS 3.39). Sofern die Garantie in bar zu erfüllen ist und deshalb keinen Eigenkapitalcharakter hat, sind spätere Wertänderungen erfolgswirksam zu buchen (IFRS 3.58 b(i)), es sei denn, binnen 12 Monaten nach dem Erwerb wird eine bessere Erkenntnis über den Wert erlangt (IFRS 3.45 ff.).

> **Beispiel**
> MU erwirbt Anfang 01 TU durch Hingabe von Aktien. Die Aktien haben per Erstkonsolidierung einen Wert von zusammen 175. MU garantiert diesen Wert für 2 Jahre. Soweit der Aktienwert am Ende der 2 Jahre unter 175 liegt, hat U den Differenzbetrag in bar zu zahlen.
> In die Anschaffungskosten ist der *fair value* der dem Veräußerer eingeräumten Garantie einzubeziehen. Diese hat den Charakter einer Option, bei der

MU Stillhalter ist. Zum Erwerbsstichtag sind Ausübungspreis und Aktienkurs identisch, der innere Wert der Stillhalterposition beträgt somit null. Der *fair value* hängt dann wesentlich von der Laufzeit der Option und der Volatilität des Aktienkurses ab. Angenommen sei ein Wert von zunächst 5. MU bucht daher (Abzinsungen vernachlässigt):

Konto	Soll	Haben
Vermögen TU	100	
Eigenkapital		175
goodwill	80	
Verbindlichkeit		5

b) In 01 reduziert sich der Wert der Aktien um 12,5 auf 162,5. Die Wahrscheinlichkeit für eine Kurserholung in 02 ist gering. Der Wert der Stillhalterverpflichtung steigt auf 16. Obwohl die Anpassung innerhalb von 12 Monaten vorgenommen wird, kann sie nicht gem. IFRS 3.45 ff. gegen *goodwill* erfasst werden, da sie Folge von Marktwertentwicklungen **nach** dem Erwerbsstichtag (wertändernd) ist. MU bucht daher zum 31.12.01:

Konto	Soll	Haben
Aufwand	11	
Kaufpreisverbindlichkeit		11

c) Das Jahr 02 verläuft besser als erwartet. Die Aktien erreichen mit 170 beinahe wieder den ursprünglichen Kurs. Der Wert der Option sinkt auf 5. MU bucht daher zum 31.12.02:

Konto	Soll	Haben
Kaufpreisverbindlichkeit	11	
Ertrag		11

d) Anfang 03 kommt die verbleibende Kursdifferenz von 5 zur Regulierung. MU bucht:

Konto	Soll	Haben
Kaufpreisverbindlichkeit	5	
Geld		5

64 Eine Kursgarantie, die sich auf die Wertentwicklung zwischen Abschluss und Vollzug des Kaufvertrages richtet, führt aus Sicht des Erwerbsstichtags nicht zu bedingten Anschaffungskosten.

Beispiel
Die börsennotierte A erwirbt B gegen Hingabe von 10.000 neuen (eigenen) Anteilen an die Gesellschafter von B. Der Kaufvertrag wird am 1.4. bei einem Kurs der A-Aktien von 100 (= 1 Mio. in Summe) abgeschlossen. Dieser Kurs ist bis zum dinglichen Vollzug (Erwerbsstichtag) garantiert. Bei Unterschreiten ist ein entsprechender Ausgleich in bar zu leisten. Die neuen Anteile haben einen Nominalwert von je 10, d.h. von 0,1 Mio. in Summe.

Die Anschaffungskosten sind auf den Erwerbsstichtag zu bestimmen. Sie betragen von vornherein 1 Mio. (0,9 Mio. Aktien zum Wert 1.7. + 0,1 Mio. als Barausgleichsverpflichtung).
Ein Anwendungsfall von IFRS 3.56 liegt nicht vor.
Zum 1.7. ist zu buchen:

Konto	Soll	Haben
Vermögenswerte/Schulden/*goodwill*	1 Mio.	
gez. Kapital		0,1 Mio.
Kapitalrücklage		0,8 Mio.
Verbindlichkeit		0,1 Mio.

2.4.6.4 Eigenkapitalgarantien oder Garantien einzelner Posten

Nur rudimentär werden in IFRS 3 Fälle der Bilanz- bzw. **Eigenkapitalgarantie** des Verkäufers für das übertragene Unternehmen behandelt. Entsprechende Verträge sehen eine Kaufpreisreduzierung z. B. vor, wenn das Eigenkapital des erworbenen Unternehmens vom Erwerbsstichtag hinter einer garantierten Summe zurückbleibt. Bei der bilanzmäßigen Behandlung ist wie folgt zu differenzieren:

- **Nichteinhaltung** des garantierten Betrags zum **Erwerbszeitpunkt**: Das Unterschreiten des garantierten Betrages berührt zugleich den *fair-value*-Ansatz beim Erwerber. In diesem Fall ist die Kaufpreiserstattungsforderung als Korrektur dieses Ansatzes zu buchen.
- **Spätere Wertänderung**: Der garantierte Betrag wird zu einem späteren Zeitpunkt aufgrund nachträglicher Entwicklungen unterschritten. Der Erstansatz beim Erwerber wird nicht berührt. Die spätere Kaufpreisminderung hat Ähnlichkeit mit einer *earn-out*-Garantie. U.E. ist in analoger Anwendung von IFRS 3.27 und IFRS 3.57 i.d.R. eine Erfolgsbuchung geboten.

Wird statt des Eigenkapitals der Wert bestimmter Posten garantiert, etwa das Nichtüberschreiten einer bestimmten Belastung aus einem Passivprozess oder aus dem Ausfall von Forderungen, ist die Garantie i.d.R. als Vermögenswert für Entschädigungsleistungen (*indemnification assets*) zu bilanzieren (Rz 91) und dessen Ansatz, Zugangs- und Folgebewertung (Rz 150) nach den für den garantierten Posten geltenden Regeln vorzunehmen (IFRS 3.27 und IFRS 3.57).[18]
Hierzu folgendes Beispiel:

65

66

> **Beispiel**
> **Fall A**
> Der Veräußerer garantiert für einen übertragenen Forderungsbestand von nominell 100 einen Wert von 95 am Übertragungsstichtag.
> In der Übergabebilanz werden eine Wertberichtigung von 5 und ein Forderungsbestand von 95 ausgewiesen.
> Nach späterer Erkenntnis waren im Forderungsbestand einige verjährte und einige uneinbringliche Forderungen enthalten, sodass der Wert der Forde-

---

[18] Gl. A. KÜTING/METZ, KoR 2012, S. 394 ff.

rungen am Übergabestichtag tatsächlich nur 85 betrug. Der Verkäufer erkennt eine Ausgleichsverpflichtung von 10 an.
Diese 10 mindern einerseits die Anschaffungskosten des Erwerbers und andererseits seinen bisher unzutreffenden Erstansatz der erworbenen Forderungen. Die Differenz von Anschaffungskosten und Zeitwert des erworbenen Vermögens bleibt konstant. Somit ändert sich auch der *goodwill* nicht.
Anpassungsbuchung: „Ausgleichsforderung gegen Verkäufer an Debitoren" (eine evtl. erfolgswirksame Forderungsabschreibung wäre zu stornieren).

Fall B
In der Übergabebilanz ist auf den Forderungsbestand von nominell 100 eine zutreffende Wertberichtigung von 5 ausgewiesen. Der Verkäufer garantiert einen Forderungseingang von 80. Aus Sicht des Erwerbsstichtags ist die Wahrscheinlichkeit eines unter 80 liegenden Forderungseingangs vernachlässigbar gering. Wegen nach dem Stichtag liegender wertändernder Ereignisse (*non-adjusting events*; → § 4 Rz 17) gehen tatsächlich aber nur 70 ein. Die Ausgleichsforderung beträgt 10 (80–70).
Die weitere Differenz i.H.v. 15 (95–80) zwischen ursprünglichem Ausweis der Forderung und Forderungseingang geht zulasten des Erwerbers.
Nach IFRS 3 ist die Garantie des Veräußerers zunächst mit null einzubuchen, weil bei dem garantierten Vermögenswert nur mit einer vernachlässigbaren Wahrscheinlichkeit von einer Wertberichtigung auf unter 80 ausgegangen, also das garantierte Risiko bei der Bewertung der Forderung gar nicht berücksichtigt wurde. Nach Änderung der Verhältnisse ist vom Erwerber zu buchen:

Konto	Soll	Haben
Aufwand aus Wertberichtigung	25	
Debitor		25
Entschädigungsforderung	10	
Ertrag		10

Zur nachträglichen besseren Erkenntnis hinsichtlich Ansatzfähigkeit und *fair value* bei nicht wertgarantierten Bilanzposten siehe Rz 125.

2.4.6.5 Ungewisse Kaufpreisbestandteile beim Veräußerer

67 An speziellen Vorgaben für die bilanzielle Erfassung von *contingent consideration* in der Bilanz des Veräußerers fehlt es. Eine zum Erwerber korrespondierende Behandlung setzt die Kategorisierung als **derivatives Finanzinstrument** gem. IAS 39 bzw. IFRS 9 voraus. Aufgrund bestehender Unschärfen in der Derivate-Definition ist die Kategorisierung aber ermessensbehaftet.
Wird eine *contingent consideration* nicht als Finanzderivat behandelt, ist
- ein von der künftigen Entwicklung abhängiger Anspruch auf eine Kaufpreisnachzahlung nicht zu aktivieren,
- eine Verpflichtung zur eventuellen Erstattung eines bestimmten, bereits im Voraus vereinnahmten Kaufpreises hingegen (als erhaltene Vorauszahlung) zu passivieren.[19]

---

[19] FREIBERG, PiR 2009, S. 113 ff.

2.4.6.6 Aktienoptionen

Wegen der möglichen Einbeziehung beim Unternehmenserwerb ersatzweise gewährter Aktienoptionen als Anschaffungskosten wird auf → § 23 Rz 180 ff. verwiesen.

68

2.5 Ansatz der erworbenen Vermögenswerte und Schulden

2.5.1 Grundlagen

Die Anschaffungskosten eines Unternehmenserwerbs (unter Einbeziehung des *fair value* von Altanteilen) sind **vorrangig** auf die **identifizierbaren Vermögenswerte, Schulden** und **Eventualschulden** (*contingent liabilities*) des erworbenen Unternehmens zu verteilen (IFRS 3.10 ff.). Nur ein verbleibender Unterschiedsbetrag ist als *goodwill* anzusetzen oder als negativer Unterschiedsbetrag ertragswirksam zu vereinnahmen.

69

Für den Ansatz und die Bewertung kommt es nicht auf die Bilanzierungs- und Bewertungsmethoden beim Veräußerer an. Das erworbene Nettovermögen ist hinsichtlich seiner **Bilanzierungsfähigkeit und Bewertung neu zu beurteilen**.

- Hinsichtlich des **Bilanzansatzes** orientiert sich IFRS 3 im Wesentlichen an den im *Framework* und den anderen Standards formulierten Regeln (Rz 71). „**Erleichterungen**" gelten jedoch für
  - **bestimmte immaterielle Vermögenswerte** (Rz 73) und
  - **Eventualschulden** (Rz 93 und Rz 149),

  sodass es hier häufig zum Ansatz von Posten kommt, die beim Erworbenen nicht bilanzierungsfähig waren. Betroffen sind u.a. vom erworbenen Unternehmen selbst erstellte **Kundenlisten** und **Marken**, die dieser wegen IAS 38.63 nicht aktivieren durfte (→ § 13 Rz 33). Beim erwerbenden Unternehmen gilt das Aktivierungsverbot nicht mehr, da die Vermögenswerte aus seiner Sicht derivativen Charakter haben (Rz 105).
  - Auch das wirtschaftliche Eigentum bzw. die Bilanzierung von **Leasingobjekten** kann im Rahmen des Unternehmenserwerbs ggf. neu zu beurteilen sein.
- Regelmäßiger **Bewertungsmaßstab** ist der *fair value* im Zeitpunkt des Unternehmenserwerbs. Je nach Art des Vermögenswertes oder der Schuld und je nach Verfügbarkeit von Marktdaten konkretisiert er sich über unterschiedliche Techniken (Rz 101). Der *fair value* ist jedoch nicht einschlägig
  - bei zur Weiterveräußerung vorgesehenen *non-current assets held for sale*, die zum **Nettozeitwert** (*fair value less costs to sell*) anzusetzen sind (→ § 29 Rz 36), sowie
  - bei **latenten Steuern**, deren Wert nach den normalen Bestimmungen von **IAS 12** (→ § 26) ermittelt wird (Rz 113 und Rz 208).

Die mit der *fair-value*-Bewertung einhergehende Aufdeckung stiller Reserven erstreckt sich auch auf einen evtl. nicht beherrschenden Anteil (**Minderheitenanteil**) (Rz 124). Der auf die Minderheit entfallende *goodwill* kann wahlweise aufgedeckt werden (Rz 134).

Besondere Ansatz- und Bewertungsprobleme entstehen, wenn bereits **vor** dem Unternehmenserwerb bestehende Vertragsbeziehungen *(preexisting relationships)* durch den Erwerb zu Konzerninnenverhältnissen werden (Rz 117 ff.). Spezielle Regeln bestehen für den Fall, dass **ursprüngliche Einschätzungen** zur Ansatzfähigkeit und zum Wert des erworbenen Vermögens später zu **revidieren** sind (Rz 125).

70 Wegen der möglichen Qualifizierung **anteilsbasierter Mitarbeitervergütungen**, die im Rahmen eines Unternehmenserwerbs fortgeführt oder ersetzt werden, als Schuld wird auf → § 23 Rz 180 ff. verwiesen.
71 IFRS 3.10 ff. sieht besondere Ansatzregeln im Rahmen der *business combination* explizit nur für
- Eventualschulden (Rz 93 und Rz 149) und
- Risikofreistellungsansprüche (*indemnification assets*; Rz 116)

vor. Im Übrigen bezieht sich IFRS 3.11 hinsichtlich der abstrakten Ansatzfähigkeit allgemein auf das *Framework*. Danach sind kumulativ gefordert
- verlässliche Messbarkeit des *fair value* (Rz 72),
- erwarteter Nutzenzufluss (Vermögenswert) bzw. Ressourcenabfluss (Schuld) (Rz 73),
- Identifizierbarkeit der Vermögenswerte bzw. Schulden, d. h. insbesondere Abgrenzung von allgemeinen Gewinn- oder Verlusterwartungen (*goodwill* und „*badwill*") (Rz 74),
- bei Vermögenswerten außerdem Kontrolle (Rz 76).

72 An die Verlässlichkeit einer *fair-value*-Messung sind keine übertriebenen Anforderungen zu stellen. Eine begründete beste Schätzung reicht aus (→ § 1 Rz 92).
73 Bezüglich des erwarteten Nutzenzu- bzw. -abflusses spiegeln sich die allgemein, d. h. außerhalb des Unternehmenserwerbs, geltenden Anforderungen in IFRS 3 nur modifiziert wider:
- Die **allgemeinen Wahrscheinlichkeitsanforderungen** des IFRS-Regelwerks sind **imparitätisch** formuliert.[20] Deshalb schreibt IAS 37 zwar den Ansatz von Schulden vor, die wahrscheinlich *(probable)* zu einem Ressourcenabfluss führen, verlangt hingegen für den Ansatz von Vermögenswerten, dass ein **Nutzenzufluss** so gut wie sicher *(virtually certain)* ist (→ § 21 Rz 165).
- Nach **IFRS 3** kann es hingegen ausreichen, wenn ein **Nutzenzufluss** wahrscheinlich *(probable)* ist. Die Unsicherheit kann im Bewertungskalkül berücksichtigt werden (IAS 38.33).

Danach wäre z. B. jede Forschungs- und Entwicklungstätigkeit, die zu Wissen *(know-how)* geführt hat, sei sie auch mit geringer Wahrscheinlichkeit eines Nutzens verbunden, bei der Kaufpreisallokation anzusetzen. Eine explizite Wahrscheinlichkeitsschwelle existiert nicht. *Materiality*-Erwägungen sind aber angezeigt, um eine Atomisierung der Kaufpreisallokation in unzählige „Eventualwerte" zu verhindern (Rz 81).
74 Das Kriterium der Identifizierbarkeit bzw. Unterscheidbarkeit ist grundlegend für jeden Bilanzansatz, unabhängig davon, ob ein Unternehmenserwerb vorliegt oder eine einzelbilanzielle Betrachtung vorgenommen wird. Mit dem Gesamtunternehmen verbundene Gewinnerwartungen verkörpern noch keinen (vom *goodwill* unterscheidbaren) Vermögenswert, entsprechende Verlusterwartungen noch keine Schuld. **Vermögenswerte** oder **Schulden** entstehen erst dann, wenn die **Gewinn-/Verlusterwartungen** sich in einzelnen rechtlichen oder faktischen Verhältnissen **konkretisieren** (Rz 75).

---

[20] LÜDENBACH/HOFFMANN, KoR 2003, S. 5.

2.5.2 Immaterielles Anlagevermögen

2.5.2.1 Abgrenzung vom *goodwill*

Mit dem Gesamtunternehmen verbundene Gewinnerwartungen verkörpern noch keinen (vom *goodwill* unterscheidbaren) Vermögenswert, entsprechende Verlusterwartungen noch keine Schuld. Die Beurteilung, ob eine Abgrenzung möglich ist, bereitet insbesondere bei **immateriellen Vermögenswerten** Probleme. IFRS 3.B31 behandelt das Identifikationsproblem daher explizit nur für diesen Fall.

Zu den lediglich **geschäftswertbildenden Faktoren**, die wertbestimmend in den Kaufpreis und damit in den *goodwill* eingehen, aber nicht selbstständig aktivierungsfähig sind, gehören etwa
- **Lagevorteile** im Einzelhandel oder in der Gastronomie,
- der nicht schon in Markenrechten u. Ä. enthaltene gute **Ruf** eines Unternehmens,
- die eingeführte und optimierte **Organisation** sowie
- allgemein mit dem Gesamtunternehmen verbundene **Gewinnerwartungen**, die sich nicht in einzelnen rechtlichen oder faktischen Verhältnissen konkretisieren.

Abzugrenzen zum *goodwill* sind hingegen nach IFRS 3.B31 und IAS 38.12 Vorteile, die mindestens eine der beiden folgenden Bedingungen erfüllen (→ § 13 Rz 14 und Rz 23):
- Der Vorteil basiert auf vertraglichen oder sonstigen **Rechten** (*legal-contractual*-Kriterium).
- Der Vorteil ist **verkehrsfähig** (*separable*), d.h., er kann losgelöst vom Gesamtunternehmen veräußert, lizenziert, verpachtet usw. werden, entweder allein oder zusammen mit einem verbundenen Vermögenswert (*separability*-Kriterium).

Zur Wirkung der Kriterien folgendes Beispiel:

> **Beispiel**
> Im Rahmen eines Unternehmenserwerbs werden Auftragsbestände (Festbestellungen) und Kundenlisten erworben.
> Mit den Auftragsbeständen sind vertragliche Rechte auf den vereinbarten Auftragspreis verbunden. Sie sind rechtlich fundiert und daher anzusetzen. Auf die Verkehrsfähigkeit kommt es nicht an.
> Kundenlisten haben hingegen keine besondere rechtliche Qualität. Sie sind daher nur dann anzusetzen, wenn sie verkehrsfähig sind. Ist eine Verkehrsfähigkeit (z. B. aufgrund berufsrechtlicher Verschwiegenheitspflichten) nicht gegeben, unterbleibt ein Ansatz.

Die **Differenzierung** zwischen rechtlich verankerten und faktischen Vermögenswerten macht nicht nur im Hinblick auf das Identifikationsproblem Sinn. Mit der rechtlichen Verankerung geht auch eine andere Qualität der Kontrolle über den Nutzen des Vermögenswertes einher: Insbesondere können Nutzungsstörer oder -verletzer wegen Unterlassung, Schadenersatz etc. belangt werden. Allerdings wird das rechtliche Kriterium vom IASB teilweise überdehnt, indem auch Verhältnisse, die keinen besonderen aktuellen Rechtsbezug mehr haben, Stammkundenbeziehungen etwa, als rechtlich qualifiziert werden (vgl. dazu Rz 82).

Motiviert ist diese **extensive** Auslegung durch das Ziel, möglichst große Teile des zu allozierenden Kaufpreises einzelnen Vermögenswerten und **nicht dem** *goodwill* zuzuordnen.

2.5.2.2 Nutzenwahrscheinlichkeit nur als Bewertungsparameter

77 Anders als bei der Herstellung eines immateriellen Vermögenswertes (→ § 13 Rz 24) hängt bei dem Erwerb (auch im Rahmen eines *business*) der Bilanzansatz nicht davon ab, dass der immaterielle Vermögensgegenstand mit überwiegender **Wahrscheinlichkeit** zu einem Nutzen führen wird. Misserfolgsszenarien können mit ihrer gewichteten Wahrscheinlichkeit bei der **Zeitwertbestimmung**, also auf der Bewertungsebene berücksichtigt werden.

> **Beispiel**
> K erwirbt das Pharmaunternehmen P, zu dessen Vermögen u. a. ein nicht bilanziertes, gerade anerkanntes Patent über ein Arzneimittel zur Steigerung der Lernfähigkeit gehört. Zur Verwertung des Patents bestehen 2 Szenarien:
>
> **Variante 1**
> Das Arzneimittel wird ein Erfolg. Es wird (diskontiert) einen Überschuss von 300 Mio. EUR erwirtschaften.
>
> **Variante 2**
> Das Arzneimittel wird kein Erfolg. Es wird 2 Jahre nach der Markteinführung eingestellt werden und bis dahin (diskontiert) einen Verlust von 20 Mio. EUR verursachen.
> Die Wahrscheinlichkeit der 1. Variante wird mit 25 %, die der 2. mit 75 % angenommen.
>
> **Beurteilung**
> In der Einzelbilanz von P ist das Patent nicht ansatzfähig, da ein Nutzen nicht wahrscheinlich ist.
> Für die (Konzern-)Bilanz des Erwerbers gilt Folgendes:
> Bei Ansatz der Wahrscheinlichkeiten als Gewichtungsfaktoren resultiert folgender Zeitwert:
> $300 \times 0{,}25 - 20 \times 0{,}75 = 75 - 15 = 60$ Mio. EUR.
> Die geringere Wahrscheinlichkeit eines Erfolgs ist bei der Wertbemessung zu berücksichtigen. Sie hindert den Bilanzansatz nicht.

Neben der unterschiedlichen rechtlichen Bedeutung der Wahrscheinlichkeit eines Nutzens als Ansatzkriterium bei Herstellung und Bewertungsparameter bei Anschaffung kann auch eine **faktische Neubeurteilung** der Wahrscheinlichkeit im Rahmen des Erwerbs zum erstmaligen Ansatz führen:
- Das Management des erworbenen Unternehmens kann sein Ermessen in der Einschätzung der Wahrscheinlichkeit anders und mutiger ausüben als das Management des veräußernden Unternehmens (**subjektive** Wahrscheinlichkeit).
- Die Kombination mit Produktionsfaktoren und Kapitalkraft des Erwerbers (Synergien) kann die Wahrscheinlichkeit eines Nutzens erhöhen (**objektive** bzw. intersubjektive Wahrscheinlichkeit).

2.5.2.3 Systematisierung des immateriellen Vermögens

Eigentlicher Prüfstein für den Ansatz von immateriellen Vermögenswerten ist die Frage der **Identifizierbarkeit**, d. h. der Abgrenzung vom *goodwill*. Wie unter Rz 75 dargestellt, ist dabei zu unterscheiden zwischen immateriellen Vermögenswerten, die

- auf einer **vertraglich-rechtlichen Grundlage** beruhen und deshalb ohne Weiteres als **identifizierbar** gelten, und
- **sonstigen** Werten, die nur angesetzt werden dürfen, wenn sie durch Verkauf, Übertragung, Lizenzierung, Verpachtung, Tausch usw. vom Unternehmen **separiert** werden können.

78

Zur Erläuterung dieser Kriterien führen die *Illustrative Examples* zu IFRS 3 eine Liste von immateriellen Vermögenswerten auf, bei der die vertraglich-rechtlichen Werte überwiegen. Die Liste ist in Tab. 2 nach den 5 Hauptkategorien gegliedert zusammengefasst.[21]

A. *marketing-related intangibles*
Warenzeichen
internet domain name
trade dress (Firmenlogos etc.)
newspaper mastheads (Zeitungsnamen)
vertragliche Wettbewerbsverbote
B. *customer-related intangibles*
Kundenlisten *(customer lists)**
Auftragsbestand *(order or production backlog)*
(Dauer-)Kundenverträge *(customer contracts)*
nichtvertragliche Kundenbeziehungen*
C. *artistic-related intangibles*
Urheberrechte, Lizenzrechte usw. an Werken von Literatur, Oper, Musik, Film und Funk, bildender Kunst und Fotografie
D. *contract-based intangibles*
Dienst-, Werk- und Leasing-, Einkaufsverträge in dem Maße, in dem sie gemessen am Markt vorteilhaft sind (bei „Einkaufskontrakten" Preis unter Marktpreis), bei „Verkaufskontrakten" Preis über Marktpreis *(beneficial* oder *favorable contracts)*
Mineralgewinnungsrechte, Ausbeutungsrechte

---

[21] Eine andere sinnvolle Einteilungsmöglichkeit immaterieller Vermögenswerte mit sieben statt fünf Hauptkategorien liefert der Arbeitskreis Immaterielle Werte im Rechnungswesen der Schmalenbach-Gesellschaft, DB 2001, S. 989 ff.: Berücksichtigt sind innovation capital (Patente, Rezepturen usw.), human capital (Mitarbeiter-Know-how), customer capital (Marken, Kunden), supplier capital (Beschaffungsverträge), investor capital (günstige Finanzierungskonditionen), process capital (Organisation), location capital (Standortvorteile).

Fernseh-, Rundfunk-, Telefonlizenzen
Landerechte und ähnliche Luftfahrtlizenzen, Lizenzen zum Betrieb mautpflichtiger Verkehrswege
vorteilhafte Arbeitsverträge *(beneficial employment contracts)*
E. technology-based intangibles
Patente
urheberrechtlich geschützte Software
rechtlich geschützte Datenbasen, Rezepte usw.
ungeschütztes Know-how, Rezepte, Datenbasen, Geschäftsgeheimnisse usw.*
* nicht vertraglich-rechtlich begründet

Tab. 1: Beispiele immaterieller Vermögenswerte

Angesichts der Vielfalt der infrage kommenden Werte besteht die Gefahr, den Beteiligungsbuchwert bzw. die Anschaffungskosten im Rahmen der Kaufpreisallokation zu **atomisieren**. Hier helfen *materiality*-Überlegungen, die darauf abstellen, welches im Einzelfall die wesentlichen Werttreiber sind. Dazu folgende Beispiele:

Branche	typische Werttreiber
Autovermieter	Marke
Beratungsunternehmen	Kundenbeziehungen
Bauunternehmen	Auftragsbestände
Filmproduzent	Urheberrechte und Lizenzen
Gebäudereiniger	Kundenbeziehungen
Kfz-Händler	Kundenbeziehungen
Markenartikelhersteller	Produktmarken
Mobilfunkbetreiber	Kundenbeziehungen, Mobilfunklizenzen
Spielbank	Spielbanklizenz
Softwarehersteller	Technologie, Kundenbeziehungen
Verlag	Abonnementverträge, Titelrechte

2.5.2.4 Kundenbeziehungen und Marken

Folgende 4 Typen von Kundenbeziehungen lassen sich in Anlehnung an IFRS 3 unterscheiden:
- **Auftragsbestände** *(order or production backlog;* Rz 74 f.),
- **(Dauer-)Vertragskunden** *(contractual customer relationships;* Rz 74 f.),
- **Kundenlisten** *(customer lists;* Rz 81),
- faktische **Stammkundenbeziehungen** ohne aktuelles Vertragsverhältnis *(non-contractual customer relationships;* Rz 82).

Die beiden letzten Fälle sind durch fehlende (aktuelle) vertragliche Beziehungen gekennzeichnet *(non-contractual intangibles)*, die beiden anderen beruhen auf (bestehenden) Vertragsverhältnissen *(contractual intangibles)*. Für die wirtschaftliche und bilanzrechtliche Qualität kann das Vorhandensein oder Fehlen vertraglicher Beziehungen eine wichtige Rolle spielen. Den *contractual intangibles* liegen rechtlich durchsetzbare Nutzen- bzw. *cash-inflow*-Erwartungen zugrunde. Das für den Ansatz eines Vermögenswertes maßgebliche Kriterium der Verfügungsmacht/Kontrolle über einen (wahrscheinlichen) zukünftigen Nutzen (→ § 1 Rz 88) ist damit regelmäßig zu bejahen. IFRS 3.B31 lässt deshalb i.d.R. die rechtlich geschützte Qualität eines immateriellen Vermögenswerts als ansatzbegründend genügen *(contractual-legal-*Kriterium), wobei die rechtliche Qualität nicht nur als nachvollziehbare Argumentation für die Verfügungsmacht, sondern apodiktisch auch für die Identifizierbarkeit, insbesondere die Unterscheidbarkeit vom *goodwill*, dient (Rz 75).

Bei *non-contractual intangibles* muss die Frage, ob ein kontrollierbarer, vor allem aber von anderen immateriellen Vermögenswerten wie Markenrechten und *goodwill* unterscheidbarer Nutzen zu erwarten ist, kritischer untersucht werden. Ansatzvoraussetzung der nicht rechtlich-vertraglich begründeten Vermögenswerte ist dann nach IAS 38.12 und IFRS 3.B31 die **Separierbarkeit** des jeweiligen Vermögenswertes (→ § 13 Rz 14). Hierbei geht es um die durch eine abstrakte Möglichkeit eines Verkaufs, einer Verpachtung usw. gegebene **Verkehrsfähigkeit**. Sowohl der **Auftragsbestand** als auch die auf **Dauerverträgen** (Zeitschriftenabonnements, Mobilfunkverträge usw.) beruhenden Kundenbeziehungen sind rechtlich begründete und gesicherte Formen immaterieller Vermögenswerte. Nicht mehr zu prüfen ist daher, ob der Vermögenswert separierbar, d.h. insbesondere weiterveräußerbar ist.

In einem vom *substance-over-form*-Gedanken geleiteten Regelsystem kann der **rechtlichen Fundierung** eines Verhältnisses allerdings nur dann eine bilanzielle Bedeutung zukommen, wenn mit ihr auch eine **wirtschaftlich-substanzielle Qualität** einhergeht.

- Eine derartige Qualität ist für (feste) **Auftragsbestände** und **ungekündigte Dauervertragsbeziehungen** ohne Weiteres zu bejahen, da mit ihnen identifizierbare und rechtlich durchsetzbare *cash inflows* verbunden sind. Bei Dauervertragsbeziehungen muss auch nicht hinderlich sein, dass eine Beendigung der Geschäftsbeziehung durch Kündigung möglich ist. Erwartete Kündigungsraten können im Bewertungskalkül Berücksichtigung finden.
- In Abgrenzung zu fest zugesagten Aufträgen fehlt hingegen bei Gewinnchancen aus **Rahmen- bzw. Konditionenverträgen**, die nur Preise und Lieferbedingungen, ggf. auch Lieferverpflichtungen, jedoch keine Abnahmepflichten festlegen, die durchsetzbare und damit selbstständig bewertbare Gewinnchance. Mit solchen Verträgen verbundene empirisch begründete Bestellerwartungen sollten daher u.E. nicht zur Anerkennung eines Rahmenvertrages als Vermögenswert führen. Die empirischen Erwartungen speisen sich nicht hauptsächlich aus der Existenz des Rahmenvertrags, sondern aus einer Vielzahl verbundener Faktoren (Qualität und Preis der Produkte, Markenruf), die insgesamt als geschäftswertbildend angesehen werden müssen. Soweit es nach den vorstehenden Überlegungen zum Ansatz von Auftragsbeständen oder Dauervertragsbeziehungen kommt, bereitet die **Ermittlung**

81 Der Begriff der **Kundenliste** (*customer list*) steht für ganz unterschiedliche kundenbezogene Informationen. Neben Adress- und demografischen Daten (Alter, Geschlecht, Familienstand, Beruf etc.) können Kundenlisten auch Informationen über das Kaufverhalten enthalten.
Für die mit einem Unternehmenskauf erworbene Kundenliste ist i.d.R. das rechtlich-vertragliche Ansatzkriterium (Rz 75) nicht einschlägig. Deshalb ist die **Verkehrsfähigkeit**, d.h. die Separierbarkeit des wirtschaftlichen Vorteils durch die Möglichkeit des Verkaufs, der Verpachtung oder des Tauschs, zu prüfen. Hierbei kommt es nicht darauf an, ob die erworbene Kundenliste tatsächlich vom Erwerber weiterveräußert oder verpachtet werden soll. Die abstrakte Möglichkeit einer solchen Transaktion reicht aus. Sie wird in IFRS 3.B33 nur für den Fall verneint, dass eine Überlassung der Kundenliste an andere Unternehmen gesetzlich oder vertraglich ausgeschlossen sei. Ein solcher Ausschluss kann sich z.B. aus **beruflichen Verschwiegenheitspflichten** von Ärzten, Rechtsanwälten, Wirtschaftsprüfern usw. oder allgemein durch Datenschutzbestimmungen ergeben.
Kann die Separierbarkeit bejaht werden, ist gleichwohl noch zu prüfen, ob die Kundenliste einen kontrollierbaren, wahrscheinlichen Nutzen verkörpert. Zwischen **Kontrolle** und **Nutzen** besteht regelmäßig eine **Wechselwirkung**.

> **Beispiel**
> Die Dentalbedarf AG erwirbt ein Unternehmen, das Dentalinstrumente produziert. Mit dem Unternehmen wird auch eine Kundenliste erworben, die beinahe sämtliche deutschen Zahnärzte enthält.
> Die Liste hat keinen besonderen Wert, da sich jedermann mit relativ unbedeutenden Suchkosten Listen von Zahnärzten über Branchen-CDs etc. beschaffen kann. Der niedrige Wert resultiert aus der fehlenden Kontrolle, Dritte von dem Informationsnutzen der Kundenliste auszuschließen.
>
> **Fallvariante**
> Die Liste enthält Angaben, welche Zahnärzte linkshändig sind und deshalb anders geformte und konstruierte Dentalinstrumentarien benötigen. Die Kundenliste bzw. die in ihr enthaltenen Informationen über die Linkshändigkeit sind unter zwei Prämissen werthaltig:
> 1. Der Erwerber – oder ein Dritter, an den die Liste weiterveräußert werden könnte – erwägt die Verwertung der Informationen durch die Produktion spezieller auf linkshändige Zahnärzte zugeschnittener Instrumente.
> 2. Die Information über die Linkshändigkeit von Zahnärzten ist nicht allgemein zugänglich und nur mit hohen Kosten beschaffbar.

82 Ein Ansatz der **Stammkundenbeziehungen** wird in IFRS 3.IE B3 bejaht, da sie das *contractual-legal*-Kriterium erfüllen würden. Diese Feststellung überrascht und offenbart eine Tendenz, das rechtliche Kriterium so weit auszulegen, dass es jeden Gehalts beraubt wird. Zur Begründung führt IFRS 3.IE28 Folgendes an: „*Customer relationships also meet the contractual-legal citerion … when an entity has a practice of establishing contracts with its customers, regardless of whether a contract exists at the date of acquisition.*" Als nichtvertragliche Kundenbeziehungen (*non-contractual*

customer relationships) würde dann nur noch das durch den Standort, den Ruf usw. erreichbare, bisher aber noch nicht mobilisierte Kundenpotenzial gelten.
In latentem Widerspruch zu IFRS 3.IE28 stellt IAS 38.16 allerdings die (nur bei nicht vertraglichen Vermögenswerten zu prüfende) Frage nach der **Separierbarkeit** von Stammkundenbeziehungen und macht sie daran fest, ob derartige Beziehungen auch außerhalb von Unternehmenszusammenschlüssen Gegenstand entgeltlicher Geschäfte sind. Nur durch derartige Transaktionen soll auch die Kontrolle (Verfügungsmacht) belegbar sein.
U. E. sind die Vorgaben in IAS 38 schlüssiger. Danach ist bei Stammkundenbeziehungen zunächst die Verkehrsfähigkeit (Separierbarkeit) zu prüfen: Unter normalen Verhältnissen kann ein Unternehmen seinen Kundenstamm kaum veräußern, verpachten oder in sonstiger Weise einem Dritten überlassen, ohne zugleich seine **operativen Tätigkeiten** im bisherigen Geschäftsfeld **aufzugeben** oder auf Dauer der Überlassung **einzustellen**. Regelmäßig ist daher keine separate Verwertungsmöglichkeit des Kundenstamms gegeben. Eine Aktivierung kommt i. d. R. schon deshalb nicht infrage.
Selbst wenn man die rechtliche Begründung der Stammkundenbeziehungen oder ihre Separierbarkeit bejaht, kann die Aktivierung noch am Fehlen eines adäquaten Modells zur verlässlichen Bewertung scheitern. Jedes **Berechnungsmodell** muss sich hier auf seine **ökonomische Adäquanz** befragen lassen. Bevor die Mathematik des Modells zur Anwendung gelangt, ist zu klären, ob die finanzmathematischen Prozeduren die ökonomischen Inhalte überhaupt angemessen abbilden. U. E. muss deshalb vor der modelltechnischen Berechnung der Kundenbeziehungen das ökonomische Verhältnis der Kundenbeziehungen zum *goodwill*, der Marke oder anderen immateriellen Vermögenswerten qualitativ untersucht werden.

> **Beispiel**
> Erworben wird der Autohandel A. Das erworbene Unternehmen hat zahlreiche Stammkunden. Nach Erfahrungswerten der Vergangenheit werden 60 % der Kunden, die ihren letzten Pkw bei A gekauft haben, dort auch ihren nächsten Pkw kaufen. Mit diesem Verhalten wird auch für die Zukunft gerechnet.

Der ökonomische Wert der Stammkundschaft liegt im erwarteten **Wiederholungsverhalten**. Dieses Wiederholungsverhalten erklärt sich aber aus einer Vielzahl unterschiedlicher Faktoren: Markenstärke, Standort, persönliche Kontakte, Design und Technologie der Produkte spielen eine wichtige Rolle. Unter Rückgriff auf die zivile Rechtsprechung kann man in diesem Zusammenhang von sog. **Sogwirkungen anderer Faktoren** sprechen, die den Wiederholungskauf (mit-)erklären.[22] Der Einfluss der Sogwirkungen ist kaum quantifizierbar. Eine adäquate separate Bewertung der Stammkunden (bzw. der anderen interagierenden Vermögensgegenstände) ist dann nur noch in solchen Fällen möglich, in denen ein Aspekt überragt und daher die anderen als vernachlässigbar anzusehen sind. Solche Prioritätsverhältnisse sind nicht rechnerisch, sondern durch qualitative Vorüberlegungen unter Würdigung des Einzelfalls zu klären.

---

22 Vgl. KÜMMEL, Der Ausgleichsanspruch des Kfz-Vertragshändlers – Berechnung nach der „Münchner Formel", DB 1998, S. 2407 ff.

Sollte die Sogwirkung eines anderen immateriellen Vermögensgegenstandes, insbesondere der Marke, einen überragenden Charakter haben, liegt es nahe, dem Posten Stammkunden keinen selbstständigen Wert zuzurechnen. **Pauschale Urteile** sind bei solchen qualitativen Betrachtungen aber zu vermeiden. Beim Erwerb eines Markenartikelherstellers ist es bspw. nicht von vornherein gerechtfertigt, alles der Marke und nichts dem Kundenstamm oder dem *goodwill* zuzuordnen. Der Markenwert sollte ökonomisch fundiert anhand eines zufließenden Nutzens, z. B. in Form höherer Absatzpreise im Vergleich mit No-Name-Produkten oder Eigenmarken der Handelsketten, ermittelt und nicht vereinfachend durch die Gleichung „Unterschiedsbetrag Kaufpreisallokation = Markenwert" bestimmt werden. Eine solche Gleichung würde zudem übersehen, dass es im Rahmen der Kaufpreisallokation nur **einen** residualen Wert, nämlich den *goodwill* gibt. Seine Berechnung setzt also die vorgängige Bestimmung aller anderen Werte voraus.

Bei der Bestimmung dieser anderen Werte bedarf es fallbezogener **Differenzierungen**:

- Bei **technologisch getriebenen Marken** sind Wiederholungskäufe Folge eines technisch begründeten Qualitätsversprechens, damit einhergehender Innovationskraft, Qualität der Arbeiterschaft und des Marketings etc. und somit untrennbar mit dem Unternehmen und dem Geschäftswert verbunden. Marken- und Stammkundenwert können unter diesen Umständen nicht mehr mit einem ökonomisch adäquat begründeten Bewertungsmodell separiert werden. Sie gehen im *goodwill* auf.
- Marken von Gütern des täglichen Bedarfs enthalten hingegen häufig kein technologisches Qualitäts-, sondern ein **Lifestyle-** oder **Genussversprechen**. In derartigen Fällen kann von einer dominierenden Bedeutung der Marke (gegenüber Stammkundenbeziehung, Know-how etc.) ausgegangen und deren Wert nach dem o. g. ökonomischen Kalkül bestimmt werden.

Die Frage nach der Differenzierung und Trennbarkeit zwischen Kundenstamm und Marke sowie *goodwill* ist u. U. auch abhängig von der Vertriebsstruktur:

- Besteht die Stammkundschaft eines Markenartiklers aus **Handelskonzernen**, kann ein Erhalt der Kundenbeziehung nur insoweit erwartet werden, als die Endverbraucher der Marke treu bleiben. Die Stammkundenbeziehung zum Handelsunternehmen ist nur ein Reflex auf die Wahrnehmung der Marke durch die Endkunden. Das Kontrollkriterium bez. der Endkundenbeziehungen ist aus Sicht des Markenartiklers nicht erfüllt. Die Marke ist dominant und deshalb vorrangig anzusetzen.
- Demgegenüber sind Markenartikler mit **direkten Vertriebskanälen** und direktem Kontakt zu den Endkunden eher in der Lage, diese Beziehungen zu kontrollieren. Eine separate Bewertung der Stammkundenbeziehung kann infrage kommen.

Die vorgenannten Interdependenzen von immateriellen Vermögensgegenständen machen häufig nicht nur eine separate Verwertung, sondern bereits eine separate und adäquate Zeitwertermittlung unmöglich, sodass jedenfalls aus dieser Sicht ein Ansatz scheitern kann.

Im Rahmen einer *Agenda Rejection* (Non-IFRIC) gesteht der IFRIC im Übrigen ein, dass sich aus IFRS 3 nicht klar ergebe, unter welchen Umständen nichtvertragliche Kundenbeziehungen anzusetzen seien.[23]
Sofern Stammkundenbeziehungen nach dem Vorstehenden überhaupt zum Ansatz gelangen können, ist nach IAS 38.16 eine Beschränkung auf die Fälle geboten, in denen ein **Portfolio** von Kunden und damit eine ggf. statistisch fassbare Nutzenerwartung vorliegt. Hieran fehlt es etwa, wenn das erworbene Unternehmen nur einen oder zwei Kunden hat. In anderen Fällen kann eine Zweiteilung des Kundenstamms geboten sein.

> **Beispiel**
> Das erworbene Unternehmen hat 2 Großkunden A und B, die jeweils 25 % des Umsatzes ausmachen, daneben 100 Kleinkunden, die zwischen 0,1 und 1 %, im Mittel mit 0,5 %, zum Umsatz beitragen.
> Die Kleinkunden begründen ein statistisch fassbares Portfolio; nur in Bezug auf sie ist der Ansatz eines Kundenstamms ggf. vertretbar.

2.5.2.5 In process research and development

IAS 38 lässt eine Aktivierung von **originären** Forschungsaufwendungen überhaupt nicht und eine Aktivierung von originärem Entwicklungsaufwand nur unter eingeschränkten Bedingungen zu (→ § 13 Rz 27). Würde man diesen Regeln auch beim Unternehmenserwerb folgen, wären beim Erwerb von forschungsintensiven *start-up*-Unternehmen alle noch im Prozess befindlichen Forschungen und Entwicklungen wertmäßig im *goodwill* zu erfassen. Nach Maßgabe der Einzelerwerbsfiktion ist das Wissen des erworbenen Unternehmens jedoch ein **derivativer Vermögenswert** und daher bei regelmäßig zu bejahender Verkehrsfähigkeit in der Erstkonsolidierung anzusetzen (IFRS.BC149ff. und IFRS 3.IE44).

> **Beispiel**
> U erwirbt das *start-up*-Unternehmen sU. sU beschäftigt sich mit der Entwicklung eines Spracherkennungssystems. In den 2 Jahren seit Bargründung für 10 Mio. EUR sind 8 Mio. EUR für Forschung und 3 Mio. für Entwicklung aufgewendet worden, aus Umsätzen konnte bislang ein Deckungsbeitrag von 1 Mio. erwirtschaftet werden. Da die technische Durchführbarkeit (*technical feasibility*) noch nicht abschließend beurteilt werden kann, werden auch die Entwicklungsaufwendungen bei sU nicht aktiviert (→ § 13 Rz 28).
> U hält die Entwicklung für aussichtsreich und zahlt für sU, deren Bilanz im Übrigen ausgeglichen ist und keine stillen Reserven enthält, einen Preis von 5 Mio. EUR.
> Da die Wahrscheinlichkeit eines Nutzens beim Erwerb nur Bewertungsparameter, nicht aber Ansatzkriterium ist, kann U die im Prozess befindliche Forschung/Entwicklung mit 5 Mio. EUR als separaten immateriellen Vermögenswert ansetzen (IAS 38.42) und darf sie nicht als *goodwill* erfassen.

---

[23] IFRIC, Update März 2009.

> Vorausgesetzt ist, dass sU schon ein *business* darstellt und damit die Regeln der *business combination* überhaupt zur Anwendung gelangen (Rz 15). Im Beispiel ist dies der Fall, da sU schon Umsätze erwirtschaftet. Ohne diese Voraussetzung wäre ein separater Erwerb von Know-how anzunehmen.

Wegen der Ermittlung des *fair value* von in *process research and development* wird auf Rz 237 verwiesen.

2.5.2.6 Vertragliches Wettbewerbsverbot

85 Nach IFRS 3.IE18 ist der durch Einmalzahlung „erworbene" Anspruch auf Unterlassung von Wettbewerb als immaterielles Anlagevermögen zu bilanzieren, sofern es selbstständige Bedeutung hat und nicht im Firmenwert aufgeht. Dies entspricht der herrschenden Auffassung im Handels- und Steuerecht.[24] Die **Vermögenswertqualität** eines vom Firmenwert unterscheidbaren Wettbewerbsverbots wird dabei vorausgesetzt. Irritierend ist, dass demgegenüber der Unterlassungspflichtige nach Rechtsprechung des BFH erhaltene Einmalzahlungen passiv abgrenzen muss bzw. bei laufenden Zahlungen nach den Grundsätzen der Nichtbilanzierung schwebender Verträge keine Schuld zu passivieren hat. Eine solche Ungleichbehandlung beim Berechtigten und Verpflichteten scheint nicht gerechtfertigt:

- Durch die Vereinbarung eines Wettbewerbsverbots verpflichtet sich eine Partei gegenüber einer anderen, in einem sachlich und räumlich bestimmten Geschäftsfeld nicht in Wettbewerb zu treten. Die aus dem Wettbewerbsverbot geschuldete Leistung besteht in einem Unterlassen von Handlungen über einen Zeitraum, der regelmäßig vertraglich, gesetzlich oder durch Richterrecht limitiert und nur ausnahmsweise unbefristet ist. Das Wettbewerbsverbot ist damit zivilrechtlich ein **Dauerschuldverhältnis**, da der Umfang der Leistung (hier des Unterlassens) von der Dauer der Rechtsbeziehung abhängt.
- (Dauerschuld-)Verträge stellen hinsichtlich ihres noch unerfüllten, d.h. **schwebenden Teils** nach IFRS F.91 (ebenso wie nach Handels- und Steuerrecht) bilanzrechtlich regelmäßig **keine Vermögenswerte** dar (→ § 1 Rz 96).
- Im Rahmen eines Unternehmenserwerbs gelten sie nur **ausnahmsweise** insoweit als Vermögenswert, als sich Rechte und Pflichten nicht ausgewogen gegenüberstehen, der ökonomische Saldo also nicht null, sondern „günstig" ist (IFRS 3.IE37) (Rz 86). Eine solche **Günstigkeit** kann bei Vereinbarung anlässlich eines Unternehmenskaufs nicht entstehen, da ein von den Parteien zugrunde gelegter zu niedriger Preis für das Wettbewerbsverbot unbeachtlich, das Gesamtentgelt vielmehr nach objektiven Maßstäben (Zeitwert) aufzuteilen ist. Damit entspricht auch der auf das Wettbewerbsverbot entfallende Teil dem marktkonformen Wert. Es fehlt mithin an dem positiven Saldo, der einen immateriellen Vermögensgegenstand konstituieren würde.

Ohne dass es hierauf noch ankäme, scheitert der Ansatz eines immateriellen Vermögensgegenstandes Wettbewerbsverbot i.d.R. aber auch an der **fehlenden Kontrolle** (Herrschaft) über die aus dem Wettbewerbsverbot resultierenden Gewinnchancen. Mit der Vereinbarung eines Wettbewerbsverbots erhält das berechtigte Unternehmen zwar das Recht zur Einforderung des Unterlassens vom

---

[24] Im Detail LÜDENBACH/VÖLKNER, BB 2008, S. 1662 ff.

verpflichteten Unternehmen. Potenzielles Bilanzierungsobjekt ist jedoch nicht das Recht, sondern der damit verbundene wirtschaftliche Nutzen. Diesen kontrolliert der Anspruchsberechtigte i. d. R. (Ausnahme etwa beim Duopol) nicht.

> **Beispiel**
> Am Marktplatz werden 3 etwa gleich große und gleich umsatzstarke Apotheken von A, B und C betrieben. A veräußert seine Apotheke an X und vereinbart mit diesem ein 5-jähriges Wettbewerbsverbot.
> Die Unterlassungspflicht des A besteht im Beispiel zwar rechtlich nur gegenüber X, allerdings profitieren auch die beiden anderen Marktteilnehmer B und C in jeweils gleicher Weise von dieser Unterlassung durch Sicherung von Marktanteil und Umsatz. In ökonomischer Betrachtung begründet die Wettbewerbsabrede ein Kollektivgut. Verfügungsmacht ist nicht gegeben.

Eine anlässlich eines Unternehmenskaufs als Teil des Kaufpreises oder separat geleistete Einmalzahlung auf ein Wettbewerbsverbot ist daher, wenn ihr ein rechtlich oder wirtschaftlich befristeter Unterlassungsanspruch zukommt, als **Rechnungsabgrenzungsposten** zu aktivieren – **ohne Befristung** u. E. sofort **aufwandswirksam** zu verbuchen.

2.5.2.7 Schwebende Verträge mit Gewinn- oder Verlusterwartung

Schwebende Absatz- oder Beschaffungsverträge können dann einen zu aktivierenden Vermögenswert oder eine zu passivierende Schuld darstellen, wenn die Vertragskonditionen gemessen an Marktwerten
- besonders günstig (*beneficial* oder *favorable contract*) oder
- besonders ungünstig (*unfavorable contract*) sind.

Das günstige Vertragsverhältnis führt nach IFRS 3.B32a und IFRS 3.IE37 zu einem *contract-based intangible asset*.
Ohne an Marktwerten gemessene Günstigkeit der Vertragskonditionen kommt schwebenden Beschaffungsverträgen i. d. R. kein *fair value* zu. Bei schwebenden Absatzverträgen kann dies wegen der erwarteten (marktkonformen) Gewinnmarge anders sein; diese Verträge sind aber ohnehin schon als kundenbezogene Vermögenswerte (Auftragsbestand usw.) zu erfassen (Rz 74 f.).

> **Beispiel**
> Das erworbene Unternehmen ist u. a. in folgenden schwebenden Verträgen engagiert:
> - Dollarterminkauf mit positivem Marktwert.
> - Rohstoffterminkauf mit positivem Marktwert (vereinbarter Preis unter aktuellem Spotpreis).
> - Anmietungsvertrag über ein Gebäude mit einer Miete von 12 EUR pro qm bei einer aktuellen Marktmiete von 20 EUR pro qm bei einer Restlaufzeit von 5 Jahren.
> - Vermietungsvertrag über ein Gebäude mit einer Vertragsmiete von 12 EUR pro qm bei einer Marktmiete von 20 EUR pro qm und einer Restlaufzeit von 5 Jahren.

> - Haustarifvertrag mit Löhnen/Gehältern, die um 20 % unter dem Flächentarifvertrag liegen. Der Vertrag hat eine Restlaufzeit von 2 Jahren.
>
> **Beurteilung**
> - Das **Dollartermingeschäft** war schon beim Veräußerer als Finanzinstrument (Finanzderivat) anzusetzen. Beim Erwerber ergibt sich keine andere Beurteilung.
> - Das **Rohstofftermingeschäft** war beim Veräußerer nur dann anzusetzen, wenn es nicht auf physische Lieferung gerichtet ist (dann Finanzderivat; → § 28). Beim Erwerber erfolgt ein Ansatz auch bei Ziel der physischen Lieferung. Anzusetzen ist der Marktwert.
> - Der **Anmietungsvertrag** ist mit dem Barwert der gegenüber den Marktkonditionen ersparten Miete anzusetzen.
> - Beim **Vermietungsvertrag** ist kein immaterieller Vermögenswert anzusetzen. Eine zu hohe (niedrige) Miete ist vielmehr bei der Bemessung des *fair value* des Gebäudes zu berücksichtigen (IFRS 3.B42).
> - Die **Arbeitsverhältnisse** sind anzusetzen, soweit die Haustarifvereinbarung tatsächlich günstig ist, d. h. der Flächentarif die tatsächlichen Marktverhältnisse widerspiegelt und der Haustarif nicht lediglich eine geringere Produktivität etc. kompensiert.

87 Arbeitsverhältnisse sind anzusetzen, wenn sie *beneficial* bzw. *favorable* sind (IFRS 3.IE37). Unabhängig davon, ob Arbeitsverträge gemessen an den Marktverhältnissen günstig sind, kann ihre Berücksichtigung bei der Bewertung **anderer** immaterieller Vermögenswerte notwendig sein. Bei Anwendung der Residualwertmethode *(multi period excess earnings approach)* sind *capital charges* auf die *fair values* der unterstützenden Vermögenswerte (unabhängig von deren Bilanzierungsfähigkeit) in Abzug zu bringen (Rz 109). Der *fair value* der Arbeitsverhältnisse kann dann opportunitätskostenorientiert (ersparte Einstellungs- und Einarbeitungskosten) bestimmt werden. In der Anwendung des Gedankens der vorteilhaften Verträge ist aber u. E. angesichts vieler Unbestimmtheiten gerade bei Arbeitsverträgen **Zurückhaltung** geboten.

> **Beispiel**
> E erwirbt das in der Region MV liegende Produktionsunternehmen Z, dessen Arbeitsverträge im Durchschnitt Vergütungen deutlich unter dem Tarifniveau vorsehen.
> Bezüglich der Aktivierungsfähigkeit der unter Tarif liegenden Arbeitsverhältnisse sind u. a. folgende Überlegungen anzustellen: Sind die Arbeitsverhältnisse **tatsächlich** noch günstig *(beneficial)*, wenn
> - in der Region MV zahlreiche Unternehmen unter Tarif bezahlen,
> - das erworbene Unternehmen zwar unter Tarif zahlt, dafür aber auch die Produktivität der Arbeiter wegen unzureichender Sachkapitalausstattung unterdurchschnittlich ist,
> - zwar der einzelne oder alle Arbeitnehmer des erworbenen Unternehmens unter Tarif bezahlt werden, aber das Unternehmen insgesamt einen Überbestand an Arbeitskräften hat?

Das Beispiel legt einige grundlegende Probleme offen, die sich bei Arbeitsverhältnissen besonders deutlich zeigen, jedoch auch in anderen Fällen bei der Identifizierung und Bewertung der günstigen Vertragsverhältnisse zu Unsicherheiten führen können:

- Im Ausgangsfall (auch andere Unternehmen zahlen unter Tarif) geht es um die Bestimmung der Nulllinie. Nur bei standardisiert und überregional gehandelten Vertragsobjekten ist diese Aufgabe einfach. In anderen Fällen kann ermessensabhängig sein, welcher der für den Vergleich relevante geografische und sachliche Markt ist.
- Im zweiten Fall (unterdurchschnittliche Bezahlung entspricht durch mangelnde Sachkapitalausstattung verursachter unterdurchschnittlicher Produktivität) geht es um den Saldierungsbereich für die Beurteilung der Günstigkeit, speziell um das Vertragssynallagma.[25] Unklar ist, ob ein Vertrag günstig ist, wenn zwar die Preise des Leistungsaustauschverhältnisses in isolierter Betrachtung angemessen sind, dem unterdurchschnittlichen Entgelt also eine unterdurchschnittliche Gegenleistung entspricht, die Ursache für die unterdurchschnittliche Gegenleistung aber nicht beim Vertragspartner liegt, sondern z. B. bei der eigenen Sachkapitalausstattung.
- Im letzten Fall (günstige Einzelverträge bei insgesamt gegebenem Überbestand an Arbeitskräften) geht es um die Frage der Einzel- oder Gesamtbewertung. Es erscheint kaum sachgerecht, in einzelvertraglicher Perspektive günstige Arbeitsverhältnisse zu aktivieren und gleichzeitig oder zeitversetzt aus der Gesamtperspektive Rückstellungen für notwendige Auflösungen von Arbeitsverhältnissen zu bilden.

Der Rechnungslegungspraxis werden mit der Kategorie der **günstigen** Verträge **schwer lösbare** Aufgaben gestellt. Für jedes Vertragsverhältnis müsste eine Bewertung zu Marktpreisen durchgeführt werden. Die Kaufpreisallokation würde zu atomisierten Werten führen. U. E. ist es daher sachgerecht, den Ansatz von *beneficial* und *unfavorable contracts* auf die wenigen Fälle zu beschränken, in denen es um große Vertragsvolumina, erhebliche Restlaufzeiten sowie deutliche und klar zu belegende, überdies unkompensierte Abweichungen zwischen Markt- und Vertragskondition geht.

Das (gemessen am Markt) **ungünstige** Vertragsverhältnis *(unfavorable contract)* führt nach allgemeinen Grundsätzen schon beim erworbenen Unternehmen zu einer Rückstellung, wenn er zugleich ein **belastender Vertrag** (*onerous contract*) ist, aus dem ein Verlust droht (→ § 21). Der Begriff des *unfavorable contract* stellt jedoch auf eine an Marktverhältnissen gemessene ökonomische Unvorteilhaftigkeit ab, mit der nicht notwendig auch ein Verlust i.S.d. Rechnungslegung einhergehen muss. Zwischen der an Marktverhältnissen und der an Unternehmensverhältnissen gemessenen Vorteilhaftigkeit ergibt sich keine zwangsläufige Parallelität. Vielmehr bestehen folgende Differenzierungsmöglichkeiten für die Erstkonsolidierung:

---

25 Grundlegend hierzu auch HERZIG, ZfB 1988, S. 212, mit Differenzierung zwischen weiterem bilanzrechtlichen Saldierungsbereich und engerem zivilrechtlichen Saldierungsbereich (Vertragssynalagma).

Marktvergleich Vergleich Ertrag/Aufwand	ungünstig	neutral	günstig
belastend	passivieren	passivieren	passivieren; fraglich, ob daneben Aktivum
nicht belastend	passivieren	kein Ansatz	als günstiger Vertrag zu aktivieren

In diesem Raster sind vor allem 3 Konstellationen von systematischem Interesse:
- bereits beim erworbenen Unternehmen passivierte belastende Verträge, die gemessen am Markt neutral oder ungünstig sind;
- nicht belastende Verträge, die aber gemessen am Markt ungünstig sind;
- belastende Verträge, die gemessen am Markt günstig sind.

In der ersten Konstellation hat das erworbene Unternehmen bereits eine Rückstellung gebildet. Diese ist im Wesentlichen zu übernehmen.

Beispiel
Das erworbene Unternehmen TU handelt mit Rohstoffen, die es in großen Partien erwirbt und in kleinen Partien mit einem Aufschlag von 5 EUR je kg weiterveräußert. Zum Erwerbsstichtag existieren Verkaufsverträge mit A über einen Preis von 20 EUR je kg und mit B zu einem Preis von 22 EUR je kg. TU muss die Rohstoffe noch beschaffen. Nach den aktuellen Verhältnissen des Beschaffungsmarktes werden die Einstandskosten 22 EUR je kg betragen. Nach den aktuellen Verhältnissen des Absatzmarktes wären sie für 27 EUR je kg veräußerungsfähig.
Das erworbene Unternehmen hat das mit einem Verlustrisiko behaftete schwebende Geschäft aus belastenden Verträgen gem. IAS 37.66ff. (→ § 21 Rz 55) bereits im Einzelabschluss zu berücksichtigen. Drohverlustrückstellungen sind im Rahmen der Erstkonsolidierung vom Erwerber mit dem Barwert des aus der Abwicklung drohenden Verpflichtungsüberschusses anzusetzen. Der Barwert des Verpflichtungsüberschusses wird durch die bestmögliche Schätzung der zur Erfüllung notwendigen Ausgaben bestimmt. Bei Ausblendung der Marktverhältnisse entspricht der Ansatz beim Erwerber zunächst dem des erworbenen Unternehmens:
- Im Fall A: Einstandskosten 22 EUR je kg, Veräußerungspreis 20 EUR je kg, wären 2 EUR je kg bereits beim erworbenen Unternehmen zurückzustellen und so vom Erwerber zu übernehmen.
- Im Fall B: Einstandskosten 22 EUR je kg, Veräußerungspreis 22 EUR je kg, entsteht kein Verpflichtungsüberschuss. Ein belastender Vertrag liegt nicht vor. Ein Ansatz unterbleibt beim erworbenen Unternehmen.

Die zweite Konstellation tritt etwa auf, wenn ein Unternehmen die Verpflichtung hat, Waren zu einem unter dem aktuellen Marktwert liegenden Preis zu verkaufen, der Preis aber andererseits gerade noch kostendeckend ist. Es liegt nur

Unternehmenszusammenschlüsse § 31

ein *unfavorable* und kein *onerous contract* vor. Das veräußerte Unternehmen bildet daher keine Rückstellung. Beim **Erwerber** ist unter *fair-value*-Gesichtspunkten eine andere Bewertung erforderlich und u.e. auch in Fällen ohne drohenden Verlust eine Passivierung geboten (IFRS 3.IE34).

> **Beispiel**
> Das erworbene Unternehmen TU ist Mieter aus 2 langfristigen Büromietverträgen über gleiche Flächen und gleiche Restlaufzeiten. Die aktuelle Marktmiete für den Abschluss eines Mietvertrages mit gleicher Restlaufzeit beträgt 25 EUR/qm. Die tatsächlichen über die Restlaufzeit festgeschriebenen Mieten sind
> * 15 EUR/qm für den Vertrag A und
> * 35 EUR/qm für den Vertrag B.
>
> Vertrag A ist *favorable*. Ein immaterieller Vermögenswert ist anzusetzen und über die Laufzeit des Vertrages abzuschreiben. Unter Vernachlässigung der Verzinsung entspricht die in der Konzern-GuV anzusetzende Summe aus jährlicher Vertragsmiete und jährlicher Abschreibung der jährlichen Marktmiete. Vertrag B ist aus der Perspektive der TU nicht (oder nur unter besonderen Bedingungen: z.b. Untervermietung für 25 EUR/qm) *onerous*. Aus Sicht von MU ist der Vertrag aber *unfavorable*. Bei sachgerechter Anwendung des *fair-value*-Prinzips auf schwebende Verträge muss daher analog zur Aktivierung von Vertrag A (positiver *fair value*) eine Passivierung von Vertrag B (negativer *fair value*) erfolgen. Dieser Passivposten ist im Zeitablauf aufwandsmindernd aufzulösen; nur so wird auch aus Vertrag B in der Konzern-GuV in Summe ein Aufwand i.H.d. Marktmiete angesetzt.

Der Ansatz einer Schuld aus ungünstigen Vertragsverhältnissen ist in IFRS 3.IE34 explizit vorgesehen.

Bei der Folgekonsolidierung darf dann allerdings nicht zu den Normalregeln von IAS 37 (Passivierung von Dauerschuldverhältnissen nur bei *onerous contracts)* gewechselt werden, da der Passivposten sonst sogleich in vollem Umfang ertragswirksam aufzulösen wäre; die Auflösung muss vielmehr laufzeitgerecht erfolgen. Ein potenzieller **Konflikt** zwischen der Aktivierungspflicht günstiger Verträge und der Passivierungspflicht belastender Verträge entsteht, wenn ein Vertragsverhältnis gemessen am Markt vorteilhaft, d.h. günstig, andererseits gemessen an den Erfüllungskosten aber unvorteilhaft, d.h. belastend ist. In vielen Fällen kann der Konflikt durch eine **zusammenfassende** Betrachtung zweier Vertragsverhältnisse (Beschaffungs- und Absatzvertrag) gelöst werden.

> **Beispiel**
> Das erworbene Unternehmen TU hat vor 15 Jahren in einer Hochmietphase ein Gebäude für 30 EUR/qm langfristig von A angemietet und für 35 EUR/qm weitervermietet. Der ursprüngliche Mieter ist vor 5 Jahren insolvent geworden. Eine Neuvermietung an B gelang nur für 25 EUR/qm. Nach den Verhältnissen des Erwerbsstichtags wären nur noch 20 EUR/qm zu erzielen (bei marktkonformen 15 EUR/qm für die Anmietung und entsprechend einem Gewinnaufschlag von 5 EUR/qm).
> Der Mietvertrag mit B ist gemessen an heutigen Vertragsverhältnissen günstig und insoweit als immaterieller Vermögenswert zu aktivieren. Gleichzeitig scheint das Vertragsverhältnis aber belastend, da die Mieteinnahmen unter den Miet-

2029

ausgaben liegen. Insoweit würde ein günstiger, zugleich aber belastender Vertrag, also ein immaterieller Vermögenswert, zugleich aber auch eine Schuld vorliegen. Bei zweiter Betrachtung löst sich der potenzielle Konflikt auf. Der Vermietungsvertrag mit B ist günstig. Belastend ist er nur unter Ausdehnung der Betrachtung auf den Anmietungsvertrag. In zusammengefasster Betrachtung ergibt sich aus beiden Verträgen ein Verpflichtungsüberschuss. Die Ursache hierfür liegt aber nicht im Vermietungsvertrag, sondern im Anmietungsvertrag. Zwei Lösungen sind deshalb diskussionswürdig:
- Passivierung des ungünstigen Anmietungsvertrags auf Basis der negativen Mietdifferenz von − 35 EUR − (−15 EUR) = − 20 EUR, Aktivierung des Vermietungsvertrags auf Basis der positiven Mietdifferenz von +25 EUR −20 EUR = +5 EUR, in der Gesamtschau des Nettovermögenseffekts beider Posten also Berücksichtigung einer negativen Differenz von −15 EUR.
- Passivierung auf Basis des negativen Saldos aus der Zusammenfassung beider Verträge, d. h. Ansatz eines Passivpostens auf Basis einer negativen Differenz von + 25 EUR − 35 EUR = −10 EUR.

Die erste Lösung führt in der Gesamtschau zu einem um 5 EUR schlechteren Ergebnis als die zweite Lösung. Ursächlich ist der durchschnittliche Gewinnaufschlag. Er wird in der zweiten Lösung still verrechnet. Die zweite Lösung kann sich darauf berufen, dass nur der Ansatz belastender Verträge, d. h. eines Verpflichtungsüberschusses aus Beschaffungs- und Absatzpreis, explizit vorgesehen ist. Für die erste Lösung spricht die systematische Gleichbehandlung zu günstigen Verträgen.

Unterhält das erworbene Unternehmen ein umfangreiches **Portfolio** gleichartiger Dauerschuldverhältnisse (etwa Mietverträge über eine Vielzahl von Verkaufsfilialen), wird regelmäßig ein Teil der Verträge günstig, ein anderer Teil ungünstig sein. U. E. ist es in derartigen Fällen vertretbar, auf eine Einzelbewertung zu verzichten und je nach Gesamtsaldo einen immateriellen Vermögenswert oder eine Schuld auszuweisen.

89 Fraglich ist, ob im Rahmen der Kaufpreisallokation neben schwebenden Geschäften des erworbenen Unternehmens auch **sonstige Rechtsverhältnisse** (z. B. behördliche Genehmigungen, die so heute nicht mehr erteilt würden, aber wegen Bestandsschutz fortgelten) auf ihre Günstigkeit zu beurteilen und ggf. anzusetzen sind.

Gegen die Berücksichtigung sonstiger Rechtsverhältnisse beim Unternehmenserwerb spricht der Zweck der Kaufpreisallokationsregeln von IFRS 3. Im *goodwill* werden die vom Erwerber mit einem Preis belegten zukünftigen Erträge erfasst, die nicht identifizierbar sind.[26] Hauptsächlich geht es um Synergien,[27] die entweder schon beim Zielobjekt vorhanden sind oder beim Erwerber erwartet werden (IFRS 3.BC130b). Die Möglichkeit der besseren Nutzung vorhandener Vermögenswerte aufgrund günstiger rechtlicher Bedingungen ist nicht Teil des *fair value* dieser einzelnen Vermögenswerte, sondern *going concern goodwill* i. S. v. IFRS 3.BC130a und deshalb nicht separat zu erfassen.

---

[26] Vgl. zur differenzierten Darstellung der ökonomischen Bestandteile des Geschäfts- oder Firmenwertes SELLHORN, DB 2000, S. 885–892.
[27] Vgl. HACHMEISTER/KUNATH, KoR 2005, S. 64 f.

Diese Argumentation wird unterstützt durch Kosten-Nutzen-Überlegungen: Dem hohen Aufwand, der Identifizierung und der Bewertung schwebender Rechtsverhältnisse wird angesichts der vielen Ermessensprobleme häufig kein angemessener Informationswert gegenüberstehen.

2.5.2.8 Rückerworbene Rechte

Hinsichtlich rückerworbener Rechte (*reacquired rights*) wird auf Rz 119 verwiesen. 90

2.5.3 Risikofreistellungsansprüche (*indemnification assets*)

IFRS 3.27 schreibt die Aktivierung von sog. Vermögenswerten für Entschädigungsleistungen *(indemnification assets)* im Rahmen der Erstkonsolidierung vor. Ein wichtiger Anwendungsfall sind Schuldfreistellungen, nach denen der Veräußerer beim Eintritt bestimmter Belastungen Entschädigungen verspricht. Der Rückgriffsanspruch ist bei voller Freistellung und unzweifelhafter Bonität des Freistellungsschuldners mit dem Wert zu aktivieren, mit dem das abgesicherte Risiko passiviert wird, bei partieller Freistellung mit einem entsprechenden Anteil. Auch die Fortschreibung erfolgt kongruent zur Fortschreibung des Passivpostens (IFRS 3.57). Wegen Beispielen wird auf Rz 66 und Rz 116 sowie insb. auf Rz 150 verwiesen, wegen der Abgrenzung zu ungewissen Kaufpreisbestandteilen auf Rz 66. 91

2.5.4 Abgrenzungsposten für Erlöse und Investitionszuwendungen

Keine besonderen Bestimmungen enthält IFRS 3 zum Ansatz und zur Wertermittlung bei passiven **Abgrenzungsposten** (*deferred income*). Soweit es um **Erlösabgrenzungen** geht, wird man analog den amerikanischen Regelungen in EITF *Issue* 01–3 *„Accounting in a Purchase Business Combination for Deferred Revenue of an Acquiree"* unterscheiden müssen, ob der Posten nur **technischen** Charakter hat (Periodenabgrenzung) oder tatsächlich eine **Schuld** repräsentiert. Hierzu folgendes Beispiel (→ § 25 Rz 56): 92

> **Beispiel**
> Ein Mobilfunkunternehmen vereinnahmt bei Abschluss von Neuverträgen mit Post-paid-Kunden eine Aktivierungsgebühr. Diese ist im Falle der Vertragsbeendigung, z.B. durch Tod des Kunden, nicht rückzahlbar. Weiterhin vertreibt das Unternehmen Prepaid-Karten, die den Kunden ein Gesprächsguthaben gewähren.
> Die Erlöse werden nicht sofort realisiert, sondern über durchschnittliche Vertragsdauern abgegrenzt. Die *fair-value*-Beurteilung fällt wie folgt aus:
> - Die Aktivierungsgebühren sind nicht rückzahlbar. Der diesbezügliche Abgrenzungsposten hat nach geltendem IAS 18 (anders nach IFRS 15) keinen Schuldcharakter. Der *fair value* ist null.
> - Die Prepaid-Gebühren haben Schuldcharakter. Das Unternehmen schuldet ein bestimmtes Gesprächsguthaben. Die Kosten der Erfüllung dieser Schuld sowie – nach EITF Issue 01-3 – ein Gewinnaufschlag ergeben den *fair value* dieses Schuldpostens.

Hat der Veräußerer **Investitionszuschüsse oder -zulagen** für Anlagevermögen erhalten, waren diese wahlweise von den Anschaffungskosten des Anlagevermögens abzuziehen oder als passiver Abgrenzungsposten darzustellen und über die Laufzeit zu verteilen (IAS 20.24; → § 12 Rz 25). Für den Erwerber spielen die

Anschaffungskosten und Buchwerte des Veräußerers und damit auch deren Minderung durch Investitionszuwendungen unabhängig davon keine Rolle, ob die Minderung beim Erwerber aktivisch oder passivisch ausgewiesen wurde. Der Erwerber hat den **Zeitwert** der Anlagen zu aktivieren. Dieser kann durch Investitionszuwendungen **beeinflusst** sein, z.B. wenn der Erwerber und andere Unternehmen ebenfalls eine Investitionsförderung für gleichartiges Anlagevermögen erhalten würden (→ § 12 Rz 29).

> **Beispiel**
> U erwirbt am 2.1.02 die TU. TU hat am 31.12.01 ein Gebäude für 100 (brutto) hergestellt. Die Herstellung wird mit 30 bezuschusst. Die Nettoherstellungskosten betragen daher 70. Der Zuschuss ist bereits geflossen.
> - Variante 1: Die Anschaffung gebrauchter Gebäude wird nicht bezuschusst.
> - Variante 2: Auch für die Anschaffung gebrauchter Gebäude kann ein Zuschuss von 30 % beansprucht werden.
>
> **Beurteilung**
> In Variante 1 wird, rationales Handeln unterstellt, der Marktpreis gerade in Betrieb genommener, rechtlich aber als gebraucht geltender Gebäude um 30 % unter dem für rechtlich als neu geltenden liegen. Das Gebäude ist mit 70 anzusetzen.
> In Variante 2 ist das Gebäude mit 100 anzusetzen.

Ein eventueller Zusammenhang des *fair value* mit dem passivierten, noch nicht aufgelösten Betrag des Veräußerers ist unsystematisch. Insoweit besteht kein Bedarf für die Fortführung entsprechender Posten.
Durch den Erwerb kann es jedoch zu Rückzahlungsverpflichtungen kommen (→ § 12 Rz 33), z.B. weil das Anlagegut in eine andere Betriebsstätte versetzt wird oder weil nunmehr Unternehmensgrößenkriterien überschritten werden. Soweit der Erwerber die Rückzahlungsverpflichtung übernimmt, ist deren Ansatz u.E. trotz der restriktiven Vorschriften von IFRS 3 zu den Restrukturierungsrückstellungen (Rz 94) geboten.

2.5.5 Eventualschulden

93 Nach IFRS 3.23 kommt es bei **Eventualschulden** (*contingent liabilities*) nicht auf die Wahrscheinlichkeit eines Ressourcenabflusses bzw. -zuflusses an. Die Wahrscheinlichkeit ist hier
- „nur" Bewertungsparameter,
- kein Ansatzkriterium.

Im Kern geht es darum, dass eine mögliche Belastung **unterhalb der Ansatzschwelle** für Rückstellungen (→ § 21 Rz 123) gleichwohl bei der Kaufpreisfindung Berücksichtigung finden kann und damit auch in die Kaufpreisallokation eingehen soll. Hierzu folgendes Beispiel:

> **Beispiel**
> K erwirbt das Unternehmen V. V ist Beklagter in einem Produkthaftungsprozess über 10 Mio. EUR. Eine Verurteilung ist möglich, aber nicht wahrscheinlich. Bei der Kaufpreisverhandlung werden 2 Alternativen diskutiert:

Unternehmenszusammenschlüsse § 31

- Die Veräußerer der V stellen K vom Risiko frei.
- Keine Freistellung, dafür ein Abschlag von 2 Mio. EUR auf den Kaufpreis.
- Die zweite Variante wird schließlich vereinbart.
- In der Einzelbilanz des V ist keine Rückstellung anzusetzen, da eine Inanspruchnahme nicht „more likely than not" ist.
- In der (Konzern-)Bilanz des Erwerbers ist der *fair value* der Eventualschuld (2 Mio. EUR) anzusetzen. Die geringe Wahrscheinlichkeit hat in der Wertbemessung Berücksichtigung gefunden, indem statt der Klagesumme, d. h. des möglichen Erfüllungsbetrags, von 10 Mio. EUR nur der *fair value* von 2 Mio. EUR angesetzt wird.
  Zur Fortschreibung der Eventualschuld wird auf Rz 149 verwiesen.

2.5.6 Restrukturierungsrückstellungen

Gem. IFRS 3.10 ff. sind Schulden, die sich erst aus Absichten und Handlungen des Erwerbers ergeben, insbesondere Schulden (Rückstellungen) für zukünftige Verluste und Aufwendungen (→ § 21 Rz 94 ff.), **nicht anzusetzen**.
Ein besonderer Anwendungsfall sind Restrukturierungsrückstellungen. Sie dürfen nur dann im Rahmen der Erstkonsolidierung angesetzt werden, wenn sie bereits beim **Veräußerer** gebildet werden konnten, d. h. bereits eine (faktische) Schuld vorlag (IFRS 3.11). Diese Schuld des Veräußerers wird nach allgemeinen Erstkonsolidierungsgrundsätzen übernommen, d. h. **erfolgsneutral** angesetzt.
Fraglich ist, ob die Restrukturierungen über die **Umdeutung** in eine **Eventualschuld** im Einzelfall zum Bilanzansatz kommen können.

94

> **Beispiel**
> Am 2.4.03 erwirbt MU die TU. Die TU hat in den letzten 2 Jahren nur rote Zahlen geschrieben. Die Notwendigkeit einer Restrukturierung ist daher längst erkannt. Der bisherige Anteilseigner war kurzfristig nicht bereit, der TU die dafür erforderlichen finanziellen Mittel zur Verfügung zu stellen. Zur Aufstellung und Bekanntgabe eines detaillierten Plans ist es daher bisher nicht gekommen. Alle Betroffenen (Betriebsrat usw.) wussten aber längst, dass eine Restrukturierung ohne Alternative und entweder vom alten oder von einem neuen Anteilseigner vorzunehmen ist.

Restrukturierungsmaßnahmen, deren Notwendigkeit schon vor dem Unternehmenserwerb gegeben war, die aber die Voraussetzungen für den Ansatz bei erworbenen Unternehmen nicht erfüllen, sind i. d. R. auch als Eventualschuld nicht ansetzbar. Als Eventualschuld definiert IFRS 3.40 Schulden unterhalb der für Rückstellungen verlangten Wahrscheinlichkeitsschwelle von 50 % (→ § 21 Rz 119). Die **Wahrscheinlichkeit** stellt aber in Fällen, in denen die Notwendigkeit einer Restrukturierung offensichtlich ist, **nicht das Problem** dar. Sie ist hoch genug für eine Rückstellung. Fraglich ist vielmehr der für Schulden und Eventualschulden konstitutive Außenverpflichtungscharakter. Er ist nach IAS 37 bei Restrukturierung nur über die Rechtsfigur der faktischen Verpflichtung (*constructive obligation*; → § 21 Rz 25) zu begründen. Eine solche **faktische Verpflichtung** darf nach IAS 37.72 ff. aber so lange nicht angenommen werden, wie kein detaillierter Plan an die Betroffenen bekannt gegeben wurde (→ § 21 Rz 94). Mit Erfüllung dieser Voraussetzungen liegt eine Restrukturierungsrückstellung vor, **ohne** fehlt es überhaupt am Verpflichtungscharakter, sodass in bilanzrechtlicher Perspektive weder eine Schuld noch eine Eventualschuld infrage kommt.

2.5.7 Rückbau- und ähnliche Verpflichtungen aus erworbenen Vermögenswerten

95 Durch den Unternehmenserwerb erworbene Vermögenswerte können mit Verpflichtungen zu **Rückbau, Rekultivierung, Dekontaminierung** u. Ä. verbunden sein. Fraglich ist dann, ob eine **Bilanzierungseinheit** anzunehmen ist.

> **Beispiel**
> MU erwirbt TU. Ein wesentlicher Vermögenswert der TU ist ein Kiesabbaurecht. Es besteht eine Pflicht zur Rekultivierung nach Beendigung des Kiesabbaus. TU hat in seiner Einzelbilanz nach Maßgabe des Abbaufortschritts eine Rückstellung für die Rekultivierung angesammelt (→ § 21 Rz 80).

Hinsichtlich der Bilanzierung beim erwerbenden Unternehmen sind zwei Varianten diskussionswürdig:
- **Bruttomethode:** Der Vermögenswert (im Beispiel das Abbaurecht) wird mit dem Wert aktiviert, der sich ohne Reduktion um die aufgelaufene Rekultivierungsverpflichtung ergibt. Im Gegenzug wird die Verpflichtung mit ihrem Zeitwert passiviert.
- **Nettomethode:** Der Vermögenswert wird mit seinem Nettowert aktiviert. Ein Passivposten wird nicht angesetzt.

Für die Nettomethode spricht die Analogie zu IFRS 3.B42 f. Danach gilt für den Ansatz im *operating lease* vermieteter Gegenstände bei der Erstkonsolidierung:
- Eine Belastung des Objekts in der Weise, dass über eine längere vertragliche Restdauer nur eine Miete unterhalb des Marktpreises zu erzielen ist, wird nicht separat als Rückstellung erfasst,
- sondern bei der Bewertung des Vermögenswertes, indem dieser für die Dauer der Vertragsbindung auf Basis der vertraglich erzielbaren Erträge und erst für den Anschlusszeitraum nach bester Vermietung (*highest and best use*) bewertet wird.

2.5.8 Umklassifizierung von Leasingverhältnissen

96 Das erworbene Unternehmen hat, soweit es selbst nach IFRS bilanziert, bestimmte Vertragsverhältnisse freiwillig oder pflichtweise bei seiner **Begründung** klassifiziert, etwa
- **Leasingverhältnisse** als *operating* oder *finance lease* (→ § 15 Rz 19),
- **Finanzderivate** als Sicherungsinstrumente *(hedge accounting)* oder Spekulationsobjekte (→ § 28 Rz 20).

Umklassifizierungen zu späteren Zeitpunkten sind z. T. nur unter sehr restriktiven Bedingungen möglich (etwa bei Leasing; → § 15 Rz 90ff.) oder in ihrer Rechtswirkung beschränkt (→ § 28). Fraglich ist daher, ob der Erwerber an fehlerfreie Klassifizierungen des erworbenen Unternehmens gebunden ist. Für **Finanzinstrumente** und **Sicherungsbeziehungen** ist eine solche **Bindung** zu **verneinen**, da die einschlägigen Vor-

schriften von IAS 39 bzw. IFRS 9 auf Verwendungsabsichten abstellen und dies nur die Absichten des Bilanzierungssubjekts, also des erwerbenden Konzerns, am Erwerbsstichtag sein können (IFRS 3.16a).[28]
Für die Klassifizierung von Leasingverhältnissen ist nach IFRS 3.26a auf den **Vertragsbeginn**, nicht auf den Erstkonsolidierungszeitpunkt abzustellen. Dies impliziert jedoch keine automatische Übernahme der Klassifizierungen des erworbenen Unternehmens. Soweit die Klassifizierungskriterien von IAS 17 **auslegungsbedürftig** sind, hat diese Auslegung nach IFRS 10.B87 **konzerneinheitlich** zu erfolgen. Im Gegensatz zu den Konzernbilanzierungsrichtlinien des erwerbenden Unternehmens stehende Auslegungen des erworbenen Unternehmens können daher nicht fortgeführt werden.

97

> **Beispiel**
> Das Leasingobjekt hatte bei Beginn des Leasingvertrags eine Nutzungsdauer von 20 Jahren, der Leasingvertrag eine Dauer von 17 Jahren.
> Das erworbene Unternehmen hat das Vertragsdauerkriterium von IAS 17.10c *(major part of the lifetime)* als 75-%-Grenze interpretiert (→ § 15 Rz 38) und demzufolge bei 17/20 = 85 % einen *finance lease* angenommen.
> Die Konzernrichtlinie des erwerbenden Konzerns interpretiert *major part* hingegen als 90 %, sodass aus dieser Sicht ein *operating lease* vorläge.
>
> **Beurteilung**
> Die in IFRS 10.B87 geforderte Einheitlichkeit der Bilanzierungsmethoden im Konzern betrifft auch die Auslegung unbestimmter Rechtsbegriffe. Im Konzernabschluss ist daher ein *operating lease* anzunehmen.

Soweit zwischen Erwerber und erworbenem Unternehmen keine Divergenzen in der Auslegung der Kriterien von IAS 17 bestehen und die bisherige Klassifizierung nicht fehlerhaft war, bleibt es bei ihr. Eine Neuklassifizierung, die etwa beim Vertragsdauerkriterium auf Restvertragsdauer und Restnutzungsdauer ab Erstkonsolidierungszeitpunkt abstellen würde, widerspräche der Anforderung von IAS 17, Beurteilungen des wirtschaftlichen Eigentums auf den **Vertragsbeginn** vorzunehmen (→ § 15 Rz 19).

Unabhängig von der (Neu-)Klassifizierung stellt sich die Frage, mit welchem **Wert** das Leasingverhältnis zu erfassen ist. Bei **Leasingnehmer-Eigenschaft** des übernommenen Unternehmens ergibt sich Folgendes:

98

- *Operating leases* des erworbenen Unternehmens führen zur Aktivierung eines Vermögenswerts oder zur Passivierung einer Schuld i. H. d. *fair value*, wenn die Vertragskonditionen des Leasingverhältnisses gemessen an Marktwerten besonders günstig *(favorable)* oder ungünstig *(unfavorable)* sind. Außerdem kann eine Drohverlustrückstellung infrage kommen, wenn schon das erworbene Unternehmen das Objekt tatsächlich nicht mehr nutzte.
- Bei finance lease sind Leasingobjekt und -verbindlichkeit zum beizulegenden Zeitwert im Zeitpunkt der Kontrollerlangung (= Erstkonsolidierungsstichtag; Rz 28) zu bewerten. Bilanzansatz von Leasingobjekt und Leasingverbindlichkeit stimmen nur im Falle der Neuklassifizierung bei Kontrollerlangung überein.

---

[28] KPMG, Insights into IFRS, 2014/2015, Tz. 2.6.580.10f.

Ist das erworbene Unternehmen **Leasinggeber** eines *operating lease*, erfolgt im Rahmen der Kaufpreisallokation eine Bewertung des Leasingobjekts zum beizulegenden Zeitwert. Bei Vorliegen eines *finance lease* ist die Leasingforderung zum *fair value* zu bewerten.

2.6 Bewertung der erworbenen Vermögenswerte und Schulden

2.6.1 Fair value und weitere Bewertungsmaßstäbe

99 Allgemeiner **Bewertungsmaßstab** der im Rahmen eines Unternehmenserwerbs zugehenden Vermögenswerte und Schulden ist der *fair value* (IFRS 3.18). **Besonderheiten** bestehen für
- latente Steuern (Rz 113),
- Risikofreistellungsansprüche (*indemnification assets;* Rz 91),
- Pensionsverpflichtungen, die nach IAS 19 anzusetzen und zu bewerten sind (IFRS 3.26) (Rz 100),
- zur Veräußerung bestimmte langfristige Vermögegenswerte (*non-current assets held for sale*; → § 29).

100 Bei dem Zugang von **Pensionsverpflichtungen** im *asset deal*[29] besteht noch folgende rechtliche Besonderheit:
- Verpflichtungen aus zum Zeitpunkt des Betriebsübergangs bestehenden Arbeitsverhältnissen gehen nach § 613a BGB auf den Erwerber über.
- Verpflichtungen gegenüber ehemaligen Arbeitnehmern (Pensionäre sowie Ausgeschiedene mit unverfallbaren Ansprüchen) bleiben gesetzlich zwingend im Außenverhältnis beim Verkäufer. Der Käufer kann lediglich im Innenverhältnis die Übernahme der Verpflichtungen erklären (Erfüllungsübernahme). Der Kaufvertrag begründet dann eine Freistellungsverpflichtung gegenüber dem Verkäufer.

Nur für den ersten Fall ist IFRS 3.26 und damit die Berechnung nach IAS 19 maßgeblich. Die Freistellungsverpflichtung unterliegt hingegen schon deshalb nicht IAS 19, weil sie nicht gegenüber den ehemaligen Arbeitnehmern, sondern gegenüber dem Unternehmensverkäufer besteht. Sie betrifft in der Terminologie von IFRS 3.18 deshalb nicht übernommene bzw. vom Veräußerer auf den Erwerber übergehende Schulden gegenüber Dritten. Vielmehr handelt es sich um eine Schuld des Erwerbers gegenüber dem Veräußerer, die erst durch den Kaufvertrag begründet wurde. Die Freistellungsverpflichtung stellt eine finanzielle Verbindlichkeit i.S. von IAS 32 dar.

Wie der eigentliche Kaufpreis, ist die Freistellung gem. IFRS 3.37 Gegenleistung für den Erwerb des Geschäftsbetriebs. Da die Gegenleistung der Höhe nach von zukünftigen, ungewissen Ereignissen (etwa der Lebensdauer der Begünstigten) abhängt, handelt es sich um eine bedingte Gegenleistung (IFRS 3.A). Derartige Leistungen sind bei der „Erstkonsolidierung" mit dem *fair value* zu erfassen (IFRS 3.39) und, sofern sie nicht in Gewährung von Eigenkapitalinstrumenten bestehen (hier nicht einschlägig), als finanzielle Verbindlichkeit zu passivieren (IFRS 3.40). Bei der Folgekonsolidierung ist ebenfalls der *fair value* maßgeblich (IFRS 3.58b).

---

[29] Vgl. Lüdenbach, PiR 2014, S. 127.

2.6.2 Bewertungstechniken

Der *fair value* (beizulegende Zeitwert) eines Vermögenswertes oder einer Schuld ergibt sich bei Notierung an einer Börse oder einem anderen aktiven Markt aus dem **Marktpreis** (→ § 8a Rz 29). Hiervon betroffen sind aktivisch etwa Wertpapiere und bestimmte Rohstoffe, passivisch an der Börse emittierte Anleihen. In den meisten anderen Fällen kann der *fair value* nur über **Bewertungstechniken** ermittelt werden. Tabelle 3 zeigt nach Bilanzposten gegliedert eine Übersicht über die gängigen Bewertungstechniken. Im Anhang dieser Kommentierung von IFRS 3 (Rz 203 ff.) ist das konkrete Vorgehen an ausgewählten Beispielen erläutert. Die Beispiele sind IFRS 3.B16 rev. 2004 entnommen. Konzeptionelle Änderungen ergeben sich mit Wirkung ab 2013 durch IFRS 13 *Fair Value Measurement* (→ § 8a). Insbesondere ist danach stärker als bisher eine Bewertungshierarchie (Vorrang von Marktpreisen vor marktbasierten Bewertungen und letztere vor wesentlich auf nicht marktbasierten Inputs beruhenden Bewertungen) zu beachten. In vielen Fällen bleibt der praktische Ermessensspielraum bei der Bewertung aber unverändert (Rz 222). Insoweit bleiben die nachfolgenden Ausführungen praktisch bedeutsam.

101

IMMATERIELLE VERMÖGENSWERTE, SACHANLAGEN, INVESTMENT PROPERTIES	
immaterielle Vermögenswerte (Rz 109)	a) Marktpreis, sofern aktiver Markt b) ansonsten auf Grundlage von – aktuellen Transaktionspreisen vergleichbarer Vermögenswerte oder – DCF-orientiert
(selbst genutzte) Grundstücke und Gebäude (Rz 102)	a) Marktwert oder b) DCF-Wert c) bei Spezialimmobilien nach allgemeinen Grundsätzen angezeigt: Rekonstruktions-/Wiederbeschaffungswert (unter Berücksichtigung eines Abnutzungsabschlags)
sonstige Sachanlagen (Rz 102)	a) Marktwert b) falls kein Marktwert bestimmbar, – DFC-Wert oder – Rekonstruktions-/Wiederbeschaffungswert unter Berücksichtigung eines Abnutzungsabschlags
vermietete Grundstücke und Gebäude *(investment properties)*, vermietete Sachanlagen (Rz 108)	nach IFRS 3.B42. bei DCF-Bewertung über die Dauer vertraglicher Bindung auf Basis Vertragsmiete, danach *highest and best use*
FINANZVERMÖGEN	
an aktivem Markt gehandelt (Rz 104)	aktueller Marktpreis (Börsenkurs)

IMMATERIELLE VERMÖGENSWERTE, SACHANLAGEN, INVESTMENT PROPERTIES	
sonstige Wertpapiere (sonstige Anteile) (Rz 104)	– Ableitung aus Marktpreis vergleichbarer Instrumente (z. B. Anwendung Kurs-Gewinn-Verhältnis von comparable companies) – oder DCF-Wert
Forderungen/Verbindlichkeiten (Rz 105)	DCF-Wert auf Basis aktueller Marktzinsen unter Berücksichtigung evtl. Uneinbringlichkeit; keine Abzinsung kurzfristiger Forderungen/Verbindlichkeiten, wenn Effekt nicht wesentlich
VORRÄTE	
Rohstoffe (Rz 103)	Wiederbeschaffungskosten
unfertige Erzeugnisse (Rz 107)	Verkaufspreise abzüglich Fertigstellungs-/Veräußerungskosten und Gewinnspanne (entspricht tendenziell steuerlichem Teilwert)
Waren und Fertigerzeugnisse (Rz 107)	Verkaufspreise abzüglich Veräußerungskosten und Gewinnspanne (entspricht tendenziell steuerlichem Teilwert)
DIV. SCHULDEN	
drohende Verluste/ungünstige Verträge (Rz 82)	DCF-Wert des wirtschaftlichen Verlusts
Sachschulden, Rückstellungen (Rz 106)	DCF-Wert der zu leistenden Ausgaben
Eventualschulden (Rz 149)	Preis, für den ein Dritter das Risiko übernähme (= i. d. R. diskontierte, mit Wahrscheinlichkeiten gewichtete Ausgabenschätzungen)
PENSIONSPLÄNE	durch IFRS 3.26 rev. 2008 wird klargestellt, dass damit der Wert nach IAS 19 (IFRS 3.26) gemeint ist (Rz 100)
STEUERN (Rz 113)	tatsächliche Steueransprüche und Verpflichtungen in Höhe unabgezinster Zahlungen, latente Steuern nach allgemeinen Regeln von IAS 12; in beiden Fällen Berücksichtigung von Verlustausgleichsmöglichkeiten

Tab. 2: Techniken zur Bestimmung des *fair value* nach IFRS 3.B16f.

Konzeptionell lassen sich die drei in Abb. 3 dargestellten Gruppen von Bewertungstechniken unterscheiden:[30]

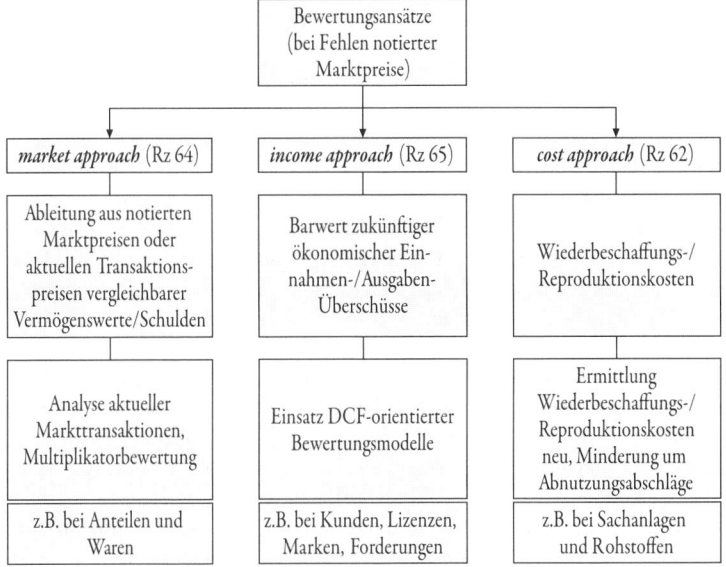

Abb. 3: Bewertungsansätze zur Ermittlung des *fair value*

Je nach Art des Vermögenswerts oder der Schuld, aber auch je nach Verfügbarkeit der Daten, kann dem einen oder anderen Ansatz der Vorzug zu geben sein. Hierbei ist die **Verfahrenshierarchie** nach IFRS 13 zu beachten (→ § 8a) **Kostenorientierte Verfahren** (*cost approach*) kommen insbesondere bei Rohstoffen und selbst genutzten **Sachanlagen** zum Einsatz, weil ein rationaler Investor für einen Vermögenswert nicht mehr als die **Wiederbeschaffungskosten** bezahlen würde. Soweit der Vermögenswert einer Abnutzung unterliegt, ist von den **Wiederbeschaffungskosten** „neu" ein Abzug für die physische **Abnutzung** infolge normalen Gebrauchs vorzunehmen. Ein Berechnungsbeispiel ist unter Rz 225 dargestellt.

Unabhängig davon, ob der Vermögenswert einer **Abnutzung** unterliegt, d. h. z. B. auch für Rohstoffe, stellt sich die Frage nach einem Wertabschlag wegen
- physischer Beeinträchtigung (Alterung, Beschädigung),
- funktionaler Obsolenz (z. b. infolge technischen Wandels) oder
- ökonomischer Beeinträchtigung aufgrund von Änderungen der Nachfrage, einschränkenden neuen Gesetzesbestimmungen (z. B. Umweltschutz) etc.

Soweit diese Kriterien auch bei der „normalen" Bewertung für den Jahresabschluss zu berücksichtigen sind – als Abschreibung auf Sachanlagen, als *„lower of cost or market"* bei Vorräten, als Wertberichtigung bei Forderungen –, kann die **Bewertungspraxis** an die (beim Veräußerer) vorhandenen Buchwerte an-

---

[30] Nach SMITH/PAAR, Valuation of Intellectual Property and Intangible Assets, 3. Aufl., New York u. a. 2000; ähnlich IDW RS HFA 16 und RS HFA 5.

knüpfen. Hier ist jedoch zu prüfen, ob bewertungsrelevante Ereignisse nach dem letzten Bewertungsstichtag vorliegen, die in den Buchwerten des Veräußerers noch nicht berücksichtigt sind.

104 Unmittelbare Marktpreise stehen nur bei **Wertpapieren**, bestimmten **universell einsetzbaren Sachanlagegütern** (etwa Fahrzeugen) und **fungiblen Vorratsgütern** zur Verfügung. In anderen Fällen kann nur ein marktpreisorientiertes Verfahren *(market approach)* Anwendung finden, das aus Markt- oder Transaktionspreisen vergleichbarer *assets* (oder *liabilities)* den *fair value* ableitet. Derartige **Vergleichswertverfahren** (bzw. Analogiemethoden[31]) sind z.b. aus dem Bereich der Grundstücksbewertung bekannt (→ § 16 Rz 76). Aber auch die Bewertung von nichtbörsennotierten Anteilen durch Anwendung von **Umsatz- und Gewinnmultiplikatoren** börsennotierter Vergleichsunternehmen auf den Umsatz und Gewinn des zu bewertenden Beteiligungsunternehmens ist hier einzuordnen. Die Ableitung aus den bekannten Preisen ähnlicher Vermögenswerte muss der Tatsache Rechnung tragen, dass die bekannten Preise nicht gleiche, sondern lediglich **vergleichbare** Posten betreffen und daher Anpassungen notwendig sind. Damit diese Anpassungen nicht willkürlich erfolgen, müssen entsprechende **Daten** verfügbar sein. Sind bspw. Gebrauchtpreise nur für das ähnliche Vergleichsobjekt bekannt, hingegen nicht für das eigentliche Bewertungsobjekt, können Daten über die relativen Neupreise der beiden Objekte das Maß der Anpassung objektivieren. Bei der Bewertung von nichtbörsennotierten Anteilen durch **Multiplikatoren** börsennotierter Vergleichsunternehmen kann eine Objektivierung nur dann gelingen, wenn die Multiplikatoren der Vergleichsunternehmen sich in einem relativ engen Intervall bewegen.

105 **Einkommens- bzw. kapitalwertorientierte Ansätze** *(income approach)* messen den Gegenwartswert zukünftiger ökonomischer Vorteile/Nachteile, die aus Einnahmen/Ausgaben resultieren. Für selbst genutzte Sachanlagen ist die Bedeutung der einkommensorientierten Ansätze eher gering. Ihr praktisches Anwendungsfeld ist die Bewertung von
- Forderungen/Verbindlichkeiten (Rz 106),
- Erzeugnissen und Waren (Rz 107),
- vermieteten Sachanlagen (Rz 108) sowie
- immateriellen Vermögenswerten (Rz 109).

106 Bei **Forderungen und Verbindlichkeiten** sind die vertraglich vereinbarten Zahlungsströme markt- und bonitätsgerecht abzuzinsen. Eine Abzinsung kann aus *materiality*-Gründen (→ § 1 Rz 63ff.) entbehrlich sein. Bei der Bewertung von kurzfristigen Forderungen und Schulden ist praktisch nur Sorge zu tragen, dass die bisherigen Ansätze nicht zu beanstanden sind, insbesondere Wertberichtigungen und Rückstellungen ausreichend dotiert wurden. Sofern diese Voraussetzung erfüllt ist, kann der Buchwert als Näherung des *fair value* verwendet werden. Bei langfristigen Forderungen und Verbindlichkeiten mit fester Verzinsung ist hingegen, abgesehen von Fällen mangelnder *materiality,* ein Vergleich zwischen vereinbarten und marktüblichen Zinsen vorzunehmen, der über die Abzinsung der Zinsen und Tilgungen mit dem Marktzins zu Abweichungen zwischen *fair value* und Buchwert führen kann.

---

[31] So die Terminologie in IDW RS HFA 16, Tz. 18.

Börsennotierte Verbindlichkeiten (Anleihen) des erworbenen Unternehmens sind nach IFRS 13 mit dem Marktpreis zu bewerten (→ § 8a Rz 29). Problematisch erscheint ein Abstellen auf den Marktpreis am Erwerbsstichtag aber dann, wenn dieser wegen des bereits früher angekündigten bzw. obligatorisch vollzogenen Unternehmenskaufs in Teilen schon eine bessere Bonität des Erwerbers reflektiert.

Bei Sachschulden incl. nichtmonetärer Rückstellungen ist i. d. R. der Barwert der für eine Erfüllung zu leistenden Ausgaben anzusetzen. Da besondere Folgebewertungsregeln anders als bei Eventualschulden fehlen (Rz 149), ist u. E. mit den zu leistenden Ausgaben der Vollkostenbetrag (incl. Gemeinkosten) gemeint, der auch außerhalb einer Kaufpreisallokation maßgeblich wäre (→ § 21 Rz 173).

Auch die Bewertung von **Erzeugnissen** und **Waren** erfolgt regelmäßig einkommensorientiert. Praktisch bedeutsamster Bewertungsmaßstab ist der voraussichtliche **Veräußerungspreis** (*cash inflow*) abzüglich
- der **Kosten** der Veräußerung und (bei unfertigen Erzeugnissen) der Fertigstellung (*cash outflow*) sowie
- einer vernünftigen **Gewinnspanne** (*reasonable profit allowance*) für die Verkaufs- und Fertigstellungsbemühung (*selling and completing efforts);* diese Spanne soll sich am Gewinn vergleichbarer Vorräte orientieren.

Beispiel
MU erwirbt den Markenartikelproduzenten TU. Aufgrund seiner Premiumstellung kann TU Produkte wie folgt kalkulieren:

Herstellungskosten	90
Aufschlag für Vertriebskosten	10
Gewinnaufschlag	100
Veräußerungspreis	200

- Bei der Erstkonsolidierung sind die Vorräte nicht mit 200−10 = 190, sondern mit 200−100−10 = 90 anzusetzen.
- Die Vorteile aus dem ungewöhnlich hohen Gewinnaufschlag werden vom Erwerber nicht bei den Vorräten, sondern als Marke aktiviert.
- Die Konzern-GuV wird bei Veräußerung der Erzeugnisse nicht durch einen Materialaufwand von 190, sondern von 90 belastet.
- Der Rohertrag in der Konzernbilanz des Erwerbers entspricht tendenziell dem der Einzelbilanz des erworbenen Unternehmens.

Eine Diskontierungsrechnung ist nur bei langen Realisationszeiträumen der Waren oder Erzeugnisse notwendig:

Beispiel
MU erwirbt die TU. TU fertigt und vertreibt Medizingeräte im Premiumsegment. Die Premiumstellung bedingt eine langfristige Versorgung mit Ersatzteilen. Diese werden bei Auslaufen einer Serie nach der voraussichtlichen Nachfrage der nächsten 10 Jahre auf Lager gefertigt.

Im *operating lease* vermietete Gegenstände, einschließlich *investment properties,* sind durch Diskontierung der Nettomieterträge zu bewerten. Hierzu trifft IFRS 3.B42 f. folgende Regelung:

- Eine über/unter dem Marktpreis liegende Miete ist nicht als günstiger/ungünstiger Vertrag zu aktivieren/passivieren (Rz 86). Die Vertragsmiete ist vielmehr bei der Bewertung des Gegenstandes zu berücksichtigen.
- Für den Zeitraum nach Ablauf der Vertragsbindung ist die marktgerechte Vermietung *(highest and best use)* anzunehmen.

109 In der einkommensorientierten Bewertung **immaterieller Vermögenswerte** kommen zahlreiche DCF-Varianten zum Einsatz. Von Bedeutung sind u. a.:
- **Kundenstamm/Dauervertragskunden**: Der *multi-period-excess-earnings*-Ansatz (Residualwertmethode) bewertet die Einkommensströme aus dem vorhandenen Kundenstamm. Von den Einnahmen werden neben den operativen Kosten auch kalkulatorische Nutzungsentgelte *(capital charges)* auf den *fair value* der anderen *assets* in Abzug gebracht. Die einfache Anwendung der Methode setzt daher voraus, dass die *fair values* der anderen Vermögenswerte schon bekannt sind. Eine mehrfache Anwendung der Methode (z. B. neben Kunden auf Forschungsprojekte) ist z. b. unter Zuhilfenahme iterativer Betrachtungen möglich. Bei der Bewertung von Kundenbeziehungen mithilfe der Residualwertmethode ist die Reduktion der geplanten Einkommensströme im Zeitablauf nach Maßgabe der sog. *shrinking* oder *churn rate* (Schrumpfungsrate) der Kunden zu berücksichtigen Wegen eines Berechnungsbeispiels wird auf Rz 235 verwiesen
- **Auftragsbestände**: Die erwarteten Überschüsse aus dem erworbenen Auftragsbestand werden mit einem risikogerechten Zinssatz diskontiert. Ein Berechnungsbeispiel ist unter Rz 232 aufgeführt.
- **Marken/Lizenzen**: Die *relief-from-royalty*-Methode (Methode der Lizenzpreisanalogie) schätzt die Kosteneinsparung, die daraus resultiert, dass das Zielunternehmen die Marke/Lizenz selbst hält und keine Gebühren *(royalties)* an einen Marken-/Lizenzgeber zahlen muss. In der praktischen Anwendung werden durch Datenbankrecherchen branchenübliche *royalty*-Sätze ermittelt und auf die relevanten Bezugsgrößen (z. B. markenrelevante Umsatzerlöse der jeweiligen Periode) angewandt. Die resultierende Ersparnis ergibt nach Abzinsung den anzusetzenden Marken-/Lizenzwert Wegen eines Berechnungsbeispiels wird auf Rz 226 verwiesen.
- **Hyperlizenzen** (z. B. Mobilfunklizenz), mit denen das gesamte Geschäft steht und fällt: Sog. *greenfield approaches* unterstellen ein Unternehmen, das zunächst nichts besitzt als die zu bewertende Lizenz. Um aus ihr Ertrag zu generieren, muss ausgehend von der „grünen Wiese" möglichst schnell ein funktionierender Betrieb aufgebaut werden *(investive cash outflows)*, der auf der Basis der Lizenz Erträge *(operative netto cash inflows)* erwirtschaftet. Der Barwert des fiktiven Geschäftsplans dieses Unternehmens stellt den Wert der Lizenz dar. Ein die Bewertungsmethode erläuterndes Beispiel ist unter Rz 240 dargestellt.

110 Bei einkommensorientierten Bewertungen abschreibungsfähiger Vermögenswerte führt die Diskontierung der Einzahlungsüberschüsse/Auszahlungsersparnisse zunächst nur zu einem Nettowert, der den steuerlichen Vorteil aus der Abschreibungsfähigkeit noch nicht berücksichtigt. Dieser *tax amortization benefit* ist als zweite Wertkomponente zu berücksichtigen.[32] Wegen seiner Bestimmung wird auf Rz 242 verwiesen.

---

[32] AICPA Practice Aid: Kap. 5.3.102.; ähnlich IDW RS HFA 16, Tz. 38.

Da der *income approach* den *fair value* über die Diskontierung von geplanten *cash flows* ermittelt, kommt es entscheidend auf das Planungsmodell und den Diskontierungszinssatz an. Das *cash-flow-***Planungsmodell** kann ein- oder mehrwertig sein (→ § 8a Rz 41):
- Bei **mehrwertiger** Planung (*expected cash flow approach*) werden verschiedene Szenarien mit ihren Wahrscheinlichkeiten gewichtet und so ein Erwartungswert ermittelt.
- Bei **einwertiger** Planung (*traditional cash flow approach*) werden die Zahlungsströme nur für eine, und zwar i.d.R. die mittlere Entwicklung (Mittelwert und Median) einer (gedachten) symmetrischen Verteilung geplant. Ausnahmsweise wird für eine günstigere Variante geplant, z.B. wenn sich (insbesondere bei nichtsymmetrischen Verteilungen) für die mittlere Entwicklung kein Zahlungsüberschuss ergibt.

Falls – wie in der Praxis üblich – das Risiko nicht im Zahlungsstrom (Sicherheitsäquivalenzmethode), sondern im Diskontierungszins berücksichtigt wird, besteht folgender Zusammenhang zwischen **Planungsmodell** und **Diskontierungszins**:
- Soweit die einwertige Planung für den Mittelwert **symmetrisch verteilter** Szenarien erfolgt, führen ein- und mehrwertige Planung zu den gleichen undiskontierten *cash flows*, auf die dann der gleiche Diskontierungszins angewendet werden kann. Der darin enthaltene Risikozuschlag berücksichtigt die Risikoaversion eines typischen Investors. Dieser wird z.B. für einen Zahlungsstrom, der mit je 33,3 %iger Wahrscheinlichkeit zu einem Überschuss von 50, 100 und 150 führt (im Mittel also zu einem Wert von 100), einen niedrigeren Preis zahlen als für einen Zahlungsstrom, der sicher einen Überschuss von 100 bringt. Diese Risikoaversion wird durch einen Zuschlag auf den Zins sicherer Anlagen berücksichtigt.
- Soweit die einwertige Planung nicht für den Mittelwert, sondern für eine **günstigere** Entwicklung erfolgt (z.B. weil nur wenige, nicht symmetrisch verteilte Szenarien existieren), muss durch einen erhöhten Risikozuschlag berücksichtigt werden, dass der Planungsfall zu einem günstigeren Ergebnis führt als der Mittelwert. Die Höhe dieses Risikozuschlages ist i.d.R. nicht mehr objektiviert zu begründen.

Wegen eines Anwendungsbeispiels für beide Methoden wird auf Rz 237 verwiesen. Der bei mehrwertiger Planung *(expected cash flow approach)* oder einer einwertigen Planung für den mittleren Wert einer (gedachten) symmetrischen Verteilung zu verwendende **Diskontierungssatz** ist eine vermögenswertspezifische Größe (*asset specific discount rate*). Er variiert mit dem Risiko des Vermögensgegenstandes. Für die Bestimmung der Diskontierungssätze nach Steuern können nen die in Tabelle 3 wiedergegebenen Leitlinien dienen.[33] Zu technischen Einzelheiten der Ableitung des Zinses im CAPM-Modell wird auch auf → § 11 Rz 69 verwiesen.[34]

---

[33] In Anlehnung an AICPA Practice Aid sowie IDW RS HFA 16.
[34] Vgl. zu technischen Einzelheiten bei der Bestimmung des Zinses auch FREIBERG/LÜDENBACH, KoR 2005, S. 479 ff.

Vermögen	Diskontierungssatz
working capital	marktübliche Zinssätze von Betriebsmittelkrediten (nach Abzug von Steuern)
Allgemein verwendbare Sachanlagen	marktübliche Fremdfinanzierungszinssätze (nach Abzug von Steuern)
Spezifische Sachanlagen mit geringer Zweitverwendungs-/-verwertungschance	Wert zwischen marktüblichen Fremdfinanzierungszinssätzen allgemein verwendbarer Sachanlagen (nach Abzug von Steuern) und Branchen-WACC
Kunden, eingeführte Marken und Patente etc. sowie *work force*	tendenziell Branchen-WACC
Know-how im Entwicklungsstadium	WACC von *start-up*-Unternehmen

Tab. 3: Leitlinie für die Bestimmung der Diskontierungssätze nach Steuern

Anstelle des Branchen-WACC wird in der Praxis häufig der WACC des Zielunternehmens verwendet, obwohl dies dem *fair-value*-Gedanken – vom konkreten Unternehmen abstrahierte Wertermittlungen – theoretisch nicht entspricht.

Abb. 4 enthält beispielhafte Werte, ausgehend von einem WACC von 12 %. In die Darstellung ist zusätzlich der *goodwill* aufgenommen, weil die Summe aller mit dem *fair value* der Vermögenswerte (incl. *goodwill*) gewichteten *asset specific discount rates* wiederum dem WACC entsprechen sollte. Die auf den *goodwill* anzusetzende Diskontierungsrate dient hier als Ausgleichsgröße. Sie ist so zu wählen, dass die Gleichung rechnerisch aufgeht. Hieraus lässt sich bei nicht zu kleinem *goodwill* ein Plausibilitätskriterium ableiten: Liegt der sich indirekt ergebende Diskontierungssatz für den *goodwill* weder unter dem WACC noch sehr weit darüber, plausibilisiert dies die übrigen Annahmen. Bei einem insgesamt niedrigen *goodwill* führt die Plausibilisierungsmethode z.B. zu folgendem Ergebnis:

- Soweit die Diskontierungsraten für Sachanlagen, *working capital* usw. deutlich unter und die Raten für Kunden, Marken nicht über dem WACC liegen, wäre nur über sehr hohe, nicht mehr plausible Diskontierungsannahmen für den *goodwill* aggregiert ein rechnerischer Ausgleich mit dem WACC möglich.
- Zu überlegen ist in einer solchen Konstellation deshalb, ob nicht z.B. die Kunden oder Marken mit einem Wert über WACC zu diskontieren sind und dadurch aggregiert für den Ausgleich sorgen, den der *goodwill* mit plausiblen Diskontierungsraten nicht erzielen kann.

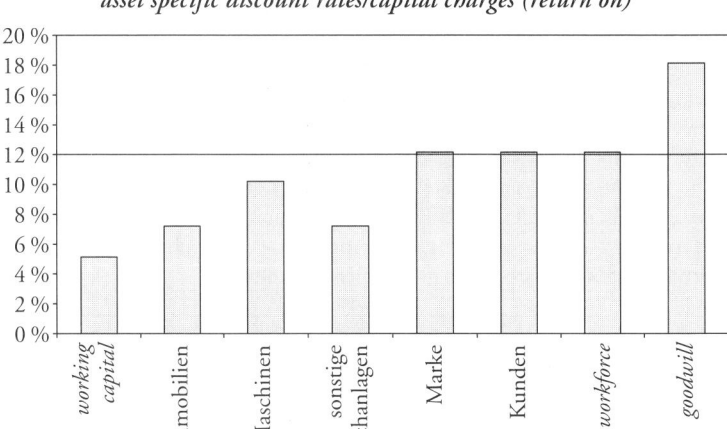

Abb. 4: Vermögenswertspezifische Diskontierungssätze und *capital charges*

Die vermögenswertspezifischen Diskontierungssätze können zugleich für die im Rahmen der **Residualwertmethode** vorausgesetzten *capital charges* verwendet werden. Die als hypothetisches Leasingentgelt deutbaren *capital charges* setzen sich allerdings bei abschreibbaren Vermögenswerten aus zwei Elementen zusammen,
- der Verzinsung auf die investierte Summe (*return on asset*),
- dem Werteverzehr (*return of asset*).

Die vermögenswertspezifischen Diskontierungssätze entsprechen dem *return on assets*. Nur wenn der Werteverzehr *(return of)* als eigener operativer Kostenbestandteil bei der Mehrgewinnmethode berücksichtigt wird und sich damit die *capital charges* auf den *return on assets* reduzieren, können gleiche Werte für Diskontierung und *capital charges* verwendet werden.[35]
Ein Beispiel zur Anwendung der **Residualwertmethode** ist in Rz 235 enthalten.

2.6.3 Verlustvorträge, Bewertung und Ansatz latenter Steuern

Ein steuerlicher **Verlust des erworbenen Unternehmens** (→ § 26 Rz 125) kann erstmalig durch den Unternehmenserwerb zum Ansatz aktiver latenter Steuern führen, etwa wenn die Verluste des erworbenen Unternehmens mit den Gewinnen des Erwerbers verrechnet werden können und dadurch ein **Verlustausgleich** mit zukünftigen Gewinnen erstmals **wahrscheinlich** wird. Wegen der restriktiven, verlustvernichtenden Vorschriften zum **Mantelkauf** (§ 8c KStG) bzw. zur Verschmelzung (§ 12 Abs. 2 UmwStG) ist diese Bedingung im deutschen Steuerrecht allerdings häufig nicht erfüllt.
Hat umgekehrt das erwerbende Unternehmen einen Verlustvortrag, dessen Nutzung durch den Zukauf eines ertragsstarken Unternehmens (insbesondere im *asset deal*) erstmals wahrscheinlich wird, darf dieser Synergiegewinn nicht der

113

---

[35] Vgl. IDW RS HFA 16 Tz. 53.

Kaufpreisallokation zugerechnet werden. Die erstmalige Aktivierung des Verlustvortrags ist vielmehr ertragswirksam zu buchen.[36]

114 Der nachträgliche Ansatz bei der Erstkonsolidierung nicht als aktivierungsfähig beurteilter latenter Steuern kann nach Folgeänderung von IAS 12.68 durch IFRS 3 rev. 2008 nur noch binnen 12 Monaten seit dem Erwerb vorgenommen werden. Spätere Neueinschätzungen sind i.d.R. erfolgswirksam (Rz 127). Zu Einzelheiten mit Beispielen wird verwiesen auf → § 26.

115 Im Übrigen unterliegen latente Steuern **nicht** der *fair-value*-Bewertung, sondern der Bewertung nach IAS 12 (IFRS 3.24). U.a. impliziert dies ein Verbot der Diskontierung (→ § 26 Rz 214). Der Grund für den Verzicht auf die *fair-value*-Bewertung lässt sich an folgendem Beispiel darstellen:

> **Beispiel**
> E erwirbt aus Interesse an bei ihm entstehenden Synergien das ausländische Unternehmen V. Wesentliche stille Reserven sind in dem erworbenen Vermögen nicht enthalten. V hat einen Verlustvortrag von 500 TEUR, der durch den Erwerb nicht verfällt.
> Aktive latente Steuern sind bisher nicht gebildet worden, da das Unternehmen eine „*history of recent losses*" hat und daher Zweifel an der Werthaltigkeit bestehen (→ § 26 Rz 131). Diese Zweifel bestehen nach dem Erwerb fort, da die aus dem Unternehmenserwerb erwarteten Synergien hauptsächlich bei E anfallen. Gleichwohl ist die Verwertung der Verlustvorträge nicht unwahrscheinlich und daher im Kaufpreiskalkül moderat berücksichtigt worden.
> Würde E in der Erstkonsolidierung latente Steuern nach Maßgabe der diskontierten mit der Wahrscheinlichkeit gewichteten zukünftigen Steuerentlastung ansetzen, entstünde zum nächsten Bilanzstichtag folgendes Problem: Die Bilanzierung müsste nun wieder den Regeln von IAS 12 folgen, d.h., angesichts der *history of losses* müsste ein Ansatz unterbleiben, sofern nicht überzeugende Belege *(convincing evidence)* für die Werthaltigkeit bestehen. Die bei der Kaufpreisallokation eingebuchten latenten Steuern wären also zum Folgestichtag trotz unveränderter Bedingungen wieder auszubuchen.

Derartige Inkonsistenzen werden vermieden, wenn latente Steuern nach den normalen Regeln von IAS 12, d.h. ohne Rücksicht auf ihren *fair value*, erstkonsolidiert werden. Eine entsprechende Ausnahme vom *fair-value*-Prinzip enthält IFRS 3.24 (Rz 188).

116 In der Vertragspraxis wird das **Steuerrisiko** häufig über Klauseln der folgenden Art geregelt:

> **Beispiel**
> Besitz, Nutzen und Lasten am Unternehmen gehen am 1.1.04 auf den Erwerber über.
> Von Steuernachforderungen (aus Betriebsprüfung usw.), die Zeiträume bis zum 31.12.03 betreffen, stellt der Veräußerer den Erwerber frei.

---

[36] Vgl. EITZEN/DAHLKE/KROMER, DB 2005, S. 509ff.

In diesem Zusammenhang stellt sich die Frage, ob
- das Steuerrisiko zu passivieren und
- der Rückgriffsanspruch zu aktivieren ist.

Zur Passivierung von Steuerrisiken enthält IAS 12 keine speziellen Vorschriften (→ § 26 Rz 30 ff.). Außerhalb eines Unternehmenserwerbs gelangt IAS 37 analog zur Anwendung. Danach sind Steuerrisiken nur dann zu passivieren, wenn eine Inanspruchnahme überwiegend (> 50 %) wahrscheinlich ist. Nach IFRS 3.22 kommt eine Passivierung bereits unterhalb dieser Wahrscheinlichkeitsschwelle infrage. Anzusetzen ist eine Eventualschuld.
Allgemeine Regelungen zu Eventualforderungen enthält IFRS 3 demgegenüber nicht. Allerdings schreibt IFRS 3.27 die Aktivierung von Risikofreistellungsansprüchen *(indemnification assets)* vor (Rz 91). Danach sind Entschädigungsleistungen, die der Veräußerer beim Eintritt bestimmter Risiken verspricht, mit dem Wert zu aktivieren, mit dem das abgesicherte Risiko passiviert wird. Auch die Fortschreibung erfolgt kongruent zur Fortschreibung des Passivpostens (IFRS 3.57).
Hinsichtlich der Behandlung in der GuV bei tatsächlichem Eintritt des Steuerrisikos (Aufwand) und Erstattung durch den Veräußerer (Ertrag) ist u. E. in Analogie zu IAS 37.54 eine Saldierung zulässig (→ § 21 Rz 166).

2.6.4 Zeitbewertung von *preexisting relationships*[37]

Mit dem zum Erwerb anstehenden Unternehmen können vertragliche oder sonstige „Beziehungen" bestehen, die sich bereits in Bilanzpositionen niedergeschlagen haben oder aber im Zuge der Erstkonsolidierung bilanzwirksam werden.

117

> **Beispiele**
> - MU führt gegen TU einen Patentverletzungsprozess. TU hat dafür eine Rückstellung gebildet. Beim Erwerb von TU durch MU löst sich die Verbindlichkeit konzernbilanziell auf, ist auch wirtschaftlich wegen des nicht mehr weiterzuführenden Prozesses erloschen.
> - Ein Computerhersteller MU hat einen langfristigen Liefervertrag mit dem Handelsunternehmen TU. Die Konditionen liegen hierfür günstiger als diejenigen, die MU anderen Händlern in Rechnung stellt. Beim Erwerb des Handelsunternehmens durch den Computerhersteller geht der bei TU vorhandene immaterielle Vermögenswert „günstiger Liefervertrag" unter.

Es stellt sich dann die Frage, wie diese Positionen im Rahmen der Erstkonsolidierung zu behandeln sind. Allgemeiner Wertmaßstab ist nach IFRS 3.18 der *fair value*, also der von der konkreten „Beziehung" losgelöste Marktwert. Diese „Beziehung" **löst** sich indes konzernbilanziell im Augenblick des Unternehmenserwerbs **auf**; sie ist wirtschaftlich nicht mehr vorhanden (analog der rechtlichen Konfusion) (Rz 121). Dem *fair value* des erworbenen Vermögenswertes bzw. der betreffenden Schuld kommt dann nach Vollzug des Erwerbs regelmäßig keine Bedeutung mehr

118

---

[37] Die nachfolgenden Ausführungen sind z. T. entnommen aus LÜDENBACH/HOFFMANN, BB 2005, S. 651.

zu. Es verbleibt ein **unternehmensspezifischer** Wert, der bei der Erstkonsolidierung aber gem. IFRS 3 gerade **keinen zulässigen Wertmaßstab** darstellt.

119 Die Lösung des Problems ergibt sich nach IFRS 3.51 aus einer **Mehrkomponentenbetrachtung:** Eine *business combination* zwischen zwei Unternehmen, die bereits eine (vertragliche) Geschäftsbeziehung haben, kann danach ein **Mehrkomponentengeschäft** darstellen, bei dem
- neben dem Unternehmenserwerb (Komponente 1)
- die Erledigung *(settlement)* der bisherigen Geschäftsbeziehung (Komponente 2) bewirkt wird. Nur die erste Komponente ist bei der Anwendung der Erwerbsmethode zu berücksichtigen, die zweite nach dem auf sie isoliert anwendbaren Standard zu.

Bei der Erledigung der vorkonzernlichen Beziehung *(settlement of the pre-existing relationship)* kann ein sofort zu berücksichtigender Ertrag oder Aufwand *(settlement gain or loss)* entstehen. Hierbei ist wie folgt zu differenzieren:
- **Schwebende Verträge** mit aus Sicht des Erwerbers im Verhältnis zu Marktwerten günstigen bzw. ungünstigen Konditionen *(favorable or unfavorable contracts):* (a) Aufwand/Ertrag ist die diskontierte Differenz zwischen Vertrags- und Marktkonditionen. (b) Sofern der Vertrag einen Ausstieg gegen einen niedrigeren Betrag vorsieht, ist nur dieser Ausstiegsbetrag als Aufwand/Ertrag zu behandeln, die Differenz zu (a) hingegen als Teil des Unternehmenserwerbs zu erfassen (IFRS 3.B52b).
- **Rückerwerb** in Lizenz, Franchise etc. von an das erworbene Unternehmen **überlassenen Rechten**: Der Rückerwerb führt zum Ansatz eines immateriellen Vermögenswertes im Rahmen des Unternehmenserwerbs (IFRS 3.29). Die Bewertung erfolgt auf Basis der restlichen Vertragsdauer (IFRS 3.55). Eine darüber hinausgehende Nutzungsdauer, die sich etwa bei einer Marke aus der Möglichkeit der günstigen Verlängerung des Markenschutzes ergibt, ist nicht zu berücksichtigen (Rz 146). Der angesetzte Wert ist über die restliche Vertragsdauer abzuschreiben. (a) Soweit die Vertragskonditionen aus Sicht des Erwerbers gemessen am Markt günstig/ungünstig waren, entsteht auch bei Rückerwerb überlassener Rechte ein sofortiger Ertrag/Aufwand. (b) Sofern der Vertrag einen Ausstieg gegen einen niedrigeren Betrag vorsieht, ist nur dieser Ausstiegsbetrag als Ertrag/Aufwand zu behandeln, die Differenz zu (a) hingegen als Teil des Unternehmenserwerbs zu erfassen (IFRS 3.B53).
- **Erledigung schwebender Rechtsstreitigkeiten** zwischen Erwerber und erworbenem Unternehmen: Bei Passivprozessen des Erwerbers ist ein Aufwand zur Beilegung des Rechtsstreits, bei Aktivprozessen ein Ertrag anzusetzen, jeweils i. H. d. *fair value* (wahrscheinlichkeitsgewichtete Prozessausgänge).
- **Wertgeminderte Forderungen**: Soweit der Erwerber oder seltener das erworbene Unternehmen über eine im Erwerbszeitpunkt wertgeminderte Forderung gegen das andere Unternehmen verfügt, ist die Verbindlichkeit bzw. Forderung im Rahmen des Erwerbs mit dem beizulegenden Zeitwert anzusetzen.

120 Zum **Wertminderungsfall** folgendes Beispiel:

> **Beispiel**
> MU erwirbt am 1.1.01 in Sanierungsabsicht 100 % der Anteile an TU zu einem Kaufpreis von 140. MU hat eine als Anleihe verbriefte, börsennotierte

Forderung von nominal 200 gegen TU. Dritte treten nur in vernachlässigbar geringem Umfang als Inhaber der Anleihe in Erscheinung.
Wegen Bonitätsschwierigkeit der TU ist die Anleihe zum Erwerbsstichtag nur noch mit dem *fair value* von 120 in der Einzelbilanz der MU ausgewiesen. In der Bilanz der TU ist die Verbindlichkeit hingegen mit 200 angesetzt. Am 1.1.03 wird die Anleihe in vollem Umfang, d.h. mit ihrem Nominalwert von 200, getilgt.
Das übrige Nettovermögen der TU (Buchwert = *fair value*) soll 260 betragen, ihr Eigenkapital lt. IFRS-Bilanz II somit 60 bei Nominalwertansatz der Schuld bzw. 140 (60 + 80) bei *fair-value*-Bewertung.

Beurteilung
Handelt MU wie angenommen in Sanierungsabsicht, kann der Erwerb als ein Mehrkomponentengeschäft interpretiert werden. Der Kaufpreis von 140 entfällt in dieser Perspektive nur mit einem Teilbetrag von 60 auf den Anteilserwerb. I. H. v. 80 enthält er einen Beitrag zur Wertsteigerung der als Finanzanlage gehaltenen Anleihe. Diese Wertsteigerung tritt unmittelbar mit Erwerb des Unternehmens, nicht erst danach ein. Mit ihr korrespondiert eine zeitgleiche Angleichung des beizulegenden Zeitwerts der Verbindlichkeit an dessen Nominalwert. Kaufpreisallokation und Buchungen sind wie folgt vorzunehmen:

Barzahlung	140
– davon für **Wertsteigerung Anleihe**	– 80
= Kaufpreis für TU	60
– Zeitwert übriges Vermögen	– 260
+ **Verbindlichkeit gegen MU**	+ 200
= *goodwill*	0

Einzelbilanz MU

Konto	Soll	Haben
Anleihenforderung	80	
Beteiligung	60	
Geld		140

Erstkonsolidierung

Konto	Soll	Haben
EK TU	60	
Beteiligung		60
Anleihenverbindlichkeit	200	
Anleihenforderung		200

Nach dem Erwerb ergeben sich in dieser Variante keine Aufrechnungsdifferenzen aus dem konzerninternen Schuldverhältnis.

U.E. muss sich eine entsprechende Lösung daran prüfen lassen, ob ihr auch einzelbilanziell gefolgt werden kann. Wo dies nicht der Fall ist, würde die Kapitalkonsolidierung nicht nur technisch versagen, da sich einzelbilanzieller Beteiligungsansatz und Nettovermögen (lt. IFRS-Bilanz II) nicht mehr entsprächen. Auch inhaltlich kann die wirtschaftliche Zerlegung eines zivilrechtlichen einheitlichen Geschäfts keine Sonderregelung für den Konzernabschluss sein, sondern nur unter Berufung auf allgemein und damit auch für den Einzelabschluss geltende Grundsätze erfolgen. Die einzelbilanziell zu erfassenden Anschaffungskosten der Beteiligung betragen somit in Anwendung dieses Gedankens im Beispiel nur 60 (140–80), während der Betrag von 80 als Anschaffungskosten auf die Anleihe gewertet werden kann.

121 Gehört zu den Vermögenswerten des erworbenen Unternehmens eine **wertberichtigte Forderung gegenüber dem Erwerber**, stellt sich auch hier die Frage nach der Reichweite des *fair-value*-Prinzips.

Beispiel
MU erwirbt in 01 TU zu einem Kaufpreis von 300.
TU hat eine Forderungen von 100 gegen MU. Nach Einzelwertberichtigung wird die Forderung im Einzelabschluss der TU mit 60 ausgewiesen. Dies soll zugleich der *fair value* sein.
In der Bilanz der MU ist die Verbindlichkeit mit 100 angesetzt.
Das übrige Vermögen der TU (Buchwert = *fair value*) beträgt 200, das Eigenkapital somit 260 bei Ansatz der Forderung mit dem *fair value*, 300 bei Ansatz mit dem Nominalwert.
Ende 01 wird die Forderung getilgt.
Kaufpreisallokation und Buchungen (Letztere nur für die *fair-value*-Lösung) sind wie folgt:

	Variante 1 *fair value*
= Kaufpreis für TU	300
– *fair value* übriges Vermögen	– 200
– **Forderung gegen MU**	– 60
= *goodwill*	40

Einzelbilanz MU

Konto	Soll	Haben
Beteiligung	300	
Geld		300

Erstkonsolidierung

Konto	Soll	Haben
EK TU	260	
Beteiligung		300
goodwill	40	
Verbindl. gg. TU	100	
Forderung gg. MU		60
Ertrag		40

Folgekonsolidierung 01

Konto	Soll	Haben
Ertrag aus Ford. gg. MU	40	
Konzerngewinnrücklagen		40

Im Beispiel entsteht eine Aufrechnungsdifferenz zum Erstkonsolidierungszeitpunkt. Sie führt zu einem **sofortigen Ertrag** (*settlement gain*). Die entsprechende Buchung ist gewöhnungsbedürftig, da die Erstkonsolidierung mit Ausnahmen für den *lucky buy* bzw. *bargain purchase* (Rz 142) ansonsten ein erfolgsneutraler Vorgang ist. Die Erfolgswirksamkeit lässt sich jedoch in einem **Vergleich zum Übernahmefolgegewinn des UmwStG** wie folgt begründen. Nach § 6 UmwStG ist ein in Verschmelzungsfällen aus der Vereinigung von Forderungen und Verbindlichkeiten entstehender Gewinn als laufender Gewinn bei der aufnehmenden Gesellschaft zu erfassen. Die Anpassung der unterschiedlichen Wertansätze im Anschaffungszeitpunkt wird also nicht erfolgsneutral, sondern erfolgswirksam durchgeführt. Dem entspricht die *fair-value*-Lösung in vorstehendem Beispiel. Ein Unterschied besteht nur darin, dass die steuerlichen Regeln auf die rechtliche Konfusion von Forderungen und Verbindlichkeiten zielen, während es konzernbilanziell um eine **wirtschaftliche Konfusion** geht. Ursächlich ist die konzeptionelle Abweichung zwischen Steuerrecht (Fokus auf dem einzelnen rechtlich definierten Steuersubjekt) und dem Konzernbilanzrecht (Fokus auf der wirtschaftlichen, aus mehreren Rechtssubjekten bestehenden Einheit).

Zu auch konzeptionell übereinstimmenden Lösungen kommt es dann, wenn der Erwerb eines Unternehmens sich als *asset deal* vollzieht. Hier gehen zwischen den Parteien bestehende Forderungen und Verbindlichkeiten auch einzelbilanziell durch rechtliche Konfusion unter.

Die laufende Bilanzierung schwebender operativer Verträge folgt nach IAS 37.29 und 33 dem **Imparitätsprinzip**. Drohende Verluste sind zu passivieren (→ § 21 Rz 55), erwartete Gewinne mit speziellen Ausnahmen (insbesondere bei langfristiger Fertigung) nicht zu aktivieren. Eine allgemeine Ausnahme besteht jedoch für den Unternehmenserwerb. Der erwartete Gewinn aus einem solchen noch nicht abgewickelten Kontrakt führt ggf. als für das erworbene Unternehmen **günstiger Vertrag** (*favorable* oder *beneficial contract*) oder Auftragsbestand zu einem immateriellen Vermögenswert.

Beispiel

MU erwirbt am 1.1.01 100 % der Anteile an TU zu einem Kaufpreis von 160. TU hat aus schon vorhandenen und kontrahierten, aber noch nicht ausgelieferten Waren einen Auftragsbestand von 1.000, aus dem bei Einstandskosten von 850 ein Gewinn von 150 erwartet wird. Auftraggeber ist MU. Die Ware wird einen Tag nach dem Unternehmenserwerb an MU geliefert.
Im Rahmen der Kaufpreisallokation ist auch die Gewinnerwartung aus schwebenden Verträgen als immaterieller Vermögenswert anzusetzen. Unter Vernachlässigung des übrigen Nettovermögens (Buchwert = Zeitwert = null) wäre die Kaufpreisallokation wie folgt vorzunehmen:

Kaufpreis für TU	160
– Auftragsbestand	– 150
= *goodwill*	10

Der immaterielle Vermögenswert „günstiger Vertrag" wird im Zeitpunkt der (konzerninternen) Lieferung der Ware als Erhöhung von deren Anschaffungskosten aufgelöst. Dass damit vom Konzern für 850 angeschaffte Vorräte mit 1.000 aktiviert werden, erscheint bei einer leichten zeitlichen Variation nicht mehr unangemessen: Wäre der Unternehmenserwerb nämlich einen Tag später vollzogen worden, hätte TU die Ware noch vor Vollzug des Unternehmenserwerbs zu 1.000 an MU geliefert, und sie wäre mit diesem Betrag aktiviert worden. Innerhalb dieses einen Tages ist es aber weder zum Abschluss von Verträgen noch zur Änderung von Beschaffungskosten und *fair values* gekommen. Eine andersartige Behandlung im Falle der Lieferung kurz nach Erstkonsolidierungszeitpunkt scheint daher kaum sachgerecht.

Die Mehrkomponentenlösung überzeugt dann nicht, wenn es an einer tatsächlichen Vertragserledigung durch Abstandszahlung an TU fehlt und aus gesellschafts- und steuerrechtlichen Gründen Zahlungen an die Altgesellschafter nicht mit Zahlungen an die Zielgesellschaft vermengt werden können. Sie würde dann zu folgenden Problemen führen:
- Mit Ausführung des Auftrags wären von MU aufgrund des fortbestehenden, tatsächlich nicht aufgehobenen Vertrags 1.000 an TU zu zahlen.
- TU hätte daher aus dem Vertrag einzelbilanziell einen Erlös von 1.000, dem nur ein Wareneinsatz bzw. Konzernanschaffungskosten von 850 gegenüberstünden.
- Eine Zwischenergebniseliminierung (per Umlaufvermögen 150 an Materialaufwand 150) wäre nötig und würde den bereits als *settlement* loss berücksichtigten Betrag ein 2. Mal als Aufwand qualifizieren.
- Kann hingegen auch einzelbilanziell der Mehrkomponentenlösung gefolgt werden, weil eine tatsächliche Abstandszahlung an das TU erfolgt, beträgt der konzerninterne Umsatz nicht mehr 1.000, sondern 850. Die Zwischenergebniseliminierung entfällt und es bleibt zutreffend bei der Einmalerfassung des Aufwands.

Eine dritte Lösung ist geboten, wenn der Auftrag erst kurz vor Vollzug des Unternehmenserwerbs und nur im Hinblick auf diesen zu nicht marktgerechten Konditionen erteilt worden ist. Da es ohne den Unternehmenserwerb den entsprechenden *favorable contract* nicht gegeben hätte, der immaterielle Vermögenswert also erst durch den (bevorstehenden) Erwerb entstanden ist, darf er u. E. nicht angesetzt werden. Diese Lösung entspricht der in IFRS 3. 12 enthaltenen Regelung, wonach Schulden, die das Ergebnis des Unternehmenserwerbs sind, bei der Kaufpreisallokation nicht angesetzt werden dürfen. Dieser Rechtsgedanke ist u. E. analog auf Vermögenswerte anwendbar. Dann wäre abweichend von o. g. Darstellung ein *fair value* von null anzusetzen, weil der Auftragsbestand nicht *at arm's length* zustande gekommen ist.

Die ausführliche Diskussion des Beispiels zeigt die Notwendigkeit fallspezifischer Differenzierungen. Dies scheint dem Grunde nach auch in IFRS 3.52a und IFRS 3.B51 ff. anerkannt, wenn etwa der Ausweis eines *settlement gain* an die Voraussetzung einer tatsächlichen Vertragserledigung *(effective settlement)* geknüpft wird.

123 Anders als bei operativen Geschäften entsteht bei **schwebenden Finanzverträgen** (Finanzderivaten) i.d.R. nicht das Problem eines „Übernahmefolgegewinns", da Ansatz und Bewertung nach IAS 39 bzw. IFRS 9 **nicht imparitätisch** erfolgen.

2.6.5 Volle Aufdeckung von auf Minderheiten entfallenden stillen Reserven

Nach IFRS 3.33 ist eine nur beteiligungsproportionale, dem Mehrheitenanteil entsprechende Aufdeckung **stiller Reserven** (beteiligungsproportionale Neubewertung) unzulässig. Geboten ist die volle Aufdeckung (vollständige Neubewertung). Der Minderheitenanteil (in IFRS 3 als nicht beherrschende Anteil bzw. *non-controlling interest* bezeichnet) fällt entsprechend höher aus als bei der beteiligungsproportionalen Neubewertung.

124

Ein Wahlrecht besteht hinsichtlich des *goodwill*. Werden die Anteile der Minderheiten in der Kaufpreisallokation
- mit ihrem *fair value* berücksichtigt, ist auch ein darin enthaltener Anteil der Minderheit am *goodwill* anzusetzen (sog. *full-goodwill*-Methode),
- mit ihrem Anteil am Zeitwert des Nettovermögens berücksichtigt, kommt es nur zur Aufdeckung stiller Reserven in den identifizierbaren Vermögenswerten, hingegen nicht zum Ansatz eines Minderheiten-*goodwill*.

Wegen Einzelheiten wird auf Rz 134 verwiesen.

2.6.6 Nachträgliche bessere Erkenntnis über Umfang und Wert des erworbenen Vermögens

Der zum Erstkonsolidierungszeitpunkt vorgenommene Bewertung und/oder der Ansatz von Vermögenswerten oder Schulden kann sich aufgrund nachträglicher besserer Erkenntnis über am Stichtag vorhandene Verhältnisse (**Wert- oder Ansatzaufhellung;** → § 4 Rz 17) als unzutreffend erweisen. In diesen Fällen sind **Anpassungen** erforderlich. Die Technik der Anpassung hängt vom Zeitpunkt der Korrektur ab.

125

IFRS 3.45 lässt insbesondere, aber nicht nur für kurz vor dem Bilanzstichtag vollzogene Erwerbe, eine vorläufige Kaufpreisallokation zu,[38] die dann während einer *measurement period* von maximal 12 Monaten ab Erwerb „fertigzustellen" ist. Werden in diesem **12-Monats-Rahmen** Anpassungen vorgenommen, die nicht auf Wertänderungen infolge von *post-combination events* beruhen, sondern werterhellenden Charakter haben, sind diese zurückbezogen auf den Erwerbstag **erfolgsneutral gegen** den *goodwill* vorzunehmen. **Erfolgswirksam** ist lediglich die „Stornierung" zwischenzeitlich durchgeführter Abschreibungen etc. auf den falschen Wert. Erfolgt die Anpassung binnen 12 Monaten, aber nach Veröffentlichung der Bilanz für das Erwerbsjahr, sind im Folgeabschluss die Vergleichsinformationen (für das Erwerbsjahr) so anzupassen, als ob von Anfang an mit den richtigen Werten gerechnet worden wäre (IFRS 3.45 und 49). Regelmäßig führt dies zur Anpassung des *goodwill* (oder negativen Unterschiedsbetrags). Erfolgt die **Anpassung nach Ablauf von 12 Monaten** (sog. „Anpassung nach Fertigstellung"), gelangen die Regeln von IAS 8 zur Anwendung. Nach IFRS 3.50 sind Anpassungen nach Fertigstellung nur anzusetzen, „um **Fehler** gem. IAS 8 ... zu korrigieren (→ § 24 Rz 34)."
In der Behandlung **nachträglicher besserer** Erkenntnisse ist damit wie folgt zu differenzieren:

---

[38] Zur Vermeidung einer (zu) vorläufigen Kaufpreisllokation (PPA) durch sinnvolle Integration einer PPA in eine Due Diligence ZÜLCH/WÜNSCH, KoR 2008, S. 466 ff.

- IFRS 3.45 und 49 haben als Spezialvorschrift **Vorrang** vor IAS 8.[39] Bei Anpassungen innerhalb von 12 Monaten kommt es damit auf die in IAS 8 vorgenommene Unterscheidung von Fehlerkorrekturen (retrospektiv) und Schätzungsänderungen (prospektiv) nicht an. Unabhängig von der Ursache ist eine retrospektive Anpassung mit Gegenkorrektur des *goodwill* geboten.
- IFRS 3.50 **beruft** sich hinsichtlich Anpassungen nach 12 Monaten hingegen zweifach auf IAS 8,
  - zum einen hinsichtlich der **Fehlerkorrektur**, die als Anpassung i.e.S. auf den Erstkonsolidierungszeitpunkt zurückwirkt (**Retrospektion**),
  - zum anderen hinsichtlich der Schätzungsänderungen, die **prospektiv** vorzunehmen sind.

IFRS 3.50 schreibt somit gerade die Anwendung von IAS 8 vor und damit auch die Differenzierung zwischen Fehlerkorrekturen und Schätzungsänderungen. In der Literatur wird dies z.T. anders gesehen,[40] wobei nicht deutlich wird, ob materiell anders, indem Schätzungsänderungen nach Ablauf von 12 Monaten nicht mehr als zulässig angesehen würden, oder nur terminologisch abweichend, indem Schätzungsänderungen nicht mehr als „Anpassung nach Fertigstellung" verstanden werden. Soweit die Differenz zum hier vertretenen Standpunkt nur eine terminologische sein sollte, halten wir sie nicht für relevant. Materiell bleibt es jedenfalls dabei, dass Schätzungsänderungen nach 12 Monaten bei Erfüllung der in IAS 8 enthaltenen Voraussetzungen prospektiv zulässig und erforderlich sind.

126 Hierzu folgendes Beispiel:

> **Beispiel**
> Bei Erstkonsolidierung Mitte 01 wird irrtümlich von der Werthaltigkeit eines Patentes ausgegangen. Es wird mit 100 angesetzt und auf 10 Jahre abgeschrieben.
>
> **Grundfall: Anpassung im Erstjahr oder binnen 12 Monaten**
> Im April 02 wird das Patent von 3. Seite bestritten. Den begonnenen Prozess wird man mit ganz hoher Wahrscheinlichkeit verlieren. Die Anpassung ist auf den Erwerbszeitpunkt zurückzubeziehen. Zwischenzeitlich vorgenommene Abschreibungen sind erfolgsneutral zu korrigieren. Somit sind folgende Buchungen in 02 (vor Abschreibung 02) vorzunehmen:
>
> | Konto | Soll | Haben |
> |---|---|---|
> | *goodwill* | 100 | |
> | Patent | | 100 (wegen Erstkonsolidierungswert) |
> | Patent | 5 | |
> | Gewinnrücklagen 1.1.02 | | 5 (wg. Abschreibung 01) |
>
> **Variante 1: Anpassung nach mehr als 12 Monaten**
> Der Klagegegner tritt erst Ende 02 auf.

---

[39] Gl. A. Köster/Missler, in: Thiele/von Keitz/Brücks (Hrsg.), Internationales Bilanzrecht 2008, IFRS 3, Tz. 326.
[40] Senger/Brune, in: Beck'sches IFRS-Handbuch, 4. Aufl., 2013, § 34, Tz. 251.

> **Variante 1a**
> Bei Anwendung der erforderlichen Sorgfalt wäre schon zum Erstkonsolidierungszeitpunkt von einer fehlenden Werthaltigkeit des Patents auszugehen gewesen. Es liegt ein Fehler vor, der nach IAS 8 i.V.m. IFRS 3.50 retrospektiv wie im Grundfall zu korrigieren ist.
>
> **Variante 1b**
> Soweit bei der ursprünglichen Kaufpreisallokation auch unter Anwendung aller erforderlichen Sorgfalt Zweifel an der Werthaltigkeit des Patents nicht erkennbar waren, liegt zwar eine Unrichtigkeit wegen deren Unvermeidbarkeit, aber kein Fehler vor (→ § 24 Rz 41). Gleichwohl ist der Bilanzansatz in 02 anzupassen. Da eine Fehlerkorrektur ausscheidet, ist die Anpassung nach IAS 8 i.V.m. IFRS 3.50 erfolgswirksam als Schätzungsänderung vorzunehmen, indem das Patent außerplanmäßig abgeschrieben wird:
>
> | Konto | Soll | Haben |
> |---|---|---|
> | Außerplanmäßige Abschreibung | 95 | |
> | Patent | | 95 |
>
> **Variante 2: Der Veräußerer hat die Werthaltigkeit des Patents garantiert und leistet eine Ausgleichszahlung**
> Unabhängig davon, ob die Anpassung binnen oder nach 12 Monaten erfolgt, ist die Buchung „per Ausgleichsforderung 100 an Patent 100" sachgerecht. Sie berücksichtigt, dass in rückwirkender Betrachtung 100 weniger an Nettovermögen erworben und daher 100 weniger an Kaufpreis gezahlt wurde. Zwischenzeitlich bereits vorgenommene planmäßige Abschreibungen sind erfolgsneutral zu korrigieren („per Patent an Gewinnrücklage").

Hinsichtlich des nachträglichen Ansatzes oder der nachträglichen Höherbewertung aktiver latenter Steuern infolge geänderter Beurteilung ihrer Werthaltigkeit enthält IAS 12.68 eine spezielle, im Wesentlichen aber mit IFRS 3.50 identische Regelung (→ § 26 Rz 147):

- Anpassung binnen 12 Monaten, die auf wert- oder ansatzerhellende Umstände zurückzuführen sind, werden gegen *goodwill* verrechnet; soweit der Anpassungsbetrag den vorläufigen *goodwill* übersteigt, erfolgswirksam behandelt,
- spätere Anpassungen sind i.d.R. erfolgswirksam vorzunehmen, jedoch ausnahmsweise erfolgsneutral, wenn sie sich auf einen Sachverhalt nach IAS 12.61 Aff., z.B. eine Fehlerkorrektur, beziehen.

Wegen nachträglicher besserer Erkenntnis hinsichtlich der **Anschaffungskosten**/des Kaufpreises wird auf Rz 58 ff. verwiesen.

2.7 *Goodwill* und negativer Unterschiedsbetrag

2.7.1 Überblick

Bei der Erstkonsolidierung entsteht i.d.R. eine positive oder eine negative Differenz von Anschaffungskosten und Zeitwert der erworbenen identifizierbaren Vermögenswerte und Schulden.

- Eine positive Differenz ist als *goodwill* anzusetzen (IFRS 3.32),
- Ein negativer Unterschiedsbetrag führt nach kritischer Überprüfung *(reassessment)* zu sofortigem Ertrag (IFRS 3.36).

§ 31　　　　　　　　　　　　　　　Unternehmenszusammenschlüsse

130 Mit IFRS 3.19 wurde das **Wahlrecht** eingeführt, auch die nicht beherrschenden Anteile zum *fair value* zu bewerten und somit auch den auf die Minderheiten entfallenden *goodwill* zu aktivieren (*full-goodwill*-Methode). Außerdem wird der *fair value* von bereits vor der Kontrollerlangung bestehenden Altanteilen in die Ermittlung der Anschaffungskosten einbezogen (Rz 154). Beides führt gegenüber dem vorherigen Recht zu Änderungen in der Höhe des *goodwill* (Rz 134).

131 Goodwill und negativer Unterschiedsbetrag stellen eine Saldogröße dar. Da es nicht um die Differenz von Anschaffungskosten und Buchwerten geht, sondern um die Differenz von Anschaffungskosten und Zeitwerten, kann ein **negativer Unterschiedsbetrag** auch dann entstehen, **wenn** der **Kaufpreis über** dem **Buchwert** liegt. Hierzu folgendes Beispiel:

> **Beispiel**
> E erwirbt ein schuldenfreies pyrotechnisches Einzel-Unternehmen.
> - Der Buchwert der schwer liquidierbaren Aktiva beträgt 15 Mio. EUR.
> - Ihr Zeitwert ist 20 Mio. EUR.
> - Der Ertragswert des Unternehmens beträgt ebenfalls 20 Mio. EUR.
> - Als Kaufpreis werden jedoch 15 Mio. EUR vereinbart.
>
> Die Abweichung zwischen Kaufpreis und Zeit- und Ertragswert erklärt sich wie folgt:
> Das Unternehmen hat mit ordentlichen Warnhinweisen Feuerwerk in die USA geliefert. Bei unsachgemäßer Umverpackung durch den in den USA für Feuerwerk lizenzierten Abnehmer kommen 4 Arbeiter zu Tode. Das Unternehmen wird auf 40 Mio. US-Dollar verklagt. Sein Versicherungsschutz für derartige Fälle beträgt 5 Mio. EUR. Die Wahrscheinlichkeit, mit einem über 5 Mio. EUR hinausgehenden Betrag verurteilt zu werden, wird von den Rechtsanwälten als extrem niedrig eingeschätzt. Eine Rückstellung kann deshalb nicht passiviert werden. Die Warnhinweise waren ordentlich. Abnehmer waren keine Endverbraucher, sondern in den USA lizenzierte Fachleute. Wegen des Überraschungspotenzials amerikanischer Geschworenenverfahren bleibt jedoch ein Restrisiko. Die Parteien berücksichtigen dies durch einen Abschlag beim Kaufpreis. Überdies stand der Veräußerer aus Liquiditätsgründen unter Verkaufsdruck, sodass sich insgesamt ein Abschlag von 5 Mio. EUR auf den Ertragswert ergibt.
> Der **HGB-Einzelabschluss** (von Veräußerer und Erwerber) ignoriert diese Aspekte. Dem Kaufpreis von 15 Mio. EUR steht ein Buchwert der Aktiva von 15 Mio. EUR gegenüber. Ein negativer Geschäftswert für den möglichen Verlust wird in der Erwerberbilanz nicht ausgewiesen. Der negative Geschäftswert wird auf diese Weise still mit den Reserven in den Aktiva saldiert. Soweit es sich bei den Aktiva um abschreibbares Anlagevermögen oder um Vorräte handelt, wird demzufolge auch die Ertragslage der Folgeperioden unzutreffend wiedergegeben. Abschreibungen und Materialaufwand der Folgejahre sind zu niedrig, der Gewinn ist überhöht.
> **IFRS 3** wählt einen anderen Ansatz:
> Soweit ein *fair value* des Prozessrisikos feststellbar ist, wird bei der Erstkonsolidierung eine Eventualschuld passiviert. Bei einem unterstellten *fair value* von 5 Mio. EUR entsteht kein Unterschiedsbetrag.

> Soweit der *fair value* nicht verlässlich feststellbar ist, werden die *assets* mit 20 Mio. EUR erfasst, der negative Unterschiedsbetrag von 5 Mio. EUR ist sofort ertragswirksam.

Da das Handelsrecht nur für den Konzernabschluss einen negativen *goodwill* (Unterschiedsbetrag) vorsieht (§ 309 Abs. 2 HGB), ergeben sich im handelsrechtlichen Einzelabschluss Verwerfungen, wenn der Kaufpreis sogar noch unterhalb des Buchwertes des Nettovermögens liegt. Der buchhalterische Ausgleich ist dann nur über eine Abstockung des Aktivvermögens zu erreichen, soweit überhaupt genügend Abstockungsvolumen zur Verfügung steht. Wegen Einzelheiten des handels- und steuerrechtlichen Vorgehens wird auf die Vorauflagen verwiesen. **132**

2.7.2 Berechnung mit und ohne Minderheiten

Nach IFRS 3.51 und 56 rev. 2004 war ein *goodwill* bzw. negativer Unterschiedsbetrag wie folgt zu berechnen: **133**

    Anschaffungskosten
− anteiliger *fair value* des erworbenen Nettovermögens
= *goodwill* (falls > 0) bzw. negativer UB (falls < 0).

Mit IFRS 3 rev. 2008 wird das bei jeder *business combination* neu ausübbare **Wahlrecht** eingeführt, auch die **Minderheiten** (nicht beherrschende Anteile – *non-controlling interests*) zum *fair value* zu bewerten (IFRS 3.19) und somit auch den auf die Minderheiten entfallenden *goodwill* zu aktivieren (*full-goodwill*-Methode). Außerdem wird durch IFRS 3.32 der *fair value* von bereits vor der Kontrollerlangung bestehenden Altanteilen in die Ermittlung der Anschaffungskosten einbezogen (Rz 154). Beides führt zur Änderung in der Berechnung des *goodwill*/negativen Unterschiedsbetrags. **134**
Diese ist nach IFRS 3.49 und 51 wie folgt vorzunehmen:

    Anschaffungskosten
+ nicht beherrschende Anteile (wahlweise zum *fair value* oder als Anteil am *fair value* des Nettovermögens)
+ *fair value* bereits vor der Kontrollerlangung bestehender Beteiligungen (Altanteile)
− *fair value* des erworbenen Nettovermögens (unter Berücksichtigung latenter Steuern)
= *goodwill* (falls > 0) bzw. negativer UB (falls < 0).

Soweit die nicht beherrschenden Anteile (Minderheiten) nur mit dem Anteil am *fair value* des Nettovermögens bestimmt werden und keine Altanteile existieren, ergeben sich keine Änderungen zu den bisherige Werten, wie folgendes Beispiel zeigt:

> **Beispiel**
> Mu erwirbt für 80 einen Anteil von 80 % an TU. Das Nettovermögen der TU zu Zeitwerten (also incl. stiller Reserven) beträgt 75.

> 1. *goodwill* nach IFRS 3 rev. 2004
>
>   Anschaffungskosten Mehrheitsanteil 80
>   − anteiliger *fair value* des erworbenen Nettovermögens (0,8 × 75) − 60
>   = *goodwill* 20
>
> 2. *goodwill* nach IFRS 3 rev. 2008 (ohne Aufdeckung Minderheiten-*goodwill*)
>
>   Anschaffungskosten 80
>   + Minderheitenanteil (0,2 × 75) + 15
>   − *fair value* des erworbenen Nettovermögens − 75
>   = *goodwill* 20

Wird hingegen nach der *full-goodwill*-Methode verfahren, erhöht dies den *goodwill* und den Minderheitenanteil. Wenn im einfachsten Fall im Erwerb der Mehrheitsanteile keine Kontrollprämie gezahlt wurde bzw. in den Minderheitenanteilen kein Abschlag wegen fehlender Kontrolle zu berücksichtigen ist, lässt sich der *fair value* des Minderheitenanteils rechnerisch aus den Anschaffungskosten für den Mehrheitsanteil ableiten.

> **Beispiel (Fortsetzung)**
> *Goodwill* nach IFRS 3 rev. 2008 (mit Aufdeckung Minderheiten-*goodwill*)
>
>   Anschaffungskosten Mehrheitsanteil 80
>   + *fair value* Minderheitenanteil (80/0,8 × 0,2) + 20
>   − *fair value* des erworbenen Nettovermögens − 75
>   = *goodwill* 25

135 Abweichend von dem vorstehenden Beispiel ist in der Praxis aber regelmäßig zu berücksichtigen, dass ein 50,01-%-Anteil einen wesentlich höheren Wert als ein 49,99-%-Anteil hat, der Kaufpreis für den Mehrheitsanteil also mindestens um eine in ihm enthaltene **Kontrollprämie** zu bereinigen ist, wenn aus ihm auf den *fair value* der Minderheitenanteile geschlossen werden soll. Je nach Land und Branche sind Kontrollprämienzuschläge um die 10 %-Punkte[41] belegt. Anstelle oder neben der Bereinigung kann auch eine ermessensbehaftete Anteils- bzw. Unternehmens**bewertung** im DCF-Verfahren notwendig werden (IFRS 3.B45).

136 Daneben kann auch ein **Paketabschlag** auf den Minderheitenanteil erforderlich sein.

> **Beispiel**
> MU erwirbt 60 % an der börsennotierten TU AG. 30 % werden vom Investor X gehalten, die weiteren 10 % sind breit gestreut.
> Bei einem geringen *free float* von 10 % wird X kaum in der Lage sein, sein 30-%-Paket zum Börsenkurs zu veräußern. Bei der Bestimmung des *fair value* der von X gehaltenen Anteile ist daher trotz IFRS 3.B44 u. E. ein Paketabschlag angezeigt.

---

[41] Vgl. Dyck/Zingales, Journal of Applied Corporate Finance, 2004, S. 51 ff., dort weitere Nachweise.

Mit Ersatz des Minderheitenbegriffs *(minority interests)* durch den Begriff der **nicht beherrschenden Anteile** *(non-controlling interests)* ist auch die **Definition** dieser Größe in IAS 27 bzw. IFRS 10 geändert worden: 137

- Nach IAS 27 rev. 2004 war das *minority interest* der Anteil der nicht dem Mutterunternehmen zuzurechnenden Anteile an Ergebnis und Nettovermögenswerten *(net assets)* des Tochterunternehmens.
- Nach IAS 27 rev. 2008 bzw. IFRS 10 ist das *non-controlling interest* das Eigenkapital, das nicht dem Mutterunternehmen zuzurechnen ist.

In der Negativdefinition der Neufassung stellen u. a. auch folgende besonderen Fälle *non-controlling interests* dar:

- Eigenkapital aus **Aktienoptionsprogrammen** (IFRS 2),
- Eigenkapitalanteil als **Wandelschuldverschreibungen** (IAS 32).

Fraglich war nun, ob auch für diese keinen Anteil an den Nettovermögenswerten verkörpernden Eigenkapitalbestandteile das Wahlrecht zwischen *fair-value*-Bewertung und Bewertung nach Zeitwert des Nettovermögens gelten soll. Mangels eines tatsächlichen Anteils an den Nettovermögenswerten hätte dies bei Option gegen die *full-goodwill*-Methode die Bewertung der besonderen Eigenkapitalanteile mit null impliziert und damit im Widerspruch zu anderen Standards (IFRS 2, IAS 32 usw.) gestanden.

Das *Annual Improvements Project 2010* beseitigt diesen Widerspruch, indem es durch Änderung von IFRS 3.19 das Wahlrecht auf solche *non-controlling interests* beschränkt, die **Eigentumsansprüche**, insbesondere einen Anteil am Liquidationsergebnis, verkörpern und eine Bewertung **sonstiger** *non-controlling interests* zum *fair value* bzw. nach den jeweils einschlägigen anderen Standards (IFRS 2, IAS 32 usw.) verlangt (→ Rz 223).

Ein **negativer Unterschiedsbetrag** kann jedenfalls dann nicht anteilig der Minderheit zugerechnet werden, wenn Ursache des negativen Unterschiedsbetrags ein *bargain purchase* i. e. S. ist (Rz 142), der Verkäufer also wegen Liquiditätsnöten oder aus ähnlichen Gründen seinen Mehrheitsanteil unter dem *fair value* veräußert hat. Auf diese Weise entsteht ein Transaktionsgewinn beim Erwerber, nicht aber bei der überhaupt nicht in einer Transaktion involvierten Minderheit. Gleichwohl beeinflusst der Wert des Minderheitenanteils bei Ausübung des sog. *full-goodwill*-Wahlrechts (Rz 134) die Höhe des negativen Unterschiedsbetrags. Die sog. *full-goodwill*-Methode gem. IFRS 3.18 hat ihren Namen daher, dass sie bei „normalen" Transaktionsbedingungen (Kaufpreis > Zeitwert des Nettovermögens) zur Zurechnung eines *goodwill* auch bei der Minderheit führt. Dies ist aber „nur" eine Beschreibung der (unter normalen Prämissen gegebenen) Rechtsfolgen. Tatsächlich geht es in IFRS 3.19 um das Wahlrecht, den Minderheitenanteil nach dem Anteil am Nettovermögen oder mit dem Zeitwert anzusetzen. Aus dieser Alternative ergeben sich Konsequenzen auch in den Fällen, in denen es gar nicht zu einem *goodwill*, sondern zu einem negativen Unterschiedsbetrag kommt: 138

Beispiel
MU erwirbt für 40 einen Anteil von 80 % an der börsennotierten TU. Das Nettovermögen der TU zu Zeitwerten (also incl. stiller Reserven) beträgt 75. Der *fair value* des Minderheitenanteils (NCI) beträgt 10 .

1. Bewertung NCI nach Anteil am Nettovermögen	
Anschaffungskosten	40
+ Minderheitenanteil am Nettovermögen (0,2 × 75)	+ 15
− *fair value* des erworbenen Nettovermögens	− 75
= negativer Unterschiedsbetrag (MU)	− 20
2. Bewertung NCI *zum fair value*	
Anschaffungskosten	40
+ Minderheitenanteil (zum *fair value*)	+ 10
− *fair value* des erworbenen Nettovermögens	−75
= negativer Unterschiedsbetrag	− 25

139 Die Beeinflussung des Bewertungswahlrechts für die nicht beherrschenden Anteile (NCI) auf die Höhe des negativen Unterschiedsbetrags wird durch das Beispiel in IFSR 3.IE45 ff. bestätigt. Fraglich bleibt dann noch, wem der durch eine *fair value*-Bewertung des NCI verursachte Teil des Unterschiedsbetrags zuzurechnen ist. IFRS 3.34 Satz 2 sieht eine Erfassung beim Unternehmenserwerber (Mutterunternehmen) vor. U. E. ist dies dann unangemessen, wenn die Minderheit zeitgleich mit dem Mehrheitsgesellschafter in das Erwerbsobjekt einsteigt.

Beispiel

MU erwirbt für 50 einen Anteil von 80 % an TU, zeitgleich X einen Anteil von 20 % an TU für 12,5. Das Nettovermögen der TU zu Zeitwerten (also incl. stiller Reserven) beträgt 75. Der Anteilspreis von 12,5 entspricht dem *fair value*.

1. Bewertung NCI nach Anteil am Nettovermögen	
Anschaffungskosten für 80 %	50
+ Minderheitenanteil am Nettovermögen (0,2 × 75)	+ 15
− *fair value* des erworbenen Nettovermögens	− 75
= negativer Unterschiedsbetrag (MU)	− 10
2. Bewertung NCI zum *fair value*	
Anschaffungskosten für 80 %	50
+ Minderheitenanteil (zum *fair value*)	+ 12,5
− *fair value* des erworbenen Nettovermögens	− 75
= negativer Unterschiedsbetrag	− 12,5
davon MU	− 10 oder −12,5
davon X	− 2,5 oder 0,0

Fraglich ist, ob beim Erwerb eines in mehreren Geschäftszweigen tätigen Unternehmens/Konzerns **gleichzeitig** ein *goodwill* und ein **negativer Unterschiedsbetrag** entstehen können.

140

> **Beispiel**[42]
> M erwirbt in *share deal* die Anteile an der Finanzholding F, deren einzige wesentliche Vermögenswerte 100 %ige Beteiligungen an den beiden rechtlich selbstständigen Zielgesellschaften Z 1 und Z 2 sind. Bei Z 1 und Z 2 handelt es sich um produzierende Unternehmen, die mit unterschiedlicher Technologie unterschiedliche Produkte für unterschiedliche Märkte herstellen.
> Z 1 hat ein neu bewertetes Nettovermögen von 1.000 und ist erfolgreich in einem stark expandierenden Umfeld tätig. Z 2 hat ein neu bewertetes Nettovermögen von 100 und ist seit mehreren Jahren defizitär.
> Der *fair value* von Z 1 beträgt 1.500, der von Z 2 0. Nach der gemeinsamen Vorstellung der Parteien soll der Kaufpreis von 1.500 daher vollständig auf Z 1 entfallen.
> Fraglich ist, ob M im Zuge der Erstkonsolidierung jeweils einen gesonderten Unterschiedsbetrag für die Gesellschaften Z 1 (*goodwill* 500) und Z 2 (negativer Unterschiedsbetrag 100) zu identifizieren hat oder ob für die Transaktion insgesamt nur ein Unterschiedsbetrag (*goodwill* 400) zu ermitteln ist.
> Die 1. Lösung wäre jedenfalls dann geboten, wenn Z 1 und Z 2 nicht rechtlich über die Finanzholding verbunden wären und über jede der beiden Gesellschaften ein eigener Anteilskaufvertrag abgeschlossen würde.

Für eine getrennte Ermittlung der Unterschiedsbeträge auf Ebene der einzelnen *businesses* spricht der *substance-over-form*-Gedanke. Nur die getrennte Ermittlung bildet den Unternehmenszusammenschluss unabhängig von seiner rechtlichen Form ab. Zudem entspricht eine getrennte Ermittlung den Vorgaben von IAS 36 und IAS 21. Da nach diesen Standards ein *goodwill* für die Folgebewertung (Werthaltigkeitsprüfung) auf *business*- bzw. CGU-Ebene identifiziert werden muss (→ § 11 Rz 100), ist ein entsprechendes Vorgehen bei der erstmaligen Identifizierung eines Unterschiedsbetrags angemessen.[43]

2.7.3 *Reassessment* des negativen Unterschiedsbetrags

Nach IFRS 3.36 kommt es auf die **Ursachen** des negativen Unterschiedsbetrages **nur** insofern an, als

141

- einer **vorläufigen** Feststellung eines negativen Unterschiedsbetrags
- die kritische **Überprüfung** (*reassessment*) der Wertermittlung von Anschaffungskosten und Nettovermögen folgen muss, und
- nur insoweit, als der negative Unterschiedsbetrag durch das *reassessment* bestätigt wird, ein sofortiger **Ertrag** zu buchen ist.

In Praxis und Literatur[44] wird das *reassessment* z. T. als rein formaler Akt kritisiert, da bei Anwendung der gleichen Prämissen auch bei der zweiten Berechnung

142

---

[42] KESSLER/BECK/CAPPELL/MOHR, PiR 2007, S. 125 ff.
[43] Weitere Gründe für eine getrennte Ermittlung bei KESSLER/BECK/CAPPELL/MOHR, PiR 2007, S. 125 ff.
[44] Vgl. etwa DOBLER, PiR 2005, S. 24 ff.

nichts anderes herauskommen könne als bei erster Ermittlung. Ein **ernst genommenes** *reassessement* muss sich aber gerade **inhaltlich** mit den in IFRS 3 genannten Gründen für einen negativen Unterschiedsbetrag auseinandersetzen. Nach IFRS 3.BC371ff. kommen nur 3 Gründe infrage:
(1) Es liegt ein *bargain purchase* (günstiger Kauf) vor, d. h., das Unternehmen hat unter Wert den Eigentümer gewechselt.
(2) Das **Nettovermögen** ist wegen spezifischer, vom *fair-value*-Prinzip abweichender Vorschriften (insbesondere zu latenten Steuern) **regelkonform unter** *fair value* angesetzt *(measurement basis other than fair value)*.
(3) **Nettovermögen und/oder Anschaffungskosten** des Unternehmenszusammenschlusses werden **nicht regelkonform**, sondern fehlerhaft angesetzt oder bewertet *(error)*.

Ad 1: *Bargain purchase*
Unter sachverständig, ohne Druck handelnden und voneinander unabhängigen Dritten scheidet ein *bargain purchase* regelmäßig aus.[45] Der *fair value* ist gerade als der Betrag definiert, „zu dem zwischen sachverständigen, vertragswilligen und voneinander unabhängigen Geschäftspartnern unter marktüblichen Bedingungen" (also frei von Druck) ein Vermögenswert getauscht werden könnte. Der IASB muss insoweit für einen *bargain purchase* unterstellen, dass der Veräußerer aus „**nichtökonomischen Gründen**" *(other than economic reasons)* mit einem Kaufpreis unter Wert einverstanden ist. Solche nichtökonomischen Gründe können selten belegt werden. Sind die Parteien unabhängig, ist der Veräußerer keine Non-Profit-Organisation und handelt er nicht in einer Notlage (z. B. Zwangsversteigerung), muss daher die Ausgeglichenheit von Leistung und Gegenleistung unterstellt und ein *bargain purchase* regelmäßig ausgeschlossen werden.

Ad 2: Regelkonformer Ansatz des Nettovermögens unter *fair value*
Den Hauptanwendungsfall für einen **regelkonformen** Ansatz des erworbenen Vermögens mit unter dem *fair value* liegenden Wert stellen die **passiven latenten Steuern** dar. Sie sind aufgrund von IAS 12.53 nicht abzuzinsen (→ § 26 Rz 214), die Schuld wird dadurch über, das Nettovermögen unter dem Zeitwert ausgewiesen. Dieser Effekt kann aber i. d. R. nur geringe Teile eines negativen Unterschiedsbetrages erklären.
Auch bei **Erwerb** von **Verlustunternehmen** liegt bei erster Betrachtung eine regelkonforme Überbewertung des Nettovermögens nahe. Muss der Erwerber noch für einige Zeit mit Verlusten rechnen, wird dies durch einen entsprechend niedrigeren Kaufpreis (ggf. sogar durch einen negativen Kaufpreis) berücksichtigt, während anderseits die Berücksichtigung im Nettovermögen durch **Ansatz einer Schuld für zukünftige Verluste oder Restrukturierungen** nach IFRS 3.11 **verboten** ist. Nach Ansicht des IASB können jedoch gerade diese Fälle nicht zur Entstehung eines negativen Unterschiedsbetrages führen. Die nicht passivierbaren erwarteten Verluste oder Restrukturierungskosten sollen sich bereits zutreffend im *fair value* des Nettovermögens niederschlagen. Auf welche Weise, bleibt allerdings unklar. Folgt man gleichwohl der Auffassung des IASB, können Ansatzverbote für tatsächlich bestehende Verlusterwartungen oder Restrukturierungsschulden einen negativen Unterschiedsbetrag nicht erklären und rechtfertigen.

---

[45] Die nachfolgenden Überlegungen sind überwiegend entnommen: LÜDENBACH/VÖLKNER, BB 2006, S. 1435 ff.

Ad 3: Fehlerhafter Ansatz von Nettovermögen oder Anschaffungskosten
Für das *reassessment* bleibt dann nur noch die Möglichkeit des nicht regelkonformen, also **fehlerhaften** Ansatzes des Nettovermögens oder der Anschaffungskosten. Ein inhaltlich ernsthaftes *reassessment* muss also gerade die **Prämissen** der vorläufigen Bewertung radikal infrage stellen, und zwar
- nicht nur den vorläufigen Ansatz des erworbenen **Nettovermögens**,
- sondern auch die vorläufig angenommenen **Anschaffungskosten**.

Wenn keiner der legitimierten Gründe für einen negativen Unterschiedsbetrag vorliegt, also ein *bargain purchase* nicht begründet werden kann, und auch ein regelkonformer Ansatz des Nettovermögens unter *fair value* auszuschließen ist, kann nach der Logik von IFRS 3.36 nur noch ein **Fehler** in der Berechnung vorliegen. Dieser Fehler kann die **Zeitbewertung** des Nettovermögens (Überbewertung) oder die Ermittlung der **Anschaffungskosten** (zu niedriger Ansatz bei positivem bzw. zu hoher bei negativem Kaufpreis) betreffen.

Für den erstgenannten Fall ist insbesondere die Überprüfung der ermessensbehafteten Bewertung **immateriellen** Vermögens von Bedeutung (Rz 105), daneben die Frage, ob sämtliche Eventualschulden identifiziert und in angemessener Höhe angesetzt wurden (Rz 93).

Wenn auch ein (ausreichend großer) Fehler bei der Zeitbewertung des Nettovermögens auszuschließen ist, bleibt nur ein falscher Ansatz der **Anschaffungskosten**. Diese Möglichkeit besteht nicht nur bei einem Unternehmenserwerb gegen Ausgabe eigener Anteile (Fehlbewertung der eigenen Anteile), sondern auch bei bar abgewickelten Transaktionen, hier insbesondere bei negativen Kaufpreisen (Rz 143).

2.7.4 Negativer Kaufpreis – Abgrenzung zu Vergütungen für Leistungen des Erwerbers

Negative Kaufpreise, d. h. **Zuzahlungen** des Veräußerers an den Erwerber sind beim Übergang verlustbehafteter Unternehmen nicht unüblich.

> **Beispiel**
> Die K-AG erwirbt von ihrem Wettbewerber, der V-AG, die S-GmbH, deren zu Zeitwerten (zugleich Buch- und Steuerbilanzwerte) bewertetes Vermögen 40 Mio. beträgt. Die Parteien vereinbaren in einem Anteilskaufvertrag einen Kaufpreis von 40 Mio. Der Kaufvertrag verpflichtet die V-AG außerdem mit rechtswirksamer Durchführung der Anteilsübertragung mit der S-GmbH zum Abschluss eines separaten Vertrages (Kostendeckungsvereinbarung) mit folgenden Komponenten:
> Die S-GmbH erhält von der V-AG eine Zahlung i. H. v. 15 Mio. Im Gegenzug verpflichtet sich die S-GmbH zur Weiterbeschäftigung von 100 Mitarbeitern für die Dauer von einem Jahr, obwohl es sich bei der genannten Anzahl von Mitarbeitern um einen strukturellen Beschäftigungsüberhang handelt. Die Zahlung deckt ferner den Aufwand im Zusammenhang mit der Kündigung der Beschäftigungsverhältnisse nach Ablauf der Beschäftigungsgarantie. Rechnerisch entfallen jeweils 7,5 Mio. auf die Weiterbeschäftigung sowie auf die Kosten der Beendigung der Beschäftigungsverhältnisse.
> Die V-AG zahlt der S-GmbH außerdem einen Betrag von 25 Mio. Es handelt sich hierbei um eine unbedingte Zahlung. Nach dem Willen der Parteien soll die Zahlung dazu dienen, die Aufrechterhaltung des Geschäftsbetriebes zu fördern.

Je nach Deutung der Zahlungen des Veräußerers ergeben sich im Beispiel unterschiedliche Rechtsfolgen beim Erwerber:
- Sofern es sich um Entgelt für eine sonstige Leistung des Erwerbers handelt, beträgt der Kaufpreis 40 Mio. Da das zum *fair value* bewertete Nettovermögen im Rahmen der Erstkonsolidierung ebenfalls mit 40 Mio. anzusetzen wäre, ergäbe sich weder ein *goodwill* noch ein negativer Unterschiedsbetrag.
- Sofern die Zahlung als negativer Bestandteil des Kaufpreises zu qualifizieren wäre, würde dieser saldiert gerade null betragen. Nach der Gegenüberstellung mit dem *fair value* des erworbenen Nettovermögens von 40 Mio. ergäbe sich ein sofort ertragswirksamer negativer Unterschiedsbetrag gleicher Höhe.

In Fällen von Zuzahlungen des Veräußerers ist also zu klären, ob tatsächlich ein **negativer Kaufpreis** und damit in aller Regel ein negativer Unterschiedsbetrag vorliegt oder ob die Zuzahlung als Vergütung für eine bestimmte **Leistung des Erwerbers** zu würdigen ist. Die Beurteilung hängt davon ab, ob nur eine einzige Transaktion (Unternehmenskauf) oder eine Kombination von Transaktionen, analog den Regeln für **Mehrkomponentengeschäfte**, angenommen wird (IFRS 3.51). Nach den Regeln für Mehrkomponentengeschäfte (→ § 25 Rz 69) können die Zuzahlungen des Veräußerers dann als Vergütung für eine von der Unternehmenstransaktion zu trennende Leistung angesehen werden, wenn die **Trennbarkeit** sowohl dem Grunde als auch der Höhe nach möglich ist.

Angewandt auf das Beispiel ergibt sich hier Folgendes: Die Leistung der S-GmbH (einzelbilanziell) bzw. der K-AG (konzernbilanzielle Betrachtung) besteht darin, im Interesse der V-AG eine **Weiterbeschäftigung** strukturell überflüssiger Mitarbeiter vorzunehmen. Diese Weiterbeschäftigung liegt nicht im eigenen unternehmerischen Interesse des Erwerbers. Der **Nutzen** liegt beim **Veräußerer** und besteht darin, dass sein öffentliches Image nicht durch eine unpopuläre Maßnahme negativ beeinträchtigt wird. Dieses Ergebnis könnte der Veräußerer tendenziell auch durch Gründung einer Beschäftigungsgesellschaft gewährleisten. Eine Trennbarkeit dem **Grunde** nach ist daher gegeben.

Die Trennbarkeit der **Höhe** nach erfordert, dass die *fair values* der Einzelkomponenten bestimmbar sind. Der *fair value* des erworbenen Geschäftsbereiches ist unter Anwendung eines DCF-Verfahrens bestimmbar. Der *fair value* der sonstigen Leistung „Weiterbeschäftigung der Mitarbeiter" entspricht bei erster Betrachtung dem Wert, der einer Beschäftigungsgesellschaft zu zahlen wäre, also den Lohnkosten für ein auch von ihr nicht relevant einsetzbares und schwer vermittelbares Personal und, soweit mit einer Vermittlung auf dem Arbeitsmarkt nicht zu rechnen ist, auch den Kosten für die Beendigung der Beschäftigungsverhältnisse. Danach wäre im Beispiel insgesamt ein Entgelt von 15 Mio. der sonstigen imagewahrenden Leistung zuzurechnen.

Diese Interpretation entspricht der vom IASB an anderer Stelle aufgestellten Wertung. Nach IFRIC 8 (nunmehr mit seinem Kern in IFRS 2.13A aufgenommen) ist für Zwecke der scheinbar unentgeltlichen Gewährung von Aktien an karitative Organisationen zu unterstellen, dass **der Kaufmann nichts verschenkt**, also nicht unentgeltlich handelt, sondern für seine Leistung (Gewährung von Aktien) eine u.U. zwar nicht im Einzelnen identifizierbare und bewertbare, aber vorhandene Gegenleistung (unmittelbar Steigerung des Images, dadurch mittelbar höhere Loyalität von Kunden, Mitarbeiter usw.) erhält. Das gleiche ökonomische Kalkül kann im hier diskutierten Sachverhalt unterstellt werden.

Schwieriger ist in diesem Rahmen aber noch die Beurteilung nicht **weiter** spezifizierter, nicht an Lohnkosten und Abfindungen gebundener Zahlungen. Aus Sicht des Veräußerers ist im Hinblick auf derartige Zusatzzahlungen die Frage zu stellen, warum er nicht den preiswerten Weg über eine Beschäftigungsgesellschaft geht. Erklärend ist regelmäßig, dass die Überführung der Mitarbeiter in eine Beschäftigungsgesellschaft nicht geräuschlos genug ist, also nicht in gleichem Maße der Imagewahrung dient wie die Übernahme durch einen Wettbewerber, also ein aktives Unternehmen. Nur im 2. Fall lassen sich die imageschädlichen Entlassungsentscheidungen nach außen eindeutig einem anderen Unternehmen zuordnen und werden auch mittelbar nicht mehr dem Veräußerer zugerechnet. Dieser Interpretation folgend, sind in zweiter Betrachtung im o.g. Beispiel auch die über die Kosten einer Beschäftigungsgesellschaft hinausgehenden Zahlungen als Vergütung für eine sonstige Leistung zu qualifizieren, die der Erwerber nach Maßgabe des *matching principle* (→ § 1 Rz 114) korrespondierend zum Aufwand zu erfassen hat.

Ein inhaltlich ernst genommenes *reassessment* und der **Mehrkomponentenansatz** befruchten sich insbesondere bei Zuzahlungen des Veräußerers („negativen Kaufpreisen") gegenseitig. Die Mehrkomponentenperspektive gibt dem scheinbar formalen *reassessment*-Akt substanziellen Gehalt, umgekehrt kann das *reassessment* andere für einen negativen Unterschiedsbetrag infrage kommende Gründe (*bargain purchase* usw.) ausschließen und dadurch die Mehrkomponentenhypothese bestätigen.

144

3 Folgekonsolidierung nach der Erwerbsmethode

3.1 Gegenstand und Technik der Folgekonsolidierung

Der **erfolgsneutralen Erstkonsolidierung/-bewertung** folgt die **erfolgswirksame Folgekonsolidierung/-bewertung**. Die aufgedeckten stillen Reserven und stillen Lasten sind plan- und außerplanmäßig, der *goodwill* nur außerplanmäßig **fortzuschreiben,** Verbindlichkeiten aus bedingten Kaufpreisbestandteilen anzupassen. Hierdurch entstehen

145

- Aufwendungen für Abschreibungen (stille Reserven im Anlagevermögen),
- Aufwendungen für Material (stille Reserven in Vorräten),
- Aufwendungen aus der außerplanmäßigen Abschreibung insbesondere des *goodwill* (Rz 147) und
- Erträge aus der Auflösung der anlässlich der Erstkonsolidierung bilanzierten stillen Lasten, insbesondere Eventualschulden (Rz 149).
- Aufwendungen oder Erträge aus der *fair-value*-Bewertung bedingter Kaufpreisverbindlichkeit (Rz 62).

Abschreibungen sind nach den allgemeinen Regeln vorzunehmen. Im Falle der Aufdeckung von stillen Reserven auf Sachanlagevermögen erfolgt deren Auflösung planmäßig über die Restnutzungsdauer (→ § 10 Rz 34) und außerplanmäßig im Falle des *impairment* (→ § 11). Die planmäßige Abschreibung rückerworbener Rechte (Rz 119) erfolgt über die Restdauer des Vertrages, nicht über die ggf. längere wirtschaftliche Nutzungsdauer (IFRS 3.55).

146

3.2 Keine planmäßige Abschreibung des *goodwill*

147 Nach IAS 36 ist der *goodwill* nur **außerplanmäßig** abschreibbar *(impairment-only approach)*. Der Wertminderungstest ist mindestens jährlich durchzuführen (→ § 11 Rz 13 ff.). Da die Wertminderung des *goodwill* auf der Ebene der Zahlungsmittel erzeugenden Einheit zu bestimmen ist, können sich insbesondere im Falle von synergiebedingten Kaufpreis- bzw. *goodwill*-Komponenten Ermessensspielräume aus der Zuordnung des *goodwill* ergeben. Wird der *goodwill* einer ertragreicheren, Zahlungsmittel generierenden Einheit oder dem Gesamtunternehmen zugeordnet, verringert sich die Wahrscheinlichkeit eines außerplanmäßigen Abschreibungsbedarfs. Vgl. hierzu auch das Beispiel in → § 11 Rz 145.
Wegen Einzelheiten zur *impairment*-Abschreibung auf den *goodwill* wird insgesamt verwiesen auf → § 11 Rz 138 ff.

148 Regelungen für die Fortschreibung eines **negativen Unterschiedsbetrags** sind entbehrlich, da ein nach dem *reassessment* verbleibender Negativbetrag sofort bei der Erstkonsolidierung Ertrag wird (Rz 142).

3.3 Fortschreibung von Eventualschulden und indemnification assets

149 Eventualschulden mit einem Eintrittsrisiko, das nicht „*more likely than not*" ist, sind im Rahmen der Erstkonsolidierung mit dem *fair value* anzusetzen (Rz 93). Eine Inkonsistenz würde sich ergeben, wenn zum Folgestichtag auf die normalen Ansatz- und Bewertungsregeln von IAS 37 (→ § 21 Rz 183) gewechselt würde. Deshalb schreibt IFRS 3.56 in einer Art **Höchstwertprinzip** den Ansatz des ursprünglichen (ggf. gem. IAS 18 bzw. IFRS 15 fortgeschriebenen) Wertes oder des höheren Stichtagswertes nach IAS 37 vor.

> **Beispiel**
> K erwirbt das Unternehmen V. V ist Beklagter in einem Produkthaftungsprozess über 10 Mio. EUR. Eine Verurteilung ist möglich (Wahrscheinlichkeit 20 %), aber nicht überwiegend wahrscheinlich.
> Bei der Erstkonsolidierung ist der *fair value* der Eventualschuld (2 Mio. EUR) anzusetzen.
> - Haben sich bei der Folgekonsolidierung noch keine neuen Erkenntnisse ergeben, bleibt es beim Ansatz der 2 Mio. EUR, obwohl eine Rückstellung nach IAS 37 wegen zu geringer Wahrscheinlichkeit nicht gebildet werden dürfte.
> - Ist nach den Erkenntnissen des Folgekonsolidierungsstichtags mit mehr als 50 % von einer Verurteilung mit einem wahrscheinlichen Betrag von 4 Mio. EUR auszugehen, ist eine Zupassivierung von 2 Mio. EUR geboten.

Nicht völlig eindeutig ist die Behandlung von Fällen, in denen die Wahrscheinlichkeit der Inanspruchnahme (und damit der Erwartungswert) zwar steigt, nach wie vor aber unter der für IAS 37 bedeutsamen Schwelle von 50 % liegt. Fraglich ist, ob dann eine Zuschreibung zur Eventualschuld unterbleiben kann. Die wohl h. M.[46] bejaht dies, da IFRS 3.56 zwar die Bewertung behandelt, diese aber in der

---
[46] Vgl. LÜDENBACH/LUKAT, PiR 2013 S. 319 m.w.N.

Höchstwertbedingung („dem Betrag, der nach IAS 37 **angesetzt** werden müsste …") mit den Ansatzbedingungen von IAS 37 verknüpft ist.

> **Beispiel (Fortsetzung)**
> Zum ersten Stichtag nach Unternehmenserwerb beträgt die Wahrscheinlichkeit nicht mehr 20 %, sondern 40 %. Damit steigt zwar der Erwartungswert von 2 auf 4 Mio. EUR. Der nach IAS 37 maßgebliche Wert bleibt wegen Verfehlung der Ansatzschwelle von 50 % aber weiterhin 0. Somit ist gem. IFRS 3.56 der Zugangswert aus der Erstkonsolidierung beizubehalten.

Hat der Unternehmensverkäufer für die Eventualschuld eine **Freistellungsgarantie** abgegeben und ist daher bei der Erstkonsolidierung ein *indemnification asset* aktiviert (Rz 66 und Rz 91), ist dieses gem. IFRS 3.57 und IFRS 3.BC302 auch bei der Folgebilanzierung auf der gleichen Grundlage (*on the same basis*) zu bewerten wie die Eventualschuld.[47]

150

> **Beispiel (Fortsetzung zu Rz 149)**
> Der Verkäufer hat für das Risiko von 10 Mio. EUR eine Freistellungsgarantie abgegeben. Diese wäre zunächst unter Abstraktion von Bonitätsabschlägen bei der Erstkonsolidierung mit 2 Mio. EUR (20 % von 10 Mio.) zu erfassen, zum Folgestichtag (Wahrscheinlichkeit 40 %) wegen Kongruenz zur Bewertung der Eventualschuld weiterhin mit diesem Betrag anzusetzen. Je nach der Bonität des Freistellungsschuldners sind Abschläge auf vorgenannten Wert vorzunehmen.

3.4 Fortschreibung von in *process research and development*

Der Ansatz von Forschungs-/Entwicklungskosten im Rahmen der Erstkonsolidierung (Rz 84) zieht die Folgefrage nach sich, wie mit nachträglichen Aufwendungen auf das Forschungs-/Entwicklungsprojekt zu verfahren ist. Hierzu enthält IAS 38.42 f. folgende Regeln:

151

- Die nachträglichen Aufwendungen (*subsequent expenditures*) sind erfolgswirksam zu behandeln, wenn sie der Forschungsphase zuzuordnen sind oder zwar der Entwicklungsphase, aber die allgemeinen Kriterien der Aktivierung von Entwicklungskosten (→ § 13 Rz 30) noch nicht erfüllt sind.
- Entwicklungsaufwendungen, die die allgemeinen Ansatzkriterien erfüllen, sind zu aktivieren.

4 Hinzuerwerb und Veräußerung von Anteilen

4.1 Überblick

Abb. 5 gibt einen **Überblick** über die Behandlung des Zuerwerbs und der Veräußerung von Anteilen nach früherem und aktuellem Recht.

152

---

[47] LÜDENBACH/LUKAT, PiR 2013 S. 319, m.w.N.

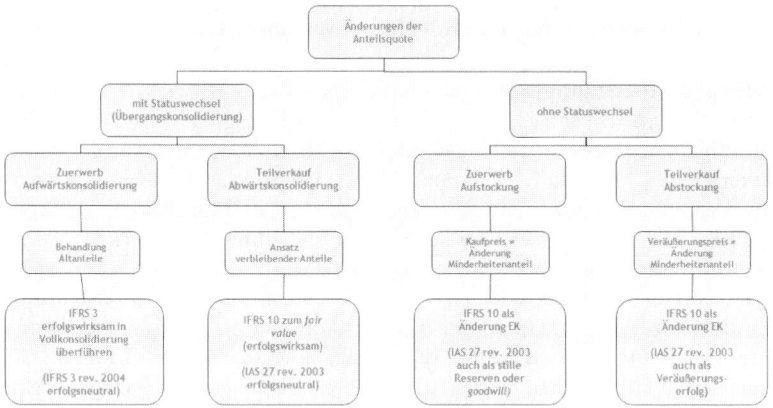

Abb. 5: Behandlung Zuerwerb/Veräußerung von Anteilen

Die Themen werden an folgenden Stellen behandelt:
- Aufwärtskonsolidierung (sukzessiver Anteilserwerb) in Rz 153 ff.
- Abwärtskonsolidierung in Rz 170
- Aufstockung in Rz 159 ff.
- Abstockung in Rz 172

4.2 Kontrollerlangung durch sukzessiven Anteilserwerb (Aufwärtskonsolidierung)

153 Insbesondere bei der Erlangung des Mehrheitsbesitzes an börsennotierte Unternehmen kann sich der Erwerb über einen **längeren Zeitraum** und in **mehreren Tranchen** vollziehen. Für die buchmäßige Behandlung eines derartigen **sukzessiven Anteilserwerbs**, bei dem die Kontrolle erst nach mehreren Erwerbsschritten erlangt wird, sind u. a. folgende Varianten diskussionswürdig:
- **Stufenweise Kaufpreisallokation**, d.h. Vergleich der Anschaffungskosten des einzelnen Erwerbsvorgangs mit dem (quotalen) Zeitwert des Nettovermögens zum **jeweiligen Erwerbszeitpunkt**. Nachteil dieser – durch IAS 22 (1998) noch zugelassenen – Variante ist die Führung des Nettovermögens des Tochterunternehmens mit gespaltenen Konzernbuchwerten: für die Anteilsquote der alten Erwerbsschritte nach Maßgabe der alten (auf die Gegenwart fortgeschriebenen) Zeitwerte, für den letzten Erwerbsschritt nach Maßgabe des aktuellen Zeitwerts.
- **Vollständige Neubewertung**, d.h. Ansatz des *goodwill* nach Maßgabe der ursprünglichen Werte (ursprüngliche Anschaffungskosten minus ursprüngliche quotale Zeitwerte), Ansatz des Nettovermögens jedoch mit den aktuellen Zeitwerten. Nachteil dieser nach IFRS 3.59 rev. 2004 allein zulässigen Variante ist, dass die Summe aus *goodwill* (ursprüngliche Wertverhältnisse) und quotalem Zeitwert (aktuelle Wertverhältnisse) nicht mehr den tatsächlichen Anschaffungskosten der früheren Erwerbsschritte entspricht. Wegen Einzelheiten der Methode und Anwendungsbeispielen wird auf die 7. Aufl. verwiesen.
- **Quasi-Tausch:** Fingiert wird eine Erlangung der Kontrollmehrheit gegen Barzahlung (für die Neuanteile) und Tausch (der Altanteile zum *fair value*) (Rz 154). Nur diese Methode ist nach IFRS 3 rev. 2008 zugelassen.

IFRS 3.42 und 3.32a fingieren für den sukzessiven Anteilserwerb eine Erlangung der Kontrollmehrheit gegen Barzahlung (für die Neuanteile) und Tausch (der Altanteile zum *fair value*). Die Differenz zwischen Buchwert und *fair value* der Altanteile führt somit zu einem Erfolg. Soweit die Altanteile als Finanzinstrumente schon bisher erfolgsneutral zum *fair value* geführt wurden, ist die bisher in die Zeitbewertungsrücklage eingestellte Wertentwicklung mit der Erstkonsolidierung GuV-wirksam zu realisieren.

Zur Wirkung dieser Regeln folgendes Beispiel:

Beispiel
- MU hat Ende 04 20 % der Anteile an TU für einen Preis von 1.400 erworben.
- Am 31.12.13 erwirbt U weitere 80 % der Anteile an TU für einen Preis von 8.000.
- Unter Vernachlässigung darin evtl. enthaltener Kontrollprämien ergibt sich für die Altanteile ein *fair value* von 2.000.
- Die Altanteile sind *at cost* bilanziert worden.

Das Nettovermögen in 13 beträgt (unter Vernachlässigung latenter Steuern) 6.000 und setzt sich wie folgt zusammen:

	13
EK zu BW	4.000
stille Reserven	2.000
EK zu Zeitwert nach latenter Steuer	6.000

Nach dem Schema unter Rz 134 ist der *goodwill* wie folgt zu berechnen:

	Barzahlung für 80 %		8.000
+	*fair value* Altanteile	+	2.000
−	in Konzernbilanz anzusetzendes Nettovermögen TU	−	6.000
=	*goodwill*	=	4.000

Ist die TU im Einzelabschluss der MU zu Anschaffungskosten angesetzt, ergeben sich folgende Buchungen per 31.12.13:

31.12.13	MU	TU	Summe	Konsolidierung			Konzern
				S		H	
AKTIVA							
goodwill				4.000	1)		4.000
Beteiligung	9.400		9.400	600	2)	10.000 1)	0
Diverses	500	4.000	4.500	2.000			6.500
Summe Aktiva	9.900	4.000	13.900				10.500
PASSIVA							
gez. Kap	9.900	3.500	13.900	3.500	1)		9.900
GewinnRL/JÜ		500	500	500	1)	600 2)	600
Summe Passiva	9.900	4.000	13.900				10.500
				10.600		10.600	

1) = Kapitalkonsolidierung
2) = Ertrag aus Altanteilen (2.000−1.400 = 600). Alternativ könnte der Ertrag bereits in der IFRS-II-Bilanz berücksichtigt werden.

156 **Beispiel**

Abweichende Buchungen ergeben sich, wenn die Altanteile bisher *at equity* bilanziert worden und sich der *equity*-Ansatz von 04 bis zum 31.12.13 wie folgt entwickelt hat:

	04	13
gez. Kapital	700	700
Gewinnthesaurierung		100
stille Reserven	200	200
Abschreibung darauf		−80
goodwill	500	500
equity-Ansatz	1.400	1.420
nachrichtlich:		
Ergebnis aus aU 13		5

Der Abgangserfolg der Altanteile (*equity*-Anteile) reduziert sich im Vergleich zum Fall des Finanzinstrumentes (Bilanzierung zu Anschaffungskosten) um 20 auf 580. Aus dem Jahr 13 ist außerdem noch das Ergebnis aus *equity*-Beteiligung (i. H. v. 5) zu berücksichtigen. Es ergeben sich die nachfolgenden Buchungen:

31.12.2013				Konsolidierung				
	MU	TU	Summe	S		H		Konzern
AKTIVA								
goodwill				4.000	1)			4.000
Beteiligung	9.400		9.400	600	2)	10.000	1)	0
				15	3)	20	2)	
				5	4)			
Diverses	500	4.000	4.500	2.000	1)			6.500
Summe Aktiva	9.900	4.000	13.900					10.500
PASSIVA								
gez. Kap	9.900	3.500	13.900	3.500	1)			9.900
GewinnRL/JÜ		500	500	500	1)	580	2)	600
						15	3)	
						5	4)	
Summe Passiva	9.900	4.000	13.900					10.500
				10.620		10.620		

1) = Kapitalkonsolidierung
2) = Ertrag aus Altanteilen (2.000−1.420 = 580). Alternativ könnte der Ertrag bereits in der IFRS-II-Bilanz berücksichtigt werden.
3) = EöB-Buchung *equity*-Beteiligung
4) = Ergebnis aus aU für 13

157 Sind beim assoziierten Unternehmen **GuV-neutrale Einkommensbestandteile** aufgelaufen (kumuliertes *other comprehensive income*), gilt für die Aufwärtskonsolidierung: Die aufgelaufene Rücklage ist so zu realisieren, als ob die betreffenden

Vermögenswerte oder Schulden abgehen würden (IAS 28.22c i.V.m. IFRS 3.42).
Ein GuV-Erfolg ergibt sich hieraus etwa bei Währungsdifferenzen des assoziierten Unternehmens in Bezug auf dessen eigene Tochterunternehmen oder bei veräußerbaren Finanzinstrumenten (*available-for-sale assets*) (→ § 28 Rz 297 ff.).[48]
Als Folgeänderung von IFRS 9 wird zukünftig die Behandlung bislang erfolgsneutral zum *fair value* bilanzierter Altanteile im Rahmen einer Aufwärtskonsolidierung geändert. Die im sonstigen Gesamtergebnis (*other comprehensive income*) erfassten Zeitwertänderungen bis zum Zeitpunkt des Unternehmenszusammenschlusses sind nicht in die GuV umzubuchen (IFRS 3.42).

4.3 Mehrheitswahrende Aufstockung
Die Aufstockung einer bereits bestehenden Mehrheitsbeteiligung, also etwa die Erhöhung der Anteilsquote von 51 % auf 80 % oder von 80 % auf 100 %, war in IFRS 3 rev. 2004 ungeregelt. Verschiedene Methoden galten im Schrifttum als zulässig; hierzu wird auf die 7. Auflage verwiesen. Eine dieser Methoden deutet die Aufstockung als **Transaktion zwischen Eigentümern:** Auf der Grundlage des sog. *entity*-Konzepts (Einheitsgrundsatz) berührt der Zuerwerb danach nur die Verteilung der Residualansprüche der Eigentümergruppen. Bilanzansätze der Vermögenswerte und Schulden bleiben unverändert. Innerhalb des Eigenkapitals findet eine Wertverschiebung zwischen Mehrheitsgesellschaftern und Minderheit statt. Nach IFRS 10.23 ist nur noch diese Methode zulässig. Konzeptionell überzeugt dies nur zum Teil. Zwar werden die Mehrheits- und Minderheitsgesellschafter (im Gegensatz zu IAS 27 rev. 2003) in der Behandlung von Verlusten bzw. negativen Eigenkapitalanteilen gleichgestellt, weiterhin bleibt aber ein Unterschied in der Behandlung des *goodwill*, der für Minderheiten nicht pflichtweise aufzudecken ist (Rz 134).

> **Beispiel**
> MU beteiligt sich in 01 als Gründungsgesellschafter mit 80 % an der Gründung der TU. In 01 bis 05 entwickelt TU eigene Marken mit einem *fair value* von 900, die jedoch nach IAS 38.63 nicht aktivierungsfähig sind. Das übrige Vermögen der TU (Buchwert = *fair value*) beträgt Ende 05 100. Ende 05 stockt MU seine Beteiligung gegen einen Kaufpreis von 15 von 80 % auf 81 % auf. Einzige Wirkung des Zuerwerbs ist eine Verringerung des Minderheitenanteils um 15.

> **Beispiel**
> In Abwandlung des Beispiels aus Rz 155 hat MU im zweiten Schritt (31.12.13) nicht 80 % für 6.000, sondern nur 60 % für 6.000 erworben und damit seine Anteilsquote zunächst nur von 20 % auf 80 % erhöht. Die verbleibenden 20 % werden in einem 3. Schritt (1.1.14) für 2.000 erworben. Die keinen maßgeblich vermittelnden Altanteile von 20 % wurden in 04 für 1.400 angeschafft und haben zum 31.12.13 einen Zeitwert von 2.000.
> Das Nettovermögen von TU entwickelt sich von 04 nach 13/14 wie folgt:
>
> | | 04 | 13/14 |
> |---|---|---|
> | EK zu BW | 3.500 | 4.000 |
> | stille Reserven | 1.000 | 2.000 |

---
[48] KÜTING/WIRTH, KoR 2010, S. 362 ff.

Bei der Vollkonsolidierung zum 31.12.13 sind abweichend vom früheren Recht die Altanteile erfolgswirksam in die Vollkonsolidierung zu überführen. Bei Anschaffungskosten von 1.400 für die 1. Tranche und einem angenommenen *fair value* von 2.000 ergibt sich ein Erfolg von 600.
Wird von der *full-goodwill*-Methode (Rz 130) kein Gebrauch gemacht, ergibt sich der *goodwill* wie folgt:

	Barzahlung für 60 %			6.000
+	*fair value* Altanteile		+	2.000
+	Minderheitenanteil (20 % von 6.000)		+	1.200
=	Zwischensumme (AK i. w. S.)		=	9.200
–	*fair value* erworbenes Vermögen (100 %)		–	6.000
=	*goodwill*		=	3.200

Bezogen auf die 3. Tranche ergeben sich folgende Buchungen:
auf **Basis einer Summenbilanz** (für den 20 %igen Zuerwerb):

Datum	Konto	Soll	Haben
	Minderheit	1.200	
	EK	800	
	Beteiligung		2.000

auf **Basis einer Konzernbuchhaltung**:

Konto	Soll	Haben
Minderheit	1.200	
EK	800	
Geld		2.000

31.12.13				Konsolidierung				
	MU	TU	Summe	S		H		Konzern
AKTIVA								
goodwill				3.200	1)			3.200
Beteiligung	7.400		7.400	600	2)	8.000	1)	0
Diverses	2.500	4.000	6.500	1.600 400	1) 3)			8.500
Summe	9.900	4.000	13.900					11.700
PASSIVA								
gez. Kap	9.900	3.500	13.400	2.800 700	1) 3)			9.900
GewinnRL/JÜ		500	500	400 100	1) 3)	600	2)	600
Minderheit						1.200	3)	1.200
Summe	9.900	4.000	13.900	9.800		9.800		11.700

1) = Konsolidierung Mehrheitsgesellschafter
2) = Ertrag aus Altanteilen (2.000 – 1.400)
3) = Konsolidierung Minderheit

1.1.14				Konsolidierung				
	MU	TU	Summe	S		H		Konzern
AKTIVA								
goodwill				3.200	1)			3.200
Beteiligung	9.400		9.400	600	1)	8.000 2.000	1) 2)	0
Diverses	500	4.000	4.500	2.000	1)			6.500
Summe	**9.900**	**4.000**	**13.900**					**9.700**
PASSIVA								
gez. Kap	9.900	3.500	13.400	3.500	1)			9.900
GewinnRL		500	500	500 800	1) 2)	600	1)	–200
Minderheit				1.200	2)	1.200	1)	00
Summe	**9.900**	**4.000**	**13.900**	**11.800**		**11.800**		**9.700**

1) bis 2) = Konsolidierung jeweilige Tranche

Bei zivilrechtlicher Trennung eines Anteilserwerbs in zwei Schritte, wobei bereits der erste zu einer Mehrheitsbeteiligung und Kontrolle führt, kann im Einzelfall unter wirtschaftlichen Gesichtspunkten bilanziell eine **einheitliche Maßnahme** vorliegen, die zu einem einheitlichen Erstkonsolidierungszeitpunkt und nicht zur Anwendung der Aufstockungsregeln führt.[49]

Bei einer Aufstockung können **Transaktionskosten** (Beratungskosten, Notargebühren, Verkehrssteuern etc.) anfallen. Die Behandlung von Transaktionskosten wird in IFRS 10 nicht angesprochen. Klar ist nur: Nach dem der Aufstockung zugrunde liegenden einheitstheoretischen Konzept (Rz 159) kommt **keine Aktivierung** (als *goodwill* oder in sonstiger Weise) in Betracht. Fraglich ist aber, ob die Kosten
- aufwandswirksam oder
- ohne Berührung der GuV als Minderung des Eigenkapitals der Mehrheitsgesellschafter

zu verbuchen sind.

Mangels expliziter Regelungen ist gem. IAS 8.11a zur Beantwortung dieser Frage vorrangig nach Analogregeln in anderen Standards zu suchen. Zunächst kommt die **Analogie zu IFRS 3** in Betracht. Nach IFRS 3 sind auf den Unternehmenserwerb bezogene Kosten (*acquisition related costs*) sofort als **Aufwand** zu verbuchen, und zwar unabhängig davon, ob sie direkt zurechenbar sind oder (wie die meisten internen Kosten) Gemeinkostencharakter haben (Rz 39). Für die Frage der Analogiefähigkeit dieser Vorschrift ist ihre konzeptionelle Begründung von Bedeutung. Sie ist in IFRS 3.BC 365 ff. niedergelegt und lässt sich wie folgt zusammenfassen:
- Die Transaktionskosten sind kein Teil des Leistungsaustauschs zwischen Erwerber und Veräußerer.
- Der mit den Transaktionskosten verbundene Nutzen wird in dem Augenblick verbraucht, in dem die Beratungs-, Beurkundungsleistung usw. in Anspruch genommen wird.

---

[49] Vgl. das Beispiel in LÜDENBACH, PiR 2012, S. 300.

Beide Argumente gelten gleichermaßen für den Zuerwerb eines Anteils im Wege der Aufstockung. Eine analoge Anwendung von IFRS 3 erscheint daher zunächst nicht unbegründet. Als weitere und u. E. bessere Analogiegrundlage kommt u. E. aber IAS 32 in Betracht. Zur Behandlung des **Erwerbs eigener Anteile** (im Einzelabschluss) hält IAS 32 Folgendes fest (→ § 20 Rz 85 ff.):

- Der hingegebene Betrag (die „Anschaffungskosten" der eigenen Anteile) ist gegen das Eigenkapital zu kürzen (IAS 32.33).
- Entsprechend sind direkt zurechenbare Transaktionskosten des Erwerbs **erfolgsneutral** vom Eigenkapital abzuziehen (IAS 32.37),[50] während nicht direkt zurechenbare Kosten als Aufwand zu verbuchen sind.

Die in IFRS 10.23 vorgegebene Behandlung der Aufstockung als Transaktion zwischen Eigenkapitalgebern weist auch nach Auffassung des IASB (IFRS 3.BCZ178) **Parallelen** zum Erwerb eigener Anteile auf. In beiden Fällen gibt das Mutterunternehmen Geld hin, um vorher anderen gehörende Anteile zu erwerben. Eine Analogie zu IAS 32.37 ist daher u. E. gegeben. Die mit dieser Analogie verbundene unterschiedliche Behandlung von Einzelkosten (Verrechnung gegen Eigenkapital) und Gemeinkosten (Aufwand) erscheint nur vor dem Hintergrund von IFRS 3 inkonsistent. Andere Standards – z. B. IAS 2.11. für Vorräte (→ § 17 Rz 22), IAS 16.16 für Sachanlagen (→ § 14 Rz 11) und IAS 38.27 für immaterielles Vermögen (→ § 13 Rz 74) – betonen gerade den Unterschied direkt zurechenbarer Kosten zu Gemeinkosten und rechtfertigen hieraus deren unterschiedliche Behandlung.[51]

162 Der im Rahmen einer mehrheitswahrenden Aufstockung vereinbarte **Kaufpreis** kann ganz oder in Teilen an **ungewisse Bedingungen** geknüpft sein *(contingent consideration)*, etwa das Erreichen bestimmter Erfolgsziele *(earn out)* oder eine Mindestdauer, über die der Veräußerer in einer Geschäftsführungsfunktion tätig bleiben muss. Die solche Konstellationen betreffenden Regelungen für den Unternehmenserwerb (Rz 52 und Rz 59 ff.) sind u. E. analog anzuwenden. Hiernach gilt: Stellt die bedingte Verpflichtung keine Vergütung für Dienste des Veräußerers dar, ist sie im Zeitpunkt des Erwerbs der nicht beherrschenden Anteile mit ihrem *fair value* einzubuchen. Die Fortschreibung der Verbindlichkeit ist erfolgswirksam vorzunehmen. Dieses Vorgehen wird durch die ESMA bestätigt.[52] Die ESMA weist insbesondere auf Folgendes hin: Die bedingte Zahlungsverpflichtung ist eine finanzielle Verbindlichkeit i. S. v. IAS 32.11 und IAS 32.25 und unterliegt daher nicht den Regeln von IAS 37. Insbesondere führt daher eine unter 50 % liegende Wahrscheinlichkeit für die bedingte Zahlung nicht zu einer nicht ansatzfähigen *contingent liability* (→ § 21 Rz 119). Die Wahrscheinlichkeit ist keine Ansatzhürde, sondern lediglich Bewertungsparameter.

163 **Erfolgswirkungen** aus einer Aufstockung ergeben sich nach einer Non-IFRIC-Entscheidung vom Januar 2013 ausnahmsweise dann, wenn der Kaufpreis für die erworbenen Minderheitenanteile (z. T.) durch **non-monetäre Leistungen** erbracht wird und dabei stille Reserven im hingegebenen Gegenstand aufgedeckt werden.

---

50 So auch eine Agenda Rejection (Non-IFRIC), IFRIC, Update Juli 2009.
51 Vgl. auch LÜDENBACH, PiR 2013, S. 135; soweit im Wesentlichen gl. A.: OSER, IRZ 2012, S. 325 ff.
52 Decision ref EECS/0213–09.

> **Beispiel**
> MU war bisher mit 80 % an TU beteiligt. Der nicht beherrschende Anteil beträgt 250 TEUR. Gegen eine Barzahlung von 350 TEUR und Hingabe einer bei MU nicht aktivierten Marke (Buchwert 0 TEUR, *fair value* 100 TEUR) erwirbt MU die restlichen Anteile. U. E. ist wie folgt zu buchen:
>
> | | | | |
> |---|---|---|---|
> | per nicht beherrschende Anteile | 250 | an Geld | 350 |
> | per Gewinnrücklagen | 200 | an Ertrag aus Abgang Marke | 100 |

Die Ertragsbuchung ergibt sich u. a. aus einer Analogie zu IFRIC 17 (Rz 189), im Übrigen aber auch aus den allgemeinen Tauschgrundsätzen (→ § 13 Rz 82, → § 25 Rz 102).

Fraglich bleibt bei der Aufstockung gegen Gewährung von Sachleistungen noch, **wem** der **Abgangserfolg** bez. der nicht-monetären Vermögenswerte **zuzuordnen** ist. U.E. besteht ein faktisches Wahlrecht zwischen folgenden beiden Sichtweisen:

- Die Transaktionsschritte – Ausbuchung NCI und Abgang des nicht-finanziellen Vermögens – werden als simultan betrachtet. Zurechnung des Ertrags aus der Aufdeckung stiller Reserven daher nur zu den beherrschenden Gesellschaftern.
- Die jeweiligen Transaktionsschritte werden als aufeinander folgend angesehen. Daher ist auch nur eine anteilige Zurechnung des Ertrags aus der Aufdeckung stiller Reserven zu den beherrschenden Gesellschaftern geboten.

4.4 Veräußerung sämtlicher Anteile (Entkonsolidierung)

4.4.1 Grundfall ohne nicht beherrschende Anteile

Aus Konzernsicht stellt die Veräußerung sämtlicher Anteile keinen Beteiligungsverkauf *(share deal),* sondern die entgeltliche Übertragung einzelner Vermögenswerte und Schulden inklusive *goodwill* dar *(asset deal).* Es ist daher nach IFRS 10.25 eine **Einzelveräußerung** zu fingieren, bei der auch der *goodwill* abgeht (→ § 31).

Nach Maßgabe der **Einzelveräußerungsfiktion** ergibt sich der Abgangserfolg aus der Differenz von Veräußerungserlös und den Konzernbuchwerten des abgehenden Vermögens einschließlich der stillen Reserven und des *goodwill* (direkte Methode). Alternativ kann der Abgangserfolg **indirekt** ermittelt werden. Dabei wird der Erfolg der Einzelbilanz in der Vergangenheit um nur im Konzernabschluss aufwands- oder ertragswirksam gewordene Positionen (Abschreibungen auf stille Reserven usw.) korrigiert. Beide Methoden führen nur dann zu gleichen Ergebnissen, wenn das Tochterunternehmen bei und nach dem Erwerb konzernbilanziell als eine eigene *goodwill*-tragende *cash generating unit* geführt wurde (→ § 11 Rz 142). Ist dies nicht der Fall, wird der Entkonsolidierungserfolg in der direkten Methode nicht mehr mit dem historischen, im Kaufpreis vergüteten *goodwill,* sondern mit einem Anteil am *goodwill* der CGU belastet (vgl. Rz 167), während einzelbilanziell im abgehenden Beteiligungsbuchwert gerade der früher erworbene *goodwill* enthalten ist. Die indirekte Methode kann dann

164

nicht oder nur unter Einfügung eines entsprechenden Korrekturpostens zur Ermittlung des Entkonsolidierungserfolgs genutzt werden.

165 Die nachfolgende Tabelle zeigt mit dem vorstehenden Vorbehalt beide Alternativen:

Direkte Methode		Indirekte Methode	
	Buchwert Nettovermögen (Aktiva – Passiva)		
+/–	stille Reserven Aktiva/Passiva (soweit beim Erwerb aufgedeckt und noch nicht abgeschrieben/aufgelöst)		Veräußerungspreis
+/–	auf TU entfallende Rücklagen für Währungsumrechnungsdifferenz, *available-for-sale assets* und *cash flow hedges*	–	Beteiligungsbuchwert
+	*goodwill*	=	Erfolg Einzelbilanz
=	Summe Abgang (–)	+	in Vergangenheit aufwandswirksame stille Reserven
+	Veräußerungspreis	+	in Vergangenheit aufwandswirksame *goodwill*-Abschreibung
		–	in Vergangenheit ertragswirksamer Gewinn aus T
=	Abgangsgewinn	=	Abgangsgewinn

Tab. 4: Ermittlung Entkonsolidierungserfolg

Zur Anwendung der Methoden und zur Buchungstechnik folgendes Beispiel:

Beispiel
M erwirbt 100 % von T am 1.1.01 für 1.000. Das Eigenkapital von T beträgt zu diesem Zeitpunkt 600. Der Unterschiedsbetrag von 400 entfällt je zu ½ auf stille Reserven im Anlagevermögen (Abschreibung über 10 Jahre) und auf Firmenwert (Abschreibung über 20 Jahre). T erwirtschaftet in 01 einen Gewinn von 100, M von 500. Am 2.1.02 wird T überraschend für 900 verkauft, woraus in der Einzelbilanz von M nach Abzug des Beteiligungsbuchwertes von 1.000 ein Verlust von 100 resultiert.
Nachfolgend zunächst die Konsolidierungsbuchungen auf Erst- und Folgekonsolidierungszeitpunkt, dann die Abgangsbuchungen.

				Konsolidierung			
	M	T	Summe	S		H	Konzern
goodwill				200	*1)*	*1)*	200
Beteiligung	1.000		1.000			1.000 *1)*	
Diverses	4.000	600	4.600	200	*1)*		4.800
Summe	5.000	600	5.600				5.000
EK	5.000	600	5.600	600	*1)*		5.000
JÜ							
Summe	5.000	600	5.600	1.000		1.000	5.000

1) Erstkonsolidierungsbuchung: zur Verrechnung EK + *goodwill* + stille Reserven mit Beteiligung

Tab. 5: Erstkonsolidierung 1.1.01

Unternehmenszusammenschlüsse § 31

	M	T	Summe	Konsolidierung				Konzern
				S		H		
goodwill				200	*1)*	10	*2)*	190
Beteiligung	1.000		1.000			1.000	*1)*	
Diverses	4.500	700	5.200	200	*1)*	20	*2)*	5.380
Summe	**5.500**	**700**	**6.200**					**5.570**
EK	5.000	600	5.600	600	*1)*			5.000
JÜ	500	100	600	30	*2)*			570
Summe	**5.500**	**700**	**6.200**	**1.030**		**1.030**		**5.570**

1) Wiederholung Erstkonsolidierungsbuchung
2) Abschreibung *goodwill* und stille Reserven

Tab. 6: Folgekonsolidierung 31.12.01

	M	T	Summe	Konsolidierung				Konzern
				S		H		
goodwill				190	*1)*	190	*2a)*	0
Beteiligung	0		0	1.000	*2)*	1.000	*1)*	0
Diverses	5.400	700	6.100	180	*1)*	180	*2b)*	5.400
						700	*2c)*	
Summe	**5.400**	**700**	**6.100**					**5.400**
EK	5.500*	700*	6.200	630	*1)*			5.570
JÜ	−100	0	−100	100		30	*2d)*	−170
Summe	**5.400**	**700**	**6.100**	**2.100**		**2.100**		**5.400**

* inkl. Gewinnvortrag aus 01
1) Eröffnungsbilanzbuchung 02 zur Darstellung *goodwill* und stille Reserven vor Abgang
2) Entkonsolidierungsbuchung zur Darstellung Einzelveräußerungsfiktion: Abgang *goodwill* (2a), Abgang Diverse incl. stille Reserven (2b + c), kein Abgang Beteiligung aus Konzernperspektive (2)

Tab. 7: Entkonsolidierung 31.12.02

Beispiel (Fortsetzung)			
Der buchungstechnisch ermittelte Entkonsolidierungserfolg lässt sich nach den unter Rz 190 erläuterten Methoden auch so bestimmen:			
Direkte Methode		**Indirekte Methode**	
Buchwert Aktiva	700	Veräußerungspreis	900
+ stille Reserven Aktiva	180	− Beteiligungsbuchwert	−1.000
+ *goodwill*	190	= Erfolg Einzelbilanz	−100
= Summe Abgang	= −1.070	+ schon aufwandswirksame stille Reserven	+20
+ Veräußerungspreis	900	+ schon aufwandswirksamer *goodwill*	+10
		− schon ertragswirksamer Gewinn aus T	−100
= **Abgangserfolg**	= − **170**	= **Abgangserfolg**	= − **170**

2077

Direkte Methode		Indirekte Methode	
+ Erfolg 01 (100–20–10)	+ 70	+ Erfolg 01 (100–20–10)	+ 70
= Totalerfolg (Anschaffung bis Abgang)	= – 100	= Totalerfolg	= – 100

Tab. 8: Entkonsolidierungserfolg

166 Nach IFRS 10.B99 sind bilanziell im kumulierten sonstigen Gesamtergebnis (*other comprehensive income*) in Bezug auf das Tochterunternehmen ausgewiesene Beträge bei der Entkonsolidierung so zu behandeln, als ob die dazugehörigen Vermögenswerte direkt veräußert worden wären. Bei erfolgsneutral zum *fair value* bewerteten Finanzinstrumenten wird daher ein zuvor im O. C. I. erfasster Gewinn (oder Verlust) mit Verlust der Beherrschung über das Tochterunternehmen erfolgswirksam.[53]

4.4.2 Goodwill bei der Entkonsolidierung[54]

167 Für die Belastung des Entkonsolidierungserfolgs mit *goodwill* ist zunächst IAS 36.86 heranzuziehen (→ § 11 Rz 183). Danach gilt:

- *Goodwills* sind bei ihrer Entstehung/Ersterfassung nicht rechtlichen Einheiten (etwa Tochterunternehmen), sondern wirtschaftlichen Einheiten, sog. *cash generating units (CGUs)*, zuzuordnen (→ § 11 Rz 144).
- Ist das zu veräußernde Tochterunternehmen Teil einer solchen CGU, muss der *goodwill* regelmäßig im Verhältnis der relativen Werte von abgehenden und verbleibenden Bereichen der CGU **aufgeteilt** werden. Von diesem Verfahren ist ausnahmsweise dann abzuweichen, wenn eine andere Methode nachweislich den abgehenden *goodwill* besser abbildet (z.B. Weiterveräußerung eines Tochterunternehmens kurz nach Erwerb).

Die Wirkungsweise dieser Vorschriften wird an einem Extremfall besonders deutlich, nämlich dort, wo unter Inanspruchnahme der Wahlrechte aus IFRS 1.C4(i) ein zu HGB-Zeiten mit den Rücklagen verrechneter *goodwill* unter Beibehaltung dieser Verrechnung nicht nach IFRS übernommen wurde (→ § 6 Rz 57).

> **Beispiel**
> Die Konzernmutter MU hat während der HGB-Zeit *goodwills* z.T. mit den Rücklagen verrechnet. Diese Verrechnungen wurden in der IFRS-Eröffnungsbilanz beibehalten.
> - Nunmehr wird ein Tochterunternehmen TU-1 zu einem Preis von 1.000 veräußert. Das im IFRS-Konzernabschluss bilanzierte Nettovermögen der TU beträgt 600. Der vorläufige Entkonsolidierungserfolg wird demzufolge mit 400 ermittelt.
> - Darin noch nicht berücksichtigt ist der bei Erwerb der TU-1 aufgedeckte und sofort mit den Rücklagen verrechnete *goodwill* von 500.

---

[53] Anwendungsbeispiele bei HEINTGES/BOGGEL/URBANCZIK, PiR 2010, S. 221 ff.
[54] Die nachfolgenden Ausführungen sind überwiegend entnommen aus: LÜDENBACH, PiR 2005, S. 62 ff.

> Das veräußerte Tochterunternehmen bildet im Übrigen mit zwei weiteren Tochterunternehmen eine *cash generating unit* (CGU). Dieser **CGU** ist für Zwecke des *impairment*-Tests ein *goodwill* von 300 zugeordnet. Er stammt ausschließlich aus der Erstkonsolidierung von TU-3. Beim Erwerb von TU-2 entstand demgegenüber kein *goodwill*, da der Kaufpreis für TU-2 gerade dem erworbenen Nettovermögen entsprach.
> Der „Unternehmenswert" der CGU beträgt nach Entkonsolidierung 2.000, wovon jeweils 1.000 auf TU-2 und TU-3 entfallen.

Nach Rücklagenverrechnung ist der *goodwill* im konzernbilanziell erfassten Nettovermögen des Tochterunternehmens nicht mehr enthalten. Es existiert insofern für den *goodwill* kein Buchwert mehr, dessen Abgang den Entkonsolidierungserfolg unmittelbar belasten könnte. Die wohl herrschende handelsrechtliche Meinung (zum HGB i.d.F. vor BilMoG) will es dabei aber nicht belassen. Im Interesse einer zutreffenden Erfolgsermittlung über alle Perioden (**Totalgewinn**) soll ein mit den Rücklagen verrechneter und damit zuvor nicht aufwandswirksam gewordener *goodwill* den Entkonsolidierungserfolg mindern.[55] Eine Minderheit hält ein entsprechendes Vorgehen nicht[56] oder nur als Wahlrecht[57] für zulässig.

Für die Übertragung der herrschenden handelsrechtlichen Auffassung in die IFRS-Bilanz könnte eine Art „**Verursacherprinzip**" sprechen: Da die Verrechnung des *goodwill* mit den Rücklagen ein handelsrechtliches „Relikt" ist, ihren Ursprung also im Handelsrecht hat, könnte auch die Erledigung dieser Verrechnung im Rahmen der Entkonsolidierung handelsrechtlichen Grundsätzen folgen. Diese Überlegung wird jedoch hinfällig durch eine **explizite Regelung in IFRS 1**: Gem. IFRS 1.C4(i)(i) ist ein mit den Rücklagen verrechneter *goodwill* bei der Entkonsolidierung nicht erfolgswirksam zu berücksichtigen. Die Frage einer eventuellen Belastung des Entkonsolidierungserfolgs mit *goodwill* kann aus der isolierten Perspektive von IFRS 1 und IFRS 10 jedoch nicht abschließend beantwortet werden. IAS 36.86 mit seinen Vorgaben zur anteiligen Belastung im CGU-Fall ist zu beachten. IFRS 1.C4(i) immunisiert Tochterunternehmen, deren *goodwill* mit Rücklagen verrechnet war, daher nicht gegen jede *goodwill*-Belastung beim Abgang. Lediglich eine **Gleichbehandlung** ist angestrebt:
- Ein Tochterunternehmen, dessen *goodwill* wegen Rücklagenverrechnung nicht bilanziert ist, soll beim Abgang nicht schlechter, aber auch nicht besser gestellt werden als
- ein Tochterunternehmen, das aus anderen Gründen (fehlender Unterschiedsbetrag beim Erwerb) keinen *goodwill* aufweist.

Hierzu folgende Variation des Ausgangsfalls:

> **Beispiel (Variante)**
> Als Wert der CGU werden weiterhin 3.000 unterstellt, als Veräußerungserlös einer Teileinheit weiterhin 1.000. Diese Teileinheit soll aber nicht TU-1,

---
55 Z.B. ADS, 6. Aufl., § 301 HGB, Tz. 262.
56 Z.B. Oser, WPg 1995, S. 296.
57 Z.B. Weber/Zündorf, in: HdKR, § 301 HGB, Tz. 269.

> sondern TU-2 sein, also das Tochterunternehmen, bei dessen Erwerb überhaupt kein Unterschiedsbetrag *(goodwill)* entstanden ist.
> Der Abgangserfolg von TU-2 ist gem. IAS 36.86 anteilig mit einem *goodwill* von 100 (1.000/3.000 × 300) zu belasten.

Beim Erwerb von TU-2 ist zwar kein *goodwill* aufgedeckt worden; dieser stammt ausschließlich aus dem Erwerb von TU-3. Darauf kommt es aber aus folgendem Grund nicht an:
- Die Regelungen von IAS 36 verlangen und erlauben **keine Beachtung der Erwerbsgeschichte**;
- sie berücksichtigen nicht die rechtliche, sondern die **wirtschaftliche Einheit** in Form der CGU.

Einer solchen CGU ist der *goodwill* bei Erstkonsolidierung zuzurechnen. Die jährlichen *impairment*-Tests erfolgen auf Ebene solcher CGUs und nicht für rechtliche Einheiten. Nur **zufällig** kann Identität von rechtlicher (Tochterunternehmen) und wirtschaftlicher Einheit (CGU) bestehen.

Aus der Betrachtung des Regelungszwecks und der Fallvariante ergeben sich folgende Konsequenzen für den Extremfall des rücklagenverrechneten *goodwill*:
- IFRS 1 verhindert eine Schlechterstellung der Veräußerung eines Tochterunternehmens, dessen *goodwill* mit Rücklagen verrechnet wurde, gegenüber dem Verkauf eines Tochterunternehmens, bei dessen Erwerb überhaupt kein *goodwill* entstand.
- Die Vorschrift gewährt andererseits aber auch keine Besserstellung gegenüber Fällen, in denen kein *goodwill* entstanden ist. Der Abgang ist daher nicht vor den sich aus IAS 36 ergebenden anteiligen *goodwill*-Belastungen geschützt.

In allen Fällen ist der *goodwill* nach Maßgabe der relativen Wertverhältnisse von abgehendem Bereich einerseits zu den in der CGU verbleibenden Bereichen andererseits **auszubuchen**.

4.4.3 Entkonsolidierung bei nicht beherrschenden Anteilen

168 Buchungstechnisch anspruchsvoller ist die **Entkonsolidierung bei** Vorhandensein von **Minderheitenanteilen** (nicht beherrschenden Anteilen). Hierzu folgende Variation des Ausgangsbeispiels aus Rz 165 unter der Prämisse, dass von dem durch IFRS 3.19 geschaffenen Wahlrecht, dem Minderheitenanteil bei der Erstkonsolidierung einen *goodwill*-Anteil zuzurechnen, kein Gebrauch gemacht wird:

> **Beispiel**
> M erwirbt 80 % an TU am 1.1.01 für 800. Das Eigenkapital von T beträgt zu diesem Zeitpunkt 600, in Zeitwerten 800. Die anteiligen stillen Reserven sind also 80 % von 200 = 160 (Abschreibung über 10 Jahre). Der *goodwill* (Abschreibung über 20 Jahre) beträgt ebenfalls 160 (800 AK – 640 Zeitwertanteil). T erwirtschaftet in 01 einen Gewinn von 100, M von 500. Am 2.1.02 wird die 80-%-Beteiligung von T überraschend für 720 verkauft, woraus in der Einzelbilanz von M nach Abzug des Beteiligungsbuchwertes ein Verlust von 80 resultiert.
> Nachfolgend zunächst die Entkonsolidierung und dann die rechnerische Ermittlung des Entkonsolidierungserfolgs:

	\multicolumn{6}{c	}{Konsolidierung}	
	M	T	Summe	S		H		Konzern
goodwill				152	1)	152	2a)	
Beteiligung	0		0	800	2)	800	1)	
Diverses	5.420	700	6.120	180	1)	144	2b)	5.420
						560	2c)	
						36	3a)	
					1)	140	3b)	
Summe	**5.420**	**700**	**6.120**					**5.420**
EK	5.500	700	6.200	644	1)			5.556
JÜ	−80		−80	56	2)			−136
Minderheit				176	3)	176	1)	
Summe	**5.420**	**700**	**6.120**	**2.008**		**2.008**	**1)**	**5.420**

1) Eröffnungsbilanz-Buchung 02 zur Darstellung *goodwill*
2) Entkonsolidierungsbuchung Mehrheitenanteil
3) Entkonsolidierung Minderheitenanteil

Direkte Methode		Indirekte Methode	
Buchwert EK (80 %)	560	Veräußerungspreis	720
+ Stille Reserven (80 %)	144	− Beteiligungsbuchwert	−800
+ *goodwill*	152	= Erfolg Einzelabschluss	−80
Summe Abgang	−856	+ schon aufgelöste stille Reserven	16
+ Veräußerungspreis	720	+ schon abgeschriebener *goodwill*	8
		− thesaurierter Gewinn T	−80
= Abgangserfolg 02	−136	= Abgangserfolg 02	−136
+ Erfolg 01 (80−8 − 16)	56	+ Erfolg 01 (80−8 − 16)	56
= Totalerfolg	−80	= Totalerfolg	−80

Tab. 9: Entkonsolidierungserfolg bei Minderheitenanteil

4.4.4 Entkonsolidierung ohne Veräußerung von Anteilen

Auch ohne Veräußerung von Anteilen kann es zum Verlust der Kontrolle kommen. Beispiele sind:
- der Abschluss eines **Entherrschungsvertrags**,
- die Heraufsetzung der im Gesellschaftsvertrag vorgesehenen **Stimmrechtsquoren** (z. B. von 51 % auf 75 %),
- die geänderte **Verteilung** von Chancen und Risiken an einer Zweckgesellschaft,
- der Verlust von **Kontrolle** durch Eröffnung des Insolvenzverfahrens.

Auch in diesen Fällen ist eine Entkonsolidierung vorzunehmen. Hierbei bestimmt sich der auf die Eigenkapitalgeber des Mutterunternehmens entfallende Anteil am Entkonsolidierungsgewinn gem. IFRS 10.B98 wie folgt:

    fair value der verbleibenden Anteile
+ Buchwert nicht beherrschende Anteile
− Nettovermögen des Tochterunternehmens zu Konzernbuchwerten (100 %)
= Entkonsolidierungserfolg

Alternativ kann der Erfolg auch so ermittelt werden:
   fair value der verbleibenden Anteile
- Nettovermögen des Tochterunternehmens zu Konzernbuchwerten (anteilig)
= Entkonsolidierungserfolg

> **Beispiel**
> MU ist mit 80 % an TU beteiligt. Das Nettovermögen der TU beträgt 500, der Minderheitenanteil 100.
> Der *fair value* des 80 %igen Anteils an TU ist 800. Durch Vertrag verliert MU die Kontrolle. Es ergeben sich folgende Buchungen und Berechnungen:
> **Buchungen**
>
> | Konto | Soll | Haben |
> |---|---|---|
> | Anteil | 800 | |
> | Nettovermögen | | 500 |
> | Minderheit | 100 | |
> | Ertrag | | 400 |
>
> **Berechnungsvariante 1**
> | | |
> |---|---|
> | *fair value* verbl. Anteile | 800 |
> | Buchwert Minderheitenanteil | 100 |
> | | 900 |
> | Nettoverm. 100 % | −500 |
> | Ertrag | 400 |
>
> **Berechnungsvariante 2**
> | | |
> |---|---|
> | *fair value* verbl. Anteile | 800 |
> | Nettoverm. 80 % | −400 |
> | Ertrag | 400 |

4.5 Veräußerung eines Teils der Anteile mit Verlust des Tochterstatus (Abwärtskonsolidierung)

170 Wird nur ein **Teil** der Anteile an einem Tochterunternehmen veräußert, so ist zwischen Fällen **mit** und **ohne Statuswechsel** zu differenzieren:
- **Bleibt die Mutter-Tochter-Beziehung erhalten** (Abstockung), so gehen die Vermögenswerte und Schulden des Tochterunternehmens nicht ab. Es findet nur eine Verschiebung zwischen Mehrheits- und Minderheiteneigenkapital statt (Rz 172).
- **Endet die Mutter-Tochter-Beziehung,** findet also ein Statuswechsel statt, sind die Vermögenswerte und Schulden des Tochterunternehmens nach der Einzelveräußerungsfiktion auszubuchen.

171 Geht mit der Veräußerung eines **Teils** der Anteile ein **Kontrollverlust** einher, ist eine erfolgswirksame Entkonsolidierung des Nettovermögens des Tochterunternehmens vorzunehmen (Rz 169). Für die Behandlung der **verbleibenden** Anteile gilt nach IFRS 10.B98.

Sie werden die bei einem Statuswechsel **verbleibenden Anteile** in die Ermittlung des **Entkonsolidierungserfolgs** einbezogen. Neben dem realen Veräußerungspreis für die tatsächlich abgehenden Anteile tritt als fiktiver, tauschähnlicher Veräußerungspreis der *fair value* der verbleibenden Anteile. Soweit dieser vom prozentualen Anteil am zu Konzernbuchwerten erfassten Nettovermögen des Tochterunternehmens abweicht, ergibt sich ein Beitrag zum Entkonsolidierungserfolg.

Der Entkonsolidierungserfolg errechnet sich somit am Beispiel einer Veräußerung von 60 von 100 Anteilen wie folgt:

```
    Veräußerungspreis tatsächlich abgehender Anteile (z. B. 60 %)
+   fair value verbleibender Anteile (z. B. 40 %)
=   Veräußerungspreis i. w. S. (100 %)
–   Nettovermögen Tochterunternehmen zu Konzernbuchwerten (100 %)
=   Entkonsolidierungserfolg
```

Der *fair value* der **verbleibenden Anteile** stellt zugleich den Zugangswert für die nachfolgende Bilanzierung als Finanzinstrument gem. IAS 39 bzw. IFRS 9 oder als *equity*-Anteil gem. IAS 28 bzw. IFRS 11 dar (IFRS 10.B98).

Nach Übergang auf einen *equity*-Anteil gelten bestimmte Vorschriften der Vollkonsolidierung entsprechend. Betroffen sind insbesondere

- die **Zwischenergebniseliminierung** gem. IAS 28.28 (→ § 33 Rz 75) und
- die erfolgsneutrale Behandlung beim untergeordneten Unternehmen erzielter sonstiger Gesamtergebnisse (*other comprehensive income* = OCI) im Rahmen der *equity*-Konsolidierung gem. IAS 28.27 (→ § 33 Rz 67).

In diesem Kontext ist die Frage aufgekommen, ob der Gewinn aus der Entkonsolidierung (Rz 164) im Maße der verbleibenden Anteilsquote um noch unerledigte Zwischengewinne und noch unerledigtes OCI zu korrigieren ist.

In Bezug auf das *other comprehensive income* gilt Folgendes:

- Nach IFRS 10.B98 sind bilanziell im kumulierten OCI in Bezug auf das Tochterunternehmen ausgewiesene Beträge bei der Entkonsolidierung so zu behandeln, als ob die dazugehörigen Vermögenswerte direkt veräußert worden wären.
- Bei erfolgsneutral zum *fair value* bewerteten Finanzinstrumenten wird daher ein zuvor im OCI erfasster Gewinn (oder Verlust) mit Verlust der Beherrschung über das Tochterunternehmen erfolgswirksam.
- Bei Rückbehalt der Anteile und „Übergang" zur *equity*-Konsolidierung soll nach einer Auffassung der Erfolg aus dem OCI allerdings nur in **Höhe der Abgangsquote** zu berücksichtigen sein.[58] Die Gegenauffassung hält das Verhältnis von veräußerten und zurückbehaltenen Anteilen, also die Quote, für nicht relevant.[59]

Der Gegenauffassung ist zuzustimmen. Sie entspricht der **konzeptionellen Ausrichtung** von IFRS 10 (früher IAS 27), eine *equity*-Konsolidierung nach vorheriger Vollkonsolidierung nicht als Übergang (Übergangskonsolidierung) zu behandeln, sondern als einen **Neustart**, bei dem eine *„new investor-investee relationship"* erstmalig konsolidiert wird und demzufolge erst ab diesem Zeitpunkt entstehendes OCI im Rahmen der *equity*-Methode berücksichtigungsfähig ist.

---

[58] WATRIN/HÖHNE/RIEGER, IRZ 2009. S. 307 ff.
[59] ERNST & YOUNG, International GAAP 2014, Ch 7 s3.2.3.

In Bezug auf den **Zwischengewinn** ist – am Beispiel einer *down stream transaction* (→ § 33 Rz 75) Folgendes festzuhalten:
- Der von einem Teil des Schrifttums vorgenommene Verweis auf eine in IAS 28.28 (früher IAS 28.22) „kodifizierte Pflicht zur **Fortführung** der Zwischenergebniseliminierung"[60] ist unzutreffend. In der genannten Vorschrift wird die Zwischenergebniseliminierung nur allgemein für die *equity*-Konsolidierung und ohne eine Bezugnahme auf eine vorherige Vollkonsolidierung behandelt. Das Fortführungsproblem wird in keiner Weise angesprochen.
- Eine Fortführungspflicht würde im Übrigen auch wiederum dem Konzept von IFRS 10 (früher IAS 27) widersprechen. Mit der Bewertung der verbleibenden Anteile zum *fair value* wird ein vollständiger Abgang der bisherigen Beteiligung und ein **Neustart** (*new investor-investee relationship*) fingiert, also gerade kein Übergang bzw. keine Übergangskonsolidierung angenommen.
- Im Übrigen bildet der *fair value* der Altanteile deren fiktive Anschaffungskosten und ist damit nicht nur Zugangsbewertungsmaßstab für die *equity*-Beteiligung, sondern auch Grundlage der in einer **Nebenrechnung**, für Zwecke der Folgekonsolidierung, vorzunehmenden Aufteilung des *equity*-Werts auf das anteilige Vermögen und einen evtl. *goodwill*. Das anteilige Vermögen ist nach IAS 28.32 mit dem *fair value* zu erfassen. Weder der einzelbilanzielle Buchwert des untergeordneten Unternehmens (ohne Eliminierung von Zwischengewinnen) noch der konzernbilanzielle Buchwert (mit Eliminierung von Zwischengewinnen) spielt dabei eine Rolle.

Zum Ganzen folgendes Beispiel:

> **Beispiel**
> MU ist mit 100 % an der schuldenfreien TU beteiligt. Das diverse Vermögen der TU beträgt per 31.12.01 560. Folgende Sachverhalte sind darin noch nicht berücksichtigt:
> - TU hat erfolgsneutral zum *fair value* zu bewertende **Wertpapiere** Anfang 01 für 100 angeschafft. Der *fair value* zum Stichtag beträgt 140. Die Wertsteigerung von 40 ist im sonstigen Gesamtergebnis (*other comprehensive income* = **OCI**) berücksichtigt worden.
> - Ein unbebautes **Grundstück**, das MU für 100 angeschafft hat, ist in 01 für 150 an TU veräußert worden. Der **Zwischengewinn** von 50 ist durch die Buchung „per s. b. E. 50 an Grundstück 50" im Konzernabschluss eliminiert worden.
>
> Unter Einbeziehung der beiden vorgenannten Vorgänge (und Ausklammerung latenter Steuern) ergibt sich das im Konzernabschluss der MU per 31.12.01 berücksichtigte Nettovermögen der TU wie folgt:
>
> | | | | |
> |---|---|---|---|
> | Div. Vermögen | 560 | div. EK | 760 |
> | Wertpapiere | 140 | kum. OCI | 40 |
> | Grundstück | 100 | | |
> | | 800 | | 800 |
>
> Am 1.1.02 **veräußert** MU **80 %** der Anteile an der TU für 1.000 an X.

---

[60] WATRIN/HÖHNE/RIEGER, IRZ 2009, S. 307 ff.

Der verbleibende Anteil von **20 %** gewährleistet einen **maßgeblichen Einfluss** i. S. v. IAS 28 und ist daher ab 1.1.02 *at equity* zu bilanzieren. Sein *fair value* per 1.1.02 beträgt 250.

Beurteilung
In den Erfolg aus der Entkonsolidierung geht auch der Ertrag aus der Auflösung des **OCI** ein, und zwar **in vollem Umfang**, d. h. ohne Kürzung um die verbleibende Anteilsquote.
Ebenso ist **keine Korrektur** des Entkonsolidierungsergebnisses i. H. d. rechnerischen Anteils der verbleibenden Anteile an den zuvor eliminierten **Zwischenergebnissen** angezeigt.
Somit ergibt sich folgende Rechnung:

Veräußerungspreis	1000
+ *fair value* verbleibende Anteile	250
= Bruttoertrag	1250
− abgehendes Nettovermögen zu Konzernbuchwerten	− 800
+ Auflösung O. C. I.	40
= Erfolg aus Entkonsolidierung	490

4.6 Mehrheitswahrende Anteilsveräußerung (Abstockung)

Nach IFRS 10.23 ist eine Anteilsveräußerung ohne Verlust der Kontrolle (sog. **Abstockung**) als erfolgsneutrale Transaktion zwischen Eigenkapitalgebern (Mutterunternehmen einerseits, Minderheitsgesellschafter anderseits) zu behandeln.
Unklar ist z. T., mit welchem **Wert** der **nicht beherrschende Anteil** (*non-controlling interest* – NCI) bei einer Abstockung anzusetzen ist. **Mindestens** ist die Beteiligung der (neuen) nicht beherrschenden Gesellschafter am **Nettovermögen** (*net assets* ohne *goodwill*) zu berücksichtigen. Ob bzw. wann darüber hinaus auch ein Anteil am *goodwill* erfasst werden kann/muss, ist strittig, da es diesbezüglich an expliziten Regelungen fehlt: „*IAS 27 (jetzt IFRS 10) does not give detailed guidance on how to measure the amount to be allocated to parent an NCI to reflect a change in their relative interests in the subsidiary. More than one approach may be possible.*"[61] Dieser auf ein faktisches Wahlrecht hinauslaufenden Einschätzung schließen sich auch andere Stimmen an.[62] Eindeutig ist nur, dass die Abstockung zu keinem Abgang von Teilen des *goodwill* führt (IFRS 10.BCZ 173). Fraglich bleibt aber, ob und wie der *goodwill* auf Mehrheit und Minderheit aufzuteilen ist. Im Schrifttum finden sich zur Ausfüllung dieses Wahlrechts u. a. folgende beispielhafte Überlegungen:

Beispiel 1[63]
Das Nettovermögen eines 100 %igen TU beträgt incl. *goodwill* 600; 20 % der Anteile werden für 200 veräußert:

---

[61] Deloitte, iGAAP 2014, Appendix A1 s5.6.
[62] Ernst & Young, International GAAP 2014 Ch 7 s3.3.2, KPMG, Insight into IFRS 2014/15, Tz. 2.5.570.80.10; Weber/Wirth, KoR 2014, S. 18 ff.
[63] PwC, Manual of Accounting 2014, Tz. 24A.258, Ex 1.

| per Geld 200 | an NCI 120 (also incl. *goodwill*!) |
| | an EK 80 |

Der Minderheitenanteil würde danach incl. *goodwill* erfasst. Unklar bleibt, ob dies auch dann gelten soll, wenn der bei 100-%-Erwerb aufgedeckte *goodwill* nicht (oder nicht ausschließlich) dem Tochterunternehmen, sondern unter Berücksichtigung von Synergien (z.T.) anderen Konzernteilen zugeordnet wurde, an denen die Minderheit nicht beteiligt ist.

Beispiel 2:[64]
Der Erwerb eines 100 %igen Anteil an TU erfolgt Ende 01 zu einem Kaufpreis von 125 (davon *net assets* 100, *goodwill* 25). Das Ergebnis 02 i.H. v. 20 wird bei TU thesauriert (*net assets* 120, *goodwill* weiterhin 25). Eine Veräußerung von 30 % der Anteile erfolgt Anfang 03 zu einem Veräußerungspreis von 40.

(Bevorzugte) Lösung

| per Geld 40 | an NCI (30 % von 120 =) 36 |
| | an EK 4 |

Der Minderheit wird damit kein Anteil am *goodwill* zugordnet.
Ebenfalls für zulässig gehalten werden aber weitere Lösungen, u.a. folgende

| Per Geld 40 | an NCI 40 |

also ein Ansatz des Minderheitenanteils i.H.d. vereinnahmten Kaufpreises, und somit ohne Rücksicht auf die konkrete Höhe des *goodwill*.

Beispiel 3:[65]
In 01 erwirbt MU 80 % an TU für 920. Die *net assets* der TU betragen 1.000, runtergerechnet auf 80 % also 800, der *goodwill* somit (bei Verzicht auf die *full goodwill* Methode) 120. Das Ergebnis 01 ist ausgeglichen (keine Änderung *net assets*). Anfang 02 werden weitere 20 % für 265 veräußert. Als **eine** Lösung („*others may also be appropriate*") wird folgende angeben ¼ des *goodwill* (entsprechend des Verhältnisses 20 % von 80 % verkauft), also 30 werden der neuen Minderheit zugerechnet.

| Per Geld 265 | an NCI 230 |
| | an EK 35 |

Ein Problem dieser Lösung liegt in der gesplitteten Bewertung des NCI: Während die alten Minderheitenanteile von 20 % weiterhin mit 200 geführt werden, erfolgt die Bewertung der neuen Minderheitenanteile von ebenfalls 20 % (!) mit 230. Daneben stellt sich (wie in Beispiel 1) das Problem, wie mit einem *goodwill* umzugehen ist, der bei Erstkonsolidierung nicht der TU, sondern (z.T.) anderen Konzerneinheiten zugeordnet wurde.

---

[64] Deloitte, iGAAP 2014, Appendix A1, Ex 5.6.2C.
[65] Ernst & Young, International GAAP 2014, Ch 7 s3.3.2.

Eine deutliche Einschränkung des auch durch diese Beispiele verdeutlichten faktischen Wahlrechts ist u. E. aber in dem Fall gegeben, in dem schon bei ursprünglichem Erwerb ein Minderheitenanteil entstand und dieser nach der *full-goodwill*-Methode bilanziert wurde. Treten dann zu einem späteren Zeitpunkt weitere Gesellschafter im Wege der Abstockung bei, ist eine Zurechnung des Anteils am *goodwill* **auch** an diese sachgerecht, da so gerade eine **einheitliche** Bewertung von altem und neuem Minderheitenanteil gewährleistet wird.[66]

4.7 Verhinderung von Missbrauch bei Kontrollverlust in mehreren Schritten

Nach IFRS 10 ist
- die **Ent- oder Abwärtskonsolidierung** ein **erfolgswirksamer** (Rz 197),
- die **Abstockung** hingegen ein **erfolgsneutraler** Vorgang (Rz 221).

Hieraus kann sich ein Anreiz zur Zerlegung einer einheitlich geplanten Transaktion in Teilgeschäfte ergeben, um dadurch den Entkonsolidierungserfolg zu verbessern. Hierzu folgendes Beispiel:

Beispiel
MU hält 90 % der Anteile an der TU. Deren Vermögen zu Zeit- und Buchwerten beträgt 1.000, der Minderheitenanteil, gehalten von B, 100.
MU möchte an der Beteiligung nicht festhalten und erhält die Gelegenheit, seinen Anteil für 750 an C zu veräußern. 2 Wege werden diskutiert:
- Veräußerung in einem Akt für 750.
- Veräußerung von zunächst 39 % für 230 und später 51 % für 520.

Das Ergebnis beider Varianten ist wie folgt:
1. Die Veräußerung in einem Akt führt zu einem Entkonsolidierungsverlust von 100.
Buchungen in Konzernbuchhaltung:

Konto	Soll	Haben
Geld	750	
Minderheitenanteil	100	
Verlust	150	
Buchwertabgang Vermögen TU		1000

2. Die Veräußerung in 2 Akten wäre bei isolierter Betrachtung wie folgt zu behandeln:
2a) Der 1. Teil der Veräußerung würde zu einer erfolgsneutralen Verschiebung zwischen Minderheitenanteil und Mehrheitsanteil führen:

Konto	Soll	Haben
Geld	230	
Mehrheitsanteil	160	
Minderheitenanteil		390

2b) Im 2. Schritt würde ein Gewinn (!) von 10 entstehen:

Konto	Soll	Haben
Geld	520	
Buchwertabgang Vermögen TU		1.000

---

[66] Gl. A. KPMG, Insights into IFRS 2014/15, Tz. 2.5. 570.80.

Konto	Soll	Haben
Minderheitenanteil	490	
Ertrag		10

176 Derartigen bilanzpolitischen Strukturierungen soll IFRS 10.B97 entgegenwirken. Danach gilt: Ist der Kontrollverlust Ergebnis von zwei oder mehr Transaktionen, sind diese Transaktionen **einheitlich** zu behandeln, wenn
- die Geschäfte zur gleichen Zeit unter gegenseitiger Berücksichtigung abgeschlossen werden oder
- sie eine Gesamtvereinbarung *(single transaction)* präsentieren, die auf einen wirtschaftlichen Gesamterfolg (z. B. Gesamtveräußerungspreis) zielt oder
- das Zustandekommen der einen Transaktionen abhängig vom Zustandekommen der anderen ist oder
- die Transaktionen nur insgesamt ökonomisch Sinn machen, etwa derart, dass der zu niedrige Preis einer Transaktion den zu hohen der anderen ausgleicht.

An der Sinnhaftigkeit einer zusammengefassten Betrachtung einer nur künstlich bzw. rechtlich zerlegten Transaktion ist nicht zu zweifeln. Die Regelungen von IFRS 10.B97 sind in ihrer Ausformulierung jedoch kaum gelungen. Mit Ausnahme der letzten Bestimmung sind die Anforderungen in hohem Maße abstrakt bzw. **tautologisch**. Sie besagen nur: Zusammengehörende Transaktionen gehören zusammen. Überdies widersprechen sie dem Ziel einer prinzipienbasierten Rechnungslegung. Das Gebot einer zusammenfassenden Betrachtung formal getrennter Vorgänge ergibt sich ohne Weiteres bereits aus dem im *Framework* niedergelegten Grundsatz „substance over form" (→ § 1 Rz 81). Soweit mit Bezug auf die Zusammenfassung von Transaktionen ein Bedarf für die Konkretisierung dieses Grundsatzes besteht, betrifft dies nicht nur Entkonsolidierungsvorgänge. Die in IFRS 10.B97d genannte Vereinbarung eines zu niedrigen Preises für eine Transaktion und eines zu hohen für eine andere kann etwa bei jeder Art von Umsatz mit dem gleichen Geschäftspartner bilanzpolitisch missbraucht werden. Indikatoren für einen Verbund von rechtlich getrennten Geschäften sollten daher Gegenstand einer allgemeinen Äußerung sein, die z. B. im *Framework* platziert wird oder einen eigenen IFRIC verdienen könnte.

5 Kapitalkonsolidierung in Sonderfällen

5.1 Kontrollerlangung/-verlust ohne Erwerb/Veräußerung von Anteilen

177 Die Erstkonsolidierung folgt der Einzelerwerbsfiktion. Als erworben gelten auch beim *share deal* nicht die Anteile, sondern die einzelnen Vermögenswerte (Rz 12). IFRS 3.14 rev. 2004 verlangte demzufolge die Erstkonsolidierung nach der *purchase method*. Auch IFRS 3 rev. 2008 folgt der Einzelerwerbsfiktion, verwendet aber den Begriff der *acquisition method* (IFRS 3.4) und betont damit stärker die Erlangung der Kontrolle *(acquisition of control)* als den Erwerb der Anteile bzw. des hinter ihnen liegenden Vermögens *(purchase of assets)*.

In den meisten Fällen bleibt diese begriffliche Neuerung ohne praktische Relevanz. Eine Ausnahme bildet die Erlangung von Kontrolle ohne Erwerb von (weiteren) Anteilen aufgrund der

- Änderung vertraglicher Grundlagen (Abschluss Beherrschungsvertrag, Änderung Stimmrechtsregelungen im Gesellschaftsvertrag etc.) (*business combination by contract alone*) oder
- Änderungen an der Zahl im Umlauf befindlicher Aktien (Aktienrückkaufsprogramm etc.).

In IFRS 3 rev. 2008 wird dieser Fall erstmals explizit geregelt (IFRS 3.33). Er bereitet konzeptionell deshalb keine besonderen Probleme, weil die Aufwärtskonsolidierung einheitlich in der Weise durchgeführt wird, dass neben als Kaufpreis hingegebenen baren oder sonstigen Vermögenswerten auch der *fair value* der Altanteile in die Anschaffungskosten i.w.S. einbezogen wird.

Beispiel[67]
1. Pflicht zur Erstkonsolidierung
MU ist seit einigen Jahren mit 4,6 Mio. Aktien (= 46 %) an der börsennotierten TU AG beteiligt. Die Präsenzquote bei den Hautversammlungen ist hoch, sodass U über keine (sichere) Präsenzmehrheit verfügt. TU kauft in 05 10 % der Aktien zurück und zieht diese ein. Danach ist MU mit 4,6/9,0 Mio. = 51,1 % an TU beteiligt.
MU hat dadurch die Kontrolle über TU erlangt und muss nach IFRS 3.33 eine Erstkonsolidierung durchführen.

2. Technik der Erstkonsolidierung
MU hat seinen Anteil bisher *at equity* bilanziert. Die Anschaffungskosten betrugen 30 Mio., darin enthalten ein *goodwill* von 3 Mio. Der aktuelle Buchwert beträgt ebenfalls 30 Mio., da stille Reserven wesentlicher Größenordnung beim Erwerb nicht identifiziert und nach Erwerb alle Gewinne ausgeschüttet wurden. Der Kurs der Aktien beträgt 10 EUR. Das Vermögen der TU beläuft sich auf 48,9 Mio. zu Buchwerten und 68,7 Mio. zu Zeitwerten.
Nach dem Schema unter Rz 134 ergibt sich für IFRS 3.32 Folgendes:

a) **Ertrag aus Erstkonsolidierungen**
	fair value „Alt"-Anteile	46 Mio.
−	*equity*-Buchwert	30 Mio.
=	Ertrag	16 Mio.

b) ***goodwill*** (ohne Ausübung des Wahlrechts zu *full-goodwill*-Methode)
	Kaufpreis bar	0 Mio.
+	*fair value* Altanteile	46 Mio.
+	Buchwert Minderheitenanteile (48,9 % × 68,7)	33,6 Mio.
=	Zwischensumme (AK i.w.S.)	79,6 Mio.
−	Vermögen zu Zeitwerten	68,7 Mio.
=	*goodwill*	10,9 Mio.

Die Buchungssätze lauten wie folgt:

Konto	Soll	Haben
div. Vermögen	68,7 Mio.	
equity-Beteiligung		30,0 Mio.

---

[67] Weitergehendes Beispiel bei LÜDENBACH, PiR 2008, S. 70 ff.

Konto	Soll	Haben
goodwill	10,9 Mio.	
Minderheiten		33,6 Mio.
Ertrag		16,0 Mio.

In dem bis 2008/09 geltenden Recht wird der Fall der Mehrheitserlangung ohne Anteilserwerb zwar ebenfalls erwähnt (IFRS 3.8 rev. 2004), aber nicht explizit behandelt. U.E. kommt eine analoge Anwendung der Regelungen aus IFRS 3.59 rev. 2004 für den sukzessiven Anteilserwerb infrage.

Hiernach wäre etwa
- ein bisheriger *equity*-Buchwert erfolgsneutral in die Vollkonsolidierung zu überführen,
- als *goodwill* nur der bisher im *equity*-Ansatz enthaltene Wert anzusetzen,
- der Zuwachs an stillen Reserven in eine Neubewertungsrücklage einzustellen. Wegen Einzelheiten wird auf die 7. Auflage verwiesen.

178 So, wie ohne den Kauf weiterer Anteile Kontrolle erworben werden kann, ist umgekehrt auch ein **Kontrollverlust ohne Veräußerung von Anteilen** möglich, etwa weil sich die Stimmrechtsregeln des Gesellschaftsvertrags geändert haben oder ein Insolvenzverwalter die Kontrolle über das Tochterunternehmen übernommen hat.

In diesem Umkehrfall ist die Vollkonsolidierung zu beenden und zur *equity*-Konsolidierung oder zur Bilanzierung als Finanzinstrument überzugehen. Bei der Berechnung des Entkonsolidierungserfolgs tritt nach IFRS 10.B98 der *fair value* der verbleibenden Anteile an die Stelle des Veräußerungspreises.

5.2 Mehrstufiger Konzern

5.2.1 Problemstellung, Fallunterscheidungen

179 Im **zweistufigen Konzern** (Mutterunternehmen und Tochterunternehmen) bereitet die Behandlung der **Minderheitenanteile** keine Probleme. Erwirbt das Mutterunternehmen die Mehrheit, aber nicht sämtliche Anteile eines Tochterunternehmens, ist wie folgt zu verfahren:
- Nach der Methode der vollständigen Neubewertung sind die **stillen Reserven** des Tochterunternehmens nicht lediglich i.H.d. Beteiligungsquote, sondern zu 100 % aufzudecken. Der Minderheitenanteil umfasst damit nicht nur den Anteil am Buchvermögen des Tochterunternehmens, sondern ebenso den Anteil an den stillen Reserven, mithin insgesamt den Anteil am *fair value* des Nettovermögens.
- Bei der *goodwill*-Berechnung kann jedoch wahlweise (Verzicht auf die *full-goodwill*-Methode) allein auf die Beteiligungsquote des Mutterunternehmens abgestellt werden. Von den Anschaffungskosten des Mutterunternehmens (für seinen Anteil am Tochterunternehmen) wird dann das zum *fair value* bewertete Nettovermögen i.H.d. Beteiligungsquote abgesetzt. Der fiktive Anteil der Minderheit am *full goodwill* bleibt sowohl aktivisch (*goodwill*-Ansatz) als auch passivisch (Minderheitenanteil) unberücksichtigt.

Größere Probleme bereiten **mehrstufige Konzerne**. Bei einer Beteiligung von Minderheiten am Tochterunternehmen (2. Stufe) stellt sich die Frage, ob i.H.d. mittelbaren bzw. rechnerischen Anteils dieser Minderheit am Enkelunternehmen (3. Stufe) konzernbilanziell stille Reserven und *goodwill* des Enkelunternehmens aufzudecken sind. Hierzu der in **Abbildung 6** dargestellte Grundfall:

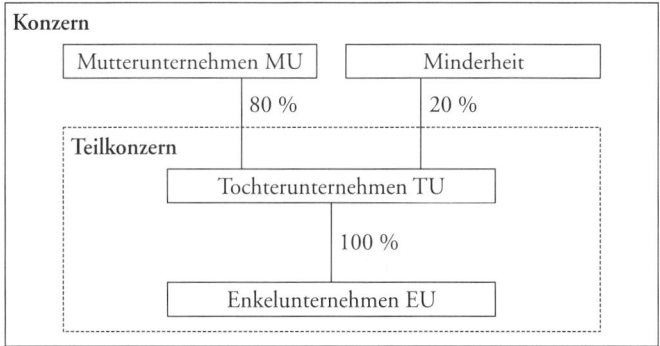

Abb. 6: Mittelbarer Minderheitenanteil

In dieser Konstellation eröffnen sich drei unterschiedliche **Perspektiven:**
- Aus der Sicht des **Teilkonzerns TU-EU** besteht keine Minderheitsproblematik. Beim Erwerb des „Enkel"-Unternehmens sind stille Reserven und ein *goodwill* zu 100 % aufzudecken.
- Aus der Sicht des **Konzernteils MU-TU** sind auf das Tochterunternehmen entfallende stille Reserven zu 100 % aufzudecken, Für einen auf den Erwerb des Tochterunternehmens entfallenden *goodwill* besteht jedoch das Wahlrecht, nur den Anteil des Mutterunternehmens aufzudecken.
- Unklar ist, wie aus Sicht des **Gesamtkonzerns MU-TU-EU** mit den *goodwills* zu verfahren ist, ob es hier bei dem pflichtweisen 100-%-Ansatz entsprechend der Teilkonzernperspektive bleibt oder ob bei dem *goodwill* der Enkelunternehmen nur die (durchgerechnete) Anteilsquote des Mutterunternehmens (hier: 80 % × 100 % = 80 %) maßgeblich ist.

Der Ansatz und die Bewertung von Minderheitenanteilen im mehrstufigen Konzern sind weder in IFRS 10 noch in IFRS 3 explizit geregelt. Wie im HGB fehlt es an konkreten Vorgaben mit der geschilderten Folge, dass die Behandlung des (mittelbaren) Minderheitenanteils am Enkelunternehmen diskussionsbedürftig ist. Nach einer Auffassung besteht mangels abweichender expliziter Regelungen in IFRS 3 im mehrstufigen Konzern die Möglichkeit, den *goodwill* unterer Ebene nur quotal anzusetzen,[68] nach anderer sich auf die Einheitstheorie berufender Ansicht ist der *goodwill* unterer Ebene zwingend zu 100 % aufzudecken.[69] In dieser Diskussion wird z. T. nach der Entstehungsgeschichte des mehrstufigen Konzerns differenziert. Das mehrstufige Konzernverhältnis kann auf zwei Vorgängen beruhen:
- **Konzernerweiterung nach unten:** Ein zunächst einstufiger Konzern, bestehend aus einem Mutterunternehmen und einer oder mehreren Tochtergesellschaften, erwirbt über eine Tochtergesellschaft eine Beteiligung an einer weiteren Gesellschaft (Enkelunternehmen).

---
[68] Philippi, PiR 2009, S. 61 ff.
[69] Haegler, PiR 2009, S. 191 ff.

- **Konzernerweiterung nach oben:** Ein Unternehmen (Mutterunternehmen) erwirbt eine Beteiligung an einem Unternehmen, welches dadurch zum Tochterunternehmen wird. Das Tochterunternehmen ist zum Zeitpunkt des Erwerbs durch das Mutterunternehmen seinerseits schon an einem weiteren Unternehmen (Enkelunternehmen) beteiligt und bildet mit diesem einen (Teil-)Konzern.

5.2.2 Konzernerweiterung nach unten

181 Nach IFRS 3 gelten bei Kontrollerlangung in einem Schritt und Verzicht auf die *full-goodwill*-Methode folgende Regelungen:
Ein *goodwill* ist i.H.d. Differenz zwischen Anschaffungskosten der *business combination* und dem Anteil des Erwerbers am *fair value* des Nettovermögens anzusetzen (Rz 129 ff.). Bei einer Konzernerweiterung nach unten ergibt sich hier folgende Unterscheidungsmöglichkeit:
- Aus der Perspektive des Teilkonzerns TU-EU ist das Tochterunternehmen der Erwerber und hätte im Grundfall (d. h. bei 100 %iger Beteiligung von TU an EU) seinen Kaufpreis für 100 % der Anteile am Enkelunternehmen gegen 100 % des Nettovermögens zu setzen, d. h. den *goodwill* zwangsläufig vollständig aufzudecken.
- Aus der Perspektive des Gesamtkonzerns ist das Mutterunternehmen der Erwerber. Es ist Bilanzierungssubjekt und damit Normadressat von IFRS 3.32. Das Mutterunternehmen hat die Vorschriften deshalb aus seiner Perspektive anzuwenden. Es tätigt jedoch wirtschaftlich keinen 100 %igen Erwerb des Enkelunternehmens, sondern lediglich einen Erwerb in Höhe seiner durchgerechneten Anteilsquote. Aus dieser Sicht wäre bei Verzicht auf die *full-goodwill*-Methode auch der *goodwill* des Enkelunternehmens nur aus der Differenz der anteilig dem Mutterunternehmen zuzurechnenden, vom Tochterunternehmen aufgewendeten Anschaffungskosten und dem anteilig dem Mutterunternehmen zuzurechnenden Nettovermögen des Enkelunternehmens zu ermitteln.

Zur Behandlung der stillen Reserven und zu den Alternativen hinsichtlich des *goodwill* das nachfolgende Beispiel:

Beispiel
TU wird am 31.12.01 mit einer Bareinlage von insgesamt 150 gegründet. Davon übernehmen MU 80 % (= 120) und ein Dritter 20 % (= 30). TU soll als Holding der Koordination der Entscheidungen von MU und dem Dritten im Hinblick auf diverse zu erwerbende operative Gesellschaften dienen. Am 1.1.02 erwirbt die TU 100 % der Anteile an der operativ tätigen EU zum Kaufpreis von 150.
Das Buchvermögen der EU beträgt 60, die stillen Reserven 40, ihr zum *fair value* bewertetes Vermögen also 100.
Die Ansätze in der Konzernbilanz 1.1.02 (Erstkonsolidierung EU) sind (unter Vernachlässigung latenter Steuern) alternativ wie folgt:

	Alternative 1 Minderheit ohne *goodwill*		Alternative 2 Minderheit mit *goodwill*	
	Berechnung	Bilanzwert	Berechnung	Bilanzwert
Kaufpreis EU	120		150	
Nettovermögen EU (anteilig)	80		100	
goodwill Erstkonsolidierung	40	40	50	50
Nettovermögen Erstkonsolidierung		100		100
Aktivvermögen Erstkonsolidierung		140		150
Minderheitenanteil Nettovermögen	20		20	
Minderheitenanteil *goodwill*	0		10	
Minderheitenanteil	20	20	30	30

Für einen **Minderheitenausweis ohne *goodwill*** (Alternative 1) spricht der Vergleich mit einem unmittelbaren Erwerb bei Verzicht auf eine Zwischenschaltung einer Holding.
- Bei direktem Erwerb der EU durch MU zu 80 % und durch den Dritten zu 20 % wäre nach IFRS 3.32 i. V. m. IFRS 3.19 bei Verzicht auf die *full-goodwill*-Methode der *goodwill* nur auf der Basis des Kaufpreisanteils des Mutterunternehmens und dessen Anteil am Nettovermögen des Enkelunternehmens zu errechnen. Der *goodwill* betrüge 40 (wie in Alternative 1) und nicht 50 (wie in Alternative 2). Die Minderheit wäre nicht am *goodwill* beteiligt.
- Dem Rechtskleid, in dem eine Erweiterung des Konzerns erfolgt, sollte aber keine überragende Bedeutung zukommen. In wirtschaftlicher Betrachtung wären daher der unmittelbare und der mittelbare Erwerb gleichzustellen. Ein *goodwill* wäre somit in beiden Fällen ohne Anteil der Minderheit auszuweisen. Zuzugestehen ist aber, dass sich eine so weitgehende Schlussfolgerung aus dem *substance-over-form*-Grundsatz nicht zwingend ergibt, da dieser zwar im Zweifel einen Vorrang der Substanz vor der Form vorschreibt, die Form aber nicht für generell unerheblich erklärt. Unter Berufung auf die **wirtschaftliche Betrachtungsweise** lässt sich somit eine Nichtaufdeckung des Minderheiten-*goodwill* zwar widerspruchsfrei, aber nicht zwingend begründen.

Ein vergleichbarer Befund gilt für die **Gegenauffassung**. Wenn diese sich etwa auf die **Einheitstheorie** beruft,[70] kann nicht verkannt werden, dass diese, wie im Begriffszusatz „Theorie" zum Ausdruck kommt, einen sehr hohen Abstraktionsgrad hat und sich für die eindeutige Lösung strittiger konkreter Probleme kaum eignet. Zweites Argumentationsstück der Befürworter einer Aufdeckung des Minderheiten-*goodwill* ist die Behauptung, der **Konzern** und damit auch die

---
[70] So etwa Hägler, PiR 2009, S. 191 ff.

Minderheiten seien **als Erwerber** anzusehen.[71] Wenn IFRS 3.7 und IFRS 3.A den *acquirer* als „*the entity that obtains control of the acquiree*" definieren und dabei auf IFRS 10 (früher IAS 27) referenzieren („*the guidance in IFRS 10 shall be used to identify the acquirer*"), dann sind angesichts der Tatsache, dass IFRS 10 in der Behandlung des Beherrschungsbegriffs vornehmlich auf die Rechtssubjekte (also nicht auf den Konzern) abstellt, erhebliche Zweifel an dieser Argumentation angebracht. Schließlich überzeugt auch eine dritte Argumentation nicht. Nach dieser sei der bei Erwerb des Enkelunternehmens entstandene *goodwill* **Teil des Nettovermögens des Tochterunternehmens** der Zwischenstufe und daher wie alle anderen Vermögenswerte des Tochterunternehmens im Konzernabschluss in voller (nicht um *non-controlling interest* adjustierter) Höhe auszuweisen.[72] Dieser Argumentation kann aber entgegengehalten werden, dass an der Zuordnung des *goodwill* zum Tochterunternehmen im IFRS-Regelwerk durchaus berechtigte Zweifel bestehen. Nach IAS 21.47 wird etwa (für Zwecke der Währungsumrechnung) der *goodwill* als Vermögenswert des untergeordneten Unternehmens (hier des Enkelunternehmens) qualifiziert. Aus IAS 36 ergeben sich über die (interne) Zuordnung zu einzelnen zahlungsmittelgenerierenden Einheiten weitere Zurechnungsmöglichkeiten.

184 Insgesamt ergibt sich in der Diskussion um die Konzernerweiterung nach unten ein disparates Meinungsbild,[73] sodass derzeit von einem faktischen Wahlrecht auszugehen ist.[74]

5.2.3 Konzernerweiterung nach oben

185 Hinsichtlich des *goodwill* **der Minderheiten** kann nicht ohne Weiteres von einer Übereinstimmung mit der Konzernerweiterung nach unten ausgegangen werden.
- Für eine Übereinstimmung und damit u. e. **gegen den Ansatz eines Minderheiten-*goodwill*** (Rz 182) spricht wiederum die Parallele zu einem direkten Erwerb. Jeder Ansatz eines Minderheiten-*goodwill* würde Bilanzansätze von der rechtlichen Form eines Erwerbs und nicht von der wirtschaftlichen Substanz abhängig machen.
- Für den pflichtweisen Ansatz eines **Minderheiten-*goodwill* nach Maßgabe der aktuellen Wertverhältnisse** spricht, dass aus Gesamtkonzernsicht erstmalig mit Erwerb von TU der Dritte zu einer konzernrechnungslegungsrelevanten Minderheit wird. Wie viel der Dritte bzw. anteilig für den Dritten vor Konzernzugehörigkeit auf den Anteil am Enkelunternehmen gezahlt wurde, ist aus Konzernsicht unwichtig. Der Minderheiten-*goodwill* wäre vielmehr durch Hochrechnung oder in sonstiger Kontrollprämienzuschläge berücksichtigender Weise (analog der *full-goodwill*-Methode; Rz 134) zu ermitteln.

---

[71] So etwa RÖMGENS, BB-Special 10/2005, S. 19ff., und HÄGLER, PiR 2009, S. 191ff.
[72] PwC, Manual of Accounting, IFRS 2014 Tz. 24.226.
[73] Vgl. im Einzelnen die Nachweise bei KÜTING/WEBER/WIRTH, KoR 2013. S. 42ff., dort unter Fußnote 19.
[74] So die Schlussfolgerung von KÜTING/WEBER/WIRTH, KoR 2013. S. 42ff.

Zum Ganzen folgendes Beispiel:

Beispiel
Der konzernunabhängige Dritte D ist mit 100 % an dem Internetunternehmen TU beteiligt, die wiederum 100 % an EU hält und über kein weiteres Vermögen verfügt. Das Vermögen der EU beträgt 60 zu Buchwerten und 100 zum *fair value*. D hatte die TU vor Platzen der *Dot-Com*-Spekulationsblase für 400 erworben. Der *fair value* des Nettovermögens hat sich seitdem nicht verändert. Als *goodwill* wurden demnach von dem Dritten seinerzeit 400 − 100 = 300 vergütet.
MU möchte nun 80 % an E erwerben. Zwei **Erwerbsalternativen** stehen zur Diskussion:
- MU erwirbt unmittelbar für einen Preis von 120 einen Anteil von 80 % an EU.
- MU erwirbt für den gleichen Preis einen Anteil von 80 % an TU.

Die nachfolgende Abbildung zeigt die Beteiligungsverhältnisse in beiden Varianten:

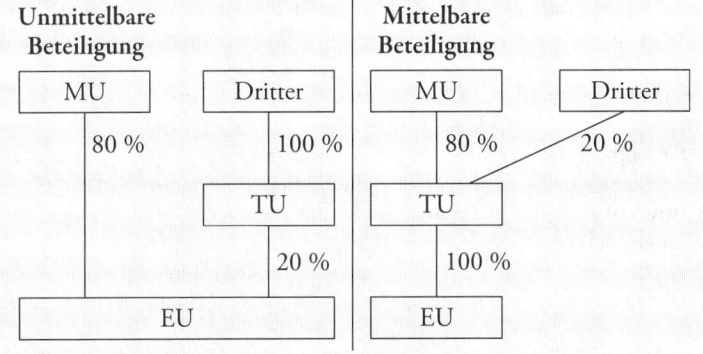

Bei unmittelbarer Beteiligung ist der Anteil der Minderheit (TU) an EU unter Berücksichtigung stiller Reserven, jedoch ohne den *goodwill* zu ermitteln. Der *goodwill* ergibt sich ausschließlich aus dem Kaufpreis (120) minus dem Zeitwert des Vermögens (80), somit also zu 40.
Bei mittelbarer Beteiligung sind die zwei Lösungen denkbar:

	ohne Minderheiten-*goodwill* (Gleichbehandlung mit direktem Erwerb)	mit Minderheiten-*goodwill* auf hochgerechneter Basis
Kaufpreis EU	120	120
Nettovermögen EU	80	80
goodwill Mehrheit	40	40
Minderheiten-*goodwill*	0	(20/80 von 40 =) 10
goodwill gesamt	40	50

	ohne Minderheiten-*goodwill* (Gleichbehandlung mit direktem Erwerb)	mit Minderheiten-*goodwill* auf hochgerechneter Basis
Minderheitenanteil am Nettovermögen	20	20
Minderheitenanteil am *goodwill*	0	10
Minderheitenanteil	20	30

5.3 Konzerninterne Umstrukturierungen, Transaktionen unter gemeinsamer Kontrolle, Sachdividenden

5.3.1 Motive und Formen

186 Unternehmenszusammenschlüsse können sich auch zwischen zuvor bereits verbundenen Unternehmen vollziehen. Im Wesentlichen sind folgende Fälle zu unterscheiden:
- **Gesamtrechtsnachfolge** i.S.d. UmwG, z.B. **Verschmelzung** des Tochterunternehmens auf das Mutterunternehmen *(upstream merger)*, des Mutterunternehmens auf das Tochterunternehmen *(downstream merger)*, des Tochterunternehmens A auf das Tochterunternehmen B *(sidestream merger)*.
- **Anwachsung**, z.b. bei Ausscheiden der fremden Gesellschafter aus der Tochter-OHG.
- **Einzelrechtsnachfolge**, z.b. bei Verkauf aller funktional wesentlichen Vermögenswerte eines verbundenen Unternehmens an ein anderes verbundenes Unternehmen.
- „**Umhängen von Beteiligungen**", z.B. durch Einbringung der Anteile am Tochterunternehmen B in das Tochterunternehmen A, wodurch B zum Enkelunternehmen wird.
- Zusammenfassung von Beteiligungen in einer **Holding.**
- **Ausgliederung** oder **Abspaltung** von Unternehmensteilen.[75]

187 Wichtige **Motive** für derartige konzerninterne Umstrukturierungen sind:
- **Transparenz:** Die bisherige Struktur kann intransparent sein, die neue eine bessere Identität von Geschäftsfeldern und rechtlichen Einheiten bringen.
- Schaffung **buchmäßigen Eigenkapitals** *(step up)*: Das Tochterunternehmen verfügt über erhebliche stille Reserven und einen erheblichen *goodwill*, die sich im Beteiligungsansatz beim Mutterunternehmen nicht widerspiegeln. Durch einen *upstream merger* werden stille Reserven und *goodwill* aufgedeckt, wobei im Gegenzug zwar nicht das gezeichnete Kapital (§ 54 und § 68 UmwG), aber das sonstige Eigenkapital erhöht wird.
- **Steuern:** Durch Zusammenfassung einer Verlust bringenden mit einer ertragreichen Einheit entstehen zwar möglicherweise nicht für die Vergangenheit (vgl. § 8 Abs. 4 S. 2 KStG), aber für die Zukunft bessere Verlustausgleichsmöglichkeiten.

---

[75] Einen systematischen Überblick über konzerninterne Umwandlungen und ihre Behandlung nach IFRS gibt: Lieck, Bilanzierung von Umwandlungen nach IFRS, Wiesbaden 2011.

- **Vorbereitung von Veräußerungen:** Durch Verschmelzung, Spaltung oder Einzelrechtsnachfolge wird der Konzern so strukturiert, dass der zu veräußernde Teil von den anderen Teilen separiert wird.
- **Haftung:** Vermeidung von auf die Privatsphäre übergreifenden faktischen Konzernhaftungen durch Zwischenschaltung einer Holding.

5.3.2 Schaffung von Holding-Strukturen mit und ohne *common control*

Nach deutschem Recht können konzerninterne Umstrukturierungen gegebenenfalls den Vorschriften des **UmwG** und des **UmStG** unterliegen. Beide Regelwerke bieten für bestimmte Fälle die Möglichkeit der **Buchwertfortführung** (§ 24 UmwG, §§ 12, 15, 20 UmStG). Dann stellt sich die Frage, ob **auch** in der Einzel- und Konzernbilanzierung nach **IFRS** zwischen Buchwertfortführung und Aufdeckung stiller Reserven **gewählt** werden kann.

Eine erste Antwort findet sich in folgender Formulierung von IFRS 3.2: „Dieser IFRS ist nicht anwendbar auf Unternehmenszusammenschlüsse, an denen Unternehmen oder Geschäftsbetriebe unter gemeinsamer Beherrschung beteiligt sind." Derartige Transaktionen sind dadurch gekennzeichnet, dass die **ultimative Kontrolle** über die beteiligten Unternehmen vor und nach der Transaktion bei den gleichen Personen liegt (IFRS 3.B1). Irrelevant ist, ob diese Personen konzernrechnungslegungspflichtig sind und die beteiligten Unternehmen zu einem Konsolidierungskreis gehören. Verfügt nicht eine einzelne Partei über die Mehrheit an den beteiligten Unternehmen, sondern eine **Gruppe** von Personen, liegt nur dann eine Transaktion unter gemeinsamer Kontrolle vor, wenn diese Personen vertraglich abgestimmt, etwa auf der Basis von Stimmrechtspoolungen, agieren (IFRS 3.B2).

Auswirkungen auf bestehende Gesamtkonzernabschlüsse ergeben sich in den meisten Fällen nicht bzw. sind auf das Eigenkapital oder Minderheitenanteile beschränkt. Wegen Auswirkungen auf **Teil**konzernabschlüsse wird auf Rz 193 ff., wegen solcher auf Einzelabschlüsse auf → § 32 verwiesen.

Da IFRS 3 die Transaktionen unter gemeinsamer Kontrolle nicht regelt, sich aber auch in anderen IFRS-Standards keine Regelungen zu diesem Problemkreis finden, ist derzeit noch ein **bewusster Regelungsverzicht** zu konstatieren. Die Folge sind nicht beliebige, aber sehr unterschiedliche Lösungsmöglichkeiten. Infrage kommen auf der Basis von IAS 8.11 zunächst Analogien zu IFRS 3, ggf. auch Analogien zur Interessenzusammenführungsmethode.[76]

> **Beispiel**
> Die Gruppe G (oder der Gesellschafter G) hält vor Umstrukturierung die direkte, nach Einfügung einer NewCo Holding die indirekte Mehrheit an A.

---

[76] Gl. A. ERNST & YOUNG, International GAAP 2014, Ch 10 s3.1.

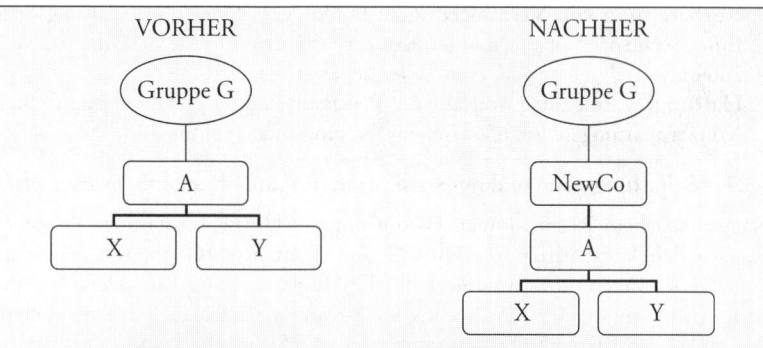

1. Analogie zu IFRS 3.13
Es liegt ein **umgekehrter Erwerb** (*reverse acquisition*) vor, da eine durch Sacheinlage gegründete NewCo nicht als Erwerber des eingelegten Unternehmens gelten kann. Die Konzernbuchwerte der A werden somit fortgeführt (Rz 200).

2. Analogie zur Interessenzusammenführungsmethode
Es liegt kein Erwerb (*acquisition*) bzw. mangels *business* der NewCo keine *business combination* vor, sondern eine Zusammenführung rechtlicher Einheiten. Daher kann die im früheren Recht verankerte **Interessenzusammenführungsmethode** mit der Folge der Buchwertfortführung angewandt werden.

Da die analoge Anwendung von IFRS 3 im Beispiel zum gleichen Ergebnis führt wie ein Rückgriff auf die Interessenzusammenführungsmethode, ist das Ergebnis im vorstehenden Beispiel auch unabhängig davon, ob der Vorgang als *common control transaction* zu würdigen ist. Bei fehlender gemeinsamer Beherrschung wäre IFRS 3 mit der gleichen Konsequenz unmittelbar anzuwenden. Im folgenden Beispiel kommt es hingegen darauf an, ob eine Transaktion unter gemeinsamer Kontrolle vorliegt.

> **Beispiel**
> Die vertraglich abgestimmt handelnde Gruppe G hat bislang die Mehrheit an den Schwesterkonzernen A und B, wobei der Wert von B deutlich höher ist. Die Obergesellschaften der beiden Konzerne werden gegen Sacheinlage in eine neu gegründete Holding eingebracht.

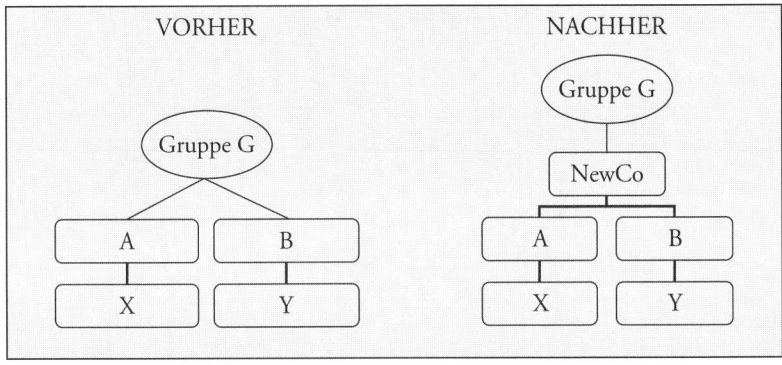

Nach IFRS 3 liegt eine *business combination* vor, da mit A und B 2 Unternehmen zusammengeführt werden, um eine neue Berichtseinheit *(reporting entity)* zu bilden.
Da es sich um eine *transaction under common control* handelt, ist IFRS 3 nicht unmittelbar anwendbar. Zwei Lösungen sind vertretbar:
1. **Analogie zu IFRS 3**
Da der Wert von B wesentlich höher als der von A ist, ist B als Erwerber zu identifizieren (Rz 2). Die Buchwerte von B sind fortzuführen. Der Erwerb führt zur Aufdeckung von stillen Reserven und *goodwill* bei A.
2. **Analogie zur Interessenzusammenführungsmethode**
Da die beherrschende Gruppe G in der Holding ihre bisher rechtlich verteilten Interessen zusammenführt, sind die Buchwerte beider Konzerne fortzuführen, ggf. nach Anpassung an konzerneinheitliche Bilanzierungsmethoden.
Läge hingegen keine Transaktion unter gemeinsamer Kontrolle vor, wäre nur die 1. Lösung zulässig: Anwendung von IFRS 3, Aufdeckung von stillen Reserven und *goodwill* bei A.
Wegen besonderer Regeln für die Schaffung von Holdingstrukturen und Etablierung von NewCos im Einzelabschluss wird auf → § 32 Rz 180 verwiesen, wegen der Behandlung von Vorjahreszahlen bei Etablierung einer NewCo durch Einbringung von Tochterunternehmen auf → § 32 Rz 93.

5.3.3 Verschmelzungen: *side-, down-* und *upstream mergers*

Das IDW[77] stellt zum Fall der **Verschmelzung zweier Tochterunternehmen** sowie der Einbringung eines Tochterunternehmens durch die Mutter in ein anderes Tochterunternehmen Folgendes fest:
- **Konzernabschluss des Mutterunternehmens**: Aus Sicht des Mutterunternehmens findet gar keine *business combination* statt. Die Verschmelzung ist nach den in IFRS 10 niedergelegten Regeln der **Zwischenergebniseliminierung** zu lösen. Danach kann es durch die konzerninterne Transaktion nicht zur Aufdeckung stiller Reserven kommen. Die Buchwerte sind fortzuführen. Dieser Grundsatz gilt uneingeschränkt; auch bei der Verschmelzung eines nicht im 100 %igen Anteilsbesitz des Mutterunternehmens stehenden Toch-

---
[77] IDW RS HFA 2, Tz. 33 ff.

terunternehmens werden daher auch für das anteilig den Minderheitsgesellschaftern zustehende Vermögen keine stillen Reserven aufgedeckt.

- **Teilkonzernabschluss** des aufnehmenden Tochterunternehmens: Aus Sicht des aufnehmenden Tochterunternehmens kommt es zu einer *business combination*, für die aber IFRS 3 wegen *common control* (Rz 189) einen Regelungsverzicht erklärt. Ob im Teilkonzernabschluss die stillen Reserven und der *goodwill* aufzudecken sind, hängt nach Auffassung des IDW davon ab, ob der Teilkonzernabschluss als eigenständiges Berichtsformat *(separate entity approach)* oder als Ausschnitt aus dem Gesamtkonzernabschluss verstanden wird. Im ersten Fall soll es zur Aufdeckung stiller Reserven kommen, im zweiten Fall sollen die Buchwerte fortgeführt werden. Nach einer Schrifttumsauffassung ist jedenfalls dann dem *separate entity approach* zu folgen, wenn die Verschmelzung auf einen börsennotierten Teilkonzern erfolgt.[78] Zur Begründung wird die 7. EU-Richtlinie bzw. ihre Umsetzung in § 291 Abs. 3 HGB angeführt. Danach ist der sonst mögliche Verzicht auf einen Teilkonzernabschluss bei Börsennotierung der Teilkonzernspitze nicht zulässig. Nach Auffassung des IDW sind jedoch beide Ansichten und beide Vorgehensweisen zulässig. Im Übrigen ist bei Anwendung des *separate entity approach* nach den Regeln des umgekehrten Unternehmenserwerbs noch zu klären, ob die rechtlich aufnehmende Gesellschaft auch wirtschaftlich der Erwerber ist, da andernfalls die stillen Reserven gerade beim rechtlich aufnehmenden Unternehmen aufzudecken wären.[79] Außerdem darf eine fremdunübliche „Vergütung" für die Verschmelzung oder Einbringung nicht zu einem *goodwill* oder einem negativen Unterschiedsbetrag führen. I. H. d. fremdunüblichen Teils sind vielmehr Einlagen/Entnahmen zu unterstellen.
- **Einzelabschluss des aufnehmenden Tochterunternehmens**: Auch in diesem Fall liegt eine *business combination* mit Regelungsverzicht nach IFRS 3 wegen *common control* vor. Wie im vorstehenden Fall dürften beide Vorgehensweisen zulässig sein.
  - Für die Fortführung der Buchwerte des verschmolzenen Unternehmens spricht, dass die Werterhöhung nicht durch eine Transaktion mit unabhängigen Dritten belegt ist.
  - Andererseits ist aber nach allgemeinen Grundsätzen für den Einzelabschluss gerade keine Transaktion mit unabhängigen Dritten gefordert, da die Grundsätze der Zwischenergebniseliminierung für den Einzelabschluss nicht gelten.

194 Alle Lösungen für den Konzernabschluss stehen unter dem Vorbehalt, dass eine *business combination* überhaupt vorliegt und wenn ja, nicht in Form des umgekehrten Erwerbs (Rz 200).

5.3.4 Spaltungen und Sachdividenden

195 IFRIC 17 behandelt die Bilanzierung von **Sachdividenden** beim **ausschüttenden** Unternehmen. Die Bilanzierung beim Empfänger der Sachdividende ist nach IFRIC 17.8 nicht Gegenstand der Interpretation. Vom Anwendungsbereich ausgeschlossen sind außerdem Sachdividenden, bei denen die ultimative Kontrolle über den Ausschüttungsgegenstand vor und nach der Ausschüttung bei der

---

[78] LIECK, Bilanzierung von Umwandlungen nach IFRS, Wiesbaden 2011, S. 207.
[79] Vgl. ANDREJEWSKY, BB 2005, S. 1436 ff.

gleichen Partei liegt (IFRIC 17.5). In diesen Fällen ist IFRIC 17 weder im (Teil-)Konzernabschluss noch im Einzelabschluss des ausschüttenden Unternehmens anzuwenden. Nach IFRIC 17.BC13 ist der Begriff der ultimativen Kontrolle durch IFRS 3.B2 bestimmt. Auf Rz 189 wird deshalb verwiesen.
Sofern ein Anwendungsfall von IFRIC 17 vorliegt, gilt Folgendes: 196
- In dem Zeitpunkt, in dem ein gültiger Dividendenbeschluss (z. B. nach § 58 Abs. 5 AktG) vorliegt, ist eine **Verbindlichkeit** gegen Eigenkapital einzubuchen (IFRIC 17.10).
- Die Verbindlichkeit ist mit dem *fair value* des Ausschüttungsgegenstands zu bewerten (IFRIC 17.11). Eventuelle Änderungen des *fair value* zwischen Beschluss und Bilanzstichtag oder dem Tag des Vollzugs der Ausschüttung sind **gegen Eigenkapital** zu buchen (IFRIC 17.13).
- Die Differenz zwischen dem Buchwert des Ausschüttungsgegenstands und seinem *fair value* am Vollzugstag ist hingegen als **Erfolg** in der GuV zu berücksichtigen (IFRIC 17.14).
- In der GuV ist der Abgangserfolg gesondert auszuweisen (IFRIC 17.15).

In der gesellschaftsrechtlichen Praxis sind Sachdividende u.a. als **Auf- und** 197
Abspaltungen nach § 123 UmwG zu beobachten. Nur ausnahmsweise unterliegen diese aber den Regelungen von IFRIC 17. Hierzu folgende Beispiele:

Beispiel
Die M AG ist vor einigen Jahren durch Fusion entstanden, indem Familie A gegen Gewährung eines Anteils von 60 % den Geschäftsbereich A und Familie B gegen 40 % den Geschäftsbereich B eingebracht hat. Die erhofften Synergien sind nicht eingetreten. Im Wege der Aufspaltung nach § 123 Abs. 1 UmwG, d. h. unter Auflösung der M AG, wird das Vermögen des Geschäftsbereichs A auf die NewCo A übertragen, das Vermögen des Geschäftsbereichs B auf die NewCo B. Familie A erhält Anteile an der NewCo A, Familie B Anteile an der NewCo B.

Beurteilung
Gegenstand einer Sachdividende kann auch ein *business*, etwa ein Teilbetrieb, sein. Für die Anwendbarkeit von IFRIC 17 ist dann irrelevant, ob in dem jeweiligen Teilbetriebsvermögen auch Geld *(cash)* enthalten ist.
IFRIC 17 ist bei der M AG jedoch nur insoweit anzuwenden, als die ultimative Kontrolle über das (jeweilige) Vermögen nicht unverändert bleibt. Für den auf die Familie B übertragenen Teil ist die Voraussetzung in isolierter Betrachtung zu bejahren. Für den auf die Familie A übertragenen Teil ist zu prüfen, ob die Mitglieder der Familien vertraglich abgestimmt handeln und daher als eine Partei anzusehen sind (Rz 189). Ist dies der Fall, findet IFRIC 17 jedenfalls auf diesen Teil keine Anwendung. Nach IFRIC 17.IE2 würde dies möglicherweise auf den Teil B zurückstrahlen. Ist Betrachtungsobjekt das insgesamt ausgekehrte Vermögen, so hat (bei sachgerechter Verteilung des Vermögens) Familie A vorher und nachher die Mehrheit über das Gesamtvermögen. IFRIC 17 wäre insgesamt nicht anwendbar, wenn Familie A vertraglich abgestimmt handelt.

Beispiel
Die T GmbH betreibt 2 Geschäftsbereiche A und B. Diese sollen zukünftig rechtlich separiert betrieben werden. Geschäftsbereich B wird daher nach

> § 123 Abs. 2 UmwG abgespalten, in dem das zugehörige Vermögen auf eine NewCo B übertragen wird und die bisherigen Anteilseigner der T GmbH nunmehr im gleichen Verhältnis an der NewCo beteiligt sind.
>
> **Beurteilung**
> Ist die T GmbH mehrheitlich im Besitz der X AG und erhält die X AG daher im Rahmen der Abspaltung die Mehrheit an der NewCo B, ändert sich nichts an der ultimativen Kontrolle über den ausgekehrten Geschäftsbereich B. Ein Anwendungsfall von IFRIC 17 liegt nicht vor.
> Ist die A GmbH hingegen im Besitz einer Vielzahl nicht abgestimmt handelnder Personen, ist das Kriterium der ultimativen Kontrolle nicht einschlägig. IFRIC 17 kommt zur Anwendung. Insbesondere hat die T GmbH daher den Abgang des Geschäftsbereichs B zum *fair value* zu bewerten, die regelmäßig gegebene Differenz zum Buchwert dabei GuV-wirksam zu behandeln.

198 Eine Sachdividende ist nicht nur bei umwandlungsrechtlichen Umstrukturierungen gegeben.

> **Beispiel**
> Die T GmbH ist zu 100 % an der E GmbH beteiligt. Die Beteiligung an der E GmbH wird an die Anteilseigner der T GmbH ausgeschüttet, indem diese (nach Maßgabe ihrer Anteilsquoten an der T GmbH) Anteile an der E GmbH erhalten. Aus einem Unterordnungsverhältnis zwischen T und E wird ein Gleichordnungsverhältnis.
>
> **Beurteilung**
> T hat IFRIC 17 anzuwenden und daher stille Reserven in der Beteiligung an der E GmbH zu realisieren, wenn die ultimative Kontrolle über E nicht vor und nach dem Umhängen der Beteiligung bei der gleichen Partei liegt. Ist T in der Ausgangssituation selbst Tochter der M und wird daher E durch die Umgestaltung von einem Enkelunternehmen der M zu deren Tochterunternehmen, ist IFRIC 17 nicht anzuwenden. Hält eine Vielzahl unverbundener Personen hingegen zunächst die Anteile an T und später die an T und E, sind stille Reserven zu realisieren.

5.4 Abfindung eines Gesellschafters aus Gesellschaftsvermögen

199 Beendet der Gesellschafter einer Personengesellschaft oder einer GmbH seine Mitgliedschaft durch Kündigung, muss das Ausscheiden nicht durch Übernahme der Anteile durch die übrigen Gesellschafter erfolgen. Auch eine **Abfindung aus Gesellschaftsvermögen** ist möglich, bei einer GmbH mit der Einschränkung, dass hierdurch das Stammkapital nicht oder nur nach den Regeln einer ordentlichen Kapitalherabsetzung verringert werden darf.
Erfolgt die Abfindung **über** dem Buchwert des Eigenkapitalanteils, stellt sich die Frage nach der Behandlung der Differenz. Die amerikanischen Regeln, niedergelegt in EITF 85–46 „*Partnership's Purchase of Withdrawing Partner's Equity*", hielten (für den Fall der Personengesellschaft) drei Varianten für vertretbar:

- Behandlung des Ausscheidens als „Gründung" einer neuen Gesellschaft mit der Folge einer Aufdeckung von 100 % der stiller Reserven und eines evtl. *goodwill (complete revaluation)*.
- Erfassung der Differenz analog den Regeln einer *business combination*, d. h. mit anteiliger (der Beteiligungsquote des Ausscheidenden entsprechenden) Aufdeckung von stillen Reserven und *goodwill (pro rata revaluation)*.
- Buchung des gesamten Betrags gegen Eigenkapital, dadurch Verringerung des Eigenkapitals i. H. d. Differenz von Abfindung und Buchwertanteil des Ausscheidenden (*treasury-stock-***Methode**).[80]

Nach IFRS sind die Methoden wie folgt zu würdigen:
- Bilanzierungssubjekt ist nach IFRS die *entity*, d. h. die Gesellschaft bzw. der Konzern und nicht die Gesellschafter. Eine Deutung des Ausscheidens eines Gesellschafters als Gründung einer neuen *entity* wäre daher nicht sachgerecht. Eine vollständige Neubewertung scheidet aus.
- Die Abfindung eines Gesellschafters ist keine *business combination*, da die Gesellschaft kein *business* erwirbt. Die Regeln von IFRS 3 sind daher nicht oder nur analog anwendbar. Vor einem entsprechenden Analogieschluss ist aber zu prüfen, ob für Abfindungssachverhalte nicht schon konkretere Bestimmungen im Regelwerk enthalten sind.
- Dies ist der Fall. Nach IAS 32.33 ist der Erwerb eigener Anteile i. H. d. dafür entrichteten Entgelts als **Kürzung des Eigenkapitals** zu buchen (→ § 20 Rz 85 ff.). Dies entspricht der *treasury-stock-*Methode. Sie ist deshalb **anzuwenden**.

5.5 Umgekehrter Erwerb (*reverse acquisition*)

5.5.1 Überblick über die Besonderheiten

Beim umgekehrten Unternehmenserwerb (Rz 3) ist 200
- das rechtlich als Erwerber anzusehende Unternehmen *(legal acquirer)*
- wirtschaftlich als erworbenes Unternehmen *(economic acquiree)* zu qualifizieren.

Ein **typischer Anwendungsfall** ist die **Einbringung** eines großen nichtbörsennotierten Unternehmens in eine kleinere börsennotierte Gesellschaft gegen Gewährung von Anteilsrechten. Erlangen die Altgesellschafter des nichtbörsennotierten Unternehmens durch die Kapitalerhöhung die Mehrheit der Anteile an der börsennotierten Gesellschaft, so ist das nichtbörsennotierte Unternehmen wirtschaftlicher Erwerber. Seine Buchwerte sind fortzuführen, während stille Reserven und *goodwill* des rechtlichen Erwerbers aufzudecken sind (Rz 3). Der umgekehrte Unternehmenserwerb weist aus **technischer** Sicht einige Besonderheiten auf, die in IFRS 3.IE1 ff. dargestellt werden. Es handelt sich um folgende Punkte:
- Bestimmung der **Anschaffungskosten:** Maßgeblich ist nicht der Wert der von dem rechtlichen Erwerber ausgegebenen Anteile, sondern der Wert, der sich ergeben hätte, wenn der wirtschaftliche Erwerber auch rechtlich Erwerber gewesen wäre und Anteile ausgegeben hätte (Rz 202).
- **Kaufpreisallokation:** Aufdeckung von stillen Reserven und *goodwill* beim rechtlichen Erwerber (Rz 203).

---

[80] Zur handelsrechtlichen Diskussion CLEMM, BB 1992, S. 1959 ff.

- Bewertung und Ausweis des **Konzerneigenkapitals:** Die Höhe des Kapitals ergibt sich als Summe von buchmäßigem Altkapital des wirtschaftlichen Erwerbers einerseits und Anschaffungskosten des wirtschaftlich erworbenen Unternehmens andererseits (Rz 204). Bei der in Bilanz oder Anhang vorzunehmenden Angabe der Art der ausgegebenen Anteile (z. B. Stückaktien) und ihrer Zahl ist jedoch auf den rechtlichen Erwerber abzustellen.
- **Minderheitenanteile/nicht beherrschende Anteile:** Für die Minderheitsgesellschafter des wirtschaftlichen Erwerbers ist im Konzernabschluss ein Minderheitenanteil auszuweisen. Er bemisst sich, da der wirtschaftliche Erwerber die Buchwerte fortführt, nach dem Anteil der Minderheit am Buchvermögen (Rz 205).

201 Fraglich ist, ob die Regelungen zum umgekehrten Unternehmenserwerb im Falle eines *asset deal* auch im **Einzelabschluss** anzuwenden sind. Dafür spricht die fehlende Unterscheidung zwischen *asset deal* und *share deal* in IFRS 3.

> **Beispiel**
> R als rechtlicher Erwerber kauft gegen Ausgabe von Anteilen (Kapitalerhöhung) im *asset deal* den Geschäftsbetrieb der W. Durch die Kapitalerhöhung erlangen die bisherigen Anteilseigner der W die Mehrheit an R.
> Im Konzernabschluss des R ist der Vorgang als umgekehrter Unternehmenserwerb darzustellen mit der Folge einer Aufdeckung von stillen Reserven und eines *goodwill* nur in Bezug auf R, während die Buchwerte der W fortzuführen sind. U. E. sollte dem angesichts der von der Transaktionsform unabhängigen Behandlung von *goodwill* und stillen Reserven nach IFRS 3 auch im Einzelabschluss der R gefolgt werden.

5.5.2 Bestimmung der Anschaffungskosten

202 Wenn nur der rechtliche Erwerber börsennotiert und deshalb zwar der Wert seiner Anteile verlässlich bestimmbar ist, aber nicht der Wert der Anteile des wirtschaftlichen Erwerbers, können die Anschaffungskosten auf Basis der Kurswerte des rechtlichen Erwerbers bestimmt werden (IFRS 3.IE5). In allen anderen Fällen aber, d. h., wenn der Wert der Anteile des rechtlichen Erwerbers nicht verlässlicher bestimmbar ist, z. B. weil beide Unternehmen börsennotiert oder beide nicht börsennotiert sind, ist die reale (rechtliche) Anteilsgewährung in eine fiktive (wirtschaftliche) umzurechnen und hieraus der Anschaffungskostenbetrag abzuleiten (IFRS 3.IE4). Dazu folgendes Beispiel:

> **Beispiel**
> Die in Frankfurt notierte große Gesellschaft WE wird in die in New York notierte kleinere Gesellschaft RE eingebracht. Unmittelbar vor der Einbringung sind die Marktwerte der Gesellschaften wie folgt:
> - RE: 10 Mio. Aktien zu 10 EUR = 100 Mio. EUR
> - WE: 10 Mio. Aktien zu 24 EUR = 240 Mio. EUR
>
> Die Einbringung wird in der Weise vollzogen, dass jeder Gesellschafter der WE im Wege der Kapitalerhöhung für 1 WE-Aktie 2 Aktien der RE erhält. Insgesamt werden also 20 Mio. neue Aktien der RE ausgegeben werden,

sodass die Altanteilseigner der WE nach der Einbringung mit 66,7 % an der RE beteiligt sind.
Die Anschaffungskosten des wirtschaftlichen Erwerbers ergeben sich jedoch nicht mit 20 Mio. Aktien × 10 EUR = 200 Mio. EUR, da diese Rechnung auf die (real) vom rechtlichen Erwerber ausgegebenen Anteile abstellen würde, während es tatsächlich auf die Leistung des wirtschaftlichen Erwerbers ankommt. Dessen Leistung könnte man ggf. darin sehen, den Altaktionären der RE 10 Mio. Aktien, also 100 Mio. EUR, zu belassen. Auch diese Betrachtung ist jedoch ungeeignet, da sie nicht auf das abstellt, was die WE hingegeben hat. Der Wert der Leistung der WE ist stattdessen durch eine dem wirtschaftlichen Geschehen folgende Fiktivrechnung zu bestimmen:
- Die Einbringung hätte so strukturiert werden können, dass der wirtschaftliche Erwerber WE auch rechtlicher Erwerber gewesen wäre.
- WE hätte dann sein Kapital um 5 Mio. Aktien auf 15 Mio. erhöhen müssen, damit nach der Kapitalerhöhung das tatsächlich bewirkte Verhältnis von 66,7 % zu 33,3 % zwischen den Gesellschaftern beider Unternehmen bestanden hätte.
- Die fiktive Ausgabe von 5 Mio. Aktien an die Gesellschafter der RE führt zu Anschaffungskosten von 5 Mio. × 24 EUR = 120 Mio. EUR.

In der Differenz von 120 Mio. EUR Anschaffungskosten zum Marktwert der RE vor Einbringung von 100 Mio. spiegelt sich der von WE entrichtete Mehrpreis wider. Nach den Wertverhältnissen vor Einbringung (240 zu 100) hätte WE nicht 33,3 % der (fiktiven) eigenen Anteile an die Aktionäre der RE leisten müssen, sondern nur 100/340 = 29,4 %.

Abwandlung:
Ist die WE nicht börsennotiert und daher der Wert der von ihr fiktiv auszugebenden Aktien nicht verlässlich bestimmbar, sind die Anschaffungskosten wie folgt zu berechnen:
10 Mio. RE Aktien × 10 EUR = 100 Mio. EUR.

5.5.3 Kaufpreisallokation

Beim umgekehrten Unternehmenserwerb sind die Anschaffungskosten auf das zum Zeitwert erfasste Vermögen des rechtlichen Erwerbers aufzuteilen. Ein verbleibender Unterschiedsbetrag ist *goodwill* (IFRS 3.IE6). Die Buchwerte des wirtschaftlichen Erwerbers sind hingegen fortzuführen.

203

Beispiel (Fortsetzung zu Rz 202)
Nachfolgend die Bilanzen zu Buch- und Zeitwerten des wirtschaftlichen Erwerbers WE sowie des rechtlichen Erwerbers RE.
Das zu Zeitwerten bewertete Nettovermögen der RE beträgt 110 Mio. EUR. Hieraus ergibt sich nach den unter Rz 202 festgestellten Anschaffungskosten von 120 Mio. EUR ein *goodwill* von 120–110 = 10 Mio. EUR.
Die übrigen konsolidierten Werte ergeben sich wie folgt:
a) beim diversen Vermögen und den Verbindlichkeiten aus
   Buchwert WE + Zeitwert RE

b) beim Eigenkapital aus:
Buchwert WE + Anschaffungskosten auf RE

	WE		RE		Konsolidiert
	BuchW	ZeitW	BuchW	ZeitW	
div. Vermögen	200	300	100	150	350
goodwill					10
Summe Aktiva	200	300	100	150	360
Eigenkapital					
– gez. Kap./KapRL	50	50	30	30	170*
– GewinnRL	70	150	30	80	70
Verbindlichkeit	80	100	40	40	120
Summe Passiva	200	300	100	150	360

* Erläuterung gez. Kapital. (KapRL: 50 WE (zu Buchwert) + 120 AK auf RE

5.5.4 Konzerneigenkapital

Die **Höhe** des Konzerneigenkapitals unmittelbar nach dem umgekehrten Unternehmenserwerb errechnet sich wie folgt:

> Buchwert Eigenkapital wirtschaftlicher Erwerber vor Erwerb
> + Anschaffungskosten des Unternehmenserwerbs
> = konsolidiertes Eigenkapital

IFRS 3.IE8 bestimmt jedoch, dass der Ausweis in der Bilanz selbst oder im Anhang die rechtlichen Verhältnisse, d.h. Aktienzahl und Aktientyp des rechtlichen Erwerbers, darstellen muss.

> **Beispiel (Fortsetzung zu Rz 202 und Rz 203)**
> Der Unternehmenszusammenschluss ist dadurch zustande gekommen, dass U sein Aktienkapital (bestehend aus Stückaktien) von 10 auf 20 Mio. Aktien erhöht hat. Der Ausweis in Bilanz (oder Anhang) ist wie folgt:
> 1. Gewinnrücklagen: 70
> 2. ausgegebenes Kapital *(issued equity)*
>   30 Mio. Stückaktien 170
> Ad 1) Der Betrag der Gewinnrücklagen entspricht dem Buchwert der WE vor Zusammenschluss.

> Ad 2) Der Betrag des ausgegebenen Kapitals ist
> Buchwert WE vor Zusammenschluss 50
> + Anschaffungskosten Unternehmenserwerb 120
> = ausgegebenes Kapital neu 170
> Angegebene Aktienzahl und angegebener Aktientyp entsprechen hingegen den rechtlichen Verhältnissen.

Die rechtlichen Verhältnisse des rechtlichen Erwerbers sind im Übrigen auch maßgeblich für die Berechnung des Gewinns pro Aktie (IFRS 3.IE9; → § 35). Das konsolidierte Ergebnis von wirtschaftlichem und rechtlichem Erwerber ist mithin durch die Zahl der umlaufenden Aktien des rechtlichen Erwerbers zu dividieren. In der Periode des Erwerbs sind die Verhältnisse vor dem Erwerb (Aktienzahl vor Kapitalerhöhung) und nach dem Erwerb (Aktienzahl nach Kapitalerhöhung) zeitlich zu gewichten.

5.5.5 Nicht beherrschende Anteile

Beim normalen Unternehmenserwerb ist ein Minderheitenanteil nur für die fortbestehende Beteiligung Dritter am erworbenen Unternehmen auszuweisen. Beim umgekehrten Unternehmenserwerb ist der wirtschaftliche Erwerber rechtlich Tochtergesellschaft. Der rechtlichen Betrachtung folgend werden Anteile Dritter an dieser Tochtergesellschaft als nicht beherrschende Anteile ausgewiesen. Da die Tochtergesellschaft als wirtschaftlicher Erwerber jedoch die Buchwerte fortführt, kann auch der Anteil der nicht beherrschenden Gesellschafter nur auf Buchwertbasis berechnet werden (IFRS 3.IE13).

5.5.6 *Reverse asset acquisition*, Einbringung in eine NewCo

Der Anwendungsbereich der *reverse acquisition* unterliegt einer **Einschränkung**: Voraussetzung ist die **Unternehmensqualität** (Rz 15) sowohl des Erwerbers als auch des erworbenen Unternehmens:

- Wird die Unternehmensqualität für das **rechtlich erworbene Unternehmen** verneint, greift bereits der allgemeine Anwendungsausschluss von IFRS 3.2b: Es liegt kein Unternehmenszusammenschluss, sondern vielmehr der Erwerb einzelner Vermögenswerte, somit eine *asset acquisition* vor.
- Konstituiert der **rechtliche Erwerber** (= wirtschaftlich Erworbene) kein Unternehmen (business), kann zwar eine *reverse acquisition* vorliegen, die Ansatz- und Bewertungsvorgaben für die Abbildung von Unternehmenszusammenschlüssen, insbesondere die Erfassung von *goodwill*, finden aber keine Anwendung (IFRS 3.B19). Das Schrifttum spricht hier von einer *reverse asset acquisition*.[81]

Für die bilanzielle Behandlung ist die Art der Vergütung entscheidend. Mangels Zugangs eines Unternehmens ist der evtl. Empfang von Gütern (*goods*) durch Hingabe eigener **Eigenkapitalinstrumente** ggf. als anteilsbasierte Vergütung zu erfassen (IFRS 2.5). Bedenken gegen diese Deutung ergeben sich allenfalls aus der Annahme, IFRS 2 folge einer rechtlichen Betrachtung; eine anteilsbasierte Vergütung könne also nur von der Gesellschaft gewährt werden, die Eigenkapital-

---

[81] Vgl. Freiberg, PiR 2011, S. 166 ff. m. w. N.

instrumente ausgibt. Im Falle der *reverse asset acquisition* wäre dies der rechtliche Erwerber, der aber gerade nach der analogen Anwendung von IFRS 3 wirtschaftlich nicht als Erwerber gilt, rechtlich zwar ein *business* erwirbt, darauf aber IFRS 2 gem. IFR 2.5 nicht anwenden dürfte.
Das IFRC IC teilt nach einer Entscheidung vom März 2013 diese Bedenken aber nicht. Nach IFRS IC erwirbt etwa bei Einbringung eines Unternehmens (A) in einen Börsenmantel (B) der wirtschaftliche Erwerber (= A) ein Börsenlisting gegen (fiktive) Ausgabe seiner Aktien. Das Börsenlisting ist nicht aktivierbar. Daher entsteht gem. IFRS 2.8 und IFRS 2.13A i. H. d. bei den Alt-Gesellschaftern verbleibenden Anteile Aufwand.

5.6 Erstmalige Konsolidierung einer bisher unwesentlichen Tochter

207 IFRS 10 kennt weder Konsolidierungs**verbote** noch Konsolidierungs**wahlrechte**. Sämtliche in den IFRS-Vorschriften festgelegten Bilanzierungsmethoden (hier unter begrifflichem Einschluss von Bewertungs- und Konsolidierungsmethoden) stehen aber nach IAS 8.8 unter dem Vorbehalt der *materiality*. Nicht auf der Basis spezieller Regelungen in IFRS 10, aber nach dem allgemeinen *materiality*-Grundsatz besteht daher ein (Nicht-)Einbeziehungswahlrecht für unwesentliche Tochterunternehmen. Das **Wesentlichkeitsurteil** kann sich **im Zeitablauf ändern**, etwa weil das Tochterunternehmen wächst. Zur Beurteilung der dann vorzunehmenden erstmaligen Einbeziehung des bisher aus Wesentlichkeitsgründen nicht konsolidierten Tochterunternehmens enthalten weder IFRS 3 noch IFRS 10 einen Hinweis. Als Regelgrundlage kommen daher zunächst die allgemeinen Vorschriften des IAS 8 infrage. Sie unterscheiden u. a. zwischen:
- einer retrospektiv vorzunehmenden **Korrektur von Fehlern** (*correction of errors*) nach IAS 8.42 (→ § 24 Rz 36) und
- einer ebenfalls retrospektiven **Änderung der Bilanzierungsmethoden** (*change in accounting policy*) nach IAS 8.14 (→ § 24 Rz 18).

Die Fehlervariante scheidet aus. Wenn sich das Mutterunternehmen bis zum Zeitpunkt X zulässigerweise auf Unwesentlichkeit der TU beruft, ab Zeitpunkt X+1 aber eine Wesentlichkeit gegeben ist, bedeutet die erstmalige Konsolidierung in X+1 gerade **nicht** die Korrektur eines gleich bleibenden, bisher fehlerhaft behandelten Sachverhalts. Sie ist vielmehr regelkonforme Reaktion auf einen neuen bzw. geänderten Sachverhalt.
An der Anwendbarkeit der 2. Variante bestehen aus ähnlichen Gründen Zweifel. Ein *change in accounting policy* liegt vor, wenn ein unveränderter Sachverhalt nunmehr anders behandelt werde2.n soll. Ein bis zum Zeitpunkt X unwesentlicher, ab X+1 wesentlicher Sachverhalt ist aber nicht völlig unverändert.[82] Bejaht man gleichwohl einen Wechsel der Rechnungslegungsmethode, ist die Erstkonsolidierung retrospektiv vorzunehmen. Für ein solches Vorgehen sprechen sich (allerdings ohne nähere Begründung) Teile der Literatur aus.[83]

---

[82] Zu weiteren Gründen, die gegen einen *change in accounting policy* sprechen, LÜDENBACH, PiR 2006, S. 121.
[83] So etwa BRUNE, in: BECK'sches IFRS-Handbuch, 4. Aufl., 2013, § 32, Tz. 10.

Verneint man eine Änderung der Bilanzierungsmethode, fehlt eine Rechtsgrundlage. Es entsteht eine **Regelungslücke**, die nach IAS 8.11 vor allem durch Analogie zu anderen Vorschriften zu schließen ist. Als **Analogvorschrift** kommen die Regeln von **IFRS 1** (→ § 6 Rz 57) für die erstmalige Konsolidierung einer bisher nicht konsolidierten Tochter in der IFRS-Eröffnungsbilanz infrage. Sie enthalten ein Wahlrecht zwischen

- **retrospektiver** Ermittlung der Erstkonsolidierungswerte (IFRS 1.10) und
- **vereinfachter** Ermittlung des *goodwill* als Differenz von Beteiligungsbuchwert bei der Muttergesellschaft und Buchvermögen der Tochtergesellschaft zum Einbeziehungszeitpunkt (IFRS 1.C4(j)).

Zugunsten der **vereinfachten** Ermittlung (beim Erstanwender) führt IFRS 1.BC32ff. 2 Argumente an. Die Ermittlung von Werten (z.B. stillen Reserven) auf weit zurückliegende Zeitpunkte ist

- **kosten**intensiv und
- aufgrund der tatsächlichen Beeinflussung der Wahrnehmung durch die konzeptionell irrelevanten Ereignisse der nachfolgenden Jahre **subjektiv**.

Beide Argumente gelten jedenfalls dann, wenn das bisher nicht konsolidierte Unternehmen nicht gegründet, sondern erworben wurde und der Erwerb einige Jahre zurückliegt. Unter diesen Umständen halten wir eine analoge Anwendung von IFRS 1.C4(j) für vertretbar.[84]

Beispiel
Im handelsrechtlichen Konzernabschluss 06 war das am 1.1.01 für 650 erworbene Tochterunternehmern TU bisher aus Wesentlichkeitsgründen nicht konsolidiert. Zum Erwerbszeitpunkt ergaben sich für die schuldenfreie TU folgende Werte:

Diverses Vermögen zu Einzelbilanzwerten (IFRS = HGB)	100
Stille Reserven in Kundenstamm und Marke zusammen	300
Passive latente Steuer darauf	– 120
Zeitwert des erworbenen Vermögens	280

Wäre zu diesem Erwerbszeitpunkt eine Erstkonsolidierung vorgenommen worden, hätte der *goodwill* somit 650–280 = 370 betragen.
Die TU hat bei noch geringen, aber stetig wachsenden Umsätzen nur im Jahr 01 ein negatives Ergebnis von –80 erzielt, danach ausgeglichene Ergebnisse. Aufgrund der positiven Umsatzentwicklung gilt sie ab 06 als wesentlich.

a) Analoge Anwendung von IFRS 1.10 bzw. Annahme eines Methodenwechsels
Nach IAS 8 (Methodenwechsel) bzw. IFRS 1.10 analog werden die Konsolidierungswerte in retrospektiver Anwendung von IFRS 3 so ermittelt, als ob TU in 01 erstkonsolidiert und diese Werte bis 06 fortgeschrieben worden wären. Nur der *goodwill* ist hier leicht zu bestimmen. Da er nach IFRS 3 und IAS 36 nicht planmäßig abzuschreiben ist, entspricht er dem oben für eine fiktive Erstkonsolidierung auf den Erwerbszeitpunkt errechneten Wert von 280. Das diverse Vermögen ist hingegen vom Erwerbszeitpunkt an nicht nur um die buchmäßige Veränderung (Verlust 00 i.H.v. 80) fortzuschreiben. Auch die stillen Reserven

---

[84] Gl. A. Landgraf/Rattler/Roos, KoR 2012, S. 335ff.

sind zu berücksichtigen und, soweit auf planmäßig abschreibbare Werte entfallend, fortzuschreiben. Insoweit ist der Erstkonsolidierungsbetrag von 300 detailliert auf Kundenstamm (abschreibbar) und Marke (i.d.R. nicht abschreibbar) aufzuteilen und der auf den Kundenstamm entfallende Teil in geeigneter Weise planmäßig bis zur erstmaligen Einbeziehung abzuschreiben. Im Übrigen ist dabei noch die Rückwirkung der Abschreibung des Kundenstammes auf die passive latente Steuer zu berücksichtigen.

b) Analoge Anwendung von IFRS 1.C4(j)

Für den Fall der Nichtkonsolidierung eines im Rahmen eines Unternehmenszusammenschlusses erworbenen Tochterunternehmens nach der vorherigen Rechnungslegung (hier HGB) gewährt IFRS 1.C4(j) folgende als Wahlrecht gestaltete Erleichterung: „Der erstmalige Anwender hat die Buchwerte der Vermögenswerte und Schulden des Tochterunternehmens so anzupassen, wie es die IFRS für die Einzelbilanz des Tochterunternehmens vorschreiben würden. Der angesetzte Wert des Geschäfts- oder Firmenwerts entspricht zum Zeitpunkt des Übergangs auf IFRS der Differenz zwischen (i) dem Anteil des Mutterunternehmens an diesen angepassten Buchwerten und (ii) den im Einzelabschluss des Mutterunternehmens bilanzierten Anschaffungskosten der in das Tochterunternehmen vorgenommenen Finanzinvestition."

Das diverse Vermögen der T ist danach auf der Basis einzelbilanzieller Buchwerte, mithin ohne Rücksicht auf die zum Erwerbszeitpunkt bestehenden stillen Reserven und deren Fortentwicklung anzusetzen. Für die Erstkonsolidierung ergibt sich somit folgende einfache und eindeutige Rechnung:

Beteiligungsbuchwert bei MU	650
einzelbilanzielles Vermögen TU (ohne Marke, Kundenstamm, sonstige stille Reserven)	20
goodwill 1.1.2005	630

Wegen IAS 12.15a sind keine latenten Steuern anzusetzen. Eine komplizierte Bestimmung der Werte von Marke, Kundenstamm usw. und eine Steuerlatenzrechnung sind nicht notwendig.

6 Latente Steuern

209 Latente Steuern spielen im Rahmen von Unternehmenszusammenschlüssen, insbesondere bei Unternehmenserwerben, eine **dreifache** Rolle:
- Infolge des Unternehmenszusammenschlusses kann es zu (veränderten) **temporären Differenzen** zwischen IFRS- und Steuer-Wertansätzen kommen, etwa dann, wenn steuerlich die Buchwerte nach UmwStG oder § 6 Abs. 3 EStG fortgeführt werden, während es in der IFRS-Bilanz zur Aufdeckung stiller Reserven kommt. Vorrangig geht es um *inside basis differences* (→ § 26 Rz 140).
- Durch den Unternehmenszusammenschluss können für **Verlustvorträge** Verrechnungsmöglichkeiten entstehen oder (nach den deutschen Mantelkaufvorschriften usw. regelmäßig wahrscheinlicher) entfallen. Im Rahmen der Erstkon-

solidierung ist dann ein Aktivposten für Steuerlatenz wegen Verlustvorträgen erstmalig anzusetzen oder (i. d. R.) zu eliminieren (→ § 26 Rz 126).
- Der Ansatz/Nichtansatz von latenten Steuern beeinflusst die Höhe des **Unterschiedsbetrags** (*goodwill*).

Andererseits kann aber auch der *goodwill* selbst zu einem Bewertungsunterschied zwischen IFRS- und Steuerbilanz führen. Hierzu folgendes Beispiel (→ § 26 Rz 145): 210

> **Beispiel**
> Erworben wird zu Anschaffungskosten von 230 ein Unternehmen mit einem Buchwert von 100 und einem Zeitwert von 150.
> Im Rahmen der IFRS-Erstkonsolidierung werden stille Reserven von 50 im Anlagevermögen aufgedeckt, während steuerlich die Buchwerte fortgeführt werden. Bei einem Steuersatz von 40 % ergibt sich eine passive Steuerlatenz von 40 % von 50 = 20.
> Der *goodwill* beträgt demnach nicht 230–150 = 80,
> sondern 230 – (150–20) = 100.
> Gelangt der *goodwill* steuerlich nicht zum Ansatz, wäre auch hierauf eine latente Steuer von 40 % = 40 zu bilden. Der *goodwill* würde sich dadurch auf 230 – (150–20–40) = 140 erhöhen.
> Hiernach würde aber die latente Steuer auf den *goodwill* nicht mehr 40, sondern 40 % von 140 = 56 betragen. Der *goodwill* wäre entsprechend um weitere 16 auf 156 zu erhöhen usw.
> Auch die 16 würden wieder latente Steuern auslösen usw. (Iteration).
> Mathematisch läge eine geometrische Reihe vor, deren Summe 166,67 betrüge.
> IAS 12 sieht eine solche Berechnung **nicht** vor, es bleibt beim *goodwill* von 100 (→ § 26 Rz 144).

IAS 12.15a und 21 verbieten also den Ansatz latenter Steuern auf den *goodwill*, weil es sich hierbei „um eine Residualgröße handelt und der Ansatz der latenten Steuerschuld wiederum eine Erhöhung des Buchwertes des Geschäfts- oder Firmenwertes zur Folge hätte". Dies gilt uneingeschränkt für alle Fälle, in denen in der Steuerbilanz kein (abzugsfähiger) *goodwill* entsteht, also insbesondere für alle Fälle des *share deal*. Für Fälle, in denen ein steuerlich abzugsfähiger *goodwill* aufgedeckt wird *(asset deal)*, ist nach IAS 12.21A und B wie folgt zu differenzieren: 211
- Beim **Erstansatz** sind keine latenten Steuern auf eventuelle Differenzen zu bilden.
- Soweit jedoch in der **Folgezeit** Differenzen entstehen oder sich verändern, sind diese zu latenzieren.

> **Beispiel**
> Die MU AG erwirbt am 1.1.01 im *asset deal* TU. Der *goodwill* nach IFRS- und Steuerbilanz beträgt 150.
> - Er wird steuerlich mit 1/15 abgeschrieben.
> - Nach IFRS 3 und IAS 36 erfährt der *goodwill* keine planmäßige Abschreibung.
> - Am 31.12.01 beträgt daher die temporäre Differenz 150–140 = 10.
> - Hierauf ist eine latente Steuer von 4 zu passivieren.

Komplex wird die Behandlung temporärer Differenzen aus der Folgebewertung, wenn andererseits auch in der Zugangsbewertung schon Differenzen bestehen. Eine **Aufteilung** des *goodwill* in Komponenten analog SFAS 109.262 kann dann infrage kommen:

> **Beispiel**[85]
> Ein Unternehmen wird Anfang 01 im *asset deal* erworben. Wegen steuerlich nicht zu berücksichtigender *contingent liabilities* beträgt der *goodwill* nach IFRS 2.000, der der Steuerbilanz nur 1.500. Der steuerbilanzielle *goodwill* wird jährlich mit 100 abgeschrieben. Am Ende des Jahres 02 wird in der IFRS-Bilanz eine außerplanmäßige *goodwill*-Abschreibung von 200 vorgenommen.
>
> **Beurteilung**
> 1. Der IFRS-*goodwill* ist im Zeitpunkt des Zugangs in 2 Komponenten (500 und 1.500) zu **teilen**.
> 2. Die 2. Komponente ist zunächst auf das Entstehen von Bewertungsdifferenzen bei der Folgebewertung zu untersuchen. Am Ende des Jahres 01 beträgt die Differenz 1.500 IFRS minus 1.400 Steuerbilanz, woraus sich bei einem 40 %igen Steuersatz eine passive latente Steuer von 40 ergibt.
> 3. Die außerplanmäßige Abschreibung von 200 Ende 02 führt zu einem IFRS-Buchwert von 1.800, dem ein Steuerbuchwert von 1.300 gegenübersteht. Werden beide ursprünglich gebildeten Komponenten des IFRS-*goodwill* anteilig mit der außerplanmäßigen Abschreibung belastet, setzt sich der IFRS-Wert per Ende 02 wie folgt zusammen:
> 450 entfallen auf die für die Latenzierung irrelevante Komponente 1,
> 1.350 auf die Komponente 2; deren Differenz zum Steuerbuchwert von 1.300 führt zu einer passiven Latenz von nur noch 40 % von 50 = 20.

Die im Beispiel vorgenommene historische Betrachtung stößt beim *impairment*-Test dann an Grenzen, wenn der erworbene *goodwill* auf mehrere *cash generating units* (→ § 11 Rz 100) aufzuteilen ist und/oder mit *goodwills* aus anderen Erwerben für Zwecke des *impairment*-Tests zusammenzufassen ist.

212 Dem Erwerb eines Tochterunternehmens im *share deal* (*goodwill* nur im Konzernabschluss, nicht in der Steuerbilanz) kann ein konzerninterner *asset deal* folgen, der auch steuerlich zu einem Firmenwert führt. Hier ist nach Auffassung des Schrifttums[86] danach zu unterscheiden, ob der nachfolgende *asset deal* Teil einer **einheitlichen** Maßnahme ist. Wegen Einzelheiten wird auf → § 26 Rz 103 verwiesen.

213 Unter *fair-value*-Gesichtspunkten wäre im Falle einer langfristigen Nutzbarkeit erworbener steuerlicher **Verlustvorträge** die zu aktivierende latente Steuer mit dem undiskontierten Wert oder wie „andere" langfristige Ansprüche mit dem niedrigeren Barwert anzusetzen. IFRS 3.24 sieht jedoch eine Ausnahme vom *fair-value*-Prinzip vor. Latente Steuern sind schon bei der Erstkonsolidierung nach den Vorschriften von IAS 12 und damit **ohne Abzinsung** zu bewerten (→ § 26 Rz 214). Die undiskontierte Behandlung vermeidet Inkonsistenzen zwischen Erstkonsolidierung und Folgebewertung (Rz 113 f.)

---

[85] Nach EITZEN/DAHLKE/KROMER, DB 2005, S. 509 ff.
[86] Vgl. vor allem MELCHER/WATERSCHEK-CUSHMANN, DB 2012, S. 1393 ff.

Zur Behandlung von Steuerklauseln in Unternehmenskaufverträgen wird auf Rz 116 verwiesen, zur **nachträglichen besseren** Erkenntnis über die Werthaltigkeit aktiver latenter Steuern auf Rz 127.

214

7 Ausweis

Im Falle eines Unternehmenszusammenschlusses sind in der **Bilanz und der GuV** folgende Ausweisvorschriften zu beachten:
- **Minderheitenanteile** (nicht beherrschende Anteile) sind in der Bilanz (IAS 1.54; → § 2 Rz 45) und in der Gesamtergebnisrechnung bzw. GuV (IAS 1.83; → § 2 Rz 89) **gesondert** zu zeigen.
- In der Bilanz ist der **Minderheitenanteil** im **Eigenkapital** auszuweisen (IAS 27.27).

Im Einzelnen wird auf → § 2 Rz 45 und → § 20 Rz 97 verwiesen.

215

In der **Kapitalflussrechnung** sind nach IAS 7.39 die *cash flows* aus dem Erwerb bzw. der Veräußerung von Tochterunternehmen oder sonstigen Geschäftseinheiten als Investitionstätigkeit zu qualifizieren und jeweils gesondert darzustellen (→ § 3 Rz 130ff.). Von dem gezahlten Kaufpreis sind die erworbenen Zahlungsmittel und Zahlungsmitteläquivalente der erworbenen Einheit abzuziehen, vom erhaltenen Verkaufspreis die mitveräußerten Zahlungsmittel und Zahlungsmitteläquivalente. Im Erwerbsfall ist demgemäß ein „Erwerb von Tochterunternehmen abzüglich erworbener Netto-Zahlungsmittel" auszuweisen, im Verkaufsfall z.B. ein „Erlös aus Verkauf von Tochterunternehmen abzüglich veräußerter Netto-Zahlungsmittel". Nach allgemeinen Regeln sind Investitionsvorgänge, die nicht zu einer Veränderung der Zahlungsmittel geführt haben, etwa der Erwerb eines Unternehmens gegen die Ausgabe von Anteilen, nicht Bestandteil der Kapitalflussrechnung, sondern in den Angaben zu erläutern (IAS 7.43).

216

8 Angaben

IFRS 3.B64ff. sieht eine Reihe von Angaben vor, die sich systematisch wie folgt gliedern lassen:
- **Tatsache und Quantifizierung des Unternehmenszusammenschlusses:** Für sämtliche (materiellen) Unternehmenszusammenschlüsse ist eine Beschreibung geboten, wer wann zusammengeschlossen wurde, welcher Prozentsatz der Stimmrechte erworben wurde, Höhe der Anschaffungskosten, Beschreibung unbarer Anschaffungskosten, Höhe der *fair values* des erworbenen Vermögens nach Bilanzgruppen (IFRS 3.B64).
- *Goodwill*: Entwicklung des Buchwertes und der Anschaffungskosten (Anlagespiegel und außerplanmäßige Abschreibung) (IFRS 3.B67d).
- **Negativer Unterschiedsbetrag:** Quantifizierung des Betrages, Nennung des GuV-Postens, in dem der korrespondierende Ertrag ausgewiesen ist, Beschreibung der Gründe für einen negativen Unterschiedsbetrag (IFRS 3.B64n).
- **Vergleichbarkeit:** Pro-forma-Angabe der Umsätze und des Gewinns, der sich ergeben hätte, wenn die unterjährig erworbenen und erstkonsolidierten Unternehmen bereits ab Periodenbeginn konsolidiert worden wären. Daneben sind die Umsätze und der Gewinn ab Erwerbsstichtag anzugeben (IFRS 3.82r).

217

Die erstgenannten Angaben zur Tatsache und zur Quantifizierung sind auch für alle Unternehmenszusammenschlüsse vorgeschrieben, die **nach dem Bilanzstichtag**, aber vor der Verabschiedung des Jahresabschlusses getätigt werden. Sofern dies nicht praktikabel oder wirtschaftlich vertretbar ist, soll diese Tatsache angegeben werden (IFRS 3.B64q). Auf die Checkliste „Abschlussangaben" wird verwiesen (→ § 5 Rz 8).

9 Anwendungszeitpunkt, Rechtsentwicklung

218 IFRS 3 rev. 2008 ist bei kalendergleichem Geschäftsjahr auf alle Unternehmenszusammenschlüsse mit Erwerbsstichtag nach dem 31.12.2009 anzuwenden, bei am 1.7.2009 oder später beginnendem abweichendem Geschäftsjahr 2009/10 für alle Unternehmenszusammenschlüsse des Geschäftsjahres.

219 Die Unternehmenszusammenschlüsse waren Gegenstand zweier **Reformprojekte**, die unter den Titeln „*Business Combinations Phase 1*" und „*Business Combinations Phase 2*" geführt wurden. Phase 1 hat seinen Niederschlag im IFRS 3 rev. 2004 gefunden.

220 IFRS 3 rev. 2004 enthält unter anderem folgende wesentlichen Änderungen gegenüber IAS 22 (1998):
- Abschaffung der Methode der **Interessenzusammenführung** (*pooling-of-interest*; Rz 2 und Rz 207).
- Abschaffung der Benchmark-Methode, nach der auf die **Minderheiten** entfallende stille Reserven nicht aufgedeckt werden. Stattdessen vollständiger *fair-value*-Ansatz, d. h. Aufdeckung der stillen Reserven zu 100 % (Rz 124).
- **Restrukturierungsrückstellungen**: Einbeziehung von Restrukturierungsrückstellungen in die Erstkonsolidierung nur noch, wenn sie bereits beim Veräußerer (und somit aufwandswirksam) gebildet hätten werden können.
- **Negativer Unterschiedsbetrag**: Unmittelbare Ertragsrealisierung einer negativen Differenz von Anschaffungskosten und *fair value* (Rz 129 und Rz 148).
- *Goodwill*-Abschreibung: Aufhebung der **planmäßigen** Abschreibung des *goodwill*. Übergang zu einem *impairment-only*-Ansatz, d.h. Abschreibung des *goodwill* nur noch im Falle außerplanmäßiger Wertminderungen.

221 *Business Combination Phase 2* ist durch IFRS 3 rev. 2008 und IAS 27 rev. 2008/IFRS 10 umgesetzt worden und sieht u.a. folgende Regelungen vor:[87]
- Anwendung von IFRS 3 auch auf **Vertrags- bzw. Gleichordnungskonzerne** (*reporting entities by contract alone*).
- **Wahlrecht** zur Aufdeckung des auf die **Minderheiten** entfallenden *goodwill* (Rz 134).
- **Aufwands**wirksame Behandlung von durch den Unternehmenserwerb bedingten **Anschaffungsnebenkosten** (Rz 39).
- Berücksichtigung **bedingter**, z.B. erfolgsabhängiger, **Anschaffungskosten** nicht mit dem tatsächlich zustande kommenden Betrag, sondern mit dem *fair value* zum Erwerbszeitpunkt (Rz 59).

---

[87] Vgl. im Einzelnen PELLENS/SELLHORN/AMSHOFF, DB 2005, S. 1749 ff., mit Schwerpunkt auf ED IFRS 3 und LÜDENBACH/HOFFMANN, DB 2005, S. 1805 ff., mit Schwerpunkt auf ED IAS 27, außerdem BRÜCKS/RICHTER, KoR 2005, S. 407.

Die **Auf- und Abwärtskonsolidierung** sowie die **Auf-** oder **Abstockung** eines Mehrheitenanteils werden wie folgt neu geregelt:
- **Erfolgswirksamkeit** der Auf- und Abwärtskonsolidierung in folgender Weise:
  – Bei **Aufwärts**konsolidierung wird fingiert, dass die Kontrollmehrheit gegen Barzahlung (für die Neuanteile) und Tausch (der Altanteile zum *fair value*) erworben wird. Die Differenz zwischen Buchwert der Altanteile und *fair value* führt zu einem Erfolg. Soweit die Altanteile als *available-for-sale assets* schon bisher erfolgsneutral zum *fair value* geführt wurden, wird auch dieser Erfolg mit der Erstkonsolidierung realisiert (Rz 159). Zur hier durch IFRS 9 ausgelösten Folgeänderung wird auf Rz 158 verwiesen.
  – Bei der **Abwärts**konsolidierung wird fingiert, dass sich der Entkonsolidierungserlös aus dem Veräußerungspreis der abgehenden Anteile und dem *fair value* der verbleibenden Anteile ergibt. Der *fair value* der verbleibenden Anteile stellt den Ausgangswert für die weitere Bilanzierung nach der *equity*-Methode, zu Anschaffungskosten oder zum *fair value* dar (Rz 170)).
- Zwingende Behandlung der Auf- oder Abstockung einer vorhandenen Mehrheitsbeteiligung als **Transaktion zwischen Eigenkapitalgebern**. Die Differenz zwischen gezahltem oder erhaltenem Betrag und der buchmäßigen Änderung des Minderheitenanteils führt weder zur Aufdeckung von *goodwill* oder stillen Reserven (Aufstockung) noch zu einem Abgangserfolg (Abstockung; Rz 159).

Der IASB hat in 2011 IFRS 13 „*Fair Value Measurement*" herausgegeben, der eine von der Qualität bzw. Objektivierbarkeit der Inputparameter abhängige Verfahrenshierarchie für die *fair-value*-Ermittlung vorsieht. Konzernbilanziell ist insbesondere die Kaufpreisallokation betroffen (Rz 101 ff.). In den meisten Fällen kommt es durch die Umsetzung des Standards nicht zu einer effektiven Einschränkung der Verfahrenswahlrechte bei der Bestimmung des *fair value*.

Beispiel[88]
Die A AG erwirbt alle Anteile an der ebenfalls in der Kosmetikbranche tätigen C GmbH. Im Rahmen der Kaufpreisallokation ist die renommierte Marke „BeautyFuel" der GmbH zum *fair value* zu bewerten. Es liegen weder ein beobachtbarer Marktpreis noch Vergleichstransaktionen vor.
Das Management zieht folgende Bewertungsmethoden in Betracht:
- Barwert des Mehrgewinns *(incremental cash flow)* gegenüber Produktion und Absatz einer No-Name-Kosmetik.
- Lizenzpreisanalogie *(relief from royalty)*: Auf eine unternehmensspezifische Bezugsgröße (Umsatzerwartung) wird eine marktbasierte Lizenzierungsrate angewandt und die sich so ergebenden Opportunitätszahlungsströme werden diskontiert.

Die Mehrgewinnbetrachtung muss in wesentlichen Elementen auf interne Annahmen aufbauen und ist daher der qualitativ niedrigsten Bewertungsstufe (Level 3) zuzurechnen.

---

[88] Aus LÜDENBACH/FREIBERG, KoR 2006, S. 437 ff.

> Für die Lizenzrate stehen öffentliche Datenquellen zu Verfügung. Insoweit scheint die Methode im Hinblick auf die Objektivität der Inputparameter höher angesiedelt. Die Datenquellen weisen aber erhebliche Schwankungsbreiten (3,0–9,0 %) auf. Mit dem Zwang zu Auswahl aus einem breiten Intervall geht der Übergang auf die niedrigste Bewertungsstufe (Level 3) einher. Wie bisher bleibt es bei der freien Verfahrenswahl.

223 Im Rahmen des *Annual Improvememts Project* 2010 ist es durch Änderung von IFRS 3 zu folgenden Klarstellungen gekommen:
- Das Wahlrecht zur Bewertung von **Anteilen nicht beherrschender Gesellschafter** zum *fair value* (*full-goodwill*-Methode) gilt nur für solche Anteile, die ein *present ownership* verkörpern und insbesondere einen Anteil am Liquidationsergebnis gewähren. Andere nicht beherrschende Anteile, etwa aus gewährten Aktienoptionen, sind zwingend mit ihrem *fair value* oder einem nach dem für sie einschlägigen IFRS maßgeblichen sonstigen Bewertungsmaßstab anzusetzen (IFRS 3.19) (Rz 137).
- **Anteilsbasierte Vergütungen**, die im Rahmen einer *business combination* durch auf die Anteile des Erwerbers lautende Vergütungen ersetzt werden, weil die alten Vergütungsansprüche mit dem Unternehmenserwerb verfallen, führen zu „*post combination*-Personalaufwand", unabhängig davon, ob der Ersatz freiwillig oder pflichtweise erfolgt (IFRS 3.B56) (Rz 57, Rz 68 und Rz 70).

Die *Annual Improvements to IFRSs 2010–2012 Cycle* stellen durch eine Änderung von IFRS 3.40 und IFRS 3.58 klar: Ein bedingter Kaufpreisbestandteil kann nur Eigenkapital oder finanzielle Verbindlichkeit sein, weshalb nur IAS 32 oder IAS 39/IFRS 9 einschlägig sind; ein anderer Standard kommt nicht in Betracht.

10 Zusammenfassende Praxishinweise

224 Gegenüber den **handelsrechtlichen** Regelungen zum Unternehmenszusammenschluss **unterscheidet** sich IFRS 3 vor allem in folgenden Punkten:
- Qualifizierung eines zivilrechtlichen Unternehmenskaufs als wirtschaftlicher Unternehmenserwerb nur dann, wenn das Zielobjekt bereits vor dem Erwerb am Markt vertreten ist; deshalb keine Aufdeckung eines *goodwill* bei Erwerb eines noch in der *start-up*-Phase befindlichen Unternehmens (Rz 15).
- Einheitliche Regelungen für den *goodwill* im Konzern- und Einzelabschluss, insoweit abweichend vom Handelsrecht auch explizite Regelungen zum negativen Unterschiedsbetrag im Einzelabschluss (Rz 131).
- Differenzierung zwischen rechtlichem und wirtschaftlichem Erwerber, Konsolidierung nach der wirtschaftlichen Erwerbsrichtung *(reverse acquisition*; Rz 200 und Rz 3).
- Ansatz von Eventualschulden des erworbenen Unternehmens bei der Erstkonsolidierung (Rz 149).
- Detaillierte Vorschriften für den Ansatz und die Bewertung immaterieller Einzelwerte (Rz 75), inkl. Kundenbeziehungen (Rz 79) und im Prozess befindlicher Forschungsprojekte (Rz 84), damit Vorkehrung gegen eine pauschale Qualifizierung des nach Aufdeckung der stillen Reserven im Sachvermögen verbleibenden Unterschiedsbetrages als *goodwill*.
- Wahlweise Aufdeckung des Anteils der Minderheiten am *goodwill* (Rz 134).

11 APPENDIX – Technik der Zeitwertbestimmung an ausgewählten Beispielen

11.1 Selbst genutzte Sachanlagen

Bei selbst genutzten Sachanlagen kommt vorrangig die **kostenorientierte Methode** (Rz 102) zum Zuge. Die Wiederbeschaffungskosten oder Wiederherstellungskosten werden dabei z.b. unter Zugrundelegung eines **Preisindex** i.d.R. zunächst für eine neue Anlage ermittelt, um hiervon einen **Abschlag wegen Alters** etc. vorzunehmen.

225

> **Beispiel**
> Mit dem Unternehmenserwerb am 31.12.10 geht ein Spezialgebäude zu, das am 1.1.01 für Kosten von 1.000 erstellt wurde. Die realistisch geschätzte ursprüngliche Nutzungsdauer betrug 30, die Restnutzungsdauer mithin noch 20 Jahre. Der Baukostenindex für Industriebauten hat sich von 01 bis 11 um 20 % erhöht:
>
> | | |
> |---|---:|
> | Herstellungskosten 01 | 1.000 |
> | Baukostensteigerung 01 bis 10 (20 %) | 200 |
> | Reproduktionskosten neu | 1.200 |
> | Abschreibung 01 bis 10 (10/30) | – 400 |
> | **Reproduktionskosten gebraucht** | **800** |

11.2 Marken

Der Markenwert ist **einkommensorientiert** (Rz 105) bestimmbar

226

- mit der opportunitätskostenorientierten **Methode der Lizenzpreisanalogie** (*relief-from-royalty*-Methode) als diskontierter Wert der aus dem Eigentum an der Marke resultierenden Ersparnis von Lizenzkostenzahlungen an Dritte oder
- mit der **Mehrgewinnmethode** (*incremental cashflow method*) als diskontierter Wert des im Vergleich zu einem No-Name-Produkt erzielbaren Mehrgewinns.

In der Praxis dominiert die *relief-from-royalty*-Methode. Sie hat den Vorteil, mit nur wenigen Parametern und Annahmen (Lizenzrate, Umsatz, Diskontierungszins) auszukommen. Die notwendigen detaillierteren Informationen für eine Bewertung anhand der Mehrgewinnmethode (neben dem Diskontierungszins u.a. Preis und Menge, Marketingaufwendungen, Verpackungskosten, Produktionskosten etc. jeweils nicht nur für das Markenprodukt, sondern zur Ermittlung des Mehrbetrags auch für ein fiktives No-Name-Produkt) stehen regelmäßig in der Bewertungspraxis nicht zur Verfügung. Aus diesem Grunde ist die *relief-from-royality*-Methode trotz häufig hoher Bandbreiten, für die Lizenzraten beobachtet werden, allgemein verbreitet.

Bei Annahme einer unbestimmten Nutzungsdauer der Marke ist in beiden Bewertungskalkülen eine **ewige Rente** anzusetzen. Diese Annahme setzt aber **Markenerhaltungsaufwendungen** voraus. Ohne fortlaufende Werbung und sonstige Marketingmaßnahmen würde sich der Wert der Marke schnell verflüchtigen, ein Mehrgewinn bzw. eine fiktive Lizenzrate nur für eine begrenzte Zeit erzielbar bzw. zu zahlen sein. Fraglich ist nun, ob diese Markenerhaltungsaufwendungen im Bewertungskalkül kürzend zu berücksichtigen sind. Bei der Antwort ist zu berücksichtigen, dass beide infrage kommenden Methoden auf unterschiedlichen Größen aufsetzen:

227

- Die Mehrgewinnmethode diskontiert den sich im Vergleich zu einem No-Name-Produkt ergebenden Gewinn, also eine Saldogröße. Im Vergleich zum No-Name-Produkt erzielbare höhere Preise und/oder Absatzmengen und ein daraus resultierender Mehrumsatz sind demzufolge noch um die damit verbundenen Mehraufwendungen zu kürzen. Zu diesen Mehraufwendungen gehören auch die beim No-Name-Produkt nicht anfallenden Markenerhaltungsaufwendungen.
- Die *relief-from-royalty*-Methode diskontiert mit der Lizenzkostenersparnis hingegen eine unsaldierte Bruttogröße. Die Lizenzkostenersparnis des Markeninhabers (oder spiegelbildlich die von ihm bei Lizenzierung an einen Dritten erzielbaren Lizenzeinnahmen) sind jedenfalls dann nicht mehr um die Markenerhaltungsaufwendungen zu kürzen, wenn – wie bei Volllizenzierung an einen einzigen Lizenznehmer üblich – die Markenerhaltungsaufwendungen vom fiktiven Lizenznehmer getragen werden.

228 Bei vollständiger Information und vollkommenen Marktverhältnissen lassen sich beide Methoden ineinander überführen und die unterschiedliche Behandlung der Markenerhaltungsaufwendungen erklären.

> **Beispiel**
> MU erwirbt 100 % an TU. TU produziert unter einer seit vielen Jahrzehnten bekannten Marke Kosmetika sowie Körperpflegeprodukte und erzielt hieraus bei einem Jahresumsatz von 1 Mrd., diversen Aufwendungen von 750 Mio. und Markenerhaltungsaufwendungen (Marketing) von 130 Mio. einen Gewinn von 120. Annahmegemäß bleiben diese Größen in der Zukunft inflationsbereinigt konstant. Im Rahmen der Erstkonsolidierung (Kaufpreisallokation) ist der Zeitwert dieser Marke zu bestimmen.
> Eine Datenbankrecherche zu Lizenzvereinbarungen für *„cosmetic and consumer care"* ergibt Lizenzraten (*royalties*) von 2 % bis 8 %, im Mittel 5 %. MU möchte die Marke auf Basis dieser Daten opportunitätskostenorientiert bewerten. Besitz der Marke bedeutet danach Ersparnis von Lizenzzahlungen an einen Dritten (oder äquivalent die Möglichkeit, Lizenzeinnahmen durch Überlassung der Marke an einen Dritten zu erzielen). Der Wert der Marke ergibt sich demzufolge nach der sog. *relief-from-royalty*-Methode als Barwert dieser Lizenzkostenersparnis (bzw. der entgehenden Lizenzeinnahmen).
> Der risikoangepasste inflationsbereinigte Diskontierungssatz sei 10 % Steuern. Der *tax amortization benefit* (Rz 242) wird aus Vereinfachungsgründen im Vergleich der beiden Methoden vernachlässigt:
>
> | | Marke | No-Name-Produkt | Mehr-gewinn | Markenwert (ewige Rente, 10 %) |
> |---|---|---|---|---|
> | Erlös | 1.000 | 800 | | |
> | – div. Aufwendungen | –750 | –730 | | |
> | – Markenerhaltung | –130 | 0 | | |
> | = Gewinn Markeninhaber/No-Name-Hersteller | 120 | 70 | 50 | 50/10 % = 500 Mehrgewinn |
> | – fiktive Lizenzgebühr (5 %) | –50 | | | 50/10 % = 500 *relief from royalty* |
> | = Gewinn fiktiver Lizenznehmer | 70 | | | |

Mehrgewinnmethode und *relief-from-royalty*-Methode führen dann zum gleichen Ergebnis, wenn der Mehrgewinn (also die um die **Markenerhaltungsaufwendungen** gekürzte Nettogröße) der ersparten Lizenzgebühr (also der nicht um die Markenerhaltungsaufwendungen gekürzten Bruttogröße) entspricht. Die Höhe der Markenerhaltungsaufwendungen bestimmt (neben anderen Faktoren, im Beispiel u. a. Mehrumsatz) die Höhe der bei vollkommenen Marktverhältnissen erzielbaren Lizenzrate. Für die bei Volllizenzierung an nur einen einzigen Lizenznehmer typische Tragung der Marketingkosten durch den Lizenznehmer gilt mithin: Die Markenerhaltungsaufwendungen sind bei perfekten Marktverhältnissen in der Lizenzrate bereits eingepreist, im Bewertungskalkül also implizit enthalten. Sie dürfen bei der Bewertung nach der *relief-from-royalty*-Methode dann nicht noch ein 2. Mal, nämlich explizit, berücksichtigt werden.

229

Kritisiert wird die *relief-from-royalty*-Methode vor allem wegen ihrer **Subjektivität**. Die in Datenbanken zugänglichen Lizenzraten zeigen häufig eine hohe Bandbreite, sodass die Auswahl innerhalb dieses Intervalls und entsprechend auch das Bewertungsergebnis ermessensbehaftet sind. Diese Zustandsbeschreibung ist richtig – fraglich aber die in der Kritik implizit enthaltene Annahme eines Nachteils gegenüber anderen Methoden. Die im Rahmen der Mehrgewinnmethode zu treffenden Annahmen über die fiktiv ohne Marke erzielbaren Absatzmengen und -preise sind regelmäßig nicht weniger ermessensbehaftet. Ein klarer Objektivitätsvorteil der Mehrgewinnmethode ist daher nicht erkennbar, lediglich ein deutlicher Komplexitätsvorteil zugunsten der *relief-from-royalty*-Methode. Er erklärt und rechtfertigt die hohe Verbreitung dieser Methode. In der Praxis sind einem breiten Intervall von Lizenzraten allerdings ergänzende **qualitative Überlegungen** angezeigt. Je nach „Markenstärke", also etwa dem Bekanntheitsgrad der Marke, der preislichen Positionierung der Produkte (z. B. Premium-Bereich), ihrem Lebenszyklus (rückläufige oder wachsende Umsätze) wird man, ausgehend vom Mittelwert, wenigstens die Richtung der Anpassung (Zu- oder Abschläge), tendenziell auch dessen Maß (groß oder klein) begründen können. Der unvermeidlich bei jeder Methode verbleibende subjektive Faktor wird dadurch erheblich gemildert.

230

11.3 Erzeugnisse und Waren

Dominierend ist eine **retrograde Bewertung**, die konzeptionell als **einkommensorientiert** (Rz 105) einzustufen ist: Vom voraussichtlichen **Veräußerungspreis** (*cash inflow*) sind abzuziehen

231

- die **Kosten** der Veräußerung und (bei unfertigen Erzeugnissen) der Fertigstellung (*cash outflow*) sowie
- eine vernünftige **Gewinnspanne**, die sich am Gewinn vergleichbarer Vorräte orientiert.

Beispiel
MU erwirbt den Markenartikelproduzenten TU. Aufgrund seiner Premiumstellung kann TU Produkte wie folgt kalkulieren:

Herstellungskosten	90
Aufschlag für Vertriebskosten	10
Gewinnaufschlag	100
Veräußerungspreis	200

> Bei der Erstkonsolidierung sind die Vorräte nicht mit 200–10 = 190, sondern mit 200–100–10 = 90 anzusetzen.
>
> **Begründung**
> Die Vorteile aus dem ungewöhnlich hohen Gewinnaufschlag werden vom Erwerber nicht bei den Vorräten, sondern als Marke aktiviert. Die Konsequenz davon ist: Die Konzern-GuV wird bei Veräußerung der Erzeugnisse nicht durch einen Materialaufwand von 190, sondern von 90 belastet. Der Rohertrag in der Konzernbilanz des Erwerbers entspricht tendenziell dem der Einzelbilanz des erworbenen Unternehmens.

11.4 Auftragsbestände

232 Auftragsbestände sind **einkommensorientiert** (Rz 105) mit der diskontierten Netto-*cash-flow*-Erwartung anzusetzen. Die konkreten Bewertungsprämissen sind von besonderer Bedeutung in den Branchen, die wegen der Langfristigkeit ihrer Fertigung regelmäßig über sehr hohe Auftragsvolumina verfügen.

> **Beispiel**
> Die börsennotierte Konglomerat AG möchte ein auf den Bau von Flugzeugen spezialisiertes Unternehmen erwerben. Das Zielobjekt verfügt u. a. über einen Auftragsbestand für die nächsten 3 Jahre i. H. v. 9 Mrd. EUR, der gleichmäßig in t1, t2 und t3 abgewickelt werden wird. Die Vollkostenmarge (vor Zinsen) aus dem Auftragsbestand beträgt 15 %.
> Würde von Erfüllungs- und Geschäftsrisiken abstrahiert und der Zeitwert/anteilige Kaufpreis des Auftragsbestands durch Diskontierung der Marge mit einem risikolosen Anlagezins von 5 % (bei Fehlen von Risiken zugleich spezifischer Fremdkapitalisierungszins) ermittelt, ergäbe sich folgende Berechnung für den Wert des Auftragsbestands:
>
> | | t_1 | t_2 | t_3 |
> |---|---|---|---|
> | Umsatzerlöse | 3.000,0 | 3.000,0 | 3.000,0 |
> | Marge | 450,0 | 450,0 | 450,0 |
> | Rohmarge, diskontiert | 428,6 | 408,2 | 388,7 |
> | Barwert-Zeitwert Auftrag | **1.225,5** | | |
>
> Beim Erwerber würden sodann bei unterstellter Fremdfinanzierung (des Erwerbs der Aufträge sowie ihrer Anlaufverluste) und unter Berücksichtigung der Abschreibung auf den Auftragsbestand folgende Ergebnisse in der GuV der Folgeperioden anfallen:
>
> | | t_1 | t_2 | t_3 | Summe |
> |---|---|---|---|---|
> | Marge vor Zins und Abschreibung auf Auftrag | 450,0 | 450,0 | 450,0 | 1.350,0 |
> | FK-Zinsen auf Zeitwert Auftrag | 61,3 | 41,8 | 21,4 | 124,5 |
> | Abschreibung auf Zeitwert Auftrag | 408,5 | 408,5 | 408,5 | 1.225,5 |
> | Gewinn Erwerber | −19,8 | −0,3 | 20,1 | 0,0 |

> Der Erwerber würde mithin ein Ergebnis von null erwirtschaften. Dieses rechnerische Resultat ist Konsequenz der **Einzelerwerbsfiktion** und der Diskontierungsannahmen.

Wenn der Barwert des mit dem Auftragsbestand verbundenen *cash flow* dem Veräußerer vergütet (tatsächlicher Erwerb) bzw. eine solche Vergütung unterstellt wird (Einzelerwerbsfiktion bei Unternehmenskauf), kann bei Identität von Fremdfinanzierungs- und Diskontierungszins kein Gewinn mehr anfallen. Nicht berücksichtigt wurden bisher jedoch die mit der Auftragserfüllung verbundenen **Risiken**, die sich aus (nicht weiter belastbaren) Kostenüberschreitungen, Bonitätsrisiken sowie aus dem allgemeinen Geschäftsrisiko etc. ergeben können. Dazu folgende Fallvariante:

233

> **Beispiel**
> Operative und Bonitätsrisiken werden durch einen risikoadjustierten Zinssatz i. H. v. 7,5 % abgegolten, während der Fremdkapitalisierungszins weiter 5 % betragen soll. Der Risikozuschlag ist deshalb gering, weil Abnehmer der Leistungen der Staat ist, Bonitätsrisiken daher nicht bestehen und operative bzw. Kostenrisiken vom Abnehmer faktisch zu einem erheblichen Teil übernommen werden. Es ergibt sich ein niedrigerer Zeitwert/anteiliger Kaufpreis des Auftragsbestands (1. Übersicht) und damit ein Gewinn des Erwerbers (2. Übersicht):
>
> | | t_1 | t_2 | t_3 |
> |---|---|---|---|
> | Umsatzerlöse | 3.000,0 | 3.000,0 | 3.000,0 |
> | Marge | 450,0 | 450,0 | 450,0 |
> | Rohmarge diskontiert | 418,6 | 389,4 | 362,2 |
> | Barwert/*fair-value*-Auftrag | **1.170,2** | | |
>
> | | t_1 | t_2 | t_3 | Summe |
> |---|---|---|---|---|
> | Marge vor Zins und Abschreibung auf Auftrag | 450,0 | 450,0 | 450,0 | 1.350,0 |
> | FK-Zinsen auf *fair-value*-Auftrag | 58,5 | 40,0 | 20,5 | 119,0 |
> | Abschreibung auf *fair-value*-Auftrag | 390,1 | 390,1 | 390,1 | 1.170,2 |
> | Gewinn Erwerber | 1,4 | 20,0 | 39,4 | 60,8 |

Die Akquisition der Auftragsbestände führt bei den vorliegenden Bewertungs- und Abschreibungsprämissen nun zu einem (geringen) Gewinn des Erwerbers. Bei geringerem Risiko – Auftragsbestand gegenüber dem Staat, geringes Bonitätsrisiko, (faktische) Weiterbelastbarkeit von Mehrkosten – fällt der Risikozuschlag wie im Beispiel gering aus. Unter den gegebenen Prämissen käme ein kapitalmarktorientiertes Unternehmen kaum noch als Käufer infrage, da es die aufgrund der Einzelerwerbsfiktion resultierende niedrige Umsatzrendite (im Beispiel: 60,8/9.000 = 0,7 %) den Aktionären und Analysten kaum zumuten könnte.

Jedenfalls aus Sicht eines börsennotierten Käufers wäre damit ein Zielunternehmen umso interessanter, je niedriger sein Auftragsbestand und je höher die darin liegenden Risiken ausfielen. Diese **Paradoxie** ist systematische Folge der Einzel-

234

erwerbsfiktion, die eine Aufteilung des Kaufpreises auf den Auftragsbestand nach Maßgabe des darin zu erwartenden Überschusses vorsieht und somit dem Erwerber bilanziell nur noch die Differenz zwischen risikoadjustiertem Diskontierungs- und Fremdkapitalzins belässt. Pragmatisch kann das Problem nur auf 2 Arten gelöst werden: Bei der Kaufpreisallokation wird entweder
- ein **Risikozinssatz** an der Obergrenze des Vertretbaren angesetzt und so für einen entsprechenden Gewinn-*spread* gesorgt oder
- wegen der Nähe der Auftragsbestände zu den unfertigen Erzeugnissen wie bei diesen ein **Abschlag für den Durchschnittsgewinn** (der Branche oder des Unternehmens) auf die *cash inflows* vorgenommen.

11.5 Dauervertragskunden

235 Die Bewertung von Kundenbeziehungen aus ungekündigten Dauervertragsverhältnissen erfolgt i.d.R. **einkommensorientiert** (Rz 105) im Rahmen der Residualwertmethode (*multi-period-excess-earnings*-Ansatz).

Zur Bestimmung des Zeitwerts werden, ausgehend von einem **mehrjährigen Business-Plan**, die **Einnahmen** der zum Bewertungsstichtag bestehenden Kundenbeziehungen ermittelt. Bei der Bestimmung der Einnahmen sind Kundenabgänge (Kündigung, Tod etc.) in Form einer natürlichen „Schrumpfungsrate" (*churn rate*) zu berücksichtigen. Diese wird entweder aus vergangenheitsbezogenem Datenmaterial oder prospektiv durch Szenariorechnungen abgeleitet. Von den Einnahmen abzuziehen sind anteilige **operative Ausgaben**, Steuern sowie **kalkulatorische Nutzungsentgelte** (*capital charges*; Rz 109). Die hypothetischen Nutzungsentgelte sind sowohl für materielle als auch für immaterielle Vermögenswerte, die für die Aufrechterhaltung der Kundenbeziehungen erforderlich sind, anzusetzen. Hierbei kommt es nicht darauf an, ob der Vermögenswert bilanzierungsfähig ist. Auch auf den Wert der nicht bilanzierten Arbeitnehmerschaft (*assembled work force*) sind *capital charges* zu rechnen.

236 Die so bereinigten **Einzahlungsüberschüsse** werden schließlich mit einem **risikoadjustierten Diskontierungssatz** abgezinst (Rz 112). Für die Ermittlung des Zeitwerts ist darüber hinaus der steuerliche Barwertvorteil aus Abschreibungen auf die Kundenbeziehungen (*tax amortization benefit*) als 2. Wertkomponente zu berücksichtigen, und zwar unabhängig davon, ob der Unternehmenserwerb als *asset deal* tatsächlich zu steuerlichen Mehrabschreibungen geführt hat oder beim *share deal* keine Mehrabschreibungen entstehen (zur Berechnung vgl. Rz 242).

> **Beispiel**
> Das erworbene Unternehmen TU hat Dauervertrags- bzw. Abonnementkunden. Die Verträge sind jedoch kurzfristig kündbar. Die *churn rate* beträgt 50 %. Die Planungen sehen ein Umsatzwachstum pro Kunde von 4 % pro Jahr sowie umsatzproportional verlaufende Kosten vor.
> Die *capital charges* werden nur auf Verzinsungsbasis (*return on*) gerechnet, da der Werteverzehr explizit in den operativen Kosten berücksichtigt ist. Der Wert der Arbeitnehmerschaft (*assembled work force*) ist gering, weil das Unternehmen überwiegend mit gering qualifizierten Kräften arbeitet, weshalb aus Opportunitätskostensicht (ersparte Einstellungs- und Einarbeitungskosten) der Wert gering ist. Operative Kosten und kalkulatorische

Nutzungsentgelte (*capital charges*) werden Kundenbestand und Neukunden im Verhältnis der Umsatzanteile belastet. Für operative Kosten und *capital charges* wird Umsatzproportionalität unterstellt. Hiervon ausgenommen sind nur die *capital charges* auf die Marke. Insoweit wird unterstellt, dass das Umsatzwachstum aus der gegebenen Marke generiert wird und Erhaltungsaufwendungen auf die Marke schon in den operativen Kosten enthalten sind. Die Planung berücksichtigt nur einen Zeitraum von fünf Jahren. Dies ist vertretbar, da bei einer Schrumpfungsrate von 50 % p.a. der kumulierte Wertbeitrag aller weiteren Jahre im 1-%-Bereich liegt und damit vernachlässigbar ist. Die Berechnung lautet wie folgt:

				01	02	03	04	05
	Umsatz aus Vertragskunden			100,00	52,00	27,04	14,06	7,31
	HK der Umsätze (ohne Abschreibung)			–60,00	–31,20	–16,22	–8,44	–4,39
(A)	= Rohertrag			40,00	20,80	10,82	5,62	2,92
	div. Aufwendungen			15,00	15,60	16,22	16,87	17,55
	Abschreibung Sachanlagen			1,00	1,04	1,08	1,12	1,17
	Abschreibung immaterielle Anlagen			1,50	1,56	1,62	1,69	1,75
	operative Kosten			17,50	18,20	18,93	19,69	20,47
	davon Vertragskunden			100,0 %	50,0 %	25,0 %	12,5 %	6,3 %
(B)	= anteilige operative Kosten			17,50	9,10	4,73	2,46	1,28
(C)	Einkommen (A–B)			22,50	11,70	6,08	3,16	1,65
	– Steuern 40 %			–9,00	–4,68	–2,43	–1,27	–0,66
(D)	= Nettoeinkommen			13,50	7,02	3,65	1,90	0,99
	Vermögenswert	Wert	return on					
	working capital (netto)	15	5 %	0,75	0,78	0,81	0,84	0,88
	Immobilien	10	7 %	0,70	0,73	0,76	0,79	0,82
	Maschinen	6	10 %	0,60	0,62	0,65	0,67	0,70
	sonstige Sachanlagen	2	7 %	0,14	0,15	0,15	0,16	0,16
	Marke	10	12 %	1,20	1,20	1,20	1,20	1,20
	assembled workforce	2	12 %	0,24	0,25	0,26	0,27	0,28
	asset charges			3,63	3,73	3,83	3,93	4,04
	davon Vertragskunden			100,0 %	50,0 %	25,0 %	12,5 %	6,3 %
	= Zwischensumme			3,63	1,86	0,96	0,49	0,25
	– ggf. Steuer (hier 0, da *return on* nach Steuer)							
(E)	= anteilige *asset charges*			3,63	1,86	0,96	0,49	0,25
(F)	*residuale cashflows* (D–E)			9,87	5,16	2,69	1,41	0,73
	× Diskontierungsfaktor	12 %		0,8929	0,7972	0,7118	0,6355	0,5674
	= Barwerte			8,81	4,11	1,92	0,89	0,42
				Prämissen:				
	Kapitalwert (Summe Barwerte)			16,15	– *churn rate* 50 % p.a.			
	tax amortization benefit (bei 40 %; Rz 242)			6,55	– Wachstum Umsatz/Kunde 4 %			
(G)	Zeitwert Kunden			22,70	– p.a. operative Kosten und *asset charges*: umsatzproportional (mit Ausnahme Marke)			

11.6 In process research and development

§ 248 Abs. 2 HGB lässt eine Aktivierung von originären Forschungsaufwendungen überhaupt nicht und eine Aktivierung von originärem Entwicklungsaufwand nur unter eingeschränkten Bedingungen zu. Würde man diesen Regeln auch beim Unternehmenserwerb folgen, wären z.B. beim Erwerb von **forschungsintensiven Unternehmen** alle noch im Prozess befindlichen Forschungen und Entwick-

§ 31 Unternehmenszusammenschlüsse

> **Beispiel**
> U erwirbt das *start-up*-Unternehmen S. S beschäftigt sich mit der Entwicklung eines Spracherkennungssystems. In den 2 Jahren seit Bargründung für 10 Mio. EUR sind 8 Mio. EUR für Forschung und 3 Mio. für Entwicklung aufgewendet worden, aus Umsätzen konnte bislang ein Deckungsbeitrag von 1 Mio. erwirtschaftet werden. Da die technische Durchführbarkeit noch nicht abschließend beurteilt werden kann, werden auch die Entwicklungsaufwendungen bei S nicht aktiviert.
> U hält die Entwicklung für aussichtsreich und zahlt dem bisherigen Eigentümer der S, deren Bilanz im Übrigen ausgeglichen ist und keine stillen Reserven enthält, einen Preis von 5 Mio. EUR.
> Da die Wahrscheinlichkeit eines Nutzens beim Erwerb nur Bewertungsparameter, nicht aber Ansatzkriterium ist, kann U die im Prozess befindliche Forschung/Entwicklung mit 5 Mio. EUR als separaten immateriellen Vermögenswert ansetzen und darf sie nicht als *goodwill* erfassen.

238 Nur bei einem Ein-Projekt-Unternehmen in der *start-up*-Phase kann eine einfache Ableitung aus dem Kaufpreis wie im vorstehenden Beispiel infrage kommen. In anderen Fällen, d.h. bei zwar forschungsintensiven, aber in vielen Produkten auch schon am Markt agierenden Unternehmen, ist eine **einkommensorientierte Bewertung** (Rz 105) notwendig. Hierbei stehen 2 Alternativen zur Verfügung (Rz 111):
1. Erfolgs- und Verlustszenarien werden mit Wahrscheinlichkeiten gewichtet (*expected cash flow approach*). Der risikoadjustierte Diskontierungssatz beträgt je nach Fortschritt des erworbenen Projekts 50 % bis 70 % (analog Kapitalkosten forschungsintensiver *start-up*-Unternehmen) oder 20 % bis 30 % (analog Kapitalkosten forschungsintensiver *young companies*).
2. Berechnungen werden nur für ein Erfolgsszenario durchgeführt (*traditional cash flow approach*). Repräsentiert dieses Szenario nicht den Mittelwert einer gedachten Wahrscheinlichkeitsverteilung, sondern einen günstigeren Wert, ist ein zusätzlicher Risikoaufschlag geboten.

239 Die wahrscheinlichkeitsgewichtete Planung erweist sich wegen der tendenziell gegebenen Objektivierbarkeit des Diskontierungszinses als überlegen. Unabhängig davon ist er insbesondere bei flexibler Planungsmöglichkeit mit Ausstiegsoptionen in Stufen je nach Erfolg der Stufe n − 1 vorzuziehen: Mithilfe des sog. Zustandsbaumverfahrens kann dann dem sequenziellen Charakter der Projekte Rechnung getragen und berücksichtigt werden, dass sich in den einzelnen Phasen je nach bis dahin eingetretenen Entwicklungen Exit-Möglichkeiten ergeben.

> **Beispiel**
> U erwirbt das Pharmaunternehmen P.
> - P hat die Laborforschung (Phase 1) eines Medikaments gerade abgeschlossen.
> - Als Phase 2 stehen die klinische Prüfung und – bei deren Erfolg – die Zulassung durch die Arzneimittelbehörden an. Die erwarteten Kosten für Phase 2 betragen 10 Mio. EUR.

- Im Falle einer Zulassung folgt ein Markteinführungsjahr mit einem weiteren Defizit von 10 Mio. EUR wegen Werbung etc. (Phase 3).
- Bei Erfolg der Markteinführung wird für die nächsten 8 Jahre (Phase 4) mit einem Überschuss von 30 Mio. EUR p.a. gerechnet.

Die Wahrscheinlichkeit einer Nichtzulassung beträgt 60 %, die einer Zulassung 40 %. Nur bei Zulassung folgt ein Einführungsjahr, das dann mit 70 % Wahrscheinlichkeit einen Erfolg ergeben wird. Die kombinierte Wahrscheinlichkeit eines erst nach 2 Jahren erkannten Misserfolgs bzw. eines Abbruchs des Projekts nach 2 Jahren beträgt daher 40 % × 30 % = 12 %. Die Wahrscheinlichkeit eines Gesamterfolgs ist 40 % × 70 % = 28 %.

Nachfolgend zunächst der *traditional-cash-flow*-Ansatz, der nur den Erfolgsfall rechnet, das Risiko des Misserfolgs jedoch mit einem Diskontierungszinssatz von 75 % (!) berücksichtigt.
Danach der *expected-cash-flow*-Ansatz mit 3 möglichen Ausgängen:
1. Misserfolg der klinischen Prüfung, daher Abbruch nach Phase 2 (Wahrscheinlichkeit 60 %).
2. Erfolg der klinischen Prüfung, aber Misserfolg der Markteinführung, daher Abbruch nach Phase 3 (Wahrscheinlichkeit 12 %).
3. Erfolg der klinischen Prüfung und der Markteinführung, daher Erreichen der Phase 4 (Wahrscheinlichkeit 28 %).

Da die Misserfolgsrisiken in der Zahlungsreihe berücksichtigt sind, wird ein Diskontierungszins von „lediglich" 25 % verwendet.
Der *tax amortization benefit* (Rz 242) ist unter der Annahme eines steuerlichen Abschreibungszeitraums von 10 Jahren gerechnet.

Traditioneller *cash-flow*-Ansatz (Diskontierungszins 75 %)

Jahr	Betrag	Diskontierungsfaktor	diskontierter Betrag
1	–10	0,571	–5,7
2	–10	0,327	–3,3
3	30	0,187	5,6
4	30	0,107	3,2
5	30	0,061	1,8
6	30	0,035	1,0
7	30	0,020	0,6
8	30	0,011	0,3
9	30	0,006	0,2
10	30	0,004	0,1
Wert vor *tax amortization benefit*			3,9
tax amortization benefit (vgl. Rz 242)			0,2
Zeitwert			4,1

Expected-cash-flow-**Ansatz** (im Zustandsbaumverfahren; Diskontierungszins 25 %)

Jahr	Betrag	Diskontierungs-faktor	diskontierter Betrag	kombinierte Wahrscheinlichkeit	gewichteter Wert
1	–10	0,800	–8,0	60 %	–4,8
2	–10	0,640	–6,4		
			–14,4	12 %	–1,7
3	30		15,4		
4	30		12,3		
5	30		9,8		
6	30	0,374	7,9		
7	30	0,325	6,3		
8	30	0,283	5,0		
9	30	0,246	4,0		
10	30	0,214	3,2		
			35,1	28 %	9,8
Wert vor *tax amortization benefit*				100 %	3,3
tax amortization benefit (vgl. Rz 242)					0,6
Zeitwert					3,9

Im Beispiel wurde der Diskontierungssatz von 75 % so gewählt, dass sich in etwa der gleiche Zeitwert wie in der mehrwertigen Planung bei einem Diskontierungssatz von 25 % ergibt. Der zusätzliche Risikoaufschlag in der einwertigen Planung (75 % – 25 % = 50 %) ist aber ohne den Vergleich zur mehrwertigen Planung nicht objektivierbar; mit diesem Vergleich ist andererseits die einwertige Planung überflüssig.

11.7 Hyperlizenzen

240 Hyperlizenzen (z.B. Mobilfunklizenz, Spielbanklizenz, Lizenz zum Betrieb einer Autobahn), mit denen das gesamte Geschäft steht und fällt – sog. *greenfield approaches* – unterstellen ein Unternehmen, das zunächst nichts besitzt als die zu bewertende Lizenz. Um aus ihr Ertrag zu generieren, muss, ausgehend von der „grünen Wiese", möglichst schnell ein funktionierender Betrieb aufgebaut werden (*investive cash outflows*), der auf der Basis der Lizenz Erträge (*operative netto cash inflows*) erwirtschaftet. Der Barwert des fiktiven Geschäftsplans dieses Unternehmens stellt den Wert der Lizenz dar.

> **Beispiel**
> Im Rahmen des Erwerbs eines Tochterunternehmens ist der Zeitwert der Mobilfunklizenz dieses Unternehmens zu bewerten. Zeitnahe Transaktions- oder Auktionspreise stehen nicht zur Verfügung. Die tatsächlich vor mehr als einem Jahr gezahlten Preise sind angesichts drastisch verschlechterter Prognosen für den Mobilfunksektor nicht mehr relevant. Der marktorientierte Ansatz scheidet somit aus.
> Der Einsatz eines einfachen Einkommens- bzw. *discounted-cash-flow*-Verfahrens scheitert daran, dass die Mobilfunklizenzen (im Gegensatz zu vielen

anderen Lizenzen) keinen zusätzlichen, isolierbaren Nutzen in Form höherer Preise, niedrigerer Kosten etc. erbringen. Das gesamte Geschäft steht und fällt mit der Lizenz. Der (nach Abzug der übrigen Vermögenswerte bzw. einer kalkulatorischen Verzinsung für sie) verbleibende Gegenwartswert im Geschäftsplan stellt daher immer ein Mixtum aus *goodwill* sowie Lizenz dar und löst die Aufgabe der Bewertung der Lizenz gerade nicht.
Der Gutachter wendet deshalb das *discounted-cash-flow*-Verfahren in der sog. *build-out*-Variante des *greenfield approach* an. Dieses artifizielle, aber in amerikanischen Gerichtsverfahren und von der amerikanischen Börsenaufsicht anerkannte Modell arbeitet mit folgenden Fiktionen:
- Zum Bewertungsstichtag verfügt das Unternehmen nur über die Lizenz und kein weiteres Vermögen. Ein Unternehmen ist aus dem Nichts (*start from the scratch*) „um diese Lizenz herum" aufzubauen.
- Um die Lizenz zu nutzen und aus ihr Erträge zu erzielen, müssen ein technisches Netzwerk aufgebaut, Kunden und Mitarbeiter geworben werden etc.
- Die damit verbundenen Ausgaben führen zunächst zu negativen *cash flows* bei allerdings schnell steigenden Umsätzen.
- Beim Ausbau (*build out*) der Lizenz werden die Fehler der Vergangenheit nicht wiederholt (Lernkurveneffekt). Der *business*-Plan des *build-out*-Unternehmens erreicht daher schon nach etwa zehn Jahren den tatsächlichen *business*-Plan (Konvergenz).
- Der *discounted-cash-flow*-Wert des *build-out*-Plans (inkl. des *terminal value* für die Jahre 10 ff.) stellt das mit der Lizenz fiktiv erzielbare abgezinste Einkommen, also den Zeitwert der Lizenz dar.

Zusätzliche Schwierigkeiten ergeben sich, wenn das Unternehmen 2 Lizenzen hält (z. B. GSM und UMTS). Soweit wegen der (geplanten) Komplementarität der Netzwerke (UMTS in den Ballungsräumen, GSM in der Fläche) *cash flows* nur im Verbund erzeugt werden, muss eine hypothetische Relativbetrachtung durchgeführt werden. Der im *build-out*-Modell ermittelte Gesamtwert der Lizenzen wird nach dem Verhältnis der erwarteten UMTS- und GSM-Einnahmen, bei begründbarer Allokation der Ausgaben nach den Netto-*cash flows*, gesplittet.

Im Schrifttum wird z. T. die Auffassung vertreten, *greenfield approaches* seien jedenfalls nach US-GAAP, ggf. auch nach IFRS unzulässig, da sie gegen das Verbot verstießen, andere Vermögenswerte als den *goodwill* mit der „Residualmethode" zu bewerten.[89] Dieser Auffassung stimmen wir nicht zu. Sie verwechselt u. E. das im *greenfield approach* angewandte residuale *cash flow*-Modell mit der nicht anzuerkennenden Gesamt-Residualmethode, den Wert eines Vermögenswertes dadurch zu bestimmen, vom Kaufpreis den Wert sämtlicher anderer Vermögenswerte und Schulden abzuziehen. Diese Art der Gesamtbetrachtung ist naturgemäß dem *goodwill* vorbehalten. Der *greenfield approach* baut seine Berechnungen aber gerade nicht auf den Kaufpreis auf und ist auch nicht direkt von den Werten aller anderen Vermögenswerte und Schulden abhängig.

---

[89] CASTEDELLO/KLINGBEIL/SCHRÖDER, WPg 2006, S. 1028 ff.

11.8 Tax amortization benefit

242 Bei **einkommensorientierten** Bewertungen (Rz 105) abschreibungsfähiger Vermögenswerte führt die Diskontierung der Einzahlungsüberschüsse/Auszahlungsersparnisse zunächst nur zu einem Nettowert, der den steuerlichen Vorteil aus der Abschreibungsfähigkeit noch nicht berücksichtigt. Dieser *tax amortization benefit* ist als zweite Wertkomponente zu berücksichtigen. Da der Zeitwert ein von den Besonderheiten des konkreten Erwerbs bzw. Erwerbers abstrahierter Wert ist, muss der *tax amortization benefit* unabhängig davon berücksichtigt werden, ob der Unternehmenserwerb als *asset deal* tatsächlich zu steuerlichen Mehrabschreibungen geführt hat oder beim *share deal* keine Mehrabschreibungen entstehen. Wegen der Ermittlung des Barwerts des Steuervorteils wird auf → § 8a Rz 41 verwiesen.

§ 32 TOCHTERUNTERNEHMEN IM KONZERN- UND EINZELABSCHLUSS

Inhaltsübersicht	Rz
Vorbemerkung	
1 Zielsetzung, Regelungsinhalt und Begriffe................	1–5
1.1 Konzernbilanzierung: Verhältnis von IFRS 10 zu anderen Konzern-Standards.............................	1–3
1.2 Bilanzierung von Anteilen an Tochterunternehmen im Einzelabschluss, Verhältnis von IAS 27 zu IAS 39/IFRS 9.	4
1.3 Beziehungen von IFRS 10 zur IAS-Verordnung der EU und zu § 315a HGB................................	5
2 Kontrolle als Grundlage des Konzernbegriffs..............	6–88
2.1 Ein einheitliches Konsolidierungskonzept.............	6–9
2.2 Identifikation des potenziellen Konsolidierungsobjekts...	10–11
2.3 Die relevanten Aktivitäten und der Mechanismus, mit dem über sie bestimmt wird...........................	12
2.4 (Gemildertes) Stichtagsprinzip.....................	13–20
2.4.1 Problemstellung.........................	13
2.4.2 Einzelfälle.............................	14–19
2.4.2.1 Vorherbestimmter Wechsel der Aktivitätensteuerung.....................	14
2.4.2.2 Präsenzmehrheiten.................	15
2.4.2.3 Termingeschäfte, potentielle Stimmrechte	16–17
2.4.2.4 Schuldrechtliche Vereinbarungen......	18–19
2.4.3 Fazit.................................	20
2.5 Kontrolle durch Stimmrechte oder ähnliche Rechte *(voting interest entities)*..........................	21–52
2.5.1 Überblick..............................	21
2.5.2 Mehrheit in der Gesellschafterversammlung.....	22–32
2.5.2.1 Bestimmung der Stimmrechtsquote....	22–23
2.5.2.2 Indirekte Beteiligungen.............	24–25
2.5.2.3 Besonderheiten bei Insolvenz, Treuhandschaft usw. (*principal-agent*-Beziehungen)	26–27
2.5.2.4 (Satzungsmäßige) Mitwirkungs- oder Schutzrechte anderer Gesellschafter....	28–32
2.5.3 Stimmrechtsbindungs-, Beherrschungs- und Entherrschungsverträge.....................	33–34
2.5.4 Potenzielle Stimmrechte....................	35–43
2.5.5 Präsenzmehrheiten (*de facto control*)..........	44–45
2.5.6 Mehrheit bez. anderer Organe sowie divergierende Organmehrheiten........................	46–48
2.5.7 Faktische Kontrolle, faktische Widerlegung der Kontrollvermutung.......................	49–50
2.5.8 Planmäßiger Wechsel der Rechte im Zeitablauf...	51–52

2.6	Nicht über Stimmrechte gesteuerte Unternehmen (*structured entities*)		53–86
	2.6.1	Überblick	53–55
	2.6.2	Typische Anwendungsfälle: ABS-Transaktionen, Leasing-Objektgesellschaften, Spezialfonds	56–58
	2.6.3	Zweck und Struktur des Unternehmens	59–63
	2.6.4	Praktische Fähigkeiten	64
	2.6.5	Spezielle Beziehungen	65
	2.6.6	Risiken und Chancen	66–79
		2.6.6.1 Gesellschafts- und schuldrechtliche Risiko-/Chancentragung als Indikator einer Beherrschung	66–71
		2.6.6.2 Beurteilungszeitpunkt, Beurteilungszeitraum	72–73
		2.6.6.3 Vorrang der qualitativen Analyse	74–76
		2.6.6.4 Möglicher Aufbau einer quantitativen Analyse	77
		2.6.6.5 Zellulare Strukturen, *multi-seller*-SPEs	78–79
	2.6.7	*Principal-agent*-Beziehungen	80–85
	2.6.8	Kontrolle durch Banken oder andere Fremdfinanziers nach Bruch von *covenants*	86
2.7	Abgrenzung Tochterunternehmen von assoziierten und Gemeinschaftsunternehmen		87–88
3	Konzernabschlusspflicht, Konsolidierungskreis, Bilanzstichtag.		89–116
3.1	Konzernabschlusspflicht		89–95
	3.1.1	Vorrang von EU- und nationalem Recht bei der Bestimmung der Konzernabschlusspflicht	89–90
	3.1.2	Keine originäre Konzernabschlusspflicht nach IFRS	91–92
	3.1.3	Gleichordnungskonzerne – *combined statements*	93–95
3.2	Konsolidierungskreis		96–110
	3.2.1	Weltabschlussprinzip	96
	3.2.2	Zur Veräußerung bestimmte Anteile an Tochterunternehmen	97–99
	3.2.3	Von *investment entities* gehaltene Anteile	100–102
	3.2.4	Dauernde Beschränkung des Finanzmitteltransfers	103
	3.2.5	Nichteinbeziehung aus *materiality*- oder Kosten-Gründen	104–107
	3.2.6	Konsolidierung von assoziierten und Gemeinschaftsunternehmen	108–110
3.3	Konzernbilanzstichtag, abweichende Stichtage von Tochterunternehmen		111–116
4	Konsolidierungsverfahren		117–173
4.1	Überblick über die Konsolidierungsschritte		117
4.2	Vereinheitlichung in Ansatz und Bewertung		118–120
4.3	Kapitalkonsolidierung		121
4.4	Schuldenkonsolidierung		122–138
	4.4.1	Zeitliche Buchungsunterschiede	122–123

4.4.2	Differenzen aufgrund unterschiedlicher Bilanzstichtage	124
4.4.3	Echte Aufrechnungsdifferenzen	125–128
4.4.4	Wandelanleihen	129–131
4.4.5	Ausstehende Einlagen beim Tochterunternehmen	132–133
4.4.6	Drittschuldverhältnisse	134–138
4.5	Aufwands- und Ertragskonsolidierung	139–140
4.6	Zwischenergebniseliminierung	141–155
4.6.1	Zweck und Inhalt der Zwischenergebniseliminierung	141–142
4.6.2	Rechnerische Ermittlung, *materiality*-Überlegungen	143–148
4.6.3	Buchungstechnik (Beispiele)	149
4.6.4	Zwischenergebniseliminierung bei nicht beherrschenden Anteilen (Minderheiten)	150–152
4.6.5	Sonderfälle	153–155
4.6.5.1	Dreiecksgeschäfte, unechte Lohnveredelung	153–154
4.6.5.2	Rechtlich begründete Transaktionskosten	155
4.7	Nicht beherrschende Anteile (Minderheiten)	156–173
4.7.1	Erstkonsolidierung und Folgekonsolidierung	156–162
4.7.2	Negative Anteile der nicht beherrschenden Gesellschafter	163–164
4.7.3	Call- und Put-Optionen über nicht beherrschende Anteile, Andienungsrechte bei Tochterpersonengesellschaften	165–170
4.7.4	Termingeschäfte und kombinierte Call-/Put-Optionen über nicht beherrschende Anteile	171–172
4.7.5	Nicht beherrschende Anteile im mehrstufigen Konzern	173
5	Anteile an Tochtergesellschaften im Einzelabschluss der Mutterunternehmung	174–180
6	Latente Steuern	181–188
7	Ausweis-Besonderheiten im Konzern	189–194
8	Angaben	195–200
9	Anwendungszeitpunkt, Rechtsentwicklung	201–204
10	Zusammenfassende Praxishinweise	205

Schrifttum: ALVAREZ/WOTSCHOFSKY/MIETHIG, Leasingverhältnisse nach IAS 17, Zurechnung, Bilanzierung, Konsolidierung, WPg 2001, S. 933ff.; BEYHS/BUSCHHÜTER/SCHURBOHM, IFRS 10 und IFRS 12: Die neuen IFRS zum Konsolidierungskreis, WPg 2011, S. 662ff.; BISCHOF/ROSS, Qualitative Mindestanforderungen an das Organ nach HGB und IFRS bei einem Mutter-Tochter-Verhältnis durch Organbestellungsrecht, BB 2005, S. 203ff.; BÖCKEM/DISSERWATERSCHEK-CUSHMAN, Fondskonsolidierung in Deutschland vor dem Hintergrund des Delegated Power-Konzepts des IFRS 10, KoR 2013, S. 117ff.; BÖCKEM/STIBI/ZOEGER, IFRS 10 „Consolidated Financial Statements": Droht eine grundlegende Revision des Konsolidierungskreises?, KoR 2011, S. 399ff.; BRÜCKS/RICHTER, Business Combination

(Phase II), KoR 2005, S. 407ff.; DIETRICH/KRAKUHN/SERLEJA, Analyse der Konsolidierungspflicht ausgewählter Investmentstrukturen nach IFRS 10, IRZ 2012, S. 23ff.; ERCHINGER/MELCHER, IFRS-Konzernrechnungslegung – Neuerungen nach IFRS 10, DB 2011, S. 1229ff.; FREIBERG, Auslegungsfragen des IFRS 12, PiR 2012, S. 264ff.; FREIBERG, Entscheidungsmacht durch Organbestellungsrecht? – Besonderheiten des mitbestimmten Aufsichtsrats, PiR 2012, S. 329; FREIBERG, Optionen auf Anteile im Spannungsverhältnis von IAS 27 und IAS 39, PiR 2010, S. 206ff.; FREIBERG, Handeln als Prinzipal oder als Agent? PiR 2013 S. 96; FREIBERG/PANEK, Einbezug von Leasingobjektgesellschaften in den IFRS-Konsolidierungskreis, PiR 2013. S. 342; FRÖHLICH, Non-Controlling Interest im IFRS-Abschluss, IRZ 2008, S. 417ff.; HACHMEISTER/HANSCHMANN, Optionen auf Minderheitenanteile in IFRS-Konzernabschlüssen, IRZ 2007, S. 163ff.; HANFT/BROSSIUS, Die Endkonsolidierung defizitärer Tochterunternehmen, KoR 2002, S. 33ff.; HANFT/KRETSCHMER/ESCHBORN, Negative Minderheitenanteile im Konzernabschluss nach HGB, US-GAAP und IAS, BB 2002, S. 2047ff.; KRIETENSTEIN, Rechtsstellung der Komplementär-GmbH als auslösendes Moment der Konzernrechnungslegungspflicht nach HGB und IFRS, KoR 2006, S. 267ff.; KÜTING, Nachhaltige Präsenzmehrheiten als hinreichendes Kriterium zur Begründung des Konzerntatbestands, DB 2009, S. 73ff.; KÜTING/GATTUNG, Zweckgesellschaften als Tochterunternehmen, KoR 2007, S. 397ff.; KÜTING/MOJADADR, Das neue Control-Konzept nach IFRS 10, KoR 2011, S. 273ff.; KÜTING/WIRTH, Implikationen von IAS 36 (rev. 2004) auf die Firmenwertberücksichtigung bei einer teilweisen Endkonsolidierung ohne Wechsel der Konsolidierungsmethode, KoR 2005, S. 415ff.; KUSTNER, Special Purpose Entities. Wirtschaftliche Merkmale und Bilanzierung in der internationalen Rechnungslegung, KoR 2004, S. 308ff.; LEITNER-HANETSEDER/SCHAUSBERGER, Änderung der Einbezugskriterien gem. IFRS 10, IRZ 2011, S. 379ff.; LIECK, Bilanzierung von Umwandlungen nach IFRS, Wiesbaden 2011; LÜDENBACH, Combined statements bei Einbringung zweier operativer Gesellschaften in eine NewCo, PiR 2011, S. 211ff.; LÜDENBACH, IFRS 1 bei erstmaliger Begründung eines Konzerntatbestands, PiR 2010, S. 144ff.; LÜDENBACH, Veräußerung mehrheitsvermittelnder Anteile an (de facto) agent, PiR 2013, S. 67ff.; LÜDENBACH/HOFFMANN, Enron und die Umkehrung der Kausalität bei der Rechnungslegung, DB 2002, S. 1169ff.; LÜDENBACH/FREIBERG Gemilderte Stichtagsbetrachtung bei der Bestimmung des Konsolidierungskreises nach IFRS 10, BB 2013, S. 1515.; LÜDENBACH/VÖLKNER, Abgrenzung des Kaufpreises von sonstigen Vergütungen bei der Erst- und Entkonsolidierung, BB 2006, S. 1435ff.; MEYER, Abgrenzung von substanziellen Rechten und Schutzrechten auf der Grundlage von IFRS 10, PiR 2012, S. 269; PELLENS/SELLHORN/AMSHOFF, Reform der Konzernbilanzierung, Neufassung von IFRS 3 Business Combinations, DB 2005, S. 1749; REILAND, IFRS 10: Sachgerechte Abgrenzung des Konsolidierungskreises oder Spielwiese für Bilanzpolitiker?, DB 2011, S. 2729ff.; STIBI/BÖCKEM, Mehr Anwendungssicherheit bei IFRS 10–12 durch zusätzliche Materialien von IASB und EFRAG? BB 2012, S. 1527ff.; WEBER/BÖTTCHER/GRIESEMANN, Spezialfonds und ihre Behandlung nach deutscher und internationaler Rechnungslegung, WPg 2002, S. 905ff.; WENK/JAGOSCH, Abbildung geschlossener Fonds im IFRS-Konzernabschluss, DStR 2009, S. 1326ff.; ZWIRNER/FORSCHHAMMER, Amendments betreffend Investmentgesellschaften, IRZ 2013,

S. 215 ff.; ZWIRNER/KÖNIG, Darstellung der Anteile der Gesellschafter von Personenhandelsgesellschaften im Konzernabschluss, IRZ 2013, S. 31 ff.

Vorbemerkung
Die folgende Kommentierung behandelt IFRS 10 und IAS 27 und berücksichtigt alle Änderungen oder Entwürfe, die bis zum 1.1.2015 verabschiedet wurden. Für einen Überblick über die Rechtsentwicklung vgl. Rz 201 ff.

1 Zielsetzung, Regelungsinhalt und Begriffe

1.1 Konzernbilanzierung: Verhältnis von IFRS 10 zu anderen Konzern-Standards

Vorschriften für den Konzernabschluss finden sich an verschiedenen Stellen des IFRS-Regelwerks. Vorrangig geht es um folgende Standards:
- **IAS 21** behandelt die **Währungsumrechnung** (→ § 27).
- **IFRS 3** behandelt die **Kapitalkonsolidierung** (→ § 31).
- **IFRS 10** behandelt Fragen des **Konsolidierungskreises** (einzubeziehende Unternehmen), des **Konzernabschlussstichtages**, der **Schulden- und Aufwandskonsolidierung** sowie der **Zwischenergebniseliminierung**.
- **IAS 28 und IFRS 11** behandeln **assoziierte Unternehmen** und **Gemeinschaftsunternehmen** (→ § 33 und → § 34).

Systematisiert stellt sich das Verhältnis der Vorschriften wie folgt dar:
- **IFRS 3 und IFRS 10** sind die zentralen Standards zum **Konzernabschluss**. Sie befassen sich mit der Definition und konsolidierungstechnischen Behandlung von **Mutter-Tochter-Beziehungen**, ohne die es einen Konzernabschluss nicht gibt.
- Erst wenn eine Mutter-Tochter-Beziehung vorliegt und somit eine Konzernabschlusspflicht begründet ist, d. h. **nur sekundär**, werden IAS 28 (→ § 33) und IFRS 11 (→ § 34) konzernabschlussrelevant. Hält das übergeordnete Unternehmen **nur** Beteiligungen an assoziierten Unternehmen (IAS 28) und/oder Gemeinschaftsunternehmen (IAS 31), kommt es nicht zur Konzernabschlusspflicht. IAS 28 und IFRS 11 sind in diesem Fall nur für die Bilanzierung von Beteiligungen im Einzelabschluss des übergeordneten Unternehmens von Bedeutung.
- **IAS 21** (→ § 27) behandelt anders als IFRS 3 und IFRS 10 nicht allgemeine Fragen des Konsolidierungsverfahrens, sondern das **spezifische Problem der Währungsumrechnung**, das sich nur dann stellt, wenn Einheiten eines Konzerns in verschiedenen Währungen bilanzieren.

Verstreute Zuständigkeiten ergeben sich insbesondere im Rahmen der Aufwärts- und Abwärtskonsolidierung sowie bei mehrheitswahrenden Auf- und Abstockungen. Diese Fälle werden zusammengefasst unter → § 31 Rz 152 ff. kommentiert.

1.2 Bilanzierung von Anteilen an Tochterunternehmen im Einzelabschluss, Verhältnis von IAS 27 zu IAS 39/IFRS 9

Da die einzelbilanzielle **Bewertung von Tochterunternehmen** im Gegensatz zur Bilanzierung von „einfachen" Anteilen **nicht** in den Anwendungsbereich von **IAS 39** bzw. IFRS 9 fällt (IAS 39.2a und IFRS 9.2.1.; → § 28 Rz 13), bedarf es einer Regelung an anderer Stelle, nämlich in IAS 27. Wegen Einzelheiten wird auf Rz 174 ff. verwiesen.

1.3 Beziehungen von IFRS 10 zur IAS-Verordnung der EU und zu § 315a HGB

5 IFRS 10 regelt u. a.,
- **ob** ein Konzernabschluss aufzustellen (**Konzernabschlusspflicht**) und
- **wer** in einen ggf. aufzustellenden Konzernabschluss einzubeziehen ist (**Konsolidierungskreis**).

Für kapitalmarktorientierte Gesellschaften, die gem. Art. 4 der IAS-Verordnung der EU ihren Konzernabschluss pflichtweise nach IFRS erstellen, und für andere Gesellschaften, die das Wahlrecht zu einem befreienden IFRS-Konzernabschluss gem. § 315a Abs. 3 HGB nutzen (→ § 7), laufen die IFRS-Regeln zur Konzernabschlusspflicht jedoch ins Leere.

Nach den Vorgaben der EU-Kommission[1] und des Handelsrechts beurteilt sich die **Pflicht** zur Aufstellung, Veröffentlichung und Prüfung eines Konzernabschlusses allein nach den **EU-Richtlinien** und ihrer Umsetzung in nationales Recht (**HGB**). Nur wer nach Maßgabe dieser Bestimmungen einen Konzernabschluss zu erstellen hat und darauf IFRS anwenden muss (kapitalmarktorientierte Gesellschaften) oder will, unterliegt auch den Vorschriften von IFRS 10. Somit ergibt sich für deutsche Anwender folgende **Arbeitsteilung zwischen HGB und IFRS:**
- Beurteilung der **Konzernabschlusspflicht nach HGB,**
- Beurteilung des **Konsolidierungskreises nach IFRS 10.**

Im Einzelnen wird auf Rz 89 sowie → § 7 Rz 8 verwiesen.

2 Kontrolle als Grundlage des Konzernbegriffs

2.1 Ein einheitliches Konsolidierungskonzept

6 Nach **bisherigem Recht** (IAS 27 rev. 2008 i. V. m. SIC 12) standen zwei Konsolidierungskonzepte nebeneinander:
- „**Normale**" **Unternehmen** wurden gem. IAS 27 rev. 2008 nach dem Kriterium der Entscheidungsgewalt/Macht (*power*) dann als Tochterunternehmen qualifiziert, wenn ein übergeordnetes Unternehmen, insbesondere durch Stimm- bzw. Organbesetzungsrechte, die Fähigkeit hatte, die Geschäfts- und Finanzpolitik des untergeordneten zu bestimmen.
- **Zweckgesellschaften** (SPEs) wurden hingegen gem. SIC 12 dann voll konsolidiert, wenn der Investor die Mehrheit der **Chancen** und **Risiken** trug.

Dieses Nebeneinander zweier Konzepte soll gem. **IFRS 10** durch ein *einheitliches* Konsolidierungskonzept ersetzt werden. Ein Mutter-Tochter-Verhältnis liegt dann vor, wenn das übergeordnete Unternehmen
- aufgrund bestehender Rechte die Fähigkeit hat, die relevanten Aktivitäten des untergeordneten Unternehmens zu bestimmen (Kriterium der **Entscheidungsgewalt bzw.** *power;* Rz 12),
- variablen Rückflüssen aus dem Engagement im untergeordneten Unternehmen ausgesetzt ist (Kriterium der **Ergebnisvariabiliät** bzw. *variability in returns*; Rz 66) und

---

[1] EU-KOMMISSION, Kommentare zu bestimmten Artikeln der Verordnung (EG) Nr. 1606/ 2002, http://ec.europa.eu/internal_market/accounting/docs/ias/200311-comments/ias-200311-comments_de.pdf.

- eine Verbindung zwischen beiden besteht, d. h. die Entscheidungsgewalt eingesetzt werden kann, um die Höhe der Rückflüsse zu beeinflussen *(linkage between power and variability to returns).*

Diese Kriterien sind gleichermaßen auf „normale" Unternehmen wie auf bisher als *special purpose entities,* in ED IFRS 10 (und IFRS 12) aber als *structured entities* bezeichnete Unternehmen anzuwenden. Gleichwohl bestehen auch nach IFRS 10 **praktische Unterschiede** zwischen beiden Arten von Engagements:

- Bei **breit operierenden** Unternehmen können die relevanten Aktivitäten i. d. R. nur über **Stimmrechte** oder **äquivalente** Instrumente (etwa Beherrschungsverträge) bestimmt werden. Die amerikanische Praxis spricht demzufolge von *voting interest entities* oder *voting control entities.* Regelmäßig ist mit dem Stimmrecht auch eine Beteiligung am Kapital und an den Ergebnissen verbunden und damit eine Variabilität der Rückflüsse. Ebenso regelmäßig werden über die Stimmrechte oder stimmrechtsähnlichen Instrumente die Rückflüsse beeinflusst.

- Bei **Unternehmen mit enger Zwecksetzung,** etwa Leasingobjekt- oder ABS-Gesellschaften, ist es hingegen möglich und üblich, die Aktivitäten in weitem Maße durch schuld- oder gesellschaftsrechtliche Regelungen im Vorhinein zu bestimmen, sodass sich die Entscheidungsspielräume der Exekutivorgane oder der Gesellschafter häufig auf Administratives (z. B. Besorgen der Buchhaltung, Feststellung des Jahresabschlusses usw.) beschränken. Den Stimmrechten kommt bei diesen *non-voting interest entities* keine überragende Bedeutung zu. Entscheidungsgewalt wird vielmehr über die Festlegung von Struktur und Zweck der Einheit *(purpose and design)* und spezielle Beziehungen (etwa als Finanzier, einziger Kunde usw.) ausgeübt. Dabei besteht die begründete Vermutung, dass bei hoher Teilhabe eines Investors an den Risiken und Chancen dieser auch die Entscheidungsgewalt über Gründungsverträge oder in sonstiger Weise zu seinen Gunsten geregelt hat.

Die Unterschiedlichkeit von normalen und Zweckgesellschaften lebt damit zwar nicht konzeptionell, aber in der **praktischen** Anwendung von IFRS 10. Aus praktischer Sicht bedeutet dies etwa:

- Bestehen in einem **normalen Unternehmen** klare Stimmrechtsmehrheiten, ist damit die Kontrollfrage regelmäßig schon beantwortet. Einer detaillierten Untersuchung von Zweck und Struktur des Unternehmen, Risiko-Chancen-Verteilung, besonderen Beziehungen usw. bedarf es dann i. d. R. nicht.[2]
- Umgekehrt sind bei einem **strukturierten Unternehmen** (Zweckgesellschaften) die Stimmrechte regelmäßig von geringem Interesse und deshalb die anderen genannten Faktoren eingehend zu untersuchen.

Dieser praktischen Differenzierung folgend, behandelt auch die nachfolgende Darstellung **beide** Unternehmenstypen **getrennt.** Dem vorangestellt sind in Rz 10 ff. einige grundlegende Überlegungen.

Systematisch verlangt die Anwendung von IFRS 10 folgende Prüfschritte:

---

[2] A. A. BEYHS/BUSCHHÜTER/SCHURBOHM, WPg 2011, S. 663: Nach ihrer Auffassung müssen sämtliche bei strukturierten Unternehmen zu prüfenden Umstände auch bei normalen Unternehmen untersucht werden.

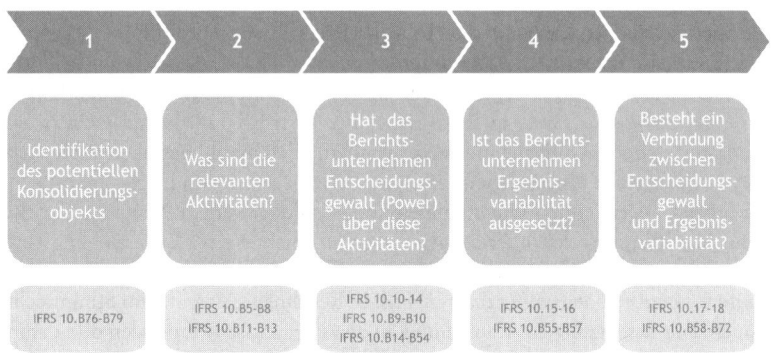

Abb. 1: Prüfschritte bei der Anwendung von IFRS 10

9   Der Konzernbegriff definiert sich
    • über die **Möglichkeit,** die signifikanten Aktivitäten eines anderen Unternehmens zu bestimmen;
    • auf die **tatsächliche** Einflussnahme, also die Ausübung der Möglichkeit, kommt es nicht an (IFRS 10.12).
    Andererseits lässt aber eine dauerhafte **tatsächliche** Einflussnahme häufig den Rückschluss auf eine **gesicherte Möglichkeit** der Beherrschung zu (IFRS 10.12). Unter dieser Voraussetzung ist ein Mutter-Tochter-Verhältnis i.d.R. auch bei **faktischer** Kontrolle zu bejahen (Rz 50). Aus dieser Sicht ist der Kontrollbegriff der umfassendere Begriff: Die gesicherte Möglichkeit schließt die tatsächliche Einflussnahme regelmäßig ein.

2.2 Identifikation des potenziellen Konsolidierungsobjekts

10 Potenzielles Konsolidierungsobjekt ist regemäßig eine **rechtliche Einheit (Gesellschaft).** Schon in der Auslegung des bisherigen Rechts dominierte aber die Auffassung, dass in Ausnahmefällen auch ein Ausschnitt (sog. **Silo**) aus einer Gesellschaft als Konsolidierungsobjekt infrage kommen kann. IFRS 10.B76ff. sieht nunmehr explizit eine solche Möglichkeit vor (Rz 78).
    Praktische Bedeutung haben die Silos vor allem bei strukturierten Unternehmen (SPEs).[3] Ein Anwendungsbeispiel im Bereich der **ABS-Transaktionen** sind sog. *multi-seller conduits,* bei denen mehrere Unternehmen ihre Forderungen an eine Gesellschaft verkaufen. Ist der *conduit* so strukturiert, dass die Forderungen in verschiedenen Pools gehalten werden und bez. jedes Pools eigene Refinanzierungen (Ausgabe von ABS-Papieren) und eigene Kreditverstärkungen (etwa Rückkaufgarantien) bestehen, liegen trotz eines **einheitlichen rechtlichen Mantels** mehrere potenzielle Konsolidierungsobjekte vor. Voraussetzung ist, dass die Verbindlichkeiten des jeweiligen Pools ausschließlich aus den Vermögenswerten dieses Pools bedient werden und den anderen Gläubigern nicht zur Verfügung stehen (IFRS 10.B76ff.). Entsprechende Gestaltungen sind auch bei **Leasingobjektgesellschaften** denkbar, indem etwa mehrere Leasingobjekte unter einer

---

[3] Gl.A. BÖCKEM/STIBI/ZOEGER, KoR 2011, S. 401.

rechtlichen Hülle zusammengefasst sind, aber jedes Objekt separat finanziert wird und der Rückgriff des jeweiligen Finanziers auf die anderen Objekte vertraglich ausgeschlossen ist.
IFRS 10 erfasst beide potenziellen Konsolidierungsobjekte, also die rechtlichen Einheiten und die sog. Silos, unter dem Begriff „*investee*" (also der Einheit, in die investiert wird). Das potenzielle Mutterunternehmen wird hingegen als „*investor*" bezeichnet. Besteht Kontrolle über den *investee*, wird er als Tochterunternehmen (*subsidiary*) der *investor* als Mutterunternehmen (*parent*) bezeichnet (IFRS 10.2a) und insoweit die „alte" Terminologie aus IAS 27 beibehalten. Die Begriffe *investee* und *investor* sind missverständlich. Sie könnten so verstanden werden, als ob Voraussetzung für ein Beherrschungsverhältnis eine Investition in das beherrschte Unternehmen (insbesondere ein Anteilserwerb) sei. Eine solche ist jedoch nach IFRS 10.5 nicht erforderlich. Ausreichend ist ein Beteiligtsein i.w.S. (*involvement*); auf die Art der **Involvierung** kommt es nicht an.[4]

11

2.3 Die relevanten Aktivitäten und der Mechanismus, mit dem über sie bestimmt wird

Die Identifikation der **relevanten Aktivitäten** ist deshalb von zentraler Bedeutung, weil hieran die Verfügungs- bzw. **Entscheidungsgewalt** *(power)* festgemacht wird. Die Entscheidungsgewalt (die amtliche Übersetzung spricht von „Verfügungsgewalt") über ein Unternehmen liegt bei demjenigen, der dessen relevante Aktivtäten bestimmen kann (IFRS 10.10), und zwar auf der Grundlage von gesellschaftsrechtlichen, aber auch schuldrechtlichen Rechtspositionen (IFRS 10.11).
In diesem Kontext definiert IFRS 10.A jene Aktivitäten als relevant, die sich signifikant auf die Rendiite bzw. Ergebnisse *(returns)* des untergeordneten Unternehmens *(investee)* auswirken, und differenziert den Standard inhaltlich zwischen normalen und strukturierten Unternehmen[5] (allerdings ohne den in ED IFRS 10 und IFRS 12 verwandten Begriff der *structured entity* explizit zu verwenden):

12

- **Normale Unternehmen**: Bei vielen Unternehmen (*„many investees"*) hat gem. IFRS 10.B11 ein breites Spektrum von Aktivitäten signifikante Auswirkungen auf die Ergebnisse, u.a. die Beschaffungs- und Absatzaktivitäten, Forschungs- und Entwicklungstätigkeiten, Finanzierungstätigkeiten, das Management von finanziellen Vermögenswerten (z.B. Forderungen), Auswahl, Erwerb und Veräußerung von Anlagen usw. Zu fragen ist dann, wie die hierauf bezogenen Entscheidungen inkl. **Budgetfestsetzungen** und **Metaentscheidungen** über Bestellung und Abberufung des Entscheidungspersonals (Geschäftsführer, *key management personnel*) bestimmt werden können. Nach IFRS 10.B16 sind hierzu regelmäßig **Stimmrechte** oder **vergleichbare Rechte** (Organbesetzungsrechte, Beherrschungsverträge usw.) erforderlich.[6]

---

[4] Vgl. BEYHS/BUSCHHÜTER/SCHURBOHM, WPg 2011, S. 668 ff.; ähnlich BÖCKEM/STIBI/ZOEGER, KoR 2011, S. 400 f.
[5] Gl. A. BÖCKEM/STIBI/ZOEGER, KoR 2011, S. 404.
[6] IFRS 10.B16 „Generally, when an investee has a range of operating and financing activities that significantly affect the investee's returns and when substantive decision-making with respect to these activities is required continuously, it will be voting or similar rights that give an investor power, either individually or in combination with other arrangements."

- **Strukturierte Unternehmen**: Stimmrechte oder vergleichbare Rechte gewähren gem. IFRS 10.B17 dann keine Entscheidungsgewalt, wenn sie sich hauptsächlich auf administrative Dinge (etwa Besorgen der Buchhaltung, Management werthaltiger Debitoren, Auf- und Feststellung des Jahresabschlusses usw.) beziehen und schuld- und/oder gesellschaftsrechtliche Vereinbarungen die Aktivitäten der Gesellschaft in weitem Umfang vorherbestimmen (sog. **Autopilot**). Für die Beurteilung der Machtverhältnisse in derartigen Fällen verweist IFRS 10.B17 auf IFRS 10.B5-B8 und damit insbesondere auf **Struktur** (Gestaltung) und **Zweck** des Unternehmens (Rz 59) sowie auf IFRS B51 ff. i. V. m. IFRS 10. B18 ff. und damit insbesondere auf **praktische Beeinflussungsmöglichkeiten** (Rz 64) und **spezielle Beziehungen** (etwa technologische oder finanzielle Abhängigkeiten; Rz 65) und auf das Maß, in dem die **Risiken und Chancen** aus den Aktivitäten des untergeordneten Unternehmens beim Investor liegen (Rz 66). Weitgehend entspricht dies den bisherigen Regelungen von SIC 12 zu Zweckgesellschaften (SPEs), wobei der Anwendungsbereich der neuen Vorschriften insofern größer ist, als nicht zwingend eine enge Zwecksetzung gefordert ist und in der Beurteilung der Konsolidierungspflicht die Risiko-Chancen-Verteilung nur noch einer von mehreren insgesamt zu würdigenden Faktoren ist.

Als **Zwischenfazit** lässt sich festhalten: Wenngleich IFRS 10 im Interesse eines einheitlichen Konsolidierungsmodells, anders als noch IAS 27 und SIC 12, anders als ebenso noch ED IFRS 10 (und IFRS 12), nicht mehr begrifflich zwischen normalen und strukturierten Unternehmen unterscheidet, bleibt diese Unterscheidung **substanziell** erhalten. Die nachfolgenden Ausführungen folgen daher dieser Unterscheidung. Hierbei ist allerdings Folgendes zu beachten: Wenn die Entscheidung, ob ein im Wesentlichen durch Stimmrechte oder Ähnliches gesteuertes Unternehmen (*voting interest entity*) beherrscht wird, nicht eindeutig ist, sind ergänzend die für *non-voting interest entities* greifenden Kriterien heranzuziehen. Bis auf diesen Vorbehalt gilt die Arbeitsteilung gem. Abb. 2:

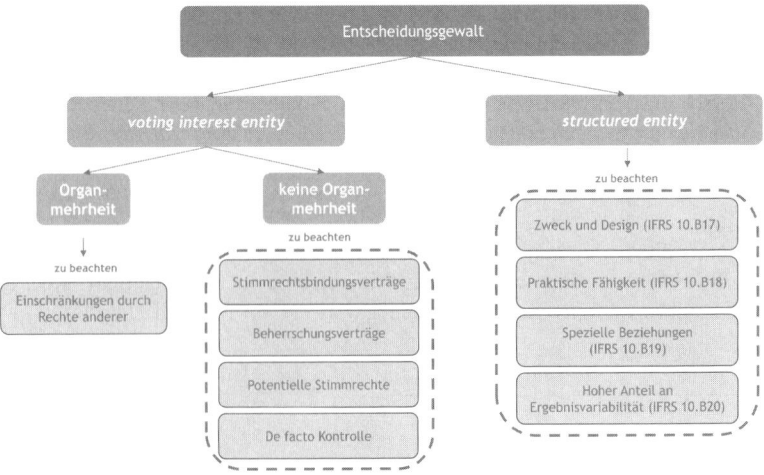

Abb. 2: *voting interest entity* vs. *structured entity*

2.4 (Gemildertes) Stichtagsprinzip[7]

2.4.1 Problemstellung

Die Frage, ob ein Beteiligungsunternehmen schon oder noch als Tochterunternehmen zu qualifizieren ist, stellt sich nicht nur zum **Bilanzstichtag**, sondern auch **unterjährig** zur Bestimmung des Erstkonsolidierungsstichtags (IFRS 3.8; → § 31 Rz 29) bzw. Entkonsolidierungszeitpunkts (IFRS 10.15) Entsprechend dieser besonderen Bedeutung der Stichtagsbetrachtung verlangt IFRS 10.8 i.V.m. IFRS 10.B80 eine beständige **Überprüfung** *(continuous reassessment)*, ob die ursprünglichen Annahmen bez. Kontrolle/Nichtkontrolle während der aktuellen Rechnungslegungsperiode noch erfüllt sind. Die kasuistischen Konkretisierung der Stichtagsbetrachtungen in IFRS 10 sind aber z.T. widersprüchlich.   13

2.4.2 Einzelfälle

2.4.2.1 Vorherbestimmter Wechsel der Aktivitätensteuerung

Für den Fall des **planmäßigen**, von Anfang an feststehenden Wechsels der Stimmrechte oder sonst entscheidender Rechte (z.B. Geschäftsführung) im Zeitablauf (z.B. A soll die Geschicke eines mit B gegründeten Pharma-*startups* bis zur Arzneimittelzulassung, B danach lenken), soll nach IFRS 10.B13 einer der beiden Investoren über die **gesamte Laufzeit** die Kontrolle haben, und zwar derjenige, der die „relevanteren" Aktivitäten bestimmt (→ Rz 51). U. E. **widerspricht** dies aber zwei Konzepten,   14
- zum **einen** dem in IFRS 10.10 enthaltenen Grundsatz, wonach es auf die **gegenwärtige**, nicht auf eine über die Totalperiode gegebene Fähigkeit ankommt, die maßgeblichen Tätigkeiten zu lenken,
- zum **anderen** der Forderung von IFRS 10.8 i.V. mit IFRS 10.B80ff., die Frage der Beherrschung **fortlaufend** zu prüfen *(continuous reassessment)*, dabei z.B. zu berücksichtigen, ob der eigenen Beherrschung entgegenstehende Rechte Dritter **ausgelaufen** *(elapsed)* sind (IFRS 10.B82). Letztgenannte Forderung wird zudem im Vorspann des Beispiels von IFRS 10.B13 bekräftigt, indem dort verlangt wird: „*The investors shall reconsider this assessment over time*". Im Beispiel des Pharma-*startups* hat B bis zur Arzneimittelzulassung nicht die **gegenwärtige** Fähigkeit zur Beeinflussung der relevanten Aktivitäten, **danach** aber doch. Der Beherrschung durch B zunächst entgegenstehende Rechte des A sind erst mit Erfolg der Arzneimittelzulassung „**ausgelaufen**". Die Lösung von IFRS 10.B13 überzeugt hier deshalb nicht, weil sie die **Stichtags**betrachtung zu Gunsten einer **Totalperioden**betrachtung aufgibt und sich damit Widersprüche zu den allgemein in IFRS 10 festgehaltenen Konzepten der gegenwärtigen Fähigkeit und der fortlaufenden, stichtagsbezogenen Überprüfung einhandelt.

2.4.2.2 Präsenzmehrheiten

Ein unter 50 % liegender Anteil an einem börsennotierten Unternehmen kann bei breiter Streuung der restlichen Aktien unter Kleinaktionären zu einer Präsenzmehrheit in der Hauptversammlung führen (Rz 44). Hierbei kommt   15

---

[7] Nachfolgende Überlegungen im Wesentlichen übernommen aus Lüdenbach/Freiberg, BB 2013, S. 1515ff.

es u. a. auf das **Präsenzverhalten der übrigen Aktionäre** in der Vergangenheit an (IFRS 10.B45). Auf der Zeitschiene gilt:
- Die auf den Bilanzstichtag (**Gegenwart** als Beurteilungszeitpunkt) vorzunehmende Würdigung der Beherrschung,
- wird anhand von Daten der **Vergangenheit** genommen,
- die eine **Prognose** für die **Zukunft** (insbesondere nächste Hauptversammlung nach dem Bilanzstichtag) erlauben.

Nach herrschender Auslegung gilt dabei: Nur eine nach den Vergangenheitsdaten als nachhaltig (stabil und robust) einzuschätzende Präsenzmehrheit führt zu Kontrolle. Man könnte dies als eine Art **gemildertes Stichtagsprinzip** bezeichnen. Das Verhältnis der Regelungen von IFRS 10.B24 ff. zum allgemeinen Stichtagsprinzip von IAS 10 und zu seiner speziellen Ausformung in IFRS 10.10 bleibt aber in Teilen undeutlich:

> **Beispiel**
> Zu beurteilen ist die Konsolidierung der TU durch die MU zum 31.12.10. MU verfügt seit langem über einen Stimmrechtsanteil von 40 %. Die restlichen Anteile von 60 % waren bisher breit gestreut, wobei nur jeder zweite der Kleinaktionäre an den Hauptversammlungen teilnahm. Hieraus ergab sich eine Präsenzmehrheit von 40/70 = 57 %. Im März 11, somit noch während des Bilanzaufstellungszeitraums für 10, erwirbt ein institutioneller Investor von diversen Kleinaktionären insgesamt 20 % der Anteile. Bei gleichbleibendem Präsenzverhalten der verbleibenden Kleinaktionäre und unterstellter Teilnahme des institutionellen Investors an der Hauptversammlung, wird MU in der nächsten, für Mai 11 anberaumten Hauptversammlung keine Präsenzmehrheit mehr haben.

Fraglich ist in vorstehendem Beispiel nun, wann MU eine Entkonsolidierung der TU vorzunehmen hat. Der Anteilserwerb durch den institutionellen Investor könnte als wert- bzw. ansatzänderndes Ereignis *(non-adjusting event)* gewürdigt werden. Dann müsste die Entkonsolidierung der TU auf den März 11 erfolgen. Anderseits kommt es nach IFRS 10.B45 auf die **Gegenwarts**verhältnisse des Bilanzstichtags aber gar nicht an. Es geht also bei der Beurteilung der Beherrschung zum Stichtag darum, eine bestmögliche **Prognose** über die künftigen Verhältnisse abzugeben. Die Vergangenheitswerte sind ebenso wie die Nachstichtagsereignisse nur ein **Inputfaktor** dieser Prognose, und damit nur wert- bzw. ansatzerhellende Umstände. Da an der ursprünglichen Prognose nach dem institutionellen Erwerb nicht mehr festgehalten werden kann, die Vergangenheitswerte keine taugliche Basis mehr für die Prognose der nächsten Hauptversammlung darstellen, ließe sich u. E. auch eine Entkonsolidierung schon in alter Rechnung rechtfertigen. Diese Problematik ist in IFRS 10 unzureichend geregelt: Es bleibt **unklar**, wie sich die zwischen Vergangenheit und Zukunft oszillierenden Regelungen zur Präsenzmehrheit in IFRS 10.B43 zu dem allgemeinen Grundsatz der gegenwärtigen Fähigkeit zur Beherrschung in IFRS 10.10 und zu den in IAS 10 getroffenen Unterscheidungen zwischen erhellenden und ändernden Ereignissen verhalten. Vorziehungswürdig erscheint u. E. das Abstellen auf ein gemildertes Stichtagsprinzip, nachdem der Kontrollverlust als

Folge der durch Werterhellung geänderten Prognose Rückwirkung auf den Bilanzstichtag entfaltet. In der abgelaufenen Periode, konkret zum Stichtag, ist dann auch die Entkonsolidierung geboten.

2.4.2.3 Termingeschäfte, potentielle Stimmrechte

Nach IFRS 10.B47 können auch potentielle Stimmrechte aus Aktienoptionen oder unbedingten Termingeschäften ein Beherrschungsverhältnis (mit-)begründen. Entscheidend soll gem. IFRS 10.B59 sein, ob sie die **gegenwärtige Fähigkeit** *(current ability)* zur Beeinflussung der relevanten Entscheidungen gewährt. Beispielhaft werden die Regelungen in IFRS 10.B24 wie folgt erläutert: 16

> **Beispiel**
> Ein Investor hat am 31.12.01 entweder 60 % Anteile der T auf Termin mit dinglicher Erfüllung in 25 Tagen erworben oder hält am 31.12.01 eine entsprechende Kaufoption, die in 25 Tagen ausgeübt werden kann. Nach dem Gesellschaftsvertrag der T kann eine Minderheit von 5 % der Anteilseigner eine Gesellschafterversammlung einberufen, in der dann über die Geschäfts- und Finanzpolitik zu entscheiden ist. Die Einberufungsfrist beträgt a) 50 Tage oder b) 20 Tage. Im Fall a) soll der Investor die T bereits am Bilanzstichtag beherrschen, da auf Grund der Einberufungsfrist von 50 Tagen der Investor an der theoretisch möglichen nächsten Gesellschafterversammlung bereits die Stimmrechtsmehrheit ausüben kann. Im Fall b) soll es aus gegenläufigen Gründen an der Beherrschung fehlen.

Die wörtliche Anwendung dieser Regelungen kann zu unbefriedigenden Ergebnisse, nämlich einem dauernden **Hin und Her** von **Ent**konsolidierungen und **Erst**konsolidierungen führen (Rz 38). Außerdem würden sich aus einer solchen Auslegung problematische Rückschlüsse für einen bereits **vollzogenen** Anteilserwerb ergeben. 17

> **Beispiel**
> Am 15.12.01 erwirbt Investor I im Wege einer feindlichen Übernahme die Mehrheit der Anteile an der X GmbH. Die nach der bisherigen Satzung zu weitgehend autonomem Handeln berechtigte Geschäftsführung möchte I austauschen und durch ihm genehme Personen ersetzen. Entsprechende Beschlüsse setzen eine außerordentliche Gesellschafterversammlung voraus, die nach der Satzung der X nur mit einer Ladungsfrist von vier Wochen einberufen werden kann.

Spiegelbildlich zu IFRS 10.B24 geht es im vorstehenden Beispiel nicht darum, **ob** andere gegen den Willen des (potentiellen) Investors eine bestehende Geschäfts- und Finanzpolitik ändern können, sondern darum, ab **wann** der Investor die bestehende, seinen Interessen zuwiderlaufende Politik ändern kann. Es ist aber offensichtlich, dass I die Geschicke der X weder im Erwerbszeitpunkt (15.12.01) noch am Bilanzstichtag (31.12.01) beherrscht. Im Umkehrschluss aus IFRS 10.B24 wäre eine Erstkonsolidierung erst in 02 möglich. Nach ganz einheitlicher Auslegung von IFRS 3.8f ist demgegenüber als *acquisition date*, also Erwerbsstichtag

§ 32 Tochterunternehmen im Konzern- und Einzelabschluss

und Erstkonsolidierungsstichtag spätestens der Tag des dinglichen Vollzugs des Anteilserwerbs (im Beispiel also der 15.12.01) anzunehmen (→ § 31 Rz 34). Grundlage des vorstehenden **Widerspruchs** ist die partielle Abkehr vom Stichtagsprinzip in IFRS 10.B24. Wenn es, wie in den Regeln zu unbedingten Termingeschäften und zu Optionen festgehalten, nicht allein auf die gegenwärtigen Verhältnisse, sondern auf den Blick in die Zukunft (Ausübungszeitpunkt des Termin- oder Optionsgeschäfts im Verhältnis zur Einberufungsfrist für die Gesellschafterversammlung) ankommt, müssten entsprechende, über den dinglichen Erwerbszeitpunkt **zeitlich hinausreichende** Überlegungen auch für einen bereits **vollzogenen** Erwerb gelten. Diese Konsequenz ziehen die IFRS und das Schrifttum aber nicht. Das in IFRS 10.10 festgehaltene Prinzip der *current ability* wird damit für Termingeschäfte **kasuistisch** anders konkretisiert als für bereits vollzogene Erwerbe oder Veräußerungen.

U. E. ist ähnlich wie bei der herrschenden Auslegung der Präsenzmehrheit (Rz 15) eine **gemilderte Stichtagsbetrachtung** angezeigt. Ob wegen des Verhältnisses von Einberufungsfristen zu Termin- bzw. Optionsgeschäftsfristen andere bei der (theoretischen) nächstmöglichen Gesellschafterversammlung noch die Mehrheit haben werden, ist u. e. jedenfalls dann unerheblich, wenn bei der zeitnah durchsetzbaren übernächsten Gesellschafterversammlung entsprechende Beschlüsse wieder aufgehoben werden können. Entsprechend halten wir es nicht für relevant, wenn wegen der Einberufungsfrist bei vollzogenem, feindlichem Erwerb die alte Geschäftsführung erst mit einiger Verzögerung ausgetauscht werden kann. In beiden Fällen ist unter dem Gesichtspunkt der **nachhaltigen Beeinflussungsmöglichkeiten** eine Beherrschung bereits mit Erlangung der Options-, Terminoder Anteilsrechte gegeben. Dies entspricht auch dem in IFRS 10.11 als „*power arises from rights*" formulierten Grundsatz, dass unentziehbare Rechtspositionen i. d. R. die Beherrschung begründen, und zwar auch dann, wenn sie erst mit kleineren Verzögerungen durchgesetzt werden können. Im Übrigen vermeidet ein Abstellen auf die Nachhaltigkeit auch das in Rz 38 problematisierte „Hinund-her" von Konsolidierung und Entkonsolidierung.

2.4.2.4 Schuldrechtliche Vereinbarungen

18 Nach IFRS 10.B39 können auch vertragliche Abreden zwischen einem Investor und anderen Stimmrechtsinhabern ein Beherrschungsverhältnis begründen. Die Vorschrift zielt insbesondere auf **Stimmrechtsbindungsverträge** (Rz 33). Im handelsrechtlichen Schrifttum ist die Bedeutung entsprechender Abreden für eine Beherrschung oder Entherrschung umstritten. Ein Teil des Schrifttums zieht aus der Möglichkeit vertragswidriger, im Verhältnis zur Gesellschaft aber gültiger Stimmabgabe den Schluss, dass sich ein Unternehmen der Mehrheit der Stimmrechte nicht durch Stimmbindungs- oder Entherrschungsverträge begeben kann.[8] Die Gegenauffassung[9] weist nicht nur auf einklagbare Ansprüche gegenüber dem Partner der schuldrechtlichen Abrede hin, sondern auch darauf, dass dem **abredewidrigen Verhalten** in anderen Fällen (etwa bei schulrechtlich gebundenen Treuhänder) keine Bedeutung beigemessen wird.

---

[8] Vgl. *ADS*, 6. Aufl., § 290 Tz. 39; *Grottel/Kreher*, in: Beck'scher Bilanz-Kommentar, 9. Aufl., München 2014, § 290 Tz. 46; OLG Frankfurt/M., Urteil vom 14. 11. 2006–5 U 158/05.
[9] Vgl. *Hoffmann/Lüdenbach*, NWB Kommentar Bilanzierung, 5. Aufl. 2014, § 290, Tz. 31.

Relevanz für die IFRS hat der handelsrechtliche Meinungsstreit hinsichtlich seiner Differenzierung zwischen **Innenverhältnis** der schuldrechtlichen Parteien und **Außenverhältnis** zur Gesellschaft, sowie hinsichtlich der aus dieser Unterscheidung resultierenden Möglichkeit des abredewidrigen, aber rechtswirksamen Stimmverhaltens.

19

> **Beispiel**
> A hält 40 %, B 20 % der Stimmrechte an der X. Im Rahmen eines Stimmrechtbindungsvertrags hat sich B gegenüber A verpflichtet, sein Stimmrecht in der Gesellschafterversammlung der X nach Weisung des A auszuüben. Der Stimmrechtsbindungsvertrag sieht keine Konventionalstrafen für den Fall einer Verletzung dieser Pflicht vor. Falls B bei einer Gesellschafterversammlung gegen die Anweisung des A abstimmt, kann A nur insoweit Schadensersatz geltend machen, als er eine negative Differenz zwischen der Entwicklung seines Anteilswert nach tatsächlichem Votum der Gesellschafterversammlung und der Entwicklung bei hypothetischem vertragstreuen Votum beweist. Dieser Beweis ist i.d.R. nicht zu erbringen. Weiterhin hat A die Möglichkeit, bei einem abredewidrigen Stimmverhalten des B in der Gesellschafterversammlung 02 gerichtlich ein abredetreues Verhalten für die Gesellschafterversammlungen 03 ff. durchzusetzen. In der Vergangenheit ist es nie zu einer abredewidrigen Stimmrechtsausübung gekommen.

Das Beispiel wirft folgende Probleme auf: Das vertragstreue Verhalten der anderen Partei in der Vergangenheit ist für sich gesehen irrelevant, da sich das Vorliegen eines Beherrschungsverhältnisses gem. IFRS 10.11 i.d.R. am rechtlich **Durchsetzbaren** (*power arises from rights*) und nicht am **tatsächlichen** Geschehensablauf entscheidet. Der Schadensersatzregelung kommt wegen der schwierigen Beweislage ebenfalls keine Bedeutung zu.
Damit kann sich aus dem Stimmrechtsbindungsvertrag eine Beherrschung des Beteiligungsunternehmens durch den Investor nur insoweit ableiten, als der Investor ein vertragsgemäßes Handeln der anderen Partei gerichtlich **durchsetzen** kann. Dies ist nach dem Sachverhalt aber nicht immer für die nächste Gesellschafterversammlung nach dem Bilanzstichtag, sondern nur für die übernächste möglich. In Analogie zu den in IFRS 10.B27 festgehaltenen Regelungen für Termingeschäfte und potentiellen Stimmrechten müsste daher im Beispiel eine Beherrschung durch den Investor zum 31.12.01 verneint werden. Würde man andererseits in Analogie zu den in IFRS 10.B45 enthaltenen Regelungen für Präsenzmehrheiten (Rz 15) trotz der o.g. Bedenken auf das Stimmrechtsverhalten (*voting pattern*) der Vertragsparteien in der Vergangenheit abstellen, wäre eine Beherrschung zum gleichen Stichtag zu bejahen.
U. E. ist auch bei schuldrechtlichen Vereinbarungen eine **gemilderte Stichtagsbetrachtung** mit Betonung der Nachhaltigkeit angezeigt: Wenn die Rechte aus der vertraglichen Vereinbarung zwar nicht sofort (zur nächsten Gesellschafterversammlung), aber nachhaltig durchgesetzt werden können, sind sie eine taugliche Basis für ein Beherrschungsverhältnis.

2.4.3 Fazit

20 Der Umgang mit Stichtagsproblemen in IFRS 10 ist **widersprüchlich**. Als Lösung bietet sich eine modifizierte Interpretation des Grundsatzes der *current ability* an. Dieser führt bei zu enger Auslegung in vielen Fällen zu Nichtergebnissen, dann nämlich, wenn es am Stichtag selbst gar nichts zu entscheiden, die Fähigkeit also stichtagsübergreifend zu beurteilen ist. Abzustellen ist u. E. daher auf ein **gemildertes Stichtagsprinzip**. Bei konsequenter Anwendung kommt es im schuldrechtlichen Fall auf die Möglichkeit des einmaligen abredewidrigen Verhaltens nicht an, ist bei Termingeschäften oder Optionen auf Anteile (ebenso beim einfachen Anteilserwerb) das zufällige Verhältnis von Einberufungsfristen für Gesellschafterversammlungen und eigener Teilnahmemöglichkeit an der Gesellschafterversammlung nicht erheblich. Eine Totalperiodenbetrachtung wie etwa beim Wechsel der Aktivitätensteuerung scheidet andererseits aus, da das Stichtagsprinzip zwar zu mildern, aber nicht aufzugeben ist.

2.5 Kontrolle durch Stimmrechte oder ähnliche Rechte (*voting interest entities*)

2.5.1 Überblick

21 Unternehmen mit einem **breiten** Spektrum von Aktivitäten können i. d. R. nur über Stimmrechte oder ähnliche Rechte beherrscht werden (Rz 12). Folgende Grundfälle führen regelmäßig zur Beherrschung durch den Investor:
- Der Investor hält selbst oder über einen für ihn Handelnden (*agent*) die (für die relevanten Entscheidungen notwendige) **Mehrheit** der **Stimmrechte** in der Gesellschafterversammlung oder bez. des sonst für die Beherrschung der Gesellschaft maßgeblichen Organs (Rz 22).
- Der Investor hat aufgrund von Vereinbarungen mit anderen Gesellschaftern (**Stimmrechtsbindungen**) eine entsprechende Mehrheit (Rz 33).
- Der Investor kann aufgrund eines **Beherrschungsvertrags** die Geschäfte der untergeordneten Gesellschaft bestimmen (Rz 33).
- Der Investor hat aus Call-Optionen oder anderen Vereinbarungen **potenzielle Stimmrechte**, die allein oder i. V. m. anderen Rechten eine Beherrschung ermöglichen (Rz 35).
- Der Investor hat eine nachhaltige **Präsenzmehrheit** *(de facto control)* (Rz 44).

2.5.2 Mehrheit in der Gesellschafterversammlung

2.5.2.1 Bestimmung der Stimmrechtsquote

22 Soweit die relevanten Aktivitäten eines Unternehmens (Rz 12) im Wesentlichen über die Gesellschafterversammlung bestimmt werden und nicht besondere Umstände (etwa eine satzungsmäßige Einstimmigkeitsregelung) vorliegen, gewährt die **Stimmrechtsmehrheit** in der Gesellschafterversammlung regelmäßig Kontrolle.
Die **Stimmrechtsmehrheit** kann auf drei Arten zustande kommen:
- Alle **Stimmrechte entsprechen den Kapitalanteilen**. Das Mutterunternehmen verfügt über die Kapitalmehrheit und damit auch über die Stimmrechtsmehrheit.

- Die Kapitalanteile sind mit **unterschiedlichen Stimmrechten** ausgestattet (stimmrechtslose Anteile, Mehrstimmrechtsanteile usw.). Das Mutterunternehmen verfügt unter Berücksichtigung dieser Sonderregelungen über die Mehrheit der Stimmrechte.
- Das Mutterunternehmen hat aufgrund seiner Kapitalanteile, auch unter Berücksichtigung der besonderen Ausstattung mit Mehrstimmrechten usw., keine Stimmrechtsmehrheit, es kann jedoch aufgrund von **(Stimmrechts-)Vereinbarungen** mit anderen Gesellschaftern über deren Stimmrechte verfügen und hat deshalb in zusammengefasster Betrachtung die Stimmrechtsmehrheit.

Die Ermittlung der Stimmrechtsquote ergibt sich technisch als **Quotient aus eigenen Stimmrechten und Gesamtzahl der Stimmrechte**. Anders als § 290 HGB sieht IFRS 10 keine expliziten Vorschriften zur Ermittlung dieser beiden Größen vor. In Anwendung allgemeiner Grundsätze sowie der Regelungen für *principal-agent*-Beziehungen (Rz 26) gilt aber Folgendes: 23

- Das Mutterunternehmen verfügt in wirtschaftlicher Betrachtung **nicht** über Anteile bzw. Stimmrechte, die es für **konzernexterne Dritte** (z.B. als Treuhänder oder Sicherungsnehmer) hält, wenn es diese Rechte nach Weisung oder wenigstens im Interesse des Dritten ausüben muss. Im Falle der Einzelweisung fehlt es schon an der Möglichkeit, die Politik des untergeordneten Unternehmens zu bestimmen, im Falle des Handelns im Interesse des Konzernfremden erfolgt die Einflussnahme jedenfalls nicht mit der Zweckrichtung, eigenen Nutzen zu ziehen.
- Umgekehrt sind den eigenen Stimmrechten solche **hinzuzurechnen**, die Konzernfremde **für Rechnung** des Mutterunternehmens halten.
- Bei der **Gesamtzahl der Stimmrechte** ist ein **Abzug** für solche Stimmrechte vorzunehmen, die nicht ausgeübt werden können, z.B. weil sie auf **eigene Anteile** entfallen und das Gesetz die Ausübung von Rechten auf eigene Anteile nicht zulässt.

Zum letzten Punkt folgendes Beispiel:

> **Beispiel**
> Die T AG hat 5 Mio. Aktien ausgegeben. Sie hat davon zuletzt nach § 71 AktG 500.000 Aktien erworben.
> Die M AG hält 2,2 Mio. Aktien der T AG.
> Nach § 71b AktG stehen der T AG aus den eigenen Aktien keine Rechte zu.
> Die Stimmrechtsquote der M bestimmt sich danach wie folgt:
> 2,2 Mio. / 4,5 Mio. = 49 %.
> Es liegt kein Mutter-Tochter-Verhältnis vor.
>
> **Variante 1**
> Von den 4,5 Mio. im Umlauf befindlichen Aktien entfallen 1,5 Mio. auf die konzernfremde X AG. Die X AG hat einen großen Teil dieser Aktien erst vor kurzer Zeit erworben und ist dadurch in den Besitz von mehr als 25 % der Anteile gelangt. Der damit verbundenen Mitteilungspflicht gegenüber der Gesellschaft nach § 20 Abs. 1 AktG ist die X AG noch nicht nachgekommen. Für die Zwischenzeit stehen der X AG daher die Rechte aus den Aktien nicht zu (§ 20 Abs. 7 AktG).

> Bei Ausklammerung der Aktien der X AG würde die M AG über 2,2 Mio./ 3 Mio., also über 73 % der Anteile verfügen.
> Die X AG kann jedoch die unterlassene Mitteilung jederzeit nachholen und erlangt dann sofort volle Stimmrechte. Die M AG kann somit die T AG nur so lange beherrschen, wie die X AG dies duldet. Eine geduldete Beherrschung ist aber keine Beherrschung. U. E. bleibt es deshalb bei der Stimmrechtsquote von 49 %.
>
> **Variante 2**
> Die T AG ist eine börsennotierte Gesellschaft i. S. d. § 2 Abs. 2 WpHG.
> Die X AG unterliegt nach § 20 Abs. 8 AktG von vornherein keinen Stimmrechtsbeschränkungen, sodass es der vorgenannten Abwägung und Überlegung nicht bedarf.

2.5.2.2 Indirekte Beteiligungen

24 Das Mutterunternehmen kann gem. IFRS 10.B75a und IFRS 10.B73 nicht nur direkt, sondern auch **indirekt** über als Agenten handelnde andere Tochterunternehmen über **Stimmrechte** am untergeordneten Unternehmen verfügen. Besteht die indirekte Beteiligung neben der direkten Beteiligung, sind beide Beteiligungen **zusammenzurechnen**.
Die indirekte Beteiligung ist i. d. R. voll und nicht lediglich quotal dem Mutterunternehmen zuzurechnen. Im Einzelfall kann aber auch eine andere Beurteilung in Betracht kommen, sofern die indirekte Kontrollmöglichkeit über das andere Tochterunternehmen eingeschränkt ist.
Hierzu folgendes Beispiel:

> **Beispiel**
> Die M AG ist
> - zu 30 % an der T2 und
> - zu 60 % an der T1 (an den Stimmrechten) beteiligt.
> - T1 hält wiederum 30 % der Anteile an der T2.
>
> Rechnerisch beträgt der Anteil der M AG an der T2
> 30 % (direkt)
> + 60 % × 30 % = 18 % (indirekt über T1)
> = 48 % (gesamt).
> Für die Beurteilung der Konsolidierungspflicht sind hingegen die der T1 zuzurechnenden Anteile voll anzusetzen, weil T1 bei jeder über 50 % hinausgehenden Beteiligung von M beherrscht wird, somit
> 30 % (direkt)
> + 30 % (indirekt über T1)
> = 60 % (gesamt)
> T2 ist Tochterunternehmen, weil M über 30 % der Stimmrechte direkt und über weitere 30 % indirekt, also insgesamt über 60 % der Stimmrechte verfügt.

> **Variante**
> Werden die anderen 40 % an der T1 jedoch von E gehalten und ist durch den Gesellschaftsvertrag von T1 oder in sonstiger Weise gesichert, dass abweichend von den sonstigen geschäftspolitischen Maßnahmen der T1 alle Entscheidungen der T1 in Bezug auf die Beteiligung an der T2 ein Einvernehmen von M und E voraussetzen, so greift die Kontrolle von M auf T1 nicht auf T2 durch. T1 ist zwar Tochterunternehmen von M, da für alle sonstigen geschäftspolitischen Maßnahmen der T1 normale Mehrheitsregeln gelten. M kann jedoch nur im Einvernehmen mit E die Stimmrechte der T1 in der Gesellschafterversammlung T2 ausüben.
> M beherrscht somit nur die eigenen Anteile an der T2, während es die von T1 an T2 gehaltenen Anteile nicht beherrscht. T2 ist nicht Tochterunternehmen der M.

Auch für die indirekte Beteiligung kommt es auf die wirtschaftliche Zurechnung der Stimmrechte an; bei Treuhandvereinbarungen usw. sind also Zu- oder Abrechnungen vorzunehmen (Rz 23). 25

Keinen Eingang in die Gesamtbetrachtung der direkt und indirekt gehaltenen Anteile finden solche Anteile, die das Mutterunternehmen über assoziierte Unternehmen (→ § 33) oder *joint ventures* (→ § 34) hält. Sie sind nicht zu berücksichtigen.

2.5.2.3 Besonderheiten bei Insolvenz, Treuhandschaft usw. (*principal-agent*-Beziehungen)

Trotz Stimmrechts- oder Organbesetzungsmehrheit liegt dann keine Beherrschung vor, wenn aufgrund gesetzlicher oder regulatorischer Vorgaben die relevanten Aktivitäten von einem Dritten bestimmt werden, etwa durch einen **Insolvenzverwalter** (IFRS 10.B37). 26
Eine Rückausnahme besteht, wenn der Dritte für das Berichtsunternehmen handelt, Letzteres also „**Geschäftsherr**" (*principal*), der Dritte hingegen „**Agent**" (*agent*) ist. Umgekehrt liegt die Beherrschung nicht beim Berichtsunternehmen, wenn dieses selbst lediglich als Agent handelt (IFRS 10.B58). Ein klassischer Anwendungsfall der *principal-agent*-Beziehung sind fiduziarische **Treuhandverhältnisse**. Kann der Treugeber dem Treuhänder jederzeit das Verfügungsrecht über die Stimmrechte oder vergleichbare Rechte entziehen (*kick out right*), sind diese Rechte dem Treugeber zuzurechnen (IFRS 10.B61).
Wird die Leistung eines nicht jederzeit kündbaren Dritten in hohem Maße erfolgsabhängig vergütet, handelt er i.d.R. nicht als Agent, sondern in eigener Sache (IFRS 10.B68ff.).
IFRS 10.B58ff. konkretisieren den Aspekt der „übertragenen Verfügungsgewalt" (*delegated power*) nur für den Fall, dass der ein Unternehmen leitende „Entscheidungsträger" (*decision maker*) für einen oder mehrere andere (ggf. zu einem Teil auch für sich selbst) handelt. Prototyp dieser Konstellation sind Asset oder Fonds Manager, die fremdes Vermögen gegen teilweise erfolgsabhängige Vergütung investieren. Auf diese sehr spezifische, vor allem für den Finanzsektor hoch relevante Konstellation sind die detaillierten Ausführungen in IFRS 10.B58 – B72 zugeschnitten. Von Nachteil war hier möglicherweise die weitgehende per- 27

sonelle Identität zwischen den Staffmitgliedern, die für die Entwicklung des Finanzinstrumentestandards IFRS 9, und denen, die für die Entwicklung von IFRS 10 zuständig waren. Allgemeine Überlegungen zu auch für Industrie und Handel hoch relevanten Ausprägungen von *principal-agent*-Beziehungen, bei denen der Dritte nicht als Entscheidungsträger (also auf Geschäftsführungsebene), sondern gesellschafterähnlich (also bez. Stimmrechten in der Gesellschafterversammlung) ggf. für das Berichtsunternehmen handelt, kommen in IFRS 10 zu kurz. Die Ausführungen von IFRS 10.B58ff. sind hier zum großen Teil nicht unmittelbar, sondern nur im Wege einer u. E. allerdings begründbaren Analogie anwendbar:

Praxis-Beispiel[10]
Die U GmbH hielt bislang 55 % der Anteile an der börsennotierten A AG. Aus kartellrechtlichen Gründen muss diese Quote auf 45 % reduziert werden. Zum 1.12.10 veräußert die U daher ein 10-%-Paket an ihre Hausbank HB. Die Aktien werden unverzüglich vom Depot der Verkäuferin auf das der Käuferin übertragen. Die zivilrechtliche Eigentumsübertragung ist damit abgeschlossen. Der Anteilsverkaufsvertrag erhält folgende Reglungen:
- HB erwirbt die Anteile ausschließlich zum Zweck der Weiterveräußerung binnen längstens 12 Monaten, wobei in den ersten 3 Monaten eine Veräußerung nur zum Mindestverkaufspreis zulässig ist.
- Der an U zu entrichtende Kaufpreis wird bis zur Weiterveräußerung darlehensweise gestundet.
- Der Kaufpreis beträgt 97 % des Weiterveräußerungspreises zzgl. evtl. während der Besitzdauer der HB von dieser empfangenen Dividenden.
- HB darf die Aktien nicht verpfänden, unterliegt im Übrigen aber keinen Interessenwahrungspflichten gegenüber U und darf insbesondere auch die Stimmrechte aus den erworbenen Anteilen frei ausüben.
- Eine ordentliche Kündigung des Vertrags ist nicht zulässig.

Zum Bilanzstichtag hat HB noch keine Aktien weiterveräußert.

Beurteilung
HB ist im Verhältnis zur A AG kein *decision maker*. Die in IFRS 10.B58ff. exzessiv diskutierte Frage, wann ein Fall delegierter *decision-making authority* vorliegt, stellt sich daher gar nicht. In Verallgemeinerung der Ausführungen des Standards lässt sich aber fragen, ob die der HB im Verhältnis zur AG zustehenden Stimmrechte dem Berichtsunternehmen U (als *principal*) zuzurechnen sind, ob also HB (als *agent*) im Wesentlichen für das Berichtsunternehmen handelt. Nach analoger (!) Anwendung von IFRS 10.B62ff. kommt es hier darauf an, ob HB in seiner Stimmrechtsausübung signifikanten Beschränkungen unterliegt.
Diese Voraussetzung ist im Verhältnis U und HB nicht gegeben, da die HB das Stimmrecht frei und ohne Interessenwahrungspflichten ausüben kann und der U auch keine (ordentliche) Kündigung zwecks Rückfall des Stimmrechts (analog zum *removal right* des IFRS 10.B64) möglich ist.

---

[10] Nach Lüdenbach, PiR 2013, S. 67.

Tochterunternehmen im Konzern- und Einzelabschluss § 32

> Offen bleibt dann noch, ob HB de facto *agent* i.S.v. IFRS 10.B75 ist. Ein solcher zeichnet sich z.B. (*for example*) dadurch aus, dass er
> - Anteile nicht gegen Zahlung eines Kaufpreises, sondern darlehensweise erhalten hat (IFRS 10.B75b) und/oder
> - die erworbenen Anteile nicht beleihen darf (IFRS 10.B75c) und/oder
> - enge Geschäftsbeziehungen zum Berichtsunternehmen unterhält (IFRS 10.B75f).
>
> Für die HB treffen alle drei Bedingungen zu. Der Kaufpreis ist darlehensartig gestundet. Die erworbenen Anteile darf HB nicht beleihen. Als Hausbank unterhält HB enge Geschäftsbeziehungen zu U. Da der U zudem auch die im Kontrollbegriff des IFRS 10.7 vorausgesetzten Erträge (hier Dividenden) im Innenverhältnis zustehen, sind die veräußerten Anteile in der nach IFRS 10.9 gebotenen Gesamtwürdigung auch für Zwecke der Konsolidierung weiterhin U zuzurechnen.

Wegen der Principal-Agent-Problematik bei Zweckgesellschaften/ strukturierten Einheiten wird auf → Rz 80 verwiesen.

2.5.2.4 (Satzungsmäßige) Mitwirkungs- oder Schutzrechte anderer Gesellschafter

Ein Gesellschaftsvertrag kann **Einstimmigkeit** in der Gesellschafterversammlung bez. aller **wesentlichen** Entscheidungen oder aber ein vom Mehrheitsgesellschafter nicht erreichbares **Quorum** vorsehen. In einem derartigen Fall liegt nur eine formelle, aber keine materielle Stimmrechtsmehrheit des Hauptgesellschafters vor. Das frühere in IAS 27 rev. 2008 niedergelegte Recht wurde diesbezüglich ganz einheitlich so ausgelegt, dass eine lediglich **formale**, letztendlich aber **inhaltslose Stimmrechtsmehrheit** nicht zu Beherrschung führt. Wenn etwa 51 % an einem Unternehmen gehalten wurden, aber alle relevanten Entscheidungen der Gesellschafterversammlung einer qualifizierten Mehrheit von 60 % bedurften, war danach keine Beherrschung gegeben. Die Neuregelungen sehen nun explizit ein Abstellen auf **substanzielle Stimmrechte** bzw. Stimmrechtsmehrheiten vor. Nach IFRS 10.B36 i.V.m. IFRS 10.B22ff. und IFRS 11.B8 liegt keine substanzielle Stimmrechtsmehrheit vor, wenn für die relevanten Entscheidungen die Zustimmung anderer erforderlich ist. 28

In diesem Kontext ist auch die Unterscheidung zwischen **substanziellen Rechten** (*substantive rights*) und **Schutzrechten** Dritter (*protective rights*) von Bedeutung. Sie ist dann vorzunehmen, wenn nicht sämtliche Entscheidungen der Einstimmigkeit oder eines vom Mehrheitsgesellschafter nicht erreichten Quorums bedürfen, sondern dies nur für einen Teil der Entscheidungen gilt. 29

Unter Bezugnahme auf eine verwandte Begrifflichkeit in den US-GAAP wurde die dann notwendige Unterscheidung bisher schon im IFRS-Schrifttum getroffen. Nunmehr ist sie im Standard selbst enthalten. **Schutzrechte** beziehen sich auf fundamentale Änderungen in den Aktivitäten eines Unternehmens (IFRS 10.B26). Als Beispiele nennt der Standard (gesellschaftsrechtliche) Regelungen, wonach Investitionen, die über den üblichen Geschäftsbetrieb hinausgehen, der Zustimmung von Minderheitsgesellschaftern bedürfen (IFRS 10.B28b). Als weitere Beispiele könnten gesetzliche oder satzungsmäßige Zustimmungsbedürfnisse (etwa in der Form einer ¾-Mehrheit) zu Änderungen des Geschäftszwecks, Erhöhung des Kapitals, Gründung, Eingehen von Beteiligungen usw. genannt werden. Kann der 51-%-Gesellschafter alle sonstigen Entscheidungen allein treffen und bedarf er lediglich bei grundlegenden Entscheidungen der vorgenannten Art der Zustimmung anderer Gesellschafter, hat er regelmäßig die Entscheidungsgewalt über das Unternehmen.

30 Die qualitative Beurteilung der Minderheitsrechte erfordert eine **Einzelfallwürdigung**. Diese kann sich an folgenden Unterscheidungen und **Kriterien** orientieren:
- **Konstitutive vs. deklarative Minderheitsregelungen:** Gesellschaftsvertragliche Vereinbarungen, die über die gesetzlich garantierten Minderheitsrechte hinausgehen, haben häufig den Charakter von Mitbestimmungsrechten. Gesetzlich unabdingbare Rechte sind demgegenüber, unabhängig davon, ob sie im Gesellschaftsvertrag Erwähnung finden oder nicht, eher als Schutzrechte zu würdigen. Derartige nicht dispositive Rechte können allerdings bei der jeweiligen Rechtsform (z. B. KG vs. GmbH) unterschiedlich ausgeprägt sein. Unter sonst gleichen Bedingungen müssen im einen Fall zur Widerlegung einer durch Stimmrechtsmehrheit begründeten Kontrollvermutung weniger konstitutive Regeln hinzutreten als im anderen Fall (vgl. zur KG Rz 49).
- **Abstand vom Quorum/Zahl der Minderheitsgesellschafter:** Nur in einer Konstellation mit zwei Gesellschaftern ist der Abstand des Mehrheitsgesellschafters von der qualifizierten Mehrheit unerheblich. Sieht etwa der Vertrag einer Gesellschaft mit zwei Gesellschaftern eine 75-%-Mehrheit für die wesentlichen Entscheidungen vor, kommt es nicht darauf an, ob der Mehrheitsgesellschafter über 50,1 % oder 74,9 % der Stimmrechte verfügt; in Anbetracht der Zweierkonstellation wäre in beiden Fällen faktisch Einstimmigkeit erforderlich. Bei hoher Intensität der Mitwirkungsrechte ist dann von einer gemeinsamen Kontrolle (Gemeinschaftsunternehmen) auszugehen (→ § 34). Stehen dem Mehrheitsgesellschafter hingegen einige kleinere Gesellschafter gegenüber, ist die durch Stimmrechtsmehrheit begründete Kontrollvermutung umso schwerer zu widerlegen, je höher der Stimmrechtsanteil des Hauptgesellschafters ist (IFRS 10.B42a). Bei 10 jeweils in gleichem Umfang beteiligten Mitgesellschaftern reicht etwa im 74,9-%-Fall nur die einvernehmliche Geltendmachung der Mitwirkungsrechte durch alle Minderheitsgesellschafter aus, um einseitige Entscheidungen des Mehrheitsgesellschafters zu verhindern, während im 50,1-%-Fall nur 6 der 10 Minderheitsgesellschafter ihre Rechte geltend machen müssen.
- **Verteilung der Kompetenzen auf die Organe:** Bei allem ist die Verteilung der Kompetenzen auf die Organe zu berücksichtigen. Ausgeprägte Minderheitsrechte in der Gesellschafterversammlung sind umso eher zur Widerlegung einer durch Stimmrechtsmehrheit begründeten Kontrollvermutung geeignet, je größer die Kompetenzen der Gesellschafterversammlung sind. Umgekehrt ist bei geringen Kompetenzen der Gesellschafterversammlung eher die Mehrheit im Geschäftsführungs- (oder Aufsichts-)Organ wichtig, sofern über die Zusammensetzung dieser Organe nicht wiederum ohne Zustimmung der Minderheit entschieden werden kann (vgl. Rz 47).

Aus Sicht in der Praxis **gebräuchlicher Vertragsklauseln** gilt:[11]
1. Eindeutig als Schutzrechte zu qualifizieren sind Zustimmungsvorbehalte zu **Grundlagengeschäften**, etwa
   - Änderungen des Gesellschaftsvertrags,
   - Abschluss außergewöhnlicher Geschäfte,
   - Abschluss von Beherrschungs- und Ergebnisabführungsverträgen,
   - Ausgabe von Eigenkapitaltiteln.
2. Ebenfalls nur Schutzcharakter haben i.d.R. Rechte, die zwar die operative Geschäftstätigkeit berühren, aber letztlich die Rückflüsse aus den Geschäften **nur nachrangig** beeinflussen. Beispiele sind Zustimmungsvorbehalte zu:
   - Abschluss von Geschäften mit Gesellschaftern,
   - Gewährung bedeutender Bürgschaften,
   - Führung von Aktivprozessen sowie Vergleiche mit einem bedeutenden Streitwert,
   - Abschluss von Beraterverträgen mit einer bedeutenden jährlichen Vergütung,
   - Tätigung bedeutender Investitionen,
   - Gründung, Liquidation, Erwerb, Veräußerung und Belastung von bedeutenden Beteiligungen.
3. **Substanziell** sind die Mitwirkungsrechte hingegen gem. IFRS 10.B12 i.d.R., wenn sie Folgendes betreffen:
   - Bestellung und Abberufung von Geschäftsführern sowie Abschluss der Dienstverträge mit diesen.
   - Verabschiedung eines Erfolgs-, Investitions- und Finanzplans, an den die Geschäftsführung gebunden ist und der die Steuerung der relevanten Aktivitäten der Gesellschaft signifikant beeinflusst.[12]
4. Betreffen die Rechte Dritter nur **Teilpläne** (etwa den Investitionsplan), kommt es auf die Bedeutung des Teilplans für das Geschäftsmodell des potenziellen Konsolidierungsobjekts an.

Zum Ganzen folgendes Beispiel:

Beispiel

Vom Stammkapital der X-GmbH haben M 70,0 % (alternativ 55 %) und A bis E je 6 % (alternativ: je 9 %) übernommen. Die Stimmrechte entsprechen den Kapitalanteilen. Der Gesellschaftsvertrag sieht im Übrigen Folgendes vor: Beschlüsse der Gesellschafterversammlung werden nur in 2 Fällen mit einfacher Mehrheit gefasst:
- Feststellung des Jahresabschlusses und
- Ergebnisverwendung.

Hingegen ist eine 3/4-Mehrheit in folgenden Angelegenheiten erforderlich:
- Zustimmung zur Aufstellung und Änderung des Wirtschaftsplans,
- Bestellung, Anstellung, Entlastung und Kündigung von Geschäftsführern,
- Änderungen des Gesellschaftsvertrages,

---

[11] In Anlehnung an MEYER, PiR 2012, S. 269ff.
[12] Im Detail zum Schutz- oder Mitwirkungscharakter von Budgetfreigaberechten: FREIBERG, PiR 2014, S. 189ff.

- Zustimmung zu genehmigungspflichtigen Geschäftsführungsakten. Als Geschäftsführer ist ein Fremder bestellt. Seine Kompetenzen sind beschränkt. Die vorherige Zustimmung der Gesellschafterversammlung ist erforderlich
- für den Abschluss von Geschäften, die im Wirtschaftsplan nicht enthalten sind und die im Einzelfall einen Geschäftswert von 250.000 EUR übersteigen,
  – unabhängig vom Wert für alle nicht im Wirtschaftsplan enthaltenen Grundstücksgeschäfte und Kreditaufnahmen.

Beurteilung
Unerheblich ist die für Änderungen des Gesellschaftsvertrags erforderliche 3/4-Mehrheit. Die Bestimmung ist lediglich deklaratorisch in den Gesellschaftsvertrag aufgenommen. Die zugrunde liegende gesetzliche Bestimmung verschafft Minderheitsgesellschaftern inhaltlich Schutz- und nicht Mitwirkungsrechte.
Da die Geschäftsführung im Innenverhältnis alle wesentlichen operativen, investiven und finanziellen Entscheidungen nur im Rahmen des von der Gesellschafterversammlung genehmigten Wirtschaftsplans oder nach vorheriger Zustimmung treffen kann, kommt es nur auf die Verhältnisse in der Gesellschafterversammlung an. Diese Verhältnisse sind wie folgt:
- M kann alleine – in den Grenzen des durch Richterrecht geschaffenen Minderheitenschutzes – über die **Feststellung** des Jahresabschlusses und die **Gewinnverwendung** beschließen.
- **Feststellungs- und Gewinnverwendungsbeschluss** haben jedoch insoweit **subsidiären** Charakter, als mit ihnen nur über das verfügt werden kann, was die Gesellschaft tatsächlich erwirtschaftet hat. Zwar kann das bilanziell ausgewiesene Ergebnis kurzfristig von dem tatsächlich erwirtschafteten abweichen, etwa wenn Abschreibungen über den wirtschaftlichen Werteverzehr hinaus vorgenommen werden. Auf mittlere und lange Sicht determiniert hingegen der kumulierte wirtschaftliche Erfolg den kumulierten bilanziellen Gewinn.
- Das erwirtschaftete wirtschaftliche Ergebnis ist wiederum Resultat der Geschäfte, die operativ und finanziell eingegangen worden sind. Insoweit kommt es also vor allem darauf an, wer die **Geschäfts- und Finanzpolitik** der Gesellschaft beeinflussen kann.
- Nach dem Gesellschaftsvertrag kann dies M nicht allein, da über **Wirtschaftsplan und zustimmungsbedürftige Einzelgeschäfte** nur mit 3/4-Mehrheit entschieden werden kann.

Allerdings verfügt M (im **Grundfall**) über 70 % der Stimmrechte und kann seine Entscheidung bereits dann durchsetzen, wenn einer der 5 Minderheitsgesellschafter nicht widerspricht. Soweit nicht von gleichklingenden, sondern eher von divergierenden Interessen der Minderheitsgesellschafter auszugehen ist, besteht daher die Vermutung der Kontrolle der X durch M. Im **Alternativfall** (55 % und 5 × 9 %) kann M seine Entscheidungen erst dann durchsetzen, wenn eine Mehrheit der anderen Gesellschafter auf Widerspruch verzichtet. Ohne Hinzutreten weiterer Umstände beherrscht M die X daher nicht.

Fraglich ist, wie ein zunächst unschädliches, der Beherrschung durch den Mehr- 32
heitsgesellschafter nicht entgegenstehendes Schutzrecht der anderen Gesellschafter zu einem schädlichen Mitwirkungsrecht **mutieren** kann, wenn der **Schutz-
rechtsfall eintritt:**

Beispiel
MU ist an der TU seit Gründung in 01 mit 70 % beteiligt. Je 15 % halten A
und B. Der Gesellschaftsvertrag der TU sieht für Kapitalerhöhungen ein
Quorum von 75 % vor. Der Markt, auf dem die TU tätig ist, wächst schneller
als erwartet. Um den für eine auskömmliche Entwicklung notwendigen
Marktanteil zu erreichen, braucht die TU zusätzliches Kapital, das nur zum
Teil als Fremdkapital zu beschaffen ist. Anfang 04 soll die Gesellschafter-
versammlung daher nach dem Willen der TU eine Kapitalerhöhung beschließen, Kommt es nicht zu einem solchen Beschluss, will MU sich von der
Beteiligung trennen.

Beurteilung per 31.12.03
Unabhängig von dem aus Sicht der MU gegebenen ökonomischen „Zwang" zu
einer Kapitalerhöhung bleiben die diesbezüglichen gesellschaftsvertraglichen
Regelungen u. E. Schutzrechte. Alles andere würde zu einem Hin und Her in
der Konsolidierung führen, etwa Endkonsolidierung per 31.12.03, erneute
Erstkonsolidierung nach Vorliegen des Kapitalerhöhungsbeschlusses in 04.

2.5.3 Stimmrechtsbindungs-, Beherrschungs- und Entherrschungsverträge

Die Beherrschung der Gesellschaft setzt nicht notwendig eine Stimmrechtsmehrheit 33
voraus. Auch durch ähnliche Rechte (*similar rights*) kann eine Beherrschung begründet werden. Ein relevantes Beispiel wären etwa **Stimmrechtsvereinbarungen,**
die einem Gesellschafter ermöglichen, über die Stimmen anderer zu verfügen und
i. V. m. den eigenen Stimmrechten dadurch eine Mehrheit zu stellen (IFRS 10.B38a,
B39). Als weiteres Beispiel sind **Beherrschungsverträge** i. S. v. § 291 Abs. 1 Satz 1
AktG zu nennen, die ebenfalls unter IFRS 10.B40 zu subsumieren sind.[13]
Umgekehrt kann es trotz der Stimmrechtsmehrheit an einer Beherrschung
fehlen, weil ein **Entherrschungsvertrag** abgeschlossen wurde.
Wegen der Frage, wie die Möglichkeit abredewidrigen Verhaltens der anderen 34
Partei auf die Beherrschung wirkt, wird auf Rz 18 verwiesen.

2.5.4 Potenzielle Stimmrechte

Schon nach **bisheriger Rechtslage** waren Call-Optionen, Wandlungsrechte, Be- 35
zugsrechte usw. bez. stimmrechtsvermittelnder Anteile als sog. potenzielle Stimmrechte bei der Beurteilung der Beherrschung zu berücksichtigen. Nach IAS 27.IG2
rev. 2008 kam es dabei nicht darauf an, ob der Inhaber der Rechte deren Ausübung
beabsichtigte und finanziell zur Ausübung in der Lage war. Gefordert wurde
lediglich die **kurzfristige/**gegenwärtige (*current*) Ausübbarkeit der Rechte. Strittig
war, ob die **Vor- oder Nachteilhaftigkeit** der Rechtsausübung eine Rolle spielte.

---

[13] Gl. A. BÖCKEM/STIBI/ZOEGER, KoR 2011, S. 403.

> **Beispiel**
> U hält selbst 40 % der Anteile an der X. Außerdem hat er eine jederzeit ausübbare Kaufoption auf weitere 20 % der Anteile. Die Option ist jedoch aus Sicht des Stichtags selbst unter Berücksichtigung üblicher Kontrollprämien (Mehrwert einer Mehrheitsbeteiligung) tief aus dem Geld. Rational wäre eine Ausübung der Option daher nicht.

Nach der von uns vertretenen, jedoch nicht unumstrittenen Auffassung war in einem solchen Fall schon bisher das potenzielle Stimmrecht nicht zu berücksichtigen. Für das neue Recht stellt IFRS 10.B47 nunmehr klar: Potenzielle Stimmrechte sind nur dann zu berücksichtigen, wenn sie **substanziell** sind. Dies hängt u. a. von den **Bedingungen** der Option (also etwa dem Ausübungspreis) unter Berücksichtigung der Motivationslage des Optionsinhabers (Synergieinteressen etc.) ab (IFRS 10.B23c). Eine sehr weit aus dem Geld liegende Option ist daher nicht zu berücksichtigen.

36 Strittig ist, inwieweit die (angebliche) **Absicht** des Managements, die Option nicht auszuüben, eine Rolle spielt.[14] U.E. ist hier im Objektivierungsinteresse typisiert ein rationales Handeln des Managements zu unterstellen. Falls die Option also vorteilhaft ist und ihrer Ausübung weder finanzielle noch sonstige Hürden entgegenstehen, ist die Absicht zur Ausübung der Option zu unterstellen. Für eine solche Wertung spricht überdies konzeptionell der Begriff der Entscheidungsgewalt *(power)*. Er enthält nur die **Möglichkeit** zur Bestimmung der relevanten Aktivitäten des untergeordneten Unternehmens, nicht die tatsächliche Ausübung dieser Möglichkeit (IFRS 10.A). Die (angebliche) **Absicht**, eine vorteilhafte Option nicht auszuüben, besagt aber nur etwas darüber, ob eine Möglichkeit, Bestimmungsrechte zu erlangen, ausgeübt werden soll, nicht darüber, ob überhaupt eine Möglichkeit besteht.[15]

Anders als die fehlende Absicht ist die fehlende **finanzielle Fähigkeit** zur Ausübung der Option zu werten. Das Berichtsunternehmen muss sich potenzielle Stimmrechte dann nicht zurechnen lassen, wenn ihm die Ausübung oder Wandlung aufgrund bestehender vertraglicher oder ökonomischer Finanzierungsgrenzen am Bilanzstichtag unmöglich ist. Dass sich dies morgen wieder ändern kann, ist eine andere Sache. Aus Sicht des Stichtagsprinzips kommt es auf die jetzige Ausübbarkeit an.

37 Bedarf die wirksame Optionsausübung der **Zustimmung externer Stellen** (etwa Kartellbehörden) und kann diese Zustimmung nicht bis zu dem Zeitpunkt beschafft werden, bis zu dem die relevanten Entscheidungen bei dem untergeordneten Unternehmen getroffen werden, ist das potenzielle Stimmrecht nicht zu berücksichtigen.

> **Beispiel**
> A hält 40 % an B und hat eine Option auf weitere 20 %. Die wirksame Ausübung der Option (dinglicher Anteilsübergang) bedarf der Zustimmung

---

14 Gegen eine Berücksichtigung der Absichten: PwC, Practical guide to IFRS – Consolidated financial statements: redefining control, July 2011, S. 19; dafür: KPMG, Insights into IFRS 2012/13, Ch 2.5.130.50, offen lassend . KPMG, Insights into IFRS 2014/15, Ch 2.5.140
15 In diesem Sinne auch ALFREDSON et al., Applying International Accounting Standards, 1. Aufl. 2004, S. 642.

der Kartellbehörde. Dieses Verfahren dauert mindestens 6 Monate. Die nächste Gesellschafterversammlung der B wird am 30.4.02 stattfinden. Hier können wesentliche geschäftspolitische Entscheidungen getroffen werden.

Beurteilung in Anlehnung an IFRS 10.B24 *Example* 3D
Falls A am 31.12.01 (genauer am 31.10.01) noch nicht die Optionsausübung erklärt hat, ist die Option bei der Beurteilung der Stimmrechtsmehrheit nicht zu berücksichtigen.

Besteht grundlegende Ungewissheit, ob die Optionsausübung überhaupt kartellrechtlich genehmigt würde (z.b. weil die Entscheidung der Behörde in hohem Maße ermessensbehaftet ist), sind die potenziellen Stimmrechte unabhängig von den erwarteten Fristen nicht zu berücksichtigen.[16]
Die im vorstehenden Beispiel in Anlehnung an IFRS 10.B24 *Example* 3D vorgenommene Lösung kann im Einzelfall zu **unakzeptablen** Ergebnissen führen.

Beispiel
A hält 40 % an B und hat eine Option auf weitere 20 %. Der Optionsvertrag läuft 4 Jahre. Die Option ist jeweils am 1.1. und 1.7. eines Jahres ausübbar. Gesellschafterversammlungen der B können von jedem Gesellschafter mit einer Frist von 2 Monaten einberufen werden.

Beurteilung
Würde man allein auf das zeitliche Verhältnis möglicher Gesellschafterversammlungen zur Optionsausübung abstellen, ergäbe sich etwa Folgendes:
- 1.1.01 bis 30.4.01 keine Berücksichtigung der potenziellen Stimmrechte → keine Beherrschung.
- 1.5.01 bis 30.6.01 Berücksichtigung der potenziellen Stimmrechte → Beherrschung.
- 1.7.01 bis 31.10.01 keine Berücksichtigung der potenziellen Stimmrechte → keine Beherrschung.
- 1.11.01 bis 31.12.01 Berücksichtigung der potenziellen Stimmrechte → Beherrschung.

U.E. ist ein solches Hin und Her der Konsolidierung nicht akzeptabel, eine analoge Anwendung von IFRS 10.B24 also nicht angezeigt, vielmehr eine gemilderte Stichtagsbetrachtung geboten (Rz 17).
Auch Optionsrechte, die bei der Begründung der Kontrollvermutung berücksichtigt werden, beeinflussen die **Konsolidierungsbuchungen** i.d.R. nicht; diese erfolgen weiterhin auf Basis der tatsächlichen Kapitalanteile, es sei denn, schon die Option führe zu einem Übergang des wirtschaftlichen Eigentums *(present ownership)* an den Anteilen.

Beispiel
M hält 40 % der Anteile an T, A bis D je 15 %.
M hat ein jederzeit ausübbares Kaufoptionsrecht auf die Anteile von A. Die Option liegt nicht weit aus dem Geld.

---

[16] Gl. A. BEYHS/BUSCHHÜTER/SCHURBOHM, WPg 2011, S. 663f.

> **Beurteilung**
> M hat die Kontrolle über T.
> Die Konsolidierungsbuchungen erfolgen jedoch weiterhin auf der Basis der 40-%-Beteiligung: Vollkonsolidierung mit 60 % (!) Minderheitsausweis.

40 In die Beurteilung von Kontrolle bzw. maßgeblichem Einfluss sind neben eigenen auch die von **anderen gehaltenen Optionen oder Bezugsrechte** einzubeziehen (IFRS 10.B47). Unterscheiden sich die Konditionen nicht wesentlich, ist typisierend eine gleichzeitige Ausübung der Rechte zu unterstellen.

> **Beispiel**
> Unternehmen A und B halten jeweils 30 %, C und D jeweils 20 % der stimmberechtigten Aktien der X-AG.
> A hält eine jederzeit ausübbare Option auf die Anteile des C, B eine entsprechende Option auf die Anteile des D.
> X ist kein Tochterunternehmen von A, da auch bei Ausübung der Option die 50-%-Grenze zwar erreicht, aber nicht überschritten würde.
> Fraglich ist, ob es als **Gemeinschaftsunternehmen** von A und B einzustufen ist. Dagegen spricht, dass ein Joint Venture einen auf die gemeinschaftliche Ausübung der Kontrolle gerichteten Vertrag voraussetzt (→ § 34). Bei nebeneinander stehenden Optionen – wie im Beispiel – ist diese gemeinsame Zwecksetzung gerade nicht gegeben. Andere Konstellationen – etwa 60-%-Gesellschafter A räumt 40-%-Gesellschafter B eine Option auf den Erwerb von 10 % ein – können abweichend zu würdigen sein.

41 Ist das Berichtsunternehmen nicht **Inhaber** einer Call-Option, sondern deren **Stillhalter** und würde bei Ausübung der Option durch den Vertragspartner die eigene Beteiligungsquote auf oder unter 50 % sinken, kann dies gegen eine Beherrschung durch das Berichtsunternehmen sprechen. In diesem Falle wären o.g. Überlegungen (Vorteilhaftigkeit der Optionsausübung, finanzielle oder sonstige Hindernisse der Ausübung) entsprechend, d.h. aus Sicht des Vertragspartners, anzustellen (IFRS 10.B47).

42 Die Behandlung von Kaufoptionen beim **Stillhalter** (sog. **geschriebene Kaufoptionen**) wird in IFRS 10 nur insoweit angesprochen, als bei der Frage der Kontrolle auch die potenziellen Stimmrechte anderer Unternehmen zu berücksichtigen sind (IFRS 10.B47). U.E. folgt hieraus: Spiegelbildlich zur Beurteilung beim Optionsinhaber müssen unter bestimmten Bedingungen geschriebene Optionen als **potenzielle Stimmrechtsminderungen** Berücksichtigung finden.

> **Beispiel**
> Unternehmen A hält 55 %, B 45 % der stimmberechtigten Anteile der X-GmbH. A hat B eine jederzeit ausübbare Call-Option auf 40 % der Anteile der X-GmbH gewährt. Die Option ist aus Sicht von B günstig. Der Ausübungspreis liegt deutlich unter dem *fair value*.
> Unter Einbeziehung der durch die gegenwärtig ausübbaren Call-Optionen vermittelten potenziellen Stimmrechte von B verfügt A gegenwärtig weder über Kontrolle noch über maßgeblichen Einfluss. A hat die Beteiligung an der X-GmbH dementsprechend nach IAS 39 bzw. IFRS 9 zu bilanzieren.

Zu den Folgen geschriebener, aber auch erworbener Kaufoptionen für den Ausweis und die Bewertung des Minderheitenanteils wird auf Rz 165 verwiesen. | 43

2.5.5 Präsenzmehrheiten (de facto control)

Ein unter 50 % liegender Anteil an einem börsennotierten Unternehmen kann bei breiter Streuung der restlichen Aktien unter Kleinaktionären zu einer deutlichen und **nachhaltigen Präsenzmehrheit** in der Hauptversammlung führen. Das bisherige Recht enthielt hierzu keine expliziten Regeln. Ein Teil des Schrifttums nahm in einer solchen Situation ein Beherrschungsverhältnis an, ein anderer Teil wollte dem Unternehmen diesbezüglich ein Wahlrecht gewähren. | 44

Im **neuen Recht** sind erstmals **explizite Regelungen** zu Präsenzmehrheiten enthalten. Vor allem geht es um die Größe des eigenen Anteils (wie nah liegt dieser an den 50 %) und die Streuung der übrigen Anteile (IFRS 10.B42). Beispielhaft werden folgende Fälle angeführt (IFRS 10.B43 ff.): | 45

- Eigener Anteil 48 %, Rest Kleinaktionäre (jeder unter 1 %) → Beherrschung.
- Eigener Anteil 45 %, Rest 2 × 26 %, 3 × 1 % → keine Beherrschung durch Stimmrechtsmehrheit.
- Eigener Anteil 45 %, Rest 11 × 5 % → unklar, ob Beherrschung durch Stimmrechtsmehrheit.

Im unklaren Fall sind nach IFRS 10.B45 zunächst Untersuchungen zum *voting pattern*. der übrigen Aktionäre in der Vergangenheit angezeigt. Unter Berücksichtigung des Regelungskontexts (insbesondere IFRS 10.B42) meint *voting pattern* u. E. nur das **Präsenzverhalten**, irrelevant ist hingegen, ob die überhaupt erschienenen Drittaktionäre mit dem Hauptaktionär oder gegen diesen gestimmt haben. Zusätzlich sind Faktoren wie eine teilweise Personalunion in den Organen des Berichtsunternehmens und des börsennotierten Unternehmens, eine Abhängigkeit des letzeren von der Technologie des ersteren usw. zu berücksichtigen.

Beispiel

A hat einen 49,5 %igen Anteil an T1, B einen 36 %igen an T2. Die Präsenzquote in den Hauptversammlungen der letzten 5 Jahre lag nie über 60 %. Die dauerhafte Präsenzmehrheit beträgt daher in erster Betrachtung:
- für A 49,5 / 60 = 82,5 %,
- für B 33 / 60 = 55,0 %.

Allerdings ist in den Hauptversammlungen der letzten 5 Jahre nie über „außerordentliche" Themen wie etwa eine Kapitalherabsetzung, eine Änderung des Geschäftszwecks oder eine bedingte Kapitalerhöhung mit Bezugsrechtsausschluss verhandelt worden. Ein Ansteigen der Präsenzquote um 10 bis 20 Prozentpunkte bei einer entsprechenden Agenda gilt als wahrscheinlich. Unter dieser Annahme wäre die Stimmrechtsquote wie folgt:
- für A 49,5 / 80 bis 49,5 / 70 = 62 % bis 71 %,
- für B 33 / 80 bis 33 / 70 = 41 % bis 47 %.

Die Präsenzmehrheit des A ist robust gegenüber geänderten Präsenzquoten, die des B hingegen nicht. Unter diesen Umständen wird man bei A eine Kontrolle annehmen müssen, bei B hingegen mangels spezifischer Anwendungsbestimmungen ein faktisches Wahlrecht.

Wegen des Verhältnisses von Präsenzmehrheit zum Stichtagsprinzip, etwa in Fällen, in denen sich nach dem Bilanzstichtag bei den anderen Aktionären das Gewicht zwischen institutionellen und Kleinaktionären signifikant verändert, wird auf Rz 15 verwiesen.
Zu **De-facto-*agent*-**Beziehungen als einem weiteren Fall der faktischen Kontrolle vgl. Rz 27.

2.5.6 Mehrheit bez. anderer Organe sowie divergierende Organmehrheiten

46 Die Entscheidungsgewalt (*power*) liegt regelmäßig dann beim Investor, wenn er über eine Stimmrechtsmehrheit in der Gesellschafterversammlung oder ähnliche, z. B. auf andere Organe (Geschäftsführung, Aufsichtsrat) bezogene Mehrheitsrechte verfügt (IFRS 10.B15 und IFRS 10.B16). Zu den sich hieraus bei **divergierender Organmehrheit** ergebenden Problemen folgendes Beispiel:

> **Beispiel**
> A und B halten je 50 % der Anteile und Stimmrechte am Unternehmen T. Die Satzung sieht ein 3-köpfiges Aufsichts- und ein 3-köpfiges Geschäftsführungsgremium vor.
> A ist als Kapitalgeber von größerer Bedeutung (Stellung von Sicherheiten für Banken usw.). B bringt das größere operative Know-how ein. Der Gesellschaftsvertrag sieht demgemäß vor, dass
> - B die Mehrheit der Geschäftsführer stellt,
> - A jedoch die Mehrheit im Aufsichtsrat erhält.
> Die entsprechenden Entsendungs- und Abberufungsrechte sind in der Satzung verankert.
>
> **Beurteilung**
> Bei erster Betrachtung könnte eine Mutter-Tochter-Beziehung sowohl zwischen A und T (Mehrheit im Aufsichtsorgan) als auch zwischen B und T (Mehrheit im Geschäftsführungsorgan) bestehen.
> Bei zweiter Betrachtung wird man würdigen müssen, welche Rechte die Geschäftsführung hat und welche Rechte dem Aufsichtsrat, z. B. im Rahmen genehmigungsbedürftiger Geschäfte, zustehen, denn eine Organmehrheit ermöglich nur dann einen Beherrschung, wenn das betreffende Organ seinerseits das Unternehmen beherrscht. Je nach Würdigung wird ein Tochterunternehmen von A **oder** von B oder ggf. auch ein Gemeinschaftsunternehmen i. S. v. IFRS 11 (→ § 34 Rz 20 ff.) vorliegen.

47 Im Rahmen der notwendigen Gesamtwürdigung ist somit bei divergierenden Organmehrheiten der **wirtschaftliche Gehalt** der infrage stehenden Rechte zu würdigen. Er lässt sich an den **Kompetenzen** der Organe festmachen. Verfügt etwa Gesellschafter A über die Mehrheit im Geschäftsführungsorgan, bedürfen aber alle wesentlichen Entscheidungen der vorherigen Zustimmung des Aufsichtsorgans, so kommt es eher auf die Mehrheitsverhältnisse im Aufsichtsorgan an. Umgekehrt sind die Mehrheitsverhältnisse im Aufsichtsorgan von geringer Bedeutung, wenn das Aufsichtsorgan (z. B. bei einem fakultativen Aufsichtsrat) weitgehend einflusslos ist. Mehrheitsrechte bez. eines Organs begründen dann keine Entscheidungsmacht, wenn die Kompetenzen des Gremiums durch ein anderes Organ jederzeit entzogen werden können.[17] Regemäßig kommt unter diesen Umständen bei Kapitalgesellschaften (zu Personengesellschaften vgl. Rz 48) den Verhältnissen in der Gesellschafterversammlung die größte Bedeutung zu. Im Normalfall reicht eine diesbezügliche einfache Mehrheit aus, in Sonderfällen eine satzungsändernde.

Beispiel
A hält eine Beteiligung von 80 % an der T AG. Die übrigen 20 % werden von B gehalten. Die Geschäftsführungsbefugnisse des Vorstands werden durch den Aufsichtsrat erheblich eingeschränkt. Der Aufsichtsrat entscheidet mit einfacher Mehrheit. A und B entsenden jeweils 3 Mitglieder in den Aufsichtsrat. In erster Betrachtung haben weder A noch B alleinige Entscheidungsmacht; die T könnte als Gemeinschaftsunternehmen zu qualifizieren sein. A hat allerdings die Möglichkeit, durch Satzungsänderung oder Abschluss eines Unternehmensvertrags, welche ein Quorum von 75 % der Stimmrechte voraussetzen, die Befugnisse des Aufsichtsrats und die Zusammensetzung des Vorstands zu ändern. Die alleinige Entscheidungsmacht liegt deshalb bei A.

Die Kompetenzenbeurteilung hat unter Berücksichtigung der allgemein für die Rechtsform geltenden Regelungen sowie ihrer spezifischen gesellschaftsvertraglichen Ausgestaltung zu erfolgen.
Die gesetzlichen Vorgaben sehen für die **Aktiengesellschaft** eine (Mindest-)Trennung in drei Organe vor.
- Das Leitungsorgan ist der Vorstand, der die Geschäfte der Gesellschaft in eigener Verantwortung führt und nicht an Weisungen anderer Organe gebunden ist (§ 76 Abs. 1 AktG).
- Die Bestellung (§ 84 AktG) und die Überwachung der Geschäftsführung obliegen dem Aufsichtsrat (§ 111 AktG).
- Der Hauptversammlung, also den Aktionären, obliegt u. a. die Bestellung der Aufsichtsratsmitglieder, die Verwendung des Bilanzgewinns, die Änderung der Satzung sowie Maßnahmen der Kapitalbeschaffung und der Kapitalherabsetzung (§ 119 AktG).

Bei Fehlen spezifischer Regelungen zur Entsendung statt Bestellung von Aufsichtsratsmitgliedern gilt dann: Da letztlich die Hauptversammlung über den Aufsichtsrat und dieser über den Vorstand bestimmt, sind für die Entscheidungsgewalt über das Unternehmen die Verhältnisse in der Hautversammlung entscheidend.
Für die gesetzlich verfasste **GmbH** ist der Vorrang der Gesellschafterversammlung noch offensichtlicher, da die Gesellschafterversammlung die Geschäftsführung bestellt und abberuft (§ 46 Nr. 5 GmbHG) und die Bestellung vorbehaltlich abweichender Bestimmungen jederzeit auch ohne wichtigen Grund widerrufen werden kann (§ 38 Abs. 1 GmbHG)
Probleme hinsichtlich der Beurteilung der Entscheidungsgewalt können sich bei AG und GmbH aus dem bei mehr als 2.000 Arbeitnehmern greifenden **Mitbestimmungsgesetz** ergeben. In diesem Fall ist auch bei der GmbH ein Aufsichtsrat paritätisch zu besetzen. Die Vertreter der Anteilseigner sind hier nur insofern privilegiert, als beim Patt der durch die Anteilseigner gestellte Vor-

---

[17] Vgl. FREIBERG, PiR 2012, S. 329 ff.

sitzende ein Zweit-/Doppelstimmrecht hat (§ 29 Abs. 2 MitbestG) und bei Beteiligung an selbst dem MitBestG unterliegenden anderen Unternehmen die Mehrheit der Aufsichtsratsmitglieder der Kapitalvertreter allein entscheidet (§ 32 Abs. 1 MitbestG). Darüber hinaus soll es für außergewöhnliche Geschäfte nur der Mehrheit der Stimmrechte von den Anteilseignern bestimmten Aufsichtsratsmitgliedern bedürfen.[18] Allerdings führt das Zweitstimmrecht des Vorstandsvorsitzenden lediglich zu einer leichten Bevorteilung der gesamten Anteilseigner gegenüber den Arbeitnehmer-Vertretern. Der einzelne Anteilseigner kann im Aufsichtsrat seine Interessen nicht mehr unabhängig durchsetzen, wenn seine Beteiligung nicht zur alleinigen Umsetzung von Grundlagenentscheidungen ausreicht oder nicht alle Vertreter der Anteilseigner durch ihn bestellt werden.

> **Beispiel**
> A ist mit 60 %, B und C jeweils mit 20 % am Kapital und an den Stimmrechten der T AG beteiligt. Die T AG ist zur Bildung eines mitbestimmten Aufsichtsrats mit 12 Mitgliedern verpflichtet. Der Aufsichtsrat setzt sich zusammen aus 4 Arbeitnehmern der W, 2 Gewerkschaftsvertretern, 4 von A und je einem von B und C entsandten Mitgliedern. Die Möglichkeiten des A zur Einflussnahme auf den Aufsichtsrat sind begrenzt, da er maximal (unter Beachtung des Zweitstimmrechts) über 5 von 13 Stimmen und damit über keine Mehrheit verfügt. Die Entscheidungsgewalt liegt unter diesen Umständen nur noch dann bei A, wenn man die Vertretung der Arbeitnehmer im Aufsichtsrat als Schutzrecht (*protective right*) deutet (Rz 29).
>
> **Fall-Variante**
> Die Anteilseigner haben kein Entsenderecht bez. des Aufsichtsrats, vielmehr werden die auf die Kapitalgeber entfallenden Mitglieder von der Hauptversammlung gewählt. A hat aufgrund seiner Mehrheit in der Hauptversammlung die Möglichkeit, alle Vertreter der Anteilseigner zu bestimmen, und damit unter Beachtung des Zweitstimmrechts die Mehrheit des Aufsichtsrats. Unabhängig davon, ob A von dieser Möglichkeit Gebrauch macht (oder B und C jeweils einen Aufsichtsratsposten „zugesteht"), hat A die Entscheidungsgewalt über T.

Für Gesellschaften mit paritätisch mitbestimmtem Aufsichtsrat ist die Beurteilung der Entscheidungsmacht nach allem mit besonderen Schwierigkeiten verbunden. Nur wenn man die Rechte der Arbeitnehmer als Schutzrechte wertet (Rz 29) bleiben allein die Stimmrechte der Anteilseigner in der Hauptversammlung maßgeblich. Bei anderer Sichtweise ist jeder Einzelfall spezifisch zu würdigen.

48 Soweit eine **Personengesellschaft** nicht auch dem Mitbestimmungsrecht unterliegt und sich deshalb besondere Probleme bei der Beurteilung der Entscheidungsgewalt ergeben (Rz 46 ff.), gilt zunächst:
- Bei der **OHG** begründet das Halten der für Entscheidungen vorgesehenen einfachen oder qualifizierten Mehrheit die Vermutung der Beherrschung.
- Bei der **KG** ist hingegen wegen überlappender Machtbefugnisse der Organe eine differenzierte Betrachtung geboten

---

[18] OETKER, in Großkommentar Mitbestimmungsgesetz, 4. Aufl., München 2009, § 32 Tz. 2 ff.

> **Beispiel**
> An der A GmbH & Co. KG sind die von A beherrschte A GmbH als Komplementärin und B als Kommanditist beteiligt. Der Gesellschaftsvertrag sieht für alle Investitionen mit einem Einzelbetrag von mehr als 1 Mio. EUR die Zustimmung der Gesellschafterversammlung vor. Derartige Investitionen fallen mit einer gewissen Regelmäßigkeit (alle 2–3 Jahre) an. Im Übrigen gelten die gesetzlichen Bestimmungen.

Nach dem gesetzlichen Statut ist zur **Geschäftsführung** allein die **Komplementärin** berechtigt (§ 164 HGB). Die Geschäftsführung umfasst nach § 161 Abs. 1 i.V.m. § 116 HGB alle Handlungen, die der **gewöhnliche Geschäftsbetrieb** des Handelsgewerbes der Gesellschaft mit sich bringt (§ 116 Abs. 1 HGB), während die Vornahme von Handlungen, die darüber **hinausgehen**, der Zustimmung der **Gesellschafterversammlung** bedarf (§ 116 Abs. 2 HGB). Die zustimmungsbedürftigen Geschäfte betreffen solche Handlungen, die nach ihrem Inhalt und Zweck oder durch ihre Bedeutung und die mit ihnen verbundene Gefahr für die Gesellschafter über den Rahmen des gewöhnlichen Geschäftsbetriebs hinausgehen, also Ausnahmecharakter besitzen. Unter Bezugnahme auf eine kasuistisch geprägte Rechtsprechung werden im Schrifttum folgende Beispiele für außergewöhnliche Geschäfte genannt:[19] Baumaßnahmen auf dem Geschäftsgrundstück, Ersteigerungen von Grundstücken, Einrichtung von Zweigniederlassungen, Veräußerung von als Rücklage dienenden Wertpapieren, Aufnahme eines stillen Gesellschafters. Eine sonst noch gewöhnliche Maßnahme kann ungewöhnlich werden, wenn sie eine schwere Interessenkollision (etwa Zusammenlegung des Einkaufs der Gesellschaft mit dem Einkauf des Einzelunternehmens des geschäftsführenden Gesellschafters) bedingt. Daneben ist noch die Kategorie der Grundlagengeschäfte zu betrachten. Letztere betreffen das Gesellschaftsverhältnis und sind überhaupt kein Teil der Geschäftsführung. Beispielhaft können hierfür z.B. die Veräußerung des Handelsgeschäfts mit Firma, Änderungen des Gesellschaftsvertrages oder Umwandlungen angeführt werden.
Erweist sich danach schon die **Grenzziehung** zwischen Geschäftsführungskompetenzen (gewöhnliche Geschäfte) und Kompetenzen der Gesellschafterversammlung (außergewöhnliche bzw. Grundlagengeschäfte) als **schwierig,** gilt dies entsprechend für die Zuordnung dieser Bereiche zur nach IFRS 10 für die Beurteilung der Kontrolle maßgeblichen Bestimmung der relevanten Aktivitäten. Dem Begriff der Bestimmung über die relevanten Aktivitäten ist immanent, dass er zumindest auch strategische Neuorientierungen wie z.B. Änderungen des Produktprogramms, Änderungen der grundsätzlichen Finanzierungsstruktur oder Entscheidungen über den Auf- oder Abbau weiterer Zweigniederlassungen umfasst. Andererseits ist der Begriff allerdings nicht auf solche Grundentscheidungen beschränkt, sondern umfasst auch Angelegenheiten unterhalb dieser Schwelle. Da nun bei der KG einerseits die **Grundlagenentscheidungen** der Zustimmung der Gesellschafterversammlung bedürfen, andererseits **Entscheidungen unterhalb** dieser Schwelle von der Geschäftsführung (Komplementärin) allein getroffen werden können, würde bei erster Betrachtung Folgendes gelten: Weder die

---

[19] Vgl. HOPT, in BAUMBACH/HOPT, HGB Kommentar, § 116, Rn 2.

Geschäftsführung (Komplementär-GmbH bzw. der diese beherrschende A) noch die Gesellschafterversammlung (Kommanditist B) allein bestimmen die relevanten Aktivitäten. Bei zweiter Betrachtung gilt jedoch: Da A die Geschäftsführung bestimmt und B die Gesellschafterversammlung dominiert, kommt es darauf an, ob die Rechte bez. der Gesellschafterversammlung lediglich als Schutzrechte zu würdigen sind. Nach den Vorgaben von IFRS 10.B26ff. ist dies u.E. der Fall. Danach beherrscht daher im obigen Beispiel die **Komplementärin** (bzw. deren beherrschender Gesellschafter) die KG.

Verallgemeinert gilt für die KG:
- Es besteht eine **Vermutung** der Beherrschung durch die Komplementärin.
- Hinsichtlich dieser Vermutung ist zunächst zu prüfen, ob eine **Mehrheit** der **Kommanditisten** eine Liquidation der Gesellschaft oder die Kündigung bzw. den Ausschluss des Komplementärs ohne Vorliegen besonderer Gründe beschließen kann *(kick-off rights)*. Soweit dies der Fall ist, liegt keine Beherrschung durch die Komplementärin vor.
- Soweit keine entsprechenden *kick-off rights* bestehen, muss weiter geprüft werden, ob die Kommanditisten abweichend vom gesetzlichen Regelstatut substanzielle **Mitwirkungsrechte** im laufenden Geschäft haben, insbesondere in Fragen der Auswahl und Vergütung der Geschäftsführung sowie bei operativen, investiven und finanziellen Geschäften im Rahmen des gewöhnlichen Geschäftsbetriebs. Derartige etwa durch Bindung der Geschäftsführung an einen von den Kommanditisten zu beschließenden Wirtschaftsplan installierte Einschränkungen der Handlungsmöglichkeiten der Komplementärin sprechen für einen Vorrang der Stimmrechtsverhältnisse in der Gesellschafterversammlung.

2.5.7 Faktische Kontrolle, faktische Widerlegung der Kontrollvermutung

49 Ein nicht über die Stimmrechtsmehrheit verfügender Gesellschafter kann ein Unternehmen auch **faktisch** beherrschen, z.B. durch **Präsenzmehrheit** (Rz 44) oder durch Kontrolle der wesentlichen **Ressourcen** des Unternehmens. Zum zweiten Fall folgendes Beispiel:

> **Beispiel**
> A hält 50 % der Anteile an T. Die anderen 50 % sind breit gestreut. T ist hauptsächlich als Vertriebsgesellschaft für A auf nicht exklusiver Basis tätig. A kann den Vertrieb jederzeit auf andere verlagern und dadurch T die wirtschaftliche Substanz entziehen.
> Da A mit seinen 50 % jedenfalls nicht überstimmt werden und andererseits im Falle eines Patts durch Beendigung oder Androhung der Beendigung des Vertriebsvertrages der T die Ressourcen entziehen kann, liegt eine Beherrschung vor.

50 Bei der Anwendung des Kriteriums der faktischen Beherrschung ist u.E. Vorsicht geboten. Im Interesse der Eindeutigkeit können u.E. auch ausgeprägte faktische Abhängigkeiten nur dann zu einem Beherrschungsverhältnis führen, wenn weitere Umstände hinzutreten. Wegen eines Beispiel zu *De-facto-agent*-Beziehungen wird auf Rz 27 verwiesen.

> **Beispiel**
> An der bisher im Alleineigentum des A stehenden JV beteiligt sich nach einer Schieflage der JV Investor B mit 50 %. Er allein verfügt über die finanziellen und personellen Ressourcen, um JV wieder fit zu machen. Faktisch hängt daher die Zukunft der JV von ihm ab. Der Gesellschaftsvertrag sieht gleichwohl für alle Entscheidungen Einstimmigkeit vor.
> Beurteilung:
> U.E. ist unter dem Gesichtsunkt „power arises form rights" (IFRS 10.11) ein *Joint Venture* und kein Tochterunternehmen der A gegeben.

Wie faktische Verhältnisse (ausnahmsweise) eine Beherrschung ohne Stimmrechts- oder Organmehrheit begründen können, gilt auch umgekehrt: Eine durch Stimmrechts- oder Organmehrheit begründete Kontrollvermutung kann (ausnahmsweise) durch faktische Verhältnisse widerlegt werden. Zu denken ist etwa an Fälle, in denen ein **Minderheitsgesellschafter** das **zentrale Know-how und zentrale Geschäftsbeziehungen** der Gesellschaft jederzeit entziehen kann. Bei einem erweiterten Verständnis von „faktisch" ist auch an Fälle zu denken, in denen nach ausländischem Recht Produktion, Preise, Zusammensetzung der Geschäftsführung usw. in erheblichem Maße durch **staatliche Behörden und Vorschriften** beschränkt sind. Insgesamt ist bei der faktischen Widerlegung der Kontrollvermutung aber Zurückhaltung geboten. Dies belegt auch ein Rechtsvergleich. Wenn selbst langfristige und wesentliche **Beeinträchtigungen des Finanzmitteltransfers** abweichend von § 296 Abs. 1 Nr. 1 HGB in IFRS 10 nicht als zum Verzicht auf eine Vollkonsolidierung legitimierender Umstand erwähnt werden, sind der Widerlegbarkeit der durch Stimmrechtsmehrheit begründeten Kontrollvermutung durch faktische Umstände enge Grenzen gesetzt.

2.5.8 Planmäßiger Wechsel der Rechte im Zeitablauf

Besondere Regelungen enthält IFRS 10 für den Fall des Wechsels der Stimmrechte, Geschäftsführungsrechte oder ähnlicher Rechte im **Zeitablauf**.

> **Beispiel**
> A und B gründen die U GmbH. Die U GmbH soll auf der Grundlage eines z. T. bereits patentierten Know-hows ein Medikament entwickeln und für dessen Zulassung sorgen, anschließend soll es produziert und vertrieben werden. Nach dem Gesellschaftsvertrag oder durch sonstige Vereinbarung führt A die Geschäfte bis zur Arzneimittelzulassung, B danach.

Nach IFRS 10.B13 soll in solchen Fällen bei planmäßigem Verlauf einer der beiden Investoren über die **gesamte Laufzeit** die Kontrolle haben, und zwar derjenige, der die „relevanteren" Aktivitäten bestimmt. Das Schrifttum folgt dem nur zum Teil.[20] Nach anderer Auffassung[21] könnte die Beherrschung **im Zeitablauf wechseln**, etwa im Beispiel A bis zur Arzneimittelzulassung als beherrschend angesehen werden, B ab diesem Zeitpunkt. U.E. ist die zweite Auffassung jedenfalls

---

[20] Vgl. KPMG, Insights into IFRS 2014/15, Tz. 2.5.75.10.
[21] Vgl. ERCHINGER/MELCHER, DB 2011, S. 1230.

dann vorzuziehen, wenn eine verlässliche Beurteilung, welche Aktivitäten relevanter sind, ex ante gar nicht möglich ist. Im Interesse der Objektivierung sollte dann auf die Stichtagsverhältnisse und nicht auf völlig ungewisse Zukunftsentwicklungen abgestellt werden. Unabhängig vom Objektivierungsproblem, spricht aber das Stichtagsprinzip für die zweite Auffassung (Rz 14) Ggf. kann in Fällen wie der vorstehenden auch ein Gemeinschaftsunternehmen vorliegen.[22]

52 Eine einheitliche, im Zeitablauf nicht wechselnde Betrachtung, halten wir hingegen dort für angemessen, wo die Lebensdauer eines Unternehmens von vornherein zeitlich begrenzt ist und A die Geschicke während der operativen Tätigkeit des Unternehmens, B die Liquidationshandlungen beherrscht. Von praktischer Relevanz ist dieses Szenario bei strukturierten Unternehmen (Rz 53).

2.6 Nicht über Stimmrechte gesteuerte Unternehmen (*structured entities*)

2.6.1 Überblick

53 Ohne den Begriff der *special purpose entities* (SIC 12) bzw. der *structured entities* (ED IFRS 10 und IFRS 12) zu verwenden, unterscheidet IFRS 10.B16ff. gleichwohl zwischen Unternehmen, die aufgrund ihres breiten Aktivitätsspektrums fortlaufender Entscheidungen bedürfen und deshalb i.d.r. nur über Stimmrechte oder vergleichbare Rechte kontrolliert werden können, und solchen Unternehmen, die wegen ihres engen, meist im Gründungsakt prädeterminierten Aktivitätsspektrums wenig fortlaufender Entscheidungen bedürfen und deshalb i.d.R. nicht allein über Stimmrechte u. Ä. beherrscht werden können (Rz 12).[23]

54 Vor allem wenn ein Unternehmen der zweiten Kategorie zuzurechnen ist, soll die Beurteilung der Beherrschung folgende Faktoren berücksichtigen:
- **Zweck** und **Struktur** des Unternehmens (Rz 59);
- **praktische Fähigkeit** des Investors, die relevanten Aktivitäten zu bestimmen (Rz 64);
- **spezielle Beziehungen** zwischen den beiden Unternehmen (Rz 65);
- Ausmaß, in dem der Investor Ergebnisvariabilitäten **(Risiken und Chancen)** aus dem untergeordneten Unternehmen ausgesetzt ist (Rz 66).

55 Gefordert ist eine auf diesen Faktoren beruhende **Gesamtbeurteilung**. Ähnlich verlangte **schon SIC 12.9** „eine Beurteilung unter Berücksichtigung sämtlicher relevanter Faktoren." In der Auslegung- und Anwendungspraxis wurde dies jedoch weitergehend vernachlässigt. Von vier Faktoren – Geschäftstätigkeit entsprechend den Bedürfnissen des Berichtsunternehmens, in wirtschaftlicher Betrachtung Entscheidungsmacht, Mehrheit der Chancen, Mehrheit der Risiken – wurden nur die beiden letzen berücksichtigt. Der nachvollziehbare Grund hierfür war die (scheinbar) unterschiedliche Trennschärfe der Anforderungen. Im Vergleich zu dem quantifizierbaren Kriterium der Risiko- und Chancenmehrheit (> 50 %) erschienen die beiden anderen Faktoren (stärker) ermessensbehaftet. Die Praxis folgte daher den klareren Faktoren.
Die in IFRS 10 genannten Faktoren sind demgegenüber alle in ähnlichem Maße ermessensbehaftet. Auch für Risiken und Chancen wird **nicht** mehr eine **quan-**

---

[22] Vgl. KÜTING/MOJADADR, KoR 2011, S. 284.
[23] Vgl. KPMG, Insights into IFRS 2014/15, Tz. 2.5.870.

titative Schwelle (> 50 %) formuliert, sondern lediglich die Vermutung, dass Kontrolle umso eher vorliegt, je stärker die Beteiligung an Risiken und Chancen ist. Weder **widerlegt** damit ein unter 50 % liegender Anteil an Risiken und Chancen die Beherrschungsvermutung, noch **bestätigt** ein über 50 % liegender Anteil diese. Bestenfalls lässt sich sagen: Bei einem Risiko-Chancen-Anteil von unter 50 % müssen die anderen Faktoren umso deutlicher Kontrolle indizieren, um in der Gesamtwürdigung eine Beherrschung anzunehmen; umgekehrt müssen bei einem Anteil von mehr als 50 % die anderen Faktoren umso deutlicher gegen eine Kontrolle sprechen, um in der Gesamtwürdigung eine Beherrschung zu verneinen. Der Verzicht auf eine harte Risiko-Chancen-Grenze (*bright lines*) zwingt damit dazu, die schon in SIC 12 programmatisch vorgesehene Gesamtwürdigung nach IFRS 10 tatsächlich vorzunehmen.

2.6.2 Typische Anwendungsfälle: ABS-Transaktionen, Leasing-Objektgesellschaften, Spezialfonds

Ein wichtiger Anwendungsfall strukturierter Unternehmen sind **ABS-Gesellschaften** (*asset-backed securities*). Hier werden Forderungen vom Sponsor an die Zweckgesellschaft verkauft. Die Zweckgesellschaft finanziert sich durch die Ausgabe von Wertpapieren an externe, vor allem institutionelle Investoren oder durch Kreditaufnahme. Die Zahlungsverpflichtungen aus den Wertpapieren werden aus dem Zahlungsstrom (Zins- und Tilgungszahlungen) der Forderungen bedient. Üblicherweise verbleibt ein Teil des Forderungsausfallrisikos beim Veräußerer, sei es durch die direkte Abgabe von Garantien, sei es, indem die Zweckgesellschaft sich durch zwei Klassen von Wertpapieren finanziert. Im letztgenannten Fall halten die Externen die Senior-Papiere, die vorrangig, und der Forderungsverkäufer die Junior-Papiere, die nur nachrangig bedient werden. Der Forderungsverkauf selbst unterliegt im Wesentlichen den Regeln von IAS 39 bzw. IFRS 9. Nach ihnen ist zu entscheiden, ob die Forderungen aus der Einzelbilanz des Sponsors abgehen (→ § 28 Rz 57 ff.). Ob sie, einen Abgang aus der Einzelbilanz unterstellt, im Konzernabschluss verbleiben, entscheidet sich nach IFRS 10. Unter dort genannten Voraussetzungen führt der Forderungsverkauf zwar zum (Teil-)Abgang aus dem Einzelabschluss, jedoch nicht aus dem Konzernabschluss, sodass die intendierte Verbesserung von Finanzkennzahlen (z. B. Liquidität oder EK-Quote) im Konzernabschluss nicht gelingt.

56

Ein weiteres Anwendungsfeld sind **Leasingobjektgesellschaften** (→ § 15 Rz 183). Im typischen Fall wird für die Leasinggegenstände eine GmbH & Co. KG als Leasingobjektgesellschaft gegündet. Komplementär der Leasingobjektgesellschaft ist z. B. ein eigens dafür gegründetes Tochterunternehmen des externen Leasinggebers. Die Kommanditistenstellung übernimmt der Sponsor, der durch Garantien, eine hohe Haftsumme usw. auch die wesentlichen Risiken behält. Überlässt die externe Leasinggesellschaft die Leasinggegenstände im *finance lease* der Objektgesellschaft, diese aber im *operate lease* dem Sponsor, so sind die Leasingobjekte und Leasingverbindlichkeiten im Einzelabschluss des Sponsors nicht und im Konzernabschluss nur unter den Voraussetzungen von IFRS 10 zu zeigen. Eine spezielle Variante sind *sale-and-lease-back*-**Gestaltungen** (→ § 15 Rz 164). Der Sponsor veräußert z. B. Leasinggegenstände an die SPE und least sie von dieser zurück. Eine einzelbilanzielle Ausbuchung, insbesondere aber eine einzel-

57

bilanzielle Ertragsrealisierung bei Verkauf, kann u. U. schon an den Vorschriften von IAS 17 scheitern (→ § 15 Rz 164 ff.). Wo dies nicht der Fall ist, muss bilanzpolitisch zusätzlich die Konzernhürde von IFRS 10 genommen werden. Wie bei ABS-Transaktionen ist auch bei Leasinggeschäften unter Einschaltung einer SPE also eine doppelte Würdigung nach den einzel- und nach den konzernbilanziellen Regelungen notwendig.

58 ABS-Transaktionen und *operating*-Leasinggeschäfte sind wichtige Formen der *off-balance-sheet*-Finanzierung, durch die Vermögenswerte, Schulden und Risiken aus der Bilanz „ausgelagert" werden. *Off-balance-sheet*-Finanzierungen sind jedoch nicht der einzige Anwendungsbereich von strukturierten Unternehmen. Vor allem bei großen Konzernen ist es nicht unüblich, liquide Mittel in sog. **Spezialfonds** (so die nicht in das KAGB übernommene Terminologie des InvG) umzuschichten. Inhaltlich geht es um Fonds mit einem begrenztem Anlegerkreis (im Extrem-Fall nur 1 Anleger). Der Anleger erwirbt kein ideelles (Bruchteils-) Eigentum an den Wertpapieren, sondern lediglich einen Auszahlungsanspruch in Höhe seines Anteils am Sondervermögen des Fonds.
Die Anteilsscheine am Fonds sind Wertpapiere i. S. d. § 1 Abs. 11 Nr. 2 KWG. Handelsrechtlich wird hieraus gefolgert, dass Bilanzierungsobjekt die Anteilsscheine sind. § 290 Abs. 2 Nr. 4 Satz 2 HGB erlaubt die gleiche Behandlung im Konzernabschluss.
IFRS 10 verlangt hingegen ggf. eine Konsolidierung, wenn etwa ein Alleininvestor (Ein-Mann-Spezialfonds) die Anlagerichtlinie vorgibt, die Kapitalanlagegesellschaft also als Agent nur delegierte Verfügungsmacht *(delegated power)* hat (Rz 27) und die Chancen und Risiken *(returns)* so gut wie vollständig beim Investor liegen.[24] Durch die Struktur eines Schirmfonds *(umbrella fund)* kann die Konsolidierungspflicht dann nicht umgangen werden, wenn eine deutliche Risiko-Chancen Mehrheit an einem haftungsmäßig abgekapselten Subfonds besteht (Rz 79).[25]

2.6.3 Zweck und Struktur des Unternehmens

59 Die Involvierung des Berichtsunternehmens *(reporting entity)* in den **Gründungsakt** und damit in den Zweck und die Gestaltung *(purpose and design)* des untergeordneten Unternehmens ist ein möglicher Indikator *(may indicate)* für Beherrschung (IFRS 10.B51). Der Indikator ist umso stärker, wenn gesellschafts- und/oder schuldrechtlich die **gewöhnlichen** Tätigkeiten des untergeordneten Unternehmens weitgehend **vorherbestimmt** sind (sog. **Autopilot**) und die Entscheidungsgewalt für **ungewöhnliche Fälle** beim **Berichtsunternehmen** liegt. In diesem Fall gelten nur noch die ungewöhnlichen Tätigkeiten als relevante Aktivitäten und können dem Berichtsunternehmen Kontrolle geben (IFRS 10.53).
Von Bedeutung ist in jedem Fall, ob schuldrechtliche Vereinbarungen einen wesentlichen Teil der Aktivitäten des untergeordneten Unternehmens auf die Ebene des Berichtsunternehmens transferieren (IFRS 10.B52). Zusätzlich ist zu berücksichtigen, ob das Berichtsunternehmen (harte oder weiche) Bestandsgarantien für das untergeordnete Unternehmen gegeben hat (IFRS 10.B54).

---

[24] Vgl. wegen weiterer Einzelheiten der Würdigung von Spezialfonds nach IFRS 10, Böckem/Disser/Waterschek-Cushman, KoR 2013, S. 117 ff.
[25] Vgl. speziell zur Anwendung von IFRS 10 auf sog. Investmentstrukturen DIETRICH/KRAKUHN/SERLEJA, IRZ 2012, S. 23 ff.

Tochterunternehmen im Konzern- und Einzelabschluss § 32

In Fällen, in denen die Geschäftstätigkeit des Unternehmens **fortlaufend unter-** 60
nehmerischer Entscheidungen bedarf, wie sie für ein am Markt tätiges Unternehmen typisch sind, ist eine Beherrschung i.d.R. nur auf Basis von Stimmrechten oder ähnlichen Rechten möglich. Folgende **Indikatoren** sprechen **für** einen signifikanten Bedarf an fortlaufenden unternehmerischen Entscheidungen:
- Die Geschäftstätigkeit umfasst die **Herstellung von** Produkten oder die Erbringung von **Dienstleistungen** (keine Leasing-, ABS- oder Kapitalanlage-Gesellschaft).
- Sie erfordert daher fortlaufende Entscheidungen über die **Kombination** der Produktionsfaktoren und
- eine **aktive Vermarktung** der Leistungen
- gegenüber einem im Zeitablauf **veränderlichen Abnehmerkreis** (keine Beschränkung auf den Sponsor).

Die Frage fortlaufender Produktions- und Absatzentscheidungen ist deshalb von so großer Bedeutung, weil bei einem stetigen Wandel ein Geschäft nicht automatisch durch einen sog. Autopiloten gesteuert werden kann, sondern immer wieder von neuem strategische Entscheidungen zu treffen sind, die letztlich nur über entsprechende Organmehrheiten kontrolliert werden können. Wo hingegen alle Geschäfte vorherbestimmt sind, spielen Organentscheidungen und Organmehrheiten keine Rolle mehr.

Als **Anwendungsbeispiel** für eine strukturierte Einheit, deren gewöhnliche Tätig- 61
keiten vorherbestimmt sind, während für ungewöhnliche Entscheidungen Entscheidungsgewalt gebraucht wird, führt IFRS 10.B53 folgende **ABS-Konstruktion** an:

> **Beispiel**
> Ein strukturiertes Unternehmen hat den alleinigen Zweck, Forderungen des Investors gegenüber Kunden/Kreditnehmern anzukaufen, die Zahlungen bei Fälligkeit zu vereinnahmen und an den Investor weiterzureichen. Eine Put-Vereinbarung mit dem Investor als Stillhalter erlaubt eine Rückübertragung notleidend gewordener Forderungen an den Investor. Relevante Aktivität ist das Forderungsmanagement bei (drohendem) Ausfall. Das Forderungsmanagement der voll werthaltigen Forderungen ist vorherbestimmt. Die Entscheidungsmacht liegt somit beim Investor, da dieser die nicht vorherbestimmte Aktivität, nämlich das Management der notleidenden Forderungen, bestimmt.

Dabei ist es im Beispiel unerheblich, dass das Management der notleidenden Forderungen auf Ebene des Investors, also **außerhalb der rechtlichen Grenzen** des strukturierten Unternehmens (*outside the legal boundaries of the investee*) stattfindet. Die Bedingungen der Put-Vereinbarungen sind vielmehr als integraler Bestandteil der Gründung des strukturierten Unternehmens anzusehen. Diskussionsbedürftig ist in diesem Kontext noch die Bedeutung eines umfassenden **Versicherungsschutzes**.

> **Beispiel.**
> Ein strukturiertes Unternehmen hat den alleinigen Zweck, Forderungen des Investors gegenüber Kunden/Kreditnehmern anzukaufen, die Zahlungen bei Fälligkeit zu vereinnahmen und an den Investor weiterzureichen. Sämtliche

Forderungen werden von der Versicherung V versichert. Wenn eine Forderung notleidend wird, übernimmt V deren Management (Vollstreckungsmaßnahmen etc.).

U.E. ist eine Versicherung, die den Kreditschutz als Teil ihres normalen Geschäfts erbringt, i.d.R. zu wenig in Strukturierung und Errichtung *(design and setup)* der strukturierten Einheit involviert, um als deren Mutterunternehmen gelten zu können.

62 Überträgt man den Gedanken, dass unerheblich ist, ob die Aktivitäten innerhalb der rechtlichen Grenzen gesteuert werden, auf **Leasingobjektgesellschaften**, so wird in vielen Fällen die Entscheidungsmacht beim Leasingnehmer liegen,[26] weil dieser über Gestaltungsrechte wie Untervermietungsrechte, Vertragsverlängerungsoptionen und/oder Erwerbsoptionen die Geschicke des Leasingobjekts bestimmt.

Beispiel
Alleiniger Zweck des strukturierten Unternehmens LG ist der Ankauf eines Grundstücks, die anschließende Errichtung eines Gebäudes darauf und schließlich die langfristige Verpachtung (20 Jahre) an das Unternehmen LN. LN ist nur Minderheitsgesellschafter der LG. Die Anteilsmehrheit hält ein Finanzierungsunternehmen, das zu ⅔ den Bau der Immobilien über ein Ratendarlehen des LN finanziert hat. Zu ⅓ hat LN ein Fälligkeitsdarlehen an LG gegeben. Die vereinbarten Leasingraten decken den Kapitaldienst auf das Ratendarlehen sowie die Zinsen auf das Fälligkeitsdarlehen.
Der Leasingvertrag räumt LN u.a. ein Recht zur Untervermietung ein (der LG nur bei wichtigen, in der Person des Untermieters liegenden Gründen widersprechen darf). Außerdem hat LN die Option zur Verlängerung des Leasingvertrags um 2 × 5 Jahre, daneben eine Option zum Erwerb des Mietobjekts nach 20, 25 oder 30 Jahren zum *fair value*.

Beurteilung
Die Aktivitäten des LG (Einzug der Mieten, Bedienung der Darlehen) sind vorherbestimmt. Relevante Entscheidungen über die Immobilie liegen ausschließlich beim LN. Er entscheidet über
- die Nutzung des Objekts (vollständige Eigennutzung vs. ganz oder teilweise Untervermietung),
- die Dauer der Nutzung (Ausübung oder Nichtausübung der Verlängerungsoptionen),
- die Verwertung des Objekts bei Beendigung des Leasingvertrags (Ausübung oder Nichtausübung der Erwerbsoption).

Es ist unerheblich, dass diese Entscheidungen außerhalb der rechtlichen Grenzen der LG getroffen werden, da Grundlage der Leasingvertrag als integraler Bestandteil der Gründung der LG ist. LN beherrscht daher die Gesellschaft.

Die vorstehende Beurteilung – Konsolidierungspflicht der Leasingobjektgesellschaft durch den Leasingnehmer – muss sich auch dann nicht zwangsläufig ändern, wenn Vertragsverlängerungsoptionen und Erwerbsoption zugunsten

---

[26] A. A. BÖCKEM/STIBI/ZOEGER, KoR 2011, S. 406; Ausführlich zu Leasingobjektgesellschaften Freiberg/Panek PiR 2013, S. 342.

des Leasingnehmers fehlen würden. Als Substitut für eine Erwerbsoption kann etwa ein **Vorkaufsrecht** des Leasingnehmers vereinbart sein. Fehlt auch dieses, ist in obigem Beispiel also eine freie Veräußerung der Immobilie am Markt nach Ablauf der Leasingvertrags vereinbart, kommt es entscheidend auf die Dauer des Leasingvertrags und das Verhältnis von Gebäude zu Grund und Boden an. Je länger die Laufzeit und je höher der Gebäudeanteil, umso unbedeutender ist der bei Marktverwertung noch erzielbare Betrag im Verhältnis zu den Risiken und Chancen aus der Nutzung des Objekts während der Vertragsdauer.

Im Übrigen sind unsere unter Rz 51 dargestellten Überlegungen zum planmäßigen, vorab bestimmten Wechsel der Kontrollrechte im Zeitablauf bei Leasingobjektgesellschaften begrenzter Lebensdauer (Ein-Objekt-Gesellschaften) nur modifiziert anwendbar:

63

> **Beispiel**
> LN least eine Anlage mit einer Nutzungsdauer von 20 Jahren von LG auf Dauer von X Jahren plus einmalige Option einer Verlängerung um weitere X Jahre. LN entscheidet über die Nutzung des Objekts und die Dauer der Nutzung (X oder 2 X Jahre), LG über die Verwertung des Objekts bei Beendigung des Leasingvertrags. Einer der beiden Parteien soll nach IFRS 10.B13 über die **gesamte Laufzeit** die Kontrolle haben, und zwar derjenige, der die „relevanteren" Aktivitäten bestimmt. Was relevanter ist, hängt u. a. von der Größe X bzw. 2 X ab. Je geringer sie im Verhältnis zur Nutzungsdauer ist, umso wichtiger wird in der Gesamtnutzenbetrachtung des Leasingobjekts die Verwertung am Ende des Leasingvertrags und damit die Rolle von LG.

2.6.4 Praktische Fähigkeiten

Bei der Beurteilung, ob der Investor genügend Rechte hat, soll auch die praktische **Fähigkeit** (*practical ability*) zur Bestimmung der relevanten Aktivitäten von Bedeutung sein (IFRS 10.B18).

64

Als **Anwendungsfälle** der praktischen Fähigkeit werden genannt:
- die Fähigkeit des Investors, auch ohne entsprechendes vertragliches Recht die Schlüsselposition des Managements zu bestimmen oder
- den *investee* zu Transaktionen bzw. deren Unterlassung zu veranlassen oder
- den Nominierungsprozess des Exekutivorgans zu bestimmen.
- Überdies kann die praktische Fähigkeit durch Personalunion auf Geschäftsführungsebene gegeben sein oder dadurch, dass im entscheidenden Organ des *investee* nahestehende Personen des Investors sitzen.

All diesen Fällen ist gemein, dass es an den nach IFRS 10.10f. und B9 geforderten **Rechten** (*power arises form rights*) fehlt. U. E. haben deshalb die praktischen Fähigkeiten bzw. die für sie genannten Beispiele „nur" eine Funktion im Rahmen der Abrundung einer **Gesamtwürdigung**. Allein führen sie nicht zu einem Beherrschungsverhältnis.

2.6.5 Spezielle Beziehungen

Vorstehender Befund gilt z. T. auch für die in IFRS 10.B19 genannten speziellen Beziehungen (*special relationships*). Solche speziellen Beziehungen (die amtliche

65

Übersetzung spricht von „besonderen Verhältnissen") können vermuten lassen, dass der Investor mehr als ein passives Interesse am untergeordneten Unternehmen hat. Als Anwendungsbeispiele werden hier genannt:
- Das Management des *investee* besteht aus **(früheren) Arbeitnehmern** des Investors.
- Der *investee* hängt **finanziell, technologisch, personell** usw. vom Investor ab.

Praktische Bedeutung hat der zweite Punkt z. B. im Rahmen von **Outsourcing-Projekten.**

Beispiel
Im Rahmen eines Management Buy Out wird für eine der vielen vom Investor vertriebenen Produktgruppen eine Vertriebsgesellschaft V gegründet, deren Anteile ausschließlich die zuvor bei U für diesen Vertrieb zuständigen Manager übernehmen.
V vertreibt ausschließlich die vom Investor hergestellten Produkte unter dessen Marke. Der Vertriebsvertrag und der Lizenzvertrag über die Marke sind jährlich kündbar.

Beurteilung
Über die Kündigung der Verträge kann der Investor der Vertriebsgesellschaft jederzeit die Existenzgrundlage entziehen. Dieses Drohpotenzial reicht aus, auch ohne gesellschaftsrechtliche Legitimation die Entscheidungen auf Ebene der Vertriebsgesellschaft zu beherrschen.

Ähnliche Strukturen können sich beim Outsourcing von IT, innerbetrieblichen Transport und in vielen anderen Fällen ergeben. Fraglich ist in allen Fällen die relative Bedeutung der Ist-Situation zur realistischen Zukunftssituation.

Beispiel
MU hat seine Abteilung IT zum 1.1.01 rechtlich outgesourct. Die Mehrheit der Anteile an IT halten das Management und Externe. Die IT wird auf Basis eines unkündbaren 5-Jahres-Vertrags mit Mindestabnahmeverpflichtung weiterhin für die MU tätig sein, soll sich aber auch um externe Kunden bemühen, ihre Leistungen also aktiv vermarkten. Nach realistischen Planungen wird der Anteil der MU am Gesamtumsatz der IT pro Jahr um etwa 10 Prozentpunkte sinken. Der Planung entsprechend betragen die Drittumsätze im Dezember 01 erstmals 10 % des Gesamtumsatzes mit steigender Tendenz.

Beurteilung
In der Ist-Situation 31.12.01 ist die IT verlängerter Arm der MU. Nach realistischer Planung soll sich dies bis zur erstmaligen Kündigungsmöglichkeit des Outsourcing Vertrags (31.12.05) ändern. Im Hinblick auf die geplante Entwicklung sind bereits ab 01 laufende Entscheidungen über die Optimierung der Produktions- und Vermarktungsprozesse notwendig. Eine Steuerung der IT über Autopilot scheidet daher aus. Sie ist keine strukturierte Einheit, sondern ein normales Unternehmen. Es besteht daher die Vermutung, dass die IT über Organmehrheit beherrscht wird.

2.6.6 Risiken und Chancen

2.6.6.1 Gesellschafts- und schuldrechtliche Risiko-/Chancentragung als Indikator einer Beherrschung

Die Mehrheit der Chancen und Risiken ist abweichend von der herrschenden Auslegung von SIC 12 kein Faktor mehr, der **allein** über die Konsolidierung einer strukturierten Einheit entscheidet. Vielmehr gilt nun: Ein hoher Anteil an den Chancen und Risiken ist ein **Indikator** (nicht mehr und nicht weniger) für eine Beherrschung (IFRS 10.B20).[27] Der Indikator ist umso bedeutsamer, je stärker der Risiko-Chancen-Anteil über einem evtl. Stimmrechtsanteil liegt (IFRS 10.B21). Dabei kommt es nicht allein auf gesellschaftsrechtliche Chancen (Dividenden, Liquidationserlöse) und Risiken (Verlust des eingesetzten Kapitals, Inanspruchnahme aus unbeschränkter Haftung eines Komplementärs usw.) an. Auch **schuldrechtlich** erwartete Vorteile aus **nachrangigen Darlehen**, Genussrechten usw. kommen also infrage, ebenso z. B. **Wertsteigerungschancen** aus Leasingobjekten, die dem Sponsor aufgrund entsprechender Vertragsregelungen zustehen. Entsprechendes gilt für das Risiko. Bei ABS-Transaktionen kann z. B. den externen Investoren ein Rendite- oder Delkredere-Schutz garantiert sein, sodass diese stets vorrangig und unabhängig vom Forderungsausfall bedient werden und somit das Forderungsausfallrisiko beim Sponsor verbleibt. Bei der typischen **Leasingobjekt-Gesellschaft** kann sich die Risikotragung z. B. aus *first-loss*-Garantien im Rahmen des Leasingvertrags ergeben.

Risiken/Chancen *(variability in returns)* des Investors können sich gem. IFRS 10.B55 ff. ergeben aus:

- **Anteilen** (Dividendenrechte, Nachschusspflichten, Beteiligung an Liquidationserlösen);
- **Zinsen** aus Darlehen;
- **Ausfall-** bzw. **Inanspruchnahmerisiken** bez. Darlehen, Liquiditätszusagen, Finanzgarantien;
- **Vergütungen** für Dienstleistungen, Lizenzierungen usw.;
- **Steuervorteilen**;
- **Synergieeffekten**;
- Restwertgarantien, Erwerbsoptionen und Vertragsverlängerungsoptionen des Investors als **Leasingnehmer**.

Dabei wird nicht vorausgesetzt, dass die „Vergütung" erfolgsabhängig ist. IFRS 10.B56 hält vielmehr am Beispiel eines Investmentmanagers fest, *„that fixed performance fees for managing an investee's assets are variable returns because they expose the investor to the performance risk of the investee"*.

Die Änderung des Risiko-Chancen-Kriteriums von einer digitalen Betrachtung in der Anwendung des bisherigen Rechts, d. h. von SIC 12 (Risikomehrheit ja oder nein?) zu einem qualitativen bzw. tendenziellen Indikator (je höher der Risiko-Chancen-Anteil, umso eher Kontrolle), wird im Schrifttum nicht unbedingt begrüßt.[28] Befürchtet wird möglicherweise ein Verlust an Objektivierung.

---

[27] Weitgehend KIRSCH/ EWELT, BB 2011, S. 1643; nach ihrer Auffassung gilt: Kann ausgehend von den relevanten Aktivitäten kein Mutterunternehmen identifiziert werden, ist diejenige Partei vollkonsolidierungspflichtig, die die Rückflüsse am meisten beeinflussen kann.
[28] Vgl. REILAND, DB 2011, S. 2734.

Bei näherer Betrachtung wird in vielen Fällen aber nur eine **offenere** (ehrlichere) **Subjektivität** an die Stelle der **bisherigen Scheinobjektivität** gesetzt.

Beispiel
Die mit geringem Eigenkapital ausgestattete irische Zweckgesellschaft S investiert in 2005 ff. in US-Hypothekendarlehen, Kreditkartendarlehen usw. und refinanziert sich über die Ausgabe kurzfristiger Wertpapiere (*commercial papers*). Falls die Refinanzierung stockt, kann sie auf eine Kreditzusage (Fazilität) der sponsernden Bank i. H. v. 10 Mrd. EUR zurückgreifen.

Bisheriges Recht
Die Kreditzusage ist in der herrschenden Auslegung des bisherigen Rechts wahrscheinlichkeitsgewichtet in die Betrachtung der Risiko-Chancen-Verteilung einzubeziehen (vgl. Rz 77). Hat die Inanspruchnahme der Zusage nur eine Wahrscheinlichkeit von 1/10.000, führt sie nicht zur Konsolidierung bei der Bank. Anders kann das Urteil ausfallen, wenn die Wahrscheinlichkeit mit 1/100 angesetzt wird.
Die Wahrscheinlichkeitsannahme lässt sich aber ex ante nicht beweisen. Das gewollte Ergebnis kann also bei Berechnung wahrscheinlichkeitsgewichteter Werte durch entsprechende Prämissensetzung erzielt werden. Die Berechnung führt nur zu scheinobjektiven Resultaten.

68 Unter der Prämisse des rationalen Handelns ist zunächst von einer **symmetrischen** Verteilung von Chancen und Risiken auszugehen: Derjenige, der die meisten Chancen hält, trägt auch die meisten Risiken.
Eine quantitative Feststellung kann jedoch im Einzelfall bereits zum Zeitpunkt der Gründung der strukturierten Einheit zu **abweichenden Ergebnissen** führen, etwa weil jeder der Beteiligten bei der Begründung von Rechten und Pflichten die Risiko-Chancen-Entwicklung unterschiedlich prognostiziert hat oder weil direkten und leicht quantifizierbaren Risiken z. T. nur indirekte und schwer oder nicht quantifizierbare Chancen gegenüberstehen.[29]
Überdies ist die Verteilung der Chancen und Risiken für **jeden Bilanzstichtag neu** aus Sicht der noch verbleibenden „Restzukunft" zu beurteilen. Aus der Perspektive nach dem Gründungszeitpunkt liegender Bilanzstichtage ist aber selbst bei vollständiger Transparenz und Quantifizierbarkeit der Verhältnisse, uneingeschränkter Rationalität des Handelns und einheitlicher Einschätzung der Zukunftsaussichten eine Symmetrie von Chance und Risiko nicht mehr systematisch begründbar. Ist etwa eine Partei bei Gründung der Gesellschaft für ein einmaliges, vorab anfallendes fremdübliches Entgelt stillhalterähnliche Verpflichtungen (Bürgschaften, geschriebene Put- oder Call-Optionen, Restwertgarantien usw.) gegenüber der anderen Partei oder dem strukturierten Unternehmen eingegangen, so besteht im Gründungszeitpunkt die Vermutung der Ausgeglichenheit von Entgelt einerseits und den aus der Stillhalterverpflichtung resultierenden Risiken andererseits. Mit vollzogener Vereinnahmung des Entgelts bleibt dieses aber für die zum nächsten Bilanzstichtag vorzunehmende Prognose des Restzeitraums außer Betracht. Das vereinnahmte Entgelt stellt nun Vergangenheit dar. Die Zukunftschancen und

---

[29] Ähnlich KÜTING/GATTUNG, KoR 2007, S. 397 ff.

-risiken beziehen sich nur auf noch nicht realisierte Ereignisse, somit in Bezug auf die **Stillhalteverpflichtung** nur noch auf das Recht des „Optionsinhabers" und die Pflicht des Stillhalters. Der jedem Optionsvertrag nach Zahlung der Optionsprämie innewohnenden Asymmetrie der Rechte und Pflichten entspricht dann die **Asymmetrie von Chance und Risiko.**

Soweit danach aus Sicht des Bilanzstichtags das Berichtsunternehmen zwar eine deutliche Mehrheit der Risiken hält, aber die Mehrheit der Chancen bei anderen liegt, stellt sich die Frage, welchem Indikator der Vorrang zu geben ist. Sowohl die US-GAAP-Vorschiften (FIN 46r.14). als auch das Handelsrecht werten den **Risikoaspekt** als wichtiger. Fraglich ist, ob dies auch für die IFRS gilt. Aus IFRS 10 selbst ergibt sich keine Antwort. Das *„risks and rewards"*-Konzept wird jedoch in anderen IFRS-Kontexten ausführlicher als in IFRS 10 behandelt. Zu untersuchen ist, ob sich hierbei eine einheitliche Wertung feststellen lässt:

- Nach IAS 18.14(a) sind **Umsätze** aus Warenverkäufen nur dann zu realisieren, wenn die Risiken und Chancen auf den Käufer übertragen werden (→ § 25 Rz 18). Zur Konkretisierung dieser Vorschrift führt IAS 18.16 vier Beispiele an, bei denen jeweils der Rückbehalt der Risiken ausreicht, um eine Übertragung des wirtschaftlichen Eigentums auf den Käufer zu verneinen.
- Nach dem Wortlaut von IAS 17.8 ist ein **Leasingobjekt** nur dann vom Leasingnehmer zu bilanzieren, wenn der Vertrag so gut wie alle Chancen und Risiken auf ihn überträgt. In der Konkretisierung des Konzepts bestimmt IAS 17.11(a) Folgendes (→ § 15 Rz 26): Trägt der Leasingnehmer bei Beendigung des Leasingvertrags das Restwertrisiko, so kann allein schon diese Risikozuweisung zur Bilanzierung bei ihm führen. Nach folgender herrschender Auffassung können daher Andienungsrechte des Leasinggebers bzw. Restwertgarantien des Leasingnehmers, die das Restwertrisiko fast vollständig auf den Leasingnehmer verlagern, während die Restwertchance fast vollständig beim Leasinggeber bleibt, zur Zurechnung des Leasingobjekts beim Leasingnehmer führen.
- Nach IAS 39.29 ist ein veräußerter **finanzieller Vermögenswert** dann nicht beim Veräußerer auszubuchen, wenn dieser so gut wie alle Chancen und Risiken aus dem Vermögenswert behält (→ § 28 Rz 59). In der Konkretisierung dieser Vorschrift bestimmt IAS 39.AG46, dass ein finanzieller Vermögenswert dann nicht auszubuchen ist, wenn bei seiner Übertragung eine Garantie für alle Verluste abgegeben wird.

In den genannten Regelungskontexten wird somit zwar auf Konzeptebene kumulativ von Risiko und Chance gesprochen, in der Konkretisierung des Konzepts aber jeweils die Übernahme allein des Risikos durch eine Partei für ausreichend gehalten, um ihr den Vermögenswert zuzurechnen. Dem folgend sollte u. E. auch bei der Zurechnung einer strukturierten Einheit dem **Risikoaspekt** im Zweifel Vorrang gegeben werden.

Im Einzelfall kann die gebotene **Gesamtwürdigung** allerdings zu einem anderen Ergebnis führen, etwa bei dem Nebeneinander einer deutlichen und unstrittigen Chancenmehrheit einer Partei und einer knappen und zweifelhaften Risikomehrheit der anderen Partei die Konsolidierung durch die erste Partei für geboten gehalten werden.[30]

---

[30] So KÜTING/GATTUNG, KoR 2007, S. 397 ff.

71 Eine Risiko-Chancen-Bewertung ist insbesondere bei Finanzinstrumenten schon aus Sicht der Einzelbilanz geboten. Zum Zusammenspiel mit den nach IFRS 10 maßgeblichen Risiken und Chancen folgendes Beispiel:

> **Beispiel**
> MU veräußert Finanzinstrumente an die strukturierte Einheit SE. Durch Vereinbarung eines *total return swap* blieben aber alle Risiken und Chancen bei MU.
>
> **Beurteilung**
> Der *total return swap* verhindert einzelbilanziell die Ausbuchung des Finanzinstruments bei MU bzw. die Einbuchung bei SE.
> Somit bezieht sich die durch den *swap* gegebene Risiko-Chancen-Übernahme auf einen Vermögenswert, der SE rechtlich, aber nicht bilanziell zuzurechnen ist. Für die Beurteilung der Konsolidierungspflicht nach IFRS 10 ist der *swap* daher irrelevant.

2.6.6.2 Beurteilungszeitpunkt, Beurteilungszeitraum

72 Wie die Beurteilung jedes anderen Konsolidierungsgrundes ist auch die der Risiko- und/oder Chancenmehrheit zu jedem Stichtag vorzunehmen (**Beurteilungszeitpunkt**). Soweit sich an den Verhältnissen seit der letzten Beurteilung nichts Wesentliches geändert hat, kann an der zuvor vorgenommenen Beurteilung festgehalten werden.

73 Risiko und Chance sind jedoch **zukunftsgerichtete** Begriffe. Die Verteilung von Risiko und Chance ist daher für die Zukunft zu beurteilen. Der sich aus dieser Anforderung konkret ergebende **Beurteilungszeitraum** ist
- **begrenzt**, wenn die strukturierte Einheit oder auf die Verteilung von Chancen und Risiken gerichtete Abreden der Kapitalgeber eine begrenzte Laufzeit haben,
- **unbegrenzt**, wenn die strukturierte Einheit rechtlich und wirtschaftlich auf Dauer angelegt ist und auch die Verteilung der Chancen und Risiken unter den Kapitalgebern keine zeitliche Begrenzung aufweist.

Zur ersten Alternative folgendes Beispiel:

> **Beispiel**
> Die T hält ein Containerschiff, Nutzungsdauer 40 Jahre, und überlässt es im *operating lease* an Dritte. Kapitalgeber der T sind zu je 50 % diverse Kleinanleger (Eigenkapital) und eine Bank, der das Schiff als Sicherheit gestellt wird. Das entgeltliche Management des Schiffs liegt bei MU. MU garantiert der SPE über 10 Jahre die Frachterlöse. Die Kleininvestoren können MU nach Ablauf der 10 Jahre ihren Anteil zum Nominalwert plus einer bankähnlichen Verzinsung andienen.
> Beurteilungszeitraum für die Verteilung der Risiken und Chancen zwischen MU und den Kleinanlegern ist der Zeitraum bis zum Ablauf des Andienungsrechts und nicht die längere Nutzungsdauer des Schiffs. Mit Ende der 10 Jahre und Ausübung/Nichtausübung eines Andienungsrechts ist die Risikoverteilung zwischen MU und den Kleinanlegern endgültig abgeschlossen.

> Am Ablaufzeitpunkt haben die Kleinanleger das Recht auf Andienung ihrer Anteile. Durch das Andienungsrecht liegt das Wertentwicklungsrisiko des Schiffes bis zum Ablauf der 10 Jahre bei MU; außerdem trägt MU auch das Risiko aus der Garantie für die Frachterlöse. Ob die Kleinanleger, eine Nichtausübung der Option unterstellt, in den Jahren 11 bis 40 noch an den Anteilen festhalten werden, ob sie also das laufende und das Wertentwicklungsrisiko dieser Jahre übernehmen oder nach Anlauf der 10 Jahre ihren Anteil alsbald veräußern werden, ist Sache ihrer autonomen Entscheidung und berührt nicht mehr die vertragliche Risikoverteilung zwischen ihnen und MU.

Wie nach ganz einheitlicher Auslegung des *risks-and-rewards*-Konzepts von IAS 17 bei Leasingverträgen ist daher auch für die Risiko/Chancen-Beurteilung nach IFRS 10 im Falle von Andienungsrechten, Restwertgarantien usw. der **Betrachtungszeitraum** für die Risikoverteilung auf den Zeitpunkt zu **begrenzen**, bis zu dem das Andienungsrecht wahrgenommen oder die sonstige Restwertgarantie in Anspruch genommen werden kann.

2.6.6.3 Vorrang der qualitativen Analyse

Die Bestimmung der Risiken- und/oder Chancenanteils bedarf nicht in jedem Fall einer **quantitativ-mathematischen Analyse**, sondern kann sich bereits aus **qualitativen** Überlegungen ergeben. Die amerikanischen Vorschriften für *variable interest entities* (als Pendant der strukturierten Einheiten) formulieren explizit den Vorrang der qualitativen Analyse (FIN 46r.9) und führen als Begründung Folgendes an:

> *„Although quantitative analysis may seem to provide a more precise and less subjective means of making a determination, that appearance is deceptive in some cases. The lack of objective evidence on which to base the estimates and assumptions used to make the computations results in imprecision and subjectivity. Consequently, a reasoned professional judgment ... often is as good as, or even better than, mathematical computations ...(FIN 46r. D.32)"*

Auch in der Anwendung von IFRS 10 ist u. E. der **qualitativen Analyse Vorrang** zu geben (Rz 67). Der Regelungstext enthält demzufolge keine Vorgaben für eine quantitative Analyse.

In folgenden beispielhaften **Fällen** kann regelmäßig bereits qualitativ eine Risikomehrheit des Sponsors belegt werden:

- Die strukturierte Einheit finanziert sich beinahe ausschließlich aus Fremdmitteln, die sie ohne Bürgschaften, Patronatserklärungen, Liquiditätsgarantien (Fazilitäten) etc. des Sponsors aber nicht hätte beschaffen können.
- Die Fremdmittel stammen vom Sponsor, der hierfür keine Sicherheiten erhält, mit denen ein Dritter sich zufrieden gegeben hätte.
- Das strukturierte Unternehmen verfügt zwar über wesentliches, von Dritten aufgebrachtes Eigenkapital, der Sponsor nimmt den Dritten aber das eigenkapitaltypische Verlustrisiko ab, indem er ihnen etwa über einen langen Zeitraum ein Recht auf Andienung der Anteile zum Nominalwert zuzüglich einer Verzinsung einräumt oder ihnen auf Dauer Mindestdividenden garantiert.

- Die strukturierte Einheit hat von vornherein eine begrenzte Zeitdauer. Für den Wert des am Ende dieses Zeitraums bestehenden Vermögens garantiert der Sponsor durch Einräumung von *first-loss*-Garantien, Andienungsrechten usw.

2.6.6.4 Möglicher Aufbau einer quantitativen Analyse

77 Nicht immer führen qualitative Überlegungen zu einem hinreichend eindeutigen Ergebnis.

> **Beispiel**
> Ein strukturiertes Unternehmen wird im Wesentlichen aus zwei Quellen finanziert:
> - einer am Gewinn partizipierenden typischen stillen Einlage des A,
> - einem Festzinsdarlehen des B.
>
> Beide Fremdfinanzierungen sind nachrangig gegenüber anderen Fremdfinanzierungen und untereinander gleichrangig.
>
> **Beurteilung**
> Bei erster Betrachtung trägt der stille Gesellschafter A höhere Risiken und Chancen, da A und B in gleicher Weise dem Ausfallrisiko unterliegen, die fortlaufende Vergütung des A jedoch gewinnabhängig, die des B hingegen fixiert ist.
> Diese Betrachtung trägt jedoch nur, wenn das Volumen beider Finanzierungen in etwa gleich hoch ist. Beträgt die stille Einlage hingegen nur ⅔ des Festzinsdarlehens, ergibt sich zwar nach wie vor ein höheres Risiko des A hinsichtlich der laufenden Vergütung, jedoch ein geringeres hinsichtlich des Ausfalls des Rückforderungsanspruchs. Nunmehr ist irgendeine Art des Vorrangs oder der Gewichtung geboten. Soll vornehmlich auf den *worst case* (Ausfallrisiko) abgestellt werden (dann trägt B mehr Risiken) oder soll auf beide Risiken abgestellt werden, dann kommt es auf die Wahrscheinlichkeit des Ausfalls im Verhältnis zu Maß und Wahrscheinlichkeit von Schwankungen der laufenden Vergütung an.

Bei **fehlender Eindeutigkeit** der qualitativen Analyse ist somit eine quantitative Analyse sinnvoll oder geboten. Mangels Vorgaben in IFRS 10 selbst könnte eine solche Analyse etwa durch Rückgriff auf die analogen **amerikanischen** Vorschriften aus FIN 46r erfolgen.[31] Sie fordern eine **wahrscheinlichkeitsgewichtete** Szenario-Analyse. Hierbei werden unterschiedliche Entwicklungen der strukturierten Einheit (z.B. *worst, bad, base, good* und *best case*) mit diskreten Wahrscheinlichkeiten gewichtet, um zu untersuchen, welche Partei in diskontierter Betrachtung die Mehrheit der positiven und negativen Ergebnis- bzw. *cash-flow*-Variabilität (Chance und Risiko) trägt. Die darin enthaltene Definition von Risiko und Chance als Ergebnisvariabilität entspricht der Definition von Chance und Risiko in IAS 39.21. Eine wahrscheinlichkeitsgewichtete Szenario-Analyse kann sich daher nicht nur über IAS 8.12 auf FIN 46r berufen, sondern ebenso über IAS 8.11(a) auf IAS 39 (→ § 1 Rz 77 ff.).

---

[31] In diesem Sinne Müller/Overbeck/Bührer, BB 2005, Beil. 8 zu Heft 32, S. 26 ff.

In der wahrscheinlichkeitsorientierten Szenario-Betrachtung sind zunächst zwei Größen zu bestimmen:

Ergebnis des jeweiligen Szenarios
× Wahrscheinlichkeit des Szenarios
= wahrscheinlichkeitsgewichteter Szenario-Wert (1)
Erwartungswert aller Szenarien
× Wahrscheinlichkeit des jeweiligen Szenarios
= wahrscheinlichkeitsgewichteter Erwartungswert (2)

Die Summe der positiven Differenzen der beiden Größen gilt als Chance *(expected residual return)*, die Summe der negativen Abweichungen als Risiko *(expected loss)*.
Ist der Anteil des einzelnen Gesellschafters an den so über Variabilitäten definierten Risiken und Chancen größer 50 %, hat er die Gesellschaft zu konsolidieren. In die Betrachtung fließen nicht nur die gesellschaftsrechtlichen Ergebnisanteile ein, sondern ebenso die Chancen und Verluste aus **Bürgschaften, nachrangigen Darlehen**, *first-loss*-Garantien für Leasingobjekte usw. Nachfolgend ein stark, weil u. a. auf eine Periode reduziertes Beispiel:[32]

Beispiel
TU wird mit einem minimalen, vernachlässigbaren Eigenkapital gegründet. A hält 20 %. Die Gesellschaft wird durch ein nachrangiges und erfolgsabhängiges Darlehen des A in Höhe von 100 finanziert.
Im *bad case* fällt das Darlehen aus, im *base case* erhält A seine Einzahlung nebst einem Zins von 25 zurückgezahlt, im *best case* beträgt der Zins 50.
Die in der nachfolgenden Tabelle festgehaltenen Berechnungen führen bei A zu einer Ergebnisvariabilität (positiv wie negativ) von 22,8, bei den anderen Gesellschaftern von 16,8. A trägt daher die Mehrheit der Chancen und Risiken.

GESAMTBETRACHTUNG				
Fall	bad	base	best	
Wahrscheinlichkeit p	20 %	60 %	20 %	
EBIT	–100	50	200	
– Zins G'ter-Darlehen A		–25	–50	
+ Ertrag aus Ausfall G'ter-Darlehen A	100			
= operativer *cash flow* (Gesellschaft)	0	25	150	
+ Zins G'ter-Darlehen A		25	50	
– Ausfall G'ter-Darlehen A	–100	0	0	
= angepasster *cash flow* (Ergebnis)	–100	50	200	
wahrscheinlichkeitsgewichtetes Ergebnis	–20	30	40	
Erwartungswert	50			
wahrscheinlichkeitsgewichtetes Ergebnis	–20	30	40	Summe

---

[32] Weitere Einzelheiten bei MÜLLER/OVERBECK/BÜHRER, BB 2005, Beil. 8 zu Heft 32, S. 26 ff. und MELCHER/PENTER, DB 2003, S. 513 ff.

GESAMTBETRACHTUNG				
Fall	bad	base	best	
Wahrscheinlichkeit p	20 %	60 %	20 %	
– Erwartungswert × p	10	30	10	
Negative Abweichung (Risiko)	–30			–30
Positive Abweichung (Chance)		0	30	30
GESELLSCHAFTER A				
Fall	bad	base	best	
Wahrscheinlichkeit p	20 %	60 %	20 %	
Anteil am op. *cash flow* der Gesellschaft (20 %)	0	5	30	
+ Zinsen aus Darlehen	0	25	50	
– Ausfall Darlehen	–100	0	0	
= angepasster *cash flow* A	–100	30	80	
wahrscheinlichkeitsgewichteter *cash flow* A	–20	18	16	
Erwartungswert	14			
wahrscheinlichkeitsgewichteter *cash flow* A	–20	18	16	Summe
– Erwartungswert × p	2,8	8,4	2,8	
Negative Abweichung (Risiko)	–22,8			–22,8
Positive Abweichung (Chance)		9,6	13,2	22,8
ÜBRIGE GESELLSCHAFTER				
Fall	bad	base	best	
Wahrscheinlichkeit p	20 %	60 %	20 %	
Anteil am op. *cash flow* der Gesellschaft (80 %)	0	20	120	
= angepasster *cash flow*	0	20	120	
wahrscheinlichkeitsgewichteter *cash flow*	0	12	24	
Erwartungswert	36			
wahrscheinlichkeitsgewichteter *cash flow*	0	12	24	Summe
– Erwartungswert × p	7,2	21,6	7,2	
Negative Abweichung (Risiko)	–7,2	–9,6		–16,8
Positive Abweichung (Chance)			16,8	16,8

2.6.6.5 Zellulare Strukturen, *multi-seller*-SPEs

78 Ein strukturiertes Unternehmen mit einer sog. zellularen Struktur liegt vor, wenn unter der **einheitlichen rechtlichen Hülle** verschiedene **haftungsmäßig gegeneinander isolierte Geschäfte** (sog. Silos) betrieben werden. Durch eine solche Strukturierung kann die Anwendung von IFRS 10 nicht umgangen werden. Beim rechtlichen und wirtschaftlichen Auseinanderfallen des potenziellen Konsolidierungsobjekts ist die **wirtschaftliche** Betrachtung vorrangig (IFRS 10.B76 ff.).

> **Beispiel**
> **Sachverhalt**
> Die Leasinggesellschaft LG überlässt verschiedene Leasinggegenstände im *finance lease* an die Leasingobjektgesellschaft LOG, deren Komplementär sie zugleich ist. Kommanditisten mit einer geringen Einlage sind zu gleichen Teilen A, B, C, D und E, die Maschinen von LG im *operate lease* anmieten.

> Nach den Verträgen mit der LOG bürgt jeder Kommanditist für diejenigen Schulden der LOG, welche die von ihm angemieteten Leasinggegenstände betreffen, also sachlich ihm „zuzurechnen" sind. Andere Schulden relevanter Größenordnung hat die LOG nicht.
>
> **Beurteilung**
> Auch wenn keiner der Kommanditisten die Mehrheit der Risiken und Chancen an der LOG hat, können konsolidierungspflichtige Einheiten vorliegen. Aus Sicht der relevanten Schulden, Eingangs- und Ausgangsgeschäfte ist die LOG nur eine formale Hülle über 5 wirtschaftlich selbstständige Einheiten. Jede dieser Einheiten stellt ein **potenzielles Konsolidierungsobjekt** dar und ist nach IFRS 10 auf die Konsolidierungspflicht beim jeweiligen Kommanditisten zu prüfen. Diese Prüfung wird regelmäßig zur Konsolidierung führen.

Auch Verbriefungsgeschäfte (**ABS-Transaktionen**; Rz 56) können so gestaltet werden.

> **Beispiel**
> - Drei Unternehmen A, B, C verkaufen ihre Forderungen an eine einzige Zweckgesellschaft Z.
> - Die Zweckgesellschaft emittiert zur Finanzierung der Käufe Schuldpapiere A, B und C,
> - wobei zur dinglichen Sicherung der Papiere A nur die von A gekauften Forderungen dienen usw.
>
> Ein derartiges *multi-seller*-SPE repräsentiert nicht **ein** Nichtkonsolidierungsobjekt, sondern **drei (potenzielle) Konsolidierungsobjekte.**

Fraglich ist, ob die Beurteilung im vorstehenden Beispiel auch dann gilt, wenn bei allerdings sehr **unwahrscheinlichen Verlusten** der Zweckgesellschaft A ggf. auch für die wirtschaftlich den anderen Gesellschaftern zuzurechnenden Verluste einstehen muss. Gegen eine Silo-Betrachtung in einem solchen Fall spricht der restriktive Einleitungssatz von IFRS 10.B77 (*„if and only if"*). Andererseits verlangt IFRS 10.B77 aber explizit eine wirtschaftliche Betrachtung (*„in substance"*), der ein Abstellen auf zwar rechtlich geregelte, wirtschaftlich aber völlig unwahrscheinliche Ereignisse widersprechen könnte.

Rechtlich einfach gestaltet sich die Etablierung zellularer Strukturen im Bereich der **Spezialfonds** (Rz 56). Das Investitionsrecht eröffnet hier die Möglichkeit, mehrere Teilfonds mit unterschiedlichen Anlageschwerpunkten gemeinsam unter einem Schirm zu verwalten (*umbrella fund*). Soweit keine *cross fund liabilities* bestehen, d.h. die Teilfonds haftungsrechtlich gegeneinander abgekapselt werden, sind potenzielles Konsolidierungsobjekt die **Teilfonds**.

> **Beispiel**
> *Umbrella fund* U besteht aus 10 gleich großen Subfonds S-1 bis S-10.
> M hält 100 % an Subfonds S-1, somit nur 10 % an U.
> Maßgeblich ist die wirtschaftliche Betrachtung (*substance over form*). Gibt es keine *cross fund liabilities*, ist potenzielles Konsolidierungsobjekt nicht die Verwaltungshülle U, sondern der jeweilige Subfonds. M hat dann Subfonds S-1 nach IFRS 10 u.a. wegen Risiko-/Chancenmehrheit zu konsolidieren.

2.6.7 Principal-agent-Beziehungen

80 Wie bei *voting interest entities* (Rz 26) sind auch bei strukturierten Unternehmen Überlegungen angezeigt, ob ein Dritter für Zwecke des Berichtsunternehmens handelt oder umgekehrt. Diese Frage nach einer *principal-agent*-Beziehung stellt sich in besonders komplexer Weise bei **Asset-** oder **Fonds-Management-Gesellschaften,** an denen der Asset- oder Fonds-Manager auch selbst eine Beteiligung hält oder bei denen eine erfolgsabhängige Managementvergütung einen nicht unbedeutenden Teil der insgesamt anfallenden Chancen und Risiken absorbiert. Es gilt:
- Je größer die **Entscheidungsbefugnisse** des Managers (keine Vorgabe detaillierter Anlagerichtlinien durch die Eigentümer),
- je bedeutender das **eigene Investment** des Managers und/oder die Höhe seiner **erfolgsabhängigen Bezüge,**
- je schwieriger seine vorzeitige Kündigung,

umso eher handelt er in eigener Sache.
Umgekehrt weisen Ausprägungen der vorgenannten Kriterien in die andere Richtung auf ein Handeln für andere, z. B. das Berichtsunternehmen, hin.[33]

81 Bei der Beurteilung, ob ein Entscheidungsträger *(decison maker)* als **Prinzipal** oder als **Agent** handelt, sind die gesamten Verhältnisse zwischen allen in Beziehung stehenden Parteien zu würdigen. Abzustellen ist nach IFRS 10.B60 auf folgende Indikatoren
a) den Umfang seiner **Entscheidungsbefugnis,**
b) **substanzielle Rechte Dritter** mit (beeinträchtigender) Wirkung für die Entscheidungsbefugnis,
c) die Ausgestaltung seiner **Vergütung** für die Leistung
d) den zusätzlichen Anteil an den variablen Rückflüssen durch **eigene Beteiligungen.**

Nur in zwei Konstellationen ist eine abschließende Beurteilung anhand eines einzigen Indikators gefordert. Ein *decision maker* handelt danach **unwiderlegbar** als
- **Agent,** wenn eine einzelne Partei substanzielle Rechte zur Abberufung des Entscheidungsträgers *(removal oder kickout rights)* besitzt, die ohne besondere Angabe von Gründen ausgeübt werden können (IFRS 10.B61/.B65);
- **Prinzipal,** wenn Vergütungs- und/oder sonstige Vertragsbedingungen **marktunüblich** sind (IFRS 10.B70).

82 Bestehen die substanziellen Rechte Dritter nicht in einem *kickout right,* sondern etwa in Zustimmungsvorbehalten (IFRS 10.B66) oder in besonderen Rechten bez. des Liquidation des potentiellen Konsolidierungsobjekts, kommt es auf den **Einzelfall** an.

83 In die Beurteilung der Stellung eines Entscheidungsträgers ist auch auf die **Chancen** und **Risiken** abzustellen. Ein hoher Anteil des Managers ist ein Hinweis für ein Handeln als Prinzipal (IFRS 10.B68). Der Anteil ergibt sich aus der Vergütungsstruktur und einer evtl. zusätzlichen Beteiligung und ist in ein (relatives) Verhältnis zu der Gesamtvariabilität der Rückflüsse zu setzen (IFRS 10,B72).

---

[33] Vgl. allgemein zur Konsolidierung sog. Investmentstrukturen DIETRICH/KRAKUHN/SIERLEJA, IRZ 2012, S. 23 ff.

> **Beispiel**[34]
> Entscheidungsträger E bekommt für seine Leistungen eine prozentuale Ergebnisbeteiligung von 2 %. Bei Erreichen von besonderen Renditezielen hat E überdies Anspruch auf eine zusätzliche Vergütung von 25 % des Ergebnisses nach Abzug der festen Vergütung. E ist selber mit einem Anteil von 5 % an der Gesellschaft beteiligt. Unter der Prämisse einer Zahlung der variablen Vergütung in jedem Szenario ergibt sich ein Anteil von ca. 30,2 % des Entscheidungsträgers.
>
> | | Gesamt | Anteil E |
> |---|---|---|
> | Ergebnis | 100 | |
> | Managementvergütung | 2,0 (= 100 × 0,02) | 2,0 % |
> | Variable Vergütung | 24,5 (= 98 × 0,25) | 24,5 % |
> | Verbleibendes Ergebnis | 73,5 | 3,7 % |
> | Anteil an Variabilität | | **30,2 %** |
>
> Bestehen erhebliche Zweifel an der Erreichbarkeit der Schwellenwerte, ist die Kalkulation um verschiedene, wahrscheinlichkeitsgewichtete Szenarien zu erweitern.

IFRS 10 verzichtet allerdings bewusst auf eine Grenzziehung, bei welchem **relativen Anteil** an den variablen Rückflüssen der Entscheidungsträger als Agent oder Prinzipal anzusehen ist (IFRS 10.BC142). Aus den *Application Examples* lassen sich allerdings Anhaltspunkte ableiten:
- Nach Example 14B führt ein Anteil von mindestens **36,6 %** an den variablen Rückflüssen zu einer Typisierung des Handelns des Entscheidungsträgers als Prinzipal
- Hingegen führt ein Anteil von maximal **22,4 %** nach Example 14A noch zu einer Behandlung als Agent

Besteht die Beteiligung des Fonds- oder Assetmanagers an einem Fonds, der nichts anderes tut, als einen **Index nachzubilden** *(index tracker fund)*, stellt sich die Frage, ob hier überhaupt noch hinreichend relevante Dinge zu entscheiden gibt, die eine Stellung des Managers als Prinzipal rechtfertigen können. 84

Wegen der Principal-Agent-Thematik bei *voting interest entities* wird auf Rz 26 ff. verwiesen. 85

2.6.8 Kontrolle durch Banken oder andere Fremdfinanziers nach Bruch von *covenants*

Kontrolle kann auch auf rein **schuldrechtlicher Basis** bestehen, etwa wenn nach einem Kreditvertrag nach eingetretener Verletzung bestimmter Kreditbedingungen *(covenants)* alle weiteren Entscheidungen über das Unternehmen des Kreditnehmers von der Bank getroffen werden. Bei **breit operierenden Unternehmen** (Rz 7) ist ein solche Situation selten. Höchstens werden nach Verletzung der Vertragsbedingungen alle besonders bedeutsamen Entscheidungen (auf Zeit) an 86

---

[34] Nach Freiberg, PiR 2013, S. 96 ff.

einen Zustimmungsvorbehalt der Bank geknüpft, der für sich gesehen noch nicht zur Beherrschung durch die Bank, ggf. aber zu einem maßgeblichen Einfluss i.S. von IAS 28 führt (→ § 33 Rz 19). Bei **strukturierten Einheiten** mit wenig fortlaufendem Entscheidungsbedarf (Autopilot; Rz 59) ist eine stärkere Rechts- und Machtstellung des Kreditgebers wahrscheinlicher.

> **Beispiel**
> Die SE betreibt mit geringem Eigenkapital auf gepachteter Fläche einen Solarpark. Hauptkreditgeber ist die Bank B. Zwei Jahre nach Betriebsaufnahme wird evident, dass die Erträge viel zu optimistisch eingeschätzt wurden und daher eine vollständige Bedienung der Bankdarlehen auf Dauer nicht möglich ist. Entsprechend der kreditvertraglichen Regelungen übernimmt damit die Bank „das Ruder". Nicht nur bedürfen sämtliche operative Entscheidungen von nun an der Zustimmung der Bank, diese kann auch initiativ werden, also bestimmte Maßnahmen anordnen.
> U. E. hat die Bank bei nicht nur vorübergehender Übernahme der Entscheidungsgewalt (Initiativrecht) die strukturierte Einheit zu konsolidieren.

2.7 Abgrenzung Tochterunternehmen von assoziierten und Gemeinschaftsunternehmen

87 In **typisierender** Betrachtung lassen sich vier Fälle der Beteiligung an einem anderen Unternehmen unterscheiden:
- Beteiligung von **weniger als 20 %:** kein maßgeblicher Einfluss, somit **einfache Beteiligung nach IAS 39** bzw. IFRS 9 (→ § 28);
- Beteiligung von **mehr als 20 %, aber weniger als 50 %:** maßgeblicher Einfluss, **assoziiertes Unternehmen,** somit *equity*-Konsolidierung nach IAS 28 (→ § 33);
- Beteiligung von **50 %: Joint Venture,** Konsolidierung *at equity* als Gemeinschaftsunternehmen nach IFRS 11 (→ § 34);
- Beteiligung **über 50 %: Tochterunternehmen,** somit volle Konsolidierung (Rz 89).

88 Die typisierenden Annahmen können je nach Würdigung des Einzelfalls zu widerlegen sein; dazu wird verwiesen wegen
- eines **Tochter**status bei fehlender Mehrheitsbeteiligung auf Rz 21ff. und Rz 44;
- eines **Gemeinschafts**status bei 51 %iger Beteiligung auf Rz 21ff.;
- eines möglichen **assoziierten** Status bei der Beteiligung unter 20 % auf → § 33 Rz 11ff.

3 Konzernabschlusspflicht, Konsolidierungskreis, Bilanzstichtag

3.1 Konzernabschlusspflicht

3.1.1 Vorrang von EU- und nationalem Recht bei der Bestimmung der Konzernabschlusspflicht

89 Nach IFRS 10.4 hat ein **Mutterunternehmen** – größen-, rechtsform- und sitz**un**abhängig – einen Konzernabschluss vorzulegen. **Befreiungsmöglichkeiten** sind lediglich für den Teil-Konzernabschluss von bestimmten Mutterunternehmen vorgesehen, die selbst Tochterunternehmen eines anderen Mutterunternehmens sind (IFRS 10.4).

Aus Sicht **deutscher** und **EU**-Anwender haben die IFRS-Vorschriften zur Konzernabschlusspflicht jedoch keine Relevanz (Rz 5). Die EU-Kommission hat im November 2003 „Kommentare zu bestimmten Artikeln der Verordnung (EG) Nr. 160" (6/2002) veröffentlicht und dabei das Zusammenspiel von EU-Richtlinien bzw. nationalem Recht (HGB) mit der IFRS wie folgt erläutert: 90

- „Da sich die IAS-Verordnung lediglich auf „konsolidierte Abschlüsse" bezieht, wird sie nur dann wirksam, wenn diese konsolidierten Abschlüsse von anderer Seite gefordert werden. Die Klärung der Frage, ob eine Gesellschaft zur Erstellung eines konsolidierten Abschlusses verpflichtet ist oder nicht, wird nach wie vor durch Bezugnahme auf das einzelstaatliche Recht erfolgen, das infolge der Siebenten Richtlinie erlassen wurde ..."
- Daher „bestimmt das nationale aus den Rechnungslegungsrichtlinien abgeleitete Recht, ob konsolidierte Abschlüsse erforderlich sind oder nicht".
- Werden sie benötigt, so legen die in den übernommenen IAS festgelegten Anforderungen den Anwendungsbereich der Konsolidierung und folglich die Unternehmen fest, die in diese konsolidierten Abschlüsse einzubeziehen sind, und die Art und Weise, wie dies geschehen soll."[35]

Die Gesetzesbegründung zum Bilanzrechtsreformgesetz (→ § 7 Rz 8) schließt sich dieser Wertung an. § 315a Abs. 1 HGB formuliert demzufolge nur Vorschriften für „ein Mutterunternehmen, das nach den Vorschriften des ersten Titels [also nach §§ 290 ff. HGB] einen Konzernabschluss aufzustellen hat." Somit ergibt sich die in Abbildung 1 dargestellte Arbeitsteilung von IFRS und HGB für den deutschen Anwender:

IFRS-Konzernabschluss – Arbeitsteilung HGB-IFRS

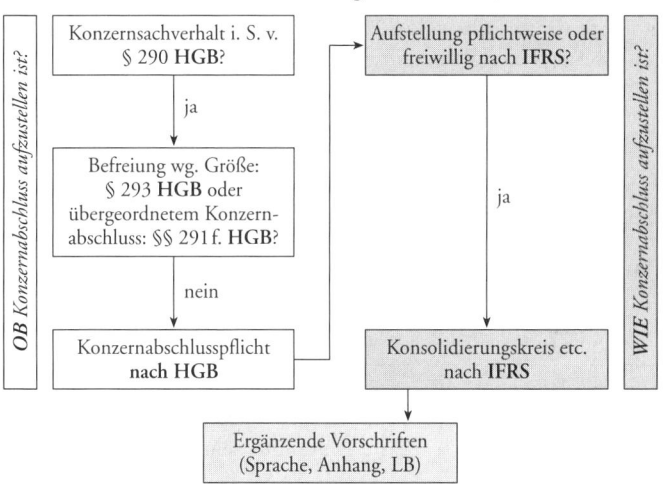

Abb. 3: IFRS-Konzernabschluss – Arbeitsteilung HGB und IFRS

---

[35] EU-Kommission, Kommentare zu bestimmten Artikeln der Verordnung (EG) Nr. 1606/2002, http://ec.europa.eu/internal_market/accounting/docs/ias/200311-comments/ias-200311-comments_de.pdf.

Insoweit haben deutsche Anwender einen verpflichtenden (börsennotierte Gesellschaften) oder gem. § 315a HGB befreienden (sonstige Gesellschaften) IFRS-Konzernabschluss nur aufzustellen, wenn
- mindestens ein **Beherrschungsverhältnis** i. S. v. § 290 HGB vorliegt,
- das Mutterunternehmen nicht selbst Tochterunternehmen eines anderen Mutterunternehmens ist, das einen **den Teilkonzern befreienden Konzernabschluss** erstellt (§§ 291 f. HGB),
- die **Größenmerkmale von § 293 HGB** überschritten sind und
- das Mutterunternehmen eine **Kapitalgesellschaft** oder eine Personenhandelsgesellschaft ohne unbeschränkte Haftung mindestens einer natürlichen Person **(KapCo-Gesellschaft)** ist (§ 290 HGB i. V. m. §§ 264 und 264a HGB) oder sich wegen besonderer Größe eine Konzernabschlusspflicht nach dem **Publizitätsgesetz** ergibt (§ 11 PublG).

Zum Begriff der Börsennotierung (genauer: Kapitalmarktorientierung) wird auf → § 7 Rz 9 verwiesen.

Abstimmungsprobleme zwischen HGB a. F. und IFRS konnten sich dann ergeben, wenn sämtliche Tochtergesellschaften eines börsennotierten Unternehmens wegen Unwesentlichkeit, Veräußerungsabsicht oder Transferbeschränkungen nach § 296 HGB nicht zu konsolidieren sind. Nach einer Auffassung war hier ein IFRS-Konzernabschluss aufzustellen,[36] nach der Gegenmeinung bestand keine Konzernrechnungslegungspflicht.[37] Hier sorgt das BilMoG mit § 290 Abs. 5 HGB für eine Klarstellung: Eine Konzernabschlusspflicht entfällt nach HGB und damit auch für § 315a HGB.

Beispiel
Die börsennotierte Venture Capital AG hält eine Vielzahl von Beteiligungen. Alle Beteiligungserwerbe erfolgen mit einer Exit-Strategie (Börsengang, außerbörsliche Veräußerung).
Die Beteiligungen werden daher gem. § 296 Abs. 1 Nr. 3 HGB nicht konsolidiert.
Nach § 290 Abs. 5 HGB entfällt damit die Konsolidierungspflicht mit Folgewirkung für den IFRS-Abschluss nach EU-VO bzw. § 315a Abs. 1 HGB.

Die Bindung an § 315a HGB und damit an § 290 ff. HGB hat auch Implikationen für die Frage, auf welchen Stichtag **erstmalig** oder **letztmalig** ein Konzernabschluss aufzustellen ist.

Beispiel
Die seit 01 börsennotierte MU hat bis zum 31.12.04 keine Tochterunternehmen. Am 1.1.05 gründet/erwirbt sie das Tochterunternehmen TU.
Beurteilung
- Ein Konzernabschluss ist erstmals für 05 aufzustellen (§ 315a Abs. 1 HGB i. V. m. § 290 Abs. 1 HGB).

---

[36] Knorr/Buchheim/Schmidt, BB 2005, S. 2399.
[37] Engelmann/Zülch, DB 2006, S. 293 ff.

- U.E. entsteht damit auch das Berichtsobjekt „Konzern" neu, sodass im Abschluss 05 keine Vorjahresvergleichszahlen (des IFRS-Einzelabschlusses der MU) anzugeben sind und der Zeitpunkt der IFRS-Eröffnungsbilanz mit dem der Begründung des Konzerns zusammenfällt.[38]

> **Beispiel (Fortsetzung)**
> MU veräußert am 30.12.06 das einzige Tochterunternehmen.
> **Beurteilung**
> Ein Konzernabschluss ist für das Jahr 2006 nicht mehr aufzustellen (§ 315a Abs. 1 HGB i. V. m. § 290 Abs. 1 HGB).

3.1.2 Keine originäre Konzernabschlusspflicht nach IFRS

Wo **nationale Gesetze** nicht oder noch nicht bestehen, können die IFRS keine Konzernabschlusspflicht begründen, auch nicht mittelbar für Unternehmen, die aus welchen Gründen auch immer IFRS-konforme Einzelabschlüsse aufstellen. Nach IAS 1.14 darf ein Abschluss zwar nur dann als mit IFRS übereinstimmend bezeichnet werden, wenn er sämtliche Anforderungen der IFRS erfüllt. Die Vorschrift bezieht sich jedoch auf den **Abschluss**, nicht auf das **Unternehmen**. Der Einzelabschluss eines Unternehmens darf daher als IFRS-Abschluss bezeichnet werden, wenn er alle für den Einzelabschluss geltenden Vorschriften beachtet. Ob das Unternehmen daneben auch andere IFRS-Vorschriften, insbesondere die über den Konzernabschluss, beachtet, ist für die Konformität des Einzelabschlusses irrelevant.

91

Insoweit haben auch die Bestimmungen von IFRS 10.4 für die **Befreiung** eines Mutterunternehmens, das zugleich im Verhältnis zu einem anderen Unternehmen Tochterunternehmen ist (Teilkonzern), eine praktisch vernachlässigbare Bedeutung.

92

3.1.3 Gleichordnungskonzerne – *combined statements*

Bei Beherrschung zweier Unternehmensgruppen durch die gleichen nichtunternehmerischen Personen (Gleichordnungskonzern) kommt IFRS 10 nicht zur Anwendung, da kein Beherrschungsverhältnis zwischen den beiden Gruppen besteht. Ein konsolidierter Abschluss scheidet aus. Infrage kommt aber ein zusammenfassender Abschluss (sog. *combined statement*). Dieser Abschluss ist i. d. R. nicht IFRS-konform, auch wenn er sämtliche sonstigen Vorschriften beachtet. In seltenen Fällen, insbesondere bei gleichartigen Eigentümerstrukturen, Personalidentität der Organe und operativem Zusammenwirken der Gruppen kann unter Berufung auf den *fair prensentation override* von IAS 1.17 (→ § 1 Rz 17) ein IFRS-konformer und als solcher testierfähiger Abschluss erstellt werden.[39] Bedeutung hat die Gleichordnung auch in Fällen einer **Umstrukturierung** unter *common control* (→ § 31 Rz 186).

93

94

---

[38] Nähere Begründung bei LÜDENBACH, PiR 2010, S. 144 ff.
[39] Gl. A. ERNST & YOUNG, International GAAP 2014, Ch 6 sCh 2.3.6.

> **Beispiel**
> Die natürliche Person A (oder die A AG) hält vor der Umstrukturierung jeweils 100 % an den Unternehmen TU1 bis TU5.
> A gründet am 1.7.02 eine Holding AG, die an der Börse gelistet werden soll, und bringt gegen Gewährung von Anteilen (Sacheinlage) TU 1 bis TU 5 in die Holding ein.
>
> **Beurteilung**
> Die Einbringung ist eine Transaktion unter gemeinsamer Kontrolle, da A vor und nach der Transaktion die TUs beherrscht.
> Im (Teil-)Konzernabschluss der Holding AG kann diese Transaktion unter Fortführung der Buchwerte abgebildet werden (*predecessor accounting*) (→ § 31 Rz 188).
> Die Holding kann wirtschaftlich als Fortsetzung der Tätigkeit der kombinierten Einheit TU1 bis TU5 angesehen werden, mit der Folge, dass ihr Konzernabschluss für den Zeitraum 1.1. bis 31.12.02 aufzustellen ist, so, als ob TU1 bis TU5 schon am 1.1. eingebracht worden wären.

Die Prinzipien des *predecessor accounting* gelten auch für den Zeitpunkt, ab dem die eingebrachten Unternehmen im Konzernabschluss der aufnehmenden Gesellschaft berücksichtigt werden können. Die Holding AG kann im vorstehenden Beispiel wirtschaftlich als Fortsetzung der Tätigkeit der kombinierten Einheit TU1 bis TU5 angesehen werden, mit der Folge, dass ihr Konzernabschluss für den Zeitraum 1.1. bis 31.12.02 so aufgestellt werden kann, als ob TU1 bis TU5 schon am 1.1. eingebracht worden wären. Betroffen ist überdies der **Vorjahresvergleich**. Bei Einbringung einer Gesellschaft in eine neu gegründete Holding gilt etwa:

> „*The consolidated statements can [...] incorporate the [...] results as if both entities [...] had always been combined. Consequently, the consolidated financial statements reflect both entities' full year's results, even though the business combination may have occurred part of the way through the year. In addition, the corresponding amounts for the previous year also reflect the combined results [...], even though the transaction did not occur until the current year.*[40]"

Die kombinierten Vorjahreszahlen haben demzufolge wirtschaftlich nicht die Qualität einer Fiktion (**Pro-forma-Zahlen**). Sie stellen vielmehr sicher, dass die erst im laufenden Jahr rechtlich formierte, vorher über *common control* aber bereits wirtschaftlich bestehende Berichteinheit für alle Perioden konsistent dargestellt wird.[41] Die kombinierten Vorjahreszahlen sind danach **echte Vergleichszahlen** (*historical informations*). Zu gleichen Wertungen kommt die SEC für den Bereich der US-GAAP,[42] sowie das *Auditing Practices Board UK* (APB) (ohne Bezugnahme auf ein spezielles GAAP) im *Standard for Investment Reporting SIR 2000, Annexure 26:*

---

[40] PwC, IFRS Manual of Accounting 2014, Tz. 25.403.1.
[41] Vgl. im Detail LÜDENBACH, PiR 2011, S. 209 ff.
[42] Rede des Associate Chief Accountant der SEC anlässlich der AICPA National Conference on Current SEC and PCAOB Developments in 2006.

„Where the entities have been under common management and control but do not form a legal group, the historical financial information will normally be presented on a combined or aggregated basis."
Zwei Non-IFRIC-Entscheidungen vom Januar 2010 haben vorstehende Vorgehensweise jedenfalls nicht abgelehnt.[43]
Die FEE (Fédération des Experts Comptables Européens) hat im April 2011 ein *Discussion Paper „Combined Financial Statements"* herausgegeben.[44] Das Papier nimmt eine Bestandsaufnahme der Regelungen (Regelungslücken) betreffend *combined statements* vor und soll eine diesbezügliche Weiterentwicklung der IFRS anregen. Das Papier behandelt neben Fällen von Transaktionen unter gemeinsamer Beherrschung auch andere Anwendungsgebiete von *combined statements*.

3.2 Konsolidierungskreis

3.2.1 Weltabschlussprinzip

Für die IFRS-Konzernbilanz gilt gem. IFRS 10.B86 das **Weltabschlussprinzip**. In den Konzernabschluss sind alle ausländischen und inländischen Tochterunternehmen einzubeziehen. Es bestehen keine Konsolidierungsverbote und auch keine Konsolidierungswahlrechte. Auch grundlegend unterschiedliche Geschäftstätigkeiten (Beteiligung einer Bank an einem Industrieunternehmen oder Industrieunternehmen an einer Versicherung) führen nicht zu Ausnahmen von der Konsolidierungspflicht. Eine Sonderregelung besteht für *investment entities* (Rz 100).

3.2.2 Zur Veräußerung bestimmte Anteile an Tochterunternehmen

Auch ein bereits mit **Veräußerungsabsicht** erworbenes Tochterunternehmen, bei dem die Veräußerung bis zum Bilanzstichtag noch nicht vollzogen wurde, ist zu konsolidieren.
Nach IFRS 5.39 und IFRS 5.IG Example 13 bestehen jedoch folgende Besonderheiten:
- Bilanziell **auszuweisen** sind **zwei Beträge**:
  - die Summe der **Vermögenswerte** als „zur Veräußerung bestimmtes Anlagevermögen" *(non-current assets held for sale)* und
  - die Summe der **Verbindlichkeiten** des Tochterunternehmens als „direkt mit zur Veräußerung bestimmtem Anlagevermögen verbundene Schulden" *(liabilities directly associated with non-current held for sale assets)*.
- Die **Bewertung** dieser Posten kann vereinfacht wie folgt vorgenommen werden:
  fair value des Tochterunternehmens
  – voraussichtl. Kosten der Veräußerung
  = *fair value less costs to sell* des Tochterunternehmens
  + *fair value* der **Schulden**
  = *fair value less costs to sell* der *held-for-sale assets*.

---

[43] IFRIC, Update Januar 2010.
[44] www.fee.be/publications/default.asp?library_ref=4.

- In der **GuV** ist nur ein Gewinn aus eingestellten Bereichen *(profit from discontinued operations)* auszuweisen, der sich wie folgt ermittelt:
  Ergebnis des Tochterunternehmens
  +/− Änderung des *fair value less costs to sell* des Tochterunternehmens
  = Ergebnis aus eingestellten Bereichen.

Bereits mit Veräußerungsabsicht erworbene Tochterunternehmen gelten ohne Weiteres als *discontinued operation* (IFRS 5.32c). Die sonst notwendige Prüfung, ob der abgehende Bereich ein operatives Haupttätigkeitsfeld des Konzerns darstellt, entfällt.

98 Wenn die **Veräußerungsabsicht** nicht schon beim Erwerb, jedoch **erstmals zum Bilanzstichtag** besteht, sind die bisher unter den jeweils einschlägigen Posten ausgewiesenen Vermögenswerte und Schulden des Tochterunternehmens in die vorgenannten Sammelpositionen auf der Aktiv- und Passivseite umzugliedern. Anzusetzen ist gem. IFRS 5.15 der (saldiert) **niedrigere Betrag aus**
- bisherigem **Buchwert** und
- Netto-*fair-value*.

Ein Ertrag aus Zuschreibung kann mithin nicht entstehen, bei unter dem Buchwert liegendem Netto-*fair-value* aber ein **Wertminderungsaufwand** (IFRS 5.20). Dieser ist als Ergebnis aus eingestellten Bereichen auszuweisen, sofern die zur Veräußerung vorgesehene Tochterunternehmung ein operatives Haupttätigkeitsfeld *(major line of business or geographical area)* repräsentiert (IFRS 5.32a). Zum Ganzen wird auf → § 29 Rz 31 verwiesen.

99 Als Weiterveräußerung kann aus Konzernsicht nur die Veräußerung an **konzernexterne** Unternehmen gelten. Ein Erwerb eines Enkelunternehmens durch Tochterunternehmen 1 mit der Absicht der Weiterveräußerung an Tochterunternehmen 2 oder an das Mutterunternehmen führt nicht zur Anwendung von IFRS 5. Das Fortbestehen der Weiterveräußerungsabsicht ist eine innere Tatsache, die sich an äußeren Indizien messen lassen muss. IFRS 5.8 verlangt daher die Veräußerung binnen 12 Monaten ab Erwerb. Eine Ausnahme ist nach IFRS 5.9 z. B. für solche Fälle vorgesehen, in denen ein innerhalb von 12 Monaten geschlossener Kaufvertrag noch der Genehmigung (z. B. durch Kartellbehörden) bedarf und mit dieser kurz nach Bilanzstichtag zu rechnen ist.

> **Beispiel**
> M erwirbt am 1.12.01 30 % der Anteile an T mit der Absicht der Weiterveräußerung binnen 12 Monaten. Die Anteile werden am 31.12.01 nach IFRS 5 bilanziert.
>
> **Variante 1: Noch kein Käufer gefunden**
> Am 31.12.02 ist noch kein Käufer in Sicht. Die Anteile sind nunmehr entsprechend den normalen Regeln zu konsolidieren.
>
> **Variante 2: Ausstehende Genehmigung des Kaufvertrags**
> Ein Kaufvertrag wird am 5.1.03 geschlossen. Der Übergang des wirtschaftlichen Eigentums erfolgt mit kartellrechtlicher Genehmigung. Diese steht zum Zeitpunkt der Bilanzaufstellung (Januar 03) noch aus. Eine Umklassifizierung ist nicht erforderlich, obwohl der Kaufvertrag erst nach 12 Monaten geschlossen wurde. Zweck von IFRS 5.8 ist die Vermeidung

> von Manipulationen und die Objektivierung der Veräußerungsabsicht. Der Bilanzierende soll nicht durch die bloße Behauptung einer Veräußerungsabsicht der Regelkonsolidierung ausweichen können. Diesem Zweck wird auch dann Genüge getan, wenn die 12-Monats-Frist in solchen Fällen moderat ausgedehnt wird, in denen spätestens bis Bilanzaufstellung ein Kaufvertrag geschlossen wurde.

3.2.3 Von *investment entities* gehaltene Anteile

Das im Oktober 2012 verabschiedete *Amendment „Investment entities"* zu IFRS 10 sieht für Mutterunternehmen, die als *investment entity* zu qualifizieren sind, 100
- deren Geschäft sich also im Wesentlichen auf den **Erwerb** von **Beteiligungen** (mehr als einer) zur Realisierung von laufenden Beteiligungserträgen und/oder Wertsteigerungen beschränkt und
- die deshalb ihr Beteiligungsportfolio nach *fair-value*-Gesichtspunkten steuern (IFRS 10.27),

eine **erfolgswirksame** *fair-value*-**Bilanzierung** der Anteile vor (IFRS 10.31 und IAS 27.8A). Besteht die Beteiligung an einem börsennotierten Unternehmen, soll nach ED/2014/4 der *fair value* als Produkt aus Aktienkurs und Zahl der Aktien, also ohne Rücksicht auf Kontroll- bzw. Einflussprämien, bestimmt werden.

Die Investment-Ausnahme greift jedoch in zwei Fällen nicht:
- Hält die *investment entity* neben den „eigentlichen" Investments noch Anteile an Tochterunternehmen, deren Zweck die Unterstützung beim Management des Beteiligungsportfolios ist, so sind diese „Dienstleistungstochterunternehmen" nach normalen Regeln zu konsolidieren (IFRS 10.32).
- Ist in einem mehrstufigen Konzern (MU, diverse TUs, diverse EUs) das Mutterunternehmen keine *investment entity*, ein Unternehmen der Zwischenstufe (eines der TUs) aber doch, so sind die Investments des letzteren zwar in dessen Teilkonzernabschluss nicht zu konsolidieren, jedoch im Gesamtkonzernabschluss des Mutterunternehmens (IFRS 10.33).

Den *investment entities* entsprechende Regelungen bestanden bisher schon für Anteile an assoziierten (→ § 33 Rz 6) und Gemeinschaftsunternehmen (→ § 34 Rz 10).

Die Qualifikation einer Gesellschaft als *investment entity* setzt nach IFRS 10.B85I 101 u. a. voraus, dass **keine besonderen, synergieartigen Vorteile** aus der Beteiligung erwachsen. Schädlich wäre etwa die Nutzung des technischen *know how* des Beteiligungsobjekts für eigene Zwecke oder ein regelmäßiger Geschäftsverkehr mit dem Beteiligungsobjekt.[45]

Bei den noch jungen Regeln zu *investment entities* besteht bzw. bestand zu 102 einigen Fragen noch **kein eindeutiges Meinungsbild**:
- **Freiwilliger oder lokalen Gesetzen** dienender Konzernabschluss: Wenn eine *investment entity* ausschließlich nach *fair value* Gesichtspunkten gesteuerte Mehrheitsbeteiligungen hält, kann es gleichwohl vorkommen, dass sie entweder freiwillig (bzw. auf Wunsch von Finanziers) oder zur Erfüllung nationaler Abschlusspflichten einen IFRS-Konzernabschluss aufstellen möchte. Nach

---

[45] Vgl. Zwirner/Forschhammer, IRZ 2013, S. 215ff.

IFRS 27.8A scheint dies nicht möglich, denn danach ist das Unternehmen *„required to apply the exception to consolidation."* IFRS 10.4c sprach hingegen für eine solche Möglichkeit, denn danach galt: „*An investment entity **need not** present consolidated financial statements.*" Für die Erfüllung der Konzernrechnungslegungspflicht deutscher Unternehmen hatte dieser **Widerspruch** eine eher geringe Bedeutung: Regelmäßig sind alle Beteiligungen der *investment entity* zur Veräußerung bestimmt. Nach § 290 Abs. 5 HGB i.V. § 296 Abs. 1 Nr. 3 HGB besteht dann keine Konzernrechnungslegungspflicht und zwar auch dann nicht, wenn die *investment entity* kapitalmarktorientiert ist.[46] IFRS 10.4C ist durch das Amendment vom Dezember 2014 entfallen. Eingefügt worden ist IFRS 10.4B, wonach eine *investment entity* keinen konsolidierten Abschluss präsentieren darf.

- **Zwischenholding**: Hält die *investment entity* ihre Beteiligung aus steuerlichen oder haftungsrechtlichen Gründen über eine Zwischenholding, die keinerlei Managementleistungen erbringt und auch kein eigenes Geschäft hat, stellt sich die Frage, ob diese Zwischenholding gleichwohl zu konsolidieren ist. U.E. ist dies nicht der Fall, da die Zwischenholding keine Managementtätigkeit i.S. von IFRS 10.B85C und IFRS 10.B85D erbringt. Aus IFRS 10.BC272 mag sich aber eine andere Auffassung ableiten lassen.
- Eine verwandte Frage ist, ob eine Managementdienste leistende Zwischenholding, die für Gesamtkonzernzwecke zu konsolidieren ist, sich für Zwecke ihrer eigenen Rechnungslegungspflichten als *investment entity* qualifizieren kann. Gegen eine solche Qualifizierung sprach IFRS 10.BC272, dafür IFRS 10.B85C.
- **Eigen- und Fremdkapitalinvestment**: In vielen Fällen finanziert eine *investment entity* die Beteiligungsgesellschaften nicht nur durch Eigenkapital, sondern auch durch mezzanine Instrumente wie Stille Beteiligungen, Genussrechte, Nachrangdarlehen usw. Fraglich ist dann, ob in Bezug auf die jeweilige Untergesellschaft ein einziges, einheitliches Investment vorliegt, das zum *fair value* zu bewerten ist oder zwei (oder mehr) Investments. U.E. dienen die Sonderregelungen für *investment entities* nur dem Verzicht auf die Konsolidierung von Beteiligungen. Daneben gehaltene Fremdkapitalinvestments sind daher nach den normalen Regeln von IAS 39 bzw. IFRS 9 zu bilanzieren.

Hinsichtlich des dritten Punktes bringt das Amendment vom Dezember 2014 einige Klarstellungen. Es wird in IFRS 10.385C ff. anerkannt, dass eine **Zwischengesellschaft**, die **Dienstleistungen** für ihre als *investment entity* zu qualifizierende Muttergesellschaft erbringt, ihrerseits selbst *investment entity* sein kann. Falls sie keine *investment entity* ist und die Dienstleistung für die Mutter den Hauptzweck der Zwischengesellschaft darstellt, soll eine Konsolidierung hingegen geboten sein. Darüberhinaus bringt das Amendment eine Änderung für **assoziierte Unternehmen**. Sind diese selbst *investment entity* und werden daher die Töchter des assoziierten Unternehmens von diesem nicht konsolidiert, sondern zum *fair value* bilanziert, so hat das oberste Unternehmen bei der *equity*-Konsolidierung des assoziierten Unternehmens dessen *fair value*-Bewertungen für die Unternehmen unterster Stufe zu übernehmen. Auch für Zwecke der *equity*-Konsolidierung beim obersten Unternehmen ist daher keine Konsolidierung der Unternehmen unterster Stufe beim assoziierten Unternehmen notwendig (IAS 2836A).

---

[46] Vgl. Hoffmann/Lüdenbach, NWB Kommentar Bilanzierung, 5. Aufl. 2014, § 315a

3.2.4 Dauernde Beschränkung des Finanzmitteltransfers

Nach der bis 2004 geltenden Fassung von IAS 27 bestand ein Konsolidierungsverbot aufgrund erheblicher und **langfristiger Beschränkungen** bez. der Fähigkeit zum **Finanzmitteltransfer**. Es betraf vor allem Fälle, in denen durch die Einführung von **Devisentransferbeschränkungen** oder anderer staatlicher Maßnahmen Dividenden nicht mehr ausgeschüttet werden dürfen. Dieses Verbot ist schon mit IAS 27 rev. 2003 entfallen und auch in IFRS 10 nicht enthalten. Es ist nun zu würdigen, ob sich die staatlichen Maßnahmen nicht nur auf den Finanzmitteltransfer, sondern auf die Stimmrechtsausübung, die Geschäftsführerbestellung usw. richten, sodass die Mutter-Tochter-Beziehung wegfällt (Verlust des Tochter-Status, nicht Konsolidierungsverbot).

103

3.2.5 Nichteinbeziehung aus *materiality*- oder Kosten-Gründen

Wie alle IFRS-Regeln unterliegt auch das Weltabschlussprinzip (Rz 96) dem *materiality*-Vorbehalt (→ § 1 Rz 61 ff.). Tochterunternehmen müssen nicht einbezogen werden, wenn sie für Vermögens-, Finanz- und Ertragslage des Konzerns von insgesamt untergeordneter Bedeutung sind.

104

Die Wesentlichkeit unterliegt einer **Gesamtbetrachtung**. Hierzu folgendes Beispiel:

105

> **Beispiel**
> Die X AG hat 40 Tochterunternehmen, die je etwa 0,5 %, zusammen 20 % zum Konzernumsatz beitragen. Jedes Unternehmen ist für sich betrachtet von untergeordneter Bedeutung. In zusammengefasster Betrachtung sind die Tochterunternehmen jedoch wesentlich. Eine Einbeziehung ist deshalb geboten.
> Wird eine kleine Zahl der Tochterunternehmen nicht einbezogen, ist dies nicht schon dann gerechtfertigt, wenn die nicht einbezogenen zusammen einen unwesentlichen Umsatzanteil haben. Bei annähernd gleicher Größe gegenüber anderen einbezogenen Unternehmen muss die Entscheidung systematisch begründbar sein, z. B. wegen besonderer Verzögerungen oder erhöhter Kosten, die sich gerade aus der Einbeziehung dieser Unternehmen ergäben.
>
> **Variante**
> Die 20 Tochterunternehmen, die zusammen 40 % zum Konzernumsatz beitragen, haben eine sehr unterschiedliche Größe. Auf 10 Tochterunternehmen entfallen 35 %, auf die anderen 10 Tochterunternehmen 5 % des Umsatzes. Die Nichteinbeziehung der zweiten Gruppe ist systematisch gerechtfertigt, da sie insgesamt von untergeordneter Bedeutung ist.

Das Kriterium der Wesentlichkeit ist im IFRS-Regelwerk nicht quantifiziert, auch deshalb nicht, weil unter besonderen Umständen in qualitativer Würdigung ein prozentual sehr kleiner Effekt gleichwohl wesentlich sein kann (→ § 1 Rz 61 ff.). Liegen keine besonderen Umstände vor, ist die Nichtkonsolidierung von Tochtergesellschaften, die zusammen nicht mehr als 10 % vom Umsatz und zugleich nicht mehr als 5 % der Bilanzsumme ausmachen, u. U. vertretbar. Für den handelsrechtlichen Einzelabschluss werden entsprechende Richtwerte ver-

106

treten, für den Konzernabschluss wegen fehlender Zahlungsbemessungsfunktion eine großzügigere Betrachtung als im Einzelabschluss befürwortet.[47]

107 Die Finanzberichterstattung steht unter den Nebenbedingungen der Zeitnähe und der Kosten-Nutzen-Abwägung (→ § 1 Rz 68). Informationen können durch unangemessene Verzögerungen ihre Relevanz verlieren. Zur Anwendung der Kriterien folgendes Beispiel:

> **Beispiel**
> Tochtergesellschaft der M AG ist unter anderem die Amazonia S. A., die ihre Geschäfte von einer Freihandelszone im Amazonasgebiet betreibt. Die Gewinnung von englischkundigem, qualifiziertem Personal ist objektiv schwierig. Die Amazonia erfüllt ihre unterjährigen Konzernreport-Pflichten stets mit großer Verzögerung. Denkbare Abhilfe, z.B. durch Entsendung von Mitarbeitern aus der Konzernzentrale, wäre mit Kosten verbunden, die in keinem Verhältnis zum von der Amazonia erwirtschafteten Ergebnis stünden. Die Nichtkonsolidierung der Amazonia ist dann gerechtfertigt, wenn der dadurch entfallene Informationsnutzen im Verhältnis zu den Kosten einer Abhilfe und im Verhältnis zu den sonst entstehenden Verzögerungen nicht bedeutsam ist. In der einzelfallbezogenen Abwägung wird es dabei unter anderem im Zusammenspiel mit *materiality*-Überlegungen auf die Größenordnung der Amazonia ankommen.
> Die Verzögerungs- und Kostenprobleme könnten auch bei einem Ergebnis- und Umsatzbeitrag der Amazonia von 5 % oder mehr noch eine Nichtkonsolidierung rechtfertigen.

3.2.6 Konsolidierung von assoziierten und Gemeinschaftsunternehmen

108 IFRS 10.B86 schreibt nur die Konsolidierung von Tochterunternehmen vor. Die Konsolidierung von **assoziierten** Unternehmen ergibt sich aus IAS 28 (→ § 33), die von Gemeinschaftsunternehmen aus IFRS 11 (→ § 34). Beide Standards regeln nicht nur die Konsolidierungsmethode, sondern auch die Frage, ob überhaupt eine Einbeziehung in den Konsolidierungskreis erfolgt. Soweit ein assoziiertes Unternehmen oder ein Gemeinschaftsunternehmen wegen Veräußerungsabsicht nicht *at equity* oder quotal zu konsolidieren ist, muss es gleichwohl im Einzel- und damit auch im Konzernabschluss des Mutterunternehmens bilanziert werden. Die Bilanzierung erfolgt jedoch dann nach den Regeln von IFRS 5 statt nach IAS 28/IFRS 11.

109 In Übereinstimmung mit den Regeln für Tochterunternehmen sind **bei Weiterveräußerungsabsicht** daher Anteile an **assoziierten Unternehmen** (→ § 33 Rz 30ff.) oder Gemeinschaftsunternehmen (→ § 34 Rz 29) mit dem *fair value less costs to sell* anzusetzen, sofern der bisherige Buchwert nicht niedriger ist (Rz 97).
- Bei bisheriger *equity*-Konsolidierung erfolgt eine Umgliederung auf der Aktivseite von „at-equity"-Anteilen" in „zur Veräußerung bestimmtes Anlagevermögen"(*non-current assets held for sale*; → § 29 Rz 70).

---

[47] KÜTING/WEBER/KESSLER/METZ, DB Beilage 7, 2007, S. 10f. m.w.N.

Der Konzernbegriff (und die Konzernabschlusspflicht) setzt gem. IFRS 10 ein Mutter-Tochter-Verhältnis voraus: Ohne Tochterunternehmen kein Konzern, ohne Tochterunternehmen kein Konzernabschluss (IFRS 10). Assoziierte Unternehmen und Gemeinschaftsunternehmen sind somit in einen ohnehin aufzustellenden Konzernabschluss einzubeziehen, begründen jedoch selbst keine Konzernabschlusspflicht.[48] Hierzu folgendes Beispiel: 110

Beispiel
MU ist am Tochterunternehmen TU, am assoziierten Unternehmen aU und am Gemeinschaftsunternehmen GU beteiligt.
MU hat einen Konzernabschluss aufzustellen, in den neben TU auch aU und GU einzubeziehen sind.

Variante
MU ist nur an aU und GU beteiligt.
MU bildet keinen Konzern und muss keinen Konzernabschluss aufstellen.
aU und GU können im Einzelabschluss von MU wahlweise zu Anschaffungskosten oder zum *fair value* bilanziert werden.

3.3 Konzernbilanzstichtag, abweichende Stichtage von Tochterunternehmen

Nach IFRS 10.B92 ist Abschlussstichtag des Konzerns der Stichtag des **Mutterunternehmens**. Tochterunternehmen dürfen gem. IFRS 10.B93 auf der Basis ihres **abweichenden** Einzelbilanzstichtages einbezogen werden, wenn der **Abweichungszeitraum** nicht größer als **3 Monate** und die Erstellung eines Zwischenabschlusses **unpraktikabel** *(impracticable)* ist. 111

Im Beispiel einer Konzernbilanzierung auf den 31.12.01 dürfen also die Tochterunternehmen mit Abschlussdatum 30.9.01 und 31.3.02 gerade noch auf der Basis dieser Stichtage einbezogen werden, wobei der zweiten Alternative bei üblichen Aufstellungsfristen für den Konzernabschluss kaum Praxisrelevanz zukommt. 112

Für **bedeutende Geschäftsvorfälle** zwischen dem Konzern-Bilanzstichtag und den abweichenden Einzelbilanzstichtagen sind gem. IFRS 10.B93 **Anpassungen** vorzunehmen. Hierzu folgendes Beispiel: 113

Beispiel
Die Tochterunternehmen T 1 und T 2 bilanzieren auf den 30.9. Konzernbilanzstichtag ist der 31.12.
T 1 produziert Silvesterfeuerwerk und tätigt seine Umsätze fast vollständig im 4. Quartal.
T 2 hat kein saisonales Geschäft. Im November ist ein Teil des Lagers von T 2 abgebrannt. Der Versicherungsschutz ist unzureichend.
T 1 kann trotz des saisonalen Verlaufs auf Basis der Zahlen per 30.9. einbezogen werden. Eine Anpassung um die Zahlen des 4. Quartals 01 wäre sinnwidrig, da dann umgekehrt die Zahlen des 4. Quartals 00 eliminiert werden müssten, um nicht 2 Jahresumsätze zu berücksichtigen. Die Zahlen

---
[48] Ebenso SENGER/RULFS, in: BECK'sches IFRS-Handbuch, 4. Aufl., 2013, § 31, Tz. 19.

> des 4. Quartals 00 können aber nicht eliminiert werden, da sie bisher noch überhaupt nicht im Konzernabschluss berücksichtigt wurden (Konzernabschluss 31.12.00 auf Basis T-1-Zahlen 30.9.00).
> T 2 kann, sofern es sich bei dem Brand um ein bedeutsames Ereignis handelt, nur auf Basis angepasster Zahlen einbezogen werden. Der Verlust ist schon im Konzernabschluss 01 (da in 01 entstanden) zu berücksichtigen. Im Folgejahr ist eine umgekehrte Anpassung notwendig, um eine Doppelerfassung zu vermeiden.

114 Hinsichtlich der Länge des Zeitabstands zwischen den Stichtagen ist nach IFRS 10.B92f. wie folgt zu differenzieren:
- Nur bei **bis zu 3-monatigem** Zeitabstand kann die Konsolidierung **aus Praktikabilitätsgründen** auf der Basis von um besondere Vorfälle und Ereignisse angepassten Einzelabschlüssen erfolgen.
- Bei **mehr als 3-monatiger** Abweichung sind zwingend **Zwischenabschlüsse** aufzustellen.

115 Wurde das Tochterunternehmen bisher auf Basis seines (nicht mehr als 3 Monate) abweichenden Stichtags konsolidiert und werden nun die Geschäftsjahre angeglichen, dürfen im Interesse eines zutreffenden Totalerfolgs (Kongruenzprinzip) schon bisher berücksichtigte Zeiträume des Tochterunternehmens nicht erneut im nächsten Konzernabschluss enthalten sein (*double counting*) bzw. bisher unberücksichtigte Zeiträume nicht endgültig unberücksichtigt bleiben. Im ersten Konzernabschluss auf den gemeinsamen Stichtag ist das Tochterunternehmen dann je nach Sachlage – Abschlussstichtag der Tochter vor Angleichung vor oder nach demjenigen der Mutter, Anpassung der Mutter an die Tochter oder umgekehrt – hinsichtlich der Stromgrößen (GuV, Gesamteinkommensrechnung, Kapitalflussrechnung) mit weniger als 12, mehr als 12 oder mit 0 Monaten zu berücksichtigen.

> **Beispiel**
> **Fall 1:** Abschlussstichtag des Tochterunternehmens war bisher der 31.3., der des Mutterunternehmens der 31.12.
> **Variante 1.1**
> Das Tochterunternehmen gleicht sich dem Mutterunternehmen an, indem es für den Zeitraum 1.4. bis 31.12.02 ein Rumpfgeschäftsjahr einlegt. Im Konzernabschluss 31.12.02 ist das Tochterunternehmen nur mit 9 Monaten zu berücksichtigen, da der Zeitraum 1.1. bis 31.3.02 bereits im Konzernabschluss 31.12.01 berücksichtigt wurde.
> **Variante 1.2**
> Das Mutterunternehmen gleicht sich dem Tochterunternehmen an, indem es für den Zeitraum 1.1. bis 31.3.02 ein Rumpfgeschäftsjahr einlegt. Für das Rumpfgeschäftsjahr ist nach § 315a HGB i.V.m. § 240 Abs. 2 Satz 2 HGB und § 299 Abs. 1 HGB ein Konzernabschluss vorzulegen (→ § 2 Rz 13). In diesem Konzernabschluss für den Zeitraum 1.1. bis 31.3.02 ist das Tochterunternehmen mit 0 Monaten zu berücksichtigen, da das Tochterunternehmen mit dem Zeitraum 1.1. bis 31.3.02 bereits im Konzernabschluss zum 31.12.01 berücksichtigt wurde.

> **Fall 2:** Abschlussstichtag des Tochterunternehmens war bisher der 31.12., der des Mutterunternehmens der 31.3.
> **Variante 2.1**
> Das Tochterunternehmen gleicht sich dem Mutterunternehmen an, indem es für den Zeitraum 1.1. bis 31.3.02 ein Rumpfgeschäftsjahr einlegt. Im Konzernabschluss 31.3.02 ist das Tochterunternehmen mit 15 Monaten (1.1.01 bis 31.3.02) zu berücksichtigen, da es mit dem Zeitraum 1.1. bis 31.3.01 im Konzernabschluss zum 31.3.01 nicht berücksichtigt wurde.
> **Variante 2.2**
> Das Mutterunternehmen gleicht sich dem Tochterunternehmen an, indem es für den Zeitraum 1.4. bis 31.12.02 ein Rumpfgeschäftsjahr einlegt. Im Konzernabschluss für das 9-monatige Rumpfgeschäftsjahr 1.4. bis 31.12.02 ist das Tochterunternehmen mit 12 Monaten zu berücksichtigen, da es mit dem Zeitraum 1.1. bis 31.3.02 im Konzernabschluss zum 31.3.02 noch nicht berücksichtigt wurde.

Für die Behandlung ungleicher Bilanzstichtage bei assoziierten Unternehmen wird auf → § 33 Rz 84 verwiesen.

116

4 Konsolidierungsverfahren

4.1 Überblick über die Konsolidierungsschritte

Nach HGB wie nach IFRS vollzieht sich die Aufstellung eines Konzernabschlusses in folgenden sechs (oder sieben) Schritten:

117

1. **Vereinheitlichung** der Bilanzierungs- und Bewertungs**methoden** (von der IFRS-Bilanz I zur **IFRS-Bilanz II**; Rz 118),
2. **Entweder** schon im Zuge dieser Arbeiten **Neubewertung** des Vermögens nach Maßgabe der durch die Kaufpreisallokation (Erstkonsolidierung) aufgedeckten und auf den Konzernbilanzstichtag fortgeschriebenen stillen Reserven und Lasten (→ § 31 Rz 11 ff.; IFRS-Bilanz III) **oder** Berücksichtigung der Neuwerte im Rahmen der **Kapitalkonsolidierung**,
3. Aufsummierung Bilanzen und GuV (**Summenbilanz**),
4. **Kapitalkonsolidierung** (dabei, sofern nicht separat als Schritt 2 vollzogen, Aufdeckung der fortgeschriebenen stillen Reserven und Lasten; → § 31 Rz 11 ff.),
5. **übrige Konsolidierung**, d.h. Aufwand/Ertrag (Rz 139) und Forderungen/Verbindlichkeiten (Rz 122 ff.),
6. **Zwischenergebniseliminierung** (Rz 141 ff.),
7. Berücksichtigung **Minderheitenanteil** in Bilanz und GuV (Rz 156 ff.).

Wegen der Ergänzung des Schrittes 1 bei ausländischen Töchtern durch eine **Währungsumrechnung** wird auf → § 27 verwiesen.

4.2 Vereinheitlichung in Ansatz und Bewertung

Nach IFRS 10.B87 sind für ähnliche Geschäftsvorfälle unter vergleichbaren Umständen einheitliche Bilanzierungs- und Bewertungsmethoden anzuwenden. Gefordert ist keine vollständige Vereinheitlichung, sondern eine nach den Umständen **angemessene Anpassung** (*appropriate adjustments*).

118

119 Das Erfordernis der Einheitlichkeit bezieht sich nicht nur auf echte bzw. ausdrückliche Wahlrechte, sondern auch auf sog. **unechte** Wahlrechte, die sich aus Regelungslücken, der Auslegung unbestimmter Rechtsbegriffe, der Vornahme von Schätzungen oder sonstigen Ermessensentscheidungen ergeben. Bei **unechten Wahlrechten relativiert sich die Einheitlichkeitsforderung** jedoch häufig, weil sie nur für ähnliche Ereignisse unter vergleichbaren Umständen gilt. Hierzu folgendes Beispiel:

> **Beispiel**
> M hat eine ausländische Tochtergesellschaft. EDV-Anlagen werden von M über 4, von T über 6 Jahre abgeschrieben.
> Die EDV-Anlagen sind über die Nutzungsdauer abzuschreiben. Die Nutzungsdauer ist eine Schätzgröße und damit innerhalb gewisser Grenzen ermessensabhängig (faktisches Wahlrecht). Auch faktische Wahlrechte sind einheitlich auszuüben. Möglicherweise bestehen aber sachliche Gründe für die unterschiedliche Abschreibungsdauer, etwa weil im Inland andere Reinvestitionszyklen geplant sind als im Ausland oder weil die inländischen Anlagen anders „gewartet" werden als die ausländischen oder weil aufgrund unterschiedlicher Neu- und Gebrauchtmarktpreisverhältnisse die wirtschaftliche Nutzungsdauer im Inland anders ist als im Ausland. Die Geschäftsvorfälle wären insofern nicht vergleichbar. Es läge keine unterschiedliche Ausübung faktischer Wahlrechte und damit auch kein Vereinheitlichungsbedarf vor.

120 Die Vereinheitlichung unterliegt dem allgemeinen *materiality*-**Vorbehalt** (→ § 1 Rz 61 ff.). Die *materiality* ist aus der **Sicht des Konzerns** zu beurteilen.

4.3 Kapitalkonsolidierung

121 Hinsichtlich der Kapitalkonsolidierung wird auf IFRS 3 verwiesen (→ § 31 Rz 11 ff.).

4.4 Schuldenkonsolidierung

4.4.1 Zeitliche Buchungsunterschiede

122 Konzerninterne Salden sind gem. IFRS 10.B86 zu konsolidieren. Forderungen gegenüber einbezogenen Unternehmen sind daher mit den korrespondierenden Schulden zu „verrechnen".

123 Bei dieser Verrechnung können sich sog. **unechte Differenzen**, insbesondere aus **zeitlichen Buchungsunterschieden**, ergeben. Die Ausgleichsbuchung erfolgt mit dem Ziel, das aus Konzernsicht richtige Ergebnis bzw. den aus Konzernsicht richtigen Vermögensausweis zu bewirken. Hierzu folgendes Beispiel:

> **Beispiel**
> M gleicht eine Lieferantenverbindlichkeit von 10 gegenüber T mit Überweisung vom 29.12 aus.
> Die Belastung auf dem Bankkonto von M erfolgt am 31.12.

> Das Geld wird T jedoch erst am 3.1. gutgeschrieben.
> - Per 31.12. weist M keine Verbindlichkeit aus,
> - T jedoch eine Forderung von 10.
>
> Aus Sicht des Konzerns ist das Geld im Transit von einem Konzern-Bankkonto zu einem anderen befindlich. Der Vorgang ist daher nicht anders zu behandeln als ein Geldtransit in der Einzelbilanz. Somit ist zu buchen: per Geldtransit 10 an Debitor 10.
> In der Konzernrechnungslegungspraxis wird dieses Problem durch organisatorische Maßnahmen „bekämpft", z.B. durch Anweisung der Konzernbilanzabteilung, derartige Zahlungen nach dem 15.12. nicht mehr vorzunehmen. Ein anderes Organisationsmittel – nur als Nebeneffekt – ist das Bestehen eines konzernweiten *cash pool*. Vgl. auch Rz 143.

4.4.2 Differenzen aufgrund unterschiedlicher Bilanzstichtage

Zeitlich bedingte Differenzen von Forderungen und Schulden können auch wegen eines (nicht mehr als 3 Monate) **abweichenden** Stichtags der Tochterunternehmung entstehen. Bei **wesentlichen** Differenzen sind ohnehin Anpassungen vorzunehmen (Rz 113). Wird bei **unbedeutenden** Differenzen auf eine Anpassung verzichtet, ist ein Ausweis der Differenz als Forderung oder Schuld gegenüber verbundenen Unternehmen sachgerecht.

124

> **Beispiel**
> M erstellt Einzel- und Konzernabschluss auf den 31.12. T wird auf der Basis seines Abschlusses zum 30.9. einbezogen.
> Per 31.12. weist M einzelbilanziell eine Darlehensforderung gegenüber T aus. Das Darlehen ist erst im Dezember ausgereicht worden, um ein negatives Bankkonto der T auszugleichen.
> **Alternative 1**
> Eine Anpassung wird nicht vorgenommen. Das Darlehen wird als Forderung gegenüber verbundenen Unternehmen in der Konzernbilanz ausgewiesen. Das Bankkonto der T wird mit dem Wert per 30.9. angesetzt.
> **Alternative 2**
> Die Forderung wird gegen die Bankverbindlichkeiten der T verrechnet. Buchung:
> per Bankverbindlichkeit T 100 an Forderung M gegen T 100.

4.4.3 Echte Aufrechnungsdifferenzen

Echte Aufrechnungsdifferenzen ergeben sich **aus zwingenden Ansatz- oder Bewertungsvorschriften**. Hierbei geht es nicht um die unterschiedliche Ausübung von Wahlrechten oder Ermessensspielräumen. Derartige Unterschiede sind schon bei der Aufstellung der IFRS-Bilanz II zu beseitigen. Die Vereinheitlichung von Ansatz und Bewertung beseitigt jedoch nicht solche Unterschiede, die sich aus zwingenden Regelunterschieden zwischen Aktiv- und Passivposten ergeben.

125

126 Auch für die IFRS-Bilanz gilt in bestimmtem Umfang der **Imparitätsgrundsatz:**
- Der Gläubiger hat auf notleidende Forderungen **Wertberichtigungen** vorzunehmen (→ § 28 Rz 312, 325),
- der Schuldner bis zu einem eventuellen *troubled debt restructuring* weiterhin den vollen Betrag auszuweisen (→ § 28 Rz 96).

127 Ein anderes Beispiel sind wahrscheinliche Forderungen und Schulden, die beim Schuldner eher zu einem Ansatz als **Rückstellung** führen als beim Gläubiger zu einem Vermögensausweis.[49] Da der Konzern aus Sicht des Einheitsgrundsatzes keine Abschreibungen auf Forderungen und keine Rückstellungen gegen sich selbst bilden kann, ist die Aufrechnungsdifferenz im Entstehungsjahr durch Buchung gegen den Aufwandsposten zu neutralisieren. Im Folgejahr erfolgt die Neutralisierung bereits durch die Eröffnungsbilanzbuchung, d.h. erfolgsneutral gegen Gewinnrücklagen. In einem eventuellen späteren Umkehrungsjahr (z.B. ertragswirksame Auflösung einer Rückstellung) ist die ertragswirksame Buchung des Einzelabschlusses im Rahmen der Konsolidierung zu neutralisieren.

128 Zum Ganzen folgendes Beispiel:

> **Beispiel**
> M hat eine Forderung von 100 gegen die notleidende T.
> - In 01 wird sie in vollem Umfang wertberichtigt.
> - In 03 bessert sich die Lage von T überraschend und T kann die Forderung voll bezahlen.
>
> Aufrechnungsdifferenz (AD) und Aufwand oder Ertrag der Einzel-GuV ergeben sich wie folgt:
> - per 31.12.01: 100 AD; 100 Aufwand Einzel-GuV
> - per 31.12.02: 100 AD; 0 Aufwand
> - per 31.12.03: 0 AD; 100 Ertrag Einzel-GuV
>
> Die Konsolidierungsbuchungen sind wie folgt:
> 01: Forderung 100 an Aufwand 100 (d.h. Konzernergebnis um 100 höher als Summenergebnis) sowie Verbindlichkeit 100 an Forderung 100.
> 02: Forderung 100 an Gewinnrücklagen 100 (Eröffnungsbilanzbuchung im Rahmen der Konsolidierung) sowie Verbindlichkeit 100 an Forderung 100.
> 03: Forderung 100 an Gewinnrücklagen 100 (Eröffnungsbilanzbuchung) sowie Ertrag 100 an Forderung 100 (d.h. Konzernergebnis um 100 niedriger als Summenergebnis).

Zur Behandlung **währungsbedingter Umrechnungsdifferenzen** wird auf → § 27 Rz 63 ff. und → § 27 Rz 30 ff. verwiesen.

4.4.4 Wandelanleihen

129 Bei der Emission von Wandelanleihen ist der **Emissionserlös aufzuteilen,** d.h. teilweise in das Eigenkapital (Kapitalrücklage), teilweise in das Fremdkapital einzustellen. Der Zeichner der Anleihe teilt in entsprechender Weise seine Anschaffungskosten in den Forderungs- bzw. Anleiheteil (Fremdkapital- bzw. Gläubigerinstrument) und die Aktienoption (Eigenkapitalinstrument) auf (→ § 28 Rz 209).

---

[49] Einzelheiten hierzu bei LÜDENBACH/HOFFMANN, KoR 2003, S. 5 ff.

Wird ein Teil der Anleihe von einem anderen Konzernunternehmen erworben, entstehen zwei Probleme:
- Die Erhöhung der Kapitalrücklage ist bezogen auf den konzernintern erworbenen Teil unzutreffend, da **keine Eigenkapitalzuführung** von außen, sondern ein rein interner Vorgang vorliegt.
- Ein bei der Folgebewertung der Aktienoption entstehender **Aufwand** oder **Ertrag** ist **nicht realisiert,** sondern ein rein konzerninterner Vorgang.

Das nachfolgende Beispiel zeigt die Behandlung beider Probleme:

Beispiel
M emittiert am 1.1.01 eine Wandelanleihe für 100 Mio. Der Emissionserlös wird im Verhältnis 8/2 auf Fremd- und Eigenkapital aufgeteilt.
Buchung M:

Konto	Soll	Haben
Geld	100	
Verbindl.		80
KapRL		20

T erwirbt 10 Mio. der Anleihe und bucht:

Konto	Soll	Haben
Anleihe	8	
Derivat	2	
Geld		10

Zum 31.12.01 sinkt der *fair value* des Derivats auf 1. T bucht:

Konto	Soll	Haben
Aufwand	1	
Derivat		1

Im Rahmen der Konsolidierung auf den 31.12.01 ist der Aufwand (bei T), aber auch die anteilige Rücklagenzuführung (bei M) rückgängig zu machen und ist deshalb wie folgt zu buchen:

Konto	Soll	Haben
KapRL	2	
Aufwand		1
Derivat		1

4.4.5 Ausstehende Einlagen beim Tochterunternehmen

Das Mutterunternehmen kann noch einen Teil der Einlage in das Tochterunternehmen schulden. In der Einzelbilanz des Tochterunternehmens ist die ausstehende Einlage nicht zu aktivieren, sondern nach allgemeinen Regeln vom Eigenkapital abzusetzen (→ § 20 Rz 71). Hat das Mutterunternehmen die Einlageverpflichtung noch nicht passiviert, entstehen keine besonderen Differenzen und Probleme.

Hat das Mutterunternehmen hingegen durch die Buchung „Beteiligung an Verbindlichkeit" die Einlageverpflichtung passiviert, stehen sich Forderungen und Verbindlichkeiten nicht mehr in gleicher Höhe gegenüber. Der Ausgleich kann im Rahmen der Konsolidierung durch Stornierung der Verbindlichkeiten-Buchung (per Verbindlichkeit an Beteiligung) erfolgen. Anschließend wird nach normalen Kapitalkonsolidierungsregeln vorgegangen.

4.4.6 Drittschuldverhältnisse

134 Führt ein Unternehmen verschiedene **Kontokorrentkonten** bei einer Bank, die zum Stichtag teils im Soll, teils im Haben stehen, und können beide Seiten jederzeit aufrechnen bzw. verrechnen, so verstößt ein saldierter Ausweis in der Einzelbilanz nicht gegen die Vorschriften von IAS 1.32 ff. Fraglich ist, ob in der Konzernbilanz entsprechend verfahren werden kann, wenn das Sollkonto auf das Konzernunternehmen A und das Habenkonto auf das Konzernunternehmen B lautet.

135 U.E. handelt es sich um einen **Grenzfall.** Das Drittschuldverhältnis kann z.B. auch gegenüber einer Steuerbehörde bestehen, indem Konzernunternehmen A Steuererstattungsansprüche und Konzernunternehmen B Steuerschulden hat. Nach IAS 12.71 ist eine Saldierung dann nur unter der engen Voraussetzung möglich, dass die Positionen einklagbar gegeneinander aufgerechnet werden können und (kumulativ) ein zeitlicher Ausgleich bzw. ein Ausgleich auf Nettobasis beabsichtigt und möglich ist (→ § 26 Rz 236). Mangelt es an der Absicht oder der Möglichkeit zum zeitgleichen Ausgleich bzw. zum Ausgleich auf Nettobasis, ist eine Saldierung unzulässig. Bei **Steuer-Drittschuldverhältnissen** scheitert die Saldierung deshalb regelmäßig schon an den unterschiedlichen Zahlungsfristen.

136 Bei **Bank-Drittschuldverhältnissen** ist ein zeitgleicher Ausgleich zwar ggf. möglich, regelmäßig aber nicht beabsichtigt. In Anwendung des Rechtsgedankens von IAS 12.71 auf andere Drittschuldverhältnisse wäre daher eine Saldierung abzulehnen. Diese restriktive Sichtweise entspricht auch den in 2012 verabschiedeten Verschärfungen der Saldierungsregeln für Finanzinstrumente (→ § 28).

137 Im Übrigen ist die Konsolidierung (Saldierung) von Drittschuldverhältnissen bei einem international tätigen Unternehmen unter Umständen auch **nicht praxisgerecht**, da sie umfangreiche zusätzliche Informationen erfordern kann. Bevor entschieden werden kann, ob das Sollkonto bei der Deutschen Bank Frankfurt mit dem Habenkonto der Tochtergesellschaft bei der Deutschen Bank Hongkong gegeneinander saldiert werden kann, wäre zu klären, in welchem Verhältnis die Deutsche Bank Hongkong zur Deutschen Bank Frankfurt steht (Niederlassung, Tochter usw.). Außerdem müsste geprüft werden, ob die Konten identischen Kündigungs- und Aufrechnungsregeln unterliegen. Ein solcher Informationsaufwand wird sich nur dann rechtfertigen, wenn ihm ein erheblicher Informationsnutzen, z.B. in der Form erheblicher Bilanzsummenreduzierung und damit erheblicher Verbesserung der Eigenkapitalquote, gegenübersteht.

138 Bestehen Forderung und Verbindlichkeit gegenüber zwei zwar einem gleichen Konzern zugehörigen, aber rechtlich selbstständigen Vertragspartnern, scheidet eine Verrechnung von Forderung und Verbindlichkeit von vornherein aus.

4.5 Aufwands- und Ertragskonsolidierung

139 In der GuV des Konzerns sind die Aufwendungen und Erträge aus der Sicht der wirtschaftlichen Einheit Konzern darzustellen. Nach IFRS 10.B86 sind daher konzerninterne Aufwendungen gegen die korrespondierenden Erträge zu saldieren. Hat der Ertrag des einen Unternehmens beim anderen noch nicht zu korrespondierendem Aufwand geführt, z.B. weil konzernintern gelieferte Er-

zeugnisse (Umsatz) vom Empfänger noch nicht weiterveräußert wurden (Bestand, hingegen nicht Aufwand), so erfolgt ggf. eine Buchung „Ertrag (Umsatz) an Ertrag (Bestandserhöhung Erzeugnisse)".
Hierzu folgendes Beispiel: 140

Beispiel
T liefert für 100 hergestellte Erzeugnisse ohne Gewinnaufschlag an M. Zum Bilanzstichtag ist noch keine Weiterveräußerung vorgenommen.
Der konzerninterne Umsatz wird nicht gegen Aufwand, sondern gegen das Ertragskonto „Bestandserhöhung Erzeugnisse" konsolidiert. Somit folgende Buchung:

Konto	Soll	Haben
Umsatz	100	
Bestandserhöhung Erzeugnisse		100

4.6 Zwischenergebniseliminierung

4.6.1 Zweck und Inhalt der Zwischenergebniseliminierung

Kernproblem der internen Leistungsbeziehung ist nicht die Aufwands-Ertragskonsolidierung (Rz 139), sondern die **Eliminierung einzelbilanziell realisierter Ergebnisse**. In Fällen, in denen Konzernunternehmen A Erzeugnisse mit Gewinnaufschlag an Konzernunternehmen B veräußert, es bei B aber noch nicht zur Weiterveräußerung an Dritte gekommen ist, fehlt es an einem Außenumsatz und damit auch an einer Gewinnrealisierung des Konzerns. Nach IFRS 10.B86 ist der im Einzel- und Summenabschluss ausgewiesene **Gewinn** zu **eliminieren**. Innerkonzernliche Transportkosten auf Sachanlagen oder Vorräte sind dann aktivierungsfähig, wenn sie der Herstellung der Betriebsbereitschaft dienen. 141

Beispiel
Zur Erzielung entsprechender Losgrößen werden Verbrauchsmaterialien im Konzern zentral durch das Mutterunternehmen beschafft und dann an die Tochterunternehmen weiterveräußert. Die dabei entstehenden Transportkosten dienen der Herstellung der Betriebsbereitschaft und sind daher zu aktivieren.

Konzernintern „realisierte" **Verluste** können demgegenüber ein Indiz für einen eigentlich gegebenen Abwertungsbedarf sein. Für diesen Fall ist gem. IFRS 10.B86 die Zwischenergebniseliminierung nicht zulässig. 142

Beispiel
Luftfahrtunternehmen M veräußert einige Flugzeuge unter Buchwert (Veräußerungsverlust) an die Tochtergesellschaft T. Die Flugzeuge hatten zuletzt wegen der Krise auf dem Flugreisemarkt nur noch schlechte Auslastungen. Der bei M einzelbilanziell realisierte Verlust aus der Veräußerung ist in dem Maße nicht zu eliminieren, als ohne die Veräußerung eine außerplanmäßige Abschreibung geboten wäre.
Konsolidierungsbuchung insoweit ergebnisneutral:
per außerplanmäßige Abschreibung an Veräußerungsverlust

4.6.2 Rechnerische Ermittlung, *materiality*-Überlegungen

143 Die Zwischenergebniseliminierung kann insbesondere im **Vorratsvermögen** eine außerordentlich aufwändige Veranstaltung sein. Beste Therapie ist die **Vorsorge** (Rz 123). Wird im Dezember Zurückhaltung bei konzerninternen Lieferungen geübt, reduziert dies den Bestand der konzernintern bezogenen Vorräte zum Stichtag. Eine Rückrechnung von den einzelbilanziellen Stichtagswerten zu den konzerninternen Herstellungskosten kann dann je nach verbleibender Größenordnung aus *materiality*-Gründen (→ § 1 Rz 61 ff.) ganz **entbehrlich** sein oder jedenfalls mit gröberem Recheninstrumentarium durchgeführt werden. Eine Zwischenergebniseliminierung kann außerdem dann entbehrlich sein, wenn die konzernintern berechneten **Gewinnaufschläge** sehr gering ausfallen.

144 Bei der kalkulatorischen und buchungstechnischen Abwicklung des Zwischenergebnisproblems ist stets der **Zweck** der Zwischenergebniseliminierung im Auge zu behalten. Am Beispiel der Vorräte bewirkt die Zwischenergebniseliminierung zweierlei:
- Die Vorräte werden in der Konzern**bilanz** nur mit den konzerninternen Herstellungs- oder Anschaffungskosten, d. h. ohne Gewinnaufschlag, ausgewiesen. Der Konzernbilanzansatz reduziert sich in Höhe dieses Aufschlages gegenüber dem Einzelbilanzansatz.
- Der Gewinnaufschlag stellt nicht realisierten Gewinn dar. Das Konzern**ergebnis** reduziert oder erhöht sich, je nachdem, ob die zum Stichtag zu eliminierenden Zwischengewinne in der Gesamtbetrachtung niedriger oder höher ausfallen als die zum vorigen Stichtag zu eliminierenden.

145 Bei ungefährer **Konstanz des konzerninternen** Volumens ist deshalb unter Umständen die Wirkung einer Zwischenergebniseliminierung auf die Ertragslage gering. Entsprechen die dem Grunde nach gebotenen Eliminierungen in den Schlussbilanz- in etwa den Eröffnungsbilanzwerten, hat die Eliminierung keine relevante Auswirkung auf das **Periodenergebnis**. Die weitere Analyse der *materiality* kann sich dann auf die **Bilanzwirkung** konzentrieren. Hierzu folgendes Beispiel:

> **Beispiel**
> Solarmodule entstehen durch Rahmen und Laminieren von Solarzellen. Die Tochtergesellschaft T produziert Zellen, die größtenteils fremdveräußert werden, zum geringeren Teil an die Mutter M gehen, die hieraus Module fertigt. Der Gewinnaufschlag auf die eigenen Herstellungskosten beträgt 5 %. Zum Bilanzstichtag hat M Zellen mit einem einzelbilanziellen EK-Preis von 105 noch nicht endgültig weiterverarbeitet. Zum vorigen Stichtag betrug der entsprechende Wert 94,5.
> Mit Zwischenergebniseliminierung wären die Bestände zu beiden Stichtagen zu 100 (= 105/1,05) bzw. 90 (= 94,5/1,05) auszuweisen. Ohne Eliminierung sind die Werte um 5 (105 - 100) bzw. 4,5 (94,5 - 90) zu hoch.
> Das Ergebnis 02 würde ohne Eliminierung um 0,5 (5 -4,5) zu hoch ausfallen. Unter *materiality*-Aspekten ist der bilanzielle Unterschied von 5 in Bezug zum gesamten Vorratsvermögen, zum gesamten Eigenkapital und zur gesamten Bilanzsumme zu sehen. Ist er gemessen daran unwesentlich, ist die Zwischenergebniseliminierung aus bilanzieller Sicht entbehrlich.

> Daneben ist die Auswirkung auf die Ertragslage zu beurteilen. Hierbei ist nicht der Bilanzunterschied von 5, sondern der GuV-Unterschied von nur 0,5 die Größe, die in Bezug zum Gesamtergebnis zu setzen ist.

Im **Handelsrecht** ist der Verzicht auf die Zwischenergebniseliminierung wegen Unwesentlichkeit ausdrücklich geregelt (§ 304 Abs. 2 HGB). Die handelsrechtliche Regelung ist insofern überflüssig, als für die Handelsbilanz ebenso wie für die IFRS-Bilanz sämtliche Bewertungs- und Ansatzregeln unter dem allgemeinen Vorbehalt der Wesentlichkeit stehen. Die explizite Nennung einiger Fälle im HGB mag etwas mit der Unterschiedlichkeit von Nationalcharakteren zu tun haben, der beeinflusst, ob man auch bei einem Nachtspaziergang wartet, bis die Fußgänger-Ampel auf Grün wechselt oder die Grün-Rot-Regel angesichts menschenleerer Straßen als unwesentlich interpretiert. 146

Wie eine Ampelstellung auf Rot mag daher die durch das TransPuG vorgenommene Streichung des § 304 Abs. 2 HGB a.F. wirken. Danach war bei einer Lieferung zu Marktbedingungen eine Zwischenergebniseliminierung entbehrlich, wenn die Wertermittlung mit einem unverhältnismäßig hohen Aufwand verbunden gewesen wäre. In IFRS findet sich demgegenüber der allgemein gültige *cost-benefit*-Grundsatz in F.44 (→ § 1 Rz 68), der eine sinnvolle Grundeinstellung der Ampel herbeiführt. 147

Im Zusammenspiel von Kosten-Nutzen-Überlegungen und *materiality*-Überlegungen einerseits und einer gewissen Zurückhaltung interner Lieferungen in zeitlicher Nähe zum Bilanzstichtag andererseits lässt sich in der Praxis das Problem der Zwischenergebniseliminierung entscheidend **entschärfen**. 148

4.6.3 Buchungstechnik (Beispiele)

Die nachfolgende Tabelle zeigt die Buchungstechnik der Zwischenergebniseliminierung bei typischen Fällen. 149

Vorgang	Eliminierungsbuchung			
A veräußert Anlagen (BW = 0) an B (AfA 1/10)	s. b. E Anlagen	100 10	an Anlagen an Abschreibung	100 10
A aktiviert von B berechneten Zins (AfA 1/10)	Zinsertrag Eigenleist. Anlagen	100 100 10	an Zinsaufwand an Anlagen an Abschreibung	100 100 10
A veräußert Erzeugnisse (HK = 90) an B (noch nicht weiterveräußert)	Umsatz	100	an Best. Änd. Erz. an Vorräte	90 10
A veräußert Erzeugnisse (HK = 90), die B zu Anlagen verarbeitet (AfA 1/10)	Umsatz Eigenleist. Anlagen	100 10 1	an Materialaufwand an Anlagen an Abschreibung	100 10 1

Tab. 1: Buchungstechnik Zwischenergebniseliminierung

4.6.4 Zwischenergebniseliminierung bei nicht beherrschenden Anteilen (Minderheiten)

150 Sind am Tochterunternehmen noch andere Gesellschafter beteiligt und erzielt das Tochterunternehmen aus Lieferung oder Leistung an das Mutterunternehmen (*upstream*-Lieferungen) einen Gewinn, stellt sich die Frage nach der Berücksichtigung der Minderheitsbeteiligung bei der Zwischenergebniseliminierung.

151 Drei Alternativen sind diskussionswürdig:
- Zwischenergebniseliminierung nur i.H.d. **Anteils der Mehrheit**.
- Zwar Zwischenergebniseliminierung in voller Höhe, jedoch **Belastung der Minderheit bei der „Verteilung"** des Periodenergebnisses, d.h. bei der Überleitung von Periodenergebnis zum den Mehrheitsgesellschaftern zuzurechnenden Periodengewinn.
- Zwischenergebniseliminierung in voller Höhe, jedoch **ohne Belastung des Minderheitenanteils bei der „Verteilung"** des Periodenergebnisses,

152 Die erste Alternative ist unzulässig, da IFRS 10.B86 ausdrücklich die Zwischenergebniseliminierung in voller Höhe (*„in full"*) vorschreibt. Vorzugswürdig ist die zweite. Die Praxis folgt häufig der dritten Alternative, da sie weniger aufwendig ist.

4.6.5 Sonderfälle

4.6.5.1 Dreiecksgeschäfte, unechte Lohnveredelung[50]

153 IFRS 10.B86 zielt auf die Zwischenergebniseliminierung sowie die Aufwands- und Ertragskonsolidierung bei Lieferungen oder Leistungen zwischen in den Konzernabschluss einbezogenen Unternehmen. In den Leistungsverkehr kann aber ein Dritter eingeschaltet sein.

Beispiel
Der Solar-Konzern ist vertikal integriert.
- Die Ingot-AG fertigt aus solarem Silizium Kristallsäume (*Ingots*).
- Diese werden von der Wafer-AG in nanometerdicke Scheiben (*Wafer*) geschnitten,
- aus denen die Zell-AG Solarzellen herstellt,
- die dann von der Modul-AG gerahmt und gruppiert zu Solarmodulen verarbeitet werden,
- um schließlich von der Vertriebs-AG veräußert zu werden.

Auf allen Produktionsstufen werden auch Lieferungen an Dritte getätigt. Abhängig von der Nachfrage Dritter entstehen auf den einzelnen Produktionsstufen im vertikalen Verbund Engpässe, die durch Auftragsvergabe an Außenstehende gelöst werden. In der Periode 1 kommt es u.a. zu folgenden Auftragsvergaben:
- Ein Teil der Ingots wird von der Ingot-AG an die konzernfremde X-GmbH geliefert, die daraus ohne Verwendung wesentlicher selbst beschaffter Stoffe Wafer fertigt und an die Zell-AG weiterliefert.

---

[50] Nachfolgende Überlegungen überwiegend entnommen aus HOFFMANN/LÜDENBACH, NWB Kommentar Bilanzierung, 5. Aufl., 2014, § 304, Rz 24ff.

> - Ein Teil der Zellen wird an die konzernfremde Y-GmbH geliefert, die daraus unter Verwendung wesentlicher selbst beschaffter Stoffe (Hauptstoffe, insbesondere Rahmen) Module fertigt und an die Vertriebs-AG weiterliefert. Zivilrechtlich sind die Lieferungen an die X- und Y-GmbH (ebenso wie die Rücklieferungen der weiterverarbeiteten Sache) als Kaufverträge gestaltet. Die durch Versicherungen abgedeckte Gefahr des zufälligen Untergangs geht mit der Lieferung jeweils auf den Konzernexternen über. Liefer- und Rücklieferverträge sind aufeinander abgestimmt. Bei Lieferung an den Außenstehenden sind die am ursprünglichen Liefervolumen abgeleitet Menge und der Preis der von diesem „zurückzuliefernden weiterverarbeiteten Sache" bereits fixiert.

Im vorstehenden Beispiel stellen sich zwei Fragen:
- Muss ein bei Lieferung an den externen Verarbeiter einzelbilanziell realisierter Gewinn eliminiert werden, wenn das Objekt nach Verarbeitung durch den Dritten an den Konzern zurückgeliefert wird?
- Kann in einer vertikal integrierten Produktions- und Absatzkette aus dem gleichen Gegenstand mehrfach Umsatz entstehen, indem neben dem Endkundenumsatz auch die Lieferungen an externe Verarbeiter (X und Y) als Umsatz erfasst werden, oder muss im Verhältnis zum zwischengeschalteten Dritten der einzelbilanzielle Umsatz konsolidiert werden?

U. E. ist aufgrund der wirtschaftlichen Verbindung von Lieferung und Rücklieferung (*linked transaction*) eine Eliminierung/Konsolidierung notwendig.[51] Entscheidend ist die wirtschaftliche Qualität der Drittleistung für den Konzern. Nach Maßgabe des Einheitsgrundsatzes ist diese so zu beurteilen, als ob die einbezogenen Unternehmen wirtschaftlich ein einheitliches Unternehmen darstellen würden. Unerheblich ist damit zunächst, ob der Dritte nach Weiterverarbeitung an das ursprünglich liefernde Konzernunternehmen oder ein anderes Konzernunternehmen zurückliefert.

Ist diese Rücklieferung von Anfang an vereinbart, im Preis fixiert und der Menge nach auf die ursprüngliche Lieferung abgestimmt, bewirkt der Dritte für den Konzern keine eigenständige, von der ursprünglichen Lieferung unabhängige Lieferung, sondern eine Verarbeitung. Soweit er bei dieser Verarbeitung keine eigenen Hauptstoffe verwendet (im Beispiel das Zersägen der Ingots in die Wafer), liegt eine Lohnveredelung vor, auch wenn wegen der rechtlichen Selbstständigkeit von Lieferer und Empfänger der Rücklieferung Kaufvertragsrecht vereinbart ist. Diese ist bei Periodenversatz zwischen beiden Lieferungen im Beispiel wie folgt darzustellen:
- Mit der ersten Lieferung entsteht kein Umsatz. Das Preis- und Absatzrisiko bleiben wegen der Rücklieferung zum fixierten Preis und in fixierter Menge beim Konzern, der damit auch wirtschaftlicher Eigentümer bleibt. Eine gleichwohl empfangene Zahlung ist zu passivieren. Aufbauend auf der Summenbilanz ergeben sich bei unterstellten Herstellungskosten von 80, einem Lieferpreis von 100 und einem Rücknahmepreis von 110 folgende in Summe zu einer Zwischenergebniseliminierung von 20 führenden Buchungen:

---

[51] PwC, IFRS Manual of Accounting, 2014, Tz. 9.143 f.

Konto	Soll	Haben
Umsatz	100	
Erzeugnisse	80	
Verbindlichkeit/Forderung gegen Lohnveredler		100
Bestandserhöhung Erzeugnisse		80

- Mit der Rücklieferung hat das einzelbilanzielle, als Rohstoff erfasste konzernbilanzielle (nach wie vor unfertige) Erzeugnis einen Fertigungsfortschritt erzielt, der bestanderhöhend zu berücksichtigen ist. Aufbauend auf der Summenbilanz (die Rohstoffe i. H. v. 110 ausweist) ergeben sich bei gleichen Daten und sofortiger Zahlung folgende Buchungen:

Konto	Soll	Haben
Erzeugnisse	80	
Gewinnrücklage	20	
Verbindlichkeit gegen Lohnveredler	100	
Materialaufwand	10	
Erzeugnisse	10	
Verbindl. gegen Lohnveredler		100 (EöB-Buchung)
Rohstoffe		110
Bestandserhöhung Erzeugnisse		10

Die zweite im Beispiel dargestellte Liefer- und Rücklieferbeziehung (Wafer und Module) ist durch die Hinzufügung selbst beschaffter Hauptstoffe durch den Dritten gekennzeichnet. In inhaltlicher Betrachtung erbringt der Dritte also keine reine Werkleistung, sondern eine Werklieferung (unechte Lohnveredelung). Umsatzsteuerlich, etwa bei der Befreiung von Ausfuhrleistungen, kann dies einen gravierenden Unterschied ausmachen. Für die konzernbilanzielle Behandlung ist der Unterschied zur echten Lohnveredelung u. E. irrelevant. Das **Marktrisiko** und damit das **wirtschaftliche Eigentum** am gelieferten Gegenstand bleiben beim Konzern, unabhängig davon, ob die durch den Dritten bewirkte Qualitätsänderung allein auf Arbeiten (Werkleistungen) oder auch auf Stoffe zurückzuführen ist, bleiben Hin- und Rücklieferung ein einheitlicher Vorgang (*linked transaction*), der als solcher darzustellen ist.

154 Übernimmt der Dritte **Produktionsrisiken**, so ist eine andere Betrachtung dann nicht geboten, wenn die Risiken bei typischem Verlauf im Verhältnis zu den beim Konzern verbleibenden Marktrisiken gering sind.

> **Beispiel**
> Bei der Verarbeitung von Zellen zu Modulen variiert die Bruchrate i. d. R. zwischen 2 % bei – in Schulnoten ausgedrückt – „gut" abgestimmter und 4 % bei „ausreichend" abgestimmter Produktion. Die Parteien im Beispiel unter Rz 153 legen vertraglich eine Bruchrate von 3 % als Norm fest. Wird diese Rate unterschritten, darf der Dritte (die Y-GmbH) die überschüssigen Zellen/Module selbst verwerten, wird die Rate überschritten, muss der Dritte Ersatzzellen auf eigene Rechnung besorgen oder einen äquivalenten Schadensersatz leisten. Ist ein Überschreiten der 4 %, ebenso wie ein Unterschreiten der 2 %, nur wenig wahrscheinlich, führt das (realistische) Produktionsrisiko nicht zum Übergang der Mehrheit der Chancen und Risiken und damit des wirtschaftlichen Eigentums auf den Dritten.

4.6.5.2 Rechtlich begründete Transaktionskosten[52]

Aufgrund der rechtlichen Selbstständigkeit der Konzernunternehmen können bei konzerninternen Anschaffungsgeschäften rechtlich begründete Transaktionskosten anfallen. Beispiele sind Beurkundungsgebühren, Grunderwerbsteuern, Kosten der Grundbucheintragung, nicht abziehbare Vorsteuern, Zölle etc. Im handelsrechtlichen Schrifttum ist umstritten, ob derartige einzelbilanziell als Anschaffungsnebenkosten zu aktivierende Aufwendungen auch konzernbilanziell aktiviert werden können oder müssen.

155

> **Beispiel**
> In 01 erwirbt Konzernunternehmen T1 ein bebautes Lagergrundstück zu 1.000. Für Grunderwerbsteuer, Notar und Grundbuch fallen Kosten von 50 an, die als Anschaffungsnebenkosten aktiviert werden.
> In 05 benötigt T1 das Lager nicht mehr und veräußert das Grundstück daher an das Konzernunternehmen T2, das das Grundstück fortan nutzen wird. Erneut fallen einzelbilanziell Anschaffungsnebenkosten von 50 an. Fraglich ist, ob sie auch konzernbilanziell zu aktivieren oder als Aufwand zu verbuchen sind.

Entscheidend ist die Definition der Anschaffungskosten, hier in IAS 16.16 (→ § 8 Rz 11). Nach dem dortigen **finalen** Anschaffungskostenbegriff gelten als Anschaffungskosten alle Aufwendungen, die dazu dienen, den Erwerb oder die (erstmalige) Herstellung der Betriebsbereitschaft zu bewirken. Die Erfüllung dieses Zwecks ist aus der **Perspektive** des Bilanzierungssubjektes bzw. der bilanzierenden Einheit zu beurteilen und diese ist für den Konzernabschluss der **Konzern**.

- Bei der **Anschaffung** von **konzernfremden** anfallende Transaktionskosten sind daher zu aktivieren,
- nicht hingegen Transaktionskosten, die bei der **innerkonzernlichen Weiterveräußerung** anfallen; diese dienen nicht mehr dem Erwerb durch den Konzern, stellen also **keine Konzernanschaffungsnebenkosten** dar.

Lediglich unter dem Gesichtspunkt der Herstellung der Betriebsbereitschaft können derartige Transaktionskosten ausnahmsweise zu Konzernanschaffungskosten führen. Im Beispiel ist das nicht der Fall. Zwar mag die Weiterlieferung des Grundstücks von T1, die keine Verwendung mehr hat, an T2 i. w. S. der **Erhaltung** der Betriebsbereitschaft im Konzern dienen, keinesfalls aber der Herstellung der Betriebsbereitschaft. Die Betriebsbereitschaft für den Konzern war schon bei T1 gegeben. Die Weiterlieferung wahrt ggf. die Betriebsbereitschaft im Konzern, stellt sie aber nicht her. Eine andere Wertung ist jedoch unter speziellen Umständen möglich.

> **Beispiel**
> Zum Konzern K gehören die Bank B und das Produktionsunternehmen P. B erwirbt im Wege der Zwangsvollstreckung ein Lagergrundstück und veräußert es an P weiter, das es anschließend nutzt. Aus rechtlichen und tatsächlichen Gründen kam ein unmittelbarer Erwerb durch P nicht infrage.

---

[52] In Anlehnung an HOFFMANN/LÜDENBACH, NWB Kommentar Bilanzierung, 5. Aufl., 2014, § 304, Tz. 10 ff.

> Bei weiterer Interpretation kann der Weiterveräußerungsvorgang als der Herstellung der Betriebsbereitschaft im Konzern dienend angesehen werden. Eine Aktivierung der mit der Weiterveräußerung verbundenen Transaktionskosten ist deshalb in Betracht zu ziehen.

4.7 Nicht beherrschende Anteile (Minderheiten)

4.7.1 Erstkonsolidierung und Folgekonsolidierung

156 Der nicht beherrschende Anteil *(non-controllimg interest)* ermittelt sich zum Erstkonsolidierungszeitpunkt nach IFRS 3.19 wahlweise als **Anteil** am Reinvermögen zu diesem Zeitpunkt oder als Anteil am Unternehmenswert, d.h. unter Einbeziehung eines *goodwill* (*full-goodwill*-Methode). Wegen Einzelheiten wird auf → § 31 Rz 133 ff. verwiesen, wegen **latenter Steuern** aus nicht beherrschenden Anteilen auf Rz 184.

157 Zu den **Folgekonsolidierungszeitpunkten** entwickelt sich der nicht beherrschende Anteil (ohne *goodwill*) gem. IFRS 10.B94 wie folgt:
- anteiliges Reinvermögen zum Erstkonsolidierungszeitpunkt,
- zuzüglich Anteil der nicht Beherrschenden an den nachfolgenden Eigenkapitaländerungen,
- einschließlich anteiliger Auflösung stiller Reserven.

Bei Option zur *full-goodwill*-Methode ist folgende Entwicklung gegeben:
- anteiliges Reinvermögen zum Erstkonsolidierungszeitpunkt,
- Minderheiten-*goodwill* zum Erstkonsolidierungszeitpunkt,
- zuzüglich Anteil der nicht Beherrschenden an den nachfolgenden Eigenkapitaländerungen,
- einschließlich anteiliger Auflösung stiller Reserven,
- abzüglich anteilige Wertminderung des *goodwill*.

158 Fortschreibungen können sich aus Gewinnthesaurierungen und -ausschüttungen, aber auch aus effektiven Kapitalzuführungen oder -herabsetzungen ergeben.

159 Nachfolgend ein Beispiel, das verschiedene Eigenkapitaländerungen für den Fall kombiniert, dass von der *full-goodwill*-Methode kein Gebrauch gemacht wird:

> **Beispiel**
> Am 1.1.01 erwirbt M 80 % der Anteile an T für einen Kaufpreis von 800. Das buchmäßige Eigenkapital von T beträgt zu diesem Zeitpunkt 600, anteilig also 480. Die stillen Reserven betragen 200. Davon entfallen 160 = 80 % auf M und 40 = 20 % auf den Minderheitsgesellschafter MG. Die stillen Reserven werden über eine Nutzungsdauer von 10 Jahren aufgelöst.
> In 01 bis 02 erwirtschaftet T je einen Gewinn von 100. Davon entfallen je 20 auf MG.
> Der Gewinnanteil von MG im Konzern ist jedoch jeweils um 1/10 der auf ihn entfallenden stillen Reserven zu vermindern und beträgt dann jeweils 20 – 4 = 16.
> In 02 schüttet T ½ des Gewinns 01, somit 50 aus. Auf MG entfallen davon 10.
> In 02 wird außerdem eine Kapitalerhöhung gegen Bareinlage von 150 geleistet, wovon 30 auf MG entfallen.
> Nachfolgend die beiden Methoden zur Bestimmung des nicht beherrschenden Anteils 31.12.02 sowie die Konsolidierungstabelle (vereinfacht nur für den 31.12.01).

Fortschreibung nicht beherrschender Anteil auf Basis Einzelbilanz	
EK der T per 1.1.01	600
+ Gewinn 01	+ 100
+ Gewinn 02	+ 100
– Ausschüttung für 01	– 50
+ Kapitalerhöhung 02	+ 150
= EK der T per 31.12.02	= 900
+ Stille Reserven 1.1.01	+ 200
– Auflösung stille Reserven 01	– 20
– Auflösung stille Reserven 02	– 20
= EK II der T per 31.12.02	= 1.060
= davon 20 % für nicht Beherrschende	212

Fortschreibung nicht beherrschender Anteil auf Basis Konzernbilanz

Minderheitenanteil	01	02	02 kumuliert
anteiliges Reinvermögen im Erstkonsolidierungszeitpunkt (inkl. stille Reserven)	160	160	160
+ Gewinnanteil (nach Auflösung anteiliger stiller Reserven)	16	16	32
– Ausschüttungen (kumuliert)		–10	–10
+/– Änderungen wegen effektiver Kapitalerhöhungen und Herabsetzungen		30	30
Nicht beherrschender Anteil (Minderheit)	176		212

31.12.01				Konsolidierung			
	M	T	Summe	S		H	Konzern
AKTIVA							
goodwill				160	*1)*		160
Beteiligung	800		800			800 *1)*	
Diverses	4.700	700	5.400	160	*1)*	16 *2a)*	5.580
				40	*1)*	4 *2b)*	
Summe	5.500	700	6.200				5.740
PASSIVA							
Kapital	5.000	600	5.600	480	*1)*		5.000
				120	*1)*		
Gewinn Mehrheitsges.	500	100	600	40	*5)*	4 *6)*	564
Minderheit				4	*4)*	120 *1)*	176
						40 *1)*	
						20 *3)*	
Summe	5.500	700	6.200			*1)*	5.740
GuV							

31.12.01				Konsolidierung				
Erträge	1.200	460	1.660					1.660
Abschreibung		60	60	20	2)			80
übr. Aufwendung	700	300	1.000					1.000
Gewinn	500	100	600					580
Anteil Minderheit				20	3)	4	4)	16
Gewinn Mehrheitsges.	500	100	600	4	6)	40	5)	564
				1.056		1.056		

1) = Erstkonsolidierungsbuchung
2) = Abschreibung stille Reserven (2a für M, 2b für Minderheit)
3) = Gewinnanteil Minderheit lt. Einzelbilanz T
4) = Reduzierung Gewinnanteil Minderheit durch Abschreibung stille Reserven
5) u. *6)* = Folgekonsolidierungserfolg

Tab. 2: Konsolidierungstabelle Minderheiten

160 Der Ausweis des nicht beherrschenden Anteils erfolgt gem. IAS 1.54 bilanziell innerhalb des Eigenkapitals, gem. IAS 1.81B in der Gesamteinkommensrechnung und GuV in der Überleitung vom Gesamtergebnis zum „den Eigenkapitalgebern des Mutterunternehmens zuzurechnenden Anteil am Ergebnis" (→ § 2 Rz 45 ff. und Rz 64). Auch in der Eigenkapitaländerungsrechnung ist der nicht beherrschende Anteil gem. IAS 1.106 separat zu erfassen und um die ihn betreffenden erfolgsneutralen und erfolgswirksamen Vorgänge fortzuschreiben (→ § 20 Rz 66).
161 Fraglich ist die Ermittlung des nicht beherrschenden Anteils, wenn die Beteiligung am Tochterunternehmen z. T. durch ein **assoziiertes Unternehmen** gehalten wird.

> **Beispiel**
> MU ist mit 70 % unmittelbar an TU beteiligt. Die restlichen 30 % hält aU, an dem MU mit 20 % beteiligt ist.
> TU erzielt im Geschäftsjahr ein Ergebnis von 100.

Drei Ansätze sind diskussionswürdig:
- MU erfasst 100 im Wege der Vollkonsolidierung von TU sowie 6 (= 20 % × 30 % × 100) im Wege der *equity*-Konsolidierung von aU, insgesamt also 106. Davon werden 30 den nicht beherrschenden Anteilen zugeordnet.
- MU erfasst 100 im Wege der Vollkonsolidierung von TU, jedoch zur Vermeidung eines *double counting* nichts aus der *equity*-Konsolidierung. Von den 100 werden 30 den nicht beherrschenden Anteilen zugeordnet.
- MU erfasst 100 im Wege der Vollkonsolidierung von TU, jedoch zur Vermeidung eines *double counting* nichts aus der *equity*-Konsolidierung. Von den 100 werden 24 (= 80 % × 30 % × 100) den nicht beherrschenden Anteilen zugeordnet.

Gegen die erste Lösung spricht die doppelte Berücksichtigung eines Ergebnisteils (im Beispiel 6), gegen die zweite und dritte der Eingriff in die *equity*-Konsolidierung. Eine Bevorzugung einer der drei Lösungen ist aus IFRS 10 und IAS 28 nicht erkennbar, jede der drei Lösungen daher vertretbar.

162 Die Bezeichnung des Minderheitenanteils hat sich bereits durch IAS 27 rev. 2008 geändert. Aus *minority interests* wurden *non-controlling interests*. Hierdurch soll besser als bisher zum Ausdruck kommen, dass entscheidend die Frage der Kontrolle ist und es bei besonderer Gestaltung des Gesellschaftsvertrags oder in Fällen einer Zweckgesellschaft trotz Stimmrechtsmehrheit an Kontrolle fehlen kann. Wegen inhaltlicher Auswirkungen der neuen Terminologie wird auf → § 31 Rz 137 verwiesen.

4.7.2 Negative Anteile der nicht beherrschenden Gesellschafter

Nach IAS 27.35 rev. 2004 durften Minderheitenanteile in der Bilanz regelmäßig nicht mit einem negativen Wert ausgewiesen werden. 163
Bereits in IAS 27 rev. 2008 und dem folgend dann auch in IFRS 10.B94 sind die Regelungen zum **Verlustfall aufgehoben** worden. Dem einheitstheoretischen Konzept des Konzerns als einer durch verschiedene Eigenkapitalgebergruppen finanzierten Einheit folgend, wird die Sonderstellung der Minderheit abgeschafft. Verluste sind ihr in gleichem Umfang wie Gewinne zuzurechnen. 164

4.7.3 Call- und Put-Optionen über nicht beherrschende Anteile, Andienungsrechte bei Tochterpersonengesellschaften

Zwischen dem Berichtsunternehmen und anderen (potenziellen) Anteilseignern des Tochterunternehmens können Call- oder Put-Optionen vereinbart sein, wobei das Berichtsunternehmen Inhaber oder Stillhalter der Option sein kann. Zu unterscheiden sind somit vier Fälle. 165

	Options-inhaber	Stillhalter	Ausübung der Option würde Anteil über/unter 50 % bringen	Ausübung der Option würde Minderheitenanteil verringern/erhöhen
1. erworbene Call-Option	Berichts-unternehmen	andere Anteils-eigner	Vollkonsolidierung trotz Anteil unter 50 % (Rz 35), ohne *present ownership* (Rz 167) Vermögenswert aus Finanzderivat, wenn Ausübungspreis < *fair value* der Anteile; bei *present ownership* kein Ausweis nicht beherrschender Anteile	ohne *present ownership* (Rz 167) Vermögenswert aus Finanzderivat, wenn Ausübungspreis < *fair value* der Anteile; bei *present ownership* kein Ausweis nicht beherrschender Anteile
2. geschriebene Call-Option	andere Anteils-eigner	Berichts-unternehmen	Ggf. Nichtkonsolidierung trotz Anteil über 50 %; ggf. Verbindl. aus Finanzderivat, wenn Ausübungspreis < *fair value* der Anteile	ggf. Verbindl. aus Finanzderivat, wenn Ausübungspreis < *fair value* der Anteile
3. erworbene Put-Option	Berichts-unternehmen	andere Anteils-eigner	keine Folgen für Konsolidierungskreis; ggf. Vermögenswert aus Finanzderivat, wenn Ausübungspreis > *fair value* der Anteile	ggf. Vermögenswert aus Finanzderivat, wenn Ausübungspreis > *fair value* der Anteile

	Options-inhaber	Stillhalter	Ausübung der Option würde Anteil über/unter 50 % bringen	Ausübung der Option würde Minderheiten-anteil verringern/erhöhen
4. geschriebene Put-Option	andere Anteils-eigner	Berichts-unterneh-men	Minderheitenanteil wird zu FK	Minderheitenanteil wird zu FK, in Abhängigkeit von *present ownership* (Rz 167) erfolgswirksame oder erfolgsneutrale Fortschreibung der Put-Verbindlichkeit

Tab 3: Inhaber oder Stillhalter bei Call- und Put-Optionen

Hinsichtlich der rechtlichen Folgen ist zu unterscheiden, ob mit Ausübung der Option der Anteil des Berichtsunternehmens
- über/unter 50 % steigen/sinken würde (**Änderung der Kontrollverhältnisse**);
- er mit und ohne Ausübung der Option über 50 % bleibt (**Änderung der nicht beherrschenden Anteile**).

166 Für erworbene Call-Optionen (Fall 1) sieht IFRS 10 explizite Regelungen vor. Danach kann auch eine Anteilsquote unter 50 % zur Vollkonsolidierung verpflichten, wenn die zu unterstellende Ausübung einer jederzeit ausübbaren Call-Option die Anteilsquote über 50 % brächte. Analoge Überlegungen können bei geschriebenen Call-Optionen (Fall 2) zu einer Nichtkonsolidierung trotz eines Anteils von mehr als 50 % führen. Wegen Einzelheiten wird auf Rz 35 verwiesen.

Für eventuelle Auswirkungen von Put-Optionen (Fälle 3 und 4) auf den Konsolidierungskreis bestehen keine expliziten Regelungen. Gegen die analoge Anwendungen der Regelungen zu (erworbenen) Call-Optionen sprechen systematische Gründe: Die ein Mutter-Tochter-Verhältnis begründende Kontrolle ist definiert als **Möglichkeit**, die Geschäftspolitik zu bestimmen. Diese Möglichkeit kann auch in am Stichtag ausübbaren erworbenen Call-Optionen verkörpert sein. Eine Put-Option ändert hingegen, solange sie nicht ausgeübt wurde, an der Möglichkeit der Beherrschung nichts.

Eine Put-Option kann auch bedingt erteilt sein, von Bedeutung sind insbesondere Put-Optionen, die an einen **Stichentscheid** gebunden sind:

> **Beispiel**
> MU und X halten je 50 % an TU. Für den Fall, dass sie nicht zu einvernehmlichen Entscheidungen in der Gesellschafterversammlung kommen, hat MU den Stichentscheid. Falls er diesen ausübt, steht X aber das Recht zu seine Anteile zum *fair value* anzudienen.
> Beurteilung:
> Wegen der Möglichkeit zum Stichentscheid beherrscht MU die TU.
> Bei Ausübung dieser Möglichkeit entsteht aber eine (bedingte) Verbindlichkeit zum Ankauf der Anteile des X (Rz 167). Aus Gründen der Konsistenz zur Beurteilung der Beherrschung scheint es hier geboten, dass Andienungsrecht des X bereits vor Stichentscheid und tatsächlicher Andienung als Verbindlichkeit auszuweisen.

Wie im vorstehenden Beispiel schon angesprochen, sind geschriebene Put-Optionen (Fall 4) unabhängig von der Frage, ob ihre Ausübung eine Veränderung der Kontrollverhältnisse mit sich brächte, nach IAS 32.AG 29 zu würdigen: Danach führen Andienungsrechte von Minderheiten (hierzu zählen im Konzern auch die Kündigungsrechte der Minderheitsgesellschafter von Tochterpersonengesellschaften) zu Fremdkapital und zwar u. e. unter Auflösung des Eigenkapitals (Nettomethode), nach anderer Auffassung unter Fortführung des Minderheiteneigenkapitals (Nettomethode) zu einer **Umqualifizierung** der nicht beherrschenden Anteile vom **Eigen-** in das **Fremd**kapital, wobei Änderungen der Verbindlichkeit i. d. R. erfolgswirksam zu behandeln sind. Dies gilt jedenfalls dann, wenn Risiken und Chancen aus den optionsgegenständlichen Anteilen und damit die *present ownership* wirtschaftlich bereits dem Berichtsunternehmen (Stillhalter) zuzurechnen sind, etwa weil 167

- der Ausübungspreis der Option fixiert ist,
- mit den optionsgegenständlichen Anteilen keine (relevanten) Einflussmöglichkeiten mehr verbunden sind,
- mit Dividenden während des Optionszeitraums nicht zu rechnen ist oder die Dividenden schuldrechtlich bereits dem Berichtsunternehmen zustehen.

Liegen die Risiken und Chancen hingegen noch beim Optionsinhaber, wird im Schrifttum ein Wahlrecht angenommen. Das Berichtsunternehmen hat nach dieser Auffassung zu entscheiden, ob es IAS 32 Vorrang gibt (dann Lösung wie zuvor) oder IFRS 10 als vorrangig ansieht. Im zweiten Fall wird es u. a. für zulässig gehalten, Änderungen in der Höhe der Put-Verbindlichkeit ohne Berührung der GuV unmittelbar gegen Eigenkapital zu erfassen.[53]

Die insoweit bestehende *diversity in practice* hat den IFRS IC veranlasst, im Mai 2012 den Draft IFRIC **DI/2012/2** „*Put Options Written on Non-Controlling Interests*" herauszugeben. Der Entwurf sah für geschriebene Put-Optionen, mit denen noch kein *present ownership* verbunden ist, Folgendes vor:

- Die Put-Option führt zur Umqualifizierung der nicht beherrschenden Anteile von Eigen- in Fremdkapital.
- Das Fremdkapital (finanzielle Verbindlichkeit) ist gem. IAS 32.23 mit dem Barwert des Ausübungspreises der Option anzusetzen.
- Alle Änderungen im Wert der Verbindlichkeit sind erfolgswirksam zu behandeln.

Gegen eine erfolgsneutrale Erfassung der Änderung der Verbindlichkeit führte der Entwurf folgende Überlegung an: Zwar sieht IFRS 10.23 die erfolgsneutrale Behandlung von Transaktionen vor, die ohne eine Änderung der Beherrschungsverhältnisse die Anteilsverhältnisse zwischen Mehrheits- und Minderheitsgesellschafter verändern (Auf- und Abstockungen), mit einer Wertänderung der finanziellen Verbindlichkeit geht jedoch noch keine solche Änderung der Anteilsverhältnisse einher. In 2013 wurde der Plan zur Veröffentlichung eines entsprechenden IFRIC aufgegeben und stattdessen eine Finalisierung des Standards *Amendment* zu IAS 32 geplant. Dieser Plan sollte in 2014 umgesetzt werden, ist aber dann ebenfalls aufgegeben worden. Das Thema wird nun nicht mehr als eigenes Projekt, sondern als Teil des Projekts „*Financial instruments with characteristics of equity*" verfolgt.

---

53 ERNST & YOUNG, International GAAP 2014, Ch 7 sCh 5.1.

168 Aus den vorstehenden Überlegungen folgt für den Konzernabschluss weiter: Bei der mehrheitswahrenden **Aufstockung** oder **Abstockung** des Anteils an einer **Tochterpersonengesellschaft** kommt IFRS 10.23 ebenfalls nicht zum Zuge. Die Aufstockung ist vielmehr wie eine Tilgung von Fremdkapital, die Abstockung wie eine Aufnahme von Fremdkapital zu würdigen. Soweit die dabei geleisteten Entgelte nicht der Tilgung bzw. Aufnahmebetrag entsprechen, entsteht Aufwand oder Ertrag:[54]

> **Beispiel**
> Die MU AG ist seit Gründung mit 80 % an der TU KG beteiligt. A und B halten jeweils 10 % Der Gesellschaftsvertrag der TU KG sieht eine Kündigungsrecht der Gesellschafter gegen Abfindung zu einem Mischwert aus Substanz- und Ertragswert vor. Zum 31.12.02 beträgt dieser Wert für die gesamte TU 10 Mio., die für den Minderheitenanteil auszuweisende finanzielle Verbindlichkeit mithin 2 Mio.
> Zum 1.1.03 erwirbt MU die Anteile des A gegen einen zwischen den Parteien nach Maßgabe des Ertragswertes ausgehandelten Kaufpreis von 1,3 Mio. In einer geschlossenen Konzernbuchhaltung ist der Vorgang wie folgt zu buchen:
> Per Verbindlichkeit 1 Mio. an Geld 1,3 Mio.
> Per Aufwand 0,3 Mio.

Unter Berufung auf IAS 27.30f. als IFRS 10.23 entsprechende Regelung des Vorgängerstandards wird jedenfalls für Abstockungen z.T. eine andere Auffassung vertreten. Danach soll bei der Abgabe von Anteilen des Konzerns an nicht beherrschende Gesellschafter einer Tochterpersonengesellschaft der Unterschiedsbetrag zwischen a) der einzubuchenden Verbindlichkeit und b) dem Buchwert der sich ergäbe, wenn die Minderheitsgesellschafter aus Konzernsicht eigenkapitalgebende beherrschenden Gesellschafter wären, erfolgsneutral im Konzerneigenkapital zu verrechnen sein. (IAS 27.30f.).[55] U.E. ist die Berufung auf IAS 27.30f. aber zweifelhaft. Die dort niedergelegten Regelungen betreffen die Erfolgsneutralität von Transaktionen zwischen Eigenkapitalgebern. Der Minderheitsgesellschafter des Tochterpersonenunternehmens ist jedoch aus Sicht des Konzern- kein Eigenkapital-, sondern Fremdkapitalgeber.

169 Bei den drei anderen Optionsformen (Fälle 1 bis 3) stellt sich die Frage, ob die Option bei entsprechendem Verhältnis des Ausübungspreises als Finanzderivat zu einem finanziellen Vermögenswert (erworbene Option) oder zu einer finanziellen Verbindlichkeit (geschriebene Option) führen kann.
Für Optionen, mit deren Ausübung lediglich eine Änderung des Minderheitenanteils, keine Änderung der Kontrollverhältnisse einhergeht, ist dies u.U. zu bejahen, da IAS 39.2a zwar Anteile *(interests)* an Tochterunternehmen von seinem Anwendungsbereich ausschließt, ausdrücklich aber nicht Derivate über diese Anteile (IAS 32.AG17; → § 28 Rz 91).
Entsprechendes gilt für Optionen, deren Ausübung zu einer Änderung der Kontrollverhältnisse führen würde, da IAS 39.2g in der Fassung des *Annual*

---

[54] A.A. jedenfalls für eine Abstockung Zwirner/König, IRZ 2013, S. 31 ff unter Berufung auf IDW RS HFA 45 Tz. 56
[55] IDW RS HFA 45 Tz. 56 sowie Zwirner/König, IRZ 2013, S. 31 ff.

Improvements Project 2009 nur unbedingte Termingeschäfte (*forwards*) über einen zukünftigen Unternehmenszusammenschluss von seinem Anwendungsbereich ausschließt.

Bei erworbenen Call-Optionen (Fall 1) ist im Einzelnen aber nach *present ownership* (Rz 167) wie folgt zu differenzieren:[56]

- Gehen die **eigentümertypischen Chancen** bereits bei Abschluss des Optionsvertrags auf das Berichtsunternehmen über, insbesondere weil der Ausübungspreis fixiert ist, hat das Berichtsunternehmen als Optionsinhaber die Option bereits als ausgeübt zu unterstellen (antizipierter Erwerb). Für die (bedingte) Verpflichtung ist eine **Kaufpreisverbindlichkeit** zu erfassen, die zu fortgeführten Anschaffungskosten bilanziert wird. Der Ausweis von nicht beherrschenden Anteilen scheidet im Umfang der Option aus.

  Wird die Option in der Folge tatsächlich nicht ausgeübt und verfällt sie, ist die bei Vertragsschluss erfasste Verbindlichkeit zu stornieren. Dabei ist wie folgt zu unterscheiden: Besteht weiterhin die Möglichkeit zur Ausübung eines beherrschenden Einflusses auf die Finanz- und Geschäftsaktivität, erfolgt eine Gegenbuchung gegen *non-controlling interest*; geht mit Verfall der Option der Einfluss verloren, ist hingegen eine Entkonsolidierung geboten.

- Hat das Berichtsunternehmen (Optionsinhaber) hingegen noch **kein** *present ownership*, insbesondere weil der Ausübungspreis der Option dem *fair value* zum Ausübungszeitpunkt entspricht oder (etwa durch Bindung an die EBIT-Entwicklung) in wesentlichem Maße von der zukünftigen Entwicklung des Unternehmensertragswerts abhängt, kommen IFRS 10 und IAS 39/IFRS 9 gleichzeitig zur Anwendung: Für die Abgrenzung des Konsolidierungskreises ist eine bestehende, jederzeit ausübbare Option als potenzielles Stimmrecht zu qualifizieren (IFRS 10), zusätzlich aber auch eine Erfassung als finanzieller Vermögenswert (Finanzderivat) erforderlich (IAS 39/IFRS 9). Eine Bewertung des Finanzderivats erfolgt mit der Summe aus innerem Wert und Zeitwert der Option, also unter Rückgriff auf ein Optionsbewertungsmodell (IAS 39.48a). Entspricht der Ausübungspreis dem *fair value* oder einem Surrogat (etwa EBIT-Multiplikator), ist der Optionswert jedoch regelmäßig gering oder vernachlässigbar.

  Wird die Option in späteren Perioden ausgeübt, ist der *fair value* im Ausübungszeitpunkt als Teil der Gegenleistung für den Erwerb von *non-controlling interests* zu erfassen. Verfällt die Option ungenutzt, ist hingegen eine erfolgswirksame Ausbuchung geboten.

4.7.4 Termingeschäfte und kombinierte Call-/Put-Optionen über nicht beherrschende Anteile

Im Rahmen eines Kaufs der Mehrheit der Anteile können zugleich Vereinbarungen über den zukünftigen Erwerb der verbleibenden Anteile getroffen werden. Infrage kommt

- ein unbedingtes Termingeschäft über die verbleibenden Anteile oder
- eine Kombination von Call-Option des Erwerbers und Put-Option des Veräußerers.

---

[56] Vgl. FREIBERG, PiR 2010, S. 206 ff.

Fraglich ist, ob dann überhaupt noch ein Minderheitenanteil (und daneben ggf. ein Finanzderivat) auszuweisen ist oder in wirtschaftlicher Betrachtung nicht ein 100-%-Erwerb mit Ausweis einer Kaufpreisverbindlichkeit vorliegt.

172 In der Termingeschäftsvariante ist nach herrschender Auffassung ein 100-%-Erwerb zu bilanzieren.[57]

> **Beispiel**
> MU erwirbt am 31.12.01 51 % der Anteile an der TU von X. Gleichzeitig wird die Übertragung der verbleibenden 49 % am 2.1.03 zu einem bereits jetzt fixierten Preis vereinbart.
>
> **Beurteilung**
> Die wesentlichen Chancen und Risiken der 49-%-Anteile gehen im Erstkonsolidierungszeitpunkt bereits auf MU über. Je nach vertraglicher Regelung ist nur noch der evtl. in 02 erzielte Gewinn X zuzurechnen. Im Verhältnis zu den Chancen und Risiken aus der Wertänderung der Anteile ist die auf den laufenden Gewinn gerichtete Chance i.d.R. von untergeordneter Bedeutung. MU erlangt daher bereits am 31.12.01 das wirtschaftliche Eigentum an allen Anteilen. Ein Minderheitenanteil ist nicht mehr auszuweisen. Die Verpflichtung aus dem Termingeschäft ist als Kaufpreisverbindlichkeit zu erfassen.

Die gleiche Wirkung wie ein Termingeschäft erzeugt eine Kombination von Call-Option des Erwerbers und Put-Option des Veräußerers, sofern die Ausübungsbedingungen beider Optionen im Wesentlichen gleich sind. Eine entsprechende Kombination von Optionen führt daher i.d.R. ebenfalls zum sofortigen Übergang des wirtschaftlichen Eigentums an den optionsgegenständlichen Anteilen.[58]

> **Beispiel**
> MU erwirbt am 31.12.01 51 % der Anteile an der TU von X. Gleichzeitig erhält MU eine Kaufoption über die verbleibenden Anteile von 49 % zu einem Ausübungspreis von 100. Mit entsprechendem Ausübungspreis wird X eine Verkaufsoption eingeräumt. Beide Optionen sind am 2.1.03 ausübbar.
>
> **Beurteilung**
> Die wesentlichen Chancen und Risiken der 49-%-Anteile gehen im Erstkonsolidierungszeitpunkt bereits auf MU über. Rationales Verhalten unterstellt, wird eine der Parteien die Option ausüben, entweder MU bei einem Anteilswert von mehr als 100 seine Kaufoption oder X bei einem Anteilswert von weniger als 100 seine Verkaufsoption. Wie bei einem unbedingten Termingeschäft ist daher kein Minderheitenanteil, sondern eine Kaufpreisverbindlichkeit auszuweisen.

---

[57] Vgl. KPMG, Insights into IFRS 2014/15, Tz. 2.5.680; PwC, IFRS Manual of Accounting 2014, Tz. 24.235.18; ERNST & YOUNG, International GAAP 2014, Ch 7 sCh 5.3.
[58] Vgl. PwC, IFRS Manual of Accounting 2014, Tz. 24.235.18; ERNST & YOUNG, International GAAP 2014, Ch. 7 sCh 5.3; BFH, Urteil v. 11.7.2006, VIII R 32/04, BStBl 2007 II S. 296 ff.

4.7.5 Nicht beherrschende Anteile im mehrstufigen Konzern

Zur Problematik des mehrstufigen Konzerns wird auf die Erläuterung zu IFRS 3 verwiesen (→ § 31 Rz 179).

173

5 Anteile an Tochtergesellschaften im Einzelabschluss der Mutterunternehmung

Fragen des Konzernabschlusses regelt IFRS 10. Demgegenüber enthält IAS 27 Regeln zur Bilanzierung von Anteilen an Tochterunternehmen, Gemeinschaftsunternehmen und assoziierten Unternehmen in Einzelabschlüssen (*„separate statements"*) des Mutterunternehmens. Für den Anwendungsbereich dieser Vorschriften gilt Folgendes:

174

- IAS 27.4 definiert „separate Abschlüsse" als die von einem Mutterunternehmen, einem Anteilseigner eines assoziierten Unternehmens oder einem Partnerunternehmen eines gemeinsam geführten Unternehmens aufgestellten Abschlüsse, in denen die Anteile zu fortgeführten Anschaffungskosten (*at cost*) oder nach IFRS 9 (zum *fair value*), d. h. auf der Grundlage der **unmittelbaren Kapitalbeteiligung** anstatt auf Grundlage der vom Beteiligungsunternehmen berichteten Ergebnisse und seines Reinvermögens bilanziert werden.
- Abschlüsse eines Unternehmens, das **weder** an Tochterunternehmen **noch** an assoziierten Unternehmen noch an Gemeinschaftsunternehmen beteiligt ist, sind nach IAS 27.7 keine separaten Abschlüsse.
- Positiv ausgedrückt stellen separate Abschlüsse damit unkonsolidierte Abschlüsse dar, wobei IAS 27 voraussetzt, dass sie neben (*in addition to*) konsolidierten Abschlüssen veröffentlicht werden, es sei denn, nach IAS 27.8 bestehe keine Pflicht zur Aufstellung und Veröffentlichung eines konsolidierten Abschlusses.

Die amtliche deutsche Fassung von IAS 27 rev. 2004 übersetzte *„separate statements"* teils als „separate Abschlüsse" (IAS 27.4 rev. 2004), teils als „separate Einzelabschlüsse" (IAS 27.37 ff. rev. 2004) und machte dadurch unfreiwillig auf die potenziellen Konflikte zwischen deutschem Sprachgebrauch und demjenigen der IFRS aufmerksam. Inhaltlich stecken dahinter folgende **Konfliktmöglichkeiten**:

- Die Konzernrechnungslegungspflicht und die Befreiung von ihr ergeben sich allein aus dem HGB. Soweit die Befreiung nach HGB, nicht aber nach IFRS 10 gegeben ist, käme ein separater Abschluss nach IAS 27 nicht infrage. Bei enger, von der EU für Europa nicht geteilter Auslegung[59] würde aber auch ein IFRS-Einzelabschluss ausscheiden. Die allgemeinen Regelungen von *Framework*, IAS 1 usw. würden nicht greifen, da dort mit der rechnungslegenden *entity* bei einem Konzernsachverhalt der Konzern gemeint ist, die Ausnahmeregelungen für separate Abschlüsse wären aus den o. g. Gründen aber ebenso wenig einschlägig.
- § 325 Abs. 2a HGB erlaubt für Zwecke der Bekanntmachung im elektronischen Bundesanzeiger uneingeschränkt die Veröffentlichung eines IFRS-Einzelabschlusses. Hat das betreffende Unternehmen keine Anteile an mindestens einem Tochterunternehmen, assoziierten Unternehmen oder Gemeinschaftsunternehmen, liegt gerade kein separater Abschluss i. S. v. IAS 27 vor. Ein hier

---

[59] Vgl. Accounting Regulatory Committee Documents ARC/08/2007 und ARC 19/2006.

z.T. angenommener Konflikt zu den IFRS besteht u.E. aber nicht. Wenn kein Konzernsachverhalt vorliegt, ist die rechnungslegende *entity* das Unternehmen in seiner rechtlichen Einheit. IFRS 10, IAS 28 und IFRS 11 sind von vornherein nicht einschlägig, können daher auch keine restriktiven Wirkungen entfalten. Bei Beachtung aller anderen IFRS-Vorschriften ist der Einzelabschluss IFRS-konform.

Die nachfolgende Darstellung erfolgt unter den o.g. Vorbehalten. Sie benutzt im Übrigen mit Rücksicht auf den Sprachgebrauch der deutschen Praxis und des HGB Begriffe wie „einzelbilanziell" usw. statt sperrigerer Begriffe wie „separatbilanziell".

175 Im Einzelabschluss eines Mutterunternehmens sind die Anteile an Tochterunternehmen, Gemeinschaftsunternehmen und assoziierten Unternehmen nach IAS 27.10 **wahlweise** wie folgt zu bilanzieren:
- Zu fortgeführten **Anschaffungskosten** (*at cost*),
- gem. IAS 39/IFRS9, d.h. i.d.R. mit dem **beizulegenden Zeitwert** (*fair value*).
- Eine bis 2004 zulässige, dann abgeschaffte *at-equity*-Bewertung im Einzelabschluss ist nach dem im August 2014 vorgelegten Amendment zu IAS 27 ab 2016 als zusätzliche Wahlmöglichkeit wieder zugelassen.

Bei der Zugangsbewertung sind direkt zurechenbare Anschaffungsnebenkosten i.d.R. zu aktivieren, Für die Bilanzierung nach IAS 39/IFRS 9 ergibt sich dies bei erfolgsneutraler Behandlung von *fair-value*-Änderungen aus IAS 39.43/IFRS 9.5.1.1, für die Bilanzierung „*at cost*" aus der allgemeinen Bedeutung des Anschaffungskostenbegriffs.

Das Bewertungswahlrecht für den Einzelabschluss besteht auch dort, wo das untergeordnete Unternehmen aus Wesentlichkeitsgründen im Konzernabschluss nicht konsolidiert wurde, da IAS 27.10 nur an den Status des untergeordneten Unternehmens, nicht an dessen Konsolidierung anknüpft. Im Konzernabschluss selbst gilt das Wahlrecht für die nicht konsolidierten Unternehmen aber nicht; sie sind dort nach IAS 39/IFRS 9 mit dem *fair value* zu bewerten.

176 Soweit der *fair value* als Bewertungsmaßstab gewählt wird und das Beteiligungsobjekt börsennotiert ist, soll nach ED/2014/4 der *fair value* als Produkt aus Aktienkurs und Zahl der Aktien, also ohne Rücksicht auf Kontrollprämien bestimmt werden.

177 Wird neben dem vollzogenen Mehrheitserwerb zugleich eine **Put-Option** über die verbleibenden Anteile vereinbart, ist bei einer Bewertung des Tochterunternehmens zu Anschaffungskosten u.E. der *fair value* der gewährten Option bereits in die Anschaffungskosten einzubeziehen (per Anteile an derivative Verbindlichkeit). Ein faktisches Wahlrecht besteht jedoch hinsichtlich der weiteren Entwicklung der derivativen Verbindlichkeit; sie kann erfolgswirksam oder als Anpassung der Anschaffungskosten behandelt werden (→ § 8 Rz 62).

178 Offen ist auch die Behandlung **ungewisser Kaufpreisbestandteile**, also etwa einer *earn-out*-Vereinbarung, die den endgültigen Kaufpreis vom Erreichen von Erfolgszielen abhängig macht. Im Konzernabschluss sind diese ungewissen Bestandteile als Teil der Anschaffungskosten mit ihrem *fair value* im Zeitpunkt der Erstkonsolidierung zu berücksichtigen und spätere Änderungen der bedingten Verpflichtungen erfolgswirksam zu behandeln. Im Einzelabschluss kommt u.E. bei Erfassung der Anteile zu Anschaffungskosten auch eine erfolgsneutrale Fortschreibung der ungewissen Verbindlichkeit infrage (→ § 8 Rz 63).

Tochterunternehmen im Konzern- und Einzelabschluss § 32

In der **einzelbilanziellen** Darstellung von Anteilen an Tochterunternehmen ist im Übrigen zwischen 4 Fällen zu unterscheiden: 179
- Die Anteile werden aus *materiality*-Gründen konzernbilanziell nicht konsolidiert. Sie werden einzelbilanziell zu **Anschaffungskosten** oder zum *fair value*, konzernbilanziell zum *fair value* bewertet (IAS 27.10). Bei *fair-value*-Bewertung sind sie im zeitlichen Anwendungsbereich von IAS 39 regelmäßig als **veräußerbare Vermögenswerte** (*available-for-sale assets*) zu qualifizieren mit Erfolgsneutralität der Wertänderungen. Im zeitlichen Anwendungsbereich von IFRS 9 sind sie als *equity instruments* einzustufen, mit einem Wahlrecht zwischen erfolgsneutraler und erfolgswirksamer Behandlung der Wertänderungen.
- Die Anteile sind im **Konzernabschluss** konsolidiert. Einzelbilanziell werden sie wahlweise zu **Anschaffungskosten** oder zum *fair value* bewertet. Im zweiten Fall sind sie nach IAS 39 regelmäßig als **veräußerbare Vermögenswerte** (*available-for-sale assets*), nach IFRS 9 als *equity instruments* zu qualifizieren.
- Es wird (zulässigerweise) **kein Konzernabschluss** aufgestellt. **Einzelbilanziell** werden die Anteile zu **Anschaffungskosten** oder zum *fair value* bewertet. Im zweiten Fall sind sie nach IAS 39 regelmäßig als **veräußerbare Vermögenswerte** (*available-for-sale assets*), nach IFRS 9 als *equity instruments* zu qualifizieren.
- Die Anteile werden ausschließlich zum Zwecke der **Veräußerung** gehalten. Konzernbilanziell ist das zur **Veräußerung bestimmte** Aktivvermögen (*non-current assets held for sale*) separat von den damit verbundenen Schulden darzustellen (Rz 97). In der Einzelbilanz sind die Anteile als *non-current assets held for sale* auszuweisen. Soweit sie bisher zu Anschaffungskosten bilanziert wurden, ist zum Umklassifizierungszeitpunkt auf einen evtl. niedrigeren Zeitwert (abzüglich Veräußerungskosten) abzuschreiben. Soweit sie bisher nach IAS 39/IFRS 9 zum *fair value* bilanziert wurden, bleibt sie dabei (IAS 27.10). Vgl. hierzu → § 29 Rz 37.

Besondere Probleme bereitet die Bestimmung der Anschaffungskosten bei **konzerninternen** Umstrukturierungen (Reorganisationen). Ein Sonderfall solcher Umstrukturierungen ist in IAS 27.13f. geregelt. Betroffen sind Fälle, 180
- bei denen eine NewCo etabliert wird, die durch Ausgabe von Anteilen (Sacheinlagen) Kontrolle über das ursprüngliche Mutterunternehmen erlangt,
- wobei sich im Zeitpunkt der Reorganisation die Zusammensetzung des Vermögens nicht ändert und die Gesellschafter des bisherigen Mutterunternehmens im gleichen Maße am neuen beteiligt werden.
- Die NewCo hat in diesem Fall als Anschaffungskosten des eigenen Investments das IFRS-Eigenkapital (Nettovermögen zu Buchwerten) vor Reorganisation des Unternehmens auszuweisen, dessen Mutter es wird.

Beispiel
Vor der Reorganisation ist MU mit 100 % an TU beteiligt und weist den Anteil zu Anschaffungskosten 100 aus. Der Zeitwert bei MU beträgt 300, ihr Buchvermögen 225. Die Anteile an der MU werden gegen Ausgabe neuer Anteile in eine NewCo eingebracht.
Behandlung bei der NewCo:
per Anteil an MU 225 an Eigenkapital 225.

Ungeregelt ist die einzelbilanzielle Behandlung von Restrukturierungen, die nicht die Voraussetzungen von IFRS 27.13f. erfüllen, weil z.B. Geld fließt oder sich die Anteils- bzw. Beteiligungsverhältnisse bei der Transaktion ändern. Werden Anteile zum Buchwert konzernintern veräußert, gilt (→ § 31 Rz 193):
- Bei Interpretation des Einzelabschlusses als Ausschnitt aus dem Konzernabschluss hat die eine Beteiligung veräußernde Gesellschaft die Anteile erfolgsneutral auszubuchen, die erwerbende Gesellschaft sie zum Buchwert der veräußernden Gesellschaft einzubuchen.
- Bei Deutung des Einzelabschlusses als selbstständiger Abschluss erzielt die veräußernde Gesellschaft i.H.d. Differenz von Zeitwert und Buchwert einen Abgangserfolg, während die erwerbende Gesellschaft die Anteile zum Zeitwert einbucht und die Differenz zum gezahlten Buchwert als verdeckte Einlage (oder bei umgekehrtem Vorzeichen verdeckte Ausschüttung) im Eigenkapital erfasst.[60]

Beispiel
MU ist bisher an T und E mit jeweils 100 % direkt beteiligt. E wird mit Anschaffungskosten von 100 bilanziert und zu diesem Preis an T veräußert, sodass aus der bisher zweistöckigen Struktur eine dreistöckige (MU-T-E) wird. Der Zeitwert der E beträgt 300.
Behandlung bei MU:
1. Erfolgsneutral

Konto	Soll	Haben
Geld	100	
Anteil an E		100

2. Erfolgswirksam

Konto	Soll	Haben
Geld	100	
Anteil an T	200	
Anteil an E		100
s. B. E.		200

Behandlung bei T:
1. Buchwertfortführung

Konto	Soll	Haben
Anteil an E	100	
Geld		100

2. Einbuchung zum Zeitwert

Konto	Soll	Haben
Anteil an E	300	
Geld		100
Eigenkapital		200

Wegen allgemeiner Fälle von Umstrukturierungen wird auf → § 32 Rz 175 verwiesen.[61]

---

[60] PwC, IFRS Manual of Accounting 2014, Tz. 24.2.37.
[61] Vgl. außerdem, LIECK, Bilanzierung von Umwandlungen nach IFRS, Wiesbaden 2011.

6 Latente Steuern

Wie im Einzelabschluss sind auch im Konzernabschluss latente Steuern zu aktivieren oder zu passivieren, wenn sich Steuerbilanz- und IFRS-Konzernbilanz-Werte unterscheiden und dieser Unterschied nicht permanenter, sondern vorübergehender Natur ist (→ § 26 Rz 3). Insoweit fließen die aktiven und passiven latenten Steuern der IFRS-Einzelbilanzen auch in die Konzernbilanz ein.

In der **Konzernbilanz** ergeben sich jedoch zwei **Erweiterungen**:
- Durch Aufdeckung stiller Reserven bei der Erstkonsolidierung sowie **Anpassung an konzerneinheitliche Ansatz- und Bewertungsmethoden** (Rz 118 ff.) können sich die Unterschiede zu dem Steuerbilanzwert gegenüber der IFRS-Einzelbilanz erhöhen (zusätzliche latente Steuern) oder vermindern (Reduzierung der latenten Steuern).
- Durch die weiteren **Konsolidierungsmaßnahmen**, insbesondere die **Zwischenergebniseliminierung** (Rz 141 ff.), können sich die Differenzen zwischen IFRS- und Steuerwerten weiter erhöhen (zusätzliche latente Steuern) oder weiter verringern (Reduzierung der latenten Steuern).

Unterschiede der **ersten Art** – Anpassung an **konzerneinheitliche** Methoden – sind aus verfahrensökonomischen Gründen bereits in der IFRS-Bilanz II zu berücksichtigen, Unterschiede der zweiten Art – konzerninterne **Konsolidierung** – werden praxisgerecht unmittelbar im Zusammenhang mit der entsprechenden Konsolidierungsbuchung, d.h. durch Ergänzung dieser Buchung um eine Steuerbuchung, berücksichtigt.

In bestimmten Fällen führen nicht erfolgswirksame Konsolidierungsbuchungen **scheinbar** zu einer Eliminierung ursprünglich vorhandener temporärer Differenzen.

> **Beispiel**
> Die inländische Software GmbH lizenziert Ende 01 Software im Mehrjahresvertrag an ihre amerikanische Tochter. Die Tochter zahlt die Lizenzgebühr von 100 sofort für den vollen Zeitraum. Das amerikanische Steuerrecht erkennt den vollen Betrag in 01 als Betriebsausgabe an, während in der IFRS-II-Bilanz der Tochter ein aktiver Abgrenzungsposten von 100 gebildet und wegen der Differenz von IFRS- und Steuerbuchwert (100 − 0 = 100) eine latente Steuer passiviert wird.
> Die Mutter passiviert den erhaltenen Betrag sowohl in der Steuerbilanz als auch in ihrer IFRS-II-Bilanz.
> Im Rahmen der Konzernbilanz wird das konzerninterne Schuldverhältnis durch die Buchung „per passive Abgrenzung 100 an aktive Abgrenzung 100" wegkonsolidiert. Damit verschwindet auch der Aktivposten der Tochter, aus dem die passive latente Steuer entstand.
> Eine weitere Konsolidierungsbuchung zur Eliminierung der passiven latenten Steuer ist gleichwohl nicht angezeigt. Dies ergibt sich aus folgender Überlegung: Die Lizenzgebühren führen in konsolidierter Betrachtung zu einem IFRS-Buchwert von null, in summierter Betrachtung der Steuerbilanzen hingegen zu einem Steuerbilanzbuchwert von −100. Aus konsolidierter bzw. Summenbetrachtung besteht damit eine Differenz von 0 − (−100) = 100, also genau die schon in der IFRS-II-Bilanz der Tochter (dort als 100 − 0) ermittelte Differenz.

184 Dem einleitenden Schema der Konsolidierungsschritte folgend (vgl. Rz 117 ff.), ergeben sich im Wesentlichen folgende latente Steuereffekte:
- **Vereinheitlichung** der Bilanzierungs- und Bewertungsmethoden: Wo echte und unechte IFRS-Wahlrechte in den IFRS-Einzelbilanzen noch nicht einheitlich ausgeübt wurden, sind Anpassungen notwendig. In der resultierenden IFRS-Bilanz II werden auch die mit diesen Anpassungen verbundenen latenten Steuern berücksichtigt.
- **Summenbilanz:** Hier ergeben sich keine zusätzlichen Steuerlatenzen.
- **Kapitalkonsolidierung:** Bei der Erst- und Folgekonsolidierung können sich Abweichungen zum Steuerbilanzwert ergeben (oder verringern). Entsprechende Erläuterungen erfolgen in → § 26 Rz 144.
- **Sonstige Konsolidierung** Aufwand/Ertrag und Forderungen/Verbindlichkeiten: Insbesondere die Konsolidierung konzerninterner Rückstellungen sowie von Abschreibungen auf konzerninterne Forderungen, daneben auch die Umrechnung konzerninterner Fremdwährungsposten können zu einer Erhöhung oder Verminderung der Bewertungsunterschiede zur Steuerbilanz führen. Die Steuerbuchungen sind zweckmäßigerweise parallel zur Grundbuchung vorzunehmen.
- **Zwischenergebniseliminierung:** Veräußert ein Konzernunternehmen Erzeugnisse mit Gewinnaufschlag an ein anderes Konzernunternehmen und befinden sich die Vorräte zum Stichtag noch im Bestand, so ist der Gewinn aus Konzernsicht nicht realisiert (Rz 144). Der Ansatz der Vorräte im Konzern ist daher zu reduzieren. Hierdurch kann der Konzernwert hinter den einzelbilanziell orientierten Steuerbilanzwert zurückfallen, sodass es erstmalig zu einer Steuerlatenz kommt.
- **Minderheitenanteil:** Der Minderheitenanteil hat mittelbare Relevanz für die latenten Steuern. Da zwingend auch die stillen Reserven in den Minderheitenanteilen aufzudecken sind (Rz 156), fällt die Differenz vom IFRS- zum Steuerbilanzwert und damit auch die Höhe der latenten Steuern entsprechend größer aus. Gutschrift oder Belastung erfolgen sachgerecht im Minderheitenanteil durch Berücksichtigung bei der Erstkonsolidierung bzw. über den Gewinnanteil bei der Folgekonsolidierung. Vereinfachungen aus *materiality*-Gründen sind zulässig.

185 Die Berechnung latenter Steuern ist nach IAS 12.47 mit den Steuersätzen durchzuführen, die zum Bilanzstichtag für die Realisierung der Differenz gelten würden (→ § 26 Rz 200). Hiernach sind Differenzen zwischen dem IFRS-Bilanzwert des inländischen Mutterunternehmens nach dem inländischen Ertragsteuersatz und Differenzen ausländischer Tochterunternehmen nach den dort geltenden **ausländischen Steuersätzen** zu berücksichtigen. Da die entsprechenden Posten für latente Steuern ohnehin bereits in der IFRS-Bilanz II berücksichtigt werden, spricht auch aus Praxissicht nichts gegen dieses Vorgehen. Bei einem Personengesellschaftskonzern sind die Steuerlatenzen des Mutterunternehmens (Personengesellschaft) auf der Basis seines Gewerbesteuersatzes zu berechnen, die Latenzen von Tochterkapitalgesellschaften hingegen unter zusätzlicher Einbeziehung von definitiver (nicht anrechenbarer) Körperschaftsteuer.

186 Ein **Steuersatzproblem** ergibt sich hingegen bei der **Zwischenergebniseliminierung** und den anderen nachfolgenden Konsolidierungsschritten. Hier ist zu entscheiden, ob der Steuersatz des Mutterunternehmens oder je nach *upstream-* oder *downstream-*Lieferbeziehungen der Steuersatz des Tochterunternehmens oder insgesamt ein Mischsatz angewendet wird. U. E. ist der Steuersatz des Empfängerunternehmens maßgeblich.

Latente Steuern sind auch auf steuerlich **vortragsfähige Verluste** zu aktivieren, sofern deren zukünftige Nutzung wahrscheinlich ist (IAS 12.34; → § 26 Rz 125). Nach IAS 12.67 kann es im Rahmen eines Unternehmenszusammenschlusses erstmalig zum Ansatz eines solchen Postens kommen, weil der Erwerber in der Lage ist, den Vorteil der noch nicht genutzten steuerlichen Verluste gegen das zukünftige zu versteuernde Einkommen zu verwenden. Nach Maßgabe des deutschen Steuerrechtes, dessen Steuersubjekt die einzelne natürliche oder juristische Person ist und das über die Mantelkaufvorschriften (§ 8 Abs. 4) sowie umwandlungsrechtliche Vorschriften (§ 12 Abs. 2 UmwStG) Vorkehrungen gegen die Übertragung von Verlusten auf andere Subjekte getroffen hat, kommt diesem Fall keine große praktische Bedeutung zu. 187

Aus Sicht des deutschen Steuerrechts haben auch diverse Bestimmungen in IAS 12 zu latenten Steuern aus der Bewertung von Tochteranteilen im Einzelabschluss des Mutterunternehmens nur noch eine geringe Bedeutung. Nach den Vorschriften von § 8 KStG und § 9 GewStG sind in der Konstellation Kapitalgesellschaft – Kapitalgesellschaft Dividenden, Veräußerungsgewinne, Veräußerungsverluste und Teilwertabschreibungen steuerlich i.d.R. größtenteils unbeachtlich. Unter diesen Umständen haben die Differenzen im IFRS-Ansatz der Beteiligung und dem Steuerbilanzansatz im Wesentlichen permanenten Charakter und sind daher unbeachtlich, da latente Steuern nur auf temporäre, sich zukünftig steuerwirksam auflösende Differenzen entstehen. Für andere Konstellationen unter Einbeziehung von Personengesellschaften wird auf → § 26 Rz 163ff. verwiesen. 188

7 Ausweis-Besonderheiten im Konzern

Der Konzernabschluss zeigt die gleichen Bilanz- und GuV-Posten wie der Einzelabschluss. Dies gilt auch für den *goodwill*, der in IFRS 3 in gleicher Weise für den Einzelabschluss *(asset deal)* wie für den Konzernabschluss *(asset oder share deal)* geregelt ist. Der Ausweis erfolgt unter den immateriellen Vermögenswerten. Als tatsächlicher Unterschied zum Einzelabschluss bleiben demnach nur die Posten, welche nicht beherrschende Anteile (Minderheitenanteile) an vollkonsolidierten Tochterunternehmen betreffen und nur im Konzernabschluss, hingegen nicht im Einzelabschluss vorkommen können. 189

In der Bilanz ist der nicht beherrschende Anteil *(non-controlling interests)* gem. IAS 1.54 separat innerhalb des Eigenkapitals auszuweisen. 190

In der GuV und Gesamteinkommensrechnung sind die nicht beherrschenden Anteile am Konzernergebnis gesondert anzugeben (Rz 163 und → § 2). 191

Für die **Kapitalflussrechnung** des Konzerns gelten die Regelungen zur **Konsolidierung und Eliminierung** konzerninterner Salden und Transaktionen (IFRS 10.B86). Danach stellt sich etwa die Eigenkapitalzuführung vom Mutterunternehmen an das Tochterunternehmen im Einzelabschluss des Mutterunternehmens als negativer *cash flow* aus Investitionstätigkeit und im Einzelabschluss des Tochterunternehmens als positiver *cash flow* aus der Ausgabe von Kapital dar. In der Konzernkapitalflussrechnung findet sich jedoch wieder keiner der beiden Positionen, da aus Konzernsicht weder ein Mittelzufluss noch ein Mittelabfluss vorliegt (→ § 3). 192

Besondere Regelungen im Rahmen der Kapitalflussrechnung bestehen für den Erwerb oder die Veräußerung von Tochterunternehmen, d.h. das Erst- oder Entkonsolidierungsjahr. Laut IAS 7.39f. sind Angaben zum Kaufpreis und zu 193 seiner Barkomponente zu machen, zudem Angaben zu den durch die Ersteinbeziehung des Tochterunternehmens zugehenden bzw. durch die Nicht-mehr-Einbeziehung abgehenden Zahlungsmitteln des Tochterunternehmens, schließlich Angaben zu den sonstigen nach Hauptgruppen gegliederten Vermögenswerten und Schulden, die zu- bzw. abgehen (→ § 3 Rz 130ff.).

194 Zur **Kapitalflussrechnung** folgendes Beispiel:

> **Beispiel**
> M erwirbt in 01 100 % der Anteile am Tochterunternehmen T. Der Kaufpreis beträgt 100 und wird zu 30 durch Ausgabe eigener Anteile dargestellt. Das Tochterunternehmen verfügt im Erstkonsolidierungszeitpunkt über Zahlungsmittel von 10.
> In der Investitionszeile der *cash-flow*-Rechnung wird als Auszahlung für den Erwerb von Tochterunternehmen T abzüglich erworbener Netto-Zahlungsmittel von 10 ein Betrag von –60 ausgewiesen.
> Im Anhang wird aufgeführt, dass ein Kaufpreisanteil von 30 unbar durch die Ausgabe neuer Anteile geleistet wurde. Außerdem erfolgt eine Aufgliederung des zugehenden Vermögens des Tochterunternehmens nach Vorräten, sonstigem Umlaufvermögen, Anlagevermögen usw.

8 Angaben

195 Konzernspezifische Angabepflichten ergeben sich vor allem in den folgenden vier Punkten:
- **Konsolidierungskreis** und Änderungen des Konsolidierungskreises,
- **Kapitalkonsolidierungsmethode**,
- **sonstige Konsolidierungsmethoden** (Bewertungsvereinheitlichung, Zwischenergebniseliminierung, Konsolidierung von Aufwand, Ertrag, Schulden, Forderungen),
- **Währungsumrechnung**.

196 Zu den Angaben zur Kapitalkonsolidierung und zur Währungsumrechnung wird auf die diesbezüglichen Kommentierungen verwiesen (→ § 31 Rz 217ff.; → § 27 Rz 90ff.). Die **Angaben zum Konsolidierungskreis** sind in IFRS 12 enthalten. Insbesondere geht es darum, Risiken und Chancen sowie die Effekte auf Vermögen, Ertrag und *cash flows* des Berichtsunternehmens aus der Involvierung in andere Unternehmen offenzulegen, und zwar auch dann, wenn diese anderen Unternehmen nicht konsolidiert werden (IFRS 12.1). Bei zu konsolidierenden Unternehmen sind die wesentlichen Überlegungen offenzulegen, die zur Annahme einer Konsolidierungspflicht geführt haben (IFRS 12.7).

197 Bei nicht durch Stimmrechte oder *ähnliche* Rechte kontrollierbaren **strukturierten Unternehmen** sind insbesondere folgende Angaben gefordert:
- **Konsolidierte** strukturierte Unternehmen: Angaben zu vertraglichen Verpflichtungen, das strukturierte Unternehmen finanziell zu unterstützen, bzw. bei Fehlen vertraglicher Verpflichtungen, Angaben zu tatsächlichen oder beabsichtigten Unterstützungen (IFRS 12.14ff.).
- **Nicht konsolidierte**, aber gesponserte Unternehmen: Diverse Angaben (Rz 198ff.)

Dabei bleibt unklar, was unter einer Sponsorenbeziehung zu verstehen ist (Rz 53). Auch die Qualifizierung eines Unternehmens als strukturiertes ist mit Unsicherheiten belastet. Eine *structured entity* ist definiert als ein Unternehmen (IFRS 12.A), für welches aufgrund der (besonderen) Ausgestaltung Stimmrechte oder ähnliche Rechte (*similar rights*) nicht der **dominierende Faktor** zur Beurteilung der Beherrschung sind (IFRS 12.B21). Für die Identifizierung wird dem Bilanzierer zusätzlich ein Katalog mit charakterisierenden **Eigenschaften** (*features and attributes*) an die Hand gegeben (IFRS 12.B22). Eine strukturierte Einheit zeichnet sich etwa aus durch

- eingeschränkte Aktivitäten,
- eine enge und genau definierte Zielsetzung,
- eine unzureichende Eigenkapitalausstattung zur Finanzierung der Aktivitäten und/oder
- eine Finanzierung, die zu einer Konzentration von Kreditrisiken oder anderen Risiken bei einem Investor führt.

Insbesondere die ersten beiden Eigenschaften sind an die bisherige Definition der Zweckgesellschaft (*special purpose entity*) angelehnt (SIC 12.1). Es soll kein wesentlicher Unterschied zwischen *special purpose* und *structured entity* bestehen (IFRS 12.BC82), aber auch nicht notwendigerweise eine Übereinstimmung mit einer *variable interest entity* (IFRS 12.BC83).

Besteht die Möglichkeit zur Bestimmung der relevanten Aktivitäten eines untergeordneten Unternehmens über Stimmrechte, scheidet die Einstufung als *structured entity* aus (IFRS 12.B24). Wann und ob das Innehaben von ähnlichen Rechten (*similar rights*) ebenso wirkt, ist nicht konkretisiert. Weist ein Unternehmen die typischen Eigenschaften eines strukturierten Unternehmens auf (IFRS 12.B22), bedarf eine gegenteilige Behandlung nur gestützt auf *similar rights* eines Investors besonderer Evidenz.

Die Angaben zu unkonsolidierten strukturierten Unternehmen sollen einen Einblick in die Art und den Umfang einer etwaigen gesellschafts- oder schuldrechtlichen **Beteiligung** und die damit verbundenen Risiken ermöglichen.[62] Eine Konkretisierung des Begriffs Beteiligung (*interest in*) wird nicht vorgenommen (IFRS 12.BC78/80). Ein *interest in* wird aber nicht durch eine **typische Kundenbeziehung** (*typical customer supplier relationship*) begründet. Für die Festlegung der Berichtspflicht in Bezug auf empfangene Vergütungen für geleistete Dienste bedarf es einer Auslegung des unbestimmten Begriffs *interest in*. Möglich wäre

- eine Aufnahme aller – der Höhe nach festen und variablen – Vergütungen für Leistungen an die *structured entity*,
- ein Ausschluss fester Entlohnungen oder
- sogar eine Nichtberücksichtigung aller „typischen" (?) Vergütungen mit Verweis auf eine typische Kundenbeziehung nach vorherigem Nachweis der Marktüblichkeit.

Gefordert sind für unkonsolidierte strukturierte Unternehmen Angaben, die aus Sicht der Adressaten für die Beurteilung des Risikos aus einer Involvierung in einer *structured entity* relevant sind. Bereitzustellen sind u. a. Informationen über finanzielle oder sonstige **Unterstützungen** durch Vereinbarungen mit **Dritten** (*with third parties*), die Auswirkung auf den *fair value* und/oder das Risiko eines

---

[62] Nachfolgende Ausführungen im Wesentlichen nach Freiberg, PiR 2012, S. 264ff.

strukturierten Unternehmens zeitigen (IFRS 12.B26(e)). Im Zusammenwirken mit dem Dritten bleibt unklar, ob eine Unterscheidung hinsichtlich der **Rollenverteilung** – wer gewährt und wer empfängt die Unterstützung – gefordert ist. Folgende Szenarien sind unter Einbezug eines Dritten denkbar:

- Das strukturierte Unternehmen ist Empfänger einer Unterstützung durch einen Dritten, die zu einer Reduzierung des Risikos des bilanzierenden Unternehmens führt.
- Eine Unterstützung, die zu einer Reduzierung der (getragenen) Risiken an der *structured entity* führt, wird von einem Dritten unmittelbar dem bilanzierenden Unternehmen gewährt.
- Ein Dritter empfängt durch das strukturierte Unternehmen eine Unterstützung.

U.E. ist in allen drei Fällen eine Angabe geboten. Es gilt allerdings der ***materiality*-Vorbehalt**. Etwaige Ausführungen zu allgemein üblichen Versicherungen sind weder erforderlich noch zweckmäßig.

Besteht eine Beteiligung an einer *structured entity*, die nicht in den Konsolidierungskreis einbezogen wird, sind Art, Zweck, **Größe**, Tätigkeiten und Finanzierung der Einheit zu erläutern (IFRS 12.26). Das **Geschäftsmodell** und die Aktivitäten der Einheit sind für die Auslegung des Merkmals „Größe" heranzuziehen. Werden Vermögenswerte ausgelagert, ist auf die Bilanzsumme abzustellen, erfolgt in der *structured entity* eine Bündelung der Vertriebsaktivitäten, ist eher das Umsatzvolumen als Bezugsgröße zu verwenden.

199 Werden Vermögenswerte in der laufenden Berichtsperiode von dem Berichtsunternehmen an die strukturierte, unkonsolidierte Einheit **übertragen,** ist der Buchwert im Zeitpunkt des Transfers anzugeben (IFRS 12.27(c)).

Zur möglichen Überschneidung mit **Angabepflichten nach anderen Standards** ist unter Bezugnahme auf IFRS 12.BC88(c) festzuhalten: Eine Offenlegung nach IFRS 7 ist nur geboten, wenn die Unterstützung (*sponsorship*) einer *structured entity* durch ein Finanzinstrument erfolgt oder das bilanzierende Unternehmen ein bislang in den eigenen Büchern erfasstes Finanzinstrument i.S.e. *derecognition* überträgt. Da ein unkonsolidiertes strukturiertes Unternehmen regelmäßig auch nicht als *related party* einzustufen ist (IAS 24.9), besteht auch kein Erfordernis zur Offenlegung als Transaktion mit nahestehenden Unternehmen/Personen.

200 Auf die **Checkliste „Abschlussangaben"** wird ergänzend verwiesen (→ § 5 Rz 8).

9 Anwendungszeitpunkt, Rechtsentwicklung

201 Der im Mai 2011 verabschiedete IFRS 10 ersetzt mit Wirkung ab dem 1.1.2013 (in der EU mit Wirkung ab 1.1.2014) die Konsolidierungsvorschriften des IAS 27. IAS 27 entfällt jedoch nicht ersatzlos; sein Anwendungsbereich ist aber zukünftig auf die Bilanzierung von Tochterunternehmen, assoziierten Unternehmen und Gemeinschaftsunternehmen im **Einzelabschluss** des Investors beschränkt. IFRS 10 enthält nunmehr die bisher allgemein in IAS 27 und für Zweckgesellschaften in SIC 12 geregelten Aspekte der Vollkonsolidierung:

- **Konzernrechnungslegungspflicht**, insbesondere die Frage der Befreiung eines Teilkonzerns durch einen übergeordneten Konzernabschluss (IFRS 10.4; Rz 89);
- Definition eines **Mutter-Tochter-Verhältnisses** (IFRS 10.5 ff.; Rz 6);
- Konsolidierung von Tochterunternehmen bei vom Mutterunternehmen **abweichendem Bilanzstichtag** (IFRS 10.B92 ff.; Rz 111);

- **konzerneinheitliche Methoden** der Bilanzierung und Bewertung (IFRS 10.19, IFRS 10.B87; Rz 118);
- **Konsolidierungstechnik**, d. h. Kapital-, Schulden- und Aufwandskonsolidierung (IFRS 10.B86; Rz 121 ff.);
- Behandlung von **nicht beherrschenden Anteilen** (Minderheiten) (IFRS 10.22 und IFRS 10.B94 f.; Rz 156);
- Behandlung von kontrollwahrenden Änderungen der Beteiligungsquote des Mutterunternehmens (**Auf- und Abstockungen**) (IFRS 10.23 und IFRS 10.B96; → § 31 Rz 159 ff.);
- **Entkonsolidierung/Abwärtskonsolidierung** bei Kontrollverlust (IFRS 10.25 und IFRS 10.B87 ff.; → § 31 Rz 164 ff.).

Nur in den beiden ersten Punkten enthält der Standard substanzielle Änderungen gegenüber IAS 27 rev. 2008. Dabei ist das Thema der Konzernrechnungslegungspflicht von geringerem Interesse, da sich diese ohnehin i. d. R. aus dem nationalen bzw. EU-Recht, in Deutschland etwa aus § 315a i. V. m. § 290 HGB, ergibt (Rz 89). Es bleibt als wesentliche Neuerung die **geänderte Definition eines Mutter-Tochter-Verhältnisses** sowie die Zusammenfassung der bisher in IAS 27, IAS 28 und IAS 31 enthaltenen **Angabepflichten** für konsolidierte Unternehmen (nunmehr aber auch für bestimmte nicht konsolidierte) in IFRS 12 (Rz 191). IFRS 10 ist **retrospektiv** anzuwenden (IFRS 10.C2). Folgende Fälle sind zu unterscheiden:

202

- Konsolidierung nach altem und neuem Recht, und zwar erstmalig im Vergleichszeitraum (in der EU i. d. R. 2013), aber mit **unterschiedlichen Erstkonsolidierungszeitpunkten**: Die Vergleichszahlen können, aber müssen nicht angepasst werden (IFRS 10.C3).
- Entkonsolidierung nach altem und neuem Recht, und zwar im Vergleichszeitraum (in der EU i. d. R. 2013), aber zu **unterschiedlichen Entkonsolidierungszeitpunkten**: Die Vergleichszahlen können, aber müssen nicht angepasst werden (IFRS 10.C3).
- Nichtkonsolidierung nach IAS 27/SIC 12, **Konsolidierung nach IFRS 10**: Regelmäßig Erstkonsolidierung auf den Zeitpunkt, bei dem in Anwendung von IFRS 10 Kontrolle erstmals vorlag, Fortschreibung der Zahlen auf den 1.1.2012 bzw. in der EU 1.1.2013. Bei lange zurückliegenden Fällen kann dieses retrospektive Vorgehen undurchführbar (*impracticable*) sein. Unter diesen Umständen ist eine fiktive Kontrollerlangung auf einen späteren praktikablen Zeitpunkt (z. B. 1.1.2013 bzw. 1.1.2014) zulässig (IFRS 10.C4c).
- Konsolidierung nach IAS 27/SIC 12, **Nichtkonsolidierung nach IFRS 10**: Abwärtskonsolidierung nach den dafür maßgeblichen Regeln (also in Abhängigkeit davon, ob ein Finanzinstrument oder eine *equity*-Beteiligung vorliegt) auf den Zeitpunkt, zu dem bei Anwendung von IFRS 10 ein solches Vorgehen geboten gewesen wäre. Wegen Undurchführbarkeit kann auch hier ein späterer Zeitpunkt infrage kommen (IFRS 10.C5).

Das im Juni 2012 verabschiedete *Amendment* zu *IFRS 10, IFRS 11, IFRS 12"* enthält partielle Klarstellungen dieser Regelungen. U. a. wird die wegen der retrospektiven Anwendung gebotene Anpassung der Vergleichszahlen auch bei Präsentation von mehr als einer Vergleichsperiode nur für die letzte Vergleichsperiode (Vorjahr) verlangt (IFRS10.C6B).

203 Im Oktober 2012 sind neue, ab 2014 anzuwendende Regeln für als *investment entities* zu qualifizierende Mutterunternehmen verabschiedet worden (Rz 100). Ein Amendment vom Dezember 2014 sorgt für weitere Klarstellungen bei Begriff und Bewertung der *investment entities* (Rz 100).

204 Eine bis 2004 zulässige, dann abgeschaffte *at-equity*-Bewertung im Einzelabschluss (Rz 175) ist nach dem im August 2014 vorgelegten Amendment zu IAS 27 ab 2016 wieder zugelassen.

10 Zusammenfassende Praxishinweise

205 Die Konzernabschlusspflicht und der Konsolidierungskreis hängen vom Vorliegen einer Mutter-Tochter-Beziehung ab. Deren Bestimmung richtet sich nach dem sog. **Kontrollkonzept** (Rz 6).

Besondere Unterschiede gegenüber dem HGB ergeben sich vor allem bei strukturierten Unternehmen.

Die IFRS-Regeln zur **Konzernabschlusspflicht** haben für deutsche und EU-Anwender keine praktische Relevanz. Hier geht das nationale bzw. das EU-Recht vor (Rz 89).

Für den **Konsolidierungskreis** gilt das Weltabschlussprinzip, allerdings mit Einschränkungen bei Veräußerungsabsicht oder unter *materiality*-Gesichtspunkten (Rz 96 ff.).

Konsolidierungen sind regelmäßig auf Basis des einheitlichen **Konzernbilanzstichtags** vorzunehmen. Eine nicht mehr als 3 Monate abweichende Einzelbilanz kann ggf. aus Praktikabilitätsgründen verwendet werden (Rz 111 ff.).

Für die einzelnen **Konsolidierungsschritte** gilt:
- Eine Vereinheitlichung von Ansatz und Bewertung ist unter *materiality*-Vorbehalt notwendig (Rz 118 ff.).
- Bei der Schuldenkonsolidierung entstehende echte Aufrechnungsdifferenzen bzw. die mit ihnen verbundenen Erträge/Aufwendungen sind im Entstehungs- und Auflösungsjahr zu neutralisieren. Drittschuldverhältnisse begründen ggf. ein Saldierungsrecht (Rz 122 ff.).
- Aufwand und Ertrag sind zu konsolidieren (Rz 139 f.),
- Zwischenergebnisse zu eliminieren, und zwar auch dann in voller Höhe, wenn ein Minderheitenanteil existiert (Rz 141 ff.)

Besondere Konsolidierungsprobleme, die sich im Übrigen durch nicht beherrschende Anteile an Tochtergesellschaften ergeben, sind unter Rz 156 ff. dargestellt.

Die **Erst-** und **Ent**konsolidierung beim Hinzuerwerb und der Veräußerung von Anteilen unterliegt spezifischen Regeln (→ § 31).

Im **Einzel**abschluss des Mutterunternehmens sind die Anteile an Tochtergesellschaften wahlweise zu Anschaffungskosten oder zum *fair value* auszuweisen

Zur **Steuerlatenz**rechnung im Rahmen der Konsolidierungsbuchungen wird auf Rz 181 ff. verwiesen.

Konzernspezifische Vorschriften für den **Ausweis** in Bilanz und GuV bestehen für den Minderheitenanteil (Rz 189 ff.).

Konzernspezifische **Anhangsangaben** ergeben sich für den Konsolidierungskreis, die Konsolidierungsmethode und die Währungsumrechnung (Rz 195 ff.).

§ 33 ANTEILE AN ASSOZIIERTEN UNTERNEHMEN

	Rz
Inhaltsübersicht	
Vorbemerkung	
1 Zielsetzung, Regelungsinhalt und Begriffe	1–6
1.1 Bilanzierung im Konzernabschluss des Investors	1–3
1.2 Bilanzierung im Einzelabschluss des Investors	4–5
1.3 Keine Pflichtanwendung von IAS 28 auf Beteiligungen von *venture-capital*-Gesellschaften und Fonds	6
2 Kriterien der Assoziierung	7–22
2.1 Widerlegbare 20-%-Vermutung	7–13
2.2 Assoziierungsindizien	14–16
2.3 Potenzielle Stimmrechte	17–18
2.4 Maßgeblicher Einfluss des Hauptkreditgebers	19
2.5 Finanzmitteltransferbeschränkungen	20
2.6 Abgrenzung von Tochter- und Gemeinschaftsunternehmen	21–22
3 Konsolidierungs-/Bewertungsmethode	23–38
3.1 Konzernabschluss	23–34
3.1.1 Regelkonsolidierung *at equity*	23–29
3.1.2 Ausnahmebewertung nach IFRS 5 bei Veräußerungsabsicht	30–34
3.2 Wahlrechte im Einzelabschluss	35–38
4 Erstbewertung *at equity*	39–60
4.1 Zeitpunkt der Erstbewertung, unterjähriger und sukzessiver Erwerb	39–50
4.2 Bestimmung der Anschaffungskosten	51–53
4.3 Anteilige Aufdeckung stiller Reserven und Lasten	54–56
4.4 *Goodwill* oder negativer Unterschiedsbetrag	57–60
5 Folgebewertung/-konsolidierung *at equity*	61–110
5.1 Ergebnis- und Dividendenanteil	61–63
5.2 Sonderfälle	64–66
5.2.1 Kündbare Anteile an Personengesellschaften	64
5.2.2 Eigenkapitalneutrale Gewährung von Aktienoptionen beim assoziierten Unternehmen	65
5.2.3 Transaktionen mit nicht beherrschenden Gesellschaftern beim assoziierten Unternehmen	66
5.3 Nicht GuV-wirksame Einkommen des assoziierten Unternehmens	67–70
5.4 Abschreibung von stillen Reserven, Auflösung von stillen Lasten	71–74
5.5 Zwischenergebniseliminierung, Sacheinlagen in das assoziierte Unternehmen	75–81
5.6 Einheitliche Bilanzierungsmethoden	82–83
5.7 Abweichende Bilanzstichtage	84–86

5.8 Konsequenzen eingeschränkter Informationsmöglichkeiten
für die Fortschreibung des *equity*-Ansatzes............ 87–92
5.9 Bewertung von *equity*-Beteiligungen bei Verlusten...... 93–106
    5.9.1 Ergebnisfortschreibung bis Buchwert null....... 93
    5.9.2 Berücksichtigung überschießender Verluste in
          Haftungsfällen........................... 94
    5.9.3 Berücksichtigung eigenkapitalsubstituierender
          Finanzierungen.......................... 95–98
          5.9.3.1 Ausdehnung des Verlustverrechnungs-
                volumens........................ 95
          5.9.3.2 Auswirkungen auf die Höhe des
                festzustellenden Verlustes............ 96
          5.9.3.3 Bewertung der eigenkapitalsubstituie-
                renden Finanzinstrumente nach IAS
                28/IAS 36 und/oder nach IAS 39/IFRS 9? 97–98
    5.9.4 Komplikationen bei Erst-, Ent- und Übergangs-
          konsolidierung 99–100
    5.9.5 Außerplanmäßige Abschreibungen auf *equity*-
          Beteiligungen............................ 101–106
5.10 Kapitalerhöhung und -herabsetzung................ 107–110
6 Erwerb und Veräußerung von Anteilen................... 111–123
  6.1 Erwerb weiterer Anteile 111–116
    6.1.1 Erwerb ohne Statuswechsel.................. 111
    6.1.2 Einfache Beteiligung wird zu assoziiertem
          Unternehmen 112–114
    6.1.3 Assoziiertes Unternehmen wird zu Gemeinschafts-
          oder Tochterunternehmen................... 115–116
  6.2 Veräußerung von Anteilen 117–123
    6.2.1 Veräußerung sämtlicher Anteile
          (Entkonsolidierung) 117
    6.2.2 Veräußerung ohne Statuswechsel.............. 118–120
    6.2.3 Assoziiertes Unternehmen wird zur einfachen
          Beteiligung 121–122
    6.2.4 Veräußerung verlustreicher Beteiligungen....... 123
7 Latente Steuern................................... 124–126
8 Ausweis 127–128
9 Angaben.. 129–130
10 Anwendungszeitpunkt, Rechtsentwicklung 131–135
11 Zusammenfassende Praxishinweise..................... 136–140

Schrifttum: DIETRICH/STOECK, Wenn Schutzrechte zu Mitwirkungsrechten werden, Anwendung des IAS 28 auf reine Kreditbeziehungen zu Banken, IRZ 2013, S. 349 ff.; FREIBERG, Nichtkonsolidierung von assoziierten Unternehmen mangels Informationen, PiR 2007, S. 260 ff.; FREIBERG, Aktuelle Anwendungsfragen der equity-Bewertung, PiR 2010, S. 253 ff.; FREIBERG, Ausstrahlung der (Voll-)Konsolidierungsmethoden auf assoziierte Unternehmen und joint arrangements, PiR 2011 S. 175 ff.; GEISEL/SCHMIDT, Anwendung der equity-Methode bei assoziierten Unternehmen mit kündbaren Anteilen, KoR 2010, S. 81 ff.;

LÜDENBACH, Transaktionskosten und earn-out-Klauseln bei Anteilen an assoziierten Unternehmen, PiR 2010, S. 361 ff.; LÜDENBACH, Zwischenergebniseliminierung bei Anwendung der equity-Methode, PiR 2006, S. 207 ff.; LÜDENBACH/ FROWEIN, Bilanzierung von Equity-Beteiligungen bei Verlusten, ein Vergleich zwischen HGB, IFRS und US-GAAP, BB 2003, S. 2449 ff.; LÜDENBACH/VÖLKNER, Rechtliche und bilanzpolitische Bedeutung von Options- und Terminkontrakten für die Konsolidierung nach IFRS, BB 2006, S. 2738 ff.; MILLA/BUTOLLO, Sonderfälle der Übergangskonsolidierung nach IFRS und die Wechselwirkung zu IFRS 5, IRZ 2007, S. 173 ff.; RICHTER, Sukzessive Erwerbe nach IFRS bei Anwendung der Equity-Methode, KoR 2014, S. 289 ff.; SCHMIDT, Die equity-Methode – Interessentheoretische One-Line-Consolidation oder Bilanzierung eines Vermögenswerts?, PiR 2010, S. 61 ff.

Vorbemerkung
Die folgende Kommentierung behandelt IAS 28 und berücksichtigt alle Änderungen oder Entwürfe, die bis zum 1.1.2015 verabschiedet wurden. Einen Überblick über die Rechtsentwicklung sowie über diskutierte oder schon als Änderungsentwurf vorgelegte künftige Regelungen enthalten Rz 131 ff.

1 Zielsetzung, Regelungsinhalt und Begriffe

1.1 Bilanzierung im Konzernabschluss des Investors

Assoziierte Unternehmen sind Unternehmen   1
- oberhalb der Schwelle einer „einfachen" Beteiligung und
- unterhalb der Schwelle eines Tochter- oder Gemeinschaftsunternehmens.

Es scheint somit sachgerecht, sie einerseits zu **konsolidieren**, d. h. im Konzern-   2
abschluss nicht einfach die Anschaffungskosten der Beteiligung auszuweisen, sie
andererseits aber nicht **voll** (oder proportional) **einzubeziehen**. IAS 28.16
schreibt daher als Regel vor, assoziierte Unternehmen auf der Basis der *equity-
Methode* (Rz 39 ff.) in den Konzernabschluss miteinzubeziehen.

Der konzernbilanzielle Anwendungsbereich von IAS 28 geht über assoziierte   3
Unternehmen hinaus. Die *equity*-Methode ist ab 2013 (in der EU ab 2014)
zwingend für die Konsolidierung von **Gemeinschaftsunternehmen**, eine Methodenbeschreibung findet sich jedoch nur in IAS 28. Sie gilt gem. IFRS 11.24
und IAS 28.16 auch für Gemeinschaftsunternehmen.

1.2 Bilanzierung im Einzelabschluss des Investors

Für die **einzelbilanzielle Bewertung** von Beteiligungen an assoziierte Unterneh-   4
men, Tochterunternehmen und Gemeinschaftsunternehmen eröffnet IAS 27.10
ein **Wahlrecht**: Die Bilanzierung kann zu Anschaffungskosten *(at cost)* oder zum
fair value erfolgen (Rz 35).

Eine bis 2004 zulässige, dann abgeschaffte *at-equity*-Bewertung im Einzel-   5
abschluss ist nach dem im August 2014 vorgelegten *Amendment* zu IAS 27 ab
2016 als Wahlrecht wieder zugelassen.

1.3 Keine Pflichtanwendung von IAS 28 auf Beteiligungen von *venture-capital*-Gesellschaften und Fonds

6 Nach IAS 28.18 haben *venture-capital*-Gesellschaften, Fonds *(mutual funds)*, *unit trusts*, fondsgebundene (Lebens-)Versicherungen und ähnliche Unternehmen bei Beteiligungen an assoziierten Unternehmen ein im Zeitpunkt des Zugangs der Anteile auszuübendes konzernbilanzielles **Wahlrecht** zwischen:
- *equity*-Konsolidierung gem. IAS 28 oder
- erfolgswirksamer *fair-value*-Bilanzierung gem. IAS 39/IFRS 9.

Wegen Einzelheiten des Wahlrechts sowie der Möglichkeit einer gesplitteten Behandlung, wenn im Konzern Teile an einem assoziierten Unternehmen von einer *venture-capital*-Tochter mit *exit*-Strategie gehalten werden *(fair value)*, andere Teile hingegen von einer anderen Tochter mit Halteabsicht, wird auf → § 34 Rz 5 verwiesen.

Durch ED/2014/4 wird klargestellt, dass sich der *fair value* bei Börsennotierung des assoziierten Unternehmens als Produkt aus Kurs der einzelnen Aktie und Zahl der gehaltenen Aktien, also ohne **Paketzuschlag** ergibt.

2 Kriterien der Assoziierung

2.1 Widerlegbare 20-%-Vermutung

7 Als assoziiert definiert IAS 28.3 ein Unternehmen,
- auf welches der Anteilseigner **maßgeblichen Einfluss** ausüben kann (**Positivmerkmal**),
- das jedoch **weder** ein **Tochterunternehmen** noch ein *joint venture* des Anteilseigners darstellt (**Negativmerkmal**).

8 Eine **20-%-Beteiligung** begründet die **widerlegbare Vermutung** der Assoziierung. Hält der Anteilseigner direkt oder indirekt (durch Tochterunternehmen) 20 % oder mehr der Stimmrechte an einem anderen Unternehmen, wird ein maßgeblicher Einfluss vermutet, es sei denn, dass dieser eindeutig widerlegt werden kann (IAS 28.5 Satz 1). Entsprechend begründet ein Stimmrechtsanteil von weniger als 20 % eine widerlegbare Vermutung der Nichtassoziierung, es sei denn, ein maßgeblicher Einfluss könnte eindeutig belegt werden (IAS 28.5 Satz 2).

9 Der **Mehrheitsbesitz eines anderen Anteilseigners** schließt einen eigenen maßgeblichen Einfluss nicht notwendigerweise aus (IAS 28.5). Er kann jedoch in Zusammenhang mit anderen Faktoren ein Indiz für fehlenden maßgeblichen Einfluss sein. Derartige andere Faktoren können z. B. ernste **Rechtsstreitigkeiten** mit dem assoziierten Unternehmen oder mit dem anderen Anteilseigner sein. Ebenso dürfte eine **Historie stritiger Gesellschafterentscheidungen**, bei denen die eigene Auffassung jeweils von den Mehrheitseignern überstimmt wurde, einen maßgeblichen Einfluss i.d.R. ausschließen. Im Einzelnen kann es hierbei auch auf die gesetzlichen oder gesellschaftsvertraglichen **Quoren (Sperrminorität)** ankommen. Beträgt etwa der eigene Anteil 20 % der Stimmrechte, können aber alle wesentlichen Entscheidungen mit einer (Präsenz-)Mehrheit von 67 % getroffen werden und verfügt ein anderer Anteilseigner über diese (Präsenz-)Mehrheit, so kann ohne Vorliegen besonderer Indikatoren (z. B. eigene Vertretung im Geschäftsführungsorgan) regelmäßig kaum von einem maßgeblichen Einfluss (des Minderheitsgesellschafters) ausgegangen werden.

Entscheidend ist jeweils die **Möglichkeit,** maßgeblichen Einfluss auszuüben („ausüben kann"). Indizien für eine **tatsächliche** Ausübung von maßgeblichem Einfluss sind jedenfalls ab der Schwelle von 20 % der Stimmrechte nicht bzw. nur zur Widerlegung von Gegenindizien notwendig.   10

Bei einer eigenen Beteiligungsquote von weniger als 20 % der Stimmrechte (direkt oder indirekt) spricht die Vermutungsregel gegen die Möglichkeit der Ausübung eines maßgeblichen Einflusses; ein (eindeutiger) Gegenbeweis *(can be clearly demonstrated)* ist zulässig (IAS 28.5). Eine Widerlegung der Assoziierungsvermutung wird insbesondere gelingen, wenn sämtliche der unter Rz 14 genannten Indizien negiert werden können.   11

Die Vermutungs- bzw. Beweislastregeln von IAS 28.5 stehen in einem gewissen **Spannungsverhältnis** zu IAS 28.9, wonach der Verlust eines maßgeblichen Einflusses das Entfallen der Möglichkeit, an der Geschäftspolitik zu partizipieren, voraussetzt Danach führt eine Reduzierung der Beteiligungsquote allein nicht zur Beendigung des Assoziierungsstatus. Entscheidend ist vielmehr, ob mit der Reduktion auch eine tatsächliche Einbuße an Einfluss verbunden ist. Fraglich ist aber, wie dann zu verfahren ist, wenn bei **materiell unveränderter Rechtsposition** die Beteiligungsquote von 20 % auf einen leicht niedrigeren Wert sinkt: 12

> **Beispiel**
> M war an aU bisher mit 20 % beteiligt und hielt einen von 6 Sitzen im Aufsichtsrat. Der Gesellschaftsvertrag der aU sieht für gewöhnliche Entscheidungen der Gesellschafterversammlung die einfache Stimmrechtsmehrheit, für außerordentliche ein Quorum von 75 % vor. M reduziert die Beteiligungsquote auf 19,9 %. Den Aufsichtsratssitz behält M.

Im Beispiel ergibt sich folgendes Problem:
- Nach IAS 28.5 ist in der **Ausgangssituation** (20 %) **maßgeblicher Einfluss** zu vermuten und mangels eindeutigen Nachweises des Gegenteils ein Assoziierungsstatus gegeben.
- Trotz **Reduktion der Beteiligungsquote** (auf 19,9 %) bleiben die einen (potentiellen) Einfluss vermittelnden **Umstände** (Vertretung im Aufsichtsrat, fehlende Vetoposition in der Gesellschafterversammlung) **unverändert.** Es ist daher nicht erkennbar, dass die Abgabe von Anteilen einen Verlust des maßgeblichen Einflusses i. S. v. IAS 28.9 bewirkt hätte.
- Andererseits kehrt sich mit dem Sinken der Beteiligungsquote unter 20 % aber die Vermutungs- bzw. **Beweislastregel** um. Es ist nun nach IAS 28.5 ein Fehlen maßgeblichen Einflusses zu vermuten und dies nur durch eindeutige Nachweise widerlegbar. Je nach Ausgestaltung der Aufsichtsratskompetenzen reicht die Mitgliedschaft im Aufsichtsrat für eine Widerlegung nicht.
- Mit Abstockung der Beteiligungsquote ändert sich also die Beweislast. Während bei Fehlen eindeutiger Belege für oder gegen einen maßgeblichen Einfluss vorher gleichwohl ein solcher Einfluss hätte angenommen werden müssen, wäre nachher die gegenteilige Annahme geboten, wenn wiederum das Fehlen eindeutiger Belege unterstellt wird

Fraglich ist nun aus rechtssystematischer Sicht, ob der formalen Beweislastregelung in IAS 28.5 Vorrang zu geben ist oder umgekehrt IAS 28.9 **Vorrang** hat und sich deshalb bei unveränderter Rechtsposition am maßgeblichen Einfluss nichts ändert. U. E. gilt hier: Während IAS 28.5 nur allgemein und unabhängig davon, ob die Beteiligungshöhe konstant bleibt oder sich im Zeitablauf verändert, die Frage von Einfluss und Beteiligungshöhe anspricht, widmet sich IAS 28.9 gerade speziell der Frage der Veränderung des Einflusses im Zeitablauf. Der Vorschrift in IAS 28.9 gebührt unter **lex specialis**-Gesichtspunkten daher der Vorrang. Damit gilt: Besteht auch nach Reduzierung der Beteiligungsquote der ursprüngliche Einflussgrad fort, ist ein Wechsel der bilanziellen Behandlung nicht gerechtfertigt (IAS 28.9).

13 Unklar ist, ob die Assoziierungsvermutung auch dann greift, wenn bei einer Beteiligung von 20 % oder mehr die restlichen Anteile nicht von einem oder mehreren unverbundenen, sondern vom Mutter- oder Schwesterunternehmen des Investors gehalten werden. Hier stellt sich für den Teilkonzern- oder Einzelabschluss des Investors die Frage, ob er mit seinem Minderheitenanteil noch irgendetwas bewirken kann oder wegen der zu vermutenden einheitlichen Ausübung der Stimmrechte durch den Konzern kein maßgeblicher Einfluss mehr besteht.

> **Beispiel**
> TU hält 30 % an aU. 70 % an aU werden von SU gehalten. TU und SU sind ihrerseits jeweils 100 %ige Tochterunternehmen der MU. TU stellte einen eigenen (Teil-)Konzernabschluss auf.
>
> **Beurteilung**
> Jedenfalls dann, wenn die Entscheidungen bei der aU jeweils einvernehmlich und nach Weisung bzw. im Interesse der MU getroffen werden, belegen die 30 % keinen maßgeblichen Einfluss der TU.

2.2 Assoziierungsindizien

14 Auf maßgeblichen Einfluss (gemeint: Einflussmöglichkeit) kann nach IAS 28.6 i. d. R. dann geschlossen werden, wenn eines oder mehrere der folgenden **Indizien** vorliegen:
- **Organvertretung** im Geschäftsführungs- und/oder Aufsichtsorgan,
- (maßgebliche) Mitwirkung an der **Geschäftspolitik**, einschließlich Dividendenpolitik des assoziierten Unternehmens,
- **Austausch von Führungspersonal** zwischen eigenem und assoziiertem Unternehmen,
- **wesentliche Geschäftsvorfälle** (bzw. wesentlicher Umfang der Geschäftsbeziehung) zwischen dem eigenen und dem assoziierten Unternehmen,
- Bereitstellung von **bedeutenden technischen Informationen** an das assoziierte Unternehmen.

15 Die ersten drei Indizien stehen für eine **personelle Verflechtung** zwischen eigenem und assoziiertem Unternehmen, die beiden letztgenannten Indizien für eine **sachliche Verflechtung**. Derartige Verflechtungen können unterschiedliche Intensität und Bedeutung haben. Die Vertretung mit einem Sitz in einem 9-köp-

figen Aufsichtsrat hat eine andere Bedeutung als eine solche mit 2 Sitzen in einem 6-köpfigen. Der gelegentlichen Mitwirkung an der Geschäftspolitik des assoziierten Unternehmens (etwa Beratung bei der Aufstellung eines Jahreswirtschaftsplans) kommt eine andere Bedeutung zu als einer dauerhaften Einflussnahme. Im Übrigen ist auch unklar, wie zentrale Begriffe des Kriterienkatalogs gemeint sind. Die Gelegenheit der Mitwirkung *(participation)* an Entscheidungen über Dividenden hat jeder stimmberechtigte Gesellschafter. Möglicherweise ist nur an eine **maßgebliche** Mitwirkung/Einflussnahme gedacht. Der der Operationalisierung des Begriffs des maßgeblichen Einflusses dienende Kriterienkatalog würde dann aber selbst den zu operationalisierenden Begriff schon voraussetzen und deshalb zu einem Zirkelschluss führen.

Insgesamt gibt der Kriterienkatalog auch unter Berücksichtigung seiner weichen Eingangsformulierung („eines oder mehrere Kriterien", „i.d.R.") **eher Dimensionen** für die Bemessung von Einfluss als **wirkliche Kriterien** für die Schwelle maßgeblichen Einflusses vor. Die Würdigung der Assoziierungsvermutung, insbesondere die Abweichung von den widerlegbaren Regelvermutungen, bleibt eine Frage der **sachgerechten Ermessensausübung im Einzelfall**.[1] Die dabei zu beachtenden Fragestellungen entsprechen denen für die Prüfung eines Beherrschungsverhältnisses. Zu Einzelheiten wird deshalb auf → § 32 Rz 21ff. verwiesen. 16

2.3 Potenzielle Stimmrechte

Verfügt der Investor zwar über keine effektiven, dafür aber über **potenzielle** Stimmrechte, z.B. aus **Aktienoptionen, Bezugsrechten, Wandelanleihen**, so sind diese gem. IAS 28.7 in die gebotene Gesamtwürdigung des Einflusses einzubeziehen, wenn die potenziellen Stimmrechte gegenwärtig *(currently)* ausübbar sind. An der gegenwärtigen Ausübbarkeit fehlt es dann, wenn das Recht erst zu einem in der Zukunft liegenden Datum oder nach Eintritt ungewisser zukünftiger Ereignisse ausgeübt werden kann. Wie bei Tochterunternehmen (→ § 32 Rz 35f.) kann es hier auch auf das Verhältnis von Ausübungsfrist zu Fristen für die Einberufung einer Gesellschafterversammlung ankommen.Zudem ist gem. IAS 28.8 zu berücksichtigen, ob nach den Konditionen des Options-, Bezugs- oder Wandlungsrechts eine Ausübung nicht ganz unwahrscheinlich ist (→ § 32 Rz 35) 17

Hingegen kommt es nach IAS 28.8 weder auf die finanzielle Fähigkeit zur Ausübung des Rechts noch auf die Absicht der Rechtsausübung an.

Soweit erst unter Berücksichtigung der potenziellen Stimmrechte ein maßgeblicher Einfluss bejaht wird, erfolgt eine dann gebotene *equity*-Konsolidierung technisch gleichwohl nur auf Basis der tatsächlichen Anteilsquoten, wie IAS 28.12 klarstellt. Eine Ausnahme hiervon besteht, wenn mit dem potenziellen Stimmrecht substanziell schon der Zugang zu den Erträgen/Wertänderungen aus den optionsgegenständlichen Anteilen verbunden ist (IAS 28.13). Eine solche Ausnahmesituation kann etwa gegeben sein, wenn das in Anteile wandelbare Recht selbst schon eine Teilnahme an Erträgen und Verlusten vorsieht, etwa im Falle einer **atypischen stillen Beteiligung** (→ Rz 95). 18

---

[1] Gl.A. Z. T. a. A. für IAS 28 (2000) BAETGE/KLAHOLZ/GRAUPE, in: BAETGE u. a., Rechnungslegung nach IAS, IAS 28, Tz 25.

> **Beispiel[2]**
> Am 1.1.01 leistet U eine stille Einlage von 50 Mio. in die X GmbH & Co. KG. Für die Einlage erhält U eine Beteiligung von 25 % am laufenden Ergebnis sowie an einem Liquidationserlös. Im Verlustfall besteht die Ergebnisbeteiligung jedoch nur bis zur Aufzehrung der geleisteten Einlage (keine Nachschusspflichten). Außerdem hat U jederzeit das Recht, die stille Beteiligung in eine gesellschaftsrechtliche (von 25 %) zu wandeln.
>
> **Beurteilung**
> 1. Auf Grund des jederzeit ausübbaren Wandlungsrechts ist maßgeblicher Einfluss gegeben (IAS 28.8).
> 2. Die Anwendung der *equity*-Methode erfolgt jedoch nach IAS 28.12 i.d.R. ausschließlich auf Basis der tatsächlichen Beteiligung (*existing ownership interest*). Insoweit käme es bei der U in erster Betrachtung vor Ausübung des Wandlungsrechts mangels Anteilen nicht zu einer *equity*-Konsolidierung. Nach der Ausnahmeregelung von IAS 28.13 ist aber bei wirtschaftlich beteiligungsähnlicher Stellung die *equity*-Konsolidierung unter Einbeziehung der potenziellen Rechte durchzuführen. Diese Ausnahme ist im Verhältnis der U zur KG zwar nicht in Bezug auf das potenzielle Stimmrecht, aber in Bezug auf die stille Beteiligung selbst gegeben, da diese atypischen Charakter hat. Die stille Beteiligung der U begründet daher einen Anteil an (*an investment in*) der assoziierten KG.

2.4 Maßgeblicher Einfluss des Hauptkreditgebers

19 Kreditbeziehungen können ausnahmsweise dann einen maßgeblichen Einfluss begründen, wenn, insbesondere bei vom Unternehmen verursachten **Störungen des Kreditverhältnisses** wesentliche Entscheidungen nur noch mit Zustimmung des Kreditgebers getroffen werden dürfen:[3]

> **Beispiel**
> Die Hausbank B ist der größte Kreditgeber von U. Die Kreditverträge mit B bestimmen u.a., dass bei Verletzung von Vertragspflichten (Bedienung der Kredite) oder bei Verfehlung bestimmter, als *covenants* auferlegter Bilanzkennzahlen (z.B. Unterschreitung einer Eigenkapitalquote von 15 %), ein umfangreicher Katalog wesentlicher Geschäfte nur noch mit Zustimmung von B getroffen werden darf.
>
> **Beurteilung:**
> Mit Verletzung der Vertragspflichten oder Bruch der *covenants* erlangt die Bank maßgeblichen Einfluss.

Bis auf evtl. Anhangangaben bleibt die Feststellung maßgeblichen Einflusses aber regelmäßig ohne praktische Auswirkung, da der Kredit weiter nach IAS 39/IFRS 9 bilanziert wird. Etwas anderes gilt dann, wenn neben dem Kredit eine isoliert nicht

---

[2] Nach Lüdenbach, PiR 2013, S. 403 ff.
[3] Vgl. DIETRICH/STOEK, IRZ 2013, S. 349 ff.

als maßgeblich einzustufende Beteiligung am kreditnehmenden Unternehmen besteht. Dies ist ab Beginn des maßgeblichen Einflusses *at-equity* zu konsolidieren. Erlangt der Kredit selbst eigenkapitalsubstituierenden Charakter (→Rz 95), kommt auch ihm unter dem Gesichtspunkt der Verrechnung der Verluste aus dem assoziierten Unternehmen Bedeutung zu (→ Rz 93).

2.5 Finanzmitteltransferbeschränkungen

Die Beteiligung des Investors kann strengen und langfristigen **Beschränkungen** des Finanzmitteltransfers unterliegen. Infrage kommen insbesondere Fälle, in denen aufgrund staatlicher Eingriffe (**Devisen-Transferbeschränkungen**) keine oder nur sehr eingeschränkte Ausschüttungsmöglichkeiten bestehen. Derartige Beschränkungen sind nur insoweit bedeutsam, als sie ein Indiz für ein Fehlen des maßgeblichen Einflusses sein können. Die Situation ist dann vergleichbar mit Fällen, in denen etwa ein **Mehrheitsgesellschafter** dauerhaft Thesaurierungsbeschlüsse trifft und den Ausschüttungsinteressen der Minderheitsgesellschafter entgegenhandelt.

20

Beispiel
I ist mit 30 % an AU beteiligt. AU erwirtschaftet Gewinne, die jedoch angesichts einer abweichenden Interessenlage der anderen Gesellschafter nicht ausgeschüttet, sondern thesauriert werden.

Beurteilung
Da I mit mehr als 20 % beteiligt ist, besteht eine widerlegbare Assoziierungsvermutung. Sie kann nur durch eindeutige Darlegung *(clearly demonstrated)* des fehlenden maßgeblichen Einflusses widerlegt werden (Rz 11).
Die fehlende Mitwirkungsmöglichkeit an der Dividendenpolitik kann gem. IAS 28.6b als ein Indikator für fehlende Einflussmöglichkeit gelten. Erforderlich ist jedoch eine Gesamtwürdigung. Dabei ist u. a. zu berücksichtigen:
- wie deutlich und stabil die Mehrheit der thesaurierungswilligen Gesellschafter ist,
- welche rechtlichen Möglichkeiten (Minderheitsschutz) I hat, Ausschüttungen gegen Mehrheitsbeschlüsse durchzusetzen usw.

2.6 Abgrenzung von Tochter- und Gemeinschaftsunternehmen

Ein assoziiertes Unternehmen ist positiv über die maßgebliche Einflussmöglichkeit definiert (IAS 28.3). In negativer Abgrenzung darf es sich weder um ein Tochterunternehmen noch um ein *joint venture* des Anteilseigners handeln. Beide Kriterien ergänzen sich wie folgt:
- Während das Kriterium des maßgeblichen Einflusses das assoziierte Unternehmen nach **unten** gegenüber **einfachen Anteilen** abgrenzt,
- grenzt das Kriterium der fehlenden **Beherrschung** bzw. **Kontrollmöglichkeit** das assoziierte Unternehmen nach **oben** gegenüber **Gemeinschaftsunternehmen oder Tochterunternehmen** ab.

21

Hat das anteilbesitzende Unternehmen die Möglichkeit, die Finanz- und Geschäftspolitik des Beteiligungsunternehmens im eigenen Interesse allein zu bestimmen oder im gemeinschaftlichen Interesse mit anderen gemeinsam zu bestimmen,

22

so liegt nicht mehr nur maßgeblicher Einfluss vor, sondern **alleinige oder gemeinschaftliche Kontrolle**. Es greifen dann die Regelungen von IFRS 10 (Tochterunternehmen; → § 32) oder IFRS 11 (Gemeinschaftsunternehmen; → § 34).

3 Konsolidierungs-/Bewertungsmethode

3.1 Konzernabschluss

3.1.1 Regelkonsolidierung *at equity*

23 Anteile an einem assoziierten Unternehmen sind in einem Konzernabschluss i. d. R. nach der *equity*-**Methode** zu bilanzieren (IAS 28.16).

24 Zum **Anschaffungszeitpunkt** bestehen keine Unterschiede zur Anschaffungskostenmethode. Bei Anwendung der *equity*-Methode werden allerdings für Zwecke der zukünftigen Fortschreibung bereits zu diesem Zeitpunkt in einer außerbilanziellen **Nebenrechnung** festgehalten:
- die Differenz zwischen dem Anteil am buchmäßigen Eigenkapital des assoziierten Unternehmens und dem Anteil an dem zum beizulegenden Zeitwert bewerteten Reinvermögen des assoziierten Unternehmens (**anteilige stille Reserven und Lasten**),
- der Unterschiedsbetrag zwischen den Anschaffungskosten der Anteile und dem Anteil an dem zu beizulegendem Zeitwert bewerteten Reinvermögen (*goodwill*).

25 Zu den Folgestichtagen erfolgt die **Fortschreibung** des *equity*-Wertes um vier Elemente:
- Minderung um die planmäßige **Abschreibung der stillen Reserven**,
- Erhöhung (Minderung) um den **Anteil am Jahresüberschuss** (-fehlbetrag), ggf. auch um den Anteil an (noch) nicht über die GuV realisierten Erfolgen *(other comprehensive income)*
- Minderung um **vereinnahmte Dividenden**,
- Erhöhung/Minderung um Anteil an effektiver **Kapitalerhöhung/Kapitalherabsetzung**.

26 **Beispiel**
Die Venture AG erwirbt von B zum 1.1.01 einen 20 %igen Anteil an der Start-UP KG zu folgenden Bedingungen:
- Anschaffungskosten: 450 TEUR
- Buchwert Eigenkapital der KG (100 %): 500 TEUR
- Kapitalanteil B (vorher)/Venture AG (nachher): 100 TEUR (= 500 × 20 %)
- Stille Reserven im immateriellen Anlagevermögen der KG (100 %): 750 TEUR, auf Venture AG entfallender Anteil 150, bei Restnutzungsdauer (ND) von 5 Jahren
- Jahresüberschuss 01 der KG (100 %): 600 TEUR
- Vorabausschüttung in 01 (100 %): 100 TEUR
- Aufgedeckter *goodwill* 200 TEUR

Steuerlich würde der Mehrbetrag von 450 – 100 = 350 TEUR (im Personengesellschaftsfall) in einer Ergänzungsbilanz aufgedeckt, den stillen Reserven und dem Firmenwert zugeordnet und in den Folgezeit abgeschrieben. Nach der *equity*-Methode wird (rechtsformunabhängig) analog verfahren, wie folgende Berechnung zeigt:

Jahr	Beschreibung	Betrag
1.1.01	Zugangsbewertung: zu Anschaffungskosten	450
	Fortschreibung um Dividenden und Gewinnanteil:	
	– (Vorab-)Ausschüttung in 01 (anteilig)	– 20
	+ Gewinnanteil 01	120
	= Zwischensumme	550
	Fortschreibung Unterschiedsbetrag:	
	– Abschreibung stille Reserven (1/ND)	– 30
31.12.01	= *at-equity*-Bilanzansatz	520
Erläuterung i. S. d. Unterschiedsbetrags:		
Anschaffungskosten		450
– anteilig erworbenes EK (Buchwert)		– 100
= Unterschiedsbetrag		350
– anteilige stille Reserven (ND = 5 Jahre)		– 150
= anteiliger Firmenwert		200

Bei der *equity*-Methode werden die Differenz- bzw. Unterschiedsbeträge nicht in separaten Positionen festgehalten. Die Bilanz bzw. Konzernbilanz weist nur einen Wert aus. Die wertmäßige Fortentwicklung der Komponenten erfolgt in einer **Nebenrechnung**. Technisch wird daher auch von einer *one-line consolidation* gesprochen.

Das dargestellte Grundschema der Bewertung ist um latente Steuern auf *inside basis differences* zu ergänzen (Rz 126) sowie ggf., sofern materiell bedeutsam, um **Zwischenergebniseliminierungen** zu erweitern (vgl. Rz 75 ff.). Außerdem sind bestimmte Sonderfälle wie etwa dauerhafte Verlustsituationen besonders zu behandeln (vgl. Rz 93 ff.).

Viele der im Rahmen der *equity*-Methode anzuwendenden Verfahren – etwa Aufdeckung und Fortschreibung stiller Reserven (Rz 71) oder Zwischenergebniseliminierung (Rz 75) – entsprechen dem Konsolidierungsverfahren bei Tochterunternehmen. Nach der „*Consolidation Theory*" handelt es sich bei der *equity*-Methode daher um eine Sonderform der Konsolidierung,[4] bei der die anteiligen Vermögenswerte und Schulden sowie Ergebnisse des untergeordneten Unternehmens abweichend zur Vollkonsolidierung zusammengefasst, d. h. netto in einer Zeile der Bilanz bzw. in zwei Zeilen der Gesamtergebnisrechnung im Konzernabschluss des Investors dargestellt werden (*one-line consolidation*).

Andererseits unterscheidet sich die Bilanzierung von Anteilen an assoziierten Unternehmen als Aktiva in einem Posten (IAS 28.10) nicht von der Bilanzierung einfacher, IAS 39/IFRS 9 unterliegender Anteile. Wie die einfachen Anteile darf

---

[4] Vgl. SCHMIDT, PiR 2010, S. 61 ff.

der *equity*-Anteil überdies i. d. R. nicht negativ werden (Rz 93). Die *equity*-Beteiligung kann daher nach der „*Asset Theory*" konzeptionell zugleich auch als finanzieller Vermögenswert begriffen werden.

Aus diesem **Dualismus** ergeben sich Folgerungen für den Ausweis GuV-neutraler oder aufgegebener Geschäftsbereiche betreffender Ergebnisbestandteile des assoziierten Unternehmens (Rz 69 und Rz 128).

3.1.2 Ausnahmebewertung nach IFRS 5 bei Veräußerungsabsicht

30 Anteile an einem assoziierten Unternehmen sind nach IAS 28.20 in einem Konzernabschluss ausnahmsweise gem. IFRS 5, d. h. zum *fair value less costs to sell* (→ § 29 Rz 36), zu bilanzieren, wenn die Anteile
- als *non-current assets held for sale* zu qualifizieren sind, weil
- Veräußerungsabsicht am Bilanzstichtag besteht (→ § 29 Rz 9).

Ob Entsprechendes auch für die geplante Auskehrung einer *equity*-Beteiligung im Wege einer Sachdividende (*non-current asset held for distribution* statt *held for sale*) gilt, ist fraglich (→ § 29 Rz 70).

31 Die Anteile sind mit Klassifizierung als *non-current assets held for sale* gem. IFRS 5 **imparitätisch**, d. h. zum bisherigen *equity*-Ansatz oder zum niedrigeren Nettozeitwert *(fair value less costs to sell)*, zu bewerten (IAS 28.14; → § 29 Rz 36). Besteht die Veräußerungsabsicht nicht mehr (→ § 29 Rz 44), muss die *equity*-Methode unter Korrektur des Vorjahresabschlusses *(restatement)* rückwirkend angewendet werden (IAS 28.21). Eine Veräußerungsabsicht kann durch Zeitablauf widerlegt sein. Sind seit der Anschaffung mehr als 12 Monate vergangen, kann nur in begründeten Ausnahmefällen an einer Klassifizierung als *held-for-sale asset* festgehalten werden (IFRS 5.9; → § 29 Rz 15).

> **Beispiel**
> I erwirbt am 1.12.01 30 % der Anteile an U mit der Absicht der Weiterveräußerung binnen 12 Monaten. Die Anteile werden am 31.12.01 nach IFRS 5 zum *fair value less costs to sell* bilanziert.
>
> **Variante 1: Noch kein Käufer gefunden**
> Am 31.12.02 ist noch kein Käufer gefunden. Die Verkaufsbemühungen werden auch nicht mehr aktiv, insbesondere nicht durch Anpassung der Preisvorstellungen, verfolgt. Die Anteile sind nunmehr *at equity* zu bilanzieren, und zwar rückwirkend ab 1.12.01. Die im Abschluss 02 zum Vorjahresvergleich angeführten Zahlen für die Bilanz und GuV 01 sind daher zu berichtigen und als berichtigt kenntlich zu machen.
>
> **Variante 2: Ausstehende Genehmigung des Kaufvertrags**
> Ein Kaufvertrag wird am 5.12.02 geschlossen. Der Übergang des wirtschaftlichen Eigentums bedarf der kartellrechtlichen Genehmigung. Diese steht zum Zeitpunkt der Bilanzaufstellung (Januar 03) noch aus.
> Eine rückwirkende Umstellung auf die *equity*-Methode wäre nicht sachgerecht. Zweck von IFRS 5.8 ist die Vermeidung von Manipulationen und die Objektivierung der Veräußerungsabsicht. Der Bilanzierende soll nicht durch die bloße Behauptung einer Veräußerungsabsicht der Regelbewertung *at equity* ausweichen können. Diesem Zweck wird auch dann Genüge

getan, wenn die 12-Monats-Frist in solchen Fällen moderat ausgedehnt wird, in denen spätestens bis Bilanzaufstellung ein Kaufvertrag geschlossen wurde.

Die Anwendung der Regeln von IFRS 5 i. V. m. IAS 28.20 setzt nicht voraus, dass die Veräußerungsabsicht schon beim Erwerb bestanden hat. Soll eine ursprünglich **nicht mit Weiterveräußerungsabsicht** erworbene Beteiligung später veräußert werden, weil sie strategisch nicht mehr ins Portfolio passt, so liegt **ebenfalls** ein Anwendungsfall von IFRS 5 vor. Bis zum Vollzug der Veräußerung wird die Beteiligung als *held-for-sale asset* geführt. Bei Wegfall der Veräußerungsabsicht erfolgt eine Reklassifizierung so, als ob die *equity*-Methode nie ausgesetzt worden wäre (IFRS 5.15). Zu den buchungstechnischen Problemen bei Übergang von IAS 28 auf IFRS 5 wird auf → § 29 Rz 70 verwiesen.

→ 32

Wenn Kaufvertrag (obligatorisches Geschäft) und Anteilsübertragung (dingliches Geschäft) zeitlich divergieren, kann auch zwischen **Aufgabe des maßgeblichen Einflusses** und **Beteiligungsabgang** eine **zeitliche Divergenz** bestehen. Zwei Abgangsszenarien sind bei zeitlich nachgelagertem dinglichen Geschäft zu unterscheiden:

33

- Szenario 1: Der **maßgebliche Einfluss** erledigt sich erst mit Übertragung des **dinglichen** Eigentums an den Anteilen.
  - Im Zwischenzeitraum sind die Anteile nach **IFRS 5** zu bilanzieren (IAS 28.20).
  - Daneben ist der **Terminkontrakt als Derivat** anzusetzen (IAS 39.2a und IAS 32.AG 16 ff.).
- Szenario 2: Der maßgebliche Einfluss geht auf Grund Vereinbarung, das Stimmrecht nur noch nach Anweisung des Erwerbers auszuüben, bereits mit dem Kaufvertrag verloren.
  - Die Beteiligung **mutiert** gem. IAS 28.22b vom Anteil an einem assoziierten Unternehmen zu einem **Finanzinstrument** gem. IAS 39/IFRS 9, das gem. IAS 39.18/IFRS 9 erst mit rechtlicher Übertragung aller Ansprüche (dinglicher Vollzug) auszubuchen ist.
  - Daneben ist wiederum der **Terminkontrakt als Derivat** gem. IAS 39 zu würdigen.

Beispiel
A hält eine bisher *at equity* bilanzierte Beteiligung (*equity*-Buchwert von 200 per 30.9.01) an der X.
Ende September wendet sich A an B, der schon vor längerer Zeit ein Interesse an dem Aktienpaket signalisiert hat. Die Parteien werden sich rasch einig und schließen am 30.9.01 einen Kaufvertrag. Als Kaufpreis werden 500 vereinbart. Aus ausschüttungspolitischen Gründen möchte A einen Veräußerungserfolg in der handelsrechtlichen Einzelbilanz erst 02 ausweisen. Die Parteien vereinbaren daher als Zeitpunkt des dinglichen Übergangs der Anteile den 2.1.02.
Bis zum Bilanzstichtag steigt der Wert der Anteile auf 550.

> Szenario 1: Hinsichtlich des Stimmrechts werden keine besonderen Vereinbarungen getroffen.
> Szenario 2: Ab Kaufvertragsdatum übt A die Stimmrechte nur noch nach Anweisung von B aus.[5]

a) Szenario 1: Einflussverlust und Beteiligungsabgang zum gleichen Zeitpunkt

Im Bereich von IFRS 10 und IAS 28 fehlt es an klaren Regelungen zur Bestimmung des Entkonsolidierungszeitpunktes bei Terminverkäufen oder Verkäufen unter aufschiebenden Bedingungen. Nach herrschender Meinung und Praxis ist ohne Hinzutreten weiterer Umstände nicht der Abschluss des Kaufvertrags, sondern der dingliche Vollzug als Entkonsolidierungszeitpunkt anzusehen. Die bilanziellen Konsequenzen wären wie folgt:

- Da IFRS 5.5(c) nur die in den Anwendungsbereich von IAS 39/IFRS 9 fallenden Finanzinstrumente (→ § 29 Rz 4), nicht hingegen Anteile an assoziierten Unternehmen von den besonderen Bewertungsvorschriften für *non-current assets held for sale* ausschließt, erfolgt der Ansatz der Anteile gem. IFRS 5.15 zum Datum des Vertragsschlusses mit dem bisherigen *(equity-)*Buchwert oder dem niedrigeren *fair value less costs to sell* (→ § 29 Rz 37), im Beispiel also mit 200.
- Daneben ist der Terminkontrakt als Finanzderivat anzusetzen, da IAS 39.2(a) Satz 3 Terminkontrakte über Anteile an assoziierten Unternehmen explizit in den Anwendungsbereich von IAS 39 einbezieht (→ § 28 Rz 24). Das Derivat ist mit dem *fair value* zu bewerten. Bei zu vermutender Ausgeglichenheit von Leistung und Gegenleistung erfolgt der Ansatz zunächst mit null.
- Kommt es wie im Beispiel bis zum Jahresende zu einer Wertsteigerung der Anteile, wird der Wert des Derivats insoweit negativ. Eine Verbindlichkeit ist anzusetzen (im Beispiel mit 50). In der GuV ist ein entsprechender Aufwand zu buchen.

b) Szenario 2: Aufgabe des effektiven Stimmrechts vor dinglichem Vollzug

In diesem Szenario verliert der Veräußerer bereits zum Zeitpunkt des Vertragsabschlusses, d.h. in 01 aufgrund entsprechender Stimmrechtsübertragung, maßgeblichen Einfluss. Die *at-equity*-Beteiligung mutiert zum Finanzinstrument, auf das die Bewertungsvorschriften von IFRS 5 nicht anzuwenden sind. Nach IAS 32.AG16ff. führt der Terminkontrakt nicht zur Vorverlagerung des Ausbuchungszeitpunkts (→ § 28 Rz 24). Vielmehr stellen die über Optionen oder Termingeschäfte eingeräumten Rechte und Verpflichtungen eigene „finanzielle Vermögenswerte und finanzielle Verbindlichkeiten dar, die von den Geschäften zugrunde liegenden Finanzinstrumenten zu trennen und wohl zu unterscheiden sind" (IAS 39.AG18).

Für die demnach vorzunehmende Beurteilung des Abgangszeitpunktes der Anteile gilt Folgendes: Gemäß IAS 39.18 bzw. IFRS 9.3.2.3 ist ein Abgang mit der Ausnahme einer hier nicht einschlägigen Durchleitungsvereinbarung *(pass-through arrangements)* so lange nicht anzunehmen, wie die Ansprüche aus den Anteilen gegenüber der Gesellschaft rechtlich nicht übertragen sind. Zu dieser

---

[5] Beispiele und die nachfolgenden Überlegungen sind entnommen: LÜDENBACH/VÖLKNER, BB 2006, S. 2738 ff.

rechtlichen Übertragung ist der dingliche Vollzug erforderlich. Bis dahin sind daher die Anteile nicht auszubuchen. Auf die Würdigung der Risiken und Chancen kommt es dann nicht mehr an. Sie werden zum Inhalt des Derivats und gehen in dessen Bilanzierung ein.
Insgesamt gilt dann auf Basis von IAS 28.22:
- Ansatz der Anteile zunächst mit dem durch den Kaufvertrag dokumentierten *fair value*. Eine Zuschreibung gegenüber dem *equity*-Buchwert ist damit bereits erfolgswirksam. Bei annahmegemäß zeitgleich zum Vertragsschluss stattfindender Wandlung in ein Finanzinstrument stellt dieser *fair value* die fiktiven Anschaffungskosten des *available-for-sale asset* dar. Weitere Werterhöhungen bis zum Bilanzstichtag sind erfolgsneutral zu erfassen (IAS 39.55(c)).
- Ansatz eines Derivats zum *fair value*, d. h. bei Ausgeglichenheit von Leistung und Gegenleistung zunächst mit null.
- Kommt es wie im Beispiel bis zum Jahresende zu einer Wertsteigerung der Anteile, wird der Wert des Derivats insoweit negativ. Eine Verbindlichkeit ist anzusetzen (im Beispiel mit 50).
- Ein negativer Effekt auf die GuV lässt sich aber vermeiden, indem der Terminkontrakt am 30. September als Sicherungsgeschäft für die Anteile bestimmt wird. Im Rahmen des *fair value hedge accounting* (IAS 39.89 ff.; → § 28a Rz 110) ist dann die der Sicherungsbeziehung entsprechende Werterhöhung der Anteile bis zum Jahresende (+50) ertragswirksam zu buchen, obwohl ein *available-for-sale asset* vorliegt. Aufwand aus Derivat und Ertrag aus Anteilen gleichen sich aus.

Bei einer beabsichtigten Veräußerung eines Teils der Anteile am assoziierten Unternehmen ist die Beteiligung **nicht insgesamt** entweder als zur Veräußerung bestimmt (IFRS 5) auszuweisen (wenn durch die beabsichtigte Veräußerung der maßgebliche Einfluss verloren gehen wird) oder insgesamt als *equity*-Beteiligung (IAS 28) zu erfassen (wenn der maßgebliche Einfluss voraussichtlich erhalten bleibt). 34
IAS 28.20 in der ab 2013 geltenden Fassung sieht vielmehr eine **gesplittete** Behandlung vor, bei welcher der zur Veräußerung bestimmte Teil IFRS 5 unterliegt, der verbleibende Tel bis zum tatsächlichen Verlust des maßgeblichen Einflusses (i. d. R. tatsächlicher Abgang der zur Veräußerung bestimmten Anteile) hingegen IAS 28.

3.2 Wahlrechte im Einzelabschluss

Im Einzelabschluss bzw. im *separate statement* eines Unternehmens sind Anteile an einem assoziierten Unternehmen gem. IAS 28.44 i. V. m. IAS 27.10 **wahlweise** zu erfassen mit: 35
- den **Anschaffungskosten** (*at cost*),
- dem Wert gem. IAS 39/IFRS 9, d. h. regelmäßig mit dem **beizulegenden Zeitwert**.

Eine bis 2004 zulässige, dann abgeschaffte *at-equity*-Bewertung im **Einzelabschluss**, ist nach dem im August 2014 vorgelegten *Amendment* zu IAS 27 ab 2016 als Wahlrecht wieder zugelassen.
Wegen der Begriffe „Einzelabschluss" und „*separate statement*" wird auf → § 32 Rz 174 verwiesen.

Bei der Zugangsbewertung sind direkt zurechenbare Anschaffungsnebenkosten i.d.R. zu aktivieren. Für die Bilanzierung nach IAS 39 bzw. IFRS 9 ergibt sich dies aus IAS 39.43 bzw. IFRS 9.5.1.1 i.V. IFRS 9.5.7.5, für die Bilanzierung „at cost" aus der allgemeinen Bedeutung des Anschaffungskostenbegriffs (→ § 8 Rz 11). Die direkt zurechenbaren Kosten sind nur dann sofort als Aufwand zu behandeln, wenn die Anteile ausnahmsweise erfolgswirksam zum *fair value* bilanziert werden.

36 In der einzelbilanziellen Darstellung von Anteilen an assoziierten Unternehmen ist zwischen **4 Fällen** zu unterscheiden:
- Die Anteile werden ausschließlich zum **Zwecke der Veräußerung** gehalten. Schon konzernbilanziell (Rz 31) sind sie als *non-current assets held for sale* mit **Erfolgswirksamkeit** der Wertänderungen zu behandeln (Rz 31). Diese Qualifizierung ist in die Einzelbilanz zu übernehmen. Allerdings können sich Bewertungsunterschiede zur Konzernbilanz ergeben. Anzusetzen ist jeweils der niedrigere Betrag aus bisheriger Bewertung (im Konzernabschluss: *at equity*, im Einzelabschluss auch: Anschaffungskosten oder *fair value*) und dem Nettozeitwert *(fair value less cost to sell)*. Liegt der Nettozeitwert z.B. unter dem konzernbilanziellen *equity*-Wert, aber über dem einzelbilanziellen Anschaffungskostenwert, ist nur konzernbilanziell zum Nettozeitwert zu wechseln.
- Die Anteile werden aus *materiality*-Gründen konzernbilanziell nicht *at equity* erfasst. Sie werden konzern- und einzelbilanziell zu **Anschaffungskosten** oder zum *fair value* bewertet. Bei *fair-value*-Bewertung sind sie im zeitlichen Anwendungsbereich von IAS 39 regelmäßig als **veräußerbare Werte** *(available-for-sale assets)* zu qualifizieren mit Erfolgsneutralität der Wertänderungen. Im zeitlichen Anwendungsbereich von IFRS 9 sind sie als *equity instruments* einzustufen mit einem Wahlrecht zwischen erfolgsneutraler und erfolgswirksamer Behandlung der Wertänderungen.
- Die Anteile sind im **Konzernabschluss** *at equity* ausgewiesen. **Einzelbilanziell** werden sie wahlweise *at equity* (ab 2016) bzw. zu **Anschaffungskosten** oder zum *fair value* bewertet. Im letzten Fall sind sie nach IAS 39 regelmäßig als **veräußerbare Werte** *(available-for-sale assets)* zu qualifizieren, nach IFRS 9 als *equity instruments*.
- Es wird zulässigerweise **kein Konzernabschluss** aufgestellt. **Einzelbilanziell** werden die Anteile *at equity* (ab 2016), zu **Anschaffungskosten** oder zum *fair value* bewertet. Im letzten Fall sind sie nach IAS 39 regelmäßig als **veräußerbare Werte** *(available-for-sale assets)* mit Erfolgsneutralität der Wertänderungen zu qualifizieren nach IFRS 9 als *equity instruments*.

Eine **einheitliche** Ausübung des Wahlrechtes über alle assoziierten oder Gemeinschaftsunternehmen ist jedenfalls dann nicht zwingend, wenn sachliche Gründe, z.B. unterschiedliche Informationslagen hinsichtlich stiller Reserven des einen und des anderen assoziierten Unternehmens, für unterschiedliche Wahlrechtsausübung sprechen.

Für einen **Anschaffungskostenansatz** spricht einerseits **die leichtere Handhabung** der Methode, die keine Nebenrechnungen, Kaufpreisallokationen usw. verlangt, zum anderen in Fällen, in denen das Beteiligungsunternehmen die Gewinne nicht thesauriert, der insgesamt bessere Ergebnisausweis durch Verzicht auf Abschreibungen von anteiligen stillen Reserven (→ § 31 Rz 145).

Nachteilig ist demgegenüber die verzögerte Berücksichtigung von **Ergebnissen** des assoziierten Unternehmens erst bei **Ausschüttung**.

Der einzelbilanzielle **Anschaffungskostenbegriff** von IAS 27 und IAS 28 deckte sich in der Vergangenheit nicht mit dem des Handelsrechts. Die Ausschüttung von vor dem Erwerb entstandenen Gewinnen (Altrücklagen) führte zur Minderung des Ansatzes (Buchung: „per Dividendenforderung an Beteiligung"). Die Sonderbestimmung ist bereits durch das im Mai 2008 vorgelegte *Amendment to IFRS 1 and IAS 27* ersatzlos entfallen. Nach IAS 27.12 sind Dividenden in jedem Fall, auch bei Ausschüttung von Altrücklagen, als Ertrag auszuweisen. Im Einzelnen wird auf → § 32 Rz 180 verwiesen. 37

Verfügt ein Unternehmen über keine Anteile an Tochterunternehmen, sondern nur über **Anteile an assoziierten Unternehmen**, so muss und kann es keinen Konzernabschluss aufstellen (IFRS 10.19). 38

4 Erstbewertung *at equity*

4.1 Zeitpunkt der Erstbewertung, unterjähriger und sukzessiver Erwerb

Die *equity*-Methode **muss** als **Konsolidierungs- bzw. Bewertungs**methode (Konzernabschluss) von dem Zeitpunkt an angewendet werden, ab dem die Definition eines assoziierten Unternehmens (Rz 14 ff.) erfüllt ist (IAS 28.32). 39

Bei **sukzessivem Anteilserwerb** mit einer zunächst sehr geringen und einer später höheren Beteiligungsquote gelangt die *equity*-Methode erst zu einem der späteren Erwerbszeitpunkte zur Anwendung. Erst zu diesem späteren Zeitpunkt ist im Einzelabschluss wahl- und im Konzernabschluss pflichtweise von der Bewertung nach IAS 39 (beizulegender Zeitwert, hilfsweise Anschaffungskosten) bzw. IFRS 9 zur Bewertung nach IAS 28 zu wechseln. 40

Da die *equity*-Methode ab diesem Zeitpunkt nicht nur auf die später erworbenen Anteile, sondern insgesamt auf den Anteil am assoziierten Unternehmen anzuwenden ist, stellt sich die Frage, ob die *equity-Bewertung der älteren Anteile* 41
- **retrospektiv** auf der Basis der früheren Anschaffungskosten, Zeitwerte und Unterschiedsbeträge *(goodwill)* oder
- **nicht retrospektiv** auf der Basis des aktuellen Beteiligungswertes sowie der aktuellen Zeitwerte und Unterschiedsbeträge erfolgen soll

und wie in der ersten Alternative der Unterschied zwischen dem *equity*- und dem Beteiligungsbuchwert zu behandeln ist.

Das folgende Beispiel erläutert den Unterschied zwischen einer **retrospektiven** und einer **nicht retrospektiven** Vorgehensweise: 42

> **Beispiel**
> Ein Unternehmen hat zunächst zum 31.12.01, dann zum 1.1.03 jeweils 10 % der Anteile am börsennotierten Unternehmen aU erworben. Erst mit dem 2. Erwerb wird aU zu einem assoziierten Unternehmen.
> aU verfügt zu keinem der Zeitpunkte über einen *goodwill*. Sämtliche Unterschiedsbeträge zwischen den Kaufpreisen und dem anteiligen Eigenkapital stellen stille Reserven dar. Die Kaufpreise sollen dem jeweiligen Börsenkurs

der Anteile entsprechen (keine Kontrollprämie). Folgende Daten seien (jeweils für 10 % der Anteile) unterstellt:
- 31.12.01: Börsenkurs und Beteiligungsbuchwert 100, anteiliges Eigenkapital aU zu Buchwerten 60, stille Reserven 40.
- 31.12.02/1.1.03: Börsenkurs und Beteiligungsbuchwert der Altanteile 150, dem entsprechendes anteiliges Eigenkapital aU zu Buchwerten 80, anteilige stille Reserven 70.

Die Wertsteigerung von 50 in 02 reflektiert mit 20 (= 80 – 60) Änderungen im buchmäßigen Eigenkapital der aU, also Thesaurierungen, mit 30 eine Zunahme stiller Reserven.

Nach IAS 39 hätte sich der Beteiligungsbuchwert der alten Anteile entsprechend um 50 erhöht, wobei die Erhöhung im Falle von *trading assets* (→ § 28 Rz 146) erfolgswirksam und im Falle von *available-for-sale assets* (→ § 28 Rz 151) erfolgsneutral zu buchen gewesen wäre.

Als Nutzungsdauer der stillen Reserven werden 20 Jahre unterstellt.

Wird ab dem 1.1.03 die *equity*-Methode angewendet, so ist bei einer **retrospektiven Anwendung** für die alten Anteile wie folgt zu rechnen:

Anschaffungskosten 31.12.01	100
Abschr. stille Reserven 1/20 × 40	– 2
thesaurierter Gewinn 02	+ 20
= fiktiv fortgeschr. *equity*-Wert 1.1.03	118
tatsächlicher Buchwert 31.12.02	150
= Anpassungsbetrag	32

Die Anpassungsbuchung wäre erfolgsneutral und würde wie folgt lauten:

Konto	Soll	Haben
equity-Beteiligung	118	
Gewinnrücklagen	32	
Wertpapiere		150

Bei einer **nicht retrospektiven Behandlung** wäre der Beteiligungsbuchwert von 150 per 1.1.03 mit dem anteiligen Eigenkapital von 80 per 1.1.03 zu vergleichen. Die Differenz von 70 würde annahmegemäß stille Reserven darstellen. Zu einer Korrektur der früheren Erfolge käme es nicht. Soweit die Anteile bisher als veräußerbare Werte *(available-for-sale assets)* behandelt und die Wertänderung bisher erfolgsneutral verbucht worden wären, müsste per 1.1.02 eine erfolgswirksame Umbuchung von den Rücklagen in Ertrag vorgenommen werden. Buchung:

Konto	Soll	Haben
equity-Beteiligung	150	
Wertpapiere		150

sowie bei *available-for-sale assets* zusätzlich

Konto	Soll	Haben
Gewinnrücklagen	50	
Ertrag		50

Der **Nachteil** der retrospektiven Anpassung besteht in der **Durchbrechung** 43
des **Bilanzzusammenhangs** und damit i. d. R. in einem unzutreffenden Totalgewinnausweis (über alle Perioden). Derartige Durchbrechungen sind aber auch in anderen Zusammenhängen, etwa bei der nicht durch Sachverhaltsänderungen induzierten Änderung der Bewertungspolitik gem. IAS 8, gängig (→ § 24 Rz 28). Insoweit ist die Durchbrechung des Bilanzenzusammenhangs kein Argument gegen eine retrospektive Anpassung.

Andererseits ergibt sich aber u. E. aus IAS 28.32 auch **nicht zwingend** das 44
Erfordernis einer nicht retrospektiven Anpassung. Die Ausführungen in IAS 28.32 sind allgemein gefasst und zielen u. E. nicht spezifisch auf das Problem eines sukzessiven Anteilserwerbs.

Im Übrigen ist es im Falle einer retrospektiven Anpassung konsequent, analog 45
zur erfolgsneutralen Buchung der rückwirkenden Anwendung der *equity*-Methode (Thesaurierung usw.) auch bisherige Bewertungserfolge der einfachen Anteile (gem. IAS 39) **erfolgsneutral umzukehren**.

Insgesamt ist die ganze Problematik u. E. in IAS 28 **unzureichend** geregelt. Im 46
Schrifttum werden daher zahlreiche Varianten diskutiert.[6] Eine Lückenfüllung durch analoge Anwendung der Regeln von IFRS 3 zum sukzessiven Kontrollerwerb scheint u. E. nicht zwingend. Die in IFRS 3 enthaltenen Fiktionen (Hingabe der Altanteile zum *fair value*) werden mit dem Wesensunterschied zwischen Vollkonsolidierung und *one-line*-Bilanzierung bzw. Konsolidierung (Rz 27) als Finanzinstrument oder *equity*-Instrument begründet. Ein solcher Fundamentalunterschied besteht zwischen *equity*-Konsolidierung und Bilanzierung von Finanzinstrumenten nicht.

Die Vorgehensweise liegt daher u. E. im **Ermessen** des Bilanzierenden, der hierzu im Anhang Erläuterungen geben sollte. Wir halten unter *materiality*-Gesichtspunkten (→ § 1 Rz 61 ff.) mindestens bei Verteilung der Käufe auf eine Periode eine **Durchschnittsbetrachtung** der Anschaffungskosten und des Anteils am Reinvermögen für zulässig.

Auch für den Fall der erst Jahre nach Erwerb erfolgenden *equity*-Einbeziehung einer 47
zunächst wegen Unwesentlichkeit als Finanzinstrument bilanzierten Beteiligung wird im Schrifttum z. T. ein Wahlrecht zwischen retrospektiver Erstkonsolidierung (auf Basis der Werte zum Anschaffungszeitpunkt und ihrer Fortschreibung) und nicht retrospektiver Einbeziehung (auf Basis aktueller Werte) angenommen.[7]

Materiality-Gesichtspunkte sind bei einem einmaligen **unterjährigen Erwerb** 48
gefragt. Nach IAS 28.32 sind die Differenzen zwischen anteiligem Buch- und Zeitwert des Reinvermögens einerseits und zwischen anteiligem Zeitwert des Reinvermögens und Anschaffungskosten andererseits auf den **Erwerbszeitpunkt** zu ermitteln. Dies würde die **Aufstellung einer Zwischenbilanz** des assoziierten Unternehmens zu Buchwerten und zu Zeitwerten voraussetzen. Ist diese Voraussetzung nicht durchzusetzen oder aus Kostengründen (→ § 1 49
Rz 68) nicht zu vertreten, so sind unter Abwägung der Wesentlichkeit **Vereinfachungen** zulässig. Je nach zeitlicher Nähe zum vorhergehenden oder nachfolgenden Bilanzstichtag des assoziierten Unternehmens können die Wertverhältnisse

---

[6] Prägnante Darstellung von insgesamt 6 unterschiedlichen Sichtweisen bei RICHTER, KoR 2014, S. 289 ff.
[7] HAYN, in: BECK'sches IFRS-Handbuch, 4. Aufl., 2013, § 36, Tz 24.

dieses Stichtags herangezogen werden. Bei weiter entfernt liegenden Stichtagen sind statistische Anpassungen, etwa durch Zwölfteilung des Jahresergebnisses bei Saisonbetrieben unter Berücksichtigung der Saisonbereinigung, zulässig.

50 An die Exaktheit der Methode dürfen insgesamt **keine übertriebenen Anforderungen** gestellt werden. Dies ergibt sich durch Analogie aus den Grundsätzen der Folgebewertung. Hat das assoziierte Unternehmen einen vom Bilanzstichtag des Beteiligungsunternehmens abweichenden Bilanzstichtag, so muss im Rahmen der Folgebewertung gem. IAS 28.33 jedenfalls dann kein Zwischenabschluss des assoziierten Unternehmens auf den Bilanzstichtag des Beteiligungsunternehmens aufgestellt werden, wenn die zeitliche Differenz nicht mehr als 3 Monate beträgt (Rz 84 f.). Statistische Berichtigungen und die Auswirkungen bedeutender Ereignisse der Geschäftsvorfälle zwischen beiden Stichtagen reichen aus. Es ist kein Grund ersichtlich, warum derartige **Vereinfachungen** nicht auch für die **Erstkonsolidierung** analog gelten sollten.

4.2 Bestimmung der Anschaffungskosten

51 Bei Anteilserwerb durch **Hingabe eigener Anteile** oder durch sonstige **Sacheinlage** werden die Anschaffungskosten durch den beizulegenden Zeitwert der Einlage definiert. Ist der beizulegende Zeitwert der Einlage schwieriger zu bestimmen als der beizulegende Zeitwert der erworbenen Anteile, determiniert der beizulegende Zeitwert der erworbenen Anteile die Anschaffungskosten (IFRS 3 analog; → § 31 Rz 45).

52 Der Transaktion direkt zurechenbarer **Anschaffungsnebenkosten** (Beurkundungs-, Register- oder Beratungskosten usw.) erhöhen den Zugangswert der *equity*-Bilanzierung. Für den Rechtsstand bis 2009 ergibt sich dies u.a. aus Analogie zu IAS 3.42b rev. 2004. Die Frage, ob ab 2010 wegen der geänderten, ausnahmslos aufwandswirksamen Behandlung von Transaktionskosten bei Erwerb eines Tochterunternehmens (IFRS 3.53; → § 31 Rz 39) auch bei *equity*-Beteiligungen anders zu verfahren sei, hat der IFRIC in einer *Agenda Rejection* (*Non-IFRIC*) vom Juli 2009 verneint, da der Kostenbegriff des IAS 28 auch einer Anschaffung direkt zurechenbare Nebenkosten umfasst.[8]

53 Die endgültige Höhe der Anschaffungskosten kann von ungewissen Bedingungen abhängen *(contingent consideration)*. Denkbar ist etwa eine *earn-out*-Vereinbarung, derzufolge neben einem fixen Kaufpreis eine variable Komponente vereinbart ist, die nur dann zu zahlen ist, wenn in einem festgelegten Zeitraum nach dem Erwerb bestimmte Erfolgsziele erreicht werden. IAS 28 enthält zu solchen Fällen keine eigenen Regelungen. Eine analoge Anwendung der Vorschriften von IFRS 3 zum Erwerb von Tochterunternehmen ist daher zu erwägen. Danach würde Folgendes gelten (→ § 31 Rz 62):
- Der ungewisse/bedingte Kaufpreisbestandteil *(contingent consideration)* ist bei der Erstkonsolidierung nicht mit dem nach Beseitigung der Unsicherheit tatsächlich gezahlten Wert zu berücksichtigen. Abzustellen ist vielmehr auf den *fair value* des bedingten Teils zum Erstkonsolidierungszeitpunkt (IFRS 3.39).

---

[8] Gl. A. HAYN, in: BECK'sches IFRS-Handbuch, 4. Aufl., 2013, § 36, Tz 37.

- Abweichungen der späteren tatsächlichen Entwicklung von diesem Wert betreffen die Konsolidierung nicht mehr, sondern führen als Änderung des Buchwerts einer finanziellen Verbindlichkeit zu **Ertrag** oder **Aufwand** (IFRS 3.58b). Eine analoge Anwendung von IFRS 3 scheint aber andererseits nicht zwingend. Gegen einen solchen Zwang spricht Folgendes: Wie die unter Rz 52 erläuterte unterschiedliche Behandlung von Transaktionskosten beim Erwerb von Tochterunternehmen (Aufwand) und von assoziierten Unternehmen (Aktivierung im Beteiligungsansatz) beispielhaft zeigt, besteht **keine konzeptionelle Übereinstimmung** zwischen den Begriffen „Anschaffungskosten" (IAS 28) und „übertragene Gegenleistung" (IFRS 3). Ein Verzicht auf die analoge Anwendung von IFRS 3 ist danach jedenfalls vertretbar und führt zu folgendem Vorgehen:
- Die ungewisse Kaufpreisschuld ist im Erwerbszeitpunkt nur insoweit anzusetzen und in den Anschaffungskosten zu berücksichtigen, als sie verlässlich bestimmbar und ihr Eintritt **wahrscheinlich** ist.
- Bei einer späteren Revision der ursprünglichen Annahmen sind die Schuld und die Anschaffungskosten **erfolgsneutral anzupassen**.[9]

4.3 Anteilige Aufdeckung stiller Reserven und Lasten

Bei der Anwendung der *equity*-Methode sind die **anteiligen stillen Reserven und Lasten** identifizierbarer Vermögenswerte und Schulden aufzudecken und fortzuführen. Sie ergeben sich als Differenz zwischen dem Anteil am Buchwert des Reinvermögens des assoziierten Unternehmens und dem Anteil an dem beizulegenden Zeitwert des identifizierbaren Reinvermögens (IAS 28.32).

54

Für die Identifizierbarkeit und die Zeitwertbestimmung gelten die **Regelungen von IFRS 3 und IFRS 13**. Danach sind für die Aktiva Marktwerte oder Ersatzwerte anzusetzen, während bei Forderungen und Verbindlichkeiten im Wesentlichen der Barwert zum Tragen kommt (→ § 31 Rz 69ff.).

55

Auch bei der Ermittlung der stillen Reserven und Lasten sind **Wesentlichkeits- und Kosten-Nutzen-Überlegungen** von Bedeutung (→ § 1 Rz 61). Eine Identifizierung der stillen Reserven auf der Ebene einzelner Vermögenswerte wird nur ausnahmsweise möglich und notwendig sein. Durchschnittsbetrachtungen für einzelne Bilanzposten sind i.d.R. ausreichend. Zur Frage der Durchsetzbarkeit der zur Bestimmung der stillen Reserven notwendigen Informationsansprüche wird auf Rz 87 verwiesen.

56

4.4 *Goodwill* oder negativer Unterschiedsbetrag

Der Unterschiedsbetrag zwischen den Anschaffungskosten der Anteile und dem Anteil des Erwerbers an den beizulegenden Zeitwerten des identifizierbaren Reinvermögens ist als *goodwill* bzw. negativer Unterschiedsbetrag zu behandeln (IAS 28.32).

57

Der im *equity*-Ansatz enthaltene *goodwill* ist nicht planmäßig abzuschreiben (IAS 28.32). Dies entspricht zunächst dem *impairment-only approach* von IFRS 3 und IAS 36 (→ § 11 Rz 138). Im Unterschied zum voll konsolidierten Unternehmen unterliegt der im *equity*-Ansatz enthaltene *goodwill* jedoch keinem eigenen Werthaltigkeitstest. Vielmehr ist die *equity*-Beteiligung als

58

---

[9] Ausführliches Beispiel bei LÜDENBACH, PiR 2010, S. 361ff.

Bewertungseinheit zu sehen und bei Vorliegen von Wertminderungsindikatoren insgesamt dem *impairment*-Test zu unterziehen (IAS 28.42). Der *goodwill* findet im Rahmen der *one-line consolidation* (Rz 27) keinen gesonderten Ausweis (zu eventuellen Ausnahmen vgl. Rz 59). Die Aufteilung der über das Buchvermögen hinausgehenden Anschaffungskosten auf *goodwill* einerseits und stille Reserven andererseits hat jedoch Bedeutung für die Fortschreibung des *equity*-Wertes, insofern

- stille Reserven ggf. planmäßig zu mindern sind, der *goodwill* jedoch nicht (Rz 71),
- sich bei außerplanmäßiger Abschreibung die Frage stellt, ob der *goodwill* vor den stillen Reserven zu belasten ist (Rz 103), und
- eine Wertaufholung durch die zuvor vorgenommene *goodwill*-Minderung limitiert wird (Rz 105).

59 Nach im Schrifttum vertretener Auffassung soll es trotz *one-line-consolidation* vielfach zum gesonderten Ausweis eines auch mit den *equity*-Anteilen verbundenen *goodwill* kommen, etwa wenn bei Erwerb eines Teilkonzerns insgesamt nur ein *goodwill* pro *cash generating unit* aufgedeckt werden dürfe (→ § 11 Rz 142), der dann auch den *goodwill* aus den mit erworbenen *equity*-Beteiligungen umfasse.[10] Dieser Auffassung ist nur eingeschränkt zuzustimmen. Bei Erwerb eines Teilkonzerns sind zunächst alle Vermögenswerte, einschließlich der *equity*-Beteiligungen, mit ihrem *fair value* anzusetzen. In diesen *fair value* gehen bereits alle nicht als separater Vermögenswert identifizierbaren Ertragserwartungen des miterworbenen assoziierten Unternehmens ein. Insoweit ermittelt sich zunächst ein *goodwill I*, der Teil des *equity*-Wertes, also der *one-line consolidation* ist:

fair value des assoziierten Unternehmens

./. *fair value* des identifizierbaren Nettovermögens des assoziierten Unternehmens

= *goodwill I*

In Einzelfällen kann die *equity*-Beteiligung darüber hinaus rechnerischen Anteil an einem „*goodwill II*" haben, wenn etwa für den Teilkonzernerwerb bedeutende Synergie- oder Kontrollprämien gezahlt werden und die *equity*-Beteiligung keine eigene *cash generating unit* darstellt.

60 Liegen die Anschaffungskosten der *equity*-Beteiligung unter dem auf den Erwerbszeitpunkt anteilig zum *fair value* bewerteten Nettovermögen des assoziierten Unternehmens, ergibt sich ein **negativer Unterschiedsbetrag**. Dieser ist gem. IAS 28.32 erfolgswirksam zu vereinnahmen (→ § 31 Rz 129). Nach der entsprechenden Buchung (per *equity*-Beteiligung an Ertrag aus Erstkonsolidierung) wird die Beteiligung über die Anschaffungskosten ausgewiesen.

> **Beispiel**
> 20 % der Anteile eines Unternehmens mit einem buchmäßigen Eigenkapital von 100 werden für 20 erworben. Das Vermögen des erworbenen Unternehmens zu Zeitwerten beträgt 150.
> Der Anteil am zum beizulegenden Zeitwert bewerteten Reinvermögen ist somit 20 % von 150 = 30.

---

10 HAYN, in: BECK'SCHES IFRS-Handbuch, 4. Aufl., 2013, § 36, Tz 44.

> Bei einem Kaufpreis von 20 und einem Anteil am zum Zeitwert bewerteten Reinvermögen von 30 entsteht ein negativer Unterschiedsbetrag von 10, der sofort als Ertrag aus *equity*-Beteiligung auszuweisen ist.

Im Einzelnen wird auf → § 31 verwiesen.

5 Folgebewertung/-konsolidierung *at equity*

5.1 Ergebnis- und Dividendenanteil

Im Rahmen der Folgebewertung/Folgekonsolidierung erhöht oder verringert sich der Ansatz des assoziierten Unternehmens in der Bilanz des Investors
- entsprechend dessen **Anteil am** positiven oder negativen **Periodenergebnis**, wobei
- empfangene **Ausschüttungen** umgekehrt den Ansatz vermindern, und zwar in der Periode, in der sie vereinnahmt werden (IAS 28.10).

Negative Ergebnisanteile werden nach Erreichen eines Buchwertes von null nur noch in bestimmten Fällen berücksichtigt (Rz 93).

Bei einer **Überkreuz-** bzw. **Rückbeteiligung** zwischen zwei assoziierten Unternehmen ist der Gewinnanteil unter Beachtung der effektiv im Umlauf befindlichen Anteile zu ermitteln. Hierzu nachfolgendes Beispiel:

61

62

63

> **Beispiel**
> aU1 ist mit 40 % an aU2, dieses umgekehrt mit 25 % an aU1 beteiligt. Die effektiv im Umlauf befindlichen Anteile betragen 100 % − (40 % × 25 %) = 90 %, der effektive Anteil am anderen aU somit 40 %/90 % = 44,4 % bzw. 30 %/90 % = 27,8 %.
> Erzielen beide Unternehmen vor Ertrag aus dem anderen aU ein Ergebnis von 1.000, ergibt sich folgende Berechnung:
>
> | | aU1 | aU2 |
> |---|---:|---:|
> | Anteil am anderen aU | 40,0 % | 25,0 % |
> | Rückbeteiligung | 10,0 % | 10,0 % |
> | Effektiv im Umlauf befindliche Anteile | 90,0 % | 90,0 % |
> | Effektiver Anteil am anderen aU | 44,4 % | 27,8 % |
> | Gewinn vor Ertrag aus anderem aU | 1.000,0 | 1.000,0 |
> | + Ertrag aus anderem aU vor Rückbeteiligung | 400,0 | 250,0 |
> | = Gewinn vor Rückbeteiligung | 1.400,0 | 1.250,0 |
> | Effektiver Ertrag aus anderem aU | 555,6 | 388,9 |
> | + Gewinn vor Ertrag aus anderem aU | 1.000,0 | 1.000,0 |
> | = Gewinn nach Rückbeteiligung | 1.555,6 | 1.388,9 |
> | Probe | | |
> | Gewinn anderes aU nach Rückbeteiligung | 1.388,9 | 1.555,6 |
> | x nomineller Anteil | 0,4 | 0,3 |
> | = Effektiver Ertrag aus anderem aU | 555,6 | 388,9 |

5.2 Sonderfälle

5.2.1 Kündbare Anteile an Personengesellschaften

64 Probleme bereitet die Fortschreibung des *equity*-Anteils, wenn das assoziierte Unternehmen eine Personenhandelsgesellschaft mit vertraglich spezifiziertem oder gesetzlichem Kündigungs- und Abfindungsrecht (§ 723 BGB) der Gesellschafter ist. Aus **Sicht des assoziierten Unternehmens** gilt dann:
- Sofern nicht eine Reihe besonderer Bedingungen (→ § 20 Rz 33) ausnahmslos erfüllt wird,
- stellt das gesellschaftsrechtliche Eigenkapital nach IFRS erfolgswirksam fortzuschreibendes **Fremdkapital** dar.

> **Beispiel**
>
> Am 1.1.01 beteiligt sich M mit 20 % (= 200 TEUR) an der Bargründung der aU OHG. Der (insoweit wirksame) Gesellschaftsvertrag sieht bei Kündigung eines Gesellschafters eine Abfindung zum IFRS-Buchwert vor. Im Geschäftsjahr 01 erwirtschaftet die schuldenfreie aU handelsrechtlich ein Ergebnis von 100 TEUR, das nach Beschluss der Gesellschafter thesauriert wird. Das HGB-entspricht mit einer Ausnahme auch dem IFRS-Ergebnis. Nach IFRS ist die Fortschreibung der Summe der latenten Abfindungsansprüche von ursprünglich 1.000 TEUR auf 1.100 TEUR als Aufwand zu behandeln. Im IFRS-Abschluss zum 31.12.01 der aU ergeben sich daher folgende GuV- und Bilanzwerte:
>
> GuV:
>
> | | |
> |---|---:|
> | Jahresergebnis vor Fortschreibung Abfindungsansprüche | 100 TEUR |
> | Aufwand aus Fortschreibung Abfindungsansprüche | – 100 TEUR |
> | Jahresergebnis | 0 TEUR |
> | Bilanz | |
> | Div. Vermögen | 1.100 TEUR |
> | Latente Abfindungsschulden | 1.100 TEUR |
> | Eigenkapital | 0 TEUR |

Würde die Obergesellschaft dem Grundgedanken der *equity*-Methode entsprechend im vorstehenden Beispiel spiegelbildlich zur Untergesellschaft bilanzieren, ergäbe sich eine Fortschreibung des *equity*-Ansatzes um null. Ein solches spiegelbildliches Vorgehen ist jedoch im Falle kündbarer Anteile aus folgenden Gründen **nicht** angezeigt:[11]
- Die Regelungen von IAS 32 zur Fremdkapitalqualifizierung kündbarer Anteile betreffen nur die Anteile der emittierenden Gesellschaft.
- Aus Sicht der die Anteile zeichnenden Gesellschaft liegt ein finanzieller Vermögenswert i.S.v. IAS 39/IFRS 9 bzw. IAS 28 vor, und zwar wegen der gesellschaftsrechtlichen Beteiligung am Nettovermögen in der Form eines Eigenkapitalinstruments.
- Qualifikation und Bewertung (Fortschreibung) des Anteils bei der zeichnenden Gesellschaft erfolgen daher unabhängig vom Vorgehen bei der Untergesellschaft.

---

[11] Vgl. auch die Agenda Rejection (Non-IFRIC) im IFRIC-Update Januar 2007.

Als praktische Folgerung ergibt sich: Die bei der Untergesellschaft vorgenommene Qualifikation der Abfindungsansprüche als Fremdkapital und die Erhöhung dieser Ansprüche sind bei der Anwendung der *equity*-Methode durch die Obergesellschaft **rückgängig** zu machen. Im o.g. Beispiel ergibt sich daher ein Ergebnis aus assoziierten Unternehmen i.H.v. 20 % von 100 = 20 und ein *equity*-Anteil von 20 % von 1.100 = 220.[12]

5.2.2 Eigenkapitalneutrale Gewährung von Aktienoptionen beim assozierten Unternehmen

Gewährt das **assoziierte Unternehmen** seinen Mitarbeitern reale Aktienoptionen, so führt dies bei ihm (sofort oder kumuliert über den eventuellen Erdienenszeitraum) zur Buchung **„per Personalaufwand an Kapitalrücklage"**. Das Eigenkapital des assoziierten Unternehmens ändert sich auf diese Weise nicht, es kommt nur zu einer Verschiebung zwischen Gewinn- und Kapitalrücklagen.

65

Für die Behandlung einer solchen Transaktion im Rahmen der *equity*-Konsolidierung beim **übergeordneten Unternehmen** kommen **drei Alternativen** infrage:
- Unter Berufung auf die Definition der *equity*-Methode in IAS 28.3 als Fortschreibung des ursprünglichen Ansatzes *„for the post-acquisition changes in the investor's share of net assets of the investee"* unterbleiben Buchungen beim übergeordneten Unternehmen, da keine Veränderung des Eigenkapitals *(net assets)* vorliegt.
- Unter Bezugnahmen auf die Konkretisierung der *equity*-Methode in IAS 28.10 wird der *equity*-Buchwert fortgeschrieben, um den Anteil am Ergebnis des untergeordneten Unternehmens (Personalaufwand) zu erfassen („per Ergebnis aus assoziiertem Unternehmen an Anteil an assoziiertem Unternehmen").
- Korrespondierend zur Behandlung beim untergeordneten Unternehmen wird beim übergeordneten eine Buchung „per Ergebnis aus assoziiertem Unternehmen an Eigenkapital" vorgenommen.

Eine Präferenz im derzeitigen Standard ist nicht erkennbar, u.E. daher jede der drei Lösungen vertretbar.[13] Zur vorgesehenen zukünftigen Regelung vgl. Rz 134

Beispiel

M ist an aU mir 1/3 beteiligt. Das Nettovermögen der aU beträgt am 1.1. und 31.12.02 jeweils 300. Am 1.1.01 werden den Mitarbeitern erstmalig am 1.1.02 ausübbare Aktienoptionen mit einem Wert von 90 gewährt. Das Ergebnis 01 der aU beträgt vor Berücksichtigung dieses Vorgangs 0, nach dessen Berücksichtigung −90.
Es ergeben sich folgende Lösungsalternativen bei M auf den 31.12.01:
1. Keine Buchung. Ergebnis aus aU 0, *equity*-Ansatz 100,
2. Buchung „per Ergebnis aus aU 30 an *equity*-Beteiligung 30", somit *equity*-Ansatz von 70.
3. Buchung „per Ergebnis aus aU 30 an Gewinnrücklagen 30", somit *equity*-Ansatz von 100.

---

[12] Weitere Beispiele und Anwendungsdetails bei GEISER/SCHMIDT, KoR 2010, S. 81ff.
[13] A.A.: FREIBERG, PiR 2010, S. 253ff., der IAS 28.11. als vorrangig ansieht und daher nur Lösung 2 für zutreffend hält.

5.2.3 Transaktionen mit nicht beherrschenden Gesellschaftern beim assoziierten Unternehmen

66 Handelt es sich beim assoziierten Unternehmen selbst um die Muttergesellschaft eines Konzerns, ist i. d. R. sein Konzern- und nicht der Einzelabschluss (Rz 82) Grundlage der *equity*-Bewertung beim übergeordneten Unternehmen. In vielen Fällen sind an den vom assoziierten Unternehmen beherrschten Gesellschaften auch Dritte beteiligt (**nicht beherrschende Gesellschafter**). Komm es hier in der Form von Auf- und Abstockungen zu mehrheitswahrenden Transaktionen mit den Minderheitsgesellschaftern, so gilt gem. IFRS 10 aus Sicht des **Konzernabschlusses des assoziierten Unternehmens** (→ § 31 Rz 159): Derartige Transaktionen führen weder zur Aufdeckung von stillen Reserven und eines *goodwill* (Aufstockung) noch zu Abgangserfolgen (Abstockung). Eine Differenz zwischen Buchwert des zu- oder abgehenden nicht beherrschenden Anteils und dem dafür vereinbarten Entgelt ist vielmehr als **Anpassung** des **Eigenkapitals** zu verbuchen.

Fraglich ist, ob und wie ein solcher Vorgang in der *equity*-Bewertung durch das **übergeordnete Unternehmen** zu berücksichtigen ist. Drei Alternativen kommen infrage:

- Unter Bezugnahmen auf die Konkretisierung der *equity*-Methode in IAS 28.10 unterbleiben Buchungen beim übergeordneten Unternehmen, da kein ergebniswirksamer Vorgang beim untergeordneten vorliegt.
- Unter Berufung auf die Definition der *equity*-Methode in IAS 28.3 erfolgt beim übergeordneten Unternehmen eine ergebnisneutrale Fortschreibung des *equity*-Ansatzes um die (anteilige) Änderung des Eigenkapitals des untergeordneten Unternehmens („per Anteil an assoziiertem Unternehmen an Eigenkapital").
- In Qualifizierung der Regelungen von IFRS 10 als spezialrechtlich wird die dort vorgesehene erfolgsneutrale Behandlung der Veränderung des Nettovermögens bei der *equity*-Bewertung nach IAS 28 nicht übernommen, die Fortschreibung des *equity*-Ansatzes vielmehr erfolgswirksam verbucht.

Eine Präferenz für eine der drei Lösungen ist im derzeitigen Standard nicht erkennbar. Das Vorgehen liegt daher im Ermessen des übergeordneten Unternehmens.[14] Zur vorgesehenen zukünftigen Regelung vgl. Rz 134.

5.3 Nicht GuV-wirksame Einkommen des assoziierten Unternehmens

67 Das Eigenkapital des assoziierten Unternehmens kann sich ohne Berührung von dessen GuV, d. h. erfolgsneutral, durch Einkommen ändern (→ § 20 Rz 64) bei
- **Währungsumrechnungsdifferenzen** (→ § 27 Rz 29ff.),
- **Neubewertung** des Anlagevermögens (→ § 8 Rz 72),
- Wertänderungen von **veräußerbaren** Werten (*available-for-sale assets;* → § 28),
- Wertänderungen von *cash flow hedges* (→ § 28a Rz 53).

68 Entsprechende Änderungen sind anteilig in den *equity*-Ansatz beim beteiligten Unternehmen zu übernehmen. Nach IAS 28.10 ist dabei wie folgt zu verfahren: Ändert sich das anteilige Eigenkapital des assoziierten Unternehmens *(the proportionate interest in the investee)* aufgrund von Neubewertungen etc., gilt: *„The*

---

[14] Gl. A. FREIBERG, PiR 2010, S. 253ff.

investor's share of those changes is recognised in other comprehensive income of the investor." Damit besteht beim beteiligten Unternehmen **keine Übereinstimmung** mehr zwischen dem Ergebnis aus assoziierten Unternehmen in der GuV und der Änderung des Beteiligungsansatzes in der Bilanz.

Dieses theoretisch gebotene Vorgehen bereitet einige **praktische Probleme**: Die Entwicklung der nicht GuV-wirksamen Einkommensbestandteile beim assoziierten Unternehmen, also
- nicht nur ihre Einstellung ins Eigenkapital,
- sondern auch ihre spätere (i. d. R. erfolgswirksame) Herausnahme, sog. *recycling*,

ist über viele Perioden in aufwendiger Weise nachzuhalten, um etwa Doppelerfassungen (im Jahr der Einstellung und im Jahr der erfolgswirksamen Herausnahme aus dem Eigenkapital) zu vermeiden. Dieser Aufwand lässt sich nur vermeiden, wenn *materiality*-Erwägungen im Einzelfall die Beschränkung auf die GuV-wirksamen Ergebnisse des assoziierten Unternehmens gestatten.

Unklar ist im Übrigen noch der Ausweis GuV-neutraler Ergebnisse des assoziierten Unternehmens beim Investor. Nach der *Consolidation Theory* (Rz 29) sind die sonstigen Ergebnisbestandteile im Eigenkapitalspiegel des Investors auf die für die unterschiedlichen Ursachen vorgesehenen Eigenkapitalkomponenten aufzuteilen. Nach der *Asset Theory* (Rz 29) sind sie insgesamt in einer besonderen, assoziierte Unternehmen betreffenden Rücklage zu berücksichtigen.

IAS 28.22 enthält Regelungen zur Behandlung erfolgsneutral gebildeter Rücklagen bei Veräußerung des Anteils am assoziierten Unternehmen oder Verlust des maßgeblichen Einflusses. Hiernach ist der beim beteiligten Unternehmen ins Eigenkapital eingestellte Anteil am kumulierten erfolgsneutralen Ergebnis des assoziierten Unternehmens bei Verlust des maßgeblichen Einflusses nach den Grundsätzen aufzulösen, die beim direkten Abgang des Vermögenswertes oder der Schuld anzuwenden wären, für die das Eigenkapital dotiert wurde.

Beispiel
U ist seit 1.1.01 mit 20 % als Gründungsgesellschafter an aU beteiligt. Die Anschaffungskosten betrugen 200. In 01 erzielt aU aus *available-for-sale*-Aktien (→ § 28 Rz 148) einen nicht GuV-wirksamen Erfolg von 50, hiervon entfallen 20 %, also 10, auf U. Das Jahresergebnis der aU beträgt null. Am 2.1.02 veräußert U seinen Anteil für 210.
U bucht wie folgt:

Datum	Konto	Soll	Haben
1.1.01:	Anteil an aU		
	Geld		200
31.12.01:	Anteil an aU	10	
	ZeitbewertungsRL		10
2.1.02	Geld	210	
	Anteil an aU		210
	ZeitbewertungsRL	10	
	Ertrag		10

Bleibt bei einer nur teilweisen Veräußerung der Anteile ein maßgeblicher Einfluss und damit der Assoziationsstatus bestehen, ist die Zeitbewertungsrücklage anteilig im Verhältnis des abgehenden Anteils zur vorherigen Anteilsquote aufzulösen (IAS 28.25).

5.4 Abschreibung von stillen Reserven, Auflösung von stillen Lasten

71 Im Rahmen der **Erstbewertung/Erstkonsolidierung** werden die Anschaffungskosten in einer **Nebenrechnung** verteilt auf:
- den Anteil am buchmäßigen **Eigenkapital**,
- den Anteil an den **stillen Reserven** und den **stillen Lasten**,
- einen eventuellen positiven **Unterschiedsbetrag** (*goodwill*).

72 Ein **negativer** Unterschiedsbetrag ist sofort ertragswirksam (Rz 60). Die **Fortschreibung** um Ergebnis- und Dividendenanteile berücksichtigt die Veränderung des buchmäßigen Eigenkapitals (Rz 61).

73 Fortzuschreiben sind aber auch die stillen Reserven und Lasten.

74 Bei der zeitlichen Verteilung der Abschreibungen und Auflösungen ist Folgendes zu beachten:
- **Stille Reserven** sind **nach der Restnutzungsdauer** der betreffenden Vermögenswerte aufzulösen (IAS 28.32). Unter *materiality*-, aber auch Kosten-Nutzen-Gesichtspunkten (→ § 1 Rz 61 ff.) können umfangreiche Vereinfachungen notwendig und zulässig sein, etwa ein Abstellen auf mittlere Nutzungsdauern. Soweit stille Reserven in Vorräten ruhen, lösen sie sich mit dem Abgang der Vorräte auf.
- **Stille Lasten** sind aufzulösen, soweit der entsprechende Verlust bzw. Aufwand eintritt bzw. mit dessen Eintreten nicht mehr zu rechnen ist.
- Die Auflösung stiller Reserven und Lasten führt zur Veränderung der **latenten Steuern** auf *inside basis differences*. Diese Veränderung geht in das Ergebnis aus der *equity*-Beteiligung ein (Rz 126).

5.5 Zwischenergebniseliminierung, Sacheinlagen in das assoziierte Unternehmen

75 Nach IAS 28.26 gelten viele Konsolidierungsmethoden (→ § 32 Rz 117 ff.) für Tochterunternehmen in ähnlicher Weise auch für assoziierte Unternehmen. Ein Beispiel ist die durch IFRS 10.B86 verlangte **Eliminierung von Zwischenergebnissen** aus konzerninternen Transaktionen (→ § 32 Rz 141 ff.). Gewinne und Verluste aus Transaktionen zwischen dem Investor (oder einem seiner konsolidierten Tochterunternehmen) und dem assoziierten Unternehmen sind anteilig im Umfang der Beteiligung am assoziierten Unternehmen zu eliminieren (IAS 28.28). Dies gilt sowohl für *upstream*-Lieferungen des assoziierten Unternehmens an den Investor als auch für *downstream*-Transaktionen mit umgekehrter Lieferrichtung.[15]

---

[15] Handelsrechtlich wurde hingegen bis zum Erlass von DRS 8.30 überwiegend nur eine upstream-Eliminierung gefordert; vgl. HAVERMANN, Die Equity-Bewertung von Beteiligungen, WPg 1987, S. 315 ff.

Die Technik der Zwischenergebniseliminierung bei *equity*-Konsolidierung erklärt sich am besten im **Vergleich** zur **Vollkonsolidierung**:[16]
- Bei konzerninternen Lieferungen zwischen Unternehmen des **Vollkonsolidierungskreises**, denen sich bis zum Bilanzstichtag noch keine Konzernaußenumsätze angeschlossen haben, zielt die Zwischenergebniseliminierung auf die Begrenzung des konzernbilanziellen Wertansatzes des Liefergegenstandes. Der Gegenstand soll durch eine konzerninterne Transaktion nicht über den Konzernanschaffungs- bzw. -herstellungskosten angesetzt werden können. Der vom konzerninternen Veräußerer einzelbilanziell realisierte Gewinn (Differenz von einzelbilanziellem Veräußerungspreis zu den Anschaffungs-/Herstellungskosten) ist daher gegen den Liefergegenstand zu eliminieren. **Buchung** (abgekürzt): per (Netto-)Ertrag an Vermögenswert.
- Für **assoziierte Unternehmen** ergeben sich, abgesehen von der rechnerischen Beschränkung der Eliminierung auf die Anteilsquote, je nach Transaktionsrichtung folgende Modifikationserfordernisse:
  – Bei *downstream*-Lieferungen verlässt der Vermögenswert den Vollkonsolidierungskreis, steht also technisch für eine Wertkorrektur nicht mehr zur Verfügung. Die Wertkorrektur muss stattdessen gegen den *equity*-Ansatz erfolgen. **Buchung**: per Netto-Ertrag an Anteil an assoziiertem Unternehmen.
  – Bei *upstream*-Lieferungen gelangt der Vermögenswert in den Vollkonsolidierungskreis und steht insofern technisch für eine Wertkorrektur zur Verfügung. Als Gegenkonto kommt aber die ursprünglich in Einzel- und Summenbilanz angesprochene Ertragsposition nicht infrage, da im Rahmen der *one-line consolidation* (Rz 27) nicht die einzelnen GuV-Positionen des assoziierten Unternehmens, sondern dessen Ergebnis (Saldogröße) Berücksichtigung finden. **Buchung**: per Ergebnis aus assoziiertem Unternehmen an bezogener Vermögenswert. Z. T. wird für *upstream*-Lieferungen auch eine Eliminierung gegen die *equity*-Beteiligung für zulässig oder vorzugswürdig gehalten. **Buchung**: per Ergebnis aus assoziiertem Unternehmen an Anteil an assoziiertem Unternehmen.[17]

Jedenfalls bei Zugrundelegung der *Asset Theory* (Rz 29) ist neben der Zwischenergebniseliminierung keine Aufwands- oder Schuldenkonsolidierung erforderlich.[18] Auch bei *downstream*-Lieferungen bleiben dann der eigene Umsatz und Materialaufwand unberührt. Folgt man der *Consoldiation Theory*, ist eine Anpassung der entsprechenden Posten hingegen vertretbar.
Dazu folgende Beispiele:

Beispiel
A) *Downstream*-Lieferung
M liefert Erzeugnisse (HK = 75) im Dezember 01 mit einem Gewinnaufschlag von 25, somit für 100 an aU, an der er mit 20 % beteiligt ist. In 02 veräußert aU die Erzeugnisse/Waren weiter. M verfährt nach der *Consolidation Theory* wie folgt:

---

[16] Vgl. LÜDENBACH, PiR 2006, S. 207 ff.
[17] Vgl. etwa KPMG, Insights into IFRS 2014/15, Tz 3.5.450.
[18] Vgl. SCHMIDT, PiR 2010, S. 61 ff.

Datum	Konto	Soll	Haben
in 01:	Umsatz (20 % von 100)	20	
	Materialaufwand (20 % von 75)		15
	equity-Beteiligung (20 % von 25)		5
in 02:	Gewinnrücklagen	5	
	Materialaufwand	15	
	Umsatz		20

B) *Upstream*-Lieferung
aU liefert Erzeugnisse (HK = 75) im Dezember 01 für 100 an M, die mit 20 % beteiligt ist. In 02 veräußert M die Erzeugnisse/Waren weiter. M konsolidiert wie folgt:

Datum	Konto	Soll	Haben
in 01:	Ergebnis aus aU	5	
	Vorräte (oder Anteil an aU)		5
in 02:	Gewinnrücklagen	5	
	Ergebnis aus aU		5

76 Soweit der **Anteil bereits auf null abgewertet** ist und Forderungen sowie mangels Haftung auch Rückstellungen nicht zur Berücksichtigung weiterer Verluste infrage kommen (Rz 93), steht bei *downstream*-Lieferungen der Anteil technisch nicht mehr für die Eliminierungsbuchung „per Ertrag an Anteil" zur Verfügung. Im Schrifttum werden verschiedene Lösungsansätze für diesen Fall diskutiert:
- Unterlassen der Eliminierung[19]
- Eliminierung des Gewinns gegen Eigenkapital (per Ertrag an Eigenkapital) oder einen passiven Abgrenzungsposten (per Ertrag an *deferred income*) mit erfolgsneutraler Auflösung des Eigenkapital- oder Abgrenzungspostens gegen den Anteil, sobald wieder hinreichend Gewinne angefallen sind, aber spätestens bei Entkonsolidierung.[20]

Gegen die erste Lösung spricht der unzutreffende Ertragsausweis, gegen die zweite, dass die Nutzung von **Eigenkapital- oder Abgrenzungsposten** zur zeitlichen Gewinnverteilung nur **in Einzelfällen** im IFRS-Regelwerk vorgesehen ist (*available-for-sale assets* → § 28, Investitionszuwendungen → § 12 Rz 26) und **keine Ähnlichkeiten** zu diesen Fällen bestehen. Eine herrschende Meinung ist nicht erkennbar. Beide Lösungen haben wir daher in den Vorauflagen für vertretbar gehalten. In 2013 hat sich nun zunächst der IFRS IC der Materie angenommen und sodann der IASB das Thema auf die Agenda genommen.[21] Nach vorläufiger Auffassung dieser Instanzen gilt:
- Der bei *downstream*-Lieferung entstandene Gewinn ist auch soweit zu eliminieren, wie er den Buchwert des *equity*-Anteils übersteigt.
- Der übersteigende Teil ist als **Abgrenzungsposten** (*deferred gain*) zu erfassen.
- Ein Exposure Draft zum Thema ist für 2015 angekündigt.

77 Werden die Anteile am assoziierten Unternehmen ganz oder teilweise veräußert und endet dadurch oder durch Änderung der Stimmrechtsregelungen die *equity*-

---

[19] Zulässig nach KPMG, Insights into IFRS 2014/15, Tz 3.5.440.
[20] HAYN, in: BECK'sches IFRS-Handbuch, 4. Aufl., 2013, § 36, Tz 147.
[21] IFRIC update März 2013 und IASB update Juli 2013

Konsolidierung, stellt sich die Frage nach Behandlung zuvor eliminierter Zwischengewinne aus *downstream*-Lieferungen. Hierbei ist wie folgt zu differenzieren:
a) Vollständige Veräußerung:
Hier wird die Wirkung der früheren Eliminierung quasi automatisch über den Entkonsolidierungserfolg rückgängig gemacht. Der eliminierte Gewinn hat zuvor den *equity*-Ansatz gemindert und erhöht bei gegebenem Veräußerungspreis damit jetzt den Entkonsolidierungserfolg.
b) Übergang auf Finanzinstrument:
- Hier ergibt sich eine äquivalente Selbstkorrektur, da die Beteiligung zum *fair value* in die Bilanzierung nach IAS 39/IFRS 9 zu überführen ist (Rz 33).

c) Beide Fälle:
Über den *equity*-Ansatz hinausgehende Zwischenergebnisse, die passiviert wurden (Rz 76), sind hingegen ergebniswirksam aufzulösen, u.E. auch bei Beibehaltung von Anteilen bereits mit Beendigung der *equity*-Konsolidierung.

Als *up-/downstream*-Lieferung führt IAS 28.28 auch Beziehungen zwischen einem Tochterunternehmen des Investors und dem von ihm *at equity* konsolidierten Unternehmen an. Keine expliziten Regeln bestehen hingegen für *sidestream*-**Lieferungen** eines assoziierten, *at equity* konsolidierten Unternehmens an ein zweites Unternehmen mit gleichem Status. Fraglich ist, ob hier eine planwidrige Lücke vorliegt, die durch Analogie in der Weise zu schließen wäre, auch Gewinne aus *sidestream*-Transaktionen zu eliminieren. U.E. liegt eine solche Lücke nicht vor. Die Formulierung von IAS 28.28 fällt bereits ausführlicher als nötig aus, indem neben den Transaktionen des assoziierten Unternehmens mit dem Anteilseigner auch die mit dessen Tochterunternehmen, genauer dessen „vollkonsolidierten Tochterunternehmen", ausdrücklich erwähnt werden. Diese besondere Erwähnung wäre entbehrlich gewesen; nach den allgemeinen Grundsätzen der Konzernrechnungslegung sind Transaktionen mit dem Vollkonsolidierungskreis einheitlich zu behandeln – unerheblich ist dabei, mit welcher rechtlich-formalen Teileinheit des Vollkonsolidierungskreises das assoziierte Unternehmen in Lieferbeziehungen tritt. Wenn der IASB gleichwohl zur Klarstellung eine Erwähnung der vollkonsolidierten Tochterunternehmen für notwendig hielt, andererseits im Rahmen dieser Klarstellung aber keine Aussage zu *sidestream*-Transaktionen getroffen hat, ist eine planwidrige Regelungslücke auszuschließen. Die „Enthaltung" des IASB in der Frage der *sidestream*-Transaktionen ist entweder i.S.e. bewussten Regelungsverzichts oder im Sinne einer Absage an die Eliminierung von *sidestream*-Gewinnen zu interpretieren. Eine zwingend durch Analogieschluss zu füllende Lücke liegt damit nicht vor. Demnach besteht keine Pflicht zur Eliminierung von Gewinnen aus *sidestream*-Transaktionen.[22]

Beim gesamten Problemkreis der Zwischenergebniseliminierung spielen der materiality-Aspekt sowie die Kosten-Nutzen-Frage (→ § 1 Rz 62) eine wichtige Rolle. Aus dieser Sicht ist **praktisch** wie folgt zu differenzieren (→ § 32 Rz 143):
- Bezieht eines der beiden Unternehmen **Vorräte** vom anderen Unternehmen und ist der jeweils zum Bilanzstichtag noch nicht verkaufte Bestand entweder gering oder unterscheidet er sich – bei relativer Konstanz der Gewinnaufschläge – im Vergleich der Stichtage nicht wesentlich, so kann i.d.R. von einer diesbezüg-

---

[22] Gl.A.: KPMG, Insights into IFRS, 2014/15, Tz 3.5.490.10.

lichen Zwischenergebniseliminierung abgesehen werden. Gleiches gilt, wenn die Gewinnaufschläge aus den internen Lieferungen gering ausfallen.

- Wird **Anlagevermögen** von einer Gesellschaft an die andere mit Verlust veräußert, so kann dies ein Indiz für ein bereits zuvor bestehendes Abwertungserfordernis darstellen. Der Verlust ist in diesem Falle nicht zu eliminieren.
- Erbringt das eine Unternehmen Leistungen, die das andere Unternehmen als **immaterielle Vermögenswerte** aktiviert, so ist bei erheblichem Umfang eine Zwischenergebniseliminierung vorzunehmen.

Aus praktischer Sicht scheitert die Zwischenergebniseliminierung jedenfalls bei *upstream*-Transaktionen (Lieferungen vom assoziierten Unternehmen an das beteiligte Unternehmen) ggf. an den fehlenden Informationen über die Höhe des Zwischenergebnisses. Zu diesem Problemkreis wird auf Rz 87 verwiesen.

80 Das Problem der Zwischenergebniseliminierung stellt sich auch bei **Sacheinlagen**. Bringt etwa das übergeordnete Unternehmen bei Gründung des assoziierten Unternehmens oder zu einem späteren Zeitpunkt ein Grundstück ein, ist zu fragen, ob und in welchem Umfang hierbei durch Aufdeckung stiller Reserven ein Gewinn realisiert werden kann. Nach den allgemeinen Regeln der Zwischenergebniseliminierung kommt eine Gewinnrealisierung im Umfang der eigenen Beteiligungsquote nicht infrage. Diese Überlegung wird durch IAS 28.30 explizit bestätigt und dabei in der Weise konkretisiert, dass ausnahmsweise eine Gewinnrealisierung ganz ausscheidet, wenn es der Transaktion (Einlage) an wirtschaftlicher Substanz mangelt (→ § 34 Rz 44).

81 Ist der in das assoziierte **Unternehmen eingelegte Gegenstand ein Tochterunternehmen** bestand bisher ein Widerspruch zwischen IAS 28 und IFRS 10. Während IAS 28 bei Einlagen in oder Veräußerungen an das Gemeinschaftsunternehmen eine Gewinnrealisierung nur nach Maßgabe des Fremdanteils am Gemeinschaftsunternehmen vorsah, war nach IFRS 10.25 beim Verlust der alleinigen Beherrschung eine Gewinnrealisierung in vollem Umfang geboten. U. E. war hier unter dem Gesichtspunkt der lex specialis IFRS 10 zu folgen, der die spezielle Frage des Verlusts der alleinigen Kontrolle abschließend behandelt. Die so schon in den Vorauflagen vertretene Auffassung wird durch das im September 2014 vorgelegte *Amendment* zu IFRS 10 und IAS 28 bestätigt. Sofern das auf das assoziierte Unternehmen übertragene Tochterunternehmen einen Geschäftsbetrieb, also ein *business* (entsprechend IFRS 3) darstellt (Regelfall), hat nach IAS 28.31A und IFRS 10.B99A eine vollständige Ertragsrealisierung beim Investor zu erfolgen. Betrifft die Transaktion nur die Veräußerung von Vermögenswerten ohne *business*-Qualität (also etwa auch die Veräußerung einer rein vermögensverwaltenden 1-Objekt-Tochtergesellschaft), ist eine Teilerfolgserfassung vorzunehmen. Die in der Neuregelung vorgesehene Differenzierung nach *business*-Qualität gilt auch dann, wenn das veräußerte Vermögen nicht rechtlich als Tochterunternehmen (*share deal*), sondern im *asset deal* übertragen wird. Die Neuregelungen sind ab 2016 anzuwenden.

5.6 Einheitliche Bilanzierungsmethoden

82 Nach IAS 28.35 ist das *equity*-Ergebnis bzw. der *equity*-Ansatz auf der Basis **konzerneinheitlicher Bewertungs- und Ansatzmethoden** zu ermitteln (→ § 32 Rz 118 ff.). In der Praxis wird dies anders als bei einem Tochterunternehmen

(Beherrschung) häufig nicht in vollem Umfang durchsetzbar sein. Die erforderlichen Informationen über Abweichungen bzw. notwendige Anpassungen können fehlen.

IAS 28 (2000) berücksichtigte diesen Umstand noch explizit durch weiche Anforderungen: Für die Konzernbilanzierung sollten „sachgerechte Berichtigungen" abweichender Ansätze und Werte vorgenommen werden. Wo dies nicht durchführbar war, sollte diese Tatsache „im Allgemeinen" im **Anhang** angegeben werden. In IAS 28 sind entsprechende Formulierungen nicht mehr enthalten. Unter Anwendung allgemeiner Gesichtspunkte der *materiality*- und der Kosten-Nutzen-Abwägung (→ § 1 Rz 61 ff.) kann aber im Einzelfall von einer Anpassung an konzerneinheitliche Bilanzierungsmethoden abgesehen werden. Wegen Einzelheiten wird auf Rz 87 verwiesen. 83

5.7 Abweichende Bilanzstichtage

In der Behandlung **abweichender Bilanzstichtage** (→ § 32 Rz 111 ff.) sind zwei Fälle zu unterscheiden: 84

- Das assoziierte Unternehmen bilanziert zwar zum **gleichen** Stichtag wie der Investor, stellt seinen Abschluss aber regelmäßig wesentlich **später** auf: Der Investor kann dann u. E. gem. IAS 28.33 die jeweils letzte vorliegende Bilanz des assoziierten Unternehmens *(most recent available financial statements)*, d. h. **die Bilanz des Vorjahres**, zugrunde legen, es sei denn, die Aufstellung einer „Arbeitsbilanz" auf den aktuellen Stichtag sei praktikabel.
- Das assoziierte Unternehmen bilanziert zu einem **abweichenden** Bilanzstichtag: Die Aufstellung einer „Arbeitsbilanz" des assoziierten Unternehmens auf den abweichenden Stichtag des Investors ist gem. IAS 28.34 notwendig, wenn die **Zeitdifferenz mehr als 3 Monate** beträgt.

Das Verhältnis beider Vorschriften ist nicht deutlich. Die isolierte Anwendung würde zu widersinnigen Ergebnissen führen:

> **Beispiel**
> I ist an 2 assoziierten Unternehmen aU1 und aU2 beteiligt. Die Bilanzstichtage sind wie folgt:
> - I und aU1 31.12.
> - aU2: 31.8.
>
> I stellt seinen Abschluss für das Jahr 02 jeweils bereits Mitte Januar 03 fertig *(fast close)*. Die Bilanz von aU2 für das Jahr 01/02 liegt dann bereits vor. Die Bilanz von aU1 für das Jahr 02 wird jedoch erst im Mai 03 vorgelegt. Nach IAS 28.33 könnte I der *equity*-Bewertung von aU1 die Bilanz des Jahres 01 zugrunde legen, da dieser Abschluss der „*most recent available*" ist. Die Aufstellung einer Arbeitsbilanz auf den 31.12.02 ist nur dann verlangt, wenn dies nicht impraktikabel *(impracticable)* ist. Andererseits verbietet IAS 28.34 die Verwendung der Bilanz der aU2, da der Bilanzstichtag um mehr als 3 Monate von dem von I abweicht.
> I dürfte danach zwar einen 12 Monate alten Abschluss von aU1, jedoch nicht den 4 Monate alten Abschluss von aU2 zugrunde legen. aU2 müsste ohne Praktikabilitätsvorbehalt eine Arbeitsbilanz auf den 31.12.02 erstellen, die wahrscheinlich aber erst nach Mitte Januar 03 vorläge und damit wertlos wäre.

Das im Beispiel abgeleitete Ergebnis ist nicht sachgerecht und ist daher abzulehnen. **Zwei Lesarten** bieten sich an:
- Der in IAS 28.33 enthaltene Hinweis auf die Praktikabilität der Erstellung von Arbeitsbilanzen muss in gleicher Weise für IAS 28.34 gelten. Danach ist gegen die Verwendung mehr als 3 Monate alter Bilanzen dann nichts einzuwenden, wenn
  - die Erstellung einer Arbeitsbilanz unpraktikabel wäre und
  - diese Tatsache im Anhang offengelegt wird und
  - wesentliche Transaktionen der Zwischenzeit durch Anpassungsrechnungen berücksichtigt werden.
- Die in IAS 28.34 enthaltene 3-Monats-Regel gilt gleichermaßen für IAS 28.33. In jedem (wesentlichen) Fall *(in any case)* wäre danach die Verwendung einer mehr als 3 Monate alten Bilanz unzulässig. Nur *materiality*-Gründe könnten eine Abweichung rechtfertigen.

Die zweite Lesart scheint sachgerechter und entspricht der wohl herrschenden Meinung.[23] Angesichts der Unbestimmtheit des Begriffe „Praktikabilität" und „*materiality*" dürfte die **praktische Lösung** aber in vielen Fällen gleich sein: Bei *fast-close*-Abschlusserstellung des Investors werden nur die wichtigsten assoziierten Unternehmen auf der Basis einer (Arbeits-)Bilanz auf den gleichen Stichtag einbezogen.

85 Wegen der erforderlichen **Angaben** vgl. Rz 129.
86 Bei Angleichung des bisher abweichenden Geschäftsjahres an das des Mutterunternehmens kann die *equity*-Konsolidierung im Übergangszeitraum u. U. mehr oder weniger als 12 Monate umfassen.

> **Beispiel**
> Der Konzern bilanziert auf den 31.12., das assoziierte Unternehmen bisher auf den 30.9. Im Konzernabschluss zum 31.12.02 ist das assoziierte Unternehmen mit den Zahlen für den Zeitraum 1.10.01 bis 30.9.02 enthalten. In 03 passt sich das assoziierte Unternehmen unter Einlegung eines Rumpfgeschäftsjahres (1.10.03 bis 31.12.03) dem Konzern an.
>
> **Beurteilung**
> Im Konzernabschluss 31.12.03 ist das assoziierte Unternehmen mit 15 Monaten (1.10.02 bis 31.12.03) zu berücksichtigen.

5.8 Konsequenzen eingeschränkter Informationsmöglichkeiten für die Fortschreibung des *equity*-Ansatzes

87 Die Folgebewertung des Anteils am assoziierten Unternehmen verlangt u. a.
- eine Fortschreibung stiller Reserven (Rz 54 und Rz 74),
- eine Eliminierung von Zwischenergebnissen (Rz 79),
- eine Ermittlung des Gewinnanteils nach konzerneinheitlichen Bilanzierungs- und Bewertungsmethoden (Rz 82).

88 Die Beschaffung der hierfür erforderlichen Informationen kann schwierig sein. Folgende typische Problemfälle lassen sich unterscheiden: Das assoziierte Unternehmen

---

[23] Vgl. u. a. THEILE/PAWELZIK, in: HEUSER/THEILE, IFRS-Handbuch, 5. Aufl., 2012, Tz 6021.

- veröffentlicht wegen fehlender Publizitätsanforderungen keinen Abschluss und gewährt auch dem Gesellschafter keine entsprechenden Informationen.
- veröffentlicht oder überlässt zwar einen Abschluss, dies jedoch nach nationalem Recht und nicht nach IFRS, erst recht also nicht nach konzerneinheitlichen Bilanzierungs- und Bewertungsmethoden des übergeordneten Unternehmens mit maßgeblichem Einfluss.
- ist selber Mutterunternehmen eines Konzerns, veröffentlicht oder überlässt jedoch nur einen Einzelabschluss, hingegen keinen für einen Einbezug in den Konsolidierungskreis nach IAS 28.27 benötigten Konzernabschluss.

Zu klären ist zunächst, ob das Unternehmen das Erforderliche getan hat, um die Informationen zu erlangen. Mittelbar ergibt sich die Forderung nach besten Bemühungen des übergeordneten Unternehmens aus IAS 28.5. Hiernach gilt ein Unternehmen bei einer Stimmrechtsquote von 20 % oder mehr nur dann nicht als assoziiert, wenn die Vermutung des maßgeblichen Einflusses **eindeutig widerlegt** (*clearly demonstrated*) wird. Als eindeutige Widerlegung taugt u. E. aber nur der Nachweis, dass trotz bester Bemühungen (*best efforts*)

- weder die für die unmittelbare Anwendung der *at-equity*-Konsolidierung erforderlichen Jahresabschlussinformationen
- noch solche Information zu erlangen sind, die eine gut begründete Schätzung des Ergebnisanteils ermöglichen.

Ohne den Nachweis der besten Bemühungen ergäbe sich für die *at-equity*-Konsolidierung ein faktisches Wahlrecht: Wer sich um die erforderlichen Informationen kümmert, müsste konsolidieren, wer sich nicht anstrengt, könnte dem entgehen. Ein derartiges faktisches Wahlrecht würde den Anforderungen an die Objektivität der Rechnungslegung widersprechen und ist daher abzulehnen. Die eigenen Bemühungen sind hierbei nicht erst im Rahmen der Folgekonsolidierung nachzuweisen (z. B. über eine Zusage, die für die Überleitung von HGB nach IFRS entstehenden Mehrkosten zu übernehmen), sondern schon im Anschaffungszeitpunkt (z. B. über entsprechende gesellschaftsvertragliche Vorkehrungen) sicherzustellen.

Können die an die Konsolidierung von assoziierten Unternehmen gestellten Anforderungen trotz bester Bemühungen **nicht vollumfänglich** erfüllt werden, bleiben zwei Handlungsalternativen:

- eine vereinfachte, auf **Schätzungen** beruhende Ermittlung des Fortschreibungsbetrags oder
- **Verzicht** auf eine *at-equity*-Bilanzierung mit der Begründung, die fehlende Möglichkeit der Informationsbeschaffung beweise das Fehlen maßgeblichen Einflusses.

Die **zweite** Alternative liefe auf ein Alles-oder-nichts-Prinzip hinaus, welches nur die Wahl zwischen vollständiger Anwendung der *at-equity*-Methode oder vollständigem Verzicht darauf ließe, die **erste** auf einen pragmatischen Ansatz, der eine „halbe Anwendung" der Nichtanwendung vorzieht.

U. E. ist die **erste** Alternative aus folgendem Grund vorzuziehen: Die Vornahme von **Schätzungen** liegt im Wesen der Rechnungslegung. Bei der Kaufpreisallokation von Tochterunternehmen sind etwa *fair values* von immateriellen Vermögenswerten oder stillen Reserven in Sachanlagen regelmäßig mithilfe von ermessensbehafteten Bewertungsverfahren zu ermitteln. An die Verlässlichkeit der Wertermittlung sind somit keine überzogenen Anforderungen zu stellen.

Entsprechendes muss für die Ermittlung und Fortführung von Unterschiedsbeträgen im Rahmen der *at-equity*-Konsolidierung, aber auch für die Ermittlung des Ergebnisanteils vor Fortführung der Unterschiedsbeträge gelten.

Beispiel[24]
X ist seit dem 1.1.02 an aU mit 20 % beteiligt. aU veröffentlicht für 01 und 02 einen HGB-Jahresabschluss. Wesentliche Abweichungen zu IFRS sind in folgenden Positionen zu vermuten: Abschreibbare Sachanlagen werden degressiv abgeschrieben. Die Pensionsrückstellungen (1/4 der Bilanzsumme) werden ohne Berücksichtigung von Gehalts- und Rententrends und mit einem typisierten Zins von 6 % berechnet. Latente Steuern werden nicht berücksichtigt.
Die X hat zunächst die Bedeutung der Sachanlagen (z.B. über den Anteil an der Bilanzsumme) und der mutmaßlichen stillen Reserven (z.B. über die Struktur des Anlagevermögens) zu klären. Ist die Bedeutung niedrig, kann darauf verzichtet werden, für Zwecke der Nebenrechnung die stillen Reserven in den Sachanlagen per 1.1.01 zu ermitteln und sodann über eine durchschnittliche Restnutzungsdauer fortzuführen. Eine Anpassung der degressiven Abschreibung zu Gunsten einer linearen ist dann ebenfalls nicht nötig. Ist die Bedeutung der Sachanlagen hoch, hat die X zunächst bei der aU nachzufragen, ob für Zwecke der Kostenrechnung auch lineare Buchwerte ermittelt werden oder ob solche Werte (gegen Kostenübernahmezusage) ermittelt werden können. Ist dies der Fall, stellen die linearen Buchwerte i.d.R. eine ausreichende Approximation des Zeitwertes dar. Sind entsprechende Informationen trotz bester Bemühungen nicht zu beschaffen, spricht dies gegen maßgeblichen Einfluss und für den Verzicht auf eine *at-equity*-Konsolidierung.
Auch bei den Pensionsrückstellungen ist zunächst die Wesentlichkeit zu klären. Ist sie gegeben, hat die X zunächst bei der aU nachzufragen, ob gegen Kostenübernahmezusage auch die Werte nach IAS 19 ermittelt werden können. Sind entsprechende Informationen trotz bester Bemühungen nicht zu beschaffen, spricht dies gegen maßgeblichen Einfluss und für den Verzicht auf eine *at-equity*-Konsolidierung.
Liegen die vorgenannten Informationen vor, lässt sich unter der realistischen Prämisse, dass der HGB-Abschluss im Wesentlichen der Steuerbilanz entspricht, aus den stillen Reserven im Anlagevermögen und den Unterschiedsbeträgen bei der Pensionsrückstellung i.d.R. leicht die latente Steuer berechnen.

91 Zusammenfassend sind daher folgende **praktische** Unterscheidungen geboten:
- Für **unwesentliche** Beteiligungen kann auf Basis von Kosten-Nutzen-Überlegungen auf eine eigene Schätzung der Konzernwerte verzichtet werden. Allerdings ist für unwesentliche Beteiligungen bereits der Einbezug in den Konsolidierungskreis aus Kosten-Nutzen-Überlegungen fraglich.
- Bei **wesentlichen** Beteiligungen werden die jeweiligen nationalen Vorschriften zur Publizität oder zum Gesellschaftsrecht i.d.R. sicherstellen, dass ein Abschluss nach nationalem Recht zu erhalten ist. Sind wesentliche Abwei-

---

[24] Nach Freiberg, PiR 2007, S. 260 ff.

chungen zu den IFRS nicht zu erwarten, kann eine *at-equity*-Konsolidierung auf Basis dieses Abschlusses angewandt werden. Sind größere Abweichungen in wesentlichen Positionen zu erwarten, müssen ergänzende Informationen zur eigenen Ermittlung eines angepassten Ergebnisses abgefragt werden. Hat diese Abfrage trotz bester Bemühungen (Zusage zur Kostenübernahme usw.) keinen Erfolg, kann i. d. R. unter Berufung auf fehlenden maßgeblichen Einfluss auf eine *at-equity*-Konsolidierung verzichtet werden. Die besten Bemühungen sollten allerdings bereits bei Begründung der Beteiligung (insbesondere durch Teilnahme als Gründungsgesellschafter) angewandt werden.

- Bildet das **wesentliche** Beteiligungsunternehmen selbst einen **Konzern**, erstellt aber nach nationalem Recht nur einen Einzelabschluss, stellt sich die Frage, ob die *at-equity*-Konsolidierung auf Basis dieses (angepassten) Einzelabschlusses erfolgen kann oder – wie in IAS 28.27 vorgesehen – ob die Erstellung eines Konzernabschlusses notwendig ist. U. E. hängt dies vom Einzelfall ab. Ist das Beteiligungsunternehmen selbst operativ tätig und im Verhältnis zu seinen Tochterunternehmen sehr groß, kann der Einzelabschluss ausreichen. Ist das Beteiligungsunternehmen eine reine Holding und resultiert das Konzernergebnis aus den Tätigkeiten seiner Tochterunternehmen, stellt der Einzelabschluss keine ausreichende Basis dar. In diesem Fall wäre wiederum nachzuweisen, dass trotz bester Bemühungen (Zusage zur Kostenübernahme etc.) kein Konzernabschluss zu erlangen ist.

Im Zeitablauf kann sich die Informationslage verbessern, etwa dann, wenn ein zunächst nur nach HGB bilanzierendes (und auf dieser Basis konsolidiertes) assoziiertes Unternehmen seine eigene Rechnungslegung auf IFRS umstellt. U. E. gilt für den sich durch diese Umstellung ergebenden Differenzbetrag:

- Der Übergang vom HGB- zum IFRS-basierten *equity*-Buchwert kann im Konzernabschluss (der Obergesellschaft) als Methodenänderung und damit retrospektiv dargestellt werden.
- Die Eröffnungsbilanzwerte des Vorjahres sind im Konzern anzupassen und in der Bilanz (3-Spalten-Format) dazustellen.
- In der Konzern-GuV des laufenden Jahres wird nur das periodengerechte Ergebnis aus dem assoziierten Unternehmen berücksichtigt.[25]

5.9 Bewertung von *equity*-Beteiligungen bei Verlusten

5.9.1 Ergebnisfortschreibung bis Buchwert null

Im Falle **dauernder Verluste** des assoziierten Unternehmens würde die Ergebnisfortschreibung des Beteiligungsansatzes ab einem bestimmen Zeitpunkt zu einem **negativen Wertansatz** führen. IAS 28.38 f. bestimmt hierzu Folgendes:

- Soweit der Anteil eines Anteilseigners an den Verlusten des assoziierten Unternehmens zu einem negativen *equity*-Wert führen würde, ist die Einbeziehung von Verlusten bei der bilanziellen Wertermittlung regelmäßig einzustellen. Die Anteile werden mit einem **Buchwert von null** ausgewiesen.
- Die **überschießenden Verluste** werden **in einer Nebenrechnung** festgehalten. Die in der Folgezeit erzielten Gewinne werden zunächst in dieser

---

[25] Ausführliches Beispiel bei LÜDENBACH, PiR 2009, S. 279 ff.

Nebenrechnung zur Verlustverrechnung verwendet. Erst wenn sie den überschießenden Verlustanteil übersteigen, werden sie dem Beteiligungswert wieder zugeschrieben.[26]

> **Beispiel**
> I leistet bei der Gründung des Beteiligungsunternehmens aU eine Einlage von 80. Die anteilig auf I anfallenden Jahresergebnisse betragen in den ersten beiden Jahren jeweils -50 und im 3. Jahr +50.
> - Ende 01 beträgt der *equity*-Ansatz 80-50 = 30.
> - Der Verlust des 2. Jahres ist daher nur bis zur Höhe von 30 zu berücksichtigen.
> - Der überschießende, nicht berücksichtigte Betrag von 20 wird per 31.12.02 in einer Nebenrechnung festgehalten.
> - Er wird im Geschäftsjahr 03 wirksam und mindert dort die Ergebniszuschreibung von 50 auf 30.

Wegen der erforderlichen **Angaben** vgl. Rz 129.

5.9.2 Berücksichtigung überschießender Verluste in Haftungsfällen

94 Die Berücksichtigung überschießender Verluste ist nach IAS 28.39 ausnahmsweise insoweit zulässig und geboten, als der Investor gesellschafts- oder schuldrechtlich **haftet** bzw. aufgrund einer entsprechenden Haftung schon **Zahlungen** geleistet hat. Im Haftungsfall wird der Verlust vorrangig gegen einen **Passivposten** (Verbindlichkeit bzw. Rückstellung) gebucht.[27] Bei schon geleisteter Zahlung kommt nur die **Abschreibung der Forderung auf den Aufwendungsersatzanspruch** gegen die Gesellschaft in Frage, u.U. auch unter Verstoß gegen das Einzelbewertungsprinzip.

> **Beispiel**
> I ist als persönlich haftender Gesellschafter an der aU OHG beteiligt. aU ist aufgrund eines vorübergehenden Liquiditätsengpasses nicht in der Lage, Kreditor K zu bedienen. K nimmt daher I in Anspruch. Die Zahlung von I begründet einen Aufwendungsersatzanspruch gegen aU gem. § 110 Abs. 1 HGB. Die Forderung auf den Aufwendungsersatz ist gem. IAS 28 mit dem überschießenden Verlustanteil zu belasten. Dies gilt auch dann, wenn der Aufwendungsersatzanspruch z.B. wegen Absicherung durch die Mitgesellschafter, dinglicher Sicherung oder positiver Zukunftsaussichten des Beteiligungsunternehmens voll werthaltig ist.

Bei Stellung von Finanzgarantien (Bürgschaften usw.) durch den Investor stellt sich die Frage nach dem Verhältnis von IAS 39/IFRS 9 zu IAS 28.

---

[26] Kritisch zum Aussetzen NIEHUES: HdJ Abt. V/3, Tz 202: „Zweifel erscheinen deshalb angebracht, ob ein Suspendieren der anteiligen Verlustverrechnung dem Grundgedanken eines Verfahrens gerecht wird, das darin besteht, zeitgleich die Ergebnisse des assoziierten Unternehmens zu vereinnahmen, jedoch dies nur so lange zu tun, wie Gewinne erzielt werden oder zumindest die Verluste den Bilanzansatz nicht übersteigen."

[27] Nach IAS 28 (2000) war nicht ganz eindeutig, ob statt eines Schuldpostens ein negativer Beteiligungsbuchwert anzusetzen ist.

Anteile an assoziierten Unternehmen § 33

> **Beispiel**
> Investor I hat vor einiger Zeit eine Bürgschaft von 2 Mio. zugunsten von aU abgegeben. Per 31.12.01 beträgt der Buchwert der *equity*-Beteiligung 0 Mio. In 02 beläuft sich der auf I entfallende Verlustanteil auf 2 Mio.
> Bei Abgabe der Bürgschaft betrug deren *fair value* 0,6 Mio. Unter Berücksichtigung der zwischenzeitlichen Amortisation betrüge der aktuelle Wert nach IAS 39.47c 0,3 Mio. (→ § 28 Rz 212). Nach IAS 28.39 wäre eine Schuld von 2 Mio. anzusetzen.

U. E. ist in derartigen Fällen den spezifischeren Bestimmungen von IAS 28 zu folgen. Die Regelungen von IAS 39 berücksichtigen nicht die Besonderheiten der *equity*-Konsolidierung. Ihre Anwendung auf Beteiligungen an assoziierten Unternehmen würde zu einer sachlich nicht gerechtfertigten Ungleichbehandlung von schuldrechtlichen Haftungen (Finanzgarantien i. S. v. IAS 39) und gesellschaftsrechtlichen Einstandspflichten (Komplementär oder OHG-Gesellschafter) führen.

5.9.3 Berücksichtigung eigenkapitalsubstituierender Finanzierungen[28]

5.9.3.1 Ausdehnung des Verlustverrechnungsvolumens

Das mit Verlusten belastbare Interesse *(interest)* des Investors im assoziierten Unternehmen umfasst nach IAS 28.38 *"any long-term interests that, in substance, form part of the investor's net investment in the associate."* Ein vom Investor gewährter **zusätzlicher Finanzierungsbeitrag** (Darlehen, stille Beteiligung usw.) soll diese Voraussetzungen „z. B."*(for example)* dann erfüllen, wenn eine Tilgung weder geplant noch in der absehbaren Zukunft *(forseeable future)* wahrscheinlich ist.
Neben diesem allgemeinen Hinweis enthält IAS 28 eine spezifische Beispielliste. **Teile des** net investment können sein:
- *preferred shares* (gemeint ist wohl der angelsächsische Typ rückzahlbarer Vorzugsaktien),
- **langfristige Forderungen (Darlehen),**

jedoch **nicht**
- **Forderungen aus Lieferungen und Leistungen** und
- Forderungen/Darlehen, die adäquat **dinglich gesichert** sind.

Die beiden ausgeschlossenen Fälle sind in Verbindung mit der allgemeinen Formulierung u. E. so zu interpretieren: Einzubeziehen sind nur Darlehen und andere Forderungen, die **aus funktionaler (nicht notwendig aus rechtlicher) Sicht Eigenkapital substituieren,** d. h. der langfristigen Finanzierung des assoziierten Unternehmens dienen und durch Verzicht auf dingliche Sicherung externe Finanzierungsmöglichkeiten des assoziierten Unternehmens nicht einschränken. Der rechtliche Status ist nur insoweit wichtig, als es um die **Reihenfolge** der Verlustverrechnung geht. IAS 28.38 sieht eine Verlustverrechnung in Reihenfolge der Seniorität (d. h. umgekehrt zur Priorität im Liquidationsfall) vor.

95

---

[28] Vgl. zum Nachfolgenden, auch im ausführlichen Rechtsvergleich mit HGB und US-GAAP, LÜDENBACH/FROWEIN, DB 2003, S. 2449 ff.

5.9.3.2 Auswirkungen auf die Höhe des festzustellenden Verlustes

96 Die Ausdehnung des Verlustverrechnungsvolumens auf zum Eigenkapital komplementäre Vermögenswerte sagt noch nichts über die **Höhe** des insgesamt zu berücksichtigenden Verlustes aus. **Zwei Varianten** bieten sich an:
- Für die Höhe des Verlustes aus der *equity*-Beteiligung ist **allein** die Beteiligung des Investors am **Eigenkapital** maßgeblich. Die eigenkapitalsubstituierenden Finanzierungen dienen nur der Erweiterung der Verrechnungsmöglichkeit dieses Verlustes für den Fall, dass der Beteiligungsbuchwert bereits null beträgt.
- Der beim Investor zu berücksichtigende Verlustanteil ist nicht nur abhängig von seinem Anteil an der Eigenkapitalfinanzierung des assoziierten Unternehmens, sondern umso höher, je höher sich sein Anteil an der **gesamten** Eigenkapital- und eigenkapitalsubstituierenden **Finanzierung** darstellt.

Das nachfolgende Beispiel zeigt den Unterschied beider Ansätze:

> **Beispiel**
> I gründet mit anderen Investoren das Unternehmen aU gegen Bareinlage ohne Agio. Vom gezeichneten Kapital von 120 übernimmt A 40. aU erwirtschaftet im 1. Jahr einen Verlust von 400, der zu 120 aus den Einlagen, zu 280 aus einem von A gewährten nachrangigen Darlehen finanziert wird. Die anderen Gesellschafter gewähren keine Darlehen.
>
> **1. Variante**
> Der bei I zu berücksichtigende Verlustanteil beträgt 1/3 von 400 = 133. Davon sind 40 gegen die Beteiligung und 93 gegen das Darlehen zu verrechnen.
>
> **2. Variante**
> Der bei I zu berücksichtigende Verlustanteil beträgt 40 aus dem Eigenkapital und 280 aus dem Darlehen, also insgesamt 320. Dies entspricht 80 % des Verlustes von aU und damit auch dem einschlägigen Finanzierungsanteil von I, der sich auf 320/400 = 80 % beläuft.

Aus IAS 28.12 ergibt sich ein Hinweis auf **Bevorzugung** der **ersten** Methode. Der Ergebnisanteil ist danach auf Basis des *ownership interest* (d.h. des Eigenkapitalanteils) zu bestimmen. Die vergleichbare amerikanische Vorschrift (ASC 323–10–24–28)[29] hält demgegenüber fest, *„that an investor should not recognise equity method losses based solely on the percentage of the investee common stock held by the investor"*. Die amerikanische Auffassung ist u. E. konsequenter. Wenn im Rahmen einer wirtschaftlichen Betrachtungsweise die eigenkapitalsubstituierenden Finanzierungen als Teil des Gesamtinvestments interpretiert und der Beteiligung gleichgestellt werden, sollte sich die Funktion der eigenkapitalsubstituierenden Komponente nicht in einer Art Auffangbecken für überschießende Verluste erschöpfen. Die Gleichstellung müsste vielmehr auch beim Umfang des insgesamt zuzurechnenden Verlustanteils die anderen Finanzierungskomponenten einbeziehen.

---

[29] Beispiele bei LÜDENBACH/FROWEIN, BB 2003, S. 2449 ff.

5.9.3.3 Bewertung der eigenkapitalsubstituierenden Finanzinstrumente nach IAS 28/IAS 36 und/oder nach IAS 39/IFRS 9?

Verallgemeinert geht es bei dem unter Rz 96 diskutierten Problem, um die Frage, ob eine wirtschaftlich als Teil des *net investments* zu behandelnde Finanzierung beim übergeordneten Unternehmen noch vollständig den Regelungen von IAS 39/IFRS 9 unterliegt oder diese Regelungen mindestens z.T. durch IAS 28 verdrängt werden. Die in Rz 96 befürwortete Ausdehnung der Verlustberücksichtigung über den Beteiligungsansatz hinaus, führt zu Wertansätzen, die sich mit dem **Einzelbewertungsprinzip** nicht mehr vertragen. Dies gilt insbesondere dann, wenn die eigenkapitalsubstituierenden Finanzierungsformen (Darlehen, Genussrechte etc.) unabhängig von der Werthaltigkeit des Investments mit Verlusten belastet werden. In SIC 20 als Ausführungsbestimmung zu IAS 28 (2000) wurde dieser Konflikt noch gesehen und deshalb die Verlustberücksichtigung auf solche Finanzierungsinstrumente begrenzt, die ein unbeschränktes Recht auf Beteiligung an den Ergebnissen des Unternehmens und ein residuales Eigenkapitalinteresse verkörpern (SIC 20.5). Neben dem Eigenkapitalanteil kamen hierfür nur echte Genussrechte, atypische Beteiligungen o. Ä., dem Eigenkapital weitgehend angenäherte Positionen, jedoch nicht Darlehen, infrage. Für Darlehen und andere finanzielle Interessen des Investors sollten hingegen die üblichen Bewertungsregelungen, insbesondere die zum *impairment* nach IAS 39, gelten (SIC 20.8). In IAS 28 ist ein solcher Vorbehalt nicht mehr erkennbar. Dieses Vorgehen führt nicht unbedingt zu Wertungswidersprüchen. Das IFRS-*Framework* kennt keinen expliziten und durchgehenden Grundsatz der Einzelbewertung. Gegen eine implizite Annahme eines Einzelbewertungsprinzips würden z. B. Vorschriften zur außerplanmäßigen Abschreibung *(impairment)* sprechen. Denn diese beruhen gerade auf der Annahme der Wertminderung einer ganzen Gruppe von Vermögenswerten *(cash generating units;*→ § 11 Rz 100 ff.).

U.E. gilt hinsichtlich des Verhältnisses von IAS 28/IAS 36 zur IAS 39/IFRS 9 bei eigenkapitalsubstituierender Finanzierung aus Sicht der Bilanz des Geldgebers (Investor) folgendes:

- Unabhängig von der Werthaltigkeit des Finanzinstruments sind den *equity*-Wert **überschießende laufende Verluste** gegen das Finanzinstrument zu verrechnen (Rz 95 f.).
- Zusätzlich kann das **gesamte** *net investment*, d.h. die Summe aus *equity*-Beteiligung und eigenkapitalsubstituierender Finanzierung durch eine **Wertminderung** *(impairment)* belastet sein (Rz 101). Die Wertminderungsindikation ist im Anwendungsbereich von **IAS 28** rev. 2014 (Folgeänderungen durch IFRS 9) durch IAS 28.41A ff. bestimmt, der Wertminderungsbedarf durch **IAS 36**. Für beide Teilaspekte ist das *net investment* in seiner Gesamtheit (also incl. der Beteiligung und der eigenkapitalsubstituierenden Finanzierung) maßgeblich.
- Ob **zusätzlich** für die eigenkapitalsubstituierende Finanzierung ein Wertminderungstest nach **IFRS 9** durchzuführen ist, ist umstritten. Dagegen könnte IAS 28.41A sprechen, der abweichend von IFRS 9 auf *incurred* und nicht auf *expected losses* abstellt.
- **IFRS 9/IAS 39** behält daneben für die **Klassifizierung** des Finanzinstruments und seine „planmäßige" Fortschreibung (etwa nach **Effektivzinsmethode**) Bedeutung.

5.9.4 Komplikationen bei Erst-, Ent- und Übergangskonsolidierung

99 Der **Verzicht auf Einzelbewertung** (Rz 97) hat Bedeutung für die **vollständige Entkonsolidierung** (→ § 32) einer Beteiligung an einem assoziierten Unternehmen:
- Mit der Beendigung der *equity*-Methode entfällt die spezielle Rechtsgrundlage für die Berücksichtigung von Verlusten bei Darlehen usw.
- Soweit diese werthaltig sind, müssen die Darlehensforderungen u. E. nach **allgemeinen Grundsätzen** nunmehr wieder mit dem vollen Betrag ausgewiesen werden.
- Die erforderliche **Zuschreibung auf die Forderung** ist u. E. nicht separat, sondern als Teil des Entkonsolidierungserfolgs auszuweisen.

> **Beispiel**
> **Sachverhalt**
> - V beteiligt sich in 01 als Gründungsgesellschafter mit 20 %, entsprechend 200 TEUR, an aU.
> - In 01 bis 03 beträgt der Verlustanteil aus aU insgesamt 250 TEUR. Hiervon werden 50 TEUR gegen ein von V gewährtes Darlehen verrechnet, für das bei isolierter Betrachtung kein Wertberichtigungsbedarf gegeben wäre.
> - Anfang 04 veräußert V seine Beteiligung für 10 TEUR an E.
>
> **Lösung**
> - Ohne Berücksichtigung des Darlehens ergibt sich ein Entkonsolidierungserfolg von 10 TEUR (Erlös 10 minus Buchwert 0).
> - Die Entkonsolidierung bedingt aber eine Zuschreibung beim Darlehen.
> - Sie ist u. E. nicht als Ertrag aus Auflösung einer Wertberichtigung zu berücksichtigen, sondern führt zu einer Erhöhung des Entkonsolidierungserfolgs auf 60 TEUR.

Ein entsprechendes Vorgehen ist bei **Teilveräußerung mit Statuswechsel** (Rz 112ff.) geboten.
Die Behandlung der **Teilveräußerung ohne Statuswechsel** (z.B. 20 % einer bisherigen 40-%-Beteiligung werden veräußert) ist **unklar**. Einerseits bleibt die Rechtsgrundlage für die Wertberichtigung der eigenkapitalsubstituierenden Darlehen bestehen. Andererseits entfällt rechnerisch der Teil der „Wertberichtigung" auf den abgehenden Anteil. Der zweite Aspekt spricht u. E. dafür, eine Zuschreibung unter Anpassung des Abgangserfolgs nach Maßgabe des Verhältnisses des abgehenden Anteils vorzunehmen.
Zusammenfassend lässt sich festhalten:
- Die laufende Berücksichtigung überschießender Verluste bei eigenkapitalsubstituierenden Finanzierungsformen (Rz 95) führt bei der Entkonsolidierung zu Komplikationen.
- Für die Lösung des Problems finden sich in IAS 28 keine Hinweise.
- U.E. ist es bei vollständigen Veräußerungen und Veräußerungen mit Statuswechsel angezeigt, unter Anpassung des Entkonsolidierungserfolgs zur Einzelbewertung der Darlehen etc. zurückzukehren.
- Bei der Veräußerung ohne Statuswechsel sind unterschiedliche Lösungen vertretbar.

Werden nach Fortschreibung des *equity*-Wertes auf null und Festhalten überschießender Verluste in einer Nebenrechnung neue **Anteile hinzuerworben**, erhöhen deren Anschaffungskosten das Verlustausgleichsvolumen. Die Verluste der Nebenrechnung sind insoweit erfolgswirksam mit den Neuanteilen zu verrechnen.[30]

100

5.9.5 Außerplanmäßige Abschreibungen auf *equity*-Beteiligungen

Da ein Konzern nicht auf sich selbst abschreiben kann, sind außerplanmäßige Abschreibungen auf *equity*-Beteiligungen dogmatisch nur dann zu begründen, wenn die *equity-Methode* jedenfalls **nicht ausschließlich** als ein **Konsolidierungs**verfahren, sondern mindestens auch als ein Verfahren der **Beteiligungsbewertung** gilt. IAS 28 folgt diesem Gedanken und enthält daher Regelungen zur **außerplanmäßigen Abschreibung**.

101

Die Regeln sehen vor der Folgeänderung durch IFRS 9 ein **zweistufiges Verfahren** vor, das durch folgende Besonderheit gekennzeichnet ist:

- Stufe 1: **Ob** ein außerplanmäßiger Abschreibungsbedarf gegeben sein könnte, beurteilt sich nach **IAS 39** (IAS 28.40).
- Stufe 2: Wenn eine entsprechende Indikation vorliegt, ist der Stichtagswert zu ermitteln. Diese Ermittlung des **Umfangs** des Abschreibungsbedarfs folgt jedoch gem. IAS 28 den Regeln von **IAS 36**, d. h., maßgeblich ist nicht der *fair value*, sondern der *recoverable amount* (→ § 11 Rz 32ff.), also der höhere Wert aus
  - Nettoveräußerungspreis *(fair value less costs to sell)* und
  - Nutzungswert *(value in use).*

Diese Mischung der Regeln berücksichtigt die **Zwitterstellung** von Anteilen an assoziierten Unternehmen und *joint ventures*: Sie sind Finanzinstrumente, auf die jedoch IAS 39 nur dann anzuwenden ist, wenn die Bewertung ausnahmsweise zum *fair value* erfolgt (IAS 39.2a; → § 28 Rz 11). Die Bewertungsregeln von IAS 39 sind daher auf andere Finanzinstrumente, jedoch nicht auf *equity*-Investments anzuwenden (IAS 36.9ff.).

Zur vorzunehmenden Nutzungswertbestimmung der Stufe 2 enthält (abgesehen von Veräußerungsfällen) IAS 28.42 konkretisierende Regeln. Der **Nutzungswert** (value in use) kann wahlweise bestimmt werden:

- aus dem Barwert der anteilig dem Investor zuzurechnenden zukünftigen *cash flows* des assoziierten Unternehmens oder
- aus dem Barwert der erwarteten **Ausschüttungen** des assoziierten Unternehmens,

jeweils ergänzt um den Barwert erwarteter Anteile am Liquidationserlös. Nach IAS 28.42 liefern bei passenden Prämissen *(appropriate assumptions)* beide Methoden den gleichen Wert. Da die Gleichheit der Werte tatsächlich die Annahme einer Vollausschüttung voraussetzt, ist der Hinweis u. E. so zu verstehen: Auf die tatsächlichen Verhältnisse kommt es nicht an. Die Vollausschüttungsannahme kann daher auch dann angewendet werden, wenn sie den realen Erwartungen widerspricht.

IAS 28 rev. 2014, also die durch IFRS 9 geänderte Fassung, verweist hinsichtlich der Wertminderungsindikation nicht mehr auf IAS 39 bzw. IFRS 9, sondern

102

---

[30] HAYN, in: BECK'SCHES IFRS-Handbuch, 4. Aufl., 2013, § 36, Tz 115.

regelt diese in IAS 28 selbst: Eine Wertminderung ist nach IAS 28.41A durch eine oder mehrere *loss events* indiziert. Insbesondere durch signifikante Schwierigkeiten oder Vertragsbrüche des assoziierten oder Gemeinschaftsunternehmens oder wesentliche und nicht fremdübliche Konzessionen des übergeordneten Unternehmens. Ein sinkender Wert *(fair value)* des untergeordneten Unternehmens und/oder seine Herabstufung durch Ratingagenturen, indiziert allein noch keine Wertminderung (IAS 28.41B). Je signifikanter und oder länger anhaltend das Sinken des Zeitwerts der Beteiligung ist, umso eher ist aber von einer Wertminderung auszugehen (IAS 28.41C). Negative Entwicklungen der technologischen, ökonomischen oder rechtliche Rahmenbedingungen können ebenfalls eine Wertminderung indizieren (IAS 28.41C).

Hinsichtlich der bei Wertminderungsindikation anzuwendenden Wertminderungsmethode bleibt es bei den bisherigen Regelungen (Rz 101).

103 Der Bedarf für eine außerplanmäßige Abschreibung ist im Allgemeinen auf der Basis einer **Einzelbewertung** zu ermitteln, es sei denn, die *cash flows* aus dem entsprechenden assoziierten Unternehmen sind nicht größtenteils unabhängig von den *cash flows* anderer Vermögenswerte (IAS 28.43). Im zweiten Fall ist die Wertminderung ggf. auf der Ebene der Zahlungsmittel erzeugenden Einheit *(cash generating unit)* zu beurteilen (→ § 11 Rz 115ff.).

Soweit ein Abschreibungsbedarf festgestellt ist, muss noch die Frage der **Verteilung** des Abschreibungsbetrages geklärt werden. Der *equity*-Ansatz repräsentiert den Anteil des Investors an dem Vermögen des Beteiligungsunternehmens einschließlich eines derivativen *goodwill* und erworbener stiller Reserven. Für den weiteren Wertverlauf nach außerplanmäßiger Abschreibung ist daher von Bedeutung, welche dieser Komponenten vorrangig belastet wird. Nach bis 2004 geltender Fassung von IAS 28 war in der Nebenrechnung zum Beteiligungsansatz zunächst und **vorrangig** der *goodwill* abzuschreiben. Dies entsprach den allgemeinen Regeln von IAS 36. Auch wenn die ab 2005 anzuwendende Fassung nicht mehr auf die vorrangige *goodwill*-Abschreibung hinweist, schien ein solches Vorgehen gleichwohl weiterhin sachgerecht.[31]

Im Rahmen des *Annual Improvements Project* 2008 ist IAS 28.42 jedoch um zwei Sätze ergänzt worden. Der zweite Satz betrifft Wertaufholungen (Rz 105), der erste außerplanmäßige Abschreibungen und lautet wie folgt:

„*An impairment loss ... is not allocated to any asset, including goodwill, that forms part of the carrying amount of the investment in the associate.*"

Diese Neuregelung gibt der Praxis Steine statt Brot. Der Verzicht auf die Allozierung stellt in allen Fällen, in denen das *impairment* nicht zu einer Abschreibung führt, die mindestens der Summe aus stillen Reserven und *goodwill* entspricht, eine Scheinlösung dar. Es bleibt dann bei der Notwendigkeit, über die Fortschreibung der stillen Reserven zu entscheiden. Diese Entscheidung setzt Klarheit über den Bestand der stillen Reserven nach *impairment* und damit über die Allozierung des Wertminderungsbetrags voraus.

---

[31] So auch THEILE/PAWELZIK, in: HEUSER/THEILE, IFRS-Handbuch, 5. Aufl., 2012, Tz 6051.

Anteile an assoziierten Unternehmen § 33

> **Beispiel**
> Am 1.1.01 erwirbt I einen Anteil von 20 % an aU für 100. Der Anteil am IFRS-Buchvermögen der aU beträgt 50, derjenige an den stillen Reserven 25, der *goodwill* somit ebenfalls 25. Die stillen Reserven sind über 5 Jahre aufzulösen. Das Ergebnis 01 und 02 der aU ist null, der planmäßig um die Auflösung der stillen Reserven fortgeführte *equity*-Ansatz auf den 31.12.01 beträgt somit 95. Der erzielbare Betrag *(recoverable amount)* ist zum gleichen Zeitpunkt nur noch 75.
> Fraglich ist die planmäßige Fortentwicklung des *equity*-Ansatzes in 02.
> Nach alter Rechtslage wäre die außerplanmäßige Abschreibung des Jahres 01 voll gegen den *goodwill* verrechnet worden. Die stillen Reserven wären nicht betroffen gewesen und hätten in 02 planmäßig um 5 fortgeschrieben werden können.
> Nach geltender Rechtslage wird die außerplanmäßige Abschreibung nicht auf *„any asset"* verteilt. Gleichwohl besteht die Notwendigkeit einer planmäßigen Fortschreibung des Ansatzes von 75 in 02. Hierzu müssen Annahmen getroffen werden, ob die stillen Reserven per 31.12.01 noch „unversehrt" waren (dann planmäßige Abschreibung der stillen Reserven in 02 i. H. v. 20/4 = 3), ob sie anteilig durch die außerplanmäßige Abschreibung 01 belastet waren (dann planmäßige Abschreibung 02 i. H. v. 10/4 = 2,5). Eine explizite Antwort gibt die Neufassung des Standards nicht. Wörtlich genommen impliziert sie, dass die außerplanmäßige Abschreibung weder die stillen Reserven noch den *goodwill* tangiert, sondern umverteilt, also als (nicht offen ausgewiesener) negativer Unterposten (Wertberichtigung) Teil des *equity*-Ansatzes wird. Dieser wörtlichen Auslegung folgend wären die stillen Reserven also als unversehrt anzusehen. Eine solche Auslegung macht aber jedenfalls dann wenig Sinn, wenn die außerplanmäßige Abschreibung sowohl *goodwill* als auch stille Reserven abdecken würde, im Beispiel also 45 statt 20 betrüge.

Angesichts der im Beispiel dargelegten Probleme der Neufassung besteht u. E. ein faktisches Wahlrecht:
- gem. der wohl h. M. Erfassung der Abschreibung als (nicht offen ausgewiesener) negativer Unterposten (Wertberichtigung) des *equity*-Ansatzes, Fortschreibung der stillen Reserven wie bisher,
- begründete und konsistent durchgehaltene Umlegung der außerplanmäßigen Abschreibung auf *goodwill* und stille Reserven mit Anpassung der Fortschreibung der stillen Reserven.

Strittig ist, ob ein außerplanmäßiger Abschreibungsbetrag in der GuV als Teil des *equity*-Ergebnisses oder separat auszuweisen ist. U. E. ist ein separater Ausweis vorzugswürdig, weil IAS 28.40 von einer *impairment*-Prüfung „nach Anwendung der *equity*-Methode" spricht. 104

Unklar war nach älterem Rechtsstand nicht nur die Allozierung der außerplanmäßigen Abschreibung (Rz 103), sondern auch das Vorgehen bei **späterer Wertaufholung**. Nach einer Auffassung war die Zuschreibung in analoger Anwendung von IAS 36.124 dadurch limitiert, dass ein einmal abgeschriebener *goodwill* nicht 105 zugeschrieben werden darf.[32] Die Gegenauffassung verneinte eine solche Limitierung. Da über ein *impairment* der Wert der gesamten *equity*-Beteiligung entscheide, könne umgekehrt auch für die Bestimmung eines Wertaufholungsbetrags keine Separierung in *goodwill* und andere Komponenten vorgenommen werden.[33] Klare Argumente für die Bevorzugung eines der beiden Standpunkte ergaben sich aus IAS 28 und IAS 36 nicht. Beide Auffassungen waren daher vertretbar.

> **Beispiel**
> **Sachverhalt**
> Am 1.1.01 wird der Anteil an aU für 100 angeschafft. Hiervon werden 40 dem *goodwill* zugerechnet.
> Das Ergebnis aus aU beträgt +20 in 01 und –20 in 02. Am 31.12.02 wird ein *impairment*-Test vorgenommen (→ § 11 Rz 13) und die Beteiligung auf 0 abgeschrieben.
> In 03 gelingt die Stabilisierung des Unternehmens. Das Ergebnis aus aU beträgt 0. Für die Zukunft werden wieder Ergebnisse in der Größenordnung von + 25 erwartet. Der *value in use* der Beteiligung (→ § 11 Rz 42) wird daher per 31.12. 03 auf 120 geschätzt.
>
> **1. Auffassung**
> Die Zuschreibung ist auf 60 limitiert, da für den im ursprünglichen Abschreibungsbetrag von 100 mit 40 enthaltenen *goodwill* ein Zuschreibungsverbot besteht.
>
> **2. Auffassung**
> Die Zuschreibung entspricht mit 100 dem ursprünglichen Abschreibungsbetrag

106 Im Rahmen des *Annual Improvements Project* 2008 ist IAS 28.42 noch um einen zweiten Satz ergänzt worden:
„*Accordingly, any reversal of that impairment loss is recognised in accordance with IAS 36 to the extent that the recoverable amount of the investment subsequently increases.*"
Danach ist die Limitierung der Zuschreibung durch die vorherige außerplanmäßige Abschreibung des im *equity*-Ansatz enthaltenen *goodwill* entfallen. Im Beispiel unter Rz 105 ist also nur noch die Lösungsalternative zwei zugelassen.

5.10 Kapitalerhöhung und -herabsetzung

107 Ohne Wirkung auf den Beteiligungs- bzw. *equity*-Ansatz sind **Kapitalerhöhungen** des assoziierten Unternehmens **aus Gesellschaftsmitteln**, da insofern lediglich eine Umgliederung innerhalb des Eigenkapitals des assoziierten Unternehmens stattfindet.

108 Bei einer **Kapitalerhöhung gegen Einlage** ist wie folgt zu unterscheiden:
- Das beteiligte Unternehmen nimmt im Umfang seiner bisherigen (und zukünftigen) Quote, d.h. **beteiligungsproportional**, an der Kapitalerhöhung teil: Der *equity*-Ansatz erhöht sich, weitere Folgen hat die Kapitalerhöhung nicht.

---

[32] HEUSER/THEILE, IFRS-Handbuch, 5. Aufl., 2012, Tz 6053.
[33] ERNST & YOUNG, International GAAP 2014, Ch 11 sCh 8.3.

- Das beteiligte Unternehmen nimmt **überproportional** (aber ohne Statusänderung; Rz 111) an der Kapitalerhöhung teil: Der *equity*-Ansatz erhöht sich. Die Erhöhung der Beteiligungsquote führt wie ein Kauf neuer Anteile zu einer neuen Erstkonsolidierung für den zuerworbenen Teil mit Ermittlung der anteiligen stillen Reserven und des *goodwill*.[34]
- Das beteiligte Unternehmen nimmt **unterproportional** (aber ohne Statusänderung; Rz 111) an der Kapitalerhöhung teil: Hier ist zu untersuchen, wie sich die Zunahme des bilanziellen Eigenkapitals durch die Einlage und den Rückgang der Beteiligungsquote an diesem Eigenkapital wertmäßig zueinander verhalten. Hierzu folgendes Beispiel:

> **Beispiel**
> Ein Investor ist mit 40 % an Kapital und Stimmrechten eines aU beteiligt, das weder über Rücklagen noch Gewinnvorträge verfügt.
> Das buchmäßige Eigenkapital des aU (zugleich gez. Kapital) beträgt 100, sein zu Zeitwerten bestimmtes Eigenkapital 150. Die Beteiligung des Investors beträgt somit bezogen auf das buchmäßige Eigenkapital 40, unter Berücksichtigung der stillen Reserven jedoch 60. Der *equity*-Wertansatz beim Investor beträgt 52 (davon 12 noch nicht aufgelöster *goodwill*).
> Durch eine Kapitalerhöhung werden dem aU Mittel von 150 (davon 100 gez. Kapital und 50 Agio) zugeführt. Der Investor nimmt an der Kapitalerhöhung nicht teil. Seine Beteiligungsquote sinkt auf 20 % (= 40/200).
> **Nach Kapitalerhöhung** ist er somit
> - zu Buchwerten mit 20 % × 250 = 50 (plus 10),
> - zu Zeitwerten mit 20 % × 300 = 60 (unverändert)
>
> beteiligt.
> Folgende Lösungen kommen infrage:
> Betrachtung nur des höheren anteiligen buchmäßigen Eigenkapitals: Erfolgsbuchung „Beteiligung 10 an Ergebnis aus aU 10"
> Betrachtung auch der Beteiligungsminderung durch Abgang von 20/40. Bei noch nicht abgeschriebenem, d.h. noch im Beteiligungsansatz enthaltenem *goodwill* und stillen Reserven daher zusätzliche Buchung i. H. v. 12 × 20/40 = 6 „Ergebnis aus aU 6 an Beteiligung 6", somit insgesamt Erhöhung des Beteiligungsansatzes um 4.
> Beide Lösungen sind u. E. zulässig, da es bislang (zur vorgesehenen Änderung vgl. Rz 134) an expliziten Vorschriften fehlt.

Bei **Kapitalherabsetzungen** ist ebenfalls zwischen einer Umgliederung und einer effektiven Variante zu unterscheiden.
- Bei der **vereinfachten** Kapitalherabsetzung zur Verlustdeckung kommt es nur zur Umgliederung innerhalb des Eigenkapitals. Auswirkungen auf den *equity*-Ansatz ergeben sich nicht.
- Bei der **effektiven** Kapitalherabsetzung kommt es i.H.d. Herabsetzungsbetrags zu einer erfolgsneutralen Minderung des Beteiligungsansatzes (Aktivtausch: per Geld an *equity*-Beteiligung).

---

[34] H.M., vgl. RICHTER KoR 2014, S. 289ff. m. w. N.

6 Erwerb und Veräußerung von Anteilen

6.1 Erwerb weiterer Anteile

6.1.1 Erwerb ohne Statuswechsel

111 Beim Erwerb weiterer Anteile ohne Statuswechsel (das Unternehmen **war** und **ist** assoziiert) ist für den Hinzuerwerb – und nur für diesen – konzernbilanziell eine neue Erstkonsolidierung durchzuführen (Rz 39 ff.). Bei der Folgekonsolidierung kommt es dann zu einer tranchenspezifischen Fortschreibung der stillen Reserven.[35]

6.1.2 Einfache Beteiligung wird zu assoziiertem Unternehmen

112 Durch den Erwerb zusätzlicher Anteile kann aus einer einfachen Beteiligung eine Beteiligung an einem assoziierten Unternehmen werden. Ab dem Zeitpunkt, ab dem die Definition eines assoziierten Unternehmens erfüllt ist, ist konzernbilanziell die *equity*-Methode anzuwenden (IAS 28.32).

113 Fraglich ist, ob die Unterschiedsbeträge für die alten Anteile **retrospektiv** nach Maßgabe ihres Anschaffungszeitpunktes und unter fiktiver Fortschreibung für die Zwischenzeit zu berücksichtigen sind oder ob ihr aktueller Buchwert zum Zeitpunkt der erstmaligen Anwendung der *equity*-Methode mit dem aktuellen Anteil am Eigenkapital des assoziierten Unternehmens zu vergleichen ist.

114 Nach unserer Auffassung besteht ein Wahlrecht zwischen beiden Methoden. Im Einzelnen wird auf Rz 40 ff. verwiesen.

6.1.3 Assoziiertes Unternehmen wird zu Gemeinschafts- oder Tochterunternehmen

115 Wird durch den Erwerb zusätzlicher Anteile aus einem assoziierten Unternehmen ein Tochter- oder Gemeinschaftsunternehmen, so kann im **Einzelabschluss** die **gewählte Bewertungs**methode (Rz 35 f.) fortgesetzt werden.

116 Im **Konzernabschluss** ist hingegen beim Übergang auf ein Tochterunternehmen ein Wechsel zur Vollkonsolidierung vorzunehmen.
Nach IFRS 3.32 ist dabei der *fair value* der Altanteile als erweiterter Teil der Anschaffungskosten des Tochterunternehmens anzusehen. I.H.d. Differenz zum *equity*-Buchwert entsteht damit ein Erfolg aus den Altanteilen.
Im Einzelnen wird auf → § 31 verwiesen.
Beim Übergang zum Gemeinschaftsunternehmen wird die bisherige *equity*-Bewertung fortgesetzt (IAS 28.24).

6.2 Veräußerung von Anteilen

6.2.1 Veräußerung sämtlicher Anteile (Entkonsolidierung)

117 Mit der Veräußerung sämtlicher Anteile geht die Beteiligung am assoziierten Unternehmen ab. In der **Differenz** von Veräußerungserlös und Buchwertabgang ergibt sich ein Ertrag oder Aufwand, der konzernbilanziell als sonstiger betrieblicher Ertrag oder Aufwand oder innerhalb des Finanzergebnisses als sonstiges Finanzergebnis ausgewiesen werden kann (Rz 127). Schon vor der Veräußerung

---

[35] H.M., vgl. RICHTER, KoR 2014, S. 289 ff. m.w.N.

kann es zu einer Umklassifizierung und Umbewertung kommen. Wegen Einzelheiten hierzu wird auf Rz 31 ff., wegen der Behandlung kumulierter Gesamtergebnisse (*other comprehensive income*) auf Rz 70 verwiesen.

6.2.2 Veräußerung ohne Statuswechsel

Werden Teil-Anteile an einem assoziierten Unternehmen ohne Statuswechsel veräußert, können sich Probleme daraus ergeben, dass die veräußerten Anteile ihrerseits nicht sämtlich zu einem einzigen Stichtag, sondern sukzessiv erworben wurden. In diesem Fall stellt sich konzernbilanziell die Frage, ob hinsichtlich der abgehenden Anteile an den stillen Reserven und am *goodwill* eine **Durchschnittsbetrachtung** oder eine **verbrauchsfolgeähnliche Betrachtung** angezeigt ist. Hierzu folgendes Beispiel:

118

> **Beispiel**
> Ein Investor hat
> - in 01 20 % der Anteile für 60 (bei einem buchmäßigen Eigenkapitalanteil von 50, Unterschiedsbetrag 10),
> - in 06 weitere 20 % für 100 (bei einem buchmäßigen Eigenkapitalanteil von 80, Unterschiedsbetrag 20) erworben.
>
> Anfang 11 notieren die Anteile nach Gewinnthesaurierungen aus 08 bis 10 insgesamt mit 200. Der Investor veräußert 20 %, die Hälfte seiner Anteile, für 120. Sämtliche Unterschiedsbeträge sollen stillen Reserven sein und werden über 20 Jahre abgeschrieben.
> Im Beteiligungswert Anfang 11 sind 20 an stillen Reserven enthalten:
> - 5 aus 01 (ursprünglich 10, davon ½ abgeschrieben)
> - 15 aus 06 (ursprünglich 20, davon ¼ abgeschrieben).
>
> Für die Erfolgsermittlung bestehen folgende Alternativen:
>
> **1. Alternative: Durchschnittsbetrachtung**
> Ertrag = 120 Veräußerungspreis – 100 Abgang Beteiligung = 20.
> Vom Buchwertabgang entfallen 10 auf die stillen Reserven. Die verbleibenden stillen Reserven von 10 werden über eine gemittelte Restnutzungsdauer von 12,5 Jahren (Durchschnitt aus 10 und 15) fortgeführt.
>
> **2. Alternative: Fifo-Betrachtung**
> Die alten Anteile gehen ab, d.h. von den stillen Reserven nur 5. Die verbleibenden stillen Reserven von 15 werden über 15 Jahre Restnutzungsdauer abgeschrieben.
> Ertrag = 120 Veräußerungspreis – 95 Abgang Beteiligung = 25.
>
> **3. Alternative: Lifo-Betrachtung**
> Die neuen Anteile gehen ab, d.h. stille Reserven von 15. Die verbleibenden Reserven von 5 werden über 5 Jahre Restnutzungsdauer abgeschrieben.
> Ertrag = 120 Veräußerungspreis – 105 Abgang Beteiligung = 15.

Nach unserer Auffassung[36] ist die **Durchschnittsmethode** im Allgemeinen vorzuziehen, wenn für die Verbrauchsfolgefiktion kein wirtschaftlicher Grund

119

---

[36] So auch BAETGE/BRUNS/GRAUPE (Fn 1), IAS 28, Tz 146.

erkennbar ist. Abweichungen von der Durchschnittsmethode sind daher nur bei Identifizierbarkeit der Anteile angezeigt (z. B. beurkundete Aktien, die nicht in Sammelverwahrung sind).

120 Wegen der Behandlung kumulierter Gesamtergebnisse *(other comprehensive income)* bei einer Teilveräußerung unter Wahrung des maßgeblichen Einflusses wird auf Rz 70 verwiesen.

6.2.3 Assoziiertes Unternehmen wird zur einfachen Beteiligung

121 Mit dem Verkauf eines Teil-Anteils an einem assoziierten Unternehmen kann ein Statuswechsel (Rz 112 ff.) verbunden sein. Beispiel: Die Stimmrechtsquote sinkt von bisher 40 % auf 15 % (Rz 14 ff.). Dadurch entsteht (u. U.) eine einfache Beteiligung. Dann ist die *equity*-Bewertung konzernbilanziell einzustellen und zur Bewertung nach IAS 39/IFRS 9 überzugehen (IAS 28.22).

122 Ein Erfolg entstand nach bis 2008/09 geltender Fassung von IAS 28 mit dem Wechsel der Methode nicht. Der Buchwert der Anteile zum Zeitpunkt des Übergangs galt als **neue Anschaffungskostenbasis**.
IAS 28.22 sieht hingegen Folgendes vor: Die verbleibenden Anteile sind mit ihrem *fair value* in die Bilanzierung nach IAS 39/IFRS 9 zu übernehmen. Unterschiede zum (anteiligen) *equity*-Buchwert sind als Erfolg zu realisieren, kumulierte Gesamtergebnisse *(other comprehensive income)* sind so aufzulösen, als habe das assoziierte Unternehmen die korrespondierenden Vermögenswerte (oder Schulden) veräußert (Rz 70).
Wegen weiterer Einzelheiten wird auf Rz 33 ff. verwiesen.

6.2.4 Veräußerung verlustreicher Beteiligungen

123 Zu den Besonderheiten bei der Veräußerung verlustreicher *equity*-Beteiligungen wird auf Rz 99 verwiesen.

7 Latente Steuern

124 Im Rahmen der *equity*-Konsolidierungen können latente Steuern auf **drei Arten** von temporären Differenzen entstehen (→ § 26 Rz 141 ff.):
- aus der Perspektive des assoziierten Unternehmens **als** *inside basis differences I* zwischen den IFRS- und Steuerbuchwerten der Bilanz dieses Unternehmens;
- aus der Sicht des vom Anteilseigner neu bewerteten assoziierten Unternehmens als *inside basis differences II* auf aufgedeckte stille Reserven (im Rahmen der *equity*-Konsolidierung);
- aus dem Blickwinkel des Anteilseigners als *outside basis differences* zwischen dem *equity*-Ansatz der Beteiligung in der Konzernbilanz des Anteilseigners und dem Buchwert der Beteiligung in der Steuerbilanz.

125 Zum systematischen Zusammenwirken der drei Differenzarten das folgende Beispiel:

> **Beispiel**
> M erwirbt am 1.1.01 einen Anteil von 20 % an aU für einen Preis von 42. aU ist schuldenfrei. Die Aktiva haben einen Wert von 150 in der IFRS-Bilanz von

aU (IFRS I) und von 100 in der Steuerbilanz. Ihr Zeitwert ist 200. Sie werden über eine durchschnittliche Restnutzungsdauer von 10 Jahren abgeschrieben. aU erzielt in 01 vor Steuern einen Gewinn von 50 in der IFRS-Bilanz (I). Darin bereits berücksichtigt ist die Abschreibung von 15 (= 150/10). Der Steuerbilanzgewinn beträgt 55, da nur mit Abschreibungen von 10 (100/10) belastet. In der Steuerbilanz der M wird die Beteiligung an aU zu Anschaffungskosten ausgewiesen. Dividenden und Gewinn aus Anteilsveräußerungen sind steuerpflichtig.

Die Latenzen ermitteln sich wie folgt:

inside basis difference I

	1.1.01		31.12.01	
	100 %	20 %	100 %	20 %
Aktiva IFRS	150,0	30,0	135,0	27,0
Aktiva Steuerbilanz	100,0	20,0	90,0	18,0
inside basis difference I	50,0	10,0	45,0	9,0
	× 40 %	× 40 %	× 40 %	× 40 %
passive latente Steuer	20,0	4,0	18,0	3,6

Konsolidierungs/*inside basis difference II*

	1.1.01			1.1.01	
	100 %	20 %		100 %	20 %
Kaufpreis	210,0	42,0	Ergebnis vor Steuer	50,0	10,0
Aktiva lt. IFRS I	−150,0	−30,0	tatsächliche Steuer	−22,0	−4,4
passive latente Steuer darauf *(inside basis difference I)*	20,0	4,0	Steuerertrag aus Aufl. pass. Latenz I	2,0	0,4
stille Reserven in Aktiva	−50,0	−10,0	Ergebnis gem. IFRS I	30,0	6,0
passive latente Steuer darauf *(inside basis difference II)*	20,0	4,0	Auflösung stiller Reserven	−5,0	−1,0
goodwill	50,0	10,0	Steuerertrag daraus (Aufl. p. Latenz II)	2,0	0,4
			Ergebnis aus *equity*-Beteiligung		5,4
			equity-Ansatz 1.1.		42,0
			equity-Ansatz 31.12		47,4

outside basis difference		
equity-Ansatz	42,0	47,4
Beteiligung in Steuerbilanz	42,0	42,0
outside basis difference	0,0	5,4
	× 40 %	× 40 %
latente Steuer III	0,0	2,2

Die Bestimmung der *inside basis differences* ist in der Praxis häufig schwierig, weil die notwendigen Informationen vom assoziierten Unternehmen nicht zur Verfügung gestellt werden. Auch grobe Vereinfachungen können insoweit notwendig sein (Rz 84).

Die Steuerlatenz auf *outside basis differences* hängt wesentlich von der **Rechtsform** des Investors und der des assoziierten Unternehmens ab. Im Einzelnen ist wie folgt zu differenzieren (→ § 26 Rz 181):

- **Beide Kapitalgesellschaften:** Die laufenden und einmaligen Ergebnisse aus dem assoziierten Unternehmen sind wegen § 8b KStG nicht steuerpflichtig (die 5-%-Zurechnung zum Einkommen nach § 8b Abs. 5 KStG vernachlässigt). Evtl. Differenzen zwischen dem steuerbilanziellen Beteiligungsansatz und dem IFRS-Ansatz haben **permanenten Charakter.** Steuerlatenzen entstehen nicht (→ § 26 Rz 186).
- **Investor Personengesellschaft, assoziiertes Unternehmen Kapitalgesellschaft:** Beim Investor kommt nur die **Gewerbesteuer** in Betracht (→ § 26 Rz 64). Eine Steuerbefreiung der Dividenden ist hier regelmäßig durch § 9 GewStG gegeben. Latente Steuern ergeben sich i.d.R. auch dann nicht, wenn sich die Steuerbefreiung nicht auf Veräußerungsgewinne erstreckt. Nach IAS 12.39ff. sind latente Steuern nicht anzusetzen, wenn der Investor den Zeitpunkt der Umkehr temporärer Differenzen kontrollieren kann und die Umkehr in der näheren Zukunft nicht wahrscheinlich ist (→ § 26 Rz 192). Aufgrund der Steuerbefreiung der Dividenden – insoweit permanente bzw. *non-taxable* Differenzen – kommt es auf die Kontrolle der Dividendenpolitik nicht mehr an. Die Umkehrfrage stellt sich nur noch für den Veräußerungsgewinn und kann dort leicht beantwortet werden: Der Investor kontrolliert den Veräußerungs- und damit Umkehrzeitpunkt. Es entstehen dann insgesamt keine latenten Steuern.
- **Beide Personengesellschaft:** Die Ergebnisse des assoziierten Personenunternehmens sind nach Maßgabe von § 15 EStG im Rahmen der sog. Spiegelbildmethode beim Investor unabhängig von der Ausschüttung zu berücksichtigen und zudem eventuelle Abschreibungen auf Firmenwerte und stille Reserven (Ergänzungsbilanz) vorzunehmen. Wegen der Gewerbesteuerfreistellung nach § 9 GewStG ergibt sich trotz dieser Ähnlichkeit zur *equity*-Methode bei Investoren in der Rechtsform des Personenunternehmens eine permanente Differenz zur IFRS-Bilanz. Latente Steuern sind insoweit nicht zu bilden (→ § 26 Rz 193).
- **Investor Kapitalgesellschaft, assoziiertes Unternehmen Personengesellschaft:** Bei der Kapitalgesellschaft fällt Körperschaftsteuer auf das nach der Spiegelbildmethode unter Einbeziehung der Ergänzungsbilanzen ermittelte steuerliche Ergebnis an. Abweichungen zwischen Steuer- und IFRS-Bilanzwert können nicht nur einzelbilanziell bei Ansatz in der IFRS-Einzelbilanz zu Anschaffungskosten oder zum *fair value* entstehen. In dem Maße, in dem sich z.B. die Abschreibungsdauern des *goodwill* und der stillen Reserven nach IFRS einerseits und nach Steuerbilanz andererseits unterscheiden, kann es auch zu Abweichungen zwischen dem konzernbilanziellen *equity*-Wert und dem steuerlichen Spiegelbildwert kommen. Auf die Abweichungen sind latente Steuern zu bilden, es sei denn, der Gesellschaftsvertrag der Personengesellschaft sähe eine dauerhafte Gewinnthesaurierung vor (→ § 26 Rz 187).

8 Ausweis

127 Gem. IAS 1.54 und IAS 1.82 sind nach der *equity*-Methode bilanzierte Anteile und die daraus resultierenden Ergebnisse in der **Bilanz und GuV gesondert** auszuweisen.

- Der Bilanzausweis erfolgt unter Finanzanlagen,
- der GuV-Ausweis i.d.R. innerhalb des Finanzbereichs, vor oder nach dem Posten Beteiligungsergebnis und Zinsergebnis (→ § 2 Rz 78 ff.), wobei umstritten ist, wieweit eine Zweiteilung der *equity*-Ergebnisse in operative (aus Unternehmen mit enger Verbindung zur Geschäftstätigkeit des Konzerns) und finanzielle (aus sonstigen Unternehmen) zulässig ist (→ § 2 Rz 84).

Dem Wesen der *one-line consolidation* (Rz 27) und den Vorgaben von IAS 1 eindeutig widersprechen würde jedenfalls eine Aufteilung des Ergebnisses aus einem einzigen assoziierten Unternehmen auf operative Komponenten (Betriebsergebnis), Finanzergebnis und Steuern.

Der Anteil des Investors an direkt im Eigenkapital erfassten Ergebnissen des assoziierten Unternehmens (OCI) (Rz 67) ist im Eigenkapitalspiegel (oder den Erläuterungen dazu) zu erfassen (→ § 20 Rz 2 ff.). Wegen des faktischen Ausweiswahlrechts im Eigenkapitalspiegel wird auf Rz 69 verwiesen, wegen des Ausweises des OCI in der Ergebnisrechnung auf § 2 Rz 93. Ein außerplanmäßiger Abschreibungsbetrag auf *equity*-Beteiligungen ist vorzugsweise separat auszuweisen (Rz 104).

Der Anteil des Investors am Ergebnis aus **aufgegebenen Geschäftsbereichen** *(discontinued operations)* i.S.v. IFRS 5 (→ § 29 Rz 18) unterliegt einem faktischen Ausweiswahlrecht. Nach Maßgabe der *Asset Theory* (Rz 29) ist er im Ergebnis aus assoziierten Unternehmen zu berücksichtigen, nach Maßgabe der *Consolidation Theory* im Konzernabschluss im Anschluss an das Ergebnis aus fortzuführenden Geschäftsbereichen als Ergebnisanteil aus aufgegebenen Geschäftsbereichen von assoziierten Unternehmen auszuweisen.[37]

128

9 Angaben

An Angaben zu Anteilen an assoziierten Unternehmen sieht IFRS 12 i.V.m. mit IAS 1 u.a. Folgendes vor:

129

- Angaben zur **widerlegbaren Assoziierungsvermutung** IFRS 12.9
  - Nennung der Gründe, warum eine Beteiligung von weniger als 20 % doch als assoziiertes Unternehmen bzw.
  - eine Beteiligung von mehr als 20 % nicht als assoziiertes Unternehmen qualifiziert wurde (Rz 7 ff.).
- Angaben zu *at equity* bilanzierten Anteilen (IFRS 12.B12 und IFRS 12.22)
  - Zusammengefasste *(summarised)* finanzielle Informationen über jedes wesentliche assoziierte Unternehmen, insbesondere Bilanzsumme, Höhe der Schulden und der Erlöse und Jahresergebnis) (→ Rz 130),
  - Angaben zum Anteil an *discontinued operations* des assoziierten Unternehmens,
  - Angaben zur Höhe der nicht berücksichtigten überschießenden Verluste (kumuliert und für die Periode; Rz 93 ff.).
  - Angaben zur Verwendung von abweichend datierten Abschlüssen assoziierter Unternehmen einschließlich Begründung Rz 82 ff.).

---

[37] Vgl. SCHMIDT, PiR 2010, S. 61 ff.

Darüber hinaus ist nach IAS 1.108 ff. eine Angabe der für die Anteile angewendeten **Bilanzierungsmethoden** erforderlich, d. h. im Einzelabschluss Angabe, ob assoziierte Unternehmen zu Anschaffungskosten oder zum *fair value* bewertet wurden (Rz 35 ff.).

Auf die **Checkliste „Abschlussangaben"** wird verwiesen (→ § 5 Rz 8).

130 Hinsichtlich der zusammengefassten Informationen über wesentlich assoziierte Unternehmen hält IFRS 12.B14 fest, dass die Beträge aus dem IFRS-Abschluss des assoziierten Unternehmens voll (100 %) und nicht lediglich entsprechend des prozentualen Anteils des Berichtsunternehmens anzugeben sind. Die Beträge sollen außerdem um die beim Erwerb aufgedeckten, dann fortgeschriebenen stillen Reserven (→Rz 54) angepasst werden. U. E. ist auch hier aus Konsistenzgründen eine Hochrechnung auf 100 % geboten.

In Analogie zu IFRS 12.B11 (für Tochterunternehmen) können die zusammengefassten Informationen u. E. vor Zwischenergebniseliminierung dargestellt werden.

10 Anwendungszeitpunkt, Rechtsentwicklung

131 IAS 28 ist für alle Abschlüsse anzuwenden, deren Berichtsperioden ab dem 1.1.2013 (in der EU 1.1.2014) beginnt.

132 Die bis 2012 anzuwendende Fassung von IAS 28 unterscheidet sich weniger inhaltlich als redaktionell. Wichtige Ausnahmen betreffen die (teilweise) *fair-value*-Bilanzierung bei von *venture-capital*-Organisationen gehaltenen Anteilen (Rz 6), die Abgrenzung zu IFRS 5 bei beabsichtigtem Teilverkauf der Anteile (Rz 34), die Ausdehnung der Vorschiften des bisherigen SIC 13 auf assoziierte Unternehmen und in diesem Zusammenhang ihre Übernahme in IAS 28 rev. 2011 selbst (Rz 80).

133 Nach dem im September 2014 vorgelegten *Amendment* zu IFRS 10 und IAS 28 ist bei Veräußerungen des Investors an ein assoziiertes Unternehmen oder bei Sacheinlagen die *business*-Qualität des Veräußerten für den Umfang der Ertragsrealisierung, bedeutsam (Rz 81).

Eine bis 2004 zulässige, dann abgeschaffte *at-equity*-Bewertung im **Einzelabschluss** ist, nach dem im August 2014 vorgelegten *Amendment* zu IAS 27 ab 2016 als Wahlrecht, wieder zugelassen (Rz 5).

Als Folgeänderung von IFRS 9 sind in 2014 durch IAS 28.41A die Wertminderungsvorschriften neu gefasst worden (Rz 102).

134 Der IASB veröffentlichte im November 2012 den Entwurf ED/2012/3 „*Equity Method: Share of Other Net Asset Changes*". Die darin vorgesehenen Änderungen an IAS 28 betrafen den Umgang mit anteiligen Änderungen am Nettovermögen eines assoziierten Unternehmens oder Joint Ventures (*investees*), die weder die Gesamtergebnisrechnung des *investee* berühren noch aus dessen Ausschüttungen resultieren (sonstige Änderungen). Nach den Vorschlägen sollte ein Investor seinen Anteil an diesen sonstigen Änderungen unmittelbar in seinem eigenen Eigenkapital erfassen. Als Beispiele können angeführt werden:

- Veräußerung oder Erwerb von *non-controlling interests* an Tochterunternehmen des *investee* (Auf- und Abstockungen),
- Ausgabe weiteren Aktienkapitals oder Aktienrückkäufe an bzw. von anderen Parteien als dem Investor,

- Ausgabe geschriebener Put-Option auf die Eigenkapitalinstrumente des *investee* an andere Anteilseigner,
- Bilanzierung anteilsbasierter Vergütungen, die als *equity-settled* zu qualifizieren sind.

Sobald die *equity*-Konsolidierung wegen Veräußerung, Auf- oder Abwärtskonsolidierung beendet ist, sollte der zuvor im Eigenkapital erfasste Betrag erfolgswirksam werden. Der ED wird nach der Entscheidung vom Mai 2014 (vorerst) nicht weiter verfolgt. Es bleibt daher bei dem im ED festgestellten Befund der „*diversity in practice*" und damit bei faktischen Wahlrechten hinsichtlich der Bilanzierung der vorgenannten Fälle (Rz 65 und Rz 66).

Durch ED/2014/4 wird klargestellt, dass sich der *fair value* bei Börsennotierung des assoziierten Unternehmens als Produkt aus Kurs der einzelnen Aktie und Zahl der gehaltenen Aktien, also ohne Paketzuschlag ergibt (Rz 6). 135

11 Zusammenfassende Praxishinweise

Als assoziiert definiert IAS 28 ein Unternehmen, auf welches der Anteilseigner **maßgeblichen Einfluss** ausübt. Eine 20-%-Beteiligung an den Stimmrechten begründet die widerlegbare Vermutung einer Assoziierung (Rz 7). 136

In der **Einzelbilanz** besteht ein **Wahlrecht**. Die Beteiligung an einem assoziierten Unternehmen kann 137
- zum *fair value* (IAS 39/IFRS 9) oder zu
- Anschaffungskosten

angesetzt werden (Rz 35).

Konzernbilanziell bestehen **keine Wahlmöglichkeiten**. 138
- Die in Veräußerungsabsicht erworbenen und gehaltenen Anteile an assoziierten Unternehmen sind zwingend zum *fair value* anzusetzen (Rz 30).
- Im Übrigen ist zwingend *at equity* zu bewerten, d. h. der Bilanzansatz um Ergebnisanteile und die Abschreibung stiller Reserven fortzuschreiben (Rz 61).

Besonderheiten der Fortschreibung des *equity*-Ansatzes ergeben sich bei
- nicht GuV-wirksamen Einkommen des assoziierten Unternehmens (Rz 67),
- Zwischenergebniseliminierung (Rz 75),
- verlustreichen *equity*-Beteiligungen (Rz 93).

Bei **Erwerb und Veräußerung** von Anteilen ist zu unterscheiden, ob ein Statuswechsel **stattfindet** (dann Änderung der Bewertungsmethode) oder das Unternehmen vor und nach der Transaktion assoziiert ist (dann teilweise Neu- oder Entkonsolidierung, Rz 111). 139

Nach der *equity*-Methode bilanzierte Anteile und die daraus resultierenden Ergebnisse sind in der Bilanz und GuV gesondert **auszuweisen** (Rz 127). Umfangreiche Offenlegungspflichten bestehen für den **Anhang** (Rz 129). 140

§ 34 GEMEINSAME VEREINBARUNGEN
(joint arrangements)

Inhaltsübersicht Rz
1 Zielsetzung, Regelungsinhalt und Begriffe. 1–6
   1.1 Begriffsinhalte und Rechnungslegung bei gemeinschaftlichen wirtschaftlichen Aktivitäten 1–3
   1.2 Keine Pflichtanwendung von IFRS 11 auf Beteiligungen von *venture-capital*-Gesellschaften und Fonds. 4–6
2 Anforderungen an eine gemeinsame Vereinbarung 7–19
   2.1 Gemeinsame Beherrschung auf vertraglicher Grundlage . . 7–17
   2.2 Abgrenzung von Ergebnispoolungen 18–19
3 Klassifizierung gemeinsamer Vereinbarungen: Gemeinschaftliche Tätigkeiten vs. Gemeinschaftsunternehmen 20–28
4 Bilanzierung/Konsolidierung bei den gemeinschaftlich herrschenden Parteien. 29–52
   4.1 Beteiligung an einem Gemeinschaftsunternehmen. 29–32
   4.2 Beteiligung an einer gemeinschaftlichen Tätigkeit 33–42
   4.3 Transaktionen mit der gemeinschaftlichen „Einheit". 43–48
   4.4 Übergangskonsolidierung. 49–50
   4.5 Konzernbilanzierung gem. IFRS 5 in Ausnahmefällen. . . . 51–52
5 Bilanzierung im Abschluss sonstiger Investoren 53
6 Latente Steuern. 54–55
7 Ausweis 56–57
8 Angaben. 58
9 Anwendungszeitpunkt, Rechtsentwicklung 59–63
10 Zusammenfassende Praxishinweise. 64–66

Schrifttum: BÖCKEM/ISMAR, Die Bilanzierung von Joint Arrangements nach IFRS 11, WPg 2011, S. 820ff.; BUSCH/ZWIRNER, Joint Arrangements nach IFRS 11, IRSZ 2012, S. 219ff.; DITTMAR/GRAUPE, Analyse der Neuregelungen nach IFRS 11 für den deutschen Rechtsraum unter besonderer Berücksichtigung der Übergangsvorschriften, KoR 2012, S. 404ff.; FREIBERG, Widersprüche bei der Bilanzierung von Einlagen in Gemeinschaftsunternehmen, PiR 2011, S. 24ff.; FUCHS/STIBI, IFRS 11 „Joint Arrangements" – lange erwartet und doch noch mit (kleinen) Überraschungen?, BB 2011, S. 1451ff.; HOLZAPFEL/MUJKANOVIC, Die Bau-ARGE als Joint Arrangement, PiR 2012, S. 337ff.; KÜTING/SEEL, Die Abgrenzung und Bilanzierung von joint arrangements nach IFRS 11, KoR 2011, S. 342ff.; LÜDENBACH, Joint venture trotz Stimmrechtsmehrheit, PiR 2005, S. 80ff.; LÜDENBACH/SCHUBERT, Gemeinschaftliche Vereinbarungen (joint arrangements) nach IFRS 11, PiR 2012, S. 1ff.; MUJKANOVIC/HOLZAPFEL, Klassifikation der Bau-ARGE als Joint Arrangement nach IFRS 11 Klärung durch das IDW? PiR 2014, Heft 2.; RUHNKE/KLUGE, Gemeinschaftsunternehmen im Konzernabschluss nach IAS und HGB, RIW 1996, S. 577ff.; SCHMIDT/LABRENZ, Bilanzierung von Gemeinschaftsunternehmen nach IFRS, KoR 2006, S. 467ff.; WEBER/KÜTING/SEEL/HÖFNER, Die bilanzielle Abbildung von gemeinschaftlichen Tätigkeiten bei divergierenden Quoten – ein lösbares Problem?, KoR 2014, S. 241ff.; ZEYER/FRANK, Bilanzierung von Beteiligungen an joint operations nach IFRS 11, PiR 2013, S. 103ff.; ZÜLCH/ERDMANN/POPP/WÜNSCH, IFRS 11 – Die neuen Regelungen zur Bilanzierung von Joint Arrangements und ihre praktischen Implikationen, DB 2011, S. 1817ff.

Vorbemerkung
Die Kommentierung bezieht sich auf IFRS 11 in der aktuellen Fassung und berücksichtigt alle Änderungen, Ergänzungen und Interpretationen, die bis zum 1.1.2015 beschlossen wurden. Einen Überblick über ältere Regelungen (IAS 31) enthalten Rz 1 und Rz 60.

1 Zielsetzung, Regelungsinhalt und Begriffe

1.1 Begriffsinhalte und Rechnungslegung bei gemeinschaftlichen wirtschaftlichen Aktivitäten

Der im Mai 2011 verabschiedete IFRS 11 ersetzt (bzgl. Anhangsangaben i.V.m. Teilen von IFRS 12) mit Wirkung ab 2013 (in der EU ab 2014) IAS 31. Neben terminologischen Änderungen bringt er folgende Neuerungen: 1

- Statt wie früher zwischen drei Formen einer gemeinschaftlichen Aktivität (Tätigkeit, Vermögen, Unternehmen) ist nur noch zwischen zwei Ausgestaltungen zu unterscheiden. Die früheren *jointly controlled assets* und *jointly controlled operations* werden nun unter dem Begriff der **gemeinschaftlichen Tätigkeit** *(joint operation)* zusammengefasst. Von ihr sind weiterhin **Gemeinschaftsunternehmen** *(joint ventures)* zu unterscheiden (Rz 20).
- Im Falle einer **gemeinschaftlichen Tätigkeit** erfolgt weiterhin eine **anteilige Bilanzierung** von Vermögen, Schulden, Erträgen und Aufwendungen im Einzel- und Konzernabschluss des übergeordneten Unternehmens (Rz 33). Für **Gemeinschaftsunternehmen** ist das frühere konzernbilanzielle Wahlrecht zwischen Quoten- und *equity*-Konsolidierung entfallen. Im Konzernabschluss des *venturer* ist zwingend die *equity*-**Methode** anzuwenden (Rz 29), in seinem Einzelabschluss bleibt es beim Ausweis einer Beteiligung (Rz 30).
- Der **Begriff des Gemeinschaftsunternehmens** wird dabei **enger** als in IAS 31 gefasst. Die rechtliche Selbstständigkeit der Einheit, über welche die gemeinsamen Aktivitäten betrieben werden, ist nach IFRS 11 nur noch notwendige, nicht mehr hinreichende Bedingung für eine Qualifizierung als Gemeinschaftsunternehmen. Ist etwa der gesamte Output der gemeinsam betriebenen rechtlichen Einheit für die *venturer* bestimmt, liegt i.d.R. eine gemeinschaftliche Tätigkeit vor (Rz 26).

In systematischer Reihenfolge ist IFRS 11 wie folgt anzuwenden: 2

- Zunächst ist zu klären, ob überhaupt eine **gemeinsame Vereinbarung** *(joint arrangement)* vorliegt (Rz 7). Dies setzt insbesondere voraus, dass die relevanten Entscheidungen von mehreren Investoren nur gemeinsam getroffen werden können (Rz 11).
- Liegt eine gemeinsame Vereinbarung dem Grunde nach vor, ist deren **Art** zu prüfen. Hierbei ist zwischen **gemeinschaftlicher Tätigkeit** *(joint operation)* und **Gemeinschaftsunternehmen** *(joint venture)* zu unterscheiden (Rz 20).

- Bei **gemeinschaftlichen Tätigkeiten** bestehen Rechte und Pflichten der Beteiligten bzgl. der einzelnen Vermögenswerte und Schulden, bei **Gemeinschaftsunternehmen** Ansprüche am Eigenkapital (Nettovermögen).
- In der **Grenzziehung** zwischen beiden Fällen ist die (rechtliche) Verselbstständigung nur ein Faktor. Sie ist notwendige, aber nicht hinreichende Bedingung für ein Gemeinschaftsunternehmen. Durch vertragliche Abreden oder faktische Umstände kann in wirtschaftlicher Betrachtung gleichwohl eine Beteiligung an einzelnen Vermögenswerten und Schulden bestehen mit der Folge einer gemeinschaftlichen Tätigkeit.
- Aus der Klassifizierung der gemeinsamen Vereinbarung ergeben sich für die *venturer* die **Bilanzierungsfolgen:**
  - Bei gemeinschaftlicher Tätigkeit ist sowohl im Konzern als auch im Einzelabschluss ein **anteiliger Ausweis** von Vermögen und Ergebnissen geboten, dies regelmäßig auch für einen „Minderheitsgesellschafter", der nicht an der gemeinschaftlichen Kontrolle partizipiert (Rz 33 und Rz 53).
  - Im Falle eines Gemeinschaftsunternehmens haben die Beteiligten ihren Anteil **konzernbilanziell** *at equity* und **einzelbilanziell** wahlweise zu **Anschaffungskosten** oder zum *fair value* zu erfassen. Der nicht an der gemeinschaftlichen Kontrolle partizipierende Gesellschafter weist regelmäßig ein Finanzinstrument aus (Rz 29 f.).
- Besondere Regelungen bestehen für **Transaktionen** der Investoren mit der gemeinschaftlich betriebenen Tätigkeit oder Einheit (Rz 43).

3 Umfangreiche **Anwendungsbestimmungen** regeln den Übergang von IAS 31 nach IFRS 11 (Rz 50).

1.2 Keine Pflichtanwendung von IFRS 11 auf Beteiligungen von *venture-capital*-Gesellschaften und Fonds

4 Nach IFRS 11.24 i. V. m. IAS 28.18 haben *venture-capital*-Gesellschaften, Investmentfonds *(mutual funds, unit trust)* und **ähnliche** Unternehmen im Konzernabschluss hinsichtlich Beteiligungen an *joint ventures* ein im Zeitpunkt des Zugangs der Anteile auszuübendes **Wahlrecht** zwischen
- *equity*-Konsolidierung und
- erfolgswirksamer *fair-value*-Bilanzierung gem. IAS 39 bzw. IFRS 9.

Nach der schon in IAS 31.BC7 gegebenen **Begründung** des IASB ist der *fair-value*-Ansatz vorzuziehen, weil die Bilanzen der Gesellschafter sonst durch häufige Methodenänderungen (durch Zuerwerb von Anteilen bzw. Aufwärtskonsolidierungen) und Entkonsolidierungen an Übersichtlichkeit verlören. **Voraussetzung** für den Ansatz nach IAS 39 bzw. IFRS 9 ist die **erfolgswirksame** *fair-value*-**Bewertung**, d. h.
- die Kategorisierung oder Designation des Anteils als *fair value through profit or loss* sowie
- im Anwendungsbereich von IAS 39 die zuverlässige Bestimmbarkeit des *fair value*. Ist diese nicht gegeben und wäre daher nach den Grundsätzen von IAS 39 hilfsweise ein Anschaffungskostenansatz geboten, bleiben auch *venture-capital*-Gesellschaften und Fonds insoweit zur Anwendung der *equity*-Methode verpflichtet.

Fehlt es an der Absicht, den Anteil am *joint venture* kurzfristig wieder zu veräußern, und ist der Anteil auch nicht Teil eines unter dem Gesichtspunkt kurzfristiger Gewinnerzielung gemanagten Portfolios, z.B. weil sich die Gesellschaft auf die Erzielung strategischer Gewinne konzentriert, liegt also nach IAS 39 kein notwendiges *trading asset* (→ § 28 Rz 30) vor, kommt nur die **Widmung** *(designation)* infrage. Diese Designation kann anders als bei einfachen Anteilen frei ohne die Anwendungsrestriktionen erfolgen, die sich aus *der fair value option* nach IAS 39 ergeben.

> **Beispiel**
> Eine *venture-capital*-Gesellschaft hält Anteile an *joint ventures* und assoziierten Unternehmen, daneben einfache Anteile ohne signifikanten Einfluss. Sie möchte sämtliche Anteile der erfolgswirksamen *fair-value*-Bewertung unterwerfen.
> Dies ist nach IAS 28.18 und IFRS 11.24 zulässig. Für die einfachen Anteile gilt dies nur, wenn sie gem. IAS 39.9(b)(ii) Teil eines einheitlich nach *fair-value*-Gesichtspunkten gesteuerten Portfolios sind. Hiervon wird bei *venture-capital*-Gesellschaften regelmäßig auszugehen sein. Gem. IAS 39.AG4I können die einfachen Anteile dann der gleichen erfolgswirksamen *fair-value*-Bewertung unterworfen werden wie die anderen Anteile.

IAS 28 enthält keine Kriterien für die **Qualifizierung** eines Unternehmens als *venture capitalist* (Investor). Insoweit ist die Verkehrsanschauung bzw. der am Kapitalmarkt herrschende Sprachgebrauch zugrunde zu legen. Danach ist eine Gesellschaft als *venture capitalist* anzusehen, wenn sie

- eine **Vielzahl** von Beteiligungen hält oder nach ihrem Gründungsstadium halten wird,
- neben den Investment-Aktivitäten und -Vermögenswerten (enthaltend auch die Vergabe von Fremdkapital an die Beteiligungsunternehmen) keine signifikanten **anderen Aktivitäten** und **Vermögenswerte** vorliegen und
- die Beteiligungserwerbe mit einer *exit*-**Strategie** (Veräußerung, Börsengang etc.) erfolgen.

In einem **diversifiziert** tätigen Konzern wird die **zweite Bedingung** nur selten erfüllt sein. Einer im Schrifttum vertretenen Ansicht zufolge soll es hier ausreichen, wenn die Investment-Aktivitäten und -Vermögenswerte klar von anderen Aktivitäten und Vermögenswerten getrennt sind (eigenes Management; eigenes Reporting usw.).[1] Diese Ansicht ist für sehr große Konzerne u.E. nicht sachgerecht. Die ratio legis des Wahlrechts besteht darin, nicht durch zu viele Methodenänderungen (Zuerwerb von Anteilen bzw. Aufwärtskonsolidierungen) und Entkonsolidierungen an Übersichtlichkeit zu verlieren (Rz 4). Bei einem großen Konzern mit einer dreistelligen Zahl von Beteiligungen sind Aufwärtskonsolidierungen und Entkonsolidierungen aber ohnehin beinahe „Tagesgeschäft". Mittelfristig angelegte Investments der *venture-capital*-Abteilung unterscheiden sich in dieser Hinsicht nur noch graduell von dem übrigen Geschäft. Für eine **Sonderbehandlung** besteht dann **keine Rechtfertigung** mehr.

5

---

1 KMPG, Insights into IFRS, 2014/15, Ch. 3.5.130.

Unsere Bedenken werden allerdings durch die ab 2012 anzuwendende Neufassung von IAS 28 relativiert. Nach IAS 28.19 gilt demzufolge: Werden im Konzern Teile an einem assoziierten Unternehmen von einer *venture-capital-*Einheit *(entity)* mit *exit-*Strategie gehalten *(fair value),* andere Teile hingegen von einer anderen Tochter/Einheit mit Halteabsicht, ist die Beteiligung nicht mehr zwingend einheitlich zu betrachten, sondern darf **gesplittet** bewertet werden, d. h. für den ersten Teil zum *fair value,* für den zweiten *at equity* (→ § 33 Rz 6).

6 Nach vorläufiger Ansicht des IFRS IC (Update November 2014) kann die Entscheidung zwischen equity- und fair value-Bewertung für jedes einzelne Investment getroffen werden.

2 Anforderungen an eine gemeinsame Vereinbarung

2.1 Gemeinsame Beherrschung auf vertraglicher Grundlage

7 Eine gemeinsame Vereinbarung *(joint arrangement)* ist gem. IFRS 11.5
- eine **vertragliche** Vereinbarung *(contractual arrangement)*
- zur **gemeinsamen Beherrschung** *(joint control).*

8 IFRS 11.B2 limitierte Art und Form der **vertraglichen Vereinbarung** nicht. Schuldrechtliche Absprachen sind nicht zwingend erforderlich. Die vertraglichen Vereinbarungen können auch vollständig in einem **Gesellschaftsvertrag** getroffen werden.

9 Die Vereinbarung muss **gemeinschaftliche** Kontrolle gewährleisten. Dies grenzt insbesondere Gemeinschafts- von Tochterunternehmen ab. Hat ein **einzelnes** Unternehmen die **Beherrschung** über die relevanten Aktivitäten, so liegt kein *joint venture,* sondern ein **Tochterunternehmen** dieses Gesellschafters vor. Die anderen gesellschaftsrechtlich Beteiligten sind dann entweder einfache Gesellschafter, die ihren Anteil nach IAS 39 bzw. IFRS 9 (→ § 28) auszuweisen haben, oder Gesellschafter mit maßgeblichem Einfluss, die gem. IAS 28 (→ § 33) einen Anteil an einem assoziierten Unternehmen innehaben.

10 In Bezug auf die Gemeinschaftlichkeit stellt sich hier zunächst die Frage nach dem **Objekt** der **Kontrolle** (Kontrolle über was?). Die Antwort im Definitionskatalog des Standards (IFRS 11.A) ist zu einem gewissen Grad **zirkulär:** Als *joint control* (also eines der beiden Definitionsmerkmale eines *joint arrangement)* wird dort *"contractually agreed sharing of control of an arrangement"* angeführt. Kontrollobjekt der gemeinsamen Vereinbarung wäre danach die Vereinbarung selbst. Auflösen lässt sich diese Zirkularität, wenn als Kontrollobjekt wirtschaftliche Aktivitäten angesehen werden, unabhängig davon, ob diese über ein eigenes Rechtssubjekt (eine Gesellschaft) oder in anderer Weise (z.B. auf Basis von Bruchteilseigentum) durchgeführt werden.

11 Gemeinschaftlichkeit der Kontrolle ist dann gegeben, wenn
- Kontrolle, d. h. Entscheidungen über die relevanten Aktivitäten,
- Einstimmigkeit aller gemeinschaftlich Handelnden voraussetzt (IFRS 11.A).
Der Begriff der **Kontrolle** bzw. Beherrschung wird dabei durch Verweis auf **IFRS 10** definiert (IFRS 11.B5) und setzt demgemäß voraus, dass die Parteien
- eigentümerähnlich variablen Ergebnissen ausgesetzt sind und
- über die für diese Ergebnisse relevanten Aktivitätenkollektiv Macht haben (→ § 32).

Gemeinschaftlich ist diese Kontrolle, wenn Einstimmigkeit der relevanten Parteien erforderlich ist (IFRS 11.B6). Dazu folgende Beispiele:

> **Beispiel**
> Der Gesellschaftsvertrag des Unternehmens X sieht für alle Entscheidungen (Geschäftsführerbestellung, zustimmungsbedürftige Geschäfte, Gewinnverwendung usw.) ein Quorum von 75 % vor.
>
> **Variante 1**
> A und B halten je 40 %, C hält 20 %.
> A und B üben gemeinsame Kontrolle über X aus. C ist nicht an der gemeinsamen Kontrolle beteiligt.
>
> **Variante 2**
> A, B, C und D halten je 25 %.
> Die Gesellschafter beherrschen X zwar kollektiv, aber nicht gemeinschaftlich, da das Quorum von 75 % in unterschiedlichen Koalitionen (z. B. A, B, C oder B, C, D usw.) erreicht werden kann (IFRS 11.B8).

Soweit zur Auflösung von **Pattsituationen** Regelungen vorgesehen sind, die keine einstimmige Entscheidungsfindung voraussetzen, steht dies einer gemeinsamen Beherrschung dann nicht entgegen, wenn die Regelungen (etwa ein Schiedsentscheid durch einen neutralen Dritten) auf **Neutralität** ausgerichtet sind. Schädlich wäre hingegen, wenn eine Partei das Recht zu einem **Stichentscheid** hätte. 12

Auch bei einer aus zwei Parteien bestehenden Gesellschaft mit Stimmrechtsmehrheit eines Gesellschafters kann gleichwohl ein Gemeinschaftsunternehmen vorliegen; entscheidend ist immer, welche Mitwirkungsrechte Satzung oder sonstige Vereinbarungen dem Minderheitsgesellschafter gewähren. Hierzu wird auf → § 32 verwiesen. 13

Die **Zahl der Partnerunternehmen** kann auch bei Gleichberechtigung nicht beliebig vermehrt werden. Verfügt etwa eine Gesellschaft über 20 Gesellschafter, die zu je 5 % beteiligt sind, und ist für jede wesentliche Entscheidung Einstimmigkeit gefordert, so können zwar die Gesellschafter das Unternehmen nur gemeinsam beherrschen. Andererseits liegt aber jede Beteiligung noch unterhalb der Schwelle eines assoziierten Unternehmens (maßgeblicher Einfluss fehlt). Es ist in diesem Fall sachgerecht – trotz Gemeinschaftlichkeit, Größengleichheit usw. –, „einfache" Anteile i. S. v. IAS 39 bzw. IFRS 9 (→ § 28) anzunehmen. 14

Fraglich ist, ob auch dann noch eine gemeinschaftliche Kontrolle vorliegt, wenn die notwendige Stimmrechtsmehrheit nur durch gemeinsames Handeln eines **Hauptgesellschafters** und eines **Stimmrechtspools** kleiner Gesellschafter zustande kommen kann. 15

> **Beispiel**
> An GU sind A mit 50 % sowie 10 weitere Gesellschafter mit je 5 % beteiligt. Die weiteren Gesellschafter sind untereinander durch eine Stimmrechtspoolung gebunden. Nach dieser schuldrechtlichen Vereinbarung stimmen die Poolmitglieder in der Gesellschafterversammlung der GU einheitlich ab und halten sich hinsichtlich des Abstimmungsverhaltens an einen zuvor zu fassenden Mehrheitsbeschluss der Poolmitglieder.

> **Beurteilung**
> Ohne die Stimmrechtspoolung könnte A die notwendige Stimmrechtsmehrheit mit einem beliebigen weiteren Gesellschafter erreichen. Eine gemeinschaftliche Kontrolle läge nicht vor. Aufgrund der Poolvereinbarung handeln die weiteren Gesellschafter jedoch wie ein einziger Anteilsinhaber. A und der Pool können daher Entscheidungen nur gemeinschaftlich treffen.
> In **formalistischer** Betrachtung gilt: Keiner der weiteren Gesellschafter (Poolmitglieder) hat Kontrolle über GU. Damit scheidet auch eine gemeinschaftliche Kontrolle von A und den anderen Gesellschaftern aus.
> In **substanzieller** Betrachtung führt die Stimmrechtspoolung aber zu einem äquivalenten Ergebnis wie die Einbringung sämtlicher Anteile der Poolmitglieder in eine Holding. In diesem Fall würde die GU von zwei Subjekten, nämlich A sowie der Holding, gemeinsam beherrscht. U.E. ist es vertretbar, für Zwecke des IFRS 11 eine Gleichstellung der Poolsituation mit der Holdingstruktur und daher auch im Poolfall eine gemeinsame Beherrschung anzunehmen.

16 Aufgrund des Verweises auf den *control*-Begriff des IFRS 10 ist auch im Anwendungsbereich von IFRS 11 das Vorliegen von *de facto (joint) control* zu untersuchen. Die **Präsenzmehrheit** zweier oder mehrerer Hauptgesellschafter begründet für sich gesehen noch keine *de facto joint control*. Eine solche liegt erst vor, wenn die Hauptgesellschafter sich etwa durch Stimmbindungsvereinbarungen **vertraglich** auf ein einstimmiges Handeln geeinigt haben.[2]

> **Beispiel**
> Am Unternehmen X sind A und B mit jeweils 24,5 % beteiligt. Die restlichen Anteile befinden sich im Streubesitz. Die Präsenzquote der Streuaktionäre ist sehr niedrig. A und B haben in der Vergangenheit stets gleichgerichtet abgestimmt und werden dies voraussichtlich auch in der Zukunft tun.
> Nach IFRS 10.B41 ff. i.V.m. IFRS 11.B8 Example 3 liegt keine *de facto joint control* vor. Sie würde erst dann bestehen, wenn A und B ihr gemeinsames Handeln auf eine vertragliche Grundlage (Stimmbindungsvertrag etc.) stellen würden.

Gemeinschaftliche Kontrolle liegt hingegen trotz **entgegenstehender faktischer Umstände** in folgendem Fall vor:

> **Beispiel**
> An der bisher im Alleineigentum des A stehenden JV beteiligt sich nach einer Schieflage der JV Investor B mit 50 %. Er allein verfügt über die finanziellen und personellen Ressourcen, um JV wieder fit zu machen. Faktisch hängt daher die Zukunft der JV von ihm ab. Der Gesellschaftsvertrag sieht gleichwohl für alle Entscheidungen Einstimmigkeit vor.

---

[2] Gl. A. KPMG, Insights into IFRS 2014/15, Ch 3.6.40.10; so auch PwC, Manual of Accounting IFRS 2014, Ch. 28A.30.

Gemeinsame Vereinbarungen § 34

> **Beurteilung**
> U. E. ist unter dem Gesichtspunkt „*power arises from rights*" (IFRS 10.11) ein *joint venture* und kein Tochterunternehmen der A gegeben.

Die Beurteilung, ob ein *joint arrangement* vorliegt, ist zu **jedem Stichtag** neu zu treffen, wenn sich die relevanten Tatsachen und Umstände geändert haben, etwa einfache durch qualifizierte Stimmrechtsklausel ersetzt wurden, neue Anteilseigner hinzugetreten oder alte ausgeschieden sind, Präsenzquoten von Kleinaktionären sich verändert haben etc. (IFRS 11.19). 17

2.2 Abgrenzung von Ergebnispoolungen

Eine *joint operation* setzt die gemeinsame **Kontrolle** über gemeinschaftlich betriebene Aktivitäten voraus (Rz 10). An gemeinsamer Kontrolle i. S. v. IFRS 11 fehlt es u. E., wenn lediglich das Ergebnis zweier eigenständig betriebener Aktivitäten gepoolt wird. Hierzu folgendes Beispiel: 18

> **Beispiel**
> A und B verfügen über aneinander angrenzende Baufelder, die jeweils mit Eigentumswohnungen bebaut werden sollen. Aus ablauftechnischen Gründen, aber auch aus Gründen der Vermarktung ist es nicht günstig, wenn beide gleichzeitig bauen werden. A und B vereinbaren deshalb Folgendes: Zunächst bebaut A Baufeld A (60 % der gesamten Bebauungsfläche), danach B Baufeld B (40 %). Das Gesamtergebnis soll gepoolt und im Verhältnis 60 zu 40 verteilt werden.
> Es fehlt an einem gemeinschaftlichen Kontrollobjekt. Jedes Unternehmen führt seine Aktivitäten eigenständig durch. Nach unserer Auffassung gelangt daher IFRS 11 nicht zur Anwendung. Eher sachgerecht erscheint eine Lösung, bei der jedes Unternehmen einerseits seine eigenen Erträge und Aufwendungen und andererseits analog § 277 (3) Satz 2 HGB die Erträge und Aufwendungen aufgrund der Gewinngemeinschaft gesondert unter entsprechender Bezeichnung ausweist.

Wie das Beispiel zeigt, sind die Übergänge zwischen *joint venture* und „einfacher" Gewinngemeinschaft ggf. **fließend**. In solchen Zweifelsfällen dient es u. E. besser dem zutreffenden Ausweis der Erlöse, Aufwendungen etc., wenn ein *joint venture* verneint und bei Vorliegen einer Gewinnpoolung die Regeln von § 277 (3) Satz 2 HGB analog angewendet werden. 19

3 Klassifizierung gemeinsamer Vereinbarungen: Gemeinschaftliche Tätigkeiten vs. Gemeinschaftsunternehmen

Entscheidendes Merkmal für die Klassifizierung eines *joint arrangement* sind die **Rechte** und **Pflichten** der beteiligten Parteien. Bestehen diese 20
- bezüglich der **einzelnen Vermögenswerte** und **Schulden** der gemeinsamen Vereinbarung, liegt eine *joint operation* vor (IFRS 11.15);

- am **Nettovermögen** (*net assets*), somit am Eigenkapital, handelt es sich um ein *joint venture* (IFRS 11.16).

21 Soweit keine separate Einheit (*separate vehicle*) als Träger des Vermögens und der Schulden existiert, liegt zwingend eine *joint operation* vor (IFRS 11.B16). Als Beispiel nennt der Standard Vereinbarungen, bei denen
- jede Partei bestimmte **eigene Vermögenswerte** verwendet und **eigene Schulden** eingeht oder
- beide Parteien einen **Vermögenswert gemeinsam** betreiben und unterhalten, dabei aber jeweils für eigene Zwecke (*outputs*) nutzen.

Ein Anwendungsfall der ersten Konstellation kann u. U. bei der als BGB-Innen- oder -Außengesellschaft betriebenen **Bau-ARGE** gegeben sei, bei der das funktional wesentliche Vermögen – auf das unwesentliche kommt es u. E. nicht an[3] – bei den Gesellschaftern bleibt (Rz 22). Im zweiten Fall liegt nach deutschem Recht häufig **Bruchteilseigentum** vor.[4]

Der Begriff der **separaten Einheit** (*separate vehicle*) ist allerdings unbestimmt. Er ist definiert als „*separately identifiable financial structure, including separate legal entities or entities recognised by statute, regardless of whether those entities have a legal personality*" (IFRS 11.A). **Rechtlich separierte** (rechtsfähige) Einheiten gelten regelmäßig als separat.[5] In anderen Fällen kommt es auf die **abgrenzbare Finanzstruktur** an, die etwa durch ein eigenständiges Rechnungswesen oder eine eigenständige Finanzierung dargestellt werden kann. Dabei bleibt allerdings unklar, ob erst die Aufnahme von Fremdmitteln durch das *joint arrangement* als Darlehensnehmer selbst eine eigenständige Finanzierung darstellt oder ein für die gemeinsame Zusammenarbeit zweckgebunden aufgenommenes Darlehen einer der Parteien ausreicht. Ein lediglich aus abrechnungstechnischen Gründen geführtes gemeinsames Bank- oder Finanzierungskonto der Parteien reicht jedenfalls nicht.[6]

Aber auch die eigene Rechtsfähigkeit begründet nicht notwendig eine separate Einheit. Nach dem Beispiel in IFRS 11.B17 führt eine Vereinbarung über die gemeinsame Herstellung eines Produkts, bei der jede Partei für bestimmte Arbeitsschritte zuständig ist und dabei ihre eigenen Vermögenswerte verwendet und eigene Schulden begründet, nicht zu einem *separate vehicle*. Das gilt auch, wenn (nach deutschem Recht) eine BGB-Gesellschaft vorliegt, es dieser aber an Gesellschaftsvermögen fehlt. Auch bei rechtlich selbstständigen Einheiten kommt es somit auf die rechtliche **Zuordnung** von Vermögen und Schulden an.

22 Exemplarisch lässt sich die Bedeutung des *separate vehicle* und die Abgrenzung zwischen gemeinschaftlicher Tätigkeit und Gemeinschaftsunternehmen am Beispiel der Bau-ARGE darstellen. Die **Bau-ARGE** ist ein i. d. R. vorübergehender Zusammenschluss mehrerer in der Bauwirtschaft tätiger Unternehmen zur gemeinsamen Durchführung von Bauleistungen. Typische Rechtsform für die ARGE ist die BGB-(Außen-)Gesellschaft. Bei Gestaltung nach dem Muster-Vertrag des Hauptverbands der Deutschen Bauindustrie erfolgen die Verteilung

---

[3] Gl. A. Fuchs/Stibi, BB 2011, S. 1453.
[4] Vgl. Küting/Seel, 2011, S. 345; Böckem/Seel, WPg 2011, S. 823.
[5] Gl. A. z. B. Dittmar/Graupe, KoR 2012, S. 404 ff.
[6] Vgl. Holzapfel/Mujkanovic, PiR 2012 S. 340; Fuchs/Stibi, BB 2011, S. 1452; Küting/Seel, KoR 2011, S. 345; Vorauflage, § 34 Rz 26 in Bezug auf IAS 31.

des Gewinns und die Haftung im Innenverhältnis nach einem festen prozentualen Anteil.
- Nach einer ersten Auffassung[7] wird die die ARGE nur dann zu einem *separate vehicle*, wenn sie das funktional wesentliche Vermögen hält. Entscheidend sollen hier die Baugeräte sein. Da eines der Motive für die Gründung einer ARGE die Vermeidung von kapitalintensiven Geräteanschaffungen für einen einzigen Bauauftrag ist, stellt die Beistellung der Geräte durch Gesellschafter den Regelfall dar. Das funktional wesentliche Vermögen liegt nach dieser Ansicht dann gerade nicht bei der ARGE. Regelmäßig soll deshalb eine *joint operation* vorliegen. Hieran ändert auch die Eingehung eigener Verbindlichkeiten durch die ARGE nichts, da wesentliches Vermögen und wesentliche Schulden kumulativ der Gesellschaft zuzuordnen sein müssen, um aufgrund des Interesses am Nettovermögen ein *separate vehicle* und in der Folge ein *joint venture* zu bejahen. Die (Teil-)Rechtsfähigkeit einer als BGB-Außengesellschaft betriebenen ARGE ist nach dieser Auffassung keine hinreichende (auch keine notwendige) Bedingung für ein *separate vehicle*.[8]
- Nach einer zweiten Auffassung[9] ist die typische Bau-ARGE in der Rechtsform einer BGB-Außengesellschaft hingegen ein *separate vehicle*, da sie nach der Rechtsprechung des BGH eigenständiger Träger von Rechten und Pflichten sein kann.[10] Unerheblich soll insoweit sein, dass *know-how* und Maschinen i.d.R. von den Gesellschaftern gestellt werden. Die im Bau begriffene (nach IAS 11 bzw. IFRS 15 zu bilanzierende) Leistung soll als wesentliches Vermögen zu qualifizieren sein

Beide Positionen betonen zu Recht, dass es auf die im **Einzelfall** vorliegende Konstellation ankommt. Dazu gehört allerdings auch, dass losgelöst von der Frage des *separate vehicle* und von Problem der Rechtsfähigkeit nach dem **ökonomischen Gehalt** des *joint arrangement* gefragt wird. **Idealtypisch** ist hier wie folgt zu differenzieren:
- Die ARGE kommt nur auf Betreiben des Auftraggebers zu Stande, weil dieser für Mängelrügen und Gewährleistungsansprüche nur einen einzigen Vertragspartner haben möchte. Die Mitglieder der ARGE erbringen ihren Leistungsanteil mit eigenen Materialien, Arbeitnehmern und Maschinen ohne Berechnung an die ARGE. Auf Ebene der ARGE entstehen keine wesentlichen Aufwendungen. Die Mitglieder der ARGE erhalten ihren im voraus bestimmten **Anteil am Gesamterlös**. Hier ist die ARGE nur **Agent** der Beteiligten, die daher **ihre Kosten und ihren Anteil am Gesamterlös** ausweisen sollten.
- Die ARGE dient der Chancen- und Risikoteilung zwischen den Mitgliedern. Diese berechnen für Sach- und Personalgestellung fremdübliche Sätze gegenüber der ARGE. Das bei der ARGE entstehende **Nettoergebnis** wird zwischen ihren Mitgliedern geteilt. Diese sollten daher ein *(equity-)*Ergebnis aus der ARGE ausweisen.

---

[7] HOLZAPFEL/MUJKANOVIC, PiR 2012 S. 341 ff.
[8] MUJKANOVIC/HOLZAPFEL, PiR 2014, Heft 2
[9] IDW HFA in der 234. Sitzung, IDW-FN 2014, S. 101
[10] BGH Urteil v. 29.1.2001 II ZR 331/00, BGHZ 146, S. 341.

23 Praktisch relevante Fälle, in denen es an einem *separate vehicle* regelmäßig fehlt, sind
- **Emissionskonsortien** im Bankensektor,
- **Explorationskonsortien** in der Ölindustrie (sofern jedes Partnerunternehmen seine eigenen Anlagen verwendet).

24 Liegt eine **separate Einheit**, nach deutschem Recht regelmäßig also eine (Außen-)Gesellschaft mit Gesamthandsvermögen, vor, bedarf die Abgrenzung zwischen beiden Formen der gemeinsamen Vereinbarung einer weiteren **Einzelfallwürdigung**. Hierbei sind gem. IFRS 11.17 folgende Faktoren zu berücksichtigen:
- **Struktur** und **Rechtsform** der Vereinbarung inkl. (sonstigen) vertraglichen **Abreden** (Rz 25),
- andere Sachverhalte und **Umstände** (Rz 26).

25 Aus Sicht der **Rechtsform** gilt: **Gesamthandsvermögen** ist ein Indikator (nicht mehr und nicht weniger) für eine Beteiligung am Nettovermögen, also ein *joint venture*.[11] Dabei kommt es u. E. nicht darauf an, ob Gläubiger die Gesellschafter wegen der Gesellschaftsschulden unmittelbar in Anspruch nehmen können (wie bei der BGB-Gesellschaft oder nach § 128 HGB bei der OHG). IFRS 11.15 verlangt für eine *joint operation* **kumulativ** eine direkte Beteiligung an den Schulden **und** den Vermögenswerten. Gesamthandsvermögen indiziert aber gerade keine Beteiligung an den einzelnen Vermögenswerten. Somit ist die unmittelbare Haftung unerheblich.[12] Nach anderer, aber zu gleichen Ergebnissen führender Begründung entspricht die unbeschränkte Haftung wirtschaftlich den Garantien oder Bürgschaften für alle Gesellschaftsschulden, die für sich genommen gem. IFRS 11.IE.44 ff. und IFRS 11.B27 ebenfalls keine *joint operation* indizieren.[13] Die unmittelbare Beteiligung an Vermögenswerten (und Schulden) soll aber auch durch **vertragliche Vereinbarungen** begründet werden können. IFRS 11.B27 enthält dazu eine exemplarische Tabelle. Bei Gesamthandsvermögen nach deutschem Recht sind diese Beispiele nicht einschlägig.[14] Nach einer Mindermeinung soll die Beteiligung an einer Personen(handels)gesellschaft kein *joint venture* indizieren, da die Gesellschafter anders als bei der Kapitalgesellschaft unmittelbar an den Rechten und Pflichten beteiligt seien.[15] Dieser Auffassung steht u. E. die Rechtsfähigkeit der Personengesellschaften entgegen.

26 Soweit Gesamthandsvermögen vorliegt und damit ein *joint venture* indiziert ist, kann dies im deutschen Rechtsraum (und vielen anderen Jurisdiktionen[16]) daher nur noch durch **sonstige Fakten** und **Umstände** widerlegt werden. IFRS 11.B31 f. führt das Beispiel einer **(Zuliefer-)Gesellschaft** an, deren Leistungen ausschließlich von den gemeinschaftlich Handelnden abgenommen werden.

---

[11] Vgl. für eine Diskussion PwC, Manual of Accounting IFRS 2014, Ch. 28A.66 ff.
[12] Gl. A. KPMG, Insights to IFRS 2014/15, Ch 3.6.160.20; ähnlich BÖCKEM/SEEL, WPg 2011, S. 824.
[13] Vgl. etwa FUCHS/STIBI, BB 2011, S. 1454.
[14] Gl. A. FUCHS/STIBI, BB 2011, S. 1454.
[15] Busch/Zwirner, IRZ 2012, S. 219.
[16] Vgl. KPMG, Insights into IFRS 2014/15, Ch 3.6.170.50.

Gemeinsame Vereinbarungen § 34

> **Beispiel**
> Die in der JA GmbH betriebenen gemeinsamen Aktivitäten bestehen allein darin, Leistungen an die beiden 50-%-Gesellschafter X und Y zu erbringen. X und Y sind die alleinigen Leistungsabnehmer und damit die einzige relevante Quelle von *cash flows* der GmbH, deren Tätigkeit überdies nicht auf Gewinnerzielung, sondern auf Kostendeckung angelegt ist.

Hier gilt gem. IFRS 11.B32 Folgendes:
- Die **Schulden** der separaten Einheit werden in substanzieller Betrachtung nicht aus einem irgendwie zustande kommenden Gesamtergebnis bedient, sondern von den Parteien des *joint arrangement* nach Maßgabe ihrer Leistungsabnahme.
- Der Nutzen der **Vermögenswerte** der separaten Einheit kommt den Parteien nicht primär über den Beitrag zu Nettovermögen und Nettoergebnissen der separaten Einheit, sondern unmittelbar über die Leistungsabnahme zu.
- In substanzieller (= **wirtschaftlicher**) **Betrachtung** besteht damit eine Beteiligung an den **einzelnen Vermögenswerten und Schulden** und damit eine *joint operation*.

Nach dem Beispiel in IFRS 11.B32 gilt dies bereits dann, wenn voraussichtlich so gut wie alle Leistungen an die Gesellschafter erbracht werden. Weder eine zweite Zwecksetzung des Gesellschaftsvertrags („... oder Lieferungen an Dritte") noch tatsächliche, aber unwesentliche Lieferungen an Dritte ändern daher etwas am Befund. Dies erscheint konsequent, da die Erwägungen von IFRS 11.B32 gerade mit *substance-over-form*-Gedanken begründet werden und damit rechtlichen Zwecksetzungen und unwesentlichen Fakten keine primäre Bedeutung zukommt.

Nach vorläufiger Entscheidung des IFRS IC (Update November 2014) sind die anderen Tatsachen und Umstände nur dann geeignet die gesellschaftsrechtliche Struktur zu „widerlegen", wenn diese Rechte und Pflichten (z.B. auf Abnahme des Output) begründen. Der IFR IC weist außerdem darauf hin, dass bei gleicher ökonomischer Struktur zweier *joint arrangements* die Entscheidung, ob ein Gemeinschaftsunternehmen vorliegt, von der gesellschaftsrechtlichen Struktur abhängen kann, da Fakten und Umstände bei gesellschaftsrechtlicher Verselbständigung nur dann bedeutsam sind, wenn sie die Grundannahme – eigene Gesellschaft folgt i.d.R. Gemeinschaftsunternehmen – widerlegen.

Ändern sich Tatsachen und Umstände, ist auch die Klassifizierung eines *joint arrangement* auf der Grundlage der neuen Fakten vorzunehmen und ggf. anzupassen (IFRS 11.19).

Im Rahmen einer **einzigen** gemeinsamen Vereinbarung können nach dem Beispiel in IFRS 11.IE14 ff. **gleichzeitig** eine gemeinschaftliche Tätigkeit (*joint operation*) und ein Gemeinschaftsunternehmen (*joint venture*) vorliegen.

27

> **Beispiel**
> A und B vereinbaren in einem Rahmenvertrag Produktion und Vertrieb eines neuen Medikaments. Die Produktion wird über die P GmbH betrieben, der Vertrieb über die V GmbH. An beiden Gesellschaften ist A mit 60 % und B

2295

> mit 40 % beteiligt. Entsprechend dem Rahmenvertrag bedürfen jedoch alle wesentlichen Entscheidungen der Einstimmigkeit.
> Die P GmbH vertreibt ihre Produkte ausschließlich an die V GmbH und erhält von dieser Erstattung der Kosten. Die V GmbH beliefert eine Vielzahl von externen Kunden.
> Beurteilung gem. IFRS 11.IE
> Als reine Zuliefergesellschaft (Rz 26) ist die P trotz rechtlicher Verselbstständigung (GmbH) nur als gemeinschaftliche Tätigkeit anzusehen. Die Vermögenswerte, Schulden, Erträge und Aufwendungen der P sind daher bei den gemeinschaftlich Handelnden jeweils anteilig zu erfassen.
> Die V GmbH stellt hingegen ein *joint venture* dar, das die Parteien nach der *equity*-Methode konsolidieren (Rz 2).

Die vorstehende Lösung des IASB ist u.E. unbefriedigend. Würden A und B Produktion und Vertrieb unter einem **einheitlichen rechtlichen Mantel** (P&V GmbH) betreiben, wäre die Aktivität insgesamt als Gemeinschaftsunternehmen zu werten. Es leuchtet im Rahmen der explizit von IFRS 11 verfolgten wirtschaftlichen Betrachtungsweise (Rz 26) nicht ein, warum bei Aufteilung auf zwei Rechtssubjekte eine andere Beurteilung geboten sein soll. Angesprochen ist damit insgesamt die Frage nach dem Bilanzierungs- bzw. Konsolidierungsobjekt (*unit of account*). IFRS 11.BC35 hält diesbezüglich fest: „*The unit of account of a joint arragement is the activity that two or more parties have agreed to control jointly.*" Im vorstehenden Beispiel ist die Produktion aber kein Selbstzweck. Sie erfolgt, um die hergestellten Produkte anschließend am Markt zu veräußern. Insoweit liegt ein einheitliches Geschehen vor, das u.E. auch dann als *joint venture* zu würdigen ist, wenn es rechtlich auf zwei Gesellschaften aufgeteilt ist.

28 Die Qualität eines *joint arrangement* kann sich **im Zeitablauf ändern**, etwa derart, dass das *joint arrangement* einige Jahre nur die beiden Gesellschafter beliefert, danach aber (geplant oder ungeplant) sukzessive Drittkunden gewinnt. U. E. ist in derartigen Fällen die bei Gründung getroffene Qualifikation (im Beispiel als *joint operation*) nicht ein für alle Male beizubehalten, sondern gem. IFRS 11.19 eine Neuqualifizierung (im Beispiel als *joint venture*) geboten, sobald sich die Umstände signifikant (im Beispiel durch Drittkundengeschäft) verändert haben (IFRS 11.19).

4 Bilanzierung/Konsolidierung bei den gemeinschaftlich herrschenden Parteien

4.1 Beteiligung an einem Gemeinschaftsunternehmen

29 Die Beteiligung an einem Gemeinschaftsunternehmen ist nach IFRS 11.24 im **Konzernabschluss** nach der *equity*-Methode gem. IAS 28 zu erfassen (→ § 33 Rz 61 ff.). Neben der Beteiligung bestehende Verpflichtungen, etwa in Form von Bürgschaften oder unbeschränkten Haftungen, können ggf. zum Ansatz einer Schuld führen. Die Konsolidierung *at equity* ist **ausnahmsweise** insoweit nicht geboten, als die Beteiligung direkt oder indirekt durch eine *venture-capital*-Organisation gehalten und nach IAS 39/IFRS 9 erfolgswirksam zum *fair value* bilanziert wird (Rz 4).

Für die Bilanzierung der Beteiligung im **Einzelabschluss** verweist IFRS 11.26b auf IAS 27.10. Hiernach besteht wie bei Beteiligungen an Tochter- oder assoziierten Unternehmen (→ § 32 Rz 174) ein **Wahlrecht** zwischen 30
- Anschaffungskostenbewertung und
- Bilanzierung nach IAS 39/IFRS 9.

Eine bis 2004 zulässige, dann abgeschaffte *at-equity*-Bewertung im Einzelabschluss ist nach dem im August 2014 vorgelegten *Amendment* zu IAS 27 ab 2016 als Wahlrecht wieder zugelassen.

Der einzelbilanzielle **Anschaffungskostenbegriff** von IAS 27, IAS 28 und IAS 31 deckte sich in der Vergangenheit nicht durchgehend mit dem des Handelsrechts. Die Ausschüttung von vor dem Erwerb entstandenen Gewinnen (Altrücklagen) führte zur Minderung des Ansatzes (Buchung: per Dividendenforderung an Beteiligung). Nach IAS 27.12 sind hingegen empfangene Dividenden nun in jedem Fall, auch bei Ausschüttung von Altrücklagen, als Ertrag auszuweisen. 31

Bei der **einzelbilanziellen Zugangsbewertung** sind direkt zurechenbare **Anschaffungsnebenkosten** i. d. R. zu aktivieren. Für die Bilanzierung nach IAS 39 bzw. IFRS 3 ergibt sich dies aus IAS 39.43 bzw. IFRS 9.5.1.1 i. V. m. IFRS 9.5.7.5, für die Bilanzierung *„at cost"* aus der allgemeinen Bedeutung des Anschaffungskostenbegriffs (→ § 8 Rz 11). Die direkt zurechenbaren Kosten sind nur dann sofort als Aufwand zu behandeln, wenn die Anteile erfolgswirksam zum *fair value* bilanziert werden (IAS 39.43/IFRS 9.5.1.1). 32

Besondere Regelungen bestehen aber für Anteile an Gemeinschaftsunternehmen, die lediglich zum Zweck der **Weiterveräußerung** erworben und gehalten werden (IFRS 11.26 i. V. m. IAS 27.10). Unter Berücksichtigung dieser Sonderregeln ist in der einzelbilanziellen Darstellung von Anteilen an Gemeinschaftsunternehmen zwischen vier Fällen zu unterscheiden:

- Die bisher zu Anschaffungskosten bilanzierten Anteile werden ausschließlich zum **Zweck der Veräußerung** gehalten. Schon konzernbilanziell sind sie als *held-for-sale assets* i. S. v. IFRS 5 mit Erfolgswirksamkeit der Wertänderungen zu behandeln (→ § 29 Rz 31). Diese Qualifizierung ist auch in die **Einzelbilanz** zu übernehmen. Allerdings können sich Bewertungsunterschiede zur Konzernbilanz ergeben. Anzusetzen ist jeweils der niedrigere Betrag aus bisheriger Bewertung (im Konzernabschluss: *at equity*, im Einzelabschluss auch: Anschaffungskosten oder *fair value*) und dem Nettozeitwert *(fair value less cost to sell)*. Liegt der Nettozeitwert z. B. unter dem konzernbilanziellen *equity*-Wert, aber über dem einzelbilanziellen Anschaffungskostenwert, ist nur konzernbilanziell zum Nettozeitwert zu wechseln.
- Die Anteile werden aus *materiality*-**Gründen** konzernbilanziell nicht *at equity* erfasst. Sie werden konzern- und einzelbilanziell zu Anschaffungskosten oder zum *fair value* bewertet. Bei *fair-value*-Bewertung sind sie im zeitlichen Anwendungsbereich von IAS 39 regelmäßig als veräußerbare Werte *(available-for-sale assets)* mit Erfolgsneutralität der Wertänderungen zu qualifizieren. Im zeitlichen Anwendungsbereich von IFRS 9 sind sie als *equity-instruments* einzustufen mit einem Wahlrecht zwischen erfolgsneutraler und erfolgswirksamer Behandlung der Wertänderungen.

2297

- Die Anteile werden im Konzernabschluss *at equity* konsolidiert. Einzelbilanziell werden sie wahlweise *at equity* (ab 2016) bzw. zu Anschaffungskosten oder zum *fair value* bewertet. Im letzten Fall sind sie nach IAS 39 regelmäßig als veräußerbare Werte (*available-for-sale assets*), nach IFRS 9 als *equity instruments* zu qualifizieren.
- Es wird zulässigerweise **kein Konzernabschluss** aufgestellt. Einzelbilanziell werden die Anteile wahlweise *at equity* (ab 2016) bzw. zu Anschaffungskosten oder zum *fair value* bewertet. Im letzten Fall sind sie nach IAS 39 regelmäßig als veräußerbare Werte (*available-for-sale assets*), nach IFRS 9 als *equity instruments* zu qualifizieren.

4.2 Beteiligung an einer gemeinschaftlichen Tätigkeit

33 Soweit die Investoren (*joint operators*) Rechte bzw. Verpflichtungen hinsichtlich der Vermögenswerte und Schulden der gemeinschaftlichen Tätigkeit haben, sind diese Posten und die mit ihnen verbundenen Erfolgskomponenten sowohl im Einzelabschluss des *joint operators* (IFRS 11.26a) als auch in dessen Konzernabschluss **anteilig** zu berücksichtigen (IFRS 11.20). In der Wirkung entspricht dies im Wesentlichen zunächst der früheren (als Wahlrecht ausgestalteten) Quotenkonsolidierung (von Gemeinschaftsunternehmen) nach IAS 31.[17]

34 Neben quotal abzubildenden gemeinschaftlichen Schulden ist auch der Fall denkbar, dass z.B. aus Gründen der besseren Bonität nur ein Partnerunternehmen nach außen als Schuldner fungiert, während im Innenverhältnis die **Schulden gemeinschaftlich** getragen werden. Hierzu folgendes Beispiel:

> **Beispiel**
> Partnerunternehmen A, B und C halten zu je einem Drittel ein vermietetes Gebäude.
> - Wegen der besseren Bonität und Bankbeziehung wird die Finanzierung im Außenverhältnis allein von A getragen.
> - Im Innenverhältnis übernehmen jedoch B und C ihren Anteil an den Tilgungen und Zinsen.
>
> Unstritting dürfte die anteilige Erfassung (⅓) der Zinsaufwendungen im Abschluss des A sein. Fraglich ist, wie mit den Schulden zu verfahren ist.
> Fraglich erscheint, ob A die teilweise für Fremdrechnung eingegangene Verbindlichkeit voll passivieren und im Gegenzug einen Ausgleichsanspruch ausweisen muss (Bruttobilanzierung) oder
> nur ein Drittel der Verbindlichkeit passiviert (Nettobilanzierung) und dabei im Anhang die voll umfängliche Haftung offenlegt.
> U. E. spricht der Grundsatz *substance over form* für die zweite Vorgehensweise, die zudem den Vorzug hat, zum anteiligen Ansatz der Vermögenswerte zu korrespondieren.

35 Nach Maßgabe des vorgenannten Beispiels ist u.e. für den Fall einer **überproportionalen Finanzierung durch einen Partner** dann zu verfahren, wenn im Innenverhältnis die anderen Partner ihren Anteil an den Schulden und den Aufwendungen übernehmen. Möglicherweise findet eine solche Schulden- und Aufwandsteilung

---

[17] Vgl. Freiberg, PiR 2011, S. 175ff.

aber nicht statt, z. B. weil ein anderer Partner sonstige Leistungen (Know-how usw.) erbringt. In diesem Fall bleibt es bei der vollständigen Erfassung von Schulden und Aufwendungen bei dem finanzierenden Partner.

Wird der eigene Finanzierungsbeitrag ausdrücklich einer als *separate vehicle* betriebenen gemeinschaftlichen Aktivität **weiter belastet**, d. h., entstehen beim Partnerunternehmen im Verhältnis zur gemeinschaftlich betriebenen Einheit Zinserträge und in der separaten Einheit selbst Aufwendungen, so sind u. E. die Beträge zu saldieren. Der alternative Ausweis eines Zinsaufwandes gegenüber der Bank, eines gleich hohen Zinstrages gegenüber der separaten Einheit und eines anteiligen Zinsaufwandes aus dem *joint venture* würde zu zu hohen Zinsaufwendungen und zu tatsächlich nicht entstandenen Zinserträgen führen.

36

Betroffen von den Regelungen zur gemeinschaftlichen Tätigkeit (*joint operation*) sind neben als Bruchteilsgemeinschaft oder als BGB-Innengesellschaft strukturierten *joint arrangements* aber auch Beteiligungen an **Zuliefergesellschaften**, deren Leistungen fast ausschließlich an die gemeinschaftlich herrschenden Gesellschafter erbracht werden (Rz 26). Fraglich ist dann, ob der in der Bilanz des Investors (*joint operator*) zu erfassende Anteil sich nach der gesellschaftsrechtlichen Beteiligungsquote oder nach dem Anteil am Output der Untergesellschaft (Abnahmequote) berechnet. Aus der in IFRS 11.BC38 vorgenommenen Abgrenzung von der Quotenkonsolidierung alten Rechts (anteilige Zurechnung nach der Beteiligungsquote) wird im Schrifttum z. T. auf eine Zurechnung nach der **Abnahmequote** geschlossen.[18] Ein entsprechendes Vorgehen würde aber zu schwer lösbaren Problemen führen, wie folgendes Beispiel zeigt.

37

> **Beispiel**
>
> A und B gründen Anfang 01 die JA GmbH, deren Leistungen ausschließlich an die beiden Gesellschafter geliefert werden sollen. Beide Gesellschafter sind mit 50 % an der GmbH beteiligt. Die Gesellschafter gehen bei Gründung von einer Leistungsabnahme von jeweils 50 % aus. Dem entspricht auch die gesellschaftsrechtliche Beteiligungsquote. In 01 erwirbt die JA GmbH u. a. ein Produktionsgrundstück für 1 Mio. EUR, bebaut dieses und beginnt Anfang 02 mit der Produktion.
> Aufgrund veränderter Marktanteile nimmt A von der Produktion des Jahres 02 nur 40 % ab, B hingegen 60 %. Nach Erkenntnisstand zum 31.12.02 wird sich mittelfristig an diesem Verhältnis wenig ändern.
> Zum 31.12.01 ist der Anteil am Produktionsgrundstück (und anderen Vermögenswerten sowie an den Schulden) bei A und B mit jeweils 0,5 Mio. EUR anzusetzen. Bei einer outputorientierten Betrachtung müsste dieser Anteil per 31.12.02 bei A auf 0,4 Mio. EUR verringert, bei B auf 0,6 Mio. EUR erhöht werden.

Für solche durch Verschiebungen der nachhaltig erwarteten Output-Quote bedingten Änderungen in der anteiligen Bilanzierung (Zu-/Abgänge von Vermögenswerten bzw. Schulden) kommen **theoretisch** drei Darstellungsvarianten infrage:[19]

---

[18] Vgl. KÜTING/SEEL, KoR 2011, S. 349.
[19] Vgl. LÜDENBACH/SCHUBERT, PiR 2012, S. 5.

- **GuV-wirksame** Behandlung (im Beispiel bei A bezogen auf das Produktionsgrundstück: per Aufwand 0,1 Mio. EUR an Grundstück 0,1 Mio. EUR);
- Qualifizierung als **sonstiges Ergebnis** (*other comprehensive income*) (im Beispiel bei A: per Rücklagen 0,1 Mio. EUR an Grundstück 0,1 Mio. EUR);
- Einbuchung einer **Quasi-Forderung** oder Quasi-Verbindlichkeit (im Beispiel bei A: per Forderung gegen B 0,1 Mio. EUR an Grundstück 0,1 Mio. EUR).

Gegen eine **GuV-wirksame** Behandlung spricht der fehlende Aufwands-/Ertragscharakter. Weder lässt sich im Beispiel eine Wertminderung des Grundstücks erkennen, noch hat A einen Anteil am Grundstück entschädigungslos an B abgegeben. Eine Qualifizierung der Änderung als **sonstiges Ergebnis** scheidet ebenfalls aus, weil dies nach IAS 1.88f. nur bei ausdrücklicher Festlegung in einem Einzelstandard zulässig ist; weder IFRS 11 noch andere Standards behandeln aber den hier diskutierten Fall. Eine Bilanzierung als **(Quasi-)Forderung** (oder **-Verbindlichkeit**) steht entgegen, dass die geänderte Output-Quote tatsächlich keine Ansprüche und Verpflichtungen zwischen den Gesellschaftern, überdies auch keine gegenüber der Untergesellschaft begründet. Als Zwischenfazit zu obigem Beispiel ist daher festzuhalten: Eine unter Berufung auf IFRS 11.BC38 befürwortete Erfassung von Vermögenswerten und Schulden nach Output-Anteilen ist bei im Zeitablauf wechselnden Abnahmequoten im gegebenen IFRS-Regelwerk kaum darstellbar.

Dies gibt Anlass, die Auslegung von bzw. Berufung auf IFRS. 11BC38 infrage zu stellen. Die entscheidende Textstelle lautet wie folgt:

„The first difference [between proportionate consolidation – IAS 31 – and joint operations – IFRS 11 -] relates to the fact that the rights and obligations, as specified in the contractual arrangement, that an entity has with respect to the assets, liabilities, revenues and expenses relating to a joint operation might differ from its ownership interest in the joint operation. The IFRS requires an entity with an interest in a joint operation to recognise assets, liabilities, revenues and expenses according to the entity's shares in the assets, liabilities, revenues and expenses of the joint operation as determined and specified in the contractual arrangement, rather than basing the recognition of assets, liabilities, revenues and expenses on the ownership interest that the entity has in the joint operation."

Hiernach **kann** (*„might"*) eine Abweichung von der Beteiligungsquote geboten sein, sie muss es aber nicht. Zu einer solchen Abweichung, insbesondere einem Abstellen auf Output-Abnahmequoten, kommt es vielmehr nur dann, wenn entsprechende Abweichungen in einer Vereinbarung festgelegt sind (*„specified in the contractual arrangement"*). In der Praxis fehlt es bei den hier zu betrachtenden Fällen regelmäßig an solchen Festlegungen. Die wichtigste Festlegung der Zusammenarbeit ist der Gesellschaftsvertrag selbst, der wiederum i.d.R. für die Verteilung von laufenden Ergebnissen und Liquidationsergebnissen auf die Beteiligungsquote abstellt. Die Festlegungen der gemeinschaftlich Handelnden (Gesellschaftsvertrag) und die Beteiligungsquote (ebenfalls Gesellschaftsvertrag) entsprechen sich dann, sodass eine outputorientierte Bilanzierung der Vermögenswerte und Schulden gar nicht zum Tragen kommt. I. d. R. bleibt es daher bei als *joint operation* zu qualifizierenden **Zuliefergesellschaften** bei einer Bilanzierung nach der **Beteiligungsquote**. Eine andere Beurteilung kann u. U. dann infrage kommen, wenn auch die – vom Kapital und Gewinnanteil abweichende – Abnahmequote in den Gründungsdokumenten fixiert ist und gem. dieser Vereinbarung auch tatsächlich verfahren wird. Für solche Fälle schlägt eine Minderheitsposition im Schrifttum[20] vor, Vermögenswerte und Schulden sowie Aufwendungen und Erträge auf Basis des Abnahmeanteils zu bilanzieren und die Abweichungen von der gesellschaftsrechtlichen Beteiligung am Eigenkapital und am Ergebnis in einem „Anteil anderer Gesellschafter" zu erfassen.

> **Beispiel**
> Die Anfang 01 gegen Bareinlage von je 1.000 GE durch X und Y gegründete JO ist per 31.12.01 schuldenfrei und hat ein Aktivvermögen von 3.000 GE. Von dem Eigenkapital von ebenfalls 3.000 GE entfallen 2.000 GE auf das gezeichnete Kapital und 1.000 GE auf das Jahresergebnis. Am Nettovermögen und Ergebnis sind X und Y mit je 50 % beteiligt, die vertraglich fixierte Abnahmequote beträgt jedoch 60 % zu 40 %.
> Hier soll der Anteil an JO in der Bilanz der X vor „Beteiligungskonsolidierung" wie folgt abzubilden sein:
> Div. Aktiva 1.800 GE (60 % von 3.000)
> Gezeichnetes Kapital 1.000 GE (50 % von 2.000)
> Jahresüberschuss 600 GE (60 % von 1.000)
> Anteil anderer Gesellschafter 200 GE (60 %–50 % auf 2.000)
> Der Anteil anderer Gesellschafter soll sich sodann noch durch die „Konsolidierungsbuchung" „per Ergebnisanteil anderer Gesellschafter 100 an Anteil anderer Gesellschafter 100" auf 300 GE erhöhen, wobei die Sollseite des Buchungssatzes nicht den Jahresüberschuss tangieren, sondern analog dem Anteil nicht beherrschender Gesellschafter eines Tochterunternehmens am Konzernergebnis als Verwendung oder Aufteilung des Ergebnisses dargestellt werden soll.

Die offensichtliche Schwäche dieser – von uns nicht geteilten – Lösung liegt darin, dass es für einen „Anteil anderer Gesellschafter" weder in der Bilanz noch in der „Ergebnisverwendung" eine konzeptionelle Begründung gibt. Zur Argumentation wird allein eine Literaturauffassung betreffend die Quotenkonsolidierung von Gemeinschaftsunternehmen nach dem Vorgängerstandard IAS 31 herangezogen.[21] Dieser Rechtfertigungsversuch kann nur als mutig charakterisiert werden. Er läuft darauf hinaus, die Regelungslücke in IAS 31 (nur Literaturauffassung) zum Stopfen einer anderen Regelungslücke (in IFRS 11) zu nutzen, und vernachlässigt dabei, dass das lückenfüllende Schrifttum zu IAS 31 gar keine gemeinschaftliche Tätigkeit, sondern Gemeinschaftsunternehmen betraf, dort überdies die Quotenkonsolidierung, also eine nach IFAS 11.BC37ff. mehrfach von der quotalen Bilanzierung nach IFRS 11 verschiedene Methode.

---

[20] WEBER/KÜTING/SEEL/HÖFNER, KoR 2014, S. 241 ff.
[21] WEBER/KÜTING/SEEL/HÖFNER, KoR 2014, S. 241 ff.

Vorzugswürdig bleibt daher u.E. eine Bilanzierung nach den gesellschaftsrechtlichen Quoten. Soll ausnahmsweise doch auf eine davon abweichende vertraglich dauerhaft bestehende Abnahmequote abgestellt werden, so hat ein dafür technisch benötigter Ausgleichsposten am ehesten den Charakter einer Abgrenzung (*deferred income*), da es spätesten bei der Liquidation der *joint operation*, i.d.R. aber schon früher, durch Ausschüttungen zum Ausgleich oder Abbau der Differenzen zwischen Abnahmequote und gesellschaftsrechtlicher Quote kommt.

38 Das Partnerunternehmen hat im Falle der gemeinschaftlichen Tätigkeit seinen Anteil an den gemeinschaftlichen Erlösen und dem entsprechenden Gewinn anteilig zu dem Zeitpunkt auszuweisen, zu dem diese realisiert sind. Für die **Gewinnrealisierung** gelten dabei die Grundsätze der einschlägigen anderen Standards, d.h. IFRS 15 bzw. IAS 18 (→ § 25 oder IAS 11 (→ § 18).

39 Gerade in den klassischen *joint-venture*-Fällen des Hoch- und Tiefbaus sowie des Großanlagenbaus sind die Voraussetzungen für eine fortlaufende Ertragsrealisierung *(percentage of completion)* nach **IAS 11** regelmäßig gegeben. Die sich hieraus ergebenden Konsequenzen sind im folgenden Beispiel dargestellt:

> **Beispiel**
> S und W errichten als *joint operation* eine integrierte Schmiede- und Walzanlage für den Kunden K. Die Schmiedetechnik wird von S, die Walztechnik von W geliefert.
> - Der Auftrag zieht sich über mehr als einen Bilanzstichtag hin.
> - Der Gesamterlös von 200 wird im Verhältnis 50:50 geteilt.
> - Die Gesamtanlage weist zum Bilanzstichtag einen Fertigstellungsgrad von 75 % aus.
>
> Bei einem Gesamterlös von 200 sind gem. POC-Methode daher 150 als Erlös zu realisieren (→ § 18). Ist der Fertigstellungsgrad des Schmiedeteils zum Bilanzstichtag etwas höher als der des Walzteils, sodass sich bspw. ohne Betrachtung des *joint venture* ein Umsatz von 80 bei S und von 70 bei W ergäbe, und wird unterjährig entsprechend gebucht, so sind u.E. zwei Lösungen vertretbar:
> A) Der zeitlich unterschiedlichen Leistungserbringung wird Rechnung getragen, der Erlös bei S mit 80 in 01 und mit 20 in 02 erfasst.
> B) Die Erlöse von 80 werden um 5 gemindert (Erlös an Forderung aus POC), gleichzeitig wird der Aufwand korrigiert (Ausgleichsforderung gegen W an Aufwand).

Unabhängig davon, ob es sich um den Fall einer Auftragsfertigung oder um eine normale Fertigung handelt, müssen die Partnerunternehmen zum Bilanzstichtag prüfen, ob nach ihrem Erlös- oder Ergebnisanteil ein **Verlust** zu erwarten ist.
- Im Falle einer normalen Ertragsrealisierung ist der Verlust gegen Rückstellungen zu buchen.
- Bei langfristiger Auftragsfertigung mindert der Verlust den Aktivposten Forderungen aus POC oder erhöht den Passivposten Verbindlichkeiten aus POC bzw. Fertigungsaufträge mit passivem Saldo (→ § 18 Rz 72).

Fraglich ist, in welchem Umfang Transaktionen mit einer *joint operation* konsolidierungsähnliche Buchungen, insbesondere eine **Eliminierung von Aufwand gegen Ertrag** nach sich ziehen: 40

> **Beispiel**
> Die JO GmbH beliefert ausschließlich die beiden Gesellschafter A und X und ist deshalb als *joint operation* zu qualifizieren (Rz 26). In 01 produziert sie Erzeugnisse mit Kosten von 800 und liefert diese mit einem Aufschlag von 10 %, also zu 880, je hälftig an A und X. A veräußert die für 440 bezogenen Produkte noch in der gleichen Periode für 600 an Dritte weiter. A bilanziert im Umsatzkostenverfahren.
>
> **Beurteilung**
> 1. Nach IFRS 11.20 hat A in seinem Abschluss seinen Anteil an den Erlösen und den Kosten der JO auszuweisen, demnach Erlöse von 440 und Umsatzkosten von 400.
> 2. Gleichzeitig fallen aus den Geschäften mit Dritten 600 Erlöse an, denen als Umsatzkosten 440 für den Bezug der Produkte von JO gegenüber stünden.
> 3. Die „Summen-GuV" sähe daher wie folgt aus:
>
> | | Anteilig aus JO | eigene | Summe |
> | --- | --- | --- | --- |
> | Erlöse | 440 | 600 | 1040 |
> | Umsatzkosten | 400 | 440 | 840 |

Nach vorläufiger Entscheidung des IFRS IC (Update November 2014) ist in derartigen Fällen eine volle Eliminierung der „Innenumsätze" und -aufwendungen (im Beispiel jeweils 440) erforderlich.

Wird ein Anteil an einer *joint operation* erworben und dabei ein Kaufpreis bezahlt, der über dem anteiligen *fair value* des Nettovermögens liegt, ist u. E. im Fall der **fehlenden** *business*-**Qualität** der *joint operation* (→ § 31 Rz 15) entsprechend den Regelungen von IFRS 3.2b eine verhältnismäßige Aufstockung der erworbenen Vermögenswerte geboten, hingegen kein *goodwill* aufzudecken. 41

Bei *business*-**Qualität** der erworbenen *joint operation* sind hingegen nach dem im Mai 2014 vorgelegten *Amendment* zu IFRS 11 die Regeln von IFRS 3 analog anzuwenden (IFRS 11.21A). Dies bedeutet gem. IFRS 11.B33A Folgendes:
- Das (anteilig) erworbene Vermögen ist mit den Werten nach IFRS 3, d. h. i. d. R. mit dem *fair value* anzusetzen.
- Ein über den anteiligen Zeitwert hinausgehender Kaufpreis ist als *goodwill* zu erfassen.
- **Anschaffungsnebenkosten** sind nicht zu aktivieren, sondern sofort aufwandswirksam (→ § 31 Rz 39) zu erfassen.
- Eventuelle temporäre Differenzen führen zu **latenten Steuern**, da die Ausnahmebestimmung von IAS 12.15b und IAS 12.24b nicht einschlägig ist (→ § 26 Rz 92).

Wird ein Anteil an einer gemeinschaftlichen Tätigkeit ohne Änderung der Beherrschungsverhältnisse **aufgestockt,** ist nach dem vorgenannten *Amendment* (Rz 41) auch dabei danach zu differenzieren, ob ein *business* vorliegt (dann u. E. zusätzlicher *goodwill*) oder nicht (dann u. E. Verteilung des Unterschiedsbetrags 42 auf die Vermögenswerte).²² Der Standard selbst hält nur fest, dass eine Neubewertung (*remeasurement*) der alten Anteile nicht stattfindet, lässt aber offen, ob ein über den bisherigen Buchwert (unter Berücksichtigung der Anteilsquote) hinausgehender Kaufpreis nur als *goodwill* oder auch im Wege der Aufdeckung zusätzlicher stiller Reserven zu erfassen ist (IFRS 11.B33C). U. E. sollte zur Vermeidung gesplitteter Werte (alter Anteil an Vermögenswerten und Schulden nach alten Wertverhältnissen, neuer nach neuen) die Differenz als *goodwill* erfasst werden.

4.3 Transaktionen mit der gemeinschaftlichen „Einheit"

43 Erbringt der Investor Leistungen an die gemeinschaftliche „Einheit" oder bezieht er solche von ihr, ist wiederum nach der **Art** der gemeinsamen Vereinbarung zu differenzieren:
- Bei einem **Gemeinschaftsunternehmen** ist im Konzernabschluss die *at-equity*-Bewertung anzuwenden. Sie erfordert unabhängig von der Leistungsrichtung (*upstream* oder *downstream*) gem. IAS 28.20 auch eine **Zwischenergebniseliminierung** (→ § 33 Rz 75). Einzelbilanzielle Gewinne aus der Veräußerung oder dem Kauf von Waren sind daher etwa konzernbilanziell zunächst nur in dem Maße der Fremdbeteiligungsquote am Gemeinschaftsunternehmen realisiert. Erst mit Weiterveräußerung an Dritte ist auch für die eigene Beteiligungsquote eine Gewinnrealisierung gegeben. Wird durch den Leistungstausch einzelbilanziell ein Verlust realisiert, kann dieser ggf. Anlass für eine außerplanmäßige Abschreibung sein (IAS 28.33). Vorstehende Grundsätze gelten auch für einen Leistungsaustausch auf gesellschaftsrechtlicher Basis, also etwa durch Sacheinlagen oder Sachdividenden.
- Werden Vermögenswerte durch Kauf oder Sachbeitrag/Sacheinlage aus dem „eigenen" Bereich in den der **gemeinschaftlichen Tätigkeit** überführt oder umgekehrt, findet nach IFRS 11.B34 und 11.B36 ebenfalls zunächst eine Gewinn- und Verlustrealisierung nur nach Maßgabe der Fremdbeteiligungsquote statt. Im Verlustfall ist wiederum zu prüfen, ob nicht eine außerplanmäßige Abschreibung hinsichtlich der eigenen Quote geboten ist (IFRS 11.B35 und 11.B37). Da bei einer gemeinschaftlichen Tätigkeit konzern- und einzelbilanzielle Behandlung übereinstimmen, gilt Vorstehendes auch für den Einzelabschluss.

Zum Ganzen folgendes Beispiel:

Beispiel
A besitzt ein unbebautes Innenstadtgrundstück. B ist Bauunternehmer. A und B vereinbaren
- Alt. 1 eine Bruchteilsgemeinschaft zu je 50 %
- Alt. 2 eine BGB-Gesellschaft

über das Grundstück. Im Gegenzug erbringt B die Bebauung des Grundstückes. Erträge und Aufwendungen aus dem bebauten Grundstück stehen beiden zu je ½ zu.
Unabhängig davon, ob eine Bruchteilsgemeinschaft oder eine BGB-Gesellschaft vorliegt, gilt: A darf nur ½ der stillen Reserven im Grundstück

---

²² Vgl. ZEYER/FRANK, PiR 2013, S. 103 ff.

> realisieren, und B darf nur die Differenz zwischen ½ des Grundstückswertes (Erlös) und ½ der Kosten der Bauleistung als Gewinn erfassen.

Während im Regelfall bei der Aufgabe von Alleineigentum und der Begründung von Gemeinschafts- bzw. Gesamthandseigentum der Gewinn zwar nicht eigenanteilig, aber fremdanteilig realisiert wird, hat eine **Gewinnrealisierung vollständig zu unterbleiben**, wenn kein Veräuerung vorliegt, weil
- entweder die wesentlichen Risiken und Chancen beim Partnerunternehmen verbleiben und nicht auf die gemeinschaftliche Einheit übergehen
- oder es bei einem Tauschvorgang (Einlage gegen gesellschaftsrechtlichen Anteil) an wirtschaftlicher Substanz i.S.v. IAS 16 und IAS 38 fehlt. Im Einzelnen wird hierzu auf → § 13 Rz 25 verwiesen.

Ein Anwendungsfall der zweiten Variante könnte etwa gegeben sein, wenn A und B zu je 50 % eine gemeinsame Gesellschaft gründen, in die beide gleichwertige unbebaute Grundstücke einbringen, die sie anschließend gemeinschaftlich bebauen. Eventuelle stille Reserven wären dann nicht aufzudecken. Hingegen ist ein mit der Einbringung eventuell entstehender **Verlust** in **voller** Höhe aufzudecken, wenn sich aus dem Kauf- bzw. Anrechnungs- bzw. Einlagebetrag substanzielle Hinweise auf eine Wertminderung ergeben.

Zum buchungstechnischen Vorgehen bei der „Einbringung" mit „wirtschaftlicher Substanz" folgendes Beispiel:

> **Beispiel**
> A und B gründen eine *joint operation*. A bringt ein innerstädtisches Grundstück mit einem Buchwert von 100 und einem Zeitwert von 1.000 durch Vereinbarung einer Bruchteilsgemeinschaft (50:50) ein. B bebaut das Grundstück, wobei seine Bauleistung einen Marktwert von 1.000 hat, die eigenen Kosten jedoch nur 800 (Gewinn 200) betragen.
> A realisiert ½ der stillen Reserven, d.h. 450. B realisiert von seinem Gewinn von 200 ½, also 100. Beide buchen wie folgt:
> Buchungen bei A: bebautes Grundstück 550 an unbebautes Grundstück 100 und an Ertrag 450.
> Buchungen bei B: bebautes Grundstück 900 an Umsatz (Gewinnrealisierung) 500 und an aktivierte Eigenleistung 400.
> In der Summe der Bilanzen von A und B steht das Grundstück mit 1.450 zu Buche.
> - Hiervon entfallen 550 auf A (½ von Grund und Boden = 50 sowie ½ der Bauleistung = 500) und
> - 900 auf B (½ des Zeitwertes des Grund und Bodens = 500 sowie ½ der Baukosten = 400).

Ist der in das **Gemeinschaftsunternehmen eingelegte Gegenstand ein Tochterunternehmen**, bestand bisher ein Widerspruch zwischen den Regelungen zur *equity*-Methode in IAS 28 und den Vorschriften in IFRS 10. Während IAS 28 bei

Einlagen in oder Veräußerungen an das Gemeinschaftsunternehmen eine Gewinnrealisierung nur nach Maßgabe des Fremdanteils am Gemeinschaftsunternehmen vorsah, war nach IFRS 10.25 beim Verlust der alleinigen Beherrschung eine Gewinnrealisierung in vollem Umfang geboten. U. E. war hier unter dem Gesichtspunkt der lex specialis IFRS 10 zu folgen, der die spezielle Frage des Verlustes der alleinigen Kontrolle abschließend behandelt. Die so schon in den Vorauflagen vertretene Auffassung wird durch das im September 2014 vorgelegte *Amendment* zu IFRS 10 und IAS 28 bestätigt. Sofern das auf das Gemeinschaftsunternehmen übertragene Tochterunternehmen einen Geschäftsbetrieb, also ein *business* (entsprechend IFRS 3), darstellt (Regelfall), hat nach IAS 28.31A und IFRS 10.B99A eine vollständige Ertragsrealisierung beim Investor zu erfolgen. Betrifft die Transaktion nur die Veräußerung von Vermögenswerten ohne *business*-Qualität (also etwa auch die Veräußerung einer rein vermögensverwaltenden Ein-Objekt-Tochtergesellschaft), ist eine Teilerfolgserfassung vorzunehmen. Die in der Neuregelung vorgesehene Differenzierung nach *business*-Qualität gilt auch dann, wenn das veräußerte Vermögen nicht rechtlich als Tochterunternehmen (*share deal*), sondern im *asset deal* übertragen wird. Die Neuregelungen sind ab 2016 anzuwenden.

Unklar bleibt weiterhin die Behandlung der Einlage oder Veräußerung eines Tochterunternehmens in eine *joint operation*. Hier bleibt es bei dem Widerspruch zwischen IFRS 11.B34 (Gewinnrealisierung nur nach Maßgabe des Fremdanteils) und IFRS 10.25 (volle Realisierung), wobei u. e. aus den o. g. Gründen IFRS 10 der Vorrang gegeben werden sollte. Wird ein Tochterunternehmen bei Gründung einer *joint operation* eingelegt, so soll es nach dem im Mai 2014 vorgelegten *Amendment* zu IFRS 11 wiederum darauf ankommen, ob das Tochterunternehmen einen Geschäftsbetrieb (*business*) darstellt oder nicht. Für den zweiten Fall enthält auch die Neufassung von IFRS 11 keine besonderen Bestimmungen, sodass sich wiederum die Frage nach dem Vorrang von IFRS 11 oder IFRS 10 stellt, Für den ersten Fall schreibt die Neuregelung in IFRS 11.B33B die Behandlung des Erwerbs des Anteils an der *joint operation* analog IFRS 3 vor (Rz 41). Die Behandlung der Veräußerungsseite des Geschäfts wird nicht explizit angesprochen. Aus Konsistenzgründen müsste dann u. e. aber hier eine vollständige Realisierung des Entkonsolidierungsgewinns stattfinden.

48 IFRS 11.B34 beschränkt sich auf die Bilanzierung/Konsolidierung beim einlegenden bzw. veräußernden Partnerunternehmen. Die Bilanzierung im **Abschluss** der empfangenden *joint operation* wird nicht behandelt. Infrage kommt ein voller *fair-value*-Ansatz oder eine Kombination von Buchwertverknüpfung (hinsichtlich der Beteiligungsquote des Einbringenden) und *fair value* (hinsichtlich der Beteiligungsquote der anderen Investoren). U. E. ist der *fair-value*-**Ansatz vorzuziehen**.[23] Er entspricht bei Sacheinlage einzelner Güter den Regelungen von IFRS 2.10, bei Sacheinlage von Unternehmen den Regelungen von IFRS 3. Die Einlage wird dabei als Tauschvorgang und damit als Sonderform der Veräußerung behandelt. Für die einfache Veräußerung kann daher nichts anderes gelten. Voraussetzung ist in allen Fällen die Erlangung wirtschaftlichen Eigentums an den gekauften oder per Einlage erworbenen Gütern, regelmäßig durch die Übernahme der wesentlichen Chancen und Risiken.

---

[23] Vgl. im Einzelnen LÜDENBACH, PiR 2006, S. 93 ff., sowie mit gl. A. KMPG, Insights into IFRS, 2014/15, Ch. 3.6.330.

Gemeinsame Vereinbarungen § 34

4.4 Übergangskonsolidierung

Bei einem **Gemeinschaftsunternehmen** sind folgende Fälle der Übergangskonsolidierung (→ § 31 Rz 152 ff.) zu unterscheiden:

- Der Übergang zu einem **assoziierten Unternehmen** (oder umgekehrt) bleibt konzernbilanziell ohne Folgen, da vorher wie nachher die *equity*-Methode angewandt wird (IAS 28.22).
- Beim Wechsel zu einem **Finanzinstrument** ist dieses zum *fair value* einzubuchen (IFRS 9.5.1.1.), ein Unterschiedsbetrag zum auf die verbleibenden Anteile entfallenden Teil des *equity*-Wertes in erfolgswirksamer Form.
- Bei Übergang zu einem **Tochterunternehmen** wird der Unterschiedsbetrag zwischen dem *equity*-Wert und dem *fair value* der Anteile im Zeitpunkt der Aufwärtskonsolidierung erfolgswirksam (IFRS 3.43; → § 31 Rz 154).[24]

Änderungen bzgl. einer **gemeinschaftlichen Tätigkeit** sind nur für einen Fall explizit geregelt: Soll der Anteil an der gemeinschaftlichen Tätigkeit veräußert werden und erfüllt die beabsichtigte Veräußerung die Voraussetzungen von IFRS 5 (Veräußerung binnen 12 Monaten ist hochwahrscheinlich etc.; → § 29 Rz 8 ff.), so sind die (anteiligen) Vermögenswerte und Schulden jeweils gesondert als zur Veräußerung bestimmt auszuweisen (IFRS 5.6 ff., IFRS 11.BC51).

Ermessenbehaftet ist die Behandlung des folgenden Falles:[25]

Beispiel
An der ausschließlich für die Gesellschafter tätigen X GmbH waren bisher A und B zu je 50 % beteiligt. Im Verlauf der gemeinsamen Tätigkeit wird X zu einem *business*. Nunmehr erwirbt A die Anteile des B. Die X GmbH wird dadurch zu einem Tochterunternehmen der A.

Beurteilung
U. E. liegt eine *business combination* nach IFRS 3 vor. Unklar ist allerdings die Reichweite des Rückgriffs auf IFRS 3: Möglicherweise sind die stillen Reserven in Vermögenswerten und Schulden nur zu 50 % aufzudecken, da hinsichtlich des schon vorher von A gehaltenen Anteils ein konzerninterner Transfer von Vermögen und Schulden vorliegt (IFRS 3.38). Aus verwandten Gründen ist auch die sonst bei Aufwärtskonsolidierungen vorgesehene Aufdeckung stiller Reserven in den Altanteilen (IFRS 3.42) möglicherweise nicht einschlägig.

4.5 Konzernbilanzierung gem. IFRS 5 in Ausnahmefällen

Nicht *at equity*, sondern **ausnahmsweise** nach den Regeln von IFRS 5.39 (→ § 29), d.h. erfolgswirksam zum Netto-*fair-value*, erfolgt die Konzernbilanzierung von Gemeinschaftsunternehmen, wenn Anteile **veräußert** werden sollen (IAS 28.20). Die Veräußerungsabsicht ist im Allgemeinen dann widerlegt, wenn der Anteil nicht nach 12 Monaten (gerechnet ab Erwerb) weiterveräußert wurde (IFRS 5.8) und auch keine aktiven Verkaufsbemühungen inkl. Anpassung der Preisvorstellungen mehr unternommen werden (→ § 29 Rz 14). Das Gemein-

---

[24] Vgl. im Einzelnen auch KÜTING/SEEL, KoR 2011, S. 349 f.
[25] So auch IFRS IC, IFRIC-Update November 2011 (work in progress).

schaftsunternehmen ist dann rückwirkend *at equity* zu konsolidieren. Die 12-Monats-Frist kann bei ausstehenden Genehmigungen (Kartellamt etc.) ausnahmsweise verlängert werden (IFRS 5.9). Die Ausnahmeregeln von IFRS 5 gelangen auch bei erst später entstehender Veräußerungsabsicht zur Anwendung. Soweit Gemeinschaftsunternehmen vor Umqualifizierung nach IFRS 5 *at equity* bilanziert wurden, gelten mit Begründung der Veräußerungsabsicht die in → § 33 Rz 30 ff. dargelegten Regeln.

52 Der nach IFRS 5 bestehende Vorrang des Bilanzierungsobjekts „Beteiligung" gilt auch, wenn bereits **bei Erwerb** eine IFRS 5 genügende **Veräußerungsabsicht** vorlag (→ § 29 Rz 31), insbesondere die Realisierung der Veräußerung binnen 12 Monaten (IFRS 5.8) hochwahrscheinlich war. Ein derartiger zur Weiterveräußerung binnen 12 Monaten bestimmter Anteil an einem Gemeinschaftsunternehmen ist von vornherein mit dem *fair value less costs to sell* (→ § 29 Rz 36) anzusetzen (IFRS 5.11, IAS 31.2a). Zur *equity*- oder quotalen Konsolidierung kommt es nur dann, wenn die Weiterveräußerung wider Erwarten nicht binnen 12 Monaten gelingt.

5 Bilanzierung im Abschluss sonstiger Investoren

53 Auch für die Bilanzierung sonstiger, nicht an der gemeinschaftlichen Kontrolle teilhabender Investoren (*party to a joint arrangement*) ist nach der Art der gemeinsamen Vereinbarung (Rz 20) zu differenzieren, obwohl der sonstige Investor selbst nicht (kontrollierender) Teil dieser Vereinbarung ist. Im Einzelnen gilt:
- Bei **gemeinschaftlicher Tätigkeit** hat der sonstige Investor einzel- und konzernbilanziell jeweils seinen Anteil an den Vermögenswerten, Schulden und Ergebnissen auszuweisen (IFRS 11.23 und IFRS 11.27a).
- Bei einem **Gemeinschaftsunternehmen** ist zunächst zu prüfen, ob der sonstige Investor maßgeblichen Einfluss hat. Ist dies ausnahmsweise der Fall, hat er die Beteiligung konzernbilanziell *at equity* zu erfassen (IFRS 11.25), einzelbilanziell wahlweise zu Anschaffungskosten oder zum *fair value,* ab 2016 auch *at equity* (IFRS 11.27b i. V. m. IAS 27.10). Fehlt es an maßgeblichem Einfluss, ist die Beteiligung konzern- und einzelbilanziell gem. IAS 39/IFRS 9 zum *fair value* zu bewerten (IFRS 11.25 und IFRS 11.27b).

6 Latente Steuern

54 Wird der Anteil an einem Gemeinschaftsunternehmen *at equity* konsolidiert, gelten die unter → § 33 Rz 124 ff. dargestellten Regeln.
- *Inside basis differences* (→ § 26 Rz 139) zwischen den anteiligen Steuerbuchwerten des Gemeinschaftsunternehmens und deren anteilige und implizite Berücksichtigung im *equity*-Ansatz führen in jedem Fall zu Latenzen.
- Die Rechtsform entscheidet über die Frage, ob daneben latente Steuern auch auf *outside basis differences* entstehen (→ § 26 Rz 140).

55 Bei gemeinschaftlichen Tätigkeiten entstehen i. d. R. nur die **allgemeinen Steuerlatenzen**, die sich aus den unterschiedlichen Gewinnrealisierungszeitpunkten, unterschiedlichen Abschreibungen etc. ergeben. **Spezifische** Steuerlatenzen fal-

len kaum an, da die Regelungen von IFRS 11 (anteiliger Vermögensausweis etc.) i.d.R. den steuerbilanziellen Vorschriften entsprechen.

7 Ausweis

Für den Ausweis des *joint venture* in Bilanz und GuV des Partnerunternehmens ist zwischen den verschiedenen Formen des *joint venture* zu differenzieren: 56
- **Gemeinschaftliche Tätigkeit:** Auszuweisen sind jeweils anteilig Vermögen, Schulden, Aufwendungen und Erträge, und zwar unter üblichen Posten. Ggf. sind in eigenem Namen für Rechnung aller Partner eingegangene Verbindlichkeiten nur anteilig zu bilanzieren (Rz 43).
- **Gemeinschaftsunternehmen:** Bei der *equity*-Bilanzierung ist ein gesonderter Ausweis der *equity*-Beteiligung in der Bilanz und des *equity*-Ergebnisses in der GuV geboten (→ § 2 Rz 50).

Nach Abschaffung der Quoten-Konsolidierung durch IFRS 11 wird diskutiert, ob es möglich ist, das Ergebnis aus *equity*-Beteiligungen statt in einer Zeile in verschiedenen Zeilen, nämlich bei den operativen Beteiligungen (Beteiligungsunternehmen, deren Geschäftstätigkeit eine enge Verbindung zur Geschäftstätigkeit des Konzerns hat) im **operativen** Ergebnis, bei den Finanzbeteiligungen im **Finanzergebnis** auszuweisen. Hierzu wird auf § 2 Rz 84 verwiesen, zum Ausweis sonstiger Ergebnisbestandteile *(other comprehensive income)*, die aus *equity*-Beteiligungen stammen, auf § 2 Rz 93. 57

8 Angaben

Die Angabepflichten sind in IFRS 12 geregelt (IFRS 12.20–23 und IFRS 12 B.10ff./B18ff.) und sehen u.a. Folgendes vor: 58
- Erläuterung der wesentlichen Annahmen bzgl. der Beurteilung gemeinschaftlicher **Kontrolle**;
- Erläuterung, wie als separate Einheiten *(separate vehicle)* geführte gemeinsame Vereinbarungen **klassifiziert** werden, sowie Darlegung der Gründe für die Klassifizierung;
- **Identifikation** der wesentlichen gemeinsamen Vereinbarungen nach Name, Sitz, Gegenstand und Ort der wesentlichen Geschäftsaktivitäten sowie Angabe der **Beteiligungsquote** und ggf. abweichender Stimmrechtsanteil;
- für Gemeinschaftsunternehmen: zusammengefasste finanzielle **Informationen** zu den wesentlichen Bilanz- und GuV-Posten, Angabe des *fair value*, falls die *equity*-Methode angewendet wird und eine Marktnotierung besteht; aggregierte finanzielle Informationen für individuell unwesentliche Gemeinschaftsunternehmen.

Die zusammengefassten finanziellen Informationen umfassen Angaben zur Aufteilung des Vermögens des Gemeinschaftsunternehmens nach kurz- und langfristigen Vermögenswerten und Schulden sowie liquiden Mitteln, Angaben zu Erlösen, Abschreibungen, Finanzerträgen und -aufwendungen, Steuern, Ergebnis aus aufgegebenen Bereichen *(discontinued operation)* und sonstigem Ergebnis *(other comprehensive income)*. Auf die Checkliste Anhangsangaben wird verwiesen (→ § 5 Rz 8).

9 Anwendungszeitpunkt, Rechtsentwicklung

59 IFRS 11 ist anzuwenden für Geschäftsjahre, die ab dem 1.1.2013 beginnen (in der EU ab 2014). Eine vorzeitige Anwendung ist zulässig, wenn zugleich IFRS 10 und IFRS 12 sowie IAS 28 (in der Version von 2011) angewendet werden (IFRS 11.C1).
Umfangreiche Regelungen bestehen für anlässlich der Anwendung von IFRS 11 notwendige Änderungen der Konsolidierungs- bzw. Bilanzierungsmethoden:
- Übergang von der **Quotenkonsolidierung** zur *equity*-**Methode** bei Gemeinschaftsunternehmen: dDe Werte der Quotenkonsolidierung, Quotal erfasste Aktiva (einschl. *goodwill*) und Passiva ,werden am Beginn der Vergleichsperiode (1.1.2012/13) saldiert und bei positivem Saldo als *equity*-Wert angesetzt (IFRS 11.C2). Bei negativem Saldo ist zu prüfen, ob evtl. eine ansatzpflichtige Schuld (z. B. wegen drohender Inanspruchnahme aus unbeschränkter Haftung) vorliegt. Ist dies nicht der Fall, ist der negative Wert mit den Gewinnrücklagen zu verrechnen (IFRS 11.C4).
- Übergang von der *equity*-**Methode** zur **anteiligen Bilanzierung** von Vermögen und Schulden bei gemeinschaftlicher Tätigkeit: Die bisher saldiert im *equity*-Wert erfassten Vermögenswerte und Schulden (einschließlich *goodwill*) sind disaggregiert zu Beginn der Vergleichsperiode zu erfassen (IFRS 11.C9).
- Nicht geregelt ist der Übergang von der **Quotenkonsolidierung** zur **anteiligen Bilanzierung** von Vermögen und Schulden. Nur wenn der anteilige Vermögens-/Schuldausweis gem. IFRS 11 ausnahmsweise nicht nach der Beteiligungsquote erfolgt, werden sich hier Übergangseffekte ergeben, die dann u. E. erfolgsneutral zu erfassen sind.
- Betroffen vom Übergang kann auch der **Einzelabschluss** sein, dann nämlich, wenn bisher ein Anteil an einem Gemeinschaftsunternehmen bilanziert wurde und jetzt, da nach IFRS 11 „nur" eine gemeinschaftliche Tätigkeit vorliegt, anteilig Vermögen und Schulden auszuweisen sind. In diesem Fall ist die Beteiligung per 1.1.2012/13 gegen die anteiligen Vermögenswerte und Schulden auszubuchen und ein Differenzbetrag mit den Gewinnrücklagen zur verrechnen (IFRS 11.C12). Ggf. sind bei der Einbuchung des anteiligen Vermögens auch latente Steuern anzusetzen. Die Ausnahmeregeln von IAS 12 für im Zugangszeitpunkt entstehende temporäre Differenzen (→ § 26 Rz 100) gelten nicht (IFRS 11.C13).

Mit den Ende Juni 2012 veröffentlichten Änderungen zu den Übergangsleitlinien an IFRS 10, IFRS 11 und IFRS 12 (*Transition Guidance*) wurden auch Erleichterungen für IFRS 11 gewährt. Dabei wird die pflichtweise Angabe angepasster Vergleichszahlen auf die bei Erstanwendung unmittelbar vorangegangene Vergleichsperiode beschränkt (IFRS 11.C12A).

60 Der bis 2012 anwendbare Vorgängerstandard IAS 31 unterscheidet sich von IFRS 11 vor allem in folgenden zwei Punkten:
- Wird die gemeinschaftliche Aktivität über eine rechtlich selbstständige Einheit (insbesondere Personenhandels- oder Kapitalgesellschaft) betrieben, liegt nach IAS 31 ohne Weiteres ein Gemeinschaftsunternehmen vor. Nach IFRS 11 ist hingegen in wirtschaftlicher Perspektive zu beurteilen, ob nicht die normale Beteiligung am Nettovermögen substanziell durch eine Beteiligung an einzel-

nen Vermögenswerten, Schulden etc. verdrängt wird. Betroffen sind insbesondere Zuliefergesellschaften, die regelmäßig nach IFRS 11 als *joint operation* zu beurteilen sind.
- Soweit ein Gemeinschaftsunternehmen vorliegt, bestand nach IAS 31 konzernbilanziell das Wahlrecht zwischen Quotenkonsolidierung und *equity*-Konsolidierung. Nach IFRS 11 ist nur noch die *equity*-Konsolidierung zulässig.

Mit der Veröffentlichung von „*Investment Entities (Amendments to IFRS 10, IFRS 12 and IAS 27)*" am 31.10.2012 durch den IASB sollen Investmentgesellschaften als Mutterunternehmen ihre Beteiligungen nicht mehr konsolidieren (Bruttoerfassung). Zu erfassen ist stattdessen die Beteiligung zum *fair value* (IAS 39/IFRS 9). Voraussetzung der Anwendbarkeit ist die Erfüllung der Definition des Mutterunternehmens einer „Investmentgesellschaft" (u.a. Investmentfonds). Mit der Änderung ergeben sich auch Anpassungen anderer Standards, u.a. zu Anhangsangaben in IFRS 12 sowie IAS 27 für IFRS-Einzelabschlüsse mit Bezug zu Investmentgesellschaften. Eine Auswirkung auf die *equity*-Konsolidierung hat die Änderung indes nicht, da IAS 28 nicht geändert wird. Bereits jetzt besteht ein Wahlrecht für Wagniskapitalgesellschaften u. Ä., Unternehmen, Anteile an assoziierten Unternehmen oder *joint ventures* erfolgswirksam zum *fair value* (IAS 39/IFRS 9) zu bilanzieren (Rz 4). Die neuen Vorschriften sind auf Berichtsperioden anzuwenden, die nach dem 31.12.2013 beginnen. 61

Wird ein Anteil an einer *joint operation* erworben und dabei ein Kaufpreis bezahlt, der über dem anteiligen *fair value* des Nettovermögens liegt, sind bei *business*-Qualität der erworbenen *joint operation* nach dem im Mai 2014 vorgelegten *Amendment* zu IFRS 11 die Regeln von IFRS 3 analog anzuwenden (Rz 41). 62

Ist der in das **Gemeinschaftsunternehmen eingelegte Gegenstand ein Tochterunternehmen** und hat dieses *business*-Qualität, wird nach dem im September 2014 vorgelegten *Amendment* zu IFRS 10 und IAS 28 nach IAS 28.31A der Entkonsolidierungsgewinn in voller Höhe realisiert.

Eine bis 2004 zulässige, dann abgeschaffte *at-equity*-Bewertung im Einzelabschluss ist nach dem im August 2014 vorgelegten *Amendment* zu IAS 27 ab 2016 als Wahlrecht wieder zugelassen (Rz 30). 63

10 Zusammenfassende Praxishinweise

IFRS 11 enthält 64
- eher **deklaratorische Regelungen** für gemeinschaftliche Tätigkeiten (*joint operations*; Rz 29),
- **konstitutive Regelungen** wie insbesondere das Gebot der *equity*-Konsolidierung für Gemeinschaftsunternehmen (*joint ventures*; Rz 33).

Zu den diesbezüglichen definitorischen **Abgrenzungen** zwischen gemeinschaftlicher Tätigkeit und Gemeinschaftsunternehmen vgl. Rz 12 ff. Auch bei rechtlicher Verselbstständigung der gemeinschaftlichen Aktivität in Form einer BGB-Personenhandels- oder Kapitalgesellschaft kann eine gemeinschaftliche Tätigkeit vorliegen (Rz 21 ff.). 65

Zur bilanziellen Abbildung eines Gemeinschaftsunternehmens im **Einzelabschluss** des Partnerunternehmens bestehen folgende Methodenwahlrechte (Rz 30 ff.): 66

- zu Anschaffungskosten *(at cost)*,
- zum *fair value* nach IAS 39/IFRS 9.

Besondere Vorgaben bestehen im Falle der Übergangskonsolidierung (Rz 49):
- Der Übergang zu einem **assoziierten Unternehmen** (oder umgekehrt) bleibt konzernbilanziell ohne Folgen.
- Der Wechsel zu einem **Finanzinstrument** ist mit dem *fair value* erfolgswirksam zu erfassen.

Sondervorschriften für börsennotierte Unternehmen

§ 35 ERGEBNIS JE AKTIE *(EARNINGS PER SHARE)*

Inhaltsübersicht   Rz
Vorbemerkung
1 Zielsetzung, Regelungsinhalt und Begriffe................ 1–8
2 Das unverwässerte Ergebnis je Aktie..................... 9–27
   2.1 Die Berechnungsparameter........................ 9
   2.2 Ermittlung des Ergebnisses........................ 10–14
   2.3 Ermittlung der Anzahl Aktien...................... 15–25
      2.3.1 Gewichtete Berechnung ausstehender Anteile 15–18
      2.3.2 Überkreuz- und Rückbeteiligungen............ 19–20
      2.3.3 Rückwirkende Anpassung ausstehender Anteile .. 21–25
   2.4 Mehrere Klassen von Stammaktien i.S.v. IAS 33........ 26
   2.5 Bedingte Aktienausgabe.......................... 27
3 Das verwässerte Ergebnis je Aktie...................... 28–49
   3.1 Berechnungsmethodik........................... 28–38
      3.1.1 Ausgangsgrößen.......................... 28–32
      3.1.2 Betriebswirtschaftliche Logik................ 33–38
   3.2 Ermittlung des Ergebnisses........................ 39–40
   3.3 Ermittlung der Anzahl Aktien...................... 41–49
      3.3.1 Ausgangsgrößen.......................... 41
      3.3.2 Bedingte Aktienausgabe.................... 42
      3.3.3 Ausstehende Erwerbsoptionen für Aktien....... 43
      3.3.4 Wandelbare Papiere....................... 44–49
4 Freiwillige Angaben................................. 50–53
   4.1 Mögliche Ausweitung der Vorgaben................. 50
   4.2 Vergleich mit dem Ergebnis je Aktie nach DVFA....... 51–53
5 Angaben... 54–57
6 Anwendungszeitpunkt, Rechtsentwicklung 58–62
7 Zusammenfassende Praxishinweise..................... 63

Schrifttum: BUSSE VON COLBE u.a. (Hrsg.), Ergebnis je Aktie nach DVFA/SG, 3. Aufl., 2000; FREIBERG, Berechnung des verwässerten Ergebnisses je Aktie, in: PiR 2006, S. 266; GEMEINSAME ARBEITSGRUPPE DER DVFA UND SCHMALENBACH-GESELLSCHAFT, Fortentwicklung des Ergebnisses nach DVFA/SG, DB 1998, S. 2537; LÖW/ROGGENBUCK, Ergebnis-je-Aktie-Kennziffern für Banken im Blickwinkel nationaler und internationaler Rechnungslegung, BB 2001, S. 1460; SCHÜTTE, ED IAS 33 – Alternativentest zur Beurteilung der Verwässerungswirkung, PiR 2010, S. 166.

Vorbemerkung
Die nachstehende Kommentierung bezieht sich auf IAS 33 in der ab 1.1.2005 geltenden Fassung. Alle bis zum 1.1.2015 ergangenen Rechtsänderungen und Interpretationen sind berücksichtigt. Einen Überblick über diskutierte oder schon als Änderungsentwurf vorgelegte zukünftige Regelungen enthalten Rz 58 ff.

1 Zielsetzung, Regelungsinhalt und Begriffe

1 Am Kapitalmarkt gilt das Ergebnis je Aktie *(earnings per share*, EPS) als eine wichtige Kennzahl zur **Bewertung** von Unternehmen. In Deutschland wird die Kennzahl seit Langem von der Schmalenbach-Gesellschaft (SG) bzw. der Deutschen Vereinigung der Finanzanalysten (DVFA) propagiert. Das Ergebnis je Aktie verhält sich mathematisch streng umgekehrt zum Kurs-Gewinn-Verhältnis (KGV). Das KGV wird im Vergleich zwischen Unternehmen oder Aktien oftmals als Basis für Kauf- und Verkaufsentscheidungen herangezogen. Ein niedriges KGV (= hohes EPS) soll z.B. einen günstigen Preis für die Aktie indizieren. Das Ergebnis je Aktie wird so zu einem Bindeglied zwischen Rechnungslegung und Unternehmensbewertung.

Vor diesem Hintergrund soll IAS 33 durch eine klare Definition der zu verwendenden Größen und Berechnungsmethoden eine weitgehende **Vergleichbarkeit** dieser Kennzahl sicherstellen. Der Standard IAS 33 ist in Abstimmung mit dem FASB zur Erreichung dieses Zieles entstanden und stellt ein Beispiel für eine weitgehende Angleichung von IFRS und US-GAAP dar. Die Veröffentlichung von IAS 33 und SFAS 128 *Earnings per Share* in 1997 war das Resultat des ersten gemeinsamen Projekts zwischen FASB und IASC, der Vorgängerorganisation des IASB. Als Resultat des kurzfristigen Konvergenzprojekts *(short-term convergence project)* zwischen IASB und FASB haben beide Normensetzer u.a. im August 2008 tagggleich Entwürfe zur Änderung von IAS 33 und SFAS 128 (bzw. mittlerweile ASC Topic 260) veröffentlicht, wodurch eine weitergehende Angleichung der Vorschriften erfolgen soll (Rz 59).

2 Inwieweit die seitens der Boards (IASB und FASB) angestrebte Vergleichbarkeit der Kennzahl EPS in der Realität erreicht werden kann, ist fraglich. So sind sowohl die Ergebnisgröße (Zähler) als auch die Anzahl der Aktien (Nenner) anfällig für Sachverhaltsgestaltungen. Die Vergleichbarkeit leidet zusätzlich an der Möglichkeit zur Ausübung von Wahlrechten und Ermessensspielräumen. Auch dem neuen Standardentwurf zu IAS 33 ist keine Vereinheitlichung des Zählers zu entnehmen (Rz 59).[1]

3 Die Berechnung und Offenlegung eines Ergebnisses je Aktie wird nur von solchen Unternehmen gefordert, deren **Eigenkapitalinstrumente** bereits an einer Börse **öffentlich gehandelt** werden oder die sich gerade in einem erstmaligen öffentlichen Angebot befinden (IAS 33.2). Das gilt – klarstellend – nach IFRS 8.B7 (→ § 36) sowohl für den Einzel- als auch für den (Teil-)Konzernabschluss. In **Privatbesitz** stehende Unternehmen müssen somit kein Ergebnis je Aktie berechnen und angeben. Erfolgt eine entsprechende Angabe freiwillig, sind jedoch alle Vorgaben von IAS 33 zu berücksichtigen (IAS 33.3) und die freiwillige Anwendung als solche im Anhang kenntlich zu machen. Werden Einzel- und Konzernabschluss offengelegt, hat die Angabe auf **konsolidierter Basis** zu erfolgen (IAS 33.4).

4 Nicht sinnvoll ist die Berechnung eines analogen „Ergebnisses je Anteil" für eine **GmbH**, da die Größe der vorhandenen Gesellschaftsanteile dort zwischen den einzelnen Gesellschaftern unterschiedlich sein kann. Für eine **KGaA** ist die Berechnung jedoch möglich und bei entsprechender Notierung an einer Börse

---

[1] Vgl. Jehle, PiR 2008, S. 326.

auch erforderlich. Die Berechnung und Offenlegung des Ergebnisses je Aktie hat nicht nur im Jahresabschluss, sondern gem. IAS 34.11 auch in **Zwischenberichten** (→ § 37 Rz 10) zu erfolgen (IAS 34.11), soweit eine Pflichtanwendung nach IAS 33 besteht (Rz 3). Freiwillige Anwender von IAS 33 können daher auf eine entsprechende Angabe in Zwischenberichten verzichten.

Eine **Stammaktie** (*ordinary share*) – die maßgebliche Größe für die Bemessung der Anzahl Aktien – ist gem. IAS 33.5 ein Eigenkapitalinstrument, das im Verhältnis zu allen anderen Eigenkapitalinstrumenten nachgeordnet ist. Im Zusammenhang mit ausgegebenen **Vorzugsaktien** gem. §§ 12, 139 AktG ergibt sich hier für Deutschland ein Sonderproblem: Ein Eigenkapitalinstrument ist gem. IAS 33.8 i. V. m. IAS 32.11 stets an der **Verteilung des Residualvermögens** der Gesellschaft beteiligt (→ § 20 Rz 4). **Vorzugsaktien** gem. §§ 12, 139 AktG, die über einen solchen Anspruch verfügen, wären demnach den Stammaktien hinzuzurechnen.

5

Implizit auf ein anderes Kriterium der Zurechnung stellt hingegen IAS 33.6 ab, der Stammaktien ein Recht zur **Gewinnteilnahme** erst nach Abzug des auf *preference shares* entfallenden Gewinnanteils zubilligt. Danach wären Vorzugsaktien gem. § 12 AktG nicht zu den Stammaktien i. S. v. IAS 33 zu rechnen, sondern den *preference shares* zuzuschlagen. Ursächlich für diesen offensichtlichen Widerspruch ist die international unterschiedliche gesellschaftsrechtliche Ausgestaltung von *preference shares*, die einer abschließenden Definition durch die IFRS entgegensteht.

Die Nachrangigkeit i. S. v. IAS 33.5 ist ausschließlich auf die Dividendenrechte zu beziehen.[2] Von der konzeptionellen Basis her stellt die Berechnung des Ergebnisses je Aktie nämlich keine primär auf den gesamten aktuellen Vermögensbestand, sondern eine auf den **periodischen Ergebnisfluss** gerichtete Größe dar. Die Bestimmung des Nenners der Gleichung hat diesem Gedanken Rechnung zu tragen. Vorzugsaktien sind entsprechend aus dem Nenner auszuschließen, stellen somit keine *ordinary shares* dar.

6

Darüber hinaus scheint das Kriterium der Teilhabe am Reinvermögen auf Basis des IAS 33 **systematisch** auch eher schwach fundiert: *Ordinary shares* sind laut IAS 33.5 immer ein *equity instrument*. Ein *equity instrument* als übergeordnete Gruppe zeichnet sich gem. IAS 33.8 i. V. m. IAS 32.11 durch seine Teilhabe am Residualvermögen aus. Die Schlussfolgerung, jedes auf eine Teilhabe am Reinvermögen berechtigende Papier sei gleichzeitig auch ein *ordinary share* i. S. v. IAS 33, kann hieraus jedoch nicht gezogen werden. Die Definition von *ordinary shares* in IAS 33.5 spricht dementsprechend auch nicht von einer Nachrangigkeit hinsichtlich der Verteilung des Residualvermögens, sondern lediglich von einer generellen Nachrangigkeit („*subordinate to all other classes of equity instruments*"). Worin diese Nachrangigkeit insbesondere bestehen kann, klärt der nachfolgende IAS 33.6, der sich explizit mit der Abgrenzung von *ordinary shares* und *preference shares* beschäftigt. Hier werden als Kriterium jedoch lediglich die Dividendenrechte herangezogen. Für die **Anteilsbewertung** als eigentliche Aufgabe des Ergebnisses je Aktie schließlich dürfte die Teilhabe am Gewinn einen größeren Unterschied ausmachen als der Anspruch auf ein eventuelles Residualvermögen. Die Frage der Einbeziehung oder Ausgrenzung von Vorzugsaktien

---

2   Vgl. IDW RS HFA 2: Einzelfragen zur Anwendung von IFRS, WPg 2005, S. 1406.

und die damit verbundenen Effekte auf die absolute Höhe des Ergebnisses je Aktie haben daher insbesondere diesem Unterschied Rechnung zu tragen und nicht speziell auf die Vermögensverwertung abzuheben.

7 Unabhängig von Vorzugsaktien gem. § 12 AktG kann ein Unternehmen über mehrere **Klassen von Stammaktien** verfügen (IAS 33.6). Für jede Klasse an Stammaktien ist dann gem. IAS 33.66 ein **separates** Ergebnis je Aktie zu berichten (zur Berechnung Rz 26). Aktien, die über denselben Dividendenanspruch verfügen, sind dabei einer einheitlichen Klasse zuzuordnen.

> **Beispiel**
> Ein Unternehmen verfügt über die beiden Aktiengattungen A und B. Die Inhaber der Aktien der Gattung B sind dazu berechtigt, Dividenden i.H.v. 50 % jener Dividenden zu erhalten, welche für Aktien der Gattung B beschlossen wurden. Ansonsten sind jedoch die beiden Aktiengattungen identisch und gegenüber allen anderen Eigenkapitalinstrumenten des Unternehmens hinsichtlich der Gewinnteilhabe nachrangig.
> Die Aktien der Gattungen A und B sind beide als Stammaktien i.s.v. IAS 33 zu betrachten. Die unterschiedliche Höhe des Dividendenanspruchs ändert nichts an diesem Ergebnis. Somit ist sowohl für die Aktiengattung A als auch für die Aktiengattung B das Ergebnis je Aktie offenzulegen (IAS 33.66).

Sofern Unterschiede im Dividendenanspruch zu fixen oder bevorzugten Dividenden berechtigen, scheidet eine Bildung separater Klassen jedoch aus. Vielmehr liegen dann regelmäßig **Vorzugsaktien** i.s.d. §§ 12, 139 AktG vor (Rz 6).

> **Beispiel**
> **Variante**
> In Abwandlung des vorstehenden Beispiels haben die Zeichner der Aktien der Gattung B ein Recht auf eine Vorwegdividende. Bis zu einem Höchstbetrag werden verfügbare Gewinne zunächst ihnen zugesprochen, an zusätzlich beschlossenen Dividenden partizipieren sie nach Höhe ihres Anteils. Die Inhaber der Aktien der Gattung A partizipieren hingegen lediglich im selben Maße wie die Inhaber der Aktien der Gattung B an zusätzlich beschlossenen Dividenden. Es sind lediglich die Aktien der Gattung A als Stammaktien i.s.v. IAS 33 zu betrachten.

Unterschiedliche Klassen von Stammaktien dürften daher in der deutschen (Bilanzierungs-)Praxis eher selten sein. Nur wenn die Satzung eine Vorzugsdividende an die Dividende der Stammaktien koppelt, also einen **Dividendenzuschlag** ohne vorrangige Bedienung gewährt **(Mehrdividende)**, sind derartig ausgestaltete Vorzugsaktien als **separate** Kategorie von *ordinary shares* einzustufen, da insoweit der in § 139 AktG geregelte Dividendenvorzug de facto nicht besteht.[3] Wenn hiernach also Vorzugsaktien i.s.d. §§ 12, 139 AktG regelmäßig nicht eine separate Klasse von Stammaktien darstellen, scheidet eine verpflichtende Angabe eines Ergebnisses je Vorzugsaktie aus. Möglich bleibt nur die –

---

3 Vgl. IDW, RS HFA 2. n.F., Tz. 26.

auch als solche deklarierte – freiwillige Angabe. Die Offenlegung verpflichtet dennoch auf die Berücksichtigung aller Vorgaben des IAS 33.

Als **potenzielle Aktien** (*potential ordinary shares*) werden Finanzinstrumente und sonstige Vereinbarungen angesehen, die deren Inhaber zum Bezug von Stammaktien berechtigen. Typische Beispiele hierfür sind **Wandelschuldverschreibungen** und **Optionen**.

8

Der **Verwässerungseffekt** (*dilution*) stellt eine fiktive Verminderung des Ergebnisses je Aktie oder eine fiktive Erhöhung des Verlusts je Aktie dar – beide Effekte beruhen auf einer unterstellten Aktienausgabe. Eine spiegelbildliche Erhöhung des Ergebnisses je Aktie oder eine Verminderung des Verlusts je Aktie wird im Gegensatz dazu als *antidilution* bezeichnet.

2 Das unverwässerte Ergebnis je Aktie

2.1 Die Berechnungsparameter

Das Berechnungsschema für das unverwässerte Ergebnis je Aktie *(basic earnings per share)* ist einfach (IAS 33.10):

9

> Periodenergebnis (Rz 10 ff.) (Zähler)
>
> die durchschnittliche Anzahl während der Periode ausstehender Aktien (Rz 15 ff.) (Nenner)
>
> = unverwässertes Ergebnis je Aktie (Quotient)

2.2 Ermittlung des Ergebnisses

Positives oder negatives Periodenergebnis ist das Ergebnis **nach** Gewinn- oder Verlustanteilen von **Minderheitsgesellschaftern** (IAS 33.69). Es muss **alle Positionen** umfassen, die während der abgelaufenen Periode in der GuV berücksichtig worden sind; eine Bereinigung um Steuern, Zinsen, außerordentliche Sachverhalte, Bilanzierungs- und Bewertungsänderungen oder die auf Minderheitsgesellschafter entfallenden Ergebnisanteile ist nicht zulässig (IAS 33.13). Hintergrund dieser Anforderung dürfte der Versuch sein, das Ergebnis je Aktie von oftmals schwierigen **Abgrenzungsfragen** freizuhalten. Die zu verwendende Ergebniszahl entspricht somit dem Jahres-, Quartals- oder Halbjahresergebnis.

10

> **Beispiel**
> Das Betriebsergebnis des Konzerns für die laufende Periode beträgt 2.000 TEUR. Es wird geschmälert um Verluste aus Finanzanlagen von 400 TEUR, einen Steueraufwand von 600 TEUR, einen auf Minderheiten entfallenden Ergebnisanteil von 150 TEUR sowie einen in der laufenden Periode berücksichtigten Einmaleffekt aus der veränderten Bewertung des Vorratsvermögens von 80 TEUR.
> Das Jahresergebnis nach Berücksichtigung all dieser Effekte beträgt 770 TEUR. Für die Berechnung des Ergebnisses je Aktie ist dieser Wert als Zähler zugrunde zu legen.

Falls einzelne Unternehmensbereiche den **nicht fortgeführten Tätigkeiten** *(discontinued operations)* zugeordnet werden (→ § 29 Rz 6), ist das Ergebnis je Aktie getrennt auf Basis des Ergebnisses aus fortgeführten Tätigkeiten sowie des Gesamtergebnisses zu ermitteln (IAS 33.12).

11 Die Berechnung des Ergebnisses je Aktie als Kennzahl der Ergebnisentwicklung hat unabhängig vom Ausschüttungsverhalten eines Unternehmens für alle Stammaktien zu erfolgen. **Dividendenzahlungen** aus dem laufenden Periodenergebnis schmälern das für die Berechnung anzusetzende Ergebnis daher nicht (*„net profit or loss for the period attributable to ordinary shareholders"*). Dividendenzahlungen aus **Vorperioden** sind für die Ergebnisbemessung ebenfalls irrelevant. Das den Stammaktionären des Mutterunternehmens zuzurechnende Ergebnis ist um die Nachsteuerbeträge von Vorzugsdividenden, Differenzen bei der Tilgung von Vorzugsaktien und ähnlichen Auswirkungen von Vorzugsaktien, die als Eigenkapital klassifiziert wurden, zu bereinigen (IAS 33.12). Ist die Zahlung von Dividenden auf **Vorzugsaktien** von einem Beschluss der Gesellschafter abhängig, sind diese erst bei Vorliegen eines entsprechenden Beschlusses für die betreffende Periode von einem positiven Ergebnis abzusetzen. Umgekehrt sind die betreffenden Beträge in jedem Fall **ergebnismindernd** zu berücksichtigen, sofern dieser Dividendenanspruch ohne einen solchen Beschluss entsteht. Kommt es in einem Folgejahr dann zu einem entsprechenden Beschluss oder zur Zahlung, sind diese dann nicht mehr vom Ergebnis abzusetzen, da sie ja bereits in der entsprechenden Vorperiode berücksichtigt wurden. Vorzugsdividenden, die auch in Verlustjahren fällig werden, sind im Verlustjahr dem auf die übrigen Aktionäre entfallenden Verlust hinzuzurechnen.

> **Beispiel**
> Der Verlust im Jahr 01 beläuft sich auf –500.000 EUR. Der Ergebnisvortrag ist in selber Höhe negativ. Der Konzern hat 1.000.000 Vorzugsaktien im Nennwert von 1 EUR/Aktie ausgegeben, auf die auch in Verlustjahren ein Gewinnanspruch von 10 % des Nennwerts entsteht. Der Anspruch kommt jedoch nur dann zur Auszahlung, wenn ausschüttungsfähige Ergebnisvorträge vorhanden sind.
> Im Jahr 01 ist keine Ausschüttung möglich. Für die Berechnung des Verlustes je Aktie ist der Verlust des Konzerns jedoch um 100.000 EUR zu erhöhen und beträgt somit -600.000 EUR.
> Im Folgejahr 02 entsteht ein Gewinn i. H. v. 800.000 EUR. Der Ergebnisvortrag erlaubt jetzt die Ausschüttung der Vorzugsdividende. Für die Berechnung des Ergebnisses je Aktie kommen lediglich die 100.000 EUR Vorzugsdividende des Jahres 02 zum Abzug, die für 01 erfolgende Auszahlung von 100.000 EUR bleibt unberücksichtigt. Der Zähler beläuft sich im Jahr 02 somit auf 700.000 EUR.

12 Einen weiteren Sonderfall stellen sog. *increasing rate preference shares* dar (IAS 33.15), welche nach IAS 32 als Eigenkapital klassifiziert wurden. Diese existieren in zwei verschiedenen Formen: Es wurde eine
- niedrige ursprüngliche Dividende vereinbart, um das Unternehmen für den Verkauf der Vorzugsaktien mit einem Disagio zu entschädigen.

- hohe Dividende für bestimmte Folgeperioden vereinbart, um die Investoren für den Kauf der Vorzugsaktien mit einem Agio zu entschädigen.

Ein Agio bzw. Disagio im Rahmen der Emission ist nach der Effektivzinsmethode fortzuschreiben, wobei das den Stammaktionären zuzurechnende Ergebnis um die Zinsen korrigiert wird. Es erfolgt demnach im Rahmen der Berechnung des Ergebnisses je Aktie eine Behandlung als Vorzugsdividende (IAS 33.15).

Im Falle eines **Rückkaufs** von (als Eigenkapital klassifizierten) **Vorzugsaktien** ist der Zähler um den Überschuss des beizulegenden Zeitwertes der an die Vorzugsaktionäre entrichteten Gegenleistung über den Buchwert der Vorzugsaktien zu reduzieren (IAS 33.16). Diese Korrektur ist erforderlich, da der Rückkauf von Eigenkapital darstellenden Vorzugsaktien gem. IAS 32.33 erfolgsneutral zu erfassen ist. Anderes gilt bei Qualifizierung von Vorzugsaktien nach IAS 32 als Fremdkapital (→ § 20 Rz 17). Ein Rückkauf wäre als Tilgung einer finanziellen Verbindlichkeit zu behandeln mit der Folge einer Erfassung der Abweichung zwischen dem Tilgungsbetrag und dem Buchwert bereits in der GuV. 13

Eine Besonderheit ergibt sich, wenn ein Unternehmen über **mehrere Aktiengattungen** verfügt, für die das Ergebnis je Aktie jeweils **separat** (Rz 7) zu berechnen ist (IAS 33.66). Für die Ermittlung des Zählers ist auch hier das Ausschüttungsverhalten zu vernachlässigen. Sind jedoch für die jeweiligen Klassen **unterschiedliche** Ausschüttungen erfolgt, kann sich hieraus eine Beeinflussung des Ergebnisses je Aktie ergeben. Der Ausgleich für Zwecke der Bewertung erfolgt über den **Kurs** der Aktie. 14

> **Beispiel**
> Der Gewinn der Periode beträgt 1.000 EUR. Es sind je 100 Aktien der Gattungen A und B ausstehend (keine „*preference shares*" i.S.v. IAS 33). Aktien der Gattung B haben den 1,5-fachen Dividendenanspruch von Aktien der Gattung A. Auf die Aktien der Gattung A ist für das Geschäftsjahr eine Ausschüttung von jeweils 1 EUR/Aktie erfolgt, auf die Aktien der Gattung B dementsprechend jeweils 1,5 EUR/Aktie. Das thesaurierte Ergebnis beläuft sich somit auf 750 EUR.
> Das Ergebnis je Aktie berechnet sich wie folgt:
> Gattung A: (750 EUR × 100/200 + 100 × 1,00 EUR/Aktie) / 100 = 4,75 EUR/Aktie
> Gattung B: (750 EUR × 100/200 + 100 × 1,50 EUR/Aktie) / 100 = 5,25 EUR/Aktie
> Der Anspruch der Aktionäre auf das Ergebnis des Unternehmens ist hier nicht mehr gleich verteilt, sondern durch die vorab erfolgte inkongruente Ausschüttung bereits zu einem Teil zugunsten der Aktien der Gattung B verschoben. In der Bewertung durch den Markt würde dies durch einen entsprechend höheren Kurs der Aktiengattung B und einen niedrigeren Kurs der Gattung A wieder ausgeglichen, sodass sich – abgesehen von Risikoüberlegungen – eine Dividendenrendite auf das eingesetzte Kapital i.H.d. Mittelwertes von 5 EUR/Aktie ergibt. Den Aktionären wird durch die unterschiedlichen Gattungen die Möglichkeit geboten, sich zwischen einer relativ höheren Ausschüttung und einer relativ höheren Chance auf Aktienwertsteigerung zu entscheiden.

2.3 Ermittlung der Anzahl Aktien

2.3.1 Gewichtete Berechnung ausstehender Anteile

15 Der für die Berechnung des Ergebnisses je Aktie maßgebliche Nenner (Rz 9) umfasst die **durchschnittliche Anzahl** der während der betreffenden Periode **ausstehenden Aktien**. Nicht als ausstehend gelten eigene Anteile (*treasury shares*) sowie die ihnen gleichgestellten Anteile von Tochterunternehmen an Mutterunternehmen (IAS 33.IE2).

Sind keine Veränderungen während der Periode erfolgt, ist die Ermittlung problemlos, da die anzusetzende Aktienanzahl dem Stand zum Abschlussstichtag entspricht. Hat sich die Anzahl der Aktien jedoch seit dem letzten Stichtag verändert, ist in den meisten Fällen eine zeitanteilige Gewichtung erforderlich. Dies gilt für die folgenden Veränderungen:
- Ausgabe von **jungen** Aktien im Wege der Kapitalerhöhung;
- **Erwerb** von **eigenen** Aktien durch Rückkauf am Kapitalmarkt;
- **Ausgabe** von **eigenen** Aktien durch Verkauf am Kapitalmarkt;
- **Kapitalherabsetzungen** gegen Auszahlung von Kapital, wobei sich die Einziehung von Aktien als solche nicht mehr auf die Anzahl der ausstehenden Aktien auswirkt, sofern diese bereits vorher am Kapitalmarkt zurückgekauft wurden und als Bestand eigener Aktien die Anzahl durchschnittlich ausstehender Aktien reduziert haben.

Darüber hinaus ergeben sich Besonderheiten für die Bestimmung ausstehender Anteile bei Überkreuz- bzw. Rückbeteiligungen (Rz 19).

16 Eine **taggenaue** Berechnung ist dann erforderlich, wenn sich über hohe Veränderungen der ausstehenden Anteile eine große Hebelwirkung auf das Ergebnis je Aktie ergeben kann. Insbesondere bei Unternehmen, die unterjährig eine Vielzahl von Käufen und Verkäufen in eigenen Anteilen tätigen, kann die taggenaue Berechnung erheblichen Aufwand verursachen. Gemäß IAS 33.20 sind daher auch **näherungsweise** Berechnungen möglich, sofern diese zu keinen wesentlichen Verzerrungen führen *(reasonable approximation)*. Angesichts der erheblichen Bedeutung auch kleiner Schwankungen im Ergebnis je Aktie für die Bewertung eines Unternehmens durch den Kapitalmarkt sollte diese Erleichterungsmöglichkeit jedoch nicht übermäßig strapaziert werden. Der Zielsetzung des Ergebnisses je Aktie, einen Zusammenhang zwischen dem eingesetzten Eigenkapital und den damit erzielten Erträgen herzustellen, kann nur durch die Verwendung **korrespondierender zeitraumbezogener** Größen sowohl im Zähler als auch im Nenner Rechnung getragen werden.

Beispiel
Während des Jahres hat sich die Anzahl der ausstehenden Aktien wie folgt entwickelt:

Anfangsbestand 1.1.:	2.000
Ausgabe neuer Anteile (Kapitalerhöhung) 30.4.:	500
Erwerb eigener Anteile 15.8.:	200
Endstand 31.12.:	2.300

> Die durchschnittliche Anzahl ausstehender Aktien berechnet sich nach zeitanteiliger Gewichtung als:
> 2.000 × 4/12 + 2.500 × 3,5/12 + 2.300 × 4,5/12 = 2.258.
> Alternativ kann auch die folgende Formel zur Anwendung kommen, die unterschiedliche „Scheiben" von Aktienbeständen betrachtet:
> 2.000 × 12/12 + 300 × 8/12 + 200 × 3,5/12 = 2.258.
> Auch die folgende Berechnung ist möglich:
> 2.000 × 12/12 + 500 × 8/12–200 × 4,5/12 = 2.258.

Abhängig von der jeweils zugrunde liegenden Transaktion ist zu prüfen, ab welchem **Zeitpunkt** neu ausgegebene Aktien in die Berechnung mit aufzunehmen sind. Maßgeblich ist i.d.R. der Zeitpunkt, an dem die jeweilige Gegenleistung **fällig** wird, spätestens allerdings der Emissionszeitpunkt. IAS 33.21 ff. enthalten hierzu unter anderem den folgenden Katalog von Beispielen:

- **Bareinlage**: Gegen bar auszugebende Aktien ab dem Zeitpunkt, an dem die Bezahlung fällig wird. In dem Maße, wie noch keine Einzahlung erfolgt ist, die Aktie aber bereits an Dividenden des Unternehmens teilhaben kann, erfolgt eine zahlenmäßig anteilige Einbeziehung (IAS 33.A15).
- **Kapitalerhöhung im Schütt-aus-hol-zurück-Verfahren**: Aktien aus einer Umwandlung von Dividenden in Aktien ab dem Zeitpunkt, an dem die Dividende zur Zahlung fällig wird.
- **Sacheinlage von Forderungen**: Aktien aus einer Umwandlung von Fremd- in Eigenkapital mit der Beendigung der Verzinslichkeit des Fremdkapitals.
- Zur Beilegung einer Streitigkeit oder zum Ausgleich einer Rückstellung ausgegebene Aktien ab dem **Abschluss** einer entsprechenden **Vereinbarung**.
- **Sacheinlage eines Unternehmens**: Zum Erwerb eines Unternehmens ausgegebene Aktien ab dem Zeitpunkt der Erstkonsolidierung.
- **Sonstige Sacheinlage**: Im Tausch gegen einen Vermögenswert ausgegebene Anteile ab dem Zeitpunkt der erstmaligen Bilanzierung des betreffenden *asset*.
- **Anteilig einbezahlte** Aktien im Verhältnis ihrer Dividendenberechtigung im Vergleich mit voll einbezahlten Anteilen.
- **Aktien**, deren Ausgabe von der Erfüllung bestimmter **Bedingungen** abhängig ist *(contingently issuable shares)*, ab dem Zeitpunkt, an dem alle Bedingungen erfüllt sind. Derartige Aktien sind nicht mit sog. bedingtem Kapital zu verwechseln, sondern beziehen sich i.d.R. auf Sachverhalte wie die Erreichung bestimmter Ziele durch das erworbene Unternehmen nach einem Unternehmenskauf gegen Aktien und eine damit einhergehende nachträglich erhöhte Vergütung zugunsten der Veräußerer.
- **Anleihen**, die zu einem festgelegten zukünftigen Zeitpunkt verpflichtend in Aktien gewandelt werden müssen (**Zwangswandelanleihen**), sind ab dem Zeitpunkt der Begebung der Anleihe in die Berechnung mit einzubeziehen (IAS 33.23). Je nach Ausgestaltung der Anleihe und der Wandlungsbedingungen kann sich hieraus ein unmittelbarer Effekt auf die Unternehmensbewertung und damit auf den Börsenkurs ergeben, wie dies z.B. bei der Zwangsanleihe der Deutschen Telekom AG im Jahr 2003 der Fall war.

Abhängig von spezifischen Bedingungen der jeweiligen Transaktion können sich im Einzelfall auch **abweichende Zeitpunkte** ergeben. Eine gründliche Auseinandersetzung mit der wirtschaftlichen Substanz der getroffenen Vereinbarung ist unbedingt erforderlich (IAS 33.21).

18 Bei einer **unterjährigen Umwandlung** des Unternehmens in eine AG (ohne Vorabausschüttung eines bis dahin aufgelaufenen Gewinns) hat die Berechnung des Ergebnisses je Aktie unter der Annahme zu erfolgen, das Unternehmen wäre das ganze Jahr über eine Aktiengesellschaft gewesen. Der Zähler besteht somit aus dem gesamten Jahresergebnis, der Nenner aus der seit der Umwandlung durchschnittlich ausstehenden Anzahl Aktien.[4] Dies gilt nicht, wenn nach der Umwandlung ein **Rumpfgeschäftsjahr** eingelegt wird. Für eine Rumpfperiode ist die Berechnung eines eigenständigen Ergebnisses je Aktie erforderlich, bei der wie bei der Berechnung für ein normales Geschäftsjahr die für Zähler und Nenner anzusetzenden Zeiträume identisch sind.

2.3.2 Überkreuz- und Rückbeteiligungen

19 In die Bestimmung des Ergebnisses gehen **alle Positionen** ein, die während der abgelaufenen Periode in der GuV berücksichtigt worden sind (Rz 10). Zur Vermeidung von Abgrenzungsfragen scheidet eine Bereinigung aus. Fraglich ist für den Fall von **Überkreuz- bzw. Rückbeteiligungen** aber, ob bei der Berechnung ausstehender Anteile Anpassungen/Bereinigungen notwendig bzw. zulässig sind. Für den Fall der Rückbeteiligung eines Tochterunternehmens am Mutterunternehmen ist eine solche Anpassung explizit vorgesehen (IAS 33.IE2). Für den praktisch relevanteren Fall der Überkreuzbeteiligung zweier nicht zum gleichen Vollkonsolidierungskreis gehörender Unternehmen fehlt es an expliziten Vorgaben:

> **Beispiel**
> Das assoziierte Unternehmen A (aU1) und Unternehmen B (aU2) haben jeweils 10.000 Anteile ausgegeben. aU1 ist mit 40 % an aU2, dieses umgekehrt mit 25 % an aU1 beteiligt. Beide Unternehmen erzielen ein Ergebnis von 1.000 EUR vor dem Ertrag aus dem jeweils anderen assoziierten Unternehmen. Das Ergebnis von Unternehmen A beträgt unter Berücksichtigung der Rückbeteiligung 1.555,6 EUR (zur Berechnung siehe → § 33 Rz 63).
> In Bezug zu den ausstehenden Anteilen von A ergibt sich vor Bereinigung ein Ergebnis je Aktie von 0,16 EUR/Aktie (= 1.555,6 EUR / 10.000 Aktien). Die effektiv im Umlauf befindlichen Anteile betragen allerdings 9.000 (= 10.000−2.500 × 40 %) somit 90 %. Nach Bereinigung der ausstehenden Anteile ergibt sich ein Ergebnis je Aktie von 0,17 EUR/Aktie (= 1.555,6 EUR / 9.000 Aktien).

20 Analog zu der Anpassung des Ergebnisanteils erscheint es zunächst nahe liegend, auch die Anzahl der ausstehenden Anteile anzupassen, also auf den effektiven Teil abzustellen. Gegen eine solche Anpassung spricht allerdings die Vorgabe in IAS 33.19, nach der alle ausstehenden Stammaktien, d.h., alle Aktien, die weder eigene Anteile noch ihnen gleichgestellt sind, in die Berechnung des Ergebnisses je Aktie einzubeziehen sind. Eigenen Anteilen gleichgestellt sind nach der Definition der *treasury shares* in IAS 32.33 nur Anteile vollkonsolidierter Unternehmen am Mutterunternehmen. Die im Rahmen der hier interessierenden

---

[4] Bei anderen Berechnungsmethoden ist denkbar, dass sich der Umwandlungszeitpunkt auf die Höhe des Ergebnisses je Aktie auswirkt, was aus bewertungstheoretischer Sicht nicht akzeptabel ist.

Ergebnis je Aktie § 35

Überkreuzbeteiligung gehaltenen Anteile sind nicht als *treasury shares* zu berücksichtigen und bleiben daher unbeachtlich (zur Berücksichtigung siehe Rz 48).

> **Beispiel (Fortsetzung zu Rz 19)**
> Unternehmen A weist ein Ergebnis je Aktie von 0,16 EUR Aktie (= 1.555,6 EUR / 10.000 Aktien) aus. Eine Bereinigung der ausstehenden Anteile scheidet mangels Erfüllung der Voraussetzung von *treasury shares* aus.

2.3.3 Rückwirkende Anpassung ausstehender Anteile

Neben der zeitanteiligen Gewichtung unterschiedlicher ausstehender Aktien ist in bestimmten Fällen auch eine **rückwirkende Anpassung der Aktienanzahl** erforderlich. Dies ist dann der Fall, wenn sich im Gegensatz zu den unter Rz 15 geschilderten Fällen aus einer Änderung der Anzahl ausstehender Aktien nicht auch gleichzeitig eine Veränderung der einem Unternehmen zur Verfügung stehenden Ressourcen ergibt. Die Veränderung der Anzahl an Aktien erfolgt also ohne adäquate Gegenleistung durch die zukünftigen Aktionäre an das Unternehmen oder ohne adäquate Gegenleistung durch das Unternehmen an die bisherigen Aktionäre. Dies ist in den **folgenden Fällen** denkbar:

- Ausgabe von Bonusaktien (**Kapitalerhöhung aus Gesellschaftsmitteln**) oder von Aktien unterhalb des Marktpreises,
- Durchführung eines **Aktiensplits**,
- Zusammenlegung von Aktien im Rahmen einer **vereinfachten Kapitalherabsetzung**.

In allen Fällen ändert sich die Anzahl der ausstehenden Aktien. Für die Berechnung des Ergebnisses je Aktie wird eine rückwirkende Anpassung der Anzahl ausstehender Aktien erforderlich. Diese ist fiktiv auf den **Beginn** der im Abschluss dargestellten **Perioden** durchzuführen; i.d.R. also auf den Anfang des vorhergehenden Wirtschaftsjahres. Das im **Vorjahr** errechnete Ergebnis je Aktie ist entsprechend **anzupassen** (IAS 33.64). Eine solche Anpassung ist auch dann erforderlich, wenn in Vorperioden liegende Fehler berichtigt werden.

21

> **Beispiel**
> Seit dem 1.1.07 sind unverändert 1.000.000 Aktien im Nennwert von 1 EUR/Aktie ausstehend. Im Sommer des Jahres 08 beschließt die Hauptversammlung die Durchführung eines Aktiensplits im Verhältnis 1:3. Jeder Aktionär erhält je bisherige Aktie somit zwei Aktien hinzu. Der Nennwert des Aktienkapitals wird durch eine Umwandlung von Rücklagen (Kapitalerhöhung aus Gesellschaftsmitteln) auf 3.000.000 EUR erhöht. Der Kurs der Aktie am Kapitalmarkt sinkt auf 1/3 des bisherigen Wertes, jedoch haben die Aktionäre als Ausgleich jeweils den dreifachen Aktienbestand im Portfolio. Für die Berechnung des Ergebnisses je Aktie im Jahresabschluss 08 ist rückwirkend ab dem 1.1.07 von 3.000.000 ausstehenden Aktien auszugehen. Das Ergebnis je Aktie, das im Vorjahr 1,20 EUR/Aktie betragen hatte, verringert sich auf 0,40 EUR/Aktie. Dieser Wert ist im Jahresabschluss 07 in der Vor-

> jahresspalte entsprechend darzustellen. Auch die Anzahl der ausstehenden Aktien in den Anhangsangaben zum Ergebnis je Aktie ist entsprechend anzupassen.

22 Eine rückwirkende Anpassung ist auch dann erforderlich, wenn die Änderung der Anzahl Aktien zwar **nach Periodenende**, aber noch **vor der Veröffentlichung** des Abschlusses erfolgt (IAS 33.64).

> **Beispiel**
> Der im vorstehenden Beispiel dargestellte Aktiensplit findet nicht im Sommer 08, sondern erst auf einer außerordentlichen Hauptversammlung im Januar 09 statt. Der Abschluss nach IFRS für das Jahr 08 wird Ende März 09 vorgelegt. Die dargestellten Anpassungen für die Jahre 08 und 09 sind dennoch durchzuführen.

23 Die Ausgabe von **Bezugsrechten** kann wirtschaftlich eine Mischung aus einer Ausgabe von Aktien gegen bar und einer Erhöhung der Anzahl Aktien ohne Gegenleistung darstellen (IAS 33.A2). Dies ist dann der Fall, wenn die Bezugsrechte einen Ausgabekurs unterhalb des Marktwerts vorsehen. Um die Vergleichbarkeit des Ergebnisses je Aktie zwischen den Perioden herzustellen, ist daher auch in diesen Fällen eine rückwirkende Anpassung der Anzahl ausstehender Aktien erforderlich. Diese Anpassung wird erreicht, indem die bisherige Aktienanzahl mit dem Quotienten aus dem Marktwert der Aktie unmittelbar **vor und nach Ausübung** des Bezugsrechts multipliziert wird.

Bei **separatem** Handel von Aktien und Bezugsrechten bemessen sich die Wertverhältnisse nach den tatsächlichen Werten am Kapitalmarkt am Ende des Tages vor der Ausübung. Beide für die Berechnung erforderlichen Werte können dann unmittelbar aus Börsenkursen abgeleitet werden. **Ohne separaten** Handel ist eine theoretische Berechnung des Aktienwerts nach Ausübung des Bezugsrechts erforderlich. Eine Bezugnahme auf den Kurs unmittelbar nach Ausübung des Bezugsrechts scheidet aus, da dieser neben dem Bezugsrecht auch durch andere Faktoren beeinflusst sein könnte. Entscheidend ist in jedem Fall der Zeitpunkt der Ausübung, nicht der bei Gewährung der Bezugsrechte.

Die Berechnung ist wie folgt:

gesamter Marktwert aller ausstehenden Aktien unmittelbar vor Ausübung der Rechte
+ Emissionserlös aus Ausgabe junger Aktien
= neue „Marktkapitalisierung"

Der theoretische Wert der Aktie nach Ausübung des Bezugsrechts ergibt sich dann aus der Division dieser Summe durch die neue Anzahl ausstehender Aktien. Die Vorgehensweise entspricht im Kern der für die Berücksichtigung des Verwässerungseffekts aus **Optionen**, deren Ausübungspreis unter dem Marktpreis liegt, erforderlichen Methodik (Rz 43). Erfolgt die Ausgabe neuer Papiere allerdings zum Marktpreis, sind diese lediglich bei Ausübung zeitanteilig gewichtet als neue Aktien aus Kapitalerhöhung zu berücksichtigen. Der aus dem zufließen-

Ergebnis je Aktie § 35

den Betrag erwirtschaftete Gewinn entspricht dann nämlich dem bisherigen Ergebnis je Aktie und eine Verzerrung im Vergleich mit der Vergangenheit tritt nicht ein. Das nachfolgende Beispiel verdeutlicht die Vorgehensweise:

> **Beispiel**
> Bislang sind 500.000 Aktien ausstehend. Für je 5 vorhandene Aktien wird das Recht ausgegeben, eine neue Aktie zum Kurs von 2,50 EUR/Aktie zu erwerben. Der Kurs unmittelbar vor Ablauf der Frist zur Ausübung der Bezugsrechte beträgt 5,50 EUR/Aktie. Ein separater Handel des Bezugsrechts erfolgt nicht.
> Der theoretische Wert der Aktie nach Ausübung des Bezugsrechts berechnet sich wie folgt:
> [(5,50 EUR/Aktie × 500.000) + (2,50 EUR/Aktie × 100.000)] / (500.000 + 100.000) = 5,00 EUR/Aktie
> Der für die Anpassung der bisherigen Anzahl Aktien heranzuziehende Quotient beträgt somit 5,50 / 5,00 = 1,10. Für die Zeit vor der Ausgabe des Bezugsrechts ist für die Berechnung des Ergebnisses je Aktie daher von einer Aktienanzahl von 500.000 × 1,1 = 550.000 auszugehen.

Zu einer Änderung der Anzahl der ausstehenden Aktien ohne eine entsprechende Änderung der Ressourcen kann es im Falle eines Rückkaufs von Aktien kommen, wenn ein hoher Aufschlag auf den aktuellen Anteilswert durch das bilanzierende Unternehmen zu entrichten ist, weil das Unternehmen entsprechende Verkaufs-Optionsscheine *(put warrants)* gezeichnet hat. In IAS 33 wird ein solcher Fall nicht explizit angesprochen. Wir halten eine analoge Vorgehensweise zur Behandlung von Bezugsrechten bei Ausgabe neuer Aktien unterhalb des Marktpreises (IAS 33.IE, Beispiel 4) für geboten. In beiden Fällen erfolgt eine Änderung der Aktienzahl ohne eine entsprechende Veränderung der Ressourcen. Daher werden derartige Verkaufs-Optionsscheine wie eine „umgekehrte" Ausgabe von Bezugsrechten behandelt. 24

Eine Besonderheit gilt, wenn sowohl **rückwirkend anzupassende** Transaktionen als auch **zeitanteilig zu gewichtende** Veränderungen im Aktienbestand stattgefunden haben. Das nachfolgende Beispiel verdeutlicht, wie Überschneidungen und Doppelzählungen zu vermeiden sind: 25

> **Beispiel**
> Am 1.7.01 hat ein Aktiensplit im Verhältnis 1:3 stattgefunden. Die Anzahl ausstehender Aktien hat sich von 1.000.000 auf 3.000.000 erhöht. Am 1.4.01 ist bereits eine Kapitalerhöhung gegen bar erfolgt. Dabei wurden 200.000 neue Aktien ausgegeben. Am 1.10.01 erfolgt eine weitere Kapitalerhöhung gegen bar um 500.000 Aktien. Das Geschäftsjahr entspricht dem Kalenderjahr.
> Die Berechnung der für das Jahr 01 ausstehenden Aktien muss berücksichtigen, dass der Aktiensplit rückwirkend zum 1.1. eine Verdreifachung der damals ausstehenden 800.000 Aktien auf fiktiv 2.400.000 Papiere bewirkt. Im Zeitraum Januar bis März waren somit 2.400.000 Aktien ausstehend. Die vor dem Aktiensplit erfolgte Kapitalerhöhung ist von der Anzahl her ebenfalls zu verdreifachen (auf 600.000). Zwischen April und September beträgt die

> Anzahl der ausstehenden Aktien somit 3.000.000. Die zum 1.10. erfolgte Kapitalerhöhung ist hingegen nicht mit 3 zu multiplizieren, da hier bereits Aktien nach Split ausgegeben wurden. Für die letzten 3 Monate des Jahres sind also 3.500.000 Papiere zu berücksichtigen.
> Die durchschnittliche Anzahl ausstehender Aktien für das Gesamtjahr beläuft sich im Ergebnis auf:
> (2.400.000 × 3 + 3.000.000 × 6 + 3.500.000 × 3) / 12 = 2.975.000.

2.4 Mehrere Klassen von Stammaktien i. S. v. IAS 33

26 Im Rahmen der **Berechnung** des unverwässerten Ergebnisses je Aktie erfolgt die Aufteilung des Ergebnisses auf die verschiedenen Klassen von Stammaktien i. S. v. IAS 33 und auf die partizipierenden Instrumente gem. den Dividendenansprüchen bzw. sonstigen Rechten auf Teilhabe am Ergebnis. Im Rahmen dieser Berechnung sind für die Aufteilung des Ergebnisses die folgenden Schritte erforderlich (IAS 33.A14):

- Das Ergebnis der Stammaktionäre des Mutterunternehmens wird um die in der Periode für jede Klasse von Aktien beschlossenen Dividenden angepasst sowie um den vertraglichen Betrag von Dividenden (oder Zinsen auf partizipierende Schuldverschreibungen), die für die Periode bezahlt werden müssen (z. B. nicht gezahlte kumulative Dividenden). Durch diese Anpassungen reduziert sich ein Gewinn der Stammaktionäre bzw. wird ein Verlust der Stammaktionäre erhöht.
- Nach den obigen Anpassungen verbleibt der nicht verteilte Restgewinn. Dieser wird den Stammaktien und partizipierenden Eigenkapitalinstrumenten unter der Annahme einer vollständigen Verteilung des Periodenergebnisses zugewiesen. Das gesamte Ergebnis, das jeder Klasse von Eigenkapitalinstrumenten zugewiesen wird, bestimmt sich durch die Addition der entsprechenden Beträge für Dividenden und Partizipationsrechte.

> **Beispiel**
> Der Gewinn der Stammaktionäre des MU beträgt 111.000 EUR bei 15.000 ausstehenden Stammaktien. Die nicht wandelbaren Vorzugsaktien (insgesamt 6.000) erhalten eine jährliche nicht kumulative Dividende von 5 EUR pro Aktie, welche gezahlt wird, bevor Dividenden an die Stammaktionäre geleistet werden. Danach erhalten die Stammaktionäre eine Dividende von 2 EUR pro Aktie. Sollte – nachdem auch diese Dividende geleistet wurde – eine weitere Dividende gezahlt werden, so partizipieren die Vorzugsaktionäre an dieser gemeinsam mit den Stammaktionären im Verhältnis von 30:90. Eine Vorzugsaktie erhält 1/3 des Betrages, der auf eine Stammaktie geleistet wird. Im laufenden Jahr wird eine Dividende von genau 2 EUR pro Stammaktie beschlossen.

Somit gilt:

Gewinn der Stammaktionäre des Mutterunternehmens	111.000 EUR
Gezahlte Dividenden auf Vorzugsaktien (6.000 Stk. × 5,0)	− 30.000 EUR
Gezahlte Dividenden auf Stammaktien (15.000 Stk. × 2,0)	− 30.000 EUR
Summe gezahlter Dividenden	− 60.000 EUR
Nicht verteilter Gewinn	51.000 EUR

In der Folge muss nun der nicht verteilte Gewinn von 51.000 EUR auf die Stammaktien und die nicht wandelbaren Vorzugsaktien aufgeteilt werden unter der Annahme, dass der gesamte Gewinn ausgeschüttet wird:

Anteil einer Stammaktie an einer theoretischen zusätzlichen Dividende	S
Anteil einer Vorzugsaktie an einer theoretischen zusätzlichen Dividende	V (wobei: V = 1/3 S)

Es ergibt sich die folgende Gleichung:
(S × 15.000) + (1/3 S × 6.000) = 51.000 EUR
S × 17.000 = 51.000 EUR; daher: S = 3 und V = 1/3 S = 1

Schließlich ergeben sich die Beträge für das unverwässerte Ergebnis je Aktie:

	Vorzugsaktien	Stammaktien
Verteilter Gewinn	5,0	2,0
Unverteilter Gewinn	1,0	3,0
Summe	6,0	5,0

Es erfolgt somit im obigen Beispiel gem. IAS 33 die Offenlegung des gesamten Ergebnisses je partizipierende nicht wandelbare Vorzugsaktie (partizipierendes Eigenkapitalinstrument i.S.v. IAS 33), obwohl die Vorzugsdividende nicht zu den nachrangigsten Ansprüchen auf Gewinnteilhabe des Unternehmens gehört.

2.5 Bedingte Aktienausgabe

Bedingt zu emittierende Stammaktien sind Stammaktien, welche für **keine** oder nur eine **geringe Gegenleistung** bei Erfüllung bestimmter Bedingungen (gem. einem Vertrag zur bedingten Aktienausgabe) emittiert werden (IAS 33.5). Derartige Vereinbarungen dürfen nicht mit dem sog. bedingten Kapital verwechselt werden, sondern beziehen sich i.d.R. auf Sachverhalte wie die Erreichung bestimmter Ziele durch das erworbene Unternehmen nach einem Unternehmenskauf gegen Aktien und eine damit einhergehende nachträglich erhöhte Vergütung zugunsten der Veräußerer. Sie umfassen auch nicht Stammaktien, die lediglich nach dem Ablauf einer bestimmten Zeitspanne ausgegeben werden, da der Ablauf von Zeit eine Sicherheit darstellt (IAS 33.24). Bedingt zu emittierende Stammaktien werden im Rahmen des unverwässerten Ergebnisses je Aktie ab dem Zeitpunkt, an dem alle

Bedingungen erfüllt sind (d. h. die Ereignisse/Voraussetzungen eingetreten sind), in die Berechnung des Nenners einbezogen (IAS 33.24).

> **Beispiel**
> Die X-AG (Bilanzstichtag: 31.12.), die Quartalsabschlüsse erstellt, verfügte im Jahr 01 über 1.000.000 ausstehende Stammaktien. Der Vertrag über einen Unternehmenszusammenschluss sieht die Emission von zusätzlichen Stammaktien unter den folgenden Bedingungen vor:
> - 3.000 zusätzliche Stammaktien für jedes neue Einzelhandelsgeschäft, welches im Laufe des Jahres 01 eröffnet wurde.
> - 200 zusätzliche Stammaktien für alle 1.000 EUR an zusätzlichem konsolidiertem Gewinn (der den Stammaktionären des Mutterunternehmens zuzurechnen ist), der für das Geschäftsjahr 01 den Betrag von 2 Mio. EUR übersteigt.
>
> Im Jahr 01 werden zwei neue Einzelhandelsgeschäfte eröffnet, eines davon am 1.5. und das andere am 1.9. Hinsichtlich der konsolidierten Gewinne der Stammaktionäre des Mutterunternehmens vom 1.1. bis zu dem in der Folge genannten Stichtag liegen die folgenden Informationen vor:
> - 1,1 Mio. EUR (31.3.01)
> - 2,3 Mio. EUR (30.6.01)
> - 1,9 Mio. EUR (30.9.01)
> - 2,9 Mio. EUR (31.12.01)
>
> Für die Berechnung gilt:
>
> | | 1. Quartal | 2. Quartal | 3. Quartal | 4. Quartal | Jahr 01 |
> |---|---|---|---|---|---|
> | Ergebnis | 1.100.000 | 1.200.000 | –400.000 | 1.000.000 | 2.900.000 |
> | Ausstehende Stammaktien | 1.000.000 | 1.000.000 | 1.000.000 | 1.000.000 | 1.000.000 |
> | Erhöhung Nenner (Eröffnung neuer Geschäfte) | 0 | 2.000 (a) | 4.000 (b) | 6.000 | 3.000 (c) |
> | Summe der Aktien | 1.000.000 | 1.002.000 | 1.004.000 | 1.006.000 | 1.003.000 |
> | Unverwässertes Ergebnis je Aktie | 1,10 | 1,20 | –0,40 | 0,99 | 2,89 |
>
> ad (a) 2.000 = 3.000 × 2/3 (Mai und Juni, daher 2/3)
> ad (b) 4.000 = 3.000 + (3.000 × 1/3) (September, daher 1/3)
> ad (c) 3.000 = (3.000 × 8/12) + (3.000 × 4/12)
> In den obigen Berechnungen wurde die bedingte Ausgabe von Aktien in Abhängigkeit vom Erreichen eines Ergebnisses von mehr als 2 Mio. EUR für das Jahr 01 nicht berücksichtigt. Der Grund dafür besteht darin, dass im Jahr 01 erst am letzten Tag des Jahres (31.12.01) feststeht, welches Ergebnis erreicht wird, und somit, ob die Bedingung erfüllt wird. Somit ist der Effekt für das unverwässerte Ergebnis des 4. Quartals und des gesamten Jahres 01 vernachlässigbar.

Stammaktien, welche **bedingt rückgabepflichtig** sind, werden so lange nicht in den Nenner einbezogen, wie die bedingte Rückgabepflicht besteht (IAS 33.24).

3 Das verwässerte Ergebnis je Aktie
3.1 Berechnungsmethodik
3.1.1 Ausgangsgrößen

Neben dem unverwässerten Ergebnis je Aktie ist bei Vorliegen **potenzieller** **Aktien** *(potential ordinary shares)* auch ein verwässertes Ergebnis je Aktie anzugeben *(diluted earnings per share*, IAS 33.66). Als potenzielle Aktien werden zusammengesetzte Finanzinstrumente und sonstige Vereinbarungen angesehen, die deren Inhaber zum Bezug von Stammaktien **berechtigen** (Rz 8). Typische Beispiele hierfür sind **Wandelschuldverschreibungen** und **Optionen**. Die Berechnung hat dabei rein **fiktiven** Charakter, d. h., das Ergebnis je Aktie wird so ermittelt, als ob die **potenziellen** Aktien tatsächlich **ausgegeben** worden wären.

Sind potenzielle Aktien vorhanden, so kann das verwässerte Ergebnis je Aktie als besserer Indikator des tatsächlichen Anteils einzelner Aktionäre am Unternehmenswert angesehen werden als das unverwässerte Ergebnis je Aktie.

Bei der Berechnung des **verwässerten** Ergebnisses je Aktie ist ähnlich dem Vorgehen beim **unverwässerten Ergebnis je Aktie** eine Ergebniszahl durch eine Anzahl Aktien zu **dividieren** (Rz 9). Die bei der unverwässerten Berechnung angesetzten **Zähler** und **Nenner** sind jedoch in Abhängigkeit der nach IAS 33 zugrunde zu legenden Berechnungsmethode zu **modifizieren**.
Es ergibt sich die folgende Formel:

28

Periodenerfolg + Dividenden und Zinsen potenzieller Stammaktien (nach Steuern) (ZÄHLER)
gewichtete durchschnittliche Anzahl während der Periode ausstehender Aktien + gewichteter Durchschnitt potenzieller Stammaktien (NENNER)
= verwässertes Ergebnis je Aktie

Das **Ziel** der Angabe von Informationen zum verwässerten Ergebnis je Aktie besteht – ähnlich wie beim unverwässerten Ergebnis je Aktie – darin, einen Maßstab für den Anteil einer jeden Stammaktie (inkl. potenzieller Stammaktien) des Mutterunternehmens am Ergebnis der Berichtsperiode bereitzustellen (IAS 33.32). Die Berechnungsmethode zur Bestimmung des verwässerten Ergebnisses je Aktie soll künftig vereinheitlicht werden (Rz 59).

Nicht voll einbezahlte Aktien, die bereits an den Dividenden teilhaben, sind bei der Berechnung des unverwässerten Ergebnisses je Aktie zu berücksichtigen (IAS 33.A15). Zwar ausgegebene, aber noch nicht einbezahlte Aktien führen hingegen in dem Maße zu potenziellen Aktien, wie sie nicht an Dividenden teilhaben. In diesem Maße sind sie im Rahmen der Berechnung des verwässerten Ergebnisses je Aktie als Äquivalente von Optionen und Optionsscheinen zu behandeln. Der nicht eingezahlte Teil gilt als für den Kauf von Stammaktien verwendet. Die Anzahl der Aktien ist schließlich die Differenz zwischen der Anzahl der gezeichneten Aktien und der annahmegemäß gekauften Zahl an Aktien (IAS 33.A16).

29

Im Falle von mehreren Klassen von Stammaktien i. S. v. IAS 33 mit dem Recht auf **Wandlung** in (eine andere Klasse von) Stammaktien ist im Rahmen der Berech-

30

nung des verwässerten Ergebnisses je Aktie eine Wandlung zu unterstellen, sofern diese verwässernd wirkt (IAS 33.A14).

31 **Bedingt zu emittierende Aktien** werden im Rahmen der Ermittlung des verwässerten Ergebnisses je Aktie berücksichtigt, sofern die Bedingungen erfüllt sind, d. h. die Ereignisse eingetreten sind. Die Einbeziehung erfolgt ab dem Beginn des Berichtszeitraums bzw. ab dem Zeitpunkt des Vertrages zur bedingten Aktienausgabe, sofern Letzterer später ist. Bei Nichterfüllung der Bedingungen basiert die Anzahl an bedingt zu emittierenden Aktien, welche in die Ermittlung des verwässerten Ergebnisses je Aktie einzubeziehen sind, auf der Anzahl der Aktien, die zu emittieren wäre, wenn das Ende des Berichtszeitraums auch gleichzeitig das Ende der bedingten Periode darstellen würde. Tritt dann in einer Folgeperiode das Ende der bedingten Periode ein und werden die Bedingungen schließlich nicht erfüllt, so ist eine rückwirkende Anpassung unzulässig (IAS 33.52). Die Identifizierung des Endes eines Berichtszeitraums mit dem Ende der bedingten Periode ist ermessensbehaftet. So kann nicht nur auf die Verhältnisse am Bilanzstichtag abgestellt werden, sondern stattdessen hat eine Schätzung darüber zu erfolgen, ob die Bedingungen in der Zukunft erfüllt sein werden oder nicht.

32 IAS 33 regelt zunächst die Behandlung von Verträgen mit **Erfüllungswahlrecht des Emittenten**, d. h., ein Unternehmen hat ein Instrument emittiert, welches vom Emittenten wahlweise durch liquide Mittel oder Stammaktien des Emittenten beglichen werden kann. Eine Erfüllung durch Stammaktien ist zu unterstellen. Insoweit ein verwässernder Effekt vorliegt (IAS 33.58), erhöht sich der Nenner des verwässerten Ergebnisses je Aktie. Ergebnisänderungen aus der unterstellten Erfüllung durch Stammaktien sind ebenfalls zu berücksichtigen (IAS 33.59). Darüber hinaus können Verträge mit **Erfüllungswahlrecht des Inhabers** vorkommen, bei denen der Inhaber zwischen einer Begleichung in Stammaktien oder in liquiden Mitteln wählen kann. Dabei hat man im Rahmen der Ermittlung des verwässerten Ergebnisses je Aktie von jener Form der Erfüllung auszugehen, die zu einem größeren Verwässerungseffekt führt (IAS 33.60).

3.1.2 Betriebswirtschaftliche Logik

33 Nach betriebswirtschaftlicher Logik sind zwei Perspektiven des Verwässerungseffektes zu unterscheiden:[5]
- **Markt**wertperspektive: Die Vermögensposition der Altaktionäre kann durch eine Erwerbsmöglichkeit von Aktien unter dem Marktpreis (durch Optionsausübung; Rz 23) verschlechtert werden.
- **Ertrags**wertperspektive: Durch Ausübung des Wandlungsrechtes (bei Wandelschuldverschreibung) fällt der zugehörige Zinsaufwand weg, aber gleichwohl kann dieser Vorteil der Altaktionäre durch eine „überproportionale" Erhöhung des Aktienbestandes überkompensiert werden.

Zur Bestimmung des Verwässerungseffektes sind aus diesen beiden Perspektiven bislang **zwei Methoden** abzuleiten:
- Nach der *treasury-stock*-Methode – der **Marktwert**perspektive folgend – wird (z. B.) der bei Ausübung einer Option zu zahlende Geldbetrag mit dem

---

[5] Vgl. zum Folgenden einschließlich der Beispiele unter Rz 34 und Rz 35, FREIBERG, PiR 2006, S. 266.

Ergebnis je Aktie § 35

Wert der dafür zu gewährenden Aktien verglichen (IAS 33.45). Eine Verwässerung ist dann festzustellen, wenn der Wert der zu gewährenden Aktien den Wert der Gegenleistung (Ausübungspreis der Option) übersteigt. Rechnerisch wird dazu die Ausgabe von Gratisaktien im Umfang dieser Differenz unterstellt (Rz 43). Die erhöhte Anzahl der Aktien im Nenner vermindert c.p. den Quotienten (Rz 9).

- Nach der *if-converted*-Methode – der **Ertrags**wertperspektive folgend – wirken Veränderungen des Zählers **und** des Nenners auf den Quotienten ein (IAS 33.33 und IAS 33.36). Der Nenner erhöht sich durch die zu treffende Annahme der Ausübung **aller** Wandlungs- bzw. Optionsrechte zum Bilanzstichtag. Der Zähler verändert sich durch den (z.b. die Wandlung) entfallenden Zinsaufwand einschließlich weiterer Ergebniseffekte (z.B. Tantiemen) und unter Berücksichtigung des daraus resultierenden Steuereffekts.

Zur *treasury-stock*-Methode im Falle von Aktienerwerbsoptionen mit dem Unternehmen als Stillhalter folgendes Beispiel: 34

Beispiel
Sachverhalt
Der (durchschnittliche) Aktienkurs der A-AG der Periode beträgt 8 EUR/Aktie. Aus dem laufenden Mitarbeiterprogramm der A stehen Mitarbeiteroptionen auf 2 Mio. Aktien zu einem Ausübungspreis von 3 EUR/Aktie und auf 3 Mio. Aktien zu einem Preis von 9 EUR/Aktie aus. Tatsächlich können die Optionen erst in 2 Jahren (nach Ablauf der Wartefrist) ausgeübt werden.

Lösung
Von den Optionen sind nur die mit einem Ausübungspreis unter 8 EUR/Aktie zu berücksichtigen, die Option zu 9 EUR/Aktie ist aus der Perspektive des Optionsinhabers (hier Mitarbeiter) ungünstig und daher aufgrund fehlender Ausübungswahrscheinlichkeit nicht zu berücksichtigen. Eine Ausübung der übrigen Optionen ist fiktiv zu unterstellen, auch wenn die tatsächliche Ausübung aufgrund der Wartefrist noch nicht möglich ist. Die fiktive Ausübung berührt die Ergebnisgröße *(earnings)* der Berechnung des verwässerten EPS *(earnings per share)* nicht. Sie hat lediglich Auswirkungen auf die Anzahl der Aktien *(shares)*.

	Mitarbeiteroptionen
Δ Ergebnis in Mio. EUR	0
Bei Ausübung der Option neu entstehende Aktien	2 Mio. Aktien
Kurswert der neu entstehenden Aktien zum Stichtag	2 Mio. × 8 EUR/Aktie = 16 Mio.
Ausübungspreis der Option	2 Mio. × 3 EUR/Aktie = 6 Mio.
Differenz aus Kurswert und Ausübungspreis (Gratisaktie)	16 Mio. – 6 Mio. = 10 Mio.
Umrechnung der Differenz in fiktive Gratisaktien	10 Mio. / 8 EUR/Aktie = 1,25 Mio.

	Mitarbeiteroptionen
EPS	10 Mio. EUR /25 Mio. Aktien = 0,4 EUR/Aktie
Diluted EPS	10 Mio. EUR / 26,25 Mio. Aktien = 0,38 EUR/Aktie

Bei Anwendung der *treasury-stock*-Methode ergibt sich eine Differenz i.H.v. 1,25 Mio. Aktien zwischen der Aktienzahl aus den Options-/Wandlungsrechten und der Aktienzahl, die aus der Options-/Umtauschzahlung zum Marktwert erworben werden könnten. Das verwässerte EPS der A-AG beträgt somit 0,38 EUR/Aktie (= (10 Mio. EUR) / (25 Mio. Aktien + 1,25 Mio. Aktien)).

35 Zur *if-converted*-Methode folgendes Beispiel einer Wandelschuldverschreibung:

Beispiel
Sachverhalt
Die A-AG erzielte einen Gewinn nach Steuern ($s = 40\%$) i.H.v. 10 Mio. EUR, der den Aktionären (25 Mio. Aktien) zusteht. Das unverwässerte EPS ergibt sich i.H.v. 0,4 EUR/Aktie (= 10 Mio. EUR/25 Mio. Aktien). In den Vorjahren hat A eine Wandelschuldverschreibung (WSV) über insgesamt 100 Mio. EUR, verzinslich zu 9 %, p.a. ausgegeben. Ein Nominalbetrag der einzelnen WSV von 100 EUR berechtigt zum Erwerb von 10 Aktien.

Lösung
Ein möglicher Verwässerungseffekt ergibt sich unter der Fiktion einer Wandlung der Schuldverschreibung zum Jahresanfang. Zur Berechnung der Auswirkungen der Wandlung auf die EPS ist nach der *if-converted*-Methode sowohl eine Korrektur der Ergebnisgröße *(earnings)* als auch der Aktienanzahl *(shares)* notwendig.

	Wandelschuld
Δ Ergebnis in EUR (vor Steuern)	(9 % × 100 Mio.) = 9,0 Mio.
nach Steuern (bei Steuersatz von 40 %)	9,0 Mio. × 60 % = 5,4 Mio.
Δ Aktien in Stück	(100 Mio. / 100) × 10 = 10 Mio.
Δ EPS in EUR	(5,4 Mio. / 10 Mio) = 0,54
Vergleich	0,4 < 0,54 → *anti-dilutive*

Die Wandelschuldverschreibung ist nicht in die Berechnung des verwässerten EPS einzubeziehen, da sie isoliert betrachtet keine Verwässerung bewirkt. Die rechnerische Verzinsung der WSV (0,54 EUR/WSV) ist höher als das unverwässerte EPS (0,4 EUR/Aktie).

Nach IAS 33 besteht bislang **keine einheitliche** Methodik zur Berechnung des verwässerten Ergebnisses:

- Bei der *if-converted*-Methode werden **alle** aus der fingierten Wandlung entstehenden Aktien in die Berechnung des verwässerten Ergebnisses einbezogen,
- nach der *treasury-stock*-Methode nur die **tatsächlich** verwässernd wirkenden Aktien.

Der Board plant seit Längerem eine Anpassung von IAS 33 zur Behebung dieser Inkonsistenz (Rz 59).

Eine Abwandlung der *treasury-stock*-Methode stellt die *reverse-treasury-stock*-Methode dar. Auf diese ist für die Berechnung des verwässerten Ergebnisses je Aktie zurückzugreifen, wenn **geschriebene Verkaufsoptionen** existieren (IAS 33.63). Von einer Verwässerung ist auszugehen, wenn der Ausübungspreis (Verkaufspreis) der geschriebenen Option größer ist als der durchschnittliche Marktpreis der Stammaktien während der Periode.

Es ist zunächst der Nachteil des berichtenden Unternehmens aus der geschriebenen Verkaufsoption zu berechnen, welcher der Differenz zwischen dem Ausübungspreis und dem niedrigeren durchschnittlichen Marktpreis der Stammaktien, multipliziert mit der Anzahl ausstehender Optionen, entspricht. Dieser Nachteil wird schließlich durch den durchschnittlichen Marktpreis der Stammaktien während der Periode dividiert. I.H.d. daraus resultierenden Aktienzahl wird die Ausgabe von Gratisaktien des berichtenden Unternehmens unterstellt (IAS 33.63). Somit erhöht sich analog zur *treasury-stock*-Methode der Nenner, jedoch nicht der Zähler.

36

Beispiel

Der (durchschnittliche) Aktienkurs der A-AG der Periode beträgt 4 EUR/Aktie, das Ergebnis der Periode beträgt 100.000 EUR. Der gewichtete Durchschnitt der während der Periode ausstehenden Stammaktien beträgt 250.000 Aktien. Es existieren 120.000 ausstehende geschriebene Verkaufsoptionen auf Stammaktien der A-AG. Für die Ausübung jeder dieser Optionen (Ausübungspreis: 5 EUR) erhält der Inhaber eine Stammaktie der A-AG.

Das unverwässerte Ergebnis je Aktie von 0,4 EUR ergibt sich aus der Division des Ergebnisses von 100.000 EUR durch 250.000 Aktien. Die folgenden Ausführungen beziehen sich auf die Ermittlung des verwässerten Ergebnisses je Aktie:

Die fiktive Ausübung der Optionen berührt die Ergebnisgröße *(earnings)* der Berechnung des verwässerten EPS nicht. Sie hat lediglich Auswirkungen auf die Anzahl der Aktien.

	Mitarbeiteroptionen
Δ Ergebnis in Mio. EUR	0
Bei Ausübung der Option neu entstehende Aktien	120.000 Aktien
Durchschnittlicher Aktienkurs der Periode	4 EUR/Aktie
Ausübungspreis der Option	5 EUR/Aktie

	Mitarbeiteroptionen
Nachteil aus der Optionsausübung für die A-AG	1 EUR/Aktie × 120.000 Aktien = 120.000 EUR
Fiktion der Ausgabe von Gratisaktien i. H. d. Nachteils	120.000 EUR / 4 EUR/Aktie = 30.000 Gratisaktien
Verwässertes Ergebnis je Aktie	100.000 EUR / (250.000 + 30.000 Aktien) = 0,36 EUR/Aktie

Geschriebene Verkaufsoptionen stellen einen Vertrag zum Rückkauf eigener Anteile dar (IAS 33.63). Während die A-AG im Falle der Optionsausübung 120.000 eigene Aktien zurückkaufen muss, hat die A-AG zu unterstellen, dass sie zu Beginn der Periode 150.000 Aktien emittiert, um die Verpflichtung aus der Option von 600.000 EUR (= 5 EUR/Aktie × 120.000 Aktien) zu begleichen. Die Zahl von 150.000 wird berechnet, indem die Verpflichtung aus der Option durch den durchschnittlichen Aktienkurs der Periode von 4 EUR/Aktie dividiert wird (IAS 33.63 und 33.A10). Somit hat die A-AG unter diesen Annahmen 30.000 Gratisaktien emittiert (= 150.000 Aktien – 120.000 Aktien).

37 Im Rahmen der *treasury-stock*-Methode und der *reverse-treasury-stock*-Methode fließt der **durchschnittliche Kurs der Stammaktien der Periode** in die Berechnungen mit ein. Streng betrachtet könnte jede Markttransaktion in Bezug auf die Stammaktien des Unternehmens in die Berechnung des Durchschnitts einbezogen werden. Allerdings reicht gewöhnlich die Berechnung eines einfachen Durchschnitts der wöchentlichen oder monatlichen Kurse aus (IAS 33.A4).

Im Allgemeinen ist es angemessen, im Rahmen der Ermittlung des durchschnittlichen Kurses der Stammaktien der Periode die Schlusskurse heranzuziehen. Bei stark schwankenden Kursen ist allerdings ein Durchschnitt der Höchst- und Tiefstkurse aussagekräftiger. Die Methode zur Berechnung des durchschnittlichen Kurses der Stammaktien der Periode ist stetig anzuwenden, es sei denn, sie ist aufgrund von geänderten Bedingungen nicht mehr geeignet. Ein Beispiel für letzteren Fall ist ein Unternehmen, das bislang Schlusskurse verwendet hat und künftig auf den Durchschnitt aus Höchst- und Tiefstkursen wechselt, da die Kursschwankungen stärker werden und das Heranziehen von Schlusskursen daher nicht mehr eine verlässliche Berechnung gewährleisten kann (IAS 33.A5).

38 Auf der Grundlage dieser systematischen Ausgangsüberlegungen zum wirtschaftlichen Gehalt des Verwässerungseffekts sind die **Einzelheiten** zur Definition von Zähler und Nenner (Rz 9) darzustellen.

3.2 Ermittlung des Ergebnisses

39 Für die Bestimmung des Zählers (Rz 9) ist zunächst von **derselben Ergebnisgröße** auszugehen wie für die Berechnung des unverwässerten Ergebnisses je Aktie. Diese ist um all jene **Veränderungen in Aufwendungen und Erträgen** zu bereinigen, die sich aus einer Umwandlung der potenziellen Aktien in Stammaktien ergeben hätten. Zusätzlich zu korrigieren sind **Dividendenzahlungen auf Vorzugsaktien** (Rz 11), sofern sie bei der Ermittlung des unverwässerten Ergebnisses vom für

Stammaktionäre zur Verfügung stehenden Ergebnis abgezogen worden sind. Vom Unternehmen zu tragende **Steuereffekte** sind zu berücksichtigen.

> **Beispiel**
> Seit Jahresanfang hat ein Unternehmen 10.000 Stück Wandelanleihen im nominalen Wert von je 100 ausgegeben, die zu 7 % verzinslich sind. Der Steuersatz liegt bei 30 %. Der Jahresgewinn nach Steuern beträgt 800.000 EUR.
> Für die Berechnung des Zählers des verwässerten Ergebnisses je Aktie ist eine bereits zu Jahresanfang erfolgte Wandlung der Anleihen anzunehmen. Die hieraus resultierende Zinsersparnis beträgt 1.000.000 EUR × 7 % = 70.000 EUR. Der entstehende Mehrgewinn ist jedoch mit 30 % zu versteuern, sodass eine Ergebniserhöhung von 49.000 EUR verbleibt. Für die Berechnung des verwässerten Ergebnisses je Aktie ist daher von einem Zähler i.H.v. 849.000 EUR auszugehen. Wäre die Ausgabe der Wandelanleihen unterjährig erfolgt, so wäre lediglich der zeitanteilig angefallene Zinsaufwand zu bereinigen. Bei Ausgabe genau in der Jahresmitte würde sich der Zähler des verwässerten Ergebnisses je Aktie z.B. auf 824.500 EUR belaufen.

Nach IAS 33.35 sind auch **indirekte** Ergebnisänderungen aus der Umwandlung von potenziellen Aktien zu berücksichtigen.

> **Beispiel**
> Das Unternehmen im vorstehenden Beispiel verfügt zusätzlich über ein Gehaltsmodell, bei dem die Mitarbeiter mit 10 % am Ergebnis vor Steuern beteiligt sind. Aus der Umwandlung der Wandelanleihen und der eintretenden Zinsersparnis ergibt sich somit ein höherer Personalaufwand. Um den Steuereffekt bereinigt, ist somit für die Berechnung des verwässerten Ergebnisses je Aktie von einem Zähler von 800.000 EUR + 70.000 EUR × 0,9 × 0,7 = 844.100 EUR auszugehen.

Die Berücksichtigung indirekter Effekte ist häufig mit hohem **Aufwand** verbunden, dem nicht immer ein entsprechender Informationsnutzen gegenübersteht. Auch aus *cost-benefit*-Erwägungen (→ § 1 Rz 62) ist dann u.U. von der Ermittlung indirekter Effekte abzusehen.

3.3 Ermittlung der Anzahl Aktien

3.3.1 Ausgangsgrößen

Auch für die Bestimmung des Nenners (Rz 9) ist zunächst von **derselben Anzahl** Aktien auszugehen wie für die Berechnung des unverwässerten Ergebnisses je Aktie. Diese ist um all jene **Veränderungen** in der Anzahl ausstehender Aktien zu **bereinigen**, die sich aus einer Umwandlung der potenziellen Aktien in Stammaktien ergeben hätten. Waren die betreffenden potenziellen Aktien schon zum **Jahresanfang** ausstehend, ist für die zeitanteilige Gewichtung bei der Einbeziehung der sich hieraus errechnenden zusätzlichen Aktien das gesamte Jahr anzunehmen. Erfolgte die Ausgabe **unterjährig**, sind die sich aus der fiktiven Hinzurechnung ergebenden Anteile zeitanteilig zu gewichten. Auch aus Überkreuz- bzw. Rückbeteiligungen ergeben sich keine Besonderheiten für die Anzahl der Aktien, die für die Berechnung des verwässerten Ergebnisses je Aktie heranzuziehen sind (Rz 19f.).

Je nach Art der ausstehenden potenziellen Aktien und der ihnen zugrunde liegenden Vereinbarungen sind **unterschiedliche Methoden** zur Berechnung der sich hieraus ergebenden Anzahl Stammaktien heranzuziehen, wobei stets von dem für den Inhaber der potenziellen Aktien günstigsten Verhalten bzw. Kurs auszugehen ist (IAS 33.39).

3.3.2 Bedingte Aktienausgabe

42 Ist die **Ausgabe** der Aktien von der Erfüllung bestimmter **Bedingungen** abhängig *(contingent shares)*, sind diese dann in den Nenner mit einzubeziehen, wenn die betreffenden Bedingungen zum Abschlussstichtag erfüllt sind. Sind Fristen noch nicht erfüllt, z.B. weil der Bemessungsstichtag noch nicht erreicht ist, gilt der jeweilige Abschlussstichtag als Beurteilungs- und Bemessungsstichtag. Am **Abschlussstichtag** ist dann zu beurteilen, wie viele Aktien auszugeben wären, falls der Abschlussstichtag mit dem Ende der *contingency period* übereinstimmen würde (Rz 43). Falls die **Bedingungen** am **tatsächlichen** Bemessungsstichtag in einer späteren Periode dann doch **nicht erfüllt** sein sollten, findet **keine rückwirkende** Anpassung statt. Bei Abhängigkeit der Ausgabe lediglich vom Ablauf einer festgesetzten Frist liegen keine *contingent shares* vor, da der Zeitablauf als sicher zu betrachten ist. Bereits ausgegebene Aktien, die unter bestimmten Bedingungen **rückgabepflichtig** sind, werden wie bedingte Aktien behandelt.

> **Beispiel**
> Ein Unternehmen erwirbt eine neue Tochtergesellschaft gegen Ausgabe von 1.000.000 junger Aktien der Muttergesellschaft. Im Kaufvertrag ist vorgesehen, dass die Veräußerer weitere 200.000 Aktien erhalten, wenn mehr als 80 % der Kunden des erworbenen Unternehmens diesem noch mindestens zwei Jahre die Treue halten. Zum Ende des 1. Jahres sind noch 85 % der Altkunden verblieben. Eine sichere Aussage über den Zustand am Ende des 2. Jahres ist nicht möglich. Für die Berechnung des verwässerten Ergebnisses je Aktie zum Ende des 1. Jahres sind die 200.000 potenziellen Aktien mit zu berücksichtigen, da zu diesem fiktiven Bemessungszeitpunkt die Bedingung zur Aktienausgabe als erfüllt angesehen werden kann.
> Zum Ende des 2. Jahres stellt sich heraus, dass nur knapp die Hälfte aller Kunden dem erworbenen Unternehmen die Treue gehalten hat. Die Bedingung ist somit insgesamt nicht erfüllt, es kommt nicht zur Ausgabe zusätzlicher Aktien. Eine rückwirkende Anpassung des verwässerten Ergebnisses je Aktie für das 1. Jahr ergibt sich hieraus jedoch nicht.

Kann die Ablösung ausgegebener potenzieller Aktien sowohl in bar wie auch in Aktien erfolgen, so wird eine Ablösung in Aktien vermutet und eine entsprechende Einbeziehung in die Berechnung des verwässerten Ergebnisses je Aktie erforderlich (IAS 33.58).

Ergebnis je Aktie § 35

3.3.3 Ausstehende Erwerbsoptionen für Aktien

Bestehen die potenziellen Aktien aus **ausstehenden** und noch nicht ausgeübten **Optionen**, so ist für die Berechnung des verwässerten Ergebnisses die Ausübung aller Optionen anzunehmen. Für bis zum Abschlussstichtag vereinbarte **Aktienoptionspläne** wird folglich das Ende der festgelegten Wartezeit *(vesting date)* am Bilanzstichtag unterstellt. Sofern der Optionsplan aber **Erfolgsziele** (vgl. § 193 Abs. 2 Nr. 4 AktG) enthält, sind die potenziellen Aktien bei der Ermittlung des verwässerten Ergebnisses nur zu berücksichtigen, wenn die vereinbarten Erfolgsziele zum Abschlussstichtag bereits vollständig erfüllt sind.[6] Zur Berechnung der im Nenner zusätzlich zu berücksichtigenden Anzahl der Aktien ist die *treasurystock*-Methode (Rz 28) anzuwenden. Hiernach entspricht die zu berücksichtigende Anzahl der Aktien den durch die **erzielten Erlöse** *(assumed proceeds)* nicht gedeckten, aber gleichwohl für eine Bedienung der Optionen noch zusätzlich benötigten Aktien. **Methodisch** ist zur Berechnung des Verwässerungseffekts nach IAS 33.45 wie folgt vorzugehen:

43

- Neben der Ausübung der Optionen bzw. Wandelrechte zum Periodenende wird auch der Empfang der bei fingierter Ausübung erzielbaren Erlöse angenommen.
- Verglichen wird die Anzahl der Aktien, die bei unterstellter Ausübung zum Ausübungspreis als Gegenleistung für die erzielten Erlöse an den Optionsinhaber ausgegeben werden, mit der Anzahl der Aktien, die man bei Zugrundelegung des durchschnittlichen Marktwerts der Aktie als Gegenleistung für die erzielten Erlöse ausgegeben hätte. Die Differenz entspricht dem durch die potenziellen Aktien eintretenden Verwässerungseffekt und ist gleichbedeutend mit der Anzahl der Aktien, die an den Optionsinhaber, im Vergleich zu einem anderen Marktteilnehmer ohne Leistung von Entgelt, ausgegeben wurde.

Die aus der künftigen Ausübung **erzielten Erlöse** umfassen neben dem Ausübungspreis auch den *fair value* für künftige Sach- und Dienstleistungen, die von dem Kontraktpartner als Gegenleistung für die gewährten Aktienoptionen oder für sonstige anteilsbasierte Vergütungsformen i.S.v. IFRS 2 (→ § 23) überlassen werden (IAS 33.47A, *Illustrative Examples* 5 und 5A).[7] Als **Marktwert** ist der **durchschnittliche Aktienkurs** während der **Periode** anzusehen, wobei je nach Volatilität der Aktie andere Berechnungsmethoden eine geeignete Annäherung des Durchschnittskurses aller erfolgten Transaktionen darstellen können (IAS 33.A4). Optionen haben somit nur dann einen verwässernden Effekt, wenn deren innerer Wert während der Periode positiv war *(„in the money")*.[8]
Das nachfolgende Beispiel verdeutlicht die erforderlichen Berechnungen:

> **Beispiel**
> Ein Unternehmen verfügt seit Jahresbeginn über 500.000 ausstehende Aktien zu einem Jahresdurchschnittskurs von 25 EUR/Aktie. Zusätzlich sind 80.000 Optionen auf den Erwerb je einer Aktie zum Kurs von 20 EUR/Aktie ausstehend. Die Anzahl der sich hieraus ergebenden verwässernden Aktien

---

[6] Vgl. IDW, RS HFA 2 Tz. 30.
[7] Vgl. auch IASB, Observer Notes, Board Meeting November 2005.
[8] Vgl. KROLLE, Die Berechnung von verwässerten Ergebnissen je Aktie bei ausstehenden Stock Options, in: Finanz Betrieb, 2002, S. 713.

> berechnet sich wie folgt: Die bei unterstellter Ausübung erzielten Erlöse betragen 80.000 × 20 EUR/Aktie = 1.600.000 EUR. Zu dem Ausübungskurs von 20 EUR/Aktie werden 80.000 Aktien ausgegeben. Bei Zugrundelegung des Jahresdurchschnittskurses von 25 EUR/Aktie würden hingegen 1.600.000 / 25 EUR/Aktie = 64.000 Aktien ausgegeben. Die Verwässerung beträgt 80.000–64.000 = 16.000. Im Nenner des verwässerten Ergebnisses je Aktie sind somit 500.000 + 16.000 = 516.000 Aktien zu berücksichtigen.

Entscheidend für den **Zeitpunkt** der Berücksichtigung ist das Zusagedatum. Ist die Ausübung z. B. bei Mitarbeiterbeteiligungsmodellen von weiteren Bedingungen abhängig, ist wie bei *contingent shares* eine Beurteilung des Erfüllungsgrads am Periodenende erforderlich. Sind keine weiteren Bedingungen erforderlich, hat die Einbeziehung auch dann zu erfolgen, wenn die ausstehenden Optionen noch nicht unverfallbar geworden sind (IAS 33.48).

3.3.4 Wandelbare Papiere

44 Resultieren die potenziellen Aktien aus **wandelbaren Papieren**, so ist entsprechend der in Rz 33 erläuterten *if-converted*-Methode von dem der Wandlung zugrunde liegenden **Umtauschverhältnis** auszugehen.

> **Beispiel**
> Seit Jahresanfang hat ein Unternehmen 10.000 Stück Wandelanleihen im Wert von je 100 EUR/Aktie ausgegeben. Jede Anleihe ist in 10 Aktien der Gesellschaft umtauschbar. Darüber hinaus waren 600.000 Aktien ausstehend. Im Falle einer Wandlung würden aus den 10.000 Wandelanleihen 10.000 × 10 = 100.000 neue Aktien entstehen. Im Zähler des verwässerten Ergebnisses je Aktie sind somit 700.000 Aktien zu berücksichtigen.

Ist die Wandlung bestimmter Papiere zwingend vorgesehen (**Zwangswandelanleihe**), erfolgt die Einbeziehung der daraus resultierenden zusätzlichen Aktien bereits bei der Berechnung des **unverwässerten** Ergebnisses je Aktie (IAS 33.23).

45 In die Berechnung des verwässerten Ergebnisses je Aktie sind nur solche Papiere einzubeziehen, die zu einer Verwässerung des Ergebnisses aus gewöhnlicher, **fortgeführter** Geschäftstätigkeit führen. Nicht zu einer Verwässerung führen Papiere, bei deren Umwandlung sich ein unverwässerter Gewinn je Aktie erhöhen oder ein unverwässerter Verlust je Aktie verringern würde *(anti-dilutive)*. Die Frage, ob potenzielle Aktien verwässernde Wirkung haben oder nicht, ist für **jede Gattung** und **jede Tranche** ausgegebener potenzieller Aktien **einzeln** zu beurteilen. Vergleichsgröße zur Beurteilung des Verwässerungseffekts ist das unverwässerte Ergebnis je Aktie.

> **Beispiel**
> Seit Jahresanfang hat ein Unternehmen 10.000 Stück Wandelanleihen im Wert von je 100 EUR/Aktie ausgegeben, die zu 15 % verzinslich sind. Jede Anleihe ist in 10 Aktien der Gesellschaft umtauschbar. Darüber hinaus waren 600.000 Aktien ausstehend. Der Jahresgewinn nach Steuern beträgt 400.000 EUR, der

Ergebnis je Aktie § 35

> Steuersatz 30 %. Das unverwässerte Ergebnis je Aktie beträgt 400.000 EUR / 600.000 Aktien = 0,67 EUR/Aktie.
> Im Falle einer Wandlung würden aus den 10.000 Wandelanleihen 10.000 × 10 = 100.000 neue Aktien entstehen. Im Nenner des verwässerten Ergebnisses je Aktie sind somit 700.000 Aktien zu berücksichtigen. Durch die wegfallende Verzinsung könnten 150.000 EUR eingespart werden, die jedoch zu versteuern sind. Es verbleiben im Zähler somit 400.000 EUR + 150.000 EUR × 0,7 = 505.000 EUR. Das verwässerte Ergebnis je Aktie würde sich auf 505.000 EUR / 700.000 Aktien = 0,72 EUR/Aktie belaufen. Durch die hohe Verzinsung tritt durch die Wandlung somit ein der Verwässerung gegenläufiger Effekt ein. Vgl. hierzu auch das Beispiel unter Rz 35.

Die Frage nach der verwässernden Wirkung potenzieller Aktien (Rz 28) ist nicht auf Basis eines um sämtliche Sondereffekte bereinigten Ergebnisses zu entscheiden *(net profit per share from continuing ordinary operations;* IAS 33.39), sondern anhand des Ergebnisses aus **fortgeführter** Tätigkeit *(earnings per share from continuing operations;* IAS 33.41). Hieraus können sich im Einzelfall Änderungen beim verwässerten Ergebnis je Aktie ergeben.

Sind **mehrere Arten** potenzieller Aktien vorhanden, kann die Reihenfolge der Einbeziehung in die Berechnung eine Auswirkung auf die Höhe des Verwässerungseffektes haben, sofern einzelne Papiere sich als der Verwässerung entgegenwirkend herausstellen sollten. Anzugeben ist jedoch immer der **maximal mögliche Verwässerungseffekt**. Dazu ist zunächst für jede Art potenzieller Aktien **einzeln** der Verwässerungseffekt zu ermitteln. Dieser ist umso größer, je geringer das auf die daraus resultierenden neuen Aktien entfallende Mehrergebnis ist. Angefangen von den am stärksten verwässernden Papieren sind dann alle potenziellen Aktien so lange Schritt für Schritt in die Berechnung des verwässerten Ergebnisses mit einzubeziehen, bis deren Einbeziehung zu einer Minderung der Verwässerung führt. Das nachfolgende Beispiel verdeutlicht dieses Vorgehen:

46

> **Beispiel**
> Seit Jahresanfang hat ein Unternehmen die folgenden potenziellen Aktien ausstehen:
> - 10.000 Optionen zum Erwerb je einer Aktie zum Kurs von 5 EUR/Aktie. Der Durchschnittskurs während des Jahres lag bei 7 EUR/Aktie.
> - 2.000 Stück Wandelanleihen im nominalen Wert von je 100 EUR/Anleihe. Jede Anleihe ist in eine Aktie der Gesellschaft umtauschbar. Die Verzinsung beträgt 12 % und ist nur in Gewinnjahren zahlbar.
> - 5.000 Stück Wandelanleihen im nominalen Wert von je 100 EUR/Anleihe. Jede Anleihe ist in 10 Aktien der Gesellschaft umtauschbar. Die Verzinsung beträgt 6 % und ist unabhängig von der Ergebnissituation der Gesellschaft zahlbar.
> Das Ergebnis nach Steuern beträgt 800.000 EUR, die Anzahl Aktien liegt bei 400.000. Das unverwässerte Ergebnis je Aktie beträgt somit 800.000 EUR / 400.000 Aktien = 2,00 EUR/Aktie. Der Steuersatz liegt bei 30 %.

Das aus einer Einbeziehung dieser potenziellen Aktien resultierende Mehrergebnis je neue Aktie errechnet sich wie folgt:
- Die Ausübung der Optionen führt lediglich zu 2.857 (= (10.000 – (5 EUR/ Aktie × 10.000 / 7 EUR/Aktie)) zusätzlichen Aktien, nicht zu einer Änderung des Ergebnisses. Das Mehrergebnis je neue Aktie ist somit null.
- Die Umwandlung der gewinnabhängigen 12-%-Anleihen führt zu einem Mehrergebnis nach Steuern von 200.000 EUR × 0,12 × 0,7 = 16.800 EUR. Es werden 2.000 zusätzliche Aktien ausgegeben. Das Mehrergebnis je neue Aktie beträgt 16.800 EUR / 2.000 Aktien = 8,40 EUR/Aktie.
- Die Umwandlung der nicht gewinnabhängigen 6-%-Anleihen führt zu einem Mehrergebnis nach Steuern von 500.000 EUR × 0,06 × 0,7 = 21.000 EUR. Es werden 50.000 zusätzliche Aktien ausgegeben. Das Mehrergebnis je neue Aktie beträgt 21.000 EUR / 50.000 Aktien = 0,42 EUR/ Aktie.

Der Verwässerungseffekt ist somit bei den Optionen am stärksten, bei den 6-%-Anleihen am zweitstärksten und bei den 12-%-Anleihen am geringsten. Ausgehend vom unverwässerten Ergebnis je Aktie ergeben sich die folgenden Verwässerungseffekte, wobei Schritt für Schritt die vorstehend ermittelte Reihenfolge zu berücksichtigen ist:
- Einbeziehung der Optionen: (800.000 EUR + 0) / (400.000 + 2.857) = 1,99 EUR/Aktie. Diese Zahl liegt unter dem unverwässerten Ergebnis je Aktie; die Optionen sind zu berücksichtigen.
- Einbeziehung der nicht gewinnabhängigen 6-%-Anleihen: (800.000 EUR + 21.000 EUR) / (402.857 + 50.000) = 1,81 EUR/Aktie. Diese Zahl liegt unter dem verwässerten Ergebnis je Aktie unter Einbeziehung der Optionen; die Wandelanleihen sind zu berücksichtigen.
- Einbeziehung der gewinnabhängigen 12-%-Anleihen: (821.000 EUR + 16.800 EUR)/ (452.857 + 2.000) = 1,84 EUR/Aktie. Diese Zahl liegt über dem verwässerten Ergebnis je Aktie unter Einbeziehung der Optionen und der 6-%-Anleihen. Der Effekt ist der Verwässerung entgegenwirkend. Die 12-%-Anleihen sind nicht zu berücksichtigen.

Das verwässerte Ergebnis je Aktie beträgt 1,81 EUR/Aktie.

47 Nicht alle aktienrechtlich denkbaren Ermächtigungen zur Veränderung des Kapitals führen zwangsläufig zur Existenz verwässernder potenzieller Aktien. So ergeben sich i. d. R. bei einer genehmigten oder bedingten **Kapitalerhöhung** aus der bloßen Zustimmung der Hauptversammlung noch keine Rechte Dritter auf den Bezug der daraus resultierenden Papiere. Eine Anpassung des Nenners (Rz 9) kommt dann nicht in Betracht. Ebenfalls nicht zu potenziellen Aktien führt eine **Ermächtigung zum Rückkauf eigener Anteile**. Ist der Rückkauf erfolgt, verringert er lediglich die Anzahl ausstehender Aktien sowohl für das unverwässerte wie für das verwässerte Ergebnis je Aktie. Sind Aktien zwar ausgegeben, aber noch nicht einbezahlt, so führen diese in dem Maße zu potenziellen Aktien, wie sie nicht an Dividenden teilhaben (IAS 33.A16). Nicht voll einbezahlte Aktien, die bereits an den Dividenden teilhaben, sind bereits bei der Berechnung des unverwässerten Ergebnisses je Aktie zu berücksichtigen (IAS 33.A15). Für vom Unternehmen **ausgegebene Put-Optionen auf eigene**

Anteile, die zu einem Rückkauf eigener Anteile verpflichten könnten, wird eine Einbeziehung in das verwässerte Ergebnis je Aktie durch das *Improvements Project* (Rz 58) seit 2005 erstmals geregelt (IAS 33.63).

Von einem **Tochterunternehmen, Gemeinschaftsunternehmen oder assoziierten Unternehmen** auf eigene Anteile oder Anteile des Mutterunternehmens ausgegebene **potenzielle Aktien** sind dann für die Berechnung des verwässerten Ergebnisses je Aktie relevant, wenn sich hieraus verwässernde Auswirkungen auf **konsolidierter** Ebene ergeben. Die konkreten Schritte zur Einbeziehung regelt IAS 33.A11: Sofern die potenziellen Aktien zu einer Ausgabe von Anteilen des Mutterunternehmens führen können, sind diese direkt bei der Berechnung des verwässerten Ergebnisses des Mutterunternehmens zu berücksichtigen. Bestehen die **potenziellen Anteile** an einem anderen **Konzernunternehmen**, wird für dieses Unternehmen ein verwässertes Ergebnis je Aktie berechnet, das dann anteilig entsprechend der Beteiligungsquote des berichtenden Mutterunternehmens in die Berechnung des verwässerten Ergebnisses je Aktie (Ergebnis, Aktienanzahl) für den Gesamtkonzern mit einfließt. Kann die Ablösung ausgegebener potenzieller Aktien **sowohl in bar wie auch in Aktien** erfolgen, so wird eine Ablösung in Aktien vermutet und eine entsprechende Einbeziehung in die Berechnung des verwässerten Ergebnisses je Aktie erforderlich (IAS 33.58).

48

Wurden potenziell verwässernde Papiere **unterjährig** ausgegeben, so sind diese für die betreffende Periode lediglich zeitanteilig gewichtet einzubeziehen. Kam es während das Jahres zu einer tatsächlichen **Ausübung bzw. Umwandlung**, z. B. durch die Fälligkeit von Optionen und eine entsprechende Ausgabe von Aktien, so sind die potenziellen Aktien bis zu diesem Zeitpunkt zeitanteilig gewichtet in die Berechnung des verwässerten Ergebnisses je Aktie aufzunehmen. Für die Zeit nach der Umwandlung sind die daraus resultierenden Stammaktien zeitanteilig in die Berechnung sowohl des unverwässerten als auch des verwässerten Ergebnisses mit einzubeziehen (IAS 33.38).

49

4 Freiwillige Angaben

4.1 Mögliche Ausweitung der Vorgaben

Die Aussagekraft des Ergebnisses je Aktie und die Vergleichbarkeit zwischen unterschiedlichen Unternehmen (Rz 2) kann u. E. durch eine Ausweitung der Vorgaben erhöht werden. Folgende Möglichkeiten zur Ausweitung bestehen:
- Nach IAS 1.81 (rev. 2007) wird eine Darstellung des sonstigen Gesamteinkommens in einer eigenen Rechnung *(two statement approach)* oder im Rahmen einer umfassenden Gesamteinkommensrechnung *(one statement approach)* verlangt (→ § 2 Rz 89 ff.). Bislang erfolgt nach IFRS dennoch keine Einbeziehung des sonstigen Gesamteinkommens in den Zähler der Kennzahl Ergebnis je Aktie. Es ist auch keine Offenlegung einer weiteren Kennzahl „Gesamteinkommen je Aktie" erforderlich oder geplant.[9] Die Begründung

50

---

[9] Dazu ausführlich: THEILE, PiR 2006, S. 97 ff.

für die Ablehnung „mangelnde Vereinbarkeit mit dem Anwendungsbereich des kurzfristigen Konvergenzprojekts"[10] überzeugt nicht.

- Ebenso verlangt IAS 33 auch keine Angabe der Kennzahl „Geldfluss *(cash flow)* je Aktie", obwohl diese in der Finanzanalyse zunehmend an Bedeutung gewinnt.[11] Diese Kennzahl wäre gerade in Zeiten von Interesse, in denen manche Unternehmen trotz massiver Gewinnrückgänge ein Vielfaches von ihrem Ergebnis je Aktie an die Aktionäre ausschütten.[12]
- Ein Ergebnis je Aktie für Minderheitenanteile (bzw. Anteile nicht beherrschender Gesellschafter) ist weder in der derzeitigen Fassung von IAS 33 noch im Entwurf zu IAS 33 vorgesehen.

4.2 Vergleich mit dem Ergebnis je Aktie nach DVFA

51 Bereits lange vor der Internationalisierung der Rechnungslegung gab es in Deutschland Bemühungen um eine Vereinheitlichung des Ergebnisses je Aktie. So hat kurz nach der Verabschiedung des Aktiengesetzes 1965 die Deutsche Vereinigung für Finanzanalyse und Anlageberatung (**DVFA**) damit begonnen, Grundsätze für die Ableitung eines vergleichbaren Ergebnisses aus dem veröffentlichten Jahresabschluss zu entwickeln. Auch der Arbeitskreis „Externe Unternehmensrechnung" der **Schmalenbach-Gesellschaft** veröffentlichte 1988 entsprechende eigene Vorschläge. Um ein dauerhaftes Nebeneinander zweier Ansätze zu vermeiden, sind seit 1990 beide Empfehlungen zum „**Ergebnis je Aktie nach DVFA/SG**" zusammengeführt. Die Anwendung und Veröffentlichung ist freiwillig, hat jedoch eine erhebliche Bedeutung in der Praxis erlangt. Die größten Unterschiede liegen zwischen Ergebnis je Aktie nach IFRS und DVFA/SG nicht in der Berechnungsmethode als solcher, sondern aufgrund der nach IFRS **unterschiedlichen Ansatz- und Bewertungsvorschriften** in der zur Anwendung kommenden Ergebniszahl. Die DVFA hat jedoch insbesondere in der für nach dem 31.12.1998 endende Geschäftsjahre geltenden Neufassung des Berechnungsschemas den Versuch unternommen, das sich nach HGB ergebende Ergebnis durch einzelne **Überleitungsposten** einem nach internationalen Standards ermittelten Ergebnis anzunähern. Beispielhaft genannt seien hier fiktiv errechnete, nach HGB vor der Gültigkeit des DRS 10 nicht erforderliche aktive latente Steuern oder die Aktivierung und Abschreibung eines nach HGB möglicherweise mit dem Eigenkapital verrechneten *goodwill*.

52 Ähnlich wie IAS 33 sieht auch die DVFA die Berechnung eines **unverwässerten** sowie eines **verwässerten** Ergebnisses je Aktie vor. Im Ergebnis nach DVFA sind **Sondereinflüsse** wie z.B. Anlagenabgänge, Sanierungen, Entkonsolidierungen oder *sale-and-lease-back*-Transaktionen zu eliminieren, während die IFRS durch die Verwendung des Jahresüberschusses nach Zinsen, Steuern, Minderheitenanteilen und Sondereffekten gerade keine solche Bereinigung vorsehen. Im Nenner sind **Vorzugsaktien** der Anzahl ausstehender Aktien hinzuzurechnen; abweichend von der hier vertretenen Meinung wird ebenfalls auf das Kriterium der Teilhabe am Residualvermögen abgestellt (Rz 6). Die

---

[10] IASB, Update Mai 2008.
[11] Vgl. PELLENS/GASSEN, in: BAETGE u.a. (Hrsg.), IAS 33, Tz. 35.
[12] Vgl. etwa STOLTENBERG, Herbe Kritik, http://www.manager-magazin.de/geld/artikel/0,2828,191844,00.html – abgerufen am 16.11.2008.

Berücksichtigung **unterjähriger Veränderungen** entspricht im Ergebnis praktisch vollständig dem Vorgehen nach IFRS. Gleiches gilt für die Methodik zur Einbeziehung von **Wandelschuldverschreibungen** und **Optionen** im verwässerten Ergebnis je Aktie. Auch **Aktiensplits** und die Ausgabe von **Bezugsrechten** sind wie nach IFRS rückwirkend für alle dargestellten Perioden anzupassen.

Die Unterschiede zwischen dem Ergebnis je Aktie nach DVFA und nach IFRS werden zunehmend geringer. Durch die von der DVFA vorgenommenen Anpassungen des Ergebnisses an internationale Gepflogenheiten, die schrittweise Internationalisierung der deutschen Konzernrechnungslegung durch das DRSC und die praktisch identische Berechnungsmethodik bestehen lediglich bei der Bereinigung von **Sondereinflüssen** noch nachhaltige Unterschiede. Durch die Neufassung des IAS 33 (Rz 59), die eine im Vergleich mit der alten Fassung differenziertere Darstellung einzelner Elemente des Ergebnisses je Aktie bietet, ist es zu einer **weiteren Annäherung** gekommen. Im Zuge der weiteren Verbreitung der IFRS gerade bei börsennotierten Unternehmen dürfte es daher zu einer schrittweisen **Substitution** des Ergebnisses je Aktie nach DVFA durch ein erweitertes Ergebnis je Aktie nach IFRS kommen.

53

5 Angaben

Der Ausweis für das verwässerte und das unverwässerte Ergebnis der Aktie ist wie folgt vorgesehen:

54

- Bei der Wahl des *two statement approach* wird das (un)verwässerte Ergebnis je Aktie dort – also in der GuV – dargestellt (IAS 33.4A).
- Bei Wahl des *one statement approach* ist das (un)verwässerte Ergebnis je Aktie dort in einer gesonderten Zeile anzugeben.

Falls **nicht fortgeführte Geschäftsbereiche** vorliegen (→ § 29 Rz 18 ff.), ist das Ergebnis je Aktie hierfür **separat** entweder unterhalb der Gewinn- und Verlustrechnung oder im Anhang anzugeben (IAS 33.68). In der Praxis wird meist das Ergebnis je Aktie für fortgeführte und für nicht fortgeführte Geschäftsbereiche unterhalb der Gewinn- und Verlustrechnung angegeben. Sofern unverwässertes und verwässertes Ergebnis identisch sind, kann die Angabe mit einem entsprechenden Hinweis in zusammengefasster Form erfolgen (IAS 33.67). Wahlweise unter der Gesamtergebnisrechnung oder im Anhang sind **Zähler und Nenner** (Rz 9) des unverwässerten und verwässerten Ergebnisses je Aktie anzugeben (IAS 33.70).

Nach IAS 33.66 ist jeweils nur das Ergebnis je **Stammaktie** anzugeben. Vorzugsaktien gem. §§ 12, 139 AktG sind zur Angabe des Ergebnisses je Aktien herauszurechnen. Darüber hinaus kann es nach IAS 1.83 bei Wesentlichkeit der Vorzugsaktien geboten sein, neben dem Ergebnis aus Stammaktien auch das Ergebnis aus Vorzugsaktien anzugeben.

55

Eine **Überleitung** dieser Positionen **vom unverwässerten auf das verwässerte Ergebnis** erfolgt zweckmäßigerweise im Anhang. Sofern hierzu die Erläuterung von Konditionen ausstehender Finanzinstrumente hilfreich ist, werden derartige Angaben befürwortet (IAS 33.72).

Zwingend erforderlich ist die Offenlegung von nach dem Abschlussstichtag erfolgten Veränderungen im Aktienbestand oder der Anzahl potenzieller Ak-

56

tien, sofern diese nicht ohnehin rückwirkend zu berücksichtigen sind (Rz 22; IAS 33.70d). Neben diesen Zahlenangaben ist im Rahmen der Angaben zu den Bilanzierungs- und Bewertungsgrundsätzen eine allgemeine Darstellung der **Berechnungsmethode** erforderlich. Zusätzlich ist auf potenzielle Aktien hinzuweisen, die aufgrund ihres der Verwässerung entgegenwirkenden Effekts nicht in die Berechnung des verwässerten Ergebnisses je Aktie einbezogen worden sind. Je nach Sachverhalt könnten sich aus einer Einbeziehung in späteren Perioden nämlich Auswirkungen auf das Ergebnis je Aktie ergeben (IAS 33.70c).

57 Es ist freigestellt, neben das das gesamte Jahresergebnis umfassende Ergebnis je Aktie gem. IAS 33 auch **andere Ergebnisgrößen** in Bezug zur Anzahl durchschnittlich ausstehender Aktien zu stellen. In der Praxis trifft dies vor allem auf die Eliminierung von Sondereffekten sowie auf Steuern, Zinsen oder die Auswirkungen von Bilanzierungs- und Bewertungsänderungen zu. Zulässig ist eine derartige Angabe nur, wenn in jedem Fall für die Berechnung der Anzahl **Aktien** im **Nenner** die Vorgaben von IAS 33 berücksichtigt werden. Sofern die Darstellung für eine Ergebniszahl erfolgt, die nicht direkt als Zwischensumme in der GuV enthalten ist, muss eine **Überleitung** der verwendeten Ergebniszahl zu einer solchen Zwischensumme erfolgen.

Sämtliche Angaben sind stets nur auf die Ergebniszahlen **nach** Berücksichtigung von **Minderheitenanteilen** (nicht-beherrschende Gesellschafter) gerechnet; die Sicht der Anteilseigner des Mutterunternehmens steht also im Vordergrund (IAS 33.66).

6 Anwendungszeitpunkt, Rechtsentwicklung

58 IAS 33 ist erstmals auf ab dem **1.1.2005** beginnende Geschäftsjahre anzuwenden.

59 Als Resultat des kurzfristigen Konvergenzprojekts *(short-term convergence project)* zwischen IASB und FASB haben beide Normensetzer im August 2008 taggleich **Entwürfe zur Änderung von IAS 33 und SFAS 128** (mittlerweile ASC Topic 260) veröffentlicht, wodurch eine weitergehende Angleichung der Vorschriften erfolgen sollte. Daneben soll auch die Berechnung der Kennzahl „Ergebnis je Aktie" vereinfacht werden. Die Kommentierungsfrist für den Entwurf zu IAS 33 endete am 5.12.2008. Der Zeitpunkt der Veröffentlichung eines überarbeiteten IAS 33 wurde im April 2009 zunächst verschoben. Weitere Diskussionen und eine Fortsetzung des Projekts waren für 2010 geplant. Die Änderung von IAS 33 verzögert sich allerdings weiterhin in Anbetracht anderer Projekte des IASB, denen eine höhere Priorität eingeräumt wurde.

60 In Bezug auf das **unverwässerte Ergebnis je Aktie** wurden bislang künftig folgende Änderungen diskutiert:
- Künftig sollen nur noch Stammaktien und Instrumente, die dem Inhaber ein Recht auf Beteiligung am Periodengewinn bzw. -verlust gewähren, in den Nenner des unverwässerten Ergebnisses je Aktie einfließen.
- **Wandlungspflichtige Instrumente** werden nur noch dann in den Nenner einbezogen, wenn sie partizipierend sind, d.h., sie gewähren einen Anspruch auf Beteiligung am Periodengewinn bzw. -verlust. Daher sollen auch die Anwendungsleitlinien zu partizipierenden Instrumenten (ED IAS 33.A23–A28) anzuwenden sein.

Ergebnis je Aktie § 35

- Für **bedingt zu emittierende Aktien** (*contingently issuable shares*) erfolgt ein Einbezug nur noch dann, wenn sie gegen eine geringe oder gar keine Zahlung oder andere Gegenleistung ausgegeben oder umgewandelt werden können.
- Stammaktien, welche auf Verträge zum **Rückkauf eigener Aktien** basieren, werden künftig im Nenner nicht mehr berücksichtigt, d. h., die Behandlung erfolgt so, als ob der Rückkauf bereits stattgefunden hätte. Rechtlich sind diese Aktien jedoch ausstehend, weshalb mit ihnen i. d. R. ein Dividendenanspruch verbunden ist. Daher gehören sie zu den partizipierenden Instrumenten, es sei denn, die Dividendenzahlungen müssen zurückgewährt werden. Folglich sollen auch hier die Anwendungsleitlinien zu partizipierenden Instrumenten (ED IAS 33.A23-A28) anzuwenden sein. **Rückgabepflichtige Stammaktien** sollen aufgrund ihrer Ähnlichkeit zu Verträgen zum Rückkauf eigener Aktien analog zu diesen behandelt werden.

Eine weitere, wohl eher redaktionelle Änderung betrifft den **Zeitpunkt des Einbezugs**, d. h. den Zeitpunkt, ab dem Stammaktien als ausstehend zu betrachten und daher in den Nenner einzubeziehen sind. Bislang war dies der Tag, an dem die Gegenleistung fällig ist, was i. d. R. dem Tag der Emission entspricht (IAS 33.21). Künftig soll dies der Tag sein, ab dem der Inhaber eines Instruments am Periodengewinn bzw. -verlust beteiligt ist.

Im Rahmen der Berechnung des **verwässerten Ergebnisses** je Aktie sind folgende Änderungen geplant: 61

- **Erfolgswirksam zum beizulegenden Zeitwert bilanzierte Finanzinstrumente** sollen künftig bei der Ermittlung des verwässerten Ergebnisses je Aktie außer Acht gelassen werden. Dies ist gerechtfertigt, denn die Zeitwertänderungen sind ohnehin bereits in der Ergebnisgröße (Zähler) enthalten.
- Im Rahmen der **nicht erfolgswirksam zum beizulegenden Zeitwert bilanzierten Finanzinstrumente** sieht der Entwurf für **Optionen, Optionsscheine und ihre Äquivalente** die „erweiterte" *treasury-stock*-Methode vor. Im Gegensatz zur bisherigen *treasury-stock*-Methode wird bei dieser der Rückkauf von Stammaktien zum Stichtagskurs zum Periodenende unterstellt und nicht zum durchschnittlichen Börsenkurs (Marktpreis) der Periode.

Beispiel
Die X-AG (Bilanzstichtag: 31.12.) erzielte im Geschäftsjahr 01 ein Ergebnis von 1 Mio. EUR. Die X-AG verfügt über 10.000 ausstehende Stammaktien. Darüber hinaus existieren 800 geschriebene Kaufoptionen der X-AG, für die mit einem Faktor von 4:1 Stammaktien erworben werden können, d. h., für 4 Optionen erhält der Inhaber im Falle der Ausübung eine Stammaktie der X-AG. Der Ausübungspreis beträgt 1.000 EUR, der durchschnittliche Börsenkurs des Geschäftsjahres 01 1.250 EUR und der Stichtagskurs zum 31.12.01 1.600 EUR.
Es wird der innere Wert von jeweils 4 Optionen (600 = 1.600–1.000) mit der Anzahl zusätzlicher Stammaktien (200 Stk.) multipliziert. Anschließend erfolgt eine Division durch den Börsenkurs am Stichtag. Dies ergibt 75 zusätzliche Stammaktien, die im Rahmen der Berechnung des verwässerten Ergebnisses je Aktie im Nenner zu berücksichtigen sind. Somit errechnet sich das

2347

verwässerte Ergebnis je Aktie aus der Division eines Ergebnisses von 1 Mio. EUR durch 10.075 Stammaktien. Dies ergibt einen Betrag von 99,26 EUR/Aktie. Nachdem dieser Betrag kleiner ist als das unverwässerte Ergebnis je Aktie von 100 EUR/Aktie (= 1 Mio. EUR / 10.000 Stammaktien), liegt ein Verwässerungseffekt vor.

- **Wandelbare Instrumente**, die nicht in Gänze erfolgswirksam zum beizulegenden Zeitwert bilanziert werden, sollen auch künftig nach der *if-converted*-Methode in das verwässerte Ergebnis je Aktie einbezogen werden.
- Nach dem Entwurf werden Verträge, die in **Stammaktien** oder **liquiden Mitteln** erfüllt werden können, sowie **geschriebene Verkaufsoptionen** entweder erfolgswirksam zum beizulegenden Zeitwert bewertet oder sie erfüllen die Definition eines partizipierenden Instruments. Im ersteren Fall wird kein verwässertes Ergebnis je Aktie ermittelt. Im letzteren Fall sind die Anwendungsleitlinien für partizipierende Instrumente (ED IAS 33.A23–A28) anzuwenden. Daher sind die bisherigen Vorschriften gem. IAS 33.58–61 und 33.63 im Standardentwurf nicht mehr enthalten.

Im Standardentwurf wurden die Vorschriften zu **partizipierenden Instrumenten** und zu aus **zwei Gattungen** bestehenden Stammaktien erweitert. Dabei ist ein Test vorgesehen, welcher bestimmen soll, ob ein wandelbares Instrument einen stärker verwässernden Effekt hat, wenn die Anwendungsleitlinien für partizipierende Instrumente angewandt werden oder wenn eine Wandlung unterstellt wird. Sofern ein Instrument nicht wandelbar ist oder der Test ergibt, dass die Annahme der Umwandlung nicht das verwässerte Ergebnis je Aktie maximiert, wird der Gewinn bzw. Verlust auf die verschiedenen Klassen von Stammaktien sowie auf die partizipierenden Instrumente, welche nicht erfolgswirksam zum beizulegenden Zeitwert bilanziert werden, verteilt. Diese Vorgehensweise wird als „Zwei-Klassen-Methode" (*„two class method"*) bezeichnet.

62 Nach dem mittlerweile nicht mehr verfolgten *Exposure Draft* soll die Bestimmung des Ergebnisses je Aktie über einen „Alternativentest" erfolgen, der auf die Verwässerungswirkung einzelner Instrumente abstellt.[13] Ob die beabsichtigte Vereinfachung in der Ermittlung des Ergebnisses je Aktie erreicht wird, bleibt fraglich. Die Komplexität der Berechnung steigt mit der Anzahl unterschiedlicher Instrumente mit potenzieller Verwässerungswirkung.

7 Zusammenfassende Praxishinweise

63 Die nur für mit Eigenkapitaltiteln an der Börse notierte Unternehmen (Rz 3) erforderliche Berechnung des Ergebnisses je Aktie hat das Ziel, eine Größe zur vergleichenden Beurteilung der **Performance** von Unternehmen bereitzustellen. Zähler und Nenner der Berechnung (Rz 9) haben daher den Vorgaben des IAS 33 zu entsprechen. Das Ergebnis je Aktie ist zwingend **unterhalb der Gewinn- und Verlustrechnung** anzugeben (Rz 54). Das zur Anwendung kommende Ergebnis entspricht generell dem **Jahresergebnis** (Rz 9ff.). Im Unterschied zum Ergebnis je Aktie nach DVFA/SG sind

---

[13] Vgl. SCHÜTTE, PiR 2010, S. 166 ff.

Ergebnis je Aktie § 35

Sondereffekte somit nicht zu bereinigen. Einer freiwilligen Offenlegung einzelner Komponenten des Ergebnisses je Aktie steht jedoch nichts entgegen (Rz 57). Bei der Bestimmung der Anzahl ausstehender Aktien sind unter Umständen einige Anpassungen erforderlich. **Kapitalerhöhungen, Kapitalherabsetzungen** und Erwerb oder Ausgabe **eigener Anteile** sind dabei zeitanteilig zu gewichten (Rz 15 ff.). Ähnliches gilt bei der **Umwandlung** einer GmbH in eine AG (Rz 18). Erfolgt eine Änderung der Anzahl ausstehender Aktien, ohne dass sich die dem Unternehmen zur Verfügung stehenden Kapitalressourcen verändern *(stock split,* Zusammenlegung von Aktien, Ausgabe von Bonusaktien), ist eine rückwirkende Anpassung der Aktienanzahl erforderlich (Rz 21). Ähnliches gilt für die Ausgabe von **Bezugsrechten** (Rz 23). Die Berechnung des Ergebnisses je Aktie in der Praxis beginnt i. d. R. mit dem unverwässerten Ergebnis je Aktie und führt dann über Modifikationen zum verwässerten Ergebnis je Aktie. Die betriebswirtschaftliche Logik der Verwässerungswirkung ist in Rz 28 mit Beispielen dargestellt. Für das verwässerte Ergebnis je Aktie sind auch sog. potenzielle Stammaktien zu berücksichtigen (**Wandelschuldverschreibungen, Optionen, bedingte Aktien**), aus denen erst in der Zukunft ausstehende Aktien entstehen. Deren Einbeziehung erfolgt auf Basis der Frage, wie sich Zähler und Nenner dargestellt hätten, wenn bereits eine Ausübung bzw. Umwandlung erfolgt wäre (Rz 42 ff.). Nicht alle Veränderungen im Aktienkapital führen zwangsläufig zu potenziellen Aktien; eine genaue **Analyse des Einzelfalls** ist daher unumgänglich (Rz 47). Bei der Einbeziehung dürfen keine der Verwässerung **entgegenwirkenden** Effekte erzeugt werden (Rz 46).

§ 36 SEGMENTBERICHTERSTATTUNG (OPERATING SEGMENTS)

Inhaltsübersicht

	Rz
Vorbemerkung	
1 Zielsetzung und Vorgehensweise.	1–4
2 Anwendungsbereich	5–14
2.1 Betroffene Unternehmen.	5–12
2.1.1 Berichterstattungspflicht	5–11
2.1.2 Freiwillige Berichterstattung	12
2.2 Betroffene Abschlüsse.	13–14
3 Bestimmung der berichtspflichtigen Segmente.	15–61
3.1 Ablauf der Segmentfestlegung.	15–61
3.1.1 Überblick	15–16
3.1.2 Zulässige Arten der Segmentierung	17–18
3.1.3 Abgrenzung operativer Segmente	19–35
3.1.4 Bestimmung der Segmente mit Berichtspflicht.	36–61
3.1.4.1 Zusammenfassung ähnlicher Segmente	36–39
3.1.4.2 Wesentlichkeitskriterien zur Bestimmung berichtspflichtiger Segmente.	40–61
4 Die Segmentinformationen	62–137
4.1 Ermittlung der Segmentinformationen	62–68
4.1.1 Anzuwendende Bilanzierungs- und Bewertungsmethoden	62–64
4.1.2 Zurechnung zu den Segmenten	65–68
4.2 Angaben zu den operativen Segmenten	69–123
4.2.1 Grundlegende Angabepflichten für operative Segmente.	69–71
4.2.2 Pflichtangaben für operative Segmente.	72–76
4.2.2.1 Überblick	72
4.2.2.2 Segmentergebnis.	73–76
4.2.3 Bedingte Angabepflichten für operative Segmente.	77–106
4.2.3.1 Bedingte Angabepflichten zum Segmentergebnis	77–95
4.2.3.2 Bedingte Angabepflicht des Segmentvermögens	96–103
4.2.3.3 Bedingte Angabepflicht der Segmentschulden.	104–106
4.2.4 Überleitungsrechnung.	107–112
4.2.5 Anpassung der Segmentdaten	113–116
4.2.6 Erläuternde Angabepflichten zu den Segmentdaten	117–123
4.2.6.1 Der Erläuterungsbedarf	117
4.2.6.2 Angaben zu Verrechnungspreisen.	118
4.2.6.3 Angaben zur Segmentdatenermittlung	119–123

4.3 Segmentübergreifende Angaben 124–137
   4.3.1 Durchbrechung des *Management Approach* 124–127
   4.3.2 Angaben zu Produkten/Dienstleistungen 128
   4.3.3 Angaben zu geografischen Regionen 129–133
   4.3.4 Angaben zu wesentlichen Kunden 134–137
5 Formelle Anforderungen an die Berichterstattung 138–139
6 Anwendungszeitpunkt, Rechtsentwicklung 140–142
7 Zusammenfassende Praxishinweise 143

Schrifttum: ALVAREZ, Segmentberichterstattung und Segmentanalyse, 2004; ALVAREZ/BÜTTNER, ED 8 Operating Segments, KoR 2006, S. 307; FINK/ULBRICH, IFRS 8: Paradigmenwechsel in der Segmentberichterstattung, DB 2007, S. 981; FINK/ULBRICH, Segmentberichterstattung nach ED 8, KoR 2006, S. 233; FINK/ULBRICH, Segmentberichterstattung nach IFRS 8, PiR 2007, S. 31; HEINTGES/URBANCZIK/WULBRAND, Regelungen, Fallstricke und Überraschungen der Segmentberichterstattung nach IFRS 8, DB 2008, S. 2773; ZÜLCH/BURGHARDT, IFRS 8 Operating Segments, PiR 2007, S. 21.

Vorbemerkung
Die Kommentierung bezieht sich auf IFRS 8 in der aktuellen Fassung und berücksichtigt alle Ergänzungen, Änderungen und Interpretationen, die bis zum 1.1.2015 beschlossen wurden.

1 Zielsetzung und Vorgehensweise

Nach F.12 und F.15 des IASC-Rahmenkonzepts besteht die Zielsetzung von Abschlüssen in der Vermittlung von **Informationen** über die Vermögens-, Finanz- und Ertragslage des berichtenden Unternehmens sowie deren Veränderungen. Bei Unternehmen, die unterschiedliche Produkte und Dienstleistungen anbieten und/oder in mehreren Ländern tätig sind, lassen sich die speziellen Rentabilitäten, Wachstumsaussichten und Risiken der verschiedenen Geschäftsfelder und Regionen aus den **hoch aggregierten Daten** des Jahres- bzw. Konzernabschlusses nicht ableiten. Gleichwohl sind sie für die Beurteilung der voraussichtlichen künftigen Entwicklung des Unternehmens von großer Bedeutung. Dieses Defizit der auf das Gesamtunternehmen bezogenen Abschlussdaten soll – teilweise durch Disaggregation – durch **zusätzliche Informationen** zu den unterschiedlichen Arten von Produkten und Dienstleistungen und regionalen Tätigkeitsgebieten des berichtenden Unternehmens ausgeglichen werden.

1

Die Segmentberichterstattung muss sich zwangsläufig am **internen Berichtswesen** des Unternehmens orientieren (*Management Approach*). Eine völlige Umstellung der internen Daten allein für die externe Rechnungslegung ist weder praktikabel noch im Interesse der an internen Steuerungsgrößen interessierten Abschlussadressaten. Die Frage der Intensität der Orientierung am internen Berichtswesen ist allerdings strittig. Hier geht IFRS 8 deutlich weiter als sein Vorgänger IAS 14 und verlangt eine Orientierung am internen Berichtswesen sowohl für die **Segmentabgrenzung** als auch für die Herleitung der quantitativen **Segmentdaten**. Die Unternehmensbereiche (*operating segments*) sind nach Maßgabe der Segmentierung für **unternehmensinterne** Entscheidungen dar-

2

zustellen. Die interne Steuerung des Unternehmens stellt damit die Grundlage für die Segmentberichterstattung dar, der externe Segmentbericht wird unmittelbar durch die Daten des internen Berichtsystems gespeist.

3 Diesem systematischen Ansatz werden **drei** wesentliche **Vorteile** zugeordnet:[1]
- Die Abschlussadressaten werden aus der Perspektive des **Managements** (*through the eyes of management*) informiert (Rz 62); dadurch sollen sie die Entscheidungen des Managements mit ihrer Auswirkung auf die künftigen *cash flows* vorwegnehmen können.
- Der **Mehraufwand** für das externe Berichtswesen kann durch die unmittelbare Übernahme der internen Steuerungsgrößen in **Grenzen** gehalten werden. Damit können auch in der Zwischenberichterstattung mehr Segmentangaben erfolgen.
- Die Segmentierung anhand der internen Struktur soll **weniger subjektiv** sein als nach den bisherigen Regelungen in IAS 14.

4 IAS 14 als Vorgänger von IFRS 8 legte noch größeren Wert auf die **Vergleichbarkeit** von Segmentberichterstattungen verschiedener Unternehmen und enthielt daher Anforderungen, zu deren Erfüllung Unternehmen ggf. von ihrem internen Berichtswesen abweichen müssen.

2 Anwendungsbereich

2.1 Betroffene Unternehmen

2.1.1 Berichterstattungspflicht

5 Nach IFRS 8.2–3 unterliegen nur solche Unternehmen der Segmentberichtspflicht, deren **Wertpapiere öffentlich gehandelt** werden oder die einen Börsenhandel ihrer Wertpapiere **vorbereiten**. Die Phase der Vorbereitung des Börsenhandels hat dabei nach IFRS 8.2–3 begonnen, wenn ein Unternehmen mit dem Ziel, Wertpapiere in den Börsenhandel einzuführen, Jahres- oder Konzernabschlüsse bei einer Börsenaufsichtsbehörde oder anderen Aufsichtsinstitution eingereicht hat oder sich im Prozess einer solchen Einreichung befindet. U. E. beginnt ein solcher Prozess der Einreichung, wenn mit der Erstellung eines Börsenprospekts begonnen wurde und gleichzeitig die zuständigen Unternehmensorgane den Börsengang beschlossen haben.[2]

6 Die Segmentberichtspflicht ist **rechtsformunabhängig** und entsteht gem. IFRS 8.2–3 sowohl bei Eigenkapital- als auch Gläubigerrechte verbriefenden Papieren. Alle in der **Definition** für Wertpapiere in § 2 Abs. 1 Satz 1 WpHG genannten Papiere sind zweifellos auch Wertpapiere i. S. d. IFRS 8.2–3. Auf die Ausstellung von Urkunden kommt es nicht an.

7 Als öffentlicher Markt gilt jede **in- oder ausländische Börse** sowie der **Freiverkehr**, inklusive **lokaler und regionaler Märkte** („*a domestic or foreign stock exchange or an over-the-counter market, including local or regional markets*"; IFRS 8.2–3). Der Begriff ist weitergehend als der organisierte Markt i. S. d. § 2 Abs. 5 WpHG. In

---

[1] So ZÜLCH/BURGHARDT, PiR 2007; vgl. auch IFRS 8.BC9.
[2] Ähnlich, jedoch mit Bezug zu IAS 14 PELLENS/FÜLBIER/GASSEN, Internationale Rechnungslegung, 6. Aufl., 2006, S. 819, für die jedoch die Beschlussfassung ausreicht; a. A. ADS International, Abschn. 28, Tz 20, die erst den Antrag auf Zulassung zum Handel als Beginn der Vorbereitung ansehen.

Deutschland sind damit der **Amtliche Handel**, der **Geregelte Markt** und der **Freiverkehr** betroffen, nicht dagegen die Privatplatzierung.

Das IFRS *Interpretations Committee* diskutierte im März 2010 eine Anfrage in Bezug auf den Anwendungsbereich des IFRS 8. In dieser Anfrage wurde eine Klarstellung des Terminus des „öffentlichen Marktes" gefordert. Danach sei der Begriff nicht hinreichend spezifiziert und könne auf Unternehmen ausgeweitet werden, die Schuld- oder Eigenkapitaltitel öffentlich herausgeben – unabhängig davon, ob sie auf einem öffentlichen Markt gehandelt werden oder nicht. Das *IFRS Interpretations Committee* entschied, diesen Aspekt nicht in seine Vorschläge für *Annual Improvements* 2009–2011 aufzunehmen. Es wurde jedoch vorgeschlagen, den Anwendungsbereich des IFRS 8 im Zuge eines künftigen *Post Implementation Review* des IFRS 8 zu überprüfen. In dem 2012 und 2013 durchgeführten *Review* war dies dann aber doch kein zentrales Thema. 8

Die Pflicht zur Segmentberichterstattung ergibt sich nach IFRS 8 nur dann, wenn die betroffenen Wertpapiere vom **berichtenden Unternehmen selbst** herausgegeben werden. Wertpapiere eines **Tochterunternehmens** und dessen öffentlicher Handel lösen dagegen keine Segmentberichterstattung des Mutterunternehmens aus (vgl. IFRS 8.BC23). Ebenso resultiert allein aus dem Handel von Wertpapieren des Mutterunternehmens keine Berichtspflicht in den Einzel- oder Teilkonzernabschlüssen von Tochterunternehmen. 9

Eine dem § 286 Abs. 2 HGB vergleichbare **Befreiung** zum Schutz vor erheblichen **Nachteilen** kennt IFRS 8 nicht. 10

Ist ein Unternehmen, auf das die in IFRS 8.2–3 genannten Kriterien (Rz 5) zutreffen, lediglich in **einem Geschäfts**segment und **einem regionalen** Segment tätig (zur Segmentabgrenzung nach IFRS 8 s. Rz 15 ff.), ergibt sich eine weitgehende faktische **Befreiung** von der Segmentberichtspflicht. In der Praxis dürfte der Fall jedoch nur selten vorkommen. Nach IFRS 8.31 sind jedoch auch Ein-Segment-Konzerne zur Angabe bestimmter disaggregierter Finanzdaten verpflichtet (Rz 124 ff.). 11

2.1.2 Freiwillige Berichterstattung

IFRS 8.3 eröffnet nicht berichterstattungspflichtigen Unternehmen ein **Wahlrecht** zur Segmentberichterstattung. Dabei verbietet IFRS 8 zwar keine Segmentberichterstattung, die nicht vollständig den Anforderungen von IFRS 8 entspricht. Allerdings darf eine solche Segmentberichterstattung gem. IFRS 8.3 nicht als Segmentberichterstattung *(segment information)* bezeichnet werden. Dieser Einschränkung kann jedoch entgangen werden, indem die freiwillige Segmentberichterstattung nicht im, sondern **außerhalb des Jahres- bzw. Konzernabschlusses** (z.B. im Lagebericht bzw. Konzernlagebericht oder in anderen Teilen des Geschäftsberichts) platziert wird. Eine Angabe zur mangelnden Konformität mit IFRS 8 ist dabei nicht erforderlich, da die Informationen in einem nicht durch IFRS regulierten Teil der Berichterstattung erfolgt.[3] 12

---

[3] A. A., jedoch noch mit Bezug auf IAS 14, ADS International (Fn 2), Tz 25.

2.2 Betroffene Abschlüsse

13 Gem. IFRS 8.2 gilt IFRS 8 für alle **Einzel- und Konzernabschlüsse**. Eine der deutschen Regelung des § 297 Abs. 1 Satz 2 HGB entsprechende Beschränkung auf Konzernabschlüsse existiert nicht. Allerdings sieht IFRS 8.4 eine Erleichterung vor. Bei **zusammengefasster** Veröffentlichung eines Einzel- und Konzernabschlusses müssen die Segmentinformationen lediglich auf Basis des Konzernabschlusses vermittelt werden.

14 IFRS 8 äußert sich nicht zu Segmentinformationen in **Zwischenberichten**. Allerdings enthält IAS 34.16g Regelungen zu Segmentinformationen im Zwischenbericht, die weitgehend auf IFRS 8 verweisen (→ § 37 Rz 35).

3 Bestimmung der berichtspflichtigen Segmente

3.1 Ablauf der Segmentfestlegung

3.1.1 Überblick

15 IFRS 8 fordert Angaben zu operativen Segmenten, die in Analogie zur **internen Steuerungs- und Berichtsstruktur** des Unternehmens gebildet werden. Zudem werden ergänzend sog. unternehmensweite Angaben *(entity-wide disclosures,* Rz 124 ff.) zu Produkten und Dienstleistungen bzw. geografischen Regionen gefordert.

16 Folgende **Vorgehensweise** empfiehlt sich zur Segmentfestlegung:
- 1. Schritt: Abgrenzung der Segmente (Rz 19 ff.);
- 2. Schritt: Ggf. Zusammenfassung ähnlicher Segmente (Rz 36 ff.);
- 3. Schritt: Bestimmung der Segmente mit Berichtspflicht (Rz 36 ff.).

Bevor die Segmente jedoch regelkonform abgegrenzt werden können, ist zu überprüfen, welche Arten der Segmentierung in IFRS 8 als zulässig erachtet werden.

3.1.2 Zulässige Arten der Segmentierung

17 Die Art der Segmentierung der Daten richtet sich unter IFRS 8 nach dem sog. *Management Approach* und folgt damit der im Rahmen der **internen Steuerung und Berichterstattung** verwendeten Segmentierung. Somit existiert keine explizite Vorgabe zulässiger oder unzulässiger Segmentierungsarten. Vielmehr wird hier die Sinnhaftigkeit der zu internen Berichts- und Steuerungszwecken gewählten Art der Segmentierung **unterstellt**. Als mögliche Segmentierungsarten können dabei beispielhaft eine produktorientierte, geografische, kundenbezogene oder an juristischen Einheiten orientierte Segmentierung genannt werden.[4]

18 Im Gegensatz zu der nach IAS 14 vorgeschriebenen Segmentierung nach Geschäftsbereichen einerseits und geografischen Regionen andererseits, verpflichtet IFRS 8 demnach auch solche Unternehmen zur Segmentpublizität, die ihre interne Organisations- und Berichtsstruktur nach anderen Kriterien gliedern und bislang ggf. von einer derartigen Berichtspflicht ausgenommen waren.[5] Sogar

---

[4] Vgl. HALLER, in: HALLER/RAFFOURNIER/WALTON, Unternehmenspublizität im internationalen Wettbewerb, 2000, S. 769 f.

[5] Vgl. FINK/ULBRICH, DB 2007, S. 985; ähnlich auch in Bezug auf SFAS 131 ALBRECHT/CHIPALKATTI, The CPA Journal 1998, S. 48.

Ein-Segment-Unternehmen sind nach IFRS 8 in gewissem Umfang zur Offenlegung segmentierter Daten verpflichtet (Rz 124 ff.).

3.1.3 Abgrenzung operativer Segmente

Maßgeblich für die nach IFRS 8 aus der **internen Steuerung und Berichterstattung** abzuleitende Segmentabgrenzung sind die obersten Ebenen dieses Berichtswesens mit segmentierten Daten, die den Leitungs- und Kontrollorganen zur Überwachung der Ertragskraft der Unternehmenseinheiten sowie als Grundlage für Entscheidungen über die Verteilung der Ressourcen auf diese Einheiten dienen. Zur Identifikation dieser Berichtsebenen sind die **Vorlagen** und **Protokolle von Sitzungen** der Unternehmensleitung bzw. des Aufsichtsrats oder eines ähnlichen Kontrollorgans heranzuziehen. 19

Ein **operatives Segment** ist gem. IFRS 8.5 für die externe Berichterstattung dann abzugrenzen, wenn: 20
- seine unternehmerischen Aktivitäten zu **Erträgen** und **Aufwendungen** (sowohl mit **externen** Dritten als auch **zwischen** den Segmenten) führen können,
- sein **operatives Ergebnis** in regelmäßigen Abständen zum Zwecke der Erfolgsbeurteilung und der Ressourcenallokation von den obersten Entscheidungsträgern *(chief operating decision maker)* überwacht wird, und
- eigenständige **finanzwirtschaftliche Daten** im internen Berichtswesen vorliegen.

Nach IFRS 8.5 können im **Aufbau** oder im **Vorbereitungsstadium** befindliche Bereiche bereits dann schon als operative Segmente abgegrenzt werden, bevor sie Erlöse erwirtschaften; allerdings werden diese aufgrund des Unterschreitens der Wesentlichkeitsgrenzen (Rz 41) nach IFRS 8.13 oftmals trotzdem als nicht berichtspflichtig eingestuft.

Die Definition des operativen Segments in IFRS 8.5 verlangt nicht, dass Erträge und Aufwendungen **tatsächlich** erwirtschaftet werden. Es genügt, dass sie erwirtschaftet werden können. Damit gilt jede Einheit, die theoretisch Umsätze erzielen könnte, auch als operatives Segment. Eine Einheit muss nach IFRS 8.5 zusätzlich unternehmerische Aktivitäten entfalten („*... engages in business activities ...*"), um als operatives Segment zu gelten. Nach IFRS 8.6 stellt folgerichtig nicht jeder Teil eines Unternehmens ein operatives Segment oder einen Teil eines operativen Segments dar. Als Beispiele hierfür nennt IFRS 8.6 die Konzern**zentrale** und **funktionelle** Einheiten. Fraglich ist, wie in diesem Zusammenhang Forschungs- und Entwicklungseinheiten eines Unternehmens zu behandeln sind. U. E. gilt eine Forschungs- und/oder Entwicklungseinheit nur dann als operatives Segment, wenn sie so organisiert ist, dass sie ohne wesentliche Umstrukturierung eigenständige unternehmerische Aktivität entfaltet, am Markt selbstständig auftreten und Umsätze erzielen könnte.[6] 21

Eine Einheit qualifiziert nach IFRS 8.5 nur dann als operatives Segment, wenn es unternehmerische Aktivitäten entfaltet („*... engages in business activities ...*"). IFRS 8 klärt dabei nicht, was als unternehmerische Aktivität *(business activities)* anzusehen ist. Nach IFRS 3.B7 besteht jedoch ein Geschäftsbetrieb *(business)* aus Ressourcen und auf diese Ressourcen anzuwendenden Verfahren, die Produkte 22

---

[6] A. A., jedoch mit Bezug auf SFAS 131, KPMG, Guide To Disclosures About Segments of an Enterprise and Related Information – An Analysis of FASB Statement No. 131, 2. Aufl., o. O. 2002.

oder andere Leistungen erzeugen können („*A business consists of inputs and processes applied to those inputs that have the ability to create outputs…*",). U.E. kann es *business activities* ohne ein *business* nicht geben, weshalb eine Einheit nur dann als operatives Segment qualifiziert, wenn die Einheit die Definition eines *business* erfüllt, also sowohl Ressourcen als auch die Verfahren umfasst, mit denen Produkte oder andere Leistungen erzeugt werden können. Nach IFRS 8.6 stellt folgerichtig nicht jeder Teil eines Unternehmens ein operatives Segment oder einen Teil eines operativen Segments dar. Als Beispiele hierfür nennt IFRS 8.6 die Konzern**zentrale** und **funktionelle** Einheiten. Zwar definiert IFRS den Begriff der funktionellen Einheit nicht. Der o. a. Orientierung der Segmentidentifikation am Begriff des *business* folgend, sind hierunter insbesondere die generischen Unternehmensfunktionen (Einkauf, Produktion, Vertrieb, Verwaltung) gemeint, die üblicherweise nicht einzeln, sondern nur gemeinsam die Definition des *business* erfüllen.

23 Ist ein Unternehmen oder ein Unternehmensbereich somit **allein** nach Funktionen organisiert (z. B. Einkauf, Produktion, Vertrieb, Verwaltung), so dürfte das Unternehmen bzw. der Unternehmensbereich regelmäßig nur ein Segment darstellen, d. h., die einzelnen funktional abgegrenzten Unternehmensbereiche stellen keine eigenständigen operativen Segmente dar.

24 Fraglich ist, wie in diesem Zusammenhang Forschungs- und Entwicklungseinheiten eines Unternehmens zu behandeln sind. U. E. gilt eine Forschungs- und/oder Entwicklungseinheit nur dann als operatives Segment, wenn sie so organisiert ist, dass sie ohne wesentliche Umstrukturierung eigenständige unternehmerische Aktivität entfalten, am Markt selbstständig auftreten und Umsätze erzielen könnte.[7]

25 Aufgrund der Ausrichtung der Segmentierung an der internen Steuerungs- und Berichtsstruktur kommt der Identifikation des *Chief Operating Decision Maker* (CODM) im Rahmen des IFRS 8 eine besondere Bedeutung zu, da für das externe Segmentierungsformat die Segmentabgrenzung zugrunde gelegt wird, mit der in regelmäßigen Abständen an diesen berichtet wird. Die Institution des CODM ist nicht personen- oder titelbezogen zu verstehen, sondern **funktional** (IFRS 8.7). Die Funktion wird dabei an dessen Aufgaben der Ressourcenallokation und der Beurteilung der Leistung der Segmente festgemacht. Es kann sich also durchaus auch um ein Gremium handeln, allerdings angesiedelt auf einer der obersten Entscheidungsebenen. Bei deutschen Aktiengesellschaften dürfte es zumeist der Vorstand oder der Vorstandsvorsitzende sein. Wenn der Vorstand als CODM identifiziert wurde, ist auf die interne Berichterstattung abzustellen, die der Vorstand als Gremium zur Erfolgsbeurteilung und Ressourcenallokation nutzt. Berichte, die nur von einzelnen Vorstandsmitgliedern, aber nicht vom Gesamtvorstand genutzt werden, sind dann ohne Belang für die Identifikation der Segmente.

26 In der Anwendung des *Management Approach* muss die Segmentierung nicht zwingend **einheitlich** über alle Segmente ausgestaltet werden (bspw. ausschließlich kundenorientierte Segmentierung). Bei einer **gemischten** Segmentierung (z. B. teils nach Regionen, teils nach Produkten) im internen Berichtswesen ist demnach auch für die externe Berichterstattung diese Art der Segmentierung vorzunehmen.

---

[7] A. A., jedoch mit Bezug auf SFAS 131, KPMG, Guide To Disclosures About Segments of an Enterprise and Related Information – An Analysis of FASB Statement No. 131, 2. Aufl., o. O. 2002.

Beispiel 1 27

Die A-AG produziert 4 verschiedene Produkte. Die Produkte „1" und „2" werden in „Region 1" hergestellt, die Produkte „3" und „4" in „Region 2". Der Vorstand überwacht die Geschäftsentwicklung und trifft seine Entscheidungen hinsichtlich der Ressourcenallokation für die „Region 1" auf Basis der verschiedenen dort produzierten Produkte. Die Entscheidungsfindung für „Region 2" hingegen findet für die Region als Ganzes statt.

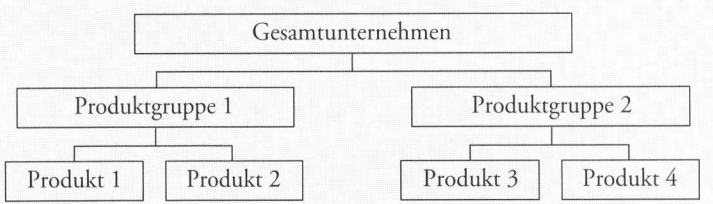

Die A-AG besitzt demnach 3 operative Segmente, 2 davon produktorientiert abgegrenzt und ein regionales Segment, d.h. „Produkt 1", „Produkt 2" sowie „Region 2" (*mixed segmentation*).[8] Gem. dem *Management Approach* ist es hierbei nicht nötig, eine andere Segmentierung als die zu internen Steuerungs- und Berichtszwecken verwendete umzusetzen.

Beispiel 2 28

Die B-AG ist ein Ein-Produkt-Unternehmen, das lediglich das Produkt 1 produziert und vertreibt. Der Vorstand überwacht die Geschäftsentwicklung und trifft seine Allokationsentscheidungen jedoch anhand des nach den Kundengruppen „1" und „2" gegliederten internen Berichtswesens.

Da sich die Segmentabgrenzung gem. dem *Management Approach* nach dem internen Berichtswesen richtet, grenzt die B-AG auch für die externe Berichterstattung zwei Segmente, nämlich „Kundengruppe 1" und „Kundengruppe 2", ab.

Beispiel 3 29

Die C-AG weist die im Folgenden abgebildete Organisationsstruktur auf. Der Vorstand der C-AG erhält Umsatzdaten auf Ebene der einzelnen Produkte. Auf der Ebene der Produktgruppen stehen dem Vorstand zusätzlich Daten zu segmentierten Aufwendungen zur Verfügung.

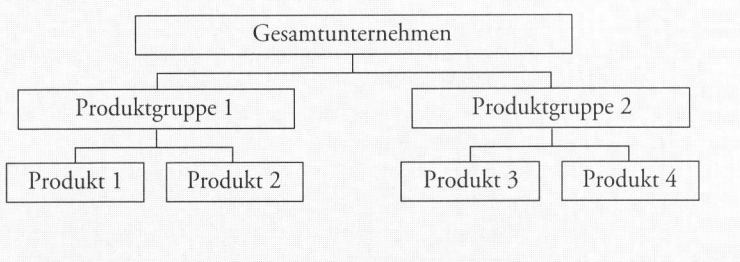

---

[8] So auch HALLER (Fn 4), S. 773.

> Eine Segmentabgrenzung auf Produktebene wäre dann angemessen, wenn die Umsatzdaten allein dem Vorstand zur Beurteilung der Segmente und Ressourcenallokation genügen, d.h., wenn dieser explizit den Umsatz als spezifische Ergebnisgröße für das Segment verwendet. Sollten jedoch für die Ressourcenallokation im Unternehmen Ergebnisgrößen verwendet werden, die auch Aufwendungen berücksichtigen, sind die Segmente auf Basis der Produktgruppen abzugrenzen.

30 **Beispiel 4**
> Die Konzernzentrale der D-AG führt Funktionen wie Rechnungswesen, Finanzierung oder rechtliche Belange aus. Dabei wird die Konzernzentrale i.d.R. nicht als operatives Segment abgegrenzt, da sie regelmäßig keine operative Tätigkeit ausführt, die zur Erzielung von Erlösen im Konzern führt.

31 **Beispiel 5**
> Das interne Berichtswesen der D-AG aus Beispiel 4, die in der Technologiebranche angesiedelt ist, stellt dem Vorstand regelmäßig steuerungsrelevante Daten für die Unternehmensbereiche 1–4 zur Verfügung. Bereich „1" stellt Computermonitore her, Bereich „2" produziert Netzteile, Bereich „3" fertigt Drucker und Bereich „4" betreibt Forschung & Entwicklung ausschließlich für unternehmensinterne Zwecke.
> Da die D-AG als Technologieunternehmen auf den Bereich Forschung und Entwicklung angewiesen ist, kann eine Klassifizierung des Bereichs als operatives Segment erfolgen, wenn dem Vorstand eigenständige, steuerungsrelevante Informationen über den Bereich berichtet werden und der Bereich ohne wesentliche Umorganisation eigenständige geschäftliche Aktivitäten entfalten könnte. Erbringt die Forschungs- und Entwicklungsabteilung dagegen nur unterstützende Leistungen für andere Segmente, ist es gerechtfertigt, wenn hierfür keine Abgrenzung als operatives Segment vorgenommen wird und die in diesem Bereich anfallenden Kosten den nicht zuordenbaren Kosten zugerechnet werden.

32 Wenn im internen Berichtswesen **mehr** als ein Segmentierungskriterium verwendet wird, existiert i.d.R. die Möglichkeit, eines dieser Kriterien als **primär** bestimmend für die Zwecke der externen Segmentberichterstattung heranzuziehen. Dabei kann bspw. auf die Zuständigkeit des jeweiligen Segmentmanagers zurückgegriffen werden (IFRS 8.9).[9] Ähnlich dem CODM ist auch der Segmentmanager nicht personen- oder titelbezogen zu verstehen, sondern **funktional**. Insbesondere geht es dabei um die Übernahme der Verantwortung für ein Segment gegenüber dem CODM. Indizien für eine solche Rolle sind:
- das regelmäßige Ablegen von Rechenschaft gegenüber dem CODM über Aktivitäten und Ergebnisse des Segments,
- die inhaltliche Verantwortung für die Budgets, Prognosen und Pläne für das Segment (ggf. im Rahmen der Vorgaben des CODM),
- die Vertretung des Segments in den Gremien der zweiten Führungsebene,
- eine an den Ergebnissen des Segments ausgerichtete variable Vergütung.

---

[9] Vgl. detailliert auch HEINTGES/URBANCZIK/WULBRAND, DB 2008, S. 2774.

Möglicherweise trägt auch ein Segmentmanager die Verantwortung für mehrere Segmente. Aber auch der CODM kann eine duale Rolle im Unternehmen spielen, d.h. sowohl als CODM als auch als Segmentmanager für einen oder mehrere Geschäftsbereiche. Bei Verwendung einer **Matrixorganisation** hat die Unternehmensleitung durch Rückgriff auf das „Grundprinzip" („*core principle*") des IFRS 8 zu entscheiden, welche Segmentierung für die externe Berichterstattung gewählt wird (IFRS 8.BC27).

Beispiel 6
Die E-AG ist wie folgt als Matrix gegliedert:

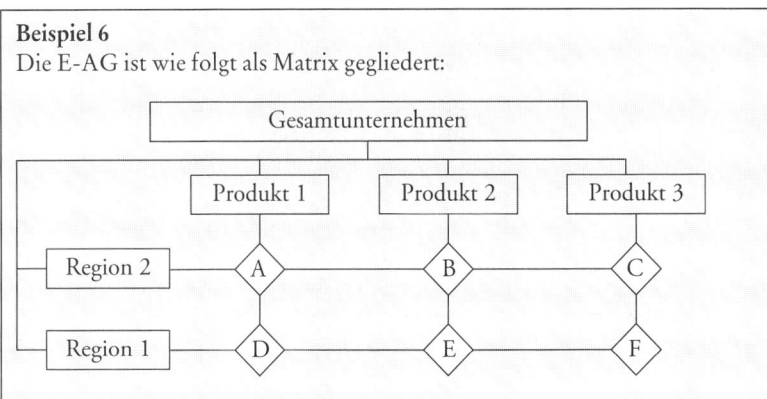

Da keine Dominanz einer Segmentierungsrichtung ausgemacht werden kann, hat der CODM danach über die Art der Segmentierung zu entscheiden, welche Segmentierung dem Hauptgrundsatz des IFRS 8 am ehesten entspricht, nämlich dem Adressaten Informationen zur Verfügung zu stellen, die diesen bei der Beurteilung der Unternehmenssituation und dessen ökonomischen Umfelds bestmöglich unterstützen.

In Bezug auf **vertikal integrierte** Segmente, d.h. solche Segmente, die mehr als 50 % ihrer Erträge mit anderen Segmenten des Unternehmens erzielen, trifft IFRS 8 keine explizite Aussage. Nach Maßgabe des *Management Approach* sind derartige Segmente dann abzugrenzen, wenn sie auch für Zwecke der **internen** Steuerung und Berichterstattung abgegrenzt werden.

Beispiel 7
Zum F-Konzern gehören u.a. die Geschäftsfelder „Flaschen", „Bier" und „Wein", die auch im internen Konzernberichtswesen als eigenständige Segmente dargestellt werden. Dabei liefert das Segment „Flaschen" sowohl an die Segmente „Bier" und „Wein" als auch an nicht zum Konzern gehörige Empfänger. Die Erlöse aus Lieferungen an die Segmente „Bier" und „Wein" belaufen sich in Summe auf EUR 2,1 Mio., die aus Lieferungen an externe Kunden auf EUR 0,9 Mio. Die Innenerlöse (EUR 2,1 Mio.) machen somit 70 % der Gesamterlöse des Segments „Flaschen" aus. Der Vorstand erhält zur Steuerung des Konzerns disaggregierte Daten für alle 3 Geschäftsfelder. Die Segmentabgrenzung findet hier auf Produktebene anhand der Produkte „Flaschen", „Bier" und „Wein" statt, da das interne Berichtswesen nach diesen Segmenten unterscheidet und der Vorstand diese zur Beurteilung der Segmente

> und zur Ressourcenallokation heranzieht. Der Anteil der Innenerlöse des Segments „Flaschen" an dessen Gesamterlösen ist für die Qualifizierung als operatives Segment nach IFRS 8 unerheblich.

3.1.4 Bestimmung der Segmente mit Berichtspflicht

3.1.4.1 Zusammenfassung ähnlicher Segmente

36 Nicht für jedes nach der oben dargestellten Vorgehensweise abgegrenzte Segment müssen gesonderte Informationen in der Segmentberichterstattung vermittelt werden. Vielmehr enthält IFRS 8 Vorgaben, die die Bestimmung gesondert darzustellender Segmente als **berichtspflichtige** Segmente *(reportable segments)* regeln.

37 Verschiedene operative Segmente weisen oftmals **ähnliche langfristige Ertragsentwicklungen** auf; daher kann eine Zusammenfassung derartiger Segmente durchaus sinnvoll sein. Nach IFRS 8.12 dürfen zwei oder mehrere Segmente zu einem einzigen berichtspflichtigen Segment **zusammengefasst** werden, wenn:
- die Zusammenfassung der allgemeinen Zielsetzung (Rz 1) des IFRS 8 entspricht,
- die Segmente ähnliche wirtschaftliche Charakteristika aufweisen, und
- Ähnlichkeit bez. **aller**(!) in IFRS 8.12 genannten Aggregationskriterien besteht.

38 IFRS 8 äußert sich nicht explizit dazu, was unter **ähnlichen wirtschaftlichen Charakteristika** zu verstehen ist und betont, dass die Beurteilung, ob Segmente ähnlich sind, ermessensbehaftet ist (IFRS 8.BC30A(a)). Grundsätzlich kann hier neben den beispielhaft im Standard aufgeführten *long-term Average Gross Margins* auch auf Kriterien wie Umsatz-/Renditeverhältnisse, Umsatzentwicklungstrends, Eigenkapitalausstattung oder den operativen *Cashflow* zurückgegriffen werden. Von einer Ähnlichkeit wird hierbei dann ausgegangen, wenn sich die genannten Indikatoren in einer engen Bandbreite bewegen, einem ähnlichen Trend folgen und auf externe Einflüsse gleichförmig reagieren.[10] Eine Beurteilung der Ähnlichkeit wirtschaftlicher Charakteristika hat dabei eher auf die zukünftige Entwicklung der Faktoren als auf vergangenheitsbezogene Maßgrößen abzustellen.

39 Außerdem erfordert die Zusammenfassung (der Segmente) nach IFRS 8.12 **Ähnlichkeit** in **allen** im Folgenden dargestellten **Aggregationskriterien**, die im Hinblick auf eine Zusammenfassung abzufragen sind:
- Ähnelt sich die **Art** der Produkte bzw. Dienstleistungen?
- Resultieren die Produkte aus gleichartigen **Produktionsprozessen**?
- Werden die Produkte bzw. Dienstleistungen von denselben **Kunden** bzw. Kundengruppen nachgefragt?
- Werden die Produkte nach denselben oder ähnlichen **Vertriebsmethoden** vermarktet?
- Fallen die Produkte bzw. Dienstleistungen in dasselbe **regulierende Umfeld** (nur, falls ein solches vorhanden ist, wie bspw. im Bank- und Versicherungswesen oder bei öffentlichen Versorgungsbetrieben)?

---

[10] Vgl. KPMG (Hrsg.), US-GAAP, 4. Aufl., 2006, S. 183.

3.1.4.2 Wesentlichkeitskriterien zur Bestimmung berichtspflichtiger Segmente

Neben der eventuellen Zusammenfassung operativer Segmente anhand der vorgestellten Aggregationskriterien erlaubt IFRS 8 in Anwendung des *Materiality*-Grundsatzes (→ § 1 Rz 63; IFRS 8.BC29) den Verzicht auf eine gesonderte Darstellung **unwesentlicher** Segmente. Hierbei regelt
- IFRS 8.13, wann ein Segment als unwesentlich gilt (Rz 41 ff.);
- IFRS 8.14, wie mehrere unwesentliche Segmente zu einem berichtspflichtigen Segment zusammengefasst werden können (Rz 52);
- IFRS 8.15, wie zu verfahren ist, wenn mehrere unwesentliche Segmente zusammen einen wesentlichen Teil des Gesamtumsatzes ausmachen (Rz 54 ff.);
- IFRS 8.16, wie mehrere unwesentliche Segmente in einem Sammelposten „*all other segments*" zusammengefasst werden können (Rz 56);
- IFRS 8.17, wie ein Segment darzustellen ist, das in einer Berichtsperiode abweichend von der bisherigen Klassifizierung als unwesentlich anzusehen ist (Rz 58 f.);
- IFRS 8.18, wie ein Segment darzustellen ist, das abweichend von der bisherigen Klassifizierung nunmehr als wesentlich gilt (Rz 60 f.).

Als unwesentlich gilt ein Segment nach IFRS 8.13 dann, wenn seine **Erlöse, sein Ergebnis und sein Vermögen jeweils weniger als 10 %** der entsprechenden Gesamtwerte aller Segmente ausmachen (Wesentlichkeitsschwellen, *quantitative thresholds*). Dabei gilt Folgendes:

Es sind alle drei Wesentlichkeitsschwellen **einzeln** wirksam; bereits die Überschreitung eines Grenzwerts führt zur Qualifizierung als wesentlich und damit berichtspflichtig.

Bei der Bestimmung der als **Vergleichsbasis** dienenden Gesamtwerte aller Segmente sind auch als **unwesentlich** qualifizierte Segmente zu berücksichtigen.

Die Wesentlichkeitsbestimmung ist für **jede Berichtsperiode neu** auf Basis der Daten dieser Periode vorzunehmen.

Beispiel 8
Die G-AG hat die Geschäftssegmente P1, P2, P3 und P4, die in der Berichtsperiode folgende Segmentdaten aufweisen:

Segment	Erlöse	Ergebnis	Vermögen
P1	100	10	50
P2	146	14	73
P3	10	1	5
P4	28	2	14
Gesamt	284	27	142

Die Vergleichsbasis zur Bestimmung, ob Segment P4 unwesentlich ist, umfasst alle Segmente, also auch das vorher bereits als unwesentlich klassifizierte Segment P3 und das zur Debatte stehende Segment P4 selbst.

46 Als **Bezugsgrößen** für den Wesentlichkeitstest dienen die intern zu Steuerungs- und Berichtszwecken verwendeten Daten, d.h. die Größen, die auch an den CODM berichtet werden.

47 Die Wesentlichkeitsschwelle bei den Erlösen ist unter Einbeziehung aller **Außen- und Innenerlöse** zu bestimmen.

48 Zur Bestimmung der Wesentlichkeitsschwelle des **Segmentergebnisses** sind jeweils die positiven und die negativen Ergebnisse zu addieren. Diejenige dieser beiden Summen, deren absoluter Betrag größer ist, dient als Basis zur Berechnung der 10-%-Grenze.

49 **Beispiel 9**
Der H-Konzern hat die Geschäftssegmente P1 bis P6, die in der Berichtsperiode folgende Segmentergebnisse aufweisen:

Segment	Ergebnis
P1	+ 10
P2	– 2
P3	– 12
P4	+ 13
P5	– 1
P6	– 3

Die Summe aller positiven Ergebnisse ist +23, die aller negativen –18. Als größerer Absolutbetrag wird 23 zur Vergleichsbasis für die Wesentlichkeitsbestimmung.

50 Gilt ein Segment als unwesentlich, stehen dem berichtenden Unternehmen nach IFRS 8.13 ff. verschiedene **Alternativen** offen:

51 • **Alternative 1:**
Das Segment kann trotz seiner Unwesentlichkeit als **berichtspflichtiges** Segment deklariert werden, wenn diese zusätzliche Information dem Adressaten nützliche Informationen an die Hand gibt (IFRS 8.13).

52 • **Alternative 2:**
Das Segment kann mit anderen Segmenten zu einem berichtspflichtigen Segment **zusammengefasst** werden. Eine derartige Zusammenfassung ist jedoch nur mit solchen Segmenten möglich, die ebenfalls als unwesentlich gelten, ähnliche ökonomische Charakteristika aufweisen und in der Mehrzahl der in IFRS 8.12 aufgeführten Aggregationskriterien übereinstimmen (Rz 37 ff.). Eine Zusammenfassung mit wesentlichen und daher eigenständig berichtspflichtigen Segmenten ist dagegen nicht zulässig (IFRS 8.14).

53 • **Alternative 3:**
Das Segment kann als nicht zugeordneter Überleitungsposten unter der **Sammelposition** „*all other segments*" erfasst werden.

54 In diversifizierten Konzernen können die **unwesentlichen** Segmente in der Summe einen **wesentlichen** Teil des Unternehmens ausmachen. Durch deren Behandlung nach der in Rz 53 dargestellten Alternative 3 würde ein bedeutender

Teil der Unternehmensaktivitäten in den segmentierten Daten nicht abgebildet. Deshalb darf nach IFRS 8.15 die Summe der Außenerlöse aller als berichtspflichtig deklarierten Segmente nicht weniger als 75 % der konsolidierten Erlöse des Gesamtunternehmens bzw. Gesamtkonzerns ausmachen. Bei Nichterreichen dieser Schwelle müssen in erforderlichem Umfang unwesentliche Segmente als berichtspflichtige Segmente deklariert werden. Eine Anleitung zur Auswahl gibt IFRS 8 nicht. Sie liegt damit im **Ermessen** des Bilanzierenden.

Beispiel 10 55
Der I-Konzern hat die Geschäftssegmente „S1" bis „S6", die in der Berichtsperiode gem. folgender Tabelle externe Erlöse aufweisen. Hierbei sind die Segmente „S3" bis „S6" angesichts ihrer Gesamterlöse, ihrer Ergebnisse und ihres Vermögens unwesentlich. Der Konzernumsatz entspricht der Summe der externen Erlöse der Segmente.

Segment	Außenerlöse	wesentlich
S1	600	ja
S2	140	ja
S3	3	nein
S4	8	nein
S5	9	nein
S6	25	nein

Würde der I-Konzern alle unwesentlichen Segmente als nicht zugeordnete Überleitungsposten behandeln und dem Sammelsegment „*all other segments*" zuordnen, entspräche die Summe der Außenerlöse der berichtspflichtigen Segmente („S1" und „S2") 740 und damit weniger als 75 % der Konzernumsätze (1.000). Daher müssen unwesentliche Segmente mit einem Außenerlösvolumen von mindestens 10 als berichtspflichtige Segmente behandelt werden, um die 75-%-Schwelle zu überschreiten. Dies kann mit Segment „S6" allein, aber bspw. auch mit den Segmenten „S3" und „S4" erreicht werden.

Aus der Zusammenfassung mehrerer ähnlicher Segmente (Alternative 2 in Rz 52) 56 resultiert ein berichtspflichtiges Segment. Daher werden die externen Erlöse eines solchen **Sammelsegments** bei der Bestimmung der Erfüllung der 75-%-Grenze berücksichtigt. Die 75-%-Schwelle kann somit auch durch **Zusammenfassung unwesentlicher Segmente** zu einem derartigen **Sammelsegment** übersprungen werden.

Beispiel 11 57
Sind in Beispiel 10 (Rz 80) die Segmente „S3" und „S4" ähnlich i.S.d. IFRS 8.12, kann die 75-%-Schwelle auch durch Zusammenfassung der beiden Segmente erreicht werden.

58 Die Wesentlichkeitskriterien sind **in jeder Periode neu zu überprüfen**. Deshalb kann ein in der Vorperiode noch als wesentlich klassifiziertes und damit gesondert ausgewiesenes Segment in der aktuellen Berichtsperiode unwesentlich geworden sein. Das nunmehr unwesentliche Segment muss bei einer solchen Neuklassifizierung in der Segmentberichterstattung **nicht mehr gesondert** dargestellt werden. Eine Ausnahme hiervon regelt IFRS 8.17 für ein Segment, das in der aktuellen Periode die in Rz 41 beschriebene 10-%-Grenze nicht mehr überschreitet, während es diese in der Vorperiode noch überschritten hat und daher als berichtspflichtiges Segment ausgewiesen worden war. Ein solches Segment muss trotz der Unterschreitung der 10-%-Grenze weiter als berichtspflichtiges Segment dargestellt werden, wenn es nach Ansicht der Unternehmensleitung von andauernder Bedeutung *(continuing significance)* ist. Dabei muss die Beurteilung der andauernden Bedeutung u. E. nur auf das Folgejahr abstellen.[11] Verfehlt das Segment nämlich im direkt folgenden Jahr zum zweiten Mal die 10-%-Grenze, muss aus dem Wortlaut des IFRS 8.17 der Ausweis als eigenständiges Segment auch bei einer langfristig erwarteten Erholung nicht fortgesetzt werden. IFRS 8.17 will damit offensichtlich nur eine **zweimalige** Änderung der Segmentstruktur verhindern, wenn ein Segment **einmalig** die 10-%-Grenze verfehlt.
Dazu folgendes Prüfschema:[12]

Stufe	Prüfung/Regelungsinhalt
1	(Rz 51) Freiwilliger Ausweis als **gesondertes** Berichtssegment (IFRS 8.13).
2	(Rz 52) **Zusammenfassung** mit anderen **unwesentlichen** Segmenten (IFRS 8.14): Nicht wesentliche Segmente dürfen zu einem Berichtssegment zusammengefasst werden, soweit sie ähnliche wirtschaftliche Eigenschaften aufweisen, sodass eine vergleichbare langfristige Entwicklung zu erwarten ist und sie bez. der Mehrheit der Homogenitätskriterien des IFRS 8.12 übereinstimmen.
3	(Rz 58) **Andauernde** Bedeutung (IFRS 8.17): Soweit im Vorjahr noch eine Wesentlichkeit gegeben war und vom Wiedererreichen einer der 10-%-Grenzen im Folgejahr ausgegangen wird, besteht eine Pflicht zum gesonderten Ausweis.
4	(Rz 54) Erfüllung der 75-%-Regel (IFRS 8.15): **Weitere** operative Segmente sind als gesondert anzugebende Teilbereiche zu bestimmen, bis mindestens 75 % der Segmenterträge mit Konzernfremden von den anzugebenden Segmenten erwirtschaftet werden. Eine Reihenfolgeregelung für die Auswahl besteht nicht.
5	(Rz 53, Rz 56) Ausweis im **Sammel**segment (IFRS 8.16).

---

[11] So auch ADS International (Fn 2), Tz 91; HALLER (Fn 4), Tz 80.
[12] FINK/ULBRICH, PiR 2007, S. 31.

> **Beispiel 12**
> Die J-AG unterscheidet intern und extern die Segmente „Europa", „Amerika" und „Asien". Dabei ist das Segment „Asien" allein aufgrund seiner Erlöse wesentlich. Durch Absatzprobleme in Japan sinken die Außenerlöse 20X1 von bisher ca. 15 % auf nur noch 8 % der Gesamtkonzernerlöse. Laut Unternehmensplanung sollen die Umsätze in Japan ab 20X2 wieder anziehen und das Segment „Asien" ab 20X2 wieder mehr als 10 % der Gesamterlöse des Konzerns erwirtschaften.
> Angesichts der Unternehmensplanung ist das Segment „Asien" von andauernder Bedeutung und damit auch 20X1 gesondert auszuweisen.

59

Wird ein in der Vorperiode noch unwesentliches und daher nicht gesondert dargestelltes Segment in der aktuellen Periode als wesentlich und damit berichtspflichtig klassifiziert, verlangt IFRS 8.18 eine Anpassung der **Vorjahresvergleichszahlen**, es sei denn, diese Anpassung ist **unzweckmäßig** *(impracticable)*. Eine solche Unzweckmäßigkeit dürfte insbesondere dann geltend gemacht werden können, wenn die Vorjahreszahlen in der geänderten Berichtsstruktur im Unternehmen nicht vorliegen und ihre Beschaffung einen unverhältnismäßig großen Aufwand erfordert.

60

Zwar legt IFRS 8 keine explizite **Begrenzung** für die Anzahl der berichtspflichtigen Segmente fest, allerdings wird als grober Maßstab für eine zu umfangreiche Segmentberichterstattung die Zahl von 10 *reportable Segments* genannt (IFRS 8.19). Diese Zahl darf jedoch nicht dazu verwendet werden, die Anzahl der berichtspflichtigen Segmente zu vermindern oder unter die 75-%-Grenze (Rz 54) zu drücken.[13]

61

4 Die Segmentinformationen

4.1 Ermittlung der Segmentinformationen

4.1.1 Anzuwendende Bilanzierungs- und Bewertungsmethoden

Auch in Bezug auf die Ermittlung der Segmentdaten folgt IFRS 8 dem *Management Approach*. Durch diesen Datenausweis soll dem Abschlussadressaten ein besserer Einblick in die Spezifika *(nature)* und die finanziellen Wirkungen *(financial effects)* der verschiedenen **Geschäftsfelder** des Unternehmens ermöglicht werden (IFRS 8.20). Der *Management Approach* kann dadurch die Sichtweise des Managements vermitteln und dem Adressaten entscheidungsnützliche Informationen an die Hand geben. Dabei wird der Blick auf das Unternehmen und seine Tätigkeit *„through management's eyes"* (Rz 3) als besonders wertvoll für den externen Betrachter erachtet, um dadurch die Handlungen der Unternehmensleitung einerseits verstehen und andererseits auch besser prognostizieren zu können.[14] Allerdings können dabei auch die den Segmentdaten zugrunde liegenden Bilanzierungs- und Bewertungsmethoden wesentlich von den im Rahmen des Jahres-/Konzernabschlusses verwendeten Grundsätzen abweichen. So finden genau die Daten Eingang in die Segmentberichterstattung, die im internen Berichtswesen ermittelt

62

---

[13] Vgl. FINK/ULBRICH, DB 2007, S. 982.
[14] Vgl. HUNT, CA Magazine 1996, S. 48.

werden, selbst wenn dort bspw. *Cash Accounting* praktiziert wird. Damit wird die Art der Ermittlung der zu veröffentlichenden Daten in keiner Weise durch Mindestanforderungen an die Segmentdaten begrenzt, da IFRS 8 hier keinerlei Anforderungen an die zugrunde liegenden Bilanzierungs- und Bewertungsmethoden definiert.

> **Beispiel 13**
> Das Berichtswesen des Automobilkonzerns K unterscheidet intern und extern die Segmente „Pkw", „Lkw" und „Motorräder". Obwohl im internen Berichtswesen des K-Konzerns verschiedene Werte abweichend von der externen Berichterstattung ermittelt werden (z. B. Verrechnung kalkulatorischer Abschreibungen, abweichende Verbrauchsfolgeverfahren), können die für die Segmentberichterstattung erforderlichen Daten unmittelbar dem internen Berichtswesen entnommen werden. Eine Neuermittlung der Daten in Analogie mit den Bilanzierungs- und Bewertungsmethoden des (Konzern-)Abschlusses speziell für die Segmentberichterstattung hat nicht zu erfolgen.

63 Werden im internen Steuerungs- und Berichtswesen **mehrere Bilanzierungs- und Bewertungsmethoden** verwendet, ist nach IFRS 8.26 diejenige für die externe Berichterstattung maßgebend, die nach Ansicht des Managements in Bezug auf die zugrunde liegenden Ermittlungsgrundsätze am ehesten den im (Konzern-)Abschluss verwendeten Grundsätzen entspricht.

> **Beispiel 14**
> Das Berichtswesen des Automobilkonzerns K aus Beispiel 13 (Rz 62) ermittelt seine Werte nun im internen Berichtswesen gleichberechtigt zum einen abweichend von der externen Berichterstattung (z. B. Verrechnung kalkulatorischer Abschreibungen, abweichende Verbrauchsfolgeverfahren), zum anderen existiert aber auch ein Format der Datenermittlung, das dem externen Berichtswesen stark ähnelt.
> Auch hier ist eine Neuermittlung der Daten in Analogie mit den Bilanzierungs- und Bewertungsmethoden des (Konzern-)Abschlusses speziell für die Segmentberichterstattung nicht nötig, allerdings ist für die externe Berichterstattung das zweitgenannte Datenformat zu verwenden, das den Bilanzierungs- und Bewertungsmethoden des (Konzern-)Abschlusses eher entspricht.

64 IFRS 8.21 ordnet schließlich die Informationsvermittlung anhand folgender **dreigliedriger** Ausweiserfordernisse an:
- **Allgemeine** Informationen zu den Identifikationsmerkmalen des Segments, insbesondere Art der Produkte und Dienstleistungen (IFRS 8.22).
- **Spezielle** Informationen zur Vermögens- und Ertragslage des Segments (IFRS 8.23 bis 8.27).
- Eine **Überleitungsrechnung** (*reconciliation*) der Segmentberichterstattung auf die Daten des (Konzern-)Abschlusses (IFRS 8.28).

4.1.2 Zurechnung zu den Segmenten

65 IFRS 8 macht keine expliziten Vorgaben in Bezug auf die **Zurechnung** bestimmter **Daten** zu den einzelnen Segmenten. Auch hier führt die Anwendung des *Manage-*

ment Approach zur Zuordnung der Daten zu den operativen Segmenten in Analogie mit dem internen Steuerungs- und Berichtswesen. So wird in IFRS 8 konsequent auch auf die Vorgabe eines Verteilungsschlüssels für die Allokation bestimmter Größen auf die Segmente verzichtet. Es wird hierbei lediglich eine Zuordnung verlangt, die auf einer **vernünftigen** Grundlage *(reasonable basis*; IFRS 8.25) basiert. Hinsichtlich der Zuordnung der Daten auf die Segmente können tatsächlich mehrere Allokationsmethoden vernünftig, d. h. *reasonable*, sein (IFRS 8.BC, Anhang A.88).

> **Beispiel 15**
> Die L1-AG besitzt 3 regional abgegrenzte Segmente und rechnet diesen die Zuführungen zu den Pensionsrückstellungen relativ zur Mitarbeiterzahl des jeweiligen Segments zu. Die L2-AG rechnet dagegen ihren Segmenten den korrespondierenden Aufwand anteilig im Verhältnis zu den relativen Umsatzkosten des Segments zu.
> Obwohl beide Verrechnungsmethoden zu stark abweichenden Ergebnissen bei der Zurechnung zu den Segmenten führen können, können beide Vorgehensweisen als Grundlage einer vernünftigen Zurechnung nach IFRS 8.25 verstanden werden.

Dabei ist eine vernünftige Allokation regelmäßig dann anzunehmen, wenn zwischen dem Verteilungsschlüssel und der zu schlüsselnden Größe ein **Abhängigkeitsverhältnis** besteht und die Zuordnung angesichts dessen willkürfrei und für externe Dritte nachvollziehbar ist. Dies dürfte bspw. nicht der Fall sein bei Aufteilungen, die ein Unternehmen vornimmt, um bestimmte Größen trotz Fehlens eines geeigneten Schlüssels auf Unternehmensbereiche umzulegen. 66

> **Beispiel 16**
> Die M-AG grenzt intern wie auch extern 3 regionale Segmente ab. Für 2 dieser Segmente existiert eine betriebliche Altersversorgung, das dritte Segment besitzt keine derartige Einrichtung. Die intern verwendete Segmentergebnisgröße wird für alle 3 Segmente so ermittelt, dass der Aufwand für die betriebliche Altersversorgung allen Segmenten proportional zu den Segmenterträgen zugerechnet wird.
> Eine derartige Zuordnung von Aufwendungen für Altersversorgung auf das Segment ohne Pensionsplan ist nicht als vernünftige Zuschlüsselung *(not reasonable)* anzusehen.

Bedingt durch die Verwendung interner Methoden bzw. Grundsätze zur Ermittlung der Segmentdaten ist eine **symmetrische** Zuordnung der einzelnen Größen **nicht** zwangsläufig gewährleistet, da keine weiteren Vorgaben für die Allokation sachlich zusammengehöriger Bestands- und Stromgrößen definiert werden. Als Standardbeispiel wird hier die Zuordnung bestimmter Abschreibungen zum Segmentergebnis genannt, während der dieser Abschreibung zugrunde liegende Vermögensgegenstand nicht im ggf. auszuweisenden Segmentvermögen enthalten ist (IFRS 8.27 (f)). Eine derartige asymmetrische Zuordnung der Segmentgrößen kann insbesondere in Bezug auf die Kennzahlenrechnung zu Problemen führen, da hierbei die Konsistenz der eingesetzten Rechengrößen nicht mehr gewährleistet 67 ist. Bei Verwendung eines effizienten internen Steuerungs- und Berichtssystems kann indes regelmäßig von einer symmetrischen Zuordnung sachlich zusammengehöriger Bestands- und Stromgrößen ausgegangen werden.[15]

> **Beispiel 17**
> Der Automobilkonzern N besitzt eine Halle, in der Automobilteile gelagert werden. Im internen und externen Berichtswesen grenzt der Konzern die Segmente Karosserie, Motor und Elektronik ab. Während die Vermögensallokation auf die Segmente anhand der durch die einzelnen Bereiche belegten Lagerfläche erfolgt, wird die Erfolgskomponente Abschreibungen den Segmenten umsatzbezogen zugerechnet.
> Trotz der Durchbrechung des Symmetriegrundsatzes hat eine symmetrische Neuermittlung der Daten in Analogie mit den Bilanzierungs- und Bewertungsmethoden des (Konzern-)Abschlusses aufgrund der konsequenten Umsetzung des *Management Approach* hier nicht zu erfolgen.

68 Für den Bereich der **segmentübergreifenden** Angaben (Rz 124) ist aufgrund der Orientierung an den im (Konzern-)Abschluss verwendeten Bilanzierungs- und Bewertungsgrundsätzen auch vom Erfordernis einer symmetrischen Zuordnung einzelner Größen auszugehen.

4.2 Angaben zu den operativen Segmenten

4.2.1 Grundlegende Angabepflichten für operative Segmente

69 Die grundlegenden Angabepflichten des IFRS 8.22 sollen dem Adressaten die Segmentabgrenzung und die Datenermittlung verständlich machen und dadurch erklärende Angaben zum Verständnis des *Management Approach* liefern.

70 In diesem Zusammenhang sind die **Grundlagen** der **Segmentabgrenzung** darzustellen. Dies erfordert regelmäßig eine Darstellung der internen Organisationsstruktur, welche die interne Steuerung und Berichterstattung des Unternehmens hinsichtlich der relevanten Abgrenzungskriterien näher beleuchtet und somit einen Einblick in die dem *Management Approach* zugrunde liegende Basis gibt. Zudem sind hierbei aber auch Informationen über eine eventuelle **Zusammenfassung** operativer Segmente zu einem Berichtssegment zu publizieren (IFRS 8.22 (a)). Dabei sind auch die Ermessensentscheidungen anzugeben, die das Management bei der Anwendung der Aggregationskriterien getroffen hat. Dies beinhaltet zum einen eine kurze Beschreibung der auf diese Weise zusammengefassten Segmente. Zum anderen sind die Indikatoren zu beschreiben, die in die Beurteilung der Ähnlichkeit der wirtschaftlichen Charakteristika zweier oder mehrerer Segmenten einbezogen wurden (IFRS 8.22 (aa)). Dadurch soll dem Abschlussadressaten ein besseres Verständnis für die Aggregation operativer Segmente vermittelt werden (IFRS 8.BC30A f.).

---

[15] Vgl. ALVAREZ, Segmentberichterstattung und Segmentanalyse 2004, S. 108; FINK/ULBRICH, KoR 2006, S. 242; HALLER (Fn. 4), S. 782; HEINTGES/URBANCZIK/WULBRAND, DB 2008, S. 2781.

> **Beispiel 18**
> Die Bayer AG gibt in ihrem Konzernabschluss 2013 an: „Die Ressourcenallokation und die Bewertung der Ertragskraft der Geschäftssegmente werden bei Bayer durch den Vorstand als Hauptentscheidungsträger wahrgenommen. Die Segment- und Regionenabgrenzung sowie die Auswahl der dargestellten Kennzahlen erfolgen in Übereinstimmung mit den internen Steuerungs- und Berichtssystemen (,Management Approach')". Dabei wird auch beschrieben, dass strategische Geschäftseinheiten aufgrund der „wirtschaftlichen Merkmale des Geschäfts, der Art der Produkte und Produktionsprozesse, der Art der Kundenbeziehungen sowie der Charakteristika der Vertriebsorganisation und des regulatorischen Umfelds" zu berichtpflichtigen Segmenten zusammengefasst werden. Zudem wird die Zusammensetzung der Position „Alle sonstigen Segmente" erörtert.

Des Weiteren sind Angaben zu den Produkten und Dienstleistungen offenzulegen, mit denen die jeweiligen berichtspflichtigen Segmente ihre Erträge erwirtschaften. 71

4.2.2 Pflichtangaben für operative Segmente

4.2.2.1 Überblick

Nach IFRS 8.23 muss in der Segmentberichterstattung für jedes berichtspflichtige Segment (Rz 36 ff.) eine **quantitative** Angabe zum Segmentergebnis (Rz 73 ff.) gemacht werden. 72

4.2.2.2 Segmentergebnis

Dem *Management Approach* konsequent folgend, definiert IFRS 8 keine **explizite** Ergebnisgröße, sondern fordert nur den Ausweis des **intern** definierten Segmentergebnisses (*a measure of profit or loss*; IFRS 8.23), also der Ergebnisgröße, auf Basis derer der CODM seine Entscheidungen hinsichtlich der Segmente fällt (Rz 25). Die IFRS nehmen dabei eine Einschränkung der **zwischenbetrieblichen** Vergleichbarkeit in Kauf. Zudem ist es dem Unternehmen gem. IFRS 8.23 i.V.m. 8.25 möglich, für jedes Segment eine individuelle Ergebnisgröße zu definieren, sodass für verschiedene Segmente auch unterschiedliche Ergebnisgrößen existieren können. Dies ist bspw. häufig der Fall, falls ein Industrieunternehmen zusätzlich auch ein **finanzwirtschaftlich** tätiges operatives Segment ausweist. Auf diese Weise leidet nicht nur die zwischenbetriebliche, sondern ggf. auch die intersegmentäre Vergleichbarkeit, wenn im Unternehmen variierende Ergebnisgrößen zur Steuerung der einzelnen Segmente verwendet werden. 73

Aufgrund der offenen Ausgestaltung und der Koppelung des externen an das interne Berichtswesen stehen dem Unternehmen **verschiedenste Möglichkeiten** zur Definition eines Segmentergebnisses zur Verfügung. So kann das Unternehmen bspw. den Umsatz, das Bruttoergebnis vom Umsatz, das Betriebsergebnis, EBIT, EBT oder das Ergebnis der fortlaufenden Geschäftstätigkeit, aber auch eher zahlungsstromorientierte Größen wie EBITA, EBITDA, Brutto-/Netto-*Cashflow* oder kalkulatorische Größen wie den Deckungsbeitrag als Segmentergebnis verwenden.[16] Gleiches gilt für unternehmensspezifisch angepasste Ergebnisgrößen. 74

---

[16] Vgl. ALVAREZ (Fn 13), S. 148.

75 Wenn im internen Steuerungs- und Berichtswesen **mehrere unterschiedliche Ergebnisgrößen** Verwendung finden und an den CODM berichtet werden, ist nach IFRS 8.26 diejenige berichtspflichtig, die nach Ansicht des Managements in Bezug auf die zugrunde liegenden Ermittlungsgrundsätze am ehesten den jeweiligen Beträgen im (Konzern-)Abschluss entspricht.

> **Beispiel 19**
> Das Berichtswesen der O-AG grenzt intern wie extern 3 produktorientierte Segmente ab. Die Steuerung des Unternehmens findet auf Basis zweier Ergebnisgrößen statt, zum einen dem adjustierten Geschäftswertbeitrag, zum anderen dem segmentierten Periodenergebnis.
> Im Rahmen der Segmentberichterstattung ist die zweitgenannte Ergebnisgröße zu verwenden, da sie den Bilanzierungs- und Bewertungsmethoden des (Konzern-)Abschlusses eher entspricht.

76 In Abhängigkeit von der verwendeten Ergebnisgröße kann auch eine bedingte Berichtpflicht für bestimmte Ergebniskomponenten bestehen, sofern diese in der ausgewiesenen Ergebnisgröße enthalten sind oder regelmäßig dem CODM vorgelegt werden (Rz 25).

4.2.3 Bedingte Angabepflichten für operative Segmente

4.2.3.1 Bedingte Angabepflichten zum Segmentergebnis

77 Neben der verpflichtend anzugebenden Ergebnisgröße (Rz 73) sind folgende Daten offenzulegen, sofern sie in dieser Ergebnisgröße **enthalten** sind oder anderweitig regelmäßig dem CODM (Rz 25) **vorgelegt** werden:
- Segmenterträge mit externen Dritten *(revenues from external customers*; Rz 82),
- Intersegmenterträge, d. h. Segmenterträge aus Transaktionen mit anderen Segmenten *(revenues from transactions with other operating segments of the same entitiy*; Rz 82),
- Zinserträge (Rz 84),
- Zinsaufwendungen (Rz 84),
- Abschreibungen und Wertminderungen (Rz 85),
- gem. IAS 1.97 wesentliche Ertrags- und Aufwandspositionen (Rz 90),
- Ergebnisbeiträge von *at equity* konsolidierten Beteiligungen (Rz 91),
- Aufwendungen und Erträge aus Ertragsteuern,
- wesentliche nicht zahlungswirksame Erträge und Aufwendungen, abgesehen von Abschreibungen und Wertminderungen (Rz 92).

78 Neben den o. a. Voraussetzungen für eine Pflicht zur Angabe dieser Daten gilt auch hier die allgemeine Vorgabe in IAS 1.31, wonach unwesentliche Angaben nicht zu machen sind (→ § 1 Rz 62). Sollten daher die o. a. Aufwands- und Ertragsgrößen in der Segmentergebnisgröße zwar enthalten, jedoch unwesentlich sein, entfällt die Angabepflicht. Gleiches gilt auch dann, wenn die o. a. Aufwands- und Ertragsgrößen zwar nicht in der Segmentergebnisgröße enthalten sind, aber anderweitig regelmäßig dem CODM vorgelegt werden. Wenn eine solche Vorlage regelmäßig erfolgt, wird man kaum von einer Unwesentlichkeit ausgehen können.

Durch die Verknüpfung der Berichtspflicht mit den genannten Bedingungen (Rz 77) wird der **Umfang** der Berichtspflichten direkt an den Teil des internen Steuerungs- und Berichtssystems der Unternehmung gekoppelt, der den CODM regelmäßig mit Informationen versorgt. Der Umfang der externen Berichterstattung richtet sich damit nach der internen Informationsorganisation. Das Kriterium der anderweitigen regelmäßigen Berichterstattung an den CODM ist u. E. nur dann erfüllt, wenn eine Information in segmentierter Form nicht nur zu bestimmten Anlässen, sondern anlassunabhängig mit vorgegebener Frequenz dem CODM übermittelt wird. Von einer solchen Übermittlung kann nicht bereits ausgegangen werden, wenn die Informationen im internen Berichtswesen verfügbar sind und der CODM Zugriffsrechte auf das interne Berichtswesen hat. Vielmehr muss der CODM die Informationen auch zur Kenntnis nehmen, indem er z. B. die entsprechenden Berichte im internen Berichtswesen aufruft. Eine Berichterstattung von Informationen an den CODM in aggregierter Form (z. B. aggregiert für den Gesamtkonzern oder Gruppen von Segmenten) erfüllt das Kriterium der anderweitigen Berichterstattung nicht.

79

Beispiel 20
Die P-AG verwendet in ihrem internen Steuerungs- und Berichtssystem den EBIT als Ergebnisgröße zur Beurteilung der Segmente. Die segmentspezifischen Abschreibungen werden hingegen nicht regelmäßig an den CODM berichtet.
Die Abschreibungen sind für die Segmente der P-AG berichtspflichtig, da sie zur Ermittlung des Segmentergebnisses (EBIT) nötig und somit Bestandteil des Segmentergebnisses sind. Daraus resultiert aufgrund der Erfüllung der Bedingungen des IFRS 8.23 eine Berichtspflicht für die segmentierten Abschreibungen.

80

Beispiel 21
Die P-AG aus dem vorangegangenen Beispiel verwendet in ihrem internen Steuerungs- und Berichtssystem immer noch den EBIT als Ergebnisgröße zur Beurteilung der Segmente. Zudem wird der segmentspezifische Zinsaufwand in regelmäßigen Abständen an den CODM berichtet.
Der Zinsaufwand ist für die Segmente der P-AG berichtspflichtig, obwohl er nicht in die Segmentergebnisgröße (EBIT) eingeht. Allerdings resultiert gem. IFRS 8.23 die Berichtspflicht hier aus der regelmäßigen internen Berichterstattung der Größe an den CODM.

Beispiel 22
Der Q-Konzern verwendet in seinem internen Steuerungs- und Berichtssystem die Umsatzerlöse als Ergebnisgröße zur Beurteilung der Segmente. Es werden keine sonstigen segmentierten Größen an den CODM berichtet.
Trotz des sehr geringen Berichtsumfangs ist nach IFRS 8.23 keine Ergebniskomponente außer dem Umsatz, der hier gleichzeitig die Ergebnisgröße selbst darstellt, in der Segmentberichterstattung berichtspflichtig. Weder fließen die anderen Größen in die Ermittlung des Umsatzes ein, noch werden sie regelmäßig an den CODM berichtet.

81 IFRS 8 enthält keine Angaben zur Abgrenzung der berichtspflichtigen Größen. Aufgrund der Berichtspflicht für die segmentspezifische Ergebnisgröße sind im Zuge des *Management Approach* auch die Ergebniskomponenten in ihrer ggf. im internen Berichtswesen des Unternehmens verwendeten Ausprägung auszuweisen. Deshalb wird mit dem hier verwendeten *Revenue*-Begriff nicht zwingend der Definition in IAS 18 (→ § 25 Rz 1) entsprochen. Ebenso wenig kann der in den Kommentierungen zu SFAS 131 häufig dargestellten *Revenue*-Definition als rein auf den Absatz des Unternehmens bezogene Größe hier Allgemeingültigkeit zugesprochen werden.

82 Die Segmenterträge können **interner** und **externer** Art sein. Dabei sind in den Innenerlösen die Lieferungen und Leistungen zu berücksichtigen, deren Empfänger außerhalb des eigenen Segments, jedoch nicht außerhalb des Gesamtunternehmens angesiedelt ist. Je nach interner Abgrenzung der Größe können hierzu auch Transaktionen mit nicht berichtspflichtigen Segmenten sowie zentralen Unternehmensbereichen gehören. Werden mehrere unwesentliche Segmente zu einem berichtspflichtigen Segment zusammengefasst (Rz 40), sind die Erlöse aus Transaktionen zwischen diesen Segmenten zu eliminieren, da sie als intrasegmentär und damit nicht als Innenerlöse gelten. Werden im internen Berichtswesen keine intersegmentären Erträge ausgewiesen (z. B. weil diese direkt als Kostenminderung erfasst werden), entfällt die Pflicht zur Angabe der Intersegmenterträge.

Zur **Verrechnungspreis**problematik bei Innenerlösen vgl. Rz 118.

83 IFRS 8.23 verlangt einen **getrennten Ausweis der Außen- und Innenerlöse**, sofern diese in die Segmentergebnisgröße einfließen oder anderweitig regelmäßig an den CODM berichtet werden. Eine weitergehende Aufgliederung, so z. B. nach den Transaktionen gem. IAS 18 (→ § 25), ist nicht verpflichtend. Die Pflicht zum Ausweis von Innenumsatzerlösen besteht u. E. jedoch nur, wenn diese auch als solche im internen Steuerungs- und Berichtssystem erfasst sind. Werden Intersegmenttransaktionen z. B. im leistenden Segment nicht als Erlös, sondern als Aufwandsminderung erfasst, sind sie für Zwecke der Segmentberichterstattung nicht als Innenumsatzerlöse darzustellen.

84 Zinserträge und -aufwendungen sind separat voneinander auszuweisen, d. h., es findet ein **Brutto**ausweis statt. Der **Netto**wert wird nur dann gezeigt, wenn die Zinserträge den Großteil der Segmenterträge darstellen und die Beurteilung und Ressourcenallokation der Segmente primär auf Basis des Nettowerts erfolgt.

Beispiel 23
Der Q-Konzern hat drei Geschäftssegmente „S1" bis „S3", wobei „S3" ein Segment mit überwiegend finanzieller Tätigkeit ist, für das sich folgende Finanzdaten ergeben:

Zinserträge	150	Zinsaufwendungen	90
andere Erlöse	70	andere Aufwendungen	50

Das Segment steuert nach dem Betriebsergebnis, Erträge und Aufwendungen entfallen komplett auf Transaktionen mit Unternehmensfremden. In Abhängigkeit davon, ob hier eine Saldierung der Zinserträge und -aufwendungen vorgenommen werden kann, ergibt sich für „S3" folgender Ausweis:

	keine Saldierung	Saldierung
Außenerlöse	220	130
Innenerlöse	0	0
Segmenterlöse	220	130
Segmentergebnis	80	80

Die **Segmentabschreibungen und -wertminderungen**, sofern berichtspflichtig, sind als Folge der konsequenten Umsetzung des *management approach* nicht zwingend an das selbe Mengengerüst anzupassen, das auch dem Segmentvermögen zugrunde liegt (Rz 96). Abschreibungen *(depreciation)* umfassen dabei die planmäßigen bei materiellen Vermögensgegenständen, während Wertminderungen *(amortisation)* planmäßige Wertverluste bei immateriellem Vermögen darstellen. Für außerplanmäßige Abschreibungen existieren zusätzlich gesonderte Angabepflichten (Rz 88). 85

Die Pflicht zur gesonderten Angabe von Segmentabschreibungen und -wertminderungen wegen einer Einbeziehung in die Segmentergebnisgröße betrifft u. E. nur die Abschreibungen, die unmittelbar auf Segmentebene identifizierbar sind. Abschreibungen, die als Teil weitergehender Umlagen auf die Segmente verteilt werden, müssen deshalb nicht in die abzugebende Segmentabschreibungsgröße einbezogen werden. In einem Unternehmen werden z. B die EDV-Kosten insgesamt per Umlage auf die Segmente verteilt; damit fallen die in dieser Umlage enthaltenen Abschreibungen nicht unter die Pflichtangabe der Segmentabschreibungen. 86

Insbesondere bei Verwendung **zahlungsstromorientierter** Segmentergebnisgrößen ist meist mit einem Ausweis der Segmentabschreibungen zu rechnen, da diese regelmäßig Bestandteil der Ermittlung verschiedener *Cashflow*-Größen sind.[17] 87

Die **außerplanmäßigen** Abschreibungen *(impairment losses)* und Wertaufholungszuschreibungen nach IAS 36 (→ § 11 Rz 227) sind wie folgt anzugeben: 88
- der Gesamtbetrag je Berichtssegment (IAS 36.129),
- die Zugehörigkeit zum jeweiligen Segment des ab- oder zugeschriebenen Vermögenswertes einschließlich *Goodwill*.

Die Regelungen des IAS 36 zum *Goodwill Impairment* (→ § 11 Rz 138 ff.) können aber auch selbstständige Berichtspflichten gem. IFRS 8 nach sich ziehen, 89
- da IAS 36.130 Angaben zu wesentlichen außerplanmäßigen Abschreibungen nach *Cash Generating Units* und Art des betroffenen Vermögenswerts verlangt (→ § 11 Rz 230) und
- wesentliche *Goodwill*-Abschreibungen auch unter die bedingte Pflicht zur Segmentierung wesentlicher Aufwands- und Ertragsgrößen nach IFRS 8.23(f) (Rz 90) fallen, sofern eine regelmäßige Berichterstattung an den CODM erfolgt.

Zu einer Zuordnung der *Goodwill*-Abschreibungen zu den Segmenten speziell für den Zweck dieser externen Berichtspflicht kommt es jedoch nicht, da nach IAS 36.80 *Goodwills* für *Impairment*-Test-Zwecke auf die niedrigste Ebene von *Cash-Generating-Unit*-Gruppen herunterzubrechen sind, auf der *Goodwills* für

---

[17] Vgl. so auch zur Entwurfsfassung des IFRS 8 ALVAREZ/BÜTTNER, KoR 2006, S. 315.

interne Managementzwecke überwacht werden, gleichzeitig die Zuordnungsebene aber nicht größer als ein operatives Segment nach IFRS 8 sein darf (→ § 11 Rz 144). Dabei ist eine Überwachung für Managementzwecke einerseits und eine Berichterstattung an den CODM andererseits nicht zwingend identisch.

90 Einzubeziehen sind zudem **wesentliche Aufwands- und Ertragsgrößen**, die im Zusammenhang mit IAS 1.97 offenzulegen sind (→ § 2 Rz 75). Umstände, die i.S.d. IAS 1.97 zu einer gesonderten Angabe von Ertrags- und Aufwandsposten führen, können bspw. sein:
- außerplanmäßige Abschreibung der Vorräte auf den Nettoveräußerungswert oder der Sachanlagen auf den erzielbaren Betrag sowie die Wertaufholung außerplanmäßiger Abschreibungen;
- eine Restrukturierung der Tätigkeiten eines Unternehmens und die Auflösung von Rückstellungen für Restrukturierungsaufwand;
- Abgang von Posten der Sachanlagen;
- Veräußerung von Finanzanlagen;
- aufgegebene Geschäftsbereiche;
- Beendigung von Rechtsstreitigkeiten; und
- sonstige Auflösungen von Rückstellungen.

91 Die anteiligen Ergebnisse von *at equity* bewerteten Beteiligungen (→ § 33) müssen angegeben werden, sofern die Bedingungen für die Berichtspflicht (Rz 70f.) erfüllt sind. Selbiges gilt für Aufwendungen und Erträge aus Ertragsteuern.

92 Die Angabe wesentlicher **zahlungsunwirksamer Aufwendungen und Erträge** hat, im Falle des Ausweises, ohne Abschreibungen und Wertminderungen stattzufinden, da diese ggf. bereits als eigenständige Position in der Segmentberichterstattung ausweispflichtig sind. IFRS 8 macht keine Aussage darüber, ob der Ausweis hier brutto oder netto zu erfolgen hat, allerdings ist i.S.d. Entscheidungsnützlichkeit der Informationen von einem **unsaldierten** Ausweis der Größen auszugehen. Die bedeutsamste Komponente der nicht zahlungswirksamen Aufwendungen dürfte i.d.R. die Zuführung zu den **Rückstellungen** sein.

93 Zu berücksichtigen sind nur Aufwendungen der Berichtsperiode, die in **derselben Periode nicht zu Auszahlungen** geführt haben. Nicht einzubeziehen sind damit solche Aufwendungen, die zwar im Entstehungszeitraum keine Auszahlungen mit sich bringen, jedoch vor Ende der Berichtsperiode zu Auszahlungen führen.

94 Einzubeziehen sind allein die **wesentlichen** Aufwendungen und Erträge. Der Begriff der Wesentlichkeit *(materiality)* entspricht weitestgehend dem im Rahmenkonzept verwendeten (→ § 1 Rz 63ff.). Dem *Management Approach* folgend, wird die letztendliche Entscheidung über die Wesentlichkeit und somit die Berichtspflicht dieser Größen jedoch dem Management überlassen. Es sind hier also die im Unternehmen auch sonst verwendeten Wesentlichkeitskriterien anzuwenden. Sollten die zahlungsunwirksamen Aufwendungen und Erträge im internen Berichtswesen nicht gesondert identifizierbar sein, kann davon ausgegangen werden, dass sie für das Management keine wesentliche Information darstellen und damit auch nicht wesentlich i.S.d. IFRS 8 sind.

95 Eine Angabepflicht für segmentierte *Cashflows* besteht nach IFRS 8 nicht. Die Empfehlung des IAS 7.50 (d) (→ § 3 Rz 53) zum Ausweis von *Cashflows* auf Segmentbasis wird dadurch jedoch nicht eingeschränkt. Eine Regel zur Befreiung

von der Angabepflicht anderer segmentierter Angaben (z. B. Abschreibungen) im Falle der freiwilligen Angabe derartiger *Cashflow*-Größen existiert nach IFRS 8 nicht.[18]

4.2.3.2 Bedingte Angabepflicht des Segmentvermögens

IFRS 8.23f. regeln auch die bedingte Pflicht zur Angabe des Segment**vermögens**. 96
Gem. dem *Management Approach* ist die Abgrenzung der zum Segmentvermögen zählenden Komponenten in Analogie mit der im internen Steuerungs- und Berichtswesen verwendeten Vermögensgröße zu wählen. SFAS 131 als US-Pendant zu IFRS 8 verlangt einen Ausweis des Segmentvermögens nach allgemeiner Auslegung nur dann, wenn die Berichterstattung darüber an den CODM regelmäßig erfolgt. Diese Vorgehensweise schien IFRS 8.BC35 in seiner ursprünglichen Fassung nicht zuzulassen. Dem widersprach allerdings der IASB bereits im Dezember 2007:[19] Eine Abweichung von SFAS 131 sei nicht geplant gewesen. Eine klarstellende Änderung des Regelungswortlauts von IFRS 8 sei deshalb eigentlich nicht erforderlich. Gleichwohl hat der IASB mit dem *Annual Improvements Project* 2009 die explizite Klarstellung dieses Sachverhalts sowohl im Standard selbst (IFRS 8.23) als auch in der *Basis for Conclusions* (IFRS 8.BC35) vorgenommen.[20] Angaben zum Segmentvermögen sind nach der Neuformulierung von IFRS 8.23 nur bei regelmäßiger Berichterstattung an den CODM verpflichtend. Ein Vorliegen von Informationen zum Segmentvermögen im Unternehmen (z. B. zum Zweck des Werthaltigkeitstests für den Geschäfts- oder Firmenwert) allein führt nicht zu einer Angabepflicht, wenn die Daten nicht oder nur unregelmäßig an den CODM berichtet werden (Rz 79).

Auf dieser Grundlage hat sich das *IFRS Interpretations Committee* mit der 97
Auswirkung dieser Klarstellung auf die Segmentberichterstattung im **Zwischenbericht** befasst. Dabei ging es um die Interpretation von IAS 34.16 (g) (→ § 37 Rz 40). Dieser Hinweis in der Zwischenberichterstattung erfordert dem *Committee* zufolge keine Angabe für das Segmentvermögen im Zwischenbericht, wenn diese Größe nicht an den CODM berichtet wird. Der Zwischenbericht sehe zwar lediglich eine Berichterstattung zu wesentlichen Änderungen der Jahresabschlussinformationen vor. Da die Angabe des Segmentvermögens nach IFRS 8 lediglich eine bedingte Pflicht darstelle, wäre dieses in der Konsequenz nicht unbedingt im Zwischenbericht offenzulegen. Der IASB griff diesen Sachverhalt mit einer klarstellenden Änderung des IAS 34 im Zuge der *Annual Improvements to IFRSs 2009–2011* auf. Danach sind Informationen zu Segmentvermögen und -verbindlichkeiten nur dann auch im Zwischenbericht verpflichtend anzugeben, wenn diese regelmäßig an den CODM berichtet werden und sich gegenüber dem letzten Jahresabschluss wesentliche Änderungen für dieses Segment ergeben haben (→ § 37 Rz 40).

Ähnlich den bedingten Angabepflichten zum Segmentergebnis spezifiziert IFRS 8 98
in Bezug auf das Segmentvermögen die ggf. auszuweisende Größe nicht weiter, sondern fordert nur den Ausweis des **intern definierten** Segmentvermögens *(a measure of total assets;* IFRS 8.23), falls dieses regelmäßig an den CODM berichtet

---

[18] Vgl. Fink/Ulbrich, DB 2007, S. 983.
[19] Vgl. IASB, Update Dezember 2007, S. 2.
[20] Vgl. Semjonow, KoR 2009, S. 483.

wird. Dabei handelt es sich um die Vermögensgröße, auf Basis derer der CODM (Rz 25) seine Entscheidungen hinsichtlich der Segmente fällt. Will ein Unternehmen freiwillig eine Vermögensgröße berichten, obwohl diese im internen Berichtswesen nicht vorliegt, so kann das Unternehmen u.E. die extern ggf. zu berichtende Vermögensgröße nach eigenem Gutdünken ermitteln. Voraussetzung ist lediglich die Ermittlung auf einer vernünftigen Grundlage. Das Nichtvorliegen im internen Berichtswesen sollte in diesem Fall jedoch angegeben werden.

99 Bezüglich der Definition des Segmentvermögens weicht IFRS 8 von SFAS 131 ab. Der FASB geht in seiner *Guidance on Applying Statement 131* von *long-lived Assets* aus, die regelmäßig dem Sachanlagevermögen zuzuordnen sind. Demgegenüber gebraucht IFRS 8 hier den Begriff der *non-current Assets*, der explizit auch **immaterielles** Vermögen umfasst. Im Rahmen des Segmentvermögens ist aus Risikogesichtspunkten also weithin von einer direkten oder anteiligen Zuordnung materieller und immaterieller Vermögenswerte auszugehen, da sich z.B. regionale Risiken aufgrund der oftmals starken Standortbindung auch in hohem Maß auf immaterielle Vermögenswerte auswirken.[21] Allerdings lässt der *Management Approach* auch die Verwendung auf die spezifischen Sachverhalte des Unternehmens angepasster Größen zu.

100 Werden im internen Steuerungs- und Berichtswesen **mehrere unterschiedliche** Vermögensgrößen verwendet und an den CODM berichtet, ist nach IFRS 8.26 diejenige berichtspflichtig, die nach Ansicht des Managements in Bezug auf die zugrunde liegenden Ermittlungsgrundsätze am ehesten den jeweiligen Beträgen im (Konzern-)Abschluss entspricht.

101 Der Ausweis des Segmentvermögens muss nur in **einer Summe** erfolgen. Aufgliederungen in materielles und immaterielles Vermögen sind nach IFRS 8.BC57 nicht erforderlich. Allerdings wird den Unternehmen die Bildung von Zwischensummen freigestellt, was international jedoch eher unüblich ist.[22]

102 In Abhängigkeit von der verwendeten Vermögensgröße kann auch eine bedingte Berichtpflicht für bestimmte Vermögenskomponenten bestehen, sofern diese eine Bestimmungsgröße des Segmentvermögens darstellen oder regelmäßig dem CODM vorgelegt werden (Rz 103).

103 Neben der bedingt anzugebenden Vermögensgröße (Rz 96) sind folgende Daten offenzulegen, sofern sie in der angegebenen Segmentvermögensgröße enthalten sind oder regelmäßig dem CODM (Rz 25) vorgelegt werden:
- Buchwerte von *at equity* konsolidierten Beteiligungen,
- Investitionen in das langfristige Segmentvermögen.

4.2.3.3 Bedingte Angabepflicht der Segmentschulden

104 Ebenfalls angabepflichtig sind die Segmentschulden (IFRS 8.23), dies jedoch nur, soweit die Angabe regelmäßig dem CODM vorgelegt wird. In diesem Punkt unterscheidet sich IFRS 8 von seinem US-amerikanischen Pendant, dem SFAS 131, der für Segmentschulden auch keine bedingte Angabepflicht definiert.

105 Je nach im internen Steuerungs- und Berichtswesen gewählter Abgrenzung, können zu den Segmentschulden gleichermaßen **Verbindlichkeiten** wie **Rückstellungen** (→ § 21) gehören. Eine symmetrische Zurechnung von **Zinsaufwen**

---

[21] Vgl. FINK/ULBRICH, KoR 2006, S. 238.
[22] Vgl. jedoch mit Bezug auf IAS 14, HALLER, in: BAETGE u.a., Rechnungslegung nach IAS, 2. Tz 122.

dungen und **Verbindlichkeiten** zu den Segmenten hat nicht zwingend zu erfolgen. Sind daher im Segmentergebnis Zinsaufwendungen berücksichtigt (Rz 77), müssen die zugehörigen Verbindlichkeiten nicht unbedingt in den Segmentschulden desselben Segments enthalten sein. Allerdings ist auch hier der Grundsatz der vernünftigen Zuordnung *(reasonable basis*; Rz 65) zu unterstellen. Die Segmentschulden müssen gem. IFRS 8.23 nur in einer **Summe** angegeben werden. Aufteilungen in Verbindlichkeiten und Rückstellungen oder in langfristige und kurzfristige Schulden sind nicht erforderlich.

106

4.2.4 Überleitungsrechnung

Gem. dem *Management Approach* sind alle anzugebenden Werte entsprechend der Vorgehensweise des internen Berichtswesens zu ermitteln, auch wenn dies zu nicht IFRS-konformen Wertmaßstäben oder asymmetrischen Zurechnungen führt. Das **interne** Berichtswesen wird nach IFRS 8.28 verlassen, wenn in Gestalt einer **Überleitungsrechnung** *(reconciliation)* die **Brücke** zum Bilanz- und GuV-Ausweis geschlagen wird.[23]

107

Aufgrund der Verwendung des internen Steuerungs- und Berichtswesens als Grundlage für die externe Berichterstattung und der daraus resultierenden **unterschiedlichen** Ermittlungsmöglichkeiten für die Segmentdaten entsprechen die Summen der segmentierten Daten (zumeist) nicht den im (Konzern-)Abschluss ausgewiesenen aggregierten Werten:

- Den Segmentdaten können vom (Konzern-)Abschluss **abweichende** Bilanzierungs- und Bewertungsmethoden zugrunde liegen, die im internen Steuerungs- und Berichtswesen Anwendung finden (Rz 62).
- Die Segmentdaten berücksichtigen **intersegmentäre** Transaktionen, die in den konsolidierten Abschlusswerten eliminiert sind.
- Die Segmentdaten enthalten nicht diejenigen Beträge, die den Segmenten **nicht zugerechnet** werden.
- Auf die Einbeziehung **unwesentlicher** Segmente in die Segmentberichterstattung kann verzichtet werden (Rz 40). Bei Wahl dieser Behandlungsalternative sind die Daten der betroffenen Segmente in die Überleitung einzubeziehen.

Um den fehlenden Zusammenhang zwischen den Segmentdaten und den aggregierten Daten des (Konzern-)Abschlusses herzustellen, verlangt IFRS 8.28 eine Überleitung der Summe der Segmentdaten auf die entsprechenden Konzernwerte. Derartige **Überleitungsrechnungen** *(reconciliation)* müssen jedoch nicht für alle Segmentinformationen ausgewiesen werden.

108

Überzuleiten ist

- von den kumulierten Erträgen der Segmente auf den Unternehmens**ertrag**,
- der Saldo aus Segmentgewinnen und Segmentverlusten vor Steuereinflüssen und anderen Sondereinflüssen auf das **Abschlussergebnis**,
- das **Vermögen** der Segmente auf das im Abschluss ausgewiesene Vermögen sowie
- von den **Schulden** der Segmente auf die im Abschluss ausgewiesenen Schulden.

Die Überleitung des Segmentvermögens und der Segmentschulden hat allerdings nur dann zu erfolgen, wenn diese Größen gem. IFRS 8.23 intern berichtet

---

[23] Vgl. ZÜLCH/BURGHARDT, PiR 2007.

werden. Zudem sind weitere im Segmentbericht ausgewiesene **wesentliche Posten** (IFRS 8.28, IFRS 8.IG4) überzuleiten.

109 Die Überleitung des Segmentergebnisses **vor** Steuern und anderen Sondereinflüssen kann zugunsten einer Größe **nach** Steuern und/oder Sondereinflüssen abgelöst werden, falls als internes Segmentergebnis eine Größe nach Steuern und/oder Sondereinflüssen definiert ist.

> **Beispiel 24**
> Die E.On AG verwendet zur internen Steuerung das EBITDA. Dieses stellt ein um außergewöhnliche Effekte bereinigtes Ergebnis vor planmäßigen Abschreibungen, Wertaufholungen und *Impairments* sowie Zinsen und Steuern dar. Neben verschiedenen verbalen Beschreibungen weist die E.On AG in ihrem Konzernabschluss 2013 folgende quantitative Überleitung des EBITDA auf den Konzernüberschuss aus:

in Mio. EUR	2013	2012
EBITDA	**9.315**	**10.771**
Planmäßige Abschreibung	−3.534	−3.544
Impairments (−)/Wertaufholungen (+)	−100	−215
EBIT	**5.681**	**7.012**
Wirtschaftliches Zinsergebnis	−1.823	−1.329
Netto-Buchgewinne/-verluste	1.998	322
Aufwendungen für Restrukturierung/Kostenmanagement	−182	−230
Aufwendungen für Restrukturierung E.ON 2.0	−373	−388
Impairments (−)/Wertaufholungen (+)	−1.643	−1.688
Sonstiges nicht operatives Ergebnis	−452	−425
Ergebnis aus fortgeführten Aktivitäten vor Steuern	**3.206**	**3.274**
Steuern vom Einkommen und vom Ertrag	−703	−698
Ergebnis aus fortgeführten Aktivitäten	**2.503**	**2.576**
Ergebnis aus nicht fortgeführten Aktivitäten	7	37
Konzernüberschuss	**2.510**	**2.613**
Anteil der Gesellschafter der E.On SE	*2.142*	*2.189*
Anteile ohne beherrschenden Einfluss	*368*	*424*

110 Im Zuge der Überleitungsrechnung sind alle wesentlichen Überleitungsbestandteile **separat** zu identifizieren und überzuleiten. So sind bspw. alle Anpassungen, die nötig sind um das Segmentergebnis auf das Abschlussergebnis überzuleiten, einzeln zu identifizieren und überzuleiten.

111 Segmentierte Daten von Unternehmensteilbereichen oder Segmenten, die nicht der Berichtspflicht unterliegen, sind separat in der Kategorie „*all other*" (Rz 53) auszuweisen, d.h. getrennt von den anderen Überleitungsgrößen. Die Quellen der Erträge des „*all other*"-Sammelsegments sind zu beschreiben.

112 Eine im Rahmen der Kommentierungsfrist zu ED 8 teilweise angemahnte **zusätzliche** Überleitung der kumulierten, nach internen Bilanzierungs- und Bewertungsgrundsätzen ermittelten Segmentgrößen auf die analogen, jedoch nach den Bilanzierungs- und Bewertungsmethoden des (Konzern-)Abschlusses

ermittelten Größen würde nach Ansicht des IASB zur Notwendigkeit einer Erstellung zweier separater Segmentberichte führen und wurde u. a. aus Kosten-Nutzen-Gesichtspunkten abgelehnt (IFRS 8.BC42).

4.2.5 Anpassung der Segmentdaten

Ändert sich die **interne** Organisationsstruktur eines Unternehmens auf eine Art und Weise, die Auswirkung auf das interne Berichtswesen und damit auf die Segmentzusammensetzung hat, muss die Segmentberichterstattung ebenfalls angepasst werden. 113
Dabei sind auch die **Vorjahreswerte** gem. der neuen Segmentabgrenzung offen zu legen (IFRS 8.29). Liegen dem Unternehmen entsprechende Informationen nicht vor und ist deren Beschaffung nur zu unverhältnismäßigen Kosten möglich, kann eine Offenlegung unterbleiben. Die Prüfung des Nichtvorliegens und der Unverhältnismäßigkeit der Kosten hat für jede auszuweisende Größe einzeln zu erfolgen. 114
Für den Fall einer nicht durchgeführten Anpassung der Vorjahreswerte ist dies im Anhang anzugeben. Außerdem hat das Unternehmen in diesem Fall für das Jahr der Umstellung die Segmentdaten sowohl in der neuen als auch in der alten Segmentstruktur anzugeben, sofern dies nicht ebenfalls unverhältnismäßig ist. 115
Sind die Auswirkungen einer Änderung der internen Organisationsstruktur auf das interne Berichtswesen unwesentlich, kann u. E. nach dem allgemeinen Wesentlichkeitsgrundsatz eine Anpassung der Vorjahreswerte bzw. eine parallele Darstellung in neuer und alter Segmentstruktur unterbleiben. 116

Beispiel 25
Die R-AG hat im Geschäftsjahr 20X1 eine interne Restrukturierung durchgeführt, die die interne Organisationsstruktur und somit die Segmentzusammensetzung zum 31.12.20X1 verändert. Eine Anpassung der Vorjahreswerte ist aufgrund der spezifischen Gegebenheiten der R-AG nicht möglich. Im (Konzern-)Abschluss 20X1 weist die R-AG demnach für das Jahr 20X0 Segmentdaten aus, die gem. der Segmentzusammensetzung von 20X0 ermittelt wurden, für 20X1 sind die Daten hingegen sowohl nach der für 20X0 als auch für der zum Bilanzstichtag 20X1 gültigen Segmentzusammensetzung darzustellen. Im (Konzern-)Abschluss des Folgejahres sind dann sowohl die Daten für 20X1 als auch für 20X2 nach beiden Zusammensetzungsmöglichkeiten abzubilden.

4.2.6 Erläuternde Angabepflichten zu den Segmentdaten

4.2.6.1 Der Erläuterungsbedarf

Aufgrund der Umsetzung des *Management Approach* bei der Ermittlung der Segmentdaten ist die Verständlichkeit der Segmentberichterstattung für den Adressaten eingeschränkt. Dies resultiert daraus, dass hierbei keine standardisierten Vorgaben zur Datenermittlung bestehen und durch den Rückgriff auf das interne Rechnungswesen teilweise auch nicht IFRS-konforme Daten Eingang in die Berichterstattung finden. Aus diesem Grund verlangt IFRS 8.27 die Bereitstellung verschiedener Erläuterungen zur Segmentdatenermittlung. Der IASB ist der Ansicht, dass durch derartige Erläuterungen i.V.m. der Überleitung der 117

Segmentdaten auf Abschlussgrößen ein angemessenes Verständnis der vorgenommenen Art der Datenermittlung gewährleistet ist und einer konsequenten Umsetzung des *Management Approach* nichts entgegenzusetzen ist (IFRS 8.BC25).

4.2.6.2 Angaben zu Verrechnungspreisen

118 Die Segmentberichterstattung hat nach IFRS 8.27 (a) die **Basis** der **Verrechnungspreisermittlung** darzustellen, auf deren Grundlage intersegmentäre Transaktionen durchgeführt wurden. Es genügt u.E. eine kurze Beschreibung ohne Quantifizierungen.
Als Grundlagen für Verrechnungspreise dienen in der Praxis meist (adjustierte) Marktpreise oder Kostendeckungspreise.[24]

> **Beispiel 26**
> Die Bayer AG gibt in ihrem Konzernabschluss 2013 an: „Die Verrechnungspreise für konzerninterne Umsatzerlöse werden marktorientiert festgelegt (*Arm's-Length*-Prinzip)." Auch der Konzernabschluss 2012/2013 der ThyssenKrupp AG weist aus: „Die Umsätze zwischen den Segmenten werden zu marktüblichen Verrechnungspreisen vorgenommen." Hingegen konstatiert die Lufthansa AG im Konzernabschluss 2013: „Verkäufe und Erlöse zwischen den Geschäftsfeldern werden grundsätzlich zu Preisen erbracht, wie sie auch mit Dritten vereinbart würden. Verwaltungsleistungen werden als Kostenumlagen berechnet."

4.2.6.3 Angaben zur Segmentdatenermittlung

119 Zudem sind Abweichungen der Datenermittlung für Segmentdaten von der Datenermittlung im (Konzern-)**Abschluss** für das Segmentergebnis, Segmentvermögen und die Segmentschulden angabepflichtig (IFRS 8.27 (b)-(d)). Bezüglich des Ergebnisses ist Bezug zu nehmen auf das entsprechende Konzernergebnis vor Steuern und *discontinued Operations*. Dies umfasst Abweichungen in Bezug auf Bilanzierungs- und Bewertungsmethoden sowie die Grundsätze zur Allokation von Sachverhalten, die mehr als nur ein Segment betreffen, wenn diese für das Verständnis der ausgewiesenen Segmentdaten erforderlich sind.
120 Auf diese Angaben kann **verzichtet** werden, wenn der jeweilige Sachverhalt bereits aus der Überleitung der Segmentgröße auf die korrespondierende Abschlussgröße ersichtlich wird. Der Bezug zur Überleitungsrechnung spricht dafür, dass hierbei neben deskriptiven Ausführungen auch quantifizierte Angaben erforderlich sind.

121
> **Beispiel 27**
> Die S-AG verwendet zur internen Steuerung eine angepasste EBIT-Größe, die um Buchgewinne/-verluste aus dem Verkauf von Vermögensgegenständen und Restrukturierungsaufwendungen bereinigt ist. Dadurch können Abweichungen der Daten zum IFRS-Konzernabschluss entstehen. Die Abweichungen zur Konzerngröße werden (sofern diese noch nicht in der Überleitungsrechnung übergeleitet wurden) wie folgt dargestellt:

---

[24] Vgl. auch HALLER (Fn 4), S. 787.

in Mio.	20X1
angepasste EBIT-Größe	100
Buchgewinne aus Anlagenabgängen	+20
Buchverluste aus Anlagenabgängen	−5
Restrukturierungsaufwendungen	−60
Zinsergebnis	+70
Ergebnis der gewöhnlichen Geschäftstätigkeit	125

Außerdem sind **Änderungen** in der Art der Ermittlung des **Segmentergebnisses** gegenüber dem Vorjahr und ggf. daraus resultierende Effekte auf die Ergebnisgröße zu erläutern. 122

Schließlich sind auch die Art und mögliche Effekte aus einer **asymmetrischen Allokation** bestimmter Größen auf die berichtspflichtigen Segmente zu erläutern. 123

4.3 Segmentübergreifende Angaben

4.3.1 Durchbrechung des *Management Approach*

Um ein Minimum an zwischenbetrieblicher Vergleichbarkeit zu gewährleisten, definieren IFRS 8.31ff. zusätzliche Angabepflichten, sog. segmentübergreifende Angaben *(entity-wide disclosures)*. Dabei handelt es sich um Ausweiserfordernisse, die nach folgenden Kriterien segmentiert darzustellen sind: 124
- Produkte und Dienstleistungen (IFRS 8.32),
- geografische Teilbereiche (IFRS 8.33), und
- wesentliche Kunden (IFRS 8.34).

Die Angabepflicht besteht dabei unabhängig davon, ob die jeweiligen Daten dem CODM (Rz 23) für Steuerungszwecke zur Verfügung stehen bzw. regelmäßig berichtet werden oder nicht. An dieser Stelle **durchbricht** IFRS 8 die konsequente Umsetzung des *Management Approach*, da hieraus ggf. eine Berichtspflicht für Informationen resultiert, die nicht zwingend bereits für interne Steuerungs- und Berichtszwecke generiert wurden.

Auch bei den für die segmentübergreifende Angabe zugrunde gelegten **Bilanzierungs- und Bewertungsmethoden** wird die konsequente Umsetzung des *Management Approach* durchbrochen: Für die Datenermittlung sind die Bilanzierungs- und Bewertungsmethoden heranzuziehen, die auch zur Ermittlung der Daten im Rahmen des **(Konzern-)Abschlusses** verwendet werden. Eine **Einschränkung** der Berichtspflicht besteht hier, wenn die Beschaffung der Daten nicht oder nur zu **unverhältnismäßig** hohen Kosten möglich ist. In diesem Fall ist auf den Sachverhalt hinzuweisen. 125

Die Pflicht zur Anwendung der Bilanzierungs- und Bewertungsmethoden, die auch zur Ermittlung der Daten im Rahmen des (Konzern-)Abschlusses verwendet werden, umfasst u.E. auch das Stetigkeitsgebot. Daher können z.B. Änderungen im internen Berichtswesen nur dann in der externen Berichterstattung der segmentübergreifenden Angaben nachvollzogen werden, wenn sie sowohl konform sind mit den im (Konzern-)Abschluss verwendeten Methoden als auch die Anforderungen an einen Methodenwechsel in IAS 8.14ff. erfüllen. 126

127 Die unternehmensweiten Angabepflichten können **entfallen**, sofern sie bereits im eigentlichen Segmentbericht enthalten sind. Umgekehrt sind die Angaben auch bei **Ein**-Segment-Unternehmen zu machen oder wenn eine entsprechende **interne** Organisationsstruktur **nicht** vorliegt (IFRS 8.31), d. h. der Segmentabgrenzung andere als die genannten Abgrenzungskriterien zugrunde liegen.

> **Beispiel 28**
> Das Berichtswesen des T-Konzerns grenzt intern und extern die Segmente 1 bis 3 nach juristischen Einheiten ab. Im internen Berichtswesen werden verschiedene Werte ermittelt, die von den im Konzernabschluss angewendeten Bilanzierungs- und Bewertungsmethoden abweichen (z. b. Verrechnung kalkulatorischer Abschreibungen, abweichende Verbrauchsfolgeverfahren). Für die segmentübergreifenden Angaben hat eine Neuermittlung der Daten abgegrenzt nach Produkten/Dienstleistungen, Regionen und wesentlichen Kunden sowie in Analogie mit den Bilanzierungs- und Bewertungsmethoden des Konzernabschlusses zu erfolgen, da den segmentübergreifenden Angaben die Ermittlungsmethoden des Konzernabschlusses zugrunde zu legen sind.

4.3.2 Angaben zu Produkten/Dienstleistungen

128 Segment**umsätze** mit **externen** Kunden sind nach **Produktgruppen und Dienstleistungen** gegliedert darzustellen. Als Basis für deren Ermittlung dienen die Bilanzierungs- und Bewertungsmethoden des (Konzern-)Abschlusses. Die Berichtspflicht entfällt, falls diese Daten bereits im Rahmen der Berichterstattung zu den operativen Segmenten offengelegt wurden oder nicht bzw. nur mit unzumutbarem Aufwand erlangt werden können (IFRS 8.32). Ebenso kann von einem Wegfall der Berichtspflicht ausgegangen werden, wenn bereits die Gewinn- und Verlustrechnung eine entsprechende Aufgliederung der Umsatzerlöse enthält.

4.3.3 Angaben zu geografischen Regionen

129 Auch zu **geografischen** Regionen sind segmentübergreifende Angabepflichten definiert, sofern diese nicht bereits im Rahmen der Berichterstattung zu den operativen Segmenten offengelegt wurden oder nicht bzw. nur mit unzumutbarem Aufwand erlangt werden können (IFRS 8.33). Diese segmentübergreifenden Angabepflichten zu geografischen Regionen bestehen insbesondere im Interesse der Einsichtnahme der Adressaten in die zugrunde liegende **Risikokonzentration** (IFRS 8.BC52 i. V. m. SFAS 131.104).

130 So ist der **externe Umsatz** mindestens getrennt nach Land des Unternehmenssitzes sowie dem Rest der Welt aufzuführen. Dabei wird nicht vorgegeben, ob diese Segmentierung nach dem Sitz des Kunden oder nach dem Sitz der verkaufenden Einheit des berichtenden Unternehmens erfolgen muss. IFRS 8.33(a) verlangt lediglich eine Angabe der **Basis** für die Zurechnung der Umsätze. Möglich ist damit insbesondere eine Segmentierung auf Basis des Sitzes
- der vertragsschließenden Konzerngesellschaft sowie
- des Kunden.

Bei einer Segmentierung nach dem Sitz des Kunden ist möglicherweise nach der Rechnungs- oder der Lieferadresse zu differenzieren. Eine derartige Unterscheidung kann notwendig werden, wenn bspw. die Lieferung an ein Tochterunternehmen des Kunden in einem beliebigen Land der Welt erfolgt, die Rechnung jedoch an das Mutterunternehmen in Deutschland gestellt wird. Die Zurechnung der Umsätze fällt dabei unter das in Rz 126 besprochene Stetigkeitsgebot.

Die **Grundlage** für die **Zuordnung** von Umsätzen zu den **einzelnen Ländern** muss erläutert werden. Umsätze mit einzelnen Ländern außerhalb des Heimatlands sind zusätzlich gesondert anzugeben, sofern diese wesentlich sind. Dabei spricht IFRS 8.33 (a) explizit von der Zuordnung auf Ebene einzelner Länder *(countries)*, eine Zuordnung zu supranationalen Regionen (z. B. Benelux-Staaten) oder Staatenverbänden (z. B. Europäische Union) erfüllt die mit dem Kriterium der Wesentlichkeit verbundenen Ausweiserfordernisse demnach nicht. Dies ist gerade deshalb sinnvoll, weil einzelne Länder in diesen länderübergreifenden Regionen durchaus unterschiedliche Entwicklungen durchleben können. So weisen osteuropäische Staaten bspw. andere Wachstumserwartungen auf als Länder im westeuropäischen Raum, obwohl diese geografisch als Region „Europa" zusammengefasst werden können. Allerdings ist die Verwendung von Zwischensummen zur Aggregation einzelner Länder zu supranationalen Regionen oder Staatenverbänden erlaubt.

131

IFRS 8 macht keine Aussagen dazu, wann die Umsätze mit einem **einzelnen Land wesentlich** sind. Die Angabepflicht zu Umsätzen mit wesentlichen **Kunden** in IFRS 8.34 (Rz 134) verwendet eine fixe 10-%-Hürde, ab der eine Angabepflicht eintritt. Das Fehlen einer solchen fixen Schwelle für die Wesentlichkeit der Umsätze in einem einzelnen Land beweist jedoch gerade das Fehlen einer solchen Schwelle. U. E. kann daher zwar auch bei der Abgrenzung wesentlicher Länder eine Schwelle von 10 % der Gesamtumsätze verwendet werden. Gleichwohl können im individuellen Fall **qualitative** Faktoren vorliegen, wodurch ein Land trotz eines geringeren Umsatzanteils wesentlich oder ein Land trotz eines höheren Umsatzanteils unwesentlich sein kann.

132

Des Weiteren verlangt IFRS 8.33 (b) den Ausweis des **langfristigen Vermögens nach Regionen**. Dabei werden Finanzinstrumente, latente Steuern, Vermögenswerte aus Pensionierungsplänen und bilanzierte Ansprüche aus Versicherungsverträgen explizit ausgenommen. Ebenso wie bei den regional zu berichtenden Umsätzen ist die Vermögensgröße getrennt nach Sitzland und dem Rest der Welt aufzuführen, die Grundlagen der Zuordnung sind zu erläutern und Länder mit wesentlichem langfristigem Vermögen sind einzeln auszuweisen. Auch hier greift die allgemeine Vorgabe in IAS 1.31, wonach unwesentliche Angaben nicht zu machen sind (→ § 1 Rz 62). Sollten daher das langfristige Vermögen insgesamt oder seine regionale Aufteilung eine unwesentliche Information darstellen (was z. B. bei Dienstleistungsunternehmen der Fall sein kann), muss die Angabe zur regionalen Aufteilung nicht gemacht werden.

133

4.3.4 Angaben zu wesentlichen Kunden

IFRS 8.34 definiert die Angabepflichten zu **wesentlichen Kunden** *(major customers)*. Als solche sind diejenigen anzusehen, mit denen das Unternehmen mindestens 10 % seiner gesamten externen Umsatzerlöse generiert. Damit soll dem Adressaten eine Einschätzung der **Abhängigkeit** des Unternehmens von einzelnen Großkunden ermöglicht werden.

134

135 Beim Überschreiten der 10-%-Grenze besteht für das Unternehmen eine Offenlegungspflicht sowohl für den mit dem jeweiligen Kunden erzielten Betrag und das Segment/die Segmente, in denen dieser berichtet wird. Der Kunde selbst muss – anders als nach den Vorschriften der SEC – nicht genannt werden. Auch ist eine Aufgliederung dieses Umsatzes mit einem wesentlichen Kunden auf die berichtenden Segmente nicht erforderlich.

136 Verschiedene Unternehmen, die zu demselben **Konzern** gehören, gelten für die Belange des IFRS 8.34 als **ein Kunde**. Selbiges gilt für Regierungen bzw. Behörden und Unternehmen, die dieser jeweiligen Regierung bzw. Behörde unterstehen. Auch sie sind als ein Kunde zu behandeln. Damit wird für Unternehmen unter staatlicher Kontrolle dieselbe Behandlung wie für privatwirtschaftliche Unternehmen geregelt (IFRS 8.34 i. V. m. IFRS 8.BC58).

137 Angesichts der konkreten 10 %-Schwelle in IFRS 8.34 wird man kaum bei einem Kunden mit einem Umsatzanteil von mehr als 10 % auf die entsprechenden Angaben aus Wesentlichkeitsgründen verzichten können. Vielmehr ist in solchen Fällen die Wesentlichkeit gegeben.

5 Formelle Anforderungen an die Berichterstattung

138 Die Segmentberichterstattung ist zwingender Bestandteil des (Konzern-)Abschlusses (F.2 und F.21). Sie ist innerhalb des **Anhangs** darzustellen.

139 Form- und Gliederungsvorschriften enthält IFRS 8 nicht. Allerdings ist sinnvollerweise von einer Darstellung in **tabellarischer** Form auszugehen.[25] Für die Darstellung gilt der Stetigkeitsgrundsatz gem. IAS 1.27.

6 Anwendungszeitpunkt, Rechtsentwicklung

140 IFRS 8 hat mit zwingender Anwendung auf Geschäftsjahre, die nach dem 31.12.2008 beginnen, und möglicher früherer Anwendung seinen Vorgänger IAS 14 **abgelöst**. Am 21.11.2007 wurde IFRS 8 nach einem langwierigen *Endorsement*-Verfahren mit der Verordnung (EG) Nr. 1358/2007 schließlich von der EU verabschiedet *(endorsed)* und veröffentlicht. Die Veröffentlichung erfolgte rechtzeitig, um EU-Unternehmen eine Anwendung im Abschluss zum 31.12.2007 zu ermöglichen.

141 Im Rahmen der *Annual Improvements to IFRSs* 2010–2012 erfolgte eine Erweiterung der qualitativen Angabepflichten in IFRS 8.22 (a) zur Zusammenfassung von Segmenten (Rz 68) sowie eine Klarstellung, dass eine Überleitungsrechnung vom Segmentvermögen zum Vermögen laut Bilanz nur erfolgen muss, wenn das Segmentvermögen nach IFRS 8.23 auch angegeben wird (Rz 108).

142 Bei Verabschiedung des IFRS 8 hat der IASB eine Selbstverpflichtung zur Durchführung eines *„Post Implementation Review"* (PIR) übernommen. In dessen Rahmen erfolgt eine Überprüfung, ob sich die mit Verabschiedung des Standards verfolgten Absichten erfüllt haben. Mit dem Abschluss des PIR im Juli 2013 kam der IASB zu der Überzeugung, dass die mit der Einführung von IFRS 8 verfolgten Ziele erreicht werden konnten. So führte IFRS 8 nach den Erkenntnissen aus dem

---

[25] Vgl. jedoch mit Bezug auf IAS 14 COENENBERG, Jahresabschluss und Jahresabschlussanalyse, 20. Aufl., 2005.

PIR z.B. durch die Anwendung des *Management Approach* zu einer wirksameren Kommunikation zwischen Management und Investoren. Zudem wurde damit eine weitgehende Harmonisierung mit SFAS 131, dem US-amerikanischen Pendant zu IFRS 8, erreicht. Schließlich schätzten Ersteller von Abschlüssen die Anwendung des IFRS 8 als wenig kostenintensiv ein. Seitens der Nutzer der Segmentberichte wurde die konsequente Umsetzung des *Management Approach* dagegen nicht nur als positiv beurteilt. Zwar wurde die Vermittlung der Sichtweise des Managements auch hier teilweise als sinnvoll erachtet, jedoch wurde auch die Möglichkeit der Verschleierung bestimmter (verlustbringender) Tätigkeiten im Rahmen der Strukturierung der Segmente bemängelt. Insgesamt kam der IASB im Rahmen des PIR zu dem Schluss, dass derzeit keine Änderungen an IFRS 8 erforderlich sind.

7 Zusammenfassende Praxishinweise

- Für Unternehmen/Konzerne, deren **Wertpapiere öffentlich gehandelt** werden oder die einen solchen Handel vorbereiten, ist die Segmentberichterstattung als Bestandteil des (Konzern-)Abschlusses zwingend vorgeschrieben (Rz 5 ff.). 143
- **Operative Segmente** sind in Analogie mit der **internen Steuerung und Berichterstattung** *(Management Approach)* des Unternehmens abzugrenzen (Rz 19 ff.).
- **Vertikal** integrierte Segmente können als eigenständiges Segment abgegrenzt werden (Rz 34 ff.).
- **Unwesentliche** Segmente müssen nicht als eigenständiges Segment dargestellt werden (Rz 40).
- Die bei der Ermittlung der Segmentinformationen für die operativen Segmente angewendeten **Bilanzierungs- und Bewertungsmethoden** richten sich nach den im internen Berichtswesen angewendeten Methoden (Rz 62 ff.).
- **Als einzige quantitative** Segmentinformation unbedingt angabepflichtig ist das Segmentergebnis (Rz 73 ff.).
- Einer **bedingten Angabepflicht** unterliegen folgende Segmentdaten:
  - Segmenterträge (Rz 81 ff.),
  - Segmentabschreibungen (Rz 85 f.),
  - Segmentzinserträge/-aufwendungen (Rz 84),
  - Segmentergebnisbeiträge aus *Equity*-Beteiligungen (Rz 91),
  - wesentliche Segmenterträge/-aufwendungen (Rz 90),
  - wesentliche zahlungsunwirksame Posten (Rz 92),
  - Segmentvermögen (Rz 96 ff.)
  - Segmentschulden (Rz 104 f.),
  - Buchwerte von *Equity*-Beteiligungen (Rz 103),
  - Segmentinvestition in langfristiges Segmentvermögen (Rz 103).
- Bestimmte Segmentdaten sind auf die (Konzern-)Abschlussdaten **überzuleiten** (Rz 107 ff.).
- Aufgrund der am *Management Approach* ausgerichteten Konzeption des IFRS 8 bestehen umfangreiche **Erläuterungspflichten** zur Segmentabgrenzung und -datenermittlung (Rz 117 ff.).
- Es sind zudem bestimmte **segmentübergreifende** Angaben zu Produkten/ Dienstleistungen, Regionen und dominanten Kunden anzugeben, die in Übereinstimmung mit den Bilanzierungs- und Bewertungsmethoden des (Konzern-)Abschlusses zu ermitteln sind (Rz 124 ff.).

§ 37 ZWISCHENBERICHTERSTATTUNG (INTERIM FINANCIAL REPORTING)

Inhaltsübersicht	Rz
Vorbemerkung	
1 Zielsetzung, Regelungsinhalt und Begriffe.	1–8
1.1 Rechtliche Rahmenbedingungen	1–4
1.2 *Materiality* im Zwischenabschluss.	5–7
1.3 Strittiger Nutzen der Zwischenberichterstattung.	8
2 Umfang der Zwischenberichterstattung.	9–16
2.1 Bestandteile eines Zwischenabschlusses.	9–11
2.2 Vergleichszahlen (Vorperioden)	12–14
2.3 Ausweis – zusammengefasste Darstellung.	15–16
3 Ansatz und Bewertung	17–37
3.1 Konzeptionelle Grundlagen	17–30
3.1.1 Eigenständiger vs. integrativer Ansatz	17–21
3.1.2 Unabhängigkeit des Jahresergebnisses von der Häufigkeit der Zwischenberichterstattung.	22
3.1.3 Ergänzung des diskreten Ansatzes um integrative Elemente.	23
3.1.4 Ertragsteueraufwand.	24–30
3.2 Kasuistik häufiger Sachverhalte.	31–37
3.2.1 Jahresendvergütungen an Mitarbeiter (Boni)	31
3.2.2 Bedingte Leasingzahlung.	32
3.2.3 Vergütete Nichtarbeitszeiten.	33
3.2.4 Mengenrabatte und Ähnliches.	34
3.2.5 *Impairment*-Abschreibung und Wertaufholung.	35
3.2.6 Vereinfachte Bewertungstechniken	36
3.2.7 Änderungen von Schätzungen und Bewertungsmethode	37
4 Angaben.	38–41
5 Zwischenberichterstattung nach Börsenrecht und TUG	42–46
6 Anwendungszeitpunkt, Rechtsentwicklung	47–48
7 Zusammenfassende Praxishinweise.	49

Schrifttum: ALVAREZ, Unterjährige Erfolgsermittlung nach IFRS, PiR 2006, S. 220; BECK, Anwendung der IFRS im Rahmen der Zwischenberichterstattung nach § 40 BörsG verpflichtend?, DB 2005, S. 1477; BLOBEL/BOECKER, Beispiele zur Zwischenberichterstattung nach IAS 34, IRZ 2012, S. 179; DAHLKE, Steuerpositionen im Zwischenabschluss nach IAS 34, BB 2007, S. 1831; FREIBERG, Auswirkungen der Unternehmenssteuerreform auf Halbjahres- und Quartalsberichte, PiR 2007, S. 200; KOPATZSCHEK, IFRIC 10-Zwischenberichterstattung und Impairment, WPg 2006, S. 1504; LOITZ, Quartalsberichterstattung für Ertragsteuern nach IFRS, DStR 2006, S. 388 u. S. 439; LÜDENBACH, Mengen- und Preiskomponente bei der Zwischenberichterstattung, PiR 2/2007, S. 56; LÜDENBACH, Steueraufwand im Zwischenbericht bei Verlustvorträgen und steuerfreien Einnahmen, PiR 2008, S. 33; SCHNEIDER, Zwischenberichte, PiR 2009, S. 351.

Vorbemerkung
Die nachstehende Kommentierung bezieht sich auf IAS 34 in der aktuell geltenden Fassung. Alle bis zum 1.1.2015 ergangenen Rechtsänderungen und Interpretationen sind berücksichtigt.

1 Zielsetzung, Regelungsinhalt und Begriffe

1.1 Rechtliche Rahmenbedingungen

Die Zwischenberichterstattung will den Adressatenkreis möglichst aktuell über die Unternehmensentwicklung informieren. Ausgangspunkt ist der letzte **reguläre** Jahresabschluss (Rz 35), der durch den Zwischenbericht auf den **aktuellen** Stand gebracht werden soll *(update)*.[1] Dazu bedarf es einer Abwägung bez. der Gewichtung der Rechnungslegungsprinzipien.

Gem. dem Rahmenkonzept der IFRS hat die Berichterstattung von Unternehmen unter anderem dem Kriterium der **Relevanz** zu genügen (F.26ff.; → § 1 Rz 17). Ein wichtiges Element der Relevanz von Informationen ist deren **Aktualität** (F.43). Der daraus resultierende Verzicht auf Verlässlichkeit und Endgültigkeit wird deshalb akzeptiert (F.43 *balance between relevance and reliability*; → § 1 Rz 68). Darüber hinaus sollen den Bericht erstattenden Unternehmen auch nicht **unzumutbar** große laufende **Verpflichtungen** auferlegt werden (F.44 *balance between benefit and cost*; → § 1 Rz 68). Vor diesem Hintergrund liegt die Zielsetzung des IAS 34 zur Zwischenberichterstattung insbesondere darin, hinsichtlich des Umfangs der offenzulegenden Informationen sowie der hierbei anzuwendenden Grundsätze der Abgrenzung und Bewertung eine für die unterjährige Berichterstattung **ausgewogene** Lösung zu finden. 1

Alle nach IFRS bilanzierenden Unternehmen sind zur jährlichen Abschlusserstellung verpflichtet (IAS 1.49). Im Gegensatz dazu ergeben sich aus IAS 34 **keine unmittelbare Verpflichtung** zur Erstellung von Zwischenabschlüssen sowie keine Vorgabe hinsichtlich der Länge der einzelnen Zwischenperioden oder der zur Vorlage eines Zwischenabschlusses einzuhaltenden Fristen. Um den spezifischen Gegebenheiten einzelner Länder Rechnung zu tragen, wird in IAS 34.1 die Regelung dieser Fragen des Geltungs- und Anwendungsbereichs den **nationalen Standardsettern und Börsenplätzen** übertragen (Rz 42). Sofern von diesen jedoch die Erstellung von Zwischenabschlüssen nach IFRS gefordert wird oder falls ein Unternehmen freiwillig einen Zwischenabschluss nach IFRS erstellt, sind die Bestimmungen des IAS 34 zu beachten. Ohne solche nationalen Vorgaben befürworten *(encourage)* die IFRS bei börsennotierten Unternehmen die Vorlage zumindest eines Halbjahresberichts binnen einer Frist von 60 Tagen nach Ende der Zwischenperiode. Eine originäre Verpflichtung hierzu lässt sich aus IAS 34 aber nicht ableiten. 2

---

[1] KPMG, Insights into IFRS, 2014/2015, Tz 5.9.30.10.

3 Die **Übereinstimmung** mit den IFRS ist für jeden Zwischenbericht sowie den Jahresabschluss einzeln zu beurteilen. Wurden unterjährig Zwischenberichte nicht oder nicht nach IFRS vorgelegt, kann der Jahresabschluss dennoch nach IFRS erfolgen (IAS 34.2).

> **Beispiel**
> Ein Unternehmen plant die Umstellung der Berichterstattung auf IFRS zum 31.12.00. Da die Gesellschaft börsennotiert ist, sind unterjährig auch im Jahr 00 Quartalsberichte vorzulegen (→ § 6 Rz 20). Diese können noch nach HGB erstellt werden. Falls jedoch im Folgejahr 01 auch unterjährig nach IFRS berichtet werden soll, sind die Vergleichszahlen für das Vorjahr auch für die Quartale des Jahres 00 nach IFRS zu erstellen (Rz 12).

Ein Zwischenbericht steht nur dann mit den IFRS in Einklang, wenn **alle Bestimmungen** des **IAS 34** beachtet wurden (IAS 34.3). Darauf ist hinzuweisen (IAS 34.19).

> **Beispiel**
> Der von der X nach IFRS erstellte Zwischenbericht enthält keine Kapitalflussrechnung (→ § 3). Er darf daher nicht ohne Einschränkung als „in Einklang mit den IFRS erstellt" bezeichnet werden. Gleiches gilt z.B. bei fehlender Eigenkapitalveränderungsrechnung (→ § 2 Rz 89).

Das *Endorsement*-Problem im Zusammenhang mit der Übereinstimmungserklärung (→ § 7 Rz 8) stellt sich bei der Zwischenberichterstattung wegen des **Zeitdrucks** dem Grunde nach stärker dar als für den regulären Jahresabschluss. Generell gilt: Wenn das *Endorsement* für eine geänderte Rechnungslegungsvorschrift zwar nach Ende des Berichterstattungszeitraums, aber noch vor Verabschiedung durch den Vorstand ergangen ist, kann der Zwischenbericht als *„in accordance with IFRSs as adopted by the EU"* bezeichnet werden.
Wenn das *Endorsement* aber bis zum letztgenannten Stichtag noch nicht erfolgt ist, kann das Unternehmen zwar die Übereinstimmungserklärung nach IAS 34.19 abgeben, verstößt damit aber gegen die Vorgaben der Transparenzrichtlinie (Rz 42), derzufolge nur die von der EU übernommenen (endorsten) IFRS-Rechnungslegungsvorschriften angewandt werden dürfen. Dieser Zwiespalt ist pragmatisch zu lösen: Wenn mit einiger Wahrscheinlichkeit mit dem späteren *Endorsement* zu rechnen ist, kann ein verabschiedeter Standard bzw. eine Interpretation angewandt werden. Eine solche Wahrscheinlichkeit ist insbesondere dann gegeben, wenn eine positive Empfehlung des EFRAG *(European Financial Reporting Advisory Group)* vorliegt. Außerdem sollte u.E. in diesen Fällen eine entsprechende Anhangsangabe im Zwischenabschluss erfolgen.[2] Demgegenüber ist die Deutsche Bank AG im Zwischenabschluss zum 30.6.2007 „vorsichtiger" vorgegangen, indem sie für den Konzernabschluss die Segmentberichterstattung auf der Basis von IFRS 8 erstellt, gleichzeitig aber eine Überleitungsrechnung auf die bis dahin endorste frühere Standardregelung in IAS 14 beigefügt hat.

---

[2] Ähnlich RAHE, in: THIELE/KEITZ, VON/BRÜCKS, Internationales Bilanzrecht, IAS 34, Tz 169.

IAS 34.4 enthält die folgenden **Begriffsdefinitionen**: 4
- Eine **Zwischenperiode** (*interim period*) ist jegliche Periode, die kürzer ist als ein ganzes Geschäftsjahr. Auf die absolute Länge von Geschäftsjahr und Zwischenperiode kommt es nicht an. Für den Zeitraum der präsentierten GuV- und Gesamtergebnisrechnung ist zwischen einer **isolierten** und einer **kumulierten** Periode zu unterscheiden (Rz 12).
- Ein **Zwischenbericht** (*interim financial report*) kann sowohl ein **vollständiger** IFRS-Abschluss in Übereinstimmung mit IAS 1 (IAS 34.9) oder ein ver**kürzter** Bericht i. S. v. IAS 34 sein (Rz 9). Für die letzte Zwischenperiode eines Geschäftsjahrs (i. d. R. 2. Halbjahr oder 4. Quartal) gibt es i. d. R. keinen Zwischenbericht. Dieser wird durch den Jahresabschluss ersetzt.

Beispiel
Der Konzern K mit Bilanzstichtag 31.12. erstellt zum 30.6. einen Halbjahres-Zwischenbericht auf der Basis des IAS 34. Zum 31.3. und 30.9. veröffentlicht er Informationen, die nach den Regeln der IFRS (allgemein) bez. Ansatz und Bewertung ermittelt worden sind. Diese Informationen werden **nicht** als konform mit IAS 34 bezeichnet.
Nur der Zwischenbericht zum 30.6. kann die Zwischenperiode bestimmen. Fraglich ist die Qualifikation der Informationen zum 31.3. und 30.9. Dies kann für die Frage einer Wertaufholung nach vorgängiger *Impairment*-Abschreibung von Eigenkapitalinstrumenten von Bedeutung sein (Rz 35).

Von „Zwischenbericht" oder „Zwischenabschluss" wird untechnisch mitunter auch gesprochen, wenn für **Konsolidierungs**zwecke bei abweichenden Bilanzstichtagen im Konzern eine Konzerngesellschaft auf den Stichtag der Muttergesellschaft einen zusätzlichen Abschluss (*additional financial statement*) nach IAS 27.22 erstellen muss (→ § 32 Rz 111). Dieser „Zwischenabschluss" ist nicht mit demjenigen nach IAS 34.4 zu verwechseln.

1.2 *Materiality* im Zwischenabschluss

Sowohl für Ansatz und Bewertung als auch für den Ausweis und die erforderlichen Angaben im Anhang sind auch im Zwischenabschluss Überlegungen hinsichtlich der **Wesentlichkeit** (→ § 1 Rz 63) der betreffenden Informationen anzustellen. Darauf weist DRS 16 zu Beginn des Textes als eine Art „Generalnorm" hin. Sofern hierbei auf quantitative Bezugsgrößen zurückgegriffen wird (Ergebnis, Eigenkapital, Bilanzsumme etc.), sind für die Beurteilung der Wesentlichkeit die jeweiligen **Werte der Zwischenperiode** heranzuziehen. 5

Die entsprechenden Wertgrenzen dürften in einer Zwischen-GuV i. d. R. **niedriger** liegen als in einem Jahresabschluss. Paradoxerweise wären an die Detailtiefe, Genauigkeit usw. des Zwischenabschlusses höhere Anforderungen zu stellen als für den Jahresabschluss, obwohl andererseits unterjährig aufgrund eingeschränkter Maßnahmen zur Abschlusserstellung und der rascheren Vorlage der Zahlen zwangsläufig in höherem Maße als im Jahresabschluss auf Schätzungen zurückzugreifen ist (IAS 34.41). 6

Die Lösung kann nur darin liegen, an die Exaktheit und Endgültigkeit der Daten eines Zwischenabschlusses generell **geringere** Anforderungen zu stellen 7 als beim Jahresabschluss. Klare quantitative Vorgaben zur Wesentlichkeit enthält IAS 34.23 nicht, sondern verlangt lediglich eine angemessene Beurteilung der Auswirkungen jedes einzelnen Sachverhalts *(judgement is always required in assessing materiality)* auf die **Wahrnehmung eines typischen Empfängers** des Zwischenabschlusses. Entscheidend ist somit die Frage, ob durch Kenntnis bzw. Unkenntnis des betreffenden Sachverhalts oder Werts die Beurteilung des Abschlusses beeinflusst werden kann oder nicht. Hierbei handelt es sich um ein **weiches** Kriterium, das der Praxis die notwendigen **Spielräume** lässt (→ § 1 Rz 64).

Die Zwischenberichterstattung ist konzeptionell angelehnt an den letzten bislang vorliegenden Jahresabschluss mit den entsprechenden Finanzinformationen. Dessen Kenntnis wird bei Adressaten des Zwischenabschlusses **vorausgesetzt.** Daraus resultiert eine implizite Vorgabe für die Zwischenberichterstattung, insbesondere **Änderungen** gegenüber den Verhältnissen, die sich im letzten Jahresbericht niedergeschlagen haben, darzustellen. Diese Intention der Zwischenberichterstattung birgt auch Auslegungsgehalt für den **Wesentlichkeitsgrundsatz,** etwa folgenden Inhalts: Was dem Adressaten des Jahresabschlusses ohnehin schon bekannt ist, braucht ohne entsprechende Veränderung in der Zwischenberichtsperiode nicht noch eigens, jedenfalls nicht ausführlich wiedergegeben zu werden (IAS 34.15A).

1.3 Strittiger Nutzen der Zwischenberichterstattung

8 Aus Sicht der Praxis liefert die Analyse des **Nutzens** von Zwischenberichten oftmals ein zwiespältiges Bild. Einerseits sind in einer immer rascheren Veränderungen unterliegenden Wirtschaft aktuelle Informationen aus Sicht der Investoren **wünschenswert.** Andererseits gelten Zwischenberichte den auf **kurzfristigen Gewinn** gerichteten Handlungen des Managements und **bilanziellen Manipulationen** als förderlich.

Der Nutzen der Zwischenberichterstattung für den Anleger dürfte daher von Fall zu Fall unterschiedlich zu bewerten sein. Zu klären bleibt, ob der völlige Verzicht auf unterjährige Abschlussinformationen tatsächlich das beste Mittel gegen kurzfristiges Gewinnstreben ist oder ob es andere Möglichkeiten gibt, den Nutzen von Zwischenabschlüssen ohne die damit verbundenen Risiken zu realisieren. Ansatzpunkte hierfür dürften in einer **langfristigeren** Incentivierung des Managements, einer detaillierten Offenlegung **saisonaler** Effekte sowie dem gegenwärtig zu beobachtenden Trend zum *Business Reporting* als ergänzendem Informationsinstrument liegen.

2 Umfang der Zwischenberichterstattung

2.1 Bestandteile eines Zwischenabschlusses

9 IAS 34 legt lediglich den **Mindestumfang** der Zwischenberichterstattung fest. Nichts spricht dagegen, freiwillig mehr Informationen vorzulegen (IAS 34.7). Als Zwischenbericht kann auch ein **vollständiger** Abschluss nach den Vorgaben von IAS 1 (→ § 2) dienen (Rz 4).

Ein Zwischenbericht nach IFRS sollte zumindest die folgenden **Bestandteile enthalten** (IAS 34.8):

- zusammengefasste Bilanz (→ § 2 Rz 30ff.),
- zusammengefasste Gesamtergebnisrechnung entweder mit Integration der GuV oder neben einer zusammengefassten GuV (→ § 2 Rz 89), wobei das gewählte Format mit dem im Jahresabschluss verwendeten übereinstimmen muss (IAS 34.8A),
- zusammengefasste Eigenkapitalveränderungsrechnung (→ § 2 Rz 93),
- zusammengefasste Kapitalflussrechnung (→ § 3 Rz 3),
- ausgewählte Anhangsangaben (→ § 5).

Zum Begriffsinhalt „zusammengefasst" *(condensed)* vgl. Rz 15. Wegen des **zeitlichen** Anwendungsbereichs wird auf Rz 47 verwiesen.

In IAS 34.8 wird – anders als in IAS 1.10 für den Jahresabschluss – keine zusammengefasste Eröffnungsbilanz zur jeweiligen Vorperiode (der Zwischenberichterstattung) verlangt, wenn retrospektive **Umgliederungen** und retrospektive **Korrekturen** erfolgen (→ § 2 Rz 10). Fraglich kann sein, ob dieser Verzicht auch dann gilt, wenn auf freiwilliger Basis ein vollständiger Abschluss nach den Vorgaben von IAS 1 als Zwischenabschluss präsentiert wird. Die spezifischen Anforderungen an die Zwischenberichterstattung (Rz 17) sprechen **dagegen. Dafür** sprechen der Wortlaut von IAS 34.9 und die in IAS 1.10 wiedergegebene Aufzählung des IAS 34.5. U. E. ist der letztgenannten Auffassung zu folgen mit der Begründung: Wer auf die Erleichterung der *condensed Statements* verzichtet und freiwillig *complete Statements* veröffentlicht, muss dies in der Konsequenz **vollständig** tun. Das entspricht auch dem Aussagegehalt von IAS 34.9.

Aktiengesellschaften müssen das **Ergebnis je Aktie** – unverwässert und verwässert – (→ § 35) auch für Zwischenperioden angeben, allerdings ohne Separierung des Ergebnisses aus **nicht fortgeführten Geschäftsbereichen** (→ § 35 Rz 54). Dies hat entweder in der gesondert dargestellten (→ § 2 Rz 91) Gewinn- und Verlustrechnung zu geschehen (IAS 34.11A) oder in der Gesamteinkommensrechnung (IAS 34.11).

10

War der letzte nach IFRS erstellte Jahresabschluss ein konsolidierter Jahresabschluss, so sind auch die Zwischenberichte des nachfolgenden Geschäftsjahrs auf **konsolidierter** Basis zu erstellen (IAS 34.14). Die separate Darstellung des **Einzel**abschlusses ist unschädlich, jedoch auch dann nicht erforderlich, wenn dies im vorhergehenden IFRS-Jahresabschluss so geschehen ist.

11

2.2 Vergleichszahlen (Vorperioden)

Der **Umfang** der darzustellenden **Perioden** und der **Vergleichswerte** aus Vorperioden ist in IAS 34.20ff. geregelt. Demzufolge ist die **Bilanz** zum Stichtag des Zwischenabschlusses zu erstellen, als Vergleich dient die Bilanz zum Ende des vorhergehenden Geschäftsjahres. Danach gilt folgendes Schema:

12

Stand   Stand
30.9.01   31.12.00

Weiter ausholend ist die Darstellung der **Gesamtergebnis-** und **Gewinn- und Verlustrechnung.**

Hierbei sind
- die soeben abgeschlossene Zwischenperiode,
- falls davon abweichend, zusätzlich die kumulierten Werte des laufenden Geschäftsjahrs seit dem Ende des vorhergehenden Geschäftsjahrs sowie
- die jeweiligen Vergleichsperioden des vorhergehenden Geschäftsjahrs

darzustellen, also nach folgendem Schema:

9 Monate	9 Monate	3. Quartal	3. Quartal
01	00	01	00

Die **Eigenkapitalentwicklung** (→ § 20 Rz 63 ff.) muss die kumulierten Werte des laufenden Geschäftsjahrs seit dem Ende des vorhergehenden Geschäftsjahrs sowie die Zahlen des entsprechenden Vorjahreszeitraums enthalten. Gleiches gilt für die **Kapitalflussrechnung** (→ § 3 Rz 3).

> **Beispiel**
> Das Geschäftsjahr entspricht dem Kalenderjahr. Zwischenberichte werden quartalsweise erstellt. Der Zwischenbericht zum 30.6.02 muss die folgenden Angaben enthalten:
> - Bilanzen zum 30.6.02 und zum 31.12.01,
> - Gesamtergebnisrechnung für die Zeiträume Januar bis Juni 02, Januar bis Juni 01, April bis Juni 02 sowie April bis Juni 01, entweder unter Integration der GuV oder neben einer GuV für die gleichen Perioden,
> - Kapitalflussrechnungen für die Zeiträume Januar bis Juni 02 sowie Januar bis Juni 01,
> - Eigenkapitalveränderungen für die Zeiträume Januar bis Juni 02 sowie Januar bis Juni 01.

13 Sofern das Geschäft eines Unternehmens starken **saisonalen Schwankungen** unterworfen ist, kann es angeraten sein, in jeden Zwischenbericht Informationen über die jeweils 12 vorhergehenden Monate aufzunehmen (IAS 34.21). Eine Pflicht hierzu besteht nicht.

14 Probleme können sich bei einer **Umstellung des Geschäftsjahres** ergeben. Bei einem vorhergehenden Rumpfgeschäftsjahr stellt sich hier für die Zwischenberichte des Folgejahres die Frage nach den zutreffenden Vergleichsperioden des Vorjahres. Das nachfolgende Beispiel verdeutlicht die Problematik.

> **Beispiel**
> Das bislang zum 30.9. endende Geschäftsjahr wurde im Oktober 00 auf ein zum 30.6. endendes Geschäftsjahr umgestellt. Das zum 30.6.01 endende Geschäftsjahr 00/01 war daher ein 9-monatiges Rumpfgeschäftsjahr. Der nächste Abschluss für ein ganzes Geschäftsjahr wird zum 30.6.02 erstellt. Die Zwischenberichterstattung erfolgt quartalsweise. Der 3. Zwischenabschluss des Geschäftsjahres 01/02 zum 31.3. enthält in jedem Fall die Zahlen vom 1.7.01 bis zum 31.3.02. Fraglich ist, ob für den Vorjahresvergleich quasi „über die Grenze" des Rumpfgeschäftsjahres 00/01 vom 1.10.00 bis zum 30.6.01 hinweggegangen werden soll, um eine von der Länge und Saisonalität her vergleichbare Vorperiode darzustellen (1.7.00–31.3.01) oder ob lediglich die innerhalb des vorhergehenden Rumpfgeschäftsjahres liegenden ersten beiden Quartale dargestellt werden sollen (1.10.00–31.3.01).

IAS 34.20 liefert hier mit der Forderung nach „*comparable interim periods ... of the immediately preceding financial year*" eine Vorgabe, die im vorstehenden Beispiel im strengen Wortsinne gar nicht zu erfüllen ist. Die vergleichende Darstellung von Zwischenberichtsperioden unterschiedlicher Länge erscheint jedoch insbesondere in einem Zwischenbericht wenig befriedigend. Nach der hier vertretenen Auffassung ist daher der Vorjahreszeitraum so zu wählen, dass eine von der zeitlichen Länge her **vergleichbare Vorperiode** dargestellt wird. Im obigen Beispiel ist dies der Zeitraum vom 1.7.00 bis zum 31.3.01.[3]

2.3 Ausweis – zusammengefasste Darstellung

Unter dem Begriff der **zusammengefassten** Darstellung *(condensed financial statements)* in Bilanz, Gesamtergebnisrechnung, Kapitalflussrechnung und Eigenkapitalveränderung versteht IAS 34.10 zumindest die **Überschriften** und **Zwischensummen** des letzten in Einklang mit den IFRS erstellten **Jahresabschlusses**. Hinsichtlich der hierbei empfohlenen Gliederungsposten verweist IAS 34.12 auf IAS 1 sowie die im Anhang zu IAS 1 enthaltenen Beispiele. Da in der Praxis ohnehin auch im Jahresabschluss eine stark zusammengefasste Darstellung der **Bilanz** (z.B. keine weitere Unterteilung der Sachanlagen oder der Vorräte) gewählt wird, ergeben sich auf Bilanzebene keine relevanten Unterschiede zum Jahresabschluss (→ § 2). Hinsichtlich der Jahres-**GuV** bzw. des GuV-Teils der Jahres-Gesamtergebnisrechnung verlangt IAS 1.99 eine Aufteilung des operativen Bereichs nach Umsatz- oder Gesamtkostenverfahren (→ § 2 Rz 62). Diese kann innerhalb der GuV oder im Anhang erfolgen. Die Praxis nimmt die Unterteilungen nach Aufwandsarten (GKV) bzw. Funktionen (UKV) i.d.R. innerhalb der Jahres-GuV vor. In der Praxis der Zwischenabschlüsse großer Unternehmen wird überwiegend entsprechend verfahren. Hinsichtlich der **Kapitalflussrechnung** kann auf → § 3, hinsichtlich der Eigenkapitalentwicklung auf → § 20 verwiesen werden. Im Rahmen der Zwischenberichterstattung ist in jedem Fall die gleiche Darstellungsform zu wählen wie im vorhergehenden Jahresabschluss (IAS 34.13).
Nach einem Non-IFRIC vom Juli 2014 genügt eine verkürzte Kapitalflussrechnung, die im Aktivitätenbereich jeweils nur die Summen für *cash flows* aus *operating*, *investing* und *financing activities* darstellt, nicht den Anforderungen von IAS 34.25.

Für alle dargestellten Bestandteile sind zusätzliche **Aufgliederungen** vorzunehmen, sofern der Verzicht hierauf beim Abschlussleser zu einem unzutreffenden Urteil führen könnte. Im Vordergrund stehen dabei solche **Veränderungen**, die sich seit dem letzten vorgelegten vollständigen Jahresabschluss ergeben haben (IAS 34.6). Für die Anhangerläuterungen gilt Entsprechendes (Rz 35).

Beispiel
Zum letzten Jahresabschluss bestand das rund ein Drittel der Bilanzsumme ausmachende Vorratsvermögen zu 10 % aus Fertigerzeugnissen und zu 90 % aus Roh-, Hilfs- und Betriebsstoffen. In der Bilanz erfolgte eine entsprechende Aufgliederung. Die Geschäfte im 1. Quartal laufen unerwartet schlep-

---

[3] Gl. A. für den Zwischenbericht nach HGB: STRIEDER, BB 2001, S. 2000.

> pend, das Unternehmen produziert auf Lager. Das zum Ende des 1. Quartals vorhandene Vorratsvermögen besteht daher zu 80 % aus fertigen Erzeugnissen und nur noch zu 20 % aus RHB.
> Eine Zusammenfassung der beiden Unterpositionen des Vorratsvermögens im 1. Quartalsbericht ist hier unangemessen, da sich hieraus eine Verschleierung der tatsächlichen Vermögenslage ergibt. Aufschlussreiche Informationen, die ohne wesentlichen zusätzlichen Aufwand im Abschluss dargestellt werden können, sind offenzulegen.

3 Ansatz und Bewertung

3.1 Konzeptionelle Grundlagen

3.1.1 Eigenständiger vs. integrativer Ansatz

17 Nach IAS 34.28 S. 1 ist der Zwischenbericht nach den **gleichen** Bilanzierungs- und Bewertungsmethoden, die auch für den Jahresabschluss zu beachten sind, zu erstellen (IAS 34.29 S. 4). So ist z.b. eine staatliche **Abgabe** dann als Schuld anzusetzen, wenn zum Stichtag des Zwischenbilanzabschlusses eine *„present obligation"* (→ § 21 Rz 20) besteht und umgekehrt (IFRIC 21.13). Eine entsprechende **Übereinstimmungs**erklärung *(statement of compliance)* ist abzugeben (IAS 34.19). Von diesen Bilanzierungs- und Bewertungsmethoden kann nach den sonst gültigen Regeln abgewichen werden (→ § 24 Rz 14ff.), z.b. bei einer Standardänderung oder Neueinführung eines Standards.

> **Beispiel**[4]
> Die Stora Enso Oyi hat nach Einführung des Standards IAS 41 ihre Waldbestände nach der *Fair-Value*-Methode bewertet (→ § 40 Rz 19) mit der Folge eines massiv höheren Ausweises von Anlagevermögen im 1. Quartal 2003 gegenüber der Schlussbilanz zum 31.12.2002.

Dabei gilt jede Berichtsperiode unabhängig von ihrer Länge als **eigenständig**. Die hauptsächliche Aufgabe eines Zwischenberichts besteht in der **retrospektiven** Darstellung einer **Teilperiode** des laufenden Geschäftsjahres (IAS 34.29). Dieser sog. *discrete view* ist durch folgende **Merkmale** gekennzeichnet:[5]
- Ausübung einer **Kontrollfunktion** für den Geschäftsverlauf,
- Abbildung **saisonaler** Schwankungen mit – im Vergleich zur Jahresberichterstattung – erhöhter Ergebnisvolatilität,
- Verzicht auf **Abgrenzungen** von nicht gleichmäßig verteilten Erfolgskomponenten im Jahresverlauf mit entsprechender Erschwerung der Ergebnisprognose,
- frühere Erkenntnis von **Wendepunkten** in der Ergebnisentwicklung.

---

[4] PwC, IFRS Manual of Accouting 2010, Tz 31.68.
[5] Vgl. hierzu ALVAREZ, PiR 2006, S. 220.

Der **eigenständige** Charakter des Zwischenberichtes (*year to date*) wird durch die **beispielhafte** Darstellung von Ansatz- und Bewertungsfragen für Vermögenswerte und Schulden betont (IAS 34.30 und IAS 34.32):
- erforderliche Abschreibungen auf Vorratsvermögen (→ § 17 Rz 32),
- der Ansatz von Restrukturierungsrückstellungen (→ § 21 Rz 94),
- außerplanmäßige Abschreibungen wegen Wertminderungen (→ § 11 Rz 13).

Die bilanzielle Beurteilung eines Sachverhaltes hat nach dem eigenständigen Ansatz auf den **Stichtag** des Zwischenabschlusses und **nicht** in **Vorwegnahme** des Jahresabschlusses zu erfolgen (IAS 34.32).[6]

Die amerikanischen Vorschriften zur Zwischenberichterstattung, festgehalten u. a. in APB 28, folgen demgegenüber dem sog. **integrativen** Ansatz *(integral view)*. Danach soll der Zwischenabschluss im Interesse der **Prognosefunktion** geglättete Ergebnisse liefern, die eine Hochrechnung auf das Jahresergebnis ermöglichen. Nach APB 28.16a gilt: *„When a cost ... clearly benefits two or more interim periods (e. g., annual major repairs), each interim period should be charged for an appropriate portion of the annual cost by the use of accruals or deferrals."*

18

Idealtypisch lässt sich der Unterschied der beiden Ansätze an folgendem Beispiel darstellen:

19

Beispiel
Die Produktionsmaschinen werden jeweils im auftragsschwachen 1. Quartal umfangreich gewartet und instand gesetzt. Die Kosten sind in Relation zum Jahresergebnis erheblich. Die Aufwendungen erfüllen nicht die Voraussetzungen einer Aktivierung als nachträgliche Anschaffungs- oder Herstellungskosten.

Diskreter Ansatz (IAS 34)
Nach Umkehrschluss aus IAS 34.B2 sind die Aufwendungen voll dem 1. Quartal zu belasten. Eine Abgrenzungsbuchung mit späterer Verteilung auf die anderen Quartale ist nicht zulässig. Das Ergebnis des 1. Quartals liefert daher keine gute Prognosebasis für das Ergebnis des Gesamtjahres.

Integrativer Ansatz (APB 28)
Zum Ende des 1. Quartals ist ein aktiver Abgrenzungsposten i. H. v. ¾ der Instandhaltungsaufwendungen zu bilden und in den Folgequartalen aufwandswirksam aufzulösen.

Tatsächlich sind auch die amerikanischen Vorschriften **nicht durchgängig** dem integrativen Ansatz verpflichtet. Saisonal unregelmäßig anfallende oder gelegentlich erhaltene Erträge sind etwa nicht zu verteilen, sondern in der Zwischenperiode zu erfassen, in der sie anfallen (APB 28.18). Zur Wahrung der Prognosefunktion gilt insofern ein Anhangshinweis auf den saisonalen Charakter als ausreichend,
Im Übrigen führen diskreter und integrativer Ansatz in **vielen Fällen** zum **gleichen Ergebnis**.

20

---

[6] Vgl. HEBESTREIT, in: BECK'SCHES IFRS-Handbuch, 4. Aufl., 2013, § 43, Tz 71.

> **Beispiel**
> Die Arbeitnehmer erhalten jährlich Ende Dezember in Abhängigkeit von der Erreichung von Mindestumsatzzielen des Geschäftsjahres eine Erfolgsbeteiligung.
> Nach dem Grundsatz der Periodenabgrenzung *(accrual basis of accounting)* kommt es auf den Zahlungszeitpunkt nicht an. Für den Abschluss des 1. Quartals bedeutet dies:
> Soweit nach den besten Schätzungen zum 31.3. vom Überschreiten der Jahresumsatzgrenze auszugehen ist, wird das 1. Quartal durch eine Buchung „per Aufwand an Rückstellung" anteilig mit der erwarteten Erfolgsbeteiligung belastet, unabhängig von diskretem oder integrativem Ansatz.

21 IAS 34 folgt vorrangig dem diskreten Ansatz.[7] Entsprechend den Ansatz- und Bewertungsvorgaben des *discrete View* (Rz 17) gestalten sich die Folgeeffekte auf die **GuV**. Nach IAS 34.37 sind **saisonale** und **zyklische Schwankungen** oder **Einmaleffekte** *(occasionally)* nicht „geglättet" durch **Abgrenzungen** in die Zwischenberichtsperiode einzubuchen. Deshalb dürfen auch Aufwendungen *(costs)* nicht in Vermögenswerte (Abgrenzungsposten) „umfunktioniert" werden, um solche Glättungseffekte zu erreichen (IAS 34.30b). Entsprechendes gilt für die Verbindlichkeiten, die nur bei Vorliegen einer Verpflichtung i.S.d. generell gültigen Ansatzdefinition (→ § 21 Rz 7) angesetzt werden dürfen. Dazu gibt IAS 34.B einige markante Beispiele:

- Für das Jahresende geplante größere **Unterhaltungsaufwendungen** dürfen erst bei Anfall eingebucht werden, eine vorgängige ratierliche Einbuchung ist unzulässig (IAS 34.B2).
- **Urlaubsrückstellungen** dürfen nur stichtagsbezogen – wie im Jahresabschluss – berücksichtigt werden (IAS 34.B10).
- Generell dürfen **Rückstellungen** erst nach Vorliegen der entsprechenden Ansatzkriterien (→ § 21 Rz 13) eingebucht werden.
- Planmäßige **Abschreibungen** dürfen erst ab dem Zugangszeitpunkt des betreffenden Anlagegutes verrechnet werden (→ § 10 Rz 40).
- **Standardkostenabweichungen** zur Wertermittlung der Produkte dürfen nicht abgegrenzt werden (IAS 34.B28).

Zu den daraus folgenden **Ergebnisschwankungen** folgende Beispiele:

> **Beispiel – für die Nichtaktivierung von Aufwendungen**
> Regelmäßig im 1. Quartal eines Jahres nimmt ein Unternehmen an einer wichtigen Branchenmesse teil. Die dort geknüpften Kontakte führen in den kommenden Monaten zu zahlreichen Aufträgen.
> Auch wenn die aus der Messe resultierenden Erträge erst in den kommenden Zwischenperioden zu erwarten sind, scheiden eine Aktivierung der jährlichen Aufwendungen für die Messeteilnahme und eine zeitanteilige Amortisation über den Rest des Jahres nach IFRS aus, da dies auch in einem Jahresabschluss nicht möglich wäre. Das 1. Quartal bleibt somit voll mit den Kosten der Messe belastet.

---

[7] Gl.A.: ERNST & YOUNG, International GAAP 2014, Ch 37,8; PwC, IFRS Manual of Accounting 2012, Tz 31.60 und 31.68.

> **Beispiel – für den Nichtansatz von Verbindlichkeiten**
> Für die 2. Jahreshälfte ist die Überholung einer großen Maschinenstraße geplant. Sofern es hierzu keine Verpflichtung gibt, die nach IAS 37 auch im Jahresabschluss als Rückstellung anzusetzen wäre, kann diese Maßnahme in den Zwischenabschlüssen vor Durchführung keine Berücksichtigung finden (vgl. IAS 34.B2).

In beiden vorstehenden Beispielen wäre eine entsprechende „Abgrenzung" auch im **Ganzjahresvergleich** nicht möglich. Dem steht generell das **Stichtagsprinzip** entgegen. Die Besonderheit in der Zwischenberichterstattung liegt im gegenüber der Jahresrechnung höheren **Ergebnis-„Ausschlag"**.
Dieser Effekt tritt auch bei **regelmäßig** – „alle Jahre wieder" – anfallenden Ereignissen auf.

Dazu folgende Beispiele:

> **Beispiel**
> Ein Unternehmen ist an einer Kapitalgesellschaft beteiligt und erhält einmal jährlich eine Dividende. Die entsprechenden Finanzerträge sind in derjenigen Zwischenperiode zu berücksichtigen, in welcher der Dividendenanspruch entstanden ist (→ § 4 Rz 40). Eine Verteilung über mehrere Zwischenperioden des gesamten Jahres kommt nicht in Betracht.

> **Beispiel**
> Ein Hersteller von Schneeräumfahrzeugen tätigt erfahrungsgemäß 30 % seiner Umsätze im 1. Halbjahr, die restlichen 70 % im 2. Halbjahr. Im 1. Halbjahr 01 konnten Umsätze von 600 Mio. erzielt werden. Die Herstellung der Fahrzeuge erfolgt relativ konstant über das Jahr verteilt.
> Eine Vorwegnahme eines Teils der im 2. Halbjahr erwarteten 1.400 Mio. Umsatzerlöse im 1. Halbjahr scheidet aus, da diese noch nicht realisiert worden sind.

Der Saisonverkauf des „Geschäftes" kann auch **umgekehrt** erfolgen – erst Umsatz, dann Aufwand.

> **Beispiel**[8]
> Ein Hersteller und Verarbeiter (Konservierung) von Spargel produziert nur im 1. Halbjahr des Geschäftsjahres, überwiegend unter Inanspruchnahme von Saisonarbeitskräften. Im 2. Halbjahr fallen im Produktionsbereich nur Unterhaltungsaufwendungen für Maschinen an.
> Eine Ergebnisglättung der beiden Halbjahre scheidet aus. Das 1. Halbjahr kann nicht mit den Unterhaltsaufwendungen im 2. Halbjahr belastet werden. Die Fixkosten fallen im 1. Halbjahr unterproportional an. Allerdings dürfen die Produktionsmaschinen nicht linear abgeschrieben werden, sondern richtigerweise leistungsabhängig (*sum of the units method*; → § 10 Rz 28).

---

[8] Nach KPMG, Insights into IFRS, 2009/2010, Tz 5.9.130.30; ähnlich das Beispiel in der Ausgabe 2014/2015 unter 5.9.110.30 zum Hersteller eines Kalenders.

3.1.2 Unabhängigkeit des Jahresergebnisses von der Häufigkeit der Zwischenberichterstattung

22 Allerdings wird die Vorgabe des *discrete view* durch IAS 34.28 Satz 2 relativiert. Danach darf die **Häufigkeit** der Berichterstattung (also z. B. vierteljährlich) **keine Auswirkung** auf die Höhe des Jahresergebnisses nehmen. Danach gilt:
- Die Summe der Ergebnisse, *Cashflows* usw. aus den Zwischenperioden soll **nicht nur** den entsprechenden Zahlen des **Geschäftsjahres** gleichkommen,
- **sondern auch** das Ergebnis des Geschäftsjahres unabhängig davon sein, ob und mit welcher **Häufigkeit** Zwischenberichte erstellt werden.

Im Hinblick auf den 1. Punkt sind bei der Ermittlung der auf die aktuelle Zwischenperiode entfallenden Größen in den **Bewegungsrechnungen** (Gewinn- und Verlustrechnung, Kapitalflussrechnung, Eigenkapitalveränderung) von den seit **Jahresanfang** bis zum **Stichtag** des Zwischenabschlusses angefallenen **Jahresverkehrszahlen** die bereits in **vorhergehenden** Zwischenabschlüssen enthaltenen Werte abzusetzen. Nur die verbleibende Differenz ist in die laufende Zwischenperiode mit aufzunehmen (*Year-to-Date*-Rechnung). Die Vorperiode als solche darf also nicht angepasst werden (IAS 34.35 f., Rz 34).
Zum 2. Punkt folgendes Beispiel:

> **Beispiel**
> Zum Ende des 2. Quartals steht ein Produkthaftungsfall ins Haus. Das Unternehmen bildet eine angemessene Rückstellung für Prozesskosten und Schadenersatz i. H. v. 1.000.
> Während des 3. Quartals zeichnet sich eine außergerichtliche Einigung mit deutlich niedrigerer Schadenssumme ab. Die zum Ende des 3. und 4. Quartals angemessene Rückstellung beträgt 600. Die Differenz zur bereits gebildeten Rückstellung i. H. v. 400 erhöht als Ertrag aus Rückstellungsauflösung das Ergebnis des 3. Quartals.
> Per Saldo ist das Geschäftsjahr mit 600 belastet, also mit dem Betrag, der auch bei Verzicht auf eine Zwischenberichterstattung anzusetzen wäre.
> Allerdings führt die Summe der Quartale unsaldiert zu 1.000 Aufwand und 400 Ertrag. Ohne Restriktionen aus dem allgemeinen Saldierungsverbot können hier unter Berufung auf IAS 34.28 Satz 2 Aufwand und Ertrag im Jahresabschluss saldiert werden.

Der Ansatz von IAS 34.28 Satz 2 ist nur in einem sehr eingeschränkten Sinne als **integrativer** zu bezeichnen (Rz 18). Eine **Glättung** der im Jahresverlauf unregelmäßig anfallenden Erfolgsgrößen mit entsprechenden Abgrenzungsbuchungen wird weder verlangt noch zugelassen. Insoweit ergibt sich überwiegend (zu Ausnahmen Rz 35) auch **kein Gegensatz** zu IAS 34.28 Satz 1, sondern eine Arbeitsteilung (Rz 23).

3.1.3 Ergänzung des diskreten Ansatzes um integrative Elemente

23 Erträge und Aufwendungen haben regelmäßig eine **Mengen-** und **Preis**komponente:[9]

---

[9] Vgl. LÜDENBACH, PiR 2007, S. 56.

- Der **diskrete Ansatz** verbietet, ungleichmäßige Erträge oder Aufwendungen, die dem **Grunde** bzw. der **Menge** nach erst in späteren Quartalen anfallen, anteilig vorzuziehen oder umgekehrt, die in den ersten Quartalen anfallenden anteilig den späteren zu belasten. Ausschlaggebend ist das **tatsächliche Mengengerüst** des Quartals. Insoweit besteht ein Vorrang vor dem integrativen Ansatz.
- Hinsichtlich der **Preiskomponente** ist jedoch nach den in IAS 34.B1ff. enthaltenen Beispielen ein nach herkömmlichem Verständnis eher als integrativ anzusehendes Gedankengut maßgeblich. Ist die Preiskomponente von dem Erreichen bestimmter **Jahresbemessungsgrößen** (Schwellenwertvereinbarungen, progressive Tarife etc.) abhängig, soll als Preis schon in den ersten Quartalen der Wert angesetzt werden, der sich nach der voraussichtlichen Jahresbemessungsgröße ergibt.

Hierzu folgende **Beispiele**:

Beispiel 1 (Mengenkomponente)
Ein saisonalen Schwankungen unterliegender Betrieb sendet seine Mitarbeiter jeweils im schwachen 4. Quartal zu kostenintensiven Fortbildungen.
Eine Berücksichtigung der Kosten in den Vorquartalen ist nach IAS 34 nicht zulässig.

Beispiel 2 (Preiskomponente)
Der effektive Beitragssatz des Arbeitgeberanteils zur Sozialversicherung hängt von der Höhe des Jahresgehalts des Arbeitnehmers ab. In den laufenden Monaten liegt der Arbeitnehmer X deutlich unter der Beitragsbemessungsgrenze. Erst durch einen hohen im 4. Quartal zur Auszahlungen gelangenden Bonus überschreitet er die Beitragsbemessungsgrenze. Aus isolierter Sicht des 1. Quartals beträgt der Arbeitgeberanteil 20 % des Gehalts, aus Sicht des wahrscheinlichen Jahresgehalts nur noch 15 %.
Der Personalaufwand des 1. Quartals ist auf Basis eines wahrscheinlichen Arbeitgeberbeitragssatzes von 15 % zu berechnen (IAS 34.B1).
Hinsichtlich der Jahresprämie selbst besteht kein Gegensatz zwischen diskretem und integrativem Ansatz. Knüpft die Jahresprämie an die Jahresarbeitsleistung an, ist sie im 1. Quartal insoweit wirtschaftlich verursacht und damit durch eine Rückstellung zu berücksichtigen (diskreter Ansatz), wie die Quartalsarbeitsleistung im Verhältnis zur erwarteten Gesamtjahresarbeitsleistung steht (Rz 31). Dies entspricht der Lösung nach dem integrativen Ansatz.

3.1.4 Ertragsteueraufwand

Auch für die Bemessung des **Ertragsteueraufwandes** gilt:
- Als steuerliche **Bemessungs**grundlage ("Mengenkomponente" i.w.S., Rz 23) ist das steuerliche Quartalsergebnis heranzuziehen.
- Der bei progressiven Steuern vom Jahresergebnis abhängige **Steuersatz** ("Preiskomponente" i.w.S., Rz 23) ist hingegen auf Basis der Jahreserwartungen zu bestimmen (*estimated weighted average annual income tax rate*, IAS 34.30c).[10]

---

[10] So die Deutsche Post World Net im Zwischenbericht zum 30.6.2007.

Diese Schätzung des mutmaßlichen Jahressteuersatzes ist weiterzuführen und ggf. aufgrund des Ergebnisses der folgenden Zwischenberichtperiode anzupassen (IAS 34.B13). Dabei können sich „Verwerfungen" insbesondere durch **indirekte** Progressionseffekte über **Verlust-** oder **Zinsvorträge** (→ § 26 Rz 125) ergeben.

Beispiel
Ein Unternehmen erwirtschaftete im Geschäftsjahr 01 einen vorzutragenden steuerlichen Verlust von 5 Mio. EUR, im 1. Halbjahr des Geschäftsjahres 02 einen Gewinn von 5 Mio. EUR. Für das saisonal starke 2. Halbjahr wird mit einem Gewinn von 15 Mio. EUR gerechnet. Der Steuersatz beträgt 25 %. Eine (deutsche) Mindestbesteuerung gilt nicht, eine Steuerlatenz aus Verlustvortrag zum 31.12.01 ist nicht aktiviert.
Da für das Gesamtjahr unter Einbeziehung des steuerlichen Verlustvortrags ein Ergebnis von 20–5 = 15 Mio. EUR erwartet wird, beträgt der mutmaßliche Steueraufwand des Jahres 3,75 Mio., der effektive Steuersatz also 3,75 Mio. / 20 Mio. = 18,75 %. Mit dieser Quote und nicht etwa mit einem Satz von 0 % ist das Ergebnis des 1. Halbjahrs zu belasten (= 937.500 EUR).
Das vorstehende Ergebnis lässt sich auch wie folgt ableiten:[11]
Der Verlustvortrag wird nicht insgesamt zugunsten des 1. Halbjahres verrechnet, sondern nach Maßgabe des erwarteten Anteils des Halbjahres- am Gesamtjahreseinkommen, und zwar

$$\frac{5}{20} \times 5 = 1{,}25 \text{ Mio. EUR}$$

Daraus ergibt sich eine Als-ob-Veranlagung für das 1. Halbjahr 01:

	Mio. EUR
Gewinn	5,00
– Verlustverrechnung	1,25
zu versteuern	3,75
× Steuersatz 25 % =	
Steueraufwand	937.500 EUR

Ein ähnliches Ergebnis lässt sich aufgrund des Tarifverlaufs nach Maßgabe der **Zinsschranke** gem. § 4h EStG feststellen.

Beispiel
Aufgrund der Zinsschranke rechnet das Unternehmen mit folgenden Ergebnis- und Tarifverläufen bei einem Tarif von 30 %.

Quartal	Einkommen	Zinsschranke	zu versteuern	effektiver Steuersatz %
1	1.000	300	1.300	39
2	0	200	200	–
3	2.000	400	2.400	36
4	4.000	500	4.500	34
Σ	7.000	1.400	8.400	36

---

[11] Nach Lüdenbach, PiR 2008, S. 33.

Durch die Zinsschranke verläuft der lineare Körperschaft-/Gewerbesteuertarif indirekt **regressiv**.[12] Im Zwischenabschluss zum 1. Quartal ist ein Steuertarif von 36 % = 3.600 anzusetzen.

Umgekehrt zu den Beispielen in Rz 24 liegt ein **linearer** Tarifverlauf im Körperschaft-/Gewerbesteuerbereich vor, wenn innerhalb des Veranlagungszeitraums = Wirtschaftsjahr die Ergebnisse *schwanken*. Die **feststehende** Preiskomponente (Rz 23) – hier der Steuersatz – ist dann auf das Mengengerüst (das Quartalsergebnis) anzuwenden.

25

> **Beispiel**
> Das Unternehmen erzielt im 1. Quartal einen Gewinn vor Steuern von 15.000 und rechnet mit jeweils 5.000 Verlusten in den folgenden 3 Quartalen; Jahresergebnis vor Steuern also null. Bei einem Steuersatz von 30 % beträgt der Steueraufwand für das 1. Quartal 4.500. In den folgenden 3 Quartalen ist c. p. jeweils ein Steuerertrag von 1.500 auszuweisen.[13]

Die Lösung des Beispielfalles unter Rz 25 scheint derjenigen zu den Beispielen unter Rz 24 zu **widersprechen**. Wenn dem so wäre, bestünde auch ein Widerspruch zwischen den Vorgaben in IAS 34.12c i. V. m. IAS 34.B12 einerseits und der Falllösung in IAS 34.B16 (Rz 25). Tatsächlich besteht **kein** Widerspruch, weil

26

- IAS 34.12c nur den **Tarif** – die Preiskomponente – bestimmt.
- IAS 34.B16 die gebotene Anwendung der **Mengen**komponente illustriert.

Dieses Ergebnis wird auch bestätigt durch das Beispiel in IAS 34.B15 mit einem progressiven Stufentarif, in dem allerdings nur auf den voraussichtlich (aus Sicht des 1. Quartals) anzuwendenden Gesamttarif abgehoben wird.
Ein Widerspruch zwischen IAS 34.12c und IAS 34.B16 besteht auch aus folgenden Gründen nicht:

- Die Verrechnung eines Verlustvortrages aus früheren Jahren (Rz 24) mit dem Ergebnis des laufenden Jahres hat nur einen **Tarifeffekt**; er entspringt nicht dem Ergebnis der laufenden (Jahres- oder Zwischen-)Periode.
- Der Verlustausweis im Beispiel unter Rz 25 zu IAS 34.B16 entspringt dem jeweils **ermittelten** Ergebnis vor Steuern. Wenn dieses Ergebnis „ungeglättet" um saisonale Schwankungen und Sondereffekte (Rz 21) auszuweisen ist, muss folgerichtig auch das darauf beruhende Steuerergebnis „ungeglättet" erfasst werden.

Die Charakteristik der deutschen Unternehmenssteuer als „**Jahresgröße**" führt zu keiner anderen Beurteilung.[14] Auch viele andere Rechtsgrundlagen für Aufwands- und Ertragsverrechnungen – Sozialversicherungsbeiträge (2. Beispiel in Rz 23) oder Umsatzboni (Rz 34) – werden nach dem Jahresvolumen (Mengenkomponente, Rz 23) erfasst. Für den Steueraufwand sieht IAS 34 keine Sonderbehandlung vor. Ohnehin ist eine „Ergebnisglättung" **kein Ziel** der IFRS-Rechnungslegung überhaupt, auch dann nicht, wenn die Gründe für die Schwankungen der Steuerquote Analysten, Banken, Vorständen und Aufsichtsräten schlecht zu vermitteln sind.[15]

---

[12] HOFFMANN/RÜSCH, DStR 2007, S. 2079.
[13] So die Lösung in IAS 34.B16, befürwortet von ERNST & YOUNG, International GAAP 2014, Ch 37 9.5.1 Ex. 37.12.
[14] So aber LOITZ, DStR 2006, S. 389.
[15] So LOITZ, DStR 2006, S. 388.

Im Zeitverlauf **schwankende** Ergebnisse sind dem Leben eines Unternehmens immanent. Sollten diese Schwankungen im „*Financial Reporting*" eliminiert werden, bedürfte es einer speziellen Anordnung. Eine solche fehlt generell und ist auch für die Zwischenerfolgsdarstellung in IAS 34 nicht vorgesehen – im Gegenteil: Die Grundnorm von IAS 34.28 – Anwendung der Rechnungslegungsgrundsätze des Jahresberichtes auch bei der Zwischenberichterstattung (Rz 17) – spricht gegen eine Eliminierung von „Schwankungskomponenten" aus den Zwischenergebnissen. Das muss dann erst recht für den steuerlichen **Folgeeffekt** dieser Schwankungen gelten, was dann wieder mit dem *Matching Principle* (→ § 1 Rz 114) im Einklang steht. Zum gleichen Ergebnis kommt man unter Heranziehung des **Stichtagsprinzips**, das für den Zwischen- genauso wie für den Jahresabschluss gilt.

27 Schwankungen in der Steuerquote (→ § 26 Rz 246) – also „ungeglättete" Steueraufwendungen in Bezug auf das ausgewiesene Ergebnis – entspringen auch steuerlichen **Sondereffekten** in nennenswerter Größenordnung aufgrund von **nichtabzugsfähigen** Aufwendungen oder **steuerfreien** Erträgen (vgl. die Aufzählung unter → § 26 Rz 245). Solche steuerlichen „Sonderposten" fallen häufig in unregelmäßigen Zeitabständen auch aus Jahressicht an und sind im Jahresabschluss nicht zu „glätten". Das ist im Grunde auch der Sinn und Zweck der **Überleitungsrechnung** vom erwarteten zum effektiven Steueraufwand gem. IAS 12.81c (→ § 26 Rz 246), weil die „reguläre" Steueraufwandsermittlung nach IAS 12 auch unter Berücksichtigung der Steuerlatenzrechnung in hohem Umfang erklärungsbedürftig bleibt.

Beispiel
Das Unternehmen weist bei einem linearen Ertragssteuersatz von 30 % folgende Daten aus:

Zeitraum	Gewinn	davon steuerneutral	zu versteuern	Steuer Aufwand	% vom Gewinn
1. Quartal	1.000	0	1.000	300	30,0
2. Quartal	5.000	−3.000	2.000	600	12,0
3. Quartal	3.000	+4.000	7.000	2.100	70,0
4. Quartal	2.000	0	2.000	600	30,0
Jahr	11.000	+1.000	12.000	3.600	32,7

In diesem Fall liegt kein progressiver oder regressiver Tarif vor (anders die Beispiele in Rz 24). Die im Zeitverlauf schwankende Steuerquote resultiert aus der Aufwands- und Ertragsstruktur mit unterschiedlicher steuerlicher Behandlung. Diese schlägt sich in einer vom erwarteten zum effektiven Steueraufwand bzw. dem Steuersatz abweichenden Größe nieder, die durch die Überleitungsrechnung im Jahresabschluss zu erklären ist (→ § 26 Rz 243). Eine abweichende Regelung für die Zwischenberichterstattung hätte einer besonderen Regelung in IAS 34 bedurft.

28 Dieses Auslegungsergebnis lässt sich auch aus IAS 34 B 14 Satz 2 ableiten.[16] Danach kann z. B. einer (unterstellt) steuerfreien Dividende ein Steuersatz von null zugeordnet werden (Grenzfall eines von der Norm abweichenden Steuersatzes).

---

[16] Vgl. LÜDENBACH, PiR 2008.

Beispiel[17]

	Mio. EUR
Gewinn vor Steuern im 1. Halbjahr	5
Gewinn vor Steuern im 2. Halbjahr	15
Dividende (steuerfrei) im 2. Halbjahr	5
„Gesamtgewinn"	25

Der Steuersatz errechnet sich wie folgt:

$$\frac{\text{Steuern}}{\text{Ergebnis vor Steuern}} = 30\,\% \times \frac{20}{25} = \frac{6}{25} = 24\,\%$$

Darauf ergäbe sich ein Steueraufwand für das 1. Halbjahr von 5 Mio. EUR × 24 % = 1,2 Mio. EUR (vgl. aber Rz 23 f.).

Mit IAS 34.30c kann diese Lösung nicht begründet werden, da die „Income Tax Rate" nicht definiert ist. Wertet man dagegen den Steuersatz von null als Grenzwert i. S. d. IAS 34 B 14, dann ist auf die Dividende – und **nur** auf diese – der Tarif von 0 % anzuwenden. 29

Beispiel
In Fortführung des Beispiels unter Rz 28 beträgt dann der Steueraufwand im 1. Halbjahr 30 % von 5 Mio. EUR = 1,5 Mio. EUR.

Außerdem wird diese Standardauslegung durch eine Analogie zu IAS 34 B 19 gestützt. Danach sind Sondereinflüsse *(one time event)* durch Steuergutschriften in **der** Periode zu vereinnahmen, in der das Ergebnis eintritt.

Vorstehende konzeptionelle Überlegungen mögen für den Praktiker auf den 1. Blick zu vieles offenlassen, denn ihm geht es nicht um Konzepte, sondern um die **Lösung** seines Falles. Bei 2. Hinsehen bieten sich **kasuistische** Antworten entsprechend den Einzelregelungen von IAS 34 mit den dort in den Anhängen aufgeführten Beispielen an. Dieser pragmatische Ansatz wird ergänzt durch die vom Standard ohnehin aus *Cost-Benefit*-Gesichtspunkten (Rz 1) gewährten **Vereinfachungen** (Rz 36) und das bei der Zwischenberichterstattung noch mehr ins Gewicht fallende **Schätzungs**erfordernis für sehr viele Bilanzposten (Rz 37). 30

3.2 Kasuistik häufiger Sachverhalte

3.2.1 Jahresendvergütungen an Mitarbeiter (Boni)

IAS 34.B5 liefert ein Beispiel zur unterjährigen Erfassung von kurzfristig fälligen, leistungs- oder gewinnabhängigen **Vergütungen** (Gratifikationen, Tantiemen) an Arbeitnehmer i. S. d. IAS 19.8 (→ § 22 Rz 76). Diese sind im Zwischenabschluss sowie im Jahresabschluss nach Maßgabe von IAS 37.14 (→ § 21 Rz 18) 31

---

[17] Nach LÜDENBACH, PiR 2008.

anzusetzen. Die Ansatzkriterien sind auch am Stichtag des Zwischenabschlusses erfüllt (Rz 17), da die vom Arbeitnehmer geschuldete Gegenleistung bis dahin zeitanteilig erbracht worden ist. Entsprechend nimmt IAS 34.B6 Bezug auf die Formulierung in IAS 34.39 und verlangt einen Rückstellungsansatz „retrograd" durch Vorwegnahme des Aufwandes („*anticipate*"). Allerdings bleibt das „Volumen" des Aufwandes undefiniert.

> **Beispiel**[18]
> Ein Mitarbeiter erhält vertraglich eine von bestimmten Kriterien abhängige Jahressonderzahlung. Zum 31.3. wird diese auf 16.000 EUR für das Gesamtjahr geschätzt, am 30.6. auf 20.000 EUR. Unabhängig von dem diskreten oder integrativen Ansatz ergibt sich folgende Aufwandsentwicklung.
>
> | | 1. Quartal | 2. Quartal | 3. Quartal | 4. Quartal | Jahr |
> | --- | --- | --- | --- | --- | --- |
> | Rückstellung | 4.000 | 10.000 | 15.000 | 20.000 | 20.000 |
> | Aufwand | 4.000 | 6.000 | 5.000 | 5.000 | 20.000 |

I. S. e. Sammelbewertung ist dabei die mutmaßliche Mitarbeiterfluktuation gem. IAS 19.18 zu berücksichtigen. Diese Betrachtungsweise wird für den unterjährigen Abschluss durch IAS 34 allerdings nicht förmlich bestätigt.[19] Eine zeitanteilige Aufwandsverrechnung ergibt sich in jedem Fall nach Maßgabe des integrativen Ansatzes, u. E. aber auch aus Sicht des *discrete View* (Rz 17).[20] Ein Ansatzkriterium für Verbindlichkeiten/Rückstellungen stellt das **Vergangenheits**ereignis dar (→ § 21 Rz 20). Dieses ist nicht (nur) durch Rechtsansprüche, sondern auch durch wirtschaftliche Leistungselemente definiert. Die Verbindlichkeit wächst bis zur Erfüllung durch die erbrachte Arbeitsleistung an.

> **Beispiel**
> Der Arbeitnehmer im vorstehenden Beispiel stellt seine Tätigkeit am 31.5. ein, um ein unbezahltes Sabbatjahr wahrzunehmen. Die Jahressonderzahlung wird dann nur anteilig ausbezahlt.
>
> **Abwandlung**
> Für einen schwierigen auf 3 Jahre fest vereinbarten Auslandseinsatz mit Beginn am 1.1.01 erhält ein leitender Ingenieur eine Jahressonderzahlung von 50 TEUR, insgesamt also 150 TEUR, zahlbar nach dem Ende des Auslandseinsatzes. Im Jahresabschluss zum 31.12.01 sind 50 TEUR und nicht 150 TEUR über Verbindlichkeit dem Aufwand zu belasten – konkret im 1. Quartal 01 12.500 EUR.
> Diese – zeitanteilige bzw. integrative – Lösung entspricht auch der Vorgehensweise bei der Aufwandsverrechnung für Aktienoptionen (→ § 23).

---

[18] Nach ALVAREZ, PiR 2006, S. 225.
[19] Vgl. hierzu HEBESTREIT, in: BECK'SCHES IFRS-Handbuch, 4. Aufl., 2013, § 43, Tz 88.
[20] A. A. ALVAREZ, PiR 2006, S. 325.

3.2.2 Bedingte Leasingzahlung

IAS 34.B7 stellt den Fall einer **bedingten** Leasingzahlung dar (→ § 15 Rz 59). Der Leasingvertrag kann eine bedingte Zahlungsverpflichtung des Leasingnehmers bei Erreichen eines bestimmten **Jahres**umsatzes vorsehen. In diesem Fall ist eine ansatzpflichtige Verbindlichkeit für den Zwischenabschluss schon dann anzunehmen, wenn (zum Zwischenabschlussstichtag) das Jahresziel zwar noch nicht erreicht ist, aber vom Erreichen bis zum Jahresende ausgegangen werden kann. Dies entspricht der Differenzierung zwischen Mengen- und Preiskomponente (Rz 23). Daraus ist u. E. – mit der vorstehenden Begründung (Rz 31) zur Jahressonderzahlung an Mitarbeiter – eine unterjährige Aufwandsabgrenzung abzuleiten, andererseits wird auch die Einbuchung der mutmaßlichen vollen Jahresverpflichtung befürwortet, sobald die Zielerreichung in Aussicht steht,[21] oder eine erstmalige Berücksichtigung erst dann, wenn die Jahresbezugsgröße erreicht ist.[22]

32

3.2.3 Vergütete Nichtarbeitszeiten

Nach IAS 19.11 (→ § 22 Rz 2) sind zu unterscheiden:
- **ansammelbare** Ansprüche aus Urlaubsgewährung und Gleitzeitguthaben,
- **nicht ansammelbare** Ansprüche aus Krankheit, Erziehungsurlaub, sonstige Abwesenheitszeiten *(sabbaticals)*.

IAS 34.B10 differenziert entsprechend:
Rückstellungen sind **nur** für – am Stichtag bestehende – **ansammelbare** Ansprüche zu bilden, da dann eine entsprechende ansatzbegründende Verpflichtung besteht. Diese ist mit einer unterstellten Abgeltung für die bis zum Stichtag aufgelaufenen Ansprüche (Arbeitsfreistellung) zu bewerten. Das gilt auch für den Zwischenabschluss, selbst wenn bis zum Stichtag des Jahresabschlusses mit einer Kompensation zu rechnen ist.[23] U. E. entspricht diese Lösung sowohl dem eigenständigen (Rz 17) als auch dem integrativen (Rz 22) Ansatz.

33

3.2.4 Mengenrabatte und Ähnliches

Vertraglich fixierte Mengenrabatte und ähnliche Preisänderungen sind nach IAS 34.B23 sowohl vom Empfänger als auch vom leistenden Unternehmen periodengerecht abzugrenzen *(anticipate)*, sofern am Stichtag des Zwischenabschlusses eine **Wahrscheinlichkeit** des Eintretens besteht. Auch bei ihnen stellt sich die Frage, ob nach dem eigenständigen Ansatz[24] der mutmaßliche **Gesamt**betrag des Jahres in den Zwischenabschluss einzustellen ist oder eine **zeitanteilige** Zuordnung nach dem integrativen Ansatz erfolgen muss.[25] U. E. ist wieder mit der Begründung unter Rz 31 die **zeitanteilige** Einbuchung **vorzugswürdig**. Das gilt gleichermaßen für **Rabatt**ansprüche und -verpflichtungen mit

34

---

21 So ALVAREZ, PiR 2006, S. 226, und BAETGE ET AL., Rechnungslegung nach IAS, 2. Aufl., IAS 34, Tz 151.
22 PEEMÖLLER, in: WILEY, IAS/IFRS, 2005, Abschn. 19, Tz 11.
23 So auch HEBESTREIT, in: BECK'sches IFRS-Handbuch, 4. Aufl., 2013, § 43, Tz 87; ALVAREZ, PiR 2006, S. 226; a. A. BAETGE ET AL., Rechnungslegung nach IAS, 2. Aufl., IAS 34, Tz 151.
24 So ALVAREZ, PiR 2006, S. 226.
25 So AMMEDICK/STRIEDER, Zwischenberichterstattung börsennotierter Gesellschaften, 2002, Tz 428; HEBESTREIT, in: BECK'sches IFRS-Handbuch, 4. Aufl., 2013, § 43, Tz 86; PEEMÖLLER, in: WILEY, IAS/IFRS, 2005, Abschn. 19 Tz 51.

progressiv gestalteter Wertkomponente (Rz 23, 1. Beispiel), **nicht** aber für Sonderrabatte und ähnliche verkaufsfördernde Maßnahmen.

> **Beispiel**
> **Sachverhalt**
> Unternehmer K erhält für Einkäufe von V auf Jahresbasis Rabatte nach folgender Maßgabe:
>
> | | |
> |---|---|
> | bis 1.000 Stück | 1 % vom Einkaufspreis |
> | bis 2.000 Stück | 2 % vom Einkaufspreis |
> | ab 2.000 Stück | 3 % vom Einkaufspreis. |
>
> Üblicherweise werden die meisten Einkäufe im 4. Quartal getätigt. Im 1. Quartal sind 300 Stück eingekauft worden. K rechnet zum Ende des 1. Quartals mit einem Jahresbezug von 3.500.
>
> **Lösung**
> Entsprechend der „Arbeitsteilung" von integrativen und diskreten Elementen (Rz 23) wird im Abschluss für das 1. Quartal auf den Einkauf von 300 Stück ein Rabattsatz von 3 % angewandt.
>
> **Abwandlung des Sachverhaltes**
> K hat einen Bilanzstichtag 30.6., V den 31.12. Der Rabattsatz bestimmt sich nach dem Volumen des Bezuges im Kalenderjahr. Am (regulären) Bilanzstichtag 30.6.01 hat K 900 Stück eingekauft. Er rechnet mit einem Einkaufsvolumen bis zum 31.12.01 von 2.300 Stück. Zum 30.6.01 ist auf die **Menge** von 900 Stück der Rabattsatz von 3 % (Preiskomponente) anzuwenden. Das gleiche Ergebnis gilt für V im Zwischenabschluss zum 30.6.01 bei einer gleichen Einschätzung des Verkaufsvolumens.

Im „regulären" und im Zwischenabschluss stellt sich das **gleiche** Ergebnis heraus. Integrativer und diskreter Ansatz führen zur gleichen Lösung.

3.2.5 *Impairment*-Abschreibung und Wertaufholung

35 Nach IAS 34.B36 sind für den Zwischenbericht die gleichen Kriterien für den *Impairment*-Test und die Wertaufholung anzulegen wie für den Jahresabschluss. Für folgende Vermögenswerte besteht nach den IFRS ein Wertaufholungs**verbot** nach vorheriger *Impairment*-Abschreibung:
- *Goodwill* aus einem Unternehmenszusammenschluss nach IAS 36.124 (→ § 11 Rz 219).
- Hilfsweise zu Anschaffungskosten bewertete Eigenkapitalinstrumente (Anteile) nach IAS 39.66 (→ § 28 Rz 147)

Bei *available-for-sale*-Eigenkapitalinstrumenten ist nach IAS 39.69 die außerplanmäßige Abschreibung GUV-wirksam, die Wertaufholung hingegen erfolgsneutral (→ § 28 Rz 166).

Daraus stellt sich im Hinblick auf die Zwischenberichterstattung die Frage: Gilt das Wertaufholungsverbot bzw. die Erfolgsneutralität der Wertaufholung auch dann, wenn zum Stichtag eines Zwischenberichtsabschlusses die Wertminderung gegeben war, bis zum Ende des Jahresabschlusses oder eines vorhergehenden Zwischenabschluss der Wertminderungsgrund aber weggefallen ist? Die Antwort darauf differiert je nach Gültigkeit des **eigenständigen** (Rz 17) oder des (eng interpretierten) **integrativen** Ansatzes (Rz 22): Im erstgenannten Fall wird „streng" stichtagsbezogen betrachtet; eine einmal eingetretene Wertminderung verhindert eine spätere (erfolgswirksame) Wertaufholung. Im 2. Fall wird der Wertminderungstatbestand am Stichtag des Zwischenabschlusses ignoriert, es wird ausschließlich auf die Wertverhältnisse am Jahresabschlussstichtag abgehoben, damit das Jahresergebnis von der Häufigkeit der Zwischenberichterstattung unberührt bleibt.

IFRIC 10.8 schreibt für die genannten Fälle den **eigenständigen** Ansatz vor und gibt damit bei Konfliktfällen IAS 34.28 Satz 1 Vorrang vor IAS 34.28 Satz 2. Ein solcher **Konflikt** liegt im Gegensatz zur „Versöhnung" zwischen integrativem und diskretem Ansatz nach den nachfolgenden Beispielen hier vor. Die *impairment*-Abschreibung lässt sich als Einmaleffekt nicht in Menge und Preis „zerlegen". Dazu folgendes Beispiel:

> **Beispiel**
> Die Unternehmen A und B haben den Abschlussstichtag 31.12. Sie halten jeweils 100 Aktien der XYZ AG, die als *available for sale* (→ § 28 Rz 148) qualifiziert sind. A erstattet vierteljährlich Zwischenbericht, B veröffentlicht keine Zwischenberichte.
> Zum 31.3. nimmt A eine erfolgswirksame *impairment*-Abschreibung von 30 auf die XYZ-Aktien vor. Bis zum 30.6. steigt der Kurs der XYZ-AG-Aktien unerwartet wieder auf das zuvor bestehende Kursniveau, der Grund für die Wertminderungsabschreibung zum 31.3. fällt weg.
> • Im 2. Vierteljahresabschluss der A wird die vorgenommene Wertminderung erfolgsneutral aufgeholt. Im Jahresabschluss entsteht ein Aufwand von 30.
> • Die B bucht keinen Aufwand, da zum Bewertungsstichtag (31.12.) keine Wertminderung mehr vorliegt.

Im Ergebnis bestimmt die Häufigkeit der Zwischenberichterstattung die erfolgsmäßige Abbildung ein und desselben Sachverhaltes und beeinträchtigt entsprechend die zwischenbetriebliche Vergleichbarkeit von Zwischen- und Jahresabschlüssen.

> **Beispiel**
> Die Unternehmen A und B haben den Abschlussstichtag 31.12. Sie halten jeweils 50 % am *Joint Venture* X und konsolidieren den Anteil quotal (→ § 34 Rz 29ff.), A erstattet vierteljährlich Zwischenberichte, B veröffentlicht keine Zwischenberichte.
> Zum 31.3. nimmt A eine *goodwill*-Abschreibung von 30 auf das *joint venture* vor. Bis zum Jahresende ist der Grund für die Wertminderungsabschreibung entfallen.
> • Im Jahresabschluss der A entsteht ein Aufwand von 30. Der *goodwill* ist wegen des Wertaufholungsverbotes um 30 niedriger als im Vorjahr.
> • Die B bucht keinen Aufwand und keine Minderung des *goodwill*, da zum Bewertungsstichtag (31.12.) keine Wertminderung vorliegt.

Diese aus dem eigenständigen Ansatz abgeleitete Lösung des IFRIC soll nach IFRIC 10.9 **nicht** analog auf **andere** Sachverhalte angewandt werden. Diese Aussage lässt offen, ob in analogen Fällen gerade umgekehrt IAS 34.28 Satz 2 Vorrang zu geben ist oder nach Belieben verfahren werden kann.

Weitere Unklarheiten können sich ergeben, wenn im Jahresverlauf sowohl Zwischenberichte nach IAS 34 als auch einfachere Finanzinformationen veröffentlicht werden.

> **Beispiel**
> Sachverhalt wie im Beispiel unter Rz 4 mit folgender Ergänzung:
> Am 31.3. war eine *impairment*-Abschreibung auf ein zu Anschaffungskosten bewertetes Eigenkapitalinstrument, z. B. Aktien, erforderlich. Diese Abwertung ist in der Finanzinformation zu diesem Stichtag enthalten.
> - Variante 1: Zum 30.6. ist in vollem Umfang eine Wertaufholung zu verzeichnen.
> - Variante 2: Zum 30.6. ist der Wertverlust unverändert, zum 30.9. liegt eine vollständige Wertaufholung vor.
>
> Die Lösung hängt von der **Qualifikation** der Finanzinformationen zum 31.3. und 30.9. ab.
>
> **Lösung 1**
> - Wenn nur der IAS 34-konforme Halbjahresbericht und damit IFRIC 10 beachtlich ist, kann die Wertaufholung zum 30.6. in der Variante 1 verbucht werden. In Variante 2 kommt eine Wertaufholung nicht in Betracht.
>
> **Lösung 2**
> - Wenn IFRIC 10 auch auf die Zwischeninformationen zum 31.3. und 30.9. anzuwenden ist, kommt in Variante 1 und 2 eine Verbuchung der Wertaufholung nicht in Betracht.
>
> Wir favorisieren die Lösung 1 mit folgender Begründung: IFRIC 10 befasst sich „auftragsgemäß" mit dem Konflikt zwischen IAS 39.69 und IAS 34. Die Zwischenfinanzberichte unterliegen aber gerade nicht dem Reglement des IAS 34.

3.2.6 Vereinfachte Bewertungstechniken

36 In IAS 34.B und C sind auch eine Reihe von Beispielen enthalten, die i. S. d. *Cost-Benefit*-Betrachtung (Rz 1) **Vereinfachungen** illustrativ, also nicht abschließend, für typische Bilanzierungsfragen auflisten.
- **Rückstellungen** (Rz 30) für Pensionen, Garantien, Rechtsstreitigkeiten oder Rekultivierungsverpflichtungen können im Zwischenabschluss oftmals mittels pauschaler Fortschreibung der Vergangenheit oder aufgrund von Schätzungen ermittelt werden. Die Einbeziehung externer Experten zur Wertfindung ist nicht erforderlich.
- Im **Vorratsvermögen** (Rz 17) ist bei angemessener Bestandsführung keine **Inventur** notwendig und die Bewertung kann bei Vorliegen entsprechender Informationen anhand von **Stichproben** oder aufgrund geschätzter Gewinnmargen erfolgen. Bei Anwendung der **Standardkostenmethode** sind auslastungsbedingte Schwankungen auch unterjährig in der Bewertung zu berücksichtigen. Gleiches gilt für Verluste aufgrund **gesunkener Verwertungspreise**.

- **Erwartete Boni, Rabatte und Skonti** sind sowohl auf der Absatz- wie auf der Beschaffungsseite zu berücksichtigen, sofern deren Erstattung am Jahresende verbindlich geregelt ist. Erhoffte Nachlässe oder Nachlässe ohne Verpflichtung sind nicht anzusetzen (Rz 34).
- Erfolgt eine **Neubewertung** von Anlagevermögen gem. IAS 16 (→ § 8 Rz 70 ff.) oder eine *Fair-Value*-Bewertung gem. IAS 40 (→ § 16 Rz 54), so kann diese möglicherweise ohne externe Gutachten erfolgen. Ein *impairment*-Test gem. IAS 36 (→ § 11 Rz 13 ff.) ist nur dann im Detail vorzunehmen, wenn Hinweise auf Abwertungsbedarf vorliegen.
- In der **Abstimmung** innerkonzernlicher Positionen kann unterjährig weniger gründlich vorgegangen werden als am Jahresende (→ § 32 Rz 123).
- Gewinne oder Verluste aus **Fremdwährungsgeschäften** (→ § 27 Rz 28) sind auch unterjährig zu vereinnahmen, unabhängig davon, ob bis Jahresende eine entsprechende Umkehr erwartet wird oder nicht.

3.2.7 Änderungen von Schätzungen und Bewertungsmethode

Implizit geht der **Vereinfachungs**gedanke auch aus IAS 34.26 hervor. Dort sind abweichend zu den vergleichbaren anderen Standards, die sich mit Ansatz- und Bewertungsfragen befassen, die **Schätzungserfordernisse besonders** angesprochen. Eine mögliche Interpretation ist jedenfalls: Bei der Zwischenabschlusserstellung kann im Schätzungsprozess eher **großzügig** verfahren werden. Wenn sich dann bei der Erstellung des Jahresabschlusses ein wesentliches Änderungserfordernis im Schätzungsprozess herausstellt, ist dies im Anhang zum Jahresabschluss zu erläutern. Außerdem erlaubt IAS 34.41 eine großzügigere Anwendung von Schätzungen im Zwischenabschluss im Vergleich zur Jahresrechnung. Schätzungsanpassungen sind im laufenden Zwischenabschluss, also prospektiv, zu erfassen (IAS 34.35).

Neben der Änderung von Schätzungen können sich unterjährig auch **Änderungen** der angewandten **Bilanzierungs- und Bewertungsmethoden** ergeben (Rz 17). Gem. IAS 8 sind die daraus resultierenden kumulierten Umstellungseffekte erfolgsneutral im Ergebnisvortrag zum Beginn der dargestellten Perioden aufzunehmen (→ § 24 Rz 28). Danach müssen sowohl die bisherigen für das laufende Jahr vorgelegten Zwischenabschlüsse als auch die entsprechenden Vergleichszahlen der Vorperiode rückwirkend **angepasst** werden. Eine **Befreiung** hiervon besteht lediglich dann, wenn die Anpassung nur mit einem unzumutbar hohen Aufwand durchführbar wäre (IAS 34.43 f. i. V. m. IAS 8.23 ff.). Vgl. hierzu → § 24 Rz 28 ff.

4 Angaben

Neben den zusammenfassenden Zahlenangaben (Rz 15) muss ein Zwischenbericht gem. IAS 34.15 ff. auch wesentliche Ereignisse und Transaktionen (*significant events and transactions*) enthalten. Die Auswahl der offenzulegenden Informationen erfolgt unter Annahme, dass dem Leser des Zwischenberichts auch der **vorhergehende vollständige Jahresabschluss** nach IFRS bekannt ist. Da der Zwischenbericht eher der kurzfristigen Information dient, sind nur solche Anhangsangaben zwingend, die **wesentliche Veränderungen** zu den dem letzten Jahres- oder Konzernabschluss zugrunde liegenden wirtschaftlichen Verhältnissen aufzeigen, um so den Adressaten auf dem neuesten Stand der Unternehmensentwicklung zu halten (Rz 1). Dem Adressaten soll ein *update* der relevanten Informationen geliefert werden (IAS 34.15). Die Offenlegung weiter gehender Angaben wird teilweise sogar als kontraproduktiv angesehen, da sie von den eigentlich **wichtigen** Entwicklungen ablenken und diese in den Hintergrund drängen kann.[26]

Zum Erfordernis einer Anhangerläuterung, die in der **strukturellen** Änderung von **wesentlichen** Unternehmensdaten gegenüber dem letzten Jahresabschluss begründet ist, folgendes Beispiel:

> **Beispiel**
> **Sachverhalt**
> Unternehmen F hatte in den letzten Jahren eine stetige Umsatzentwicklung mit jeweils geringen Zuwachsraten ausgewiesen. Aufgrund von plötzlich eintretenden Änderungen im Nachfrageverhalten wichtiger Abnehmer ist im 1. Halbjahr 01 der Umsatz um 30 % eingebrochen. Dies hätte an sich eine sofortige Reduktion der Produktion unter Einführung von Kurzarbeit und nennenswerte Entlassungen von Mitarbeitern bedingt. Stattdessen hat das Management die sonst am Markt einstweilen nicht verkäufliche Produktion an verschiedene nahestehende Personen fakturiert und so einen stetigen Umsatz ausgewiesen.
>
> **Lösung**
> Im Anhang des betreffenden Zwischenabschlusses ist auf diesen Sachverhalt (→ § 30) speziell einzugehen, weil er im letzten Jahresabschluss nicht vorgelegen hat.

Unabhängig von der Berichterstattungspflicht für wesentliche **Änderungen** gegenüber den im letzten Jahres-Geschäftsbericht aufgeführten Fakten unterliegen die Beziehungen zu **nahestehenden Personen** einer **besonderen** Beobachtung: Nach § 37w Abs. 4 WpHG (und DRS 16.50) sind bei der Zwischenberichterstattung inländischer Aktienemittenten die wesentlichen Geschäfte mit **nahestehenden Personen** entweder im Zwischen-Lagebericht oder im Anhang anzugeben. IAS 34.15B(j) verlangt die Angabe von Transaktionen mit nahestehenden Personen und Unternehmen, sofern sie „signifikant" sind. Diese Vorgabe entspricht inhaltlich derjenigen in § 37w Abs. 4 WpHG, wonach „wesentliche Geschäfte des Emittenten mit nahestehenden Personen der Angabepflicht unterliegen". Daraus lässt sich ohne Weiteres **negativ** folgern: Bei **unwesentlichen** bzw. nicht signifikanten Transaktionen mit nahestehenden Personen etc. ist **keine** Angabe im Zwischenbericht bzw. im Zwischen-Lagebericht erforderlich. Weiter stellt sich aber noch die Frage, ob Wesentlichkeit bzw. Signifikanz **statisch** (aktuelle Größenordnung) oder nicht vielmehr **dynamisch** (Änderung gegenüber dem letzten Jahresabschluss) zu würdigen sind. Für eine dynamische Interpretation spricht die Aufforderung von IAS 34.15.A (Rz 8), die Kenntnis des letzten Jahresabschlusses durch den Zwischenberichtsadressaten zu unter-

---

[26] Vgl. ALVAREZ/WOTSCHOFSKY, 2000, S. 56; vgl. dazu auch KPMG, Insights into IFRS, 2014/2015, Tz 5.9.60.50.

stellen und deshalb keine insignifikanten *updates* zu den Informationen des letzten Jahresabschlusses zu geben. Danach wären nur wesentliche **Änderungen** in Verhältnissen zu nahestehenden Personen darzustellen.[27] Gegen eine solche Auslegung spricht möglicherweise DRS 16.50, der (kumulativ) Angaben zu
- **Geschäften** mit Nahestehenden, die einen wesentlichen Einfluss auf die wirtschaftliche **Lage** ausüben, und
- **Änderungen** von Geschäften mit Nahestehenden, die im letzten Konzernabschluss angegeben worden sind, sofern sie wesentlichen Einfluss auf die wirtschaftliche Situation haben,

verlangt.
Unabhängig von der Frage, ob Wesentlichkeit vorrangig dynamisch oder zusätzlich auch statisch zu interpretieren ist, gilt u. E.: Zu den als wesentlich/signifikant identifizierten Geschäften sind quantitative Angaben zu leisten, qualitative reichen nicht aus.
Vgl. auch Rz 43.
In der Praxis wird der Wesentlichkeit und Signifikanz teilweise keine Bedeutung beigemessen, in den Zwischenberichten 2013 daher das gleiche Format wie für den „regulären" Geschäftsbericht verwendet
IAS 34.15B enthält eine (keine abschließende) Aufzählung möglicher Ereignisse und Transaktionen, über die ggf. bei **Wesentlichkeit** zu berichten ist. Nicht erschöpfend werden folgende Sachverhalte aufgeführt:
- Abschreibungen und Zuschreibungen auf Vorratsvermögen (→ § 17 Rz 32 ff.);
- Erfassung von *impairment*-Verlust auf Finanzvermögen (→ § 28 Rz 125), Sachanlagen und immaterielle Anlagewerte (→ § 11 Rz 14 ff.) und sonstige Vermögenswerte sowie die entsprechenden Zuschreibungen;
- Kauf und Verkauf von Sachanlagen und Ausrüstung;
- Verpflichtungen zum Kauf von Sachanlagen und Ausrüstung;
- eingegangene Gerichtsverfahren;
- Korrektur von Bilanzierungsfehlern (*errors*) in früheren Perioden (→ § 24 Rz 41);
- Änderungen im Geschäftsmodell oder in den ökonomischen Umweltbedingungen, die sich auf die *fair values* von Vermögenswerten und Schulden beziehen, auch wenn die Verbuchung *at amortised cost* erfolgt ist (→ § 28 Rz 117);
- Verstöße gegen Darlehensbedingungen;
- Geschäftsvorfälle mit Nahestehenden (Rz 38);
- Wechsel in der Anwendung der *fair-value*-Hierarchie bei entsprechender Bewertung von Finanzinstrumenten (→ § 31 Rz 101);
- Änderung der Klassifizierung von Finanzinstrumenten wegen angepasstem Verwendungszweck;
- Änderungen bei nicht bilanzierten (*contingent* → § 21 Rz 119 ff.) Vermögenswerten und Schulden.

39

---

[27] So PwC Manual of Accounting, IFRS 2012 31.105.1.

Zu dem letztgenannten Aufzählungspunkt folgendes Beispiel:

> **Beispiel**
> Das Maschinenbauunternehmen M ist im Jahr 01 in einen Passivprozess wegen Patentverletzung eingetreten. Die Wahrscheinlichkeit einer Verurteilung wurde bei Bilanzerstellung für 01 als sehr geringfügig (*remote*) eingestuft (→ § 21 Rz 183). Im Zwischenberichtszeitraum ist eine Beweiserhebung vor Gericht erfolgt, wonach der Rechtsvertreter der M die Rechtslage nicht mehr ganz so positiv beurteilt, andererseits aber auch nicht mit einiger Wahrscheinlichkeit von einer Verurteilung ausgeht. Daraufhin wird in den Anhang des Zwischenberichtes ein entsprechender Hinweis aufgenommen.

40 Als **Mindestumfang** ist gem. IAS 34.16A der folgende **Katalog** von Anhangsangaben in einen Zwischenabschluss aufzunehmen, sofern diese sich nicht aus anderen Elementen des Abschlusses ergeben und für das Verständnis der vergangenen Zwischenberichtsperiode oder des gesamten Zeitraums seit dem letzten Jahresabschluss von Bedeutung sind:
- Hinweis auf **Veränderungen** bei den angewandten **Bilanzierungs- und Bewertungsmethoden** und die sich hieraus ergebenden Auswirkungen auf Ergebnis, Ergebnis je Aktie und das Eigenkapital sowie weitere wesentliche betroffene Positionen des Zwischenabschlusses. Sind keine Veränderungen erfolgt, so ist dies durch eine entsprechende ausdrückliche Aussage zu bestätigen.

> **Beispiel**
> Ein Unternehmen entscheidet sich zur Ausübung des Wahlrechtes der Neubewertungsmethode für das Sachanlagevermögen nach IAS 16.31 (→ § 8 Rz 70ff.).

- Erläuternde Angaben über eventuelle **saisonale** oder **zyklische Eigenheiten** des Geschäfts des Unternehmens.

> **Beispiel**
> Ein Sportwagenhersteller überlegt, erstmals Zwischenberichte nach IFRS zu veröffentlichen. Die Verkaufszahlen und damit die Umsatzerlöse und das Ergebnis schwanken unterjährig jedoch erheblich, wobei traditionell im Frühjahr ein wesentlich höheres Absatzvolumen erzielt wird als im Herbst.
> Um bei der Analyse von Zwischenabschlüssen nachhaltige Umsatzveränderungen von rein saisonal bedingten Absatzschwankungen zu trennen, könnten – über das ohnehin darzustellenden Vorjahr – im Anhang entsprechende Erfahrungswerte aus den vergangenen Jahren aufgenommen werden. Die Sorge, Zwischenberichte würden bei saisonalen Geschäften zu unerwünschten kurzfristigen Reaktionen des Kapitalmarkts führen, scheint vor diesem Hintergrund unbegründet.

- Erläuterung von **Sachverhalten**, die sich auf Aktiva, Verbindlichkeiten, Eigenkapital, Ergebnis oder *Cashflow* auswirken und aufgrund ihrer Höhe, ihrer Art oder des Rhythmus ihres Auftretens **ungewöhnlich** sind.

> **Beispiel**
> Durch eine Änderung im angebotenen Produktspektrum kann eine Fertigungsstraße nicht mehr wie geplant genutzt, sondern muss verschrottet werden. Es kommt zu einer *impairment*-Abwertung gem. IAS 36 (→ § 11 Rz 13 ff.).

- Änderungen von in Vorperioden erfolgten **Schätzungen**.

> **Beispiel**
> Im letzten Jahresabschluss wurde eine hohe Rückstellung für Restrukturierungsmaßnahmen gebildet. Durch eine Sondervereinbarung mit dem Betriebsrat kann die Unternehmensleitung einen Teil der befürchteten Entlassungen durch ein neues Arbeitszeitmodell vermeiden. Die für den Sozialplan gebildete Rückstellung wird nicht benötigt und kann ergebniswirksam aufgelöst werden.

- Ausgabe, Erwerb oder Rückzahlung von **Eigen- oder Fremdkapitalpapieren**.
- **Ausgezahlte Dividenden** für jede ausstehende Aktiengattung, wobei die Angabe in Summe des gezahlten Betrages oder pro Aktie geschehen kann.
- Eine eingeschränkte **Segment**berichterstattung nach einer Auswahl von Angabepflichten nach IFRS 8 (→ § 36).
- **Nach dem Stichtag** des Zwischenabschlusses liegende Ereignisse, sofern diese noch nicht im Zwischenabschluss Berücksichtigung gefunden haben.

> **Beispiel**
> Das 1. Quartal eines Pharmaunternehmens endet am 31.3. Am 5.4. kommt es zu einer Verfügung der Gesundheitsbehörde, wonach eines der wichtigsten Medikamente wegen vermuteter schädigender Nebeneffekte vom Markt zu nehmen ist.

- Auswirkungen von **Veränderungen** in der **Zusammensetzung** der berichtenden Unternehmenseinheit, die während der Zwischenperiode aufgetreten sind. Dies umfasst Erst- und Entkonsolidierungen, den Erwerb und die Veräußerung von Beteiligungen und assoziierten Unternehmen, Restrukturierungen sowie nicht fortgeführte Geschäftsbereiche *(discontinued operations)*.

Zur **Segmentberichterstattung** bestehen nach IAS 34.16A(g) folgende Angabepflichten:
- Segmenterlöse mit externen Kunden und mit anderen Segmenten, sofern sie im ausgewiesenen Segmentergebnis enthalten sind,
- Segmentergebnis,
- wesentliche Veränderungen des Segmentvermögens, soweit hierüber regelmäßig an den CODM berichtet wird und sich gegenüber dem letzten Jahresabschluss wesentliche Änderungen ergeben haben (→ § 36 Rz 97),
- Darstellung wesentlicher Veränderungen der Segmentierung oder der Bewertung,
- Überleitungsrechnung von den Segmentergebnissen zum Unternehmensergebnis.

41 Die konkrete **Art und Weise**, in der die vorstehend dargestellten Offenlegungen und Angaben zu erfolgen haben, ist in IAS 34 nicht explizit geregelt. IAS 34.15B verweist hierzu auf diejenigen Stellen der IFRS, in denen die betreffenden Offenlegungen für Zwecke des Jahresabschlusses festgelegt sind. I. d. R. sind dies die Hinweise zum *disclosure* bei den jeweiligen Einzelstandards, soweit sie die entsprechenden Bilanzposten betreffen, oder explizite Regelungen zu Anhangsangaben (z. B. IAS 37 zu *contingent liabilities*). Sofern sich somit dem **Grunde** nach zwingende Anhangsangaben in einem Zwischenbericht ergeben, sind für diese Bereiche in **inhaltlicher** Hinsicht die für einen vollständigen Jahresabschluss üblichen Angaben vorzunehmen. In **zeitlicher** Hinsicht müssen die Angaben für den gesamten Zeitraum seit dem vorhergehenden Jahresabschluss erfolgen, nicht nur – sofern vom kumulierten Zeitraum abweichend – für die unmittelbar zu Ende gehende Zwischenperiode.

Nach dem AIP 2012–2014 Cycle müssen bestimmte Anhangangaben in der Zwischenberichterstattung nicht zwingend im Zwischenbericht selbst erfolgen, sofern sie an anderer Stelle dem Adressaten mitgeteilt werden (IAS 37.16A). Voraussetzungen hierfür sind:
- Querverweise im Zwischenbericht in die weiteren Informationsdokumente.
- Verfügbarkeit dieses Dokuments für die Nutzer der Zwischenberichterstattung unter den gleichen Bedingungen und zur gleichen Zeit.

Aus deutscher Sicht ist damit insbesondere der Zwischenlagebericht angesprochen.
Auf die **Checkliste „Abschlussangaben"** wird verwiesen (→ § 5 Rz 8).

5 Zwischenberichterstattung nach Börsenrecht und TUG

42 Eine **gesetzliche Pflicht** zur Zwischenberichterstattung ergibt sich in Deutschland aus § 40 **BörsG**. Demnach haben börsennotierte Unternehmen innerhalb des Geschäftsjahres regelmäßig mindestens einen Zwischenbericht (also **Halbjahresberichterstattung**) zu veröffentlichen. Nähere Details insbesondere hinsichtlich des Umfangs der erforderlichen Angaben wurden zunächst in §§ 53–62 der **Börsenzulassungsverordnung** geregelt.[28] Darüber hinaus haben Unternehmen, die im *Prime Standard* der Deutschen Börse AG (DAX, MDAX, TecDAX) notiert sind, einen **Quartalsbericht** – entsprechend dem Konzernabschluss – nach IFRS oder US-GAAP – zu erstellen und zu veröffentlichen.[29] Bei einer Quartalsberichterstattung nach IFRS ist IAS 34 einschlägig (Rz 2). Im Freiverkehr wird regelmäßig auch von den betreffenden Börsen keine Zwischenberichterstattung verlangt.
Des Weiteren haben der Ministerrat und das EU-Parlament am 15. Dezember 2004 die **Transparenz-Richtlinie** (Richtlinie 2004/109/EG) verabschiedet. Gegenstand der Richtlinie sind neben der Festlegung von Veröffentlichungsfristen und -arten sowie der Harmonisierung der Meldepflichten zum Aktienbesitz insbesondere die intensiv diskutierten Regelungen zur Zwischenberichterstattung.

---

[28] Vgl. Beck, DB 2005, S. 1478 f.
[29] Vgl. Deutsche Börse AG, Ihr Weg an die Börse, Entry Standard – General Standard – Prime Standard, Dezember 2005, S. 82 ff.

Artikel 5 der Richtlinie sieht verpflichtend die **Halbjahres**finanzberichterstattung für Eigen- und Fremdkapitalemittenten vor. Im Gefolge der EU-Richtlinie ist das **Transparenzrichtlinie-Umsetzungsgesetz (TUG)** mit Wirkung ab 20.1.2007 ergangen. Die stattdessen möglicherweise von den Kapitalanlegern (privat) geforderten Zwischenberichte oder -mitteilungen dürfen ersatzweise weiterhin erstellt werden.

Nach dem TUG sind Inlandsemittenten für Aktien oder Schuldtitel i.S.d. § 2 Abs. 1 Satz 1 WpHG zur Erstellung eines **Halbjahres**finanzberichtes für die ersten 6 Monate eines Geschäftsjahres verpflichtet mit spätester Veröffentlichung 2 Monate nach Ablauf dieses Zeitraums (§ 37w WpHG). Auf **freiwilliger** Basis kann die Berichterstattung auch **viertel**jährlich erfolgen. Die der IAS-Verordnung (→ § 7 Rz 8) unterliegenden Konzerne müssen bei ihrer Halbjahresberichterstattung – im *Prime Standard* notierte Konzerne beim Vierteljahresbericht (Rz 42) – IAS 34 beachten. Zur Halbjahresberichterstattung der Unternehmen außerhalb des Anwendungsbereichs der IAS-Verordnung hat der Deutsche Standardisierungsrat in DRS 16 (geändert 2012) zur Ablösung des bisher gültigen DRS 6 detaillierte Vorgaben gemacht, die weitestgehend an den Inhalt von IAS 34 angelehnt sind. Zusätzlich werden ein Zwischen**lagebericht** und besondere Angaben zu Geschäftsbeziehungen mit **nahestehenden** Personen (Rz 38) verlangt, soweit Unternehmen als Inlandsemittent Aktien begeben und zur Aufstellung eines Konzernabschlusses und eines Konzernlageberichtes verpflichtet sind (DRS 16.50). Zwischenabschlüsse bedürfen nach dem TUG keiner regulären **Abschlussprüfung** und auch nicht einer **prüferischen Durchsicht**. Der mögliche Verzicht auf diese Prüfungen ist im Anhang des Zwischenabschlusses offenzulegen.[30]

43

Neben einem Halbjahresfinanzbericht hat der Inlandsemittent (Rz 43) zum Schluss des 1. und 3. Quartals eines jeden Geschäftsjahrs jeweils eine **Zwischenmitteilung** zu erstellen und spätestens 6 Wochen nach Ablauf des Mitteilungszeitraums der Öffentlichkeit zur Verfügung zu stellen (§ 37y WpHG). Die Zwischenmitteilung soll nach Abs. 2 einen Überblick über die Geschäftstätigkeit des Unternehmens in dem 3 Monate umfassenden Mitteilungszeitraum geben. **Ausgenommen** von der Erstellung einer Zwischenmitteilung sind jene Unternehmen, die einen Quartalsfinanzbericht erstellen und veröffentlichen.

44

Die genannten Berichte und Mitteilungen beziehen sich formal vorrangig auf den **Einzelabschluss**. Bei Erstellung eines Konzernabschlusses – in der Praxis die Regel – ist die Berichterstattung tatsächlich aber auf **Konzern**ebene vorzunehmen. Auch die Mutterunternehmung braucht dann keinen Einzelabschluss zu präsentieren. In einer Transparenzlinie-Durchführungsverordnung (**TranspRLDV**) sind Regeln über den Inhalt des Halbjahresfinanzberichts enthalten. Diese Regeln werden wiederum ergänzt durch die Vorgaben des DRS 16. Daraus lässt sich folgendes Schema ableiten:[31]

45

---

[30] Zur **Empirie** einer prüferischen Durchsicht bzw. zum Verzicht auf diese bei den im Prime Standard der Deutschen Börse AG in den Jahren 2005–2008 vgl. Höhn, KoR 2011, S. 530.
[31] Nach Schneider, PiR 2009, S. 351.

Zwischenberichtsarten nach WpHG und DRS 16

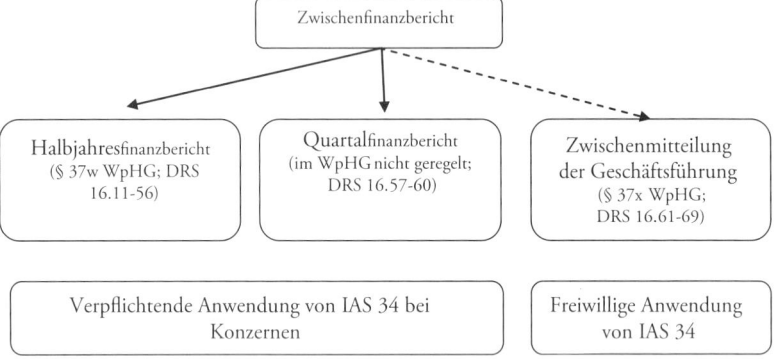

46 Für die Zwischenlageberichterstattung verweist DRS 16 auf die Vorgabe zur Lageberichterstattung in DRS 20.12 bis DRS 20.35 (→ § 7 Rz 15 ff.). Dabei sind vor dem Hintergrund der Zielsetzung des Zwischenlageberichtes mindestens folgende Angaben zu machen (DRS 26.35):
- Die wichtigsten **Ereignisse** und ihre Auswirkungen auf die Lage des Konzerns;
- wesentliche **Veränderungen** der Prognose und sonstige Aussagen zur Entwicklung des Konzerns gegenüber dem letzten Konzernlagebericht;
- die wesentlichen **Chancen** und **Risiken** der voraussichtlichen Entwicklung für den restlichen Zeitraum des Geschäftsjahres;
- Angaben zu wesentlichen Geschäften und **nahestehenden** Personen (nur von Aktienemittenten zu beachten, Rz 43).

In DRS 16.41 ist eine Aufzählung möglicher Berichtselemente enthalten.

6 Anwendungszeitpunkt, Rechtsentwicklung

47 IAS 34 ist erstmals auf ein ab dem **1.1.1999** beginnendes Geschäftsjahr anzuwenden. Wichtigste materielle Änderung bzw. Ergänzung in den Folgejahren war die Verabschiedung von IFRIC 10 betreffend außerplanmäßige Abschreibungen (→ Rz 35).

48 Nach dem AIP 2012–2014 Cycle müssen bestimmte Anhangangaben in der Zwischenberichterstattung nicht zwingend im Zwischenbericht selbst erfolgen, sofern sie an anderer Stelle eines zeitgleich und gleichermaßen zugänglichen Berichts (z.B. in einem Zwischenlagebericht) dem Adressaten mitgeteilt werden und im eigentlichen Zwischenbericht auf die „Fundstelle" verwiesen wird (Rz 41).

7 Zusammenfassende Praxishinweise

49
- Die IFRS können keine Vorgabe zur Erstellung von Zwischenabschlüssen dem Grunde nach machen, dies bleibt den **nationalen** Instanzen vorbehalten (Rz 2). Wenn allerdings die Rechnungslegung nach IFRS erfolgt, sind die Inhalte von IAS 34 zu beachten (Rz 2). Entsprechend muss auch ein Zwischenbericht die *Compliance*-**Erklärung** enthalten (Rz 3).

- Im Interesse des Ausgleichs von *cost* und *benefit* (Rz 1) kommt dem *materiality*-**Gedanken** besondere Bedeutung zu (Rz 5).
- Der Zwischenbericht muss im Wesentlichen die **üblichen Bestandteile** eines Jahresabschlusses enthalten, allerdings in zusammengefasster Form (Rz 9). Das gilt auch für Vorjahresvergleichszahlen (Rz 12).
- Wegen möglicher **Zusammenfassungen** der einzelnen Abschlussbestandteile vgl. Rz 15.
- Konzeptionell besteht das Hauptproblem des IAS 34 und damit der Zwischenberichterstattung überhaupt in der Unterscheidung zwischen **eigenständigem** und **integrativem** Ansatz (Rz 17). **Beiden** folgt das Ansatz- und Bewertungskonzept von IAS 34 (Rz 30) ohne eine explizit ausgesprochene Vorrangigkeit. Eines dieser Aspekte, bei dem die unterschiedlichen Auswirkungen der beiden Ansätze für die Abbildung eines Sachverhaltes im Abschluss zum Ausdruck kommen, hat sich IFRIC 10 angenommen: der Frage nach dem **Wertaufholungsverbot** nach vorhergehender *impairment*-Abschreibung (Rz 35).
- Die Pflicht zur **Anhangerläuterung** wird bei der Zwischenberichterstattung gegenüber dem Jahresabschluss stark reduziert. Der Adressat des Zwischenberichtes soll sich zunächst auf die gegenüber dem letzten Jahresabschluss unveränderte wirtschaftliche Situation verlassen können und darf deshalb wichtige Änderungen, die sich in der Zwischenberichtsperiode gegenüber dem gesamten Vorjahr ergeben haben, erwarten (Rz 38).
- Die Zwischenberichterstattungspflicht wird in Deutschland durch die Vorgaben der EU-**Transparenzrichtlinie** und das Transparenzrichtlinien-Umsetzungsgesetz ergänzt (Rz 42).

Branchenspezifische Vorschriften

§ 38 BANKEN

Inhaltsübersicht Rz
Vorbemerkung
1 Zielsetzung, Regelungsinhalt, Begriffe.................... 1–5
2 Abschlussbestandteile................................ 6–25
   2.1 Bilanz und GuV 6–14
   2.2 Kapitalflussrechnung 15–17
   2.3 Anhang und Lagebericht......................... 18–25
3 Bankenspezifische Besonderheiten 26–65
   3.1 Hedge accounting 26–44
      3.1.1 Anwendungsprobleme 26–27
      3.1.2 Portfolio hedge von Zinsrisiken 28–44
   3.2 Risikovorsorge im Kreditgeschäft 45–65
      3.2.1 Überblick 45–47
      3.2.2 Objektive Hinweise auf das Vorliegen eines
           impairment 48–51
      3.2.3 Ermittlung der Risikovorsorge 52–65
           3.2.3.1 Vorgehensweise 52–54
           3.2.3.2 Einzelwertberichtigung 55–59
           3.2.3.3 Portfoliowertberichtigung für signifikante
                  Forderungen...................... 60–63
           3.2.3.4 Portfoliowertberichtigung für nicht
                  signifikante Forderungen 64
           3.2.3.5 Pauschalierte Einzelwertberichtigung... 65
4 Sonstige bankspezifische Themen 66–76
5 Zusammenfassende Praxishinweise 77

Schrifttum: BASEL COMMITTEE OF BANKING SUPERVISION, Basel II – Internationale Konvergenz der Eigenkapitalmessung und der Eigenkapitalanforderungen, November 2005; DIETRICH/STOEK, Restrukturierung von Krediten – Indikatoren für die Konsolidierung des Kreditnehmers beim Kreditgeber, IRZ 2012, S. 287–292; ECKES/WEIGEL, Die Fair Value-Option – Auslegungsfragen und Anwendungsmöglichkeiten in der Kreditwirtschaft, KoR 2006, S. 415 ff.; FISCHER/SITTMANN-HAURY, Risikovorsorge im Kreditgeschäft nach IAS 39, IRZ 2006, S. 217 ff.; FREIBERG, Diskontierung in der internationalen Rechnungslegung, Herne 2010; GEBHARDT/STRAMPELLI, Bilanzierung von Kreditrisiken, BFuP 2005, S. 507–527; GRÜNBERGER, Der Lifetime-Expected Loss, IRZ 2011, S. 29–37; GRÜNBERGER, Die Verteilung des Expected Loss, IRZ 2011, S. 241–244; HAAKER, Nummer 9 Lebt!, DB 2014, S. 2790–2792; HAAKER, Die Grundregeln von Herbert Hax zur Performance-Messung und die Bilanzierung von Kreditrisiken, ZfbF 2012, S. 71–110; HAAKER/FREIBERG, Kreditrisikobilanzierung nach dem Expected-Loss-Ansatz?, PiR 2009, S. 339–340; HEBESTREIT/TEITLER-FEINBERG. IFRIC 21 ABGABEN (LEVIES), IN: IRZ 2014, S. 235–238; JESSEN, Bilanz (Aktiva) – Forderungen an Kunden, in: DGRV (Hrsg.), Praxishandbuch IAS/IFRS, Wiesbaden 2007; KUHN/SCHARPF, Rechnungslegung von Financial Instruments nach IFRS, 3. Aufl., 2006; KÜMPEL/POLLMANN, Portfolio Fair Value Hedge Accounting von Zinsänderungsrisiken nach IAS 39, IRZ 2010 S. 231–237; LÖW, Ausweisfragen in Bilanz und Gewinn- und Verlustrechnung bei Financial Instruments, KoR 2006, Beilage 1; LÖW, Kapitalflussrechnung, in: Rechnungslegung für Banken nach IFRS, 2. Aufl., 2005, S. 221 ff.; LÖW/LORENZ, Ansatz und Bewertung von Finanzinstrumenten, in: Rechnungslegung für Banken nach IFRS, 2. Aufl., 2005, S. 415 ff.; PwC, IFRS für Banken, 5. Aufl., 2012; PwC, IFRS und Basel II – eine Schnittstellenanalyse, 2. Aufl., 2006; WENK/STRASSER, Neuregelung der Bilanzierung von Finanzinstrumenten (IFRS 9), PiR 2010, S. 102 ff.

Vorbemerkung
Die nachfolgende Kommentierung stellt die branchenbedingten Besonderheiten der Anwendung der IFRS bei Banken nach dem Rechtsstand zum 1.1.2015 dar. Eine Kurzübersicht über ältere Sonderregelungen enthalten die Rz 1 ff. Den Ausführungen liegen die Regelungen des IAS 39 zugrunde, da der IFRS 9 noch nicht in EU-Recht transformiert und in der Bankpraxis im Regelfall erst für die nach dem 31. Dezember 2017 beginnenden Geschäftsjahre vollumfänglich umgesetzt wird. Wegen IFRS 9 wird im Übrigen auf § 28 und § 28a verwiesen.

1 Zielsetzung, Regelungsinhalt, Begriffe

1 Für die IFRS-Bilanzierung von Banken war bis 2006 mit IAS 30 „*Disclosures in the Financial Statements of Banks and Similar Financial Institutions*" ein auf Banken zugeschnittener Standard anzuwenden. Die Notwendigkeit eines solchen **branchenspezifischen** Standards wurde mit der volkswirtschaftlichen Bedeutung von Banken sowie der von anderen Unternehmen abweichenden Geschäftstätigkeit (direkte Transformation von Geld in mehr Geld statt der Transformationsprozesskette Geld – Güter – Geld) von Banken begründet (IAS 30.3). Banken bieten geld- und kreditbezogene Dienstleistungen an und unterliegen einem starken Regulierungsdruck.[1]
Gleichwohl sah IAS 30 **keine umfassende** Regelung der IFRS-Rechnungslegung für Banken vor, sondern beschränkte sich auf
- **Gliederungsvorschriften** für die Bilanz und die GuV sowie auf spezielle
- **Angabepflichten** (Restlaufzeitengliederung, Risikokonzentration, Wertberichtigungen usw.).

2 Bereits Ende der 90er Jahre wurde mit der Überarbeitung des IAS 30 begonnen. Parallel hierzu wurde auch IAS 32, der die **Angabepflichten** zu **Finanzinstrumenten** branchenübergreifend regelt, überarbeitet. Da die Geschäftstätigkeit von Banken überwiegend auf Finanzinstrumente i. S. d. IAS 32 ausgerichtet ist und diese das Bilanzbild prägen, ergaben sich Abgrenzungsfragen zwischen den beiden Standards bzw. deren Überarbeitungen. Der IASB hat sich 2005 entschlossen, die beiden Standards nicht nebeneinander bestehen zu lassen, sondern in dem für alle Wirtschaftszweige gültigen IFRS 7 „*Financial Instruments: Disclosures*" zusammenzuführen (→ § 28 Rz 361 ff.). Dabei wurde aus Sicht der Banken ein **branchen**bezogener Standard durch einen **produkt**bezogenen Standard ersetzt. Als Grund für die **Aufgabe** des bankenspezifischen Standards führt der IASB zunächst an, dass

---

[1] Vgl. SCHIERENBECK, Banken, in: Handelsblatt (Hrsg.), Wirtschaftslexikon, Stuttgart 2006, S. 639.

klassische Finanzdienstleistungen (insb. das Einlagen-, Kredit- und Wertpapiergeschäft) in zunehmendem Maße auch von **Nichtbanken** angeboten werden.

In **Ermangelung** branchenspezifischer IFRS-Regelungen für Banken ist demnach auf das für **alle** Unternehmen gültige IFRS-Regelwerk zurückzugreifen. Danach besteht der IFRS-Abschluss von Banken gem. IAS 1.10 aus den **für alle Unternehmen** geltenden Bestandteilen (→ § 2 Rz 4). 3

Aufgrund der **Geschäftstätigkeit** von Banken ergeben sich Besonderheiten für die **inhaltliche Ausgestaltung** von Bilanz (Rz 6 ff.), Gewinn- und Verlustrechnung (Rz 13 ff.), Kapitalflussrechnung (Rz 15 ff.) und Anhang (Rz 18 ff.). Dagegen sind für den **Eigenkapitalspiegel** und das *other comprehensive income* keine inhaltlichen Besonderheiten im Vergleich zu Unternehmen anderer Branchen zu berücksichtigen. 4

Nachfolgend werden nach einer Erörterung der Abschlussbestandteile zwei IFRS-Bilanzierungsbereiche behandelt, die in der Bankenpraxis von besonderer Relevanz sind: 5
- die Anwendung der Regelungen des *hedge accounting* für das auf *macrohedging*-Strategien beruhende Zinsrisikomanagement von Banken (Rz 25 ff.),
- die Anwendung der Vorschriften zur **Risikovorsorge** für das **Kreditgeschäft** (Kreditrisikobilanzierung) von Banken (Rz 45 ff.). Anschließend werden noch einige aktuelle Problembereiche erörtert.

2 Abschlussbestandteile

2.1 Bilanz und GuV

Für die mit der Abschaffung des IAS 30 entfallenen bankenspezifischen Gliederungsvorschriften wurden keinerlei Ersatzregelungen geschaffen, womit die allgemeinen Regelungen anzuwenden sind. Dabei könnten insbesondere aus den auf **Finanzinstrumente** ausgerichteten IFRS Besonderheiten für die Gliederung der Bilanz bzw. GuV von Banken abgeleitet werden: 6
- IAS 39 bzw. IFRS 9 regeln den **Ansatz** und die **Bewertung** sowie die **Kategorisierung** (§ 28) von Finanzinstrumenten. Relevante Vorschriften zur Gliederung der Bilanz oder GuV ergeben sich daraus jedoch nicht.
- IAS 32 regelt den **Ausweis** von Finanzinstrumenten. Dabei geht es allerdings primär um Fragen der **Abgrenzung** von Eigen- und Fremdkapital sowie verschiedene Detailfragen (wie zusammengesetzte Finanzinstrumente, *treasury shares* und Saldierung). Auch aus IAS 32 lassen sich keine speziellen Regelungen zur Gliederung der Bilanz oder der GuV von Banken ableiten.
- IFRS 7 regelt auf Finanzinstrumente bezogene **Angabe**pflichten, die zwar primär im **Anhang** erfüllt werden, denen aber auch, soweit sie den Risikobericht betreffen (IFRS 7.B6), im **Lage**bericht nachgekommen werden kann. Ferner kann die in IFRS 7.8 geforderte Angabe der **Buchwerte** für die jeweiligen Bewertungskategorien nach IAS 39 bzw. IFRS 9 (→ § 28 Rz 374) wahlweise in der Bilanz oder dem Anhang vorgenommen werden. Gleiches gilt für die nach IFRS 7.20(a) geforderte Aufgliederung der **Nettogewinne** aus Finanzinstrumenten nach diesen Bewertungskategorien (→ § 28 Rz 376). Diese ist nicht zwingend in der GuV vorzunehmen, sondern kann im Anhang erfolgen. Insgesamt lassen sich auch aus IFRS 7 keine verbindlichen Regeln für die Gliederung der Bilanz und GuV von Banken ableiten.

7 Grundlage für die Gliederung der Bilanz und GuV von Banken sind somit in erster Linie die Regelungen des IAS 1 (→ § 2). Für die **Bilanz aller** Unternehmen sieht IAS 1.54 bestimmte Mindestangaben vor (→ § 2 Rz 45 ff.). IAS 1.82 f. enthalten ebenfalls nur relativ allgemeine Mindestangabepflichten für die **GuV-Posten** (→ § 2 Rz 68 ff.).

8 Die branchenübergreifenden Gliederungsvorgaben für die Bilanz und GuV gelten als **unzureichend**, um das banktypische Geschäft (insbesondere bezogen auf Finanzinstrumente) sachgerecht abzubilden. Nach den Vorgaben des IAS 1.29 (→ § 2 Rz 21) sind jedoch ihrer **Art** oder **Funktion** nach unterschiedliche Gruppen von (bankspezifischen) Geschäftsvorfällen im Abschluss gesondert auszuweisen. Unwesentliche Posten dürfen hierbei auch, wenn sie art- oder funktionsverschieden sind, zusammengefasst werden.

9 Des Weiteren finden sich in IAS 1 folgende speziell auf Banken bezogene Regelungen:
- **Gliederung** der Bank-**Bilanz**:
  - Abweichend von IAS 1.60 ist die Bank-Bilanz nach der **Liquiditäts**nähe und nicht nach der Fristigkeit vorzunehmen. Dabei **entfällt** die Notwendigkeit der Aufgliederung in kurz- und langfristige Vermögenswerte bzw. **Verbindlichkeiten** (IAS 1.63).
  - **Zusätzliche Posten** sind aufzunehmen, wenn dies für das Verständnis des Abschlusses relevant ist. Gleiches gilt für **zusätzliche Überschriften oder Zwischensummen** (IAS 1.55). Die Entscheidung zur Aufnahme zusätzlicher Aktivposten hat unter Berücksichtigung der Art und Liquidität der Vermögenswerte und ihrer Funktion im Unternehmen zu erfolgen. Hinsichtlich zusätzlicher Passivposten ist dabei auf ihre Beträge, Art und Fälligkeit abzustellen (IAS 1.58).
  - Die **Reihenfolge** der in IAS 1.54 geregelten Mindestangaben ist nicht bindend (IAS 1.57).
  - Ferner ist erlaubt, die in IAS 1.54 vorgesehene Bilanzgliederung (Bezeichnungen und Zusammenfassung ähnlicher Posten) **anzupassen**. Dies kann gerade bei Banken erforderlich sein, um relevante Informationen über ihre Geschäftstätigkeit zur Verfügung stellen zu können (IAS 1.57b).
- **Gliederung** der Bank-**GuV**:
  - Zusätzliche Posten sind aufzunehmen, wenn dies für das Verständnis der Geschäftstätigkeit relevant ist. Gleiches gilt für **zusätzliche Überschriften oder Zwischensummen** (IAS 1.85).
  - Es ist erlaubt, die in IAS 1.82 vorgesehene GuV-Gliederung (Bezeichnungen und Reihenfolge) **anzupassen**. Dabei ist auf die Wesentlichkeit sowie die Art und Funktion der Aufwands- und Ertragskomponenten abzustellen. Eine solche Anpassung kann für Banken erforderlich sein, um relevante Informationen über ihre Geschäftstätigkeit zur Verfügung zu stellen (IAS 1.86).

10 Auf der Grundlage der vorstehenden Regelungen in IAS 1 lässt sich eine an die **Besonderheiten** der Geschäftstätigkeit von Banken angepasste Gliederung der Bilanz und GuV vornehmen. Bei der Entscheidung über die Ausgestaltung der Gliederung sind jedoch zusätzlich die von IFRS 7.8 und IFRS 7.20(a) geforderten **kategoriebezogenen Angaben** zu berücksichtigen (→ § 28 Rz 374):

- Die Buchwerte der einzelnen Bewertungskategorien nach IAS 39 bzw. IFRS 9 sind entweder in der Bilanz oder im Anhang anzugeben (IFRS 7.8).
- Die Nettogewinne und -verluste der jeweiligen Bewertungskategorien nach IAS 39 bzw. IFRS 9 sind entweder in der GuV oder im Anhang anzugeben (IFRS 7.20(a)).

Diese Angabepflichten beziehen sich auf die folgenden **Bewertungskategorien** aus IAS 39 bzw. IFRS 9 (→ § 28 Rz 106 ff., 135 f.):
- *financial assets at fair value through profit and loss* mit den Unterkategorien
  - *mandatorily measured at fair value*
  - *fair value option*
- *financial liabilities at fair value through profit and loss* mit den Unterkategorien
  - *held for trading*
  - *fair value option*
- *financial assets measured at amortised cost*
- *financial liabilities measured at amortised cost*
- *financial assets measured at fair value through other comprehensive income.*

Das in IFRS 7.8 sowie IFRS 7.20(a) enthaltene Wahlrecht, nach dem die kategoriebezogenen Angaben entweder in der Bilanz/GuV oder im Anhang zu machen sind, bewirkt faktisch Gliederungs**alternativen** für die Bilanz bzw. die GuV, wobei auch eine Mischform aus beiden Alternativen denkbar ist.[2]

Für die **Bilanz** hat hierbei eine „betriebswirtschaftliche" gegenüber der kategoriebezogenen Gliederung folgende **Nachteile**:
- **Zusätzliche** Angaben im Anhang sind erforderlich.
- Innerhalb der Bilanzpositionen kommen unterschiedliche **Bewertungsmaßstäbe** zur Anwendung. So können z.B. innerhalb einer Position ‚Finanzanlagen' alle Wertpapiere erfasst werden, unabhängig davon, ob sie als *measured at amortised cost* oder *at fair value through profit and loss* kategorisiert sind.

Demgegenüber hat die „betriebswirtschaftliche" Gliederung folgende **Vorteile**:
- Innerhalb eines Bilanzpostens können gleichartige Geschäfte **zusammengefasst** werden (z.B. Wertpapiergeschäfte). Dies macht die Bilanzgliederung für den Bilanzleser leichter nachvollziehbar.
- Außerdem ist die kategoriebezogene Gliederung erfahrungsgemäß weniger intuitiv nachvollziehbar und kann zu **Missverständnissen** führen. So können in Bilanzposten *measured at amortised cost* („zu fortgeführten Anschaffungskosten bewertet") alle Wertpapiere ausgewiesen werden, die die einschlägigen Voraussetzungen gem. IAS 39.9 bzw. IFRS 9.4.1 ff. erfüllen. Ebenso kann bspw. im Posten *fair value option* grundsätzlich jede Art von Finanzinstrument erfasst werden. Umgekehrt würden jedoch bei der „betriebswirtschaftlichen" Gliederung die Geschäfte unabhängig von der Ausübung der *fair value option* ihrem Charakter entsprechend einem Bilanzposten zugeordnet werden.

In der Bilanzierungs**praxis** von Banken finden sich beide Gliederungsalternativen, die häufig eine Reihe von Strukturmerkmalen aus der HGB-Bilanzierung (Formblätter der RechKredV) enthalten. Die Kernelemente einer primär an betriebswirtschaftlichen Kriterien ausgerichteten Bilanzgliederung sind (einschließlich der Posten, die keine Finanzinstrumente betreffen):

---

[2] Vgl. Löw, Ausweisfragen, S. 14 ff.

Aktivseite:
- Barreserve
- Forderungen an Kreditinstitute
- Risikovorsorge für Forderungen an Kreditinstitute
- Forderungen an Kunden
- Risikovorsorge für Forderungen an Kunden
- Wertanpassungen aus *portfolio fair value hedges*
- Positive Marktwerte aus derivativen Sicherungsinstrumenten
- Handelsaktiva
- Finanzanlagen
- Anteile an *at equity* bewerteten Unternehmen
- Als Finanzanlagen gehaltene Immobilien
- Immaterielle Vermögenswerte (inkl. *goodwill*)
- Sachanlagen
- Zur Veräußerung gehaltene langfristige Vermögenswerte und aufgegebene Geschäftsbereiche
- Tatsächliche Ertragsteueransprüche
- Latente Ertragsteueransprüche
- Sonstige Aktiva

Passivseite:
- Verbindlichkeiten gegenüber Kreditinstituten
- Verbindlichkeiten gegenüber Kunden
- Verbriefte Verbindlichkeiten
- Wertanpassungen aus *portfolio fair value hedges*
- Negative Marktwerte aus derivativen Sicherungsinstrumenten
- Handelspassiva
- Pensionsverpflichtungen
- Sonstige Rückstellungen
- Tatsächliche Ertragsteuerverpflichtungen
- Latente Ertragsteuerverpflichtungen
- Sonstige Passiva
- Nachrangkapital
- Eigenkapital
  - Gezeichnetes Kapital
  - Kapitalrücklagen
  - Gewinnrücklagen
  - *Neubewertungsrücklage (Other comprehensive income)*
  - Anteile im Fremdbesitz

13 Auch für die Gliederung der GuV bestehen die Alternativen einer Gliederung nach „**betriebswirtschaftlichen**" Kriterien oder nach den **Bewertungskategorien** des IAS 39 bzw. IFRS 9 (Rz 13). Die GuV-bezogenen Angabepflichten des IFRS 7 zu den Bewertungskategorien sind dabei **weniger umfassend** als für die Bilanz. Sie beschränken sich gem. IFRS 7.20(a) lediglich auf die Angabe der **Nettogewinne und -verluste** je Kategorie. **Nicht** erforderlich ist dagegen die Angabe **aller Erträge/Aufwendungen** je Kategorie. Auch wenn sich aus IAS 1 keine entsprechenden Anforderungen zur gleichgerichteten Ausgestaltung von Bilanz und GuV ableiten lassen, sollte sich eine kategoriebezogene Gliederung der Bilanz auch in der GuV widerspiegeln.

Eine an den Bewertungskategorien ausgerichtete Gliederung der GuV fasst alle einer Bewertungskategorie zuzuordnenden Erträge und Aufwendungen **zusammen**. Demnach werden bspw. im Ergebnis aus *measured at amortized cost* die Zinserträge, Wertberichtigungen, Abschreibungen, Veräußerungserlöse usw. aller entsprechend kategorisierten Wertpapiere erfasst. Insgesamt führt eine solche Gliederung nicht nur zu merkwürdigen Postenbezeichnungen, sondern ist auch für den GuV-Leser wenig informativ. Denkbar ist daher eine partielle kategoriebezogene Gliederung, indem die von IFRS 7.20(a) geforderten Angaben zu den Nettogewinnen je Kategorie unmittelbar in die GuV-Gliederung aufgenommen werden.[3] Diese Vorgehensweise wird in der Bilanzierungspraxis nicht umgesetzt.

In der Bilanzierungs**praxis** von Banken dominiert vielmehr eine primär an „betriebswirtschaftlichen" Kriterien ausgerichtete Gliederung der GuV, die sich an die Regelungen der RechKredV anlehnt. Die Kernelemente einer solchen GuV-Gliederung sind (einschließlich der GuV-Positionen, die sich nicht auf Finanzinstrumente beziehen):

14

- Zinserträge
- Zinsaufwendungen
- **Zinsüberschuss**
- Risikovorsorge im Kreditgeschäft
- **Zinsüberschuss nach Risikovorsorge**
- Provisionserträge
- Provisionsaufwendungen
- **Provisionsüberschuss**
- Handelsergebnis
- Ergebnis aus Sicherungszusammenhängen
- Ergebnis aus Finanzanlagen
- Verwaltungsaufwand
- Sonstiges Ergebnis
- Ergebnis vor Steuern
- Ertragsteuern
- Ergebnis nach Steuern, in der Konzern-GuV mit den Davon-Positionen
  - den Minderheiten zurechenbares Ergebnis
  - den Eigentümern zurechenbares Ergebnis

Auf dieser Basis erhält der Adressat relevante Informationen hinsichtlich der Erfolgsquellen der bilanzierenden Bank. Das GuV-Ergebnis ist gem. IAS 1.81A im Rahmen der Gesamtergebnisrechnung um das sonstige Ergebnis (*other comprehensive income*) zu ergänzen (→ § 2 Rz 95ff.).

2.2 Kapitalflussrechnung

Mit der Kapitalflussrechnung gem. IAS 7 (→ § 3) sollen dem Abschlussadressaten Informationen zur Einschätzung der Fähigkeit eines Unternehmens, **Zahlungsmittel** und Zahlungsmitteläquivalente erwirtschaften zu können, zur Verfügung gestellt werden (IAS 7.3f.).

15

In der Praxis fassen Banken unter **Zahlungsmittel** den Kassenbestand und die Guthaben bei Zentralnotenbanken zusammen. Sichteinlagen bei anderen Banken

---

[3] Vgl. Eckes/Weigel, Fair Value-Option, S. 420.

zählen hingegen zum operativen Geschäft und nicht zu den Zahlungsmitteln, da sie nicht dem Liquiditätsmanagement dienen.[4]

16 Die Aufteilung der **Zahlungsströme** nach operativer Geschäftstätigkeit, Investitionstätigkeit und Finanzierungstätigkeit gem. IAS 7 ist ausgerichtet an dem z.b. in einem **Industrie**unternehmen vorliegenden **Transformationsprozess (Geld – Güter – Geld)**, in dem Produktionsfaktoren mit Geld erworben, im Produktionsprozess verarbeitet und als Fertigprodukte veräußert werden. Dieser Transformationsprozess muss finanziert werden und es bedarf Investitionen, z.B. in entsprechende Produktionsanlagen.

In Banken gibt es einen solchen Transformationsprozess nicht, da **Geld selbst** der wesentliche „Produktionsfaktor" ist und folgender **Transformationsprozess** gilt: Geld – Geld). Diese **Geldnähe** des Bankgeschäfts drückt sich z.b. wie folgt aus:

- **Verbindlichkeiten** dienen nicht primär der Finanzierung des eigentlichen operativen Geschäfts (wie etwa bei der Automobilherstellung), sondern sind vielmehr selbst (Kern-)Bestandteil des operativen Geschäfts. Dies zeigt sich z.b. bei Verbindlichkeiten aus Sicht- und Spareinlagen der Kunden.
- Die Herausgabe von **Darlehen** stellt ebenfalls als „Investitionsprojekt" einen (Kern-)Bestandteil der operativen Geschäftstätigkeit von Banken dar. Im Gegensatz hierzu sind etwa Ausleihungen in einem Industrieunternehmen eine das operative Geschäft allenfalls unterstützende Investitionstätigkeit.
- **Investitionen** in Produktionsanlagen als Teil des oben beschriebenen Transformationsprozesses sind nicht erforderlich.

Die Liquiditätslage einer Bank ist somit fast ausschließlich durch das operative Geschäft geprägt. Einer hiervon abgrenzbaren Finanzierungs- und Investitionstätigkeit kommt nur eine vergleichsweise geringe Bedeutung zu. Daher besitzt eine Kapitalflussrechnung gem. IAS 7 für Banken eine nur **geringe Aussagekraft**.[5] Gleichwohl unterstellt IAS 7.3 für alle Branchen ein Interesse der Abschlussadressaten an der Veröffentlichung einer Kapitalflussrechnung. Dies gilt ausdrücklich auch für Banken, bei denen Zahlungsmittel als Produktionsfaktoren angesehen werden.

IAS 7 enthält kaum bankenspezifische Vorschriften. Die wenigen Ausnahmen betreffen z.B.:

- Das Kreditgeschäft in Banken, das i.d.R. der **operativen** Geschäftstätigkeit zugeordnet wird (IAS 7.15).
- Erhaltene und gezahlte Zinsen, die der **operativen** Geschäftstätigkeit zugeordnet werden (IAS 7.33).
- Bestimmte Ein- und Auszahlungen, die auf **saldierter** Basis ausgewiesen werden dürfen (IAS 7.24).

Auch bez. der Darstellungsform gelten für Banken die allgemeinen Regelungen des IAS 7 (→ § 3 Rz 56ff.). Danach sind die Zahlungsströme aus Investitionstätigkeit und aus Finanzierungstätigkeit nach der direkten Methode auszuweisen (IAS 7.21). Die Zahlungsströme aus operativer Geschäftstätigkeit können hingegen wahlweise nach der direkten oder der indirekten Methode dargestellt werden (IAS 7.18), wobei der Standard die **direkte** Methode empfiehlt (IAS 7.19).

---

[4] Vgl. PwC, IFRS für Banken, S. 1479.
[5] Löw, Kapitalflussrechnung, S. 223.

Im Appendix zu IAS 7 findet sich ein Muster für eine Kapitalflussrechnung einer Bank (IAS 7, Appendix B, *Statement of cash flows for a financial institution*), die nach der direkten Methode aufgestellt ist. Da der Appendix jedoch nicht zu dem verbindlich anzuwendenden Teil des Standards gehört, kann daraus keine Pflicht für Banken zur Nutzung der direkten Methode und zur dort erfolgten Gliederung abgeleitet werden.
Die **direkte** Methode ist für Banken i. d. R. **nicht praktikabel**, da die Buchführungssysteme für die Vielzahl an *cash-flow*-relevanten Transaktionen regelmäßig keine separate Bestimmung der Ein- und Auszahlungen vorsehen. Insofern wäre zur Anwendung der direkten Methode eine umfangreiche Nebenbuchführung erforderlich, daher wird in der Praxis grundsätzlich nur die indirekte Methode genutzt.
Der *Deutsche Standardisierungsrat* hat mit dem DRS 2–10 „Kapitalflussrechnung von Kreditinstituten" Vorgaben für eine an die Besonderheiten der Geschäftstätigkeit der Banken angepasste Kapitalflussrechnung nach der indirekten Methode veröffentlicht, die mit den Regelungen des IAS 7 **kompatibel** sind. Der wesentliche Unterschied zu Nicht-Banken besteht dabei in der weiteren Fassung der *cash flows* aus der operativen Geschäftstätigkeit. Entsprechend fällt die Definition der *cash flows* aus Investitionstätigkeit und aus Finanzierungstätigkeit enger aus, was sich aus den Besonderheiten des Bankgeschäfts erklärt.
In der deutschen IFRS-Praxis erfolgte die Darstellung der Kapitalflussrechnung von Banken bislang in starker Anlehnung an die Muster-Gliederung des DRS 2–10. Für nach dem 31. Dezember 2014 beginnende Geschäftsjahre wird DRS 2 durch DRS 21 Kapitalflussrechnung abgelöst, wobei in Anlage 2 weiterhin die Besonderheiten der Kapitalflussrechnung von Kredit- und Finanzdienstleistungsinstituten geregelt sind.

2.3 Anhang und Lagebericht

Seit dem Wegfall des IAS 30 (Rz 1 f.) bestehen **keine bankenspezifischen** Anhangsangabepflichten mehr. Banken unterliegen vielmehr den gleichen Angabepflichten wie Unternehmen anderer Branchen nach Maßgabe der jeweils einschlägigen Standards. Dies gilt z. B. für Angaben zu Pensionsrückstellungen gem. IAS 19 (→ § 22), Steuern gem. IAS 12 (→ § 26) oder Aktienoptionsplänen gem. IFRS 2 (→ § 23). Andere Standards wie IAS 2 zu Vorräten (→ § 17) oder IAS 11 zur langfristigen Auftragsfertigung (→ § 18) haben hingegen eine nur **geringe** bzw. **keine Relevanz** für Banken. Entsprechendes gilt für die damit zusammenhängenden Angabepflichten.
Aufgrund der **zentralen Bedeutung von Finanzinstrumenten** für die Geschäftstätigkeit von Banken kommt den entsprechenden Angabepflichten des IFRS 7 (→ § 28 Rz 361 ff.) im Anhang eine besondere Bedeutung zu. IAS 32 und IAS 39 bzw. IFRS 9, die sich ebenfalls mit Finanzinstrumenten auseinandersetzen, enthalten hingegen keine Angabepflichten. IFRS 7 steht daher im Mittelpunkt der nachfolgenden Überlegungen.
Das Ausmaß der erforderlichen Angaben hat gem. IFRS 7 dem **Umfang** der eingesetzten Finanzinstrumente und den damit verbundenen **Risiken** Rechnung zu tragen (IFRS 7.IN4; → § 28 Rz 364). Demzufolge werden Banken aufgrund der Bedeutung von Finanzinstrumenten für ihre Geschäftstätigkeit tendenziell **mehr Informationen** offenlegen müssen als Unternehmen anderer Branchen. Gleichzeitig hat jedes Unternehmen unter Berücksichtigung seiner spezifischen Situation

zu entscheiden, wie detailliert es die Anforderungen des IFRS 7 erfüllt, wie es die einzelnen Anforderungen gewichtet und wie es einzelne Informationen zu einem Gesamtbild aggregiert. Vermieden werden sollten gem. IFRS 7.B3
- einerseits eine zu starke **Zusammenfassung** von Sachverhalten, die es dem Abschlussleser nicht mehr erlaubt, Geschäftsvorfälle mit wesentlichen Unterschieden zu differenzieren,
- **andererseits eine überladene** Berichterstattung, in der der Abschlussleser die wesentlichen Sachverhalte in Anbetracht einer Informationsüberflutung nicht mehr zu erkennen vermag (→ § 5 Rz 68 ff.).

Weiter konkretisiert werden die Angabepflichten des IFRS 7 durch die *IDW Stellungnahme zur Rechnungslegung*: Einzelfragen zu den Angabepflichten des IFRS 7 zu Finanzinstrumenten (*IDW* RS HFA 24). Ausweis- und Angabepflichten für Zinsswaps in IFRS-Abschlüssen werden in einem *IDW* Rechnungslegungshinweis (*IDW* RH HFA 2.001) behandelt.

20 Die i.d.R. **quantitativen** Angaben zur Bedeutung von Finanzinstrumenten sind in IFRS 7.7–30 in Form einer abschließenden inhaltlichen Aufzählung vorgegeben. Besonderheiten für Banken ergeben sich nur insoweit, als
- die eine solche Angabe hervorrufenden **Sachverhalte** bei Banken geschäftsartbedingt in größerem Umfang vorliegen werden als bei Nichtbanken. Beispiele hierfür sind die aus dem Wertpapierleih- bzw. Wertpapierpensionsgeschäft resultierenden Angaben zu erhaltenen oder gegebenen Sicherheiten nach IFRS 7.14f. oder die erfahrungsgemäß stärkere Nutzung der *fair-value*-Option (bspw. im Bereich strukturierter Emissionen) mit der Notwendigkeit entsprechender Angaben gem. IFRS 7.9 ff.,
- eine weitergehende Aufgliederung der Finanzinstrumente nach **Klassen** vorzunehmen ist.

Für die Mehrzahl der erforderlichen Angaben ergeben sich hingegen **keine Besonderheiten**, so z.B. für die Angabe der Buchwerte der Bewertungskategorien des IAS 39 bzw. IFRS 9 (IFRS 7.8).

21 Zu Art und Umfang der aus den eingesetzten Finanzinstrumenten resultierenden **Risiken** wird in IFRS 7.31–42 eine in sich geschlossene und weitreichende **Risikoberichterstattung** zu Finanzinstrumenten für alle Unternehmen vorgeschrieben. Gegenstand dieser Risikoberichterstattung sind (→ § 28 Rz 385 ff.):
- **Qualitative** Angaben zu Art und Ausmaß der Risiken, den Ursachen ihrer Entstehung sowie den Zielen und Methoden des Risikomanagements, insb. zur Risikomessung, den Sicherungsstrategien sowie dem Prozess und der Organisation des Risikomanagements (IFRS 7.33, IFRS 7.IG15).
- **Quantitative** Angaben zum Umfang der Risiken, basierend auf den internen Managementinformationen (sog. *management approach*) nach IFRS 7.34(a). Ergänzt werden diese Angabepflichten um umfangreiche quantitative Mindestangaben zu Kredit-, Liquiditäts- und Marktrisiken gem. IFRS 7.36 ff. sowie zu Risikokonzentrationen (Klumpenrisiken), soweit diese sich nicht bereits aus den vorgenannten Angaben ergeben (IFRS 7.34(b), (c)).

Die Ausgestaltung des Risikoberichts einer Bank unterscheidet sich i.d.R. erheblich von der eines Industrie- bzw. Handelsunternehmens.

Der IFRS-Abschluss muss trotz des Fehlens einer Verpflichtung zur Erstellung eines **Lageberichts** nach IFRS gem. § 315a HGB um einen Konzernlagebericht nach handelsrechtlichen Vorschriften ergänzt werden. Zu dem Lagebericht gehört nach § 315 Abs. 1 Satz 5 HGB auch ein **Risikobericht**, der auf die Chancen und Risiken der künftigen Entwicklung eingehen muss. Die Berichterstattung beschränkt sich dabei – anders als die Angabepflichten nach IFRS 7 – nicht auf Risiken aus Finanzinstrumenten, sondern bezieht sich weitergehend auf **alle Unternehmensrisiken**. Konkretisiert wird die Risikoberichterstattung in dem für alle Unternehmen gültigen DRS 20 „Konzernlagebericht", der in der Anlage 1 (vgl. Tz. 135 ff.) die Besonderheiten der Risikoberichterstattung von Kredit- und Finanzdienstleistungsinstituten behandelt. Diese Sondervorschriften ergänzen und modifizieren die allgemeinen Standardregelungen zur Risikoberichterstattung. Die betreffenden DRS-Regelungen stellen in der Praxis die Grundlage des Risikoberichts im Rahmen der Konzernberichterstattung nach IFRS bei deutschen Banken dar.

DRS 20 verfolgt das Ziel, die voraussichtliche Entwicklung des Konzerns mit ihren wesentlichen Chancen und Risiken aus der Sicht der Konzernleitung zu beurteilen und zu erläutern. Dadurch soll es den Adressaten ermöglicht werden, sich i.V.m. dem Konzernabschluss ein hinreichend zutreffendes Bild von der voraussichtlichen Entwicklung und den mit ihr einhergehenden wesentlichen Chancen und Risiken zu machen. Dazu sollen eine Darstellung des **Risikomanagementsystems sowie** Angaben zu den einzelnen **Risiken** und der **Risikolage** erfolgen.

Die Angaben zum Risikomanagement orientieren sich an den funktionalen und organisatorischen Anforderungen des § 25a KWG. Der Adressat soll dabei die branchenspezifischen Risiken nachvollziehen und die Risikolage anhand der Relevanz einzelner Risikoarten würdigen können. Neben der Beschreibung der risikopolitischen **Strategie** ist auch das **Risikomanagementsystem** im Risikobericht darzustellen. Dazu gehören sowohl funktionale als auch organisatorische Aspekte.

Zusätzlich zu den allgemeinen Risikokategorien ist mindestens nach folgenden **Risikokategorien** zu unterscheiden:[6]

- Das **Adressenausfallrisiko** umfasst das Kreditrisiko, das Emittentenrisiko, das Kontrahentenrisiko (einschließlich Länderrisiko).
- Unter **Liquiditätsrisiko** werden das Risiko, Zahlungsverpflichtungen im Zeitpunkt der Fälligkeit nicht nachkommen zu können (Liquiditätsrisiko im engeren Sinne), das Refinanzierungsrisiko und das Marktliquiditätsrisiko gefasst.
- Das **Marktpreisrisiko** umfasst Zinsänderungsrisiken, Währungsrisiken, Risiken aus Aktien- bzw. Eigenkapitalpositionen sowie Rohstoff- und sonstige Preisrisiken einschließlich der dazugehörigen Optionsrisiken.
- Unter **operationale Risiken** werden Risiken in betrieblichen Systemen und Prozessen sowie rechtliche Risiken subsumiert.

Diese Risikokategorien sind zu einem Gesamtbild der **Risikolage** zusammenzuführen. Dabei ist auch auf die aufsichtsrechtlichen Solvabilitätsanforderungen und die zu ihrer Deckung vorhandenen Eigenmittel einzugehen. Dabei sollte auch die Risikokapitalallokation dargestellt werden.

---

[6] Vgl. DRS 20, Tz. 23 ff.

Die Darstellung im Risikobericht, die Segmentierung in der Segmentberichterstattung und die Ergebnisse des Geschäftsmodelltests nach IFRS 9 bei der Klassifizierung von Finanzinstrumenten müssen konsistent sein.

23 Ein Vergleich der Angabepflichten nach DRS 20 und IFRS 7 zeigt wesentliche **Übereinstimmungen** in der Zielsetzung der Risikoberichterstattung und den qualitativen Angaben zum Risikomanagement. Hinsichtlich der zu berücksichtigenden Risikoarten geht der DRS 20 **über** die **Anforderungen** des IFRS 7 **hinaus**, indem z. B. auch operationale Risiken einbezogen und eine Zusammenfassung aller Risiken zur Gesamtrisikolage gefordert werden.

24 Zur Vermeidung **redundanter** Darstellungen erlaubt IFRS 7.B6, auf Risikoangaben im **Anhang** zu verzichten und stattdessen auf die entsprechenden Informationen im **Lagebericht** zu verweisen (→ § 28 Rz 399).

25 Im Zuge der Finanzmarktkrise wurde die *fair-value*-Bilanzierung stark kritisiert.[7] Der IASB hat daraufhin im Mai 2011 den IFRS 13 „Fair Value Measurement" verabschiedet, um in diesem Bereich mehr Vergleichbarkeit herzustellen. Damit wurden die eigentlichen Kritikpunkte gar nicht angegangen: *„The only apparent antidote the monopolist IASB has managed to find is (ever) more detailed guidelines about how to estimate a phantom called „fair" value. The key problems, for example that fair values bring price bubbles into financial statements, and the dangerous incentives associated with it, have not been solved at all."*[8]
Für zum *fair value* bewertete Finanzinstrumente ergeben sich aus IFRS 13.91 ff. umfangreiche Angabepflichten zu den Bewertungsmethoden und verwendeten Parametern, insbesondere bei Verwendung von nicht am Markt beobachtbaren Parametern.

3 Bankenspezifische Besonderheiten

3.1 Hedge accounting

3.1.1 Anwendungsprobleme

26 Bis zur spätestens für die ab dem 1.1.2018 beginnenden Geschäftsjahre vorgesehene Anwendung des IFRS 9 sind in der Bankpraxis die Regelungen des IAS 39 zum *hedge accounting* → § 28a Rz 56 ff. relevant. Sie gelten im Grundsatz bereits seit der Einführung des IAS 39 und beziehen sich primär auf weniger komplexe Sicherungsstrategien, wie sie typisch für die Mehrzahl der Unternehmen außerhalb der Finanzbranche sind. Solche Sicherungsbeziehungen sind dadurch gekennzeichnet, dass
- sie eine **Verknüpfung** von **einem** Grund- und **einem** Sicherungsgeschäft aufweisen *(micro fair value hedge)*,
- es sich im Fall der Absicherung mehrerer Grundgeschäfte um eine **Gruppe** gleichartiger Geschäfte handelt (entweder eine Gruppe von finanziellen Vermögenswerten oder eine Gruppe von finanziellen Verbindlichkeiten),
- es sich im Fall der Absicherung mittels mehrerer Sicherungsgeschäfte um **gleichläufige** Sicherungsgeschäfte handelt (indem z. B. ein Wertpapier mit mehreren Zinsswaps abgesichert wird),

---
[7] Vgl. exemplarisch SCHILDBACH, Fair Value – Leitstern für Wege ins Abseits, DStR 2010, S. 69–76.
[8] HAAKER, No accounting for it, Letter to the Editor concerning the article „The balladeer of the balance sheet", in: The Economist v. 14.7.2011 (appears online only: http://www.economist.com/node/18956507).

- über die **Laufzeit** keine Anpassungen auf Seiten der Grund- bzw. der Sicherungsgeschäfte erfolgen, es sich also um eine „statische" Sicherungsbeziehung handelt,
- die Grundgeschäfte auf der Basis ihrer **vertraglichen** Zahlungstermine und nicht der erwarteten Zahlungstermine berücksichtigt werden und
- die Sicherungs**derivate** unmittelbar mit (konzern-)externen Vertragspartnern abgeschlossen werden.

Derartige Sicherungsbeziehungen kommen auch in Banken vor, z. B. in Fällen, in denen ein einzelnes Wertpapier mittels eines Zinsswaps gegen Zinsrisiken (*asset swap*) abgesichert wird.

Praktisch bedeutender sind für Banken aber Sicherungsbeziehungen, die deutlich **dynamischer** und **komplexer** sind. So lassen sich insb. die aus dem Kredit- und Einlagengeschäft resultierenden Zinsrisiken kaum mittels der oben dargestellten *micro hedges* absichern. Vielmehr werden sog. *macro hedges* verwendet, die die folgenden charakteristischen Merkmale aufweisen:

- Das Grundgeschäft ist eine **Nettozinsrisikoposition**, die sich aus dem Zusammenwirken der aus dem Kreditgeschäft resultierenden aktivischen Zinsrisiken und den aus dem Einlagengeschäft resultierenden passivischen Zinsrisiken ergibt (ggf. können noch weitere Geschäfte einbezogen werden). Soweit sich die gegenläufigen Risiken **kompensieren**, besteht keine Notwendigkeit für den Abschluss von Sicherungsgeschäften. Es liegt insoweit ein **ökonomischer** *hedge* vor. Eine Absicherung ist nur für die **überschießende** Zinsrisikoposition (= Nettoposition) notwendig und erfolgt insb. durch den Einsatz von Zinsswaps. Ziel eines solchen *hedge* ist die Absicherung der künftigen Zinsmarge der Bank, die einem Zinsänderungsrisiko unterliegt.
- Die Absicherung des Zinsrisikos für die (Sicht- und Spar-)Einlagen wird nicht auf der Grundlage der regelmäßig kurzfristigen **vertraglichen Kündigungsmöglichkeiten** der Kunden (häufig täglich bis drei Monate) vorgenommen. Vielmehr erfolgt die Absicherung auf Basis einer Bodensatztheorie, die auf historischen Erfahrungswerten über das Kündigungsverhalten der Kunden basiert und somit das erwartete Kundenverhalten widerspiegelt.
- Soweit Kredite ein Recht auf Kündigung bzw. vorzeitige Rückzahlung aufweisen, wird das Zinsrisiko auf der Grundlage des **erwarteten Rückzahlungsverhaltens** abgesichert.
- Im Gegensatz zu statischen Sicherungsbeziehungen wird sich die Nettorisikoposition laufend **ändern**, sei es bspw. durch neues Kreditgeschäft, vorzeitige Rückzahlungen von Krediten oder Änderungen der Einlagenhöhe. Insofern müssen die zur Absicherung des Zinsrisikos eingesetzten Sicherungsinstrumente laufend an die geänderte Nettorisikoposition angepasst werden (dynamische Sicherungsbeziehung).
- Bei einer **Reduzierung** der Nettorisikoposition erfolgt die Anpassung der Sicherungsgeschäfte nicht immer durch Schließung bestehender Derivate, sondern häufig durch den Abschluss sog. **Gegengeschäfte**. Oft ist der Abschluss eines neuen Gegengeschäfts günstiger, als sich mit dem Kontrahenten auf die Schließung eines bestehenden Geschäfts zu verständigen. Dadurch finden sich auf der Sicherungsseite regelmäßig viele und teilweise gegenläufige Sicherungsgeschäfte.

- Die Sicherungsgeschäfte werden häufig nicht unmittelbar mit (konzern-)externen Vertragspartnern, sondern **intern mit der Handelseinheit** abgeschlossen. Diese steuert die Nettozinsrisikoposition gemeinsam mit den aus dem Handelsbuch resultierenden Zinsrisiken und schließt unter Berücksichtigung von Kompensationseffekten Geschäfte mit den externen Marktteilnehmern ab. Insgesamt handelt es sich beim *macro hedging* somit um äußerst **komplexe** und **dynamische** Sicherungsbeziehungen. Die klassische Form des *micro* bzw. Gruppen-*hedge-accounting* gem. IAS 39 ist für derartige Sicherungsstrategien im Zinsrisikomanagement von Banken aus den folgenden Gründen nur bedingt geeignet:
- Die **Designation** einer Nettorisikoposition als Grundgeschäft im *hedge accounting* ist ausdrücklich **untersagt** (IAS 39.84).
- Um den formalen Anforderungen des *hedge accounting* gerecht zu werden, sind nach IAS 39 *macro hedges* als *micro hedges oder* Gruppen-*hedges* umzudeuten. Dies soll durch Herstellung einer Vielzahl „**künstlicher**" Sicherungsbeziehungen zwischen Sicherungsderivaten und einzelnen Vermögenswerten oder Verbindlichkeiten (die Bestandteil der Nettorisikoposition sind) geschehen (IAS 39.AG101). Für diese „künstlichen" Sicherungsbeziehungen sind dann jeweils die Anforderungen des *hedge accounting* (insb. Dokumentation, Effektivitätsmessung, Bewertung; → § 28a Rz 56 ff.) zu erfüllen.
- Für den Fall der Designation einer **Gruppe** von Vermögenswerten oder Verbindlichkeiten sind zusätzlich die Bedingungen an die Gruppenbildung im Rahmen des *hedge accounting* (gem. IAS 39.83; → § 28a Rz 26) zu berücksichtigen.
- Änderungen der Nettorisikoposition und damit korrespondierende Anpassungen auf Seiten der Sicherungsderivate führen zu einer Dedesignation (Auflösung) und ggf. Redesignation von Sicherungsbeziehungen. Dabei müssen die für die Grundgeschäfte bis zum Zeitpunkt ihrer **Dedesignation** aufgelaufenen Buchwertanpassungen aus der Anwendung des *fair value hedge accounting* über deren Restlaufzeit effektivzinskonstant amortisiert werden (→ § 28a Rz 90).
- Eine solche **Designation** „künstlicher" *micro hedges* oder Gruppen-*hedges* entspricht nicht der tatsächlichen, auf der Absicherung einer Nettorisikoposition basierenden Risikomanagementstrategie *(macro hedge)* der Bank und führt zu einem **unverhältnismäßig hohen** Dokumentations-, Berechnungs- und Buchungsaufwand (IAS 39.BC176(b), (c)).
- Darüber hinaus darf das **Einlagengeschäft** nicht auf der Grundlage der Bodensatztheorie als Grundgeschäft designiert werden (IAS 39.49).
- Werden mit Kündigungsrechten ausgestattete finanzielle Vermögenswerte (insb. Kredite) auf der Grundlage erwarteter Rückzahlungstermine in das *macro hedging* einbezogen und mittels Zinsswaps gesichert, scheitert ein *hedge accounting* häufig an den Anforderungen zur **Effektivitätsmessung**.
- **Interne** Sicherungsderivate stellen keine zulässigen Sicherungsinstrumente im Rahmen des *hedge accounting* dar (IAS 39.73).

Infolge dieser restriktiven Vorschriften war es Banken vielfach nicht möglich, für im Rahmen von *macro-hedge*-Strategien eingesetzte Sicherungsderivate das *fair value hedge accounting* zu nutzen. Häufig musste daher auf die Anwendung des *hedge accounting* entweder gänzlich verzichtet werden (mit der Folge einer hohen Volatilität des Ergebnisses) oder es konnte nur *cash flow hedge accounting* genutzt werden (mit der Folge von Volatilität des Eigenkapitals) (IAS 39.BC173). Auch die als Alternative für ökonomische hedge-Beziehungen vorgesehene Anwendung der *fair value option* ist wegen der hohen Ergebnisvolatilität aufgrund von Veränderungen der *credit spreads* keine sachgerechte Lösung.

3.1.2 *Portfolio hedge* von Zinsrisiken

Im Jahr 2004 hat der IASB auf die Kritik an den bestehenden Regelungen zum *hedge accounting* mit der Verabschiedung des „*fair value hedge accounting for a portfolio hedge of interest rate risk*" (nachfolgend als *portfolio hedge* von Zinsrisiken bezeichnet) reagiert. Dabei handelt es sich nicht um eine neue Form des *hedge accounting*. Vielmehr werden die **bestehenden** Regelungen zum *fair value hedge accounting* um eine weitere **Variante erweitert**, die den Besonderheiten der Absicherung von Zinsrisiken auf Nettorisikobasis *(macro hedging)* Rechnung tragen soll. Der *IASB* ist dabei allerdings nicht von seiner Grundposition abgewichen, denn die Designation einer Nettoposition bleibt weiter untersagt (IAS 39.81A). Der *portfolio hedge* von Zinsänderungsrisiken kann allerdings im Ergebnis der Absicherung einer Nettoposition entsprechen.[9] Eine analoge Anwendung dieser Regelungen auf die Absicherung anderer Risiken ist nicht möglich (IAS 39.AG115).

28

Die für das *fair value hedge accounting* im Allgemeinen erforderlichen Prozessschritte (wie Dokumentation, prospektive und retrospektive Effektivitätsmessung usw.) wurden dabei um Besonderheiten des *portfolio hedge* von **Zinsrisiken** erweitert (IAS 39.AG114) und i. S. e. Annäherung an die in der Praxis eingesetzten Risikomanagementmethoden teilweise erleichtert.

Ein *portfolio hedge* von Zinsrisiken setzt die Einhaltung der folgenden Schritte voraus (IAS 39.AG114):

Prozessschritt zum „**Start**" des *portfolio hedge* von Zinsrisiken:

- Schritt 1: Identifizierung des abzusichernden Portfolios (Rz 28)

Prozessschritte zu **Beginn jeder Sicherungsperiode**:

- Schritt 2: Zuordnung der Geschäfte im Portfolio zu Laufzeitbändern (Rz 29)
- Schritt 3: Ermittlung der Nettoposition und Bestimmung des abgesicherten Betrags (Grundgeschäft) (Rz 31)
- Schritt 4: Bestimmung des abgesicherten Zinsrisikos (bspw. Risiko der Veränderung eines Referenzzinssatzes wie LIBOR etc.) (Rz 32)
- Schritt 5: Designation der Sicherungsgeschäfte (Rz 33)
- Schritt 6: Prospektiver Effektivitätstest (Rz 34)

---

[9] Vgl. KÜMPEL/POLLMANN, Portfolio Fair Value hedge Accounting, IRZ 5/2010 S. 231–237.

Prozessschritte am **Ende jeder Sicherungsperiode**:
- Schritt 7: Ermittlung der *fair-value*-Änderungen des abgesicherten Betrags (Grundgeschäft) (Rz 36)
- Schritt 8: Ermittlung der *fair-value*-Änderungen der Sicherungsgeschäfte (Rz 39)
- Schritt 9: Retrospektiver Effektivitätstest (Rz 40)
- Schritt 10: Bilanzielle Abbildung der Sicherungsbeziehung und Übergang auf neue Periode (Rz 41)

29 **(1) Identifizierung des abzusichernden Portfolios**
Am Anfang des Prozesses steht die Identifizierung des Portfolios der Geschäfte, die gegen Zinsrisiken abgesichert werden sollen (IAS 39.AG114(a), 116). Gem. IAS 39.AG114(a) soll diese Identifizierung im Rahmen des Risikomanagements vorgenommen werden, wobei das Portfolio ausdrücklich
- Vermögenswerte **und** Verbindlichkeiten,
- nur Vermögenswerte oder
- nur Verbindlichkeiten

enthalten kann. Deshalb darf eine Bank, die ihr Zinsrisiko auf *macro*-Basis steuert, im Rahmen des *hedge accounting* auch Portfolien bilden, die entweder **nur** Vermögenswerte oder nur Verbindlichkeiten umfassen.[10] Bei Bildung mehrerer Portfolien sind die o. g. Prozessschritte für jedes Portfolio separat durchzuführen. Es empfiehlt sich, zumindest für jeden Währungsraum ein separates Portfolio zu bilden.
Mit der Identifizierung des Portfolios ist noch keine Designation des Grundgeschäfts für das *hedge accounting* erfolgt (IAS 39.AG116). Diese ist lediglich zur Bestimmung der Höhe der abzusichernden Vermögenswerte oder Verbindlichkeiten relevant. Die betreffenden Finanzinstrumente müssen dabei die Voraussetzungen für zulässige Grundgeschäfte im *hedge accounting* gem. IAS 39.78ff. erfüllen. So dürfen keine Finanzinstrumente der Kategorie *held to maturity*, keine Derivate und keine internen Geschäfte in das Portfolio einbezogen werden.
Die Einbeziehung von Sicht- und Spareinlagen ist zwar uneingeschränkt möglich; zu bedenken sind jedoch die Einschränkungen, die sich im weiteren Prozessablauf bei der Designation der Sicht- und Spareinlagen als Grundgeschäft im Rahmen der Bestimmung des abzusichernden Betrags ergeben (vgl. hierzu im Einzelnen Prozessschritt 3 unten, Rz 31).
Bei der Zuordnung der Portfolien ist der Grundsatz der Stetigkeit zu beachten.

30 **(2) Zuordnung der Geschäfte im Portfolio zu einzelnen Laufzeitbändern**
Anschließend werden für das Portfolio Laufzeitbänder gebildet, denen die im Portfolio befindlichen Geschäfte zuzuordnen sind (IAS 39.AG114(b), 117). Dabei sollen Geschäfte mit vergleichbarem Zinsrisiko (insb. einer ähnlichen Zinssensitivität) zusammengefasst werden, um im nächsten Schritt für **jedes** Laufzeitband die **Nettoz**insrisikoposition zu bestimmen.

---

[10] Vgl. IDW RS HFA 9, Tz. 366.

IAS 39.AG114(b) sieht eine Zuordnung der Geschäfte des Portfolios zu den Laufzeitbändern auf der Grundlage der **erwarteten** Zinsanpassungstermine vor. Der erwartete Zinsanpassungs**termin** entspricht dem **früheren** der beiden folgenden Termine:
- Erwartete Fälligkeit bzw. Rückzahlung oder
- erwarteter Zeitpunkt der nächsten Zinsanpassung.

Ein Geschäft **ohne vertragliches** Kündigungsrecht unterliegt so lange einem Zinsrisiko, wie keine vertragliche Anpassung an das aktuelle Zinsniveau vorgenommen wird (also bis zum nächsten Zinsanpassungstermin). Bei festverzinslichen Geschäften gibt es keinen Zinsanpassungstermin während der Laufzeit, daher besteht das Zinsrisiko bis zur Fälligkeit. Bei variabel verzinslichen Geschäften besteht das Zinsrisiko bis zum nächsten Zinsfixing. Für Geschäfte, die über einen bestimmten Zeitraum eine feste Verzinsung haben und dann an das aktuelle Zinsniveau angepasst werden, besteht das Zinsrisiko bis zu dieser Zinsanpassung. Mit der Bezugnahme auf die **erwartete** Rückzahlung bzw. Zinsanpassung wird auf Geschäfte mit vertraglichen Kündigungsrechten abgestellt. Maßgeblich für die Zuordnung zu den Laufzeitbändern sind in diesem Fall die erwarteten Zeitpunkte und Volumina der vorzeitigen Rückzahlungen (sofern nicht evtl. frühere Zinsanpassungstermine zu berücksichtigen sind). Diesbezügliche **Einschätzungen** des erwarteten Rückzahlungsverhaltens sind nicht nur im Zeitpunkt des Beginns des *hedge accounting*, sondern während dessen gesamter Laufzeit vorzunehmen. Dabei sind sowohl entsprechende Erfahrungen aus der **Vergangenheit** als auch **aktuelle** Informationen (z. B. zum Kündigungsverhalten und dessen Abhängigkeit von der Zinsentwicklung) zu berücksichtigen. Sofern ein Unternehmen nicht über die notwendige Erfahrung verfügt, kann auf Daten für vergleichbare Geschäfte anderer Unternehmen zurückgegriffen werden. Die Zuordnung zu Laufzeitbändern hat aber nicht zwingend für **jedes** Geschäft einzeln zu erfolgen. Vielmehr ist es möglich, **Gruppen** gleichartiger Geschäfte zu bilden und die Zuordnung auf Gruppenbasis vorzunehmen. Beispielsweise kann bei einer Gruppe von vergleichbaren Posten die Zuordnung zu Laufzeitbändern durchgeführt werden, indem ein Prozentsatz der Gruppe und nicht einzelne Posten jedem Laufzeitband zugewiesen werden. Die Zuordnungsmethodik ist letztlich der Bank überlassen und nach Maßgabe der im Risikomanagement verwendeten Methodik durchzuführen (IAS 39.AG117).

Vorzeitige Rückzahlungen, die ohne vertragliches Kündigungsrecht erbracht werden (insb. vorzeitige Tilgungen von Krediten) müssen bei der Zuordnung zu den Laufzeitbändern nicht berücksichtigt werden, sofern hierfür eine Vorfälligkeitsentschädigung vereinbart wurde. Sofern die Vorfälligkeitsentschädigung das Zinsrisiko kompensiert, liegt keine zinsbedingte Rückzahlung vor (IAS 39.AG121).[11]

Täglich oder kurzfristig kündbare Sicht- und Spareinlagen können in diesem zweiten Prozessschritt nach Maßgabe einer im Risikomanagement verwendeten **Bodensatztheorie** in die Laufzeitbänder eingestellt werden. Zu bedenken sind jedoch die Einschränkungen, die sich im weiteren Prozessablauf bei der Designation der Sicht- und Spareinlagen als Grundgeschäft im Rahmen der Bestimmung des abzusichernden Betrags ergeben (vgl. hierzu im Einzelnen Prozessschritt 3 unten, Rz 31).

---

[11] Vgl. IDW RS HFA 9, Tz. 377.

Hinsichtlich der betragsmäßigen **Verteilung** der Geschäfte auf die Laufzeitbänder bestehen verschiedene Alternativen. IAS 39.AG114(b) nennt (exemplarisch) eine Verteilung auf der Grundlage der
- *cash flows* der Geschäfte, indem diese in die Laufzeitbänder ihrer erwarteten Fälligkeit eingestellt werden,
- Nominalbeträge der Geschäfte, indem diese in alle Laufzeitbänder bis zur erwarteten Zinsbindung eingestellt werden.

Dabei muss die gleiche Methodik wie bei der Verteilung der Sicherungsgeschäfte auf Laufzeitbänder (Schritt 5) verwendet werden.

Die **Breite** der Laufzeitbänder ist nicht in IAS 39 geregelt und liegt demnach im Ermessen des Bilanzerstellers. Daher kann etwa auf die im Zinsrisikomanagement verwendeten Laufzeitbänder abgestellt werden. Hier erscheinen monatliche Laufzeitbänder sinnvoll, sind aber nicht zwingend anzuwenden. Dabei lässt sich die Effektivität der Sicherungsbeziehung durch **Verkürzung** der verwendeten Laufzeitbänder verbessern (IAS 39.AG125(c)).

31 **(3) Ermittlung der Nettoposition und Bestimmung des abgesicherten Betrags (Grundgeschäft)**
Im dritten Schritt (IAS 39.AG 114(c), 118) wird für jedes der in Schritt 2 festgelegten Laufzeitbänder zunächst die **Nettorisikoposition** ermittelt. Entsprechend kann sich in einem Laufzeitband entweder
- ein **Aktivüberhang** (Aktivgeschäfte > Passivgeschäfte) oder
- ein **Passivüberhang** (Passivgeschäfte > Aktivgeschäfte) ergeben.

Auf der Grundlage dieser Nettorisikoposition wird der Betrag bestimmt, der als abzusicherndes Grundgeschäft designiert werden soll. Dabei darf auch beim *portfolio hedge* von Zinsrisiken nicht die Nettorisikoposition als Grundgeschäft designiert werden.[12]

Vielmehr wird das Grundgeschäft gem. IAS 39.81A vereinfacht als ein prozentualer Anteil der gesamten Vermögenswerte (bei einem Aktivüberhang) oder der gesamten Verbindlichkeiten (bei einem Passivüberhang) im jeweiligen Laufzeitband bestimmt. Entgegen dem Grundsatz in IAS 39.AG101 ist dabei eine Bezugnahme auf **spezifische Einzelgeschäfte** nicht erforderlich. Es gilt:
- Im Falle eines **Aktiv**überhangs wird ein absoluter Betrag von Vermögenswerten designiert.
- Im Falle eines **Passiv**überhangs wird ein absoluter Betrag von Verbindlichkeiten designiert.

Bei der Bestimmung dieses abgesicherten Betrags dürfen nach IAS 39.AG118(a), (b) jedoch nur **solche** Geschäfte aus dem jeweiligen Laufzeitband berücksichtigt werden, die
- einem *fair-value*-Risiko im Hinblick auf das abgesicherte Risiko unterliegen und
- auch bei individueller Absicherung als Grundgeschäft im Rahmen eines *fair value hedge* designierbar wären, also den Anforderungen des IAS 39.78ff. gerecht werden.

Aufgrund der zweiten Bedingung sind insb. **Sicht-** und **Spar**einlagen als Grundgeschäfte praktisch ausgeschlossen. Dies ergibt sich aus IAS 39.49, wonach der

---

[12] Das entsprechende Verbot des IAS 39.84.AG101 ist auch mit Einführung des portfolio hedge von Zinsrisiken nicht aufgehoben worden (IAS 39.81A).

fair value von Sicht- und Spareinlagen nicht geringer sein darf als der Barwert des Rückzahlungsbetrags zum frühestmöglichen Rückzahlungszeitpunkt. Deshalb ist die Berücksichtigung von Sicht- und Spareinlagen im *fair value hedge accounting* für Zeiträume nach dem frühestmöglichen Kündigungstermin nicht zulässig (IAS 39.AG118(b)). Dies bedeutet faktisch die **Nichtanerkennung** der Bodensatztheorie im *hedge accounting*.

Damit ergibt sich die folgende Situation: **Sicht-** und **Spareinlagen** dürfen zwar bei der Bestimmung der Nettorisikoposition einbezogen werden; sofern aber aufgrund eines Passivüberhangs Verbindlichkeiten als abgesicherter Betrag designiert werden sollen, ist eine Einbeziehung in das Volumen der designierbaren Verbindlichkeiten unzulässig. Dies schränkt die Nutzung des *portfolio hedge* von Zinsrisiken insbesondere für Banken mit einem passivischen Zinsüberhang und einem hohen Anteil an Sicht- und Spareinlagen an der Passivseite erheblich ein. Die Designation des absoluten Betrags an Vermögenswerten bzw. Verbindlichkeiten als Grundgeschäft ist nicht auf die Höhe der Nettorisikoposition eines Laufzeitbandes begrenzt. Vielmehr kann jeder zwischen 0 % und 100 % liegende Anteil aller Vermögenswerte (im Falle eines Aktivüberhangs) bzw. Verbindlichkeiten (im Falles eines Passivüberhangs) bestimmt werden (IAS 39.AG118). Hierzu folgendes Beispiel:

> **Beispiel (in Geldeinheiten)**
> Eine Bank verfügt in einem Laufzeitband über ein Aktivgeschäft von 50 und ein Passivgeschäft von 80. Das Passivgeschäft setzt sich aus 60 festverzinslichen Verbindlichkeiten und 20 Sichteinlagen zusammen. Da es sich um eine passivische Nettoposition handelt, ist als Grundgeschäft ein absoluter Betrag bzw. ein Prozentsatz der Passiva festzulegen. Da die Sichteinlagen von 20 hierfür nicht infrage kommen, kann die Bank jeden Betrag zwischen 0 und 60 der Passiva als Grundgeschäft designieren. Möchte die Bank bspw. die Nettorisikoposition von 30 absichern, designiert sie 50 % aller festverzinslichen Verbindlichkeiten als Grundgeschäft.
> Wenn sich die Passivseite des Laufzeitbands hingegen aus 20 festverzinslichen Verbindlichkeiten und 60 Sichteinlagen zusammensetzt, beträgt der maximal designierbare Betrag 20 (Passiva). Möchte die Bank (wirtschaftlich) die gesamte Nettoposition von 30 absichern, kann sie nur für maximal 20 der Passiva das *hedge accounting* nutzen, weil der verbleibende Betrag von 60 nicht als Grundgeschäft designierbar ist.

(4) Bestimmung des abgesicherten Zinsrisikos

Im 4. Schritt (IAS 39.AG114(d)) ist festzulegen, welche **Art** von Zinsrisiko aus den Grundgeschäften abgesichert werden soll. Wie für die anderen Formen des *hedge accounting* auch kann dabei entweder das **gesamte** Zinsrisiko oder nur ein **Teil** des Zinsrisikos designiert werden (IAS 39.81, AG99C, 99D). Im Regelfall wird nur der Benchmark-Zinssatz (wie EURIBOR oder LIBOR) als Teil des Zinsrisikos abgesichert werden, damit Veränderungen der individuellen *credit spreads* die Effektivität der *hedge*-Beziehung nicht beeinträchtigen.

33 **(5) Designation der Sicherungsgeschäfte**
Im fünften Schritt (IAS 39.AG114(e), AG120) werden die zur Absicherung des Grundgeschäfts (= abgesicherter Betrag, Rz 31) eingesetzten **Derivate** den **Laufzeitbändern** zugeordnet und als Sicherungsinstrumente designiert. Dabei kommen nur solche Derivate infrage, die dem abgesicherten Zinsrisiko aus dem Grundgeschäft (Rz 32) unterliegen. Dies werden im Regelfall überwiegend Zinsswaps, ggf. auch Zinsoptionen sein. Bei der Auswahl der Derivate gelten ansonsten die allgemeinen Regelungen zur Zulässigkeit von Sicherungsgeschäften (→ § 28a Rz 7 ff.), wonach vor allem geschriebene Optionen und (konzern)interne Derivate als Sicherungsgeschäfte ausscheiden.
Einem Laufzeitband kann entweder ein einzelnes Derivat oder ein Portfolio von Derivaten zugeordnet werden. Dabei wurde mit dem *portfolio hedge* von Zinsrisiken die Möglichkeit eingeführt, auch **gegenläufige** Sicherungsderivate zu designieren. Somit ist z. B. die gleichzeitige Verwendung von *payer swaps* und *receiver swaps* in einem Laufzeitband zulässig.
Die Verteilung der Sicherungsinstrumente auf die Laufzeitbänder muss dabei der Verteilungsmethodik der gesicherten Grundgeschäfte (Rz 30) folgen. Ergibt sich daraus die Verteilung eines Sicherungsinstruments auf **mehrere** Laufzeitbänder, so muss diese Verteilung für die gesamte Laufzeit des Sicherungsinstruments erfolgen, da die Designation nur für einen Teil der (Rest-)Laufzeit nicht zulässig ist (IAS 39.75).
Mit Schritt 5 ist die Designation der Sicherungsbeziehung abgeschlossen.

34 **(6) Prospektiver Effektivitätstest**
Im sechsten Prozessschritt ist für die designierte Sicherungsbeziehung in **jedem Laufzeitband** ein prospektiver Effektivitätstest durchzuführen (IAS 39.AG114(f)). Dazu ist die Erwartung einer hohen Effektivität nachzuweisen. Der Effektivitätstest bezieht sich dabei auf den **Zeitraum**, für den die Designation der Sicherungsbeziehung vorgenommen wurde. Da dem *portfolio hedge* von Zinsrisiken regelmäßig eine dynamische Absicherungsstrategie (mit laufender Anpassung der Sicherungsinstrumente an Änderungen des Grundgeschäfts) zugrunde liegt, ist es nicht erforderlich, den Effektivitätstest auf die **gesamte** Länge eines Laufzeitbandes zu beziehen. Der Test kann vielmehr auf die Zeit bis zur **nächsten erwarteten Anpassung** der Sicherungsbeziehung (sei es durch Anpassung der Sicherungsderivate oder des abgesicherten Betrags) begrenzt werden (IAS 39.AG107). Spezifische Regelungen für den prospektiven Effektivitätstest beim *portfolio hedge* von Zinsrisiken bestehen nicht, sodass allein auf die allgemeinen Anforderungen abzustellen ist (IAS 39.88b, AG105(a); → § 28a Rz 69).
Eine Sicherungsbeziehung eines Laufzeitbandes gilt prospektiv als **hoch effektiv**, wenn das Verhältnis
- der aus dem gesicherten Zinsrisiko zu erwartenden *fair-value*-Änderung des Grundgeschäfts (also des im Laufzeitband abgesicherten Betrags gem. Rz 31) und
- der erwarteten *fair-value*-Änderung der designierten Sicherungsderivate (Rz 33)
- in der Bandbreite zwischen 80 % und 125 % liegt.

Methodisch kommen zur Messung der prospektiven Effektivität die aus dem *micro fair value hedge* bekannten Verfahren infrage; insb. ist in diesem Zusammenhang die **Sensitivitätsanalyse zu nennen**.

Nach Durchführung des letzten Schrittes zu **Beginn** der Sicherungsperiode muss die gem. IAS 39.88(a) erforderliche **Dokumentation** vorgenommen werden (→ § 28a Rz 57). Dabei sind als Bestandteil der Dokumentation für den *portfolio hedge* von Zinsrisiken die folgenden **spezifischen** Sachverhalte aufzunehmen (IAS 39.AG119):

35

- **Kennzeichnung** der Vermögenswerte und Verbindlichkeiten, die in den *portfolio hedge* von Zinsrisiken einbezogen werden und auf welcher Grundlage sie aus dem Portfolio entfernt werden (Rz 29).
- Methoden zur Bestimmung der erwarteten **Zinsanpassungstermine**; hierzu zählt auch, wie das erwartete Kündigungsverhalten bestimmt wurde und welche Zinsannahmen dabei zu Grunde gelegt wurden. Werden diese Erwartungen später geändert, so sind die Ursachen hierzu darzulegen (Rz 30).
- Die **Anzahl** und **Breite** der Laufzeitbänder (Rz 30).
- **Häufigkeit** und **Methodik** zur Effektivitätsmessung (vgl. Schritt 9, Rz 40).
- Die Methodik zur Bestimmung der als **Grundgeschäft** designierten Vermögenswerte bzw. Verbindlichkeiten (Rz 31).
- Im Falle der Messung der Effektivität nach der in IAS 39.AG126(b) beschriebenen Methodik (vgl. Rz 40) ist anzugeben,
  – wie sich der **Prozentsatz** der gesicherten Vermögenswerte bzw. Verbindlichkeiten bestimmt und
  – ob der Effektivitätstest für die einzelnen Laufzeitbänder **separat**, für **alle** Laufzeitbänder zusammen oder als **Kombination** der beiden Varianten durchgeführt wird.

(7) Ermittlung der *fair-value*-Änderungen des abgesicherten Betrags (Grundgeschäft)

36

Im Mittelpunkt der am Ende einer jeden Sicherungsperiode durchzuführenden Maßnahmen steht der **retrospektive Effektivitätstest** (IAS 39.AG114(g)). Da hierzu für den *portfolio hedge* von Zinsrisiken keine speziellen Regelungen existieren, gelten die allgemeinen Anforderungen (IAS 39.88(e), AG105(b)). Danach ist die Sicherungsbeziehung retrospektiv hoch effektiv, wenn das Verhältnis der aus dem gesicherten Zinsrisiko **tatsächlich eingetretenen** *fair-value*-Änderung des abgesicherten Betrags und der **eingetretenen** *fair-value*-Änderung der designierten Sicherungsderivate in der Bandbreite zwischen 80 % und 125 % liegt. Damit sind für die Durchführung des retrospektiven Effektivitätstests die folgenden **drei Berechnungen** erforderlich:

- Ermittlung der aus dem gesicherten Zinsrisiko resultierenden *fair-value*-Änderung des abgesicherten Betrags in der abgelaufenen Sicherungsperiode (vgl. hierzu die weiteren Ausführungen zu Schritt 7),
- Ermittlung der *fair-value*-Änderung der designierten Sicherungsderivate in der abgelaufenen Sicherungsperiode (vgl. hierzu Schritt 8) und
- Ermittlung des Verhältnisses der beiden vorgenannten Beträge (eigentlicher retrospektiver Effektivitätstest in Schritt 9).

Für die Ermittlung der aus dem abgesicherten Zinsrisiko resultierenden *fair-value*-Änderung des abgesicherten Betrags (= Grundgeschäft) in einem Laufzeitband sieht der Standard **keine bestimmte Methodik** vor. Vielmehr lässt er ausdrücklich die Verwendung statistischer Methoden oder anderer Schätzmethoden zu. Es ist insbesondere nicht erforderlich, jeden einzelnen Vermögenswert bzw. jede Verbindlichkeit erst einzeln zu bewerten und anschließend mit dem

37

Designationsprozentsatz zu gewichten und die Teilergebnisse zu summieren. Vielmehr sind auch vereinfachte Verfahren zulässig, indem z. b. die in einem Laufzeitband befindlichen Geschäfte mit einer durchschnittlichen Laufzeit **typisiert** und als **Ganzes** bewertet werden. Die Nutzung solcher Vereinfachungen wird allerdings unter den Vorbehalt eines annähernd gleichen Ergebnisses wie bei einer Einzelbewertung gestellt. Ausdrücklich **ausgeschlossen** ist hingegen die Anwendung einer *short cut method*, bei der schlicht eine Entsprechung der *fair-value*-Änderung des Grundgeschäfts der *fair-value*-Änderung des Sicherungsgeschäfts unterstellt wird (IAS 39.AG122).

Bei der Ermittlung der *fair-value*-Änderung des abgesicherten Betrags ist ein besonderes Augenmerk auf die Geschäfte mit **Kündigungsrechten** zu richten. Zinsänderungen in der abgelaufenen *hedge*-Periode wirken sich auf den *fair value* solcher Geschäfte in zweierlei Weise aus:
- Zum einem ändert sich der *fair value* des **Geschäfts** (unter Vernachlässigung des Kündigungsrechts) in Abhängigkeit vom Zinsniveau. So wird sich z. b. für einen herausgegebenen Kredit der *fair value* im Falle eines Zinsrückgangs erhöhen et vice versa. Hier besteht kein Unterschied zu Geschäften ohne Kündigungsrecht.
- Zum anderen ändert sich der *fair value* des Kündigungsrechts in Abhängigkeit vom Zinsniveau. Sinkende Zinsen erhöhen den *fair value* eines (Kunden-)**Kündigungsrechts** (womit die Wahrscheinlichkeit einer vorzeitigen Rückzahlung steigt) und umgekehrt.

Gem. IAS 39.AG121 sind beide Effekte bei der Bestimmung der *fair-value*-Änderungen zu berücksichtigen.

38 Die Berücksichtigung von Kündigungsrechten im *portfolio hedge* von Zinsrisiken in Schritt 2 (Rz 30) erfolgt durch Einstellung der Geschäfte in die Laufzeitbänder nach Maßgabe der erwarteten Rückzahlungstermine. Die aus Zinsänderungen resultierenden Auswirkungen auf die erwarteten Rückzahlungstermine in einem Laufzeitband sind daher entsprechend zu berücksichtigen, indem bei einer
- Änderung der erwarteten Rückzahlungstermine bzw. -volumina eine **Umgliederung** zwischen den Laufzeitbändern vorgenommen wird,
- Abweichung zwischen der **erwarteten** Rückzahlung und der **tatsächlichen** Rückzahlung (weil ein Kunde infolge gesunkener Zinsen in der abgelaufenen Periode gekündigt hat, obwohl die Kündigung erst zu einem späteren Zeitpunkt erwartet worden war) der Betrag aus dem Laufzeitband **entnommen wird**, ohne in ein anderes Laufzeitband eingestellt zu werden.

Änderungen der erwarteten Rückzahlungstermine oder Abweichungen zwischen der erwarteten Rückzahlung und einer tatsächlichen Rückzahlung in einem Laufzeitband sind jedoch bei der Bestimmung der *fair-value*-Änderungen des abgesicherten Betrags nur zu berücksichtigen, soweit sie **zinsbedingt** sind. Soweit sie
- eindeutig auf **anderen** Ursachen als der Änderung des gesicherten Zinsrisikos beruhen,
- diese anderen Ursachen nicht mit Änderungen des gesicherten Zinsrisikos **korrelieren** und
- diese Effekte verlässlich von den auf Änderungen des gesicherten Zinsrisikos beruhenden Änderungen der erwarteten Kündigungstermine **getrennt** werden können,

bleiben sie bei der Bestimmung der *fair-value*-Änderungen des abgesicherten Betrags eines Laufzeitbandes unberücksichtigt. Derartige Ursachen können z.B. steuerrechtliche oder demographische Änderungen sein.

Bestehen Zweifel hinsichtlich der Ursachen für eine Änderung der erwarteten Rückzahlungstermine, sind diese als **zinsinduziert** einzustufen und bei der Berechnung der *fair-value*-Änderungen des abgesicherten Betrags zu berücksichtigen (IAS 39.AG121).

Veränderungen im Bestand eines Laufzeitbandes ergeben sich darüber hinaus in den folgenden beiden Situationen:
- **Beim Abgang** von Geschäften, die nicht über ein Kündigungsrecht verfügen: Sofern der Kunde eine Vorfälligkeitsentschädigung zu zahlen hat, können solche Abgänge regelmäßig als nicht zinsinduziert eingestuft werden und bei der Berechnung der *fair-value*-Änderungen des abgesicherten Betrags unberücksichtigt bleiben.
- **Beim Zugang** von Neugeschäften in einem Laufzeitband während der abgelaufenen Sicherungsperiode; auch diese bleiben unberücksichtigt (IAS 39.AG127).

Ausgangspunkt für die Ermittlung der *fair-value*-Änderungen des abgesicherten Betrags eines Laufzeitbands ist nun der Gesamtbestand der designierbaren Geschäfte am **Periodenanfang**. Dieser ist anschließend um die zinsinduzierten Bestandsänderungen zu korrigieren:

	Gesamtbetrag designierbarer Aktiv- bzw. Passivgeschäfte des Laufzeitbands am Periodenbeginn
./.	Abgang (bedingt durch Zinsänderung)
./.	Wechsel in ein anderes Laufzeitband (bedingt durch Zinsänderung)
+	Wechsel aus einem anderen Laufzeitband (bedingt durch Zinsänderung)
=	Gesamtbetrag designierbarer Aktiv- bzw. Passivgeschäfte des Laufzeitbands am Periodenende

Unberücksichtigt bleiben die folgenden **Bestandsveränderungen** der Periode:
- Abgang (belegbar nicht bedingt durch Zinsänderungen)
- Zugang (wegen Neugeschäfts)

Auf dieser Grundlage wird die **Berechnung** der *fair-value*-Änderung des abgesicherten Betrags wie folgt durchgeführt (IAS 39.AG126(b)):
- Zunächst ist für den Periodenanfang der **Prozentsatz** zu bestimmen, den der abgesicherte Betrag im Verhältnis zum Gesamtbetrag der designierbaren Vermögenswerte bzw. Verbindlichkeiten des betrachteten Laufzeitbands beträgt (vgl. hierzu Schritt 3, Rz 31).
- Anschließend wird dieser Prozentsatz auf den um Bestandsänderungen korrigierten Gesamtbetrag der designierbaren Vermögenswerte bzw. Verbindlichkeiten des betrachteten Laufzeitbands bezogen; hieraus ergibt sich der **korrigierte abgesicherte Betrag** am Periodenende.
- Für diesen korrigierten abgesicherten Betrag wird schließlich die aus den Zinsänderungen der Periode resultierende *fair-value*-Änderung ermittelt.

(8) Ermittlung der *fair-value*-Änderungen der Sicherungsgeschäfte 39
Vergleichsweise einfach gestaltet sich die Ermittlung der *fair-value*-Änderung der Sicherungsgeschäfte. Sie bestimmt sich als **Differenz** zwischen dem *fair value*

der Sicherungsgeschäfte am Periodenende und am Periodenanfang. Die Berechnungen basieren hierbei auf den *clean fair values*, also den *fair values* ohne Berücksichtigung von Zinsabgrenzungen.

40 **(9) Retrospektiver Effektivitätstest**
Nach Berechnung der *fair-value*-Änderungen des abgesicherten Betrags und der Sicherungsderivate wird nun im letzten Schritt die **Effektivität** ermittelt. Methodisch kommen zur Messung der retrospektiven Effektivität die aus dem *micro fair value hedge* bekannten Verfahren infrage (→ § 28a Rz 71), insb. die *dollar-offset method*. Die Sicherungsbeziehung ist effektiv, wenn das Verhältnis der errechneten *fair values* innerhalb der Bandbreite von 80 % bis 125 % liegt.

Die **bilanzielle Abbildung** der Sicherungsbeziehung (Rz 41) erfolgt in Abhängigkeit des Ergebnisses des Effektivitätstests: Bei Effektivität der Sicherungsbeziehung werden die Regeln des *fair value hedge accounting* für die abgelaufene Periode angewandt. Bei unzureichender Effektivität gelten die allgemeinen Bilanzierungsregeln ohne *hedge accounting*. Ursachen für eine **mangelnde** Effektivität können z. B. sein (IAS 39.AG124):
- Die **tatsächliche** Rückzahlung eines Geschäfts mit Kündigungsrecht weicht von dem erwarteten Rückzahlungstermin ab.
- Die erwarteten Rückzahlungstermine für Geschäfte mit Kündigungsrecht wurden aufgrund von Änderungen im Zinsumfeld **angepasst**, sodass es zu Verschiebungen zwischen den Laufzeitbändern kommt.
- Vermögenswerte aus dem gesicherten Portfolio werden **wertberichtigt** oder **ausgebucht**.
- **Zahlungstermine** von Grund- und Sicherungsgeschäft weichen voneinander ab.

Dabei bestehen verschiedene Möglichkeiten zur **Verbesserung** der Effektivität (IAS 39.AG125):
- Geschäfte mit einem Recht zu einer **vorzeitigen Rückzahlung** werden nach Möglichkeit so auf die Laufzeitbänder verteilt, dass das erwartete Rückzahlungsverhalten adäquat berücksichtigt und insofern die Wahrscheinlichkeit eines notwendigen späteren Wechsels zwischen den Laufzeitbändern minimiert wird.
- Je **höher** die Anzahl der Geschäfte in einem Portfolio ist, desto besser lässt sich das erwartete Rückzahlungsverhalten vorhersagen (Gesetz der großen Zahl). In einem Portfolio mit wenigen Geschäften werden sich einzelne „statistische Ausreißer" deutlich stärker auswirken.
- Je **enger** die Bänder gewählt werden, desto geringer sind die Unterschiede zwischen den Zinsanpassungsterminen des Grundgeschäfts und der Sicherungsderivate und die daraus resultierenden Ineffektivitäten.
- Je häufiger die **Sicherungsderivate** an Veränderungen im Grundgeschäft (z. B. infolge von Änderungen im erwarteten Rückzahlungsverhalten) angepasst werden, desto geringer sind die jeweils aus solchen Änderungen resultierenden Ineffektivitäten.

41 **(10) Bilanzielle Abbildung der Sicherungsbeziehung**
Im letzten Schritt wird die Bilanzierung für die Sicherungsbeziehung vorgenommen. Diese erfolgt in Abhängigkeit des retrospektiven **Effektivitätstests** (Rz 40). Hat die Sicherungsbeziehung den retrospektiven Effektivitätstest **bestanden**, sind die für diesen Test ermittelten *fair-value*-Änderungen des Grundgeschäfts

und der Sicherungsinstrumente anlog zum *micro fair value hedge* jeweils in der **GuV** im Ergebnis aus Sicherungszusammenhängen abzubilden. Der Saldo der beiden *fair-value*-Änderungen bestimmt die Wirkung der Ineffektivität in der GuV (IAS 39.AG114(i)).

Die Erfassung der *fair-value*-Änderung der Sicherungsgeschäfte in der Bilanz weist dabei keine Besonderheiten im Vergleich zum *micro fair value hedge* auf. Im Gegensatz hierzu können sich bei der Erfassung der *fair-value*-Änderung des Grundgeschäfts im Hinblick auf dessen *fair value adjustment* (Buchwertanpassung) Unterschiede zum *micro fair value hedge* ergeben. Da sich das erforderliche *fair value adjustment* nicht einzelnen Vermögenswerten oder Verbindlichkeiten zuordnen lässt (anders als im Falle des *micro fair value hedge*; vgl. IAS 39.89(b)), wird das *fair value adjustment* in **einem separaten** Bilanzposten (*separate line item*) ausgewiesen (IAS 39.89A, AG114(g)). Dabei ist wie folgt vorzugehen (IAS 39.AG123):

- Handelt es sich bei dem Grundgeschäft um einen **Vermögenswert** (genauer: einen prozentualen Anteil aller designierbaren Vermögenswerte des Laufzeitbandes), dann ist das diesbezügliche *fair value adjustment* gesondert auf der **Aktivseite** auszuweisen.
- Stellt das Grundgeschäft dagegen eine **Verbindlichkeit** dar (genauer: einen prozentualen Anteil aller designierbaren Verbindlichkeiten eines Laufzeitbands), dann wird das *fair value adjustment* gesondert auf der **Passivseite** ausgewiesen.

Der Ausweis hängt somit von der **Art** des Grundgeschäfts und nicht von dem Vorzeichen des *fair value adjustment* ab. Insofern können *fair value adjustments* grundsätzlich entweder **positiv** oder **negativ** sein. Für ein Portfolio können sich damit separate *fair value adjustments* auf beiden Bilanzseiten ergeben, eine Saldierung kommt nicht infrage.

Für den *portfolio hedge* von Zinsrisiken sind darüber hinaus die Regeln des IAS 39.92 zur Amortisation der *fair value adjustments* zu beachten. Danach ist mit der Amortisation spätestens dann zu beginnen, wenn für das Grundgeschäft keine weiteren *fair value adjustments* mehr vorgenommen werden. Zulässig ist aber auch eine laufende Amortisation der *fair value adjustments*. Im Falle des *portfolio hedge* von Zinsrisiken ist eine **Amortisation** somit erst dann zwingend erforderlich, wenn sich der abgesicherte Betrag eines Laufzeitbands **reduziert** hat (und für den reduzierten Teil keine weiteren *fair value adjustments* mehr berücksichtigt werden). Der auf die Reduzierung des abgesicherten Betrags entfallende Anteil des *fair value adjustment* ist dann über die **Restlaufzeit** zu amortisieren. Ist der abgesicherte Betrag hingegen konstant bzw. steigt er an, bedarf es (noch) keiner Amortisation. Da eine solche Vorgehensweise jedoch die Nachverfolgung verschiedener Teilamortisationsbeträge bedingt, bietet es sich aus praktischer Sicht an, alle zum Ende einer Sicherungsperiode aufgelaufenen *fair value adjustments* in die (laufende) Amortisation einzubeziehen. Die *fair value adjustments* sind analog zum Vorgehen bei *micro fair value hedges* über die Restlaufzeit zu **amortisieren**.

Als Besonderheit besteht für den *portfolio hedge* von Zinsrisiken die Möglichkeit einer **linearen Amortisation**, wenn die effektivzinskonstante Amortisation nicht praktikabel ist (IAS 39.92, BC212).

Hat die Sicherungsbeziehung eines Laufzeitbands den retrospektiven Effektivitätstest dagegen **nicht bestanden**, erfolgt die Bilanzierung des Grundgeschäfts und der Sicherungsderivate gem. den allgemeinen Bilanzierungsregeln ohne *hedge accounting*. Es bleibt der Bank unbenommen, für die Folgeperiode eine neue Sicherungsbeziehung zu designieren.

Bei als *available for sale* (AfS) klassifizierten Finanzinstrumenten im abzusichernden Portfolio besteht die Besonderheit, dass der Anteil der *hedge-fair-value*-Änderung berechnet werden muss, der erfolsneutral in der AfS-Rücklage im Eigenkapital erfasst wird. Das führt dazu, dass sich der fair value in der Bilanz auf den Posten des AfS-Finanzinstruments und auf den separaten Bilanzposten verteilt, im Anhang aber der *full fair value* nach IFRS 7 anzugeben ist.

42 Während der Absicherungsperiode kann sich die Zusammensetzung des Portfolios z. B. durch vorzeitige Rückzahlungen, Verkäufe oder eingetretene dauerhafte Wertminderungen verändern. Bei einem solchen **Abgang** ist das in einem separaten Posten ausgewiesene *fair value adjustment* in der Bilanz anteilig anzupassen. Dies erfolgt in der GuV über den Posten, in dem auch das Abgangsergebnis ausgewiesen wird. Die Berechnung dieses Anpassungsbetrages gestaltet sich in der Praxis oftmals als schwierig, wenn das Finanzinstrument verschiedenen Laufzeitbändern mit unterschiedlichen Absicherungsprozentsätzen zugeordnet und *fair value adjustments* in der Zwischenzeit amortisiert wurden. IAS 39.AG128 sieht daher folgende Vereinfachungsmöglichkeiten vor:

- Bei vorzeitigen Rückzahlungen kann die Ausbuchung aus dem *fair value adjustment* des frühesten Laufzeitbandes erfolgen.
- Bei Verkäufen oder dauerhaften Wertminderungen erfolgt die Ausbuchung aus den *fair value adjustments* der Laufzeitbänder, in denen das betreffende Finanzinstrument erfasst war. Die Aufteilung kann in einer sinnvollen systematischen Weise, z. B. auf Basis von Nominalbeträgen, erfolgen.

Läuft ein Laufzeitband aus, wird der entsprechende separate Bilanzposten erfolgswirksam ausgebucht (IAS 39.AG129, 89A).

43 Nach Schritt 10 ist der Prozess des *portfolio hedge* von Zinsrisiken der Sicherungsperiode **abgeschlossen**. Die nächste Sicherungsperiode startet erneut mit Schritt 2.

44 Infolge der Kritik an verschiedenen Regelungen des *portfolio hedge* von Zinsrisiken hat die **Europäische Kommission** 2004 den IAS 39 in einer Fassung, in der verschiedene **Textpassagen** gestrichen wurden (sog. EU *carve out version*), in europäisches Recht übernommen. Die gestrichenen Textpassagen betreffen primär Regelungen zu den Problembereichen der Sicht- und Spareinlagen und zur Ineffektivität infolge von Bestandsveränderungen. Ergänzungen zum Text oder Änderungen des Textes des IAS 39 wurden hingegen nicht vorgenommen. Damit ist der IAS 39 der einzige Standard, der in einer veränderten Fassung *endorsed* wurde. In den USA gelistete Unternehmen nehmen den EU-*carve-out* nicht in Anspruch, damit der Abschluss vollständig den vom IASB veröffentlichten IFRS entspricht. Der *portfolio hedge* von Zinsänderungsrisiken soll nicht in IFRS 9 geregelt werden. Der IASB hat entschieden, dieses kontroverse Thema aus dem *hedge-accounting*-Projekt auszuklammern, um dieses zeitnah abschließen zu können und ein zügiges *Endorsement* von IFRS 9 zu gewährleisten. Zum *portfolio hedge accounting* soll zunächst ein separates Diskussionspapier veröffentlicht werden.

3.2 Risikovorsorge im Kreditgeschäft

3.2.1 Überblick

Traditionell stellt das Kreditgeschäft (= zeitlich befristete Überlassung von Geldkapital gegen Zinsen) die tragende Säule des Bankgeschäfts dar.[13] Dieses Kerngeschäft der Kreditvergabe ist nicht risikolos, da Kreditnehmer (teilweise) ausfallen können und somit eine bilanzielle Kreditrisikovorsorge zu betreiben ist. Die Vorschriften des IAS 39.58–65 und IAS 39.AG84–93[14] zum *impairment* (= Wertminderung) spielen daher bis zur spätestens für die ab dem 1.1.2018 beginnenden Geschäftsjahre vorgesehene Anwendung des IFRS 9 (→ § 28 Rz 390) eine zentrale Rolle in der IFRS-Rechnungslegung von Banken. Bei der Umsetzung der allgemeinen Vorschriften ergeben sich hinsichtlich des Wertminderungstests (*impairment test*) **Besonderheiten** für Banken, die bei Industrie- und Handelsunternehmen i.d.R. nicht auftreten. Diese bankspezifischen Besonderheiten betreffen vor allem das sog. **Massengeschäft**. Die nachfolgenden Ausführungen beschränken sich auf die Ermittlung der Risikovorsorge im Kreditgeschäft (→ § 28 Rz 325 ff.).

Für die Ermittlung eines *impairment* für finanzielle Vermögenswerte sieht IAS 39.58 ein **zweistufiges** Prüfungsverfahren vor. Auf der **1. Stufe** (qualitativer *impairment test*, Wertminderung dem Grunde nach) sind die finanziellen Vermögenswerte daraufhin zu untersuchen, ob objektive Hinweise für ein *impairment* vorliegen (Rz 48). Liegen objektive Hinweise für ein *impairment* nach IAS 39.63 vor, so ist auf der **2. Stufe** zu ermitteln, ob und ggf. in welcher Höhe eine Wertminderung in der GuV zu erfassen ist (quantitativer *impairment test*, Wertminderung der Höhe nach). Die Methodik zur Ermittlung eines *impairment* unterscheidet sich in Abhängigkeit von der Bewertungskategorie eines Vermögenswerts (→ § 28 Rz 106, 135).

Das normale Kreditgeschäft einer Bank ist im Regelfall zu **fortgeführten Anschaffungskosten** zu bewerten (Bewertungskategorie: *loans and receivables*, da es sich um **Buchforderungen** handelt), sodass die Höhe des *impairment* auf der Grundlage der Regelungen des IAS 39.63 bestimmt wird (→ § 28 Rz 325). **Ausnahmen** ergeben sich für die nachfolgenden Fälle:

- Kredite, die im **Handelsbuch** der Bank gehalten werden, weil eine Absicht zur kurzfristigen Gewinnzielung besteht oder weil sie Teil eines Portfolios sind, für das es nachweislich kurzfristige Gewinnrealisierung in der jüngeren Vergangenheit gibt (vgl. IAS 39.9 bzw. IFRS 9.4.4 i.V.m. 4.2(a)). Die Notwendigkeit eines *impairment test* entfällt bei solchen Kreditgeschäften, da diese bereits **erfolgswirksam** zum *fair value* bewertet werden müssen.
- Kredite, für die die *fair value option* genutzt wurde und für die somit ebenfalls alle *fair-value*-Änderungen unmittelbar erfolgswirksam erfasst werden.

Bei Anwendung des IAS 39 ergibt sich eine weitere Ausnahme für Kredite, die auf einem aktiven Markt notiert sind. Solche Kredite werden nach IAS 39 entweder als *available-for-sale financial asset* (→ § 28 Rz 155) oder als *held-to-maturity investment* klassifiziert (→ § 28 Rz 142). Die Risikovorsorge für das zu fortgeführten Anschaffungskosten bewertete Kreditgeschäft (Kategorien:

---

[13] Vgl. Schierenbeck, Banken, in: Handelsblatt (Hrsg.), Wirtschaftslexikon, Stuttgart 2006, S. 643.
[14] Vgl. auch den Hinweis in IFRS 9.5.2.2.

loans and receivables bzw. *held to maturity* nach IAS 39) nach dem sog. *incurred loss model* steht wegen einer prozyklischen Wirkung in der Kritik und soll zugunsten eines *expected loss model* abgeschafft werden.[15] Dieses ließe sich im Einklang mit der Informationsfunktion der Rechnungslegung, einer anreizverträglichen internen Steuerung und regulatorischer Anforderungen so ausgestalten, dass i. S. e. *dynamic provisioning* die in den Zinssatz kalkulierte Kreditrisikoprämie durch den sukzessiven Aufbau einer Dynamischen Risikovorsorge aufwandswirksam erfasst und dadurch der beim *incurred loss model* als Zinsertrag vereinnahmte Scheingewinn kompensiert wird.[16] Von einer entsprechend praktikablen Umsetzung sind die aktuellen Reformierungsvorschläge des IASB allerdings weit entfernt.[17]

3.2.2 Objektive Hinweise auf das Vorliegen eines impairment

48 Ausgangspunkt des *impairment test* (Stufe 1) ist die zu jedem Bilanzstichtag durchzuführende Untersuchung auf das Vorliegen objektiver Hinweise *(objective evidence)* für ein *impairment* im Forderungsbestand. Dieser qualitative Werthaltigkeitstest kann für **einzelne** Forderungen oder für **Gruppen** von Forderungen vorgenommen werden (IAS 39.59).

49 In **zeitlicher Hinsicht** werden an das Vorliegen der objektiven Hinweise für eine Wertminderung die folgenden Anforderungen gestellt:
- Es muss sich um ein Kreditereignis *(loss event* bzw. *trigger event)* handeln, das **nach** Zugang der Forderung eingetreten ist; eine Wertminderung im Zeitpunkt des Zugangs der Buchforderung („*day one loss*") kommt somit nicht infrage (IAS 39.59, IG.E.4.2).
- Die Ereignisse müssen **vor** Ablauf der Berichtsperiode eingetreten (aber nicht zwingend bekannt) sein *(incurred loss model)*.
- **Zukünftig** erwartete Kreditereignisse sind keine objektiven Hinweise für eine Wertminderung. So stellt bspw. die Erwartung, dass die Arbeitslosenquote im nächsten Jahr ansteigen und dies zu einer Erhöhung der Ausfallrate für Konsumentenkredite führen werde, kein zulässiges *loss event* dar (IAS 39.59, BC109f.). Vielmehr würde die Berücksichtigung einem *expected loss model* entsprechen.
- Ein bis zum Bilanzstichtag eingetretenes *loss event* muss dem Unternehmen am Bilanzstichtag noch nicht in seinen Einzelheiten **bekannt** sein, um eine Wertminderung zu begründen (vgl. IAS 39.AG90, „*incurred but not reported*").
- Ereignisse, die erst nach dem Bilanzstichtag bekannt werden, aber bereits am Bilanzstichtag vorgelegen haben, sind als **wertaufhellende Ereignisse** zu berücksichtigen (→ § 4 Rz 17f.).[18]

Die „*incurred but not reported*"-Vermutung öffnet die Wertberichtigung hinsichtlich erwarteter Kreditverluste. Dies verdeutlicht IAS 39.AG90 am Beispiel der Ausfallerwartungen von Kreditkartenforderungen durch den Tod von Kreditnehmern. Da bis zur Bilanzaufstellung noch nicht alle im abgeschlossenen

---

15 Vgl. DEUTSCHE BUNDESBANK, Basel III – Leitfaden zu den neuen Eigenkapital- und Liquiditätsregeln für Banken, Frankfurt a. M. 2011, S. 26f.
16 Vgl. HAAKER, in: ZfbF 2012, S. 94ff.
17 Vgl. insbesondere GRÜNBERGER, IRZ 2011, S. 29–37 und S. 241–244; HELKE/BÄR/MORAWIETZ, WPg 2011, S. 453–461.
18 Vgl. PwC, IFRS für Banken, S. 436.

Geschäftsjahr eingetretenen Todesfälle bekannt sein können, müssen diese auf Basis von Erfahrungswerten geschätzt werden, was auch zur Erfassung eines erwarteten Verlusts (zukünftige Todesfälle) führen kann. Hieran zeigt sich, dass eine Grenzlinie zwischen „*incurred*" und „*expected*" in bestimmten Fällen nicht immer zweifelsfrei gezogen werden kann.[19]

Die Frage des Vorliegen einer Wertminderung (dem Grunde nach) wird zudem mit der Frage der Höhe einer (potenziellen) Wertberichtigung vermengt, denn in **inhaltlicher Hinsicht** müssen die *loss* bzw. *trigger events* negative und verlässlich schätzbare Auswirkungen auf die zukünftigen *cash flows* der einzelnen Forderung oder der betreffenden Gruppe von Forderungen haben. Hierzu nennt IAS 39.59 folgende nicht abschließende **Beispiele**: 50

- Erhebliche **finanzielle Schwierigkeiten** des Schuldners. Dabei stellt eine Verschlechterung des Ratings eines Schuldners für sich genommen noch kein *trigger event* dar, kann aber zusammen mit anderen Indikatoren einen objektiven Hinweis auf eine Wertminderung begründen (IAS 39.60). Im Falle der Portfoliobetrachtung von Forderungen kommt der **Ratingverschlechterung** hingegen ein höherer Stellenwert zu, da (konzeptbedingt) eine Zuordnung von *impairments* auf Einzelgeschäfte nicht vorgenommen werden kann.[20]
- Der Schuldner hält seine **vertraglichen Pflichten** nicht ein, insbesondere weil er fällige Zins- bzw. Tilgungszahlungen nicht oder nicht fristgerecht leistet.
- Die Bank macht besondere **Zugeständnisse** an den Schuldner, die durch seine finanziellen Schwierigkeiten bedingt sind.
- **Insolvenz** oder **Sanierungsmaßnahmen** des Schuldners sind wahrscheinlich.
- Für eine **Gruppe** von Forderungen gibt es nachweisbare Daten für einen messbaren Rückgang der erwarteten künftigen Zahlungsströme seit deren Zugang, ohne dass der Rückgang bisher einzelnen Forderungen der Gruppe zugeordnet werden kann.

Dabei handelt es sich um eine Messung des *loss event* auf **Portfolioebene**. Mögliche *trigger events* können z.B. in einer Verschlechterung des Zahlungsverhaltens (wie eine Zunahme von Zahlungsverzögerungen) oder in einer Verschlechterung der ökonomischen Rahmenbedingungen, die mit der Ausfallrate von Forderungen korrelieren (wie eine Zunahme der Arbeitslosenquote oder ein Rückgang von Immobilienpreisen), liegen.

Die Portfoliowertberichtigung entspricht nicht dem potenziellen Umfang der Pauschalwertberichtigung (PWB) im handelsrechtlichen Sinne, da sie wie die (ggf. pauschalierte) Einzelwertberichtigung (EWB) dem *incurred loss model* folgt.[21] Der Erwartung, dass auch ohne konkreten Hinweis Forderungen ausfallen werden, wird nicht Rechnung getragen. Die folgende Abbildung stellt die Kreditrisikovorsorge nach IFRS der handelsrechtlichen Bilanzierungspraxis gegenüber und nimmt eine Zuordnung zu den Konzepten der Kreditrisikobilanzierung vor:[22]

---

[19] So HAAKER, in: ZfbF 2012, S. 93.
[20] Vgl. LÖW/LORENZ, Ansatz und Bewertung, S. 528.
[21] Vgl. JESSEN, Bilanz (Aktiva) – Forderungen an Kunden, in: DGRV (Hrsg.), Praxishandbuch IAS/IFRS, Wiesbaden 2007, Rz 92 und 123 f.
[22] Vgl. hierzu auch WOHLMANNSTETTER et al., WPg 2009, S. 532 ff.

Konzept	Incurred-Loss-Ansatz			Expected-Loss-Ansatz *Dynamic-Provisioning*	
Risikovor-sorgepotential	eingetretene Kreditverluste			erwartete Kreditverluste	*unerwartete Kreditverluste*
IFRS	direkte EWB	pauschalierte EWB	Portfolio WB	Kreditrisikovorsorgelücke *(dem Grunde nach)*	
HGB	direkte und pauschalierte EWB		PWB (steuerlich motiviert)		

Quelle: Haaker, in: ZfbF 2012, S. 92.

51 Die Aufzählung der *trigger events* in IAS 39.59 ist nicht abschließend und muss an die bankenspezifischen Verhältnisse angepasst werden (*management approach*). Dabei sollte berücksichtigt werden, dass Banken für aufsichtsrechtliche Zwecke im Rahmen der Vorschriften zu Basel II zur Messung der erforderlichen **Eigenkapitalunterlegung** ebenfalls Vorgaben zur Definition eines Kreditausfalls berücksichtigen müssen.[23] Danach ist das Vorliegen eines **Kreditausfalls** im Hinblick auf einen bestimmten Schuldner wie folgt definiert:
- Der Schuldner kann seinen Kreditverpflichtungen nicht in **voller** Höhe nachkommen.
- Es besteht ein Zahlungsverzug von mehr als **90 Tagen**.

Von einer drohenden **Zahlungsunfähigkeit** geht Basel II u. a. dann aus, wenn
- die Bank der **Restrukturierung** des Kredits zustimmt,
- die Bank einen Antrag auf **Insolvenz** des Schuldners stellt,
- der Schuldner einen **Insolvenzantrag** gestellt hat,
- die Buchung einer Wertberichtigung bzw. Abschreibung wegen deutlicher Verschlechterung der **Kreditqualität** erfolgt ist.

Beide Kriterienkataloge (IAS 39 und Basel II)zielen auf durch finanzielle Schwierigkeiten des Schuldners verursachte Verluste aus Zahlungsausfällen ab und sind somit teilweise deckungsgleich oder ergänzen sich.[24] Bei Festlegung der *trigger events* im Rahmen *impairment policy* bietet sich daher eine Abstimmung der beiden Kriterienkataloge an.

3.2.3 Ermittlung der Risikovorsorge

3.2.3.1 Vorgehensweise

52 Auch nach IFRS ist primär das Einzelbewertungsprinzip zu beachten. Die Vorgehensweise bei der Prüfung der Werthaltigkeit von Forderungen ist nach IAS 39.64 von der **Wesentlichkeit (Signifikanz)** der betreffenden Forderungen sowie von der Nutzung der Freiheitsgrade abhängig. Sind Forderungen als signifikant einzustufen, hat eine Einzelfallbetrachtung zu erfolgen (IAS 39.64): Ein erster Freiheitsgrad besteht in der Auslegung des Attributs „signifikant", welches nicht im IAS 39 definiert wird. Die Signifikanzschwelle (Wesentlichkeit) kann dabei am Forderungsbetrag festgemacht und z. B. in Anlehnung an Basel II bei 1 Mio. EUR gezogen werden, was sicher nicht für jede „Hausbank um die Ecke" zutreffen mag. Für wesentliche Einzelpositionen ist im Rahmen der Einzelfallbetrachtung zu prüfen, ob Hinweise auf eine Wertminderung vorliegen und – wenn dies zu bejahen ist – ob eine Einzelwertberichtigung erforderlich ist.

---

[23] Vgl. BASEL COMMITTEE, Internationale Konvergenz, Tz. 452 f.
[24] Vgl. IDW RS HFA 9, Tz. 287; PwC, IFRS und Basel II, S. 23.

Wird eine Wertminderung dem Grunde oder der Höhe nach verneint, erfolgt eine Einbeziehung in die Portfoliobetrachtung auf Basis einer Gruppe von Forderungen, die homogenen Kreditrisiken unterliegen. Diese ist primär für nicht signifikante Forderungen maßgeblich, wobei auch eine Einzelbetrachtung zulässig ist. Dann gilt die Vorgehensweise bei wesentlichen Forderungen entsprechend. Für die jeweilige Gruppe von Forderungspositionen ist zu prüfen, ob (potenziell) eingetretene Kreditereignisse zu einer pauschalierten Einzelwertberichtigung (im Massengeschäft auf Grundlage eines Mahnstufensystems[25], Rz 65) bzw. einer Portfoliowertberichtigung führen. Folgende Abbildung illustriert die Vorgehensweise:

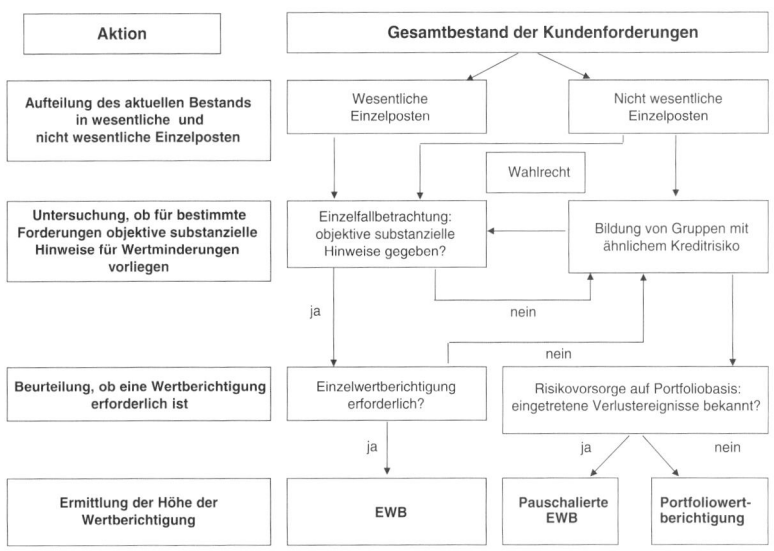

Quelle: Jessen, Bilanz (Aktiva) – Forderungen an Kunden, in: DGRV (Hrsg.), Praxishandbuch IAS/IFRS, Wiesbaden 2007, Rz 68

Liegen bei signifikanten Forderungen, die zum letzten Abschlussstichtag in die Gruppenbetrachtung einbezogen wurden, nunmehr objektive Hinweise auf ein Kreditereignis vor, ist diese aus dem Portfolio herauszunehmen und einzeln zu bewerten.[26] Ist trotz des Hinweises keine Einzelwertberichtigung erforderlich, ist sie wiederum dem Portfolio zuzuordnen usw.

Der festgestellte Wertminderungsbedarf kann in der Bilanz entweder
- in Form einer indirekten **Wertberichtigung** (Risikovorsorge) berücksichtigt werden, wobei diese als Korrekturposten zum Forderungsbestand ausgewiesen wird (sog. Bruttomethode), oder
- in Form einer **Direktabschreibung** unmittelbar den Buchwert der Forderung vermindern (sog. Nettomethode).

---

25 Vgl. FISCHER/SITTMANN-HAURY, IRZ 2006, S. 216.
26 Vgl. FISCHER/SITTMANN-HAURY, IRZ 2006, S. 217.

3.2.3.2 Einzelwertberichtigung

55 Ergibt sich bei der **Einzel**betrachtung einer signifikanten oder – bei freiwilliger Anwendung – einer nicht signifikanten Forderung ein objektiver Hinweis auf eine Wertminderung (Wertminderungsbedarf dem Grunde nach), ist die Wertminderung der Höhe nach als Differenz zwischen dem Buchwert und dem **Barwert** der künftig erwarteten *cash flows* aus der Forderung zu berechnen. Ein sich dabei ergebender Wertminderungsbedarf (Buchwert < Barwert) ist als Risikovorsorge bzw. Direktabschreibung **ergebniswirksam** zu erfassen (IAS 39.63).

56 Als **Buchwert** werden bei Buchforderungen die fortgeführten Anschaffungskosten ausgewiesen. Der (Vergleichs-)Barwert ergibt sich durch die Diskontierung der zukünftigen *cash flows* aus der betreffenden Forderung. Im Rahmen der Barwertermittlung sind in den **zukünftigen** *cash flows* zu berücksichtigen:
- Alle erwarteten *cash flows* aus der **Kreditforderung** (IAS 39.AG84). Dabei ist beim erwarteten Kapitaldienst nicht zwischen erwarteten Zins- und Tilgungszahlungen zu differenzieren.
- Die erwarteten Erlöse aus **Sicherheiten** nach Abzug der Verwertungskosten. Zu den Sicherheiten zählen neben den in IAS 39.AG84 ausdrücklich erwähnten dinglichen Sicherheiten (wie Grundpfandrechte) auch personale Sicherheiten (z. B. Bürgschaften).[27]
- Die **relevanten Länderrisiken** bilden einen impliziten Bestandteil der Schätzung der *cash flows*.[28]

Die zukünftigen *cash flows* sind nicht nur hinsichtlich ihrer Höhe, sondern auch hinsichtlich ihres Zeitpunkts zu schätzen. Dabei wird es aus Praktikabilitätsgründen für zulässig gehalten, für den Prognosezeitraum jeweils nur einen Zahlungsstrom am Jahresende zu schätzen (jahresendfällige Zahlungen) und den Prognosezeitraum auf maximal 4 oder 5 Jahren zu beschränken, wobei die Erfahrungen hinsichtlich der Verwertung der Sicherheiten in der Vergangenheit zu berücksichtigen sind.[29] Lässt sich für die *cash flows* nur eine Bandbreite von Werten ermitteln, so ist der beste Schätzwert innerhalb dieser Bandbreite zu verwenden (IAS 39.AG86). Soweit als niedrigerer Vergleichswert ein fiktiver Marktpreis (*fair value*) ermittelt werden soll, scheidet der wahrscheinlichste Wert innerhalb dieser Bandbreite aus, da dieser mögliche Umweltzustände vernachlässigt.[30] Vielmehr wären analog zu IAS 37.39 die möglichen Wertausprägungen mit Wahrscheinlichkeiten zu gewichten und zu einem Erwartungswert zu verdichten, obgleich dieses Vorgehen statistisch eher für Portfolien von homogenen Forderungen als für eine Einzelbewertung geeignet erscheint.

57 Eine imparitätische *fair-value*-Bewertung kann indes bei Buchforderungen nach IAS 39 nicht erfolgen, da die **Diskontierung** der *cash flows* mit dem ursprünglichen Effektivzins der Forderung vorzunehmen ist (IAS 39.63), was eine bewertungsäquivalente Berücksichtigung der Risikoerwartung ausschließt.[31] Der **ursprüngliche Effektivzins** ergibt sich dabei wie folgt:

---

[27] Vgl. KUHN/SCHARPF, Financial Instruments, S. 316.
[28] Vgl. IDW RS HFA 9, Tz. 244.
[29] FISCHER/SITTMANN-HAURY, Risikovorsorge, S. 219.
[30] Vgl. SCHRUFF/HAAKER, in: FS Baetge, Düsseldorf 2007, S. 551.
[31] Vgl. FREIBERG, Diskontierung in der Internationalen Rechnungslegung, Herne 2010, S. 159.

- Bei einer festverzinslichen Forderung ist der Effektivzins bei **Vertragsabschluss** zu verwenden.
- Bei einer variabel verzinslichen Forderung ist der sich aus der **letzten Zinsanpassung** ergebende Effektivzins zu verwenden (IAS 39.AG84).
- Bei einer Absicherung im Rahmen eines *micro fair value hedge* ist der sich aus der **letzten Buchwertanpassung** ergebende Effektivzins zu verwenden (IAS 39.IG.E 4.4).

Durch die Verwendung des ursprünglichen Effektivzinses soll erreicht werden, dass nur die **Adressen**ausfallrisiken unter Ausschluss der Marktpreisrisiken (insbesondere der Marktzinsrisiken) den Wertberichtigungsbedarf bestimmen. Bei Verwendung der aktuellen Effektivzinsen (= Marktzinssätze) würde sich faktisch eine Bewertung zum *fair value* ergeben. Gleichwohl wird in IAS 39.AG84 aus Praktikabilitätsgründen die Möglichkeit eingeräumt, die Wertminderung auf der Grundlage eines beobachtbaren Marktpreises für die Forderung zu bestimmen, was jedoch bei Buchforderungen allenfalls in Ausnahmefällen relevant sein könnte.

Ergibt sich aus dem Buchwert-Barwert-Vergleich zum Bilanzstichtag, dass

- ein **Wertminderungsbedarf** besteht, weil der Barwert der *cash flows* kleiner ist als der Buchwert der Forderung, ist die Differenz aufwandswirksam zu erfassen.
- kein forderungsindividueller **Wertberichtigungsbedarf** besteht, ist die Forderung in die Portfoliowertberichtigung einzubeziehen (Rz 60 ff.).

In den der Wertberichtigung folgenden Perioden sind die wertgeminderten Forderungsbeträge auf Grundlage des für die Ermittlung der Wertberichtigung verwendeten **ursprünglichen Effektivzinses** aufzuzinsen und der buchungstechnische Aufzinsungszinseffekt als Zinsertrag zu vereinnahmen (IAS 39.AG93). Somit ergibt sich ein Zinsertrag allein durch die Fortschreibung des (bewertungstheoretisch falsch ermittelten) Barwerts im Zeitablauf mit dem „falschen" Effektivzinssatz (*unwinding*).

Rechnerisch wird also im IFRS-Abschluss für **wertgeminderte** Forderungen **stets** ein **Zinsertrag** vereinnahmt (→ § 28 Rz 332). Dies gilt unabhängig davon, ob überhaupt Zinserträge generiert werden. Zu bemängeln ist, dass sich dieser Barwert „eigener Art" und dessen Fortschreibung auf Grundlage des ursprünglichen Effektivzinssatzes weder als fortgeführte Anschaffungskosten noch als *fair value* interpretieren lassen.[32] Zudem besteht wegen der Verwendung eines „historischen" Zinssatzes ein Widerspruch zum Stichtagsprinzip.[33] Dabei wäre, zumindest soweit keine vollständige Tilgung der betreffenden Forderung mehr zu erwarten ist, eine Zinslosstellung geboten.[34] Die wertminderungsbedingte Realisierung von Zinserträgen kommt in der Signalwirkung fast einem *big bath accounting* gleich.[35] „Eine Buchung der Zinsen würde in diesem Fall eine Ertragskraft vortäuschen, die tatsächlich nicht vorhanden ist."[36]

---

[32] Vgl. GEBHARDT/STRAMPELLI, BFuP 2005, S. 516 f.
[33] Vgl. FREIBERG, Diskontierung in der Internationalen Rechnungslegung, Herne 2010, S. 159.
[34] Vgl. JESSEN, Bilanz (Aktiva) – Forderungen an Kunden, in: DGRV (Hrsg.), Praxishandbuch IAS/IFRS, Wiesbaden 2007, Rz 81; HAAKER, PiR 2010, S. 138.
[35] Vgl. HAAKER, in: ZfbF 2012, S. 96.
[36] SCHARPF/SCHABER, Handbuch Bankbilanz, 4. Aufl. Düsseldorf 2011, S. 163 f., die sich dennoch für eine analoge Anwendung des unwinding im HGB-Abschluss aussprechen.

Hinsichtlich der **bilanziellen Erfassung** des Zinsertrags finden sich in IAS 39 keine Vorgaben. Daher kann der **Zinsertrag** entweder als Verminderung der bilanziellen Risikovorsorge (*per Wertberichtigungskonto an Zinsertrag*) oder als Zuschreibung der Nettoforderung erfasst werden (*per Buchforderung an Zinsertrag*).[37] Allgemein erfolgt jedoch in der Bilanzierungspraxis unter Anwendung der Bruttomethode eine Verminderung der Risikovorsorge, da andernfalls ein Bruttoforderungsbuchwert ausgewiesen werden könnte, der den ursprünglich vereinbarten Darlehensbetrag übersteigt.[38] Bei Anwendung der Nettomethode erhöhen die aus dem *unwinding* resultierenden Zinserträge den Nettoforderungsbuchwert (= Bruttobuchwert ./. Risikovorsorge).

Die vom Schuldner nach einer Wertminderung „planmäßig" geleisteten **Zahlungen** reduzieren als Tilgung den Buchwert der Forderung (dies gilt im Falle der Brutto- wie der Nettodarstellung). Eine Unterscheidung zwischen geleisteten Zins- und Tilgungszahlungen ist in Anbetracht der Zinsvereinnahmung über das *unwinding* i. H. d. reinen Aufzinsungseffekts (Zeiteffekt) nicht vorzunehmen, da dieses zu Doppelzählungen führen würde.

Gehen **unerwartete (Tilgungs-)Zahlungen** ein, mindern diese bei einer Bruttobilanzierung ertragswirksam die bilanzielle Risikovorsorge (per Wertberichtigungskonto an Ertrag aus der Auflösung von Wertberichtigungen), wobei zugleich der Zahlungseingang als Aktivtausch gegen die Forderung zu erfassen ist (per Zahlungsmittelbestand an Forderung).

Im Rahmen der Nettobilanzierung ist die Forderung bereits um die Wertberichtigung reduziert, weshalb der unerwartete Zahlungseingang unmittelbar ertragswirksam erfasst wird (per Zahlungsmittelbestand an Ertrag aus der Auflösung von Wertberichtigungen).[39]

Änderungen der Schätzung der Höhe oder des Zeitpunkts der erwarteten *cash flows* führen zu einer **Neuberechnung** der Wertberichtigung, wobei für die Diskontierung weiterhin der ursprüngliche Effektivzinssatz maßgeblich ist. Die Wertberichtigung ist erfolgswirksam an den neu berechneten Bedarf anzupassen. Entfällt der Grund für die Wertberichtigung, ist eine vollständige erfolgswirksame Wertaufholung vorzunehmen. Obergrenze sind dabei die fiktiv fortgeführten Anschaffungskosten der Forderung, wie sie sich ohne eine Wertberichtigung zum aktuellen Abschlussstichtag ergeben hätten (IAS 39.65).

3.2.3.3 Portfoliowertberichtigung für signifikante Forderungen

60 Wird im Rahmen der Einzelbetrachtung der betreffenden Forderungen kein **Ausfallereignis** festgestellt, sind die Forderungen auf Portfolioebene einem *impairment test* zu unterziehen (IAS 39.64.BC116: „*assets assessed individually and found not to be impaired*"). **Darüber hinaus** (Rz 52) sind auch Forderungen in die Portfoliobetrachtung aufzunehmen, für die bei der Einzelbetrachtung zwar ein objektiver Hinweis für eine Wertminderung festgestellt wurde (qualitativer *impairment test*, Wertminderung dem Grunde nach), die Ermitt-

---

[37] Vgl. JESSEN, Bilanz (Aktiva) – Forderungen an Kunden, in: DGRV (Hrsg.), Praxishandbuch IAS/IFRS, Wiesbaden 2007, Rz 84 ff.
[38] Vgl. IDW RS HFA 9, Tz. 248.
[39] Vgl. IDW RS HFA 9, Tz. 250.

lung der Höhe nach (quantitativer *impairment test*) aber keinen Bedarf für eine Einzelwertberichtigung ergeben hat.[40] **Nicht** in die Portfoliobetrachtung aufzunehmen sind hingegen solche Forderungen, für die beim qualitativen Test ein Ausfallereignis festgestellt wurde und sich beim quantitativen Test eine Einzelwertberichtigung von größer null ergeben hat (IAS 39.64, BC121: *„assets assessed individually and found to be impaired"*). Damit wird unterstellt, dass durch die Einzelwertberichtigung alle Kreditrisiken hinreichend erfasst werden. Primärzweck der Portfoliobetrachtung ist – neben der Erfassung von „portfoliosystematischen" Risiken – die Berücksichtigung von bereits eingetretenen Verlusten, die der Bank bisher aber noch **nicht bekannt** sind (IAS 39.AG90: *„incurred but not reported"*). Die Portfoliowertberichtigung stellt mithin auf den Zeitraum zwischen dem Eintritt des Ausfallereignisses und dessen Erkennen durch die Bank ab und ist insofern als **Vorstufe** für eine **Einzelwertberichtigung** zu charakterisieren. Sobald objektive Hinweise für eine einzeln zuordenbare Wertminderung vorliegen, ist die Forderung daher aus dem Portfolio herauszunehmen und einer weiter konkretisierenden Einzelbetrachtung zu unterziehen (Rz 55 ff.), um ggf. eine Einzelwertberichtigung zu bilden (IAS 39.AG88).

Für die Ermittlung der Portfoliowertberichtigung sind die Forderungen in **homogene** Portfolien mit vergleichbaren (Kredit-)Risikomerkmalen aufzuteilen. Die Portfolien können dabei insbesondere nach den folgenden Kriterien abgegrenzt werden, die als Indikator für das erwartete „Rückzahlungsverhalten" bzw. die Kapitaldienstfähigkeit dienen (IAS 39.AG87, BC122):

- Geschätzte Ausfallwahrscheinlichkeit,
- Kreditrisikostufen,
- Produktart (z. B. Hypothekenkredit, Konsumentenkredit, Objektsfinanzierungskredit),
- geographische Merkmale (Länderrisiken),
- Art der Besicherung,
- Kreditnehmermerkmale (z. B. Privat-, Firmenkunde),
- Überziehungsstatus und
- Laufzeit des Kredits.

Ggf. werden die Portfolien auch durch eine Kombination der vorstehenden Kriterien gebildet.

Um Synergien im Rechnungswesen zu erzielen, sollten die Portfolien in Übereinstimmung mit den für Basel II zu bildenden **Forderungsklassen** festgelegt werden.[41] Die von Basel II im Rahmen der IRB-Ansätze (IRB = *internal rating based*, also auf internen Ratings basierende Modelle zur Eigenkapitalunterlegung) unterschiedenen Forderungsklassen sind Unternehmen, Staaten, Kreditinstitute und Retail-Geschäft.[42] Eventuell bedarf es für die Rechnungslegung weiterer Untergliederungen, indem z. B. die Forderungsklasse „Unternehmen" weiter nach Branchen unterteilt wird (z. B. Solartechnik, Internetdienstleister, Spielbanken, Sonnenstudios etc.). Dabei kann die Portfoliobildung aber

---

[40] Vgl. IDW RS HFA 9, Tz. 255.
[41] Vgl. IDW RS HFA 9, Tz. 255.
[42] Vgl. BASEL COMMITTEE, Internationale Konvergenz, Tz. 215.

auch auf Basis der IRB-Ratingklassen, ergänzt um eine Unterteilung nach Sicherheitenkategorien, vorgenommen werden.[43]

62 Analog zur Einzelbetrachtung sind für die einzelnen Portfolien die künftig erwarteten *cash flows* zu schätzen. Grundlage hierfür sind Erhebungen über Ausfallraten in der **Vergangenheit** für vergleichbare Geschäfte bzw. Portfolien. Verfügt eine Bank nicht über solche Daten, kann auch auf Daten von *peer groups* für „vergleichbare" Vermögenswerte zurückgegriffen werden. Unabhängig von der Herkunft der geschätzten historischen Ausfallraten sind diese ggf. anzupassen, um aktuellen Entwicklungen Rechnung zu tragen (IAS 39.AG89).

> **Beispiele:**
> - Die historischen Ausfallraten von Krediten an Unternehmen der Solarenergiebranche aus Zeiten hoher Subventionen werden nach deren Wegfall an die veränderten Marktbedingungen angepasst werden müssen.
> - Kredite an syrische Unternehmen werden nach Ausbruch der Unruhen einer anderen Risikoklasse zugeordnet werden müssen.
> - Die Ausfallraten von Krediten an die Unternehmen der Vergnügungsszene in bestimmten Großstädten sind nach polizeilichen Großeinsätzen gegen Motoradclubs zu überprüfen.

Die für ein Portfolio geschätzten zukünftigen *cash flows* sind anschließend auf den Bilanzstichtag zu **diskontieren**. Dabei ist ein durchschnittlicher (ursprünglicher) Effektivzinssatz für die im Portfolio berücksichtigten Forderungen heranzuziehen. Der durchschnittliche Effektivzinssatz ist hierbei an Veränderungen des Portfolios durch Zu- oder Abgänge anzupassen.

63 Alternativ können zur Bestimmung des Wertberichtigungsbedarfs **statistische** Methoden oder formelbasierte Verfahren zur Anwendung kommen, sofern diese den Anforderungen gerecht werden (IAS 39.AG92). In Betracht kommt dabei insb. eine Bestimmung der Portfoliowertberichtigung in Anlehnung an den für Basel II zu ermittelnden *expected loss*.

Der *expected loss* (EL) ergibt sich, indem die erwartete Höhe der Forderungen eines Portfolios zum Zeitpunkt eines Ausfalls (*exposure at default*, EAD) mit der durchschnittlichen Ausfallwahrscheinlichkeit (*probability of default*, PD) für das Portfolio sowie der durchschnittlichen Verlusthöhe im Falle des Ausfalls einer Forderung (*loss given default*, LGD) multipliziert wird:

$$EL = EAD * PD * LGD$$

Voraussetzung für die Nutzung eines solchen formelbasierten Ansatzes ist die Beachtung der Anforderungen an die Berechnung der Portfoliowertberichtigung nach IAS 39. Hierzu müsste auf die Zeitspanne zwischen dem **Eintritt** des Ausfallereignisses und der **Kenntnisnahme** durch die Bank abgestellt werden. Diese Zeitspanne wird auch als *loss identification period* (LIP) bezeichnet. Die Länge der LIP hängt wesentlich davon ab, ob es sich bei dem Kreditnehmer um ein berichtspflichtiges Unternehmen handelt und in welcher Häufigkeit z.B. Jahresabschlüsse erstellt werden, die über die wirtschaftliche Lage des Unternehmens informieren. So wird die LIP bei großen börsenno-

---

[43] Vgl. PwC, IFRS und Basel II, S. 32.

tierten Unternehmen regelmäßig kürzer sein als etwa bei kleinen Unternehmen oder Privatkunden (was im Ergebnis zu einer geringen Portfoliowertberichtigung führt). In Anbetracht einer regelmäßig erforderlichen jährlichen Risikobeurteilung der Kreditengagements „dürfte die LIP in der Praxis zwischen 6 und 12 Monaten liegen."[44]
Da der *expected loss* nach Basel II auf eine einjährige Ausfallwahrscheinlichkeit abstellt, bedarf es insoweit einer **Anpassung** des *expected loss* für den Fall einer hiervon abweichenden LIP. Die Anpassung kann dadurch vorgenommen werden, dass die LIP multiplikativ in die obige Formel für den *expected loss* einbezogen wird. Die Formel zur Berechnung der Portfoliowertberichtigung lautet damit:[45]

$$\text{Portfoliowertberichtigung} = EAD \times PD \times LGD \times LIP$$

Wird bspw. eine Zeitspanne von 6 Monaten zwischen Eintritt und Bekanntwerden des Ausfallereignisses unterstellt, ergibt sich eine in der Formel zu berücksichtigende LIP von $6/12 = 0{,}5$. Die entsprechende Portfoliowertberichtigung beläuft sich danach auf die Hälfte des erwarteten Verlustes (EL) des Portfolios.

Daneben sind bei der Verwendung des *expected loss* die von IAS 39.AG92 geforderten **Verbarwertungseffekte** bei der Bestimmung der LGD zu berücksichtigen. Zumindest im Falle der Berechnung des *expected loss* unter Verwendung bankinterner Schätzungen für den LGD (dem sog. fortgeschrittenen IRB-Ansatz) anstelle einer standardisierten LGD (sog. IRB-Basisansatz) ist dies gewährleistet. Anders als IAS 39 enthält Basel II jedoch keine Vorgaben über den bei der Diskontierung zu verwendenden Zinssatz. Insoweit bedarf es hierzu einer Anpassung der Parameter.

Schließlich darf bei der Verwendung des *expected loss* für Forderungen im Zeitpunkt ihres Zugangs **keine (Portfolio-)**Wertberichtigung gebildet werden (IAS 39.AG92). Außerdem muss eine Vereinnahmung der Zinsen auf der Grundlage des durchschnittlichen ursprünglichen Effektivzinssatzes erfolgen (IAS 39.AG93).

Unabhängig von der im Einzelfall gewählten Methodik und den dabei zugrunde gelegten Annahmen ist eine regelmäßige Verifizierung mit den tatsächlich eingetretenen Verlusten *(backtesting)* vorzunehmen (IAS 39.89). Auf diese Weise soll sich das Schätzmodell im Zeitablauf verbessern lassen.

3.2.3.4 Portfoliowertberichtigung für nicht signifikante Forderungen

Methodisch ergeben sich bei der Portfoliowertberichtigung für nicht signifikante Forderungen keine Unterschiede zur Vorgehensweise bei signifikanten Forderungen, bei denen im Rahmen der Einzelbetrachtung kein Wertminderungsbedarf festgestellt wurde.

3.2.3.5 Pauschalierte Einzelwertberichtigung

Für nicht signifikante Forderungen des **Massenkreditgeschäfts** kann die Ermittlung des Einzelwertberichtigungsbedarfs auf pauschalierter Basis erfolgen. Unterschiede zur Berechnung der Einzelwertberichtigung für signifikante Forderungen ergeben sich ggf. bei der Bestimmung der zu verwendenden **Parameter**, insbesondere der Ausfallwahrscheinlichkeiten (IAS 39.AG87). Dies ergibt sich

---

[44] FISCHER/SITTMANN-HAURY, Risikovorsorge, S. 221.
[45] Vgl. FISCHER/SITTMANN-HAURY, Risikovorsorge, S. 221.

aus den **unterschiedlichen Grundgesamtheiten**: Während die signifikanten Forderungen bereits individuell auf das Vorliegen eines Einzelwertberichtigungsbedarfs untersucht wurden und eine Einzelwertberichtigung aber nicht erfolgt ist, ist dies bei nicht signifikanten Forderungen nicht geschehen (es sei denn auf freiwilliger Basis). Dies ist bei der Portfoliobildung und der Festlegung der Parameter entsprechend zu berücksichtigen.

Bei der Überwachung von nicht signifikanten Forderungen auf Zahlungsverzug können sich Hinweise auf Verlustereignisse ergeben, wenn z. b. ein Zahlungsverzug von über 90 Tagen festgestellt wird (= Ausfallkriterium nach Basel II) oder weil bestimmte Mahnstufen erreicht wurden. Entsprechend gesteuerte Forderungen wären nach IAS 39.AG88 aus dem Portfolio herauszunehmen und einer Einzelbetrachtung zu unterziehen. Diese kann jedoch in pauschalierter Weise erfolgen, wenn die betroffenen Forderungen unter Berücksichtigung adäquater Ausfallparameter als separate Gruppe von Forderungen zusammengefasst werden, um die Wertberichtigung pauschaliert zu ermitteln. Dieses Vorgehen wird auch als **pauschalierte Einzelwertberichtigung** bezeichnet. Dabei sind folgende Besonderheiten im Vergleich zur Portfoliowertberichtigung zu berücksichtigen:
- Da Verlustereignisse bereits vorliegen (z. B. Zahlungsverzug > x Tage), ist die Ausfallwahrscheinlichkeit (PD) mit 100 %, also 1, anzusetzen.
- Gleichzeitig bedarf es keiner Berücksichtigung der LIP, da der Verlust bereits eingetreten ist.

Damit ergibt sich folgende Formel zur Ermittlung der pauschalierten Einzelwertberichtigung (pEWB):

$pEWB = EAD \times PD \times LGD = EAD \times 1 \times LGD = EAD \times LGD$

Die Ausfallquote (LGD) ließe sich nach Maßgabe des Zahlungsverzugs etwa wie folgt festlegen (IAS 39.IGE4.5):[46]

Zahlungsverzug	Wertminderungssatz (LGD)
< 90 Tage	0 %
90 bis 180 Tage	20 %
181 bis 365 Tage	50 %
> 365 Tage	100 %

4 Sonstige bankspezifische Themen

66 Für Kreditinstitute sind folgende Themen von besonderem Interesse:
- Die Behandlung der Bankenabgabe in **Zwischenabschlüssen** (Rz 67);
- die Bilanzierung von **Nacherhebungsbeträgen** zur Bankenabgabe (Rz 68);
- die Behandlung von **griechischen Staatsanleihen** (Rz 69);
- die **Saldierung** von positiven und negativen Marktwerten von Derivaten mit der *variation margin* bei Einschaltung eines zentralen Kontrahenten (Rz 70);
- die Behandlung von **negativen Zinsen** (Rz 71);

---

[46] Vgl. JESSEN, Bilanz (Aktiva) – Forderungen an Kunden, in: DGRV (Hrsg.), Praxishandbuch IAS/IFRS, Wiesbaden 2007, Rz 117.

- die Behandlung des **bedingten Kapitals** (Rz 72);
- die Bilanzierung von Risiken aus fehlender **Widerrufsbelehrung** (Rz 73);
- Unzulässige Vereinnahmung von Bearbeitungsentgelten (Rz 74)
- Behandlung von Feststellungen aus dem Asset-Quality Review (AQR) (Rz 75)
- die **Konsolidierung** des Kreditnehmers durch den Kreditgeber bei der Restrukturierung von Krediten (Rz 76).

Der Zeitpunkt der bilanziellen Erfassung der **Bankenabgabe** richtet sich ab dem 1.1.2014 nach IFRIC 21 „Abgaben". – Gemäß IFRIC 21.7 ist hierfür eine Rückstellung zu bilden (§ 21 Rz 113), wenn das die Verpflichtung auslösende Ereignis eingetreten ist. Das verpflichtende Ereignis für die Bankenabgabe ist nach § 1 Abs. 5 der Restrukturierungsfonds-Verordnung dass das Vorliegen einer Erlaubnis nach dem KWG („Banklizenz"). Daher ist im Einklang mit IAS 37.17 die Bankenabgabe des betreffenden Geschäftsjahres bereits im ersten Zwischenabschluss in voller Höhe zu erfassen, soweit sie für das gesamte Kalenderjahr wirksam ist.[47] Allerdings ist die Höhe der Rückstellung gem. den Vorgaben der Restrukturierungsfonds-Verordnung zu reduzieren (zu leisten sind 25 % des Jahresbetrags bei Rückgabe der Banklizenz bis zum 31.3., 50 % bis zum 30.6. und 100 % nach dem 1.7.). Besteht die Banklizenz nur bis zum 31.3., reduziert sich die Abgabe um 75 %, wird sie bis zum 30.6. zurückgegeben reduziert sie sich um 50 %, Ab dem dritten Quartal besteht keine Reduktionsmöglichkeit mehr. Zwar ist die für einen Rückstellungsansatz notwendige Unentziehbarkeit von der Erfüllungsverpflichtung vor dem Hintergrund der Going-Concern-Annahme zu beurteilen, durch Rückgabe der Banklizenz kann die Verpflichtung zur Bankabgabe aber auch unterjährig (anteilig) vermieden werden (IAS 37.19). Daher wäre eine bilanzielle Erfassung von 25 % im ersten Quartal, weiterer 25 % im zweiten Quartal und der restlichen 50 % im dritten Quartal konsequent, da dies der Vorgehendweise – im Gegensatz zur 100-%igen Passivierung im ersten Quartalabschluss[48] – den Grundsätzen der jährlichen Berichterstattung entspricht. Die bisher praktizierte proportionale Ansammlung der Rückstellung ist nur unter Wesentlichkeitsaspekten vertretbar.

Gemäß § 3 Abs. 3 der Restrukturierungsfonds-Verordnung ist nach einem Verlustjahr (t = 0) die Differenz zwischen der tatsächlich festgelegten Bankenabgabe (z. B. ein anfallender Mindestbeitrag) und dem jeweiligen Regelbeitrag in den folgenden (Gewinn-)Jahren nachträglich zu erheben und dem jeweiligen Jahresbeitrag hinzuzurechnen (**Nacherhebungsbetrag**[49]). Die Verpflichtung wird zwar bereits im betreffenden Verlustjahr (t = 0) begründet, entsteht aber rechtlich und wirtschaftlich erst mit der Gewinnerzielung in einem späteren Geschäftsjahr (= verpflichtendes Ereignis). Eine Passivierung des Nacherhebungsbetrages im Verlustjahr (t = 0) ist daher (noch) nicht zulässig, da sich das Kreditinstitut der Verpflichtung z. B. durch Rückgabe der Banklizenz in t = 1 entziehen könnte, soweit kein entsprechend hohes Periodenergebnis erzielt wird. IFRIC 21 Abgaben stellt insofern klar, dass das verpflichtende Ereignis für die Passivierung einer Rückstellung das Vorliegen einer Banklizenz im folgenden „Gewinnjahr" darstellt.

---

[47] Vgl. Hebestreit/Teitler-Feinberg, IRZ 2014, S. 238.
[48] Vgl. zu dieser Auffassung Hebestreit/Teitler-Feinberg, IRZ 2014, S. 238.
[49] Vgl. *ebenda*.

69 Die ESMA hat verschiedene europäische IFRS-Abschlüsse von Kreditinstituten zum 31.12.2011 hinsichtlich der Behandlung von **griechischen Staatsanleihen** untersucht[50] und sieht dabei „Verbesserungspotenzial" in folgenden Bereichen:
- Angabe von Bruttorisiko, Laufzeiten und Erläuterungen von Veränderungen während des Berichtsjahres,
- Beschreibung der Bewertungsmethoden und *fair-value*-Hierarchie,
- Angaben zu den Umklassifizierungen.

Das IFRS IC hat in seiner Sitzung im September 2012[51] die bilanzielle Abbildung des (Zwangs-)Umtausches von **griechischen Staatsanleihen** im März 2012 mit folgendem Ergebnis diskutiert: Es handelt sich bei dem Umtauschvorgang um einen **vollständigen Abgang** der alten Bonds nach IAS 39.17a oder IAS 8.11 i.V.m. IAS 39.40 und nicht nur um einen Teilabgang. Weiter wurde die Klassifikation der im Rahmen des Umtausches neu erhaltenen an das griechische Sozialprodukt gekoppelten Anleihen diskutiert. Unklarheit herrscht, ob es sich bei der Indexierung an das griechische Sozialprodukt um eine *„non-financial variable specific to the contract"* handelt, d.h., ob dieses ein Derivat i.S.d. IAS 39.9(a) darstellt. Falls die indexierten Papiere nicht als Handelswerte (FVTPL) eingestuft werden, kommt nur eine Klassifizierung als AfS in Betracht.

70 Nach IAS 32.42 (→ § 28 Rz 356) darf eine **Saldierung von finanziellen Vermögenswerten und finanziellen Verbindlichkeiten** nur dann erfolgen, wenn
- zum gegenwärtigen Zeitpunkt ein einklagbarer Rechtsanspruch zur gegenseitigen Verrechnung der erfassten Beträge besteht und
- der Ausgleich auf Nettobasis beabsichtigt ist.

In der Vergangenheit scheiterte eine Saldierung nach IFRS (im Gegensatz zu den US-GAAP) regelmäßig am Nachweis der Absicht, den Ausgleich auf Nettobasis tatsächlich vornehmen zu wollen. Infolge der EMIR-Verordnung sind OTC-Derivate über eine zentrale Gegenpartei abzuschließen. Durch die Vereinbarung der täglichen Abrechnung sowie der Zahlung einer *variation margin* und des Austauschs von Sicherheiten nach Artikel 11 der EMIR-Verordnung kommt nunmehr bei Einschaltung einer zentralen Gegenpartei eine Saldierung der positiven und negativen Marktwerte der Derivate und der *variation margin* in Betracht. Bei Erfüllung der in IAS 32 AG 38 genannten Voraussetzungen sind die Werte der betreffenden Derivate daher mit der *variation margin* zu saldieren. Bei einer Saldierung bestehen umfangreiche Offenlegungspflichten (IFRS 7.13A bis D). Die betreffende Restlaufzeitengliederung ist auf Basis einer Nettobetrachtung darzustellen (IFRS 7.39).

71 In Folge des **negativen Einlagezins** der Europäischen Zentralbank sind in Deutschland negative Zinsen teilweise zur gängigen Praxis geworden. Hier stellt sich die Frage, ob ein negativer Einlagenzins im Zinsergebnis ausgewiesen werden kann, oder ob es sich hier eher um eine Art (Straf-)Gebühr handelt. Das IFRS IC hatte diese Frage im September 2012 diskutiert und einen Ausweis im Zinsergebnis abgelehnt. Diese Entscheidung wurde im Januar im Hinblick auf geplante Änderungen durch IFRS 9 wieder aufgehoben. Somit erscheint ein

---

[50] ESMA Report „Review of Greek Government Bonds accounting practices in the IFRS Financial Statements for the year ended 31 December 2011" vom 26.7.2012.
[51] IFRIC, Update September 2012.

Ausweis im Zinsergebnis vertretbar. Konsequenterweise gilt das auch bei der Vereinnahmung von negativen Zinsen auf Einlagen von Kunden. Ein solcher negativer Zins verhindert auch nicht eine Bewertung zu fortgeführten Anschaffungskosten nach IFRS 9. IFRS 9 B4.1.7a führt hierzu aus, dass in extremen wirtschaftlichen Situationen Zinsen auch negativ sein können.

Die Finanzmarktkrise hat gezeigt, dass nicht nur die Höhe des Eigenkapitals einer Bank, sondern auch die Qualität des zur Verlustabdeckung zur Verfügung stehenden Kapitals von Bedeutung ist. Als Reaktion hat der Baseler Ausschuss für Bankenaufsicht auch die qualitativen Anforderungen an das aufsichtsrechtliche Kernkapital verschärft. Zielsetzung ist, Eigenkapitalgeber und nachrangige Gläubiger frühzeitig an den Kosten des Krisenmanagements zu beteiligen. In der Finanzmarktkrise blieben nachrangige Gläubiger im Krisenfall oftmals verschont.[52]

72

Als neuartige Finanzierungsquelle zur Erfüllung der verschärften aufsichtsrechtlichen Kapitalanforderungen dient sog. **bedingtes Kapital (Contingent Capital)**. Das Contingent Capital umfasst als Oberbegriff verschiedene Finanzierungsformen, denen gemein ist, dass bei Eintritt eines risikobasierten Ereignisses (z.B. Absinken der harten Kernkapitalquote unter einen bestimmten Schwellenwert, welcher die Fortführung der Bank bedroht **(non-Viability Event)**) die Zeichner des Contingent Capitals an den Kosten der Rettung der Bank beteiligt werden. Zu unterscheiden ist hier zwischen:

- **Anleihen mit Herabschreibungswahlrecht** (write-down Bonds) und
- **bedingte (Pflicht-)Wandelanleihen** (CoCo-Bonds im engeren Sinne), die in Eigenkapital gewandelt werden.[53]

Weitere wesentliche Bedingungen für die Anerkennung als zusätzliches Kernkapital (Additional Tier 1 bzw. AT1) sind:

- die Kapitalüberlassung ist zeitlich unbefristet,
- Kündigung, Rückzahlung oder Rückkauf durch den Emittenten sind nur mit vorheriger Erlaubnis der Aufsicht möglich,
- die Zahlung von Zinsen steht im Ermessen des Emittenten.

Da der Emittent keine Verpflichtung zur Rückzahlung und zur Zinszahlung hat, sind die AT1-Anleihen mit Herabschreibungswahlrecht nach IAS 32 als Eigenkapital zu behandeln.52 Bei AT1-Anleihen in Form von Pflichtwandelanleihen ist i.d.R. ein variables Wandlungsverhältnis vorgesehen. Hinsichtlich der bilanziellen Behandlung beim Emittenten werden derzeit folgende Auffassungen diskutiert:

- Behandlung als compound instrument: Es erfolgt eine Trennung nach IAS 32.28 in einen Fremdkapitalanteil für die Verpflichtung zur Lieferung einer variablen Anzahl eigener Aktien und einen Eigenkapitalanteil hinsichtlich der im Ermessen des Emittenten liegen Zinszahlungen. Der Wert der Eigenkapitalkomponente beläuft sich aber bei Anwendung des Split Accounting auf Null, da das non-viability Event sofort eintreten kann.
- Behandlung als Fremdkapital nach IAS 32.25 aufgrund der Abwicklung in einer variablen Anzahl an eigenen Aktien (IAS 32.11 (b)),

---

52 Vgl. Deutsche Bank Research, Contingent Convertibles, Bankanleihen im Wandel, 15.4.2011.
53 Vgl. Freiberg, Kapitalabgrenzung bei Bindung der Erfüllung einer emittieeten Anleihe an künftige Ereignisse, PiR 1/2015

- Behandlung als eingebettetes Derivat: Host Contract (Rückzahlung) und eingebettetes Derivat (Wandlung).[54]

73 Die Risiken eines Widerrufes von Darlehensverträgen aufgrund **fehlerhafter Widerrufsbelehrungen im Verbraucherkreditgeschäft** sind bei der Fair-Value-Bewertung von Darlehensforderungen nach IFRS 13 als implizite Optionskomponente und entsprechend bei prospektiven und retrospektiven Effektivitätstest von Hedgebeziehungen gem. IAS 39 zu berücksichtigen. Ggf. ist im Rahmen der Effektivzinsbewertung nach IAS 39 AG 8 eine Anpassung der erwarteten Cash-Flows vorzunehmen.

74 Aus der **BGH-Rechtsprechung zur unzulässigen Vereinnahmung von Bearbeitungsentgelten im Verbraucherkreditgeschäft** können wesentliche Risiken resultieren. Gegenstand der BGH-Urteile XI ZR 170/13 und XI ZR 405/12 vom 13. Mai 2014 sind (laufzeitunabhängige) Bearbeitungsgebühren im Verbraucherkreditgeschäft, die weder eine Zinskomponente noch eine Vergütungskomponente für eine sonstige, rechtlich selbständige gesondert vergütungsfähige Leistung darstellen. Nach Ansicht des BGH steht der Bearbeitungsaufwand im Eigeninteresse der Bank bzw. entsteht aus einer rechtlichen Verpflichtung heraus und damit sei die Vereinbarung einer solchen Gebühr unzulässig. Darüber hinaus hat der BGH klargestellt, dass die kenntnisabhängige Verjährungsfrist (§ 199 Abs. 1 BGB) erst mit Ende des Jahres 2011 zu laufen beginnt.[55] Vor dem Jahr 2004 entstandene Rückforderungsansprüche der Kreditnehmer sind verjährt, sofern innerhalb der kenntnisabhängigen 10-jährigen Verjährungsfrist (§ 199 Abs. 4 BGB) keine verjährungshemmenden Maßnahmen ergriffen wurden. Die kenntnisunabhängige Verjährungsfrist beginnt jeweils mit Entstehung des Anspruchs, d. h mit der anteiligen oder vollständigen Zahlung der Bearbeitungsgebühren.[56]
Die BGH Urteile vom Mai 2014 stellen eine **Änderung der bisherigen Rechtsprechung** zu Bearbeitungsgebühren im Kreditgeschäft dar.[57] Daher wurde die bis zur Änderung der Rechtsprechung gezahlte Bearbeitungsgebühren zulässigerweise vereinnahmt. Erst ab dem Zeitpunkt der geänderten Rechtsprechung ist eine Vereinnahmung der Gebühren rechtlich unzulässig. Damit entfällt auch die Möglichkeit einer retrospektiven Fehlerkorrektur nach IAS 8.
In der Praxis sind drei Fallkonstellationen hinsichtlich des Zeitpunkts der Zahlung der Bearbeitungsgebühren anzutreffen:
a) eine vollständige Entrichtung der Bearbeitungsgebühr bei ursprünglicher Kreditauszahlung,
b) die Bearbeitungsgebühr wird in den laufenden Raten durch den Kreditnehmer sukzessive bezahlt (i. d. R. im Ratenkreditgeschäft),
c) eine vollständige Entrichtung der Bearbeitungsgebühr am Ende der Kreditlaufzeit (in der Praxis selten anzutreffen).
Kreditbearbeitungsgebühren gehen entsprechend in die Effektivzinssatzermittlung nach IAS 39.9, IAS 18 Appendix 14(a) ein.

---

[54] Vgl. auch IFRS IC, IFRIC update July 2013, Jan. 2014.
[55] BGH Urteile XI ZR 348/13 und XI ZR 17/14 vom 28. Oktober 2014.
[56] Vgl. IDW BFA-Sitzungsberichterstattung 256. Sitzung vom 15.12.2014.
[57] Vgl. BGH XI ZR 170/13, Tz. 32 sowie BGH XI ZR 405/12, Tz. 23.

Für bis zur Verkündung der BGH Urteile vollständig bzw. anteilig vereinnahmte Gebühren ist eine Rückstellung nach IAS 37 auf Basis der **erwarteten Inanspruchnahme** und unter Berücksichtigung eines Verzinsungsanspruchs des Kreditnehmers zu bilden. Ab Verkündung der BGH Urteile vollständig oder teilweise gezahlte Bearbeitungsgebühren dürfen nicht mehr vereinnahmt werden. Hier ist eine sofortige erfolgswirksame Buchwertanpassung der Forderungen nach IAS 39 AG 8 erforderlich, unabhängig von der erwarteten Inanspruchnahme.[58]

Beim im Zuge der Übertragung der direkten Aufsicht von sog. signifikanten Banken auf die Europäische Zentralbank durchgeführten **Asset-Quality Review (AQR)** handelt es sich um eine aufsichtsrechtlich getriebene Maßnahme.[59] Aufgrund der unterschiedlichen Zielsetzungen von AQR und externer Rechnungslegung ergeben sich daher zwangsläufig abweichende Anforderungen. Im Rahmen der Analyse der **AQR-Feststellungen** ist zu unterscheiden zwischen Sachverhalten, die

- zwingend zu berücksichtigen sind (z. B. Rechenfehler im Rahmen der Berechnung einer Einzelwertberichtigung),
- berücksichtigt werden können (z. B. Neuausübung von im Einklang mit den IFRS stehenden Ermessensspielräumen),
- nicht berücksichtigt werden dürfen (z. B. von den IFRS-Regelungen abweichende rein aufsichtsrechtliche Vorgaben wie pauschale Abschläge).

Mögliche Auswirkungen auf die Rechnungslegung könnten eine Anpassung eines Credit Valuation Adjustments (CVA), Anpassung der Kreditrisikovorsorge und die Fair Value Bewertung von Aktiva betreffen. Dabei sind der Grundsatz der Stetigkeit und die Anpassungsvorschriften des IAS 8 (→ § 24) zu beachten. Beim AQR festgestellte wesentliche objektive Fehler sind gem. IFRS 8.41 f. zwingend retrospektiv zu korrigieren. Eine Methodenänderung infolge der AQR-Anforderungen kommt hingegen nicht in Betracht, da die aufsichtsrechtlich getriebene Zielsetzung des AQR nicht mit der Zielsetzung der IFRS bzw. dem betreffenden konzeptionellen Rahmenkonzept vereinbar ist. Sofern sich im Zeitablauf durch zusätzliche Informationen (verbesserte Informationslage) oder Erkenntnisse (veränderte Sachlage) Schätzungsänderungen (Ausübung von Ermessensentscheidungen) ergeben, ist eine prospektive Anpassungen möglich bzw. zulässig (→ § 24 Rz 42).

Im Rahmen der **Restrukturierung von Krediten** (z. B. bei Schiffsfinanzierungen) lassen sich Banken oftmals Rechte einräumen, die zur „Beherrschung" des Kreditnehmers führen können. Eine Konsolidierungspflicht nach IAS 27.4 besteht, wenn die kreditgebende Bank die Möglichkeit hat, die Finanz- und Geschäftspolitik des Kreditnehmers zu beeinflussen, um daraus Nutzen zu ziehen. Neben den von der Bank direkt übernommenen Eigenkapitalinstrumenten sind in diesem Zusammenhang die indirekten Rechte, die eine Bank sich im Rahmen der Restrukturierung einräumen lässt, zu beurteilen. Hier ist eine Unterscheidung zwischen bloßen Schutzrechten und umfangreicheren Mitwirkungsrechten, welche zur Übernahme der Entscheidungsmacht beim Kreditnehmer führen, erforderlich. Eine Beherrschung erfordert neben dem

---

[58] Vgl. Vgl. IDW BFA-Sitzungsberichterstattung 256. Sitzung vom 15.12.2014 S. 8.
[59] Vgl. Positionspapier des Bankenfachausschusses des IDW zum Asset Quality Review (AQR).

Kriterium der Entscheidungsmacht das Kriterium der Nutzenziehung, wobei der Bank nach der Restrukturierung nunmehr variable Rückflüsse und nicht mehr (nur) die für einen Kreditgeber typischen Rückflüsse zustehen. Insbesondere bei einem wesentlichen Forderungsverzicht gegen Besserungsabrede kann der Bank ein variabler Rückfluss über die typischerweise im Rahmen einer Kreditbeziehung gewährten Vergütung hinaus zustehen.[60] Hat die Bank im Rahmen der Restrukturierung wesentliche Teile der Finanzierung (durch Eigen- oder Fremdkapital) übernommen, kann dies zudem ein Indikator dafür sein, dass die Bank über das normale Kreditrisiko hinausgehende Risiken (Eigentümerrisiken) trägt. Dies ist insbesondere der Fall, wenn die Bank einen signifikanten Eigenkapitalanteil übernommen hat.

Ist der Verkauf der Vermögenswerte bzw. des Geschäftsbetriebs des Kreditnehmers innerhalb eines Jahres vorgesehen, muss eine Bilanzierung nach IFRS 5 „Zur Veräußerung gehaltene langfristige Vermögenswerte und aufgegebene Geschäftsbereiche" geprüft werden.

5 Zusammenfassende Praxishinweise

- Seit dem Wegfall des IAS 30 unterliegen Banken keinen branchenspezifischen IFRS-Vorschriften mehr, sondern ausschließlich dem für alle Unternehmen gültigen allgemeinen IFRS-Regelwerk.
- Der IFRS-Abschluss von Banken besteht damit ebenfalls aus der Bilanz, der Gesamtergebnisrechnung, der GuV (wahlweise als selbstständiges Rechenwerk oder als integrierter Bestandteil der Gesamteinkommensrechnung), dem Eigenkapitalspiegel, der Kapitalflussrechnung und dem Anhang. Jedoch weist deren inhaltliche Ausgestaltung Besonderheiten auf, die durch die spezifische Geschäftstätigkeit von Banken bedingt sind.
- Die in IAS 1 für die **Bilanz** und **GuV** vorgesehenen Mindestgliederungen sind um branchenspezifische Besonderheiten zu ergänzen. Grundlage hierzu sind die in IAS 1 geregelten Möglichkeiten zur Anpassung der Mindestgliederung (Ergänzungen, Änderungen von Postenbezeichnungen usw.). Da Finanzinstrumente im Vordergrund der Geschäftstätigkeit von Banken stehen, sind in die Entscheidung über die Ausgestaltung der Bilanz- bzw. GuV-Gliederung auch die durch IFRS 7 geforderten Angaben zu den Bewertungskategorien für Finanzinstrumente gem. IAS 39 bzw. IFRS 9 einzubeziehen. Dabei kommt eine Gliederung der Bilanz bzw. GuV nach den Bewertungskategorien von Finanzinstrumenten oder nach „betriebswirtschaftlichen" Kriterien (mit ergänzenden kategoriebezogenen Angaben im Anhang) infrage.
- Der **Eigenkapitalspiegel** weist keine wesentlichen branchenbedingten Besonderheiten auf.
- Gem. IAS 7 ist eine **Kapitalflussrechnung** zu erstellen, obwohl diese für Banken nur eine eingeschränkte Aussagekraft besitzt. Spezielle Regelungen zur branchenspezifischen Ausgestaltung der Kapitalflussrechnung bei Banken finden sich in IAS 7 nicht. In Deutschland existiert mit dem DRS 2–10 hingegen eine mit IAS 7 kompatible Vorgabe für Banken. In der IFRS-Praxis

---

60 Vgl. DIETRICH/STOEK, IRZ 2012, S. 287–292.

wird die Kapitalflussrechnung von Banken daher in starker Anlehnung an die Regelungen des DRS 2–10 aufgestellt.
- Bezüglich der Angaben im **Anhang** stehen bei Banken die Angabepflichten des IFRS 7 und IFRS 13 zu Finanzinstrumenten im Vordergrund. Unterschiede im Berichtsumfang zu anderen Unternehmen ergeben sich dabei in erster Linie im Bereich der Risikoberichterstattung für Finanzinstrumente. Banken sind mit dem DRS 5–10 bereits seit 2000 einem Regelwerk zur Risikoberichterstattung unterworfen, das – in Anbetracht der auf Finanzinstrumente ausgerichteten Geschäftstätigkeit – faktisch ein Standard zur Risikoberichterstattung für Finanzinstrumente ist. Auch inhaltlich ergeben sich weitgehende Parallelen zwischen DRS 5–10 und IFRS 7.
- Es wurden **zwei** Bilanzierungsbereiche behandelt, in denen sich ausgeprägte **Besonderheiten** für Banken ergeben. Dies sind die Regelungen des IAS 39 zum *hedge accounting* und zum *impairment test*.
- Banken steuern ihre **Zinsrisiken** (insb. für das Einlagen- und Kreditgeschäft) auf der Grundlage sog. *macro-hedging*-Strategien. Die „normalen" Formen des *hedge accounting* des IAS 39 (insb. der *micro*- bzw. Gruppen-*fair-value-hedge*) sind nicht in der Lage, solche dynamischen und komplexen Risikomanagementstrategien sachgerecht abzubilden. Die Gründe hierfür liegen u. a. darin, dass IAS 39 die Designation von Nettorisikopositionen und die Absicherung des Einlagengeschäfts auf der Grundlage von Bodensatztheorien nicht anerkennt. Der IASB hat daher 2004 mit dem *„fair value hedge accounting for a portfolio hedge of interest rate risk"* eine auf derartige Absicherungsstrategien ausgerichtete Form des *hedge accounting* in den IAS 39 aufgenommen. In der Praxis ist dieser *portfolio hedge* von Zinsrisiken jedoch auf Kritik gestoßen, da wesentliche Schwächen des bisherigen *hedge accounting* weiter bestehen bleiben (z. B. keine Designation des Einlagengeschäfts auf der Grundlage der Bodensatztheorie). Die Europäische Kommission hat den IAS 39 daher Ende 2004 in einer sog. *carve out version* in europäisches Recht übernommen, in der verschiedene, in der Kritik stehende Regelungen des IAS 39 nicht *endorsed* wurden *(partial endorsement)*.
- Wegen der Bedeutung des Kreditgeschäfts von Banken haben die Vorschriften des IAS 39 zum impairment test eine besondere Relevanz. Im Mittelpunkt steht dabei insbesondere die Ermittlung des Wertberichtigungsbedarfs auf Portfoliobasis bzw. für das Massenkreditgeschäft, die durch die wechselseitigen Abhängigkeiten mit den aufsichtsrechtlichen Anforderungen zur Eigenkapitalunterlegung des Kreditgeschäfts gem. Basel II geprägt ist. In der Praxis wird daher regelmäßig eine Verwendung gleicher Datenbestände zur Erfüllung der Anforderungen beider Regelwerke angestrebt. Im Vordergrund stehen hier die Definition von Ausfallereignissen *(trigger events)*, die Abgrenzung von Portfolien und die Bestimmung der Portfolio- bzw. pauschalierten Einzelwertberichtigung auf der Grundlage der Basel-II-Parameter zur Ermittlung des *expected loss*.
- Spätestens für die ab dem 1.1.2018 beginnenden Geschäftsjahre haben Banken den neuen IFRS 9 anstelle der IAS 39-Regelungen anzuwenden. Neben grundlegenden Änderungen der Klassifizierung von Finanzinstrumenten

und des *hedge accounting* werden Wertminderungen dann nach einem *expected loss*-Ansatz bemessen, wobei sich hierdurch die Komplexität der IFRS-Bankbilanzierung tendenziell noch erhöhen dürfte.[61]

---

[61] Vgl. HAAKER, in: DB 2014, S. 2790–2792.

§ 39 BILANZIERUNG VON VERSICHERUNGSVERTRÄGEN

Inhaltsübersicht	Rz
Vorbemerkung	
1 Zielsetzung, Regelungsinhalt, Begriffe.	1–18
1.1 „Zwei-Phasen-Einführung" eines IFRS für Versicherungsverträge.	1
1.2 Geltungsbereich	2–4
1.3 Definition von Versicherungsverträgen.	5–12
1.4 Eingebettete Derivate	13–16
1.5 Zerlegung von Versicherungs- und Investmentkomponenten.	17
1.6 Entscheidungsbaum	18
2 Ansatz und Bewertung	19–38
2.1 Regel: Weiterführung der bisherigen Bilanzierungsmethode	19–20
2.2 Ausnahmen von der Weiterführung	21–23
2.3 Änderung bzw. Beibehaltung bisher angewandter Bilanzierungsmethoden.	24–25
2.4 Rückversicherung	26–27
2.5 Verträge mit ermessensabhängiger Überschussbeteiligung.	28–35
2.5.1 Versicherungsverträge	28–34
2.5.2 Finanzinstrumente mit ermessensabhängiger Überschussbeteiligung.	35
2.6 Finanzgarantien/Kreditversicherungen	36
2.7 Bilanzieller *asset liability mismatch*	37–38
3 Konzernabschlussspezifische Vorschriften	39–42
3.1 Konzerneinheitliche Bilanzierung und Bewertung.	39
3.2 Vorgehensweise im Rahmen von Unternehmensakquisitionen	40–42
4 Angaben	43–47
5 Anwendungszeitpunkt	48
6 Rechtsentwicklung: Der aktuelle Stand von Phase II	49–82
6.1 Überblick	49
6.2 Anwendungsbereich	50–51
6.3 Bewertung	52–69
6.3.1 Grundlagen	52–54
6.3.2 Schätzung der Zahlungsströme	55–57
6.3.3 Diskontierung	58
6.3.4 Risikomarge	59–62
6.3.5 Vertragliche Servicemarge	63–66
6.3.6 Folgebewertung.	67–69
6.4 Sonderthemen.	70–80
6.4.1 Vereinfachter Ansatz für kurzfristige Verträge.	70–71
6.4.2 Abspaltung von Nicht-Versicherungskomponenten	72
6.4.3 Darstellung der Änderung des Diskontzinses.	73–74

6.4.4	Darstellung der Ergebnisrechnung.............	75
6.4.5	Überschussbeteiligte Verträge................	76–78
6.4.6	Übergangsvorschriften und Erstanwendung.....	79–80
6.5	Letzte Schritte zur Fertigstellung des IFRS............	81–82
7	Zusammenfassende Praxishinweise.....................	83

Schrifttum: ASCHE/HARTUNG, Auswirkungen von IFRS 4 Phase II und IFRS 9 auf die Ergebnisse von Versicherungsunternehmen – eine Analyse der heutigen und künftigen Ergebnisvolatilität, WPg 2011, S. 1187ff.; ; DE LA VINA/TRUMP, Bilanzierung von Versicherungsverträgen – Ist die letzte Runde eingeläutet?, IRZ 2013, S. 473ff.; ELLENBÜRGER/ENGELÄNDER/KÖLSCHBACH, Der letzte Schritt zum IFRS für Versicherungsverträge – Zum Exposure Draft ED/2013/7, WPg 2013, S. 813ff.; LUDWIG/REISS/WERNER, Rückstellung für latente Beitragsrückerstattung im Financial Statement der Versicherungskonzerne nach IFRS, WPg 2007, S. 607ff.; KNOLLER/SAUER, Re-Exposure Draft Insurance Contracts – Überblick und Würdigung der Neuerungen, PiR 2014, 108ff.; OTT/ROCKEL, Bilanzierung von Drohverlustrückstellungen bei Versicherungsunternehmen nach HGB, US-GAAP und IAS/IFRS, WPg 2004, S. 798ff.; ROCKEL, Fair Value-Bilanzierung versicherungstechnischer Verpflichtungen, Wiesbaden 2004; ROCKEL/HELTEN/OTT/SAUER, Versicherungsbilanzen, 3. Aufl., Stuttgart 2012; ROCKEL/SAUER, IASB Discussion Paper „Preliminary Views on Insurance Contracts", WPg 2007, S. 741ff.

Vorbemerkung

Die Kommentierung bezieht sich auf den IFRS 4 in der aktuellen Fassung und berücksichtigt alle Ergänzungen, Änderungen und Interpretationen, die bis zum 1.1.2015 beschlossen wurden.

Ein Überblick über den im Juni 2013 veröffentlichten *Exposure Draft* des IASB zur zukünftigen Bilanzierung von Versicherungsverträgen und weitere Entwicklungen des Projekts bis Ende 2014 findet sich in Rz 49ff.

1 Zielsetzung, Regelungsinhalt, Begriffe

1.1 „Zwei-Phasen-Einführung" eines IFRS für Versicherungsverträge

1 Bereits seit 1997 betreibt der IASB ein Projekt zur Entwicklung eines Standards zur Bilanzierung von **Versicherungsverträgen**. Wegen der Terminvorgabe für die IFRS-Anwendung bei den EU-Mitgliedstaaten ab 1.1.2005 (→ § 7) hat sich der IASB entschieden, die Entwicklung von Regelungen zu Ansatz und Bewertung von Versicherungsverträgen in **zwei Phasen** zu trennen. Phase I – dargelegt in IFRS 4 (Rz 2ff.) – erlaubt den Versicherungsunternehmen, in wesentlichen Kernbereichen, mit ihrer bisherigen Bilanzierungs- und Bewertungspraxis **fortzufahren** (Rz 19). Dabei soll die zwischenbetriebliche Vergleichbarkeit der jeweiligen Jahres- oder Konzernanschlüsse durch **erweiterte Anhangsangaben** bewerkstelligt werden. Den betroffenen Unternehmen wird dabei ein zweimaliger Umstellungsaufwand innerhalb von kurzer Zeit erspart.
Nach einem ersten Exposure Draft für die Phase 2 im Jahr 2010 hat der IASB im Juni 2013 einen überarbeiteten Vorschlag vorgelegt (*Exposure Draft ED/2013/7 Insurance Contracts: A revision of ED/2010/8*, nachfolgend „ED"). Dabei sieht

der IASB den *current fulfillment value* als Bewertungskonzept für Versicherungsverträge vor (Rz 50). Nach jetzigem Erkenntnisstand veröffentlicht der IASB gegen Ende 2015 einen *finalen IFRS;* dessen verpflichtende Erstanwendung erscheint frühestens für das Jahr 2019 als realistisch.

1.2 Geltungsbereich

IFRS 4 ist auf alle Versicherungs- und Rückversicherungs**verträge** anzuwenden, die ein Unternehmen als Versicherer abschließt. Darüber hinaus wird die passive Rückversicherung abgedeckt. Jedoch gilt der Standard nicht für Unternehmen, die als Versicherungsnehmer einen Erstversicherungsvertrag mit einem Versicherungsunternehmen abgeschlossen haben. Der Standard-Inhalt ist damit de facto **branchenspezifisch** ausgerichtet.

Darüber hinaus unterliegen Finanzinstrumente mit einer ermessensabhängigen **Überschussbeteiligung** (*discretionary participation features*) dem Anwendungsbereich des IFRS 4 (Rz 28). Solche Verträge garantieren einem Versicherungsnehmer dem Grunde nach bestimmte Leistungen und stellen überdies signifikante Zahlungen in Aussicht, deren Höhe oder Zahlungszeitpunkt in das **Ermessen** des Versicherers gestellt sind (IFRS 4.App. A). Diese Zusatzleistungen können bspw. abhängig sein von dem

- Ergebnis bestimmter Vertragsgruppen oder -arten,
- realisierten und/oder unrealisierten Kapitalanlageergebnis bestimmter Anlagekategorien sowie
- Überschuss des Versicherungsunternehmens oder eines Fonds.

Unbeschadet des speziellen Regelungsgehaltes von IFRS 4 muss ein Versicherungsunternehmen alle **anderen** Sachverhalte nach den einschlägigen IFRS-Regelungen bilanzieren. So unterliegen z.B. alle Finanzinstrumente den Vorschriften des IAS 39 bzw. IFRS 9 (→ § 28). IFRS 4.45 bietet allerdings bei der **Anpassung** von Bilanzierungs- und Bewertungsmethoden für Versicherungsverpflichtungen Sonderregelungen zur Umklassifizierung von Kapitalanlagen.

Explizit ausgenommen vom Geltungsbereich des Standards sind insbesondere (IFRS 4.4):

- Produktgarantien, die von einem Hersteller, Groß- oder Einzelhändler gegeben werden,
- Vermögenswerte und Schulden im Zusammenhang mit Pensionsverpflichtungen (→ § 22) oder aktienkursbasierten Vergütungen (→ § 23),
- Finanzgarantien, die dem Regelungsbereich von IAS 39 unterliegen (→ § 28),
- Eventualansprüche und -verbindlichkeiten aus einem Unternehmenszusammenschluss,
- Erstversicherungsverträge, bei denen das Unternehmen als Versicherungsnehmer auftritt (gilt nicht für Rückversicherungsverträge).

1.3 Definition von Versicherungsverträgen

Als Versicherungsvertrag gilt gem. IFRS 4.App. A:
„Ein Vertrag, nach dem die eine Partei (der Versicherer) ein signifikantes Versicherungsrisiko von einer anderen Partei (dem Versicherungsnehmer) übernimmt, indem sie vereinbart, dem Versicherungsnehmer eine Entschädigung zu

leisten, wenn ein spezifiziertes ungewisses künftiges Ereignis (das versicherte Ereignis) den Versicherungsnehmer nachteilig betrifft."

6 Anhand dieser Definition ist die **Abgrenzung** zwischen einem Versicherungs- und einem Investmentvertrag vorzunehmen. Der letztgenannte Vertragstyp unterliegt dem Regelungsbereich von IAS 39 bzw. IFRS 9 (→ § 28). Lediglich ein Investmentvertrag mit ermessensabhängiger Überschussbeteiligung wird von IFRS 4 erfasst (Rz 3).

7 Bei der **Abgrenzung** zwischen Versicherungs- und Investmentvertrag kommt dem Transfer **signifikanten Versicherungsrisikos** entscheidende Bedeutung zu. Der IASB hat bewusst auf quantitative Vorgaben zur erforderlichen Höhe eines solchen Risikotransfers verzichtet, um eventuelle Arbitrage-Möglichkeiten zu verhindern. Jedoch werden einige Anhaltspunkte gegeben, wie die Signifikanz beurteilt werden soll. Es müssen Szenarien mit kommerzieller Substanz existieren, in welchen der Versicherer signifikante zusätzliche Leistungen erbringen muss (IFRS 4.B23).

Kommerzielle Substanz kann Szenarien bescheinigt werden, welche wirtschaftliche Entscheidungen beeinflussen. Weiterhin kann Signifikanz generell gekennzeichnet werden durch eine ausreichende Eintrittswahrscheinlichkeit und eine signifikante Verlusthöhe. Anhaltspunkte für eine Beurteilung des ausreichenden Risikotransfers kann zudem der im Rahmen der Finanzrückversicherungsverordnung eingeführte aufsichtsrechtliche Risikotransfertest für die Einordnung von Verträgen als Rückversicherungsverträge bieten. Dieser stellt auf das Produkt von Eintrittswahrscheinlichkeit und Verlusthöhe für ein Verlustszenario ab, welches mindestens 1 % der erwarteten Prämiensumme betragen muss, um einen hinreichenden Risikotransfer zu erreichen.

Zentral ist weiterhin die Abgrenzung von **Finanz-** zu **Versicherungsrisiken**. Jedes auf eine andere Partei übertragene Risiko, das kein Finanzrisiko ist, stellt nach IFRS 4 ein Versicherungsrisiko dar. Finanzrisiken wiederum bestehen in dem Risiko einer Änderung von Zinsen, Wertpapierkursen, Rohstoffpreisen, Wechselkursen, Preisindizes, Bonitätsratings oder weiterer nichtfinanzieller Variablen, die unspezifisch für einen Vertragspartner sind. Enthält ein Vertrag **gleichzeitig** Finanz- und Versicherungsrisiko, ist – unbeschadet möglicher Entbündelungsanforderungen (Rz 17) – der **gesamte** Vertrag als Versicherungsvertrag einzuordnen.

8 Eine Liste mit **Beispielen** wird in der *Implementation Guidance* (IG2) gegeben. Nach den vom Board zur Verfügung gestellten Erläuterungen **erfüllen** folgende Verträge die Definition eines Versicherungsvertrages:
- Schaden-/Unfallversicherungsverträge i.S.d. VAG,
- Krankenversicherungsverträge i.S.d. VAG,
- Lebensversicherungsverträge i.S.d. VAG, die Sterblichkeitsrisiken abdecken,
- Rückversicherungsverträge, die nicht vorwiegend Finanzierungszwecken dienen.

9 Umgekehrt gelten folgende Anlageformen **nicht** als Versicherungs-, sondern als Investmentvertrag, bzw. Finanzinstrument (Rz 6):
- **Rückversicherungs**verträge, die ausschließlich Finanzierungszwecken dienen,
- **fondsgebundene** Lebensversicherungen, deren Todesfallleistung dem Wert des Fonds entspricht,

- Sog. **Parkdepots** mit garantierter Verzinsung für Lebensversicherungskunden, die ihre Ablaufleistung für eine vorübergehende Zeit beim Lebensversicherungsunternehmen anlegen,
- bestimmte alternative Risikotransferinstrumente (**ART**), die mögliche Kompensationszahlungen nicht an das Vorliegen eines Schadens beim Zedenten knüpfen *(indemnity trigger)*, sondern bei denen Zahlungen von dem Stand eines Indexes abhängen *(non-indemnity trigger,* z. B. Erdbeben- oder Sturmindex).

Die internationale Aktuarvereinigung (IAA) hat hierzu weitere technische Interpretationen erarbeitet *(International Actuarial Association:* IASP 3: *Classification of Contracts under International Financial Reporting Standards IFRS 2005).*

Die Unterscheidung zwischen Versicherungs- oder Investmentvertrag muss aus Vereinfachungsgründen **nicht** für **jeden** Vertrag einzeln erfolgen. Stattdessen ist eine Qualifikation auf der Grundlage von Produktklassen mit ähnlichen Merkmalsausprägungen möglich. Eines Nachweises des signifikanten Risikos über die **gesamte Laufzeit** des Vertrages bedarf es nicht. Die Klassifizierung muss bei **Vertragsbeginn** unter Betrachtung der mutmaßlichen Verhältnisse über die Gesamtvertragsdauer erfolgen. Eine Option des Versicherungsnehmers zur Anpassung/Ergänzung des Vertrages, welche dem Vertrag signifikantes Versicherungsrisiko hinzufügen könnte, führt nicht in jedem Fall zu einer Einordnung als Versicherungsvertrag. Nur wenn die Konditionen für die Ausübung dieser Option, z. B. die Verrentungssätze bei einer optionalen Verrentung der Ablaufleistung eines Sparvertrages, schon bei Vertragsabschluss festgeschrieben werden, gilt der Vertrag von Beginn an als Versicherungsvertrag (IFRS 4.App.B 29).

Ist ein Vertrag einmal als Versicherungsvertrag klassifiziert, **bleibt** diese **Einordnung** bestehen, bis alle Rechte und Pflichten aus dem Vertrag erloschen sind (IFRS 4.App.B 30). Wird ein Vertrag zunächst als Investmentvertrag eingestuft und ergibt sich entgegen den ursprünglichen Erwartungen später eine Situation, wo dem Vertrag signifikantes Versicherungsrisiko **hinzugefügt** wird, muss dieser ab diesem Zeitpunkt als Versicherungsvertrag behandelt werden (IFRS 4.IG1.7).

Zwischen diesen beiden (abzugrenzenden) Vertragsformen bewegen sich „**Graufälle**", bei denen eine individuelle Prüfung unabdingbar ist:
- Lebensversicherungsverträge, deren Rückkaufleistung nahe der Todesfallleistung liegt;
- fondsgebundene Lebensversicherungsverträge, deren Rückkauf- oder Ablaufleistung nahe der Todesfallleistung liegt;
- Kapitalisierungsprodukte;
- bestimmte „Riester"-Produkte;
- Rückversicherungsverträge, die überwiegend Finanzierungszwecken dienen.

Eine konzerneinheitliche Abgrenzung ist sicherzustellen.

1.4 Eingebettete Derivate

IAS 39 verlangt für bestimmte in Versicherungsverträgen eingebettete Derivate deren **Abspaltung** vom Trägerkontrakt. Dies gilt auch für Derivate in überschussbeteiligten Investmentverträgen, soweit das Derivat selbst nicht dem Anwendungsbereich von IFRS 4 unterliegt. Nach IAS 39 sind eingebettete Derivate wie folgt definiert (→ § 28 Rz 97; → § 28 Rz 142)

- Die ökonomischen Charakteristika und Risiken (des eingebetteten Derivates) sind nicht eng mit dem zugrunde liegenden Vertrag verknüpft.
- Ein eigenständiges Finanzinstrument mit denselben Merkmalsausprägungen würde in die Definition eines Derivates fallen.
- Das kombinierte Finanzinstrument wird derzeit nicht ergebniswirksam zum *fair value* bewertet.

IFRS 4.7 ff. enthalten zusätzlich detaillierte Anweisungen, Ausnahmeregelungen und Anwendungsbeispiele, wann ein in einem Versicherungsvertrag eingebettetes Derivat von dem Träger-(Versicherungs-)Kontrakt zu separieren ist. Bei fehlender Zerlegungspflicht eröffnet IFRS 4 i.d.R. zudem die Möglichkeit einer freiwilligen Zerlegung, was insbesondere bei durch Derivate abgesicherte Garantieleistungen eine interessante Möglichkeit bietet, einen *accounting mismatch* zu vermeiden, da die freistehenden Absicherungsderivate nach IAS 39/IFRS 9 auch zum *fair value* angesetzt werden.

14 In „traditionelle" Versicherungsverträge eingebettete Derivate sind nicht zu separieren. Als „traditionelle" Versicherungsverträge werden solche klassifiziert, bei denen Zahlungen an den Versicherungsnehmer ausschließlich durch das versicherte Risiko ausgelöst werden bzw. die ein festes Preis-Leistungs-Verhältnis vorsehen (z. B. Todesfall des Versicherungsnehmers bei Lebensversicherungen, der Höhe nach fest vereinbarte Rückkaufswerte, Diebstahl, Feuerschaden etc.). Dagegen fallen hybride Verträge, die sowohl derivative als auch nichtderivative Komponenten enthalten, meist unter die Zerlegungspflicht. Beispiele für derartige hybride Verträge sind
- bestimmte indexgebundene Rentenversicherungen *(indexed annuities)*,
- bestimmte fondsgebundene Lebensversicherungen *(variable life insurance products)*,
- Schaden-/Unfallversicherungsverträge, die neben der traditionellen Risikoabsicherung Fremdwährungsoptionen enthalten.

15 Weiterhin kann eine getrennte Bilanzierung entfallen, wenn das eingebettete **Derivat selbst** die Definition eines Versicherungsvertrages erfüllt. Dies ist etwa der Fall bei einer Option, die angesparte Versicherungssumme einer Kapital-Lebensversicherung bei Vertragsende zu verrenten. Hier besteht das Versicherungsrisiko des Derivats in der Langlebigkeit des Kunden. Analog begründet die Option des Versicherungsnehmers zur Erhöhung der Versicherungssumme ein Versicherungsrisiko, weil die Ausübung dieser Option vom Gesundheitszustand des Versicherungsnehmers abhängt (weitere Bsp. siehe IFRS 4.IG *Examples* 2).

16 Ein vom Träger-Kontrakt abzuspaltendes, eingebettetes Derivat ist wie ein **freistehendes** zu behandeln und als **Handelsverbindlichkeit** zum *fair value* durch die GuV zu bilanzieren. Sofern eine Abspaltung nicht möglich ist, muss das gesamte kombinierte Instrument ergebniswirksam zum *fair value* bewertet werden (→ § 28 Rz 232).

1.5 Zerlegung von Versicherungs- und Investmentkomponenten

17 Insbesondere viele Lebensversicherungsverträge enthalten sowohl eine Versicherungs- als auch eine Sparkomponente. Der Standard verlangt allerdings nur in den Fällen eine **Zerlegung**, wenn

- der Versicherer die Investmentkomponente separat bewerten kann **und**
- die bislang angewandten Bilanzierungs- und Bewertungsvorschriften nicht alle Verpflichtungen und Rechte aus der Investmentkomponente berücksichtigen.

Letzteres dürfte wenigstens nach deutscher Rechtslage meistens **nicht** der Fall sein, sodass eine Zerlegungspflicht entfällt. Sofern der Versicherer die Investmentkomponente separat bewerten kann, ist eine Zerlegung zulässig. Eine Zerlegungspflicht wird sich in der Praxis vor allem für ausgewählte Finanzrückversicherungsverträge ergeben.

1.6 Entscheidungsbaum

Die nachstehende Skizze zeigt in Form eines Entscheidungsbaumes die zur Bestimmung des Anwendungsbereiches erforderlichen Prüfschritte.

18

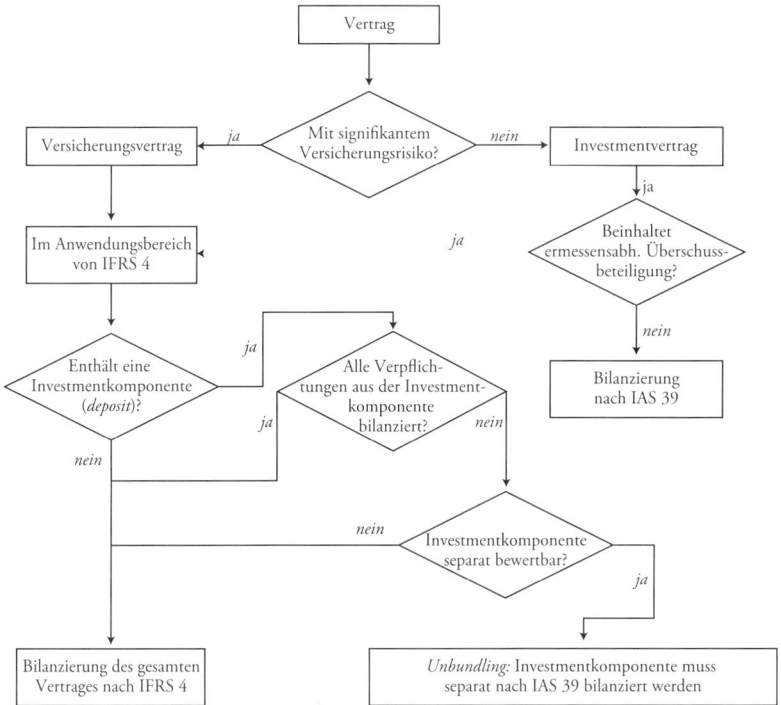

Abb. 1: Prüfschritte zur Bestimmung des Anwendungsbereiches

2 Ansatz und Bewertung

2.1 Regel: Weiterführung der bisherigen Bilanzierungsmethode

Phase I (Rz 1) erlaubt die **Fortführung** der bisher angewandten Bilanzierungs- und Bewertungsmethoden für Versicherungsverträge i.S.d. IFRS 4. Unter dieser Fortführung ist nicht nur die Anwendung der jeweiligen länderspezifischen

19

Rechnungslegungsvorschriften zu subsumieren, sondern auch die im Rahmen des § 292a HGB in Deutschland etablierte Praxis, die bislang nach IFRS (vor 2005) nicht geregelte Bilanzierung von Versicherungskontrakten entsprechend den einschlägigen **US-GAAP**-Vorschriften abzubilden (vgl. ehemalige FAS 60, FAS 97, FAS 113, FAS 120, neu *FASB Codification topic* 944).

20 Folglich werden in IFRS 4 die Regeln von IAS 8.10–12 (→ § 1 Rz 78) bis zur Einführung der Phase II (Rz 1) **ausgesetzt**. Während der Übergangszeit (Gültigkeit der Phase I) sind demnach auch Ansatz- und Bewertungsmethoden für Versicherungskontrakte zulässig, die gegen die Vorschriften anderer IFRS oder gegen das *Framework* verstoßen, was bspw. für die in der Praxis übliche Abgrenzung von Abschlusskosten oder die Bilanzierung von Beitragsüberträgen zutreffend sein könnte.

2.2 Ausnahmen von der Weiterführung

21 Bezüglich der „Aussetzung" von IAS 8.10-12 gelten gem. IFRS 4.14 allerdings **Einschränkungen**. Für Rückstellungen, die ein zukünftiges Ereignis abdecken und
- Großrisiken oder
- Schwankungsreserven

betreffen, gilt ein Passivierungs**verbot**.

22 Der Board sieht in diesen Fällen keine **gegenwärtige Verpflichtung** des Versicherungsunternehmens und damit keinen Raum für eine Passivierung. Zulässig ist allerdings dem Board zufolge ein separater Ausweis innerhalb des Eigenkapitals. Zuführungen zu bzw. Entnahmen aus diesen separat ausgewiesenen Posten sind dann allerdings als Ergebnisverwendung zu zeigen und innerhalb der Eigenkapitalentwicklung darzustellen (→ § 20 Rz 64). Sie fließen damit nicht in das Jahresergebnis ein.

23 Folgende weitere Einschränkungen zur „Aussetzung" von IAS 8.10–12 gelten:
- Es ist ein regelmäßiger *liability-adequacy*-Test durchzuführen (IFRS 4.15 ff.). Dabei ist der **Barwert** der erwarteten Nettozahlungsströme aus einem Versicherungsvertrag mit dem jeweiligen **Bilanzwert zu vergleichen**. Eine ergebniswirksame Erhöhung der Rückstellung ist vorzunehmen, wenn der Barwert höher ist als der bilanzierte Nettowert des Vertrages einschließlich korrespondierender aktivierter Vermögenswerte (z. B. Abschlusskosten). Eine weitere Konkretisierung wie etwa hinsichtlich der Einbeziehung von Sicherheitszuschlägen, einer möglichen Diskontierung oder der adäquaten Bewertungseinheit (Kollektiv, Sparte oder Gesamtunternehmen) erfolgt nicht. Für in der Versicherungstechnik nach HGB bilanzierende Versicherungsunternehmen führen das Vorsichts- und Imparitätsprinzip sowie die Vorschriften zur möglichen Bildung einer Drohverlustrückstellung zu einer Reservierungshöhe, die einen separaten *liability-adequacy*-Test obsolet macht. Ähnlich kann für US-GAAP argumentiert werden (*premium-deficiency*-Test), sodass diese Regelung insgesamt für deutsche Anwender kaum zu materiellen Konsequenzen führen sollte.
- Eine Verpflichtung darf nur dann **ausgebucht** werden, wenn sie zurückbezahlt, gekündigt oder abgelaufen ist. Diese Vorschrift deckt sich ebenfalls mit den entsprechenden nationalen Vorschriften innerhalb Europas.

2.3 Änderung bzw. Beibehaltung bisher angewandter Bilanzierungsmethoden

Bereits während der Übergangszeit in Phase I soll es Versicherungsunternehmen durch IFRS 4.22 ermöglicht werden, von der bisherigen Bilanzierungs- und Bewertungspraxis **abzuweichen** und auf eine für den Bilanzleser **aussagekräftigere** Methode i. S. d. IAS 8 **überzugehen**. Allerdings wird im Rahmen einiger Beispiele die Möglichkeit einer solchen Anpassung eingeschränkt. Gemäß IFRS 4.25 ist **nicht erlaubt** der Übergang von einer

- diskontierten versicherungstechnischen Rückstellung auf eine undiskontierte Rückstellung (IFRS 4.25a);
- Bewertung versicherungstechnischer Rückstellungen mit ausreichenden Sicherheitsmargen zu einer solchen mit zusätzlichen Vorsichtsparametern (IFRS 4.26);
- konzerneinheitlichen Bilanzierung und Bewertung versicherungstechnischer Rückstellungen auf eine nichtkonzerneinheitliche Bilanzierung (Rz 39).

Darüber hinaus ist der Übergang auf eine Bilanzierungs- und Bewertungsmethode nicht erlaubt, die **zukünftige Kapitalanlageerträge** bei der Bewertung von Verpflichtungen berücksichtigt, außer wenn diese zukünftigen Kapitalanlagemargen die vertraglichen Zahlungen beeinflussen (IFRS 4.27).

Explizit **erlaubt** ist hingegen:

- der Übergang auf das sog. „*shadow accounting*" nach US-GAAP (Rz 32);
- die Abzinsung von ausgewählten versicherungstechnischen Rückstellungen mit dem aktuellen Marktzins (Rz 38 und IFRS 4.24).

2.4 Rückversicherung

Spezielle Bewertungsvorschriften für die passive **Rückversicherung** enthält IFRS 4 nicht; zu den Angabevorschriften vgl. Rz 43. Ansprüche gegen Rückversicherer sind dann ergebniswirksam abzuschreiben, wenn aufgrund objektiver Kriterien mit einem Ausfall der Ansprüche gegen den Rückversicherer zu rechnen ist (IFRS 4.20).

Nach IFRS 4.14d dürfen **Rückversicherungs**anteile **nicht** gegen Rückstellungen der entsprechenden zugrunde liegenden Versicherungskontrakte **verrechnet** werden (Verbot der Nettodarstellung der Rückversicherung). Gleiches gilt auch für die Verrechnung von **Aufwendungen** und **Erträgen** aus Rückversicherungsverträgen mit den entsprechenden Aufwendungen und Erträgen aus dem zugrunde liegenden Versicherungsvertrag. Der saldierte Ausweis in der Gewinn- und Verlustrechnung ist somit nicht zulässig. Nach HGB ist Rückversicherungsanteil auf der Passivseite unmittelbar von der Bruttorückstellung abzusetzen (modifiziertes Nettoprinzip).

2.5 Verträge mit ermessensabhängiger Überschussbeteiligung

2.5.1 Versicherungsverträge

IFRS 4 schreibt für Versicherungsverträge (Rz 3) keine verbindliche Vorgehensweise für den Ansatz und die Bewertung der ermessensabhängigen Überschussbeteiligung vor. Es werden lediglich einige Angaben verlangt (IFRS 4.34): Die bevorzugte Darstellung ist eine **Trennung** von ermessensabhängigem und -unabhängigem Teil der Überschussbeteiligung. Ist die Überschussbeteiligung dem Grunde und der Höhe nach entweder vertraglich oder gesetzlich **vorgeschrieben**, handelt es sich nicht um eine ermessensabhängige Überschussbeteiligung und ist entsprechend als **Verpflichtung** auszuweisen. Wenn die Überschussbeteiligung nur dem **Grunde**, nicht aber der Höhe nach gesetzlich oder vertraglich zugesichert ist, handelt es sich um eine ermessensabhängige Überschussbeteiligung. In diesem Fall verbleibt ein Wahlrecht zum Ausweis des ermessensabhängigen Teils als Verpflichtung oder im Eigenkapital. In Deutschland sind im traditionellen Lebensversicherungsbereich dem Versicherungsnehmer gesetzlich mindestens 90 % der Überschüsse aus den Kapitalanlagen zugesichert.

29 Die in dem HGB-Einzelabschluss gebuchte Rückstellung für **Beitragsrückerstattung** unterliegt nach § 56a VAG einer Verwendungssicherung zugunsten der Versicherungsnehmer. Deshalb stellt diese eine nach IFRS zu passivierende Verpflichtung dar.

Diskussionswürdig ist vor allem der sich aus Unterschieden im Ansatz und der Bewertung von Vermögenswerten und Schulden zwischen der nach lokalen Bilanzierungsvorschriften aufgestellten Einzelbilanz und der nach dem Regelwerk des IFRS aufgestellten konsolidierten Bilanz ergebende **Unterschiedsbetrag**. Dieser führt mitunter zu einer Bildung einer Rückstellung für latente Beitragsrückerstattung. Insbesondere die Bewertung der Finanzanlagen nach Maßgabe von IAS 39 (→ § 28), der umfangreiche **Marktwertbewertungen** vorsieht, kann zu erheblichen Bewertungsunterschieden führen.

30 Bezüglich der Auswirkungen bei überschussbeteiligten Verträgen kann hier im Einklang mit der Vorgehensweise nach US-GAAP (EITF Topic D-41) das sog. „*shadow accounting*" (Rz 32) zur Anwendung kommen (IFRS 4.30). Dieses sieht eine fiktive Realisierung unrealisierter Bewertungsunterschiede vor: Sich bei Bewertung der Kapitalanlagen ergebende nicht realisierte Gewinne/Verluste werden mit dem Anteil in eine Rückstellung für latente Beitragsrückerstattung eingestellt, mit dem im Falle ihrer Realisierung der Versicherungsnehmer aufgrund gesetzlicher oder vertraglicher Regelung partizipieren wird.

31 Bewertungsunterschiede, die ihre Ursache in **ergebniswirksamen** Bewertungsansätzen haben, sollten auch ergebniswirksam zwischen Versicherungsnehmer und Eigenkapitalgeber aufgeteilt werden. Als Aufteilungsmaßstab wäre entweder die vertraglich zugesicherte Mindestbeteiligung oder der aufgrund von faktischen Gegebenheiten ermittelte Aufteilungsmaßstab zugrunde zu legen. Eine Aufteilung des ergebniswirksamen Unterschieds zwischen HGB und IFRS in der Weise, dass mindestens 90 % des Bewertungsunterschieds dem Versicherungsnehmer in eine sog. latente Rückstellung für Beitragsrückerstattung gutgeschrieben werden und nur die maximal verbleibenden 10 % das Jahresergebnis erhöhen, erscheint sachgerecht.

32 **Ergebnisneutral** zu behandelnde Bewertungsunterschiede sollten entsprechend **ergebnisneutral aufgeteilt** werden. Bei Qualifikation eines unter IAS 39 als „*available for sale*" (→ § 28 Rz 148) eingeordneten Finanzinstruments werden Marktwertänderungen erfolgsneutral im Eigenkapital abgebildet. Analog sollte in diesem Fall die Aufteilung zwischen dem Versicherungsnehmer und dem Eigenkapitalgeber ebenfalls erfolgsneutral erfolgen.

33 Folgt das Versicherungsunternehmen in der Versicherungstechnik den US-GAAP, ergeben sich weiterhin Auswirkungen auf die aktivierten **Abschlusskosten (DAC - *Deferred Acquisition Costs*)** und einen möglicherweise bilanzierten Wert eines **übernommenen Versicherungsbestandes** (PVFP – *Present value*

of future profits). Diese Veränderungen werden analog einer Rückstellung für latente Beitragsrückerstattung als latente DAC oder latenter PVFP gebucht: Nach der Beteiligung der Versicherungsnehmer erhöht bzw. vermindert der verbleibende Gewinn bzw. Verlust die Ertragsmargen des erwarteten Bruttoüberschusses, aus denen der DAC bzw. der PVFP amortisiert und die Schlussüberschussreserve anfinanziert wird. Nach den Korrekturen wird der verbleibende Restbetrag fiktiv versteuert (latente Steuern). Nur der Restbetrag erhöht bzw. vermindert das Eigenkapital. Auch diese Vorgehensweise ist im Rahmen des *„shadow accounting"* nach IFRS 4.30 zulässig.

Der Abgrenzungsposten der ermessensabhängigen Überschussbeteiligung darf nicht als **Zwischenposten** zwischen Eigenkapital und Schulden ausgewiesen werden. Eine eindeutige und konsistente Zuordnung ist erforderlich. 34

2.5.2 Finanzinstrumente mit ermessensabhängiger Überschussbeteiligung

Die Regelungen für Versicherungsverträge (Rz 28 ff.) gelten gem. IFRS 4.35 auch für Finanzinstrumente mit ermessensabhängiger Überschussbeteiligung (Rz 3). Der nach IAS 39 (→ § 28) bewertete nicht ermessensabhängige Teil des Vertrages stellt den **Mindestwert** für die gesamte Rückstellung dar, soweit das Unternehmen von dem Recht Gebrauch macht, nicht den gesamten (auch latenten) Anspruch der Versicherungsnehmer auf die Überschussbeteiligung als Rückstellung auszuweisen (IFRS 4.12ff.) 35

2.6 Finanzgarantien/Kreditversicherungen

Sofern die Definition eines Versicherungsvertrages erfüllt ist (Rz 5), fallen Finanzgarantien und Kreditversicherungsverträge in den Anwendungsbereich des IFRS 4. Im August 2005 hat der IASB Ergänzungen zu den Regelungen des ursprünglichen IFRS 4 herausgegeben (*Amendments to IAS 39 and IFRS 4: Financial Guarantee Contracts*). Nicht zuletzt aufgrund der erheblichen Kritik an der Vorgehensweise seitens der Praxis können die o. g. Verträge entweder nach IFRS 4 entsprechend der bisherigen Vorgehensweise oder aber nach IAS 39 mit der Folgebewertung nach IAS 37 bilanziert werden. 36

2.7 Bilanzieller *asset liability mismatch*

Bei Fortführung der bisherigen Bilanzierungspraxis sind die versicherungstechnischen Rückstellungen in den Bereichen „Schaden/Unfall" i.d.R. **undiskontiert** mit dem voraussichtlichen **Rückzahlungsbetrag** zu passivieren. Im Bereich „Leben/Kranken" erfolgt die Abzinsung i.d.R. **nicht** mit **aktuellen Marktzinsen**. Alle Finanzanlagen eines Versicherers sind demgegenüber entsprechend IAS 39/IFRS 9 zu bilanzieren und zu bewerten. Ein Großteil wird in die sog. Kategorie *„available for sale"* fallen und ist damit mit dem **Marktwert** anzusetzen (→ § 28 Rz 130ff.). Der Marktpreis festverzinslicher Wertpapiere reagiert auf jede Veränderung des aktuellen Marktzinses. Die Bewertungsunterschiede zwischen Anschaffungskosten und Marktwert sind ergebnisneutral ggf. nach Abzug von latenten Steuern und Rückstellungen für latente Beitragsrückerstattung, dem sog. *„shadow accounting",* in das Eigenkapital einzustellen. Durch die unterschiedlichen Bewertungskonzepte auf der Aktiv- und der Passivseite unterliegt das Eigenkapital eines Versicherers damit u.U. hoher **Volatilität**. 37

38 Um die Auswirkungen aus der Marktwertbewertung nach IAS 39 zumindest teilweise **abzufedern**, stehen dem Versicherer folgende Möglichkeiten offen:
- Diskontierung ausgewählter versicherungstechnischer Rückstellungen mit dem aktuellen Marktzins (Rz 25);
- Anwendung des sog. *„shadow accounting"* (Rz 32 ff.);
- umfangreiche Nutzung der sog. *„held to maturity"*-Kategorie sowie der Kategorie *loans and receivables* nach IAS 39 (→ § 28 Rz 134 ff.).

3 Konzernabschlussspezifische Vorschriften

3.1 Konzerneinheitliche Bilanzierung und Bewertung

39 Analog § 308 Abs. 2 Satz 2 HGB wird von IFRS 4 **keine konzerneinheitliche** Bilanzierungs- und Bewertungsmethode für die versicherungsspezifischen Aktiva und Passiva verlangt. Dies lässt sich im Umkehrschluss aus IFRS 4.25(c) ableiten, denn dort ist nur der **Übergang** zu einer nichtkonzerneinheitlichen Bilanzierungs- und Bewertungsmethode untersagt.

3.2 Vorgehensweise im Rahmen von Unternehmensakquisitionen

40 Beim Erwerb eines Versicherungsunternehmens sind entsprechend IFRS 3 sämtliche Vermögenswerte und Schulden zum Akquisitionsstichtag **neu** zu **bewerten** (→ § 31 Rz 11 ff.). Dies gilt nach IFRS 4.31 auch für Vermögenswerte und Verpflichtungen aus Versicherungsverträgen. Dabei sind erlaubt:
- die unveränderte Fortführung des bisherigen Bewertungsverfahrens für **Verpflichtungen** aus Versicherungsverträgen;
- der Ansatz eines separaten immateriellen **Vermögenswertes**, der den Bestandswert der erworbenen Versicherungsverträge repräsentiert.

Der letztgenannte immaterielle Vermögenswert ist als **Differenzbetrag** zwischen
- dem *fair value* der erworbenen vertraglichen Rechte aus dem Versicherungsvertrag abzüglich der dafür eingegangenen Verpflichtungen und
- den bilanzierten Verpflichtungen aus den erworbenen Versicherungsverträgen

zu ermitteln.

Außerdem ist der Wert der **Kundenbeziehung** für den Abschluss zukünftiger Anschlusskontrakte (*renewal rights*) als möglicher weiterer separater immaterieller Vermögenswert zu berücksichtigen (IFRS 3.IE *Example* 4).

41 Die **Folgebewertung** des Bestandswertes der erworbenen Versicherungsverträge ist im Einklang mit der Bewertung der Verpflichtungen aus den Versicherungsverträgen vorzunehmen. Dies gilt ebenfalls für die **Werthaltigkeitsanalyse** der immateriellen Vermögenswerte. I. d. R. erfolgt eine Amortisierung des Bestandswerts in Abhängigkeit von der Abwicklung der versicherungstechnischen Verpflichtungen.

42 Diese Ausnahmeregel für den Bestandswert der erworbenen Versicherungsverträge gilt ausschließlich für Versicherungsverträge, die sich im **Akquisitionszeitpunkt** bereits im Bestand des Versicherers befinden *(closed book)*. Der Wert des **danach** begründeten Neugeschäftes auf Basis der bestehenden Kundenbeziehungen richtet sich nach den allgemeinen Ansatz- und Bewertungsregeln in IAS 36 (→ § 11) und IAS 38 (→ § 13). Die nach US-GAAP vorgeschriebene Aktivierung des *„present value of acquired business"* steht damit im Einklang mit IFRS 4.31.

4 Angaben

IFRS 4 erlaubt den Unternehmen für die Übergangsphase (Rz 1) eine **Fortführung** der bisher angewandten Bilanzierungs- und Bewertungsmethoden bis zum Wirksamwerden der Phase II. Die gleichwohl angestrebte **Vergleichbarkeit** der Abschlüsse soll durch Anhangsangaben hergestellt werden. Dies geschieht auf der Grundlage folgender beider Leitlinien für die Anhangsangaben: 43

Der **Versicherer** muss Informationen über die im Abschluss ausgewiesenen Vermögenswerte, Schulden, Aufwendungen und Erträge offenlegen, die aus einem Versicherungsvertrag resultieren (IFRS 4.36f.). Darunter fallen: 44

- Bilanzierungs- und Bewertungsmethoden,
- Vermögenswerte, Schulden, Aufwendungen und Erträge, die sich aus einem Versicherungsvertrag ergeben (sofern sie nicht bereits separat im Jahresabschluss ausgewiesen sind),
- analoge Angabe der vorgenannten Posten in der nach der direkten Methode erstellten Kapitalflussrechnung (*cash flow statement;* → § 3),
- Beschreibung der Vorgehensweise zur Ermittlung der wesentlichen Rechnungsgrundlagen unter Vornahme quantitativer Angaben, soweit praktikabel,
- Offenlegung des Effektes aus einer Änderung wesentlicher Rechnungsgrundlagen,
- Bestandsentwicklung der Versicherungsverpflichtungen, der korrespondierenden Rückversicherungsanteile sowie ggf. der aktivierten Abschlusskosten.

Der Versicherer muss Informationen liefern, die den Adressaten seines Abschlusses ermöglichen, Art und Ausmaß der **Risiken** aus Versicherungsverträgen zu beurteilen. Dazu zählen: 45

- Beschreibung des Risikomanagements,
- Informationen über das Versicherungsrisiko jeweils vor und nach Rückversicherung unter Angabe von Sensitivitäten, Risikokonzentrationen, Abwicklungsergebnissen in Form von sog. Abwicklungsdreiecken,
- Informationen über Kredit-, Liquiditäts- und Marktrisiken analog IFRS 7, 31–42,
- Informationen über Zins- und Marktrisiken in eingebetteten Instrumenten, die nicht vom Trägerkontrakt abgespalten wurden (Rz 13).

Die *Implementation Guidances* zu IFRS 4 enthalten umfangreiche **Beispiele**, wie den Anhangsangabepflichten nachgekommen werden kann. Nach IG.12 handelt es sich bei den in IG.11–71 genannten Beispielen nicht um eine verpflichtende Aufzählung von Anforderungen, sondern nur um Beispiele, aus denen der Versicherer die für ihn relevanten auswählen sollte, um insgesamt den Grundanforderungen der IFRS 4.36f. gerecht zu werden. 46

IFRS 7.3(d) (→ § 28) **schließt** explizit Versicherungsverträge aus seinem Anwendungsbereich gem. IFRS 4 **aus**. 47

5 Anwendungszeitpunkt

IFRS 4 ist auf alle **konsolidierten** Abschlüsse von **kapitalmarktorientierten** Versicherern anzuwenden, die nach dem 31.12.2004 beginnen. Bzgl. des Übergangscharakters von IFRS 4 wird verwiesen auf Rz 1, bez. der Angabepflichten nach IFRS 7 auf → § 28 Rz 286. 48

6 Rechtsentwicklung: Der aktuelle Stand von Phase II

6.1 Überblick

49 Seit 1997 arbeitet der IASB an dem Projekt zur Bilanzierung von Versicherungsverträgen. Nach einem *Issues Paper* 1999 folgte die Veröffentlichung eines *Draft Statement of Principles* (DSOP) 2001, danach die Publizierung des IFRS 4 Phase 1 im Jahr 2004 und des *Discussion Paper* zu Phase 2 im Jahr 2007. Im Sommer 2010 publizierte der IASB einen ersten *Exposure Draft* für einen IFRS für Versicherungsverträge. Nach deutlicher Kritik zu wichtigen Punkten wurden einige Aspekte des 2010er-Vorschlags überarbeitet und der IASB veröffentlichte im Juni 2013 einen *Re-Exposure Draft* (ED/2013/7). In den weiteren Ausführungen wird der aktuelle Stand des Projekts auf Basis des letzten ED von 2013 und nachfolgender Diskussionen bis Ende 2014 dargestellt.

Die folgende Abbildung zeigt die Entwicklungsgeschichte IFRS 4 seit 2001 auf:

	DSOP 2001	IFRS 4 2004	*Discussion Paper* 2007	*Exposure Draft* 2013
Wertmaßstab	*fair value (exit value)* oder präferiert: bei Fehlen von marktorientierten Informationen *entity specific value*	*fair value (entry value)* oder: bei Fehlen von marktorientierten Informationen *entity specific value*	*fair value (current exit value)*	*current fulfillment value*: zur Erfüllung der Verpflichtungen nötiger Betrag
Gewinnvereinnahmung	in Abhängigkeit von Managementerwartungen => i.d.R. kein Gewinn bei Vertragsabschluss	kein Gewinn bei Vertragsabschluss	bei Vertragsbeginn Ausweis zukünftiger Gewinne in der Erfolgsrechnung	kein Gewinn bei Vertragsabschluss, Verluste jedoch sofort erfolgswirksam; positive Servicemarge wird über Leistungsperiode vereinnahmt
Risikoadjustierung	sowohl diversifizierbare als auch nichtdiversifizierbare Risiken	*fair value* nicht kleiner als der Betrag, den das Unternehmen von den Kunden fordern würde, um einen entsprechenden Vertrag zu zeichnen	neutrale Schätzung einer Marge, die Marktteilnehmer für die Risikotragung fordern würden	Marge, die das Versicherungsunternehmen maximal zur Entledigung vom Risiko zahlen würde
Bonitätsberücksichtigung	keine Berücksichtigung bei *entity specific value*; Berücksichtigung bei *fair value* aufgrund praktischer Probleme fraglich	Berücksichtigung	Offenlegung des Bonitätseinflusses zu Vertragsbeginn sowie in der Folgebewertung (Effekte werden als gering eingestuft)	keine Berücksichtigung

Tab. 1: Entwicklung der Bilanzierungsdiskussion zu Versicherungskontrakten

6.2 Anwendungsbereich

Die Abgrenzung des Anwendungsbereichs in Form der Definition eines Versicherungsvertrags wird weitgehend aus IFRS 4 Phase I übernommen (Rz 5). Auch das Designationswahlrecht für Finanzgarantien bzw. Kreditversicherungsverträge bleibt wie in Phase I erhalten (Rz 36), sofern das bilanzierende Unternehmen solche Verträge auch vorher bereits als Versicherungsverträge bilanziert habt (ED.7(f)). Die Bilanzierung von Versicherungsverträgen aus Sicht des **Versicherungsnehmers** wird nicht in IFRS 4 geregelt werden.

Ein Versicherungsvertrag ist erstmals am frühesten der folgenden Zeitpunkte zu erfassen (ED.12):
- Beginn der Risikoperiode oder
- Fälligkeit der ersten Prämienzahlung

Eine Ausnahme hiervon ergibt sich nur für Vertragsbestände, bei denen sich ein Verpflichtungsüberschuss ergibt (*„onerous contracts"*). Für solche ist der erwartete Verlust sofort bei Zeichnung erfolgswirksam zu berücksichtigen.

6.3 Bewertung

6.3.1 Grundlagen

Im Mittelpunkt von Phase II steht eine Zeitwertbilanzierung von Versicherungsverträgen zum unternehmensspezifischen Erfüllungsbetrag (*fulfillment value*), welcher eine Abbildung des Wertes der zur Erfüllung der Verpflichtungen erforderlichen Ressourcen fordert (ED.18). Die zentralen Komponenten einer Bewertung zum Erfüllungsbetrag sind

- die **Schätzung zukünftiger Zahlungsströme** auf Basis unternehmensspezifischer Informationen, wobei die möglichen Zahlungsströme mit ihren jeweiligen Eintrittswahrscheinlichkeiten gewichtet werden und damit den Erwartungswert abbilden (Rz 55);
- die Abbildung des **Zeitwertes des Geldes**, basierend auf am Markt beobachtbaren Zinssätzen, die den zu bewertenden Verpflichtungen in ihren Charakteristika hinsichtlich Laufzeit, Währung und Liquidität möglichst ähnlich sind (Rz 58);
- die Berücksichtigung der **Risikopräferenz**, d.h. Berücksichtigung von Erwartungen über mögliche Schwankungen in der Zeit und/oder in der Höhe der Zahlungsströme und einer hieraus resultierenden Prämie für das Tragen risikobehafteter Zahlungsströme (Rz 59).

Weiterhin diskutiert wird die Behandlung eines verbleibenden positiven Saldos der Summe der obigen Komponenten, genannt **vertragliche Servicemarge** (*„contractual service margin"*), vormals Residualmarge. Über diese regelt sich die Gewinn-(Verlust-)vereinnahmung des Vertrages bei Erst- und Folgebewertung (Rz 63).

Für *short-duration contracts* wird ein vereinfachtes Bewertungsmodell angeboten (*Premium Allocation Approach*). Dieses weist Ähnlichkeiten mit der derzeit gebräuchlichen Abgrenzung der Prämien über Beitragsüberträge in der Schaden- und Unfallversicherung auf (Rz 70).

Die Bewertung der Versicherungsverträge soll prospektiv mit einer regelmäßigen Überprüfung und Anpassung der Parameter erfolgen. Wertänderungen sind grundsätzlich erfolgswirksam in der GuV zu reflektieren. Davon abweichend wird optional der Diskontierungszins für die GuV bei Zugang festgeschrieben, und etwaige Differenzen zu einer mit aktuellem Diskontsatz berechneten Rückstellung werden im *other comprehensive income* (OCI) erfasst (Rz 73).

6.3.2 Schätzung der Zahlungsströme

55 Den 1. Schritt in einer Zeitwertbilanzierung von Versicherungsverträgen stellt die **Schätzung** der mit den Verträgen verbundenen **Zahlungsströme** dar (ED 22). Diese sind aus Unternehmensperspektive zu bestimmen, sodass unternehmens- und portefeuillespezifische Erwartungen in die Schätzung einfließen. Als relevante Zahlungsströme innerhalb eines Vertrages gelten vor allem Beiträge, Leistungen (u. a. Schäden, Überschussbeteiligung, Ablaufleistung) sowie bestimmte Kosten (Rz 56). Dabei sollten neben den reinen Rechten und Pflichten aus der Vertragsbeziehung (rechtlich einklagbare Beträge) auch weitere erwartete Zahlungsströme berücksichtigt werden, welche das Versicherungsunternehmen nach eigener Einschätzung vor der Beendigung der Risikoperiode oder einer Neufestsetzung der Prämie leisten wird (*contract boundary*).

56 Im Rahmen der Ermittlung der Zahlungsströme sollen auch Abschlusskosten, Schadenbearbeitungskosten und Gemeinkosten berücksichtigt werden, sofern diese einem Portfolio von Versicherungsverträgen direkt zuordenbar sind, bzw. auf einer vernünftigen und konsistenten Basis zugeordnet werden können (ED.B66).

57 Versicherungstechnische Verpflichtungen sind mit einer Unsicherheit über die Anzahl und die Höhe von **Schäden** aus den Versicherungsverträgen sowie bez. der Höhe der Kostenbelastung verbunden. Um die volle **Bandbreite** möglicher Zahlungen abzubilden, lehnt sich der ED an den *expected cash flow approach* an, der die möglichen Zahlungsströme mit ihren jeweiligen Eintrittswahrscheinlichkeiten gewichtet und damit den Erwartungswert aus den Zahlungsströmen abbildet. Dabei sollen auch die aus der Ausübung von Vertragsoptionen seitens des Kunden potenziell entstehenden Zahlungsströme berücksichtigt werden (z. B. Storno, Verlängerungsoptionen, Erhöhung der Versicherungssumme).

6.3.3 Diskontierung

58 Im 2. Schritt der Bewertung erfolgt die **Diskontierung** der **Zahlungsströme** aus Versicherungsverträgen zur Berücksichtigung des Zeitwertes des Geldes. Im ED wird eine Diskontierung mit laufzeitgerechten Zinssätzen gefordert, welche die spezifischen Eigenschaften der Zahlungsströme wie Liquidität und Währung berücksichtigen soll (ED.25). Das eigene Kreditrisiko des Versicherungsunternehmens soll dagegen nicht in die Bewertung einfließen (ED.21). Konkret werden zwei mögliche Vorgehensweisen zur Bestimmung des Diskontsatzes vorgesehen (ED.B70):
- *bottom-up-Ansatz:* Ausgehend von einer risikolosen Zinskurve werden Faktoren adjustiert, welche bei den zu bewertenden Zahlungsströmen eine abweichende Ausprägung besitzen. Hierbei handelt es sich v. a. um die Addition einer Illiquiditätsprämie, denn risikolose Zinskurven werden regelmäßig von liquiden Finanzinstrumenten abgeleitet, während sich Versicherungsverträge durch eine geringe Liquidität auszeichnen.

- *top-down-Ansatz:* Dabei wird als Ausgangspunkt zur Bestimmung des Diskontsatzes die Verzinsung der aktuell im Bestand gehaltenen Kapitalanlagen oder ein Replikationsportfolio herangezogen. Dann sind wiederum Adjustierungen für diejenigen Faktoren vorzunehmen, welche die Charakteristika der zu bewertenden Zahlungsströme nicht adäquat widerspiegeln. V.a. muss regelmäßig das in der Verzinsung der Kapitalanlagen reflektierte Kreditrisiko dieser Papiere durch den Abzug einer Risikoprämie bereinigt werden.

Laut IASB sollten konzeptionell beide Methoden einen vergleichbaren Diskontsatz ermitteln. Lediglich bei kurzfristigen Verpflichtungen unter einem Jahr Zeithorizont kann eine Diskontierung aus Materialitätsgründen entfallen.

6.3.4 Risikomarge

Neben dem Erwartungswert der zukünftigen Zahlungsströme und deren Diskontierung sieht der IASB im ED eine **Risikomarge** als weiteres Grundelement für die Bewertung von Versicherungsverträgen vor. Die Risikoadjustierung soll dem Adressaten relevante Informationen über die Unsicherheit hinsichtlich der Höhe und des Zeitpunkts von Zahlungsströmen liefern.

Der ED präzisiert die Risikomarge als den Betrag, bei dem das Versicherungsunternehmen bez. der Übernahme risikobehafteter anstatt sicherer Zahlungsströme indifferent wäre (ED.B76). Die Risiken bestehen in der Möglichkeit einer Abweichung der erwarteten von den tatsächlichen vertraglichen Zahlungsströmen in Höhe und Zeitpunkt.

Während die **Bewertungseinheit** für die Bestimmung der Höhe der zukünftigen Zahlungsströme irrelevant ist, beeinflusst sie jedoch die Höhe der Risikomarge (Ausgleich im Kollektiv). Der ED erlaubt explizit nicht nur die Berücksichtigung von Ausgleichseffekten innerhalb eines Portfolios, sondern auch die Reflektion von unternehmensweiten Diversifikationseffekten (ED.B77). Dadurch wird im Ergebnis eine Kopplung an das unternehmensindividuelle Risikomanagement erreicht.

Entgegen dem ED aus dem Jahr 2010 beschreibt der neue Entwurf keine expliziten Methoden, welche zur **Kalibrierung der Risikomarge** Anwendung finden sollen. Es werden vielmehr Prinzipien postuliert, denen die zur Anwendung kommenden Methoden gerecht werden müssen (ED.B76–82). Dabei erscheinen u.a. die folgenden Methoden üblich und mit den Anforderungen des ED kompatibel:

- *Confidence interval*: Dieses auch als *value at risk* bekannte verteilungsbasierte Risikomaß bestimmt einen Betrag, der mit einer vorher fixierten Wahrscheinlichkeit innerhalb eines definierten Zeitintervalls nicht überschritten wird. Die Differenz des ermittelten Ergebnisses zum Erwartungswert kann als Risikomarge angesehen werden.
- *Conditional tail expectation (CTE)*: Als eine Weiterentwicklung des *value at risk* wird beim *CTE*-Ansatz der Erwartungswert aller Ergebnisse innerhalb eines vordefinierten Konfidenzintervalls bestimmt. Abermals ist die Risikomarge die Differenz des ermittelnden Betrags zum Erwartungswert.
- *Cost of capital*: Hierbei wird die Risikomarge durch die Höhe der Kapitalkosten determiniert, die durch die Bereitstellung des zur Bedeckung der vertraglichen Risiken notwendigen Kapitals entstehen. Der Kapitalbedarf wiederum muss unter Annahme eines spezifizierten Sicherheitsniveaus bestimmt werden.

6.3.5 Vertragliche Servicemarge

63 Bei profitablem Geschäft wird sich aus der obigen Bewertung der *cash in-* und *outflows* aus einem Portfolio von Verträgen ein positiver Betrag ergeben, im ED genannt vertragliche Servicemarge („*contractual service margin*"), früher bezeichnet als Residual- oder Restmarge (ED.28). Die vertragliche Servicemarge wird im ED als Komponente der Bewertung eines Versicherungsvertrags definiert, welche den noch nicht verdienten Ertrag aus diesem darstellt, der entsprechend der Leistungserbringung über die Zeit vereinnahmt werden soll (ED.Appendix A). Zentral für die Gewinnvereinnahmung eines Vertrages ist somit die Frage der Behandlung dieser Marge im Rahmen der Zugangs- und Folgebewertung. Dabei lehnt sich der IASB an das Projekt „Revenue Recognition" (→ § 25 Rz 125) an.

64 Die Zugangsbewertung eines Vertrages erfolgt im Regelfall erfolgsneutral, durch den Ansatz der Servicemarge als Schuld. Bei einer positiven Servicemarge ist der erwartete Überschuss über die Risikoperiode (*coverage period*) verteilt entsprechend der Leistungserbringung zu vereinnahmen. Dabei sah der ED in 2010 für die Marge noch das *lock-in*-Prinzip vor. Im 2013er ED hat sich der IASB jedoch für ein *unlocking* entschieden. Bestimmte Veränderungen der Versicherungsverpflichtung werden durch eine entsprechende Anpassung einer in ausreichender Höhe vorhandenen Servicemarge neutralisiert (vgl. Rz 67). Die ausgewiesene Gesamtverpflichtung inkl. Servicemarge bleibt in diesem Fall somit unverändert.

65 Bei einer negativen Servicemarge ist der erwartete Verlust bereits bei Erstansatz erfolgswirksam auszuweisen. Die Servicemarge darf auch in der Folgebewertung nie kleiner null werden (ED.30).

66 Bedeutsam für die Berechnung der Servicemarge ist wie bei der Risikomarge die Frage der Bewertungseinheit. Im Juni 2014 hat der IASB festgehalten, dass ein Portfolio ein Bündel an Verträgen darstellt, welche gleiche Risiken abdecken und vom Management zusammen gesteuert werden. Jedoch dürfen verlustbringende Verträge nicht mit gewinnbringenden verrechnet werden um einen Verlustausweis bei Zugang zu verhindern.

6.3.6 Folgebewertung

67 Zu jedem Bewertungsstichtag sind die Annahmen über zukünftige Zahlungsströme, Diskontierungszins und Risikoadjustierung zu aktualisieren. Die sich hieraus ergebenden Änderungen der Verpflichtung sind regelmäßig erfolgswirksam in der Ergebnisrechnung zu erfassen. Hiervon gibt es jedoch wichtige Ausnahmen: Soweit es sich um Änderungen von Zahlungsströmen handelt, welche sich auf zukünftige Deckungsperioden oder sonstige zukünftige Serviceleistungen beziehen, erfolgt die Gegenbuchung in der Servicemarge mit Neutralisierung der Ergebniswirkung (sog. prospektives „*unlocking*" der Servicemarge). Dies gilt nach einer vorläufigen Entscheidung im März 2014 auch für die Risikomarge, insofern diese sich auf noch nicht eingetretene Risiken oder zukünftige Services bezieht. Daneben gibt es eine Sonderbehandlung von Bewertungsänderungen der Verpflichtung aufgrund eines geänderten Diskontierungszinses. Diese können optional erfolgsneutral im OCI erfasst werden (vgl. Rz 73).

68 Im Ergebnis stellt sich die Folgebewertung der Servicemarge wie folgt dar (ED.30):
- Übertrag der vertraglichen Servicemarge aus dem Vorjahr;
- Abwicklung des Diskonteffektes der Servicemarge (mit einem bei der Zugangsbewertung fixierten Zinssatz);

- Reduzierung der Marge für erbrachte Leistungen in der Periode linear über die Zeit;
- plus/minus Änderungen der auf zukünftige Leistungen bezogenen Zahlungsströme und Risikomarge.

Nach Ablauf der Deckungsperiode, in welcher der Versicherungsschutz oder sonstige Serviceleistungen erbracht werden, ist die Servicemarge vollständig vereinnahmt und somit Null. Die Schadensabwicklung wird hierbei nicht als Service definiert, d. h. während der Schadenabwicklungsperiode existiert nach Ende der Deckungsperiode keine Servicemarge mehr. In Folge schlagen sich Schätzungsanpassungen in der Reservierung dann direkt in der GuV nieder.

6.4 Sonderthemen

6.4.1 Vereinfachter Ansatz für kurzfristige Verträge

Für Verträge mit einer Laufzeit bis zu einem Jahr (*short-duration contracts*) kann eine vereinfachte Bewertung mit dem *premium-allocation*-Ansatz erfolgen (ED.35). Bei Verträgen mit einer Deckungsperiode über einem Jahr darf der *premium allocation*-Ansatz auch Anwendung finden, falls dieser eine vernünftige Annäherung an die Ergebnisse des *building block*-Ansatzes darstellt. Der vereinfachte Ansatz ist aus dem derzeit in HGB und anderen nationalen Regelwerken gebräuchlichen Beitragsübertragsmodell abgeleitet. Der Erstansatz erfolgt zum Zeitwert aller Beiträge, abzüglich direkter Abschlusskosten (*pre-claim liability*). Der so ermittelte Betrag ist im Regelfall eines gleichmäßigen Risikoverlaufs *pro rata temporis* über die Laufzeit zu vereinnahmen. Bei Schadeneintritt ist eine Rückstellung zum erwarteten diskontierten Erfüllungsbetrag unter Berücksichtigung einer Risikomarge zu passivieren (*post-claim liability*).

Sollte diese Regelung ursprünglich eine vereinfachte Bilanzierung ähnlich dem Beitragsübertragsmodell erlauben, erscheint der Vorschlag vielen Anwendern als zu komplex, da die obligatorische Diskontierung bei Erstansatz und die geforderte Risikoadjustierung der *post-claim liability* dem regulären Komponentenansatz zum Erfüllungsbetrag recht nahekommt.

6.4.2 Abspaltung von Nicht-Versicherungskomponenten

Der ED greift die bereits in Phase I eingeschlagene Richtung, für bestimmte Vertragselemente eine Abspaltung (*unbundling*) zu fordern, wieder auf (ED.9). Die Abspaltung und separate Bilanzierung einer Nicht-Versicherungskomponente ist in folgenden Fällen obligatorisch (ED.10):

- **Eingebettete Derivate**, sofern das eingebettete Derivat in keiner engen Beziehung zur Versicherungskomponente steht und als eigenständiges Finanzinstrument die Definition eines Derivats nach IFRS 9 erfüllen würde. In diesem Fall ist IFRS 9 auf das abgespaltene Derivat anzuwenden.
- **Investmentkomponenten**, sofern diese als eigenständig (*distinct*) gelten, d. h. in keiner engen Wechselbeziehung zu der Versicherungskomponente stehen. Dies ist bspw. der Fall, wenn eine Bewertung nur zusammen mit der Versicherungskomponente vorgenommen werden kann (ED.B31–32). Im Falle der Abspaltung ist wiederum IFRS 9 anzuwenden.
- **Servicekomponenten**, wiederum nur sofern diese als eigenständig gelten. Vertragliche Zusagen über die Erbringung weiterer Services oder Nicht-Ver-

sicherungsleistungen sind dann als eigenständig einzuordnen, wenn diese die Definition einer „*performance obligation*" des zukünftigen *Revenue Recognition* Standards erfüllen und keinen engen Bezug zur Versicherungskomponente haben ED.B33–35). Falls eine Abspaltung erfolgt, kommt der *IFRS Revenue Recognition* zur Anwendung.

6.4.3 Darstellung der Änderung des Diskontzinses

73 Änderungen in der Bewertung der versicherungstechnischen Verpflichtungen, die auf Anpassungen des **Diskontierungszinses** zurückzuführen sind, müssen laut ED 2013 erfolgsneutral im *other comprehensive income* (**OCI**) erfasst werden (ED.60(h). Nach einer vorläufigen Entscheidung im März 2014 soll für den OCI-Ausweis jedoch nun ein Bilanzierungswahlrechts eingeräumt werden. Somit wickelt sich der Diskonteffekt aus der Erstbewertung mit dem ursprünglich verwendeten Diskontierungszinssatz ab, welcher bei Zugang fixiert wird (*locked in*-Diskontsatz). Bei Verwendung des *premium-allocation*-Ansatzes (vgl. Rz 70) ist der Diskontsatz laut einer vorläufigen Entscheidung des IASB im September 2014 nicht bei Vertragsbeginn, sondern zum Schadeneintrittszeitpunkt zu fixieren.

74 Letztlich führt diese Ergebnisdarstellung zu einer Bilanzierung der Abwicklung des Diskonteffekts zu fortgeführten Anschaffungskosten in der Ergebnisrechnung und der erfolgsneutralen Erfassung der Auswirkungen von Zinsänderungen auf die Verpflichtungshöhe im OCI, ähnlich der Bewertung von „*available for sale*"-Schuldinstrumenten in IAS 39 (→ § 28 Rz 152 ff.). Die zeitgleich vom IASB vorgeschlagene Etablierung einer „*Fair Value through OCI*"-Kategorie in IFRS 9 für bestimmte Schuldinstrumente sollte für Versicherungsunternehmen dazu führen, dass sich Auswirkungen von Änderungen des Marktzinses auf die Bewertung von Aktiv- und Passivpositionen weitgehend nur im OCI, nicht aber unmittelbar in der GuV-Rechnung niederschlagen.

6.4.4 Darstellung der Ergebnisrechnung

75 Der ED 2013 schlägt gegenüber dem ED aus 2010 ein neues Ausweiskonzept in der Ergebnisrechnung vor, den „*earned premium*"-Ansatz (ED.56–59). Dieser bedeutet den Ausweis einer Prämiengröße für die im Bilanzierungszeitraum erbrachten Versicherungsleistungen (*earned premium*), kalibriert mithilfe der ursprünglichen Annahmen bei der Einbuchung. Diesen Erträgen werden die Leistungen gegenübergestellt, um im Saldo das versicherungstechnische Ergebnis (*underwriting result*) zu bestimmen. Dabei sind Investmentkomponenten, auch wenn diese nicht abspaltungspflichtige Zahlungsströme des Vertrages darstellen, jeweils nicht mit zu berücksichtigen (ED.58). Investmentkomponenten sind dabei sehr breit definiert als Betrag, welcher dem Versicherungsnehmer zurückzuzahlen ist, auch wenn kein versichertes Ereignis eintritt. Das erfolgswirksame Kapitalanlageergebnis sowie die Abwicklung des Diskonteffekts der diskontierten Verpflichtungen (mit festem Diskontsatz) ergeben das Netto-Zins- und Investmentergebnis.

> **Beispiel**
>
> *Statement of Comprehensive Income*
>
> Verdiente Beiträge (erwartete Leistungen und Abwicklung Servicemarge)
> Leistungen (eingetretene Schäden und Kosten)
>
> *Versicherungstechnisches Ergebnis*
>
> Kapitalanlageergebnis
> Abwicklung Diskonteffekt (mit bei Zugang fixierten Zinssatz)
>
> *Zins- und Investmentergebnis netto*
>
> *Jahresüberschuss/-fehlbetrag*
>
> Zinsinduzierte Änderungen der versicherungstechnischen Verpflichtungen
> Erfolgsneutrale Änderungen Fair value Finanzinstrumente
>
> **Direkt im Eigenkapital erfasste Aufwendungen und Erträge (OCI)**
>
> **Gesamtergebnis (Total Comprehensive Income)**

Im ED 2010 hatte der IASB noch den *summarized-margin*-Ansatz präferiert, eine Art *deposit accounting*. Entgegen der bisher üblichen Ergebnisrechnung mit der Darstellung von Prämien, Leistungen und Kosten sollten nach diesem Ansatz nur die Veränderungen der einzelnen Bewertungskomponenten ausgewiesen werden, um so die Ergebnistreiber sichtbar zu machen.

6.4.5 Überschussbeteiligte Verträge

Große Teile des deutschen Leben- und Krankenversicherungsbestands sind als überschussbeteiligtes Geschäft einzuordnen, da die Kunden nach aufsichtsrechtlichen Vorgaben am Kapitalanlage-, Risiko- und Kostenergebnis angemessen zu beteiligen sind. Hieraus ergibt sich auch für das Versicherungsunternehmen eine Variabilität des im Unternehmen verbleibenden Erfolgsbeitrags. Veränderungen der zukünftig erwarteten Kapitalanlageergebnisse haben einen direkten Einfluss auf die zukünftigen Zahlungsströme aus dem Versicherungsvertrag. Deshalb soll nach dem Vorschlag des IASB bei überschussbeteiligten Geschäften der Diskontsatz mit Bezug auf die erwartete Kapitalanlagerendite bestimmt werden (ED.26(a)). Dadurch soll eine Inkongruenz („*mismatch*") zwischen Projektion der Zahlungsströme und verwendetem Zinssatz zur Diskontierung dieser vermieden werden. Zudem wird der zur Abwicklung des Diskonteffekts der Verpflichtungen in der GuV nicht der bei Zugang fixierte Diskontsatz verwendet (vgl. Rz 73), sondern ein *unlocking* dieses Zinses erlaubt, wenn immer sich die erwarteten Zahlungsströme ändern (ED.60(h))

Weiterhin hat der IASB im ED 2013 den sog. „Spiegel-Ansatz" (*mirroring-approach*) vorgestellt (ED.33–34). Mit diesem soll die Bewertungsbasis des zugrunde liegenden Investments in der Abbildung der überschussabhängigen Bestandteile der versicherungstechnischen Verpflichtungen gespiegelt werden. Auch der Ausweis von Wertänderungen der versicherungstechnischen Verpflichtungen kann dann dem Ausweis der Investments folgen, und so eine

Bilanzierungsinkongruenz (*accounting mismatch*) verhindern. Im Rahmen der Diskussionen zu diesem Thema im Jahr 2014 hat der IASB diesen Vorschlag nach Kritik weitgehend verworfen.

78 Mitte 2014 hat der IASB begonnen, Alternativen zur Bilanzierung des überschussbeteiligten Geschäfts zu diskutieren. Im Mittelpunkt steht hierbei ein Vorschlag von Versicherungsunternehmen, welcher im November 2014 dem IASB im Rahmen einer *educational session* von Vertretern des *European Insurance CFO-Forums* vorgestellt wurde (vgl. IASB Agenda Papier 2, November 2014. Der Vorschlag zielt insbesondere darauf ab, für überschussbeteiligte Verträge auch bei Veränderungen von finanziellen Annahmen zukünftige Leistungen betreffend ein *unlocking* der Servicemarge vorzunehmen, da bei diesen Vertragstypen auch finanzielle Faktoren die Leistungshöhe an den Kunden und die Profitabilität des Geschäfts bestimmen. Dies betrifft v. a. Wertänderungen der die Verträge bedeckenden Kapitalanlagen und Änderungen von Wiederanlageprämissen. Im Ergebnis entspricht die Servicemarge durch dieses vollständige *unlocking* auch in der Folgebewertung dem erwarteten Überschuss aus dem Vertrag.

6.4.6 Übergangsvorschriften und Erstanwendung

79 Der ED 2013 sieht entgegen den Vorschlägen aus dem Jahr 2010 nun eine retrospektive Anwendung des Standards mit weitgehenden Vereinfachungen vor (ED.Appendix C.2–6). Soweit keine verlässlichen Daten für eine rückwirkende Bestimmung von Servicemargen vorliegen, darf mit Schätzungen gearbeitet werden. Bei einer rein prospektiven Anwendung wäre für das Bestandsgeschäft zum Erstanwendungszeitpunkt keine Servicemarge angesetzt worden.

80 Die verpflichtende Erstanwendung des neuen IFRS für Versicherungsverträge ist ca. drei Jahre nach Verabschiedung des Standards vorgesehen (ED.Appendix C.1). Damit ergibt sich eine erstmalige Anwendung des IFRS vermutlich nicht vor dem Geschäftsjahr 2019, da die Verabschiedung des IFRS nicht vor Ende 2015 erwartet werden kann (Stand Ende 2014).

6.5 Letzte Schritte zur Fertigstellung des IFRS

81 Der im Juni 2013 veröffentlichte „*limited Re-Exposure Draft*" (Re-ED) soll einen vollständigen Entwurf des zukünftigen IFRS darstellen. Nur zu fünf Teilgebieten, in welchen sich seit Veröffentlichung des ED 2010 nach Meinung des Board signifikante Änderungen ergeben haben, wurde um Stellungnahme gebeten. Die folgende Abbildung fasst diese zusammen:

Themengebiet	ED von 2010	Re-ED 2013	Diskussionsstand Ende 2014
Frage 1: Folgebewertung Servicemarge (Rz 67)	*„lock in"*-Prinzip: Alle Änderungen der Verpflichtung werden erfolgswirksam erfasst, die Servicemarge nicht neu berechnet	*unlocking*: Änderungen in den Zahlungsströmen mit Bezug auf zukünftige Services/Leistungen werden durch Anpassung der Servicemarge neutralisiert	Re-ED 2013 bestätigt, zudem *unlocking* für Änderungen der Risikomarge, insofern diese sich auf zukünftige Leistungen bezieht
Frage 2: Überschussbeteiligtes Geschäft (Rz 76)	Diskontsatz abhängig vom Investment-*return* bestimmen	Zusätzlich Einführung des *mirroring approach*	*mirroring approach* weitgehend verworfen, Diskussion Alternativansatz (weitergehendes unlocking der Servicemarge) wird in 2015 weitergeführt
Frage 3: Ausweis Ergebnisrechnung (Rz 75)	Margenansatz (*„summarized margin* approach")	Ausweis von Prämienvolumen (*„earned premium* approach")	Re-ED 2013 bestätigt
Frage 4: Ausweis von Änderungen Diskonteffekt (Rz 73)	Sofortige erfolgswirksame Erfassung	Erfolgsneutrale Erfassung im OCI (verpflichtend)	Re-ED 2013 bestätigt, aber OCI-Darstellung ist nun Wahlrecht
Frage 5: Übergangsvorschriften (Rz 79)	Prospektive Anwendung (keine Servicemarge bei Erstanwendung)	Retrospektive Anwendung mit Vereinfachungen	Re-ED 2013 weitgehend bestätigt

Die Kommentierungsfrist endete im Oktober 2013. Während die Einführung eines prospektiven *unlockings* der Servicemarge (Frage 1), der erfolgsneutrale Ausweis von Diskontsatzänderungen im OCI (Frage 4) und die retrospektive Erstanwendung (Frage 5) weitgehende Zustimmung erfuhren, überwiegen bzgl. der Vorschläge für das überschussbeteiligte Geschäft (Frage 2) die kritischen Stimmen. Der *„mirroring"*-Ansatz wird von einer überwiegenden Mehrheit der Stellungnahmen aufgrund der verpflichtenden Aufspaltung der Zahlungsströme als zu komplex und nicht praktikabel abgelehnt. Die Frage einer geeigneten Darstellung der Ergebnisrechnung (Frage 3) wird kontrovers diskutiert, Zustimmung und Ablehnung halten sich die Waage. Ende 2014 erscheint v. a. eine Lösung der Bilanzierung von überschussbeteiligten Verträgen (Frage 2) für die Fertigstellung des Projekts von hoher Bedeutung.

7 Zusammenfassende Praxishinweise

83 Der **Geltungsbereich** von IFRS 4 beschränkt sich auf Versicherungsverträge (Rz 5 ff.). Der Entscheidungsbaum unter Rz 18 stellt die notwendigen Schritte zur Prüfung der Anwendbarkeit von IFRS 4 dar. Fällt ein bisher unter HGB als Versicherungsvertrag bilanzierter Vertrag nicht in den Anwendungsbereich des IFRS 4, ist er i.d.R. als Finanzinstrument nach IAS 39 bzw. IFRS 9 zu erfassen. Die bisherigen Ansatz- und Bewertungsmethoden können mit bestimmten Ausnahmen weitergeführt werden (Rz 19 ff.). Insbesondere **Schwankungs- und Großrisikenrückstellungen** dürfen nicht mehr bilanziert werden (Rz 21).
Unter eng definierten Voraussetzungen sind in Versicherungsverträge **eingebettete Derivate** nach IAS 39 separat zum *fair value* anzusetzen (Rz 13). Die Pflicht zur **Zerlegung** von Versicherungs- und Investmentkomponente bei Versicherungsverträgen trifft deutsche Versicherungsunternehmen nur im Ausnahmefall (Rz 17).
Eine **konzerneinheitliche Bewertungsmethode** wird nicht verlangt (Rz 39).
Umfangreiche **Angabevorschriften** sollen die zwischenbetriebliche Vergleichbarkeit garantieren (Rz 43 ff.).
Im Juni 2013 hat der IASB im Rahmen eines erneuten ED Vorschläge zur Ausgestaltung eines **vollumfänglichen Standards** zur Bilanzierung von Versicherungsverträgen für Phase II des Projekts vorgelegt. Danach soll ein zeitwertorientiertes *fulfillment-value*-Konzept zur Anwendung kommen. Die Verabschiedung des Standards ist nicht vor Ende 2015 erwarten, was in einer Erstanwendung für das Geschäftsjahr 2019 münden könnte (Rz 49 ff.).

§ 40 LANDWIRTSCHAFT *(AGRICULTURE)*

Inhaltsübersicht	Rz
Vorbemerkung	
1 Zielsetzung, Regelungsinhalte, Begriffe	1–16
2 Bilanzansatz	17–18
3 Bewertung	19–54
3.1 Überblick	19–25
3.2 Bewertungsmethoden	26–34
3.3 Gewinne und Verluste aus der Bewertung zum beizulegenden Zeitwert	35–39
3.4 Problembereiche und Anwendungsempfehlungen	40–54
3.4.1 *Cash-flow*- vs. branchenübliche Bewertungsverfahren	40–43
3.4.2 Dauerkulturen	44–45
3.4.3 Stehendes Holz	46–49
3.4.4 Feldinventar	50–51
3.4.5 Tiervermögen	52–54
4 Zuwendungen der öffentlichen Hand	55–57
5 Ausweis und Angaben	58–61
5.1 Ausweis in der Bilanz	58–59
5.2 Ausweis in der GuV	60
5.3 Angaben	61
6 Anwendungszeitpunkt, Rechtsentwicklung	62–63
7 Zusammenfassende Praxishinweise	64

Schrifttum: AMERICAN INSTITUTE OF CERTIFIED PUBLIC ACCOUNTANTS, Audit and Accounting Guide, Agricultural Producers and Agricultural Cooperatives, 2004; AUSTRALIAN ACCOUNTING STANDARDS BOARD, AASB 1037, Self Generating and Regenerating Assets, 2002; JANZE, IFRS im landwirtschaftlichen Rechnungswesen, HLBS Heft 175, 2006; KÖHNE, Landwirtschaftliche Taxationslehre, 4. Aufl., 2007.

Vorbemerkung
Die Kommentierung bezieht sich auf IAS 41 in der aktuellen Fassung und berücksichtigt alle Ergänzungen, Änderungen und Interpretationen, die bis zum 1.1.2015 beschlossen wurden.
Einen Überblick über ältere Fassungen sowie über diskutierte oder schon als Änderungsentwurf vorgelegte zukünftige Regelungen enthält Rz 63.

1 Zielsetzung, Regelungsinhalte, Begriffe

IAS 41 ist der letzte Standard, der vom IASC vor seiner Umstrukturierung im Jahr 2000 verabschiedet wurde. Der Board hat sich dem Thema Landwirtschaft gewidmet, da sie vor allem für **Entwicklungsländer** ein Wirtschaftszweig mit signifikanter Bedeutung ist. Weiterhin hat der IASB eine Regelungslücke mangels einschlägiger nationaler und anderer internationaler Vorgaben erkannt.[1]

2   IAS 41 stellt den bislang umfassendsten **Bruch** mit dem **Anschaffungskostenprinzip** dar. Der IASB hat sich im IAS 41 für eine fast ausnahmslose (Rz 19) Anwendung der *fair-value*-Bilanzierung entschieden. Der Board begründet dies mit der angeblichen Besonderheit der landwirtschaftlichen Produktion. Vor allem **langfristige** Produktionsprozesse der Landwirtschaft standen hier im Mittelpunkt der Überlegungen. So werde bspw. der Wertzuwachs eines Forstbestandes mit einer Aufwuchsphase von z.T. 20–30 Jahren in den einzelnen Jahren bei einer Bilanzierung nach Anschaffungs-/Herstellungskosten nicht ausreichend abgebildet und ebenso wenig die Bedeutung der Aufwuchsphase für die Ertragsrealisation gebührend gewürdigt. Die Gewinnrealisation erfolge nach Maßgabe des Anschaffungskostenprinzips demgegenüber erst im Jahr des Einschlags und der Verwertung des Bestandes.

3   Der IASB hat im Juni 2014 in einem *amendment* zum IAS 41 und zum IAS 16 entschieden, mehrjährig ertragbringende Pflanzen nicht mehr unter dem IAS 41 zu erfassen, sondern unter dem IAS 16 zu subsumieren (Rz 6, Rz 44). Der Grund für diese Änderung lag vor allem in dem schwierig zu ermittelnden *fair value* dieser mehrjährig ertragbringenden Pflanzen, womit die Aussagekraft für die Bilanzadressaten begrenzt sei (Rz 40, Rz 64).

4   IAS 41 ist zwingend von Unternehmen anzuwenden, die eine **landwirtschaftliche** Tätigkeit i.S. der Definition von IAS 41.5 ausführen (Rz 8). Es existieren keine größen-, branchen- oder rechtsformspezifischen Ausnahmen.

5   Führt das Unternehmen eine landwirtschaftliche Tätigkeit aus, regelt IAS 41 die Abbildung im Jahresabschluss von (IAS 41.1)
- biologischen Vermögenswerten (ausgenommen mehrjährig ertragbringende Pflanzen),
- landwirtschaftlichen Erzeugnissen bis zum Zeitpunkt der Ernte (einschließlich der an den mehrjährig ertragbringenden Pflanzen heranwachsenden landwirtschaftlichen Erzeugnisse) (IAS 41.5c); (→ § 17 Rz 1),
- Zuwendungen der öffentlichen Hand (→ § 12 Rz 3) für biologische Vermögenswerte, die zum beizulegenden Zeitwert bewertet werden (Rz 19).

6   Der zukünftige Anwendungsbereich (ab 1.1.2016) des IAS 41 kann folgender Übersicht entnommen werden:

---

[1] Lediglich in Australien existiert mit dem AASB 1037, Self Generating and Regenerating Assets ein Standard, der entsprechende Sachverhalte regelt. Zusätzlich existiert ein AICPA Audit and Accounting Guide. Vgl. AICPA, Agricultural Producers and Agricultural Cooperatives, Audit and Accounting Guide 2004.

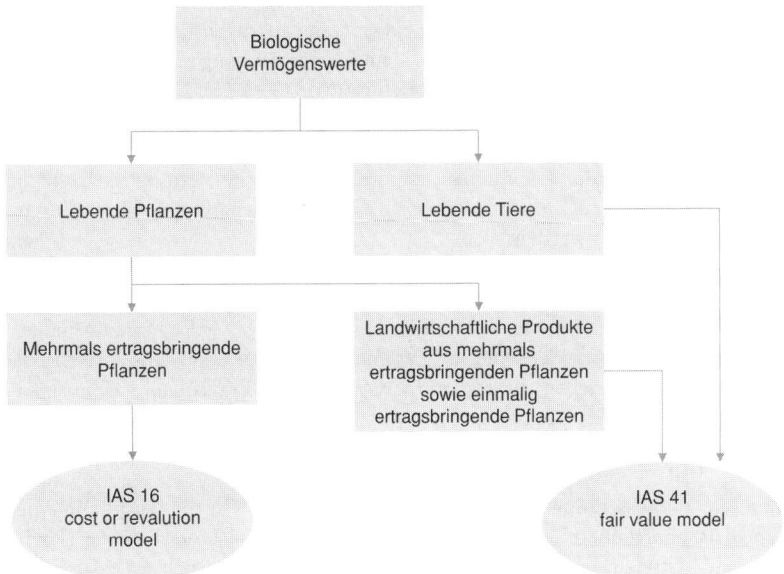

Abb. 1: Zukünftiger Anwendungsbereich des IAS 41

Mehrjährig ertragbringende Pflanzen werden definiert als Pflanzen, die über mehrere Perioden andere landwirtschaftliche Erzeugnisse produzieren und später mit großer Wahrscheinlichkeit nicht selbst zu landwirtschaftlichen Erzeugnissen werden (IAS 41.5). Beispiele hierfür sind Weinreben und Obstplantagen. Wenn später die ertragbringenden Pflanzen in der Verwertung noch Nebenerlöse in der Verwertung erzielen, deren Erzielung aber während der Nutzung nicht im Fokus stehen, ist dies für die Klassifizierung als mehrjährig ertragbringende Pflanze unschädlich (IAS 41.5A). Als Beispiel kann hier die Verwertung des Holzes eines Apfelbaums am Ende seiner Nutzung angeführt werden. Die an einer mehrjährig ertragbringenden Pflanze heranwachsende Ernte fällt jedoch zukünftig isoliert unter den Anwendungsbereich des IAS 41. Somit sind Apfelbaum und heranwachsende Apfelernte zukünftig nach getrennten Standards isoliert zu bewerten. Diese neue Sichtweise des IASB überrascht und schafft auch eine Inkonsistenz zu Ansatz und Bewertung beim Tiervermögen, welches nicht von dem *amendment* betroffen ist. Das ungeborene Fohlen in einer tragenden Pferdestute ist z.B. weiterhin von einem separaten Ansatz ausgenommen (Rz 37).

Mehrjährig ertragbringende Pflanzen sind zukünftig gem. IAS 16 entweder im Rahmen der Anschaffungskostenmethode oder der Neubewertungsmethode zu bewerten (§ 8; § 14). Der IASB hat für die Bewertung von mehrjährig ertragbringenden Pflanzen keine lex specialis-Vorgaben im Zuge des *amendments* im IAS 16 kodifiziert. Gleiches gilt auch für entsprechende Anhangangaben.

Der Standard ist weiterhin **nicht** anzuwenden auf:

- **Grundstücke**, die im Zusammenhang mit der landwirtschaftlichen Tätigkeit stehen. Hier gelten IAS 16 (→ § 14) und IAS 40 (→ § 16; IAS 41.2a). Folglich ist

7

- Grund und Boden, der im Zusammenhang mit einer landwirtschaftlichen Tätigkeit steht, in der Bilanz stets als *non-current asset* auszuweisen (→ § 2 Rz 33 ff.).
- **Immaterielle Vermögenswerte**, die im Zusammenhang mit einer landwirtschaftlichen Tätigkeit stehen. Hier gilt IAS 38 (→ § 13). Dies gilt vor allem für den in der Landwirtschaft bedeutenden Teil der Produktionsquoten und Lieferrechte.
- **Zuwendungen** der öffentlichen Hand für biologische Vermögenswerte, die im Rahmen der *reliability exception* (Rz 23) zu Anschaffungs-/Herstellungskosten bilanziert werden.
- **Warentermingeschäfte**, die im Zusammenhang mit einer landwirtschaftlichen Tätigkeit stehen. In diesem Fall ist IAS 39 (→ § 28) und, sofern es sich um für das Unternehmen belastende Verträge handelt, IAS 37 (→ § 21) anzuwenden.
- **Versicherungsverträge**, die im Zusammenhang mit einer landwirtschaftlichen Tätigkeit stehen. In der landwirtschaftlichen Praxis sind solche spezifischen Versicherungen zwar weit verbreitet (bspw. Tierseuchenkasse oder Hagelversicherung). Sie werden jedoch in IAS 41 nicht behandelt. Hierfür ist u. U. IFRS 4 einschlägig (→ § 39).

8 Zentrale Voraussetzung für die Anwendung des IAS 41 ist die Ausübung einer **landwirtschaftlichen** Tätigkeit durch das bilanzierende Unternehmen (Rz 5). Als landwirtschaftliche Tätigkeit wird das Management der absatzbestimmten **Transformation** biologischer Vermögenswerte in landwirtschaftliche Erzeugnisse oder in weitere biologische Vermögenswerte sowie die Ernte biologischer Vermögenswerte verstanden (IAS 41.5). Der bloße **Abbau** biologischer Vermögenswerte stellt keine landwirtschaftliche Tätigkeit dar. Wesentlich wird die landwirtschaftliche Tätigkeit durch **drei Kriterien** gekennzeichnet (IAS 41.6):
- **Fähigkeit** zur biologischen **Transformation**: Nur lebende Tiere und Pflanzen sind zur biologischen Transformation fähig.
- **Management** der **Änderung**: Das Management fördert die biologische Transformation durch Verbesserung oder zumindest Stabilisierung der erforderlichen Bedingungen. Ein solches Management unterscheidet die landwirtschaftliche Tätigkeit von anderen Tätigkeiten. Die Aberntung und Ausbeutung von unbearbeiteten Ressourcen (wie Hochseefischen und Entwaldung) stellt keine landwirtschaftliche Tätigkeit dar.
- **Messung der Änderung**: Als routinemäßige Managementfunktion werden die Überwachung und Messung der quantitativen und qualitativen Veränderungen im Rahmen der biologischen Transformation betrachtet.

9 Ein biologischer Vermögenswert ist ein **lebendes Tier** oder eine **lebende Pflanze**. Folgende **Unterscheidung** ist möglich:
- tragender tierischer Vermögenswert, z. B. Milchkuh;
- konsumierbarer Vermögenswert, z. B. Mastschwein, Weizenbestand oder aufstehendes Holz.

10 **Gleichartige** biologische Vermögenswerte können vergleichbar (§ 240 Abs. 4 HGB) in einer Gruppe zusammengefasst werden (IAS 41.15).

11 Die Fähigkeit zur biologischen Transformation ist das **zentrale Merkmal** eines biologischen Vermögenswertes. Sie umfasst den Prozess des Wachstums, des Rückgangs und der Vermehrung des biologischen Vermögenswertes mit der Folge einer quantitativen oder qualitativen Veränderung. Weiterhin wird die

Fruchtbringung von landwirtschaftlichen Erzeugnissen durch den biologischen Vermögenswert als biologische Transformation bezeichnet (IAS 41.7).
In der Fähigkeit zur biologischen Transformation liegt auch der entscheidende Unterschied zwischen einem **biologischen Vermögenswert** und einem **landwirtschaftlichen Erzeugnis** (Rz 8). Ein landwirtschaftliches Erzeugnis ist nicht zu einer biologischen Transformation fähig.
Die **Weiterverarbeitung** eines landwirtschaftlichen Erzeugnisses ist nicht Bestandteil des IAS 41.

Beispiel		
Tragender Vermögenswert	Kuh	Schwein
↓ IAS 41	↓	↓
Produkt	Milch	Fleisch
↓ IAS 2	↓	↓
Veredeltes Produkt	Käse	Wurst

IAS 41 ist nur bis zum Zeitpunkt der **Ernte** anzuwenden. Als Ernte wird der Vorgang der Abtrennung des landwirtschaftlichen Erzeugnisses vom biologischen Vermögenswert oder das Ende des Lebensprozesses eines biologischen Vermögenswertes bezeichnet (IAS 41.5). Danach sind landwirtschaftliche Erzeugnisse gem. IAS 2 zu bilanzieren (→ § 17 Rz 1). Die Ausnahmeregelung nach IAS 2.3 für die Bewertung ist zu beachten. Danach können Hersteller landwirtschaftlicher Produkte diese durchgängig zum Nettoveräußerungspreis bewerten, soweit diese Vorgehensweise als branchenüblich angesehen werden kann. Wertänderungen zwischen den Bilanzstichtagen sind in diesem Fall ergebniswirksam zu erfassen. In der Praxis ist sowohl die durchgängige Bewertung zum Nettoveräußerungspreis als auch die Bewertung gem. IAS 2 zu beobachten.

Hinsichtlich der zeitlichen Abgrenzung von biologischen Vermögenswerten und landwirtschaftlichen Erzeugnissen gegenüber den Vorräten auf den Zeitpunkt bis zur Ernte besteht Übereinstimmung zwischen dem HGB/EStG und IAS 41.

In IAS 41.8 sind einige weitere Definitionen enthalten, die jedoch aus anderen Standards bekannt sind:
- Beizulegender Zeitwert (*fair value*; seit 1.1. 2013 → § 8a Rz ...). Die Definition des beizulegenden Zeitwertes und somit implizit auch die Definition eines aktiven Marktes werden seit dem 1.1.2013 zentral in IFRS 13 geregelt.
- Buchwert (→ § 11 Rz 6).
- Zuwendung der öffentlichen Hand (→ § 12 Rz 1 ff.).

2 Bilanzansatz

Biologische Vermögenswerte und landwirtschaftliche Erzeugnisse sind in Übereinstimmung mit dem *Framework* (→ § 1 Rz 88) anzusetzen, wenn
- das Unternehmen den Vermögenswert aufgrund vergangener Ereignisse **kontrolliert**;
- ein mit dem Vermögenswert verbundener **Nutzenzufluss** wahrscheinlich ist;
- der beizulegende Zeitwert oder die Anschaffungs-/Herstellungskosten des Vermögenswertes verlässlich **ermittelbar** sind (IAS 41.10).

18 Die zwingende Aktivierung biologischer Vermögenswerte bei Erfüllung der Ansatzkriterien führt zu z.T. erheblichen Differenzen im Gegensatz zur Bilanzierung nach HGB/EStG. Dort gelten für einige biologische Vermögenswerte Aktivierungswahlrechte, z. B. für stehendes Holz und das Feldinventar.

3 Bewertung

3.1 Überblick

19 Die fast ausnahmslose Bilanzierung zum *fair value* nach IAS 41 (Rz 2) macht eine Unterscheidung zwischen **Erst-** und **Folge**bewertung überflüssig. Biologische Vermögenswerte **bis zum Zeitpunkt der Ernte** sind im Zeitverlauf durchgehend zum beizulegenden Zeitwert abzüglich der geschätzten Verkaufskosten zu bewerten (IAS 41.12 f.). Dieser beizulegende Zeitwert bildet auch die Bewertungsgrundlage (fiktive Anschaffungs-/Herstellungskosten) für den Zeitpunkt nach der Ernte gem. IAS 2 (Rz 14).

20 Der beizulegende Zeitwert *(fair value)* eines biologischen Vermögenswertes ist in IAS 41.8 redundant mit dem Inhalt von IFRS 13.9 definiert (→ § 8a Rz 12). Der Wert entspricht dem (fiktiven oder realen) **Marktpreis**. Bilanziell anzusetzen ist nach IAS 41.12 und 13 der beizulegende Zeitwert abzüglich Veräußerungskosten. Veräußerungskosten sind in IAS 41.5. als inkrementale Kosten definiert, die direkt der Veräußerung des Vermögenswertes zuzuordnen sind. Hierzu gehören bspw. Kosten für den Transport, Provisionen an Makler und Händler sowie andere Kosten, die entstehen, um den Vermögenswert auf einem Markt anbieten zu können (IAS 41.BC3). Kosten der Finanzierung und Ertragsteuern sind keine Veräußerungskosten.

21 Der beizulegende Zeitwert nach IAS 41.8 bzw. der *fair value* entspricht u. E. nicht dem *net realisable value* nach IAS 2.6 (→ § 17 Rz 3). Das IASC hat sich in der damaligen Diskussion sogar bewusst gegen diesen Wertansatz entschieden (Rz 62).

22 Der beizulegende Zeitwert von biologischen Vermögenswerten und landwirtschaftlichen Erzeugnissen soll nahezu in allen Fällen verlässlich ermittelbar sein. Eine Ausnahme in seltenen Fällen wird für **biologische** Vermögenswerte zugestanden, wenn Marktpreise nicht verfügbar sind und andere Bewertungsverfahren kein verlässliches Ergebnis herbeiführen. In diesem Fall erlaubt die *reliability exception* eine Bilanzierung zu Anschaffungs-/Herstellungskosten (IAS 41.30).

23 Die *reliabilty exception* ist lediglich auf die **Erstbewertung** des biologischen Vermögenswertes beschränkt (IAS 41.31). Sobald in den Folgeperioden der beizulegende Zeitwert verlässlich ermittelt werden kann, ist dieser zu verwenden. Wurde der beizulegende Zeitwert bereits einmal verlässlich ermittelt, ist eine Bewertung zu Anschaffungs-/Herstellungskosten in einer späteren Berichtsperiode nicht mehr möglich.

24 Wird ein biologischer Vermögenswert zu Anschaffungs-/Herstellungskosten bilanziert, sind für die Ermittlung des Wertansatzes, der Abschreibungen und möglicher außerplanmäßiger Abschreibungen die dafür gültigen Standards (IAS 2 → § 17, IAS 16 → § 14 und IAS 36 → § 11) heranzuziehen (IAS 41.33). Obwohl in IAS 41.33 nicht explizit erwähnt, sind u. E. auch nachträgliche Anschaffungs-/Herstellungskosten entsprechend dieser Standards zu behandeln.

Die *reliability exception* gilt nicht für die Bewertung von **landwirtschaftlichen** Erzeugnissen (IAS 41.32). 25

3.2 Bewertungsmethoden

IAS 41 enthält in der bis zum 31.12.2012 (Geschäftsjahresende) gültigen Fassung 26
im Gegensatz zu anderen IAS/IFRS detaillierte **Vorgaben**, wie der beizulegende
Zeitwert für biologische Vermögenswerte und landwirtschaftliche Erzeugnisse
zu ermitteln ist. Die hierfür einschlägigen und unter Rz 32 ff. zitierten Paragrafen
des IAS 41 sind durch den neuen Standard IFRS 13 (→ § 8a) für Geschäftsjahre
mit Beginn nach dem 31.12.2012 aufgehoben worden. Es gelten dann die standardübergreifenden Definitionsmerkmale in IFRS 13. Materielle Änderungen
der Rechtslage resultieren daraus nicht.

Der beizulegende Zeitwert soll nach den Ausgangsüberlegungen des Board für 27
die überwiegende Masse der **biologischen** Vermögenswerte und landwirtschaftlichen Erzeugnisse anhand von Preisen, die an **aktiven Märkten** in der Definition
von IAS 41.8 ermittelt werden, bestimmbar sein (Rz 16).

Für landwirtschaftliche Erzeugnisse zum Zeitpunkt der Ernte trifft dies zu 28
(Beispiel aktuelle Preise zum Zeitpunkt der Ernte).

Für nahezu fertige **biologische** Vermögenswerte mag diese Annahme z.T. eben- 29
falls zutreffen, nicht jedoch für einen überwiegenden Teil der biologischen
Vermögenswerte.[2] So wird bspw. Feldinventar und unfertiges stehendes Holz
i.d.R. überhaupt nicht gehandelt. Das gilt auch für große Teile tierischer biologischer Vermögenswerte.

In einigen Fällen kann der beizulegende Zeitwert **nahe** bei den **Anschaffungs-/** 30
Herstellungskosten liegen (IAS 41.24), z.B. wenn seit der erstmaligen Kostenverursachung nur eine geringe biologische Transformation stattgefunden hat
oder der Einfluss der Transformation auf den späteren Erlös unbedeutend ist.
Letzteres ist bei Forstbeständen mit langer Aufwuchsphase in der Anfangszeit
der Fall. Dann können die vom Bundesministerium für Verbraucherschutz,
Ernährung und Landwirtschaft (BMVEL) publizierten Richtwerte für verschiedene Kategorien biologischer Vermögenswerte als Orientierungsgrundlage verwendet werden. Diese werden auch in den HGB/EStG-Bilanzen verwendet.

Biologische Vermögenswerte werden häufig mit Grundstücken übertragen 31
(IAS 41.25). Der beizulegende Zeitwert des biologischen Vermögenswertes
kann dann durch eine Differenzrechnung zwischen vergleichbaren Flächen mit
und ohne entsprechende Aufwüchse ermittelt werden (Residualmethode; Proportionalmethode).[3] Allerdings ist auch hier auf die i.d.R. mangelnde Datenverfügbarkeit zu verweisen.

Warentermingeschäfte zur Absicherung künftiger Ernten dürfen nur dann heran- 32
gezogen werden, wenn sie den beizulegenden Zeitwert zum Bewertungsstichtag
reflektieren (IAS 41.16). Liegen die im Rahmen der Warentermingeschäfte vereinbarten Preise unterhalb der bilanzierten Marktwerte, ist die mögliche Existenz von
ungünstigen Verträgen gem. IAS 37 zu beachten (→ § 21). Dies gilt u.E. auch, wenn

---

[2] Dies gilt zumindest in weiten Teilen für Deutschland. In anderen Ländern mag die verfügbare Datenlage differenzierter sein.
[3] Vgl. dazu KÖHNE, Landwirtschaftliche Taxationslehre, 2007, S. 1024f.

die in den Warentermingeschäften vereinbarten Preise über den Anschaffungs-/ Herstellungskosten, jedoch unterhalb der Marktwerte liegen.

33 Die Preisabsicherung von zukünftigen Ernteverkäufen durch *Hedging*-Geschäfte spielt auch in den vermehrt volatiler werdenden Agrarmärkten eine immer bedeutendere Rolle. Das *Hedging* zur Preisabsicherung an Warenterminmärkten ist i.d.R. im Rahmen des *hedge accounting* unter IAS 39 (→ § 28 Rz 222) bilanziell zu erfassen, sofern die entsprechenden Kriterien als erfüllt angesehen werden können. Anders sieht es bei dem in der landwirtschaftlichen Praxis durchaus üblichen **Kontraktabschluss** für zukünftig erwartete Ernten aus. Diese Kontrakte führen i.d.R. zu späterer physischer Lieferung der Ware. Ein Barausgleich des Kontraktes findet i.d.R. nicht statt. In diesen Fällen dürften u.E. die Kriterien für ein derivatives Finanzinstrument und für *hedge accounting* gem. IAS 39 nicht vorliegen (IAS 39.5, AG 10; → § 28 Rz 225).

34 Bedingt durch das durchgängige Konzept der *fair-value*-Bewertung enthält IAS 41 keine gesonderten Vorgaben bez. **außerplanmäßiger** Wertminderungen von Vermögenswerten (Rz 24).

3.3 Gewinne und Verluste aus der Bewertung zum beizulegenden Zeitwert

35 Gewinne und Verluste aus der Erst- und Folgebewertung von biologischen Vermögenswerten und landwirtschaftlichen Erzeugnissen, die zum beizulegenden Zeitwert abzüglich geschätzter Verkaufskosten bewertet werden, sind in der Periode erfolgswirksam im *income statement* zu erfassen, in der sie entstanden sind (IAS 41.26). Eine erfolgsneutrale Erfassung im Eigenkapital ist nicht zulässig. Mit der Erfassung unrealisierter Gewinne im Rahmen langfristiger Produktionsprozesse hat sich der IASB stark an IAS 11 (→ § 18) orientiert.

36 IAS 41 regelt nicht, wie die im Zusammenhang mit einem biologischen Vermögenswert entstehenden Kosten zu erfassen sind. Der *fair-value*-Konzeption folgend, sind die Kosten u.E. in der Periode als Aufwand erfolgswirksam zu erfassen, in der sie entstanden sind. Die *fair-value*-Bewertung schließt die Vornahme planmäßiger und außerplanmäßiger Abschreibungen aus (→ § 16 Rz 58).

37 Eine Doppelerfassung von Erträgen ist zu vermeiden.

> **Beispiel**
> Eine kurz vor der Kalbung stehende Hochleistungskuh wird am Stichtag 01 zum beizulegenden Zeitwert abzüglich Verkaufskosten bewertet.
> Zum Stichtag 02 ist neben der jetzt in der Laktation stehenden Kuh auch das inzwischen geborene Kalb zum Zeitwert abzüglich Verkaufskosten zu bewerten. Neben dem Wertzuwachs durch das Kalb ist die Wertminderung bei der Kuh zu berücksichtigen.

38 IAS 41 enthält keine Vorgaben bez. der **Ausbuchung** von biologischen Vermögenswerten und landwirtschaftlichen Erzeugnissen. Es werden in diesem Zusammenhang auch keine Angaben darüber gemacht, wie eigentliche Verkaufsgeschäfte gegenüber Dritten i.S.v. IAS 18 (→ § 25) mit einer Ausbuchung von biologischen Vermögenswerten hinsichtlich der Erfolgswirksamkeit abzubilden sind. Auch die

Landwirtschaft § 40

Beispiele im Anhang zu IAS 41 liefern hierüber keine zufrieden stellenden Informationen bzw. berücksichtigen die Veräußerungsgeschäfte gegenüber Dritten nicht.

Beispiel
Ein Landwirt bewertet ein selbst gezogenes Fohlen am 31.12.01 erstmalig mit einem beizulegenden Zeitwert abzüglich geschätzter Verkaufskosten von 5.000 EUR. Diese 5.000 EUR werden erfolgswirksam als Ertrag erfasst (IAS 41.26). Am 31.12.02 wird ein beizulegender Zeitwert von 10.000 EUR ermittelt. Entsprechend wird erneut ein Ertrag von 5.000 EUR erfolgswirksam erfasst. Einen Tag später, am 1.1.03, verkauft das Unternehmen das Pferd für 10.000 EUR an ein anderes Unternehmen. Die Veräußerung wird nicht mehr vom Anwendungsbereich des IAS 41 erfasst. Es hat in diesem Fall auch keine Ernte i.S.v. IAS 41.5 stattgefunden, sodass im Rahmen der Klassifizierung als landwirtschaftliches Erzeugnis IAS 2 Anwendung finden könnte. Wird die Veräußerung gem. IAS 18 bilanziert, kann es zu einer Doppelerfassung des Gesamtertrages von 10.000 EUR und somit zu einer falschen Darstellung des Totalerfolges der Produktionsperiode kommen. U. E. ist die eigentliche Veräußerung (bzw. die Ausbuchung) eines biologischen Vermögenswertes in Anlehnung an IAS 16.71 zu bilanzieren (→ § 14 Rz 22). Als kurzfristig klassifizierte biologische Vermögenswerte können auch gem. IAS 2.34 ausgebucht werden.

39

3.4 Problembereiche und Anwendungsempfehlungen

3.4.1 *Cash-flow-* vs. branchenübliche Bewertungsverfahren

Die besondere Problematik in der praktischen Anwendung des IAS 41 besteht in der nicht sachgerechten Annahme, dass der beizulegende Zeitwert für biologische Vermögenswerte anhand **aktiver Märkte** ständig verlässlich ermittelbar sei (Rz 29). Für den überwiegenden Teil der (unfertigen) biologischen Vermögenswerte in Deutschland ist dies nicht der Fall. Der beizulegende Zeitwert dieser biologischen Vermögenswerte ist daher in der Praxis oftmals mittels Bewertungsmethoden zu ermitteln, die der Klassifizierung nach IFRS 13 folgend (→ § 8a Rz 29) dem Level 2 oder dem Level 3 entsprechen. Diese Kritik war auch der wesentliche Beweggrund für das *amendment zum IAS 41 und IAS 16* (Rz 3, Rz 64).

40

In diesem Fall kommt z.B. das DCF-Verfahren in Betracht. Bei dessen Anwendung sind Risiken durch Abschläge in den Zahlungsströmen oder durch Zuschläge im Zinssatz zu berücksichtigen. Weiterhin muss der ermittelte Wert den gegenwärtigen Ort und Zustand des biologischen Vermögenswertes reflektieren und möglicherweise Wachstumsabschläge erfassen.

41

Die Verwendung dieses ertragswertbasierten Wertansatzes auf Basis einer DCF-Kalkulation bietet indes nicht für alle biologischen Vermögenswerte die sachgerechte Lösung. Wir empfehlen auch aus Praktikabilitätsgründen die Berücksichtigung weiterer branchenüblicher Bewertungsverfahren. Diese sind, der Klassifizierung nach IFRS 13 folgend, den Leveln 2 und 3 der *fair-value*-Hierarchie (→ § 8a Rz 29ff.) zuzuordnen.

42

43 Im Folgenden werden für einige biologische Vermögenswerte Möglichkeiten zur Ermittlung des **beizulegenden Zeitwertes** vorgestellt.[4]

3.4.2 Dauerkulturen

44 Dauerkulturen als mehrjährig ertragbringende Pflanzen sind zukünftig gem. den Vorgaben des IAS 16 zu bewerten (Rz 6). Die kumulierten Kosten der Anschaffung/Herstellung dieser Anlagen sind den Vorgaben des IAS 16 folgend bis zu deren Fertigstellung zu aktivieren und planmäßig über die Nutzungsdauer abzuschreiben. Alternativ können diese Anlagen auch einer Neubewertung, gem. IAS 16 im Rahmen der Folgebewertung, unterzogen werden (Rz 64).

Bei einigen mehrjährig ertragbringenden Dauerkulturen dürfte der Zeitpunkt der Fertigstellung und somit der Beginn der planmäßigen Abschreibung, ein zu diskutierendes Kriterium sein.

U. E. sollte zu dem Zeitpunkt des erstmaligen Beginns des Heranwachsens von landwirtschaftlichen Erzeugnissen, die Pflanze als nutzungsbereit gelten und somit der Beginn der planmäßigen Abschreibung erfolgen.

Entsprechend gelten für diese Anlagen auch die Vorgaben zur Prüfung einer außerplanmäßigen Abschreibung gem. IAS 36 (→ § 11).

Getrennt hiervon sind die an diesen Dauerkulturen heranwachsenden Ernten des Wirtschaftsjahres zu bewerten. Diese fallen weiterhin unter den Anwendungsbereich des IAS 41 (Rz 4a) und sind zum *fair value less costs to sell* zu bewerten. Somit sind im Rahmen der Bewertung zum Bewertungsstichtag zu erwartende Erntemengen, Preise und Qualitäten zu antizipieren. Es gelten somit vergleichbare Herausforderungen wie bei der Bewertung von Feldinventar (Rz 50). Entsprechend können auch vergleichbare Bewertungsmodelle verwendet werden.

45 In IAS 41 sind keine Angaben bez. **gepachteter** Dauerkulturanlagen zu finden. Berücksichtigt man die *asset*-Definition des *Framework* (→ § 1 Rz 84 ff.) und die Kriterien für die bilanzielle Behandlung von Leasinggeschäften (→ § 15), so sind u. E. unter bestimmten Umständen auch gepachtete Dauerkulturanlagen beim Leasingnehmer zu bilanzieren.

3.4.3 Stehendes Holz

46 Für **stehendes Holz** mit einer ausstehenden Produktionszeit von z. T. noch 20 oder 25 Jahren ist die Verlässlichkeit einer Ertragswertermittlung (in diesen Fällen wird der sog. Bestandserwartungswert ermittelt) u. E. äußerst fraglich, da die erzielbaren Preise entweder vorausgeschätzt werden müssen oder aber konsequent nur die aktuellen Preise verwendet werden können. Ersteres ist nahezu unmöglich, Letzteres hinsichtlich der Relevanz der gelieferten Informationen zumindest fragwürdig. Zudem ist es mit großem Aufwand für das bilanzierende Unternehmen verbunden, den jährlichen Produktionsfortschritt im Rahmen der biologischen Transformation zu ermitteln.[5] Sofern dies jedoch möglich ist, empfiehlt sich die Bewertung des stehenden Holzes mit den zum Bilanzstichtag gültigen Abtriebswerten (auch wenn

---

[4] Generell zur Wertermittlung für biologische Vermögenswerte anlässlich verschiedener Bewertungsanlässe vgl. KÖHNE, Landwirtschaftliche Taxationslehre, 2007.
[5] Das Unternehmen Precious Woods bewertet seine Forstbestände in Südamerika nach den Regeln des IAS 41 und publiziert hierzu hilfreiche Erläuterungen in seinen Geschäftsberichten. Vgl. PRECIOUS WOOD, Geschäftsbericht verschiedene Jahre.

diese z.T. erheblich unter den Ertragswerten liegen). Gerade am Anfang einer Produktionsdauer kann der Kostenwert bei stehendem Holz noch erheblich über dem Abtriebswert liegen. Solange dies der Fall ist, ist u.E. der Kostenwert zu bilanzieren. Die folgende Abbildung verdeutlicht die Vorgehensweise.

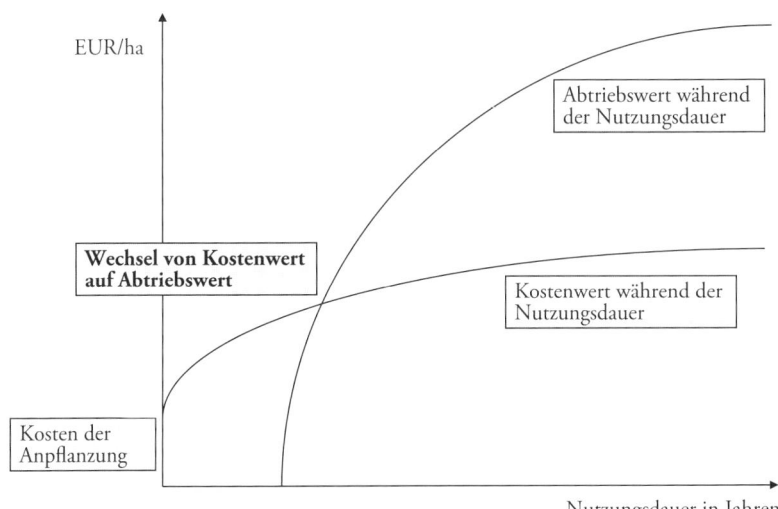

Abb. 2: Bilanzierung von stehendem Holz nach Kosten- und Abtriebswert

Abtriebswerte sind absatzmarktbestimmte **Liquidationswerte** und erfüllen daher die theoretischen Anforderungen der IFRS. Im freien Grundstücksverkehr werden allerdings für stehende Holzbestände i.d.R. Beträge oberhalb der Abtriebswerte bezahlt. Insofern erfüllen Abtriebswerte streng genommen nicht in allen Fällen aus Sicht der Praxis zwangsläufig die Definitionskriterien des *fair value* gem. IAS 41.8. Die Verwendung des höheren Wertes aus Kosten- und Abtriebswert weist erhebliche **Vorteile** gegenüber der Verwendung von Ertrags- bzw. Bestandserwartungswerten auf. Zu Beginn der Produktionsperiode ist der Kostenwert des unfertigen Holzes der wesentlich verlässlichere und somit auch relevantere Wert. Während dieses Zeitraumes sind Ertrags- und Bestandserwartungswert sehr spekulativ. Nach IAS 41.24 kann der beizulegende Zeitwert dem Kostenwert durchaus entsprechen. Weiterhin ist der Kostenwert im Rahmen der *reliability exception* (Rz 22) auch zulässig, wenn der *fair value* nicht verlässlich ermittelt werden kann. Bei Bilanzierung von **Kostenwerten** müssen die Herstellungskosten den definitorischen Vorgaben des IAS 2 respektive IAS 16 genügen (→ § 8 Rz 18). Die Bilanzierung des Kostenwertes gem. IAS 41.30 ist jedoch nicht zu verwechseln mit der Bilanzierung des Kostenwerts als näherungsweisen Ersatzwert für den *fair value* gem. IAS 41.25. Im ersten Fall sind planmäßige Abschreibungen etc. vorzunehmen. Auf den *fair value* wird in diesem Fall nur übergegangen, wenn dieser wider Erwarten doch ermittelbar wird. Im letzten Fall sind keine laufenden Abschreibungen vorzunehmen, da zu einem späteren Zeitpunkt planmäßig auf den *fair value* übergegangen wird (in dem Beispiel unter Rz 46, wenn die Abtriebswerte die Kostenwerte übersteigen).

48 Der bedeutende **Vorteil** der **Abtriebswerte** gegenüber ertragswertorientierten Wertansätzen liegt jedoch im Verzicht auf die Antizipation z.T. weit in der Zukunft liegender Zahlungsströme. Selbst wenn gegen Ende der Produktionsdauer die Zahlungsströme leichter zu antizipieren sind, kann der Abtriebswert als Wertansatz beibehalten werden, da dann die Differenz zwischen Bestandserwartungswert und Abtriebswert zunehmend geringer wird. Mit der Bilanzierung von zum Bilanzstichtag aktuellen Abtriebswerten ist ebenfalls der Vorteil einer jährlichen Erfassung des Bestandszuwachses verbunden. Weiterhin verursacht die Veräußerung von geschlagenem Holz im Rahmen von Durchforstungsmaßnahmen keine Friktion hinsichtlich der Ertragserfassung.

49 Die Bilanzierung von Abtriebswerten führt nur dann zu verlässlichen Wertansätzen für die externe Rechnungslegung, wenn sie auf der Grundlage einer **detaillierten Inventur** der stehenden Holzvorräte durchgeführt wird. Im Rahmen einer solchen Inventur sind bspw. die Leistungsklasse des Bestandes, der Bestockungsgrad sowie der Brusthöhendurchmesser (BHD) zu bestimmen. Dies stellt die bilanzierenden Unternehmen sowohl vor organisatorische als auch finanzielle Herausforderungen. Hier ist eine praxistaugliche Lösung zu finden, die in einer in größeren Zeitabständen durchzuführenden Inventur und einer zwischenzeitlichen Interpolation des Bestandszuwachses liegen kann.

3.4.4 Feldinventar

50 Für **Feldinventar**, also ein- und mehrjährige Kulturen (ausgenommen stehendes Holz), die am Ende der Produktionsdauer einen einmaligen Ertrag liefern, kann der wirtschaftliche Gebrauchswert, der in der landwirtschaftlichen Wertermittlung in Übertragungsfällen zur Anwendung kommt, eine geeignete Grundlage zur Ermittlung des beizulegenden Zeitwertes sein.[6] Der wirtschaftliche Gebrauchswert wird i.d.R. als Zwischenwert zwischen dem Kostenwert (Aufwandstaxe) und dem Ertragswert (Halmtaxe) ermittelt. Der Vorteil dieses Bewertungsverfahrens liegt in der relativ einfachen Anwendbarkeit. Der wirtschaftliche Gebrauchswert entspricht u.E. den definitorischen Vorgaben eines beizulegenden Zeitwertes. Die Daten zur Ermittlung des wirtschaftlichen Gebrauchswertes sind leicht erhältlich und z.T. regionsspezifisch vorhanden.[7]

51 Hierzu folgendes Rechenschema:

	Angenommene Marktleistung ohne Prämie
–	Direkte Kosten
–	Kosten der Arbeitserledigung
=	Deckungsbeitrag
	Zeitanteilige Aufteilung des Deckungsbeitrages
+	(Standardisierte) Herstellungskosten zum Bilanzstichtag
=	Beizulegender Zeitwert

Tab. 1: Beispiel zur Ermittlung des beizulegenden Zeitwerts von Feldinventar

---

[6] Vgl. KÖHNE, Landwirtschaftliche Taxationslehre, 2007, S. 719ff.
[7] Hilfreiche Datenquellen sind die Richtwertdeckungsbeiträge der Landwirtschaftskammern sowie die Datensammlungen des Kuratoriums für Technik und Bauwesen in der Landwirtschaft (KTBL). Es können auch betriebsindividuelle Daten verwendet werden, sofern ein hinreichend großer Durchschnittszeitraum gebildet wird.

3.4.5 Tiervermögen

Für **marktgängige** und nahezu fertige Tiere ist der beizulegende Zeitwert mithilfe von Vergleichswerten relativ gut ermittelbar. Anders für **ungängiges** Tiermaterial: In diesen Fällen kann ebenfalls der wirtschaftliche Gebrauchswert aus der landwirtschaftlichen Wertermittlung eine sachgerechte Orientierung darstellen.[8]
Für unfertiges Mastvieh, dem ein nahezu linearer Mastverlauf unterstellt werden kann (bspw. Mastschweine), stellt die **lineare Interpolation** zwischen zwei Eckwerten eine geeignete und praxisfreundliche Lösung dar.

> **Beispiel**[9]
> Es ist der beizulegende Zeitwert eines Mastschweinbestandes von 1.000 Tieren am Bilanzstichtag 30.6.01 zu ermitteln. Am 30.6.01 befinden sich die Tiere am 60. Masttag (Gesamtmastdauer 130 Tage). I.d.R. gehen die Tiere mit einem Lebendgewicht von ca. 110 kg (90 kg Schlachtgewicht) zum Schlachthof. Es wird ein erzielbarer Preis von 1,40 EUR/kg Schlachtgewicht unterstellt. Die Ferkelkosten werden mit 40 EUR (bei 28 kg Ferkelgewicht) veranschlagt. Am Bewertungsstichtag haben die Tiere ein Gewicht von 69 kg. Für einen solch unfertigen Mastbestand existieren i.d.R. keine verwendbaren Marktwerte. Mithilfe der folgenden Formel ist der beizulegende Zeitwert dennoch näherungsweise zu ermitteln.
>
> $$\frac{\text{Verkaufserlös} - \text{Ferkelkosten}}{\text{Endgewicht} - \text{Ferkelgewicht}} \times (\text{ermitteltes Gewicht} - \text{Ferkelgewicht})$$
> $+$ Ferkelkosten
> $=$ Beizulegender Zeitwert
>
> Setzt man die obigen Werte in die Formel ein, erhält man einen beizulegenden Zeitwert eines Mastschweins zum 30.6.01 von ca. 83 EUR. Der gesamte Mastschweinebestand ist folglich mit ca. 83.000 EUR zu bewerten.

Die in dem Beispiel dargestellte Vorgehensweise zur Ermittlung des beizulegenden Zeitwertes ist jedoch nur auf **Mastvieh** anwendbar, bei dem ein nahezu linearer Produktionsverlauf unterstellt werden kann. Bei **mehrjährig** Ertrag bringenden Tieren (bspw. Milchkühe oder Sauen) ist die Ermittlung des beizulegenden Zeitwertes schwieriger. Hier sind **mehrstufige** ertragswertorientierte Bewertungsansätze zu verwenden.[10] Der Abschnitt der Produktionsperiode des zu bewertenden Tiervermögens am Bilanzstichtag ist dabei eine entscheidende Größe. Der Wert einer Milchkuh steigt bspw. im Verlauf eines Produktionszyklus während der Trächtigkeit bis zum Abkalben an und fällt nach dem Abkalben stark ab. Am Beginn des nächsten Produktionszyklus beginnt der Wert der Milchkuh dann mit der erneuten Trächtigkeit (jedoch meist ausgehend von einem niedrigeren Ausgangsniveau) wieder anzusteigen. Dies verdeutlicht die Komplexität einer ertragswertorientierten Wertermittlung. Alternativ ist

---

[8] Zu dessen Ermittlung vgl. KÖHNE, Landwirtschaftliche Taxationslehre, 2007, S. 649 ff.
[9] Nach KÖHNE, Landwirtschaftliche Taxationslehre, 2007, S. 661.
[10] Vgl. dazu KÖHNE, Landwirtschaftliche Taxationslehre, 2007, S. 672 ff.

u.U. der beizulegende Zeitwert von mehrjährigen Ertrag bringenden Tieren anhand von verfügbaren Orientierungspreisen[11] unter Berücksichtigung von Zu- und Abschlägen zu ermitteln. Vereinfachend kann u.E. jedoch auch bei mehrjährig Ertrag bringenden Tieren zwischen 2 Eckwerten interpoliert werden. Der beizulegende Zeitwert einer Milchkuh kann bspw. durch Interpolation zwischen dem Zukaufswert und dem Schlachtwert einer Altkuh ermittelt werden. In der folgenden Tabelle 6 werden Bewertungsempfehlungen für einzelne Gruppen des Tiervermögens zum Zweck der Wertermittlung gem. IAS 41 zusammenfassend dargestellt.

Tierkategorie	Empfehlung zur Bewertung gem. IAS 41
Am Markt gehandelte Tiere	Verwendung von Verkaufs- und Zukaufspreisen Stärkere Berücksichtigung von Verkaufspreisen
Unfertige, verkaufsbestimmte Tiere	Ertragswert minus DB-Abschlag oder Kostenwert plus DB-Zuschlag. Falls sachgerecht, wird die lineare Interpolation zwischen 2 Eckwerten empfohlen
Mehrjährig Ertrag bringende Tiere	Standardisierte (Gruppen-)Bewertung. Grundlage ist die Interpolation zwischen 2 Eckwerten
Männliche Zuchttiere	Neuwert minus Entwertungsabschlag

Tab. 2: Bewertungsempfehlungen für verschiedene Tierkategorien im Rahmen der Bewertung gem. IAS 41[12]

4 Zuwendungen der öffentlichen Hand

55 Zuwendungen der öffentlichen Hand, die mit einem biologischen Vermögenswert in Verbindung stehen, der zum beizulegenden **Zeitwert** abzüglich geschätzter Verkaufskosten bewertet wird, sind dann als Ertrag zu erfassen, wenn die Zuwendung einforderbar wird (IAS 41.34) oder eine damit verbundene Bedingung erfüllt ist (IAS 41.35). Der Board führt hier als Beispiel (IAS 41.36) eine Zuwendung der öffentlichen Hand für die Bewirtschaftung einer Fläche über einen bestimmten Zeitraum an. Muss die gesamte Zuwendung bei Nichterfüllung zurückgezahlt werden, ist sie erst nach Ablauf des Zeitraums als Ertrag zu erfassen. IAS 20 (→ § 12) ist demgegenüber gem. IAS 41.37 anzuwenden, wenn die Zuwendung der öffentlichen Hand i.V.m. einem biologischen Vermögenswert steht, der zu **Anschaffungs-/Herstellungskosten** bewertet wird (Rz 22). Die Regeln in IAS 41 bez. der Behandlung von Zuwendungen der öffentlichen Hand, die in Zusammenhang mit biologischen Vermögenswerten stehen, sollen nach Meinung des IASB als Beispiel für die künftige Bilanzierung von öffentlichen Zuwendungen generell dienen. Der entscheidende Unterschied zu IAS 20 liegt in der erfolgswirksamen Erfassung der Zuwendung, sobald sie rechtlich **einforderbar** wird.

---

[11] Bspw. publiziert von der Zentralen Markt- und Preisberichtstelle (ZMP).
[12] In Anlehnung an KÖHNE, Landwirtschaftliche Taxationslehre, 2007, S. 710.

Landwirtschaft § 40

Speziell aus landwirtschaftlicher Sicht führt die Formulierung in IAS 41.34 und IAS 41.35 jedoch zu Problemen. Zuwendungen der öffentlichen Hand sind nur gem. IAS 41 zu behandeln, wenn sie in **direktem Zusammenhang** mit einem **biologischen Vermögenswert** stehen. Im Rahmen der letzten Reform der gemeinsamen Agrarpolitik in Europa wurden zahlreiche Zuwendungen der öffentlichen Hand von der landwirtschaftlichen Produktion entkoppelt. Sie stehen daher nicht (mehr) in einem direkten Zusammenhang mit biologischen Vermögenswerten. Folgende Beispiele verdeutlichen die Problematik:

56

Art der Zuwendung	Bilanzierung gem. IFRS	Relevante Standards
Zuschüsse zum Bau landwirtschaftlicher Wirtschaftsgebäude	Absetzen der Zuwendung der öffentlichen Hand von den A/H-Kosten oder Bildung eines passiven RAP. Letzteres wird empfohlen.	IAS 16, IAS 20
Zuschüsse zum Kauf von landwirtschaftlichen Maschinen und Geräten (generell mobile Vermögenswerte)	Absetzen der Zuwendung der öffentlichen Hand von den A/H-Kosten oder Bildung eines passiven RAP. Letzteres wird empfohlen.	IAS 16, IAS 20
Öffentliche Zuwendung als Gegenleistung für einen landw. Produktionsverzicht (bspw. Aufgabe der Milchproduktion für einen Mindestzeitraum)	Bildung eines passiven RAP. Ratierliche Auflösung	IAS 20
Zuwendungen der öffentlichen Hand im Rahmen von Zahlungen aus der 2. Säule: hier bspw. generelle Ausbringung von flüssigem Wirtschaftsdünger mit umweltfreundlicher Technik (Schleppschlauchverfahren)	Keine Verbindung zu einem speziellen biologischen Vermögenswert. IAS 41 deshalb nicht anwendbar. Planmäßige ergebniswirksame Vereinnahmung der Zuwendung in der Periode, in der der zusätzliche Aufwand entsteht.	IAS 20
Zuwendungen der öffentlichen Hand im Rahmen von Zahlungen aus der 2. Säule: hier Sommerweidehaltung von Rindern	Bedingte Zuwendung gem. IAS 41.35. Erfassung als Ertrag, sobald die Bedingungen erfüllt sind.	IAS 41
Zuwendungen der öffentlichen Hand im Rahmen von Zahlungen aus der 2. Säule: hier Zuwendungen für Mulch- oder Direktsaatverfahren bei speziellen Kulturen (bspw. Zuckerrüben)	Bedingte Zuwendung gem. IAS 41.35. Erfassung als Ertrag, sobald die Bedingungen erfüllt sind.	IAS 41

Art der Zuwendung	Bilanzierung gem. IFRS	Relevante Standards
Auch nach der Agrarreform gekoppelte Direktzahlungen an die Landwirtschaft. Beispiel: gekoppelte Direktzahlungen bei Stärkekartoffeln	Bedingte Zuwendung gem. IAS 41.35. Erfassung als Ertrag, sobald die Bedingungen erfüllt sind.	IAS 41

Tab. 3: Beispiele für Zuwendungen der öffentlichen Hand an die Landwirtschaft und deren bilanzielle Erfassung

57 Zuwendungen der öffentlichen Hand, die im Zusammenhang mit mehrjährig ertragbringenden Pflanzen gewährt werden, sind aufgrund des *amendments* des IAS 41 und des IAS 16 künftig ebenfalls gem. IAS 20 zu erfassen.

5 Ausweis und Angaben

5.1 Ausweis in der Bilanz

58 IAS 41 selbst enthält keinen Hinweis zum Bilanzausweis. Dagegen sind in IAS 1.54 (→ § 2 Rz 45) (nur) die biologischen Vermögenswerte erwähnt, nicht dagegen die landwirtschaftlichen Erzeugnisse. Die vorgegebene Bilanzgliederung nach Fristigkeit (IAS 1.60) legt für biologische Vermögenswerte folgende Gliederung nahe:
- **Langfristige** Vermögenswerte
  - stehendes Holz
  - Dauerkulturen, die zukünftig (ab 1.1.2016) unter den Anwendungsbereich des IAS 16 (Rz 42) fallen
  - Tiervermögen, das andere landwirtschaftliche Erzeugnisse oder biologische Vermögenswerte hervorbringen soll.
- **Kurzfristige** Vermögenswerte
  - Feldinventar
  - Tiervermögen, das selbst konsumierbar ist (z.B. Schlacht- und Mastvieh).

Der im Schrifttum mitunter vorgeschlagene Gesamtausweis der biologischen Vermögenswerte im langfristigen Bereich ist u.E. nicht zutreffend. Die von uns vorgeschlagene Gliederung entspricht weitgehend derjenigen, die nach HGB/EStG üblich ist.

59 IFRS 5 findet auch bei **langfristigen** biologischen Vermögenswerten Anwendung. Sofern bspw. ein Unternehmen langfristig klassifizierte stehende Holzbestände innerhalb der nächsten 12 Monate verkaufen will, ist hinsichtlich des Ausweises und der Bewertung IFRS 5 zu beachten (→ § 29).

5.2 Ausweis in der GuV

60 IAS 41 enthält ebenfalls keine Vorgaben, wie Gewinne und Verluste aus der *fair-value*-Bewertung von biologischen Vermögenswerten im *income statement* zu erfassen sind. Solche Erträge sind entweder der biologischen Transformation geschuldet, was für eine Erfassung unter den **Umsatzerlösen** spricht, oder Preis-

änderungen mit der Folge eines Ausweises unter den sonstigen betrieblichen **Erträgen**. Meistens handelt es sich um eine Kombination aus beiden Einflussgrößen. Wir empfehlen einen **separaten** Ausweis unter den Umsatzerlösen. Denkbar ist aber auch die Erfassung in der GuV unter einem separaten Gliederungsposten „Wert- und Bestandsveränderung an biologischen Vermögenswerten". Entsprechend sind u. E. die Gewinne und Verluste aus der Bewertung von biologischen Vermögenswerten im Rahmen der Gesamtergebnisrechnung auch innerhalb der gesonderten Gewinn- und Verlustrechnung auszuweisen, sofern das Wahlrecht (→ § 2 Rz 55) in Anspruch genommen wird, eine separate Gewinn- und Verlustrechnung und Gesamtergebnisrechnung gem. IAS 1.81 zu erstellen. Für mehrjährig ertragbringende Pflanzen ist hinsichtlich deren Ausbuchung zukünftig (ab 1.1.2016) IAS 16 einschlägig (Rz 6).

5.3 Angaben

Anzugeben ist der **Gesamtbetrag** des Gewinnes oder Verlustes, der aus der Erst- und Folgebewertung von biologischen Vermögenswerten und landwirtschaftlichen Erzeugnissen in der entsprechenden Berichtsperiode entstanden ist (IAS 41.40). Wegen der weiteren umfangreichen Angabepflichten (unter *materiality*-Vorbehalt) wird auf die **Checkliste „Abschlussangaben"** verwiesen (→ § 5 Rz 8), die der elektronischen Fassung dieses Kommentars zu entnehmen ist.

61

6 Anwendungszeitpunkt, Rechtsentwicklung

IAS 41 ist für Wirtschaftsjahre beginnend ab dem 1.1.2003 anzuwenden (IAS 41.58). Für nach dem 31.12.2012 beginnende Geschäftsjahre sind verschiedene Paragrafen des IAS 41 geändert und aufgehoben worden. Es handelt sich ausschließlich um Regeln zur Bewertung nach dem *fair value*-Prinzip, das ab diesem Zeitpunkt standardübergreifend in IFRS 13 (→ § 8a) geregelt ist. Das *amendment* bez. der *bearer plants* (Rz 44) ist für Geschäftsjahre mit Beginn nach dem 31.12.2015 anzuwenden. Weitere Änderungen am Standard 41 sind derzeit nicht geplant.

62

IAS 41 enthält u. E. einige gravierende Mängel und Regelungslücken. Eine grundlegende Überarbeitung des Standards ist zzt. jedoch nicht geplant. Der IFRIC diskutiert den IAS 41 seit dem Jahr 2004. Der IFRIC hat im Wesentlichen die Sachverhalte der *fair-value*-Ermittlung sowie die mögliche Bilanzierung einer *obligation to replant* erörtert.[13] Nach der Sitzung im Mai 2004 soll eine solche Verpflichtung bei der Zeitwertermittlung eines biologischen Vermögenswertes unberücksichtigt bleiben. Im Januar 2007 hat der IFRIC diese Auffassung bestätigt. Der IASB wiederum hat dieses Thema im Juni und Juli 2007 ergebnislos behandelt. Im Rahmen des AIP 2008 wurden vom IASB einige dieser Diskussionspunkte aufgenommen und der IAS 41 entsprechend geändert. Das *IFRS Interpretation Committee* hat im November 2010[14] den Inhalt des *Illustrative Example* Nr. 1 zu IAS 41 behandelt. Es stellte einen fehlenden Hinweis auf den

63

---

[13] Vgl. IFRIC, Update Mai 2004.
[14] Vgl. IFRIC, Update November 2010.

Ausweis der Bewertungsergebnisse biologischer Vermögenswerte in der Gesamtergebnisverrechnung nach IAS 1.81 (→ § 2 Rz 55) fest. Das *Committee* hat sich einer Stellungnahme enthalten und auch dem Board die Aufnahme in das *Annual Improvements Project* nicht empfohlen (Rz 60).

7 Zusammenfassende Praxishinweise

64 Im Gegensatz zu den Vorgaben des HGB/EStG sind **alle** biologischen Vermögenswerte nach IFRS zwingend anzusetzen, sofern die Aktivierungskriterien erfüllt sind (Rz 18).

Die Erst- und Folgebewertung von biologischen Vermögenswerten zum beizulegenden **Zeitwert** abzüglich zu schätzender Verkaufskosten stellt einen signifikanten Bruch zur Bewertung nach HGB/EStG dar. Die im Steuerrecht häufig verwendeten Richtwerte können im Fall einer Anwendung der IFRS nicht länger verwendet werden. IAS 41 enthält hingegen detaillierte Vorschriften zur **Ermittlung** des beizulegenden Zeitwertes (Rz 26 ff.), die z. T. zu erheblichen Problemen in der praktischen Anwendung führen (Rz 40 ff.). Für fruchttragende Pflanzen (*bearer plants*) hat dieses Problem zu einer Änderung der Bewertungsvorschriften geführt; diese biologischen Vermögenswerte sind künftig (Rz 63) nach den Vorgaben des IAS 16 (Anschaffungskosten- oder Neubewertungsmethode) zu bewerten (→ § 8, → § 14).

Die **erfolgswirksame** Erfassung von Erträgen und Aufwendungen aus der Erst- und Folgebewertung von biologischen Vermögenswerten bedeutet zudem einen signifikanten Unterschied zur Bilanzierung nach HGB/EStG (Rz 35 ff.).

IAS 41 enthält keine detaillierten Vorgaben bez. des **Ausweises** von biologischen Vermögenswerten in der Bilanz (Rz 58 ff.) sowie der Erträge aus der Bewertung zum beizulegenden Zeitwert in der GuV (Rz 60).

IAS 41 fordert zudem die **Angabe** sehr umfangreicher Informationen im Anhang (Rz 61).

§ 41 PENSIONSKASSEN UND PENSIONSFONDS ALS TRÄGER VON ALTERSVERSORGUNGSVERPFLICHTUNGEN

Inhaltsübersicht Rz
Vorbemerkung
1 Definition 1
2 Zielsetzung und Regelungsinhalt des Standards IAS 26 2–3
3 Zur Einbeziehung einer Pensionskassen AG oder Pensionsfonds AG in einen Konzernabschluss
nach IFRS. 4

Vorbemerkung: Alle bis zum 1.1.2015 neu herausgegebenen oder überarbeiteten Standards, Interpretationen und Entwürfe sind berücksichtigt.

1 Definition

Pensionskassen und Pensionsfonds sind (nach § 118a VAG bzw. § 112 VAG) Institutionen, deren wesentlicher Zweck die Durchführung der **betrieblichen Altersversorgung** i. S. d. Betriebsrentengesetzes eines oder mehrerer Unternehmen (Arbeitgeber) im Wege des Kapitaldeckungsverfahrens ist. Sie können in der Rechtsform eines Versicherungs- bzw. Pensionsfondsvereins auf Gegenseitigkeit oder einer Aktiengesellschaft tätig sein. Pensionskassen gelten auch rechtlich als selbstständige Lebensversicherungsunternehmen. Pensionskassen und Pensionsfonds in der Rechtsform der Aktiengesellschaft ist es (nach VAG) nicht untersagt, mit ihrer Geschäftstätigkeit auch zugunsten ihrer Aktionäre Gewinne zu erwirtschaften; d. h. also, wie Lebensversicherungsunternehmen gewerbsmäßig tätig zu sein. Pensionskassen und Pensionsfonds haben auf jeden Fall einen **Jahresabschluss** nach deutschem Recht (HGB, VAG) aufzustellen und der **Aufsichtsbehörde** (BaFin) vorzulegen. Als Aktiengesellschaft können sie einem **Konzern** angehören, sodass sie ggf. in einen Konzernabschluss nach HGB oder IFRS einzubeziehen sind. Von einem *long-term employment benefit fund* gem. IAS 19.8 wird verlangt, dass er einzig und allein zum Zwecke der Sicherung oder Finanzierung von Leistungen an Arbeitnehmer *(employee benefits)*, wie z. B. betriebliche Altersversorgung, existiert. Eine spezielle Rechtsform wird nicht vorgegeben und auch nicht untersagt, da die IFRS universell weltweit gelten sollen. Daher kann ein *long-term employment benefit fund* auch in der Rechtsform einer Aktiengesellschaft bestehen. Wenn eine Pensionskassen AG bzw. Pensionsfonds AG von einem Dienstleister (z. B. einem Lebensversicherungsunternehmen oder einer Bank) gegründet wurde, um auch (bzw. in erster Linie) Pensionsverpflichtungen fremder Arbeitgeber **gewerbsmäßig** zum Nutzen der eigenen Anteilseigner zu finanzieren, handelt es sich bei solchen Pensionskassen und Pensionsfonds nicht um *long-term employment benefit funds* gem. IAS 19.8, sondern um gewerbsmäßig tätige Unternehmen (wie Lebensversicherungsunternehmen).

1

2 Zielsetzung und Regelungsinhalt des Standards IAS 26

2   Der Standard IAS 19 (*employee benefits*; → § 22) betrifft insbesondere die Bilanzierung von Altersversorgungsverpflichtungen beim **arbeitgebenden** Unternehmen, **nicht** aber die Bilanzierung der Pensionskasse oder des Pensionsfonds **selbst**. Der Standard IAS 26 (*accounting and reporting by retirement benefit plans*) gilt demgegenüber für die Berichterstattung einer **Versorgungseinrichtung** (Pensionsfonds, Pensionskasse, Unterstützungs- bzw. Versorgungskasse) selbst (**IAS 19.**3), aber nur, wenn diese in ihrer Eigenschaft als *retirement benefit plan* einen eigenständigen „Jahresabschluss" oder „Bericht" nach IFRS an die Adresse der Versorgungsberechtigten (*„accounting and reporting by the plan to all participants as a group"* gem. **IAS 26.**3) erstellen sollte; ob ein solcher zu erstellen ist, bleibt ungeregelt.

Eine solche Veranlassung ist in **Deutschland** nicht ersichtlich, sodass der **praktische Anwendungsbereich** von IAS 26 aus nationaler Sicht **gegen null** tendiert. Die Informationspflichten eines *retirement benefit plan* gegenüber den Versorgungsberechtigten ergeben sich nämlich i. d. R. aus Vorschriften der nationalen Aufsichtsbehörden, des nationalen Betriebsrentenrechts oder auch aus freiwilligen Regelungen (z. B. in einer Satzung) der Versorgungseinrichtung. **Freiwillige** Informationen nach IAS 26 würden den Versorgungsberechtigten wegen der damit verbundenen Verständnisprobleme auch i. d. R. nichts nützen.

3   Wegen seiner **praktischen Bedeutungslosigkeit** ist IAS 26 seit 1994 nicht mehr überarbeitet worden. Das grundlegende Diskussionspapier des englischen ASB und der europäischen EFRAG zum *„Financial Reporting of Pensions"* als Bestandteil der *„Pro-active Accounting Activities in Europe"* (PAAinE) vom 31.1.2008 macht zwar Vorschläge zur Aktualisierung von IAS 26, gibt aber auch keine überzeugenden Gründe, warum und wozu IAS 26 dienen könnte. Eine Darstellung der einzelnen Regelungsinhalte von IAS 26 erübrigt sich somit. Sie betreffen im Wesentlichen die Bewertung der erdienten Altersversorgungsansprüche und der zu deren Deckung angesammelten Vermögenswerte.

3 Zur Einbeziehung einer Pensionskassen AG oder Pensionsfonds AG in einen Konzernabschluss nach IFRS

4   Wird eine Pensionskasse oder ein Pensionsfonds in der (seit 2002 zugelassenen) Rechtsform der AG in einen Konzernabschluss nach IFRS **einbezogen**, ist IAS 19 (→ § 22) anzuwenden, sofern die Pensionskasse oder der Pensionsfonds (nicht gewerbsmäßig) nur Mitarbeiter des Konzerns versorgt. Versichert bzw. versorgt die Pensionskassen AG oder die Pensionsfonds AG auch (gewerbsmäßig) Mitarbeiter **fremder** Arbeitgeber, dann ist sie nicht als *long-term employee benefit fund* oder *retirement benefit plan* tätig, sodass für den Konzernabschluss nach IFRS weder IAS 19 noch IAS 26 einschlägig sind, sondern die entsprechenden IFRS für Lebensversicherungsunternehmen (→ § 39). Für eine Pensionskassen AG gilt dies zwingend, da sie auch rechtlich ein (kleineres) Lebensversicherungsunternehmen ist. Für eine Pensionsfonds AG ist ein Analogieschluss geboten.

Insoweit eine solche gewerbsmäßig tätige Pensionskassen AG bzw. Pensionsfonds AG auch Mitarbeiter des eigenen Konzerns versorgt, betreibt der Konzern ein Geschäft mit sich selbst bzw. mit nahestehenden Personen (*related party*; → § 30). Ähnliches kann auch bei Lebensversicherungsunternehmen (hinsichtlich Direktversicherungen und Rückdeckungsversicherungen) vorkommen. Die Vermögenswerte (Deckungskapitalien), die auf die versorgten Arbeitnehmer des eigenen Konzerns entfallen, gelten dann nicht als *plan assets* nach IAS 19.8. Aus Praktikabilitäts- und oftmals auch aus Wesentlichkeitsgründen könnte (sollte aber nicht) auf eine Auseinanderrechnung **verzichtet** werden. D.h., die Pensionskassen AG bzw. die Pensionsfonds AG wird voll konsolidiert, die Pensionsverpflichtungen gegenüber den eigenen Konzernmitarbeitern bleiben in den Deckungsrückstellungen und werden (insoweit) nicht als Pensionsrückstellung ausgewiesen. Als Pensionsrückstellung bzw. Pensionsaktivwert erscheint dann nur ein ggf. bestehender Unterschiedsbetrag (DBO minus Deckungsrückstellung; → § 22 Rz 18). Eine Angabe des betroffenen Volumens wäre aber jedenfalls wünschenswert.

Bislang sind die „neuen gewerbsmäßigen" Pensionsfonds und Pensionskassen in der Rechtsform der AG größenmäßig noch so **unbedeutend**, dass in der deutschen Bilanzierungspraxis meist auf eine Konsolidierung verzichtet wird.

Natürlich könnten (insbesondere im Wettbewerb befindliche überbetriebliche) Pensionskassen oder Pensionsfonds (nicht nur solche in der Rechtsform der AG) **freiwillig** zusätzlich einen Jahresabschluss nach IFRS aufstellen, und zwar nach den IFRS-Vorschriften für Lebensversicherungsunternehmen, um sich mit diesen zu „vergleichen". An eine Berichterstattung nach IAS 26 wird auch dann niemand denken.

§ 42 ERKUNDUNG UND EVALUIERUNG VON MINERALISCHEN VORKOMMEN

Inhaltsübersicht	Rz
Vorbemerkung	
1 Zielsetzung, Regelungsinhalt, Begriffe....................	1–10
1.1 Die Absichten des Board..........................	1
1.2 Geltungsbereich................................	2–10
1.2.1 Erkundung und Entwicklung................	2–9
1.2.2 Produktionsphase im Tagebau................	10
2 Ansatz und Zugangsbewertung.........................	11–17
2.1 Weiterführung der bisher angewandten Methoden......	11–14
2.2 Die Bilanzierung von Aufwand.....................	15–16
2.3 Übergang auf die IFRS-Rechnungslegung.............	17
3 Folgebewertung....................................	18–25
3.1 Anschaffungskosten- oder Neubewertungsmethode.....	18–21
3.2 Außerplanmäßige Abschreibung (*impairment*).........	22–25
4 Ausweis..	26–28
5 Angaben...	29–30
6 Anwendungszeitpunkt, Rechtsentwicklung...............	31–32
7 Zusammenfassende Praxishinweise.....................	33

Schrifttum: FISCHER, IFRIC Interpretation 20 – Stripping Costs in the Production Phase of a Surface Mine, PiR 2012, S. 26; SCHMIDT/SCHREIBER, BB-IFRSIC-Report 2011/2012, BB 2012, S. 2363; SCHREIBER, BB-IFRIC-Report 2009/2010, BB 2010, S. 2291; WULF/LANGE, Das Diskussionspapier des IASB „Extractive Activities", WPg 2011, S. 320; ZÜLCH/WILLMS, Exploration und Bewertung von mineralischen Ressourcen, KoR 2005, S. 116; ZÜLCH/WILLMS, Möglichkeiten der Bilanzierung von Explorations- und Evaluierungsausgaben auf der Grundlage von IFRS 6, WPg 2006, S. 1201.

Vorbemerkung

Die Kommentierung bezieht sich auf IFRS 6 und berücksichtigt alle Ergänzungen, Änderungen und Interpretationen, die bis zum 1.1.2015 beschlossen wurden. Einen Überblick über mögliche zukünftige Regelungen enthalten Rz 31 f.

1 Zielsetzung, Regelungsinhalt, Begriffe

1.1 Die Absichten des Board

1   Der Board sieht ein Erfordernis zur Einbeziehung der mineralienausbeutenden Industrie (*entities engaged in extractive activities*, IFRS 6 IN 2) in das Regelwerk der IFRS. Da ihm dazu aus Zeit- und Arbeitsbelastungsgründen der große Wurf eines kompletten Standards (*comprehensive review*) einstweilen nicht möglich ist, entschied er sich zum Erlass eines Standards mit **beschränktem** (sachlichem) Anwendungsbereich (Rz 5). Die potenziellen IFRS-Erstanwender sollen nicht durch fehlende oder ungünstige Regelungen von einem (möglichst frühzeitigen)

Wechsel zu IFRS abgehalten werden (IFRS 6.IN4). Dabei zielt der Board insbesondere auf folgende Aspekte (IFRS 6.IN4):
- Beschränkte **Verbesserungen** der Rechnungslegungspraxis für Ausgaben im Zusammenhang mit der Erkundung und Wertbestimmung von mineralischen Vorkommen *(exploration for and evaluation of mineral resources)*;
- Darlegung von Anhaltspunkten einer **Wertminderung** der zugehörigen Vermögenswerte;
- Wiedergabe von **Informationen** über diese Vermögenswerte, deren Zuordnung zu einem **Wertminderungs-**(*Impairment-*)Test analog IAS 36 (→ § 11 Rz 13 ff.) und ggf. entsprechende Wertminderungs**abschreibungen**.

Später will der Board eine „Komplettierung" für diesen Industriezweig nachliefern *(comprehensive review of accounting for extractive activities)*. Bis dahin bietet der IFRS 6 weitgehend „eine Hülle ohne nennenswerten regulatorischen Inhalt".[1]

1.2 Geltungsbereich

1.2.1 Erkundung und Entwicklung

Der Standard richtet sich einerseits an **alle** Unternehmen, die mit der Gewinnung von Bodenschätzen (Mineralien) befasst sind. Die entsprechenden Industrien werden üblicherweise unterschieden nach „Öl und Gas" einerseits und „Bergwerke" *(mining)* anderseits. Allerdings ist der Standard auf einen **Teilbereich** (Rz 5) des Geschäftsmodells der einschlägigen Industrien beschränkt. Zur Förderung von Erdöl, Gas, Kohle etc. sind umfangreiche und u.U. langwierige Vorbereitungsszenarien zu beobachten. Dabei werden in der **zeitlichen** Abfolge folgende Phasen unterschieden:

- **Erkundung**: Aufspüren von vermuteten, aber noch nicht nachgewiesenen *(unproved)* Fundstellen, geologische und geophysikalische Untersuchungen, Unterhaltung dieser Fundstellen, Probebohrungen.
- **Entwicklung**: Planung und Bau von Bohrlöchern sowie Bergwerken usw., Entfernung der Erdschicht, Sprengungen etc.
- **Laufende Förderung** von Öl, Kohle etc. (eigentliche Produktion).

Die vorstehenden **Abgrenzungsmerkmale** sind in der Realität wenig trennscharf. Sie sind abgeleitet aus US-amerikanischen Rechnungslegungssystemen (Rz 15). Deren Darstellung an dieser Stelle dient der Illustration des **eingeschränkten** Anwendungsbereiches von IFRS 6. Die Grenzen zieht IFRS 6.5, indem er folgende Aktivitäten aus dem Anwendungsbereich des Standards **ausschließt**:

- die in der Prospektionsphase **vor** der Erkundung und Wertbestimmung, definiert im Allgemeinen als Zeitraum vor Erteilung der (behördlichen oder privatrechtlichen) **Genehmigung** zur Vornahme von spezifischen Erkundungsmaßnahmen (Probebohrungen etc.);
- die **nach** Feststellung der technischen **Machbarkeit** und wirtschaftlichen **Verwertbarkeit** *(technical feasibility and commercial viability)*

anfallen.

---

[1] ZÜLCH/WILLMS, WPg 2006, S. 1209.

4 IFRS 6 übernimmt also nicht die in Rz 2 dargestellten Begrifflichkeiten der US-amerikanischen Praxis, sondern liefert stringentere Abgrenzungskriterien.
Mit der Trennung in vor- und nachgelagerte Aktivitätsphasen bis zum Beginn der eigentlichen Produktion definiert IFRS 6 implizit **drei** Stadien *(stages)*, die nicht immer eindeutig unterscheidbar sind:[2]

Zeit →	Vorerkundung	Erkundung und Evaluierung	Entwicklung
	(pre-exploration)	*(exploration and evaluation)*	*(development)*

Erst nach Abschluss der Entwicklung beginnt die eigentliche Produktionsphase, nämlich die Gewinnung der Mineralie.

5 **Nur** auf den **mittleren** Bereich (im Raster) ist IFRS 6 anzuwenden. Für die **Vorerkundungsphase** (bis zur Erteilung der Genehmigung zu Probebohrungen etc. Rz 3) wird der IFRS-Anwender auf das *Framework* (→ § 1) verwiesen (IFRS 6.BC19). Entsprechend verzichtet der Board auf eine Definition der Ausgaben, die **vor** der Erkundungs- und Evaluierungsphase anfallen (IFRS 6.BC11). Er liefert dann aber sofort eine Auslegungshilfe (IFRS 6.BC12): Die in der Vorerkundungsphase anfallenden Kosten können als **Anschaffungsnebenkosten** für die behördliche **Genehmigung** zur Erkundung angesehen werden und sind dann nach IFRS 38.27a (→ § 8 Rz 11) als Bestandteil eines **immateriellen** Vermögenswertes aktivierbar. Soweit in dieser Phase ausnahmsweise bereits Infrastrukturmaßnahmen anfallen (z.B. der Bau von Zugangsstraßen), führen sie zu aktivierbaren **Sach**anlagen (→ § 14 Rz 7; IFRS 6.BC13).

6 Auch für die Phase **nach** der Erkundung und Wertbestimmung (ebenfalls nicht in IFRS 6 geregelt; Rz 4) gibt der Board eine Auslegungshilfe (IFRS 6.BC27): Die anschließenden Aktivitäten stellen **Entwicklungskosten** eines Mineralvorkommens dar, die dem Regelungsbereich von IAS 38.57 (→ § 13 Rz 30) unterliegen (IFRS 6.BC27). Außerdem wird der Anwender in IFRS 6.10 wiederum (Rz 5) auf das *Framework* (→ § 1) verwiesen.

> **Beispiel**
> Die Oil AG hat ein neues Ölfeld erforscht, Reserven nachgewiesen und die technische und wirtschaftliche „Machbarkeit" der Ausbeutung festgestellt. Erdoberfläche und Teile des Untergrunds sind durch ungewöhnliche Horizontalbewegungen gekennzeichnet. Die Förderanlagen bedürfen deshalb neuer Verfahren zur Fundamentierung.
> Die dazu erforderlichen Aufwendungen stellen Entwicklungskosten i.S.v. IAS 38.57 dar (→ § 13 Rz 27). Bei den im Anschluss daran zu bauenden Förderanlagen handelt es sich um Sachanlagevermögen i.S.v. IAS 16 (→ § 14).

7 Der Verweis auf die Entwicklungskosten in IFRS 6.10 ordnet die dieser Phase vorgelagerten Aufwendungen im Anwendungsbereich von IFRS 6 systematisch den **Forschungskosten** zu (→ § 13 Rz 27). Eine Trennung von wissenschaftli-

---

[2] Leippe/Falkenhahn, in: Thiele/von Keitz/Brücks, Internationales Bilanzrecht, IFRS 6, Tz 109.

cher Forschung einerseits und Erkundung und Wertbestimmung andererseits schien dem Board nicht möglich (IFRS 6.BC20).

Keine weitere Erläuterung oder Definition liefert IFRS 6 zum Begriffsinhalt der **Genehmigung** (Rz 3). Dies erklärt sich auch aus der international höchst unterschiedlichen Rechtslage.

Die **Ausklammerung** vor- nach nachgelagerter Aktivitäten aus dem Standardanwendungsbereich wird unter folgenden Aspekten verständlich:
- Die **vor** der Genehmigung zu Erkundungsbohrungen etc. anfallenden Aufwendungen sind im Verhältnis zu den übrigen, die bis zum Nachweis der Reserven und zur eigentlichen Förderung anfallen, geringfügig.
- Die **nach** Feststellung der technischen Machbarkeit und ökonomischen Verwertbarkeit anfallenden Aufwendungen unterliegen dem Regelungsbereich für das Sachanlagevermögen nach IAS 36 (→ § 14) und den immateriellen Anlagewerten einschließlich der Entwicklungskosten gem. IAS 38 (→ § 13).

> **Beispiel**
> Die German Oil Extract AG vermutet aufgrund geologischer Voruntersuchungen in der Lüneburger Heide eine neue Ölquelle. Die geologischen Voruntersuchungen sind mit geringen Kosten verbunden. Die eigentlichen Probebohrungen oder Sprengungen können erst nach Erteilung einer entsprechenden behördlichen Genehmigung vorgenommen werden.
> Ab diesem Zeitpunkt unterliegen die dann anfallenden höheren Aufwendungen dem Regelungsbereich von IFRS 6.

Die vom Explorationsunternehmen kontrollierten **Rohstoffvorkommen** selbst sind nicht als Vermögenswert aktivierbar.

1.2.2 Produktionsphase im Tagebau

Mit einem Sondertatbestand der Mineraliengewinnung befasst sich IFRIC 20.[3] Der Gegenstand der Interpretation sind die Abraumaktivitäten bei Tagebauminen während der Produktionsphase. Dann muss laufend Abraum beseitigt werden (*stripping acitivities*), um immer weiter Zugang zu erzführenden Schichten zu gewinnen. In dieser Abraumsubstanz sind u.U. Erze enthalten. Bei ausreichendem Volumen rentiert sich die Weiterverarbeitung des erzhaltigen Abraums. Die *stripping costs* bewirken deshalb nicht nur einen **verbesserten Zugang** zu den eigentlichen erzführenden Schichten, sondern dienen auch der **Produktion** von Vorratsvermögen (IFRIC 20.4). Danach stellt sich die Frage nach der Aktivierbarkeit dieser Aktivitäten generell und in der Folge nach der Zuordnung auf **Vorratsvermögen** i.S.d. IAS 2 (→ § 17) oder auf **spezifische** Vermögenswerte aus Abraumaktivitäten (*stripping activity assets*). Letztere stellen dem IFRS IC zufolge keine eigenständigen Vermögenswerte dar, sondern sind den schon bestehenden Vermögenswerten, z.B. Abbaurechten, zuzuschlagen (IFRIC 20.10 i.V.m. IFRIC 20.BC10).

---

[3] IFRIC, Interpretation 20 – Stripping Costs in the Production Phase of a Surface Mine.

Daraus leitet IFRIC 20.7 den Gegenstand der Interpretation ab:
- **Bilanzansatz** der *production stripping costs* als Vorratsvermögen **oder** als *stripping activity assets*.
- **Erst**bewertung von *Stripping Activity Assets*.
- **Folge**bewertung von *Stripping Activity Assets*.

Sofern die mit dem Abraumverfahren verbundenen Kosten dem Vorratsvermögen wegen Rohstoffförderung zuzuordnen sind, ist ein Ansatz nach den Regeln des IAS 2 vorzunehmen. Demgegenüber kommt eine Aktivierung der *Stripping Activity Assets* nur bei kumulativer Erfüllung folgender **Bedingungen** in Betracht:
- Wahrscheinlich künftiger wirtschaftlicher Nutzen aus den Abraumaktivitäten.
- Zuordnung der entsprechenden Aufwendungen zu dem Teil der Mine, zu dem der Zugang verbessert wurde.
- Verlässliche Bestimmung der zugehörigen Abraumkosten.

Nach Feststellung der Aktivierbarkeit muss dann eine Zuordnung dieser „*Assets*" zu den eigentlichen materiellen oder immateriellen Vermögenswerten der betreffenden Mine erfolgen.

Der **Erst**bewertung sind die mit den direkt anfallenden Einzelkosten zuzüglich der verursachungsgerecht zuordenbaren Gemeinkosten zugrunde zu legen (IFRIC 20.12). Sofern die Abraumaktivitäten sowohl auf Erzvorkommen als auch auf bessere Zugänge entfallen, ist eine verursachungsgerechte **Zuordnung** der Kosten vorzunehmen, notfalls durch entsprechende Schlüsselungen (IFRIC 20.13).[4]

In der **Folge**bewertung sind die *Stripping Activity Assets* nach der Zuordnung zu den betreffenden Vermögenswerten zu fortgeführten **Anschaffungs**- oder **Herstellungs**kosten im Anschaffungskostenmodell (→ § 8 Rz 70 f. als Regelverfahren) zu bilanzieren.

Die **Abschreibungen** sind nach Maßgabe des Produktionsvolumens im jeweiligen Jahr im Verhältnis zur gesamten möglichen Ausbeute zu bestimmen (*units of production method*, IFRIC 20.15; → § 10 Rz 28).

Das von IFRIC 20 im Grunde genommen nicht gelöste Problem besteht in der Zuordnung der Kosten für die Abraumbeseitigung zu den beiden Nutzungselementen (Vorräte oder Vermögenswerte aus der Abraumbeseitigung). Eine Orientierung an den Verkaufspreisen wird abgelehnt (IFRIC 20.13 und BC 14 – 16). Trotz einiger Beispiele in der Interpretation bleibt die Aufteilung stark ermessensbehaftet und wird kaum zu einer einheitlichen Bilanzierungspraxis führen.[5]

Die Interpretation ist für Wirtschaftsjahre mit Beginn nach dem 31.12.2012 anzuwenden (Rz 32).

---

[4] Wegen Einzelheiten hierzu und weiteren Inhalten von IFRIC 20 wird auf den Beitrag von FISCHER, PiR 2012, S. 26 verwiesen.
[5] So SCHMIDT/SCHREIBER, BB 2012, S. 2363.

2 Ansatz und Zugangsbewertung

2.1 Weiterführung der bisher angewandten Methoden

Die **zentrale Aussage** von IFRS 6 lautet: Die bisher (im *previous GAAP*) angewandten Regeln zum Ansatz und zur Zugangsbewertung *(accounting polices for the recognition and measurement)* können **beibehalten** werden (IFRS 6.7). Da die IFRS bislang keine Regeln zur Erkundung und Wertbestimmung von Mineralvorkommen enthalten, **müsste** eigentlich nach der Auslegungshierarchie von IAS 8.10–12 vorgegangen werden (→ § 1 Rz 77). Insbesondere wäre danach die Bilanzierung nach fremden Regeln (z. b. US-GAAP) oder Branchenübung nur dann zulässig, wenn eine auch durch Analogie zu anderen IFRS-Bestimmungen nicht zu schließende Lücke im IFRS-Regelwerk bestünde und überdies dargetan werden könnte, dass die fremden oder branchenüblichen Regeln IFRS-verträglich sind, also den Wertungen des *Framework* oder anderer IFRS-Standards nicht widersprechen.

Der IASB **befreit** die einschlägige Industrie von diesen Überlegungen. Auch eine mangelnde IFRS-Verträglichkeit der bisherigen Bilanzierungsmethoden soll nach dem Wunsch des Board kein Hinderungsgrund für die Aufnahme eines interessierten Unternehmens in die IFRS-Rechnungslegungswelt darstellen. IFRS 6 bestätigt „kraft Amtes" die Übereinstimmung der bisherigen Bilanzierungsmethoden mit den IFRS, auch wenn eine solche gerade nicht vorliegt. Vier Mitglieder des Board haben dieser Grundsatzentscheidung ihre Zustimmung verwehrt (IFRS 6.DO1).

Diese „Technik" – Außerkraftsetzung von allgemein gültigen Regeln im Interesse eines einflussreichen Wirtschaftszweiges – entspricht derjenigen für die Bilanzierung von **Versicherungsverträgen** durch Versicherungsunternehmen nach IFRS 4 (→ § 39 Rz 20) mit der Ausnahme von IAS 8.10. Die Mineralölindustrie muss im Rahmen der IFRS-Anwendung also IAS 8.10 beachten, die Versicherungswirtschaft nicht. Wegen des **hohen Abstraktionsgehaltes** der dortigen Vorgaben zur Gestaltung der Rechnungslegung (→ § 1 Rz 78) kommt diesem Unterscheidungsmerkmal zwischen den beiden Standards IFRS 6 und IFRS 4 **keine praktische Bedeutung** zu. Nicht sehr überzeugend wirkt deshalb auch die Begründung des Board für die Ausklammerung von IAS 8.10 aus dem Anwendungsbereich von IFRS 4 gegenüber der Einbeziehung in IFRS 6 (IFRS 6.BC18). Inhaltlich erlaubt diese Regelung z. B. eine ungeprüfte Übernahme der in den **USA** angewandten Bilanzierungsverfahren innerhalb der Öl- und Gasindustrie. Danach kann zwischen folgenden Methoden gewählt werden:[6]

- Die *Full Cost Method* aktiviert **sämtliche** Kosten der Erkundungs- und Entwicklungstätigkeiten in einem bestimmten Land. Wegen des hohen Risikos einer unergiebigen Erkundung werden auch alle **vergeblichen** Kosten, die zur Entdeckung von Erdöl- oder Gasvorkommen unvermeidlich sind, aktiviert. Der Erkundungs**erfolg** entscheidet **nicht** über die Aktivierbarkeit. Alle einschlägigen Aufwendungen werden aktiviert und auf einer länderspezifischen Basis planmäßig und außerplanmäßig (Rz 25) abgeschrieben.

---

[6] Vgl. unter www.sec.gov, Rule 4–10(c) of Regulation S-X sowie SFAS 19, Financial Reporting by Oil and Gas Producing Companies; Einzelheiten hierzu bei ZÜLCH/WILLMS, WPg 2006, S. 1201.

- Die *Successful Efforts Method* aktiviert **nur** die mit **erfolgreichen** Projekten verbundenen Kosten, interimistisch aktivierte Aufwendungen werden erfolgswirksam verbucht, sobald mit einem Erfolg nicht mehr zu rechnen ist.
- Verschiedene „**Mischverfahren**" aus den beiden genannten sind ebenfalls festzustellen.

14 Die Zuordnung der Aufwendungen zur Erkundung *(exploration)* und Wertbestimmung *(evaluation)* ist in **zeitlich konsistenter** Form vorzunehmen. Diese Vorgabe bezieht sich insbesondere auf den **Anteil** *(degree)*, mit dem bestimmte Aufwendungen einem spezifischen Mineralvorkommen zugeordnet werden. Als (nicht erschöpfende) **Beispiele** für **aktivierbare** Aufwendungen stellt IFRS 6.9 dar:

- Erwerb des Erkundungsrechts
- Topografische, geologische und geophysikalische Studien
- Probebohrungen
- Grabungen
- Entnahmen von Proben
- Feststellung der technischen Machbarkeit und der wirtschaftlichen Verwertbarkeit der Mineralquelle.

Die Beibehaltungsmöglichkeit für die bisherigen Bewertungsverfahren wird in einer Hinsicht **durchbrochen**: Entfernungs- und Wiederherstellungskosten sind gem. IAS 37 als Rückstellung anzusetzen und den Anschaffungs- oder Herstellungskosten zuzurechnen (→ § 21 Rz 80).

2.2 Die Bilanzierung von Aufwand

15 Die **bisher angewandten** (IFRS 6.9) und (erlaubt) **fortgeführten** (IFRS 6.IN5) Bilanzierungsregeln entscheiden somit über den Ansatz in der IFRS-Bilanz. Das „*asset*-Kriterium" (→ § 1 Rz 88) wird zur Prüfung der Aktivierbarkeit nicht benötigt. Es wird durch das Kriterium der „**Vorherigkeit**" ersetzt.
Die *Full Cost Method* (Rz 13) hat möglicherweise bislang nicht zwischen (eigentlichen) *Assets* und anderen Aufwendungen unterschieden, da **beiden** ein Bilanzansatz erlaubt ist. Im Anwendungsbereich von IFRS 6 gelten in der Konsequenz alle bislang aktivierten Beträge als *Vermögenswerte*. Man kann dann 2 Typen von *Assets* unterscheiden:
- „eigentliche" nach IAS 16 z. B. Bagger (→ § 14) oder nach IAS 38 z. B. Schürfrecht (→ § 13),
- aktivierter Aufwand.

Hinsichtlich der übrigen *assets* – keine eigentlichen Vermögenswerte bei Anwendung der *Full Cost Method* (Rz 13) – braucht nicht nach irgendwelchen **Aufwandsarten** differenziert zu werden (IFRS 6.BC25). Erlaubt ist auch die Einbeziehung von **Verwaltungs-** und anderen **Gemeinkosten** nach Maßgabe der bisherigen Handhabung in die Anschaffungs- oder Herstellungskosten.
Die *Successful Efforts Method* konkretisiert nachgewiesene Rohstoffreserven, die zu einem wahrscheinlichen Nutzenzufluss zum Unternehmen führen. Deshalb werden nach dieser Methode zuverlässig bewertbare Vermögenswerte bilanziert (→ § 1 Rz 88 ff.).[7]

---

[7] Zülch/Willms, WPg 2006, S. 1204.

Die Möglichkeit zur Beibehaltung der bisherigen Bilanzierungsmethode bezieht sich nicht nur auf den Bilanzansatz. Auch **Bewertungsverfahren** können beibehalten werden. Beispielsweise ist der „*Components Approach*" gem. IAS 16.43 (→ § 10 Rz 7) nur beachtlich, wenn er auch unter der bisherigen Bilanzierungsmethode angewandt wurde.

Die **Zugangsbewertung** hat gem. IFRS 6.8 zu den Anschaffungs- oder Herstellungskosten zu erfolgen. Diesbezüglich gewährt IFRS 6 keine Ausnahme – wohl deshalb, weil eine andere Zugangsbewertung international kaum praktiziert werden dürfte.

16

> **Beispiel**
> Nach Nigerian-GAAP sind (unterstellt) die Erkundungs- und Wertbestimmungsaufwendungen zum *Fair Value* zu bewerten. Diese Bewertungsmethode kann – theoretisch – weder beim Zugang noch bei der Folgebewertung beibehalten werden. Im Zugangszeitpunkt entsprechen sich allerdings die beiden Bewertungsmethoden im Ergebnis (→ § 28 Rz 100).

Entfernungs- und Wiederherstellungskosten sind nach IAS 37 als Rückstellung den Anschaffungs- und Herstellungskosten zuzurechnen (→ § 21 Rz 80) – **einzige Ausnahme** bez. der Weiterführung der bisherigen Bilanzierungsmethoden (Rz 14).

2.3 Übergang auf die IFRS-Rechnungslegung

Die schon sehr **großzügig** ausgestalteten Regeln (Rz 11) in IFRS 6 für die betroffene Industrie werden vom Board im Hinblick auf das Übergangsverfahren nach IFRS 1**nicht** als **ausreichend** angesehen. In einem Änderungsstandard zu IFRS 1 (→ § 6 Rz 123) vom Juli 2009 sind weitere Erleichterungen für den Übergang vorgesehen (IFRS D8A):

17

- Bei bisheriger Anwendung der *Full Cost Method* (Rz 13) im Bereich „Öl und Gas" (Rz 2) kann der **Buchwert** im Status „*Exploration and Evaluation*" (Rz 4 f.) nach dem bislang angewandten Rechnungslegungssystem („*previous GAAP*") **weitergeführt** werden.
- In der zeitlich nachfolgenden Entwicklungsphase befindliche Posten *(amounts)* dürfen insgesamt wertmäßig unverändert auf die gem. IFRS definierten Vermögenswerte (→ § 1 Rz 88 ff.) nach Maßgabe einer **Verhältnisrechnung** unter Berücksichtigung der Reserven an Öl und Gas **aufgeteilt** werden. Eine Anhangerläuterung ist nach IFRS 1.31A erforderlich.
- In beiden Fällen muss anlässlich des Übergangsverfahrens ein *Impairment-Test* nach IAS 36 (→ § 11) erfolgen (Rz 22).

Bei Anwendung der vorgenannten Erleichterungen sind die Kosten für die **Entfernungs-** und **Rückbauverpflichtungen** im Übergangszeitpunkt (→ § 6 Rz 19) statt nach IFRIC 1 (→ § 21 Rz 80) und nach IFRS 1.D21 nach den allgemeinen Regeln von IAS 37 (→ § 21 Rz 129 ff.) zu bewerten; der Unterschiedsbetrag zu dem bisherigen Buchwert nach früheren Rechnungslegungsregeln *(previous GAAP)* ist direkt in die Gewinnrücklage einzustellen.

3 Folgebewertung

3.1 Anschaffungskosten- oder Neubewertungsmethode

18 Nach IFRS 6.12 steht für die **Folgebewertung** das Verfahren der **fortgeführten Anschaffungs- oder Herstellungskosten** *(cost model)* oder das **Neubewertungsverfahren** *(revaluation model)* zur Verfügung (→ § 8 Rz 11 ff. und 70 ff.). Die planmäßigen Abschreibungen sind nach der linearen Methode oder verbrauchsabhängig zu verrechnen (→ § 10 Rz 28).[8]
In diesem Zusammenhang sind dem Board die unterschiedlichen Voraussetzungen zur Anwendung des Neubewertungsmodells unangenehm aufgestoßen („*the board was troubled by this inconsistency*", IFRS 6.BC29). Diese **Widersprüchlichkeit** zwischen IFRS 16 und IAS 38 beruht auf den **Anwendungsvoraussetzungen** des Neubewertungsverfahrens:
- Für **sächliches** Anlagevermögen genügt ein aus Marktpreisen abgeleiteter Wert (*market-based evidence*; → § 8 Rz 78),
- Für **immaterielle** Vermögenswerte bedarf es dagegen eines „aktiven Marktes" (→ § 8 Rz 74).

Die letztgenannte Voraussetzung ist nur in seltenen Fällen erfüllt, sodass für *Intangibles* das Neubewertungsverfahren in Deutschland gar nicht und international selten angewandt wird. Der Board will gleichwohl für den Anwendungsbereich von IFRS 6 das Neubewertungsverfahren offenhalten, ohne an der genannten Widersprüchlichkeit derzeit zu rütteln.

19 Wenn sich ein Anwender für das **Neubewertungsmodell** entscheiden will, muss er die aktivierten Vermögenswerte entweder als **Sachanlage** oder **immaterielles** Anlagevermögen qualifizieren (IFRS 6.15). Dazu macht der Board eine eher nichts sagende Vorgabe: Das Unternehmen soll die betreffenden Vermögenswerte ihrer „Natur entsprechend" bestimmen und diese Qualifikation im Zeitverlauf beibehalten. Als Beispiel für die „Natur" der betreffenden Vermögenswerte wird in IFRS 6.16 dargelegt: Ein Bohrrecht ist ein immaterieller Vermögenswert, umgekehrt sind Fahrzeuge und Bohrinseln Sachanlagen. Die letztgenannten sächlichen Vermögenswerte können zur Erstellung eines immateriellen Vermögenswertes verwendet werden, der Nutzenverbrauch (reflektiert in der planmäßigen Abschreibung) kann dann in die Herstellungskosten des immateriellen Vermögenswertes einfließen, ohne dass dadurch ein sachlicher Vermögenswert in einen immateriellen umgewandelt wird.

20 In der Praxis wird vermutlich das *Cost Model* (Rz 18) dominieren. Dann braucht das betreffende Unternehmen in Weiterführung seiner bisherigen Bilanzierungsmethode keine Gedanken auf die Abgrenzung von sächlichem und immateriellem Vermögen zu verschwenden. Diesem Aspekt kommt insofern Bedeutung zu, als nach US-GAAP[9] ein Mineralgewinnungs**recht** als sächliches Vermögen *(tangible)* gilt.

21 IFRS 6.13 erlaubt eine **Änderung** der Bilanzierungs- und Bewertungsmethoden im Zeitverlauf, sofern die neue Methode für den Nutzer insgesamt von Vorteil ist. Zur Bestimmung des Vorteils wird dabei auf die Kriterien der Relevanz und der

---

[8] ZÜLCH/WILLMS, WPg 2006, S. 1204.
[9] EITF Abstracts 04–2.

Verlässlichkeit in IAS 8 (→ § 1 Rz 17) verwiesen (IFRS 6.13). Eine volle Übereinstimmung mit den einschlägigen Beurteilungsmaßstäben nach IAS 8 wird dabei nicht verlangt (IAS 6.14). Diese „Erlaubnis" lässt sich als **Widerspruch** zur Aussage in IFRS 6.7 interpretieren, denn dort ist die Vorgabe von IAS 8.10 (Verlässlichkeit und Relevanz) gerade nicht aus dem Anwendungsbereich von IFRS 6 ausgenommen (Rz 12).

3.2 Außerplanmäßige Abschreibung (*impairment*)

Die als Vermögenswerte geltenden Posten der Erkundung und Evaluierung von Mineralvorkommen sind einem *Impairment*-Test zur Prüfung des Erfordernisses einer außerplanmäßigen Abschreibung zu unterziehen (→ § 11). Dabei ist für ein dem Anwendungsbereich von IFRS unterliegendes Forschungsprojekt (Rz 7) eine wesentliche **Vereinfachung** gegenüber den Vorgaben in IAS 36 vorgesehen. Lediglich bei Vorliegen entsprechender „**tatsächlicher Verhältnisse**"(*facts and circumstances*) ist eine *Impairment*-Abschreibung vorzunehmen (IFRS 6.18). Ohne diese Sonderregelung würden die Privilegien, die in Form der Aktivierungsmöglichkeit fast aller Kosten (*Successful Efforts Method*; Rz 13) gewährt wurden, häufig nur bis zum nächsten Bewertungsstichtag halten, da sich dann die Frage nach dem erzielbaren Betrag stellen und dieser häufig negativ ausfallen würde.   22

Zur Vermeidung dieser Rechtsfolge wird der *Impairment*-Test nach IAS 36.8–17 (→ § 11 Rz 13 ff.) (beispielhaft) durch folgende Wertminderungs**indizien ersetzt** (IFRS 6.19 f.):

- Die **Berechtigung** zur Erforschung ist bereits **abgelaufen** oder wird demnächst ablaufen und steht nicht zur Verlängerung an (externe Beendigung des Projekts).
- Die **Geschäftspläne** des Unternehmens sehen keine wesentlichen Ausgaben zur **weiteren** Erforschung und Auswertung in dem betreffenden Gebiet vor (interne Beendigung des Projekts).
- Die festgestellten Vorkommen gewähren **keine wirtschaftlich rentable** Verwertung und die entsprechenden Aktivitäten in dem betreffenden Gebiet werden eingestellt (interne Beendigung des Projekts).
- Eine mögliche Weiterentwicklung eines Projekts bis zur Förderreife verspricht keine **Kostendeckung**.

Nur bei endgültigem Scheitern des Projekts erfordern diese „tatsächlichen Verhältnisse" die Vornahme eines *Impairment*-Tests.[10]

Eine nach diesen (nicht erschöpfenden) Anhaltspunkten gebotene außerplanmäßige Abschreibung für die zugehörigen Vermögenswerte ist nach **Maßgabe von IAS 36** (→ § 11 Rz 13 ff.) vorzunehmen. Kein Hinweis ergeht diesbezüglich, in welcher Form oder nach welcher Bewertungsmethode der Abschreibungsbedarf zu ermitteln ist. Das eigentliche Bewertungsverfahren nach IAS 36, das durch sehr detaillierte Vorgaben bez. der Ermittlung künftiger *Cashflows* gekennzeichnet ist, kann hier keine Verwendung finden, weil die **Nichtermittelbarkeit** solcher *Cashflows* typisierend unterstellt wird (IFRS 6.BC36).   23

---

10 Zustimmend LEIPPE/FALKENHAHN, in: THIELE/KEITZ, VON/BRÜCKS, Internationales Bilanzrecht, IFRS 6, Tz 158.

24 Unklar bleibt in diesem Zusammenhang das **Verhältnis zu IFRS 5** (→ § 29). Die Abwertungsindizien (Rz 22) sind identisch mit denjenigen, die zur Annahme von einzustellenden Bereichen *(discontinued operations)* führen. In diesen Fällen wird indes die Möglichkeit der *Cashflow*-orientierten *fair-value*-Bewertung als vorhanden unterstellt. Der Konflikt ist u.E. nach dem Lex-specialis-Gedanken zugunsten des Vorranges von IFRS 6 zu lösen.

25 Die nach Maßgabe von IFRS 6 aktivierten Vermögenswerte sind für Zwecke des *Impairment*-Tests nach Maßgabe vernünftiger kaufmännischer Beurteilung *(an entity shall determine an accounting policy)* einer **Zahlungsmittel generierenden Einheit** (CGU; → § 11 Rz 100) zuzuordnen. Dazu gilt nach IFRS 6.21:

- Die Zuordnung kann auf eine **einzelne** CGU oder auf eine **Gruppe** von CGUs erfolgen.
- Die einzelne CGU oder die Gruppe darf nicht größer sein als ein **Segment** nach Maßgabe des ersten oder zweiten Berichtsformats in IAS 14 (→ § 36).

Die letztgenannte Vorgabe entspricht der generell gültigen **Aggregierungsgrenze** in IAS 36.80b (→ § 11 Rz 102). Umgekehrt ist die Zuordnung zu **Gruppen** von CGUs nach IAS 36 unzulässig. Der Bilanzierungspraxis wird dadurch ein ausgesprochen umfangreiches „**Saldierungskissen**" (→ § 11 Rz 144) zur Verfügung gestellt. Die mineralgewinnende Industrie wird das ihr gewährte Sonderrecht zur **hoch aggregierten** Betrachtung bei Anwendung der *Full-Cost*-Methode (Rz 13) nutzen, um durch eine Saldierung mit schon erfolgreichen Feldern der gleichen Region (sog. *country-by-country basis*) außerplanmäßige Abschreibungen zu vermeiden.

Beispiel
Die Oil AG ist u.a. in der Nordsee, im Golf von Mexiko und im Chinesischen Meer tätig. Dies sind zugleich ihre Segmente. Für alle Regionen gilt: Bestimmte Ölfelder werden schon ausgebeutet, andere sind noch in der Erkundungsphase.
Nach den normalen Kriterien von IAS 36 würde jedes Ölfeld eine eigene CGU darstellen und wäre daher einem eigenen *Impairment*-Test zu unterziehen. Für ein noch in der Explorationsphase befindliches Ölfeld wäre dann folgende Betrachtung anzustellen:

+ Voraussichtliche Einnahmen aus dem Ölfeld (wegen der Unsicherheit, ob überhaupt Einnahmen erzielt werden, zu bestimmen durch wahrscheinlichkeitsgewichtete Szenarien)
− Ausgaben bis zum Abschluss der Exploration
− Ausgaben bei Erfolg der Exploration (wahrscheinlichkeitsgewichtete Szenarien)
= Netto-*Cashflow*
  darauf Diskontierung
= *Value in Use* (→ § 11 Rz 42)

Das Resultat einer solchen Berechnung wäre in vielen Fällen, insbesondere gegen Ende einer sich als erfolglos abzeichnenden Erkundungsphase, ein *Value in Use* unter Buchwert und damit eine außerplanmäßige Abschreibung.

> Bei einer Zusammenfassung der Erkundungsfelder mit den bereits produzierenden Feldern *(country-by-country basis)* werden hingegen die negativen oder geringen Ertragsaussichten der Erkundungsfelder durch die positiven Aussichten der produzierenden Felder überkompensiert. Eine außerplanmäßige Abschreibung ist regelmäßig nicht erforderlich.

4 Ausweis

Gliederungstechnisch sind die nach IFRS 6 zu aktivierenden Vermögenswerte entsprechend ihrer Qualifikation (Rz 19) als Sachanlage- oder immaterielles Vermögen auszuweisen (→ § 2 Rz 44). 26

Sobald die technische und wirtschaftliche Verwertbarkeit (Rz 3) festgestellt ist, **endet** der Anwendungsbereich von IFRS 6 (Rz 4); deshalb sind die bis dahin nach IFRS 6 aktivierten Vermögenswerte nicht mehr als solche zu behandeln (IFRS 6.17). Fraglich ist dann bspw., ob bislang als 27

- Sachanlagewerte behandelte Mineralgewinnungsrechte (Rz 20) nunmehr als immaterielle gelten,
- aktivierter Aufwand (noch nicht) abgeschriebene Beträge (Rz 15) erfolgswirksam als Abgang ausgebucht werden müssen.

Nur die 1. Frage ist zu bejahen. Die Regelung von IFRS 6.17 ist im Kapitel „Ausweis" *(presentation)* enthalten. Folgerungen für Ansatz und Bewertung sind aus ihr daher nicht abzuleiten.

Vorjahresvergleichszahlen (→ § 2) brauchen weder vom IFRS-Erstanwender (→ § 6) noch bei erstmaliger Anwendung von IFRS 6 präsentiert zu werden (IFRS 6.BC65 sowie *Amendment* zu IFRS 6.36 B). 28

5 Angaben

Entgegen der sonst üblichen Praxis **verzichtet** der Board auf eine **detaillierte** und **umfangreiche** Vorgabe für die Anhangerläuterungen. Die Begründung findet er in den der Standardfassung unterliegenden **Prinzipien** (IFRS 6.BC52). Diese umschreibt der Board wie folgt: 29

- Den Unternehmen soll das Verständnis für den **Sinn und Zweck** des Standards besser erschlossen werden.
- Besondere Erläuterungen werden nicht zur Darstellung der individuellen Verhältnisse des Unternehmens benötigt und führen in der Folge zu einer **Überfütterung** der Adressaten *(information overload)*, wodurch wichtige Informationen in einer Vielzahl von Angaben verschleiert werden.
- Den Unternehmen soll genug **Flexibilität** bei der Entscheidung über ein passendes Aggregationsniveau der Angaben eingeräumt werden.
- Die Unternehmen sollen die den IFRS 6 unterliegenden Aufwendungen und deren bilanzielle Behandlung nicht unbedingt je Segment auf **Jahresbasis** darlegen, sondern es soll auch eine Gesamtdarstellung der seit **Beginn** der Tätigkeit aufgelaufenen Zahlen genügen.

Dieser „Philosophie" des Board kann man mit der **Gegenfrage** antworten: Warum werden anderen Branchen – z. B. der Landwirtschaft (→ § 40) oder der Versicherungswirtschaft (→ § 39 Rz 43 ff.) – nicht vergleichbare Zugeständnisse gemacht? Die Überfütterung mit Angaben ist ein nachhaltig latentes Problem des IFRS-Regelwerkes insgesamt (→ § 1 Rz 66). Zur künftigen Entwicklung vgl. Rz 32.

30 Vor diesem Hintergrund gibt IFRS 6.24 folgende Spezifizierungen hinsichtlich der Angabepflichten:
- Die Bilanzierungs- und Bewertungs**methoden** sind darzustellen, also z. B. die *Full Cost Method* oder die *Successful Efforts Method* (Rz 15).
- Die **Beträge** der im Anwendungsbereich von IFRS 6 bestehenden Vermögenswerte, Schulden, Einnahmen, Ausgaben und die zugehörigen investiven und operativen *Cashflows* sind offenzulegen.
- Bei den Anhangsangaben sind die dem Standard unterliegenden Vermögenswerte als eine **eigenständige** Gruppierung zu behandeln und in der Folge die nach IAS 16 (→ § 14 Rz 25) oder IAS 38 (→ § 13 Rz 101) geforderten Erläuterungen zu geben.
- Ein Vorjahresvergleich ist nicht erforderlich.

Der befürchtete *Information Overload* besteht also nicht bei den „normalen" Anhangerläuterungen zum sächlichen und immateriellen Anlagevermögen.

6 Anwendungszeitpunkt, Rechtsentwicklung

31 IFRS 6 ist auf alle Geschäftsjahre anzuwenden, die nach dem 31.12.2005 beginnen. Eine frühere Anwendung unter entsprechender Anhangerläuterung wird empfohlen (IFRS 6.26).

32 Eine Erleichterung im Übergangsverfahren bezieht sich auf den Vorjahresvergleich bez. einer *impairment*-Abschreibung (Rz 22). Sofern die Ermittlung der erforderlichen Daten nicht durchführbar *(impracticable)* ist (→ § 8 Rz 48), genügt ein entsprechender Hinweis.

Wann die vom Board angesprochene Gesamtlösung für den Industriezweig *(comprehensive review;* Rz 1) in Angriff genommen wird, ist derzeit nicht abzusehen. Der Board hat am 6.4.2010 ein Diskussionspapier bez. der Rohstoffindustrie veröffentlicht. Ob und wann daraus ein Standardentwurf entsteht, lässt sich derzeit nicht absehen.

Für das Übergangsverfahren auf die IFRS-Rechnungslegung nach IFRS 1 (→ § 6) gewährt ein Änderungsstandard vom Juli 2009 bestimmte Erleichterungen, die unter Rz 17 dargestellt sind. Deren Anwendung ist nach IFRS 6.39A in den nach dem 31.12.2009 beginnenden Geschäftsjahren verpflichtend; unter Anhangangabe ist eine frühere Anwendung zulässig.

Am 19.10.2011 ist die *IFRIC Interpretation 20 – Stripping Costs in the Production Phase of a Surface Mine* veröffentlicht worden (Rz 10 ff.). Die Anwendung ist für nach dem 31.12.2012 beginnende Geschäftsjahre vorgesehen.

7 Zusammenfassende Praxishinweise

33 Der Standard ist in hohem Umfang **politisch** motiviert: Die international einflussreiche Mineralgewinnungsindustrie soll in die IFRS-Rechnungslegungswelt Einlass finden. Dazu macht der Standard in der Summe bislang nicht bekannte Zugeständnisse bez. der Bilanzierungs- und Bewertungsmethoden und der Anhangsangaben. Kaum vereinfacht besagt der Standard: *anything goes*, sofern es

sich um die bisherigen Bilanzierungs- und Bewertungsmethoden handelt (Rz 11). Auch bez. der Anhangerläuterungen befleißigt sich der Board bislang unbekannter Zurückhaltung (Rz 29). Der Standard behandelt nur einen **Teilbereich** aus den gesamten Aktivitäten der angesprochenen Industrie (Rz 4). Ein Blick auf die US-amerikanischen Verhältnisse zeigt die Praktizierung verschiedener Bilanzierungsverfahren (Rz 13). Von einer Vergleichbarkeit **innerhalb** der Industrie kann keine Rede sein. Erst recht ist kein Vergleich mit **anderen** Industriezweigen möglich.

QUERSCHNITTSTHEMEN

§ 50 *SME-IFRSs* FÜR KLEINE UND MITTELGROSSE UNTERNEHMEN

Inhaltsübersicht   Rz
1 Der Anwendungsbereich in globaler Sicht.   1–7
2 Persönlicher Anwendungsbereich der SME-IFRSs   8
3 Verhältnis zu den *full IFRSs* (faktischer *fallback*). 9–11
4 Wesentliche Abweichungen von den *full IFRSs* bei Ansatz,
   Bewertung und Ausweis 12
5 Aktuelle Entwicklung. 13

Schrifttum: EIERLE/HALLER/BEIERSDORF, IFRS for SMEs – eine „attraktive" Alternative für nicht-kapitalmarktorientierte Unternehmen in Deutschland?, DB 2011, S. 1595; BEIERSDORF/EIERLE/HALLER, IFRS for SME, DB 2009, S. 1549; BEIERSDORF/SCHUBERT, Überarbeitung der IFRS for SMEs, IRZ 2013, S. 401; GROTTKE/SPÄTH/HAENDEL, IFRS für SME – Vorteil oder Nachteil für den Mittelstand im internationalen Wettbewerb, DStR 2011, S. 2422; FISCHER, Die Anwendungshilfen der SMEIG zum IFRS for SMEs (Draft Q&As 09/2011), PiR 2011, S. 326 ff.; LÜDENBACH/WELLER, Der Exposure Draft zur Revision der IFRS für Klein- und mittelständische Unternehmen, PiR 2013, S. 376 ff.; Müller/Hillebrand, Verbreitung der IFRS bei großen Familienunternehmen – Warum kommt die Umstellung von HGB auf IFRS nur noch zögerlich voran?, KoR 2014, S. 257 ff; WINKELJOHANN/MORICH, IFRS für den Mittelstand, BB 2009, S. 1630.

1 Der Anwendungsbereich in globaler Sicht

Der Bilanzierungsstandard *IFRS for Small and Medium-sized Entities* (kurz: SMEs) enthält gegenüber den *„full IFRSs"*
- eine **Komplexitätsreduktion**,
- zahlreiche **Erleichterungen** (durch die Streichung von Wahlrechten aber auch **Einschränkungen**) in Bilanzierung, Bewertung, Ausweis und Konsolidierung (Rz 12),
- eine (nach allgemeinem Urteil nicht weit genug reichende) **Reduktion** der **Anhangsangaben**.

Entgegen der nach den *full IFRSs* praktizierten kontinuierlichen Standardentwicklung soll der SME-Standard nur in größeren Zeitabständen von zwei bis drei Jahren revidiert werden (SME.P16 und P17). Das ist verspätet mit dem Entwurf von Änderungsvorschlägen in ED/2013/9 erfolgt (Rz 13). Andererseits fördert der IASB intensiv die Anwendung des Standards auf globaler Ebene. So werden Unterrichtsmaterialien in Folienform in verschiedenen Sprachen vorgehalten und Unterrichtsveranstaltungen vor Ort durchgeführt. Spezialisierungen auf diesem Gebiet werden durch *„questions and answers"*-Projekte[1] gefördert. Zu allem ist auf die Internet-Präsentation unter IASB.org zu verweisen.

1

---

[1] Vgl. FISCHER, PiR 2011, S. 326.

2 Mit einem gewissen Stolz vermeldete die IFRS-Foundation im Juli 2013 über 80 Länder, welche die SME-IFRSs bereits eingeführt haben bzw. die Einführung planen. Zu den vermeintlichen europäischen Anwendern der *SME-IFRSs* gehört nach Angaben des IASB auch das Vereinigte Königreich (UK) und Irland. Im März 2013 hat der dort zuständige Rat für Rechnungslegung (*Financial Reporting Council, FRC*) nach langjährigen Beratungen den Rechnungslegungsstandard FRS 102 „*The Financial Reporting Standard applicable in the UK and Republic of Ireland*" herausgegeben, der die UK-GAAP ab dem 1.1.2015 ersetzt. Der FRC selbst behauet: „*The requirements in this FRS are based on the International Financial Reporting Standard for Small and Medium-sized Entities (IFRS for SME) issued in 2009*" (FRS 102 Summary (vii)). Mit der Veröffentlichung der Studie „*Impact assessment FRS 100, FRS 101 und FRS 102*" modifiziert der FRS diese Aussagen: „*The FRC used the IFRS for SMEs (issued by the IASB) as a starting point in developing FRS 102 for use in the UK and Republic of Ireland (RoI), but made amendments to create a standard that is fit for business purpose* ...".[2] Die Einschätzung des IASB, dass UK und Irland als SME-Anwender gelten, und die Einschätzung des FRC selbst scheinen auf den ersten Blick also übereinzustimmen.

Die Formulierungen „*starting point*" und „*based on*" eröffnen allerdings einen weiten Interpretationsspielraum. Sicherlich könnte man die britischen Regeln auch als „*based on Lucca Pacioli*", dem Erfinder der doppelten Buchführung, oder dessen Erfindung ebenfalls als „*starting point*" ansehen, da FRS 102 die Unterscheidung von Soll und Haben, Vermögen und Schulden sowie Aufwendungen und Erträgen voraussetzt. Zu klären bleibt daher, ob mit dem „*based on SME-IFRS*" eher grobe Anlehnungen oder eine weitgehende Übernahme gemeint sind. FRS 102 selbst hält auf acht (!) Druckseiten Unterschiede zu den *SME-IFRSs* fest. An dieser Stelle drei Beispiele:
- Während SME-IFRS 18.14 die Aktivierung von Entwicklungskosten verbietet, gewährt FRS 102.18.8A (wie das HGB!) ein Wahlrecht zur Aktivierung solcher Kosten.
- Während SME IFRS 25.2 die Aktivierung von Fremdkapitalzinsen verbietet, gewährt FRS 102.25.2 (wie das HGB!) ein Wahlrecht zur Aktivierung.
- Während die *SME-IFRSs* kein Vorsichtsprinzip kennen, ist dies in FRS 102.2.9 (wie im HGB!) enthalten.

Unsere – zugegeben pointierte – Auswahl zeigt, dass es hinsichtlich Ansatz- und Bewertungsregeln sowie der konzeptionellen Grundlage („GoB") mit dem „*based on* SME-IFRS" nicht sehr weit her ist. In vielen Bereichen kann man eher von einem „*based on EU directive*" sprechen, also der Basis, die auch dem HGB zugrunde liegt und die deshalb die o. g. Übereinstimmung zwischen FRS 102 und HGB mittelbar erklärt. Die insgesamt (auch in nicht pointierter Auswahl) ganz signifikanten Unterschiede zwischen FRS 102 einerseits und den *SME-IFRSs* andererseits lassen Zweifel an der Einvernahme von UK/Irland durch die IASB-Leistungsstatistik aufkommen. Diese Zweifel verstärken sich weiter, wenn bedacht wird, dass für wesentliche Teile der eigentlichen Zielgruppe der SME in UK/Irland der angeblich SME-IFRS-basierte FRS 102 überhaupt gar nicht zur Anwendung gelangt, hier es vielmehr bei dem bisherigen „*Financial Reporting*

---

[2] FRC, Impact assessment FRS 100, FRS 101 and FRS 102, March 2013, Rz 5.5.

Standard for Smaller Entities" (FRSSE) bleibt. Wenn die Aussage der offiziellen IASB-Leistungsstatistik selbst im Hinblick auf das Vereinigte Königreich, das institutionell, sprachlich und funktional für die IFRS bedeutsamste Land, so euphemistisch ist, stärkt dies das Vertrauen in die Gesamtstatistik jedenfalls nicht. Es verbleiben daher erhebliche Zweifel am vom IASB selbst verkündeten Erfolg der *SME-IFRSs*.[3]

Die tatsächlich *SME-IFRSs* anwendenden Staaten rekrutieren sich in hohem Maße aus Nationen ohne eigenes entwickeltes Rechnungslegungssystem und spielen im globalen Konzert des Wirtschaftsgeschehens sicher nicht die erste Geige.

Auch **Australien** und **Neuseeland** wollen gegenüber den *SME-IFRSs* einen eigenständigen Weg gehen. Der *Australian Accounting Standard Board* (AASB) hat eine Ergänzung zu den inhaltlich mit den *full IFRSs* übereinstimmenden *Australian Accounting Standards* (AAS) verabschiedet. Dem wird sich Neuseeland voraussichtlich anschließen. Bei dieser Ergänzung wird ein zweiter Rechnungslegungsbereich („*Tier 2*") in Form von „*Reduced Disclosure Requirements*" (RDR) eingeführt. Dadurch soll die Implementierung des *IFRS for SMEs* verhindert werden. Der RDR richtet sich an gewinnorientierte Unternehmen ohne Kapitalmarktbezug. Auch nicht gewinnorientierte Unternehmen und bestimmte Unternehmen des öffentlichen Sektors können diesen RDR anwenden.

3

Der RDR enthält folgende zwei wesentliche Strukturelemente:
- Volle Übereinstimmung mit den Ansatz- und Bewertungskriterien der AAS, die wiederum gleichwertig zu den *full IFRSs* sind.
- Verzicht auf viele Anhangangaben nach diesen beiden Standards (AAS und IFRS).

Bei Anwendung der RDR kann keine ausdrückliche und bedingungslose **Übereinstimmung** mit den *(full)* IFRS bescheinigt werden (→ § 2 Rz 7).
Der AASB begründet seine Entscheidung wie folgt:
- Die *SME-IFRSs* seien keine vernünftige Lösung für die in „*Tier 2*" angesprochenen Unternehmen. Gleichwohl will der AASB sich weiter in die Entwicklung eines SME-Standards der IFRS einbringen und ggf. in einem späteren Entwicklungsstand diesen in das australische Rechnungslegungssystem übernehmen.
- Die Standardentwicklung für den „*Tier 2*" soll unverändert in kontinuierlicher Form erfolgen, also sich nicht dem Zwei- bis Dreijahresrhythmus der *SME-IFRSs* (Rz 1) anschließen.

Eine gleichartige Entscheidung wie der AASB hat der neuseeländische Standardsetter NZASB) getroffen. Er schätzt die Reduktion der Anhangangaben gegenüber den full IFRSs überschlägig auf mehr als 50 %.[4]

Der **amerikanische Standardsetter** FASB hat seinerseits eine Initiative zur Berücksichtigung der Bedürfnisse nicht börsenorientierter Gesellschaften bei der Rechnungslegung ingang gesetzt. Dazu soll ein *Private Company Council* für diesen Unternehmensbereich Ausnahmen und Änderungen gegenüber dem „*Full GAAP*" erarbeiten. Die Vorgehensweise des IASB mit zwei parallelen Regelwerken („*Two-GAAP*-System") wird nicht verfolgt, sondern die Vor-

4

---

3 Vgl. im Einzelnen, LÜDENBACH/WELLER, PiR 2013, S. 376.
4 http://www.nzica.com/News/Archive/2013/February/New-standards-regime-in-place.aspx.

gehensweise des EU-Rechts und des deutschen HGB (Dispens „kleiner" Kapitalgesellschaften von einigen Regeln des „Full-HGB") befürwortet.

5 Die praktische Bedeutung der *SME-IFRSs* in **Deutschland** ist gering: Sie können nur freiwillig, ohne befreiende Wirkung von gesetzlichen Rechnungslegungspflichten zur Anwendung gelangen. Ein Anreiz zur freiwilligen Anwendung der *SME-IFRSs* besteht kaum, weil
- sie weder eine Grundlage der **Steuerbilanzierung** liefern noch der Feststellung des gesellschaftsrechtlich ausschüttungsfähigen Gewinns (fehlende Zahlungsbemessungsfunktion) dienen,
- die Kosten der Einführung den Nutzen übersteigen,
- ihnen im Hinblick auf die verbleibende Informationsfunktion im Verhältnis zu den *full IFRS* der Makel der „**B-Klasse**" anhaftet.

Umfassende empirische Untersuchungen[5] bestätigen für Deutschland das **geringe Interesse** der potenziell betroffenen Unternehmensbereiche an einer Einführung des SME-IFRS in pflicht- oder wahlweiser Anwendung nach deutschem Rechnungslegungsrecht (→ § 7 Rz 8 ff.).

Zuletzt wurde **empirisch** für große deutsche, international tätige Familienunternehmen festgestellt:[6]
- Sie stellen ihren Konzernabschluss mehrheitlich nach HGB auf und
- planen nicht dies mittelfristig zu ändern.
- Die SME-IFRS gelten ihnen als völlig ungeeignet.

6 Im Gegensatz zur in Deutschland vorherrschenden Skepsis gegenüber den *SME-IFRSs* (Rz 5) geht der IASB offensichtlich von einem spürbaren **Interesse** im **weltweiten Rahmen** aus. Organisatorisch hat sich diese Einstellung im Jahr 2010 in der Einrichtung einer *SME-Implementation Group* (SMEIG) niedergeschlagen (wozu 22 Mitglieder aus aller Welt ernannt worden sind, davon fünf aus Europa, keines aus Deutschland, Australien und Neuseeland). Die SMEIG soll weltweit die Einführung der *SME-IFRSs* unterstützen und mögliche Änderungsvorschläge dem Board unterbreiten.

7 Das Europäische Parlament und der Rat haben am 26.6.2013 eine EU-Jahresabschlussrichtlinie verabschiedet, mit der die bislang gültige 4. und 7. gesellschaftsrechtliche Richtlinie abgelöst wird. Diese Richtlinie ist konzeptionell auf die Devise „*think small first*" ausgerichtet und wendet sich eindeutig **gegen** eine **pflichtmäßige** Einführung der *SME-IFRSs* in Europa. Den EU-Mitgliedstaaten bleibt es **freigestellt**, die IFRSs für SME als nationales Bilanzrecht einzuführen, sofern diese mit der EU-Jahresabschlussrichtlinie **übereinstimmen**.[7] Eine **Übereinstimmung** zu schaffen wird kaum gelingen, eine **isolierte** Anwendung der *SME-IFRSs* lehnen die EU-Instanzen ab. Wenigstens in Deutschland wird noch weniger als bisher das Augenmerk interessierter Kreise oder gar des Gesetzgebers auf die *SME-IFRSs* gerichtet sein.

Angesichts dieser geringen praktischen Relevanz aus deutscher Sicht im gegenwärtigen Zeitpunkt fällt auch unsere Kommentierung **kurz** aus.

---

[5] EIERLE/HALLER/BEIERSDORF, DB 2011, S. 1595; GROTTKE/SPÄTH/HAENDEL, DStR 2011, S. 2422.
[6] Müller/Hillebrand, KoR 2014, S. 257 ff.
[7] BEIERSDORF/SCHUBERT, IRZ 2013, S. 402.

2 Persönlicher Anwendungsbereich der SME-IFRSs

Die (freiwillige) Anwendung der *SME-IFRSs* soll nur kleinen bis mittelgroßen Unternehmen erlaubt sein. Als solche gelten gem. SME 1.2 Unternehmen, die **keiner öffentlichen Rechenschaftspflicht** (*public accountability*) unterliegen. Von der Anwendung ausgeschlossen sind daher nach SME 1.3
- kapitalmarktorientierte Unternehmen,
- Banken, Versicherungen, Brokerunternehmen, bestimmte Fonds usw., die treuhänderische Einlagen Dritter verwalten.

In allen anderen Fällen ist die Zulassung der *SME-IFRSs* zur Erfüllung gesetzlicher Rechnungslegungspflichten Sache des **nationalen** Rechts (SME P 13). In Deutschland ist eine solche Zulassung derzeit nicht vorgesehen. Lediglich einer freiwilligen Anwendung der *SME-IFRSs* zu **Informationszwecken** steht nichts im Wege (Rz 5). Dabei würde es sich allerdings nicht um einen IFRS-Einzelabschluss i. S. d. § 325 Abs. 2a HGB handeln (→ § 7 Rz 11).

3 Verhältnis zu den *full IFRSs* (faktischer *fallback*)

Enthalten die *SME-IFRSs keine expliziten* Regelungen für einen bilanziell abzubildenden Sachverhalt, soll gem. SME 10.6 die Bilanzierungsmethode gewählt werden, die zu relevanten (entscheidungsnützlichen), verlässlichen (tatsachengetreuen, neutralen, vorsichtigen und vollständigen) Informationen führt.

In der Beurteilung, ob dieser Fall vorliegt, ist in **drei** Hierarchiestufen vorzugehen:
- Zunächst ist auf die Analogregeln zu **verwandten** Bilanzierungsproblemen abzustellen,
- sodann auf die **konzeptionellen** Grundlagen der *SME-IFRSs* zurückzugreifen (SME 10.5).
- Selten werden diese abstrakten Vorgaben eine zwingende Lösung bringen, sehr häufig nicht einmal eine vertretbare. Ergänzend **darf** (*may*) dann nach SME 10.6 auf die *full IFRSs* zurückgegriffen werden.

Die Frage ist, ob dieses „Darf" sich in der praktischen Anwendung regelmäßig in ein „**Muss**" verwandelt, also in den im Entstehungsstadium des Standards so heiß diskutierten und kritisierten *mandatory fallback*. Dies mag dann nicht der Fall sein, wenn tatsächlich Analogieschlüsse zulässig, wenn nicht sogar zwingend sind:

> **Beispiel**
> Der SME-Stand definiert Anschaffungs- und Herstellungskosten nur für Vorräte. Die entsprechenden Begriffsmerkmale sind auch für Anlagegüter maßgeblich.

Anders als im Beispiel wird der Anwender allerdings mit Analogieschlüssen aus dem SME-Standard häufig selbst nicht weiterkommen. Die dann zur Problemlösung heranzuziehenden **konzeptionellen Grundlagen** der *SME-IFRSs* (Rz 1) können sich von denjenigen der *full IFRSs* kaum oder gar nicht unterscheiden. Der hierzu einschlägige Abschnitt 2 des SME-Standards enthält zunächst die aus dem Framework bekannten **Grundsätze** der Rechnungslegung wie Vollständigkeit, Verständlichkeit, Kosten-Nutzen-Verhältnis etc. (→ § 1 Rz 16ff.). Es folgen sodann als Aufzählung sog. *pervasive principles*, die sich bei näherem Ansehen als Definitionsnormen erweisen, z. B. *asset* und *liability* (→ § 1 Rz 84ff.), *recogniti-*

on, income, fair value, etc., die quer durch die Standards der *full IFRSs* verwendet werden und in diesem Kommentar an diesen Stellen besprochen sind.

Mehr als eine – durchaus verdienstvolle – Zusammenfassung von Begriffsinhalten der *full IFRSs* liefert der SME-Standard unter Abschnitt 2 nicht. Wenn sich deshalb der Anwender der SME-Standards zur Lückenfüllung in diese *concepts and pervasive principles* (SME 10.5) hineinbegibt, landet er **zwingend** ohne Ausweg in den *full IFRSs*.

11 Es bedarf dann auch nicht mehr des Hinabsteigens in die dritte Hierarchieebene (Rz 9), nämlich der „**Erlaubnis**" (*may*), zusätzlich die *full IFRSs* zurate zu ziehen. Ein und derselbe Sachverhalt kann unter Bezugnahme auf **gehaltvolle** Prinzipien (*concepts* und *pervasive principles*) der IFRS-Rechnungslegung nicht unterschiedliche Ergebnisse zeigen.

In **logischen** Kategorien formuliert, bestehen somit **drei** Möglichkeiten:[8]

- Die Prinzipien der *SME-IFRSs* und der *full IFRSs* sind **gehaltlos**: Sie erlauben bei nicht im Zentrum eines Standards stehenden Fallkonstellationen (nur bei diesen tut sich das Problem der Regelungslücke auf) **konträre** Lösungen. Bei einem in den *SME-IFRSs* nicht geregelten Fall muss daher nicht auf die zufällig hierfür in den *full IFRSs* abgeleitete „Lösung" zurückgegriffen werden, das SME kann vielmehr auch eine konträre „Lösung" finden.
- Die Prinzipien der *full* und der *SME-IFRSs* sind **gehaltvoll**, **unterscheiden** sich aber voneinander. Die Prinzipien der *SME-IFRSs* sind – pointiert gesprochen – nicht relevant, nicht verlässlich etc.; dann erledigt sich das Problem des faktischen *fallback*.
- Die *SME-IFRSs* und die *full IFRSs* folgen **gleichen** und **gehaltvollen** Prinzipien: Die im detaillierten Regelwerk der *full IFRSs* gefundene beste bilanzielle Lösung für eine Sachverhaltskonstellation muss dann auch für die SME-IFRSs als beste Lösung gelten. Es besteht ein faktischer *fallback* vom weniger detaillierten Regelungswerk auf das umfassendere.

Wenn man also nicht dem **Absurden**, also den beiden ersten Möglichkeiten, freien Lauf lassen will, bleibt nur eine Feststellung: Der Rückgriff auf die *full IFRSs* ist nach den Vorgaben der *SME-IFRSs* **zwingend**. Oder plakativer ausgedrückt: Der Mittelständler wird von der Berücksichtigung der *full IFRSs* bei seinem Abschlusserstellungsprozess nicht verschont.

Beispiel[9]
Die SME-GmbH bezieht Industriegase. Der Hersteller der Gase hat auf seine Kosten Speicher- und Verteilungsanlagen auf dem Betriebsgelände der SME errichtet. Zwischen den SME und dem Hersteller besteht als entgeltliches Austauschverhältnis nur ein Gasliefervertrag.
Die Frage ist dann, ob und unter welchen Voraussetzungen in dem Gasliefervertrag ein **Leasingvertrag** über die Anlagen enthalten ist (*embedded lease*); wenn ja, i. d. R. mit der Folge eines Bilanzansatzes dieser Anlagen bei den SME (z. B. aufgrund Spezialleasings).
Der SME-Standard erwähnt nur diese in IFRIC 4 der *full IFRSs* im Detail abgehandelte Möglichkeit (SME.20.3), übernimmt den Inhalt des einschlägi-

---

[8] Vgl. HOFFMANN/LÜDENBACH, DStR 2006, S. 1906.
[9] Weitere Beispiele in der 6. Aufl., § 50, Tz 53.

gen IFRIC 4 aber nicht. Die Frage, ob im konkreten Fall ein *embedded lease* vorliegt, bleibt also offen. Sie kann sinnvoll nur in Anwendung der Kriterien von IFRIC 4.9 beantwortet werden, also unter Prüfung, ob die SME-GmbH (allein) den physischen Zugang zu den Anlagen kontrolliert oder zur Mindestabnahme von Gas verpflichtet ist, usw. (→ § 15 Rz 4).

Die Antwort auf Regelungslücken kann also kaum lauten: „Schau in den Chinese-GAAP oder den German-GAAP nach, ob dort was zu diesem Sachverhalt zu finden ist." Ebenso wenig bestünde die Lösung darin, dem Anwender freien Lauf in seinem Verständnis von *fair presentation*, Entscheidungsnützlichkeit etc. zu lassen. Vielmehr ist der Blick auf die *concepts* und *pervasive principles* der *full IFRSs* geboten (zweite Hierarchiestufe, Rz 9), die dann in der konkreten Ausprägung die Lösung auf der Grundlage von IFRIC 4 bieten (→ § 15 Rz 4). Denn schließlich beruht diese Interpretation auf den konzeptionellen Vorgaben der *full IFRSs*, die auch dem SME-Standard zugrunde liegen. Der erlaubte („*may*") Blick nach der dritten Hierarchiestufe (Rz 9) entpuppt sich als notwendige Folge einer Anwendung der zweiten Stufe.

Der interessierte Mittelständler wird nach diesem Auslegungsergebnis der SME-Standards nicht in der 2. Liga spielen wollen (Rz 5), wenn ihm ohnehin die Einhaltung der in der ersten Spielklasse gültigen Regeln auferlegt ist.

Fazit: Die Siemens AG benötigt zur Erfüllung ihrer Rechnungslegungspflicht ein Werk, die *full IFRSs*, die Elektro-Müller GmbH, deren zwei.

Im Zeitverlauf **verschärft** sich das *fall-back*-Problem, wenn für die *full IFRSs* bislang ungeregelte Bilanzierungsprobleme durch Standarderlass, -änderungen und Interpretationen (durch das IFRS IC) behandelt werden. Solche Änderungen kann der *SME-IFRSs*-Anwender nicht einfach ignorieren, er ist faktisch zur Anwendung dieser neuen Impulse aus dem Bereich der *full IFRSs* gezwungen. Förmlich verschärft sich das *fall-back*-Problem in diesen Fällen nicht weiter, wenn solche Modifikationen und Erweiterungen der *full IFRSs* auch in die *SME-IFRSs* übernommen werden. Das ist z. B. durch Inkorporierung von IFRIC 17 und IFRIC 19 in den Entwurf des überarbeiten SME-Regelwerks erfolgt. Die Entschärfung des *fall-back*-Problems geht dabei aber einher mit einer vermehrten Komplexität der *SME-IFRSs*, was deren konzeptioneller Vorgabe (Rz 1) massiv widerspricht.

4 Wesentliche Abweichungen von den *full IFRSs* bei Ansatz, Bewertung und Ausweis

Die *SME-IFRSs* enthalten in 35 – anders als die *full IFRSs* gegliederten – Abschnitten (*sections*) die Bilanzierungsregeln für SME. Die wesentlichen, über die Reduktion von Anhangsangaben hinausgehenden, inhaltlichen Abweichungen sind in Tabelle 1 dargestellt. Wie die Übersicht 1 verdeutlicht, vereint der IFRS for SMEs inhaltlich fast alle *full IFRSs*. Lediglich besondere Branchenvorschriften für öffentlich rechenschaftspflichtige Unternehmen wie IFRS 4 für Versicherungsunternehmen oder IFRS 8 für Segmentberichte fehlen. In die Tabelle eingearbeitet sind die Änderungsvorschläge des IASB im ED/2013/9 (Rz 13) mit dem Kürzel ED-SME.

12

SME Section	Wesentliche Abweichungen von *full IFRSs* (Potenzielle Änderungen der *SME-IFRSs* durch ED SME-IFRSs; Rz 13)	korresp. *full IFRSs*	Verweis auf Kommentierung
1	Anwendungsbereich		
	Unternehmen ohne öffentliche Rechenschaftspflicht (*public accountability*) (SME 1.2). Negativ ausgedrückt (SME 1.3): • keine mit Eigen- oder Fremdkapitalinstrumenten börsennotierten Unternehmen • keine Banken, Versicherungen, Broker, Fonds	*Framework*	
2	Konzepte und grundlegende Prinzipien	*Framework*	§ 1 Rz 5 ff.
	ED SME: Ergänzende Leitlinien zur „*undue cost or effort*"-Ausnahme (2.14A-2.14C)		
3	Darstellung des Abschlusses (Prinzipien, Abschlussbestandteile)	IAS 1	§ 2 Rz 4 ff.
	Verzicht auf Eigenkapitaländerungsrechnung und Gesamtergebnisrechnung möglich, wenn Eigenkapital nur durch GuV-wirksamen Erfolg, Dividendenzahlungen, Fehlerberichtigungen und Methodenwechsel verändert. Bei Verzicht stattdessen Darstellung des Erfolgs und der Rücklagenveränderungen in einem „*statement of income and retained earnings*" (SME 3.18)		§ 20 Rz 63 ff.
4	Bilanz (Gliederung)	IAS 1	§ 2 Rz 30 ff.
	Kein Sonderausweis zur Veräußerung bestimmter Anlagen (SME 4.14)	IFRS 5	§ 29 Rz 2
5	Gesamtergebnisrechnung, GuV	IAS 1	§ 2 Rz 55 ff.
	SME: Bisher nur nach *full IFRSs* geregelt, jedoch keine Regelungen nach SME ED-SME: Angleichung an die *full IFRSs* durch Gruppierung von Posten des OCI in recyclingfähige und nicht recyclingfähige Posten (SME 5.5 (g))		
6	Eigenkapitalveränderungsrechnung	IAS 1	§ 20 Rz 63 ff.
7	Kapitalflussrechnung	IAS 7	§ 3
8	Anhang (Allgemeine Grundsätze/Angaben)	IAS 1	§ 5
9	Konzernabschluss	IAS 27	§ 32
	Erfolgsneutrale Behandlung verbleibender Anteile bei Abwärtskonsolidierungen (SME 9.19)		§ 32
	Behandlung von Tochterunternehmen, Gemeinschaftsunternehmen und assoziierten Unternehmen im Einzelabschluss: Wird nicht *at cost*, sondern zum *fair value* bilanziert, sind die *fair-value*-Änderungen zwingend erfolgswirksam (SME 9.26)		§ 32 Rz 174 ff.
	SME: Definitorische Eingrenzung von „*combined financial statements*" auf Unternehmen, die von einem einzigen Investor gehalten werden (SME 9.28) ED-SME: Ausweitung der Definition und Betonung der Anwendung auf „*entities under common control*" (ED-SME 9.28)		
	Explizite Regelungen zu *combined statements* (Gleichordnungskonzern) (SME 9.28)		§ 32 Rz 93

SME Section	Wesentliche Abweichungen von *full IFRSs* (Potenzielle Änderungen der *SME-IFRSs* durch ED *SME-IFRSs*; Rz 13)	korresp. *full IFRSs*	Verweis auf Kommentierung
10	Rechnungslegungsmethoden, Änderungen von Schätzungen und Fehlern	IAS 8	§ 24
11, 12	Bilanzierung finanzieller Vermögenswerte und Schulden	IAS 39 bzw. IFRS 9 und IAS 32	§ 28
	Finanzinstrumente sind zu (fortgeführten) Anschaffungskosten oder aber erfolgswirksam zum beizulegenden Zeitwert zu bewerten. Anders als nach IAS 39 (aber ähnlich wie nach IFRS 9) 2- statt 4-gliedrige Klassifikation von aktiven Finanzinstrumenten (SME 11.14)		§ 28
	Vereinfachte Regelungen zur Ausbuchung finanzieller Vermögenswerte und Schulden, eine Würdigung von qualifizierenden Durchleitungsvereinbarungen und des Kriteriums des anhaltenden Engagements (SME 11.33 ff.)		§ 28
	Geringere Anforderungen und im Wesentlichen auf Zins- und Währungssicherung eingeschränkter Anwendungsbereich bei Bilanzierung von Sicherungsbeziehungen (*hedge accounting*) (SME 12.15 ff.)		§ 28a Rz 4
	ED-SME: Ergänzende „*undue cost or effort*"-Ausnahmeregelung von der Bewertungsbewertung in Eigenkapitalinstrumenten zum *fair value* (SME 11.4, 11.4 (c)(i), 11.27, 11.32 und 11.44 sowie 12.8–12.9)		
13	Vorräte	IAS 2	§ 17
	Keine Sonderregeln zum *impairment* von Vorräten, sondern Verweis auf die allgemeinen Regeln (SME 13.19)		§ 17 Rz 32 ff.
14	Anteile an assoziierten Unternehmen	IAS 28	§ 33
	Kein Zwang zur *equity*-Konsolidierung, wahlweise auch Bilanzierung nach Anschaffungskosten oder erfolgswirksam zum *fair value*. Einheitliche Ausübung des Wahlrechts (SME 14.4) Bei börsennotierten Anteilen zwingend *fair value* (SME 14.7)		§ 33 Rz 23
15	Anteile an Joint Ventures	IFRS 11	§ 34
	Wahlweise *equity*-Konsolidierung, wahlweise Bilanzierung nach Anschaffungskosten oder erfolgswirksam zum *fair value*. Einheitliche Ausübung des Wahlrechts (SME 15.9) Bei börsennotierten Anteilen zwingend *fair value* (SME 15.12)		§ 34

SME Section	Wesentliche Abweichungen von *full IFRSs* (Potenzielle Änderungen der *SME-IFRSs* durch *ED SME-IFRSs*; Rz 13)	korresp. *full IFRSs*	Verweis auf Kommentierung
16	Als Finanzinvestition gehaltene Immobilien	IAS 40	§ 16
	Zwingend erfolgswirksame *fair-value*-Bilanzierung, wenn der *fair value* verlässlich und ohne größeren Aufwand feststellbar (SME 16.7)		§ 16 Rz 40 ff.
17	Sachanlagen	IAS 16	§ 14
	Unzulässigkeit der Neubewertungsmethode (SME 17.15)		§ 14 Rz 18 ff.
	SME: Größere Ersatzteile („*major spare parts*") sind dem Anlagevermögen zuzurechnen, wenn diese länger als eine Periode im Unternehmen verbleiben (SME 17.5) ED-SME: Angleichung an die *full IFRSs* durch Streichung der „*major part*"-Regel, somit müssen alle Ersatzteile, die mehr als eine Periode im Unternehmen verbleiben, als Anlagevermögen bilanziert werden (ED-SME 17.5)		
18	Immaterielle Vermögenswerte mit Ausnahme des Geschäfts- oder Firmenwerts	IAS 38	§ 13
	Unzulässigkeit der Neubewertungsmethode (SME 18.18)		§ 13
	Aktivierungsverbot für selbst erstellte immaterielle Anlagen (SME 18.14)		§ 13 Rz 27 ff.
	Planmäßige Abschreibung aller immateriellen Anlagen, keine *indefinite life intangibles*. Bei Unmöglichkeit einer verlässlichen Schätzung der Nutzungsdauer Abschreibung über 10 Jahre (SME 18.20) ED-SME: Änderung der bisherigen Regelung bei nicht zuverlässiger Schätzbarkeit der Nutzungsdauer des immateriellen Vermögenswerts. Die Typisierungsregel wird aufgehoben und die Schätzung auf maximal zehn Jahre der Höhe nach begrenzt (SME 18.20)		§ 13 Rz 93 ff.
19	Bilanzierung von Unternehmenszusammenschlüssen und des Geschäfts- oder Firmenwerts	IFRS 3	§ 31
	Erfolgsneutrale Behandlung bedingter Anschaffungskosten (Anpassung des *goodwill*) (SME 19.13)		§ 31 Rz 58 ff.
	Planmäßige Abschreibung des *goodwill*. Bei Unmöglichkeit einer verlässlichen Schätzung der Nutzungsdauer Abschreibung über 10 Jahre (SME 19.23)		§ 31 Rz 147
	ED-SME: Änderung der bisherigen Regelung bei nicht zuverlässiger Schätzbarkeit der Nutzungsdauer des *goodwill*. Die Typisierungsregel wird aufgehoben und die Schätzung auf maximal zehn Jahre der Höhe nach begrenzt (SME 19.23 und 19.24)		
	Kein Wahlrecht zur *full-goodwill*-Methode (SME 19.22)		§ 31 Rz 134

SME Section	Wesentliche Abweichungen von *full IFRSs* (Potenzielle Änderungen der *SME-IFRSs* durch ED SME-IFRSs; Rz 13)	korresp. *full IFRSs*	Verweis auf Kommentierung
20	Leasing	IAS 17	§ 15
21	Rückstellungen und Eventualposten	IAS 37	§ 21
22	Schulden und Eigenkapital	IAS 1, IAS 32	§ 20
	Explizite Regeln zu ausstehenden Einlagen und erhaltenen Zahlungen auf noch vollzogene Kapitalerhöhungen (SME 22.7)		§ 20 Rz 70 ff.
	Explizite Regelungen zu Kapitalerhöhungen aus Gesellschaftsmitteln und Aktiensplits (SME 22.12)		§ 20 Rz 89
	SME: Bisher wurden keine Regelungen bereitgestellt ED-SME: Angleichung an die *full IFRSs* durch Inkorporation der Regelungen des IFRIC 19 *Extinguishing Financial Liabilities with Equity Instruments* (ED-SME22.8 und 22.15A-22.15C) in die *SME-IFRSs*		
	ED-SME: Einfügung zusätzlicher Leitlinien zur Behandlung von Wertunterschieden zwischen dem hingegebenen Vermögenswert und der Sachdividende (ED-SME 22.18) sowie Einfügung einer Ausnahme der Anwendung der Regelungen zu Sachausschüttungen, wenn die Sachdividende vor und nach Ausschüttung von der gleichen Partei kontrolliert wird (ED-SME 22.18A)		
23	Ertragsrealisation	IAS 18, IAS 11 bzw. IFRS 15	§ 25, § 18
24	Zuwendungen der öffentlichen Hand	IAS 20	§ 12
	Allgemein Ertragsrealisierung, wenn *performance conditions* erfüllt sind. Keine Differenzierung zwischen Investitions- und Aufwands-/Ertragszuwendungen (SME 24.4)		§ 12 Rz 20 ff.
25	Fremdkapitalkosten	IAS 23	§ 9
	Keine Aktivierung von Fremdkapitalkosten (SME 25.2)		§ 9
26	Anteilsbasierte Vergütungen	IFRS 2	§ 23
27	Wertminderung nicht finanzieller Vermögenswerte	IAS 2, IAS 36	§ 17, § 11
	Integration der Wertminderung von Vorräten einerseits und Anlagevermögen (mit Ausnahme bestimmter finanzieller Vermögenswerte), andererseits in einen Standard bei Beibehaltung unterschiedlicher Methoden zur Bestimmung des niedrigeren Stichtagswerts		

SME Section	Wesentliche Abweichungen von *full IFRSs* (Potenzielle Änderungen der *SME-IFRSs* durch ED *SME-IFRSs*; Rz 13)	korresp. *full IFRSs*	Verweis auf Kommentierung
28	Leistungen an Arbeitnehmer	IAS 19	§ 22
	Vereinfachte Bewertung unter Vernachlässigung von Gehaltssteigerungen, zukünftiger Dienstzeiten und Sterblichkeit vor Erreichung der Altersgrenze möglich (SME 28.19)		§ 22 Rz 27 ff.
	Sofortige Erfassung versicherungsmathematischer Verluste in der Bilanz, wahlweise Gegenbuchung in GuV oder *other comprehensive income* (SME 28.24)		§ 22 Rz 49 ff.
29	Ertragsteuern	IAS 12	§ 26
	Nichtlatenzierung von *outside basis differences* auf Tochterunternehmen nur bei ausländischen Töchtern (SME 29.16)		§ 26 Rz 158
	Unsicherheit bei aktiven latenten Steuern nicht als integraler Teil der Ansatzvorschriften, sondern Abbildung als Wertberichtigung (SME 29.21)		§ 26 Rz 109
	SME: Bisher sind die geltenden Regelungen dem ED/2009/2 *income tax* entnommen, der nicht umgesetzt wurde und auch nicht mehr auf der Arbeitsagenda steht **ED-SME:** Gleicht die Regelungen zu Ertragsteuern vollständig an die Regelungen der *full IFRSs* IAS 12 an.		
	ED-SME: Einfügung der „*undue cost and effort*"-Ausnahme, sodass von einer Saldierung u. U. abgesehen werden kann (ED-SME 29.29)		
30	Währungsumrechnung	IAS 21	§ 27
	Kein *recycling* der Währungsumrechnungsdifferenz aus selbstständigen ausländischen Tochterunternehmen bei Entkonsolidierung (SME BC.34(ee))		§ 27 Rz 59
31	Rechnungslegung in Hochinflationsländern	IAS 29	§ 27
32	Ereignisse nach dem Abschlussstichtag	IAS 10	§ 4
33	Angaben zu verbundenen Unternehmen und nahestehenden Personen	IAS 24	§ 30
	ED-SME: Bestehenden Regelungen werden den *full IFRSs* angeglichen bzw. die Definition von *related parties* dem IAS 24 angepasst (SME 33.2)		
34	Branchenspezifische Bilanzierungs- und Bewertungsmethoden	IAS 41, IFRS 6, IFRIC 12	§ 40, § 42, § 25
	Biologische Vermögenswerte: Bewertung zu Anschaffungs-/Herstellungskosten, wenn *fair value* nicht leicht bestimmbar (SME 34.2)		§ 40 Rz 19 ff.
	Explorationskosten: Bilanzierung nach allgemeinen Regeln, kein Sonderrecht (SME 34.11)		§ 42 Rz 11 ff.

SME Section	Wesentliche Abweichungen von *full IFRSs* (Potenzielle Änderungen der *SME-IFRSs* durch ED *SME-IFRSs*; Rz 13)	korresp. *full IFRSs*	Verweis auf Kommentierung
35	Übergangsvorschriften für die erstmalige Anwendung des IFRS for SMEs	IFRS 1	§ 6
	ED-SME: Aufnahme der Regelungen zur (A) wiederholten Anwendung nach IFRS 1 und damit Angleichung an die *full IFRSs* (ED-SME 35.2 und 35.12A); (B) zu *Government Loans* nach IFRS 1 und damit Angleichung an die *full IFRSs* (ED-SME 35.9(f); (C) zur „*Revaluation basis as deemed cost*" nach IFRS 1 und damit Angleichung an die *full IFRSs* (ED-SME 35.10(da)); (D) zur „*Use of deemed cost for operations subject to rate regulation*" nach IFRS 1 und damit Angleichung an die *full IFRSs* (ED-SME 35.10(m)); (E) zu „*Severe Hyperinflation and Removal of fixed dates*" nach IFRS 1 und damit Angleichung an die *full IFRSs* (ED-SME 35.10(n))		

Tab. 1: Wesentliche Abweichungen zwischen *SME-* und *full IFRSs*

5 Aktuelle Entwicklung

Im Juni 2012 hat der IASB eine umfassende Bestandsaufnahme (*comprehensive review*) der SME-IFRSs auf den Weg gebracht. Er bat die Anwender um Antworten auf 20 spezifische und 6 allgemeine Fragen bez. der Anwendung der SME-IFRSs. Der IASB will die von den Anwendern in den ersten beiden Jahren der Standardgültigkeit getätigten Erfahrungen auswerten, um den Bedarf an Änderungen des Standards festzustellen.
Darauf hat der IASB (nur) 89 Stellungnahmen erhalten, auf deren Grundlage unter dem 3.10.2013 der Entwurf von Änderungsvorschlägen (ED/2013/5) vorgestellt worden ist.
Die *SME-IFRSs* sollen nach den Vorstellungen des Board auch eine geringere Änderungsdynamik als die *full IFRSs* aufweisen und (nur) eine „*stable platform*" bieten. So lautet die Vorgabe des ED/2013/9 mit einer Vielzahl von Änderungsvorschlägen, die allerdings nach Auffassung des IASB die inhaltliche Vorgabe der *stable platform* nicht tangieren (ED SME BC 30(d)). Die Änderungsvorschläge sind in die Tabelle unter Rz 12 mit dem Kürzel ED-SME eingebaut. Zu den wichtigsten folgende weitere Erläuterungen:
Den größte „Brocken" der Änderungen stellt die Kassation des Regelinhalts im SME-IFRS 2009 zu den **latenten** Steuern dar. Damals wollte der IASB in vorauseilendem Gehorsam den vorgelegten Entwurf ED/2009/2 *Income Tax* schon in die *SME-IFRSs* integrieren. Allerdings wurde der ED/2009/2 kurz darauf sang- und klanglos eingestampft, im Entwurf ED/2013/9 musste der IASB den steuerlichen Part an den (immer noch) gültigen IAS 12 (→ § 26) anpassen.
Zu den **Abschreibungen** auf immaterielle Vermögenswerte und auf den *goodwill* werden folgende Änderungsvorschläge unterbreitet: Sofern eine zuverlässige Schätzung der Nutzungsdauer nicht möglich ist, soll unverändert an der typisier-

ten Abschreibungsdauer von zehn Jahren festgehalten werden. In begründeten Fällen sind auch kürzere Abschreibungszeiten zulässig. Der vorliegende SME-Standard hat schon das Thema der Ausgewogenheit von **Kosten** und **Nutzen** allgemein formuliert. Nun wird eine Konkretisierung der unangemessenen Kosten und des überhöhten Arbeitsaufwandes vorgeschlagen. Danach sollen die Rechnungsleger künftig nicht nur die eigenen Kosten der Informationsbereitstellung, sondern auch die Kosten des Informationsverlustes der Bilanzadressaten ins Visier nehmen. Dabei greift die Kostenschranke nur bei explizit in den Regelungen aufgenommenen Ausnahmen, nämlich u. a. bei *fair-value*-Bewertung (sofern eine zuverlässige Ermittlung des *fair value* nicht ohne *undue cost or effort* möglich ist bei Eigenkapitalinstrumenten (ED-SME 11.32) und bei separater Erfassung immaterieller Vermögenswerte aus einer *business combination* (ED-SME 19.15(d)). Auch mit den innerhalb *full IFRSs* ergangenen Interpretationen des IFRIC IC hat sich (musste sich) der IASB im Rahmen seines Änderungsvorschlages zu den *SME-IFRSs* zu befassen. Dies geschieht durch Einvernahme des IFRIC 17 zu den Sachdividenden und IFRIC 19 zu den *debt for equity swaps*.

STICHWORTVERZEICHNIS

Fett gesetzte Ziffern verweisen auf Paragrafen, magere auf die zugehörigen Randziffern.

A

Abbruchkosten
– Anlageimmobilien (Investment properties) **16**, 39
– Anschaffungs- und Herstellungskosten **8**, 57

ABC
– Altersversorgung **22**, 88
– anteilsbasierte Vergütungsform **23**, 250
– Kapitalflussrechnung **3**, 176
– öffentliche Zuwendungen (government grants) **12**, 43
– Rückstellung **21**, 187

Abfindung
– Gesellschafter **31**, 199

Abfindungsverpflichtung
– Restrukturierung **21**, 100

Abgang
– Anlageimmobilien (Investment properties) **16**, 124
– Sachanlage **14**, 21

Abgrenzung Eigen- und Fremdkapital
– Definition Eigenkapital **20**, 4
– Eigenkapital als Residualanspruch **20**, 4
– Erwerbsangebot WpÜG **20**, 27
– faktischer Rückzahlungszwang **20**, 20
– Genossenschaft **20**, 31
– Genussrecht **20**, 20
– GmbH **20**, 31
– Mezzanine-Finanzierung **20**, 20
– Nutzungseinlage **20**, 23
– ökonomischer Zwang **20**, 5
– Optionsanleihe **20**, 6
– perpetuals **20**, 20
– Personengesellschaft **20**, 31
– REIT **20**, 5
– Sacheinlage **20**, 23
– substance over form **20**, 4, 20
– Vorzugsaktie **20**, 17
– Wandelanleihe **20**, 6

Abgrenzungsposten
– Kaufpreisallokation **31**, 92

Abhängigkeitsbericht
– nahestehende Unternehmen **30**, 7

Abnahme und Abnahmeverzug
– Umsatzerlöse **25**, 163

Abonnementkunde
– Kundenbeziehung **31**, 80

Abschluss
– Nichtigkeit **1**, 65

Abschlussangabe
– Checkliste **5**, 8

Abschlussbestandteil 1, 5

Abschlussfeststellung
– Organkompetenz **4**, 12

Abschreibung 3, 62, 127
– Anwendung **10**, 1
– Kapitalflussrechnung **3**, 62, 127
– Nutzenabgabe **10**, 29

Abschreibungsdauer
– Schätzung **10**, 35
– Vorsichtsprinzip **10**, 36

Abschreibungsmethode
– E-Book **13**, 91
– immaterieller Vermögenswert **13**, 91
– jährliche Überprüfung **10**, 30
– Stetigkeitsgebot **24**, 14, 17

ABS-Gesellschaft 32, 56

Abspaltung
– Sachdividende **29**, 9

ABS-Papier
– IFRS 9 **28**, 133

Abstockung
– IFRS 10 **31**, 173
– Tochterunternehmen **31**, 170

abstrakte Bilanzierungsfähigkeit 1, 88

ABS-Transaktion 28, 74; **32**, 10, 66

Abtretungsverbot
– Factoring **28**, 62

Abtriebswert
– biologischer Vermögenswert **40**, 47

Abwärtskonsolidierung
– non-current assets held for sale **29**, 68
– Tochterunternehmen **31**, 10, 171

abweichender Bilanzstichtag
– equity-Methode **33**, 84
– Konzern **32**, 113

Abwertungsbedarf
– buchmäßige Erfassung **11**, 10
– Übersicht **11**, 6

Abwertungspuffer 11, 123

Abzinsung 26, 214
– Laufzeit- und Risikoäquivalenz **21**, 139
– Rückstellungsbewertung **21**, 139, 142

accounting manual 24, 15

accounting policy
– application and selection **24**, 3

accruals 21, 1

Adjustierung 11, 73

Änderung Bilanzierungs- und Bewertungsmethode 24, 18
- s. Stetigkeitsgebot
Änderung von Schätzungen
- Leasing 15, 90
Änderung zum Jahresabschluss
- Zwischenberichterstattung 37, 7
Agenda Rejections 1, 55
Agent vs. Prinzipal
- Umsatzerlöse 25, 73, 76, 118
Aggregierung bei der Berichterstattung
- materiality 30, 37
- nahestehende Person 30, 37
Agrarwirtschaft 40, 2
- s. Landwirtschaft
Akkreditiv
- finanzielle Garantie 28, 15
Aktie 6, 23
- erstmalige Anwendung von IFRS 6, 23
Aktienerwerbsangebot 20, 26
aktienkursorientierte Vergütung
- erstmalige Anwendung von IFRS 6, 91
- nahestehende Person 30, 27
Aktienoption 23, 143, 265; 33, 65; 35, 43
- equity-Methode 33, 65
- Ergebnis je Aktie 35, 43
- Optionspreismodell 23, 265
- Repricing 23, 143
Aktienoptionsplan 23, 8, 48, 123, 205, 246
- Anwendung nach deutschem Gesellschaftsrecht 23, 205
- Aufwandsverbuchung zugunsten der Kapitalrücklage 23, 48
- Ausweis 23, 246
- share-based Payment Transaction 23, 8, 123
aktiver Markt
- Definition 8, 74
- IFRS 13 11, 94
- immaterieller Vermögenswert 13, 87
- impairment-Test 11, 104
Aktive Steuerlatenz
- Ansatz 26, 109
- available for sale 26, 120
- festverzinsliches Wertpapier 26, 120
- Hilfskriterien 26, 109
- Zeitraum Planungsrechnung 26, 109
Aktivierungsbeschränkung 26, 129
Aktivierungsgebot 1, 100
Aktivierungsverbot 1, 101; 13, 68, 71
- immaterieller Vermögenswert 13, 68, 71
Aktivierungsvolumen
- Mischfinanzierung 9, 26
Aktivierung von Gemeinkosten
- immaterieller Vermögenswert 13, 74
als Finanzinvestitionen gehaltene Immobilien
- Anlageimmobilien 16, 1
Altershilfe für Landwirte 40, 42

Altersteilzeit
- Altersversorgung 22, 76, 95
- Eckdaten 22, 76
- Rückstellung 22, 76
Altersversorgung 22, 15, 50; 41, 1
- ABC 22, 88
- Abgrenzung IAS 19 zu IAS 26 22, 4
- Abgrenzung von statischen und dynamischen Versorgungszusagen 22, 24
- Altersteilzeit 22, 76, 95
- Angabe 22, 80
- Anpassungsbuchung 22, 54
- Anwartschaftsbarwertverfahren 22, 26
- Arbeitszeitkontenmodell 22, 73
- asset ceiling 22, 52
- Ausweis 22, 39, 78
- beitragsorientierte Zusage 22, 30
- Beitragszusage 22, 8
- Bewertung 22, 23
- Bewertungsänderung 22, 46
- Bilanzansatz 22, 13
- DBO 22, 16, 26
- Direktversicherung 22, 62
- employee benefits 22, 57, 71
- Ermittlung von Pensionsansprüchen 22, 27
- erstmalige Anwendung von IFRS 22, 49
- Fehlbetrag 22, 20
- Finanzierungsstatus 22, 18
- Formulierungsbeispiel 22, 85
- Gruppenkasse 22, 82
- Leistungen an Arbeitnehmer 22, 2, 57
- Leistungsumfang 22, 2
- Leistungszusage 22, 8
- PBO 22, 16
- Pensionsaufwand 22, 14, 41
- Pensionsfonds 41, 1
- Pensionsformel 22, 28
- Pensionskasse 41, 1
- Pensionsplan 22, 45, 57
- Pensionsrückstellung 22, 39, 50, 57
- Pensionsspiegel 22, 55
- Pensionsverpflichtung 22, 23, 57
- Pensiontrustmodell 22, 57
- Personalstrukturmaßnahme 22, 74
- plan assets 22, 21, 63
- Rückdeckungsversicherung 22, 60
- Schuldbeitritt mit Erfüllungsübernahme 22, 68
- Staffeldiagramm 22, 55
- Teilwertverfahren 22, 25
- Tilgungsmethode 22, 47
- Überleitung von HGB nach IFRS 22, 53
- Übertragungen (settlements) 22, 65
- Unterstützungskasse 41, 1
- Vergleich IFRS und HGB 22, 19, 23, 25, 32
- Verpflichtungsumfang 22, 16
- Versorgungskasse 41, 1

Altersversorgungsplan
– Finanzinstrument **28**, 13
Altfahrzeug
– Rückstellung **21**, 91
amortisierte Anschaffungskosten 28, 249
Angabe 4, 50; **6**, 114; **11**, 228, 230; **13**, 101; **15**, 190; **18**, 81; **20**, 102; **22**, 81; **26**, 239; **27**, 90; **31**, 217; **32**, 195; **33**, 129; **39**, 43
– s. Anhang
– assoziiertes Unternehmen **33**, 129
– außerplanmäßige Abschreibung **11**, 228
– Beitragszusage **22**, 81
– cash Generating Unit **11**, 230
– covenants **28**, 391
– Eigenkapital **20**, 102
– Ereignis nach dem Bilanzstichtag **4**, 50
– erstmalige Anwendung von IFRS **6**, 114
– Fertigungsauftrag **18**, 81
– goodwill **31**, 217
– immaterieller Vermögenswert **13**, 101
– Konzern **31**, 217; **32**, 195
– Leasing **15**, 190
– Leasinggeber **15**, 191
– Leasingnehmer **15**, 190
– Versicherungsunternehmen **39**, 43
– Währungsumrechnung **27**, 90
Angaben zu continuing involvement
– Finanzinstrument **28**, 370
Angaben zum Ersteinbuchungszeitpunkt
– Finanzinstrument **28**, 369
Angaben zu nahestehenden Personen
– Zwischenberichterstattung **37**, 38
Angabepflicht 8a, 127
Anhang 5, 3; **37**, 40
– s. Jahresabschluss
– allgemeiner Teil **5**, 23, 29, 85
– Angabe in Bilanz oder Anhang **5**, 4
– Anhang in der Praxis **5**, 10
– Arbeitnehmerzahl **5**, 75
– Arbeitsteilung zwischen IAS 1 und speziellen Standards **5**, 6
– aufgegebener Bereich **29**, 48
– Beteiligung **5**, 75
– Bilanzrechtsreformgesetz **5**, 75
– capital disclosures **20**, 106
– Checklistenpraxis **5**, 8
– Eigenkapital **20**, 102
– Ereignis nach dem Bilanzstichtag **4**, 50
– Ergebnis je Aktie **35**, 54
– Erklärung zum Corporate Governance Codex **5**, 75
– Erklärung zur IFRS-Übereinstimmung **1**, 51
– Erläuterung bei Übergang von Durchschnittsmethode zur Fifo-Methode **24**, 29
– Erläuterung Eigenkapitalveränderungsrechnung **5**, 21

– Ermessen bei Anwendung Bilanzierungsmethoden **5**, 43, 45
– Ermessen bei Regelungslücken **5**, 45
– Ermessen bei Schätzungen **5**, 44, 57
– extractive Industries **42**, 29
– Formulierungsbeispiel **5**, 30, 38, 73
– Funktion **5**, 34
– Funktion der Prosa **5**, 14
– Gliederung **5**, 18, 83
– going-concern-Prämisse **5**, 39
– Grundaufgabe **5**, 15, 83
– HGB-Angaben **5**, 75
– Kompensationsfunktion **5**, 15
– Konzernabschluss **7**, 14
– kurze Version **5**, 38
– lange Version **5**, 30, 73
– Leerformel **5**, 31
– materiality **1**, 66; **5**, 8, 16, 71; **24**, 62
– Neubewertung **8**, 91
– öffentliche Zuwendungen (government grants) **12**, 42
– Offenlegung von Ermessensentscheidungen **5**, 42, 62
– Organbezug **5**, 75
– Regelungslücke **5**, 50
– Sachanlage **14**, 26
– Schätzunsicherheit **5**, 51, 61
– Schattenbilanz **5**, 49
– Schutzklausel **5**, 75
– Schutzklausel für Offenlegung Planungen **5**, 59, 78
– Sensitivitätsanalyse **5**, 57
– Subjektivität bei Offenlegung Ermessen **5**, 48
– technische notes **5**, 2
– zukünftig wirksamer Standard **24**, 63
– Zwischenberichterstattung **37**, 38, 40
Anlage
– Währungsumrechnung **27**, 25
Anlageabgang
– Versicherungsentschädigung **8**, 61
Anlageimmobilien (Investment properties)
– Abbruchkosten **16**, 39
– Abgang **16**, 124
– Abgrenzung **16**, 5, 19
– Abzinsung **16**, 36
– Angabe **16**, 131
– Angabe allgemein **16**, 130
– Angabe bei Bewertung zu Zeitwerten **16**, 132
– Anlagespiegel **16**, 137
– Anschaffungskosten **16**, 26
– Anschaffungsnebenkosten **16**, 32, 38
– Aufteilung der Anschaffungskosten **16**, 31
– außerplanmäßige Abschreibung **16**, 46, 58
– Ausweis **16**, 127

- Bestimmung fair value 16, 67
- Bewirtschaftungskosten 16, 84
- Bilanzpolitik 16, 16, 101
- Bodenwertverzinsung 16, 83
- Buchwertentwicklung 16, 132
- cost-Modell 16, 49
- DCF-Verfahren 16, 81
- Definition 16, 18
- Diskontierungssatz 16, 97
- Einzelveräußerbarkeit 16, 17
- Entmietung 16, 103
- Ermessensspielraum 16, 101
- Ertragswertverfahren 16, 81
- externes Gutachten 16, 71
- fair value 16, 3, 65, 71
- Folgebewertung 16, 40
- fortgeführte Anschaffungskosten 16, 49
- Gebäude 16, 5, 31, 91
- gemischt genutzte Immobilie 16, 59
- Generalüberholung 16, 103
- Grundsanierung 16, 103
- Grundstück 16, 5, 65, 68, 70, 77, 93
- Hotel 16, 10, 12
- im Bau befindliche Immobilie 16, 105
- Komponentenansatz 16, 56
- latente Steuern 16, 126
- Leasing 16, 6
- liegenschaftsbezogene Dienstleistungen 16, 10
- Methodenwahlrecht bei der Bewertung 16, 71
- Neubewertungsmethode 16, 121
- normierte Verfahren 16, 74
- operate-Leasing 16, 30
- Parkhaus 16, 12
- portfolio-leases 16, 19
- Praxishinweis 16, 159
- Rohertrag 16, 84
- Rückstellung 16, 39
- Stetigkeitsprinzip 16, 44
- Tausch 16, 29
- Umklassifizierung im Konzernabschluss 16, 15
- Umwidmung 16, 121
- Unterschied IAS 40 zu IAS 16 16, 54
- Veräußerungs-/Nutzungsabsicht 16, 9
- Vergleich IFRS mit deutschem Recht 16, 2
- Vergleichswertverfahren 16, 76
- Vermögenszugang 16, 23
- Wertermittlungsverfahren 16, 73
- wirtschaftliches Eigentum 16, 23
- Zeitwertbilanzierung 16, 54
- Zweiphasenmodell für die Wertermittlung 16, 95

Anlagenbau
- Fertigungsauftrag 18, 7, 14
- Umsatzerlöse 25, 131, 153

Anlagespiegel
- Anlageimmobilie 16, 137
- materiality 5, 71
- Muster horizontale Entwicklung 14, 29
- Muster vertikale Entwicklung 14, 29
- Sachanlage 14, 27
- Währungsumrechnung 27, 89
- Zugang aus Unternehmenserwerben 14, 29

Anlagevermögen 2, 50; 14, 1
- Abgrenzung vom Umlaufvermögen 2, 33; 14, 6
- Veräußerung non-current assets held for sale 29, 2
- vermietet und zum Verkauf gestellt 14, 22

Anleihe 20, 20; 28, 181, 208, 210
- Änderung des Kurswerts 28, 181
- perpetuals 20, 20
- strukturierte Anleihe 28, 208, 210
- Wandelanleihe 20, 20

Annahmeverzug
- Umsatzerlöse 25, 163

Annuitätendarlehen
- Kapitalflussrechnung 3, 95

Anpassungsbuchung
- Altersversorgung 22, 54

Anpassungsverpflichtung
- Rückstellung 21, 78

Anpassung von Zins oder Zahlungsstrom
- Rückstellungsbewertung 21, 152

Ansatz
- Vorratsvermögen 17, 19
- Zwischenberichterstattung 37, 17

Anschaffungskosten
- Anschaffungspreisminderung 8, 11
- Aufteilung auf mehrere Vermögenswerte 8, 16
- Einbringung 8, 51
- Einlage 8, 51
- finaler Charakter 8, 17
- Flugzeugindustrie 8, 39
- Gemeinkosten 8, 13; 17, 22
- Generalüberholung, Großinspektion 8, 39
- Gewinnrealisierung 8, 51
- Herstellungskosten 8, 39
- Leistungen an Dritte 8, 17
- nachträgliche Anschaffungskosten 8, 11
- Nebenkosten 8, 11; 17, 23
- Testbetrieb 8, 15
- Unternehmenserwerb 31, 39
- Versetzung in betriebsbereiten Zustand 8, 17
- Vorrat 17, 20
- zeitweise Stilllegung 8, 30
- zusätzliche Anschaffungskosten 8, 62
- Zusammensetzung 8, 11

Anschaffungskostenprinzip
- Landwirtschaft **40**, 2, 42

Anschaffungsnebenkosten
- Anlageimmobilie **16**, 38
- Leasing **15**, 121

Anschaffungs- und Herstellungskosten
- Abbruchkosten **8**, 57
- anzuwendender Standard **8**, 2
- Durchschnittsmethode **8**, 44
- Einzelbewertung **8**, 42
- Entfernungsverpflichtung **8**, 58
- Erfolgsneutralität **8**, 5
- Fifo-Methode **8**, 46
- Gegensatz zum Neubewertungskonzept **8**, 7
- Lifo-Methode **8**, 48
- Machbarkeitsstudie **8**, 59
- matching principle **8**, 5
- Praxishinweis **8**, 94
- Realisationsprinzip **8**, 10
- Rückbauverpflichtung **8**, 58
- sächliche und immaterielle Vermögenswerte **8**, 2
- Umplanung **8**, 60
- Verfahren zur Ermittlung **8**, 41
- Vergangenheits- oder Zukunftsorientierung **8**, 8
- Vergleich IFRS und HGB **8**, 12, 20

Anteile an Tochterunternehmen
- Finanzinstrument **28**, 13

Anteile in Fremdwährung 27, 29

anteilsbasierte Vergütungsform
- ABC **23**, 250
- Abgrenzungsproblem **23**, 27
- Aktienoption **23**, 15
- Aktienrückkauf zur Durchführung von Aktienoptionsplänen **23**, 203
- Anpassung der Optionsbedingungen **23**, 143
- Anwendungsbereich **23**, 1
- Ausnahme **23**, 26
- Ausübungsbedingung **23**, 66
- bedingte Kapitalerhöhung **23**, 201
- Bewertungsmodell **23**, 265
- Binomialmodell **23**, 273
- Black-Scholes-Modell **23**, 271
- Buchung **23**, 44
- cash flow hedge **23**, 198
- Derivat **23**, 33
- Einwendungen gegen IFRS 2 **23**, 49
- equity-settled transactions **23**, 197
- Ermessensproblematik **23**, 105
- Erwerb von Anteilen **23**, 32
- finanzieller Vermögenswert **23**, 32
- gegenwärtige Verpflichtung **23**, 132
- grant date bei Aktienoptionen **23**, 18
- hedge accounting **23**, 194
- innerer Wert **23**, 277
- kombinierte Pläne **23**, 59, 94
- Konzern **23**, 165
- latente Steuern **23**, 232
- liability **23**, 55
- Mengenkomponente **23**, 91
- Monte-Carlo-Simulation **23**, 274
- Musterangabe **23**, 249
- non-vesting conditions **23**, 72, 74, 98
- Optionsbewertungsmodell **23**, 261
- Planänderung **23**, 139
- reale Option **23**, 16
- replacement options **23**, 149
- Restwertmethode **23**, 126
- share-based payment **23**, 281
- share options **23**, 8, 15, 123, 201
- stock appreciation rights **23**, 53, 106
- stock options **23**, 15, 202
- Umtausch von Optionen **23**, 99
- Unmöglichkeit der Schätzung **23**, 276, 281
- variable Ausübungszeiträume **23**, 95
- Vergütung durch Muttergesellschaft **23**, 167
- Verschlechterung der Optionsbedingungen **23**, 148
- Verteilungszeitraum für Aufwandsverbuchung **23**, 88
- Verwässerung **23**, 17
- vesting condition **23**, 66
- vesting period bei Aktienoptionen **23**, 18
- virtuelle Option **23**, 16
- Wahlrecht des Vertragspartners **23**, 125
- Wechsel der vereinbarten Vergütungsform **23**, 158
- Wertkomponente **23**, 91
- Widerruf (cancellation) **23**, 149
- Zeitwert (fair value) von Aktienoptionen **23**, 257
- Zugangsbewertung **23**, 108

Anteilstausch
- Bestimmung der Anschaffungskosten **20**, 79
- Erstkonsolidierung **31**, 42
- Unternehmenserwerb **31**, 43

Anteilsübertragung
- Divergenz von obligatorischem und dinglichem Geschäft **28**, 89

Anwartschaftsbarwertverfahren
- Altersversorgung **22**, 26

Anwendung der IFRS
- Einzelabschluss **7**, 11
- erstmalige Anwendung **6**, 5
- freiwilliger Konzernabschluss **7**, 10
- Konzernabschluss **7**, 9

Anwendungsprobleme REITG
- Vorratsvermögen **16**, 139

Anzahlung 2, 28, 50
- Bilanzausweis **2**, 50
- Fertigungsauftrag **18**, 72

2547

– Zinsvorteil als Erlös bei Fertigungsaufträgen 18, 51
application guidance
– integraler Teil der Standards 1, 55
Arbeitnehmervergütung
– Rückstellung 21, 16
Arbeitnehmerzahl
– Anhang 5, 75
Arbeitsvertrag
– Kaufpreisallokation 31, 87
Arbeitszeitkontenmodell
– Altersversorgung 22, 73
arm's-length-Prinzip 30, 26
Arrondierunginteresse 8a, 18
ask Price 8a, 80
asset
– asset vs. Vermögensgegenstand 1, 97
– Definition 1, 88
– Ermessensproblematik 1, 98
asset-Backed Securities 28, 74
asset ceiling
– Altersversorgung 22, 52
asset deal
– Kapitalflussrechnung 3, 133
– Unternehmenserwerb 31, 1
asset liability approach
– asset liability approach vs. revenue expense approach 1, 118
– dynamische vs. statische Bilanztheorie 1, 118
asset specific discount rate 31, 112
asset theory
– equity-Methode 33, 29
assoziiertes Unternehmen
– Abgrenzung von Gemeinschaftsunternehmen 33, 22
– Abgrenzung von Tochterunternehmen 33, 21
– Angabe 33, 129
– Anteilsveräußerung 33, 118
– Ausnahme für Weiterveräußerung 33, 32
– Ausweis in Bilanz nach GuV 33, 127
– Bewertung bei Veräußerungsabsicht 29, 70
– Definition 33, 7, 136
– Divergenz von obligatorischem und dinglichem Geschäft 33, 32
– einfache Beteiligung wird assoziiertes Unternehmen 33, 112
– Einzelabschluss des Investors 32, 174
– Entkonsolidierung 33, 117
– Entkonsolidierung bei Verlusten 33, 97
– Erstkonsolidierung 33, 24
– Erwerb weiterer Anteile 33, 111
– Finanzinstrument 28, 13
– Finanzmitteltransferbeschränkung 33, 20
– Folgekonsolidierung 33, 25

– Indizien für Assoziierung 33, 14
– Kapitalflussrechnung 3, 62, 125
– latente Steuern 33, 126
– potenzielle Stimmrechte 33, 17
– Statuswechsel in einfache Beteiligung 33, 121
– Statuswechsel in Tochterunternehmen 33, 115
– Übergangskonsolidierung bei Verlusten 33, 97
– venture-capital-Gesellschaft 33, 6
– 20-%-Vermutung 33, 8
– Wahlrecht im Einzelabschluss 33, 35, 137
– widerlegbare Vermutung 33, 8
– zur Veräußerung bestimmte Anteile 33, 31
Atomisierung des Vermögenswerts
– Komponentenansatz 8, 38
aufgegebener Bereich 29, 1
– abgrenzbarer Bereich 29, 21
– Anhang 29, 48
– Aufgabe der Veräußerungsabsicht 29, 44
– Ausweis in GuV 2, 64; 29, 2, 54
– Bewertungsmaßstab 29, 2
– Bilanzausweis 29, 2, 51
– Bilanzpolitik 29, 81
– einheitlicher Plan 29, 18
– Einzel- und Gruppenbewertung 29, 40
– equity-Methode 29, 128
– Ermessensspielraum 29, 24
– Geschäftsfeldqualität 29, 21
– Grenzfall 29, 24
– Kapitalflussrechnung 29, 59
– konzerninterne Transaktionen und Salden 29, 64
– latente Steuern 29, 75
– Negativabgrenzung 29, 24
– Qualifizierung und Rechtsfolgen (Überblick) 29, 5
– Restrukturierung 29, 44
– Segment 29, 22
– Stilllegung 29, 18
– Tochterunternehmen 29, 31
– Veräußerung 29, 18
– Veräußerung vs. Stilllegung 29, 3
– Verhältnis IAS 27 zu IFRS 5 29, 64
Aufgliederung
– nahestehende Partei 30, 35
– Vorstandsbezüge 30, 29
Aufhellungszeitraum
– Ereignis nach dem Bilanzstichtag 4, 8, 10
Auflösung, Zuführung, Rückstellungen
– Saldierung 2, 24
Auflösung, Zuführung, Wertberichtigungen
– Saldierung 2, 24

Aufnahme- oder Beitrittsgebühr
– Umsatzerlöse **25**, 190
Aufrechnung 8a, 107
Aufsichtsrat
– compensation **30**, 27
Aufstockung
– Mehrheitsbeteiligung **31**, 159
– Transaktionskosten **31**, 161
Auftragsbestand
– Kundenbeziehung **31**, 80
– Technik der Zeitwertbestimmung **31**, 232
Auftragsfertigung 18, 1
Aufwärtskonsolidierung
– sukzessiver Anteilserwerb **31**, 153
– zum Tochterunternehmen **31**, 10
Aufwandsrückstellung 21, 26
– Außenverpflichtung **21**, 34
– Restrukturierung **21**, 26, 100
– Rückstellung **21**, 26, 34
Aufwendung
– Definition **1**, 108
Aufzinsung
– Rückstellung **21**, 154
Ausbildungskosten
– Bilanzansatz **13**, 65
Ausbuchung
– biologischer Vermögenswert **40**, 38
– Finanzinstrument, erstmalige Anwendung von IFRS **6**, 36
Ausfallrisiko, credit Valuation adjustment, debt Value adjustment 8a, 107
Auslegung
– Auslegung der IFRS **1**, 79
– substance over form **1**, 81
Ausschüttung
– gespaltener Steuersatz **26**, 24
Außenfinanzierung
– Kapitalflussrechnung **3**, 89
Außenverpflichtung
– Aufwandsrückstellung **21**, 34
außerordentlicher Posten
– GuV **2**, 60
– Kapitalflussrechnung **3**, 67, 107
außerplanmäßige Abschreibung 11, 3, 6, 8, 10, 13, 33, 42, 219, 226, 228, 244; **13**, 84, 97; **14**, 18; **17**, 32; **21**, 71, 74; **33**, 101
– Angabe **11**, 228
– Anwendungsbereich **11**, 3, 8
– Anwendungszeitpunkt **11**, 244
– Bodenverunreinigung **21**, 74
– buchmäßige Erfassung **11**, 10
– Buchwert (carrying amount) **11**, 6
– equity-Beteiligung **33**, 101
– erzielbarer Betrag (recoverable amount) **11**, 6, 33
– immaterieller Vermögenswert **13**, 84, 97
– impairment-Test **11**, 13
– latente Steuern **11**, 226

– Nettoveräußerungspreis (fair value less costs to sell) **11**, 6
– Neubewertungsmethode **11**, 6
– Nutzungswert (Value in use) **11**, 6, 42
– ökonomische Konzeption **11**, 8
– Sachanlage **14**, 18
– Unternehmensbewertungskonzept **11**, 8, 42
– Vorrang zur Drohverlustrückstellung **21**, 71
– Vorrat **17**, 32
– Wertaufholung **11**, 219
– Wertberichtigungsaufwand (impairment loss) **11**, 6
– Wertminderung **11**, 6
ausstehende Aktie
– Ergebnis je Aktie **35**, 15
ausstehende Einlage
– Schuldenkonsolidierung **32**, 132
Ausweis
– Ausnahme **26**, 218
– Ausweisbegründung Ereignis **4**, 38
– Fertigungsauftrag **18**, 74
– Finanzinstrument **26**, 220
– öffentliche Zuwendungen (government grants) **12**, 41
– Pensionsverpflichtung **26**, 222
– Währungsrechnung **26**, 220
Ausweisstetigkeit 2, 17
– s. Darstellungsstetigkeit
Automobilindustrie
– contract accounting **18**, 11
– Umsatzerlöse **25**, 153, 179
– Zulieferer **18**, 67
Autopilot 32, 12, 59
available-for-sale asset
– Kapitalflussrechnung **3**, 76
– veräußerbare Werte **3**, 76
Avalprovision 9, 8

B

Bandbreite
– Kontrollprämie **11**, 175
– Rückstellungsbewertung **21**, 52
Bank 38, 13, 22, 26, 28, 45, 48, 55
– Bilanzierungspraxis **38**, 14
– Einzelwertberichtigung **38**, 55
– GuV-Gliederung **38**, 13
– hedge accounting **38**, 26
– impairment **38**, 48
– Portfolio Hedge **38**, 28
– RechKredV **38**, 14
– Risikoberichterstattung **38**, 22
– Risikovorsorge **38**, 45
Bankenabgabe
– bilanzielle Erfassung **38**, 67
– Rückstellung **21**, 113
– Zwischenabschluss **21**, 115

2549

Bareinlage
– Ergebnis je Aktie **35**, 17
bargain purchase
– negativer Unterschiedsbetrag **31**, 141
Barwert der Mindestleasingzahlungen
– Leasing **15**, 67
Barwerttest
– Leasing **15**, 68
Basis adjustment 28a, 55
Bau-ARGE 34, 22
Bauleistung
– Umsatzerlöse **25**, 130, 144
Bauträger
– Vorratsvermögen **17**, 9, 30
Bauwirtschaft
– Eigentumswohnung **18**, 15
– Fertigungsauftrag **18**, 15
bedingte Anschaffungskosten für einzelne Anlagegüter 8, 64
bedingter Kaufpreisbestandteil
– Einzelfall **8**, 65
– Systematik **8**, 62
– Vorrang der Aktivseite **8**, 62
– Vorrang der Passivseite **8**, 63
– Vorratsvermögen **8**, 66
– Weiterveräußerungserlös **8**, 66
befreiender Konzernabschluss 7, 1
– *s.* Konzernabschluss
behördliche Genehmigung
– Ereignis nach dem Bilanzstichtag **4**, 44
beitragsorientierte Zusage
– Altersversorgung **22**, 30
Beitragszusage
– Altersversorgung **22**, 8
– Angabe **22**, 81
Beitrittsgelder
– Umsatzerlöse **25**, 190
beizulegender Zeitwert
– fair value **11**, 6
– Leasing **15**, 58
belastende Verträge (onerous contracts)
– Einbeziehung von Gemeinkosten **21**, 67
Belieferungsrecht
– immaterieller Vermögenswert **13**, 20
– Übertragungsrecht **13**, 20
beneficial contracts 31, 86
Beratungsleistung
– Fertigungsauftrag **18**, 27
– Umsatzerlöse **25**, 88, 131
Bergwerk 42, 1
Berücksichtigung von Restwerten
– planmäßige Abschreibung **10**, 21
Beschaffungsgeschäft
– Rückstellung **21**, 57
besonderer Bewertungsanlass
– erstmalige Anwendung von IFRS **6**, 55
Bestätigungsvermerk
– Insolvenz **1**, 83
– Konzernabschluss **7**, 34

Bestandsänderung
– Saldierung **2**, 25
Bestimmung der Finanzierungskosten
– Vermeidbarkeitskonzept **9**, 19
Betafaktor 11, 69
– Geschäftsrisiko **11**, 71
– Kapitalstrukturrisiko **11**, 71
Beteiligung
– Anhang **5**, 75
– Ansatz Steuerlatenz **26**, 111
– Umkehrung Buchwertdifferenz **26**, 111
Beteiligungsergebnis 2, 87
– *s.* Finanzergebnis
Beteiligungsspiegel
– nahestehende Person **30**, 25
– nahestehende Unternehmen **30**, 25
Betreibermodell
– immaterieller Vermögenswert **13**, 62
– public private partnership **13**, 62
betriebsnotwendiges Vermögen 11, 92
Betriebsprüfungsrisiko
– Fehler **26**, 40
– Nichtanerkennung **26**, 39
– Rechtsbehelfsverfahren **26**, 40
– Schätzungsfehler **26**, 41
– Steuerlatenz **26**, 39
– Steuerrisiko **26**, 39
– Zeitpunkt **26**, 40
Betriebsvorrichtung
– Leasing **15**, 89
betterment levy in Israel 21, 117
Bewertung 8a, 63
– Ansatz **37**, 17
– Eigenkapitalinstrument **8a**, 70
– Schulden **8a**, 70
– Zwischenberichterstattung **37**, 17
Bewertungsänderung
– Altersversorgung **22**, 46
Bewertungsmaßstab 8a, 6; **31**, 99
– current cost **1**, 103
– historical costs **1**, 103
– present Value **1**, 103
– realisable Value **1**, 103
– Unternehmenserwerb **31**, 99
Bewertungsobjekt 8a, 17
Bewertungstechnik
– Unternehmenserwerb **31**, 101
Bewertungsvereinfachung
– Vorratsvermögen **17**, 21, 27
– Zwischenberichterstattung **37**, 36
Bewertungsverfahren 8a, 33
– Anhangsangabe **5**, 27
– Begriff **5**, 27
– biologischer Vermögenswert **40**, 26
– Durchschnittsmethode **8**, 44
– Fifo-Methode **8**, 43, 46
– Lifo-Methode **8**, 43, 48
– Vergleich IFRS und HGB **8**, 41
– Wertansatz **40**, 26

2550

Bezugsrecht
– Fremdwährung 20, 28
bid Price 8a, 80
Bilanz
– s. Bilanzberichtigung
– s. Jahresabschluss
– non-current assets held for sale 29, 2, 51
– Steuern vom Einkommen 26, 236
– zur Veräußerung bestimmte Anlagen 29, 51
Bilanzanalyse
– Framework 1, 34
– immaterieller Vermögenswert 13, 35
Bilanzausweis
– Finanzinstrument 28, 347
– Prolongation 2, 39
– Umschuldung 2, 39
Bilanzberichtigung 24, 35, 41
– Eigenkapitalspiegel 20, 68
Bilanzeid 7, 33
Bilanzgewinn
– Eigenkapitalspiegel, Ausweis 20, 95
Bilanzgliederung
– Aktivseite 2, 33
– Bilanzgliederung bei Banken 2, 31
– Bilanzgliederung nach Liquidität 2, 31
– Eigenkapital 2, 51
– erhaltene und geleistete Anzahlungen 2, 50
– Erweiterung des Mindestschemas 2, 53
– Fristigkeit 2, 33
– Gliederungsschema 2, 52
– Kontoformat 2, 52
– Landwirtschaft 40, 58
– latente Steuern 2, 47
– Leerposten 2, 46
– materiality 2, 21
– Minderheitenanteil 2, 47
– Mindestgliederung 2, 44
– Staffelformat 2, 52
– Wahlrecht 2, 54
Bilanzierungsfehler 24, 38, 41
Bilanzierungshandbuch 24, 14
Bilanzierungs- und Bewertungsmethoden
– s. Stetigkeitsgebot
– Anhangsangabe 5, 28, 43
– Anwendung 24, 3
– Auswahl 24, 3
– Erläuterung zur Kapitalflussrechnung 3, 162
– Offenlegung Ermessen im Anhang 5, 45
– Segmentberichterstattung 36, 62
– Versicherungsunternehmen 39, 24
Bilanzierungszweck
– Entscheidungsnützlichkeit 1, 5, 16
– Gläubigerschutz 1, 16
– HGB 1, 11
– Sollen und Sein 1, 25

Bilanzpolitik
– Anlageimmobilien (Investment properties) 16, 16, 101
– aufgegebener Bereich 29, 81
– bereinigte Ergebnisse 2, 88
– echtes Wahlrecht 1, 32
– Ermessensspielraum 15, 37
– erstmalige Anwendung von IFRS 6, 44
– faktisches Wahlrecht 15, 202
– IFRS-Eröffnungsbilanz 6, 54
– impairment-Test 11, 152
– Leasing 15, 37, 117, 202
– Mietzeitkriterium 15, 37
– Mixed Model 1, 38
– option-out 7, 36
– percentage-of-completion-Methode 18, 33
– Sachverhaltsgestaltung 1, 34
– Saldierungsmöglichkeit 2, 25
– stichtagsvorverlagertes Wahlrecht 1, 32
– Umstellung von HGB auf IFRS 8, 94
– unechtes Wahlrecht 1, 32
– Wahlrecht 24, 9
Bilanzrechtsreformgesetz
– Anhang 5, 75
– Ausnahmen von Befreiung handelsrechtlicher Angaben 5, 75
– Konzernabschluss 7, 3
– Konzernabschlusspflicht 32, 5, 90
– Lagebericht 2, 5; 5, 13
– Rechtsentwicklung 7, 8
Bilanztheorie
– dynamische vs. statische 1, 118
bill-and-hold Geschäfte
– Umsatzerlöse 25, 157
Binomialmodell
– anteilsbasierte Vergütungsform 23, 273
– Optionsmodell 23, 273
biologischer Vermögenswert
– Abtriebswert 40, 47
– Ausbuchung 40, 38
– beizulegender Zeitwert 40, 19
– Bewertungsmethode 40, 26
– Definition 40, 9
– fair value 40, 19
– Feldinventar 40, 50
– Ferkel 40, 53
– Kostenwert 40, 47
– Mastschwein 40, 53
– Milchkuh 40, 54
– öffentliche Zuschüsse 40, 56
– Sauen 40, 53
– stehendes Holz 40, 46
– Tiervermögen 40, 52
– Wertansatz 40, 26
biologischer Vermögenswerte 40, 42
biologische Transformation
– Landwirtschaft 40, 12

Black-Scholes-Modell
– anteilsbasierte Vergütungsform 23, 271
– Optionsmodell 23, 271
– Stärken und Schwächen 23, 272
Bodenverunreinigung
– außerplanmäßige Abschreibung 21, 74
– Rückstellung 21, 74
Bondstripping
– Finanzinstrument 28, 81
Bonus
– Kundenbindungsprogramm 25, 69
– Sachbonus 25, 69
– Umsatzerlöse 25, 105
– Zwischenberichterstattung 37, 31
branchenübliches Bewertungsverfahren
– fair value 40, 42
breach of covenants
– Konsolidierung 32, 86
– kurzfristige Verbindlichkeiten 2, 40
Buchwert 11, 111, 117
Buchwertklausel 20, 40
Bürgschaft 28, 15
Business 23, 30
– Holding/shell company 23, 31
– reverse acquisition 23, 31
business combination
– Angaben in der Kapitalflussrechnung 3, 136
– linked transaction 26, 106
– steuermotivierte Umstrukturierung 26, 106
– Unternehmenszusammenschluss 23, 180

C

call option 28, 83
– Minderheitenanteil 32, 165
– Put-Option 32, 165
capital charges
– Residualwertmethode 31, 112
– Return of 31, 112
capital disclosures
– Anhangsangabe 20, 106
case law
– Lückenausnutzung 1, 71
cash equivalents 3, 8, 12, 16, 18, 29, 70, 76, 135, 162
cashflow
– ausländisches Tochterunternehmen 3, 98
– Brutto-cash-flow 3, 13
– cash flow nach DVFA/SG 3, 13
– Definition nach IFRS 3, 12
– expected cash flow 3, 13
– free cash flow 3, 13
– Fremdwährung 3, 98
– Netto-cash-flow 3, 13
– Saldierung 3, 40, 140, 142
cash flow aus betrieblicher Tätigkeit 3, 69

cash flow aus Finanzierungstätigkeit 3, 97
cash flow aus Investitionstätigkeit 3, 88
cash flow hedge
– Abgrenzung von fair value hedge 28a, 42
– Bilanzierung 28a, 49
– Buchung 28a, 54
– Definition 28a, 42
– konzerninterne Transaktion 27, 68
cash generating unit
– Allozierung des goodwill auf Gruppen von CGUs 11, 155
– Angabe 11, 230
– Anzahl 11, 152
– Beispiel 11, 102
– Bestimmung anhand der Produktions- und Absatzstruktur 11, 106
– cash flows 11, 118
– cash Generating Unit mit und ohne zugeordneten goodwill 11, 100
– cash Generating Unit und Segmentierung 11, 151
– corporate asset 11, 118
– Definition im Großkonzern 11, 152
– Definition in der Rechnungslegungspraxis 11, 108, 110
– Gesamtunternehmen 11, 109
– Identifizierung 11, 106
– impairment-Test 11, 100
– Saldierungskissen 11, 153
– Umfang des Buchwerts 11, 118
– Zuordnung der einzelnen Vermögenswerte 11, 118
cash management
– Bedeutung für die Kapitalflussrechnung 3, 17
cash pooling
– Kapitalflussrechnung 3, 24
CGU mit zugeordnetem goodwill
– impairment-Test 11, 100
CGU ohne zugeordneten goodwill
– impairment-Test 11, 100
change in accounting policies
– dritte Bilanz 2, 19
– verbesserte Darstellung 24, 23
Checkliste
– Anhang 5, 8
– Kritik 5, 8
combined statements
– Gleichordnungskonzern 32, 95
common control transactions 31, 188
compensation
– Aufsichtsrat 30, 27
completed-contract-Methode
– Fertigungsauftrag 18, 4
compliance statement
– Jahresabschluss 2, 7
– Testateinschränkung 6, 11

components approach
- Komponentenansatz 10, 7; 11, 109
comprehensive income 20, 64
consolidation theory
- equity-Methode 33, 29
construction contracts
- Fertigungsauftrag 18, 1
contingent liabilities
- Eventualschuld 31, 93
continuing involvement
- Forderung 28, 66
contract accounting 18, 19
contracting
- Umsatzerlöse 25, 104
cook book accounting 1, 44
corporate asset 11, 134
Corporate Governance Codex
- Anhang 5, 75
corporate wrapper 26, 198
cost benefit 1, 62
- cost Benefit von Abschlussinformationen 1, 68
cost-plus-Vertrag
- Fertigungsauftrag 18, 26
cost-to-cost-Verfahren
- Umsatzerlöse 25, 141
cost to sell 29, 37
covenants
- Angabe 28, 391
- Anhangsangaben zum Eigenkapital 20, 107
credit enhancements 8a, 78
cross-border-Leasing
- lease and lease back 15, 172
cross-currency-Swap
- Synthetisierung mit Darlehensvertrag 28, 43
Customizing
- Umsatzerlöse 25, 200

D

Darlehen
- Folgebewertung monetärer Posten 27, 16
- Forderung 27, 16
- partiarisches 28, 219
- Währungsumrechnung 27, 16
Darlehenszusage
- Finanzinstrument 28, 13
Darstellung des Abschlusses 2, 1
- s. Jahresabschluss
- Übersicht 2, 3
Darstellungsstetigkeit
- s. Stetigkeitsgebot
- Anpassung Vorjahreswerte bei Durchbrechung 2, 20
- Gliederung und Ausweis 2, 17
- zulässige Abweichungen 2, 17

Dauerschuldverhältnis
- Rückstellung 21, 58
Dauervertragskunde
- Technik der Zeitwertbestimmung 31, 235
day one gain/loss 8a, 118
DCF-Modell 8a, 74; 11, 37
DCF-Verfahren
- Anlageimmobilie 16, 81
debt-for-equity-Swap
- beim Schuldner 28, 100
- Transaktionskosten 28, 104
debt issuance costs
- Behandlung in der Kapitalflussrechnung 3, 114
decision usefulness 1, 5
deductible temporary difference
- Verrechnung 26, 109
- Wahrscheinlichkeit 26, 109
deeply out of the Money options 23, 101
de facto agent 32, 27, 50
defensiver Vermögenswert 13, 61
defined benefit obligation (DBO)
- Altersversorgung 22, 16, 26
demand Feature 8a, 117
Derivat 23, 34; 28, 19, 136, 205; 28a, 49; 39, 13
- anteilsbasierte Vergütungsform 23, 33
- eingebettetes 28, 136, 205
- Finanzinstrument 28, 19; 28a, 49
- Versicherungsvertrag 39, 13
derivativer goodwill 11, 157
derivatives Finanzinstrument
- Kapitalflussrechnung 3, 53, 77
- Zinsanteil 9, 9
deutsche IFRS-Praxis
- Anhang 5, 3
- GuV-Gliederung 2, 59, 85
- latente Steuern 2, 47
- nahestehende Person 30, 49
- nahestehende Unternehmen 30, 49
- Rückstellungsspiegel 21, 180
deutsche Organschaft
- Organgesellschaft 26, 191
- Organträger 26, 191
Dienstleistung
- Erlösrealisierung 18, 8
Dienstleistungsunternehmen
- Vorrat 17, 28
direkte Methode
- Kapitalflussrechnung 3, 56, 77, 173
Direktversicherung
- Altersversorgung 22, 62
Disagio
- Fälligkeitsinvestment 28, 211
- Verbindlichkeit 28, 179
discontinued operation
- equity-Methode 33, 128

- Kapitalflussrechnung 3, 170
- mit Veräußerungsabsicht erworbener Tochterunternehmen 32, 97
- prognoserelevante Abgrenzung 29, 1
- Unterschied zu disposal group 29, 3

Diskontierungssatz
- Planung 31, 112

Diskontierungszinssatz 11, 63
- Anlageimmobilie 16, 97
- Nutzungswert 11, 43
- Steuervorteil der Fremdfinanzierung (tax shield) 11, 85

disposal group
- non-current assets held for sale 29, 3

distorsion 11, 123

Diversifizierungsauf- bzw. -abschlag 11, 174, 176

Dividendenvereinnahmung
- Zeitpunkt 4, 40

Dividendenzahlung
- Kapitalflussrechnung 3, 66, 94, 115, 173

Dokumentationsverpflichtung
- Rückstellung 21, 108

Doppelbilanzierung
- Leasing 15, 66

downstream-Lieferung
- equity-Methode 33, 75

DPR
- Fehlerfeststellung 24, 44
- pre-clearance 24, 51

dritte Bilanz
- change in accounting policy 2, 19
- Eröffnungsbilanz des Vorjahres 2, 19

Drittschuldverhältnis
- Schuldenkonsolidierung 32, 134

Drohverlust
- Fertigungsauftrag 18, 36
- Rückstellung 21, 54

Drohverlustrückstellung
- Ermittlung des Verlustes 21, 59
- Verhältnis zur außerplanmäßigen Abschreibung 21, 69, 71

Druck- und Verlagsrecht
- immaterieller Vermögenswert 13, 33

durchlaufende Kosten
- Umsatzerlöse 25, 88

Durchschnittsmethode
- Übergang zur Fifo-Methode 24, 29

DVFA
- Ergebnis je Aktie 35, 51

dynamische Bilanzbetrachtung 1, 15, 24

E

earnings per share 35, 28
- s. Ergebnis je Aktie

earn-out
- Unternehmenserwerb 31, 52, 58, 62

EBIT
- GuV-Gliederung 2, 88

EBITDA
- GuV-Gliederung 2, 88

E-Book
- Abschreibungsmethode 13, 91
- immaterielles Anlagevermögen 13, 12

echte Aufrechnungsdifferenz
- Schuldenkonsolidierung 32, 125

Effektivitätstest
- Grundgeschäft 28a, 28
- macro hedge 28a, 28
- Portfolio 28a, 28
- Zinsrisiko 28a, 28

Effektivzinsmethode
- Forderung 28, 249

eigene Aktie
- Optionsrecht auf eigene Aktien 20, 26

eigener Anteil
- Ausweis 20, 85
- Eigenkapitalspiegel 20, 85
- Kapitalflussrechnung 3, 82, 90

Eigenkapital 20, 93
- s. Eigenkapitalspiegel
- Aktienoption 20, 93
- Angabe 20, 102
- Anteilstausch 20, 79
- Ausweis im Konzern 20, 97
- Ausweis in Bilanz 2, 51
- Ausweiswahlrecht, Bilanzpolitik 20, 117
- Definition 1, 102
- Eigenkapitalbeschaffungskosten 20, 73
- Eigenkapitalfehlbetrag 20, 48
- Eigenkapitelbeschaffungskosten 9, 6
- Formulierungsbeispiel Anhang 20, 104
- Gewinnrücklage und Gewinnvortrag 20, 95
- Kapitalerhöhung aus Gesellschaftsmitteln 20, 89
- Kapitalherabsetzung 20, 90
- Praxishinweis 20, 117
- Umqualifizierung von Eigen- in Fremdkapital 20, 54

Eigenkapitalentwicklung
- Zwischenberichterstattung 37, 12, 15

Eigenkapitalfinanzierung
- keine Opportunitätskosten 9, 4

Eigenkapitalgarantie
- Unternehmenserwerb 31, 65

Eigenkapitalinstrument
- Kapitalflussrechnung 3, 90

Eigenkapitalkosten
- gewichtete Kapitalkosten 15, 64
- Leasing 15, 64
- Mischfinanzierung 15, 64

Eigenkapitalspiegel
- Bilanzpraxis 20, 117
- eigener Anteil 20, 85
- Erläuterung im Anhang 5, 21

- Fehlerkorrektur und Methodenänderung 20, 68
- Finanzinstrument 28, 347
- Gesamteinkommensrechnung als Darstellungsalternative 20, 64
- Gliederung 20, 66
- Kapitalerhöhung 20, 70, 89
- Minderheit 20, 66
- other comprehensive income 20, 96

eigenkapitalsubstituierende Finanzierung
- equity-Methode 33, 95

Eigenkapitalveränderungsrechnung 20, 64
- s. Eigenkapitalspiegel

Einbringung
- Anschaffungskosten 8, 51
- Einlage 8, 51
- Gewinnrealisierung 8, 51

eingebettetes Derivat
- Finanzderivat 28, 208

eingeführte Organisation
- goodwill 31, 75

einkommensorientiertes Verfahren
- Kaufpreisallokation 31, 105
- tax amortization benefit 31, 110

Einkommensteuer
- Bankenabgabe 26, 9
- Gewerbesteuer 26, 6
- hybride Steuer 26, 7
- Körperschaftsteuer mit SolZz 26, 6
- Lizenzabgabe 26, 9
- margin taxes 26, 8
- Nichtsteuer 26, 9
- royalty payments 26, 9
- taxable margin 26, 8

Einlage
- Anschaffungskosten 8, 51
- Einbringung 8, 51
- Gewinnrealisierung 8, 51

Einzelabschluss
- Anwendung der IFRS 7, 11
- Bekanntmachung nach § 325 Abs. 2a HGB 7, 13
- Bilanzierung Anteil an assoziierten Unternehmen 32, 174
- Bilanzierung Anteil an Gemeinschaftsunternehmen 32, 174
- Bilanzierung Anteil an Tochterunternehmen 32, 174
- Bundesanzeigerpublizität 7, 11
- Einzelabschluss nach HGB vs. IFRS 7, 11
- separate statements 32, 174
- Tochter-Kapitalgesellschaft 26, 168

Einzelbewertung
- als Finanzinvestition gehaltene Immobilie 11, 96

- Erfolgs- und Risikoverbundeffekt 11, 92
- Vorratsvermögen 17, 36

Einzelbewertungsgrundsatz 8a, 80; 11, 100
- at equity bewertete Anteile 33, 97
- aufgegebener Bereich 29, 40
- Vorrat 17, 33

Einzelhandel
- Umsatzerlöse 25, 173

Einzelkosten 11, 39

Einzelstandard
- Application Guidance 1, 1
- Ergänzung 1, 1
- Implementation Guidance 1, 1
- Inhalt 1, 1
- Interpretation 1, 1

Einzelwertberichtigung
- Bank 38, 55
- Forderung 28, 325

Einziehung von Anteilen 20, 88

Elektroschrott
- Rückstellung 21, 91

embedded value 39, 46

Emissionskonsortien 34, 23

Emissionsrecht 13, 47, 49; 21, 104
- immaterieller Vermögenswert 13, 47
- kostenlose Zuteilung 13, 47
- Rückgabepflicht 13, 49
- Rückstellung 21, 104
- Rückstellungsbewertung 13, 49
- unentgeltlicher Erwerb 13, 47
- Verbrauchsfolgebewertung 13, 49

employee benefits 22, 57
- s. Altersversorgung

endorsement
- Erstanwendung 6, 13
- EU-Anerkennungsprozess 1, 57
- fehlende Umsetzung Anwendungsleitlinien, Appendizes etc. 1, 57
- Rechtsentwicklung 7, 8
- Zwischenberichterstattung 37, 3

Enforcement 1, 66
- materiality 5, 71

Enron-Skandal
- Finanzierung 28, 75
- off-balance sheet 28, 75

Entfernungsverpflichtung
- extractive industries 42, 17
- Rekultivierung 21, 80
- Rückstellung 21, 80

entgangene Einnahme
- öffentliche Zuwendungen (government grants) 12, 23

Entherrschungsvertrag 32, 33

Entkonsolidierung
- Anteile an assoziierten Unternehmen 33, 99

- direkte und indirekte Erfolgsermittlung **31**, 164
- Einzelveräußerungsfiktion **31**, 164
- Entkonsolidierung ohne Veräußerung von Anteilen **31**, 169, 178
- equity-Beteiligungen bei Verlusten **33**, 99
- faktisches Wahlrecht **31**, 224
- goodwill **31**, 167
- Minderheitenanteil **31**, 168
- rücklagenverrechneter goodwill **31**, 167

Entmietung
- Anlageimmobilien (Investment properties) **16**, 103
- Generalüberholung **16**, 103
- Grundsanierung **16**, 103

entry Price **8a**, 112
Entscheidungsdiagramm **11**, 8
Entscheidungsgewalt **32**, 12
Entscheidungsnützlichkeit **1**, 5
Entsorgungsfonds
- Rückstellung **21**, 85

Entsorgungs- und Abbruchkosten
- Einbeziehung in die planmäßige Abschreibung **10**, 20

Entsorgungs- und Entfernungsverpflichtung
- erstmalige Anwendung von IFRS **6**, 48
- Rückstellung **21**, 72
- Umweltschutz **21**, 72

Entwicklungskosten
- Ansatzkriterium **13**, 30
- Beispiel in der Softwareindustrie **13**, 38
- erstmalige Anwendung von IFRS **6**, 23
- faktisches Ansatzwahlrecht **13**, 35
- Forschung und Entwicklung **42**, 6
- immaterieller Vermögenswert **13**, 27, 30
- Kapitalflussrechnung **3**, 79
- Mineraliengewinnung **42**, 6

equity-Ergebnis
- GuV-Gliederung **2**, 84

equity-Methode **33**, 107
- abweichender Bilanzstichtag **33**, 84
- Aktienoption **33**, 65
- Anschaffungskosten in Einlage- und Tauschfällen **33**, 51
- Anschaffungsnebenkosten **33**, 51
- asset theory **33**, 29
- assoziiertes Unternehmen **33**, 2, 23, 39, 112, 127
- aufgegebener Bereich **33**, 128
- außerplanmäßige Abschreibung **33**, 101
- Ausweis in Bilanz und GuV **33**, 107, 127
- available-for-sale Assets beim assoziierten Unternehmen **33**, 67
- cash flow hedges beim assoziierten Unternehmen **33**, 67
- consolidation theory **33**, 29
- discontinued operations **33**, 128
- downstream-Lieferung **33**, 75
- eingeschränkte Informationsmöglichkeit **33**, 87
- einheitliche Bilanzierung und Bewertung **33**, 82
- Einzelabschluss **33**, 4, 35
- Erwerb weiterer Anteile **33**, 111
- Fortschreibung stille Reserven und goodwill **33**, 71
- Fortschreibung um Dividenden **33**, 61
- Fortschreibung um Ergebnisanteil **33**, 61
- Gemeinschaftsunternehmen **33**, 3
- goodwill **33**, 57
- Identifizierung stiller Reserven **33**, 54
- impairment **33**, 93
- Kapitalerhöhung oder -herabsetzung **33**, 107
- Kapitalflussrechnung **3**, 127
- kündbarer Anteil **33**, 64
- latente Steuern **33**, 124
- negativer goodwill/Unterschiedsbetrag **33**, 58
- nicht beherrschender Gesellschafter **33**, 66
- nicht GuV-wirksames Einkommen **33**, 67
- Personengesellschaft **33**, 64
- retrospektive Einbeziehung alter Anteile **33**, 41
- Rückbeteiligung **33**, 63
- Sacheinlage **33**, 80
- Schuldenkonsolidierung **33**, 75
- sidestream-Lieferung **33**, 75
- sukzessiver Erwerb **33**, 41, 113
- Technik **33**, 26
- Transaktionskosten **33**, 51
- Übergang zur Bewertung nach IFRS 5 **29**, 70
- Überkreuzbeteiligung **33**, 63
- überschießender Verlust **33**, 93
- unterjähriger Erwerb **33**, 48
- upstream-Lieferung **33**, 75
- Veräußerung aller Anteile **33**, 117
- Veräußerung eines Teils der Anteile **33**, 117
- Zwischenergebniseliminierung **33**, 75

Ereignis
- Ausweisbegründung **4**, 38

Ereignis nach dem Bilanzstichtag
- adjusting events **4**, 17
- Anhang **4**, 50
- ansatzaufhellendes Ereignis **4**, 34
- Aufhellungszeitraum **4**, 8, 10
- Auswirkung **4**, 1
- behördliche Genehmigung **4**, 44
- bestandsändernder Umstand **4**, 34
- bestandsaufhellender Umstand **4**, 34
- Betrugsfall **4**, 34

- Börsenkurs nach dem Stichtag 4, 31
- Dividendenausweis 4, 39
- Ereignis nach dem Bilanzstichtag bei Passivprozess 4, 23
- fast close 4, 6
- Forderungsausfall 4, 22
- Forderungseingang 4, 26
- Insolvenzantrag eines Kunden 4, 22
- non-adjusting events 4, 17
- Preisentwicklung 4, 27
- Prozesskostenrückstellung 4, 23
- Rückstellung 4, 35; 21, 186
- strafbare Handlung 4, 34
- Unternehmensfortführung 4, 1, 45
- Unterschied IFRS und HGB 4, 34
- Vereinfachungsgrundsatz 4, 22
- wertaufhellendes Ereignis 4, 17
- Wertminderung 4, 27
- Zahlung von Schuldnern 4, 26
- Zufallskurve 4, 31

Erfolgsverbundeffekt, Risikoverbundeffekt 8a, 62

Ergänzungsbilanz
- Personenhandelsgesellschaft 26, 67

Ergebnisabführungsvertrag 20, 92
- Kapitalflussrechnung 3, 67, 116

Ergebnis je Aktie
- Aktienoption 35, 43
- Aktiensplit 35, 21
- Anhang 35, 54
- Ausgabe von Bezugsrechten 35, 23
- Ausgleich in bar oder in Aktien 35, 48
- ausstehende Aktie 35, 15
- Bareinlage 35, 17
- bedingte Aktie 35, 42
- bedingte Kapitalerhöhung 35, 47
- Begriffsdefinition 35, 5
- Bonusaktie 35, 21
- Dividendenzahlung 35, 11
- Ergebnis je Aktie auf Anteile des Mutterunternehmens ausgegebene potenzielle Aktien 35, 48
- Ergebnis je Aktie auf Anteile eines Konzernunternehmens ausgegebene potenzielle Aktien 35, 48
- Ergebnis je Aktie der Verwässerung entgegenwirkender Effekt 35, 45
- Ergebnis je Aktie nach DVFA 35, 51
- Ermächtigung zum Rückkauf eigener Anteile 35, 47
- erstmalige Anwendung 35, 58
- Erwerb eigener Aktien 35, 15
- Geltungsbereich 35, 3
- GmbH 35, 4
- GuV 35, 54
- Kapitalerhöhung 35, 15
- Kapitalherabsetzung 35, 15, 19
- KGaA 35, 4
- mehrere Aktiengattungen 35, 7, 14
- mehrere Arten potenzieller Aktien 35, 46
- Minderheitsgesellschafter 35, 10
- nicht fortgeführte Tätigkeiten 35, 10
- Option 35, 43
- potenzielle Aktie 35, 8, 28, 47
- rückwirkende Anpassung 35, 19
- Rumpfgeschäftsjahr 35, 18
- Sacheinlage 35, 17
- Stammaktie 35, 5
- Steuereffekt 35, 39
- Transaktion nach dem Bilanzstichtag 35, 22
- Umwandlung einer GmbH in eine AG 35, 18
- Verkauf eigener Aktien 35, 15
- verwässertes Ergebnis je Aktie 35, 8, 28
- Vorzugsaktie 35, 5
- wandelbares Papier 35, 44
- Zeitpunkt der Aktienausgabe 35, 17
- Zwangswandelanleihe 35, 17, 44
- Zwischenberichterstattung 37, 10

Ergebnispooling 34, 18

Ergebnisvariabilität
- Rückstellung 21, 155

Ergebnis vor Steuern, Zinsen und Abschreibungen
- Kapitalflussrechnung 3, 67

erhaltene Anzahlung 18, 72
- s. Anzahlung

Erhaltungsaufwand
- goodwill-impairment-Test 11, 164
- Herstellungskosten 8, 33
- immaterieller Vermögenswert 8, 40

Erleichterung 11, 141
- erstmalige Anwendung von IFRS 6, 44
- exemptions 6, 44

Erlös
- Erlöse aus Fertigungsaufträgen 18, 45

Erlöse mit Kunden 25, 1, 2

Erlösminderung
- Saldierung 2, 24

Ermessensabhängige Überschussbeteiligung
- Finanzinstrument 39, 35
- Versicherungsvertrag 39, 28

Ermessensproblematik
- s. materiality
- Abwägung 5, 63
- anteilsbasierte Vergütungsform 23, 105
- Asset 1, 98
- faktisches Wahlrecht 24, 9
- Fertigungsauftrag 18, 33
- Framework 1, 37
- immaterieller Vermögenswert 13, 35
- impairment-only approach 5, 63
- Komponentenansatz 8, 38
- Methodenänderung 24, 24
- Offenlegung im Anhang 5, 40, 42, 62

2557

- Offenlegung nach HGB 5, 65
- percentage-of-completion-Methode 18, 33
- Rückstellung 21, 40, 129
- Währungsumrechnung 27, 34
- Wahrscheinlichkeit 21, 40
- Wesentlichkeit 1, 65; 2, 22

Ermessensspielraum 10, 34; 15, 37; 16, 101; 24, 41; 28, 75, 276; 29, 24; 31, 147
- Anlageimmobilien (Investment properties) 16, 101
- aufgegebener Bereich 29, 24
- Bilanzierungsfehler 24, 41
- Bilanzpolitik 15, 37
- Finanzinstrument 28, 276
- goodwill 31, 147
- Grenzfall 29, 24
- impairment-only approach 31, 147
- Leasing 15, 37
- managementorientierte Rechnungslegung 28, 276
- Mietzeitkriterium 15, 37
- Negativabgrenzung 29, 24
- planmäßige Abschreibung 10, 34
- SPE 28, 75

erneuerbares Recht
- immaterieller Vermögenswert 13, 94

Ernte
- Landwirtschaft 40, 14

Eröffnungsbilanz 24, 28
Eröffnungsbilanz des Vorjahres
- dritte Bilanz 2, 19

Ersatzanspruch
- Fertigungsauftrag 18, 47

Ersatzteil
- Vorratsvermögen 17, 6, 39

Erstanwendung
- endorsement, zeitversetzt 6, 13
- Geschäftsübernahme 6, 15
- Reporting entity 6, 16

Erstattungsanspruch 2, 24
- Halbeinkünfteverfahren 26, 26
- Saldierung 2, 24

Erstellungsstichtag 4, 9

Erstkonsolidierung
- Acquisition Date 31, 28
- Agreement Date 31, 28
- Ansatz und Bewertung 31, 103
- Anschaffungskosten 31, 39
- Anschaffungskosten bei Anteilstausch 31, 42
- Anschaffungskosten in Tauschfällen 31, 42
- Anschaffungsnebenkosten 31, 39
- assoziiertes Unternehmen 33, 24
- Buchwertapproximation 31, 103
- Date of Exchange 31, 28
- earn-out-Klausel 31, 52
- Erstkonsolidierung ohne Erwerb von Anteilen 31, 177
- Erwerbszeitpunkt 31, 28
- Erwerbszeitpunkt bei vertraglicher Rückwirkung 31, 32
- Erwerbszeitpunkt und Gewinnbezugsrecht 31, 31
- goodwill 31, 129
- greenfield-Ansatz 31, 109
- Grundlage 31, 11
- Hinzuerwerb von Anteilen 31, 153, 155
- Kaufpreisallokation 31, 11
- kontingente Anschaffungskosten 31, 58
- Kontrollprämie, Bereinigung, Minderheitenanteil 31, 135
- kostenorientierte Verfahren 31, 103
- Kundenbeziehung 31, 79, 109
- Minderheitenanteil 32, 156
- nachträgliche bessere Erkenntnis 31, 125
- Paketabschlag Minderheitenanteil 31, 135
- Restrukturierungsrückstellung 31, 94
- Stichtag 32, 17
- vendor due diligence 31, 40
- Wertaufhellung 31, 125

erstmalige Anwendung von IFRS 24, 22
- s. Stetigkeitsgebot
- Aktie 6, 23
- aktienkursorientierte Vergütungsform 6, 91
- Altersversorgung 22, 49
- Angabe 6, 114
- Anwendungsbereich 6, 5
- Ausbuchung von Finanzinstrumenten 6, 36
- besonderer Bewertungsanlass 6, 55
- Bilanzpolitik 6, 44
- compliance Statement 6, 6
- delisting 6, 6
- Entsorgungs- und Entfernungsverpflichtung 6, 48
- Entwicklungskosten 6, 23
- Erleichterung 6, 44
- Ersteinbuchung von Finanzinstrumenten zum Zeitwert 6, 96
- erstmalige Einbeziehung in Konzernabschluss 6, 73
- exceptions 6, 35
- fair value 6, 68
- Fehler 6, 40
- Finanzimmobilien (Investment properties) 6, 53
- Finanzinstrument 6, 36, 85
- Fremdkapitalkosten 6, 98
- Generalüberholung 6, 50
- Genussrecht 6, 23
- goodwill 6, 70, 80

- Hauptbestandteile des Übergangsprozesses 6, 17
- hedge accounting 6, 38, 40
- hochinflationärer Wirtschaftsraum 6, 102
- IFRS-Eröffnungsbilanz 6, 17, 22
- immaterielles Anlagegut 6, 53
- Kategorisierung von Finanzinstrumenten 6, 94
- Komponentenansatz 6, 50
- Konzernunternehmen 6, 5
- Korrektur von Fehlern 6, 41
- Kosten-Nutzen-Aspekt 6, 52
- Kundenzuschuss 6, 100
- latente Steuern 6, 27, 77
- Leasing 6, 23, 92
- materiality 6, 32
- Mineralvorkommen 6, 99
- Neubewertung, Umfang 6, 55
- nicht kontrollierende Anteile 6, 42
- optionale Erleichterung 6, 44
- Pensionsverpflichtung 6, 83
- prospektive Anwendung 6, 33
- public private partnership 6, 97
- retrospektive Anwendung 6, 29, 33
- Sachanlagevermögen 6, 45, 53
- Schätzung 6, 39
- Schema Übergangsperiode 6, 19
- Sicherungsbeziehung 6, 38
- Sonderposten mit Rücklageanteil 6, 23
- Übereinstimmungserklärung 6, 11
- Überleitungsrechnung 6, 24
- Umschuldung 6, 101
- Unternehmenszusammenschluss 6, 57, 79
- Unterschiedsbetrag 6, 24
- Verbote von retrospektiver Anwendung 6, 35
- Vergleichbarkeit 6, 2
- Versicherungsvertrag 6, 93
- Vorjahresvergleichszahl 6, 17
- Vorjahreszahlen für Finanzinstrumente 6, 103, 123
- Wertaufhellung 6, 39
- Werthaltigkeitstest des goodwill 6, 71
- zeitversetzter Übergang im Konzern 6, 86
- Zwischenberichterstattung 6, 20

erstmaliger Konzernabschluss
- Konzernabschlusspflicht 32, 90

Ertrag
- Definition 1, 107

ertragbringende Pflanzen 40, 44

Ertragsrealisierung
- sale and lease back 15, 171

Ertragsteuer
- Eigenkapitalbeschaffung 26, 25
- Kapitalflussrechnung 3, 67, 120

- Substanzsteuer 26, 1
- Verbrauchsteuer 26, 1

Ertragswertverfahren
- Anlageimmobilie 16, 81

Erwartungswert
- Rückstellungsbewertung 21, 135

erweiterte Garantien
- Umsatzerlöse 25, 61

Erweiterungsinvestition 11, 56

Erwerb eigener Aktien
- Ergebnis je Aktie 35, 15

Erwerbsmethode
- Folgekonsolidierung 31, 145
- Unternehmenserwerb 31, 2

Erwerbsphase
- Unternehmenserwerb 31, 34

Erwerbszeitpunkt
- Erstkonsolidierung 31, 28

Erzeugnisse und Waren
- Technik der Zeitwertbestimmung 31, 231

erzielbarer Betrag
- außerplanmäßige Abschreibung 11, 33
- marktbasierte Bewertungsverfahren 11, 36
- Marktpreis 11, 33

EU-Anerkennungsprozess 1, 57
- s. endorsement

EU-Chemikalienverordnung REACH 13, 63

Eurokrise 28, 148, 168

Europarecht
- SME-IFRS 50, 2

Eventualansprüche (contingent assets)
- Rückgriffsrecht 21, 165
- Rückstellung 21, 125, 165

Eventualschuld
- contingent liabilities 31, 149
- Folgekonsolidierung 31, 149
- Rückstellung 21, 119, 183
- Unternehmenserwerb 31, 93
- Verbindlichkeit 21, 119

ewige Anleihe
- IFRS 9 28, 129
- Praxisbeispiel 20, 20

exemptions
- Erleichterung 6, 44

Exit Price 8a, 15, 112

expected cash flow approach 31, 111

Explorationskonsortien 34, 23

externe Zahlung 11, 94

extractive activities
- full cost Method 42, 13
- Rückgriff auf US-GAAP 42, 3
- successful efforts Method 42, 13

extractive industries
- Aktivitätsphase 42, 4
- Anhangsangabe 42, 29

2559

- Beibehaltung der bisherigen Bilanzierungsmethoden 42, 11
- Bilanzierung von Aufwand 42, 15
- Entfernungsverpflichtung 42, 17
- Entwicklungskosten 42, 6
- Folgebewertung 42, 18
- Forschung und Entwicklung 42, 6
- impairment-Test 42, 22
- Rückbauverpflichtung 42, 17

Extreme Programming
- immaterieller Vermögenswert 13, 40
- Waterfall Method 13, 40

F

Factoring
- Abtretungsverbot 28, 62
- Ausbuchungszeitpunkt 28, 70
- finanzielle Garantien des Forderungsverkäufers 28, 70
- first-loss piece 28, 64
- Hermes-Deckung 28, 65
- preinsured assets 28, 65
- Risikofeststellung 28, 64
- risks and rewards 28, 70
- so gut wie alle Risiken 28, 66

Fälligkeitswert
- Bewertung 28, 150
- Definition 28, 143
- Disagio 28, 139, 211, 217
- Finanzinstrument 28, 143, 170
- 2-Jahressperre 28, 165
- Kündigungsrecht 28, 143
- tainting rule 28, 165
- Umklassifizierung 28, 149, 167
- Verkauf vor Fälligkeit 28, 148

Fahrzeug
- Komponentenansatz 10, 11

fair presentation
- Kapitalflussrechnung 3, 6, 149, 161

fair value
- Anlageimmobilie 16, 71
- Ausnahme 14, 13
- Bewertungsansatz 31, 101
- Bilanzierung von Zeitwerten 1, 105
- branchenübliches Bewertungsverfahren 40, 42
- Einlage 14, 14
- Ermittlung 31, 101
- erstmalige Anwendung von IFRS 6, 68
- fair value als Maßstab der Zugangsbewertung 28, 228
- Kaufpreisallokation 31, 101
- Landwirtschaft 40, 42
- öffentliche Zuwendungen (government grants) 12, 29
- Regelungsinhalt IFRS 13 8a, 3
- Rückbauverpflichtung 21, 81
- Tausch 14, 13

fair value hedge
- Abgrenzung von cash flow hedge 28a, 42
- Bilanzierung 28a, 50
- Buchung 28a, 51
- Definition 28a, 42

fair value in use 8a, 67

fair value less costs to sell 40, 44

fair value option 28, 135
- Alternative zum hedge accounting 28a, 110
- venture-capital-Gesellschaft 34, 4
- Verbindlichkeit 28, 180
- Wahlrecht bei Erstbewertung 28, 151

faithful presentation
- tatsachengetreue Darstellung 1, 17

faktische Geschäftsführung 30, 30

faktische Kontrolle
- Tochterunternehmen 32, 49

faktisches Wahlrecht
- Bilanzpolitik 15, 202
- Leasing 15, 202

fast close
- Balance zwischen Richtigkeit und Zeitnähe 1, 68
- Ereignis nach dem Bilanzstichtag 4, 6
- Sorgfaltserfordernis 24, 39
- Wertaufhellungszeitraum 4, 6

favorable contracts 31, 86

Fazilität
- Kreditzusage 28, 38

Fehler
- erstmalige Anwendung von IFRS 6, 40

Fehlerkorrektur
- Abgrenzung zur Neueinschätzung 24, 38
- Abgrenzung zur Revision von Schätzungen 24, 14, 35, 37
- Ausnahme von retrospektiver Anpassung 24, 56
- Erfolgsneutralität 24, 53
- fundamentaler Fehler 24, 38
- retrospektive Anpassung 24, 53
- Rückwärtsberichtigung 24, 59
- subjektiver Fehlerbegriff 24, 38
- subjektiver und objektiver Tatbestand 24, 38
- technische Durchführung 24, 53
- unwesentlicher Fehler 24, 36
- wesentlicher Fehler 24, 36

Fehletikettierung 11, 38

Fertigungsauftrag
- Angabe 18, 83
- Angabepflicht 18, 81
- Anlagenbau 18, 7, 14
- Auftragsfertigung 18, 1
- Automobilindustrie 18, 11
- Bauwirtschaft 18, 15

- Begriff, Abgrenzung **18**, 5
- Beratungsleistung **18**, 27
- Bilanzausweis **18**, 72
- Branchenkonvention **18**, 33
- Buchungstechnik **18**, 79
- completed-contract-Methode **18**, 4
- construction contracts **18**, 1
- cost-plus-Vertrag **12**, 25; **18**, 26
- Dienstleistung **18**, 8
- direkte und indirekte Kosten **18**, 55
- drohender Verlust **18**, 32, 36
- Eigentumswohnung **18**, 15
- Erlöse bei Änderung Leistungsumfang **18**, 44
- Erlöse bei Ersatzansprüchen **18**, 47
- Erlöse bei Vertragsstrafen oder incentives **18**, 49
- Ermessensproblematik **18**, 33
- Fertigungsauftrag bei Festpreisverträgen **18**, 22
- Fertigungsauftrag bei Joint Venture **34**, 38
- Flugzeugbau **18**, 14
- Folgeauftrag oder Auftragsänderung **18**, 42
- Formulierungsbeispiel **18**, 83
- Fremdfinanzierung **9**, 7
- Frist, Längerfristigkeit **18**, 6
- gemischter Vertrag **18**, 28
- GuV-Ausweis **18**, 74
- Hochbau **18**, 15
- Hoch- und Tiefbau **18**, 7
- individualisierte Massenfertigung **18**, 10
- IT-Branche **18**, 31
- Kalkulations-/Schätzsicherheit **18**, 29
- klassische Anwendungsfälle **18**, 7
- Korrektur ursprünglicher Schätzungen (POC) **18**, 34
- Krankenhaus **18**, 28
- kundenspezifische Fertigung **18**, 1
- latente Steuern **18**, 70
- milestones-Methode **18**, 31
- percentage-of-completion-Methode **18**, 1, 24
- Rückstellung **18**, 33; **21**, 16
- Schätzung **18**, 32
- Schiffbau **18**, 7, 14, 19
- Segmentierung und Zusammenfassung von Verträgen **18**, 38
- stage-of-completion-Methode **18**, 1
- Teilleistung **18**, 43
- Vergleich IFRS und HGB **18**, 19
- Vertriebskosten **18**, 59
- Zulieferindustrie **18**, 67

Fertigungsgemeinkosten 8, 20
Festbewertung
- Vorratsvermögen **17**, 27

Festpreisvertrag
- Fertigungsauftrag **18**, 22

Fifo-Methode
- Anschaffungs- und Herstellungskosten **8**, 46
- Lifo-Methode **8**, 43
- Vorratsvermögen **17**, 27

Filmindustrie
- Umsatzerlöse **25**, 197

finales Element
- Anschaffungskosten **8**, 17

finance-Leasing
- Andienungsrecht **15**, 26
- first-loss-Garantie **15**, 26
- günstige Kaufoption **15**, 30
- Kapitalflussrechnung **3**, 174
- Leasing **15**, 30, 46, 119
- Mieterdarlehen **15**, 26
- Schwankung im Restwert **15**, 26
- (steuerliche) Investitionszulage **15**, 57
- Zuschuss **15**, 57

financing activities
- Finanzierungstätigkeit **3**, 89

Finanzanlage 11, 119
Finanzderivat 2, 36; **20**, 26; **28**, 17, 47, 136, 204, 210, 212, 282; **28a**, 56
- Ansatz **28**, 47
- Ausweis in Bilanz **2**, 36
- Definition **28**, 17
- eingebettete (embedded derivatives) **28**, 136, 205, 210
- Erstbewertung **28**, 282
- Finanzinstrument **28**, 17, 20; **28a**, 56
- Folgebewertung **28**, 282
- hybrides Produkt **28**, 136
- Kontrolle in eigenen Aktien **20**, 26
- Kreditderivat **28**, 212
- no-or-small-initial-net-investment-Bedingung **28**, 19
- Optionsgeschäft **28**, 18
- Optionsgeschäft, Bewertung **28**, 283
- strukturierte Anleihe **28**, 136
- strukturiertes Produkt **28**, 204
- Termingeschäft **28**, 18
- Termingeschäft, Bewertung **28**, 283
- Warentermingeschäft **28**, 21

Finanzergebnis 2, 61
- Einbeziehung Beteiligungsergebnis **2**, 87
- GuV-Gliederung **2**, 78, 87
- Inhalt, Definition **2**, 78

finanzielle Garantie
- Abgrenzung IAS 39 zu IFRS 4 **28**, 186
- Akkreditiv **28**, 15
- Avalprovision **28**, 190
- Bürgschaft **28**, 15, 186, 190
- Kreditderivat **28**, 15
- unentgeltliche Bürgschaft **28**, 192

finanzielle / nichtfinanzielle Schuld 8a, 77
Finanzierung
- Enron-Skandal **28**, 75

- Fremdfinanzierung **9**, 1
- Grundstück, Option **9**, 1
- Herstellungskosten **17**, 24
- off-balance sheet **28**, 75

Finanzierungsaktivität 11, 120

Finanzierungskomponente
- Umsatzerlöse **25**, 92

Finanzierungskosten
- Aufzinsung von Rückstellungen **9**, 9
- besondere Vermögenswerte **9**, 10
- direkt und indirekt zurechenbar **9**, 15
- Finanzierungskosten als Bestandteil der AK/HK **9**, 2
- immaterieller Vermögenswert **13**, 84
- qualifying assets **9**, 10
- Zinsswap **9**, 9

Finanzierungsrechnung
- Kapitalflussrechnung **3**, 11

Finanzierungstätigkeit
- Kapitalflussrechnung **3**, 89

Finanzinstrument 6, 36, 85; **28**, 1, 3, 13, 42, 47, 49, 51, 53, 55, 58, 70, 75, 81, 83, 88, 104, 106, 135, 140, 156, 167, 172, 217, 276, 341, 347, 359, 362, 365, 368, 374, 376, 378, 383, 392, 398; **28a**, 49, 115; **39**, 35
- Abgrenzung zu Versicherungsverträgen **28**, 14
- Altersversorgungsplan **28**, 13
- Angaben, Klassen vs. Kategorien **28**, 362
- Angaben, materiality **28**, 365
- Angaben zu Bilanzierungs- und Bewertungsmethoden **28**, 368
- Angaben zu continuing involvement **28**, 370
- Angaben zu Kreditrisiken **28**, 386
- Angaben zum Ersteinbuchungszeitpunkt **28**, 369
- Angaben zum fair value **28**, 379
- Angaben zum hedge accounting **28**, 383; **28a**, 115
- Angaben zum Nettoergebnis **28**, 376
- Angaben zur fair value option **28**, 379
- Angaben zur Überleitung auf Bilanz- und GuV-Posten **28**, 374
- Angaben zu Sicherheiten **28**, 384
- Angaben zu Wertberichtigungen **28**, 378
- Ansatz **28**, 47
- Ansatz bei Divergenz von Vertrags- und Erfüllungstag **28**, 51
- Anteile an Tochterunternehmen **28**, 13
- Anwendungsbereich von IAS 39 **28**, 13
- asset-backed securities **28**, 140
- assoziierte Unternehmen **28**, 13
- Ausbuchung **6**, 36; **28**, 58, 75
- Ausbuchung von Anteilen **28**, 89
- Ausbuchung von Forderungen **28**, 70
- Ausweis in Bilanz **28**, 347
- Ausweis in GuV **28**, 359
- Ausweis in Kapitalflussrechnung **28**, 360
- Begriff **28**, 3
- Bewertung **28**, 156
- Bewertung und Klassifizierung **28**, 106
- Bondstripping **28**, 81
- Darlehenszusage **28**, 13
- Derivat **28a**, 49
- Eigenkapitalveränderungsrechnung **28**, 347
- Einbuchungszeitpunkt **28**, 49
- Einbuchungszeitpunkt bei Genehmigungsvorbehalt **28**, 53
- Ermessensabhängige Überschussbeteiligung **39**, 35
- Ermessensspielraum **28**, 276
- erstmalige Anwendung von IFRS **6**, 36, 85
- Factoring **28**, 70
- Grundregel **28**, 136
- Joint Venture **28**, 13
- Kategorie **28**, 135
- Klassifizierung vor Bewertung **28**, 106
- Lagebericht **28**, 398
- latente Steuern **28**, 341
- Leasing **28**, 13
- managementorientierte Rechnungslegung **28**, 276
- mittelstandsrelevante Regelung **28**, 3
- Mixed Model **28**, 217
- Pfandbrief **28**, 140
- regular-way-Verträge **28**, 51
- Risikoangabe **28**, 385
- Risikoart **28**, 385
- Saldierung **28**, 356
- Schuldscheindarlehen **28**, 140
- Sensitivitätsanalyse **28**, 392
- settlement date accounting **28**, 55
- substance over form **28**, 42
- total-return-Swap **28**, 88
- trade date accounting **28**, 55
- Transaktionskosten **28**, 104
- Umklassifizierung **28**, 167, 172
- Wetterderivat **28**, 14

Finanzinstrumente für Handelszwecke
- Kapitalflussrechnung **3**, 76

Finanzlage
- Kapitalflussrechnung **3**, 6

Finanzmarktkrise
- impairment-Test **11**, 216

Finanzmittelfonds
- Anhangsangabe **3**, 165
- Bestandteil **3**, 15
- Bewertungsrechnung **3**, 29

Finanzmitteltransferbeschränkung 32, 103; **33**, 20
- assoziiertes Unternehmen **33**, 20

Finanzverbindlichkeit 28, 175

first-loss piece
– Factoring **28**, 64
– Forderung **28**, 64
Fitnessclub
– Umsatzerlöse **25**, 48
Flugzeug
– Komponentenansatz **10**, 12
Flugzeugbau
– Fertigungsauftrag **18**, 14
Flugzeugbetriebsfläche
– Komponentenansatz **10**, 18
Flugzeugindustrie
– Anschaffungskosten **8**, 39
– Generalüberholung, Großinspektion **8**, 39
– Herstellungskosten **8**, 39
– Umsatzerlöse **25**, 131, 153
Folgeauftrag
– Fertigungsauftrag **18**, 42
Folgebewertung
– Aufteilung der Leasingraten **15**, 132
– Bewertung von Immobilien **15**, 131
– Darlehen **27**, 16
– extractive Industries **42**, 18
– Forderung **27**, 16
– Leasing **15**, 123
– Leasingnehmer **15**, 123
– Leasingverbindlichkeit **15**, 132
– Sachanlage **14**, 18
– Spezialleasing **15**, 126
– Tilgungsanteil **15**, 132
– Untermietverträge (subleases) **15**, 131
– Währungsumrechnung **27**, 16
– Zinsanteil **15**, 132
Folgekonsolidierung
– assoziiertes Unternehmen **33**, 25
– Erwerbsmethode **31**, 145
– goodwill **31**, 145
– Konzern **32**, 1
– Minderheitenanteil **32**, 156
Fonds-Management-Gesellschaft 32, 80
Forderung 18, 72; **28**, 63, 66, 68, 74, 96, 139, 228, 249, 256, 265, 325, 329, 344
– ABS-Transaktion **28**, 74
– asset-backed securities **28**, 74
– Ausbuchung **28**, 63
– Darlehen **27**, 16
– Effektivzinsmethode **28**, 139, 249
– Finanzinstrument **28**, 345
– first-loss piece **28**, 64
– Folgebewertung **27**, 16
– Forderungen aus POC **18**, 72
– notleidende, Restrukturierung **28**, 96
– offene Abtretung **28**, 68
– Pauschalwertberichtigung **28**, 329, 344
– Risikofeststellung bei Factoring **28**, 64
– stille Abtretung **28**, 68
– unterverzinsliche Forderung **28**, 256
– unverzinsliche Forderung **28**, 256

– Verfügungsmacht **28**, 66
– Währungsumrechnung **27**, 16; **28**, 265
– Wertberichtigung **28**, 325
– Zugangsbewertung **28**, 228
Forderungsverzicht gegen Besserungsschein
– beim Schuldner **28**, 98
Forfaitierung
– Leasing **15**, 184
Forschungskosten
– immaterieller Vermögenswert **13**, 27
Forschung und Entwicklung
– Ausweis in GuV **2**, 72
– Ausweis in Kapitalflussrechnung **3**, 79
– Entwicklungskosten **42**, 6
– Mineraliengewinnung **42**, 6
Framework
– abstrakte Bilanzierungsfähigkeit **1**, 88
– Anwendungsproblem **1**, 105
– Bewertung **1**, 103
– Bilanzanalyse **1**, 34
– Bilanzpolitik **1**, 32
– cook Book accounting **1**, 44
– Definition Schulden **1**, 94
– dynamische Betrachtung **1**, 16
– Entscheidungsnützlichkeit **1**, 16
– fair-value-Konzept **1**, 105
– Gläubigerschutz **1**, 16
– IAS 1 **1**, 4
– IAS 8 **1**, 4
– Imparitätsgedanke **1**, 18
– Inhalt **1**, 4
– Kapitalerhaltungskonzeption **1**, 115
– kapitalmarktorientierte Rechnungslegung **1**, 40
– Mixed Model **1**, 105
– Normenhierarchie **1**, 3
– Präambelcharakter **1**, 24
– Praxishinweis **1**, 135
– principle-based accounting **1**, 44
– Qualität der IFRS **1**, 28, 40
– Regelungsbereich **1**, 3
– rule-based accounting **1**, 44
– Schulden **1**, 96
– substance over form **1**, 49
– Vergleich IFRS und HGB **1**, 8, 35, 42, 97
– Verhältnis IFRS zu HGB **1**, 25
– Verhältnis von IAS 8 zu IAS 1 **1**, 4; **24**, 3
– Vorsichtsprinzip **1**, 16, 20
– Wahrscheinlichkeit **1**, 20, 91
– Wesentlichkeit **1**, 62, 64
– widersprüchliche Imparitätsregel **1**, 21
– Zielsetzung **1**, 2
Franchise
– Umsatzerlöse **25**, 67, 191
freiwilliger Konzernabschluss
– Anwendung der IFRS **7**, 10
Fremdfinanzierung
– Aktivierungsende **9**, 32

- Aktivierungsvolumen 9, 17
- Angabe 9, 40
- Begriff der Finanzierungskosten 9, 8
- Eigenkapitalfinanzierung (Opportunitätskosten) 9, 4
- Formulierungsbeispiel 9, 40
- Fremdfinanzierung nach HGB und Steuerrecht 9, 2
- Fremdfinanzierung nach IFRS 9, 4
- Globalfinanzierung 9, 25
- Konzernsachverhalt 9, 22
- langfristige Auftragsfertigung 9, 7
- latente Steuern 9, 39
- matching principle 9, 4
- ökonomische Ausgangsproblematik 9, 2
- Unterbrechung des Herstellungsprozesses 9, 31
- Werterhöhungseffekt 9, 6

Fremdkapital 20, 54

Fremdkapitalkosten
- erstmalige Anwendung von IFRS 6, 98
- Herstellungskosten 8, 25

Fremdwährung 11, 61
- Bezugsrecht 20, 28

Fremdwährungsdarlehen 27, 5, 16

Fremdwährungsforderung 27, 5, 16

Fremdwährungsumrechnung
- Kapitalflussrechnung 3, 162

Frist der Bilanzerstellung 4, 15

Fristigkeit
- Bilanzgliederung 2, 33, 45
- Geschäftszyklus 2, 36
- kurzfristiger Vermögenswert 2, 33
- kurzfristige Schulden 2, 33
- langfristige Fertigung 2, 36
- langfristiger Vermögenswert 2, 33
- langfristige Schulden 2, 33
- latente Steuern 2, 47
- Pensionsrückstellung 2, 43
- Tantiemerückstellung 2, 43
- Urlaubsrückstellung 2, 43

fruchttragende Pflanzen
- bearer plants 14, 2

full cost Method
- extractive activities 42, 13
- successful efforts Method 42, 13

full-goodwill-Methode 11, 191
- Minderheitenanteil 31, 134

funktionale Währung
- Holdingstruktur 27, 9
- Währungsumrechnung 27, 8

G

Gängigkeitsabschreibung
- Vorrat 17, 32, 39

Garantie
- Kulanz 21, 23
- Rückstellung 21, 23

Gasförderung 42, 1

geänderte Rechtslage
- Rückstellung 21, 22

Gebäude
- Abschreibung 16, 1
- Anlageimmobilien 16, 1
- Komponentenansatz 10, 9, 15
- Reparaturaufwand 16, 1
- technische und wirtschaftliche Nutzungsdauer 10, 10

Gebäudereinigung
- Umsatzerlöse 25, 129, 136

Gebrauchtgerät
- Rückstellung 21, 91

Geldflussrechnung
- Kapitalflussrechnung 3, 11

Geldmarktfondsanteil
- IFRS 9 28, 129

geleistete Anzahlung
- Bilanzausweis 2, 50

Gemeinkosten
- Anschaffungskosten 8, 13; 17, 22
- Gemeinkosten bei Ermittlung des Drohverlustes 21, 67
- Rückstellungsbewertung 21, 174
- Vorrat 17, 22

Gemeinkostenaktivierung
- Sachanlage 14, 11

Gemeinkosten (Einbeziehung in die Bewertung)
- Rückstellung 21, 176
- Vollkosten 21, 176

gemeinsame Tätigkeit
- fehlende separate Einheit 34, 21
- fehlendes Gesamthandsvermögen 34, 21

gemeinsame Vereinbarung 34, 1, 20
- s. gemeinschaftliche Tätigkeit
- s. Gemeinschaftsunternehmen
- Anhangsangaben 34, 58
- Bilanzierung beim einfachen Investor 34, 53
- gemeinsame Beherrschung 34, 7
- gemeinschaftliche Kontrolle 34, 7
- joint operation vs. joint venture 34, 20
- Klassifizierung 34, 20
- Transaktionen mit Gesellschafter 34, 43
- vertragliche Grundlage 34, 7

gemeinschaftliche Kontrolle 34, 2
- s. gemeinsame Vereinbarung

gemeinschaftliche Tätigkeit 34, 2
- quotale Bilanzierung 34, 33

gemeinschaftlich genutzter Vermögenswert 11, 134

Gemeinschaftsunternehmen 34, 2
- Aufwärtskonsolidierung assoziierte Unternehmen 34, 48
- Aufwärtskonsolidierung Finanzinstrumente 34, 48
- Ausweis 34, 56

- Bewertung bei Veräußerungsabsicht 29, 70
- eigener Abschluss **34**, 48
- Einlagen im eigenen Abschluss **34**, 48
- Gemeinschaftsunternehmen im Einzelabschluss **34**, 29
- Gemeinschaftsunternehmen im Einzelabschluss des Investors **32**, 174
- Gemeinschaftsunternehmen im Konzernabschluss **34**, 29
- Übergangskonsolidierung **34**, 66
- Zuliefergesellschaft **34**, 26

Genehmigungsvorbehalt
- Einbuchungszeitpunkt Finanzinstrument **28**, 53
- Gewinnbezugsrecht **31**, 30
- Unternehmenserwerb **31**, 30
- vertragliche Rückwirkung **31**, 30

general Purpose statements 1, 5

Generalüberholung
- Anlageimmobilien (Investment properties) **16**, 103
- Anschaffungskosten **8**, 39
- Entmietung **16**, 103
- erstmalige Anwendung von IFRS **6**, 50
- Flugzeugindustrie **8**, 39
- Grundsanierung **16**, 103
- Herstellungskosten **8**, 39
- Komponentenansatz **6**, 50

Genossenschaft
- Umqualifizierung Eigen- und Fremdkapital **20**, 31

Genussrecht 6, 23; **20**, 20; **28**, 219
- beim Inhaber **28**, 219
- erstmalige Anwendung von IFRS **6**, 23

Genussschein
- Kapitalflussrechnung **3**, 90

geringwertiges Wirtschaftsgut
- planmäßige Abschreibung **10**, 32

Gesamteinkommensrechnung
- Gliederung **20**, 66
- one Statement approach **20**, 64
- SORIE **20**, 64
- Zwischenberichterstattung **37**, 12

Gesamtergebnis
- Offenlegung der Steuern auf die Komponenten **2**, 98

Gesamtergebnisrechnung 20, 63
- Gliederung nach one Statement approach **2**, 93
- Gliederung nach two Statement approach **2**, 93
- one Statement approach **2**, 55
- reclassification adjustment **2**, 95
- Recycling **2**, 95
- two Statement approach **2**, 55
- Verhältnis zur GuV **2**, 90

Gesamtfunktionsrisiko
- Umsatzerlöse **25**, 66

Gesamtkostenverfahren
- Gliederung **2**, 62
- Inhalt der Posten **2**, 65

Geschäftsjahr
- Änderung des Rumpfgeschäftsjahrs **2**, 13

Geschäfts- oder Firmenwert 2, 13
- s. goodwill

Geschäftsübernahme
- Erstanwendung **6**, 15

Geschäftszyklus
- Abgrenzung lang- und kurzfristige Posten **2**, 36

geschriebene Option
- hedge accounting **28a**, 12

Gesellschafter
- Abfindung **31**, 199

Gewährung von Gesellschaftsrechten
- Sachanlage **14**, 14

gewichtete Kapitalkosten
- Eigenkapitalkosten **15**, 64
- Leasing **15**, 64
- Mischfinanzierung **15**, 64

Gewinnabführung
- Kapitalflussrechnung **3**, 67, 116

Gewinnabführungsvertrag
- GuV-Ausweis bei Untergesellschaft **20**, 92

Gewinnbezugsrecht
- Aufteilung Erwerber und Veräußerer **31**, 30
- Genehmigungsvorbehalt **31**, 30
- Unternehmenserwerb **31**, 30
- vertragliche Rückwirkung **31**, 30

Gewinne aus dem Abgang
- Rückstellungsbewertung **21**, 159

Gewinngemeinschaft 34, 18

Gewinnpoolung
- Abgrenzung zu Joint Venture **34**, 19

Gewinnrealisierung
- Anschaffungskosten **8**, 51
- Einbringung **8**, 51
- Einlage **8**, 51
- Tausch **8**, 49

Gewinnrücklage
- Eigenkapitalspiegel, Ausweis **20**, 95

Gewinn- und Verlustrechnung 37, 12
- s. GuV
- s. Jahresabschluss

give and take modifications 23, 152

Glättung
- Zwischenberichterstattung **37**, 21

Gläubigerschutz 1, 14

Gleichordnungskonzern
- combined statements **32**, 95

Gliederung
- Anhang **5**, 83
- Bilanz **2**, 30

2565

- GuV 2, 27, 30, 62
- materiality 2, 21

GmbH & Co. KG
- Management-Gesellschaft 30, 16

going-concern-Prämisse
- Anhang 5, 39

going-concern-Prinzip
- Anhangsangabe 1, 82
- Insolvenz 1, 82
- Zeithorizont 1, 82

goodwill
- Abgrenzung von immateriellen Vermögenswerten 13, 14, 23
- Allozierung auf eine oder mehrere cash Generating units 11, 143
- Angabe 31, 217
- asset deal 26, 103
- Ausweis 31, 215
- core goodwill 31, 27
- Definition 11, 140
- derivativer goodwill 13, 67
- eingeführte Organisation 31, 75
- Entkonsolidierung 31, 167
- equity-Methode 33, 57
- Ermessensspielraum 31, 147
- Erstkonsolidierung 31, 129
- erstmalige Anwendung von IFRS 6, 70
- Folgekonsolidierung 31, 145
- going concern goodwill 31, 27
- impairment-only approach 11, 140; 31, 147, 219
- impairment-Test 11, 138
- initial recognition exception 26, 101
- internes Berichtswesen 11, 150
- Konzern 31, 5
- Lagevorteil 31, 75
- latente Steuern 31, 211
- Minderheitsinteresse beim impairment-Test 11, 194
- negativer goodwill 31, 131
- one-line consolidation 33, 58
- planmäßige Abschreibung 10, 37
- Rechenschema 6, 80
- residualer goodwill 31, 27
- Ruf eines Unternehmens 31, 75
- selbst geschaffener 13, 67
- share deal 26, 103
- steuerlicher 26, 103
- Überwachung im internen Berichtswesen 11, 143
- Unternehmenserwerb 31, 130
- Verteilung Wertminderungsaufwand 11, 179
- Wertminderung 31, 147

goodwill-impairment-Test
- Abstockung 11, 211
- Aufstockung 11, 211
- Ausschluss von Erweiterungsinvestitionen aus der Planung 11, 162
- Beschränkung auf operative cash flows 11, 162
- DCF-Verfahrensregeln 11, 161
- entity value 11, 166
- Entkonsolidierung 11, 211
- equity Value 11, 166
- Erhaltungsaufwand 11, 164
- Inkonsistenz 11, 165
- investive cash flows 11, 163
- optimale Betriebsgröße 11, 164
- passive Steuerlatenzen 11, 165
- stille Zwangsreserve 11, 211
- unterschiedlicher Minderheitenanteil 11, 201
- Vorsteuerbasis 11, 165

government grants 12, 3

Gremienvorbehalt
- Einbuchungszeitpunkt Finanzinstrument 28, 53
- Unternehmenserwerb 31, 33

Grenzfall
- aufgegebener Bereich 29, 24
- Ermessensspielraum 29, 24
- Negativabgrenzung 29, 24

Grenz- oder Vollkosten
- Rückstellungsbewertung 21, 173

große Einheit 11, 109

große Zahl
- Rückstellungsbewertung 21, 141

Großinspektion
- Generalüberholung 8, 39

Großrisiko
- Rückstellung 39, 21
- Schwankungsreserve 39, 21

Grunderwerbsteuer
- Unternehmenserwerb 31, 39

Grundgeschäft
- Effektivitätstest 28a, 28
- hedge accounting 28a, 28
- macro hedge 28a, 28
- Portfolio 28a, 28
- Zinsrisiko 28a, 28

Grundsanierung
- Anlageimmobilien (Investment properties) 16, 103
- Entmietung 16, 103
- Generalüberholung 16, 103

Grundstück 16, 77
- s. Anlageimmobilien (Investment properties) 16, 77

Gruppenbesteuerung 26, 180
- Gruppenträger 26, 181
- Organschaft 26, 180
- Verlustvortrag 26, 181

Gruppenbesteuerungssystem
- Dänemark 26, 184
- Österreich 26, 184

Gruppenbewertung 8a, 81

Gruppen von CGUs mit zugeordnetem goodwill
- impairment-Test 11, 100

günstige Kaufoption
- finance-Leasing 15, 30
- Leasing 15, 30

günstiger Vertrag 31, 86
guidances on implementation 1, 55
GuV 2, 56
- aufgegebener Bereich 29, 2, 54
- Ergebnis je Aktie 35, 54
- Fertigungsauftrag 18, 75
- Finanzinstrument 28, 359
- GuV als eigenständiges Rechenwerk 2, 55
- GuV als Teil der Gesamtergebnisrechnung 2, 55
- operatives Ergebnis 2, 60
- Verhältnis zur Gesamtergebnisrechnung 2, 90
- Zwischenberichterstattung 37, 12

GuV-Gliederung
- aufgegebener Bereich 2, 64
- außerordentlicher Posten 2, 60
- Bank 38, 13
- EBIT 2, 86
- EBITDA 2, 86
- empirischer Befund 2, 86
- equity-Ergebnis 2, 84
- ergänzende Posten zu regelmäßigen Erfolgsquellen 2, 71
- ergänzende Posten zu unregelmäßigen Erfolgskomponenten 2, 75
- Ergebnis aus equity-Beteiligungen 2, 87
- Finanzergebnis 2, 61, 78, 87
- Forschung und Entwicklung 2, 72
- materiality 2, 21
- Mindestgliederung 2, 56
- operatives Ergebnis 2, 62
- Steueraufwand 2, 61
- Umsatzerlös 2, 85
- Umsatzkostenverfahren 2, 57
- Zusatzangaben bei Umsatzkostenverfahren 2, 62

H
handelsrechtliche Vorgaben
- Konzernabschluss 7, 13

Handelsvertreter
- Umsatzerlöse 25, 171

Handelswert 28, 268
- s. fair value option
- Bewertung 28, 153
- Definition, Klassifizierung 28, 151
- fair value, Ermittlungsmethode 28, 268
- fair value, modellorientiert 28, 273
- fair value, Verlässlichkeit 28, 303
- Finanzinstrument 28, 151

- Transaktionskosten 28, 153
- Umklassifizierung 28, 152, 167

Hausmeinung
- WP-Gesellschaft 1, 80

hedge accounting 28, 20
- Absicherung bilanzierter Geschäfte 28a, 45
- Absicherung schwebender Geschäfte 28a, 47
- Angabe 28, 383; 28a, 115
- anteilsbasierte Vergütungsform 23, 194
- Bank 38, 26
- Basis adjustment 28a, 55
- Beendigung 28a, 90
- cash flow hedge 28a, 41, 51
- critical Term Match 28a, 69
- Designation von Komponenten 28a, 17
- Dokumentation 28a, 57, 63
- dollar-offset-Methode 28a, 69
- Effektivität der Sicherung 28a, 56, 64
- Effektivitätstest 28a, 28
- erstmalige Anwendung von IFRS 6, 38, 40
- fair value hedge 28a, 41, 51
- foreign currency hedge 28a, 41
- gesichertes Grundgeschäft 28a, 22
- Grundgeschäft 28a, 28
- hypothetische Derivate-Methode 28a, 71
- internes Sicherungsgeschäft 28a, 10
- macro Hedge 28a, 28
- Mixed Model 28a, 2
- nachträglicher Wegfall einer Sicherungsbeziehung 28a, 88
- nachträgliches Entstehen einer Sicherungsbeziehung 28a, 88
- Portfolio 28a, 28
- Repressionsanalyse 28a, 69
- Sensitivitätsanalyse 28a, 69
- Sicherungsbeziehung 28a, 2, 41, 56
- Swap 28a, 43
- Transaktionswahrscheinlichkeit 28a, 23
- Überblick 28a, 4
- untaugliches Grundgeschäft 28a, 22
- Währungssicherung 28a, 7, 45
- Zinsrisiko 28a, 28

hedging instrument
- Kapitalflussrechnung 3, 76

held-for-sale asset
- assoziiertes Unternehmen 33, 31

held-to-maturity asset 28, 143
Hermes-Deckung
- Factoring 28, 65

Herstellerleasing
- Leasing 15, 157

Herstellungskosten
- Anschaffungskosten 8, 39
- anschaffungsnaher Herstellungsaufwand 8, 38

2567

- Erhaltungsaufwand 8, 33
- Fertigungsgemeinkosten 8, 20
- Finanzierung 17, 24
- Flugzeugindustrie 8, 39
- Fremdkapitalkosten 8, 25
- Generalüberholung, Großinspektion 8, 39
- Komponentenansatz 8, 35
- Kuppelproduktion 8, 24
- Leerkosten 8, 24
- nachträgliche Herstellungskosten 8, 62
- Nutzungserhöhung 8, 34
- Produktionsauslastung 8, 24
- Unterbeschäftigung 17, 24
- Vorrat 17, 20
- Zusammensetzung 8, 18, 32

hierarchische Struktur 11, 147

Hochbau
- Eigentumswohnung 18, 15
- Fertigungsauftrag 18, 15

hochinflationärer Wirtschaftsraum
- erstmalige Anwendung von IFRS 6, 102

Hochregallager
- Komponentenansatz 10, 16

Hoch- und Tiefbau
- Fertigungsauftrag 18, 7
- POC-Methode 18, 7

Holding/shell company
- Business 23, 31

Hotel
- Anlageimmobilien (Investment properties) 16, 12
- Parkhaus 16, 12

Humankapital
- immaterieller Vermögenswert 13, 32
- Vermögenswert 13, 64

hybrides Produkt 28, 204
- Finanzderivat 28, 136
- strukturierte Anleihe 28, 208

Hyperinflation
- Anpassung Vorjahr 27, 81
- Anwendungsbeispiel 27, 83
- Bedeutung für deutsche Anwender 27, 80
- Definition 27, 81
- Grundlage 27, 78
- Länderübersicht 27, 82
- Preisindexauswahl 27, 81
- Scheingewinneliminierung 27, 3
- Schuldnergewinn 27, 81
- 7-Stufenansatz 27, 81

Hyperlizenz
- Technik der Zeitwertbestimmung 31, 240

I

IAS 1
- Inhalt 2, 1; 20, 2

IAS 2
- Inhalt 17, 1

IAS 3
- Inhalt 32, 1

IAS 7
- Inhalt 3, 7

IAS 8
- Inhalt 24, 1

IAS 14
- Inhalt 36, 5

IAS 17
- Inhalt 15, 1

IAS 19
- Inhalt 22, 1; 41, 2

IAS 21
- Inhalt 27, 1; 32, 1

IAS 23
- Inhalt 9, 1

IAS 24
- Inhalt 30, 1

IAS 26
- Inhalt 41, 2

IAS 27
- Inhalt 32, 1

IAS 28
- Inhalt 32, 1; 33, 1

IAS 29
- Inhalt 27, 3

IAS 31
- Inhalt 32, 1

IAS 32
- Inhalt 20, 1

IAS 33
- Inhalt 35, 1

IAS 34
- Inhalt 37, 1

IAS 37
- Inhalt 21, 1

IAS 38
- Inhalt 13, 2

IAS 39
- Inhalt 27, 2; 28, 1

IAS 40
- Inhalt 16, 1

IAS 41
- Inhalt 40, 1

IFRIC 6
- Inhalt 21, 91

IFRIC 7
- Inhalt 27, 84

IFRS
- Oberbegriff aller Regeln 1, 54
- Rating 7, 37
- Rückkehr zum HGB 7, 36
- Standardbezeichnung 1, 54

IFRS 1
– s. erstmalige Anwendung von IFRS
IFRS 2 23, 1
– Anwendungsbereich 23, 21
– Ausnahme 23, 26
IFRS 4
– Inhalt 39, 2
IFRS 5
– imparitätische Bilanzierung 29, 37
– Inhalt 29, 1
IFRS 6
– Inhalt 42, 1
IFRS 7
– Inhalt 38, 2
IFRS 8
– Inhalt 36, 140
IFRS 9
– ABS-Papier 28, 133
– ewig laufende Anleihe 28, 129
– Geldmarktfondsanteil 28, 129
– Geschäftsmodell 28, 114
– Inflationsanleihe 28, 126
– Klassifizierung und Bewertung finanzieller Verbindlichkeiten 28, 176
– Klassifizierung und Bewertung finanzieller Vermögenswerte 28, 107
– nur Zins und Tilgung 28, 121
– stille Beteiligung 28, 129
– strukturierte Produkte 28, 134
– Umklassifizierung finanzieller Vermögenswerte 28, 161
IFRS-Abschluss 2, 4
– s. Jahresabschluss
– anzuwendende Regeln 1, 53
– Bestandteil 2, 4
– konzeptionelle Basis 1, 10
– Lagebericht 2, 5
IFRS-compliance
– Erklärung im Anhang 1, 51
IFRS-Einzelabschluss 7, 13
– s. Einzelabschluss
IFRS-Eröffnungsbilanz 6, 19
– Bilanzpolitik 6, 54
– erstmalige Anwendung von IFRS 6, 22
– Vorjahresinformation 6, 20
– Zwischenberichterstattung 6, 21
IFRS-Erstanwender
– rate regulated activities 6, 109
IFRS-Konzernabschluss 7, 1
– s. Konzernabschluss
IFRS-Regelwerk
– anzuwendende Regeln 1, 53
– IFRS und IAS 1, 54
IFRS-SME
– aktuelle Entwicklung 50, 13
– Anwendung in Europa 50, 7
IFRS-Übereinstimmung
– Erklärung im Anhang 1, 51

IFRS vs. US-GAAP
– principle- vs. rule-based-Ansatz 1, 79
illustrative examples
– illustrative examples als zu berücksichtigende Regeln 1, 55
im Bau befindliche Immobilie
– marktpreisorientierte Bewertung 16, 108
– Residualwertverfahren 16, 112
immaterieller Vermögenswert 11, 93; 13, 91
– Abgang 13, 98
– Abgrenzung zum goodwill 13, 14; 31, 74
– Abschreibungsdauer 13, 89
– Abschreibungsmethode 13, 91
– aktiver Markt 13, 87
– Aktivierungsverbot 13, 68, 71
– Angabe 13, 101
– Ansatzverbot bei Selbsterstellung 13, 33
– Ansatzvoraussetzung 13, 18
– Anschaffung beim Unternehmenszusammenschluss 13, 78
– Anwendungsbereich IFRS 13, 2
– außerplanmäßige Abschreibung 13, 84, 97
– Ausweis 13, 99
– Bedeutung 13, 1
– Belieferungsrecht 13, 20
– beschränkte Lebensdauer 13, 89
– Bestandteile der Anschaffungskosten 13, 73
– Betreibermodell 13, 62
– bevorzugte Methode 13, 84
– Bewertung 13, 69
– Definition 13, 4, 8
– Druck- und Verlagsrechte 13, 33
– E-Book 13, 12
– Einzelanschaffung 13, 73
– Einzelfälle (ABC) 13, 102
– Einzelkosten 13, 79
– Emissionsrecht 13, 47
– Entwicklungskosten 13, 27
– Entwicklungsphase 13, 30
– Erhaltungsaufwand 8, 40; 13, 74
– Ermessensproblematik 13, 19, 35
– erneuerbare Rechte 13, 94
– extreme programming 13, 40
– faktisches Ansatzwahlrecht 13, 35
– Finanzierungskosten 13, 84
– Folgebewertung 13, 84
– Forschungsphase 13, 28
– Forschungs- und Entwicklungskosten (Trennung) 13, 27
– Gemeinkosten 13, 74, 79
– Herstellungskosten 13, 79
– Humankapital 13, 32
– Identifizierbarkeit 13, 14
– IFRS und HGB 13, 27

- immaterielle Vermögenswerte in process Research and Development **31**, 84
- intangibles **13**, 35
- Kaufpreisallokation **31**, 74
- Komponentenansatz **8**, 40
- Kontrolle **13**, 17
- Kundengewinnungskosten **13**, 55
- Kundenliste **13**, 33
- Leasing **15**, 14
- legal-contractual-Kriterium **31**, 74
- Marke **11**, 95; **13**, 33; **31**, 82
- Marktanteil **13**, 16
- nachträgliche Anschaffungs- und Herstellungskosten **13**, 72, 77
- Neubewertungsmethode **13**, 84
- nicht aktivierbare Aufwendungen **13**, 77
- Nutzungsdauer **13**, 95
- Nutzungsrecht **13**, 44
- planmäßige Abschreibung **13**, 84, 89
- Profisportler **13**, 43
- public private partnership **13**, 62
- rechtliche Fundierung **13**, 25
- Rückstellungen als Anschaffungskosten **13**, 77
- selbst geschaffener Vermögenswert **13**, 27
- selbst geschaffene Software **13**, 37
- separability-Kriterium **31**, 74
- Separierbarkeit **13**, 14
- subscriber acquisition costs **13**, 55
- Systematisierung **31**, 78
- Tausch **13**, 82
- Typen **31**, 78
- Überblick der Erläuterungen **13**, 13
- Übertragungsrecht **13**, 20
- unbestimmbare Nutzungsdauer **11**, 95
- unbestimmte Lebensdauer **13**, 93
- Untergliederung im Ausweis **13**, 99
- Unternehmenszusammenschluss **13**, 23
- Vergleich IFRS mit deutschem Recht **13**, 18, 105
- verkaufsfördernde Maßnahme **13**, 58
- Verkehrsfähigkeit **31**, 74
- Vertriebskosten **13**, 75
- Voraussetzung **13**, 5
- Warenzeichen **13**, 33
- waterfall method **13**, 40
- Webseite **13**, 42
- Werbemaßnahme **13**, 57
- Wertaufholung **13**, 84
- Wettbewerbsverbot **31**, 85
- Zugangsbewertung **13**, 70

Immobilienbewertung
- Nutzungsänderung **16**, 115
- Umwidmung **16**, 115

Immobilienleasing
- Leasing **15**, 18, 76
- Renditeliegenschaft **15**, 18

impairment
- Bank **38**, 48
- impairment von goodwill und Einzelvermögenswerten **11**, 166
- Inkonsistenz **11**, 166
- Währungsumrechnung bei Sachanlagen **27**, 26
- Wertaufholung **37**, 35
- Zwischenberichterstattung **37**, 35

impairment-only approach
- Ermessensspielraum **31**, 147
- goodwill **11**, 138; **31**, 147

impairment-Test 12, 35
- s. Werthaltigkeitsprüfung
- aktiver Markt **11**, 104
- Anhangsangabe **11**, 170, 227
- außerplanmäßige Abschreibung **11**, 13
- Bilanzpolitik **11**, 152
- cash generating unit **11**, 100
- CGU mit zugeordnetem goodwill **11**, 100
- CGU ohne zugeordneten goodwill **11**, 100
- Darstellung der Arbeitsschritte **11**, 214
- einzelner Vermögenswert **11**, 100
- Einzelvermögenswert (Abgrenzung zur cash Generating Unit) **11**, 115
- Erleichterung **11**, 30
- Ermessensproblematik **11**, 215
- extractive Industries **42**, 22
- Finanzmarktkrise **11**, 216
- full-goodwill-Methode **11**, 194
- gangbarer Weg **11**, 14
- goodwill **11**, 138
- impairment-only approach **11**, 138
- Informationsquellen **11**, 19, 31
- kostenorientierte Bewertungsverfahren **11**, 9
- künftiger Zahlungsmittelstrom **11**, 42
- latente Steuern **11**, 141
- Management approach **11**, 152
- Nutzungswert vs. Nettoveräußerungswert **11**, 167
- purchased-goodwill-Methode **11**, 194
- qualifizierte Vermögenswerte, jährlicher Test **11**, 14
- qualitativer impairment-Test **11**, 14
- quantitative Größen **11**, 23
- quantitativer impairment-Test **11**, 14
- Signifikanzkriterium **11**, 23
- unqualifizierte Vermögenswerte **11**, 17
- unqualifizierte Vermögenswerte, überschlägiger Test **11**, 14
- Verhältnis zum Komponentenansatz **11**, 109
- Wertminderungsindikatoren **11**, 15
- Wesentlichkeit **11**, 29, 245
- zahlungsstromorientierte Bewertungsverfahren **11**, 13

– Zeitpunkt 11, 15
– zusammenfassende Beurteilung 11, 215
imparitätische Bilanzierung
– IFRS 5 29, 37
Imparitätsprinzip
– HGB 1, 18
– IFRS 1, 21
implementation guidance 1, 55
– fehlendes endorsement durch EU 1, 57
– principle-based accounting 1, 50
impracticability
– Definition 24, 31
Improvements Project
– Anlageimmobilien (Investment properties) 16, 6
– Leasing 16, 6
– Rechtsentwicklung 7, 8
inclusion concept
– Kapitalflussrechnung 3, 109
Incoterms
– Umsatzerlöse 25, 156, 160
indemnification asset 31, 66
index tracker fund
– Konsolidierung 32, 84
indirekte Beteiligung
– Kontrollverhältnis 32, 24
indirekte Methode
– Kapitalflussrechnung 3, 61, 162, 173
industrielle Anlage
– Komponentenansatz 10, 13
Inflation
– Länder mit Hyperinflation 27, 82
information overload 1, 27, 66
Informationsasymmetrie 8a, 26
Informationsbeschaffung
– Kosten 1, 62
Informationseffizienz 8a, 13
Informationsfunktion
– Anhang 5, 31
Informationsorientierung
– IFRS-Abschluss 1, 25
Infrastrukturkonzessionsvertrag
– Mautstraße 18, 61
– public private partnership 18, 61
Ingangsetzungsaufwand
– Kapitalflussrechnung 3, 79
initial recognition exception
– goodwill 26, 101
– Rückausnahme 26, 102
– share deal 26, 102
Innenfinanzierung
– Kapitalflussrechnung 3, 89
innerer Wert
– anteilsbasierte Vergütungsform 23, 277
in process research and development
– Fortschreibung 31, 151
– immaterieller Vermögenswert 31, 84

– Technik der Zeitwertbestimmung 31, 237
Input- und Outputverfahren
– Umsatzerlöse 25, 134
inside basis difference 26, 152
Insolvenz
– Bestätigungsvermerk 1, 83
– going-concern-Prinzip 1, 82
– Rechnungslegungspflicht 1, 83
Insolvenzverwalter 32, 26
– Rechnungslegungspflicht 1, 83
– Tochterunternehmen 32, 51
Insourcing
– Unternehmenserwerb 31, 19
Installation als Nebenleistung
– Umsatzerlöse 25, 60, 161
intangibles 13, 1
– s. immaterieller Vermögenswert
Interessenkonflikt des Managements 1, 41
interim financial reporting
– Zwischenberichterstattung 37, 1
interner Zinssatz
– Leasing 15, 60
– maßgebender Zinssatz 15, 60
Internethandel
– Umsatzerlöse 25, 82
inventories 17, 1
– s. Vorratsvermögen
Investitionstätigkeit
– Kapitalflussrechnung 3, 70
investitionstheoretisches Kalkül
– Rückstellungen 21, 28
Investitionszuschuss 31, 92
– Kaufpreisallokation 31, 92
investive Auszahlung 11, 57
investive cash flows
– goodwill-impairment-Test 11, 163
investment entities 32, 100
Investmentgesellschaft
– ausschüttungsgleiche Erträge 26, 70
– besitzanteilige Erträge 26, 70
– transparente Besteuerung 26, 70
Investment in Beteiligung
– foreseeable future 26, 92
– Latenzierungsverbot 26, 92
– outside basis difference 26, 92
– Passivlatenzierung 26, 92
– Sonderregel 26, 92
Investment properties
– Anlageimmobilien 16, 1
Investmentvertrag
– Abgrenzung 39, 7
– Graufall 39, 12
IT-Branche
– Fertigungsauftrag 18, 9
– milestones-Methode 18, 31

2571

J

jährliche Überprüfung
- Abschreibungsmethode 10, 30

Jahresabschluss 2, 56
- s. Anhang
- s. Bilanz
- s. Gewinn- und Verlustrechnung
- s. Lagebericht
- Abschluss 1, 65
- Anhang 2, 20
- Bestandteil 1, 7; 2, 4
- Bilanzgliederung 2, 30
- Erklärung der Übereinstimmung mit IFRS 2, 7
- GuV-Gliederung 1, 65
- Identifizierung 2, 7
- Kernelement 1, 7
- Non-Profit-Unternehmen 2, 6

Jahresüberschuss
- Eigenkapitalspiegel, Ausweis 20, 95

joint arrangements (gemeinsame Vereinbarung) 34, 1

joint operation (gemeinschaftliche Tätigkeit) 34, 2

Joint Venture
- Abgrenzung zu Gewinnpoolung 34, 19
- Auftragsfertigung 34, 38
- Ausweis 34, 56
- drohender Verlust 34, 39
- Finanzinstrument 28, 13
- Joint Venture im Abschluss von venture-capital-Gesellschaften 34, 4
- Kapitalflussrechnung 3, 77, 82, 125, 134
- latente Steuern 34, 54
- rein technische Außengesellschaft 34, 18

K

KAGB 32, 58

Kalibrierung 11, 172

Kapitalerhaltungskonzeption
- Framework 1, 115

Kapitalerhöhung
- Eigenkapitalspiegel 20, 70, 85
- equity-Methode 33, 107
- Ergebnis je Aktie 35, 15

Kapitalertragsteuer
- Bauabzugsteuer 26, 11
- dividend distribution tax 26, 12
- withholding tax 26, 11

Kapitalflussrechnung
- ABC 3, 176
- Abschreibung 3, 62
- Agio 3, 114
- Aktivitätsformat 3, 36
- Angabe 3, 160
- Annuitätendarlehen 3, 95
- assoziiertes Unternehmen 3, 62, 125
- Aufstellungspflicht 3, 4, 179
- außerordentlicher Posten 3, 67, 107
- available-for-sale asset 3, 76
- Bedeutung für die Praxis 3, 185
- Begriff 3, 10
- betriebliche Tätigkeit 3, 36, 46
- Bruttoprinzip 3, 40
- cash equivalents 3, 16
- cash pooling 3, 24
- derivatives Finanzinstrument 3, 53
- direkte Methode 3, 56, 60, 90
- Disagio 3, 114
- discontinued operations 3, 144, 170; 29, 59
- Dividendenzahlung 3, 66, 94, 115
- EBIT 3, 67
- EBITDA 3, 67
- EBT 3, 67
- eigener Anteil 3, 82, 90
- Eigenkapitalinstrument 3, 25, 82
- Entwicklungskosten 3, 79
- Ergebnisabführungsvertrag 3, 67, 116
- Ertragsteuer 3, 67, 120
- fair presentation 3, 6, 149, 161
- finance lease 3, 148, 150, 174
- Finanzierungstätigkeit 3, 36, 89
- Finanzinstrument 28, 360
- Finanzinstrument für Handelszwecke 3, 76
- Fondsänderungsnachweis 3, 35
- Forschungskosten 3, 79
- freiwillige Angabe 3, 172
- Geldflussrechnung 3, 11
- Gemeinschaftsunternehmen 3, 128, 166
- Genussschein 3, 90
- Gestaltungsmöglichkeit 3, 173, 186
- Gewinnabführung 3, 67, 116
- Gliederung 3, 187
- Grundstruktur 3, 35
- hedging instrument 3, 76
- inclusion concept 3, 109, 118
- indirekte Methode 3, 57, 61, 162
- Ingangsetzungsaufwendung 3, 79
- Investitionstätigkeit 3, 36, 70
- Joint Venture 3, 77
- Kapitalertragsteuer 3, 121
- Kapitalherabsetzung 3, 117
- Kapitalkonsolidierung 3, 127
- Kontokorrentkredit 3, 17
- Konzern 31, 216; 32, 192
- latente Steuern 3, 62, 120
- Leasing 3, 81, 90
- Mindestgliederung 3, 39, 179
- Musterformulierung 3, 163
- Muster für Banken 38, 17
- Nettokonzept 3, 17
- Nettoumlaufvermögen 3, 65
- nicht zahlungswirksame Transaktion 3, 148
- öffentlicher Investitionszuschuss 3, 78

- öffentliche Zuwendungen (government grants) **12**, 26, 32
- operatives Leasing **3**, 174
- Optionsgeschäft **3**, 86
- originäres Finanzinstrument **3**, 87
- percentage-of-completion-Methode **3**, 64
- Pflichtangabe **3**, 163, 165
- purchase accounting **3**, 137
- qualifying hedge **3**, 44, 86
- Quellen für Währungsdifferenzen **3**, 101
- Quotenkonsolidierung **3**, 127, 166
- risikobehafteter Geldmarktfonds **3**, 27
- Rohertrag **3**, 67
- Sachverhaltsgestaltung **3**, 174
- Segmentberichterstattung **3**, 169, 172
- Staffelform **3**, 37
- statisches Restlaufzeitkonzept **3**, 18
- sukzessiver Anteilserwerb **3**, 33
- Swapgeschäft **3**, 86
- Tausch **3**, 151
- Tochterunternehmen **3**, 130
- Unterschiede HGB und IFRS **3**, 177
- Ursachenrechnung **3**, 35
- US-GAAP **3**, 105
- Veräußerungserlös **3**, 70
- Verfügungsbeschränkung **3**, 22
- Verkaufserlös **3**, 84
- Verlustübernahme **3**, 67, 117
- Währungsdifferenz **3**, 30, 62, 65
- wechselkursbedingter Ausgleichsposten **3**, 104
- Zerobond **3**, 95
- Zielsetzung **3**, 6
- Zinszahlung **3**, 66, 80, 96, 109
- Zuschreibung **3**, 62
- Zwischenberichterstattung **37**, 12, 15

Kapitalgesellschaft **26**, 140, 163

Kapitalherabsetzung
- Eigenkapitalspiegel **20**, 90
- equity-Methode **33**, 107
- Ergebnis je Aktie **35**, 15, 19

Kapitalisierungszinssatz
- Bruttorechnung **11**, 87
- Nettorechnung **11**, 87
- Portfoliotheorie **11**, 67

Kapitalkonsolidierung
- Erstkonsolidierung **31**, 11
- Konzern **32**, 117, 121

kapitalwertorientiertes Verfahren
- einkommensorientiertes Verfahren **31**, 105

Kartellamt
- Unternehmenserwerb **31**, 33

Kasuistik **1**, 45
- cook Book accounting **1**, 44
- Lückenausnutzung **1**, 71

Kategorisierung von Finanzinstrumenten
- erstmalige Anwendung von IFRS **6**, 94

Kauf auf Probe
- Umsatzerlöse **25**, 162

Kaufpreisallokation
- Abgrenzungsposten für Erlöse und Investitionszuwendungen **31**, 92
- Arbeitsvertrag **31**, 87
- einkommensorientierte Verfahren **31**, 105
- Erstkonsolidierung **31**, 11
- fair value, Ermittlungstechniken **31**, 99
- Investitionszuschuss **31**, 92
- kostenorientiertes Verfahren **31**, 102
- latente Steuern **31**, 113
- marktpreisorientiertes Verfahren **31**, 103
- reverse acquisition **31**, 203
- schwebendes Geschäft **31**, 86
- tax amortization benefit **31**, 110
- Unternehmenserwerb **31**, 69

Kaufpreisbestandteil
- bedingter Kaufpreisbestandteil **8**, 62

Kaufpreisstundung
- Unternehmenserwerb **31**, 38

Kfz-Handel
- Umsatzerlöse **25**, 62, 80

Klassifizierung **34**, 2

KMU
- SME **50**, 1

Kombinationsoption
- hedge accounting **28a**, 12

Komitologie
- Rechtsentwicklung **7**, 8

kommissionsähnliches Geschäft **25**, 77

Komponentenansatz
- Abschreibung **10**, 7
- Anlageimmobilie **16**, 56
- Atomisierung des Vermögenswerts **8**, 38
- Ermessen **8**, 36, 38; **24**, 10
- erstmalige Anwendung von IFRS **6**, 50
- Fahrzeug **10**, 11
- Flugzeug **10**, 12
- Flugzeugbetriebsfläche **10**, 18
- Gebäude **10**, 9, 15
- Generalüberholung **6**, 50
- Herstellungskosten **8**, 35
- Hochregallager **10**, 16
- immaterieller Vermögenswert **8**, 40
- industrielle Anlage **10**, 13
- Mietereinbau **10**, 15
- Verhältnis zum impairment-Test **11**, 109
- Wasserversorgung **10**, 17

Konnossement
- Umsatzerlöse **25**, 160

Konsignationslieferung
- Umsatzerlöse **25**, 77, 86

2573

Konsolidierung
- breach of covenants **32**, 86
- index tracker fund **32**, 84
- Konsolidierung im mehrstufigen Konzern **31**, 179
- Konsolidierungsverfahren **32**, 117
- Konzern **32**, 117
- latente Steuern **32**, 184
- Zwischenabschluss **37**, 4
- Zwischenberichterstattung **37**, 11

Konsolidierungskreis
- Ausgleichsposten in Kapitalflussrechnung **3**, 147
- Behandlung von Veränderungen in der Kapitalflussrechnung **3**, 65, 130
- Bilanzrechtsreformgesetz **32**, 90
- erstmalige Einbeziehung **3**, 145
- erstmalige Einbeziehung einer bisher unwesentlichen Tochter **31**, 207
- Konzern **32**, 96
- materiality **32**, 104

Kontaminierung
- Rückstellung **21**, 73
- Umweltverschmutzung **21**, 73

Kontoformat
- Bilanzgliederung **2**, 52
- Staffelformat **2**, 52

Kontokorrentkredit
- Kapitalflussrechnung **3**, 17

Kontrahentenrisiko 8a, 107
Kontrollprämie 11, 174
kontrollwahrende Abstockung 26, 151
Konzeption der Rechnungslegung 1, 10

Konzern
- abweichender Stichtag **32**, 113
- Angabe **31**, 217; **32**, 195
- anteilsbasierte Vergütungsform **23**, 165
- Aufstellungspflicht Konzernabschluss **32**, 89
- Aufwands- und Ertragskonsolidierung **32**, 139
- Bilanzierungspraxis **27**, 34
- combined statements **32**, 95
- Eigenkapital **20**, 97
- Einbeziehung assoziierte und Gemeinschaftsunternehmen **32**, 108
- Einheitlichkeit der Methoden **32**, 118
- faktisches Wahlrecht **31**, 224
- Gleichordnungskonzern **32**, 95
- interne Umstrukturierung **31**, 186
- Kapitalflussrechnung **31**, 216; **32**, 192
- Kapitalkonsolidierung **32**, 117, 121
- Konsolidierungskreis **32**, 96
- Konsolidierungsverfahren **32**, 117
- Kontrolle durch indirekte Beteiligung **32**, 24
- Konzernbilanzstichtag **32**, 111
- latente Steuern **31**, 209; **32**, 181
- mehrstufiger Konzern **31**, 179

- Nichteinbeziehung wegen materiality **32**, 104
- Pro-forma-Vorjahreswerte **2**, 12
- Schuldenkonsolidierung **32**, 117, 122
- Summenbilanz **32**, 117
- Teilkonzernabschluss **32**, 92
- Verhältnis von IAS 27 zu IFRS 3, IAS 21, IAS 28, IAS 31 **32**, 2
- Währungsumrechnung **27**, 30, 34
- Zwischenergebniseliminierung **32**, 117, 141

Konzernabschluss 2, 4
- *s.* IFRS-Abschluss
- Anhang **7**, 14
- Anwendung der IFRS **7**, 9
- Auslandsaktivität **26**, 207
- befreiender Konzernabschluss **7**, 3
- Bestätigungsvermerk **7**, 34
- Bilanzrechtsreformgesetz **7**, 3
- Durchschnittssteuersatz **26**, 207
- freiwilliger Abschluss **7**, 10
- handelsrechtliche Vorgaben **7**, 13
- latente Steuern **32**, 181
- Minderheitenanteil **20**, 32
- Pensionsfonds **41**, 4
- Pensionskasse **41**, 4
- Prüfung **7**, 4, 34
- Vorjahreszahl **32**, 90, 94
- Zwischenholding **7**, 2, 5

Konzernabschlusspflicht
- Beurteilung nicht nach IFRS, sondern nach HGB **32**, 5, 90
- Bilanzrechtsreformgesetz **32**, 5, 90
- erstmaliger Konzernabschluss **32**, 90
- Konzernabschlusspflicht nach IFRS **32**, 91
- letztmaliger Konzernabschluss **32**, 90

Konzernbilanzstichtag 32, 111
Konzernlagebericht
- Verhältis zum Anhang nach IFRS **7**, 16
- Verhältis zum Management commentary **7**, 22

Konzernrechnungslegungspflicht
- erstmalige Anwendung **6**, 16

Konzernunternehmen
- erstmalige Anwendung von IFRS **6**, 5

Korridormethode
- Pensionsverpflichtung **6**, 83

Kosten der Informationsbeschaffung 1, 62
Kosten der Vertragserlangung und -erfüllung
- Umsatzerlöse **25**, 207

Kosten/Nutzen
- Kosten-Nutzen-Gedanke bei Regelanwendung (Bilanzierer) **1**, 62
- Kosten-Nutzen-Gedanke bei Regelsetzung (IASB) **1**, 62
- Kosten-Nutzen-Kalkül **1**, 68
- Wesentlichkeit **1**, 62

kostenorientiertes Verfahren
– Kaufpreisallokation 31, 102
Kostenschranke
– Regelanwender 1, 62
Kostenwert
– biologischer Vermögenswert 40, 47
Kostenzuschlagsvertrag 18, 26
Krankengeld
– Zuschuss 18, 67
Krankenhaus
– Fertigungsauftrag 18, 28
Kreditderivat 28, 212
– finanzielle Garantie 28, 15
Kreditrisiko 8a, 77
– Angabe 28, 386
Kreditversicherung 39, 36
Kreditzusage
– Fazilität 28, 38
– konditionsfixierende Kreditzusage 28, 33
– Patronatserklärung 28, 38
– unwiderrufliche Kreditzusage 28, 33
kündbarer Anteil
– equity-Methode 33, 64
künftige Ereignisse
– Rückstellungsbewertung 21, 157
künftige Geschäftstätigkeit
– Rückstellung 21, 33
künftige Gesetzesänderung
– Rückstellungsbewertung 21, 158
künstlerische Veranstaltung
– Umsatzerlöse 25, 170
Kulanz
– Garantie 21, 23
– Rückstellung 21, 23
Kundenbeziehung 31, 109
– Abonnement 31, 80
– Auftragsbestand 31, 80
– Erstkonsolidierung 31, 109
– Kundenliste 31, 81
– Unternehmenserwerb 31, 79
Kundenbindungsprogramm
– Umsatzerlöse 25, 69
Kundenbindungsprogramme
– Umsatzerlöse 25, 70
kundengebundenes Werkzeug 18, 67
Kundengewinnungskosten
– immaterieller Vermögenswert 13, 55
– subscriber Acquisition costs 13, 55
Kundenliste
– immaterieller Vermögenswert 13, 33
– Kundenbeziehung 31, 81
kundenspezifische Fertigung
– Fertigungsauftrag 18, 1
– Umsatzerlöse 25, 128, 153, 200
Kundenzuschuss
– erstmalige Anwendung von IFRS 6, 100
Kuppelproduktion
– Herstellungskosten 8, 24

Kursgarantie
– Unternehmenserwerb 31, 63
Kursgewinn/-verlust
– Saldierung 2, 24
kurzfristige Arbeitnehmervergütung
– Rückstellung 21, 118

L

Länderrisiko 11, 43, 50
lästige Verträge (onerous contracts)
– Rückstellungsbildung 21, 54
Lagebericht 7, 16
– s. Jahresabschluss
– BilReG 5, 13
– Finanzinstrument 28, 398
– Konzern 2, 5
– Lagebericht für deutsche Anwender 2, 5
Lagevorteil
– goodwill 31, 75
Landwirtschaft 40, 2
– s. Altershilfe für Landwirte
– Altershilfe für Landwirte 40, 42
– Bilanzgliederung 40, 58
– biologische Transformation 40, 12
– Dauerkultur 40, 44
– Ernte 40, 14
– fair value 40, 42
– öffentliche Zuschüsse 40, 55
– Pauschalbesteuerung 40, 42
– Sachbezüge 40, 42
– Vergleich IFRS mit deutschem Recht 40, 18
landwirtschaftliche Tätigkeit
– Definition 40, 8
– Entwaldung 40, 8
– Hochseefisch 40, 8
latente Steuern
– Anlageimmobilie 16, 126
– anteilsbasierte Vergütungsform 23, 232
– asset deal 26, 143
– assoziiertes Unternehmen 33, 126
– aufgegebener Bereich 29, 75
– außerplanmäßige Abschreibung 11, 226
– Ausweis 2, 47
– bilanzorientiert 26, 43
– Buchung bei konzerninterner Umstrukturierung 26, 85
– deductible temporary difference 26, 43
– deutsche IFRS-Praxis 2, 47
– equity-Konsolidierung 33, 124
– erstmalige Anwendung von IFRS 6, 27, 77
– Fertigungsauftrag 18, 70
– Finanzinstrument 28, 341
– Fremdfinanzierung 9, 39
– Fristigkeit 2, 47
– goodwill 31, 211
– impairment-Test 11, 141
– Investitionszuschuss 26, 91

2575

- joint venture **34**, 54
- Kapitalflussrechnung **3**, 62, 120
- Konsolidierung **32**, 184
- Konzern **31**, 209; **32**, 181
- Leasing **15**, 189
- Neubewertung **8**, 89
- öffentliche Zuwendungen (government grants) **12**, 31
- permanent **26**, 45
- quasi-permanent **26**, 45
- Rückstellung **21**, 187
- share deal **26**, 143
- stock appreciation rights **23**, 235
- taxable temporary difference **26**, 43
- temporary difference **26**, 45
- Unternehmenserwerb **31**, 113
- Unterschiedsbetrag **26**, 43
- Verbrauchsfolgeverfahren **17**, 42
- Währungsumrechnung **27**, 85
- Wertaufhellung **4**, 49

laufzeitadäquater Zins
- Rückstellungsbewertung **21**, 145

lay-away sales
- Umsatzerlöse **25**, 159

leading asset
- Nutzungszeitraum **11**, 89

lease and lease back
- cross-border-Leasing **15**, 172

Leasing
- Änderung von Schätzungen **15**, 90
- Allokation der Miete auf Grundstücks- und Gebäudekomponenten **15**, 87
- all or nothing approach **15**, 196
- Amortisationsrisiko **15**, 15
- analoge Anwendung **15**, 178
- Angabe **15**, 190
- Anlageimmobilien (Investment properties) **16**, 6
- Anschaffungsnebenkosten **15**, 121
- Anwendung der US-GAAP **15**, 46
- Aufspaltung **15**, 4
- bargain purchase Option test **15**, 22
- Barwert der Mindestleasingzahlungen **15**, 67
- Barwertkriterium **15**, 46
- Barwerttest **15**, 68, 115
- bedingte Leasingrate **15**, 48, 122
- Beginn des Leasingverhältnisses **15**, 20, 48
- Begriff **15**, 4
- beizulegender Zeitwert **15**, 58, 119
- Berechnung des internen Zinssatzes **15**, 60
- besondere Leasingverhältnisse **15**, 157
- Betriebsvorrichtung **15**, 89
- Bewertung **15**, 119
- Bilanzausweis **15**, 187
- Bilanzpolitik **15**, 37, 117, 202
- cross-border-Leasing **15**, 172
- Darlehensgeschäft **15**, 173
- Doppelbilanzierung **15**, 16, 66, 117
- economic Life time test **15**, 22
- Eigenkapitalkosten **15**, 64
- eingebettetes Derivat **15**, 52
- eingebettetes Leasingverhältnis **15**, 4
- Entwicklung (Amortisation) **15**, 136
- Ermessensspielraum **15**, 37
- erstmalige Anwendung von IFRS **6**, 23, 92
- ertrags- oder DCF-orientiertes Bewertungsverfahren **15**, 57
- Erwerb des Leasingobjekts **15**, 147
- Executory costs **15**, 53
- faktischer Handlungszwang **15**, 71
- faktisches Wahlrecht **15**, 202
- finance-Leasing **15**, 17, 19, 22, 30
- financial component approach **15**, 196
- Finanzinstrument **28**, 13
- Folgebewertung **15**, 68, 123
- Folgebewertung beim Leasinggeber **15**, 154
- Forfaitierung **15**, 184
- Formulierungsbeispiel **15**, 190
- Gemeinsamkeit zum HGB **15**, 32
- Gesamtnutzungsdauer **15**, 40
- gewichtete Kapitalkosten **15**, 64
- Gewinnorientierung bei Herstellerleasing **15**, 160
- Gewinnrealisierung **15**, 136, 208
- Grenzfremdkapitalzinssatz **15**, 59
- Grundmietzeit **15**, 3
- günstige Kaufoption **15**, 30
- Herrschaft auf Dauer **15**, 15
- Herstellerleasing **15**, 157
- immaterieller Vermögenswert **15**, 14
- Immobilienleasing **15**, 18, 76
- Immobilienleasingvertrag **15**, 116
- Improvements Project **16**, 6
- indefeasible right of use **15**, 10
- Indikator für Leasinggeschäft **15**, 23, 24
- indirekte Vereinbarung **15**, 12
- inflationsabhängige Leasingzahlung **15**, 122
- Inflationserwartung **15**, 32
- interne Verzinsung **15**, 59
- Kapitalflussrechnung **3**, 81, 90
- Kriterium **15**, 22
- latente Steuern **15**, 189
- Laufzeit **15**, 21
- lease and lease back **15**, 172
- leasehold improvement, Behandlung **15**, 144
- leasehold improvement, incentives **15**, 144
- leasehold improvement, mietfreie Zeiten **15**, 144
- leasehold improvement, Wertverzehr **15**, 144

- Leasingforderung, Amortisation 15, 207
- Leasingnehmer 15, 123
- Leasingnehmerzinssatz 15, 62
- Leasingobjektgesellschaft 15, 179
- leveraged lease 15, 177
- linked transactions 15, 173
- maßgebender Zinssatz 15, 60
- Mehrkomponentengeschäft 15, 12
- mehrstufige Leasingverhältnisse 15, 161
- Mieterdarlehen 15, 47, 55
- Mietzeitkriterium 15, 37
- Mindestleasingrate 15, 47, 122
- Mischfinanzierung 15, 64
- Nachmieter 15, 162
- Nettoinvestitionswert 15, 136
- Netzwerkkapazitätsvertrag 15, 10
- Nutzungsbeginn 15, 20
- Nutzungsrecht 15, 3, 5
- onerous contract 15, 147
- Operating-Leasing 15, 17, 23, 154, 207
- Outputvereinbarung 15, 4
- Plausibilitätsprüfung 15, 60
- preexisting relationship 15, 147
- Preisgestaltung 15, 7
- Preisindex 15, 48
- Quasibewertungseinheit 15, 100
- Rahmenleasingvertrag 15, 103
- recovery of Investment test 15, 22
- relativer fair value 15, 53
- remaining lifetime 15, 40
- Renditeliegenschaft 15, 18, 146
- Restwertgarantie 15, 137
- return 15, 83
- Rückbauverpflichtung 21, 81
- Rückgabe 15, 147
- Rückstellung 21, 16
- sale and lease back 15, 164, 208
- Sanierungsaufwendung 15, 34
- Separierung 15, 12
- Software 15, 71
- special purpose entity 15, 208
- Spezialleasing 15, 22
- spezifischer Vermögenswert 15, 5
- Stetigkeitsgebot 24, 15
- Teilamortisationsvertrag 15, 114
- total lifetime 15, 40
- Transfer of ownership test 15, 22
- Umsatzabhängige Bestandteile 15, 51
- Umschuldungskonzept 15, 100
- Untermietvertrag 15, 35
- Unternehmenserwerb 15, 104; 31, 96
- Veräußerungsgeschäft 15, 12
- verdecktes Leasingverhältnis 15, 5; 18, 67
- Verfügungsmacht 15, 7
- Vergleich zum HGB 15, 16, 203
- Verhältnis des Mietwertes 15, 83

- vermögenswertspezifische Klassifizierung 15, 103
- vorzeitige Beendigung 15, 25, 130
- Wartungs- und Reparaturarbeiten 15, 123
- wechselkursabhängige Leasingzahlung 15, 52
- Wertbestimmung 15, 32
- wirtschaftliche Betrachtung 15, 3
- wirtschaftliche Grundlage 15, 173
- wirtschaftlicher Gehalt 15, 4
- wirtschaftliches Eigentum 15, 1, 15
- zeitlich gestaffelte Abnahme 15, 9
- Zinssatz bei Herstellerleasing 15, 159
- Zugangsbewertung 15, 134
- zukünftiger fair value 15, 32
- Zulieferindustrie 18, 67
- Zurechnung 15, 3, 15
- Zwischenberichterstattung 37, 32

Leasingobjektgesellschaft 32, 10, 57, 62, 66
- Konsolidierungskreis 15, 181
- Leasing 15, 179

Leasingverhältnis
- Neubeurteilung 15, 101

Leasingvertrag
- Rückstellung 16, 61

Leerkosten
- Herstellungskosten 8, 24
- Produktionsauslastung 8, 24

Leerposten
- Bilanz und GuV 2, 46

Leistungen an Arbeitnehmer 22, 57
- s. Altersversorgung

Leistungsfortschritt
- Umsatzerlöse 25, 134

Leistungszusage
- Altersversorgung 22, 8

Leitlinie 11, 45

letztmaliger Konzernabschluss
- Konzernabschlusspflicht 32, 90

liability 21, 1
- anteilsbasierte Vergütungsform 23, 55
- Definition 1, 96

Lifo-Methode
- Anschaffungs- und Herstellungskosten 8, 48
- Bewertungsverfahren 8, 43
- Fifo-Methode 8, 43
- Vorratsvermögen 17, 27

linked Transaction
- Leasing 15, 173

Liquiditätsrisiko
- Angabe 28, 387
- Risikozuschlag 8a, 125

Lizenzierung
- Umsatzerlöse 25, 194

Lizenzierunge
- Umsatzerlöse 25, 195

loan commitment 28, 33
lucky buy
– bargain purchase 31, 142

M

Machbarkeitsstudie
– Anschaffungs- und Herstellungskosten 8, 59
macro Hedge
– Effektivitätstest 28a, 28
– Grundgeschäft 28a, 28
– hedge accounting 28a, 28
– Portfolio 28a, 28
– Zinsrisiko 28a, 28
Maklertätigkeit
– Umsatzerlöse 25, 168
management approach
– impairment-Test 11, 152
– Segmentberichterstattung 36, 2
Management commentary 7, 16
Management-Gesellschaft
– GmbH & Co. KG 30, 16
managementorientierte Rechnungslegung
– Ermessensspielraum 28, 276
– Finanzinstrument 28, 276
Marke
– immaterieller Vermögenswert 13, 33; 31, 82
– Markenrecht 8a, 63
– Nutzungsdauer 13, 95
– Technik der Zeitwertbestimmung 31, 226
Marktanteil
– immaterieller Vermögenswert 13, 16
marktbasierte (objektivierbare) Zinssätze 11, 64
Marktkapitalisierung 11, 172
mark to market 8a, 29
mark to model 8a, 29
marktpreisorientiertes Verfahren
– Kaufpreisallokation 31, 103
Maschinenbau
– Umsatzerlöse 25, 131
maßgebender Zinssatz
– interner Zinssatz 15, 60
– Leasing 15, 60
matching 12, 22
matching principle
– Fremdfinanzierung 9, 4
materiality
– Aggregierung bei der Berichterstattung 30, 37
– Anhang 1, 66; 5, 8, 16, 71
– Anlagespiegel 5, 71
– Ausweis 2, 22
– besondere Ausprägung bei Saldierung 2, 25
– Bilanzgliederung 2, 21

– Definition 1, 64
– Enforcement 5, 71
– Entlastungswirkung 2, 105
– Ermessensproblematik 1, 65
– erstmalige Anwendung von IFRS 6, 32
– erstmalige Einbeziehung einer bisher unwesentlichen Tochter 31, 207
– Framework 1, 62
– GuV-Gliederung 2, 21
– impairment-Test 11, 245
– Information overload 24, 62
– Konsolidierungskreis 32, 104
– materiality im enforcement-Verfahren 24, 47
– Missbrauch 1, 68
– nahestehende Person 30, 24, 37
– nahestehende Unternehmen 30, 24
– Vollständigkeitsgebot 1, 63
– Vorbehalt 30, 45
– Zwischenberichterstattung 37, 5
– Zwischenergebniseliminierung 32, 143
Mautstraße
– Infrastrukturkonzessionsvertrag 18, 61
Mehrerlösabschöpfung
– Rückstellung 21, 110
Mehrheitsbeteiligung
– Aufstockung 31, 159
Mehrkomponentenbetrachtung
– preexisting relationships 31, 119
Mehrkomponentengeschäft
– Segmentierung Verträge 18, 38
– Softwareindustrie 18, 38
– Umsatzerlöse 25, 51, 110
Mehrkomponentengeschäfte
– Umsatzerlöse 25, 52, 111
mehrstufige Konzerne 31, 179
mehrstufiges Leasingverhältnis
– bottom-up-Ansatz 15, 161
– Hauptleasinggeschäft 15, 161
– Tätigkeit als Intermediär 15, 163
– top-down-Ansatz 15, 161
– Unterleasingverhältnis 15, 161
Meistbegünstigungsklausel
– Realisierungszeitpunkt 25, 188
Mengenrabatt
– Zwischenberichterstattung 37, 34
menschlicher Faktor der Rechnungslegung 1, 41
Methodenänderung 24, 5
– s. Stetigkeitsgebot
– Ausnahme von retrospektiver Anpassung 24, 67
– Begründung im Anhang 24, 23, 29
– Eigenkapitalspiegel 20, 68
– Technik der retrospektiven Anpassung 24, 29
Mezzanine-Finanzierung 20, 3
mezzanine Finanzinstrumente 26, 228
mid price 8a, 104, 115

Mietereinbau 10, 15
- Komponentenansatz 10, 15

Mietzeitkriterium
- Bilanzpolitik 15, 37
- Ermessensspielraum 15, 37
- Leasing 15, 37

Minderheitenanteil 2, 47; 20, 32, 65; 31, 7, 134, 138, 168, 185, 215; 32, 150, 156, 163, 165, 190
- Ausweis 2, 47; 31, 215
- Ausweis in Bilanz und GuV 32, 190
- Call-Option 32, 165
- Eigenkapitalspiegel 20, 65
- Entkonsolidierung 31, 168
- Erst- und Folgekonsolidierung 32, 156
- full-goodwill-Methode 31, 134
- Konzern 31, 7
- Konzernabschluss 20, 32
- mehrstufiger Konzern 31, 185
- negativer Minderheitenanteil 32, 163
- negativer Unterschiedsbetrag 31, 138
- Put-Option 32, 165
- Zwischenergebniseliminierung 32, 150

Minderheitsrecht
- Minderheitsrechte bei Beurteilung Kontrollverhältnis 32, 30
- Mitwirkungs- vs. Schutzrechte 32, 30

Mindestbesteuerung 26, 129

Mindestleasingrate
- Leasing 15, 47
- Mieterdarlehen 15, 47

Mineraliengewinnung
- extractive Industries 42, 5

mineralisches Produkt
- Vorrat 17, 38

Mineralvorkommen
- erstmalige Anwendung von IFRS 6, 99

Mischfinanzierung
- Aktivierungsvolumen 9, 26
- Eigenkapitalkosten 15, 64
- gewichtete Kapitalkosten 15, 64
- Leasing 15, 64

Mitbestimmungsgesetz 32, 47

mitunternehmerische Personengesellschaft
- Spiegelbildmethode 26, 76

mixed model 8a, 80; 28, 217
- Anschaffungskosten 1, 38
- Anwendungsproblem 1, 105
- Dreifachmix 28, 275
- fair-value-Bewertung 1, 38
- hedge accounting 28a, 2

Mobilfunkindustrie
- Umsatzerlöse 25, 64

Mobilfunkvertrag
- Vermittlungsprovision 13, 56

Möbelindustrie
- Umsatzerlöse 25, 64, 153

Montage als Nebenleistung
- Umsatzerlöse 25, 60, 161

Monte-Carlo-Simulation
- anteilsbasierte Vergütungsform 23, 274
- Optionsmodell 23, 274

Multiplikator 11, 172, 178

Multiplikatorbewertung 11, 37

multi-seller conduits 32, 10

multi-seller SPE
- zellulare Struktur 32, 78

Mutter-Kapitalgesellschaft
- Tochter-Kapitalgesellschaft 26, 170

N

Nachbetreuungsleistung
- Umsatzerlöse 25, 49, 62

nachträgliche Anschaffungskosten
- immaterieller Vermögenswert 13, 77

nahestehende (natürliche) Personen
- substance over form 30, 18

nahestehende Partei
- Aufgliederung 30, 35
- Definition 30, 10
- Familienclan 30, 18
- Familienmitglied 30, 18
- GmbH & Co. KG 30, 14
- nahestehende Parteien in der Seitenlinie 30, 10
- nahestehende Parteien in gerader Linie 30, 10
- Pensionsfonds 30, 17
- Systematik 30, 13

nahestehende Person 30, 1, 19, 23, 31, 34, 37, 48, 50, 53
- Aggregierung bei der Berichterstattung 30, 37
- aktienkursorientierte Vergütungsform 30, 27
- arm's-length-Prinzip 30, 26
- Beispiel Berichterstattung 30, 48
- Beteiligungsspiegel 30, 25
- Darstellungsmuster 30, 50
- Geschäftsvorfall 3, 93
- Kapitalflussrechnung 3, 93
- materiality 30, 24, 45
- materiality bei der Berichterstattung 30, 37
- nahestehende Unternehmen 30, 25
- Negativdefinition 30, 19
- öffentliche Hand 30, 20
- Organbezug 30, 27
- Organträger 30, 27
- post employment benefits 30, 31
- Praxishinweis 30, 53
- sachliches Umfeld 30, 1
- Schlüsselposition 30, 29
- substance over form 30, 21
- Zwischenberichterstattung 30, 34

nahestehende Personen/Unternehmen
8a, 120
nahestehende Unternehmen
- Abhängigkeitsbericht 30, 7
- Anwendungsbereich 30, 6
- arm's-length-Prinzip 30, 26
- Beispiel Berichterstattung 30, 48
- Berichtsumfang bei staatlich beherrschten Unternehmen 30, 39
- Beteiligungsspiegel 30, 25
- Darstellungsmuster 30, 50
- keine Angemessenheitsprüfung 30, 6
- konzertierter Einfluss 30, 22
- materiality 30, 24
- nahestehende Person 30, 25
- Praxishinweis 30, 53
- sachliches Umfeld 30, 1
- unterjähriger Wechsel 30, 3
- Vergleich IFRS mit deutschem Recht 30, 7
- Zwischenbericht 30, 2

Nebenkosten
- Anschaffungskosten 17, 23
- Vorrat 17, 23

Negativabgrenzung
- aufgegebener Bereich 29, 24
- Ermessensspielraum 29, 24
- Grenzfall 29, 24

negativer Buchwert 11, 119
negativer Kaufpreis
- Unternehmenserwerb 31, 143

negativer Unterschiedsbetrag
- bargain purchase 31, 141
- Minderheitenanteil 31, 138
- Reassessment 31, 142
- Unternehmenserwerb 31, 130

net realisable value 17, 2
Nettorisikoposition 8a, 81
Nettoveräußerungspreis
- Nettozeitwert 29, 2

Nettoveräußerungswert
- Angabepflicht 11, 39
- Bewertungshierarchie 11, 33
- Unterschied zum Nutzungswert 11, 40
- Vorrat 17, 32

Nettozeitwert 29, 36
- Nettoveräußerungspreis 29, 2
- non-current assets held for sale 29, 36

net working capital
- Kapitalflussrechnung 3, 65, 75

Neubeurteilung 11, 28, 97
Neubewertung
- Abgang (Realisation) 8, 90
- Anhangsangabe 8, 91
- Anwendungsbereich 8, 70
- Besonderheiten für immaterielle Anlagegüter 8, 74, 76
- Einstellung in Neubewertungsrücklage 8, 72

- entire Class 8, 76
- Erfordernis der Häufigkeit 8, 75
- Erfordernis der Regelmäßigkeit 8, 75
- erlaubte Ausnahme 8, 71
- erstmalige Anwendung von IFRS 6, 55
- Folgeabschreibung 8, 81
- immaterieller Vermögenswert 13, 85
- Neubewertung nach unten 8, 85
- planmäßige Abschreibung 10, 43
- Praxishinweis 8, 94
- rollierendes System 8, 77
- Sachanlage 14, 18
- sächliches Anlagevermögen 8, 75
- Stetigkeitsgebot 8, 75
- Steuerlatenz 8, 89
- Wechsel zum Anschaffungskostenverfahren 8, 75
- Wertaufholung 10, 43
- Zusammenfassung von Gruppen 8, 76

Neubewertungsmethode
- Anlageimmobilie 16, 121

Neubewertungsrücklage
- Abgang 8, 90
- Anlageimmobilie 16, 121
- latente Steuern 8, 89
- Zuführung 8, 72

neue Unternehmen 50
- SME 50, 1

Neuverteilung 11, 186
NewCo
- reverse asset acquisition 31, 206
- verdeckte Sachgründung 31, 2

nicht beherrschende Anteile
- Minderheitenanteile 31, 134

nicht beherrschender Gesellschafter
11, 194
- equity-Methode 33, 66

nicht betriebsnotwendiges Vermögen
11, 92

nichtfinanzielle Verpflichtung 11, 122
nicht fortgeführte Bereiche 29, 1
nichtige Geschäfte
- Umsatzerlöse 25, 25

nicht kontrollierende Anteile
- erstmalige Anwendung von IFRS 6, 42

nicht zahlungswirksame Transaktion
- Kapitalflussrechnung 3, 148

Nominal- oder Realzins
- Rückstellungsbewertung 21, 147

non-current assets held for sale 29, 1
- abgehende Schulden 29, 53
- Abgrenzung zum Umlaufvermögen 29, 6
- Abschreibung 29, 38
- Abwärtskonsolidierung 29, 68
- Angabe 29, 48
- Anteile an assoziierten Unternehmen 29, 70; 33, 31

- Anteile an Gemeinschaftsunternehmen 29, 70
- Bewertung 29, 2, 36
- Bilanzausweis 29, 2, 51
- disposal Group 29, 3
- Finanzinstrument 29, 4
- latente Steuern 29, 4
- 12-Monatskriterium 29, 14
- Nettozeitwert 29, 36
- Qualifizierungskriterien und Rechtsfolgen 29, 5
- Spin offs 29, 11
- Teilveräußerung eines Tochterunternehmens 29, 68
- Tochterunternehmen 32, 97
- unterjährige Klassifizierung, Ausweis 29, 17
- unterjährige Klassifizierung, Bewertung 29, 17
- Veräußerungsbereitschaft 29, 8
- Verfügbarkeit zur Veräußerung im gegenwärtigen Zustand 29, 8
- Wahrscheinlichkeit einer Veräußerung 29, 11
- Zeitpunkt der Erstklassifizierung 29, 17
- Zuschreibung bei Werterholung 29, 40

Non-IFRICs 1, 55
non-performance risk 8a, 74
Non-Profit-Unternehmen 2, 6
non-voting interest entities 32, 7
Normenhierarchie 1, 53
not larger than 11, 146
notleidender Kunde
- Umsatzerlöse 25, 32

notwendiges Schätzungsermessen
- Rückstellungsbewertung 21, 162

Novation
- Umsatzerlöse 25, 44

Nutzenabgabe
- Abschreibung 10, 29

Nutzungsänderung 8a, 63
Nutzungsbeginn
- Leasing 15, 20

Nutzungsdauer
- immaterieller Vermögenswert 13, 95
- leading asset 11, 89
- Marke 13, 95
- planmäßige Abschreibung 10, 34

Nutzungseinlage 20, 23
Nutzungsentgelt 11, 137
Nutzungserhöhung
- Herstellungskosten 8, 34

Nutzungsrecht 13, 44
- immaterieller Vermögenswert 13, 44

Nutzungswert
- Äquivalenzprinzip 11, 49
- Barwertkalkül 11, 42, 49
- Berechnungsgrundlage 11, 43
- Diskontierungssatz 11, 43
- Doppelerfassung 11, 49
- ertragsorientierte Unternehmensbewertung 11, 42
- Erwartungswert 11, 47, 49
- impairment-Test 11, 43
- Kaufkraftäquivalenz 11, 49
- Laufzeitäquivalenz 11, 49
- Leitlinien 11, 45
- Modalwert 11, 47
- Planung des Zahlungsstroms 11, 43
- Planungszeitraum 11, 88
- Zahlungsstrom 11, 47

O

öffentliche Beihilfe
- Definition 12, 4

öffentliche Hand
- Definition 12, 4

öffentliche Zuwendungen (government grants) 12, 30
- ABC 12, 43
- Anhangsangabe 12, 42
- Ansatzzeitpunkt 12, 10
- Art 12, 7
- Ausgrenzung von Anwendungsgebieten 12, 3
- Ausweis 12, 26, 41
- Begriff 12, 2
- biologischer Vermögenswert 40, 56
- Definition 12, 6
- Durchleitung durch die Hausbank 12, 39
- entgangene Einnahme 12, 23
- erfolgswirksame Behandlung 12, 19
- erlassfähiges Darlehen 12, 13
- fair-value-Modell 12, 29
- gebündelte Förderungsmaßnahmen (package) 12, 36
- Investitionszuwendungen (grants related to assets) 12, 25
- Kapitalflussrechnung 3, 78; 12, 26, 32
- keine direkte Vereinnahmung im Eigenkapital 12, 19
- künftiger Gewinn 12, 16
- Kürzung von den Anschaffungs- oder Herstellungskosten (für Investitionszuschüsse) 12, 26
- Landwirtschaft 12, 9; 40, 55
- latente Steuern 12, 31
- nichtmonetäres Gut 12, 30
- passive Rechnungsabgrenzung (für Investitionszuschüsse) 12, 26
- periodische Zuordnung 12, 22
- Periodisierung (matching principle) 12, 19
- Rückzahlung 12, 33
- Rückzahlungsverpflichtung 12, 14
- Synopse mit HGB 12, 43

- Werthaltigkeitsprüfung (impairment test) **12**, 35
- Zuschuss **18**, 67
- Zuwendungen zum Einkommen (grants related to income) **12**, 20
ökonomischer Zwang
- Abgrenzung Eigen- und Fremdkapital **20**, 5
Ölförderung 42, 1
österreichisches Steuerrecht
- business combination **26**, 108
- Gruppenbesteuerung **26**, 108
off-balance sheet
- Enron-Skandal **28**, 75
- Finanzierung **28**, 75
offener Spezialfonds
- outside basis differences **26**, 74
- permanent differences **26**, 74
- Transparenzprinzip **26**, 74
offsetting 8a, 105
one-line consolidation
- goodwill **33**, 58
one statement approach
- Gesamteinkommensrechnung **20**, 64
Operating-Leasing 15, 46, 140, 142, 170
- Anreizvereinbarung **15**, 142
- Aufwandsverteilung beim Leasingnehmer **15**, 142
- Kapitalflussrechnung **3**, 174
- Kostenübernahme von Leasinggeber **15**, 142
- leasehold improvements **15**, 143
- Mietereinbau **15**, 143
- mietfreie Zeiten **15**, 142
- sale and lease back **15**, 170
operation cycle
- Geschäftszyklus **2**, 36
operatives Ergebnis
- GuV-Gliederung **2**, 62
- operatives Ergebnis als Zwischensumme in GuV **2**, 60
optimale Betriebsgröße
- goodwill-impairment-Test **11**, 164
Option 20, 26; **23**, 16, 257, 265; **35**, 9
- anteilsbasierte Vergütungsform **23**, 16
- asymmetrische Risikostruktur **23**, 258
- Bewertungsmodell **23**, 265
- Ergebnis je Aktie **35**, 9
- innerer Wert **23**, 257
- issued Call Option auf eigene Aktien **20**, 26
- purchased Call Option auf eigene Aktien **20**, 26
- written Put Option auf eigene Aktien **20**, 26
- Zeitwert **23**, 257
Optionsanleihe 20, 6
- Aufteilung des Emissionserlöses **20**, 6

Optionsgeschäft 28, 18
- Kapitalflussrechnung **3**, 86
Optionsmodell
- Binomialmodell **23**, 273
- Black-Scholes-Modell **23**, 271
- Monte-Carlo-Simulation **23**, 274
Optionspreismodell
- anteilsbasierte Vergütungsform **23**, 261
- Aufwandsverteilung bei Aktienoptionsplänen **23**, 85
- Bewertungsparameter **23**, 280
- Optionspreismodell bei stock options and stock appreciation rights **23**, 265
- Repricing bei Aktienoptionsplänen **23**, 143
- Schätzungsungenauigkeit **23**, 280
Organbestellungsrecht
- Tochterunternehmen **32**, 30
Organbezüge
- Anhang **5**, 75
- nahestehende Person **30**, 27
- Organträger **30**, 27
- Vergleich mit HGB **30**, 32
Organkompetenz für die Abschlussfeststellung 4, 12
Organschaft 26, 186
- vororganschaftliche Verluste **26**, 188
Organträger
- nahestehende Person **30**, 27
- Organbezug **30**, 27
other comprehensive income
- Eigenkapitalspiegel **20**, 96
- unrealisierter Gewinn **20**, 96
out-of-pocket expenses
- Umsatzerlöse **25**, 89
outside basis differences 26, 152
- Auflösung temporärer Differenz **26**, 96
- außerplanmäßige Abschreibung **26**, 157
- Dividendenpolitik **26**, 157
- Einfluss des Investors **26**, 95
- Steuerung **26**, 96
Outsourcing
- Tochterunternehmen **32**, 65
own use exemption 11, 124
- Warentermingeschäft **28**, 21

P

package deal
- Umsatzerlöse **25**, 121
Paketab- / -zuschlag 8a, 52
- Umsatzerlöse **25**, 121
Parallelkurse
- Währungsumrechnung **27**, 51
parallel share options 23, 152
Parkhaus
- Anlageimmobilien (Investment properties) **16**, 12
- Hotel **16**, 12

partiarisches Darlehen
- beim Darlehensgeber **28**, 219
- beim Darlehensnehmer **28**, 184

Passivprozess
- Rückstellung **21**, 46, 49, 105

Patronatserklärung
- Kreditzusage **28**, 38

Pauschalbesteuerung
- Landwirtschaft **40**, 42

Pauschalwertberichtigung
- Aging Method **28**, 329
- Forderung **28**, 325, 329, 344

Pay-TV
- Umsatzerlöse **25**, 64

Pensionsaufwand
- Altersversorgung **22**, 41
- Komponente **22**, 42

Pensionsfonds
- Altersversorgung **22**, 4, 51; **41**, 1
- Konzernabschluss **41**, 4

Pensionsgeschäft 28, 83

Pensionskasse
- Altersversorgung **41**, 1, 4

Pensionsplan 22, 57
- *s.* Altersversorgung

Pensionsrückstellung 22, 50
- *s.* Altersversorgung
- Ausweis in Bilanz **2**, 43
- Fristigkeit **2**, 43
- Schema **22**, 39
- Vergleich IFRS mit deutschem Recht **22**, 1

Pensionsspiegel
- Altersversorgung **22**, 55
- Staffeldiagramm **22**, 55

Pensionsverpflichtung 11, 121
- *s.* Altersversorgung
- erstmalige Anwendung von IFRS **6**, 83
- Korridormethode **6**, 83

Pensiontrustmodell
- Altersversorgung **22**, 57

percentage-of-completion-Methode
- Anwendungsbereich **18**, 19
- Bilanzpolitik **18**, 33
- Ermessensproblematik **18**, 33
- Fertigungsauftrag **18**, 1
- IT-Branche **18**, 9
- Kapitalflussrechnung **3**, 64
- Teilgewinnrealisierung nach HGB **18**, 20
- Voraussetzung **18**, 24

Performance project 1, 118

periodische Zuordnung
- öffentliche Zuwendung **12**, 22

perpetuals 20, 22, 37
- Eigen- oder Fremdkapital **20**, 20

Personalstrukturmaßnahme
- Altersversorgung **22**, 74

Personengesellschaft 26, 140, 164
- equity-Methode **33**, 64
- Privatkonto **20**, 46
- Umqualifizierung Eigen- und Fremdkapital **20**, 31

Personenhandelsgesellschaft
- Ergänzungsbilanz **26**, 67
- fiktive Körperschaftsteuerbelastung **26**, 64
- Mitunternehmerbesteuerung **26**, 65
- Sonderbetriebsvermögen **26**, 65
- Sonderbilanz **26**, 65
- Steuersatz **26**, 64
- transparente Besteuerung **26**, 69

Pfandbrief
- Finanzinstrument **28**, 140

Pfandkreislauf
- Umsatzerlöse **25**, 176

Pflichtbestandteil 3, 1

Pflichtwandelanleihe
- Zwangswandelanleihe **20**, 16

placement fee
- Umsatzerlöse **25**, 109

plan assets
- Altersversorgung **22**, 21, 63

planmäßige Abschreibung
- Abschreibungsbeginn **10**, 40
- Abschreibungsmethode (pattern) **10**, 27; **24**, 14
- Abschreibungsvolumen (depreciable amount) **10**, 21
- AfA-Tabelle **10**, 36
- Anhangsangabe **10**, 47
- Anpassung der Abschreibungsmethode **10**, 42
- Ausweis in der GuV **10**, 19
- Berechnungsparameter **10**, 5
- Berücksichtigung von Restwerten **10**, 21
- degressive Methode **10**, 28
- Ermessensspielraum **10**, 34, 47
- geringwertiges Wirtschaftsgut **10**, 32
- goodwill **10**, 37
- IFRS und HGB **10**, 6, 22, 27
- immaterieller Vermögenswert **10**, 22, 37; **13**, 84, 89
- Komponentenansatz **10**, 7
- künftige Entwicklung **10**, 38
- lineare Methode **10**, 28
- matching principle **10**, 5
- Neubewertung **8**, 81; **10**, 20, 43
- Nutzungsdauer **10**, 34
- ökonomische Konzeption **10**, 5
- planmäßige Abschreibung auf Grund und Boden **10**, 39
- Pro-rata-Regel **10**, 41
- Rechtsentwicklung **10**, 49
- Regelungsbereich **10**, 1
- Sachanlage **14**, 18

2583

- Schrottwert 10, 20
- Stetigkeit der Abschreibungsmethode 24, 14
- steuerliche Abschreibung 10, 44
- Überprüfung einer Abschreibungsmethode 10, 31
- Verbrauch ökonomischen Nutzens 10, 6
- verbrauchsabhängige Methode 10, 28
- Vorrang einer Methode 10, 29
- vorzeitige Beendigung bei Qualifikationsänderung des Vermögenswerts 10, 25
- Wechsel von degressiver zu linearer Abschreibung 24, 17
- Wertaufholung 10, 43; 11, 222

Planung
- Diskontierungssatz 31, 112

Planung des Zahlungsstroms
- Nutzungswert 11, 43

Planungszeitraum
- Nutzungswert 11, 88

Platzierungsgebühr
- Umsatzerlöse 25, 109

Plausibilisierung 11, 171

pooling of interest
- Konzern 31, 5

Portfolio
- Effektivitätstest 28a, 28
- Grundgeschäft 28a, 28
- hedge accounting 28a, 28
- macro Hedge 28a, 28
- Zinsrisiko 28a, 28

Portfolio-Ansatz
- Umsatzerlöse 25, 29, 42, 167, 172

potenzielle Aktie
- Ausgleich in bar oder in Aktien 35, 47

potenzielle Stimmrechte 32, 16, 42
- Tochterunternehmen 32, 35

potenzielle Stimmrechtsminderung
- Einräumung Kaufoptionen an Dritte 32, 42

practicability 24, 31

Prämie für vorzeitige Fertigstellung
- Umsatzerlöse 25, 97

Präsenzmehrheit 32, 15
- Tochterunternehmen 32, 44

Praktikabilitätsvorbehalt 1, 62

pre-clearance
- DPR 24, 51

preexisting relationships
- Mehrkomponentenbetrachtung 31, 119
- Unternehmenserwerb 31, 117

preinsured assets
- Factoring 28, 65

Preisentwicklung
- Ereignis nach dem Bilanzstichtag 4, 27

Preiskonzession
- Umsatzerlöse 25, 98

Preiskonzessionen
- Umsatzerlöse 25, 206

Preisnachlass
- Umsatzerlöse 25, 121

preisregulierte Branche
- rate-regulated activities 13, 53

preisregulierte Unternehmen
- rate regulated activities 6, 107

present value 8a, 77

price protection clause
- Realisierungszeitpunkt 25, 188

primary statements 5, 1

principal-agent-Beziehung 32, 26
- Asset-Manager 32, 80
- Tochterunternehmen 32, 80

principle-based accounting 1, 43
- Mogelpackung bei Finanzinstrumenten 1, 50

principle-based-Ansatz 1, 79

principle-based vs. rule-based 1, 48

Privatkonto
- Personengesellschaft 20, 46

Probebetrieb
- Anschaffungskosten 8, 15

Produktionsauslastung
- Herstellungskosten 8, 24
- Leerkosten 8, 24

Profisport
- Umsatzerlöse 25, 196

Profisportler
- immaterieller Vermögenswert 13, 43

Pro-forma-earnings
- EBIT/EBITDA 2, 88

Prolongation
- Bilanzausweis 2, 39

prospektive Anwendung
- erstmalige Anwendung von IFRS 6, 33
- retrospektive Anwendung 6, 33

provisions 21, 1

Prozess
- Rückstellung 21, 105

Prüfung
- Konzernabschluss 7, 4, 34

public private partnership
- Betreibermodell 13, 62
- erstmalige Anwendung von IFRS 6, 97
- immaterieller Vermögenswert 13, 62
- Infrastrukturkonzessionsvertrag 18, 61

Publikumsfonds
- Latenzierung 26, 72

purchase accounting
- Kapitalflussrechnung 3, 137

purchased-goodwill-Methode 11, 191

purchase price allocation 31, 11
- s. Kaufpreisallokation

put option 28, 83
- call option 32, 165
- Minderheitenanteil 32, 165

Q

qualifying assets
- Beispiel 9, 11
- besondere Vermögenswerte 9, 11
- Fremdfinanzierung 9, 1
- Vorratsvermögen 9, 36
- Zeitraum 9, 10

qualifying hedge
- Saldierung von cash flows 3, 44, 86
- Sicherungsgeschäft 3, 44, 86
- Sicherungsgeschäft, Kapitalflussrechnung 3, 45

Qualität IFRS
- Sollen und Sein 1, 40

Quotation 8a, 112

Quotenkonsolidierung
- Kapitalflussrechnung 3, 127, 166

R

Rabattgutschein
- Umsatzerlöse 25, 74

Rahmenkonzept 1, 1
- s. Framework

Rangrücktritt 20, 38

rate regulated activities
- IFRS Erstanwender 6, 109
- preisregulierte Branche 13, 53
- preisregulierte Unternehmen 6, 107

Rating
- IFRS 7, 37

reacquired rights
- Unternehmenserwerb 31, 90

Realisationszeitpunkt 25, 126
- Meistbegünstigungsklausel 25, 188
- price protection clause 25, 188

Reassessment
- negativer Unterschiedsbetrag 31, 142

rechnerische Vereinfachung 11, 11

rechtliche Fundierung
- immaterieller Vermögenswert 13, 25

Rechtsentwicklung
- Bilanzrechtsreformgesetz 7, 8
- endorsement 7, 8
- Improvements Project 7, 8
- Komitologie 7, 8

Rechtsformwechsel 26, 205

rechtsmängelbehaftetes Geschäft
- Erlösrealisierung 25, 24
- Realisationszeitpunkt 25, 24

Referenzmarkt 8a, 21

Regelanwendung
- Vorbehalt 1, 61

Regelungslücke
- Anhang 5, 50
- Auslegung und Lückenfüllung 1, 79
- Füllung durch andere Standardsetter 1, 77, 79
- Füllung durch Kommentierung? 1, 80
- Füllung durch US-GAAP 1, 79
- Hausmeinung WP-Gesellschaften 1, 80
- Rolle des Kommentators 1, 80

Registrierungsgebühr
- Umsatzerlöse 25, 48

regular-way-Vertrag 28, 52

Reisebüro oder Reiseportal
- Umsatzerlöse 25, 83

Reisekosten
- Umsatzerlöse 25, 88

REIT-Aktiengesellschaft
- Abgrenzung Eigen- und Fremdkapital 20, 5
- Auflagen 26, 71
- Steuerbefreiung 26, 71

Rekultivierung
- Entfernungsverpflichtung 21, 80
- Rückgriffsrecht 21, 170
- Rückstellung 21, 80

related parties
- Geschäftsvorfall 30, 23

relevanter Steuersatz 11, 78

relief from royalty
- Bewertung Marken und Lizenzen 31, 109

Renditeliegenschaft
- Immobilienleasing 15, 18

Reorganisation 11, 160

Reporting entity
- Erstanwendung 6, 16

Residualwertmethode
- Capital charges 31, 112
- multi-period-excess-earnings-Ansatz 31, 112

Restbuchwert bei Anlagenabgang
- Saldierung 2, 24

Restrukturierung 11, 58
- Abfindungsverpflichtung 21, 100
- aufgegebener Bereich 29, 44
- Erwartungshaltung 21, 97
- Rückstellung 21, 94
- Vergleich IFRS mit deutschem Recht 21, 103

Restrukturierungskosten
- Beispiele 21, 94

Restrukturierungsrückstellung
- Erstkonsolidierung 31, 94
- Unternehmenserwerb 31, 94
- Verhältnis IAS 37 zu IFRS 5 29, 37

Restwertgarantie
- Leasing 15, 137

retrograde Bewertungsmethode
- Vorratsvermögen 17, 27

Retrospektion
- Retrospektion bei Änderung der Bilanzierungsmethode 24, 28
- Retrospektion bei Korrektur von Fehlern 24, 53

retrospektive Anwendung
- erstmalige Anwendung von IFRS 6, 29, 33
- prospektive Anwendung 6, 33

Revaluation 8, 70
- *s.* Neubewertung

revenue expense approach
- dynamische vs. statische Bilanztheorie 1, 118
- revenue expense approach vs. asset liability approach 1, 118

reverse acquisition
- Anschaffungskosten 31, 202
- Business 23, 31
- Kaufpreisallokation 31, 203
- Konzerneigenkapital 31, 204
- Minderheitenanteil 31, 205
- Unternehmenserwerb 31, 3, 200

reverse asset acquisition
- NewCo 31, 206

Revision von Schätzungen
- Abgrenzung zur Fehlerkorrektur 24, 14, 34, 37
- Berücksichtigung in GuV 24, 11, 34
- Schätzung 24, 11

rights issues 20, 28
Risiko 11, 50
Risikoanpassung
- Rückstellungsbewertung 21, 139

Risikoaversion als Bewertungsparameter
- Rückstellung 21, 137

risikobehafteter Geldmarktfonds 3, 27
Risikoberichterstattung
- Bank 38, 22

Risikofeststellung
- Factoring 28, 64

risikoloser Zinssatz 11, 66
Risikomanagement
- Angaben zu Finanzinstrumenten 28, 385

Risikomanagementstrategie 8a, 81
Rohertrag
- Kapitalflussrechnung 3, 67

Rohstofftermingeschäft
- cash settlement 28, 21
- net settlement 28, 21

rollende Ware
- Umsatzerlöse 25, 160

round trip sales
- Umsatzerlöse 25, 36

Rückbauverpflichtung 11, 122; **42**, 17
- Atomkraftwerk 21, 88
- Erdölplattform 21, 88
- extractive Industries 42, 17
- fair-value-Modell 21, 81
- Leasing 21, 81
- Unternehmenserwerb 31, 95

Rückbeteiligung
- equity-Methode 33, 63

Rückdeckungsversicherung
- Altersversorgung 22, 60

rückerworbene Rechte
- Unternehmenserwerb 31, 92, 119

Rückgabe- oder Rücknahmerecht bei Veräußerungen
- Umsatzerlöse 25, 171

Rückgriff auf andere Standardsetter
- Regelungslücke 1, 77

Rückgriff auf US-GAAP
- extractive activities 42, 3
- Leasing 15, 46
- Rückstellung 21, 42

Rückgriffsansprüche
- Rückstellung 21, 128

Rückgriffsrecht
- Eventualansprüche (contingent assets) 21, 165
- Rekultivierung 21, 170
- Rückstellung 21, 165
- Versicherungsverträge 21, 171

Rückkehr zum HGB
- Fragestellung 7, 39
- IFRS 7, 36

Rücklage für Ersatzbeschaffung 8, 61
Rücklage für Zeitbewertung 28, 287
Rückstellung 2, 24; **13**, 77; **16**, 39, 61; 18, 33, 36; **21**, 13, 16, 18, 23, 26, 34, 36, 38, 41, 49, 51, 58, 66, 72, 78, 80, 85, 91, 94, 104, 108, 119, 125, 129, 131, 133, 136, 154, 165, 176, 178, 183, 186; **22**, 76; **27**, 19; **39**, 21, 27
- *s.* Rückstellungsbewertung
- ABC 21, 187
- accruals 21, 53
- Altersteilzeit 22, 76
- Altfahrzeug 21, 91
- Anlageimmobilie 16, 39
- Anpassungsverpflichtung 21, 78
- Ansatz 21, 18
- Arbeitnehmervergütung 21, 16
- Auflösung 21, 180
- Aufwandsrückstellung 21, 26, 34
- Außenverpflichtung 21, 34
- Ausweis 21, 178
- Bankenabgabe 21, 113
- Begriffsinhalt 21, 13
- Beschaffungsgeschäft 21, 57
- bestmögliche Schätzung 21, 129
- Bewertung 21, 129
- Bewertungssystematik 21, 136
- Bodenverunreinigung 21, 74
- Dauerschuldverhältnis 21, 58
- Dokumentationsverpflichtung 21, 108
- drohende Verluste aus Fertigungsaufträgen 18, 36
- Einzelfall 21, 187
- Einzelverpflichtung 21, 136
- Elektroschrott 21, 91
- Emissionsrecht 21, 104

- Entfernungsverpflichtung 21, 80
- Entscheidungsbaum 21, 19
- Entsorgung 21, 72
- Entsorgungsfonds 21, 85
- Ereignisse nach dem Bilanzstichtag 21, 186
- Ergebnisvariabilität 21, 155
- Ermessensproblematik 21, 129
- EU-Chemikalienverordnung 21, 109
- Eventualansprüche (contingent assets) 21, 165
- Eventualforderung 21, 125
- Eventualverbindlichkeiten (contingent liabilities) 21, 119, 183
- faktische Verpflichtung (constructive) 21, 24
- Fertigungsauftrag 18, 33; 21, 16
- Garantie 21, 23
- geänderte Rechtslage 21, 22
- Gebrauchtgerät 21, 91
- Gemeinkosten (Einbeziehung in die Bewertung) 21, 176
- Gesetz der großen Zahl 21, 43, 134
- Großrisiko 39, 21
- immaterieller Vermögenswert 13, 77
- Inanspruchnahme 21, 180
- investitionstheoretisches Kalkül 21, 28
- keine Saldierung mit Rückversicherung 39, 27
- Konkretisierung 21, 36, 73
- Kontaminierung 21, 73
- künftige Geschäftstätigkeit 21, 33
- künftige Produktion 21, 78
- künftige Verluste (future operating losses) 21, 66
- Kulanz 21, 23
- kurzfristige Arbeitnehmervergütung 21, 118
- lästige Verträge (onerous contracts) 21, 54
- latente Steuern 21, 187
- Leasing 21, 16
- Leasingvertrag 16, 61
- Mehrerlösabschöpfung 21, 110
- Objektivierung 21, 42
- Passivprozess 21, 46, 49, 105
- rechtliche Verpflichtung (legal) 21, 24
- 51 %-Regel 21, 41
- Rekultivierung 21, 80
- Restrukturierung 21, 94
- Risikoaversion als Bewertungsparameter 21, 137
- Rückgriffsanspruch 21, 128
- Rückgriffsrecht 21, 165
- Rückstellungen bei singulären Ereignissen 21, 41
- Rückstellung für Drohverluste 21, 54
- Rückstellungsspiegel 21, 179
- Saldierung 2, 24
- Schwankungsreserve 39, 21
- Selbstbindung 21, 49
- Sicherheitsgrad 21, 155
- Steuern 21, 16
- Szenariorechnung 21, 43
- Tantiemerückstellung 2, 43
- Übertragung 21, 181
- Umweltschutz 21, 49, 72
- Umweltverschmutzung 21, 73
- Unsicherheit 21, 36
- Unsicherheitsbaum 21, 133
- Unsicherheitsmomente (stufenweise Abfolge) 21, 131
- Urlaubsrückstellung 2, 43
- Vergangenheitsereignis 21, 19
- verlässliche Bewertung (als Ansatzkriterium) 21, 52
- verlustfreie Bewertung 21, 57
- Vollkosten 21, 176
- Währungsumrechnung 27, 19
- Wahrscheinlichkeit 21, 38, 42, 51, 134
- wirtschaftliche Verursachung 21, 19

Rückstellung für Entsorgungskosten
- wirtschaftliche Verursachung 21, 86

Rückstellung für Rekultivierung
- Beginn des Ansatzes 21, 89
- Behandlung beim Braunkohletagebau 21, 89

Rückstellung für Umweltschutz
- Vergleich EStG/IFRS 21, 79

Rückstellungsbewertung
- Abzinsung 21, 139, 142
- Abzinsungsrate 21, 82
- Anpassung von Zins oder Zahlungsstrom 21, 152
- Aufzinsung 21, 82, 154
- Bandbreite 21, 52
- Entsorgungsvolumen 21, 82
- Erwartungswert 21, 135
- Gemeinkosten 21, 174
- Gewinne aus dem Abgang 21, 159
- Grenz- oder Vollkosten 21, 173
- große Zahl 21, 141
- künftige Gesetzesänderung 21, 158
- künftiges Ereignis 21, 157
- laufzeitadäquater Zins 21, 145
- Modellierung der Risikoanpassung 21, 149
- Neubewertungskonzeption 21, 83
- Nominal- oder Realzins 21, 147
- notwendiges Schätzungsermessen 21, 162
- Risikoanpassung 21, 139
- singuläre Risiken 21, 141
- unerreichbare Objektivierung 21, 162
- Vollkosten 21, 176
- Zeitwert des Geldes 21, 139

Rückversicherung
- Versicherungsunternehmen 39, 26

STICHWORTVERZEICHNIS

Ruf eines Unternehmens
- goodwill **31**, 75

rule-based accounting 1, 43
rule-based-Ansatz 1, 79
Rumpfgeschäftsjahr
- Änderung des Geschäftsjahres **2**, 13
- Ergebnis je Aktie **35**, 18
- Zwischenberichterstattung **37**, 14

S

Sachanlage 3, 79; **6**, 45; **14**, 4, 7, 16, 21, 25, 29, 31; **27**, 26; **31**, 225
- Abgang **14**, 21
- Angaben im Anhang **14**, 26
- Anlagespiegel **14**, 27, 29
- Anschaffungs- und Herstellungskosten (cost) **14**, 10
- außerplanmäßige Abschreibung **14**, 18
- Ausweis **14**, 25
- Ausweis in der Kapitalflussrechnung **3**, 79
- Begriff **14**, 4
- Bewertung **14**, 9
- Bilanzansatz **14**, 7
- Einlage **14**, 16
- Erhaltungsaufwand **14**, 12
- erstmalige Anwendung von IFRS **6**, 45
- Festbewertung **14**, 8
- Folgebewertung **14**, 18
- Gemeinkostenaktivierung **14**, 11
- Gewährung von Gesellschaftsrechten **14**, 14
- Investitionszuschuss **14**, 10
- nachträgliche Anschaffungs- und Herstellungskosten **14**, 12
- Neubewertung **14**, 18
- nicht genutzt **14**, 26
- planmäßige Abschreibung **14**, 18
- Praxishinweis **14**, 31
- selbst erstelltes, Ausweis in der Kapitalflussrechnung **3**, 79
- Tausch **14**, 13
- Technik der Zeitwertbestimmung **31**, 225
- Untergliederung **14**, 25
- Vergleich IFRS mit deutschem Recht **14**, 31
- Währungsumrechnung **27**, 26
- Wertaufholung **14**, 18
- Zugangsbewertung **14**, 10

Sachbezug 40, 42
- Landwirtschaft **40**, 42

Sachbonus
- Erlösrealisierung **25**, 69
- Umsatzlöse **25**, 69

Sachdividende
- Abspaltung **29**, 9
- Spaltung **29**, 9; **31**, 195

Sacheinlage 20, 23, 79
- einzelner nichtfinanzieller Vermögenswert **20**, 79
- equity-Methode **33**, 80
- Ergebnis je Aktie **35**, 17
- finanzieller Vermögenswert **20**, 79
- ganzer Unternehmen **20**, 79
- Unternehmenserwerb **31**, 43

Sachkapitalerhöhung
- Bestimmung der Anschaffungskosten **20**, 79

saisonale Schwankung
- Zwischenberichterstattung **37**, 21

Saldierung
- Anzahlungen und Vorräte **2**, 28
- Auflösung, Zuführung, Rückstellungen **2**, 24
- Auflösung, Zuführung, Wertberichtigungen **2**, 24
- Bestandsänderung **2**, 25
- Bilanz **2**, 23
- Erlösminderung **2**, 24
- Erstattungsanspruch **2**, 24
- Finanzinstrument **28**, 356
- GuV **2**, 24
- Kursgewinne/-verluste **2**, 24
- materiality **2**, 25
- offenes Absetzen **2**, 28
- Restbuchwert bei Anlagenabgang **2**, 24
- Saldierungsverbot **2**, 23
- Steueraufwand **2**, 25

sale and lease back
- Ertragsrealisierung **15**, 171
- Gewinnrealisierung bei Operating-Leasing **15**, 170
- Gewinnrealisierungszeitpunkt **15**, 164
- Leasing **15**, 164

Sammelbewertung
- Vorratsvermögen **17**, 36

Sanierungsmaßnahme
- Sanierungsmaßnahme im Werterhaltungszeitraum **4**, 43

Schätzung 1, 99; **5**, 44, 51; **6**, 39; **18**, 32; **24**, 34
- Abschreibungsdauer **10**, 35
- Anhangsangabe **5**, 44, 51
- erstmalige Anwendung von IFRS **6**, 39
- Fertigungsauftrag **18**, 32
- Grundlage der Abschlusserstellung **1**, 99

Schätzunsicherheit 11, 11
- Anhang **5**, 61

Schätzverfahren
- Stetigkeitsgebot **24**, 9, 14

Schattenbilanz
- Anhang **5**, 49

Scheingewinneliminierung
- Hyperinflation **27**, 3

Schiffsbau
- contract accounting 18, 19
- Fertigungsauftrag 18, 7, 14
- Umsatzerlöse 25, 153

schlüsselfertiger Bau
- Umsatzerlöse 25, 55

Schulden
- Definition des Framework 1, 94
- Steuerwert 26, 55

Schulden aus zur Veräußerung bestimmten Anlagen
- Begrenzung auf von Erwerber übernommene Schulden 29, 53

Schuldenkonsolidierung 27, 63
- ausstehende Einlagen 32, 132
- Drittschuldverhältnis 32, 134
- echte Aufrechnungsdifferenz 32, 125
- equity-Methode 33, 75
- Konzern 32, 117, 122
- Schuldenkonsolidierung bei unterschiedlichen Bilanzstichtagen 32, 124
- Wandelanleihe 32, 129
- zeitlicher Buchungsunterschied 32, 122

Schuldscheindarlehen
- Finanzinstrument 28, 140

Schulungsleistung
- Umsatzerlöse 25, 129

Schutzklausel
- explizite Schutzklausel 5, 78
- implizite Schutzklausel 5, 59, 78
- keine freiwillige IFRS-Bilanzierung bei Inanspruchnahme 5, 77
- keine Offenlegung von Unternehmensplanungen 5, 78
- Unterlassung von Angaben bei Rechtsstreitigkeiten 5, 78
- Unterlassung von Angaben im öffentlichen Interesse 5, 75
- Unterlassung von Angaben im Unternehmensinteresse 5, 75, 78

Schwankungsreserve
- Großrisiko 39, 21
- Rückstellung 39, 21

schwebendes Geschäft
- hedge accounting 28a, 47
- Kaufpreisallokation 31, 86

schwebend unwirksame Geschäfte
- Erlösrealisierung 25, 30
- Realisierungszeitpunkt 25, 30
- Umsatzerlöse 25, 30

schwimmende Ware
- Umsatzerlöse 25, 157, 160

secondary statement 5, 1

Segment 11, 102
- aufgegebener Bereich 29, 25

Segmentberichterstattung
- Abschluss 36, 13
- Angabepflichten, bedingte, Segmentergebnis 36, 77
- Angabepflichten, bedingte, Segmentschulden 36, 104
- Angabepflichten, bedingte, Segmentvermögen 36, 96
- Angabepflichten, erläuternde, Änderungen 36, 122
- Angabepflichten, erläuternde, asymmetrische Allokation 36, 123
- Angabepflichten, erläuternde, Segmentdatenermittlung 36, 119
- Angabepflichten, erläuternde, Verrechnungspreise 36, 118
- Angabepflichten, quantitative, Segmentergebnis 36, 73
- Angabepflichten, Überleitungsrechnung 36, 107
- Anwendungsbereich 36, 5
- bedingte Angabepflicht 36, 77
- Befreiung 36, 10
- Berichterstattungspflicht 36, 5
- berichtspflichtiges Segment 36, 36, 58
- berichtspflichtiges Segment, Wesentlichkeitskriterien 36, 40
- Bilanzierungs- und Bewertungsmethoden 36, 62
- continuing significance 36, 58
- Einzelabschluss 36, 13
- entity-wide disclosures 36, 124
- erläuternde Angabepflicht 36, 117
- formelle Anforderung 36, 138
- freiwillige Berichterstattung 36, 12
- Gliederung 36, 138
- grundlegende Angabepflicht 36, 69
- Kapitalflussrechnung 3, 169, 172
- Management approach 36, 2
- quantitative Angabepflicht 36, 72
- reasonable Basis 36, 65
- reportables Segment 36, 36
- Schlüsselung von Daten 36, 65
- Schlüsselung von Daten, Symmetrieerfordernis 36, 67
- Segmentabgrenzung, chief operating decision maker 36, 25
- Segmentabgrenzung, Matrixorganisation 36, 32
- Segmentabgrenzung, operative Segmente 36, 20
- Segmentdatenanpassung 36, 113
- Segmentfestlegung 36, 15
- Segmentierung, Segmentierungsarten 36, 17
- segmentübergreifende Angabe 36, 124
- segmentübergreifende Angaben, Ein-Segment-Unternehmen 36, 127
- segmentübergreifende Angaben, geografische 36, 129
- segmentübergreifende Angaben, kundenorientierte 36, 134

2589

- segmentübergreifende Angaben, produktorientierte 36, 128
- Segmentzusammenfassung 36, 37
- Segmentzusammenfassung, Aggregationskriterien 36, 39
- Zielsetzung 36, 1
- Zwischenbericht 36, 14

Segmentierung Verträge
- Fertigungsauftrag 18, 38
- Mehrkomponentengeschäft 18, 38

Selbstbindung
- Rückstellung 21, 49

Sensitivitätsanalyse
- Anhang 5, 57
- Finanzinstrument 28, 392

separate statements
- Einzelabschluss 32, 174

servicing equipment 14, 6

settlement date
- Finanzinstrument 28, 54

shadow accounting 39, 37
- Versicherungsvertrag 39, 32

share-based payment
- aktienkursorientierte Vergütungsformen 23, 15

share deal
- Kapitalflussrechnung 3, 132
- Unternehmenserwerb 31, 1

Sicherheit
- Angabe 28, 384
- Wertberichtigung von Forderungen 28, 334

Sicherheitsgrad
- Rückstellung 21, 155

Sicherungsbeziehungen
- s. hedge accounting

Sicherungsgeschäft
- qualifying hedge 3, 44

Sicherungszusammenhang 11, 124

sidestream-Lieferung
- equity-Methode 33, 75

Silo 32, 78
- Tochterunternehmen 32, 10

singuläre Risiken
- Rückstellungsbewertung 21, 141

Skonto
- Umsatzerlöse 25, 107

slotting fee
- Umsatzerlöse 25, 109

SME
- Australien und Neuseeland 50, 3
- ED 2013/9 50, 12
- faktischer fallback 50, 8
- fall back 50, 10
- kleine und mittelgroße Unternehmen 50, 1
- persönlicher Anwendungsbereich 50, 7
- Propagierung durch den IASB 50, 1
- US-Amerika 50, 4

- Verhältnis zu den full IFRSs 50, 8
- weltweite Anwendung 50, 1
- wesentliche Abweichungen von den full IFRSs 50, 11
- wesentliche Abweichungen von EU-Richtlinien 50, 6

SME-IFRS
- Europarecht 50, 2

Softwareindustrie
- Mehrkomponentengeschäft 18, 38
- Umsatzerlöse 25, 58, 138, 200

Sonderbetriebsvermögen
- tax base 26, 68

Sonderposten mit Rücklageanteil
- erstmalige Anwendung von IFRS 6, 23

sonstiges Ergebnis 20, 96

Spaltung
- Sachdividende 29, 9; 31, 195

spare parts 14, 6

SPE (special purpose entity) 20, 63
- Enron 1, 43
- Ermessensspielraum 28, 75
- multi-seller SPE 32, 78
- SPE durch Nutzenziehung 32, 66
- SPE durch Risikotragung 32, 66
- US-GAAP 28, 75
- zellulare Struktur 32, 78

Spezialfonds 32, 58, 79
- temporäre Differenz 26, 73

Spezialleasing 15, 69
- fehlende Drittverwendungsmöglichkeit 15, 73

spezifisches Risiko 8a, 41

staatlich beherrschte Unternehmen
- Inanspruchnahme der Befreiung 30, 43

Staffeldiagramm
- Altersversorgung 22, 55

Staffelformat
- Bilanzgliederung 2, 52
- Kontoformat 2, 52

stage-of-completion-Methode
- Fertigungsauftrag 18, 1

Stammaktie
- Ergebnis je Aktie 35, 5

standy-by equipment 14, 6

statement of cash flows
- Kapitalflussrechnung 3, 1

statement of comprehensive income
- Gesamtergebnisrechnung 2, 55

Statement of recognised income and expense 20, 63

statische und dynamische Bilanzierung
- asset liability approach 1, 118
- revenue expense approach 1, 118
- statische Bilanzbetrachtung 1, 14

Stetigkeitsgebot 2, 18
- s. Darstellungsstetigkeit
- Abgrenzung zur Revision von Schätzungen 24, 12

- Abschreibungsmethode 24, 14, 17
- Aktivierung der Finanzierungskosten 24, 23
- Anhangsangabe bei Durchbrechung 24, 61
- Anwendung auf Neuzugänge 24, 14
- Ausfüllung unbestimmter Rechtsbegriffe 24, 15
- Ausnahme 24, 18
- Ausnahme wegen Verbesserung der Darstellung 24, 23
- Ausweisstetigkeit 24, 5
- Bindungswirkung bisheriger Bewertungsmethoden für Neuzugänge 24, 14
- Darstellungstechnik bei Durchbrechung 24, 6
- echtes Wahlrecht 24, 9, 16
- erstmalige Anwendung eines Standards 24, 19
- erstmalige Anwendung von IFRS 24, 22
- Geltungsbereich 24, 6, 8
- Leasing 24, 15
- materielle Stetigkeit 24, 5
- Methodenwechsel vs. Bilanzkorrektur 24, 8
- nicht retrospektive Anpassung bei Durchbrechung 24, 30
- retrospektive Anpassung bei Durchbrechung 24, 28
- Schätzverfahren 24, 9
- Übergangsvorschrift 24, 19
- unechtes Wahlrecht 24, 9, 15
- Vorratsbewertung 24, 29
- zulässige Ausnahme 24, 6

Steueräquivalenz 11, 50
Steueraufwand
- Fehler 26, 22
- GuV-Gliederung 2, 61
- Saldierung mit Erträgen 2, 25
Steuerberatung
- Umsatzerlöse 25, 68, 132
Steuereffekt 11, 118
Steuerergebnis 26, 232
Steuerermäßigung 26, 138
steuerfreie Rücklage 26, 212
Steuergestaltungsmöglichkeit 26, 134
Steuerguthaben
- Abtretung 26, 28
- Betriebsprüfung 26, 28
Steuerklausel
- Unternehmenserwerb 31, 116
Steuerlatenz 26, 91
- s. latente Steuern
steuerliche Abschreibung
- systemfremd für IFRS 10, 44
steuerliche Fördermaßnahme
- investment tax credit 26, 13
- tax credit 26, 13
- tax holiday 26, 13

steuerliche Nebenleistung
- Beratungshonorar 26, 10
Steuern
- Rückstellung 21, 16
Steuerrisiko
- Unternehmenserwerb 31, 116
Steuersatz 26, 200
- ausgeschütteter Gewinn 26, 213
- einbehaltener Gewinn 26, 213
- international 26, 206
- national 26, 206
- Steuersatzänderung 26, 203
Steuerwert
- Abschreibungsbasis 26, 88
- Änderung 26, 82, 84
- Gesellschafterwechsel 26, 82
- Investitionsabzugsbetrag 26, 62
- kein Bilanzwert 26, 61
- kein Steuerbilanzwert 26, 61
- konzerninterne Umstrukturierung 26, 84
- Nutzung 26, 49
- Realisationsart 26, 49
- Reinvestitionsrücklage 26, 61
- Sonderbetriebsvermögen 26, 63
- Steuerbuchwert 26, 47
- Steuerregime 26, 51
- tax base 26, 47
- Verkauf 26, 49
stille Beteiligung
- beim Beteiligungsgeber 28, 219
- IFRS 9 28, 129
Stillhalterposition 8a, 117
Stilllegung
- einzustellender Bereich 29, 3
Stilllegungskosten
- immaterieller Vermögenswert 13, 60
Stimmrecht
- potenzielles Stimmrecht an Tochter- und assoziierten Unternehmen 33, 17
- Stimmrechtsbindungsvertrag 32, 18
- Stimmrechtsvereinbarung Tochterunternehmen 32, 33
- Tochterunternehmen 32, 22
Stimmrechtsquorum
- Auswirkung auf Konsolidierungskreis 32, 30
stock appreciation rights
- Bewertung 23, 106
- latente Steuern 23, 235
stock options
- Eigenkapitalspiegel 20, 93
strafbare Handlung
- Ereignis nach dem Bilanzstichtag 4, 34
Straßenbau
- Umsatzerlöse 25, 137
stripping activities 42, 10
structured entities
- Tochterunternehmen 32, 6, 53

2591

strukturierte Anleihe 28, 204
- Finanzderivat 28, 136
strukturierte Einheit
- Tochterunternehmen 32, 53
strukturiertes Unternehmen
- Tochterunternehmen 32, 12
strukturierte Unternehmen
- Tochterunternehmen 32, 53
subscriber acquisition costs
- immaterieller Vermögenswert 13, 55
- Kundengewinnungskosten 13, 55
substance over form
- Abgrenzung Eigen- und Fremdkapital 20, 20
- Erlösrealisierung 25, 37
- Finanzinstrument 28, 42
- Framework 1, 49
- Genussrecht 20, 20
- kommissionsähnliches Geschäft 25, 77
- Komplementarität zu Einzelregeln 1, 81
- nahestehende Person 30, 18
- perpetuals 20, 20
- Revenue recognition 25, 37
- sich neutralisierende Transaktionen 25, 37
- Unterschied zu true and fair presentation 1, 81
- valid Business Purpose 25, 37
- Zusammenfassung von Verträgen 1, 81
successful efforts Method
- extractive activities 42, 13
- full cost Method 42, 13
sukzessiver Anteilserwerb 31, 153
- Aufwärtskonsolidierung 31, 153
Sukzessivliefervertrag
- Umsatzerlöse 25, 154
Summenbilanz
- Konzern 32, 117
Swap
- Finanzderivat 3, 86
- hedge accounting 28a, 43
- hypothetische Derivate-Methode 28a, 71, 77
- Kapitalflussrechnung 3, 86
- Synthetisierung mit Darlehensvertrag 28, 43
Synergieeffekt 11, 60, 145

T

Tantiemerückstellung
- Ausweis in Bilanz 2, 43
- Fristigkeit 2, 43
tatsachengetreue Darstellung
- faithful presentation 1, 17
Tausch
- Anlageimmobilie 16, 29
- Beispiel 14, 13
- Bestimmbarkeit 14, 13
- Bewertung 8, 50

- fair-value-Konzept 14, 13
- Gewinnrealisierung 8, 49
- immaterieller Vermögenswert 13, 82
- Kapitalflussrechnung 3, 151
- Umsatzerlöse 25, 13, 36, 113
- Vergleich IFRS mit deutschem Recht 8, 50
- Vorrat 17, 22
- wirtschaftlicher Gehalt 14, 13
- Zahlungskomponente 14, 13
- Zugangsbewertung 14, 13
Tausch von Anteilen
- Unternehmenserwerb 31, 43
tax amortization benefit
- Kaufpreisallokation 31, 110
- Technik der Zeitwertbestimmung 31, 242
tax base
- Sonderbetriebsvermögen 26, 68
Technik der Zeitwertbestimmung
- Auftragsbestand 31, 232
- Dauervertragskunde 31, 235
- Erzeugnisse und Waren 31, 231
- Hyperlizenz 31, 240
- Marke 31, 226
- Sachanlage 31, 225
- tax amortization benefit 31, 242
- Technik der Zeitwertbestimmung in process Research and Development 31, 237
technische und wirtschaftliche Nutzungsdauer
- Gebäude 10, 10
Teilamortisationsvertrag
- Leasing 15, 114
Teilkonzernabschluss
- Aufstellungspflicht 32, 92
- Befreiung durch übergeordneten Konzernabschluss 32, 90
Teilleistung
- Fertigungsauftrag 18, 43
Teilmenge 11, 147
Teilwertverfahren
- Altersversorgung 22, 25
temporäre Differenz 26, 89
- s. latente Steuern
- Ausnahmeregel 26, 89
- Folgebewertung 26, 90
- initial recognition exception 26, 100
- Unternehmenszusammenschluss 26, 89
- Zugangsbewertung 26, 89
Termingeschäft 28, 18
- Kapitalflussrechnung 3, 77
Testateinschränkung
- compliance-Erklärung 6, 11
Testbetrieb
- Anschaffungskosten 8, 15
Tiefbau
- Umsatzerlöse 25, 137

Tilgungsmethode
– Altersversorgung 22, 47
Tochter-Kapitalgesellschaft
– Mutter-Kapitalgesellschaft 26, 170
Tochterunternehmen
– Abgrenzung von assoziierten und Gemeinschaftsunternehmen 32, 87
– Abstockung 31, 170
– Abwärtskonsolidierung 31, 170
– assoziiertes Unternehmen wird Tochterunternehmen 33, 115
– breit operierende Unternehmen 32, 6
– Entkonsolidierung 31, 164
– Entscheidungsgewalt 32, 6
– Ergebnisvariabiliät 32, 6
– faktische Kontrolle 32, 49
– Finanzmitteltransferbeschränkung 32, 103
– formelle vs. materielle Stimmrechtsmehrheit 32, 30
– GmbH & Co. KG 32, 48
– indirekte Beteiligung 32, 24
– Insolvenz 32, 28
– Insolvenzverwalter 32, 51
– investee 32, 10
– Kapitalflussrechnung 3, 125, 130
– Mehrstimmrechte, stimmrechtslose Anteile 32, 22
– Mitwirkungsrecht 32, 29
– Organbestellungsrecht 32, 30
– Outsourcing 32, 65
– potenzielles Konsolidierungsobjekt 32, 10
– potenzielle Stimmrechte 32, 35; 33, 17
– Präsenzmehrheit 32, 44
– principal-agent-Beziehung 32, 80
– Schutzrechte 32, 29
– Silo 32, 10
– Stimmrechte auf eigene Anteile 32, 23
– Stimmrechtsmehrheit 32, 28
– Stimmrechtsvereinbarung 32, 22, 33
– strukturierte Einheit 32, 6, 53
– strukturiertes Unternehmen 32, 12, 53
– Tochterunternehmen als aufgegebener Bereich 29, 31
– Tochterunternehmen im Einzelabschluss der Mutter 32, 174
– Treuhandverhältnis 32, 26
– Unternehmen mit enger Zwecksetzung 32, 6
– Veräußerung eines Teils der Anteile 31, 170
total income 20, 64
total-return-Swap 28, 88
trade Date
– Finanzinstrument 28, 54
trading asset 28, 266
– s. Handelswert
traditional cash flow approach 31, 111

transactions under common control 31, 4
– Regelungsverzicht 31, 191
Transaktionskosten 8a, 14, 112
– debt-for-equity-Swap 28, 104
– Finanzinstrument 28, 104
– Handelswert 28, 153
– Unternehmenserwerb 31, 39
Transaktionskostenbeteiligung
– Einzelabschluss 33, 35
Transaktionspreis 8a, 123
Transaktionsvolumen 8a, 27, 123
transnationale Verlustzurechnung 26, 182
Transparenzrichtlinieumsetzungsgesetz (TUG)
– Zwischenberichterstattung 37, 42
Transport als Nebenleistung
– Umsatzerlöse 25, 60, 87
Treueprämienprogramm
– Umsatzerlöse 25, 69
Treuhandverhältnis
– Tochterunternehmen 32, 26
true and fair presentation
– IFRS vs. HGB 1, 73
– normativer Gehalt 1, 71
– overriding principle 1, 74
– Sollen und Sein 1, 71
– true and fair presentation als Anforderung an die Rechnungslegung 1, 70
– true and fair presentation als rechtfertigende Maxime 1, 73
– Verhältnis zu Einzelvorschriften 1, 70

U

Übereinstimmungserklärung
– compliance Statement 2, 7
– erstmalige Anwendung von IFRS 6, 11
Übergangskonsolidierung
– Abstockung 31, 152
– Abwärtskonsolidierung 31, 9, 152
– Aufstockung 31, 152
– Aufwärtskonsolidierung 31, 9, 152
– Gemeinschaftsunternehmen 34, 66
– Konzern 31, 8
Übergangsvorschrift
– Stetigkeitsgebot 24, 20
Überkreuzbeteiligung
– equity-Methode 33, 63
Überleitungsrechnung
– Zwischenberichterstattung 37, 27
Übertragungsrecht
– Belieferungsrecht 13, 20
– immaterieller Vermögenswert 13, 20
Übertragung/Transfer 8a, 15
umbrella fund 32, 58, 79
Umklassifizierung
– Finanzinstrument 28, 167, 172
Umlage 11, 136

2593

Stichwortverzeichnis

Umlaufvermögen 2, 33
- s. Vorratsvermögen
- Abgrenzung vom Anlagevermögen 2, 33

Umplanung
- Anschaffungs- und Herstellungskosten 8, 60

Umsatzerlöse
- Abnahme und Abnahmeverzug 25, 163
- Agent vs. Prinzipal 25, 73, 76, 118
- Anlagenbau 25, 131, 153
- Annahmeverzug 25, 163
- Aufnahme- oder Beitrittsgebühr 25, 190
- Autoindustrie 25, 153, 179
- Bauleistung 25, 130, 144
- Beitrittsgeld 25, 190
- Beratungsleistung 25, 88, 131
- bill-and-hold Geschäft 25, 157
- Bonus 25, 105
- contracting 25, 104
- cost-to-cost-Verfahren 25, 141
- customizing 25, 200
- Definition 2, 85
- durchlaufende Kosten 25, 88
- Einzelhandel 25, 173
- erweiterte Garantie 25, 61
- Filmindustrie 25, 197
- Finanzierungskomponente 25, 92
- Fitnessclub 25, 48
- Flugzeugindustrie 25, 131, 153
- Franchise 25, 67, 191
- Gebäudereinigung 25, 129, 136
- Gesamtfunktionsrisiko 25, 66
- Handelsvertreter 25, 171
- Incoterms 25, 156, 160
- Input- und Outputverfahren 25, 134
- Installation als Nebenleistung 25, 60, 161
- Internethandel 25, 82
- Kauf auf Probe 25, 162
- Kfz-Handel 25, 62, 80
- Konnossement 25, 160
- Konsignationslieferung 25, 77, 86
- Kosten der Vertragserlangung und -erfüllung 25, 207
- künstlerische Veranstaltung 25, 170
- Kundenbindungsprogramm 25, 69
- kundenspezifischer Fertigungsauftrag 25, 128, 153, 200
- lay-away sales 25, 159
- Leistungsfortschritt 25, 134
- Lizenzierung 25, 194
- Maklertätigkeit 25, 168
- Maschinenbau 25, 131
- Mehrkomponentengeschäft 25, 51, 110
- Mobilfunkindustrie 25, 64
- Möbelindustrie 25, 64, 153
- Montage als Nebenleistung 25, 60, 161
- Nachbetreuungsleistung 25, 49, 62
- nichtiges Geschäft 25, 25
- notleidender Kunde 25, 32
- Novation 25, 44
- out-of-pocket expenses 25, 89
- package deal 25, 121
- Paketab- und -zuschag 25, 121
- Pay-TV 25, 64
- Pfandkreislauf 25, 176
- Platzierungsgebühr 25, 109
- Portfolio-Ansatz 25, 29, 42, 167, 172
- Prämie für vorzeitige Fertigstellung 25, 97
- Preiskonzession 25, 98, 206
- Preisnachlass 25, 121
- Profisport 25, 196
- Rabattgutschein 25, 74
- Registrierungsgebühr 25, 48
- Reisebüro oder Reiseportal 25, 83
- Reisekosten 25, 88
- rollende Ware 25, 160
- round trip sales 25, 36
- Rückgabe- oder Rücknahmerecht bei Veräußerung 25, 171
- Sachbonus 25, 69
- Schiffsbau 25, 153
- schlüsselfertiger Bau 25, 55
- Schulungsleistung 25, 129
- schwebend unwirksames Geschäft 25, 30
- schwimmende Ware 25, 157, 160
- Skonto 25, 107
- slotting fee 25, 109
- Softwareindustrie 25, 58, 138, 200
- Steuerberatung 25, 68, 132
- Straßenbau 25, 137
- Sukzessivliefervertrag 25, 154
- Tausch 25, 13, 36, 113
- Tiefbau 25, 137
- Transport als Nebenleistung 25, 60, 87
- Treueprämienprogramm 25, 69
- upfront fee 25, 190
- variabler Transaktionspreis 25, 97
- variables Entgelt 25, 97
- verdecktes Leasing 25, 179
- Verkauf mit Erlös- oder Renditegarantie 25, 185
- Verkauf mit Transport- und Installationsleistung 25, 60
- Verkaufskommission 25, 77
- Verlagswesen 25, 86
- Versendungskauf 25, 156
- Versicherungsvertreter oder -makler 25, 165
- Vertragsänderung 25, 44
- Vertragsstrafe 25, 97
- Wartungsleistung 25, 129
- Werbekostenzuschuss 25, 111
- Zahlung an den Kunden 25, 109
- zeitpunktbezogene Leistung 25, 152

- zeitraumbezogene Leistung 25, 128
- Zero-Profit-Methode 25, 149
- Zulieferindustrie 25, 154
- Zusammenfassung von Verträgen 25, 38

Umsatzkostenverfahren
- Angabe Personal- und Materialaufwand 2, 62
- Gliederung 2, 62
- GuV 2, 57
- Inhalt der Posten 2, 65

Umschuldung
- Bilanzausweis 2, 39
- erstmalige Anwendung von IFRS 6, 101
- Verbindlichkeit 28, 94

Umstellung von HGB auf IFRS
- Bilanzpolitik 8, 94
- Neubewertung 8, 94
- steuerliche Abschreibung 10, 44

Umstrukturierung
- konzerninterne Umstrukturierung 31, 186

Umweltschutz
- Entsorgung 21, 72
- Rückstellung 21, 49, 72

Umweltverschmutzung
- Kontaminierung 21, 73
- Rückstellung 21, 73

Umwidmung
- Anlageimmobilie 16, 121

unbestimmter Rechtsbegriff
- Auslegung 24, 15
- Stetigkeit der Auslegung 24, 15

unerreichbare Objektivierung
- Rückstellungsbewertung 21, 162

unfertiges Bauobjekt 14, 26
ungünstiger Vertrag 31, 86
unrealisierter Gewinn 20, 96

unsichere Forderung
- hohe Ansatzschwelle 26, 37

unsicherer Steuerposten
- Bewertung 26, 31
- Lösungsansatz IFRS 26, 34
- Lösungsansatz US-GAAP 26, 30
- Wahrscheinlichkeit 26, 30

unsicherer Steuerwert
- Betriebsprüfungsrisiko 26, 77
- Latenzrechnung 26, 77

Unsicherheit
- Rückstellung 21, 36

Unterbeschäftigung
- Herstellungskosten 17, 24

Unternehmenserwerb 26, 148
- s. Erstkonsolidierung
- s. goodwill
- s. Kaufpreisallokation
- Abgrenzung von asset-Erwerb 31, 15
- Anschaffungskosten 31, 39
- Anschaffungsnebenkosten 26, 149
- Anteilstausch 31, 43

- asset deal, share deal, legal merger 31, 1
- Bewertungsmaßstab 31, 99
- Bewertungstechnik 31, 101
- business-Qualität des Erwerbsobjekts 31, 15
- Definitionsmerkmale eines Business 31, 19
- Development stage entity als Zielgesellschaft 31, 19
- earn-out 31, 52, 58, 62
- earn-out-Klausel vs. sonstige Vergütung 31, 54
- Eigenkapitalgarantie 31, 65
- Erstkonsolidierung 31, 32
- Erwerbsmethode 31, 2
- Erwerbsphase 31, 34
- Eventualschuld 31, 93
- Genehmigungsvorbehalt 31, 30
- Gewinnbezugsrecht 31, 30
- goodwill 31, 130
- greenfield-Ansätze 31, 109
- Gremienvorbehalt 31, 33
- Grunderwerbsteuer 31, 39
- Identifikation des Erwerbers 31, 2
- Insourcing 31, 19
- Kartellamt 31, 33
- Kaufpreisallokation 31, 69
- Kaufpreisstundung 31, 38
- Kundenbeziehung 31, 79
- Kursgarantie 31, 63
- latente Steuern 31, 113
- Leasing 15, 104; 31, 96
- negativer Kaufpreis 31, 143
- negativer Unterschiedsbetrag 31, 130
- Nutzenabfluss 31, 73
- Nutzenzufluss 31, 73
- preexisting relationships 31, 117
- Qualität Erwerbsobjekt 31, 17
- reverse acquisition 31, 3
- Rückbauverpflichtung 31, 95
- rückerworbene Rechte 31, 90, 119
- Sacheinlage 31, 43
- Schaffung von Holdingstrukturen 31, 189
- share deal 31, 1, 6, 12
- Steuerklausel 31, 116
- Steuerrisiko 31, 116
- Tausch von Anteilen 31, 43
- transactions under Common Control 31, 189
- Transaktionskosten 31, 39
- umgekehrter Unternehmenserwerb 31, 3, 200
- Unternehmenserwerb in Fremdwährung 31, 50
- vermögensverwaltende Zielgesellschaft 31, 17, 19
- Versicherungsunternehmen 39, 40
- vertragliche Rückwirkung 31, 30

2595

Unternehmensfortführung, Besonderheit IFRS
- Ereignis nach dem Bilanzstichtag 4, 45
unternehmensspezifische Restriktion 8a, 71
unternehmensspezifischer Wert
- Zugangsbewertung 14, 13
Unternehmensverbund
- inside basis differences 26, 139
- outside basis differences 26, 139
Unternehmenszusammenschluss
- erstmalige Anwendung von IFRS 6, 57, 79
- immaterieller Vermögenswert 13, 23
- transactions under common control 31, 189
- Verrechnungsmöglichkeit 26, 146
unterschiedlicher Minderheitenanteil
- goodwill-impairment-Test 11, 201
Unterschiedsbetrag 6, 24
- s. negativer Unterschiedsbetrag
- erstmalige Anwendung von IFRS 6, 24
- negativer Unterschiedsbetrag 31, 131
Unterschied zum Nutzungswert
- Nettoveräußerungswert 11, 40
Unterstützungskasse
- Altersversorgung 41, 1
unverzinsliche Forderung 28, 256
upfront fee
- Umsatzerlöse 25, 190
upstream-Lieferung
- equity-Methode 33, 75
Urlaubsrückstellung
- Ausweis in Bilanz 2, 43
- Fristigkeit 2, 43
US-GAAP
- Anwendung bei Regelungslücke 1, 79
- SPE 28, 75

V

variabler Transaktionspreis
- Umsatzerlöse 25, 97
variables Entgelt
- Umsatzerlöse 25, 97
vendor due diligence
- Erstkonsolidierung 31, 40
venture-capital-Gesellschaft
- Anteile an assoziierten Unternehmen 33, 6
- Anteile an Joint Venture 34, 4
- fair value option 34, 4
veräußerbarer Wert
- Bewertung 28, 156
- Definition, Klassifizierung 28, 297
- Umklassifizierung 28, 167
- veräußerbarer Wert bei hedging 28, 20
- Wertaufholung 28, 340
Veräußerungsgewinn
- indexierter Steuerbuchwert 26, 86

Veräußerungswert 8a, 12
Verbindlichkeit 21, 1, 5, 7, 10, 13, 15, 53, 119; 28, 93, 175, 179
- Abgrenzung zum Eigenkapital 28, 175
- accruals 21, 15, 53
- Ansatz 21, 7
- Begriff 21, 7
- Bewertung 28, 179
- Disagio 28, 179
- Effektivzinsmethode 28, 179
- Eventualverbindlichkeiten (contingent liabilities) 21, 5, 119
- Finanzinstrument 28, 179
- liabilities 21, 1
- Regulierung 21, 8
- sichere Verbindlichkeit 21, 7
- Umschuldung 28, 93
- unsichere Verbindlichkeit 21, 13
- Verbindlichkeit als Finanzinstrument 21, 10
- Verbindlichkeit zu Handelszwecken gehalten 28, 180
- Verjährung 28, 93
Verbindlichkeitenspiegel 28, 387
Verbrauchsfolgeverfahren
- s. Bewertungsverfahren
- Emissionsrecht 13, 49
- latente Steuern 17, 42
verbundenes Unternehmen
- Kapitalflussrechnung 3, 93
verdeckte Einlage 20, 84
verdeckte Sachgründung
- NewCo 31, 2
verdecktes Leasing
- Umsatzerlöse 25, 179
- Zulieferindustrie 18, 67
Vergangenheitsereignis
- Rückstellung 21, 19
- wirtschaftliche Verursachung 21, 19
Vergangenheitsorientierung
- Vergangenheitsorientierung des Jahresabschlusses 5, 40
Vergleichbarkeit
- erstmalige Anwendung von IFRS 6, 2
- innere und äußere 2, 2; 24, 1
Vergleich IFRS mit deutschem Recht 1, 25
- Aktivierungsregel 8, 20
- Altersversorgung 22, 19, 95
- Anhang 5, 66
- Anhangsangabe 5, 9
- Anlageimmobilie 16, 2
- Anschaffungskostenprinzip 8, 94
- asset-Begriff 1, 97
- Bewertungsverfahren 8, 41
- Framework 1, 8
- Fremdfinanzierung 9, 3
- Herstellungskosten, Umfang 8, 32
- Herstellungskosten vs. Erhaltungsaufwand 8, 37

– immaterieller Vermögenswert **13**, 18, 105
– Landwirtschaft **40**, 18
– Pensionsrückstellung **22**, 1, 23
– Restrukturierung **21**, 103
– Sachanlage **14**, 31
– Saldierungsmöglichkeit **2**, 25
– Stetigkeitsgebot bei unechtem Wahlrecht **24**, 12
– Tausch **8**, 50
– Vorjahreswert **2**, 8
– Vorrat **17**, 35
– Wahrscheinlichkeit **21**, 134
Vergleichsanlage 11, 70
Vergleichswertverfahren
– Anlageimmobilien (Investment properties) **16**, 76
Verkauf 11, 183
Verkauf eigener Aktien
– Ergebnis je Aktie **35**, 15
Verkauf mit Erlös- oder Renditegarantie
– Umsatzerlöse **25**, 185
Verkauf mit Transport- und Installationsleistung
– Umsatzerlöse **25**, 60
verkaufsfördernde Maßnahme
– immaterieller Vermögenswert **13**, 58
Verkaufskatalog
– Vorratsvermögen **17**, 8
Verkaufskommission
– Umsatzerlöse **25**, 77
Verlagswesen
– Umsatzerlöse **25**, 86
verlustfreie Bewertung
– Rückstellung **21**, 57
– Vorrat **17**, 35
Verlusthistorie 26, 133, 137
Verlustvortrag 26, 125
– Gestaltungsmöglichkeit **26**, 126
– latente Steuern bei Unternehmenserwerb **32**, 187
– Planungsrechnung **26**, 126
– Verlustnutzung **26**, 126
– Wahrscheinlichkeit **26**, 126
Vermeidbarkeitskonzept
– Bestimmung der Finanzierungskosten **9**, 19
Vermittlungsprovision
– Mobilfunkvertrag **13**, 56
Vermögenswert
– *s.* asset
– Definition **1**, 88
– Humankapital **13**, 64
– impairment-Test **11**, 100
– qualifizierter Vermögenswert **9**, 10
– Steuerwert **26**, 52
Verpflichtung zum Ersatz 23, 181
Verschmelzung 26, 148
– *s.* Unternehmenserwerb

– Unternehmenserwerb **31**, 1
– Verschmelzung zweier Tochterunternehmen **31**, 193
Versendungskauf
– Umsatzerlöse **25**, 156
Versetzung in betriebsbereiten Zustand
– Anschaffungskosten **8**, 17
Versicherungsentschädigung
– Anlageabgang **8**, 61
Versicherungsnehmer
– Verhalten **39**, 57
Versicherungsunternehmen
– Angabe **39**, 43
– anzuwendende Regeln **39**, 4
– Bilanzierungsmethode **39**, 24
– Rückversicherung **39**, 26
– Unternehmenserwerb **39**, 40
Versicherungsvertrag 6, 93; **28**, 14; **39**, 2, 6, 8, 12, 17, 28, 30, 32, 36, 59
– Abgrenzung **39**, 6
– Abgrenzung zu Finanzinstrumenten **28**, 14
– Abschlusskosten **39**, 33
– Beispiel **39**, 8
– Bewertung kurzfristiger Verträge **39**, 70
– Derivat **39**, 13
– Diskontierung **39**, 58
– Entscheidungsbaum **39**, 18
– Ergebnisrechnung **39**, 75
– Ermessensabhängige Überschussbeteiligung **39**, 28
– erstmalige Anwendung von IFRS **6**, 93
– Geltungsbereich **39**, 2
– Kreditversicherung **39**, 36
– Residualmarge **39**, 63
– Risikomarge **39**, 59
– Rückgriffsrecht **21**, 171
– shadow accounting **39**, 30, 32
– Sparkomponente **39**, 17
– Übergangsvorschriften **39**, 79
– Überschussbeteiligung **39**, 76
– Versicherungsbestand **39**, 33
– Zahlungsströme **39**, 55
Versicherungsvertreter oder -makler
– Umsatzerlöse **25**, 165
Versorgungskasse
– Altersversorgung **41**, 1
vertragliche Rückwirkung
– Genehmigungsvorbehalt **31**, 30
– Gewinnbezugsrecht **31**, 30
– Unternehmenserwerb **31**, 30
Vertragsänderung
– Umsatzerlöse **25**, 44
Vertragsstrafe 18, 49
– Fertigungsauftrag **18**, 49
– Umsatzerlöse **25**, 97
Vertriebskosten
– Fertigungsauftrag **18**, 59
– immaterieller Vermögenswert **13**, 75

Verwässerung
- anteilsbasierte Vergütungsform 23, 17
- Ergebnis je Aktie 35, 8

vesting in instalments 23, 102

Vollkosten
- Gemeinkosten (Einbeziehung in die Bewertung) 21, 176
- Rückstellungsbewertung 21, 176
- Vorratsvermögen 17, 36

Vorjahresvergleichszahlen für Finanzinstrumente
- erstmalige Anwendung von IFRS 6, 103

Vorjahreswert
- Anpassung 36, 60
- IFRS-Eröffnungsbilanz 6, 20
- Pro-forma-Wert 2, 12
- Vorjahreswert bei Methodenwechsel 2, 19

Vorratsvermögen
- Abgrenzung zum Anlagevermögen 14, 6; 17, 4
- Anhang 17, 45
- Ansatz 17, 19
- Anschaffungskosten 17, 20
- außerplanmäßige Abschreibung 17, 32
- Bauträger 17, 30
- Bauträgerobjekt 17, 9, 33
- bedingter Kaufpreisbestandteil 8, 66
- Bewertung 17, 20
- Bewertungsvereinfachung 17, 21, 27
- Dienstleistungsunternehmen 17, 28
- Einzelbewertungsgrundsatz 17, 33, 36
- Einzelhandel 17, 27
- eiserner Bestand 17, 10
- Ersatzteil 17, 6, 39
- Festbewertung 17, 27
- Fifo-Verfahren 17, 27
- Gängigkeitsabschreibung 17, 32, 39
- Gemeinkosten 17, 22
- Gliederung 17, 43
- Herstellungskosten 17, 20
- IFRS und HGB 17, 35, 48
- Lifo-Verfahren 17, 27
- mineralisches Produkt 17, 38
- Nebenkosten 17, 23
- net realisable Value 17, 3
- Nettoveräußerungswert 17, 3, 32
- Niederstwertprinzip 17, 20
- qualifying asset 9, 36
- Regelungsbereich 17, 1
- retrograde Bewertungsmethode 17, 27
- Sammelbewertung 17, 36
- Stetigkeitsgebot 24, 29
- Tausch 17, 22
- Verkaufskatalog 17, 8
- verlustfreie Bewertung 17, 35
- Vollkosten 17, 36
- Währungsumrechnung 27, 25
- Warenmuster 17, 8

- Warenumschließung 17, 7
- Wertaufholung 17, 40
- Zielsetzung IAS 2 17, 2

Vorsichtsprinzip 1, 17
- Abschreibungsdauer 10, 36
- Framework 1, 20

Vorstandsbezüge
- Aufgliederung 30, 29

Vorsteuergröße 11, 55

Vorzugsaktie
- Abgrenzung Eigen- und Fremdkapital 20, 17
- Ergebnis je Aktie 35, 5

voting control entities 32, 7
voting interest entities 32, 7

W

WACC 11, 67
- Alternativanlage 11, 77
- CAPM 11, 68
- Eigenkapitalkosten 11, 68
- Fremdkapitalkosten 11, 68
- Marktwert des Eigenkapitals 11, 77
- Marktwert des Fremdkapitals 11, 77

Wachstumsrate 11, 53

Währungsdifferenz 3, 30, 62, 65; 9, 8; 27, 63
- Behandlung in der Kapitalflussrechnung 3, 30, 62, 65
- Zinsanteil 9, 8

Währungshedge 28a, 43
- s. hedge accounting

Währungsrisiko 11, 50

Währungsumrechnung
- Abgrenzung selbstständige Einheit von unselbstständiger Einheit 27, 32, 34
- Abgrenzungsposten 27, 18
- Abschluss von Beteiligungsunternehmen 27, 6
- Aktie 27, 23
- Angabe 27, 90
- Anlage 27, 25
- Anlagespiegel 27, 89
- Anteil 27, 18, 23, 29
- Anzahlung 27, 18
- Auflösung Rücklage bei partieller Veräußerung Tochterunternehmen 27, 67
- Ausschüttung Altrücklage 27, 59
- Ausweis 27, 95
- Ausweis Umrechnungsdifferenz 27, 89
- available-for-sale asset 27, 29
- Berichtswährung 27, 8
- Beteiligung 27, 23
- Bilanzierungspraxis 27, 34
- Buchungstechnik 27, 43
- cash flow hedge konzerninterner Transaktion 27, 68
- Darlehen 27, 16
- Durchschnittskurs 27, 15

– Erstverbuchung Geschäft 27, 15
– Folgebewertung monetärer Posten
  27, 16
– Folgebewertung nichtmonetärer Posten
  27, 18
– Forderung 27, 16
– Fremdwährungsgeschäft 27, 4, 95
– funktionale Theorie 27, 7, 14, 30
– funktionale Währung 27, 8
– goodwill 27, 62
– hedge net investment 27, 69
– Kapitalflussrechnung 3, 162
– Konzern 27, 34
– konzerninterne Forderungen als Teil des
  net Investment 27, 64
– latente Steuern 27, 85
– neu bewertete Anlage 27, 29
– Parallelkurs 27, 51
– Praxishinweis 27, 95
– Rücklage für Währungsdifferenz 27, 55
– Rückstellung 27, 19
– Schuldenkonsolidierung 27, 63
– selbstständige Einheit 27, 30, 50
– selbstständige Einheit, Erfolg bei
  (Teil-)Abgang 27, 59
– selbstständige Einheit, Theorie und Praxis 27, 34
– Superdividende 27, 59
– Transaktionskurs 27, 15, 39, 54
– Umklassifizierung selbstständige in unselbstständige Einheit 27, 75
– Umklassifizierung unselbstständige in
  selbstständige Einheit 27, 49
– Umrechnung ausländische Einheit im
  Konzern 27, 95
– Umrechnung der GuV 27, 39, 54
– Umrechnung unselbstständige Einheit
  27, 37
– unselbstständige Einheit 27, 14, 30, 37
– unselbstständige Einheit, Theorie und
  Praxis 27, 34
– Verlust auf konzerninterne Forderung
  27, 48, 63
– Vorjahreszahl 27, 53
– Vorrat 27, 25
– währungsbedingte Wertminderung
  27, 45
– Währungsumrechnung bei Holdingstruktur 27, 9
– Währungsumrechnung bei impairment
  27, 26
– Währungsumrechnung nach außerplanmäßiger Abschreibung von Vorräten
  oder Anlagen 27, 25
– Währungsumrechnungsdifferenz 27, 55
Währungsumrechnungsrücklage 27, 55
– Auflösung bei partieller Veräußerung
  27, 67

Wahlrecht 1, 35; 2, 54; **6**, 44; **24**, 9, 16
– Aktivierung Fremdkapitalzinsen 24, 16
– Bilanzausweis 2, 54
– echtes und unechtes Wahlrecht 24, 9
– Ermessensproblematik 24, 9
– erstmalige Anwendung von IFRS **6**, 44
– Investment properties 24, 16
– Neubewertung von Sachanlagen 24, 16
– Stetigkeitsgebot 24, 9
– Vergleich IFRS und HGB 1, 35
Wahrscheinlichkeit
– Ermessen 21, 40
– Framework 1, 20, 91
– Rückgriff auf US-GAAP 21, 42
– Rückstellung 21, 40, 42, 51
– Vergleich IFRS mit deutschem Recht
  21, 134
Wandelanleihe 20, 6, 12, 77; **32**, 129; **35**, 17,
  44
– Abgrenzung Eigen- und Fremdkapital
  20, 3
– Aufteilung Emissionserlös 20, 6
– Aufteilung Emissionskosten 20, 77
– Ergebnis je Aktie **35**, 17, 44
– Residualbetrag als Fremdkapitalderivat
  20, 12
– Schuldenkonsolidierung **32**, 129
– Subtraktions-/Restwertmethode 20, 6
Wandelschuldverschreibung 2, 38; **35**, 8
– Ausweis in Bilanz 2, 38
– Ergebnis je Aktie **35**, 8
Warenmuster
– Vorratsvermögen 17, 8
Warentermingeschäft
– cash settlement 28, 21
– Ernte 40, 32
– net settlement 28, 21
Warenumschließung
– Vorratsvermögen 17, 7
Warenzeichen
– immaterieller Vermögenswert 13, 33
Wartungsleistung
– Umsatzerlöse 25, 129
Wasserversorgung
– Komponentenansatz 10, 17
waterfall method
– extreme programming 13, 40
– immaterieller Vermögenswert 13, 40
Webseite
– immaterieller Vermögenswert 13, 42
Wechselkursgewinn
– Saldierung mit Verlust 2, 24
Weiterveräußerungserlös
– bedingter Kaufpreisbestandteil 8, 66
Werbekostenzuschuss
– Umsatzerlöse 25, 111
Werbemaßnahme 13, 57
– immaterieller Vermögenswert 13, 57

2599

Werkzeugkostenzuschuss 18, 67
Wertadditivität 11, 73
Wertansatz
– Bewertungsmethode 40, 26
– biologischer Vermögenswert 40, 26
Wertaufhellung 4, 18
– Erstkonsolidierung 31, 125
– erstmalige Anwendung von IFRS 6, 39
– latente Steuern 4, 49
Wertaufhellungszeitraum
– fast close 4, 6
Wertaufholung 11, 27
– Ausweis in der GuV 11, 222
– Deckelung 11, 221
– immaterieller Vermögenswert 13, 84
– impairment 37, 35
– jährliche Überprüfung 11, 219
– Neubewertung 10, 43
– planmäßige Abschreibung 10, 43; 11, 222
– Sachanlage 14, 18
– veräußerbarer Wert 28, 340
– Vorrat 17, 40
– Zwischenberichterstattung 37, 35
Wertberichtigung
– Angabe 28, 378
– Forderung, Saldierung 2, 24
– Forderungen, Sicherheit 28, 334
– Wertberichtigung auf Forderung 28, 325
Wertdimension / Unit of Account 8a, 19
Werthaltigkeitsprüfung 26, 215
– s. impairment-Test
– Nachprüfung 26, 215
– öffentliche Zuwendungen (government grants) 12, 35
Wertminderung 4, 27
– s. impairment
– Ereignis nach dem Bilanzstichtag 4, 27
– impairment 11, 13
Wertpapier 28, 63
– Ausbuchung 28, 63
Wertpapierleihe 28, 87
Wertpapierpension
– Call Option 28, 84
– echtes Pensionsgeschäft 28, 84
– Put Option 28, 84
Wesentlichkeit 11, 29
– s. materiality
– beim impairment-Test 11, 29
– Definition 1, 63
– enforcement 1, 66
– Fehlerkorrektur 24, 36
– nahestehende Person 30, 45
– Zwischenberichterstattung 37, 5
Wesentlichkeit und Kosten/Nutzen 1, 62
Wettbewerbsverbot
– immaterieller Vermögenswert 31, 85

Wetterderivat 28, 14
– s. Finanzderivat
– Finanzinstrument 28, 14
wirtschaftliche Betrachtungsweise
– Verhältnis zu Einzelregeln 1, 81
wirtschaftliches Eigentum
– Leasing 15, 1
wirtschaftliche Verursachung
– Rückstellung 21, 19
– Rückstellung für Entsorgungskosten 21, 86
– Vergangenheitsereignis 21, 19
working capital 11, 119

Z
Zahlungen an den Kunden
– Umsatzerlöse 25, 109
Zahlungskomponente
– Tauschgeschäft 14, 13
Zahlungsmitteläquivalent
– cash equivalents 3, 16
Zahlungsmittelfonds
– change in accounting policy 3, 34
Zahlungsstrom
– Bestimmung zur Ermittlung des Nutzungswertes 11, 52
Zeithorizont 26, 133
Zeitnähe 1, 62
– Zeitnähe von Abschlussinformationen 1, 68
Zeitpunkt
– Aktienausgabe, Ergebnis je Aktie 35, 17
– impairment-Test 11, 15
zeitpunktbezogene Leistungen
– Umsatzerlöse 25, 152
Zeitraum
– qualifizierter Vermögenswert 9, 10
zeitraumbezogene Leistungen
– Umsatzerlöse 25, 128
Zeitwert 3, 138
– s. Technik der Zeitwertbestimmung
– Angabepflichten in der Kapitalflussrechnung 3, 138
Zeitwert des Geldes 11, 48
– Rückstellungsbewertung 21, 139
zellulare Struktur
– multi-seller SPE 32, 78
– SPE 32, 78
Zerobond 28, 159
– Bewertung 28, 159
– Kapitalflussrechnung 3, 95
Zero-Profit-Methode
– Umsatzerlöse 25, 149
Ziel der Rechnungslegung
– Bilanzierungszweck 1, 5
Zinsanteil
– derivatives Instrument 9, 9
– Währungsdifferenz 9, 8

2600

Zinsen
- Säumniszuschlag 26, 10
- Strafzuschlag 26, 10
- Zinsvortrag 26, 138
- Zinszahlung Kapitalflussrechnung 3, 66, 80, 96, 109, 173

Zinsrisiko
- Effektivitätstest 28a, 28
- Grundgeschäft 28a, 28
- hedge accounting 28a, 28
- macro hedge 28a, 28
- Portfolio 28a, 28

Zinsschranke 20, 100; 26, 138
Zinsstrukturkurve 11, 66
Zinsswap
- Finanzierungskosten 9, 9

Zugang aus Unternehmenserwerb 14, 29
- s. Unternehmenserwerb
- Anlagespiegel 14, 29

Zugangsbewertung
- Finanzinstrument fair value 28, 228
- Leasinggeber 15, 152
- Leasingnehmer 15, 119
- Obergrenze 15, 119
- Unternehmensspezifischer Wert 14, 13

zukünftig wirksamer Standard
- Anhangsangabe 24, 63

Zukunftsorientierung
- Zukunftsorientierung des Jahresabschlusses 5, 41

Zuliefergesellschaft 34, 37
- Gemeinschaftsunternehmen 34, 26

Zulieferindustrie
- Fertigungsauftrag 18, 67
- kundengebundenes Werkzeug 18, 67
- Umsatzerlöse 25, 154
- Werkzeugkostenzuschuss 18, 67

Zuordnung von Aufwand und Ertrag
- matching principle 1, 114

Zusammenfassung Verträge
- Fertigungsauftrag 18, 40
- Umsatzerlöse 25, 38

zusammengesetztes Finanzierungsinstrument
- Abgrenzung Eigen- und Fremdkapital 20, 3

Zuschreibung
- Kapitalflussrechnung 3, 62

Zuschuss 18, 67
- s. öffentliche Zuwendungen
- Krankengeld 18, 67
- öffentliche Zuwendung 18, 67
- Werkzeugkosten 18, 67
- Zulieferindustrie 18, 67

zu veräußerndes Anlagevermögen
- non-current assets held for sale 29, 2

Zuwendung 12, 33

Zwangswandelanleihen
- Pflichtwandelanleihe 20, 16

Zwei-Phasen-Modell 11, 53

Zwischenabschluss
- Bankenabgabe 21, 115
- Konsolidierung 37, 4

Zwischenberichterstattung
- Änderung zum Jahresabschluss 37, 7
- Angaben zu nahestehenden Personen 37, 38
- Anhang 37, 40
- Anhangsangabe 37, 38, 47
- Ansatz 37, 17
- available-for-sale-Eigenkapitalinstrument 37, 47
- Begriffsdefinition 37, 4
- Bestandteil 37, 9, 15
- Bewertung 37, 17
- Bewertungsvereinfachung 37, 36
- Börsenzulassungsverordnung 37, 42
- BörsG 37, 42
- Bonus 37, 31
- darzustellende Periode 37, 12
- DRS 6 37, 42
- Eigenkapitalentwicklung 37, 12, 15
- eigenständiger Ansatz 37, 17
- endorsement 37, 3
- Ergänzung des diskreten Ansatzes ohne integrative Elemente 37, 23
- Ergebnisglättung kein Ziel 37, 26
- Ergebnis je Aktie 35, 5; 37, 10
- erstmalige Anwendung 37, 47
- erstmalige Anwendung von IFRS 6, 20
- Ertragsteueraufwand 37, 24
- Geltungs- und Anwendungsbereich 37, 2
- Gesamteinkommensrechnung 37, 12
- Gewinn- und Verlustrechnung 37, 12
- Glättung 37, 21
- goodwill 37, 47
- Häufigkeit ohne Einfluss auf das Jahresergebnis 37, 22
- Halbjahresfinanzberichterstattung 37, 42
- IFRS-Eröffnungsbilanz 6, 21
- impairment 37, 35
- integrativer Ansatz 37, 18
- Kapitalflussrechnung 3, 4; 37, 12, 15
- keine Glättung unregelmäßig anfallender Erfolgsgrößen 37, 22
- Konsolidierung 37, 11
- Konvergenzprojekt des IASB und FASB 37, 47
- Leasing, bedingte Leasingzahlung 37, 32
- linearer und indirekt progressiver Tarif 37, 24
- materiality 37, 5
- Mengenrabatt 37, 34
- Mengen- und Preiskomponente 37, 23

2601

- nahestehende Personen und Unternehmen **37**, 47
- nahestehende Unternehmen **30**, 2
- Nutzen strittig **37**, 8
- Pflicht zur Aufstellung **37**, 2
- Rumpfgeschäftsjahr **37**, 14
- saisonale Schwankung **37**, 21
- Steuersatz **37**, 24
- Transparenzrichtlinie **37**, 42, 47
- Transparenzrichtlinieumsetzungsgesetz (TUG) **37**, 42
- Übereinstimmung mit den IFRS **37**, 3
- Überleitungsrechnung **37**, 27
- unregelmäßig anfallende Größen der Steuerberechnungsgrundlage **37**, 27
- Vergleich mit deutschem Recht **37**, 42
- Vergleichswert **37**, 12
- vergütete Nichtarbeitszeit **37**, 33

- Verpflichtung zur Zwischenberichterstattung **37**, 42
- Wertaufholung **37**, 35, 47
- Wesentlichkeit **37**, 5
- Zwischenbericht der Geschäftsführung **37**, 42
- Zwischenberichtsarten **37**, 45

Zwischenergebniseliminierung
- Buchungstechnik **32**, 149
- equity-Methode **33**, 75
- Konzern **32**, 117, 141
- materiality **32**, 143
- Segmentberichterstattung **36**, 11
- Verlust **32**, 142
- Zwischenergebniseliminierung bei Minderheitenanteilen **32**, 150

Zwischenmitteilung 37, 44

laufe IFRS-Kommentar:
Das Stan

9783648067475.3